刑法办案思路与疑难释解

XINGFA BANAN SILU YU YINAN SHIJIE

第六卷

主　编◎胡云腾
副主编◎周　峰

中国法制出版社
CHINA LEGAL PUBLISHING HOUSE

总 目 录

·第一卷·

刑法总则

·第二卷·

刑法分则

·第三卷·

·第四卷·

·第五卷·

·第六卷·

分目录

（第六卷）

第七节　走私、贩卖、运输、制造毒品罪

一、走私、贩卖、运输、制造毒品罪

（一）刑法规定

第三百四十七条　走私、贩卖、运输、制造毒品，无论数量多少，都应当追究刑事责任，予以刑事处罚。

走私、贩卖、运输、制造毒品，有下列情形之一的，处十五年有期徒刑、无期徒刑或者死刑，并处没收财产：

（一）走私、贩卖、运输、制造鸦片一千克以上、海洛因或者甲基苯丙胺五十克以上或者其他毒品数量大的；

（二）走私、贩卖、运输、制造毒品集团的首要分子；

（三）武装掩护走私、贩卖、运输、制造毒品的；

（四）以暴力抗拒检查、拘留、逮捕，情节严重的；

（五）参与有组织的国际贩毒活动的。

走私、贩卖、运输、制造鸦片二百克以上不满一千克、海洛因或者甲基苯丙胺十克以上不满五十克或者其他毒品数量较大的，处七年以上有期徒刑，并处罚金。

走私、贩卖、运输、制造鸦片不满二百克、海洛因或者甲基苯丙胺不满十克或者其他少量毒品的，处三年以下有期徒刑、拘役或者管制，并处罚金；情节严重的，处三年以上七年以下有期徒刑，并处罚金。

单位犯第二款、第三款、第四款罪的，对单位判处罚金，并对其直接负责的主管人员和其他直接责任人员，依照各该款的规定处罚。

利用、教唆未成年人走私、贩卖、运输、制造毒品，或者向未成年人出售毒品的，从重处罚。

对多次走私、贩卖、运输、制造毒品，未经处理的，毒品数量累计计算。

（二）司法解释、司法文件及其权威解读

1. **全国部分法院审理毒品犯罪案件工作座谈会纪要**（法〔2008〕324号，2008年12月1日发布实施）

近年来，全国法院认真贯彻落实国家禁毒法律和政策，始终把打击毒品犯罪作为刑事审判工作的一项重要任务，依法严惩了一大批毒品犯罪分子，为净化社会环境，保护公民身心健康，维护社会和谐稳定作出了重要贡献。但是，由于国际国内各方面因素的影响，我国的禁毒形势仍然十分严峻。人民法院一定要从民族兴衰和国家安危的高度，深刻认识惩治毒品犯罪的极端重要性和紧迫性，认真贯彻执行刑法、刑事诉讼法和禁毒法的有关规定，坚持“预防为主，综合治理，禁种、禁制、禁贩、禁吸并举”的禁毒工作方针，贯彻宽严相济的刑事政策，充分发挥刑事审判职能，严厉打击严重毒品犯罪，积极参与禁毒人民战争和综合治理工作，有效遏制毒品犯罪发展蔓延的势头。

为了进一步加强毒品犯罪案件的审判工作，依法惩治毒品犯罪，最高人民法院于2008年9月23日至24日在辽宁省大连市召开了全国部分法院审理毒品犯罪案件工作座谈会。最高人民法院张军副院长出席座谈会并作讲话。座谈会在2000年在南宁市召开的“全国法院审理毒品犯罪案件工作座谈会”及其会议纪要、2004年在佛山市召开的“全国法院刑事审判工作座谈会”和2007年在南京市召开的“全国部分法院刑事审判工作座谈会”精神的基础上，根据最高人民法院统一行使死刑案件核准权后毒品犯罪法律适用出现的新情况，适应审理毒品案件尤其是毒品死刑案件的需要，对最高人民法院“关于全国法院审理毒品犯罪案件工作座谈会纪要”（即“南宁会议纪要”）、有关会议领导讲话和有关审理毒品犯罪案件规范性文件的相关内容进行了系统整理和归纳完善，同时认真总结了近年来全国法院审理毒品犯罪案件的经验，研究分析了审理毒品犯罪案件中遇到的新情况、新问题，对人民法院审理毒品犯罪案件尤其是毒品死刑案件具体应用法律的有关问题取得了共识。现纪要如下：

一、毒品案件的罪名确定和数量认定问题

《刑法》第三百四十七条规定的走私、贩卖、运输、制造毒品罪是选择性罪名，对同一宗毒品实施了两种以上犯罪行为并有相应确凿证据的，应当按照所实施的犯罪行为的性质并列确定罪名，毒品数量不重复计算，不实行数

罪并罚。对同一宗毒品可能实施了两种以上犯罪行为，但相应证据只能认定其中一种或者几种行为，认定其他行为的证据不够确实充分的，则只按照依法能够认定的行为的性质定罪。如涉嫌为贩卖而运输毒品，认定贩卖的证据不够确实充分的，则只定运输毒品罪。对不同宗毒品分别实施了不同种犯罪行为的，应对不同行为并列确定罪名，累计毒品数量，不实行数罪并罚。对被告人一人走私、贩卖、运输、制造两种以上毒品的，不实行数罪并罚，量刑时可综合考虑毒品的种类、数量及危害，依法处理。

罪名不以行为实施的先后、毒品数量或者危害大小排列，一律以刑法条文规定的顺序表述。如对同一宗毒品制造后又走私的，以走私、制造毒品罪定罪。下级法院在判决中确定罪名不准确的，上级法院可以减少选择性罪名中的部分罪名或者改动罪名顺序，在不加重原判刑罚的情况下，也可以改变罪名，但不得增加罪名。

对于吸毒者实施的毒品犯罪，在认定犯罪事实和确定罪名时要慎重。吸毒者在购买、运输、存储毒品过程中被查获的，如没有证据证明其是为了实施贩卖等其他毒品犯罪行为，毒品数量未超过刑法第三百四十八条规定的最低数量标准的，一般不定罪处罚；查获毒品数量达到较大以上的，应以其实际实施的毒品犯罪行为定罪处罚。

对于以贩养吸的被告人，其被查获的毒品数量应认定为其犯罪的数量，但量刑时应考虑被告人吸食毒品的情节，酌情处理；被告人购买了一定数量的毒品后，部分已被其吸食的，应当按能够证明的贩卖数量及查获的毒品数量认定其贩毒的数量，已被吸食部分不计入在内。

有证据证明行为人不以牟利为目的，为他人代购仅用于吸食的毒品，毒品数量超过刑法第三百四十八条规定的最低数量标准的，对托购者、代购者应以非法持有毒品罪定罪。代购者从中牟利，变相加价贩卖毒品的，对代购者应以贩卖毒品罪定罪。明知他人实施毒品犯罪而为其居间介绍、代购代卖的，无论是否牟利，都应以相关毒品犯罪的共犯论处。

盗窃、抢夺、抢劫毒品的，应当分别以盗窃罪、抢夺罪或者抢劫罪定罪，但不计犯罪数额，根据情节轻重予以定罪量刑。盗窃、抢夺、抢劫毒品后又实施其他毒品犯罪的，对盗窃罪、抢夺罪、抢劫罪和所犯的具体毒品犯罪分别定罪，依法数罪并罚。走私毒品，又走私其他物品构成犯罪的，以走私毒品罪和其所犯的其他走私罪分别定罪，依法数罪并罚。

二、毒品犯罪的死刑适用问题

审理毒品犯罪案件，应当切实贯彻宽严相济的刑事政策，突出毒品犯罪的打击重点。必须依法严惩毒枭、职业毒犯、再犯、累犯、惯犯、主犯等主观恶性深、人身危险性大、危害严重的毒品犯罪分子，以及具有将毒品走私入境，多次、大量或者向多人贩卖，诱使多人吸毒，武装掩护、暴力抗拒检查、拘留或者逮捕，或者参与有组织的国际贩毒活动等情节的毒品犯罪分子。对其中罪行极其严重依法应当判处死刑的，必须坚决依法判处死刑。

毒品数量是毒品犯罪案件量刑的重要情节，但不是唯一情节。对被告人量刑时，特别是在考虑是否适用死刑时，应当综合考虑毒品数量、犯罪情节、危害后果、被告人的主观恶性、人身危险性以及当地禁毒形势等各种因素，做到区别对待。近期，审理毒品犯罪案件掌握的死刑数量标准，应当结合本地毒品犯罪的实际情况和依法惩治、预防毒品犯罪的需要，并参照最高人民法院复核的毒品死刑案件的典型案例，恰当把握。量刑既不能只片面考虑毒品数量，不考虑犯罪的其他情节，也不能只片面考虑其他情节，而忽视毒品数量。

对虽然已达到实际掌握的判处死刑的毒品数量标准，但是具有法定、酌定从宽处罚情节的被告人，可以不判处死刑；反之，对毒品数量接近实际掌握的判处死刑的数量标准，但具有从重处罚情节的被告人，也可以判处死刑。毒品数量达到实际掌握的死刑数量标准，既有从重处罚情节，又有从宽处罚情节的，应当综合考虑各方面因素决定刑罚，判处死刑立即执行应当慎重。

具有下列情形之一的，可以判处被告人死刑：（1）具有毒品犯罪集团首要分子、武装掩护毒品犯罪、暴力抗拒检查、拘留或者逮捕、参与有组织的国际贩毒活动等严重情节的；（2）毒品数量达到实际掌握的死刑数量标准，并具有毒品再犯、累犯，利用、教唆未成年人走私、贩卖、运输、制造毒品，或者向未成年人出售毒品等法定从重处罚情节的；（3）毒品数量达到实际掌握的死刑数量标准，并具有多次走私、贩卖、运输、制造毒品，向多人贩毒，在毒品犯罪中诱使、容留多人吸毒，在戒毒监管场所贩毒，国家工作人员利用职务便利实施毒品犯罪，或者职业犯、惯犯、主犯等情节的；（4）毒品数量达到实际掌握的死刑数量标准，并具有其他从重处罚情节的；（5）毒品数量超过实际掌握的死刑数量标准，且没有法定、酌定从轻处罚情节的。

毒品数量达到实际掌握的死刑数量标准，具有下列情形之一的，可以不判处被告人死刑立即执行：(1)具有自首、立功等法定从宽处罚情节的；(2)已查获的毒品数量未达到实际掌握的死刑数量标准，到案后坦白尚未被司法机关掌握的其他毒品犯罪，累计数量超过实际掌握的死刑数量标准的；(3)经鉴定毒品含量极低，掺假之后的数量才达到实际掌握的死刑数量标准的，或者有证据表明可能大量掺假但因故不能鉴定的；(4)因特情引诱毒品数量才达到实际掌握的死刑数量标准的；(5)以贩养吸的被告人，被查获的毒品数量刚达到实际掌握的死刑数量标准的；(6)毒品数量刚达到实际掌握的死刑数量标准，确属初次犯罪即被查获，未造成严重危害后果的；(7)共同犯罪毒品数量刚达到实际掌握的死刑数量标准，但各共同犯罪人作用相当，或者责任大小难以区分的；(8)家庭成员共同实施毒品犯罪，其中起主要作用的被告人已被判处死刑立即执行，其他被告人罪行相对较轻的；(9)其他不是必须判处死刑立即执行的。

有些毒品犯罪案件，往往由于毒品、毒资等证据已不存在，导致审查证据和认定事实困难。在处理这类案件时，只有被告人的口供与同案其他被告人供述吻合，并且完全排除诱供、逼供、串供等情形，被告人的口供与同案被告人的供述才可以作为定案的证据。仅有被告人口供与同案被告人供述作为定案证据的，对被告人判处死刑立即执行要特别慎重。

三、运输毒品罪的刑罚适用问题

对于运输毒品犯罪，要注意重点打击指使、雇佣他人运输毒品的犯罪分子和接应、接货的毒品所有者、买家或者卖家。对于运输毒品犯罪集团首要分子，组织、指使、雇佣他人运输毒品的主犯或者毒枭、职业毒犯、毒品再犯，以及具有武装掩护、暴力抗拒检查、拘留或者逮捕、参与有组织的国际毒品犯罪、以运输毒品为业、多次运输毒品或者其他严重情节的，应当按照刑法、有关司法解释和司法实践实际掌握的数量标准，从严惩处，依法应判处死刑的必须坚决判处死刑。

毒品犯罪中，单纯的运输毒品行为具有从属性、辅助性特点，且情况复杂多样。部分涉案人员系受指使、雇佣的贫民、边民或者无业人员，只是为了赚取少量运费而为他人运输毒品，他们不是毒品的所有者、买家或者卖家，与幕后的组织、指使、雇佣者相比，在整个毒品犯罪环节中处于从属、辅助和被支配地位，所起作用和主观恶性相对较小，社会危害性也相对较小。因此，对于运输毒品犯罪中的这部分人员，在量刑标准的把握上，应当与走私、贩卖、制造毒品和前述具有严重情节的运输毒品犯罪分子有所区别，不应单纯以涉案毒品数量的大小决定刑罚适用的轻重。

对有证据证明被告人确属受人指使、雇佣参与运输毒品犯罪，又系初犯、偶犯的，可以从轻处罚，即使毒品数量超过实际掌握的死刑数量标准，也可以不判处死刑立即执行。

毒品数量超过实际掌握的死刑数量标准，不能证明被告人系受人指使、雇佣参与运输毒品犯罪的，可以依法判处重刑直至死刑。

涉嫌为贩卖而自行运输毒品，由于认定贩卖毒品的证据不足，因而认定为运输毒品罪的，不同于单纯的受指使为他人运输毒品行为，其量刑标准应当与单纯的运输毒品行为有所区别。

四、制造毒品的认定与处罚问题

鉴于毒品犯罪分子制造毒品的手段复杂多样、不断翻新，采用物理方法加工、配制毒品的情况大量出现，有必要进一步准确界定制造毒品的行为、方法。制造毒品不仅包括非法用毒品原植物直接提炼和用化学方法加工、配制毒品的行为，也包括以改变毒品成分和效用为目的，用混合等物理方法加工、配制毒品的行为，如将甲基苯丙胺或者其他苯丙胺类毒品与其他毒品混合成麻古或者摇头丸。为便于隐蔽运输、销售、使用、欺骗购买者，或者为了增重，对毒品掺杂使假，添加或者去除其他非毒品物质，不属于制造毒品的行为。

已经制成毒品，达到实际掌握的死刑数量标准的，可以判处死刑；数量特别巨大的，应当判处死刑。已经制造出粗制毒品或者半成品的，以制造毒品罪的既遂论处。购进制造毒品的设备和原材料，开始着手制造毒品，但尚未制造出粗制毒品或者半成品的，以制造毒品罪的未遂论处。

五、毒品含量鉴定和混合型、新类型毒品案件处理问题

鉴于大量掺假毒品和成分复杂的新类型毒品不断出现，为做到罪刑相当、罚当其罪，保证毒品案件的审判质量，并考虑目前毒品鉴定的条件和现状，对可能判处被告人死刑的毒品犯罪案件，应当根据最高人民法院、最高人民检察院、公安部2007年12月颁布的《办理毒品犯罪案件适用法律若干问题的意见》，作出毒品含量鉴定；对涉案毒品可能大量掺假或者系成分复杂的新类型毒品的，亦应当作出毒品含量鉴定。

对于含有二种以上毒品成分的毒品混合物，应进一步作成分鉴定，确定

所含的不同毒品成分及比例。对于毒品中含有海洛因、甲基苯丙胺的，应以海洛因、甲基苯丙胺分别确定其毒品种类；不含海洛因、甲基苯丙胺的，应以其中毒性较大的毒品成分确定其毒品种类；如果毒性相当或者难以确定毒性大小的，以其中比例较大的毒品成分确定其毒品种类，并在量刑时综合考虑其他毒品成分、含量和全案所涉毒品数量。对于刑法、司法解释等已规定了量刑数量标准的毒品，按照刑法、司法解释等规定适用刑罚；对于刑法、司法解释等没有规定量刑数量标准的毒品，有条件折算为海洛因的，参照国家食品药品监督管理局制定的《非法药物折算表》，折算成海洛因的数量后适用刑罚。

对于国家管制的精神药品和麻醉药品，刑法、司法解释等尚未明确规定量刑数量标准，也不具备折算条件的，应由有关专业部门确定涉案毒品毒效的大小、有毒成分的多少、吸毒者对该毒品的依赖程度，综合考虑其致瘾癖性、戒断性、社会危害性等依法量刑。因条件限制不能确定的，可以参考涉案毒品非法交易的价格因素等，决定对被告人适用的刑罚，但一般不宜判处死刑立即执行。

六、特情介入案件的处理问题

运用特情侦破毒品案件，是依法打击毒品犯罪的有效手段。对特情介入侦破的毒品案件，要区别不同情形予以分别处理。

对已持有毒品待售或者有证据证明已准备实施大宗毒品犯罪者，采取特情贴靠、接洽而破获的案件，不存在犯罪引诱，应当依法处理。

行为人本没有实施毒品犯罪的主观意图，而是在特情诱惑和促成下形成犯意，进而实施毒品犯罪的，属于“犯意引诱”。对因“犯意引诱”实施毒品犯罪的被告人，根据罪刑相适应原则，应当依法从轻处罚，无论涉案毒品数量多大，都不应判处死刑立即执行。行为人在特情既为其安排上线，又提供下线的双重引诱，即“双套引诱”下实施毒品犯罪的，处刑时可予以更大幅度的从宽处罚或者依法免予刑事处罚。

行为人本来只有实施数量较小的毒品犯罪的故意，在特情引诱下实施了数量较大甚至达到实际掌握的死刑数量标准的毒品犯罪的，属于“数量引诱”。对因“数量引诱”实施毒品犯罪的被告人，应当依法从轻处罚，即使毒品数量超过实际掌握的死刑数量标准，一般也不判处死刑立即执行。

对不能排除“犯意引诱”和“数量引诱”的案件，在考虑是否对被告人判处死刑立即执行时，要留有余地。

对被告人受特情间接引诱实施毒品犯罪的，参照上述原则依法处理。

七、毒品案件的立功问题

共同犯罪中同案犯的基本情况，包括同案犯姓名、住址、体貌特征、联络方式等信息，属于被告人应当供述的范围。公安机关根据被告人供述抓获同案犯的，不应认定其有立功表现。被告人在公安机关抓获同案犯过程中确实起到协助作用的，例如，经被告人现场指认、辨认抓获了同案犯；被告人带领公安人员抓获了同案犯；被告人提供了不为有关机关掌握或者有关机关按照正常工作程序无法掌握的同案犯藏匿的线索，有关机关据此抓获了同案犯；被告人交代了与同案犯的联系方式，又按要求与对方联络，积极协助公安机关抓获了同案犯等，属于协助司法机关抓获同案犯，应认定为立功。

关于立功从宽处罚的把握，应以功是否足以抵罪为标准。在毒品共同犯罪案件中，毒枭、毒品犯罪集团首要分子、共同犯罪的主犯、职业毒犯、毒品惯犯等，由于掌握同案犯、从犯、马仔的犯罪情况和个人信息，被抓获后往往能协助抓捕同案犯，获得立功或者重大立功。对其是否从宽处罚以及从宽幅度的大小，应当主要看功是否足以抵罪，即应结合被告人罪行的严重程度、立功大小综合考虑。要充分注意毒品共同犯罪人以及上、下家之间的量刑平衡。对于毒枭等严重毒品犯罪分子立功的，从轻或者减轻处罚应当从严掌握。如果其罪行极其严重，只有一般立功表现，功不足以抵罪的，可不予从轻处罚；如果其检举、揭发的是其他犯罪案件中罪行同样严重的犯罪分子，或者协助抓获的是同案中的其他首要分子、主犯，功足以抵罪的，原则上可以从轻或者减轻处罚；如果协助抓获的只是同案中的从犯或者马仔，功不足以抵罪，或者从轻处罚后全案处刑明显失衡的，不予从轻处罚。相反，对于从犯、马仔立功，特别是协助抓获毒枭、首要分子、主犯的，应当从轻处罚，直至依法减轻或者免除处罚。

被告人亲属为了使被告人得到从轻处罚，检举、揭发他人犯罪或者协助司法机关抓捕其他犯罪人的，不能视为被告人立功。同监犯将本人或者他人尚未被司法机关掌握的犯罪事实告知被告人，由被告人检举揭发的，如经查证属实，虽可认定被告人立功，但是否从宽处罚、从宽幅度大小，应与通常的立功有所区别。通过非法手段或者非法途径获取他人犯罪信息，如从国家工作人员处贿买他人犯罪信息，通过律师、看守人员等非法途径获取他人犯罪信息，由被告人检举揭发的，不能认定为立功，也不能作为酌情从轻处罚情节。

八、毒品再犯问题

根据刑法第三百五十六条规定，只要因走私、贩卖、运输、制造、非法持有毒品罪被判过刑，不论是在刑罚执行完毕后，还是在缓刑、假释或者暂予监外执行期间，又犯刑法分则第六章第七节规定的犯罪的，都是毒品再犯，应当从重处罚。

因走私、贩卖、运输、制造、非法持有毒品罪被判刑的犯罪分子，在缓刑、假释或者暂予监外执行期间又犯刑法分则第六章第七节规定的犯罪的，应当在对其所犯新的毒品犯罪适用刑法第三百五十六条从重处罚的规定确定刑罚后，再依法数罪并罚。

对同时构成累犯和毒品再犯的被告人，应当同时引用刑法关于累犯和毒品再犯的条款从重处罚。

九、毒品案件的共同犯罪问题

毒品犯罪中，部分共同犯罪人未到案，如现有证据能够认定已到案被告人为共同犯罪，或者能够认定为主犯或者从犯的，应当依法认定。没有实施毒品犯罪的共同故意，仅在客观上为相互关联的毒品犯罪上下家，不构成共同犯罪，但为了诉讼便利可并案审理。审理毒品共同犯罪案件应当注意以下几个方面的问题：

一是要正确区分主犯和从犯。区分主犯和从犯，应当以各共同犯罪人在毒品共同犯罪中的地位和作用为根据。要从犯意提起、具体行为分工、出资和实际分得毒赃多少以及共犯之间相互关系等方面，比较各个共同犯罪人在共同犯罪中的地位和作用。在毒品共同犯罪中，为主出资者、毒品所有者或者起意、策划、纠集、组织、雇佣、指使他人参与犯罪以及其他起主要作用的是主犯；起次要或者辅助作用的是从犯。受雇佣、受指使实施毒品犯罪的，应根据其在犯罪中实际发挥的作用具体认定为主犯或者从犯。对于确有证据证明在共同犯罪中起次要或者辅助作用的，不能因为其他共同犯罪人未到案而不认定为从犯，甚至将其认定为主犯或者按主犯处罚。只要认定为从犯，无论主犯是否到案，均应依照刑法关于从犯的规定从轻、减轻或者免除处罚。

二是要正确认定共同犯罪案件中主犯和从犯的毒品犯罪数量。对于毒品犯罪集团的首要分子，应按集团毒品犯罪的总数量处罚；对一般共同犯罪的主犯，应按其所参与的或者组织、指挥的毒品犯罪数量处罚；对于从犯，应当按照其所参与的毒品犯罪的数量处罚。

三是要根据行为人在共同犯罪中的作用和罪责大小确定刑罚。不同案件不能简单类比，一个案件的从犯参与犯罪的毒品数量可能比另一案件的主犯参与犯罪的毒品数量大，但对这一案件从犯的处罚不是必然重于另一案件的主犯。共同犯罪中能分清主从犯的，不能因为涉案的毒品数量特别巨大，就不分主从犯而一律将被告人认定为主犯或者实际上都按主犯处罚，一律判处重刑甚至死刑。对于共同犯罪中有多个主犯或者共同犯罪人的，处罚上也应做到区别对待。应当全面考察各主犯或者共同犯罪人在共同犯罪中实际发挥作用的差别，主观恶性和人身危险性方面的差异，对罪责或者人身危险性更大的主犯或者共同犯罪人依法判处更重的刑罚。

十、主观明知的认定问题

毒品犯罪中，判断被告人对涉案毒品是否明知，不能仅凭被告人供述，而应当依据被告人实施毒品犯罪行为的过程、方式、毒品被查获时的情形等证据，结合被告人的年龄、阅历、智力等情况，进行综合分析判断。

具有下列情形之一，被告人不能做出合理解释的，可以认定其“明知”是毒品，但有证据证明确属被蒙骗的除外：（1）执法人员在口岸、机场、车站、港口和其他检查站点检查时，要求行为人申报为他人携带的物品和其他疑似毒品物，并告知其法律责任，而行为人未如实申报，在其携带的物品中查获毒品的；（2）以伪报、藏匿、伪装等蒙蔽手段，逃避海关、边防等检查，在其携带、运输、邮寄的物品中查获毒品的；（3）执法人员检查时，有逃跑、丢弃携带物品或者逃避、抗拒检查等行为，在其携带或者丢弃的物品中查获毒品的；（4）体内或者贴身隐秘处藏匿毒品的；（5）为获取不同寻常的高额、不等值报酬为他人携带、运输物品，从中查获毒品的；（6）采用高度隐蔽的方式携带、运输物品，从中查获毒品的；（7）采用高度隐蔽的方式交接物品，明显违背合法物品惯常交接方式，从中查获毒品的；（8）行程路线故意绕开检查站点，在其携带、运输的物品中查获毒品的；（9）以虚假身份或者地址办理托运手续，在其托运的物品中查获毒品的；（10）有其他证据足以认定行为人应当知道的。

十一、毒品案件的管辖问题

毒品犯罪的地域管辖，应当依照刑事诉讼法的有关规定，实行以犯罪地管辖为主、被告人居住地管辖为辅的原则。考虑到毒品犯罪的特殊性和毒品犯罪侦查体制，“犯罪地”不仅可以包括犯罪预谋地、毒资筹集地、交易进行地、运输途经地以及毒品生产地，也包括毒资、毒赃和毒品藏匿地、转移地、走私或者贩运毒品目的地等。“被告人居住地”，不仅包括被告人常住地和户籍所在地，也包括其临时居住地。

对于已进入审判程序的案件，被告人及其辩护人提出管辖异议，经审查异议成立的，或者受案法院发现没有管辖权，而案件由本院管辖更适宜的，受案法院应当报请与有管辖权的法院共同的上级法院依法指定本院管辖。

十二、特定人员参与毒品犯罪问题

近年来，一些毒品犯罪分子为了逃避打击，雇佣孕妇、哺乳期妇女、急性传染病人、残疾人或者未成年人等特定人员进行毒品犯罪活动，成为影响我国禁毒工作成效的突出问题。对利用、教唆特定人员进行毒品犯罪活动的组织、策划、指挥和教唆者，要依法严厉打击，该判处重刑直至死刑的，坚决依法判处重刑直至死刑。对于被利用、被诱骗参与毒品犯罪的特定人员，可以从宽处理。

要积极与检察机关、公安机关沟通协调，妥善解决涉及特定人员的案件管辖、强制措施、刑罚执行等问题。对因特殊情况依法不予羁押的，可以依法采取取保候审、监视居住等强制措施，并根据被告人具体情况和案情变化及时变更强制措施；对于被判处有期徒刑或者拘役的罪犯，符合刑事诉讼法第二百一十四条规定情形的，可以暂予监外执行。

十三、毒品案件财产刑的适用和执行问题

刑法对毒品犯罪规定了并处罚金或者没收财产刑，司法实践中应当依法充分适用。不仅要依法追缴被告人的违法所得及其收益，还要严格依法判处被告人罚金刑或者没收财产刑，不能因为被告人没有财产，或者其财产难以查清、难以分割或者难以执行，就不依法判处财产刑。

要采取有力措施，加大财产刑执行力度。要加强与公安机关、检察机关的协作，对毒品犯罪分子来源不明的巨额财产，依法及时采取查封、扣押、冻结等措施，防止犯罪分子及其亲属转移、隐匿、变卖或者洗钱，逃避依法追缴。要加强不同地区法院之间的相互协作配合。毒品犯罪分子的财产在异地的，第一审人民法院可以委托财产所在地人民法院代为执行。要落实和运用有关国际禁毒公约规定，充分利用国际刑警组织等渠道，最大限度地做好境外追赃工作。

权威解读

解读《全国部分法院审理毒品犯罪案件工作座谈会纪要》

为了进一步加强毒品犯罪案件的审判工作，依法惩治毒品犯罪，最高人民法院于2008年9月23日至24日在辽宁省大连市召开了全国部分法院审理毒品犯罪案件工作座谈会。座谈会总结了人民法院审理毒品犯罪案件的经验，研究讨论了审理毒品犯罪案件中遇到的新情况、新问题，对人民法院审理毒品犯罪案件尤其是毒品死刑案件具体适用法律的若干问题统一了认识。会议形成的《全国部分法院审理毒品犯罪案件工作座谈会纪要》（以下简称《审理毒品犯罪纪要》），已由最高人民法院于2008年12月1日以法〔2008〕324号文件印发全国各级法院，这是当前和今后一段时期人民法院审理毒品犯罪案件的重要指导性文件。为正确理解和适用《审理毒品犯罪纪要》，现将《审理毒品犯罪纪要》起草的背景、指导思想和相关内容说明如下：

一、《审理毒品犯罪纪要》起草的背景和指导思想

最高人民法院对毒品案件的法律适用问题，先后作出过多个司法解释。2000年4月出台了《全国法院审理毒品犯罪案件工作座谈会纪要》（已失效，以下简称《南宁会议纪要》），2004年12月姜兴长副院长在全国法院刑事审判工作座谈会上的讲话和2007年4月张军副院长在部分法院刑事审判工作座谈会上的讲话又对审理毒品犯罪案件的一些法律适用问题进行了阐述。近年来，毒品犯罪案件出现一些新情况、新问题，特别是随着最高人民法院统一行使死刑案件核准权和《禁毒法》的实施，毒品案件的审理又面临新的形势和要求。为了统一毒品案件裁判标准，确保毒品案件特别是毒品死刑案件的审判质量，最高人民法院在调查研究的基础上，总结了近年来审理毒品案件的经验和做法，经讨论研究后形成《审理毒品犯罪纪要》草稿。2008年5月13日至14日，在北京召开的全国法院刑事审判工作座谈会上对《审理毒品犯罪纪要》进行了讨论。9月23日至24日，最高人民法院在大连市召开全国部分法院审理毒品犯罪案件工作座谈会，又专门对《审理毒品犯罪纪要》进行了讨论和研究。会后，根据会议讨论提出的意见和建议对《审理毒品犯罪纪要》进行了修改和完善。

在《审理毒品犯罪纪要》的起草过程中，主要遵循和体现了以下指导思想：一是坚持原则性与灵活性相结合，既突出《审理毒品犯罪纪要》的指导

性、规范性和统一性，强调贯彻落实“保留死刑，严格控制和慎重适用死刑”的政策，又考虑不同地区、不同案件的具体情况，适当留出法官自由裁量的空间，避免因规定得太死而难以适应不同地区和不同案件的需要。二是贯彻宽严相济的刑事政策，既强调严厉打击严重的毒品犯罪，同时考虑对具有法定或者酌定从宽处罚情节的，依法从宽处罚，做到该严则严，当宽则宽，宽严适度，效果良好。三是坚持继承与发展相结合，既注意吸收以往有关审理毒品犯罪司法解释、会议纪要的内容和有关会议的精神，保持各规范性文件和会议精神之间的协调统一，又注意针对新情况、新问题，总结近年来审判实践中的经验和做法，切实解决毒品案件审理中迫切需要解决的疑难问题。

二、《审理毒品犯罪纪要》与《南宁会议纪要》等规范性文件的关系

随着最高人民法院统一行使死刑案件核准权，对审理死刑案件包括毒品犯罪的死刑案件提出了更高、更严的要求。为了总结新的经验，解决毒品犯罪案件审理中的疑难问题，统一司法裁判标准，《审理毒品犯罪纪要》对《南宁会议纪要》等审理毒品案件规范性文件的内容进行了系统整理，对原有规定中已形成共识、行之有效的内容予以保留和吸收，对容易引起歧义或者存有矛盾的内容予以修改和完善，对没有规定的新情况、新问题予以增加和补充，对不够成熟、目前争议较大的问题则暂不规定。所以，《审理毒品犯罪纪要》出台后，除有关司法解释以外，《南宁会议纪要》等审理毒品案件的规范性文件原则上不再适用。

三、关于毒品犯罪案件的罪名确定和数量认定问题

（一）只能认定选择性罪名中部分行为的定罪问题

对同一宗毒品，被告人可能实施了两种以上犯罪行为，但相应证据只能认定其中一种行为，认定其他行为的证据不够充分的，如何定罪？《审理毒品犯罪纪要》总结了司法实践中的经验做法，明确规定只按照证据能够认定的行为的性质定罪，如涉嫌为贩卖而运输毒品，但认定贩卖的证据不足的，则只定运输毒品罪。这样做不仅符合证据裁判原则的要求，也符合《最高人民法院关于执行〈中华人民共和国刑事诉讼法〉若干问题的解释》（已失效）第一百七十六条第（五）项的有关规定，即案件事实部分清楚，证据确实、充分的，应当依法作出有罪或者无罪的判决；事实不清，证据不足部分，依法不予认定。

（二）走私、贩卖、运输、制造两种以上毒品的处理问题

对于被告人走私、贩卖、运输、制造两种以上毒品，如何计算数额和量刑的问题，目前司法实践中仍有将之统一折算成海洛因，或以数量大的毒品种类量刑同时把其他毒品作为情节考虑等不同做法。为了统一裁判标准，确保量刑平衡，《审理毒品犯罪纪要》基本吸收了1995年11月9日《最高人民法院关于办理毒品刑事案件适用法律几个问题的答复》（已失效）第一条的规定，明确指出对此不实行数罪并罚，可综合考虑毒品的种类、数量及危害，依法处理。至于量刑过程中如何具体操作，《审理毒品犯罪纪要》没有明确规定。我们认为，为了科学合理量刑，避免量刑失衡，对此情形量刑时可以将不同种类毒品统一折算成海洛因的相当量，如被告人走私、贩卖海洛因500克、鸦片2000克，鉴于鸦片与海洛因的比例关系，具体量刑过程中可以折算为相当于海洛因600克，但在裁判文书中不明确表述折算问题，仍表述为被告人走私、贩卖海洛因500克、鸦片2000克。

（三）罪名认定错误问题

《刑法》第三百四十七条规定的“走私、贩卖、运输、制造毒品罪”，是选择性罪名。1994年12月20日《最高人民法院关于执行〈全国人民代表大会常务委员会关于禁毒的决定〉的若干问题的解释》（已失效，以下简称《禁毒决定的解释》）第二条第二款曾规定：“凡实施了走私、贩卖、运输、制造毒品行为之一的，即以该行为确定罪名。凡实施了其中两种以上行为的，如运输、贩卖海洛因，则定为运输、贩卖毒品罪，不实行并罚。”关于选择性罪名的表述问题，尽管《南宁会议纪要》已有规定，但司法实践中仍有定罪时多定、漏定罪名或者排列顺序颠倒的情况。尽管确定选择性罪名上的差异一般不影响量刑，但是罪名确定不当，有损于法律适用的统一和裁判文书的权威，也会使被告人不服。鉴于此，《审理毒品犯罪纪要》增加规定：对罪名有误的，上级法院可以减少选择性罪名中的部分罪名或者改动罪名顺序，在不加重原判刑罚的情况下，也可以改变罪名，但不得增加罪名。之所以这样规定，一是可以更好地贯彻和落实上诉不加刑的原则，充分保障被告人的辩护权。二是符合《最高人民法院关于执行〈中华人民共和国刑事诉讼法〉若干问题的解释》（已失效）第二百五十七条第（二）项的规定，即对原判认定事实清楚、证据充分，只是认定的罪名不当的，在不加重原判刑罚的情况下，可以改变罪名。

（四）吸毒者实施毒品犯罪的定罪问题

《南宁会议纪要》规定：吸毒者在购买、运输、存储毒品过程中被抓获的，如没有证据证明被告人实施了其他毒品犯罪行为的，一般不应定罪处罚，但查获的毒品数量达到《刑法》第三百四十八条规定的定罪标准的，应当以非法持有毒品罪定罪。但在司法实践中，对吸毒者在运输毒品过程中被查获，没有证据证明其实施了其他毒品犯罪行为，毒品数量大且明显超出其吸食量的，是定非法持有毒品罪，还是运输毒品罪，仍然存在不同意见，甚至出现运输上千克海洛因的也被定为非法持有毒品罪的情况。座谈会讨论中有一部分同志认为，对此应当以吸毒者实施的行为来定罪，即在运输途中被抓获的，就以运输毒品罪认定。因为非法持有毒品罪是个补充性的罪名，只有毒品来源和持有目的不清，确实没有证据证明行为人实施其他毒品犯罪行为时，才可认定为非法持有。而上述情况下已有证据证明，被告人实施了运输毒品的犯罪行为，且其携带运输毒品数量已明显超出其个人正常吸食的数量。这样认定符合运输毒品犯罪构成的要求，也可以有效打击吸毒人员进行毒品犯罪活动。否则，不论毒品数量大小，均以非法持有毒品罪定罪处罚，势必轻纵此类犯罪。

《审理毒品犯罪纪要》在《南宁会议纪要》的基础上，对上述问题作了区别不同情况分别处理的规定，即毒品数量未超过《刑法》第三百四十八条规定的最低数量标准的，不定罪处罚；查获毒品数量达到较大以上的，应以其实际实施的毒品犯罪行为定罪处罚。这就是说，吸毒者确是在购买、运输、储存用于自己吸食的毒品过程中被查获，没有证据证明其实施了其他毒品犯罪行为，且毒品数量未超过《刑法》第三百四十八条规定的最低数量标准的，可不认定为犯罪；但是，如果其被查获毒品数量较大，达到《刑法》第三百四十八条规定的最低数量标准的，应当以非法持有毒品罪定罪处罚；如果其在运输毒品过程中被当场查获，毒品数量大，明显超出其个人正常吸食量的，可以运输毒品罪定罪处罚。

（五）代购者牟利的行为定性问题

《南宁会议纪要》规定：有证据证明行为人不是以营利为目的，为他人代买仅用于吸食的毒品，毒品数量超过《刑法》第三百四十八条规定数量最低标准，构成犯罪的，托购者、代购者均构成非法持有毒品罪。但是，对此情形下行为人从中牟利的如何处罚，没有明确规定，致使司法实践中存在分歧。

鉴于此，《审理毒品犯罪纪要》新增规定，对代购者为吸毒人员代买毒品并牟利的，应以贩卖毒品罪定罪。其主要理由是：一是行为人牟利的，虽然形式上可能是赚取少量介绍费，但实际上相当于变相加价出售毒品。二是《刑法》第三百五十五条规定："向走私、贩卖毒品的犯罪分子或者以牟利为目的，向吸食、注射毒品的人提供国家规定管制的能够使人形成瘾癖的麻醉药品、精神药品的，依照本法第三百四十七条的规定定罪处罚。"因此，以牟利为目的代购毒品，实际上是帮助提供毒品行为，理应以贩卖毒品罪论处。

（六）居间介绍毒品犯罪问题

1988年8月12日，《最高人民检察院关于向他人出卖父辈、祖辈遗留下来的鸦片以及其他毒品如何适用法律的批复》指出："帮助出卖的中介人，以共犯论处。"1994年12月20日《禁毒决定的解释》第二条第四款曾规定，居间介绍买卖毒品的，无论是否获利，均以贩卖毒品罪的共犯论处。但司法实践中，居间介绍的情况比较复杂，应当根据案件具体情况具体分析，区别对待。如前所述，《南宁会议纪要》规定了有证据证明行为人不是以营利为目的，为他人代买仅用于吸食的毒品的处理问题。而对于明知他人进行毒品犯罪而为其居间介绍、代买代卖的，如居间人明知他人买入毒品的目的是贩卖，而为其介绍毒品，或者居间人受出卖方委托为其推销毒品、介绍买毒者，如何处理，则没有明确规定。座谈会讨论中许多同志认为，因为在此情形下行为人主观上有共同犯罪的故意，客观上有非法买卖毒品或者为毒品犯罪分子提供信息帮助的行为，不论是否获利，都可以构成毒品犯罪的共犯。因此，《审理毒品犯罪纪要》规定"明知他人实施毒品犯罪而为其居间介绍、代购代卖的，无论是否牟利，都应以其实施的毒品犯罪的共犯论处"。

（七）盗窃、抢劫毒品的处罚问题

对于盗窃、抢劫毒品的，《南宁会议纪要》规定：认定盗窃犯罪数额，可以参考当地毒品非法交易的价格。认定抢劫犯罪的数额，即是抢劫毒品的实际数量。《审理毒品犯罪纪要》则规定盗窃、抢劫毒品的，分别以盗窃、抢劫罪定罪，但不计犯罪数额，根据情节轻重予以定罪量刑。之所以这样规定，是因为原来有关认定数额的规定与《最高人民法院关于审理盗窃案件具体应用法律若干问题的解释》（已失效）第五条第八项"盗窃违禁品，按盗窃罪处理的，不计数额，根据情节轻重量刑"的规定矛盾。毒品是违禁品，不允许交易，因而不宜在正式司法文件中确认其价格。但鉴于盗窃罪和抢劫罪都是侵犯财产的犯罪，盗抢财物的数额是量刑的重要依据，因此，在审理此类案件时可以适当参考当地毒品非法交易的价格计算数额。

四、关于毒品犯罪死刑适用问题

（一）毒品犯罪的死刑数量标准问题

《审理毒品犯罪纪要》未对毒品犯罪的死刑数量标准作出明确规定，而是规定了一个总的把握原则，即近期掌握的死刑数量标准，应当结合本地毒品犯罪的实际情况和依法惩治、预防毒品犯罪的需要，参照最高人民法院复核毒品死刑案件的典型案例，恰当把握。因此，在毒品犯罪死刑数量标准上，最高人民法院近期仍将坚持原则性与灵活性相统一的做法，针对不同地区毒品犯罪形势的特点，采取适宜、均衡的死刑数量标准，不搞“一刀切”。同时，通过复核死刑案件、发布典型案例等形式，逐步形成一个有一定幅度、相对统一的毒品犯罪死刑数量标准，最大限度地实现毒品案件的量刑平衡。《审理毒品犯罪纪要》之所以这样规定，主要考虑到：

一是符合目前各地毒品犯罪差异较大的实际情况，符合现阶段打击毒品犯罪的实际需要，有利于有效惩治毒品犯罪。我国幅员辽阔，各地经济、社会发展很不平衡，毒品犯罪态势也有明显差异，如云南、广东等地的毒品犯罪发案率明显高于其他地方。如果急于制定全国统一的死刑适用数量标准，势必不符合各地打击毒品犯罪的实际。

二是统一毒品犯罪死刑适用的数量标准须循序渐进。死刑案件核准权收归最高人民法院统一行使后，毒品犯罪的死刑数量标准也应当相对统一。但在目前的司法环境下，需经历一个循序渐进的过程。此间，各地应根据最高人民法院复核死刑案件作出的裁判及公布的典型案例，结合本地毒品犯罪形势，按照“数量加情节”的原则，具体把握本地毒品犯罪的死刑适用标准。最高人民法院在复核死刑案件时，也会充分考虑各地以往掌握的死刑数量标准以及当地经济社会发展的实际、毒品犯罪形势和社会治安状况，综合判定是否核准死刑。从死刑案件核准权统一行使的实践看，据此掌握毒品犯罪的死刑数量标准，是可行的、符合实际的。

（二）关于毒品犯罪可以判处死刑的情形

为了严格控制和慎重适用死刑，统一适用死刑的标准，《审理毒品犯罪纪要》继续坚持对毒品犯罪“数量加情节”的量刑原则，根据情节轻重划分了不同类型，归纳和列举了可以考虑判处死刑的具体情形。其中，具有毒品犯罪集团首要分子、武装掩护、暴力抗拒查缉、参与有组织的届际贩毒等严重情节的，根据《刑法》第三百四十七条第（二）项至第（五）项规定可以不受毒品数量大的限制，只要情节严重的，一般应当判处死刑；毒品再犯、累犯，利用、教唆未成年人走私、贩卖、运输、制造毒品，或者向未成年人出售毒品，分别是《刑法》第三百五十六条、第六十五条、第三百四十七条第六款规定的法定从重处罚情节，被告人往往主观恶性深、人身危险性大，只要毒品数量达到实际掌握的死刑数量标准，一般也应当判处死刑；多次走私、贩卖、运输、制造毒品，向多人贩毒，在戒毒监管场所贩毒，在毒品犯罪中诱使、容留多人吸毒，或者国家工作人员利用职务便利实施毒品犯罪等，是司法实践中常见的酌定从重处罚情节，只要达到实际掌握的死刑数量标准，可以判处死刑；对于达到实际掌握的死刑数量标准，被告人同时具有其他从重处罚情节的，或者毒品数量超过实际掌握的死刑数量标准，并且被告人没有任何法定、酌定从轻处罚情节的，可以判处死刑。

（三）关于可以不判处死刑立即执行的情形

《审理毒品犯罪纪要》从贯彻宽严相济刑事政策出发，根据毒品犯罪“数量加情节”的量刑原则，在总结审判实践经验的基础上，列举了毒品犯罪达到实际掌握的适用死刑数量标准，但因具有法定或者酌定从宽处罚情节而可以不判处死刑立即执行的具体情形。其中第（二）项、第（三）项、第（四）项、第（五）项规定内容来源于《南宁会议纪要》中“关于审理毒品案件与量刑有关的几个具体问题”。

具体来讲，第（一）项规定的自首、立功情形，分别是《刑法》第六十七条、第六十八条规定的可以从宽处罚情节。第（二）项规定的被告人坦白尚未被司法机关掌握的其他毒品犯罪情形，根据《最高人民法院关于处理自首和立功具体应用法律若干问题的解释》第四条的规定，属于从轻处罚的情节。第（三）项规定的毒品掺假情形，因为毒品纯度的不同表明其内含毒性成分多少不同，纯度极低的毒品流入社会后的危害性必然小于纯度高的毒品，所以规定掺假之后的数量才达到实际掌握的死刑数量标准，或者有证据表明可能大量掺假但因故不能鉴定的，可以不判处死刑立即执行。第（四）项规定的特情引诱情形，被告人因受特情的犯意引诱、数量引诱而实施毒品犯罪，其主观罪责相对轻些，况且因特情介入，被告人的犯罪行为一般在公安机关的控制之下，毒品一般不会继续流入社会，其社会危害程度大大减轻，这在量刑时应当考虑。第（五）项规定的以贩养吸情形，尽管对于以贩养吸的被告人，查获的全部毒品均应当以贩卖毒品的数量认定，不能扣除被告人可能用于自己吸食的部分，但是量刑时特别是适用死刑时，应当考虑其个人吸食的情节。第（六）项规定的初次犯罪情形，因为初次犯罪即被查获，客观上未造成严重后果，被告人的主观恶性和人身危险性相对小些，可以酌情从轻处罚。第（七）项规定的毒品共同犯罪情形，因为共同犯罪毒品数量刚达到实际掌握的死刑数量标准，共同犯罪人的作用大体相当，或者责任大小难以区分，从罪责刑相适应和刑罚谦抑性出发，可以不判处死刑立即执行。第（八）项规定的家庭成员毒品共同犯罪情形，因为在毒品共同犯罪中起主要作用的家庭成员已被判处死刑立即执行，从刑罚人道主义和贯彻宽严相济政策出发，对其他罪行相对较轻的被告人，可以不判处死刑立即执行。第（九）项规定是兜底性条款，指以上列举以外的其他不是必须判处死刑立即执行的情形。

五、关于运输毒品罪的刑罚适用问题

《刑法》第三百四十七条对运输毒品罪规定了与走私、贩卖、制造毒品罪相同的法定刑，但是在司法实践中运输毒品的犯罪情况复杂多样，对运输毒品犯罪如何区别量刑存在不同做法。有的在数量标准上，将运输毒品罪的处刑数量标准把握为走私、贩卖、制造毒品犯罪的2倍或者3倍，有的比其他毒品犯罪多出100克左右。《审理毒品犯罪纪要》根据情节轻重和被告人主观恶性、人身危险性大小，进一步明确规定区分不同类型予以区别对待。一是对于运输毒品犯罪集团首要分子，组织、指使、雇用他人运输毒品的主犯或者毒枭、职业毒贩、毒品再犯，以及具有武装掩护、暴力抗拒检查、拘留或者逮捕、参与有组织的国际毒品犯罪、以运输毒品为业、多次运输毒品或者其他严重情节的，应当按照刑法、有关司法解释和实际掌握的毒品数量标准，依法从严惩处，该判处死刑的必须判处死刑。二是对有证据证明被告人确属受人指使、雇用参与为他人运输毒品，且系初犯、偶犯的，因其社会危害性、主观恶性和人身危险性相对小些，可以从轻处罚，即使毒品数量超过实际掌握的死刑数量标准，也可以不判处死刑立即执行。三是毒品数量超过实际掌握的死刑数量标准，被告人及其辩护人辩称受他人指使、雇用运输毒品，但是案件证据不能证明被告人系受人指使、雇用运输毒品的，可以依法判处重刑直至死刑。四是涉嫌为贩卖而自行运输毒品，由于认定贩卖毒品的证据不足，因而认定为运输毒品罪的，不同于单纯的受指使为他人运输毒品行为，其量刑标准应当与单纯的运输毒品行为有所区别。

之所以对上述第二种情形的单纯运输毒品犯罪在量刑上区别对待，主要考虑到以下几点：其一，单纯的运输毒品行为只是走私、制造、贩卖毒品犯罪的中间环节，在整个毒品犯罪中具有从属性、辅助性特点，其社会危害性与走私、贩卖、制造毒品等源头性犯罪有所不同。其二，部分运输毒品者多是受雇的农民、边民、少数民族或无业人员，并非毒品的所有者、买家或卖家。其犯罪动机往往是赚取少量运费，主观恶性一般不大。其三，有利于贯彻宽严相济刑事政策，突出毒品犯罪的打击重点。

六、制造毒品的认定与处罚问题

《禁毒决定解释》第二条规定："制造毒品，是指非法用毒品原植物直接提炼或者用化学方法加工、配制毒品的行为。"但是，对于用物理方法加工、配制毒品的，是否认定为制造毒品罪，该解释没有规定，致使司法实践中存在不同认识。有的同志提出，对于将固态海洛因制成水剂并掺入安定的，可以认定为制造毒品；有的认为可以犯罪分子加工毒品的目的来判断是否属于制造毒品，如目的是以新类型毒品出售，吸引更多吸毒者使用，赚取更多非法利润，则可认定为制造毒品，如果仅为了便于运输过程中逃避检查而对毒品进行加工，则不宜认定为制造毒品。《审理毒品犯罪纪要》采纳了其合理意见，补充规定制造毒品还可以包括以改变毒品成分和效用为目的，用混合等的物理方法加工、配制毒品的行为，但不包括为便于隐蔽运输、销售、使用、欺骗购买者，或者为增加重量，而掺杂使假，添加或去除其他非毒品物质的行为。

《审理毒品犯罪纪要》这样规定，一是符合司法实践打击制造毒品犯罪的需要。如制造毒品"麻古"的过程就是以甲基苯丙胺和咖啡因为主要原料的物理混合加工过程，司法实践中一般将制造"麻古""摇头丸"等新的混合型毒品的行为定性为制造毒品罪。二是符合"制造毒品"的立法原意。制造的字面含义是"用人工使原材料成为可供使用的物品""将原材料加工成器物"，自然包括物理方法的制造。三是目前理论界普遍认为制造毒品包括使用化学方法以外的方法使一种毒品变为另一种毒品等一些比较特殊的物理方法加工配制毒品，如在某种毒品中混合其他毒品等。四是我国加入并已生效的《一九七一年精神药物公约》第一条对"制造"用语的解释有类似规定。该条第（九）项规定：制造是指所有可能借以取得精神药物之过程，包括精炼以及将精神药物转变为他种精神药物之过程，亦包括精神药物制剂之配制。第（六）项规定：制剂是指任何不论其物理状态为何，而含有一种或多种精神药物之混合物或溶剂。

七、关于毒品含量鉴定和混合型毒品案件处理问题

（一）关于毒品含量鉴定

毒品的含量鉴定问题，经历了一个变化过程。《禁毒决定解释》第十九条规定：海洛因的含量在25%以上的，可视为《决定》和本解释所指的海洛因。含量不够25%的，应当折合成含量为25%的海洛因计算数量。1997年《刑法》第三百五十七条第二款规定："毒品的数量以查证属实的走私、贩卖、运输、制造、非法持有毒品的数量计算，不以纯度折算。"2000年《南宁会议纪要》提出，经鉴定毒品含量极少，确有大量掺假成分的，在处刑时应酌情考虑。2007年最高人民法院、最高人民检察院和公安部经反复协商，对死刑案件的含量鉴定问题达成共识，在同年12月出台的《办理毒品犯罪案件适用法律若干问题的意见》（以下简称《毒品犯罪意见》）第四条中明确规定："可能判处死刑的毒品犯罪案件，毒品鉴定结论中应有含量鉴定的结论。"据此，《审理毒品犯罪纪要》规定对可能判处被告人死刑的毒品犯罪案件，涉案毒品可能大量掺假或者系成分复杂的新类型毒品的，应当作出毒品含量鉴定。

对毒品进行含量鉴定，主要理由有以下几点：（1）这是贯彻罪责刑相适应原则的必然要求。毒品含量是体现社会危害性程度的重要情节。毒品纯度的高低是毒品含有毒性成分多少的重要标志，纯度高的毒品流入社会后，其危害性必然大于纯度低的毒品。（2）有利于量刑平衡。针对毒品含量参差不齐、成分复杂的实际情况，进行毒品含量鉴定，是量刑科学化、规范化的重要保障。当毒品大量掺假、含量极低，毒品成分复杂，或者同种有毒成分因含量不同而分属于不同种类毒品时，如果不作含量鉴定，就可能造成量刑不公。（3）有利于贯彻严格控制和慎重适用死刑的政策要求，确保死刑案件的质量。

在司法实践中，应当结合我国当前的刑事政策、毒品犯罪的态势辩证地看待含量鉴定，既不能过于苛求鉴定，也不能一概置之不理。对于毒品数量较小尤其是零包出售的毒品犯罪案件，考虑到不会适用重刑，为了诉讼经济、提高效率，只要确系毒品，可以不作毒品含量分析。对于毒品数量大，可能

判处死刑的，有证据证明或现有证据不能排除大量掺假可能的，如存在从毒品性状上肉眼即可识别出与典型毒品明显不同，或者交易价格明显低于当地同类毒品价格等情形的，则应当进行定性和定量鉴定。经鉴定毒品含量极低的，在刑罚裁量时就应当酌情考虑。对于掺假后毒品数量才达到或超过判处死刑标准，没有其他从重情节的，原则上不得判处死刑。另外，对于“摇头丸”“K粉”“麻古”等新类型毒品，刑法及相关司法解释没有明确具体的量刑数量标准的，判处死刑，要格外慎重。毒品鉴定结论中毒品品名的认定应以国家食品药品监督管理局、公安部、卫生部最新发布的《麻醉药品品种目录》《精神药品品种目录》为依据。对缺少作为定罪量刑重要证据的毒品含量鉴定结论的，上级法院可以部分事实不清为由，将案件发回重新审判。对毒品鉴定结论有疑义的，可以进行补充鉴定或重新鉴定。因某种原因不能作出补充或重新鉴定的，判处死刑时应特别慎重。

（二）关于毒品混合物的成分鉴定和量刑

对于毒品混合物犯罪如何量刑，司法实践中存在不同认识和做法。有的主张将所有毒品都折算成海洛因，有的主张以其中毒性较大或者所占比例较大的毒品成分确定其毒品种类。《审理毒品犯罪纪要》规定应根据毒品混合物的不同情况予以分别处理：对于毒品中含有海洛因、甲基苯丙胺的，应以海洛因、甲基苯丙胺分别确定其毒品种类；不含海洛因、甲基苯丙胺的，以其中毒性较大的毒品成分确定其毒品种类；如果毒性相当或者难以确定毒性大小的，以其中毒性较大或者所占比例较大的毒品成分确定其毒品种类，并在量刑时综合考虑其他毒品成分、含量和全案所涉毒品数量。对于刑法、司法解释等已有毒品量刑数量标准的毒品，按照刑法、司法解释等规定适用刑罚；对于刑法、司法解释等没有规定量刑数量标准的，有条件折算为海洛因的，参照国家食品药品监督管理局制定的《非法药物折算表》，折算成海洛因的数量后适用刑罚。

这样规定的主要理由是：首先，对含有海洛因、甲基苯丙胺的，以其确定毒品种类，不仅符合司法实践中的普遍做法，也便于司法操作。其次，可以实现与刑法、司法解释已有毒品犯罪量刑标准的协调，尤其是以毒性较大的确定毒品种类，因毒性较大的量刑数量标准较低，其对应的法定刑较重，不会轻纵此类毒品犯罪。再次，国外有类似规定，如美国量刑指南指出：管制药品的重量是指含有可觉察管制药品的任何混合物或药品的全部重量。如果混合物或药品包含不止一种管制药品，则按照致较高犯罪等级的管制药品计算全部混合物或该药品的重量。最后，详细规定不同情形毒品混合物的处理方法，有利于解决对混合型毒品量刑的争议，实现量刑的统一和平衡。

八、关于毒品案件的立功问题

（一）协助抓获同案犯的立功认定问题

《南宁会议纪要》中规定认定协助司法机关抓获同案犯的立功，应当根据被告人在公安机关抓获同案犯中是否确实起到了协助作用，但是司法实践中对提供同案犯手机号、QQ 号等抓获同案犯的，是否属于立功，存有认识分歧。《审理毒品犯罪纪要》规定，共同犯罪中同案犯的基本情况，包括同案犯姓名、住址、体貌特征、联络方式等信息，属于被告人应当供述的范围。公安机关据此抓获同案犯的，不应当认定为立功。但被告人交代了与同案犯的联系方式，又按要求与对方联络，积极协助公安机关抓获了同案犯的，或者提供了不为有关机关掌握或有关机关按照正常工作程序无法掌握的同案犯藏匿的线索，有关机关据此抓获同案犯等，应认定为立功。

（二）关于毒枭立功问题

立功是法定从宽处罚情节，但毒枭立功和马仔立功的情况不同，量刑时应区别对待。在毒品共同犯罪案件中，毒枭、毒品犯罪集团首要分子、共同犯罪的主犯、职业毒贩、毒品惯犯等，由于掌握同案犯、从犯、马仔的犯罪情况和个人信息，被抓获后往往能协助抓捕同案犯，获得立功或者重大立功。因此，《审理毒品犯罪纪要》规定立功从宽处罚的把握，应以功是否足以抵罪为标准，对于毒枭等严重毒品犯罪分子立功的，从轻或者减轻处罚应当从严掌握。对其是否从宽处罚以及从宽幅度的大小，应当主要看功是否足以抵罪，即应结合被告人罪行的严重程度、立功大小综合考虑。要充分注意毒品共同犯罪人以及上、下家之间的量刑平衡。如果其罪行极其严重，只有一般立功表现，功不足以抵罪的，可不予从轻处罚；如果其检举、揭发的是其他犯罪案件中罪行同样严重的犯罪分子，或者协助抓获的是同案中的其他首要分子、主犯，功足以抵罪的，原则上可以从轻或者减轻处罚；如果协助抓获的只是同案中的从犯或者马仔，功不足以抵罪，或者从轻处罚后全案处刑明显失衡的，不予从轻处罚。相反，对于从犯、马仔立功，特别是协助抓获毒枭、首要分子、主犯的，应当从轻处罚，直至依法减轻或者免除处罚。

（三）关于检举揭发他人犯罪信息的来源问题

关于被告人亲属协助检举揭发问题，因其往往出现引诱他人犯罪、收买犯罪线索等违法获取立功材料的情况，司法实践中对其可否认定为立功以及如何处罚认识不一。许多同志认为，被告人的亲属协助检举揭发，尽管实际为司法机关破案或者抓捕毒品犯罪人提供了一定帮助，对打击毒品犯罪是有利的，但不是刑法意义上的立功。对于被告人亲属等通过非法手段获取或者非法途径传递他人犯罪信息，如人为制造他人犯罪、从司法人员处贿买他人犯罪信息、通过律师或者看守人员等非法传递他人犯罪信息，由被告人检举揭发的，因其手段或者获取途径非法甚至涉嫌犯罪，明显违背立功系有利于国家和社会的突出表现的立法原意，也不能认定为立功。因此，《审理毒品犯罪纪要》规定，被告人亲属为了使被告人得到从轻处罚，检举、揭发他人犯罪或者协助司法机关抓捕其他犯罪人的，不能视为被告人立功。同监犯将本人或者他人未被司法机关掌握的犯罪事实告知被告人，由被告人检举揭发的，如经查证属实，虽可认定被告人立功，但是否从宽处罚、从宽幅度大小，应与通常的立功有所区别。通过非法手段或者非法途径获取他人犯罪信息，如从国家工作人员处贿买他人犯罪信息，通过律师、看守人员等非法途径获取他人犯罪信息，由被告人检举揭发的，不能认定为立功，也不能作为酌情从轻处罚情节。

《审理毒品犯罪纪要》对立功的规定，改变了以往“只要从被告人嘴里说出犯罪线索就是立功”的做法。作出这样严格的规定，主要是因为近年来一些国家工作人员、律师和被告人亲属非法“制造”立功的现象较为突出，部分罪行十分严重的犯罪分子逃避了法律的严惩，严重扰乱了监管秩序，违背了刑法规定立功制度的立法宗旨，造成了恶劣的社会影响。因此，对立功的认定必须从严把握。实践中要注意，凡被告人从非法渠道获得立功线索的，一律不认定为立功。“非法来源”的证明责任在司法机关，如没有证据证明立功线索来源非法的，就应当认定为立功。对于有关部门提供的证明被告人立功的书面材料，应当立足于刑法关于立功的规定，以有关材料是否足以证实被告人有立功表现为判断标准。例如，看守所、公安机关、检察机关或者纪检监察机关提供书面材料证明被告人有检举、揭发他人犯罪等表现的，必须同时提供被检举者犯罪的具体情况。对于只出具被告人有立功表现的书面证明，不提供或者不补充具体材料，致使法院无法作出准确判断的，依法不能认定立功。

九、关于毒品再犯问题

（一）毒品再犯的认定问题

对因走私、贩卖、运输、制造、非法持有毒品罪被判刑的犯罪分子，在缓刑、假释或暂予监外执行期间又犯刑法分则第六章第七节规定的毒品犯罪的，除依法数罪并罚外，是否还应适用《刑法》第三百五十六条认定为毒品再犯，司法实践中存在争议。有的认为，此种情形不宜认定为毒品再犯，应依照《刑法》第七十一条和第六十九条的规定数罪并罚。就此问题，经征求全国人大常委会法工委刑法室意见，2007 年最高人民法院作出此情形应认定为毒品再犯的批复。

《审理毒品犯罪纪要》之所以作出上述情形认定为毒品再犯的规定，主要基于以下两点理由：首先，《刑法》第三百五十六条规定的毒品再犯不是累犯的特殊形式，是对毒品犯罪再犯的从重处罚的特别规定。只要曾因犯该条所列的毒品犯罪被判过刑，无论何时（不论刑罚是否执行完毕）再犯，均应适用该条规定从重处罚。其次，将“判过刑”理解为包括刑罚未执行或者未执行完毕的情形，符合惩治毒品再犯的立法目的。对于“判过刑”的理解，应当是指前罪判决已生效，而不论是否已经服刑完毕。毒品再犯不要求前罪的刑罚已经执行完毕或者赦免，也不要求本次犯罪与前次犯罪之间有确定的时间间隔。犯罪分子因毒品犯罪被判刑后，在缓刑、假释或暂予监外执行期间再次实施毒品犯罪，说明其不思悔改，主观恶性较深，人身危险性较大，理应从重处罚。

（二）同时构成累犯和毒品再犯的适用法律问题

关于同时构成累犯和毒品再犯的被告人，是否同时引用累犯和毒品再犯的条款从重处罚，《南宁会议纪要》规定一律适用《刑法》第三百五十六条规定的再犯条款从重处罚，不再援引刑法关于累犯的条款。《审理毒品犯罪纪要》则规定对此情形应当同时引用刑法关于累犯和毒品再犯的条款从重处罚，这主要考虑到这样规定符合刑法的规定，体现了从严惩治毒品犯罪的立法精神和刑事政策，而且有利于羁押部门掌握罪犯的情况，从而避免对同时构成累犯和毒品再犯的罪犯适用缓刑、假释的情况发生。

十、毒品案件的共同犯罪问题

（一）毒品共同犯罪的构成问题

由于毒品犯罪的复杂性、多样性，司法实践中对买卖双方、承运与托运双方（简称毒品犯罪双方）的毒品犯罪行为是否构成共同犯罪，存有两种对立的认识和做法。有的认为，毒品犯罪双方缺乏共同行为，各买各卖，一般不构成共同犯罪；也有的认为，毒品犯罪双方相互以对方行为为条件，相互配合，有共同行为和意思联络，一般应构成共同犯罪。《审理毒品犯罪纪要》将《南宁会议纪要》规定的“买卖毒品的双方，不一定构成共犯”改为“没有实施毒品犯罪的共同故意，仅在客观上为相互关联的毒品犯罪的上下家，不构成共同犯罪”。因为根据我国刑法规定的共同犯罪构成要件，毒品犯罪的上下家，如果主观上没有实施毒品犯罪的共同故意，仅在客观上相互关联的，不构成共同犯罪；如果有共同故意的，可以构成毒品共同犯罪。

（二）主犯、从犯毒品犯罪的数量认定问题

《审理毒品犯罪纪要》在《南宁会议纪要》规定的“关于毒品案件的共同犯罪问题”的基础上，根据《刑法》第二十六条规定，对主犯的处罚，补充了按其“所参与的”毒品犯罪数量处罚，避免了原来的遗漏。同时，对从犯的毒品数量认定进行了修改。《南宁会议纪要》规定，对于从犯，应按其个人直接参与实施的毒品犯罪数量处罚。这一规定与有关从犯处罚规定的司法解释和规范性文件相矛盾。1998 年《最高人民法院关于审理盗窃案件具体应用法律若干问题的解释》第七条第（三）项规定：“对共同犯罪中的从犯，应当按照其所参与的共同盗窃的数额确定量刑幅度，并依照刑法第二十七条第二款的规定，从轻、减轻处罚或者免除处罚。”2003 年 11 月最高人民法院印发的《全国法院审理经济犯罪案件工作座谈会纪要》“共同贪污犯罪中‘个人贪污数额’的认定”部分指出，“对共同贪污犯罪中的从犯，应当按照其所参与的共同贪污的数额确定刑罚幅度，并依照刑法第二十七条第二款的规定，从轻、减轻处罚或者免除处罚”。因此，《审理毒品犯罪纪要》根据上述有效司法解释和规范性文件规定，结合共同犯罪“部分行为全部责任”的刑法理论，规定对毒品犯罪的从犯，应当按照其所参与的毒品犯罪的数量处罚。

（三）多个主犯或共同犯罪人的量刑问题

《审理毒品犯罪纪要》增加了共同犯罪中存有多个主犯或者共同犯罪人时

如何区别量刑的内容，即对于共同犯罪中有多个主犯或者共同犯罪人的，处罚上也应做到区别对待。应当全面考察各主犯或者共同犯罪人在共同犯罪中实际发挥作用的差别，主观恶性和人身危险性方面的差异，对罪责或者人身危险性更大的主犯或者共同犯罪人依法判处更重的刑罚。

这样规定有利于贯彻宽严相济和严格控制和慎重适用死刑的政策，也符合量刑个别化的要求。在司法实践中，应当注意有多名主犯或者共同犯罪人的，必须充分考虑各被告人在共同犯罪中的地位和作用，以及主观恶性和人身危险性，进一步区分罪责更为严重者和罪行最为严重者，准确地认定各被告人的罪责并适用刑罚。不能因为罪行最严重的主犯有立功、自首等法定从轻处罚情节未判处死刑立即执行，而对罪行相对较轻的主犯判处死刑立即执行。确须判处两名以上被告人死刑立即执行的，必须要有充分的理由，一般仅限于犯罪情节极其恶劣、犯罪后果特别严重的毒品案件，且被告人罪行极其严重，又系毒品再犯、累犯等。

十一、关于主观明知的认定问题

毒品犯罪隐蔽性强，犯罪分子往往具有较充分的反侦查、反制裁准备，因而在行为人拒不如实供述的情况下，极难取得证据有效证明其主观上明知行为对象系毒品，从而给毒品犯罪的认定带来困难。为了解决这一问题，《毒品犯罪意见》规定了可以认定“明知”的一些具体情形。《审理毒品犯罪纪要》在此基础上，参考2002年7月《最高人民法院、最高人民检察院、海关总署关于办理走私刑事案件适用法律若干问题的意见》第五条“关于走私犯罪嫌疑人、被告人主观故意的认定问题”的规定，结合司法实践经验，列举了可以认定被告人主观明知的具体情形。

作出这一规定，一是出于公民基于法律法规而产生的义务。行为人在进行与自身相关的有关行为时，有责任审查被委托、雇佣携带、运输或者交接的物品是否属违禁品，不然，就要承担相应的法律责任。二是出于严惩毒品犯罪的需要。如果仅以行为人是否承认明知为标准，就难以认定毒品犯罪人的主观故意，严重影响惩治毒品犯罪活动。三是参照现行法律、司法解释和规范性文件对“明知”问题已作过的类似规定。如《刑法》第二百一十九条第二款（现已修改）规定：“明知或者应知前款所列行为，获取、使用或者披露他人的商业秘密的，以侵犯商业秘密论。”2007年5月《最高人民法院、最高人民检察院关于办理与盗窃、抢劫、诈骗、抢夺机动车相关刑事案件具体应用法律若干问题的解释》第六条，2002 年 7 月《最高人民法院、最高人民检察院、海关总署关于办理走私刑事案件适用法律若干问题的意见》第五条，都结合案件具体情况规定了“明知”的认定问题。四是参照国际公约对“明知”事项的规定。《联合国禁止非法贩运麻醉药品和精神药物公约》第三条第一款规定了各种毒品的故意犯罪，其中第三款规定：“构成本条第一款所列罪行的知情、故意或目的等要素，可根据客观事实情况加以判断。”我国签署和批准了该公约（1990 年 11 月 11 日在我国生效）。此外，《联合国打击跨国有组织犯罪公约》第五条第二款、《联合国反腐败公约》第二十八条也有类似规定。五是出于国外和我国香港地区关于毒品犯罪明知规定的借鉴。如马来西亚《1952 年惩治毒品犯罪法》第三十七条规定：保管或控制任何含有毒品的物品的人，应当推定其对该毒品的性质具有明知；毒品隐藏在房屋、车辆内，应当推定房主、车主和当时负责车辆的人对所隐藏的毒品明知。香港《危险药物条例》第四十七条也有类似规定。

至于判断是否明知，应当注意以下问题：一是判断是否明知应当以客观实际情况为依据。尽管明知是行为人知道或者应当知道行为对象是毒品的心理状态，但是判断被告人主观是否明知，不能仅凭被告人是否承认，而应当综合考虑案件中的各种客观实际情况，依据实施毒品犯罪行为的过程、行为方式、毒品被查获时的情形和环境等证据，结合被告人的年龄、阅历、智力及掌握相关知识情况，进行综合分析判断。二是用做推定前提的基础事实必须有已经确凿的证据证明。首先要查明行为人携带、运输的东西确实是毒品，同时行为人有上述列举的反常行为表现。三是依照上述规定认定的明知，允许行为人提出反证加以推翻。由于推定明知不是以确凿证据证明的，而是根据基础事实与待证事实的常态联系，运用情理判断和逻辑推理得出的，有可能出现例外情况。如果行为人能作出合理解释，有证据证明确实受蒙骗，其辩解有事实依据或者合乎情理，就不能认定其明知是毒品。

十二、特定人员参与毒品犯罪问题

近年来，毒品犯罪集团为逃避处罚，组织、利用特定人员进行贩运毒品活动。由于对孕妇、哺乳期妇女等人员的监视居住、取保候审强制措施往往难以落实，致使此类犯罪活动愈演愈烈，此类案件逐年上升，成为影响我国禁毒工作成效的突出问题。2007 年以来中央社会治安综合治理委员会办公室和国家禁毒委员会对毒品危害重点地区开展了禁毒专项治理活动，积累了依法惩治特定人员参与毒品犯罪的经验。《审理毒品犯罪纪要》新增加对特定人员参与毒品犯罪的处理规定，是为了强调和突出打击组织、策划、指挥和教唆者，同时对涉及的案件管辖、强制措施、刑罚执行等问题提出指导性意见。

司法实践中办理这类案件应当注意以下问题：一是要坚持宽严相济的刑事政策，严厉打击幕后组织、策划和指挥者，对组织利用、教唆孕妇、哺乳期妇女等走私、贩卖、运输、制造毒品的，从重处罚；对孕妇、哺乳期妇女等特定人员参与毒品犯罪情节较轻的，或者具有自首、立功、被胁迫参加犯罪、坦白等法定或者酌定从宽处罚情节的，依法予以从宽处罚。二是要积极妥善解决涉及孕妇、哺乳期妇女的案件管辖、强制措施等问题。对其可以依法采取取保候审、监视居住等强制措施，并根据被告人具体情况和案情的变化及时变更强制措施，但不能放任不管，拖延诉讼。三是对案件事实清楚、证据确实充分，不妨碍诉讼进行的，要及时依法起诉和审理，以有效遏制利用孕妇、哺乳期妇女等特定人员进行毒品犯罪的蔓延势头。

（撰稿：高贵君、王勇、吴光侠）

2. **全国法院毒品犯罪审判工作座谈会纪要**（法〔2015〕129号，2015年5月18日发布实施）

为深入学习习近平总书记等中央领导同志关于禁毒工作的重要指示批示精神，贯彻落实《中共中央国务院关于加强禁毒工作的意见》和全国禁毒工作会议精神，进一步统一思想认识，提高毒品犯罪审判工作水平，推动人民法院禁毒工作取得更大成效，最高人民法院于2014年12月11日至12日在湖北省武汉市召开了全国法院毒品犯罪审判工作座谈会。出席会议的有各省、自治区、直辖市高级人民法院、解放军军事法院和新疆维吾尔自治区高级人民法院生产建设兵团分院主管刑事审判工作的副院长、刑事审判庭庭长及部分中级人民法院主管刑事审判工作的副院长。最高人民法院副院长李少平出席会议并讲话。

会议传达学习了中央对禁毒工作的一系列重大决策部署，总结了近年来人民法院禁毒工作取得的成绩和存在的问题，分析了当前我国毒品犯罪的总体形势和主要特点，明确了继续依法从严惩处毒品犯罪的审判指导思想，研究了毒品犯罪审判中遇到的若干法律适用问题，并对当前和今后一个时期人民法院的禁毒工作作出具体安排部署。现纪要如下：

一、关于进一步加强人民法院禁毒工作的总体要求

禁毒工作关系国家安危、民族兴衰和人民福祉，厉行禁毒是党和政府的一贯立场和坚决主张。近年来，在党中央的高度重视和坚强领导下，各地区、各有关部门按照国家禁毒委员会的统一部署，深入开展禁毒人民战争，全面落实综合治理措施，有效遏制了毒品问题快速发展蔓延的势头，禁毒工作取得了阶段性成效。2014 年 6 月，中央政治局常委会议、国务院常务会议分别听取禁毒工作专题汇报，习近平总书记、李克强总理分别对禁毒工作作出重要指示批示。中共中央、国务院首次印发了《关于加强禁毒工作的意见》，并下发了贯彻落实分工方案。国家禁毒委员会制定了《禁毒工作责任制》，并召开全国禁毒工作会议对全面加强禁毒工作作出部署。

依法审理毒品犯罪案件，积极参与禁毒工作是人民法院肩负的一项重要职责任务。长期以来，全国各级人民法院认真贯彻落实中央和国家禁毒委员会的决策部署，扎实履行刑事审判职责，坚持依法从严惩处毒品犯罪，大力加强禁毒法制建设，积极参与禁毒综合治理，各项工作均取得显著成效，为全面、深入推进禁毒工作提供了有力司法保障。同时，应当清醒地看到，受国际毒潮持续泛滥和国内多种因素影响，当前和今后一个时期，我国仍将处于毒品问题加速蔓延期、毒品犯罪高发多发期、毒品治理集中攻坚期，禁毒斗争形势严峻复杂，禁毒工作任务十分艰巨。加强禁毒工作，治理毒品问题，对深入推进平安中国、法治中国建设，维护国家长治久安，保障人民群众幸福安康，实现“两个一百年”奋斗目标和中华民族伟大复兴的中国梦，具有重要意义。各级人民法院要从维护重要战略机遇期国家安全和社会稳定的政治高度，充分认识毒品问题的严峻性、长期性和禁毒工作的艰巨性、复杂性，切实增强做好禁毒工作的责任感、使命感和紧迫感。要认真学习领会、坚决贯彻落实党中央对禁毒工作的一系列重大决策部署和全国禁毒工作会议精神，切实采取有力措施，进一步加强人民法院禁毒工作。

一是毫不动摇地坚持依法从严惩处毒品犯罪。充分发挥审判职能作用，依法运用刑罚惩治毒品犯罪，是治理毒品问题的重要手段，也是人民法院参与禁毒斗争的主要方式。面对严峻的毒品犯罪形势，各级人民法院要继续坚持依法从严惩处毒品犯罪的指导思想。要继续依法严惩走私、制造毒品和大宗贩卖毒品等源头性犯罪，严厉打击毒枭、职业毒犯、累犯、毒品再犯等主观恶性深、人身危险性大的毒品犯罪分子，该判处重刑和死刑的坚决依法判

处。要加大对制毒物品犯罪、多次零包贩卖毒品、引诱、教唆、欺骗、强迫他人吸毒及非法持有毒品等犯罪的惩处力度，严惩向农村地区贩卖毒品及国家工作人员实施的毒品犯罪。要更加注重从经济上制裁毒品犯罪，依法追缴犯罪分子违法所得，充分适用罚金刑、没收财产刑并加大执行力度，依法从严惩处涉毒洗钱犯罪和为毒品犯罪提供资金的犯罪。要严厉打击因吸毒诱发的杀人、伤害、抢劫、以危险方法危害公共安全等次生犯罪。要规范和限制毒品犯罪的缓刑适用，从严把握毒品罪犯减刑条件，严格限制严重毒品罪犯假释，确保刑罚执行效果。同时，为全面发挥刑罚功能，也要贯彻好宽严相济刑事政策，突出打击重点，体现区别对待。对于罪行较轻，或者具有从犯、自首、立功、初犯等法定、酌定从宽处罚情节的毒品犯罪分子，根据罪刑相适应原则，依法给予从宽处罚，以分化瓦解毒品犯罪分子，预防和减少毒品犯罪。要牢牢把握案件质量这条生命线，既要考虑到毒品犯罪隐蔽性强、侦查取证难度大的现实情况，也要严格贯彻证据裁判原则，引导取证、举证工作围绕审判工作的要求展开，切实发挥每一级审判程序的职能作用，确保案件办理质量。对于拟判处被告人死刑的毒品犯罪案件，在证据质量上要始终坚持最高的标准和最严的要求。

二是深入推进毒品犯罪审判规范化建设。各级人民法院要结合审判工作实际，积极开展调查研究，不断总结经验，及时发现并解决审判中遇到的突出法律适用问题。各高、中级人民法院要加大审判指导力度，在做好毒品犯罪审判工作的同时，通过编发典型案例、召开工作座谈会等形式，不断提高辖区法院毒品犯罪审判工作水平。最高人民法院对于复核毒品犯罪死刑案件中发现的问题，要继续通过随案附函、集中通报、发布典型案例等形式，加强审判指导；对于毒品犯罪法律适用方面存在的突出问题，要适时制定司法解释或规范性文件，统一法律适用；对于需要与公安、检察机关共同解决的问题，要加强沟通、协调，必要时联合制发规范性文件；对于立法方面的问题，要继续提出相关立法建议，推动禁毒法律的修改完善。

三是不断完善毒品犯罪审判工作机制。各级人民法院要严格落实禁毒工作责任，按照《禁毒工作责任制》的要求和同级禁毒委员会的部署认真开展工作，将禁毒工作列入本单位整体工作规划，制定年度工作方案，抓好贯彻落实。要进一步加强专业审判机构建设，各高级人民法院要确定专门承担毒品犯罪审判指导任务的审判庭，毒品犯罪相对集中地区的高、中级人民法院可以根据当地实际和工作需要，探索确立专门承担毒品犯罪审判工作的合议庭或者审判庭。要建立健全业务学习、培训机制，通过举办业务培训班、组织交流研讨会等多种形式，不断提高毒品犯罪审判队伍专业化水平。要推动与相关职能部门建立禁毒长效合作机制，在中央层面和毒品犯罪集中地区建立公检法三机关打击毒品犯罪联席会议制度，探索建立重大毒品犯罪案件信息通报、反馈机制，提升打击毒品犯罪的合力。

四是加大参与禁毒综合治理工作力度。要充分利用有利时机集中开展禁毒宣传，最高人民法院和毒品犯罪高发地区的高级人民法院要将“6·26”国际禁毒日新闻发布会制度化，并利用网络、平面等媒体配合报道，向社会公众介绍人民法院毒品犯罪审判及禁毒综合治理工作情况，公布毒品犯罪典型案例。要加强日常禁毒法制宣传，充分利用审判资源优势，通过庭审直播、公开宣判、举办禁毒法制讲座、建立禁毒对象帮教制度、与社区、学校、团体建立禁毒协作机制等多种形式，广泛、深入地开展禁毒宣传教育活动。要突出宣传重点，紧紧围绕青少年群体和合成毒品滥用问题，有针对性地组织开展宣传教育工作，增强人民群众自觉抵制毒品的意识和能力。要延伸审判职能，针对毒品犯罪审判中发现的治安隐患和社会管理漏洞，及时向有关职能部门提出加强源头治理、强化日常管控的意见和建议，推动构建更为严密的禁毒防控体系。

二、关于毒品犯罪法律适用的若干具体问题

会议认为，2008年印发的《全国部分法院审理毒品犯罪案件工作座谈会纪要》（以下简称《大连会议纪要》）较好地解决了办理毒品犯罪案件面临的一些突出法律适用问题，其中大部分规定在当前的审判实践中仍有指导意义，应当继续参照执行。同时，随着毒品犯罪形势的发展变化，近年来出现了一些新情况、新问题，需要加以研究解决。与会代表对审判实践中反映较为突出，但《大连会议纪要》没有作出规定，或者规定不尽完善的毒品犯罪法律适用问题进行了认真研究讨论，就下列问题取得了共识。

（一）罪名认定问题

贩毒人员被抓获后，对于从其住所、车辆等处查获的毒品，一般均应认定为其贩卖的毒品。确有证据证明查获的毒品并非贩毒人员用于贩卖，其行为另构成非法持有毒品罪、窝藏毒品罪等其他犯罪的，依法定罪处罚。

吸毒者在购买、存储毒品过程中被查获，没有证据证明其是为了实施贩卖毒品等其他犯罪，毒品数量达到刑法第三百四十八条规定的最低数量标准的，以非法持有毒品罪定罪处罚。吸毒者在运输毒品过程中被查获，没有证据证明其是为了实施贩卖毒品等其他犯罪，毒品数量达到较大以上的，以运输毒品罪定罪处罚。

行为人为吸毒者代购毒品，在运输过程中被查获，没有证据证明托购者、代购者是为了实施贩卖毒品等其他犯罪，毒品数量达到较大以上的，对托购者、代购者以运输毒品罪的共犯论处。行为人为他人代购仅用于吸食的毒品，在交通、食宿等必要开销之外收取"介绍费""劳务费"，或者以贩卖为目的收取部分毒品作为酬劳的，应视为从中牟利，属于变相加价贩卖毒品，以贩卖毒品罪定罪处罚。

购毒者接收贩毒者通过物流寄递方式交付的毒品，没有证据证明其是为了实施贩卖毒品等其他犯罪，毒品数量达到刑法第三百四十八条规定的最低数量标准的，一般以非法持有毒品罪定罪处罚。代收者明知是物流寄递的毒品而代购毒者接收，没有证据证明其与购毒者有实施贩卖、运输毒品等犯罪的共同故意，毒品数量达到刑法第三百四十八条规定的最低数量标准的，对代收者以非法持有毒品罪定罪处罚。

行为人利用信息网络贩卖毒品、在境内非法买卖用于制造毒品的原料或者配剂、传授制造毒品等犯罪的方法，构成贩卖毒品罪、非法买卖制毒物品罪、传授犯罪方法罪等犯罪的，依法定罪处罚。行为人开设网站、利用网络聊天室等组织他人共同吸毒，构成引诱、教唆、欺骗他人吸毒罪等犯罪的，依法定罪处罚。

（二）共同犯罪认定问题

办理贩卖毒品案件，应当准确认定居间介绍买卖毒品行为，并与居中倒卖毒品行为相区别。居间介绍者在毒品交易中处于中间人地位，发挥介绍联络作用，通常与交易一方构成共同犯罪，但不以牟利为要件；居中倒卖者属于毒品交易主体，与前后环节的交易对象是上下家关系，直接参与毒品交易并从中获利。居间介绍者受贩毒者委托，为其介绍联络购毒者的，与贩毒者构成贩卖毒品罪的共同犯罪；明知购毒者以贩卖为目的购买毒品，受委托为其介绍联络贩毒者的，与购毒者构成贩卖毒品罪的共同犯罪；受以吸食为目的的购毒者委托，为其介绍联络贩毒者，毒品数量达到刑法第三百四十八条规定的最低数量标准的，一般与购毒者构成非法持有毒品罪的共同犯罪；同时与贩毒者、购毒者共谋，联络促成双方交易的，通常认定与贩毒者构成贩卖毒品罪的共同犯罪。居间介绍者实施为毒品交易主体提供交易信息、介绍交易对象等帮助行为，对促成交易起次要、辅助作用的，应当认定为从犯；对于以居间介绍者的身份介入毒品交易，但在交易中超出居间介绍者的地位，对交易的发起和达成起重要作用的被告人，可以认定为主犯。

两人以上同行运输毒品的，应当从是否明知他人带有毒品，有无共同运输毒品的意思联络，有无实施配合、掩护他人运输毒品的行为等方面综合审查认定是否构成共同犯罪。受雇于同一雇主同行运输毒品，但受雇者之间没有共同犯罪故意，或者虽然明知他人受雇运输毒品，但各自的运输行为相对独立，既没有实施配合、掩护他人运输毒品的行为，又分别按照各自运输的毒品数量领取报酬的，不应认定为共同犯罪。受雇于同一雇主分段运输同一宗毒品，但受雇者之间没有犯罪共谋的，也不应认定为共同犯罪。雇用他人运输毒品的雇主，及其他对受雇者起到一定组织、指挥作用的人员，与各受雇者分别构成运输毒品罪的共同犯罪，对运输的全部毒品数量承担刑事责任。

（三）毒品数量认定问题

走私、贩卖、运输、制造、非法持有两种以上毒品的，可以将不同种类的毒品分别折算为海洛因的数量，以折算后累加的毒品总量作为量刑的根据。对于刑法、司法解释或者其他规范性文件明确规定了定罪量刑数量标准的毒品，应当按照该毒品与海洛因定罪量刑数量标准的比例进行折算后累加。对于刑法、司法解释及其他规范性文件没有规定定罪量刑数量标准，但《非法药物折算表》规定了与海洛因的折算比例的毒品，可以按照《非法药物折算表》折算为海洛因后进行累加。对于既未规定定罪量刑数量标准，又不具备折算条件的毒品，综合考虑其致瘾癖性、社会危害性、数量、纯度等因素依法量刑。在裁判文书中，应当客观表述涉案毒品的种类和数量，并综合认定为数量大、数量较大或者少量毒品等，不明确表述将不同种类毒品进行折算后累加的毒品总量。

对于未查获实物的甲基苯丙胺片剂（俗称“麻古”等）、MDMA片剂（俗称“摇头丸”）等混合型毒品，可以根据在案证据证明的毒品粒数，参考本案或者本地区查获的同类毒品的平均重量计算出毒品数量。在裁判文书中，应当客观表述根据在案证据认定的毒品粒数。

对于有吸毒情节的贩毒人员，一般应当按照其购买的毒品数量认定其贩卖毒品的数量，量刑时酌情考虑其吸食毒品的情节；购买的毒品数量无法查明的，按照能够证明的贩卖数量及查获的毒品数量认定其贩毒数量；确有证据证明其购买的部分毒品并非用于贩卖的，不应计入其贩毒数量。

办理毒品犯罪案件，无论毒品纯度高低，一般均应将查证属实的毒品数量认定为毒品犯罪的数量，并据此确定适用的法定刑幅度，但司法解释另有规定或者为了隐蔽运输而临时改变毒品常规形态的除外。涉案毒品纯度明显低于同类毒品的正常纯度的，量刑时可以酌情考虑。

制造毒品案件中，毒品成品、半成品的数量应当全部认定为制造毒品的数量，对于无法再加工出成品、半成品的废液、废料则不应计入制造毒品的数量。对于废液、废料的认定，可以根据其毒品成分的含量、外观形态，结合被告人对制毒过程的供述等证据进行分析判断，必要时可以听取鉴定机构的意见。

（四）死刑适用问题

当前，我国毒品犯罪形势严峻，审判工作中应当继续坚持依法从严惩处毒品犯罪的指导思想，充分发挥死刑对于预防和惩治毒品犯罪的重要作用。要继续按照《大连会议纪要》的要求，突出打击重点，对罪行极其严重、依法应当判处死刑的被告人，坚决依法判处。同时，应当全面、准确贯彻宽严相济刑事政策，体现区别对待，做到罚当其罪，量刑时综合考虑毒品数量、犯罪性质、情节、危害后果、被告人的主观恶性、人身危险性及当地的禁毒形势等因素，严格审慎地决定死刑适用，确保死刑只适用于极少数罪行极其严重的犯罪分子。

1. 运输毒品犯罪的死刑适用

对于运输毒品犯罪，应当继续按照《大连会议纪要》的有关精神，重点打击运输毒品犯罪集团首要分子，组织、指使、雇用他人运输毒品的主犯或者毒枭、职业毒犯、毒品再犯，以及具有武装掩护运输毒品、以运输毒品为业、多次运输毒品等严重情节的被告人，对其中依法应当判处死刑的，坚决依法判处。

对于受人指使、雇用参与运输毒品的被告人，应当综合考虑毒品数量、犯罪次数、犯罪的主动性和独立性、在共同犯罪中的地位作用、获利程度和方式及其主观恶性、人身危险性等因素，予以区别对待，慎重适用死刑。对于有证据证明确属受人指使、雇用运输毒品，又系初犯、偶犯的被告人，即使毒品数量超过实际掌握的死刑数量标准，也可以不判处死刑；尤其对于其中被动参与犯罪，从属性、辅助性较强，获利程度较低的被告人，一般不应当判处死刑。对于不能排除受人指使、雇用初次运输毒品的被告人，毒品数量超过实际掌握的死刑数量标准，但尚不属数量巨大的，一般也可以不判处死刑。

一案中有多人受雇运输毒品的，在决定死刑适用时，除各被告人运输毒品的数量外，还应结合其具体犯罪情节、参与犯罪程度、与雇用者关系的紧密性及其主观恶性、人身危险性等因素综合考虑，同时判处二人以上死刑要特别慎重。

2. 毒品共同犯罪、上下家犯罪的死刑适用

毒品共同犯罪案件的死刑适用应当与该案的毒品数量、社会危害及被告人的犯罪情节、主观恶性、人身危险性相适应。涉案毒品数量刚超过实际掌握的死刑数量标准，依法应当适用死刑的，要尽量区分主犯间的罪责大小，一般只对其中罪责最大的一名主犯判处死刑；各共同犯罪人地位作用相当，或者罪责大小难以区分的，可以不判处被告人死刑；二名主犯的罪责均很突出，且均具有法定从重处罚情节的，也要尽可能比较其主观恶性、人身危险性方面的差异，判处二人死刑要特别慎重。涉案毒品数量达到巨大以上，二名以上主犯的罪责均很突出，或者罪责稍次的主犯具有法定、重大酌定从重处罚情节，判处二人以上死刑符合罪刑相适应原则，并有利于全案量刑平衡的，可以依法判处。

对于部分共同犯罪人未到案的案件，在案被告人与未到案共同犯罪人均属罪行极其严重，即使共同犯罪人到案也不影响对在案被告人适用死刑的，可以依法判处在案被告人死刑；在案被告人的罪行不足以判处死刑，或者共同犯罪人归案后全案只宜判处其一人死刑的，不能因为共同犯罪人未到案而对在案被告人适用死刑；在案被告人与未到案共同犯罪人的罪责大小难以准确认定，进而影响准确适用死刑的，不应对在案被告人判处死刑。

对于贩卖毒品案件中的上下家，要结合其贩毒数量、次数及对象范围，犯罪的主动性，对促成交易所发挥的作用，犯罪行为的危害后果等因素，综合考虑其主观恶性和人身危险性，慎重、稳妥地决定死刑适用。对于买卖同宗毒品的上下家，涉案毒品数量刚超过实际掌握的死刑数量标准的，一般不能同时判处死刑；上家主动联络销售毒品，积极促成毒品交易的，通常可以

判处上家死刑；下家积极筹资，主动向上家约购毒品，对促成毒品交易起更大作用的，可以考虑判处下家死刑。涉案毒品数量达到巨大以上的，也要综合上述因素决定死刑适用，同时判处上下家死刑符合罪刑相适应原则，并有利于全案量刑平衡的，可以依法判处。

一案中有多名共同犯罪人、上下家针对同宗毒品实施犯罪的，可以综合运用上述毒品共同犯罪、上下家犯罪的死刑适用原则予以处理。

办理毒品犯罪案件，应当尽量将共同犯罪案件或者密切关联的上下游案件进行并案审理；因客观原因造成分案处理的，办案时应当及时了解关联案件的审理进展和处理结果，注重量刑平衡。

3. 新类型、混合型毒品犯罪的死刑适用

甲基苯丙胺片剂（俗称"麻古"等）是以甲基苯丙胺为主要毒品成分的混合型毒品，其甲基苯丙胺含量相对较低，危害性亦有所不同。为体现罚当其罪，甲基苯丙胺片剂的死刑数量标准一般可以按照甲基苯丙胺（冰毒）的2倍左右掌握，具体可以根据当地的毒品犯罪形势和涉案毒品含量等因素确定。

涉案毒品为氯胺酮（俗称"K粉"）的，结合毒品数量、犯罪性质、情节及危害后果等因素，对符合死刑适用条件的被告人可以依法判处死刑。综合考虑氯胺酮的致瘾癖性、滥用范围和危害性等因素，其死刑数量标准一般可以按照海洛因的10倍掌握。

涉案毒品为其他滥用范围和危害性相对较小的新类型、混合型毒品的，一般不宜判处被告人死刑。但对于司法解释、规范性文件明确规定了定罪量刑数量标准，且涉案毒品数量特别巨大，社会危害大，不判处死刑难以体现罚当其罪的，必要时可以判处被告人死刑。

（五）缓刑、财产刑适用及减刑、假释问题

对于毒品犯罪应当从严掌握缓刑适用条件。对于毒品再犯，一般不得适用缓刑。对于不能排除多次贩毒嫌疑的零包贩毒被告人，因认定构成贩卖毒品等犯罪的证据不足而认定为非法持有毒品罪的被告人，实施引诱、教唆、欺骗、强迫他人吸毒犯罪及制毒物品犯罪的被告人，应当严格限制缓刑适用。

办理毒品犯罪案件，应当依法追缴犯罪分子的违法所得，充分发挥财产刑的作用，切实加大对犯罪分子的经济制裁力度。对查封、扣押、冻结的涉案财物及其孳息，经查确属违法所得或者依法应当追缴的其他涉案财物的，如购毒款、供犯罪所用的本人财物、毒品犯罪所得的财物及其收益等，应当判决没收，但法律另有规定的除外。判处罚金刑时，应当结合毒品犯罪的性质、情节、危害后果及被告人的获利情况、经济状况等因素合理确定罚金数额。对于决定并处没收财产的毒品犯罪，判处被告人有期徒刑的，应当按照上述确定罚金数额的原则确定没收个人部分财产的数额；判处无期徒刑的，可以并处没收个人全部财产；判处死缓或者死刑的，应当并处没收个人全部财产。

对于具有毒枭、职业毒犯、累犯、毒品再犯等情节的毒品罪犯，应当从严掌握减刑条件，适当延长减刑起始时间、间隔时间，严格控制减刑幅度，延长实际执行刑期。对于刑法未禁止假释的前述毒品罪犯，应当严格掌握假释条件。

（六）累犯、毒品再犯问题

累犯、毒品再犯是法定从重处罚情节，即使本次毒品犯罪情节较轻，也要体现从严惩处的精神。尤其对于曾因实施严重暴力犯罪被判刑的累犯、刑满释放后短期内又实施毒品犯罪的再犯，以及在缓刑、假释、暂予监外执行期间又实施毒品犯罪的再犯，应当严格体现从重处罚。

对于因同一毒品犯罪前科同时构成累犯和毒品再犯的被告人，在裁判文书中应当同时引用刑法关于累犯和毒品再犯的条款，但在量刑时不得重复予以从重处罚。对于因不同犯罪前科同时构成累犯和毒品再犯的被告人，量刑时的从重处罚幅度一般应大于前述情形。

（七）非法贩卖麻醉药品、精神药品行为的定性问题

行为人向走私、贩卖毒品的犯罪分子或者吸食、注射毒品的人员贩卖国家规定管制的能够使人形成瘾癖的麻醉药品或者精神药品的，以贩卖毒品罪定罪处罚。

行为人出于医疗目的，违反有关药品管理的国家规定，非法贩卖上述麻醉药品或者精神药品，扰乱市场秩序，情节严重的，以非法经营罪定罪处罚。

权威解读

解读《全国法院毒品犯罪审判工作座谈会纪要》

为贯彻落实《中共中央、国务院关于加强禁毒工作的意见》和全国禁毒工作会议精神，进一步统一思想认识，提高毒品犯罪审判工作水平，最高人民法院于2014年12月11日至12日在湖北省武汉市组织召开了全国法院毒品

犯罪审判工作座谈会。会议传达学习了中央对禁毒工作的重要决策精神，安排部署了当前和今后一个时期的人民法院禁毒工作，研究讨论了近年来毒品犯罪审判遇到的新情况、新问题，并就若干法律适用具体问题取得了共识。会议形成的《全国法院毒品犯罪审判工作座谈会纪要》（以下简称《毒品犯罪纪要》），已由最高人民法院于2015年5月18日以法〔2015〕129号文件印发，供各级人民法院在刑事审判工作中参照执行。为便于司法实践中准确理解和适用，现就《毒品犯罪纪要》的制定背景和经过、指导思想、起草思路及主要内容等问题说明如下。

一、《毒品犯罪纪要》的制定背景和经过

2008年12月，最高人民法院印发了《全国部分法院审理毒品犯罪案件工作座谈会纪要》（以下简称《大连会议纪要》），较好地解决了办理毒品犯罪案件面临的一些突出法律适用问题。近年来，随着毒品犯罪形势的发展变化，实践中出现了一些新的法律适用问题，部分原有问题也没有得到很好解决，因而有必要制定新的指导文件对这些问题加以规范。从2012年下半年开始，最高人民法院开展了新一轮调研工作，对各地法院在办理毒品犯罪案件中遇到的法律适用问题进行了系统梳理和研究论证。

2014年6月，中央政治局常委会议、国务院常务会议分别听取了禁毒工作专题汇报，习近平总书记、李克强总理分别对禁毒工作作出重要指示、批示。中共中央、国务院首次印发了《关于加强禁毒工作的意见》，并下发了贯彻落实分工方案。国家禁毒委员会时隔10年再次召开全国禁毒工作会议，对全面加强禁毒工作作出部署。《关于加强禁毒工作的意见》及其分工方案明确提出，由最高人民法院作为牵头单位，针对毒品犯罪案件办理过程中遇到的新情况、新问题，及时制定司法解释或者规范性文件，统一和规范法律适用。

为贯彻落实中央决策精神，进一步加强人民法院禁毒工作，最高人民法院决定于2014年12月在湖北省武汉市组织召开全国法院毒品犯罪审判工作座谈会。为筹备此次会议，在前期调研的基础上，经深入研究和反复论证，起草形成了《毒品犯罪纪要（稿）》。会前，就《毒品犯罪纪要（稿）》向本院相关庭室、部分高级人民法院、最高人民检察院、公安部及有关专家学者正式征求了意见。会上，与会代表对《毒品犯罪纪要（稿）》进行了认真讨论。各方均原则同意《毒品犯罪纪要（稿）》内容，并提出了一些修改意见和建议。会后，对《毒品犯罪纪要（稿）》作了进一步修改、完善，形成送审稿提交最高人民法院刑事审判专业委员会讨论。2015年4月7日，最高人民法院刑事审判专业委员会第238次会议讨论通过了《毒品犯罪纪要》。

二、《毒品犯罪纪要》的指导思想、起草思路及与《大连会议纪要》的适用关系

（一）《毒品犯罪纪要》的指导思想

《毒品犯罪纪要》的制定体现了以下指导思想：一是坚持依法从严惩处毒品犯罪。《毒品犯罪纪要》分析了当前毒品犯罪的严峻形势，要求各级人民法院继续坚持依法从严惩处毒品犯罪的审判指导思想。在犯罪类型方面，既要依法严惩走私、制造毒品、大宗贩卖毒品和制毒物品犯罪等源头性犯罪，又要加大对多次贩卖毒品、引诱、教唆、欺骗、强迫他人吸毒及非法持有毒品等末端犯罪的处罚力度，并严惩向农村地区贩卖毒品及国家工作人员实施的毒品犯罪。在重点打击对象方面，要坚持严厉打击毒枭、职业毒犯、累犯、毒品再犯等主观恶性深、人身危险性大的毒品犯罪分子，该判处重刑和死刑的坚决依法判处。在经济制裁方面，对毒品犯罪违法所得的追缴和罚金刑、没收财产刑的适用等问题作了更为明确、具体的规定，并强调要加大执行力度。在保障刑罚执行效果方面，对毒品犯罪的缓刑适用作出了规范，对严重毒品罪犯的减刑、假释加以限制。二是贯彻宽严相济刑事政策，确保罚当其罪。宽严相济刑事政策是现阶段我国的基本刑事政策，也适用毒品犯罪的审判工作。《毒品犯罪纪要》强调，为充分发挥刑罚功能，要全面、准确贯彻宽严相济刑事政策，坚持宽严相济、罚当其罪，突出打击重点、体现区别对待。既要严厉惩处严重毒品犯罪和主观恶性深、人身危险性大的毒品犯罪分子；对于罪行较轻，或者具有从犯、自首、立功、初犯等法定、酌定从宽处罚情节的毒品犯罪分子，也要根据罪刑相适应原则，依法给予从宽处罚，以发挥刑罚分化瓦解毒品犯罪分子、预防和减少毒品犯罪的作用。

（二）《毒品犯罪纪要》法律适用部分的起草思路

《毒品犯罪纪要》的法律适用部分以刑法、有关毒品犯罪的司法解释、规范性文件为依据，总结了近年来各地法院审理毒品犯罪案件的经验和做法，立足解决实践中反映比较突出的法律适用问题。具体思路为：第一，对一些长期存在，但一直没有得到很好解决的法律适用问题作出规定。如从贩毒人员住所等处查获毒品的性质认定、居间介绍买卖毒品共同犯罪的认定、一案涉及两种以上毒品的数量认定、毒品共同犯罪人与上下家的死刑适用等问题。

第二，结合近几年来毒品犯罪的新形势、新特点，对《大连会议纪要》的原有规定作出修改、完善。如吸毒者运输毒品行为的定性、有吸毒情节的贩毒人员的贩毒数量认定等问题。第三，对《大连会议纪要》印发以来实践中新出现的、较为突出的毒品犯罪法律适用问题加以规范。如接收物流寄递毒品行为的定性、网络涉毒犯罪的定性、新类型、混合型毒品犯罪的死刑适用、非法贩卖麻精药品行为的定性等问题。第四，对目前争议较大、尚不成熟的问题暂不规定在《毒品犯罪纪要》起草过程中，曾经考虑对毒品犯罪的既未遂形态认定、死刑适用数量标准、犯前罪时未成年的毒品再犯认定等问题作出规定，但鉴于实践中争议较大，最终未纳入《毒品犯罪纪要》内容。

（三）《毒品犯罪纪要》与《大连会议纪要》的适用关系

《大连会议纪要》对最高人民法院2000年印发的《关于全国法院审理毒品犯罪案件工作座谈会纪要》（已废止，以下简称《南宁会议纪要》）等规范性文件的内容进行了系统整理，其中的大部分规定在当前的审判实践中仍有指导意义，应当继续参照执行。《毒品犯罪纪要》对近年来审判实践中反映较为突出，但《大连会议纪要》没有作出规定，或者规定不尽完善的若干毒品犯罪法律适用问题作出了规范，是对《大连会议纪要》的补充和完善。今后，对于《毒品犯罪纪要》与《大连会议纪要》的适用关系，可以区分以下几种情形加以把握：第一，《大连会议纪要》没有规定，《毒品犯罪纪要》作了规定的，或者《大连会议纪要》虽有规定，但《毒品犯罪纪要》作了修改、完善的，参照《毒品犯罪纪要》的规定执行。《毒品犯罪纪要》中的多数规定均属此类情形。第二，《大连会议纪要》已有规定，《毒品犯罪纪要》在此基础上作出补充性规定的（并非修改），两者配套使用，如毒品犯罪的死刑适用问题等。第三，《大连会议纪要》已有规定，《毒品犯罪纪要》没有涉及的，继续参照执行《大连会议纪要》的规定，如毒品案件的立功、特情介入案件的处理、主观明知的认定等问题。

三、《毒品犯罪纪要》的主要内容

《毒品犯罪纪要》包括两部分内容，第一部分对进一步加强人民法院禁毒工作提出总体要求，第二部分对当前毒品犯罪适用法律的一些具体问题作出规范。这种体例与《大连会议纪要》有所不同，并不是单纯的法律适用指导文件，更接近于2000年印发的《南宁会议纪要》。采用这种体例主要是为了与本次会议召开的背景及会议内容相呼应。

《毒品犯罪纪要》在第一部分传达了中央对禁毒工作的一系列重大决策部署，明确了当前和今后一个时期人民法院禁毒工作的指导思想和任务目标，从坚持依法从严惩处毒品犯罪、加强审判规范化建设、完善毒品犯罪审判工作机制、积极参与禁毒综合治理等四个方面，对深入贯彻落实中央精神、加强人民法院禁毒工作提出了明确、具体的要求。

《毒品犯罪纪要》在第二部分对当前毒品犯罪审判中的一些具体法律适用问题作了规范。主要包括七类问题：罪名认定，共同犯罪认定，毒品数量认定，死刑适用，缓刑、财产刑适用及减刑、假释，累犯、毒品再犯，非法贩卖麻醉药品、精神药品行为的定性。其中，死刑适用是核心问题。以下对这七类问题分别予以说明。

（一）罪名认定问题

1. 关于从贩毒人员住所等处查获毒品的性质认定。该问题是一个老生常谈的问题，实践中存在争议，但原有的规范性文件没有作出明确规定。有意见认为，对于从贩毒人员住所等处查获的毒品，必须有证据证明是用于贩卖才能予以认定，否则应当认定为其非法持有的毒品。经研究，毒品犯罪隐蔽性强、取证难度大，而且实践中从贩毒人员住所等处查获的毒品多系用于贩卖。为严厉打击毒品犯罪、降低证明难度，《毒品犯罪纪要》采用了事实推定的证明方法，即根据行为人贩卖毒品及从其住所等处查获毒品的事实，推定查获的毒品是用于贩卖。但根据推定原则，应当允许当事人提出反证。反证是指确有证据证明查获的毒品并非贩毒人员用于贩卖，包括其为他人保管用于吸食的毒品，为犯罪分子窝藏毒品，持有祖传、捡拾、用于治病的毒品等。贩毒人员对查获的毒品实施的行为另构成非法持有毒品罪、窝藏毒品罪等其他犯罪的，应依法予以认定；贩毒人员的行为构成数罪的，应依法数罪并罚。具体而言，《毒品犯罪纪要》的规定主要包含三种情形：一是行为人因贩卖毒品被人赃俱获，随后又从其住所等处查获毒品的；二是有其他证据证明行为人实施了贩卖毒品的犯罪，但没有查获毒品实物，后从其住所等处查获毒品的；三是行为人因吸毒或其他违法犯罪行为被抓获后，查明其有贩毒行为，并从其住所等处查获毒品的。

2. 关于吸毒者购买、运输、存储毒品行为的定性。该问题近年来在司法定性上的变化较大。《南宁会议纪要》规定，吸毒者在购买、运输、存储毒品过程中被抓获，如没有证据证明其实施了其他毒品犯罪行为，查获的毒品数量较大的，应当以非法持有毒品罪定罪。《大连会议纪要》对此作了不同规定，吸毒者在购买、运输、存储毒品过程中被查获，如没有证据证明其是为了实施贩卖等其他毒品犯罪行为，查获的毒品数量达到较大以上应以其实际实施的毒品犯罪行为定罪处罚。但实践中对如何理解“实际实施的毒品犯罪行为”存在争议，尤其是吸毒者运输毒品行为的定性问题。从《大连会议纪要》的起草过程来看，该规定的本意是，当吸毒者运输毒品数量大，明显超出其合理吸食量时，以运输毒品罪定罪处罚，而不以《南宁会议纪要》规定的那样一律认定为非法持有毒品罪。但是，由于“实际实施的毒品犯罪行为”这一表述较为原则，又没有写明合理吸食量的问题，导致近年来各地对此类案件的处理差异很大。有的简单区分动态与静态，对吸毒者在运输毒品过程中被查获的，无论毒品数量多少，一律认定为运输毒品罪。有的根据毒品数量是否超过吸毒者的合理吸食量来区分，吸毒者运输毒品数量达到较大以上但未超过合理吸食量的，认定为非法持有毒品罪；超过合理吸食量的，认定为运输毒品罪，但各地设定的合理吸食量标准又很不统一，有的为50克（以海洛因为例），有的为100克，还有的达到了200克。据了解，还有个别地方仍在执行《南宁会议纪要》的规定，对吸毒人员运输毒品数量大的也一律认定为非法持有毒品罪。

为减少分歧，《毒品犯罪纪要》对《大连会议纪要》的上述规定作出了修改和完善：一是明确规定了吸毒者运输毒品行为的定性；二是降低了将吸毒者运输毒品的行为认定为运输毒品罪的门槛。根据《毒品犯罪纪要》的规定，在没有证据证明吸毒者是为了实施贩卖毒品等其他犯罪的情况下，对其购买、运输、存储毒品的行为，直接以数量较大作为区分罪与非罪的标准；同时，对吸毒者运输毒品的行为，直接以数量较大标准作为区分非法持有毒品罪与运输毒品罪的界限，而不再另行设置更高的合理吸食量标准。据此，吸毒者在购买、运输、存储毒品过程中被查获，没有证据证明其是为了实施贩卖毒品等其他犯罪，毒品数量未达到较大标准的，不作为犯罪处理；毒品数量达到较大以上的，根据其具体的行为状态定罪，处于购买、存储状态的认定为非法持有毒品罪，处于运输状态的认定为运输毒品罪。《毒品犯罪纪要》这样规定的主要理由是：第一，虽然我国对吸毒行为一般不按照犯罪处理，但刑法设置非法持有毒品罪的定罪标准时，实际考虑了吸毒者合理吸食量的因素，故可以把数量较大视为合理吸食量的界限，超过数量较大标准的应视为超出了合理吸食量。吸毒者在运输毒品过程中被当场查获，毒品数量达到较大以上的，表明其并非单纯以吸食为目的运输毒品，如没有证据证明其是为了实施贩卖毒品等其他犯罪，根据其客观行为状态认定为运输毒品罪具有正当性。第二，我国吸毒人员数量庞大，是毒品犯罪的重要诱因，为从源头上遏制毒品犯罪、减少毒品流通，应当加大对吸毒者实施的毒品犯罪的打击力度。故而对吸毒者运输毒品行为的定性，不应在数量较大标准之上设定更高的合理吸食量标准，否则容易放纵吸毒者实施的毒品犯罪。第三，合理吸食量目前尚难以准确界定，实践中各地掌握的标准也非常不统一，不利于统一执法尺度，直接以毒品数量较大作为区分标准更便于实践操作。

3. 关于运输代购毒品行为的定性和变相加价贩卖毒品的认定。《毒品犯罪纪要》的这一规定是对《大连会议纪要》相关规定的补充。《大连会议纪要》规定了为他人代购毒品行为的定性，但没有解决运输代购毒品行为的性质认定问题。同时，实践中对《大连会议纪要》规定的“从中牟利、变相加价贩卖毒品”的认定也存在认识分歧。

（1）关于运输代购毒品行为的定性。《大连会议纪要》规定，有证据证明行为人不以牟利为目的，为他人代购仅用于吸食的毒品，毒品数量超过刑法第三百四十八条规定的最低数量标准的，对托购者、代购者应以非法持有毒品罪定罪。实践中，部分代购者需要通过运输方式将代购的毒品交给托购者，但对于为吸毒者运输代购毒品行为的定性，《大连会议纪要》并没有作出规定。对此，主要存在以下两种不同认识：一种意见认为，此类行为符合运输毒品罪的构成要件，应一律认定为运输毒品罪。另一种意见认为，对此类行为不应一律认定为运输毒品罪，而要结合代购毒品的目的加以认定。经研究，《毒品犯罪纪要》基本采纳了第二种意见。在没有证据证明托购者、代购者是为了实施贩卖毒品等其他犯罪的情况下，代购者为吸毒者运输代购毒品行为的性质从属于吸毒者，应当与上述吸毒者自行运输毒品行为的认定思路一致。据此，行为人为吸毒者代购并运输毒品，没有证据证明托购者、代购者是为了实施贩卖毒品等其他犯罪，毒品数量未达到较大以上的，对托购者、代购者不定罪处罚；毒品数量达到较大以上，在代购过程中被查获的，对托购者、代购者以非法持有毒品罪的共犯论处，在运输过程中被查获的，对托购者、代购者以运输毒品罪的共犯论处。这样规定不但有利于严厉打击运输代购毒品行为，遏制毒品的消费和流通，也便于操作和认定。

（2）关于变相加价贩卖毒品的认定。《大连会议纪要》规定，代购者从中牟利，变相加价贩卖毒品的，对代购者应以贩卖毒品罪定罪。《毒品犯罪纪要》进一步明确了何谓“从中牟利”，即行为人为他人代购仅用于吸食的毒品，在交通、食宿等必要开销之外收取“介绍费”“劳务费”，或者以贩卖为目的收取部分毒品作为酬劳的，应视为从中牟利，属于变相加价贩卖毒品，以贩卖毒品罪定罪处罚。其中，“介绍费”“劳务费”是实践中代购者变相牟利的不同表现形式；“以贩卖为目的收取部分毒品作为酬劳的”既存在变相加价贩卖毒品的行为，又具有贩卖毒品的故意，应当认定为贩卖毒品罪。需要注意的是，只有为他人代购仅用于吸食的毒品的，才需要根据是否从中牟利判断能否认定为贩卖毒品罪。如果明知托购者实施贩卖毒品犯罪而为其代购毒品的，无论是否牟利，均应以贩卖毒品罪的共犯论处。从另一个角度来看，如果代购者从代购行为中牟利、加价或者变相加价贩卖毒品的，无论其为他人代购的毒品是否仅用于吸食，均构成贩卖毒品罪。

4. 对于“代购蹭吸”行为是否属于“从中牟利”，实践中存在较大争议。多数意见认为，为他人代购仅用于吸食的毒品并“蹭吸”的行为，根本上是为了满足托购者及代购者自身吸食毒品的需求，故不宜认定为牟利行为；而且，如果对以吸食为目的的托购者认定非法持有毒品罪，对“蹭吸”的代购者认定贩卖毒品罪，也会导致处罚失衡。少数意见认为，“蹭吸”也是非法获利的一种表现形式，尤其对于多次“蹭吸”甚至以“蹭吸”作为代购毒品的主要目的的，应当认定为从中牟利。鉴于对该问题存在较大分歧意见，还需进一步研究论证，故《毒品犯罪纪要》没有作出明确规定，实践中应当结合具体案情慎重把握。

关于接收物流寄递毒品行为的定性。当前，随着物流寄递行业的发展，毒品交易过程中通过邮寄、快递等方式交付毒品的情况较为常见，由此产生了相关的法律适用问题。《毒品犯罪纪要》对此作出了新规定，具体包括购毒者和代收者接收物流寄递毒品行为的定性两个方面。

（1）关于购毒者接收物流寄递毒品行为的定性。如果没有证据证明购毒者是为了实施贩卖毒品等犯罪，对于其单纯接收物流寄递毒品的行为，应当认定为运输毒品罪还是非法持有毒品罪，实践中存在不同意见。一种意见认为，贩毒者通过物流寄递方式交付毒品的行为因购毒者的购买、送货要求而发生，购毒者与贩毒者有通过物流寄递方式运输毒品的共同犯罪故意，应当认定为运输毒品罪的共犯。另一种意见认为，贩毒者通过物流寄递方式运输毒品的行为应视为其毒品交付行为的组成部分，对购毒者不应再认定为运输毒品罪，购毒者接收毒品数量达到较大以上的，应认定为非法持有毒品罪。经研究，《毒品犯罪纪要》采纳了第二种意见。具体理由为：第一，贩毒者通过物流寄递方式向购毒者交付毒品的行为属于其贩卖毒品行为的组成部分，该运输毒品行为通常由贩毒者主导实施，购毒者原则上不应对毒品交付前由贩毒者实施的运输毒品行为承担刑事责任。第二，在当面交付的贩卖毒品犯罪中，购毒者通常不对贩毒者为送货而实施的运输毒品行为承担刑事责任，不将购毒者、贩毒者认定为运输毒品罪的共犯；同理，在贩毒者通过物流寄递方式交付毒品的情况下，一般也不应将购毒者、贩毒者认定为运输毒品罪的共犯，否则所有接收毒品的购毒者（包括因吸食而少量购买毒品者）都将构成运输毒品罪，会造成打击面过大。因此，《毒品犯罪纪要》规定，购毒者接收贩毒者通过物流寄递方式交付的毒品，没有证据证明其是为了实施贩卖毒品等其他犯罪，毒品数量达到较大以上的，一般应当以非法持有毒品罪定罪处罚。但在个别情况下，购毒者对贩毒者交付运输毒品的行为起支配作用或者与贩毒者共同交付运输毒品，购毒者、贩毒者符合以运输毒品罪共犯论处的条件的，可以依法认定。

（2）关于代收者接收物流寄递毒品行为的定性。实践中，部分购毒者会委托、雇用他人代为接收毒品。在代收者没有实施其他毒品犯罪故意的情况下，其只是代替购毒者实际持有接收的毒品，毒品数量达到较大以上的，应当认定为非法持有毒品罪。需要说明的是，没有证据证明购毒者是为了实施贩卖、运输毒品等其他犯罪的，因购毒者通过代收者的代收行为实现了对毒品的间接持有，故购毒者与代收者构成非法持有毒品罪的共同犯罪；如果购毒者有贩卖毒品等其他犯罪行为的，则应依法定罪处罚，不再将其认定为非法持有毒品罪。

5. 关于网络涉毒犯罪的定性。随着信息网络的普及应用，网络涉毒犯罪呈快速蔓延之势，主要表现为利用网络传播制毒技术、买卖制毒物品、贩卖毒品和组织吸毒等形式。《毒品犯罪纪要》对此作出两方面规定，包括利用信息网络实施毒品犯罪行为的定性和利用互联网组织吸毒行为的定性。

（1）关于利用信息网络实施毒品犯罪行为的定性。《毒品犯罪纪要》规定，对于利用信息网络贩卖毒品、在境内非法买卖用于制造毒品的原料或者制剂、传授制造毒品等犯罪的方法，构成贩卖毒品罪、非法买卖制毒物品罪、传授犯罪方法罪等犯罪的，依法定罪处罚。这里有两个需要注意的问题：一是构成非法买卖制毒物品罪的，要达到相应的定罪数量标准要求；二是“传授制造毒品等犯罪的方法”与“构成……等犯罪”中的“等”字，都是为了应对实践中的复杂情况和将来的立法修改而预留的空间。

(2) 关于利用互联网组织吸毒行为的定性。对于利用互联网组织吸毒行为的定性，有意见认为可以认定为容留他人吸毒罪。但多数意见认为，虚拟空间不符合容留他人吸毒罪中的“场所”特征，对此类行为不能认定为容留他人吸毒罪；就其特征而言，属于组织或者聚众吸毒行为，但刑法尚无相应罪名。故《毒品犯罪纪要》规定，对于在利用互联网组织他人吸毒的过程中，实施引诱、教唆、欺骗他人吸毒等犯罪的，可以依法定罪处罚。

（二）共同犯罪认定问题

对于毒品案件的共同犯罪问题，《大连会议纪要》已经作了一些规定，应当继续参照执行。《毒品犯罪纪要》结合近年来的司法实践，又对两方面的问题作了具体规定。

1. 关于居间介绍买卖毒品的认定与处理。实践中，对居间介绍买卖毒品与居中倒卖毒品的认定容易发生混淆，对居间介绍买卖毒品的共同犯罪认定、主从犯认定的认识存在分歧。《毒品犯罪纪要》对这些问题作了明确规定。

(1) 关于居间介绍买卖毒品与居中倒卖毒品的区分。贩卖毒品案件中，一些犯罪分子为减轻罪责，往往辩称自己是居间介绍者，不是真正的购毒者或者贩毒者。由于居间介绍买卖毒品者与居中倒卖毒品者在罪责和量刑上存在差别，认定时要准确区分。《毒品犯罪纪要》从二者在毒品交易中所处的地位、发挥的作用、是否成立共同犯罪、有无获利及获利方式等方面对其作了区分。具体来看，两者的区别有以下几点：第一，在毒品交易中的地位和作用不同。居间介绍者不是毒品交易的一方主体，在交易中处于中间人地位，对促成毒品交易起帮助作用；居中倒卖者虽然处于毒品交易链条的中间环节，但在每一个具体的交易环节中都是一方交易主体，对交易的发起和达成起决定性作用。第二，是否成立共同犯罪不同。居间介绍者对毒品交易行为起帮助作用，在处理上往往认定为交易一方的共犯；居中倒卖者与前后环节的交易主体不是共犯关系，而是上下家关系。第三，有无获利及获利方式不同。居间介绍者不以牟利为要件，获得的报酬来自交易一方或者双方支付的酬劳；

居中倒卖者必然从毒品交易中获利，通过“吃差价”方式来牟利。

（2）关于居间介绍买卖毒品的共同犯罪认定。对此，《毒品犯罪纪要》区分情形作出具体规定，适用时应注意把握以下几点：第一，原则上，居间介绍者受哪一方交易主体委托，与哪一方交易主体存在犯罪共谋，就认定其与哪一方构成共同犯罪。第二，居间介绍者受以吸食毒品为目的的购毒者委托，为其介绍贩毒者的，不能因为其行为客观上促进了贩卖行为而简单认定为贩毒者的共犯，一般仍要按照购毒者的行为性质认定为非法持有毒品罪。第三，居间介绍者同时受贩毒者、购毒者双方委托，为其联络、促成交易的，为便于司法认定和处理，一般认定其与贩毒者构成共同犯罪；但作为例外，如果居间介绍者与以贩卖为目的的购毒者关系更为紧密，且购毒者对促成毒品交易起更大作用的，可以认定其与该购毒者构成共同犯罪。

（3）关于居间介绍买卖毒品者的地位作用认定。居间介绍者不是毒品交易的一方主体，对促成交易起帮助作用，故一般应当认定为从犯。但对个别以居间介绍者的身份介入毒品交易，在交易中超越居间介绍者的地位，对促成交易起重要、直接作用的被告人，可以认定为主犯。

2. 关于运输毒品共同犯罪的认定。对于两人以上同行运输毒品的，能否认定为共同犯罪，实践中存在分歧认识。《大连会议纪要》对该问题没有明确规定。因其关系到各被告人运输毒品数量的认定及共同犯罪中的地位作用问题，故需要加以规范。《毒品犯罪纪要》对此作了两方面规定。

（1）判断同行运输毒品者是否构成共同犯罪的总体原则。《毒品犯罪纪要》规定，对于两人以上同行运输毒品的，应当主要从以下三方面判断其是否构成共同犯罪：一是是否明知他人带有毒品；二是有无共同运输毒品的意思联络；三是有无实施配合、掩护他人运输毒品的行为。其中，第一项、第二项属于主观要素，第三项是客观要素。对于同行运输毒品，但不知道他人带有毒品的；或者虽然知道同行者带有毒品，但就共同运输毒品既没有事先通谋，在运输过程中也没有形成意思联络的，不能成立共同犯罪。对于有无实施配合、掩护他人运输毒品的行为，可以结合下列因素进行综合判断：一是运输毒品的起运地、目的地、路线是否相同；二是交通、生活费用是否共同使用；三是在途中有无配合、掩护他人运输毒品的具体行为；四是是否由其中部分人员统一与交货人或者接货人进行交接；五是是否共同获取、统一分配报酬。

（2）受雇于同一雇主运输毒品但不认定为共同犯罪的情形。《毒品犯罪纪要》之所以对此作出专门规定，是因为实践中对受雇于同一雇主运输毒品的，容易不严格区分主客观要件就认定为共同犯罪。《毒品犯罪纪要》具体规定了两种情形：一是受雇于同一雇主同行运输毒品，但受雇者之间没有共同犯罪故意，或者虽然明知他人受雇运输毒品，但各自的运输行为相对独立，既没有实施配合、掩护他人运输毒品的行为，又分别按照各自运输的毒品数量领取报酬的，不应认定为共同犯罪。二是受雇于同一雇主分段运输同一宗毒品，但受雇者之间没有犯罪共谋的，也不应认定为共同犯罪。需要说明的是，《毒品犯罪纪要》规定不构成共同犯罪的仅限于受雇者之间，雇主以及其他对全体受雇者起到一定组织、指挥作用的人员则与受雇者分别构成共同犯罪，对运输的全部毒品数量承担刑事责任。

（三）毒品数量认定问题

1. 关于一案涉及两种以上毒品的数量认定。毒品犯罪中一案涉及两种以上毒品的情况较为普遍，如何准确认定涉案毒品总量，并在此基础上准确定罪量刑，是司法实践中比较突出的一个问题。《大连会议纪要》规定，对被告人一人走私、贩卖、运输、制造两种以上毒品的，不实行数罪并罚，量刑时可综合考虑毒品的种类、数量及危害，依法处理。该规定没有明确一案涉及两种以上毒品的能否进行数量折算，也没有涉及非法持有毒品罪的问题。实践中，对一案涉及两种以上毒品的数量认定，做法不一。有的地方将涉案的不同种毒品按一定比例折算后予以累加进行量刑，但折算对象和折算依据不明确、不统一。也有的地方根据涉案毒品中毒性（或者数量）最大的毒品认定毒品数量，将其他毒品作为量刑情节考虑。

《毒品犯罪纪要》明确了应当对不同种类毒品进行数量折算并累加数量的基本原则。这样规定的理由主要有：一是对不同种类毒品进行数量折算，有利于准确认定涉案毒品数量，科学量刑。二是在关系到能否根据折算后累加的毒品数量对被告人适用更高幅度法定刑，或者能否达到非法持有毒品罪的定罪标准的情况下，进行数量折算更有利于依法从严惩处毒品犯罪。关于折算对象，海洛因是刑法明确规定了定罪量刑数量标准的常见毒品，《非法药物折算表》也以海洛因为折算参照物，对海洛因的毒性研究相对成熟，故《毒品犯罪纪要》规定将其作为折算对象。关于裁判文书的表述，由于刑法对不同种类毒品的数量折算没有明确规定，故在裁判文书中应当客观地表述涉案毒品的种类和数量，并综合认定为数量大、数量较大或者少量毒品等，不明确表述将不同种类毒品进行折算后累加的毒品总量。

2. 关于未查获实物的混合型毒品的数量认定。实践中，被告人对于未查获实物的混合型毒品，通常按照粒数供述，但量刑时考虑的是涉案毒品的实际重量。对于如何计算未查获实物的混合型毒品的数量，《大连会议纪要》没有作出规定，各地的做法也不统一，需要规范。根据《毒品犯罪纪要》的规定，在未查获实物的情况下，根据在案证据证明的混合型毒品的粒数，参考本案或者本地区查获的同类毒品的平均重量计算出毒品数量，是一个便于司法操作的办法。但是，由于这种计算方法是为了方便量刑而采用的一种特殊认定方法，所以裁判文书中原则上只表述根据在案证据认定的毒品粒数。确有必要时，可以考虑用括号注明据此计算出的毒品约重。需要注意的是，在大部分涉案混合型毒品未被查获，主要根据上述方法计算出毒品数量的情况下，决定适用死刑应当格外慎重。

3. 关于有吸毒情节的贩毒人员的贩毒数量认定。针对该问题，《毒品犯罪纪要》对《大连会议纪要》的相关规定作了修改，加大了对吸毒者实施的贩卖毒品犯罪的处罚力度。《大连会议纪要》规定，对于以贩养吸的被告人，其被查获的毒品数量应认定为其犯罪的数量，但量刑时应考虑被告人吸食毒品的情节，酌情处理；被告人购买了一定数量的毒品后，部分已被其吸食的，应当按能够证明的贩卖数量及查获的毒品数量认定其贩毒的数量，已被吸食部分不计入在内。上述规定在执行中暴露出一些问题：一是以贩养吸被告人的认定存在扩大化倾向。一些地方将有吸毒情节的贩毒人员一律认定为以贩养吸，并根据《大连会议纪要》的规定，在认定贩毒数量时作有利于被告人的处理。二是对被告人吸食毒品数量的认定标准不严。对于被告人购买一定数量的毒品后，被查获时部分毒品去向不明，也没有证据证明被其贩卖的，往往仅凭被告人的辩解即认定去向不明的毒品是被其吸食，并从其贩毒数量中扣除。因此，有意见认为，《大连会议纪要》的上述规定使有吸毒情节的贩毒人员，因为吸毒违法行为而在认定贩毒数量时获益，特别是当其购买的毒品数量大，而能够证明的贩卖及查获的毒品数量小的情况下，这种认定思路不利于有效打击吸毒者实施的毒品犯罪。

经研究，《毒品犯罪纪要》调整了认定思路：一是改变了适用主体，将《大连会议纪要》规定的“以贩养吸的被告人”修改为“有吸毒情节的贩毒人员”，以便于认定。二是改变了认定原则，将认定重心放在“进口”而非“出口”，即对于有吸毒情节的贩毒人员，一般应当将其购买的毒品数量全部认定为其贩卖的毒品数量，并据此确定适用的法定刑幅度，只在量刑时酌情考虑其吸食毒品的情节。三是提高了证明标准，对于不计入贩毒数量的例外情形，要求必须是“确有证据证明”，这高于执行《大连会议纪要》过程中实际掌握的证明标准。《毒品犯罪纪要》规定的两种例外情形：一是被告人购买的毒品数量缺乏足够证据证明的，还是要按照能够证明的贩卖数量及查获的毒品数量认定其贩卖毒品的数量。二是确有证据证明被告人购买的部分毒品并非用于贩卖的，包括已被其本人吸食、不以牟利为目的为吸食者代购或者被其赠予他人等情形，不应计入其贩卖毒品的数量。需要注意的是，不计入贩毒数量的不应包括丢失、销毁等情形，因为被告人如系以贩卖为目的购买这部分毒品，无论是否卖出，均应计入其贩卖毒品的数量。

在《毒品犯罪纪要》起草过程中，有意见提出，对于有吸毒情节的贩毒人员恰好购买了50克甲基苯丙胺的，应当如何认定其贩毒数量？量刑时能否考虑其购买的部分毒品可能被其吸食的情节，而判处十五年有期徒刑以下刑罚？对此，根据《毒品犯罪纪要》的规定，一般还是应当按照其购买的毒品数量（即50克甲基苯丙胺）认定其贩卖毒品的数量，并据此确定适用的法定刑幅度，量刑时只能在相应的法定刑幅度内酌情从轻处罚，而不能在法定刑以下适用刑罚。但是，对于确有证据证明被告人购买的部分毒品已经被其吸食，而非用于贩卖的，可以从其贩卖的毒品数量中扣除，并在相应的法定刑幅度内量刑，这实际属于《毒品犯罪纪要》规定的第二种例外情形。

4. 关于低纯度毒品的数量认定及对量刑的影响。该问题也是个老生常谈的问题，但实践中各地的认识和做法很不统一。调研中了解到，有的地方仍在执行对低纯度毒品按照25%的纯度进行折算后认定数量的做法；有的地方提出，对毒品含量极低的案件应当报送最高人民法院核准在法定刑以下判处刑罚。对此，《毒品犯罪纪要》强调，应当严格执行刑法有关毒品数量不以纯度折算的规定，一般均应将查证属实的毒品数量认定为毒品犯罪的数量，并据此确定适用的法定刑幅度。但《毒品犯罪纪要》也规定了两个例外情形：一是2000年《最高人民法院关于审理毒品案件定罪量刑标准有关问题的解释》（已失效）规定，对度冷丁（杜冷丁）和盐酸二氢埃托啡针剂及片剂要按照有效药物成分和含量计算毒品数量，这属于司法解释的特殊规定。二是为了掩护运输而将毒品临时溶于液体的，可以将溶液蒸馏后得到的纯度较高的毒品数量作为量刑的依据，这也是司法实践中普遍接受的做法。

同时，考虑到不同纯度毒品的毒性和社会危害的客观差异，《毒品犯罪纪要》规定，涉案毒品纯度明显低于同类毒品的正常纯度的，量刑时可以酌情考虑。关于各类毒品的正常纯度，根据相关部门提供的数据，在终端消费市场，海洛因的正常纯度为5%—60%，甲基苯丙胺（冰毒）的正常纯度为50%—99%，甲基苯丙胺片剂的正常纯度为5%—30%，氯胺酮的正常纯度为60%—99%。明显低于上述纯度范围最低值的，量刑时可以酌情考虑。是否“明显低于”正常纯度，则要结合案件具体情况进行判断。此外，鉴于当前毒品犯罪的严峻形势和社会危害，对毒品含量极低的案件，尚不宜报送最高人民法院核准在法定刑以下判处刑罚。

5. 关于制造毒品的数量认定。《大连会议纪要》对制造毒品罪的认定与处罚作了一些规定，但没有涉及制造毒品的数量认定问题。制造毒品案件中，现场遗留物的情况比较复杂，可能包括毒品成品、半成品、废液废料等，其中通常都能够检出毒品成分。如何认定制造毒品的数量，一直是困扰审判实践的难题。废液废料是指不具备进一步提取（提纯）毒品条件的固体或者液体废弃物，能够检出毒品成分但含量极低。故《毒品犯罪纪要》明确提出，废液废料不应计入制造毒品的数量，并原则性地规定了有关废液废料的判断方法和依据。

（四）死刑适用问题

《大连会议纪要》对毒品犯罪的死刑适用问题作了较为系统的规定，对相对统一死刑适用标准发挥了重要作用，对于这些规定总体仍应继续参照执行。《毒品犯罪纪要》对《大连会议纪要》的相关规定作出了补充和完善，这些内容大多是《大连会议纪要》没有规定的，也是对近年来审判实践经验的总结。需要说明的是，《毒品犯罪纪要》中的死刑均指死刑立即执行。

《毒品犯罪纪要》强调了毒品犯罪案件的死刑政策把握问题，提出在当前形势下仍要充分发挥死刑的威慑作用，对罪行极其严重、依法应当判处死刑的毒品犯罪分子，要坚决判处死刑；同时提出，在毒品犯罪审判中也要全面贯彻宽严相济刑事政策，体现区别对待，做到罚当其罪，确保死刑只适用于极少数罪行极其严重的犯罪分子。需要说明的是，在《毒品犯罪纪要》的起草过程中，曾经考虑过明确规定一个相对统一的、有一定幅度的毒品犯罪死刑数量标准。但从调研情况来看，由于各地的毒品犯罪形势差异较大，要制定全国统一的毒品犯罪死刑数量标准，目前条件还不成熟。下一步，各地法院可以结合当地毒品犯罪审判实际，参照最高人民法院复核毒品犯罪死刑案件的典型案例，进一步规范和统一当地实际掌握的死刑数量标准。关于《毒品犯罪纪要》中“数量巨大”和“数量特别巨大”的具体标准，刑法只规定了毒品“数量大”，没有规定“数量巨大”和“数量特别巨大”。《大连会议纪要》在有关制造毒品和共同犯罪问题的规定中，使用了毒品“数量特别巨大”的表述。为进一步细化死刑适用标准，《毒品犯罪纪要》在多处使用了毒品“数量巨大”和“数量特别巨大”的表述。对于其具体标准，各地可以从当地实际出发，参照近年来最高人民法院复核毒品死刑案件的情况加以把握。

《毒品犯罪纪要》结合近年来的审判实际，对运输毒品犯罪，毒品共同犯罪和上下家犯罪，新类型、混合型毒品犯罪的死刑适用问题作了具体规定。

1. 运输毒品犯罪的死刑适用

该部分是对《大连会议纪要》相关规定的补充和完善，重申了《大连会议纪要》规定的运输毒品犯罪的严惩重点，并对受人指使、雇用运输毒品犯罪的死刑适用作了一些新规定，主要包括以下几方面内容。

首先，《毒品犯罪纪要》新增了对受人指使、雇用运输毒品的被告人适用死刑的总体原则。提出要以区别对待、慎重适用死刑为原则，并明确提出决定是否适用死刑时，应当综合考虑毒品数量、被告人的犯罪次数、犯罪的主动性和独立性、在共同犯罪中的地位作用、获利程度和方式及其主观恶性、人身危险性等因素。其次，《毒品犯罪纪要》对于确属受人指使、雇用运输毒品并系初犯、偶犯的被告人，在《大连会议纪要》的基础上进一步明确了不判处死刑的情形。《大连会议纪要》规定，对于这部分被告人，即使毒品数量超过实际掌握的死刑数量标准，也可以不判处死刑。《毒品犯罪纪要》则进一步提出，对于其中被动参与犯罪，从属性、辅助性较强，获利程度较低的被告人，一般不应当判处死刑。这是新增加的内容，目的是进一步严格限制受雇运输毒品犯罪的死刑适用，以突出对运输毒品犯罪的打击重点。再次，《毒品犯罪纪要》明确规定了对“不能排除”受人指使、雇用运输毒品的被告人不判处死刑的条件。这是对《大连会议纪要》规定的“有证据证明确属”受雇的突破，吸收了2010年我院办公厅下发的云南高院的《关于审理运输毒品犯罪案件应切实做到罪刑相当、罚当其罪的函》中的有关内容。主要考虑毒品犯罪隐蔽性强，部分案件难以达到“有证据证明确属”受雇的证明标准，如果在量刑时完全不予考虑，又有悖于罪责刑相适应原则。故近年来各地在审理此类案件时，包括最高人民法院在复核此类死刑案件时，也将“不能排除”受雇运输毒品的被告人作为慎用死刑的对象。《毒品犯罪纪要》明确规定，“不能排除”受人指使、雇用运输毒品的被告人同时具备以下两个条件的，可以不判处死刑：一是不排除初次参与运输毒品，二是毒品数量不属巨大。需要说明的是，“不能排除”并不是无根据的推测，也要求有一定的证据证明，只是没有达到确实、充分的证明标准。最后，《毒品犯罪纪要》规定了多人受雇运输毒品犯罪的死刑适用。强调对不同受雇者应结合其运输毒品数量、具体犯罪情节、参与犯罪程度、与雇用者关系的紧密性及其主观恶性、人身危险性等量刑因素作进一步区分，同时判处二人以上死刑要特别慎重。

需要说明的是，“受指使、雇用运输毒品”的表述源自《大连会议纪要》。在《毒品犯罪纪要》起草过程中，有意见提出，受指使为他人运输毒品的被告人在共同犯罪中通常处于明显的被动、从属地位，与以牟利为目的的受雇运输毒品的被告人有所不同，在决定死刑适用时应当进一步加以区分。经研究，该意见确有合理性，但鉴于实践中个案差异较大，对受指使与受雇用运输毒品的被告人如何体现区别对待，尚需进一步总结经验，故《毒品犯罪纪要》没有对此作出明确规定。但《毒品犯罪纪要》中也体现了根据具体犯罪情节进一步加以区分的精神，例如，规定对于受人指使、雇用参与运输毒品的被告人，应当综合考虑其犯罪的主动性和独立性、在共同犯罪中的地位作用、获利程度和方式及其主观恶性、人身危险性等因素，予以区别对待；又如，规定对于有证据证明确属受人指使、雇用初次运输毒品的案件，被告人被动参与犯罪，从属性、辅助性较强，获利程度较低的，一般不应当判处死刑。在今后的审判实践中，可以进一步总结受指使与受雇用运输毒品犯罪在社会危害性上的区别，依法、准确适用死刑。

2. 毒品共同犯罪、上下家犯罪的死刑适用

《大连会议纪要》对毒品共同犯罪的死刑适用作了较为原则的规定，而对毒品交易上下家的死刑适用则没有涉及。《毒品犯罪纪要》对此作了具体规定，是新增的内容。

（1）关于毒品共同犯罪案件的死刑适用。毒品共同犯罪案件中，能否对二名以上被告人适用死刑的问题较为突出。《毒品犯罪纪要》规定，毒品共同

犯罪的死刑适用要严格贯彻罪责刑相适应原则，涉案毒品的数量不同，适用死刑的具体原则也有所区别。对于毒品数量刚超过实际掌握的死刑数量标准的，原则上只对其中罪责最大的一名主犯适用死刑；罪责确实难以区分的，可以不判处被告人死刑；但即使二名主犯的罪责均很突出，且均具有法定从重处罚情节的，也要尽可能比较其主观恶性、人身危险性方面的差异，判处二人死刑要特别慎重，也就是说，在这种情况下，判处二人死刑属于极例外的做法。如果毒品数量达到巨大以上，判处二人以上死刑也还应当具备以下两个条件：一是两名以上主犯的罪责均很突出，或者个别主犯罪责稍次但具有法定或者重大酌定从重处罚情节；二是判处二人以上死刑符合罪刑相适应原则，并有利于全案量刑平衡。

（2）关于存在未到案共同犯罪人案件的死刑适用。实践中，此类案件的死刑适用存在的问题较多。办理此类案件的总体原则是，分清在案被告人与未到案共同犯罪人的罪责，准确适用死刑，并防止升格适用死刑；因罪责不清影响死刑适用的，不应对在案被告人判处死刑。《毒品犯罪纪要》规定了三种具体情形：一是共同犯罪人到案与否不影响对在案被告人适用死刑的情形，即在案被告人与未到案共同犯罪人均属罪行极其严重的，可以依法判处在案被告人死刑。二是不得因共同犯罪人未到案而对在案被告人升格适用死刑的情形，即在案被告人的罪行不足以判处死刑，或者共同犯罪人归案后从全案量刑平衡的角度考虑，只宜判处该共同犯罪人死刑的，这种情况下不应判处在案被告人死刑。三是共同犯罪人未到案影响罪责认定，进而影响准确适用死刑的情形，这种情况下也不应对在案被告人判处死刑。

（3）关于贩卖毒品上下家的死刑适用。办理此类案件，应当对毒品上家还是下家判处死刑，以及什么情况下可以同时判处上下家死刑，也是实践中反映较为突出的问题。首先，《毒品犯罪纪要》明确了对贩卖毒品上下家决定死刑适用时的考虑因素，包括贩毒数量、次数及对象范围，犯罪的主动性，对促成交易所发挥的作用，犯罪行为的危害后果及被告人的主观恶性、人身危险性等。其次，《毒品犯罪纪要》对买卖同宗毒品上下家的死刑适用问题作了原则性规定。对于买卖同宗毒品的上下家，由于涉案毒品总量没有增加，毒品数量刚超过实际掌握的死刑数量标准的，一般不能同时判处死刑。再次，《毒品犯罪纪要》结合实践情况，进一步明确了买卖同宗毒品案件中判处上下家死刑的一般规则。上家主动联络销售毒品，积极促成毒品交易的，一般可以优先考虑判处上家死刑；但并不是一律“杀上家不杀下家”，下家积极筹资，主动向上家约购毒品，对促成毒品交易起更大作用的，可以考虑判处下家死刑。最后，《毒品犯罪纪要》规定，涉案毒品数量达到巨大以上的，也要综合各种量刑因素，慎重决定能否同时对上下家判处死刑。

（4）关于人数较多的同宗毒品犯罪案件的死刑适用。同宗毒品犯罪案件既包括涉及同宗毒品买卖、多名被告人互为上下家的案件，也包括多名上下家和共同犯罪人并存的案件。《毒品犯罪纪要》提出，对此类案件的死刑适用可以综合运用前述毒品共同犯罪、上下家犯罪的原则予以处理。

（5）关于并案审理问题。《毒品犯罪纪要》提出，从准确定罪量刑和诉讼经济原则考虑，对毒品共同犯罪案件和密切相关的上下游案件应当尽量并案审理，因客观原因分案处理的，要注意各案间的量刑平衡，确保准确适用死刑。

3. 新类型、混合型毒品犯罪的死刑适用

这部分内容也是《毒品犯罪纪要》针对近年来实践中反映较为集中的新问题作出的新规定。

（1）关于甲基苯丙胺片剂（俗称“麻古”等）犯罪的死刑适用。调研中了解到，对甲基苯丙胺片剂的死刑数量标准，一些地方完全按照甲基苯丙胺（冰毒）的数量标准掌握。但是，根据有关部门提供的数据，此类片剂中的甲基苯丙胺含量在5%—30%之间，而冰毒中的甲基苯丙胺含量一般在50%—99%之间。在数量相同的情况下，甲基苯丙胺片剂所含的有效毒品成分和危害性要小于冰毒，故对前者应当掌握更高的死刑数量标准。经研究，《毒品犯罪纪要》提出，对甲基苯丙胺片剂的死刑数量标准，一般可以按照冰毒的2倍左右掌握，具体可以根据当地的毒品犯罪形势和涉案毒品含量等因素确定。例如，对于实际掌握的冰毒死刑数量标准较高、甲基苯丙胺片剂中毒品含量较高的省份，可以适当低于前述2倍标准；对于甲基苯丙胺片剂的含量较低、社会危害较小的省份，可以适当高于前述2倍标准。

（2）关于氯胺酮犯罪的死刑适用。《毒品犯罪纪要》主要作了两方面的规定：一是规定对涉氯胺酮犯罪案件，符合条件的可以依法适用死刑。主要针对案件性质为制造、贩卖毒品，涉及多人多宗犯罪，具有多次、大量、向多人贩卖及累犯、毒品再犯等情节的被告人。二是明确了氯胺酮的死刑数量标准。2007年“两高一部”发布的《办理毒品犯罪案件适用法律若干问题的意见》规定，氯胺酮的“数量大”标准是1000克，与海洛因的“数量大”标准是20∶1的关系。主要考虑当时氯胺酮的滥用情况尚不严重，涉氯胺酮犯罪的社会危害亦不是非常突出。而且，以往对涉氯胺酮犯罪案件判处死刑的数量标准掌握得也较高。《毒品犯罪纪要》规定对氯胺酮的死刑数量标准一般可以按照海洛因的10倍掌握，主要基于以下几点考虑：第一，近年来氯胺酮的滥用人数在我国不断增多，已上升至第三位，仅次于甲基苯丙胺和海洛因。第二，滥用氯胺酮造成的现实危害不断加大，因其兼具麻醉和致幻效果，实践中大量的自伤自残、暴力犯罪及“毒驾”案件多系由吸食氯胺酮引发。第三，制贩氯胺酮案件近年来呈迅速增长之势，有必要加大对此类犯罪的打击力度。此外，10∶1的比例参考了《非法药物折算表》中氯胺酮与海洛因的折算比例。需要注意的是，《毒品犯罪纪要》对氯胺酮死刑数量标准的规定，并不是对氯胺酮定罪量刑数量标准的全面调整；目前，对于涉氯胺酮非死刑案件，仍应适用2007年“两高一部”文件的规定，按照与海洛因20∶1的比例掌握。关于其他新类型、混合型毒品犯罪的死刑适用。由于这些毒品的滥用范围和社会危害相对较小，有的还没有定罪量刑数量标准，故一般不宜适用死刑。但考虑到毒品犯罪形势发展变化很快，《毒品犯罪纪要》也规定，对于司法解释、规范性文件明确规定了定罪量刑数量标准，且涉案毒品数量特别巨大，社会危害大，不判处死刑难以体现罚当其罪的，必要时可以判处被告人死刑。

（五）缓刑、财产刑适用及减刑、假释问题

为进一步规范毒品犯罪的刑罚适用与执行，加大惩处毒品犯罪力度，《毒品犯罪纪要》在这方面作了一些新规定，包括以下三方面内容。

1. 关于毒品犯罪的缓刑适用。司法实践中存在毒品犯罪缓刑适用不够规范的问题，《毒品犯罪纪要》首次对这一问题作出规定，明确了从严掌握毒品犯罪缓刑适用条件的原则。《毒品犯罪纪要》明确提出，对于毒品再犯一般不得适用缓刑，并结合审判实践规定，对于不能排除多次贩毒嫌疑的零包贩毒被告人，因认定构成贩卖毒品等犯罪的证据不足而认定为非法持有毒品罪的被告人，实施引诱、教唆、欺骗、强迫他人吸毒犯罪及制毒物品犯罪的被告人，应当限制缓刑适用。

2. 关于毒品犯罪的涉案财物追缴及财产刑适用。毒品犯罪是典型的贪利型犯罪，应进一步加大对犯罪分子的经济制裁力度。《毒品犯罪纪要》结合

2013年新制定的刑事诉讼法司法解释等相关规定，对下列问题作出规范：一是规定了对毒品犯罪案件查封、扣押、冻结的涉案财物及其孳息的判缴问题，强调要依法追缴毒品犯罪分子违法所得，并明确规定了应予没收财物的具体范围。二是明确了确定罚金数额的原则及判处没收财产刑的幅度问题，要求继续充分发挥财产刑的作用，结合案件和被告人的具体情况合理确定罚金数额及没收财产刑的幅度，既要对毒品犯罪分子给予有力经济制裁，也要确保刑罚执行效果、避免形成空判。需要说明的是，该部分中“法律另有规定的除外”是新刑事诉讼法司法解释的原文规定，主要是为了应对实践中的复杂情况，在此予以保留。另外，对于判处无期徒刑的，刑法及相关司法解释均未规定“应当”并处没收个人全部财产，故《毒品犯罪纪要》规定为“可以”并处没收个人全部财产。

3. 关于毒品罪犯的减刑、假释。《毒品犯罪纪要》第一次以规范性文件的形式对毒品罪犯的刑罚执行问题作出规定，要求对于具有毒枭、职业毒犯、累犯、毒品再犯等情节的毒品罪犯，应当从严把握减刑条件并对其假释作出限制。

（六）累犯、毒品再犯问题

《大连会议纪要》在此方面已有一些规定，《毒品犯罪纪要》对《大连会议纪要》的相关规定作了补充和完善。第一，《毒品犯罪纪要》进一步明确了累犯、毒品再犯情节对毒品犯罪案件量刑的影响，强调要根据宽严相济刑事政策的要求，对累犯、毒品再犯依法从严惩处，并具体规定了其中几类严惩的重点。第二，《毒品犯罪纪要》规定了同时具有累犯、毒品再犯情节的刑罚适用及法条引用问题。《大连会议纪要》规定，对同时构成累犯和毒品再犯的被告人，应当同时引用刑法关于累犯和毒品再犯的条款从重处罚。对此类被告人是否要重复予以从重处罚，实践中有不同认识。《毒品犯罪纪要》对《大连会议纪要》的上述规定加以完善，区分两种情况作出规定：一是对因同一毒品犯罪前科同时构成累犯和毒品再犯的被告人，在裁判文书中应该同时引用刑法关于累犯和毒品再犯的条款，但在量刑时不得重复予以从重处罚。二是对因不同犯罪前科同时构成累犯和毒品再犯的被告人，量刑时的从重处罚幅度一般应大于前述情形，以体现区别。之所以规定为“一般”，是考虑到实践中存在一些例外情况。例如，对于分别因罪行较轻的盗窃罪和非法持有毒品罪而同时构成累犯和毒品再犯的被告人，对其从重处罚幅度未必大于因单一的严重贩卖毒品罪而同时构成累犯和毒品再犯的被告人。

（七）非法贩卖麻醉药品、精神药品行为的定性问题

近年来，非法贩卖盐酸曲马多、安钠咖、美沙酮等麻精药品的案件不断出现。对此类案件如何定性，实践中存在不小争议，《毒品犯罪纪要》对该问题作了原则性规定。

麻精药品通常具有双重属性，无论是通过合法渠道销售还是非法渠道流通，只要被患者正常使用发挥疗效作用的，就属于药品；只有脱离管制被吸毒人员滥用的，才属于毒品。因此，列入《麻醉药品品种目录》和《精神药品品种目录》的麻精药品并不等同于毒品，也并非所有非法贩卖麻精药品的行为都应当被认定为贩卖毒品罪，而应具体情况具体分析。

《毒品犯罪纪要》根据贩卖对象作出区别规定：第一，对于向走私、贩卖毒品的犯罪分子或者吸食、注射毒品的人员进行贩卖的，应当以贩卖毒品罪定罪处罚。第二，对于出于医疗目的，违反药品管理法的相关规定，向无资质的药品经营人员、私立医院、诊所、药店或者病人非法贩卖的，侵犯的是国家对药品的正常经营管理秩序，故不应认定为贩卖毒品罪，符合非法经营罪的定罪标准的，依法定罪处罚。需要说明的是，实践中有的被告人向不特定对象贩卖麻精药品，如果没有证据证明其是向走私、贩卖毒品的犯罪分子或者吸食、注射毒品的人员进行贩卖的，根据有利于被告人的原则，一般不宜认定为贩卖毒品罪。

（撰稿：高贵君、马岩、方文军、李静然）

3. **最高人民法院、最高人民检察院、公安部办理毒品犯罪案件适用法律若干问题的意见**（公通字〔2007〕84号，自2007年12月18日起施行）

一、关于毒品犯罪案件的管辖问题

根据刑事诉讼法的规定，毒品犯罪案件的地域管辖，应当坚持以犯罪地管辖为主、被告人居住地管辖为辅的原则。

“犯罪地”包括犯罪预谋地，毒资筹集地，交易进行地，毒品生产地，毒资、毒赃和毒品的藏匿地、转移地，走私或者贩运毒品的目的地以及犯罪嫌疑人被抓获地等。

“被告人居住地”包括被告人常住地、户籍地及其临时居住地。

对怀孕、哺乳期妇女走私、贩卖、运输毒品案件，查获地公安机关认为移交其居住地管辖更有利于采取强制措施和查清犯罪事实的，可以报请共同

的上级公安机关批准，移送犯罪嫌疑人居住地公安机关办理，查获地公安机关应继续配合。

公安机关对侦办跨区域毒品犯罪案件的管辖权有争议的，应本着有利于查清犯罪事实，有利于诉讼，有利于保障案件侦查安全的原则，认真协商解决。经协商无法达成一致的，报共同的上级公安机关指定管辖。对即将侦查终结的跨省（自治区、直辖市）重大毒品案件，必要时可由公安部商最高人民法院和最高人民检察院指定管辖。

为保证及时结案，避免超期羁押，人民检察院对于公安机关移送审查起诉的案件，人民法院对于已进入审判程序的案件，被告人及其辩护人提出管辖异议或者办案单位发现没有管辖权的，受案人民检察院、人民法院经审可以依法报请上级人民检察院、人民法院指定管辖，不再自行移送有管辖权的人民检察院、人民法院。

二、关于毒品犯罪嫌疑人、被告人主观明知的认定问题

走私、贩卖、运输、非法持有毒品主观故意中的“明知”，是指行为人知道或者应当知道所实施的行为是走私、贩卖、运输、非法持有毒品行为。具有下列情形之一，并且犯罪嫌疑人、被告人不能做出合理解释的，可以认定其“应当知道”，但有证据证明确属被蒙骗的除外：

（一）执法人员在口岸、机场、车站、港口和其他检查站检查时，要求行为人申报为他人携带的物品和其他疑似毒品物，并告知其法律责任，而行为人未如实申报，在其所携带的物品内查获毒品的；

（二）以伪报、藏匿、伪装等蒙蔽手段逃避海关、边防等检查，在其携带、运输、邮寄的物品中查获毒品的；

（三）执法人员检查时，有逃跑、丢弃携带物品或逃避、抗拒检查等行为，在其携带或丢弃的物品中查获毒品的；

（四）体内藏匿毒品的；

（五）为获取不同寻常的高额或不等值的报酬而携带、运输毒品的；

（六）采用高度隐蔽的方式携带、运输毒品的；

（七）采用高度隐蔽的方式交接毒品，明显违背合法物品惯常交接方式的；

（八）其他有证据足以证明行为人应当知道的。

三、关于办理氯胺酮等毒品案件定罪量刑标准问题

（一）走私、贩卖、运输、制造、非法持有下列毒品，应当认定为刑法第三百四十七条第二款第（一）项、第三百四十八条规定的“其他毒品数量大”：

1. 二亚甲基双氧安非他明（MDMA）等苯丙胺类毒品（甲基苯丙胺除外）100 克以上；

2. 氯胺酮、美沙酮 1 千克以上；

3. 三唑仑、安眠酮 50 千克以上；

4. 氯氮卓、艾司唑仑、地西泮、溴西泮 500 千克以上；

5. 上述毒品以外的其他毒品数量大的。

（二）走私、贩卖、运输、制造、非法持有下列毒品，应当认定为刑法第三百四十七条第三款、第三百四十八条规定的“其他毒品数量较大”：

1. 二亚甲基双氧安非他明（MDMA）等苯丙胺类毒品（甲基苯丙胺除外）20 克以上不满 100 克的；

2. 氯胺酮、美沙酮 200 克以上不满 1 千克的；

3. 三唑仑、安眠酮 10 千克以上不满 50 千克的；

4. 氯氮卓、艾司唑仑、地西泮、溴西泮 100 千克以上不满 500 千克的；

5. 上述毒品以外的其他毒品数量较大的。

（三）走私、贩卖、运输、制造下列毒品，应当认定为刑法第三百四十七条第四款规定的“其他少量毒品”：

1. 二亚甲基双氧安非他明（MDMA）等苯丙胺类毒品（甲基苯丙胺除外）不满 20 克的；

2. 氯胺酮、美沙酮不满 200 克的；

3. 三唑仑、安眠酮不满 10 千克的；

4. 氯氮卓、艾司唑仑、地西泮、溴西泮不满 100 千克的；

5. 上述毒品以外的其他少量毒品的。

（四）上述毒品品种包括其盐和制剂。毒品鉴定结论中毒品品名的认定应当以国家食品药品监督管理局、公安部、卫生部最新发布的《麻醉药品品种目录》《精神药品品种目录》为依据。

四、关于死刑案件的毒品含量鉴定问题

可能判处死刑的毒品犯罪案件，毒品鉴定结论中应有含量鉴定的结论。

权威解读

解读《办理毒品犯罪案件适用法律若干问题的意见》

近年来毒品犯罪呈现出一些新情况、新特点，各地司法机关在办理毒品犯罪案件中遇到了一些突出的法律适用问题，为了有效惩治毒品犯罪，确保毒品案件的办案质量，最高人民法院、最高人民检察院、公安部于2007年12月26日联合下发了《办理毒品犯罪案件适用法律若干问题的意见》（以下简称《毒品犯罪意见》）。《毒品犯罪意见》的出台，对正确适用法律办理这类案件具有重要指导意义。现结合起草制定该《毒品犯罪意见》的有关情况，就其理解和适用问题进行如下解释说明。

一、起草的指导思想

在《毒品犯罪意见》的起草、制定过程中，主要遵循和体现了以下指导思想：一是坚持原则性与灵活性相结合，既坚持刑法、刑事诉讼法的原则规定，针对司法实践迫切需要解决的问题，作出明确规定，突出其指导性、规范性和统一性，又考虑不同地区、不同案件的具体情况，适当作出一些灵活性规定，避免规定得过死而难以适应各地司法实践的需要。二是坚持有利于及时、准确查清犯罪事实，有利于保障刑事诉讼顺利进行，有利于保护犯罪嫌疑人、被告人诉讼权利的原则，进一步细化了有关规定，增强了可操作性，以确保及时、有效地惩治毒品犯罪。三是从实际出发，既保持与刑事法律、禁毒行政法规和有关司法解释规定的协调一致，又注意总结近年来办理毒品案件的侦查、批捕、起诉和审判实践中的经验做法，切实解决目前迫切需要解决的疑难问题。对形成共识的予以规定，对目前争议较大的暂不规定。

二、关于毒品犯罪案件的管辖问题

1. 毒品犯罪的“犯罪地”“被告人居住地”的范围

由于不少毒品犯罪往往包括制造、走私、运输、贩卖等多个环节，每个环节都有可能涉及不同地域，而且毒品犯罪大多是共同犯罪，参与犯罪的多个被告人也可能来自不同地区。因此，《毒品犯罪意见》规定毒品犯罪的地域管辖，应当坚持刑事诉讼法规定的以犯罪地管辖为主、被告人居住地管辖为辅的原则。但是，考虑到毒品犯罪的特殊性和毒品犯罪的侦查体制，有必要根据刑诉法管辖规定，结合毒品犯罪特殊情况，对“犯罪地”“被告人居住地”作进一步解释。即“犯罪地”可以包括犯罪预谋地、毒资筹集地、交易进行地、毒品生产地，也可以包括毒资、毒赃、毒品藏匿地、转移地，走私或贩运毒品目的地以及犯罪嫌疑人被抓获地等。“被告人居住地”，不仅包括被告人常住地、户籍地，也包括其临时居住地。

2. 跨区域毒品案件的管辖问题

实践中，有的毒品犯罪行为往往涉及几个省、市、自治区，而且多名共同作案人往往来自不同居住地。依照刑诉法和前述规定，所涉及地域的有关司法机关对这些毒品犯罪案件均有管辖权，从而在实际办案过程中可能造成拥有管辖权的司法机关之间的管辖争议或者相互推诿，影响及时追赃、缉捕犯罪嫌疑人，影响及时起诉和审判，甚至产生拖延诉讼、超期羁押现象。为解决这一问题，《毒品犯罪意见》规定，公安机关对侦办跨区域毒品犯罪案件的管辖权有争议的，应本着有利于查清犯罪事实、有利于诉讼、有利于保障案件侦查安全的原则，认真协商解决。经协商无法达成一致的，报共同的上级公安机关指定管辖。为保证及时结案，避免超期羁押，对已进入审查起诉、审判程序的案件，被告人及其辩护人提出管辖异议或者司法机关发现没有管辖权的，受理案件的法院、检察院应当报请其上级机关依照刑事诉讼法第二十六条规定的精神指定管辖，不再自行移送管辖。对即将侦查终结的跨省（自治区、直辖市）重大毒品案件，必要时可由公安部商最高人民法院和最高人民检察院指定管辖。

3. 孕妇、哺乳期妇女毒品犯罪案件的处理问题

近年来，一些毒品犯罪集团为了逃避处罚，大肆组织、雇用孕妇、哺乳期妇女进行毒品犯罪活动。由于对孕妇、哺乳期妇女的监视居住、取保候审等强制措施难以落到实处，致使形成抓了放、放了抓的恶性循环，使得此类犯罪活动愈演愈烈，此类案件逐年上升，成为影响我国禁毒工作成效的突出问题。对此，《毒品犯罪意见》规定，对怀孕、哺乳期妇女走私、贩卖、运输毒品案件，查获地公安机关认为移交其居住地管辖更有利于采取强制措施和查清犯罪事实的，可以报请共同的上级公安机关批准，移送其居住地公安机关办理，查获地公安机关应继续配合。

司法实践中办理这类案件还应当注意以下问题：一是要坚持宽严相济的刑事政策，严厉打击幕后组织、策划和指挥者，对组织利用、教唆孕妇、哺乳期妇女走私、贩卖、运输、制造毒品的，从重处罚；对孕妇、哺乳期妇女参与毒品犯罪情节较轻的，或者具有自首、立功、被胁迫参加犯罪、坦白等法定或者酌定从宽处罚情节的，依法予以从宽处罚。二是要积极妥善解决涉

及孕妇、哺乳期妇女的案件管辖、强制措施等问题。对其可以依法采取取保候审、监视居住等强制措施，并根据被告人具体情况和案情的变化及时变更强制措施，但不能放任不管，拖延诉讼。三是对案件事实清楚、证据确实充分，不妨碍诉讼进行的，要及时依法起诉和审理，以有效遏制利用孕妇、哺乳期妇女进行毒品犯罪的蔓延势头。

三、关于毒品犯罪被告人主观明知的认定问题

（一）规定毒品犯罪“明知”的依据

《毒品犯罪意见》之所以规定毒品犯罪的“明知”问题，主要是基于以下几点考虑：一是行为人在实施与自身相关行为时，有责任审查委托、雇用其携带、运输或者交接的物品是否属违禁品，其实施行为是否合法，这是行为人实施与自身相关行为的基本法律义务。行为人如果具有《毒品犯罪意见》规定的几种情形之一，而辩称没有审查，就可以认定行为人对其行为对象主观上是明知的。二是出于严惩毒品犯罪的迫切需要。因为在司法实践中，毒品犯罪集团化、职业化趋向越来越突出，行为人具有逃避制裁的充分准备，特别是用箱包运输毒品的被告人，即使当场在其身边查获毒品，往往以“为他人携带和运输，并不知道有毒品”进行辩解。有的在被查获时承认明知是毒品，但到了起诉、审判阶段就翻供。如果仅以其本人是否承认明知为标准，就会造成“唯口供论”，难以认定毒品犯罪人的主观故意，严重影响惩治毒品犯罪活动。三是现行法律、司法解释和规范性文件对“明知”问题已作过类似规定。如《刑法》第二百一十九条第二款规定：“明知或者应知前款所列行为，获取、使用或者披露他人的商业秘密的，以侵犯商业秘密论。”最高人民法院、最高人民检察院2007年5月印发的《关于办理与盗窃、抢劫、诈骗、抢夺机动车相关刑事案件具体应用法律若干问题的解释》第六条，最高人民法院、最高人民检察院、海关总署2002年7月印发的《关于办理走私刑事案件适用法律若干问题的意见》第五条，都结合案件具体情况规定了“明知”的认定问题。四是国际公约对“明知”事项的规定，为我们规定毒品犯罪中的明知提供了重要依据。《联合国打击跨国有组织犯罪公约》第五条第二款规定，本条第一款所指的明知，故意、目标、目的或约定可以从客观实际情况推定。《联合国反腐败公约》第二十八条规定：“根据本公约确立的犯罪所需要具备的明知、故意或者目的等要素，可以根据客观实际情况予以推定。”我国签署和批准了这两个公约，尽管公约不完全是针对毒品犯罪，但它包括有

组织从事毒品犯罪的集团，对其他毒品犯罪明知的认定也具有参照意义。尤其是《联合国禁止非法贩运麻醉药品和精神药物公约》第三条第一款规定了各种毒品故意犯罪，第三款又规定，“构成本条第一款所列罪行的知情、故意或目的等要素，可根据客观事实情况加以判断”。我国签署并批准了该公约，1990年11月11日该公约在我国生效，这说明规定明知问题，也是我国履行国际条约义务的要求。五是国外和我国香港地区关于毒品犯罪明知的规定值得借鉴。如马来西亚《1952年惩治毒品犯罪法》第三十七条规定：保管或控制任何含有毒品的物品的人，应当推定其对该毒品的性质具有明知；毒品隐藏在房屋、车辆内，应当推定房主、车主和当时负责车辆的人对所隐藏的毒品明知。我国香港地区《危险药物条例》第四十七条也有类似规定。

（二）毒品犯罪中“明知”的含义及其判断标准

针对毒品犯罪特别是运输毒品犯罪主观明知比较难以判断的实际情况，《毒品犯罪意见》在总结毒品案件侦查、起诉、审判实践经验的基础上，指出“明知”是指行为人知道或者应当知道所实施的行为是走私、贩卖、运输、非法持有毒品行为。具有下列情形之一，并且犯罪嫌疑人、被告人不能做出合理解释的，可以认定其“应当知道”，但有证据证明确属被蒙骗的除外：（1）执法人员在口岸、机场、车站、港口和其他检查站检查时，要求行为人申报为他人携带的箱包、物品和其他疑似毒品物，并告知其法律责任，而行为人未如实申报，在其所携带的物品内查获毒品的；（2）以伪报、藏匿、伪装等蒙蔽手段，逃避海关、边防等检查，在其携带、运输、邮寄的物品中查获毒品的；（3）执法人员检查时，有逃跑、丢弃携带物品或逃避、抗拒检查等行为，在其携带或丢弃物品中查获毒品的；（4）体内藏匿毒品的；（5）为获取不同寻常的高额或不等值的报酬而携带、运输毒品的；（6）采用高度隐蔽的方式携带、运输毒品的；（7）采用高度隐蔽的方式交接毒品，明显违背合法物品惯常交接方式的；（8）其他有证据足以证明行为人应当知道的。上述情形的前三种情形表现为执法人员检查时，从其所携带的物品内查获毒品，并且行为人有蒙蔽、逃避或者抗拒检查，或者未如实申报的行为，也不能对委托其携带物品人的姓名、住址等身份情况交代清楚。第4、6、7种情形表现为采取高度隐蔽的方式携带、交接毒品，明显违背合法物品惯常携带和交接方式。第5种情形表现为为他人携带、运输物品的报酬明显不合市场交易常规，违背常理。第8种情形是兜底性规定，可以包括其他有证据足以证明应当知道的情形，如用特制设备运输毒品或者在运输工具的隐蔽部位藏匿毒品的；行程路线故意绕开检查站点的；以虚假地址和身份办理托运手续的；多次为同一毒品犯罪分子运输毒品的；曾因同一种毒品违法犯罪行为受过刑事处罚或者行政处罚的；等等。至于明知的程度，只须明知犯罪对象是毒品，而无须完全清楚毒品的数量、质量、品种、含量、成分等物理、化学特征。

（三）判断“明知”时应注意的问题

至于判断是否明知，应当注意以下问题：一是判断是否明知应当以客观实际情况为依据。尽管明知是行为人知道或者应当知道行为对象是毒品的心理状态，但是判断被告人主观是否明知，不能仅凭被告人是否供认，而应当综合考虑案件中的各种客观实际情况，依据实施毒品犯罪行为的过程、行为方式、毒品被查获时的情形和环境等证据，结合被告人的年龄、阅历、智力及掌握相关知识情况，进行综合分析判断。二是用作推定前提的基础事实必须有已经确凿的证据证明。首先要查明行为人携带的东西确实是毒品，同时行为人有上述列举的反常表现行为。三是依照上述规定认定的明知，允许行为人提出反证加以推翻。由于推定明知不是以确凿证据证明的，而是根据基础事实与待证事实的常态联系，运用情理判断和逻辑推理得出的，有可能出现例外情况。如果行为人能作出合理解释，有证据证明确实受蒙骗，其辩解有事实依据或者合乎情理，就不能认定其明知。

四、关于氯胺酮等毒品案件的定罪量刑标准问题

毒品数量的大小反映毒品犯罪行为社会危害性的大小，是毒品犯罪定罪量刑的重要情节。关于毒品案件量刑的数量标准，刑法第三百四十七条规定了鸦片、海洛因和甲基苯丙胺 3 种毒品的数量标准；最高人民法院 2000 年 6 月 10 日起施行的《关于审理毒品案件定罪量刑标准有关问题的解释》（已失效）第一条、第二条规定了苯丙胺类、大麻类、可卡因、吗啡、杜冷丁、盐酸二氢埃托啡、咖啡因、罂粟壳 8 种毒品的数量标准。鉴于氯胺酮、美沙酮、三唑仑、安眠酮、氯氮卓、艾司唑仑、地西泮、溴西泮等新型毒品犯罪发展目前蔓延严重，而刑法和有关司法解释又没有规定这类毒品犯罪的定罪量刑的数量标准，在一定程度上影响了及时、有效惩治此类毒品犯罪。因此，《毒品犯罪意见》就目前国内毒品犯罪中常见、突出的二亚甲基双氧安非他明（MDMA）等苯丙胺类、氯胺酮、美沙酮、三唑仑、安眠酮、氯氮卓、艾司唑仑、地西泮、溴西泮 9 种毒品，以千克、克为统一计量单位，明确规定了

“数量大”“数量较大”“少量”毒品的数量标准，并指出上述毒品品种包括其盐和制剂。同时把“上述毒品以外的其他毒品数量大的”作为兜底性规定，以避免个别危害严重的其他毒品犯罪逃脱处罚，也便于将来根据司法实践需要，对其他毒品的数量标准进一步作出规定。

（一）苯丙胺类毒品案件定罪量刑的数量标准

《毒品犯罪意见》规定的毒品案件定罪量刑的数量标准是综合考虑各类毒品的滥用和犯罪情况、毒品依赖性、对人体的危害程度及其与海洛因的折算比例等方面因素而确定的。苯丙胺类毒品是指以苯胺基丙烷化学结构为母体进行改造衍生的，具有中枢兴奋、致幻、欣快作用的化学物品及其盐类物质，包括苯丙胺及其来环上取代衍生物，属于中枢神经兴奋剂。自1996年我国首次发现滥用苯丙胺类兴奋剂以来，这类毒品迅速在国内传播、蔓延。为了有力打击该类毒品犯罪，《毒品犯罪意见》沿用了最高人民法院2000年6月10日起施行的《关于审理毒品案件定罪量刑标准有关问题的解释》第一条、第二条第（一）项有关苯丙胺类毒品的数量标准（低于与海洛因折算的数量），并把它列为9种毒品中的第一种。由于苯丙胺的衍生物种类繁多，新的衍生物还在不断出现，有的衍生物只有化学分子式而没有名称，有的衍生物则不属于毒品，并且刑法规定了甲基苯丙胺（冰毒）的数量标准，《毒品犯罪意见》将苯丙胺及其属于毒品的衍生物统称为“苯丙胺类毒品（甲基苯丙胺除外）”。据此，《毒品犯罪意见》中规定：二亚甲基双氧安非他明（MDMA）等苯丙胺类毒品（甲基苯丙胺除外）100克以上、20克以上不满100克、不满20克，应当分别认定为“数量大”“数量较大”“少量”。司法实践中对于查获物品是否属于该类毒品有疑义的，可以聘请有关专业部门进行鉴定。

（二）氯胺酮等毒品案件定罪量刑的数量标准

氯胺酮俗称K粉，是目前滥用较严重的兴奋剂药物，常与摇头丸成分混合服用，产生兴奋、麻醉等感觉，在娱乐场所使用较多。它可抑制中枢神经系统，临床可作为全身麻醉的诱导剂。美沙酮又叫美散酮、非那酮、阿米酮，属鸦片类合成毒品，在镇痛、呼吸抑制、耐受与成瘾等方面与吗啡相似，镇痛作用持续时间长，可作为海洛因吸毒者的戒毒药。安眠酮又称甲喹酮、海米那，属于《精神药品品种目录》中第一类严格管制的精神药品，临床上可用于治疗失眠症。《毒品犯罪意见》考虑到这3种毒品的依赖性和危害性程度、滥用情况及其医疗作用，为了避免打击面过大，对于氯胺酮、美沙酮、安眠酮3种毒品，确定了高于海洛因折算量的数量标准。三唑仑（海乐神）、氯氮卓（利眠宁）、艾司唑仑（舒乐安定）、地西泮（安定）、溴西泮等5种毒品，属于苯二氮卓类镇静安眠的精神药物。其数量标准则是按照毒品的药理学分类及其与海洛因折算的数量确定的。据此，《毒品犯罪意见》中规定：毒品“数量大”“数量较大”“少量”的数量标准分别是：氯胺酮、美沙酮1千克以上、200克以上不满1千克、不满200克；三唑仑、安眠酮50千克以上、10千克以上不满50千克、不满10千克；氯氮卓、艾司唑仑、地西泮、溴西泮500千克以上、100千克以上不满500千克、不满100千克。

（三）尚未规定数量标准的其他毒品案件的处理

此外，对于国家管制的、刑法和司法解释尚未明确规定数量标准的精神药品和麻醉药品，根据最高人民法院2000年4月4日印发的《全国法院审理毒品犯罪案件工作座谈会纪要》（已失效）的有关规定，应由有关专业部门确定涉案毒品的毒效、有毒成分的多少、吸毒者对该毒品的依赖程度，充分考虑其瘾癖性、戒断性、社会危害性等酌情量刑。因条件限制不能确定的，可以参照相关毒品非法交易的价格等因素，决定对被告人适用的刑罚。除非在数量上和毒性上超过有数量标准的毒品外，一般不宜判处死刑立即执行。

五、关于死刑案件毒品含量的鉴定问题

虽然《刑法》第三百五十七条第二款规定，毒品的数量以查证属实的走私、贩卖、运输、制造、非法持有毒品的数量计算，不以纯度折算。但是，毒品纯度的高低是毒品含有毒性成分多少的重要标志，纯度高的毒品流入社会后，其危害性必然大于纯度低的毒品。进行毒品含量鉴定，是贯彻罪责刑相适应原则的必然要求，是量刑科学化、规范化的保障。特别是死刑案件，当毒品大量掺假、含量极低，毒品不是同一种类、成分复杂，或者同种有毒成分因含量不同而分属于不同种类毒品时，如果不进行毒品量鉴定，容易造成量刑不公、有悖于罪责刑相适应原则。这已得到理论界和司法实务部门的认同，一些地方法院、检察院与公安部门已共同解决了毒品案件含量鉴定问题。因此，为了避免死刑案件的量刑失衡，确保把死刑案件办成铁案，结合我国刑事政策、毒品犯罪态势、目前鉴定力量和设备条件等实际情况，《毒品犯罪意见》明确规定，可能判处死刑的毒品犯罪案件，毒品鉴定结论中应有含量鉴定的结论。毒品鉴定结论中毒品品名的认定应以国家食品药品监督管理局、公安部、卫生部最新发布的《麻醉药品品种目录》《精神药品品种目录》为依据。

在司法实践中，对可能判处死刑的毒品案件，今后必须一律进行毒品含量鉴定。对缺少作为定罪量刑重要证据的毒品含量鉴定结论的，公诉机关可以建议延期审理，自行或退回公安机关补充侦查；上级法院还可以部分事实不清为由，将案件发回重新审判。对毒品鉴定结论有疑义的，可以进行补充鉴定或重新鉴定。因某种原因不能作出补充或重新鉴定的，判处死刑时应特别慎重。

（撰稿：高贵君、王勇、吴光侠）

4. **最高人民法院、最高人民检察院、公安部关于规范毒品名称表述若干问题的意见**（法〔2014〕224号，自2014年8月20日起施行）

为进一步规范毒品犯罪案件办理工作，现对毒品犯罪案件起诉意见书、起诉书、刑事判决书、刑事裁定书中的毒品名称表述问题提出如下规范意见。

一、规范毒品名称表述的基本原则

（一）毒品名称表述应当以毒品的化学名称为依据，并与刑法、司法解释及相关规范性文件中的毒品名称保持一致。刑法、司法解释等没有规定的，可以参照《麻醉药品品种目录》《精神药品品种目录》中的毒品名称进行表述。

（二）对于含有二种以上毒品成分的混合型毒品，应当根据其主要毒品成分和具体形态认定毒品种类、确定名称。混合型毒品中含有海洛因、甲基苯丙胺的，一般应当以海洛因、甲基苯丙胺确定其毒品种类；不含海洛因、甲基苯丙胺，或者海洛因、甲基苯丙胺的含量极低的，可以根据其中定罪量刑数量标准较低且所占比例较大的毒品成分确定其毒品种类。混合型毒品成分复杂的，可以用括号注明其中所含的一至二种其他毒品成分。

（三）为体现与犯罪嫌疑人、被告人供述的对应性，对于犯罪嫌疑人、被告人供述的毒品常见俗称，可以在文书中第一次表述该类毒品时用括号注明。

二、几类毒品的名称表述

（一）含甲基苯丙胺成分的毒品

1. 对于含甲基苯丙胺成分的晶体状毒品，应当统一表述为甲基苯丙胺（冰毒），在下文中再次出现时可以直接表述为甲基苯丙胺。

2. 对于以甲基苯丙胺为主要毒品成分的片剂状毒品，应当统一表述为甲基苯丙胺片剂。如果犯罪嫌疑人、被告人供述为“麻古”“麻果”或者其他俗称的，可以在文书中第一次表述该类毒品时用括号注明，如表述为甲基苯丙胺片剂（俗称“麻古”）等。

3. 对于含甲基苯丙胺成分的液体、固液混合物、粉末等，应当根据其毒品成分和具体形态进行表述，如表述为含甲基苯丙胺成分的液体、含甲基苯丙胺成分的粉末等。

（二）含氯胺酮成分的毒品

1. 对于含氯胺酮成分的粉末状毒品，应当统一表述为氯胺酮。如果犯罪嫌疑人、被告人供述为“K 粉”等俗称的，可以在文书中第一次表述该类毒品时用括号注明，如表述为氯胺酮（俗称“K 粉”）等。

2. 对于以氯胺酮为主要毒品成分的片剂状毒品，应当统一表述为氯胺酮片剂。

3. 对于含氯胺酮成分的液体、固液混合物等，应当根据其毒品成分和具体形态进行表述，如表述为含氯胺酮成分的液体、含氯胺酮成分的固液混合物等。

（三）含 MDMA 等成分的毒品

对于以 MDMA、MDA、MDEA 等致幻性苯丙胺类兴奋剂为主要毒品成分的丸状、片剂状毒品，应当根据其主要毒品成分的中文化学名称和具体形态进行表述，并在文书中第一次表述该类毒品时用括号注明下文中使用的英文缩写简称，如表述为3，4－亚甲二氧基甲基苯丙胺片剂（以下简称 MDMA 片剂）、3，4－亚甲二氧基苯丙胺片剂（以下简称 MDA 片剂）、3，4－亚甲二氧基乙基苯丙胺片剂（以下简称 MDEA 片剂）等。如果犯罪嫌疑人、被告人供述为“摇头丸”等俗称的，可以在文书中第一次表述该类毒品时用括号注明，如表述为3，4－亚甲二氧基甲基苯丙胺片剂（以下简称 MDMA 片剂，俗称“摇头丸”）等。

（四）“神仙水”类毒品

对于俗称“神仙水”的液体状毒品，应当根据其主要毒品成分和具体形态进行表述。毒品成分复杂的，可以用括号注明其中所含的一至二种其他毒品成分，如表述为含氯胺酮（咖啡因、地西泮等）成分的液体等。如果犯罪嫌疑人、被告人供述为“神仙水”等俗称的，可以在文书中第一次表述该类毒品时用括号注明，如表述为含氯胺酮（咖啡因、地西泮等）成分的液体（俗称“神仙水”）等。

（五）大麻类毒品

对于含四氢大麻酚、大麻二酚、大麻酚等天然大麻素类成分的毒品，应当根据其外形特征分别表述为大麻叶、大麻脂、大麻油或者大麻烟等。

权威解读

解读《关于规范毒品名称表述若干问题的意见》

为进一步规范毒品犯罪案件办理工作，最高人民法院、最高人民检察院、公安部于2014年8月20日联合发布了《关于规范毒品名称表述若干问题的意见》（法〔2014〕224号，以下简称《规范毒品名称意见》）。为便于司法实践中准确理解和适用，现就《规范毒品名称意见》的制定背景、起草思路及主要内容说明如下。

一、关于《规范毒品名称意见》的制定背景

审判工作中发现，毒品犯罪案件法律文书中存在部分毒品名称表述不科学、不规范的问题，尤以新类型、混合型毒品的名称表述问题最为突出。规范表述毒品名称，既是促进毒品犯罪案件办理工作规范化的客观要求，也是准确认定毒品性质、依法准确定罪量刑的基础。为科学规范毒品名称表述，最高人民法院相关部门自2013年年初以来开展了相关调研论证工作，通过研究大量毒品犯罪案件裁判文书、查阅相关专业资料、咨询有关专业人员意见，形成了规范毒品名称表述的初步意见。鉴于毒品名称规范问题涉及侦查、审查起诉、审判等刑事诉讼阶段，单由法院一家对毒品名称表述进行规范效果有限，经正式征求最高人民检察院、公安部意见，一致同意由三家联合制发规范性文件，对毒品名称表述进行统一规范，以促进毒品犯罪案件办理作进一步规范化。在前期工作的基础上，最高人民法院、最高人民检察院、公安部相关部门共同对规范毒品名称表述的初步意见进行了深入研究，并召开座谈会专门听取了毒品鉴定专家和法律语言专家的意见。经多次修改、完善，最终形成并联合发布了《规范毒品名称意见》。

二、关于《规范毒品名称意见》的起草思路

当前毒品犯罪案件法律文书中，毒品名称表述主要存在以下问题：第一，较少使用规范的化学名称，多用俗称。如将含甲基苯丙胺成分的片剂状毒品表述为“麻古”或者“麻果”，将含氯胺酮成分的粉末状毒品表述为“K粉”等。第二，用单一的化学名称指代形态、成分有明显差异的毒品。如用甲基苯丙胺指代甲基苯丙胺含量明显不同的晶体和片剂状毒品等。第三，同一名称（主要是俗称）指代的混合型毒品有时并不相同。如“摇头丸”在有的案件中指代以MDMA为主要成分的毒品，在有的案件中又指代以氯胺酮为主要成分的毒品，在另一些案件中甚至指代不含毒品成分的丸状物品；“神仙水”在不同案件中指代的毒品成分也常常存在较大差异。

《规范毒品名称意见》针对毒品名称表述存在的上述问题，明确了规范毒品名称表述的基本原则。同时，从实践情况看，毒品犯罪案件中迫切需要规范名称表述的主要是甲基苯丙胺、氯胺酮、“麻古”（又称“麻果”）、“摇头丸”、“神仙水”等新类型、混合型毒品，《规范毒品名称意见》对这几类毒品的名称表述作出了具体规范。传统毒品海洛因等不存在名称表述不规范的问题。对于实践中较少出现的新类型毒品（如甲卡西酮、曲马多等），名称表述的规范性问题目前尚不突出。今后如发现其他需要规范的毒品名称表述问题，可以根据《规范毒品名称意见》确定的基本原则加以规范。

从涉及的法律文书范围来看，《规范毒品名称意见》明确规定，需要规范毒品名称表述的法律文书主要是公安机关的起诉意见书、检察机关的起诉书与人民法院的刑事判决书、刑事裁定书，即侦查、审查起诉、审判阶段的终局性法律文书，也是主要向社会公开的法律文书。考虑到工作实际，对其他内部法律文书暂不做硬性要求，但也希望按照《规范毒品名称意见》的要求规范表述毒品名称。

三、关于《规范毒品名称意见》的主要内容

《规范毒品名称意见》主要包括两个部分，第一部分规定了规范毒品名称表述的三条基本原则，第二部分对实践中反映较为突出的甲基苯丙胺、氯胺酮、“摇头丸”、“神仙水”等几类毒品的名称表述作了具体规范。

（一）规范毒品名称表述的基本原则

第一条基本原则确定，毒品名称表述应当以毒品的化学名称为依据，不再直接使用俗称。由于刑法、司法解释及相关规范性文件对部分毒品的化学名称规定与《麻醉药品品种目录》《精神药品品种目录》不尽一致，而前者更符合法律语言要求，故应优先以刑法、司法解释及相关规范性文件规定的毒品名称为表述依据。刑法、司法解释及相关规范性文件没有规定的，可以参照《麻醉药品品种目录》《精神药品品种目录》中的毒品名称进行表述。

第二条基本原则确定了混合型毒品的名称表述方法。混合型毒品的名称表述直接关系到毒品的种类认定和定罪量刑数量标准的确定。该原则规定，对于混合型毒品，应当以其中一种主要的毒品成分确定毒品种类，并根据其具体形态进行客观表述。司法实践中通常以定罪量刑数量标准较低（即处罚更重）的毒品成分确定混合型毒品的种类，2008 年印发的《全国部分法院审理毒品犯罪案件工作座谈会纪要》也采用了这种做法，这不仅有利于从严惩处毒品犯罪分子，也便于司法操作。由于海洛因、甲基苯丙胺的定罪量刑标准低、社会危害大，混合型毒品中含有海洛因、甲基苯丙胺的，一般应当以海洛因、甲基苯丙胺确定其毒品种类。对于不含海洛因、甲基苯丙胺，或者海洛因、甲基苯丙胺的含量极低的（固体 2%、液体 0.005% 以下，即痕量），以其他定罪量刑数量标准较低但含量并非极低的毒品成分确定其毒品种类。有两种以上毒品成分的定罪量刑数量标准较低且标准相同的，以其中所占比例较大的毒品成分确定其毒品种类。如片剂状混合型毒品中含有甲基苯丙胺和咖啡因成分的，如果甲基苯丙胺的含量并非极低，应当表述为甲基苯丙胺片剂；片剂状毒品中含有甲基苯丙胺、氯胺酮和咖啡因成分的，如果甲基苯丙胺的含量极低，而氯胺酮的含量并非极低的，应当表述为氯胺酮片剂。混合型毒品成分复杂的，可以用括号注明其中定罪量刑数量标准较低或者所占比例较大的一至两种毒品成分，以全面反映毒品性质，如表述为含氯胺酮（咖啡因、地西泮等）成分的液体。

第三条基本原则确定了毒品常见俗称的表述方法。实践中，多数犯罪嫌疑人、被告人并不了解毒品的规范化学名称和混合型毒品的具体成分，所供述的通常是毒品的俗称，如“麻古”“K 粉”等。为防止犯罪嫌疑人、被告人及其辩护人对文书中认定的事实提出异议，也为了体现与犯罪嫌疑人、被告人供述的对应性，可以在文书中第一次表述该类毒品时用括号注明犯罪嫌疑人、被告人供述的毒品常见俗称，如表述为甲基苯丙胺片剂（俗称“麻古”）。

（二）几类毒品的名称表述

1. 含甲基苯丙胺成分的毒品

这方面，《规范毒品名称意见》主要规定了含甲基苯丙胺成分的晶体状毒品，以甲基苯丙胺为主要成分的片剂状毒品，含甲基苯丙胺成分的液体、固液混合物、粉末等的名称表述问题。

(1) 含甲基苯丙胺成分的晶体状毒品的名称表述。该类毒品的化学成分为甲基苯丙胺盐酸盐，实践中多称之为冰毒。冰毒是基于甲基苯丙胺盐酸盐的外观特征对其的一种称谓，来源于英文ICE的意译，并不是这种毒品的化学名称。刑法条文中虽有关于冰毒的表述，但相关司法解释和规范性文件中则很少使用，故将这种毒品直接表述为冰毒并不十分规范。同时，甲基苯丙胺存在盐和碱两种形态，甲基苯丙胺盐酸盐为晶体，甲基苯丙胺碱则为油状液体（实践中并不常见），因此也不宜用甲基苯丙胺单独指代晶体状的甲基苯丙胺盐酸盐。《规范毒品名称意见》规定，将该类毒品表述为甲基苯丙胺，并用括号注明系冰毒，既反映了毒品的化学成分，又说明仅指晶体状的甲基苯丙胺盐酸盐，且与刑法对该类毒品的表述方式一致。根据案件具体情况，可以在文书中第一次出现时表述为甲基苯丙胺（冰毒），再次出现时直接表述为甲基苯丙胺，以使行文简洁。

以甲基苯丙胺为主要成分的片剂状毒品的名称表述。该类毒品由甲基苯丙胺、咖啡因、香料、色素等成分混合而成，其中最主要的毒品成分为甲基苯丙胺。当前，法律文书中多将其表述为“麻古”或者“麻果”，也有的直接表述为甲基苯丙胺。经研究，以上两种表述方式都欠妥当，理由是：第一，“麻古”或者“麻果”来源于泰语音译，系犯罪分子对该类毒品的俗称，既不能体现其化学成分，也不是刑法、司法解释中使用的称谓。并且，各地表述存在差异，有的地区称之为“麻古”，有的地区称之为“麻果”，还有的地区称之为“缅果”。故不宜将该类毒品表述为“麻古”或者“麻果”等。第二，该类毒品中的甲基苯丙胺含量通常在5%—25%之间，大大低于晶体状的甲基苯丙胺（含量通常在50%—100%之间）。在数量相同的情况下，两者的有效毒品成分和社会危害存在一定差异。故不宜将该类毒品直接表述为甲基苯丙胺。近年来，国家禁毒委员会的官方文件中将该类毒品称为冰毒片剂，联合国毒品与犯罪问题办公室（UNODC）的官方文件中将其表述为“Methamphetamine tablet”（甲基苯丙胺片剂）。这种“主要毒品成分+片剂”的表述方法既反映出混合型毒品中最主要的毒品成分，也体现出该类毒品在形态、含量上与晶体状甲基苯丙胺的区别，值得借鉴。而且，相对于冰毒片剂，甲基苯丙胺片剂的表述方法直接体现了毒品的化学成分，更为严谨和规范。由于犯罪嫌疑人、被告人多供述为“麻古”“麻果”或者其他俗称，故可以在文书中第一次表述该类毒品时用括号注明，如表述为甲基苯丙胺片剂（俗称“麻古”）等。

（2）含甲基苯丙胺成分的液体、固液混合物、粉末等的名称表述。在制造甲基苯丙胺（冰毒）犯罪案件中，除查获毒品成品外，往往还会查获大量含有甲基苯丙胺成分的液体、固液混合物、块状物、粉末状物等非常态物质。这些物质通常是制毒过程中产生的半成品、废液废料，也可能是用于加工甲基苯丙胺片剂的原料。由于有时难以准确界定上述物质的性质，故在法律文书中既不能将其直接等同于甲基苯丙胺成品，也不宜明确界定其属于毒品半成品、废液废料或者是加工原料，而应根据其毒品成分和具体形态进行客观表述，如表述为含甲基苯丙胺成分的液体、含甲基苯丙胺成分的粉末等。

2. 含氯胺酮成分的毒品

这方面，《规范毒品名称意见》主要规定了含氯胺酮成分的粉末状毒品，以氯胺酮为主要成分的片剂状毒品，含氯胺酮成分的液体、固液混合物等的名称表述问题。

（1）含氯胺酮成分的粉末状毒品的名称表述。氯胺酮的外观为白色晶体粉末，实践中多将其表述为“K粉”或者“K”粉。对于常态粉末状的该类毒品，应统一使用其化学名称，表述为氯胺酮。如果犯罪嫌疑人、被告人供述为“K粉”等俗称的，可以在文书中第一次出现时用括号注明，如表述为氯胺酮（俗称“K粉”）等。

（2）以氯胺酮为主要成分的片剂状毒品的名称表述。毒品市场上存在一类以氯胺酮为主要成分，同时添加其他毒品、非毒品成分的片剂状毒品。实践中对该类毒品的名称表述非常不规范，有的甚至表述为“摇头丸”，混淆了不同毒品的性质。对于以氯胺酮为主要成分的片剂状毒品，也应当采用前述“主要毒品成分+片剂”的表述方法，统一表述为氯胺酮片剂。

（3）含氯胺酮成分的液体、固液混合物等的名称表述。在制造氯胺酮犯罪中，常常会查获含有氯胺酮成分的液体、固液混合物等。对于这些含有氯胺酮成分的非常态物质，应当根据其毒品成分和具体形态进行客观表述，如表述为含氯胺酮成分的液体、含氯胺酮成分的固液混合物等。

3. 含MDMA等成分的毒品

“摇头丸”是指以3，4－亚甲二氧基甲基苯丙胺（MDMA）、3，4－亚甲二氧基苯丙胺（MDA）或者3，4－亚甲二氧基乙基苯丙胺（MDEA）为主要成分的片剂、丸剂或胶囊类毒品。部分“摇头丸”中还掺杂有氯胺酮成分，属于致幻性苯丙胺类兴奋剂。近年来，我国实际查获“摇头丸”的案件数量不多，但实践中多将不含MDMA、MDA、MDEA等成分的丸状、片剂状毒品不加区分地称为“摇头丸”，导致这一称谓被滥用，也给毒品的性质和数量认定带来困难，确有必要加以规范。根据规范毒品名称表述的基本原则，对于此类混合型毒品，应当根据其主要毒品成分和具体形态认定毒品种类、确定名称。按照法律语言的要求，文书中宜直接使用其主要毒品成分的英文名称缩写，而应使用中文化学名称。但是，此类毒品的中文化学名称较为复杂，在文书中反复出现会影响表述的简洁性，故可以在第一次表述该类毒品时在中文化学名称后注明其英文缩写简称，下文中使用其简称即可。如表述为3，4-亚甲二氧基甲基苯丙胺片剂（以下简称MDMA片剂）、3，4-亚甲二氧基苯丙胺片剂（以下简称MDA片剂）、3，4-亚甲二氧基乙基苯丙胺片剂（以下简称MDEA片剂）等。需要说明的是，对于MDMA、MDA、MDEA等毒品的中文化学名称，我们专门听取了公安部物证鉴定中心毒品检验技术处和国家毒品实验室有关专家的意见。专家指出，麻精药品品种目录及2007年“两高一部”联合制定的《办理毒品犯罪案件适用法律若干问题的意见》中对上述毒品的名称表述均不够规范，其中的二亚甲基双氧安非他命不仅指MDMA，还涵盖了其他化学成分相近但不属于毒品的物质，如5，6-亚甲二氧基甲基苯丙胺，故不宜采用。我们根据专家的一致意见，采用了3，4-亚甲二氧基甲基苯丙胺（MDMA）、3，4-亚甲二氧基苯丙胺（MDA）、3，4-亚甲二氧基乙基苯丙胺（MDEA）等更为规范、准确的化学名称。同样，如果犯罪嫌疑人、被告人供述为“摇头丸”等俗称的，可以在文书中第一次表述该类毒品时用括号注明，如表述为3，4-亚甲二氧基甲基苯丙胺片剂（以下简称MDMA片剂，俗称“摇头丸”）等。

4.“神仙水”类毒品

“神仙水”是一种新类型混合型毒品的俗称，近年来在全国各地均出现滥用情况，危害范围较广。“神仙水”本身没有固定的成分、含量标准，且在我国不同地区成分和含量差异较大。根据国家毒品实验室掌握的情况，“神仙水”以氯胺酮为主要成分，但含量不固定，同时添加咖啡因、地西泮、曲马多等多种毒品成分，个别还含有甲基苯丙胺或者MDMA。由于“神仙水”的称谓本身不具有代表性，随意使用该俗称会导致同一毒品名称在不同案件中指代的毒品成分不同，故应当根据该类毒品的主要毒品成分和具体形态确定名称。如果该类毒品中不含甲基苯丙胺成分或者甲基苯丙胺的含量极低，而所含其他毒品成分中氯胺酮的定罪量刑数量标准最低但含量并非极低的，应当将其表述为含氯胺酮成分的液体。必要时，可以注明其中所含的另外一至两种定罪量刑数量标准较低或者所占比例较大的毒品成分，如表述为含氯胺酮（地西泮、咖啡因等）成分的液体等。如果犯罪嫌疑人、被告人供述为“神仙水”等俗称的，可以在文书中第一次表述该类毒品时用括号注明，如表述为含氯胺酮（地西泮、咖啡因等）成分的液体（俗称“神仙水”）等。

5. 大麻类毒品

大麻属于传统毒品。2000 年《最高人民法院关于审理毒品案件定罪量刑标准有关问题的解释》（已失效）对大麻油、大麻脂及大麻叶和大麻烟规定了不同的定罪量刑数量标准。实践中则反映难以区分上述四类物质，因而有必要对其名称表述加以规范。大麻叶是指大麻植物的叶、茎等；大麻植物的果实、花粉、叶、茎中均含有大麻脂，对大麻植物进行提取可以获得大麻脂（固体）；从大麻脂中可以提炼出大麻油（液体）；大麻烟则是指大麻植物做成的香烟。大麻类毒品中对神经系统起作用的主要成分为四氢大麻酚，也包括其降解产物大麻二酚和大麻酚等天然大麻素类物质。大麻植物的不同部位及利用大麻植物不同部位制取的不同大麻制品中，天然大麻素类物质的含量均有差别且不固定。因此，对于经鉴定含四氧大麻酚、大麻二酚、大麻酚等天然大麻素类物质的毒品，可以根据其外观分别表述为大麻叶、大麻脂、大麻池或者大麻烟等。

（撰稿：高贵君、马岩、李静然）

5. 最高人民法院关于审理毒品犯罪案件适用法律若干问题的解释（法释〔2016〕8 号，自 2016 年 4 月 11 日起施行）

为依法惩治毒品犯罪，根据《中华人民共和国刑法》的有关规定，现就审理此类刑事案件适用法律的若干问题解释如下：

第一条　走私、贩卖、运输、制造、非法持有下列毒品，应当认定为刑法第三百四十七条第二款第一项、第三百四十八条规定的“其他毒品数量大”

（一）可卡因五十克以上；

（二）3，4－亚甲二氧基甲基苯丙胺（MDMA）等苯丙胺类毒品（甲基苯丙胺除外）、吗啡一百克以上；

（三）芬太尼一百二十五克以上；

（四）甲卡西酮二百克以上；

（五）二氢埃托啡十毫克以上；

（六）哌替啶（度冷丁）二百五十克以上；

（七）氯胺酮五百克以上；

（八）美沙酮一千克以上；

（九）曲马多、γ-羟丁酸二千克以上；

（十）大麻油五千克、大麻脂十千克、大麻叶及大麻烟一百五十千克以上；

（十一）可待因、丁丙诺啡五千克以上；

（十二）三唑仑、安眠酮五十千克以上；

（十三）阿普唑仑、恰特草一百千克以上；

（十四）咖啡因、罂粟壳二百千克以上；

（十五）巴比妥、苯巴比妥、安钠咖、尼美西泮二百五十千克以上；

（十六）氯氮卓、艾司唑仑、地西泮、溴西泮五百千克以上；

（十七）上述毒品以外的其他毒品数量大的。

国家定点生产企业按照标准规格生产的麻醉药品或者精神药品被用于毒品犯罪的，根据药品中毒品成分的含量认定涉案毒品数量。

第二条 走私、贩卖、运输、制造、非法持有下列毒品，应当认定为刑法第三百四十七条第三款、第三百四十八条规定的“其他毒品数量较大”：

（一）可卡因十克以上不满五十克；

（二）3，4-亚甲二氧基甲基苯丙胺（MDMA）等苯丙胺类毒品（甲基苯丙胺除外）、吗啡二十克以上不满一百克；

（三）芬太尼二十五克以上不满一百二十五克；

（四）甲卡西酮四十克以上不满二百克；

（五）二氢埃托啡二毫克以上不满十毫克；

（六）哌替啶（度冷丁）五十克以上不满二百五十克；

（七）氯胺酮一百克以上不满五百克；

（八）美沙酮二百克以上不满一千克；

（九）曲马多、γ-羟丁酸四百克以上不满二千克；

（十）大麻油一千克以上不满五千克、大麻脂二千克以上不满十千克、大麻叶及大麻烟三十千克以上不满一百五十千克；

（十一）可待因、丁丙诺啡一千克以上不满五千克；

（十二）三唑仑、安眠酮十千克以上不满五十千克；

（十三）阿普唑仑、恰特草二十千克以上不满一百千克；

（十四）咖啡因、罂粟壳四十千克以上不满二百千克；

（十五）巴比妥、苯巴比妥、安钠咖、尼美西泮五十千克以上不满二百五十千克；

（十六）氯氮卓、艾司唑仑、地西泮、溴西泮一百千克以上不满五百千克；

（十七）上述毒品以外的其他毒品数量较大的。

第三条 在实施走私、贩卖、运输、制造毒品犯罪的过程中，携带枪支、弹药或者爆炸物用于掩护的，应当认定为刑法第三百四十七条第二款第三项规定的“武装掩护走私、贩卖、运输、制造毒品”。枪支、弹药、爆炸物种类的认定，依照相关司法解释的规定执行。

在实施走私、贩卖、运输、制造毒品犯罪的过程中，以暴力抗拒检查、拘留、逮捕，造成执法人员死亡、重伤、多人轻伤或者具有其他严重情节的，应当认定为刑法第三百四十七条第二款第四项规定的“以暴力抗拒检查、拘留、逮捕，情节严重”。

第四条 走私、贩卖、运输、制造毒品，具有下列情形之一的，应当认定为刑法第三百四十七条第四款规定的“情节严重”：

（一）向多人贩卖毒品或者多次走私、贩卖、运输、制造毒品的；

（二）在戒毒场所、监管场所贩卖毒品的；

（三）向在校学生贩卖毒品的；

（四）组织、利用残疾人、严重疾病患者、怀孕或者正在哺乳自己婴儿的妇女走私、贩卖、运输、制造毒品的；

（五）国家工作人员走私、贩卖、运输、制造毒品的；

（六）其他情节严重的情形。

第五条 非法持有毒品达到刑法第三百四十八条或者本解释第二条规定的“数量较大”标准，且具有下列情形之一的，应当认定为刑法第三百四十八条规定的“情节严重”：

（一）在戒毒场所、监管场所非法持有毒品的；

（二）利用、教唆未成年人非法持有毒品的；

（三）国家工作人员非法持有毒品的；

（四）其他情节严重的情形。

第六条 包庇走私、贩卖、运输、制造毒品的犯罪分子，具有下列情形之一的，应当认定为刑法第三百四十九条第一款规定的“情节严重”：

（一）被包庇的犯罪分子依法应当判处十五年有期徒刑以上刑罚的；

（二）包庇多名或者多次包庇走私、贩卖、运输、制造毒品的犯罪分子的；

（三）严重妨害司法机关对被包庇的犯罪分子实施的毒品犯罪进行追究的；

（四）其他情节严重的情形。

为走私、贩卖、运输、制造毒品的犯罪分子窝藏、转移、隐瞒毒品或者毒品犯罪所得的财物，具有下列情形之一的，应当认定为刑法第三百四十九条第一款规定的“情节严重”：

（一）为犯罪分子窝藏、转移、隐瞒毒品达到刑法第三百四十七条第二款第一项或者本解释第一条第一款规定的“数量大”标准的；

（二）为犯罪分子窝藏、转移、隐瞒毒品犯罪所得的财物价值达到五万元以上的；

（三）为多人或者多次为他人窝藏、转移、隐瞒毒品或者毒品犯罪所得的财物的；

（四）严重妨害司法机关对该犯罪分子实施的毒品犯罪进行追究的；

（五）其他情节严重的情形。

包庇走私、贩卖、运输、制造毒品的近亲属，或者为其窝藏、转移、隐瞒毒品或者毒品犯罪所得的财物，不具有本条前两款规定的“情节严重”情形，归案后认罪、悔罪、积极退赃，且系初犯、偶犯，犯罪情节轻微不需要判处刑罚的，可以免予刑事处罚。

第七条 违反国家规定，非法生产、买卖、运输制毒物品、走私制毒物品，达到下列数量标准的，应当认定为刑法第三百五十条第一款规定的“情节较重”：

（一）麻黄碱（麻黄素）、伪麻黄碱（伪麻黄素）、消旋麻黄碱（消旋麻黄素）一千克以上不满五千克；

（二）1－苯基－2－丙酮、1－苯基－2－溴－1－丙酮、3，4－亚甲基二氧苯基－2－丙酮、羟亚胺二千克以上不满十千克；

（三）3－氧－2－苯基丁腈、邻氯苯基环戊酮、去甲麻黄碱（去甲麻黄素）、甲基麻黄碱（甲基麻黄素）四千克以上不满二十千克；

（四）醋酸酐十千克以上不满五十千克；

（五）麻黄浸膏、麻黄浸膏粉、胡椒醛、黄樟素、黄樟油、异黄樟素、麦角酸、麦角胺、麦角新碱、苯乙酸二十千克以上不满一百千克；

（六）N－乙酰邻氨基苯酸、邻氨基苯甲酸、三氯甲烷、乙醚、哌啶五十千克以上不满二百五十千克；

（七）甲苯、丙酮、甲基乙基酮、高锰酸钾、硫酸、盐酸一百千克以上不满五百千克；

（八）其他制毒物品数量相当的。

违反国家规定，非法生产、买卖、运输制毒物品、走私制毒物品，达到前款规定的数量标准最低值的百分之五十，且具有下列情形之一的，应当认定为刑法第三百五十条第一款规定的“情节较重”：

（一）曾因非法生产、买卖、运输制毒物品、走私制毒物品受过刑事处罚的；

（二）二年内曾因非法生产、买卖、运输制毒物品、走私制毒物品受过行政处罚的；

（三）一次组织五人以上或者多次非法生产、买卖、运输制毒物品、走私制毒物品，或者在多个地点非法生产制毒物品的；

（四）利用、教唆未成年人非法生产、买卖、运输制毒物品、走私制毒物品的；

（五）国家工作人员非法生产、买卖、运输制毒物品、走私制毒物品的；

（六）严重影响群众正常生产、生活秩序的；

（七）其他情节较重的情形。

易制毒化学品生产、经营、购买、运输单位或者个人未办理许可证明或者备案证明，生产、销售、购买、运输易制毒化学品，确实用于合法生产、生活需要的，不以制毒物品犯罪论处。

第八条　违反国家规定，非法生产、买卖、运输制毒物品、走私制毒物品，具有下列情形之一的，应当认定为刑法第三百五十条第一款规定的“情节严重”：

（一）制毒物品数量在本解释第七条第一款规定的最高数量标准以上，不满最高数量标准五倍的；

（二）达到本解释第七条第一款规定的数量标准，且具有本解释第七条第二款第三项至第六项规定的情形之一的；

（三）其他情节严重的情形。

违反国家规定，非法生产、买卖、运输制毒物品、走私制毒物品，具有下列情形之一的，应当认定为刑法第三百五十条第一款规定的“情节特别严重”：

（一）制毒物品数量在本解释第七条第一款规定的最高数量标准五倍以上的；

（二）达到前款第一项规定的数量标准，且具有本解释第七条第二款第三项至第六项规定的情形之一的；

（三）其他情节特别严重的情形。

第九条　非法种植毒品原植物，具有下列情形之一的，应当认定为刑法第三百五十一条第一款第一项规定的“数量较大”：

（一）非法种植大麻五千株以上不满三万株的；

（二）非法种植罂粟二百平方米以上不满一千二百平方米、大麻二千平方米以上不满一万二千平方米，尚未出苗的；

（三）非法种植其他毒品原植物数量较大的。

非法种植毒品原植物，达到前款规定的最高数量标准的，应当认定为刑法第三百五十一条第二款规定的“数量大”。

第十条　非法买卖、运输、携带、持有未经灭活的毒品原植物种子或者幼苗，具有下列情形之一的，应当认定为刑法第三百五十二条规定的“数量较大”：

（一）罂粟种子五十克以上、罂粟幼苗五千株以上的；

（二）大麻种子五十千克以上、大麻幼苗五万株以上的；

（三）其他毒品原植物种子或者幼苗数量较大的。

第十一条　引诱、教唆、欺骗他人吸食、注射毒品，具有下列情形之一的，应当认定为刑法第三百五十三条第一款规定的“情节严重”：

（一）引诱、教唆、欺骗多人或者多次引诱、教唆、欺骗他人吸食、注射毒品的；

（二）对他人身体健康造成严重危害的；

（三）导致他人实施故意杀人、故意伤害、交通肇事等犯罪行为的；

（四）国家工作人员引诱、教唆、欺骗他人吸食、注射毒品的；

（五）其他情节严重的情形。

第十二条　容留他人吸食、注射毒品，具有下列情形之一的，应当依照刑法第三百五十四条的规定，以容留他人吸毒罪定罪处罚：

（一）一次容留多人吸食、注射毒品的；

（二）二年内多次容留他人吸食、注射毒品的；

（三）二年内曾因容留他人吸食、注射毒品受过行政处罚的；

（四）容留未成年人吸食、注射毒品的；

（五）以牟利为目的容留他人吸食、注射毒品的；

（六）容留他人吸食、注射毒品造成严重后果的；

（七）其他应当追究刑事责任的情形。

向他人贩卖毒品后又容留其吸食、注射毒品，或者容留他人吸食、注射毒品并向其贩卖毒品，符合前款规定的容留他人吸毒罪的定罪条件的，以贩卖毒品罪和容留他人吸毒罪数罪并罚。

容留近亲属吸食、注射毒品，情节显著轻微危害不大的，不作为犯罪处理；需要追究刑事责任的，可以酌情从宽处罚。

第十三条　依法从事生产、运输、管理、使用国家管制的麻醉药品、精神药品的人员，违反国家规定，向吸食、注射毒品的人提供国家规定管制的能够使人形成瘾癖的麻醉药品、精神药品，具有下列情形之一的，应当依照刑法第三百五十五条第一款的规定，以非法提供麻醉药品、精神药品罪定罪处罚：

（一）非法提供麻醉药品、精神药品达到刑法第三百四十七条第三款或者本解释第二条规定的“数量较大”标准最低值的百分之五十，不满“数量较大”标准的；

（二）二年内曾因非法提供麻醉药品、精神药品受过行政处罚的；

（三）向多人或者多次非法提供麻醉药品、精神药品的；

（四）向吸食、注射毒品的未成年人非法提供麻醉药品、精神药品的；

（五）非法提供麻醉药品、精神药品造成严重后果的；

（六）其他应当追究刑事责任的情形。

具有下列情形之一的，应当认定为刑法第三百五十五条第一款规定的“情节严重”：

（一）非法提供麻醉药品、精神药品达到刑法第三百四十七条第三款或者本解释第二条规定的“数量较大”标准的；

（二）非法提供麻醉药品、精神药品达到前款第一项规定的数量标准，且具有前款第三项至第五项规定的情形之一的；

（三）其他情节严重的情形。

第十四条 利用信息网络，设立用于实施传授制造毒品、非法生产制毒物品的方法，贩卖毒品，非法买卖制毒物品或者组织他人吸食、注射毒品等违法犯罪活动的网站、通讯群组，或者发布实施前述违法犯罪活动的信息，情节严重的，应当依照刑法第二百八十七条之一的规定，以非法利用信息网络罪定罪处罚。

实施刑法第二百八十七条之一、第二百八十七条之二规定的行为，同时构成贩卖毒品罪、非法买卖制毒物品罪、传授犯罪方法罪等犯罪的，依照处罚较重的规定定罪处罚。

第十五条 本解释自2016年4月11日起施行。《最高人民法院关于审理毒品案件定罪量刑标准有关问题的解释》（法释〔2000〕13号）同时废止；之前发布的司法解释和规范性文件与本解释不一致的，以本解释为准。

权威解读

解读《最高人民法院关于审理毒品犯罪案件适用法律若干问题的解释》

为进一步规范毒品犯罪案件的法律适用，确保依法从严惩处毒品犯罪，最高人民法院制定了《关于审理毒品犯罪案件适用法律若干问题的解释》（法释〔2016〕8号，以下简称《审理毒品犯罪案件解释》）。经最高人民法院审判委员会第1676次会议审议通过，于2016年4月6日公布，自2016年4月11日起施行。为便于实践中准确理解和适用，现对《审理毒品犯罪案件解释》的制定背景和经过、指导思想和制定意义和主要内容予以说明。

一、《审理毒品犯罪案件解释》的制定背景和经过

2000年，最高人民法院发布了《关于审理毒品案件定罪量刑标准有关问题的解释》（已失效，以下简称《2000年解释》），解决了部分毒品犯罪的定罪量刑标准问题。但受当时条件所限，《2000年解释》只有5个条文，仅规定了走私、贩卖、运输、制造毒品，走私制毒物品、非法买卖制毒物品和非法种植毒品原植物这3类犯罪的定罪量刑标准，对其他毒品犯罪的定罪量刑标准则没有涉及。此后，随着我国毒品犯罪形势的发展变化和立法修订，实

践中出现了较多新的毒品犯罪法律适用问题。对此，最高人民法院高度重视，近年来又单独或者会同有关单位制定了一系列规范性文件加以解决，同时，也逐步将制定新的毒品犯罪司法解释工作提上日程。

禁毒工作关系国家安危、民族兴衰和人民福祉，党中央、国务院高度重视禁毒工作。2014年6月，中央政治局常委会议、国务院常务会议分别听取禁毒工作专题汇报，习近平总书记、李克强总理分别对禁毒工作作出重要指示批示。中共中央、国务院首次印发了《关于加强禁毒工作的意见》，并下发了贯彻落实分工方案，其中均明确要求，由最高人民法院及时制定司法解释或者规范性文件，统一和规范毒品犯罪案件的法律适用，加大依法惩治毒品犯罪力度。

最高人民法院研究认为，经过多年的司法经验积累和调查研究，制定新的司法解释，对毒品犯罪的有关法律适用问题进行规范的时机已经成熟。根据工作安排，最高人民法院刑五庭于2015年年初正式立项，开始起草《审理毒品犯罪案件解释》。起草过程中，刑五庭开展了大量的书面和实地调研，委托相关科研机构提供了毒品依赖性潜力的研究数据，掌握了有关新类型毒品和制毒物品的滥用情况及犯罪形势，对近年来各地审理毒品犯罪案件的经验进行了系统总结，对审判实践中遇到的突出法律适用问题进行了认真研究。为确保起草质量，还与最高人民检察院、公安部、国家食品药品监督管理总局等单位进行了多次研究、讨论，组织召开了专家论证会。在前期调研论证工作的基础上，就《审理毒品犯罪案件解释》在法院系统内部，并向最高检、公安部、食药监总局、海关总署等相关职能单位及有关专家学者正式征求了意见。经认真研究、充分吸收各方意见后，又正式征求了全国人大常委会法工委的意见，法工委亦原则赞同《审理毒品犯罪案件解释》的内容。2016年1月25日，最高人民法院审判委员会第1676次会议审议通过了《审理毒品犯罪案件解释》。

二、《审理毒品犯罪案件解释》的指导思想和制定意义

当前，受国际毒潮持续泛滥和国内多种因素影响，我国的禁毒斗争形势严峻复杂，毒品犯罪高发、多发，禁毒工作任务十分艰巨。《审理毒品犯罪案件解释》以依法从严惩处毒品犯罪为指导思想，体现了对走私、贩卖、运输、制造毒品等各类严重毒品犯罪，以及具有武装掩护犯罪，暴力抗拒检查、拘留、逮捕，多次、向多人实施犯罪，组织、利用未成年人、病残人员犯罪，

国家工作人员犯罪等严重情节的毒品犯罪分子的依法严惩。同时，为全面贯彻宽严相济刑事政策，更好地分化瓦解毒品犯罪分子，对其中罪行较轻或者具有从宽处罚情节的，根据罪刑相适应的刑法基本原则，从宽处理。

制定《审理毒品犯罪案件解释》的主要意义在于：第一，为依法从严惩处新类型毒品犯罪提供了明确依据。《审理毒品犯罪案件解释》新规定了甲卡西酮、曲马多、安钠咖等12种新类型毒品的定罪量刑数量标准，并下调了在我国危害较为严重的毒品氯胺酮的定罪量刑数量标准，为实践中相关犯罪的打击处理提供了明确依据。第二，配合刑法修订加大了对制毒物品犯罪的处罚力度。近年来，制毒物品流入非法渠道被用于制造毒品的情况在我国较为突出，根据《刑法修正案（九）》修订制毒物品犯罪的精神，《审理毒品犯罪案件解释》整体下调了全部33种制毒物品的定罪量刑数量标准，以进一步加大对制毒物品犯罪的从严惩处力度，强化对毒品犯罪的源头治理。第三，首次全面、系统规定了各类毒品犯罪的定罪量刑标准。《审理毒品犯罪案件解释》结合近年来的司法实践，首次以司法解释的形式，对容留他人吸毒罪，非法种植毒品原植物罪，非法买卖、运输、携带、持有毒品原植物种子、幼苗罪，非法提供麻醉药品、精神药品罪等4类犯罪的定罪标准，对走私、贩卖、运输、制造毒品罪，非法持有毒品罪，包庇毒品犯罪分子罪，窝藏、转移、隐瞒毒品、毒赃罪，引诱、教唆、欺骗他人吸毒罪，非法提供麻醉药品、精神药品罪等6类犯罪的“情节严重”标准作出明确规定，并结合立法修订对非法生产、买卖、运输制毒物品、走私制毒物品罪的定罪量刑标准作出新的规定，为各类毒品犯罪的定罪和刑罚适用提供了明确依据。此外，《审理毒品犯罪案件解释》还对武装掩护走私、贩卖、运输、制造毒品的认定，以暴力抗拒检查、拘留、逮捕“情节严重”的认定，网络涉毒犯罪的司法认定等其他较为突出的毒品犯罪法律适用问题作了规定。总的来看，《审理毒品犯罪案件解释》具有很强的实践指导意义，有利于进一步规范毒品犯罪案件办理工作，加大依法惩治毒品犯罪的力度。

三、《审理毒品犯罪案件解释》的主要内容

《审理毒品犯罪案件解释》以刑法第六章第七节有关毒品犯罪的法律规定为依据，共涉及10类毒品犯罪的定罪量刑标准和其他较为突出的毒品犯罪法律适用问题。在充分调查研究和认真总结各地经验的基础上，《审理毒品犯罪案件解释》对原有司法解释和规范性文件没有规定，但实践中迫切需要对毒品犯罪法律适用问题作出新规定，对原有规定中不适应当前毒品犯罪形势发展的内容作了修改，同时也吸收了原有司法解释和规范性文件中的部分内容。涉及的原有司法解释和规范性文件包括：《2000年解释》，2007年最高人民法院、最高人民检察院、公安部《关于办理毒品犯罪案件适用法律若干问题的意见》（以下简称《2007年意见》），2012年最高人民检察院、公安部《关于公安机关管辖的刑事案件立案追诉标准的规定（三）》（以下简称《追诉标准三》）和2009年最高人民法院、最高人民检察院、公安部《关于办理制毒物品犯罪案件适用法律若干问题的意见》（以下简称《2009年制毒物品意见》）等。

（一）关于毒品的定罪量刑数量标准问题

毒品数量是毒品犯罪案件定罪量刑的重要基础性情节。《2000年解释》和《2007年意见》共规定了16类毒品的定罪量刑数量标准。近年来，我国关于甲卡西酮、曲马多、安钠咖、恰特草等10余种国家规定管制的麻醉药品或者精神药品出现滥用，但原有司法解释和规范性文件没有对其定罪量刑数量标准作出规定，给司法实践中相关犯罪的打击处理带来困难。同时，原有司法解释和规范性文件对个别毒品定罪量刑数量标准的规定，业已与其社会危害明显不相适应，需要作出调整。为此，《审理毒品犯罪案件解释》在第一条第一款和第二条中，系统规定了28类毒品的“数量大”和“数量较大”标准。其中，保留了原有司法解释和规范性文件中规定的15类，下调了1类，新增了12类。

1. 关于保留的15类毒品的定罪量刑数量标准。可卡因、苯丙胺类（甲基苯丙胺除外）、吗啡、二氢埃托啡、哌替啶（度冷丁）、大麻类、咖啡因、罂粟壳等8类毒品的定罪量刑数量标准，来自《2000年解释》的规定；美沙酮、三唑仑、安眠酮、氯氮卓、艾司唑仑、地西泮、溴西泮等7类毒品的定罪量刑数量标准，来自《2007年意见》的规定。调研过程中，未发现原有标准存在明显问题，故在《审理毒品犯罪案件解释》中予以保留，未作调整。

2. 关于下调的1类和新增的12类毒品的定罪量刑数量标准。《审理毒品犯罪案件解释》对氯胺酮的定罪量刑数量标准作了调整，新规定了芬太尼、甲卡西酮、曲马多、γ-羟丁酸、可待因、丁丙诺啡、阿普唑仑、恰特草、巴比妥、苯巴比妥、安钠咖、尼美西泮等12类毒品的定罪量刑数量标准。

3. 关于其他麻精药品的定罪量刑数量标准。我国的麻醉药品和精神药品种类繁多，根据2013年版《麻醉药品品种目录》和《精神药品品种目录》的规定，共有270种。据了解，实践中还有咪达唑仑、布桂嗪等列管麻精药品出现个别、散在滥用，但尚未形成规模，且随着药品管制的加强呈下降趋势。鉴于现阶段司法解释还不可能对所有已列管麻精药品的定罪量刑数量标准作出规定，故《审理毒品犯罪案件解释》主要立足于解决当前已经出现一定规模滥用或者存在较大滥用潜力的毒品的定罪量刑数量标准，对于其他滥用问题尚不突出或者滥用潜力不大的毒品，暂不作规定。

《审理毒品犯罪案件解释》在确定各类毒品定罪量刑数量标准时考虑了多方面的因素：一是毒品的药物依赖性（致瘾癖性）和对人体的危害。这是《审理毒品犯罪案件解释》确定各类毒品定罪量刑数量标准的基础。药物依赖性方面主要依据2004年国家食品药品监督管理局制定的《非法药物折算表》，以及相关科研机构提供的10余种新类型毒品的依赖性潜力评估意见。二是毒品的滥用情况。包括毒品的滥用主体与人数、滥用地域范围、滥用场所等。三是毒品的犯罪形势。包括犯罪数量、犯罪发展趋势、犯罪地域分布及犯罪类型等。四是毒品的药用价值。对于医疗上广泛使用的品种，适当提高了定罪量刑数量标准，对于几乎没有药用价值、不存在合法用途的品种，适当降低了定罪量刑数量标准。五是毒品的交易价格。总体而言，毒品的药物依赖性及对人体的危害越大，滥用范围和潜力越大，相关毒品犯罪的数量越多、分布越广、蔓延趋势越突出，且毒品的药用价值越低、价格越高，定罪量刑的数量标准就越低，处刑就越重。

此次新增的12类和下调的1类毒品的定罪量刑数量标准，是在综合考虑上述因素的基础上，会同最高检、公安部、食药监总局等相关单位经反复研究，并请北京大学中国药物依赖性研究所、军事医学科学院毒物药物研究所、中国食品药品检定研究院的多位专家充分论证后确定的。因篇幅有限，这里仅对氯胺酮和甲卡西酮定罪量刑数量标准的确定作重点说明：

（1）关于氯胺酮的定罪量刑数量标准。《2007年意见》规定，氯胺酮的定罪量刑数量标准与海洛因是20:1的关系。《审理毒品犯罪案件解释》将其调整为10:1，即500克以上为“数量大”。主要基于以下几点考虑：第一，氯胺酮在我国滥用较为严重，近年来滥用人数不断增长，目前已上升至第三位，仅次于甲基苯丙胺和海洛因。第二，滥用氯胺酮造成的现实危害不断加大，因其兼具麻醉和致幻效果，实践中大量的自伤自残、暴力犯罪及“毒驾”案件多由吸食氯胺酮引发。第三，我国的制造、贩卖氯胺酮犯罪近年来呈迅速增长之势，因而有必要加大对涉氯胺酮犯罪的惩治力度。

(2) 关于甲卡西酮的定罪量刑数量标准。甲卡西酮属于一类精神药品，具有兴奋和致幻作用，在我国不存在合法生产、经营，也没有合法用途。甲卡西酮在我国部分省份已经出现滥用，其他地方也破获了一些制贩甲卡西酮的案件，但缺乏明确的定罪量刑数量标准。《非法药物折算表》将甲卡西酮归为苯丙胺类毒品，故有意见认为，对甲卡西酮可以参照《2000 年解释》中苯丙胺类毒品的定罪量刑数量标准执行，即 100 克以上为“数量大”。经研究认为，甲卡西酮虽与苯丙胺类毒品的结构类似，但严格来说属于卡西酮类毒品，就其定罪量刑标准单独作出规定更为科学。关于甲卡西酮的药物依赖性，《非法药物折算表》规定 1 克甲卡西酮 =1 克海洛因。公安部禁毒局国家毒品实验室的实验数据显示，甲卡西酮与甲基苯丙胺产生的精神兴奋性为 2:1。考虑到甲卡西酮在我国虽已出现滥用和犯罪，但滥用人数、滥用地域范围、犯罪形势和交易价格等与甲基苯丙胺还存在一定差距，故综合上述因素将甲卡西酮的定罪量刑数量标准设定为甲基苯丙胺的 4 倍，即 200 克以上为“数量大”。

此外，需要说明的是，《审理毒品犯罪案件解释》中现有的毒品种类原则上按照数量标准由低到高排列（二氢埃托啡除外），并对数量标准相同的进行了分组归类。毒品名称主要根据 2013 年版《麻醉药品品种目录》和《精神药品品种目录》确定，个别在听取行业专家意见后进行了规范和调整。例如，将《2000 年解释》中的“度冷丁”调整为“哌替啶”，将“盐酸二氢埃托啡”调整为“二氢埃托啡”，将《2007 年意见》中的“二亚甲基双氧安非他明”调整为“3，4－亚甲二氧基甲基苯丙胺”，并用括号注明其通用简称 MDMA。

(3)《审理毒品犯罪案件解释》第一条第二款规定了具有药用价值的麻醉药品或者精神药品被用于毒品犯罪的，如何认定毒品数量的问题。该问题近年来在实践中较为突出。《2000 年解释》通过括号标注的方式规定，对医用度冷丁和盐酸二氢埃托啡针剂及片剂，要按照药品中该类毒品成分的含量认定涉案毒品数量。考虑到其他由定点企业生产但流入非法渠道的麻精药品，也应当采用这种毒品数量认定方法，故《审理毒品犯罪案件解释》专门在第一条第二款对该问题作出明确、统一的规定。这样规定主要基于以下几点考虑：第一，药品中水分、淀粉、糖分、色素等成分占有相当大的比重，有效药物成分（即毒品成分）的含量较低，如果根据药品的总重量认定涉案毒品数量，势必同毒品成分的实际数量有明显差距，难以体现罚当其罪。第二，对于不同厂家生产或者同一厂家生产的不同规格的同类药品，在总重量相同的情况下，其有效药物成分的含量可能存在较大差异，如果根据药品的总重量认定涉案毒品数量，会影响量刑平衡。第三，从药品生产、使用单位流入非法渠道的麻精药品，其有效药物成分的含量有严格标准，不涉及毒品的含量鉴定问题，不会给司法实践带来操作上的困难，有关实务部门也均同意这种毒品数量认定方法。第四，本款规定仅适用于国家定点企业生产、流入非法渠道的麻醉药品和精神药品，国家定点企业生产的麻精药品以及海洛因、甲基苯丙胺等没有临床用途的麻精药品不在此列。另外，对于以制造毒品为目的生产出的纯度不高的毒品以及为了增加毒品数量而掺杂、掺假的情形，均应按照毒品的全部数量认定。第五，本款并非《审理毒品犯罪案件解释》的创设性规定，《2000 年解释》对度冷丁和盐酸二氢埃托啡均作了类似规定，多年来在执行过程中并未发现问题。起草过程中，有意见提出，该规定似与刑法第三百五十七条第二款有关毒品数量不以纯度折算的规定不甚一致，建议再作研究。经再次研究，《审理毒品犯罪案件解释》最终保留了该款规定。据此，国家定点生产企业按照标准规格生产的麻醉药品或者精神药品，流入非法渠道被用于毒品犯罪的，要根据药品中毒品成分的含量认定涉案毒品数量。

（二）关于走私、贩卖、运输、制造毒品罪的量刑情节问题

“武装掩护走私、贩卖、运输、制造毒品”和“以暴力抗拒检查、拘留、逮捕，情节严重”，是刑法第三百四十七条第二款第（三）项、第（四）项规定的两个应当判处十五年有期徒刑以上刑罚的量刑情节。但对于这两个情节应当如何认定，原有司法解释和规范性文件一直没有作出明确规定，实践中也存在模糊认识，故《审理毒品犯罪案件解释》第三条对此作了规定。

1. 关于“武装掩护走私、贩卖、运输、制造毒品”的认定。该问题的核心在于“武装掩护”的界定。《审理毒品犯罪案件解释》将其明确界定为携带枪支、弹药或者爆炸物用于掩护毒品犯罪的情形。其中，“武装”限定于枪支、弹药、爆炸物，不包括尖刀、棍棒等普通器械；“携带”既包括随身携带、随包携带、随车携带，也包括在制毒场所存放等。考虑到该行为具有高度的危险性，故既不要求显示、出示、使用，对枪支、弹药或者爆炸物的数

量亦无要求。之所以强调“用于掩护”，旨在从用途和目的上加以限制，对于只携带子弹而没有携带枪支，不可能实现掩护目的的，不能认定为“武装掩护”。此外，对于枪支、弹药、爆炸物种类的认定，参照《最高人民法院关于审理非法制造、买卖、运输枪支、弹药、爆炸物等刑事案件具体应用法律若干问题的解释》执行。例如，枪支主要包括军用枪支、以火药为动力发射枪弹的非军用枪支、以压缩气体等为动力的其他非军用枪支等。

2. 关于“以暴力抗拒检查、拘留、逮捕，情节严重”的认定。该问题的核心在于“情节严重”的认定。考虑到该情节对应的法定刑为十五年有期徒刑、无期徒刑直至死刑，为体现罚当其罪，《审理毒品犯罪案件解释》将“情节严重”规定为造成执法人员死亡、重伤、多人轻伤或者具有其他严重情节的情形。“其他严重情节”主要是指严重程度与所列举情形相当的其他情节，如造成执法人员二人轻伤、多人轻微伤或者造成公私财产重大损失等情形。

3. 对于刑法第三百四十七条第四款中走私、贩卖、运输、制造少量毒品“情节严重”的认定，《2000 年解释》第三条作了规定，但在这些年的执行过程中逐步暴露出一些问题，《审理毒品犯罪案件解释》第四条对此作了修改、完善和补充。

（1）《审理毒品犯罪案件解释》第四条第（一）项源自《2000 年解释》第三条第（四）项规定的“向多人贩毒或者多次贩毒”。此次修改为“向多人贩卖毒品或者多次走私、贩卖、运输、制造毒品”，主要是为了应对实践中存在的其他情形。起草过程中，有意见提出，实践中很多零包贩毒案件，被告人虽然具有向多人贩毒或者多次贩毒的情节，但累计贩卖毒品的数量却不足 1 克，如果将这种情况认定为“情节严重”，处三年以上七年以下有期徒刑，会导致罪刑不相适应，故应当设定最低毒品数量限制。经研究认为，向多人贩卖毒品或者多次走私、贩卖、运输、制造毒品的，具有较大的社会危害性，也体现了犯罪分子较深的主观恶性，应重点打击、从严惩处，故不再设定最低数量限制。

（2）《审理毒品犯罪案件解释》第四条第（二）项将《2000 年解释》第三条第（三）项中的“戒毒监管场所”修改为“戒毒场所、监管场所”，扩大了条文覆盖面。“戒毒场所”包括强制隔离戒毒所、自愿戒毒所、社区戒毒治疗门诊、戒毒医院等，“监管场所”包括拘留所、看守所、监狱等。实践中，在上述场所贩卖毒品的行为严重破坏了场所的管理秩序，也是对禁毒法律法规的严重挑战，应予严惩。

(3)《审理毒品犯罪案件解释》第四条第（三）项是结合实践新增的内容。近年来，毒品逐步向校园蔓延，严重侵害了在校学生的身心健康，破坏了学校的教学管理秩序。为体现对在校学生的特殊保护，严厉打击向在校学生贩卖毒品的犯罪活动，《审理毒品犯罪案件解释》新增了此项规定。这里的“在校学生”包括中小学、中等职业学校学生和普通高等学校中的本、专科学生（不包括研究生）。其中，中等职业学校包括中专、职高、技校，普通高等学校包括全日制大学、学院、职业技术学院、高等专科学校。《审理毒品犯罪案件解释》的本项规定与《刑法》第三百四十七条第六款“向未成年人出售毒品的，从重处罚”的规定之间不存在矛盾，如果贩卖对象既是未成年人又是在校学生的，适用本项的规定处罚。

(4)《审理毒品犯罪案件解释》第四条第（四）项也是新增内容。实践中，部分犯罪分子组织、利用残疾人、艾滋病人、乙肝病人、尿毒症患者、癌症病人以及怀孕或者正在哺乳自己婴儿的妇女等特殊群体走私、贩卖、运输、制造毒品，加大了查缉工作的难度。而且，由于上述人员普遍存在“收押难”问题，经常是“抓了放、放了抓”，流散社会再次甚至多次实施毒品犯罪，严重影响了打击毒品犯罪的力度和效果，故将利用上述特殊群体实施毒品犯罪的行为增列为“情节严重”情形。

(5)《审理毒品犯罪案件解释》第四条第（五）项是《2000年解释》的原有内容。起草过程中，有意见认为，国家工作人员没有利用职务或工作上的便利实施毒品犯罪的，不应当认定为“情节严重”。经研究认为，毒品犯罪属于严重妨害社会管理秩序、危害人民群众身心健康的犯罪，国家工作人员本应自觉抵制毒品、积极与毒品犯罪作斗争，而具有该特定身份的人员转而实施毒品犯罪，无疑具有更为恶劣的社会影响和更大的社会危害，应当从严惩处，故无需限定在国家工作人员“利用职务或者工作便利”的条件下。

需要特别说明的是，《审理毒品犯罪案件解释》删去了《2000年解释》第三条第（一）项根据毒品数量认定“情节严重”的规定。关于《刑法》第三百四十七条第四款中的“情节严重”是包括毒品数量还是指毒品数量之外的其他情节，起草过程中主要有两种意见：一种意见认为，刑法已经规定走私、贩卖、运输、制造少量毒品的，处三年以下有期徒刑、拘役或者管制，但《2000年解释》第三条第（一）项却将毒品数量仍在这一幅度范围内的情形，即“走私、贩卖、运输、制造鸦片一百四十克以上不满二百克、海洛因或者甲基苯丙胺七克以上不满十克或者其他数量相当毒品的”规定为“情节严重”，判处三年以上七年以下有期徒刑，与刑法规定之间存在明显逻辑矛盾。故《刑法》第三百四十七条第四款中的“情节严重”应当是指除毒品数量之外的其他情节，不应再单纯用数量去解释数量，建议起草新的司法解释时删去该项规定。另一种意见认为，毒品数量是认定毒品犯罪“情节严重”的重要标准之一，《刑法》第三百四十七条第三款与第四款的规定之间缺乏一档数量标准的衔接，如第三款规定，走私海洛因十克以上不满五十克的，处七年以上有期徒刑；第四款规定，走私海洛因不满十克的，处三年以下有期徒刑、拘役或者管制；而三年以上七年以下有期徒刑的量刑档次只有“情节严重”作为条件，并无数量标准的规定，故有必要将毒品数量规定为《刑法》第三百四十七条第四款“情节严重”中的一个情节。此外，直接将毒品数量作为认定“情节严重”的标准，非常便于执行，也已经为实践普遍接受，故建议保留该项规定。经研究认为，第一种意见更符合现行刑法的规定，且征求意见过程中立法机关也赞同第一种意见，故《审理毒品犯罪案件解释》最终删去了《2000年解释》第三条第（一）项将毒品数量认定为“情节严重”的规定。

（三）关于非法持有毒品罪“情节严重”的认定问题

《2000年解释》没有对非法持有毒品罪的“情节严重”认定标准作出规定。为便于实践中准确认定，《审理毒品犯罪案件解释》第五条结合近年来的司法实践，从犯罪主体、犯罪情节等方面对该问题作了规定。其中，第（一）项从非法持有毒品的场所角度作出规定。在强制隔离戒毒所、看守所、监狱等特定场所非法持有毒品的，破坏了上述场所的监管秩序，具有更大的社会危害性，故规定为“情节严重”情形。第（二）项是针对利用、教唆未成年人非法持有毒品的情况作出的规定。起草过程中，主要有两种意见：一种意见认为，此类行为在实践中时有发生，既增大了查缉难度，也对未成年人的权益造成了侵害，应当从严惩处，建议作出规定。另一种意见认为，《刑法》第三百四十七条将“利用、教唆未成年人走私、贩卖、运输、制造毒品的”规定为从重处罚情节，本条却将“利用、教唆未成年人非法持有毒品的”规定为加重处罚情节，在逻辑上存在矛盾，建议删去。经征求立法机关意见并进一步研究认为，该项规定与刑法并无实质冲突，且对利用、教唆未成年人非法持有毒品的行为确有从严惩处的必要，故保留了该项规定。第（三）项是从非法持有毒品主体的特殊身份角度作出的规定。

此外，关于能否单独将毒品数量规定为非法持有毒品罪的“情节严重”情形，起草过程中也存在分歧意见。经研究并征求立法机关意见，《审理毒品犯罪案件解释》最终没有将毒品数量规定为非法持有毒品罪“情节严重”的情形之一，与第四条未将毒品数量作为认定走私、贩卖、运输、制造少量毒品“情节严重”的理由相同，在此不再赘述。

（四）关于包庇毒品犯罪分子罪和窝藏、转移、隐瞒毒品、毒赃罪“情节严重”的认定问题

《刑法》第三百四十九条没有对包庇毒品犯罪分子罪和窝藏、转移、隐瞒毒品、毒赃罪设定入罪条件，最高人民检察院、公安部制定的《追诉标准（三）》对此也没有规定。为依法严惩毒品犯罪，严厉打击包庇毒品犯罪分子和为犯罪分子窝藏、转移、隐瞒毒品、毒赃的行为，《审理毒品犯罪案件解释》没有对这两个罪设定入罪条件。

关于包庇毒品犯罪分子罪“情节严重”的认定，以往司法解释和规范性文件均未作规定，《审理毒品犯罪案件解释》第六条第一款从不同角度对此作出规定。第（一）项从包庇对象的角度加以规定。走私、贩卖、运输、制造毒品罪是性质最为严重的毒品犯罪，十五年有期徒刑以上刑罚是该罪的最高法定刑幅度，包庇因犯该罪依法应当判处十五年有期徒刑以上刑罚的毒品犯罪分子，体现了包庇行为的严重性，故属于“情节严重”。第（二）项从包庇情节的角度加以规定。包括多次实施包庇行为和虽未达多次但包庇人数达到多人的情形。第（三）项从包庇行为的后果角度加以规定。“严重妨害”是指包庇者毁灭重要证据导致司法机关难以认定犯罪，作伪证严重影响司法机关准确认定犯罪事实，以及帮助犯罪分子藏匿、潜逃严重妨害其及时到案等情形。

《审理毒品犯罪案件解释》第六条第二款从不同角度规定了窝藏、转移、隐瞒毒品、毒赃罪“情节严重”的认定问题。该罪与包庇毒品犯罪分子罪对应的法定刑相同，但犯罪对象不同，故对该罪“情节严重”的规定，既要体现两罪量刑情节的相当，也要考虑到两罪犯罪对象的差异。第（一）项是从窝藏、转移、隐瞒毒品数量的角度加以规定。考虑到本项中的犯罪对象是毒品，危害性大于一般的窝藏赃物行为，故设定的毒品数量标准不宜过高。同

时，从不同罪名法定刑衔接的角度考虑，走私、贩卖、运输、制造毒品“数量大”判处十五年有期徒刑以上刑罚，非法持有毒品“数量大”判处七年以上有期徒刑或者无期徒刑，将窝藏、转移、隐瞒毒品“数量大”规定为“情节严重”，判处三年以上十年以下有期徒刑，较好体现了不同罪名犯罪性质的差异。并且，这也与前款第（一）项包庇依法应当判处十五年有期徒刑以上刑罚的毒品犯罪分子属于“情节严重”的规定相对应。第（二）项是从窝藏、转移、隐瞒毒赃数额的角度加以规定。窝藏、转移、隐瞒毒赃行为的危害性要小于窝藏、转移、隐瞒毒品行为，但大于一般的掩饰、隐瞒犯罪所得行为。最高人民法院2015年制定的《关于审理掩饰、隐瞒犯罪所得、犯罪所得收益刑事案件适用法律若干问题的解释》第三条规定，一般情况下，掩饰、隐瞒犯罪所得及其产生的收益价值总额达到十万元以上的属于“情节严重”，但掩饰、隐瞒救灾、扶贫等特定款物价值达五万元的即为“情节严重”。“两高”2011年制定的《关于办理危害计算机信息系统安全刑事案件应用法律若干问题的解释》（已被修改）第七条也规定，涉及此类犯罪而掩饰、隐瞒违法所得五万元以上的属于“情节严重”。考虑到毒品犯罪的特殊性，为体现依法严惩，将窝藏、转移、隐瞒毒赃“情节严重”的标准规定为五万元以上。第（三）项是从犯罪情节的角度加以规定，第（四）项是从行为后果角度作出规定，具体理由不再赘述。

特别需要说明的是，为全面贯彻宽严相济刑事政策，《审理毒品犯罪案件解释》在第六条第三款规定了实施《刑法》第三百四十九条规定的犯罪，可以免予刑事处罚的特定情形。近几年公布的有关掩饰、隐瞒犯罪所得犯罪、盗窃犯罪和诈骗犯罪等司法解释，对于近亲属间实施犯罪的，均规定了不作为犯罪处理或者可以免予刑事处罚的特别条款。《审理毒品犯罪案件解释》从“亲亲相隐”的诉讼理念出发，参考上述司法解释的规定，对于针对近亲属实施《刑法》第三百四十九条规定的犯罪行为的，也设置了可以免予刑事处罚的条款。但考虑到严惩毒品犯罪的政策要求，对适用条件作了严格限制，即需要同时具备以下几个条件：一是不具有本条前两款规定的“情节严重”情形。即被告人犯罪情节较轻，论罪应当判处三年以下有期徒刑、拘役或者管制。二是归案后认罪、悔罪并积极退赃。设置该条件是为了鼓励被告人如实交代犯罪事实，积极退缴毒品、毒赃，以便依法追究走私、贩卖、运输、制造毒品犯罪分子的刑事责任，突出毒品犯罪的打击重点。三是属初犯、偶犯。

即可以免予刑事处罚者仅限于初犯、偶犯情形，对于再次犯罪者则应依法惩处。四是综合评价其行为属于《刑法》第三十七条规定的“犯罪情节轻微不需要判处刑罚的”情形。

（五）关于非法生产、买卖、运输制毒物品、走私制毒物品罪的定罪量刑标准问题

《刑法修正案（九）》对《刑法》第三百五十条第一款、第二款作了修订，增加了非法生产、运输制毒物品罪，将该罪的法定刑从两档调整为“情节较重”“情节严重”和“情节特别严重”三档，并将该罪的法定最高刑从十年有期徒刑提高为十五年有期徒刑，财产刑方面增加了没收财产。结合刑法修订情况，《审理毒品犯罪案件解释》第七条、第八条分别对非法生产、买卖、运输制毒物品、走私制毒物品罪的定罪量刑标准作出新的明确规定。

与以往不同的是，《审理毒品犯罪案件解释》在《2000年解释》和《2009年制毒物品意见》等规定的基础上，整体下调了全部33种列管制毒物品的定罪量刑数量标准，以进一步加大对制毒物品犯罪的惩治力度，从源头上遏制毒品犯罪，这也符合《刑法修正案（九）》修订本罪的精神。

1. 关于非法生产、买卖、运输制毒物品、走私制毒物品罪“情节较重”（即定罪标准）的认定

《审理毒品犯罪案件解释》第七条第一款规定了全部33种已列管制毒物品的定罪数量标准。《审理毒品犯罪案件解释》在确定制毒物品定罪数量标准时的考虑因素包括：一是在制造毒品过程中发挥的作用。包括该类制毒物品属于主要原料还是配剂，是否具有不可替代性，制造毒品的用量、比例等。二是当前的犯罪形势。包括该类制毒物品流入制毒渠道的数量、走向，在制造毒品犯罪中出现的频率等。三是制成毒品的种类、危害。例如，因甲基苯丙胺与氯胺酮的定罪量刑数量标准差距较大，制造甲基苯丙胺的主要原料麻黄碱与制造氯胺酮的主要原料羟亚胺的定罪量刑标准也要体现一定差别。四是合法用途和管制级别。包括该类制毒物品是否存在合法用途，在工农业生产和日常生活中是否广泛使用，行政管制级别的高低等。《审理毒品犯罪案件解释》对制毒物品定罪数量标准的规定，是在综合考虑上述因素的基础上，会同最高检、公安部、食药监总局、安监总局等相关单位经反复研究，并请中国食品药品检定研究院、中国化学品安全协会的多位专家充分论证后确定的。

为加大对制毒物品犯罪的惩治力度，《审理毒品犯罪案件解释》下调了麻黄碱、羟亚胺等25种制毒物品的定罪数量起点。同时，为防止刑法设定的较高幅度法定刑出现虚置，《审理毒品犯罪案件解释》将适用三年有期徒刑以下刑罚（“情节较重”）的制毒物品数量标准上限，从以往定罪数量起点的10倍一律下调至5倍。例如，考虑到麻黄碱是制造甲基苯丙胺的主要原料，在制毒犯罪中应用广泛，将非法生产、买卖、运输或走私麻黄碱的定罪数量标准从5千克以上不满50千克下调为1千克以上不满5千克；考虑到羟亚胺在制造氯胺酮犯罪中起到重要作用，且出品率较高，将非法生产、买卖、运输或走私羟亚胺的定罪数量标准从10千克以上不满100千克下调为2千克以上不满10千克。

除单纯的数量标准外，《审理毒品犯罪案件解释》第七条第二款还从“数量+其他情节”的角度规定了该罪的定罪标准。即制毒物品数量达到该条第一款规定的定罪数量起点的百分之五十，且具有第二款所列几种情形之一的，应当以非法生产、买卖、运输制毒物品、走私制毒物品罪定罪处罚。这几种情形分别从违法犯罪经历、犯罪情节、犯罪主体、危害后果等方面作出规定。其中，第（三）项将一次组织五人以上实施犯罪和在多个地点非法生产规定为“情节较重”，是考虑到该罪涉案人员、加工窝点众多的具体情况。第六项主要是指生产制毒物品过程中污染水源或者土壤，导致养殖的鱼类、牲畜或者种植的农作物大量死亡等严重影响群众生产、生活秩序的情形。

此外，《审理毒品犯罪案件解释》第七条第三款规定了非法生产、买卖、运输制毒物品，不以制毒物品犯罪论处的例外情形。该款吸收了《2009年制毒物品意见》的相关规定，并对原有规定作了文字调整。绝大部分制毒物品（行政管理领域称之为易制毒化学品）具有双重性，既可能被用于制造毒品，又在工农业生产和人们的日常生活中发挥重要作用。因此，对制毒物品违法犯罪活动的打击，不能影响到正常的生产、生活需要。根据《禁毒法》和《易制毒化学品管理条例》，我国对易制毒化学品的生产、经营、购买、运输和进出口实行严格的分类管理和许可、备案制度。但实践中确实存在未办理许可证明或者备案证明而生产、销售、购买、运输易制毒化学品，且实际用于合法生产、生活需要的情形。但对于此类行为，不应以制毒物品犯罪论处。鉴于实践中对此类行为的定性还存在认识偏差，《审理毒品犯罪案件解释》专门作出明确规定。

2. 关于非法生产、买卖、运输制毒物品、走私制毒物品罪“情节严重”的认定

《审理毒品犯罪案件解释》第八条第一款第（一）项规定了认定该罪“情节严重”的数量标准，该数量标准的起点为定罪数量标准的上限（即定罪数量起点的5倍），该数量标准的上限为起点的5倍（即定罪数量起点的25倍）。第（二）项规定了认定“情节严重”的“数量+其他情节”标准，即达到“情节较重”数量标准，同时具有第七条第二款第（三）项至第（六）项情形之一的，应当认定为“情节严重”。之所以未将第（一）项情形规定在内，主要考虑到被告人“曾因非法生产、买卖、运输制毒物品、走私制毒物品受过刑事处罚”后又实施同类犯罪的，可能构成累犯，若将该情形规定为“情节严重”，则该情形同时成为从重处罚情节和加重处罚情节，既存在重复评价问题，也存在逻辑上的矛盾。根据“举重以明轻”的刑法解释原理，既然曾受刑事处罚的情形不属于该罪的“情节严重”，曾受行政处罚的自然也不应当被认定为“情节严重”。

3. 关于非法生产、买卖、运输制毒物品、走私制毒物品罪“情节特别严重”的认定

《审理毒品犯罪案件解释》第八条第二款第（一）项规定了认定该罪“情节特别严重”的数量标准，即达到“情节严重”一档的最高数量标准（定罪数量起点的25倍）以上的，就属于“情节特别严重”。第（二）项规定了认定“情节特别严重”的“数量+其他情节”标准，即达到“情节严重”的数量标准，同时具有第七条第二款第（三）项至第（六）项情形之一的，应当认定为“情节特别严重”。

（六）关于非法种植毒品原植物罪、非法买卖、运输、携带、持有毒品原植物种子、幼苗罪的定罪量刑标准问题

《刑法》第三百五十一条规定了非法种植罂粟的“数量较大”和“数量大”标准，《2000年解释》第五条规定了非法种植大麻的“数量较大”和“数量大”标准，《追诉标准（三）》第七条规定了非法种植罂粟、大麻尚未出苗情况下的立案追诉标准（即“数量较大”标准），上述规定在近年来的执行过程中均未发现问题。《审理毒品犯罪案件解释》第九条充分吸收了原有司法解释和规范性文件的相关内容。第一款规定了非法种植毒品原植物的定罪标准，即“数量较大”标准。对于第（二）项中已经播种毒品原植物但尚

未出苗的情形，鉴于这种情况下无法逐一清点植株数量，只能从播种面积的角度作出规定，“数量较大”标准的起点系根据单位面积正常条件下的出芽率、成活率等指标，综合考虑尚未出苗的社会危害明显低于已成活植株的情况而确定的。同时，《审理毒品犯罪案件解释》参照刑法对罂粟植株数量标准的规定，将“数量较大”标准的上限设定为起点的6倍，即罂粟一千二百平方米、大麻一万二千平方米。第九条第二款明确了非法种植毒品原植物的“数量大”标准，属提示性规定。

《审理毒品犯罪案件解释》第十条规定了非法买卖、运输、携带、持有毒品原植物种子、幼苗罪的定罪标准，即“数量较大”标准，充分吸收了《追诉标准（三）》第八条的相关内容。考虑到此类犯罪的社会危害要小于非法种植毒品原植物犯罪，故将非法买卖、运输、携带、持有罂粟、大麻幼苗的定罪数量标准分别规定为非法种植罂粟、大麻定罪数量标准的10倍，即罂粟幼苗五千株和大麻幼苗五万株以上。另外，按照种子与幼苗相对应的原则，根据农业部门提供的数据和计算方法，将非法买卖、运输、携带、持有罂粟、大麻种子的定罪数量标准规定为罂粟种子五十克和大麻种子五十千克以上。

（七）关于引诱、教唆、欺骗他人吸毒罪“情节严重”的认定问题

刑法和《追诉标准（三）》均没有对引诱、教唆、欺骗他人吸毒罪设定入罪条件，故实施此类行为的一般均应追究刑事责任。《审理毒品犯罪案件解释》第十一条规定了引诱、教唆、欺骗他人吸毒罪的“情节严重”认定标准问题，分别从犯罪情节、危害后果、犯罪主体等角度作出规定。第（二）项中“对他人身体健康造成严重危害”的认定，可以参照“两高”2014年制定的《关于办理危害药品安全刑事案件适用法律若干问题的解释》第二条的规定执行，也包括引诱、教唆、欺骗他人吸食、注射毒品，导致其实施自伤、自残行为，对身体健康造成严重危害的情形。需要说明的是，行为人对上述结果的发生应属过失心态，如果故意通过引诱、教唆、欺骗他人吸毒的手段实施伤害、杀人行为，构成故意伤害罪、故意杀人罪的，应依法定罪处罚。第（三）项是指他人因吸毒致幻而实施杀人、伤害、危害公共安全、交通肇事等犯罪的情形。

（八）关于容留他人吸毒罪的定罪标准问题

《刑法》第三百五十四条并没有为容留他人吸毒罪设定入罪条件。但《禁毒法》第六十一条规定，容留他人吸食、注射毒品，尚不构成犯罪的，可以

由公安机关给予拘留、罚款等行政处罚。为给行政执法保留一定空间，《追诉标准（三）》第十一条为容留他人吸毒罪设定了立案追诉标准，对该罪的定罪处罚起到一定规范作用。但近年来的实践情况表明，《追诉标准（三）》为容留他人吸毒罪设定的部分入罪条件偏低，加之一些地方机械执行这一标准，导致一些不完全符合该罪犯罪构成要件的行为，以及一些原本可以通过行政处罚手段处理的容留他人吸毒行为，也被按照刑事犯罪处理。个别地方甚至出现了“以刑抵戒”的现象，即一些吸毒人员主动交代自己容留他人吸毒的犯罪事实，以规避长达两年的强制隔离戒毒，反而不利于有效遏制毒品犯罪。《审理毒品犯罪案件解释》第十二条吸收了《追诉标准（三）》的部分合理内容，也结合司法实践情况，完善了容留他人吸毒罪的定罪标准。

《审理毒品犯罪案件解释》第十二条第一款第（一）项保留了《追诉标准（三）》中“一次容留三人以上吸食、注射毒品”的规定，在表述上将“三人以上”调整为“多人”。第（二）项对《追诉标准（三）》中“容留他人吸食、注射毒品两次以上”的规定作了修改，增加了“二年内”的时间限制，并要求是多次容留他人吸食、注射毒品的才入罪，即二年内第三次容留他人吸食、注射毒品的才作为犯罪处理。第（三）项在《追诉标准（三）》原有规定的基础上增加了“二年内”的时间限制。第（四）项、第（五）项、第（六）项保留了《追诉标准（三）》的原有规定，因这三项均属于社会危害大、应予追究刑事责任的情形，故未在时间、人数、次数上设定条件。需要说明的是，第（五）项中的“以牟利为目的”主要是指为赚取场所使用费或者为了招揽生意而容留他人吸食、注射毒品的情形，如专门开设地下烟馆容留他人吸食、注射毒品并收取场地使用费，或者娱乐场所经营者、管理者为招揽生意而容许顾客在场所内吸食、注射毒品的。需要特别说明的是，在司法工作中，可以将行为人“曾因容留他人吸食、注射毒品受过刑事处罚的”认定为第一款第（七）项中“其他应当追究刑事责任的情形”。如果行为人不构成累犯的，依法定罪处罚；行为人构成累犯的，可以认定累犯但不予从重处罚，以免违反“禁止重复评价”原则。

实践中，对于向他人贩卖毒品后容留其吸食、注射毒品，或者容留他人吸食、注射毒品并向其贩卖毒品的，有的地方以容留他人吸毒罪与贩卖毒品罪数罪并罚，也有的地方以贩卖毒品罪一罪定罪处罚。经研究认为，通常情况下贩卖毒品行为与容留他人吸毒行为并不具有刑法上的牵连关系，故原则上应单独评价，在容留他人吸毒行为达到定罪标准的情况下，与贩卖毒品罪数罪并罚。对于实践中常见的多次让他人在相关场所“试吸”毒品后又向其贩卖毒品的，因让他人“试吸”毒品的行为属于贩卖毒品的手段行为，故不宜认定为容留他人吸毒罪并数罪并罚。

《审理毒品犯罪案件解释》第十二条第三款规定了容留近亲属吸食、注射毒品行为的处理原则。对于容留近亲属吸食、注射毒品的，实践中普遍认为具有可宽宥性。主要考虑是，吸毒是违法行为而不是犯罪行为，容留近亲属吸食、注射毒品的多系不得已而为之，吸毒者的近亲属在某种程度上也是受害人，对此类情形从宽处罚，既能够彰显司法的人性化，也符合宽严相济刑事政策。因此，对于情节显著轻微危害不大的，不作为犯罪处理。如父母二年内多次在自己家中容留已单独居住的成年子女吸食毒品的，或者同胞姐姐在自己家中容留未成年弟弟吸食毒品的，一般可认定为“情节显著轻微危害不大”，不作为犯罪处理。容留近亲属吸食、注射毒品，确实需要追究刑事责任的，除极少数情节恶劣的情形外，一般也应酌情从宽处罚。

需要注意的是，构成容留他人吸毒罪仅限于容留者拥有对场所的支配、控制权，而被容留者未经容留者允许，不享有场所使用权的情形，如二人共同租住同一房间，其中一人在房中吸毒的，同租者并不构成容留他人吸毒罪。此外，对场所有共同居住、使用权的一方放任另一方在共同的住所内容留他人吸食、注射毒品的，如同居女友放任同居男友在同居处容留他人吸毒而未加制止的，因放任者不符合认定为犯罪的条件，对其亦不应以容留他人吸毒罪定罪处罚。

（九）关于非法提供麻醉药品、精神药品罪的定罪量刑标准问题

关于非法提供麻醉药品、精神药品罪的定罪标准，《追诉标准（三）》作了相关规定。《审理毒品犯罪案件解释》第十三条第一款结合实践情况，对《追诉标准（三）》的规定加以完善。第（一）项规定了非法提供麻醉药品、精神药品罪的定罪数量标准。因该罪系向吸食、注射毒品的人无偿提供麻精药品，被告人的主观恶性相对小于贩卖毒品罪，故在设定其定罪量刑数量标准时，需要注意与贩卖毒品罪的协调、衔接问题。《追诉标准（三）》将非法提供麻醉药品、精神药品的立案追诉标准设定为《刑法》第三百四十七条中“数量较大”标准最低值的10%。但这样一来，在毒品（或者说是麻精药品）数量相同的情况下，非法提供麻醉药品、精神药品罪的量刑就与走私、贩卖、

运输、制造毒品罪基本相当，这便与两类犯罪的罪行严重程度不相适应。基于上述考虑，《审理毒品犯罪案件解释》将该罪的定罪数量起点上调至“数量较大”标准最低值的50%。第（二）项至第（五）项规定的是非法提供麻醉药品、精神药品罪的定罪情节标准，即虽未达到定罪数量标准，但具有二年内曾因非法提供麻醉药品、精神药品受过行政处罚，向多人或者多次非法提供，向吸食、注射毒品的未成年人非法提供，造成严重后果等情形之一的，也应当定罪处罚。

《审理毒品犯罪案件解释》第十三条第二款规定了非法提供麻醉药品、精神药品罪“情节严重”的认定标准。第（一）项规定了认定“情节严重”的数量标准。同样是考虑到该罪与贩卖毒品罪的量刑标准衔接问题，《审理毒品犯罪案件解释》将该罪的“情节严重”数量标准设定为“数量较大”标准。这样规定，非法提供麻醉药品、精神药品达到“数量较大”标准的，处三年以上七年以下有期徒刑；走私、贩卖、运输、制造毒品达到“数量较大”标准的，处七年以上有期徒刑，两个罪名的法定刑之间实现了较好的衔接。第（二）项规定了认定非法提供麻醉药品、精神药品罪“情节严重”的“数量+其他情节”标准。达到第一款规定的定罪数量标准，但同时具有向多人或者多次非法提供，向吸食、注射毒品的未成年人非法提供，造成严重后果等情形之一的，即可认定为“情节严重”。

（十）关于网络涉毒犯罪的法律适用问题

《刑法修正案（九）》在刑法第二百八十七条之后增加了两条，作为之一、之二，对利用信息网络实施相关犯罪的定性问题作出规定，其中涉及一些网络涉毒犯罪的问题。《审理毒品犯罪案件解释》第十四条根据《刑法修正案（九）》的上述新增条款，结合网络涉毒犯罪的各种具体表现形式，对其定性问题作出提示性规定。

《审理毒品犯罪案件解释》第十四条第一款明确了部分网络涉毒犯罪的定性问题。具体包括两类行为：一是利用信息网络设立用于实施涉毒违法犯罪活动的网站、通讯群组的行为。具体包括设立用于传授制造毒品、非法生产制毒物品等犯罪的方法的网站、通讯群组；设立用于贩卖毒品、非法买卖制毒物品的网站、通讯群组；以及设立用于实施组织他人吸食、注射毒品等违法犯罪活动的网站、通讯群组。二是利用信息网络发布实施前述涉毒违法犯罪活动信息的行为。其中，对于利用信息网络组织他人吸食、注射毒品行为的定性，以往存在一些分歧认识，有的意见主张以容留他人吸毒罪定罪处罚，有的意见认为不构成犯罪。《审理毒品犯罪案件解释》根据《刑法修正案（九）》第二百八十七条之一的规定，对此类行为的定性予以明确，即利用信息网络，设立用于组织他人吸食、注射毒品的网站、通讯群组，发布组织他人吸食、注射毒品的违法活动信息，情节严重的，应当以非法利用信息网络罪定罪处罚。

《审理毒品犯罪案件解释》第十四条第二款明确了罪名竞合情况下的处理原则。就利用信息网络实施毒品犯罪而言，《刑法》第二百八十七条之一、之二规定的实际上是传授犯罪方法、贩卖毒品、非法买卖制毒物品等犯罪的预备行为或者帮助行为。因此，当《刑法》第二百八十七条之一规定的非法利用信息网络罪和第二百八十七条之二规定的帮助信息网络犯罪活动罪，与传授犯罪方法罪、贩卖毒品罪、非法买卖制毒物品罪等发生竞合时，应当依照处罚较重的规定定罪处罚。

（撰稿：叶晓颖、马岩、方文军、李静然）

6. 最高人民法院、最高人民检察院、公安部关于办理走私、非法买卖麻黄碱类复方制剂等刑事案件适用法律若干问题的意见（法发〔2012〕12号，自2012年6月18日起施行）

为从源头上打击、遏制毒品犯罪，根据刑法等有关规定，结合司法实践，现就办理走私、非法买卖麻黄碱类复方制剂等刑事案件适用法律的若干问题，提出以下意见：

一、关于走私、非法买卖麻黄碱类复方制剂等行为的定性

以加工、提炼制毒物品制造毒品为目的，购买麻黄碱类复方制剂，或者运输、携带、寄递麻黄碱类复方制剂进出境的，依照刑法第三百四十七条的规定，以制造毒品罪定罪处罚。

以加工、提炼制毒物品为目的，购买麻黄碱类复方制剂，或者运输、携带、寄递麻黄碱类复方制剂进出境的，依照刑法第三百五十条第一款、第三款的规定，分别以非法买卖制毒物品罪、走私制毒物品罪定罪处罚。

将麻黄碱类复方制剂拆除包装、改变形态后进行走私或者非法买卖，或者明知是已拆除包装、改变形态的麻黄碱类复方制剂而进行走私或者非法买卖的，依照刑法第三百五十条第一款、第三款的规定，分别以走私制毒物品罪、非法买卖制毒物品罪定罪处罚。

非法买卖麻黄碱类复方制剂或者运输、携带、寄递麻黄碱类复方制剂进出境，没有证据证明系用于制造毒品或者走私、非法买卖制毒物品，或者未达到走私制毒物品罪、非法买卖制毒物品罪的定罪数量标准，构成非法经营罪、走私普通货物、物品罪等其他犯罪的，依法定罪处罚。

实施第一款、第二款规定的行为，同时构成其他犯罪的，依照处罚较重的规定定罪处罚。

二、关于利用麻黄碱类复方制剂加工、提炼制毒物品行为的定性

以制造毒品为目的，利用麻黄碱类复方制剂加工、提炼制毒物品的，依照刑法第三百四十七条的规定，以制造毒品罪定罪处罚。

以走私或者非法买卖为目的，利用麻黄碱类复方制剂加工、提炼制毒物品的，依照刑法第三百五十条第一款、第三款的规定，分别以走私制毒物品罪、非法买卖制毒物品罪定罪处罚。

三、关于共同犯罪的认定

明知他人利用麻黄碱类制毒物品制造毒品，向其提供麻黄碱类复方制剂，为其利用麻黄碱类复方制剂加工、提炼制毒物品，或者为其获取、利用麻黄碱类复方制剂提供其他帮助的，以制造毒品罪的共犯论处。

明知他人走私或者非法买卖麻黄碱类制毒物品，向其提供麻黄碱类复方制剂，为其利用麻黄碱类复方制剂加工、提炼制毒物品，或者为其获取、利用麻黄碱类复方制剂提供其他帮助的，分别以走私制毒物品罪、非法买卖制毒物品罪的共犯论处。

四、关于犯罪预备、未遂的认定

实施本意见规定的行为，符合犯罪预备或者未遂情形的，依照法律规定处罚。

五、关于犯罪嫌疑人、被告人主观目的与明知的认定

对于本意见规定的犯罪嫌疑人、被告人的主观目的与明知，应当根据物证、书证、证人证言以及犯罪嫌疑人、被告人供述和辩解等在案证据，结合犯罪嫌疑人、被告人的行为表现，重点考虑以下因素综合予以认定：

1. 购买、销售麻黄碱类复方制剂的价格是否明显高于市场交易价格；

2. 是否采用虚假信息、隐蔽手段运输、寄递、存储麻黄碱类复方制剂；

3. 是否采用伪报、伪装、藏匿或者绕行进出境等手段逃避海关、边防等检查；

4. 提供相关帮助行为获得的报酬是否合理；

5. 此前是否实施过同类违法犯罪行为；

6. 其他相关因素。

六、关于制毒物品数量的认定

实施本意见规定的行为，以走私制毒物品罪、非法买卖制毒物品罪定罪处罚的，应当以涉案麻黄碱类复方制剂中麻黄碱类物质的含量作为涉案制毒物品的数量。

实施本意见规定的行为，以制造毒品罪定罪处罚的，应当将涉案麻黄碱类复方制剂所含的麻黄碱类物质可以制成的毒品数量作为量刑情节考虑。

多次实施本意见规定的行为未经处理的，涉案制毒物品的数量累计计算。

七、关于定罪量刑的数量标准

实施本意见规定的行为，以走私制毒物品罪、非法买卖制毒物品罪定罪处罚的，涉案麻黄碱类复方制剂所含的麻黄碱类物质应当达到以下数量标准：麻黄碱、伪麻黄碱、消旋麻黄碱及其盐类五千克以上不满五十千克；去甲麻黄碱、甲基麻黄碱及其盐类十千克以上不满一百千克；麻黄浸膏、麻黄浸膏粉一百千克以上不满一千千克。达到上述数量标准上限的，认定为刑法第三百五十条第一款规定的“数量大”。

实施本意见规定的行为，以制造毒品罪定罪处罚的，无论涉案麻黄碱类复方制剂所含的麻黄碱类物质数量多少，都应当追究刑事责任。

八、关于麻黄碱类复方制剂的范围

本意见所称麻黄碱类复方制剂是指含有《易制毒化学品管理条例》（国务院令第 445 号）品种目录所列的麻黄碱（麻黄素）、伪麻黄碱（伪麻黄素）、消旋麻黄碱（消旋麻黄素）、去甲麻黄碱（去甲麻黄素）、甲基麻黄碱（甲基麻黄素）及其盐类，或者麻黄浸膏、麻黄浸膏粉等麻黄碱类物质的药品复方制剂。

权威解读

解读《关于办理走私、非法买卖麻黄碱类复方制剂等刑事案件适用法律若干问题的意见》

为进一步从源头上惩治毒品犯罪，遏制麻黄碱类复方制剂流入非法渠道被用于制造毒品，最高人民法院、最高人民检察院、公安部于 2012 年 6 月 18 日联合发布了《关于办理走私、非法买卖麻黄碱类复方制剂等刑事案件适用法律若干问题的意见》（法发〔2012〕12号，以下简称《复方制剂意见》）。为便于司法实践中准确理解和适用，现就《意见》的制定背景、指导思想、起草思路及主要内容说明如下。

一、关于《复方制剂意见》的制定背景

近年来，受境内外多种因素的影响，我国的毒品犯罪出现了一些新情况、新特点，其中有两点较为突出：一是甲基苯丙胺等苯丙胺合成毒品在毒品犯罪案件中所占比例迅速上升，在不少地区已经超过海洛因，成为危害我国的最主要毒品种类之一。二是制造毒品犯罪迅猛增长，尤以制造甲基苯丙胺、“麻古”等合成毒品犯罪最为突出。麻黄碱类物质是制造甲基苯丙胺等苯丙胺类合成毒品的主要原料，属于《易制毒化学品管理条例》品种目录列管的第一类易制毒化学品。随着国内制造合成毒品犯罪的蔓延，麻黄碱类原料成为毒品犯罪分子争相获取的对象。同时，由于麻黄碱类物质具有减轻鼻黏膜充血、扩张支气管的作用，也被广泛、合法地应用于制药领域。麻黄碱类复方制剂是含有麻黄碱类物质和其他药物成分的药品复方制剂，是用于治疗感冒和咳嗽的常用药品，且大多为非处方药，常见的如新康泰克胶囊、麻黄碱苯海拉明片、消咳宁等。通过加工、提炼甚至手工分离的方法，就可以从麻黄碱类复方制剂中提取麻黄碱类物质。由于我国将麻黄碱类物质及其单方制剂作为易制毒化学品进行严格管控，毒品犯罪分子转而寻求易于获取的麻黄碱类复方制剂作为制毒原料，导致麻黄碱类复方制剂脱离药用渠道流入非法渠道的形势较为严峻。

我国的麻黄碱类复方制剂均由正规药品企业生产，主要流失于经营环节，流失方向主要有三个：一是流入制毒渠道。我国近年来查获的制造甲基苯丙胺犯罪中的制毒原料一半以上是麻黄碱类复方制剂，部分地区已形成“非法买卖麻黄碱类复方制剂—加工、提炼麻黄碱类物质—制造甲基苯丙胺”的产业链。二是流入制毒物品交易市场。随着司法机关对制造毒品犯罪打击力度的加大，部分犯罪分子不再直接实施制造毒品犯罪，转而利用麻黄碱类复方制剂加工、提炼出麻黄碱类物质后进行走私、贩卖。三是流失出境。流失方向遍及欧洲、美洲、亚洲和大洋洲国家，严重影响了我国在禁毒领域的国际形象。而在境外制成的部分甲基苯丙胺又返销我国，加剧了我国的毒品危害。据统计，全国有20多个省、市、自治区曾破获涉麻黄碱类复方制剂犯罪案件。2009年至2011年，全国缴获流入非法渠道的麻黄碱类复方制剂120.47

吨，个别地方麻黄碱类物质含量较高的此类药品甚至出现了脱销。麻黄碱类复方制剂大量流入非法渠道，既扰乱了正常的药品供应秩序，影响了群众的日常用药，也使我国的制造毒品和制毒物品犯罪形势更加严峻，已成为当前禁毒工作面临的一个突出问题。

针对上述问题，近年来国家相关行政主管部门采取了一系列措施，不断规范麻黄碱类复方制剂的生产、经营管理秩序，如严格控制原料药审批，全面推行电子监管，实行零售药品分类管理和限量销售，禁止现金交易等，对防止麻黄碱类复方制剂流入非法渠道起到了积极作用。但麻黄碱类复方制剂属于常用药品，涉及的药品生产、经营企业众多，且与群众生活密切相关，现有的行政监管机制短期内难以有实质性改变，故单纯依靠行政手段无法彻底解决麻黄碱类复方制剂流失问题。而且，对于其中涉及的犯罪行为，简单通过行政处罚来解决是远远不够的，需要运用刑罚手段加以惩治，才能够取得严惩与预防相统一的效果。

由于缺乏相关的规范性指导性文件，实践中，各地对办理涉麻黄碱类复方制剂犯罪案件的法律适用问题存在分歧认识，做法也不甚统一。在有的地方，无罪释放或者转行政处罚的占大多数，即使认定为犯罪，定罪也常常不够准确，影响了打击的力度和效果。为进一步从源头上打击、遏制毒品犯罪，规范办理走私、非法买卖麻黄碱类复方制剂等刑事案件的法律适用，满足司法实践的迫切需要，最高人民法院会同最高人民检察院、公安部经深入调查研究，广泛征求各方意见，联合制定了《复方制剂意见》。

二、关于《复方制剂意见》的指导思想和起草思路

麻黄碱类复方制剂的性质较为特殊，其本身属于常用药品，与人民群众的日常生活及药品企业的生产、经营活动密切相关；但因其中所含的麻黄碱类物质是重要的制毒原料，一旦流入非法渠道又会被犯罪分子用于加工、提炼制毒物品进而制造毒品。有鉴于此，制定《复方制剂意见》时，我们始终秉持以下指导思想：一是依法惩治涉麻黄碱类复方制剂犯罪，遏制麻黄碱类复方制剂流入非法渠道被用于制造毒品，加大对毒品犯罪的源头打击力度。二是立足现有法律规定，严格把握定罪的主客观要件，认真区分罪与非罪、此罪与彼罪，防止定性不当或者扩大打击面，影响群众正常用药和药品企业的合法生产、经营活动。

实践中，涉麻黄碱类复方制剂犯罪的表现形式较为复杂，如非法买卖麻

黄碱类复方制剂，运输、携带、寄递麻黄碱类复方制剂进出境，利用麻黄碱类复方制剂加工、提炼麻黄碱类制毒物品，将麻黄碱类复方制剂拆除包装、改变形态后进行走私或者非法买卖，或者走私、非法买卖已拆除包装、改变形态的麻黄碱类复方制剂等。麻黄碱类复方制剂所含的麻黄碱类物质属于《易制毒化学品管理条例》品种目录列管的易制毒化学品，即刑事司法领域所称的制毒物品，但麻黄碱类复方制剂本身并不是制毒物品，而且当前也不宜将麻黄碱类复方制剂直接作为制毒物品进行管制。根据《刑法》第三百五十条的规定，构成走私制毒物品罪或者非法买卖制毒物品罪，应当以违反国家对易制毒化学品即制毒物品的管理规定为前提。因此，对于走私、非法买卖麻黄碱类复方制剂等行为，难以依照《刑法》第三百五十条以及2009年“两高一部”联合制定的《关于办理制毒物品犯罪案件适用法律若干问题的意见》的规定，直接作为制毒物品犯罪处理。

但从实践情况看，上述行为往往与走私、非法买卖制毒物品犯罪以及制造毒品犯罪密切相关，或者是为本人实施制毒物品、制造毒品犯罪创造条件，或者是为他人实施制毒物品、制造毒品犯罪提供帮助等。起草《复方制剂意见》时，我们立足现有法律规定，从行为人实施上述行为的目的着手，从上述行为与制毒物品或者制造毒品犯罪的关系出发，按照以下思路作出了规定：一是行为人以其本人制造毒品或者走私、非法买卖制毒物品为目的，实施走私、非法买卖、加工提炼麻黄碱类复方制剂等行为的，实际是为制造毒品、走私制毒物品、非法买卖制毒物品犯罪创造条件，应依法分别按照相应犯罪定罪处罚。二是行为人明知他人制造毒品或者走私、非法买卖制毒物品，向其提供麻黄碱类复方制剂，帮助其利用麻黄碱类复方制剂加工、提炼制毒物品，或者提供其他帮助的，应依法分别按照制造毒品罪、走私制毒物品罪、非法买卖制毒物品罪的共犯论处。三是没有证据证明行为人非法买卖或者运输、携带、寄递麻黄碱类复方制剂进出境是用于制造毒品或者走私、非法买卖制毒物品，但其行为构成非法经营罪或者走私普通货物、物品罪等其他犯罪的，应依法定罪处罚。这将是今后处理此类犯罪的常见做法，也是《复方制剂意见》的重要内容。四是行为人走私、非法买卖拆除包装、改变形态的麻黄碱类复方制剂的，由于拆除包装、改变形态的麻黄碱类复方制剂已丧失了药品的属性和用途，行为人在明知该物品性质的情况下，实际是将其作为制毒物品进行走私、非法买卖，故应当按照走私制毒物品罪、非法买卖制毒物品罪定罪处罚。

三、关于《复方制剂意见》的主要内容

《复方制剂意见》共包括八个部分，主要对实践中反映较为突出的走私、非法买卖、加工提炼麻黄碱类复方制剂等行为的定性以及共同犯罪的认定问题作出规定；同时，对犯罪形态、主观目的与明知、制毒物品数量的认定以及定罪量刑的数量标准等相关问题也作出了规定。

1. 关于走私、非法买卖麻黄碱类复方制剂等行为的定性

《复方制剂意见》第一部分共五款，主要解决走私、非法买卖麻黄碱类复方制剂等行为的定性问题。

第一款规定的是按照制造毒品罪定罪处罚的情形。麻黄碱类复方制剂可用于加工、提炼麻黄碱类制毒物品，作为制造甲基苯丙胺等苯丙胺类毒品的主要原料。行为人以其本人利用麻黄碱类复方制剂加工、提炼制毒物品制造毒品为目的，购买麻黄碱类复方制剂，或者为了在境内外加工、提炼制毒物品制造毒品，而运输、携带、寄递麻黄碱类复方制剂进出境的，均属于为制造毒品创造条件、准备制毒原料的行为，应当按照制造毒品罪定罪处罚。但是，如果不能证明行为人有制造毒品目的的，不能认定为制造毒品罪。本款中的客观行为表述为“购买麻黄碱类复方制剂，或者运输、携带、寄递麻黄碱类复方制剂进出境”，主要基于以下两点考虑：第一，麻黄碱类复方制剂属于常用药品，且销售终端主要为零售药店，实践中存在以制造毒品或者走私、非法买卖制毒物品为目的，采用合法手段购买麻黄碱类复方制剂的情形，但对此也应当追究刑事责任。如在“购买”前使用“非法”二字，则会导致无法有效打击以合法形式掩盖非法目的的此类行为。第二，目前我国对麻黄碱类复方制剂的进出口管制相对宽松，麻黄碱类复方制剂既不属于国家禁止或者限制进出口的药品，出口此类药品也不需要缴纳关税，只有进口环节需要缴进口关税和进口环节海关代征的增值税。在这种情况下，按照海关法的规定，只有逃避海关监管，偷逃应纳税款，运输、携带、寄递麻黄碱类复方制剂进境的行为才能够认定为走私行为。而对于大量存在的逃避海关监管，运输、携带、寄递麻黄碱类复方制剂出境的行为，仅作为“违反海关监管规定的行为”处理，不认定为走私行为。因此，如将“运输、携带、寄递麻黄碱类复方制剂进出境”表述为“走私麻黄碱类复方制剂”，则会将一大批虽然非法但不构成走私或者形式合法的运输、携带、寄递麻黄碱类复方制剂出境行

为排除在外，不利于有效惩治此类犯罪。据了解，相关单位将出台有关文件，对向墨西哥、新西兰、缅甸等特定国家出口麻黄碱类复方制剂实行许可证管理。今后，违反规定运输、携带、寄递麻黄碱类复方制剂至所列特定国家的，也将被认定为走私行为。

第二款规定的是按照非法买卖制毒物品罪、走私制毒物品罪定罪处罚的情形。对本款的理解和适用，应当结合第一款的规定，避免将麻黄碱类复方制剂等同于制毒物品本身。从实践情况看，行为人利用麻黄碱类复方制剂加工、提炼制毒物品的目的通常有三个：一是制造毒品；二是非法买卖制毒物品；三是走私制毒物品。对于没有证据证明行为人有第一款规定的制造毒品目的的，如果能够证明行为人有利用麻黄碱类复方制剂加工、提炼制毒物品的主观目的，表明行为人购买麻黄碱类复方制剂或者运输、携带、寄递麻黄碱类复方制剂进出境并非出于药用目的，而是出于实施制毒物品犯罪的目的。结合其具体目的和行为，可以分别按照以下几种情形处理：（1）以加工、提炼制毒物品进行非法买卖为目的，购买麻黄碱类复方制剂的，按照非法买卖制毒物品罪定罪处罚。（2）以加工、提炼制毒物品进行走私为目的，购买麻黄碱类复方制剂的，按照走私制毒物品罪定罪处罚。（3）以加工、提炼制毒物品进行非法买卖为目的，运输、携带、寄递麻黄碱类复方制剂进出境的，按照非法买卖制毒物品罪定罪处罚。对于这种情形，如果单纯根据行为认定为走私制毒物品罪，实际是将麻黄碱类复方制剂等同于制毒物品本身，是不妥当的。而根据行为人的具体目的，按照其行为与制毒物品犯罪的关系定罪则更为准确。（4）以加工、提炼制毒物品走私出境为目的，运输、携带、寄递麻黄碱类复方制剂进境的，按照走私制毒物品罪定罪处罚。随着我国对麻黄碱类复方制剂管制的加强，近年来，运输、携带、寄递麻黄碱类复方制剂进境后提取制毒物品向境外毒源地走私的犯罪时有发生，为适应犯罪形势的变化，《复方制剂意见》对这种情形的处理作出了规定。（5）对于无法进一步认定行为人加工、提炼制毒物品后的具体目的的，结合实践并从有利于行为人的角度，可以按照非法买卖制毒物品罪定罪处罚。

第三款规定的是近年来实践中较为典型的涉麻黄碱类复方制剂犯罪表现形式，包括两种情形：一是行为人既实施了将麻黄碱类复方制剂拆除包装、改变形态的行为，又实施了走私或者非法买卖行为；二是行为人明知是他人已拆除包装改变形态的麻黄碱类复方制剂，而予以走私或者非法买卖。将麻黄碱类复方制剂拆除包装、改变形态的主要目的是使制剂便于伪装、运输，增强隐蔽性，降低犯罪成本，并为后续的走私、非法买卖或者加工提炼、制造毒品行为做准备。“拆除包装”，一般是指拆除麻黄碱类复方制剂的最小外包装，如将瓶装药片倒出，将胶囊从铝箔中拆解等。“改变形态”，是指将药片压碎成粉末，将胶囊中的药粉、药物颗粒倒出等。药品管理法规定，药品是指用于预防、治疗、诊断人的疾病，有目的地调节人的生理机能并规定有适应证或者主治功能、用法和用量的物质。麻黄碱类复方制剂本身属于常用药品，有其功能主治、用法用量及包装、规格、性状、成分等，拆除包装、改变形态的麻黄碱类复方制剂已丧失了药品的属性和用途。

实施本款规定行为的，可以排除走私、倒卖药品等药用目的，实质上是将拆除包装、改变形态的麻黄碱类复方制剂作为掺杂了其他成分的麻黄碱类制毒物品进行走私、非法买卖，故应当直接按照走私制毒物品罪、非法买卖制毒物品罪定罪处罚。需要特别说明的是，个人以药用目的，将少量麻黄碱类复方制剂拆除包装后携带进出境的，由于其中麻黄碱类物质的含量达不到制毒物品犯罪的定罪数量标准，故不会被作为犯罪处理。

第四款规定的是第一款、第二款所列行为无法认定为制造毒品或者制毒物品犯罪时，按照其他犯罪定罪处罚的情形，属于兜底性规定。麻黄碱类复方制剂既可提炼出制毒物品用于实施制造毒品或者制毒物品犯罪，又是常用药品，其生产、经营、进出口活动应当遵循药品管理法、海关法等相关法律法规的规定。对于违反药品管理法律法规，未取得《药品经营许可证》，非法买卖麻黄碱类复方制剂，扰乱市场秩序，情节严重的，根据《刑法》第二百二十五条的规定，可以按照非法经营罪定罪处罚。对于逃避海关监管，偷逃应缴税款，运输、携带、寄递麻黄碱类复方制剂进境（走私），偷逃税额较大的，或者一年内曾因走私麻黄碱类复方制剂进境被给予二次行政处罚后又走私进境的，根据《刑法》第一百五十三条的规定，可以按照走私普通货物、物品罪定罪处罚。该款具体分为两种情形：

第一种是欠缺认定为制造毒品或者制毒物品犯罪的主观要件的情形。由于麻黄碱类复方制剂不是制毒物品，对于没有证据证明行为人以制造毒品或者走私、非法买卖制毒物品为目的，实施本款所列行为的，不能按照制造毒品或者制毒物品犯罪定罪处罚。其中构成非法经营罪、走私普通货物、物品罪等其他犯罪的，应依法定罪处罚。实践中，非法买卖或者运输、携带、寄递麻黄碱类复方制剂进出境，处于交易的中间环节，不直接用于加工、提炼制毒物品进行走私、非法买卖或者制造毒品，也没有拆除包装、改变形态的，通常较难认定行为人具有实施制造毒品或者制毒物品犯罪的主观故意，原则上均可照此处理。

第二种是未达到认定为制毒物品犯罪的定罪数量标准的情形。行为人非法买卖或者运输、携带、寄递麻黄碱类复方制剂进出境，满足本部分第二款规定的按照制毒物品犯罪处罚的主观要件，但涉案麻黄碱类复方制剂中麻黄碱类物质的含量尚未达到该罪的定罪数量标准，在以下两种情形下，可以按照非法经营罪或者走私普通货物、物品罪定罪处罚：一是符合非法经营罪或者走私普通货物、物品罪的特殊入罪情节规定的。根据《最高人民检察院、公安部关于公安机关管辖的刑事案件立案追诉标准的规定（二）》第七十一条和《刑法》第一百五十三条第一款第（一）项的规定，两年内因同种非法经营行为受过两次以上行政处罚后又进行同种非法经营的，或者一年内因走私被给予两次行政处罚后又走私的，无论是否达到相应经营数额、违法所得或者偷逃税额标准，都可以按照非法经营罪或者走私普通货物、物品罪处罚。二是达到非法经营罪或者走私普通货物、物品罪的定罪数额标准的，非法经营罪主要以非法经营或者违法所得数额，走私普通货物、物品罪主要以偷逃税额作为入罪标准，均与涉案物品价格挂钩。对于部分麻黄碱类物质含量相对较低，但价格相对较高的麻黄碱类复方制剂，虽达不到制毒物品犯罪的定罪标准，却能够满足按照非法经营罪或者走私普通货物、物品罪处罚的条件。例如，5000 盒新康泰克胶囊（每盒 12 元，含盐酸伪麻黄碱 0.9 克）含盐酸伪麻黄碱 4500 克，并未达到非法买卖制毒物品罪的定罪标准 5 公斤，但其经营数额 6 万元已超过非法经营罪的立案追诉标准 5 万元（个人）。需要特别说明的是，构成走私普通货物、物品罪以进出口涉案货物、物品需要缴纳关税为前提。由于出口麻黄碱类复方制剂不需要缴纳关税，运输、携带、寄递麻黄碱类复方制剂出境的行为不具备认定为走私普通货物、物品罪的条件。但上述行为通常与非法买卖麻黄碱类复方制剂行为密切相关，结合实践一般可以认定为非法经营罪。在相关罪名后使用“等”字，是为了适应司法实践发展的需要，为日后出台的相关规定预留空间。

第五款规定了办理涉麻黄碱类复方制剂犯罪案件的一个重要处罚原则，旨在依法从严惩处此类犯罪。如前所述，由于麻黄碱类复方制剂具有双重性质和用途，本部分第一款、第二款规定的非法买卖麻黄碱类复方制剂或者运输、携带、寄递麻黄碱类复方制剂进出境的行为，可能同时构成其他犯罪。本款规定，在想象竞合的情况下，按照处罚较重的规定定罪处罚，也符合刑法对于此种情形的一般处理原则。第一款规定的情形与非法经营罪、走私普通货物、物品罪等其他犯罪竞合的，由于刑法对制造毒品罪的法定刑设置较高，按照制造毒品罪处罚通常较重。第二款规定的情形与非法经营罪、走私普通货物、物品罪等其他犯罪竞合的，根据麻黄碱类复方制剂的价格及其中麻黄碱类物质含量的不同，会出现不同的适用关系。一般情况下，麻黄碱类复方制剂的价格越低，其中麻黄碱类物质的含量越高，按照非法买卖制毒物品罪、走私制毒物品罪处罚就越重；反之，按照非法经营罪或者走私普通货物、物品罪处罚就越重。例如，麻黄碱苯海拉明片（每瓶 2 元，含盐酸麻黄碱 2.5 克）属于价格低、含量高的品种，25 000 瓶中含盐酸麻黄碱 62.5 千克，按照非法买卖制毒物品罪可在三年以上十年以下有期徒刑幅度内处罚；但其经营数额刚刚达到非法经营罪的立案追诉标准 5 万元，按照非法经营罪只能在五年以下有期徒刑或者拘役幅度内在起刑点附近量刑。

2. 关于利用麻黄碱类复方制剂加工、提炼制毒物品行为的定性

利用麻黄碱类复方制剂加工、提炼制毒物品，也是常见的涉麻黄碱类复方制剂犯罪表现形式，实践中已成为关联上下游犯罪的关键环节，迫切需要予以惩治。此类行为实际上是一种非法制造制毒物品的行为，但因刑法并未将这种行为规定为犯罪，故单纯利用麻黄碱类复方制剂加工、提炼制毒物品，但尚未实施或者没有证据证明实施了走私、非法买卖制毒物品或者制造毒品犯罪的，如何定性，一度是困扰办案人员的一个法律适用难题。结合实际情况来看，利用麻黄碱类复方制剂加工、提炼制毒物品，属于为制造毒品或者走私、贩卖买卖制毒物品而创造条件、生产制毒物品的行为。因此，《复方制剂意见》规定，根据行为人实施此类行为的具体目的，分别按照制造毒品罪、走私制毒物品罪或者非法买卖制毒物品罪定罪处罚。

需要特别说明的是，经广泛调研并咨询有关专家后了解到，麻黄碱类物质的性质特殊，仅限于以下三种特定用途：一是制药；二是合成苯丙胺类毒品；三是作为化工生产中的一种拆分剂（此类用途少之又少）。利用麻黄碱类复方制剂加工、提炼麻黄碱类物质后，再用于制药或者工业生产不但有悖常理，而且成本过高，实践中无一个案，故利用麻黄碱类复方制剂加工、提炼

麻黄碱类物质的，可以推定系出于实施毒品犯罪的非法目的。对于其中有证据证明以制造毒品或者走私、非法买卖制毒物品为目的的，分别按照制造毒品罪、走私制毒物品罪或者非法买卖制毒物品罪定罪处罚。对于没有证据证明具体目的的，结合实践并从有利于行为人的角度，可以推定其存在非法买卖制毒物品的故意，按照非法买卖制毒物品罪定罪处罚。

3. 关于共同犯罪的认定

实践中，行为人实施走私、非法买卖、加工提炼麻黄碱类复方制剂等行为，除用于其本人制造毒品或者走私、非法买卖制毒物品外，更多的是为他人实施制造毒品或者制毒物品犯罪提供帮助。从以往案件的处理情况来看，由于缺乏统一、明确的共同犯罪认定标准，既存在主观要件把握过宽扩大打击面的问题，也存在客观要件限定过窄影响打击力度的问题。因此，《复方制剂意见》第三部分明确规定，构成制造毒品罪、走私制毒物品罪或者非法买卖制毒物品罪的共犯需要同时具备两个条件：一是主观要件，即行为人明知他人实施制造毒品或者走私、非法买卖制毒物品犯罪，具备与他人制造毒品或者走私、非法买卖制毒物品的共同犯罪故意。这里的“明知”是指“确切地知道”，“他人”是指“相对确定的某人”，不包括概括知晓不特定的某人可能利用麻黄碱类复方制剂加工、提炼制毒物品进行走私、非法买卖或者制造毒品的情形。二是客观要件，即实施了向他人提供麻黄碱类复方制剂，为他人利用麻黄碱类复方制剂加工、提炼制毒物品，或者为他人获取、利用麻黄碱类复方制剂提供其他帮助的行为。其中，“提供其他帮助”主要包括以下几种情形：

（1）代他人购买麻黄碱类复方制剂；（2）为他人购买麻黄碱类复方制剂提供经营资质、居间介绍或者帮助支付货款、收发货；（3）帮助他人运输、携带、寄递麻黄碱类复方制剂进出境；（4）帮助他人将麻黄碱类复方制剂拆除包装、改变形态；（5）帮助他人运输、寄递、存储麻黄碱类复方制剂等。需要特别说明的是，根据宽严相济刑事政策的要求，对于提供运输、寄递、存储、拆改包装、付款、收发货等帮助人员的处理，应主要追究在具备上述明知的前提下，起组织、指挥作用或者积极参与者的刑事责任。对于认定具备明知，地位、作用相对次要，为赚取少量报酬受雇参与的，可以不按照共同犯罪处理。

（四）关于犯罪预备、未遂的认定

根据当前把握的刑事政策，对毒品犯罪本身区分既未遂的问题尚不突出。《复方制剂意见》之所以在此对犯罪预备、未遂问题专门作出规定，是由于麻黄碱类复方制剂的性质较为特殊，其本身既不是毒品，也不是制毒物品，需要经过加工、提炼才能提取出制毒物品，用以实施制造毒品或者制毒物品犯罪。因此，在将涉麻黄碱类复方制剂犯罪作为制造毒品或者制毒物品犯罪处理时，应当依法认定其犯罪形态。

在《复方制剂意见》第一部分第一款、第二款规定的情形中，行为人以其本人制造毒品或者走私、非法买卖制毒物品为目的，购买麻黄碱类复方制剂，或者运输、携带、寄递麻黄碱类复方制剂进出境的，均属于为实施制造毒品或者制毒物品犯罪创造条件的预备行为，应当分别按照相应犯罪的预备行为论处。

在《复方制剂意见》第一部分第三款规定的情形中，行为人仅实施了将麻黄碱类复方制剂拆除包装、改变形态的行为，尚未着手实施走私、非法买卖行为的，应当认定为犯罪预备；行为人已经着手实施走私、非法买卖行为，但符合犯罪未遂情形的，应当依法认定。

在《复方制剂意见》第二部分规定的情形中，单纯利用麻黄碱类复方制剂加工、提炼制毒物品的行为，属于制造毒品的一个先行步骤，并不是制造毒品犯罪中的一个环节，而行为人此时也尚未着手实施走私、非法买卖制毒物品犯罪，故此种情况下还是应当按照相应犯罪的预备行为论处。此外，对于行为人已经着手实施制造毒品或者走私、非法买卖制毒物品犯罪的，按照实行行为吸收预备行为的原则，可结合具体情形认定为犯罪未遂或者既遂。

对于《复方制剂意见》其他规定中符合犯罪预备、未遂情形的，应当予以认定，依法处罚。不应为了体现从严而对犯罪形态不加区分，一律认定为既遂。

（五）关于犯罪嫌疑人、被告人主观目的与明知的认定

《复方制剂意见》规定了九种不同的主观目的和明知情形，本款对“犯罪嫌疑人、被告人主观目的与明知的认定”作出提示性规定，为办案人员提供分析、判断的切入点和方法。适用本款规定时，需要注意以下两点：第一，在认定犯罪嫌疑人、被告人的主观目的和明知时，物证、书证、证人证言及犯罪嫌疑人、被告人供述和辩解等证据往往能够起到最重要、最直接的证明

作用，故应当作为认定的首要依据。第二，认定犯罪嫌疑人、被告人的主观目的和明知时，也要结合犯罪嫌疑人、被告人的客观行为表现综合判断，主要有以下几个较为典型的判断因素：（1）作为药品的麻黄碱类复方制剂有其正常的价格浮动区间，犯罪嫌疑人、被告人购买、销售麻黄碱类复方制剂的价格明显高于市场交易价格的，一般可排除经营药品目的，说明其对行为性质有一定认识。（2）犯罪嫌疑人、被告人采用虚假身份、地址等信息办理发货、提货手续，或者采用伪装、夹藏等手段运输、寄递、存储麻黄碱类复方制剂的，目的在于掩饰麻黄碱类复方制剂的性质及发货人、提货人的真实身份，说明其对行为性质有一定认识。（3）犯罪嫌疑人、被告人采用伪报、伪装、藏匿或者绕行进出境等手段逃避海关、边防等检查的，目的在于掩饰其所运输、携带物品的性质，说明其对行为性质有一定认识。（4）对于共同犯罪人，如果其实施相关帮助行为所获得的报酬明显超过正常劳务报酬的，说明其对行为性质有一定认识。（5）犯罪嫌疑人、被告人此前实施过同类违法犯罪行为的，对其行为性质一般应当存在明知。鉴于实践中还存在其他可供判断的因素，故设置了兜底项。

（六）关于制毒物品数量的认定

《刑法》第三百五十七条第二款规定："毒品的数量以查证属实的走私、贩卖、运输、制造、非法持有毒品的数量计算，不以纯度折算。"但对于制毒物品的数量，刑法并未作出不以纯度折算的规定。制毒物品的定罪量刑数量标准，主要是根据有效的制毒物品成分制成毒品的数量比例确定的。麻黄碱类复方制剂是由麻黄碱类物质和其他成分混合而成的药品制剂，其中的麻黄碱类物质才是制毒物品，才能够制造毒品，直接按照涉案麻黄碱类复方制剂数量定罪量刑不但缺乏科学性，也会导致处罚过于严苛，有违罪刑相适应原则。因此，在对相关行为按照制毒物品犯罪处罚时，应当将涉案麻黄碱类复方制剂所含麻黄碱类物质的数量认定为制毒物品的数量。关于数量计算方法，对于正规厂家出产的成品药剂，可以按照其药品批准证明文件中列明的成分、含量进行计算；对于已拆除包装、改变形态的麻黄碱类复方制剂，则需要进行含量鉴定。

对于根据《复方制剂意见》规定认定为制造毒品罪的，量刑时也应当将涉案麻黄碱类复方制剂所含麻黄碱类物质的数量作为制毒物品的数量予以考虑。尤其是对于没有实际制成毒品的案件，可综合考虑相当数量的麻黄碱类制毒物品通常可以制成多少毒品，比照作为对被告人量刑的依据。实践中，犯罪分子为逃避刑事制裁，往往采取“少量多次”“化整为零”等手段非法贩运麻黄碱类复方制剂。为保障打击效果，《复方制剂意见》规定，对多次实施上述行为未经处理的，应累计计算其中制毒物品的数量。

（七）关于定罪量刑的数量标准

《复方制剂意见》规定了对相关行为按照制毒物品犯罪处理时，不同麻黄碱类物质的定罪数量标准和认定为“数量大”的标准。其中，对于麻黄碱、伪麻黄碱、去甲麻黄碱、甲基麻黄碱及其盐类，麻黄浸膏、麻黄浸膏粉的定罪量刑数量标准，最高人民法院2000年制定的《关于审理毒品案件定罪量刑标准有关问题的解释》（已失效）、“两高一部”2009年制定的《关于办理制毒物品犯罪案件适用法律若干问题的意见》已作出规定，《复方制剂意见》仍延续原有规定。关于消旋麻黄碱及其盐类的定罪量刑数量标准，以往的规范性文件中没有规定，但实践中存在相关案例，经调研、论证，在《复方制剂意见》中对其定罪量刑数量标准作出规定。

《刑法》第三百四十七条第一款规定：“走私、贩卖、运输、制造毒品，无论数量多少，都应当追究刑事责任，予以刑事处罚。”因此，上述麻黄碱类物质的定罪数量标准仅适用于按照制毒物品犯罪处罚的情形，在按照制造毒品罪处罚时，涉案麻黄碱类复方制剂所含麻黄碱类物质的数量不受前款规定的最低数量标准的限制，即无论数量多少，都应当追究刑事责任。

（八）关于麻黄碱类复方制剂的范围

由于“麻黄碱类复方制剂”属于制药领域的专有名词，为便于实践中的认定和操作，经征求相关主管单位意见，《复方制剂意见》在最后一个部分规定了麻黄碱类复方制剂的范围。“麻黄素”与“麻黄碱”系同一物质的两种称谓。为求表述严谨，《复方制剂意见》中使用了制药领域及相关司法解释中使用的“麻黄碱”一称，同时将其“麻黄素”类称谓在括号中注明。

（撰稿：高贵君、马岩、李静然）

7. 最高人民法院、最高人民检察院、公安部、农业部、食品药品监管总局关于进一步加强麻黄草管理严厉打击非法买卖麻黄草等违法犯罪活动的通知（公通字〔2013〕16号，自2013年5月21日起施行）

各省、自治区、直辖市高级人民法院，人民检察院，公安厅、局，农业（农牧、畜牧）厅、局，食品药品监督管理局（药品监督管理局），解放军军事法院、军事检察院，新疆维吾尔自治区高级人民法院生产建设兵团分院，新疆生产建设兵团人民检察院、公安局、畜牧兽医局：

近年来，随着我国对麻黄碱类制毒物品及其复方制剂监管力度的不断加大，利用麻黄碱类制毒物品及其复方制剂制造冰毒的犯罪活动得到有效遏制。但是，利用麻黄草提取麻黄碱类制毒物品制造冰毒的问题日益凸显，麻黄草已成为目前国内加工制造冰毒的又一主要原料。2012 年，全国共破获利用麻黄草提取麻黄碱类制毒物品制造冰毒案件 46 起、缴获麻黄草 964.4 吨，同比分别上升 91.7%、115.5%。为进一步加强麻黄草管理，严厉打击非法买卖麻黄草等违法犯罪活动，根据《中华人民共和国刑法》《国务院关于禁止采集和销售发菜制止滥挖甘草和麻黄草有关问题的通知》（国发〔2000〕13 号）等相关规定，现就有关要求通知如下：

一、严格落实麻黄草采集、收购许可证制度

麻黄草的采集、收购实行严格的许可证制度，未经许可，任何单位和个人不得采集、收购麻黄草，麻黄草收购单位只能将麻黄草销售给药品生产企业。农牧主管部门要从严核发麻黄草采集证，统筹确定各地麻黄草采挖量，禁止任何单位和个人无证采挖麻黄草；严格监督采挖单位和个人凭采集证销售麻黄草；严格控制麻黄草采挖量，严禁无证或超量采挖麻黄草。食品药品监管部门要督促相关药品生产企业严格按照《药品生产质量管理规范（2010 年修订）》规定，建立和完善药品质量管理体系，特别是建立麻黄草收购、产品加工和销售台账，并保存 2 年备查。

二、切实加强对麻黄草采挖、买卖和运输的监督检查

农牧主管部门要认真调查麻黄草资源的分布和储量，加强对麻黄草资源的监管；要严肃查处非法采挖麻黄草和伪造、倒卖、转让采集证行为，上述行为一经发现，一律按最高限处罚。食品药品监管部门要加强对药品生产、经营企业的监督检查，对违反《药品管理法》及相关规定生产、经营麻黄草及其制品的，要依法处理。公安机关要会同农牧主管等部门，加强对麻黄草运输活动的检查，在重点公路、出入省通道要部署力量进行查缉，对没有采集证或者收购证以及不能说明合法用途运输麻黄草的，一律依法扣押审查。

三、依法查处非法采挖、买卖麻黄草等犯罪行为

各地人民法院、人民检察院、公安机关要依法查处非法采挖、买卖麻黄草等犯罪行为，区别情形予以处罚：

（一）以制造毒品为目的，采挖、收购麻黄草的，依照刑法第三百四十七条的规定，以制造毒品罪定罪处罚。

（二）以提取麻黄碱类制毒物品后进行走私或者非法贩卖为目的，采挖、收购麻黄草，涉案麻黄草所含的麻黄碱类制毒物品达到相应定罪数量标准的，依照刑法第三百五十条第一款、第三款的规定，分别以走私制毒物品罪、非法买卖制毒物品罪定罪处罚。

（三）明知他人制造毒品或者走私、非法买卖制毒物品，向其提供麻黄草或者提供运输、储存麻黄草等帮助的，分别以制造毒品罪、走私制毒物品罪、非法买卖制毒物品罪的共犯论处。

（四）违反国家规定采挖、销售、收购麻黄草，没有证据证明以制造毒品或者走私、非法买卖制毒物品为目的，依照刑法第二百二十五条的规定构成犯罪的，以非法经营罪定罪处罚。

（五）实施以上行为，以制造毒品罪、走私制毒物品罪、非法买卖制毒物品罪定罪处罚的，涉案制毒物品的数量按照三百千克麻黄草折合一千克麻黄碱计算；以制造毒品罪定罪处罚的，无论涉案麻黄草数量多少，均应追究刑事责任。

（三）典型或常见问题的审理思路

1. 如何认定制造毒品行为以及制毒数量?①

本书观点：甲基苯丙胺属于化学合成毒品，制造工艺相对简单。随着合成毒品消费需求在我国的迅速增长，制造合成毒品犯罪呈上升趋势。麻黄碱类物质是制造甲基苯丙胺等苯丙胺类合成毒品的主要原料，属于《易制毒化学品管理条例》品种目录列管的第一类易制毒化学品。早期，犯罪分子利用易制毒化学品管理上存在的个别漏洞，非法获得麻黄碱、伪麻黄碱等物质后合成甲基苯丙胺。随着行政管控的进一步加强，部分犯罪分子转而利用含有麻黄碱类物质的药品加工、提炼麻黄碱、伪麻黄碱，进而制造甲基苯胺。随后，又逐步发展成为利用天然植物麻黄草提炼麻黄碱类物质，或者是利用溴代苯丙酮化学合成麻黄碱类物质，再制造甲基苯丙胺。其中，含有麻黄碱类物质的药品是用于治疗感冒和咳嗽的常用药，常见的如新康泰克胶囊、麻黄

---

①　观点来源：《刑事审判参考》第1196号指导案例，刘某红贩卖、制造毒品案。

碱苯海拉明片、消咳宁等。通过加工、提炼等方法，可以从这类药物中提取麻黄碱类物质，因而也使之成为犯罪分子争相获取的对象。如果根据在案查获的制毒原料、工具、技术配方及毒品成品、半成品等情况，结合犯罪嫌疑人、被告人对基本制毒方法、原理的供述，足以认定其实施了制造毒品犯罪行为的话，则不需要通过侦查实验来进行核实验证。况且，即使侦查实验表明犯罪嫌疑人被告人供述的制毒方法不完全真实，亦不能得出其未实施制造毒品犯罪的结论。

我国刑法没有对制造毒品犯罪的含义作出明确界定。由于犯罪分子制造毒品的手段复杂多样、不断翻新，为厘清制造毒品的概念，《大连会谈纪要》中对此作了具体规定："制造毒品不仅包括非法用毒品原植物直接提炼和用化学方法加工配制毒品的行为，也包括以改变毒品成分和效用为目的，用混合等物理方法加工、配制毒品的行为。"行为人将新康泰克胶囊、酒精、化铵氢氧化钠及其他化学品在铁桶内混合，进行加热、冷却，后在桶壁上提取到白色晶体（甲基苯丙胺）。行为人虽可能并未全部如实供述制毒原料、方法和过程，但甲基苯丙胺只能通过化学方法加工合成，不能通过物理方法制造；且行为人供述的制毒方法，符合将不同化学品混合后使之发生化学反应的基本原理。故可以认定其实施了利用化学方法加工配制毒品的行为，其行为属于《大连会谈纪要》规定的制造毒品行为。

对于制造毒品的数量认定，《武汉会议纪要》规定："制造毒品案件中，毒品成品、半成品的数量应当全部认定为制造毒品的数量，对于无法再加工出成品、半成品的废液、废料则不应计入制造毒品的数量。对于废液、废料的认定，可以根据其毒品成分的含量、外观形态，结合被告人对制毒过程的供述等证据进行分析判断，必要时可以听取鉴定机构的意见。"废液、废料通常是指已经不具备进一步提取（提纯）毒品条件的固体或者液体废弃物，能够检出毒品成分但含量极低。从上述规定可以看出，废液、废料的认定对于制造毒品的数量认定较为重要。实践中，认定废液、废料的关键在于废液废料与半成品的区分。根据《武汉会议纪要》的上述规定，对于制造毒品案件中查获的含有毒品成分，但外观明显有别于成品的非常态物质，除结合被告人对制毒过程的供述物品的外观、提取状况等进行分析外，主要根据其毒品含量判断属于半成品还是废液、废料，必要时可以听取鉴定机构的意见。而国内有关技术专家提出，对于制造毒品现场查获的毒品含量在0.2%以下的物质，犯罪分子因受技术水平所限，通常难以再加工出毒品，且从成本角度考虑，犯罪分子也不太可能再对含量如此之低的物质进行加工、提纯，故0.2%的含量标准可以作为认定废液、废料时的参考。

2. 制造毒品案件中废液、废料及既未遂的认定?[①]

本书观点：制造毒品案件中，对于无法再加工出成品、半成品的毒品废液、废料，不应计入毒品的数量，系制造毒品未遂。对制造毒品既未遂并存的案件，既未遂数量分别达到不同量刑幅度的，依照处罚较重的规定处罚；达到同一量刑幅度的，以制造毒品罪既遂处罚毒品废液、废料是否属于毒品，关键看其是否具有使用价值。违法犯罪领域毒品的使用价值主要体现在两方面，一是吸食，主要是指毒品成品；二是可以继续加工提炼出可以吸食的毒品，主要是指毒品粗制品、半成品及其他尚未达到吸食条件的毒品形态。由于毒品废液、废料含量极低，不能用于直接吸食，也不能继续加工、提炼成可以吸食的毒品，故毒品废液、废料不具有毒品的使用价值，不属于毒品，自然不应计入毒品的数量。正是基于此，《武汉会议纪要》规定，制造毒品案件中，对于无法再加工出成品、半成品的废液、废料不应计入毒品的数量。司法实践中，查获毒品废液、废料的案件主要存在以下两种情形：一是既查获了毒品废液、废料，也查获了部分毒品成品、半成品，或者其他可以继续加工出成品、半成品但尚达不到半成品要求的毒品；二是只查获了毒品废液、废料。对上述两种情形的犯罪形态，应根据《大连会议纪要》和《武汉会议纪要》精神，结合毒品犯罪形态理论予以认定。根据《大连会议纪要》的规定，已经制造出粗制毒品或者半成品的，以既遂论处；购进制造毒品的设备和原材料，开始着手制造毒品，但尚未制造出粗制毒品或者半成品的，以制造毒品罪未遂论处。《武汉会议纪要》进一步明确，制造毒品案件中，毒品成品、半成品的数量应当全部认定为制造毒品的数量，对于无法加工出成品或者半成品的废液、废料则不应计入制造毒品的数量。从前述两个会议纪要的规定来看，对于已经制造出毒品成品或半成品的，均规定应认定为制造毒品既遂。但对于制造出粗制毒品的，《大连会议纪要》规定应认定为制造毒品既遂，而《武汉会议纪要》则规定，毒品成品、半成品的数量应当全部认定为制造毒品的数量，未涉及对《大连会议纪要》中的粗制毒品如何认定的问题。

---

① 观点来源：《人民司法》2018年第14期，张某制造毒品、容留他人吸毒案。

这是否意味着粗制毒品的数量不应计入制造毒品的数量？或者只制造出粗制毒品的属制造毒品未遂？我们认为不能这样理解。由于法律及司法解释未规定粗制毒品和半成品的标准，实践中对粗制毒品和半成品的把握比较混乱。我们认为，粗制毒品与半成品实际上属同一概念，为了避免大家认识上的混乱，故而将粗制毒品纳入半成品范畴。可见，是否已经制造出半成品是认定制造毒品既未遂的界限。

根据上述会议纪要的精神，对于前述只查获了毒品废液、废料的情形，应认定为制造毒品未遂。由于毒品废液、废料不属毒品，不计入毒品数量，应按照最低的法定刑幅度确定量刑幅度，即3年以下有期徒刑、拘役或者管制，并处罚金，而不应根据查获的毒品废液、废料的数量确定法定刑幅度。对于既查获了毒品废液、废料，也查获了部分毒品成品、半成品或者其他可以继续加工出成品、半成品但尚达不到半成品要求的毒品，则应区分情形进行认定。一是既查获了毒品成品、半成品，也查获了毒品废液、废料的，应认定为制造毒品既遂，并按查获的毒品成品、半成品的数量确定量刑幅度，毒品废液、废料不计入毒品数量。二是既查获了毒品废液、废料，也查获了其他可以继续加工出成品、半成品但尚达不到半成品要求的毒品，因必须制造出毒品成品或半成品才能认定为制造毒品既遂，故应认定为制造毒品未遂，并按查获的其他可以继续加工出成品、半成品但尚达不到半成品要求的毒品数量确定量刑幅度，再比照既遂犯从轻或减轻处罚，毒品废液、废料不计入毒品数量。三是既查获了毒品成品、半成品，也查获了毒品废液、废料和其他可以继续加工出成品、半成品但尚达不到半成品要求的毒品的，由于制造出毒品成品、半成品属犯罪既遂，制造出其他可以继续加工出成品、半成品但尚达不到半成品要求的毒品属犯罪未遂，故该情形涉及既未遂犯罪并存的处理问题。既未遂犯罪并存的情形较为复杂，如：既未遂并存但只有一者符合定罪条件的；既未遂并存二者均单独符合定罪条件的；既未遂并存均未单独构罪，但合并后符合定罪条件的。由于法律对制造毒品罪没有数量的要求，此处只讨论既未遂犯罪并存且二者均单独符合定罪条件的处理。处理该问题的关键是毒品数量是根据既未遂累计的总数量计算，还是根据既遂数量抑或未遂的数量确定。根据犯罪形态的一般理论，在既未遂并存且既遂部分构成犯罪的情况下，由于部分行为已经既遂且构成犯罪，整个犯罪就已经既遂，不存在未遂问题。但该理论无法解决制造毒品既未遂并存情形下的毒品数量问题，也就无法确定此种情形下的法定刑幅度。对于制造毒品既未遂并存的，如果未遂部分的数量所对应的法定刑幅度更重，应按照未遂部分数量确定法定刑幅度，再按照制造毒品罪未遂的处罚原则处理，但在决定是否比照既遂犯从轻或减轻处罚时，应充分考虑既遂情节进行调节，以确保罪刑相适应；如果既遂部分的数量所对应的法定刑更重，应按照既遂部分的数量确定法定刑幅度，以制造毒品既遂论处，具体量刑时还应考虑未遂情节以决定是否在法定刑幅度内从重处罚及从重的力度；如果既未遂的数量达到同一量刑幅度的，按照既遂部分的数量确定法定刑幅度，以制造毒品既遂论处，具体量刑时还应考虑未遂情节以决定是否在法定刑幅度内从重处罚及从重的力度。

3. **对于有吸毒情节的被告人短期内购入大量毒品且大部分毒品去向不明时，如何认定其贩卖毒品的数量？**①

本书观点：已被被告人吸食的部分毒品，不应计入被告人贩卖毒品的数量，但必须“确有证据证明”该部分毒品已被被告人吸食。这是因为，根据刑法规定，吸毒不构成犯罪。如果对被告人已经吸食或者根据在案证据确定被告人将用于吸食的毒品计入贩卖毒品数量，等于变相对吸毒行为追究刑事责任。因此，无论是《大连会议纪要》还是《武汉会议纪要》都明确规定，已被具有吸毒情节的被告人吸食的部分，不计算在其毒品犯罪数量内。

但是，对于吸毒者持有毒品的，也不是一律不追究刑事责任。不追究其刑事责任的吸毒者持有毒品数量的最高限度是刑法第三百四十八条规定的非法持有毒品罪的构成最低数量，即鸦片 200 克，海洛因或者甲基苯丙胺 10 克。超过这个数量的，即使没有证据证明其是为了实施贩卖毒品等其他犯罪，也应以非法持有毒品罪或运输毒品罪等处罚。例如，《大连会议纪要》规定，吸毒者在购买、运输、存储毒品过程中被查获的，如没有证据证明其是为了实施贩卖毒品等其他犯罪行为，毒品数量未超过刑法第三百四十八条规定的最低数量标准的，一般不定罪处罚；查获毒品数量达到较大以上的，应当以其实际实施的毒品犯罪行为定罪处罚。《武汉会议纪要》则更加明确规定：吸毒者在购买、存储过程中被查获的，没有证据证明其是为了实施贩卖毒品等其他犯罪，毒品数量达到刑法第三百四十八条规定的最低数量标准的，以非法持有毒品罪定罪处罚；在运输毒品过程中被查获的，以运输毒品罪定罪

---

① 观点来源：《刑事审判参考》第 1231 号指导案例，姚某跃等贩卖毒品案。

处罚。

认定“已经被吸食”必须有确实的证据证明，而不能仅仅依据被告人供述和辩解。实践中，吸毒者购买了一定数量的毒品后，有证据证明已经卖出了部分毒品，又从其身边或者住处查获了部分毒品，但是，查获的毒品与贩卖的毒品数量之和明显少于其购买的毒品数量，即“购买的毒品数量 = 能够证明的卖出的毒品数量 + 查获的毒品数量 + 去向不明的毒品数量”。从实践看，对去向不明的这部分毒品，被告人往往辩称已被自己吸食。在这种情况下，如何认定已被吸食的毒品数量？特别是，近年来我国吸毒人数不断上升，吸毒者实施的毒品犯罪也在大量增加，一些毒品犯罪分子利用其吸毒人员的身份逃避应有的惩处。为避免变相鼓励吸毒人员实施毒品犯罪活动，我们认为，应当坚持严格的证据证明规则，同时根据去向不明的毒品数量等情况，认定去向不明的毒品数量是否属于“已经被吸食的毒品”。

第一种情况：去向不明的毒品数量不是很大，被告人辩解称该部分毒品已经被其吸食，而这部分毒品没有明显超出被告人一段时期内的合理吸食量。在这种情况下，司法实践中一般采取宽松的证据标准。也就是说，没有相反证据的，认定被告人辩解成立，从而认定这部分毒品已经被被告人吸食，这是有利于被告人原则的具体体现。但是在量刑时，应当考虑被吸食的这部分毒品的因素。也就是说，在证明标准上从宽，在处罚上从严。

第二种情况：去向不明的毒品数量很大，明显超出一段时间的合理吸食量。在这种情况下，如果仍然把这部分毒品都认定为已被被告人吸食，不计入贩毒数量，明显不利于打击吸毒者实施的毒品犯罪。《大连会议纪要》虽然没有明确规定在这种情况下如何确定“已经被吸食的毒品数量”，但在司法实践中，一般采用严格的证明标准，即认定“已经被吸食的毒品数量”，必须有充分的证据证明，而不仅仅是被告人的供述和辩解。而《武汉会议纪要》则明确规定要“确有证据证明”被告人购买的部分毒品并非用于贩卖的，才不计入贩毒数量。实际上，“确有证据证明”的证明标准，包含了推定为贩卖毒品的意思，也具有举证责任倒置性质。也就是说，要求被告人提供确切证据证明去向不明的毒品并非用于贩卖，仅有被告人本人供述和辩解，证据印证的，不属于“确有证据证明”。这一规定实际是从证明标准方面加大了对此类犯罪的打击力度。

另外，所谓“并非用于贩卖”，不仅是指已经被吸食，还包括已经消耗的，也包括查获了实物但能够甄别的，具体有以下几种情况：（1）该部分毒品已经被被告人吸食或者已经被其赠与他人吸食的；（2）查获的毒品中有少量不同种类的毒品（如主要为冰毒，少量毒品为海洛因），而被告人正是吸食此类少量不同种类毒品（海洛因）；（3）不以牟利为目的为吸食者代购少量毒品的；等等。但是，有证据证明是已经丢失或者销毁的毒品，或者被盗抢的毒品，则不能简单认定为这里的“并非用于贩卖”，因为被告人购买的这部分毒品虽有可能用于吸食，但也完全可能用于贩卖，故无论是否卖出，均应计入其贩卖毒品的数量。当然，如果灭失的这部分毒品数量很大，特别是占总数量的比重很大时，应在量刑时予以考虑，对死刑适用也将产生影响。

4. 为吸食者代购少量毒品的行为如何定性?①

本书观点：根据《大连会议纪要》的规定，对于为他人代购毒品的行为，不能一律认定为犯罪，构成犯罪的也不是都要按照贩卖毒品罪处理，而应当具体分析、区别对待。对于行为人为他人代购毒品行为的定性，主要应当从两个方面进行分析：一是行为人为他人代购毒品的目的。二是为他人代购毒品的价格有没有明显超出当地的毒品交易价格，行为人无加价贩卖的情形。如果行为人系为吸毒人员代购用于吸食的毒品，没有证据证实其有加价贩卖的行为，不能认定其构成贩卖毒品犯罪，如果代购毒品的数量未达到非法持有毒品罪的定罪数量标准，则其代购行为不构成犯罪。

5. 如何认定以贩养吸的被告人贩卖毒品的数量?②

本书观点：对于以贩养吸的被告人贩卖毒品数量的认定，是司法实践中办理此类案件的一个难点。问题主要在于两个方面：一是从以贩养吸的被告人处查获的毒品是否计入其贩卖毒品的数量，在量刑时是否考虑其中部分毒品可能被吸食的情节。二是有证据证明以贩养吸的被告人购买了毒品，但没有证据证明该毒品被其贩卖，亦未被查获，该毒品是否计入其贩卖毒品的数量。实践中对上述问题存在一定分歧认识，做法也不统一。一种意见认为，只要有证据证明被告人实施了贩毒行为，可认定其购买毒品均出于贩卖目的，故应当将其购买的毒品全部计入其贩卖毒品的数量，但在量刑时酌情考虑部分毒品可能被其吸食的情节。另一种意见认为，对于既吸食又贩卖毒品的被

---

① 观点来源：《刑事审判参考》（总第99期），刘某芳贩卖毒品案。

② 观点来源：《刑事审判参考》第853号指导案例，高某贩卖毒品、宋某非法持有毒品案。

告人，其购买的毒品部分可能用于吸食，故不应将其购买的毒品全部计入其贩卖毒品的数量，而应当将有证据证明其卖出的毒品数量和实际查获的毒品数量认定为其贩毒数量，但对于实际查获的毒品在量刑时也应酌情考虑被其吸食毒品的情节。我们赞同后一种意见。

第一，查获毒品的数量认定及对量刑的影响。在办理毒品犯罪案件时，对于贩卖毒品的被告人，可以推定其被查获的毒品亦系用于贩卖，故应当将查获的毒品数量认定为其贩卖毒品的数量。但在办理以贩养吸的被告人贩卖毒品的案件时，则应视具体情况而区别处理。对于以贩养吸的被告人，其被查获的毒品数量原则上应当计入其贩毒数量，但被告人既吸食又贩卖毒品，查获的毒品中部分可能系其准备用于吸食，故从有利于被告人的角度，对于查获的这部分毒品在量刑时皆应考虑被告人吸食毒品的情节，酌情予以从宽处罚。第二，可能被吸食的毒品是否计入贩卖毒品的数量。以贩养吸的被告人购买一定数量的毒品后，吸食掉其中一部分的，已被吸食部分不计入其贩卖毒品的数量。同样，对于有证据证明以贩养吸的被告人已经买入毒品，但没有证据证明该毒品被其贩卖，亦未被查获，如该毒品的数量在个人合理吸食量范围之内的，也存在被被告人吸食的可能性，这部分毒品不应计入其贩卖毒品的数量。特别需要注意的是，对于个人合理吸食量的把握，既要考虑被告人购买毒品的数量，也要考虑这些毒品用于吸食的周期，不宜将毒品吸食数量标准定得过高，否则极可能造成定罪不准确，不利于有效打击毒品犯罪。

6. 以毒品冲抵部分买卖枪支价款的行为如何定性?①

本书观点：（1）以毒品冲抵部分买卖枪支价款的行为构成贩卖毒品罪。以毒品冲抵部分买卖枪支价款的行为能否构成贩卖毒品罪，关键在于对贩卖毒品罪中“贩卖毒品”的行为如何理解。贩卖毒品罪的客观行为包括两种：一是非法销售毒品；二是以贩卖为目的非法收买毒品。那么，以毒品冲抵部分买卖枪支价款是否属于非法销售毒品行为呢？这涉及如何界定“贩卖”“销售”的含义问题。从字面含义上理解，《现代汉语词典》将“贩卖”解释为“商人买进货物再卖出以获取利润”；将“销售”解释为“卖出（商品）”。依

---

① 观点来源：《刑事审判参考》第463号指导案例，庄某根、刘某平、郑某非法买卖枪支、贩卖毒品案。

此解释，我们似乎难以作出符合性的判断。但是，对某一法律用语的解释，除了采用文理解释的方法外，更应注意将其放在特定法律背景情境之内作出合目的性的理论解释。贩卖毒品罪惩治的是毒品流通领域内的犯罪，司法实践中最为常见的贩卖方式是行为人买入毒品后转手卖出，从中牟利，即“转手倒卖”。但对下列情形，刑法和相关司法解释也都明确规定构成贩卖毒品罪：居间介绍贩卖毒品的；容留他人吸毒并出售毒品的；依法从事生产、运输、管理、使用国家管制的麻醉药品、精神药品的单位和个人违反国家规定，以牟利为目的，向吸食、注射毒品的人提供国家管制的麻醉药品、精神药品的；依法从事生产、运输、管理、使用国家管制的麻醉药品、精神药品的单位和人员明知对方是贩卖毒品的犯罪分子，而向其提供国家管制的麻醉药品、精神药品的；自己制造毒品后用以销售的；将父辈、祖辈遗留下来的毒品向他人出卖牟利的。考察其中有些行为方式，其内容业已不为“贩卖”字面含义所包含，也就是说，刑法上的“贩卖”“销售”的含义与生活用语中的含义是有一定区别的。

贩卖毒品罪作为国际犯罪，考察国际条约中的相关规定对于我们也有借鉴意义。《联合国禁止非法贩运麻醉药品和精神药物公约》将“非法贩运”界定为，违反《1961 年麻醉品单一公约》、经修正的《1961 年麻醉品单一公约》或《1971 年精神药物公约》的各项规定，生产、制造、提炼、配制、提供、兜售、分销、出售、以任何条件交付、经纪、发送、过境发送、运输、进口或出口任何麻醉药品或精神药物；为了进行上述目的所列任何活动，占有或购买任何麻醉药品或精神药物或故意占有、购买或种植麻醉药品或精神药物以供个人消费的行为等。可见，联合国公约对贩卖毒品也采用了广义上的概念，从实质意义上对贩卖毒品行为进行了界定。

综上，我们认为，在对我国刑法中贩卖毒品罪中“贩卖”“销售”的刑法意义进行界定时，必须根据我国的立法状况结合国家对毒品犯罪的刑事政策，进行实质意义上的合目的性解释，而非仅仅从字面意义上理解。对毒品犯罪，我国历来采取的是严厉打击的刑事政策，贩卖毒品罪作为流通领域内的毒品犯罪，其危害主要表现在生产出的毒品经贩卖后流入社会实现扩散，严重妨害了国家对麻醉药品和精神药品的管制，对不特定多数人的身体健康造成损害，败坏社会风气。从实质上而言，贩卖的本质就是一种有偿的转让行为，即毒品的交易存在对价，但这种对价的体现形式，不应仅仅局限于金钱，也可以是以毒品易货，或是以毒品抵债等，因为这些转让形式实质上均属于有偿转让，转让人都通过国家法律禁止的不法行为取得了经济上的利益，毒品都流入了社会，其社会危害与典型的换取金钱的贩卖行为在法益侵害上没有本质的区别，应当成立贩卖毒品行为。

（2）贩卖毒品行为与非法买卖枪支行为之间不存在牵连关系，应予数罪并罚。要成立牵连犯，需具备以下条件：必须实施了数个独立的犯罪行为；数个独立的犯罪行为必须触犯不同的罪名；数个独立的犯罪行为之间必须具有牵连关系，这种牵连关系既可以是目的行为与方法（手段）行为的关系，也可以是原因行为与结果行为的关系。牵连关系必须能够说明不同的犯罪行为具有一罪的内在本质。也就是说，牵连关系的内容应当包含某种犯罪构成的内容，使得两个犯罪行为具有这种关系的时候，能够充足一个犯罪构成。那么，这种牵连关系应如何界定呢？我们认为，先后实施的两个行为若分别符合不同犯罪构成，其主观上必然具有不同的罪过，客观上必然具有不同的危害行为，因而可能发生重合的构成要件，只能算是客体要件。行为对法益的侵害，是一个渐进的过程，具有不同的行为阶段。刑法为了能够全面地保护法益，往往对侵犯法益的不同行为阶段设置不同的犯罪构成加以评价。因此，对同一法益的同一侵犯过程之中，往往可能存在不同的行为过程符合不同的犯罪构成之现象。如果先后发生的两个符合不同构成要件的犯罪行为，处于对同一法益的同一次侵犯过程中，这说明两个犯罪行为所侵犯的是同一法益，换言之，当两个犯罪行为处于对同一法益的同一次侵犯过程中时，这两个犯罪行为能够充足一个犯罪构成，根据犯罪构成的罪数判断标准，可以成立一罪，因而可以适用从一重罪处断的原则，不实行数罪并罚。

如前所述，行为人以毒品冲抵部分买卖枪支价款的行为已经单独成罪，构成贩卖毒品罪，根据刑法分则的规定，贩卖毒品罪属于刑法分则第六章妨害社会管理秩序罪，侵犯的是国家对于毒品的管制秩序；其非法买卖枪支的行为亦构成犯罪，非法买卖枪支罪属于刑法分则第二章危害公共安全罪，侵犯的是公共安全，可见，行为人以毒品冲抵部分买卖枪支价款作为其实施非法买卖枪支犯罪的方法行为，与非法买卖枪支的目的行为侵犯的法益并不属于同一法益，这两个犯罪行为不能够充足一个犯罪构成，而分别符合不同的犯罪构成，依照上述牵连关系的认定原则，显然贩卖毒品的行为与非法买卖枪支的行为不能成立牵连犯所要求的牵连关系，因而不能构成牵连犯，而应以贩卖毒品罪与非法买卖枪支罪实行数罪并罚。

7. 为索要债务而唆使他人贩卖毒品的行为如何定性?①

本书观点： 明知债务人系贩毒分子而唆使其贩卖毒品以偿还债务，应当以贩卖毒品罪的教唆犯定罪处罚。根据刑法理论和《刑法》第二十九条的规定，教唆犯是故意唆使他人实行犯罪的人。构成教唆犯，需要具备两个条件：一是主观方面必须有教唆他人犯罪的故意。教唆的故意，也包括认识因素与意志因素两个方面，即认识到自己的教唆行为会使被教唆人产生犯罪意图进而实施犯罪，以及被教唆人的犯罪行为会发生危害社会的结果，希望或者放任被教唆人实施犯罪行为及其危害结果的发生。二是客观方面必须有教唆他人犯罪的行为。教唆行为必须引起他人实施犯罪行为的意思，进而使之实行犯罪。教唆行为的方式没有限制，既可以是口头的，也可以是书面的，还可以是暗示性的眼色、手势等动作。教唆的方法也是多种多样的，如劝告、请求、指示、命令、胁迫等，行为人故意教唆、控制他人实施贩卖毒品的活动，应以贩卖毒品罪的教唆犯论处。理由如下：

第一，行为人怂恿、控制他人贩卖毒品，收取毒资以抵销债务，具有唆使他人贩卖毒品的客观行为和主观故意。行为人的行为客观上使他人产生了实施毒品犯罪的故意，并实施了毒品犯罪行为，造成了相应的社会危害。主观上，以怂恿、胁迫的方式唆使他人实施贩卖毒品活动，其应当认识到自己的教唆行为会使他人产生贩卖毒品的犯罪意图进而实施犯罪，同时亦认识到贩卖毒品行为会发生危害社会的结果，但对他人实施贩卖毒品行为及该行为产生的社会危害结果持希望或放任的态度，能够认定主观上具有教唆他人犯罪的故意。综上，行为人具有唆使他人贩卖毒品的客观行为和主观故意，构成贩卖毒品罪的教唆犯。

第二，索要合法债务的犯罪动机，不影响贩卖毒品罪的认定。在我国的刑事立法和司法实践中，犯罪动机不属于犯罪构成的要件，而是量刑时考虑的重要因素。行为人的犯罪动机虽然是向他人索要个人合法债务，但其明知债务人贩卖毒品，却唆使其通过贩卖毒品获利来偿还债务并对其贩卖毒品的过程实施监控，获取收益，其主观上虽然没有一般毒品犯罪牟取非法利益的目的，仍然具有通过实施毒品犯罪获取非法利益来实现其债权的目的，与牟

---

① 观点来源：《刑事审判参考》第1197号指导案例，章某贩卖毒品、容留他人吸毒案。

取非法利益的贩卖毒品行为没有本质上的区别。

第三，行为人教唆债务人贩卖毒品，应当依照贩卖毒品罪的教唆犯量刑。行为人虽未直接实施贩卖毒品的行为，但其教唆他人贩卖毒品，是他人贩卖毒品的共同犯罪人，并构成教唆犯，应当依照《刑法》第二十九条第一款关于“教唆他人犯罪的，应当按照他在共同犯罪中所起的作用处罚”的规定量刑。

8. 毒品交易居间介绍、居中倒卖如何认定？[①]

本书观点：毒品交易是典型的买卖双方犯罪，通常一宗非法的毒品交易，有毒品贩卖者与购买者双方。除毒品买方与卖方之外，现实案例中常见多层级的毒品交易上下家，以及处于毒品买方与卖方之间形形色色的中间人。《武汉会议纪要》提出，办理贩卖毒品案件，应当准确认定居间介绍买卖毒品行为，并与居中倒卖毒品行为相区别。《武汉会议纪要》通过对居间介绍与居中倒卖行为的比较，对居间介绍的特征进行了明确。司法实践中，相当一部分贩毒者，尤其是一些毒品倒卖者，为获取较轻的刑事处罚，往往辩称自己是居间介绍人，将居间介绍和直接贩卖毒品混淆起来。《武汉会议纪要》针对这一审判实际需要，在总结以往司法经验的基础上，提出从以下几个方面准确区别居间介绍和居中倒卖毒品的行为：（1）交易地位与作用。居间介绍者在毒品交易中处于中间人地位，发挥介绍联络作用，居中倒卖者属于毒品交易主体，直接参与毒品交易。（2）共同犯罪形式。居间介绍者通常与交易一方构成共同犯罪，居中倒卖者与前后环节的交易对象是上下家关系。（3）是否牟利。居间介绍者不以牟利为要件，居中倒卖者直接在毒品交易中获利。这一规定有助于司法实践中准确认定居间介绍行为。

居间介绍共同犯罪及主从犯的认定。《武汉会议纪要》对于居间介绍者共同犯罪的认定，作出如下规定：居间介绍者受贩毒者委托，为其介绍联络购毒者的，与贩毒者构成贩卖毒品罪的共同犯罪；明知购毒者以贩卖为目的购买毒品，受委托为其介绍联络贩毒者的，与购毒者构成贩卖毒品罪的共同犯罪；受以吸食为目的的购毒者委托，为其介绍联络贩毒者，毒品数量达到刑法规定的最低数量标准的，一般与购毒者构成非法持有毒品罪的共同犯罪；同时与贩毒者、购毒者共谋，联络促成双方交易的，通常认定与贩毒者构成

① 观点来源：《刑事审判参考》第1179号指导案例，陈某有、庄某思贩卖毒品案。

贩卖毒品罪的共同犯罪。这一规定依据我国刑法共同犯罪理论，对司法实践中典型的居间介绍行为认定共同犯罪予以规范，体现出居间介绍人并不具有独立地位，在犯意上依附于交易一方的本质特征。无论居间介绍者与购毒者，还是贩毒者构成共同犯罪，其实质在于与另一方比较，居间介绍者与其中一方更具有共同的犯罪故意和共同的犯罪行为。

在主、从犯认定上，《武汉会议纪要》规定，“居间介绍者实施为毒品交易主体提供交易信息、介绍交易对象等帮助行为，对促成交易起次要、辅助作用的，应当认定为从犯；对于以居间介绍者的身份介入毒品交易，但在交易中超出居间介绍者的地位，对交易的发起和达成起重要作用的被告人，可以认定为主犯”。如果行为人作为独立的交易一方，对交易达成起到主要作用，应为主犯。如果行为人的作用主要体现在为双方牵线介绍，虽然介入到交易的实质内容中，但其作用在根本上仍属于帮助性质，故本案认定其为从犯，给予从轻处罚。

9. 对于将恰特草走私入境我国的行为，能否认定为走私毒品罪?①

本书观点：恰特草又称东非罂粟，俗称阿拉伯茶、巧茶，形似苋菜，广泛分布于热带非洲、阿拉伯半岛。恰特草中含有兴奋物质卡西酮，对人体中枢神经具有刺激作用，并容易成瘾，具有社会危害性。世界卫生组织将恰特草归类为Ⅱ类软性毒品，但埃塞俄比亚、也门、英国、荷兰等少数国家未将其列为毒品进行管制。恰特草不仅价格低廉，而且食用方便，在我国蔓延速度极快。但以往较长时间，恰特草在我国并未被作为精神药品进行管制，故只能将查获的恰特草没收了事。鉴于恰特草在我国有一定的滥用人群且呈蔓延趋势，国家食品药品监督管理总局、公安部、国家卫生和计划生育委员会在2013年11月11日新公布的《精神药品品种目录（2013年版）》中，将恰特草作为第一类精神药品进行管制。该目录自2014年1月1日起施行，故此后对于非法种植、非法持有、贩卖、走私、服食恰特草的行为均可按照违法犯罪行为处理。本案发生在2014年1月，恰特草在我国刚刚被作为第一类精神药品进行管制，而在本案被告人的国籍国埃塞俄比亚，恰特草则是可以合法交易和食用的，因此需要考察行为人对其行为的社会危害性及违法性是否存在认识。

---

① 观点来源：《刑事审判参考》第1132号指导案例，某·某卜杜西默德·阿布多什走私毒品案。

我国《刑法》在第八条中规定了保护管辖原则："外国人在中华人民共和国领域外对中华人民共和国国家或者公民犯罪，而按本法规定的最低刑为三年以上有期徒刑的，可以适用本法，但是按照犯罪地的法律不受处罚的除外。"该条表明，外国人在其本国针对中国国家或者公民实施的犯罪，如果根据其本国法律不作为犯罪处理的，在我国亦不得作为犯罪处理。这就意味着，针对外国人在其本国实施的行为，需要考察其国籍国是否作为犯罪处理。然而，本案的犯罪行为发生在我国境内，故不能适用保护管辖原则，而应当直接适用属地管辖原则。我国《刑法》第六条第一款规定："凡在中华人民共和国领域内犯罪的，除法律有特别规定的以外，都适用本法。"这里的"犯罪"的认定依据当然是我国刑法及相关规定，而并非被告人国籍国的法律规定。因此，针对发生在我国领域内的犯罪行为，无须考察该行为在行为人的国籍国是否构成犯罪，即使在行为人国籍国不认为是犯罪，在我国仍然应当作为犯罪处理。

此外，我们还需要审查行为人是否具有违法性认识，因为这在一定程度上会影响到行为人对其行为社会危害性的认识，进而影响到主观故意要件的成立与否。我国《刑法》第十四条第一款明确规定："明知自己的行为会发生危害社会的结果，并且希望或者放任这种结果发生，因而构成犯罪的，是故意犯罪。"据此，在我国犯罪构成主观要件中，行为人只需要认识到其行为具有社会危害性即可，并不要求其对行为有违法性认识。具体来说，就是不需要行为人认识到自己的行为在刑法上构成犯罪，即"不知法亦不赦"。当然，对于传统自然犯来说，由于这些行为长期被作为犯罪处理，普通民众不仅能够认识到行为的社会危害性，对其刑事违法性同样也具有认识，因此无论是在社会危害性还是违法性认识上都不存在问题。但对于行政犯，由于某种行为长期以来并未被作为犯罪处理，行为人就有理由相信实施这样的行为不具有社会危害性。而随着新法的颁布，这种行为被纳入犯罪中，由于法制宣传不到位等原因，一些行为人难以很快认识到这种行为的违法性，进而会影响其对行为社会危害性的判断。因此，对于此类行为，在司法实践中有必要审查行为人是否具有违法性认识及其可能性的大小。

首先，行为人曾于 2013 年 1 月 6 日从杭州萧山机场入境我国，当时即被查获并没收 5.73 千克恰特草。尽管当时恰特草尚不属于毒品，但海关人员已经明确告知易卜拉欣恰特草系违禁品，并予以没收。2014 年 1 月 13 日，行为人再度携带630克恰特草入境，其主观上应明知恰特草是违禁品，携带入境属于违法行为。其次，在查验行李的X光机前贴有《禁止进境物品表》，其中第五条明确规定，鸦片、吗啡、海洛因、大麻以及其他能使人成瘾的麻醉品、精神药物禁止进境。海洛因、大麻等属于尽人皆知的毒品，其他能使人成瘾的麻醉品、精神药物与海洛因、大麻等并列，可知这类物品也属于毒品行列。行为人自己长期食用恰特草，完全知道恰特草具有使人兴奋、易于上瘾等特性。再次，在查验行李的X光机前，还贴有禁止携带恰特草的标识，海关关员也数次提醒、询问是否带有恰特草，行为人均予以否认。行为人被带至查验房后，还趁海关关员不备，欲将恰特草予以隐匿，其逃避惩处的意图明显。最后，行为人选择无申报通道入关，未向海关申报任何物品。综上，行为人在明知恰特草系毒品的情况下，仍意图携带入境，能够据此认定其构成走私毒品罪。

10. **吸毒人员在运输毒品过程中被查获的，如何定性？**①

本书观点：《武汉会议纪要》规定："吸毒者在运输毒品过程中被查获，没有证据证明其是为了实施贩毒等其他犯罪，毒品数量达到较大以上的，以运输毒品罪定罪处罚。"据此规定，只要吸毒者运输毒品达到较大以上，就构成运输毒品罪，而无须在数量较大之上再考虑是否超过合理吸食量问题。尽管司法实践中确实存在吸毒人员长途运输用于自己吸食的毒品的情况，但这毕竟是少数。考虑到毒品犯罪的隐蔽性强、取证难度大，根据毒品的运输状态直接认定为运输毒品罪，更有利于打击猖獗的毒品犯罪。行为人在运输毒品过程中被当场抓获，尽管其系吸毒人员，且现有证据无法证明其具有实施走私、贩卖、制造毒品等目的，亦无法证实其具有为他人运输的目的，但由于被查获的毒品处于运输状态之中，且数量达到较大以上，故法院直接认定其行为构成运输毒品罪。

（四）疑难、复杂问题的参考性解答

1. **毒品的纯度极低是否影响定罪量刑？**

本书观点：《刑法》第三百五十七条第二款明确规定："毒品的数量以查证属实的走私、贩卖、运输、制造、非法持有毒品的数量计算，不以纯度折

① 观点来源：《刑事审判参考》（总第102期），张某宜运输毒品案。

算。”实践中，犯罪分子为获得更多非法利润，在毒品中掺杂、掺假，是一种常见现象。吸毒人员所购得用于吸食的毒品，含量有较大差异，有的仅为千分之几，甚至万分之几。鉴于纯度高的毒品可以通过掺杂方法实现数量由少变多，增加了社会上的毒品总量，其危害性整体上要大于纯度低的毒品，故对于贩卖纯度极低毒品的案件，司法机关在量刑时不能不考虑纯度因素，这是准确理解和贯彻罪责刑相适应原则，实现刑罚公正的要求。但是，刑法已经明确规定毒品数量不以纯度折算，这一规定必须执行。无论被告人贩卖的毒品纯度多低，只要经鉴定确认是毒品，就应当以查获的或者有证据证实的毒品数量来认定其毒品犯罪的数量，而不能以纯度折算后的毒品来认定其毒品犯罪的数量。对于查获的毒品有证据证明大量掺假，经鉴定查明毒品含量极少，确有大量掺假成分的，在处刑时应酌情考虑，对被告人可以在法定刑幅度内酌情从轻处罚。

2. 如何认定行为人主观上的“明知”？

本书观点：毒品犯罪隐蔽性强，犯罪分子往往具有较充分的反侦查、反制裁准备，因而在行为人拒不如实供述的情况下，极难取得证据有效证明其主观上明知行为对象系毒品，从而给毒品犯罪的认定带来困难。为了解决这一问题，相关司法解释列举了可以认定被告人主观明知的具体情形。如，《大连会议纪要》列举了可以认定被告人主观明知的具体情形。即，具有下列情形之一，并且犯罪嫌疑人、被告人不能作出合理解释的，可以认定其“应当知道”，但有证据证明确属被蒙骗的除外：（1）执法人员在口岸、机场、车站、港口和其他检查站点查验时，要求行为人申报为他人携带的物品和其他疑似毒品物，并告知其法律责任，而行为人未如实申报，在其携带的物品中查获毒品的；（2）以伪报、藏匿、伪装等蒙蔽手段，逃避海关、边防等检查，在其携带、运输、邮寄的物品中查获毒品的；（3）执法人员检查时，有逃跑、丢弃携带物品或者逃避、抗拒检查等行为，在其携带或者丢弃的物品中查获毒品的；（4）体内或者贴身隐秘处藏匿毒品的；（5）为获取不同寻常的高额、不等值报酬为他人携带、运输物品，从中查获毒品的；（6）采用高度隐蔽的方式携带、运输物品，从中查获毒品的；（7）采用高度隐蔽的方式交接物品，明显违背合法物品惯常交接方式，从中查获毒品的；（8）行程路线故意绕开检查站点，在其携带、运输的物品中查获毒品的；（9）以虚假身份或者地址办理托运手续，在其托运的物品中查获毒品的；（10）有其他证据足以认定行为人应当知道的。为了明确走私、非法买卖麻黄碱类复方制剂主观上的目的与明知，《复方制剂意见》第五条规定，应当根据物证、书证、证人证言以及犯罪嫌疑人、被告人供述和辩解等在案证据，结合犯罪嫌疑人、被告人的行为表现，重点考虑以下因素综合予以认定：（1）购买、销售麻黄碱类复方制剂的价格是否明显高于市场交易价格；（2）是否采用虚假信息、隐蔽手段运输、寄递、存储麻黄碱类复方制剂；（3）是否采用伪报、伪装、藏匿或者绕行进出境等手段逃避海关、边防等检查；（4）提供相关帮助行为获得的报酬是否合理；（5）此前是否实施过同类违法犯罪行为；（6）其他相关因素。

司法实践中判断是否明知，应当注意以下问题：一是判断是否明知应当以客观实际情况为依据。尽管明知是行为人知道或者应当知道行为对象是毒品的心理状态，但是判断被告人主观是否明知，不能仅凭被告人是否承认，而应当综合考虑案件中的各种客观实际情况，依据实施毒品犯罪行为的过程、行为方式、毒品被查获时的情形和环境等证据，结合被告人的年龄、阅历、智力及掌握相关知识情况，进行综合分析判断。二是用做推定前提的基础事实必须有已经确凿的证据证明。首先要查明行为人携带、运输的东西确实是毒品，同时行为人有上述列举的反常行为表现。三是依照上述规定认定的明知，允许行为人提出反证加以推翻。由于推定明知不是以确凿证据证明的，而是根据基础事实与待证事实的常态联系，运用情理判断和逻辑推理得出的，有可能出现例外情况。如果行为人能作出合理解释，有证据证明确实受蒙骗，其辩解有事实依据或者合乎情理，就不能认定其明知是毒品。

3. 制造毒品失败的行为能否认定为犯罪未遂？

本书观点：传统刑法理论将犯罪既遂的表现形态分为行为犯和结果犯，对于制造毒品罪的既遂认定标准，在学界和司法实务中有不同认识：一种观点认为，制造毒品罪是行为犯，行为人只要实施了制造毒品的行为，即构成犯罪既遂，该罪不存在犯罪未遂；另一种观点认为，制造毒品罪是结果犯，行为人制造出刑法规定的毒品才能构成犯罪既遂，因行为人意志以外的原因未能制造出毒品的，构成犯罪未遂。

我们同意第二种观点。根据《刑法》第三百四十七条第一款的规定，制造毒品，无论数量多少，都应当追究刑事责任。该条第二款、第三款、第四款根据毒品数量的多少，配置了相应的法定刑。根据该条规定，我们认为，对“无论数量多少”，首先应理解为有“数量”，因为没有“数量”，就不存在“多”与“少”的问题。因此，只有制造出具有一定“数量”的毒品，才构成制造毒品罪的既遂。如果制造毒品失败，即行为人已购入制毒原材料并已开始制造但没有制造出成品的，因缺乏毒品数量要素，制毒行为没有产生法定的犯罪结果，根据刑法总则的相关规定，该行为应认定为制造毒品罪的未遂。对于此种行为如何量刑，应结合客观情况进行分析：（1）制造毒品失败的行为系由于制毒原材料大量掺假或制毒工艺存在无法弥补的缺陷等原因，客观上制毒不能成功的情况，属于不能犯的未遂，因缺乏数量量刑依据，故可结合具体的犯罪情节比照既遂犯从轻或减轻处罚；（2）制造毒品失败的行为系由于制毒手法不熟练等原因，而客观上能够制毒成功的情况，属于能犯的未遂，该行为的毒品数量能够推算出来，故可结合犯罪数量比照既遂从轻或减轻处罚。具体的毒品数量应根据行为人使用的制毒方法，按照“就低不就高”的原则来推算。

4. 如何界定居间介绍买卖毒品、代购毒品行为与居中倒卖毒品行为？

本书观点：根据《大连会议纪要》的规定，有证据证明行为人不以牟利为目的，为他人代购仅用于吸食的毒品，毒品数量超过刑法第三百四十八条规定的最低数量标准的，对托购者、代购者除应以非法持有毒品罪定罪外，代购者从中牟利，变相加价贩卖毒品的，对代购者还应以贩卖毒品罪定罪。明知他人实施毒品犯罪而为其居间介绍、代购代卖的，无论是否牟利，都应以相关毒品犯罪的共犯论处。

根据《全国法院毒品犯罪审判工作座谈会纪要》（以下简称《武汉会议纪要》）的规定，行为人为吸毒者代购毒品，在运输过程中被查获，没有证据证明托购者、代购者是为了实施贩卖毒品等其他犯罪，毒品数量达到较大以上的，对托购者、代购者以运输毒品罪的共犯论处。行为人为他人代购仅用于吸食的毒品，在交通、食宿等必要开销之外收取“介绍费”“劳务费”，或者以贩卖为目的收取部分毒品作为酬劳的，应视为从中牟利，属于变相加价贩卖毒品，以贩卖毒品罪定罪处罚。

办理贩卖毒品案件，应当准确认定居间介绍买卖毒品行为，并与居中倒卖毒品行为相区别。居间介绍者在毒品交易中处于中间人地位，发挥介绍联络作用，通常与交易一方构成共同犯罪，但不以牟利为要件；居中倒卖者属于毒品交易主体，与前后环节的交易对象是上下家关系，直接参与毒品交易并从中获利。居间介绍者受贩毒者委托，为其介绍联络购毒者的，与贩毒者构成贩卖毒品罪的共同犯罪；明知购毒者以贩卖为目的购买毒品，受委托为其介绍联络贩毒者的，与购毒者构成贩卖毒品罪的共同犯罪；受以吸食为目的的购毒者委托，为其介绍联络贩毒者，毒品数量达到刑法第三百四十八条规定的最低数量标准的，一般与购毒者构成非法持有毒品罪的共同犯罪；同时与贩毒者、购毒者共谋，联络促成双方交易的，通常认定与贩毒者构成贩卖毒品罪的共同犯罪。居间介绍者实施为毒品交易主体提供交易信息、介绍交易对象等帮助行为，对促成交易起次要、辅助作用的，应当认定为从犯；对于以居间介绍者的身份介入毒品交易，但在交易中超出居间介绍者的地位，对于交易的发起和达成起重要作用的被告人，可以认定为主犯。

5. 以贩养吸如何认定与处理？

本书观点：以贩养吸并不是刑法中的规范概念，而是司法实践中形成的类型化术语，指的是吸毒者通过少量贩卖毒品获得利润来维持其吸毒需求的情形。以贩养吸应当符合以下两个条件：第一，吸毒者没有其他可靠的经济来源，贩卖毒品的主要目的是满足其自身吸毒需求；第二，必须是少量贩卖，如果是大量贩卖毒品，所得利润明显超出吸毒所需的，则不应当认定为以贩养吸，而只能归类为具有吸毒情节的贩毒人员。正是鉴于以贩养吸的这些特征，以往相关司法文件规定对以贩养吸案件的处理要考虑被告人的吸毒情节，实践中也多予从宽处理。例如，《南宁会议纪要》提出："对于以贩养吸的被告人，被查获的毒品数量应认定为其犯罪的数量，但量刑时应考虑被告人吸食毒品的情节。"《大连会议纪要》基本延续了这一规定，提出："对于以贩养吸的被告人，其被查获的毒品数量应认定为其犯罪的数量，但量刑时应考虑被告人吸食毒品的情节，酌情处理。"《武汉会议纪要》在这方面作了一些调整，规定："对于有吸毒情节的贩毒人员，一般应当按照其购买的毒品数量认定其贩卖毒品的数量，量刑时酌情考虑其吸食毒品的情节。"主要修改是，把量刑时酌情考虑吸食情节的主体范围，从"以贩养吸"者扩大为"有吸毒情节的贩毒人员"。对于上述规定，主要需注意以下两个问题：

其一，对于吸毒者实施毒品犯罪的数量达到上一法定刑档次的，不应以其具有吸毒情节为由而降低法定刑档次量刑。例如，被告人购买了50克海洛因后被查获，辩称所购买的毒品中有部分用于个人吸食，在此情况下能否因其系吸毒人员而在有期徒刑十五年的幅度之下量刑？我们认为，上述指导文件规定的“酌情处理”或“酌情考虑”，是对从宽政策的倡导，并非机械性要求，如查获海洛因 100 克，可以考虑在相应的法定刑幅度内就低判处十五年徒刑，但当查获的毒品是海洛因 50 克时，所对应的法定刑为十五年徒刑，量刑上便没有再从宽的余地。被告人辩称其中部分用于吸食，只是一种可能性而非现实，也存在日后都用于贩卖的可能性。并且，如果认为查获的毒品中有部分可能被吸食，便要降低法定刑档次量刑，那么，当查获的毒品为 51 克、55 克或者 60 克时，是否也应考虑被告人的吸毒情节而降低法定刑档次量刑？如果回答是肯定的，由此又会导致《武汉会议纪要》所淡化的合理吸食量问题再次凸显出来，造成新的法律适用标准不统一。因此，对于上述“酌情处理”或“酌情考虑”的规定，应理解为体现从宽政策的一般性指导意见，不能绝对化，更不能在量刑时降低法定刑档次以体现从宽。

其二，对于毒品犯罪数量大，特别是涉及死刑适用的，量刑时一般不再把吸毒情节作为酌定从宽处罚情节。上述已述，以贩养吸是指为获取吸食毒品所需资金而贩卖少量毒品，并将贩毒所得主要用于购买毒品吸食的情形。因此，对于有吸毒情节的毒枭职业毒犯及大量贩卖毒品的被告人，由于其贩毒目的已不是满足自身吸毒需求，故原则上不能把吸毒情节作为量刑上体现从宽的因素来把握。这里值得注意的是，《大连会议纪要》规定，对于以贩养吸的被告人，被查获但这一指导意见当前仍然具有参照性，当查获的毒品数量刚达到实际掌握的死刑数量标准，又确有证据证实其中有部分毒品极可能是被告人用于吸食的，扣除该部分毒品后则没有达到判处死刑的数量标准，因而对这种情形可以不判处死刑立即执行。不过，如果查获的毒品数量远远超出实际掌握的死刑适用数量标准，即使被告人系吸毒人员，也不能因其具有吸毒情节而不判处死刑立即执行。

6. 如何认定吸毒者的贩毒数量？

吸毒者贩毒案件在实践中有多种情形，其中一些在认定贩毒数量上并没有争议（如，尚未出售被查获的）。容易引发争议的情形是，吸毒者购买了一定数量的毒品后，有证据证明已经卖出了部分毒品，又从其身边或者住处查获了部分毒品，但查获的毒品与贩卖的毒品数量之和明显少于其购买的毒品数量。即，购买的毒品数量：能够证明的卖出毒品数量 + 查获的毒品数量 + 去向不明的毒品数量，而去向不明的毒品数量系主要部分。对这部分去向不明的毒品，被告人通常辩称已被其吸食。如果确有证据证明这部分去向不明的毒品已被吸食，即使数量很大，也不应计入被告人贩卖的数量，因为吸毒不构成犯罪。这也正是《大连会议纪要》中相关规定已经明确解决的情形，即“被告人购买了一定数量的毒品后，部分已被其吸食的，应当按能够证明的贩卖数量及查获的毒品数量认定其贩毒的数量，已被吸食部分不计入在内”。但是，实践情况往往是，证明这部分毒品被吸食的证据仅有被告人的供述，没有其他证据印证。如果去向不明的毒品数量不是很大，没有明显超出被告人一段时期内的合理吸食量，则对这部分毒品均认定为已被其吸食亦属合理。但是，如果去向不明的毒品数量很大，明显超出一段时期内的合理吸食量，若仍把这部分毒品都认定为已被吸食，不计入贩毒数量，实际上不利于打击吸毒者实施的毒品犯罪。对于这一问题，《大连会议纪要》没有明确提出解决方案，实践中有的地方对《大连会议纪要》的上述规定作了扩大适用，即使不能确认去向不明的毒品已被被告人吸食的，也根据被告人的辩解认定为已被其吸食，从而不计入其贩毒的数量。

鉴于上述做法不利于有效打击吸毒人员实施的贩毒行为，有必要调整处理思路。《武汉会议纪要》对此规定：“对于有吸毒情节的贩毒人员，一般应当按照其购买的毒品数量认定其贩卖毒品的数量，量刑时酌情考虑其吸食毒品的情节；购买的毒品数量无法查明的，按照能够证明的贩卖数量及查获的毒品数量认定其贩毒数量；确有证据证明其购买的部分毒品并非用于贩卖的，不应计入其贩毒数量。”这一修改的关键点在于，将吸毒人员贩毒数量的认定基准，从以往的“出口”转为“进口”。即，对于有吸毒情节的贩毒人员，一般应当将其购买的毒品数量全部认定为其用于贩卖的数量，只是在量刑时酌情考虑其吸食毒品的情节。也就是说，只要有证据能够证明被告人所购毒品的确切数量，不论能够证明的贩卖数量及查获的毒品数量与其购买的毒品数量之间存在多大差距，都按照其购买的毒品数量认定其贩毒数量，量刑时酌情考虑去向不明的毒品可能部分被其吸食的情节。例如，张某某从他人处购买了 180 克冰毒后，向多名吸毒人员贩卖了共计 30 克，公安机关抓获张某某时从其住处查获 9 克。对于去向不明的 141 克冰毒，张某某辩称均被其吸食，但张某某系在被查获前 1 个月购买上述冰毒，这意味着其在 1 个月内吸食了 141 克冰毒，平均每天超过 4 克。根据目前的相关研究数据，张某某对其吸食量的辩解明显不合理。对于本案，应当按照张某某购买的毒品数量即 180 克冰毒来认定其贩毒数量，量刑时酌情考虑去向不明的毒品可能有部分被其吸食的情节，从而使得对张某某的量刑不低于有期徒刑15年。这样处理，既有利于解决实践中难以证明去向不明的毒品是否用于吸食的问题，也更加有利于打击此类犯罪行为。

在理解《武汉会议纪要》上述规定时，还需要注意以下问题。

其一，由于实践情况较为复杂，一些案件中没有充分证据证明被告人所购毒品的确切数量，在这种情况下还是应当按照能够证明的贩卖数量及查获的毒品数量认定其贩毒数量。这样处理与《大连会议纪要》原规定的精神是一致的。但是，如果去向不明的毒品数量大，明显超出被告人一段时期内的合理吸食量的，考虑这部分毒品被其贩卖的可能性很大，量刑时可酌予从重处罚。

其二，《武汉会议纪要》对于不计入贩毒数量的认定问题，在证明标准上比《大连会议纪要》提高了要求。《大连会议纪要》规定，被告人购买一定数量的毒品后，已被吸食的部分不计入在内。这一规定没有在证明标准方面提出明确要求，实践中一些地方对此放宽了证明标准。《武汉会议纪要》明确规定要“确有证据证明”被告人购买的部分毒品并非用于贩卖的，才不计入贩毒数量。“确有证据证明”包含了推定贩卖的思路，也具有举证责任倒置性质，要求被告人提供确切证据证明部分毒品并非用于贩卖的才不计入贩毒数量，故仅有被告人本人辩解，没有其他证据印证的，不属于“确有证据证明”。这实际上也从证明标准方面加大了对此类犯罪的打击力度。另外，所谓“并非用于贩卖”，包括已经消耗的，也包括查获了实物但能够甄别的，具体有多种情形：（1）该部分毒品已经被被告人吸食或者已经被其赠与他人吸食的；（2）查获的毒品中有少量不同种类的毒品（如主要为冰毒，少量毒品为海洛因），而被告人正是吸食此类毒品（如海洛因）的；（3）不以牟利为目的为吸食者代购少量毒品的；等等。但是，有证据证明是已经丢失或者销毁的毒品，则不能认定为“并非用于贩卖”，因为被告人购买的这部分毒品虽有可能用于吸食，但也完全可能用于贩卖，故无论是否卖出，均应计入其贩卖毒品的数量。如果灭失的这部分毒品数量很大，特别是占总数量的比重很大时，应在量刑时予以考虑，对死刑适用也产生影响。

吸毒者大量持有毒品的定性。吸毒必然持有毒品，但只有当持有毒品数量较大时，才构成非法持有毒品罪。但有的案件中，吸毒者持有的毒品数量很大（如海洛因或冰毒几百克甚至几千克），明显超出一段时期内的正常吸食量的，如何定性？实践中对吸毒人员大量持有毒品的行为一般认定为非法持有毒品罪，而不主张推定为贩卖毒品罪，主要有如下理由：（1）当前我国刑事立法并没有就非法持有毒品罪规定毒品数量上限，非法持有毒品罪与贩卖毒品罪的划分依据不是毒品数量，单纯根据毒品数量认定行为人是否构成贩卖毒品罪缺乏充分的法律依据。（2）非法持有毒品罪的法定最高刑为无期徒刑，严厉性仅次于死刑，说明立法者已经考虑非法持有毒品罪与走私、贩卖、运输、制造毒品罪的差别，这种差别不是毒品数量而是犯罪性质。（3）如果在没有确切证据的情况下，仅根据行为人大量持有毒品的事实，便推定其具有贩卖意图，也存在操作上的困难，即，划分非法持有毒品罪与贩卖毒品罪的毒品数量标准应当如何确定？但是，根据当前的司法实践，对于下列情形，可以认定为贩卖毒品罪：（1）对于吸毒人员因贩卖毒品被查获，又从其住所等处查获大量毒品的，原则上可以将查获的毒品全部认定为其贩卖毒品的数量，但被告人确有证据证明查获的毒品并非用于贩卖的除外。这种情形也是《武汉会议纪要》作出的新规定。（2）对于曾经贩卖少量毒品（当时未被查获），相隔一段时间后（如数月后）被查获持有大量毒品的，即使被告人辩称被查获的毒品均用于吸食，也可以全部认定为其贩卖毒品的数量。（3）对于因实施贩卖毒品罪被判刑，释放后不久（如一年内）又购进大量毒品的，一般可以考虑认定为贩卖毒品罪。主要理由是，被告人曾因贩卖毒品被判刑，说明其已具有贩卖毒品的故意，而其释放后不久又大量购进毒品，根据生活经验通常系用于贩卖，故可以推定其构成贩卖毒品罪。当然，如果确有证据证明其大量购进毒品并非用于贩卖的，如帮助吸毒人员代为购买且不知他人用于贩卖的，则不应认定其行为构成贩卖毒品罪。（4）被告人在短时间内（如数月内）连续购入大量毒品，特别是所购毒品种类不同的，即使被告人辩称均用于吸食的，也可以认定为贩卖毒品罪。

7. 如何认定贩卖假毒品案件的性质？

本书观点：被告人并不知道是假毒品而当作真毒品贩卖获利的，这种情况刑法理论上称为“对象不能犯”，即被告人存在对犯罪对象（毒品）认识上的错误。这种认识上的错误并不影响被告人主观上具有贩卖毒品的故意，客观上实施了贩卖毒品的行为（即实行行为）。虽然这种行为达不到贩卖真毒品对社会造成的危害结果（危及他人的健康），但对社会秩序、国家对毒品的管理秩序造成现实的威胁。因此，对于行为人并不知道是假毒品而当作真毒品贩卖的案件，应当以贩卖毒品（未遂）罪定罪处罚。如果行为人把假毒品当作真毒品走私、运输、窝藏的，则应当以走私、运输毒品（未遂）罪和窝藏毒品（未遂）罪处罚。但是在处罚时，应根据其对象不能犯的实际情况，依法比照既遂犯从轻或者减轻处罚。

8. 走私、贩卖、运输、制造毒品过程中暴力抗拒检查、拘留、逮捕，造成执法人员重伤、死亡的行为，如何定性？

本书观点：（1）走私、贩卖、运输、制造毒品过程中，以暴力抗拒检查、拘留、逮捕，情节严重的情形，刑法立法明确规定不实行数罪并罚，而是作为走私、贩卖、运输、制造毒品犯罪的加重处罚情节。刑法理论及司法实践通常认为，行为人犯罪过程中实施的数个行为，如果分别符合数个犯罪的构成要件，应成立数罪，实行并罚。然而，有些犯罪过程经常伴随其他犯罪行为，从而凸显该类犯罪的社会危害性，刑法立法遂将伴随行为特别规定为该类犯罪的加重处罚情节，不实行数罪并罚，以体现从严打击该类犯罪的立法目的。例如，拐卖妇女犯罪过程中经常伴随强奸犯罪，相对于拐卖妇女、强奸两个单独犯罪而言，其社会危害性更大，如果对这类行为实行数罪并罚，往往不能体现罪刑均衡的原则，且不利于从严打击此类犯罪的目的。因此，《刑法》第二百四十条对拐卖妇女过程中又奸淫被拐卖的妇女的，不以拐卖妇女罪、强奸罪实行数罪并罚，而是把强奸罪作为拐卖妇女罪的加重处罚情节，即提高拐卖妇女罪的法定刑，处十年以上有期徒刑、无期徒刑乃至死刑。由此可见，行为人实施某一犯罪过程中又伴随实施其他犯罪行为的，虽然依刑法理论可以构成数罪，但刑法立法却规定为加重处罚情节，不实行数罪并罚。这是刑法立法的一种特殊情况，司法实践中应加以注意。

《刑法》第三百四十七条规定："走私、贩卖、运输、制造毒品，无论数量多少，都应当追究刑事责任，予以刑事处罚。走私、贩卖、运输、制造毒品，有下列情形之一的，处十五年有期徒刑、无期徒刑或者死刑，并处没收财产：（一）走私、贩卖、运输、制造鸦片一千克以上、海洛因或者甲基苯丙胺五十克以上或其他毒品数量较大的；（二）走私、贩卖、运输、制造毒品集团的首要分子；（三）武装掩护走私、贩卖、运输、制造毒品的；（四）以暴力抗拒检查、拘留、逮捕，情节严重的；（五）参与有组织的国际贩毒活动的。"从该条的立法精神来看，走私、贩卖、运输、制造毒品无论数量多少，都应当进行刑罚处罚，但加重处罚的情节中，除毒品数量较大的标准外，还包含其他加重情节。其中，在走私、贩卖、运输、制造毒品犯罪过程中，以暴力抗拒检查、拘留、逮捕，情节严重的，第（四）项明确将其规定为加重处罚的情节之一，不实行数罪并罚。

（2）如何理解“以暴力抗拒检查、拘留、逮捕，情节严重的”中的“情节严重”。我国刑法条文中采用“情节严重”作为犯罪成立条件或加重处罚条件的情况非常多，相对于“后果严重”等用语而言，其内涵更加抽象、广泛。《刑法》第六十一条规定，对于犯罪分子决定刑罚的时候，应当根据犯罪的事实、犯罪的性质、情节和对于社会的危害程度，依照本法的有关规定判处。“对于社会的危害程度”就是犯罪的危害后果。同此，从刑法的这一规定看，这里所说的“情节”是与犯罪的事实、犯罪的性质、犯罪的后果相并列的一个概念，可以称为情节的狭义概念。但刑法分则中情节加重犯的“情节”，并没有与犯罪的事实、犯罪的性质、犯罪的后果相并列，因此，其外延显然不是仅指狭义上的情节。根据《刑法》第六十一条的规定，这里的“情节”应是包括犯罪的事实、犯罪的性质、犯罪的后果和狭义的犯罪情节在内的全部影响量刑的因素，可称为广义上的情节。刑法立法应力求表述准确，如果仅以“后果严重”作为构成犯罪或加重法定刑的条件，则难以涵盖犯罪的事实、犯罪的性质、狭义的犯罪情节等犯罪后果之外的因素。换句话说，刑法立法中的“情节严重”，而不采用“后果严重”，是因为单纯以后果论不足以体现相关立法用意。因此，无论从字面含义还是立法精神来看，刑法分则中的“情节严重”都应包含“后果严重”的情形。

走私、贩卖、运输、制造毒品犯罪过程中，经常伴随一些轻微的暴力抵抗行为，如果都作为加重处罚情节，难以体现罪刑均衡原则。因此，刑法在规定以暴力抗拒检查、拘留、逮捕作为加重处罚情节时，又附加了“情节严重”的限制。根据《最高人民法院关于审理毒品犯罪案件适用法律若干问题的解释》第三条第二款的规定，在实施走私、贩卖、运输、制造毒品犯罪的过程中，以暴力抗拒检查、拘留、逮捕，造成执法人员死亡、重伤、多人轻伤或者具有其他严重情节的，应当认定为“以暴力抗拒检查、拘留、逮捕，情节严重”。准确理解这里的“情节严重”，需要结合走私、贩卖、运输、制造毒品犯罪过程中，犯罪分子暴力抗拒执法的具体情况而定。现实生活中，毒品犯罪分子暴力抗拒检查、拘留、逮捕，造成执法人员伤亡的严重后果，是较为常见的，是“情节严重”的通常情况。

9. **特情引诱的相关问题**

本书观点：毒品犯罪具有较强的隐蔽性，且犯罪手段不断翻新，调查取证难度较大。针对毒品犯罪的特点和现实状况，世界各国普遍采用了特情侦破毒品案件的有效手段。实践中许多毒品案件的侦破，均存在不同程度的特情介入因素。特情介入有三种情况：一是对已持有毒品待售或者有证据证明已准备实施大宗毒品犯罪者，采取特情贴靠、接洽而破获的案件的情形。这就是通常所说的“机会引诱”。二是“犯意引诱”，行为人本没有实施毒品犯罪的主观意图，而是在特情诱惑和促成下形成犯意，进而实施毒品犯罪。“双套引诱”属于“犯意引诱”的一种特殊形式，是指行为人在特情既为其安排上线，又提供下线的双重引诱的情况下实施的毒品犯罪。三是“数量引诱”，行为人本来只有实施数量较小的毒品犯罪的故意，在特情引诱下实施了数量较大甚至达到实际掌握的死刑数量标准的毒品犯罪。“机会引诱”与“犯意引诱”“数量引诱”不同，“机会引诱”仅为毒品犯罪行为人提供一个实施毒品犯罪的机会，不存在实质性犯罪引诱，原则上不属于特情引诱，而“犯意引诱”和“数量引诱”均存在实质性引诱，属于特情引诱的两种情形。

区分“机会引诱”与“犯意引诱”的关键在于特情介入之前行为人是否已经具有实施毒品犯罪的主观意图。如果行为人在特情介入之前就已经具有实施毒品犯罪的主观意图，且已持有毒品待售或者有证据证明已准备实施大宗毒品犯罪，即可认定为“机会引诱”；反之，如果行为人的犯意是在特情诱惑和促成下形成的，并在这个犯意下实施了毒品犯罪，就可认定为“犯意引诱”。

如何认定行为人在实施毒品犯罪前就具有毒品犯罪的故意，是审判实践当中的难点。对于有相关证据直接表明行为人具有毒品犯罪的主观故意的，如行为人持有毒品待售，可以直接认定行为人具有毒品犯罪的故意。但对于那些没有直接证据表明行为人具有毒品犯罪故意的，要综合行为人与具体案情予以分析判断认定。结合有关理论和司法实践，我们认为，可以从以下几方面进行综合分析认定：（1）行为人在特情介入而实施犯罪前是否有毒品犯罪行为，据以初步判断其是否有实施毒品犯罪的意图和倾向；（2）侦查机关在特情介入前，是否有足够的线索或合理的理由确信行为人有正在实施或即将、可能实施毒品犯罪的迹象，从而对其采用特情介入手段；（3）行为人实施毒品犯罪的犯意系出自其本意、自发地产生，还是侦查机关刻意地诱惑、促成的。

"数量引诱"系行为人在特情引诱之前就已经具有实施毒品犯罪的主观故意，这种故意是一种概括性的故意，无论最终交易的毒品数量是多少，都没有超出行为人的故意范畴。在该情形下，"特情引诱"不是使行为人产生新的犯意，只是使其犯意暴露出来。"数量引诱"与"犯意引诱"的根本区别在于："数量引诱"系行为人在特情介入之前就已经具有毒品犯罪的主观故意，而"犯意引诱"系行为人在特情介入之前没有实施毒品犯罪的主观意图。"数量引诱"与"机会引诱"的相同点是在特情介入之前行为人已经具有实施毒品犯罪的主观故意；区别在于，"机会引诱"只是提供机会，不存在实质性引诱，而"数量引诱"不仅提供机会，而且在毒品数量上还存在从小到大的实质性引诱。

对被告人是否判处死刑立即执行，应当充分考虑"数量引诱"的因素。毒品数量是毒品犯罪案件量刑的重要情节，但不是唯一情节。对被告人量刑时，特别是在考虑是否适用死刑时，应当综合考虑毒品数量、犯罪情节、危害后果、被告人的主观恶性、人身危险性以及当地禁毒形势等各种因素，做到区别对待。对虽然已达到实际掌握的判处死刑的毒品数量标准，但是具有法定、酌定从宽处罚情节的被告人，可以不判处死刑；反之，对毒品数量接近实际掌握的判处死刑的数量标准，但具有从重处罚情节的被告人，也可以判处死刑。毒品数量达到实际掌握的死刑数量标准，既有从重处罚情节，又有从宽处罚情节的，应当综合考虑各方面因素决定是否判处死刑立即执行。

特情介入是影响量刑的重要因素。对于特情介入侦破的案件，应当区别不同情形予以分别处理。对因"机会引诱"实施毒品犯罪的被告人，不存在犯罪引诱的因素，应当依法处理；对因"犯意引诱"实施毒品犯罪的被告人，根据罪责刑相适应原则，应当依法从轻处罚，无论涉案毒品数量多大，都不应判处死刑立即执行。对因"数量引诱"实施毒品犯罪的被告人，应当依法从轻处罚，即使毒品数量超过实际掌握的死刑数量标准，一般也不判处死刑立即执行。对不能排除"数量引诱"的案件，在考虑是否对被告人判处死刑立即执行时，要留有余地。

10. 运输毒品罪是否有距离要求、是否应当具有获得运输报酬的目的？

本书观点：司法实践中，对于构成运输毒品罪是否有距离要求、是否应当具有获得运输报酬的目的，存在认识分歧。有观点认为，运输毒品是一种客观行为，只要行为人在我国境内通过自身或者委托、雇用他人携带、寄递、运输毒品的，不论距离长短，都构成运输毒品罪。我们认为，为防止不当扩大打击面，认定运输毒品罪还是应当适当考虑运输距离和目的。运输毒品罪侵犯的客体是国家毒品管理制度中有关毒品运输的法律制度，其客观方面表现为通过自身或者利用他人将毒品从甲地携带、运输、邮寄、快递至乙地的行为。从犯罪构成来看，构成运输毒品罪通常要具备两个要件：主观要件必须明知是毒品，客观要件方面包括起运地和实际到达地之间有一定的空间距离。对于在不同城市之间运送毒品的，一般可以认定为运输毒品罪。但对于同城内的运送，因空间距离较短，通常不宜认定为运输毒品罪。即使特殊情况下可以认定，也应当考虑被告人是否存在通过运送毒品获得运输报酬的目的。如果行为人受他人指使为其代购毒品，携带毒品前往同城之内相距仅十分钟左右车程的地点将毒品交给他人，运送毒品的距离较短，且没有证据证实行为人由此赚取了运费，不宜认定为运输毒品罪。对行为人短距离运送购得的毒品并交给他人的行为，可视为其代购毒品行为的一部分，故无须将其代购毒品行为中的运送毒品环节割裂开来单独认定为运输毒品罪。

11. 雇用未成年人从事毒品犯罪的法律适用问题

本书观点：司法实践中，对于雇用未成年人走私、贩卖、运输、制造毒品，受雇用者也明知是从事毒品犯罪的情况下，需要依法追究未成年人刑事责任的，往往作为一般的共同犯罪处理，对未成年人依法予以从轻处罚，而疏忽了对“利用未成年人走私、贩卖、运输、制造毒品”这一法定从重处罚情节的适用。究其原因，主要是没有准确、全面理解“利用未成年人走私、贩卖、运输、制造毒品……从重处罚”的立法原意，片面认为，“利用”仅指将未成年人作为从事毒品犯罪的工具，指使不知情的未成年人从事毒品犯罪或者指使未满14周岁的未成年人从事毒品犯罪。如果指使达到刑事责任年龄的未成年人从事毒品犯罪，按共同犯罪处理，不存在“利用”的问题。

我们认为，刑法之所以将利用未成年人从事毒品犯罪规定为从重处罚情节，主要是出于对未成年人的特殊保护。未成年人辨别能力差，往往容易被犯罪分子利用，进行毒品犯罪活动，从而影响他们的健康成长。利用未成年人从事毒品犯罪，便于隐蔽、伪装，不易暴露，因此，不少毒品犯罪分子，经常利用未成年人从事毒品犯罪，以达到他们进行毒品犯罪并逃避追究和制裁的目的。因此，为有利打击毒品犯罪，加强对未成年人的保护，《刑法》第三百四十七条将此种情况单列一款，作为从重处罚情节加以特别强调。

"利用未成年人走私、贩卖、运输、制造毒品"，既包括被利用者未参与共同犯罪的情形，也包括被利用者参与共同犯罪的情形；既包括被利用者未达到刑事责任年龄的情形，也包括被利用者已经达到刑事责任年龄但尚未满18 周岁的情形；既包括被利用者没有参与犯罪所得分赃或者没有得到其他好处的情形，也包括被利用者参与犯罪所得分赃或者得到其他好处的情形。利用的形式是多样的，雇用就是其中一种常见的形式。只要未成年人处于被利用者地位，不论未成年人是否构成共同犯罪，也不论未成年人在从事毒品犯罪中所起的作用如何，利用者均应以"利用未成年人走私、贩卖、运输、制造毒品"论处。雇用已满 14 周岁未满 18 周岁的未成年人贩卖毒品的，对于主犯，首先应当依照《刑法》第二十六条的规定，按照其所参与或者组织、指挥的全部犯罪处罚，同时，根据《刑法》第三百四十七条第六款的规定，应当将雇用未成年人贩卖毒品的行为，作为利用未成年人贩卖毒品的情节，从重处罚。

需要指出的是，利用未成年人从事毒品犯罪的，对于主犯依照《刑法》第二十条的规定，按照其所参与或者组织、指挥的全部犯罪处罚，是指对毒品犯罪行为本身处罚；又适用《刑法》第三百四十七条第六款的规定对主犯从重处罚，是指对其利用未成年人贩卖毒品这一特定行为进行从重处罚。因此，不存在对一个行为作两次处罚评价的问题。

12. 被告人因交代毒品来源、去向而"检举"上下家毒品犯罪行为的，是否认定为立功?

本书观点：被告人因贩毒归案后而"检举"他人曾向自己贩卖过毒品或者"检举"他人为贩毒曾从己处购买毒品的犯罪行为，能否认定为立功?对此，有两种不同意见：

第一种意见认为，根据《最高人民法院关于处理自首和立功具体应用法律若干问题的解释》第五条的规定，检举、揭发他人犯罪行为，包括共同犯罪案件中的犯罪分子揭发同案犯共同犯罪以外的其他犯罪，查证属实的，均可认定为立功。被"检举"人向被告人贩卖毒品，或者从被告人处购买毒品，均是毒品犯罪的上下家，不是共犯。因此，该检举行为属于揭发同案犯共同犯罪以外的其他犯罪，可认定为立功。

第二种意见认为，从最高法院关于自首立功司法解释的精神看，检举他人犯罪构成立功，必须检举他人与自己无关的犯罪。虽然，在一般情况下，毒品犯罪的上下家不属于共同犯罪，但被告人“检举”他人曾向自己贩卖过毒品或者“检举”他人为贩毒曾从己处购买毒品的犯罪行为，同时也是交代自己的犯罪，与自己的犯罪有关联。交代毒品上下家实际上是交代自己的犯罪时必然供述到的部分，因此，该检举不构成立功。

我们同意第二种意见，第一种意见中关于“毒品犯罪的上下家，不是共犯”的观点是正确的，但关于该“检举”构成立功的意见不能成立。被告人因贩毒归案后而“检举”他人曾向自己贩卖过毒品或者“检举”他人为贩毒曾从己处购买毒品的犯罪行为，实质是坦白自己的犯罪行为。《刑事诉讼法》第一百二十条规定，“犯罪嫌疑人对侦查人员的提问，应当如实回答”，据此，被告人对司法人员就其毒品犯罪行为，包括毒品来源、去向的提问，必须如实回答。被告人在交代毒品来源、去向时，必然涉及其上下家的毒品犯罪行为，其所谓的“检举”上下家的毒品犯罪行为，是交代自身毒品犯罪行为中必然、附带、应有的行为。也就是说，与自己犯罪行为有关的他人犯罪行为，由被告人在交代中揭发出来，是被告人自己交代中的应有组成部分，被告人对此部分内容如果不如实交代，则构成对自己的犯罪事实的隐瞒。因此，该“检举”不能认定为立功。但其坦白态度可在量刑时作为酌情从轻处罚的情节。

根据《最高人民法院关于处理自首和立功具体应用法律若干问题的解释》第五条的规定，犯罪分子到案后，如果协助司法机关抓捕其他犯罪嫌疑人（包括同案犯）的，应当认定为立功。因此，犯罪分子在交代上下家毒品犯罪的同时，公安机关经被告人当场指认、辨认抓获了上下家毒品罪犯；带领公安人员抓获了上下家毒品罪犯；被告人提供了不为有关机关掌握或者有关机关按照正常工作程序无法掌握的上下家毒品罪犯藏匿的线索，抓获了该罪犯等情况，均属于协助司法机关抓获同案犯，可以认定为立功。但一般的交代被“检举”人的姓名、住址等情况，公安机关按照正常工作程序能够抓获该上下家毒品罪犯的，不能认定为协助司法机关抓获其他犯罪嫌疑人（包括同案犯），因而也就不能认定为立功。

需要指出的是，被告人在交代毒品上下家毒品犯罪时，如果交代了与自己毒品犯罪无关的该上下家的其他犯罪，包括毒品犯罪，则应认定为立功。

（五）量刑指导或参考

依照《刑法》第三百四十七条第二款至第四款规定，走私、贩卖、运输、制造毒品，有下列情形之一的，处十五年有期徒刑、无期徒刑或者死刑，并处没收财产：（1）走私、贩卖、运输、制造鸦片一千克以上、海洛因或者甲基苯丙胺五十克以上或者其他毒品数量大的；（2）走私、贩卖、运输、制造毒品集团的首要分子；（3）武装掩护走私、贩卖、运输、制造毒品的；（4）以暴力抗拒检查、拘留、逮捕，情节严重的；（5）参与有组织的国际贩毒活动的。走私、贩卖、运输、制造鸦片二百克以上不满一千克、海洛因或者甲基苯丙胺十克以上不满五十克或者其他毒品数量较大的，处七年以上有期徒刑，并处罚金。走私、贩卖、运输、制造鸦片不满二百克、海洛因或者甲基苯丙胺不满十克或者其他少量毒品的，处三年以下有期徒刑、拘役或者管制，并处罚金；情节严重的，处三年以上七年以下有期徒刑，并处罚金。有关“其他毒品数量大”“情节严重”“其他毒品数量较大”“其他少量毒品”的含义，相关司法解释均有具体规定。

依照本条第五款规定，单位犯第二款、第三款、第四款罪的，对单位判处罚金，并对其直接负责的主管人员和其他直接责任人员，依照各该款的规定处罚。

依照本条第六款规定，利用、教唆未成年人走私、贩卖、运输、制造毒品，或者向未成年人出售毒品的，从重处罚。

依照刑法第三百五十六条规定，因走私、贩卖、运输、制造、非法持有毒品罪被判过刑，又犯本节之罪的，从重处罚。

1. 毒品犯罪的死刑适用问题

毒品数量是毒品犯罪案件量刑的重要情节，但不是唯一情节。对被告人量刑时，特别是在考虑是否适用死刑时，应当综合考虑毒品数量、犯罪情节、危害后果、被告人的主观恶性、人身危险性以及当地禁毒形势等各种因素，做到区别对待。

具有下列情形之一的，可以判处被告人死刑：（1）具有毒品犯罪集团首要分子、武装掩护毒品犯罪、暴力抗拒检查、拘留或者逮捕、参与有组织的国际贩毒活动等严重情节的；（2）毒品数量达到实际掌握的死刑数量标准，并具有毒品再犯、累犯，利用、教唆未成年人走私、贩卖、运输、制造毒品，或者向未成年人出售毒品等法定从重处罚情节的；（3）毒品数量达到实际掌握的死刑数量标准，并具有多次走私、贩卖、运输、制造毒品，向多人贩毒，在毒品犯罪中诱使、容留多人吸毒，在戒毒监管场所贩毒，国家工作人员利用职务便利实施毒品犯罪，或者职业犯、惯犯、主犯等情节的；（4）毒品数量达到实际掌握的死刑数量标准，并具有其他从重处罚情节的；（5）毒品数量超过实际掌握的死刑数量标准，且没有法定、酌定从轻处罚情节的。

毒品数量达到实际掌握的死刑数量标准，具有下列情形之一的，可以不判处被告人死刑立即执行：（1）具有自首、立功等法定从宽处罚情节的；（2）已查获的毒品数量未达到实际掌握的死刑数量标准，到案后坦白尚未被司法机关掌握的其他毒品犯罪，累计数量超过实际掌握的死刑数量标准的；（3）经鉴定毒品含量极低，掺假之后的数量才达到实际掌握的死刑数量标准的，或者有证据表明可能大量掺假但因故不能鉴定的；（4）因特情引诱毒品数量才达到实际掌握的死刑数量标准的；（5）以贩养吸的被告人，被查获的毒品数量刚达到实际掌握的死刑数量标准的；（6）毒品数量刚达到实际掌握的死刑数量标准，确属初次犯罪即被查获，未造成严重危害后果的；（7）共同犯罪毒品数量刚达到实际掌握的死刑数量标准，但各共同犯罪人作用相当，或者责任大小难以区分的；（8）家庭成员共同实施毒品犯罪，其中起主要作用的被告人已被判处死刑立即执行，其他被告人罪行相对较轻的；（9）其他不是必须判处死刑立即执行的。

毒品犯罪中，单纯的运输毒品行为具有从属性、辅助性特点，且情况复杂多样。部分涉案人员系受指使、雇用的贫民、边民或者无业人员，只是为了赚取少量运费而为他人运输毒品，他们不是毒品的所有者、买家或者卖家，与幕后的组织、指使、雇佣者相比，在整个毒品犯罪环节中处于从属、辅助和被支配地位，所起作用和主观恶性相对较小，社会危害性也相对较小。因此，对于运输毒品犯罪中的这部分人员，在量刑标准的把握上，应当与走私、贩卖、制造毒品和前述具有严重情节的运输毒品犯罪分子有所区别，不应单纯以涉案毒品数量的多少决定刑罚适用的轻重。在毒品共同犯罪中，主要出资者、毒品所有者或者起意、策划、纠集、组织、雇用、指使他人参与犯罪以及其他起主要作用的是主犯；起次要或者辅助作用的是从犯。受雇用、受指使实施毒品犯罪的，应当根据其在犯罪中实际发挥的作用具体认定为主犯或者从犯。对于确有证据证明在共同犯罪中起次要或者辅助作用的，不能因为其他共同犯罪人未到案而不认定为从犯，甚至将其认定为主犯或者按主犯处罚。同时，共同犯罪中能分清主从犯的，不能因为涉案的毒品数量特别巨大，就不分主从犯而一律将被告人认定为主犯或者实际上都按主犯处罚，一律判处重刑甚至死刑。因此，只要认定为从犯，无论主犯是否到案，均应当依照刑法关于从犯的规定，对被告人从轻、减轻或者免除处罚。

2. 运输毒品案件的量刑

对于运输毒品犯罪，要注意重点打击指使、雇用他人运输毒品的犯罪分子和接应、接货的毒品所有者、买家或者卖家。对于运输毒品犯罪集团首要分子，组织、指使、雇用他人运输毒品的主犯或者毒枭、职业毒犯、毒品再犯，以及具有武装掩护、暴力抗拒检查、拘留或者逮捕、参与有组织的国际毒品犯罪、以运输毒品为业、多次运输毒品或者其他严重情节的，应当按照实际掌握的数量标准，从严惩处，依法应判处死刑的必须坚决判处死刑。

涉嫌为贩卖而自行运输毒品，由于认定贩卖毒品的证据不足，因而认定为运输毒品罪的，不同于单纯的受指使为他人运输毒品行为，其量刑标准应当与单纯的运输毒品行为有所区别。

对于受人指使、雇用参与运输毒品的被告人，应当综合考虑毒品数量、犯罪次数、犯罪的主动性和独立性、在共同犯罪中的地位作用、获利程度和方式及其主观恶性、人身危险性等因素，予以区别对待，慎重适用死刑。对于有证据证明确属受人指使、雇用运输毒品，又系初犯、偶犯的被告人，即使毒品数量超过实际掌握的死刑数量标准，也可以不判处死刑；尤其对于其中被动参与犯罪，从属性、辅助性较强，获利程度较低的被告人，一般不应当判处死刑。对于不能排除受人指使、雇用初次运输毒品的被告人，毒品数量超过实际掌握的死刑数量标准，但尚不属数量巨大的，一般也可以不判处死刑。

一案中有多人受雇运输毒品的，在决定死刑适用时，除各被告人运输毒品的数量外，还应结合其具体犯罪情节、参与犯罪程度、与雇用者关系的紧密性及其主观恶性、人身危险性等因素综合考虑，同时判处二人以上死刑要特别慎重。

3. 如何认定毒品犯罪中的共同犯罪及确定毒品犯罪中共犯的刑事责任问题？

毒品犯罪中，共犯占有相当比例。这是因为毒品的走私、贩卖、运输、制造、窝藏等犯罪行为，如果由一名犯罪分子孤立进行，很难完成；对毒品犯罪的严厉打击，也迫使犯罪分子不得不组织起来，有分工地共同进行毒品犯罪活动，以逃避打击。

区分主犯和从犯，应当以各共同犯罪人在毒品共同犯罪中的地位和作用为根据。要从犯意提起、具体行为分工、出资和实际分得毒赃多少以及共犯之间相互关系等方面，比较各个共同犯罪人在共同犯罪中的地位和作用。在毒品共同犯罪中，主要出资者、毒品所有者或者起意、策划、纠集、组织、雇用、指使他人参与犯罪以及其他起主要作用的是主犯；起次要或者辅助作用的是从犯。受雇用、受指使实施毒品犯罪的，应根据其在犯罪中实际发挥的作用具体认定为主犯或者从犯。

对于毒品犯罪集团的首要分子，应按集团毒品犯罪的总数量处罚；对一般共同犯罪的主犯，应按其所参与的或者组织、指挥的毒品犯罪数量处罚；对于从犯，应当按照其所参与的毒品犯罪的数量处罚。

对于贩卖毒品案件中的上下家，要结合其贩毒数量、次数及对象范围，犯罪的主动性，对促成交易所发挥的作用，犯罪行为的危害后果等因素，综合考虑其主观恶性和人身危险性，慎重、稳妥地决定死刑适用。对于买卖同宗毒品的上下家，涉案毒品数量刚超过实际掌握的死刑数量标准的，一般不能同时判处死刑；上家主动联络销售毒品，积极促成毒品交易的，通常可以判处上家死刑；下家积极筹资，主动向上家约购毒品，对促成毒品交易起更大作用的，可以考虑判处下家死刑。涉案毒品数量达到巨大以上的，也要综合上述因素决定死刑适用，同时判处上下家死刑符合罪刑相适应原则，并有利于全案量刑平衡的，可以依法判处。

两人以上同行运输毒品的，应当从是否明知他人携带有毒品，有无共同运输毒品的意思联络，有无实施配合、掩护他人运输毒品的行为等方面综合审查认定是否构成共同犯罪。受雇于同一雇主同行运输毒品，但受雇者之间没有共同犯罪故意，或者虽然明知他人受雇运输毒品，但各自的运输行为相对独立，既没有实施配合、掩护他人运输毒品的行为，又分别按照各自运输的毒品数量领取报酬的，不应认定为共同犯罪。受雇于同一雇主分段运输同一宗毒品，但受雇者之间没有犯罪共谋的，也不应认定为共同犯罪。雇用他人运输毒品的雇主，及其他对受雇者起到一定组织、指挥作用的人员，与各受雇者分别构成运输毒品罪的共同犯罪，对运输的全部毒品数量承担刑事责任。

4. 如何正确认定和处理毒品再犯，对同时构成累犯和再犯的应如何适用法律的问题？

《刑法》第三百五十六条规定："因走私、贩卖、运输、制造、非法持有毒品罪被判过刑，又犯本节规定之罪的，从重处罚。"这是刑法针对毒品犯罪分子再犯作出的特别规定，目的是严惩毒品犯罪。根据《大连会议纪要》的规定：只要因走私、贩卖、运输、制造、非法持有毒品罪被判过刑，不论是在刑罚执行完毕后，还是在缓刑、假释或者暂予监外执行期间，又犯刑法第六章第七节规定的犯罪的，都是毒品再犯，应当从重处罚。因走私、贩卖、运输、制造、非法持有毒品罪被判刑的犯罪分子，在缓刑、假释或者暂予监外执行期间又犯刑法第六章第七节规定的犯罪的，应当在对其所犯新的毒品犯罪适用刑法第三百五十六条从重处罚的规定确定刑罚后，再依法数罪并罚。

被告人未满十八周岁时曾因毒品犯罪被判刑，在《刑法修正案（八）》实施后是否构成毒品再犯？《刑法修正案（八）》第六条对《刑法》第六十五条第一款作了较大修改，此次修改明确将不满十八周岁的人犯罪排除在累犯之外。我们认为，《刑法修正案（八）》第六条并未涉及毒品再犯的修改规定，《刑法修正案（八）》施行后，普通累犯的构成要件相应修改为：（1）前罪和后罪都是年满十八周岁以上的人所犯；（2）前罪和后罪都是故意犯罪；（3）前罪被判处的刑罚和后罪应当判处的刑罚都是有期徒刑以上的刑罚；（4）后罪发生在前罪刑罚执行完毕或者赦免以后五年内。

累犯和再犯是两个虽有关联，却有不同的量刑情节。《刑法》第三百五十六条规定："因走私、贩卖、运输、制造、非法持有毒品罪被判过刑，又犯本节规定之罪的，从重处罚。"这是刑法对毒品再犯的规定。毒品再犯的上位概念是再犯，再犯是理论上的概念。从逻辑上讲，累犯属于再犯的一种，但累犯又具有自己的特质，二者存在以下区别：（1）罪质不同。毒品再犯的前罪与后罪仅限于毒品犯罪，累犯的前罪与后罪只需故意犯罪即可。（2）时限不同。毒品再犯的前后罪没有时间限制，而累犯要求必须是在前罪刑罚执行完毕或者赦免后的法定期限内实施。（3）后果不同。对于毒品再犯，刑法要求从重处罚，但可以使用缓刑、假释。累犯则不得适用缓刑与假释。故毒品再犯与累犯虽然同源于再犯且存在竞合，但在我国现行刑法规定中，毒品再犯已经是独立于累犯制度的一种特殊规定，二者不存在隶属关系。《刑法修正案（八）》对累犯规定的修改，其效力不能当然适用于毒品再犯。

毒品再犯与累犯虽然不是同一概念，但是二者所体现的价值取向具有相似性，都体现出行为人主观恶性较深、人身危险性较大，具有从严惩治的必要性，应当贯彻宽严相济刑事政策从严的精神。《刑法修正案（八）》是立法机关在新形势下，基于进一步落实宽严相济刑事政策的需要，充分衡量“宽”“严”情节，对刑法作出的重大修改。虽然《刑法修正案（八）》基于更好地使未成年人接受改造、融入社会的考虑，将“不满十八周岁的人”排除在累犯之外，但并未对毒品再犯也作出与累犯同步的修改。毒品犯罪是当前最严重的犯罪之一，不仅严重危及人民群众的生命与健康，造成社会财富的巨大损失，并引发日益严重的治安问题和广泛的社会问题，严重破坏社会管理、经济秩序的稳定，其危害之深、影响之广，是其他普通犯罪无法比拟的。立法机关对毒品再犯未作修改，表明立法者基于对毒品再犯主观恶性和人身危险性的考虑，对毒品再犯从严惩处的态度没有改变，反映刑事立法对宽严相济刑事政策把握的度在毒品再犯方面没有改变。因此，根据《刑法修正案（八）》的规定，行为人虽然在未满十八周岁时犯毒品犯罪不能认定为累犯，但不影响其构成毒品再犯。

5. 如何正确认定毒品犯罪被告人的立功，并把握从宽处罚尺度问题？

共同犯罪中同案犯的基本情况，包括同案犯姓名、住址、体貌特征、联络方式等信息，属于被告人应当供述的范围。公安机关根据被告人供述抓获同案犯的，不应认定其有立功表现。被告人在公安机关抓获同案犯过程中确实起到协助作用的，例如，经被告人现场指认、辨认抓获了同案犯；被告人带领公安人员抓获了同案犯；被告人提供了不为有关机关掌握或者有关机关按照正常工作程序无法掌握的同案犯藏匿的线索，有关机关据此抓获了同案犯；被告人交代了与同案犯的联系方式，又按要求与对方联络，积极协助公安机关抓获了同案犯等，属于协助司法机关抓获同案犯，应认定为立功。

关于立功从宽处罚的把握，应以功是否足以抵罪为标准。在毒品共同犯罪案件中，毒枭、毒品犯罪集团首要分子、共同犯罪的主犯、职业毒犯、毒品惯犯等，由于掌握同案犯、从犯、马仔的犯罪情况和个人信息，被抓获后往往能协助抓捕同案犯，获得立功或者重大立功。对其是否从宽处罚以及从宽幅度的大小，应当主要看功是否足以抵罪，即应结合被告人罪行的严重程度、立功大小综合考虑。要充分注意毒品共同犯罪人以及上下家之间的量刑平衡。对于毒枭等严重毒品犯罪分子立功的，从轻或者减轻处罚应当从严掌握。如果其罪行极其严重，只有一般立功表现，功不足以抵罪的，可不予从轻处罚；如果其检举、揭发的是其他犯罪案件中罪行同样严重的犯罪分子，或者协助抓获的是同案中的其他首要分子、主犯，功足以抵罪的，原则上可以从轻或者减轻处罚；如果协助抓获的只是同案中的从犯或者马仔，功不足以抵罪，或者从轻处罚后全案处刑明显失衡的，不予从轻处罚。相反，对于从犯、马仔立功，特别是协助抓获毒枭、首要分子、主犯的，应当从轻处罚，直至依法减轻或者免除处罚。

被告人亲属为了使被告人得到从轻处罚，检举、揭发他人犯罪或者协助司法机关抓捕其他犯罪人的，不能视为被告人立功。同监犯将本人或者他人尚未被司法机关掌握的犯罪事实告知被告人，由被告人检举揭发的，如经查证属实，虽可认定被告人立功，但是否从宽处罚、从宽幅度大小，应与通常的立功有所区别。通过非法手段或者非法途径获取他人犯罪信息，如从国家工作人员处贿买他人犯罪信息，通过律师、看守人员等非法途径获取他人犯罪信息，由被告人检举揭发的，不能认定为立功，也不能作为酌情从轻处罚情节。

6. 规范化量刑

《最高人民法院关于常见犯罪的量刑指导意见》（已失效）对走私、贩卖、运输、制造毒品罪的量刑作了如下规定：

1. 构成走私、贩卖、运输、制造毒品罪的，可以根据下列不同情形在相应的幅度内确定量刑起点：

（1）走私、贩卖、运输、制造鸦片一千克，海洛因、甲基苯丙胺五十克或者其他毒品数量达到数量大起点的，量刑起点为十五年有期徒刑。依法应当判处无期徒刑以上刑罚的除外。

（2）走私、贩卖、运输：制造鸦片二百克，海洛因、甲基苯丙胺十克或者其他毒品数量达到数量较大起点的，可以在七年至八年有期徒刑幅度内确定量刑起点。

（3）走私、贩卖、运输、制造鸦片不满二百克，海洛因、甲基苯丙胺不满十克或者其他少量毒品的，可以在三年以下有期徒刑、拘役幅度内确定量刑起点；情节严重的，可以在三年至四年有期徒刑幅度内确定量刑起点。

2. 在量刑起点的基础上，可以根据毒品犯罪次数、人次、毒品数量等其他影响犯罪构成的犯罪事实增加刑罚量，确定基准刑。

3. 有下列情节之一的，可以增加基准刑的10%～30%：

（1）利用、教唆未成年人走私、贩卖、运输、制造毒品的；

（2）向未成年人出售毒品的；

（3）毒品再犯。

4. 有下列情节之一的，可以减少基准刑的30%以下：

（1）受雇运输毒品的；

（2）毒品含量明显偏低的；

（3）存在数量引诱情形的。

《人民法院量刑指导意见（试行）》（已失效）对本罪的量刑作了如下规定：

毒品犯罪的社会危害性主要体现在毒品数量方面，量刑时可以根据毒品数量在相应的法定刑幅度内确定基准刑。有其他犯罪情节的，可以根据犯罪情节的严重程度在相应的法定刑幅度内确定量刑起点和基准刑。

1. 走私、贩卖、运输、制造毒品犯罪情节一般的，可以分别在下列相应的幅度内确定量刑起点：

（1）走私、贩卖、运输、制造鸦片一千克，海洛因、甲基苯丙胺或者可卡因五十克，吗啡或者二亚甲基双氧安非他明（MDMA）等苯丙胺类毒品（甲基苯丙胺除外）一百克，氯胺酮或者美沙酮一千克，三唑仑或者安眠酮五十千克，咖啡因二百千克或者其他毒品数量达到数量大起点的，量刑起点为十五年有期徒刑。

（2）走私、贩卖、运输、制造鸦片二百克，海洛因、甲基苯丙胺或者可卡因十克，吗啡或者二亚甲基双氧安非他明（MDMA）等苯丙胺类毒品（甲基苯丙胺除外）二十克，氯胺酮或者美沙酮二百克，三唑仑或者安眠酮十千克，咖啡因五十千克或者其他毒品数量达到数量较大起点的，量刑起点为七年有期徒刑。

（3）走私、贩卖、运输、制造鸦片一百四十克，海洛因、甲基苯丙胺或者可卡因七克，吗啡或者二亚甲基双氧安非他明（MDMA）等苯丙胺类毒品（甲基苯丙胺除外）十四克，氯胺酮或者美沙酮一百四十克，三唑仑或者安眠酮七千克，咖啡因三十五千克或者其他数量相当毒品的，量刑起点为三年有期徒刑。

（4）走私、贩卖、运输、制造鸦片四十克，海洛因、甲基苯丙胺或者可卡因二克，吗啡或者二亚甲基双氧安非他明（MDMA）等苯丙胺类毒品（甲基苯丙胺除外）四克，氯胺酮或者美沙酮四十克，三唑仑或者安眠酮二千克，咖啡因十千克或者其他数量相当毒品的，量刑起点为六个月有期徒刑。

2. 走私、贩卖、运输、制造毒品数量超过或者少于上述各档次数量标准的，可按照下列标准相应地增加或者减少刑罚量确定基准刑：

（1）海洛因、甲基苯丙胺或者可卡因十克以上不满五十克的，每增加五克增加九个月刑期；七克以上不满十克的，每增加一克增加一年刑期；二克以上不满七克的，每增加一克增加六个月刑期；二克以下的，每减少一克减少三个月刑期。

（2）吗啡或者二亚甲基双氧安非他明（MDMA）等苯丙胺类毒品（甲基苯丙胺除外）二十克以上不满一百克的，每增加十克增加九个月刑期；十四克以上不满二十克的，每增加二克增加一年刑期；四克以上不满十四克的，每增加二克增加六个月刑期；四克以下的，每减少二克减少三个月刑期。

（3）鸦片、氯胺酮或者美沙酮二百克以上不满一千克的，每增加一百克增加九个月刑期；一百四十克以上不满二百克的，每增加二十克增加一年刑期；四十克以上不满一百四十克的，每增加二十克增加六个月刑期；四十克以下的，每减少二十克减少三个月刑期。

（4）三唑仑或者安眠酮十千克以上不满五十千克的，每增加五千克增加九个月刑期；七千克以上不满十千克的，每增加一千克增加一年刑期；二千克以上不满七千克的，每增加一千克增加六个月刑期；二千克以下的，每减少一千克减少三个月刑期。

（5）咖啡因五十千克以上不满二百千克的，每增加十九千克增加九个月刑期；三十五千克以上不满五十千克的，每增加五千克增加一年刑期；十千克以上不满三十五千克的，每增加五千克增加六个月刑期；十千克以下的，每减少五千克减少三个月刑期。

3. 有下列情形之一的，可以增加基准刑的10%～30%：

（1）实施走私、贩卖、运输、制造毒品两种以上行为的；

（2）组织、利用、教唆未成年人、孕妇、哺乳期妇女、患有严重疾病人员及其他特殊人群走私、贩卖、运输、制造毒品，或者向未成年人出售毒品的；

（3）毒品再犯的。

4. 有下列情形之一的，可以酌情减少基准刑的30%～50%：

（1）孕妇、哺乳期妇女、患有严重疾病人员及其他特殊人群被利用参与毒品犯罪的；

（2）受雇运输毒品的；

（3）毒品含量明显偏低的；

（4）存在数量引诱情形的。

二、非法持有毒品罪

（一）刑法规定

第三百四十八条　非法持有鸦片一千克以上、海洛因或者甲基苯丙胺五十克以上或者其他毒品数量大的，处七年以上有期徒刑或者无期徒刑，并处罚金；非法持有鸦片二百克以上不满一千克、海洛因或者甲基苯丙胺十克以上不满五十克或者其他毒品数量较大的，处三年以下有期徒刑、拘役或者管制，并处罚金；情节严重的，处三年以上七年以下有期徒刑，并处罚金。

（二）典型或常见问题的审理思路

1. 从吸毒人员住处查获数量较大的毒品，但认定其曾贩卖毒品的证据不足的，是认定为贩卖毒品罪还是非法持有毒品罪？①

本书观点：《武汉会议纪要》规定："贩毒人员被抓获后，对于从其住所、车辆等处查获的毒品，一般均应认定为其贩卖的毒品。确有证据证明查获的毒品并非贩毒人员用于贩卖，其行为另构成非法持有毒品罪、窝藏毒品罪等其他犯罪的，依法定罪处罚。"适用此规定要注意两点：一是允许被告人提出反证。如果被告人的辩解成立，则推定不成立。二是要准确查明据以推定的基础事实。如果认定被告人曾经贩卖毒品或者正在贩卖毒品的基础事实存在诸多疑点，证据没有达到确实、充分的程度，且现有证据不能排除被告人提出的被查获的毒品是其准备用于自己吸食的辩解的真实性和合理性的，就不能推定被告人对其被查获的毒品存在贩卖的故意。在此情况下，如果没有证据证实被告人对其被查获的毒品具有实施走私、贩卖、运输等其他犯罪故意

① 观点来源：《刑事审判参考》（总第102期），欧阳某松非法持有毒品案。

的情况下，对被告人持有该部分毒品的行为应当认定为非法持有毒品罪。

2. 对接受藏匿有毒品的邮包的行为如何定性?[①]

本书观点：运输毒品罪的构成须具备两个基本条件：其一，行为人具有运输毒品的目的，除此以外，无其他目的；其二，行为人实施了运输毒品的行为。如果行为人为了购买而接收通过邮包邮寄来的毒品，而非将毒品由甲地运到乙地的某个过程，这与运输毒品罪行为人的主观目的是运输不同。在行为人不具有运输目的的情况下，其行为就不构成运输毒品罪。正确区分非法持有毒品的行为究竟是贩卖毒品还是非法持有毒品，关键看行为人的目的。如果证明行为人贩卖毒品经历与贩卖目的的证据并不充分，就不能以贩卖毒品罪定罪。行为人持有毒品数量较大，所持有毒品足以超出个人吸食所需数量的，由于没有证据证实其有贩卖、运输毒品的目的，其行为应当构成非法持有毒品罪。

（三）疑难、复杂问题的参考性解答

1. 非法持有毒品罪与运输毒品罪的区分

（1）吸毒者运输毒品行为的定性。对于吸毒者实施的毒品犯罪，在认定犯罪事实和确定罪名时要慎重。这主要是考虑，在我国吸毒行为本身并不构成犯罪，故对吸毒者以吸食为目的而少量购买、存储及携带毒品进行运输的行为亦不应以犯罪论处。但是，实践中吸毒者实施毒品犯罪的情况大量存在，若对吸毒者购买、存储、运输毒品的行为一律不作为犯罪处理，无疑会放纵吸毒者实施的毒品犯罪，削弱惩治毒品犯罪的力度。

首先，持有毒品的状态并不是区分非法持有毒品罪与运输毒品罪的关键，持有毒品原本就包括静态和动态的持有，不能因为吸毒者在运输毒品过程中被查获就一律以运输毒品罪定罪处罚。其次，尽管理论界多主张运输毒品罪应当包含一定的目的要素，但司法实践中认定行为人构成运输毒品罪通常并无目的性要求。然而，在我国吸毒行为本身并不构成犯罪，吸毒人员运输毒品的不能完全排除是供自己吸食，实践中若不考虑该事实，将该情形下吸毒人员运输毒品的一概认定为运输毒品罪，则与我国刑法不处罚吸毒的客观事实相违背。因此，若有证据证明吸毒者意图通过运输毒品行为达到保有、吸

---

① 观点来源：《刑事审判参考》第375号指导案例，张某英非法持有毒品案。

食毒品的目的的，应当适当考虑其目的，作为例外情形对待。其中，毒品数量是否超过行为人的正常吸食量无疑是一个重要的判断因素。最后，刑法将运输毒品罪与走私、贩卖、制造毒品罪并列规定，并确定了相同的量刑标准和法定刑幅度。因此，作为犯罪的“运输毒品”是具有特定意义和含义的，即它应当与“走私毒品”“贩卖毒品”以及“制造毒品”具有同等的社会危害性。而吸毒者以吸食为目的携带毒品进行运输的行为，无疑达不到这样的社会危害性要求，按照运输毒品罪处罚难以实现罪刑均衡。吸毒者以吸食毒品为目的携带一定毒品进行运输的，与吸毒者以吸食为目的购买、存储毒品的行为在本质上是相同的，对两者应当给予同样的刑事处罚。

根据上述分析，吸毒者运输毒品数量是否超过其个人正常吸食量，是判断其是否以吸食为目的运输毒品的重要因素。但把握上存在一定难度，工作中要注意以下两个问题。第一，合理确定吸食量。毒品吸食量的个体差异较大，且存在随着耐受力增强不断增加用量的情况。据有关专家介绍，海洛因的单次用量通常为0.05－0.08克，致死量为0.75－1.2克；甲基苯丙胺的单次用量通常为0.02－0.03克，致死量为1.2－1.5克（以上均以纯品计）。因此，应结合毒品种类、纯度及吸毒者的吸毒时间长短、瘾癖程度等因素，合理确定其单日吸食量大小，并根据毒品价格、紧俏程度及吸毒者的经济状况、在途时间等因素，判断其有关购买后用于一段时间内吸食的辩解是否合理。第二，结合其他因素综合判定吸毒者运输毒品的目的。实践中，单纯依据毒品数量判断吸毒者是否以吸食为目的而运输毒品虽然便于操作，但有时过于绝对。对于吸毒者运输毒品的行为，还应结合其吸食毒品种类与查获毒品种类是否相同，其有无采用特定方式、路线运输毒品，及其职业、经济状况、违法犯罪经历等情节综合判定其运输目的。如有证据证明吸毒者系受雇运输毒品、职业运输毒品的，应当以运输毒品罪定罪处罚；有证据证明吸毒者以实施走私、贩卖毒品等犯罪为目的而运输毒品的，依法定罪处罚。

（2）短距离运输毒品行为的定性。首先，运输距离的长短并不是构成运输毒品罪的关键。无论运输毒品距离长短，都侵害了国家对毒品的运输管理秩序，无实质性区别。如甲明知是毒品而受乙雇用，为乙将毒品从检查站一端运输至百米外另一端的，虽然运输距离较短，但甲、乙仍构成运输毒品罪。其次，运输毒品的距离是判断运输行为性质的重要因素之一。如丙将10克海洛因从其住处运输至同城其另一住房后被查获的，结合丙运输毒品的数量、距离、起始地点等因素分析，丙有关为便于吸食而将毒品转移至其另一住房的辩解较为合理，应认定丙构成非法持有毒品罪。又如丁将千余克海洛因从云南中缅边境运输至武汉，没有证据证明丁有实施走私、贩卖毒品等犯罪的故意的，应当认定丁构成运输毒品罪；如果有证据证明丁是以贩卖为目的而购买该毒品并进行运输的，应当认定丁构成贩卖、运输毒品罪。综上，对于被告人短距离运输毒品的行为，应当结合毒品的数量及运输距离、目的、有无牟利性等因素，综合认定构成运输毒品罪还是非法持有毒品罪。笔者认为，被告人短距离运输毒品，具有下列情形之一的，应当以运输毒品罪定罪处罚。①意图长距离运输毒品，刚起运即被查获的；②为实现绕关、躲避检查等特定目的而短距离运输毒品的；③以牟利为目的专门运输毒品的；④以走私、贩卖毒品为目的短距离运输毒品的。

（3）接收邮寄、快递毒品行为的定性。随着物流寄递行业的发展，毒品交易过程中通过邮寄、快递方式交付及接收毒品的情况较为常见。购毒者本人接收邮寄、快递的毒品，在没有证据证明其有实施走私、贩卖毒品等犯罪的故意的情况下，应认定为运输毒品罪还是非法持有毒品罪？我们认为，首先，无论贩毒者通过邮寄、快递方式还是其他方式交付毒品，运输毒品行为都要在购毒者与贩毒者的联络、配合之下完成，如果因此而要求购毒者对运输毒品行为承担刑事责任，则不仅是接收邮寄、快递毒品的购毒者，其他所有等待接收毒品的购毒者（包括因吸食而少量购买毒品者）都将构成运输毒品罪，无疑会导致打击面过大。其次，贩毒者通过邮寄、快递等方式向购毒者交付毒品的行为属于其贩卖毒品行为的组成部分，该运输毒品行为通常由贩毒者主导实施，购毒者原则上不应就毒品交付前的运输行为承担责任。最后，在没有证据证明购毒者有实施走私、贩卖毒品等犯罪的故意，尤其是不能排除购毒者是以吸食为目的购买毒品的情况下，购毒者接收邮寄、快递的毒品，数量达到较大以上的，应当以非法持有毒品罪定罪处罚。贩毒者通过邮寄、快递方式将毒品交付给购毒者的，应当以贩卖、运输毒品罪定罪处罚。

实践中，真正的购毒者往往委托、雇用他人代为接收邮寄、快递的毒品。在代收者没有实施其他毒品犯罪故意的情况下，其只是代替购毒者实际占有该毒品，让购毒者通过其代收行为实现对毒品的间接控制。我们认为，对于代收者与购毒者，可以分为以下两种情形进行处理：一是代收者代购毒者接收邮寄、快递的毒品，没有证据证明购毒者有实施走私、贩卖毒品等犯罪的故意，毒品数量达到较大以上的，对代收者与购毒者应当按照非法持有毒品罪的共犯论处。二是没有证据证实代收者明知购毒者有实施走私、贩卖毒品等犯罪的故意，毒品数量达到较大以上的，对代收者应当以非法持有毒品罪定罪处罚，对购毒者以其实际实施的犯罪行为定罪处罚。这种情况下，购毒者与代收者不属于共同犯罪。

2. 非法持有毒品罪与贩卖毒品罪的区分

本书观点：（1）从贩毒人员住所等处查获毒品的认定。当前，司法实践中通常将从贩毒人员住所等处查获的毒品一并认定为其贩卖的毒品。《大连会议纪要》也规定，对于以贩养吸的被告人，其被查获的毒品数量应认定为其犯罪的数量，但量刑时应考虑被告人吸食毒品的情节，酌情处理。这种认定方法实际上是一种事实推定。这种情况下，事实推定包括以下两方面内容：一是根据行为人实施贩卖毒品犯罪且并非吸毒人员的基础事实，推定从其住所等处查获的毒品系其以贩卖为目的而购买或者准备用于贩卖；或者根据吸毒人员实施贩卖毒品犯罪且从其住所等处查获的毒品不可能全部用于吸食的基础事实，推定从其住所等处查获的毒品系其以贩卖为目的而购买或者准备用于贩卖。二是在行为人不能提出反证推翻推定事实，即不能证明该部分毒品并非用于贩卖或者并非其所有的情况下，认定从贩毒人员住所等处查获的毒品系其用于贩卖。在运用事实推定时，有以下几个需要注意的问题。第一，在难以运用在案证据直接证明待证事实时才可以运用推定。运用在案证据证明待证事实是认定案件事实最稳妥、可靠的方法，只有在难以运用在案证据直接证明待证事实的情况下，才可以运用已知事实间接推断待证事实。在贩卖毒品案件中，贩毒人员通常不承认从其住所等处查获的毒品系用于贩卖，而毒品犯罪隐蔽性强，犯罪分子的主观目的往往很难通过其他客观证据加以证明，因而有必要运用推定。第二，用作推定前提的基础事实必须有确凿的证据证明。基础事实成立是运用推定法则的前提。在推定从贩毒人员住所等处查获的毒品系其用于贩卖时，基础事实应当包括行为人实施了贩卖毒品犯罪且从其住所等处查获了毒品，还应包括行为人不属于吸毒人员或者虽系吸毒人员但从其住所等处查获的毒品远远超过正常吸食范围。上述基础事实均应有确实、充分的证据加以证明。第三，推定应当允许当事人提出反证加以推翻。推定是根据基础事实与待证事实之间高概率的常态联系，运用经验法则推理得出的，其结论不具有唯一性，故应当允许当事人提出反证加以推翻。

当事人既可以就基础事实提出反证，也可以就推定事实提出反证。当事人就基础事实提出的反证成立即动摇了推定事实成立的前提，当事人就推定事实提出的反证成立则直接推翻推定事实，导致推定不成立。如果被告人提出反证证实从其住所等处查获的毒品并非其所有，或者证实该部分毒品确实并非用于贩卖的，应当将该部分毒品认定为被告人非法持有的毒品，对其以贩卖毒品罪和非法持有毒品罪实行数罪并罚。

（2）大量持有毒品行为的性质认定。行为人大量持有毒品，而直接证实其贩卖毒品的证据不足的，应当认定为非法持有毒品罪还是贩卖毒品罪？首先，我们认为，吸毒人员持有的毒品数量明显超出其一段时间内的正常吸食量，或者非吸毒人员持有毒品数量大的，从实际情况看多数确系用于贩卖。因证据问题而对此类人员按照非法持有毒品罪定罪处罚，也确实在一定程度上影响了打击毒品犯罪的效果。但是，当前我国刑事立法并没有就构成非法持有毒品罪规定毒品数量上限，非法持有毒品罪与贩卖毒品罪的划分依据不是毒品数量，单纯根据持有毒品数量认定行为人是否构成贩卖毒品罪缺乏法律依据。其次，认定行为人构成贩卖毒品罪，需要有证据证明其有贩卖毒品的故意，并实施了以贩卖为目的购买或者销售毒品的行为，不符合上述构成要件的，不能认定为贩卖毒品罪。最后，认定行为人构成贩卖毒品罪不能回避贩卖毒品事实及数量的认定，如没有证据证实行为人实施了购买或者销售毒品的行为，如何认定其贩毒事实及数量？

需要注意的是，大量持有毒品的情形与前述运用事实推定认定从贩毒人员住所等处查获的毒品系用于贩卖的情形不同。区别有两点：一是前者缺乏运用推定认定贩卖毒品事实的前提条件。运用事实推定认定贩毒人员住所等处查获毒品的用途时，有确凿证据证明行为人实施了贩卖毒品犯罪这一关键的基础事实，而前者情形下仅有行为人大量持有毒品的基础事实存在，没有任何证据证明行为人实施了贩卖毒品行为，用于推定的基础事实不充分。二是前者情形下用于推定的基础事实与推定事实之间并不存在必然联系。单纯根据吸毒人员持有的毒品数量明显超出其一段时间内的正常吸食量，或者非吸毒人员持有毒品数量大的事实，并不必然得出其以贩卖为目的购买毒品或者向他人销售毒品的结论。实践中还存在行为人代他人保管毒品，持有接受赠予、祖辈流传、捡拾的毒品及为了治病等用途而大量持有毒品的可能性。

综上，吸毒者持有的毒品数量明显超出其一段时间内的正常吸食量，或者非吸毒者持有毒品数量大的，不能仅根据毒品数量认定其构成贩卖毒品罪，但可以结合毒品数量及在案的其他证据，综合分析认定行为人是否存在贩卖毒品的犯罪故意。若无充分证据证明行为人有实施贩卖毒品罪的故意的，应当以非法持有毒品罪定罪处罚，但考虑到行为人大量持有毒品的情况下，毒品流入社会的风险加大、潜在的社会危害加剧，量刑时可酌情从重处罚。

（四）量刑指导或参考

依照《刑法》第三百四十八条规定，非法持有鸦片一千克以上、海洛因或者甲基苯丙胺五十克以上或者其他毒品数量大的，处七年以上有期徒刑或者无期徒刑，并处罚金；非法持有鸦片二百克以上不满一千克、海洛因或者甲基苯丙胺十克以上不满五十克或者其他毒品数量较大的，处三年以下有期徒刑、拘役或者管制，并处罚金；情节严重的，处三年以上七年以下有期徒刑，并处罚金。

根据《最高人民法院关于审理毒品犯罪案件适用法律若干问题的解释》的规定，非法持有下列毒品，构成《刑法》第三百四十八条规定的“其他毒品数量大”：

（1）可卡因五十克以上；

（2）3，4－亚甲二氧基甲基苯丙胺（MDMA）等苯丙胺类毒品（甲基苯丙胺除外）、吗啡一百克以上；

（3）芬太尼一百二十五克以上；

（4）甲卡西酮二百克以上；

（5）二氢埃托啡十毫克以上；

（6）哌替啶（度冷丁）二百五十克以上；

（7）氯胺酮五百克以上；

（8）美沙酮一千克以上；

（9）曲马多、γ－羟丁酸二千克以上；

（10）大麻油五千克、大麻脂十千克、大麻叶及大麻烟一百五十千克以上；

（11）可待因、丁丙诺啡五千克以上；

（12）三唑仑、安眠酮五十千克以上；

（13）阿普唑仑、恰特草一百千克以上；

（14）咖啡因、罂粟壳二百千克以上；

（15）巴比妥、苯巴比妥、安钠咖、尼美西泮二百五十千克以上；

（16）氯氮卓、艾司唑仑、地西泮、溴西泮五百千克以上；

（17）上述毒品以外的其他毒品数量大的。

非法持有下列毒品，构成《刑法》第三百四十八条规定的“其他毒品数量较大”：

（1）可卡因十克以上不满五十克；

（2）3，4－亚甲二氧基甲基苯丙胺（MDMA）等苯丙胺类毒品（甲基苯丙胺除外）、吗啡二十克以上不满一百克；

（3）芬太尼二十五克以上不满一百二十五克；

（4）甲卡西酮四十克以上不满二百克；

（5）二氢埃托啡二毫克以上不满十毫克；

（6）哌替啶（度冷丁）五十克以上不满二百五十克；

（7）氯胺酮一百克以上不满五百克；

（8）美沙酮二百克以上不满一千克；

（9）曲马多、γ－羟丁酸四百克以上不满二千克；

（10）大麻油一千克以上不满五千克、大麻脂二千克以上不满十千克、大麻叶及大麻烟三十千克以上不满一百五十千克；

（11）可待因、丁丙诺啡一千克以上不满五千克；

（12）三唑仑、安眠酮十千克以上不满五十千克；

（13）阿普唑仑、恰特草二十千克以上不满一百千克；

（14）咖啡因、罂粟壳四十千克以上不满二百千克；

（15）巴比妥、苯巴比妥、安钠咖、尼美西泮五十千克以上不满二百五十千克；

（16）氯氮卓、艾司唑仑、地西泮、溴西泮一百千克以上不满五百千克；

（17）上述毒品以外的其他毒品数量较大的。

根据《最高人民法院关于常见犯罪的量刑指导意见（二）》的规定，构成非法持有毒品罪的，可以根据下列不同情形在相应的幅度内确定量刑起点：

（1）非法持有鸦片一千克、海洛因或者甲基苯丙胺五十克或者其他毒品数量大的，可以在七年至九年有期徒刑幅度内确定量刑起点。依法应当判处无期徒刑的除外。

（2）非法持有毒品情节严重的，可以在三年至四年有期徒刑幅度内确定量刑起点。

（3）非法持有鸦片二百克、海洛因或者甲基苯丙胺十克或者其他毒品数量较大的，可以在一年以下有期徒刑、拘役幅度内确定量刑起点。

在量刑起点的基础上，可以根据毒品数量等其他影响犯罪构成的犯罪事实增加刑罚量，确定基准刑。

三、包庇毒品犯罪分子罪，窝藏、转移、隐瞒毒品、毒赃罪

（一）刑法规定

第三百四十九条 包庇走私、贩卖、运输、制造毒品的犯罪分子的，为犯罪分子窝藏、转移、隐瞒毒品或者犯罪所得的财物的，处三年以下有期徒刑、拘役或者管制；情节严重的，处三年以上十年以下有期徒刑。

缉毒人员或者其他国家机关工作人员掩护、包庇走私、贩卖、运输、制造毒品的犯罪分子的，依照前款的规定从重处罚。

犯前两款罪，事先通谋的，以走私、贩卖、运输、制造毒品罪的共犯论处。

（二）典型或常见问题的审理思路

1. 曾参与贩卖毒品，后又单方面帮助他人窝藏、转移毒品的，如何定罪？①

本书观点：行为人不构成贩卖毒品罪，而构成窝藏、转移毒品罪。具体分析如下：

首先，行为人不构成贩卖毒品罪。犯罪是主客观相统一的整体，对行为性质的认定应以有确切证据证明的事实为根据，不能因行为人曾经少量贩卖海洛因，就推定其此后取走 88.5 克海洛因必然也用于贩卖。《刑法》第三百四十九条也规定，为犯罪分子窝藏、转移、隐瞒毒品或者犯罪所得的财物，事先通谋的，以走私、贩卖、运输、制造毒品罪的共犯论处。这说明，如果被告人没有事先通谋，则不构成共同犯罪。

---

① 观点来源：《刑事审判参考》第 617 号指导案例，智某梅、蒋某峰贩卖、窝藏、转移毒品案。

其次，行为人的行为符合窝藏、转移毒品罪的构成要件，且属于情节严重。《刑法》第三百四十九条第一款规定，为犯罪分子窝藏、转移、隐瞒毒品或者犯罪所得的财物的，处三年以下有期徒刑、拘役或者管制；情节严重的，处三年以上十年以下有期徒刑。这表明，窝藏、转移毒品罪是行为犯，对行为人窝藏、转移的毒品没有数量上的要求，只要实施了窝藏、转移毒品行为的，就构成该罪。根据《最高人民法院关于审理毒品犯罪案件适用法律若干问题的解释》第六条第二款的规定，为走私、贩卖、运输、制造毒品的犯罪分子窝藏、转移、隐瞒毒品或者毒品犯罪所得的财物，具有下列情形之一的，应当认定为刑法第三百四十九条第一款规定的“情节严重”：（1）为犯罪分子窝藏、转移、隐瞒毒品达到刑法第三百四十七条第二款第（一）项或者本解释第一条第一款规定的“数量大”标准的；（2）为犯罪分子窝藏、转移、隐瞒毒品犯罪所得的财物价值达到五万元以上的；（3）为多人或者多次为他人窝藏、转移、隐瞒毒品或者毒品犯罪所得的财物的；（4）严重妨害司法机关对该犯罪分子实施的毒品犯罪进行追究的；（5）其他情节严重的情形。行为人获悉他人被抓获后，为防止他人藏于家中的毒品被查获而受到更重处罚，前往他人住处转移毒品，其行为完全符合窝藏、转移毒品罪的构成要件，应认定构成窝藏、转移毒品罪，并构成“情节严重”。

2. **窝藏毒品罪与贩卖毒品罪、非法持有毒品罪应如何区分？**①

本书观点：窝藏毒品罪属于赃物犯罪，与掩饰、隐瞒犯罪所得、犯罪所得收益罪之间属于特殊法与一般法的关系，窝藏毒品罪的主观目的是帮助走私、贩卖、运输、制造毒品的犯罪分子逃避司法机关的查处。贩卖毒品罪的帮助犯也可能通过实施窝藏毒品的行为，帮助主犯顺利实施贩卖毒品的行为。区分窝藏毒品罪与贩卖毒品罪的关键在于行为人主观目的的认定。如果行为人是为了帮助贩毒分子顺利实施贩毒行为，则其行为构成贩卖毒品罪的共犯；如果行为人是为了帮助犯罪分子逃避司法机关的处罚，则其行为构成窝藏毒品罪。

在具体案件中，对行为人主观目的的认定非常复杂，一般是通过行为人与贩毒分子有无通谋进行判断。实践中，窝藏毒品的行为人与贩毒分子有无通谋，很难从行为人与贩毒分子的口供中得到印证。鉴于通谋既可以体现为

① 观点来源：《刑事审判参考》第767号指导案例，蒋某源贩卖毒品案。

口头上的相互联络，也可以体现为彼此默契的配合行为，我们认为，判断行为人与贩毒分子有无通谋，一般需要综合参考以下因素：

藏匿毒品的时间。窝藏毒品罪的藏匿行为一般发生在贩毒分子已经察觉司法机关对贩毒行为开始追查之后。如果贩毒分子未察觉司法机关已对贩毒行为开始追查，或者未将其察觉告知藏匿行为人，藏匿行为人不是为了帮助贩毒分子逃避司法机关的追查而藏匿毒品的，则应认定藏匿行为人是为了帮助贩毒分子顺利实施贩毒行为，二者构成贩卖毒品罪的共犯。如果司法机关未对贩毒行为开始追查，但贩毒分子怀疑司法机关已开始追查，且将这一怀疑告知藏匿行为人，窝藏行为人是为了帮助贩毒分子逃避追查而藏匿毒品的，则藏匿行为与贩毒行为不构成共犯，藏匿行为仅构成窝藏毒品罪。但如果藏匿行为人后来知晓贩毒分子继续实施贩毒行为，仍帮助贩毒分子藏匿毒品的，则藏匿行为与贩毒行为形成共犯关系。

窝藏毒品的主观状态。一是要求藏匿行为人的主观明知。这种明知包括明知藏匿的是毒品，明知该毒品是他人贩卖的毒品，这是构成贩卖毒品罪的共犯和窝藏毒品罪都必须具备的条件。二是要求藏匿行为人的主观目的。即必须是帮助贩毒分子逃避司法监管。藏匿行为人如果明知公安机关已经对贩毒分子进行追查，而为贩毒分子藏匿毒品的，从常识、常理判断，将藏匿行为人的主观目的认定为帮助毒贩分子逃避处罚更为符合客观实际。

非法持有毒品罪，是指明知是毒品而无合法根据地持有，并且没有证据证明其具有其他毒品犯罪目的的行为。我们认为，对于在贩卖毒品过程中的非法持有毒品行为，不能认定为非法持有毒品罪。因为贩卖毒品行为往往包含持有毒品的行为表现，持有行为被贩卖行为吸收，应当以吸收之罪（贩卖毒品罪）论处。如果非法持有毒品的目的是帮助他人贩卖毒品，应当构成贩卖毒品罪的共犯；如果非法持有（藏匿）毒品的目的是帮助他人逃避司法机关的追查，则应构成窝藏毒品罪；依照刑法第三百四十九条第三款的规定，犯窝藏毒品罪，事先与贩毒分子通谋的，以贩卖毒品罪的共犯论处。

（三）疑难、复杂问题的参考性解答

窝藏、转移、隐瞒毒品、毒赃罪与掩饰、隐瞒犯罪所得、犯罪所得收益罪的区分？

本书观点：两罪在主体、主观方面相同，犯罪手段也有些相似，关键在

于犯罪对象不同：前者为毒品或者毒品犯罪所得的财物；后者为其他犯罪（如盗窃、抢劫、诈骗等）所得的赃物。另外，客观方面的表现形式也不完全相同。后者除采取窝藏、转移赃物的手段外，还采取收购或者代为销售赃物的手段。如果行为人窝藏、转移、收购、代为销售或者以其他方法掩饰、隐瞒明知是毒品犯罪、黑社会性质的组织犯罪、恐怖活动犯罪、走私犯罪、贪污贿赂犯罪、破坏金融管理秩序犯罪、金融诈骗犯罪所得及其产生的收益，则构成刑法第三百一十二条规定的掩饰、隐瞒犯罪所得、犯罪所得收益罪。

四、非法生产、买卖、运输制毒物品、走私制毒物品罪

（一）刑法规定

第三百五十条　违反国家规定，非法生产、买卖、运输醋酸酐、乙醚、三氯甲烷或者其他用于制造毒品的原料、配剂，或者携带上述物品进出境，情节较重的，处三年以下有期徒刑、拘役或者管制，并处罚金；情节严重的，处三年以上七年以下有期徒刑，并处罚金；情节特别严重的，处七年以上有期徒刑，并处罚金或者没收财产。

明知他人制造毒品而为其生产、买卖、运输前款规定的物品的，以制造毒品罪的共犯论处。

单位犯前两款罪的，对单位判处罚金，并对其直接负责的主管人员和其他直接责任人员，依照前两款的规定处罚。

（二）司法解释、司法文件及其权威解读

1. 最高人民法院、最高人民检察院、公安部关于办理制毒物品犯罪案件适用法律若干问题的意见（公通字〔2009〕33 号，自 2009 年 6 月 23 日起施行）

各省、自治区、直辖市高级人民法院、人民检察院、公安厅、局，新疆维吾尔自治区高级人民法院生产建设兵团分院、新疆生产建设兵团人民检察院、公安局：

为依法惩治走私制毒物品、非法买卖制毒物品犯罪活动，根据刑法有关规定，结合司法实践，现就办理制毒物品犯罪案件适用法律的若干问题制定如下意见：

一、关于制毒物品犯罪的认定

（一）本意见中的“制毒物品”，是指刑法第三百五十条第一款规定的醋酸酐、乙醚、三氯甲烷或者其他用于制造毒品的原料或者配剂，具体品种范围按照国家关于易制毒化学品管理的规定确定。

（二）违反国家规定，实施下列行为之一的，认定为刑法第三百五十条规定的非法买卖制毒物品行为：

1. 未经许可或者备案，擅自购买、销售易制毒化学品的；

2. 超出许可证明或者备案证明的品种、数量范围购买、销售易制毒化学品的；

3. 使用他人的或者伪造、变造、失效的许可证明或者备案证明购买、销售易制毒化学品的；

4. 经营单位违反规定，向无购买许可证明、备案证明的单位、个人销售易制毒化学品的，或者明知购买者使用他人的或者伪造、变造、失效的购买许可证明、备案证明，向其销售易制毒化学品的；

5. 以其他方式非法买卖易制毒化学品的。

（三）易制毒化学品生产、经营、使用单位或者个人未办理许可证明或者备案证明，购买、销售易制毒化学品，如果有证据证明确实用于合法生产、生活需要，依法能够办理只是未及时办理许可证明或者备案证明，且未造成严重社会危害的，可不以非法买卖制毒物品罪论处。

（四）为了制造毒品或者走私、非法买卖制毒物品犯罪而采用生产、加工、提炼等方法非法制造易制毒化学品的，根据刑法第二十二条的规定，按照其制造易制毒化学品的不同目的，分别以制造毒品、走私制毒物品、非法买卖制毒物品的预备行为论处。

（五）明知他人实施走私或者非法买卖制毒物品犯罪，而为其运输、储存、代理进出口或者以其他方式提供便利的，以走私或者非法买卖制毒物品罪的共犯论处。

（六）走私、非法买卖制毒物品行为同时构成其他犯罪的，依照处罚较重的规定定罪处罚。

二、关于制毒物品犯罪嫌疑人、被告人主观明知的认定

对于走私或者非法买卖制毒物品行为，有下列情形之一，且查获了易制毒化学品，结合犯罪嫌疑人、被告人的供述和其他证据，经综合审查判断，

可以认定其“明知”是制毒物品而走私或者非法买卖，但有证据证明确属被蒙骗的除外：

1. 改变产品形状、包装或者使用虚假标签、商标等产品标志的；

2. 以藏匿、夹带或者其他隐蔽方式运输、携带易制毒化学品逃避检查的；

3. 抗拒检查或者在检查时丢弃货物逃跑的；

4. 以伪报、藏匿、伪装等蒙蔽手段逃避海关、边防等检查的；

5. 选择不设海关或者边防检查站的路段绕行出入境的；

6. 以虚假身份、地址办理托运、邮寄手续的；

7. 以其他方法隐瞒真相，逃避对易制毒化学品依法监管的。

三、关于制毒物品犯罪定罪量刑的数量标准

（一）违反国家规定，非法运输、携带制毒物品进出境或者在境内非法买卖制毒物品达到下列数量标准的，依照刑法第三百五十条第一款的规定，处三年以下有期徒刑、拘役或者管制，并处罚金：

1. 1－苯基－2－丙酮五千克以上不满五十千克；

2. 3，4－亚甲基二氧苯基－2－丙酮、去甲麻黄素（去甲麻黄碱）、甲基麻黄素（甲基麻黄碱）、羟亚胺及其盐类十千克以上不满一百千克；

3. 胡椒醛、黄樟素、黄樟油、异黄樟素、麦角酸、麦角胺、麦角新碱、苯乙酸二十千克以上不满二百千克；

4. N－乙酰邻氨基苯酸、邻氨基苯甲酸、哌啶一百五十千克以上不满一千五百千克；

5. 甲苯、丙酮、甲基乙基酮、高锰酸钾、硫酸、盐酸四百千克以上不满四千千克；

6. 其他用于制造毒品的原料或者配剂相当数量的。

（二）违反国家规定，非法买卖或者走私制毒物品，达到或者超过前款所列最高数量标准的，认定为刑法第三百五十条第一款规定的“数量大的”，处三年以上十年以下有期徒刑，并处罚金。

权威解读

解读《关于办理制毒物品犯罪案件适用法律若干问题的意见》

2009年6月23日，最高人民法院、最高人民检察院、公安部联合印发了《关于办理制毒物品犯罪案件适用法律若干问题的意见》（以下简称《制毒物品意见》），对正确适用法律办理制毒物品犯罪案件具有重要的指导意义。现结合起草制定该《制毒物品意见》的有关情况，就其理解和适用问题进行解释说明。

一、《制毒物品意见》起草的背景和指导思想

近年来，境外毒源地对易制毒化学品的非法需求不断上升，易制毒化学品流入非法渠道的风险不断加大，特别是随着我国对走私、贩卖、运输、制造毒品犯罪的严厉打击，一些毒品犯罪分子将犯罪的触角伸向易制毒化学品。这些犯罪分子同国外贩毒集团相勾结，从国内非法获得易制毒化学品，走私到我国境外，再将制成的毒品返销我国境内或者销往其他国家，不仅使我国毒品犯罪形势更趋严峻，也在一定程度上损害了我国严禁毒品的良好国际形象。因此，制定制毒物品犯罪案件有关法律适用指导意见，对于加大打击走私、非法买卖制毒物品犯罪的力度，进一步阻止易制毒化学品流入非法渠道，实现遏制和减少毒品来源的治本目标具有重要意义。

《制毒物品意见》的起草和制定主要遵循和体现了如下指导思想：

一是坚持保障合法生产经营活动与打击违法犯罪并重的原则。易制毒化学品不同于海洛因、冰毒等毒品，具有双重性：作为化工产品，是工农业生产、医药和科研的常用原料或者日常生活的化工用品，可广泛应用于工农业生产和人们的日常生活；作为制造毒品的原料或者配剂，又可能流入非法渠道用于制造毒品。因此，一方面对走私易制毒化学品及可能流入非法渠道制造毒品的非法买卖行为，要严厉打击；另一方面要保障易制毒化学品的合法生产经营，特别是在席卷全球的金融危机给我国包括化工企业在内的许多企业带来较大压力的背景下，要注意依法保障公司、企业的正常合法生产和经营，维护其合法权益，为化工企业发展提供良好法制保障和服务。《制毒物品意见》本着既要有利于严厉打击走私、非法买卖易制毒化学品犯罪活动，又要不影响正常的生产、生活需要的原则，对走私、非法买卖制毒物品罪罪与非罪的界限进行了规定。

二是坚持从实际出发的原则。既保持与刑法、禁毒法、有关行政法规和司法解释规定的协调一致，又注意总结近年来办理制毒物品犯罪案件实践中的经验、做法，对制毒物品犯罪的认定及其定罪量刑的数量标准、犯罪嫌疑人或者被告人的主观明知等问题作出规定，以统一认识和司法标准，切实解决目前迫切需要解决的法律适用疑难问题。

二、关于制毒物品的认定

1997年12月最高人民法院、最高人民检察院对《刑法》第三百五十条第一款确定罪名时，规定了“走私制毒物品罪”和“非法买卖制毒物品罪”，从而提出了“制毒物品”的概念。在《制毒物品意见》起草过程中，有的提出，“制毒物品”范围的界定，可与我国已加入的《联合国禁止非法贩运麻醉药品和精神药物公约》规定的犯罪范围相协调，将制毒物品的范围界定为“制造毒品的设备、材料及国家确定的易制毒化学品”。考虑到《制毒物品意见》是对《刑法》第三百五十条具体适用的细化，应从贯彻罪刑法定原则的要求出发，不能明显超出立法应有的含义，故没有采纳这种建议。为此，《制毒物品意见》将“制毒物品”限定为《刑法》第三百五十条第一款规定的醋酸酐、乙醚、三氯甲烷或者其他用于制造毒品的原料或者配剂，具体品种范围按照国家关于易制毒化学品管理的规定确定。由于刑法上的“制毒物品”实际上就是国家规定管制的可用于制造麻醉药品和精神药物的化学原料和配剂，在化工和行政管理领域与“易制毒化学品”是对应的概念，所以“制毒物品”应包括《易制毒化学品管理条例》中的三类“易制毒化学品”，以及按照《易制毒化学品管理条例》第二条规定报国务院批准列入管制的其他品种（如羟亚胺）。

三、关于非法买卖制毒物品行为

1. 关于非法买卖制毒物品行为的认定

认定非法买卖制毒物品行为，应当注意把握两点：一是“违反国家规定”，即违反全国人民代表大会及其常务委员会制定的法律和决定，国务院制定的行政法规、规定的行政措施、发布的决定和命令，这里一般指违反全国人大常委会制定的《禁毒法》和国务院制定的《易制毒化学品管理条例》等法律、行政法规的有关规定。二是犯罪嫌疑人或者被告人有《制毒物品意见》第一条第二款列举的具体行为。

我国对易制毒化学品的生产、经营、购买、运输和进出口实行严格的分类管理和许可、备案制度。根据《易制毒化学品管理条例》的规定，易制毒化学品分为三类，其管制程度不尽相同。购买或者销售第一类可以用于制毒的主要原料的易制毒化学品的，须经相关行政主管部门审批，取得许可证后进行；购买或者销售第二类、第三类可以用于制毒的化学配剂的易制毒化学品的，须按规定向相关行政主管部门备案。《制毒物品意见》采取列举的方式，对于如何认定“非法买卖制毒物品行为”作出了规定。第（一）项至第

（四）项情形都是围绕“许可或者备案”的要求作出的规定。

第（一）项“未经许可或者备案，擅自购买、销售易制毒化学品的”情形，是依照《易制毒化学品管理条例》第三十八条、《易制毒化学品购销和运输管理办法》第三十条、《非药品类易制毒化学品生产、经营许可办法》第二十九条规定作出的。

第（二）项“超出许可证明或者备案证明的品种、数量范围购买、销售易制毒化学品的”情形，是针对第（一）项内容作出的补充性规定，基本对应《易制毒化学品管理条例》第四十条、《易制毒化学品购销和运输管理办法》第三十一条、《非药品类易制毒化学品生产、经营许可办法》第三十条的规定。在易制毒化学品的许可证明或者备案证明中，载明了允许购买或者销售易制毒化学品的品种及其数量范围，超出的部分，应当以未经许可或者备案论处。

第（三）项“使用他人的或者伪造、变造、失效的许可证明或者备案证明购买、销售易制毒化学品的”情形，基本对应《易制毒化学品管理条例》第三十八条、《易制毒化学品购销和运输管理办法》第三十条、《非药品类易制毒化学品生产、经营许可办法》第二十九条的规定。

第（四）项“经营单位违反规定，向无购买许可证明、备案证明的单位、个人销售易制毒化学品的，或者明知购买者使用他人的或者伪造、变造、失效的购买许可证明、备案证明，向其销售易制毒化学品的”情形，基本对应《易制毒化学品管理条例》第十八条、《易制毒化学品购销和运输管理办法》第十条的规定。

第（五）项“以其他方式非法买卖易制毒化学品的”情形，是为了应对实践中复杂案件情况而规定的兜底条款，如使用单位或者个人未经批准擅自将易制毒化学品转入销售渠道，或者使用大量现金或者实物进行易制毒化学品交易的。

需要指出的是，该条是关于如何认定“非法买卖制毒物品行为”的规定，行为人实施了非法买卖制毒物品行为，不一定构成制毒物品犯罪。因为是否构成制毒物品犯罪，不仅要有非法买卖制毒物品行为，还要考虑其他方面，如行为人达到刑事责任年龄且具有刑事责任能力，主观方面具有“明知”，达到《制毒物品意见》规定的定罪量刑数量标准等。

2. 关于非法买卖制毒物品行为构成犯罪的例外规定

易制毒化学品具有双重性，既可能被用于制造毒品，又可以应用于工农业生产和人们的日常生活，所以对易制毒化学品违法犯罪活动的打击，不能影响到正常的生产、生活需要。实践中存在能够办理许可证明或者备案证明，由于种种原因未及时办理，而实施了购买、销售易制毒化学品的行为，且实际用于正常的生产、生活需要。对这种行为，符合刑法第十三条“但书”规定的，可认为情节显著轻微危害不大，不认为是犯罪。故《制毒物品意见》第一条第三款规定：“易制毒化学品生产、经营、使用单位或者个人未办理许可证明或者备案证明，购买、销售易制毒化学品，如果有证据证明确实用于合法生产、生活需要，依法能够办理只是未及时办理许可证明或者备案证明，且未造成严重社会危害的，可不以非法买卖制毒物品罪论处。”

适用该例外规定时，需要注意“不以非法买卖制毒物品罪论处”的行为必须同时符合两个条件：一是确因生产、生活需要，依法能够办理只是未及时办理许可或备案证明；二是未造成严重社会危害后果，即购买、销售易制毒化学品的行为没有产生严重危害后果，社会危害性不大。

该款未对购买、销售易制毒化学品的数量作出规定，应该说达到了易制毒化学品犯罪定罪量刑的数量标准，但由于出现了例外情形，可不以非法买卖制毒物品罪论处。如少量购买、销售易制毒化学品，达不到《制毒物品意见》关于易制毒化学品犯罪要求的定罪量刑数量标准的，自然不构成犯罪。应当注意，该款规定仅适用于非法买卖制毒物品行为，对于走私易制毒化学品的行为，即使确有证据证明用于生产、生活需要，也可能构成走私制毒物品罪。需要说明的是，第一条第二款第（二）项规定“超出许可证明或者备案证明的品种、数量范围购买、销售易制毒化学品的”情形，属于非法买卖制毒物品行为。如果有证据证明确实用于合法生产、生活需要，依法能够办理只是未及时办理许可证明或者备案证明，且未造成严重社会危害的，根据第一条第三款的规定和举重以明轻的解释原理，当然也可不以非法买卖制毒物品罪论处。

“制造条件”的预备行为，可以分别以制造毒品、走私制毒物品、非法买卖制毒物品的预备行为论处。故《制毒物品意见》规定，对上述行为，根据《刑法》第二十二条的规定，按照其制造易制毒化学品的不同目的，分别以制造毒品、走私制毒物品或者非法买卖制毒物品的预备行为论处。

四、关于非法制造易制毒化学品行为的处罚

《刑法》第三百五十条规定了非法买卖制毒物品罪和走私制毒物品罪两个罪名，而没有将非法制造制毒物品行为入罪。在调研过程中，发现近年来由于司法机关加大了对毒品犯罪的打击力度，部分犯罪分子将犯罪手段前移，转向非法制造易制毒化学品，先获得易制毒化学品，再利用易制毒化学品制造毒品或者将易制毒化学品非法卖出牟利。司法实践中，有些案件虽然收集到行为人采用生产、加工、提炼等方法非法制造易制毒化学品的证据，但是由于行为人尚未实施走私或者非法买卖行为，或者无法收集到走私、非法买卖制毒物品的证据，致使对这类案件难以用刑法手段打击，成为一个多年来困扰办案人员的难题，影响了打击毒品犯罪的力度。从调研中掌握的情况分析，行为人采用生产、加工、提炼等方法非法制造易制毒化学品的，一般情况是为进一步实施毒品犯罪做准备。但是，按照目前刑法的规定，单就非法制造易制毒化学品行为本身而言不构成犯罪，除非为其他犯罪做准备。

为体现我国一贯严厉打击毒品犯罪的立场，对非法制造易制毒化学品的源头行为有必要依法惩治。根据《刑法》第二十二条第一款“为了犯罪，准备工具、制造条件的，是犯罪预备”的规定，对行为人采用生产、加工、提炼等方法非法制造易制毒化学品的，按照其不同目的，属于为实施相关犯罪“制造条件”的预备行为，可以分别以制造毒品、走私制毒物品、非法买卖制毒物品的预备行为论处。故《制毒物品意见》规定，对上述行为，根据《刑法》第二十二条的规定，按照其制造易制毒化学品的不同目的，分别以制造毒品、走私制毒物品或者非法买卖制毒物品的预备行为论处。

至于具体办案中如何处理，应当注意把握以下几点：一是依照《刑法》第二十二条第二款的规定，对于预备犯，可以比照既遂犯从轻、减轻处罚或者免除处罚。司法机关应当以宽严相济刑事政策为指导，按照预备犯的规定依法处理，以避免产生打击面过宽的问题。二是如果非法制造易制毒化学品只是制造毒品的一个环节，行为人的目的是进一步制造毒品，由于其已经开始实施制造毒品行为，但尚未制造出粗制毒品或者半成品的，就可认定为制造毒品未遂，而不是预备。三是如果为他人制造毒品而提供易制毒化学品的，由于其明知他人制造毒品而提供，则应按照《刑法》第三百五十条第二款的规定，以制造毒品罪的共犯论处。四是如果明知他人实施走私或者非法买卖制毒物品犯罪，而为其运输、储存、代理进出口或者以其他方式提供便利的，则应按照《制毒物品意见》关于制毒物品犯罪的认定中第一条第五款的规定，以走私或者非法买卖制毒物品罪的共犯论处。

五、关于主观明知的认定问题

（一）“主观明知”的判断标准

从犯罪的主观方面来看，走私制毒物品罪和非法买卖制毒物品罪均是故意犯罪，要求行为人对自己实施走私或者非法买卖制毒物品的行为在主观上是明知的。在司法实践中，行为人为逃避法律制裁，往往以种种借口辩称自己“不知道”所实施的是走私或者非法买卖制毒物品行为，故查证行为人的主观明知方面就成为司法实践中的难题。为解决这一问题，《制毒物品意见》在总结制毒物品犯罪案件侦查、起诉、审判实践经验的基础上，提出对走私或者非法买卖制毒物品行为，有七种情形之一，且查获了易制毒化学品，结合犯罪嫌疑人、被告人的供述和其他证据，经综合审查判断，可以认定其“明知”是制毒物品而走私或者非法买卖，但有证据证明确属被蒙骗的除外。

第（一）项“改变产品形状、包装或者使用虚假标签、商标等产品标志的”，是针对司法实践中发现的行为人采用蒙蔽、造假手段而作出的规定。行为人改变易制毒化学品原来的形状、包装，包括改变产品的物理形态（如将晶体研磨成粉末），改换或者毁损产品的包装等；在易制毒化学品的外包装上使用虚假标签、商标等产品标志，其目的在于制造假象，企图隐瞒、掩盖其实施走私、非法买卖易制毒化学品的事实，结合其他证据，可以认定其主观明知。第（二）项至第（五）项都是针对行为人逃避或者抗拒检查的情况作出的规定。列举的四类情形都是故意逃避或者抗拒检查的特定情形，表现出不正常、不合理的行为方式，结合其他证据可以认定行为人的主观明知。第（二）项“以藏匿、夹带或者其他隐蔽方式运输、携带易制毒化学品逃避检查的”情形，表现为以隐蔽方式运输、携带易制毒化学品逃避检查，运输、携带方式的不正常反映出行为人的主观明知。第（三）项“抗拒检查或者在检查时丢弃货物逃跑的”情形，表现为运输或者走私过程中抗拒执法人员检查或者在检查时丢弃货物逃跑，而在其货物中查获易制毒化学品。行为人对执法人员的检查应予配合，抗拒检查或者逃跑的，如果在其货物中发现了易制毒化学品的，反映出行为人的主观明知。第（四）项“以伪报、藏匿、伪装等蒙蔽手段逃避海关、边防等检查的”情形、第（五）项“选择不设海关或者边防检查站的路段绕行出入境的”情形，表现为行为人违反常规，逃避出入境检查。第（六）项“以虚假身份、地址办理托运、邮寄手续的”情形，表现为行为人在托运、邮寄易制毒化学品环节弄虚作假。通过托运、邮寄方式办理货物运输手续的，应当填写真实的姓名、地址等个人信息，如果行为人在办理托运、邮寄手续时，故意使用虚假身份、地址，且从其托运、邮寄的物品中查获了易制毒化学品的，结合其他证据可以认定行为人主观明知。第（七）项“以其他方法隐瞒真相，逃避对易制毒化学品依法监管的”情形，也是为了应对实践中复杂多变的案件情况而规定的兜底条款，可以包括其他有证据足以证明行为人应当知道其行为对象系易制毒化学品的情形。

（二）判断“主观明知”时应注意的问题

判断行为人主观上是否明知，需注意以下问题：一是客观上必须是“查获了行为人走私或者非法买卖的易制毒化学品”，在这一前提下，再结合其他证据综合分析认定。二是主观上是否具有明知，应当根据当时当地的具体客观情况进行综合分析判断。走私、非法买卖制毒物品主观故意中的“明知”，是指行为人知道或者应当知道所实施的行为是走私、非法买卖制毒物品行为。判断行为人是否明知，不能仅根据行为人是否供认，而应综合考虑案件中的各种情况，包括行为人的供述和其他证据，依据实施制毒物品犯罪的行为过程、行为方式、易制毒化学品被查获时的情况、行为人的反应等情况，结合行为人的年龄、阅历及掌握的相关知识，进行综合分析判断。三是根据《制毒物品意见》有关规定，认定行为人主观明知时，允许行为人提出反证加以推翻。因为根据第二条规定的七种情形认定行为人主观明知，是根据基础事实和待证事实之间的常态联系，运用逻辑推理和情理判断得出来的，有可能出现例外情况。如果行为人能作出合理解释，有证据证实确实被蒙骗的，就不能认定其主观明知。

六、关于制毒物品犯罪定罪量刑的数量标准

（一）明确制毒物品犯罪定罪量刑数量标准的必要性

2000 年最高人民法院制定了《关于审理毒品案件定罪量刑标准有关问题的解释》（已失效），对《刑法》第三百五十条规定的制毒物品犯罪规定了数量标准，对依法打击走私、非法买卖制毒物品犯罪起到了重要作用。但当时只解释了刑法点明和国家已有规定的 4 个品种（即醋酸酐、三氯甲烷、乙醚和麻黄素类）。

2005 年 8 月，国务院颁布了《易制毒化学品管理条例》（已被修改），规定自 2005 年 11 月 1 日起施行。该条例明确对 23 种（类）易制毒化学品进行管制。此后，公安机关破获了大量易制毒化学品违法犯罪案件，由于缺乏其余19种（类）易制毒化学品定罪量刑的数量标准，出现了批捕难、起诉难、审判难的局面，导致对不少情节严重、构成犯罪的案件也仅依据行政法规进行行政处罚，影响了对易制毒化学品犯罪的有效惩治，在一定程度上也影响了禁毒工作的成效。故制定易制毒化学品定罪量刑数量标准，统一认识和司法标准，已成为司法实践中的迫切要求。

（二）定罪量刑数量标准确定的依据

《制毒物品意见》第三条规定的制毒物品犯罪定罪量刑数量标准，主要考虑了以下几个方面：

1. 确定定罪量刑数量标准，是根据制造甲基苯丙胺或者海洛因所需的易制毒化学品是原料还是配剂、可替代性（或必要性）、数量大小来确定的。根据易制毒化学品在制造毒品中的作用，可将其分为原料和配剂。如果是原料、可替代性差、制造同样重量毒品所需要数量小的，定罪量刑数量标准就低；反之，定罪量刑数量标准就高。

2. 确定定罪量刑数量标准，保证既要最大限度地打击制毒物品犯罪行为，又不影响工农业生产和人们的日常生活需要。《制毒物品意见》在制定过程中还考虑了易制毒化学品在工厂生产和人们日常生活中的使用程度、使用量的大小。例如，甲苯、高锰酸钾、硫酸、盐酸等为常用的化工原料，且使用量较大，为防止因规定数量过低而导致打击面过宽，为其规定了较高的定罪量刑数量标准。

3. 确定定罪量刑数量标准时，还参考了《易制毒化学品管理条例》附录中易制毒化学品的分类。在同一定罪量刑数量标准下的不同品种易制毒化学品，按照《易制毒化学品管理条例》规定的分类标准依次排列顺序，第一类排在前面，第二类居中，第三类排在最后。

（三）把握定罪量刑数量标准需要注意的问题

《刑法》第三百五十条第一款规定了两个量刑档次：一个是“处三年以下有期徒刑、拘役或者管制，并处罚金”；另一个是“处三年以上十年以下有期徒刑，并处罚金”。《制毒物品意见》第三条第一款中规定的数量标准对应的是第一个量刑档次，第二款规定对应的是第二个量刑档次。

随着社会经济的发展和科技的进步，易制毒化学品的品种范围将不断调整补充，故规定了第（六）项“其他用于制造毒品的原料或者配剂相当数量的”，以适应将来对可能出现的走私、非法买卖国家规定管制的易制毒化学品新品种犯罪的打击。例如，为加强对羟亚胺的管理，防止其流入非法渠道制造毒品氯胺酮（俗称“K粉”），国务院批准自2008年8月1日起将羟亚胺列入《易制毒化学品管理条例》附表品种目录的第一类易制毒化学品，因此《制毒物品意见》也对羟亚胺定罪量刑数量标准进行了规定。

（撰稿：高贵君、王勇、吴光侠、王光坤）

2. **最高人民法院、最高人民检察院、公安部关于办理邻氯苯基环戊酮等三种制毒物品犯罪案件定罪量刑数量标准的通知**（公通字〔2014〕32号，自2014年9月5日起施行）

各省、自治区、直辖市高级人民法院，人民检察院，公安厅、局，解放军军事法院、军事检察院，新疆维吾尔自治区高级人民法院生产建设兵团分院，新疆生产建设兵团人民检察院、公安局：

近年来，随着制造合成毒品犯罪的迅速增长，制毒物品流入非法渠道形势严峻。利用邻氯苯基环戊酮合成羟亚胺进而制造氯胺酮，利用1－苯基－2－溴－1－丙酮（又名溴代苯丙酮、2－溴代苯丙酮、α－溴代苯丙酮等）合成麻黄素和利用3－氧－2－苯基丁腈（又名α－氰基苯丙酮、α－苯乙酰基乙腈、2－苯乙酰基乙腈等）合成1－苯基－2－丙酮进而制造甲基苯丙胺（冰毒）等犯罪尤为突出。2012年9月和2014年5月，国务院先后将邻氯苯基环戊酮、1－苯基－2－溴－1－丙酮和3－氧－2－苯基丁腈增列为第一类易制毒化学品管制。为遏制上述物品流入非法渠道被用于制造毒品，根据刑法和《最高人民法院关于审理毒品案件定罪量刑标准有关问题的解释》《最高人民法院、最高人民检察院、公安部关于办理制毒物品犯罪案件适用法律若干问题的意见》等相关规定，现就办理上述三种制毒物品犯罪案件的定罪量刑数量标准通知如下：

一、违反国家规定，非法运输、携带邻氯苯基环戊酮、1－苯基－2－溴－1－丙酮或者3－氧－2－苯基丁腈进出境，或者在境内非法买卖上述物品，达到下列数量标准的，依照刑法第三百五十条第一款的规定，处三年以下有期徒刑、拘役或者管制，并处罚金：

（一）邻氯苯基环戊酮二十千克以上不满二百千克；

（二）1－苯基－2－溴－1－丙酮、3－氧－2－苯基丁腈十五千克以上不满一百五十千克。

二、违反国家规定，实施上述行为，达到或者超过第一条所列最高数量标准的，应当认定为刑法第三百五十条第一款规定的“数量大”，处三年以上十年以下有期徒刑，并处罚金。

（三）典型或常见问题的审理思路

利用麻黄碱类复方制剂加工、提炼制毒物品并非法贩卖的，如何定性？[①]

本书观点：最高人民法院、最高人民检察院、公安部联合发布的《关于办理走私、非法买卖麻黄碱类复方制剂等刑事案件适用法律若干问题的意见》规定，以制造毒品或者走私、非法买卖制毒物品为目的，利用麻黄碱类复方制剂加工、提炼制毒物品的，分别按照制造毒品罪、走私制毒物品罪或者非法买卖制毒物品罪定罪处罚；明知他人制造毒品或者走私、非法买卖制毒物品，为其利用麻黄碱类复方制剂加工、提炼制毒物品的，分别以制造毒品罪、走私制毒物品罪或者非法买卖制毒物品罪的共犯论处。复方茶碱麻黄碱片属于麻黄碱类复方制剂，是一种止咳平喘的常用药品，其中所含盐酸麻黄碱是国家列管的麻黄碱类制毒物品。行为人以非法贩卖麻黄碱类制毒物品为目的，购买复方茶碱麻黄碱片后，租用厂房、雇用人员为其加工、提炼麻黄碱，并贩卖牟利。其行为包括非法制造制毒物品和非法贩卖制毒物品两部分。由于刑法未规定非法制造制毒物品罪，对非法制造制毒物品的行为，要结合行为人的目的来定性，如果行为人制造制毒物品的目的是用于贩卖，则对其制造制毒物品的行为应当认定为非法买卖制毒物品罪。

五、非法种植毒品原植物罪

（一）刑法规定

第三百五十一条　非法种植罂粟、大麻等毒品原植物的，一律强制铲除。有下列情形之一的，处五年以下有期徒刑、拘役或者管制，并处罚金：

（一）种植罂粟五百株以上不满三千株或者其他毒品原植物数量较大的；

（二）经公安机关处理后又种植的；

（三）抗拒铲除的。

---

① 观点来源：《刑事审判参考》（总第53期），王某情、杨某先等非法买卖制毒物品案。

非法种植罂粟三千株以上或者其他毒品原植物数量大的，处五年以上有期徒刑，并处罚金或者没收财产。

非法种植罂粟或者其他毒品原植物，在收获前自动铲除的，可以免除处罚。

（二）疑难、复杂问题的参考性解答

以暴力方法抗拒铲除毒品原植物的罪数如何认定?

本书观点：对没有参与种植，但参与了抗拒铲除毒品原植物活动且抗拒方法是暴力或胁迫的，由于行为人缺乏构成非法种植毒品原植物罪的基本要件——种植毒品原植物的行为，同时也不具备抗拒铲除必须是种植者本人的条件，对其不能以非法种植毒品原植物罪论处，而应定妨害公务罪。因抗拒铲除而造成他人重伤、死亡的是妨害公务罪与故意伤害罪或者故意杀人罪想象竞合，应按重罪吸收轻罪的原则，以故意重伤罪或者故意杀人罪论处。

如果行为人实施了非法种植毒品原植物行为，为抗拒执法，而实施抗拒铲除行为的，未致人重伤、死亡的，仍按非法种植毒品原植物罪处罚。如果致人重伤、死亡的，种植数量未达到规定标准的或者不具有经公安机关处理后又种植的情形，则按照故意伤害罪或故意杀人罪定罪处罚；如果达到规定数量或者具有经公安机关处理后又种植的情形，则应当以故意伤害罪或故意杀人罪与非法种植毒品原植物罪数罪并罚。

（三）量刑指导或参考

非法种植毒品原植物，具有下列情形之一的，应当认定为刑法第三百五十一条第一款第（一）项规定的“数量较大”，处五年以下有期徒刑、拘役或者管制，并处罚金：

（一）非法种植大麻五千株以上不满三万株的；

（二）非法种植罂粟二百平方米以上不满一千二百平方米、大麻二千平方米以上不满一万二千平方米，尚未出苗的；

（三）非法种植其他毒品原植物数量较大的。

非法种植毒品原植物，达到前款规定的最高数量标准的，应当认定为刑法第三百五十一条第二款规定的“数量大”，处五年以上有期徒刑，并处罚金或者没收财产。

六、非法买卖、运输、携带、持有毒品原植物种子、幼苗罪

（一）刑法规定

第三百五十二条　非法买卖、运输、携带、持有未经灭活的罂粟等毒品原植物种子或者幼苗，数量较大的，处三年以下有期徒刑、拘役或者管制，并处或者单处罚金。

（二）疑难、复杂问题的参考性解答

如何理解本罪“非法买卖、运输、携带、持有未经灭活的罂粟等毒品原植物种子或者幼苗”的行为？

本书观点：“非法买卖”，是指以金钱或者实物作价，非法购买或者出售未经灭活的毒品原植物种子或者幼苗。“非法运输”，是指将未经灭活的毒品原植物种子或者幼苗在国内或者在国（边）境非法运输。“非法携带”，是指违反国家有关规定，随身携带未经灭活的毒品原植物种子或者幼苗。“非法持有”，是指违反国家有关规定，私藏未经灭活的毒品原植物种子或者幼苗。“未经灭活的罂粟等毒品原植物种子”，是指没有经过物理、化学等方法杀灭植物生长细胞，还能继续繁殖、发芽的罂粟等毒品原植物种子。《联合国禁止非法贩运麻醉药品和精神药物公约》规定，对罂粟籽严格加以管制。按照法律规定，行为人只要具有非法买卖、运输、携带、持有未经灭活的毒品原植物种子或者幼苗其中一种行为，就构成本罪；具有两种或者两种以上行为的，仍为一罪，不实行并罚。

按照法律规定，非法买卖、运输、携带、持有未经灭活的罂粟等毒品原植物种子或者幼苗的行为，必须是数量较大的，才构成犯罪。根据相关司法解释的规定，具有下列情形之一的，应当认定为《刑法》第三百五十二条规定的“数量较大”：

（1）罂粟种子五十克以上、罂粟幼苗五千株以上的；

（2）大麻种子五十千克以上、大麻幼苗五万株以上的；

（3）其他毒品原植物种子或者幼苗数量较大的。

七、引诱、教唆、欺骗他人吸毒罪

（一）刑法规定

第三百五十三条第一款 引诱、教唆、欺骗他人吸食、注射毒品的，处三年以下有期徒刑、拘役或者管制，并处罚金；情节严重的，处三年以上七年以下有期徒刑，并处罚金。

（二）疑难、复杂问题的参考性解答

引诱、教唆、欺骗他人吸毒罪与非罪如何界定？

本书观点：引诱、教唆、欺骗他人吸毒罪在主观方面要求行为人必须具有故意。因此，对于那些明显具有过失行为或因无意识行为引起他人吸毒的行为一般不以犯罪论处，如偶尔向他人谈起吸食毒品的快感，在某种场合对此津津乐道等，只要不是有意识地促使他人吸毒，都不能认为是犯罪。对于只是自己吸食、注射毒品，客观上对他人产生不良影响，结果引起了他人吸食、注射毒品的欲望和行动，不能定引诱、教唆、欺骗他人吸食、注射毒品罪。

对于实践中遇到的，行为人见他人生病之后为了暂时减轻其痛苦，将毒品说成止痛药促使他人吸食或注射而致使他人染上毒瘾，在这样的情况下应该具体问题具体分析：如果在当时情况下确实找不到必要的止痛办法，利用毒品减轻病人痛苦是唯一的选择，而且行为人采取这种办法在主观上并没有引诱、欺骗他人吸食毒品的故意，给病人吸食了毒品，导致他人染上毒瘾，不能以引诱、教唆、欺骗他人吸食、注射毒品罪认定；但如果行为人是借给他人止痛为由，以达到诱使他人吸食毒品的目的，由于行为人具有引诱、欺骗他人吸食毒品的故意，应当以引诱、教唆、欺骗他人吸食、注射毒品罪处罚。

八、强迫他人吸毒罪

（一）刑法规定

第三百五十三条第二款、第三款　强迫他人吸食、注射毒品的，处三年以上十年以下有期徒刑，并处罚金。

引诱、教唆、欺骗或者强迫未成年人吸食、注射毒品的，从重处罚。

（二）疑难、复杂问题的参考性解答

1. 如何认定"强迫他人吸食、注射毒品"？

本书观点：强迫他人吸食、注射毒品是指，违背他人意志，用暴力、威胁或者其他方法，迫使他人吸食、注射毒品的行为。这是强迫他人吸毒罪的本质特征，也是同其他毒品犯罪的根本区别。"暴力"，是指对不愿吸毒的人进行禁闭、殴打、捆绑、伤害等足以危及人身健康甚至生命安全的强制性手段，迫使其违心地吸食、注射毒品。"胁迫"，是指对不愿吸毒的人以立即实施暴力、实行精神强制等方法，迫使其违心地吸食、注射毒品。"其他方法"，是指利用他人处于醉酒状态或者熟睡之机等方法为其吸食、注射毒品。

2. 强迫他人吸食、注射毒品致人死亡行为与故意杀人罪的界限

本书观点：强迫他人吸食、注射超量毒品，行为人能够认识到对被害人来说是危险的，可能致其死亡，但为了追求其他目的，对被害人的死亡采取放任态度，造成其死亡结果发生的，由于行为人主观上具有杀害他人的间接故意，应构成故意杀人罪。

以强迫他人吸食、注射毒品为手段，企图达到杀害他人的目的，以故意杀人罪论处。例如，行为人为了杀害他人，强迫他人吸食、注射超量的毒品，最终导致他人死亡的结果。这里，强迫他人吸食、注射毒品是行为人杀人的一种手段，而杀死他人是其所追求的目的。

暴力强迫他人吸食、注射常量或少于常量的毒品，却直接引起了被害人死亡。在这种情况下，行为人的强迫行为是故意实施的，而对该行为引起的结果是过失的，属于结果加重犯，应以强迫他人吸食、注射毒品罪从重处罚。

九、容留他人吸毒罪

（一）刑法规定

第三百五十四条 容留他人吸食、注射毒品的，处三年以下有期徒刑、拘役或者管制，并处罚金。

（二）典型或常见问题的审理思路

旅馆经营者发现客人在房间内吸毒不予制止，是否构成容留他人吸毒罪?[①]

本书观点：容留他人吸毒罪的主观方面包括间接故意。立法原意旨在打击为他人吸食、注射毒品提供场所的行为，实质是处罚吸毒违法行为的“帮助犯”，以最大限度地遏制吸毒行为的发生。因此，容留他人吸毒罪的主观方面包括间接故意，这样的理解既不违反立法原意和刑法理论，也符合我国厉行禁毒的一贯立场和坚决主张。换言之，容留他人吸毒行为，既可以主动实施，也可以被动实施。需要说明的是，虽然容留他人吸毒罪的主观方面包括间接故意，但并非对于所有放任型的容留他人吸毒行为都要追究刑事责任。在个案处理上，要根据案件的具体情况区别特征。例如，房主出租房屋后，偶然发现他人在房屋内吸食、注射毒品未予制止或者报案的，一般不成立本罪；行为人放任共同生活的家庭成员在自家住所吸食、注射毒品的，一般也不成立本罪。

依照《禁毒法》《治安管理处罚法》《旅馆业治安管理办法》的规定，旅馆经营者对于入住客人在房间内的吸毒行为，有义务予以制止或者向公安机关报告。行为人作为案发旅馆的实际经营者，其对于旅馆房间拥有场所上的管理权和支配权。5 名吸毒人员（含 1 名未成年人）先后入住其经营的旅馆，并在房间内吸食毒品，但其在发现这 5 名客人吸食毒品的行为后，既未作制止，也未向公安机关报告，放任吸毒行为的继续发生，其行为客观上为他人吸食毒品提供了场所，符合容留他人吸毒罪的构成要件。参照上述立案追诉标准，本案同时具有容留他人吸食毒品 2 次以上，容留未成年人吸食毒品等

---

① 观点来源：《刑事审判参考》（总第 100 期），聂某凯容留他人吸毒案。

情形，依法应当追究刑事责任。

（三）疑难、复杂问题的参考性解答

本罪有无入罪条件及罪数问题？

本书观点：《刑法》第三百五十四条并没有为容留他人吸毒罪设定入罪条件。但《禁毒法》第六十一条规定，容留他人吸食、注射毒品，尚不构成犯罪的，可以由公安机关给予拘留、罚款等行政处罚。为给行政执法保留一定空间，相关司法解释规定了本罪的入罪条件，即：

（1）一次容留多人吸食、注射毒品的；

（2）二年内多次容留他人吸食、注射毒品的；

（3）二年内曾因容留他人吸食、注射毒品受过行政处罚的；

（4）容留未成年人吸食、注射毒品的；

（5）以牟利为目的容留他人吸食、注射毒品的；

（6）容留他人吸食、注射毒品造成严重后果的；

（7）其他应当追究刑事责任的情形。

其中第（五）项中的“以牟利为目的”主要是指为赚取场所使用费或者为了招揽生意而容留他人吸食、注射毒品的情形，如专门开设地下烟馆容留他人吸食、注射毒品并收取场地使用费，或者娱乐场所经营者、管理者为招揽生意而容许顾客在场所内吸食、注射毒品的。需要特别说明的是，在司法工作中，可以将行为人“曾因容留他人吸食、注射毒品受过刑事处罚的”认定为第一款第（七）项中“其他应当追究刑事责任的情形”。如果行为人不构成累犯的，依法定罪处罚；行为人构成累犯的，可以认定累犯但不予从重处罚，以免违反“禁止重复评价”原则。

实践中，对于向他人贩卖毒品后容留其吸食、注射毒品，或者容留他人吸食、注射毒品并向其贩卖毒品的，通常情况下贩卖毒品行为与容留他人吸毒行为并不具有刑法上的牵连关系，故原则上应单独评价，在容留他人吸毒行为达到定罪标准的情况下，与贩卖毒品罪数罪并罚。对于实践中常见的多次让他人在相关场所“试吸”毒品后又向其贩卖毒品的，因让他人“试吸”毒品的行为属于贩卖毒品的手段行为，故不宜认定为容留他人吸毒罪并数罪并罚。

对于容留近亲属吸食、注射毒品的，实践中普遍认为具有可宽宥性。主

要考虑到，吸毒是违法行为而不是犯罪行为，容留近亲属吸食、注射毒品的多系不得已而为之，吸毒者的近亲属在某种程度上也是受害人，对此类情形从宽处罚，既能够彰显司法的人性化，也符合宽严相济刑事政策。因此，对于情节显著轻微危害不大的，不作为犯罪处理。如父母二年内多次在自己家中容留已单独居住的成年子女吸食毒品的，或者同胞姐姐在自己家中容留未成年弟弟吸食毒品的，一般可认定为"情节显著轻微危害不大"，不作为犯罪处理。容留近亲属吸食、注射毒品，确实需要追究刑事责任的，除极少数情节恶劣的情形外，一般也应酌情从宽处罚。

需要注意的是，构成容留他人吸毒罪仅限于容留者拥有对场所的支配、控制权，而被容留者未经容留者允许，不享有场所使用权的情形，如二人共同租住同一房间，其中一人在房中吸毒的，同租者并不构成容留他人吸毒罪。此外，对场所有共同居住、使用权的一方放任另一方在共同的住所内容留他人吸食、注射毒品的，如同居女友放任同居男友在同居处容留他人吸毒而未加制止的，因放任者不符合认定为犯罪的条件，对其亦不应以容留他人吸毒罪定罪处罚。

（四）量刑指导或参考

根据《最高人民法院关于常见犯罪的量刑指导意见（二）》的规定，构成容留他人吸毒罪的，可以在一年以下有期徒刑、拘役幅度内确定量刑起点。在量刑起点的基础上，可以根据容留他人吸毒的人数、次数等其他影响犯罪构成的犯罪事实增加刑罚量，确定基准刑。

十、非法提供麻醉药品、精神药品罪

（一）刑法规定

第三百五十五条　依法从事生产、运输、管理、使用国家管制的麻醉药品、精神药品的人员，违反国家规定，向吸食、注射毒品的人提供国家规定管制的能够使人形成瘾癖的麻醉药品、精神药品的，处三年以下有期徒刑或者拘役，并处罚金；情节严重的，处三年以上七年以下有期徒刑，并处罚金。向走私、贩卖毒品的犯罪分子或者以牟利为目的，向吸食、注射毒品的人提供国家规定管制的能够使人形成瘾癖的麻醉药品、精神药品的，依照本法第三百四十七条的规定定罪处罚。

单位犯前款罪的，对单位判处罚金，并对其直接负责的主管人员和其他直接责任人员，依照前款的规定处罚。

（二）疑难、复杂问题的参考性解答

如何区分本罪与贩卖毒品罪？

本书观点：本罪要求行为人提供毒品的对象，只能是吸食、注射毒品的人。如果行为人明知对方是毒品犯罪分子，而向其提供国家规定管制的麻醉药品和精神药品的，则应以贩卖毒品罪或者其他有关毒品犯罪的共犯论处。

以牟利为目的，向吸食、注射毒品的人提供国家规定管制的麻醉药品、精神药品的，鉴于其主观恶性和危害后果都与贩卖毒品的行为相同，应当依照《刑法》第三百四十七条的规定，即贩卖毒品罪处罚。

十一、妨害兴奋剂管理罪

（一）刑法规定

第三百五十五条之一[①]　引诱、教唆、欺骗运动员使用兴奋剂参加国内、国际重大体育竞赛，或者明知运动员参加上述竞赛而向其提供兴奋剂，情节严重的，处三年以下有期徒刑或者拘役，并处罚金。

组织、强迫运动员使用兴奋剂参加国内、国际重大体育竞赛的，依照前款的规定从重处罚。

（二）司法解释及其权威解读

最高人民法院关于审理走私、非法经营、非法使用兴奋剂刑事案件适用法律若干问题的解释（法释〔2019〕16 号，自 2020 年 1 月 1 日起施行）[②]

为依法惩治走私、非法经营、非法使用兴奋剂犯罪，维护体育竞赛的公平竞争，保护体育运动参加者的身心健康，根据《中华人民共和国刑法》《中华人民共和国刑事诉讼法》的规定，制定本解释。

---

① 本条系根据《刑法修正案（十一）》第四十四条规定而增加。1997 年刑法无此规定。

② 该司法解释发布于《刑法修正案（十一）》之前，与《刑法修正案（十一）》有冲突之处的，以《刑法修正案（十一）》为准。

第一条 运动员、运动员辅助人员走私兴奋剂目录所列物质，或者其他人员以在体育竞赛中非法使用为目的走私兴奋剂目录所列物质，涉案物质属于国家禁止进出口的货物、物品，具有下列情形之一的，应当依照刑法第一百五十一条第三款的规定，以走私国家禁止进出口的货物、物品罪定罪处罚：

（一）一年内曾因走私被给予二次以上行政处罚后又走私的；

（二）用于或者准备用于未成年人运动员、残疾人运动员的；

（三）用于或者准备用于国内、国际重大体育竞赛的；

（四）其他造成严重恶劣社会影响的情形。

实施前款规定的行为，涉案物质不属于国家禁止进出口的货物、物品，但偷逃应缴税额一万元以上或者一年内曾因走私被给予二次以上行政处罚后又走私的，应当依照刑法第一百五十三条的规定，以走私普通货物、物品罪定罪处罚。

对于本条第一款、第二款规定以外的走私兴奋剂目录所列物质行为，适用《最高人民法院、最高人民检察院关于办理走私刑事案件适用法律若干问题的解释》（法释〔2014〕10号）规定的定罪量刑标准。

第二条 违反国家规定，未经许可经营兴奋剂目录所列物质，涉案物质属于法律、行政法规规定的限制买卖的物品，扰乱市场秩序，情节严重的，应当依照刑法第二百二十五条的规定，以非法经营罪定罪处罚。

第三条 对未成年人、残疾人负有监护、看护职责的人组织未成年人、残疾人在体育运动中非法使用兴奋剂，具有下列情形之一的，应当认定为刑法第二百六十条之一规定的“情节恶劣”，以虐待被监护、看护人罪定罪处罚：

（一）强迫未成年人、残疾人使用的；

（二）引诱、欺骗未成年人、残疾人长期使用的；

（三）其他严重损害未成年人、残疾人身心健康的情形。

第四条 在普通高等学校招生、公务员录用等法律规定的国家考试涉及的体育、体能测试等体育运动中，组织考生非法使用兴奋剂的，应当依照刑法第二百八十四条之一的规定，以组织考试作弊罪定罪处罚。

明知他人实施前款犯罪而为其提供兴奋剂的，依照前款的规定定罪处罚。

第五条 生产、销售含有兴奋剂目录所列物质的食品，符合刑法第一百四十三条、第一百四十四条规定的，以生产、销售不符合安全标准的食品罪、生产、销售有毒、有害食品罪定罪处罚。

第六条　国家机关工作人员在行使反兴奋剂管理职权时滥用职权或者玩忽职守，造成严重兴奋剂违规事件，严重损害国家声誉或者造成恶劣社会影响，符合刑法第三百九十七条规定的，以滥用职权罪、玩忽职守罪定罪处罚。

依法或者受委托行使反兴奋剂管理职权的单位的工作人员，在行使反兴奋剂管理职权时滥用职权或者玩忽职守的，依照前款规定定罪处罚。

第七条　实施本解释规定的行为，涉案物质属于毒品、制毒物品等，构成有关犯罪的，依照相应犯罪定罪处罚。

第八条　对于是否属于本解释规定的“兴奋剂”“兴奋剂目录所列物质”“体育运动”“国内、国际重大体育竞赛”等专门性问题，应当依据《中华人民共和国体育法》《反兴奋剂条例》等法律法规，结合国务院体育主管部门出具的认定意见等证据材料作出认定。

第九条　本解释自2020年1月1日起施行。

权威解读

解读《最高人民法院关于审理走私、非法经营、非法使用兴奋剂刑事案件适用法律若干问题的解释》

近年来，随着体育赛事活动的商业化和政治化趋势日益增强，包括我国在内的一些运动员和机构通过不正当手段如使用兴奋剂等药品影响比赛的情形屡见不鲜。同时，兴奋剂现象有转移与扩大化倾向。由国际级、国家级比赛向省级赛事转移；由竞技体育向高考体育加试等学校体育扩展；甚至在健美比赛等社会体育当中也出现了使用兴奋剂的现象。在体育竞技当中使用兴奋剂不仅破坏体育竞技的公平性，在国际比赛当中破坏国家形象，形成兴奋剂的地下交易市场，破坏社会稳定，还会损害运动员本人的生理健康。因此，在体育运动中严禁使用兴奋剂已经成为共识，有些国家甚至已经开始使用刑罚手段对其进行制裁。

我国也不例外。针对体育运动中使用兴奋剂现象，1998年国家体育总局在《关于严格禁止在体育运动中使用兴奋剂行为的规定（暂行）》（已失效）中规定，对在体育中滥用兴奋剂的行为，情节严重的、造成严重后果的，可以追究其刑事责任。首次明确了对有关体育活动中使用兴奋剂行为可以动用刑罚手段。之后，2004年国务院颁布了《反兴奋剂条例》（已被修改），明确规定四种涉及滥用兴奋剂的行为，对相关人员可以追究刑事责任。

但是，对体育运动中使用兴奋剂的行为动用刑罚手段，是一件比较困难的事情。一方面，运动员自己使用兴奋剂相当于吸毒行为，吸毒尽管可恶，但由于其属于个人自伤行为，不侵害他人利益，因此包括我国在内的世界各国鲜有将运动员本人吸毒行为作为犯罪处理的规定。所以，对于运动员在体育运动中自己使用兴奋剂的行为，无法动用刑法，只能对其外围如提供兴奋剂或者帮助、教唆使用兴奋剂的人进行处罚。另一方面，尽管《反兴奋剂条例》当中明确规定对体育运动中使用兴奋剂的有关人员可以适用刑罚手段应对，但该规定只是国务院颁布的行政法规，其中的相关规定在刑事审判当中如何落实，还有待具体明确。因此，实践当中，尽管对体育运动中使用兴奋剂的行为动用刑法的呼声很高，但司法机关对于涉及体育运动的使用兴奋剂的行为，一直难以妥当处理。《最高人民法院关于审理走私、非法经营、非法使用兴奋剂刑事案件适用法律若干问题的解释》正是在这种背景之下出台的。

本解释共九条，主要是以现行刑法的相关规定为基础，对于体育运动当中出现的使用兴奋剂行为，从可能构成犯罪的角度进行了系统梳理，包括以下内容：

一是运动员本人，领队、教练、队医等运动员辅助人员以及运动员家属、运动员管理机关的工作人员等相关人员以在体育运动中出于非法使用的目的而走私兴奋剂的，可以构成刑法所规定的走私类犯罪。根据涉案对象的不同，具体而言，可以构成两种走私犯罪：一类是刑法第一百五十一条第三款规定的"走私国家禁止进出口的货物、物品罪"。这种场合，所涉案件的对象不仅在兴奋剂目录范围之内，而且该涉案物质还属于国家禁止进出口的货物、物品。如莱克多巴胺、盐酸莱克多巴胺等就是如此，这种物质不仅具有兴奋效果，还属于国家禁止出口物质。另一类是刑法第一百五十三条所规定的走私普通货物、物品罪。这种场合，所涉案件的对象不在国家禁止进出口的货物、物品之列，但属于进出海关必须申报缴税的物质的场合。本条解释是为了堵截国际体育比赛时自带兴奋剂进出国（边）境而做的规定。

二是违规经营兴奋剂的，可以构成非法经营罪。兴奋剂目录当中所列物质并不全都有害，如有些精神麻醉类药品就属于日常的医药类用品，很多人生活中不能缺少。但对这类物品的经营，国家实施严厉的管控，专营专卖或者限制买卖。未经许可而擅自经营，情节严重的，构成刑法第二百二十五条规定的非法经营罪。这是为在国内市场源头上堵截兴奋剂的买卖而做的规定。

三是强迫、诱骗未成年人、残疾人在体育运动中使用兴奋剂，情节恶劣，可以构成虐待被监护、看护人罪。这是针对近年来出现的未成年人、残疾人体育赛事中出现的使用兴奋剂现象而做的规定。本罪适用的对象是与未成年人、残疾人运动员有关的辅助人员以及其他人如队医、运动员家属、运动员管理单位的工作人员等。

四是在高校招生、公务员录用等国家考试涉及的体育、体能测试等体育运动中，组织考生非法使用兴奋剂的，可以构成组织考试作弊罪。近年来，兴奋剂的使用已经不仅限于体育比赛，在一些高校体育特长生、自主招生以及公务员录用体质测定当中，也出现了组织、帮助他人使用兴奋剂，或者明知他人为帮助他人考试作弊用而为其提供兴奋剂，违反公平竞争原则，使他人考试、录用过关的结果。这种情况，实质上就是刑法第二百八十四条之一规定组织考试作弊行为。

五是生产、销售含有兴奋剂目录所列物质的食品，可以构成生产、销售不符合安全标准的食品罪，生产、销售有毒、有害食品罪。各种供人食用或者饮用的食品或者饮品，按照国家相关法律，对成分、原料和添加物质都有一定要求，绝对不允许添加既无营养价值又对人体具有生理病害，食后会损害机体健康的兴奋剂等物质，因此在生产、销售的食品中添加兴奋剂物质的，构成上述犯罪。

六是国家机关工作人员在行使反兴奋剂管理职权时滥用职权或者玩忽职守，造成严重的兴奋剂违规事件，严重损害国家声誉或者造成恶劣社会影响的，可以构成滥用职权罪、玩忽职守罪。这一规定主要是针对负有反兴奋剂职责的国家工作人员不履行职权，在兴奋剂检测的过程中包庇、纵容他人使用兴奋剂而做的规定。

通过上述六方面的规定，不仅宣示了我国在体育运动中严厉反对使用兴奋剂的立场和态度，而且还在现行刑法所规定的范围之内，力所能及地采用最为严厉的制裁手段，对使用兴奋剂进行打击，以防止兴奋剂在体育运动中的蔓延。

（撰稿：黎宏）

（三）疑难、复杂问题的参考性解答

如何正确理解和适用妨害兴奋剂管理罪？

（1）犯罪主体为一般主体。

（2）主观方面必须是故意，即明知运动员参加国内、国际重大体育竞赛而故意实施组织、强迫、引诱、教唆、欺骗运动员使用兴奋剂的行为，或者明知运动员参加上述竞赛而向其提供兴奋剂。

（3）客观方面，表现为：组织、强迫、引诱、教唆、欺骗的方法，让参加国内、国际重大体育竞赛的运动员使用兴奋剂，或者明知运动员参加上述竞赛而向其提供兴奋剂，情节严重的。组织、强迫、引诱、教唆、欺骗行为不需要“情节严重”。向运动员提供兴奋剂的行为必须以“情节严重”为条件。如何认定“情节严重”？根据司法实践，下列情况下，可以认定为“情节严重”：多次向参加国内、国际重大体育竞赛的运动员提供兴奋剂的；向参加国内、国际重大体育竞赛的未成年人、残疾人提供兴奋剂的；造成重大恶劣影响的；其他情节严重的情形。

（4）侵犯的客体是国内、国际重大体育竞赛的公平竞争秩序和体育运动参加者的身心健康。

（5）犯罪对象，首先必须是针对运动员，其次运动员必须是参加国内、国际重大体育竞赛的运动员，如奥运会、亚运会、全运会等，如果只是参加某个地区而非全国性、世界性的体育竞赛的运动员，如参加某县中学运动会的运动员，则不能成为本罪的犯罪对象。

第八节　组织、强迫、引诱、容留、介绍卖淫罪

一、组织卖淫罪，强迫卖淫罪

（一）刑法规定

第三百五十八条　组织、强迫他人卖淫的，处五年以上十年以下有期徒刑，并处罚金；情节严重的，处十年以上有期徒刑或者无期徒刑，并处罚金

或者没收财产。

组织、强迫未成年人卖淫的，依照前款的规定从重处罚。

犯前两款罪，并有杀害、伤害、强奸、绑架等犯罪行为的，依照数罪并罚的规定处罚。①

第三百六十一条　旅馆业、饮食服务业、文化娱乐业、出租汽车业等单位的人员，利用本单位的条件，组织、强迫、引诱、容留、介绍他人卖淫的，依照本法第三百五十八条、第三百五十九条的规定定罪处罚。

前款所列单位的主要负责人，犯前款罪的，从重处罚。

（二）司法解释、司法文件及其权威解读

最高人民法院、最高人民检察院关于办理组织、强迫、引诱、容留、介绍卖淫刑事案件适用法律若干问题的解释（法释〔2017〕13号，自2017年7月25日起施行）

为依法惩治组织、强迫、引诱、容留、介绍卖淫犯罪活动，根据刑法有关规定，结合司法工作实际，现就办理这类刑事案件具体应用法律的若干问题解释如下：

第一条　以招募、雇佣、纠集等手段，管理或者控制他人卖淫，卖淫人员在三人以上的，应当认定为刑法第三百五十八条规定的“组织他人卖淫”。

组织卖淫者是否设置固定的卖淫场所、组织卖淫者人数多少、规模大小，不影响组织卖淫行为的认定。

第二条　组织他人卖淫，具有下列情形之一的，应当认定为刑法第三百

---

①《刑法修正案（九）》对本罪作了四方面的修改，一是取消了本罪的死刑；二是将判处十年以上刑罚的具体列举的五项情形修改为“情节严重”；三是增加组织未成年人卖淫的，从重处罚的规定，进一步加强了对未成年人的保护；四是增加规定对组织他人卖淫的，并有杀害、伤害、强奸、绑架等犯罪行为的，依照数罪并罚的规定处罚。

《刑法》原第三百五十八条　组织他人卖淫或者强迫他人卖淫的，处五年以上十年以下有期徒刑，并处罚金；有下列情形之一的，处十年以上有期徒刑或者无期徒刑，并处罚金或者没收财产：

（一）组织他人卖淫，情节严重的；

（二）强迫不满十四周岁的幼女卖淫的；

（三）强迫多人卖淫或者多次强迫他人卖淫的；

（四）强奸后迫使卖淫的；

（五）造成被强迫卖淫的人重伤、死亡或者其他严重后果的。

有前款所列情形之一，情节特别严重的，处无期徒刑或者死刑，并处没收财产。

五十八条第一款规定的“情节严重”：

（一）卖淫人员累计达十人以上的；

（二）卖淫人员中未成年人、孕妇、智障人员、患有严重性病的人累计达五人以上的；

（三）组织境外人员在境内卖淫或者组织境内人员出境卖淫的；

（四）非法获利人民币一百万元以上的；

（五）造成被组织卖淫的人自残、自杀或者其他严重后果的；

（六）其他情节严重的情形。

第三条 在组织卖淫犯罪活动中，对被组织卖淫的人有引诱、容留、介绍卖淫行为的，依照处罚较重的规定定罪处罚。但是，对被组织卖淫的人以外的其他人有引诱、容留、介绍卖淫行为的，应当分别定罪，实行数罪并罚。

第四条 明知他人实施组织卖淫犯罪活动而为其招募、运送人员或者充当保镖、打手、管账人等的，依照刑法第三百五十八条第四款的规定，以协助组织卖淫罪定罪处罚，不以组织卖淫罪的从犯论处。

在具有营业执照的会所、洗浴中心等经营场所担任保洁员、收银员、保安员等，从事一般服务性、劳务性工作，仅领取正常薪酬，且无前款所列协助组织卖淫行为的，不认定为协助组织卖淫罪。

第五条 协助组织他人卖淫，具有下列情形之一的，应当认定为刑法第三百五十八条第四款规定的“情节严重”：

（一）招募、运送卖淫人员累计达十人以上的；

（二）招募、运送的卖淫人员中未成年人、孕妇、智障人员、患有严重性病的人累计达五人以上的；

（三）协助组织境外人员在境内卖淫或者协助组织境内人员出境卖淫的；

（四）非法获利人民币五十万元以上的；

（五）造成被招募、运送或者被组织卖淫的人自残、自杀或者其他严重后果的；

（六）其他情节严重的情形。

第六条 强迫他人卖淫，具有下列情形之一的，应当认定为刑法第三百五十八条第一款规定的“情节严重”：

（一）卖淫人员累计达五人以上的；

（二）卖淫人员中未成年人、孕妇、智障人员、患有严重性病的人累计达三人以上的；

（三）强迫不满十四周岁的幼女卖淫的；

（四）造成被强迫卖淫的人自残、自杀或者其他严重后果的；

（五）其他情节严重的情形。

行为人既有组织卖淫犯罪行为，又有强迫卖淫犯罪行为，且具有下列情形之一的，以组织、强迫卖淫“情节严重”论处：

（一）组织卖淫、强迫卖淫行为中具有本解释第二条、本条前款规定的“情节严重”情形之一的；

（二）卖淫人员累计达到本解释第二条第一、二项规定的组织卖淫“情节严重”人数标准的；

（三）非法获利数额相加达到本解释第二条第四项规定的组织卖淫“情节严重”数额标准的。

第七条　根据刑法第三百五十八条第三款的规定，犯组织、强迫卖淫罪，并有杀害、伤害、强奸、绑架等犯罪行为的，依照数罪并罚的规定处罚。协助组织卖淫行为人参与实施上述行为的，以共同犯罪论处。

根据刑法第三百五十八条第二款的规定，组织、强迫未成年人卖淫的，应当从重处罚。

第八条　引诱、容留、介绍他人卖淫，具有下列情形之一的，应当依照刑法第三百五十九条第一款的规定定罪处罚：

（一）引诱他人卖淫的；

（二）容留、介绍二人以上卖淫的；

（三）容留、介绍未成年人、孕妇、智障人员、患有严重性病的人卖淫的；

（四）一年内曾因引诱、容留、介绍卖淫行为被行政处罚，又实施容留、介绍卖淫行为的；

（五）非法获利人民币一万元以上的。

利用信息网络发布招嫖违法信息，情节严重的，依照刑法第二百八十七条之一的规定，以非法利用信息网络罪定罪处罚。同时构成介绍卖淫罪的，依照处罚较重的规定定罪处罚。

引诱、容留、介绍他人卖淫是否以营利为目的，不影响犯罪的成立。

引诱不满十四周岁的幼女卖淫的，依照刑法第三百五十九条第二款的规定，以引诱幼女卖淫罪定罪处罚。

被引诱卖淫的人员中既有不满十四周岁的幼女，又有其他人员的，分别以引诱幼女卖淫罪和引诱卖淫罪定罪，实行并罚。

第九条 引诱、容留、介绍他人卖淫，具有下列情形之一的，应当认定为刑法第三百五十九条第一款规定的“情节严重”：

（一）引诱五人以上或者引诱、容留、介绍十人以上卖淫的；

（二）引诱三人以上的未成年人、孕妇、智障人员、患有严重性病的人卖淫，或者引诱、容留、介绍五人以上该类人员卖淫的；

（三）非法获利人民币五万元以上的；

（四）其他情节严重的情形。

第十条 组织、强迫、引诱、容留、介绍他人卖淫的次数，作为酌定情节在量刑时考虑。

第十一条 具有下列情形之一的，应当认定为刑法第三百六十条规定的“明知”：

（一）有证据证明曾到医院或者其他医疗机构就医或者检查，被诊断为患有严重性病的；

（二）根据本人的知识和经验，能够知道自己患有严重性病的；

（三）通过其他方法能够证明行为人是“明知”的。

传播性病行为是否实际造成他人患上严重性病的后果，不影响本罪的成立。

刑法第三百六十条规定所称的“严重性病”，包括梅毒、淋病等。其他性病是否认定为“严重性病”，应当根据《中华人民共和国传染病防治法》《性病防治管理办法》的规定，在国家卫生与计划生育委员会规定实行性病监测的性病范围内，依照其危害、特点与梅毒、淋病相当的原则，从严掌握。

第十二条 明知自己患有艾滋病或者感染艾滋病病毒而卖淫、嫖娼的，依照刑法第三百六十条的规定，以传播性病罪定罪，从重处罚。

具有下列情形之一，致使他人感染艾滋病病毒的，认定为刑法第九十五条第三项“其他对于人身健康有重大伤害”所指的“重伤”，依照刑法第二百三十四条第二款的规定，以故意伤害罪定罪处罚：

（一）明知自己感染艾滋病病毒而卖淫、嫖娼的；

（二）明知自己感染艾滋病病毒，故意不采取防范措施而与他人发生性关系的。

第十三条　犯组织、强迫、引诱、容留、介绍卖淫罪的，应当依法判处犯罪所得二倍以上的罚金。共同犯罪的，对各共同犯罪人合计判处的罚金应当在犯罪所得的二倍以上。

对犯组织、强迫卖淫罪被判处无期徒刑的，应当并处没收财产。

第十四条　根据刑法第三百六十二条、第三百一十条的规定，旅馆业、饮食服务业、文化娱乐业、出租汽车业等单位的人员，在公安机关查处卖淫、嫖娼活动时，为违法犯罪分子通风报信，情节严重的，以包庇罪定罪处罚。事前与犯罪分子通谋的，以共同犯罪论处。

具有下列情形之一的，应当认定为刑法第三百六十二条规定的“情节严重”：

（一）向组织、强迫卖淫犯罪集团通风报信的；

（二）二年内通风报信三次以上的；

（三）一年内因通风报信被行政处罚，又实施通风报信行为的；

（四）致使犯罪集团的首要分子或者其他共同犯罪的主犯未能及时归案的；

（五）造成卖淫嫖娼人员逃跑，致使公安机关查处犯罪行为因取证困难而撤销刑事案件的；

（六）非法获利人民币一万元以上的；

（七）其他情节严重的情形。

第十五条　本解释自2017年7月25日起施行。

权威解读

解读《最高人民法院、最高人民检察院关于审理组织、强迫、引诱、容留、介绍卖淫刑事案件适用法律若干问题的解释》

一、起草背景和过程

司法实践中发现，各地在审理组织、强迫、引诱、容留、介绍卖淫刑事案件时，存在诸多适用法律不统一的问题。最高人民法院曾受理多个高院就此类案件的请示，在调研工作中也发现此类案件中的不少问题。最高人民法院、最高人民检察院曾经于1992年12月11日发布过《关于执行〈全国人民代表大会常务委员会关于严禁卖淫嫖娼的决定〉的若干问题的解答》（以下简称《严禁卖淫嫖娼解答》），但该解答所依附的《全国人民代表大会常务委员会关于严禁卖淫嫖娼的决定》（以下简称《严禁卖淫嫖娼决定》）有关刑事责任方面的规定已经被现行刑法所吸纳，并且刑法与《严禁卖淫嫖娼决定》相比，在罪刑规定方面有较大变化，因此，《严禁卖淫嫖娼解答》无法解决司法实践中的诸多问题。2013 年，我院经对司法解释进行清理，宣布废止了《严禁卖淫嫖娼解答》。因此，有必要对办理此类案件的法律适用问题进行统一、规范。

2012 年，最高人民法院审判委员会经讨论，决定对《最高人民法院关于审理组织、强迫、引诱、容留、介绍卖淫刑事案件适用法律若干问题的解释》（以下简称《卖淫刑事案件解释》）进行立项。承办部门刑事审判第四庭成立了起草小组，起草了征求意见稿，并进行了广泛的调研，征求了全国各高级人民法院的意见，先后到江苏、四川、广东、河北、海南、浙江、广西等地，召开高院及部分中基层法院同志参加的调研座谈会。2015 年 8 月 29 日，《刑法修正案（九）》公布、实施，对解释稿所涉及的组织、强迫卖淫罪、协助组织卖淫罪等进行了修改。此后，起草小组根据《刑法修正案（九）》的相关规定，对司法解释稿进行了修改，并多次与公安部治安局、部分省公安厅及部分地市县公安机关治安部门负责人座谈，对解释稿进行了充分讨论。召开了专家论证会，在全国人大常委会法工委的主持下与相关部委召开了协调会，就解释稿中的有关问题进行了充分协商，最后决定该解释由最高人民法院和最高人民检察院联合发布。“两高”经对解释稿进行修改后，2017 年 5 月 8 日，最高人民法院审判委员会经讨论，原则通过了解释稿，2017 年 7 月 4 日最高人民检察院第十二届检察委员会经讨论，通过了解释稿。《卖淫刑事案件解释》自 2017 年 7 月 25 日起实施。

二、关于组织卖淫罪的界定及情节严重的认定

（一）关于组织卖淫罪的概念

司法实践中，对如何认定组织卖淫，一直存在困惑。《严禁卖淫嫖娼解答》规定：“组织他人卖淫罪，是指以招募、雇佣、强迫、引诱、容留等手段，控制多人从事卖淫的行为。”我们认为，《严禁卖淫嫖娼解答》的基本内涵还是正确的。体现在：一是组织卖淫需要具备组织行为，既包括如何将卖淫人员组织在一起的行为，也包括将卖淫人员组织起来后如何实施卖淫的行为；二是卖淫者的人数。但是，司法实践也表明，《严禁卖淫嫖娼解答》关于组织卖淫的定义需要完善。

一是组织行为方面。《严禁卖淫嫖娼解答》的缺陷有两处：其一是容易混淆引诱、容留、介绍卖淫与组织卖淫的概念，因此，《卖淫刑事案件解释》采用了“招募、雇佣、纠集等手段”的表述方法，将引诱、容留等手段隐含在组织人员的方法之中，以将组织卖淫与一般的引诱、容留及介绍行为区分开来。其二是容易混淆组织卖淫和强迫卖淫的概念。虽然在某种程度上组织卖淫可以包括强迫卖淫，但是，强迫卖淫涵盖不了组织卖淫。因此，《卖淫刑事案件解释》将《严禁卖淫嫖娼解答》的“控制他人卖淫”改为“管理或者控制他人卖淫”，以体现不少卖淫人员是自愿卖淫，并且接受组织者的管理。

调研中，有意见提出，组织卖淫行为应体现在行为人的组织性上。经研究认为，刑法中类似于黑社会组织犯罪这类的组织性犯罪与本罪在本质上是不一样的。本罪的罪质特征主要体现在其组织行为上，如一个人也可以组织他人卖淫，而不是体现在组织者的组织机构上。

二是规模要件即卖淫人数方面。《严禁卖淫嫖娼解答》关于控制多人卖淫的概念总体上是对的，而且多人就是指三人以上，也符合刑法术语的一般理解，在调研中，有意见认为，只要符合“管理或者控制他人卖淫”的形式，即使组织一人或者二人也可以以组织卖淫罪处理。为澄清这种认识，并且明确组织卖淫和容留卖淫的区别，同时也避免在同一个法律文件内出现对一个名词自我解释的现象，《卖淫刑事案件解释》将组织卖淫罪中被组织人员的人数明确规定为三人以上。

三是场所要件方面。在一般情况下，组织卖淫行为人是设置或者变相设置卖淫场所的，如以宾馆、洗浴中心、会所为固定场所或者以经营宾馆、洗浴中心、会所等为名，行组织卖淫之实。但近些年来，面对严厉的“扫黄”活动，一些不法之徒采取动态管理方式，即不建立固定的卖淫窝点，而是利用现代化的交通与通信设施，指挥、控制着多人从事卖淫活动。这种动态管理模式，将组织卖淫行为化整为零，或者将分散的单个卖淫行为组织起来，既能扩大卖淫的范围，又便于逃避公安机关的追查。这类没有固定场所的组织卖淫行为，依然明显地体现出组织者的管理、控制行为，即卖淫者并非作为单个个体而存在，而是受制于组织者，随时接受他们的指令去办事，有一定的组织性和纪律性。

基于以上理由，解释第一条规定：“以招募、雇佣、纠集等手段，管理或者控制他人卖淫，卖淫人员在三人以上的，应当认定为刑法第三百五十八条规定的‘组织他人卖淫’。组织卖淫者是否设置固定的卖淫场所、组织卖淫者人数多少、规模大小，不影响组织卖淫行为的认定。”

（二）关于组织卖淫罪“情节严重”的认定

1997年《刑法》第三百五十八条第一款规定了组织、强迫卖淫罪“情节严重”的五种情形，但对组织卖淫罪的“情节严重”情形没有细化。同时还规定，组织、强迫卖淫情节特别严重的，处无期徒刑或者死刑，并处没收财产。《刑法修正案（九）》取消了组织、强迫卖淫罪的死刑，并取消了该罪关于“情节特别严重”的规定，仅规定“情节严重的，处十年以上有期徒刑或者无期徒刑，并处罚金或者没收财产”。但对何谓“情节严重”没有作出规定。而司法实践亟须对“组织卖淫情节严重”进行细化。为满足这一需要，《卖淫刑事案件解释》从以下几个方面作出了细化的规定。一是从卖淫人员的人数方面进行规定。根据对北京市、上海市、天津市、重庆市、江苏省、福建省、广东省、四川省等八个高级人民法院近五年来（2011－2015年，下同）此类案件的司法统计汇总，组织卖淫案件中，卖淫人员为5人以上的共417件，占同期该类案件数的18.65%；卖淫人员为10人以上的共164件，占同期该类案件数的7.33%；卖淫人员为15人以上的共65件，占同期该类案件数的2.9%；卖淫人员为20人以上的共39件，占同期该类案件数的1.74%。通过对上述八省市组织卖淫案件的分析，经研究认为，将卖淫人数累计达到10人以上作为组织卖淫“情节严重”的起点标准，基本能够反映情节严重案件与情节一般案件的比例要求。二是从特殊保护角度进行规定。组织“未成年人、孕妇、智障人员、患有严重性病的人员等具有特殊身份的人进行卖淫”的，认定“情节严重”的卖淫人数标准，依照组织普通人员卖淫人数标准的50%确认，即累计达到5人以上即构成组织卖淫“情节严重”。三是从社会影响层面考虑而作出相应的规定，即规定“组织境外人员在境内卖淫或者组织境内人员出境卖淫”的，只要构成犯罪就属于“情节严重”。四是从危害后果方面进行规定。将造成卖淫人员自残、自杀或者其他严重后果作为“情节严重”的情形之一。需要注意的是，这里的严重后果不是基于组织者的故意行为。如果是组织者的故意行为，则应当依照《刑法》第三百五十八条第三款的规定，以故意杀人、故意伤害罪等对组织者实施数罪并罚。

关于组织卖淫的次数是否可以作为“情节严重”的选项问题。从调研情况看，各地法院普遍赞同不以组织卖淫的次数衡量情节是否严重，而应以管理、控制卖淫的人数、造成被组织卖淫者伤亡后果及卖淫人员自身的情况，如：未成年人、孕妇、智障人员、患有严重性病的人等来认定情节是否严重。因为在司法实践中，卖淫的次数问题，取证通常比较困难，在认定的证据上往往会比较缺乏。另外，组织卖淫的次数与人数相比，显然人数的危害比次数大得多。当然，解释对次数问题也是有充分的考虑的。一是专门设置第十条，将组织、强迫、引诱、容留、介绍他人卖淫的次数，作为在法定刑幅度内的量刑情节。二是将组织卖淫犯罪活动“非法获利人民币一百万元以上”作为“情节严重”的情形之一。组织卖淫活动获利越多，越能在较大程度上反映其组织卖淫的次数，体现其严重的社会危害性。从收集证据角度来看，获利情况相对容易查明，将获利情况作为情节严重与否的标准，也有利于对卖淫者的信息进行一定保护，使反侦查意识较强的犯罪分子难以逃避打击。那么，获利多少可以认定为“情节严重”？经征求相关方面的意见后，起草小组认为，获利多少不是认定“情节严重”的主要选项，而是在认定组织卖淫人数存在取证困难时的一个补充手段，因此，不宜太高，也不宜太低。其获利情况应当与组织卖淫犯罪活动连续时间或者累计时间一年以上基本相当，因而确定为一百万元。实践中，犯罪分子获利数百万元甚至数千万元的也不在少数。

综上，《卖淫刑事案件解释》在第二条将六种情形认定为组织卖淫的情节严重：(1) 卖淫人员累计达十人以上的；(2) 卖淫人员中未成年人、孕妇、智障人员、患有严重性病的人累计达五人以上的；(3) 组织境外人员在境内卖淫或者组织境内人员出境卖淫的；(4) 非法获利人民币一百万元以上的；(5) 造成被组织卖淫的人自残、自杀或者其他严重后果的；(6) 其他情节严重的情形。

三、关于协助组织卖淫罪的含义及“情节严重”的认定

(一) 关于协助组织卖淫罪的含义

《刑法》第三百五十八条第四款规定了协助组织卖淫罪的基本概念，即“为组织卖淫的人招募、运送人员或者有其他协助组织他人卖淫的行为”。调研中，一些法院提出，在制定司法解释时需要明确三个问题，一是应当明确协助组织卖淫的行为人是否必须对组织卖淫行为“明知”，二是应当明确其他协助组织行为的基本范围，三是应当对协助组织卖淫罪是否以组织卖淫罪的从犯处理作出明确。关于第一个问题，经研究认为，实践中确实有一些人不

知是卖淫人员而认为是运送、招募劳务人员，但实际协助了组织卖淫的情况。对此有必要明确不构成协助组织卖淫罪。关于第二个问题，《卖淫刑事案件解释》将《刑法》第三百五十八条第四款规定的“其他协助组织他人卖淫的行为”解释为“充当保镖、打手、管账人等”。关于第三个问题，经研究认为，刑法单独规定了协助组织卖淫罪，就说明，这类行为有具体的罪状和单独的法定刑，应当确定为独立的罪名，适用单独的法定刑，不再适用刑法关于从犯的处罚原则。既然协助组织卖淫罪是一个单独的罪名，对协助组织卖淫行为本身，也就可以依照刑法关于共同犯罪的有关规定区分主从犯。

（二）关于协助组织卖淫罪的出罪问题

在查处组织卖淫案件时，公安机关往往不仅抓捕组织卖淫者和协助组织卖淫者，对协助组织卖淫行为性质不明显的人员也可能一并抓获。对此类人员如何处理，在实践中常有困惑。我们认为，应当具体情况具体分析，不能一概而论地都予以定罪处罚。如果行为人协助组织卖淫行为性质明显的，不论其从事何种协助组织行为，均应以协助组织卖淫罪定罪处罚。但对协助组织卖淫行为性质不明显的，则不轻易定罪处罚。如何区分协助组织卖淫行为性质是否明显？一是从其工作场所来区分。如果是在隐蔽场所，非合法经营场所，则不存在协助组织行为性质不明显的问题。这是前提条件。行为人明知是非法场所，仍然实施协助组织行为，不能认定为协助组织性质不明显。因此，在会所、洗浴中心等合法经营场所，是认定协助组织行为性质不明显的首要条件。二是以从事的工作性质来区分。充当保镖、打手、管账等工作的，从其平时工作中就应发现组织卖淫犯罪活动。而从事一般的服务性、劳务性工作，如保洁员、收银员、保安员等，就不一定能在主观上具有协助组织卖淫的故意。三是从所获取的利益来区分。这是认定行为人与组织卖淫者关系密切程度的重要方法之一。仅领取正常的一般性薪酬且无《卖淫刑事案件解释》第四条第一款所列协助行为的，与领取高额工资者，明显不同。将上述三个方面结合起来，确定协助组织行为性质是否明显，不能仅从某一方面来区分。

（三）关于协助组织卖淫罪的“情节严重”问题

从刑法关于组织卖淫罪、协助组织卖淫罪的刑罚幅度配置看，协助组织卖淫罪的刑罚幅度实际上就相当于组织卖淫罪从犯的刑罚幅度。因此，其“情节严重”的标准，基本可以参照组织卖淫罪“情节严重”的标准来确定。

仅对其中非法获利一项作了调整。主要考虑协助组织卖淫的获利，一般情况下明显小于组织卖淫者的获利。因此，解释按照组织卖淫罪“情节严重”获利起点的一半即五十万元作为协助组织卖淫罪“情节严重”的起点。其他“情节严重”选项的量化标准与组织卖淫罪“情节严重”的量化标准一致。

四、关于强迫卖淫罪“情节严重”及与强迫卖淫相关行为的定性及罪数问题

（一）关于强迫卖淫罪“情节严重”的认定

1997 年《刑法》第三百五十八条第一款规定了组织、强迫卖淫罪“情节严重”的五种情形。根据该条规定，强迫他人卖淫“情节严重”的是指：(1) 强迫不满十四周岁的幼女卖淫的；(2) 强迫多人卖淫或者多次强迫他人卖淫的；(3) 强奸后迫使卖淫的；(4) 造成被强迫卖淫的人重伤、死亡或者其他严重后果的。该条第二款还规定，有前款所列情形之一，情节特别严重的，处无期徒刑或者死刑，并处没收财产。《刑法修正案（九）》取消了组织、强迫卖淫罪的死刑，并取消了关于“情节特别严重”的规定，仅规定“情节严重”的量刑幅度。同时对强奸后迫使卖淫的，规定应当以强奸罪和强迫卖淫罪数罪并罚，不再认定为强迫卖淫“情节严重”；杀害被强迫卖淫人员的，应当以故意杀人罪和强迫卖淫罪并罚，不再认定为强迫卖淫“情节严重”。因此，如何在《刑法修正案（九）》的框架内确定强迫卖淫情节严重的问题，也显得非常迫切。

起草小组参考 1997 年刑法对强迫卖淫罪“情节严重”的有关规定，基于《刑法修正案（九）》取消“情节严重”具体规定、取消强迫卖淫罪死刑条款的实际情况，认为仍然应当规定强迫卖淫罪“情节严重”的具体情形，但必须遵循《刑法修正案（九）》规定的精神，并且强迫卖淫罪的“情节严重”标准应当在门槛设置上低于组织卖淫罪。主要原因是强迫卖淫罪的行为人对卖淫人员的人身具有更大的侵害性。以此为立足点，起草小组提出了强迫卖淫罪“情节严重”的以下内容。(1) 卖淫人员累计达五人以上的。此标准参照组织卖淫罪人员的一半标准设置，体现对强迫卖淫罪更严厉打击的精神。(2) 卖淫人员中未成年人、孕妇、智障人员、患有严重性病的人累计达三人以上的。本项规定对未成年人、孕妇、智障人员、患有严重性病的人而言，人数标准参照组织卖淫罪人员的一半标准设置，体现对强迫卖淫罪更严厉打击的精神。(3) 强迫不满十四周岁的幼女卖淫的。本项对于强迫幼女卖淫的

问题专门作出规定，即强迫幼女卖淫的，不需要人数的限定，只要强迫幼女卖淫的，即属于“情节严重”。理由有二：其一，与组织卖淫罪的构成要件要求组织三人以上卖淫不同的是，强迫卖淫罪的构成要件没有人数限制，只要卖淫人员是被强迫卖淫的即可。其二，《刑法》第三百五十九条第二款规定的引诱幼女卖淫罪的量刑幅度，相当于引诱他人卖淫“情节严重”的量刑幅度。此规定所蕴含的立法精神是，针对幼女实施的犯罪行为应当作为加重处罚情节。据此，强迫幼女卖淫也应当体现比强迫其他人员卖淫更严厉的处罚。（4）造成被强迫卖淫者自残、自杀或者其他严重后果的。此规定与组织卖淫罪理由相同。

（二）关于组织、强迫卖淫罪“情节严重”的认定

司法实践中，常有行为人实施组织卖淫行为的同时又实施强迫卖淫行为的情形。对此类行为人的犯罪“情节严重”标准如何确定？特别是组织卖淫未达到“情节严重”标准，强迫卖淫亦未达到“情节严重”标准的情况下，能否综合考虑认定为组织、强迫卖淫“情节严重”的情节？经研究认为，组织、强迫卖淫犯罪是选择性罪名，如果行为人既实施组织卖淫行为又实施强迫卖淫行为的，应当以组织、强迫卖淫罪定罪处罚。其“情节严重”的标准，应当依照《卖淫刑事案件解释》关于组织卖淫罪“情节严重”、强迫卖淫罪“情节严重”的标准综合考虑。在组织卖淫、强迫卖淫分别均未达到“情节严重”标准的情况下，如果符合规定情形的，依然能综合认定为组织、强迫卖淫“情节严重”。为此，《卖淫刑事案件解释》第六条第二款规定，行为人既有组织卖淫犯罪行为，又有强迫卖淫犯罪行为，且具有以下情形之一的，以组织、强迫卖淫“情节严重”论处：（1）组织卖淫、强迫卖淫行为中具有本解释第二条、第六条第一款规定的“情节严重”情形之一的；（2）卖淫人员累计达到本解释第二条第（一）项、第（二）项规定的组织卖淫“情节严重”人数标准的；（3）非法获利数额相加达到本解释第二条第（四）项规定的组织卖淫“情节严重”数额标准的。

（三）关于组织、强迫卖淫行为人及协助组织卖淫行为人实施杀害、伤害、强奸、绑架等犯罪行为的处理

《刑法修正案（九）》取消了组织、强迫卖淫罪的死刑，对犯罪分子实施杀人、伤害、强奸、绑架行为的，进行了立法上的技术处理，即由原来的一罪处罚改为数罪并罚。这样，可以确保取消组织、强迫卖淫罪的死刑后，对

有杀害、伤害、强奸、绑架等犯罪行为的犯罪分子，如果应当判处死刑时，可以依法判处死刑。《卖淫刑事案件解释》第七条第一款对此作了重申。

由于刑法对协助组织卖淫者参与上述杀害、伤害、强奸、绑架行为如何处理没有明确规定，《卖淫刑事案件解释》第七条第一款对此予以明确，即以共同犯罪论处。在杀人、伤害、强奸、绑架犯罪中，由于《刑法修正案（九）》已经将这些行为从组织、强迫卖淫中剥离出来，作为一个独立的犯罪处理，因此，组织、强迫卖淫行为人和协助组织卖淫行为人在杀人、伤害、强奸、绑架犯罪中的地位、作用，并不一定依照他们在组织、强迫卖淫犯罪中的地位、作用来认定，而是依照他们在杀人、伤害、强奸、绑架犯罪中的具体情况确定主从犯地位。

五、关于引诱、容留、介绍卖淫罪的构罪标准及情节严重的认定

（一）关于引诱、容留、介绍卖淫罪的构罪标准

1. 关于引诱、容留、介绍卖淫罪的入罪标准问题。

主要从以下几个方面考虑。一是从卖淫人数考虑。二是从卖淫人员的类别考虑。三是参照其他司法解释的范例，对具有同类行为被行政处罚过的人作出降低入罪门槛的规定。四是根据行为人获利情况确定入罪标准。（1）关于引诱他人卖淫问题。虽然刑法关于引诱、容留、介绍卖淫规定在同一个定罪量刑条款，但从罪质看，引诱他人卖淫，是让本没有卖淫意愿的人走上了卖淫的道路，而容留、介绍卖淫的对象，本身就是曾经卖淫，至少是具有卖淫意愿的人。因此，《卖淫刑事案件解释》对引诱他人卖淫的构罪条件，不作任何人数的限定，即只要引诱一人卖淫即构成犯罪。同时，《卖淫刑事案件解释》对引诱幼女卖淫的刑法规定进行了重申。并且规定，对行为人既引诱幼女卖淫，又引诱其他人员卖淫的，以引诱幼女卖淫罪和引诱卖淫罪并罚，以增加办理此类案件时的可操作性，并明确《卖淫刑事案件解释》对引诱幼女卖淫犯罪从严打击的立场。（2）关于容留、介绍他人卖淫的基本入罪标准。解释将容留、介绍二人作为入罪标准，主要理由一是符合法律规范的阶梯性规定。根据《治安管理处罚法》规定，引诱、容留、介绍他人卖淫的，并不是不管情节轻重，都以犯罪处罚，而是存在治安处罚空间的。2008 年《追诉标准（一）》第七十八条规定容留、介绍卖淫案的立案追诉标准之一是容留、介绍二人次以上卖淫（其他标准分别是被容留、介绍的人已满十四周岁未满十八周岁，患有艾滋病或者患有梅毒、淋病等严重性病，其他容留、介绍卖

淫应予追究刑事责任的情形）。可见，以人次计算，一般二人次以上才予以刑事立案。二是更具可操作性。司法实践表明，引诱、容留、介绍人数的认定比次数的认定在证据上更加简便，侦查机关取证的难度也更低些。

2. 关于容留、介绍特殊人员卖淫的入罪标准问题。

特殊人员指未成年人、孕妇、智障人员、患有严重性病的人。这类人员要么是法律特别保护的对象，要么其卖淫对社会会造成更大危害，如患有严重性病的人。因此，《卖淫刑事案件解释》规定，容留上述特殊人员卖淫的，不受二人的人数限制，即容留上述人员一人卖淫即构成容留卖淫罪。

3. 关于具有同类行为被行政处罚过的人的入罪门槛问题。

《卖淫刑事案件解释》规定，一年内曾因引诱、容留、介绍卖淫行为被行政处罚，又实施容留、介绍卖淫行为的，以容留、介绍卖淫罪定罪处罚。这样规定，是因为此类人员主观恶性较深，人身危害性更大些，因此，在入罪门槛上更低些。需要说明的是，《卖淫刑事案件解释》规定，引诱他人卖淫一人即构成犯罪，但《治安管理处罚》法依然有引诱卖淫的规定。我们认为，《治安管理处罚法》所规定的引诱卖淫主要是指引诱他人卖淫的情况（这里涉及卖淫的概念，将在下文中详述）。此外，引诱他人卖淫未成功的，也可以予以治安处罚，但不作刑事处罚。因此，《卖淫刑事案件解释》所规定的因引诱、容留、介绍卖淫被行政处罚的内容与《治安管理处罚法》并不矛盾。由于《卖淫刑事案件解释》规定引诱卖淫行为构成犯罪不需要前科劣迹的条件，因此只对容留、介绍卖淫行为，在具有前述前科劣迹的情况下以犯罪化处理。司法实践中，可能存在引诱他人卖淫等被治安处罚，又实施引诱他人卖淫等行为的情况，对此，原则上也不适用刑法处罚。对引诱他人卖淫的犯罪行为，应当严格按照刑法关于犯罪的有关规定认定。

4. 关于非法获利的构罪数额问题。

调研中，有的地方法院和公安机关建议将容留、介绍卖淫的次数规定一个入罪标准。经研究，如前所述，次数问题在认定证据上有难度，且容留、介绍不同的人卖淫和容留、介绍相同的人卖淫，从社会影响和危害性来看，肯定前者更大些。但是，容留、介绍次数多，即使是针对同一个卖淫人员，其危害还是相对较大的。为了织密法网，同时考虑查处非法收入比查处容留、介绍的次数更容易，可操作性更强，《卖淫刑事案件解释》从非法获利的角度，涵括容留、介绍卖淫的次数问题，经与相关方面研究，确定以非法获利一万元以上作为入罪标准。

5. 关于是否必须以营利为目的，才能构成本罪的问题。

1979年《刑法》将以营利为目的作为引诱、容留卖淫的犯罪构成要件予以规定。1997年《刑法》取消了“以营利为目的”的要件规定。刑法条文中，有的犯罪没有规定“以营利为目的”，但实际操作中，还是应当将获利作为构成要件。但是，本罪却不然。之所以取消“以营利为目的”，主要是考虑到，实践中往往遇到并非“以营利为目的”而是出于奸淫或者其他目的而引诱、容留、介绍卖淫的情况，如果规定必须“以营利为目的”，就难以追究此类人的刑事责任①。为了使司法实务中更加明确此点，《卖淫刑事案件解释》强调“引诱、容留、介绍他人卖淫是否以营利为目的，不影响本罪的成立”。

6. 关于通过网络、短信发布招嫖信息等公开介绍卖淫的入罪问题。

调研时，不少公安机关、法院反映，网络、短信发布招嫖信息等公开介绍卖淫的情况比较严重，应当予以犯罪化处理。在征求意见过程中，全国人大常委会法工委刑法室提出，关于利用网络招嫖问题，在《刑法修正案（九)》公布前，没有明确规定。但是《刑法修正案（九)》将利用信息网络发布违法犯罪信息的行为专门规定为犯罪，因此，对于利用网络、短信发布招嫖信息的行为，适用《刑法》第二百八十七条之一的规定，以非法利用信息网络罪追究刑事责任更为妥当。对于能够查实，同时线下实施了介绍卖淫活动，构成犯罪的，可适用介绍卖淫罪追究刑事责任。据此，《卖淫刑事案件解释》第八条第二款规定：“利用信息网络发布招嫖违法信息，情节严重的，依照刑法第二百八十七条之一的规定，以非法利用信息网络罪定罪处罚。同时构成介绍卖淫罪的，依照处罚较重的规定定罪处罚。”

（二）关于引诱、容留、介绍卖淫罪“情节严重”的认定

《卖淫刑事案件解释》从人数、非法获利情况等方面对引诱、容留、介绍卖淫“情节严重”问题作了规定。关于人数方面，《卖淫刑事案件解释》将引诱他人卖淫与容留、介绍他人卖淫分别对待，将引诱、容留、介绍一般人员卖淫与引诱、容留、介绍特殊人员卖淫区别对待。根据浙江、江苏、广东、上海等地的经验，一般都将容留、介绍十人卖淫作为“情节严重”的起点。

---

①　参见高铭暄：《中华人民共和国刑法的孕育诞生和发展完善》，北京大学出版社2012年版，第583页。

《卖淫刑事案件解释》采纳了这一相对比较成熟的做法。同时，引诱他人卖淫的，按照容留、介绍卖淫人数的一半计算，即以五人为起点，引诱、容留、介绍特殊人员卖淫的，减半计算“情节严重”的起点。据此，《卖淫刑事案件解释》第九条规定，“引诱五人以上或者引诱、容留、介绍十人以上卖淫的”，应当认定为“情节严重”。“引诱三人以上的未成年人、孕妇、智障人员、患有严重性病的人卖淫，或者引诱、容留、介绍五人以上该类人员卖淫的”，应当认定为“情节严重。”关于以非法获利为依据认定“情节严重”的问题，《卖淫刑事案件解释》以构成犯罪基数的五倍即一万元的五倍五万元作为“情节严重”的起点标准。

需要说明的是，引诱、容留、介绍卖淫是选择性罪名。如果被引诱卖淫的人数达到五人以上的，即构成“情节严重”。如果被引诱卖淫的人数不到五人，但被引诱、容留、介绍卖淫的人数达到十人以上的，也构成“情节严重”。

六、关于组织、强迫、引诱、容留、介绍卖淫次数的处理

总的来说，认定组织、强迫、引诱、容留、介绍他人卖淫“情节严重”，应当从卖淫人数、时间长度、社会影响等方面综合考虑，不能仅以卖淫次数认定“情节严重”。《卖淫刑事案件解释》对于组织、强迫、引诱、容留、介绍卖淫的“情节严重”，主要从人数及造成的后果考虑，并且将非法获利情况作为认定犯罪构成和犯罪情节严重的依据之一。但是，卖淫次数在已经查实的情况下，在法定刑幅度范围内应当作为量刑的情节予以考虑。根据以上考虑，《卖淫刑事案件解释》第十条规定，“组织、强迫、引诱、容留、介绍他人卖淫的次数，作为酌定情节在量刑时考虑”。此规定，既在于明确犯罪构成、犯罪情节严重的认定不以卖淫次数为界限，又在于指导各级法院在办理此类案件时，如何运用好卖淫次数这一事实因素。

七、传播性病罪的认定及故意传播艾滋病的处理

（一）关于传播性病罪的有关问题

1. 如何界定行为人对自己患有性病的“明知”。传播性病罪以行为人明知自己患有严重性病为前提，但司法实践中，行为人常否认知道自己患有性病，因此有必要对哪些情况下能够认定行为人明知自己患有性病予以明确。为此，《卖淫刑事案件解释》第十一条第一款规定了应当认定为明知自己患有性病的三种情形。即：(1) 有证据证明曾到医院或者其他医疗机构就医或者

检查，被诊断为患有严重性病的；(2) 根据本人的知识和经验，能够知道自己患有严重性病的；(3) 通过其他方法能够证明行为人是“明知”的。

2. 关于严重性病的范围。刑法关于“严重性病”仅列举了梅毒、淋病，对其他严重性病未作明确规定。全国人大常委会法制工作委员会刑法室编著的《中华人民共和国刑法修正案（九）解读》[①] 认为，对其他“严重性病”，司法机关应在传染病防治法中规定的性病和卫生部规定实行性病监测的性病范围内从严掌握，不能将普通性病都作为严重性病，防止扩大打击面。也就是说，该性病必须是与梅毒、淋病的危害特点相当的性病。《卖淫刑事案件解释》采用了这一观点，并据此规定：其他性病是否认定为“严重性病”，应当根据《传染病防治法》《性病防治管理办法》的规定，在国家卫生与计划生育委员会规定实行性病监测的性病范围内，依照其危害、特点与梅毒、淋病相当的原则，从严掌握。

3. 传播性病罪是否为结果犯罪？行为人明知自己患有严重性病而卖淫、嫖娼后，被害人是否实际染上严重性病，取决于多方面的原因，同时，性病的发作也有个过程，有的个体潜伏期甚至达数年。因此，如果将发生严重性病的传染结果作为传播性病罪的构成要件，容易使犯罪分子逃避打击。因此，《卖淫刑事案件解释》规定，传播性病行为是否实际造成他人染上性病的后果，不影响本罪的成立。

需要说明的是，有的行为人虽然明知自己患有严重性病而卖淫、嫖娼，但注意采取了防护措施，又确实没有致他人染上严重性病的，一般不以传播性病罪处理。

（二）关于故意传播艾滋病的定罪问题

《刑法》第三百六十条所列举的严重性病中，并未列举出艾滋病。而艾滋病的危害，实际上远远大于梅毒、淋病等。梅毒、淋病等严重性病，基本可以经过治疗而痊愈，艾滋病则很难根治，且易致人死亡。全国人大常委会法制工作委员会刑法室编著的《中华人民共和国刑法修正案（九）解读》[②] 认为，性病包括艾滋病。司法实践中，对此争议比较大。有学者及司法工作者

---

① 臧铁伟主编：《中华人民共和国刑法修正案（九）解读》，中国法制出版社 2015 年版，第 299 页。

② 臧铁伟主编：《中华人民共和国刑法修正案（九）解读》，中国法制出版社 2015 年版，第 299 页。

提出，考虑到传播艾滋病与其他性病在侵害法益、侵害方式及所涉及人群等方面的相似性，以及艾滋病的高度传染性、对人体的严重危害性和不可治愈性，建议将传播艾滋病认定为传播性病罪为宜，但在量刑上，对故意传播艾滋病的行为人，予以从重处罚。也有的提出，对故意传播艾滋病的行为应当以故意伤害罪等罪名定罪处罚。

经研究认为：

1. 关于艾滋病的性质，应当认定为严重性病。根据有关法规、规章的规定，并征询国家卫生与计划生育委员会意见后，我们认为，艾滋病属于性病，而且是最严重的性病。卫生部1991年8月12日发布的《性病防治管理办法》（已失效）第二条明确将艾滋病规定为性病的一种，并列于淋病、梅毒之前。国务院2006年1月18日通过的《艾滋病防治条例》（已被修改）表明，国家把对艾滋病的防治放到了更加重要的战略高度，以将艾滋病与其他性病区别开来。《艾滋病防治条例》第六十二条规定，艾滋病病毒感染者或者艾滋病病人故意传播艾滋病的，依法承担民事赔偿责任；构成犯罪的，依法追究刑事责任。2013年1月1日起施行的修改后的《性病防治管理办法》更加重视艾滋病的防治。该条例在艾滋病的防治机制、咨询及疫情上报方面均与一般性病一起规定，并突出艾滋病的预防工作。如该条例第四条规定，“性病防治工作与艾滋病防治工作相结合，将性病防治工作纳入各级艾滋病防治工作协调机制，整合防治资源，实行性病艾滋病综合防治”。国家卫计委在复函中也称：根据艾滋病的危害程度和特点，当前艾滋病较梅毒、淋病属于危害更加严重的性病。

2. 关于故意传播艾滋病的定性。由于艾滋病属于最严重的性病，因此，《卖淫刑事案件解释》规定，明知自己患有艾滋病或者感染艾滋病病毒而卖淫、嫖娼的，以传播性病罪，从重处罚。

在调研中，有意见提出，有的行为人通过卖淫、嫖娼传播艾滋病就是为了报复社会或者使被传播者得病死亡或者无法治愈。有的艾滋病患者不一定通过卖淫嫖娼的途径，而是通过其他方式传播，如一夜情、通奸等，这些行为危害极大。对此，如何适用法律，司法实践中存在困惑。如果有证据能够证明行为人是出于故意伤害等目的而传播艾滋病的，仅仅以传播性病罪处罚，明显有轻纵犯罪之嫌。为此，《卖淫刑事案件解释》将故意传播艾滋病的行为，分两种情况予以规定。一种情况是，明知自己患有艾滋病或者感染艾滋病病毒而卖淫、嫖娼，但没有致使他人感染艾滋病病毒的，以传播性病罪定罪处罚。另一种情况是，故意传播艾滋病病毒致使他人感染艾滋病病毒的，以故意伤害罪定罪处罚。其中，卖淫、嫖娼以外的性行为，以“故意不采取防范措施”为前提。这主要是考虑到艾滋病患者的生活、交友等方面不应受到歧视，而应当受到尊重。只要采取防范措施，其正当的性权利应当得到依法保护。但是由于艾滋病病毒的易传染性，这类人与他人发生性关系时，应当采取防范措施，确保不致艾滋病病毒的传染。

3. 关于致使他人染上艾滋病病毒的伤情问题。经研究，并经征求国家卫生与计划生育委员会等部门及部分专家的意见，认为，《刑法》第九十五条对重伤的定义中，第（三）项“其他对于人身健康有重大伤害的”，可以适用于故意将艾滋病传染给他人，并致使他人染上艾滋病的情形，即染上艾滋病病毒的，可以认定为重伤。至于重伤等级，在《人体损伤程度鉴定标准》修改前，一般可依照《刑法》第二百三十四条第二款规定，犯故意伤害罪“致人重伤的，处三年以上十年以下有期徒刑”。如果致人死亡的，则可在“十年以上有期徒刑、无期徒刑或者死刑”的幅度内量刑，但适用死刑应当格外慎重。

八、关于特殊行业人员通风报信行为的认定

《刑法》第三百六十二条规定，旅馆业、饮食服务业、文化娱乐业、出租汽车业等单位的人员，在公安机关查处卖淫、嫖娼活动时，为违法犯罪分子通风报信，情节严重的，依照本法第三百一十条的规定定罪处罚。第三百一十条则规定，明知是犯罪的人而为其提供隐藏处所、财物，帮助其逃匿或者作假证明包庇的，处三年以下有期徒刑、拘役或者管制；情节严重的，处三年以上十年以下有期徒刑。犯前款罪，事前通谋的，以共同犯罪论处。

在司法实践中，对如何适用《刑法》第三百六十二条和第三百一十条仍然存在困惑：1. 通风报信时，卖淫嫖娼还未构成犯罪仅是违法的，是否可适用《刑法》第三百六十二条和第三百一十条？2.《刑法》第三百一十条包括窝藏罪和包庇罪两罪名，通风报信行为应定窝藏罪还是包庇罪？3. 通风报信者事先与犯罪分子通谋的，如何处罚？4. 如何认定“情节严重”？

经研究，我们认为：

1. 为未构成犯罪仅是违法的卖淫嫖娼者通风报信，也可适用《刑法》第三百六十二条和第三百一十条。理由在于：对第三百六十二条规定的行为的定罪虽然引用第三百一十条，但其犯罪构成却是独立的，即犯罪构成不依照第三百一十条的规定，而是由第三百六十二条规定。根据三百六十二条的规定，特定行业从业人员，在公安机关查处卖淫、嫖娼活动时，为违法犯罪分子通风报信，情节严重的，即构成犯罪，并依照《刑法》第三百一十条规定处理。而公安机关查处卖淫、嫖娼活动未必就仅查处组织、强迫、引诱、容留、介绍卖淫犯罪活动，也可能查处卖淫、嫖娼活动本身。而卖淫、嫖娼，除明知自己患有严重性病卖淫嫖娼的行为及嫖宿不满十四周岁的幼女构成犯罪以外，一般的卖淫嫖娼行为并非犯罪行为，本来无所谓包庇的问题。但鉴于对这种违法行为的包庇性质较为严重，刑法作出与一般包庇犯罪所不同的规定，将包庇的对象界定为违法犯罪分子。

2.《刑法》第三百六十二条规定的通风报信行为可定包庇罪。理由是：(1）之前的司法解释均未对《刑法》第三百六十二条的行为定窝藏罪还是包庇罪作出规定。(2）《刑法》第三百六十二条的行为依照第三百一十条定罪处罚是一项法律拟制规定，并不以卖淫嫖娼行为构成犯罪为必要前提，卖淫嫖娼仅构成违法的也不影响本罪的成立。(3）《刑法》第三百六十二条的行为依照《刑法》第三百一十条规定定罪处罚，不必适用第三百一十条规定的犯罪构成，只需要适用第三百一十条规定的罪名和刑罚即可。(4）窝藏、包庇罪是选择性罪名，一般情况下，根据行为性质确定一个罪名即可。(5)《刑法》第三百六十二条的行为，从本质上看，是一种通风报信的行为，定窝藏罪还是定包庇罪，可根据一般理解和实践做法确定。陈兴良教授主编的《刑法疏议》认为，以包庇罪论处①；我院研究室编的《中华人民共和国刑法修订本》也将刑法第三百六十二条的行为表述为包庇罪②。(6）罪名问题，在无明确定论的情况下，由最高法院以司法解释的形式确定后，全国法院即可遵照。

3. 事前与犯罪分子通谋的，以共同犯罪论处。对此，司法实践中，一般也是这样做的。为避免实务操作中，将事前通谋型的通风报信行为以包庇罪处理而放纵犯罪，《卖淫刑事案件解释》明确规定以共同犯罪处理是有必要的。

---

① 陈兴良主编：《刑法疏议》，中国人民公安大学出版社1997年版，第584－585页。

② 该书为人民法院出版社2011年版，有关内容见该书第160页。

4. 通风报信“情节严重”的认定。通风报信，情节严重的，才以包庇罪定罪处罚。据统计，各级法院审理的此类案件极少，各地普遍要求对如何认定“情节严重”作出明确的细化规定。公安机关也要求作出相应规定，以增加侦查工作中的可操作性，更有利于精准打击此类犯罪。《卖淫刑事案件解释》结合本罪的特点，从通风报信本身的情况，通风报信妨害司法的危害程度，通风报信者所获得的非法利益等方面，对通风报信“情节严重”的情形作出规定。(1) 关于通风报信本身的情况。包括向谁通风报信，报信人自身的主观恶性和人身危险性。解释将“向组织、强迫卖淫犯罪集团通风报信”“二年内通风报信三次以上”“一年内因通风报信被行政处罚，又实施通风报信行为”等三种情形列为“情节严重”，应当追究刑事责任。(2) 通风报信造成的危害情况。主要是指通风报信行为实际上已经造成严重妨害刑事追究的后果发生。《卖淫刑事案件解释》将“致使犯罪集团的首要分子或者其他共同犯罪的主犯未能及时归案的”“造成卖淫嫖娼人员逃跑，致使公安机关查处犯罪行为因取证困难而撤销刑事案件的”等两种情形列为“情节严重”，应当追究刑事责任。(3) 通风报信者获利情况考虑到本罪是加入犯，其实际获利一般情况下，会比组织、强迫、引诱、容留、介绍卖淫罪的本犯低，因此，其非法获利构成的起点标准也应适当降低。鉴于本罪与掩饰、隐瞒犯罪所得、犯罪所得收益罪相比，两者的主要危害性都是妨害司法秩序，因而，参考《最高人民法院关于审理掩饰、隐瞒犯罪所得、犯罪所得收益刑事案件适用法律若干问题的解释》第一条关于掩饰、隐瞒犯罪所得及其产生的收益的犯罪数额规定，确定本罪以非法获利一万元为构成犯罪的起点。

九、关于此罪与彼罪、一罪与数罪的问题

1. 关于既组织卖淫，又强迫卖淫，如何定罪的问题。行为人既有组织卖淫行为，又有强迫卖淫行为的，依照组织、强迫卖淫罪定罪处罚，其“情节严重”的认定，依照《卖淫刑事案件解释》第六条第二款的规定确定。

2. 关于组织卖淫活动中并有引诱、容留、介绍卖淫行为的定罪问题。一种情况是对被组织卖淫的人有引诱、容留、介绍卖淫行为的，依照处罚较重的规定处罚。一般情况下，组织卖淫罪的处罚重于引诱、容留、介绍卖淫罪，但引诱的对象是不满十四周岁的幼女时，则存在引诱幼女卖淫罪重于组织卖淫罪的可能，即组织卖淫未达到情节严重时，其法定刑幅度为五年以上十年以下有期徒刑，而引诱幼女卖淫罪的法定刑幅度为五年以上（十五年以下）

有期徒刑，此时，引诱幼女罪的处罚重于组织卖淫罪。应依照引诱幼女罪定罪处罚，组织卖淫行为作为犯罪情节考虑。如果组织卖淫犯罪达到“情节严重”时，因其法定最高刑为无期徒刑，应当以组织卖淫罪一罪定罪处罚。另一种情况是，对被组织卖淫者以外的其他人实施引诱、容留、介绍卖淫行为的，则仍应当分别定罪，实行数罪并罚。

3. 引诱、容留、介绍卖淫罪的罪名确定。应当根据行为人实施的具体行为确定罪名。如行为人既引诱又容留又介绍卖淫的，定引诱、容留、介绍卖淫罪，只实施其中两项或一项行为的，以行为性质定，如引诱、容留卖淫罪；引诱、介绍卖淫罪；容留、介绍卖淫罪；引诱卖淫罪；容留卖淫罪；介绍卖淫罪。

4. 行为人既引诱他人卖淫，又引诱幼女卖淫的定罪问题。依照《卖淫刑事案件解释》第八条第五款的规定，以引诱幼女卖淫罪和引诱卖淫罪并罚。

十、关于刑法意义上“卖淫”概念的理解

关于如何理解刑法意义上的“卖淫”一词，理论界有一定的争议，司法实践中争议更大。相对一致的认识主要有：(1) 对传统意义上的提供性交服务并收取财物的行为应当认定为卖淫。(2) 男性也可以提供卖淫服务。随着社会的发展变迁，男性也存在为获取物质利益而与不特定的女性发生性关系的现象。将此现象理解为卖淫，已经得到了立法和司法的肯定。1979 年《刑法》第一百四十条规定：“强迫妇女卖淫的，处三年以上十年以下有期徒刑。”第一百六十九条规定：“以营利为目的，引诱、容留妇女卖淫的，处五年以下有期徒刑、拘役或者管制；情节严重的，处五年以上有期徒刑，可以并处罚金或者没收财产。”《严禁卖淫嫖娼决定》将强迫妇女卖淫罪细化为组织（他人）卖淫罪、强迫（他人）卖淫罪，将引诱、容留妇女卖淫罪也修改为引诱、容留、介绍（他人）卖淫罪，并增加规定了引诱幼女卖淫罪。1997 年刑法修订时，采用了《严禁卖淫嫖娼决定》中关于组织、强迫、引诱、容留、介绍卖淫罪的表述。(3) 肛交、口交应当列入卖淫的方式。这既是对传统卖淫概念的突破，也能被大众所认同。在男男可以卖淫、女女可以卖淫的现实情况及法律规定下，肛交、口交显然是同性卖淫的主要方式，且异性卖淫也可采取肛交、口交的方式。三者的共性都是一方生殖器进入另一方的体内，均属于进入式性活动。并且，从传播性病的角度看，此三种方式，均可引起性病的传播。

争议最大的是提供手淫等非进入式的接触式色情服务能否认定为刑法意义上的卖淫？对此，各地理解不一，学界争议也不小。起草小组经广泛调研，充分论证和协商后，仍未能取得一致意见。但是，公安部曾经于2001年2月18日作出公复字〔2001〕4号的《关于对同性之间以钱财为媒介的性行为定性处理问题的批复》。该批复称：根据《中华人民共和国治安管理处罚条例》和全国人大常委会《关于严禁卖淫嫖娼的决定》的规定，不特定的异性之间或者同性之间以金钱、财物为媒介发生不正当性关系的行为，包括口淫、手淫、鸡奸等行为，都属于卖淫嫖娼行为，对行为人应当依法处理。这一批复能否作为认定刑法意义上卖淫概念的依据？我们认为，刑法上卖淫的概念，严格说属于立法解释的权限范围，不宜由司法机关做出解释。但是，司法实践中应当明确如下几点：第一，司法解释未对卖淫的概念作出解释，属于权限原因，但这并不影响各地司法实践的处理。第二，行政违法不等同于刑事犯罪，违法概念也不等同于犯罪概念。违反行政法律、法规的行为不等同于构成犯罪。前述公安部的批复，依然可以作为行政处罚和相关行政诉讼案件的依据，但不能作为定罪依据。行政法规扩大解释可以把所有的性行为方式都纳入到卖淫行为方式并进行行政处罚，但刑法罪名的设立、犯罪行为的界定及解释应遵循谦抑性原则，司法解释对刑法不应进行扩张解释。因此，司法实践中对于如何认定刑法意义上的卖淫，应当依照刑法的基本含义，结合大众的普遍理解及公民的犯罪心理预期等进行认定，并严格遵循罪刑法定原则。据此，不宜对刑法上的卖淫概念作扩大解释，刑法没有明确规定手淫行为属于刑法意义上的“卖淫”，因而对相关行为就不宜入罪。第三，在目前情况下，也不能将刑法意义上的卖淫局限于性交行为，对于性交之外的肛交、口交等进入式的性行为，应当依法认定为刑法意义上的卖淫。第四，待条件成熟时，应当建议由立法机关作出相应解释或由立法直接规定。

（撰稿：周峰、党建军、陆建红、杨华）

（三）典型或常见问题的审理思路

1. 组织男性从事同性性交易，是否构成组织卖淫罪？①

本书观点：“卖淫”，就其常态而言，虽是指女性以营利为目的，与不特

---

① 观点来源：《刑事审判参考》第303号指导案例，李某组织卖淫案。

定男性从事性交易的行为；但随着立法的变迁，对男性以营利为目的，与不特定女性从事性交易的行为，也应认定为“卖淫”；而随着时代的发展、社会生活状况的变化，“卖淫”的外延还可以也应当进一步扩大，亦即还应当包括以营利为目的，与不特定同性从事性交易的行为，主要理由是：

刑法本身及相关立法、司法解释均未曾对刑法中“卖淫”一词的内涵作出过明确界定，均未曾明确限定“卖淫”仅限于异性之间的性交易行为。鉴此，认为“卖淫”也包括同性卖淫，并不与现行立法和有效刑法解释相抵触。由于种种原因，辞典，尤其是非专业性辞典对某一刑法用语的解释，往往与我们对该刑法用语所作的规范解释不尽一致，有的甚至与刑法本身规定相冲突。例如，根据有关辞典的解释，“卖淫”是“指妇女出卖肉体”，而在《全国人民代表大会常务委员会关于严禁卖淫嫖娼的决定》（部分失效）作出后，刑法中的“卖淫”已明显不只限于妇女出卖肉体，也包括男性出卖肉体。辞典对刑法用语的解释不能成为我们办理具体案件的“法律依据”；不能以辞典的解释取代我们对刑法用语的规范解释；对刑法用语作出不同于辞典解释的专业解释并不必然违背罪刑法定原则，相反，在有些场合下，是坚持罪刑法定原则的当然要求。

我们认为，刑法所规定的“卖淫”的本质特征在于，其是以营利为目的，向不特定的人出卖肉体的行为。至于行为人的性别是男是女，以及其对象是异性还是同性，均不是判断、决定行为人的行为是否构成“卖淫”所要考察的因素。之所以这样理解，是因为无论是女性卖淫还是男性卖淫，无论是异性卖淫还是同性卖淫，均违反了基本伦理道德规范，毒害了社会风气，败坏了社会良好风尚。从此角度看，将同性卖淫归入“卖淫”范畴，并不违背且完全符合刑法有关卖淫嫖娼犯罪规定的立法精神。

2. 组织卖淫共同犯罪中的主犯应如何认定？①

本书观点：司法实践中有观点认为，组织卖淫罪只有主犯、没有从犯。我们不认同这种观点。任何一种犯罪，在数人共同犯罪的形态中，除都是主犯或者共同正犯的情况外，均应按照各自在犯罪中所起的作用大小，区分为主犯、从犯。通常情况下，组织卖淫犯罪中，涉及的人员较多、关系复杂，既有组织者、各类管理人员，也有一般的服务人员。他们之间有不同的职责

---

① 观点来源：《刑事审判参考》第1268号指导案例，方某等组织卖淫案。

分工，共同参与犯罪活动，要根据其行为区分不同的罪责，确定主、从犯。

在组织卖淫共同犯罪中，主要投资人一般应认定为主犯。对于主要投资人而言，其实际上是卖淫场所的所有人或实际经营者，虽然通常并不直接参与卖淫场所的日常经营管理，而是通过雇用、指使管理人员负责卖淫场所的日常经营运行，但主要投资人在整个组织卖淫共同犯罪过程中起到了组织、策划、指挥等主要作用，具有绝对的支配权和领导地位，其他参与组织卖淫犯罪的人员都受其指挥、服从其领导，二者之间是上下级的关系，故主要投资人在犯罪组织中的地位高、作用大，属于“幕后黑手”“老板”“大哥”，当然应该对组织卖淫活动承担全部责任，是第一主犯。

3. 如何理解组织卖淫罪“卖淫人员在三人以上的”含义？[①]

本书观点：根据《卖淫刑事案件解释》的规定，构成组织卖淫罪应当同时具备以下三个条件：（1）组织者对卖淫人员采用了招募、雇佣、纠集等手段；（2）组织者具有管理或者控制他人卖淫的行为；（3）卖淫人员达到三人以上。我们认为，“卖淫人员在三人以上”是指在指控的犯罪期间内，管理、控制卖淫人员不是累计达到三人以上，而是在同一时间段内管理、控制的卖淫人员达到三人以上，理由是：第一，刑法规定的“组织”行为的基本模式是行为人为了达到一定的犯罪目的，将分散的人或事物按照一定的形式相结合，形成相对固定的整体的行为。“组织”行为表现为一种作为行为，即行为人积极实施刑法所禁止的行为，“组织”行为的对象，即被组织者应为多人。“组织”是将分散的人或事物按照一定的形式相结合，在数量上由少变多。“组织”行为的目的在于使分散的人或物形成相对固定的整体，具备“组织性”，在实质上由弱变强。

第二，组织卖淫罪的构成应当以具有“组织性”为前提。刑法规定的“组织”行为的本质在于体现“组织性”，即强调由分散个体组成整体的稳固性和强大性。这不只要求简单地将单个个体召集到一起，还要求组成成员的相对固化，形成相应的纪律、规则，具备一定的行为定式，从而使整体的实力远远大于个体实力的简单相加。就组织卖淫罪而言，该罪的构成同样应当以具有“组织性”为前提，即将单个卖淫人员以招募、雇佣、纠集等手段整合为三人以上的稳定的卖淫团体，并按照相应的纪律、规则对卖淫活动进行

---

① 案例来源：《刑事审判参考》第1270号指导案例，何某鹏介绍卖淫案。

管理或控制。组织他人卖淫的“组织性”在人数上要求达到多人。即，行为人组织的卖淫人员的人数必须达到三人及以上，在数量上实现由少变多，如果卖淫的人数没有达到三人，那么行为的“组织性”则无法体现。组织他人卖淫的“组织性”在空间上要求具有稳定性。即，组织者与卖淫人员通过一定的管理或者控制手段形成相对稳定的团体，从而让卖淫人员处于有序状态下进行卖淫交易。组织他人卖淫的“组织性”在时间上要求具有重合性。即，三人以上的卖淫人员在被管理或者控制的某个时间段必须存在交叉、重叠，也即，三人以上的卖淫人员必须是同时出现在一个时间段内，方能体现组织卖淫中的“组织性”。“时间上的重合”是“人数上多数”和“空间上稳定”有机结合的必要结合点。如果卖淫人员处于今天A来了又离开、明天B来了又离开，后天C来了又离开这样一种流动不定的状态，那么，稳定的卖淫团体难以形成，“组织性”也难以体现。

第三，将“卖淫人员在三人以上”理解为累计达到三人以上，将会造成罪责刑不相适应。组织卖淫罪起点刑为五年有期徒刑，在《刑法》第六章第八节中属于重罪，量刑起点较高，将《卖淫刑事案件解释》规定的“卖淫人员在三人以上”理解为累计达到三人以上，将会放宽组织卖淫罪的成立条件，扩大打击面。之所以不能将《卖淫刑事案件解释》第一条规定的“三人以上”理解为累计三人以上，主要原因在于同时管理、控制“三人以上”卖淫和累计管理、控制三人以上卖淫的社会危害性是不一样的。同一时间段内，管理、控制“三人以上”卖淫，体现了组织卖淫行为的“规模效应”。而“规模效应”既是组织卖淫行为的表现特征，也是其社会危害较容留、介绍卖淫更大的体现，对社会正常秩序的冲击力也更大。这也是组织卖淫罪的起刑点高于容留、介绍卖淫罪的主要原因。

4. 卖淫女被嫖客杀害的，能否认定为组织卖淫罪“情节严重”？[①]

本书观点：《卖淫刑事案件解释》第二条规定了组织卖淫罪“情节严重”的六种情形。根据该条第（五）项规定，造成被组织卖淫的人自残、自杀或者其他严重后果的，应当认定为组织卖淫罪情节严重。如何理解条款中的“其他严重后果”？首先，这里的严重后果不是基于组织者的故意行为。如果是组织者的故意行为，则应当依照《刑法》第三百五十八条第三款的规定，

---

① 观点来源：《刑事审判参考》第1291号指导案例，胡某友、李某达组织卖淫案。

以故意杀人罪、故意伤害罪等对组织者实施数罪并罚[①]。其次，理解条文中的“其他严重后果”的内涵和外延，应当按照体系解释的方法理解。体系解释是刑法解释方法之一，其目的在于避免断章取义，以便实现刑法或者刑法条文内部的协调与平衡。对不明确的规定应当通过明确的规定来考察其含义。因此，对“其他严重后果”，应当基于罪刑法定原则的要求，按照体系解释方法，遵循同类解释规则进行。据此，我们认为，这里的“其他严重后果”是指与严重残疾、死亡基本同质的后果，如造成被害人精神病致不能自理生活的，造成多人重伤的，等等。而不是所有没有任何范围约束的严重结果。最后，这里的“其他严重后果”，必须是被害人即卖淫女在卖淫期间发生的，且该严重后果与卖淫活动有紧密的因果或者条件关系的。卖淫女在进行卖淫活动时，因嫖资纠纷被嫖客杀害，卖淫人员的死亡既非卖淫人员的自杀引起，也非行为人所实施，但发生在卖淫活动期间，且因嫖资纠纷而引发，因此，与卖淫活动有着刑法意义上的紧密联系，应当认定为“其他严重后果”。

5. 组织卖淫中有引诱、介绍卖淫行为的如何适用法律？[②]

本书观点：组织卖淫罪与引诱、容留、介绍卖淫罪在手段上有重合之处，均可以表现为引诱、容留、介绍卖淫行为。一般认为，组织卖淫罪与引诱、容留、介绍卖淫罪系法条竞合关系，其适用原则系重法优于轻法。当行为人以引诱、容留、介绍的手段组织卖淫时，既可构成组织卖淫罪，又可构成引诱、容留、介绍卖淫罪的，择一重罪处罚。根据《刑法》第三百五十八条的规定，组织卖淫罪处五年以上十年以下有期徒刑，并处罚金；情节严重的，处十年以上有期徒刑或者无期徒刑，并处罚金或没收财产。而《刑法》第三百五十九条规定，引诱、容留、介绍卖淫罪处五年以下有期徒刑、拘役或者管制，并处罚金；情节严重的，处五年以上有期徒刑，并处刑罚。两相比较，组织卖淫罪的处罚重于引诱、容留、介绍卖淫罪，故一般按照组织卖淫罪进行处罚。但是，引诱卖淫中有一种特殊情形，就是引诱不满十四周岁的幼女卖淫。根据《刑法》第三百五十九条第二款的规定，引诱不满十四周岁的幼女卖淫的，处五年以上有期徒刑，并处罚金。因此，在某些情况下，引诱幼女卖淫罪的处罚可能重于组织卖淫罪，即组织卖淫罪未达到情节严重时，其

---

① 参见周峰、党建军、陆建红、杨华：《〈关于审理组织、强迫、引诱、容留、介绍卖淫刑事案件适用法律若干问题的解释〉的理解与适用》，载《人民司法》2017 年第 25 期。

② 观点来源：《刑事审判参考》第 1293 号指导案例，于某、彭某蓉组织卖淫案。

法定刑幅度为五年以上十年以下有期徒刑，而引诱幼女卖淫罪的法定刑幅度为五年以上（十五年以下）有期徒刑。此时应依照引诱幼女卖淫罪定罪处罚，组织卖淫行为作为犯罪情节考虑。如果组织卖淫犯罪达到“情节严重”时，因其法定最高刑为无期徒刑，一般应当以组织卖淫罪一罪定罪处罚。

（四）疑难、复杂问题的参考性解答

1. 组织卖淫罪的“组织”要件及情节严重如何认定？

本书观点：组织卖淫罪最主要的行为特征是管理或者控制他人卖淫。《卖淫刑事案件解释》第一条第一款规定：“以招募、雇佣、纠集等手段，管理或者控制他人卖淫，卖淫人员在三人以上的，应当认定为刑法第三百五十八条规定的‘组织他人卖淫’。”据此，我们认为，“管理或者控制他人卖淫”是组织卖淫罪的最主要行为特征。具体的管理或者控制手段很多，如招募、雇佣、引诱、容留、纠集等。在司法实践中，卖淫犯罪往往以合法形式掩盖犯罪实质，如开设洗浴中心、保健中心等，特别是一些行为人并不参与组织卖淫的具体管理或者控制活动，而仅仅对所谓的洗浴中心、保健中心等进行投资，并约定分成。在平时对卖淫嫖娼活动的管理中很少甚至不直接介入。对这类投资行为是否能认定为组织卖淫？

我们认为，投资者，只要明知实际经营者、管理控制者所进行的是组织卖淫犯罪，即使没有实际直接参与经营，没有直接对卖淫活动进行管理控制，其投资行为也应认定为组织卖淫行为的组成部分。主要原因就在于实际经营者、管理控制者，如果离开了投资者的投资，组织卖淫的规模会受影响，甚至能否有经济实力实施组织卖淫行为都可能存在问题。当然，仅有投资没有实际经营行为，没有管理控制行为，投资行为不会自动转变为组织卖淫行为。因此，投资行为与实际经营行为、管理控制行为共同构成了组织卖淫行为。有时，投资者既是实际经营者又是管理控制者，行为人集三角色于一身，那就更加充分体现了其组织卖淫的行为特征。

根据《刑法》第三百五十八条的规定，组织卖淫情节严重的，处十年以上有期徒刑或者无期徒刑。《卖淫刑事案件解释》第二条规定了组织卖淫应当认定为情节严重的六种情形：（1）卖淫人员累计达十人以上的；（2）卖淫人员中未成年人、孕妇、智障人员、患有严重性病的人累计达五人以上的；（3）组织境外人员在境内卖淫或者组织境内人员出境卖淫的；（4）非法获利

人民币一百万元以上的；（5）造成被组织卖淫的人自残、自杀或者其他严重后果的；（6）其他情节严重的情形。

2. 组织、强迫卖淫罪是否为选择性罪名？

本书观点：《卖淫刑事案件解释》第六条第二款规定：行为人既有组织卖淫犯罪行为，又有强迫卖淫犯罪行为，且具有以下情形之一的，以组织、强迫卖淫“情节严重”论处：（1）组织卖淫、强迫卖淫行为中具有本解释第二条、本条前款规定的“情节严重”情形之一的；（2）卖淫人员累计达到本解释第二条第一、二项规定的组织卖淫“情节严重”人数标准的；（3）非法获利数额相加达到本解释第二条第四项规定的组织卖淫“情节严重”数额标准的。

根据《卖淫刑事案件解释》的这一规定，组织、强迫卖淫罪为选择性罪名，这是对组织、强迫卖淫罪罪名的新表述。为什么说组织、强迫卖淫罪是选择性罪名？1979 年《刑法》只规定了强迫卖淫罪，没有规定组织卖淫罪。1997 年《刑法》第三百五十八条规定“组织他人卖淫或者强迫他人卖淫的，处……”1997 年 12 月 11 日公布的《最高人民法院关于执行〈中华人民共和国刑法〉确定罪名的规定》（已被修改），将组织卖淫罪、强迫卖淫罪作为两个罪名规定。实践中，单独的强迫卖淫犯罪并不多见，一般都是组织卖淫犯罪中夹带强迫卖淫犯罪行为。在这种情况下，定组织卖淫罪、强迫卖淫罪并予以数罪并罚，不是那么科学。《刑法修正案（九）》将罪状描述作了修改，将原来的“组织他人卖淫或者强迫他人卖淫的”修改为“组织、强迫卖淫的”。据此，《卖淫刑事案件解释》将组织、强迫卖淫的情节合并计量就有了法律依据。既然情节可以合并计量，那么《卖淫刑事案件解释》将组织、强迫卖淫罪作为选择性罪名规定是正确的。《刑法修正案（九）》后，“两高”对这两个罪名没有专门作出规定。原来关于罪名的规定，因为《刑法修正案（九）》的出台而失去依据。《卖淫刑事案件解释》是由最高人民法院、最高人民检察院联合发布的，可以理解为“两高”根据《刑法修正案（九）》的规定，对组织、强迫卖淫罪的罪名作了修正。

3. 如何区分组织卖淫罪与容留卖淫罪？

本书观点：组织卖淫与容留卖淫的最大区别在于行为人对卖淫人员是否实施了管理、控制行为。《卖淫刑事案件解释》第一条规定：“以招募、雇佣、纠集等手段，管理或者控制他人卖淫，卖淫人员在三人以上的，应当认定为刑法第三百五十八条规定的‘组织他人卖淫’。”“组织卖淫者是否设置固定的卖淫场所、组织卖淫者人数多少、规模大小，不影响组织卖淫行为的认定。”结合刑法理论和该司法解释的规定，我们认为，关于组织卖淫罪，主要特征体现在以下几个方面：

（1）组织卖淫的第一特征是具备组织行为，既包括如何将卖淫人员组织在一起的行为，也包括将卖淫人员组织起来后如何实施卖淫的行为。前者是一种手段，如招募、雇佣、纠集等，实务中，也包括引诱、容留等手段。但组织卖淫中的引诱、容留与单纯的引诱、容留卖淫是有质的区别的，组织卖淫中的引诱、容留，是为组织卖淫服务的，是作为组织卖淫的一种手段，而单纯的引诱、容留卖淫，其本身就是基本犯罪行为，而没有发展到组织卖淫的程度。后者则是组织卖淫行为本身。也就是说，组织卖淫行为的主要行为特征是管理和控制。这里的管理和控制是对卖淫人员以及卖淫活动的管理和控制。至于卖淫人员是否自愿卖淫，不影响组织卖淫行为的成立。但是如果是强迫卖淫的，则可能构成强迫卖淫罪或者组织、强迫卖淫罪。管理和控制的主体表现就是卖淫人员在何处、何时卖淫、向谁卖淫、如何收费、如何分配卖淫的收入甚至卖淫人员的日常行为都是由行为人决定的。即使是卖淫人员自愿卖淫，但在上述事项上也是由组织卖淫行为人决定的。

实践中，有意见提出，组织卖淫行为应体现在行为人的组织性上。我们认为，刑法中类似于黑社会组织犯罪这类的组织性犯罪与本罪在本质上是不一样的。本罪的罪质特征主要体现在其组织行为上，即组织卖淫人员进行卖淫活动，个人也可以组织他人卖淫，而不是体现在组织者的组织机构上。

（2）组织卖淫行为的第二特征是具备一定规模要件。组织卖淫，对组织者本身的人数没有要求，但对被组织者即卖淫人数，历来就是有要求的，即组织卖淫行为必须是管理和控制多人卖淫。实践中，有意见认为，组织一人或者二人也可以以组织卖淫罪处理。我们认为，这一理解不符合组织卖淫的行为特征。如果人数不到三人的，应当降格为容留或介绍卖淫。《卖淫刑事案件解释》将组织卖淫罪中被组织卖淫人员的人数明确规定为三人以上。

（3）关于组织卖淫行为是否必须具备场所要件的问题。在一般情况下，组织卖淫行为人是设置或者变相设置卖淫场所的，如以宾馆、洗浴中心、会所、发廊、旅店、饭店等为固定场所或者以经营宾馆、洗浴中心、会所等为名，行组织卖淫之实。但近些年来，面对严厉的“扫黄”活动，一些不法之徒采取动态管理方式，即不建立固定的卖淫窝点，而是利用现代化的交通与通信设施，指挥、控制着多人从事卖淫活动。这种动态管理模式，将组织卖淫行为化整为零，或者将分散的单个卖淫行为组织起来，既能扩大卖淫的范围，又便于逃避公安机关的追查。这类没有固定场所的组织卖淫行为，非常明显地体现了组织者的管理、控制行为，即卖淫者并非作为单个个体而存在，而是受制于组织者，随时接受他们的指令去办事，有一定的组织性和纪律性。正因为如此，《卖淫刑事案件解释》第一条第二款规定："组织卖淫者是否设置固定的卖淫场所、组织卖淫者人数多少、规模大小，不影响组织卖淫行为的认定。"

而容留他人卖淫，是指行为人故意为他人从事卖淫、嫖娼活动提供场所的行为。既包括在自己所有的、管理的、使用的、经营的固定或者临时租借的场所容留卖淫、嫖娼人员从事卖淫、嫖娼活动，也包括在流动场所，如运输工具中容留他们卖淫、嫖娼。

通过以上对组织卖淫行为主要特征的分析，我们可以看出，组织卖淫行为，尤其是以容留卖淫为手段的组织卖淫行为，与单纯的容留卖淫行为，首先，最主要的区别在于行为人对卖淫人员的卖淫活动是否实施了管理、控制行为。组织卖淫行为的最主要行为特征是对卖淫活动实施了管理、控制行为，而容留卖淫行为人对卖淫人员的卖淫活动既不管理，更不控制，而仅仅提供固定或者临时租借的场所以及流动场所，但对卖淫人员在何时卖淫、向谁卖淫、如何收费等均不过问，更不管理和控制，而只收取一定的场所费用甚至不收取任何费用，至于卖淫人员的日常行为，更是卖淫人员自行安排。其次，两者之间在人数上也有一定的区别，即组织卖淫罪中的卖淫人员必须达到三人以上，而容留卖淫罪中的卖淫人员可以在三人以上，也可以在三人以下，有时甚至容留一人也构成容留卖淫罪。如根据《卖淫刑事案件解释》第八条第一款第（三）项规定，容留未成年人、孕妇、智障人员、患有严重性病的人卖淫的，容留一人即构成容留卖淫罪。如果行为人虽然实施了组织行为，但被组织卖淫的人数不到三人的，这种情况下只能依法降格作容留或介绍卖淫处理。

4. 在组织卖淫过程中采取非法限制卖淫人员人身自由等强迫行为的，应如何认定？

本书观点：在司法实践中，对于行为人在组织卖淫或协助组织卖淫行为中采取非法限制卖淫人员人身自由等行为的认定有两种不同观点：

第一种观点认为，行为人组织卖淫或协助组织卖淫的行为所侵犯的客体为社会管理秩序及公序良俗，而其实施的非法限制卖淫人员人身自由等行为则侵犯了他人的人身权利，只认定组织卖淫一罪不足以评价其行为的社会危害性，故应根据《刑法》第三百五十八条第三款的规定，以非法拘禁罪和组织卖淫罪（协助组织卖淫罪）数罪并罚。

第二种观点认为，非法限制卖淫人员人身自由是行为人组织卖淫过程中使用的手段行为，是组织卖淫的行为表现形式之一，以组织卖淫罪一罪即可评价。《刑法》第三百五十八条第三款的规定是针对严重侵害他人人身权利的犯罪，不应作扩大解释。同理，以协助组织卖淫的目的非法限制卖淫人员人身自由的，也应构成协助组织卖淫一罪。

我们同意第二种观点。行为人实施的非法限制卖淫人员自由等强制性质的行为应包含在组织卖淫罪的“管理和控制”行为之中，不宜单独评价。作为组织卖淫罪的帮助犯，行为人为协助组织卖淫而实施非法限制卖淫人员自由等行为的，亦只定协助组织卖淫一罪。《卖淫刑事案件解释》第一条将组织卖淫罪定义为“以招募、雇佣、纠集等手段，管理或者控制他人卖淫，卖淫人员在三人以上的”。这种“管理或者控制”主要表现在对卖淫人员和卖淫活动的管理和控制，既表现为行为人使用协商、劝说、引诱等平和的方式，就卖淫方式、服务内容、收费分成等与卖淫人员达成合意，使卖淫人员自愿服从管理；也表现为行为人使用暴力、胁迫等具有强迫特征的手段，如组织者对卖淫人员实施扣押身份证、户口簿等证件；假借代为保管名义控制卖淫人员手机等通讯工具，以限制其与外界联系的自由；以拘禁的方式限制卖淫人员人身自由，以殴打手段迫使卖淫人员卖淫，安排人员监督卖淫交易等行为。这种具有强迫特征的行为表现形式与强迫卖淫罪的手段行为虽有相似之处，但行为对象却有着本质区别，前者为自愿卖淫，并与行为人形成合意、接受行为人管理和控制的卖淫人员；后者则为无卖淫意愿，被强迫从事卖淫行为的人员。

实践中，卖淫组织中的卖淫人员为了追求经济利益，或是自愿卖淫并接受组织管理，或是经人介绍、引诱加入卖淫组织实施卖淫行为。行为人将卖淫人员组织起来统一管理控制，以非法拘禁、殴打、侮辱等手段强制卖淫人员服从组织管理，强迫手段是组织、管理、控制的具体表现，行为人的目的仍是组织卖淫，根据罪刑法定原则，应直接定为组织卖淫罪，其中限制人身自由等手段行为可作为组织卖淫罪的量刑情节考虑。需要注意的是，如果组织者故意实施的以上行为直接导致被组织者伤亡的，应当依照刑法第三百五十八条第三款的规定，以故意杀人罪、故意伤害罪等对组织者实施数罪并罚。另外，组织者对被组织者以外的其他人实施非法拘禁、殴打行为，也应当按照实施的行为定罪，与组织卖淫罪数罪并罚。

5. 提供“打飞机”等手淫服务是否构成刑法意义上的卖淫行为？

本书观点：对于手淫等色情服务是否构成卖淫，有两种不同观点。第一种观点认为，刑法上的卖淫是指不特定的异性之间或者同性之间以金钱、财物为媒介发生不正当性关系的行为，包括口淫、手淫、鸡奸等。第二种观点认为，在目前情况下，不能将刑法意义上的卖淫局限于性交行为，对于性交之外的肛交、口交等进入式的性行为，应当依法认定为刑法意义上的卖淫。但是为满足他人性欲而提供手淫、胸推等接触式服务而非进入式性行为并收取报酬的，不能解释为刑法意义上的卖淫，否则属于扩张解释，将大大扩张刑法处罚的范围。

虽然《卖淫刑事案件解释》中对于刑法上“卖淫”的概念并未予以明确。但我们认为，第二种观点更为适当，理由如下：

（1）符合罪刑法定原则。我国现行刑法实现了犯罪的法定化。犯罪的法定化具体表现是：刑法明确规定了犯罪的概念，认为犯罪是危害社会的、触犯刑法的、应当受到刑罚处罚的行为；刑法明确规定了犯罪构成的共同要件，明确规定了各种具体犯罪的构成要件，为司法机关正确定罪提供了法律依据。据此，刑法没有明确规定手淫行为属于“卖淫”就不能入罪。虽然《公安部批复》将“卖淫”解释为不特定的异性之间或者同性之间以金钱、财物为媒介发生不正当性关系的行为，包括口淫、手淫、鸡奸等行为，但这是针对《治安管理处罚条例》中“卖淫”的含义所作的批复，仅能作为行政处罚和相关行政诉讼案件的依据。而刑法罪名的设立、犯罪行为的界定及解释均应遵循谦抑性原则，以此来保持刑法的宽容性。行政法规虽然以解释的形式将所有的色情服务方式都纳入到卖淫行为中，但行政违法不等同于刑事犯罪，违法概念也不等同于犯罪概念，《公安部批复》不能作为定罪依据。对刑法的解释应更为慎重，不应扩张解释从而造成入刑范围的不必要扩大。

（2）符合刑法体系化解释。刑法体系化解释，就是对一个具体法条、一个具体法律概念的理解，应当保持与其他法条以及相关法律规定的协调一致。首先，根据刑法对强奸罪、强制猥亵妇女罪的不同规定可见，刑法对生殖器官直接接触的性行为与以手和生殖器接触的行为是有重大区别对待的。同样是违背妇女意志，前者性质为强奸，后者性质为强制猥亵。其次，从刑法第六章第八节组织、强迫、引诱、容留、介绍卖淫罪的规定看，如果将刑法规定的“卖淫”解释为包括提供手淫服务，属于扩张解释，将会导致量刑失衡：如《刑法》第三百六十条规定的传播性病罪“明知自己患有梅毒、淋病等严重性病卖淫、嫖娼的，处五年以下有期徒刑、拘役或者管制，并处罚金”，此条规定主要是防止性病的传播，显然这里的“卖淫”是不包括提供手淫服务的。又如，刑法中涉及卖淫的条文，除《刑法》第六章第八节组织、强迫、引诱、容留、介绍卖淫罪外，还有《刑法》第二百四十条的拐卖妇女罪，该条将诱骗、强迫被拐卖的妇女卖淫或者将被拐卖的妇女卖给他人迫使其卖淫的，作为加重处罚情节，处十年以上有期徒刑或者无期徒刑，并处罚金或者没收财产。这里的卖淫，显然不宜解释为包括提供手淫服务。总之，手淫行为本身的危害性与刑法处罚的严厉性相比不能平衡，若对刑法上“卖淫”的含义作扩大解释，难以实现罪刑均衡。

（3）更符合大众的普遍理解。刑法并未规定卖淫的具体含义，但传统意义上的妇女提供性交服务并收取财物的行为属于刑法意义上的卖淫自然是民众一致认可的。而男子也可以成为卖淫的主体，这既为现行刑法所肯定，也是民众普遍知晓的。既然男男之间可以卖淫，则对于性交之外的肛交、口交等进入式的性行为，应当依法认定为刑法意义上的“卖淫”，也是民众能够理解和认同的。而对于提供手淫等色情服务是否属于卖淫的问题，在刑法理论界和从事司法实务的人员中尚且有争论，且刑法并未明确规定，在这种情况下，要求普通公民将其纳入刑法心理预期范围，则不现实。如《刑法》第三百五十九条第二款规定的引诱幼女卖淫罪，如果将引诱幼女提供手淫服务认定为引诱卖淫，那么将提供手淫服务的幼女称为“卖淫女”，不仅该幼女难以接受，社会也普遍难以接受。

二、协助组织卖淫罪

（一）刑法规定

第三百五十八条第四款　为组织卖淫的人招募、运送人员或者有其他协助组织他人卖淫行为的，处五年以下有期徒刑，并处罚金；情节严重的，处五年以上十年以下有期徒刑，并处罚金。

（二）典型或常见问题的审理思路

如何区分组织卖淫罪的从犯与协助组织卖淫罪?①

本书观点：（1）协助组织卖淫罪是将组织卖淫罪的帮助行为单独成罪，而非将组织卖淫罪的所有从犯单独成罪。我国1979年刑法没有规定协助组织卖淫罪。1991年《严禁卖淫嫖娼决定》第一次从法律上确认了组织卖淫罪和协助组织卖淫罪。随后，最高人民法院、最高人民检察院于1992年出台《严禁卖淫嫖娼解答》在第三条解释了本罪的罪状，即“协助组织他人卖淫罪，是指在组织他人卖淫的共同犯罪中起帮助作用的行为。如充当保镖、打手、管账人等”。1997年刑法吸纳了上述内容。2011年，《刑法修正案（八）》修改了本罪的罪状，将“协助组织他人卖淫的”修改为“为组织卖淫的人招募、运送人员或者有其他协助组织他人卖淫行为的”，2017年7月25日公布实施的《最高人民法院、最高人民检察院关于审理组织、强迫、引诱、容留、介绍卖淫刑事案件适用法律若干问题的解释》（以下简称《卖淫刑事案件解释》）第四条第一款对本罪罪状进行了详细的解释，即“明知他人实施组织卖淫犯罪活动而为其招募、运送人员或者充当保镖、打手、管账人等的，依照刑法第三百五十八条第四款的规定，以协助组织卖淫罪定罪处罚，不以组织卖淫罪的从犯论处”。

从以上协助组织卖淫罪的相关规定可以看出，组织卖淫罪与协助组织卖淫罪在一般情况下属于实质上的共同犯罪，协助组织卖淫行为属于组织卖淫行为中的帮助行为。在我国刑法理论中，一般来说，帮助犯从属于正犯，与正犯构成共同犯罪。在刑法没有对帮助犯设置具体罪状并单独规定法定刑的情况下，对帮助犯只能适用正犯的法定刑，并结合刑法总则规定的从犯处罚原则进行处罚。但考虑到实践中某些帮助行为已出现类型化趋势，社会危害也较大，为加大对此类行为的打击，我国刑法分则将部分帮助行为规定为独立犯罪，如《刑法》第一百零七条规定的资助危害国家安全犯罪活动罪、第一百二十条之一第一款规定的帮助恐怖活动罪以及第三百五十八条第四款规

---

① 观点来源：《刑事审判参考》第1269号指导案例，杨某星等组织卖淫案。

定的协助组织卖淫罪。协助组织卖淫行为单独成罪，主要是由于司法实践中组织卖淫者往往不能单独完成犯罪，需要合作者或者帮助者才能顺利实施组织卖淫行为。在组织卖淫者开设“娱乐场所”的过程中，离不开保镖、打手、管账人等的“协助”，这些协助组织行为已经常态化、类型化，甚至可以说必不可少。而由于其中犯罪人之间的分工不同、作用不同，导致各自承担的刑事责任也是不同的。因此，将这些协助组织行为从组织卖淫行为中分离出来，进行区别定罪量刑。此外，司法实践中也存在不少协助者独立于组织卖淫者的情况，如一些行为人专门负责招募、雇佣、运输、培训卖淫者，他们不仅仅服务于某一个组织卖淫团伙，而是同时为数个卖淫团伙服务。这种情况下，如果简单地按照共同犯罪理论，将之作为某一个组织卖淫团伙的共犯来处理，就很可能会遗漏掉协助者的其他协助行为。

因此，协助组织卖淫者可以认为是组织卖淫者的帮助犯，在帮助犯没有单独成罪的情况下，确实属于从犯的一种，但并不是从犯的全部。协助组织卖淫行为单独成罪以后，对该协助行为不再按照组织卖淫罪的从犯处理，而是作为独立的犯罪定罪量刑。但这并不意味着组织卖淫罪中不存在从犯，或者说组织卖淫罪的从犯就是协助组织卖淫罪。实践中有种观点认为，组织卖淫罪一般是由数人或者多个环节组成的共同犯罪行为，凡是共同组织卖淫罪的主犯应当定性为组织卖淫罪，凡是共同组织卖淫罪的从犯应当定协助组织卖淫罪。我们认为，这种观点是错误的，协助组织卖淫罪是一种独立的犯罪，而不是共同组织卖淫罪的从犯；共同组织卖淫罪的从犯，应当定性为组织卖淫罪，而不能定性为协助组织卖淫罪。

（2）协助组织卖淫罪与组织卖淫罪的从犯的本质区别在于行为不同，而非作用大小。组织卖淫罪的从犯与协助组织卖淫罪的区分历来是司法实践中的难点。我们认为，协助组织卖淫行为属于帮助犯，帮助犯与主行为实施者即实行犯是按照分工不同划分的，即帮助犯不实施主行为，两者的本质区别在于行为人在组织卖淫活动过程中的分工，而不是作用大小。在组织卖淫活动中，凡是对卖淫者的卖淫活动直接进行管理、控制的行为人，体现为以招募、雇佣、强迫、引诱、容留等手段，管理、控制多人从事卖淫，核心是策划、指挥、管理、控制、安排、调度等组织行为，应当构成组织卖淫罪，其中起主要作用的是主犯，起次要、辅助作用的是从犯，但从犯实施的行为也应是组织行为，只是这种组织行为相对于主要组织者而言作用相对次要。而协助组织卖淫罪中行为人所实施的行为不能是组织行为，不与卖淫行为发生直接联系，只能是在外围保障卖淫活动顺利进行的辅助行为。根据刑法和《卖淫刑事案件解释》的规定，协助组织卖淫罪的客观行为主要表现为：以招工为名，通过广告、互联网等方式，协助诱骗、招募妇女卖淫，但本身不参与组织卖淫活动的；提供交通工具，为组织卖淫者接送、转移卖淫人员，只收取相应运输费用的；充当保镖，看家护院，望风放哨；充当打手，协助强迫妇女卖淫；为组织卖淫者充当管账人等。

在司法实践中，组织他人卖淫场所中的老板认定为组织者是没有异议的，但对于经理、领班等其他管理人员能否认定为组织者存在争议。我们认为，在整个卖淫组织中，出资者、指挥者固然属于组织卖淫者，经理、领班等其他管理人员也实施具体的管理行为，只是其地位和作用相对于出资者、指挥者来说较小，但只要与卖淫人员之间存在管理与被管理的关系，而不是单纯的帮助行为，其实质上就是实施了组织卖淫罪的实行行为，故也应将这部分管理人员的管理行为认定为组织卖淫行为。

（三）疑难、复杂问题的参考性解答

奸淫幼女后，将幼女送至组织卖淫罪犯处进行卖淫活动的行为如何定性？

本书观点：奸淫幼女后，将幼女送至组织卖淫罪犯处进行卖淫活动的，应当以强奸罪和协助组织卖淫罪数罪并罚。

（1）根据《刑法》第三百五十八条第四款的规定，协助组织卖淫是指为组织卖淫的人招募、运送人员或者其他协助组织他人卖淫行为。《卖淫刑事案件解释》第四条第一款进一步明确了其他协助组织行为的基本范围，规定“明知他人实施组织卖淫犯罪活动而为其招募、运送人员或者充当保镖、打手、管账人等的，……以协助组织卖淫罪定罪处罚，不以组织卖淫罪的从犯论处。”行为人奸淫幼女后将幼女带去他人处卖淫，并在幼女卖淫过程中负责交接单据、接送卖淫女到与嫖客约定的地点等行为的，既有《刑法》第三百五十八条第四款规定的运送卖淫人员行为，又有《卖淫刑事案件解释》第四条第一款规定的“充当保镖、打手、管账人等”行为。这里的“充当保镖、打手、管账人等”应当是指包括但不限于“保镖、打手、管账人”行为，送单据等行为与“管账”是同质的行为，均属于协助组织卖淫行为性质，应当以协助组织卖淫罪定罪处罚。

（2）行为人奸淫幼女的行为构成强奸罪，应当依法从重处罚。协助组织卖淫行为人奸淫卖淫人员的行为如何定罪处理，刑法或者司法解释没有专门规定。我们认为，协助组织卖淫行为人单独对卖淫女实施强奸行为的，不论是发生在协助组织卖淫行为前还是协助组织卖淫行为实施过程中，由于其与组织卖淫行为人在强奸犯罪上没有共同的犯意，应当罪责自负。因此，本行为人在实施协助组织卖淫行为前和实施过程中，对幼女进行奸淫的行为，构成强奸罪。至于其强奸是否为了将幼女送给他人组织卖淫犯罪所用，不影响其强奸罪的成立。同时，根据《刑法》第二百三十六条第二款的规定，奸淫不满十四周岁的幼女的，应当从重处罚。

（3）对协助组织未成年人卖淫的，可以酌情从重处罚。《刑法》第三百五十八条第二款规定，“组织、强迫未成年人卖淫的，依照前款的规定从重处罚”。尽管刑法未明确规定对协助组织未成年人卖淫的行为予以从重处罚，但根据《最高人民法院、最高人民检察院、公安部、司法部关于依法惩治性侵害未成年人犯罪的意见》第一条、第二条的规定，对于性侵害未成年人犯罪，应当依法从严惩治。

三、引诱、容留、介绍卖淫罪

（一）刑法规定

第三百五十九条第一款　引诱、容留、介绍他人卖淫的，处五年以下有期徒刑、拘役或者管制，并处罚金；情节严重的，处五年以上有期徒刑，并处罚金。

第三百六十一条　旅馆业、饮食服务业、文化娱乐业、出租汽车业等单位的人员，利用本单位的条件，组织、强迫、引诱、容留、介绍他人卖淫的，依照本法第三百五十八条、第三百五十九条的规定定罪处罚。

前款所列单位的主要负责人，犯前款罪的，从重处罚。

（二）典型或常见问题的审理思路

1. **介绍卖淫罪与介绍嫖娼行为如何区别?**[①]

本书观点：介绍卖淫罪是指为卖淫人员寻找、招揽、介绍嫖客，在卖淫人员与嫖客之间牵线搭桥、沟通撮合，从而使卖淫嫖娼活动得以实现的行为。介绍卖淫罪的行为人往往同卖淫者之间存有关系，行为人的目的在于通过行为的实施使卖淫者的卖淫行为能够实现。

刑法所规定的介绍卖淫罪往往与行政处罚中规定的介绍嫖娼行为既有联系又有区别，两者的联系在于为使卖淫嫖娼活动最终得以实现，行为人为卖淫者与嫖娼者牵线搭桥，也就是行为人与卖淫者与嫖娼者可能都存在联系。实际生活中，介绍他人卖淫与介绍嫖娼行为往往容易有重叠和混淆的现象。在处理介绍卖淫嫖娼的案件时，必须注意现实生活中介绍卖淫嫖娼行为的多样性和复杂性，正确区分某一行为到底是介绍卖淫行为还是介绍嫖娼行为，正确区分罪与非罪。

介绍嫖娼行为通常表现为以下一些情形特征：（1）行为人往往临时起意为他人介绍嫖娼，自己与卖淫者并不相识。（2）行为人根据市场讯息，自己介绍嫖客到某处进行嫖娼。（3）行为人根据自己曾经嫖娼的经历或熟悉处所，带领或者介绍嫖客到该处所进行嫖娼。（4）行为人基于其与卖淫人员的约定，介绍嫖客与该卖淫人员进行卖淫嫖娼活动。（5）行为人基于其与某介绍卖淫者的约定，介绍嫖客通过该介绍卖淫者与卖淫人员进行卖淫嫖娼活动。依上述情形特征，一般而言，前三种情形应认定为行为人不构成犯罪，而后两种情形实际上是介绍嫖娼者与介绍卖淫者二者合二为一，行为人表现为具有双重身份，通常认为，行为人的行为可以构成介绍卖淫罪。

2. **通过互联网发布卖淫信息行为的定性?**[②]

本书观点：所谓介绍卖淫，是指行为人采取积极为卖淫者和嫖娼者牵线搭桥、撮合沟通等居间介绍的手段使他人的卖淫得以实现的行为。行为人以非法牟利为目的，在数个网站为卖淫女向社会发布卖淫信息，致使多人进行嫖娼活动，个人从中收取“好处费”的，虽然在行为方式方面，因未与特定

---

① 观点来源：《刑事审判参考》第376号指导案例，吴某海介绍卖淫案。

② 观点来源：《刑事审判参考》第193号指导案例，林某介绍卖淫案。

的“嫖客”直接接触而与传统的介绍卖淫行为有所不同，但其通过互联网为不特定的“嫖客”提供信息，起到了介绍卖淫的实际作用，其行为性质并无不同，故应认定构成介绍卖淫罪。较之于传统的介绍方式，在互联网上发布卖淫女信息的方式存在以下明显特点：信息接收人的不特定性，即不能确定是何人接收信息，有多少人接收信息，接收信息人是否实施了前往嫖娼的行为。根据《刑法》第三百五十九条的罪状规定，介绍卖淫罪当属行为犯。对于行为犯既、未遂的判断，应以法定的犯罪行为是否完成作为区分标准，并不要求发生特定的结果，更不需要特定目的的实现。当然，这并不等于说行为犯不存在未遂的问题，如果行为刚着手实施，尚未完成即停止下来的，也应认定为未遂。行为人利用家中电脑登录互联网上的黄色网站，并发布卖淫女信息，这些信息通过信号传输，使凡登录该网站的人都能接收到卖淫女的信息。随着他发布信息行为的完成，其介绍卖淫的行为亦已完成，并不存在因其意志以外的原因而导致犯罪停止在未完成形态上的情况，故不应认定为犯罪未遂。

3. 明知他人在出租房内从事卖淫活动仍出租房屋的行为，如何定性？①

本书观点：容留卖淫罪中的“容留”是指行为人为他人卖淫提供场所，包括提供固定的或者不固定的、短期的或者长期的卖淫场所。“容留”既包括在自己所有的、管理的、使用的、经营的固定场所（如私人住宅、宾馆、饭店、餐厅、歌厅、理发店等）容留他人卖淫，也包括在流动场所（如汽车、轮船）中容留他人卖淫。至于容留行为是主动实施，还是应卖淫者或嫖客之请实施，不影响行为性质的认定。容留卖淫行为的主观方面表现为故意，即行为人明知自己是为他人从事卖淫活动提供了场所，仍希望或放任这一危害结果的发生。实践中，大多数此类案件的行为人具有营利目的，但也不排除出于其他目的而容留卖淫的情况，如为了破坏他人家庭，为了报复社会等。不论行为人出于何种目的、动机，只要实施了容留他人卖淫的行为，均可构成本罪。

当前，社会生活中常有承租他人房屋从事卖淫活动的情况。有的出租者对此明知，有的未必明知，需要结合具体案情分析而定。房屋出租者容留卖淫的情形有一定特殊性，即出租者事先未必知道承租者卖淫，而常常是在居

---

① 观点来源：《刑事审判参考》第689号指导案例，杨某、米某容留卖淫案。

住一段时间以后，才发现承租者从事卖淫活动。在此情况下，认定出租者是否构成容留卖淫罪，关键是要严格把握出租者的主观心态，即是否明知承租人从事卖淫活动而为其提供场所。如果出租者明知他人在出租房内从事卖淫活动，为获得房租而出租房屋的，特别是收取的房租偏高时，可以认定为容留卖淫罪。如果出租者并不知道承租者在出租房内从事卖淫活动，或者出租者虽知道承租者从事卖淫活动，但卖淫场所并不在出租房内的，均不能认定出租者构成容留卖淫罪。在分析具体案件时，既要避免不当地运用推定来认定主观明知，以免导致客观归罪；也不能轻信犯罪嫌疑人、被告人的辩解，以致放纵犯罪，而应当综合全案的证据情况进行分析认定。

值得注意的是，实践中房东出租房屋并疏于管理的现象较为普遍，对于承租者从事违法犯罪活动的，房东一般承担行政违法责任，尚不至于追究刑事责任，以免不当扩大打击面。只有对于确实明知他人利用出租房从事违法犯罪活动，且出租者的行为符合刑法规定的具体犯罪构成要件，才能追究刑事责任。

（三）疑难、复杂问题的参考性解答

1. 一年内曾因引诱、容留、介绍卖淫犯罪被判处刑罚，又实施容留、介绍卖淫行为的，如何认定？

本书观点：有观点认为，“举重以明轻”“举轻以明重”是长期以来的司法规则。既然行为人“一年内曾因引诱、容留、介绍卖淫行为被行政处罚，又实施容留、介绍卖淫行为的”，都要以容留、介绍卖淫罪定罪处罚，那么，“一年内曾因引诱、容留、介绍卖淫犯罪被判处刑罚，又实施容留、介绍卖淫行为的”，更要以容留、介绍卖淫罪定罪处罚。

我们不同意这个观点。主要理由是：

（1）对《卖淫刑事案件解释》规定的入罪门槛，不宜突破。司法解释对引诱、容留、介绍卖淫罪的构成条件在第八条第一款已经作了明确而详尽的规定，司法实践中应当严格依照该规定执行。《卖淫刑事案件解释》对于引诱、容留、介绍卖淫罪的入罪标准，主要从以下几个方面考虑。一是从卖淫人数考虑。二是从卖淫人员的类别考虑。三是参照其他司法解释的范例，对具有同类行为被行政处罚过的人作出降低入罪门槛的规定。四是根据行为人获利情况确定入罪标准。因此，《卖淫刑事案件解释》对于本罪的入罪门槛问

题，已经考虑到方方面面的情况。

（2）《卖淫刑事案件解释》的规定不宜适用“举轻以明重”规则。“举轻以明重”指的是对危害轻的行为都要进行处罚，对危害重的行为更要进行处罚。《卖淫刑事案件解释》将行为人的“一年内曾因引诱、容留、介绍卖淫行为被行政处罚，又实施容留、介绍卖淫行为的”作为入罪条件，并不单纯从社会危害角度考虑，而更多的是从行为人的主观恶性角度考虑，主要目的是较好地评价主观恶性较深的容留、介绍卖淫行为。而一年内如果曾因引诱、容留、介绍卖淫行为被判处刑罚，又实施容留、介绍卖淫行为的，则对后一次行为只能严格适用《卖淫刑事案件解释》的入罪条件判断是否构罪，对前一次的犯罪行为，不能再作为后一次行为是否构成犯罪的标准。如果后一次行为构成犯罪，且属于累犯的，则应当依法从重处罚。

需要明确的是，这里的“一年内”的时间起止如何计算？我们认为，所谓一年内，不是历法上的1月1日至当年的12月31日，而是前一次行为与后一次行为的时间跨度在12个月内，如2017年3月2日至2018年3月1日。如果第一个行为发生在2017年3月2日，第二个行为发生在2018年的3月2日，此时两个行为就比一年多一天，因而就超过一年，不属于一年内了。另外，一年内，指的是两个行为在一年内，而不是前一个行为的行政处罚时间和后一个行为的发生时间在一年内。这主要是因为前一次行为的时间是固定的，而行政处罚的时间则可能由于行政执法机关的原因会有较长的拖延，从有利于被告人的原则出发，我们认为应理解为两个行为之间的时间在一年内。

2. 如何认定松散型管理的组织卖淫行为与容留卖淫的区别？

本书观点：组织卖淫与容留卖淫的最大区别在于行为人对卖淫人员是否实施了管理、控制行为。《卖淫刑事案件解释》第一条规定：“以招募、雇佣、纠集等手段，管理或者控制他人卖淫，卖淫人员在三人以上的，应当认定为刑法第三百五十八条规定的‘组织他人卖淫’。”“组织卖淫者是否设置固定的卖淫场所、组织卖淫者人数多少、规模大小，不影响组织卖淫行为的认定。”结合刑法理论和《卖淫刑事案件解释》的上述规定，我们认为，组织卖淫罪的最主要特征是犯罪分子实施的行为属于组织行为，既包括如何将卖淫人员组织在一起的行为，也包括将卖淫人员组织起来后如何管理、控制卖淫活动的行为。前者是一种手段，如招募、雇佣、纠集等，实务中，也包括容留等手段。但组织卖淫中的容留与单纯的容留卖淫是有质的区别的，组织卖淫中的容留，是为组织卖淫服务的，是作为组织卖淫的一种手段，而单纯的容留卖淫，其本身就是基本犯罪行为，而没有相应的管理、控制行为。后者则是组织卖淫行为本身。因此，组织卖淫行为的主要行为特征是管理和控制。这里的管理和控制是对卖淫人员以及卖淫活动的管理和控制。至于卖淫人员是否自愿卖淫，不影响组织卖淫行为的成立。管理和控制的主要表现就是卖淫人员在何处、何时卖淫、向谁卖淫、如何收费、如何分配卖淫的收入甚至卖淫人员的日常行为都是由组织卖淫行为人决定。即使卖淫人员自愿卖淫，但在上述事项上也是由组织卖淫行为人决定的。当然，组织卖淫行为必须具备一定规模要件。如果卖淫人员不到三人的，应当降格认定为容留卖淫。因为，《卖淫刑事案件解释》将组织卖淫罪中被组织卖淫人员的人数明确规定为三人以上。另外，在一般情况下，组织卖淫行为人是设置或者变相设置卖淫场所的，如以宾馆、洗浴中心、会所、发廊、旅店、饭店等为固定场所或者以经营宾馆、洗浴中心、会所等为名，行组织卖淫之实。但近些年来，面对严厉的“扫黄”活动，一些不法之徒采取动态管理方式，即不建立固定的卖淫窝点，而是利用现代化的交通与通信设施，指挥、控制着多人从事卖淫活动。这种动态管理模式，将组织卖淫行为化整为零，或者将分散的单个卖淫行为组织起来，既能扩大卖淫的范围，又便于逃避公安机关的追查。这类没有固定场所的组织卖淫行为，非常明显地体现了组织者的管理、控制行为，也应当认定为组织卖淫行为。

而容留他人卖淫，是指行为人故意为他人从事卖淫、嫖娼活动提供场所的行为。既包括在自己所有的、管理的、使用的、经营的固定或者临时租借的场所容留卖淫、嫖娼人员从事卖淫、嫖娼活动，也包括在流动场所，如运输工具中容留他们卖淫、嫖娼[①]。

通过以上对组织卖淫行为主要特征的分析，我们可以看出，组织卖淫行为，尤其是以容留卖淫为手段的组织卖淫行为，与单纯的容留卖淫行为，最主要的区别在于行为人对卖淫人员的卖淫活动是否实施了管理、控制行为。组织卖淫行为的最主要行为特征是对卖淫活动实施了管理、控制行为，而容留卖淫行为人对卖淫人员的卖淫活动既不管理，更不控制，而仅仅提供固定

---

① 参见王爱立主编:《中华人民共和国刑法解读》（第4版），中国法制出版社2015年版，第860页。

或者临时租借的场所以及流动场所，收取一定的场所费用甚至不收取任何费用，对卖淫人员在何时卖淫、向谁卖淫、如何收费等均不过问，至于卖淫人员的日常行为，更是卖淫人员自行安排。

实践中，有的犯罪分子实施组织卖淫犯罪行为时，利用发廊、按摩店等，招募多名卖淫人员，但卖淫人员来去自由，与犯罪分子之间没有人身管理关系。此时，我们应该透过现象看本质。控制、限制和管理卖淫人员除卖淫活动外的行为，是一般组织卖淫犯罪的普遍现象，但是，组织卖淫罪强调的是犯罪分子对卖淫人员卖淫活动的管理和控制。犯罪分子是否对卖淫人员卖淫活动以外的行为进行管理和控制，并不是组织卖淫罪的本质特征。即使卖淫人员来去自由，只要犯罪分子收取和分配卖淫人员卖淫所收取的费用，为卖淫活动提供食宿和放风等，而不是卖淫人员收取嫖资后向犯罪分子缴纳场所费用的，就应当认定犯罪分子的犯罪性质为组织卖淫，而不是容留卖淫。实践中，有的法院建议，对于非集团化、公司化的非规模性组织卖淫案件，要充分考虑被告人对卖淫人员的控制和管理程度，卖淫人员人身自由程度和社会危害性等因素，对仅有一两名经营者负责收取嫖资或者管理的，只要行为人没有引诱、强迫行为，一般以容留、介绍卖淫罪定罪处罚。我们认为，这种观点没有认识到组织卖淫罪与容留卖淫罪的最本质区别，也与刑法及《卖淫刑事案件解释》突出打击重点，严惩组织卖淫犯罪的精神不相符。

3. **介绍智障人员卖淫行为应如何定性？**

本书观点：智障人员是需要社会特殊保护的群体。所谓“智障”即智力障碍或智力残疾，也被称为智力发育不全、先天性痴呆。“智障”在医学上被称为精神发育迟滞，指一组起病于 18 岁以前的精神发育不全或受阻的综合征，其特征为智力低下和社会适应困难。由于受疾病影响，智障人员的生理成熟程度与心智成熟程度不同步，虽然智力发展落后于同龄人，但生理成熟度与同龄人无异。进入青春期后，智障人员也会产生对性的好奇和吸引，但因心智发展落后和性知识缺乏，智障人员对性行为的认知能力和对性冲动的控制能力有不同程度欠缺。在介绍智障人员卖淫的案件中，智障人员虽是自愿卖淫甚至是主动卖淫，但由于精神发育迟滞导致认知和控制能力受限，为保护他们的权益，也有必要做性自我防卫能力的鉴定（性自我防卫能力是指精神疾病患者对两性行为的社会意义、性质及其后果的理解能力和自卫、抗拒能力）。

介绍智障人员卖淫一般是按照介绍卖淫罪定罪处罚。但在下列情形下，要以强奸罪定罪处罚。(1) 介绍人在介绍卖淫过程中还对智障人员实施了奸淫，此时应以强奸罪对介绍人定罪处罚，其介绍卖淫行为亦构成犯罪的，则以强奸罪和介绍卖淫罪数罪并罚。(2) 嫖客的行为构成强奸罪，且介绍人也明知所介绍的人员属于无性自我防卫能力的智障人员的。嫖客的行为是否构成强奸罪，取决于两个条件。一是嫖客是否明知卖淫人员是智障人员。二是智障人员是否属于无性自我防卫能力人。介绍人介绍智障且属于无性自我防卫能力的人员卖淫，嫖客也明知卖淫人员系无性自我防卫能力的智障人员而与之发生性关系时，即便该卖淫人员主动与嫖客发生性关系，或者在发生性关系时未表现出反抗，嫖客的行为亦构成强奸罪，介绍人则构成强奸罪的共犯。对介绍人的介绍行为不再以介绍卖淫罪定罪处罚。之所以对介绍人和嫖客不能简单地以强奸罪定罪处罚，是因为强奸罪系重罪，保护的是性的自主决定权，而一名性自我防卫能力削弱的智障人员并不能完全否定其对性有自主决定能力，定罪应更加慎重。如果嫖客并不明知卖淫人员是智障人员，即便卖淫人员被鉴定为无性自我防卫能力，也不能成立强奸罪。此时介绍人亦不构成强奸罪，因为介绍行为本身并不是强奸罪的实行行为，介绍人不能单独成为强奸罪的主体，而只能成为强奸罪的共犯。在嫖客不构成强奸罪的情况下，对介绍人应以介绍卖淫罪定罪处罚。

4. 卖淫嫖娼行为未实际完成是否影响容留卖淫罪的既遂?

本书观点：容留卖淫罪是行为犯，只要实施了容留他人卖淫的行为，满足《卖淫刑事案件解释》第八条第一款规定的四种入罪条件之一的(即一是容留二人以上卖淫的；二是容留未成年人、孕妇、智障人员、患有严重性病的人卖淫的；三是一年内曾因容留卖淫行为被行政处罚，又实施容留卖淫行为的；四是非法获利人民币一万元以上的)，不论卖淫嫖娼行为实际上是否完成，均不影响本罪既遂的成立。换言之，卖淫者在行为人的容留下，已与嫖娼者达成合意并基于该合意着手实施卖淫嫖娼行为的，无论卖淫嫖娼行为本身是否完成，容留卖淫罪均应认定既遂。事实上，卖淫嫖娼是一个过程，为卖淫嫖娼所做的谈价格、找地点、性交易前准备、性交易过程等均属卖淫嫖娼的组成部分，只要上述一个或数个行为是在行为人的容留下实施的，即构成容留卖淫罪的既遂。

5. 如何理解和把握《刑法》第三百六十一条规定的“利用本单位条件”？

本书观点：《刑法》第三百六十一条第一款规定：“旅馆业、饮食服务业、文化娱乐业、出租汽车业等单位的人员，利用本单位的条件，组织、强迫、引诱、容留、介绍他人卖淫的，依照本法第三百五十八条、第三百五十九条的规定定罪处罚。”第二款规定：“前款所列单位的主要负责人，犯前款罪的，从重处罚。”旅馆业、饮食服务业、文化娱乐业、出租汽车业等单位，出入人员复杂、流动性大、管理难度大，更容易发生与卖淫有关的各类违法犯罪活动，且一旦发生，流传广、危害性大、有不良的示范效应。这些单位的工作人员利用本单位的条件，进行组织、强迫、引诱、容留、介绍他人卖淫的，更具有隐蔽性和便利条件，实践中也是多发的，因而法律专门对这些单位的人员犯以上之罪的，作了明确的处理规定。

本条第一款是关于旅馆业、饮食服务业、文化娱乐业、出租汽车业等单位的人员，利用本单位的条件，组织、强迫、引诱、容留、介绍他人卖淫的处刑规定。本款所说的“旅馆业”，是指接待旅客住宿的旅馆、饭店、宾馆、酒店、招待所、路边店、客货栈、车马店、浴池等。根据《旅馆业治安管理办法》的规定，旅馆业包括国营、集体、个体经营的，合伙经营的，中外合资、中外合作经营的和外资独资经营的；既包括专营的，也包括兼营的；既包括常年经营的，也包括季节性临时经营的。“饮食服务业”包括“饮食业”和“服务业”两个行业。“饮食业”包括餐厅、饭馆、酒吧、咖啡厅等。“服务业”是指利用一定的设备、工具，提供劳动或物品，为社会生活服务的行业，包括发廊、按摩院、美容院、浴池等。“文化娱乐业”是指提供场所、设备、服务，以供群众娱乐的行业，如歌厅、舞厅、音乐茶座、康乐宫、夜总会、影剧院等。“出租汽车业”是指出租汽车服务的行业。“旅馆业、饮食服务业、文化娱乐业、出租汽车业等单位的人员”是指这些单位的所有职工。

“利用本单位的条件”，是指利用本单位的一切设备、设施。如汽车等交通工具，房屋等建筑设施，房内各项设施以及电话等通信设施。对这些单位的人员，利用本单位的条件，从事组织、强迫、引诱、容留、介绍他人卖淫的，本条规定，分别依照本法中关于组织卖淫、强迫卖淫或者引诱、容留、介绍卖淫罪的规定定罪处罚①。

需要说明的是，本条款里并没有规定单位犯罪，而是对有关单位的人员利用本单位的条件犯上述罪的提示性规定②。也就是说，行为人如果不是上述单位的人员，也没有利用本单位的条件，但实施了组织、强迫、引诱、容留、介绍卖淫行为，构成犯罪的，也是应当依法追究刑事责任的。刑法作此提示性规定，一是为了引起司法人员的注意；二是强调上述单位的人员，在经营活动中对卖淫犯罪活动具有特别的防范义务，更不能实施上述犯罪行为；三是为了突出本条第二款即对单位主要负责人犯上述罪行的，从重处罚。

本条第二款是关于第一款规定的单位的主要负责人，利用本单位条件，组织、强迫、引诱、容留、介绍他人卖淫的从重处罚规定。本款所说的“主要负责人”是指经理、副经理等单位的主要领导人员。作为单位的主要负责人，有义务自觉遵守国家法律规定，应当合法经营。如果对发生在本单位的卖淫、嫖娼活动，不但不采取措施，协助有关部门查禁，反而利用本单位的条件，实施组织卖淫等犯罪活动，这种行为不仅直接破坏了社会管理秩序，妨害社会治安，而且还严重影响单位的声誉，破坏了单位的正常经营管理活动，甚至使自己主管的单位成为藏污纳垢的色情场所，影响十分恶劣，必须严厉打击。为此，本款将这些单位的主要负责人，利用本单位的条件，组织、强迫、引诱、容留、介绍他人卖淫的，作为法定从重处罚情节。

四、引诱幼女卖淫罪

（一）刑法规定

第三百五十九条第二款　引诱不满十四周岁的幼女卖淫的，处五年以上有期徒刑，并处罚金。

（二）疑难、复杂问题的参考性解答

如何区分本罪与引诱、容留、介绍卖淫罪？

本书观点：两罪在行为方式上具有相似性，引诱、容留、介绍卖淫罪也

① 参见王爱立主编：《中华人民共和国刑法解读》（第4版），中国法制出版社2015年版，第860页。

② 参见陈兴良主编：《刑法疏议》，中国人民公安大学出版社1997年版，第584页。

有引诱他人卖淫的行为，两罪的主要区别在于犯罪对象和行为方式的不同，本罪的犯罪对象为幼女，行为方式只有“引诱”，没有“容留”和“介绍”，因此，容留、介绍幼女卖淫的，构成容留、介绍卖淫罪，而不是本罪。引诱、容留、介绍卖淫罪的犯罪对象虽然包括幼女，但引诱幼女卖淫的，单独构成引诱幼女卖淫罪。

五、传播性病罪

（一）刑法规定

第三百六十条 明知自己患有梅毒、淋病等严重性病卖淫、嫖娼的，处五年以下有期徒刑、拘役或者管制，并处罚金。

（二）疑难、复杂问题的参考性解答

明知自己感染艾滋病病毒，故意不采取保护措施与他人发生性关系，致使他人感染艾滋病病毒的，应定何罪？

本书观点：近年来，司法实践中出现了明知自己感染艾滋病病毒，故意不采取保护措施与他人发生性关系，致使他人感染艾滋病病毒的案件。对于此类案件如何定罪，在刑法理论界和司法实务界存在争议，归纳起来有两种不同观点。

第一种观点认为，应认定为故意杀人罪，理由有三：一是，艾滋病是不治之症，一旦被传染则无疑被剥夺了继续生存的权利，因此将艾滋病传染给他人，就侵犯了他人的生命权，这与杀人罪的客体特征完全相符。二是，实践中，剥夺他人生命的方式多种多样，只要足以造成死亡结果的都是杀人行为，故意将艾滋病病毒传染给特定他人的行为，只是剥夺他人生命的一种特殊方式而已，这与故意杀人罪的客观方面也是相同的。三是，艾滋病会致人死亡的事实是尽人皆知的，因此故意传播艾滋病的行为人杀人的目的是很明显的。即使不是出于直接故意，放任他人因传染上艾滋病病毒而死亡的心态也是很显然的，这样也就具有了间接杀人的故意。

第二种观点认为，应认定为故意伤害罪。理由是，人体感染上艾滋病病毒后，肌体免疫系统被破坏，容易患上正常人能够轻松克服的各种疾病，但并不会立即导致死亡，在艾滋病漫长的发病过程中可能因为其他原因导致死

亡，而在死亡之前被害者的身体健康却必然遭受严重摧残。因此，感染艾滋病病毒意味着身体健康遭受严重威胁，此种行为属于一种故意伤害他人身体健康的行为，应以故意伤害罪定罪。

我们同意第二种观点，这与《卖淫刑事案件解释》第十二条第二款规定相符，主要理由如下：

首先，艾滋病和艾滋病病毒是不同的概念。艾滋病病毒代表的是人类缺陷免疫病毒（HIV），它在侵入人体后即开始攻击人体免疫系统。经过数年当人体免疫系统被削弱后，人体就会感染上机会性感染病。一旦机会性感染发生，就可以认为是患了艾滋病（AIDS）。艾滋病代表的是获得性免疫缺陷综合征，它是导致人体无法抵御其他疾病的状态或综合征。人不会死于艾滋病，而是死于与艾滋病相关的疾病。我们通常所说的感染艾滋病大多是指感染上艾滋病病毒，艾滋病病毒有三种传播途径，即性传播、血液传播和母婴传播，本案即是通过性传播方式致使他人感染艾滋病病毒。

其次，此类情况不宜认定为故意杀人罪。虽然至今全世界范围内尚未研制出根治艾滋病的特效药物，也还没有可用于预防的有效疫苗，但是在我国已经广泛采用了“鸡尾酒”疗法，这种治疗方法能够压制艾滋病病毒、不断清除艾滋病病毒。早期艾滋病病毒感染者用药后病毒可以被清除到几乎检测不到，普通的艾滋病病毒感染者终身服药能活到正常人的平均寿命。因此，从医学的角度看，感染上艾滋病病毒并不必然导致死亡，事实上，由于我国实施的免费检测、免费治疗政策，大部分艾滋病病毒感染者能够获得及时治疗而不会危及生命，以故意杀人罪来认定类似本案的行为，与故意杀人罪的构成要件不相符。此外，故意杀人罪是结果犯，而从感染艾滋病病毒到发病一般为 8 年至 10 年，在审理期限内很难认定故意杀人的危害结果是否发生。如果审判案件时被害人仍然生存，判处故意杀人罪未遂，则有可能纵容了部分犯罪人，因为艾滋病病毒的少数感染者可能因得不到及时治疗等原因而发病，发病后最长一年内肯定死亡；如果判处故意杀人罪既遂，那么这与被害人在审判时仍然存活的事实又不相符。

最后，以故意伤害罪定罪更合理。如前所述，艾滋病病毒对人体免疫系统的损害十分致命，但艾滋病病毒又不具有直接致命性，它是通过损害人体免疫系统，降低人体的免疫力，进而构成对人体的危害。艾滋病病人死亡的直接原因通常都是其他的疾病或损伤。认定为故意伤害罪使得定罪量刑的标准很统一。行为人一旦把艾滋病病毒传染给他人，那就肯定对他人的身体造成了伤害，在被害人被感染艾滋病病毒的那一刻起，故意伤害罪就已经既遂，而不会像认定故意杀人罪那样出现未遂与既遂的问题。

认定为故意伤害罪之后，必然面临量刑的问题。根据《刑法》第二百三十四条的规定，故意伤害他人身体的，处三年以下有期徒刑、拘役或者管制；致人重伤的，处三年以上十年以下有期徒刑；致人死亡或者以特别残忍手段致人重伤造成严重残疾的，处十年以上有期徒刑、无期徒刑或者死刑。《卖淫刑事案件解释》明确作出了规定，即此种情形下一般认定为“重伤”，在“三年到十年有期徒刑”幅度内量刑。其理由在于：首先，与艾滋病病毒的损伤特点相符。如前所述，艾滋病病毒以对人体免疫系统的损害构成对人体健康的严重危害，但艾滋病病毒的这种损害是一个渐进的过程，并不具有直接致命性。在现代医疗条件下，艾滋病病毒虽不能根除但终身服药的情况下可以控制病毒的发展，因此，感染艾滋病病毒的患者不是必然死亡，但身体健康会受到极大的伤害，这种伤害既包括艾滋病病毒本身对身体的损害，也包括长期服药导致的大量副作用，而患者为了维持生命必须终身忍受这种痛苦，因此，感染艾滋病病毒对被害人身体健康的损伤程度与重伤对身体的损伤程度是相当的。其次，与相关司法解释的规定一致。《刑法》第九十五条对重伤的定义是“使人肢体残废或者毁人容貌的；使人丧失听觉、视觉或者其他器官机能的；其他对于人身健康有重大伤害的”，根据最高人民法院、最高人民检察院、公安部、国家安全部、司法部2013年8月30日发布的《人体损伤程度鉴定标准》第3.1条的规定，重伤是指“使人肢体残废、毁人容貌、丧失听觉、丧失视觉、丧失其他器官功能或者其他对于人身健康有重大伤害的损伤，包括重伤一级和重伤二级”。第6.2条规定：“未列入本标准中的物理性、化学性和生物性等致伤因素造成的人体损伤，比照本标准中的相应条款综合鉴定。”根据上述规定，感染艾滋病病毒可视为因“生物性因素”导致的“其他对于人身健康有重大伤害”的情形。因此，在目前的立法和司法解释框架内，对于明知自己感染艾滋病病毒，故意不采取保护措施与他人发生性关系，致使他人感染艾滋病病毒的行为，认定故意伤害罪并按照“重伤”的量刑档次量刑是最为合适的。当然，如果确实致人死亡的，可在“十年以上有期徒刑、无期徒刑或者死刑”的幅度内量刑，但适用死刑应当格外慎重。

第九节　制作、贩卖、传播淫秽物品罪

一、制作、复制、出版、贩卖、传播淫秽物品牟利罪，为他人提供书号出版淫秽书刊罪

（一）刑法规定

第三百六十三条　以牟利为目的，制作、复制、出版、贩卖、传播淫秽物品的，处三年以下有期徒刑、拘役或者管制，并处罚金；情节严重的，处三年以上十年以下有期徒刑，并处罚金；情节特别严重的，处十年以上有期徒刑或者无期徒刑，并处罚金或者没收财产。

为他人提供书号，出版淫秽书刊的，处三年以下有期徒刑、拘役或者管制，并处或者单处罚金；明知他人用于出版淫秽书刊而提供书号的，依照前款的规定处罚。

第三百六十六条　单位犯本节第三百六十三条、第三百六十四条、第三百六十五条规定之罪的，对单位判处罚金，并对其直接负责的主管人员和其他直接责任人员，依照各该条的规定处罚。

（二）司法解释、司法文件及其权威解读

1. 最高人民法院关于审理非法出版物刑事案件具体应用法律若干问题的解释（法释〔1998〕30号，自1998年12月23日起施行）（节录）

为依法惩治非法出版物犯罪活动，根据刑法的有关规定，现对审理非法出版物刑事案件具体应用法律的若干问题解释如下：

第八条　以牟利为目的，实施刑法第三百六十三条第一款规定的行为，具有下列情形之一的，以制作、复制、出版、贩卖、传播淫秽物品牟利罪定罪处罚：

（一）制作、复制、出版淫秽影碟、软件、录像带五十至一百张（盒）以上，淫秽音碟、录音带一百至二百张（盒）以上，淫秽扑克、书刊、画册一百至二百副（册）以上，淫秽照片、画片五百至一千张以上的；

（二）贩卖淫秽影碟、软件、录像带一百至二百张（盒）以上，淫秽音碟、录音带二百至四百张（盒）以上，淫秽扑克、书刊、画册二百至四百副（册）以上，淫秽照片、画片一千至二千张以上的；

（三）向他人传播淫秽物品达二百至五百人次以上，或者组织播放淫秽影、像达十至二十场次以上的；

（四）制作、复制、出版、贩卖、传播淫秽物品，获利五千至一万元以上的。

以牟利为目的，实施刑法第三百六十三条第一款规定的行为，具有下列情形之一的，应当认定为制作、复制、出版、贩卖、传播淫秽物品牟利罪“情节严重”：

（一）制作、复制、出版淫秽影碟、软件、录像带二百五十至五百张（盒）以上，淫秽音碟、录音带五百至一千张（盒）以上，淫秽扑克、书刊、画册五百至一千副（册）以上，淫秽照片、画片二千五百至五千张以上的；

（二）贩卖淫秽影碟、软件、录像带五百至一千张（盒）以上，淫秽音碟、录音带一千至二千张（盒）以上，淫秽扑克、书刊、画册一千至二千副（册）以上，淫秽照片、画片五千至一万张以上的；

（三）向他人传播淫秽物品达一千至二千人次以上，或者组织播放淫秽影、像达五十至一百场次以上的；

（四）制作、复制、出版、贩卖、传播淫秽物品，获利三万至五万元以上的。

以牟利为目的，实施刑法第三百六十三条第一款规定的行为，其数量（数额）达到前款规定的数量（数额）五倍以上的，应当认定为制作、复制、出版、贩卖、传播淫秽物品牟利罪“情节特别严重”。

第九条 为他人提供书号、刊号，出版淫秽书刊的，依照刑法第三百六十三条第二款的规定，以为他人提供书号出版淫秽书刊罪定罪处罚。

为他人提供版号，出版淫秽音像制品的，依照前款规定定罪处罚。

明知他人用于出版淫秽书刊而提供书号、刊号的，依照刑法第三百六十三条第一款的规定，以出版淫秽物品牟利罪定罪处罚。

第十条 向他人传播淫秽的书刊、影片、音像、图片等出版物达三百至六百人次以上或者造成恶劣社会影响的，属于“情节严重”，依照刑法第三百六十四条第一款的规定，以传播淫秽物品罪定罪处罚。

组织播放淫秽的电影、录像等音像制品达十五至三十场次以上或者造成恶劣社会影响的，依照刑法第三百六十四条第二款的规定，以组织播放淫秽音像制品罪定罪处罚。

第十六条　出版单位与他人事前通谋，向其出售、出租或者以其他形式转让该出版单位的名称、书号、刊号、版号，他人实施本解释第二条、第四条、第八条、第九条、第十条、第十一条规定的行为，构成犯罪的，对该出版单位应当以共犯论处。

第十八条　各省、自治区、直辖市高级人民法院可以根据本地的情况和社会治安状况，在本解释第八条、第十条、第十二条、第十三条规定的有关数额、数量标准的幅度内，确定本地执行的具体标准，并报最高人民法院备案。

权威解读

解读《关于审理非法出版物刑事案件具体应用法律若干问题的解释》（节录）

近年来，全国开展“扫黄打非”斗争取得了很大成绩，但也暴露出许多新情况、新问题。例如，自 1997 年以来，各地陆续发现并查获的非法出版物多达 100 余种。这些非法出版物有的捏造事实，丑化、歪曲党的领导，攻击社会主义制度；有的通过散布政治谣言，妄图制造社会动乱；有的低级趣味，迎合少数人的不健康心理。有关部门虽然对非法出版物加大了查处力度，但由于对修订后刑法的有关规定理解不一致，对这类案件如何适用法律不明确，致使一些案件得不到及时处理。为此，最高人民法院根据刑法的有关规定，于 1998 年 12 月 23 日公布了《关于审理非法出版物刑事案件具体应用法律若干问题的解释》（以下简称《非法出版物解释》），针对审理非法出版物刑事案件实践中亟须明确的几个适用法律的问题，特别是对司法实践中反映比较强烈的侵犯著作权犯罪，销售侵权复制品犯罪，制作、复制、出版、贩卖、传播淫秽物品牟利罪等犯罪的定罪量刑标准问题，综合考虑近年来社会治安形势的变化和打击非法出版物犯罪活动的需要，作了具体规定。

《非法出版物解释》第八条是对《刑法》第三百六十三条“制作、复制、出版、贩卖、传播淫秽物品牟利罪”定罪量刑的数量标准问题的规定。考虑到近年来社会治安形势的变化，参考对这类案件的处理情况和有关部门提供的意见，《非法出版物解释》中确定的数量认定标准基本上是“两高”于

1990 年 7 月 6 日制发的《关于办理淫秽物品刑事案件具体应用法律的规定》（已失效，以下简称《淫秽物品刑事案件规定》）中的数量标准的十倍。如此提高数量认定标准，一方面为有关部门行使行政处罚权留有余地，另一方面也可以避免出现使用刑罚处罚的打击面过宽的问题。

根据《刑法》第三百六十三条第二款关于“为他人提供书号出版淫秽书刊罪”的规定，《非法出版物解释》第九条分列三款，对为他人提供书号出版淫秽书刊的行为如何定罪问题作了规定。针对实践中出现的为他人提供刊号、版号出版淫秽刊物、音像制品的行为与为他人提供书号出版淫秽书刊的社会危害性，行为特征相同，《非法出版物解释》将《刑法》第三百六十三条第二款中的“书号”解释为“书号、刊号”，同时规定“为他人提供版号，出版淫秽音像制品的”，依照《刑法》第三百六十三条第二款的规定，以为他人提供书号出版淫秽书刊罪定罪处罚。

《非法出版物解释》第十六条规定的目的是打击出版单位非法出售、出租或者以其他形式转让书号的行为。据了解，目前一些出版单位，由于经营不善导致严重亏损，缺乏市场竞争力，主要靠卖书号维持现状，主管部门虽三令五申禁止这种做法，但屡禁不止。由于卖书号问题的存在，为非法出版物的出版、发行提供了便利条件，目前查获的非法出版物，有相当数量的图书使用的是正规出版单位的书号，混淆读者视听，进而导致文化市场的混乱。因此，《非法出版物解释》第十六条规定：出版单位与他人事前通谋，向其出售、出租或者以其他形式转让该出版单位的名称、书号、刊号、版号，他人实施本解释第二条、第四条、第八条、第九条、第十条、第十一条规定的行为，构成犯罪的，对该出版单位应当以共犯论处。

（撰稿：孙军工）

2. 最高人民法院、最高人民检察院关于办理利用互联网、移动通讯终端、声讯台制作、复制、出版、贩卖、传播淫秽电子信息刑事案件具体应用法律若干问题的解释（法释〔2004〕11 号，自 2004 年 9 月 6 日起施行）

为依法惩治利用互联网、移动通讯终端制作、复制、出版、贩卖、传播淫秽电子信息、通过声讯台传播淫秽语音信息等犯罪活动，维护公共网络、通讯的正常秩序，保障公众的合法权益，根据《中华人民共和国刑法》、《全国人民代表大会常务委员会关于维护互联网安全的决定》的规定，现对办理该类刑事案件具体应用法律的若干问题解释如下：

第一条 以牟利为目的，利用互联网、移动通讯终端制作、复制、出版、贩卖、传播淫秽电子信息，具有下列情形之一的，依照刑法第三百六十三条第一款的规定，以制作、复制、出版、贩卖、传播淫秽物品牟利罪定罪处罚：

（一）制作、复制、出版、贩卖、传播淫秽电影、表演、动画等视频文件二十个以上的；

（二）制作、复制、出版、贩卖、传播淫秽音频文件一百个以上的；

（三）制作、复制、出版、贩卖、传播淫秽电子刊物、图片、文章、短信息等二百件以上的；

（四）制作、复制、出版、贩卖、传播的淫秽电子信息，实际被点击数达到一万次以上的；

（五）以会员制方式出版、贩卖、传播淫秽电子信息，注册会员达二百人以上的；

（六）利用淫秽电子信息收取广告费、会员注册费或者其他费用，违法所得一万元以上的；

（七）数量或者数额虽未达到第（一）项至第（六）项规定标准，但分别达到其中两项以上标准一半以上的；

（八）造成严重后果的。

利用聊天室、论坛、即时通信软件、电子邮件等方式，实施第一款规定行为的，依照刑法第三百六十三条第一款的规定，以制作、复制、出版、贩卖、传播淫秽物品牟利罪定罪处罚。

第二条 实施第一条规定的行为，数量或者数额达到第一条第一款第（一）项至第（六）项规定标准五倍以上的，应当认定为刑法第三百六十三条第一款规定的“情节严重”；达到规定标准二十五倍以上的，应当认定为“情节特别严重”。

第三条 不以牟利为目的，利用互联网或者移动通讯终端传播淫秽电子信息，具有下列情形之一的，依照刑法第三百六十四条第一款的规定，以传播淫秽物品罪定罪处罚：

（一）数量达到第一条第一款第（一）项至第（五）项规定标准二倍以上的；

（二）数量分别达到第一条第一款第（一）项至第（五）项两项以上标准的；

（三）造成严重后果的。

利用聊天室、论坛、即时通信软件、电子邮件等方式，实施第一款规定行为的，依照刑法第三百六十四条第一款的规定，以传播淫秽物品罪定罪处罚。

第四条 明知是淫秽电子信息而在自己所有、管理或者使用的网站或者网页上提供直接链接的，其数量标准根据所链接的淫秽电子信息的种类计算。

第五条 以牟利为目的，通过声讯台传播淫秽语音信息，具有下列情形之一的，依照刑法第三百六十三条第一款的规定，对直接负责的主管人员和其他直接责任人员以传播淫秽物品牟利罪定罪处罚：

（一）向一百人次以上传播的；

（二）违法所得一万元以上的；

（三）造成严重后果的。

实施前款规定行为，数量或者数额达到前款第（一）项至第（二）项规定标准五倍以上的，应当认定为刑法第三百六十三条第一款规定的“情节严重”；达到规定标准二十五倍以上的，应当认定为“情节特别严重”。

第六条 实施本解释前五条规定的犯罪，具有下列情形之一的，依照刑法第三百六十三条第一款、第三百六十四条第一款的规定从重处罚：

（一）制作、复制、出版、贩卖、传播具体描绘不满十八周岁未成年人性行为的淫秽电子信息的；

（二）明知是具体描绘不满十八周岁的未成年人性行为的淫秽电子信息而在自己所有、管理或者使用的网站或者网页上提供直接链接的；

（三）向不满十八周岁的未成年人贩卖、传播淫秽电子信息和语音信息的；

（四）通过使用破坏性程序、恶意代码修改用户计算机设置等方法，强制用户访问、下载淫秽电子信息的。

第七条 明知他人实施制作、复制、出版、贩卖、传播淫秽电子信息犯罪，为其提供互联网接入、服务器托管、网络存储空间、通讯传输通道、费用结算等帮助的，对直接负责的主管人员和其他直接责任人员，以共同犯罪论处。

第八条 利用互联网、移动通讯终端、声讯台贩卖、传播淫秽书刊、影片、录像带、录音带等以实物为载体的淫秽物品的，依照《最高人民法院关于审理非法出版物刑事案件具体应用法律若干问题的解释》的有关规定定罪处罚。

第九条　刑法第三百六十七条第一款规定的“其他淫秽物品”，包括具体描绘性行为或者露骨宣扬色情的诲淫性的视频文件、音频文件、电子刊物、图片、文章、短信息等互联网、移动通讯终端电子信息和声讯台语音信息。

有关人体生理、医学知识的电子信息和声讯台语音信息不是淫秽物品。包含色情内容的有艺术价值的电子文学、艺术作品不视为淫秽物品。

权威解读

解读《关于办理利用互联网、移动通讯终端、声讯台制作、复制、出版、贩卖、传播淫秽电子信息刑事案件具体应用法律若干问题的解释》

2004年9月6日，“两高”出台了《关于办理利用互联网、移动通讯终端、声讯台制作、复制、出版、贩卖、传播淫秽电子信息刑事案件具体应用法律若干问题的解释》（以下简称《淫秽电子信息解释》）。《淫秽电子信息解释》的颁布实施，对于依法惩治淫秽电子信息犯罪活动，维护公共网络、通讯的正常秩序，保障公众的合法权益，加强社会主义精神文明建设，具有重要的意义。

一、关于《淫秽电子信息解释》的起草背景

互联网是电子信息技术的典型代表和集中体现。互联网以其开放性、即时性、大容量等特点，日益渗透到各行各业、社会生活的方方面面，极大地促进了经济、政治、文化、教育、社会等领域的发展。据统计，我国目前有80多万个网站，8000多万网民，成为仅次于美国的互联网第二大国。

然而，在互联网繁荣发展的背后，也潜藏着一股污水浊流，那就是淫秽色情内容的不断泛滥。有些网站的内容淫秽之极，不堪入目；有些人以传播淫秽色情为业，乐此不疲；有些电讯、金融单位为传播淫秽色情提供便利，助纣为虐……据统计，“违法和不良信息举报中心”网站开通仅20天，就接到11000多条群众举报，其中95%是对淫秽色情内容的举报。互联网淫秽色情内容的泛滥，造成了极大的社会危害，有些人浏览互联网淫秽色情内容以后人生观、价值观、世界观开始扭曲，有些人大肆进行聚众淫乱、强奸、乱伦活动，有些家庭夫妻反目、家破人亡，特别是有些未成年人沉湎淫秽色情内容不能自拔，走上违法犯罪道路。互联网淫秽色情内容的泛滥，直接威胁和危害着健康向上的公序良俗以及中华民族的传统道德观念，对社会主义精神文明建设造成了极大冲击。

有鉴于此，全国政法机关从维护国家长治久安，促进中华民族可持续发展的高度，旗帜鲜明地开展了打击淫秽色情网站的专项行动，有效遏制了网上淫秽色情泛滥的势头。与此同时，打击声讯台淫秽色情犯罪活动的专项行动也同步展开。

在专项行动中，各地执法、司法机关遇到了一些普遍性的法律适用问题。例如，网上淫秽色情内容是否属于淫秽物品？在网上制贩淫秽色情内容行为的定罪量刑标准如何掌握、是否依照《最高人民法院关于审理非法出版物刑事案件具体应用法律若干问题的解释》的标准定罪量刑？通过手机发送黄色短信的行为能否构成犯罪？在聊天室进行脱衣舞表演能否构成犯罪？在互联网上张贴淫秽电影的链接如何定性？声讯台开设淫秽热线电话如何定性？等等。

为解决这些问题，有效指导和统一各地司法实践，推动专项行动的深入开展，最高人民法院研究室会同最高人民检察院法律政策研究室，及时拟出了司法解释稿，并采取召开座谈会、书面征求意见等形式，广泛征求了全国人大常委会法工委刑法室，最高人民法院刑一庭、刑二庭，最高人民检察院公诉厅，公安部法制局、网络安全监察局，信息产业部法制司、电信管理局，北京市公安局等部门以及部分刑法学专家、教授的意见。在此基础上，数易其稿，经最高人民法院审判委员会2004年9月1日和最高人民检察院检察委员会2004年9月2日分别讨论通过，正式公布了《淫秽电子信息解释》。

二、关于淫秽电子信息与淫秽物品之间的关系

《刑法》第三百六十七条第一款明确规定了“淫秽物品”的定义，即具体描绘性行为或者露骨宣扬色情的诲淫性的书刊、影片、录像带、录音带、图片及其他淫秽物品。第二款、第三款对淫秽物品作了排除性规定，即有关人体生理、医学知识的科学著作不是淫秽物品；包含有色情内容的有艺术价值的文学、艺术作品不视为淫秽物品。

可以看出，《淫秽电子信息解释》没有直接采用淫秽物品的提法，而是采用了淫秽电子信息的提法，这样更符合通过互联网、移动通讯终端、声讯台实施的淫秽物品犯罪的特征。随着互联网、移动通讯终端、声讯台的推出和不断升级换代，淫秽物品的载体形式开始多样化，主要表现为在线电影、动画、即时通话、电子刊物、图片、文章、短信息等非实物化的电子信息，这

就与录像带、录音带等传统的实物载体有了很大的不同。对这些不借助实物载体的淫秽电子信息能否视为淫秽物品？这是依法惩治新型淫秽物品犯罪首先遇到的问题。

根据《刑法》第三百六十七条第一款的规定，具体描绘性行为或者露骨宣扬色情，并具有诲淫性，是判断淫秽物品的法定标准。该标准不以淫秽物品的载体形式如何而有所区别。无论载体形式是实物化的，还是电子化的，只要符合该法定标准，就应该属于淫秽物品。因此，《淫秽电子信息解释》第九条第一款规定："刑法第三百六十七条第一款规定的'其他淫秽物品'，包括具体描绘性行为或者露骨宣扬色情的诲淫性的视频文件、音频文件、电子刊物、图片、文章、短信息等互联网、移动通讯终端电子信息和声讯台语音信息。"第二款规定："有关人体生理、医学知识的电子信息和声讯台语音信息不是淫秽物品。包含色情内容的有艺术价值的电子文学、艺术作品不视为淫秽物品。"从理论上讲，语音信息也属于电子信息的一种，但为了突出淫秽电子信息犯罪的实施途径，《淫秽电子信息解释》在上述两款的定义中，将电子信息区分为互联网、移动通讯终端电子信息和声讯台语音信息。

在起草过程中，有人提出，这种表述还是有点模糊，对于什么是"露骨宣扬色情"，什么是"诲淫"，仍有进一步界定的需要。例如，可以将"露骨宣扬色情"界定为"是指以暴露、展示性器官、女性乳房，描绘性心理、性感受及其他动作等方式挑逗、刺激、诱导他人性欲方面的情绪"，将"诲淫"界定为"是指教唆、诱导他人进行淫秽色情活动"。但是，这些定义仍然相对模糊，很难准确反映对象的本质特征，而且其他法律、行政法规、规章也没有进一步规定，因此《淫秽电子信息解释》没有采纳这种观点。可以看出，《淫秽电子信息解释》对"其他淫秽物品"的定义，没有超出刑法的规定，只是表述得更符合非实物化的淫秽电子信息的特点而已。

有人说，黄色信息就是色情信息、淫秽信息，《淫秽电子信息解释》的打击面是否太大？我们认为，这种说法不太准确。刑法关于淫秽物品的规定，没有使用"色情物品"或者"黄色物品"的提法，只是使用了"淫秽物品"的提法。从法条和词义上理解，黄色的东西不一定就是色情的，其中还有非色情的内容；色情的东西也不一定就是淫秽的，只有露骨宣扬色情并具有诲淫性，才可以说达到了淫秽的层次。根据《淫秽电子信息解释》第九条第一款的规定，只有具体描绘性行为或者露骨宣扬色情的诲淫性的电子信息，才属于刑法第三百六十七条第一款规定的“其他淫秽物品”。虽然电子信息的表现形式很多，包括视频文件、音频文件、电子刊物、图片、文章、短信息等，但是，必须符合上述条件，才称得上淫秽电子信息。《淫秽电子信息解释》的适用对象，只是淫秽电子信息，而不是黄色电子信息。这样来看，《淫秽电子信息解释》的打击面不是太大，而是做到了不枉不纵，宽严适度。

三、关于《淫秽电子信息解释》规定的淫秽电子信息犯罪的行为方式

利用互联网、移动通讯终端实施的淫秽电子信息犯罪的行为方式比较特殊，主要表现为对淫秽电子信息的合成、分拆、压缩、下载、上传、张贴、发送、发布等。但是，为了体现淫秽电子信息犯罪行为方式的非法性特征，《淫秽电子信息解释》仍然采用了《刑法》第三百六十三条第一款规定的制作、复制、出版、贩卖、传播等五种方式。其中，“制作”，主要是指对淫秽电子信息进行加工、改编、分拆、压缩等操作，使其在内容和形式上与原有的淫秽电子信息有所不同。例如，将多部片段合成为一部电影，将一部电影分拆成多个部分，将若干淫秽图片加工成一部动画，等等。“复制”，主要是指将原有的淫秽电子信息在不改变原有形式和内容的情况下使其在数量上有所增加。例如，将淫秽电影、图片下载到自己的计算机或者其他存储空间等。“出版”，主要是指将自己创作或他人创作的作品经过选择和编辑加工，登载在互联网上或者通过互联网发送到用户端，供公众浏览、阅读、使用或者下载的在线传播行为。例如淫秽期刊每月向订户电子信箱发送淫秽期刊的行为等。“贩卖”，主要是指通过互联网出卖淫秽电子信息，以获取物质利益。例如，淫秽网站让用户交纳会员费，以便用户在线观看或者下载淫秽电子信息等。“传播”，主要是指将淫秽电子信息发送、张贴给他人或者公众，以扩大淫秽电子信息的影响范围。例如，将淫秽视频链接到互联网页面，将淫秽图片发送到论坛，在聊天室张贴淫秽文章，等等。实践中，绝大多数淫秽电子信息犯罪行为都采用了传播方式，而且，同样的淫秽电子信息可以采用制作、复制、出版、贩卖、传播等不同的行为方式。

四、关于淫秽电子信息犯罪的实施途径

《淫秽电子信息解释》规定的淫秽电子信息犯罪，主要通过三个途径或者说三个平台实施。一是互联网；二是移动通讯终端，主要是手机和个人数字助理（PDA）；三是声讯台。利用互联网，犯罪分子可以贩卖、张贴、发送淫秽的电影、表演、动画、声音、照片、文章、短信息等各种电子信息。利用

聊天室、论坛、即时通信软件、电子邮件等方式实施的淫秽电子信息犯罪行为，也属于利用互联网实施的犯罪。利用移动通讯终端实施的淫秽物品犯罪，主要是发送淫秽短信。随着彩屏、彩铃、照相、录像手机的出现，现在又出现了利用手机发送淫秽彩信，即带有图像、声音、文字的多媒体信息的现象。利用声讯台，犯罪分子主要是传播淫秽的语音信息。《淫秽电子信息解释》覆盖了通过三个途径实施的淫秽电子信息犯罪。

五、关于以牟利为目的实施的淫秽电子信息犯罪的定罪量刑标准

如上所述，淫秽电子信息犯罪不同于传统的以实物为载体的淫秽物品犯罪，其行为方式和造成的社会危害都更为严重，因此，不宜适用原有关于淫秽物品犯罪的标准追究刑事责任，而应该适用符合淫秽电子信息犯罪特点的标准来追究刑事责任。基于此种考虑，《淫秽电子信息解释》第八条规定，“利用互联网、移动通讯终端、声讯台贩卖、传播淫秽书刊、影片、录像带、录音带等以实物为载体的淫秽物品的，依照《最高人民法院关于审理非法出版物刑事案件具体应用法律若干问题的解释》的有关规定定罪处罚”。至于符合淫秽电子信息犯罪特点的以牟利为目的的淫秽电子信息犯罪的定罪量刑标准，《淫秽电子信息解释》在第一条、第二条进行了具体规定。

关于淫秽电子信息的数量标准。《淫秽电子信息解释》第一条第一款第（一）项至第（三）项分别规定了制作、复制、出版、贩卖、传播淫秽电影、表演、动画等视频文件，淫秽音频文件，淫秽电子刊物、图片、文章、短信息等的定罪量刑标准。其中，第（一）项规定的淫秽电影、表演、动画等视频文件之间属于并列关系，三者均具有综合画面、声音、文字等多种表现形式的特点；第（三）项规定的淫秽电子刊物、图片、文章、短信息之间也属于并列关系，它们均具有通过静态的形式反映淫秽电子信息内容的特点。因此，《淫秽电子信息解释》将这些淫秽电子信息分别规定了统一的数量标准，即淫秽电影、表演、动画等视频文件20个以上，淫秽音频文件100个以上，淫秽电子刊物、图片、文章、短信息等200件以上。无论淫秽电影、表演、动画等视频文件的持续时间长短，是一个小时也好，是十几分钟也好，只要属于这类视频文件，就共同计算数量。一件淫秽期刊可能包括许多淫秽图片、文章，仍然按照一件计算。按件计算的淫秽期刊，与单独成张的淫秽照片、单独成篇的淫秽文章共同计算数量。

需要注意的是，制作、复制、出版、贩卖、传播五种行为方式之间属于

并列关系，上述第（一）项列举的几类淫秽视频文件之间、第（三）项列举的几类淫秽电子信息之间也属于并列关系，在计算淫秽电子信息的数量时，要综合考虑这些并列关系，具体分析，不能一概而论。例如，行为人制作了20个动画视频文件，又将其传播的，视频文件的数量不能重复计算，只计算20个即可。再如，行为人复制了100张淫秽图片，又传播了150篇淫秽文章的，该类淫秽电子信息的数量应该累计计算，即行为人共计复制、传播了250件淫秽电子信息。

关于淫秽电子信息的被点击数。根据《淫秽电子信息解释》第一条第一款第（四）项的规定，制作、复制、出版、贩卖、传播的淫秽电子信息，实际被点击数达到一万次以上，是追究行为人制作、复制、出版、贩卖、传播牟利罪刑事责任的情形之一。有一种观点认为，被点击数不能作为定罪量刑的标准，理由是：点击淫秽电子信息是他人的行为，不能以他人行为的结果作为影响自己行为性质及量刑幅度的标准，否则有客观归罪之嫌。另一种观点认为，被点击数可以作为标准，理由是：行为人制作、复制、出版、贩卖、传播淫秽电子信息，其目的就是希望更多的人来点击，以扩大影响，赚取更多的非法利益，无论他人点击次数多少，均没有超出行为人的主观意志。《淫秽电子信息解释》采纳了第二种观点。需要注意的是，《淫秽电子信息解释》采用了“实际被点击数”的提法。有些网站为了造势，将计数器设置为从某一个数字例如10万次或者1万次开始；有些网页将计数器计数办法设置为别人点击一次计数器计数10次或者5次。还有人出于恶意，在短时间内疯狂点击他人的淫秽电子信息，甚至可以在几小时内点击数千次。在计算点击数时，这些虚增的、不正常的数量应该从被点击总数中减去。

关于两项以上半数标准。根据《淫秽电子信息解释》第一条第一款第（七）项的规定，“数量或者数额虽未达到第（一）项至第（六）项规定标准，但分别达到其中两项以上标准一半以上的”，也是追究行为人相应刑事责任的情形之一。例如，行为人以牟利为目的，制作了5个淫秽电影文件，传播了6个淫秽动画文件，同时吸收了100人成为注册会员，其数量虽未达到《淫秽电子信息解释》第一条第一款第（一）项规定的标准，也没有达到第（五）项规定的标准，但是分别达到了该两项标准的一半以上，就符合了第（七）项的要求，应该追究其刑事责任。

六、关于传播淫秽电子信息犯罪的定罪量刑标准

传统的传播淫秽物品罪，传播的内容主要是以实物为载体的录像带、录音带等淫秽物品。根据《最高人民法院关于审理非法出版物刑事案件具体应用法律若干问题的解释》第十条的规定，传播淫秽物品犯罪主要以被传播人次的多少为定罪量刑标准。考虑到通过互联网或者移动通讯终端传播淫秽电子信息犯罪的特点，我们认为，单纯以传播人次的多少来定罪量刑过于片面，传播淫秽电子信息数量大的，仍然具有严重的社会危害性，也应该追究刑事责任，因此，《淫秽电子信息解释》第三条规定："不以牟利为目的，利用互联网或者移动通讯终端传播淫秽电子信息，具有下列情形之一的，依照刑法第三百六十四条第一款的规定，以传播淫秽物品罪定罪处罚：（一）数量达到第一条第一款第（一）项至第（五）项规定标准二倍以上的；（二）数量分别达到第一条第一款第（一）项至第（五）项两项以上标准的；（三）造成严重后果的。"

七、关于提供与淫秽电子信息有关的链接行为的定罪量刑标准

有些观点提出，互联网淫秽电子信息之所以泛滥成灾，很重要的一个原因就是指向淫秽电子信息的链接太多，任何人只要点击有关链接，就可以浏览、下载相应的淫秽电子信息，因此，提供淫秽电子信息的链接，与提供淫秽电子信息没有本质的不同，应该采用同样的定罪量刑标准。而有些观点提出，互联网之所以发展速度惊人，日新月异，很重要的一个原因就是网站、网页之间的相互链接。如果没有链接，网站就会成为孤岛，互联网也会失去现有的特性和功能。同时，网站和网页的所有人或者管理人，无法做到随时确保与其链接的网站和页面的内容完全合法，链接者可以任意改动自己网站和页面的内容。再者，一般网站上都有搜索引擎，虽然采取了过滤措施，可以将明显的淫秽内容过滤掉，但仍然难以确保搜索出来的内容完全合法，现有的技术水平根本做不到这一点。《淫秽电子信息解释》综合考虑了两个方面的因素，在第四条对此进行了规定，主要是加入了明知的主观要件，即"明知是淫秽电子信息而在自己所有、管理或者使用的网站或者网页上提供直接链接的，其数量标准根据所链接的淫秽电子信息的种类计算"。这样做，既可以有力打击提供直接指向淫秽电子信息的链接的犯罪行为，又尽可能地缩小打击面，避免打击扩大化。

至于淫秽链接的计算标准，要根据链接直接指向的淫秽电子信息的种类，

分别按照《淫秽电子信息解释》第一条、第三条的有关标准执行。例如，行为人以牟利为目的，在自己的网页上添加了直接指向淫秽动画的链接20个，按照《淫秽电子信息解释》第一条第一款的规定，达到了其中第（一）项规定的淫秽动画的数量标准，就应该以传播淫秽物品牟利罪追究刑事责任。再如，行为人为了与他人交流，在某论坛里张贴了400个直接指向淫秽图片的链接，按照《淫秽电子信息解释》第三条第一款的规定，达到了第一条第一款第（三）项规定的淫秽电影数量标准2倍以上，就构成了传播淫秽物品罪。这里强调了“直接链接”，如果不是直接指向淫秽电子信息的链接，则不能按照这个标准掌握。

八、关于利用手机发送淫秽短信的定罪量刑标准

手机属于移动通讯终端的一种。亲友之间经常利用手机发送短信，有可能包括淫秽短信。构成犯罪时，定罪量刑的标准怎么掌握呢？根据《淫秽电子信息解释》的规定，以牟利为目的，利用手机发送淫秽短信200条以上，即构成传播淫秽物品牟利罪，可以处三年以下有期徒刑、拘役或者管制，并处罚金；发送1000条以上可以处三年以上十年以下有期徒刑；发送5000条以上，可以处十年以上有期徒刑直至无期徒刑。不以牟利为目的，利用手机发送淫秽短信400条以上，即构成传播淫秽物品罪。本罪只有一个量刑幅度，即二年以下有期徒刑、拘役或者管制。当然，利用手机实施的淫秽电子信息犯罪中比较常见的是淫秽短信，除此之外，发送淫秽电影、动画、语音、图片、文章等，符合《淫秽电子信息解释》规定的标准的，也构成犯罪。

九、关于声讯台的犯罪行为

与声讯台有关的犯罪行为，主要是通过声讯台传播淫秽的语音信息。实践中，一些声讯台为了牟取暴利，以“两性学堂”“虚拟洞房”“夫妻夜话”等名义，使用淫秽语言引诱他人拨打声讯电话，攫取高额话费。这种行为对拨打声讯电话者特别是未成年人的身心健康造成了严重危害，必须依法惩治。考虑到这种行为的牟利目的以及传播语音信息的特点，比较符合《刑法》第三百六十三条第一款的规定，应该以传播淫秽物品牟利罪追究刑事责任。据此，《淫秽电子信息解释》第五条规定：“以牟利为目的，通过声讯台传播淫秽语音信息，具有下列情形之一的，依照刑法第三百六十三条第一款的规定，对直接负责的主管人员和其他直接责任人员以传播淫秽物品牟利罪定罪处罚：（一）向一百人次以上传播的；（二）违法所得一万元以上的；（三）造成严

重后果的。”

实践中，有些声讯台经常传播淫秽语音信息，偶尔传播正当内容；反之，有些声讯台经常传播的是正当内容，偶尔也传播淫秽语音信息。我们认为，只有传播淫秽语音信息的行为，才是对社会有害的行为，也才属于本罪惩罚的对象。因此，《淫秽电子信息解释》中规定的“向一百人次以上传播”，应当理解为向一百人次以上传播了淫秽语音信息；“违法所得一万元以上”，应当理解为传播淫秽语音信息违法所得一万元以上。声讯台传播正当语音信息的次数以及由此获得的利益，不应当计算进来。

十、关于“造成严重后果”的情形

《淫秽电子信息解释》对于实践中比较常见的制作、复制、出版、贩卖、传播淫秽电子信息行为构成犯罪的情形，在第一条第一款的前（七）项进行了规定，但是，考虑到制作、复制、出版、贩卖、传播淫秽电子信息犯罪的行为方式会随着互联网实践的发展而可能有所变化，《淫秽电子信息解释》规定了第（八）项“造成严重后果”的情形。“造成严重后果”，是指制作、复制、出版、贩卖、传播淫秽电子信息对社会危害严重、需要追究刑事责任而构成犯罪的情形。

除此之外，《淫秽电子信息解释》第三条对不以牟利为目的的传播淫秽电子信息构成犯罪“造成严重后果”的情形，第五条对以牟利为目的的通过声讯台传播淫秽语音信息“造成严重后果”的情形，分别作了规定。在理解上都应当按照上述原则办理。

十一、关于上网观看、从网上下载淫秽电子信息行为的定性

无论根据刑法的条文，还是根据《淫秽电子信息解释》的规定，自己不以牟利为目的，在家中上网观看、从网上下载淫秽的电影、动画、图片、文章等淫秽电子信息的行为，均不构成犯罪。当然，如果行为人将下载的淫秽电子信息又以电子邮件或者其他形式转发给了其他人，其行为的性质就属于传播。传播的行为当然具有社会危害性，在达到《淫秽电子信息解释》规定的标准时，就应该追究刑事责任。

十二、关于对未成年人合法权益的保护

淫秽电子信息对未成年人的危害，比对成年人的危害要大得多。有些人甚至说，淫秽电子信息对成年人没有什么害处，只是对未成年人有害。此话显然很片面，但是从一个侧面反映了淫秽电子信息对未成年人的严重危害。

一些未成年人涉足淫秽电子信息以后，有书不念，有学不上，丢弃学业，荒废青春，甚至走上违法犯罪道路，危害触目惊心，教训极其深刻。有鉴于此，《淫秽电子信息解释》着重强调了对未成年人的保护，规定在以下三种情形下，对犯罪分子从重处罚：(1) 制作、复制、出版、贩卖、传播具体描绘不满十八周岁未成年人性行为的淫秽电子信息的；(2) 明知是具体描绘不满十八周岁的未成年人性行为的淫秽电子信息而在自己所有、管理或者使用的网站或者网页上提供直接链接的；(3) 向不满十八周岁的未成年人贩卖、传播淫秽电子信息和语音信息的。

需要注意的是，根据《淫秽电子信息解释》第六条第（四）项的规定，"通过使用破坏性程序、恶意代码修改用户计算机设置等方法，强制用户访问、下载淫秽电子信息"，虽然不属于对未成年人的专门保护，但是仍然属于构成犯罪时从重处罚的情形。

十三、关于大的互联网站、电信部门、金融机构涉嫌共同犯罪问题

通过互联网、移动通讯终端、声讯台实施的淫秽电子信息犯罪行为，一般都是小规模的网站或者个人所为，其离不开大的互联网站、电讯经营机构、金融机构的参与。大的互联网站、电讯经营机构提供开办淫秽网站所需要的互联网接入服务、网络存储空间、服务器托管、通讯传输通道、手机代收费等帮助条件，金融机构提供银行转账、网上费用结算等帮助条件。一旦离开大的互联网站、电讯经营机构、金融机构的帮助，淫秽网站几乎不可能收取费用，甚至不可能开办下去。大的互联网站、电讯经营机构、金融机构明知淫秽网站实施淫秽电子信息犯罪行为，仍然提供上述帮助条件的，其帮助行为就成为淫秽电子信息犯罪行为的组成部分，就应该按照共同犯罪的规定来追究直接责任人员的刑事责任。

一般来说，构成共同犯罪的是大的互联网站、电讯经营机构、金融机构的个别人员，例如为淫秽网站提供技术维护的大的互联网站的技术人员，移动运营商的具体经营人员，银行的网上业务部主管，等等。但是，《淫秽电子信息解释》并不仅限于这些直接负责的主管人员和其他直接责任人员。如果这些大的互联网站、电讯经营机构、金融机构明知他人实施淫秽电子信息犯罪行为，仍然提供上述帮助条件的，根据《刑法》第三百六十六条的规定，应该对单位按照共同犯罪论处，按照单位在共同犯罪中所起作用的大小，对单位判处罚金，并对其直接负责的主管人员和其他直接责任人员追究刑事

责任。

十四、关于淫秽电子信息的鉴定

由于淫秽物品的标准较为抽象，对于有关电子信息，例如暴露性器官、女性乳房的照片，描述自己性经历、性感受的文章，黄色短信等是否属于“淫秽物品”，在实践中可能存在争议，会直接影响对有关行为性质的认定，甚至影响行为是否构成犯罪、适用何种量刑幅度的重大问题。这就涉及对有关电子信息是否属于淫秽物品的鉴定问题。

新闻出版署和公安部1993年1月19日联合发布了《关于鉴定淫秽录像带、淫秽图片有关问题的通知》，规定“办理走私、制作、贩卖、传播淫秽物品案件中，对查获的录像带、图片、扑克、手抄本等，需审查认定是否为淫秽物品的，国内出版单位正式出版发行的录像带、图片等出版物由省级以上新闻出版管理部门、音像归口管理部门负责鉴定：其他由地、市以上公安机关治安部门负责鉴定”。这是关于以实物为载体的物品是否属于淫秽物品如何鉴定的规定，但是，对于非实物化的电子信息是否属于淫秽物品的鉴定问题，目前尚没有专门规定。实践中，公安部门办案依然按照上述通知规定的精神执行。我们认为，鉴定问题比较复杂，涉及公安、新闻出版两个部门的权限、职责等问题，在没有达成一致意见之前，《淫秽电子信息解释》对此不宜进行规定，可由该两个部门协商解决。

（撰稿：祝二军）

3. 最高人民法院、最高人民检察院关于办理利用互联网、移动通讯终端、声讯台制作、复制、出版、贩卖、传播淫秽电子信息刑事案件具体应用法律若干问题的解释（二）（法释〔2010〕3号，自2010年2月4日起施行）

为依法惩治利用互联网、移动通讯终端制作、复制、出版、贩卖、传播淫秽电子信息，通过声讯台传播淫秽语音信息等犯罪活动，维护社会秩序，保障公民权益，根据《中华人民共和国刑法》、《全国人民代表大会常务委员会关于维护互联网安全的决定》的规定，现对办理该类刑事案件具体应用法律的若干问题解释如下：

第一条　以牟利为目的，利用互联网、移动通讯终端制作、复制、出版、贩卖、传播淫秽电子信息的，依照《最高人民法院、最高人民检察院关于办理利用互联网、移动通讯终端、声讯台制作、复制、出版、贩卖、传播淫秽电子信息刑事案件具体应用法律若干问题的解释》第一条、第二条的规定定罪处罚。

以牟利为目的，利用互联网、移动通讯终端制作、复制、出版、贩卖、传播内容含有不满十四周岁未成年人的淫秽电子信息，具有下列情形之一的，依照刑法第三百六十三条第一款的规定，以制作、复制、出版、贩卖、传播淫秽物品牟利罪定罪处罚：

（一）制作、复制、出版、贩卖、传播淫秽电影、表演、动画等视频文件十个以上的；

（二）制作、复制、出版、贩卖、传播淫秽音频文件五十个以上的；

（三）制作、复制、出版、贩卖、传播淫秽电子刊物、图片、文章等一百件以上的；

（四）制作、复制、出版、贩卖、传播的淫秽电子信息，实际被点击数达到五千次以上的；

（五）以会员制方式出版、贩卖、传播淫秽电子信息，注册会员达一百人以上的；

（六）利用淫秽电子信息收取广告费、会员注册费或者其他费用，违法所得五千元以上的；

（七）数量或者数额虽未达到第（一）项至第（六）项规定标准，但分别达到其中两项以上标准一半以上的；

（八）造成严重后果的。

实施第二款规定的行为，数量或者数额达到第二款第（一）项至第（七）项规定标准五倍以上的，应当认定为刑法第三百六十三条第一款规定的“情节严重”；达到规定标准二十五倍以上的，应当认定为“情节特别严重”。

第二条 利用互联网、移动通讯终端传播淫秽电子信息的，依照《最高人民法院、最高人民检察院关于办理利用互联网、移动通讯终端、声讯台制作、复制、出版、贩卖、传播淫秽电子信息刑事案件具体应用法律若干问题的解释》第三条的规定定罪处罚。

利用互联网、移动通讯终端传播内容含有不满十四周岁未成年人的淫秽电子信息，具有下列情形之一的，依照刑法第三百六十四条第一款的规定，以传播淫秽物品罪定罪处罚：

（一）数量达到第一条第二款第（一）项至第（五）项规定标准二倍以上的；

（二）数量分别达到第一条第二款第（一）项至第（五）项两项以上标准的；

（三）造成严重后果的。

第三条　利用互联网建立主要用于传播淫秽电子信息的群组，成员达三十人以上或者造成严重后果的，对建立者、管理者和主要传播者，依照刑法第三百六十四条第一款的规定，以传播淫秽物品罪定罪处罚。

第四条　以牟利为目的，网站建立者、直接负责的管理者明知他人制作、复制、出版、贩卖、传播的是淫秽电子信息，允许或者放任他人在自己所有、管理的网站或者网页上发布，具有下列情形之一的，依照刑法第三百六十三条第一款的规定，以传播淫秽物品牟利罪定罪处罚：

（一）数量或者数额达到第一条第二款第（一）项至第（六）项规定标准五倍以上的；

（二）数量或者数额分别达到第一条第二款第（一）项至第（六）项两项以上标准二倍以上的；

（三）造成严重后果的。

实施前款规定的行为，数量或者数额达到第一条第二款第（一）项至第（七）项规定标准二十五倍以上的，应当认定为刑法第三百六十三条第一款规定的“情节严重”；达到规定标准一百倍以上的，应当认定为“情节特别严重”。

第五条　网站建立者、直接负责的管理者明知他人制作、复制、出版、贩卖、传播的是淫秽电子信息，允许或者放任他人在自己所有、管理的网站或者网页上发布，具有下列情形之一的，依照刑法第三百六十四条第一款的规定，以传播淫秽物品罪定罪处罚：

（一）数量达到第一条第二款第（一）项至第（五）项规定标准十倍以上的；

（二）数量分别达到第一条第二款第（一）项至第（五）项两项以上标准五倍以上的；

（三）造成严重后果的。

第六条　电信业务经营者、互联网信息服务提供者明知是淫秽网站，为其提供互联网接入、服务器托管、网络存储空间、通讯传输通道、代收费等服务，并收取服务费，具有下列情形之一的，对直接负责的主管人员和其他直接责任人员，依照刑法第三百六十三条第一款的规定，以传播淫秽物品牟利罪定罪处罚：

（一）为五个以上淫秽网站提供上述服务的；

（二）为淫秽网站提供互联网接入、服务器托管、网络存储空间、通讯传输通道等服务，收取服务费数额在二万元以上的；

（三）为淫秽网站提供代收费服务，收取服务费数额在五万元以上的；

（四）造成严重后果的。

实施前款规定的行为，数量或者数额达到前款第（一）项至第（三）项规定标准五倍以上的，应当认定为刑法第三百六十三条第一款规定的“情节严重”；达到规定标准二十五倍以上的，应当认定为“情节特别严重”。

第七条 明知是淫秽网站，以牟利为目的，通过投放广告等方式向其直接或者间接提供资金，或者提供费用结算服务，具有下列情形之一的，对直接负责的主管人员和其他直接责任人员，依照刑法第三百六十三条第一款的规定，以制作、复制、出版、贩卖、传播淫秽物品牟利罪的共同犯罪处罚：

（一）向十个以上淫秽网站投放广告或者以其他方式提供资金的；

（二）向淫秽网站投放广告二十条以上的；

（三）向十个以上淫秽网站提供费用结算服务的；

（四）以投放广告或者其他方式向淫秽网站提供资金数额在五万元以上的；

（五）为淫秽网站提供费用结算服务，收取服务费数额在二万元以上的；

（六）造成严重后果的。

实施前款规定的行为，数量或者数额达到前款第（一）项至第（五）项规定标准五倍以上的，应当认定为刑法第三百六十三条第一款规定的“情节严重”；达到规定标准二十五倍以上的，应当认定为“情节特别严重”。

第八条 实施第四条至第七条规定的行为，具有下列情形之一的，应当认定行为人“明知”，但是有证据证明确实不知道的除外：

（一）行政主管机关书面告知后仍然实施上述行为的；

（二）接到举报后不履行法定管理职责的；

（三）为淫秽网站提供互联网接入、服务器托管、网络存储空间、通讯传输通道、代收费、费用结算等服务，收取服务费明显高于市场价格的；

（四）向淫秽网站投放广告，广告点击率明显异常的；

（五）其他能够认定行为人明知的情形。

第九条　一年内多次实施制作、复制、出版、贩卖、传播淫秽电子信息行为未经处理，数量或者数额累计计算构成犯罪的，应当依法定罪处罚。

第十条　单位实施制作、复制、出版、贩卖、传播淫秽电子信息犯罪的，依照《中华人民共和国刑法》、《最高人民法院、最高人民检察院关于办理利用互联网、移动通讯终端、声讯台制作、复制、出版、贩卖、传播淫秽电子信息刑事案件具体应用法律若干问题的解释》和本解释规定的相应个人犯罪的定罪量刑标准，对直接负责的主管人员和其他直接责任人员定罪处罚，并对单位判处罚金。

第十一条　对于以牟利为目的，实施制作、复制、出版、贩卖、传播淫秽电子信息犯罪的，人民法院应当综合考虑犯罪的违法所得、社会危害性等情节，依法判处罚金或者没收财产。罚金数额一般在违法所得的一倍以上五倍以下。

第十二条　《最高人民法院、最高人民检察院关于办理利用互联网、移动通讯终端、声讯台制作、复制、出版、贩卖、传播淫秽电子信息刑事案件具体应用法律若干问题的解释》和本解释所称网站，是指可以通过互联网域名、IP 地址等方式访问的内容提供站点。

以制作、复制、出版、贩卖、传播淫秽电子信息为目的建立或者建立后主要从事制作、复制、出版、贩卖、传播淫秽电子信息活动的网站，为淫秽网站。

第十三条　以前发布的司法解释与本解释不一致的，以本解释为准。

权威解读

解读《关于办理利用互联网、移动通讯终端、声讯台制作、复制、出版、贩卖、传播淫秽电子信息刑事案件具体应用法律若干问题的解释（二）》

淫秽电子信息的泛滥蔓延，严重危害未成年人的健康成长，败坏社会道德风尚，诱发违法犯罪。为依法惩治利用互联网、移动通讯终端制作、复制、出版、贩卖、传播淫秽电子信息，通过声讯台传播淫秽语音信息等犯罪活动，进一步明确相关刑事案件法律适用标准，最高人民法院、最高人民检察院联合发布了《关于办理利用互联网、移动通讯终端、声讯台制作、复制、出版、贩卖、传播淫秽电子信息刑事案件具体应用法律若干问题的解释（二）》（以下简称《淫秽电子信息解释（二）》）。为使《淫秽电子信息解释（二）》在司法实践中得以正确理解和适用，现就其制定背景、经过与主要内容介绍如下：

一、《淫秽电子信息解释（二）》的制定背景、经过

2004年9月，最高人民法院、最高人民检察院联合发布了《关于办理利用互联网、移动通讯终端、声讯台制作、复制、出版、贩卖、传播淫秽电子信息刑事案件具体应用法律若干问题的解释》（以下简称《淫秽电子信息解释》）。《淫秽电子信息解释》针对直接制作、复制、出版、贩卖、传播淫秽电子信息的犯罪行为规定了定罪量刑标准，为打击上述犯罪提供了明确的法律依据。

随着信息技术的飞速发展，淫秽电子信息犯罪呈现新形式、新特点，此前一度得到有效遏制的淫秽电子信息犯罪，又在手机网络中泛滥。在手机网民数量快速增长、计算机互联网监管机制日臻成熟的形势下，手机网站日渐成为淫秽电子信息的重要传播途径。由于利益驱动，淫秽网站、电信运营商、广告主、广告联盟、第三方支付平台之间形成了环环相扣的利益链条，打击淫秽网站的关键在于切断淫秽网站背后的利益链条。然而，长期以来司法机关的打击对象往往是淫秽网站利益链的末端，在遇到需要打击利益链的情形时便缺乏明确的法律依据等问题。

从目前《淫秽电子信息解释》的适用情况来看，有三类行为基本游离于刑事规制范围之外：(1) 不履行法定管理职责，放任他人在自己所有、管理的网站或者网页上发布淫秽电子信息的行为；(2) 为淫秽网站提供资金的行为；(3) 为淫秽网站提供服务并从中获利的行为。此外，《淫秽电子信息解释》还存在传播儿童淫秽信息的行为定罪量刑标准过高，通过群组传播淫秽信息行为的定罪量刑标准不明确，“明知”的认定、共同犯罪的处理、单位犯罪定罪量刑标准等问题。

为解决上述难题，最高人民法院、最高人民检察院抽调专门力量，在中央有关部门的大力协作下，及时启动了《淫秽电子信息解释（二）》的制定工作。“两高”起草人员在听取全国人大常委会法工委、中央外宣办、全国“扫黄打非”办、公安部、工业和信息化部、国务院法制办等部门意见的基础上，结合当前中央九部委开展深入整治互联网和手机媒体淫秽色情及低俗信息专项行动的工作实际，草拟了《淫秽电子信息解释（二）》（初稿）。2009年12月至2010年1月，“两高”就《淫秽电子信息解释（二）》（征求意见

稿）分别征求了法院系统、检察系统的意见，并多次书面和组织召开会议听取中央有关部门对《淫秽电子信息解释（二）》（征求意见稿）的意见，还委托工业和信息化部代为征求了中国电信、中国移动、中国联通等电信运营商和新浪、腾讯等互联网信息服务提供商的意见。经多次研讨，几经修改完善，形成了《淫秽电子信息解释（二）》（送审稿），并分别于2010年1月18日由最高人民法院审判委员会第1483次会议、2010年1月14日由最高人民检察院第十一届检察委员会第28次会议通过。

二、《淫秽电子信息解释（二）》与《淫秽电子信息解释》的关系

制定和出台新的关于办理淫秽电子信息刑事案件具体应用法律问题的司法解释，以补充和完善《淫秽电子信息解释》，解决司法实践中出现的新问题，主要出于以下考虑：(1)《淫秽电子信息解释》系2004年9月3日颁布，自2004年9月6日起施行。从目前适用的效果来看，《淫秽电子信息解释》为直接制作、复制、出版、贩卖、传播淫秽电子信息犯罪提供了明确的定罪量刑标准，标准科学合理，适用效果不错，绝大部分条款可以继续适用。(2)"两高"曾联合制定了《关于办理组织和利用邪教组织犯罪案件具体应用法律若干问题的解释（二）》《关于办理侵犯知识产权刑事案件具体应用法律若干问题的解释（二）》等，上述司法解释均是对其之前司法解释的补充完善，起到了很好的法律效果和社会效果。借鉴先例，为节约司法资源，起草人员经研究，并报相关领导审视，决定制定和出台《淫秽电子信息解释（二）》。

《淫秽电子信息解释（二）》是对《淫秽电子信息解释》的进一步完善和补充，仅对《淫秽电子信息解释》第六条第（一）项、第七条进行了局部修改。二者相辅相成，为整治互联网和手机媒体淫秽色情及低俗信息专项行动提供了强有力的司法保障，有助于依法惩治淫秽电子信息犯罪，净化网络环境，促进互联网行业健康发展，保护未成年人健康成长。

三、《淫秽电子信息解释（二）》要解决的核心问题

《淫秽电子信息解释（二）》要解决的核心问题是切断淫秽电子信息犯罪的利益链条。淫秽网站，特别是手机淫秽网站，屡打不绝的主要原因是相关企业的利益结盟，淫秽手机网站、电信运营商、广告主、广告联盟之间形成了环环相扣的利益关系。

广告主将彩铃、游戏下载等增值业务投放在手机网站之上，在这一过程中，广告商（广告联盟）起到了居间服务作用。而手机用户点击下载了彩铃、

游戏等增值服务之后，由电信运营商代收费，并在扣除一定费用后返还给广告主，再由广告主、广告商、手机网站三者之间进行利益分成。在这一过程中，如果手机网站的访问量提高了，下载量也会相应提高，广告主、广告商、手机网站都会相应增加收入，而电信运营商除了代收费收益外，还能获取更多的流量费。因此，对于手机网站通过淫秽信息吸引更多的用户访问，广告主、广告商和电信运营商受利益驱动，采取了放任的态度。这样一来，淫秽电子信息通过道道关卡到达用户，淫秽网站、电信运营商、广告主、广告联盟各自获取相应的利润。可见，打击淫秽电子信息犯罪的关键是要切断利益链，这是《淫秽电子信息解释（二)》所要解决的核心问题。

基于上述考虑，《淫秽电子信息解释（二)》厘清了网站建立者、直接负责的管理者、电信业务经营者、互联网信息服务提供者、广告主、广告联盟、第三方支付平台等各方在制作、复制、出版、贩卖、传播淫秽电子信息犯罪中应承担的法律责任。对于明知是淫秽电子信息而不履行法定管理职责，允许或放任他人在自己所有或管理的网站或网页上发布以及明知是淫秽网站，而提供资金支持或提供服务从中获利等达到一定危害程度的行为，明确规定为犯罪，具有现实的针对性和可操作性。《淫秽电子信息解释（二)》的相关规定明确了电信业务经营者、互联网信息服务提供者、广告主、广告联盟、第三方支付平台以及网站建立者、直接负责的管理者等的刑事责任，有利于从源头上切断传播淫秽电子信息犯罪的利益链条，解决司法实践中反映突出的法律适用问题。

四、《淫秽电子信息解释（二)》相关数量数额标准的确定原则

《淫秽电子信息解释（二)》的不少条款都涉及数量或者数额。这些数量或者数额标准的确定严格遵循了以下三项原则：

第一，与《淫秽电子信息解释》相协调原则。《淫秽电子信息解释（二)》是对《淫秽电子信息解释》的补充和完善，二者均是为打击淫秽电子信息犯罪提供明确的定罪量刑标准，因此，《淫秽电子信息解释（二)》在确定数量或者数额时必须注意与《淫秽电子信息解释》保持一定的协调。如《淫秽电子信息解释（二)》相关条款中起刑点、“情节严重”和“情节特别严重”的标准，基本保持了《淫秽电子信息解释》所确立的五倍倍数关系。

第二，对不满十四周岁未成年人权益的特殊保护原则。从世界范围来看，各国对内容涉及未成年人的淫秽信息都予以重点打击，以突出对未成年人权

益的保护。《淫秽电子信息解释（二）》为体现对不满十四周岁未成年人的特殊保护，规定了利用互联网、移动通讯终端制作、复制、出版、贩卖、传播内容含有不满十四周岁的未成年人的淫秽电子信息行为构成传播淫秽物品牟利罪或者传播淫秽物品罪的定罪量刑标准，在《淫秽电子信息解释》规定的数量、数额标准的基础上下调一半，以加大对此类犯罪的打击力度。

第三，立足司法实践原则。制作、复制、出版、贩卖、传播淫秽电子信息，数量或者数额达到一定程度，具有较大社会危害性，就应当认定构成相应的犯罪。《淫秽电子信息解释（二）》在制定过程中，“两高”组织专门力量深入司法一线，了解具体案件，为确定行为的社会危害性程度提供了依据。结合具体司法实际，在充分听取各方意见的基础上，确定了相关的数量数额标准。

五、《淫秽电子信息解释（二）》的主要内容

《淫秽电子信息解释（二）》共13个条文，大体而言，可以将内容划分为如下三大块：

（一）从严惩治制作、复制、出版、贩卖、传播低龄未成年人淫秽电子信息犯罪，补充规定传播淫秽电子信息犯罪的新形式

1. 以牟利为目的，制作、复制、出版、贩卖、传播淫秽电子信息行为的定罪量刑标准

《淫秽电子信息解释（二）》第一条分三款明确了以牟利为目的，利用互联网、移动通讯终端制作、复制、出版、贩卖、传播淫秽电子信息行为的定罪量刑标准。

第一款系提示性条款。《淫秽电子信息解释》第一条规定了以牟利为目的，利用互联网、移动通讯终端制作、复制、出版、贩卖、传播淫秽电子信息行为的入罪标准，第二条明确了“情节严重”和“情节特别严重”的认定标准。因此，《淫秽电子信息解释（二）》第一条第一款规定，以牟利为目的，利用互联网、移动通讯终端制作、复制、出版、贩卖、传播淫秽电子信息的，依照《淫秽电子信息解释》第一条、第二条的规定定罪处罚。

第二款规定了以牟利为目的，利用互联网、移动通讯终端制作、复制、出版、贩卖、传播内容含有不满十四周岁未成年人的淫秽电子信息行为的定罪量刑标准。当前，在互联网上存在一些以不满十四周岁的未成年人淫秽信息为主要内容的淫秽网站和群组，不法分子通过上述网站和群组获取和交换

淫秽图片，交流奸淫猥亵幼童的经验，进一步刺激更多的人在现实社会中实施奸淫猥亵幼童的行为，对未成年人造成了严重侵害。对内容涉及未成年人的淫秽信息予以重点打击，是各国的普遍做法。即使在一些允许色情电子信息存在的国家，对涉及儿童的淫秽信息也会采取各种措施封锁儿童淫秽视频、屏蔽儿童淫秽网页，并对传播儿童淫秽电子信息的行为设置较重刑罚。我国历来注重对未成年人的特殊保护，以确保未成年人的身心健康不受侵犯。虽然《淫秽电子信息解释》第六条第（一）项将制作、复制、出版、贩卖、传播具体描述不满十八周岁未成年人性行为的淫秽电子信息作为从重处罚的情节，但是司法实践中行为人制作、复制、出版、贩卖、传播具体描述未成年人性行为的淫秽电子信息的数量往往达不到《淫秽电子信息解释》规定的入罪标准。有鉴于此，为严厉打击制作、复制、出版、贩卖、传播内容含有不满十四周岁未成年人的淫秽电子信息犯罪，进一步体现对未成年人的特殊保护，《淫秽电子信息解释（二）》第一条第二款规定利用互联网、移动通讯终端制作、复制、出版、贩卖、传播内容含有不满十四周岁未成年人的淫秽电子信息行为构成犯罪的标准，在《淫秽电子信息解释》第一条规定标准的基础上下调一半。

第三款规定了以牟利为目的，利用互联网、移动通讯终端制作、复制、出版、贩卖、传播内容含有不满十四周岁未成年人的淫秽电子信息行为的“情节严重”与“情节特别严重”的认定标准，即将上述标准在《淫秽电子信息解释》第二条规定标准的基础上下调一半。起刑点、“情节严重”和“情节特别严重”的标准之间仍保持为五倍的倍数关系。

需要说明的是，《淫秽电子信息解释（二）》第一条和第二条采用的表述是：“内容含有不满十四周岁未成年人的淫秽电子信息”，而非“具体描述不满十四周岁未成年人性行为的淫秽电子信息”。前者的外延更为周全，不仅涵括了具体描述不满十四周岁未成年人性行为的淫秽电子信息，而且包括虽未具体描述性行为，但暴露不满十四周岁未成年人性器官等露骨宣扬色情的淫秽电子信息。

2. 传播淫秽电子信息行为的定罪量刑标准

《淫秽电子信息解释（二）》第二条共分两款，明确了不以牟利为目的，利用互联网、移动通讯终端传播淫秽电子信息行为的定罪量刑标准。

第一款系提示性条款。《淫秽电子信息解释》第三条规定了不以牟利为目的，利用互联网或者移动通讯终端传播淫秽电子信息行为的定罪量刑标准。因此，《淫秽电子信息解释（二）》第二条第一款规定，利用互联网、移动通讯终端传播淫秽电子信息的，依照《淫秽电子信息解释》第三条的规定定罪处罚。

第二款规定了利用互联网、移动通讯终端传播内容含有不满十四周岁未成年人的淫秽电子信息行为构成传播淫秽物品罪的定罪量刑标准，在《淫秽电子信息解释》规定的基础上下调一半，进一步加大了对未成年人合法权益的保护。

总之，《淫秽电子信息解释（二）》第一条、第二条的规定是对《淫秽电子信息解释》中将制作、复制、出版、贩卖、传播具体描述不满十八周岁未成年人性行为的淫秽电子信息作为从重处罚的情节规定的重要调整，二者共同构筑了对未成年人权益的特殊保护：利用互联网、移动通讯终端制作、复制、出版、贩卖、传播内容含有不满十四周岁未成年人的淫秽电子信息的，依照《淫秽电子信息解释（二）》规定的定罪量刑标准定罪处罚；如果制作、复制、出版、贩卖、传播具体描绘已满十四周岁、不满十八周岁的未成年人性行为的淫秽电子信息的，则仍应依据《淫秽电子信息解释》的规定从重处罚。

3. 利用互联网建立主要用于传播淫秽电子信息的群组行为的定罪量刑标准

《淫秽电子信息解释（二）》第三条明确了利用互联网建立主要用于传播淫秽电子信息的群组行为的定罪量刑标准。

利用互联网建立群组并传播淫秽电子信息（主要是淫秽图片），是传播淫秽物品的常见形式。然而，对上述行为如何定罪量刑，标准尚不明确。例如，点击率如何计算，传播图片的数量是按照接收的人数还是传播的实际图片数量计算，如果群组主要是用于传播淫秽电子信息的，对建立者、管理者和主要传播者能否以发展成员的数量为标准定罪处罚。经过反复研究，起草人员决定将群组的成员人数和造成严重后果作为定罪量刑的标准。主要理由如下：该种方案具有较强的可操作性，便于操作，而其他方案具有明显弊端。如果将传播的图片数量按照接收的人数计算，则在一个成员为50人的群组中，只需要发8张图片，即可构成传播淫秽物品罪。这显然不符合罪责刑相适应原则，因为该行为同在网站上发布可供全球上网用户查看的淫秽图片相比，前者的社会危害性不会更大，但对其处罚却更为严厉。而如果按照传播的实际图片数量计算，则又会导致标准过松，对此类行为打击不力。从司法实践的情况来看，大部分群组的成员数不超过50人，建立主要用于传播淫秽电子信息的群组，其发展成员超过30人或者造成其他严重后果的，具有较大的社会危害性，应予以刑事打击。

（二）明确网站建立者、直接负责的管理者、电信业务经营者、互联网信息服务提供者、广告主、广告联盟及第三方支付平台涉淫秽电子信息犯罪的定罪量刑标准

1. 网站建立者、直接负责的管理者构成传播淫秽物品牟利罪的定罪量刑标准

《淫秽电子信息解释（二）》第四条共分两款，明确了以牟利为目的，允许或者放任他人在自己所有、管理的网站或者网页上发布淫秽电子信息行为的定罪量刑标准。

在很多传播淫秽物品案件中，网站建立者和管理者自身并不发布淫秽电子信息，而是允许或者放任他人在自己所有、管理的网站或者网页上发布淫秽电子信息。例如，当前传播淫秽电子信息最为广泛的渠道是P2P网站，通常P2P网站的提供者自身并不传播淫秽电子信息，而是由网民自行上传。根据以往的司法解释，每个上传者上传的淫秽电子信息往往都未达到定罪的标准，虽总数量巨大，仍难以对P2P网站的提供者定罪处罚，这也是P2P网站上淫秽电子信息最为泛滥的原因之一。因此，有必要对以牟利为目的，允许或者放任他人在自己所有、管理的网站或者网页上发布淫秽电子信息的定性予以明确。经研究认为，上述行为系传播淫秽物品，理由如下：按照《全国人大常委会关于维护互联网安全的决定》及其他相关规定，网站建立者、管理者对其所有、管理的网站或者网页负有法定管理职责，而其以牟利为目的，不履行管理职责，致使淫秽电子信息在其所有、管理的网站或者网页上传播，情节严重的，可以构成传播淫秽物品牟利罪。

需要特别说明的是，考虑到上述行为是通过不作为方式实施的，与直接的传播淫秽物品的行为存有较大差异，《淫秽电子信息解释（二）》第四条将犯罪主体限制为网站建立者和直接负责的管理者，并在定罪量刑标准上适当放宽，将标准大体上调至直接传播淫秽物品牟利行为定罪量刑标准的二倍至三倍。此外，本条的起刑点、“情节严重”标准设置为1:5的比例关系，考虑

到基数较大，“情节严重”和“情节特别严重”的标准设置为1:4的比例关系。

2. 网站建立者、直接负责的管理者构成传播淫秽物品罪的定罪量刑标准

《淫秽电子信息解释（二）》第五条明确了不以牟利为目的，允许或者放任他人在自己所有、管理的网站或者网页上发布淫秽电子信息行为的定罪量刑标准。在实践中，网站建立者、直接负责的管理者允许或者放任他人在自己所有、管理的网站或者网页上发布淫秽电子信息的行为，也存在不以牟利为目的的情形。因此，第五条对这种行为予以规定，并将定罪量刑标准相应放宽，将标准大体上调至直接传播淫秽物品行为定罪量刑标准的二倍至三倍。

3. 电信业务经营者、互联网信息服务提供者构成传播淫秽物品牟利罪的定罪量刑标准

《淫秽电子信息解释（二）》第六条共分两款，明确了为淫秽网站提供互联网接入、服务器托管、网络存储空间、通讯传输通道、代收费等服务，并收取服务费行为的定罪量刑标准。

切断淫秽网站的利益链，是本解释制定过程中的核心考虑点。唯有如此，才能真正遏制淫秽网站泛滥的趋势，构建打击淫秽网站的长效机制。从实践来看，为淫秽网站提供互联网接入、服务器托管、网络存储空间、通讯传输通道、代收费等服务，并从中获利的现象较为突出。在资金通过利益链条层层分成的过程中，各中间环节往往通过声称自己并不“明知”是淫秽网站以规避打击并牟取暴利。而且，建设淫秽网站还需要租用服务器、注册网络域名等，这些互联网信息服务提供者也会向淫秽网站收取一定的费用。

当前利用互联网制作、复制、出版、贩卖、传播淫秽电子信息案件高发，电信业务经营者、互联网信息服务提供者受巨大经济利益驱动，不履行法定管理职责是其中的一个重要原因，在一定程度上起到了推波助澜的作用。依照《全国人大常委会关于维护互联网安全的决定》及其他相关规定，电信业务经营者、互联网信息服务提供者对于所服务的网站负有安全管理职责。例如，根据《全国人大常委会关于维护互联网安全的决定》第七条，《电信条例》第五十七条、第六十二条，《互联网信息服务管理办法》第十五条、第十六条的规定，在公共信息服务中，电信业务经营者、互联网信息服务提供者发现电信网络中传输的信息明显含有淫秽、色情内容的，应当立即停止传输，保存有关记录，并向国家有关机关报告。因此，明知是淫秽网站，不履行法

定管理职责，却为其提供互联网接入、服务器托管、网络存储空间、通讯传输通道、代收费等服务，收取费用，情节严重的，可以构成传播淫秽物品牟利罪。考虑到该类行为同一般的直接传播淫秽物品的行为有所区别，本条设置了独立的定罪量刑标准。

第一款从如下几个方面规定了入罪标准：第（一）项以提供服务的网站数量为基准，即为五个以上淫秽网站提供互联网接入、服务器托管、网络存储空间、通讯传输通道、代收费等服务的，构成传播淫秽物品牟利罪；第（二）项以提供服务所收取的服务费数额为基准，即为淫秽网站提供互联网接入、服务器托管、网络存储空间、通讯传输通道等服务，并收取费用，构成传播淫秽物品牟利罪的起刑点为收取服务费数额在二万元以上；第（三）项以为淫秽网站提供代收费服务所收取的服务费数额为标准，即为淫秽网站提供代收费服务，收取服务费数额在五万元以上的，构成传播淫秽物品牟利罪；第（四）项是关于兜底条款的规定。

第二款明确了“情节严重”和“情节特别严重”的认定标准。本条的起刑点、“情节严重”和“情节特别严重”的标准之间为1∶5的比例关系。

4. 通过投放广告等方式向淫秽网站直接或者间接提供资金，或者提供费用结算服务行为的定罪量刑标准

《淫秽电子信息解释（二）》第七条分两款，明确了以牟利为目的，通过投放广告等方式向淫秽网站直接或者间接提供资金，或者提供费用结算行为的定性问题。

淫秽网站的犯罪成本虽然较低，但仍然需要一定的资金来源以维护其日常运作。从司法实践来看，除了部分收费网站（主要为电脑网站）采取收受会员费等方式牟取利益外，大部分淫秽网站靠加盟广告联盟，在自己的网站上为广告联盟的广告代码提供链接，以获取利益。合作的方式，有“点击合作”，即淫秽网站获取广告代码，如果有人点击广告，则自动记录，由广告联盟或广告主付费给网站；而更多的是“分成合作”，即用户下载淫秽网站广告所链接的服务，淫秽网站就能获取相应的分成。通过这种方式，广告商（广告联盟）和广告主往往获取巨额利润。因此，只有严厉打击向淫秽网站投放广告及其他提供资金的行为，才能真正切断通过传播淫秽电子信息获取利益的链条。此外，淫秽网站经常采用第三方支付平台进行支付，支付平台从中收取服务费。因此，对明知是淫秽网站仍然为其提供资金结算帮助的支付平

台进行打击，也是切断其利益链条的有效途径。总之，对明知是淫秽网站，以牟利为目的，通过投放广告等方式向其直接或者间接提供资金，或者提供费用结算，情节严重的，有必要对直接负责的主管人员和其他直接责任人员，以制作、复制、出版、贩卖、传播淫秽物品牟利罪的共同犯罪论处。

在此，有两个问题需要特别说明：

（1）关于隔地共同犯罪的情况。在这种情况下，可能存在对实行犯的刑事管辖权实际无法行使的情况。经研究，以牟利为目的，通过投放广告等方式向淫秽网站直接或者间接提供资金，或者提供费用结算的行为具有较大社会危害性，在实行犯未归案的情况下，对其他犯罪人可以共同犯罪予以定罪处罚。

（2）关于贯彻宽严相济的刑事司法政策。基于宽严相济的刑事司法政策的考量，对于此条共犯的成立应设立单独的定罪量刑标准，只对情节严重的行为予以惩治：

本条第一款对实施上述行为构成制作、复制、出版、贩卖、传播淫秽物品牟利罪的共同犯罪设置了独立的标准：第（一）项以提供资金的网站数量为标准，即向十个以上淫秽网站投放广告或者以其他方式提供资金的构成犯罪；第（二）项以投放广告数量为标准，即向淫秽网站投放广告在二十条以上的构成犯罪；第（三）项以为淫秽网站提供费用结算服务的网站数量为标准，即向十个以上淫秽网站提供费用结算服务的构成犯罪；第（四）项以提供资金的数量为标准，即以投放广告或者其他方式向淫秽网站提供资金数额在五万元以上的构成犯罪；第（五）项以提供费用结算服务所收取服务费数额为标准，即为淫秽网站提供费用结算服务，收取服务费数额在二万元以上的构成犯罪；第（六）项是关于兜底条款的规定。

本条第二款规定了"情节严重"和"情节特别严重"的认定标准。本条的起刑点、"情节严重"和"情节特别严重"的标准之间为1∶5的比例关系。

（三）对办理淫秽电子信息犯罪中有关法律适用疑难问题作出明确规定

1. "明知"的认定标准

《淫秽电子信息解释（二）》第八条明确了"明知"的认定标准。从司法实践来看，"明知"的认定是打击淫秽电子信息犯罪中的难点，行为人往往通过声称自己不"明知"以规避打击并牟取暴利。对此，存在两种情形：一种情形是确实不知道，只是疏于管理；另一种情形则是虽然明知，但放任或者允许上述行为的发生，而司法机关又难以获得其明知的证据。因此，有必要在《淫秽电子信息解释（二）》中设置专条明确规定应当认定行为人主观上属于“明知”的情形。

《淫秽电子信息解释（二）》第八条根据刑法理论和刑事司法实践的一贯做法，明确了“明知”的认定标准。本条根据实践中的具体情况设置了应当认定行为人主观上属于明知的情形，形成四种具体情形和一个兜底条款。第（一）项是指公安机关等行政主管机关，告知网站建立者、直接负责的管理者，他人在其所有、管理的网站或者网页上发布淫秽电子信息后，其仍然实施允许或者放任行为的，或者告知电信业务经营者、互联网信息服务提供者某一网站是淫秽网站后，其仍然提供服务的，应当认定为“明知”；第（二）项是指网站建立者、直接负责的管理者、电信业务经营者、互联网服务提供者，接到有关人员或者单位举报淫秽信息或者淫秽网站后，不履行《电信条例》《互联网信息服务管理办法》规定的法定管理职责的，应当认定为“明知”；第（三）项是指电信业务经营者、互联网信息服务提供者、第三方支付平台等，为淫秽网站提供互联网接入、服务器托管、网络存储空间、通讯传输通道、代收费、费用结算等服务，如果收取服务费明显高于市场价格的，也应当认定为“明知”；第（四）项是指广告主、广告商投放广告，如果广告点击率明显异常的，也应当认定为“明知”，淫秽网站在设置广告链接后，往往以点击广告作为获取淫秽电子信息的前提条件，从而其点击率明显高于投放到普通网站的广告；第（五）项是关于兜底条款的规定。

考虑到司法实践中的情形比较复杂，可能存在虽然具有第八条规定的各种情形，但有证据证明行为人确实不知道的情况，本条特别规定了例外原则。

2. 相关数量或者数额的累计计算规则

《淫秽电子信息解释（二）》第九条明确了多次实施制作、复制、出版、贩卖、传播淫秽电子信息行为，数量或者数额如何累计计算的问题。根据刑法规定和刑法理论，多次实施制作、复制、出版、贩卖、传播淫秽电子信息行为构成犯罪，依法应当追诉的，数量或者数额依法应累计计算。此外，本条专门规定，一年内多次实施制作、复制、出版、贩卖、传播淫秽电子信息行为未经处理，数量或者数额累计计算构成犯罪的，应当依法定罪处罚。

3. 单位实施制作、复制、出版、贩卖、传播淫秽电子信息犯罪的定罪量

刑标准

《淫秽电子信息解释（二）》第十条明确了单位实施制作、复制、出版、贩卖、传播淫秽电子信息犯罪的定罪量刑标准。根据《刑法》第三百六十六条的规定，单位犯第三百六十三条、第三百六十四条、第三百六十五条规定之罪的，对单位判处罚金，并对其直接负责的主管人员和其他直接责任人员，依照各条的规定处罚。然而，单位实施制作、复制、出版、贩卖、传播淫秽电子信息行为构成犯罪缺乏明确的定罪量刑标准，不利于司法适用的操作。有鉴于此，本条明确规定单位实施制作、复制、出版、贩卖、传播淫秽电子信息犯罪的，依照刑法、《淫秽电子信息解释》和《淫秽电子信息解释（二）》规定的相应个人犯罪的定罪量刑标准，对直接负责的主管人员和其他直接责任人员定罪处罚，并对单位判处罚金。

4. 没收财产及罚金刑的适用规则

《淫秽电子信息解释（二）》第十一条明确了淫秽电子信息犯罪的没收财产和罚金刑适用规则。制作、复制、出版、贩卖、传播淫秽电子信息犯罪猖獗泛滥，尤其是利用互联网和手机媒体实施上述犯罪目前仍处于高发态势。对此，除了切断淫秽网站的利益链条以外，还应当通过充分适用没收财产刑和罚金刑，使得犯罪分子在经济上难以获利。该条针对罚金刑的适用情节（犯罪的违法所得、社会危害性等情节）和标准（一般在违法所得的一倍以上五倍以下）作出了规定。

需要说明的是，没收财产和罚金刑只适用于以牟利为目的，制作、复制、出版、贩卖、传播淫秽电子信息犯罪的情形。根据《刑法》第三百六十四条第一款的规定，传播淫秽物品罪不适用没收财产和罚金刑。

5. “网站”及“淫秽网站”的界定

《淫秽电子信息解释（二）》第十二条分两款，对“网站”和“淫秽网站”作了界定。

第一款对“网站”进行了界定，即网站是指可以通过互联网域名、IP地址等方式访问的内容提供站点。包括两个方面的要素：一是网站可以通过互联网域名、IP地址等方式访问，即网站在互联网上是相对固定的，具有相对确定的互联网域名、IP地址，司法机关可以据此调查取证、固定证据；二是网站是提供内容的站点，即网站可以提供文本、图片、视频、音频等类型文件的信息，人们可以通过访问网站来获取自己需要的资讯。实践中，网站包括门户网站、论坛、社区、博客、播客、群组等具体表现形式。

第二款对“淫秽网站”作了界定，即以制作、复制、出版、贩卖、传播淫秽电子信息为目的建立或者建立后主要从事制作、复制、出版、贩卖、传播淫秽电子信息活动的网站，是淫秽网站。实践中，网站包括多个网页、栏目、频道或者版块，不宜仅因其中某一部分包含淫秽电子信息就认定整个网站为淫秽网站，而应结合其建立的目的和建立后主要从事的活动加以认定。同时，如果其中的某个网页、栏目、频道或者版块以制作、复制、出版、贩卖、传播淫秽电子信息为目的建立或者建立后主要从事制作、复制、出版、贩卖、传播淫秽电子信息活动，仍应就此认定该网页、栏目、频道或者版块为“淫秽网站”。此项规定，旨在防止把网站中不涉及淫秽内容的网页、栏目、频道或者版块等认定为淫秽网站，也避免把一个综合性的网站一并认定为淫秽网站。

6.《淫秽电子信息解释（二）》的效力

《淫秽电子信息解释（二）》第十三条是的效力规定。考虑到《淫秽电子信息解释（二）》对《淫秽电子信息解释》的部分条款进行了修改，按照后解释优于前解释的原则，有必要明确以前发布的司法解释与本解释不一致的，以本解释为准。

（撰稿：喻海松）

（三）典型或常见问题的审理思路

1. 编写添加淫秽色情内容的手机网站建站程序并贩卖的行为应如何定罪？[①]

本书观点：编写添加淫秽色情内容的手机网站建站程序并贩卖的，依法以制作、贩卖淫秽物品牟利罪定罪处罚。“制作”一词在现代汉语词典中被解释为“用人工使原材料成为可供使用的物品”，其概念相当宽泛，包括生产、录制、摄制、编写、改写、加工、剪辑、绘制、刻印、排版、印刷、洗印、修订等行为，通过上述行为使淫秽物品产生的行为，都构成制作淫秽物品罪。制作行为最大的特征是具有创造性，使得淫秽物品从无到有。制作淫秽物品大致包括以下几种情形：一是原始的制作，即首先出现关于特定淫秽物品的

① 观点来源：《刑事审判参考》第664号指导案例，唐某明制作、贩卖淫秽物品牟利案。

外观特征、内容、行为的描述；二是二度创作，在原始创作的基础上予以加工、取舍，从而形成以原始制作为基础，但又不同于原始创作的新的淫秽物品；三是合成，即行为人将多个淫秽物品的部分内容进行拼凑，从而形成一种新的淫秽物品。但随着信息科学技术的进步，在理解制作淫秽物品牟利罪时，原有对制作行为的理解并不能包含所有司法实践中遇到的情况。如行为人编写手机网站建站程序，后向该程序内添加淫秽色情小说等内容，就与通常理解的制作淫秽物品有所不同。故在对该罪客观行为及行为对象理解时，既不能超出刑法用语语义的最大范围，也应当立足于司法实践，根据立法目的予以解释，并在必要时进行扩大解释。

首先，对制作行为的准确界定，离不开对其行为对象"淫秽物品"的解释。"淫秽物品"成为刑法的禁止对象，在于该物品的"淫秽"性，即内容实质在于"具体描绘性行为或露骨宣扬色情"，并具有诲淫性。至于其内容以何种形式表现出来，并不影响该物品的性质。正是基于此，淫秽物品的范围从刑法中所列举的比较传统的载体形式"书刊、影片、录像带、录音带、图片"，到随着网络普及所出现的各种电子信息的形式，如 2004 年《淫秽电子信息解释》中所列举的以电影、表演、动画形式出现的视频文件、音频文件、电子刊物、图片、文章、短信息等多种形式。可以预见，随着科技的发展，信息会以今日很难想象的形式出现，但无论其采取何种形式，只要其内容具备构成"淫秽"所需要素，便有可能成为刑法所禁止的对象。

正是由于淫秽物品的形式从传统的书籍、录音录像带等实体形式发展出多种音频、视频文件及其他电子信息的形式，制作行为的范围也越来越广泛，在理解制作淫秽物品时，我们应把握其内涵。制作淫秽物品本质上具有两个特点：一是行为的过程具有创作性，行为人将自己的观念、情感、思想通过构思、取舍、选择、安排、设计在淫秽物品中表现出来；二是行为的结果是淫秽物品的产生，行为人通过创作性的行为产生了有形的淫秽物品，淫秽的内容必须有一定的载体，否则，就无法认定淫秽物品的客观存在。载体的形式包含多种，可以是文字形式的，如书刊、报纸以及剧本等；可以是图画形式的，如图片；可以是摄影形式的，如照片；可以是音像形式的，如电影、电视、录音；可以是实物形式的，如雕塑、淫药、淫具等。随着淫秽物品内容的扩大，视频文件、音频文件、电子刊物、图片、文章、短信息等淫秽电子信息的出现，国际互联网、手机 WAP 网同样可以作为表现淫秽物品的一种形式。

编写了开设 WAP 手机网站的建站程序，并向该程序内添加了淫秽色情小说。编写建站程序的行为本身并不具有可罚性，该程序只是提供了能够生成网页的工具，但其向该程序内添加淫秽色情小说，行为实质是改变了淫秽小说的内容载体，使得该小说能够以网页的形式显示，通过手机网站传播，故其行为属于制作淫秽物品。行为人制作淫秽物品后，最终目的是通过该程序牟利，其以不同价格将该程序出售给多人的行为是贩卖行为，故其针对同一添加有淫秽内容的建站程序实施了制作、贩卖行为，通过制作、贩卖行为获得的非法利润已经超过一万元，达到《淫秽电子信息解释》第一条第一款第六项所规定的数额标准，故应依法对其以制作、贩卖淫秽物品牟利罪定罪处罚。

2. **以手机存储卡为载体复制淫秽物品牟利的行为定性及数量认定①**

本书观点：被告人以牟利为目的，将手机存储卡作为载体复制淫秽物品，应以复制、贩卖淫秽物品牟利罪定罪处罚。制作、复制、出版、贩卖、传播淫秽物品牟利罪为选择性罪名。所谓选择性罪名，是指刑法分则条文把两种以上具有独立意义但又紧密联系的犯罪行为、犯罪主体或者犯罪对象规定在一起而形成的罪名，只要符合其中之一即可构成犯罪，如符合两种或两种以上条件，仍为一罪，不实行数罪并罚。行为人通过向顾客的手机存储卡内复制淫秽视频，赚取了 30 元钱，实施了复制、贩卖两种行为，定复制、贩卖淫秽物品牟利罪可以准确地体现出其行为特征。

在他人手机存储卡内复制淫秽物品的数量应适用《非法出版物解释》作为定罪量刑的标准。行为人的犯罪行为应以何种解释作为定罪量刑的标准，实践中存在两种意见：一是手机属于移动通讯终端，可根据《淫秽电子信息解释》第一条第一款第（一）项的规定定罪处罚；二是将淫秽视频扩张解释为淫秽影碟的一种，可根据《非法出版物解释》第八条的规定定罪处罚。以手机存储卡为载体复制淫秽物品牟利的犯罪，具有新的特点，其行为方式介于《淫秽电子信息解释》和《非法出版物解释》规定的行为之间。我们同意第二种意见，以《非法出版物解释》规定的数量作为定罪量刑的标准。原因是，《淫秽电子信息解释》只适用于通过特定途径，即通过互联网、移动通讯

---

① 观点来源：《刑事审判参考》第 665 号指导案例，陈某华复制、贩卖淫秽物品牟利案。

终端、声讯台实施的淫秽物品犯罪。其规定的“利用移动通讯终端”实施淫秽物品犯罪，主要是指通过手机等通讯终端的通讯功能，发送淫秽文字短信或带有影像、声音、图片、文字的淫秽多媒体信息的情形。手机属于移动通讯终端，但行为人并未利用手机的通讯功能，而是利用手机的附属设备手机存储卡的存储功能，采用复制方式出卖淫秽物品。所以其行为方式，更贴近于《非法出版物解释》规定的复制以实物为载体的淫秽物品的行为。

3. 以牟利为目的利用互联网贩卖指向淫秽视频链接的软件行为是否构成贩卖淫秽物品牟利罪?[①]

本书观点：首先，我们认为指向淫秽电子信息的链接本身不是淫秽物品，其只是一种指向淫秽物品的介质，根据相关法律、司法解释的精神，指向淫秽视频的链接应按照淫秽物品处理。

根据我国《刑法》第三百六十七条第一款的规定，具体描绘性行为或者露骨宣扬色情，并具有诲淫性，是判断淫秽物品的法定标准。该标准不以淫秽物品的载体形式如何而有所区别，无论载体形式是实物化的，还是电子化的，只要符合该法定标准，就属于淫秽物品。最高人民法院、最高人民检察院公布的《淫秽电子信息解释》未直接采用淫秽物品的提法，而是为了更符合利用互联网、移动通讯终端、声讯台实施的淫秽物品犯罪的特征，采用了淫秽电子信息的提法。其中第九条第一款规定：“刑法第三百六十七条第一款规定的‘其他淫秽物品’，包括具体描绘性行为或者露骨宣扬色情的诲淫性的视频文件、音频文件、电子刊物、图片、文章、短信息等互联网、移动通讯终端电子信息和声讯台语音信息。”在“其他淫秽物品”的列举性规定中，包含了淫秽视频等淫秽电子信息。那么，指向淫秽电子信息的链接是否应按淫秽物品处理？链接也称超链接，是指从一个网页指向另一个目标的连接关系，所指向的目标可以是另一个网页，也可以是相同网页上的不同位置，还可以是图片、电子邮件地址、文件。指向淫秽电子信息的链接通过互联网、移动通讯终端直接指向淫秽电子信息，任何人只要点击有关链接，就可以浏览、下载相应的淫秽电子信息，因此，提供淫秽电子信息的链接与提供淫秽电子信息没有本质的不同。同时《淫秽电子信息解释》第四条对提供指向淫秽电子信息的链接作了专门规定，“明知是淫秽电子信息而在自己所有、管理或者

---

① 观点来源：《刑事审判参考》第666号指导案例，李某雷贩卖淫秽物品牟利案。

使用的网站或者网页上提供直接链接的，其数量标准根据所链接的淫秽电子信息的种类计算”。该条规定的网站或网页与电子邮件、即时通信软件等方式有所区别，但根据该司法解释的精神，对提供直接链接的载体可作适当扩大解释，只要是借助互联网来提供指向淫秽电子信息的直接链接的，就可以适用《淫秽电子信息解释》，故行为人通过电子邮件、即时通信软件等方式传送指向淫秽物品的链接可参照该规定。淫秽电子信息的链接已被该司法解释纳入制作、复制、出版、贩卖、传播淫秽电子信息的犯罪对象范围内，因此指向淫秽电子信息的链接应按照淫秽物品处理。

4. 利用手机 WAP 网传播淫秽电子图片牟利的，能否认定为传播淫秽物品牟利罪?①

本书观点：利用手机 WAP 网传播淫秽电子图片牟利的，构成传播淫秽物品牟利罪。手机上网业务的推广，在给人们生活带来便利的同时，也给从事移动通讯终端服务的经营者带来了经济效益。手机用户点击经营者发布的电子信息，需要支付一定的费用，移动通讯公司会从其话费中自动划拨，这些经营者再与移动通讯公司结算，从而达到营利的目的。随着市场竞争的加剧，为了更多地盈利，经营者往往会采取各种竞争手段，甚至铤而走险，不惜违法犯罪。传播淫秽电子信息，吸引用户点击，从而扩展业务，也就成为其中较为常见的形式。

《刑法》第三百六十三条规定了制作、复制、出版、贩卖、传播淫秽物品牟利罪，但对于淫秽电子信息是否属于淫秽物品，实践中存在一定争议。有意见认为，电子信息不是“物品”，淫秽电子信息自然就不是刑法上的“淫秽物品”。我们认为，从文义的角度看，“物品”一词具有广泛的含义，在当前的社会环境下，信息已经成为社会生活中客观存在的物品。淫秽电子信息完全具备传统淫秽物品的特点，只是表现形式不同而已。即使是淫秽书刊这样典型的淫秽物品，也是以其传递的信息来影响社会的。把淫秽电子信息排除在淫秽物品之外，是受制于生活观念中对“物品”的固有认识，没有充分考虑社会发展变化对语词含义的影响。对于该问题，相关法律与司法解释已经作出了解答。全国人民代表大会常务委员会 2000 年通过的《关于维护互联网

---

① 观点来源：《刑事审判参考》第 691 号指导案例，北京掌某时尚科技有限公司等传播淫秽物品牟利案。

安全的决定》规定，在互联网上建立淫秽网站、网页，提供淫秽站点链接服务，或者传播淫秽书刊、影片、音像、图片，构成犯罪的，依照刑法有关规定追究刑事责任。该规定为将淫秽电子信息解释为淫秽物品提供了法律依据。2004年公布的《淫秽电子信息解释》则明确规定，利用互联网、移动通讯终端制作、复制、出版、贩卖、传播淫秽电子信息牟利，达到一定程度的，以制作、复制、出版、贩卖、传播淫秽物品牟利罪定罪处罚。据此，以营利为目的，利用移动通讯终端向手机上网用户传播淫秽电子图片，依法可以认定为传播淫秽物品牟利罪。

5. **以牟利为目的，与多人进行网络视频裸聊的行为，能否以传播淫秽物品牟利罪定罪处罚?**①

本书观点：所谓网络“裸聊”，是指用户通过专门的网络视频聊天工具，除去脸部外其他身体部位全部裸露在摄像头下，并以大胆文字和动作通过网络视频传给聊天对象的聊天方式。根据网络裸聊指向对象的不同，网络裸聊可分为“点对点”的裸聊、“点对面”的裸聊。所谓“点对点”的裸聊，是指两个特定个体之间通过网络聊天室进行的不具有公开性的裸聊；所谓“点对面”的裸聊，是指网络裸聊参与一方为特定的个体，另一方则为不特定或多数的个体。对上述两种网络裸聊行为，能否以传播淫秽物品罪定罪处罚，首先要考察这种行为是否具有淫秽性，其次还要求其符合“传播”特征，将淫秽信息广泛扩散。

首先，同其他淫秽物品一样，网络裸聊行为所传递出来的信息具有强烈的淫秽性。淫秽性是淫秽物品的本质属性，在具体判断时可以参照1988年《国家新闻出版署关于认定淫秽及色情出版物的暂行规定》第二条的规定。网络裸聊是一种通过网络聊天室、摄像头，向特定或不特定的他人展示自己裸体的行为，由此向观众所传递出来的信息显然具有强烈的淫秽性。

其次，传播淫秽物品犯罪还要求犯罪行为符合“传播”的特点，将淫秽信息广为扩散，从而影响公众对于性的感情，具有严重的社会危害性，需要动用刑罚加以惩罚。所谓“传播”，一般是指散布或者使他人可以得到或获取；也就是说，传播必须具有一定范围的公然性，或者说必须使不特定多数人能够获取或使用。在此意义上，网络裸聊并不能一概视为传播行为。其中，

---

① 观点来源：《刑事审判参考》第641号指导案例，方某茹传播淫秽物品牟利案。

对于“点对点”式裸聊，其最突出的特点就是私密性，裸聊在双方之间秘密进行，并不会影响到公众对于性的感情，这种行为不符合传播淫秽物品犯罪的要求，因而这种通常发生于夫妻、情侣之间或者为填补精神空虚的陌生人之间裸聊，仅仅是公民私德范畴内的行为，应该依靠道德约束而不应该动用刑法调整。与之相反，对于“点对面”式的裸聊，情况有本质区别。这种裸聊方式使人类的各种性行为公开化，违背了人类的性羞耻感，严重侵害了社会风尚中的善良性风尚和性道德。一些不法分子利用这种裸聊方式，在互联网视频聊天室设立主持人、招揽会员，大肆组织网上淫秽表演，传播淫秽色情信息，非法牟利，严重影响青少年的身心健康，还诱发其他犯罪，具有严重的社会危害性，需要刑法予以规制。

对于“淫秽物品”的认定，应当坚持发展的观点。随着科技的发展、材料的更新，淫秽信息本身以及淫秽信息的载体均在不断变化。在这种情况下，刑法应当根据保护法益的本质及时进行调整。尽管淫秽信息与淫秽信息载体存在区别，但是对法益造成侵害影响的是淫秽信息本身，而不是信息载体，因此刑法对信息载体的形式要求在不断淡化，淫秽信息载体的外延在不断扩大。但不管怎样，这些变化仍然没有彻底摆脱传统载体的局限。我们知道，在传统的淫秽物品犯罪中，载体与所载信息往往是集于一体的，很难将所载信息同载体剥离开来，如淫秽文字信息同纸张的结合，淫秽声音同盒带的结合等。在这种情况下，信息载体本身就可以视为淫秽物品，刑法通过对淫秽物品载体本身进行限制、禁止即可起到抑制淫秽信息发挥作用的目的。受此影响，对于电子淫秽信息，《淫秽电子信息解释》仍然要求以视频、音频、文字、图片等文件的形式存在。在这里，淫秽电子信息的载体要求仍然存在，只不过由以前的有形载体扩大到现在的无形载体。

然而，由网络视频聊天的技术特性所决定，视频信息往往是以动态的视频流形式而存在，而并不附着于静态的文件载体之上，《淫秽电子信息解释》对淫秽信息的载体要求，使其难以有效应对此类电子淫秽信息带来的危害。事实上，随着电子技术的发展，信息与信息载体的关系已经摆脱了传统模式的局限，二者之间产生了分离，信息对现实生活的作用无须借助于载体，可以单独直接进行。在这种情况下，不应纠缠于信息有无载体这个问题，而应重点关注信息本身的内容是否具有淫秽性。某种行为，只要其向社会大众传递出来的信息具有强烈的淫秽性，就应当以传播淫秽物品犯罪论处。网络裸聊完全具备淫秽物品的基本属性，能够成为传播淫秽物品的犯罪对象。

6. 如何把握贩卖淫秽物品牟利罪既未遂的认定标准?[①]

本书观点：鉴于“淫秽物品”在社会上传播后将对公众身心健康和社会风气造成不良影响，而贩卖淫秽物品牟利罪并无具体、有形、可衡量的损害后果，因此，出于牟利目的对淫秽物品的买卖行为都应当认定为对社会管理秩序造成了损害。据此，贩卖淫秽物品牟利罪不属于结果犯，而属于行为犯。行为犯通常以法律规定的犯罪行为的完成作为既遂认定标准，但行为犯中的犯罪行为并不是一着手实行即告完成。有的行为犯，犯罪行为有一个实行过程，通常要达到一定阶段（或者程度），才能视为行为的完成。

具体到贩卖淫秽物品牟利罪，其中的“贩卖”本义是一种市场交易行为，通常是指出于牟利目的以低价购进淫秽物品再以高价卖出的行为，但也包括有偿转让淫秽物品的行为。立足该类犯罪的发案特点和常见情形，以下四种行为均应认定为贩卖淫秽物品牟利罪中的“贩卖行为”：一是为牟利欲低价购进、高价出售，在购买时被查获的行为；二是为牟利低价购进后，正在进行出售（代售）被查获的行为；三是为牟利低价购进后，已出售并获利的行为；四是不能查明系低价购进，但确为牟利正在出售（代售）或已出售并获利的行为。实践中，基于公安机关对此类犯罪的严厉打击，行为人往往具有较强的反侦查意识，此类犯罪多是行为人为牟利而低价购买淫秽物品后在运输途中被查获，或者在摆摊、店铺进行代售或零星销售时被查获。已经出售获利或者大量购买时被查获的情形较为少见。对于上述不同类型的贩卖行为，是否认定既遂，应当考察行为所处的阶段（或者程度），不能一概以行为着手作为认定既遂的标准。例如，对于前述第一种情形，虽然为牟利而购买淫秽物品的行为也妨害了社会管理秩序，依法已经构成犯罪，但是不能认定行为人只要购买淫秽物品就成立犯罪既遂，通常还要求行为人实际取得所购买的淫秽物品，毕竟“购买型”犯罪与“出售型”犯罪的社会危害性存在一定差异。

---

① 观点来源：《刑事审判参考》1086 号指导案例，张某亮贩卖淫秽物品牟利案。

（四）疑难、复杂问题的参考性解答

1. 为淫秽网站提供接入服务的行为如何定罪处罚？

本书观点： 淫秽网站之所以屡禁不绝，根源在于网站背后的利益驱动。提供服务器的服务商因其为淫秽网站设立者提供的服务而收取费用，淫秽网站又出租网站广告位并收取广告主的费用，广告主因其广告受到较多关注而促进其商品或服务的销量。刑法不应仅仅满足于打击设立淫秽网站这种直接传播淫秽信息的行为，该种行为只是利益链的末端，预防减少此种犯罪必须切断其背后的利益链。但为淫秽网站提供服务及为淫秽网站提供资金的行为应承担何种刑事责任，刑法并无明确规定。

为淫秽网站提供服务器接入实质上是对传播淫秽信息的一种帮助行为。《淫秽电子信息解释》第七条对该种行为应视为共同犯罪作出规定："明知他人实施制作、复制、出版、贩卖、传播淫秽电子信息犯罪，为其提供互联网接入、服务器托管、网络存储空间、通讯传输通道、费用结算等帮助的，对直接负责的主管人员和其他直接责任人员，以共同犯罪论处。"在以共同犯罪论处的情况下，帮助者的行为是否构成犯罪及其处罚，一般应以对直接实施实行行为的实行犯的定罪处罚为前提。但这种帮助行为与直接的传播行为毕竟有所不同，故《淫秽电子信息解释（二）》第六条则对此类帮助行为构成传播淫秽物品牟利罪的标准进一步明确："电信业务经营者、互联网信息服务提供者明知是淫秽网站，为其提供互联网接入、服务器托管、网络存储空间、通讯传输通道、代收费等服务，并收取服务费，具有下列情形之一的，对直接负责的主管人员和其他直接责任人员，依照刑法第三百六十三条第一款的规定，以传播淫秽物品牟利罪定罪处罚：（一）为五个以上淫秽网站提供上述服务的；（二）为淫秽网站提供互联网接入、服务器托管、网络存储空间、通讯传输通道等服务，收取服务费数额在二万元以上的；（三）为淫秽网站提供代收费服务，收取服务费数额在五万元以上的；（四）造成严重后果的。实施前款规定的行为，数量或者数额达到前款第（一）项至第（三）项规定标准五倍以上的，应当认定为刑法第三百六十三条第一款规定的'情节严重'；达到规定标准二十五倍以上的，应当认定为'情节特别严重'。"依照《淫秽电子信息解释（二）》的规定，实施该条规定情形的帮助行为可直接以传播淫秽物品牟利罪处理，并规定了明确的构成犯罪的数额标准，认定"情节严重"

及“情节特别严重”的标准，对此类行为有了独立的定罪量刑标准，不再以主犯的定罪量刑为前提和依据。

租用淫秽网站广告位及为淫秽网站提供资金的行为如何定罪处罚？淫秽网站的存活发展，离不开为其提供资金的广告主和广告联盟。这种提供资金的行为虽与直接的传播行为有所区别，但实质上也是制作、复制、出版、贩卖、传播淫秽信息的一种帮助行为，是淫秽网站牟利的重要途径。《淫秽电子信息解释（二）》第七条规定：明知是淫秽网站，以牟利为目的，通过投放广告等方式向其直接或者间接提供资金，或者提供费用结算服务，对直接负责的主管人员和其他直接责任人员，依照刑法第三百六十三条第一款的规定，以制作、复制、出版、贩卖、传播淫秽物品牟利罪的共同犯罪处罚。该条首次明确了广告主、广告商、第三方支付平台的刑事责任，同时明确了对此种行为独立的定罪量刑标准：“（一）向十个以上淫秽网站投放广告或者以其他方式提供资金的；（二）向淫秽网站投放广告二十条以上的；（三）向十个以上淫秽网站提供费用结算服务的；（四）以投放广告或者其他方式向淫秽网站提供资金数额在五万元以上的；（五）为淫秽网站提供费用结算服务，收取服务费数额在二万元以上的；（六）造成严重后果的。实施前款规定的行为，数量或者数额达到前款第（一）项至第（五）项规定标准五倍以上的，应当认定为刑法第三百六十三条第一款规定的‘情节严重’；达到规定标准二十五倍以上的，应当认定为‘情节特别严重’。”但因其以制作、复制、出版、贩卖、传播淫秽物品牟利罪的共同犯罪处理，广告主、广告经营者、第三方支付平台的具体罪名仍应依据实行犯的具体罪名而定。

需要注意的是，无论是为淫秽网站提供网络接入等技术支持者，还是广告主等提供资金支持者，其入罪标准虽与实行犯不同，但仍旧是共同犯罪，主观上均与实行行为者存在意思联络，即“知道或应当知道”所提供服务或提供资金支持的网站是或者可能是淫秽网站。“明知”是对主观心理状态的一种推定，《淫秽电子信息解释（二）》第八条明确规定如存在下列情形之一即可认定行为人主观上“明知”：“（一）行政主管机关书面告知后仍然实施上述行为的；（二）接到举报后不履行法定管理职责的；（三）为淫秽网站提供互联网接入、服务器托管、网络存储空间、通讯传输通道、代收费、费用结算等服务，收取服务费明显高于市场价格的；（四）向淫秽网站投放广告，广告点击率明显异常的；（五）其他能够认定行为人明知的情形。”该条前四项规定是对实践的总结，存在这四种事实即可推定行为人主观明知所服务的网站或所提供资金的网站是或可能是淫秽网站，但由于是对主观状态的推定，必然会存在例外情况，故该条规定“有证据证明确实不知道的”仍不构成本罪，以防打击面过宽。

2. **如何正确把握淫秽电子信息的实际被点击数？**

本书观点：（1）2004 年《淫秽电子信息解释》第一次提出了“点击数”这一概念，明确可以以点击数作为定罪量刑的标准。规定：以牟利为目的，利用互联网、移动通讯终端制作、复制、出版、贩卖、传播淫秽电子信息实际被点击数达到一万次以上的，构成制作、复制、出版、贩卖、传播淫秽物品牟利罪，处三年以下有期徒刑、拘役或者管制，并处罚金；实际被点击数达到五万次以上，认定为情节严重，处三年以上十年以下有期徒刑，并处罚金；实际被点击数达到二十五万次以上，认定为情节特别严重，处十年以上有期徒刑或者无期徒刑，并处罚金或者没收财产。不以牟利为目的，利用互联网、移动通讯终端传播淫秽电子信息，实际被点击数达到二万次以上的，构成传播淫秽物品罪，处二年以下有期徒刑、拘役或者管制。2010 年《淫秽电子信息解释（二）》肯定并沿用了这一概念。点击数的确定不光涉及对被告人的定罪问题，而且关乎着被告人的量刑幅度。

司法解释以点击数作为定罪量刑标准，是因为点击数类似于传统介质淫秽物品的传播人次，能客观反映淫秽物品的传播范围，体现对社会的危害程度，因此，以点击数作为定罪量刑标准是合理的。只是考虑到电子信息和传统介质在传播上的差异，在技术处理上应当有所变化。

首先，对电子信息点击数的规定应考虑电子信息传播时的实际情况而高于传统介质淫秽物品的传播人次，这点司法解释已采纳。根据最高人民法院 1998 年颁发的《关于审理非法出版物刑事案件具体应用法律若干问题的解释》第八条第一款第（三）项的规定，以牟利为目的，向他人传播淫秽物品达二百至五百人次以上的，就构成制作、复制、出版、贩卖、传播淫秽物品牟利罪。而《淫秽电子信息解释》对点击数的规定却为一万次，是传统介质的二十到五十倍，已经考虑了网络传播中常见的无效点击、重复点击等情况。此外，对于不考虑上传淫秽电子信息的数量而单算点击数这一问题，我们认为，以牟利为目的传播淫秽电子信息，一般是为了借淫秽电子信息的被点击数提高页面的知名度，借以赚取广告费、会员费等，传播者对点击数本身有积极追求的目的，点击数越高，其所谋取的利益越大，现在很多网站也以点击广告为获取淫秽电子信息的前提，所以牟利多少与点击数密切相关。因此，在传播淫秽物品牟利罪中，不考虑上传淫秽电子信息的数量，单考虑点击数是有道理的。在不以牟利为目的的情况下，《淫秽电子信息解释》设置的点击数定罪标准为二万次，应当说，对被告人更为宽松和有利。

其次，实践中点击数确有很多不正常的、虚置的情况，因此，我们认为应当以“实际被点击数”为标准来计算。实践中，通常是通过网站服务器的Web访问日志来统计淫秽电子信息的数量，但是这一数字只代表了淫秽电子信息的内容请求数，并不代表实际的点击数。此外，还需要区分普通Web网站和手机WAP网站，二者因为技术不同在计算时稍有差异。简言之，因为手机屏幕小，可能会导致浏览同一淫秽电子信息需要多次点击才能阅读完成的情况；另外，手机上网按流量计费，费用较高，所以为了节省用户上网费用，很多手机WAP网站可能会在同一页面设置多张图片，从而导致单个图片无法下载，只能作为页面的一部分被浏览，而在此情况下，一个页面被点击一次，显示在服务器上，却是其中的所有图片均被点击一次，服务器得出的点击数是图的点击量而非页的点击量。我们认为，在手机WAP上网存在上述两种情况时，均应先得出一个基本的请求数测算值。比如，需要多次点击页面才能完成同一电子信息的阅读时，如果有证据显示这是该篇电子信息的本身设置，则可采纳有利于被告人的证据，在计算请求数时按照设置倍数相应下调。在存在一页多图的情况下，也不应按照服务器显示的图的点击量，而是按照一页所载的图的数量测算出整页的请求数。在得出基本的请求数测算值后，无论是Web网站还是手机WAP网站，在计算实际点击数时，均需要排除以下方面虚增的、不正常的点击数。

人为设置的计数方式差异。如不从一开始计数，还有计数方式呈典型倍数增长等，如果有证据显示存在这些情况，均应予以合理扣除。根据行业披露，自点击现象大量存在，一是为了增加点击数量，二是为了进行系统测试。自点击行为在行业内由来已久，屡禁不止，在计算时应予以合理考虑。

最后，有确实证据证实并可以明确区分的无效点击数。我们计算的实际被点击数，应当指成功有效的点击数，对于无效链接和不成功的访问所产生的点击数，如果有证据证明并且能够区分，应当予以扣除。这里需要注意的是，这种无效访问必须有证据证实，不能以网页访问成功率推算可能存在的无效访问数。在计算点击数时，对于一人多次点击而产生的点击数是否应当扣除？我们认为，除前述手机 WAP 上网因屏幕小而普遍产生的阅读一篇电子信息需要多次点击外，其他的因为个人需要而产生的多次点击数不应当扣除。第一，是因为《淫秽电子信息解释》在设置点击数为一万次的时候已经考虑到了网络特性，从而高配了点击数。第二，实践中，除了有人搞恶意点击等特殊情况发生外，一般情况下，是不会有很多人反复观看同一淫秽电子信息的。第三，同一人的反复多次点击在手机上网的情况下尚容易固定，因为手机终端设备使用人相对固定，而在普通网站则无法固定。比如，在同一局域网内，如一个上千人的单位或者一个拥有数百台电脑的网吧，无论多少客户，无论在线观看淫秽电子信息多少次，也只反映一个 IP 地址，如将这些全折算为一个人，显然不够科学。当然，如果有确实、充分的证据证实有人搞恶意点击，在短时间内疯狂点击他人上传的淫秽电子信息，造成点击数不正常大量上升，则应当按照实际情况认定恶意点击，并对恶意点击数予以排除。

综上，我们认为，在计算实际被点击数时主要需要考虑的是排除人为设置的虚假计数、网站的自点击数、有证据证实的无效点击数以及因为手机 WAP 上网的特性导致的对同一电子文件设置的重复计数，从而得出实际被点击数。对于其他需要排除的计数方式，必须有必要和充分的证据证实才能予以排除，而且实践中这种排除的范围不能过大。一是排除的范围越精确，则法定的点击数越接近甚至等同于传播人数，这样定罪标准与传统介质相比显然过低，不利于对此犯罪行为的打击。二是计算的标准越复杂，越增加法律的适用成本，加大法律适用的难度，实践中难以把握，且易引起不必要的争议。

3. 网络服务商是否承担帮助传播淫秽信息的刑事责任？

本书观点：淫秽信息网站传播淫秽信息的方式，与传统的犯罪形式不同。除了采取向用户发送附有淫秽信息的电子邮件外，大多数淫秽信息网站通过互联网向访问者直接传送淫秽信息：网站经营者购置网络服务器，或者租用他人的网络服务器，建立淫秽信息网站，并在网站的计算机信息系统中放置淫秽信息文件。访问者访问淫秽信息网站、点击相关链接后，网站将链接的图片、声音或者影像文件发往访问者的计算机，发出的数据文件经由多个网络连接服务提供商的通信网络，进入访问者的计算机，访问者的计算机启动相应的程序，将图片、声音或者影像展现出来。可见，这种传播方式不是网站单方的主动提供，而是由访问者发出请求，网站响应请求、提供信息的被动传播。这里涉及两个问题，一是将淫秽信息传输给访问者的网络连接服务提供商（以下简称网络服务商）是否承担帮助传播淫秽信息的刑事责任？二是淫秽信息网站的计算机系统发送淫秽信息，能否视作行为人传播淫秽信息的行为？

（1）网络服务商是否承担帮助传播淫秽信息的刑事责任。网络服务商是指提供互联网接入服务等网络通信服务的单位。互联网由众多计算机系统和通信网络组成，淫秽信息网站发出淫秽信息，必须通过通信网络才能抵达访问者的计算机。网络服务商完全能够认识到互联网上存在大量的淫秽信息网站，这些网站发出的淫秽信息需要通过通信网络传输，他们虽不希望但放任了淫秽信息在自己的通信网络中传输，因此，可以认为网络服务商主观上存在间接故意帮助传播淫秽信息的心态，客观上具有帮助传输的行为，符合我国刑法理论中片面帮助犯的特征。网络服务商是否承担帮助传播淫秽信息的刑事责任呢？我们认为，虽然网络服务商的行为符合帮助犯的条件，但不应承担法律责任。这是因为：首先，在互联网中每时每刻都有亿兆的数据在流动，如果要求网络服务商对这些数据进行鉴别、控制，必然要牺牲网络服务的质量，甚至无法符合公众网络服务的要求。法律不要求行为人承担无法履行的责任，当然不应要求网络服务商承担鉴别、控制淫秽信息的责任。其次，法律作为社会上层建筑，应当有利于生产力的发展，如果要求网络服务商承担以上责任，必将阻碍网络服务的开展，进而阻碍以网络服务为基础的所有信息行业的发展，如电子商务、信息服务业等。最后，网络服务业几近于电话服务业，犯罪人借助电话实施犯罪行为，而法律不要求电话公司承担法律责任，那么，对网络服务商传输淫秽信息的行为同样不应追究法律责任。此外，从国际上的立法来看，目前制定了网络服务相关立法的国家如美国、欧盟、日本等国，都不要求网络服务商承担一般性的监控传输信息的义务。我国加入 WTO 后，正致力于信息网络立法与国际接轨，在网络服务商的法律责任问题上，也应采纳国际上广泛接纳的立法原则。

（2）淫秽信息网站的计算机系统发送淫秽信息，能否视作行为人传播淫秽信息的行为。淫秽信息网站设立后，网站的运作几乎完全由计算机管理控制，包括响应访问者的请求、向访问者的计算机发送淫秽信息等各种操作，完全由网站的计算机系统自动完成。计算机系统的动作能否视为其权利人的行为，直接影响到犯罪能否成立。我们认为，一般情况下，网站的计算机系统的动作应视作其权利人的行为，这是因为：首先，计算机控制管理的淫秽信息网站，虽然能代替人的一部分脑力和体力劳动，但并没有产生自由意志，淫秽信息网站服务器的一举一动都是其权利人意志的体现，或者得到其权利人容认，而且，正是权利人事先作出努力，才使网站具有以上自动运作功能，计算机系统的举动是权利人先行行为符合因果关系的自然延伸，应当视作其权利人的行为。其次，虽然淫秽信息网站被动传播方式与传统形式不同，但它包含了主动传播动作，因此，这种传播方式仍属于故意传播淫秽信息的行为。最后，计算机系统既不是民法意义上的人，也不是刑法意义上的人，如果不把以上举动当作权利人的行为，那是谁实施了传播淫秽信息的行为呢？当然，如果网站经营者或者其他权利人不知情，技术人员私自放置淫秽信息并使其传播的，不是网站权利人而是技术人员实施了传播淫秽信息的行为。总之，设立淫秽信息网站传播淫秽信息的，构成故意传播淫秽信息的行为。

淫秽信息网站提供的淫秽信息中，部分要求访问者付费，也有部分是免费的，但是这些免费淫秽信息是用来吸引访问者，促使其决心购买付费淫秽信息，因此，网站提供免费淫秽信息，同样有营利目的。如果网站向他人传播淫秽信息的次数达到法定数量的，构成传播淫秽物品牟利罪。

在淫秽信息网站问题上，各国立法不完全相同，大多数国家禁止传播儿童色情信息和向未成年人传播色情信息。我国刑法禁止传播包括儿童色情在内的各种淫秽信息，考虑到淫秽信息对未成年人成长的严重危害，《刑法》第三百六十四条规定对向未满十八周岁的未成年人传播淫秽物品的，以传播淫秽物品罪从重处罚。那么，淫秽信息网站是否构成向未成年人传播淫秽信息呢？有部分淫秽信息网站在首页上放置警告文字和进入或者退出的选择链接。警告信息告诉访问者：该网站含有描述性的图片和内容，访问者如未年满十八周岁，依据当地法律可能构成违法犯罪，访问者如果点击进入网站，表明自己熟悉当地法律，认可自己访问该网站的行为合法。网站的这种举动能否阻却向未成年人传播淫秽信息的责任呢？我们认为，从这类警告信息的性质来看，属于网站与访问者的约定，访问者如果点击进入链接，表明接受网站在警告中提出的要求，如放弃访问者的某些个人权利。但是，无论访问者放弃了什么样的个人权利，都不能否定网站向他人传播淫秽信息的事实，也不能通过约定将向他人传播淫秽信息的行为“私了”，因为传播淫秽信息行为妨害的是社会管理秩序和社会道德风尚，而不仅仅是对某个人的危害。因此，淫秽信息网站设立警告信息的，不能阻却其向未成年人传播淫秽信息的责任，但是，这种警告可能对一部分未成年人起警惕作用，促使其放弃访问淫秽信息网站，与不设警告的淫秽信息网站相比，社会危害性要小一些，因此，可以把设立警告信息作为一个从轻处罚的情节。

4. 个人主页制作者将淫秽信息上载到商业网站的网络服务器，是否构成传播淫秽信息的行为？

本书观点：制作、贩卖、传播淫秽物品罪侵犯的客体是社会主义道德风尚和国家文化市场管理制度，这类犯罪的传播行为是指将淫秽信息在社会上广为散播的行为。这就是说，向特定个人转移淫秽物品的行为，不构成本罪的犯罪行为。在前述行为过程中，行为人只有转移淫秽信息至特定商业网站网络服务器的行为，没有向不特定的多人传播淫秽信息，行为人的这种行为是否不构成传播淫秽信息行为呢？我们认为，行为人如果向公共场所转移淫秽物品，例如在人来人往的车站广告栏上招贴淫秽图片的，仍然属于传播淫秽物品的行为，因为公共场所的淫秽图片可以被不特定的多人观看到。因此，如果认定行为人传播淫秽信息的目的地是公共场所，则可能构成传播淫秽物品的行为，反之则否。商业网站的计算机系统是否属于公共场所呢？这要区别对待，商业网站计算机存储设备的大部分区域只对特定人开放，这部分区域不能作为公共场所；而个人主页区域的信息，虽然它处于特定权利人的控制范围内，但由于即使是一般网络用户都能够访问、获取，因而应属于公共区域或者公共场所。因此，行为人向商业网站转移淫秽信息的行为构成传播淫秽信息行为。此外，行为人制作带有淫秽信息的个人主页，其目的是吸引网民访问，赚取广告资助费，因此，应当认为行为人主观上具有传播淫秽信息的故意，并有营利目的。如果同时齐备了传播淫秽物品牟利罪的其他要件，便可能构成传播淫秽物品牟利罪。

商业网站客观上传播了淫秽信息，是否应承担法律责任？商业网站属于互联网信息服务提供者（以下简称信息提供者）。依照我国《互联网信息服务管理办法》规定，信息提供者应当向上网用户提供良好的服务，并保证所提供的信息内容合法，不得传播包括淫秽信息在内的九类信息，如发现其网站传输的信息明显属于九类信息之一的，应当立即停止传输，保存有关记录，并向国家有关机关报告。可见，法律没有免除商业网站传播不合法信息的法律责任，并且规定，在知晓存在不合法信息的情况下商业网站有停止传输的义务。因此，商业网站明知自己的计算机信息系统中存在淫秽信息的，必须立即停止传输，否则构成故意传播淫秽信息。虽然传播他人制作的淫秽信息不会给自己直接带来经济利益，但是，淫秽信息的传播扩大了该网站的影响，客观上有利于商业网站的经营利益，故意放纵淫秽信息传播也是为了追求这种非法利益，因此，应当认为其存在营利目的。如果同时满足其他构成要件的，便可能构成传播淫秽物品牟利罪，追究网站经营人员或者直接责任人员的刑事责任。但是，如果商业网站已经履行对网站上信息的检查义务，但因技术能力有限，不能发觉存在淫秽信息，而导致淫秽信息传播的，由于商业网站主观上不存在传播淫秽信息的故意，因此不构成传播淫秽物品罪或者传播淫秽物品牟利罪。

如果行为人在个人主页上不直接放置淫秽信息文件，而是通过超链接指向其他淫秽信息网站（如指向国外合法经营的淫秽信息网站）或者淫秽信息的，如何处理？超链接是一种特殊的计算机指令序列，这种指令序列由用户的浏览器程序编译后，将标志信息显示在网页上（这种标志信息被称为锚），用户点击标志信息，将触发没有被显示的链接信息，其内容是本网站或者其他网站上信息的网络地址，用户的浏览器程序将按这一网络地址请求链接中的目标信息。可见，超链接的作用不在于表现目标信息，而是引导用户去寻找目标信息。行为人如果只在网页上设置转向其他网络服务器的超链接，而没有设置淫秽色情信息的，由于行为人没有控制淫秽信息文件，更谈不上传播淫秽信息，故不构成传播淫秽物品的行为，而属于帮助他人传播淫秽信息。这里可以分为两种情况：如果超链接指向的是营利性的淫秽网站（网页）（以下简称被指向方），由于这种链接存在于他人的网页中，而且，这种链接的作用效果与一般的下载请求没有区别，因此，可以认为被指向方对他人帮助其传播淫秽信息的行为没有认识。而建立链接者则对被指向方及自己的行为有确切的认识，其行为符合刑法理论中的片面帮助犯的构成要件，应按传播淫秽物品牟利罪的从犯论处。被指向方可能构成传播淫秽物品牟利罪，但不与主动方构成共同犯罪。如果链接指向的是非营利性色情信息网站（网页），网站传播淫秽色情信息情节严重的，有可能构成传播淫秽物品罪，但不与建立链接者构成共同犯罪。建立链接者的行为符合刑法理论中的间接正犯的特征，如果满足其他构成要件的，可以构成传播淫秽物品牟利罪。

5. 以牟利为目的向淫秽网站投放广告的行为应构成何罪？

本书观点：《淫秽电子信息解释（二）》第七条规定，明知是淫秽网站，以牟利为目的，通过投放广告等方式向其直接或者间接提供资金，或者提供费用结算服务，符合特定情形的，依照刑法第三百六十三条第一款的规定，以制作、复制、出版、贩卖、传播淫秽物品牟利罪的共同犯罪处罚，在实践中关注以下几个方面的问题：

第一，行为人投放广告的网站必须是淫秽网站。这是《淫秽电子信息解释（二）》以传播淫秽物品牟利罪的共犯追究广告投放者的刑事责任的基本前提。法律和司法解释并未明确规定淫秽网站的定义，但分别规定了淫秽物品和网站的定义，因此可以结合对后两者的界定来阐释淫秽网站的含义。《淫秽电子信息解释（二）》第十二条规定，网站是指可以通过互联网域名、IP 地址等方式访问的内容提供站点。相应地，淫秽网站应当是指包含淫秽物品的内容提供站点。1993 年 1 月 19 日，新闻出版署和公安部联合发布了《关于鉴定淫秽录像带、淫秽图片有关问题的通知》，其中规定对于那些需要审查认定为淫秽物品的，国内出版单位正式出版发行的录像带、图片等出版物由省级以上新闻出版管理部门、音像归口管理部门负责鉴定，其他由地、市以上公安机关治安部门负责鉴定。实践中，对于淫秽网站和淫秽电子信息的鉴定，办案部门也都是参照上述规定执行。因此，只有经过专门鉴定机构依照法定程序进行鉴定，确定特定的网站具有淫秽性，才能认定该网站为淫秽网站。同时，对淫秽网站的认定，必须要有网站的截图和具体内容以及鉴定机构的鉴定结论予以证实。

第二，行为人必须明知自己投放广告的网站为淫秽网站。随着网络营销模式的兴起，通过网站发布产品广告已成为一种重要的市场营销策略。鉴于《淫秽电子信息解释（二）》将明知是淫秽网站而以牟利为目的投放广告的行为规定为传播淫秽物品牟利罪的共同犯罪，因此，广告投放者选择投放广告的网站时必须保持应有的审慎。在一些案件中，广告投放者可能辩解自己并不明知投放广告的网站为淫秽网站。为准确认定行为人是否明知自己投放广告的网站为淫秽网站，《淫秽电子信息解释（二）》第八条明确规定了几种认定行为人明知的情形，其中就包含向淫秽网站投放广告，广告点击率明显异常的情形。实践中，还可以结合以下几个方面的因素对广告投放者的明知作出认定：首先，网站标题及内容本身显示出的淫秽性。对于一些淫秽网站，普通人基于自己的知识水平和社会经验就可以判断网站内容具有淫秽性。当然，对于一些假借医学、教育和研究之名传播淫秽电子信息的淫秽网站，如果广告投放者在此类网站上投放医疗器械等方面的广告，则需要结合案件实际情况审慎确定广告投放者是否明知该网站为淫秽网站。如果有证据证明行为人确实不知道该网站为淫秽网站，则不能认定行为人明知。其次，广告投放者的资质及广告内容本身。广告投放者通常选择点击率高的网站投放广告，以便取得较好的宣传效果。但具备资质尤其是知名的广告投放者一般不会选择内容不健康的网站尤其是淫秽网站投放广告，因为此类网站有损企业和产品的形象。实践中，在淫秽网站上投放的广告通常为不法广告投放者投放的成人性用品广告或者色情服务广告等。最后，广告投放者与淫秽网站管理者的聊天记录等证据。通常情况下，广告投放者都是通过网络聊天室与淫秽网站的管理者取得联系，进而商定在淫秽网站上投放广告的具体事宜。因此通过调取上述聊天记录，能够证实广告投放者对淫秽网站是否明知。总之，明知涉及行为人的主观认知状态，除行为人的供述之外，还应当结合全案其他相关证据作出准确的认定。

第三，行为人必须有以牟利为目的向淫秽网站投放广告的行为。首先，广告本身的认定。《广告法》第二条规定，广告是指商品经营者或者服务提供者承担费用，通过一定媒介和形式直接或者间接地介绍自己所推销的商品或者所提供的服务的商业广告。只要行为人以牟利为目的在淫秽网站上投放宣传广告促销产品（或者提供服务），无论广告属于文字式广告、图片式广告还是动画式广告，无论行为人的广告内容所涉及的产品是在实体店经营还是在网络店经营，都不影响广告本身的认定。如果行为人在淫秽网站上投放的广告内容本身违反《广告法》的有关规定，则应依法承担相应的法律责任。其次，行为人在淫秽网站上投放广告必须以牟利为目的。如果行为人并不确定特定的网站是否是淫秽网站，并基于公益目的在该网站上投放公益广告，则其行为并不构成本罪。行为人是否具有牟利的目的，可以通过广告的性质、广告投放的范围、广告费用以及最终的收益等情况来加以认定。最后，行为人向淫秽网站投放广告的行为尤其是与淫秽网站进行资金结算的行为必须有相应的证据予以证实。实践中，在淫秽网站上投放的广告通常在网站页面尤其是首页建立链接，只要点击网站页面内容，就会自动弹出广告页面，并且只有点击或者关闭广告页面才能进入网站浏览内容。同时，行为人上网所使用的私人电脑中一般也存有登录上述淫秽网站的记录信息，能够建立行为人与上述淫秽网站之间的关联。因此，通过淫秽网站广告截图、网站管理者和广告投放者的资金结算单据（包括网上结算）以及网站管理者和广告投放者的日常联络情况（包括聊天记录）等证据，能够证实行为人向淫秽网站投放广告的行为。

第四，投放广告的链接淫秽网站数量应单独计算。在依法认定行为人以牟利为目的向淫秽网站投放广告的行为构成传播淫秽物品牟利罪的基础上，还需要综合考虑犯罪情节判处相应的刑罚，确保罪刑相适应。根据《淫秽电子信息解释（二）》第七条的规定，投放广告的淫秽网站的数量和向淫秽网站投放广告的数量都是影响量刑的重要情节，并且是法定刑升格的条件。其中，行为人投放广告的淫秽网站的数量是最为关键的量刑情节，因为这关系到淫秽电子信息的传播范围和淫秽网站谋取的非法利益，进而影响到传播淫秽电子信息犯罪社会危害性的大小。

为准确计算行为人投放广告的淫秽网站的数量，首先必须明确网站的界定。根据《淫秽电子信息解释（二）》第十二条的规定，网站是指可以通过互联网域名、IP 地址等方式访问的内容提供站点，每一个独立的内容提供站点均为一个网站。对于符合该条规定的内容提供站点，如果其中所涉及的内容被鉴定为具有淫秽性，就应当被视为一个独立的淫秽网站。

需要指出的是，一些淫秽网站的建立者为了谋取更多的非法利益，可能会尽量扩大淫秽网站的数量，登记注册不同的网站域名，在这些网站之间建立链接，并在不同域名的网站内发布完全相同或者大致相同的内容，增加浏览人员数和网站的点击率。由于这些淫秽网站的建立者是同一人或同一伙人，网站后台程序相同，网站内容完全相同或者大致相同，因此有观点认为此类链接淫秽网站的数量应当被认定为一家网站。但立足于实践，此类链接淫秽网站的内容虽然完全相同或者大致相同，不过因其网站域名不同，故可以通过不同的域名登录淫秽网站，更加有利于淫秽电子信息在网络上的传播，同时由于链接淫秽网站的数量成倍增加，网站的点击率也随之成倍增加，淫秽网站谋取的非法利益也相应地随之增加，因此，此类链接淫秽网站相比单个淫秽网站具有更大的社会危害性。从传播淫秽物品牟利罪的社会危害性着眼，对于此类链接淫秽网站，应当分别计算网站的数量。

实践中，广告投放者为了更好地达到促销产品的目的，也通常在多个链接淫秽网站上同时投放广告。因此，对于投放广告的链接淫秽网站的数量，也应当分别予以计算。同时，无论广告投放者在淫秽网站上投放广告的时间长短，也不论广告投放者现在是否已经与淫秽网站解除了广告关系，只要广告投放者与淫秽网站建立（曾经建立过）了广告关系，并且已经（曾经）在淫秽网站上投放了广告，该淫秽网站就应当被视为广告投放者投放广告的淫秽网站。

二、传播淫秽物品罪，组织播放淫秽音像制品罪

（一）刑法规定

第三百六十四条　传播淫秽的书刊、影片、音像、图片或者其他淫秽物品，情节严重的，处二年以下有期徒刑、拘役或者管制。

组织播放淫秽的电影、录像等音像制品的，处三年以下有期徒刑、拘役或者管制，并处罚金；情节严重的，处三年以上十年以下有期徒刑，并处罚金。

制作、复制淫秽的电影、录像等音像制品组织播放的，依照第二款的规定从重处罚。

向不满十八周岁的未成年人传播淫秽物品的，从重处罚。

（二）典型或常见问题的审理思路

1. 淫秽电子信息通过网络论坛传播，应如何认定论坛版主的刑事责任？[①]

本书观点：《淫秽电子信息解释（二）》第五条规定：网站建立者、直接负责的管理者明知他人制作、复制、出版、贩卖、传播的是淫秽电子信息，允许或者放任他人在自己所有、管理的网站或网页上发布，达到一定数量标准或造成严重后果的，依照刑法第三百六十四条第一款的规定，以传播淫秽物品罪定罪处罚。

根据这一规定，我们认为，版主的行为能否构成传播淫秽物品罪要从几个方面进行考量，必须同时满足以下条件：（1）主观上明知是淫秽信息，客观上存在允许或放任的行为。传播淫秽物品罪是故意犯罪，要求行为人明知

---

① 观点来源：《刑事审判参考》第671号指导案例，冷某超传播淫秽物品案。

是淫秽物品而传播，并且不以牟利为目的。普通网民利用网络传播淫秽电子信息的方式，主要是上传、下载、实时传送淫秽图片、视频、文字，或者创建淫秽电子信息的超链接。而对于版主来说，他们享有特殊的权限，能够接触到更广泛的资源，因此，他们可以通过对所管理的网站、论坛、版块行使管理权限，为淫秽信息制造和维护传播环境。具体表现为：明知所管理的网站、论坛、版块是淫秽网站、论坛、版块，仍从事管理工作，维护该淫秽网站、论坛、版块的正常运行；虽然其所管理的网站、论坛、版块并非专门的淫秽网站、论坛、版块，但其明知存在含有淫秽电子信息的主题帖，仍对该主题帖进行编辑、加工等操作，为淫秽信息的传播提供环境，鼓励淫秽信息上传；明知所管理的网站、论坛、版块中存在淫秽电子信息，但对涉及淫秽信息的主题帖不予及时删除，对淫秽信息的传播持纵容、默许的态度。

实践中存在这样的情况：行为人虽然担任网站、论坛、版块的版主，但其长期未登录行使管理职责。那么对于其未实际行使管理职责期间该论坛、版块所传播的淫秽信息，是否需要承担刑事责任？对此，我们认为，应当视行为人所管理的网站、论坛、版块的性质而区别对待：对于淫秽网站、论坛、版块，行为人担任版主的时候即明知其管理的网站、论坛、版块是以传播淫秽信息为主要目的和内容的，即使其不实际履行管理职责，也应视为其对所传播的淫秽信息采取了默许的态度，追究其刑事责任；对于一般的网站、版块、论坛，因版主未及时进行管理而导致淫秽信息大量传播的，如果确有证据证明版主在此期间未登录、对淫秽信息传播的情况并不了解，则不应要求其对传播淫秽信息承担刑事责任。

（2）涉及的淫秽电子信息数量达到司法解释所规定的数量标准。版主并非主动上传、发送淫秽电子信息的主体，而是由于其具有对网站和论坛进行维护、管理的权限和职责，因此，其相对于论坛中的普通网民也具有更多的义务。与传播淫秽物品牟利罪相比，本罪不以牟利为目的，因此，《淫秽电子信息解释（二）》在规定版主构成传播淫秽物品罪时对数量标准放宽了要求，将标准相应上调。具体来说，版主所管理的网站、论坛、版块上的淫秽电子信息数量达到如下标准之一，即可对版主以传播淫秽物品罪定罪处罚：（1）淫秽视频文件一百个以上的；（2）淫秽音频五百个以上的；（3）淫秽电子刊物、图片、文章一千件以上的；（4）淫秽电子信息实际被点击数达到五万次以上的；（5）注册会员达到一千人以上的。或者分别达到下面两项以上标准：（1）淫秽视频文件五十个以上的；（2）淫秽音频二百五十个以上的；（3）淫秽电子刊物、图片、文章五百件以上的；（4）淫秽电子信息实际被点击数达到二万五千次以上的；（5）注册会员达到五百人以上的。

应当注意，计算淫秽电子信息的数量应有一定的时间、空间界限：空间上，应以行为人参与管理的版块为限。由于版主的级别不同，所管理的版块层次也有所差别。对于最低层次的版主，其所涉及的淫秽电子信息数量自然只计算其所实际参与管理的版块；而对于较高层次的版主、总版主，则应既计算其直接管理的版块，也计算其通过监督下设子版主工作而间接参与管理的子版块的淫秽电子信息数量。时间上，应以行为人担任版主的期间作为计算区间。既要计算行为人在此期间由其本人上传和编辑的淫秽电子信息数量，也要计算在此期间虽然不是其主动上传和编辑，但因其采取默许态度而上传到其管理论坛中的淫秽电子信息。

对于网络传播淫秽电子信息，《淫秽电子信息解释》《淫秽电子信息解释（二）》的区别在于：《淫秽电子信息解释》是针对直接制作、复制、传播淫秽电子信息等行为，而《淫秽电子信息解释（二）》专门规定了网站管理者的刑事责任。比较而言，《淫秽电子信息解释》规定的定罪标准较低，如《淫秽电子信息解释》规定不以牟利为目的传播淫秽图片达到四百件以上即可定罪，而《淫秽电子信息解释（二）》对管理者的要求是淫秽图片达到一千件以上。《淫秽电子信息解释（二）》出台后，法院在审理此类案件时应将行为人直接制作、复制、传播淫秽物品与其担任网站管理者这两种情况区分开来，分别按照两个司法解释的数量标准进行认定。

2. 将与他人性交的视频片段上传至个人博客的行为如何定性？[①]

本书观点：《刑法》第三百六十七条规定："本法所称淫秽物品，是指具体描绘性行为或者露骨宣扬色情的诲淫性的书刊、影片、录像带、录音带、图片及其他淫秽物品。有关人体生理、医学知识的科学著作不是淫秽物品。包含有色情内容的有艺术价值的文学、艺术作品不视为淫秽物品。"其中，"淫秽"被解释为"具体描绘性行为或露骨宣扬色情"。司法实践中应从哪些方面判断某一作品是否是淫秽物品？一般认为，我国最完备、最具体、最有影响的关于淫秽物品的非刑事法律专门性文件是 1988 年 12 月新闻出版署制

---

① 观点来源：《刑事审判参考》第 672 号指导案例，宋某传播淫秽物品、敲诈勒索案。

定的《关于认定淫秽及色情出版物的暂行规定》，根据此暂行规定，淫秽的具体内容有以下几个方面：(1) 淫亵性地具体描写性行为、性交及其心理感受；(2) 公开宣扬色情淫荡形象；(3) 淫亵性描述或者传授性技巧；(4) 具体描写少年儿童的性行为；(5) 淫亵性地具体描写同性恋的性行为或者其他性变态行为，或者具体描写与性变态有关的暴力、虐待、侮辱行为；(6) 其他令普通人不能容忍的对性行为的淫亵性描写。另外，此规定所称的普通人是指生理和精神正常的成年人。

我国法律文件中虽对淫秽的规定采取了具体列举不同情形的表述方式，但结合刑法的相关规定，我们可以看到对淫秽物品的判断需从以下几个方面进行：第一，某一作品是否系淫秽物品，应当从作品整体进行判断。淫秽作品必然描写性，但并非描写性的作品即为淫秽作品。我国刑法也规定，"包含有色情内容的有艺术价值的文学、艺术作品不视为淫秽物品"。第二，对性的描写具有"淫亵性"，其目的仅仅在于刺激人的性欲而不具有任何文学或艺术价值，甚至是以令人厌恶的方式进行描写。《新闻出版署关于认定淫秽及色情出版物的暂行规定》中上述定义第（一）项、第（三）项、第（五）项、第（六）项均使用"淫亵性"这一限定词，正是从描写性行为的动机角度所作的限制。第三，普通人标准。《新闻出版署关于认定淫秽及色情出版物的暂行规定》第六条所称淫秽物品包括"其他令普通人不能容忍的对性行为的淫亵性描写"。这是兜底条款，对前述五项不曾列举的情况作一概括，也是对前面五项行为性质的总结，即前五项所列举的各种内容均同时具有"令普通人不能容忍"的性质。该规定还称"普通人是指生理和精神正常的成年人"。未成年人因其生理和心理发育尚不成熟，更容易受到对性行为描写的影响，认定被刑法所禁止的淫秽物品的标准要高于对未成年人的影响，应当以普通人为标准。

正是淫秽物品描写性的方式"令普通人无法忍受"这一重要判断标准，表明淫秽物品的危害在于对他人产生的不良影响，可以说这一标准隐含着淫秽物品的一个基本特性：淫秽物品必然是已经进入他人视野或以此为目的，必然与社会成员发生联系，已经或可能对他人发生影响。如果该物品仅仅是个人私有，除所有人外根本不可能有他人接触到，物品便不进入法的领域，不涉及法律上的评价，不会产生淫秽物品的问题。

行为人用手机拍摄自己与他人的性行为片段，这一视频的内容系对性行为的直接描述。如果这一视频仅是个人私藏，根本不进入公众视野，自然不会涉及淫秽物品的问题。但将该视频片段置于网络，任何访问该网址的人皆可看到，这样的视频是对社会公序良俗的违背，法律必然要对该视频的性质作出评定。那么，作为直接描述性行为的视频片段，其性质无疑是淫秽物品。

行为人将性交的视频片段上传至其个人博客上的行为构成传播行为。个人博客是一种通常由个人管理，不定期张贴电子信息，并可被不特定人随意浏览的网页，浏览者也可对博客内容进行转载、传播。博客上面的内容虽是个人发表，但并不仅仅是纯粹个人思想的表达和生活琐事的记录，而是私人性和公共性的有效结合，所提供的内容可用来交流，可包容整个互联网。个人博客的网页，除非个人设定仅可本人浏览，否则即是面对不特定的多数人，博客上的内容便具有传播的可能性。博客主人将某一文件上传至博客的行为，本身便是一种传播行为。根据2004年最高人民法院、最高人民检察院联合发布的《淫秽电子信息解释》第三条的规定，不以牟利为目的，利用互联网或者移动通讯终端传播淫秽电子信息，淫秽电子信息被点击量达到二万次以上的，构成传播淫秽物品罪。

（三）疑难、复杂问题的参考性解答

如何正确界定利用网络群组传播淫秽物品的犯罪？

本书观点：《淫秽电子信息解释（二）》第三条规定：利用互联网建立主要用于传播淫秽电子信息的群组，成员达三十人以上或者造成严重后果的，对建立者、管理者和主要传播者，依照刑法第三百六十四条第一款的规定，以传播淫秽物品罪定罪处罚。该条确立了利用群组传播淫秽物品的定罪标准，要求具备两个条件：一是该群组的设立主要用于传播淫秽电子信息；二是要求成员具有三十人以上或者造成严重后果，二者缺一不可。需要注意的是，利用群组传播淫秽电子信息的定罪标准不同于《淫秽电子信息解释（二）》第二条的规定，不以计算传播电子信息的数量、点击数作为定罪量刑的标准，而是只要符合本条规定的两个要件，即构成犯罪。

（1）该群组的设立主要用于传播淫秽电子信息。传播淫秽电子信息这一主题要求具备长期性和居于主导地位，如果该群组具备多个聊天主题，并不以淫秽话题、传播淫秽电子信息为主，或者虽在某一时段内以淫秽话题、传播淫秽电子信息为主要内容，但后来又转移至其他主题，则必须综合判断，

不能一概认定该群组的设立主要是用于传播淫秽电子信息。在具体判断一个群组是不是主要用于传播淫秽电子信息时，可以从申请加入该群组的留言、历史聊天记录、资源共享内容、群组内通告等方式来判断。

（2）要求成员具有三十人以上或者造成严重后果的。为何《淫秽电子信息解释（二）》对利用群组传播淫秽信息的犯罪行为没有按照第二条的规定以计算传播电子信息的数量、点击数作为定罪量刑的标准，而是另辟蹊径，以成员数量和严重后果来定罪呢？这主要是基于如下考虑：群组具有人员的封闭性和受众的特定性，在线聊天和传播淫秽电子信息时，如果不屏蔽消息，受众都可以接收，如果以传播电子信息的数量计算，从传播者的角度考虑过于放纵，从受众的角度考虑又太严苛。比如，在一个成员为五十人的群组中，如果从受众的角度来计算，只需要传播者发八张图片，即可达到传播淫秽图片四百件的要求，构成传播淫秽物品罪；而这不符合罪责刑相适应的原则，因为上述行为与在互联网上发布可供普通上网用户查看的淫秽图片相比，前者的社会危害性不会更大，但处罚却更为严厉。但是，如果对传播者按照其传播的实际图片数量计算，传播者必须上传四百张图片才能构成犯罪，又会导致对此类行为打击不力。再以点击数为例，《淫秽电子信息解释》第三条要求实际点击数达到二万次以上才构成传播淫秽物品罪，而群组一般只有几十人，至多也就几百人，这样的人员规模一般难以达到法定的点击数标准，如果以点击数定罪处罚，将导致对实际已严重危害社会的此类犯罪行为打击不力。《淫秽电子信息解释（二）》规定以成员数来作为定罪的标准，符合群组的特性，也具有较强的可操作性。

从司法实务来看，大部分群组的成员数不超过五十人。我们认为，建立主要用于传播淫秽电子信息的群组，其发展成员超过三十人即具有较大的社会危害性。当然群的成员越多，意味着其社会危害性越大，实践中，以成员数来作为评判该群社会危害性的一个标准，在量刑幅度内酌情从重处罚。举例说明，QQ 群除了人数上的规定外，群的级别越高，共享空间越大，群的排名越靠前，知名度越高，被搜索加入的可能性也越大，因此，从群的级别上也可以判断出该群的影响和社会危害性。此外，需要注意的是，三十人是法定下限标准，如果没有造成严重后果而低于此数则不构成犯罪。因为本罪侵犯的客体是社会管理秩序和社会主义道德风尚，其传播行为具备将淫秽信息在社会上广为散播的特征，如果向特定的人转移淫秽物品或者在小规模的群内如亲朋好友的群内散播则不构成犯罪。

在以群内成员达到三十人以上认定犯罪时还有一个证据上的问题，即该三十人是群内头像图标显示的三十人，还是要求公安机关找到图标本人即在现实中能够找到匹配的三十人？我们认为，以网络显示为准，不需要找到现实生活中的人，因为网络本就是天南海北的人聚在一起，要求现实中找到这些人会涉及实际的取证困难，浪费司法资源，不具有可行性。但这里需要注意两个问题：一是重复注册的问题，一般而言，不会有人为了获得相同的信息而去重复注册，如果群组的规模已经上百，即使有重复注册，也可以忽略不计。但如果群组的规模在定罪的临界线上，而公安机关在侦查时发现或者被告人提出群内成员有重复注册的情况经查证属实从而影响到对被告人的定罪时，则应当对查证属实的重复注册数予以扣除。二是有些成员虽然注册，但仅上过几次，后来不再参与该群组而头像仍然保留，对于这些人数是否需要扣除？我们认为不能扣除。因为虽然这些人在案发时可能已经虚置，但曾经在该群内获取并交流过淫秽信息，淫秽物品对其业已产生影响，何况这些虚置的人随时可以“复活”，只要再次登录该群，仍可获取先前该群已散播的淫秽物品信息，淫秽信息对其潜在影响并没有消失。从另外一个角度讲，群组犯罪的处罚对象是群的建立者、管理者和主要传播者，群内一般成员并不处罚，建立者、管理者和主要传播者在传播淫秽物品时对群内成员的人数是一种概括的故意，不论该成员是否在线、是否长期参与群活动均不影响其故意的成立，所以从受罚对象的角度来讲，也不应当对虚置的头像数予以扣除。

构成本罪的另一个选择性客观要件是“造成严重后果”。“造成严重后果”，是指利用群组传播淫秽电子信息对社会危害严重、需要追究刑事责任的情形。目前，已经发现一些以未满十四周岁未成年人的淫秽信息为主要内容的群组。不法分子通过这些群组获取和交换淫秽图片，交流奸淫猥亵幼童的经验，刺激更多的人在现实社会中实施奸淫猥亵幼童的行为，对未成年人造成了严重的侵害。还有一些群组要求成员加入该群组的条件即为本人实施的性侵照片（即所谓的“原创图片”），这些以本人现实犯罪或不法行为为前提条件的网络传播淫秽物品犯罪，更要予以严厉打击，构成数罪的，应当依法数罪并罚。

（3）利用群组传播淫秽物品的处罚对象。《淫秽电子信息解释（二）》明确规定，利用群组传播淫秽电子信息的处罚对象是群的建立者、管理者和主要传播者。作为群的“主人”，群的创建者拥有群内的最高权限，可以决定群的去留、解散或者恢复群，还可以任命群内成员为管理员，替其行使管理群的责任。管理员与创建者基本具有相同的权限，可以验证其他成员加入该群，对不符合群要求的成员予以删除，负责群的日常管理，发布群内公告，引导群内讨论话题，活跃群内气氛，可以删除帖子、照片、文件等，以维护群的宗旨或目的，并使群得到长久发展。也正是因为群创建者、管理者与犯罪集团总的组织、领导者的地位、作用类似，所以，即使群组的创建者、管理者本人不上传淫秽信息或不参与讨论淫秽话题，也应当对整个群的讨论内容和刊载信息负责。

《淫秽电子信息解释（二）》还规定了对主要传播者定罪处罚，这是因为传播者具体实施了将其占有的淫秽电子信息文件上传至群，并具有将这些文件在群内成员传播、共享的目的，理应处罚，此不赘述。需要注意的是，主要传播者在实施了犯罪行为后退出该群是否还需要处罚，我们认为，只要上传了淫秽电子信息，能够认定为主要传播者，不论案发时是否还为该群成员，其实际传播行为早已完成，恶劣影响业已产生，均应依法予以处罚。

三、组织淫秽表演罪

（一）刑法规定

第三百六十五条　组织进行淫秽表演的，处三年以下有期徒刑、拘役或者管制，并处罚金；情节严重的，处三年以上十年以下有期徒刑，并处罚金。

（二）典型或常见问题的审理思路

1. 招募模特和摄影者要求其摆出淫秽姿势供摄影者拍摄的如何定性？[①]

本书观点：（1）模特在摄影者镜头前的行为系表演行为。表演概念的内涵是表演者通过自己的形体、动作、声音等可感受的形式将某种信息传递、展示给受众，从而满足受众感官上的感受。从表演形式看，表演有狭义和广义之分。狭义的表演，如舞台剧，是指表演者与受众之间能够直接接触或互动的表演，表演行为与观看行为同步，表演者的表演是受众接受的最后形象。

---

① 观点来源：《刑事审判参考》（总第 85 期）第 770 号指导案例，董某尧组织淫秽表演案。

而广义的表演，不仅包括狭义的表演，还包括另一种表演形式，如电影、电视表演，即表演者的信息通过图片、影像等介质进行了储存，受众通过这些介质接收信息，表演行为与观看行为不同步，相关主体可能对这些介质进行加工、创造，表演者的表演并不是受众接受的最后形象。该种表演形式属于表演概念的扩展。模特在摄影镜头前裸露身体、摆出各种淫秽姿势，表面上是为摄影者提供拍摄素材，但同时也是将自身的人体形象展示给拍摄者，即通过不断变化的肢体动作，将人体形象展示给摄影者，满足摄影者感官上的需求，故模特的行为也明显具有表演性质。而且，摄影者是现场手动摄影，即通过照相机取景器来观察模特的动作姿势，然后再按动快门获取需要的图像，可以说摄影者是通过相机取景器来观看模特的表演，观看行为和表演行为同步，故模特的行为不仅是表演，而且是狭义的表演。有观点认为，尽管模特在拍摄过程中摆出了淫秽姿势，但是在拍摄时是静止的，而非动态的，不符合传统意义上的表演形式。我们认为，不能以表演的静态性而否定表演本身，因为表演的形式各种各样，可以是动态的，也可以是静态的，且随着时代的变迁，表演形式也在不断发展变化，不能以表演的动静与否作为判断是否属于表演的标准。如健美表演，就是表演者摆出各种体态姿势来展示肌肉线条之美，其动作静止的瞬间正是健美表演的精华所在，不能以其静止形态而否认其属于表演行为。

第一，模特在摄影者面前的表演属于淫秽表演。刑法意义上的“淫秽表演”，是指公然以体态性的动作露骨宣扬色情，如跳脱衣舞、裸体舞、性交表演、手淫、口淫表演等。淫秽表演有两个特征：一是诲淫性，即行为必须具有客观上挑起他人不正常性刺激、性兴奋的作用。如果表演行为不具有这种作用，就不会危害社会的健康性风尚，也就没有运用刑罚进行惩治的正当根据。二是公开性，即必须在多数人或者不特定人面前进行表演。如果淫秽表演只在特定少数人面前进行，其所产生的危害也只局限于这些特定的少数人，就不会对社会的健康性风尚产生不良影响。相反，淫秽表演如果在多数人或者不特定人面前进行，其影响范围就会超出特定受众，危害社会的健康性风尚。模特在摄影者镜头前的表演，完全符合淫秽表演的上述两个特征。首先，从诲淫性看，模特在摄像过程中不仅有暴露性器官的行为，而且还当众作出很多淫秽的姿势，客观上能够引起他人的性刺激、性兴奋，属于以体态动作露骨宣扬色情，有关部门也因此将该表演鉴定为淫秽表演节目。其次，从公开性看，尽管模特进行淫秽表演的受众并非类似电影观众那样的一般意义上的观众，而是拍摄淫秽图像的摄影者，但这些摄影者是行为人从互联网上公开招募而来，只要缴纳拍摄费用，携带较为高端的相机，就能参与拍摄活动，成为该淫秽表演活动的受众。由此可见，参与摄影活动的人具有不特定性，且随着拍摄场次的增多，这类受众的人数也增多。因此，模特属于在不特定多数受众面前露骨宣扬色情，其表演行为属于刑法意义上的淫秽表演。

第二，行为人对整个淫秽表演活动存在组织行为。组织淫秽表演罪中的组织行为是指策划、指挥、安排淫秽表演的行为，如招聘、雇用他人进行淫秽表演，联系演出、提供场所，组织多人观看等。行为人以人体摄影为名，从互联网上招募模特和摄影者，为整个拍摄活动预订场地，且要求、鼓励模特配合摄影者的需要进行淫秽表演，在整个淫秽表演活动中董某尧都处于一种绝对主导地位，属于典型的淫秽表演组织者。

（2）“一对一”式的表演亦属于淫秽表演。“一对一”式的表演，即让一名模特在一名摄影者面前进行淫秽表演，该类表演能否计入行为人组织淫秽表演的场次？我们认为，在“一对一”式的表演活动中，受众具有不特定性。在该类表演中，尽管表演者和受众都是一个人，但该受众是行为人从网上公开招募而来，其进入现场拍摄、观看表演并没有被设定较高的门槛，受众在身份和来源上具有不特定性。在认定组织淫秽表演罪时，不仅要关注受众人数的多少，而且要关注受众特定与否。“一对一”式的表演次数多，受众人数达到多数。尽管从单个场次看，“一对一”式淫秽表演中的受众是单个个体，但行为人反复多次组织该类淫秽表演活动，就其受众的覆盖面而言，数量上亦构成多数，且系不特定多数，符合淫秽表演的公开性特征。

2. 单位利用网络视频组织淫秽表演的行为如何定罪量刑？[①]

本书观点：刑法第三百六十五条规定的组织淫秽表演罪，追究的是淫秽表演组织者的刑事责任。该罪的客观方面包含两个核心要素：一是组织行为，包括但不限于策划表演过程，招募、管理表演者，提供表演场地和设备等行为。如果仅仅进行淫秽表演，缺乏相应的组织行为，则不构成该罪。二是淫秽表演行为，包括但不限于性交、手淫、口淫、诲淫性的裸体和脱衣舞表演

---

① 观点来源：《刑事审判参考》第 673 号指导案例，重庆访问某技有限公司等单位及郑某等人组织淫秽表演案。

等关于性行为或者露骨宣扬色情的淫秽性表演行为。如果组织人员进行表演，但表演的内容不包含淫秽性内容，也不构成该罪。根据《刑法》第三百六十六条的规定，单位亦可构成该罪。

《刑法》第三百六十三条规定的传播淫秽物品牟利罪追究的是淫秽物品传播者的刑事责任，在客观方面表现为以牟利为目的传播淫秽物品的行为。根据《淫秽电子信息解释》第一条的规定，以牟利为目的，利用互联网、移动通讯终端传播淫秽电子信息，符合特定情形的，也以传播淫秽物品牟利罪定罪处罚。该罪的客观方面包括两个核心要素：一是传播行为，具体的传播手段既可以是传统的人工发送，也可以是现代的网络传输。二是传播的对象为淫秽物品，根据《淫秽电子信息解释》第一条的规定，淫秽物品既包括传统的淫秽书刊、光盘，也包括淫秽电影、表演、动画等视频文件和淫秽音频文件以及淫秽电子刊物、图片、文章、短信息等淫秽电子信息。根据刑法第三百六十六条的规定，单位亦可构成该罪。

组织淫秽表演罪和传播淫秽物品牟利罪同属妨害社会管理秩序类犯罪，但两罪在犯罪主体和客观方面均存在差异：组织淫秽表演罪的关注点在于组织行为和淫秽表演行为，追究的是淫秽表演组织者的刑事责任；而传播淫秽物品牟利罪的关注点则在于与淫秽物品相关的传播行为，追究的是淫秽物品传播者的刑事责任。在网络媒体发达的现代社会，犯罪手段和方法不断更新，许多犯罪分子开始利用网络实施相应的犯罪行为，这给网络犯罪罪名的准确认定带来了一定的挑战。实践中，对于新型的网络犯罪，需要立足犯罪构成要件仔细甄别各类犯罪，确保定罪准确。

单位通过网络视频组织淫秽表演的犯罪行为就属于组织淫秽表演的一种新型表现形式。伴随着娱乐场所管理的规范化，传统类型的组织淫秽表演犯罪很容易遭到查处，犯罪风险较大，而通过一对一收费型网络视频方式组织淫秽表演，仅针对网站付费会员提供服务，由于组织表演者、表演者和观看者均处于不同的场所和空间，向会员收费和相应的表演行为均通过网络进行，犯罪活动更加具有隐蔽性，因此这种犯罪手段颇受违法犯罪分子的青睐。无论是传统的组织人员进行“现场面对面式”淫秽表演，还是现代的借助网络媒体组织人员进行“视频面对面式”淫秽表演，均为组织淫秽表演的表现形式，均应构成组织淫秽表演罪。通过网络视频组织人员进行淫秽表演，观看者（网站付费会员）观看的实际上是表演者淫秽表演行为的同步视频电子信息，因此有观点认为，根据《淫秽电子信息解释》第一条的规定，这种行为可以被视为传播淫秽电子信息的行为，如果行为人通过此种手段牟利，就应当认定为传播淫秽物品牟利罪，而不是组织淫秽表演罪。

需要指出的是，以牟利为目的组织人员通过网络视频进行淫秽表演，此种淫秽表演行为与观看行为系同步进行，且表演者的淫秽表演内容要视观看者（网站付费会员）在网站上充值购买的虚拟礼物价值而定。因此，尽管观看者实际上观看的是表演者的淫秽表演视频电子信息，但表演者这种即时性的同步淫秽表演行为应被视为表演行为，而不应被视为传播（作为淫秽物品的）淫秽电子信息的传播行为，因为后者通常是以既有的淫秽电子信息为传播对象。所以，通过网络视频组织人员进行淫秽表演的行为，不应认定为传播淫秽物品牟利罪，而应认定为组织淫秽表演罪。

第七章　危害国防利益罪

一、阻碍军人执行职务罪

（一）刑法规定

第三百六十八条第一款　以暴力、威胁方法阻碍军人依法执行职务的，处三年以下有期徒刑、拘役、管制或者罚金。

（二）典型或常见问题的审理思路

1. 如何理解“阻碍军人执行职务”

阻碍军人执行职务，是指以暴力、威胁方法阻碍军人依法执行职务的行为。“军人依法执行职务”，是指军人根据国家法律和军队条令、条例及本人的职务和所执行的任务而进行的各项活动。如防卫作战、军事训练、战备勤务、教学科研、后勤保障等。军人依法执行职务，是加强国防和军队建设、保卫国家的需要和具体表现。《国防法》规定：“公民和组织应当支持国防建设，为武装力量的军事训练、战备勤务、防卫作战等活动提供便利条件或者其他协助。”“现役军人依法履行职责的行为受法律保护。”阻碍军人依法执行职务的行为，违反国防法规定的公民国防义务，直接危害国防利益。犯罪对象是军人，包括中国人民解放军的现役军官、文职干部、士兵及具有军籍的学员和中国人民武装警察部队的现役警官、文职干部、士兵及具有军籍的学员；执行军事任务的预备役人员和其他人员，以军人论。“预备役人员”，是指编入民兵组织或者经过登记服预备役的公民。“其他人员”，是指在军队和武警部队的机关、部队、院校、医院、基地、仓库等队列单位和事业单位工作的正式职员、工人，以及临时征用或者受委托执行军事任务的地方人员。主观方面由故意构成，即明知军人正在依法执行职务而进行阻碍，对其危害国防利益的后果持希望或者放任的态度，过失不构成本罪。客观方面表现为以暴力、威胁方法阻碍军人依法执行职务的行为。“暴力”，是指对依法执行职务的军人实施捆绑、拘禁、殴打、伤害及其他危害人身安全和限制人身自由，阻碍其执行职务的行为；“威胁”，是指实施杀伤身体、破坏名誉、毁坏财物等暴力及其他严重损害他人合法权益的行为，对依法执行职务的军人进行要挟、恐吓，阻碍其执行职务。

2. 关于罪与非罪的界限

本罪行为人阻碍的是军人依法执行职务的行为，而且必须使用了暴力、威胁方法。如果行为人没有使用暴力、威胁方法，而只是一般的劝阻、纠缠，则不构成犯罪。如果行为人使用了暴力、威胁方法，但阻碍的不是军人依法执行职务的行为，而是其他的行为，则不构成本罪。

3. 本罪与妨害公务罪的界限

两罪在犯罪主体、犯罪手段、主观方面相同，其主要区别在于：（1）侵犯的客体不同。本罪侵犯的同类客体是国防利益，侵犯的直接客体是军人依法执行职务的活动；后罪侵犯的同类客体是社会管理秩序，侵犯的直接客体是国家工作人员依法执行职务的活动。（2）犯罪对象不同。本罪的犯罪对象是军人，后罪的犯罪对象是非军人中的国家机关工作人员。（3）客观行为方法不完全相同。构成本罪的客观行为必须是暴力、威胁方法；而后罪中的阻碍国家安全机关、公安机关依法执行国家安全工作任务的行为，只要造成了严重后果，即使未使用暴力、威胁方法，也构成犯罪。

4. 正确认定因实施暴力造成人员伤害的行为的性质

行为人在阻碍军人依法执行职务过程中，因实施暴力造成犯罪对象身体被伤害的，属于牵连犯，应按照处理牵连犯的原则，从一重罪处罚。即如果是轻伤害，以阻碍军人执行职务定罪处罚；如果是重伤害，则以故意伤害罪定罪，以故意致人重伤处刑。

（三）量刑指导或者参考

依照《刑法》第三百六十八条第一款规定，犯阻碍军人执行职务罪的，处三年以下有期徒刑、拘役、管制或者罚金。

二、阻碍军事行动罪

（一）刑法规定

第三百六十八条第二款 故意阻碍武装部队军事行动，造成严重后果的，处五年以下有期徒刑或者拘役。

（二）典型或常见问题的审理思路

1. 如何理解“阻碍军事行动”

阻碍军事行动罪，是指故意阻碍武装部队军事行动，造成严重后果的行为。“军事行动”，是指为达到一定政治目的而有组织地使用武装力量的活动。武装部队的军事行动，是为防备和抵抗武装侵略，防备和粉碎颠覆政府、分裂国家的阴谋，保卫国家主权统一、领土完整和安全所进行的具体活动。在和平时期，表现为实施兵力的部署和调动，进行军事训练和演习，执行戒严任务和处置突发性暴力事件等；在战争时期，表现为进行反侵略战争，参加战斗、战役。根据《国防法》的规定，公民应当为武装力量的军事训练、战备勤务、防卫作战等活动提供便利条件或者其他协助。阻碍武装部队军事行动造成严重后果的行为，违反了国防法规定的公民国防义务，严重妨碍了国防和军队建设。犯罪对象是武装部队，包括中国人民解放军的现役部队、预备役部队和中国人民武装警察部队。“阻碍武装部队军事行动”，是指采取设置交通障碍，煽动群众围堵，停止水、电、气等供应，污染饮用水源等方法，故意阻止和妨碍武装部队进行作战、戒严、演习、训练、修筑军事设施、部署兵力兵器、抢险救灾等履行职能的活动。“造成严重后果”，是指因阻碍武装部队军事行动而贻误战机的；导致作战部署作较大调整的；致使战斗、战役或者其他重要军事行动遭受损失的；影响部队完成重要任务的；造成人员重伤死亡的；严重毁损武器装备、军事设施、军用物资的；造成其他严重经济损失的等。

2. 划清罪与非罪的界限

本罪属于结果犯，以“故意”阻碍武装部队军事行动，并以“造成严重后果”作为犯罪构成要件。因此，过失阻碍武装部队军事行动不构成犯罪；虽然是故意阻碍武装部队军事行动，但未造成严重后果的，也不构成犯罪。

从司法实践看，阻碍武装部队军事行动，往往由少数人煽动、蒙骗一些不明真相的人参与。对那些受蒙骗参与一般活动的人员，也不能按犯罪处理。

3. 划清本罪与阻碍军人执行职务罪的界限

两罪在犯罪主体、主观方面相同。其主要区别在于：（1）犯罪对象不同。本罪的犯罪对象是武装部队，后罪的犯罪对象是军人，是武装部队中执行某一项任务的少数人。（2）侵犯的直接客体不同。本罪侵犯的直接客体是武装部队的军事行动，后罪侵犯的直接客体是军人依法执行职务的活动。（3）犯罪的客观方面不同。本罪的犯罪手段可以多种多样，但采取什么手段并不是犯罪构成的要件，后罪以采用暴力、威胁方法作为犯罪构成要件；本罪以造成严重后果作为犯罪构成要件，后罪则没有把行为造成的后果作为犯罪构成要件。

4. 正确认定以武装叛乱、暴乱方式阻碍军事行动的行为的性质

以武装叛乱、暴乱方式阻碍军事行动，属于牵连犯，应按照处理牵连犯的原则，从一重罪处罚，即以武装叛乱、暴乱罪定罪处罚。如果在阻碍军事行动过程中，策动、勾引、收买武装部队人员进行叛乱，则应分别以阻碍军事行动罪和武装叛乱罪定罪处刑，并实行数罪并罚。

（三）量刑指导或者参考

依照《刑法》第三百六十八条第二款规定，犯阻碍军事行动罪的，处五年以下有期徒刑或者拘役。

三、破坏武器装备、军事设施、军事通信罪，过失损坏武器装备、军事设施、军事通信罪

（一）刑法规定

第三百六十九条　破坏武器装备、军事设施、军事通信的，处三年以下有期徒刑、拘役或者管制；破坏重要武器装备、军事设施、军事通信的，处三年以上十年以下有期徒刑；情节特别严重的，处十年以上有期徒刑、无期徒刑或者死刑。

过失犯前款罪，造成严重后果的，处三年以下有期徒刑或者拘役；造成特别严重后果的，处三年以上七年以下有期徒刑。

战时犯前两款罪的，从重处罚[①]。

（二）司法解释、司法文件及其权威解读

1.《中华人民共和国刑法修正案（五）》的理解与适用（节录）

四、在刑法中增加规定了“过失破坏武器装备、军事设施、军事通信罪”

我国目前的军事通信手段主要分为无线通信、有线通信和运动通信三大类。有线通信又分为电缆通信和光缆通信。国防通信光缆建设从20世纪80年代开始，经90年代以来的快速发展，已基本替代电缆通信。目前破坏军事通信设施的活动，主要是针对有线通信设施。在我国有线军事通信设施发展的不同阶段，破坏活动也呈现出不同特点。在60年代，有线通信线路以架空明线为主，盗割电线获取金属的犯罪活动比较突出；后来改为电缆后，盗挖电缆获取金属的犯罪活动又变得比较猖獗。在光缆替代电缆以后，由于光缆的材质是玻璃纤维丝，基本无利可图，因此盗割、盗挖光缆的犯罪活动并不多见。但是，过失破坏军事通信设施日趋严重，并呈现出以下特点：

（一）因工程建设等原因造成军事通信阻断的现象频繁，影响面广

最近几年全军一级光缆干线因人破坏遭受阻断平均每月就达7次，全军干线级以下光缆遭受破坏的数量则更大。全军各个战区、通信部队、集团军、航空兵、总装备部所属科研部队、教学单位等，都存在通信设施主要是通信光缆频繁遭受破坏的情况。

（二）损害后果严重

光纤通信有容量大、中继长的优点，一条光缆可以联通几万、几十万线路。但存在易遭到破坏的缺点。国防通信光缆是我军保障作战指挥、军事训练、抢险救灾的基础通信设施，一旦遭到破坏，其损害后果往往非常严重。如2001年1月9日，“陇海线”一级光缆灵宝至华阴段被施工人员挖断，造成总容量30720路国防通信及10余万路地方通信阻断，历时2888分钟，严重影响了“神舟二号”载人飞船发射飞行任务的通信保障。西安卫星测控中心所属青岛测控站通信光缆2003年被4次挖断，严重影响了在轨卫星的长期管理任务，其中资源一号卫星的实时测控工作遭受重大损失。

---

① 本款系根据2005年2月28日《刑法修正案（五）》增加。

（三）对过失破坏军事通信设施案件在法律适用上遇到困难

《刑法》第三百六十九条对故意破坏军事通信设施犯罪作了明确规定，但对过失破坏军事通信设施行为没有追究刑事责任的规定。根据《军事设施保护法》《建筑法》和《国务院、中央军委关于保护通信线路的规定》的规定，各种施工作业如有可能危及通信安全的，应当事先取得通信部门的同意，采取技术防范措施后方可动工。但是实践中对这些国家规定没有很好的执行。国防通信光缆敷设，每50～100米都设有明显的路由标石，在一些重点地段，路由标石的设置更密集；光缆沿线还设有保护国防通信的宣传牌；路由标石和宣传牌上一般留有电话号码等联系方式，与部队通信部门联系并不困难。但一些单位在施工前不仅不主动取得通信部门同意，也不采取技术防范措施，甚至在军队线路维护人员发现违法施工进行提醒、阻止时，施工单位和人员仍置之不理，强行施工，将通信光缆挖断，给国家造成重大损失。从这些破坏光缆的责任人主观方面来看，虽然其中有些人不排除具有放任危害结果发生的间接故意，但大都属于过失。由于刑法对过失破坏军事通信设施行为没作规定，一旦对军事通信设施造成破坏，导致严重后果发生，施工单位声称不知道地下有光缆，施工人员说自己是受上级指令施工，主管人员则以自己并不在现场、不了解情况为由，推卸法律责任。司法机关一般也以肇事者主观方面是否出于故意难以认定，过失行为又不构成犯罪为由，不积极追究这些人员的法律责任。

在工程建设过程中野蛮施工、违章作业，致使军事通信光缆等通信设施遭到破坏的行为，严重危及国家的军事设施和军事通信的安全。针对这种情况，部分全国人大代表提出议案，建议在刑法中增加过失破坏军事通信罪的规定，以打击此类犯罪，维护国防利益。立法机关采纳了这个建议。《刑法修正案（五）》第三条规定：在刑法第三百六十九条中增加一款作为第二款，将该条修改为：“破坏武器装备、军事设施、军事通信的，处三年以下有期徒刑、拘役或者管制；破坏重要武器装备、军事设施、军事通信的，处三年以上十年以下有期徒刑；情节特别严重的，处十年以上有期徒刑、无期徒刑或者死刑。

过失犯前款罪，造成严重后果的，处三年以下有期徒刑或者拘役；造成特别严重后果的，处三年以上七年以下有期徒刑。

战时犯前两款罪的，从重处罚。”

（撰稿：黄太云）

2. **最高人民法院关于审理危害军事通信刑事案件具体应用法律若干问题的解释**（法释〔2007〕13号，自2007年6月29日起施行）

为依法惩治危害军事通信的犯罪活动，维护国防利益和军事通信安全，根据刑法有关规定，现就审理这类刑事案件具体应用法律的若干问题解释如下：

第一条 故意实施损毁军事通信线路、设备，破坏军事通信计算机信息系统，干扰、侵占军事通信电磁频谱等行为的，依照刑法第三百六十九条第一款的规定，以破坏军事通信罪定罪，处三年以下有期徒刑、拘役或者管制；破坏重要军事通信的，处三年以上十年以下有期徒刑。

第二条 实施破坏军事通信行为，具有下列情形之一的，属于刑法第三百六十九条第一款规定的“情节特别严重”，以破坏军事通信罪定罪，处十年以上有期徒刑、无期徒刑或者死刑：

（一）造成重要军事通信中断或者严重障碍，严重影响部队完成作战任务或者致使部队在作战中遭受损失的；

（二）造成部队执行抢险救灾、军事演习或者处置突发性事件等任务的通信中断或者严重障碍，并因此贻误部队行动，致使死亡3人以上、重伤10人以上或者财产损失100万元以上的；

（三）破坏重要军事通信三次以上的；

（四）其他情节特别严重的情形。

第三条 过失损坏军事通信，造成重要军事通信中断或者严重障碍的，属于刑法第三百六十九条第二款规定的“造成严重后果”，以过失损坏军事通信罪定罪，处三年以下有期徒刑或者拘役。

第四条 过失损坏军事通信，具有下列情形之一的，属于刑法第三百六十九条第二款规定的“造成特别严重后果”，以过失损坏军事通信罪定罪，处三年以上七年以下有期徒刑：

（一）造成重要军事通信中断或者严重障碍，严重影响部队完成作战任务或者致使部队在作战中遭受损失的；

（二）造成部队执行抢险救灾、军事演习或者处置突发性事件等任务的通信中断或者严重障碍，并因此贻误部队行动，致使死亡3人以上、重伤10人以上或者财产损失100万元以上的；

（三）其他后果特别严重的情形。

第五条　建设、施工单位直接负责的主管人员、施工管理人员，明知是军事通信线路、设备而指使、强令、纵容他人予以损毁的，或者不听管护人员劝阻，指使、强令、纵容他人违章作业，造成军事通信线路、设备损毁的，以破坏军事通信罪定罪处罚。

建设、施工单位直接负责的主管人员、施工管理人员，忽视军事通信线路、设备保护标志，指使、纵容他人违章作业，致使军事通信线路、设备损毁，构成犯罪的，以过失损坏军事通信罪定罪处罚。

第六条　破坏、过失损坏军事通信，并造成公用电信设施损毁，危害公共安全，同时构成刑法第一百二十四条和第三百六十九条规定的犯罪的，依照处罚较重的规定定罪处罚。

盗窃军事通信线路、设备，不构成盗窃罪，但破坏军事通信的，依照刑法第三百六十九条第一款的规定定罪处罚；同时构成刑法第一百二十四条、第二百六十四条和第三百六十九条第一款规定的犯罪的，依照处罚较重的规定定罪处罚。

违反国家规定，侵入国防建设、尖端科学技术领域的军事通信计算机信息系统，尚未对军事通信造成破坏的，依照刑法第二百八十五条的规定定罪处罚；对军事通信造成破坏，同时构成刑法第二百八十五条、第二百八十六条、第三百六十九条第一款规定的犯罪的，依照处罚较重的规定定罪处罚。

违反国家规定，擅自设置、使用无线电台、站，或者擅自占用频率，经责令停止使用后拒不停止使用，干扰无线电通讯正常进行，构成犯罪的，依照刑法第二百八十八条的规定定罪处罚；造成军事通信中断或者严重障碍，同时构成刑法第二百八十八条、第三百六十九条第一款规定的犯罪的，依照处罚较重的规定定罪处罚。

第七条　本解释所称"重要军事通信"，是指军事首脑机关及重要指挥中心的通信，部队作战中的通信，等级战备通信，飞行航行训练、抢险救灾、军事演习或者处置突发性事件中的通信，以及执行试飞试航、武器装备科研试验或者远洋航行等重要军事任务中的通信。

本解释所称军事通信的具体范围、通信中断和严重障碍的标准，参照中国人民解放军通信主管部门的有关规定确定。

权威解读

解读《最高人民法院关于审理危害军事通信刑事案件具体应用法律若干

问题的解释》

2007年6月18日最高人民法院审判委员会第1430次会议通过了《最高人民法院关于审理危害军事通信刑事案件具体应用法律若干问题的解释》（以下简称《危害军事通信解释》），自2007年6月29日起施行。《危害军事通信解释》的发布，对于依法惩治危害军事通信的犯罪活动，有效维护军事通信和国防利益安全，具有十分重要的意义。

一、关于《危害军事通信解释》的起草背景

通信是否顺畅在一定程度上直接决定着战争的成败，在信息化战争条件下更是如此。如何切实保障和提高军事通信水平，就成为现代军事的基础和关键。目前，军事通信的载体主要是光纤。光纤通信的优点是容量大，一条光缆可以联通几万甚至几十万线路；缺点是一旦损坏，后果严重。据统计，自2001年以来，全国每年军事通信被阻断数百次以上，对国家安全和国防利益造成了严重危害。军事通信被阻断，除极少数属于人为故意破坏以外，绝大部分是由施工单位或者个人违章作业、野蛮施工造成的。

我国1997年刑法第三百六十九条规定了破坏军事通信罪。2005年2月全国人大常委会通过《刑法修正案（五）》，增设了过失损坏军事通信罪。可以说，关于破坏、过失损坏军事通信行为的刑事立法已经比较完善。但是，如何准确认定破坏、过失损坏军事通信犯罪中的“情节特别严重”“造成严重后果”“造成特别严重后果”，如何正确认定建设、施工单位的主管人员和施工管理人员实施的危害军事通信行为，如何正确认定危害军事通信犯罪与危害公用电信设施犯罪、盗窃罪、破坏计算机信息系统罪、扰乱无线电通讯管理秩序罪之间的界限等问题，仍然困扰着司法实践部门，致使一些危害军事通信的犯罪案件难以得到及时查处。为此，最高人民法院决定将起草危害军事通信犯罪的司法解释列入工作计划。

二、关于《危害军事通信解释》的总体结构

《危害军事通信解释》共分七条。第一条、第二条解释了故意破坏军事通信犯罪的三个量刑幅度的有关情节标准。第三条、第四条解释了过失损坏军事通信犯罪“造成严重后果”“造成特别严重后果”的有关情节标准。第五条对于实践中常见多发又容易引起歧义的单位主管人员和施工管理人员实施的危害军事通信行为的法律适用问题进行了界定。第六条明确了危害军事通信犯罪与其他犯罪的界限。第七条对几个关键性的概念进行了解释。

三、关于故意破坏军事通信犯罪

故意破坏军事通信犯罪，是司法解释关注的重点。从《刑法》第三百六十九条第一款的规定可以看出，破坏军事通信犯罪属于行为犯，一经实施就构成犯罪，而不论是否造成危害后果或者危害后果是否严重。因此，《危害军事通信解释》列举了实践中常见多发的几种破坏军事通信行为，损毁军事通信线路、设备，破坏军事通信计算机信息系统，干扰、侵占军事通信电磁频谱等行为。其中，“损毁军事通信线路、设备”，是最常用的手段，包括截断军事通信线路、损毁军事通信设备等。随着现代科技发展，军事通信领域运用计算机信息系统的规模和程度都日益增长，与此同时，“破坏军事通信领域的计算机信息系统”，已经成为破坏军事通信的行为之一。“干扰、侵占军事通信电磁频谱”，主要表现在对空中、无线状态下的军事通信包括军用卫星通信进行破坏，对导弹部队、空军、海军的军事行动有可能造成严重危害。

破坏重要军事通信的难点在于“重要军事通信”的范围。军事通信是否重要，主要是看通信的内容和承载的军事任务的重要程度，而不仅仅看使用军事通信机关的级别。有些情况下，团、营、连级的通信也属于重要军事通信，如军委主要首长到连队视察时所用的通信等。但是，现有军事法律、法规、规章均没有对重要军事通信进行界定，司法机关在适用《刑法》第三百六十九条时颇感困惑。为便于司法实践操作，根据军委法制局、总参通信部、解放军军事法院等部门的意见，《危害军事通信解释》第七条第一款对“重要军事通信”进行了明确规范，即“是指军事首脑机关及重要指挥中心的通信，部队作战中的通信，等级战备通信，飞行航行训练、抢险救灾、军事演习或者处置突发性事件中的通信，以及执行试飞试航、武器装备科研试验或者远洋航行等重要军事任务中的通信”。

破坏军事通信，“情节特别严重”时，将被判处十年以上有期徒刑、无期徒刑甚至死刑。对此，解释在第二条列举了四种情形。第一种情形，破坏军事通信行为严重影响部队完成作战任务或者致使部队在作战中遭受损失，属于最严重的危害。第二种情形，破坏部队执行紧急任务的军事通信，并因此贻误部队行动，出现了致人死亡、重伤、财产重大损失等结果，应当说也是特别严重。第三种情形，破坏重要军事通信三次以上，即使没有造成实际危害后果，也属于情节特别严重。第四种情形属于兜底性条款，主要考虑到破坏军事通信的实际情况比较复杂，上述三种情形难以概括全面，列举上以备万一。例如，在军事通信的核心计算机信息系统放置足以使重要军事通信大面积瘫痪的逻辑炸弹，即便没有造成实际的危害后果，也应当属于情节特别严重。类似情形在国家电网监管方面已经发生。2001 年秋，我国电网遭遇了建网以来规模最大的一次录波器大面积失灵、死机事故，华东、华北、华中等地的 147 个变电站电网录波器功能瘫痪，就是犯罪人置放逻辑炸弹的结果。

有人提出，一般破坏军事通信的行为与破坏重要军事通信的行为之间，仅仅在破坏行为的对象上有递进关系，而在破坏行为的程度上没有递进关系。那么，一般破坏军事通信的行为能否出现“情节特别严重”的情形呢？我们认为，如果理解为一般破坏军事通信的行为存在出现“情节特别严重”的情形，那么，对于一般破坏军事通信的行为，要么在三年以下有期徒刑、拘役或者管制的法定刑幅度内量刑，要么在十年以上有期徒刑、无期徒刑或者死刑的法定刑幅度内量刑，而不可能存在三年以上十年以下有期徒刑的量刑幅度，这样理解显然不通。因此，在现有法律规定条件下，只能理解为只有破坏重要军事通信的行为，才能存在情节特别严重的情形。

四、关于过失损害军事通信犯罪

《刑法》第三百六十九条第二款规定的过失损害军事通信罪，是刑法修正案（五）新增加的犯罪。对此，《危害军事通信解释》在第三条、第四条进行了解释，主要解释了过失损坏军事通信“造成严重后果”“造成特别严重后果”的具体情形。其中，过失损害军事通信“造成严重后果”的，只有一种情形，即造成重要军事通信中断或者严重障碍。“造成特别严重后果”的，包括三种情形，前两种情形与故意破坏军事通信“情节特别严重”的前两种情形一致，第三种情形是兜底性条款。故意破坏军事通信“情节特别严重”的第三种情形，即破坏重要军事通信三次以上的情形，在过失犯罪中基本上不可能出现，因此，《危害军事通信解释》对此没有规定。

五、关于建设、施工单位人员实施的危害军事通信犯罪

实践中，军事通信被阻断的绝大多数情形，是单位直接负责的主管人员和施工管理人员不听管护人员劝阻，或者忽视军事通信线路、设备保护标志，为赶工期而指使、强令、纵容施工人员违章作业造成的，而单纯由直接施工人员的原因造成军事通信被阻断的情形则相对较少。因此，为了避免只处罚直接施工人员而不处罚负有责任的直接负责的主管人员、施工管理人员，《危害军事通信解释》专门对此进行了规定。

《危害军事通信解释》将“建设、施工单位直接负责的主管人员和施工管理人员”确定为本罪主体，主要是考虑到，虽然刑法在表述单位责任人员时使用的是“单位直接负责的主管人员和其他直接责任人员”，但是，“其他直接责任人员”在危害军事通信犯罪的实践中通常被理解为直接施工的人员，而直接施工人员的犯罪在前四条中已经明确，《危害军事通信解释》将单位主管人员和施工管理人员确定为本罪的主体，就是要突出对这类人员的责任追究，最大限度地遏制此类犯罪的发生。

按照《危害军事通信解释》第五条的规定，直接负责的主管人员、施工管理人员实施的犯罪包括故意和过失两种犯罪。故意犯罪又包括两种：一是明知是军事通信线路、设施而指使、强令、纵容他人损毁的，属于直接故意犯罪。二是不听管护人员劝阻而指使、强令、纵容违章施工，造成破坏的，属于间接故意犯罪。管护人员，既包括部队的护线官兵，也包括地方代维护的人员，如地方通信公司的人员、雇用的村民等。如果直接负责的主管人员、施工管理人员不听管护人员劝阻，指使、强令、纵容他人直接破坏军事通信线路、设备本身，则属于直接故意犯罪。这两种故意犯罪统称破坏军事通信罪。过失犯罪的前提一般是忽视军事通信线路、设备保护标志，如标语、线桩等。如果没有军事通信线路、设备保护标志，直接负责的主管人员、施工管理人员根本不可能知道军事通信线路、设备的存在，即便施工造成了军事通信中断或者严重障碍，也不构成犯罪。但是，是否存在军事通信线路、设备保护标志，不是判断直接负责的主管人员、施工管理人员构成过失犯罪的唯一前提。在某些情况下，即便施工地域没有军事通信线路、设备的保护标志，但直接负责的主管人员、施工管理人员根据已经掌握的客观情况如有施工地域的军事通信线路布图等，应当预见施工可能对军事通信造成危害，或者已经预见到可能对军事通信造成危害，但不采取任何防范措施，仍然指使、纵容他人施工，结果造成军事通信线路、设备毁损的，也应当构成过失损害军事通信罪。

六、危害军事通信犯罪与其他犯罪的界限

实践中经常发生危害军事通信犯罪与危害公用电信设施犯罪、盗窃罪、破坏计算机信息系统罪、扰乱无线电通讯管理秩序罪等犯罪之间存在交叉的情形。这种情形属于竞合犯罪，即行为人实施了一个行为，但触犯了刑法规定的多种犯罪。在具体认定罪与非罪、此罪与彼罪时很容易引起争议，需要对此进行解释。按照《危害军事通信解释》第六条的规定，在处理时应遵循“从一重处罚”的刑法适用原则，即按照刑法规定较重的规定定罪处罚。

《危害军事通信解释》第六条第一款解决了破坏、过失损坏公用电信设施犯罪与破坏、过失损坏军事通信犯罪之间竞合时的刑法适用问题。实践中，军事通信线路与公用电信线路之间在一些情况下，存在同沟不同缆、同缆不同芯的状况，而且，军、地之间维护线路的方式也不同，大多数情况下是各自维护自己的线路，但也存在军、地分段代为维护的状况，即军队代地方维护某一段同沟或者同缆的公用电信线路，地方代军队维护某一段同沟或者同缆的军事通信线路。这就造成军、地之间线路的相互交叉，很容易发生犯罪之间的竞合。《刑法》第一百二十四条规定了破坏、过失损坏公用电信设施犯罪，第三百六十九规定了破坏、过失损坏军事通信犯罪，这两类、四种犯罪的刑罚轻重程度差别很大，相当复杂，因此，在认定具体犯罪时，只能“依照处罚较重的规定定罪处罚”的原则。例如，同样是故意犯罪，破坏军事通信犯罪有三个量刑幅度，法定最高刑幅度是十年以上有期徒刑、无期徒刑或者死刑，但法定最低刑幅度是三年以下有期徒刑、拘役或者管制；而破坏公用电信设施犯罪有两个量刑幅度，法定最高刑幅度是七年以上有期徒刑，明显比破坏军事通信罪低，但法定最低刑幅度是三年以上七年以下有期徒刑，明显比破坏军事通信罪高。两罪竞合时，如果危害特别严重时，就应当适用破坏军事通信罪；如果危害一般时，则应当适用破坏公用电信设施罪。

第二款规定了盗窃罪与破坏、过失损坏军事通信犯罪以及与破坏、过失损坏公用电信设施犯罪之间竞合时的法律适用问题。这种情形在实践中比较常见，处理起来也是“依照处罚较重的规定定罪处罚”，一般不会引起歧义，但是，考虑到本条规定的都是竞合犯罪的情形，规定这种情形后，将使本条内容更加完整。

第三款规定的是《刑法》第二百八十五条非法侵入计算机信息系统犯罪、第二百八十六条破坏计算机信息系统犯罪、第三百六十九条破坏、过失损坏军事通信犯罪之间发生竞合关系的情形。实践中，违反国家规定，侵入国防建设、尖端科学技术领域的军事通信计算机信息系统后，如果不实施进一步的行为，就不一定会对军事通信造成破坏。这种情形符合《刑法》第二百八十五条的规定，应当以非法侵入计算机信息系统罪定罪处罚。如果对军事通信造成破坏，例如对军事通信计算机信息系统功能进行删除、修改、增加、干扰，造成军事通信计算机信息系统不能正常运行，或者对军事通信计算机信息系统中存储、处理、传输的数据和应用程序进行删除、修改、增加的操作，或者故意制作、传播计算机病毒等破坏性程序，影响军事通信计算机信息系统正常运行的，就可能同时触犯这三个条文的规定，应当依照处罚较重的规定定罪处罚。

第四款规定的是《刑法》第二百八十八条扰乱无线电通讯管理秩序犯罪与第三百六十九条破坏、过失损坏军事通信犯罪之间发生竞合时的情形。实践中，违反国家规定，擅自设置、使用无线电台（站），或者擅自占用频率，经责令停止使用后拒不停止使用，干扰无线电通讯正常进行，造成严重后果的，符合《刑法》第二百八十八条的规定，应当依照扰乱无线电通讯管理秩序罪追究刑事责任。但是，如果明知是军用频率而擅自占用，造成军事通信中断或者严重障碍的，那么，就可能同时构成《刑法》第二百八十八条、第三百六十九条规定的犯罪，应当依照处罚较重的规定定罪处罚。

在起草过程中，有人提出该条分四款太长，建议分为四个条文规定。我们认为，考虑到这四种情形都是解决此罪彼罪问题的，且竞合犯罪在整个解释的架构中不宜占用过多的条文，如果分别用四个条文解释，会造成条文过多、功能重复，因此，将其纳入一个条文一并作了解释。

七、关于军事通信的具体范围、通信中断和严重障碍的标准

根据《危害军事通信解释》第七条第二款的规定，对于军事通信的界定，以及通信中断或者严重障碍等涉及定罪量刑的标准，参照中国人民解放军通信主管部门的有关规定确定。这里的中国人民解放军通信主管部门，是指总参通信部。司法机关在处理有关案件时，对这些涉及定罪量刑的实体问题的判断，应当参照总参通信部的有关规定确定。司法机关可以就相关问题，请总参通信部的有关部门如总参通信网络技术管理中心出具证明函件或者鉴定结论。

八、关于《危害军事通信解释》与破坏公用电信设施犯罪司法解释之间的关系

2004 年 12 月，最高人民法院发布了《关于审理破坏公用电信设施刑事案件具体应用法律若干问题的解释》。该司法解释主要针对《刑法》第一百二十四条在审判实践中遇到的法律适用问题进行了解释。而《危害军事通信解释》则是对《刑法》第三百六十九条在审判实践中遇到的法律适用问题进行的解

释。军事通信与公用电信之间在以下几个方面存在显著区别：第一，使用主体不同，分别是军队和一般公众。第二，被犯罪侵犯时造成的危害性质不同，前者是对国防安全和军事利益造成的危害，后者是对公用通信秩序和一般公众的通信权益的危害。第三，判断危害程度的标准不同，前者被侵害时，判断危害的标准主要是通信的内容、通信承载的军事任务的重要程度、被侵害的次数等；后者被侵害时，判断危害的标准主要是用户数量、被阻断的通信时长等。因此，《危害军事通信解释》参考了破坏公用电信设施犯罪的司法解释，但更多的是根据危害军事通信犯罪的特点增添了新的内容。

（撰稿：最高人民法院研究室）

（三）典型或常见问题的审理思路

1. 如何理解“武器装备、军事设施、军事通讯”？

（1）武器装备，它是武装部队用于实施和保障作战行动的武器、武器系统和军事技术器材的统称。包括匕首、枪械、火炮、火箭、导弹、弹药、坦克、装甲车辆及其他军用车辆、作战飞机及其他军用飞机、战斗舰艇、登陆作战舰艇、勤务舰船、陆军船艇、鱼雷、水雷、生物武器、化学武器、核武器、通信指挥装备、侦察情报装备、测绘气象装备、电子对抗装备、工程装备、“三防”装备、后勤装备等。武器装备的训练模拟器材，以武器装备论。（2）军事设施，即国家直接用于军事目的的建筑、场地和设备。包括指挥机关、地面和地下指挥工程、作战工程，军用机场、港口、码头，营区、训练场、试验场，军用洞库、仓库、医院，军用通信、侦察、导航、观测台站和测量、导航、助航标志，军用公路、铁路专用线，军用通信、输电线路，军用输油、输水管道，国务院和中央军委规定的其他军事设施等。（3）军事通讯，这是指武装部队为实施指挥和武器控制而运用各种通信手段进行的信息传递活动。通常的手段有无线电通信、有线电通信、光通信、运动通信、简易信号通信等。关于军事通讯的具体范围、通信中断和严重障碍的标准，参照中国人民解放军通信主管部门的有关规定确定。

2. 如何理解“重要武器装备、军事设施、军事通讯”？

重要武器装备，是指部队的主要武器装备和其他在作战中有重要作用的武器装备，包括各种导弹、飞机、作战舰艇、登陆舰、1000吨以上辅助船、坦克、装甲车辆、85毫米以上口径的地面火炮、岸炮、高炮、雷达、声呐、指挥仪、15 瓦以上电台、电子对抗装备、舟桥、60 千瓦以上的工程机械、汽车、陆军船艇等。重要军事设施，是指指挥中心、大型作战工程，各类通信、导航、观测枢纽，机场、港口、码头，大型仓库、重要管线、道路，以及其他对作战具有重要作用的军事设施。军事禁区的军事设施均视为重要军事设施。重要军事通讯，是指军事首脑机关及重要指挥中心的通信，部队作战中的通讯，等级战备通讯，飞行航行训练、抢险救灾、军事演习或者处置突发性事件中的通讯，以及执行试飞、试航、武器装备科研试验或者远洋航行等重要军事任务中的通讯。

3. 如何准确认定罪名?

破坏武器装备、军事设施、军事通讯罪是选择性罪名，犯罪对象是三种，行为人只要侵犯了其中的一种，即构成本罪。但在认定具体罪名时，应根据犯罪对象来定。如果行为人只是破坏了武器装备，就定破坏武器装备罪；如果既破坏了军事设施，又破坏了军事通信，就定破坏军事设施、军事通信罪，不实行并罚。

4. 如何界定破坏武器装备、军事设施、军事通讯罪与危害公共安全的一些犯罪?

破坏武器装备、军事设施、军事通讯罪与破坏交通工具、交通设施、公用电信设施等犯罪的主体、主观方面和犯罪客观方面相同或近似，其主要区别在于：（1）侵犯的客体不同。破坏武器装备、军事设施、军事通讯罪侵犯的客体是国防建设秩序，而后罪侵犯的客体分别是公共交通安全、公共通信安全等。（2）犯罪对象性质不同。破坏武器装备、军事设施、军事通讯罪的犯罪对象是用于军事目的的，而后罪的犯罪对象是用于非军事目的的。根据《危害军事通信解释》第六条规定，破坏、过失损坏军事通信，并造成公用电信设施损毁，危害公共安全，同时构成刑法第一百二十四条和第三百六十九条规定的犯罪的，依照处罚较重的规定定罪处罚。

5. 如何界定破坏武器装备、军事设施、军事通讯罪与故意毁坏财物罪?

两罪在犯罪主体、主观方面、客观方面相同或者近似，其主要区别在于：（1）侵犯的客体不同。本罪侵犯的客体是国防建设秩序，后罪侵犯的客体是公私财物所有权。（2）犯罪对象性质不同。本罪的犯罪对象是用于军事目的，而且全部是国家所有的；而后罪的犯罪对象是用于非军事目的，既有国家所有的，也有集体所有的，还有私人所有的。

6. 如何正确认定因盗窃而引起破坏武器装备、军事设施、军事通信的行为的性质？

因盗窃财物造成武器装备、军事设施、军事通信被破坏的，这类犯罪属于牵连犯。在认定时，首先要根据因盗窃所破坏的武器装备、军事设施、军事通信的重要程度、犯罪情节、所盗物品的价值，分别确定破坏武器装备、军事设施、军事通信罪与盗窃罪应当适用的法定刑，然后按照从一重罪处断的原则定罪处罚。根据《危害军事通信解释》，盗窃军事通信线路、设备，不构成盗窃罪，但破坏军事通信的，依照刑法第三百六十九条第一款的规定定罪处罚；同时构成刑法第一百二十四条、第二百六十四条和第三百六十九条第一款规定的犯罪的，依照处罚较重的规定定罪处罚。

7. 如何正确认定用放火、爆炸等危险方法破坏武器装备、军事设施、军事通信的行为的性质？

用放火、爆炸等危险方法破坏武器装备、军事设施、军事通信，属于牵连犯，应按照重罪吸收轻罪的原则，以放火罪、爆炸罪定罪处罚。

8. 如何对非法侵入、破坏军事通信计算机系统行为进行定罪处罚？

违反国家规定，侵入国防建设、尖端科学技术领域的军事通信计算机信息系统，尚未对军事通信造成破坏的，依照《刑法》第二百八十五条的规定定罪处罚；对军事通信造成破坏，同时构成《刑法》第二百八十五条、第二百八十六条、第三百六十九条第一款规定的犯罪的，依照处罚较重的规定定罪处罚。

9. 如保对干扰无线电通信管理秩序行为进行定罪处罚？

违反国家规定，擅自设置、使用无线电台、站，或者擅自占用频率，经责令停止使用后拒不停止使用，干扰无线电通讯正常进行，构成犯罪的，依照《刑法》第二百八十八条的规定定罪处罚；造成军事通信中断或者严重障碍，同时构成《刑法》第二百八十八条、第三百六十九条第一款规定的犯罪的，依照处罚较重的规定定罪处罚。

10. 如何界定故意破坏武器装备、军事设施、军事通信罪与过失破坏武器装备、军事设施、军事通信罪？

这两种犯罪所侵犯的客体、犯罪对象、犯罪主体和客观方面相同或近似，主要区别在于：（1）主观方面不同。前罪行为人主观方面表现为故意，后罪行为人主观方面表现为过失。（2）对危害结果的要求不同。前罪不论是否发生了严重后果，只要行为人故意实施了破坏行为，就构成犯罪。后罪把造成严重后果作为构成犯罪的法定要件。

11. **如何正确把握过失损坏武器装备、军事设施、军用通信罪中的“严重后果”“特别严重后果”？**

“造成严重后果”，是构成本罪的要件，具体是指因过失损坏行为造成重要或者大量武器装备、军事设施损毁或者丧失使用效能的；造成重要军事通信中断或者严重障碍的；造成人员伤亡的；影响部队完成重要任务的；致使国家财产遭受重大损失的等。“造成特别严重后果”，是指造成特别重要或者大量重要武器装备、军事设施损毁或者丧失使用效能的；造成多人伤亡的；严重影响部队完成重要任务的；致使国家财产遭受特别重大损失的。根据《危害军事通信解释》，过失损坏军事通信“造成特别严重后果”，是指造成重要军事通信中断或者严重障碍，严重影响部队完成作战任务或者致使部队在作战中遭受损失的；造成部队执行抢险救灾、军事演习或者处置突发性事件等任务的通信中断或者严重障碍，并因此贻误部队行动，致使死亡 3 人以上、重伤10 人以上或者财产损失 100 万元以上的；其他后果特别严重的情形。

（四）量刑指导或者参考

根据《刑法》第三百六十九条规定，破坏武器装备、军事设施、军事通信的，处三年以下有期徒刑、拘役或者管制；破坏重要武器装备、军事设施、军事通信的，处三年以上十年以下有期徒刑；情节特别严重的，处十年以上有期徒刑、无期徒刑或者死刑。过失破坏武器装备、军事设施、军事通信，造成严重后果的，处三年以下有期徒刑或者拘役；造成特别严重后果的，处三年以上七年以下有期徒刑。战时犯前两款罪的，从重处罚。

四、故意提供不合格武器装备、军事设施罪，过失提供不合格武器装备、军事设施罪

（一）刑法规定

第三百七十条　明知是不合格的武器装备、军事设施而提供给武装部队的，处五年以下有期徒刑或者拘役；情节严重的，处五年以上十年以下有期

徒刑；情节特别严重的，处十年以上有期徒刑、无期徒刑或者死刑。

过失犯前款罪，造成严重后果的，处三年以下有期徒刑或者拘役；造成特别严重后果的，处三年以上七年以下有期徒刑。

单位犯第一款罪的，对单位判处罚金，并对其直接负责的主管人员和其他直接责任人员，依照第一款的规定处罚。

（二）司法解释、司法文件

最高人民检察院、公安部关于公安机关管辖的刑事案件立案追诉标准的规定（一）（公通字〔2008〕36号，自2008年6月25日起施行）（节录）

第八十七条 明知是不合格的武器装备、军事设施而提供给武装部队，涉嫌下列情形之一的，应予立案追诉：

（一）造成人员轻伤以上的；

（二）造成直接经济损失十万元以上的；

（三）提供不合格的枪支三支以上、子弹一百发以上、雷管五百枚以上、炸药五千克以上或者其他重要武器装备、军事设施的；

（四）影响作战、演习、抢险救灾等重大任务完成的；

（五）发生在战时的；

（六）其他故意提供不合格武器装备、军事设施应予追究刑事责任的情形。

第八十八条 过失提供不合格武器装备、军事设施给武装部队，涉嫌下列情形之一的，应予立案追诉：

（一）造成死亡一人或者重伤三人以上的；

（二）造成直接经济损失三十万元以上的；

（三）严重影响作战、演习、抢险救灾等重大任务完成的；

（四）其他造成严重后果的情形。

（三）典型或常见问题的审理思路

1. 关于罪与非罪

故意提供不合格武器装备、军事设施罪属于行为犯。行为人只要故意实施了提供不合格武器装备、军事设施的行为，就构成犯罪。按照《追诉标准（一）》第八十七条的规定，有下列情形之一的：造成人员轻伤以上的；造成直接经济损失十万元以上的；提供不合格的枪支三支以上、子弹一百发以上、雷管五百枚以上、炸药五千克以上或者其他较重要武器装备、军事设施的，都应依法追究刑事责任。过失提供不合格武器装备、军事设施罪属于结果犯，是以该行为造成严重后果作为犯罪构成的法定要件的。如果该行为没有造成严重后果，则不构成犯罪。

2. **准确认定罪名**

故意提供不合格武器装备、军事设施罪与过失提供不合格武器装备、军事设施罪都是选择性罪名，犯罪对象是两种，行为人只要侵犯了其中的一种，即构成该罪。但在认定具体罪名时，应根据犯罪对象来定。如果行为人只是故意（过失）提供不合格武器装备，就定故意（过失）提供不合格武器装备罪；如果既故意（过失）提供不合格武器装备，又故意（过失）提供不合格军事设施，就定故意（过失）提供不合格武器装备、军事设施罪，不实行并罚。

3. **划清故意提供不合格武器装备、军事设施罪与生产、销售伪劣产品罪的界限**

两罪在交付不合格产品、犯罪主体、主观方面相同或者近似，其主要区别在于：（1）犯罪对象不同。本罪的犯罪对象是武器装备、军事设施，后罪的犯罪对象是武器装备以外的产品。（2）侵犯的客体不同。本罪侵犯的客体是武器装备、军事设施质量管理秩序，后罪侵犯的客体是产品质量管理和工商管理秩序。

4. **划清过失提供不合格武器装备、军事设施罪与故意提供不合格武器装备、军事设施罪的界限**

两罪的行为人虽然都明知是不合格的武器装备、军事设施而提供给武装部队，其区别在于：各自对行为的后果所持的心理状态是不同的，本罪的行为人，对自己行为可能发生危害国防安全的结果，应当预见而疏忽大意没有预见，或者虽然预见却轻信能够避免；而后罪的行为人，明知自己的行为会发生危害国防安全的结果，却希望或者放任这种危害结果的发生。

（四）量刑指导或者参考

1.《刑法》第三百七十条规定，故意提供不合格武器装备、军事设施的，处五年以下有期徒刑或者拘役；情节严重的，处五年以上十年以下有期徒刑；情节特别严重的，处十年以上有期徒刑、无期徒刑或者死刑。

本罪的“情节严重”，是加重处罚情节，司法实践中，一般是指为牟取私利而提供不合格武器装备、军事设施的；提供大批或者重要武器装备、军事设施不合格的；战时提供不合格武器装备、军事设施的；因提供不合格武器装备、军事设施影响部队完成重要任务或者造成严重后果的等情形。“情节特别严重”，是指战时提供大批或者重要武器装备和军事设施不合格的；因提供不合格武器装备、军事设施致使战斗、战役或者其他重要军事行动遭受重大损失的；严重影响部队完成重要任务或者造成特别严重后果的等情形。

2.《刑法》第三百七十条第二款规定，过失提供不合格武器装备、军事设施，造成严重后果的，处三年以下有期徒刑或者拘役；造成特别严重后果的，处三年以上七年以下有期徒刑。

本罪“造成严重后果”，是指因提供不合格武器装备、军事设施造成人员重伤、死亡的；造成大批或者重要武器装备、军事设施毁损的；造成重大经济损失的；影响部队完成作战、演习、抢险救灾等重要任务的等情形。“造成特别严重后果”，是指造成多人重伤、死亡的；造成大批重要武器装备、军事设施报废的；造成特别重大经济损失的；严重影响部队完成作战、演习、抢险救灾等重要任务的等情形。

3.《刑法》第三百七十条第三款规定，单位犯第一款罪的，对单位判处罚金，并对其直接负责的主管人员和其他直接责任人员，依照第一款的规定处罚。

五、聚众冲击军事禁区罪

（一）刑法规定

第三百七十一条第一款 聚众冲击军事禁区，严重扰乱军事禁区秩序的，对首要分子，处五年以上十年以下有期徒刑；对其他积极参加的，处五年以下有期徒刑、拘役、管制或者剥夺政治权利。

（二）司法解释、司法文件

最高人民检察院、公安部关于公安机关管辖的刑事案件立案追诉标准的规定（一）（公通字〔2008〕36号，自2008年6月25日起施行）（节录）

第八十九条 组织、策划、指挥聚众冲击军事禁区或者积极参加聚众冲击军事禁区，严重扰乱军事禁区秩序，涉嫌下列情形之一的，应予立案追诉：

（一）冲击三次以上或者一次冲击持续时间较长的；

（二）持械或者采取暴力手段冲击的；

（三）冲击重要军事禁区的；

（四）发生在战时的；

（五）其他严重扰乱军事禁区秩序应予追究刑事责任的情形。

（三）典型或常见问题的审理思路

1. 如何理解“聚众冲击军事禁区”？

“军事禁区”，是指国家根据军事设施的性质、作用、安全保密的需要和使用效能的特殊要求，在依法划定的一定范围的陆域、水域和空域采取特殊措施重点保护的区域。我国国防法和军事设施保护法规定，公民和组织都有保护军事设施、遵守保密规定的义务，不得破坏、危害军事设施和泄露国防方面的国家秘密。聚众冲击军事禁区，严重扰乱军事禁区秩序的行为，直接违反国防法律规定的公民国防义务，危害军事设施的安全和使用效能，危害军事秘密的安全，危害国防利益。犯罪对象是军事禁区，包括禁区内的军事设施、各种建筑、自然环境、周围设置的障碍物等。“聚众冲击军事禁区”，是指纠集多人，强行闯入军事禁区，占据办公地点，毁坏财物，殴打人员等情形。按照法律规定，聚众冲击军事禁区的行为，除需具备以上构成要件外，还必须达到“严重扰乱军事禁区秩序”的程度，才构成犯罪。“严重扰乱军事禁区秩序”，是指干扰、破坏军事禁区的秩序，致使作战、战备、训练、教学、科研等正常工作无法进行。司法实践中，具有下列情形之一的：冲击军事禁区三次以上或者一次冲击持续时间较长的；持械或者采取暴力手段冲击的；冲击重要军事禁区的；战时冲击军事禁区的等，都应依法追究刑事责任。

2. 划清本罪与聚众冲击国家机关罪的界限

两罪在犯罪主体、主观方面、客观方面相同或者近似，其主要区别在于：（1）侵犯的客体不同。本罪侵犯的客体是军事禁区秩序，后罪侵犯的客体是国家机关工作秩序。（2）犯罪对象不同。本罪的犯罪对象是军事禁区，后罪的犯罪对象是除军事机关外的其他国家机关工作区。

3. 划清本罪与聚众扰乱社会秩序罪的界限

两罪在犯罪客观方面、犯罪主体、犯罪主观方面相似，其主要区别在于：

（1）侵犯的客体不同。本罪侵犯的客体是军事禁区秩序，后罪侵犯的客体是社会秩序。（2）侵犯的对象不同。本罪侵犯的对象是军事禁区，后罪侵犯的对象是非国家机关工作区、学校、科研单位等。

4. 正确认定聚众冲击军事禁区罪中阻碍军人依法执行职务的行为的性质

这种行为属于牵连犯，应按照处理牵连犯的原则，从一重罪处罚，不实行数罪并罚。

（四）量刑指导或者参考

依照《刑法》第三百七十一条第一款规定，犯聚众冲击军事禁区罪的，对首要分子，处五年以上十年以下有期徒刑；对其他积极参加的，处五年以下有期徒刑、拘役、管制或者剥夺政治权利。

1. 本罪只追究聚众冲击军事禁区的首要分子和积极参加者的刑事责任，而不追究一般参与者。“首要分子”，是指在聚众冲击军事禁区犯罪活动中，起组织、策划、指挥作用的犯罪分子；“积极参加的”，是指主动参加冲击军事禁区犯罪活动的，在实施犯罪中起了重要作用或者有其他犯罪行为的等。

2. 正确适用数罪并罚原则。本罪行为人在聚众冲击军事禁区时如果趁机盗窃公私财物、杀人、抢劫的，应分别定罪，按数罪实行并罚。对于行为人出于聚众冲击军事禁区的故意，实施扰乱军事禁区秩序的行为时，其手段或者结果触犯其他罪名，构成牵连犯的，应按照从一重罪定罪处罚。

3. 适当适用附加刑。对聚众冲击军事禁区的首要分子，在判处主刑的同时，一般也应附加剥夺政治权利。

六、聚众扰乱军事管理区秩序罪

（一）刑法规定

第三百七十一条第二款　聚众扰乱军事管理区秩序，情节严重，致使军事管理区工作无法进行，造成严重损失的，对首要分子，处三年以上七年以下有期徒刑；对其他积极参加的，处三年以下有期徒刑、拘役、管制或者剥夺政治权利。

（二）司法解释、司法文件

最高人民检察院、公安部关于公安机关管辖的刑事案件立案追诉标准的规定（一）（公通字〔2008〕36号，自2008年6月25日起施行）（节录）

第九十条　组织、策划、指挥聚众扰乱军事管理区秩序或者积极参加聚众扰乱军事管理区秩序，致使军事管理区工作无法进行，造成严重损失，涉嫌下列情形之一的，应予立案追诉：

（一）造成人员轻伤以上的；

（二）扰乱三次以上或者一次扰乱时间较长的；

（三）造成直接经济损失五万元以上的；

（四）持械或者采取暴力手段的；

（五）扰乱重要军事管理区秩序的；

（六）发生在战时的；

（七）其他聚众扰乱军事管理区秩序应予追究刑事责任的情形。

（三）典型或常见问题的审理思路

1. 如何理解聚众扰乱军事管理区秩序？

“军事管理区”，是指国家根据军事设施的特点、作用、安全保密需要和使用效能的要求，在依法划定的陆域、水域的一定范围内，采取比较严格保护措施的区域。聚众扰乱军事管理区秩序的行为，违反国防法和军事设施保护法规定的公民国防义务，直接危害军事设施的安全和使用效能，威胁军事秘密的安全，危害国防利益。犯罪对象是军事管理区，包括管理区内的军事设施、各种建筑和山、水、林木等。行为人明知是军事管理区，仍然聚众扰乱军事管理区秩序，情节严重，致使军事管理区工作无法进行，造成严重损失的行为，构成聚众扰乱军事管理区秩序罪。“聚众扰乱军事管理区秩序，情节严重”，一般是指战时聚众扰乱军事管理区秩序的；长时间或者多次实施扰乱行为的；使用暴力或者采取其他恶劣手段的；纠集人数多、规模较大的；造成人员轻伤以上或者较大经济损失的等情形。“造成严重损失”，主要是指导致军事秘密泄露的；致人重伤或死亡的；造成严重经济损失或者其他严重后果的等情形。

2. 划清本罪与聚众冲击军事禁区罪的界限

两罪在犯罪主体、主观方面相同，其主要区别在于：（1）侵犯的直接客体不同。本罪侵犯的直接客体是军事管理区秩序，后罪侵犯的直接客体是军事禁区秩序。（2）犯罪的客观方面不同。本罪表现为聚众扰乱军事管理区秩序，情节严重，致使军事管理区工作无法进行，造成严重损失的行为；而后罪表现为聚众冲击军事禁区，严重扰乱军事禁区秩序的行为。（3）侵犯的对象不同。本罪侵犯的对象是军事管理区，后罪侵犯的对象是军事禁区。

3. 划清本罪与聚众扰乱社会秩序罪的界限

两罪在犯罪主体、主观主面、客观方面相同或者近似，其主要区别在于：（1）侵犯的客体不同。本罪侵犯的客体是军事管理区秩序，后罪侵犯的客体是社会秩序。（2）犯罪对象不同。本罪的犯罪对象是军事管理区，后罪的犯罪对象是非军事管理区。

4. 划清本罪与聚众冲击国家机关罪的界限

两罪在犯罪客观方面、犯罪主体和主观方面相似，其主要区别在于：（1）侵犯的客体不同。本罪侵犯的客体是军事管理区秩序，后罪侵犯的客体是国家机关工作秩序。（2）犯罪对象不同。本罪的犯罪对象是军事管理区，后罪的犯罪对象是除军事机关以外的其他国家机关工作区。

5. 正确认定聚众扰乱军事管理区秩序罪中阻碍军人依法执行职务的行为的性质

这种行为属于牵连犯，应按照处理牵连犯的原则，从一重罪处罚，不实行数罪并罚。

（四）量刑指导或者参考

依照《刑法》第三百七十一条第二款规定，犯聚众扰乱军事管理区秩序罪的，对首要分子，处三年以上七年以下有期徒刑；对其他积极参加的，处三年以下有期徒刑、拘役、管制或者剥夺政治权利。

1. 本罪只追究聚众扰乱军事管理区秩序的首要分子和积极参加者的刑事责任，而不追究一般参与者的刑事责任。“首要分子”，是指在聚众扰乱军事管理区秩序犯罪活动中起组织、策划、指挥作用的犯罪分子。“积极参加的”，是指主动参加扰乱军事管理区秩序犯罪活动的，在实施犯罪中起了重要作用或者有其他犯罪行为的。

2. 正确适用数罪并罚原则。本罪行为人在聚众扰乱军事管理区秩序时，如果趁机盗窃公私财物、杀人、抢劫、重伤他人的，应分别定罪，实行数罪并罚。对于行为人出于聚众扰乱军事管理区秩序的故意，实施扰乱军事管理区秩序行为时，其手段或者结果触犯其他罪名，属牵连犯，应从一重罪定罪处罚。

3. 适当适用附加刑。对聚众扰乱军事管理区秩序的首要分子，在判处主刑的同时，一般也应附加剥夺政治权利。

七、冒充军人招摇撞骗罪

（一）刑法规定

第三百七十二条 冒充军人招摇撞骗的，处三年以下有期徒刑、拘役、管制或者剥夺政治权利；情节严重的，处三年以上十年以下有期徒刑。

（二）典型或常见问题的审理思路

1. 如何理解冒充军人招摇撞骗?

“冒充军人”，既包括非军人身穿佩戴有军人专用标志的军服，使用、携带证明军人身份的证件、公文，或者自称是某军事单位的军人；也包括军衔、职务低的军人冒充军衔、职务高的军人，一个单位的军人冒充另一个单位的军人。“招摇撞骗”，是指假冒军人名义骗取政治荣誉、职务待遇或者其他非法利益，冒充军事单位名义开办企业、签订合同、销售产品，以及招兵、招工、招干，骗取钱财，或者进行其他欺骗活动。行为人冒充的对象仅为中国人民解放军和中国人民武装警察部队的现役军人，不包括执行军事任务的预备役人员和其他人员。

2. 划清罪与非罪的界限

本罪属于行为犯。构成本罪，行为人既要有冒充军人的行为，又要有为谋取非法利益而进行招摇撞骗的行为，两者缺一不可。如果行为人仅仅为了满足自己的虚荣心而冒充军人，没有为谋取非法利益进行招摇撞骗的活动，则不构成犯罪。如果行为人为谋取非法利益进行了招摇撞骗的活动，但不是冒充军人名义实施的，则不构成本罪；构成其他罪的，按其他罪处理。

3. 划清本罪与招摇撞骗罪的界限

刑法对这两个罪的规定存在法条竞合关系。其主要区别在于：（1）侵犯的客体不同。本罪侵犯的直接客体主要是军队的声誉及其正常活动，后罪侵犯的直接客体主要是国家机关的声誉及其正常活动。（2）犯罪对象不同。本罪的犯罪对象是现役军人身份，后罪的犯罪对象是除军事机关外的国家机关工作人员身份。

4. 划清本罪与诈骗罪的界限

两罪在犯罪主体、主观方面、客观方面相同或者近似，其主要区别在于：（1）侵犯的客体不同。本罪侵犯的客体是军队的声誉及其正常活动和社会管理秩序，后罪侵犯的客体是公私财产的所有权。（2）犯罪的目的不同。本罪以获取非法利益为目的，除骗取财物外，还包括政治荣誉、职务待遇等其他非法利益；后罪的目的是非法占有公私财物。（3）骗取财物数额不同。一般情况下，本罪骗取的公私财物数额较少，而后罪骗取的公私财物数额较大。如果行为人冒充军人诈骗财物数额特别巨大或者有其他特别严重情节的，属于牵连犯，应按照择一重罪处罚的原则，以诈骗罪定罪，从重处罚，不实行数罪并罚。

5. 划清本罪与敲诈勒索罪的界限

这两种犯罪在犯罪主体、主观方面相同，客观方面也有些近似。其主要区别在于：（1）侵犯的客体不同。本罪侵犯的是军队的声誉及其正常活动；而后罪侵犯的是公私财产的所有权。（2）犯罪的手段不同。本罪以"骗"为手段，冒充军人，被害人在受骗后往往自愿交出财物或者出让其合法权益；而后罪以威胁、要挟、恫吓为手段，造成被害人精神上的恐惧，被迫交出自己所有或者占有的财物。（3）构成犯罪有无数额限制不同。本罪构成犯罪无数额限制；后罪以敲诈勒索公私财物数额较大或者多次敲诈勒索的为犯罪构成的法定要件。

6. 准确认定冒充军人实施其他犯罪行为的性质

利用冒充军人的身份进行其他犯罪活动，一般应按照处理牵连犯的原则，从一重罪处断。但如果冒充军人招摇撞骗的行为与其他犯罪行为没有牵连关系，就应分别定罪，实行数罪并罚。

（三）量刑指导或者参考

依照《刑法》第三百七十二条规定，犯冒充军人招摇撞骗罪的，处三年以下有期徒刑、拘役、管制或者剥夺政治权利；情节严重的，处三年以上十年以下有期徒刑。

1. 冒充军人招摇撞骗“情节严重”，是加重处罚情节，司法实践中，一般是指冒充军人招摇撞骗屡教不改的或者手段恶劣的；战时冒充军人招摇撞骗的；因冒充军人招摇撞骗引起军政、军民、军警纠纷的；造成严重经济损失或者恶劣影响、严重损害军队声誉的；造成其他严重后果的等情形。

2. 适当适用附加刑。对冒充军人招摇撞骗情节严重的行为，在判处主刑的同时，一般应附加剥夺政治权利。

3. 冒充军人使用伪造、盗窃、买卖、非法提供的武装部队车辆号牌，情节严重的，根据 2011 年 7 月 20 日公布的《最高人民法院、最高人民检察院关于办理妨害武装部队制式服装、车辆号牌管理秩序等刑事案件具体应用法律若干问题的解释》第六条“实施刑法第三百七十五条规定的犯罪行为，同时又构成逃税、诈骗、冒充军人招摇撞骗等犯罪的，依照处罚较重的规定定罪处罚”的解释，应以冒充军人招摇撞骗罪定罪处罚。

八、煽动军人逃离部队罪

（一）刑法规定

第三百七十三条　煽动军人逃离部队或者明知是逃离部队的军人而雇用，情节严重的，处三年以下有期徒刑、拘役或者管制。

（二）司法解释、司法文件

最高人民检察院，公安部关于公安机关管辖的刑事案件立案追诉标准的规定（一）（公通字〔2008〕36 号，自 2008 年 6 月 25 日起施行）（节录）

第九十一条　煽动军人逃离部队，涉嫌下列情形之一的，应予立案追诉：

（一）煽动三人以上逃离部队的；

（二）煽动指挥人员、值班执勤人员或者其他负有重要职责人员逃离部队的；

（三）影响重要军事任务完成的；

（四）发生在战时的；

（五）其他情节严重的情形。

第九十二条 明知是逃离部队的军人而雇用，涉嫌下列情形之一的，应予立案追诉：

（一）雇用一人六个月以上的；

（二）雇用三人以上的；

（三）明知是逃离部队的指挥人员、值班执勤人员或者其他负有重要职责人员而雇用的；

（四）阻碍部队将被雇用军人带回的；

（五）其他情节严重的情形。

（三）典型或常见问题的审理思路

1. 划清罪与非罪的界限

"煽动军人逃离部队"，是指用语言、文字、图画，如面谈、发表演说、寄送宣传材料、散发标语传单，煽惑、鼓动正在服役的军人不经领导批准，擅自离开部队，或者经批准离队后逾期拒不归队，逃避兵役义务，包括不经请假就私自离开部队，工作调动中离开原单位后不到新单位报到，病愈出院、完成出差任务、休假期满后不回部队等。按照法律规定，煽动军人逃离部队的行为，除需具备以上构成要件外，还必须达到"情节严重"的程度，才构成犯罪。"情节严重"，在司法实践中，一般是指战时煽动军人逃离部队的；煽动指挥人员、值班、值勤人员或者其他担负重要职责的人员逃离部队的；多次煽动或者煽动多人逃离部队的；因煽动军人逃离部队影响部队完成重要任务的；煽动军人逃离部队后予以窝藏的；煽动军人逃离部队进行其他违法活动的等情形。行为人虽然实施了煽动军人逃离部队的行为，但不属于情节严重的，或者军人家属、亲友确有困难，而写信劝说现役军人早日退出现役的，或者煽动的对象不是现役军人的，都不构成犯罪。

2. 正确认定煽动军人逃离部队后又组织逃离部队军人实施其他犯罪活动的性质

行为人煽动军人逃离部队后，又组织逃离部队军人实施其他犯罪活动的，应当分别定罪处刑，实行数罪并罚。如果行为人煽动军人逃离部队是为了实施武装叛乱、暴乱或者投敌叛变、叛逃行为，应按照重罪吸收轻罪的原则，以武装叛乱、暴乱罪或者投敌叛变罪、叛逃罪定罪，从重处罚，不实行数罪并罚。

（四）量刑指导或者参考

依照《刑法》第三百七十三条规定，犯煽动军人逃离部队罪的，处三年以下有期徒刑、拘役或者管制。

司法机关在适用《刑法》第三百七十三条规定处罚时，应注意全面分析本罪的量刑情节，要对煽动逃离部队的军人数量、煽动行为次数、犯罪手段、犯罪对象身份、犯罪时间、犯罪后果、犯罪前后表现等进行综合考虑，确定适当刑罚。

九、雇用逃离部队军人罪

（一）刑法规定

第三百七十三条　煽动军人逃离部队或者明知是逃离部队的军人而雇用，情节严重的，处三年以下有期徒刑、拘役或者管制。

（二）司法解释、司法文件

最高人民检察院、公安部关于公安机关管辖的刑事案件立案追诉标准的规定（一）（公通字〔2008〕36号，自2008年6月25日起施行）（节录）

第九十二条　明知是逃离部队的军人而雇用，涉嫌下列情形之一的，应予立案追诉：

（一）雇用一人六个月以上的；

（二）雇用三人以上的；

（三）明知是逃离部队的指挥人员、值班执勤人员或者其他负有重要职责人员而雇用的；

（四）阻碍部队将被雇用军人带回的；

（五）其他情节严重的情形。

（三）典型或常见问题的审理思路

1. 划清罪与非罪的界限

本罪主观方面为故意，即行为人明知是逃离部队的军人而雇用，对其造成危害军队和国防建设的后果，持希望或者放任的态度。过失不构成本罪。

按照法律规定，雇用逃离部队军人的行为，除需具备以上构成要件外，还必须达到情节严重的程度才构成犯罪。“情节严重”，在司法实践中，一般是指战时雇用逃离部队军人的；明知是逃离部队的指挥人员、值班、值勤人员或者其他负有重要职责的军人而雇用的；雇用因犯罪而逃离部队的军人的；雇用多名逃离部队军人的；长期或者多次雇用逃离部队军人的；因雇用逃离部队军人经教育后拒不改正的；阻碍部队将被雇用军人带回的；因雇用逃离部队军人影响部队完成重要任务的；雇用逃离部队军人进行其他违法活动的等情形。如果行为人不知道雇用的是逃离部队的军人，或者明知雇用的是逃离部队的军人，但不属于情节严重的，则不构成犯罪。

2. 正确认定雇用逃离部队军人实施其他犯罪活动的性质

行为人雇用逃离部队军人后，又组织逃离部队军人实施其他犯罪活动，触犯其他罪名的，应当分别定罪处刑，实行数罪并罚。如果行为人雇用逃离部队军人是为了实施其他犯罪活动，则应按照重罪吸收轻罪的原则定罪，从重处罚，不实行数罪并罚。

（四）量刑指导或者参考

依照《刑法》第三百七十三条规定，犯雇用逃离部队军人罪的，处三年以下有期徒刑、拘役或者管制。

十、接送不合格兵员罪

（一）刑法规定

第三百七十四条　在征兵工作中徇私舞弊，接送不合格兵员，情节严重的，处三年以下有期徒刑或者拘役；造成特别严重后果的，处三年以上七年以下有期徒刑。

（二）司法解释、司法文件

最高人民检察院、公安部关于公安机关管辖的刑事案件立案追诉标准的规定（一）（公通字〔2008〕36号，自2008年6月25日起施行）（节录）

第九十三条　在征兵工作中徇私舞弊，接送不合格兵员，涉嫌下列情形之一的，应予立案追诉：

（一）接送不合格特种条件兵员一名以上或者普通兵员三名以上的；

（二）发生在战时的；

（三）造成严重后果的；

（四）其他情节严重的情形。

（三）典型或常见问题的审理思路

1. 划清罪与非罪的界限

本罪主观方面为故意，即行为人明知是不合格兵员而接送，对其危害军队建设和国防利益的后果，持放任或者希望的态度。过失不构成本罪。客观方面表现为在征兵工作中徇私舞弊，接送不合格兵员，情节严重的行为。“在征兵工作中徇私舞弊”，是指在征兵工作中的兵役登记、体格检查、政治审查、审定新兵、交接兵员等过程中，为牟取私利而弄虚作假，欺骗组织，将不符合政治、身体、年龄、文化等征集条件的应征公民接收或者输送到部队。按照法律规定，接送不合格兵员的行为，除需具备以上构成要件外，还必须达到“情节严重”的程度，才构成犯罪。“情节严重”，司法实践中，一般是指接送不合格兵员人数较多的；徇私舞弊手段恶劣的；战时接送不合格兵员的；因接送不合格兵员影响部队完成重要任务或者造成其他严重后果及恶劣影响的等情形。如果行为人没有徇私舞弊，而是因工作疏忽接送了不合格兵员，或者虽有徇私舞弊的行为，并接送了不合格兵员，但尚未达到情节严重的程度，均不构成犯罪。

2. 正确认定因行贿受贿而接送不合格兵员的行为的性质

在征兵过程中，如果行为人的行贿或者受贿行为构成犯罪，而接送不合格兵员的行为尚未达到情节严重的程度，应按行贿罪或者受贿罪定罪处罚；如果行贿或者受贿行为不构成犯罪，但接送不合格兵员情节严重，构成犯罪的，则应以接送不合格兵员罪定罪，从重处罚。如果两种行为都构成犯罪，则应按照牵连犯的处罚原则，择一重罪处罚，不实行数罪并罚。

3. 划清本罪与玩忽职守罪的界限

两罪在犯罪主体、犯罪客观方面有相同或近似之处，如可能是国家机关工作人员，与履行职责有关，都可能存在徇私舞弊行为。其主要区别在于：（1）侵犯的客体不同。本罪侵犯的客体是国家征兵工作秩序，后罪侵犯的客体是国家机关的正常管理活动。（2）犯罪的客观表现形式不同。本罪表现为在征兵工作中徇私舞弊，接送不合格兵员的行为，后罪表现为不履行或不正确履行职责，致使公共财产、国家和人民利益遭受重大损失的行为。（3）犯罪主体不完全一样。本罪仅指在征兵工作中负有征兵职责的工作人员，后罪是国家机关工作人员。（4）犯罪主观方面不同。本罪是故意，后罪只能是过失。

（四）量刑指导或者参考

根据《刑法》第三百七十四条规定，犯接送不合格兵员罪处三年以下有期徒刑或者拘役；造成特别严重后果的，处三年以上七年以下有期徒刑。

十一、伪造、变造、买卖武装部队公文、证件、印章罪

（一）刑法规定

第三百七十五条第一款　伪造、变造、买卖或者盗窃、抢夺武装部队公文、证件、印章的，处三年以下有期徒刑、拘役、管制或者剥夺政治权利；情节严重的，处三年以上十年以下有期徒刑。

（二）典型或常见问题的审理思路

1. 准确认定罪名

本罪属于行为犯，而且是选择性罪名，犯罪的行为方式有三种，犯罪对象是三种。行为人只要实施了其中的一种行为方式，侵犯了一种以上的犯罪对象，即构成本罪。但在确定具体罪名时，还应根据实施犯罪的具体行为方式和犯罪对象来定。如果行为人只是伪造了武装部队的公文，就定伪造武装部队公文罪；如果既伪造又变造了武装部队的证件，就定伪造、变造武装部队证件罪，但不实行并罚。

2. 正确认定以虚构的部队名称，伪造公文、证件、印章，进行犯罪活动的性质

行为人以虚构的部队名称伪造公文、证件、印章进行犯罪活动，实施什么犯罪行为就定什么罪，不能以本罪论处。

3. **正确认定伪造、变造、买卖武装部队公文、证件、印章进行其他犯罪活动的性质**

行为人伪造、变造、买卖武装部队公文、证件、印章是为了进行其他犯罪活动，则应按照处理牵连犯的原则，从一重罪定罪处罚。如果伪造、变造、买卖武装部队公文、证件、印章的行为与其他犯罪行为的法定刑相同时，可选择以犯罪目的条款定罪处罚。

4. **划清本罪与伪造、变造、买卖国家机关公文、证件、印章罪的界限**

两罪的犯罪主体、主观方面、客观方面相同或者近似，其主要区别在于：（1）侵犯的客体不同。本罪侵犯的客体是武装部队公文、证件、印章管理秩序，后罪侵犯的客体是国家机关公文、证件、印章管理秩序。（2）犯罪对象不同。本罪的犯罪对象是部队的公文、证件、印章，后罪的犯罪对象则是国家机关（军事机关除外）的公文、证件、印章。

（三）量刑指导或者参考

依照《刑法》第三百七十五条第一款规定，犯伪造、变造、买卖武装部队公文、证件、印章罪的，处三年以下有期徒刑、拘役、管制或者剥夺政治权利；情节严重的，处三年以上十年以下有期徒刑。

“情节严重”是加重处罚情节，根据《关于办理妨害武装部队制式服装、车辆号牌管理秩序等刑事案件具体应用法律若干问题的解释》，具有下列情形之一的，即伪造、变造、买卖武装部队公文五件以上的；伪造、变造、买卖武装部队军官证、士兵证、车辆行驶证、车辆驾驶证或者其他证件十本以上的；伪造、变造、买卖武装部队机关印章、车辆牌证印章或者其他印章五枚以上的；或者造成其他严重后果的，应认定为刑法第三百七十五条第一款规定的“情节严重”，处三年以上十年以下有期徒刑。

十二、盗窃、抢夺武装部队公文、证件、印章罪

（一）刑法规定

第三百七十五条第一款　伪造、变造、买卖或者盗窃、抢夺武装部队公文、证件、印章的，处三年以下有期徒刑、拘役、管制或者剥夺政治权利；情节严重的，处三年以上十年以下有期徒刑。

（二）典型或常见问题的审理思路

1. 准确认定罪名

本罪属于行为犯，而且是选择性罪名，犯罪的行为方式有两种，犯罪对象是三种。行为人只要实施了其中的一种行为方式，侵犯了一种以上的犯罪对象，即构成本罪。但在确定具体罪名时，还应根据实施犯罪的具体行为方式和犯罪对象来定。如果行为人只是盗窃了武装部队的公文，就定盗窃武装部队公文罪；如果既盗窃又抢夺了武装部队的证件，就定盗窃、抢夺武装部队证件罪，不实行并罚。

2. 正确掌握定罪标准

根据《关于办理妨害武装部队制式服装、车辆号牌管理秩序等刑事案件具体应用法律若干问题的解释》，盗窃、抢夺武装部队公文一件以上的；盗窃、抢夺武装部队军官证、士兵证、车辆行驶证、车辆驾驶证或者其他证件二本以上的；盗窃、抢夺武装部队机关印章、车辆牌证印章或者其他印章一枚以上的，即构成犯罪，以盗窃、抢夺武装部队公文、证件、印章罪定罪处罚。

3. 正确认定盗窃、抢夺伪造、变造的武装部队公文、证件、印章行为的性质

根据《关于办理妨害武装部队制式服装、车辆号牌管理秩序等刑事案件具体应用法律若干问题的解释》，对于盗窃、抢夺伪造、变造的武装部队公文、证件、印章情节严重的，适用盗窃、抢夺武装部队公文、证件、印章罪的定罪量刑标准，进行定罪处罚。

4. 正确认定行为人盗窃、抢夺武装部队公文、证件、印章进行其他犯罪活动的性质

行为人盗窃、抢夺武装部队公文、证件、印章是为了进行其他犯罪活动，则应当按照处理牵连犯的原则，从一重罪处罚。如果盗窃、抢夺武装部队公文、证件、印章的行为和进行其他犯罪行为的法定刑相同时，可选择以犯罪目的条款定罪。

5. 划清本罪与盗窃、抢夺国家机关公文、证件、印章罪的界限

两罪的犯罪主体、主观方面、客观方面相同或者近似，其主要区别在于：（1）侵犯的客体不同。本罪侵犯的客体是武装部队公文、证件、印章管理秩序，后罪侵犯的客体是国家机关公文、证件、印章管理秩序。（2）犯罪对象不同。本罪的犯罪对象是部队的公文、证件、印章，后罪的犯罪对象则是国家机关（军事机关除外）的公文、证件、印章。

（三）量刑指导或者参考

依照《刑法》第三百七十五条第一款规定，犯盗窃、抢夺武装部队公文、证件、印章罪的，处三年以下有期徒刑、拘役、管制或者剥夺政治权利；情节严重的，处三年以上十年以下有期徒刑。

根据《关于办理妨害武装部队制式服装、车辆号牌管理秩序等刑事案件具体应用法律若干问题的解释》规定，具有下列情形之一，即盗窃、抢夺武装部队公文五件以上的；盗窃、抢夺武装部队军官证、士兵证、车辆行驶证、车辆驾驶证或者其他证件十本以上的；盗窃、抢夺武装部队机关印章、车辆牌证印章或者其他印章五枚以上的，或者造成其他严重后果的，应认定为刑法第三百七十五条第一款规定的“情节严重”，处三年以上十年以下有期徒刑。

十三、非法生产、买卖武装部队制式服装罪

（一）刑法规定

第三百七十五条第二款[①]　非法生产、买卖武装部队制式服装，情节严重的，处三年以下有期徒刑、拘役或者管制，并处或者单处罚金。

（二）司法解释、司法文件及其权威解读

1.《中华人民共和国刑法修正案（七）》的理解与适用（节录）

十二、修改了《刑法》第三百七十五条，将伪造、盗窃、非法提供或者使用专用标志行为增加规定为犯罪

近几年来，一些不法分子受到利益驱使，大肆盗用、伪造军车号牌，假

---

① 本条根据2009年2月28日《刑法修正案（七）》修改。原条文为：“非法生产、买卖武装部队制式服装、车辆号牌等专用标志，情节严重的，处三年以下有期徒刑、拘役或者管制，并处或者单处罚金。单位犯第二款罪的，对单位判处罚金，并对其直接负责的主管人员和其他直接责任人员，依照该款的规定处罚。”

冒军车，从事违法犯罪活动。个别地区盗窃、伪造、买卖、非法提供和使用军车号牌呈现“产业化”和“集团化”趋势，有的发展演变成带有黑社会性质的犯罪团伙。军车号牌被大量盗用、伪造，造成了严重社会危害。

首先，破坏社会主义市场经济秩序。不法分子利用国家对军车的一些特殊优惠政策，使用假冒军车号牌，逃避缴纳过桥过路费、车船费、养路费、停车费等税费。据有关部门统计，一辆悬挂假军牌的小轿车平均一年偷逃各种税费一般在3万元左右，一辆悬挂假军牌的重型货车一年仅过桥过路费就可省50万元，全国假冒军车每年逃避缴纳的各种税费近10亿元。假冒军车不仅给国家造成巨大经济损失，而且严重破坏社会主义市场经济秩序，损害公平竞争原则。其次，扰乱社会正常交通秩序。假军车打着真军车的幌子肆无忌惮，乱鸣笛、乱停放、闯红灯，强行变道夹塞、超速、违规逆行、发生交通事故后逃逸等，屡屡违反交通规则，直接威胁人民群众生命财产安全，也严重损害部队形象声誉。最后，还滋生其他犯罪问题。有的以假冒军车为掩护，进行抢劫、诈骗、敲诈勒索等犯罪活动，危害社会治安。

近几年，军、地有关部门在全国重点地区组织开展了打击盗用、伪造军车号牌专项斗争，打掉重大犯罪团伙、制假窝点百余个，收缴盗窃、伪造军车号牌6000余副，半成品数万副，查获假冒军车5000余台，查扣伪造证件数万本，公章千余枚，收缴制假工具设备千余件，涉案数千人。中央军委法制局、总政保卫部反映，由于刑法对盗窃、非法提供、非法使用军车号牌的行为未作规定，司法机关对查获的案件在处理时在法律上遇到一些问题，使一些不法分子得不到应有的法律惩处，造成此类严重危害社会的行为屡禁不绝。

第一，关于盗窃军车号牌问题。按照刑法和相关司法解释，盗窃罪通常以被盗物品的价值作为定罪量刑的依据。而军车号牌的制作成本并不高，如果以号牌的成本价值和直接物质损失来计算，达不到盗窃罪的立案标准。但作为一种重要的军用标志，其有着特殊的用途和使用价值，军车号牌大量被盗，侵害的是国防和军事利益，还衍生出其他违法犯罪活动。由于刑法对盗窃军车号牌的法律责任不明确，全军和武警部队被盗数千副车辆号牌，无一立案，也难以依法有效开展侦查工作。专项斗争中，虽然查获了大量盗窃军车号牌的不法分子，但由于无法定罪处罚，影响了打击效果。

第二，关于非法提供军车号牌问题。一些不法分子为了牟取暴利，将非法获取的盗窃、伪造的军车号牌，提供给个体运输户从事运输活动，每副车牌每月收取数千元至上万元所谓“租金”，严重扰乱了交通运输秩序，致使国家税费大量流失。由于刑法没有明确规定非法提供军车号牌行为的法律责任，司法实践中只能对此类行为以涉嫌偷税或者买卖军车号牌犯罪立案侦查，但由于调查取证难度大，给依法追究带来很大困难。一些不法分子为了规避法律，甚至订立攻守同盟，将买卖军车号牌诡辩成租用，逃避法律制裁。

第三，非法使用军车号牌问题。在军车号牌违法犯罪活动链条中，非法使用处于末端。由于非法使用军车号牌风险小、成本低，致使一些不法分子有恃无恐，大量非法使用军车号牌，也给盗窃、伪造、买卖、非法提供军车号牌的犯罪活动提供了市场，这是导致假冒军车屡禁不止的一个重要原因。目前，刑法没有对非法使用军车号牌行为作出规定，司法实践中难以依法定罪处罚。专项斗争中查获的6000余名非法使用军车号牌行为人，除少数人员涉嫌其他犯罪被依法查处外，其余均未受到刑事追究。加大对非法使用的打击力度，会极大压缩盗窃、伪造、买卖、非法提供军车号牌违法犯罪活动的空间，提高打击的效能。

《刑法修正案（七）》第十二条规定，将《刑法》第三百七十五条第二款修改为：“非法生产、买卖武装部队制式服装，情节严重的，处三年以下有期徒刑、拘役或者管制，并处或者单处罚金”，增加一款作为第三款：“伪造、盗窃、买卖或者非法提供、使用武装部队车辆号牌等专用标志，情节严重的，处三年以下有期徒刑、拘役或者管制，并处或者单处罚金；情节特别严重的，处三年以上七年以下有期徒刑，并处罚金。”

《刑法修正案（七）》对《刑法》第三百七十五条作了以下修改：考虑到军车号牌与军服的作用不同，将买卖军车号牌与非法买卖军服分别规定，并增加了“伪造、盗窃、非法提供、使用”等针对军车号牌的犯罪行为。

考虑到利用军车号牌与军服进行违法犯罪可能造成的危害后果不同，对“伪造、盗窃、买卖或者非法提供、使用”军车号牌的犯罪行为，规定了比非法生产、买卖军服较重一些的刑罚，最高刑到七年有期徒刑。

需要指出的是，《刑法修正案（七）》在本条增加的“非法提供或者使用”军车号牌等专用标志的行为，既包括非法提供、使用假的军车号牌等专用标志，也包括真的军车号牌等专用标志。以非法提供或者使用军车号牌为例，将军车号牌提供给没有使用资格的人使用，无论提供的军车号牌是真是假，非法使用军车号牌的人逃避缴纳税费同样会给国家造成损失，道路违章行驶同样给人民生命财产安全造成威胁，同样会对部队形象声誉造成损害，其社会危害性也是显而易见的。对非法提供、非法使用军车号牌等专用标志的违法犯罪活动，无论真假，都要打击，只有这样，才能有效遏制盗用军车号牌等专用标志犯罪。

（撰稿：黄太云）

2. **最高人民法院、最高人民检察院关于办理妨害武装部队制式服装、车辆号牌管理秩序等刑事案件具体应用法律若干问题的解释**（法释〔2011〕16号，自2011年8月1日起施行）

为依法惩治妨害武装部队制式服装、车辆号牌管理秩序等犯罪活动，维护国防利益，根据《中华人民共和国刑法》有关规定，现就办理非法生产、买卖武装部队制式服装，伪造、盗窃、买卖武装部队车辆号牌等刑事案件的若干问题解释如下：

第一条 伪造、变造、买卖或者盗窃、抢夺武装部队公文、证件、印章，具有下列情形之一的，应当依照刑法第三百七十五条第一款的规定，以伪造、变造、买卖武装部队公文、证件、印章罪或者盗窃、抢夺武装部队公文、证件、印章罪定罪处罚：

（一）伪造、变造、买卖或者盗窃、抢夺武装部队公文一件以上的；

（二）伪造、变造、买卖或者盗窃、抢夺武装部队军官证、士兵证、车辆行驶证、车辆驾驶证或者其他证件二本以上的；

（三）伪造、变造、买卖或者盗窃、抢夺武装部队机关印章、车辆牌证印章或者其他印章一枚以上的。

实施前款规定的行为，数量达到第（一）至（三）项规定标准五倍以上或者造成严重后果的，应当认定为刑法第三百七十五条第一款规定的“情节严重”。

第二条 非法生产、买卖武装部队现行装备的制式服装，具有下列情形之一的，应当认定为刑法第三百七十五条第二款规定的“情节严重”，以非法生产、买卖武装部队制式服装罪定罪处罚：

（一）非法生产、买卖成套制式服装三十套以上，或者非成套制式服装一百件以上的；

（二）非法生产、买卖帽徽、领花、臂章等标志服饰合计一百件（副）

以上的；

（三）非法经营数额二万元以上的；

（四）违法所得数额五千元以上的；

（五）具有其他严重情节的。

第三条　伪造、盗窃、买卖或者非法提供、使用武装部队车辆号牌等专用标志，具有下列情形之一的，应当认定为刑法第三百七十五条第三款规定的“情节严重”，以伪造、盗窃、买卖、非法提供、非法使用武装部队专用标志罪定罪处罚：

（一）伪造、盗窃、买卖或者非法提供、使用武装部队军以上领导机关车辆号牌一副以上或者其他车辆号牌三副以上的；

（二）非法提供、使用军以上领导机关车辆号牌之外的其他车辆号牌累计六个月以上的；

（三）伪造、盗窃、买卖或者非法提供、使用军徽、军旗、军种符号或者其他军用标志合计一百件（副）以上的；

（四）造成严重后果或者恶劣影响的。

实施前款规定的行为，具有下列情形之一的，应当认定为刑法第三百七十五条第三款规定的“情节特别严重”：

（一）数量达到前款第（一）、（三）项规定标准五倍以上的；

（二）非法提供、使用军以上领导机关车辆号牌累计六个月以上或者其他车辆号牌累计一年以上的；

（三）造成特别严重后果或者特别恶劣影响的。

第四条　买卖、盗窃、抢夺伪造、变造的武装部队公文、证件、印章的，买卖仿制的现行装备的武装部队制式服装情节严重的，盗窃、买卖、提供、使用伪造、变造的武装部队车辆号牌等专用标志情节严重的，应当追究刑事责任。定罪量刑标准适用本解释第一至第三条的规定。

第五条　明知他人实施刑法第三百七十五条规定的犯罪行为，而为其生产、提供专用材料或者提供资金、账号、技术、生产经营场所等帮助的，以共犯论处。

第六条　实施刑法第三百七十五条规定的犯罪行为，同时又构成逃税、诈骗、冒充军人招摇撞骗等犯罪的，依照处罚较重的规定定罪处罚。

第七条　单位实施刑法第三百七十五条第二款、第三款规定的犯罪行为，对单位判处罚金，并对其直接负责的主管人员和其他直接责任人员，分别依照本解释的有关规定处罚。

权威解读

解读《关于办理妨害武装部队制式服装、车辆号牌管理秩序等刑事案件具体应用法律若干问题的解释》

为依法惩治妨害武装部队专用标志性物品管理秩序犯罪活动，维护国防利益和人民军队、军人形象，经与最高人民检察院联合，“两高”共同制定了《关于办理妨害武装部队制式服装、车辆号牌管理秩序等刑事案件具体应用法律若干问题的解释》（2011 年 7 月 20 日公布，自 2011 年 8 月 1 日起施行，法释〔2011〕16 号，以下简称《妨害武装部队管理秩序解释》）。《妨害武装部队管理秩序解释》明确了刑法第三百七十五条具体适用的相关标准，包括伪造、变造、买卖或者盗窃、抢夺武装部队公文、证件、印章行为的入罪标准和情节严重的认定标准，非法生产、买卖武装部队制式服装行为情节严重的认定标准，伪造、盗窃、买卖或者非法提供、使用武装部队车辆号牌等专用标志行为情节严重、情节特别严重的认定标准等，是加强人民军队建设、提高军队战斗力和战备水平的重要司法文件。为准确理解和适用《妨害武装部队管理秩序解释》，现对《妨害武装部队管理秩序解释》的制定背景和主要内容说明如下。

一、《妨害武装部队管理秩序解释》出台的背景

妨害武装部队专用标志性物品管理秩序的犯罪活动猖獗，特别是非法生产、买卖军服，伪造、盗窃、买卖、非法提供、使用军车号牌等犯罪活动屡禁不止，对国防利益和社会秩序造成了严重危害。一是严重损害部队形象，影响了军民、军政关系。二是严重损害国家经济利益。根据有关部门计算，假冒军车一年造成国家税费损失近 10 亿元。三是利用武装部队标志性物品进行其他违法犯罪活动。一些不法分子除利用假冒军车实施逃税、诈骗、运输违禁品、危险物品等违法犯罪活动外，还进行招摇撞骗、敲诈勒索等犯罪活动。四是诱发部队官兵职务犯罪。一些不法分子以金钱开道，拉拢少数意志不坚定的官兵为他们提供方便、通风报信，甚至充当“保护伞”，诱发军人职务犯罪，严重腐蚀部队机体。

我国 1997 年《刑法》第三百七十五条规定了非法生产、买卖军用标志罪，为依法惩治妨害武装部队专用标志犯罪提供了法律依据。最高人民法院

于2002年4月10日公布了《关于审理非法生产、买卖武装部队车辆号牌等刑事案件具体应用法律若干问题的解释》（已失效，以下简称《2002年解释》），明确了相关定罪量刑标准，对正确适用法律发挥了重要作用。但是，由于利益诱惑巨大，近年来，涉军用标志性物品犯罪反而呈愈演愈烈之势。2006年，军、地有关部门在全国重点地区组织开展了打击盗用、伪造军车号牌专项斗争，作出了“坚决打击盗用、伪造军车号牌犯罪活动”和“一抓到底”的重要指示。

2009年2月，全国人大常委会通过了《刑法修正案（七）》，对1997年刑法第三百七十五条进行了重大修改：将原第二款中关于车辆号牌等专用标志的规定分离出来，作为第三款，在该款中增加规定了“伪造、盗窃、非法提供、使用”四种犯罪行为，配置了两档法定刑，一档为“情节严重的，处三年以下有期徒刑、拘役或者管制，并处或者单处罚金”，另一档为“情节特别严重的，处三年以上七年以下有期徒刑，并处罚金”，并在第四款中规定了单位犯罪。刑法修改后，为适应司法实践需要，应对《2002年解释》予以完善或者重新制定司法解释。“两高”经协商，决定在《2002年解释》的基础上，研究制定新的司法解释。经深入调研、广泛征求各方面意见，数易其稿，终于在2011年3月28日经最高人民法院审判委员会第1516次会议、在2011年4月13日经最高人民检察院第十一届检察委员会第60次会议审议通过了《妨害武装部队管理秩序解释》。

二、关于伪造、变造、买卖或者盗窃、抢夺武装部队公文、证件、印章行为的入罪标准和情节严重的认定标准

针对妨害武装部队公文、证件、印章管理秩序行为的特点，《妨害武装部队管理秩序解释》在充分掌握公文、证件、印章管理、使用情况的基础上，列举了一些常用且易于区分的证件、印章：证件中列举了军官证、士兵证、车辆行驶证、车辆驾驶证，印章中列举了机关印章、车辆牌证印章。根据刑法规定，构成此类犯罪不需要情节严重，体现了立法严格保护武装部队专用标志性物品管理秩序的精神。从实践中的案例看，此类犯罪一般都涉及部队的重要部门（如军以上领导机关、军事院校等）的公文、证件、印章。犯罪分子利用假的公文、证件、印章，实施诈骗巨额财物、伪造军官身份、为他人办理假入伍、假入学等违法犯罪行为，欺骗性强，容易得逞，并具有连续、团伙作案，危害严重、影响恶劣等特点。因此，《妨害武装部队管理秩序解

释》第一条规定，伪造、变造、买卖或者盗窃、抢夺武装部队公文、印章一件（枚）以上，军官证、士兵证、车辆行驶证、车辆驾驶证或者其他证件二本以上的，处三年以下有期徒刑、拘役、管制或者剥夺政治权利。关于情节严重的认定标准，《妨害武装部队管理秩序解释》的规定是：伪造、变造、买卖或者盗窃、抢夺武装部队公文、印章五件（枚）以上，或者军官证、士兵证、车辆行驶证、车辆驾驶证或者其他证件十本以上，或者造成严重后果。对于情节严重的行为，处三年以上十年以下有期徒刑。

《妨害武装部队管理秩序解释》规定的公文、印章犯罪的定罪量刑标准与证件犯罪不同。主要考虑为：公文一般是机关之间进行公务活动的文书，印章也主要用于代表机关从事公务，两者的权威性较高。证件虽也是由机关制作、签发，但主要用于证明个体的身份、资历等，权威性相对低一些。伪造、变造、买卖或者盗窃、抢夺武装部队公文、印章行为所可能产生的社会危害，往往比实施类似证件犯罪要更为严重。因此，将证件犯罪的入罪标准确定为二本以上，公文、印章犯罪的入罪标准确定为一件（枚）以上。

有观点提出，可以将非法经营数额和违法所得数额也规定为认定犯罪的一种标准，以多角度打击犯罪。经研究认为，此类犯罪的危害主要通过公文、证件、印章的重要程度和数量体现出来，在已规定严格数量标准的情况下，数额标准似无存在的必要，且实践中查证此类犯罪的非法经营数额或违法所得数额往往非常困难，因此，没有采纳这一建议。

三、关于非法生产、买卖武装部队制式服装行为情节严重的认定标准

《妨害武装部队管理秩序解释》从数量（套或者件）和数额（非法经营数额或者违法所得数额）两个方面明确了非法生产、买卖武装部队制式服装行为情节严重的认定标准。

关于数量标准，《妨害武装部队管理秩序解释》采用了《追诉标准（一）》第九十四条第（一）项、第（二）项的规定，即“成套制式服装三十套以上，或者非成套制式服装一百件以上”；“军徽、军旗、肩章、星徽、帽徽、军种符号或者其他军用标志单种或者合计一百件以上”，这样有利于司法机关办案标准的统一。

根据《军服管理条例》的规定，军服既包括现行装备的制式服装，也包括制式服装上的标志服饰（帽徽、领花、胸标、军衔标志、级别资历章、姓名牌、臂章、绶带、腔带、领带等）。标志服饰是完整军服的重要组成部分，

只有将制式服装与相应的标志服饰配合使用，军服才能具有完整的标志性功能。另外，从当前查处的案件看，很多犯罪分工细致，且呈专业化、规模化之势，如不规定对非法生产、买卖标志服饰情节严重的行为定罪处罚，武装部队专用标志性物品管理秩序将会被严重破坏。因此，《妨害武装部队管理秩序解释》第二条将非法生产、买卖标志服饰情节严重的行为也纳入了惩治范围，定罪量刑标准采用了《追诉标准（一）》中的规定。

征求意见中有观点提出，同时非法生产、买卖武装部队制式服装和标志服饰的，应以哪一物品的数量作为定罪处罚的依据？经研究并结合审判实践经验，应以可能适用较重刑罚的物品数量为依据，另一物品的数量作为酌定量刑情节考虑。

关于数额标准，在我国，非法生产、买卖武装部队制式服装的犯罪行为较为突出，此类犯罪的行为人主要是为了获取非法利润。为有效惩治、预防该类犯罪，《妨害武装部队管理秩序解释》将非法经营数额或违法所得数额亦作为定罪标准加以规定，明确非法经营数额二万元以上的或违法所得数额五千元以上的，应认定为情节严重须依法定罪处罚。

调研中有观点提出，数额标准也应采用《追诉标准（一）》第九十四条第（四）项确定的“非法经营数额五千元以上，或者非法获利一千元以上”这一标准。经研究，没有采纳这一意见。理由在于：其一，经咨询部队后勤部门的同志，当前部队换发的07式外观制式服装系专用材料制作，成本高，根据种类的不同，一套外观制式服装的成本在三百元至六百元之间。以此计算，三十套外观制式服装的成本价应在一万元至二万元之间，“非法经营数额五千元以上，或者非法获利一千元以上”的标准与之差距过大。其二，由于历史及现实的原因，非法销售、穿着武装部队制式服装的现象在我国某些地区、某些特定的行业人群中较为普遍，如果标准过于严格，有可能不当扩大刑事惩治范围。

也有观点提出，非法经营武装部队制式服装同样扰乱了市场经营秩序，数额标准应当与非法经营其他物品的定罪量刑标准一致（较多的司法解释及规范性文件将自然人“非法经营数额五万元以上，或者非法获利一万元以上”确定为入罪门槛）。经研究没有采纳这一建议。理由在于：其一，武装部队的制式服装是不允许买卖的，不能用一般市场上的经营行为来衡量非法买卖制式服装行为。其二，为突出对国防利益的保护，本条的数额标准也不能与一般非法经营犯罪的数额标准一致，应当比一般非法经营犯罪的标准严格。考虑到非法生产、销售、穿着武装部队制式服装的现实情况，经征求有关部门意见，将标准确定为一般非法经营犯罪数额标准的一半左右，即“非法经营数额二万元以上，或者违法所得数额五千元以上”。

四、关于伪造、盗窃、买卖或者非法提供、使用武装部队车辆号牌等专用标志行为情节严重、情节特别严重的认定标准

《妨害武装部队管理秩序解释》从数量和时间两个方面明确了妨害武装部队车辆号牌等专用标志管理秩序行为情节严重、情节特别严重的认定标准。

关于数量标准，《妨害武装部队管理秩序解释》吸收了《2002年解释》的相关规定，仍对军以上领导机关车辆号牌和普通车辆号牌作了数量上的区分，军以上领导机关车辆号牌为一副以上，其他车辆号牌为三副以上。调研中有观点提出，部队中没有关于军以上领导机关车辆号牌和其他军车号牌区分的规定，《妨害武装部队管理秩序解释》将其区分与实际不符。经深入调研发现，尽管部队中没有关于此问题的明文规定，但是，当前一些不法分子盗窃、套用军以上领导机关车辆号牌的违法犯罪行为突出，每年仅北京就发生百余起，有的假冒领导军车甚至开进了军地一些重要场所，造成恶劣的社会影响，具有巨大的安全隐患。因此，《妨害武装部队管理秩序解释》对军以上领导机关车辆号牌和其他军车号牌予以了区分。

关于时间标准，《妨害武装部队管理秩序解释》将非法提供、使用军车号牌的时间确定为定罪量刑的标准之一。非法提供、使用军车号牌的社会危害性一般由号牌的数量多少和提供、使用的时间长短决定，时间应当是认定该类犯罪的重要标准之一。将时间标准确定为六个月以上，主要是考虑，六个月是一个较长的时间段，在累计六个月以上的时间内实施上述行为，会产生严重的社会危害性。据有关部门计算，一辆使用军车号牌的小轿车，六个月可以少缴各种税费一万五千元左右；如是重型货车，六个月仅过路、过桥费即可少缴二十五万元左右。六个月以上的时间标准主要针对军以上领导机关车辆号牌以外的普通军车号牌。对于非法提供、使用军以上领导机关车辆号牌的，由于具有巨大的安全隐患，《妨害武装部队管理秩序解释》规定，不论时间长短，只要实施了非法提供、使用行为，就构成犯罪。

武装部队的专用标志，除制式服装、车辆号牌外，还包括军徽、军旗、军种符号等，这些物品的专用性亦应保护。因此，《妨害武装部队管理秩序解

释》规定了涉军徽、军旗等专用标志行为的入罪数量标准，仍然采用了《追诉标准（一）》中的相关规定，即第九十四条第（二）项规定的一百件（副）以上。

《妨害武装部队管理秩序解释》曾将“一年内受到两次以上行政处罚又实施伪造、盗窃、买卖或者非法提供、使用武装部队车辆号牌”规定为情节严重的一种情形。征求意见中有观点提出，将受到两次以上行政处罚又实施相同行为的情形规定为犯罪构成要件，在刑法中是极个别的情况，目前只有刑法第一百五十三条规定的走私普通货物、物品罪。通过司法解释将一般行政违法行为升格为犯罪是否合适，需要慎重考虑。经研究认为，一方面，将实施多次违法行为的情形升格为犯罪应由立法作出规定（如刑法关于盗窃罪中多次盗窃构成犯罪以及敲诈勒索罪中多次敲诈勒索构成犯罪的规定）；另一方面，违法行为已受到处罚，再作为升格为犯罪的条件，确实存在重复评价的问题。故《妨害武装部队管理秩序解释》采纳了这一意见，没有规定这一内容。

《妨害武装部队管理秩序解释》亦曾将非法经营数额、违法所得数额列为认定犯罪的标准。征求意见中有观点提出，以数量和时间为标准已足以有效惩治犯罪，没有必要规定数额标准，并且数额的大小实践中很难查清，因此，《妨害武装部队管理秩序解释》没有规定数额标准。

关于情节特别严重的认定标准：《妨害武装部队管理秩序解释》将数量标准确定为情节严重数量标准的五倍，并规定非法提供、使用军以上领导机关车辆号牌累计六个月以上或者其他车辆号牌累计一年以上的，为“情节特别严重”。为应对实践中的复杂情况，《妨害武装部队管理秩序解释》同时规定了兜底项，“造成特别严重后果或者特别恶劣影响的”，也应认定为情节特别严重。

五、关于涉假冒标志性物品行为的处理

《妨害武装部队管理秩序解释》明确了对涉假冒标志性物品行为的处理。司法实践中，不法分子买卖、非法提供、使用的标志性物品大部分是假冒的，对此问题的处理，司法解释必须明确。《妨害武装部队管理秩序解释》将涉假冒标志性物品行为规定了与涉真实标志性物品行为相同的定罪处罚标准，主要是考虑到：其一，这是由标志性物品的功能特点决定的。标志性物品主要通过其外观形状、颜色等发挥区别作用。在不能辨别真伪的情况下，假冒的物品就具有真实物品的作用，在标示象征意义、骗取信任等方面，其危害性并不逊于利用真实物品的犯罪。其二，全国人大常委会法工委刑法室编著的《中华人民共和国刑法条文说明、立法理由及相关规定》（北京大学出版社2009年版，第757页）关于第三百七十五条的说明中指出，“买卖或者非法提供、使用”武装部队车辆号牌等专用标志，既包括真的专用标志，也包括伪造、变造等假的专用标志。其三，《2002年解释》也有类似规定，其第二条第二款规定：“伪造、变造武装部队车辆号牌或者买卖伪造、变造的武装部队车辆号牌，情节严重的，依照刑法第三百七十五条第二款的规定定罪处罚。”其四，当前，假冒标志性物品泛滥，大部分案件都是犯罪分子利用假冒物品实施的，如不对涉假冒标志性物品行为进行惩治，标志性物品犯罪就很难被遏止，《妨害武装部队管理秩序解释》的制定也就失去了大部分意义。

征求意见中有观点提出，《妨害武装部队管理秩序解释》的规定会扩大打击范围，还可能引发连锁反应，导致以后制定司法解释的效仿。经研究认为，标志性物品不同于其他物品，如枪支、弹药。标志性物品是通过其外观彰显权威、发挥作用的，而枪支、弹药则不同。假冒的枪支、弹药无论在外观上和真实的枪支、弹药多么相似，也不会具有真实枪支、弹药的杀伤威力。因此，标志性物品与其他物品不具有可比性，将真假标志性物品同等对待，不会引起以后制定司法解释的效仿。

六、关于共犯问题的处理

《妨害武装部队管理秩序解释》第五条规定了对共犯问题的处理。实施刑法第三百七十五条规定的犯罪，特别是非法生产武装部队制式服装、伪造武装部队车辆号牌，需要专用材料、资金、特定技术以及一定场所等条件。一些不法分子为牟取非法利益，明知他人实施标志性物品犯罪而仍然为其提供资金、技术、账号、生产经营场所等帮助，对此，应依法以共犯论处。

《妨害武装部队管理秩序解释》第五条将“生产、提供专用材料”列前，予以突出强调，主要是考虑，标志性物品一般由专用材料制作才能有效防伪，其权威性、专用性才能得到保障。专用材料的生产、提供是标志性物品生产的源头和关键环节。《军服管理条例》对专用材料采取了与制式服装完全相同的保护、管理措施。加强专用材料管理，依法严惩非法生产、提供专用材料犯罪行为，才能有效遏制标志性物品犯罪。将非法生产、提供专用材料作为共犯的一种情形突出列举，有利于引导司法实践的关注，注重对此类共犯行为的依法惩治，从源头上遏制标志性物品犯罪。

有同志提出，为有效打击犯罪，应对非法生产、买卖专用材料的行为以非法生产、买卖武装部队制式服装罪论处。理由是：其一，从查处的案件看，不法分子非法生产、买卖的军服专用材料都是用于非法生产制式服装的；其二，《军服管理条例》将专用材料与制式服装并列保护；其三，此类行为已呈专业化、规模化之势。也有同志提出，对非法生产、买卖军服专用材料的，应视情以非法经营罪论处，直接以非法生产、买卖武装部队制式服装罪定罪处罚，不符合罪刑法定原则。经深入研究并广泛征求意见认为，应区分不同情况处理：主观上存在明知构成共犯的，应以非法生产、买卖武装部队制式服装罪处罚；没有明知的，依照其他规定办理。一律以非法生产、买卖武装部队制式服装罪或者非法经营罪论处，会不当扩大惩治范围或造成罪刑失衡（非法生产、买卖武装部队制式服装罪的最高法定刑为三年有期徒刑，非法经营罪的最高法定刑为十五年有期徒刑）。

七、关于牵连犯问题的处理

《妨害武装部队管理秩序解释》第六条明确了对牵连犯问题的处理。司法实践中，犯罪分子实施标志性物品犯罪，一般具有逃避缴纳各种税费、骗取他人财物等目的，在构成刑法第三百七十五条规定犯罪的同时，还可能构成逃税罪、诈骗罪等。此种情形属于牵连犯。对牵连犯的处罚原则，刑法未作明确、统一的规定，司法实践通常采取“从一重处断”原则。《妨害武装部队管理秩序解释》也采用了通常的做法，即依照处罚较重的规定定罪处罚。表述方式主要借鉴了刑法第三百九十九条第四款的规定（刑法第三百九十九条第四款规定：“司法工作人员收受贿赂，有前三款行为的，同时又构成本法第三百八十五条规定之罪的，依照处罚较重的规定定罪处罚。”）。

（撰稿：周海洋）

3. 最高人民检察院、公安部关于公安机关管辖的刑事案件立案追诉标准的规定（一）（公通字〔2008〕36 号，自 2008 年 6 月 25 日起施行）（节录）

第九十四条 非法生产、买卖武装部队制式服装、车辆号牌等军用标志，涉嫌下列情形之一的，应予立案追诉：

（一）成套制式服装三十套以上，或者非成套制式服装一百件以上的；

（二）军徽、军旗、肩章、星徽、帽徽、军种符号或者其他军用标志单种或者合计一百件以上的；

（三）军以上领导机关专用车辆号牌一副以上或者其他军用车辆号牌三副以上的；

（四）非法经营数额五千元以上，或者非法获利一千元以上的；

（五）被他人利用进行违法犯罪活动的；

（六）其他情节严重的情形。

（三）典型或常见问题的审理思路

1. 划清罪与非罪的界限

非法生产、买卖武装部队制式服装的行为，除需具备以上构成要件外，还必须达到情节严重的程度，才构成犯罪。根据《妨害武装部队管理秩序解释》，非法生产、买卖成套制式服装三十套以上，或者非成套制式服装一百件以上的；非法生产、买卖帽徽、领花、臂章等标志服饰合计一百件（副）以上的；非法经营数额二万元以上的；违法所得数额五千元以上的；以及具有其他严重情节的，应认定为刑法第三百七十五条第二款规定的“情节严重”，以非法生产、买卖武装部队制式服装罪定罪处罚。如果行为人实施了非法生产、买卖武装部队制式服装的行为，尚未达到情节严重的程度，则不构成犯罪。

2. 准确认定罪名

本罪是选择性罪名，犯罪的行为方式有两种。行为人只要实施了其中的一种行为方式，即构成本罪。但在确定具体罪名时，还应根据实施犯罪的具体行为方式来定。如果行为人只是非法生产武装部队制式服装，就定非法生产武装部队制式服装罪；如果既非法生产又非法买卖武装部队制式服装，就定非法生产、买卖武装部队制式服装罪，但不实行并罚。

3. 正确认定冒充军人招摇撞骗罪中实施非法生产、制作、购买武装部队制式服装行为的性质

行为人为冒充军人招摇撞骗，非法生产、制作、购买武装部队制式服装，属于牵连犯，应选择冒充军人招摇撞骗罪这一重罪定罪处罚。如果行为人非法生产、制作、购买武装部队制式服装除了供自己冒充军人进行招摇撞骗活动外，还具有其他严重情节的，应分别定非法生产、买卖武装部队制式服装罪和冒充军人招摇撞骗罪，实行数罪并罚。

4. 准确认定非法生产、买卖武装部队制式服装罪的共犯

根据《妨害武装部队管理秩序解释》，明知他人实施非法生产、买卖武装部队制式服装的犯罪行为，而为其生产、提供专用材料或者提供资金、账号、技术、生产经营场所等帮助的，应以共犯论处。

5. 正确认定非法生产、买卖仿制的武装部队制式服装行为的性质

根据《妨害武装部队管理秩序解释》，非法生产、买卖仿制的武装部队制式服装情节严重的，适用非法生产、买卖武装部队制式服装罪的定罪量刑标准，进行定罪处罚。

6. 正确认定单位犯罪

如果非法生产、买卖武装部队制式服装是由单位集体决定或者由负责人决定实施的，则构成单位犯罪，应依法追究单位和有关人员的刑事责任。

（四）量刑指导或者参考

依照《刑法》第三百七十五条第二款规定，犯非法生产、买卖武装部队制式服装罪的，处三年以下有期徒刑、拘役或者管制，并处或者单处罚金。

依照本条第四款规定，单位犯本罪的，对单位判处罚金，并对其直接负责的主管人员和其他直接责任人员，依照第二款规定处罚。

十四、伪造、盗窃、买卖、非法提供、非法使用武装部队专用标志罪

（一）刑法规定

第三百七十五条第三款①、第四款　伪造、盗窃、买卖或者非法提供、使用武装部队车辆号牌等专用标志，情节严重的，处三年以下有期徒刑、拘役或者管制，并处或者单处罚金；情节特别严重的，处三年以上七年以下有期徒刑，并处罚金。

单位犯第二款、第三款罪的，对单位判处罚金，并对其直接负责的主管人员和其他直接责任人员，依照各该款的规定处罚。

---

① 本罪是《刑法修正案（七）》第十二条增设的罪名。

（二）典型或常见问题的审理思路

1. 划清罪与非罪的界限

伪造、盗窃、买卖、非法提供、非法使用武装部队专用标志罪，是指违反法律规定，伪造、盗窃、买卖或者提供、使用武装部队专用标志，情节严重的行为。“武装部队专用标志”，是指由武装部队订购、监制，专供武装部队使用的标志。包括武装部队车辆统一悬挂的号牌，以及其他表明武装部队性质的军旗、军徽、军种符号等，这是武装部队同其他组织相区别的外部标志。“伪造”是指仿照武装部队专用标志的内容、材料、形状、图案、色彩等，加工制作假武装部队专用标志的行为。“盗窃”是指秘密窃取武装部队专用标志的行为。“买卖”是指违反法律规定，私自购买或者出售武装部队专用标志的行为。“非法提供”是指违反法律和有关规定，擅自将武装部队专用标志提供给武装部队以外的单位和人员使用的行为。“非法使用”是指违反法律和有关规定，无权和无资格使用武装部队专用标志的单位和个人使用武装部队专用标志的行为。按照法律规定，伪造、盗窃、买卖、非法提供、非法使用武装部队专用标志的行为，除需具备以上构成要件外，还必须达到“情节严重”的程度，才构成犯罪。根据《妨害武装部队管理秩序解释》，伪造、盗窃、买卖或者非法提供、使用武装部队军以上领导机关车辆号牌一副以上或者其他车辆号牌三副以上的；伪造、盗窃、买卖、非法提供、使用军徽、军旗、军种符号或者其他军用标志合计一百件（副）以上的；非法提供、使用军以上领导机关车辆号牌之外的其他车辆号牌累计六个月以上的；造成其他严重后果或者恶劣影响的，应当认定为刑法第三百七十五条第三款规定的“情节严重”，以伪造、盗窃、买卖、非法提供、非法使用武装部队专用标志罪定罪处罚。如果行为人虽然实施了伪造、盗窃、买卖、非法提供、非法使用武装部队专用标志的行为，但未达到“情节严重”的程度，则不构成本罪。

2. 准确认定罪名

本罪是选择性罪名，犯罪行为方式有五种。行为人只要实施了其中的一种行为方式，即构成本罪。但在确定具体罪名时，还应根据实施犯罪的具体行为方式来定。如果行为人只是盗窃了武装部队专用标志，就定盗窃武装部队专用标志罪；如果行为人既伪造又非法使用武装部队专用标志，就定伪造、非法使用武装部队专用标志罪，但不实行并罚。

3. 正确认定使用伪造、盗窃、购买等非法手段获取的武装部队专用标志实施其他犯罪行为的性质

行为人使用非法获取的武装部队专用标志实施走私、逃税、非法运输违禁品、危险品等犯罪活动，属于牵连犯，应根据处理牵连犯的原则，从一重罪处断，不实行数罪并罚。

4. 准确认定伪造、买卖武装部队专用标志罪的共犯

根据《妨害武装部队管理秩序解释》，明知他人实施伪造、买卖武装部队专用标志的犯罪行为，而为其生产、提供专用材料或者提供资金、账号、技术、生产经营场所等帮助的，应以共犯论处。

5. 正确认定盗窃、买卖、提供、使用伪造、变造的武装部队专用标志行为的性质

根据《妨害武装部队管理秩序解释》，盗窃、买卖、提供、使用伪造、变造的武装部队车辆号牌等专用标志情节严重的，适用盗窃、买卖、非法提供、非法使用武装部队专用标志罪的定罪量刑标准，进行定罪处罚。

6. 划清伪造、买卖武装部队专用标志罪与非法生产、买卖警用装备罪的界限

两罪在犯罪客观方面、犯罪主体和犯罪主观方面相同或近似，其主要区别：（1）侵犯的客体不同。本罪侵犯的客体是武装部队专用标志管理秩序，后罪侵犯的客体是警用装备管理秩序。（2）犯罪对象不同。本罪的犯罪对象是武装部队专用标志，后罪的犯罪对象既有人民警察制式服装、车辆号牌等专用标志，还有警用器械。

7. 正确认定单位犯罪

如果伪造、买卖、非法提供、非法使用武装部队专用标志是由单位集体决定或者由其负责人决定实施的，则构成单位犯罪，依法应追究单位和有关人员的刑事责任。

（三）量刑指导或者参考

依照《刑法》第三百七十五条第二款规定，犯非法生产、买卖武装部队制式服装罪的，处三年以下有期徒刑、拘役或者管制，并处或者单处罚金。

依照本条第四款规定，单位犯本罪的，对单位判处罚金，并对其直接负责的主管人员和其他直接责任人员，依照第二款规定处罚。

十五、战时拒绝、逃避征召、军事训练罪

（一）刑法规定

第三百七十六条第一款 预备役人员战时拒绝、逃避征召或者军事训练，情节严重的，处三年以下有期徒刑或者拘役。

（二）司法解释、司法文件

最高人民检察院、公安部关于公安机关管辖的刑事案件立案追诉标准的规定（一）（公通字〔2008〕36号，自2008年6月25日起施行）（节录）

第九十五条 预备役人员战时拒绝、逃避征召或者军事训练，涉嫌下列情形之一的，应予立案追诉：

（一）无正当理由经教育仍拒绝、逃避征召或者军事训练的；

（二）以暴力、威胁、欺骗等手段，或者采取自伤、自残等方式拒绝、逃避征召或者军事训练的；

（三）联络、煽动他人共同拒绝、逃避征召或者军事训练的；

（四）其他情节严重的情形。

（三）典型或常见问题的审理思路

1. 划清罪与非罪的界限

（1）本罪为特殊主体，即预备役人员。根据《兵役法》的规定，“预备役人员”，是指依法编入民兵组织或者经过登记服预备役的人员，分为预备役军官和预备役士兵。预备役军官包括退出现役转为预备役的军官，确定服军官预备役的退出现役的士兵、高等院校毕业生、专职人武干部、民兵干部、非军事部门的干部和专业技术人员；预备役士兵包括编入基层民兵组织的人员，经过预备役登记的二十八周岁以下退出现役的士兵和经过预备役登记的二十八周岁以下的专业技术人员，编入普通民兵组织的人员和经过预备役登记的二十九周岁至三十五周岁退出现役的士兵，以及其他符合服士兵预备役条件的男性公民。

（2）客观方面表现为战时拒绝、逃避征召或者军事训练情节严重的行为。“战时”，是指国家宣布进入战争状态、部队受领作战任务或者遭敌突然袭击

时，部队执行戒严任务或者处置突发性暴力事件时，以战时论；“征召”，是指兵役机关依法向预备役人员发出通知，要求其按规定时间和地点报到，准备转服现役的活动；“军事训练”，是指军事理论教育和作战技能教练的活动；“拒绝征召、军事训练”，是指接到征召、军事训练通知后，拒不报到或者报到后拒不参加军事训练；“逃避征召、军事训练”，是指以谎报年龄、自伤、自残身体、假装伤病、外出不归、藏匿、找人顶替等方法躲避征召、军事训练。

（3）按照法律规定，战时拒绝、逃避征召、军事训练的行为，除需具备以上构成要件外，还必须达到“情节严重”的程度，才构成犯罪。“情节严重”，在司法实践中，一般是指以暴力、威胁、欺骗等手段拒绝、逃避征召或者军事训练的；无正当理由经多次教育后仍然拒绝、逃避征召或者军事训练的；联络、煽动他人共同拒绝、逃避征召或者军事训练的；因拒绝、逃避征召影响部队完成重要任务的等情形。如果行为人是平时拒绝、逃避征召或军事训练，或者虽然是战时拒绝、逃避征召或者军事训练，但不属于情节严重的，均不构成犯罪。如果经教育不改，则应由基层人民政府强制其履行兵役义务。

2. 准确认定罪名

本罪是选择性罪名，其行为方式、犯罪对象各有两种。行为人只要实施了其中一种行为方式，侵犯了一种犯罪对象，即构成本罪。但在确定具体罪名时，还应根据实施犯罪的行为方式和侵犯的犯罪对象来确定。如行为人战时拒绝征召，就定战时拒绝征召罪；如果行为人战时既拒绝征召，又逃避军事训练，就定战时拒绝征召、逃避军事训练罪，但不实行数罪并罚。

3. 正确认定以暴力、行贿等手段拒绝、逃避征召、军事训练的行为的性质

行为人战时拒绝、逃避征召和军事训练，往往采用暴力或者行贿等手段，有可能触犯妨害公务、故意伤害、行贿等罪名，这属于牵连犯，应按照重罪吸收轻罪的原则定罪处罚。

（四）量刑指导或者参考

依照《刑法》第三百七十六条第一款规定，犯战时拒绝、逃避征召、军事训练罪的，处三年以下有期徒刑或者拘役。

十六、战时拒绝、逃避服役罪

（一）刑法规定

第三百七十六条第二款 公民战时拒绝、逃避服役，情节严重的，处二年以下有期徒刑或者拘役。

（二）司法解释、司法文件

最高人民检察院、公安部关于公安机关管辖的刑事案件立案追诉标准的规定（一）（公通字〔2008〕36号，自2008年6月25日起施行）（节录）

第九十六条 公民战时拒绝、逃避服役，涉嫌下列情形之一的，应予立案追诉：

（一）无正当理由经教育仍拒绝、逃避服役的；

（二）以暴力、威胁、欺骗等手段，或者采取自伤、自残等方式拒绝、逃避服役的；

（三）联络、煽动他人共同拒绝、逃避服役的；

（四）其他情节严重的情形。

（三）典型或常见问题的审理思路

1. 划清罪与非罪的界限

本罪客观方面表现为战时拒绝、逃避服役情节严重的行为。“拒绝、逃避服役”，是指拒不履行兵役义务或者以谎报年龄、自伤、自残身体、假装伤病、外出不归、藏匿、找人顶替等方法逃避服役。按照法律规定，战时拒绝、逃避服役的行为除需具备以上构成要件外，还必须达到“情节严重”的程度，才构成犯罪。“情节严重”，司法实践中，一般是指以暴力、威胁、欺骗等手段或者采取自伤、自残等方式拒绝、逃避服役的；无正当理由经教育后仍然拒绝、逃避服役的；联络、煽动他人共同拒绝、逃避服役的；因拒绝、逃避服役影响部队完成重要任务等情形。如果行为人是平时拒绝、逃避服役，或者是战时拒绝、逃避服役，尚未达到情节严重的程度，均不构成犯罪。如果行为人经教育不改，应由基层人民政府强制其履行兵役义务。

2. 准确认定罪名

本罪是选择性罪名，犯罪的行为方式有两种，行为人只要实施了其中一种行为方式，即构成本罪。但在确定具体罪名时，还应根据实施犯罪的具体行为方式来定。如果行为人战时拒绝履行兵役义务，就定战时拒绝服役罪；如果行为人战时既拒绝又逃避履行兵役义务，就定战时拒绝、逃避服役罪，但不实行数罪并罚。

3. 划清本罪与战时拒绝、逃避征召罪的界限

两罪在犯罪客体、客观方面、主观方面、犯罪时间上相同或者近似，其主要区别在于犯罪主体不同。本罪的犯罪主体是除预备役人员外的符合战时服役条件的男性公民。后罪的犯罪主体是预备役人员。

4. 正确认定以暴力、行贿等手段拒绝、逃避服役的行为的性质

行为人战时拒绝、逃避服役，往往采用暴力或者行贿等手段，有可能触犯妨害公务、故意伤害、行贿等罪名，这属于牵连犯，应按照从一重罪处断的原则定罪处罚。

（四）量刑指导或者参考

依照《刑法》第三百七十六条第二款规定，犯战时拒绝、逃避服役罪的，处二年以下有期徒刑或者拘役。

十七、战时故意提供虚假敌情罪

（一）刑法规定

第三百七十七条　战时故意向武装部队提供虚假敌情，造成严重后果的，处三年以上十年以下有期徒刑；造成特别严重后果的，处十年以上有期徒刑或者无期徒刑。

（二）典型或常见问题的审理思路

划清罪与非罪的界限

本罪以“战时”“故意”向武装部队提供虚假敌情“造成严重后果”作为犯罪构成要件。如果行为人是平时向武装部队提供虚假敌情，或者是过失提供虚假敌情，或者是战时故意提供虚假敌情尚未造成严重后果的，均不构成犯罪。

（三）量刑指导或者参考

依照《刑法》第三百七十七条规定，犯战时故意提供虚假敌情罪的，处三年以上十年以下有期徒刑；造成特别严重后果的，处十年以上有期徒刑或者无期徒刑。

“造成特别严重后果”是加重处罚情节，司法实践中，一般是指因故意提供虚假敌情贻误重要战机的；导致作战部署作重大调整的；严重影响部队完成重要任务的；造成我方人员重大伤亡的；造成大量或者重要武器装备、军用物资、军事设施严重毁损的；致使战斗、战役失利或者其他重要军事行动遭受重大损失等情形。

十八、战时造谣扰乱军心罪

（一）刑法规定

第三百七十八条 战时造谣惑众，扰乱军心的，处三年以下有期徒刑、拘役或者管制；情节严重的，处三年以上十年以下有期徒刑。

（二）典型或常见问题的审理思路

1. 划清罪与非罪的界限

本罪以“战时”造谣惑众，扰乱军心作为构成要件。客观方面表现为战时造谣惑众，扰乱军心的行为。“造谣惑众，扰乱军心”，是指编造谣言在部队中散布，煽动怯战、厌战及恐怖情绪，以蛊惑官兵，涣散部队斗志。如故意夸大敌军的兵力和装备优势，极力贬低我军武器装备的性能，虚构敌方的战绩和对我方不利的战况等。行为人散布谣言的方式，可以是当众散布，也可以是在私下传播；可以是口头散布，也可以是通过文字、图像传播。不论采取何种方式，只要是故意将谣言让武装部队人员知道，就是造谣惑众。“扰乱军心”，是造谣惑众足以造成或者已经造成的危害结果。行为人只要实施了造谣惑众的行为，足以造成扰乱军心的危害结果，就构成本罪。如果行为人是平时造谣惑众，扰乱军心，则不构成犯罪。

2. 划清本罪与战时故意提供虚假敌情罪的界限

两罪的犯罪主体、主观方面相同，在犯罪客观方面均可通过编造虚假敌情方式实施，而且均以“战时”为构成犯罪的必备时间要件。其主要区别：(1）犯罪侵犯的直接客体不同。本罪侵犯的是武装部队战时宣传舆论秩序，后罪侵犯的是武装部队作战指挥秩序。(2）犯罪对象不尽相同。本罪的犯罪对象是不特定的军人，后罪的犯罪对象一般是特定的军事机关或者具有收集情报职责的军人。(3）犯罪客观方面不尽相同。本罪行为人所编造的谣言既可以是与我方有关的情况，也可以是与敌方有关的情况，而后罪行为人提供的只是敌方的有关情况。

3. 划清本罪与煽动军人逃离部队罪的界限

两罪侵犯的同类客体、犯罪对象、主观方面相同，在客观方面都可以通过造谣惑众的方式实施，都可能产生军人逃离部队的危害后果。其主要区别：(1）侵犯的直接客体不同。本罪侵犯的是武装部队战时宣传舆论秩序，后罪侵犯的是武装部队兵员管理秩序。(2）犯罪构成的时间要件不同。本罪只能发生在战时，后罪可以发生在战时，也可以发生在平时。(3）犯罪客观方面的行为方式不同。本罪的行为方式仅限于造谣惑众，后罪的行为方式多种多样，既可以是造谣惑众行为，也可以是物质引诱等其他行为。(4）犯罪目的不同。本罪的犯罪目的是扰乱军心，后罪的犯罪目的是促使军人逃离部队。

4. 划清本罪与间谍罪的界限

如果行为人在战时实施造谣扰乱军心的行为，进行间谍活动，属于牵连犯，应从一重罪（间谍罪）论处。两罪虽然在客观行为方式上有相似之处，但有着明显的区别：(1）侵犯的客体不同。本罪侵犯的是战时部队的宣传舆论秩序，后罪侵犯的是国家安全。(2）犯罪客观方面的行为方式不完全相同。本罪仅限于造谣惑众，后罪的行为方式多种多样。(3）构成犯罪的时间条件不同。本罪以发生在战时为必备时间条件，平时不构成犯罪；后罪既可以发生在战时，也可以发生在平时。(4）犯罪主体不同。本罪是除军人以外的一般主体，后罪可以是任意一般主体。

5. 划清本罪与煽动颠覆国家政权罪的界限

两罪虽然在客观方面均可以造谣方式实施，主观方面均出于故意，但两者主要区别在于：(1）侵犯的客体不同。本罪侵犯的是战时部队的宣传舆论秩序；后罪侵犯的是国家政权的安全。(2）犯罪时间条件不同。本罪只能发生在战时，后罪既可以发生在战时，也可以发生在平时。（3）犯罪客观方面的行为方式不尽相同。本罪仅限于造谣惑众，后罪既可以是造谣，还包括其他方式（如诽谤等）。

（三）量刑指导或者参考

依照《刑法》第三百七十八条规定，犯战时造谣扰乱军心罪的，处三年以下有期徒刑、拘役或者管制；情节严重的，处三年以上十年以下有期徒刑。

十九、战时窝藏逃离部队军人罪

（一）刑法规定

第三百七十九条 战时明知是逃离部队的军人而为其提供隐蔽处所、财物，情节严重的，处三年以下有期徒刑或者拘役。

（二）司法解释、司法文件

最高人民检察院、公安部关于公安机关管辖的刑事案件立案追诉标准的规定（一）（公通字〔2008〕36号，自2008年6月25日起施行）（节录）

第九十七条 战时明知是逃离部队的军人而为其提供隐蔽处所、财物，涉嫌下列情形之一的，应予立案追诉：

（一）窝藏三人次以上的；

（二）明知是指挥人员、值班执勤人员或者其他负有重要职责人员而窝藏的；

（三）有关部门查找时拒不交出的；

（四）其他情节严重的情形。

（三）典型或常见问题的审理思路

1. 划清罪与非罪的界限

本罪以“战时”“明知”是逃离部队的军人而窝藏和“情节严重”作为犯罪构成要件。按照法律规定，战时窝藏逃离部队军人的行为，除需具备以上构成要件外，还必须达到“情节严重”的程度，才构成犯罪。“情节严重”，司法实践中，一般是指窝藏多名或者多次窝藏逃离部队军人的；经批评教育后拒不改正的；明知是指挥人员、值班、执勤人员或者其他负有重要职责的人员而窝藏的；有关部门查找时拒不交出窝藏军人的；因窝藏逃离部队军人影响部队完成重要任务的；造成其他严重后果或者恶劣影响的等情形。如果行为人是在平时，或者不知是逃离部队的军人而窝藏的，以及战时明知是逃离部队的军人而窝藏，但不属于情节严重的，均不构成犯罪。

2. 正确认定煽动军人逃离部队后予以窝藏的行为的性质

凡是煽动军人逃离部队后予以窝藏的，即使没有其他严重情节，平时应以煽动军人逃离部队罪定罪处罚，战时应以战时窝藏逃离部队军人罪定罪处罚。

3. 划清本罪与雇用逃离部队军人罪的界限

两罪在犯罪客体、主观方面、犯罪对象、犯罪形态方面相同，其主要区别在于：（1）犯罪客观方面不同。本罪表现为行为人为逃离部队的军人提供隐蔽处所、财物，帮助其逃避部队和有关部门查找；后罪表现为行为人有偿让逃离部队的军人提供劳务。（2）犯罪主体不同。本罪是一般主体，包括军人和非军人，多数是逃离部队军人的亲属、朋友、同学、同乡；后罪是非军人，多数是公司、企业、事业单位的主管人员和个体户老板。（3）构成犯罪的时间不同。本罪以“战时”为构成犯罪的必备时间要件，后罪平时、战时都可以构成犯罪。（4）犯罪动机不一样。本罪的动机是帮助逃离部队军人逃避作战和紧张艰苦的部队生活；后罪的动机是让逃离部队的军人为其有偿提供劳务。

4. 划清本罪与窝藏、包庇罪的界限

窝藏、包庇罪，是指明知是犯罪的人而为其提供隐藏处所、财物，帮助其逃匿或者作假证明包庇的行为。两罪在犯罪主体、主观方面、客观方面相同或近似，其主要区别：（1）犯罪客体不同。本罪侵犯的同类客体是国防利益，直接客体是战时武装部队兵员管理秩序；后罪侵犯的同类客体是社会管理秩序，直接客体是司法机关同犯罪分子作斗争的正常活动。（2）犯罪对象不同。本罪的犯罪对象是战时逃离部队的军人，而后罪的犯罪对象则是已经实施其他犯罪的人。（3）构成犯罪的时间要件不同。本罪以“战时”作为犯罪构成的必备要件，而后罪不论平时、战时都可以构成犯罪。（4）犯罪形态不同。本罪是情节犯，后罪是行为犯。

（四）量刑指导或者参考

依照《刑法》第三百七十九条规定，犯战时窝藏逃离部队军人罪的，处三年以下有期徒刑或者拘役。

二十、战时拒绝、故意延误军事订货罪

（一）刑法规定

第三百八十条 战时拒绝或者故意延误军事订货，情节严重的，对单位判处罚金，并对其直接负责的主管人员和其他直接责任人员，处五年以下有期徒刑或者拘役；造成严重后果的，处五年以上有期徒刑。

（二）司法解释、司法文件

最高人民检察院、公安部关于公安机关管辖的刑事案件立案追诉标准的规定（一）（公通字〔2008〕36号，自2008年6月25日起施行）（节录）

第九十八条 战时拒绝或者故意延误军事订货，涉嫌下列情形之一的，应予立案追诉：

（一）拒绝或者故意延误军事订货三次以上的；

（二）联络、煽动他人共同拒绝或者故意延误军事订货的；

（三）拒绝或者故意延误重要军事订货，影响重要军事任务完成的；

（四）其他情节严重的情形。

（三）典型或常见问题的审理思路

划清罪与非罪的界限

犯罪主体为特殊主体，即科研、生产、销售武器装备、军用物资的单位及其直接负责的主管人员和其他直接责任人员。本罪以“战时”拒绝或者“故意”延误军事订货“情节严重”作为犯罪构成要件。如果科研、生产、销售单位因不具备完成军事订货任务的条件而拒绝军事订货；平时拒绝、故意延误军事订货；过失延误军事订货；或者虽然是战时拒绝、故意延误军事订货，但尚未达到情节严重的程度，均不构成犯罪。

（四）量刑指导或者参考

依照《刑法》第三百八十条规定，犯战时拒绝、故意延误军事订货罪的，对单位判处罚金，并对其直接负责的主管人员和其他直接责任人员，处五年以下有期徒刑或者拘役；造成严重后果的，处五年以上有期徒刑。

二十一、战时拒绝军事征收、征用罪

（一）刑法规定

第三百八十一条[①]　战时拒绝军事征收、征用，情节严重的，处三年以下有期徒刑或者拘役。

（二）司法解释、司法文件

最高人民检察院、公安部关于公安机关管辖的刑事案件立案追诉标准的规定（一）（公通字〔2008〕36号，自2008年6月25日起施行）（节录）

第九十九条　战时拒绝军事征用，涉嫌下列情形之一的，应予立案追诉：

（一）无正当理由拒绝军事征用三次以上的；

（二）采取暴力、威胁、欺骗等手段拒绝军事征用的；

（三）联络、煽动他人共同拒绝军事征用的；

（四）拒绝重要军事征用，影响重要军事任务完成的；

（五）其他情节严重的情形。

（三）典型或常见问题的审理思路

1. 划清罪与非罪的界限

本罪以“战时”拒绝军事征用“情节严重”作为构成要件。如果行为人是平时拒绝军事征用，或者是战时拒绝军事征用，尚未达到情节严重的程度，均不构成犯罪。“情节严重”，司法实践中一般是指无正当理由多次拒绝军事征用的；采取暴力、威胁、欺骗等手段拒绝军事征用的；联络、煽动他人共

---

① 本条根据2009年8月27日《全国人民代表大会常务委员会关于修改部分法律的决定》（部分失效）修改。原条文为：“战时拒绝军事征用，情节严重的，处三年以下有期徒刑或者拘役。”

同拒绝军事征用的；拒绝重要军事征用的；经批评教育后仍不悔改的；因拒绝重要军事征用影响部队完成重要任务；或者造成其他严重后果的等情形。

2. 正确处理本罪与妨害公务罪、阻碍军人执行职务罪的想象竞合问题

如果行为人在战时使用暴力、威胁方法拒绝县级以上人民政府工作人员依法进行军事征用，情节严重的，同时触犯战时拒绝军事征用罪和妨害公务罪两个罪名。如果行为人在战时使用暴力、威胁方法拒绝武装部队现场指挥人员依法进行军事征用，情节严重的，同时触犯战时拒绝军事征用罪和阻碍军一人执行职务罪两个罪名。这两种情况，均属于想象竞合犯，应当按想象竞合犯从一重罪处断原则，按战时拒绝军事征用罪定罪处罚。

3. 划清本罪与阻碍军事行动罪的界限

两罪侵犯的同类客体、犯罪主体、主观方面、客观方面相同或近似。其主要区别：（1）犯罪表现形式不同。本罪从根本上讲，是一种不作为犯罪，而后罪既可以是积极的作为，也可以由消极的不作为构成。（2）犯罪形态不同，本罪属于情节犯，而后罪属于结果犯。

（四）量刑指导或者参考

依照《刑法》第三百八十一条规定，犯战时拒绝军事征用罪的，处三年以下有期徒刑或者拘役。

第八章　贪污贿赂罪

一、贪污罪

（一）刑法规定

第三百八十二条　国家工作人员利用职务上的便利，侵吞、窃取、骗取或者以其他手段非法占有公共财物的，是贪污罪。

受国家机关、国有公司、企业、事业单位、人民团体委托管理、经营国有财产的人员，利用职务上的便利，侵吞、窃取、骗取或者以其他手段非法占有国有财物的，以贪污论。

与前两款所列人员勾结，伙同贪污的，以共犯论处。

第三百八十三条[①]　对犯贪污罪的，根据情节轻重，分别依照下列规定处罚：

（一）贪污数额较大或者有其他较重情节的，处三年以下有期徒刑或者拘役，并处罚金。

---

① 本条根据2015年8月29日《刑法修正案（九）》修正。原刑法条文为：

“对犯贪污罪的，根据情节轻重，分别依照下列规定处罚：

（一）个人贪污数额在十万元以上的，处十年以上有期徒刑或者无期徒刑，可以并处没收财产；情节特别严重的，处死刑，并处没收财产。

（二）个人贪污数额在五万元以上不满十万元的，处五年以上有期徒刑，可以并处没收财产；情节特别严重的，处无期徒刑，并处没收财产。

（三）个人贪污数额在五千元以上不满五万元的，处一年以上七年以下有期徒刑；情节严重的，处七年以上十年以下有期徒刑。个人贪污数额在五千元以上不满一万元，犯罪后有悔改表现、积极退赃的，可以减轻处罚或者免予刑事处罚，由其所在单位或者上级主管机关给予行政处分。

（四）个人贪污数额不满五千元，情节较重的，处二年以下有期徒刑或者拘役；情节较轻的，由其所在单位或者上级主管机关酌情给予行政处分。

对多次贪污未经处理的，按照累计贪污数额处罚。”

（二）贪污数额巨大或者有其他严重情节的，处三年以上十年以下有期徒刑，并处罚金或者没收财产。

（三）贪污数额特别巨大或者有其他特别严重情节的，处十年以上有期徒刑或者无期徒刑，并处罚金或者没收财产；数额特别巨大，并使国家和人民利益遭受特别重大损失的，处无期徒刑或者死刑，并处没收财产。

对多次贪污未经处理的，按照累计贪污数额处罚。

犯第一款罪，在提起公诉前如实供述自己罪行、真诚悔罪、积极退赃，避免、减少损害结果的发生，有第一项规定情形的，可以从轻、减轻或者免除处罚；有第二项、第三项规定情形的，可以从轻处罚。

犯第一款罪，有第三项规定情形被判处死刑缓期执行的，人民法院根据犯罪情节等情况可以同时决定在其死刑缓期执行二年期满依法减为无期徒刑后，终身监禁，不得减刑、假释。

第三百九十四条　国家工作人员在国内公务活动或者对外交往中接受礼物，依照国家规定应当交公而不交公，数额较大的，依照本法第三百八十二条、第三百八十三条的规定定罪处罚。

（二）立法解释、司法解释、司法文件及权威解读

1. 全国人民代表大会常务委员会关于《中华人民共和国刑法》第九十三条第二款的解释（2000年4月29日发布，2009年8月27日修正并施行）

全国人民代表大会常务委员会讨论了村民委员会等村基层组织人员在从事哪些工作时属于刑法第九十三条第二款规定的“其他依照法律从事公务的人员”，解释如下：

村民委员会等村基层组织人员协助人民政府从事下列行政管理工作，属于刑法第九十三条第二款规定的“其他依照法律从事公务的人员”：

（一）救灾、抢险、防汛、优抚、扶贫、移民、救济款物的管理；

（二）社会捐助公益事业款物的管理；

（三）国有土地的经营和管理；

（四）土地征收、征用补偿费用的管理；

（五）代征、代缴税款；

（六）有关计划生育、户籍、征兵工作；

（七）协助人民政府从事的其他行政管理工作。

村民委员会等村基层组织人员从事前款规定的公务，利用职务上的便利，非法占有公共财物、挪用公款、索取他人财物或者非法收受他人财物，构成犯罪的，适用刑法第三百八十二条和第三百八十三条贪污罪、第三百八十四条挪用公款罪、第三百八十五条和第三百八十六条受贿罪的规定。

现予公告。

2. **最高人民法院、最高人民检察院关于办理贪污贿赂刑事案件适用法律若干问题的解释**（法释〔2016〕9号，自2016年4月18日起施行）

为依法惩治贪污贿赂犯罪活动，根据刑法有关规定，现就办理贪污贿赂刑事案件适用法律的若干问题解释如下：

第一条 贪污或者受贿数额在三万元以上不满二十万元的，应当认定为刑法第三百八十三条第一款规定的“数额较大”，依法判处三年以下有期徒刑或者拘役，并处罚金。

贪污数额在一万元以上不满三万元，具有下列情形之一的，应当认定为刑法第三百八十三条第一款规定的“其他较重情节”，依法判处三年以下有期徒刑或者拘役，并处罚金：

（一）贪污救灾、抢险、防汛、优抚、扶贫、移民、救济、防疫、社会捐助等特定款物的；

（二）曾因贪污、受贿、挪用公款受过党纪、行政处分的；

（三）曾因故意犯罪受过刑事追究的；

（四）赃款赃物用于非法活动的；

（五）拒不交待赃款赃物去向或者拒不配合追缴工作，致使无法追缴的；

（六）造成恶劣影响或者其他严重后果的。

受贿数额在一万元以上不满三万元，具有前款第二项至第六项规定的情形之一，或者具有下列情形之一的，应当认定为刑法第三百八十三条第一款规定的“其他较重情节”，依法判处三年以下有期徒刑或者拘役，并处罚金：

（一）多次索贿的；

（二）为他人谋取不正当利益，致使公共财产、国家和人民利益遭受损失的；

（三）为他人谋取职务提拔、调整的。

第二条 贪污或者受贿数额在二十万元以上不满三百万元的，应当认定为刑法第三百八十三条第一款规定的“数额巨大”，依法判处三年以上十年以下有期徒刑，并处罚金或者没收财产。

贪污数额在十万元以上不满二十万元，具有本解释第一条第二款规定的情形之一的，应当认定为刑法第三百八十三条第一款规定的“其他严重情节”，依法判处三年以上十年以下有期徒刑，并处罚金或者没收财产。

受贿数额在十万元以上不满二十万元，具有本解释第一条第三款规定的情形之一的，应当认定为刑法第三百八十三条第一款规定的“其他严重情节”，依法判处三年以上十年以下有期徒刑，并处罚金或者没收财产。

第三条 贪污或者受贿数额在三百万元以上的，应当认定为刑法第三百八十三条第一款规定的“数额特别巨大”，依法判处十年以上有期徒刑、无期徒刑或者死刑，并处罚金或者没收财产。

贪污数额在一百五十万元以上不满三百万元，具有本解释第一条第二款规定的情形之一的，应当认定为刑法第三百八十三条第一款规定的“其他特别严重情节”，依法判处十年以上有期徒刑、无期徒刑或者死刑，并处罚金或者没收财产。

受贿数额在一百五十万元以上不满三百万元，具有本解释第一条第三款规定的情形之一的，应当认定为刑法第三百八十三条第一款规定的“其他特别严重情节”，依法判处十年以上有期徒刑、无期徒刑或者死刑，并处罚金或者没收财产。

第四条 贪污、受贿数额特别巨大，犯罪情节特别严重、社会影响特别恶劣、给国家和人民利益造成特别重大损失的，可以判处死刑。

符合前款规定的情形，但具有自首，立功，如实供述自己罪行、真诚悔罪、积极退赃，或者避免、减少损害结果的发生等情节，不是必须立即执行的，可以判处死刑缓期二年执行。

符合第一款规定情形的，根据犯罪情节等情况可以判处死刑缓期二年执行，同时裁判决定在其死刑缓期执行二年期满依法减为无期徒刑后，终身监禁，不得减刑、假释。

第五条 挪用公款归个人使用，进行非法活动，数额在三万元以上的，应当依照刑法第三百八十四条的规定以挪用公款罪追究刑事责任；数额在三百万元以上的，应当认定为刑法第三百八十四条第一款规定的“数额巨大”。具有下列情形之一的，应当认定为刑法第三百八十四条第一款规定的“情节严重”：

（一）挪用公款数额在一百万元以上的；

（二）挪用救灾、抢险、防汛、优抚、扶贫、移民、救济特定款物，数额在五十万元以上不满一百万元的；

（三）挪用公款不退还，数额在五十万元以上不满一百万元的；

（四）其他严重的情节。

第六条　挪用公款归个人使用，进行营利活动或者超过三个月未还，数额在五万元以上的，应当认定为刑法第三百八十四条第一款规定的“数额较大”；数额在五百万元以上的，应当认定为刑法第三百八十四条第一款规定的“数额巨大”。具有下列情形之一的，应当认定为刑法第三百八十四条第一款规定的“情节严重”：

（一）挪用公款数额在二百万元以上的；

（二）挪用救灾、抢险、防汛、优抚、扶贫、移民、救济特定款物，数额在一百万元以上不满二百万元的；

（三）挪用公款不退还，数额在一百万元以上不满二百万元的；

（四）其他严重的情节。

第七条　为谋取不正当利益，向国家工作人员行贿，数额在三万元以上的，应当依照刑法第三百九十条的规定以行贿罪追究刑事责任。

行贿数额在一万元以上不满三万元，具有下列情形之一的，应当依照刑法第三百九十条的规定以行贿罪追究刑事责任：

（一）向三人以上行贿的；

（二）将违法所得用于行贿的；

（三）通过行贿谋取职务提拔、调整的；

（四）向负有食品、药品、安全生产、环境保护等监督管理职责的国家工作人员行贿，实施非法活动的；

（五）向司法工作人员行贿，影响司法公正的；

（六）造成经济损失数额在五十万元以上不满一百万元的。

第八条　犯行贿罪，具有下列情形之一的，应当认定为刑法第三百九十条第一款规定的“情节严重”：

（一）行贿数额在一百万元以上不满五百万元的；

（二）行贿数额在五十万元以上不满一百万元，并具有本解释第七条第二款第一项至第五项规定的情形之一的；

（三）其他严重的情节。

为谋取不正当利益，向国家工作人员行贿，造成经济损失数额在一百万元以上不满五百万元的，应当认定为刑法第三百九十条第一款规定的“使国家利益遭受重大损失”。

第九条 犯行贿罪，具有下列情形之一的，应当认定为刑法第三百九十条第一款规定的“情节特别严重”：

（一）行贿数额在五百万元以上的；

（二）行贿数额在二百五十万元以上不满五百万元，并具有本解释第七条第二款第一项至第五项规定的情形之一的；

（三）其他特别严重的情节。

为谋取不正当利益，向国家工作人员行贿，造成经济损失数额在五百万元以上的，应当认定为刑法第三百九十条第一款规定的“使国家利益遭受特别重大损失”。

第十条 刑法第三百八十八条之一规定的利用影响力受贿罪的定罪量刑适用标准，参照本解释关于受贿罪的规定执行。

刑法第三百九十条之一规定的对有影响力的人行贿罪的定罪量刑适用标准，参照本解释关于行贿罪的规定执行。

单位对有影响力的人行贿数额在二十万元以上的，应当依照刑法第三百九十条之一的规定以对有影响力的人行贿罪追究刑事责任。

第十一条 刑法第一百六十三条规定的非国家工作人员受贿罪、第二百七十一条规定的职务侵占罪中的“数额较大”“数额巨大”的数额起点，按照本解释关于受贿罪、贪污罪相对应的数额标准规定的二倍、五倍执行。

刑法第二百七十二条规定的挪用资金罪中的“数额较大”“数额巨大”以及“进行非法活动”情形的数额起点，按照本解释关于挪用公款罪“数额较大”“情节严重”以及“进行非法活动”的数额标准规定的二倍执行。

刑法第一百六十四条第一款规定的对非国家工作人员行贿罪中的“数额较大”“数额巨大”的数额起点，按照本解释第七条、第八条第一款关于行贿罪的数额标准规定的二倍执行。

第十二条 贿赂犯罪中的“财物”，包括货币、物品和财产性利益。财产性利益包括可以折算为货币的物质利益如房屋装修、债务免除等，以及需要支付货币的其他利益如会员服务、旅游等。后者的犯罪数额，以实际支付或者应当支付的数额计算。

第十三条　具有下列情形之一的，应当认定为“为他人谋取利益”，构成犯罪的，应当依照刑法关于受贿犯罪的规定定罪处罚：

（一）实际或者承诺为他人谋取利益的；

（二）明知他人有具体请托事项的；

（三）履职时未被请托，但事后基于该履职事由收受他人财物的。

国家工作人员索取、收受具有上下级关系的下属或者具有行政管理关系的被管理人员的财物价值三万元以上，可能影响职权行使的，视为承诺为他人谋取利益。

第十四条　根据行贿犯罪的事实、情节，可能被判处三年有期徒刑以下刑罚的，可以认定为刑法第三百九十条第二款规定的“犯罪较轻”。

根据犯罪的事实、情节，已经或者可能被判处十年有期徒刑以上刑罚的，或者案件在本省、自治区、直辖市或者全国范围内有较大影响的，可以认定为刑法第三百九十条第二款规定的“重大案件”。

具有下列情形之一的，可以认定为刑法第三百九十条第二款规定的“对侦破重大案件起关键作用”：

（一）主动交待办案机关未掌握的重大案件线索的；

（二）主动交待的犯罪线索不属于重大案件的线索，但该线索对于重大案件侦破有重要作用的；

（三）主动交待行贿事实，对于重大案件的证据收集有重要作用的；

（四）主动交待行贿事实，对于重大案件的追逃、追赃有重要作用的。

第十五条　对多次受贿未经处理的，累计计算受贿数额。

国家工作人员利用职务上的便利为请托人谋取利益前后多次收受请托人财物，受请托之前收受的财物数额在一万元以上的，应当一并计入受贿数额。

第十六条　国家工作人员出于贪污、受贿的故意，非法占有公共财物、收受他人财物之后，将赃款赃物用于单位公务支出或者社会捐赠的，不影响贪污罪、受贿罪的认定，但量刑时可以酌情考虑。

特定关系人索取、收受他人财物，国家工作人员知道后未退还或者上交的，应当认定国家工作人员具有受贿故意。

第十七条　国家工作人员利用职务上的便利，收受他人财物，为他人谋取利益，同时构成受贿罪和刑法分则第三章第三节、第九章规定的渎职犯罪的，除刑法另有规定外，以受贿罪和渎职犯罪数罪并罚。

第十八条 贪污贿赂犯罪分子违法所得的一切财物，应当依照刑法第六十四条的规定予以追缴或者责令退赔，对被害人的合法财产应当及时返还。对尚未追缴到案或者尚未足额退赔的违法所得，应当继续追缴或者责令退赔。

第十九条 对贪污罪、受贿罪判处三年以下有期徒刑或者拘役的，应当并处十万元以上五十万元以下的罚金；判处三年以上十年以下有期徒刑的，应当并处二十万元以上犯罪数额二倍以下的罚金或者没收财产；判处十年以上有期徒刑或者无期徒刑的，应当并处五十万元以上犯罪数额二倍以下的罚金或者没收财产。

对刑法规定并处罚金的其他贪污贿赂犯罪，应当在十万元以上犯罪数额二倍以下判处罚金。

第二十条 本解释自2016年4月18日起施行。最高人民法院、最高人民检察院此前发布的司法解释与本解释不一致的，以本解释为准。

权威解读（一）

解读《最高人民法院、最高人民检察院关于办理贪污贿赂刑事案件适用法律若干问题的解释》

一、制定背景

党的十八大以来，按照全面依法治国、全面从严治党的战略部署，中央就反腐败工作提出了一系列新精神、新要求。在坚决依法从严惩治腐败犯罪，持续保持高压态势，有效遏制腐败蔓延势头的同时，把制度反腐、法治反腐提到了更加突出重要的位置，要求坚持运用法治思维和法治方式惩治腐败，适应社会发展变化需要不断提高惩治腐败的法治水平，做到宽严得当、于法有据。正是在这一背景之下，立法机关通过制定《刑法修正案（九）》，对贪污贿赂犯罪的刑法规定作出调整；最高人民法院、最高人民检察院开展《贪污贿赂解释》的研究起草工作，梳理出贪污贿赂刑事案件办理中需要解决的具体法律适用问题。这些问题主要表现为以下三个方面：

1. 贪污贿赂犯罪的定罪量刑标准。《刑法修正案（九）》对贪污贿赂犯罪的定罪及量刑作了五方面的重大调整：一是取消贪污罪、受贿罪定罪及量刑的具体数额标准，突出数额之外其他情节在定罪量刑中的作用；二是对贪污罪、受贿罪增设死刑缓期二年执行减为无期徒刑后终身监禁；三是对贪污罪和贿赂犯罪增设罚金刑；四是对行贿罪的从宽处罚设定更为严格的条件；五是增设对有影响力的人行贿罪。《刑法修正案（九）》实施之后，这些新规定应该如何具体理解、把握和适用，需要通过制定司法解释作出细化规定。

2. 贪污贿赂犯罪中的新情况、新问题。随着经济社会的发展变化，贪污贿赂犯罪呈现出一些新情况、新特点，给司法实践带来了新的法律适用问题。例如，贿赂犯罪的对象过去主要是财物，现在出现了各种各样的财产性利益和非财产性利益，给予或者收受这些利益的行为能否以行受贿犯罪处理？又如，在受贿犯罪当中，过去主要表现为国家工作人员直接收受贿赂，现在一些案件当中国家工作人员本人没有收受贿赂，收受贿赂的是国家工作人员的近亲属或者与其有着特定关系的人，这种情况下能否以受贿罪追究国家工作人员的刑事责任？这些新情况、新问题给刑事法网的严密性和刑事打击的针对性提出了更高的要求，需要通过司法解释明确处理意见。

3. 实践当中长期存在的争议问题。贪污贿赂犯罪具有其特殊复杂性，理论上和实践中对于一些法律适用问题长期存在意见分歧。例如，作为受贿罪的法定要件，"为他人谋取利益"究竟应如何理解，正常履职后收受"感谢费"、上下级之间的"感情投资"等能否认定为"为他人谋取利益"？又如，司法实践当中经常遇到被告人辩称贪污贿赂款物用于公务支出等情形，这些情形对于定罪量刑究竟有没有影响？这些问题既关系到法律的统一适用，也关系到依法惩治腐败的实际效果，需要通过司法解释统一处理意见。需要指出的是，《贪污贿赂解释》起草与立法修订是同步进行的。两者一脉相承，精神上高度契合，内容上相互补充，都是当前形势下中央反腐败政策在法律上的具体化。

二、起草原则

《贪污贿赂解释》起草过程中，始终坚持了以下几项原则：

1. 依法从严。依法从严是惩治贪污贿赂犯罪的一贯原则，《贪污贿赂解释》通篇"严"字当头。集中体现在：一是秉持入罪门槛低标准，明确贪污、受贿数额满一万元，具有较重情节的就应当追究刑事责任。二是赋予终身监禁的执行刚性，明确终身监禁的决定必须在裁判的同时作出，终身监禁一经作出将无条件执行，不受服刑表现的影响，不得减刑、假释。三是加大经济处罚力度，规定远重于其他犯罪的罚金刑判罚标准。四是严密法网，结合当前贿赂犯罪的新情况、新特点，对"财物"和"为他人谋取的利益"等贿赂犯罪构成要件适度作出扩张解释。五是受贿与行贿打击并重，对行贿犯罪从宽处罚的适用条件作出细化规定。六是从重打击滥用职权损害国家和人民利益的受贿犯罪，明确国家工作人员收受贿赂、违反规定为他人谋取利益，同时构成受贿罪和渎职犯罪的实行数罪并罚。

2. 统筹协调。综合考量各种因素确定不同职务犯罪的定罪量刑标准，统筹解决罪与非罪、罪轻与罪重、轻罪与重罪的标准掌握，确保不同犯罪的罪刑关系协调一致。主要体现在：一是刑事犯罪与违纪行为的协调。为落实党纪严于国法，“把纪律挺在前面”的反腐败精神，突出刑事打击重点，做到刑事处罚与党纪政纪处分衔接有序，《贪污贿赂解释》在实证研究的基础上重新确定了各种贪污贿赂犯罪的入罪标准。二是罪轻与罪重的协调。为解决实践当中长期存在的罪刑失衡问题，根据“数额＋情节”的立法思路，《贪污贿赂解释》结合犯罪情节进一步拉开了贪污贿赂犯罪不同量刑档的数额级差，以此满足不同情节犯罪的量刑需要，尽可能实现罪刑均衡。三是轻罪与重罪的协调。刑法区分国家工作人员身份与非国家工作人员身份，规定了两类职务犯罪并配置了不同的刑罚。为确保两类职务犯罪处罚上的平衡协调，《贪污贿赂解释》对非国家工作人员职务犯罪的定罪量刑标准一并作出了规定。

3. 积极稳妥。坚持问题导向，对于司法实践中出现的新情况、新问题在刑法规定框架内积极予以回应，长期存在争议的问题认真研究形成共识。主要体现在：一是规定作为贿赂犯罪对象的“财物”包括财产性利益，并进一步明确，除物质利益之外，需要支付货币的其他利益也应当认定为财产性利益。二是对受贿犯罪中的“为他人谋取利益”要件作出界定，明确事后受贿符合为他人谋取利益要件的要求，收受下属或者行政被管理人超出人情往来范围财物的视为承诺为他人谋取利益。三是对特定关系人受贿作出规定，明确与国家工作人员有着特殊关系的人收受财物，国家工作人员知道后未退回或者上交的，应当对国家工作人员以受贿罪追究刑事责任。四是针对实践中常见的被告人辩解贪污贿赂款物用于公务支出的问题，明确根据在案证据可以认定存在贪污、受贿主观故意的，将不影响定罪。

4. 便于操作。《贪污贿赂解释》规定务求明确具体，可操作、可执行。主要体现在：一是对各种贪污贿赂犯罪的定罪量刑标准作出规定，常见贪污贿赂犯罪的定罪量刑均能做到有据可依。二是采取“数额＋情节”的模式规定贪污罪、受贿罪的定罪量刑标准，在情节的设置上辅以不同的犯罪数额限制，以此增进司法的确定性，避免因情节难以量化而出现可操作性问题。三是对决定定罪量刑的犯罪数额和量刑情节的具体认定作出规定，明确国家工作人员为他人谋取利益前后连续收受的财物均应计入受贿数额。四是采取绝对数和倍比数相结合的办法规定罚金刑的判罚标准，在兼顾被判刑人受罚能力的同时，确保判罚充分有效。

三、主要内容

《贪污贿赂解释》共计二十条，涵盖了当前贪污贿赂刑事案件法律适用中方方面面的问题，既有定罪量刑的具体标准，又有政策法律的区分界限，是惩治贪污贿赂犯罪刑事法律体系的一次极大丰富和完善。概其要者，主要有以下十一个方面的内容。

（一）关于贪污罪、受贿罪定罪量刑的数额标准

《刑法修正案（九）》取消了贪污罪、受贿罪定罪量刑的具体数额标准，代之以“数额较大”“数额巨大”“数额特别巨大”的原则性规定，具体数额标准由“两高”制定司法解释来确定。为此，《贪污贿赂解释》第一条至第三条分别对贪污罪、受贿罪中的“数额较大”“数额巨大”“数额特别巨大”的具体标准掌握作出了规定。相关问题说明如下：

1. 贪污罪与受贿罪是否适用同一数额标准。有意见认为，贪污罪和受贿罪在侵害客体上各有侧重，前者主要侵犯的是公共财产关系，贪污数额直接关系危害性严重程度的判断；后者主要侵犯的是职务廉洁性或者不可收买性，危害性主要体现在国家、人民利益遭受重大损失或者恶劣社会影响方面，受贿数额对于危害性严重程度的判断并不直接相关，据此建议区分贪污罪、受贿罪规定不同的数额标准。《贪污贿赂解释》未采纳这一意见，主要考虑是：两罪均属贪利型犯罪，不管是作为侵害对象还是交易条件，均系受经济利益驱动所致，将犯罪数额作为基础量刑情节具有科学合理性，而两罪危害性方面的差异，将通过《贪污贿赂解释》对于两罪数额之外其他情节的区别规定来加以体现。

2. 数额标准是采用单一数额还是数额幅度的形式进行规定。有意见提出，宜参照盗窃、诈骗案件司法解释的做法规定一个数额幅度，具体数额标准交由各地结合当地经济社会发展水平自行确定。《贪污贿赂解释》未采纳这一意见，主要有两点考虑：一是盗窃、诈骗等普通财产犯罪的危害性与一地经济社会发展状况和群众感知程度直接相关，而贪污罪、受贿罪属于妨害国家公权力的犯罪，国家公权力统一行使，不因地区发达程度而有高低贵贱之分；

二是国家工作人员尤其是较高级别的国家工作人员跨地区交流任职较为普遍，各地量刑标准不一将导致个案量刑标准适用上的无所适从，影响量刑上的公平公正。

3. 贪污罪、受贿罪起刑点数额即“数额较大”标准。对于1997年刑法确定的五千元起刑点数额维持不变还是有所上提，存在意见分歧。一种意见认为，当前反腐败形势依然严峻复杂，从增强人民群众对党和政府推进反腐败工作信心的角度，五千元起刑点数额宜维持不变。经认真研究近年来司法实证数据并广泛听取意见，本着实事求是的原则，《贪污贿赂解释》将原先的五千元上调至三万元。具体考虑如下：一是随着经济社会的发展变化，适度提高贪污罪、受贿罪起刑点数额标准有先例可循。1988年《全国人大常委会关于惩治贪污罪贿赂罪的补充规定》（已失效）对贪污罪设置的起刑点是二千元，10年后1997年刑法修订时，将该标准调整为五千元。五千元的数额标准已经适用18年，人均GDP自1997年至2015年增长了6.69倍（1997年为6420元，2015年为49351元），适度提高数额标准有其客观社会基础。二是近年来司法实践中贪污、受贿数额二万元左右受到刑事追诉的案件已经较为少见。一些地方在入罪数额标准的实际掌握上已经存在不同程度的上浮，数额自二万元至五万元不等。从实际受到刑事追究的贪污、受贿案件看，数额低于三万元的主要是因为其他犯罪牵连出来的，且多被判处免予刑事处罚。三是将贪污罪、受贿罪起点数额提高到三万元，不意味着低于三万元的贪污、受贿行为就一概不作为犯罪处理。《刑法修正案（九）》对贪污罪、受贿罪的处罚标准增加了其他情节的规定，贪污、受贿虽不满三万元，但具有其他较重情节的，根据《贪污贿赂解释》规定仍可以追究刑事责任。四是“零容忍”不意味着零刑事门槛。惩治腐败在刑罚之外还有党纪、行政处分。对数额不满三万元且无其他较重情节的贪污、受贿行为予以党纪、行政处分，可以为党纪处分、行政处罚预留出必要的空间，有利于体现党纪严于国法、“把党纪挺在前面”的反腐精神和宽严相济刑事政策，突出刑事打击重点，增进刑事处罚的确定性、公平性与严肃性。

4. 数额巨大、数额特别巨大的标准。《贪污贿赂解释》结合调研情况和审判实际，将数额巨大、数额特别巨大的标准分别确定为二十万元、三百万元。其主要考虑有：一是适当拉开不同量刑档的级差，体现《刑法修正案（九）》的立法精神。贪污、受贿案件量刑实践当中长期存在罪刑失衡、重刑集聚问题。根据原刑法关于十万元判处十年有期徒刑以上刑罚的规定，贪污、受贿十万元与贪污、受贿不满十万元的案件在量刑上存在明显差别，而贪污、受贿十万元与贪污、受贿一百万元甚至数百万元的量刑却无实质分别。二是促进自首等量刑情节司法认定的严肃性。自首等从宽情节认定不严肃，是职务犯罪案件较为突出的一个问题，究其原因，其中不乏系为了个案量刑需要而采取的权宜做法。《贪污贿赂解释》将十年有期徒刑以上刑罚的数额标准由十万元上调至三百万元，为十年有期徒刑以下刑罚留出尽可能大的数额空间，有利于从根本上解决罪刑失衡问题。同时，随着重刑标准的上提，量刑空间的增大，量刑情节认定中的问题也有望好转。此外，将“数额巨大”的起点数额标准确定为二十万元，还有着新旧刑法有序衔接、平稳过渡的考虑。据此标准，有从重处罚情节，数额在十万元以上的仍需在三年以上十年以下有期徒刑量刑，可以避免量刑上的大起大落。

（二）关于贪污罪、受贿罪定罪量刑的情节标准

《刑法修正案（九）》改变过去单纯计赃论罚的做法，代之以“数额 + 情节”的模式。这一立法模式突出了其他量刑情节在贪污罪、受贿罪定罪处罚中的地位和作用，将更加有利于实现罪刑相当、罚当其罪。为便于实践掌握，《贪污贿赂解释》明确了修正后刑法规定的“其他较重情节”“其他严重情节”“其他特别严重情节”的具体认定标准。具体说明如下：

1. 情节的确定原则。一是情节与数额挂钩。单从刑法关于“数额较大或者有其他较重情节”“数额巨大或者有其他严重情节”“数额特别巨大或者有其他特别严重情节”的字面表述来看，情节的认定似乎可以完全独立于数额，情节轻重的判断可以不依赖于数额大小。但是，考虑到犯事数额在贪污罪、受贿罪定罪处罚中所具有的基础性作用，以及其他情节严重程度难以量化。仅根据情节决定刑罚可能出现数额较小却判处过重刑罚的罪刑不相称问题，同时也为了增进量刑的确定性，《贪污贿赂解释》借鉴以往有关侵财犯罪司法解释的做法，采用情节与数额挂钩的办法，规定贪污、受贿数额一万元以上不满三万元，具有其他较重情节的即应追究刑事责任；数额不满“数额巨大”“数额特别巨大”，但达到其起点数额的一半，同时具有规定情节的，应当认定为具有“其他严重情节”“其他特别严重情节”。二是慎重、从严甄别情节。影响案件量刑的情节很多，尽管《贪污贿赂解释》对于情节轻重的判断要求兼顾数额，但在具体情节的甄别和确定上仍有必要秉持极其严格的态度，

本解释规定的必须是那些能够体现犯罪特点、对于定罪量刑具有重要性的情节。因为，《刑法修正案（九）》对于数额与其他情节是并列规定的，数额与情节是二选一的关系，具备了某一情节即可定罪或者加重处罚；而且，《贪污贿赂解释》规定，在具备一定情节的情况下数额只要达到一半（起刑点还不足一半）即可定罪或者升档量刑，情节在定罪量刑中的分量极重。同样的原因，对于《贪污贿赂解释》规定的定罪量刑情节，具体理解和适用时也要注意从严掌握。三是贪污罪与受贿罪的情节要有所区别。情节不能泛泛而谈，两罪在侵害客体和危害性表现上存在不同，在确定具体情节时要重点予以体现，有必要对两罪的情节分别规定。

2. 贪污罪的定罪量刑情节。对于贪污罪的定罪量刑情节，《贪污贿赂解释》明确了五种具体情形，简要说明如下：

第（一）项是贪污救灾、抢险、防汛、优抚、扶贫、移民、救济、防疫、社会捐助等特定款物的。这是基于犯罪行为特定危害性而提出的，贪污特定款物较一般款物具有更为严重的危害性，一直也是刑事打击的重点。对于本项规定中的“等”字，实践中要注意从两个方面来把握：一是这里的“等”为“等外等”，这也是法律文件中“等”字的通常性理解，所以，特定款物不限于列明的九种款物；二是其他特定款物的认定要从严掌握，只有与所列举的款物具有实质相当性的款物才可以认定为特定款物，具体可以从事项重要性、用途特定性以及时间紧迫性等方面进行判断。

第（二）项、第（三）项是曾因贪污、受贿、挪用公款受过党纪、行政处分或者因故意犯罪受过刑事追究的。这是基于行为人特定的人身危险性作出的规定，具有作案前科受过处理仍不改正，说明行为人主观恶性大，需要科以更为严重的惩罚以收特殊预防之效。适用本规定时需要注意以下两点：一是严格限定党纪、行政处分的事由。第（二）项原表述为“贪污、受贿等职务违纪违法行为”。征求意见时有意见提出，党纪、行政处分的事由各不相同，且党纪、行政处分轻重不一，为防止情节认定过于宽泛可能导致的刑责不相适应，同时确保处分事由的相对一致性，建议对处分事由作出限定。为此，《贪污贿赂解释》将处分事由明确为“贪污、受贿、挪用公款”三种具体职务违纪违法行为。二是“刑事追究”的理解。鉴于实践中受过刑事追究的仍有担任公职特别是在国家出资企业任职的情况，且由于工作衔接等原因受过刑事追究的未必都进行过党纪、行政处分，故《贪污贿赂解释》第

（三）项对因故意犯罪受过刑事追究的情形一并作出规定。文字表述上之所以用“刑事追究”而非“刑事处罚”，主要是考虑到较轻的刑事犯罪还有不起诉或者免予刑事处罚等处理措施，“刑事追究”一词更具包容性。三是“故意犯罪”的理解。故意犯罪侧重于主观恶性，不能因为一些过失犯罪的刑罚重于故意犯罪而对这里的“故意犯罪”人为设限。但是，综合全案情节，贪污、受贿行为确实属于情节显著轻微危害不大，符合刑法第十三条但书条款规定的，可以不作为犯罪处理。

第（四）项是赃款赃物用于非法活动的。这是基于两次违法行为的特殊危害性而作出的否定评价，贪污后进而将赃款赃物用于非法活动，具有更为严重的危害性。适用本项规定时要注意避免绝对化理解：一方面，不要求赃款赃物全部或者大部分用于非法活动；另一方面，用于非法活动的赃款赃物数额需要达到一定程度，对于用于非法活动的赃款赃物占比较小的，不宜适用本项规定。“度”的具体把握，实践中可以根据个案情况结合用于非法活动的比例数和绝对数综合判断。对于《贪污贿赂解释》规定的其他相关定罪量刑情节，也应当秉承这一思路进行认定。

第（五）项是拒不交待赃款赃物去向致使赃款赃物无法追缴或者拒不配合追缴工作，致使无法追缴的。这是综合行为人认罪悔罪态度和损害结果而提出的，不同于因客观原因不能追缴，行为人拒不交待或者拒绝配合致使赃款赃物无法追缴的，不仅损失结果不能依法挽回，而且反映出行为人毫无认罪悔罪之态度，故作为加重情节予以规定是合理的。

此外，为避免挂一漏万，《贪污贿赂解释》还在第（六）项规定了“造成恶劣影响或者其他严重后果的”情节。作为兜底条款，本项规定对危害结果予以了特别强调，本质上是结果加重情节，所以，在开放性程度上与其他司法解释文件的相关规定是有所不同的。具体适用本项规定时，一方面要注意发挥其兜底性作用，这里的影响或者后果不局限于物质层面的损失；另一方面要注意结合《贪污贿赂解释》的本意从严掌握，影响或者后果必须实际发生且为相关证据证明。

3. 受贿罪的定罪量刑情节。对于受贿罪的定罪量刑情节，除《贪污贿赂解释》在贪污罪中规定的第二种至第六种情形外，《贪污贿赂解释》针对受贿罪的特点另外规定了三种情形，分别说明如下：

第（一）项是多次索贿。设定为“多次索贿”，主要有两方面的考虑：

一方面，强拿硬要、主动索要较之于被动收受，其主观恶性和社会影响恶劣程度均要重于后者，将索贿作为量刑情节，具有合理性和针对性。另一方面，索贿是刑法明确规定的从重情节，这里解决的是加重情节，加以“多次”限定，可以较好地体现两者程度之差异。对于这里的“多次”，实践中要注意结合行为人的主观目的、索贿事由、对象等进行具体认定，避免单纯形式化的理解。例如，基于一笔款项十万元的索贿目标经多次索要才陆续得逞的，不宜认定为多次索贿；同时向多个不同的对象索贿的，也应当认定为多次索贿。此外，这里的“多次”没有时间限定。不论时间长短，凡是基于具体职务行为索要贿赂的，均应一并纳入犯罪处理。

第（二）项是为他人谋取不正当利益，致使公共财产、国家和人民利益遭受损失。受贿罪以“为他人谋取利益”为法定要件，但是否实际为他人谋取利益、所谋取的利益正当与否均不影响受贿罪的认定。从损害结果的角度，受贿罪存在三种情形，分别是：收受财物后未实施相关职务行为；收受财物后正常履职；收受财物后违法行使职权为他人谋取不正当利益。第三种情形直接以妨害公权力正当行使、损害国家或者他人利益为交换条件，具有明显更为严重的危害性，理应从严惩处。

第（三）项是为他人谋取职务提拔、调整。通过贿赂买官卖官的行为严重违反党的组织纪律，严重败坏政治生态，当前查处的区域性腐败、系统性腐败案件往往与此有关，危害性十分严重，故有必要对这类腐败案件加大惩处力度。适用本项规定时需要注意以下几点：一是“为他人谋取职务提拔、调整”不要求实际谋取，承诺、实施、实现三个阶段中任何一个阶段的行为均应认定为本项规定的情形。《贪污贿赂解释》第七条关于行贿罪定罪量刑情节规定中的“谋取职务提拔、调整”也作此理解。二是职务“调整”包括职务的平级调整，但是，离职、退休等不再具有国家工作人员公职身份的调整一般不宜认定为这里的职务调整。

此外，对于贪污罪、受贿罪定罪量刑情节的理解和适用，还需要注意以下几点：第一，《贪污贿赂解释》对于受贿罪规定的八种情节，既适用于定罪，也适用于加重量刑。不能因为《贪污贿赂解释》第二条第三款“其他严重情节”、第三条第三款“其他特别严重情节”与第一条第三款“其他较重情节”表述上的差异，而错误地认为加重量刑情节仅为第一条第三款中具体列举的三种情节。第二，《贪污贿赂解释》第二条第二款规定“贪污数额在十万元以上不满二十万元”，具有《贪污贿赂解释》规定的从重情形的，应当认定为刑法规定的“其他严重情节，依法判处三年以上十年以下有期徒刑”等类似表述，主要解决的是入罪和升档量刑的门槛问题。对于数额在二十万元以上不满一百五十万元、具有从重情形的，同样适用该档法定刑规定，实践中要注意避免此种情形下数额接近二十万元的就应当在该档法定刑的上限量刑的简单化理解。第三，关于重复评价的问题。一是加重量刑情节与定罪事实能否同时评价，如《贪污贿赂解释》将“为他人谋取不正当利益，致使公共财产、国家和人民利益遭受损失的”规定为受贿罪的加重情节的同时，在第十七条明确受贿又渎职的实行数罪并罚，能否据此规定既加重量刑又数罪并罚？经研究，源于“为他人谋取利益”在受贿罪构成体系中定位的分歧，同时评价和择一重处理两种意见均有一定道理，实践中可以根据个案情况具体掌握。二是加重量刑情节能否作为一般量刑情节再次评价，如前科情节构成累犯时在提档量刑后是否还要从重处罚，以及入罪情节与2012年《最高人民法院、最高人民检察院关于办理职务犯罪案件严格适用缓刑、免予刑事处罚若干问题的意见》规定的不得适用缓刑情节重合时能否适用缓刑等？对此，我们的意见是明确的，即可以再次评价。当然，不管是第一种情形还是第二种情形，同时评价之后都要考虑到这一特殊性，并在量刑时予以充分体现。

（三）关于贪污罪、受贿罪的死刑适用原则

《刑法修正案（九）》对贪污罪、受贿罪的死刑规定作了两个方面的调整：一是死刑适用的条件，将“情节特别严重的，处死刑”细化为“数额特别巨大，并使国家和人民利益遭受特别重大损失的，处无期徒刑或者死刑”；二是增加死缓终身监禁的规定，即“有第三项规定情形被判处死刑缓期执行的，人民法院根据犯罪情节等情况可以同时决定在其死刑缓期执行二年期满依法减为无期徒刑后，终身监禁，不得减刑、假释”。其中，首次针对具体罪名设立死缓减为无期徒刑后终身监禁，对于贯彻宽严相济刑事政策和严格控制、慎重适用死刑政策，以及依法从严惩处严重腐败犯罪，维护死缓执行的严肃性等，都将发挥重要作用。

根据《刑法修正案（九）》的立法精神，经研究对死刑适用的三个基础性问题取得了共识：一是终身监禁为严格控制死刑立即执行的适用提供了重要的制度支持。在对贪污罪、受贿罪保留死刑立即执行的前提下，有必要更加严格地控制其适用。二是终身监禁是对部分死缓执行二年期满依法减为无期徒刑后不再继续减刑、假释的一种刑罚执行措施，其严厉性介于一般死缓与死刑立即执行之间。终身监禁的适用同样需要严格控制，主要适用于过去可能需要判处死刑立即执行，现在适用终身监禁同样可以做到罚当其罪的情形。三是终身监禁不是一个刑种，但具有相对独立性。终身监禁不适用刑法总则关于死缓执行期间有重大立功表现减为二十五年有期徒刑的规定。亦即无论在死缓执行期间还是执行期间届满减为无期徒刑后，均不得因为重大立功表现而减为有期徒刑。基于此，《贪污贿赂解释》第四条分三款对贪污罪、受贿罪的死刑适用作出了原则性规定。

第一款属于对死刑适用作出的一般性规定。本款规定判处死刑必须同时具备数额特别巨大、犯罪情节特别严重、社会影响特别恶劣、给国家和人民利益造成特别重大损失的四个条件，以此对刑法规定的无期徒刑和死刑的适用标准作出进一步区分，体现严格控制死刑适用的政策精神，确保死刑立即执行仅适用于极个别罪行极其严重的贪污受贿犯罪分子。适用本款规定时要注意，这里规定的“特别重大损失”，包括但不限于物质损失。

第二款属于一般死缓规定。对于贪污罪、受贿罪判处死缓的，首先考虑适用的是一般死缓，而非终身监禁，以此避免实践中可能出现的、不加区分地一概适用终身监禁，从而加重原本就应当判处一般死缓的被告人刑罚的不当做法。为此，《贪污贿赂解释》一方面通过第一款、第二款的衔接，强调符合死刑适用条件但同时具备从宽情节、不是必须立即执行的，可以判处一般死缓；另一方面通过设定相对宽松的死缓适用条件，为一般死缓的实践适用提供必要的政策空间。

第三款属于终身监禁的规定。本款从实体和程序两个方面明确了终身监禁的具体适用：一是通过与第一款直接对接，强调终身监禁主要适用于原本可能判处死刑立即执行的情形；二是明确在一、二审作出死缓裁判的同时应当一并作出终身监禁的决定，而不能等到死缓执行期间届满再视情而定，以此强调终身监禁不受执行期间重大立功等服刑表现的影响。适用终身监禁时需要注意把握两点：一是坚决，对于符合终身监禁适用条件的要坚决判处终身监禁，以此发挥终身监禁在填补死刑立即执行和一般死缓之间的空当、严肃惩治严重腐败犯罪中的特殊作用。二是慎重，切实防止适用一般死缓即可做到罪刑相当的案件被不当升格为终身监禁。

（四）关于挪用公款、行贿等其他职务犯罪的定罪量刑标准

贪污罪、受贿罪的定罪量刑标准调整后，为确保不同职务犯罪定罪量刑标准的内在协调性，避免其他职务犯罪的定罪量刑标准可能出现的“轻重倒挂”现象，《贪污贿赂解释》第五条至第十一条对挪用公款罪、行贿罪的定罪量刑标准作了相应调整，同时对尚未明确定罪量刑标准的利用影响力受贿罪、对有影响力的人行贿罪，以及职务侵占罪、挪用资金罪、非国家工作人员受贿罪和非国家工作人员行贿罪等非国家工作人员职务犯罪的定罪量刑标准一并作出了规定。

1. 挪用公款罪定罪量刑标准的调整。1998 年《最高人民法院关于审理挪用公款案件具体应用法律若干问题的解释》（以下简称《挪用公款解释》）对挪用公款罪的定罪量刑标准已有规定。鉴于贪污罪的定罪量刑标准作了较大调整，加之《挪用公款解释》原有的一些规定不够明确，《贪污贿赂解释》第五条、第六条对挪用公款罪定罪量刑标准进行了调整和完善，主要体现在以下三个方面：一是对原数额标准由数额幅度调整为具体数额，同时适度提高数额标准。《贪污贿赂解释》参考贪污罪定罪量刑的数额标准并适当上浮，将挪用公款进行非法活动的起刑点数额由五千元至一万元调整为三万元；挪用公款进行营利活动或者超过三个月未还的起刑点数额即数额较大的起点数额由一万元至三万元调整为五万元，数额巨大的起点数额由十五万元至二十万元调整为五百万元。二是完善“情节严重”的认定标准，并将情节严重的数额标准与“数额巨大”的标准相区分。《挪用公款解释》规定“情节严重”时，除单纯数额标准外，对于“多次挪用公款”“因挪用公款严重影响生产、经营，造成严重损失”等情形未明确数额要求。为避免实践理解分歧，防止出现数额刚达到追诉标准但具有规定情形的即被认定为情节严重，判处五年以上有期徒刑刑罚的不当做法，《贪污贿赂解释》对情节标准的认定明确了数额要求。同时，《挪用公款解释》将“数额巨大”的标准直接作为挪用公款进行营利活动或者超过三个月未归还情形下“情节严重”的认定标准，有可能出现相同数额量刑反差过大的不合理现象，《贪污贿赂解释》在上提情节严重的数额认定标准的基础上，对严重情节中的数额标准与数额巨大的标准作出区别规定。其中，较大幅度上提情节严重的数额认定标准，如将挪用公款进行经营活动数额在二百万元以上的确定为情节严重，主要是考虑刑法对于挪用公款罪和贪污罪的法定刑配置存在差异：贪污罪的三个量刑档分别为三

年有期徒刑以下、三年以上十年以下有期徒刑、十年以上有期徒刑或者无期徒刑、死刑；而挪用公款罪的三个量刑档却为五年以下有期徒刑、五年以上有期徒刑、十年以上有期徒刑或者无期徒刑，就前两个量刑档而言，挪用公款罪明显要重于贪污罪。三是明确挪用公款进行非法活动“数额巨大”的认定标准，即此种情形数额巨大的认定标准为三百万元以上。需要补充说明的是，实践中存在挪用公款部分进行非法活动，部分进行营利活动或者超过三个月未还，分别均未达到《贪污贿赂解释》规定的相应入罪数额标准的情形。对此，可以按照“轻行为吸收重行为”的原则合并计算挪用数额，即将“进行非法活动”数额计入“进行营利活动或者超过三个月未还”的数额，如合并计算后达到后者入罪标准的，应当依法定罪处罚。

2. 行贿罪定罪量刑标准的调整。2012 年《最高人民法院、最高人民检察院关于办理行贿刑事案件具体应用法律若干问题的解释》（以下简称《行贿解释》）对行贿罪的定罪量刑标准已有规定。鉴于受贿罪的定罪量刑标准作了较大调整，加之行贿罪的法定刑规定与受贿罪存在不同，《贪污贿赂解释》第七条至第九条对行贿罪的定罪量刑标准进行了调整，集中体现在以下两个方面：一是提高了行贿罪的起刑点以及“情节严重”“情节特别严重”中的数额标准。将行贿罪的起刑点由原先的一万元调整为三万元，与受贿罪保持一致，主要是出于行受贿打击并重，从源头上有效治理贿赂犯罪的政策考虑。将“情节严重”中单纯的数额标准由原先的二十万元以上不满一百万元调整为一百万元以上不满五百万元，“数额+情节”中的数额标准由原先的十万元以上不满二十万元调整为五十万元以上不满一百万元；“情节特别严重”中单纯的数额标准由原先的一百万元以上调整为五百万元以上，“数额+情节”中的数额标准由原先的五十万元以上不满一百万元调整为二百五十万元以上不满五百万元，主要是出于行受贿平衡量刑的考虑。二是对起刑点增设了“数额+情节”的规定。即行贿数额在一万元以上不满三万元，同时具有《贪污贿赂解释》规定的情形之一的，也应当追究刑事责任。其主要考虑是：一些行贿虽然数额不大，但情节严重，影响恶劣、损失重大，有必要予以刑事处罚。在加重情节的具体理解上，需要注意两点：首先，是对《贪污贿赂解释》第七条第二款第（四）项“向负有食品、药品、安全生产、环境保护等监督管理职责的国家工作人员行贿，实施非法活动的”和第（五）项“向司法工作人员行贿，影响司法公正的”规定中的“实施非法活动”和“影响司法公正”，应作客观化理解，只有客观实施了“非法活动”或者实际发生了“影响司法公正”的结果，才适用该两项规定。其次，是对《贪污贿赂解释》第七条第二款第（六）项“造成经济损失数额在五十万元以上不满一百万元的”规定中的“经济损失”，可以参考2012年《最高人民法院、最高人民检察院关于办理渎职刑事案件适用法律若干问题的解释（一）》（以下简称《渎职解释》）第八条的规定精神进行理解，即“经济损失”是指已经实际造成的财产损失，包括为挽回损失而支付的各种开支、费用等。

3. 明确利用影响力贿赂犯罪的定罪量刑标准。利用影响力受贿罪和对有影响力的人行贿罪这两种犯罪，由于受贿人非直接利用本人的职权为他人谋取不正当利益，被利用（或被企图利用）的国家工作人员主观上没有为他人谋取利益的故意，相对于受贿罪、行贿罪较为直接的权钱交易而言，其实际危害相对要轻一些。但是，考虑到刑法对利用影响力受贿罪和对有利用影响力的人行贿罪已经设置了轻于受贿罪和行贿罪的法定刑，而且这类行为间接侵犯了国家工作人员的职务廉洁性，与非国家工作人员受贿罪和对非国家工作人员行贿罪存在明显不同，为有效打击国家工作人员的“身边人”贿赂犯罪，《贪污贿赂解释》第十条规定，该两个罪名与行贿罪、受贿罪适用相同的定罪量刑标准。同时考虑到这两个罪与受贿罪、行贿罪在主体要件等方面存在不同，《贪污贿赂解释》对受贿罪、行贿罪规定的定罪量刑情节不能完全适用，如受贿罪中的“曾因贪污、受贿、挪用公款受过党纪、行政处分的”情节等，故规定“参照”而非“按照”受贿罪、行贿罪的标准执行。

4. 明确非国家工作人员职务犯罪的定罪量刑标准。鉴于非国家工作人员受贿罪、职务侵占罪、挪用资金罪、对非国家工作人员行贿罪这四个罪名的定罪量刑标准尚无明确的司法解释规定，实践中对于能否参照以及如何参照适用相对应的国家工作人员职务犯罪的定罪量刑标准较为困惑，各地司法机关具体标准掌握出入较大。为此，《贪污贿赂解释》第十一条对这四个罪名的定罪量刑标准一并作出了规定。《贪污贿赂解释》明确其定罪量刑标准按照相对应的国家工作人员职务犯罪定罪量刑数额标准的一定的倍数执行，主要是基于以下考虑：一是体现从严治吏的政策精神。非国家工作人员受贿罪、职务侵占罪、挪用资金罪、对非国家工作人员行贿罪均不涉及公共财物和国家工作人员的职务廉洁性，一般认为其危害性要低于相对应的国家工作人员职务犯罪案件，对其定罪量刑标准有必要适度上提，故《贪污贿赂解释》作出了一般按照相对应的国家工作人员职务犯罪数额标准二倍执行的原则性规定。二是兼顾轻重罪的平衡需要。非国家工作人员受贿罪、职务侵占罪的第一档量刑均为五年以下有期徒刑，而相对应的国家工作人员受贿罪、贪污罪的第一档量刑是三年以下有期徒刑，为避免出现“轻重倒挂”问题，故《贪污贿赂解释》对非国家工作人员受贿罪、职务侵占罪中“数额巨大”的标准另行确定了更高倍数的起点数额，即按照受贿罪、贪污罪相对应的数额标准的五倍执行。

适用本条规定时需要注意以下几点：一是第一款规定的非国家工作人员受贿罪、职务侵占罪的“数额较大”“数额巨大”的认定，严格以受贿罪、贪污罪中的“数额较大”“数额巨大”的数额标准为基准，而不得考虑其中“数额+情节”的情形，即“数额较大”为六万元（3万元×2）；“数额巨大”为一百万元（20万元×5）。二是第二款规定的挪用资金罪第一个量刑档中的“数额较大”，以挪用公款罪中“数额较大”的数额标准为认定基准，即十万元（5万元×2）；挪用资金罪第二个量刑档中的“数额巨大”，以挪用公款罪第二个量刑档“情节严重”的数额标准为认定基准，即通常为四百万元（200万元×2）；挪用资金罪第二个量刑档中“数额较大不退还”的“数额较大”，以挪用公款罪第二个量刑档“情节严重”中“不退还”的数额标准为认定基准，即二百万元（100万元×2）。挪用资金进行非法活动的，第一个、第二个量刑档的数额标准分别以相对应的挪用公款罪第一个、第二个量刑档的数额标准的2倍执行，即入罪数额标准为六万元（3万元×2）；数额巨大的标准通常为二百万元（100万元×2）；“数额较大不退还”中“数额较大”的标准为一百万元（50万元×2）。三是第三款规定的对非国家工作人员行贿罪中“数额较大”“数额巨大”的认定，应当同时以行贿罪第一个、第二个量刑档中的单纯数额标准和“数额+情节”的数额标准为基准，即数额较大的标准为六万元（3万元×2）或者二万元（加重情节，1万元×2）；数额巨大的标准为二百万元（100万元×2）或者一百万元（加重情节，50万元×2）。四是第三款规定的对非国家工作人员行贿罪的数额认定标准时，未涉及单位犯对非国家工作人员行贿罪的情形，故单位犯对非国家工作人员行贿罪的定罪量刑标准，不适用本款规定。五是考虑到单位行贿罪、对单位行贿罪均只有一个量刑幅度，且相关追诉标准的规定可以继续适用、无须作出调整，故《贪污贿赂解释》未再规定单位行贿罪、对单位行贿罪这两个行贿犯罪的定罪量刑标准。六是对于《贪污贿赂解释》未明确定罪量刑标准的其他职务犯罪，实践中可参考《贪污贿赂解释》规定的精神进行具体认定。

（五）关于贿赂犯罪对象“财物”范围的理解

《中共中央关于全面推进依法治国若干重大问题的决定》提出，“把贿赂犯罪对象由财物扩大为财物和其他财产性利益”。对于该项任务，早期有由立法机关在《刑法修正案（九）》当中或者制定立法解释予以落实的意见，但是考虑到2008年《最高人民法院、最高人民检察院关于办理商业贿赂刑事案件适用法律若干问题的意见》（以下简称《商业贿赂意见》）已经把财产性利益纳入贿赂对象范围，实践中的主要问题不再是财产性利益能否认定为贿赂对象的问题，而是财产性利益如何认定的问题，司法解释可以对这一问题作出更为具体的规定，故后来明确该问题由“两高”在司法解释中予以明确。

《贪污贿赂解释》第十二条的规定主要借鉴了《商业贿赂意见》第七条的规定，后者明确规定：“商业贿赂中的财物，既包括金钱和实物，也包括可以用金钱计算数额的财产性利益，如提供房屋装修、含有金额的会员卡、代币卡（券）、旅游费用等。具体数额以实际支付的资费为准。”除文字调整之外，《贪污贿赂解释》将财产性利益作了进一步的归类细分，首次明确财产性利益包括可以折算为货币的物质利益和需要支付货币才能获得的其他利益两种。前者如房屋装修、债务免除等，其本质上是一种物质利益。后者如会员服务、旅游，就其性质而言不属于物质利益，但由于取得这种利益需要支付相应的货币对价，故应当在法律上视同为财产性利益。实践中，提供或者接受后者利益主要有两种情形：一种是行贿人支付货币购买后转送给受贿人消费；另一种是行贿人将在社会上作为商品销售的自有利益免费提供给受贿人消费。两种情形实质相同，均应纳入贿赂犯罪处理，但因表现形式不同有可能导致第二种情形数额认定上的意见分歧，故《贪污贿赂解释》同时明确，“后者的犯罪数额，以实际支付或者应当支付的数额计算”。

（六）关于受贿犯罪中“为他人谋取利益”要件的认定

“为他人谋取利益”条件的理解和认定，是长期困扰司法实践的一个难题。该要件为我国刑法所特有，在《联合国反腐败公约》和国外刑法当中均未见类似规定，考虑到贿赂犯罪的侵害本质在于公权力的不可收买性以及该要件规定在司法适用当中的诸多问题，理论界和实务界均有取消该要件规定的呼声。在立法仍保留该要件规定的情况下，根据相关规范性司法文件规定并结合多年来的实践做法，有必要进一步统一“为他人谋取利益”要件的理解，以适应惩治受贿犯罪的实践需要。

《贪污贿赂解释》第十三条第一款列举了三种应当认定为“为他人谋取利益”的情形。

第（一）项规定明确，承诺为他人谋取利益即可认定为为他人谋取利益，是否着手为他人谋取利益以及为他人谋利事项是否既已完成均在所不问，既不影响定罪也不影响既遂的认定。本项内容来源于《全国法院审理经济犯罪案件工作座谈会纪要》（以下简称《经济犯罪纪要》）的规定，即“为他人谋取利益”包括“承诺、实施和实现三个阶段的行为”，只要实施其一即可认定。

第（二）项规定同样来源于《经济犯罪纪要》内容。《经济犯罪纪要》规定，“明知他人有具体请托事项而收受其财物的，视为承诺为他人谋取利益”。本项规定的要点在于“具体请托事项”，只要收受财物与职务相关的具体请托事项建立起关联，即应以受贿犯罪处理。具体包括两种情况：一是行贿人告知受贿人具体请托事项，或者受贿人基于客观情况能够判断出行贿人有请托事项，受贿人收受对方财物的，虽然尚未实施具体谋取利益行为，也应认定为受贿人“为他人谋取利益”；二是受贿人知道或应当知道行贿人的具体请托事项，但并不想具体实施为对方谋取利益的行为，此种情形同样属于基于具体职务行为的权钱交易行为，国家工作人员的职务廉洁性同样受到侵害，故也应认定为受贿人“为他人谋取利益”。

第（三）项是针对事后受贿作出的新规定。履行职责时没有受贿故意，双方亦未就请托事项进行意思沟通，但在履行职责后收取他人财物的，只要该收受财物与其先前职务行为存在关联，其收受财物的行为同样侵犯了国家工作人员的职务廉洁性。起草过程中有意见提出，本项规定突破了“为他人谋取利益”的字面含义。《贪污贿赂解释》保留该项规定，其主要考虑是：事前受贿和事后受贿没有实质不同，关键在于收受财物与具体职务行为有无关联，而不在于何者为因何者为果，也不在于时间先后。适用本项规定时需要注意以下两点：一是根据此前司法解释等文件的规定，国家工作人员离职、退休后收受财物，认定受贿须以离职、退休之前即国家工作人员身份存续期间有事先约定为条件。本项规定同样受此约束，不能认为本项规定修改了此前文件的规定。二是“事后”的时间间隔没有限制，但收受财物与履职事项之间应存在实质关联。

第二款规定的是受贿犯罪与“感情投资”的界限划分问题。在刑法没有规定赠贿、收受礼金方面犯罪的情况下，受贿犯罪谋取利益要件的认定需要把握住一个底线，这个底线就是《经济犯罪纪要》确立的具体请托事项。鉴于此，纯粹的感情投资不能以受贿犯罪处理。同时，对于日常意义上的“感情投资”，又有必要在法律上作进一步区分：一种是与行为人的职务行为无关的感情投资；另一种是与行为人职务行为有着具体关联的所谓的“感情投资”。对于后者，由于双方在职务活动中日常而紧密的关系，谋利事项要么已经通过真实的职务行为得以实现，要么可以推断出给付金钱有对对方职务行为施加影响的意图，这种情况下只要能够排除正常人情往来的，同样应认定为受贿。基于这一理解，《贪污贿赂解释》规定：“国家工作人员索取、收受具有上下级关系的下属或者具有行政管理关系的被管理人员的财物价值三万元以上，可能影响职权行使的，视为承诺为他人谋取利益。”其中，“价值三万元以上”是为了便于实践掌握而对非正常人情往来作出的量化规定。该款规定充分考虑了与《中国共产党纪律处分条例》关于违纪收受礼金规定的衔接，将收受财物的对象限制在具有上下级关系的下属或者具有行政管理关系的被管理人，并加以金额三万元以上、可能影响职权行使的限制，较好地区分了受贿犯罪与正常人情往来以及违纪行为的政策法律界限。具体适用本款规定时，要注意把“价值三万元以上”和“可能影响职权行使”结合起来作整体理解：一方面，“价值三万元以上”可以累计计算，而不以单笔为限；另一方面，对于确实属于正常人情往来、不影响职权行使的部分，不宜计入受贿数额。

（七）关于行贿罪从宽处罚适用条件的理解

对于行贿罪的从宽处罚，《刑法修正案（九）》将刑法第三百九十条第二款原规定的“行贿人在被追诉前主动交待行贿行为的，可以减轻或者免除处罚”修改为“行贿人在被追诉前主动交待行贿行为的，可以从轻或者减轻处罚。其中，犯罪较轻的，对侦破重大案件起关键作用的，或者有重大立功表现的，可以减轻或者免除处罚”。这是针对实践中“重打击受贿轻打击行贿”这一突出问题作出的重要调整，对行贿罪的从宽处罚予以区别对待，对行贿罪减轻或者免除处罚设定更为严格的适用条件，有利于加大对行贿罪的处罚力度，从源头上惩治和预防腐败犯罪。

为便实践统一掌握，《贪污贿赂解释》第十四条对新规定可以减免处罚情形的具体理解作了规定。

第一款将“犯罪较轻”明确为“可能被判处三年有期徒刑以下刑罚”的犯罪。其主要考虑是：将三年有期徒刑以下刑罚作为犯罪较轻的认定标准，符合立法和司法的普遍认识。例如，刑法将缓刑的适用条件确定为判处三年以下有期徒刑。起草过程中有意见建议将行贿罪的第一个量刑档即五年以下有期徒刑作为犯罪较轻的认定标准，以方便实践适用。经研究，判处五年有期徒刑的通常即可认为是重罪，在重罪与较轻犯罪之间有必要留出一个中间地带，故未采纳。

第二款将判处十年有期徒刑以上刑罚和省级影响性案件确定为“重大案件”。本款内容主要借鉴了《最高人民法院关于处理自首和立功具体应用法律若干问题的解释》（以下简称《自首和立功解释》）关于“重大案件”的规定，即可能判处无期徒刑以上刑罚的案件，以及在本省、自治区、直辖市或全国有较大影响的案件。之所以将《自首和立功解释》规定的无期徒刑以上调整为十年有期徒刑以上，主要有两方面的考虑：一是行贿人的配合对于受贿犯罪的查处具有难以替代的重要作用。行贿罪的从宽处罚规定，既有罪刑相适应的考虑，也有打击策略的考虑。适当调低重大案件的掌握标准，可以为该规定的实践适用提供必要的空间。二是受贿罪的罪重罪轻主要取决于数额大小。将重大案件的标准定得过高，将导致只有极少数犯罪数额极大的行贿犯罪分子才有“资格”适用本法从宽规定的不合理现象，亦即，犯罪越严重越可以得到减免处理，这对于那些罪行更轻但又不属于前述犯罪较轻的行贿犯罪分子是不公平的。

第三款从线索提供、证据收集、追逃追赃等方面列举了“对侦破重大案件起关键作用”的四种具体情形。行贿人主动交待行贿事实，对侦破重大案件所起作用主要体现在两个方面：一是提供案件线索，即司法机关未掌握某一行受贿案件的线索，由于行贿人主动交待，使重大案件得以侦破。其中又分为两种情况：行贿人主动交待的行贿行为相对应的受贿本身就构成重大案件，以及行贿人主动交待的行贿行为相对应的受贿本身不构成重大案件，但以此为线索另外查出受贿人其他重大受贿犯罪事实。二是对受贿案件的证据收集、事实认定、追逃追赃起关键作用，即司法机关虽掌握某行受贿案件的线索，但未掌握追究刑事责任的足够证据，行贿人主动交待的事实为司法机关收集、完善、固定证据起到关键作用，或者行贿人主动交待的事实涉及受贿犯罪分子的行踪或者赃款赃物的去向等，对于办案机关抓捕受贿犯罪分子，追缴赃款赃物起到关键作用的。

（八）关于多次受贿的数额计算

受贿案件往往涉及多笔受贿事实，受贿数额的认定特别是小额贿赂款、历史性收受的款物是否累计计算，实践中存在意见分歧。为此，《贪污贿赂解释》第十五条对受贿犯罪的数额计算作出了规定。

第一款主要针对的是小额贿款的计算问题。《贪污贿赂解释》明确多次受贿未经处理的，累计计算受贿数额，主要借鉴了刑法对于多次贪污的数额计算规定。这里的“未经处理”，既包括达到定罪标准未受处理，也包括未达到定罪标准未受处理。受贿人多次收受小额贿款，虽每次均未达到《贪污贿赂解释》规定的定罪标准，但多次累计后达到定罪标准的，也应当依法定罪处罚。这里的“处理”包括刑事处罚和党纪、行政处分，已经受过处理的原则上不再累计。

第二款针对的是行贿人长期连续给予受贿人超出正常人情往来范围的财物，收受财物与具体请托事项不能一一对应的情况下受贿数额如何计算的问题。我们认为，行贿人长期连续给予受贿人财物，且超出正常人情往来，其间只要发生过具体请托事项，则可以把这些连续收受财物的行为视为一个整体行为，全额认定受贿数额。适用本款规定时要注意多次收受财物之间应具有连续性，这是得以在法律上将收受财物与谋利事项建立联系进而将之作为整体受贿行为对待的事实基础。起草过程中有意见指出，规定中的“一万元以上”是否限于单笔收受在“一万元以上”需进一步明确。经研究，能否认定受贿的关键不在于单笔金额的大小，而在于收受时是否与具体服务行为相关，能够证明与具体请托或者谋利事项相关且数额超过一万元的，不管是单笔还是多笔累计，都应一并计入受贿数额。另有意见提出，受请托之前收受财物的数额累计不足一万元，但有其他受贿事实的，是否需要按照第一款的规定计入受贿数额？我们认为，第二款解决的是受贿事实的认定问题；第一款解决的是受贿数额的计算问题，以受贿事实业已确定为前提。未达到第二款规定的一万元数额标准的，意味着性质上不属于受贿，故不宜计入受贿数额。

（九）关于贪污、受贿故意的认定

《贪污贿赂解释》第十六条明确了实践中较为常见的两个与贪污、受贿故意认定相关的问题的具体处理意见。

1. 赃款赃物去向与贪污、受贿故意的认定关系问题。《贪污贿赂解释》明确，只要基于个人非法占有为目的而实施贪污、受贿行为，不管事后赃款赃物的去向如何，均不影响贪污罪、受贿罪的认定。该规定的道理在于贪污罪、受贿罪既已实施完毕，赃款赃物的事后处分不影响刑事定罪。适用本规定时需要注意以下两点：一是赃款赃物的具体去向，在一些情形下特别是用于公务支出的情形下与贪污、受贿故意的认定是存在关联的，这也是《贪污贿赂解释》强调只有当贪污、受贿的故意得以认定时，用于公务支出或者社会捐赠才不影响定罪的原因所在。对于行为时犯罪故意不明确或者不能证明存在贪污或者个人受贿的故意，则应根据案件事实并结合赃款赃物具体去向实事求是地加以认定。二是对于赃款赃物用于公务支出或者社会捐赠的，量刑时应予酌情考虑。

2. 国家工作人员办事、“身边人”收钱行为的刑事定罪问题。本着主客观相一致的定罪原则，此行为能否认定国家工作人员构成受贿犯罪，关键看其对收钱一事是否知情及知情后的态度。为此，《贪污贿赂解释》明确，特定关系人索取、收受他人财物，国家工作人员知道后未退还或者上交的，应当认定国家工作人员具有受贿故意。适用本规定时需要注意以下三点：一是此情形以国家工作人员接受特定关系人转请托为前提，特定关系人未将转请托事项告知国家工作人员的不适用本规定。二是不同于刑法在影响力贿赂犯罪中规定的“关系密切的人”，对于“特定关系人”的认定范围要依照《最高人民法院、最高人民检察院关于办理受贿刑事案件适用法律若干问题的意见》的相关规定从严掌握，即“特定关系人”仅指“与国家工作人员有近亲属、情妇（夫）以及其他共同利益关系的人”。三是“知道后未退还或者上交”强调的是主观故意的判断，因赃款赃物被特定关系人挥霍等，知道时确实已经不具备退还或者上交的客观条件的，则应当有所区别慎重适用。四是影响力贿赂犯罪以国家工作人员不构成受贿罪为前提，在认定国家工作人员构成受贿罪的情况下，相关行受贿犯罪的罪名适用应当保持协调一致，对特定关系人不得另以利用影响力受贿罪处理，对行贿人也不得以对有影响力的人行贿罪处理。

（十）关于受贿犯罪同时构成渎职犯罪的处理

受贿犯罪当中，受贿人往往在为请托人谋取利益时存在渎职行为。在受贿行为和渎职行为均构成犯罪的情况下，是择一重罪处罚还是实行数罪并罚，理论上长期存在意见分歧。2012 年《最高人民法院、最高人民检察院关于办理渎职刑事案件适用法律若干问题的解释（一）》规定，国家机关工作人员实施刑法分则第九章渎职犯罪并收受贿赂的，除刑法另外有规定外，应当实行数罪并罚。但是，此前于 2010 年发布的《最高人民法院、最高人民检察院关于办理国家出资企业中职务犯罪案件具体应用法律若干问题的意见》规定，国有公司、企业工作人员实施刑法分则第三章渎职犯罪并收受贿赂的，择一重罪处理。两者性质相同，但意见相左，影响到了司法处理的统一性和严肃性。为协调并整合两个司法文件规定，《贪污贿赂解释》第十七条明确，不管是国家机关工作人员还是国有公司、企业的工作人员，同时构成受贿罪和刑法分则第三章第三节、第九章规定的渎职犯罪的，除刑法另有规定外，均应当以受贿罪和渎职犯罪实行数罪并罚。《贪污贿赂解释》持并罚立场，主要有以下三点考虑：一是牵连犯择一重罪处理的理论观点不具有普遍适用性，刑法和相关司法解释中不乏数罪并罚的规定；二是成立受贿犯罪不以实际为他人谋取利益、更不以渎职为他人谋取非法利益为条件，受贿与渎职相对独立，实行并罚不存在明显的重复评价问题；三是数罪并罚有利于从严惩处此类犯罪。

（十一）关于贪污贿赂犯罪的经济处罚

为进一步加大对贪污贿赂犯罪分子的经济剥夺和处罚力度，《贪污贿赂解释》明确了赃款赃物追缴要求和罚金刑的判罚标准。

1. 赃款赃物的追缴。《刑法》第六十四条规定犯罪分子违法所得的一切财物，应当予以追缴或者责令退赔；被害人的合法财产，应当及时返还。为有效剥夺贪污贿赂犯罪分子的违法所得，尽可能挽回经济损失，《贪污贿赂解释》第十八条强调，贪污贿赂犯罪分子违法所得的一切财物，应当依法予以追缴或者责令退赔；尚未追缴到案或者尚未足额退赔的违法所得，应当继续追缴或者责令退赔。据此，追缴赃款赃物不设时限一追到底、永不清零，随时发现随时追缴。

2. 罚金刑的判罚标准。《刑法修正案（九）》增加了贪污罪和相关贿赂犯罪的罚金刑规定，为加大对腐败犯罪的经济处罚力度，提高腐败犯罪的经济成本，剥夺腐败分子再犯罪的物质基础，充分发挥刑事立法和司法的预防犯罪功能提供了重要的法律依据。罚金刑判罚标准的设定，既要体现立法意图，确保罚金刑充分有效，又要立足实际，避免无法执行而损及司法的严肃性。为确保罚金刑适用的有效性和严肃性，《贪污贿赂解释》第十九条依托主刑的不同，分层次对贪污罪、受贿罪规定了较其他犯罪更重的罚金刑判罚标准：一是对贪污罪、受贿罪判处三年有期徒刑以下刑罚的，应当并处十万元以上五十万元以下的罚金；二是判处三年以上十年以下有期徒刑的，应当并处二十万元以上犯罪数额二倍以下的罚金或者没收财产；三是判处十年以上有期徒刑或者无期徒刑的，应当并处五十万元以上犯罪数额二倍以下的罚金或者没收财产。并明确，对刑法规定并处罚金的其他贪污贿赂犯罪，应当在十万元以上犯罪数额二倍以下判处罚金。适用本规定时需要注意两点：一是第二款规定中的“其他贪污贿赂犯罪”，应当理解为除贪污罪、受贿罪之外规定在刑法分则第八章中的其他贪污贿赂犯罪，而不包括非国家工作人员职务犯罪。二是贪污贿赂犯罪的罚金刑最低判罚标准为十万元，除适用刑法第三十七条的规定免予刑事处罚之外，不得减至十万元以下判处罚金。

最后，需要补充说明的是，《贪污贿赂解释》对贪污贿赂犯罪的定罪量刑标准作了较大调整，在选择适用新旧法律、新旧司法解释时，要注意正确理解和执行从旧兼从轻的法律和司法解释适用原则。一是对于2015年10月31日以前实施的贪污罪、受贿罪，一般适用新法新解释。即适用《刑法修正案（九）》修正后规定将判处更轻自由刑的，适用修正后刑法和本解释规定。其中，修正前刑法未规定罚金刑但修正后刑法规定了罚金刑的，应当按照本解释确定的判罚标准一并适用修正后刑法有关罚金刑的规定；一审在《刑法修正案（九）》实施之前已经判处没收财产刑的，二审可以按照本解释确定的判罚标准改判罚金刑。二是对于2015年10月31日以前实施的行贿罪，一般适用旧法新解释。由于《刑法修正案（九）》对行贿罪增加规定了罚金刑并对行贿罪规定了更加严格的从宽处罚适用条件，故一般应当适用修正前刑法。同时，由于《刑法修正案（九）》未对行贿罪的基础法定刑作出修改，本解释有关行贿罪的主刑判罚标准可以溯及修正前的刑法规定，较之于前述《行贿解释》，适用本解释对被告人有利的，适用本解释规定。

（撰稿：裴显鼎、刘为波、王坤等）

权威解读（二）

关于《最高人民法院、最高人民检察院，关于办理贪污贿赂刑事案件适用法律若干问题的解释》的问答

问题1:《贪污贿赂解释》规定了本来由刑法规定的定罪量刑标准，这一做法是否合法?《贪污贿赂解释》规定的贪污、受贿数额较大、数额巨大、数额特别巨大的标准与1997年刑法规定的数额有所不同，是否符合当前严惩腐败的精神?《贪污贿赂解释》规定数额较大的起点为三万元，是否意味着低于三万元的贪污、受贿行为不予追究刑事责任?

答:第一个问题，关于《贪污贿赂解释》规定定罪量刑标准的合法性，全国人大常委会在审议《刑法修正案（九）（草案)》时，全国人大常委会法工委对修改贪污受贿犯罪的定罪量刑标准作了说明，指出1997年刑法对贪污受贿犯罪的定罪量刑标准规定了具体数额，是1988年全国人大常委会根据当时惩治贪污贿赂犯罪的实际需要和司法机关的要求作出的。从实践情况看，规定数额虽然明确具体，但此类犯罪情节差别很大，情况复杂，单纯考虑数额，难以全面反映具体个罪的社会危害性。同时，数额规定过死，有时难以根据案件的不同情况做到罪刑相适应。根据各方面意见，拟删去对贪污受贿犯罪规定的具体数额，原则规定为数额较大或者情节较重、数额巨大或者情节严重、数额特别巨大或者情节特别严重三种情况，相应规定三档刑罚。具体定罪量刑标准可由司法机关根据案件的具体情况掌握，或者由最高人民法院、最高人民检察院通过制定司法解释予以确定。正是基于上述授权，“两高”制定司法解释对贪污罪、受贿罪的定罪量刑标准作出规定，而且在《贪污贿赂解释》颁布前报送全国人大常委会法工委听取意见，并送其备案。所以说,《贪污贿赂解释》对贪污罪、受贿罪的入罪门槛、量刑标准作出规定是完全合法合规的。

第二个问题，应当从《贪污贿赂解释》对贪污受贿犯罪所作的全面的规定来看待《贪污贿赂解释》对贪污受贿犯罪定罪量刑数额标准的调整。《贪污贿赂解释》通篇体现了对贪污受贿犯罪从严的精神。一是赋予终身监禁的制度刚性，明确终身监禁的决定必须在裁判的同时就作出，终身监禁一经作出将无条件执行，不受服刑表现的影响。二是加大经济处罚力度，规定远重于其他犯罪的罚金刑判罚标准。三是严密了法网，把贿赂犯罪对象由财物扩大为财物和其他财产性利益，对“为他人谋取利益”的认定作了适度的扩张解

释，明确将赃款赃物用于单位公务支出或者社会捐赠不影响贪污受贿犯罪的认定。四是明确国家工作人员收受贿赂、违反规定为他人谋取利益，同时构成受贿罪和渎职犯罪的实行数罪并罚。《贪污贿赂解释》的这些规定充分体现了从严打击贪污受贿犯罪的精神和要求。《贪污贿赂解释》虽对贪污受贿犯罪定罪量刑数额标准有所调整，但应当看到，《刑法修正案（九）》对贪污罪、受贿罪的定罪量刑标准由过去的“计赃论罚”修改为数额与情节并重。《贪污贿赂解释》对“较重情节”“严重情节”“特别严重情节”作了规定，即使未达到数额标准，但符合相关情节规定的，仍可按相应的量刑档处罚。同时，对定罪量刑数额标准适当调整，拉开各量刑档间的数额级差，有助于为情节在量刑中发挥作用留下更大空间，更好地实现罪刑均衡。《贪污贿赂解释》的这一调整立足于反腐败现实需要，也经过广泛地征求意见、充分论证，总体是科学、合理和可行的。

第三个问题，“数额较大”的起点规定为三万元，但并不意味着低于三万元的贪污、受贿行为不予追究刑事责任。贪污、受贿数额满一万元，同时具有《贪污贿赂解释》规定的情节的，同样应当追究刑事责任。对于贪污、受贿行为，除了刑罚处罚外，还有党纪、政纪处分，有些虽未达到刑事追诉标准被追究刑事责任，但违反党纪、政纪的，仍然要被追究纪律责任。

问题2：《刑法修正案（九）》新增了贪污罪、受贿罪的终身监禁，《贪污贿赂解释》也对终身监禁的适用作了进一步的规定，能否具体解释一下终身监禁与死刑立即执行、死缓之间的关系以及适用条件的区别？

答：这里的终身监禁，准确地说是贪污罪、受贿罪死缓减为无期徒刑后终身监禁，是指对部分死刑缓期执行二年期满依法减为无期徒刑后不再继续减刑、假释的一种刑罚执行措施。《贪污贿赂解释》依据刑法的明确规定，对于贪污、受贿数额特别巨大，犯罪情节特别严重、社会影响特别恶劣、造成损失特别重大的，依法判处死刑立即执行。《贪污贿赂解释》同时依法规定，对于符合死刑立即执行条件，但同时具有法定从宽处罚情节，不是必须立即执行的，可以判处死刑缓期二年执行。死缓是附条件的不执行死刑，即在二年缓期执行期间没有故意犯罪的，依据刑法减为无期徒刑、有期徒刑。终身监禁是介于死刑立即执行与一般死缓之间、极为严厉的一种刑罚执行措施，它的设立，有效填补了死刑立即执行与死缓在实际执行中的空当。根据《刑法修正案（九）》的规定，终身监禁不适用刑法总则关于死缓二年缓期执行期间有重大立功表现减为二十五年有期徒刑的规定，也不适用二年缓期执行期满依法减为无期徒刑后再减为有期徒刑的规定，即不受死缓二年缓期执行期间及执行期间届满减为无期徒刑后服刑表现的影响而减为有期徒刑。对于一些判处死刑立即执行过重，判处一般死缓依法减刑后又偏轻的重大的贪污、受贿罪犯，终身监禁能够体现罪刑相适应的原则。正是基于这一精神，《贪污贿赂解释》规定在一、二审裁判文书上就应当写明终身监禁的决定意见，而不能等到缓期执行期间届满再视情而定，意在强调终身监禁决定后，就必须一直执行监禁刑，而不得再予减刑、假释。

问题3：我们注意到近年来一些高级领导干部犯罪案件中，其“身边人”借着领导干部的关系大肆敛财，对于遏制这种情况《贪污贿赂解释》有没有采取一些措施？

答：这种情形的确成为某些领导干部收受贿赂、规避法律的一种方式。对于这种情况，立法机关和司法机关都关注到了。就立法层面而言，《刑法修正案（七）》增加了利用影响力受贿罪，《刑法修正案（九）》又增加了一个新的罪名，即第三百九十条之一规定的对有影响力的人行贿罪。据此《贪污贿赂解释》第十条对利用影响力受贿罪和对有影响力的人行贿罪的定罪处罚标准予以明确，使法律能够得到更好的实施。《贪污贿赂解释》第十六条第二款规定，“特定关系人索取、收受他人财物，国家工作人员知道后未退还或者上交的，应当认定国家工作人员具有受贿故意”，即对国家工作人员作了更为严格的要求，只要其知道“身边人”利用其职权索取、收受了财物，未将该财物及时退还或上交的，即可认定其具有受贿故意，符合刑法规定的，依照受贿罪定罪处罚。司法实践中，国家工作人员往往辩解其是在“身边人”索取、收受他人财物后才知道的，并没有受贿故意，不构成受贿罪。《贪污贿赂解释》的这一规定扫除了司法实践中的障碍，对国家工作人员规避法律的这种情况能够给予有效的打击。

问题4：请问贿赂犯罪的对象是否限于“财物”？《贪污贿赂解释》是如何界定贿赂犯罪中的“贿赂”？

答：贿赂犯罪的本质在于权钱交易。根据我国刑法的规定，行贿是指为谋取不正当利益，给予国家工作人员以财物；受贿是指国家工作人员利用职务上便利，向他人索取或者收受他人财物，为他人谋取利益。可见，根据刑法规定，贿赂犯罪的对象是“财物”。因此，如何界定贿赂犯罪中的“贿赂”，关键在于对刑法中规定的“财物”应当如何理解和进行解释。

随着我国社会经济的发展，贿赂犯罪手段越来越隐蔽。比如，有的行为人通过低买高卖交易的形式收受请托人的好处，有的行为人通过收受干股、合作投资、委托理财、赌博等方式，变相收受请托人的财物。这类贿赂犯罪隐蔽性强，社会危害性大，有必要依法予以惩处。因此，《贪污贿赂解释》第十二条对什么是“贿赂”，作出了专门的规定。

根据《贪污贿赂解释》的规定，贿赂犯罪中的财物，包括货币、物品和财产性利益。财产性利益包括可以折算为货币的物质利益如房屋装修、债务免除等，以及需要支付货币的其他利益如会员服务、旅游等。后者的犯罪数额，以实际支付或者应当支付的数额计算。《贪污贿赂解释》第十二条对贿赂的规定，是在2008年1月《最高人民法院、最高人民检察院关于办理商业贿赂刑事案件适用法律若干问题的意见》有关规定的基础上，对什么是“财产性利益”作出进一步明确；这条规定既是对以往司法解释文件和司法经验的梳理和总结，也充分体现了党的十八届四中全会《关于全面推进依法治国若干重大问题的决定》关于“完善惩治贪污贿赂犯罪法律制度”的精神和要求，回应了广大人民群众从严打击贿赂犯罪的呼声。

问题5：《贪污贿赂解释》第十八条规定了贪污贿赂犯罪分子违法所得的追缴和退赔，请问出于什么考虑？另外，追逃、追赃紧密相连，为何《贪污贿赂解释》没有规定追逃的内容？

答：依法追缴贪污贿赂犯罪嫌疑人、被告人的违法所得财产和其他涉案财产，是检察机关查办贪污贿赂犯罪案件的重要工作，是反腐败的重要组成部分。

《贪污贿赂解释》第十八条专门规定了违法所得的追缴和退赔，主要有三点现实考虑：一是贪污贿赂犯罪逃避经济处罚，隐匿、转移赃物的情况非常严重，影响到反腐败工作的实际效果。二是为了落实中央要求，严格执法，加大追赃力度，“决不能让腐败分子在经济上占便宜”。三是有助于统一思想，依法履行追赃职责。《贪污贿赂解释》对追赃作出专门规定，旨在指引各级司法机关摒弃“重办案轻追赃”的错误观念，充分认识追赃对惩治腐败、实现公正司法的重要意义。

《贪污贿赂解释》第十八条根据贪污贿赂犯罪特点，结合办案需要，明确了贪污贿赂案件赃款赃物的处理办法：一是对贪污贿赂犯罪分子违法所得的一切财物，应当依照刑法第六十四条的规定予以追缴或者责令退赔，对被害人的合法财产应当及时返还。二是对尚未追缴到案或者尚未足额退赔的违法所得，应当继续追缴或者责令退赔。对藏匿、转移赃款赃物的，要坚持一追到底的原则，避免出现以刑罚执行替代经济惩处的现象，防止“因罪致富”等不正常情况的出现。

另外，关于追逃问题。追逃、追赃是深入开展反腐败工作的重要内容，从查办案件来说，两者是紧密相连的。我们党和国家高度重视追逃、追赃，强调“决不能让腐败分子在经济上占便宜”“决不让腐败分子逍遥法外”。由于《贪污贿赂解释》规定的是实体问题，而“追逃”主要是程序问题，故《贪污贿赂解释》仅一处涉及追逃，即第十四条第三款第（四）项将“主动交待行贿事实，对于重大案件的追逃、追赃有重要作用的”明确为“对侦破重大案件起关键作用”。

我国刑事诉讼法对追逃问题有相关规定。《刑事诉讼法》（已被修改）第一百四十二条规定了查询、冻结犯罪嫌疑人财产的程序，第一百五十三条规定了发布通缉令的程序，第二百八十条规定了犯罪嫌疑人、被告人逃匿、死亡案件违法所得的没收程序等。例如，根据《刑事诉讼法》（已被修改）第二百八十条的规定，对于贪污贿赂犯罪、恐怖活动犯罪等重大犯罪案件，犯罪嫌疑人、被告人逃匿，在通缉一年后不能到案，或者犯罪嫌疑人、被告人死亡，依照刑法规定应当追缴其违法所得及其他涉案财产的，人民检察院可以向人民法院提出没收违法所得的申请。

问题6:《贪污贿赂解释》对贪污贿赂罪的罚金刑作了专门规定，请问出于何种考虑?

答:《刑法修正案（九）》对贪污罪、受贿罪和相关行贿犯罪增加了罚金刑，体现了自由刑与财产刑并重的立法精神。为实现立法意图，《贪污贿赂解释》第十九条规定了贪污贿赂犯罪的罚金刑适用。

根据《贪污贿赂解释》第十九条的规定，对贪污罪、受贿罪判处三年以下有期徒刑或者拘役的，应当并处十万元以上五十万元以下的罚金；判处三年以上十年以下有期徒刑的，应当并处二十万元以上犯罪数额二倍以下的罚金或者没收财产；判处十年以上有期徒刑或者无期徒刑的，应当并处五十万元以上犯罪数额二倍以下的罚金或者没收财产。对刑法规定并处罚金的其他贪污贿赂犯罪，应当在十万元以上犯罪数额二倍以下判处罚金。主要考虑有三点：一是体现罚金的惩罚性。贪污贿赂犯罪属于经济犯罪，对贪利型犯罪有效利用罚金刑的惩罚性可以起到比执行自由刑更好的行刑效果，不能让犯罪分子在经济上占便宜。二是确保罚金刑适用的统一性、规范性。由于刑法条文仅规定判处罚金，没有具体适用标准，实践中可能出现各地裁判不一、量刑差距过大的问题。统一规定罚金刑的裁量标准，有利于合理控制自由裁量刑罚幅度，起到规范量刑的作用。三是避免空判，确保罚金刑适用的严肃性。实践中，有的案件忽视了执行的可行性，判决中出现“天价罚金”，但实际无法执行的现象。因此，《贪污贿赂解释》综合考虑罪行轻重和可操作性，根据贪污罪、受贿罪法定刑设置，明确了相应罚金刑的适用标准，从而避免罚金刑虚置、空判或者执行不到位。

问题7：我们注意到近年来高官贪腐的案件中有不少都涉及“买官卖官”，对于吏治腐败这一问题，《贪污贿赂解释》在制定过程中是否予以考虑？

答：习近平总书记指出：“吏治腐败是最大的腐败，用人腐败必然导致用权腐败。”我们在制定司法解释的过程中，对吏治腐败这一现象也予以高度关注。《贪污贿赂解释》中有三个条款都与惩治吏治腐败有关。《贪污贿赂解释》第十三条第二款的规定，国家工作人员索取、收受具有上下级关系的下属财物价值三万元以上，可能影响职权行使的，视为承诺为他人谋取利益，对其行为按照受贿罪追究刑事责任。这主要是因为现实中买官者与卖官者之间往往对“买官卖官”这件事抱着“心照不宣”的态度，在收受财物时，买官者并未明确提出职位晋升的请托事项，在案件调查时还辩称是人情往来，企图借此逃避法律制裁。为了严密法网，《贪污贿赂解释》作出了上述规定。不仅如此，《贪污贿赂解释》还将“买官卖官”规定为贿赂犯罪加重处罚的一个情节。根据《贪污贿赂解释》第一条第三款第（三）项、第七条第二款第（三）项的规定，收受贿赂，为他人谋取职务提拔、调整的，或者通过行贿谋取职务提拔、调整的，犯罪数额达到一万元就应被追究刑事责任，受贿犯罪数额达到十万元、一百五十万元，就属于“严重情节”“特别严重情节”，行贿犯罪数额达到五十万元、二百五十万元，就属于“情节严重”“情节特别严重”，即“买官卖官”是一个加重处罚情节，具有该情节，在定罪量刑时，加重处罚。

问题8：《贪污贿赂解释》为平衡国家工作人员职务犯罪与非国家工作人员职务犯罪之间的罪刑均衡，对职务侵占、挪用资金、非国家工作人员受贿等犯罪的定罪量刑标准一并作了规定。根据目前的规定，同等犯罪数额的情况下，盗窃、诈骗等普通侵犯财产犯罪被判有期徒刑时常常会比贪污贿赂犯罪判得重，不知“两高”是否注意到这一情况并有作出相应调整的计划?

答：应当承认，无论是刑法，还是根据刑法作出的司法解释，对贪污贿赂犯罪的处罚标准与盗窃罪等普通刑事犯罪的处罚标准的规定确有不同。但是，我们不能对这些处罚标准简单地进行比较。因为不同犯罪的社会危害性体现在不同方面，惩治措施有必要根据不同犯罪的特点和危害性有所区分。《贪污贿赂解释》根据《刑法修正案（九)》对贪污贿赂犯罪所作的重大修改，对贪污贿赂犯罪的数额规定充分研究论证，既充分考虑到这类犯罪的特点和社会危害性，又考虑到惩治这类行为的整体处罚措施，确保党纪、政纪处理和刑事追究的紧密衔接，形成整体惩治和威慑效应，因而是符合当前的办案情况和反腐败斗争现实需要的。

同时，我们也充分注意到如何更加科学地配置贪污受贿犯罪与盗窃、诈骗等普通刑事犯罪处罚标准的问题，我们会同最高人民检察院对这一问题抓紧研究，一方面，通过司法解释从司法的层面上解决普通侵财犯罪与职务犯罪之间的罪刑均衡问题；另一方面，对司法解释无法解决而必须通过立法解决的问题，我们会依职权向立法机关就进一步完善刑法体系提出立法建议。

问题9：在一些已经判决的案件中，被告人因具有检举、揭发他人犯罪而被从轻处罚。按照一般的理解，被告人官位越高，参与的贪腐事件越多，反而更加具备检举揭发他人犯罪的条件，越容易获得处刑上的从宽处理，这样是否合法合理?

答：检举、揭发他人犯罪从法律上分有两种：一种是符合刑法第六十八条规定，构成立功或重大立功的检举、揭发，对此刑法明确规定犯罪分子有揭发他人犯罪行为，查证属实的，或者提供重要线索，从而得以侦破其他案件等立功表现的，可以从轻或者减轻处罚；有重大立功表现的，可以减轻或者免除处罚。这是法定的从轻、减轻、免除处罚的情节，对于任何犯罪都是适用的。另一种是虽不符合立功的要求，但检举、揭发对侦破重大案件起到关键作用，这属于酌定从轻处罚情节。是否从轻处罚，还需结合犯罪事实等情况综合判断。检举、揭发他人犯罪的行为对刑罚有一定影响，根本上还是因为这种行为对于司法机关破获其他犯罪案件起到一定甚至非常重要的作用，大大节约了司法资源和成本，这种制度也并不是我国所特有的。

在这里强调的是，衡量被告人刑罚的标准首先是其罪行的轻重，是在依据刑法对其应判处的刑罚作出判断的基础上，根据其检举、揭发的具体情况决定是否从轻处罚，以及从轻处罚的幅度，而非不受限制任意地从轻处罚。

问题10:《贪污贿赂解释》重新确定了贪污贿赂犯罪定罪量刑的标准，这是否意味着过去已经判决生效的案件判重了或判错了？对于这些案件法院是不是需要重审改判？现在审理的案件，法院将会遵循一个什么样的原则？

答：对于过去已经判决生效的案件，刑法是有明确规定的，依照审判时的法律已经作出的生效判决继续有效。也就是说，《刑法修正案（九)》和《贪污贿赂解释》规定的定罪量刑标准对已判决生效的案件没有溯及力。所以不存在改判或者错判的问题。

对于犯罪行为发生在2015年10月31日《刑法修正案（九)》实施之前，目前正在审理的案件，将按照刑法规定的“从旧兼从轻”的法律适用原则处理。这就是说，一般考虑适用修正前的刑法规定，但是，适用修正后的法律和《贪污贿赂解释》规定将判处更轻刑罚的，那么就适用修正后的刑法和本解释的规定。

问题11:《贪污贿赂解释》对行贿罪的定罪量刑数额标准作了较大调整，是否意味着今后对行贿犯罪可以从宽处理?

答：由于《贪污贿赂解释》对贪污罪、受贿罪的有关数额标准进行了调整，实践中、如果不对行贿罪的有关数额标准一并进行调整，仍执行2012年《行贿解释》中行贿罪的定罪量刑标准，那么，行贿罪与受贿罪之间则可能会出现量刑“轻重倒挂”现象。因此，《贪污贿赂解释》适当调整了行贿罪的定罪量刑标准。但是，调整行贿罪有关标准，并非意味着轻纵行贿犯罪。

近年来，检察机关坚持从严打击行贿犯罪的刑事政策，强调司法实践中应当避免出现“重受贿轻行贿”，导致对行贿惩处失之于宽、不利于切断受贿犯罪因果链等问题。《贪污贿赂解释》坚持了从严打击行贿犯罪的立场，主要体现在以下几个方面：

一是《贪污贿赂解释》摈弃了唯数额论。比如说，《贪污贿赂解释》虽将行贿罪的纯数额起刑点由一万元调整为三万元，但同时规定行贿一万元以上不满三万元，具有《贪污贿赂解释》规定情形之一的，也应当被追诉。这是由于实践中，有些行贿行为虽然数额不大，但行贿范围广、向特定领域的国家工作人员行贿、造成损失大、影响坏，有必要对这些行为予以刑事制裁。

二是进一步凸显了行贿罪的打击重点。例如，通过行贿买官行为严重违反党的组织纪律，严重破坏政治生态，因此，《贪污贿赂解释》将“通过行贿谋取职务提拔、调整的”作为行贿罪的严重情节予以规定。三是明确规定对有影响力的人行贿罪的定罪量刑适用标准，参照《贪污贿赂解释》关于行贿罪的规定执行。四是进一步严格了行贿罪从宽处罚的适用条件。《刑法修正案（九）》针对实践中“重受贿轻行贿”的问题，对刑法第三百九十条第二款行贿罪从宽处罚的适用条件作了修改完善，对行贿罪减、免刑罚设定了更为严格的条件。为此，《贪污贿赂解释》对行贿罪的从宽处罚条件中的“犯罪较轻”“重大案件”“对侦破重大案件起关键作用”等都作出了明确规定。

问题12：《贪污贿赂解释》对挪用公款罪定罪量刑标准做了哪些调整？

答：1998年《挪用公款解释》已经实施了18年，有关数额标准明显不适应当前司法实践情况，有必要进行调整。

《贪污贿赂解释》对挪用公款罪定罪量刑标准的调整，主要有三点：一是将各地可以根据本地情况制定具体执行的数额幅度标准修改为全国统一的数额标准，同时适当提高了具体数额标准。二是增加规定了挪用公款进行非法活动“数额巨大”的标准。《挪用公款解释》第三条对挪用公款进行非法活动的，仅规定了追究刑事责任的数额起点和“情节严重”，而未对“数额巨大”标准作出规定。实践中，对挪用公款进行非法活动中“数额巨大”如何适用存在疑问。《贪污贿赂解释》对此明确了“三百万元以上的”的数额标准。三是对挪用公款“情节严重”作了进一步明确。《贪污贿赂解释》对“情节严重”的认定采取“数额＋从重情形”的模式，从而使规定更为合理和科学。

问题13：《贪污贿赂解释》提高了贪污罪、受贿罪起刑点的数额标准，是否会对检察机关办理贪污贿赂犯罪案件造成影响？

答：《贪污贿赂解释》对贪污罪、受贿罪起刑点的数额标准的调整，可能会对检察机关办理贪污贿赂犯罪案件的数量造成一定影响，但不会影响整体办案和反腐败工作力度。

其主要理由：一是《贪污贿赂解释》规定立足反腐败现实需要，经广泛征求意见、充分论证，总体是科学、合理和可行的。二是《贪污贿赂解释》遵循《刑法修正案（九）》关于数额与情节并重的立法精神，对于贪污、受贿数额一万元以上不满三万元，但具有相应情节之一的，通过认定为“具有其他较重情节”，较好解决了入罪门槛问题。三是近年来，贪污、受贿数额在三万元以下的案件被移送司法机关或者被追究刑事责任的相对较少，起刑点的调整不会使受刑事追诉的贪污贿赂犯罪案件大幅减少。四是起刑点数额标准提高了，并不意味着对尚未达到标准的举报线索，检察机关就不予受理和审查。有些举报线索虽未送到规定数额，但经审查和初查，有证据证明达到标准的，仍应立案侦查。五是《贪污贿赂解释》严密了法网，如把贿赂犯罪对象由财物扩大为财物和其他财产性利益，对“为他人谋取利益”的认定作了适度的扩张解释，明确将赃款赃物用于单位公务支出或者社会捐赠的，不影响贪污受贿犯罪的认定，这些规定充分体现了从严打击贪腐犯罪的精神和要求。因此，不能仅因起刑点数额标准调整就认为会影响对贪污贿赂犯罪的打击力度。此外，惩治腐败是一个系统工程，除了刑罚，还有党纪、行政处分，未达到起刑点数额标准的案件并不意味着不会被追究任何责任。

3. 最高人民法院全国法院审理经济犯罪案件工作座谈会纪要（法发〔2003〕167号，自2003年11月13日起施行）（节录）

一、关于贪污贿赂犯罪和渎职犯罪的主体

（一）国家机关工作人员的认定

刑法中所称的国家机关工作人员，是指在国家机关中从事公务的人员、包括在各级国家权力机关、行政机关、司法机关和军事机关中从事公务的人员。

根据有关立法解释的规定，在依照法律、法规规定行使国家行政管理职权的组织中从事公务的人员，或者在受国家机关委托代表国家行使职权的组织中从事公务的人员，或者虽未列入国家机关人员编制但在国家机关中从事公务的人员，视为国家机关工作人员。在乡（镇）以上中国共产党机关、人民政协机关中从事公务的人员，司法实践中也应当视为国家机关工作人员。

（二）国家机关、国有公司、企业、事业单位委派到非国有公司、企业、事业单位、社会团体从事公务的人员的认定

所谓委派，即委任、派遣，其形式多种多样，如任命、指派、提名、批准等。不论被委派的人身份如何，只要是接受国家机关、国有公司、企业、事业单位委派，代表国家机关、国有公司、企业、事业单位在非国有公司、企业、事业单位、社会团体中从事组织、领导、监督、管理等工作，都可以认定为国家机关、国有公司、企业、事业单位委派到非国有公司、企业、事

业单位、社会团体从事公务的人员。如国家机关、国有公司、企业、事业单位委派在国有控股或者参股的股份有限公司从事组织、领导、监督、管理等工作的人员，应当以国家工作人员论：国有公司、企业改制为股份有限公司后，原国有公司、企业的工作人员和股份有限公司新任命的人员中，除代表国有投资主体行使监督、管理职权的人外，不以国家工作人员论。

（三）“其他依照法律从事公务的人员”的认定

刑法第九十三条第二款规定的“其他依照法律从事公务的人员”应当具有两个特征：一是在特定条件下行使国家管理职能；二是依照法律规定从事公务。具体包括：（1）依法履行职责的各级人民代表大会代表；（2）依法履行审判职责的人民陪审员；（3）协助乡镇人民政府、街道办事处从事行政管理工作的村民委员会、居民委员会等农村和城市基层组织人员；（4）其他由法律授权从事公务的人员。

（四）关于“从事公务”的理解

从事公务，是指代表国家机关、国有公司、企业、事业单位、人民团体等履行组织、领导、监督、管理等职责。公务主要表现为与职权相联系的公共事务以及监督、管理国有财产的职务活动。如国家机关工作人员依法履行职责，国有公司的董事、经理、监事、会计、出纳人员等管理、监督国有财产等活动，属于从事公务。那些不具备职权内容的劳务活动、技术服务工作，如售货员、售票员等所从事的工作，一般不认为是公务。

二、关于贪污罪

（一）贪污罪既遂与未遂的认定

贪污罪是一种以非法占有为目的的财产性职务犯罪，与盗窃、诈骗、抢夺等侵犯财产罪一样，应当以行为人是否实际控制财物作为区分贪污罪既遂与未遂的标准。对于行为人利用职务上的便利，实施了虚假平账等贪污行为，但公共财物尚未实际转移，或者尚未被行为人控制就被查获的，应当认定为贪污未遂。行为人控制公共财物后，是否将财物据为己有，不影响贪污既遂的认定。

（二）“受委托管理、经营国有财产”的认定

刑法第三百八十二条第二款规定的“受委托管理、经营国有财产”，是指因承包、租赁、临时聘用等管理、经营国有财产。

（三）国家工作人员与非国家工作人员勾结共同非法占有单位财物行为的

认定

对于国家工作人员与他人勾结，共同非法占有单位财物的行为，应当按照《最高人民法院关于审理贪污、职务侵占案件如何认定共同犯罪几个问题的解释》的规定定罪处罚。对于在公司、企业或者其他单位中，非国家工作人员与国家工作人员勾结，分别利用各自的职务便利，共同将本单位财物非法占有的，应当尽量区分主从犯，按照主犯的犯罪性质定罪。司法实践中，如果根据案件的实际情况，各共同犯罪人在共同犯罪中的地位、作用相当，难以区分主从犯的，可以贪污罪定罪处罚。

（四）共同贪污犯罪中“个人贪污数额”的认定

刑法第三百八十三条第一款规定的“个人贪污数额”，在共同贪污犯罪案件中应理解为个人所参与或者组织、指挥共同贪污的数额，不能只按个人实际分得的赃款数额来认定。对共同贪污犯罪中的从犯，应当按照其所参与的共同贪污的数额确定量刑幅度，并依照刑法第二十七条第二款的规定，从轻、减轻处罚或者免除处罚。

四、关于挪用公款罪

（八）挪用公款转化为贪污的认定

挪用公款罪与贪污罪的主要区别在于行为人主观上是否具有非法占有公款的目的，挪用公款是否转化为贪污，应当按照主客观相一致的原则，具体判断和认定行为人主观上是否具有非法占有公款的目的。在司法实践中，具有以下情形之一的，可以认定行为人具有非法占有公款的目的：

1. 根据《最高人民法院关于审理挪用公款案件具体应用法律若干问题的解释》第六条的规定，行为人“携带挪用的公款潜逃的”，对其携带挪用的公款部分，以贪污罪定罪处罚。

2. 行为人挪用公款后采取虚假发票平账、销毁有关账目等手段，使所挪用的公款已难以在单位财务账目上反映出来，且没有归还行为的，应当以贪污罪定罪处罚。

3. 行为人截取单位收入不入账，非法占有，使所占有的公款难以在单位财务账目上反映出来，且没有归还行为的，应当以贪污罪定罪处罚。

4. 有证据证明行为人有能力归还所挪用的公款而拒不归还，并隐瞒挪用的公款去向的，应当以贪污罪定罪处罚。

权威解读

解读《最高民法院全国法院审理经济犯罪案件工作座谈会纪要》

一、国家工作人员的认定问题

关于国家工作人员，《刑法》第九十三条规定："本法所称国家工作人员，是指国家机关中从事公务的人员。国有公司、企业、事业单位、人民团体中从事公务的人员和国家机关、国有公司、企业、事业单位委派到非国有公司、企业、事业单位、社会团体从事公务的人员，以及其他依照法律从事公务的人员，以国家工作人员论。"根据该条的规定，是否属于《刑法》意义上的国家工作人员应当同时具备以下两个特征：一是从事公务；二是具有一定的身份或者资格。具体包括三种情况：在国有单位中从事公务，或者受国有单位委派从事公务，或者依照法律规定从事公务。

（一）关于从事公务

根据《刑法》第九十三条的规定，"从事公务"是国家工作人员的共同特征，但由于《刑法》没有明确"从事公务"的含义，理论上也没有形成统一的认识，如何认定国家工作人员，一直是司法实践中的难点。由于公务内容、范围的广泛性，如在国家机构从事公务通常表现为进行国家管理活动，在国有公司、企业中从事公务则通常表现为对国有资产的监督、经营、管理。同时，随着经济的发展和科学技术在生产、生活中的应用，公务在形式上也表现为多种多样，很难将其与劳务截然分开，《经济犯罪纪要》没有对公务的概念作出明确的界定，仅明确"从事公务，是指代表国家机关、国有公司、企业、事业单位、人民团体等履行组织、领导、管理、监督等职责"，强调"公务主要表现为与职权相联系的公共事务以及监督、管理国有财产的职务活动"，并将"那些不具备职权内容的劳务活动。技术服务工作，如售货员、收银员、售票员等所从事的工作"从公务中予以排除。

（二）关于国有单位中从事公务的人员

根据《刑法》第九十三条的规定，在国有单位中从事公务的人员应当包括国家机关工作人员和在国有公司、企业、事业单位、人民团体中从事公务的人员。鉴于《最高人民法院关于在国有资本控股、参股的股份有限公司中从事管理工作的人员利用职务便利非法占有本公司财物如何定罪问题的批复》明确"在国有资本控股、参股的股份有限公司中从事管理工作的人员，除受国家机关、国有公司、企业、事业单位委派从事公务的以外，不属于国家工作人员”。《事业单位登记管理暂行条例》第二条第一款规定：“……事业单位，是指国家为了社会公益目的，由国家机关举办或者其他组织利用国有资产举办的，从事教育、科技、文化、卫生等活动的社会服务组织。”《经济犯罪纪要》没有对在国有公司、企业、事业单位、人民团体从事公务人员的范围作出进一步的规定，而是重点明确国家机关工作人员的认定问题。

根据《宪法》第三章的规定，各级国家权力机关、行政机关、司法机关和军事机关都是我国的国家机构，在这些国家机构从事公务的人员当然属于刑法意义上的国家机关工作人员。因此，《经济犯罪纪要》首先明确：“刑法中所称的国家机关工作人员，是指在国家机关中从事公务的人员，包括在各级权力机关、行政机关、司法机关和军事机关中从事公务的人员。”司法实践中，对于这部分国家机关工作人员的认定是准确的，不存在分歧。但刑法意义上的国家机关工作人员不应当等同于《宪法》意义上的国家机构工作人员，特别是在近年来的机构改革中，有一部分非《宪法》意义上的国家机构或者国家机构中的一些非正式在编人员实际上履行了部分国家管理职权，如中国银行业监督管理委员会不是《宪法》意义上的国家机构，但根据2003年4月26日全国人民代表大会常务委员会《关于中国银行业监督管理委员会履行原由中国人民银行履行的监督管理职责的决定》，中国银行业监督管理委员会履行对银行和其他非银行金融机构的监督管理职责。再如，各级人民法院的聘用制书记员，实际上也履行了部分国家司法权，等等。对于这类在形式上未列入国家机关编制，实际行使国家机关工作人员的权力或者在国家机关中工作的人员，能否认定为刑法意义上的国家机关工作人员，以及在认定为国家机关工作人员时，其范围如何掌握，是司法实践中的难点。

《经济犯罪纪要》根据2002年12月28日全国人大常委会《关于〈中华人民共和国刑法〉第九章渎职罪主体适用问题的解释》明确，“在依照法律、法规规定行使国家行政管理职权的组织中从事公务的人员或者在受国家机关委托代表国家机关行使职权的组织中从事公务的人员，或者虽未列入国家机关人员编制但在国家机关中从事公务的人员视为国家机关工作人员”。实践中，对于这部分国家机关工作人员的认定应把握以下三点：一是行为人是否在行使国家管理职权。需要注意的是，依照法律、法规规定行使国家行政管理职权的组织或者受国家机关委托代表国家行使职权的组织本身不是国家机关，在这些组织中的工作人员不是当然的国家机关工作人员，只有在代表国家行使管理职权，并且有渎职行为，需要追究行为人的渎职犯罪行为时，才适用《刑法》关于国家机关工作人员的条款。二是行使国家行政管理职权是否有法律、法规的规定，或者国家机关的授权、委托。三是行为人所在组织的性质不影响国家机关工作人员的认定。也就是说，是否属于刑法意义上的国家机关工作人员，不能完全看身份，既不能看他是不是过去所说的干部，也不能看他所在的单位是行政编制机关，还是事业单位，既不能看个人的身份，也不能看单位的身份。

此外，考虑到中国共产党是我国的执政党，中国共产党领导的多党合作和政治协商制度是我国的根本政治制度，并且将长期存在和发展。在我国的政治生活、社会生活和对外友好活动中，在进行社会主义现代化建设、维护国家的统一和团结的斗争中，中国共产党和人民政协实际履行着国家管理职能，但并非所有的党组织和政协机关都履行了国家管理职能，《经济犯罪纪要》还明确："在乡（镇）以上中国共产党机关、人民政协机关中从事公务的人员，司法实践中也应当视为国家机关工作人员。"这里的"乡（镇）以上"，是指中国共产党中央委员会和全国政协，省、自治区、直辖市、市、县（区）、乡（镇）党委和政协，而不包括基层党支部，也不包括公司、企业等单位中的党组织。

（三）关于受委派从事公务的人员

根据《刑法》第九十三条的规定，国家机关、国有公司、企业、事业单位委派到非国有公司、企业、事业单位、社会团体从事公务的人员，以国家工作人员论。《经济犯罪纪要》重点明确两方面的问题：一是委派的形式，二是委派后所从事的工作。

实践中，受委派从事公务的人员主要是指在国有控股或者参股的有限（责任）公司、中外合资经营企业、中外合作经营企业中对国有资产负有监督、管理等职责的人员，通常为董事长、副董事长、总经理、董事、监事、财务负责人等。但这些人员一般不能直接由国有单位正式行文任命产生，如根据《公司法》的规定，有限责任公司的董事长、副董事长由公司章程规定的办法产生，总经理、副总经理和财务负责人均由董事会聘任；股份有限公司的董事长、副董事长由董事会以全体董事的过半数选举产生，总经理、副总经理和财务负责人均由董事会聘任；有限公司和股份有限公司的董事、监事，应当由股东（大）会选举产生。考虑到"推荐"和"提名"通常是国有单位行使人事权的实质性行为，被国有单位推荐或者提名的人一旦在非国有单位担任相应的职务，即获得了代表国有单位对国有资产的监督、管理职责，不能因为须经过股东大会选举或者董事会聘任程序而否认国有单位委派的性质。因此，《经济犯罪纪要》明确："所谓委派，即委任、派遣，其形式多种多样，如任命、指派、提名、批准等。不论被委派的人身份如何，只要是接受国家机关、国有公司、企业、事业单位委派，代表国家机关、国有公司、企业、事业单位到非国有公司、企业、事业单位、社会团体中行使管理职权，都可以认定为国家机关、国有公司、企业、事业单位委派到非国有公司、企业、事业单位、社会团体从事公务的人员。"在具体认定是否属于受委派从事公务的人员时，应当从以下三个方面进行把握：一是委派不问来源，不论行为人在受委派以前是否具有国家工作人员身份，也不论行为人是委派单位或者接受委派单位的原有职工，还是为了委派而临时从社会上招聘的人员（如农民），都能成为国有单位委派人员。二是委派的形式多种多样，既可以是事前、事中的提名、推荐、指派、任命，也可以是事后的认可、同意、批准等，但应当注意的是，单纯的事后备案行为不属于受委派从事公务的人员。三是受委派后必须代表国有单位在非国有单位中从事组织、领导、监督、管理等职责。

《经济犯罪纪要》还针对国有公司、企业改制的特殊情况明确："国有公司、企业改制为股份有限公司后，原国有公司、企业的工作人员和股份有限公司新任命的人员中，除代表国有投资主体行使监督、管理职权的人外，不以国家工作人员论。"对此，应当把握以下两点；一是国有公司、企业改制后，不能因行为人在改制前的国有公司、企业中从事公务，而认定其为国家工作人员；二是国有公司、企业改制后，在股份有限公司中代表国有投资主体行使监督、管理职权的人员，应当认定为受委派从事公务的人员。

（四）关于其他依照法律从事公务的人员

"其他依照法律从事公务的人员"，既不属于国有单位工作人员，也不是受国有单位委派从事公务的人员，但行使了国家管理职能，如在人民代表大会闭会期间持代表证就地进行视察，并向本级或者下级有关国家机关负责人提出建议、批评和意见的农民人大代表；在法院执行职务的人民陪审员；"协助人民政府或者它的派出机构做好与居民利益有关的公共卫生、计划生育、优抚救济、青少年教育等项工作"的城市居民委员会成员；等等。根据《刑法》第九十条的规定，这类人员在行使国家管理职权实施与其职责有关的犯罪行为时，应当适用《刑法》关于国家工作人员的规定。《经济犯罪纪要》明确了“其他依照法律从事公务的人员”的两个特征：一是在特定条件下行使国家管理职能；二是行使国家管理职能要有法律依据，依照法律规定从事公务。应当注意的是，“其他依照法律从事公务的人员”是一种兜底性规定，其范围不是固定不实的而是随着我国政治，经济体制的改革不断发展变化。在现阶段，“其他依照法律从事公务的人员”常见的主要有下列四种：一是依法履行职责的各级人民代表大会代表；二是依法履行职责的各级人民政协委员；三是依法履行审判职责的人民陪审员；四是协助乡镇人民政府、街道办事处从事行政管理工作的村民委员会、居民委员会等农村和城市基层组织人员。

二、贪污犯罪案件中的法律适用问题

（一）关于贪污罪既遂与未遂的界定

贪污罪是直接故意犯罪，存在未遂形态，但对于贪污罪既遂与未遂的区分问题，有不同的认识，主要有四种观点：一是以行为人是否实际取得公共财物作为区分贪污既遂与未遂的标准；二是以财物所有人或者持有人是否失去对公共财物的控制作为区分贪污既遂与未遂的标准；三是以行为人是否取得对财物的控制权作为区分贪污既遂与未遂的标准；四是财物所有人或者持有人失去对财物的控制并被行为人所实际控制，才能认定为贪污既遂。鉴于行为人实际控制财物与财物所有人或者持有人失去对公共财物的控制、行为人实际取得财物之间往往存在时间差，如国家工作人员利用职务上的便利采取非法手段平账后，将钱款从单位账户转至他人的账户中，在行为人还没有来得及将钱款取出前便案发，此种情况下，虽然行为人还没有实际取得公共财物，但并不影响贪污既遂的认定；而财物所有人或者持有人失去对财物的控制并不等于行为人已实际取得或者控制了该财物，如国家工作人员明知有一笔单位应收款即将到账，便采用非法手段平账，致使在单位的财务账目中已不能反映该笔应收款，但在付款方还没有付款前便案发，此种情况下，单位已失去对财物的控制，由于行为人还没有取得对该笔应收款的实际控制权，应当认定为贪污未遂。因此，《经济犯罪纪要》明确：“应当以行为人是否实际控制财物作为区分贪污罪既遂与未遂的标准”。

（二）关于“受委托管理、经营国有财产”的认定

《刑法》为了加强对国有财产的保护而在第三百八十二条第二款特别规定：“受国家机关、国有公司、企业、事业单位、人民团体委托管理、经营国有财产的人员，利用职务上的便利，侵吞、窃取、骗取或者以其他手段非法占有国有财物的，以贪污论。”应该说明的受委托管理、经营国有财产的人员不是国家工作人员，也不能以国家工作人员论，因此，只能成为贪污犯罪的主体，不能成为受贿、挪用公款等其他国家工作人员职务犯罪的主体。在形式上，无论是在受托前还是在受托后，受托人与委托单位之间都不存在行政上的隶属关系。对于国有单位中非从事公务的工作人员，即使是合同工，一旦在国有单位内部承担管理、经营国有财产的职责，则应当直接认定为国有单位中从事公务的人员，而不是受委托管理、经营国有财产的人员；如其被国有单位聘用后指派到非国有单位管理经营国有财产，则属于受委派从事公务的人员，也不是受委托管理经营国有财产的人员。在实质上，受托人行使了管理、经营国有资产的职责。这里的“管理国有资产”，是一种具有公共事务性质的活动，不仅仅意味着对国有资产进行保管，通常还意味着受托人对国有财产具有一定的处分权。所谓管理，是指具有监守或者保管公共财物的职权。经营者在经营期间通常同时行使管理职权对公共财物具有处置权。所谓经营，是指将公共财物投放市场并作为资本使其增值的商业活动，或者利用公共财物从事营利性活动。虽然管理、经营国有财产也是从事公务的具体表现，由于受委托管理、经营国有财产的人员，并不属于受托单位的工作人员，因此，不属于国家工作人员。鉴于此，《经济犯罪纪要》进一步明确“受委托管理、经营国有财产，是指因承包、租赁、临时聘用等管理、经营国有财产”。

（三）关于共同贪污犯罪中“个人贪污数额”问题

“个人贪污数额”作为对贪污罪的定罪处刑标准，首先出现在1988年《全国人大常委会关于惩治贪污罪贿赂罪的补充规定》（已失效，以下简称《补充规定》）第二条，被1997年《刑法》所沿用。《补充规定》第二条第二款规定：“二人以上共同贪污的，按照个人所得数额及其在共同犯罪中的作用，分别处罚。对贪污集团的首要分子，按照集团贪污的总数额处罚；对其他共同贪污犯罪中的主犯，情节严重的，按照共同贪污的总数额处罚。”也就是说，在共同贪污犯罪中。只有首犯和主犯应对贪污总数额承担刑事责任，从犯仅对个人所得数额承担刑事责任。1997年《刑法》删除了《补充规定》

第二条第二款的规定，在总则部分规定了对主犯的处罚原则，即“对组织、领导犯罪集团的首要分子，按照集团所犯的全部罪行处罚。对于第三款规定以外的主犯，应当按照其所参与的或者组织、指挥的全部犯罪处罚”，没有规定对从犯如何处理。因此，在司法实践中，对于从犯“个人贪污数额”的认定，有的为了避免对从犯量刑失重，仍按照《补充规定》确定的原则，以个人所得数额确定刑事责任；有的则按照个人参与的贪污总数额，确定从犯的刑事责任。为了统一《刑法》的适用，《经济犯罪纪要》根据共同犯罪的行为人应当对其共同实施的犯罪行为承担刑事责任的刑法规定和刑法理论明确：“刑法第三百八十三条第一款规定的‘个人贪污数额’，在共同贪污犯罪案件中应理解为个人参与或者组织、指挥共同贪污的数额，不能只按个人分得的贪污赃款数额来认定。”即共同贪污犯罪的组织、指挥者的“个人贪污数额”是其组织、指挥共同贪污的贪污总数额，其他主犯和从犯的“个人贪污数额”按照其参与数额认定。鉴于从犯在共同犯罪中起次要或者辅助作用，为避免按照个人参与数额确定刑事责任导致量刑明显过重的情形，《经济犯罪纪要》进一步明确：“对共同贪污犯罪中的从犯，应当按照其所参与的共同贪污的数额确定量刑幅度，并依照刑法第二十七条第二款的规定，从轻、减轻处罚或者免除处罚。”

（四）同一单位中国家工作人员与非国家工作人员勾结共同非法占有单位财物行为的犯罪性质问题

《最高人民法院关于审理贪污、职务侵占案件如何认定共同犯罪几个问题的解释》第三条规定：“公司、企业或者其他单位，不具有国家工作人员身份的人与国家工作人员勾结，分别利用各自的职务便利，共同将本单位财物非法占为己有的，按照主犯的犯罪性质定罪。”但在司法实践中存在难以区分主从犯的情形，对此应如何确定罪名，有不同的认识：一种意见认为，对于国家工作人员和非国家工作人员应以贪污罪和职务侵占罪分别定罪；另一种意见认为，应将职务高的认定为主犯，在职务相同时，将与被占有财物联系更密切的人认定为主犯，然后按照主犯的犯罪性质定罪；还有一种意见认为，应统一定贪污罪。

从理论上讲，既然是难以区分主、从犯，通常意味着各共同贪污犯罪的行为人在共同犯罪中的地位、作用相当，不能简单地将职务高的或者与被占有财物联系更密切的人认定为主犯，而分别定罪有可能由于定罪量刑标准的不同出现处罚不公平的情况，也不符合《刑法》第三百八十二条第三款规定的与国家工作人员或者受委托管理、经营国有财产的人员勾结，伙同贪污的，以贪污共犯论处的规定。这种情况实际属于刑法理论上的想象竞合犯，即一方面，国家工作人员利用了非国家工作人员的职务便利，非法占有单位财物，成为职务侵占罪的共犯；另一方面，非国家工作人员利用了国家工作人员的职务便利，成为贪污罪的共犯。因此，《经济犯罪纪要》明确："对于在公司、企业或者其他单位中，非国家工作人员与国家工作人员勾结，分别利用各自的职务便利，共同将本单位财物非法占有的，应当尽量区分主从犯，按照主犯的犯罪性质定罪。如果各共同犯罪人在共同犯罪中的地位、作用相当，难以区分主从犯的，可以贪污罪定罪处罚。"也就是说，应当按照想象竞合犯的法律适用原则"择一重处"。

三、受贿犯罪案件中的法律适用问题

（一）关于"利用职务上的便利"

"利用职务上的便利"是受贿犯罪的必要构成要件，也是受贿罪被称为职务犯罪的原因。在受贿罪的《刑法》规定中，"利用职务上的便利"通常与"为他人谋取利益"相联系，但行为人为他人谋取利益时所利用的职务情况比较复杂，有的是直接利用本人的职务，有的是间接利用，如利用第三者的职务，为他人谋取利益。由于《刑法》第三百八十八条规定"通过其他国家工作人员职务上的行为"为他人谋取利益构成受贿罪，须以"为他人谋取不正当利益"为必要条件，司法实务中对于利用第三者的职务便利为他人谋取不正当利益，非法收受或者索要他人财物的行为，能否以受贿罪定罪处罚，有不同的认识。考虑到行为人利用第三者的职务便利为他人谋取利益的情形中，存在利用本部门、本系统中与自己隶属、制约关系的国家工作人员的职务行为，二者之间存在管理体制上的隶属、制约关系，因此，这种利用带有指挥、命令、下级不敢不从的性质，是国家工作人员利用本人的职务便利、为他人谋取利益的具体表现，《经济犯罪纪要》明确："刑法第三百八十五条第一款规定的'利用职务上的便利'，既包括利用本人职务上主管、负责、承办某项公共事务的职权，也包括利用职务上有隶属、制约关系的其他国家工人员的职权。"并强调，利用本人职权并不局限于国家工作人员的职责分工，也包括担任单位领导职务的国家工作人员通过不属自己主管的下级部门的国家工作人员的"为他人谋取利益"。

（二）关于“为他人谋取利益”

根据《刑法》第三百八十五条第一款和第三百八十七条第一款的规定，国家工作人员非法收受他人财物，或者国家机关、国有公司、企业、事业单位、人民团体索取、非法收受他人财物，构成受贿罪，必须具有“为他人谋取利益”这一条件，这种利益既可以是正当利益，也可以是不正当利益；既可以是物质利益，也可以是非物质利益。至于“为他人谋取利益”的时间是在非法收受他人财物的同时还是之前或者之后，不影响受贿罪的成立。但是，在司法实践中存在国家工作人员收受了他人财物，并没有利用职务便利为请托人谋取利益的情形，对于这种行为能否构成受贿罪的问题，在理论界和司法实务部门都有争论。考虑到受贿罪的社会危害性主要体现在侵害了国家工作人员职务行为的廉洁性，只要是以谋取利益作为收受财物的交换条件，无论有无实际的谋取利益行为或者所谋取的利益是否实现，均不影响受贿罪的成立。《经济犯罪纪要》明确：《刑法》规定的“为他人谋取利益”应当包括承诺、实施和实现三个阶段的行为。只要具有其中一个阶段的行为，就具备了为他人谋取利益的要件。明知他人有具体请托事项而收受其财物的，视为承诺为他人谋取利益。换言之，只要国家工作人员明知他人所送财物是希望自己利用职务上的便利为他人谋取利益而予以收受的，就构成刑法意义上的受贿。

（三）关于“利用职权或地位形成的便利条件”

《刑法》第三百八十八条关于“利用本人职权或者地位形成的便利条件”的规定，直接来源于《最高人民法院、最高人民检察院关于执行〈关于惩治贪污罪贿赂罪的补充规定〉若干问题的解答》。该解答第三条第（二）项规定：“受贿罪中‘利用职务上的便利’，是指利用职权或者与职务有关的便利条件。‘职权’是指本人职务范围内的权力。‘与职务有关’，是指虽然不是直接利用职权，但利用了本人的职权或地位形成的便利条件。国家工作人员不是直接利用本人职权，而是利用本人职权或地位形成的便利条件，通过其他国家工作人员职务上的行为，为请托人谋取利益，而本人从中向请托人索取或者非法收受财物的，应以受贿论处。对于单纯利用亲友关系，为请托人办事，从中收受财物的，不应以受贿论处。”1997 年修订《刑法》时，将“利用本人职权或者地位形成的便利条件”与“为请托人谋取不正当利益”相联系，作为国家工作人员斡旋受贿，构成受贿罪的共同条件。为了与《刑法》第三百八十五条第一款的规定进行区分，《经济犯罪纪要》明确了斡旋贿赂构成受贿罪的两个特点：一是接受请托、索取或者收受财物的国家工作人员与利用职务行为为请托人谋取不正当利益的国家工作人员之间没有职务上的隶属、制约关系，如单位内不同部门的国家工作人员之间，上下级单位没有隶属、制约关系的国家工作人员之间，有工作联系的不同单位的国家工作人员之间等；二是索取或者收受财物的国家工作人员对于被利用的国家工作人员职务行为存在一定的影响，但这种影响应当是间接的，如果能够直接影响，则应适用《刑法》第三百八十五条第一款。

（四）关于共同受贿犯罪的认定

根据《刑法》关于受贿罪的有关规定，受贿罪是职务犯罪，只能由国家工作人员构成，非国家工作人员不能单独构成受贿罪，但根据《刑法》关于共同犯罪的规定，非国家工作人员可以作为国家工作人员的共犯而构成受贿罪。认定非国家工作人员是否构成受贿罪共犯，应当取决于是否符合《刑法》关于共同犯罪的规定，即“双方有无共同受贿的故意和行为”。对于与国家工作人员通谋，由国家工作人员利用职务上的便利为请托人谋取利益，非国家工作人员索取或者非法收受请托人财物，并被双方共同占有的，非国家工作人员当然构成受贿罪的共犯。

由于国家工作人员与其近亲属之间的共同受贿故意通常难以查证，司法实践中，对于如何认定国家工作人员近亲属为受贿犯罪共犯问题，争议较大、问题较多，《经济犯罪纪要》明确以下两种情形可以认定近亲属构成共同受贿犯罪：一是国家工作人员的近亲属向国家工作人员代为转达请托事项，收受请托人财物并告知该国家工作人员；于是国家工作人员明知其近亲属收受了他人财物，仍按照近亲属的要求利用职权为他人谋取利益。在第一种情形中，近亲属实际上是共同受贿犯罪的帮助犯，即为国家工作人员收受贿赂创造了必要的便利条件，如与国家工作人员共同商议收受贿赂，传递信息，沟通关系并收受财物，帮助国家工作人员向行贿人索取贿赂等。在第二种情形中，近亲属则是共同受贿犯罪的教唆犯，主要表现在诱导、劝说、催促甚至威逼国家工作人员利用职务上的便利为请托人谋取利益，国家工作人员在近亲属的教唆下产生了受贿犯罪的故意，并实施了受贿行为。只要能证明国家工作人员的近亲属实施了相应的帮助或者教唆行为，就可以认定双方具有共同受贿的故意和行为，构成共同受贿犯罪。但是，对于近亲属明知他人所送财物系国家工作人员为他人谋取利益的结果而代为收受，但事前没有教唆行为，或者明知系国家工作人员受贿所得而与其共享的，属于知情不举，不能以受贿罪的共犯追究刑事责任。

（五）关于对国家工作人员“借款”行为性质的认定

在审理受贿犯罪案件中，有部分受贿行为是以“借款”的名义存在的，由于民间借贷行为的合法性，对于国家工作人员的正当借款行为，当然不能以受贿犯罪论处。但在有些情况下，国家工作人员的“借款”行为实质上是以“借款”为名的受贿行为。在实践中，国家工作人员的借款情况比较复杂，有的确实是因生活急需而借款，甚至没有书面借款手续；有的虽有借款的书面手续，但不存在任何正当的借款事由；有的虽在正当、合理的情况下借款，但事后有归还的能力和条件，却没有归还的行为及意思表示。由于很难对正当借款与以“借款”为名的受贿行为划定统一的标准，《经济犯罪纪要》只在明确“国家工作人员利用职务上的便利，以借为名向他人索取财物；或者非法收受财物为他人谋取利益的，应当认定为受贿”的前提下对于如何认定以“借款”为名的受贿行为提出了一种工作思路，供审理案件的法官参照把握。

（六）涉及股票受贿案件的认定问题

股票作为有价证券，成为受贿罪的犯罪对象，实践中不存在分歧。只要行为人收受股票，无论该股票价值的涨跌，均不影响受贿罪的构成。司法实践中的难点在于，由于股票的价值随着时间的推移而发生变化，而《刑法》规定的受贿罪是以收受财物的数额作为定罪处刑的依据，那么收受股票的，如何计算受贿数额？

《经济犯罪纪要》根据行为人在收受股票时是否支付股本金明确：(1) 国家工作人员利用职务上的便利，索取或非法收受股票，没有支付股本金，为他人谋取利益，构成受贿罪的，其受贿数额按照收受股票时的实际价格计算。(2) 行为人支付股本金而购买较有可能升值的股票；由于不是无偿收受请托人财物，不以受贿罪论处。(3) 股票已上市且已升值，行为人仅支付股本金，其“购买”股票时的实际价格与股本金的差价部分应认定为受贿。

4. 最高人民法院、最高人民检察院关于办理国家出资企业中职务犯罪案件具体应用法律若干问题的意见（法发〔2010〕49号，自2010年12月2日起施行）（节录）

随着企业改制的不断推进，人民法院、人民检察院在办理国家出资企业中的贪污、受贿等职务犯罪案件时遇到了一些新情况、新问题。这些新情况、新问题具有一定的特殊性和复杂性，需要结合企业改制的特定历史条件，依法妥善地进行处理。现根据刑法规定和相关政策精神，就办理此类刑事案件具体应用法律的若干问题，提出以下意见：

一、关于国家出资企业工作人员在改制过程中隐匿公司、企业财产归个人持股的改制后公司、企业所有的行为的处理

国家工作人员或者受国家机关、国有公司、企业、事业单位、人民团体委托管理、经营国有财产的人员利用职务上的便利，在国家出资企业改制过程中故意通过低估资产、隐瞒债权、虚设债务、虚构产权交易等方式隐匿公司、企业财产，转为本人持有股份的改制后公司、企业所有，应当依法追究刑事责任的，依照刑法第三百八十二条、第三百八十三条的规定，以贪污罪定罪处罚。贪污数额一般应当以所隐匿财产全额计算；改制后公司、企业仍有国有股份的，按股份比例扣除归于国有的部分。

所隐匿财产在改制过程中已为行为人实际控制，或者国家出资企业改制已经完成的，以犯罪既遂处理。

第一款规定以外的人员实施该款行为的，依照刑法第二百七十一条的规定，以职务侵占罪定罪处罚；第一款规定以外的人员与第一款规定的人员共同实施该款行为的，以贪污罪的共犯论处。

在企业改制过程中未采取低估资产、隐瞒债权、虚设债务、虚构产权交易等方式故意隐匿公司、企业财产的，一般不应当认定为贪污；造成国有资产重大损失，依法构成刑法第一百六十八条或者第一百六十九条规定的犯罪的，依照该规定定罪处罚。

二、关于国有公司、企业在改制过程中隐匿公司、企业财产归职工集体持股的改制后公司、企业所有的行为的处理

国有公司、企业违反国家规定，在改制过程中隐匿公司、企业财产，转为职工集体持股的改制后公司、企业所有的，对其直接负责的主管人员和其他直接责任人员，依照刑法第三百九十六条第一款的规定，以私分国有资产罪定罪处罚。

改制后的公司、企业中只有改制前公司、企业的管理人员或者少数职工持股，改制前公司、企业的多数职工未持股的，依照本意见第一条的规定，以贪污罪定罪处罚。

四、关于国家工作人员在企业改制过程中的渎职行为的处理

国家出资企业中的国家工作人员在公司、企业改制或者国有资产处置过程中严重不负责任或者滥用职权，致使国家利益遭受重大损失的，依照刑法第一百六十八条的规定，以国有公司、企业人员失职罪或者国有公司、企业人员滥用职权罪定罪处罚。

国家出资企业中的国家工作人员在公司、企业改制或者国有资产处置过程中徇私舞弊，将国有资产低价折股或者低价出售给其本人未持有股份的公司、企业或者其他个人，致使国家利益遭受重大损失的，依照刑法第一百六十九条的规定，以徇私舞弊低价折股、出售国有资产罪定罪处罚。

国家出资企业中的国家工作人员在公司、企业改制或者国有资产处置过程中徇私舞弊，将国有资产低价折股或者低价出售给特定关系人持有股份或者本人实际控制的公司、企业，致使国家利益遭受重大损失的，依照刑法第三百八十二条、第三百八十三条的规定，以贪污罪定罪处罚。贪污数额以国有资产的损失数额计算。

国家出资企业中的国家工作人员因实施第一款、第二款行为收受贿赂，同时又构成刑法第三百八十五条规定之罪的，依照处罚较重的规定定罪处罚。

五、关于改制前后主体身份发生变化的犯罪的处理

国家工作人员在国家出资企业改制前利用职务上的便利实施犯罪，在其不再具有国家工作人员身份后又实施同种行为，依法构成不同犯罪的，应当分别定罪，实行数罪并罚。

国家工作人员利用职务上的便利，在国家出资企业改制过程中隐匿公司、企业财产，在其不再具有国家工作人员身份后将所隐匿财产据为己有的，依照刑法第三百八十二条、第三百八十三条的规定，以贪污罪定罪处罚。

国家工作人员在国家出资企业改制过程中利用职务上的便利为请托人谋取利益，事先约定在其不再具有国家工作人员身份后收受请托人财物，或者在身份变化前后连续收受请托人财物的，依照刑法第三百八十五条、第三百八十六条的规定，以受贿罪定罪处罚。

六、关于国家出资企业中国家工作人员的认定

经国家机关、国有公司、企业、事业单位提名、推荐、任命、批准等，在国有控股、参股公司及其分支机构中从事公务的人员，应当认定为国家工作人员。具体的任命机构和程序，不影响国家工作人员的认定。

经国家出资企业中负有管理、监督国有资产职责的组织批准或者研究决定，代表其在国有控股、参股公司及其分支机构中从事组织、领导、监督、经营、管理工作的人员，应当认定为国家工作人员。

国家出资企业中的国家工作人员，在国家出资企业中持有个人股份或者同时接受非国有股东委托的，不影响其国家工作人员身份的认定。

七、关于国家出资企业的界定

本意见所称“国家出资企业”，包括国家出资的国有独资公司、国有独资企业，以及国有资本控股公司、国有资本参股公司。

是否属于国家出资企业不清楚的，应遵循“谁投资、谁拥有产权”的原则进行界定。企业注册登记中的资金来源与实际出资不符的，应根据实际出资情况确定企业的性质。企业实际出资情况不清楚的，可以综合工商注册、分配形式、经营管理等因素确定企业的性质。

八、关于宽严相济刑事政策的具体贯彻

办理国家出资企业中的职务犯罪案件时，要综合考虑历史条件、企业发展、职工就业、社会稳定等因素，注意具体情况具体分析，严格把握犯罪与一般违规行为的区分界限。对于主观恶意明显、社会危害严重、群众反映强烈的严重犯罪，要坚决依法从严惩处；对于特定历史条件下、为了顺利完成企业改制而实施的违反国家政策法律规定的行为，行为人无主观恶意或者主观恶意不明显，情节较轻，危害不大的，可以不作为犯罪处理。

对于国家出资企业中的职务犯罪，要加大经济上的惩罚力度，充分重视财产刑的适用和执行，最大限度地挽回国家和人民利益遭受的损失。不能退赃的，在决定刑罚时，应当作为重要情节予以考虑。

5. **最高人民检察院关于渎职侵权犯罪案件立案标准的规定**（高检发释字〔2006〕2号，自2006年7月26日起施行）（节录）

根据《中华人民共和国刑法》、《中华人民共和国刑事诉讼法》和其他法律的有关规定，对国家机关工作人员渎职和利用职权实施的侵犯公民人身权利、民主权利犯罪案件的立案标准规定如下：

三、附则

（三）本规定中的“国家机关工作人员”，是指在国家机关中从事公务的人员，包括在各级国家权力机关、行政机关、司法机关和军事机关中从事公务的人员。在依照法律、法规规定行使国家行政管理职权的组织中从事公务的人员，或者在受国家机关委托代表国家行使职权的组织中从事公务的人员，或者虽未列入国家机关人员编制但在国家机关中从事公务的人员，在代表国家机关行使职权时，视为国家机关工作人员。在乡（镇）以上中国共产党机关、人民政协机关中从事公务的人员，视为国家机关工作人员。

6. **最高人民法院关于如何认定国有控股、参股股份有限公司中的国有公司、企业人员的解释**（法释〔2005〕10号，自2005年8月11日起施行）（节录）

为准确认定刑法分则第三章第三节中的国有公司、企业人员，现对国有控股、参股的股份有限公司中的国有公司、企业人员解释如下：

国有公司、企业委派到国有控股、参股公司从事公务的人员，以国有公司、企业人员论。

7. **最高人民法院关于在国有资本控股、参股的股份有限公司中从事管理工作的人员利用职务便利非法占有本公司财物如何定罪问题的批复**（法释〔2001〕17号，自2001年5月26日起施行）

重庆市高级人民法院：

你院渝高法明传〔2000〕38号《关于在股份有限公司中从事管理工作的人员侵占本公司财物如何定性的请示》收悉。经研究，答复如下：

在国有资本控股、参股的股份有限公司中从事管理工作的人员，除受国家机关、国有公司、企业、事业单位委派从事公务的以外，不属于国家工作人员。对其利用职务上的便利，将本单位财物非法占为己有，数额较大的，应当依照刑法第二百七十一条第一款的规定，以职务侵占罪定罪处罚。

此复

8. **最高人民法院关于审理贪污、职务侵占案件如何认定共同犯罪几个问题的解释**（法释〔2000〕15号，自2000年7月8日起施行）（节录）

为依法审理贪污或者职务侵占犯罪案件，现就这类案件如何认定共同犯罪问题解释如下：

第一条 行为人与国家工作人员勾结，利用国家工作人员的职务便利，共同侵吞、窃取、骗取或者以其他手段非法占有公共财物的，以贪污罪共犯论处。

第二条 行为人与公司、企业或者其他单位的人员勾结，利用公司、企业或者其他单位人员的职务便利，共同将该单位财物非法占为己有，数额较大的，以职务侵占罪共犯论处。

第三条 公司、企业或者其他单位中，不具有国家工作人员身份的人与国家工作人员勾结，分别利用各自的职务便利，共同将本单位财物非法占为己有的，按照主犯的犯罪性质定罪。

9. **最高人民法院研究室关于对行为人通过伪造国家机关公文、证件担任国家工作人员职务并利用职务上的便利侵占本单位财物、收受贿赂、挪用本单位资金等行为如何适用法律问题的答复**（法研〔2004〕38号，自2004年3月20日起施行）

北京市高级人民法院：

你院〔2004〕15号《关于通过伪造国家机关公文、证件担任国家工作人员职务后利用职务便利侵占本单位财物、收受贿赂、挪用本单位资金的行为如何定性的请示》收悉。经研究，答复如下：

行为人通过伪造国家机关公文、证件担任国家工作人员职务以后，又利用职务上的便利实施侵占本单位财物、收受贿赂、挪用本单位资金等行为，构成犯罪的，应当分别以伪造国家机关公文、证件罪和相应的贪污罪、受贿罪、挪用公款罪等追究刑事责任，实行数罪并罚。

10. **最高人民法院、最高人民检察院关于办理妨害预防、控制突发传染病疫情等灾害的刑事案件具体应用法律若干问题的解释**（法释〔2003〕8号，自2003年5月15日起施行）（节录）

为依法惩治妨害预防、控制突发传染病疫情等灾害的犯罪活动，保障预防、控制突发传染病疫情等灾害工作的顺利进行，切实维护人民群众的身体健康和生命安全，根据《中华人民共和国刑法》等有关法律规定，现就办理相关刑事案件具体应用法律的若干问题解释如下：

第十四条 贪污、侵占用于预防、控制突发传染病疫情等灾害的款物或者挪用归个人使用，构成犯罪的，分别依照刑法第三百八十二条、第三百八十三条、第二百七十一条、第三百八十四条、第二百七十二条的规定，以贪污罪、职务侵占罪、挪用公款罪、挪用资金罪定罪，依法从重处罚。

第十七条 人民法院、人民检察院办理有关妨害预防、控制突发传染病疫情等灾害的刑事案件，对于有自首、立功等悔罪表现的，依法从轻、减轻、免除处罚或者依法作出不起诉决定。

11. **最高人民法院、最高人民检察院关于办理职务犯罪案件严格适用缓刑、免予刑事处罚若干问题的意见**（法发〔2012〕17号，自2012年8月8日起施行）

为进一步规范贪污贿赂、渎职等职务犯罪案件缓刑、免予刑事处罚的适用，确保办理职务犯罪案件的法律效果和社会效果，根据刑法有关规定并结合司法工作实际，就职务犯罪案件缓刑、免予刑事处罚的具体适用问题，提出以下意见：

一、严格掌握职务犯罪案件缓刑、免予刑事处罚的适用。职务犯罪案件的刑罚适用直接关系反腐败工作的实际效果。人民法院、人民检察院要深刻认识职务犯罪的严重社会危害性，正确贯彻宽严相济刑事政策，充分发挥刑罚的惩治和预防功能。要在全面把握犯罪事实和量刑情节的基础上严格依照刑法规定的条件适用缓刑、免予刑事处罚，既要考虑从宽情节，又要考虑从严情节；既要做到刑罚与犯罪相当，又要做到刑罚执行方式与犯罪相当，切实避免缓刑、免予刑事处罚不当适用造成的消极影响。

二、具有下列情形之一的职务犯罪分子，一般不适用缓刑或者免予刑事处罚：

（一）不如实供述罪行的；

（二）不予退缴赃款赃物或者将赃款赃物用于非法活动的；

（三）属于共同犯罪中情节严重的主犯的；

（四）犯有数个职务犯罪依法实行并罚或者以一罪处理的；

（五）曾因职务违纪违法行为受过行政处分的；

（六）犯罪涉及的财物属于救灾、抢险、防汛、优抚、扶贫、移民、救济、防疫等特定款物的；

（七）受贿犯罪中具有索贿情节的；

（八）渎职犯罪中徇私舞弊情节或者滥用职权情节恶劣的；

（九）其他不应适用缓刑、免予刑事处罚的情形。

三、不具有本意见第二条规定的情形，全部退缴赃款赃物，依法判处三年有期徒刑以下刑罚，符合刑法规定的缓刑适用条件的贪污、受贿犯罪分子，可以适用缓刑；符合刑法第三百八十三条第一款第（三）项的规定，依法不需要判处刑罚的，可以免予刑事处罚。

不具有本意见第二条所列情形，挪用公款进行营利活动或者超过三个月未还构成犯罪，一审宣判前已将公款归还，依法判处三年有期徒刑以下刑罚，符合刑法规定的缓刑适用条件的，可以适用缓刑；在案发前已归还，情节轻微，不需要判处刑罚的，可以免予刑事处罚。

四、人民法院审理职务犯罪案件时应当注意听取检察机关、被告人、辩护人提出的量刑意见，分析影响性案件案发前后的社会反映，必要时可以征求案件查办等机关的意见。对于情节恶劣、社会反映强烈的职务犯罪案件，不得适用缓刑、免予刑事处罚。

五、对于具有本意见第二条规定的情形之一，但根据全案事实和量刑情节，检察机关认为确有必要适用缓刑或者免予刑事处罚并据此提出量刑建议的，应经检察委员会讨论决定；审理法院认为确有必要适用缓刑或者免予刑事处罚的，应经审判委员会讨论决定。

（三）典型或常见问题的审理思路

1. 村干部侵吞土地补偿费如何定性?①

本书观点：根据2000年《全国人民代表大会常务委员会关于〈中华人民共和国刑法〉第九十三条第二款的解释》（已被修改）规定，有关村基层组织人员只有在协助政府从事该立法解释规定的七项行政管理工作时才属于从事公务，才能以国家工作人员对待。在认定村基层组织人员进行的有关活动是否属于协助政府从事公务，除了解释规定的七项形式特征外，其实质判断标准就是该活动要体现出政府的管理意志，即村基层组织人员系代表政府而不是所在村基层组织，就某一特定事项行使一定的行政管理权限。村民委员会等村基层组织人员协助人民政府进行土地征用补偿费用的管理工作时，属于刑法第九十三条第二款规定的“其他依照法律从事公务的人员”；村民委员会等村基层组织人员从事该项规定的公务，利用职务上的便利，非法占有公共财产，构成犯罪的，应以贪污罪定罪处罚。据此，村民委员会等村基层组织人员利用职务便利非法占有土地征用补偿费用以贪污罪论处必须符合以下条件：一是该人员系村基层组织人员；二是系在从事公务，也即协助人民政府进行特定行政管理工作；三是利用职务便利侵吞了公共财产。在适用立法

---

① 观点来源：最高人民法院刑事审判第一、二、三、四、五庭：《刑事审判参考》，法律出版社2014年版，第108－116页。

解释所规定的“协助人民政府从事土地征用补偿费用的管理”时，应准确理解立法本意，注意把握“协助”的时间节点，避免扩大“从事公务”的认定范围。需要注意的是，土地征用补偿费用在流转过程中的不同阶段，即在拨付和分配前后的性质是不同的。土地征用补偿费用本身是一个“阶段”性概念。对涉及农村“土地征收补偿费用”的案件，认定案件性质的关键之一是确定“协助人民政府进行土地征收补偿费用的管理”阶段。如果村干部在协助人民政府进行土地征收补偿费用的管理阶段，侵吞了土地征收补偿费用，那么就符合立法解释的相关规定，构成犯罪的应以贪污罪定罪；反之，如果村干部并非在协助人民政府对土地征收补偿费用进行管理，由于此时村干部并不具有从事协助政府进行行政管理的职权，并非从事公务，构成犯罪也没有侵犯国家工作人员的职务廉洁性，即使侵吞了所谓土地征收补偿费用，也不能以贪污罪定性。

2. 如何审查认定国家出资企业中国家工作人员的身份?①

本书观点：国家出资企业中国家工作人员的身份认定应从两个方面进行：一是形式要件。认定国家出资企业中的国家工作人员一般要求行为人的职务系经国家出资企业中负有管理、监督国有资产职责的组织批准或者研究决定。二是实质要件。代表负有管理、监督国有资产职责的组织在国有控股、参股公司及其分支机构中从事组织、领导、监督、经营、管理工作。在国有控股、参股公司中国家工作人员身份的认定中，除了需要审查行为人的任命程序，还需要审查其是否“代表负有管理、监督国有资产职责的组织”，从事“组织、领导、监督、经营、管理工作”。这一审查主要围绕以下三个特征进行：(1) 代表性。作为授权方的负有管理、监督国有资产职责的组织，与作为被授权方的国家工作人员，通过批准、研究决定等政治授权行为方式，产生一种认可被授权方法律行为所建立的法律关系的效果，并将这种法律关系最终归属于国家。也即，在国有出资企业中，国家工作人员系代表国有资产的监督、管理组织工作，这种代表性是认定国家工作人员身份的首要特征。(2) 公务性。公务首先是管理性的事务，而不是一般的技术性、业务性的活动，与劳务相比其具有明显的管理属性。公务与职权具有紧密的关联。

---

① 观点来源：最高人民法院刑事审判第一、二、三、四、五庭：《刑事审判参考》，法律出版社 2015 年版，第 103－111 页。

（3）与国有资产的紧密关联性。对于经党政联席会等形式批准、任命的人员，实践中把握的原则是，只要从事的是公务，一般都认定为国家工作人员。但对于未经党政联席会等形式批准、任命的人员，还要区分是公司整体的公务，还是代表国有资产管理部门从事公务，只有代表国有投资主体行使监督、管理国有资产的职权，才能认定为国家工作人员。

3. 在国有企业改制中隐瞒资产真实情况造成巨额国有资产损失的行为如何处理？①

本书观点：国有公司中从事公务的人员，在国有企业改制中隐瞒资产真实情况，将资产转移到个人名下，使资产脱离国资部门的控制，造成巨额国有资产损失的行为，应认定为贪污罪。

4. 不动产能否成为贪污罪的犯罪对象？②

本书观点：《刑法》第三百八十二条规定的作为贪污罪犯罪对象的“公共财物”与《刑法》第九十一条规定的“公共财产”的内涵与外延应当是相同的，均未将不动产排除在公共财产或者公共财物之外。国家工作人员利用职务上的便利，采用欺骗手段非法占有公有房屋的行为，应以贪污罪定罪处罚。只要行为人利用职务之便，采取欺骗等非法手段，使公有不动产脱离了公有产权人的实际控制，并被行为人现实地占有的，或者行为人已经就所有权的取得进行了变更登记的，即可认定为贪污罪的既遂，而且，在办理不动产转移登记之后，即使不动产尚未实现事实上的转移，也不影响贪污罪既遂的成立。

5. 如何认定以挪用公款手段实施的贪污犯罪？③

本书观点：贪污罪是以非法占有公共财物为目的，而挪用公款罪则是以非法使用公款为目的。两罪有本质区别，区别的关键在于行为人主观上是否以非法占有为目的，客观上是否实施了侵吞公款的行为。贪污和挪用公款犯罪在将公款转移到行为人控制之下这一过程是相似的，但由于主观目的不同，其客观行为也会有不尽相同之处。贪污行为由于行为人的主观意图在于永久占有公款，其必然尽其所能掩盖、隐匿公款的真实去向，尽量在有关账目上

---

① 观点来源：最高人民法院刑事审判第一、二、三、四、五庭：《刑事审判参考》（1999－2008）分类集成：贪污贿赂罪·渎职罪·军人违反职责罪，法律出版社2009年版，第21－24页。

② 观点来源：最高人民法院刑事审判第一、二、三、四、五庭：《刑事审判参考》（1999－2008）分类集成：贪污贿赂罪·渎职罪·军人违反职责罪，法律出版社2009年版，第28－31页。

③ 观点来源：最高人民法院刑事审判第一、二、三、四、五庭：《刑事审判参考》（1999－2008）分类集成：贪污贿赂罪·渎职罪·军人违反职责罪，法律出版社2009年版，第32－36页。

不留痕迹；挪用公款行为由于行为人的初衷只是临时性地使用公款，所以一般总要给使用的款项留个“后门”，使其在有条件的情况下可以顺利归还。司法实践中，应当根据以下客观事实判定是否构成贪污：其一，行为人是否采取弄虚作假的手段，使自己占有公款的事实在账目上难以发现。如使用虚假发票、对账单等会计凭证的，使其占用的公款已难以在单位财务账目上反映出来的，一般应当认定为贪污行为。对于行为人采取了弄虚作假的手段平账，但由于受到某种条件的制约，不能完全平账的，也不能仅以账未做平作为不认定贪污罪的理由。其二，行为人销毁有关账目的。该行为不仅仅是逃避侦查的行为，也是掩饰公款去向，试图隐匿公款的行为，反映出行为人主观上有非法占有的目的，是侵吞公款的贪污行为。其三，行为人截取收入不入账的。行为人利用职务上的便利，将本单位的收入直接截留，使账目上不能反映该款项，是直接侵吞公款的贪污行为。其四，行为人携带挪用的公款潜逃的，对其携带的公款应当以贪污罪定罪处罚。但对其已挪用未携带的部分公款不宜认定为贪污。

6. 如何区分私分国有资产与共同贪污?①

本书观点：私分国有资产罪与贪污罪的区别是：第一，实施主体方面。私分国有资产罪是单位犯罪，贪污罪则是自然人犯罪。不能因为刑法规定仅处罚相关责任人员以及非为单位谋取利益，而否认私分国有资产罪是单位犯罪，认定是否为单位犯罪的关键在于行为的实施是否以单位的名义，代表单位的意志。第二，行为方式方面。私分国有资产罪一般表现为本单位领导集体研究决定并由单位统一组织实施，尽管往往需要采取一定的欺骗手段以逃避有关部门的监管，但就本单位内部而言是相对公开的，因而具有较大程度和较大范围的公开性；贪污罪表现为行为人利用职务便利，以侵吞、窃取、骗取等不为人知或者他人不知实情的方式实施，除了行为人或者共同行为人之外，其他人并不知情，因而具有相当的秘密性和隐蔽性。第三，受益人员的数量、构成方面。私分国有资产属于集体私分行为，表现为单位多数员工甚至所有员工均实际分取了财物，在受益人员的数量上具有多数性特征，而且，一般不以某一特定层面为限，在受益人员的构成上具有广泛性特征。在

---

① 观点来源：最高人民法院刑事审判第一、二、三、四、五庭：《刑事审判参考》（1999－2008）分类集成：贪污贿赂罪·渎职罪·军人违反职责罪，法律出版社2009年版，第59－62页。

私分国有资产行为当中，决策和具体执行的人员可以不是实际受益人，但是，实际受益人员不能仅仅局限在决策和具体执行等少数人员。贪污罪属于个人侵占行为，分取赃物人与贪污行为人是直接对应的，具有一致性。在共同贪污犯罪中，分取赃物人仅限于参与决策、具体实施贪污行为以及为贪污行为提供帮助等共同犯罪人。实践中也存在部分共同贪污犯罪人未分取赃物或者将赃物交给共同犯罪人之外的其他人的情形，但这属于赃物的事后分割和处理问题。

7. 租赁国有企业的人员盗卖国有资产的行为如何处理？①

本书观点：对于《刑法》第三百八十二条第二款规定的“委托”应当如何理解的问题，最高人民检察院于1999年9月19日下发的《关于人民检察院直接受理立案侦查案件立案标准的规定（试行）》作出了如下规定：“受委托管理、经营国有财产”是指因承包、租赁、聘用等而管理、经营国有财产。2003年11月13日，最高人民法院下发的《全国法院审理经济犯罪案件工作座谈会纪要》中规定：“受委托管理、经营国有财产”是指因承包、租赁、临时聘用等管理、经营国有财产。可见，承包、租赁和聘用是“受委托”的主要方式，不同之处在于《经济犯罪纪要》对聘用的范围限制在“临时聘用”。因为长期受聘用的人员直接可视为国家工作人员，对于其利用职务上便利侵吞国有财产的，可以直接适用《刑法》第三百八十二条第一款的规定处罚，而临时聘用人员由于尚未与国有单位形成固定的劳动关系，难以认定其为国家工作人员。因此，将临时聘用的人员纳入《刑法》第三百八十二条第二款规定的受委托人员范畴，符合刑法的立法精神和保护国有资产的价值取向。尽管委托方式多种多样，实践中除了承包、租赁和临时聘用以外，不排除存在其他形式的可能，但其共同的特征在于，委托双方属于平等的民事主体关系，这种委托是国有单位以平等主体身份就国有财产的管理、经营与被委托者达成的协议，本质上是民事委托关系，因此有别于刑法第九十三条规定的“委派”。委派的实质是任命，具有一定的行政性，被委派者在委派事项及是否接受委派方面，与委派方不是处于平等地位而是具有行政隶属性质，两者间的关系具有隶属性和服从性。综上，租赁国有企业的人员属于“受委托”

---

① 观点来源：最高人民法院刑事审判第一、二、三、四、五庭：《刑事审判参考》（1999－2008）分类集成：贪污贿赂罪·渎职罪·军人违反职责罪，法律出版社2009年版，第63－65页。

管理、经营国有财产的人员，其盗卖国有资产的行为应以贪污论。

8. 由国有公司负责人口头提名、非国有公司聘任的管理人员能否以国家工作人员论？①

本书观点：对于受委派从事公务的国家工作人员的认定上强调的是从事公务，即代表国有单位行使组织、领导、监督、管理等职权活动，而不再是单纯关注国家工作人员的身份形式，只要真正地代表国有单位行使了相关职务活动就应以国家工作人员论。如在国有公司、企业改制为股份有限公司的情况中，即使原国有公司、企业的工作人员因各种原因未获得任何形式的委派手续，但仍代表国有投资主体行使监督、管理职权的，同样应以国家工作人员论。随着国有企业改革的深化和人事制度的完善，股份制将成为国有资本的主要实现形式。除了国有独资公司的董事会成员由相关部门直接委派外，股份公司的董事会成员和总经理均需由股东大会选举或者董事会决定，而国有出资单位依法仅享有提名、推荐权，当然，这种提名、推荐往往实际影响着董事会的决定。因此，由国有公司负责人提名，非国有公司聘任的管理人员，应当属于"受委派"；该管理人员享有对该公司的全面领导、管理、经营的权力，负有监督、管理国有财产并使之保值增值的职责，从其工作内容和职责考察显然应当认定为"从事公务"，即是国有公司行使经营、管理职权，应当认定为受国有公司的委派到非国有公司中从事公务的人员，以国家工作人员论。

9. 社保工作人员骗取企业为非企业人员参保并私自收取养老保险费的行为如何定性？②

本书观点：社会养老保险基金属于公共财物。社会养老保险是按国家统一政策规定强制实施的社会统筹与个人账户相结合的养老保险制度。社会养老保险基金中个人账户部分虽然是私人所有，但在个人不符合领取条件时一直由劳动保障行政部门负责管理、使用，在此期间损毁灭失风险由国家机关承担，因而应以公共财物论。国家机关工作人员在主管和经手办理社保关系时，对设档的单位投保人员名单进行修改，虚增非企业人员为企业人员，再

---

① 观点来源：最高人民法院刑事审判第一、二、三、四、五庭：《刑事审判参考》（1999－2008）分类集成：贪污贿赂罪·渎职罪·军人违反职责罪，法律出版社2009年版，第135－138页。

② 观点来源：最高人民法院刑事审判第一、二、三、四、五庭：《刑事审判参考》，法律出版社2012年版，第94－98页。

要求企业缴纳虚增人员的参保费，属于利用职务上的便利非法占有公共财物，符合贪污罪的构成特征，应当以贪污罪论处。

10. 如何理解贪污罪中的“利用职务上的便利”？[①]

本书观点：贪污罪中的“利用职务上的便利”，是指利用职务上主管、管理、经手公共财物的权力及方便条件，既包括利用本人职务上主管、管理公共财物的职务便利，也包括利用职务上有隶属关系的其他国家工作人员的职务便利。

（四）疑难、复杂问题的参考性解答

1. 如何把握贪污罪的主体即国家工作人员的范围？

本书观点：关于国家工作人员的范围，《刑法》第九十三条作了明确规定，包括：（1）国家机关中从事公务的人员，包括各级国家权力机关、行政机关、审判机关、检察机关和军事机关中从事公务的人员。根据有关规定，参照国家公务员法进行管理的人员，应当以国家机关工作人员论，如根据中央和国务院规定，参照国家公务员法管理的各级党委、政协机关中从事公务的人员等。（2）国有公司、企业、事业单位、人民团体中从事公务的人员。（3）国家机关、国有公司、企业、事业单位委派到非国有公司、企业、事业单位、社会团体中从事公务的人员。“委派”，即委任、派遣，其形式多种多样，既可以是事前、事中的任命、指派、提名、推荐、批准，也可以是事后的认可、同意、批准等。2010 年 11 月 26 日最高人民法院、最高人民检察院发布的《关于办理国家出资企业中职务犯罪案件具体应用法律若干问题的意见》第六条规定：经国家机关、国有公司、企业、事业单位提名、推荐、任命、批准等，在国有控股、参股公司及其分支机构中从事公务的人员，应当认定为国家工作人员。具体的任命机构和程序，不影响国家工作人员的认定。经国家出资企业中负有管理、监督国有资产职责的组织批准或者研究决定，代表其在国有控股、参股公司及其分支机构中从事组织、领导、监督、经营、管理工作的人员，应当认定为国家工作人员。国家出资企业中的国家工作人员，在国家出资企业中持有个人股份或者同时接受非国有股东委托的，不影

---

① 观点来源：最高人民法院指导案例 11 号，2012 年 9 月 18 日发布。

响其国家工作人员身份的认定。[①] 但国有公司、企业改制为股份有限公司后，原国有公司、企业的工作人员和股份有限公司新任命的人员中，除代表国有投资主体行使监督、管理职权的人外，不以国家工作人员论。实践中，受委派从事公务的人员主要是指在国有控股或者参股的有限责任公司、股份有限公司、中外合资企业、中外合作企业中对国有资产负有监管职责的人员，通常为董事长、董事、监事以及总经理等高级管理人员。根据有关法律规定，这些人员的产生有特定程序，不能直接由国有单位以任命方式决定。但是，在股份有限公司中参股、控股的国有单位对公司经理的产生仍可起到决定性的作用，“推荐”“提名”就是国有单位行使人事权的表现。非经国有单位推荐或提名，有关人员也许就不可能受聘；即使受聘，也不可能具有代表国有单位监管国有资产的权利和职责。相反，若国有单位依权力推荐或提名，就意味着其是国有单位的人，就负有代表国有单位监管国有资产的使命，即使之后其受聘经过了由董事会决定的程序，也不能改变他是受国有单位委派从事公务的性质。换言之，司法实践中，不能仅因涉案人员的职务是经混合所有制单位的有关组织机构选举、聘任、决定，就简单地认定其不属于受委派从事公务的国家工作人员，不具备贪污罪的主体资格，而要看国有单位在其出任相关职务过程中是否行使了相应的人事决定权。此外，被“委派”的人员，在被“委派”以前，可以是国家工作人员，也可以不是国家工作人员，如工人、农民、待业人员等。不论被“委派”以前是什么身份，只要被上述国有单位委派到上述非国有单位、社会团体中从事公务，就是国家工作人员。

(4) 其他依照法律从事公务的人员。主要指依法履行职责的各级人民代表大会代表，被依法选出的在人民法院履行职务的人民陪审员以及履行特定手续被聘为特邀检察员的人员等。2000 年 4 月 29 日，全国人大常委会通过的《关于〈中华人民共和国刑法〉第九十三条第二款的解释》（已被修改）[②]，以立法解释的形式，明确规定：“村民委员会等村基层组织人员协助人民政府从事

---

① 2003 年 11 月 13 日最高人民法院《全国法院审理经济犯罪案件工作座谈会纪要》，载《中华人民共和国最高人民法院公报》(2003 年卷)，人民法院出版社 2004 年版，第 127－132 页。

② 为避免重复，第三百八十三条至第三百八十六条涉及“其他依照法律从事公务的人员”的，均不再援引《全国人民代表大会常务委员会关于〈中华人民共和国刑法〉第九十三条第二款的解释》的条文。

下列行政管理工作，属于刑法第九十三条第二款[①]规定的‘其他依照法律从事公务的人员’：（一）救灾、抢险、防汛、优抚、扶贫、移民、救济款物的管理；（二）社会捐助公益事业款物的管理；（三）国有土地的经营和管理；（四）土地征收、征用补偿费用的管理；（五）代征、代缴税款；（六）有关计划生育、户籍、征兵工作；（七）协助人民政府从事的其他行政管理工作。”同时规定，村民委员会等村基层组织人员从事前款规定的公务，利用职务上的便利，非法占有公共财物，构成犯罪的，适用《刑法》第三百八十二条和第三百八十三条贪污罪的规定。该立法解释中所说的“‘村民委员会等村基层组织人员’，主要是指村党支部、村委会和村经联社、经济合作社、农工商联合企业等掌管村经济活动的组织的人员。”

《刑法》第九十三条所指的国家工作人员中，第（2）种、第（3）种、第（4）种人员均“以国家工作人员论”，即为“准国家工作人员”。《刑法》第三百八十二条第二款规定的“受国家机关、国有公司、企业、事业单位、人民团体委托管理、经营国有财产的人员”，主要是指以承包、租赁等方式，管理、经营国有公司、企业，或者其中的某个车间、工程队、门市部等，以承包人、租赁人的身份等，在承包、租赁合同约定的时间、权限范围内，管理、经营国有财产的人员。这部分人在受委托，以承包、租赁等方式管理、经营国有财产前，可以是工人、农民或者从事其他职业或待业的人员。因此，这部分人侵吞、窃取、骗取承包、租赁企业的财产，构成贪污罪，非法占有的只能是“国有财物”。

2. 如何把握贪污罪定罪标准，即罪与非罪如何界定？

本书观点：贪污罪作为一般贪污行为的特殊形式，除具有一般贪污违法行为的共性外，还具有自身的特性。构成贪污罪的贪污行为，还具有贪污数额和情节上的要求。因此，认定贪污罪与一般贪污违法行为时，应把握以下方面：

（1）要看行为人贪污的数额是否达到三万元，即司法解释规定的数额较大的起点。对于行为人贪污的数额达到三万元的，无论其情节如何，均构成贪污罪。而对于贪污的数额尚未达到三万元的，同时又不具有司法解释规定

---

① 《刑法》第九十三条第二款：“国有公司、企业、事业单位、人民团体中从事公务的人员和国家机关、国有公司、企业、事业单位委派到非国有公司、企业、事业单位、社会团体从事公务的人员，以及其他依照法律从事公务的人员，以国家工作人员论。”

“情节较重情节”的，一般应视为一般贪污违法行为。

（2）贪污一万元以上不满三万元，具有司法解释规定的如下情形之一的，也构成贪污罪：“（一）贪污救灾、抢险、防汛、优抚、扶贫、移民、救济、防疫、社会捐助等特定款物的；（二）曾因贪污、受贿、挪用公款受过党纪、行政处分的；（三）曾因故意犯罪受过刑事追究的；（四）赃款赃物用于非法活动的；（五）拒不交待赃款赃物去向或者拒不配合追缴工作，致使无法追缴的；（六）造成恶劣影响或者其他严重后果的。”需要注意的是，以上具有一定情形的入罪起点是一万元，如果低于一万元，不构成贪污罪，只是一般贪污违法行为。

3. 贪污罪侵犯的对象是什么？

本书观点：贪污罪侵犯的对象是公共财产。关于“公共财产”的范围，刑法第九十一条明确规定为以下财产：（1）国有财产；（2）劳动群众集体所有的财产；（3）用于扶贫和其他公益事业的社会捐助或者专项基金的财产。在国家机关、国有公司、企业、集体企业和人民团体管理、使用或者运输中的私人财产，以公共财产论。

4. 如何理解贪污罪的客观行为表现中的“侵吞”“窃取”“骗取”“以其他手段”？

本书观点：“侵吞”，是指行为人利用职务上的便利，以涂改账目、收入不记账等不露“痕迹”的手段，将自己依职务管理、经手的公共财物非法占为己有的行为。“盗窃”，是指行为人利用职务上的便利，以秘密窃取的方法，监守自盗，将自己管理、经手的公共财物非法占为己有的行为。“骗取”，是指行为人利用职务上的便利，采取虚构事实或者隐瞒真相的方法，将公共财物非法占为已有的行为。“其他手段”，是指采取侵吞、窃取、骗取以外的方法，将公共财物占为己有的行为。如以“挪用”的形式、“借用”的名义，或者谎称公共财物被骗、被抢，实际为自己占有的行为等情形。

5. 国家工作人员在国内公务活动或者对外交往中接受礼物不上交的行为是否一律构成贪污罪？

本书观点：不能。《刑法》第三百九十四条的规定，国家工作人员在国内公务活动或者在对外交往中接受礼物，依照国家规定应当交公而不交公，数额较大的，以贪污罪定罪处罚。这时所说的“国内公务活动”，主要是指在国内参加的各种与本人工作有关的公务活动。“礼物”包括作为赠礼的物品、礼金、礼券等。“依照国家规定应当交公而不交公”，是指违反国家有关法律、法规、政策文件中关于国家工作人员在国内外公务活动中接受礼物应当交公的规定，如国务院发布的《国家行政机关及其工作人员在国内公务活动中不得赠送和接受礼品的规定》《关于在对外活动中不赠礼、不受礼的决定》。构成本罪，必须达到数额较大。

6. **如何认定贪污罪的既遂与未遂？**

本书观点：贪污罪是一种以非法占有为目的的财产性职务犯罪，与盗窃罪、诈骗罪、抢夺罪等侵犯财产犯罪一样，应当以行为人是否实际控制财物作为区分贪污罪既遂与未遂的标准。对于行为人利用职务上的便利，实施了虚假平账等贪污行为，但公共财物尚未实际转移，或者尚未被行为人控制就被查获的，应当认定为贪污未遂。行为人控制财物后，是否将财物据为己有，不影响贪污既遂的认定。

7. **如何认定贪污罪的共犯？**

本书观点：根据《刑法》第三百八十二条第三款规定，与国家工作人员或者受委托管理、经营国有财产的人员勾结，伙同贪污的，以共犯论处。与上述人员伙同贪污的人员的身份，刑法没有限制，其在共同犯罪中的地位、作用，法律也没有限定。因此，这部分人不论是否为国家工作人员，是否为被委托管理、经营国有财产的人员，也不论其在共同犯罪中处于主犯还是从犯的地位，都构成贪污罪的共犯，对所有共同犯罪人均应以贪污罪定罪处罚。毫无疑问，参与共同犯罪的人，必须是利用了其中的国家工作人员或者受委托管理、经营国有财产人员的职务上的便利，非法占有了公共财物或者国有财物。不具有国家工作人员身份的人与国家工作人员勾结，分别利用各自的职务便利，共同将本单位财物非法占为己有的，按照主犯的犯罪性质定罪。值得指出的是，在国家工作人员与不具有国家工作人员身份的人，分别利用各自职务便利，共同将本单位财物非法占为己有的共同犯罪中，有时可能难以分出主从犯。根据《全国法院审理经济犯罪案件工作座谈会纪要》的精神，对此种共同犯罪，可全案以贪污罪定罪处罚。

关于共同贪污犯罪中“个人贪污数额”的认定。在共同贪污犯罪案件中，“个人贪污数额”应理解为个人所参与或者组织、指挥共同贪污的数额，不能只按个人实际分得的赃款数额来认定。对共同贪污犯罪中的从犯，应当按照其所参与的共同贪污的数额确定量刑幅度。

8. 多次贪污未经处理的如何计算贪污数额？

本书观点：对多次贪污未经处理的，按照累计贪污数额处罚。多次贪污未经处理，是指两次以上的贪污行为，以前既没有受过刑事处罚，也没有受过行政处理，追究其刑事责任时，应当累计贪污数额。[①] 多次贪污未经处理，按照累计贪污数额处罚，也应遵循刑法第八十七条、第八十九条关于追诉时效的规定，即累计计算的贪污数额，必须是在追诉期限以内的贪污行为所产生的。在追诉期限以内又犯贪污罪的，前次贪污犯罪追诉的期限，从犯后罪之日起计算。

9. 如何掌握贪污罪与职务侵占罪的界限？

本书观点：贪污罪与职务侵占罪在客观方面和主观方面基本相同。主要区别：一是犯罪主体不同。前者只能由国家工作人员和受国有单位委派管理、经营国有财产的人员构成；后者则可以由非国有公司、企业或者其他单位，如非国有事业单位、社会团体等单位中的非国家工作人员构成。二是犯罪客体与犯罪对象不同。前者侵犯的客体是公共财物所有权，行为人非法占有的只能是包括国有财产在内的公共财产；后者侵犯的是单位财物所有权，行为人非法占有的可以是公共财产，也可以是私营企业、合资企业、合伙企业中非公有的财产。

10. 通过伪造国家机关公文、证件等方式取得相应公职的人员侵占本单位财物的行为如何定性？

本书观点：行为人是通过伪造国家机关公文、证件等方式担任相应国家工作人员职务的，这类人员的职务虽然是通过非法手段获取的，但是在任职之后，所从事的也是公务。因此，如果行为人在担任有关职务期间，又利用职务便利实施侵占本单位财物等行为，构成犯罪的，应当分别以伪造国家机关公文、证件罪和贪污罪等追究刑事责任，实行数罪并罚。[②]

---

① 全国人大常委会法制工作委员会编著：《中华人民共和国刑法解读》（第4版），中国法制出版社2015年版，第906页。

② 参见2004年3月30日《最高人民法院研究室关于对行为人通过伪造国家机关公文、证件担任国家工作人员职务并利用职务上的便利侵占本单位财物、收受贿赂、挪用本单位资金等行为如何适用法律问题的答复》。

（五）量刑指导或参考

1. 关于贪污罪的量刑档次

《刑法》第三百八十三条第一款规定了四个量刑档次：①贪污数额较大或者有其他较重情节的，处三年以下有期徒刑或者拘役，并处罚金。②贪污数额巨大或者有其他严重情节的，处三年以上十年以下有期徒刑，并处罚金或者没收财产。③贪污数额特别巨大或者有其他特别严重情节的，处十年以上有期徒刑或者无期徒刑，并处罚金或者没收财产；④数额特别巨大，并使国家和人民利益遭受特别重大损失的，处无期徒刑或者死刑，并处没收财产。

（1）贪污数额较大或其他较重情节的认定。《刑法修正案（九）》取消了贪污罪定罪量刑的具体数额标准，修改为数额加情节，而具体的数额、情节由司法解释予以确定。《贪污贿赂解释》第一条第一款规定：贪污或者受贿数额在三万元以上不满二十万元的，应当认定为刑法第三百八十三条第一款规定的“数额较大”，依法判处三年以下有期徒刑或者拘役，并处罚金。第二款规定：“贪污数额在一万元以上不满三万元，具有下列情形之一的，应当认定为刑法第三百八十三条第一款规定的‘其他较重情节’，依法判处三年以下有期徒刑或者拘役，并处罚金：（一）贪污救灾、抢险、防汛、优抚、扶贫、移民、救济、防疫、社会捐助等特定款物的；（二）曾因贪污、受贿、挪用公款受过党纪、行政处分的；（三）曾因故意犯罪受过刑事追究的；（四）赃款赃物用于非法活动的；（五）拒不交待赃款赃物去向或者拒不配合追缴工作，致使无法追缴的；（六）造成恶劣影响或者其他严重后果的。”根据上述《贪污贿赂解释》规定，贪污罪数额较大的起点为三万元；情节较重要求数额达到一万元以上但不满三万元，并且同时具备《贪污贿赂解释》第一条第二款规定的六种情形之一才构成“其他较重情节”，如贪污数额达不到一万元，虽有解释规定的六种情形之一，也不能以贪污罪进行定罪量刑。

（2）数额巨大或其他严重情节的认定。《贪污贿赂解释》第二条第一款规定：贪污或者受贿数额在二十万元以上不满三百万元的，应当认定为刑法第三百八十三条第一款规定的“数额巨大”，依法判处三年以上十年以下有期徒刑，并处罚金或者没收财产。第二款规定：贪污数额在十万元以上不满二十万元，具有本解释第一条第二款规定的情形之一的，应当认定为刑法第三百八十三条第一款规定的“其他严重情节”，依法判处三年以上十年以下有期徒刑，并处罚金或者没收财产。根据《贪污贿赂解释》规定，数额巨大的起点为二十万元；其他严重情节的数额起点为十万元，并同时具备解释第一条第二款规定的六种情形之一才构成“其他严重情节”。

（3）数额特别巨大或者其他特别严重情节的认定。《贪污贿赂解释》第三条第一款规定：贪污或者受贿数额在三百万元以上的，应当认定为刑法第三百八十三条第一款规定的“数额特别巨大”，依法判处十年以上有期徒刑、无期徒刑或者死刑，并处罚金或者没收财产。第二款规定：贪污数额在一百五十万元以上不满三百万元，具有本解释第一条第二款规定的情形之一的，应当认定为刑法第三百八十三条第一款规定的“其他特别严重情节”，依法判处十年以上有期徒刑、无期徒刑或者死刑，并处罚金或者没收财产。根据《贪污贿赂解释》规定，数额特别巨大的起点为三百万元；其他严重情节的数额起点为一百五十万元，并同时具备解释第一条第二款规定的六种情形之一才构成“其他特别严重情节”。

2. 关于财产刑的适用

《刑法修正案（九）》在原来规定没收财产的基础上，对贪污罪增设罚金刑，《贪污贿赂解释》对财产刑的适用作了具体规定。《贪污贿赂解释》第十九条规定：对贪污罪、受贿罪判处三年以下有期徒刑或者拘役的，应当并处十万元以上五十万元以下的罚金；判处三年以上十年以下有期徒刑的，应当并处二十万元以上犯罪数额二倍以下的罚金或者没收财产；判处十年以上有期徒刑或者无期徒刑的，应当并处五十万元以上犯罪数额二倍以下的罚金或者没收财产。对刑法规定并处罚金的其他贪污贿赂犯罪，应当在十万元以上犯罪数额二倍以下判处罚金。

3. 对贪污罪从宽处罚的条件

《刑法》第三百八十三款第三款规定：“犯第一款罪，在提起公诉前如实供述自己罪行、真诚悔罪、积极退赃，避免、减少损害结果的发生，有第一项规定情形的，可以从轻、减轻或者免除处罚；有第二项、第三项规定情形的，可以从轻处罚。”根据该款规定，对贪污犯罪从宽处理必须符合三个条件：（1）时间限制在提起公诉前。提起公诉，是检察机关对公安机关移送起诉或检察机关自行侦查终结认为应当起诉的案件，经全面审查认定事实清楚，证据确实充分，依法应当判处刑法的，提交人民法院审判的活动。（2）行为人必须如实供述自己罪行、真诚悔罪、积极退赃。如实供述自己罪行是指行为人对于自己所犯罪行，无论司法机关掌握与否，都要如实、全部、无保留地向司法机关供述。“如实供述自己罪行、真诚悔罪、积极退赃”是并列条件，缺一不可。（3）必须达到避免、减少损害结果发生的实际效果。同时具备上述条件的，根据不同情形予以从宽处罚，对贪污数额较大或者有其他较重情节的，可以从轻、减轻或者免除处罚；对贪污数额巨大或者有其他严重情节及贪污数额特别巨大或者有其他特别严重情节的，可以从轻处罚。

4. 贪污所得财物去向与定罪的关系

在司法实践中，存在行为人将贪污所得财物用于公务开支或社会捐赠的现象，案发后行为人通常据此否认自己具有非法占有公共财物的故意。《贪污贿赂解释》对行为作了明确规定，只要是非法获取财物的贪污行为，不管赃款赃物的去向如何，都不影响贪污罪的认定，从而堵住贪污犯罪分子试图逃避刑事追究的后门。《贪污贿赂解释》第十六条第一款规定：国家工作人员出于贪污、受贿的故意，非法占有公共财物、收受他人财物之后，将赃款赃物用于单位公务支出或者社会捐赠的，不影响贪污罪、受贿罪的认定，但量刑时可以酌情考虑。

5. 贪污罪的死刑适用

《刑法修正案（九）》保留了贪污罪的死刑，增加规定了死刑缓期执行二年期满依法减为无期徒刑后予以终身监禁。《刑法》第三百八十三条第一款第（三）项规定：“……数额特别巨大，并使国家和人民利益遭受特别重大损失的，处无期徒刑或者死刑，并处没收财产。”第四款规定：“犯第一款罪，有第三项规定情形被判处死刑缓期执行的，人民法院根据犯罪情节等情况可以同时决定在其死刑缓期执行二年期满依法减为无期徒刑后，终身监禁，不得减刑、假释。”为了更准确地适用死刑，《贪污贿赂解释》第四条规定：“贪污、受贿数额特别巨大，犯罪情节特别严重、社会影响特别恶劣、给国家和人民利益造成特别重大损失的，可以判处死刑。符合前款规定的情形，但具有自首，立功，如实供述自己罪行、真诚悔罪、积极退赃，或者避免、减少损害结果的发生等情节，不是必须立即执行的，可以判处死刑缓期二年执行。符合第一款规定情形的，根据犯罪情节等情况可以判处死刑缓期二年执行，同时裁判决定在其死刑缓期执行二年期满依法减为无期徒刑后，终身监禁，不得减刑、假释。”这就是说，司法机关在审判案件时，对于极少数罪行特别严重、依法应当适用死刑立即执行的犯罪分子，坚决判处死刑立即执行。《贪污贿赂解释》同时依法规定，对于符合死刑立即执行条件但同时具有法定从宽等处罚情节，不是必须立即执行的，可以判处死刑缓期二年执行。

根据《刑法修正案（九）》规定，判处死缓减为无期徒刑予以终身监禁。需要特别明确的是，这里规定的终身监禁不是独立的刑种，它是对罪当判处死刑的贪污犯罪分子的一种不执行死刑的刑罚执行措施，介于死刑立即执行与一般死缓之间的一种执行措施，但又比一般死缓更为严厉。刑法只明确了可以适用终身监禁的人员范围，并不是所有贪污犯罪被判处死缓的都要执行终身监禁，是否终身监禁应由人民法院根据其所实施犯罪的具体情节等情况综合考虑。《贪污贿赂解释》对于终身监禁具体适用从实体和程序两个方面予以了明确：一是明确终身监禁适用的情形，即主要针对那些判处死刑立即执行过重，判处一般死缓又偏轻的重大贪污受贿罪犯，可以决定终身监禁；二是明确判处终身监禁的，在一、二审作出死缓裁判的同时应当一并作出终身监禁的决定，而不能等到死缓执行期间届满再视情而定，以此强调终身监禁一旦决定，不受执行期间服刑表现的影响。终身监禁的罪犯，不得减刑、假释，也不得暂予监外执行。

根据《最高人民法院、最高人民检察院关于办理妨害预防、控制突发传染病疫情等灾害的刑事案件具体应用法律若干问题的解释》，贪污用于预防、控制突发传染病疫情等灾害的款物，构成犯罪的，依照刑法第三百八十二条、第三百八十三条的规定，以贪污罪定罪，从重处罚。

二、挪用公款罪

（一）刑法规定

第三百八十四条　国家工作人员利用职务上的便利，挪用公款归个人使用，进行非法活动的，或者挪用公款数额较大、进行营利活动的，或者挪用公款数额较大、超过三个月未还的，是挪用公款罪，处五年以下有期徒刑或者拘役；情节严重的，处五年以上有期徒刑。挪用公款数额巨大不退还的，处十年以上有期徒刑或者无期徒刑。

挪用用于救灾、抢险、防汛、优抚、扶贫、移民、救济款物归个人使用的，从重处罚。

（二）立法解释、司法解释、司法文件及其权威解读

1. 全国人民代表大会常务委员会关于〈中华人民共和国刑法〉第三百八十四条第一款的解释（2002 年 4 月 28 日发布实施）

全国人民代表大会常务委员会讨论了刑法第三百八十四条第一款规定的国家工作人员利用职务上的便利，挪用公款“归个人使用”的含义问题，解释如下：

有下列情形之一的，属于挪用公款“归个人使用”：

（一）将公款供本人、亲友或者其他自然人使用的；

（二）以个人名义将公款供其他单位使用的；

（三）个人决定以单位名义将公款供其他单位使用，谋取个人利益的。

权威解读

2002 年 4 月 28 日，第九届全国人民代表大会常务委员会第二十七次会议通过了《关于〈中华人民共和国刑法〉第三百八十四条第一款的解释》。

一、立法解释出台的背景

《刑法》第三百八十四条第一款规定：“国家工作人员利用职务上的便利，挪用公款归个人使用，进行非法活动的，或者挪用公款数额较大、进行营利活动的，或者挪用公款数额较大、超过三个月未还的，是挪用公款罪，处五年以下有期徒刑或者拘役；情节严重的，处五年以上有期徒刑。挪用公款数额巨大不退还的，处十年以上有期徒刑或者无期徒刑。”

最高人民法院于 2001 年 9 月 18 日发布了《关于如何认定挪用公款归个人使用有关问题的解释》（已失效），该解释规定国家工作人员利用职务上的便利，以个人名义将公款借给其他自然人或者不具有法人资格的私营独资企业、私营合伙企业等使用，或者为谋取个人利益，以个人名义将公款借给其他单位使用的，属于挪用公款归个人使用。

最高人民检察院 2001 年 11 月向全国人大常委会递交报告，认为最高人民法院发布的《关于如何认定挪用公款归个人使用有关问题的解释》（已失效），强调国家工作人员将公款借给其他自然人或者不具有法人资格的私营独资企业、私营合伙企业等使用，还必须“以个人名义”；将公款借给其他单位使用，必须“以个人名义”，而且还要“为谋取个人利益”的，才构成挪用公款罪，超越了其司法解释权限，给实际办案带来极大的困难：一是实践中

存在大量的以单位名义挪用公款的案件，而以个人名义挪用的案件越来越少；二是要查明是否以个人名义很困难。正因如此，检察机关办理的一大批挪用公款案件被撤销或宣告无罪，给反腐败工作和社会稳定带来一些消极的影响。根据《立法法》第四十三条的规定，最高人民检察院向全国人大常委会提出了对《刑法》第三百八十四条第一款规定中挪用公款"归个人使用"的含义作立法解释的要求。

针对最高人民检察院的意见，最高人民法院认为：挪用公款罪一直是一个比较复杂的问题，1989 年，"两高"对此曾经有过一个司法解释，对挪用公款给单位使用的规定了两个条件：一是以个人名义挪用的；二是为谋取私利挪用的。1998 年，最高人民法院《关于审理挪用公款案件具体应用法律若干问题的解释》，对挪用公款给私营独资企业或者私营合伙企业使用的，解释为属于挪用公款归个人使用。而对挪用公款给国有、集体企事业单位使用的，没有明确是否构成犯罪。实践中对这种情况也不以挪用公款罪追究。1998 年的司法解释实施以后，实践中又出现了挪用公款给单位（包括有法人资格的私有公司、企业）使用的是否构成挪用公款罪的问题。为了解决现实中存在的问题，最高人民法院于 2001 年 10 月对如何认定挪用公款归个人使用的问题作出了司法解释。《关于如何认定挪用公款归个人使用有关问题的解释》规定挪用公款给单位使用构成犯罪的，必须符合"以个人名义"或"为谋取个人利益，以个人名义"的条件。这主要是出于两个考虑：一是考虑到 1989 年和 1998 年对此已有类似的规定。二是考虑挪用公款是个人犯罪，不是单位犯罪。对于以单位名义挪用的，不管使用公款的对象是单位或者个人都不构成犯罪。对"以个人名义"的理解，应当包括以下三种情况：一是国家工作人员超出其职权范围挪用的；二是未超出其职权范图，但以其他非法手段将公款挪用给他人使用，如逃避会计监管挪用的；三是挪用人与使用公款人相互有约定，通过个人打交道的。"谋取个人利益"，既包括非法利益，也包括合法利益。既包括物质利益，也包括非物质利益。

鉴于司法机关对法律规定的挪用公款"归个人使用"的含义认识不一致，根据《立法法》第四十二条、第四十四条的规定，全国人大常委会法制工作委员会对上述问题专门听取了最高人民法院、最高人民检察院的意见，又与中央政法委员会、公安部及法律专家多次进行研究，拟定了全国人大常委会《关于〈中华人民共和国刑法〉第三百八十四条第一款的解解》，经委员长会议讨论同意列入第九届全国人大常委会第二十七次会议议程，经委员们审议讨论后通过。

二、本立法解释的主要内容

在立法解释起草过程中，法律专家对《刑法》第三百八十四条规定的挪用公款归个人使用中的“个人”，是指挪用者将公款供本人和其他自然人使用没有异议，但对在什么情况下将公款挪用给单位使用的，也作为挪用公款归个人使用处理，有以下几种不同的观点：

第一种观点认为，对于以个人名义将公款挪用给单位使用的，不管挪用人是否谋取了个人利益，也不管单位的性质是私有还是公有，都应属于挪用公款归个人使用，对于以个人名义将公款挪用给单位使用自己收取好处的，应当以受贿罪定罪处罚。

第二种观点认为，对于为谋取个人利益将公款挪用给单位使用的，不管单位的性质是私有还是公有，不管是否以个人名义，都应当属于挪用公款归个人使用。认为这种行为违反了公款的合法使用性，实际上是一种利益的交换，是归个人使用的一种方式。

第三种观点认为，行为人将公款挪用给单位使用的，不管是否以个人名义，也不论是否谋取个人利益，不论用款单位是国有、集体还是私营企业等单位，都不属于挪用公款归个人使用。

第四种观点认为，挪用公款罪应当解决的是单位对资金的占有权、使用权，保证国有资产不流失。因此，只应当从单位的利益、挪用性质上考虑是否违法，而不应从使用者的身份去考虑。挪用公款行为本身就是违法，凡未经过批准或者超越职权，不管挪用给单位还是个人使用，都应以挪用公款罪定罪处罚。

经研究后认为，挪用公款罪侵犯的是单位对于公款的使用权，其实质是将单位公款非法置于个人的支配之下，也就是公款私用，这里所说的“私用”，不是看最终的公款使用者是个人还是单位，而是指个人非法支配、使用单位公款，侵犯了本单位对于公款的正常使用权。基于对挪用公款实质的上述认识，全国人大常委会法工委拟定了《关于〈中华人民共和国刑法〉第三百八十四条第一款的解释》草案，经常委会审议通过。

立法解释规定以下三种情形属于挪用公款“归个人使用”：

1. 将公款供本人、亲友或者其他自然人使用的

无论本人、亲友还是其他自然人，相对于单位来讲都是个人。这是一种典型的挪用公款归个人使用的表现形式。

2. 以个人名义将公款供其他单位使用的

该种行为的关键是“以个人名义”，它是指打着个人的旗号。实践中多表现为在单位的出借款条上或者其他提供款项的文件上签的是个人的名字，且无单位的公章。这样，虽然把单位的公款借给了其他单位，但手续上反映的却是个人把钱借出。解释中的“供”是提供的意思，包括借出或者赠与。

公款属于单位，而非个人。虽然单位负责人在职权范围内有决定一定数额公款使用的权力，但那实际上是单位赋予其负责人代表单位正确支配、使用公款的权力，决不意味着单位授权其负责人可以个人名义任意非法支配、使用单位公款。以个人名义将公款供其他单位使用，本身就是将公款非法置于个人支配之下的一种表现形式。根据立法解释，以个人名义将公款供其他单位使用的，无需再看是否谋取个人利益；即可认定挪用公款“归个人使用”。

判断是否“以个人名义”不能光看形式，更应看实质。对于超越职权，逃避财务监管，通过单位间借款方式将单位款项转出去，最终又按其旨意转借给个人使用的，仍属于“以个人名义”。如某单位领导的朋友向其借钱，他让财务将钱划出去，被财务以违反财经纪律为由拒绝。他就以下属单位发展业务活动需要资金为由，让财务把钱划到下属单位的账上，然后又将钱从下属单位打到其朋友的账上。这种方式就是“以个人名义”。当然，挪用人如果与用款人约定借款以个人名义进行，或者借款、还款都以个人名义进行，将公款给其他单位使用的，这种典型的“以个人名义将公款供其他单位使用”，认定起来就更容易了。

3. 个人决定以单位名义将公款供其他单位使用，谋取个人利益的

立法解释规定该行为属于“归个人使用”，主要是基于以下考虑：个人决定以单位名义将公款供其他单位使用，谋取个人利益，实际上是以公款谋取个人私利的一种方式，符合将公款非法置于个人的支配之下，公款私用的本质特征。“个人决定”，既包括行为人在其职权范围内决定，也包括超越职权决定。但是，单位集体讨论决定的，不属于“个人决定”。“以单位名义”，是指出借、提供公款的主体清楚地写着单位的名称，而非个人的名义。这里

所说“其他单位”中的“单位”，与《刑法》第三十条中单位的范围是一致的，即包括公司、企业、事业单位、机关、团体。“谋取个人利益”，既包括合法利益，也包括非法利益；既包括谋取财产性利益，如钱物，也包括谋取非财产性利益，如安排就业、解决住房等。当然，对“个人决定以单位名义将公款供其他单位使用，谋取个人利益”的理解也不能过于机械。如国家工作人员擅自将公款借给自己或者其家属开办、参股的公司、企业使用，行为人实际上也谋取了个人利益。

在起草过程中，有的部门建议，凡是个人擅自决定以单位名义将公款供其他单位使用的，都应属于“归个人使用”，不应还有“谋取个人利益”的限制。考虑到“个人决定以单位名义将公款供其他单位使用”，有的在负责人的职责权限内，有的虽然超出了个人权限，属于擅自决定，但反映出来的毕竟还是单位与单位之间的用款关系，这与以个人名义将公款供其他单位使用大不相同。正如全国人大常委会法制工作委员会副主任胡康生在向全国人大常委会所作的立法解释说明中所指出的，“对于以单位名义将公款借给其他单位使用，应当区别情况处理。属于单位之间的拆借行为一般不应按挪用公款罪处理。但是，由个人决定以单位名义将公款借给其他单位使用，自己谋取利益的，实际上也是挪用公款私用的一种表现形式，应当属于刑法规定的挪用公款归自己使用”。个人决定以单位名义将公款供其他单位使用，个人未从中谋取个人利益的，不具备公款私用的本质特征，因此，没有采纳这个意见。“个人利益”是指具体的利益，而不是指挪用人和用款单位的负责人相互认识，关系不错，是好朋友等。

在起草过程中，建议应将“个人决定以单位名义将公款供其他单位使用，谋取个人利益的”行为以受贿罪定罪处罚。考虑到刑法对受贿罪要求行为人有非法收受他人财物的行为，而且一般要在五千元以上。对于实践中挪用公款后没有收受财物的，或者虽收受了财物但不到五千元的，或者只谋取了非财产性利益的就难以定罪处罚。因此，立法解释没有采纳这个意见。对于利用职务便利，个人决定以单位名义将公款供其他单位使用，收受财物数额在五千元以上，既构成挪用公款罪又构成受贿罪的，笔者认为，对行为人应当从一重罪处罚。

应当指出的是，实践中有的人利用职权个人决定以单位名义将公款供其他单位使用，自己又没有从中谋取个人利益，但用款单位无力还款，给单位造成重大损失的，对挪用人可以渎职罪追究刑事责任。

（撰稿：黄太云）

2. 全国人民代表大会常务委员会关于《中华人民共和国刑法》第九十三条第二款的解释（2000 年 4 月 29 日发布，2009 年 8 月 27 日修正并施行）

全国人民代表大会常务委员会讨论了村民委员会等村基层组织人员在从事哪些工作时属于刑法第九十三条第二款规定的“其他依照法律从事公务的人员”，解释如下：

村民委员会等村基层组织人员协助人民政府从事下列行政管理工作，属于刑法第九十三条第二款规定的“其他依照法律从事公务的人员”：

（一）救灾、抢险、防汛、优抚、扶贫、移民、救济款物的管理；

（二）社会捐助公益事业款物的管理；

（三）国有土地的经营和管理；

（四）土地征收、征用补偿费用的管理；

（五）代征、代缴税款；

（六）有关计划生育、户籍、征兵工作；

（七）协助人民政府从事的其他行政管理工作。

村民委员会等村基层组织人员从事前款规定的公务，利用职务上的便利，非法占有公共财物、挪用公款、索取他人财物或者非法收受他人财物，构成犯罪的，适用刑法第三百八十二条和第三百八十三条贪污罪、第三百八十四条挪用公款罪、第三百八十五条和第三百八十六条受贿罪的规定。

现予公告。

3. 最高人民法院关于审理挪用公款案件具体应用法律若干问题的解释①（法释〔1998〕号，自 1998 年 5 月 9 日起施行）

为依法惩处挪用公款犯罪，根据刑法的有关规定，现对办理挪用公款案件具体应用法律的若干问题解释如下：

第一条　刑法第三百八十四条规定的“挪用公款归个人使用”，包括挪用者本人使用或者给他人使用。

挪用公款给私有公司、私有企业使用的，属于挪用公款归个人使用。

---

① 该解释中的入刑起点数额因与 2016 年 4 月 18 日起施行的《最高人民法院、最高人民检察院关于办理贪污贿赂刑事案件适用法律若干问题的解释》规定数额冲突，应适用新的规定。

第二条 对挪用公款罪，应区分三种不同情况予以认定：

（一）挪用公款归个人使用，数额较大、超过三个月未还的，构成挪用公款罪。

挪用正在生息或者需要支付利息的公款归个人使用，数额较大，超过三个月但在案发前全部归还本金的，可以从轻处罚或者免除处罚。给国家、集体造成的利息损失应予追缴。挪用公款数额巨大，超过三个月，案发前全部归还的，可以酌情从轻处罚。

（二）挪用公款数额较大，归个人进行营利活动的，构成挪用公款罪，不受挪用时间和是否归还的限制。在案发前部分或者全部归还本息的，可以从轻处罚；情节轻微的，可以免除处罚。

挪用公款存入银行、用于集资、购买股票、国债等，属于挪用公款进行营利活动。所获取的利息、收益等违法所得，应当追缴，但不计入挪用公款的数额。

（三）挪用公款归个人使用，进行赌博、走私等非法活动的，构成挪用公款罪，不受"数额较大"和挪用时间的限制。

挪用公款给他人使用，不知道使用人用公款进行营利活动或者用于非法活动，数额较大、超过三个月未还的，构成挪用公款罪；明知使用人用于营利活动或者非法活动的，应当认定为挪用人挪用公款进行营利活动或者非法活动。

第三条 挪用公款归个人使用，"数额较大、进行营利活动的"，或者"数额较大、超过三个月未还的"，以挪用公款一万元至三万元为"数额较大"的起点，以挪用公款十五万元至二十万元为"数额巨大"的起点。挪用公款"情节严重"，是指挪用公款数额巨大，或者数额虽未达到巨大，但挪用公款手段恶劣；多次挪用公款；因挪用公款严重影响生产、经营，造成严重损失等情形。

"挪用公款归个人使用，进行非法活动的"，以挪用公款五千元至一万元为追究刑事责任的数额起点。挪用公款五万元至十万元以上的，属于挪用公款归个人使用，进行非法活动，"情节严重"的情形之一。挪用公款归个人使用，进行非法活动，情节严重的其他情形，按照本条第一款的规定执行。

各高级人民法院可以根据本地实际情况，按照本解释规定的数额幅度，确定本地区执行的具体数额标准，并报最高人民法院备案。

挪用救灾、抢险、防汛、优抚、扶贫、移民、救济款物归个人使用的数额标准，参照挪用公款归个人使用进行非法活动的数额标准。

第四条　多次挪用公款不还，挪用公款数额累计计算；多次挪用公款，并以后次挪用的公款归还前次挪用的公款，挪用公款数额以案发时未还的实际数额认定。

第五条　“挪用公款数额巨大不退还的”，是指挪用公款数额巨大，因客观原因在一审宣判前不能退还的。

第六条　携带挪用的公款潜逃的，依照刑法第三百八十二条、第三百八十三条的规定定罪处罚。

第七条　因挪用公款索取、收受贿赂构成犯罪的，依照数罪并罚的规定处罚。

挪用公款进行非法活动构成其他犯罪的，依照数罪并罚的规定处罚。

第八条　挪用公款给他人使用，使用人与挪用人共谋，指使或者参与策划取得挪用款的，以挪用公款罪的共犯定罪处罚。

4. **最高人民法院全国法院审理经济犯罪案件工作座谈会纪要**（法发〔2003〕167号，自2003年11月13日起实施）（节录）

一、关于贪污贿赂犯罪和渎职犯罪的主体

（一）国家机关工作人员的认定

刑法中所称的国家机关工作人员，是指在国家机关中从事公务的人员、包括在各级国家权力机关、行政机关、司法机关和军事机关中从事公务的人员。

根据有关立法解释的规定，在依照法律、法规规定行使国家行政管理职权的组织中从事公务的人员，或者在受国家机关委托代表国家行使职权的组织中从事公务的人员、或者虽未列入国家机关人员编制但在国家机关中从事公务的人员，视为国家机关工作人员。在乡（镇）以上中国共产党机关、人民政协机关中从事公务的人员，司法实践中也应当视为国家机关工作人员。

（二）国家机关、国有公司、企业、事业单位委派到非国有公司、企业、事业单位、社会团体从事公务的人员的认定

所谓委派，即委任、派遣，其形式多种多样，如任命、指派、提名、批准等。不论被委派的人身份如何，只要是接受国家机关、国有公司、企业、事业单位委派，代表国家机关、国有公司、企业、事业单位在非国有公司、

企业、事业单位、社会团体中从事组织、领导、监督、管理等工作，都可以认定为国家机关、国有公司、企业、事业单位委派到非国有公司、企业、事业单位、社会团体从事公务的人员。如国家机关、国有公司、企业、事业单位委派在国有控股或者参股的股份有限公司从事组织、领导、监督、管理等工作的人员，应当以国家工作人员论：国有公司、企业改制为股份有限公司后，原国有公司、企业的工作人员和股份有限公司新任命的人员中，除代表国有投资主体行使监督、管理职权的人外，不以国家工作人员论。

（三）“其他依照法律从事公务的人员”的认定

刑法第九十三条第二款规定的“其他依照法律从事公务的人员”应当具有两个特征：一是在特定条件下行使国家管理职能；二是依照法律规定从事公务。具体包括：（1）依法履行职责的各级人民代表大会代表；（2）依法履行审判职责的人民陪审员；（3）协助乡镇人民政府、街道办事处从事行政管理工作的村民委员会、居民委员会等农村和城市基层组织人员；（4）其他由法律授权从事公务的人员。

（四）关于“从事公务”的理解

从事公务，是指代表国家机关、国有公司、企业事业单位、人民团体等履行组织、领导、监督、管理等职责。公务主要表现为与职权相联系的公共事务以及监督、管理国有财产的职务活动。如国家机关工作人员依法履行职责，国有公司的董事、经理、监事、会计、出纳人员等管理、监督国有财产等活动，属于从事公务。那些不具备职权内容的劳务活动、技术服务工作，如售货员、售票员等所从事的工作，一般不认为是公务。

四、关于挪用公款罪

（一）单位决定将公款给个人使用行为的认定

经单位领导集体研究决定将公款给个人使用，或者单位负责人为了单位的利益，决定将公款给个人使用的，不以挪用公款罪定罪处罚。上述行为致使单位遭受重大损失，构成其他犯罪的，依照刑法的有关规定对责任人员定罪处罚。

（二）挪用公款供其他单位使用行为的认定

根据全国人大常委会《关于〈中华人民共和国刑法〉第三百八十四条第一款的解释》的规定，“以个人名义将公款供其他单位使用的”、“个人决定以单位名义将公款供其他单位使用，谋取个人利益的”，属于挪用公款“归个人使用”。在司法实践中，对于将公款供其他单位使用的，认定是否属于“以个人名义”，不能只看形式，要从实质上把握。对于行为人逃避财务监管，或者与使用人约定以个人名义进行，或者借款、还款都以个人名义进行，将公款给其他单位使用的，应认定为“以个人名义”。“个人决定”既包括行为人在职权范围内决定，也包括超越职权范围决定。“谋取个人利益”，既包括行为人与使用人事先约定谋取个人利益实际尚未获取的情况，也包括虽未事先约定但实际已获取了个人利益的情况。其中的“个人利益”，既包括不正当利益，也包括正当利益；既包括财产性利益，也包括非财产性利益，但这种非财产性利益应当是具体的实际利益，如升学、就业等。

（三）国有单位领导向其主管的具有法人资格的下级单位借公款归个人使用的认定

国有单位领导利用职务上的便利指令具有法人资格的下级单位将公款供个人使用的，属于挪用公款行为，构成犯罪的，应以挪用公款罪定罪处罚。

（四）挪用有价证券、金融凭证用于质押行为性质的认定

挪用金融凭证、有价证券用于质押，使公款处于风险之中，与挪用公款为他人提供担保没有实质的区别，符合刑法关于挪用公款罪规定的，以挪用公款罪定罪处罚，挪用公款数额以实际或者可能承担的风险数额认定。

（五）挪用公款归还个人欠款行为性质的认定

挪用公款归还个人欠款的，应当根据产生欠款的原因分别认定属于挪用公款的何种情形。归还个人进行非法活动或者进行营利活动产生的欠款，应当认定为挪用公款进行非法活动或者进行营利活动。

（六）挪用公款用于注册公司、企业行为性质的认定

申报注册资本是为进行生产经营活动作准备，属于成立公司、企业进行营利活动的组成部分。因此，挪用公款归个人用于公司、企业注册资本验资证明的，应当认定为挪用公款进行营利活动。

（七）挪用公款后尚未投入实际使用的行为性质的认定

挪用公款后尚未投入实际使用的，只要同时具备“数额较大”和“超过三个月未还”的构成要件，应当认定为挪用公款罪，但可以酌情从轻处罚。

（八）挪用公款转化为贪污的认定

挪用公款罪与贪污罪的主要区别在于行为人主观上是否具有非法占有公款的目的，挪用公款是否转化为贪污，应当按照主客观相一致的原则，具体

判断和认定行为人主观上是否具有非法占有公款的目的。在司法实践中，具有以下情形之一的，可以认定行为人具有非法占有公款的目的：

1. 根据《最高人民法院关于审理挪用公款案件具体应用法律若干问题的解释》第六条的规定，行为人“携带挪用的公款潜逃的”，对其携带挪用的公款部分，以贪污罪定罪处罚。

2. 行为人挪用公款后采取虚假发票平账、销毁有关账目等手段，使所挪用的公款已难以在单位财务账目上反映出来，且没有归还行为的，应当以贪污罪定罪处罚。

3. 行为人截取单位收入不入账，非法占有，使所占有的公款难以在单位财务账目上反映出来，且没有归还行为的，应当以贪污罪定罪处罚。

4. 有证据证明行为人有能力归还所挪用的公款而拒不归还，并隐瞒挪用的公款去向的，应当以贪污罪定罪处罚。

5. **最高人民检察院关于挪用国库券如何定性问题的批复**（高检发释字〔1997〕5号，自1997年10月13日起施行）

宁夏回族自治区人民检察院：

你院宁检发字〔1997〕43号《关于国库券等有价证券是否可以成为挪用公款罪所侵犯的对象以及以国库券抵押贷款的行为如何定性等问题的请示》收悉。关于挪用国库券如何定性的问题，经研究，批复如下：

国家工作人员利用职务上的便利，挪用公有或本单位的国库券的行为以挪用公款论；符合刑法第三百八十四条、第二百七十二条第二款规定的情形构成犯罪的，按挪用公款罪追究刑事责任。

6. **最高人民检察院关于国家工作人员挪用非特定公物能否定罪的请示的批复**（高检发释字〔2000〕1号，自2000年3月15日起施行）

山东省人民检察院：

你院鲁检发研字〔1999〕第3号《关于国家工作人员挪用非特定公物能否定罪的请示》收悉。经研究认为，刑法第384条规定的挪用公款罪中未包括挪用非特定公物归个人使用的行为，对该行为不以挪用公款罪论处。如构成其他犯罪的，依照刑法的相关规定定罪处罚。

此复

7. **最高人民法院关于挪用公款犯罪如何计算追诉期限问题的批复**（法释〔2003〕16号，自2003年10月10日起施行）

天津市高级人民法院：

你院津高法〔2002〕4号《关于挪用公款犯罪如何计算追诉期限问题的请示》收悉。经研究，答复如下：

根据刑法第八十九条、第三百八十四条的规定，挪用公款归个人使用，进行非法活动的，或者挪用公款数额较大、进行营利活动的，犯罪的追诉期限从挪用行为实施完毕之日起计算；挪用公款数额较大、超过三个月未还的，犯罪的追诉期限从挪用公款罪成立之日起计算。挪用公款行为有连续状态的，犯罪的追诉期限应当从最后一次挪用行为实施完毕之日或者犯罪成立之日起计算。

此复

8. **最高人民法院、最高人民检察院关于办理国家出资企业中职务犯罪案件具体应用法律若干问题的意见**（法发〔2010〕49号，自2010年12月2日起施行）（节录）

三、关于国家出资企业工作人员使用改制公司、企业的资金担保个人贷款，用于购买改制公司、企业股份的行为的处理

国家出资企业的工作人员在公司、企业改制过程中为购买公司、企业股份，利用职务上的便利，将公司、企业的资金或者金融凭证、有价证券等用于个人贷款担保的，依照刑法第二百七十二条或者第三百八十四条的规定，以挪用资金罪或者挪用公款罪定罪处罚。

行为人在改制前的国家出资企业持有股份的，不影响挪用数额的认定，但量刑时应当酌情考虑。

经有关主管部门批准或者按照有关政策规定，国家出资企业的工作人员为购买改制公司、企业股份实施前款行为的，可以视具体情况不作为犯罪处理。

六、关于国家出资企业中国家工作人员的认定

经国家机关、国有公司、企业、事业单位提名、推荐、任命、批准等，在国有控股、参股公司及其分支机构中从事公务的人员，应当认定为国家工作人员。具体的任命机构和程序，不影响国家工作人员的认定。

经国家出资企业中负有管理、监督国有资产职责的组织批准或者研究决定，代表其在国有控股、参股公司及其分支机构中从事组织、领导、监督、经营、管理工作的人员，应当认定为国家工作人员。

国家出资企业中的国家工作人员，在国家出资企业中持有个人股份或者同时接受非国有股东委托的，不影响其国家工作人员身份的认定。

七、关于国家出资企业的界定

本意见所称“国家出资企业”，包括国家出资的国有独资公司、国有独资企业，以及国有资本控股公司、国有资本参股公司。

是否属于国家出资企业不清楚的，应遵循“谁投资、谁拥有产权”的原则进行界定。企业注册登记中的资金来源与实际出资不符的，应根据实际出资情况确定企业的性质。企业实际出资情况不清楚的，可以综合工商注册、分配形式、经营管理等因素确定企业的性质。

八、关于宽严相济刑事政策的具体贯彻

办理国家出资企业中的职务犯罪案件时，要综合考虑历史条件、企业发展、职工就业、社会稳定等因素，注意具体情况具体分析，严格把握犯罪与一般违规行为的区分界限。对于主观恶意明显、社会危害严重、群众反映强烈的严重犯罪，要坚决依法从严惩处；对于特定历史条件下、为了顺利完成企业改制而实施的违反国家政策法律规定的行为，行为人无主观恶意或者主观恶意不明显，情节较轻，危害不大的，可以不作为犯罪处理。

对于国家出资企业中的职务犯罪，要加大经济上的惩罚力度，充分重视财产刑的适用和执行，最大限度地挽回国家和人民利益遭受的损失。不能退赃的，在决定刑罚时，应当作为重要情节予以考虑。

9. **最高人民法院、最高人民检察院关于办理妨害预防、控制突发传染病疫情等灾害的刑事案件具体应用法律若干问题的解释**（法释〔2003〕8号，自2003年5月15日起施行）（节录）

第十四条 贪污、侵占用于预防、控制突发传染病疫情等灾害的款物或者挪用归个人使用，构成犯罪的，分别依照刑法第三百八十二条、第三百八十三条、第二百七十一条、第三百八十四条、第二百七十二条的规定，以贪污罪、侵占罪、挪用公款罪、挪用资金罪定罪，依法从重处罚。

10. **最高人民检察院关于挪用失业保险基金和下岗职工基本生活保障资金的行为适用法律问题的批复**（高检发释字〔2003〕1号，自2003年1月30日起施行）

辽宁省人民检察院：

你院辽检发研字（2002）9号《关于挪用职工失业保险金和下岗职工生

活保障金是否属于挪用特定款物的请示》收悉。经研究，批复如下：

挪用失业保险基金和下岗职工基本生活保障资金属于挪用救济款物。挪用失业保险基金和下岗职工基本生活保障资金，情节严重，致使国家和人民群众利益遭受重大损害的，对直接责任人员，应当依照刑法第二百七十三条的规定，以挪用特定款物罪追究刑事责任；国家工作人员利用职务上的便利，挪用失业保险基金和下岗职工基本生活保障资金归个人使用，构成犯罪的，应当依照刑法第三百八十四条的规定，以挪用公款罪追究刑事责任。

此复

11. **最高人民法院研究室关于挪用退休职工社会养老金行为如何适用法律问题的复函**（法研〔2004〕102 号，自 2004 年 7 月 9 日起施行）

公安部经济犯罪侦查局：

你局公经〔2004〕916 号《关于挪用退休职工社会养老保险金是否属于挪用特定款物罪事》收悉。经研究，提供如下意见供参考：

退休职工养老保险金不属于我国刑法中的救灾、抢险、防汛、优抚、扶贫、移民、救济等特定款物的任何一种。因此，对于挪用退休职工养老保险金的行为，构成犯罪时，不能以挪用特定款物罪追究刑事责任，而应当按照行为人身份的不同，分别以挪用资金罪或者挪用公款罪追究刑事责任。

12. **最高人民法院研究室关于对行为人通过伪造国家机关公文、证件担任国家工作人员职务并利用职务上的便利侵占本单位财物、收受贿赂、挪用本单位资金等行为如何适用法律问题的答复**（法研〔2004〕38 号，自 2004 年 3 月 20 日起施行）

北京市高级人民法院：

你院〔2004〕15 号《关于通过伪造国家机关公文、证件担任国家工作人员职务后利用职务便利侵占本单位财物、收受贿赂、挪用本单位资金的行为如何定性的请示》收悉。经研究，答复如下：

行为人通过伪造国家机关公文、证件担任国家工作人员职务以后，又利用职务上的便利实施侵占本单位财物、收受贿赂、挪用本单位资金等行为，构成犯罪的，应当分别以伪造国家机关公文、证件罪和相应的贪污罪、受贿罪、挪用公款罪等追究刑事责任，实行数罪并罚。

13. 最高人民法院、最高人民检察院关于办理职务犯罪案件严格适用缓刑、免予刑事处罚若干问题的意见（法发〔2012〕17号，自2012年8月8日起施行）

为进一步规范贪污贿赂、渎职等职务犯罪案件缓刑、免予刑事处罚的适用，确保办理职务犯罪案件的法律效果和社会效果，根据刑法有关规定并结合司法工作实际，就职务犯罪案件缓刑、免予刑事处罚的具体适用问题，提出以下意见：

一、严格掌握职务犯罪案件缓刑、免予刑事处罚的适用。职务犯罪案件的刑罚适用直接关系反腐败工作的实际效果。人民法院、人民检察院要深刻认识职务犯罪的严重社会危害性，正确贯彻宽严相济刑事政策，充分发挥刑罚的惩治和预防功能。要在全面把握犯罪事实和量刑情节的基础上严格依照刑法规定的条件适用缓刑、免予刑事处罚，既要考虑从宽情节，又要考虑从严情节；既要做到刑罚与犯罪相当，又要做到刑罚执行方式与犯罪相当，切实避免缓刑、免予刑事处罚不当适用造成的消极影响。

二、具有下列情形之一的职务犯罪分子，一般不适用缓刑或者免予刑事处罚：

（一）不如实供述罪行的；

（二）不予退缴赃款赃物或者将赃款赃物用于非法活动的；

（三）属于共同犯罪中情节严重的主犯的；

（四）犯有数个职务犯罪依法实行并罚或者以一罪处理的；

（五）曾因职务违纪违法行为受过行政处分的；

（六）犯罪涉及的财物属于救灾、抢险、防汛、优抚、扶贫、移民、救济、防疫等特定款物的；

（七）受贿犯罪中具有索贿情节的；

（八）渎职犯罪中徇私舞弊情节或者滥用职权情节恶劣的；

（九）其他不应适用缓刑、免予刑事处罚的情形。

三、不具有本意见第二条规定的情形，全部退缴赃款赃物，依法判处三年有期徒刑以下刑罚，符合刑法规定的缓刑适用条件的贪污、受贿犯罪分子，可以适用缓刑；符合刑法第三百八十三条第一款第（三）项的规定，依法不需要判处刑罚的，可以免予刑事处罚。

不具有本意见第二条所列情形，挪用公款进行营利活动或者超过三个月未还构成犯罪，一审宣判前已将公款归还，依法判处三年有期徒刑以下刑罚，符合刑法规定的缓刑适用条件的，可以适用缓刑；在案发前已归还，情节轻微，不需要判处刑罚的，可以免予刑事处罚。

四、人民法院审理职务犯罪案件时应当注意听取检察机关、被告人、辩护人提出的量刑意见，分析影响性案件案发前后的社会反映，必要时可以征求案件查办等机关的意见。对于情节恶劣、社会反映强烈的职务犯罪案件，不得适用缓刑、免予刑事处罚。

五、对于具有本意见第二条规定的情形之一，但根据全案事实和量刑情节，检察机关认为确有必要适用缓刑或者免予刑事处罚并据此提出量刑建议的，应经检察委员会讨论决定；审理法院认为确有必要适用缓刑或者免予刑事处罚的，应经审判委员会讨论决定。

（三）典型或常见问题的审理思路

1. 以假贷款合同掩盖挪用公款的行为如何定罪？①

本书观点：行为人为了掩盖挪用公款的事实，让他人搞假贷款并入账，并不能算真正把账做平，反映出其不是侵吞行为，是较典型的挪用公款行为。以假贷的合同掩盖挪用同样数额公款的行为，实际仍是原挪用公款不能归还。单位账上仍存在应收回的贷款，即原已挪用的公款数额，实际并未增加或者减少。行为人以虚假贷款合同掩盖挪用公款的行为属于挪用公款的性质，并未转化为贪污。

2. 利用职务上的便利借用下级单位公款进行营利活动能否构成挪用公款罪？②

本书观点：《刑法》第三百八十四条规定的挪用公款罪定罪条件中的“利用职务上的便利”，是指国家工作人员职务活动的一切便利，包括利用本人对下属单位领导、管理关系中的各种便利。担任单位领导职务的国家工作人员通过自己主管的下级部门的国家工作人员实施违法犯罪活动的，应当认定为“利用职务上的便利”。从我国国有企业的实际情况来看，大量的国有企业是

---

① 观点来源：最高人民法院刑事审判第一、二、三、四、五庭：《刑事审判参考》（1999－2008）分类集成：贪污贿赂罪·渎职罪·军人违反职责罪，法律出版社 2009 年版，第 118－121 页。

② 观点来源：最高人民法院刑事审判第一、二、三、四、五庭：《刑事审判参考》（1999－2008）分类集成：贪污贿赂罪·渎职罪·军人违反职责罪，法律出版社 2009 年版，第 171－174 页。

由上级国有企业出资设立的，下级企业的主要领导也是由上级企业任命的，上下级企业虽然都具备公司法规定的独立法人资格，但实质上仍有较强的行政领导的特点。这就意味着上下级企业间的行政关系可以超越一般意义上独立法人之间相对平等的财产关系，使得上级法人享有对下级法人人事和经营活动的监督、管理的权力。由于这种隶属关系的存在，在司法实践中对《刑法》第三百八十五条第一款规定的“利用职务上的便利”，应当作出实事求是的理解，对那些担任领导职务的国家工作人员，即使其是通过属于自己主管的本单位或者下级单位的国家工作人员的职务挪用公款的，也应当认定为“利用职务上的便利”。与此相对应，挪用公款罪中的公款，应指国家工作人员利用职务便利能够挪用的所有公款，既包括国家工作人员依职务直接经管、支配的公款，也包括国家工作人员职务或者职权便利所涉及的下属单位经管、支配的公款。

需要指出的是，下级单位人员受上级单位的领导指使挪用公款，不一定都构成挪用公款罪的共犯。对下级单位人员应区分情况，依法分别处理。如果下级单位人员与上级单位领导共谋，给上级领导挪用公款出谋划策，帮助上级单位领导完成挪用公款的，下级单位人员已具有帮助上级单位领导挪用公款的主观故意和行为，应以挪用公款罪共犯论处；如果下级单位人员不知道上级单位领导划拨款项的真实意图，仅仅出于执行上级单位领导的指示而办理划拨手续的，下级单位人员不应承担刑事责任；如果上级单位的领导将挪用公款的意图告诉下级单位人员，下级单位人员迫于上级单位领导的压力而挪用公款归上级领导使用的，一般也不宜以挪用公款罪论处，构成犯罪的，可依照刑法其他有关规定处理。

3. 多次挪用公款如何计算犯罪数额？[①]

本书观点：对于多次挪用公款数额如何计算的问题，最高人民法院1998年《关于审理挪用公款案件具体应用法律若干问题的解释》第四条，分两种情况对此予以明确：多次挪用公款不还，挪用公款的数额累计计算；多次挪用公款，并以后次挪用的公款归还前次挪用的公款，挪用的公款数额以案发时未还的实际数额认定。

---

① 观点来源：最高人民法院刑事审判第一、二、三、四、五庭：《刑事审判参考》（1999－2008）分类集成：贪污贿赂罪·渎职罪·军人违反职责罪，法律出版社2009年版，第132－134页。

理解司法解释的上述规定，要注意三个问题：一是挪用公款的时间以挪用公款达到构成犯罪的标准那天开始计算。二是解释规定的“案发时未还的实际数额”，实际上是指案发时，行为人挪用公款的总额扣除了已归还的数额，不能简单理解为如果案发时行为人全还了就不定罪。三是正确认定“以后次挪用的公款归还前次挪用的公款”的情形。如行为人第一次挪用公款5万元，第二次又挪用了5万元，挪用5万元以后不是挪用后次还前次，而是挪用以后做生意，赚了钱后把前面那次还了。这种情况挪用公款的数额还是要累计计算，因为他是通过赚来的钱还前一次，不属于拆东墙补西墙的情形，其主观恶性与社会危害性与司法解释规定的情形有较大差别，数额应当累计计算。

4. 因挪用公款索取、收受贿赂或者行贿构成犯罪的，是择一重处还是两罪并罚？[①]

本书观点：因挪用公款而构成其他犯罪的，理论上属于牵连犯。学理上，对于牵连犯，一般认为应采取从一重罪从重论处的原则，但法律和司法解释明确规定实行数罪并罚的除外。最高人民法院1998年《关于审理挪用公款案件具体应用法律若干问题的解释》第七条规定，因挪用公款索取、收受贿赂构成犯罪的，依照数罪并罚的规定处罚。

受贿罪和行贿罪是刑法意义上的对合犯，往往相伴相生，既然司法解释对挪用公款罪与受贿罪的牵连犯规定两罪并罚，对于挪用公款罪与行贿罪的牵连犯，也应按照这个原则处理，否则将可能出现一个案件中挪用公款罪的共犯，一方行贿另一方受贿，受贿者构成挪用公款罪和受贿罪两罪，而行贿者只构成挪用公款罪或者行贿罪一罪的不平等现象。因此，对行贿者应按挪用公款罪和行贿罪两罪并罚。

5. 已办理退休手续依然从事公务的国家工作人员是否构成挪用公款罪主体？[②]

本书观点：“从事公务”是国家工作人员的本质属性，是构成国家工作人员和界定《刑法》第九十三条规定的以国家工作人员论的主体范围的核心因

---

① 观点来源：最高人民法院刑事审判第一、二、三、四、五庭：《刑事审判参考》（1999－2008）分类集成：贪污贿赂罪·渎职罪·军人违反职责罪，法律出版社2009年版，第91－96页。

② 观点来源：最高人民法院刑事审判第一、二、三、四、五庭：《刑事审判参考》（1999－2008）分类集成：贪污贿赂罪·渎职罪·军人违反职责罪，法律出版社2009年版，第87－90页。

素。所谓“从事公务”是指在国家机关、国有公司、企业、事业单位、人民团体、社会团体中履行组织、领导、监督、管理等职务的行为。一般而言，国家工作人员从事公务的时间始于具备一定身份职责，终于退休离职。然而，实践中，由于办理退休手续和工作的实际交接完成均需要一定的时间，从而导致国家工作人员在达到法定退休年龄或者符合退休条件的，办理退休手续与交接工作往往交叉进行，这就给认定此阶段行为人的主体资格带来了不小的困惑。为准确惩罚犯罪防止放纵犯罪的发生，同时也要注意保障人权避免出现这种责权不对等而殃及无辜，对处于离退休阶段的人员是否属于国家工作人员的认定，应从实际出发，从单纯以身份本身来判断主体性质的标准转变为以职权和职责为主，兼顾身份作为判断主体性质的标准，强调职权和职责对于主体性质的关键性。具体而言，应以行为人实际交接工作的时间为准，认定其是否具有国家工作人员相应的职权和应履行相应的职责，确定其行为是否属于“从事公务”，这样才能准确地区分罪与非罪。

6. 无法区分村民委员会人员利用职务之便挪用款项性质的如何定罪处罚?[①]

本书观点：根据刑法的规定，挪用公款罪与挪用资金罪除了犯罪主体上的区别外，在行为对象和行为特征上也存在明显不同：挪用公款罪的行为对象必须是公款，而挪用资金罪的行为对象则为公司、企业或其他单位的资金；挪用公款利用的是从事公务之便，而挪用资金利用的则是从事公司、企业或其他单位的特定职务之便。根据全国人大常委会的立法解释，对于协助人民政府从事行政管理工作的七项事务，村基层组织人员以国家工作人员论，由于七项事务中所涉及的款项为公款，利用的是从事公务之便，故村基层组织人员利用此职务之便挪用这些款项的构成挪用公款罪；如果村基层组织人员从事的并非上述立法解释规定的七项事务，而是村内自治管理服务工作，其所利用的是村内自治管理服务工作之便，故利用此职务之便挪用村集体资金的构成挪用资金罪。当然，在能够准确区分所挪用的款项来源，确定所利用的职务便利性质的情况下，按照上述原则定罪处罚是比较明晰的，而在农村基层组织人员所挪用款项的具体性质以及利用何种职务之便无法查清的情况

① 观点来源：最高人民法院刑事审判第一、二、三、四、五庭：《刑事审判参考》（1999－2008）分类集成：贪污贿赂罪·渎职罪·军人违反职责罪，法律出版社2009年版，第106－109页。

下，由于无法区分他们究竟是利用何种职务便利挪用何种款项，主体身份无法明确，因此根据刑法的谦抑原则，应该从有利于被告人的角度出发，以刑罚较轻的罪名对被告人进行定罪处罚。

7. 个人决定以单位名义将公款借给其他单位使用，没有谋取个人利益的是否构成挪用公款罪?①

本书观点：《全国人大常委会关于〈中华人民共和国刑法〉第三百八十四条第一款的解释》第（三）项规定“个人决定以单位名义将公款供其他单位使用，谋取个人利益的”，这是立法解释规定挪用公款“归个人使用”的三种情形之一。个人决定以单位名义将公款供其他单位使用，个人未从中谋取个人利益的，不具备公款私用的本质特征，不构成挪用公款罪。需要指出的是，“个人利益”是指具体利益，而不是指挪用人和用款单位的负责人互相认识，关系不错，是好朋友等。

（四）疑难、复杂问题的参考性解答

1. 挪用公款罪侵犯的客体是什么?

本书观点：本罪侵犯的客体是公共财产的使用收益权，即行为人在一定时间内，利用职务便利，对公共财产予以占有、使用，从而侵犯了公共财产所有权中的部分权利。“挪用”，是改变用途，将公共财产挪作私用，但最终还要归还，因此，本罪不是从根本上侵犯了公共财产的所有权。但由于所有权是具体的而不是抽象的权利，包括了对财产，即对“物”占有、使用、收益和处分的权利。对所有权内容，即合法的占有权、使用权、收益权的侵犯，当然也是对所有权的侵犯。因此，挪用公款构成犯罪的行为人应当依法受到刑事处罚。对挪用公款不退还的情况如何处理?由于行为人是基于“挪用”的故意，“不退还”，是指客观上不能还，不包括主观上不想还，只是属于挪用公款行为的最严重后果，并未改变挪用行为的性质和行为人的主观心态。从犯罪的主客观相一致原则出发，挪用公款不退还的，仍应以挪用公款罪处罚。本罪的犯罪对象是公款。公款的典型表现形式是货币，除此之外股票、债券等有价证券以及金融凭证也属于公款。

---

① 观点来源：最高人民法院刑事审判第一、二、三、四、五庭：《刑事审判参考》（1999－2008）分类集成：贪污贿赂罪·渎职罪·军人违反职责罪，法律出版社2009年版，第139－141页。

2. 如何把握罪与非罪的界限？

本书观点：挪用公款行为是否构成犯罪，是否已达到必须追究刑事责任的程度，从挪用公款的具体数额、挪用公款的目的、用途、时间、是否归还、造成损失大小等方面综合分析，加以认定。司法实践中，应注意对一般违反财经纪律的挪用公款行为，不应以挪用公款罪处理。

（1）对于承包、租赁企业中挪用公款罪与非罪的界限，一般较难掌握。本书认为，国家工作人员承包、租赁企业中的流动资金如果仍属公款，即发包方拨付给的一定经营款，行为人将其挪作承包、租赁项目以外的其他个人用途，同样具有社会危害性，属于挪用公款归个人使用的性质。但考虑到承包、租赁企业经营、管理的实际情况，对承包、租赁企业中的挪用公款犯罪的认定要特别从严掌握，不宜轻易定罪。只要承包、租赁人到期完成了合同，没有给本单位造成实际损失的，对其挪用公款的行为可不按犯罪处理。

（2）参照《全国法院审理经济犯罪案件工作座谈会纪要》第四条第（四）项的规定，挪用金融凭证、有价证券用于质押，使公款处于风险之中，与挪用公款为他人提供担保没有实质的区别，符合刑法关于挪用公款罪规定的，以挪用公款罪定罪处罚，挪用公款数额以实际或者可能承担的风险数额认定。

（3）关于国家出资企业中国家工作人员挪用改制公司、企业资金担保个人贷款，用于购买改制公司、企业股份的行为处理。按照2010年11月26日《最高人民法院、最高人民检察院关于办理国家出资企业中职务犯罪案件具体应用法律若干问题的意见》第三条的规定，国家出资企业的国家工作人员在公司、企业改制过程中为购买公司、企业股份，利用职务上的便利，将公司、企业的资金或者金融凭证、有价证券等用于个人贷款担保的，以挪用公款罪定罪处罚；行为人在改制前的国家出资企业持有股份的，不影响挪用数额的认定，但量刑时应当酌情考虑。如以上行为经有关部门批准或者按照有关政策规定而实施，可以视具体情况不作为犯罪处理。

3. 如何正确理解挪用公款“归个人使用”的含义？

本书观点：在司法实践中，司法机关对国家工作人员将公款借给其他单位使用，是否要以个人名义或者自己从中谋利作为认定犯罪的前提，认识不一致。立法机关经研究认为，刑法规定的国家工作人员利用职务上的便利，挪用公款归个人使用，实质上是将公款非法置于个人的支配之下，公款私用，将公款供本人、亲友或者其他自然人使用，或者以个人名义将公款供其他单位使用。对于以单位名义将公款借给其他单位使用的，应当区别情况处理。属于单位之间的拆借行为一般不应按照挪用公款罪处理。但是，由个人决定以单位名义将公款借给其他单位使用，自己谋取利益的，实际上也是将公款挪作私用的一种表现形式，应当属于刑法规定的挪用公款“归个人使用”。为进一步明确刑法第三百八十四条有关规定的含义，严格依法惩处挪用公款的犯罪活动，2002年4月28日，全国人大常委会对刑法第三百八十四条第一款作了如下解释：“有下列情形之一的，属于挪用公款‘归个人使用’：（一）将公款供本人、亲友或者其他自然人使用的；（二）以个人名义将公款供其他单位使用的；（三）个人决定以单位名义将公款供其他单位使用，谋取个人利益的。”① 对立法机关作出的上述法律解释，司法机关要正确理解和适用。上述解释中的“个人决定”，既包括行为人在职权范围内决定，也包括超越职权范围决定。“谋取个人利益”，既包括行为人与使用人事先约定谋取个人利益实际尚未获取的情况，也包括虽未事先约定但实际已获取了个人利益的情况。其中的“个人利益”，既包括不正当利益，也包括正当利益；既包括财产性利益，也包括非财产性利益，但这种非财产性利益应当是具体的实际利益，如升学、就业等。对于经单位领导集体研究决定将公款给个人使用，或者单位负责人为了单位的利益，决定将公款给个人使用的，不能以挪用公款罪定罪处罚。上述行为致使单位遭受重大损失，构成其他犯罪的，依照刑法的有关规定对责任人员定罪处罚。

4. 挪用公款追诉期限如何计算？

本书观点：立法解释规定的三种不同形式的挪用公款行为，其中挪用公款进行非法活动或者营利活动的，均无挪用时间上的要求。因此，如果公款数额达到相应标准，行为人一经将公款“挪”出，即使尚未“用”之，业已构成犯罪，且是犯罪既遂；而挪用公款用于个人合法的、非经营性活动的，则既有数额也有时间的要求，即只有挪用公款数额较大且“超过三个月未还”的，才构成犯罪。据此，根据《刑法》第八十九条规定，最高人民法院2003年9月18日通过的《关于挪用公款犯罪如何计算追诉期限问题的批复》明确

① 《全国人民代表大会常务委员会关于〈中华人民共和国刑法〉第三百八十四条第一款的解释》。

规定："挪用公款归个人使用，进行非法活动的，或者挪用公款数额较大、进行营利活动的，犯罪的追诉期限从挪用行为实施完毕之日起计算；挪用公款数额较大、超过三个月未还的，犯罪的追诉期限从挪用公款罪成立之日起计算。挪用公款行为有连续状态的，犯罪的追诉期限应当从最后一次挪用行为实施完毕之日或者犯罪成立之日起计算。"

5. 如何把握挪用公款罪与贪污罪的区别？

本书观点：两罪的本质区别：（1）主观故意内容不同。前者是为了临时"使用"而暂时占有公款，准备将来归还；后者则是为了将公款永远归己而占有公款，不准备归还。（2）行为方式不同。前者因属非法借用，因此总是在账面、他人面前留有"挪用"的痕迹，甚至留下借条、没有平账，一查一问便可知道公款被行为人挪用；后者则必然不择手段地隐瞒、掩盖其侵吞、窃取、骗取公款的行为，因此，很难发现公款已被侵占，即使因怀疑而追查，也很难弄清该公款已被行为人非法占有，因为行为人已涂改或者销毁了账簿，以假货、次货填补了被自己侵吞的货物等。

对于挪用公款后不退还的，在《全国人民代表大会常务委员会关于惩治贪污罪贿赂罪的补充规定》（已失效）中规定为："挪用公款数额较大不退还的，以贪污论处"。但《刑法》第三百八十四条明确规定："挪用公款数额巨大不退还的"，不再以贪污罪论处，只作为挪用公款罪予以较重处罚的一个情节。"不退还"的时间，根据《贪污贿赂解释》规定，应掌握在人民法院审理该案一审宣判前没有退还。最高人民法院、最高人民检察院 1989 年《关于执行〈关于惩治贪污罪贿赂罪的补充规定〉若干问题的解答》（已失效）曾规定，认定挪用公款数额较大不退还的时间，应以挪用公款案件起诉以前不退还为准。当时主要考虑起诉罪名与审判罪名应当一致，而不宜由行为人何时归还挪用的公款来左右。1997 年刑法修订后不再存在这个问题。以一审宣判前确认行为人挪用公款是否退还，有利于最大限度地为国家、集体挽回损失。应当指出的是，挪用公款数额巨大不退还不再以贪污罪论处，仅指挪用公款后因客观原因不能退还的情况，如做生意亏本、被骗、被盗及借给他人未还等。

值得注意的是，挪用公款是否转化为贪污，应当按照主客观相一致的原则，具体判断和认定行为人是否具有非法占有公款的目的。在司法实践，具有以下情形之一的可以认定行为人具有非法占有公款的目的：（1）行为人

"携带挪用的公款潜逃的"，对其挪用的公款部分，以贪污罪定罪处罚。（2）行为人挪用公款后采取虚假发票平账、销毁有关账目等手段，使所挪用的公款难以在单位财务账目上反映出来，且没有归还行为的，应当以贪污罪定罪处罚。（3）行为人截取单位收入不入账，非法占有，使占有的公款难以在单位财务账目上反映出来，且没有归还行为的，应当以贪污罪定罪处罚。（4）有证据证明行为人有能力归还所挪用公款而拒不归还，并隐瞒挪用公款去向的，应当以贪污罪定罪处罚。

6. 如何把握挪用公款罪与挪用特定款物罪的区别？

本书观点：《刑法》第二百七十三条规定了挪用用于救灾、抢险、防汛、优抚、救济款物予以刑事处罚的挪用特定款物罪。两罪的主要区别在于：前者挪用公款的目的是归个人使用，挪用的对象是公款，而后者是将上述特定款物，挪作单位的其他生产、工作中使用，而没有"专款专用"，挪用的对象不仅包括公款，还包括公物，如抢险用的木材、草包，救灾用的粮食、车辆等；前者达到规定的数额标准即构成犯罪，而后者只有"情节严重"的才构成犯罪。依照《刑法》第三百八十四条第二款的规定，挪用用于救灾、抢险、防汛、优抚、扶贫、移民、救济款物归个人使用的，属于挪用公款罪。定罪处刑的数额标准，应依照挪用公款罪定罪标准掌握，从重处罚。

对于挪用非特定公物是否可以构成挪用公款罪的问题，在1997年刑法修订前，最高人民法院对挪用公款罪作出的司法解释中曾规定，情节严重的可以按犯罪处理。1997年刑法修订后，根据"罪刑法定"原则，新的司法解释对此种情况未再规定按犯罪处理。最高人民检察院2000年3月1日《关于国家工作人员挪用非特定公物能否定罪的请示的批复》也认为："刑法第384条规定的挪用公款罪中未包括挪用非特定公物归个人使用的行为，对该行为不以挪用公款罪论处。如构成其他犯罪的，依照刑法的相关规定定罪处罚。"但是，司法实践中，如果挪用公物行为人因其职务不负责管理、使用公物，或者单位已无现金可供其挪用，恰好又有一批可变现的单位公物，便利用职务便利将公物挪借出去，让对方或者个人将此公物随即变卖获得现款，再归个人使用，这种情形就不能再一般地视为挪用非特定公物的行为，而应当直接以挪用公款罪追究行为人的刑事责任。因为行为人的行为、目的，都不在于使用公物；公物是有价值、价格的，行为人追求的恰是公物的价值变现。这与挪用公款罪的本质，无论在故意行为还是危害后果上看，都没有本质差别，都是刑事立法本意所认为应以挪用公款罪追究刑事责任的情形。此外，特别应当在不断变化的司法实践中予以注意，正确把握刑法挪用公款罪的本质特征。

7. 挪用公款罪的数罪问题

本书观点：因挪用公款而向他人索取、收受贿赂构成犯罪的，应当实行数罪并罚。挪用公款后进行非法活动，如以挪用的公款进行走私、贩毒、赌博，构成犯罪的，应当以挪用公款罪和所犯的其他罪，实行数罪并罚。

8. 挪用公款的共同犯罪问题

在挪用公款给其他个人使用的案件中，常常是使用人与挪用人共谋，指使或者提供种种方便，参与策划取得挪用的公款。因为使用人与挪用人具有共同的故意、共同挪用公款的行为，所以对使用人应以挪用公款罪的共犯定罪处罚。但应注意，如果使用人未参与策划、未指使行为人挪用公款，仅仅知道使用的是行为人挪用的公款，则不应以挪用公款罪的共犯追究其刑事责任。

（五）量刑指导或参考

1. 依照《刑法》第三百八十四条第一款规定，犯挪用公款罪的，处五年以下有期徒刑或者拘役；情节严重的，处五年以上有期徒刑；挪用公款数额巨大不退还的，处十年以上有期徒刑或者无期徒刑。《贪污贿赂解释》第五条、第六条对挪用公款罪的具体量刑情节作了规定[①]：

（1）挪用公款归个人使用，进行非法活动，数额在三万元以上的，应当

---

① 具体条文：“第五条　挪用公款归个人使用，进行非法活动，数额在三万元以上的，应当依照刑法第三百八十四条的规定以挪用公款罪追究刑事责任；数额在三百万元以上的，应当认定为刑法第三百八十四条第一款规定的‘数额巨大’。具有下列情形之一的，应当认定为刑法第三百八十四条第一款规定的‘情节严重’：（一）挪用公款数额在一百万元以上的；（二）挪用救灾、抢险、防汛、优抚、扶贫、移民、救济特定款物，数额在五十万元以上不满一百万元的；（三）挪用公款不退还，数额在五十万元以上不满一百万元的；（四）其他严重的情节。

“第六条　挪用公款归个人使用，进行营利活动或者超过三个月未还，数额在五万元以上的，应当认定为刑法第三百八十四条第一款规定的‘数额较大’；数额在五百万元以上的，应当认定为刑法第三百八十四条第一款规定的‘数额巨大’。具有下列情形之一的，应当认定为刑法第三百八十四条第一款规定的‘情节严重’：（一）挪用公款数额在二百万元以上的；（二）挪用救灾、抢险、防汛、优抚、扶贫、移民、救济特定款物，数额在一百万元以上不满二百万元的；（三）挪用公款不退还，数额在一百万元以上不满二百万元的；（四）其他严重的情节。”

以挪用公款罪追究刑事责任；数额在三百万元以上的，应当认定为“数额巨大”。“情节严重”的情形包括：挪用公款数额在一百万元以上的；挪用救灾、抢险、防汛、优抚、扶贫、移民、救济特定款物，数额在五十万元以上不满一百万元的；挪用公款不退还，数额在五十万元以上不满一百万元的；其他严重的情节。

（2）挪用公款归个人使用，进行营利活动或者超过三个月未还，“数额较大”的起点为五万元；“数额巨大”的起点为五百万元。“情节严重”的情形包括：挪用公款数额在二百万元以上的；挪用救灾、抢险、防汛、优抚、扶贫、移民、救济特定款物，数额在一百万元以上不满二百万元的；挪用公款不退还，数额在一百万元以上不满二百万元的；其他严重的情节。

2. 挪用公款罪的法定从重处罚情节。《刑法》第三百八十四条第二款规定，挪用用于救灾、抢险、防汛、优抚、扶贫、移民、救济款物归个人使用的，从重处罚。所谓“从重处罚”，是指在《刑法》第三百八十四条第一款规定的量刑幅度内从重处罚。

3. 根据《挪用公款解释》规定，挪用公款归个人使用，未进行营利活动或者非法活动，数额较大，超过三个月但在案发前全部归还本金的，可以从轻处罚或者免除处罚；数额巨大，超过三个月，案发前全部归还的，可以酌情从轻处罚。挪用公款数额较大，归个人进行营利活动，案发前部分或者全部归还本息的，可以从轻处罚；情节轻微的，可以免除处罚。

4. 具体处理挪用公款案件时，对于多次挪用公款不还的，按《挪用公款解释》规定，应当将挪用公款数额累计计算，挪用时间则从挪用公款数额累计达到追究刑事责任的起点之日起认定并计算；多次挪用公款，并以后次挪用的公款归还前次挪用的公款，挪用公款数额以案发时未还的实际数额认定，挪用时间从挪用公款构成犯罪之日起认定并计算。

5. 根据2003年5月15日《最高人民法院、最高人民检察院关于办理妨害预防、控制突发传染病疫情等灾害的刑事案件具体应用法律若干问题的解释》规定，挪用用于预防、控制突发传染病疫情等灾害的款物归个人使用，构成犯罪的，依照《刑法》第三百八十四条的规定，以挪用公款罪定罪，从重处罚。

三、受贿罪

（一）刑法规定

第三百八十五条 国家工作人员利用职务上的便利，索取他人财物的，或者非法收受他人财物，为他人谋取利益的，是受贿罪。

国家工作人员在经济往来中，违反国家规定，收受各种名义的回扣、手续费，归个人所有的，以受贿论处。

第三百八十六条 对犯受贿罪的，根据受贿所得数额及情节，依照本法第三百八十三条①的规定处罚。索贿的从重处罚。

第三百八十八条 国家工作人员利用本人职权或者地位形成的便利条件，通过其他国家工作人员职务上的行为，为请托人谋取不正当利益，索取请托人财物或者收受请托人财物的，以受贿论处。

（二）司法解释、司法文件及其权威解读

1. **全国法院审理经济犯罪案件工作座谈会纪要**（法发〔2003〕167号，自2003年11月13日起施行）（节录）

一、关于贪污贿赂犯罪和渎职犯罪的主体

（一）国家机关工作人员的认定

刑法中所称的国家机关工作人员，是指在国家机关中从事公务的人员，包括在各级国家权力机关、行政机关、司法机关和军事机关中从事公务的

---

① 《刑法》第三百八十三条规定：对犯贪污罪的，根据情节轻重，分别依照下列规定处罚：

（一）贪污数额较大或者有其他较重情节的，处三年以下有期徒刑或者拘役，并处罚金。

（二）贪污数额巨大或者有其他严重情节的，处三年以上十年以下有期徒刑，并处罚金或者没收财产。

（三）贪污数额特别巨大或者有其他特别严重情节的，处十年以上有期徒刑或者无期徒刑，并处罚金或者没收财产；数额特别巨大，并使国家和人民利益遭受特别重大损失的，处无期徒刑或者死刑，并处没收财产。

对多次贪污未经处理的，按照累计贪污数额处罚。

犯第一款罪，在提起公诉前如实供述自己罪行、真诚悔罪、积极退赃，避免、减少损害结果的发生，有第一项规定情形的，可以从轻、减轻或者免除处罚；有第二项、第三项规定情形的，可以从轻处罚。

犯第一款罪，有第三项规定情形被判处死刑缓期执行的，人民法院根据犯罪情节等情况可以同时决定在其死刑缓期执行二年期满依法减为无期徒刑后，终身监禁，不得减刑、假释。

人员。

根据有关立法解释的规定，在依照法律、法规规定行使国家行政管理职权的组织中从事公务的人员，或者在受国家机关委托代表国家行使职权的组织中从事公务的人员，或者虽未列入国家机关人员编制但在国家机关中从事公务的人员，视为国家机关工作人员。在乡（镇）以上中国共产党机关、人民政协机关中从事公务的人员，司法实践中也应当视为国家机关工作人员。

（二）国家机关、国有公司、企业、事业单位委派到非国有公司、企业、事业单位、社会团体从事公务的人员的认定

所谓委派，即委任、派遣，其形式多种多样，如任命、指派、提名、批准等。不论被委派的人身份如何，只要是接受国家机关、国有公司、企业、事业单位委派，代表国家机关、国有公司、企业、事业单位在非国有公司、企业、事业单位、社会团体中从事组织、领导、监督、管理等工作，都可以认定为国家机关、国有公司、企业、事业单位委派到非国有公司、企业、事业单位、社会团体从事公务的人员。如国家机关、国有公司、企业、事业单位委派在国有控股或者参股的股份有限公司从事组织、领导、监督、管理等工作的人员，应当以国家工作人员论。国有公司、企业改制为股份有限公司后，原国有公司、企业的工作人员和股份有限公司新任命的人员中，除代表国有投资主体行使监督、管理职权的人外，不以国家工作人员论。

（三）“其他依照法律从事公务的人员”的认定

刑法第九十三条第二款规定的“其他依照法律从事公务的人员”应当具有两个特征：一是在特定条件下行使国家管理职能；二是依照法律规定从事公务。具体包括：（1）依法履行职责的各级人民代表大会代表；（2）依法履行审判职责的人民陪审员；（3）协助乡镇人民政府、街道办事处从事行政管理工作的村民委员会、居民委员会等农村和城市基层组织人员；（4）其他由法律授权从事公务的人员。

（四）关于“从事公务”的理解

从事公务，是指代表国家机关、国有公司、企业事业单位、人民团体等履行组织、领导、监督、管理等职责。公务主要表现为与职权相联系的公共事务以及监督、管理国有财产的职务活动。如国家机关工作人员依法履行职责，国有公司的董事、经理、监事、会计、出纳人员等管理、监督国有财产等活动，属于从事公务。那些不具备职权内容的劳务活动、技术服务工作，

如售货员、售票员等所从事的工作，一般不认为是公务。

三、关于受贿罪

（一）关于“利用职务上的便利”的认定

刑法第三百八十五条第一款规定的“利用职务上的便利”，既包括利用本人职务上主管、负责、承办某项公共事务的职权，也包括利用职务上有隶属、制约关系的其他国家工作人员的职权。担任单位领导职务的国家工作人员通过不属自己主管的下级部门的国家工作人员的职务为他人谋取利益的，应当认定为“利用职务上的便利”为他人谋取利益。

（二）“为他人谋取利益”的认定

为他人谋取利益包括承诺、实施和实现三个阶段的行为。只要具有其中一个阶段的行为，如国家工作人员收受他人财物时，根据他人提出的具体请托事项，承诺为他人谋取利益的，就具备了为他人谋取利益的要件。明知他人有具体请托事项而收受其财物的，视为承诺为他人谋取利益。

（三）“利用职权或地位形成的便利条件”的认定

刑法第三百八十八条规定的“利用本人职权或者地位形成的便利条件”，是指行为人与被其利用的国家工作人员之间在职务上虽然没有隶属、制约关系，但是行为人利用了本人职权或者地位产生的影响和一定的工作联系，如单位内不同部门的国家工作人员之间、上下级单位没有职务上隶属、制约关系的国家工作人员之间、有工作联系的不同单位的国家工作人员之间等。

（四）离职国家工作人员收受财物行为的处理

参照《最高人民法院关于国家工作人员利用职务上的便利为他人谋取利益离退休后收受财物行为如何处理问题的批复》规定的精神，国家工作人员利用职务上的便利为请托人谋取利益，并与请托人事先约定，在其离职后收受请托人财物，构成犯罪的，以受贿罪定罪处罚。

（五）共同受贿犯罪的认定

根据刑法关于共同犯罪的规定，非国家工作人员与国家工作人员勾结，伙同受贿的，应当以受贿罪的共犯追究刑事责任。非国家工作人员是否构成受贿罪共犯，取决于双方有无共同受贿的故意和行为，国家工作人员的近亲属向国家工作人员代为转达请托事项，收受请托人财物并告知该国家工作人员。或者国家工作人员明知其近亲属收受了他人财物，仍按照近亲属的要求利用职权为他人谋取利益的，对该国家工作人员应认定为受贿罪，其近亲属以受贿罪共犯论处。近亲属以外的其他人与国家工作人员通谋，由国家工作人员利用职务上的便利为请托人谋取利益，收受请托人财物后双方共同占有的，构成受贿罪共犯。国家工作人员利用职务上的便利为他人谋取利益，并指定他人将财物送给其他人，构成犯罪的，应以受贿罪定罪处罚。

（六）以借款为名索取或者非法收受财物行为的认定

国家工作人员利用职务上的便利，以借为名向他人索取财物，或者非法收受财物为他人谋取利益的，应当认定为受贿。具体认定时，不能仅仅看是否有书面借款手续，应当根据以下因素综合判定：（1）有无正当、合理的借款事由；（2）款项的去向；（3）双方平时关系如何、有无经济往来；（4）出借方是否要求国家工作人员利用职务上的便利为其谋取利益；（5）借款后是否有归还的意思表示及行为；（6）是否有归还的能力；（7）未归还的原因；等等。

（七）涉及股票受贿案件的认定

在办理涉及股票的受贿案件时，应当注意：（1）国家工作人员利用职务上的便利，索取或非法收受股票，没有支付股本金，为他人谋取利益，构成受贿罪的，其受贿数额按照收受股票时的实际价格计算。（2）行为人支付股本金而购买较有可能升值的股票，由于不是无偿收受请托人财物，不以受贿罪论处。（3）股票已上市且已升值，行为人仅支付股本金，其“购买”股票时的实际价格与股本金的差价部分应认定为受贿。

2. 最高人民法院、最高人民检察院关于办理受贿刑事案件适用法律若干问题的意见（法发〔2007〕22号，自2007年7月8日起施行）

为依法惩治受贿犯罪活动，根据刑法有关规定，现就办理受贿刑事案件具体适用法律若干问题，提出以下意见：

一、关于以交易形式收受贿赂问题

国家工作人员利用职务上的便利为请托人谋取利益，以下列交易形式收受请托人财物的，以受贿论处：

（1）以明显低于市场的价格向请托人购买房屋、汽车等物品的；

（2）以明显高于市场的价格向请托人出售房屋、汽车等物品的；

（3）以其他交易形式非法收受请托人财物的。

受贿数额按照交易时当地市场价格与实际支付价格的差额计算。

前款所列市场价格包括商品经营者事先设定的不针对特定人的最低优惠

价格。根据商品经营者事先设定的各种优惠交易条件，以优惠价格购买商品的，不属于受贿。

二、关于收受干股问题

干股是指未出资而获得的股份。国家工作人员利用职务上的便利为请托人谋取利益，收受请托人提供的干股的，以受贿论处。进行了股权转让登记，或者相关证据证明股份发生了实际转让的，受贿数额按转让行为时股份价值计算，所分红利按受贿孳息处理。股份未实际转让，以股份分红名义获取利益的，实际获利数额应当认定为受贿数额。

三、关于以开办公司等合作投资名义收受贿赂问题

国家工作人员利用职务上的便利为请托人谋取利益，由请托人出资，“合作”开办公司或者进行其他“合作”投资的，以受贿论处。受贿数额为请托人给国家工作人员的出资额。

国家工作人员利用职务上的便利为请托人谋取利益，以合作开办公司或者其他合作投资的名义获取“利润”，没有实际出资和参与管理、经营的，以受贿论处。

四、关于以委托请托人投资证券、期货或者其他委托理财的名义收受贿赂问题

国家工作人员利用职务上的便利为请托人谋取利益，以委托请托人投资证券、期货或者其他委托理财的名义，未实际出资而获取“收益”，或者虽然实际出资，但获取“收益”明显高于出资应得收益的，以受贿论处。受贿数额，前一情形，以“收益”额计算；后一情形，以“收益”额与出资应得收益额的差额计算。

五、关于以赌博形式收受贿赂的认定问题

根据《最高人民法院、最高人民检察院关于办理赌博刑事案件具体应用法律若干问题的解释》第七条规定，国家工作人员利用职务上的便利为请托人谋取利益，通过赌博方式收受请托人财物的，构成受贿。

实践中应注意区分贿赂与赌博活动、娱乐活动的界限。具体认定时，主要应当结合以下因素进行判断：（1）赌博的背景、场合、时间、次数；（2）赌资来源；（3）其他赌博参与者有无事先通谋；（4）输赢钱物的具体情况和金额大小。

六、关于特定关系人“挂名”领取薪酬问题

国家工作人员利用职务上的便利为请托人谋取利益，要求或者接受请托人以给特定关系人安排工作为名，使特定关系人不实际工作却获取所谓薪酬的，以受贿论处。

七、关于由特定关系人收受贿赂问题

国家工作人员利用职务上的便利为请托人谋取利益，授意请托人以本意见所列形式，将有关财物给予特定关系人的，以受贿论处。

特定关系人与国家工作人员通谋，共同实施前款行为的，对特定关系人以受贿罪的共犯论处。特定关系人以外的其他人与国家工作人员通谋，由国家工作人员利用职务上的便利为请托人谋取利益，收受请托人财物后双方共同占有的，以受贿罪的共犯论处。

八、关于收受贿赂物品未办理权属变更问题

国家工作人员利用职务上的便利为请托人谋取利益，收受请托人房屋、汽车等物品，未变更权属登记或者借用他人名义办理权属变更登记的，不影响受贿的认定。

认定以房屋、汽车等物品为对象的受贿，应注意与借用的区分。具体认定时，除双方交代或者书面协议之外，主要应当结合以下因素进行判断：（1）有无借用的合理事由；（2）是否实际使用；（3）借用时间的长短；（4）有无归还的条件；（5）有无归还的意思表示及行为。

九、关于收受财物后退还或者上交问题

国家工作人员收受请托人财物后及时退还或者上交的，不是受贿。

国家工作人员受贿后，因自身或者与其受贿有关联的人、事被查处，为掩饰犯罪而退还或者上交的，不影响认定受贿罪。

十、关于在职时为请托人谋利，离职后收受财物问题

国家工作人员利用职务上的便利为请托人谋取利益之前或者之后，约定在其离职后收受请托人财物，并在离职后收受的，以受贿论处。

国家工作人员利用职务上的便利为请托人谋取利益，离职前后连续收受请托人财物的，离职前后收受部分均应计入受贿数额。

十一、关于“特定关系人”的范围

本意见所称“特定关系人”，是指与国家工作人员有近亲属、情妇（夫）以及其他共同利益关系的人。

十二、关于正确贯彻宽严相济刑事政策的问题

依照本意见办理受贿刑事案件，要根据刑法关于受贿罪的有关规定和受贿罪权钱交易的本质特征，准确区分罪与非罪、此罪与彼罪的界限，惩处少数，教育多数。在从严惩处受贿犯罪的同时，对于具有自首、立功等情节的，依法从轻、减轻或者免除处罚。

3. **最高人民法院、最高人民检察院关于办理商业贿赂刑事案件适用法律若干问题的意见**（法发〔2008〕33号，自2008年11月20日起施行）

为依法惩治商业贿赂犯罪，根据刑法有关规定，结合办案工作实际，现就办理商业贿赂刑事案件适用法律的若干问题，提出如下意见：

一、商业贿赂犯罪涉及刑法规定的以下八种罪名：（1）非国家工作人员受贿罪（刑法第一百六十三条）；（2）对非国家工作人员行贿罪（刑法第一百六十四条）；（3）受贿罪（刑法第三百八十五条）；（4）单位受贿罪（刑法第三百八十七条）；（5）行贿罪（刑法第三百八十九条）；（6）对单位行贿罪（刑法第三百九十一条）；（7）介绍贿赂罪（刑法第三百九十二条）；（8）单位行贿罪（刑法第三百九十三条）。

二、刑法第一百六十三条、第一百六十四条规定的"其他单位"，既包括事业单位、社会团体、村民委员会、居民委员会、村民小组等常设性的组织，也包括为组织体育赛事、文艺演出或者其他正当活动而成立的组委会、筹委会、工程承包队等非常设性的组织。

三、刑法第一百六十三条、第一百六十四条规定的"公司、企业或者其他单位的工作人员"，包括国有公司、企业以及其他国有单位中的非国家工作人员。

四、医疗机构中的国家工作人员，在药品、医疗器械、医用卫生材料等医药产品采购活动中，利用职务上的便利，索取销售方财物，或者非法收受销售方财物，为销售方谋取利益，构成犯罪的，依照刑法第三百八十五条的规定，以受贿罪定罪处罚。

医疗机构中的非国家工作人员，有前款行为，数额较大的，依照刑法第一百六十三条的规定，以非国家工作人员受贿罪定罪处罚。

医疗机构中的医务人员，利用开处方的职务便利，以各种名义非法收受药品、医疗器械、医用卫生材料等医药产品销售方财物，为医药产品销售方谋取利益，数额较大的，依照刑法第一百六十三条的规定，以非国家工作人员受贿罪定罪处罚。

五、学校及其他教育机构中的国家工作人员，在教材、教具、校服或者其他物品的采购等活动中，利用职务上的便利，索取销售方财物，或者非法收受销售方财物，为销售方谋取利益，构成犯罪的，依照刑法第三百八十五条的规定，以受贿罪定罪处罚。

学校及其他教育机构中的非国家工作人员，有前款行为，数额较大的，依照刑法第一百六十三条的规定，以非国家工作人员受贿罪定罪处罚。

学校及其他教育机构中的教师，利用教学活动的职务便利，以各种名义非法收受教材、教具、校服或者其他物品销售方财物，为教材、教具、校服或者其他物品销售方谋取利益，数额较大的，依照刑法第一百六十三条的规定，以非国家工作人员受贿罪定罪处罚。

六、依法组建的评标委员会、竞争性谈判采购中谈判小组、询价采购中询价小组的组成人员，在招标、政府采购等事项的评标或者采购活动中，索取他人财物或者非法收受他人财物，为他人谋取利益，数额较大的，依照刑法第一百六十三条的规定，以非国家工作人员受贿罪定罪处罚。

依法组建的评标委员会、竞争性谈判采购中谈判小组、询价采购中询价小组中国家机关或者其他国有单位的代表有前款行为的，依照刑法第三百八十五条的规定，以受贿罪定罪处罚。

七、商业贿赂中的财物，既包括金钱和实物，也包括可以用金钱计算数额的财产性利益，如提供房屋装修、含有金额的会员卡、代币卡（券）、旅游费用等。具体数额以实际支付的资费为准。

八、收受银行卡的，不论受贿人是否实际取出或者消费，卡内的存款数额一般应全额认定为受贿数额。使用银行卡透支的，如果由给予银行卡的一方承担还款责任，透支数额也应当认定为受贿数额。

九、在行贿犯罪中，“谋取不正当利益”，是指行贿人谋取违反法律、法规、规章或者政策规定的利益，或者要求对方违反法律、法规、规章、政策、行业规范的规定提供帮助或者方便条件。

在招标投标、政府采购等商业活动中，违背公平原则，给予相关人员财物以谋取竞争优势的，属于“谋取不正当利益”。

十、办理商业贿赂犯罪案件，要注意区分贿赂与馈赠的界限。主要应当结合以下因素全面分析、综合判断：（1）发生财物往来的背景，如双方是否存在亲友关系及历史上交往的情形和程度；（2）往来财物的价值；（3）财物往来的缘由、时机和方式，提供财物方对于接受方有无职务上的请托；（4）接受方是否利用职务上的便利为提供方谋取利益。

十一、非国家工作人员与国家工作人员通谋，共同收受他人财物，构成共同犯罪的，根据双方利用职务便利的具体情形分别定罪追究刑事责任：

（1）利用国家工作人员的职务便利为他人谋取利益的，以受贿罪追究刑事责任。

（2）利用非国家工作人员的职务便利为他人谋取利益的，以非国家工作人员受贿罪追究刑事责任。

（3）分别利用各自的职务便利为他人谋取利益的，按照主犯的犯罪性质追究刑事责任，不能分清主从犯的，可以受贿罪追究刑事责任。

4. **最高人民法院、最高人民检察院关于办理赌博刑事案件具体应用法律若干问题的解释**（法释〔2005〕3号，自2005年5月13日起施行）（节录）

第七条 通过赌博或者为国家工作人员赌博提供资金的形式实施行贿、受贿行为，构成犯罪的，依照刑法关于贿赂犯罪的规定定罪处罚。

5. **最高人民法院研究室关于对行为人通过伪造国家机关公文、证件担任国家工作人员职务并利用职务上的便利侵占本单位财物、收受贿赂、挪用本单位资金等行为如何适用法律问题的答复**（法研〔2004〕38号，自2004年3月20日起施行）

北京市高级人民法院：

你院〔2004〕15号《关于通过伪造国家机关公文、证件担任国家工作人员职务后利用职务便利侵占本单位财物、收受贿赂、挪用本单位资金的行为如何定性的请示》收悉。经研究，答复如下：

行为人通过伪造国家机关公文、证件担任国家工作人员职务以后，又利用职务上的便利实施侵占本单位财物、收受贿赂、挪用本单位资金等行为，构成犯罪的，应当分别以伪造国家机关公文、证件罪和相应的贪污罪、受贿罪、挪用公款罪等追究刑事责任，实行数罪并罚。

6. **最高人民检察院关于佛教协会工作人员能否构成受贿罪或者公司、企业人员受贿罪主体问题的答复**（〔2003〕高检研发第2号，自2003年1月13日起施行）

浙江省人民检察院研究室：

你室《关于佛教协会工作人员能否构成受贿罪或公司、企业人员受贿罪主体的请示》（检研请〔2002〕9 号）收悉。经研究，答复如下：

佛教协会属于社会团体，其工作人员除符合刑法第九十三条第二款的规定属于受委托从事公务的人员外，既不属于国家工作人员，也不属于公司、企业人员。根据刑法的规定，对非受委托从事公务的佛教协会的工作人员利用职务之便收受他人财物，为他人谋取利益的行为，不能按受贿罪或者公司、企业人员受贿罪追究刑事责任。

7. **最高人民检察院法律政策研究室关于集体性质的乡镇卫生院院长利用职务之便收受他人财物的行为如何适用法律问题的答复**（〔2003〕高检研发第 9 号，自 2003 年 4 月 2 日起施行）

山东省人民检察院研究室：

你院《关于工人身份的乡镇卫生院院长利用职务之便收受贿赂如何适用法律问题的请示》（鲁检发研字〔2001〕第 10 号）收悉。经研究，答复如下：

经过乡镇政府或者主管行政机关任命的乡镇卫生院院长，在依法从事本区域卫生工作的管理与业务技术指导，承担医疗预防保健服务工作等公务活动时，属于刑法第九十三条第二款规定的其他依照法律从事公务的人员。对其利用职务上的便利，索取他人财物的，或者非法收受他人财物，为他人谋取利益的，应当依照刑法第三百八十五条、第三百八十六条的规定，以受贿罪追究刑事责任。

此复

8. **最高人民法院关于国家工作人员利用职务上的便利为他人谋取利益离退休后收受财物行为如何处理问题的批复**（法释〔2000〕21 号，自 2000 年 7 月 21 日起施行）

江苏省高级人民法院：

你院苏高法〔1999〕65 号《关于国家工作人员在职时为他人谋利，离退休后收受财物是否构成受贿罪的请示》收悉。经研究，答复如下：

国家工作人员利用职务上的便利为请托人谋取利益，并与请托人事先约定，在其离退休后收受请托人财物，构成犯罪的，以受贿罪定罪处罚。

此复

权威解读

解读《最高人民法院关于国家工作人员利利职务上的便利为他人谋取利

益离退休后收受财物行为如何处理问题的批复》

对于国家工作人员利用职务上的便利为他人谋取利益，离退休后收受财物的行为，是否构成犯罪，司法实践中和刑法理论上长期存在争论。为依法打击各种形式的受贿犯罪活动，最高人民法院于2000年7月13日颁行了《关于国家工作人员利用职务上的便利为他人谋取利益离退休后收受财物行为如何处理问题的批复》。

在职时为他人谋取利益、离退休以后收受财物的行为，从表面上看，似乎不符合先收受财物、后为他人谋利的受贿罪的典型行为特征，但从实质意义上说，行为人与请托人有事先约定。国家工作人员离退休后收受的财物，是因其离退休前利用职务上的便利为他人谋利而换取的，是行为人为规避法律制裁而采取的手段。行为人主观上有利用职务上的便利，索取或者非法收受他人财物，为他人谋利的意向（比如，事先约定先为请托人谋利，在其离退休后收取原请托人提供的财物或者在其离退休以后主动向请托人索取财物），客观上有收受请托人财物的行为（虽然这种行为发生在离退休以后，属于事后受贿的情形），对行为人以受贿罪追究，符合刑法关于打击受贿犯罪的立法本意。因此，批复规定，国家工作人员利用职务上的便利为请托人谋取利益，并与请托人事先约定，在其离退休后收受请托人财物，构成犯罪的，以受贿罪定罪处罚。

根据批复规定，对在职时为他人谋取利益离退休以后收受财物的行为，以受贿罪定罪处罚。与请托人有事先约定，是认定受贿罪的关键。对于国家工作人员利用职务上的便利为请托人谋取利益时，并未索取或者非法收受请托人财物，也未约定请托人在其离退休以后提供财物的，对于其在离退休以后，收受原请托人提供的财物的，行为人虽然利用职务上的便利为请托人谋取了利益，离退休后也收受了请托人提供的财物，但是行为人在为请托人谋利时，主观上并未具有索取或者非法收受请托人财物的目的，离退休以后，虽收受了原请托人的财物，但已不具有利用职务上的便利的条件。因事先没有约定，其为他人谋利的行为与收取财物的行为在其职务已失去的情况下，再以受贿罪论处，不符合主、客观相一致的原则，不符合受贿罪的构成要件，故对其收受请托人财物的行为，不能以受贿罪定罪处罚。

（撰稿：孙军工）

9. 最高人民法院、最高人民检察院关于办理国家出资企业中职务犯罪案件具体应用法律若干问题的意见（法发〔2010〕49号，自2010年12月2日起施行）（节录）

四、关于国家工作人员在企业改制过程中的渎职行为的处理

国家出资企业中的国家工作人员在公司、企业改制或者国有资产处置过程中严重不负责任或者滥用职权，致使国家利益遭受重大损失的，依照刑法第一百六十八条的规定，以国有公司、企业人员失职罪或者国有公司、企业人员滥用职权罪定罪处罚。

国家出资企业中的国家工作人员在公司、企业改制或者国有资产处置过程中徇私舞弊，将国有资产低价折股或者低价出售给其本人未持有股份的公司、企业或者其他个人，致使国家利益遭受重大损失的，依照刑法第一百六十九条的规定，以徇私舞弊低价折股、出售国有资产罪定罪处罚。

国家出资企业中的国家工作人员在公司、企业改制或者国有资产处置过程中徇私舞弊，将国有资产低价折股或者低价出售给特定关系人持有股份或者本人实际控制的公司、企业，致使国家利益遭受重大损失的，依照刑法第三百八十二条、第三百八十三条的规定，以贪污罪定罪处罚。贪污数额以国有资产的损失数额计算。

国家出资企业中的国家工作人员因实施第一款、第二款行为收受贿赂，同时又构成刑法第三百八十五条规定之罪的，依照处罚较重的规定定罪处罚。

五、关于改制前后主体身份发生变化的犯罪的处理

国家工作人员在国家出资企业改制前利用职务上的便利实施犯罪，在其不再具有国家工作人员身份后又实施同种行为，依法构成不同犯罪的，应当分别定罪，实行数罪并罚。

国家工作人员利用职务上的便利，在国家出资企业改制过程中隐匿公司、企业财产，在其不再具有国家工作人员身份后将所隐匿财产据为己有的，依照刑法第三百八十二条、第三百八十三条的规定，以贪污罪定罪处罚。

国家工作人员在国家出资企业改制过程中利用职务上的便利为请托人谋取利益，事先约定在其不再具有国家工作人员身份后收受请托人财物，或者在身份变化前后连续收受请托人财物的，依照刑法第三百八十五条、第三百八十六条的规定，以受贿罪定罪处罚。

六、关于国家出资企业中国家工作人员的认定

经国家机关、国有公司、企业、事业单位提名、推荐、任命、批准等，在国有控股、参股公司及其分支机构中从事公务的人员，应当认定为国家工作人员。具体的任命机构和程序，不影响国家工作人员的认定。

经国家出资企业中负有管理、监督国有资产职责的组织批准或者研究决定，代表其在国有控股、参股公司及其分支机构中从事组织、领导、监督、经营、管理工作的人员，应当认定为国家工作人员。

国家出资企业中的国家工作人员，在国家出资企业中持有个人股份或者同时接受非国有股东委托的，不影响其国家工作人员身份的认定。

七、关于国家出资企业的界定

本意见所称“国家出资企业”，包括国家出资的国有独资公司、国有独资企业，以及国有资本控股公司、国有资本参股公司。

是否属于国家出资企业不清楚的，应遵循“谁投资、谁拥有产权”的原则进行界定。企业注册登记中的资金来源与实际出资不符的，应根据实际出资情况确定企业的性质。企业实际出资情况不清楚的，可以综合工商注册、分配形式、经营管理等因素确定企业的性质。

八、关于宽严相济刑事政策的具体贯彻

办理国家出资企业中的职务犯罪案件时，要综合考虑历史条件、企业发展、职工就业、社会稳定等因素，注意具体情况具体分析，严格把握犯罪与一般违规行为的区分界限。对于主观恶意明显、社会危害严重、群众反映强烈的严重犯罪，要坚决依法从严惩处；对于特定历史条件下、为了顺利完成企业改制而实施的违反国家政策法律规定的行为，行为人无主观恶意或者主观恶意不明显，情节较轻，危害不大的，可以不作为犯罪处理。

对于国家出资企业中的职务犯罪，要加大经济上的惩罚力度，充分重视财产刑的适用和执行，最大限度地挽回国家和人民利益遭受的损失。不能退赃的，在决定刑罚时，应当作为重要情节予以考虑。

（三）典型或常见问题的审理思路

1. 以明显高于市场的价格向请托人出租房屋，所收取的租金与市场价格的差额是否应当认定为受贿数额?[①]

本书观点：最高人民法院、最高人民检察院于2007年联合下发的《关于办理受贿刑事案件适用法律若干问题的意见》（以下简称《受贿意见》）明确了实践中出现的几种新类型收受财物的方式及数额认定标准，其中在“关于以交易形式收受贿赂问题”中，明确了三种交易方式：以明显低于市场的价格向请托人购买房屋、汽车等物品的；以明显高于市场的价格向请托人出售房屋、汽车等物品的；以其他交易形式非法收受请托人财物的。对于“以其他交易形式非法收受请托人财物”，《受贿意见》虽然没有如前两种行为方式限制“明显低于”“明显高于”的条件，但在具体认定时，仍然需要比较具体交易行为与正常市场交易行为的差距。对于明显违背市场交易规律，国家工作人员由此获取了非法利益的，可以认定为“以其他交易形式非法收受请托人财物”。而收受财物的具体数额，应当为实际支付的价格与交易时当地市场价格的差额。

2. 如何区分国家工作人员以优惠价格购买商品房与以交易形式收受贿赂?[②]

本书观点：（1）从受贿罪权钱交易的本质进行区分。在交易型受贿中，虽然形式上行受贿双方存在一般市场交易行为，以金钱和物品的对价进行支付，通常包含打折、让利等优惠，但上述优惠并不是一般商品买卖活动中为了促销而进行的正常销售手段，而是为了通过这种优惠换取国家工作人员手中的公权力，所谓市场交易只不过是权钱交易的幌子，权钱交易才是其本质特征。(2）从优惠价格的本质特征进行区分。根据《受贿意见》规定，应当从“事先设定”和“不针对特定人”两方面，结合案件情况来判断国家工作人员所享受的“优惠价格”是正常市场优惠还是交易型受贿。

---

① 观点来源：最高人民法院刑事审判第一、二、三、四、五庭：《刑事审判参考》，法律出版社2015年版，第126－131页。

② 观点来源：最高人民法院刑事审判第一、二、三、四、五庭：《刑事审判参考》，法律出版社2014年版，第117－122页。

3. 非特定关系人凭借国家工作人员的关系“挂名”取酬并将财物分与国家工作人员的是否构成共同受贿？[①]

本书观点：特定关系人以外的其他人与国家工作人员通谋，由国家工作人员利用职务上的便利为请托人谋取利益，收受请托人财物后双方共同占有的，以受贿罪的共犯论处。

4. 利用职务便利为他人谋取利益，授意他人向第三人出借款项，还款义务最终被免除的，是否属于受贿？[②]

本书观点：贿赂通常指金钱和物品，但在某些特定场合，贿赂也可以包括财产性利益。《商业贿赂意见》第七条规定，商业贿赂中的财物，既包括金钱和实物，也包括可以用金钱计算数额的财产性利益，如提供房屋装修、含有金额的会员卡、代币卡（券）、旅游费用等。据此，受贿对象已不限于有形财物，也可以包括财产性利益，如免除债务、免费旅游、提供劳务等直接可以用货币计算的利益。《受贿意见》第七条规定，国家工作人员利用职务上的便利为请托人谋取利益，授意请托人以本意见所列形式，将有关财物给予特定关系人的，以受贿论处。既然免除债务可以作为财产性利益成为刑法第三百八十五条规定的“财物”，且索取或收受贿赂包括请托人按照国家工作人员授意向第三人提供贿赂的情形，那么免除第三人债务成为受贿罪的对象没有障碍。

5. 国家工作人员利用职务上的便利以单位的名义向有关单位索要“赞助款”并占为己有的行为是索贿还是贪污？[③]

本书观点：对于国家工作人员利用职务上的便利，以本单位的名义向具有被其职权制约的相关单位索要财物并占为己有的行为，在索要人的真实意图和被索要人的行为指向不相对应时，被索要人既无索要人索贿的主观认知，亦无向个人行贿的主观故意和客观行为，不宜认定索要人索贿。作为国家工作人员的索要人利用职务便利占有赞助款的行为，依法构成贪污罪。

---

① 观点来源：最高人民法院刑事审判第一、二、三、四、五庭：《刑事审判参考》，法律出版社2014年版，第77-82页。

② 观点来源：最高人民法院刑事审判第一、二、三、四、五庭：《刑事审判参考》，法律出版社2014年版，第83-90页。

③ 观点来源：最高人民法院刑事审判第一、二、三、四、五庭：《刑事审判参考》（1999-2008）分类集成：贪污贿赂罪·渎职罪·军人违反职责罪，法律出版社2009年版，第72-77页。

6. 事后收受财物能否构成受贿罪?[①]

本书观点：“事后收受财物”通常具有以下特点：（1）行为人利用其职务行为为他人谋取了利益；（2）行为人在利用职务之便为他人谋取利益之时或者之前，没有收受财物；（3）行为人在为他人谋取利益之后收受对方财物；（4）没有充分证据证明行为人在利用职务便利为他人谋取利益时就意在以后收受对方的财物，但行为人事后收受对方财物时，却明知对方送的财物是因为自己的职务行为使对方获取了利益。“事后收受财物”也是受贿。事后收受财物行为与主动索取财物、收受财物后违法行使职权等相比，其主观恶性、对公务活动的危害要小，但这种行为同样侵犯了受贿罪的客体。刑法中表述的“收受他人财物，为他人谋取利益”，将收受行为置于谋利行为之前，这只是表述问题，也是典型的受贿方式，但并不意味着只有先收受财物，后谋取利益才是受贿，而先谋利后收受财物就不构成受贿。

7. 受国有公司委派担任非国有公司诉讼代理人过程中收受他人财物能否构成受贿罪?[②]

本书观点：刑法第九十三条第二款的规定，国有公司委派到非国有公司从事公务的人员，应以国家工作人员论，符合受贿罪的主体特征。受委派人员到非国有公司担任诉讼代理人，要维护非国有的合法权益；另外，作为受委派从事公务的人员，其职务活动同时是在维护委派的国有公司自身的利益。也就是说，其诉讼代理活动，不仅是一种诉讼代理行为，也是一种国有公司的职务活动，即公务活动。受委派人员利用职务上的便利，非法收受他人财物的行为构成受贿罪。

8. 国家工作人员以“劳务报酬”为名收受请托人财物的行为是否构成受贿?[③]

本书观点：正确区分正当的劳务报酬与非法的行贿受贿的界限，司法中应当注意从以下几个方面进行综合把握：（1）国家工作人员是利用职务便利为他人谋取利益收受财物还是利用个人技术换取报酬；（2）是否确实提供了

---

① 观点来源：最高人民法院刑事审判第一、二、三、四、五庭：《刑事审判参考》（1999－2008）分类集成：贪污贿赂罪·渎职罪·军人违反职责罪，法律出版社2009年版，第161－164页。

② 观点来源：最高人民法院刑事审判第一、二、三、四、五庭：《刑事审判参考》（1999－2008）分类集成：贪污贿赂罪·渎职罪·军人违反职责罪，法律出版社2009年版，第165－167页。

③ 观点来源：最高人民法院刑事审判第一、二、三、四、五庭：《刑事审判参考》（1999－2008）分类集成：贪污贿赂罪·渎职罪·军人违反职责罪，法律出版社2009年版，第196－199页。

有关服务；（3）接受的财物是否与提供的服务等值。受贿行为的社会危害本质在于职务便利与金钱交易，侵犯国家工作人员的职务廉洁性。对于国家工作人员利用职务之便，为他人谋取利益收受财物的，应认定为受贿；对于国家工作人员没有利用职务便利，仅仅是利用个人的技术、管理专长为他人提供服务，收取相应报酬的，因为没有职权与金钱交易性质，故该报酬属于合理收入，不应认定为受贿。可见，受贿与收取合理劳务报酬的区分关键就在于国家工作人员是利用职务便利为他人谋取利益而收受的财物，还是利用个人技术为他人提供服务取得相应报酬。国家工作人员如果利用职务上的便利为他人谋取利益，收受他人财物，本质上符合权钱交易的特征，应当属于受贿，在此过程中行为人出于某种考虑也会有向行贿方提供个人技术服务的活动，但这在原则上不能对定罪产生影响，如果是为掩饰受贿提供了少量的技术服务，对量刑都不应当产生影响。只有在利用职务便利为他人所谋利益较小，而收受财物同时掺杂了较大量的提供个人技术服务因素的情形下，才可能成为影响量刑的酌定情节。对于单纯利用个人技术、管理专长为他人提供服务而收取合理数额报酬的，不宜认定为受贿。这里所说的合理数额报酬，是指收受的劳务报酬在数额上应与其提供服务的正常市场价值相当，如果明显超出市场同类服务报酬数额的，属于利用合法报酬之名掩盖非法权钱交易之实，应当全额认定为受贿。

9. 以房产交易形式收受贿赂的犯罪数额如何认定？[①]

本书观点：国家工作人员利用职务上的便利为请托人谋取利益，以下列交易形式收受请托人财物的，以受贿论处：（1）以明显低于市场的价格向请托人购买房屋、汽车等物品的；（2）以明显高于市场的价格向请托人出售房屋、汽车等物品的。受贿数额按照交易时当地市场价格与实际支付价格的差额计算。对于以房产交易形式收受贿赂如何认定受贿数额的基本原则，一般应当按照交易时当地市场价格与实际支付价格的差额计算。这里的“交易时当地市场价格”，指的是交易双方签订房产买卖合同并开始依约支付价款之时的价格。

---

① 观点来源：最高人民法院刑事审判第一、二、三、四、五庭：《刑事审判参考》（1999－2008）分类集成：贪污贿赂罪·渎职罪·军人违反职责罪，法律出版社2009年版，第200－205页。

10. 如何认定受贿案件中的特定关系人?[①]

本书观点：特定关系人是指“与国家工作人员有近亲属、情妇（夫）以及其他共同利益关系的人”。近亲属是指“夫、妻、父、母、子、女、同胞兄弟姐妹”。其他共同利益关系的人，关键在于该人是否与国家工作人员有共同利益关系。对于共同利益关系的理解，应注意把握两点：一是共同利益关系主要是指经济利益关系，纯粹的同学、同事、朋友关系不属于共同利益关系，因为受贿罪的本质是权钱交易，没有经济利益往来的不符合受贿本质特征；二是共同利益关系不限于共同财产关系，除共同财产关系外，情夫情妇等关系亦属于特定关系。

11. 如何认定国家工作人员与特定关系人的共同受贿行为?[②]

本书观点：国家工作人员和特定关系人共谋后，特定关系人直接接受请托事项并收受财物，国家工作人员利用自己的职务行为以及下属的职务行为，为请托人谋取利益，应当认定为国家工作人员和特定关系人共同受贿。

12. 社区卫生服务中心网管员为医药销售代表“拉单”收受财物的行为如何定性?[③]

本书观点：最高人民法院、最高人民检察院《商业贿赂意见》第四条规定，医疗机构中的国家工作人员，在药品、医疗器械、医用卫生材料等医药产品采购活动中，利用职务上的便利，索取销售方财物，或者非法收受销售方财物，为销售方谋取利益，构成犯罪的，以受贿罪定罪处罚。医疗机构中的非国家工作人员，有前款行为，数额较大的，以非国家工作人员受贿罪定罪处罚。医疗机构中的医务人员，利用开处方的职务便利，以各种名义非法收受药品、医疗器械、医用卫生材料等医药产品销售方财物，为医药产品销售方谋取利益，数额较大的，以非国家工作人员受贿罪定罪处罚。社区卫生服务中心网管员在事业单位中履行了对国有资产的管理及对公共事务的监督职责，从事的活动具有公务性质，应当将其认定为国家工作人员。其基于具有公务性质的职务行为获取了不正当的报酬，依法构成受贿罪。

---

① 观点来源：最高人民法院刑事审判第一、二、三、四、五庭：《刑事审判参考》，法律出版社2010年版，第66－73页。

② 观点来源：最高人民法院刑事审判第一、二、三、四、五庭：《刑事审判参考》，法律出版社2010年版，第74－82页。

③ 观点来源：最高人民法院刑事审判第一、二、三、四、五庭：《刑事审判参考》，法律出版社2013年版，第111－117页。

13. 国家工作人员通过其情人职务上的行为收取贿赂，为他人谋取不正当利益的行为如何定性？[①]

本书观点：国家工作人员同时具备本人的职权或者地位形成的便利条件和其与其他国家工作人员的密切关系而收受贿赂的，原则上应当依照刑法第三百八十八条的规定，以受贿罪论处，但确有证据证实国家工作人员仅利用了其与被其利用的其他国家工作人员的密切关系的，应当依照刑法第三百八十八条之一的规定，以利用影响力受贿罪论处。

14. 国家工作人员明知他人有请托事项而收受其财物，是否视为承诺"为他人谋取利益"？[②]

本书观点：国家工作人员明知他人有请托事项而收受其财物，视为承诺"为他人谋取利益"，是否已实际为他人谋取利益或谋取到利益，不影响受贿的认定。

15. 国家工作人员接受性贿赂是否构成受贿罪？[③]

本书观点：性贿赂的本质是权色交易，我国刑法没有对性贿赂定罪处罚。刑法规定的受贿罪是一种权钱交易，最高人民法院、最高人民检察院《受贿意见》明确规定了财产性利益可以认定为受贿罪中的财物。所谓财产性利益是指可以用金钱计价的利益。性贿赂包括自己主动献身型、利用员工或下属提供性贿赂、以支付金钱方式安排他人（典型的如安排卖淫女）提供性贿赂等。自己主动献身型和利用员工或下属提供性贿赂都难以通过金钱计价，不宜认定为犯罪。以支付金钱方式安排他人提供性贿赂的方式，支付的金钱就是通常所说的嫖资，而嫖资属于财产性利益，依法可以认定为受贿犯罪中的财物。如国家工作人员为他人谋取利益，接受他人代为支付嫖资的性贿赂，嫖资达到法定定罪数额标准的，应构成受贿罪，受贿的数额以他人支付的嫖资数额计算。

---

① 观点来源：最高人民法院刑事审判第一、二、三、四、五庭：《刑事审判参考》，法律出版社2012年版，第59－63页。

② 观点来源：最高人民法院指导案例3号，2011年12月20日发布。

③ 观点来源：广东省中山市中级人民法院（2016）粤20刑初74号。

（四）疑难、复杂问题的参考性解答

1. 如何把握受贿罪中“利用职务上的便利，索取他人财物，或者非法收受他人财物并为他人谋取利益”？

本书观点：“利用职务上的便利”，既包括利用本人职务上主管、负责、承办某项公共事务的职权，也包括利用职务上有隶属、制约关系的其他国家工作人员的职权。担任单位领导职务的国家工作人员通过不属自己主管的下级部门的国家工作人员的职务为他人谋取利益的，应当认定为“利用职务上的便利”为他人谋取利益。按照刑法规定，受贿有两种形式：一种是“索取他人财物”，是指行为人在职务活动中向他人索要财物，即直接、公开或者暗示向他人索要财物。索取他人财物的索贿行为，构成受贿罪，不以行为人为被索取财物者谋取利益为条件。另一种是“非法收受他人财物”，是指行为人允诺或者默许为他人谋取利益，接受他人主动给予财物的行为。“为他人谋取利益”，是指行为人利用本人职务上的便利，为行贿人谋取各种好处，包括物质性利益与非物质性利益。所谋取的利益，对行贿人来说，可以是其应当获得的合法利益，也可以是其不应当获取的非法利益。具有下列情形之一的，应当认定为“为他人谋取利益”：（1）实际或者承诺为他人谋取利益的；（2）明知他人有具体请托事项的；（3）履职时未被请托，但事后基于该履职事由收受他人财物的。国家工作人员索取、收受具有上下级关系或者具有行政管理关系的被管理人的财物价值在三万元以上，可能影响职权行使的，视为承诺为他人谋取利益。

2. 国家工作人员在经济往来中收受回扣、手续费的行为如何定性？

本书观点：《刑法》第三百八十五条第二款规定：“国家工作人员在经济往来中，违反国家规定，收受各种名义的回扣、手续费，归个人所有的，以受贿论处。”“在经济往来中”，是指行为人在单位的经济业务往来中，而不是指个人在非公务经济交往中。“违反国家规定”，是指《刑法》第九十六条规定的违反全国人民代表大会及其常委会制定的法律和决定，国务院制定的行政法规和行政措施、发布的决定和命令。违反这些国家规定，在单位经济往来业务中，收受各种名义的“回扣”“手续费”，不在单位有关经济账目上如实记载，归个人所有的，应当以受贿论处，以受贿罪定罪处罚。

3. **如何完整理解斡旋受贿？**

本书观点：《刑法》第三百八十八条规定："国家工作人员利用本人职权或者地位形成的便利条件，通过其他国家工作人员职务上的行为，为请托人谋取不正当利益，索取请托人财物或者收受请托人财物的，以受贿论处。"这里的"利用本人职权或者地位形成的便利条件"，是指行为人与被其利用的国家工作人员之间在职务上虽然没有隶属、制约关系，但是行为人利用了本人职权或者地位产生的影响和一定的工作联系，如单位内不同部门的国家工作人员之间、上下级单位没有职务上隶属、制约关系的国家工作人员之间、有工作联系的不同单位的国家工作人员之间等。"通过其他国家工作人员职务上的行为"，是指行为人本人没有直接为请托人谋取利益（因其不具有这种职务便利），而是让其他国家工作人员利用职务上的便利，为请托人谋取不正当利益。"不正当利益"是指根据法律及有关政策规定不应得到的利益。如果为请托人谋取的是正当利益，不构成受贿罪。需要指出的是，对此类以受贿论处的案件，"索贿"的也应当有为请托人谋取不正当利益的条件。

4. **如何把握受贿罪的罪与非罪？**

本书观点：认定行为人的行为是否构成受贿罪应注意掌握以下两个方面：

（1）基本数额标准。一般情况下，不具有《贪污贿赂解释》第一条第三款规定的"其他较重情节"的，受贿罪的定罪起点数额为三万元，低于三万元的不构成受贿罪。

（2）关于数额加情节的定罪标准。受贿数额在一万元以上不满三万元，同时具有《贪污贿赂解释》规定的较重情节的，构成受贿罪。"较重情节"是指具有下列情形之一：曾因贪污、受贿、挪用公款受过党纪、行政处分的；曾因故意犯罪受过刑事追究的；赃款赃物用于非法活动的；拒不交待赃款赃物去向或者拒不配合追缴工作，致使无法追缴的；造成恶劣影响或者其他严重后果的；多次索贿的；为他人谋取不正当利益，致使公共财产、国家和人民利益遭受损失的；为他人谋取职务提拔、调整的。如果受贿数额未达到一万元，则不构成受贿罪。

5. **如何理解受贿罪中的"财物"的含义？**

本书观点：贿赂犯罪中的"财物"，包括货币、物品和财产性利益。财产性利益包括可以折算为货币的物质利益如房屋装修、债务免除等，以及需要支付货币的其他利益如会员服务、旅游等。后者的犯罪数额，以实际支付或者应当支付的数额计算。

6. **如何划清借款与受贿的界限？**

本书观点：应从以下几个方面综合判定：（1）有无正当、合理的借款事由；（2）款项的去向；（3）双方平时关系如何、有无经济往来；（4）国家工作人员是否利用职务上的便利为出借方谋取利益；（5）借款后是否有归还的意思表示和行为；（6）是否有归还的能力；（7）未归还的原因等情形。

7. **如何认定受贿罪的共犯？**

本书观点：非国家工作人员与国家工作人员勾结，伙同受贿的，应当以受贿罪的共犯追究刑事责任。非国家工作人员是否构成受贿罪共犯，取决于双方有无共同受贿的故意和行为。国家工作人员的近亲属向国家工作人员代为转达请托事项，收受请托人财物并告知该国家工作人员，或者国家工作人员明知其近亲属收受了他人财物，仍按照近亲属的要求利用职权为他人谋取利益的，对该国家工作人员应认定为受贿罪，其近亲属以受贿罪共犯论处。近亲属以外的其他人与国家工作人员通谋，由国家工作人员利用职务上的便利为请托人谋取利益，收受请托人财物后双方共同占有的，构成受贿罪共犯。

认定非国家工作人员与国家工作人员是否构成共同受贿犯罪时，应注意把非国家工作人员向国家工作人员介绍贿赂区别开来。介绍贿赂的，只在国家工作人员与行贿人中间起牵线搭桥的作用，没有介入为行贿人谋取利益的具体行为。介绍贿赂人即使从行贿人处得到钱物，也只是行贿人单独给他的好处、感谢费，而不是行贿。共同受贿罪中的非国家工作人员，则参与了国家工作人员利用职务便利为他人谋取利益的行为。没有该非国家工作人员的参与，国家工作人员一般无法独自利用职务便利为他人谋取利益。

8. **因受贿又犯其他罪的如何处罚？**

本书观点：国家工作人员利用职务上的便利，收受他人财物，为他人谋取利益，同时构成受贿罪和刑法分则第三章第三节、第九章规定的渎职犯罪的，除刑法另有规定外，以受贿罪和渎职犯罪数罪并罚。

9. **对新类型受贿案件如何认定与处理？**

本书观点：根据最高人民法院、最高人民检察院联合出台的《受贿意见》，对以下新形式受贿犯罪及有关政策界限问题，作出原则规范。

（1）关于以交易形式收受贿赂问题。《受贿意见》指出，国家工作人员利用职务上的便利为请托人谋取利益，以下列交易形式收受请托人财物的，以受贿论处：①以明显低于市场的价格向请托人购买房屋、汽车等物品的；②以明显高于市场的价格向请托人出售房屋、汽车等物品的；③以其他交易形式非法收受请托人财物的。受贿数额按照交易时当地市场价格与实际支付价格的差额计算。这里所说市场价格包括商品经营者事先设定的不针对特定人的最低优惠价格。根据商品经营者事先设定的各种优惠交易条件，以优惠价格购买商品的，则不属于受贿。

（2）关于收受干股问题。《受贿意见》指出，干股是指未出资而获得的股份。国家工作人员利用职务上的便利为请托人谋取利益，收受请托人提供的干股的，以受贿论处。进行了股权转让登记，或者相关证据证明股份发生了实际转让的，受贿数额按转让行为时的股份价值计算，所分红利按受贿孳息处理。股份未实际转让，以股份分红名义获取利益的，实际获利数额应当认定为受贿数额。

（3）关于以开办公司等合作投资名义收受贿赂问题。《受贿意见》指出，国家工作人员利用职务上的便利为请托人谋取利益，由请托人出资，“合作”开办公司或者进行其他“合作”投资的，以受贿论处。受贿数额为请托人给国家工作人员的出资额。国家工作人员利用职务上的便利为请托人谋取利益，以合作开办公司或者其他合作投资的名义获取“利润”，没有实际出资和参与管理、经营的，也以受贿论处。

（4）关于以委托请托人投资证券、期货或者其他委托理财的名义收受贿赂问题。《受贿意见》指出，国家工作人员利用职务上的便利为请托人谋取利益，以委托请托人投资证券、期货或者其他委托理财的名义，未实际出资而获取“收益”，或者虽然实际出资，但获取“收益”明显高于出资应得收益的，以受贿论处。前一情形的受贿数额，以“收益”额计算；后一情形的受贿数额，则以“收益”额与出资应得收益额的差额计算。

（5）关于以赌博形式收受贿赂的认定问题。《受贿意见》认为，根据2005年5月11日《最高人民法院、最高人民检察院关于办理赌博刑事案件具体应用法律若干问题的解释》第七条规定，国家工作人员利用职务上的便利为请托人谋取利益，通过赌博方式收受请托人财物的，构成受贿。实践中应注意区分贿赂与赌博活动、娱乐活动的界限。具体认定时，主要应当结合以下因素进行判断：①赌博的背景、场合、时间、次数；②赌资来源；③其他赌博参与者有无事先通谋；④输赢钱物的具体情况和金额大小。

（6）关于特定关系人“挂名”领取薪酬问题。《受贿意见》指出，国家工作人员利用职务上的便利为请托人谋取利益，要求或者接受请托人以给特定关系人安排工作为名，使特定关系人不实际工作却获取所谓薪酬的，以受贿论处。关于特定关系人的范围，《受贿意见》特别规定，“特定关系人”，是指与国家工作人员有近亲属、情妇（夫）以及其他共同利益关系的人。

（7）关于由特定关系人收受贿赂问题。《受贿意见》指出，国家工作人员利用职务上的便利为请托人谋取利益，授意请托人以《受贿意见》所列形式，将有关财物给予特定关系人的，以受贿论处。特定关系人与国家工作人员通谋，共同实施这一行为的，对特定关系人以受贿罪的共犯论处。特定关系人以外的其他人与国家工作人员通谋，由国家工作人员利用职务上的便利为请托人谋取利益，收受请托人财物后双方共同占有的，则应以受贿罪的共犯论处。

（8）关于收受贿赂物品未办理权属变更问题。《受贿意见》指出，国家工作人员利用职务上的便利为请托人谋取利益，收受请托人房屋、汽车等物品，未变更权属登记或者借用他人名义办理权属变更登记的，不影响受贿的认定。认定以房屋、汽车等物品为对象的受贿，《受贿意见》要求，要注意与借用的区分。具体认定时，除双方交代或者书面协议之外，主要应当结合以下因素进行判断：①有无借用的合理事由；②是否实际使用；③借用时间的长短；④有无归还的条件；⑤有无归还的意思表示及行为。

（9）关于收受财物后退还或者上交问题。《受贿意见》认为，国家工作人员收受请托人财物后及时退还或者上交的，不是受贿。但是，国家工作人员受贿后，因自身或者与其受贿有关联的人、事被查处，为掩饰犯罪而退还或者上交的，则不影响受贿罪的认定。

（10）关于在职时为请托人谋利，离职后收受财物问题。《受贿意见》指出，国家工作人员利用职务上的便利为请托人谋取利益之前或者之后，约定在其离职后收受请托人财物，并在离职后收受的，以受贿论处。国家工作人员利用职务上的便利为请托人谋取利益，离职前后连续收受请托人财物的，离职前后收受的部分均应计入受贿数额。

《受贿意见》就司法实践中认定和处理上述十种新形式的受贿案件中，如何正确贯彻宽严相济刑事司法政策的问题，提出了明确要求：“依照本意见办理受贿刑事案件，要根据刑法关于受贿罪的有关规定和受贿罪权钱交易的本质特征，准确区分罪与非罪、此罪与彼罪的界限，惩处少数，教育多数。在从严惩处受贿犯罪的同时，对于具有自首、立功等情节的，依法从轻、减轻或者免除处罚。”从而保证案件处理的法律效果、政策效果和社会效果。

10. 如何处理商业贿赂犯罪中涉及受贿罪问题？

本书观点：根据最高人民法院、最高人民检察院联合发布的《商业贿赂意见》，处理商业贿赂行为中构成受贿罪的情形。

（1）关于在医疗、教育、政府采购、招投标等领域受贿犯罪的认定问题。根据《商业贿赂意见》规定，医疗机构中的国家工作人员，在药品、医疗器械、医用卫生材料等医药产品采购活动中，利用职务上的便利，索取销售方财物，或者非法收受销售方财物，为销售方谋取利益，构成犯罪的；学校及其他教育机构中的国家工作人员，在教材、教具、校服或者其他物品的采购等活动中，利用职务上的便利，索取销售方财物，或者非法收受销售方财物，为销售方谋取利益，构成犯罪的；依法组建的评标委员会、竞争性谈判采购中谈判小组、询价采购中询价小组的国家工作人员，在招标、政府采购等事项的评标或者采购活动中，索取他人财物或者非法收受他人财物，为他人谋取利益，构成犯罪的，分别依照《刑法》第三百八十五条的规定，以受贿罪定罪处罚。

（2）关于贿赂的范围及数额认定。根据《商业贿赂意见》规定，商业贿赂中的财物，既包括金钱和实物，也包括可以用金钱计算数额的财产性利益，如提供房屋装修、含有金额的会员卡、代币卡（券）、旅游费用等。具体数额以实际支付的资费为准。收受银行卡的，不论受贿人是否实际取出或者消费，卡内的存款数额一般应全额认定为受贿数额。使用银行卡透支的，如果由给予银行卡的一方承担还款责任，透支数额也应当认定为受贿数额。

（五）量刑指导或参考

1. 刑法及其司法解释规定的量刑档次

依照《刑法》第三百八十六条规定，对犯受贿罪的，根据受贿所得数额及情节，依照本法第三百八十三条规定的贪污罪的量刑标准处罚。根据《刑法修正案（九）》修订的刑法第三百八十三条规定了贪污罪的四个量刑档次：①贪污数额较大或者有其他较重情节的，处三年以下有期徒刑或者拘役，并处罚金。②贪污数额巨大或者有其他严重情节的，处三年以上十年以下有期徒刑，并处罚金或者没收财产。③贪污数额特别巨大或者有其他特别严重情节的，处十年以上有期徒刑或者无期徒刑，并处罚金或者没收财产；④数额特别巨大，并使国家和人民利益遭受特别重大损失的，处无期徒刑或者死刑，并处没收财产。因此，对受贿罪的量刑也对应分为四个档次。《贪污贿赂解释》对受贿罪量刑档次进行了详细的规定：

（1）数额较大或者其他较重情节。受贿数额在三万元以上不满二十万元的，应当认定为《刑法》第三百八十三条第一款规定的“数额较大”。受贿数额在一万元以上不满三万元，具有以下情形之一，应当认定为《刑法》第三百八十三条第一款规定的“其他较重情节”：①曾因贪污、受贿、挪用公款受过党纪、行政处分的；②曾因故意犯罪受过刑事追究的；③赃款赃物用于非法活动的；④拒不交待赃款赃物去向或者拒不配合追缴工作，致使无法追缴的；⑤造成恶劣影响或者其他严重后果的；⑥多次索贿的；⑦为他人谋取不正当利益，致使公共财产、国家和人民利益遭受损失的；⑧为他人谋取职务提拔、调整的。对受贿数额较大或者有其他较重情节的，依法判处三年以下有期徒刑或者拘役，并处罚金。

（2）数额巨大或者其他严重情节。受贿数额在二十万元以上不满三百万元的，应当认定为《刑法》第三百八十三条第一款规定的“数额巨大”；受贿数额在十万元以上不满二十万元，具有如前述规定的“其他严重情节”的八种情形之一的，应当认定为《刑法》第三百八十三条第一款规定的“其他严重情节”，依法判处三年以上十年以下有期徒刑，并处罚金或者没收财产。

（3）数额特别巨大或者有其他特别严重情节。受贿数额在三百万元以上的，应当认定为《刑法》第三百八十三条第一款规定的“数额特别巨大”；受贿数额在一百五十万元以上不满三百万元，具有前述规定的“其他严重情节”的情形之一的，应当认定为《刑法》第三百八十三条第一款规定的“其他特别严重情节”，依法判处十年以上有期徒刑、无期徒刑或者死刑，并处罚金或者没收财产。

（4）关于受贿罪的死刑适用。受贿数额特别巨大，犯罪情节特别严重、社会影响特别恶劣、给国家和人民利益造成特别重大损失的，可以判处死刑。

2. 对受贿罪处罚应注意的问题

（1）关于从宽处罚。根据《刑法》第三百八十三条第三款规定，受贿数额较大或者有其他严重情节的，在提起公诉前如实供述自己罪行、真诚悔罪、积极退赃，避免、减少损害结果的发生，可以从轻、减轻或者免除处罚；对受贿数额巨大或者有其他严重情节、受贿数额特别巨大或者有其他特别严重情节、受贿数额特别巨大并使国家和人民利益遭受特别重大损失的情形，可以从轻处罚。

（2）关于限制减刑。根据《贪污贿赂解释》第五条规定，对受贿数额特别巨大，犯罪情节特别严重、社会影响特别恶劣、给国家和人民利益造成特别重大损失，应当判处死刑，但具有自首，立功，如实供述自己罪行、真诚悔罪、积极退赃，或者避免、减少损害结果的发生等情节，不是必须立即执行的，可以判处死刑缓期二年执行，同时裁判决定在其死刑缓期执行二年期满依法减为无期徒刑后，终身监禁，不得减刑、假释。

（3）关于数额计算。根据《贪污贿赂解释》第十五条规定，对多次受贿未经处理的，累计计算受贿数额。国家工作人员利用职务上的便利为请托人谋取利益前后多次收受请托人财物，受请托之前收受的财物数额在一万元以上的，应当一并计入受贿数额。

（4）赃款去向不影响定罪。根据《贪污贿赂解释》第十六条规定，国家工作人员出于受贿的故意，收受他人财物之后，将赃款赃物用于单位公务支出或者社会捐赠的，不影响贪污罪、受贿罪的认定，但量刑时可以酌情考虑。

（5）关于财产刑。根据《贪污贿赂解释》第十九条规定，对受贿罪判处三年以下有期徒刑或者拘役的，应当并处十万元以上五十万元以下的罚金；判处三年以上十年以下有期徒刑的，应当并处二十万元以上犯罪数额二倍以下的罚金或者没收财产；判处十年以上有期徒刑或者无期徒刑的，应当并处五十万元以上犯罪数额二倍以下的罚金或者没收财产。对刑法规定并处罚金的其他贪污贿赂犯罪，应当在十万元以上犯罪数额二倍以下判处罚金。

（6）关于对索贿的从重处罚。是指在《刑法》第三百八十三条规定的法定刑幅度内，从重处罚。

3. 当贿赂财物为股票时，参照《全国法院审理经济犯罪案件工作座谈会纪要》的相关规定，应当注意的问题

（1）国家工作人员利用职务上的便利，索取或者非法收受股票，没有支付股本金，为他人谋取利益，构成受贿罪的，其受贿数额按照收受股票时的实际价格计算；（2）股票已上市且已升值，行为人仅支付股本金，其“购买”股票时的实际价格与股本金的差价部分应认定为受贿。（3）对于行为人支付股本金而购买较有可能升值的股票的，由于不是无偿收受请托人财物，则不应以受贿罪论处；符合其他犯罪构成的，可以其他罪论处。

四、单位受贿罪

（一）刑法规定

第三百八十七条　国家机关、国有公司、企业、事业单位、人民团体，索取、非法收受他人财物，为他人谋取利益，情节严重的，对单位判处罚金，并对其直接负责的主管人员和其他直接责任人员，处五年以下有期徒刑或者拘役。

前款所列单位，在经济往来中，在帐外暗中收受各种名义的回扣、手续费的，以受贿论，依照前款的规定处罚。

（二）司法解释、司法文件

最高人民检察院关于人民检察院直接受理立案侦查案件立案标准的规定（试行）（高检发释字〔1999〕2号，自1999年9月16日起施行）（节录）

（四）单位受贿案（第387条）

单位受贿罪是指国家机关、国有公司、企业、事业单位、人民团体，索取、非法收受他人财物，为他人谋取利益，情节严重的行为。

索取他人财物或者非法收受他人财物，必须同时具备为他人谋取利益的条件，且是情节严重的行为，才能构成单位受贿罪。

国家机关、国有公司、企业、事业单位、人民团体，在经济往来中，在账外暗中收受各种名义的回扣、手续费的，以单位受贿罪追究刑事责任。

涉嫌下列情形之一的，应予立案：

1. 单位受贿数额在10万元以上的；

2. 单位受贿数额不满10万元，但具有下列情形之一的：

（1）故意刁难、要挟有关单位、个人，造成恶劣影响的；

（2）强行索取财物的；

（3）致使国家或者社会利益遭受重大损失的。

（三）典型或常见问题的审理思路

国家机关直接负责的主管人员利用职务之便索取他人财物后，部分归个人所有、部分归单位所有的行为如何定性?①

本书观点：罪数的确定应以法律规定为基准。刑法第三百八十五条规定了受贿罪，同时在第三百八十七条规定了单位受贿罪，可见，自然人受贿行为与单位受贿行为在刑法中是分别规定的。作为单位直接负责的主管人员有索取财物部分归个人、部分归单位的主观意图，客观上实施了两种行为，即作为国家工作人员利用职务上的便利，索取他人财物，以及作为国家机关直接负责的主管人员，代表单位索取他人财物，为他人谋取利益的行为，符合受贿罪和单位受贿罪的构成特征，应以受贿罪、单位受贿罪实行并罚。

（四）疑难、复杂问题的参考性解答

1. 如何确定单位受贿罪的犯罪主体?

本书观点：单位受贿罪的主体为特殊主体，只有国家机关、国有公司、企业、事业单位和人民团体才能构成本罪的主体。集体经济组织、中外合资企业、中外合作企业、外商独资企业和私营企业，不能成为单位受贿罪的主体。

2. 如何划清罪与非罪?

本书观点：对于不具有情节严重的单位受贿行为，属于一般违法行为，应当由有关部门或者其上级主管部门予以行政或纪律处分。需要注意的是，单位受贿罪是将索取、非法收受的他人财物归单位所有，如果单位直接负责的主管人员和其他直接责任人员借单位名义索取、收受他人财物后私分、中饱私囊的，不适用单位受贿罪的规定，应按对个人受贿罪的规定予以处罚。

3. 如何把握单位受贿罪的数罪并罚问题?

本书观点：同个人犯罪一样，单位因受贿而进行刑法规定的其他犯罪活动，如进行非法经营、生产销售伪劣商品、走私等，又构成犯罪的，对单位应按数罪并罚的规定予以处罚。单位受贿的直接负责主管人员和其他直接责

---

① 观点来源：最高人民法院刑事审判第一、二、三、四、五庭：《刑事审判参考》（1999－2008）分类集成：贪污贿赂罪·渎职罪·军人违反职责罪，法律出版社2009年版，第175－178页。

任人员，因单位受贿而进行违法活动构成其他犯罪的，如将单位受贿钱物个人私吞，构成贪污罪的，个人又单独受贿，构成受贿罪的，等等，均应与单位受贿罪一并依照数罪并罚的规定予以定罪处罚。

（五）量刑指导或参考

依照《刑法》第三百八十七条第一款规定，犯单位受贿罪的，对单位判处罚金，并对其直接负责的主管人员和其他直接责任人员，处五年以下有期徒刑或者拘役。

依照本条第二款规定，国家机关、国有公司、企业、事业单位、人民团体，在经济往来中，在账外暗中收受各种名义的回扣、手续费的，以受贿论，依照前款的规定处罚。

五、利用影响力受贿罪

（一）刑法规定

第三百八十八条之一[①]　国家工作人员的近亲属或者其他与该国家工作人员关系密切的人，通过该国家工作人员职务上的行为，或者利用该国家工作人员职权或者地位形成的便利条件，通过其他国家工作人员职务上的行为，为请托人谋取不正当利益，索取请托人财物或者收受请托人财物，数额较大或者有其他较重情节的，处三年以下有期徒刑或者拘役，并处罚金；数额巨大或者有其他严重情节的，处三年以上七年以下有期徒刑，并处罚金；数额特别巨大或者有其他特别严重情节的，处七年以上有期徒刑，并处罚金或者没收财产。

离职的国家工作人员或者其近亲属以及其他与其关系密切的人，利用该离职的国家工作人员原职权或者地位形成的便利条件实施前款行为的，依照前款的规定定罪处罚。

---

① 本条由2009年2月28日《刑法修正案（七）》第十三条增订。

（二）司法解释、司法文件

1. 最高人民法院、最高人民检察院关于办理行贿刑事案件具体应用法律若干问题的解释（法释〔2012〕22号，自2013年1月1日起施行）（节录）

第十二条 行贿犯罪中的“谋取不正当利益”，是指行贿人谋取的利益违反法律、法规、规章、政策规定，或者要求国家工作人员违反法律、法规、规章、政策、行业规范的规定，为自己提供帮助或者方便条件。

违背公平、公正原则，在经济、组织人事管理等活动中，谋取竞争优势的，应当认定为“谋取不正当利益”。

2. 最高人民法院、最高人民检察院关于在办理受贿犯罪大要案的同时要严肃查处严重行贿犯罪分子的通知（高检会〔1999〕1号，自1999年3月4日起施行）（节录）

二、对于为谋取不正当利益而行贿，构成行贿罪、向单位行贿罪、单位行贿罪的，必须依法追究刑事责任。“谋取不正当利益”是指谋取违反法律、法规、国家政策和国务院各部门规章规定的利益，以及要求国家工作人员或者有关单位提供违反法律、法规、国家政策和国务院各部门规章规定的帮助或者方便条件。

（三）典型或常见问题的审理思路

如何认定利用影响力受贿罪中“关系密切的人”？[①]

利用影响力受贿罪的主体除了离职的国家工作人员及国家工作人员（包括离职的国家工作人员）的近亲属之外，还包括其他与国家工作人员（以及离职的国家工作人员）“关系密切的人”。这里的“关系密切的人”的范围大于《关于办理受贿刑事案件适用法律若干问题的意见》中规定的“特定关系人”的范围，即除了近亲属、情妇（夫）和其他具有共同经济利益关系的人外，还包括其他具有亲情、友情、利益关系，交往甚密的人，形成这类密切关系的基础有很多种，有血缘和婚姻（如同宗、远亲、姻亲）、地缘（如邻居、同乡）、共同学习生活工作经历（如同乡、师生、校友、战友、同事）和志趣爱好（如牌友、球友、旅友、车友）等。对于前述特定关系人，一般情

① 观点来源：“江苏首例利用影响力受贿案宣判”，载《法制日报》2012年1月21日。

况下，由于特殊身份关系及共同利益关系的存在，可直接推定具有密切关系；对于具有其他关系，要注意审查是否达到关系密切的程度，实践中一方面要注意从双方联系、交往持续时间的长短、频率、交往的方式内容、交往中的利益往来、公开程度等方面进行判断；另一方面可借助事后判断，即考察行为人对国家工作人员的职务行为是否实际产生了影响，是否左右了国家工作人员的职务行为，如果已经产生实际影响的，应认定为存在密切关系，需注意的是，即使客观上国家工作人员没有接受其请托利用职务行为进行谋利，并不能一概否认密切关系的存在，这种情况还是应当回归到行为人与国家工作人员的交往情况上进行判断。

（四）疑难、复杂问题的参考性解答

1. 如何确定利用影响力受贿罪的主体范围？

本书观点：利用影响力受贿罪的主体为特殊主体，即只能由与特定国家工作人员具有近亲属或者其他与该国家工作人员关系密切的人以及离职的国家工作人员或者其近亲属、其他与其关系密切的人才能构成。本罪的犯罪主体必须是不具有国家工作人员身份的人；如具有国家工作人员身份，则应依照刑法第三百八十八条的规定，以受贿罪定罪处罚。

2. 如何把握利用影响力受贿罪的客观要件？

本书观点：利用影响力受贿罪的客观方面表现在行为人通过国家工作人员职务上的行为，或者利用国家工作人员职权或地位形成的便利条件，通过其他国家工作人员职务上的行为，为请托人谋取不正当利益，而索取请托人财物或收受请托人财物，数额较大或者有其他较重情节的行为。利用影响力受贿的行为，都是通过行为人以外的国家工作人员的职务行为索取或收受他人财物，而行为人本身并不具有相应的职权。所以，本罪客观方面的本质特征是利用行为人与特定国家工作人员具有近亲属或者同学、好友等特殊关系而对其形成的影响力，而不是行为人本人有什么职权。需要指出的是，本罪的利用影响力受贿行为是行为人在国家工作人员不知情的情况下实施的，如果非国家工作人员与国家工作人员勾结，伙同受贿的，则应当以受贿罪的共犯追究刑事责任。

构成本罪必须是通过其他国家工作人员为请托人谋取不正当利益才构成犯罪；如果为请托人谋取的是正当利益，不构成犯罪。按照《最高人民法院、

最高人民检察院关于在办理受贿犯罪大要案的同时要严肃查处严重行贿犯罪分子的通知》的规定，“‘谋取不正当利益’是指谋取违反法律、法规、国家政策和国务院各部门规定的利益，以及要求国家工作人员或有关单位提供违反法律、法规、国家政策和国务院各部门规定的帮助或者方便条件”。

3. **如何区分利用影响力受贿罪与受贿罪？**

本书观点：利用影响力受贿罪和受贿罪的主要区别是犯罪主体的不同。本罪的主体是特定国家工作人员的近亲属或者其他与该国家工作人员关系密切的人，离职的国家工作人员或者其近亲属以及其他与其关系密切的人，且均为非国家工作人员；而受贿罪的主体是国家工作人员。非国家工作人员受贿行为既可以构成本罪，也可以构成受贿罪的共犯，而国家工作人员利用影响力受贿，则应当以受贿罪处理。

（五）量刑指导或参考

依照《刑法》第三百八十八条之一第一款规定，犯利用影响力受贿罪的，处三年以下有期徒刑或者拘役，并处罚金；数额巨大或者有其他严重情节的，处三年以上七年以下有期徒刑，并处罚金；数额特别巨大或者有其他特别严重情节的，处七年以上有期徒刑，并处罚金或者没收财产。

依照本条第二款规定，离职的国家工作人员或者其近亲属以及其他与其关系密切的人，利用该离职的国家工作人员原职权或者地位形成的便利条件实施前款行为的，依照前款的规定定罪处罚。

六、行贿罪

（一）刑法规定

第三百八十九条　为谋取不正当利益，给予国家工作人员以财物的，是行贿罪。

在经济往来中，违反国家规定，给予国家工作人员以财物，数额较大的，或者违反国家规定，给予国家工作人员以各种名义的回扣、手续费的，以行贿论处。

因被勒索给予国家工作人员以财物，没有获得不正当利益的，不是行贿。

第三百九十条[①]　对犯行贿罪的，处五年以下有期徒刑或者拘役，并处罚金；因行贿谋取不正当利益，情节严重的，或者使国家利益遭受重大损失的，处五年以上十年以下有期徒刑，并处罚金；情节特别严重的，或者使国家利益遭受特别重大损失的，处十年以上有期徒刑或者无期徒刑，并处罚金或者没收财产。

行贿人在被追诉前主动交待行贿行为的，可以从轻或者减轻处罚。其中，犯罪较轻的，对侦破重大案件起关键作用的，或者有重大立功表现的，可以减轻或者免除处罚。

（二）司法解释、司法文件

1. **最高人民法院、最高人民检察院关于在办理受贿犯罪大要案的同时要严肃查处严重行贿犯罪分子的通知**（高检会〔1999〕1号，自1999年3月4日起施行）

各省、自治区、直辖市高级人民法院、人民检察院，解放军军事法院、军事检察院：

近一时期，各级人民法院、人民检察院依法严肃惩处了一批严重受贿犯罪分子，取得了良好的社会效果。但是还有一些大肆拉拢、腐蚀国家工作人员的行贿犯罪分子却没有受到应有的法律追究，他们继续进行行贿犯罪，严重危害了党和国家的廉政建设。为依法严肃惩处严重行贿犯罪，特作如下通知：

一、要充分认识严肃惩处行贿犯罪，对于全面落实党中央反腐败工作部署，把反腐败斗争引向深入，从源头上遏制和预防受贿犯罪的重要意义。各级人民法院、人民检察院要把严肃惩处行贿犯罪作为反腐败斗争中的一项重要和紧迫的工作，在继续严肃惩处受贿犯罪分子的同时，对严重行贿犯罪分子，必须依法严肃惩处，坚决打击。

二、对于为谋取不正当利益而行贿，构成行贿罪、向单位行贿罪、单位

---

① 本条根据2015年8月29日《刑法修正案（九）》第四十五条修正。原条文为：

“对犯行贿罪的，处五年以下有期徒刑或者拘役；因行贿谋取不正当利益，情节严重的，或者使国家利益遭受重大损失的，处五年以上十年以下有期徒刑；情节特别严重的，处十年以上有期徒刑或者无期徒刑，可以并处没收财产。

行贿人在被追诉前主动交待行贿行为的，可以减轻处罚或者免除处罚。”

行贿罪的，必须依法追究刑事责任。“谋取不正当利益”是指谋取违反法律、法规、国家政策和国务院各部门规章规定的利益，以及要求国家工作人员或者有关单位提供违反法律、法规、国家政策和国务院各部门规章规定的帮助或者方便条件。

对于向国家工作人员介绍贿赂，构成犯罪的案件，也要依法查处。

三、当前要特别注意依法严肃惩处下列严重行贿犯罪行为：

1. 行贿数额巨大、多次行贿或者向多人行贿的；

2. 向党政干部和司法工作人员行贿的；

3. 为进行走私、偷税、骗税、骗汇、逃汇、非法买卖外汇等违法犯罪活动，向海关、工商、税务、外汇管理等行政执法机关工作人员行贿的；

4. 为非法办理金融、证券业务，向银行等金融机构、证券管理机构工作人员行贿，致使国家利益遭受重大损失的；

5. 为非法获取工程、项目的开发、承包、经营权，向有关主管部门及其主管领导行贿，致使公共财产、国家和人民利益遭受重大损失的；

6. 为制售假冒伪劣产品，向有关国家机关、国有单位及国家工作人员行贿，造成严重后果的；

7. 其他情节严重的行贿犯罪行为。

四、在查处严重行贿、介绍贿赂犯罪案件中，既要坚持从严惩处的方针，又要注意体现政策。行贿人、介绍贿赂人具有刑法第三百九十条第二款、第三百九十二条第二款规定的在被追诉前主动交代行贿、介绍贿赂犯罪情节的，依法分别可以减轻或者免除处罚；行贿人、介绍贿赂人在被追诉后如实交待行贿、介绍贿赂行为的，也可以酌情从轻处罚。

五、在依法严肃查处严重行贿、介绍贿赂犯罪案件中，要讲究斗争策略，注意工作方法。要把查处受贿犯罪大案要案同查处严重行贿、介绍贿赂犯罪案件有机地结合起来，通过打击行贿、介绍贿赂犯罪，促进受贿犯罪大案要案的查处工作，推动查办贪污贿赂案件工作的全面、深入开展。

六、各级人民法院、人民检察院要结合办理贿赂犯罪案件情况，认真总结经验、教训，找出存在的问题，提出切实可行的解决办法，以改变对严重行贿犯罪打击不力的状况。工作中遇到什么情况和问题，要及时报告最高人民法院、最高人民检察院。

2. 最高人民检察院关于人民检察院直接受理立案侦查案件立案标准的规定（试行）（高检发释字〔1999〕2号，自1999年9月16日起施行）（节录）

（五）行贿案（第389条、第390条）

行贿罪是指为谋取不正当利益，给予国家工作人员以财物的行为。

在经济往来中，违反国家规定，给予国家工作人员以财物，数额较大的，或者违反国家规定，给予国家工作人员以各种名义的回扣、手续费的，以行贿罪追究刑事责任。

涉嫌下列情形之一的，应予立案：

1、行贿数额在1万元以上的；

2、行贿数额不满1万元，但具有下列情形之一的：

（1）为谋取非法利益而行贿的；

（2）向3人以上行贿的；

（3）向党政领导、司法工作人员、行政执法人员行贿的；

（4）致使国家或者社会利益遭受重大损失的。

因被勒索给予国家工作人员以财物，已获得不正当利益的，以行贿罪追究刑事责任。

3. 最高人民检察院关于行贿罪立案标准的规定（自2000年12月22日起施行）（节录）

一、行贿案（刑法第三百八十九条、第三百九十条）

行贿罪是指为谋取不正当利益，给予国家工作人员以财物的行为。

在经济往来中，违反国家规定，给予国家工作人员以财物，数额较大的，或者违反国家规定，给予国家工作人员以各种名义的回扣、手续费的，以行贿罪追究刑事责任。

涉嫌下列情形之一的，应予立案：

1. 行贿数额在一万元以上的；

2. 行贿数额不满一万元，但具有下列情形之一的：

（1）为谋取非法利益而行贿的；

（2）向三人以上行贿的；

（3）向党政领导、司法工作人员、行政执法人员行贿的；

（4）致使国家或者社会利益遭受重大损失的。

因被勒索给予国家工作人员以财物，已获得不正当利益的，以行贿罪追究刑事责任。

4. 最高人民法院、最高人民检察院关于办理商业贿赂刑事案件适用法律若干问题的意见（法发〔2008〕33号，自2008年11月20日起施行）

为依法惩治商业贿赂犯罪，根据刑法有关规定，结合办案工作实际，现就办理商业贿赂刑事案件适用法律的若干问题，提出如下意见：

一、商业贿赂犯罪涉及刑法规定的以下八种罪名：（1）非国家工作人员受贿罪（刑法第一百六十三条）；（2）对非国家工作人员行贿罪（刑法第一百六十四条）；（3）受贿罪（刑法第三百八十五条）；（4）单位受贿罪（刑法第三百八十七条）；（5）行贿罪（刑法第三百八十九条）；（6）对单位行贿罪（刑法第三百九十一条）；（7）介绍贿赂罪（刑法第三百九十二条）；（8）单位行贿罪（刑法第三百九十三条）。

二、刑法第一百六十三条、第一百六十四条规定的“其他单位”，既包括事业单位、社会团体、村民委员会、居民委员会、村民小组等常设性的组织，也包括为组织体育赛事、文艺演出或者其他正当活动而成立的组委会、筹委会、工程承包队等非常设性的组织。

三、刑法第一百六十三条、第一百六十四条规定的“公司、企业或者其他单位的工作人员”，包括国有公司、企业以及其他国有单位中的非国家工作人员。

四、医疗机构中的国家工作人员，在药品、医疗器械、医用卫生材料等医药产品采购活动中，利用职务上的便利，索取销售方财物，或者非法收受销售方财物，为销售方谋取利益，构成犯罪的，依照刑法第三百八十五条的规定，以受贿罪定罪处罚。

医疗机构中的非国家工作人员，有前款行为，数额较大的，依照刑法第一百六十三条的规定，以非国家工作人员受贿罪定罪处罚。

医疗机构中的医务人员，利用开处方的职务便利，以各种名义非法收受药品、医疗器械、医用卫生材料等医药产品销售方财物，为医药产品销售方谋取利益，数额较大的，依照刑法第一百六十三条的规定，以非国家工作人员受贿罪定罪处罚。

五、学校及其他教育机构中的国家工作人员，在教材、教具、校服或者其他物品的采购等活动中，利用职务上的便利，索取销售方财物，或者非法收受销售方财物，为销售方谋取利益，构成犯罪的，依照刑法第三百八十五条的规定，以受贿罪定罪处罚。

学校及其他教育机构中的非国家工作人员，有前款行为，数额较大的，依照刑法第一百六十三条的规定，以非国家工作人员受贿罪定罪处罚。

学校及其他教育机构中的教师，利用教学活动的职务便利，以各种名义非法收受教材、教具、校服或者其他物品销售方财物，为教材、教具、校服或者其他物品销售方谋取利益，数额较大的，依照刑法第一百六十三条的规定，以非国家工作人员受贿罪定罪处罚。

六、依法组建的评标委员会、竞争性谈判采购中谈判小组、询价采购中询价小组的组成人员，在招标、政府采购等事项的评标或者采购活动中，索取他人财物或者非法收受他人财物，为他人谋取利益，数额较大的，依照刑法第一百六十三条的规定，以非国家工作人员受贿罪定罪处罚。

依法组建的评标委员会、竞争性谈判采购中谈判小组、询价采购中询价小组中国家机关或者其他国有单位的代表有前款行为的，依照刑法第三百八十五条的规定，以受贿罪定罪处罚。

七、商业贿赂中的财物，既包括金钱和实物，也包括可以用金钱计算数额的财产性利益，如提供房屋装修、含有金额的会员卡、代币卡（券）、旅游费用等。具体数额以实际支付的资费为准。

八、收受银行卡的，不论受贿人是否实际取出或者消费，卡内的存款数额一般应全额认定为受贿数额。使用银行卡透支的，如果由给予银行卡的一方承担还款责任，透支数额也应当认定为受贿数额。

九、在行贿犯罪中，"谋取不正当利益"，是指行贿人谋取违反法律、法规、规章或者政策规定的利益，或者要求对方违反法律、法规、规章、政策、行业规范的规定提供帮助或者方便条件。

在招标投标、政府采购等商业活动中，违背公平原则，给予相关人员财物以谋取竞争优势的，属于"谋取不正当利益"。

十、办理商业贿赂犯罪案件，要注意区分贿赂与馈赠的界限。主要应当结合以下因素全面分析、综合判断：（1）发生财物往来的背景，如双方是否存在亲友关系及历史上交往的情形和程度；（2）往来财物的价值；（3）财物往来的缘由、时机和方式，提供财物方对于接受方有无职务上的请托；（4）接受方是否利用职务上的便利为提供方谋取利益。

十一、非国家工作人员与国家工作人员通谋，共同收受他人财物，构成共同犯罪的，根据双方利用职务便利的具体情形分别定罪追究刑事责任：

（1）利用国家工作人员的职务便利为他人谋取利益的，以受贿罪追究刑事责任。

（2）利用非国家工作人员的职务便利为他人谋取利益的，以非国家工作人员受贿罪追究刑事责任。

（3）分别利用各自的职务便利为他人谋取利益的，按照主犯的犯罪性质追究刑事责任，不能分清主从犯的，可以受贿罪追究刑事责任。

5. **最高人民法院、最高人民检察院关于办理行贿刑事案件具体应用法律若干问题的解释**①（法释〔2012〕22号，自2013年1月1日起施行）

为依法惩治行贿犯罪活动，根据刑法有关规定，现就办理行贿刑事案件具体应用法律的若干问题解释如下：

第一条 为谋取不正当利益，向国家工作人员行贿，数额在一万元以上的，应当依照刑法第三百九十条的规定追究刑事责任。

第二条 因行贿谋取不正当利益，具有下列情形之一的，应当认定为刑法第三百九十条第一款规定的“情节严重”：

（一）行贿数额在二十万元以上不满一百万元的；

（二）行贿数额在十万元以上不满二十万元，并具有下列情形之一的：

1. 向三人以上行贿的；

2. 将违法所得用于行贿的；

3. 为实施违法犯罪活动，向负有食品、药品、安全生产、环境保护等监督管理职责的国家工作人员行贿，严重危害民生、侵犯公众生命财产安全的；

4. 向行政执法机关、司法机关的国家工作人员行贿，影响行政执法和司法公正的；

（三）其他情节严重的情形。

第三条 因行贿谋取不正当利益，造成直接经济损失数额在一百万元以上的，应当认定为刑法第三百九十条第一款规定的“使国家利益遭受重大损失”。

第四条 因行贿谋取不正当利益，具有下列情形之一的，应当认定为刑法第三百九十条第一款规定的“情节特别严重”：

---

① 本解释中所涉及的数额，因已有新的司法解释予以规定，应适用新规定。

（一）行贿数额在一百万元以上的；

（二）行贿数额在五十万元以上不满一百万元，并具有下列情形之一的：

1. 向三人以上行贿的；

2. 将违法所得用于行贿的；

3. 为实施违法犯罪活动，向负有食品、药品、安全生产、环境保护等监督管理职责的国家工作人员行贿，严重危害民生、侵犯公众生命财产安全的；

4. 向行政执法机关、司法机关的国家工作人员行贿，影响行政执法和司法公正的；

（三）造成直接经济损失数额在五百万元以上的；

（四）其他情节特别严重的情形。

第五条　多次行贿未经处理的，按照累计行贿数额处罚。

第六条　行贿人谋取不正当利益的行为构成犯罪的，应当与行贿犯罪实行数罪并罚。

第七条　因行贿人在被追诉前主动交待行贿行为而破获相关受贿案件的，对行贿人不适用刑法第六十八条关于立功的规定，依照刑法第三百九十条第二款的规定，可以减轻或者免除处罚。

单位行贿的，在被追诉前，单位集体决定或者单位负责人决定主动交待单位行贿行为的，依照刑法第三百九十条第二款的规定，对单位及相关责任人员可以减轻处罚或者免除处罚；受委托直接办理单位行贿事项的直接责任人员在被追诉前主动交待自己知道的单位行贿行为的，对该直接责任人员可以依照刑法第三百九十条第二款的规定减轻处罚或者免除处罚。

第八条　行贿人被追诉后如实供述自己罪行的，依照刑法第六十七条第三款的规定，可以从轻处罚；因其如实供述自己罪行，避免特别严重后果发生的，可以减轻处罚。

第九条　行贿人揭发受贿人与其行贿无关的其他犯罪行为，查证属实的，依照刑法第六十八条关于立功的规定，可以从轻、减轻或者免除处罚。

第十条　实施行贿犯罪，具有下列情形之一的，一般不适用缓刑和免予刑事处罚：

（一）向三人以上行贿的；

（二）因行贿受过行政处罚或者刑事处罚的；

（三）为实施违法犯罪活动而行贿的；

（四）造成严重危害后果的；

（五）其他不适用缓刑和免予刑事处罚的情形。

具有刑法第三百九十条第二款规定的情形的，不受前款规定的限制。

第十一条 行贿犯罪取得的不正当财产性利益应当依照刑法第六十四条的规定予以追缴、责令退赔或者返还被害人。

因行贿犯罪取得财产性利益以外的经营资格、资质或者职务晋升等其他不正当利益，建议有关部门依照相关规定予以处理。

第十二条 行贿犯罪中的“谋取不正当利益”，是指行贿人谋取的利益违反法律、法规、规章、政策规定，或者要求国家工作人员违反法律、法规、规章、政策、行业规范的规定，为自己提供帮助或者方便条件。

违背公平、公正原则，在经济、组织人事管理等活动中，谋取竞争优势的，应当认定为“谋取不正当利益”。

第十三条 刑法第三百九十条第二款规定的“被追诉前”，是指检察机关对行贿人的行贿行为刑事立案前。

（三）典型或常见问题的审理思路

配合检察机关调查他人受贿案件时，交代向他人行贿的事实，能否认定为被追诉前主动交代?[①]

本书观点：立案侦查是办案机关进行刑事追诉活动的开始，《刑法》第三百九十条第二款规定的“被追诉前”通常是指办案机关立案侦查之前，行贿罪是否“被追诉”应当以司法机关是否立案为准。行贿人向纪检监察部门、司法机关举报受贿人的受贿行为，显然属于被追诉前主动交代行贿行为的情形。行贿人在纪检监察部门查处他人受贿案件时，交代（承认）向他人行贿的事实，亦应属于被追诉前主动交代行贿行为的情形。即使司法机关已经对受贿人立案查处，行贿人作为证人接受办案机关调查，只要办案机关对行贿人尚未立案查处，行贿人承认其向受贿人行贿的事实，也应当认定为被追诉前主动交代行贿行为的情形。

---

① 观点来源：最高人民法院刑事审判第一、二、三、四、五庭：《刑事审判参考》，法律出版社2013年版，第90－95页。

（四）疑难、复杂问题的参考性解答

1. 如何把握行贿罪中主观要件中的“谋取不正当利益”？

本书观点：为谋取不正当利益，是行贿罪的基本主观要件。关于“谋取不正当利益”的含义，1999 年 3 月 4 日《最高人民法院、最高人民检察院关于在办理受贿犯罪大要案的同时要严肃查处严重行贿犯罪分子的通知》第 2 条规定，“谋取不正当利益”是指谋取违反法律、法规、国家政策和国务院各部门规章规定的利益，以及要求国家工作人员或者有关单位提供违反法律、法规、国家政策和国务院各部门规章规定的帮助或者方便条件。2008 年 11 月 20 日《商业贿赂意见》第九条规定，“谋取不正当利益”，是指行贿人谋取违反法律、法规、规章或者政策规定的利益，或者要求对方违反法律、法规、规章、政策、行业规范的规定提供帮助或者方便条件。2012 年 12 月 26 日《行贿解释》第十二条规定，行贿犯罪中的“谋取不正当利益”，是指行贿人谋取的利益违反法律、法规、规章、政策规定，或者要求国家工作人员违反法律、法规、规章、政策、行业规范的规定，为自己提供帮助或者方便条件。违背公平、公正原则，在经济、组织人事管理等活动中，谋取竞争优势的，应当认定为“谋取不正当利益”。由此可见，对于行贿罪中的“谋取不正当利益”，司法解释在不断地扩大有关认定的范围，应当说是契合了实践中准确惩治行贿犯罪的趋势和需求的。

需要指出的是，《刑法》第三百八十九条第二款规定的“在经济往来中，违反国家规定，给予国家工作人员以财物，数额较大的，或者违反国家规定，给予国家工作人员以各种名义的回扣、手续费的”情形，并不要求具有为谋取不正当利益的目的。

2. 如何把握行贿罪的客观要件？

本书观点：行贿罪客观方面表现为谋取不正当利益，给予国家工作人员以财物的行为，或者违反国家规定，在经济往来中给予国家工作人员以各种名义财物的行为。实践中，行贿罪主要表现为以下几种情形：

一是为了利用国家工作人员的职务行为（包括利用国家工作人员的职务斡旋行为），主动给予国家工作人员财物的。

二是在有求于国家工作人员的职务行为时，由于国家工作人员的勒索而给予国家工作人员财物的。这种被索贿的行为，根据《刑法》第三百八十九条第三款的规定，如果行为人没有获得不正当利益的，不构成行贿罪。

三是在经济往来中，违反国家规定，给予国家工作人员以财物，数额较大的，或者违反国家规定，给予国家工作人员以各种名义的回扣、手续费的行为。这种行贿行为必须达到数额较大，才构成犯罪。

3. 如何认定罪与非罪？

本书观点：（1）行为人是否具有谋取不正当利益的目的而给予国家工作人员以财物，是区分本罪罪与非罪的重要标准，为谋取正当利益而给予国家工作人员以财物，依法不构成行贿罪。对于因被勒索给予国家工作人员以财物，没有获得不正当利益的，不论给予国家工作人员财物数额大小，均不是行贿行为，不能以行贿罪论处。

（2）构成行贿罪必须达到一定的数额标准。刑法没有规定构成行贿罪的数额标准，2016 年 4 月 18 日《贪污贿赂解释》对行贿罪的定罪量刑数额标准进行了规定。根据《贪污贿赂解释》第七条规定，一般情况下，行贿罪的入罪起点是三万元；但有以下情形之一的，入罪起点是一万元：①向三人以上行贿的；②将违法所得用于行贿的；③通过行贿谋取职务提拔、调整的；④向负有食品、药品、安全生产、环境保护等监督管理职责的国家工作人员行贿，实施非法活动的；⑤向司法工作人员行贿，影响司法公正的；⑥造成经济损失数额在五十万元以上不满一百万元的。如果行贿数额未达到三万元，或者行贿数额在一万元以上不满三万元又不具有《贪污贿赂解释》规定的六种情形之一的，不构成行贿罪。

4. 行贿罪和妨害作证罪有何区别？

本书观点：如果证人是国家工作人员，用贿买的方法妨害该证人作证的，从形式上看，与行贿罪相近，但这种情况下行为人仅是使该国家工作人员利用其证人的身份为自己谋取不正当利益，而不是利用其职务上的便利。因此，只构成妨害作证罪，不构成行贿罪。

（五）量刑指导或参考

1. 刑法及司法解释对量刑的规定

《刑法修正案（九）》对行贿罪增加了罚金刑，即刑法第三百九十条规定，对犯行贿罪的，处五年以下有期徒刑或者拘役，并处罚金；因行贿谋取不正当利益，情节严重的，或者使国家利益遭受重大损失的，处五年以上十年以下有期徒刑，并处罚金；情节特别严重的，或者使国家利益遭受特别重大损失的，处十年以上有期徒刑或者无期徒刑，并处罚金或者没收财产。“两高”司法解释对具体量刑情节进行规定：

（1）关于追究刑事责任的数额起点。《贪污贿赂解释》第七条规定了一般的入刑起点数额为三万元，具有该条第二款规定的六种情形之一的入刑起点数额为一万元至三万元。

（2）关于“情节严重”“使国家利益遭受重大损失”的规定。《贪污贿赂解释》第八条规定：“……具有下列情形之一的，应当认定为刑法第三百九十条第一款规定的‘情节严重’：（一）行贿数额在一百万元以上不满五百万元的；（二）行贿数额在五十万元以上不满一百万元，并具有本解释第七条第二款第一项至第五项规定的情形之一的；（三）其他严重的情节。”“使国家利益遭受重大损失”是指，为谋取不正当利益，向国家工作人员行贿，造成经济损失数额在一百万元以上不满五百万元。

（3）关于“情节特别严重”“使国家利益遭受特别重大损失”。根据《贪污贿赂解释》第九条规定：“……‘情节特别严重’：（一）行贿数额在五百万元以上的；（二）行贿数额在二百五十万元以上不满五百万元，并具有本解释第七条第二款第一项至第五项规定的情形之一的；（三）其他特别严重的情节。”“使国家利益遭受特别重大损失”是指，为谋取不正当利益，向国家工作人员行贿，造成经济损失数额在五百万元以上。

2. 对行贿罪从宽处罚的特别规定

《刑法》第三百九十条第二款规定，行贿人在被追诉前主动交待行贿行为的，可以从轻或者减轻处罚。其中，犯罪较轻的，对侦破重大案件起关键作用的，或者有重大立功表现的，可以减轻或者免除处罚。该款根据《刑法修正案（九）》进行修订，原条文规定“行贿人在被追诉前主动交待行贿行为的，可以减轻处罚或者免除处罚”，原该款规定在实践中出现了对行贿犯罪免予刑事处罚和缓刑比例过高的问题，在一定程度上影响了对行贿人的惩处力度。经修订后，对行贿罪的从宽处罚条件予以从严掌握，加强对行贿罪的处罚力度。实践中对行贿人从宽处罚应从以下几个方面把握：

（1）必须是行贿人主动交代行贿行为，且时间限定于被追诉之前。行贿人主动交代行贿行为，实际上是对受贿人的检举揭发，与刑法总则规定的立功表现相近，可以从轻或减轻处罚。行贿人主动交代必须在被追诉前，这里所说的“被追诉前”，是指办案机关对行贿人的行贿行为刑事立案之前，这是对行贿人从宽处罚的首要条件。

（2）对行贿人可以减轻或者免除处罚，必须符合下列三个条件之一：

一是犯罪情节较轻。根据《贪污贿赂解释》第十四条第一款规定，“犯罪情节较轻”是指，根据行贿犯罪的事实、情节，可能被判处三年有期徒刑以下刑罚的。

二是对侦破重大案件起关键作用。根据《贪污贿赂解释》第十四条第二款规定，“重大案件”是指，根据犯罪的事实、情节，已经或者可能被判处十年有期徒刑以上刑罚的，或者案件在本省、自治区、直辖市或者全国范围内有较大影响。“对侦破重大案件起关键作用”是指，具有下列情形之一的：（一）主动交待办案机关未掌握的重大案件线索的；（二）主动交待的犯罪线索不属于重大案件的线索，但该线索对于重大案件侦破有重要作用的；（三）主动交待行贿事实，对于重大案件的证据收集有重要作用的；（四）主动交待行贿事实，对于重大案件的追逃、追赃有重要作用的。

三是有重大立功。对于什么是重大立功，应根据刑法总则及相关司法解释予以认定。

需要注意的是，因行贿人在被追诉前主动交代行贿行为而破获相关受贿案件的，对行贿人不适用《刑法》第六十八条关于立功的规定，而是依照刑法第三百九十条第二款的规定，予以从宽处罚。此外，符合《刑法》第三百九十条第二款规定的“行贿人在被追诉前主动交待行贿行为”的情形，自然也符合《刑法》第六十七条的规定，构成自首。因为本条款对行贿犯罪的“自首”作了特别规定，比刑法总则对行贿的“自首”处罚更宽。因此，作为特别规定，行贿人构成犯罪，在被追诉前主动交代行贿行为的，不再以一般自首对待，而应当直接引用本条款的规定，对被告人可以依法从宽处罚。

3.《行贿解释》对司法实践中常见的对行贿人处罚中的一些疑难问题作出了规定：（1）“行贿人被追诉后如实供述自己罪行的，依照刑法第六十七条第三款的规定，可以从轻处罚；因其如实供述自己罪行，避免特别严重后果发生的，可以减轻处罚”。（2）“行贿人揭发受贿人与其行贿无关的其他犯罪行为，查证属实的，依照刑法第六十八条关于立功的规定，可以从轻、减轻或者免除处罚”。（3）“实施行贿犯罪，具有下列情形之一的，一般不适用缓刑和免予刑事处罚：（一）向三人以上行贿的；（二）因行贿受过行政处罚或者刑事处罚的；（三）为实施违法犯罪活动而行贿的；（四）造成严重危害后果的；（五）其他不适用缓刑和免予刑事处罚的情形。具有刑法第三百九十条第二款规定的情形的，不受前款规定的限制”。（4）“行贿犯罪取得的不正当财产性利益应当依照刑法第六十四条的规定予以追缴、责令退赔或者返还被害人。因行贿犯罪取得财产性利益以外的经营资格、资质或者职务晋升等其他不正当利益，建议有关部门依照相关规定予以处理”。

七、对有影响力的人行贿罪

（一）刑法规定

第三百九十条之一[①]　为谋取不正当利益，向国家工作人员的近亲属或者其他与该国家工作人员关系密切的人，或者向离职的国家工作人员或者其近亲属以及其他与其关系密切的人行贿的，处三年以下有期徒刑或者拘役，并处罚金；情节严重的，或者使国家利益遭受重大损失的，处三年以上七年以下有期徒刑，并处罚金；情节特别严重的，或者使国家利益遭受特别重大损失的，处七年以上十年以下有期徒刑，并处罚金。

单位犯前款罪的，对单位判处罚金，并对其直接负责的主管人员和其他直接责任人员，处三年以下有期徒刑或者拘役，并处罚金。

（二）司法解释、司法文件

最高人民法院、最高人民检察院关于办理贪污贿赂刑事案件适用法律若干问题的解释（法释〔2016〕9号，自2016年4月18日起施行）（节录）

第十条　刑法第三百八十八条之一规定的利用影响力受贿罪的定罪量刑适用标准，参照本解释关于受贿罪的规定执行。

刑法第三百九十条之一规定的对有影响力的人行贿罪的定罪量刑适用标准，参照本解释关于行贿罪的规定执行。

单位对有影响力的人行贿数额在二十万元以上的，应当依照刑法第三百九十条之一的规定以对有影响力的人行贿罪追究刑事责任。

---

① 根据《刑法修正案（九）》第四十六条增加。

（三）疑难、复杂问题的参考性解答

1. 关于对有影响力的行贿罪的行贿对象

本书观点：本罪的行贿对象有五类：第一类是国家工作人员的近亲属；第二类是与该国家工作人员关系密切的人；第三类是离职的国家工作人员；第四类是离职的国家工作人员的近亲属；第五类是其他与离职的国家工作人员关系密切的人。将这五类人员行贿增加规定为犯罪，主要考虑到他们与国家工作人员有着血缘关系、亲属关系，虽然有的不是亲属关系，但彼此是同学、战友、老部下、老上级或是有着某种共同的利益关系，或是过从甚密，具有足够的影响力。所以，向上述人员行贿的行为应当受到刑事处罚。这里所说的“近亲属”主要是指夫、妻、父、母、子、女、同胞兄弟姐妹、祖父母、外祖父母、孙子女、外孙子女。这里所说的“离职的国家工作人员”是指，曾经是国家工作人员，但目前的状态是已离开国家工作人员的岗位，包括离休、退休、辞职、辞退等情况。至于“关系密切的人”具体指哪些人，可由司法机关根据案件的具体情况确定。

2. 关于罪与非罪的认定

本书观点：（1）行为人主观是否具有谋取不正当利益的目的，是区分本罪罪与非罪的重要标准，为谋取正当利益而给予国家工作人员的近亲属或者其他与该国家工作人员关系密切的人，或者给予离职的国家工作人员或者其近亲属以及其他与其关系密切的人以财物的，不构成本罪。

（2）根据《贪污贿赂解释》第十条第二款、第三款规定，对有影响力的人行贿罪的入罪标准有两种情况：①自然人对有影响力的人行贿的，参照行贿罪的规定执行。②单位对有影响力的人行贿的，入罪数额标准为二十万元以上。

3. 本罪与行贿罪的区别

本书观点：本罪与行贿罪主要区别在于行贿的对象不同，行贿罪的行贿对象为在职的国家工作人员，如果是离职的国家工作人员，双方必须有事前约定；而本罪的行贿对象为国家工作人员的近亲属或者其他与该国家工作人员关系密切的人，或者离职的国家工作人员或者其近亲属以及其他与其关系密切的人。

（四）量刑指导或参考

《刑法》第三百九十条之一对自然人和单位犯本罪的量刑进行了规定：（1）对自然人犯本罪规定三个量刑档次：为谋取不正当利益，向有影响力的人行贿的，处三年以下有期徒刑或者拘役，并处罚金；情节严重的，或者使国家利益遭受重大损失的，处三年以上七年以下有期徒刑，并处罚金；情节特别严重的，或者使国家利益遭受特别重大损失的，处七年以上十年以下有期徒刑，并处罚金。具体的量刑适用标准参照《贪污贿赂解释》中关于行贿罪的规定执行。（2）对单位犯罪的处罚。对单位判处罚金，并对其直接负责的主管人员和其他直接责任人员，处三年以下有期徒刑或者拘役，并处罚金。

需要注意的是，《刑法》第三百九十条第二款规定了对一般行贿犯罪的从宽处罚，即行贿人在被追诉前主动交待行贿行为的，可以从轻或者减轻处罚。其中，犯罪较轻的，对侦破重大案件起关键作用的，或者有重大立功表现的，可以减轻或者免除处罚。这一规定也考虑适用于对有影响力的人行贿罪，以体现宽严相济的刑事政策。

八、对单位行贿罪

（一）刑法规定

第三百九十一条[①]　为谋取不正当利益，给予国家机关、国有公司、企业、事业单位、人民团体以财物的，或者在经济往来中，违反国家规定，给予各种名义的回扣、手续费的，处三年以下有期徒刑或者拘役，并处罚金。

单位犯前款罪的，对单位判处罚金，并对其直接负责的主管人员和其他直接责任人员，依照前款的规定处罚。

---

① 根据《刑法修正案（九）》第四十七条对本条第一款进行修正，原条文为："为谋取不正当利益，给予国家机关、国有公司、企业、事业单位、人民团体以财物的，或者在经济往来中，违反国家规定，给予各种名义的回扣、手续费的，处三年以下有期徒刑或者拘役。"

（二）司法解释、司法文件

1. **最高人民检察院关于人民检察院直接受理立案侦查案件立案标准的规定（试行）**（高检发释字〔1999〕2号，自1999年9月16日起施行）（节录）

（六）对单位行贿案（第391条）

对单位行贿罪是指为谋取不正当利益，给予国家机关、国有公司、企业、事业单位、人民团体以财物，或者在经济往来中，违反国家规定，给予上述单位各种名义的回扣、手续费的行为。

涉嫌下列情形之一的，应予立案：

1. 个人行贿数额在10万元以上、单位行贿数额在20万元以上的；

2. 个人行贿数额不满10万元、单位行贿数额在10万元以上不满20万元，但具有下列情形之一的：

（1）为谋取非法利益而行贿的；

（2）向3个以上单位行贿的；

（3）向党政机关、司法机关、行政执法机关行贿的；

（4）致使国家或者社会利益遭受重大损失的。

2. **最高人民检察院关于行贿罪立案标准的规定**（自2000年12月22日起实施）（节录）

二、对单位行贿案（刑法第三百九十一条）

对单位行贿罪是指为谋取不正当利益，给予国家机关、国有公司、企业、事业单位、人民团体以财物，或者在经济往来中，违反国家规定，给予上述单位各种名义的回扣、手续费的行为。

涉嫌下列情形之一的，应予立案：

1. 个人行贿数额在十万元以上、单位行贿数额在二十万元以上的；

2. 个人行贿数额不满十万元、单位行贿数额在十万元以上不满二十万元，但具有下列情形之一的：

（1）为谋取非法利益而行贿的；

（2）向三个以上单位行贿的；

（3）向党政机关、司法机关、行政执法机关行贿的；

（4）致使国家或者社会利益遭受重大损失的。

3. 最高人民法院、最高人民检察院关于办理行贿刑事案件具体应用法律若干问题的解释（法释〔2012〕22号，自2013年1月1日起施行）（节录）

第三条 因行贿谋取不正当利益，造成直接经济损失数额在一百万元以上的，应当认定为刑法第三百九十条第一款规定的“使国家利益遭受重大损失”。

第四条 因行贿谋取不正当利益，具有下列情形之一的，应当认定为刑法第三百九十条第一款规定的“情节特别严重”：

（一）行贿数额在一百万元以上的；

（二）行贿数额在五十万元以上不满一百万元，并具有下列情形之一的：

1. 向三人以上行贿的；

2. 将违法所得用于行贿的；

3. 为实施违法犯罪活动，向负有食品、药品、安全生产、环境保护等监督管理职责的国家工作人员行贿，严重危害民生、侵犯公众生命财产安全的；

4. 向行政执法机关、司法机关的国家工作人员行贿，影响行政执法和司法公正的；

（三）造成直接经济损失数额在五百万元以上的；

（四）其他情节特别严重的情形。

第五条 多次行贿未经处理的，按照累计行贿数额处罚。

第六条 行贿人谋取不正当利益的行为构成犯罪的，应当与行贿犯罪实行数罪并罚。

第七条 因行贿人在被追诉前主动交待行贿行为而破获相关受贿案件的，对行贿人不适用刑法第六十八条关于立功的规定，依照刑法第三百九十条第二款的规定，可以减轻或者免除处罚。

单位行贿的，在被追诉前，单位集体决定或者单位负责人决定主动交待单位行贿行为的，依照刑法第三百九十条第二款的规定，对单位及相关责任人员可以减轻处罚或者免除处罚；受委托直接办理单位行贿事项的直接责任人员在被追诉前主动交待自己知道的单位行贿行为的，对该直接责任人员可以依照刑法第三百九十条第二款的规定减轻处罚或者免除处罚。

第八条 行贿人被追诉后如实供述自己罪行的，依照刑法第六十七条第三款的规定，可以从轻处罚；因其如实供述自己罪行，避免特别严重后果发生的，可以减轻处罚。

第九条 行贿人揭发受贿人与其行贿无关的其他犯罪行为，查证属实的，依照刑法第六十八条关于立功的规定，可以从轻、减轻或者免除处罚。

第十条 实施行贿犯罪，具有下列情形之一的，一般不适用缓刑和免予刑事处罚：

（一）向三人以上行贿的；

（二）因行贿受过行政处罚或者刑事处罚的；

（三）为实施违法犯罪活动而行贿的；

（四）造成严重危害后果的；

（五）其他不适用缓刑和免予刑事处罚的情形。

具有刑法第三百九十条第二款规定的情形的，不受前款规定的限制。

第十一条 行贿犯罪取得的不正当财产性利益应当依照刑法第六十四条的规定予以追缴、责令退赔或者返还被害人。

因行贿犯罪取得财产性利益以外的经营资格、资质或者职务晋升等其他不正当利益，建议有关部门依照相关规定予以处理。

第十二条 行贿犯罪中的“谋取不正当利益”，是指行贿人谋取的利益违反法律、法规、规章、政策规定，或者要求国家工作人员违反法律、法规、规章、政策、行业规范的规定，为自己提供帮助或者方便条件。

违背公平、公正原则，在经济、组织人事管理等活动中，谋取竞争优势的，应当认定为“谋取不正当利益”。

第十三条 刑法第三百九十条第二款规定的“被追诉前”，是指检察机关对行贿人的行贿行为刑事立案前。

（三）典型、常见问题的审理思路

1. 如何认定单位行贿罪和对单位行贿罪？[①]

本书观点：单位行贿罪和对单位行贿罪都是从行贿罪中分化出来的，均属于行贿犯罪的范畴，在客体、行为方式、主观方面具有相同之处，主要区别在于：（1）犯罪主体不同。单位行贿罪的犯罪主体只能是单位；而对单位行贿罪的犯罪则是一般主体，既可以是自然人也可以是单位。（2）犯罪对象

---

① 观点来源：张耕总主编：《刑事案例诉辩审评——受贿罪》，中国检察出版社2005年版，第237－253页。

不同。单位行贿罪的犯罪对象是国家工作人员，只能是自然人而不能是单位；而对单位行贿罪的犯罪对象则仅限于国有单位，不包括自然人。

2. **如何区分对单位行贿罪和对单位负责人行贿的界限？**[①]

本书观点：对行贿人通过单位负责人给予单位财物行为的定性，应该立足于行贿人本身的行为特征进行分析。行贿罪的对象要求行贿人给国家工作人员贿送财物，对单位行贿罪的对象要求行贿人给国家机关等单位贿送财物，因此在行贿人的主观构成上，首先应该产生给什么对象以财物的意识和意志，然后支配其将财物送给具体的对象。至于财物送出以后，收受人如何处理，是据为己有还是入账充公，是行贿人不能左右的。只要其表达了财物所给具体对象并送出，就完成了行贿行为，至于收受人如何处理贿赂，已不是行贿人的行为，而是收受人的行为。

（四）疑难、复杂问题的参考性解答

如何划清罪与非罪的界限？

对单位行贿罪，法律没有规定构成犯罪的行贿数额或者其他情节方面的标准。但这并不是说只要对单位行贿的，一概构成犯罪。首先，考虑所谋取的不正当利益的具体性质，为谋取不正当利益，向单位行贿，要考虑给国家利益造成损害的大小以及行贿数额的大小。其次，在经济往来中，违反国家规定，给予国有单位各种名义的回扣、手续费的，要考虑给国有单位、国家利益造成损失的大小，以及给予各种名义的回扣、手续费的数额大小。最高人民检察院在《关于人民检察院直接受理立案侦查案件立案标准的规定（试行）》（以下简称《自侦案件立案标准》）中规定："涉嫌下列情形之一的，应予立案：1. 个人行贿数额在十万元以上、单位行贿数额在二十万元以上的；2. 个人行贿数额不满十万元、单位行贿数额在十万元以上不满二十万元，但具有下列情形之一的：（1）为谋取非法利益而行贿的；（2）向三个以上单位行贿的；（3）向党政机关、司法机关、行政执法机关行贿的；（4）致使国家或者社会利益遭受重大损失的。"在最高人民法院作出司法解释以前，此立案标准可供人民法院审理此类案件时参考。司法实践中，对于向单位行贿情节

---

① 观点来源：赵秉志主编：《中国刑法案例与学理研究》（第六卷），法律出版社2004年版，第218－219页。

较轻、数额较小的，可不以犯罪论处。

（五）量刑指导或参考

依照《刑法》第三百九十一条第一款规定，犯对单位行贿罪的，处三年以下有期徒刑或者拘役。依照本条第二款规定，单位犯本罪的，对单位判处罚金，并对其直接负责的主管人员和其他直接责任人员，依照前款的规定处罚。

九、介绍贿赂罪

（一）刑法规定

第三百九十二条[①] 向国家工作人员介绍贿赂，情节严重的，处三年以下有期徒刑或者拘役，并处罚金。

介绍贿赂人在被追诉前主动交待介绍贿赂行为的，可以减轻处罚或者免除处罚。

（二）司法解释、规范文件

1. **最高人民检察院关于人民检察院直接受理立案侦查案件立案标准的规定（试行）**（高检发释字〔1999〕2号，自1999年9月16日起施行）（节录）

（七）介绍贿赂案（第392条）

介绍贿赂罪是指向国家工作人员介绍贿赂，情节严重的行为。

“介绍贿赂”是指在行贿人与受贿人之间沟通关系、撮合条件，使贿赂行为得以实现的行为。

涉嫌下列情形之一的，应予立案：

1、介绍个人向国家工作人员行贿，数额在2万元以上的；介绍单位向国家工作人员行贿，数额在20万元以上的；

2、介绍贿赂数额不满上述标准，但具有下列情形之一的：

（1）为使行贿人获取非法利益而介绍贿赂的；

---

① 根据2015年8月29日《刑法修正案（九）》第四十八条对第一款进行修正。原条文为：“向国家工作人员介绍贿赂，情节严重的，处三年以下有期徒刑或者拘役。”

（2）3 次以上或者为 3 人以上介绍贿赂的；

（3）向党政领导、司法工作人员、行政执法人员介绍贿赂的；

（4）致使国家或者社会利益遭受重大损失的。

2. 最高人民法院、最高人民检察院关于在办理受贿犯罪大要案的同时要严肃查处严重行贿犯罪分子的通知（高检会〔1999〕1 号，自 1999 年 3 月 4 日起施行）

各省、自治区、直辖市高级人民法院、人民检察院，解放军军事法院、军事检察院：

近一时期，各级人民法院、人民检察院依法严肃惩处了一批严重受贿犯罪分子，取得了良好的社会效果。但是还有一些大肆拉拢、腐蚀国家工作人员的行贿犯罪分子却没有受到应有的法律追究，他们继续进行行贿犯罪，严重危害了党和国家的廉政建设。为依法严肃惩处严重行贿犯罪，特作如下通知：

一、要充分认识严肃惩处行贿犯罪，对于全面落实党中央反腐败工作部署，把反腐败斗争引向深入，从源头上遏制和预防受贿犯罪的重要意义。各级人民法院、人民检察院要把严肃惩处行贿犯罪作为反腐败斗争中的一项重要和紧迫的工作，在继续严肃惩处受贿犯罪分子的同时，对严重行贿犯罪分子，必须依法严肃惩处，坚决打击。

二、对于为谋取不正当利益而行贿，构成行贿罪、向单位行贿罪、单位行贿罪的，必须依法追究刑事责任。“谋取不正当利益”是指谋取违反法律、法规、国家政策和国务院各部门规章规定的利益，以及要求国家工作人员或者有关单位提供违反法律、法规、国家政策和国务院各部门规章规定的帮助或者方便条件。

对于向国家工作人员介绍贿赂，构成犯罪的案件，也要依法查处。

三、当前要特别注意依法严肃惩处下列严重行贿犯罪行为：

1. 行贿数额巨大、多次行贿或者向多人行贿的；

2. 向党政干部和司法工作人员行贿的；

3. 为进行走私、偷税、骗税、骗汇、逃汇、非法买卖外汇等违法犯罪活动，向海关、工商、税务、外汇管理等行政执法机关工作人员行贿的；

4. 为非法办理金融、证券业务，向银行等金融机构、证券管理机构工作人员行贿，致使国家利益遭受重大损失的；

5. 为非法获取工程、项目的开发、承包、经营权，向有关主管部门及其主管领导行贿，致使公共财产、国家和人民利益遭受重大损失的；

6. 为制售假冒伪劣产品，向有关国家机关、国有单位及国家工作人员行贿，造成严重后果的；

7. 其他情节严重的行贿犯罪行为。

四、在查处严重行贿、介绍贿赂犯罪案件中，既要坚持从严惩处的方针，又要注意体现政策。行贿人、介绍贿赂人具有刑法第三百九十条第二款、第三百九十二条第二款规定的在被追诉前主动交代行贿、介绍贿赂犯罪情节的，依法分别可以减轻或者免除处罚；行贿人、介绍贿赂人在被追诉后如实交待行贿、介绍贿赂行为的，也可以酌情从轻处罚。

五、在依法严肃查处严重行贿、介绍贿赂犯罪案件中，要讲究斗争策略，注意工作方法。要把查处受贿犯罪大案要案同查处严重行贿、介绍贿赂犯罪案件有机地结合起来，通过打击行贿、介绍贿赂犯罪，促进受贿犯罪大案要案的查处工作，推动查办贪污贿赂案件工作的全面、深入开展。

六、各级人民法院、人民检察院要结合办理贿赂犯罪案件情况，认真总结经验、教训，找出存在的问题，提出切实可行的解决办法，以改变对严重行贿犯罪打击不力的状况。工作中遇到什么情况和问题，要及时报告最高人民法院、最高人民检察院。

（三）典型或常见问题的审理思路

介绍贿赂与受贿共同犯罪的区别①

本书观点：介绍贿赂在客观方面表现为行为人在行贿人和受贿人之间实施沟通、引荐、撮合，促使行贿与受贿得以实现的行为。实践中主要有两种方式：一是受行贿人的请托，为之沟通关系，寻找行贿对象，为行贿打通关节的行为；二是按照索贿者的意思，为其寻找索贿对象，实现其谋取私利的行为。介绍贿赂行为在客观上对行贿、受贿具有帮助作用，与行贿、受贿的共同犯罪形态极易混淆，其主要区别在于：1. 在犯罪主体方面，介绍贿赂的犯罪主体是根据行贿和受贿主体双方的意图进行沟通、撮合的，不是某一方

① 观点来源：张耕总主编：《刑事案例诉辩审评——受贿罪》，中国检察出版社2005年版，第225－236页。

的帮助犯或者教唆犯，而是独立的犯罪人；而行贿、受贿的共犯，不论是帮助犯还是教唆犯，都是依附于行贿或者受贿一方的，不能独立存在。2. 在客观方面，介绍贿赂只是在行贿人和受贿人之间牵线搭桥、传递信息或者转交财物；而行贿、受贿的共犯只是对行贿或受贿一方提供帮助。3. 在主观方面，介绍贿赂在主观上并无与行贿、受贿人共同行贿或受贿的共同故意；而行贿、受贿的共犯则具有共同行贿或者受贿的故意。

（四）疑难、复杂问题的参考性解答

1. 如何认定介绍行贿罪的主观要件？

本书观点：介绍贿赂罪主观方面由故意构成，即行为人主观上必须具有向国家工作人员介绍贿赂的故意。在具体案件中，行为人应当知道行贿人为谋取不正当利益，意向掌握一定权力的国家工作人员行贿，而在行贿人与国家工作人员之间牵线搭桥的。如果行为人主观上不具有介绍贿赂的故意，即不知道请托人有给付国家工作人员财物以谋取不正当利益的意图，从中帮忙联系的，即使请托人事实上给予了国家工作人员财物的，不构成介绍贿赂罪。

2. 如何把握介绍行贿罪的客观要件？

本书观点：介绍贿赂罪客观方面表现为介绍贿赂行为人在行贿人和受贿的国家工作人员之间进行联系、沟通，以牵线搭桥的方式，撮合条件，促使行贿、受贿得以实现的行为，有两种基本形式，一种是介绍行贿，即接受行贿人请托，而向国家工作人员介绍贿赂；另一种是介绍受贿，即为国家工作人员居间介绍可能的行贿人。介绍贿赂行为人可以在行贿人与受贿的国家工作人员中间居间介绍，也可以是通过其他人间接介绍。本罪的介绍对象只能是国家工作人员，如果是向非国家工作人员介绍贿赂或者向单位介绍贿赂，则不构成介绍贿赂罪。

3. 如何认定罪与非罪？

根据法律规定，介绍贿赂的行为，必须达到“情节严重”的程度才构成犯罪。如果介绍贿赂的行为情节显著轻微危害不大的，不应以本罪论处。所谓情节严重，司法实践中，一般是指所促成的贿赂行为给国家、人民利益造成了重大损失；介绍贿赂的手段恶劣，如设圈套、逼迫利诱，促使国家工作人员接受贿赂的；介绍贿赂多人、多次，以及介绍贿赂个人得到“好处”数额巨大的等情形。《自侦案件立案标准》中规定的有关立案标准可作实践中的

参考：“涉嫌下列情形之一的，应予立案：1、介绍个人向国家工作人员行贿，数额在2万元以上的；介绍单位向国家工作人员行贿，数额在20万元以上的；2、介绍贿赂数额不满上述标准，但具有下列情形之一的：（1）为使行贿人获取非法利益而介绍贿赂的；（2）3次以上或者为3人以上介绍贿赂的；（3）向党政领导、司法工作人员、行政执法人员介绍贿赂的；（4）致使国家或者社会利益遭受重大损失的。”

4. 如何区分介绍贿赂罪和行贿、受贿罪帮助犯？

本书观点：司法实践中，对于介绍贿赂行为与成立行贿、受贿帮助行为的区分在有些情况下十分困难。广义上讲，介绍贿赂行为确实在客观上可以视为行贿或者受贿的帮助行为，但刑法将介绍贿赂单独规定为一种较行贿、受贿更轻的犯罪，就只能对认定介绍贿赂罪的客观行为要件进行严格的限制，否则过于扩大介绍贿赂行为涵括的范围容易不当导致将部分依照刑法总则有关共犯规定应属于行贿或者受贿帮助犯的行为也纳入介绍贿赂罪的评价范畴。基于此，介绍贿赂罪应一般限于所谓在行、受贿双方之间的引见、沟通、撮合等使贿赂行为得以实现的行为，如果行为人积极参与具体的行贿行为、受贿行为，如积极为行、受贿行为完成创造条件、制造便利，甚至为自己谋取某些不正当利益或者参与一方受贿分成的，已超出介绍贿赂所能评价的范畴，可以成立行贿或者受贿的共犯。

（五）量刑指导或参考

根据《刑法》第三百九十二条第一款规定，犯介绍贿赂罪的，处三年以下有期徒刑或者拘役，并处罚金。

根据《刑法》第三百九十二条第二款规定，介绍贿赂人在被追诉前主动交待介绍贿赂行为的，可以减轻处罚或者免除处罚。

在适用《刑法》第三百九十二条第二款规定时，应当注意，对于介绍贿赂人在被追诉前，主动交代了介绍贿赂的行为，也就是揭发了行贿、受贿双方的犯罪行为，不论其交代介绍贿赂行为的动机如何，即使是因为行贿、受贿双方答应给介绍贿赂人的好处没有兑现，行为人出于报复而检举、揭发他们的行贿、受贿犯罪事实的，也可以减轻处罚或者免除处罚。因为其主动交代介绍贿赂行为的举动，对于司法机关收集证据、及时查明贿赂犯罪事实，依法惩治危害更大的贿赂犯罪，节省司法成本，具有重要意义，这也是立法如此规定的意旨所在。

十、单位行贿罪

（一）刑法规定

第三百九十三条[①]　单位为谋取不正当利益而行贿，或者违反国家规定，给予国家工作人员以回扣、手续费，情节严重的，对单位判处罚金，并对其直接负责的主管人员和其他直接责任人员，处五年以下有期徒刑或者拘役，并处罚金。因行贿取得的违法所得归个人所有的，依照本法第三百八十九条、第三百九十条的规定定罪处罚。

（二）司法解释、司法文件

1. 最高人民检察院关于人民检察院直接受理立案侦查案件立案标准的规定（试行）（高检发释字〔1999〕2号，自1999年9月16日起施行）（节录）

（八）单位行贿案（第393条）

单位行贿罪是指公司、企业、事业单位、机关、团体为谋取不正当利益而行贿，或者违反国家规定，给予国家工作人员以回扣、手续费，情节严重的行为。

涉嫌下列情形之一的，应予立案：

1. 单位行贿数额在10万元以上的；

2. 单位为谋取不正当利益而行贿，数额在20万元以上不满20万元，但具有下列情形之一的：

（1）为谋取非法利益而行贿的；

（2）向3人以上行贿的；

（3）向党政领导、司法工作人员、行政执法人员行贿的；

（4）致使国家或者社会利益遭受重大损失的。

因行贿取得的违法所得归个人所有的，依照本规定关于个人行贿的规定

---

① 根据2015年8月29日《刑法修正案（九）》第四十九条修正。原条文为："单位为谋取不正当利益而行贿，或者违反国家规定，给予国家工作人员以回扣、手续费，情节严重的，对单位判处罚金，并对其直接负责的主管人员和其他直接责任人员，处五年以下有期徒刑或者拘役。因行贿取得的违法所得归个人所有的，依照本法第三百八十九条、第三百九十条的规定定罪处罚。"

立案，追究其刑事责任。

2. **最高人民检察院关于行贿罪立案标准的规定**（自2000年12月22日起实施）（节录）

三、单位行贿案（刑法第三百九十三条）

单位行贿罪是指公司、企业、事业单位、机关、团体为谋取不正当利益而行贿，或者违反国家规定，给予国家工作人员以回扣、手续费，情节严重的行为。

涉嫌下列情形之一的，应予立案：

1. 单位行贿数额在二十万元以上的；

2. 单位为谋取不正当利益而行贿，数额在十万元以上不满二十万元，但具有下列情形之一的：

（1）为谋取非法利益而行贿的；

（2）向三人以上行贿的；

（3）向党政领导、司法工作人员、行政执法人员行贿的；

（4）致使国家或者社会利益遭受重大损失的。

因行贿取得的违法所得归个人所有的，依照本规定关于个人行贿的规定立案，追究其刑事责任。

3. **最高人民法院、最高人民检察院关于办理行贿刑事案件具体应用法律若干问题的解释**（法释〔2012〕22号，自2013年1月1日起施行）（节录）

第三条 因行贿谋取不正当利益，造成直接经济损失数额在一百万元以上的，应当认定为刑法第三百九十条第一款规定的“使国家利益遭受重大损失”。

第四条 因行贿谋取不正当利益，具有下列情形之一的，应当认定为刑法第三百九十条第一款规定的“情节特别严重”：

（一）行贿数额在一百万元以上的；

（二）行贿数额在五十万元以上不满一百万元，并具有下列情形之一的：

1. 向三人以上行贿的；

2. 将违法所得用于行贿的；

3. 为实施违法犯罪活动，向负有食品、药品、安全生产、环境保护等监督管理职责的国家工作人员行贿，严重危害民生、侵犯公众生命财产安全的；

4. 向行政执法机关、司法机关的国家工作人员行贿，影响行政执法和司法公正的；

（三）造成直接经济损失数额在五百万元以上的；

（四）其他情节特别严重的情形。

第五条　多次行贿未经处理的，按照累计行贿数额处罚。

第六条　行贿人谋取不正当利益的行为构成犯罪的，应当与行贿犯罪实行数罪并罚。

第七条　因行贿人在被追诉前主动交待行贿行为而破获相关受贿案件的，对行贿人不适用刑法第六十八条关于立功的规定，依照刑法第三百九十条第二款的规定，可以减轻或者免除处罚。

单位行贿的，在被追诉前，单位集体决定或者单位负责人决定主动交待单位行贿行为的，依照刑法第三百九十条第二款的规定，对单位及相关责任人员可以减轻处罚或者免除处罚；受委托直接办理单位行贿事项的直接责任人员在被追诉前主动交待自己知道的单位行贿行为的，对该直接责任人员可以依照刑法第三百九十条第二款的规定减轻处罚或者免除处罚。

第八条　行贿人被追诉后如实供述自己罪行的，依照刑法第六十七条第三款的规定，可以从轻处罚；因其如实供述自己罪行，避免特别严重后果发生的，可以减轻处罚。

第九条　行贿人揭发受贿人与其行贿无关的其他犯罪行为，查证属实的，依照刑法第六十八条关于立功的规定，可以从轻、减轻或者免除处罚。

第十条　实施行贿犯罪，具有下列情形之一的，一般不适用缓刑和免予刑事处罚：

（一）向三人以上行贿的；

（二）因行贿受过行政处罚或者刑事处罚的；

（三）为实施违法犯罪活动而行贿的；

（四）造成严重危害后果的；

（五）其他不适用缓刑和免予刑事处罚的情形。

具有刑法第三百九十条第二款规定的情形的，不受前款规定的限制。

第十一条　行贿犯罪取得的不正当财产性利益应当依照刑法第六十四条的规定予以追缴、责令退赔或者返还被害人。

因行贿犯罪取得财产性利益以外的经营资格、资质或者职务晋升等其他不正当利益，建议有关部门依照相关规定予以处理。

第十二条 行贿犯罪中的“谋取不正当利益”，是指行贿人谋取的利益违反法律、法规、规章、政策规定，或者要求国家工作人员违反法律、法规、规章、政策、行业规范的规定，为自己提供帮助或者方便条件。

违背公平、公正原则，在经济、组织人事管理等活动中，谋取竞争优势的，应当认定为“谋取不正当利益”。

第十三条 刑法第三百九十条第二款规定的“被追诉前”，是指检察机关对行贿人的行贿行为刑事立案前。

（三）典型或常见问题的审理思路

不当利益的归属决定行贿主体①

本书观点：单位行贿与自然人行贿的区别，在于犯罪主体不同。单位行贿的主体是单位，虽然多数情况下单位行贿也是通过具体个人实施的，但这是在单位意志支配下实施的，其主要是为了本单位利益而非个人的利益。

司法实践中，主要从以下几个方面把握单位行贿与自然人行贿的区别：一是行贿是以谁的名义进行的。如果是以单位名义实施，一般属于单位行贿行为；如果是以个人名义实施，则一般属于个人行贿行为。需注意的是，对于单位法定代表人为本单位利益行贿的，应从实质上把握其行为性质。从表面上看，法定代表人往往自行决定而不经过集体研究实施行贿，并以其个人名义给予国家工作人员财物，但实际上，法定代表人是在履行其职务时实施的行贿行为且是出于为单位谋取不正当利益的目的，则仍应认定为单位行贿。二是行贿是为谁谋取不正当利益。如果是为自然人谋取不正当利益，则属于自然人犯罪；如果是为单位谋取不正当利益，一般属于单位行为。三是谁最终通过行贿获得了利益。一般来说，如果单位最终获得了主要利益，应视为单位行贿，反之则属于自然人行贿。虽然有时单位利益与个人利益相互交织在一起，不易截然分开，但一般而言，只要行为人是以单位名义行贿且单位确实获得了主要利益即可认定其是为单位谋取利益，属于单位行贿。因此，不正当利益的归属，对于认定单位行贿还是个人行贿具有决定意义。

---

① 最高人民法院刑二庭：《经济犯罪审判指导》2004 年第 3 辑，第 49－52 页。

（四）疑难、复杂问题的参考性解答

1. 如何认定罪与非罪？

本书观点：单位为谋取不正当利益而行贿构成犯罪的，刑法未规定具体的情节，但并不意味着只要单位为谋取不正当利益而行贿，即一概追究刑事责任。司法实践中，对这类行贿行为，仍应当结合所谋取不正当利益的性质、行贿财物数额的大小和因行贿给国家、集体利益造成的损失大小等情况综合判定是否应当追究行为单位的刑事责任。

违反国家规定给予国家工作人员以回扣、手续费的行为，则必须达到“情节严重”的程度才构成犯罪。单位行贿危害后果不大等情节较轻的，不应以犯罪论处。所谓情节严重，司法实践中，一般是指给回扣、手续费数额巨大的；给国家利益造成较大损失的；多次给予国家工作人员以回扣、手续费，屡教不改的等情形。在最高人民法院作出司法解释以前，可以参考最高人民检察院在《关于行贿罪立案标准的规定》中确定的单位行贿罪的刑事立案标准：“涉嫌下列情形之一的，应予立案：1. 单位行贿数额在二十万元以上的；2. 单位为谋取不正当利益而行贿，数额在十万元以上不满二十万元，但具有下列情形之一的：（1）为谋取非法利益而行贿的；（2）向三人以上行贿的；（3）向党政领导、司法工作人员、行政执法人员行贿的；（4）致使国家或者社会利益遭受重大损失的。”

2. 如何区分单位行贿罪与对单位行贿罪？

本书观点：单位行贿罪与对单位行贿罪的主要区别在于：一是行贿犯罪的主体不同。单位行贿罪者只能由单位构成；而对单位行贿罪，既可以由单位构成，也可以由个人构成。二是行贿的对象不同。单位行贿罪的行贿对象主要是国家工作人员，也包括向非国有单位行贿；而对单位行贿罪行贿的对象必须是单位，且只能是国家机关、国有公司、企业、事业单位和人民团体。

对于单位向国有单位行贿的，由于单位行贿的行为触犯了刑法第三百九十三条规定，同时也触犯了《刑法》第三百九十一条规定的对单位行贿罪。两罪的法定刑有所不同。前罪的法定最高刑为五年以下有期徒刑，后罪的法定最高刑为三年以下有期徒刑。对于一行为触犯两个罪名的法条竞合情况，一般应当择一重罪处罚。但是，由于《刑法》第三百九十一条第二款明确规定：“单位犯前款罪的，对单位判处罚金，并对其直接负责的主管人员和其他

直接责任人员，依照前款的规定处罚”，即处三年以下有期徒刑或者拘役。作为特殊规定，凡单位向国家机关、国有公司、企业、事业单位、人民团体行贿，构成犯罪的，都应当以对单位行贿罪定罪处罚；而对于向国家机关、国有公司、企业、事业单位、人民团体等以外的非国有单位行贿的，仍应以单位行贿罪依法定罪处罚。需要指出的是，依照上述规定，单位向国有单位行贿的处罚可能会轻于向非国有单位的处罚，显然不合理，但在刑法没有修订之前，司法实践中应当注意在具体量刑时把握平衡。

（五）量刑指导或参考

根据《刑法》第三百九十三条规定，犯单位行贿罪的，对单位判处罚金，并对其直接负责的主管人员和其他直接责任人员，处五年以下有期徒刑或者拘役，并处罚金。

因单位行贿取得的违法所得，如果归单位直接负责的主管人员和其他直接责任人员个人所有，根据《刑法》第三百九十三条规定，对上述人员则应当依照《刑法》第三百八十九条、第三百九十条的规定，以行贿罪定罪处罚。

单位行贿的，在被追诉前，单位集体决定或者单位负责人决定主动交待单位行贿行为的，依照《刑法》第三百九十条第二款的规定，对单位及相关责任人员可以从宽处罚；受委托直接办理单位行贿事项的直接责任人员在被追诉前主动交待自己知道的单位行贿行为的，对该直接责任人员可以依照《刑法》第三百九十条第二款的规定从宽处罚。

十一、巨额财产来源不明罪

（一）刑法规定

第三百九十五条第一款[①] 国家工作人员的财产、支出明显超过合法收入，差额巨大的，可以责令该国家工作人员说明来源，不能说明来源的，差额部分以非法所得论，处五年以下有期徒刑或者拘役；差额特别巨大的，处

---

① 根据2009年2月28日《刑法修正案（七）》第十四条对本条第一款进行修正。原条文为：“国家工作人员的财产或者支出明显超过合法收入，差额巨大的，可以责令说明来源。本人不能说明其来源是合法的，差额部分以非法所得论，处五年以下有期徒刑或者拘役，财产的差额部分予以追缴。”

五年以上十年以下有期徒刑。财产的差额部分予以追缴。

（二）司法解释、司法文件

1. **最高人民法院全国法院审理经济犯罪案件工作座谈会纪要**（法发〔2003〕167号，自2003年11月13日起施行）（节录）

一、关于贪污贿赂犯罪和渎职犯罪的主体

（一）国家机关工作人员的认定

刑法中所称的国家机关工作人员，是指在国家机关中从事公务的人员，包括在各级国家权力机关、行政机关、司法机关和军事机关中从事公务的人员。

根据有关立法解释的规定，在依照法律、法规规定行使国家行政管理职权的组织中从事公务的人员，或者在受国家机关委托代表国家行使职权的组织中从事公务的人员，或者虽未列入国家机关人员编制但在国家机关中从事公务的人员，视为国家机关工作人员。在乡（镇）以上中国共产党机关、人民政协机关中从事公务的人员，司法实践中也应当视为国家机关工作人员。

（二）国家机关、国有公司、企业、事业单位委派到非国有公司、企业、事业单位、社会团体从事公务的人员的认定

所谓委派，即委任、派遣，其形式多种多样，如任命、指派、提名、批准等。不论被委派的人身份如何，只要是接受国家机关、国有公司、企业、事业单位委派，代表国家机关、国有公司、企业、事业单位在非国有公司、企业、事业单位、社会团体中从事组织、领导、监督、管理等工作，都可以认定为国家机关、国有公司、企业、事业单位委派到非国有公司、企业、事业单位、社会团体从事公务的人员。如国家机关、国有公司、企业、事业单位委派在国有控股或者参股的股份有限公司从事组织、领导、监督、管理等工作的人员，应当以国家工作人员论。国有公司、企业改制为股份有限公司后，原国有公司、企业的工作人员和股份有限公司新任命的人员中，除代表国有投资主体行使监督、管理职权的人外，不以国家工作人员论。

（三）“其他依照法律从事公务的人员”的认定

刑法第九十三条第二款规定的“其他依照法律从事公务的人员”应当具有两个特征：一是在特定条件下行使国家管理职能；二是依照法律规定从事公务。具体包括：（1）依法履行职责的各级人民代表大会代表；（2）依法履

行审判职责的人民陪审员；（3）协助乡镇人民政府、街道办事处从事行政管理工作的村民委员会、居民委员会等农村和城市基层组织人员；（4）其他由法律授权从事公务的人员。

（四）关于“从事公务”的理解

从事公务，是指代表国家机关、国有公司、企业、事业单位、人民团体等履行组织、领导、监督、管理等职责。公务主要表现为与职权相联系的公共事务以及监督、管理国有财产的职务活动。如国家机关工作人员依法履行职责，国有公司的董事、经理、监事、会计、出纳人员等管理、监督国有财产等活动，属于从事公务。那些不具备职权内容的劳务活动、技术服务工作，如售货员、售票员等所从事的工作，一般不认为是公务。

五、关于巨额财产来源不明罪

（一）行为人不能说明巨额财产来源合法的认定

刑法第三百九十五条第一款规定的“不能说明”，包括以下情况：（1）行为人拒不说明财产来源；（2）行为人无法说明财产的具体来源；（3）行为人所说的财产来源经司法机关查证并不属实；（4）行为人所说的财产来源因线索不具体等原因，司法机关无法查实，但能排除存在来源合法的可能性和合理性的。

（二）“非法所得”的数额计算

刑法第三百九十五条规定的“非法所得”，一般是指行为人的全部财产与能够认定的所有支出的总和减去能够证实的有真实来源的所得。在具体计算时，应注意以下问题：（1）应把国家工作人员个人财产和与其共同生活的家庭成员的财产、支出等一并计算，而且一并减去他们所有的合法收入以及确属与其共同生活的家庭成员个人的非法收入；（2）行为人所有的财产包括房产、家具、生活用品、学习用品及股票、债券、存款等动产和不动产；行为人的支出包括合法支出和不合法的支出，包括日常生活、工作、学习费用、罚款及向他人行贿的财物等；行为人的合法收入包括工资、奖金、稿酬、继承等法律和政策允许的各种收入；（3）为了便于计算犯罪数额，对于行为人的财产和合法收入，一般可以从行为人有比较确定的收入和财产时开始计算。

2. **最高人民检察院关于人民检察院直接受理立案侦查案件立案标准的规定（试行）**（高检发释字〔1999〕2号，自1999年9月16日起施行）（节录）

（九）巨额财产来源不明案（第395条第1款）

巨额财产来源不明罪是指国家工作人员的财产或者支出明显超出合法收入，差额巨大，而本人又不能说明其来源是合法的行为。

涉嫌巨额财产来源不明，数额在30万元以上的，应予立案。

（三）典型或常见问题的审理思路

巨额财产来源不明罪的认定与证据运用①

本书观点：巨额财产来源不明罪是采用推定的形式认定并由被告人负举证责任的，但并不是说司法机关的证明责任被完全免除。实际上，在认定被告人犯有巨额财产来源不明罪的过程中，被告人只是部分分担举证责任，即被告人只是对其财产或支出明显超过合法收入，差额巨大的部分负说明其合法来源的责任。司法机关仍是诉讼中的举证主体，仍负有很重要的举证责任。如司法机关应提供证据证明被告人的财产和支出明显超过其合法收入，证明收支的巨大差额，在被告人举出证据说明其财产来源时，还要提供证据证明被告人的举证是否真实等。

对于财产或支出明显超过合法收入“差额巨大”的认定，一般采取“排除法”或“差减法”来确定，即在被告人的全部财产和支出中，排除其合法收入的部分，剩余的就是应以非法所得论的财产，计算公式为：差额部分 = 现有财产 + 以往支出 - 合法收入。在所查证的财产和支出中扣除合法收入时，须注意家庭共同财产与收入。由于犯罪嫌疑人的财产与其家属所有的财产往往混同在一起，在扣除犯罪嫌疑人合法收入时，还要查明其家属的合法收入及获得的合法财产，在查证的财产和支出中也应一并扣除。如果司法机关查实被告人的巨额财产系受贿、贪污或其他犯罪所得，则应以其他相应犯罪定罪，而不能以巨额财产来源不明罪论处。

---

① 观点来源：张耕总主编：《刑事案例诉辩审评——受贿罪》，中国检察出版社2005年版，第254－265页。

（四）疑难、复杂问题的参考性解答

1. 如何认定巨额财产来源不明罪中的“非法所得”？

本书观点：《刑法》第三百九十五条规定的“非法所得”，一般是指行为人的全部财产与能够认定的所有支出的总和减去能够证实的有真实来源的所得。在具体计算时，参照《经济犯罪纪要》第五条第（二）项的规定，应注意以下问题：（1）应把国家工作人员个人财产和与其共同生活的家庭成员的财产、支出等一并计算，而且一并减去他们所有的合法收入以及确属与其共同生活的家庭成员个人的非法收入。（2）行为人所有的财产包括房产、家具、生活用品、学习用品及股票、债券、存款等动产和不动产；行为人的支出包括合法支出和不合法的支出，包括日常生活、工作、学习费用、罚款及向他人行贿的财物等；行为人的合法收入包括工资、奖金、稿酬、继承等法律和政策允许的各种收入。（3）为了便于计算犯罪数额，对于行为人的财产和合法收入，一般可以从行为人有比较确定的收入和财产时开始计算。

2. 如何认定巨额来源不明罪中的“不能说明来源”？

本书观点：《刑法》第三百九十五条规定的“不能说明来源”，包括以下情况：（1）行为人拒不说明财产来源；（2）行为人无法说明财产的具体来源；（3）行为人所说的财产来源经司法机关查证并不属实；（4）行为人所说的财产来源因线索不具体等原因，司法机关无法查实，但能排除存在来源合法的可能性和合理性的。

3. 如何认定罪与非罪？

本书观点：只有国家工作人员的财产或者支出明显超过合法收入，差额“巨大”的才可能构成巨额财产来源不明罪。“差额巨大”的标准，《自侦案件立案标准》规定：“涉嫌巨额财产来源不明，数额在30万元以上的，应予立案。”在最高人民法院作出司法解释以前，此数额可供人民法院审理此类案件时参考。如果恰好是三十万元的差额，是否必须追究行为人的刑事责任，可由人民法院根据案件具体情况依法作出裁判。由于本罪中说明财产来源的证明责任在被告人本人，因此，在查明本罪时，司法机关应当尽量通过各种法定的侦查手段、方法，尽最大可能查明行为人的财产的真实来源，如果是以贪污、受贿、挪用公款或者其他犯罪方法取得的，应当以贪污罪、受贿罪、挪用公款罪或者其他犯罪追究刑事责任；确实无法查清，又确属“差额巨大”

的，才应按巨额财产来源不明罪定罪处罚。

（五）量刑指导或参考

根据《刑法》第三百九十五条第一款规定，犯巨额财产来源不明罪的，处五年以下有期徒刑或者拘役；差额特别巨大的，处五年以上十年以下有期徒刑。财产的差额部分予以追缴。

需注意的是，司法机关在适用《刑法》第三百九十五条第一款规定追缴犯罪分子这部分财产时，只需援引《刑法》第三百九十五条第一款即可，不应当因追缴犯罪分子的违法所得而同时援引《刑法》第六十四条的规定。这是因为，《刑法》第六十四条所称的违法所得，与本罪的“违法所得”有所不同。本罪的“违法所得”，是认定本罪必须具有的“证据”，而《刑法》第六十四条所规定的违法所得，在任何侵犯财产的犯罪中，有的可能收缴在案，有的未能收缴在案。既然《刑法》第三百九十五条规定了“财产的差额部分予以追缴”，追缴这部分财产就有了法律依据，不必再援引其他刑法条文作为处罚的法律依据。

十二、隐瞒境外存款罪

（一）刑法规定

第三百九十五条第二款　国家工作人员在境外的存款，应当依照国家规定申报。数额较大、隐瞒不报的，处二年以下有期徒刑或者拘役；情节较轻的，由其所在单位或者上级主管机关酌情给予行政处分。

（二）司法解释、司法文件

最高人民检察院关于人民检察院直接受理立案侦查案件立案标准的规定（试行）（高检发释字〔1999〕2号，自1999年9月16日起施行）（节录）

（十）隐瞒境外存款案（第395条第2款）

隐瞒境外存款罪是指国家工作人员违反国家规定，故意隐瞒不报在境外的存款，数额较大的行为。

涉嫌隐瞒境外存款，折合人民币数额在30万元以上的，应予立案。

（三）典型或常见问题的审理思路

1. **如何区分隐瞒境外存款罪与逃汇罪?**①

本书观点：隐瞒境外存款罪与逃汇罪均涉及国家对外汇的管理秩序，犯罪主观方面均为故意，区别在于：一是犯罪客体不同。隐瞒境外存款罪侵犯的是国家的廉政制度，而逃汇罪侵害的是国家外汇管理制度。二是犯罪主体不同。隐瞒境外存款罪的主体是国家工作人员，而逃汇罪的主体只能是单位。三是客观行为不同。隐瞒境外存款罪是不作为犯罪，即国家工作人员不按照国家规定向有关部门申报在境外存款，在境外存款本身并不违法，违法之处在于未进行申报，而逃汇罪表现为单位擅自将外汇存放境外或把境内的外汇非法转移到境外的行为。四是犯罪对象不同。隐瞒境外存款罪所隐藏的只是在境外的存款，存款可能是外汇也可能是人民币，而逃汇罪的对象只能是外汇。五是定罪要求不同。隐瞒境外存款罪必须“数额较大”才构成犯罪，而逃汇罪必须“情节严重”才构成犯罪，也即定罪条件并不仅着眼于数额。

2. **行为人隐瞒境外存款，同时又不能说明存款来源的行为如何处理?**②

本书观点：国家工作人员在境外开设私人账户，未向国家申报，数额较大，依法构成隐瞒境外存款罪；同时存款明显超过其合法收入，差额巨大，不能说明境外存款的来源，司法机关亦未查明该巨额存款的真实来源，其行为又构成巨额财产来源不明罪。这种情况属于想象竞合犯，应依照从一重罪处断的原则。

（四）疑难、复杂问题的参考性解答

1. **如何划分罪与非罪?**

本书观点：国家工作人员在境外的存款数额较大，隐瞒不报，是构成隐瞒境外存款罪的必要条件。“数额较大”的具体标准，《自侦案件立案标准》中规定：“涉嫌隐瞒境外存款，折合人民币数额在30万元以上的，应予立案。”此立案标准，可供人民法院审理此类案件时参考。没有达到“数额较

---

① 观点来源：赵秉志主编：《中国刑法案例与学理研究》（第六卷），法律出版社2004年版，第256－259页。

② 观点来源：赵秉志主编：《中国刑法案例与学理研究》（第六卷），法律出版社2004年版，第259－265页。

大”标准的，属于违反国家规定情节较轻的行为，可由其所在单位或者上级主管机关酌情给予行政处分，不应追究其刑事责任。此外，实践中可能有的国家工作人员确实不了解有关国家工作人员在境外存款应当申报的规定，而未向有关部门如实申报。但当其知道或者被告知有关规定后，能如实申报的，只要查明他此前确实不知道这一国家规定的，由于欠缺违法性故意，依法不应当追究其刑事责任。

2. **隐瞒境外存款罪与贪污、挪用公款、受贿等罪有何区别?**

本书观点：隐瞒境外存款罪与贪污、挪用公款、受贿等罪的本质区别在于，隐瞒境外存款罪在境外的存款，一般是行为人个人所有的合法存款，只是未按规定申报；而贪污、挪用公款、受贿等罪，犯罪分子可能也将贪污、挪用、受贿来的公私财物兑换成外币存放境外，当然也不会申报。但其在境外的存款本身为犯罪所得的赃款，存放境外只是行为人转移赃款、赃物的一种手段，属于事后不可罚的行为，不应以隐瞒境外存款罪定罪。

（五）量刑指导或参考

根据《刑法》第三百九十五条第二款规定，犯隐瞒境外存款罪的，处二年以下有期徒刑或者拘役；情节较轻的，由其所在单位或者上级主管机关酌情给予行政处分。

十三、私分国有资产罪

（一）刑法规定

第三百九十六条第一款　国家机关、国有公司、企业、事业单位、人民团体，违反国家规定，以单位名义将国有资产集体私分给个人，数额较大的，对其直接负责的主管人员和其他直接责任人员，处三年以下有期徒刑或者拘役，并处或者单处罚金；数额巨大的，处三年以上七年以下有期徒刑，并处罚金。

（二）司法解释、司法文件

1. 最高人民法院、最高人民检察院关于办理国家出资企业中职务犯罪案件具体应用法律若干问题的意见（法发〔2010〕49号，自2010年12月2日起施行）（节录）

二、关于国有公司、企业在改制过程中隐匿公司、企业财产归职工集体持股的改制后公司、企业所有的行为的处理

国有公司、企业违反国家规定，在改制过程中隐匿公司、企业财产，转为职工集体持股的改制后公司、企业所有的，对其直接负责的主管人员和其他直接责任人员，依照刑法第三百九十六条第一款的规定，以私分国有资产罪定罪处罚。

改制后的公司、企业中只有改制前公司、企业的管理人员或者少数职工持股，改制前公司、企业的多数职工未持股的，依照本意见第一条的规定，以贪污罪定罪处罚。

七、关于国家出资企业的界定

本意见所称"国家出资企业"，包括国家出资的国有独资公司、国有独资企业，以及国有资本控股公司、国有资本参股公司。

是否属于国家出资企业不清楚的，应遵循"谁投资、谁拥有产权"的原则进行界定。企业注册登记中的资金来源与实际出资不符的，应根据实际出资情况确定企业的性质。企业实际出资情况不清楚的，可以综合工商注册、分配形式、经营管理等因素确定企业的性质。

八、关于宽严相济刑事政策的具体贯彻

办理国家出资企业中的职务犯罪案件时，要综合考虑历史条件、企业发展、职工就业、社会稳定等因素，注意具体情况具体分析，严格把握犯罪与一般违规行为的区分界限。对于主观恶意明显、社会危害严重、群众反映强烈的严重犯罪，要坚决依法从严惩处；对于特定历史条件下、为了顺利完成企业改制而实施的违反国家政策法律规定的行为，行为人无主观恶意或者主观恶意不明显，情节较轻，危害不大的，可以不作为犯罪处理。

对于国家出资企业中的职务犯罪，要加大经济上的惩罚力度，充分重视财产刑的适用和执行，最大限度地挽回国家和人民利益遭受的损失。不能退赃的，在决定刑罚时，应当作为重要情节予以考虑。

2. 最高人民检察院关于人民检察院直接受理立案侦查案件立案标准的规定（试行）（高检发释字〔1999〕2号，自1999年9月16日起施行）（节录）

（十一）私分国有资产案（第396条第1款）

私分国有资产罪是指国家机关、国有公司、企业、事业单位、人民团体，违反国家规定，以单位名义将国有资产集体私分给个人，数额较大的行为。

涉嫌私分国有资产，累计数额在10万元以上的，应予立案。

（三）典型或常见问题的审理思路

1. 如何划分私分国有资产罪与共同贪污的界限？①

本书观点：私分国有资产罪与贪污罪的区别主要在主观故意和行为方式两个方面。第一，从主观故意方面看，贪污罪中的共同贪污要求每个成员均有非法占有公共财物的贪污故意，且犯罪动机主要是以权谋私。而私分国有资产罪的主观故意则表现为单位的主管人员明知私分国有资产违反国家规定，但为了达到占有国有资产的目的，而抱着法不责众的侥幸心理，以单位集体的名义实施私分行为。其动机一方面是为了提高单位工作人员的工作积极性，改善福利待遇；另一方面也是为了自己获取私利找借口。因此，其主观故意不是单纯为个人私利，而是在单位全体成员或者绝大多数成员的许可或要求的背景下，更多地体现了单位的整体犯意和利益归属的团体性。第二，从行为方式上来看，二者的表现方式不同。共同贪污通常表现为非法占有公共财物的人共同利用职务上的便利，共同实施，一般是秘密进行的，并且想方设法将有关账目抹平，以掩盖非法占有公共财物的事实。而私分国有资产行为则表现为在单位意志的支配下，集体共同私分，而大多数分得财产的人对是否私分没有决定权，并且在单位内部往往是公开的，有的还作了详细的财务记录。

2. 在仅能由单位构成犯罪的情形下，能否认定非适格主体与单位构成共犯？②

本书观点：从定罪角度分析，非适格主体可以成为由适格主体实施犯罪

---

① 观点来源：最高人民法院刑事审判第一、二、三、四、五庭：《刑事审判参考》（1999－2008）分类集成：贪污贿赂罪·渎职罪·军人违反职责罪，法律出版社2009年版，第66－71页。

② 观点来源：最高人民法院刑事审判第一、二、三、四、五庭：《刑事审判参考》，法律出版社2014年版，第123－127页。

的共犯。刑法所规定的特定犯罪必须具备特定的主体要素，其仅是针对单独犯而言的。对于教唆犯、帮助犯则不需要具备特定的主体要素。根据共同犯罪成立理论中的行为共同说，共同犯罪应当是指数人共同实施了构成要件的行为，而不是共同实施特定的犯罪。质言之，不要求行为人共同实施特定的犯罪，只要行为具有共同性就可以成立共同犯罪。至于共犯人的责任问题，则需要个别认定。因而，对于非适格主体参与实施私分国有资产行为，只要非适格主体与适格单位共同实施了私分国有资产的行为，就可以成立共同犯罪。

3. 如何区分变相集体私分国有资产犯罪与违反财经纪律超标准、超范围发放奖金、福利等行为的界限？①

本书观点：鉴于我国国有单位尤其是国有企业在改革、改制过程中出现了一些财务管理不够规范和不够完善的现实状况，在私分国有资产罪中的违反国家规定的具体理解和掌握上，一定要具体情况具体分析，实事求是、合情合理地予以认定。不宜将违反规定超标准、超范围等乱发、滥发奖金、福利的财经违纪行为，一概认定为集体私分行为，以避免刑事打击面过大。具体判断方面，可参照单位经营利润情况、单位对所分资产是否具有自主支配、分配权等情况综合分析。对于在单位财力状况允许的范围内以及将单位具有一定自主支配权的钱款违反规定分配给单位成员，未造成严重社会危害后果的行为，一般不宜认定为私分行为。相反，下列情形一般可以认定为私分国有资产行为：第一，在单位没有经营效益甚至经营亏损的情况下，变卖分配国有财产等严重违背国有财产的经营管理职责，妨害国有公司、企业的正常生产、经营活动的；第二，单位将无权自主支配、分配的钱款通过巧立名目、违规做账等手段从财务账上支出，或者将应依法上缴财务入账的正常或者非正常收入予以截留，变造各种栏目进行私分发放等，严重破坏国家财政收支政策的贯彻落实的。

4. 集体私分国有资产行为与共同贪污行为如何区分？②

本书观点：（1）“以单位名义集体私分”是私分国有资产罪区别于贪污

① 观点来源：最高人民法院刑事审判第一、二、三、四、五庭：《刑事审判参考》（1999－2008）分类集成：贪污贿赂罪·渎职罪·军人违反职责罪，法律出版社2009年版，第206－208页。

② 观点来源：最高人民法院刑事审判第一、二、三、四、五庭：《刑事审判参考》（1999－2008）分类集成：贪污贿赂罪·渎职罪·军人违反职责罪，法律出版社2009年版，第110－115页。

罪最本质的特征。尽管私分国有资产罪与共同贪污国有资产犯罪有许多相同之处，如都侵犯了国有资产的所有权，损害了公务人员公务活动的廉洁性，都是利用职务上的便利实施的犯罪，但二者仍有重大的区别：①行为方式不同。共同贪污国有资产通常表现为非法占有国有资产的人共同利用职务上的便利，共同实施，一般是秘密进行的，并且想方设法将有关账目抹平，以掩盖非法占有国有资产的事实。而私分国有资产行为则表现为在单位意志的支配下，集体共同私分，而大多数分得财产的人对是否私分没有决定权，并且在单位内部往往是公开的，有的还做了详细的财务记录。②承担刑事责任的主体范围不同。参与共同贪污的人，均应依法承担刑事责任。而私分国有资产罪只能由对私分国有资产直接负责的主管人员和其他直接责任人员构成，被动分得国有资产的人依法不构成犯罪，只承担返还所分得财产的民事责任。

（2）以单位名义集体私分给个人，是私分国有资产罪最本质的特征。不能仅根据参与私分国有资产的人数多少来区分共同贪污与私分国有资产。私分国有资产的范围是单位的所有人或大多数人，这是构成本罪的一个重要条件。但是不能机械地将此处的"单位"理解为本单位的全体或者大多数职工。他们也可以是一个单位内部某一层次的所有人或者大多数人。只要其行为符合私分国有资产罪的构成特征，即使私分的范围是单位全体职工中的相对少数人，亦应以私分国有资产罪追究刑事责任。理由如下：

第一，由于单位的领导层、管理层的意志、行为所起的决定作用，单位领导集体作出决定或者由负责人决定，违反国家规定给本单位集体或者一定层次以上的领导、管理层"发奖金""发红包"与共同贪污犯罪在犯意的形成、行为特征上有明显不同。这种行为的社会危害性比单位少数人暗中非法占有公款的贪污行为也有区别。将这种行为以贪污罪处理，不仅扩大了打击面，社会效果也不好。

第二，单位违反国家规定，经领导集体或负责人决定，在一定层次的所有人或者大多数人范围内"发奖金""发红包"，决策者不仅仅是为了个人的利益，因此，符合单位犯罪的特征。

（四）疑难、复杂问题的参考性解答

1. 如何划分私分国有资产罪与违反财经纪律行为的界限？

本书观点：集体私分国有资产行为一般都以单位的名义进行，因此往往

是打着合法的幌子，通过发“奖金”“补助”“岗位津贴”等各种形式公开进行。如何正确区分以发放“奖金”等福利补助方式私分国有资产犯罪行为与一般财经违纪行为的界限，在具体判断上，要从资产的来源和私分的依据两个方面进行评价。第一，私分对象的来源。国有公司、企业在依法上缴利税后，国家行政事业单位利用非经营性资产转经营性资金获取的收入按规定上交后，将其所获利润部分用于发放奖金、福利的，是正当合法的行为。如果发放奖金、福利超过标准和范围的，则应认定为违反财经纪律行为，不构成犯罪。因为该资产来源有私分者的劳动报酬的成分在内，按劳取酬是合理合法的，虽然有超过标准和范围发放的违规行为，但属于行政法规调整的对象，不宜使用刑法调整，以避免刑事打击面过大。如果在单位没有经营赢利甚至亏损的情况下，变卖国有财产进行私分或者将应当上缴国家的国有资产予以隐匿并留存分配的，则可以认定为私分国有资产。第二，私分的法律、政策依据。即单位对所分财产是否具有自主支配权也是一个重要的评价要素。如果单位把能够自主支配的钱款违规分配给了单位职工，其社会危害性相对较小，可以作为财经违规行为处理。相反，单位将无权自主支配、分配的钱款通过巧立名目、违规做账等手段从财务上套出，或者将应依法上缴财务入账的收入予以截留，以奖金、福利等形式分配给单位个人，则严重背离了国有资产的经营、管理、使用权限，应认定为私分国有资产行为。

2. **单位违法收取的费用是否属于国有资产？**

本书观点：刑法上的财产，更多强调的是财产的经济价值性，而非合法性。即便是不受民法保护或者为相关行政法规所明文禁止的财物，如赌资、赃物、违禁品等，只要具有一定的经济价值，并且与刑法的基本保护精神不相违背，则同样可以成为财产犯罪的对象，并应当受到刑法的保护。

行政事业单位违反行政法规，滥用职权而乱收费、乱摊派、乱罚款所得的款项，都是收款单位以国家名义强制收取的，被收款方也认为是国有单位收取的，最终由国家负责清退和赔偿。根据刑法第九十一条第二款规定的精神，对于国家实际上占有、使用、处分的资产，应视为国有资产。

3. **如何认定私分国有资产罪的客观表现？**

本书观点：私分国有资产罪客观方面表现为违反国家规定，以单位名义，将国有资产集体私分给个人，数额较大的行为。“违反国家规定”，主要是指违反国家有关管理、使用、保护国有资产方面的法律、行政法规规定。“以单位名义集体私分”，是指由单位领导个人或者经领导集体讨论作出决定，将国有资产分给单位所有职工或者是单位大多数职工的行为。集体私分国有资产行为，实质上是以公开的形式，集体侵占、贪污国有资产，刑法将其规定为独立的犯罪，且属于实行单罚制的单位犯罪。如果仅是单位内少数几个人暗中私分国有资产，则属共同贪污行为，不构成本罪。

4. **如何划分罪与非罪？**

本书观点：根据刑法规定，私分国有资产的行为，必须达到“数额较大”的程度，才构成犯罪。“数额较大”，是指集体私分的国有资产总数数额较大，而不是指私分以后个人分得的数额较大。“数额较大”的具体标准，《自侦案件立案标准》中规定，涉嫌私分国有资产，累计数额在10万元以上的，应予立案。在最高人民法院作出司法解释以前，这一数额标准可供人民法院审理此类案件时参考。没有达到数额较大标准的，一般不能以本罪论处。

5. **私分国有资产罪与贪污罪有何区别？**

本书观点：私分国有资产罪与贪污罪都侵犯了国有财产所有权，两者的区别在于：一是犯罪主体有所不同。私分国有资产罪属于单位犯罪，只有国有单位才能构成，而贪污罪多数只有国家工作人员个人才能构成。二是客观行为表现不同。私分国有资产罪由于是“集体私分”，表现为单位领导集体研究决定并由单位统一组织实施，尽管往往需要采用一定虚假掩饰手段以逃避有关部门的监管，但对于单位内部人员而言，往往是公开的或半公开的；而贪污罪一般是秘密的，不为参与共同贪污以外的人员所知。三是受益人员范围不同。私分国有资产罪表现为单位多数员工甚至全部员工均不同程度实际分得了财物，当然决策和具体执行人员没有实际分得财物不影响本罪的成立，但是实际收益人员不能仅仅局限于决策和具体执行等少数人员；而在共同贪污犯罪中，分得赃物的人员一般限于决策、具体实施和其他提供帮助的共同犯罪人。《最高人民法院、最高人民检察院关于办理国家出资企业中职务犯罪案件具体应用法律若干问题的意见》第二条明确规定，国有公司、企业违反国家规定，在改制过程中隐匿公司、企业财产，转为职工集体持股的改制后公司、企业所有的，对其直接负责的主管人员和其他直接责任人员，以私分国有资产罪定罪处罚；如改制后的公司、企业中只有改制前公司、企业的管理人员或者少数职工持股，改制前公司、企业的多数职工未持股的，则以贪污罪定罪处罚。

（五）量刑指导或参考

根据《刑法》第三百九十六条第一款规定，犯私分国有资产罪的，对单位直接负责的主管人员和其他直接责任人员，处三年以下有期徒刑或者拘役，并处或者单处罚金；数额巨大的，处三年以上七年以下有期徒刑，并处罚金。

需注意的是，本罪虽属单位犯罪，但根据刑法规定实行的是单罚制，即只追究该单位直接负责的主管人员和其他直接责任人员的刑事责任，不追究单位的刑事责任，不应对单位判处罚金。此外，根据《刑法》第六十四条规定，“犯罪分子违法所得的一切财物，应当予以追缴或者责令退赔”。本罪中承担刑事责任的单位有关责任人员应当退赔私分的国有资产；其他分得单位财物的单位职工，虽不承担刑事责任，但其分得的财物是国有资产，也应当退赔。

十四、私分罚没财物罪

（一）刑法规定

第三百九十六条　国家机关、国有公司、企业、事业单位、人民团体，违反国家规定，以单位名义将国有资产集体私分给个人，数额较大的，对其直接负责的主管人员和其他直接责任人员，处三年以下有期徒刑或者拘役，并处或者单处罚金；数额巨大的，处三年以上七年以下有期徒刑，并处罚金。

司法机关、行政执法机关违反国家规定，将应当上缴国家的罚没财物，以单位名义集体私分给个人的，依照前款的规定处罚。

（二）司法解释、司法文件

最高人民检察院关于人民检察院直接受理立案侦查案件立案标准的规定（试行）（高检发释字〔1999〕2号，自1999年9月16日起施行）（节录）

（十二）私分罚没财物案（第396条第2款）

私分罚没财物罪是指司法机关、行政执法机关违反国家规定，将应当上缴国家的罚没财物，以单位名义集体私分给个人的行为。

涉嫌私分罚没财物，累计数额在10万元以上，应予立案。

（三）典型或常见问题的审理思路

私分罚没财物罪与私分国有资产罪的区分[①]

本书观点：私分罚没财物罪与私分国有资产罪在构成要件上有诸多相似之处，在主体上都是特殊主体，在主观上都是故意，在客观上都表现为违反国家规定集体私分的行为，主要区别在于：1. 犯罪主体不同。私分罚没财物罪的犯罪主体仅是司法机关、行政执法机关，而私分国有资产罪的主体是一般的国家机关、国有公司、企业、事业单位、人民团体。2. 犯罪对象不同。私分罚没财物罪的对象仅限于罚没财物，而私分国有资产罪的对象是罚没财物以外的任何国有资产。

（四）疑难、复杂问题的参考性解答

1. 如何认定私分罚没财物罪的犯罪主体？

本书观点：私分罚没财物罪的主体为特殊主体，只有国家司法机关、行政执法机关才能构成本罪的主体，其他单位不能成为本罪的主体。这里的"司法机关"包括公安机关、国家安全机关、检察机关、审判机关和监狱管理机关；"行政执法机关"，是指政府所属的工商、税务、海关、质量监督、卫生检疫、交通管理、环境保护等机关。这类机关，依照有关法律规定，均对公民、单位有行政处罚的权力。

2. "罚没财物"的范围包括哪些？

本书观点：私分罚没财物罪中的"罚没财物"，既包括司法机关在办理刑事案件过程中追缴、没收犯罪嫌疑人、被告人的财物，以及对犯罪分子判处的罚金、没收的财产；也包括行政执法机关在执法活动中没收的和处罚收缴的财物、罚款。

3. 如何划分罪与非罪？

本书观点：私分罚没财物的行为，必须达到"数额较大"的程度，才构成犯罪。如果每次只私分数量较小的罚没财物，却经常私分，则应当累计私分的数额，达到数额较大的，应当依法追究司法机关或者行政执法机关有关

---

① 观点来源：赵秉志主编：《中国刑法案例与学理研究》（第六卷），法律出版社2004年版，第286－291页。

责任人员的刑事责任。关于“数额较大”的具体标准，《自侦案件立案标准》中规定，“私分罚没财物，累计数额在10万元以上的，应予立案”。在最高人民法院作出司法解释以前，这一标准可供人民法院审理此类案件时参考。私分罚没财物没有达到数额较大标准的，属于情节显著轻微危害不大的，不能以犯罪论处。

（五）定罪指导或参考

根据《刑法》第三百九十六条第二款规定，犯私分罚没财物罪的，对单位直接负责的主管人员和其他直接责任人员，处三年以下有期徒刑或者拘役，并处或者单处罚金；数额巨大的，处三年以上七年以下有期徒刑，并处罚金。

需注意的是，本罪虽属单位犯罪，但根据刑法规定实行的是单罚制，即只追究该单位直接负责的主管人员和其他直接责任人员的刑事责任，不追究单位的刑事责任，故不应对单位判处罚金。此外，根据《刑法》第六十四条规定，“犯罪分子违法所得的一切财物，应当予以追缴或者责令退赔”。本罪中承担刑事责任的单位有关责任人员应当退赔私分的罚没财物；其他分得财物的单位职工，虽不承担刑事责任，但其分得的罚没财物是国有资产，也应当退赔。

第九章　渎职罪

一、滥用职权罪

（一）刑法规定

第三百九十七条　国家机关工作人员滥用职权或者玩忽职守，致使公共财产、国家和人民利益遭受重大损失的，处三年以下有期徒刑或者拘役；情节特别严重的，处三年以上七年以下有期徒刑。本法另有规定的，依照规定。

国家机关工作人员徇私舞弊，犯前款罪的，处五年以下有期徒刑或者拘役；情节特别严重的，处五年以上十年以下有期徒刑。本法另有规定的，依照规定。

（二）司法解释、司法文件及其权威解读

最高人民法院、最高人民检察院关于办理渎职刑事案件适用法律若干问题的解释（一）①（法释〔2012〕18号，自2013年1月9日起施行）

第一条　国家机关工作人员滥用职权或者玩忽职守，具有下列情形之一的，应当认定为刑法第三百九十七条规定的“致使公共财产、国家和人民利益遭受重大损失”：

（一）造成死亡1人以上，或者重伤3人以上，或者轻伤9人以上，或者重伤2人、轻伤3人以上，或者重伤1人、轻伤6人以上的；

（二）造成经济损失30万元以上的；

（三）造成恶劣社会影响的；

（四）其他致使公共财产、国家和人民利益遭受重大损失的情形。

---

① 本解释第二条至第十条适用于所有渎职犯罪，后文不再列举。

具有下列情形之一的，应当认定为刑法第三百九十七条规定的“情节特别严重”：

（一）造成伤亡达到前款第（一）项规定人数3倍以上的；

（二）造成经济损失150万元以上的；

（三）造成前款规定的损失后果，不报、迟报、谎报或者授意、指使、强令他人不报、迟报、谎报事故情况，致使损失后果持续、扩大或者抢救工作延误的；

（四）造成特别恶劣社会影响的；

（五）其他特别严重的情节。

第二条 国家机关工作人员实施滥用职权或者玩忽职守犯罪行为，触犯刑法分则第九章第三百九十八条至第四百一十九条规定的，依照该规定定罪处罚。

国家机关工作人员滥用职权或者玩忽职守，因不具备徇私舞弊等情形，不符合刑法分则第九章第三百九十八条至第四百一十九条的规定，但依法构成第三百九十七条规定的犯罪的，以滥用职权罪或者玩忽职守罪定罪处罚。

第三条 国家机关工作人员实施渎职犯罪并收受贿赂，同时构成受贿罪的，除刑法另有规定外，以渎职犯罪和受贿罪数罪并罚。

第四条 国家机关工作人员实施渎职行为，放纵他人犯罪或者帮助他人逃避刑事处罚，构成犯罪的，依照渎职罪的规定定罪处罚。

国家机关工作人员与他人共谋，利用其职务行为帮助他人实施其他犯罪行为，同时构成渎职犯罪和共谋实施的其他犯罪共犯的，依照处罚较重的规定定罪处罚。

国家机关工作人员与他人共谋，既利用其职务行为帮助他人实施其他犯罪，又以非职务行为与他人共同实施该其他犯罪行为，同时构成渎职犯罪和其他犯罪的共犯的，依照数罪并罚的规定定罪处罚。

第五条 国家机关负责人员违法决定，或者指使、授意、强令其他国家机关工作人员违法履行职务或者不履行职务，构成刑法分则第九章规定的渎职犯罪的，应当依法追究刑事责任。

以“集体研究”形式实施的渎职犯罪，应当依照刑法分则第九章的规定追究国家机关负有责任的人员的刑事责任。对于具体执行人员，应当在综合认定其行为性质、是否提出反对意见、危害结果大小等情节的基础上决定是否追究刑事责任和应当判处的刑罚。

第六条　以危害结果为条件的渎职犯罪的追诉期限，从危害结果发生之日起计算；有数个危害结果的，从最后一个危害结果发生之日起计算。

第七条　依法或者受委托行使国家行政管理职权的公司、企业、事业单位的工作人员，在行使行政管理职权时滥用职权或者玩忽职守，构成犯罪的，应当依照《全国人民代表大会常务委员会关于〈中华人民共和国刑法〉第九章渎职罪主体适用问题的解释》的规定，适用渎职罪的规定追究刑事责任。

第八条　本解释规定的“经济损失”，是指渎职犯罪或者与渎职犯罪相关联的犯罪立案时已经实际造成的财产损失，包括为挽回渎职犯罪所造成损失而支付的各种开支、费用等。立案后至提起公诉前持续发生的经济损失，应一并计入渎职犯罪造成的经济损失。

债务人经法定程序被宣告破产，债务人潜逃、去向不明，或者因行为人的责任超过诉讼时效等，致使债权已经无法实现的，无法实现的债权部分应当认定为渎职犯罪的经济损失。

渎职犯罪或者与渎职犯罪相关联的犯罪立案后，犯罪分子及其亲友自行挽回的经济损失，司法机关或者犯罪分子所在单位及其上级主管部门挽回的经济损失，或者因客观原因减少的经济损失，不予扣减，但可以作为酌定从轻处罚的情节。

第九条　负有监督管理职责的国家机关工作人员滥用职权或者玩忽职守，致使不符合安全标准的食品、有毒有害食品、假药、劣药等流入社会，对人民群众生命、健康造成严重危害后果的，依照渎职罪的规定从严惩处。

第十条　最高人民法院、最高人民检察院此前发布的司法解释与本解释不一致的，以本解释为准。

权威解读

解读《关于办理渎职刑事案件适用法律若干问题的解释（一）》

一、制定《渎职解释》的背景及过程

渎职犯罪不仅直接损害人民群众的切身利益，损害党和政府的形象和威信，同时还是各种贪污贿赂、经济犯罪的重要诱因。党和国家对依法惩治和预防渎职犯罪高度重视。2009 年 10 月，第十一届全国人大常委会第十一次会议听取和审议了最高人民检察院《关于加强渎职侵权检察工作促进依法行政和公正司法情况的报告》；2010 年 10 月，第十一届全国人大常委会第十七次会议听取和审议了最高人民检察院《关于改进渎职侵权检察工作情况的报告》，强调要进一步加大渎职侵权案件的查办力度，健全办案机制，重视犯罪预防，加强工作协调，完善法制建设，坚决遏制一些领域腐败现象易发多发势头，确保犯罪行为受到追究，维护社会公平正义。2010年12月21日，中办、国办联合转发了高检院会同中央纪委、中央政法委等8个部门制定的《关于加大惩治和预防渎职侵权违法犯罪工作力度的若干意见》（以下简称《渎职侵权违法犯罪意见》）。《渎职侵权违法犯罪意见》首次提出了渎职是严重腐败的命题，要求把反渎职作为党风廉政建设和反腐败斗争的重要组成部分，把反渎职侵权工作纳入惩治和预防腐败体系的整体格局，放在更加突出的位置来抓。《渎职侵权违法犯罪意见》全面部署了加大惩治和预防渎职侵权违法犯罪力度的重点任务和主要措施，明确要求"两高"加强对办案中相关法律应用问题的研究，重点解决渎职侵权犯罪定罪量刑标准、数罪并罚、徇私舞弊和损失后果认定、侦查与审判管辖衔接以及渎职侵权犯罪处罚偏轻等问题，及时作出司法解释。

从2011年3月起，"两高"共同启动司法解释的研究制定工作，在最高人民检察院《关于渎职侵权犯罪案件立案标准的规定》（高检发释字〔2006〕2号，以下简称《渎职侵权立案标准》）的基础上，结合司法实践中遇到的法律适用问题，共同研究起草了《关于办理渎职犯罪案件具体应用法律若干问题的解释（征求意见稿）》，并在全国法院系统、检察院系统内征求意见，听取了中央纪委、中央政法委、全国人大常委会法工委、国家安监总局（已撤销）、国家食品药品监督管理局等有关中央单位的意见和建议。2011年11月，"两高"联合召开了专家论证会，听取了北京大学、中国人民大学、北京师范大学等单位的专家学者的意见。

经综合各方面的意见，多次研究修改，2012年7月9日最高人民法院审判委员会第1552次会议、9月12日最高人民检察院第十一届检察委员会第79次会议分别审议通过了《渎职解释》。

二、《渎职解释》的主要内容及说明

《渎职解释》共十条，主要规定了滥用职权罪、玩忽职守罪的定罪量刑标准和渎职罪的共性问题。第一条明确了滥用职权罪和玩忽职守罪的定罪量刑标准。第二条明确了滥用职权罪、玩忽职守罪与渎职罪其余35个特别罪名的关系和法律适用问题。第三条明确了对实施渎职犯罪同时构成受贿罪实行数罪并罚。第四条明确了渎职罪相关共同犯罪的处理原则。第五条明确了承担渎职罪刑事责任的责任人员认定问题。第六条明确了渎职罪追诉期限的计算问题。第七条明确了渎职罪主体国家机关工作人员的认定问题。第八条明确了渎职罪中经济损失的认定问题。第九条明确了对食品、药品监管领域的渎职犯罪予以从严惩处的原则。第十条明确了《渎职解释》的效力。

（一）关于《渎职解释》的标题

《渎职解释》采用《最高人民法院、最高人民检察院关于办理渎职刑事案件适用法律若干问题的解释（一）》的标题，主要考虑是：在研究起草渎职罪司法解释之初，拟制定一个统一的司法解释，一揽子解决渎职罪共性的法律适用问题及所有渎职罪名的定罪量刑标准。但由于渎职罪涉及罪名比较多，共有37个罪名，且涉及面较广，几乎涵盖社会生活的各个领域，在一个司法解释里不便于对所有具体问题统一作出规定。为了提高效率，确保质量，我们将一个司法解释拆分为三个部分，依次排序为渎职罪解释（一）、渎职罪解释（二）和渎职罪解释（三）。《渎职解释》即为渎职罪解释（一），主要规定滥用职权罪、玩忽职守罪的定罪量刑标准和渎职罪的共性问题；另两个解释将规定渎职罪其余35个特别罪名的定罪量刑标准，其中，渎职罪解释（二）将规定司法工作人员在诉讼活动中渎职犯罪的定罪量刑标准；渎职罪解释（三）将规定其他国家机关工作人员渎职犯罪的定罪量刑标准。在渎职罪解释（二）、渎职罪解释（三）出台之前，司法实践中对于一些特别罪名的定罪量刑标准的掌握，可以继续适用《渎职侵权立案标准》的规定，并适当参考《渎职解释》关于滥用职权罪、玩忽职守罪的定罪量刑标准的规定。

（二）关于滥用职权罪和玩忽职守罪的定罪量刑标准

《渎职解释》第一条共分二款。第一款规定了滥用职权罪、玩忽职守罪的入罪门槛，即《刑法》第三百九十七条第一档量刑幅度中滥用职权或者玩忽职守“致使公共财产、国家和人民利益遭受重大损失”的认定问题，具体包括四种情形：（1）造成死亡1人以上，或者重伤3人以上，或者轻伤9人以上，或者重伤2人、轻伤3人以上，或者重伤1人、轻伤6人以上的；（2）造成经济损失30万元以上的；（3）造成恶劣社会影响的；（4）其他致使公共财产、国家和人民利益遭受重大损失的情形。

《渎职解释》第一条第一款规定在《渎职侵权立案标准》关于滥用职权案、玩忽职守案有关规定的基础上作了适当修改，主要修改之处如下：一是将滥用职权罪和玩忽职守罪的定罪量刑标准合二为一。《渎职侵权立案标准》中滥用职权案的立案标准略低于玩忽职守案，现将两罪标准合二为一，主要考虑是：《刑法》第三百九十七条对滥用职权罪和玩忽职守罪作了并列规定，两罪的法定刑完全相同，实践中滥用职权罪和玩忽职守罪立案有时难以区分，规定统一入罪门槛既有利于及时立案，也不影响判决时根据案件具体情况准确定罪和在量刑时予以区别。《渎职解释》第一条第一款将滥用职权罪和玩忽职守罪的定罪量刑标准作统一规定，并不是否认两罪犯罪构成上的本质区别，而只是规定统一的入罪门槛和量刑幅度。二是对伤亡人数的比例关系进行了调整，大体上按照1死亡：3重伤：9轻伤的比例进行规定。三是删去“严重中毒”的规定，主要是考虑到“严重中毒”与伤亡后果存在一定的交叉，而且实践中对“严重中毒”缺少明确的认定依据。四是在经济损失的认定上作统一规定，不区分个人财产与公共财产或者法人、其他组织财产，也不区分直接经济损失与间接经济损失。前者主要出于平等保护，方便实践操作；后者主要是认为区分直接经济损失和间接经济损失的做法有时影响损失计算的确定性，为此，《渎职解释》第八条对“经济损失”的认定作出专门规定。此外，将滥用职权罪的定罪标准由《渎职侵权立案标准》确定的20万元上提至30万元，也符合当前社会发展实际。五是删去“造成公司、企业等单位停业、停产、破产”的规定，主要考虑到公司、企业有大有小，以此判断危害后果具有不确定性，统一以经济损失为判断标准更具合理性和可操作性。六是删去《渎职侵权立案标准》关于滥用职权案应予立案情形规定中的“弄虚作假，不报、缓报、谎报或者授意、指使、强令他人不报、缓报、谎报情况，导致重特大事故危害结果继续、扩大，或者致使抢救、调查、处理工作延误的”的规定。七是删去《渎职侵权立案标准》中玩忽职守案应予立案情形中“海关、外汇管理部门的工作人员严重不负责任，造成100万美元以上外汇被骗购或者逃汇1000万美元以上的”的规定。八是删去“严重损害国家声誉”的规定，主要考虑是国家声誉比较抽象、原则，实践中不易把握，用“造成恶劣社会影响”也可以概括。需要注意的是，在司法实践中，对国家机关工作人员滥用职权或者玩忽职守造成上述“严重中毒”“造成公司、企业等单位停业、停产、破产”“严重损害国家声誉”等后果的，不意味着就不定罪处罚，而是应该根据案件具体情况，认定造成的人员伤亡、经济损失、社会影响等情况，适用《渎职解释》第一条第一款的相应规定，有的可以适用《渎职解释》第一条第一款第（四）项兜底条款“其他致使公共财产、国家和人民利益遭受重大损失的情形”追究刑事责任。

《渎职解释》第一条第二款是关于滥用职权罪和玩忽职守罪第二档量刑幅度的适用标准，即滥用职权或者玩忽职守“情节特别严重”的认定问题，具体包括五种情形：（1）造成伤亡达到第一款第（一）项规定人数三倍以上的；（2）造成经济损失一百五十万元以上的；（3）造成第一款规定的损失后果，不报、迟报、谎报或者授意、指使、强令他人不报、迟报、谎报事故情况，致使损失后果持续、扩大或者抢救工作延误的；（4）造成特别恶劣社会影响的；（5）其他特别严重的情节。相对于第一款规定而言，一是人身伤亡数量标准掌握在三倍的比例关系，经济损失数额标准掌握在五倍的比例关系予以规定。二是将“造成前款规定的损失后果，不报、迟报、谎报或者授意、指使、强令他人不报、迟报、谎报事故情况，致使损失后果持续、扩大或者抢救工作延误的”作为“情节特别严重”的情形之一予以规定。这里采用结果加情节的标准，既明确了处罚的依据是造成了损失后果，又将不报、迟报、谎报作为加重处罚的情节，体现了对此类行为的从严处理，增强了可操作性。三是规定了“造成特别恶劣社会影响的”和“其他特别严重的情节”的兜底性规定。

（三）关于滥用职权罪、玩忽职守罪与渎职罪其余35个特别罪名的关系和法律适用问题

《刑法》第三百九十七条规定了渎职罪的一般罪名，即滥用职权罪和玩忽职守罪，第三百九十八条至第四百一十九条还结合特殊主体、特殊领域规定了渎职罪的35个特别罪名。渎职罪的一般罪名与特别罪名在法律适用上主要存在两个问题：一是《刑法》关于特别罪名的构成要件设置比较复杂，如必须是特殊主体、具备“徇私舞弊”的特征等。实践中，这些特殊要件往往因为事实或者证据原因难以满足，办案部门对渎职行为不构成渎职罪的特别罪名能否适用一般渎职罪处理的认识不一致。二是特别罪名虽然构成要件设置复杂，但其法定刑规定有的却比一般罪名要轻（如《刑法》第四百一十八条招收公务员、学生徇私舞弊罪），法定刑设置不相协调。经研究认为，渎职犯罪法定刑之间不协调是立法问题，应通过立法途径加以解决；对于一般渎职罪与特殊渎职罪的法律适用问题，则可以通过司法解释解决。

《渎职解释》第二条第一款明确了国家机关工作人员实施渎职行为，符合

特殊渎职罪规定的，应当依照特殊渎职罪处理。因为《刑法》第三百九十七条第一款和第二款均已明确规定“本法另有规定的，依照规定”，对于符合《刑法》第三百九十八条至第四百一十九条规定的特殊渎职罪构成要件的，只能按照特殊渎职罪追究其刑事责任。

《渎职解释》第二条第二款明确了国家机关工作人员的渎职行为不符合渎职罪的特别罪名的规定，但是符合一般罪名规定的，可以按照一般罪名，即滥用职权罪、玩忽职守罪追究其刑事责任，以防止放纵犯罪。本款主要参考了《渎职侵权立案标准》有关规定的精神。经征求意见，形成共识认为：不构成特殊渎职罪的情况下以一般渎职罪处理，并不违反特别法优于一般法的处理原则。

（四）关于对实施渎职犯罪同时构成受贿罪实行数罪并罚的规定

实践中对实施《刑法》第三百九十九条规定以外的渎职犯罪同时构成受贿罪的是从一重处罚还是数罪并罚存在认识分歧，各地做法不一，有必要通过司法解释予以明确。

《渎职解释》第三条明确规定，国家机关工作人员实施渎职犯罪并收受贿赂，同时构成受贿罪的，除《刑法》另有规定外，以渎职犯罪和受贿罪数罪并罚。主要考虑：一是从一重罪论处不能全面体现法律对国家机关工作人员渎职犯罪和利用职权受贿犯罪的否定评价，既不利于更好实现罪刑相适应原则，也不利于对渎职犯罪的查处。实践中存在两方面倾向：一方面，受贿罪的法定刑一般都会比徇私舞弊类渎职犯罪的法定刑高，这类犯罪往往仅立案为单纯的贪污贿赂案件，只要查实了受贿问题后往往就不再追查渎职问题，致使受贿行为造成的严重渎职后果被掩盖；另一方面，有的地方为确保能以渎职罪名判决，在深挖受贿上积极性不高，甚至人为掩盖较大数额的受贿犯罪，造成重罪轻判，大案小查，影响打击效果。二是受贿犯罪不以为他人实际谋取利益，更不以渎职为他人谋取非法利益为构成要件，渎职犯罪和受贿犯罪的犯罪构成相互独立，行为人实质上实施了两个独立的犯罪行为，不存在重复评价的问题。

（五）关于渎职罪相关共同犯罪的处理原则

《渎职解释》第四条共分三款。第一款明确了国家机关工作人员实施放纵他人犯罪或者帮助他人逃避刑事处罚类渎职行为的，依照渎职犯罪的规定定罪处罚。放纵他人犯罪或者帮助他人逃避刑事处罚是渎职犯罪中较为典型的一类行为，《刑法》规定了徇私枉法罪，徇私舞弊不移交刑事案件罪，徇私舞弊不征、少征税款罪，放纵走私罪，放纵制售伪劣商品犯罪行为罪，办理偷越国（边）境人员出入境证件罪，放行偷越国（边）境人员罪，帮助犯罪分子逃避处罚罪等多个罪名。尽管这些渎职犯罪多数发生在有关违法犯罪行为实施过程当中，但是由于国家机关工作人员并没有其他犯罪的共同故意，不构成其他犯罪。因此，本款明确规定，国家机关工作人员实施渎职行为，放纵他人犯罪或者帮助他人逃避刑事处罚，构成犯罪的，依照渎职罪的规定定罪处罚。

《渎职解释》第四条第二款明确了国家机关工作人员与他人共谋，利用其职务行为帮助他人实施其他犯罪行为，同时构成渎职犯罪和其他犯罪共犯的，从一重处罚。在这种情况下，国家机关工作人员虽然只实施了一个渎职行为，但其与他人共谋，其渎职行为同时是其他犯罪的帮助行为，触犯了多个罪名，这属于想象竞合犯，应当从一重处断。比如，列车上的乘警与盗窃团伙共谋，在行窃时故意不在现场，以此为窃贼提供作案条件。这里，行为人因为有盗窃的共同故意，单纯的渎职行为不足以评价其行为性质，但如果实行数罪并罚，将会对其渎职行为进行重复评价。所以，在渎职犯罪和盗窃罪中从一重罪处断，更符合罪刑相适应原则。

《渎职解释》第四条第三款明确了国家机关工作人员既利用其职务行为帮助他人实施其他犯罪，又以非职务行为与他人共同实施该其他犯罪行为，同时构成渎职犯罪和其他犯罪共犯的，实行数罪并罚。这种情况下，行为人实施了多个独立的行为，即渎职行为和参与实施他人犯罪的其他行为触犯了多个罪名，应当数罪并罚。比如，国家机关工作人员与他人合谋走私，为其提供了部分走私资金，之后又利用其缉私职务上的便利将走私船只放行，使得走私犯罪得以顺利实施，就应当认定为走私罪和放纵走私罪，实行数罪并罚。

（六）关于承担渎职罪刑事责任的责任人员认定问题

《渎职解释》第五条共分二款，明确规定，国家机关负责人员违法决定，或者指使、授意、强令其他国家机关工作人员违法履行职务或者不履行职务，或者以“集体研究”形式实施渎职犯罪，应依法追究责任人员的刑事责任；而对于具体执行人员，可视具体情节决定是否追究刑事责任和应当判处的刑罚。

实践中对于多人特别是上下级共同实施的渎职犯罪，违法决定的负责人员往往以仅负有间接的领导责任为由为自己开脱罪责，或者以经集体研究为托辞推卸责任。一些国家机关工作人员明知自己的行为背离职责要求，但迫于组织或者主管领导的压力，未能正确履行职责，导致国家和人民利益遭受重大损失，实践中往往只追究一线执行人员的刑事责任，而对于负有更大责任的作出决策的主管领导则不作为犯罪处理。这种“抓小放大”的现象违背了问责机制的基本要求，既不公平，也不利于预防和惩处犯罪。经研究认为，不论以何种形式实施的渎职犯罪，首先都应对负有责任的决策、决定人员依法追究刑事责任。本条内容主要参考了《公务员法》第六十条的规定，即“公务员执行公务时，认为上级的决定或者命令有错误的，可以向上级提出改正或者撤销该决定或者命令的意见；上级不改变该决定或者命令，或者要求立即执行的，公务员应当执行该决定或者命令，执行的后果由上级负责，公务员不承担责任；但是，公务员执行明显违法的决定或者命令的，应当依法承担相应的责任。”

（七）关于渎职罪追诉期限的计算问题

《渎职解释》第六条明确规定，以危害结果为条件的渎职犯罪的追诉期限，从危害结果发生之日起计算；有数个危害结果的，从最后一个危害结果发生之日起计算。

司法实践中，渎职犯罪的危害结果通常具有滞后性，一些渎职犯罪的危害结果甚至在渎职行为实施多年之后才发生或呈现出来。由于多数渎职犯罪都是结果犯，且渎职犯罪的法定刑期普遍不高，实践中往往因为渎职行为的危害结果尚未发生，难以追究刑事责任，而等到危害结果发生或呈现出来后，又可能因渎职行为已过追诉期限不能追究刑事责任。因此，对应当从何时开始计算追诉期限有必要予以明确。

经研究认为，《刑法》规定追诉期限自“犯罪之日”起计算，以危害结果为条件的渎职犯罪的“犯罪之日”应为危害结果发生之日。2003 年《经济犯罪纪要》也规定：“玩忽职守行为造成的重大损失当时没有发生，而是玩忽职守行为之后一定时间发生的，应从危害结果发生之日起计算玩忽职守罪的追诉期限。”《渎职解释》第六条参照《经济犯罪纪要》的规定精神，将适用范围扩大到所有以危害结果为条件的渎职犯罪，并对存在数个危害结果的情形作出规定。

（八）关于渎职罪主体国家机关工作人员的认定问题

《渎职解释》第七条明确，依法或者受委托行使国家行政管理职权的公司、企业、事业单位的工作人员，在行使行政管理职权时滥用职权或者玩忽职守，构成犯罪的，应当依照全国人民代表大会常务委员会《关于〈中华人民共和国刑法〉第九章渎职罪主体适用问题的解释》（以下简称《2002 年立法解释》）的规定，适用渎职罪的规定追究刑事责任。

由于渎职犯罪易发领域的权力运行和职权行使具有特殊性和复杂性，加之事权不明、职能交叉等问题，实践中对国家机关工作人员的认定存在一定困难。从司法实践看，《刑法》关于渎职犯罪的主体规定主要存在两个问题：一是仅限于国家机关工作人员，与实际案发情况不完全相符。部分渎职犯罪中，《刑法》规定的主体往往没有条件实施，而有条件实施的又不符合主体规定，如招收公务员、学生徇私舞弊罪，失职造成珍贵文物损毁、流失罪。二是国家机关工作人员的范围不明确，具体认定有分歧。经研究认为，第一个问题属于立法问题，应当通过立法途径加以解决，第二个问题有必要在司法解释中予以明确。

除了《刑法》第九章国家机关工作人员渎职罪之外，《刑法》第一百六十八条还规定了国有公司、企业、事业单位人员的失职、滥用职权犯罪。《2002 年立法解释》规定："在依照法律、法规规定行使国家行政管理职权的组织中从事公务的人员，或者在受国家机关委托代表国家机关行使职权的组织中从事公务的人员，或者虽未列入国家机关人员编制但在国家机关中从事公务的人员，在代表国家机关行使职权时，有渎职行为，构成犯罪的，依照刑法关于渎职罪的规定追究刑事责任。"实践中对于《2002 年立法解释》规定的"组织"是否包括国有公司、企业、事业单位存在不同意见。经研究认为，《刑法》第一百六十八条针对企业管理事务，《2002 年立法解释》关于渎职罪主体范围的界定限于国家行政管理事务。根据《2002 年立法解释》的精神，依法或者受委托行使国家行政管理职权的公司、企业、事业单位的工作人员，在行使行政管理职权时可以成为渎职罪的犯罪主体。

（九）关于渎职罪中经济损失的认定问题

《渎职解释》第八条共分三款。第一款明确了《渎职解释》中的"经济损失"，是指渎职犯罪或者与渎职犯罪相关联的犯罪立案时已经实际造成的财产损失，包括为挽回渎职犯罪所造成损失而支付的各种开支、费用等。《渎职侵权立案标准》中将“经济损失”分为直接经济损失和间接经济损失：“直接经济损失”，是指与行为有直接因果关系而造成的财产损毁、减少的实际价值；“间接经济损失”，是指由直接经济损失引起和牵连的其他损失，包括失去的在正常情况下可以获得的利益和为恢复正常的管理活动或者挽回所造成的损失所支付的各种开支、费用等。《渎职解释》统一采用“经济损失”的表述，不再区分直接经济损失和间接经济损失，但其计算范围实际上已基本涵盖了原有的直接经济损失和间接经济损失。只是间接经济损失中在正常情况下可以获得的利益即预期收益部分，根据近年来司法解释规定未纳入经济损失的计算范围。在《渎职解释》征求意见过程中，有意见提出，“经济损失”是指犯罪立案时确已造成的经济损失的规定存在局限。渎职犯罪界定经济损失的情况比较复杂，有些案件的经济损失在立案时可以确定，也有些案件的经济损失在立案时可能尚未完全显现或者处于持续扩大状态。经研究，根据该意见对第一款进行了完善，增加了“立案后至提起公诉前持续发生的经济损失，应一并计入渎职犯罪造成的经济损失”的表述。

《渎职解释》第八条第二款明确了债务人经法定程序被宣告破产，债务人潜逃、去向不明，或者因行为人的责任超过诉讼时效等，致使债权已经无法实现的，无法实现的债权部分应当认定为渎职犯罪的经济损失。本款规定与《立案标准》的有关规定保持一致。

《渎职解释》第八条第三款明确了渎职犯罪或者与渎职犯罪相关联的犯罪立案后，犯罪分子及其亲友自行挽回的经济损失，司法机关或者犯罪分子所在单位及其上级主管部门挽回的经济损失，或者因客观原因减少的经济损失，不予扣减，但可以作为酌定从轻处罚的情节。本款规定与《立案标准》和2009年“两高”《关于办理职务犯罪案件认定自首、立功等量刑情节若干问题的意见》的规定保持一致。

（十）关于对食品、药品监管领域的渎职犯罪予以从严惩处的原则

《渎职解释》第九条强调，负有监督管理职责的国家机关工作人员滥用职权或者玩忽职守，致使不符合安全标准的食品、有毒有害食品、假药、劣药等流入社会，对人民群众生命、健康造成严重危害后果的，依照渎职罪的规定从严惩处。

食品、药品安全事关人民群众生命健康，事关社会和谐稳定。“三鹿奶粉”“瘦肉精”“地沟油”“毒胶囊”等危害食品、药品安全的刑事案件多发

高发，某些负有监管职责的国家机关工作人员的渎职行为导致食品、药品安全监管缺失、不到位。有效遏制食品、药品安全犯罪，必须依法严惩食品、药品监管渎职犯罪。对此，社会各界反映强烈，有必要回应社会关切，突出《渎职解释》的刑事政策导向。

（十一）关于《渎职解释》的效力规定

《渎职解释》第十条是关于《渎职解释》的效力规定。考虑到《渎职解释》对此前“两高”相关司法解释的内容作了修改完善，本条明确规定以前发布的司法解释与《渎职解释》不一致的，以《渎职解释》为准。此外，对于《渎职侵权立案标准》中与《渎职解释》不冲突，或者《渎职解释》没有作出规定的相关内容，《渎职侵权立案标准》仍然继续适用。

（撰稿：陈国庆、韩耀元、卢宇蓉、吴峤滨）

（三）典型或常见问题的审理思路

1. 罪与非罪的认定

本书观点：“致使公共财产、国家和人民利益遭受重大损失”，是本罪的结果要件，也是区别罪与非罪的重要标准。行为人虽然滥用职权，但没有引起这一危害后果，或者虽然致使公共财产、国家和人民利益遭受了损失，但损失尚未达到“重大”的程度，均不构成犯罪。另外，有些行为虽然在客观上引起了这一危害后果，但不是因为滥用职权而是因工作失误造成的，也不能以犯罪论处。最高人民法院、最高人民检察院于2012年12月7日公布的《渎职解释》针对司法实践中存在的定罪量刑标准不明确，导致处罚“就低不就高”的现象，该解释第一条第一款对“致使公共财产、国家和人民利益遭受重大损失”的情形作了规定：（1）造成死亡一人以上，或者重伤三人以上，或者轻伤九人以上，或者重伤二人、轻伤三人以上，或者重伤一人、轻伤六人以上的；（2）造成经济损失三十万元以上的；（3）造成恶劣社会影响的；（4）其他致使公共财产、国家和人民利益遭受重大损失的情形。该解释第八条还对“经济损失”的含义作了明确界定：“本解释规定的‘经济损失’，是指渎职犯罪或者与渎职犯罪相关联的犯罪立案时已经实际造成的财产损失，包括为挽回渎职犯罪所造成损失而支付的各种开支、费用等。立案后至提起公诉前持续发生的经济损失，应一并计入渎职犯罪造成的经济损失。债务人经法定程序被宣告破产，债务人潜逃、去向不明，或者因行为人的责任超过诉讼时效等，致使债权已经无法实现的，无法实现的债权部分应当认定为渎职犯罪的经济损失。渎职犯罪或者与渎职犯罪相关联的犯罪立案后，犯罪分子及其亲友自行挽回的经济损失，司法机关或者犯罪分子所在单位及其上级主管部门挽回的经济损失，或者因客观原因减少的经济损失，不予扣减，但可以作为酌定从轻处罚的情节。”司法实践中把握本罪罪与非罪的界限时，上述情形应当作为依据。

2. **本罪与法律规定的其他滥用职权犯罪的界定**

本书观点：《刑法》第三百九十七条第一款和第二款均有“本法另有规定的，依照规定”的表述。这表明该条是对滥用职权罪的概括性规定，属于普通法。而刑法分则另外规定的滥用职权犯罪，如第四百零三条滥用管理公司、证券职权罪，第四百一十条非法批准征用、占用土地罪，第四百二十七条指使部属违反职责罪和第四百四十三条虐待部属罪等，则属于特别法。本罪与这些犯罪之间存在法条竞合关系，属于一般罪名与特别罪名的关系，在定罪时要注意加以区分。根据《渎职解释》第二条的规定：一是国家机关工作人员实施滥用职权行为，触犯刑法分则第九章第三百九十八条至第四百一十九条的规定的，依照该规定定罪处罚；二是国家机关工作人员滥用职权，因不具备徇私舞弊等情形不符合刑法分则第九章第三百九十八条至第四百一十九条的规定，但依法构成第三百九十七条规定的犯罪的，以滥用职权罪定罪处罚。

3. **本罪与国有公司、企业、事业单位人员滥用职权罪的界定**

本书观点：《刑法修正案》第二条将刑法第一百六十八条修改为两个罪名：一个是国有公司、企业、事业单位人员失职罪，另一个是国有公司、企业、事业单位人员滥用职权罪。本罪与后罪的区别主要在于犯罪主体不同：前者为国家机关工作人员，而后者则为国有公司、企业、事业单位的工作人员。

（四）疑难、复杂问题的参考性解答

1. **海关外汇部门工作人员渎职的应当如何处理？**

本书观点：海关、外汇管理部门工作人员严重不负责任，造成大量外汇被骗购或者逃汇，符合滥用职权罪构成的，以滥用职权罪定罪处罚。金融机构、从事对外贸易经营活动的公司、企业工作人员严重不负责任，造成大量

外汇被骗购或者逃汇的，依照刑法第一百六十七条规定的签订、履行合同失职被骗罪定罪处罚。上述两类人员与骗购外汇、逃汇行为人通谋，或者明知是伪造、变造的凭证和单据而售汇、付汇的，以骗购外汇罪、逃汇罪的共犯从重处罚。

2. **关于共犯如何处理？**

本书观点：《渎职解释》第四条第二款、第三款规定："国家机关工作人员与他人共谋，利用其职务行为帮助他人实施其他犯罪行为，同时构成渎职犯罪和共谋实施的其他犯罪共犯的，依照处罚较重的规定定罪处罚。""国家机关工作人员与他人共谋，既利用其职务行为帮助他人实施其他犯罪，又以非职务行为与他人共同实施该其他犯罪行为，同时构成渎职犯罪和其他犯罪的共犯的，依照数罪并罚的规定定罪处罚。"

3. **滥用职权罪的追诉期限应当从何时起算？**

本书观点：《渎职解释》第六条规定："以危害结果为条件的渎职犯罪的追诉期限，从危害结果发生之日起计算；有数个危害结果的，从最后一个危害结果发生之日起计算。"①

4. **预防、控制突发传染病疫情等灾害的工作中滥用职权的应当如何处理？**

本书观点：根据《最高人民法院、最高人民检察院关于办理妨害预防、控制突发传染病疫情等灾害的刑事案件具体应用法律若干问题的解释》，在预防、控制突发传染病疫情等灾害的工作中，负有组织、协调、指挥、灾害调查、控制、医疗救治、信息传递、交通运输、物资保障等职责的国家机关工作人员，滥用职权，致使公共财产、国家和人民利益遭受重大损失的，以滥用职权罪定罪处罚。

5. **非法制造、买卖、运输、储存毒鼠强等禁用剧毒化学品行为负有查处职责的国家机关工作人员滥用职权的应当如何处理？**

本书观点：根据《最高人民法院、最高人民检察院关于办理非法制造、买卖、运输、储存毒鼠强等禁用剧毒化学品刑事案件具体应用法律若干问题的解释》，对非法制造、买卖、运输、储存毒鼠强等禁用剧毒化学品行为负有查处职责的国家机关工作人员，滥用职权致使公共财产、国家和人民利益遭

---

① 关于共犯的处理和追诉时效的规定，适用于本章所有渎职犯罪，为避免重复，以后各罪不再赘述。

受重大损失的，依照刑法第三百九十七条的规定，以滥用职权罪追究刑事责任。

6. 管理油气及油气设备国家机关工作人员滥用职权的应当如何处理？

本书观点：根据《最高人民法院、最高人民检察院关于办理盗窃油气、破坏油气设备等刑事案件具体应用法律若干问题的解释》的规定，国家机关工作人员滥用职权，实施下列行为之一，致使公共财产、国家和人民利益遭受重大损失的，依照刑法第三百九十七条的规定，以滥用职权罪定罪处罚：（1）超越职权范围，批准发放石油、天然气勘查、开采、加工、经营等许可证的；（2）违反国家规定，给不符合法定条件的单位、个人发放石油、天然气勘查、开采、加工、经营等许可证的；（3）违反《石油天然气管道保护条例》（已失效）等国家规定，在油气设备安全保护范围内批准建设项目的；（4）对发现或者经举报查实的未经依法批准、许可擅自从事石油、天然气勘查、开采、加工、经营等违法活动不予查封、取缔的。

7. 受贿或滥用职权妨害判决、裁定执行的应当如何定罪处罚？

本书观点：根据《全国人民代表大会常务委员会关于〈中华人民共和国刑法〉第三百一十三条的解释》，国家机关工作人员收受贿赂或者滥用职权，有该解释第（四）项行为，即被执行人、担保人、协助执行义务人与国家机关工作人员通谋，利用国家机关工作人员的职权妨害执行，致使判决、裁定无法执行的，同时又构成刑法第三百八十五条、第三百九十七条规定之罪的，依照处罚较重的规定定罪处罚。

8. 滥用职权行为与损失后果之间没有必然因果关系的是否构成滥用职权罪？①

本书观点：根据《刑法》第三百九十七条的规定，是否构成滥用职权罪，还要求滥用职权行为与危害后果之间是否存在刑法上的因果关系。如果行为人的滥用职权行为与造成重大经济损失之间不具有刑法上的因果关系，则其行为不符合滥用职权罪的构成要件，其对超越职权行为最终发生的结果，只能承担行政领导责任，而不是刑事责任。

---

① 观点来源：最高人民法院刑事审判第一庭、第二庭编：《刑事审判参考》2004 年第 6 集（总第 41 集）。

9. 国家机关工作人员以单位名义擅自出借公款给其他单位使用造成巨大损失的行为是构成挪用公款罪还是滥用职权罪?①

本书观点：滥用职权罪和挪用公款罪主要区别在犯罪构成尤其是客观方面的行为表现上：从两罪的客观方面看，挪用公款罪是利用职务之便擅自决定将公款挪归个人使用的行为，滥用职权罪表现为违反法律规定的权限和程序，滥用职权，致使公共财产、国家和人民利益遭受重大损失的行为。行为人以单位名义擅自决定将公款借给其他单位使用，没有谋取个人利益，用款单位是向行为人所在单位出具借条，不能认定该行为是“以个人名义将公款供其他单位使用”，也不符合“个人决定以单位名义将公款供其他单位使用，谋取个人利益”的情形，故不符合挪用公款罪要求的“挪用公款归个人使用”的本质特点，这种以单位名义擅自出借公款给其他单位使用的行为，属于过度行使自己的职权，最终给单位造成巨大损失，符合滥用职权的构成要件，应当以滥用职权罪定罪处罚。

10. 滥用职权同时又受贿是否实行数罪并罚?②

本书观点：行为人在实施滥用职权等渎职犯罪行为的同时又收受贿赂具备两个犯罪的构成要件，除刑法有特别规定的以外，应当认定为两罪，实行数罪并罚。首先，判断罪数应以犯罪构成为基准。行为具备一个犯罪构成要件的，认定一罪；行为之间相互独立，具备数个犯罪构成要件的，原则上应认定数罪。这一法则是在司法实践中贯彻罪刑法定原则的基本要求，又是实现罪刑相适应原则的必然要求。从客体上讲，由于被告人不正确履行职责、滥用职权使国家税收等利益遭受重大损失，侵犯的客体是国家机关的正常活动；而被告人受贿犯罪侵犯的主要客体是国家工作人员职务行为的廉洁性。由此可见，被告人的行为符合两个独立的犯罪构成特征。其次，认定罪数应当遵循罪刑相适应基本原则。在罪数的把握上应当遵循罪刑相适应的刑法基本原则。根据罪刑相适应原则，刑罚的轻重，应当与犯罪分子所犯罪行和承担的刑事责任相适应。唯有如此，才能真正实现刑法适用的公平与正义。实践中，因受贿而为行贿人谋取利益又触犯其他罪名的情况较为普遍，从现有

---

① 观点来源：最高人民法院刑事审判第一、二、三、四、五庭编：《刑事审判参考》2009年第3集（总第68集）。

② 观点来源：最高人民法院刑事审判第一、二、三、四、五庭编：《刑事审判参考》2010年第5集（总第76集）。

的一些调研成果分析，受贿型渎职犯罪高发、频发，一定程度上与司法机关对此类犯罪惩治过轻、打击不力有关。我们认为，对此类案件除刑法有特别规定的以外，原则上实行数罪并罚，有利于实现量刑上的均衡。《渎职解释》第三条也吸收了上述裁判原则。

11. **为徇私利，不正确履行职权，违规将土地出让金返还企业，给国家利益造成重大损失的是否构成滥用职权罪？**[①]

本书观点：国家机关工作人员为徇私利，不正确履行职权，违规将土地出让金返还企业，造成恶劣的社会影响，给国家利益造成重大损失，这种行为构成滥用职权罪。

12. **滥用职权虽未给国家造成实际经济损失，但已造成了恶劣社会影响的是否构成滥用职权罪？**[②]

本书观点：根据《渎职解释》第一条第一款的规定，国家机关工作人员滥用职权或者玩忽职守，具有下列情形之一的，应当认定为刑法第三百九十七条规定的“致使公共财产、国家和人民利益遭受重大损失”：（1）造成死亡1人以上，或者重伤3人以上，或者轻伤9人以上，或者重伤2人、轻伤3人以上，或者重伤1人、轻伤6人以上的；（2）造成经济损失30万元以上的；（3）造成恶劣社会影响的；（4）其他致使公共财产、国家和人民利益遭受重大损失的情形。如果滥用职权行为情节恶劣，在当地造成了极其恶劣的社会影响，根据上述第（三）项之规定，应认定属于“滥用职权致使公共财产、国家和人民利益遭受重大损失”，以滥用职权罪定罪处罚。

（五）量刑指导或参考

依照《刑法》第三百九十七条第一款规定，犯滥用职权罪的，处三年以下有期徒刑或者拘役；情节特别严重的，处三年以上七年以下有期徒刑。本法另有规定的，依照规定。

依照本条第二款规定，国家机关工作人员徇私舞弊，犯本罪的，处五年以下有期徒刑或者拘役；情节特别严重的，处五年以上十年以下有期徒刑。本法另有规定的，依照规定。

---

① 观点来源：最高人民法院刑事审判第一、二、三、四、五庭编：《刑事审判参考》2013年第3集（总第92集）。

② 观点来源：《人民司法》2015年第2期，第25－27页。

司法机关在适用上述规定对本罪行为人进行处罚时，应当注意以下问题：

1. 关于“情节特别严重”的标准，《渎职解释》第一条第二款对“情节特别严重”的情形作了具体规定：（1）造成伤亡达到前款第（一）项规定人数3倍以上的；（2）造成经济损失150万元以上的；（3）造成前款规定的损失后果，不报、迟报、谎报或者授意、指使、强令他人不报、迟报、谎报事故情况，致使损失后果持续、扩大或者抢救工作延误的；（4）造成特别恶劣社会影响的；（5）其他特别严重的情节。司法实践中把握本罪“情节特别严重”时，上述情形应当作为依据。

2. 根据最高人民法院、最高人民检察院于2007年5月9日公布的《关于办理与盗窃、抢劫、诈骗、抢夺机动车相关刑事案件具体应用法律若干问题的解释》第三条第一款、第三款、第四款和第六条的规定，国家机关工作人员滥用职权，有下列情形之一，致使盗窃、抢劫、诈骗、抢夺的机动车被办理登记手续，数量达到三辆以上或者价值总额达到三十万元以上的，依照刑法第三百九十七条第一款的规定，以滥用职权罪定罪，处三年以下有期徒刑或者拘役：（1）明知是登记手续不全或者不符合规定的机动车而办理登记手续的；（2）指使他人为明知是登记手续不全或者不符合规定的机动车办理登记手续的；（3）违规或者指使他人违规更改、调换车辆档案的；（4）其他滥用职权的行为。

国家机关工作人员实施上述行为，致使盗窃、抢劫、诈骗、抢夺的机动车被办理登记手续，分别达到上述规定数量、数额标准五倍以上的，或者明知是盗窃、抢劫、诈骗、抢夺的机动车而办理登记手续的，属于《刑法》第三百九十七条第一款规定的“情节特别严重”，处三年以上七年以下有期徒刑。另外，涉及的机动车有下列情形之一的，应当认定行为人主观上具有“明知”：（1）没有合法有效的来历凭证；（2）发动机号、车辆识别代号有明显更改痕迹，没有合法证明的。

3. 国家机关工作人员徇私舞弊，实施上述行为，构成犯罪的，依照《刑法》第三百九十七条第二款的规定定罪处罚，其处罚力度要重于一般的滥用职权罪。

二、玩忽职守罪

（一）刑法规定

第三百九十七条 国家机关工作人员滥用职权或者玩忽职守，致使公共财产、国家和人民利益遭受重大损失的，处三年以下有期徒刑或者拘役；情节特别严重的，处三年以上七年以下有期徒刑。本法另有规定的，依照规定。

国家机关工作人员徇私舞弊，犯前款罪的，处五年以下有期徒刑或者拘役；情节特别严重的，处五年以上十年以下有期徒刑。本法另有规定的，依照规定。

（二）司法解释、司法文件

1. 最高人民检察院关于属工人编制的乡（镇）工商所所长能否依照刑法第397条的规定追究刑事责任问题的批复（高检发研字〔2000〕23号，自2000年10月31日起施行）

江西省人民检察院：

你院赣检研发〔2000〕3号《关于乡（镇）工商所所长（工人编制）是否属于国家机关工作人员的请示》收悉，经研究，批复如下：

根据刑法第93条第2款的规定，经人事部门任命，但为工人编制的乡（镇）工商所所长，依法履行工商行政管理职责时，属其他依照法律从事公务的人员，应以国家机关工作人员论。如果玩忽职守，致使公共财产、国家和人民利益遭受重大损失，可适用刑法第397条的规定，以玩忽职守罪追究刑事责任。

此复

2. 最高人民检察院关于合同制民警能否成为玩忽职守罪主体问题的批复（高检发研字〔2000〕20号，自2000年10月9日起施行）

辽宁省人民检察院：

你院辽检发诉字〔1999〕76号《关于犯罪嫌疑人李海玩忽职守一案的请示》收悉，经研究，批复如下：

根据刑法第九十三条第二款的规定，合同制民警在依法执行公务期间，属其他依照法律从事公务的人员，应以国家机关工作人员论。对合同制民警在依法执行公务活动中的玩忽职守行为，符合刑法第三百九十七条规定的玩忽职守罪构成条件的，依法以玩忽职守罪追究刑事责任。

此复

（三）典型或常见问题的审理思路

1. 罪与非罪的认定

本书观点：首先，要区别工作失误、一般官僚主义与本罪的界限。工作失误与玩忽职守罪在客观上都可能给公共财产、国家和人民利益造成一定的损失，二者的区别主要在于对待职守的心理态度。工作失误者并没有违反其职责义务，相反，甚至是认真、严肃地履行了职守，只是由于客观条件变化而致使判断失误，结果造成了损失。一般官僚主义与玩忽职守罪的共同点在于都违反了职责义务，不履行或者不正确地履行职务，二者的区别主要在于所造成的危害后果在程度上不同。实际上，玩忽职守罪是一种严重的官僚主义，成立犯罪必须在客观上给公共财产、国家和人民利益造成了重大损失。如果损失不重大，则属于一般官僚主义的错误。对于工作失误和一般官僚主义错误，可以根据情节给予行政处分。《渎职解释》第一条第一款对“致使公共财产、国家和人民利益遭受重大损失”的情形作了规定：（1）造成死亡1人以上，或者重伤3人以上，或者轻伤9人以上，或者重伤2人、轻伤3人以上，或者重伤1人、轻伤6人以上的；（2）造成经济损失30万元以上的；（3）造成恶劣社会影响的；（4）其他致使公共财产、国家和人民利益遭受重大损失的情形。司法实践中把握本罪的罪与非罪的界限时，上述情形应当作为依据。

其次，要区别意外事件与本罪的界限。二者的相同之处在于都造成了“重大损失”的后果，但意外事件中的损害结果是由于行为人不能抗拒或者不能预见的原因造成的，而玩忽职守的犯罪人对于危害后果是能够预见的，但因为疏忽大意而没有预见，或者已经预见而轻信能够避免造成的。

2. 正确认定责任的主体

本书观点：玩忽职守案件中，有时牵涉到多人，危害后果也往往是由多人或者数人的行为综合作用所造成的，即“一果多因”。在确定本罪的责任主体时，应当准确区分直接责任人员和间接责任人员，要根据玩忽职守行为与重大损失后果之间有无内在、必然的因果关系进行区分。对于前者，应依照刑法第三百九十七条的规定追究刑事责任；对于后者，一般不追究刑事责任，可以根据情节由有关部门给予行政处分。

3. **本罪与滥用职权罪的区别**

本书观点：二者在侵犯的主体、客体、危害后果、主观方面是基本相同的，区别主要在于危害行为不完全相同。前者表现为违反职责义务，不履行或者不正确履行职责的行为；后者则主要表现为违反法律规定的权限和程序，超越限度或者没有限度地履行职责的行为。

4. **本罪与法律规定的其他玩忽职守犯罪的区别**

本书观点：《刑法》第三百九十七条第一款中有"本法另有规定的，依照规定"的表述，这表明本条是对玩忽职守罪的概括性规定，属于普通法。而刑法分则另外规定的玩忽职守犯罪，如第四百条第二款失职致使在押人员脱逃罪，第四百零六 条国家机关工作人员签订、履行合同失职被骗罪，第四百零八条环境监管失职罪，第四百零九条传染病防治失职罪，第四百二十五条擅离、玩忽军事职守罪等，则属于特别法。本罪与这些犯罪之间存在法条竞合关系，在定罪时要注意加以区分。

根据《渎职解释》第二条规定：一是国家机关工作人员实施玩忽职守行为，触犯刑法分则第九章第三百九十八条至第四百一十九条的规定的，依照该规定定罪处罚；二是国家机关工作人员玩忽职守，因不具备徇私舞弊等情形，不符合刑法分则第九章第三百九十八条至第四百一十九条的规定，但依法构成第三百九十七条规定的犯罪的，以玩忽职守罪定罪处罚。刑法第一百三十九条之一"不报、谎报安全事故罪"也属于特别法，该罪与玩忽职守罪有所区别，主要是主体不同。前罪的主体是安全事故事发现场、单位中的"负有报告职责的人员"。根据《最高人民法院、最高人民检察院关于办理危害矿山生产安全刑事案件具体应用法律若干问题的解释》（已失效）第五条的解释，"负有报告职责的人员"是指矿山生产经营单位的负责人、实际控制人、负责生产经营管理的投资人以及其他负有报告职责的人员，而玩忽职守罪的主体仅限于负有报告职责的国家机关工作人员。

5. **本罪与国有公司、企业、事业单位人员失职罪的区别**

本书观点：本罪与国有公司、企业、事业单位人员失职罪的区别主要在于犯罪主体不同：前者为国家机关工作人员，而后者为国有公司、企业、事业单位的工作人员。

6. 本罪与医疗事故罪的区别

本书观点：两者都是因行为人严重不负责任造成严重后果的行为。其区别在于：（1）犯罪主体不同。后者的主体限于医务人员，而前者的主体则是国家机关工作人员。（2）造成危害后果的性质不尽相同。后者造成的后果是人的死亡或者身体健康受到重大损害；而前者造成的后果除了人的死亡、重伤外，还包括财产的重大损失。

7. 本罪与消防责任事故罪的区别

本书观点：两者的主要区别在于主体不同：前者的主体为国家机关工作人员，属特殊主体；后者为一般主体，在实践中多为机关、团体、企事业单位中对消防工作负有直接责任的人员。

（四）疑难、复杂问题的参考性解答

1. 渎职犯罪的因果关系如何判断？①

本书观点：行为人出具的虚假体检结论致使他人换领了驾驶证，确有玩忽职守行为，但该虚假体检结论的效力只有一年，在此后三年的年度审验中，行为人能够通过审验，完全是由于其他人体检失职行为所致。就行为人的失职行为和其后的失职行为对交通事故发生的影响力而言，前者对结果的发生在法律上已经不具有影响力。故此，行为人的失职行为与交通事故之间不存在刑法上的因果关系。行为人出具虚假体检结论的行为不构成玩忽职守罪。

2. 国家机关聘用人员玩忽职守的行为如何定性？玩忽职守罪中的“特别严重情节”如何确定？②

本书观点：《全国人民代表大会常务委员会关于〈中华人民共和国刑法〉第九章渎职罪主体适用问题的解释》规定：在依照法律、法规规定行使国家行政管理职权的组织中从事公务的人员，或者在受国家机关委托代表国家机关行使职权的组织中从事公务的人员，或者虽未列入国家机关人员编制但在国家机关中从事公务的人员，在代表国家机关行使职权时，有渎职行为，构成犯罪的，依照刑法关于渎职罪的规定追究刑事责任。从而包含了临时工、合同工及各种聘用制人员。因此受聘代表政府从事检疫、防疫工作的人，符

---

① 观点来源：最高人民法院刑事审判第一庭、第二庭编：《刑事审判参考》2004 年第 2 集（总第 37 集）。

② 观点来源：《最高人民法院公报》2012 年第 1 期。

合玩忽职守罪的犯罪主体。虽然玩忽职守行为造成的具体人身伤害和财产损失无法确定，但其行为导致大量未经瘦肉精检测的生猪流向市场，且部分生猪被喂养了瘦肉精，客观上对广大消费者的身体健康造成了严重危害，且经中央媒体报道后，对广大消费者造成了心理恐慌，严重扰乱了食品市场秩序，既“严重损害国家声誉”又“造成恶劣社会影响”，可以认定为“情节特别严重”。

3. 人大换届工作负责人未对选举过程中的贿选现象进行处理的，其行为是否构成玩忽职守罪？①

本书观点：童某谦在担任中共湖南省衡阳市委书记、衡阳市换届工作领导小组组长、衡阳市第十四届人大一次会议临时党组书记、大会主席团常务主席期间，未正确履行衡阳市严肃换届纪律第一责任人的职责，在衡阳市第十四届人大一次会议选举省人大代表之前、之中，对于省人大代表选举中存在贿选的情况反映，未严格依照选举法和中共湖南省委、中共湖南省衡阳市委有关严肃换届纪律工作的规定进行调查、处理；在衡阳市第十四届人大一次会议选举省人大代表之后，对于省人大代表选举中存在贿选问题的举报，未按照中共湖南省委、中共湖南省衡阳市委有关严肃换届纪律工作的规定进行立案、调查、处理。童某谦严重不负责任，不正确履行职责，致使省人大代表选举贿选情况大面积蔓延，给国家和人民利益造成了特别重大的损失，在社会上造成了极其恶劣的影响，其行为已构成玩忽职守罪，且属情节特别严重。

4. 合同制民警能否成为玩忽职守罪主体？②

本书观点：根据《刑法》第九十三条第二款的规定，合同制民警在依法执行公务期间，属其他依照法律从事公务的人员，应以国家机关工作人员论。对合同制民警在依法执行公务活动中的玩忽职守行为，符合刑法第三百九十七条规定的玩忽职守罪构成条件的，依法以玩忽职守罪追究刑事责任。

5. 买卖尚未加盖印章的空白《边境证》行为如何适用法律？③

本书观点：对买卖尚未加盖发证机关的行政印章或者通行专用章印鉴的

---

① 观点来源：《最高人民检察院公报》2014 年第 6 期。

② 观点来源：《最高人民检察院关于合同制民警能否成为玩忽职守罪主体问题的批复》，高检发研字〔2000〕20 号。

③ 《最高人民检察院研究室关于买卖尚未加盖印章的空白〈边境证〉行为如何适用法律问题的答复》（〔2000〕高检研发第 19 号）。

空白《中华人民共和国边境管理区通行证》的行为，不宜以买卖国家机关证件罪追究刑事责任。国家机关工作人员实施上述行为，构成犯罪的，可以按滥用职权等相关犯罪依法追究刑事责任。

6. 对海事局工作人员如何适用法律？①

本书观点：根据国办发〔1999〕90号、中编办函〔2000〕184号等文件的规定，海事局负责行使国家水上安全监督和防止船舶污染及海上设施检验、航海保障的管理职权，是国家执法监督机构。海事局及其分支机构工作人员在从事上述公务活动中，滥用职权或者玩忽职守，致使公共财产、国家和人民利益遭受重大损失的，应当依照刑法第三百九十七条的规定，以滥用职权罪或者玩忽职守罪追究刑事责任。

（五）量刑指导或参考

依照《刑法》第三百九十七条第一款规定，犯玩忽职守罪的，处三年以下有期徒刑或者拘役；情节特别严重的，处三年以上七年以下有期徒刑。本法另有规定的，依照规定。

依照本条第二款规定，国家机关工作人员徇私舞弊，犯本罪的，处五年以下有期徒刑或者拘役；情节特别严重的，处五年以上十年以下有期徒刑。本法另有规定的，依照规定。

司法机关在适用上述规定对本罪行为人进行处罚时，应当注意以下问题：

1. 关于“情节特别严重”的标准，《渎职解释》第一条第二款对“情节特别严重”的情形作了具体规定：（1）造成伤亡达到前款第（一）项规定人数3倍以上的；（2）造成经济损失150万元以上的；（3）造成前款规定的损失后果，不报、迟报、谎报或者授意、指使、强令他人不报、迟报、谎报事故情况，致使损失后果持续、扩大或者抢救工作延误的；（4）造成特别恶劣社会影响的；（5）其他特别严重的情节。司法实践中把握本罪“情节特别严重”时，上述情形应当作为依据。

2. 根据《最高人民法院、最高人民检察院关于办理与盗窃、抢劫、诈骗、抢夺机动车相关刑事案件具体应用法律若干问题的解释》第三条第二款、

① 《最高人民检察院关于对海事局工作人员如何使用法律问题的答复》（〔2003〕高检研发第1号）。

第三款、第四款和第六条的规定，国家机关工作人员疏于审查或者审查不严，致使盗窃、抢劫、诈骗、抢夺的机动车被办理登记手续，数量达到五辆以上或者价值总额达到五十万元以上的，依照刑法第三百九十七条第一款的规定，以玩忽职守罪定罪，处三年以下有期徒刑或者拘役。

国家机关工作人员实施第三条第一款和第二款规定的行为，致使盗窃、抢劫、诈骗、抢夺的机动车被办理登记手续：分别达到第三条第一款和第二款规定数量、数额标准五倍以上的，或者明知是盗窃、抢劫、诈骗、抢夺的机动车而办理登记手续的，属于刑法第三百九十七条第一款规定的“情节特别严重”，处三年以上七年以下有期徒刑。“明知”，是指涉及的机动车有下列情形之一的：（1）没有合法有效的来历凭证；（2）发动机号、车辆识别代号有明显更改痕迹，没有合法证明的。

3. 国家机关工作人员徇私舞弊，实施上述行为，构成犯罪的，依照刑法第三百九十七条第二款的规定处罚。

三、故意泄露国家秘密罪

（一）刑法规定

第三百九十八条 国家机关工作人员违反保守国家秘密法的规定，故意或者过失泄露国家秘密，情节严重的，处三年以下有期徒刑或者拘役；情节特别严重的，处三年以上七年以下有期徒刑。

非国家机关工作人员犯前款罪的，依照前款的规定酌情处罚。

（二）司法解释、司法文件

最高人民检察院关于渎职侵权犯罪案件立案标准的规定（高检发释字〔2006〕2号，自2006年7月26日起施行）（节录）

一、渎职犯罪案件

（三）故意泄露国家秘密案（第三百九十八条）

故意泄露国家秘密罪是指国家机关工作人员或者非国家机关工作人员违反保守国家秘密法，故意使国家秘密被不应知悉者知悉，或者故意使国家秘密超出了限定的接触范围，情节严重的行为。

涉嫌下列情形之一的，应予立案：

1. 泄露绝密级国家秘密 1 项（件）以上的；

2. 泄露机密级国家秘密 2 项（件）以上的；

3. 泄露秘密级国家秘密 3 项（件）以上的；

4. 向非境外机构、组织、人员泄露国家秘密，造成或者可能造成危害社会稳定、经济发展、国防安全或者其他严重危害后果的；

5. 通过口头、书面或者网络等方式向公众散布、传播国家秘密的；

6. 利用职权指使或者强迫他人违反国家保守秘密法的规定泄露国家秘密的；

7. 以牟取私利为目的泄露国家秘密的；

8. 其他情节严重的情形。

（三）典型或常见问题的审理思路

1. 罪与非罪的认定

本书观点：“情节严重”，是区分本罪与一般违法行为的要件。不具有严重情节的，属于一般违法行为。是否达到“情节严重”的程度，可以从泄露秘密的手段、时间、地点、危害后果、秘密级别与获取秘密人员的情况等方面考虑，并结合泄密人员的动机、目的以及一贯表现、泄密后的悔过情况，加以综合判断。

2. 本罪与为境外窃取、刺探、收买、非法提供国家秘密、情报罪的区别

本书观点：二者在侵犯的客体、对象和主体等方面是不完全相同的。后者侵犯的客体是国家安全，犯罪对象包括国家秘密和情报，犯罪主体为一般主体。但是二者之间存在法条竞合关系。如果国家机关工作人员故意将国家秘密泄露给境外的机构、组织、人员，就发生了法条竞合关系，则应按照重法优于轻法的处罚原则，适用重法即为境外窃取、刺探、收买、非法提供国家秘密、情报罪；如果行为人对境外的机构、组织、人员不存在明知的，仍应以本罪处罚。

3. 本罪与侵犯商业秘密罪的界限

本书观点：一般来说，侵犯商业秘密罪与故意泄露国家秘密罪的区别是比较明显的。其一，犯罪客体不同。侵犯商业秘密罪的犯罪客体是扰乱市场秩序，犯罪对象是商业秘密权利人的商业秘密。而故意泄露国家秘密的犯罪客体是破坏国家的保密制度。犯罪对象是国家秘密。其二，犯罪客观方面不同。侵犯商业秘密罪的犯罪行为表现方式多样，包括以盗窃、利诱、胁迫等非法手段获取权利人商业秘密的行为，披露、使用或者允许他人使用以各种非法手段获取的权利人商业秘密的行为，违反约定或者违反权利人有关保守商业秘密的要求，披露、使用或者允许他人使用其所掌握的商业秘密的行为，还包括明知或应知前列行为而获取、使用或者披露他人的商业秘密的行为。而泄露国家秘密罪的犯罪行为表现方式是泄露，即使国家秘密让不应该知道的人知道。其三，犯罪主体不同，侵犯商业秘密罪的主体是一般主体，而且除自然人主体外，单位也可以成为侵犯商业秘密罪的主体。而故意泄露国家秘密罪的主体只能是自然人，单位不能成为故意泄露国家秘密罪的主体。

国家秘密中有些应属于商业秘密，或者商业秘密中有些属于国家秘密。如果行为人披露或者泄露这些秘密，并给国家造成重大损失的，那么其行为既触犯了侵犯商业秘密罪，又触犯了故意泄露国家秘密罪。此时构成想象竞合关系，应该从一重罪处理。

4. 本罪与间谍罪的区别

本书观点：两罪的区别主要表现以下两点：其一，两罪犯罪客体不同。间谍罪侵犯的客体是国家安全，而泄露国家秘密罪侵害的客体是国家保密制度。其二，犯罪客观方面不同。虽然间谍罪可以表现为泄露国家秘密的方式，但行为人必须是参加间谍组织或者受间谍组织及其代理人的任务后提供国家秘密。故意泄露国家秘密罪是在没有参加间谍组织或者接受间谍组织及其代理人的任务的情况下泄露国家秘密罪。向间谍组织及其代理人提供国家秘密的构成间谍罪，向其他人提供国家秘密的构成故意泄露国家秘密罪。

5. 一罪与数罪的界限

本书观点：国家机关工作人员受贿后故意向他人泄露国家秘密，如果受贿成立犯罪的，以故意泄露国家秘密罪和受贿罪数罪并罚。在司法实践中，对于犯《刑法》第三百九十九条之外的渎职犯罪同时构成受贿罪的是择一重处还是数罪并罚存在认识分歧，做法也不一。《渎职解释》第三条明确规定："国家机关工作人员实施渎职犯罪并收受贿赂，同时构成受贿罪的，除刑法另有规定外，以渎职犯罪和受贿罪数罪并罚。"由于受贿罪并不以为他人实际谋取利益、更不以渎职为他人谋取非法利益为构成要件，渎职犯罪和受贿罪具有相互独立性，数罪并罚不存在明显的重复评价问题，因此，这一规定不仅可以提高对渎职犯罪的社会认知，有助于对渎职犯罪的查处，而且也有利于体现罪行相适应的原则。

（四）疑难、复杂问题的参考性解答

刑事律师将通过合法程序获得的案件证据材料给当事人亲属查阅是否成立犯罪?[①]

本书观点：刑事辩护律师在担任辩护人期间将在法院复制的案件证据材料让当事人亲属查阅的行为不构成故意泄露国家秘密罪。

（五）量刑指导或参考

依照《刑法》第三百九十八条第一款规定，犯故意泄露国家秘密罪的，处三年以下有期徒刑或者拘役；情节特别严重的，处三年以上七年以下有期徒刑。

依照本条第二款规定，非国家机关工作人员犯本罪的，依照前款的规定酌情处罚。

司法机关在适用上述规定对本罪行为人进行处罚时，应当注意以下问题：

1. “情节特别严重”，是本罪的加重处罚情节，司法实践中，一般是指泄露国家秘密已经造成特别严重后果的；泄露国家重要机密的；泄露国家秘密的次数多或者数量大的；向多人泄露国家秘密，危害严重的等情形。

2. 非国家机关工作人员犯本罪，依照该条第一款的规定“酌情处罚”，是指在第一款规定的法定刑的幅度内，根据具体案情给予适当处罚。

四、过失泄露国家秘密罪

（一）刑法规定

第三百九十八条　国家机关工作人员违反保守国家秘密法的规定，故意或者过失泄露国家秘密，情节严重的，处三年以下有期徒刑或者拘役；情节特别严重的，处三年以上七年以下有期徒刑。

非国家机关工作人员犯前款罪的，依照前款的规定酌情处罚。

---

① 观点来源：《最高人民法院公报》2004年第2期。

（二）司法解释、司法文件

最高人民检察院关于渎职侵权犯罪案件立案标准的规定（高检发释字〔2006〕2号，自2006年7月26日起施行）（节录）

一、渎职犯罪案件

（四）过失泄露国家秘密案（第三百九十八条）

过失泄露国家秘密罪是指国家机关工作人员或者非国家机关工作人员违反保守国家秘密法，过失泄露国家秘密，或者遗失国家秘密载体，致使国家秘密被不应知悉者知悉或者超出了限定的接触范围，情节严重的行为。

涉嫌下列情形之一的，应予立案：

1. 泄露绝密级国家秘密1项（件）以上的；
2. 泄露机密级国家秘密3项（件）以上的；
3. 泄露秘密级国家秘密4项（件）以上的；
4. 违反保密规定，将涉及国家秘密的计算机或者计算机信息系统与互联网相连接，泄露国家秘密的；
5. 泄露国家秘密或者遗失国家秘密载体，隐瞒不报、不如实提供有关情况或者不采取补救措施的；
6. 其他情节严重的情形。

（三）典型或常见问题的审理思路

1. 罪与非罪的认定

本书观点：情节是否严重是区分犯罪行为与违法行为的关键。过失泄露国家秘密的行为，如果情节不严重的，则属一般违法行为，不构成犯罪。在最高人民法院出台相关司法解释之前，可以参考《渎职侵权立案标准》对本罪立案追诉的标准来认定是否达到“情节严重”。

2. 本罪与故意泄露国家秘密罪的区别

本书观点：刑法第三百九十八条第一款包括两个独立的罪名：一是过失泄露国家秘密罪；二是故意泄露国家秘密罪。二者区别的关键在于行为人的主观方面不同：前者是过失，后者则是故意。

（四）疑难、复杂问题的参考性解答

因过失丢失秘密文件，情节严重的，是否构成过失泄露国家秘密罪?[①]

本书观点：国家秘密按照规定有明确的限定接触范围，具有接触或保管国家秘密职责的国家机关工作人员或者非国家机关工作人员，必须严格按照保守国家秘密法，防止国家秘密被不应知悉者知悉或者超出限定的接触范围。具有保管国家秘密载体职责的涉密人员，由于自身的疏忽大意和过于自信，转交保密办公室钥匙时未能依法清点交接，造成他人有机会接触秘密文件柜，致使大量文件丢失，其余文件虽未丢失亦可能已经泄露，泄密情节严重的。依法应对其过失泄露国家秘密的行为定罪处罚。

（五）量刑指导或参考

依照《刑法》第三百九十八条第一款规定，犯过失泄露国家秘密罪的，处三年以下有期徒刑或者拘役；情节特别严重的，处三年以上七年以下有期徒刑。

依照本条第二款规定，非国家机关工作人员犯本罪的，依照前款的规定酌情处罚。

五、徇私枉法罪

（一）刑法规定

第三百九十九条[②]**第一款** 司法工作人员徇私枉法、徇情枉法，对明知是无罪的人而使他受追诉、对明知是有罪的人而故意包庇不使他受追诉，或者

---

① 观点来源：湖南省常德市武陵区人民法院（2000）武刑初字第208号刑事判决书。

② 本条经2002年12月28日《刑法修正案（四）》第八条修正。

刑法原第三百九十九条为：“司法工作人员徇私枉法、徇情枉法，对明知是无罪的人而使他受追诉、对明知是有罪的人而故意包庇不使他受追诉，或者在刑事审判活动中故意违背事实和法律作枉法裁判的，处五年以下有期徒刑或者拘役；情节严重的，处五年以上十年以下有期徒刑；情节特别严重的，处十年以上有期徒刑。

“在民事、行政审判活动中故意违背事实和法律作枉法裁判，情节严重的，处五年以下有期徒刑或者拘役；情节特别严重的，处五年以上十年以下有期徒刑。

“司法工作人员贪赃枉法，有前两款行为的，同时又构成本法第三百八十五条规定之罪的，依照处罚较重的规定定罪处罚。”

在刑事审判活动中故意违背事实和法律作枉法裁判的，处五年以下有期徒刑或者拘役；情节严重的，处五年以上十年以下有期徒刑；情节特别严重的，处十年以上有期徒刑。

第三百九十九条第四款 司法工作人员收受贿赂，有前三款行为的，同时又构成本法第三百八十五条规定之罪的，依照处罚较重的规定定罪处罚。

（二）司法解释、司法文件

1. 最高人民检察院法律政策研究室关于非司法工作人员是否可以构成徇私枉法罪共犯问题的答复（〔2003〕高检研发第11号，自2003年4月16日起施行）

江西省人民检察院法律政策研究室：

你院《关于非国家机关工作人员是否可以构成徇私枉法罪共犯问题的请示》（赣检发研字〔2002〕7号）收悉。经研究，答复如下：

非司法工作人员与司法工作人员勾结，共同实施徇私枉法行为，构成犯罪的，应当以徇私枉法罪的共犯追究刑事责任。

此复

2. 最高人民检察院关于渎职侵权犯罪案件立案标准的规定（高检发释字〔2006〕2号，自2006年7月26日起施行）（节录）

一、渎职犯罪案件

（五）徇私枉法案（第三百九十九条第一款）

徇私枉法罪是指司法工作人员徇私枉法、徇情枉法，对明知是无罪的人而使他受追诉、对明知是有罪的人而故意包庇不使他受追诉，或者在刑事审判活动中故意违背事实和法律作枉法裁判的行为。

涉嫌下列情形之一的，应予立案：

1. 对明知是没有犯罪事实或者其他依法不应当追究刑事责任的人，采取伪造、隐匿、毁灭证据或者其他隐瞒事实、违反法律的手段，以追究刑事责任为目的立案、侦查、起诉、审判的；

2. 对明知是有犯罪事实需要追究刑事责任的人，采取伪造、隐匿、毁灭证据或者其他隐瞒事实、违反法律的手段，故意包庇使其不受立案、侦查、起诉、审判的；

3. 采取伪造、隐匿、毁灭证据或者其他隐瞒事实、违反法律的手段，故意使罪重的人受较轻的追诉，或者使罪轻的人受较重的追诉的；

4. 在立案后，采取伪造、隐匿、毁灭证据或者其他隐瞒事实、违反法律的手段，应当采取强制措施而不采取强制措施，或者虽然采取强制措施，但中断侦查或者超过法定期限不采取任何措施，实际放任不管，以及违法撤销、变更强制措施，致使犯罪嫌疑人、被告人实际脱离司法机关侦控的；

5. 在刑事审判活动中故意违背事实和法律，作出枉法判决、裁定，即有罪判无罪、无罪判有罪，或者重罪轻判、轻罪重判的；

6. 其他徇私枉法应予追究刑事责任的情形。

（三）典型或常见问题的审理思路

1. 罪与非罪的认定

本书观点：区分徇私枉法罪与非罪的关键在于行为人的主观心理状态不同。如果司法工作人员故意违背事实和法律，并且出于徇私情的动机，则可构成本罪。如果主观上不是出于故意，只是由于思想方法片面，工作方法简单、不认真；或者法律素质和水平不高而导致错捕、错诉、错判的，则不构成本罪。在最高人民法院出台相关司法解释之前，可以参考《渎职侵权立案标准》对本罪立案追诉的标准来认定是否达到“情节严重”。

2. 划清一罪与数罪的界限

本书观点：行为人滥用职权以妨害作证（即以暴力、威胁等方法阻止证人作证或者指使他人作伪证）或者帮助当事人毁灭、伪造证据为手段而徇私枉法，其手段行为构成犯罪的，应当按照牵连犯的处理原则，从一重罪即徇私枉法罪处罚。同样，司法工作人员犯徇私枉法罪，其手段行为又触犯了刑讯逼供罪或者暴力取证罪的，也应从一重罪即徇私枉法罪处断。

在刑事附带民事审判中，行为人就刑事部分作枉法裁判的，构成刑法第三百九十九条第一款徇私枉法罪；就刑事部分和附带民事部分均作枉法裁判，同时触犯本罪和刑法第三百九十九条第二款民事、行政枉法裁判罪的，应从一重罪处断。

司法工作人员在刑事诉讼活动中徇私、徇情，以作假证明、笔录，毁灭证据、伪造证据、妨害作证等手段包庇犯罪分子，同时触犯刑法第三百九十九条第一款和第三百零五条、第三百零七条的，应从一重罪处断，即以徇私枉法罪定罪处罚，不再适用伪证罪、帮助毁灭、伪造证据罪、妨害作证罪等规定。

在查禁案件和刑事诉讼活动之外有上述行为，构成犯罪的，以相应犯罪定罪处罚。在查禁案件中，通风报信、提供便利，帮助犯罪分子（含走私、贩卖、运输、制造毒品的犯罪分子）逃避刑事处罚的，依照刑法第四百一十七条帮助犯罪分子逃避处罚罪定罪处罚；放纵制售伪劣商品犯罪行为，徇私舞弊，不履行法律规定的追究职责，情节严重的，依照刑法第四百一十四条放纵制售伪劣商品犯罪行为罪定罪处罚。

（四）疑难、复杂问题的参考性解答

1. 铁路公安民警对扒窃人员放任不管并向其通风报信是否构成徇私枉法罪？[①]

本书观点：铁路公安机关民警，在依据治安管理法规行使职权的同时，还负有审查犯罪和制止、查处现行犯罪的职责，负有受理其警务辖区内刑事报案、收集相关证据和移送报案给刑侦部门的职责，且受理报案的相关材料及收集的相关证据，在案件进入诉讼阶段后，均将作为证据使用，受理报案、收集证据和移送案件本身就属于依照刑事诉讼法所进行的专门调查工作即侦查行为。因此，铁路公安机关民警是具有侦查职责的司法工作人员，符合徇私枉法罪的主体要求。从我国法律规定用语的习惯上看，“有罪的人”既包括“犯罪嫌疑人”，又包括“被告人”和“罪犯”。《渎职侵权立案标准》第一部分第五条第二款第（二）项对本罪的立案标准规定为“对明知是有犯罪事实需要追究刑事责任的人，采取伪造、隐匿、毁灭证据或者其他隐瞒事实、违反法律的手段，故意包庇使其不受立案、侦查、起诉、审判的”。可见，刑法第三百九十九条中“有罪的人”之“罪”的认定，应当是看其行为当时的证据是否足以证明有犯罪事实发生，而不是看该行为是否已经立案进入刑事诉讼程序，或者是否已为法院最终判决所确认为犯罪。因此，本罪中“有罪的人”的认定，应是指根据所掌握的证据，对照相关法律，足以证明其有涉嫌犯罪的事实需要追究刑事责任的人，包括立案前后的犯罪嫌疑人，起诉之后的被告人及罪犯。虽然被故意包庇的人未被立案侦查，更未被实际判决有罪，但如有证据证明被故意包庇的人已涉嫌构成犯罪，应当受到法律追究，那么

① 观点来源：《最高人民检察院公报》2006 年第 6 期。

包庇这些人的行为就应当构成徇私枉法罪。

2. 非司法工作人员是否可以构成徇私枉法罪共犯?[①]

本书观点: 非司法工作人员与司法工作人员勾结，共同实施徇私枉法行为，构成犯罪的，应当以徇私枉法罪的共犯追究刑事责任。

(五) 量刑指导或参考

依照刑法第三百九十九条第一款规定，犯徇私枉法罪的，处五年以下有期徒刑或者拘役；情节严重的，处五年以上十年以下有期徒刑；情节特别严重的，处十年以上有期徒刑。

司法机关在适用上述规定对本罪行为人进行处罚时，应当注意以下问题:

1. 在决定对犯罪分子的处罚时，应当根据其犯罪的手段、主观恶性程度、对公民合法权益的损害程度等情节适用法定刑。“情节严重”“情节特别严重”，是本罪的加重处罚情节。司法实践中，前者主要是指犯罪手段恶劣，严重损害公民合法权益的；因其徇私枉法而按无罪处理或者被宣告无罪的人重新犯罪的；造成严重的社会影响的等情形。后者主要是指因徇私枉法而按无罪处理或者被宣告无罪的人实施严重暴力犯罪，致人死亡、重伤，或者报复社会，严重危害公共安全的；造成其他特别严重后果的等情形。

2. 根据本条第四款的规定，司法工作人员贪赃枉法，犯徇私枉法罪的，同时受贿、索贿行为又构成刑法第三百八十五条规定的受贿罪的，则应当依照处罚较重的规定定罪处罚。首先要分别确定所犯的受贿罪和徇私枉法罪的情节轻重及其相应的量刑幅度，然后比较二者法定刑的轻重，再适用处罚较重的罪名及其法定刑。按照《渎职解释》第三条规定，国家机关工作人员实施渎职犯罪并收受贿赂，同时构成受贿罪的，除刑法另有规定外，以渎职犯罪和受贿罪数罪并罚。由于刑法第三百九十九条第四款属特殊规定，故对实施徇私枉法罪同时构成受贿罪的情形，不实行数罪并罚。

---

① 观点来源:《最高人民检察院法律政策研究室关于非司法工作人员是否可以构成徇私枉法罪共犯问题的答复》(〔2003〕高检研发第11号)。

六、民事、行政枉法裁判罪

（一）刑法规定

第三百九十九条[①]**第二款** 在民事、行政审判活动中故意违背事实和法律作枉法裁判，情节严重的，处五年以下有期徒刑或者拘役；情节特别严重的，处五年以上十年以下有期徒刑。

第三百九十九条第四款 司法工作人员收受贿赂，有前三款行为的，同时又构成本法第三百八十五条规定之罪的，依照处罚较重的规定定罪处罚。

（二）司法解释、司法文件

最高人民检察院关于渎职侵权犯罪案件立案标准的规定（高检发释字〔2006〕2号，自2006年7月26日起施行）（节录）

一、渎职犯罪案件

（六）民事、行政枉法裁判案（第三百九十九条第二款）

民事、行政枉法裁判罪是指司法工作人员在民事、行政审判活动中，故意违背事实和法律作枉法裁判，情节严重的行为。

涉嫌下列情形之一的，应予立案：

1. 枉法裁判，致使当事人或者其近亲属自杀、自残造成重伤、死亡，或者精神失常的；

2. 枉法裁判，造成个人财产直接经济损失10万元以上，或者直接经济损失不满10万元，但间接经济损失50万元以上的；

3. 枉法裁判，造成法人或者其他组织财产直接经济损失20万元以上，或

---

① 本条经2002年12月28日《刑法修正案（四）》第八条修正。

1997年刑法第三百九十九条规定：“司法工作人员徇私枉法、徇情枉法，对明知是无罪的人而使他受追诉、对明知是有罪的人而故意包庇不使他受追诉，或者在刑事审判活动中故意违背事实和法律作枉法裁判的，处五年以下有期徒刑或者拘役；情节严重的，处五年以上十年以下有期徒刑；情节特别严重的，处十年以上有期徒刑。

“在民事、行政审判活动中故意违背事实和法律作枉法裁判，情节严重的，处五年以下有期徒刑或者拘役；情节特别严重的，处五年以上十年以下有期徒刑。

“司法工作人员贪赃枉法，有前两款行为的，同时又构成本法第三百八十五条规定之罪的，依照处罚较重的规定定罪处罚。”

者直接经济损失不满 20 万元，但间接经济损失 100 万元以上的；

4. 伪造、变造有关材料、证据，制造假案枉法裁判的；

5. 串通当事人制造伪证，毁灭证据或者篡改庭审笔录而枉法裁判的；

6. 徇私情、私利，明知是伪造、变造的证据予以采信，或者故意对应当采信的证据不予采信，或者故意违反法定程序，或者故意错误适用法律而枉法裁判的；

7. 其他情节严重的情形。

（三）典型或常见问题的审理思路

1. 罪与非罪的认定

本书观点：情节是否严重是区别民事、行政枉法裁判罪与一般违法行为的客观要件。枉法裁判行为没有达到“情节严重”的程度的，属于一般违法行为，不构成犯罪。在最高人民法院出台相关司法解释之前，可以参考《渎职侵权立案标准》对本罪立案追诉的标准来认定是否达到“情节严重”。

2. 本罪与徇私枉法罪的区别

本书观点：二者的区别主要在于：（1）主体不完全相同。前者的主体只能是审判人员，后者除审判人员外，负有侦查、检察、监管职责的公安人员、检察人员和监狱工作人员也可以构成；（2）前者发生在民事、行政审判活动中，后者则发生在整个刑事诉讼（包括刑事审判）的过程中；（3）前者构成犯罪必须以“情节严重”为要件，而后者由于社会危害更大，故法律不要求以“情节严重”为构成犯罪的要件。

应当注意，在审理刑事附带民事诉讼案件中，如果仅就附带民事部分作出枉法裁判，由于附带民事诉讼解决的是物质损失的赔偿问题，所以对该行为仍应以本罪论处；如果对刑事部分和附带民事部分均作出了枉法裁判，由于行为人只有一个犯罪故意，不构成数罪，应从一重罪处断。

3. 划清一罪与数罪的界限

本书观点：审判人员在民事、行政审判中采取毁灭证据、伪造证据、妨害作证等手段包庇当事人，同时触犯《刑法》第三百九十九条第二款和第三百零七条的，应从一重罪处断，即以民事、行政枉法裁判罪定罪处罚，不再适用帮助毁灭、伪造证据罪、妨害作证罪的规定。

（四）量刑指导或参考

依照《刑法》第三百九十九条第二款规定，犯民事、行政枉法裁判罪的，处五年以下有期徒刑或者拘役；情节特别严重的，处五年以上十年以下有期徒刑。

司法机关在适用上述规定对本罪行为人进行处罚时，应当注意，根据该条第四款的规定，对于行为人贪赃枉法，犯民事、行政枉法裁判罪，同时又构成受贿罪的，应依照处罚较重的规定定罪处罚。

七、执行判决、裁定失职罪

（一）刑法规定

第三百九十九条第三款[①] 在执行判决、裁定活动中，严重不负责任或者滥用职权，不依法采取诉讼保全措施、不履行法定执行职责，或者违法采取诉讼保全措施、强制执行措施，致使当事人或者其他人的利益遭受重大损失的，处五年以下有期徒刑或者拘役；致使当事人或者其他人的利益遭受特别重大损失的，处五年以上十年以下有期徒刑。

第三百九十九条第四款 司法工作人员收受贿赂，有前三款行为的，同时又构成本法第三百八十五条规定之罪的，依照处罚较重的规定定罪处罚。

（二）司法解释、司法文件

最高人民检察院关于渎职侵权犯罪案件立案标准的规定（高检发释字〔2006〕2号，自2006年7月26日起施行）（节录）

一、渎职犯罪案件

（七）执行判决、裁定失职案（第三百九十九条第三款）

执行判决、裁定失职罪是指司法工作人员在执行判决、裁定活动中，严重不负责任，不依法采取诉讼保全措施、不履行法定执行职责，或者违法采取保全措施、强制执行措施，致使当事人或者其他人的利益遭受重大损失的行为。

涉嫌下列情形之一的，应予立案：

1. 致使当事人或者其近亲属自杀、自残造成重伤、死亡，或者精神失

---

① 本款由2002年12月28日《刑法修正案（四）》第八条第三款增订。

常的；

2. 造成个人财产直接经济损失 15 万元以上，或者直接经济损失不满 15 万元，但间接经济损失 75 万元以上的；

3. 造成法人或者其他组织财产直接经济损失 30 万元以上，或者直接经济损失不满 30 万元，但间接经济损失 150 万元以上的；

4. 造成公司、企业等单位停业、停产 1 年以上，或者破产的；

5. 其他致使当事人或者其他人的利益遭受重大损失的情形。

（三）典型或常见问题的审理思路

1. 罪与非罪的认定

本书观点：本罪在犯罪形态上属结果犯，只有在执行活动中因严重不负责任致使当事人或者其他人的利益遭受重大损失的，才构成犯罪；否则，不构成犯罪。所谓使当事人或者其他人的利益“遭受重大损失”，有待于最高人民法院作出解释。我们认为，重大损失一般应当理解为财产利益的重大损失，且应仅指直接损失，如导致应当执行的款物灭失等。在最高人民法院出台相关司法解释之前，可以参考《渎职侵权立案标准》对本罪立案追诉的标准来认定是否达到定罪标准。

2. 本罪与徇私枉法罪及民事、行政枉法裁判罪的区别

本书观点：（1）犯罪主体不同。虽然这三种犯罪都是特殊主体，但前者是执行人员，后二者是指在刑事诉讼活动中的侦查、检察、审判人员或者是在民事、行政诉讼活动中的民事、行政审判人员。（2）主观方面的内容不同。前者由过失构成，后二者由故意构成。（3）侵犯的客体不完全相同。前者侵犯的是人民法院正常的执行活动，后二者侵犯的是国家司法机关正常的侦查、检察、审判活动。（4）客观方面的表现形式不同。前者表现为在执行活动中严重不负责任的行为，后二者表现为违背事实和法律，在追诉或者刑事审判活动中作枉法决定或者裁判的行为，或者在民事、行政审判活动中作枉法裁判的行为。

3. 本罪和拒不执行判决、裁定罪的界限

本书观点：执行判决、裁定失职罪和拒不执行判决、裁定罪都是发生于执行判决、裁定活动中的犯罪，犯罪对象针对的都是判决、裁定；两罪中的判决、裁定也具有同样的内涵和外延。行为也可以都表现为拒不执行法院判决、裁定的活动，两罪的区分主要表现在：（1）两罪的主体不同。本罪的主体是司法工作人员，属于特殊主体；拒不执行判决、裁定罪的主体是被法院判决、裁定明确指定履行某种义务的人，也属于特殊主体。但前罪的主体是具有司法职权特别是执行权的国家机关工作人员，后罪的主体则是具有履行某种义务的人，不是具有司法职权的国家机关工作人员。可见，两罪的主体的关系是执行者与被执行者的关系，基本上处于相对的地位。（2）两罪行为的表现不同。拒不执行判决、裁定罪的行为表现为有能力履行法院的判决、裁定而拒不履行，情节严重的行为。执行判决、裁定失职罪的行为表现为消极的不作为，而拒不执行判决、裁定罪可以表现为消极不作为的拒不履行，也可表现为积极作为的拒不履行。本罪行为的最低限度要求是严重损失，拒不执行判决、裁定犯罪行为的最低限度要求是情节严重。（3）两罪的主观方面也不相同。本罪主观方面表现为过失，拒不执行判决、裁定罪的主观方面表现为故意。

4. 划清有无罪过和罪过大小的界限

本书观点：当前，“执行难”是困扰司法审判工作，从而引起全党、全社会关注的重要问题。党的十八届四中全会决定提出，要切实解决执行难，依法保证胜诉当事人及时实现权益，“切实解决执行难”被列为全面依法治国的目标任务之一。但执行难的原因是多方面的，既有执行人员严重不负责任、滥用职权导致的，也有外界因素干扰特别是地方和部门保护主义的干扰导致的；甚至有的被执行人以种种理由为借口抗拒执行。对此，在涉及本罪的侦查、起诉、审判过程中，要全面了解案情，充分听取当事人、其他人和涉案执行人员的意见、辩解，分清有无责任、罪过的有无和大小，严格依法作出决定和裁判。

（四）疑难、复杂问题的参考性解答

本罪中的“判决、裁定”应当如何理解？

本书观点：本罪的犯罪对象是“判决、裁定”。此处的“判决、裁定”应作广义的理解。根据《全国人民代表大会常务委员会关于〈中华人民共和国刑法〉第三百一十三条的解释》，《刑法》第三百一十三条规定的“人民法院的判决、裁定”，是指人民法院作出的具有执行内容并已发生法律效力的判决、裁定。人民法院为依法执行支付令、生效的调解书、仲裁裁决、公证债权文书等所作的裁定属于该条规定的裁定。

（五）量刑指导或参考

依照《刑法》第三百九十九条第三款规定，犯执行判决、裁定失职罪的，处五年以下有期徒刑或者拘役；致使当事人或者其他人的利益遭受特别重大损失的，处五年以上十年以下有期徒刑。

依照本条第四款规定，执行工作人员收受贿赂，犯执行判决、裁定失职罪，同时又构成受贿罪的，依照处罚较重的规定定罪处罚。

八、执行判决、裁定滥用职权罪

（一）刑法规定

第三百九十九条第三款[①] 在执行判决、裁定活动中，严重不负责任或者滥用职权，不依法采取诉讼保全措施、不履行法定执行职责，或者违法采取诉讼保全措施、强制执行措施，致使当事人或者其他人的利益遭受重大损失的，处五年以下有期徒刑或者拘役；致使当事人或者其他人的利益遭受特别重大损失的，处五年以上十年以下有期徒刑。

第三百九十九条第四款 司法工作人员收受贿赂，有前三款行为的，同时又构成本法第三百八十五条规定之罪的，依照处罚较重的规定定罪处罚。

（二）司法解释、司法文件

最高人民检察院关于渎职侵权犯罪案件立案标准的规定（高检发释字〔2006〕2号，自2006年7月26日起施行）（节录）

一、渎职犯罪案件

（八）执行判决、裁定滥用职权案（第三百九十九条第三款）

执行判决、裁定滥用职权罪是指司法工作人员在执行判决、裁定活动中，滥用职权，不依法采取诉讼保全措施、不履行法定执行职责，或者违法采取保全措施、强制执行措施，致使当事人或者其他人的利益遭受重大损失的行为。

涉嫌下列情形之一的，应予立案：

---

① 本款由2002年12月28日《刑法修正案（四）》第八条第三款增订。

1. 致使当事人或者其近亲属自杀、自残造成重伤、死亡，或者精神失常的；

2. 造成个人财产直接经济损失10万元以上，或者直接经济损失不满10万元，但间接经济损失50万元以上的；

3. 造成法人或者其他组织财产直接经济损失20万元以上，或者直接经济损失不满20万元，但间接经济损失100万元以上的；

4. 造成公司、企业等单位停业、停产6个月以上，或者破产的；

5. 其他致使当事人或者其他人的利益遭受重大损失的情形。

（三）典型或常见问题的审理思路

1. 罪与非罪的认定

本书观点：按照法律规定，行为人在执行活动中滥用职权的行为，只有致使当事人或者其他人的利益遭受重大损失的，才构成犯罪；否则，不构成犯罪。在最高人民法院出台相关司法解释之前，可以参考《渎职侵权立案标准》对本罪立案追诉的标准来认定是否达到定罪标准。

2. 划清一罪与数罪的界限

本书观点：本罪是指从事执行工作的人员因自身原因，在执行判决、裁定过程中严重不负责任或者滥用职权，致使当事人或者其他人的利益遭受重大损失的行为。根据《全国人民代表大会常务委员会关于〈中华人民共和国刑法〉第三百一十三条的解释》和《最高人民法院、最高人民检察院、公安部关于依法严肃查处拒不执行判决、裁定和暴力抗拒法院执行犯罪行为有关问题的通知》的规定，国家机关工作人员（即具体执行人员、主管执行工作的领导）与被执行人、担保人、协助执行义务人通谋，利用本人职权妨害执行，致使判决、裁定无法执行的，以拒不执行判决、裁定罪的共犯追究刑事责任；收受贿赂或者滥用职权而有上述行为，致使判决、裁定无法执行，同时构成受贿罪、滥用职权罪的，应当实行数罪并罚。

（四）量刑指导或参考

依照《刑法》第三百九十九条第三款规定，犯执行判决、裁定滥用职权罪的，处五年以下有期徒刑或者拘役；致使当事人或者其他人的利益遭受特别重大损失的，处五年以上十年以下有期徒刑。

依照本条第四款规定，执行工作人员收受贿赂，犯执行判决、裁定滥用职权罪，同时又构成受贿罪的，依照处罚较重的规定定罪处罚。

九、枉法仲裁罪

（一）刑法规定

第三百九十九条之一[①]　依法承担仲裁职责的人员，在仲裁活动中故意违背事实和法律作枉法裁决，情节严重的，处三年以下有期徒刑或者拘役；情节特别严重的，处三年以上七年以下有期徒刑。

（二）典型或常见问题的审理思路

1. 罪与非罪的认定

本书观点：情节是否严重是区分枉法仲裁罪与一般违法行为的要件。枉法仲裁行为没有达到“情节严重”的程度的，属于一般违法行为，不构成犯罪。关于是否达到“情节严重”的程度，可以参照法律对民事、行政枉法裁判罪的规定，综合考虑枉法仲裁行为的后果、枉法仲裁行为实施的方式和手段、行为人的动机和目的等要素确定是否构成枉法仲裁罪。如果行为人是因为思想方法片面、简单，工作不认真负责或者法律素质和水平不高而导致错误裁决的，也不构成犯罪。

2. 注意本罪与民事、行政枉法裁判罪的区别

本书观点：二者的区别主要在于：（1）主体不同。前者的主体只能是承担仲裁职责的人员，后者则是审判人员；（2）行为发生的领域不同。前者发生在仲裁活动中，后者则发生在民事、行政审判活动中。

（三）疑难、复杂问题的参考性解答

枉法仲裁行为“情节严重”的司法认定[②]

本书观点：对于枉法仲裁行为“情节严重”的标准，目前没有相关司法解释予以规定。由于枉法仲裁罪的犯罪构成要件除了犯罪主体以外，其余均

---

① 本条由2006年6月29日《刑法修正案（六）》第二十条增订。

② 观点来源：《人民法院案例选》2015年第1辑。

与民事、行政枉法裁判罪相似，所以审判实践中基本参照民事、行政枉法裁判罪的立案标准。《渎职侵权立案标准》对民事、行政枉法裁判罪中的“情节严重”作了规定，其中第六种情形是“徇私情、私利，明知是伪造、变造的证据予以采信，或者故意对应当采信的证据不予采信，或者故意违反法定程序，或者故意错误适用法律而枉法裁判的”。判断被告人枉法仲裁行为是否属“情节严重”，应以枉法仲裁罪构成要件为基础，结合上述规定，综合考虑枉法仲裁行为的后果、手段及主观恶性包括动机和目的等要素来正确认定。

（四）量刑指导或参考

依照《刑法》第三百九十九条之一规定，犯枉法仲裁罪的，处三年以下有期徒刑或者拘役；情节特别严重的，处三年以上七年以下有期徒刑。

司法机关在适用上述规定对本罪行为人进行处罚时，应当注意，如果在仲裁过程中，行为人索贿受贿，犯枉法仲裁罪，同时又构成非国家工作人员受贿罪的，应当以枉法裁判罪和非国家工作人员受贿罪数罪并罚。

十、私放在押人员罪

（一）刑法规定

第四百条第一款 司法工作人员私放在押的犯罪嫌疑人、被告人或者罪犯的，处五年以下有期徒刑或者拘役；情节严重的，处五年以上十年以下有期徒刑；情节特别严重的，处十年以上有期徒刑。

（二）司法解释、司法文件

1. **最高人民检察院关于渎职侵权犯罪案件立案标准的规定**（高检发释字〔2006〕2号，自2006年7月26日起施行）（节录）

一、渎职犯罪案件

（九）私放在押人员案（第四百条第一款）

私放在押人员罪是指司法工作人员私放在押（包括在羁押场所和押解途中）的犯罪嫌疑人、被告人或者罪犯的行为。

涉嫌下列情形之一的，应予立案：

1. 私自将在押的犯罪嫌疑人、被告人、罪犯放走，或者授意、指使、强迫他人将在押的犯罪嫌疑人、被告人、罪犯放走的；

2. 伪造、变造有关法律文书、证明材料，以使在押的犯罪嫌疑人、被告人、罪犯逃跑或者被释放的；

3. 为私放在押的犯罪嫌疑人、被告人、罪犯，故意向其通风报信、提供条件，致使该在押的犯罪嫌疑人、被告人、罪犯脱逃的；

4. 其他私放在押的犯罪嫌疑人、被告人、罪犯应予追究刑事责任的情形。

2. 最高人民检察院关于工人等非监管机关在编监管人员私放在押人员行为和失职致使在押人员脱逃行为适用法律问题的解释（高检发释字〔2001〕2号，自2001年3月2日起施行）

为依法办理私放在押人员犯罪案件和失职致使在押人员脱逃犯罪案件，对工人等非监管机关在编监管人员私放在押人员行为和失职致使在押人员脱逃行为如何适用法律问题解释如下：

工人等非监管机关在编监管人员在被监管机关聘用受委托履行监管职责的过程中私放在押人员的，应当依照刑法第四百条第一款的规定，以私放在押人员罪追究刑事责任；由于严重不负责任，致使在押人员脱逃，造成严重后果的，应当依照刑法第四百条第二款的规定，以失职致使在押人员脱逃罪追究刑事责任。

（三）典型或常见问题的审理思路

1. 罪与非罪的认定

本书观点：本罪是行为犯，只要行为人有故意私放在押人员的行为，无论在押人员是否成功逃脱，行为人均应构成本罪。

2. 正确把握本罪既遂与未遂的标准

本书观点：本罪应以在押人员是否成功逃脱，即摆脱司法机关及其工作人员的实际控制范围，作为区分本罪既遂与未遂的标准。在具体司法实践中，还应该根据个案的情况不同而具体把握：在设警戒线的场所私放在押人员的，以被私放者是否超过警戒线为准，被私放者超过警戒线的，行为人构成本罪既遂；反之，属于未遂。在未设警戒线的场所私放在押人员的，以被私放者是否脱离监管人的控制范围为准，被私放者已经脱离监管人员控制范围的，行为人构成本罪既遂；反之，属于未遂。在押解途中私放在押人员的，如果被私放者已经逃离至不能被及时抓获的地方，则行为人成立本罪既遂；如果被私放者未来得及走远就被有关人员及时抓获，行为人的行为就属于未遂。

（四）疑难、复杂问题的参考性解答

1. 私放无罪的在押人员是否构成本罪？

本书观点：私放无罪的在押人员是否构成私放在押人员罪，关键在于必须明确私放在押人员罪的犯罪对象包不包括无罪的在押人员。我们认为，刑法将本罪的对象规定为“犯罪嫌疑人、被告人、罪犯”，其中的犯罪嫌疑人、被告人本身就具有有罪和无罪两种可能。同时，无论犯罪嫌疑人、被告人是否有罪，私放行为都完全背离了国家对司法工作人员的职责要求，都破坏了司法机关的正常羁押制度，是一种相当严重的知法犯法行为，应予追究刑事责任。因此即使被私放的在押人员后来被认定无罪，对私放行为也应当依照本条法律追究刑事责任。

2. 被私放的在押人员脱管时间长短、是否按时返回监管场所，能否影响成立私放在押人员罪？①

本书观点：司法实践中，有少数司法工作人员出于徇私情、徇私利等动机目的，利用职务之便，将在押人员临时放出监管场所，并无让其长期脱逃在外的故意，对能及时返回监管场所未造成影响的案件往往不了了之。事实上，无论这种私放行为是长期还是临时，也无论被私放的在押人员是否及时返回监管场所，都侵害了正常的监管制度和秩序。根据刑法第四百条第一款的规定，私放在押人员罪是行为犯，只要负有监管职责的司法工作人员违法实施了私放在押的犯罪嫌疑人、被告人或者罪犯，以使其脱离监管的范围，就构成私放在押人员罪，应当追究刑事责任。至于私放的时间长短、被私放的在押人员是否按时返回监管场所等情形，只是量刑上考虑的情节，而不是定罪情节。在被私放的罪犯按约如期返回狱所的情况下，司法工作人员私放罪犯的行为已成立犯罪，罪犯如期返回可以作为一个酌定情节在量刑时予以考虑。

（五）量刑指导或参考

依照《刑法》第四百条第一款规定，犯私放在押人员罪的，处五年以下

---

① 案例来源：《人民法院案例选》2007 年第 3 辑。

有期徒刑或者拘役；情节严重的，处五年以上十年以下有期徒刑；情节特别严重的，处十年以上有期徒刑。

司法机关在适用上述规定对本罪行为人进行处罚时，应当注意以下问题：

1. 正确把握“情节严重”和“情节特别严重”加重处罚的内容。该款规定了三种量刑幅度。司法实践中，“情节严重”，一般是指私放罪行严重的危害国家安全、公共安全和社会治安的罪犯，包括私放被判处死刑、无期徒刑、十年以上有期徒刑等重刑的罪犯以及可能被判处死刑、无期徒刑的犯罪嫌疑人、被告人；私放在押人员多人、多次的；在押人员被私放后实施犯罪，危害社会的；在押人员被私放后，对检举人、控告人、证人或者司法工作人员行凶报复的；造成其他严重后果的等情形。“情节特别严重”，一般是指在押人员被私放后实施严重暴力犯罪，致人死亡、重伤，或者报复社会，严重危害公共安全的；造成其他特别严重后果的等情形。

2. 因收受贿赂而私放在押人员的行为的处理。在司法实践中，有的司法工作人员出于贪利的动机，接受在押人员或者其家属的贿赂而私放在押人员。对这种情况，如果受贿行为构成犯罪的，根据《渎职解释》第三条的规定，应当以私放在押人员罪和受贿罪数罪并罚。

十一、失职致使在押人员脱逃罪

（一）刑法规定

第四百条第二款 司法工作人员由于严重不负责任，致使在押的犯罪嫌疑人、被告人或者罪犯脱逃，造成严重后果的，处三年以下有期徒刑或者拘役；造成特别严重后果的，处三年以上十年以下有期徒刑。

（二）司法解释、司法文件

最高人民检察院关于渎职侵权犯罪案件立案标准的规定（高检发释字〔2006〕2号，自2006年7月26日起施行）（节录）

一、渎职犯罪案件

（十）失职致使在押人员脱逃案（第四百条第二款）

失职致使在押人员脱逃罪是指司法工作人员由于严重不负责任，不履行或者不认真履行职责，致使在押（包括在羁押场所和押解途中）的犯罪嫌疑人、被告人、罪犯脱逃，造成严重后果的行为。

涉嫌下列情形之一的，应予立案：

1. 致使依法可能判处或者已经判处10年以上有期徒刑、无期徒刑、死刑的犯罪嫌疑人、被告人、罪犯脱逃的；

2. 致使犯罪嫌疑人、被告人、罪犯脱逃3人次以上的；

3. 犯罪嫌疑人、被告人、罪犯脱逃以后，打击报复报案人、控告人、举报人、被害人、证人和司法工作人员等，或者继续犯罪的；

4. 其他致使在押的犯罪嫌疑人、被告人、罪犯脱逃，造成严重后果的情形。

（三）典型或常见问题的审理思路

1. 罪与非罪的认定

本书观点：本罪属于结果犯，“造成严重后果”，是本罪的结果要件，缺少此要件则不构成本罪。“造成严重后果”，司法实践中，主要是指致使重要的在押人员脱逃；在押人员多人、多次脱逃的；在押人员脱逃后行凶报复或者犯罪的；因在押人员脱逃使刑事诉讼活动受到严重干扰的；在押人员脱逃中杀伤军警人员、司法工作人员或者群众的；造成恶劣社会影响的等情形。

2. 本罪与私放在押人员罪的区别

本书观点：二者的主要区别在于主观方面不同，前者出自过失，后者只能是故意。如果明知某在押人员企图逃跑，但却放任不管，属于故意，此时应以私放在押人员定罪；如果不知道其想逃跑，或者知道其想脱逃但根据环境条件、在押人员的自身能力因素轻易相信其逃跑不了，结果致使其逃跑，构成犯罪的，则应以失职致使在押人员脱逃罪定罪。

（四）量刑指导或参考

依照《刑法》第四百条第二款规定，犯失职致使在押人员脱逃罪的，处三年以下有期徒刑或者拘役；造成特别严重后果的，处三年以上十年以下有期徒刑。

司法机关在适用上述规定对本罪行为人进行处罚时，应当注意，“造成特别严重后果”，是本罪的加重处罚情节，司法实践中，一般是指在押人员脱逃后实行严重暴力犯罪的；造成极为恶劣的社会影响的；在押人员脱逃中杀死、伤害多人的等情形。

十二、徇私舞弊减刑、假释、暂予监外执行罪

（一）刑法规定

第四百零一条 司法工作人员徇私舞弊，对不符合减刑、假释、暂予监外执行条件的罪犯，予以减刑、假释或者暂予监外执行的，处三年以下有期徒刑或者拘役；情节严重的，处三年以上七年以下有期徒刑。

（二）司法解释、司法文件

最高人民检察院关于渎职侵权犯罪案件立案标准的规定（高检发释字〔2006〕2号，自2006年7月26日起施行）（节录）

一、渎职犯罪案件

（十一）徇私舞弊减刑、假释、暂予监外执行案（第四百零一条）

徇私舞弊减刑、假释、暂予监外执行罪是指司法工作人员徇私舞弊，对不符合减刑、假释、暂予监外执行条件的罪犯予以减刑、假释、暂予监外执行的行为。

涉嫌下列情形之一的，应予立案：

1. 刑罚执行机关的工作人员对不符合减刑、假释、暂予监外执行条件的罪犯，捏造事实，伪造材料，违法报请减刑、假释、暂予监外执行的；

2. 审判人员对不符合减刑、假释、暂予监外执行条件的罪犯，徇私舞弊，违法裁定减刑、假释或者违法决定暂予监外执行的；

3. 监狱管理机关、公安机关的工作人员对不符合暂予监外执行条件的罪犯，徇私舞弊，违法批准暂予监外执行的；

4. 不具有报请、裁定、决定或者批准减刑、假释、暂予监外执行权的司法工作人员利用职务上的便利，伪造有关材料，导致不符合减刑、假释、暂予监外执行条件的罪犯被减刑、假释、暂予监外执行的；

5. 其他徇私舞弊减刑、假释、暂予监外执行应予追究刑事责任的情形。

（三）典型或常见问题的审理思路

1. **罪与非罪的认定**

本书观点：行为人出于徇私的动机，对不符合法定条件的罪犯予以减刑、假释或者暂予监外执行的，即成立本罪。如果行为的情节显著轻微、危害不大的，根据刑法第十三条的规定，可不以犯罪论处。实践中，对于因工作失误或者法律业务素质不高而错误作出减刑、假释或暂予监外执行的裁定或决定的，则不以本罪论处。在最高人民法院出台相关司法解释之前，审判实践中把握本罪的罪与非罪的界限时，可以参考《渎职侵权立案标准》对本罪立案追诉的标准来认定是否达到定罪标准。

2. **区分一罪与数罪**

本书观点：本罪为选择性罪名。按照法律规定，行为人徇私舞弊，具有对不符合减刑、假释或者暂予监外执行的罪犯予以减刑、假释、暂予监外执行其中一种行为的，就成立本罪；实施了两种以上行为的，仍为一罪，不实行并罚，量刑时可作参考。

3. **划清本罪既遂与未遂的界限**

本书观点：区别本罪既遂与未遂的标准为是否作出了不符合法定条件的减刑、假释或暂予监外执行的裁定或者决定。对于有权直接作出裁定或者决定的司法工作人员，自该裁定或决定一经作出，即为既遂。如果司法工作人员只有权建议作出裁定或决定的，则在该裁定或决定被批准作出后，即构成既遂；尚未批准的，构成未遂。另外，在既遂状态下，罪犯是否已经依据假释裁定或暂予监外执行的决定离开狱所可作为情节在量刑时予以考虑。

（四）疑难、复杂问题的参考性解答

1. **注意本罪与徇私枉法罪的界限**

本书观点：两者的区别主要在于：（1）客观方面不同。本罪的客观方面表现为两种：一是有报请、裁定、决定或者批准减刑、假释、暂予监外执行权限的机关在其合法权限内，对不符合减刑、假释、暂予监外执行条件的罪犯予以减刑、假释、暂予监外执行。二是无报请、裁定、决定或者批准减刑、假释、暂予监外执行权限的机关超越合法权限范围，对不符合减刑、假释、暂予监外执行条件的罪犯予以减刑、假释、暂予监外执行。徇私枉法罪的客

观方面表现为司法工作人员徇私枉法、徇情枉法，对明知是无罪的人而使他受追诉、对明知是有罪的人而故意包庇不使他受追诉，或者在刑事审判活动中故意违背事实和法律作枉法裁判的。（2）犯罪发生的阶段不同。本罪只能发生在刑罚的执行过程中，而徇私枉法罪则可以发生在刑事诉讼的各个阶段，包括侦查、检察、审判、执行阶段。（3）对象不同。本罪所针对的对象只能是正在服刑中的罪犯，而徇私枉法罪的对象既包括已决犯，也包括未决犯。（4）主体不同。本罪的主体为司法工作人员，包括审判机关、刑罚执行机关，而徇私枉法罪的犯罪主体包括侦查、检察和审判机关。

如果有关的审判人员在裁定减刑、假释的过程中，徇私舞弊，违背事实和法律枉法裁判的，同时构成本罪和徇私枉法罪，属于想象竞合犯，从一重罪处理，按照徇私枉法罪定罪处罚。

2. 注意本罪与私放在押人员罪的界限

本书观点：两者的主要区别在于：（1）犯罪对象不同。本罪的犯罪对象仅包括正在被执行刑罚的罪犯。而私放在押人员罪的犯罪对象不仅包括正在被执行刑罚的罪犯，还包括犯罪嫌疑人、被告人。（2）客观方面不同。本罪往往表现为通过伪造虚假的事实材料，使不符合减刑、假释、暂予监外执行条件的罪犯符合法律规定的条件，然后再通过一定的程序对被执行人员实施减刑、假释、暂予监外执行，而私放在押人员罪则表现为利用其职务上的便利，私自放行在押人员。（3）犯罪发生的过程不同。本罪只能发生在刑罚执行过程中，而私放在押人员罪则可以发生在刑事案件的侦查、检察、审判及其执行过程中。

（五）量刑指导或参考

依照《刑法》第四百零一条规定，犯徇私舞弊减刑、假释、暂予监外执行罪的，处三年以下有期徒刑或者拘役；情节严重的，处三年以上七年以下有期徒刑。

司法机关在适用上述规定对本罪行为人进行处罚时，应当注意以下问题：

1. 正确把握“情节严重”的程度。“情节严重”，是本罪的加重处罚情节，应当从以下几个方面把握：徇私舞弊的次数；被减刑、假释、暂予监外执行的罪犯被判刑的轻重、人数；罪犯出狱以后是否继续犯罪或行凶报复；社会影响恶劣程度；等等。

2. 行为人收受罪犯或者其亲友的贿赂后对罪犯减刑、假释、暂予监外执行的，如果受贿行为构成犯罪，以徇私舞弊减刑、假释、暂予监外执行罪和受贿罪数罪并罚。

十三、徇私舞弊不移交刑事案件罪

（一）刑法规定

第四百零二条 行政执法人员徇私舞弊，对依法应当移交司法机关追究刑事责任的不移交，情节严重的，处三年以下有期徒刑或者拘役；造成严重后果的，处三年以上七年以下有期徒刑。

（二）司法解释、司法文件

1. **最高人民检察院关于渎职侵权犯罪案件立案标准的规定**（高检发释字〔2006〕2号，自2006年7月26日起施行）（节录）

一、渎职犯罪案件

（十二）徇私舞弊不移交刑事案件案（第四百零二条）

徇私舞弊不移交刑事案件罪是指工商行政管理、税务、监察等行政执法人员，徇私舞弊，对依法应当移交司法机关追究刑事责任的案件不移交，情节严重的行为。

涉嫌下列情形之一的，应予立案：

1. 对依法可能判处3年以上有期徒刑、无期徒刑、死刑的犯罪案件不移交的；

2. 不移交刑事案件涉及3人次以上的；

3. 司法机关提出意见后，无正当理由仍然不予移交的；

4. 以罚代刑，放纵犯罪嫌疑人，致使犯罪嫌疑人继续进行违法犯罪活动的；

5. 行政执法部门主管领导阻止移交的；

6. 隐瞒、毁灭证据，伪造材料，改变刑事案件性质的；

7. 直接负责的主管人员和其他直接责任人员为牟取本单位私利而不移交刑事案件，情节严重的；

8. 其他情节严重的情形。

2. 最高人民法院、最高人民检察院关于办理危害生产安全刑事案件适用法律若干问题的解释（法释〔2015〕22 号，自 2015 年 12 月 16 日起施行）（节录）

第十五条　国家机关工作人员在履行安全监督管理职责时滥用职权、玩忽职守，致使公共财产、国家和人民利益遭受重大损失的，或者徇私舞弊，对发现的刑事案件依法应当移交司法机关追究刑事责任而不移交，情节严重的，分别依照刑法第三百九十七条、第四百零二条的规定，以滥用职权罪、玩忽职守罪或者徇私舞弊不移交刑事案件罪定罪处罚。

公司、企业、事业单位的工作人员在依法或者受委托行使安全监督管理职责时滥用职权或者玩忽职守，构成犯罪的，应当依照《全国人民代表大会常务委员会关于〈中华人民共和国刑法〉第九章渎职罪主体适用问题的解释》的规定，适用渎职罪的规定追究刑事责任。

（三）典型或常见问题的审理思路

1. 罪与非罪的认定

本书观点：情节是否严重，是区分本罪与非罪的要件。虽有徇私舞弊不移交刑事案件的行为，但情节显著轻微、危害不大的，属一般违法行为，不构成犯罪。在最高人民法院出台相关司法解释之前，审判实践中把握本罪的罪与非罪的界限时，可以参考《渎职侵权立案标准》对本罪立案追诉的标准来认定是否达到定罪标准。

2. 本罪与徇私枉法罪的区别

本书观点：徇私舞弊不移交刑事案件罪与徇私枉法罪中“明知是有罪的人而故意包庇不使他受追诉”的行为有相似之处。二者的主要区别是：本罪的主体是行政执法人员，徇私枉法罪的主体只能是司法工作人员；在客观方面，本罪是不将有罪的人移交司法机关处理，而徇私枉法罪既有故意包庇、使有罪的人不受追诉的行为，也有使无罪的人受到追诉的行为。

3. 划清一罪与数罪的界限

本书观点：行政执法人员因受贿而不移交刑事案件，如果受贿行为构成犯罪的，以徇私舞弊不移交刑事案件罪和受贿罪数罪并罚。行政执法人员拒不移交案件而放纵的行为涉及制售伪劣商品犯罪行为，同时触犯本罪和刑法第四百一十四条放纵制售伪劣商品犯罪行为罪的，应从一重罪处断。

负有食品安全监督管理职责的国家机关工作人员，滥用职权或者玩忽职守，导致发生重大食品安全事故或者造成其他严重后果，同时构成食品监管渎职罪和徇私舞弊不移交刑事案件罪、商检徇私舞弊罪、动植物检疫徇私舞弊罪、放纵制售伪劣商品犯罪行为罪等其他渎职犯罪的，依照处罚较重的规定定罪处罚。

（四）疑难、复杂问题的参考性解答

1. 构成本罪的行政执法人员的范围有哪些？

本书观点：《行政执法机关移送涉嫌犯罪案件的规定》第二条明确规定："本规定所称行政执法机关，是指依照法律、法规或者规章的规定，对破坏社会主义市场经济秩序、妨害社会管理秩序以及其他违法行为具有行政处罚权的行政机关，以及法律、法规授权的具有管理公共事务职能、在法定授权范围内实施行政处罚的组织。"由此，行政执法人员既包括在行政执法机关中从事执法的人员，也包括在法律、法规授权的组织中从事执法的人员，同时还包括受行政机关委托从事执法、受行政机关聘用从事公务的人员。司法实践中，该罪主体一般为负责查处某种行政违法案件的行政机关部门负责人及案件承办人员。

2. 单位能否构成徇私舞弊不移交刑事案件罪？①

本书观点：在司法实践中，存在一些行政执法机关为了本单位或本部门的利益，徇私舞弊，经过单位或部门办公会等形式集体研究决定，以罚代刑、不移交刑事案件的情形。《刑法》第三十条对单位犯罪作了如下规定："公司、企业、事业单位、机关、团体实施的危害社会的行为，法律规定为单位犯罪的，应当负刑事责任。"从单位犯罪理论角度，本案被告人的行为似乎具备单位整体的意志性和利益归属的团体性特征，但现行刑法规定需法律明确规定为单位犯罪才负刑事责任，即构成单位犯罪需要以法律的明确规定为前提。而《刑法》第四百零二条对单位能否成为本罪主体并未予以明确，因此，在现行刑法规定下，单位不能成为本罪主体。

不以单位犯罪处理，能否追究直接负责的主管人员和其他直接责任人员的刑事责任？虽然刑法对此没有明确规定，但《行政执法机关移送涉嫌犯罪

---

① 观点来源：《人民司法》2016 年第 35 期，第 18 - 19 页。

案件的规定》第十六条规定："行政执法机关违反本规定，逾期不将案件移送公安机关的，由本级或者上级人民政府，或者实行垂直管理的上级行政执法机关，责令限期移送，并对其正职负责人或者主持工作的负责人根据情节轻重，给予记过以上的处分；构成犯罪的，依法追究刑事责任。行政执法机关违反本规定，对应当向公安机关移送的案件不移送，或者以行政处罚代替移送的，由本级或者上级人民政府，或者实行垂直管理的上级行政执法机关，责令改正，给予通报；拒不改正的，对其正职负责人或者主持工作的负责人给予记过以上的处分；构成犯罪的，依法追究刑事责任。对本条第一款、第二款所列行为直接负责的主管人员和其他直接责任人员，分别比照前两款的规定给予处分；构成犯罪的，依法追究刑事责任"。依据上述规定，可以看出，对于直接负责的主管人员和其他直接责任人员，如果构成犯罪，依法可以追究其刑事责任。

3. **本罪是否应当以应被移送的案件已被判决为前提?**[①]

本书观点：本罪规定的是不移交涉嫌犯罪的刑事案件应当承担的责任，那么本罪的构成是否应当以应被移交的行为构成犯罪为前提？笔者认为答案是否定的。根据刑法第四百零二条的规定，本罪的对象是"依法应当移交司法机关追究刑事责任的"，并没有要求以前案已经被追究刑事责任为前提。《行政执法机关移送涉嫌犯罪案件的规定》第三条规定："行政执法机关在依法查处违法行为过程中，发现违法事实涉及的金额、违法事实的情节、违法事实造成的后果等，根据刑法关于破坏社会主义市场经济秩序罪、妨害社会管理秩序罪等罪的规定和最高人民法院、最高人民检察院关于破坏社会主义市场经济秩序罪、妨害社会管理秩序罪等罪的司法解释以及最高人民检察院、公安部关于经济犯罪案件的追诉标准等规定，涉嫌构成犯罪，依法需要追究刑事责任的，必须依照本规定向公安机关移送。"由此条规定可以看出，对应当移交而不移交的刑事案件，要求的仅是有证据证明涉嫌构成犯罪。如果涉嫌构成犯罪，行政执法机关及其执法人员就负有应当移送的义务。据此，认定徇私舞弊不移交刑事案件罪不应以未移交的犯罪嫌疑人已被生效判决确定有罪为前提，在对前案确定有罪以前，可以对徇私舞弊不移交刑事案件先行作出判决。

---

① 观点来源：《人民司法》2016 年第 35 期，第 19 页。

4. 公安人员行政执法时徇私舞弊不移送刑事侦查的应当如何处理？[①]

本书观点：公安机关的工作人员行使行政执法权时，如果徇私舞弊，对明知是构成犯罪应当提交立案进行刑事侦查的，不移送，应以徇私枉法罪追究其刑事责任。

（五）量刑指导或参考

依照《刑法》第四百零二条规定，犯徇私舞弊不移交刑事案件罪的，处三年以下有期徒刑或者拘役；造成严重后果的，处三年以上七年以下有期徒刑。

司法机关在适用上述规定对本罪行为人进行处罚时，应当注意，“造成严重后果”，是本罪的加重处罚情节，司法实践中，一般是指因不移交刑事案件而严重妨碍其他刑事案件侦破或者审判的；应当移交的刑事案件涉及重大犯罪的；造成极为恶劣的社会影响的等情形。

十四、滥用管理公司、证券职权罪

（一）刑法规定

第四百零三条　国家有关主管部门的国家机关工作人员，徇私舞弊，滥用职权，对不符合法律规定条件的公司设立、登记申请或者股票、债券发行、上市申请，予以批准或者登记，致使公共财产、国家和人民利益遭受重大损失的，处五年以下有期徒刑或者拘役。

上级部门强令登记机关及其工作人员实施前款行为的，对其直接负责的主管人员，依照前款的规定处罚。

---

① 观点来源：朗胜主编：《〈中华人民共和国刑法〉理解与适用》，中国民主法制出版社2015年版，第741－742页。

（二）司法解释、司法文件

最高人民检察院关于渎职侵权犯罪案件立案标准的规定（高检发释字〔2006〕2号，自2006年7月26日起施行）（节录）

一、渎职犯罪案件

（十三）滥用管理公司、证券职权案（第四百零三条）

滥用管理公司、证券职权罪是指工商行政管理、证券管理等国家有关主管部门的工作人员徇私舞弊，滥用职权，对不符合法律规定条件的公司设立、登记申请或者股票、债券发行、上市申请予以批准或者登记，致使公共财产、国家和人民利益遭受重大损失的行为，以及上级部门、当地政府强令登记机关及其工作人员实施上述行为的行为。

涉嫌下列情形之一的，应予立案：

1. 造成直接经济损失50万元以上的；

2. 工商行政管理部门的工作人员对不符合法律规定条件的公司设立、登记申请，违法予以批准、登记，严重扰乱市场秩序的；

3. 金融证券管理机构工作人员对不符合法律规定条件的股票、债券发行、上市申请，违法予以批准，严重损害公众利益，或者严重扰乱金融秩序的；

4. 工商行政管理部门、金融证券管理机构的工作人员对不符合法律规定条件的公司设立、登记申请或者股票、债券发行、上市申请违法予以批准或者登记，致使犯罪行为得逞的；

5. 上级部门、当地政府直接负责的主管人员强令登记机关及其工作人员，对不符合法律规定条件的公司设立、登记申请或者股票、债券发行、上市申请予以批准或者登记，致使公共财产、国家或者人民利益遭受重大损失的；

6. 其他致使公共财产、国家和人民利益遭受重大损失的情形。

（三）典型或常见问题的审理思路

1. 罪与非罪的认定

本书观点：“致使公共财产、国家和人民利益遭受重大损失”是区分本罪与非罪的标准，如未造成重大损失，则不构成本罪。在最高人民法院出台相关司法解释之前，审判实践中把握本罪的罪与非罪的界限时，可以参考《渎职侵权立案标准》对本罪立案追诉的标准来认定是否达到定罪标准。

2. **本罪与玩忽职守罪的区别**

本书观点：本罪的主观方面须由故意构成；行为人出于过失的，则构成玩忽职守罪。

3. **划清一罪与数罪的界限**

本书观点：行为人因受贿而实施本罪，如果受贿行为构成犯罪的，以滥用管理公司、证券职权罪和受贿罪数罪并罚。实践中，有关主管部门的国家机关工作人员与申请人相勾结，对明知是不符合法律规定条件的公司设立、登记申请或者股票、债券发行、上市申请而予以批准或者登记，为申请人或公司有关人员实施虚报注册资本、虚假出资或者欺诈发行股票、债券等行为创造条件和提供便利，此种情况下，该主管部门的工作人员同时构成虚报注册资本罪、虚假出资罪或者欺诈发行股票、债券罪的共犯与构成滥用管理公司、证券职权罪，两罪属于想象竞合，从一重罪处罚；如果二者之间不存在通谋勾结，则双方各自构成独立的犯罪，即对有关主管机关及其工作人员应以滥用管理公司、证券职权罪论处；而申请人或公司的有关人员则构成虚报注册资本罪、虚假出资罪或者欺诈发行股票、债券罪。

（四）疑难、复杂问题的参考性解答

1. **本条第二款中“上级部门”应当如何理解？**[①]

本书观点：本条第二款规定上级部门强令登记机关及其工作人员实施第一款行为的，对其直接负责的主管人员依照第一款的规定处罚的规定。这里的“上级部门”是广义的。既包括登记机关即工商行政管理机关、证券管理部门内部具有上下级领导关系的人员，也包括上级工商行政管理机关、证券管理部门中负有领导责任的人员。同时，这里所说的直接负责的主管人员，不仅仅是指上级部门的负责人，同时也包括在上级部门工作的具体工作人员。

2. **证券交易所工作人员能否构成本罪？**[②]

本书观点：证券交易所是提供证券集中竞价交易场所的，不以营利为目

---

① 观点来源：朗胜主编：《〈中华人民共和国刑法〉理解与适用》，中国民主法制出版社 2015 年版，第 743 页。

② 观点来源：周强总主编，李少平、南英、张述元、刘学文、胡云腾主编：《中华人民共和国刑法案典》（下），人民法院出版社 2016 年版，第 2352 页。

的的法人，它本身并非证券管理部门。一般而言，证券交易所的工作人员不能构成本罪。但根据《证券法》第四十三条第二款和第五十条第二款的规定，国务院证券监督管理机构可以授权证券交易所依照法定条件和法定程序核准股票、公司债券上市申请。因此，在证券交易所根据国务院证券监督管理机构的授权，核准股票、公司债券上市申请时，应当认为其在履行证券监督管理职责，具有证券管理的职权。若其工作人员徇私舞弊，对不符合法律规定条件的股票、公司债券上市申请予以核准，致使公共财产、国家和人民利益遭受重大损失的，应以本罪论处。

（五）量刑指导或参考

依照《刑法》第四百零三条第一款规定，犯滥用管理公司、证券职权罪的，处五年以下有期徒刑或者拘役。

依照本条第二款规定，上级部门强令登记机关及其工作人员实施对不符合法律规定条件的公司设立、登记申请或者股票、债券发行、上市申请，予以批准或者登记行为的，对其直接负责的主管人员，依照前款的规定处罚。

十五、徇私舞弊不征、少征税款罪

（一）刑法规定

第四百零四条 税务机关的工作人员徇私舞弊，不征或者少征应征税款，致使国家税收遭受重大损失的，处五年以下有期徒刑或者拘役；造成特别重大损失的，处五年以上有期徒刑。

（二）司法解释、司法文件

最高人民检察院关于渎职侵权犯罪案件立案标准的规定（高检发释字〔2006〕2号，自2006年7月26日起施行）（节录）

一、渎职犯罪案件

（十四）徇私舞弊不征、少征税款案（第四百零四条）

徇私舞弊不征、少征税款罪是指税务机关工作人员徇私舞弊，不征、少征应征税款，致使国家税收遭受重大损失的行为。

涉嫌下列情形之一的，应予立案：

1. 徇私舞弊不征、少征应征税款，致使国家税收损失累计达 10 万元以上的；

2. 上级主管部门工作人员指使税务机关工作人员徇私舞弊不征、少征应征税款，致使国家税收损失累计达 10 万元以上的；

3. 徇私舞弊不征、少征应征税款不满 10 万元，但具有索取或者收受贿赂或者其他恶劣情节的；

4. 其他致使国家税收遭受重大损失的情形。

（三）典型或常见问题的审理思路

1. 罪与非罪的认定

本书观点：“致使国家税收遭受重大损失”是本罪的客观要件之一。行为人虽然不征或者少征应征税款，给国家税收造成了一定损失，但尚未达到“重大损失”的程度，则不构成犯罪，可由税务机关给予行政处罚。“重大损失”，主要是指给国家税收造成的直接经济损失。至于“重大损失”的具体数额标准，有待最高人民法院作出司法解释。在最高人民法院出台相关司法解释之前，审判实践中把握本罪的罪与非罪的界限时，可以参考《渎职侵权立案标准》对本罪立案追诉的标准来认定是否达到定罪标准。

2. 本罪与玩忽职守罪的区别

本书观点：如果行为人在征税工作中严重不负责任，如因工作马虎、不认真而计算错误，没有征收或者少征了应征税款，致使国家税收遭受重大损失，情节严重的，可以玩忽职守罪追究其刑事责任。

（四）疑难、复杂问题的参考性解答

1. 税收渎职犯罪与受贿罪交织情况的应当如何处理？

本书观点：税收工作人员接受纳税主体的贿赂而不征或者少征应征税款，如果受贿行为构成犯罪的，以徇私舞弊不征、少征税款罪和受贿罪数罪并罚。

2. 税务机关工作人员与偷税人相互勾结而故意不履行其依法征税或者纳税职责的应当如何处理？[①]

本书观点：就税务机关工作人员与偷税人相互勾结偷逃税款案件的定性

---

① 周强总主编，李少平、南英、张述元、刘学文、胡云腾主编：《中华人民共和国刑法案典》（下），人民法院出版社 2016 年版，第 2358 页。

问题而言，重点要分析税务机关工作人员所实施行为的性质，如果税务机关工作人员为徇私情、私利，故意违背事实和法律，伪造材料，隐瞒情况，弄虚作假，从而不征、少征应征税款，那么，这一行为属于徇私舞弊不征、少征税款罪的实行行为，对偷税人实施偷税行为起到了一定的帮助作用，此时，税务人员的行为构成逃税罪已与徇私舞弊不征、少征税款罪存在竞合关系，原则上应择一重罪论处。偷税人如果为了完成其偷税行为，教唆税务机关工作人员徇私舞弊不征、少征税款的行为，由于在对合性犯罪下，一般情况下先产生犯意的一方不构成教唆犯，而是某种犯罪的实行犯，因此也不能以徇私舞弊不征、少征税款罪的教唆犯定罪处罚。偷税人帮助税务机关工作人员实施徇私舞弊不征、少征税款行为，此时不能以共犯论处，其理亦同。但是，如果税务机关工作人员或者偷税人实施的行为超出了法律规定的对合范畴，则不能排除构成相关罪名共犯的可能。如司法实践中有的税务机关工作人员主动教唆他人偷税，然后又徇私舞弊不征、少征税款，对这种情形不能以对合犯为由，否定税务机关工作人员构成偷税罪共犯的可能性。因为教唆偷税并不是徇私舞弊不征、少征税款罪的实行行为，只有对上述行为用刑法分别作出否定性评价，才能体现罪刑相当原则。对这种情形，应择一重罪处理。此外，对合性必要共犯对共犯一般原理的限制适用，只存在于具有对合关系的行为相互之间，对于徇私舞弊不征、少征税款罪与偷税罪自身而言，仍然存在共同犯罪一般原理的适用空间。

3. 如何把握徇私舞弊不征税款罪的构成要件及税收损失数额的认定?[①]

本书观点：税务评估人员如果在评估企业税务情况过程中，发现纳税人在企业账面上反映的情况与实际情况不符，应当约谈纳税当事人，要求他们作出解释，如果不能排除疑点，应当移送当地地税稽查局处理。如果利用职务之便以不作为形式实现其不征税款目的的行为，符合徇私舞弊不征税款罪的特征。根据相关规定，股权转让合同履行完毕、股权已作变更登记，且所得已经实现的，转让人取得的股权转让收入应当依法缴纳个人所得税。在计算徇私舞弊不征税款罪造成的税款损失时，要以纳税人已经实现的实际所得额作为基础。

---

① 案例来源：最高人民法院刑事审判第一、二、三、四、五庭编：《刑事审判参考》2012 年第 6 集（总第 89 集）。

（五）量刑指导或参考

依照《刑法》第四百零四条规定，犯徇私舞弊不征、少征税款罪的，处五年以下有期徒刑或者拘役；造成特别重大损失的，处五年以上有期徒刑。

司法机关在适用上述规定对本罪行为人进行处罚时，应当注意，“造成特别重大损失”，是本罪的加重处罚情节，司法实践中，一般是指给国家税收造成的直接经济损失特别巨大等情形。

十六、徇私舞弊发售发票、抵扣税款、出口退税罪

（一）刑法规定

第四百零五条第一款 税务机关的工作人员违反法律、行政法规的规定，在办理发售发票、抵扣税款、出口退税工作中，徇私舞弊，致使国家利益遭受重大损失的，处五年以下有期徒刑或者拘役；致使国家利益遭受特别重大损失的，处五年以上有期徒刑。

（二）司法解释、司法文件及其权威解读

1. 最高人民法院研究室关于违反经行政法规授权制定的规范一般纳税人资格的文件应否认定为“违反法律、行政法规的规定”问题的答复（法研〔2012〕59号，自2012年5月3日起施行）

宁夏回族自治区高级人民法院：

你院宁高法（2012）33号《关于经行政法规授权以通知形式下发的规范一般纳税人资格的文件是否可以作为行政法规适用的请示》收悉。经研究，答复如下：

国家税务总局《关于加强新办商贸企业增值税征收管理有关问题的紧急通知》（国税发明电〔2004〕37号）和《关于加强新办商贸企业增值税征收管理有关问题的补充通知》（国税发明电〔2004〕62号），是根据1993年制定的《中华人民共和国增值税暂行条例》的规定对一般纳税人资格认定的细化，且2008年修订后的《中华人民共和国增值税暂行条例》第十三条明确规定：“小规模纳税人以外的纳税人应当向主管税务机关申请资格认定。具体认定办法由国务院主管部门制定。”因此，违反上述两个通知关于一般纳税人资

格的认定标准及相关规定，授予不合格单位一般纳税人资格的，相应违反了《中华人民共和国增值税暂行条例》的有关规定，应当认定为刑法第四百零五条第一款规定的“违反法律、行政法规的规定”。

此复

权威解读

解读《最高人民法院研究室关于违反经行政法规授权制定的规范一般纳税人资格的文件应否认定为“违反法律、行政法规的规定”问题的答复》

2012 年 2 月，宁夏回族自治区高级人民法院就关于经行政法规授权以通知形式下发的规范一般纳税人资格的文件是否可以作为行政法规适用的问题请示最高人民法院（《关于经行政法规授权以通知形式下发的规范一般纳税人资格的文件是否可以作为行政法规适用的请示》（宁高法〔2012〕33 号），以下简称《纳税人资格请示》）。经认真研究，并征求有关部门意见，最高人民法院研究室于 2012 年 5 月 3 日作出《最高人民法院研究室关于违反经行政法规授权制定的规范一般纳税人资格的文件应否认定为“违反法律、行政法规的规定”问题的答复》（法研〔2012〕59 号，以下简称《纳税人资格答复》）。现就《纳税人资格答复》所涉问题由来、相关考虑及经过解读如下：

一、问题由来

2009 年 8 月，犯罪嫌疑人安某某、李某（均另案处理）为虚开增值税专用发票牟利，登记设立了鑫远商贸有限公司（以下简称鑫远公司）。后二人通过关系认识了被告人李某某（系区国税局原副局长），先后向其行贿 4.1 万元，请求李某某在鑫远公司办理增值税一般纳税人资格认定时给予关照。被告人李某某给被告人吴某某（系区国税局税政管理科原科长）、陈某某（系区国税局城区分局原副局长）打了招呼，吴、陈二人在审查鑫远公司一般纳税人资格时，违反国家税务总局关于一般纳税人资格认定的有关规定，签署了符合辅导期一般纳税人条件的意见。后被告人陈某某在将审批资料交给被告人岳某（系区国税局城区分局原局长）时，又向岳某打招呼，岳某未按国家税务总局规定的要求进行审查，便签署了同意的意见。2009 年 8 月 10 日，被告人吴某某在区国税局一般纳税人资格认定小组会上，又向小组成员打招呼，导致小组成员杨某某（系区国税局原副局长）、冉某某、张某某没有仔细审核申报材料便一致同意认定鑫远公司的一般纳税人资格。在此期间，安某某先后向被告人杨某某行贿 1.3 万元。

认定鑫远公司一般纳税人资格后，在对该公司进行票种核定及最高开票限额审批过程中，被告人樊某某（系区国税局城区分局原税管员）在接受安某某贿赂后，没有严格按照国家税务总局相关文件规定对该企业进行实地核查，便签署同意“按申请的最高开票限额及数量供票”的意见，被告人吴某某、岳某、杨某某因事先知道该公司负责人是被告人李某某的朋友，也没有严格按照规定程序仔细审查申报资料，使该企业顺利通过了票种核定及最高开票限额的审批，随后，在向鑫远公司增供发票时，上述被告人也未按规定程序进行实地核查便进行了审批。2009年11月，被告人李某某又找人帮忙，由被告人后某、樊某某提供征管软件密码，利用系统漏洞规避了增供系统的限制，重做了票种核定，修改了最高购票数量，继续为鑫远公司提供发票。鑫远公司成立三个月内，区国税局共向该公司发售增值税专用发票610份，致使鑫远公司向多家公司虚开增值税专用发票593份，在立案时尚有249万多元的税款没有追回，给国家造成重大损失。某基层法院受理被告人李某某涉嫌受贿罪、滥用职权罪，被告人杨某某涉嫌受贿罪、徇私舞弊发售发票罪，被告人岳某、吴某某、杨某某涉嫌徇私舞弊发售发票罪，被告人陈某某涉嫌滥用职权罪一案，在审理过程中，认为该案存在法律适用问题，逐级向宁夏回族自治区高级人民法院请示。宁夏回族自治区高级人民法院审判委员会经研究讨论，认为本案属于审判过程中的法律适用问题，遂请示最高人民法院。

二、主要争议问题

《刑法》第四百零五条第一款规定：“税务机关的工作人员违反法律、行政法规的规定，在办理发售发票、抵扣税款、出口退税工作中，徇私舞弊，致使国家利益遭受重大损失的，处五年以下有期徒刑或者拘役；致使国家利益遭受特别重大损失的，处五年以上有期徒刑。”可见，构成徇私舞弊发售发票罪的前提条件是违反法律行政法规的规定。

1994年1月1日起施行的《增值税暂行条例》第十四条规定：“小规模纳税人会计核算健全，能够提供准确税务资料的，经主管税务机关批准，可以不视为小规模纳税人，依照本条例有关规定计算应纳税额。”2009年1月1日起施行修改后的《增值税暂行条例》第十三条规定：“小规模纳税人以外的纳税人应当向主管税务机关申请资格认定。具体认定办法由国务院税务主管部门制定。小规模纳税人会计核算健全，能够提供准确税务资料的，可以向主管税务机关申请资格认定，不作为小规模纳税人，依照本条例有关规定计算应纳税额。”

为进一步规范对新办商贸企业一般纳税人的认定，国家税务总局以明传通知形式下发了《关于加强新办商贸企业增值税征收管理有关问题的紧急通知》（国税发明电〔2004〕37号，已失效，以下简称37号文件）和《关于加强新办商贸企业增值税征收管理有关问题的补充通知》（国税发明电〔2004〕62号，以下简称62号文件），对新办商贸企业一般纳税人资格认定的审批管理及相关问题作出具体规定。

本案的焦点是：国家税务总局为认定一般纳税人资格而以明传通知形式下发的37号文件和62号文件，是否属于行政法规的范围或者是否可以作为行政法规适用。相应，税务机关的工作人员在办理发售发票过程中，违反37号文件和62号文件关于对新办商贸企业一般纳税人资格认定的审批管理的规定，是否可以认定为《刑法》第四百零五条第一款规定的“违反法律、行政法规的规定”。对此问题，存在以下两种意见：

第一种意见认为，国家税务总局颁发的37号文件和62号文件不符合行政法规的形式要件，只是国家税务总局的内部工作通知，不属于行政法规。相应，税务机关的工作人员在办理发售发票过程中，违反37号文件和62号文件关于对新办商贸企业一般纳税人资格认定的审批管理的规定，不应认定为刑法第四百零五条第一款规定的“违反法律、行政法规的规定”。

第二种意见认为，国家税务总局颁发的37号文件和62号文件尽管从形式上看不符合行政法规的形式，但实质上是经行政法规授权而制定的对一般纳税人资格的认定标准，是《增值税一般纳税人纳税辅导期管理办法》出台之前的认定依据，从打击涉税犯罪的社会效果上考虑，不能简单地将这两个通知排除在行政法规之外，应将其视为行政法规。37号文件和62号文件于2010年3月20日废止，相关内容被《增值税一般纳税人纳税辅导期管理办法》（国税发〔2010〕40号）吸收。

三、答复意见及其理由

经慎重研究，并征求院内有关部门意见，我们认为：国家税务总局颁发的37号文件和62号文件，是根据1993年制定的《增值税暂行条例》的规定对一般纳税人资格认定的细化，且2008年修订后的《增值税暂行条例》第十三条明确规定：“小规模纳税人以外的纳税人应当向主管税务机关申请资格认定。具体认定办法由国务院税务主管部门制定。”因此，违反上述两个通知关于一般纳税人资格的认定标准及相关规定，授予不合格单位一般纳税人资格的，相应违反了《增值税暂行条例》的有关规定，应当认定为《刑法》第四百零五条第一款规定的“违反法律、行政法规的规定”。主要考虑如下：

（一）37 号文件和 62 号文件是否属于行政法规

本案在研究过程中，就国家税务总局颁发的 37 号文件和 62 号文件是否属于行政法规，存在不同意见。我们认为，37 号文件和 62 号文件不属于行政法规。主要理由如下：(1) 根据《立法法》第三章关于行政法规的规定，行政法规由国务院根据宪法和法律制定，并由总理签署国务院令公布。那么，本案中所涉的 37 号文件和 62 号文件，分别由国家税务总局以紧急通知、补充通如的形式下发，制定主体是国家税务总局，明显不属于行政法规的范畴。(2) 2008 年修订后的《增值税暂行条例》第十三条明确规定：“小规模纳税人以外的纳税人应当向主管税务机关申请资格认定。具体认定办法由国务院税务主管部门制定。”那么，在 2009 年 1 月 1 日修订后的《增值税暂行条例》（已被修改）施行后，37 号文件和 62 号文件实际上是根据行政法规的明确授权对一般纳税人资格的具体认定办法的细化规定，其在规范性文件的性质上仍然不同于行政法规，不符合行政法规的条件，不属于行政法规。

（二）违反 37 号文件和 62 号文件应否认定为“违反法律、行政法规的规定”根据前文分析，37 号文件和 62 号文件不属于行政法规的范畴，但这并不能必然得出违反 37 号文件和 62 号文件不应当被认定为“违反法律、行政法规的规定”。主要理由如下：

1. 违反 37 号文件和 62 号文件的相关规定，授予不合格单位一般纳税人资格的，相应违反了《增值税暂行条例》的有关规定。对此，可以区分两种情形予以分析：(1)《增值税暂行条例》于 2008 年修订，自 2009 年 1 月 1 日起施行，并在第十三条增加规定授权国务院税务主管部门就小规模纳税人以外的纳税人向主管税务机关申请资格认定问题制定具体认定办法。虽然国家税务总局的 37 号文件和 62 号文件制定于 2004 年，但自《增值税暂行条例》于 2009 年 1 月 1 日起施行后，应当将上述两个文件视为国家税务总局经行政法规授权以通知形式下发的规范一般纳税人资格的文件，实际上是对《增值税暂行条例》相关规定的具体细化。因此，在 2009 年 1 月 1 日后，违反国家税务总局的 37 号文件和 62 号文件的行为，必然也违反了《增值税暂行条例》的相关规定，应当认定为“违反行政法规的规定”。(2) 在 2009 年 1 月 1 日前，国家税务总局的37号文件和62号文件实际上属于对《增值税暂行条例》第十四条关于一般纳税人规定的细化完善，虽然不属于经行政法规明确授权作出的细化规定，但违反37号文件和62号文件关于新办商贸企业一般纳税人资格认定的审批管理的相关规定，授予不合格单位一般纳税人资格的，自然相应违反了修订前的《增值税暂行条例》第十四条的相应规定，也应当认定为“违反行政法规的规定”。

2. 从司法实践的具体情况考虑，应当将违反37号文件和62号文件的行为认定为“违反行政法规的规定”。随着经济社会发展，需要通过法律、行政法规及其他方式加以规范的事项愈来愈多。而从立法实践来看，法律、行政法规主要就一般性事项作出规范，往往将其中的具体事项交由相关主管部门制定具体细则。在这种情形下，如果简单地将违反相关部门依据法律、行政法规授权制定的规定的行为排除在“违反法律、行政法规的规定”的范围之外，不利于有效惩治犯罪，也不利于相关案件办理的社会效果。

3. 从体系解释的角度，应当将违反37号文件和62号文件的行为认定为“违反行政法规的规定”。刑法分则第九章既规定了普通的滥用职权与玩忽职守罪（第三百九十七条），也规定了特殊的滥用职权与玩忽职守罪（第三百九十八条至第四百一十九条）。从司法实践来看，具体的渎职行为不能适用《刑法》第三百九十八条至第四百一十九条规定，但符合《刑法》第三百九十七条规定的，原则上可以认定为普通的渎职罪。这就有必要合理界分普通渎职罪与特殊渎职罪的范围，避免《刑法》第三百九十七条成为“口袋罪”。根据《刑法》第三百九十七条的规定，滥用职权或者玩忽职守的行为构成犯罪并不限于违反法律、行政法规的规定”的行为，在此种情形下，如果对《刑法》第四百零五条“违反法律、行政法规的规定”作过于狭隘的解释，会导致很多行为最终适用了《刑法》第三百九十七条的规定。因此，从体系解释的角度，应当将违反国家税务总局经行政法规授权以通知形式下发的规范一般纳税人资格的文件的行为认定为“违反行政法规的规定”。

（三）将违反37号文件和62号文件的行为认定为“违反法律、行政法规的规定”是否符合法律适用的一般规则

从法律适用的一般规则看，对法律法规条文内容需进一步细化说明的，规章及其他规范性文件可以根据法律法规的授权性规定或者根据实践需要作出相应规范。对于本案有关一般纳税人资格认定问题，国家税务总局颁发的

37号文件和62号文件是对1994年1月1日起施行的《增值税暂行条例》有关规定的细化，且符合2009年1月1日起施行的修改后的《增值税暂行条例》第十三条有关授权性规定的精神（即“具体认定办法由国务院税务主管部门制定”）。而且，2008年修订的《增值税暂行条例》第十三条的规定与修订前的《增值税暂行条例》第十四条的规定并无本质冲突。在此情形下，将违反37号文件和62号文件的行为认定为“违反法律、行政法规的规定”，无疑符合法律适用的一般规则。

（撰稿：喻海松）

2. **最高人民检察院关于渎职侵权犯罪案件立案标准的规定**（高检发释字〔2006〕2号，自2006年7月26日起施行）（节录）

一、渎职犯罪案件

（十五）徇私舞弊发售发票、抵扣税款、出口退税案（第四百零五条第一款）

徇私舞弊发售发票、抵扣税款、出口退税罪是指税务机关工作人员违反法律、行政法规的规定，在办理发售发票、抵扣税款、出口退税工作中徇私舞弊，致使国家利益遭受重大损失的行为。

涉嫌下列情形之一的，应予立案：

1. 徇私舞弊，致使国家税收损失累计达10万元以上的；

2. 徇私舞弊，致使国家税收损失累计不满10万元，但发售增值税专用发票25份以上或者其他发票50份以上或者增值税专用发票与其他发票合计50份以上，或者具有索取、收受贿赂或者其他恶劣情节的；

3. 其他致使国家利益遭受重大损失的情形。

（三）典型或常见问题的审理思路

1. 罪与非罪的认定

本书观点：是否“致使国家利益遭受重大损失”，是区分罪与非罪的结果要件。所谓重大损失，司法实践中，一般是指给国家税收造成重大损失，但又不限于此，具体内容有待于最高人民法院作出司法解释。如虽有徇私舞弊发售发票、抵扣税款或者出口退税等行为，但没有使国家利益遭受重大损失的，不以犯罪论处。在最高人民法院出台相关司法解释之前，审判实践中把握本罪的罪与非罪的界限时，可以参考《渎职侵权立案标准》对本罪立案追诉的标准来认定是否达到定罪标准。

2. **本罪与玩忽职守罪的区别**[①]

本书观点：行为人由于严重不负责任，而在办理发售发票、抵扣税款、出口退税工作中过失地致使国家利益遭受重大损失的，构成玩忽职守罪。

3. **本罪与诈骗罪、骗取出口退税罪共犯的界限**

本书观点：行为人如果与其他犯罪分子有欺骗的共同故意，在办理抵扣税款、出口退税工作中帮助其骗取抵扣税款或者出口退税的，可构成诈骗罪或者骗取出口退税罪的共犯。

4. **划清一罪与数罪的界限**

本书观点：税收工作人员在办理发售发票、抵扣税款、出口退税工作中接受贿赂而实施本罪的，如果受贿行为构成犯罪的，以徇私舞弊发售发票、抵扣税款、出口退税罪和受贿罪数罪并罚。

（四）量刑指导或参考

依照《刑法》第四百零五条第一款规定，犯徇私舞弊发售发票、抵扣税款、出口退税罪的，处五年以下有期徒刑或者拘役；致使国家利益遭受特别重大损失的，处五年以上有期徒刑。

司法机关在适用上述规定对本罪行为人进行处罚时，应当注意，“致使国家利益遭受特别重大损失”，是本罪的加重处罚情节，司法实践中，一般是指国家税收遭受特别重大损失，如被罪犯骗走的税款特别巨大等情形。

十七、违法提供出口退税凭证罪

（一）刑法规定

第四百零五条 税务机关的工作人员违反法律、行政法规的规定，在办理发售发票、抵扣税款、出口退税工作中，徇私舞弊，致使国家利益遭受重大损失的，处五年以下有期徒刑或者拘役；致使国家利益遭受特别重大损失的，处五年以上有期徒刑。

---

① 观点来源：《全国人民代表大会常务委员会关于惩治虚开、伪造和非法出售增值税专用发票犯罪的决定》。

其他国家机关工作人员违反国家规定，在提供出口货物报关单、出口收汇核销单等出口退税凭证的工作中，徇私舞弊，致使国家利益遭受重大损失的，依照前款的规定处罚。

（二）司法解释、司法文件

最高人民检察院关于渎职侵权犯罪案件立案标准的规定（高检发释字〔2006〕2号，自2006年7月26日起施行）（节录）

一、渎职犯罪案件

（十六）违法提供出口退税凭证案（第四百零五条第二款）

违法提供出口退税凭证罪是指海关、外汇管理等国家机关工作人员违反国家规定，在提供出口货物报关单、出口收汇核销单等出口退税凭证的工作中徇私舞弊，致使国家利益遭受重大损失的行为。

涉嫌下列情形之一的，应予立案：

1. 徇私舞弊，致使国家税收损失累计达10万元以上的；

2. 徇私舞弊，致使国家税收损失累计不满10万元，但具有索取、收受贿赂或者其他恶劣情节的；

3. 其他致使国家利益遭受重大损失的情形。

（三）典型或常见问题的审理思路

1. 罪与非罪的认定

本书观点：是否“致使国家利益遭受重大损失”是区分本罪与非罪行为的结果要件。行为人虽然违法提供出口退税凭证，但给国家利益造成的损失尚未达到“重大”的程度的，则属一般违法行为，不构成犯罪。在最高人民法院出台相关司法解释之前，审判实践中把握本罪的罪与非罪的界限时，可以参考《渎职侵权立案标准》对本罪立案追诉的标准来认定是否达到定罪标准。

2. 划清本罪与骗取出口退税罪共犯的界限

本书观点：行为人与骗取出口退税的犯罪分子相勾结，违法向其提供出口退税凭证，构成犯罪的，可以骗取出口退税罪的共犯论处。

（四）量刑指导或参考

依照《刑法》第四百零五条第二款规定，犯违法提供出口退税凭证罪的，依照本条第一款的规定处罚，即处五年以下有期徒刑或者拘役；致使国家利益遭受特别重大损失的，处五年以上有期徒刑。

十八、国家机关工作人员签订、履行合同失职被骗罪

（一）刑法规定

第四百零六条　国家机关工作人员在签订、履行合同过程中，因严重不负责任被诈骗，致使国家利益遭受重大损失的，处三年以下有期徒刑或者拘役；致使国家利益遭受特别重大损失的，处三年以上七年以下有期徒刑。

（二）司法解释、司法文件

最高人民检察院关于渎职侵权犯罪案件立案标准的规定（高检发释字〔2006〕2号，自2006年7月26日起施行）（节录）

一、渎职犯罪案件

（十七）国家机关工作人员签订、履行合同失职被骗案（第四百零六条）

国家机关工作人员签订、履行合同失职被骗罪是指国家机关工作人员在签订、履行合同过程中，因严重不负责任，不履行或者不认真履行职责被诈骗，致使国家利益遭受重大损失的行为。

涉嫌下列情形之一的，应予立案：

1. 造成直接经济损失30万元以上，或者直接经济损失不满30万元，但间接经济损失150万元以上的；

2. 其他致使国家利益遭受重大损失的情形。

（三）典型或常见问题的审理思路

1. 罪与非罪的认定

本书观点：对于在签订、履行合同过程中因国家政策、国际和国内市场行情的变化等不能抗拒或者不能预见的原因，致使国家利益遭受重大损失的，不能以犯罪论处。行为人虽然因严重不负责任而被诈骗，但给国家利益造成的损失未达到“重大”的程度，也不能追究其刑事责任，可给予必要的行政处分。在最高人民法院出台相关司法解释之前，审判实践中把握本罪的罪与非罪的界限时，可以参考《渎职侵权立案标准》对本罪立案追诉的标准来认

定是否达到定罪标准。

2. **划清本罪与签订、履行合同失职被骗罪的界限**

本书观点：二者的区别在于：本罪主体仅限于国家机关工作人员；而后罪主体则为国有公司、企业、事业单位中直接负责的主管人员。对于一些合同如涉外技术转让合同、国有土地转让合同等必须经过国家有关机关审查批准。国有公司、企业、事业单位在签订、履行这些合同过程中如果玩忽职守，而有关主管机关的工作人员在审批过程中亦玩忽职守，严重不负责任，致使国家利益遭受重大损失的，则国有公司、企业、事业单位的主管人员与主管机关的工作人员对此都应承担玩忽职守、严重不负责任行为的刑事责任。但定罪则应根据主体身份的不同特征分别以本罪与签订、履行合同失职被骗罪论处。

（四）疑难、复杂问题的参考性解答

1. **如何认定“在签订、履行合同的过程中”？**

本书观点：国家机关工作人员签订履行合同失职被骗罪只能发生在签订、履行合同的过程中。签订、履行合同是市场经济条件下，经济活动契约化的一种基础性活动。国家机关作为社会成员之一，在进行正常的经济活动中，必然存在与其他平等主体的自然人、法人、其他组织之间签订、履行合同的问题。合同，是平等主体的自然人、法人、其他组织之间设立、变更、终止民事权利义务关系的协议。本罪的“合同”应当是指合同法所规定和调整的合同，且从实际情况看应是经济贸易性合同。合同过程，可分为签订和履行两个既相互联系又相互区别的过程。“签订合同”，是指平等主体的当事人双方就合同的主要条款经过协商达成一致的过程。“履行合同”，是指合同当事人对于合同中所规定的事项全部并适当地完成，将双方当事人的合同目的予以实现的行为。合同生效后，除非法定情况，都应全面、实际、正确地履行。“签订、履行合同过程中”，是指合同已经生效，正在履行尚未履行完毕这一时间内。因此，如果严重不负责任被诈骗，致使国家利益遭受重大损失的行为发生在签订合同之前或者履行合同之后，均不构成本罪。

2. 如何理解"严重不负责任"？[①]

本书观点：严重不负责任的具体表现形式繁多，归纳起来主要有：

（1）没有严格审查合同的形式、内容。不严格审查合同是否具备法律规定的形式要件，如有的合同除须双方达成书面协议还须依据法律规定经国家有关机关批准或核准；不严格审查合同的内容如标的、数量和质量、价款和酬金、履行的地点、方式等是否真实、合法、全面。

（2）没有严格审查签订合同的对方主体资格和履约能力。如不严格审查对方当事人的合同主体资格是否合法、真实、有效；不认真了解对方的资信状况、履约能力和货源情况、轻信对方等。

（3）在履行合同中没有及时采取必要措施导致合同未能履行或者未能完全履行。如对确认无效的合同仍履行；发现对方没有履约能力，不尽快中止合同；已经发货或已经开出信用证等付款凭证的，不及时通知金融机构支付等。

（4）无视规章制度和工作纪律，擅自越权，签订或者履行经济合同，造成重大经济损失的。

（5）对质次货劣的商品，不及时采取补救措施，延误索赔期或擅自决定不索赔，造成重大经济损失的；发现出口商品的质量、数量不符合规定要求而不及时采取措施，致使外方向我索赔，造成重大经济损失或严重影响外贸信誉的。

（6）在经办人员提出违反法律法规规定的做法和主张时，对其默许或同意，或者当经办人员提出本单位合同签订、履行中可能被骗的事实根据时，未予重视，因而最终造成国家利益遭受重大损失的等。

3. 如何将本罪与对方的行为结合起来加以认定？

本书观点：只有对方出于非法占有的目的，采取虚构事实或隐瞒事实真相的手段实施了诈骗，且构成合同诈骗犯罪的情况下，本罪才能构成。如果对方不是出于非法占有的目的，即使有虚构事实或隐瞒真相的手段，后亦因自己的行为造成了国家利益重大损失，但由于对方行为不属诈骗，因而也不能以本罪论处。因此，本罪的成立要以对方实施合同诈骗的犯罪成立为前提。

---

① 周强总主编，李少平、南英、张述元、刘学文、胡云腾主编：《中华人民共和国刑法案典》（下），人民法院出版社2016年版，第2366－2367页。

当然，对方诈骗犯罪成立，并不意味着本罪一定成立，如认真履行了自己的职责，却被对方诈骗，或者对方虽然诈骗得逞，后又追回了一些损失并未造成重大损失的，就不应以本罪定罪。

（五）量刑指导或参考

依照《刑法》第四百零六条规定，犯国家机关工作人员签订、履行合同失职被骗罪的，处三年以下有期徒刑或者拘役；致使国家利益遭受特别重大损失的，处三年以上七年以下有期徒刑。

司法机关在适用上述规定对本罪行为人进行处罚时，应当注意，本罪处罚的对象只能是直接负责的主管人员。在处罚时，应根据签订、履行合同过程中失职行为对造成重大损失的责任的大小程度予以量刑，做到罪刑相适应。

十九、违法发放林木采伐许可证罪

（一）刑法规定

第四百零七条 林业主管部门的工作人员违反森林法的规定，超过批准的年采伐限额发放林木采伐许可证或者违反规定滥发林木采伐许可证，情节严重，致使森林遭受严重破坏的，处三年以下有期徒刑或者拘役。

（二）司法解释、司法文件

1. **最高人民法院关于审理破坏森林资源刑事案件具体应用法律若干问题的解释**（法释〔2000〕36号，自2000年12月11日起施行）（节录）

第十二条 林业主管部门的工作人员违反森林法的规定，超过批准的年采伐限额发放林木采伐许可证或者违反规定滥发林木采伐许可证，具有下列情形之一的，属于刑法第四百零七条规定的“情节严重，致使森林遭受严重破坏”，以违法发放林木采伐许可证罪定罪处罚：

（一）发放林木采伐许可证允许采伐数量累计超过批准的年采伐限额，导致林木被采伐数量在十立方米以上的；

（二）滥发林木采伐许可证，导致林木被滥伐二十立方米以上的；

（三）滥发林木采伐许可证，导致珍贵树木被滥伐的；

（四）批准采伐国家禁止采伐的林木，情节恶劣的；

（五）其他情节严重的情形。

2. 最高人民检察院关于对林业主管部门工作人员在发放林木采伐许可证之外滥用职权、玩忽职守致使森林遭受严重破坏的行为适用法律问题的批复（高检发释字〔2007〕1号，自2007年5月16日起施行）

福建省人民检察院：

你院《关于林业主管部门工作人员滥用职权、玩忽职守造成森林资源损毁立案标准问题的请示》（闽检〔2007〕14号）收悉。经研究，批复如下：

林业主管部门工作人员违法发放林木采伐许可证，致使森林遭受严重破坏的，依照刑法第四百零七条的规定，以违法发放林木采伐许可证罪追究刑事责任；以其他方式滥用职权或者玩忽职守，致使森林遭受严重破坏的，依照刑法第三百九十七条的规定，以滥用职权罪或者玩忽职守罪追究刑事责任，立案标准依照《最高人民检察院关于渎职侵权犯罪案件立案标准的规定》第一部分渎职犯罪案件第十八条第三款的规定执行。

此复

3. 最高人民检察院关于渎职侵权犯罪案件立案标准的规定（高检发释字〔2006〕2号，自2006年7月26日起施行）（节录）

一、渎职犯罪案件

（十八）违法发放林木采伐许可证案（第四百零七条）

违法发放林木采伐许可证罪是指林业主管部门的工作人员违反森林法的规定，超过批准的年采伐限额发放林木采伐许可证或者违反规定滥发林木采伐许可证，情节严重，致使森林遭受严重破坏的行为。

涉嫌下列情形之一的，应予立案：

1. 发放林木采伐许可证允许采伐数量累计超过批准的年采伐限额，导致林木被超限额采伐10立方米以上的；

2. 滥发林木采伐许可证，导致林木被滥伐20立方米以上，或者导致幼树被滥伐1000株以上的；

3. 滥发林木采伐许可证，导致防护林、特种用途林被滥伐5立方米以上，或者幼树被滥伐200株以上的；

4. 滥发林木采伐许可证，导致珍贵树木或者国家重点保护的其他树木被滥伐的；

5. 滥发林木采伐许可证，导致国家禁止采伐的林木被采伐的；

6. 其他情节严重，致使森林遭受严重破坏的情形。

林业主管部门工作人员之外的国家机关工作人员，违反森林法的规定，滥用职权或者玩忽职守，致使林木被滥伐 40 立方米以上或者幼树被滥伐 2000 株以上，或者致使防护林、特种用途林被滥伐 10 立方米以上或者幼树被滥伐 400 株以上，或者致使珍贵树木被采伐、毁坏 4 立方米或者 4 株以上，或者致使国家重点保护的其他植物被采伐、毁坏后果严重的，或者致使国家严禁采伐的林木被采伐、毁坏情节恶劣的，按照刑法第 397 条的规定以滥用职权罪或者玩忽职守罪追究刑事责任。

（三）典型或常见问题的审理思路

1. 罪与非罪的认定

本书观点：“情节严重，致使森林遭受严重破坏”是区分本罪罪与非罪的主要标准。虽然违法发放林木采伐许可证，但不具备这两个要件的，可给予直接责任人员以行政处分。“致使森林遭受严重破坏”，是指造成森林面积大幅度减少；特有林种的灭绝；其他森林资源和生态环境的严重毁坏等。

根据 2000 年 12 月 11 日起施行的《最高人民法院关于审理破坏森林资源刑事案件具体应用法律若干问题的解释》第十二条，具有下列情形之一的，属于“情节严重，致使森林遭受严重破坏”：（1）发放林木采伐许可证允许采伐数量累计超过批准的年采伐限额，导致林木被采伐数量在十立方米以上的；（2）滥发林木采伐许可证，导致林木被滥伐二十立方米以上的；（3）滥发林木采伐许可证，导致珍贵树木被滥伐的；（4）批准采伐国家禁止采伐的林木，情节恶劣的；（5）其他情节严重的情形。

2. 本罪与滥用职权罪的区别

本书观点：林业主管部门工作人员违法发放林木采伐许可证，致使森林遭受严重破坏的，以违法发放林木采伐许可证罪追究刑事责任；以其他方式滥用职权或者玩忽职守，致使森林遭受严重破坏的，根据《最高人民检察院关于对林业主管部门工作人员在发放林木采伐许可证之外滥用职权玩忽职守致使森林遭受严重破坏的行为适用法律问题的批复》，应当依照《刑法》第三百九十七条的规定，以滥用职权罪或者玩忽职守罪追究行为人的刑事责任。林业主管部门工作人员之外的国家机关工作人员违反森林法的规定，滥用职权或者玩忽职守，致使森林遭受严重破坏的，应以滥用职权罪或者玩忽职守罪定罪处罚。

3. 划清本罪与滥伐林木罪共犯的界限

本书观点：行为人出于直接故意，与滥伐林木的犯罪分子相勾结，滥发采伐林木许可证，帮助其实现滥伐林木的目的的，构成滥伐林木罪的共犯，应当依照《刑法》第三百四十五条第二款的规定追究其刑事责任。

（四）疑难、复杂问题的参考性解答

1. 如何判断核发林木采伐许可证的行为与森林遭受严重破坏的后果之间的因果关系？[①]

本书观点：构成违法发放林木采伐许可证罪在客观上必须同时具备两个要件：第一，行为人实施了违反森林法，超过批准的年采伐限额发放林木采伐许可证或者违反规定滥发林木采伐许可证的危害行为；第二，情节严重，致使森林遭受严重破坏。在申请方未提交林权证、申请理由和采伐方式不符且在同一份申请报告上审批不妥的情况下，核发林木采伐许可证，确有不合规范、不合法律手续的违法行为。但从实际情况看，肥东县境内集体山林均无林权证，肥东县属松材线虫病害疫区，省、市、县多次下文要求清理大量枯、病死树，抚育间伐桥头集镇龙泉山林场。鉴于存在上述特定情形，核发林木采伐许可证的行为虽有不合法律规范之处，但仍属在其法定职责范围内履行职权，没有违反关于发放对象的范围或者发放限额的规定，其行为不属于违反规定滥发林木采伐许可证的情形。在核发林木采伐许可证后，以下因素的介入造成了龙泉山林场林木被滥伐致森林遭受严重破坏的后果发生：(1) 桥头集镇政府在组织实施过程中改变采伐方式，由间伐变为皆伐；(2) 桥头集镇林业站相关人员在组织实施采伐过程中缺乏监管，存在渎职行为，以及超越采伐期限、超强度、超出范围滥伐。而这些因素与之前核发林木采伐许可证的行为相比，显然对结果的发生起了更大的作用，故核发林木采伐许可证的行为与林木被滥伐致森林遭受严重破坏的后果之间不具有刑法意义上的因果关系。

---

① 观点来源：最高人民法院刑事审判第一、二、三、四、五庭编：《刑事审判参考》2011 年第 2 集（总第 79 集）。

2. 采伐作业设计造假，导致错误发放采伐许可证造成国家森林资源遭严重破坏的，应当构成违法发放林木采伐许可证罪，还是构成滥用职权罪？①

本书观点：在破坏森林资源刑事案件中，林业主管部门工作人员的滥用职权、玩忽职守可以发生在其工作职责的任何一个环节，根据法律规定，只有在发放林木采伐许可证时滥用职权或玩忽职守情节严重，致使森林遭受严重破坏的行为才构成违法发放林木采伐许可证罪。在此之外滥用职权、玩忽职守致使森林遭受严重破坏的行为按照《刑法》第三百九十七条的规定以滥用职权罪或者玩忽职守罪追究刑事责任。如果行为人本身并没有发放林木采伐许可证的职权，只是在林木采伐作业设计工作中，滥用职权导致县林业局依据其设计发放采伐许可证，其并不构成违法发放林木采伐许可证罪，应按照渎职罪的一般规定，以滥用职权罪定罪处罚。

（五）量刑指导或参考

依照《刑法》第四百零七条规定，犯违法发放林木采伐许可证罪的，处三年以下有期徒刑或者拘役。

二十、环境监管失职罪

（一）刑法规定

第四百零八条 负有环境保护监督管理职责的国家机关工作人员严重不负责任，导致发生重大环境污染事故，致使公私财产遭受重大损失或者造成人身伤亡的严重后果的，处三年以下有期徒刑或者拘役。

（二）司法解释、司法文件

1. 最高人民法院、最高人民检察院关于办理环境污染刑事案件适用法律若干问题的解释（法释〔2016〕29号，自2017年1月1日起施行）（节录）

第一条 实施刑法第三百三十八条规定的行为，具有下列情形之一的，应当认定为“严重污染环境”：

（一）在饮用水水源一级保护区、自然保护区核心区排放、倾倒、处置有

---

① 观点来源：浙江省湖州市中级人民法院（2008）湖刑终字第90号刑事裁定书。

放射性的废物、含传染病病原体的废物、有毒物质的；

（二）非法排放、倾倒、处置危险废物三吨以上的；

（三）排放、倾倒、处置含铅、汞、镉、铬、砷、铊、锑的污染物，超过国家或者地方污染物排放标准三倍以上的；

（四）排放、倾倒、处置含镍、铜、锌、银、钒、锰、钴的污染物，超过国家或者地方污染物排放标准十倍以上的；

（五）通过暗管、渗井、渗坑、裂隙、溶洞、灌注等逃避监管的方式排放、倾倒、处置有放射性的废物、含传染病病原体的废物、有毒物质的；

（六）二年内曾因违反国家规定，排放、倾倒、处置有放射性的废物、含传染病病原体的废物、有毒物质受过两次以上行政处罚，又实施前列行为的；

（七）重点排污单位篡改、伪造自动监测数据或者干扰自动监测设施，排放化学需氧量、氨氮、二氧化硫、氮氧化物等污染物的；

（八）违法减少防治污染设施运行支出一百万元以上的；

（九）违法所得或者致使公私财产损失三十万元以上的；

（十）造成生态环境严重损害的；

（十一）致使乡镇以上集中式饮用水水源取水中断十二小时以上的；

（十二）致使基本农田、防护林地、特种用途林地五亩以上，其他农用地十亩以上，其他土地二十亩以上基本功能丧失或者遭受永久性破坏的；

（十三）致使森林或者其他林木死亡五十立方米以上，或者幼树死亡二千五百株以上的；

（十四）致使疏散、转移群众五千人以上的；

（十五）致使三十人以上中毒的；

（十六）致使三人以上轻伤、轻度残疾或者器官组织损伤导致一般功能障碍的；

（十七）致使一人以上重伤、中度残疾或者器官组织损伤导致严重功能障碍的；

（十八）其他严重污染环境的情形。

第二条 实施刑法第三百三十九条、第四百零八条规定的行为，致使公私财产损失三十万元以上，或者具有本解释第一条第十项至第十七项规定情形之一的，应当认定为“致使公私财产遭受重大损失或者严重危害人体健康”或者“致使公私财产遭受重大损失或者造成人身伤亡的严重后果”。

2. **最高人民检察院关于渎职侵权犯罪案件立案标准的规定**（高检发释字〔2006〕2号，自2006年7月26日起施行）（节录）

一、渎职犯罪案件

（十九）环境监管失职案（第四百零八条）

环境监管失职罪是指负有环境保护监督管理职责的国家机关工作人员严重不负责任，不履行或者不认真履行环境保护监管职责导致发生重大环境污染事故，致使公私财产遭受重大损失或者造成人身伤亡的严重后果的行为。

涉嫌下列情形之一的，应予立案：

1. 造成死亡1人以上，或者重伤3人以上，或者重伤2人、轻伤4人以上，或者重伤1人、轻伤7人以上，或者轻伤10人以上的；

2. 导致30人以上严重中毒的；

3. 造成个人财产直接经济损失15万元以上，或者直接经济损失不满15万元，但间接经济损失75万元以上的；

4. 造成公共财产、法人或者其他组织财产直接经济损失30万元以上，或者直接经济损失不满30万元，但间接经济损失150万元以上的；

5. 虽未达到3、4两项数额标准，但3、4两项合计直接经济损失30万元以上，或者合计直接经济损失不满30万元，但合计间接经济损失150万元以上的；

6. 造成基本农田或者防护林地、特种用途林地10亩以上，或者基本农田以外的耕地50亩以上，或者其他土地70亩以上被严重毁坏的；

7. 造成生活饮用水地表水源和地下水源严重污染的；

8. 其他致使公私财产遭受重大损失或者造成人身伤亡严重后果的情形。

（三）典型或常见问题的审理思路

1. 罪与非罪的认定①

本书观点：本罪是结果犯。严重不负责任的行为必须造成法定的结果，才构成本罪，否则属一般违法行为。所谓法定的结果，就是“致使公私财产遭受重大损失或者造成人身伤亡的严重后果”。根据2017年1月1日起施行

① 观点来源：《最高人民法院最高人民检察院关于办理环境污染刑事案件适用法律若干问题的解释》（法释〔2016〕29号）。

的《最高人民法院、最高人民检察院关于办理环境污染刑事案件适用法律若干问题的解释》第一条、第二条的规定，具有下列情形之一的，属于本条规定的“致使公私财产遭受重大损失或者造成人身伤亡的严重后果”：（1）造成生态环境严重损害的；（2）致使乡镇以上集中式饮用水水源取水中断十二小时以上的；（3）致使基本农田、防护林地、特种用途林地五亩以上，其他农用地十亩以上，其他土地二十亩以上基本功能丧失或者遭受永久性破坏的；（4）致使森林或者其他林木死亡五十立方米以上，或者幼树死亡二千五百株以上的；（5）致使疏散、转移群众五千人以上的；（6）致使三十人以上中毒的；（7）致使三人以上轻伤、轻度残疾或者器官组织损伤导致一般功能障碍的；（8）致使一人以上重伤、中度残疾或者器官组织损伤导致严重功能障碍的。

2. **本罪与污染环境罪的区别**

本书观点：二者的区别在于：本罪的主体是特殊主体，即国家机关工作人员，污染环境罪的主体是一般主体，包括自然人和单位；在客观方面本罪表现为严重不负责任的行为，污染环境罪则表现为违反国家规定，向土地、水体、大气排放、倾倒或者处置有放射性的废物、含传染病病原体的废物、有毒物质或者其他有害物质的行为。

3. **本罪在主观方面为过失**

本书观点：行为人出于故意，不尽环境保护监管职责，导致公私财产遭受重大损失或者造成人身伤亡的，应以相应的故意犯罪（如刑法第一百一十四条以危险方法危害公共安全罪）定罪处罚，不以本罪或其他过失犯罪（如刑法第三百三十八条污染环境罪）定罪处罚。因受贿而故意不尽环境保护监管职责，构成犯罪的，应以相应的故意犯罪和受贿罪数罪并罚。

（四）疑难、复杂问题的参考性解答

1. 国有事业单位受国家机关委托代表履行环境监管职责的人员，可否为环境监管失职罪的主体？[①]

本书观点：根据全国人民代表大会常务委员会《关于〈中华人民共和国刑法〉第九章渎职罪主体适用问题的解释》的相关规定，国有事业单位的工

① 观点来源：《最高人民检察院公报》2012 年第 6 号。

作人员，在受国家机关的委托代表国家机关履行环境监督管理职责过程中，严重不负责任，导致发生重大环境污染事故，致使公私财产遭受重大损失，其行为构成环境监管失职罪。

2. 既实施环境监管失职的犯罪行为又实施受贿的犯罪行为的，应当如何处罚?[①]

本书观点：行为人既实施环境监管失职的犯罪行为又实施受贿的犯罪行为的，应当以环境监管失职罪与受贿罪数罪并罚。

（五）量刑指导或参考

依照刑法第四百零八条规定，犯环境监管失职罪的，处三年以下有期徒刑或者拘役。

二十一、食品、药品监管渎职罪

（一）刑法规定

第四百零八条之一[②] 负有食品药品安全监督管理职责的国家机关工作人员，滥用职权或者玩忽职守，有下列情形之一，造成严重后果或者有其他严重情节的，处五年以下有期徒刑或者拘役；造成特别严重后果或者有其他特别严重情节的，处五年以上十年以下有期徒刑：

（一）瞒报、谎报食品安全事故、药品安全事件的；

（二）对发现的严重食品药品安全违法行为未按规定查处的；

（三）在药品和特殊食品审批审评过程中，对不符合条件的申请准予许可的；

（四）依法应当移交司法机关追究刑事责任不移交的；

（五）有其他滥用职权或者玩忽职守行为的。

---

① 观点来源：《最高检院发布15个涉生态环境领域犯罪典型案例》，2014年6月12日。

② 本条由2011年2月25日《刑法修正案（八）》第四十九条增订、2020年12月26日《刑法修正案（十一）》第四十五条修正。

《刑法修正案（八）》第四十九条规定：在刑法第四百零八条后增加一条，作为第四百零八条之一：“负有食品安全监督管理职责的国家机关工作人员，滥用职权或者玩忽职守，导致发生重大食品安全事故或者造成其他严重后果的，处五年以下有期徒刑或者拘役；造成特别严重后果的，处五年以上十年以下有期徒刑。

徇私舞弊犯前款罪的，从重处罚。”

徇私舞弊犯前款罪的，从重处罚。

（二）司法解释、司法文件及其权威解读

最高人民法院、最高人民检察院关于办理危害食品安全刑事案件适用法律若干问题的解释（法释〔2021〕24号，自2022年1月1日起施行）（节录）

第二十条 负有食品安全监督管理职责的国家机关工作人员，滥用职权或者玩忽职守，构成食品监管渎职罪，同时构成徇私舞弊不移交刑事案件罪、商检徇私舞弊罪、动植物检疫徇私舞弊罪、放纵制售伪劣商品犯罪行为罪等其他渎职犯罪的，依照处罚较重的规定定罪处罚。

负有食品安全监督管理职责的国家机关工作人员滥用职权或者玩忽职守，不构成食品监管渎职罪，但构成前款规定的其他渎职犯罪的，依照该其他犯罪定罪处罚。

负有食品安全监督管理职责的国家机关工作人员与他人共谋，利用其职务行为帮助他人实施危害食品安全犯罪行为，同时构成渎职犯罪和危害食品安全犯罪共犯的，依照处罚较重的规定定罪从重处罚。

权威解读

解读《最高人民法院、最高人民检察院关于办理危害食品安全刑事案件适用法律若干问题的解释》（节录）[1]

（十一）食品监管渎职犯罪的定性处理

近年来，危害食品安全的刑事案件多发高发，其中一个重要原因是某些负有监管职责的国家机关工作人员的渎职行为导致食品安全监管缺失、不到位。有效遏制危害食品安全犯罪，必须依法严惩食品监管渎职犯罪。

目前，刑法对食品监管渎职行为形成了较为严密的法网，除食品监管渎职罪外，还有徇私舞弊不移交刑事案件罪、商检徇私舞弊罪、商检失职罪、动植物检疫徇私舞弊罪、动植物检疫失职罪、放纵制售伪劣商品犯罪行为罪等罪名可以对负有食品监管职责国家机关工作人员的渎职行为进行处罚。为便于司法实践中准确适用罪名，依法严惩食品监管渎职犯罪，《最高人民法院、最高人民检察院关于办理危害食品安全刑事案件适用法律若干问题的解

---

① 本解读根据法释〔2013〕12号条文撰写，供读者参考。

释》第十六条明确了食品监管渎职犯罪的定性处理问题，共分三款。

第十六条第一款是对法条竞合情况下，同时构成食品监管渎职罪与其他具体渎职犯罪的，规定了从一重处罚的原则。主要考虑到食品监管渎职罪与其他具体渎职犯罪不存在严格意义上一般法与特别法的关系，发生竞合时应按照从一重处罚的原则确定罪名。

第十六条第二款规定了不构成食品监管渎职罪的情况下，如构成其他具体渎职犯罪的，依照该其他犯罪定罪处罚。主要考虑到食品监管渎职罪是结果犯，存在不构成食品监管渎职罪但构成其他具体渎职犯罪的情况，本款对此予以规定。

第十六条第三款明确了国家机关工作人员与他人共谋，利用职务行为帮助他人实施危害食品安全犯罪行为，同时构成渎职犯罪和共谋实施的危害食品安全犯罪共犯的，从一重处罚。主要考虑到在这种情况下，国家机关工作人员虽然只实施了一个渎职行为，但其与他人共谋，其渎职行为同时是危害食品安全犯罪的帮助行为，触犯了多个罪名，这属于想象竞合犯，应当从一重处断。

（撰稿：陈国庆、韩耀元、吴峤滨）

（三）典型或常见问题的审理思路

1. 罪与非罪的认定

本书观点：“造成严重后果或者有其他严重情节的”，是构成本罪的条件，也是区别罪与非罪的重要标准。行为人虽然有食品、药品监管渎职行为，但没有引起这一危害后果，或者虽然导致食品安全事故发生，但造成的后果未达到“严重”程度或具有其他“严重”情节的，均不构成犯罪。

2. 划清本罪与滥用职权罪、玩忽职守罪的界限

本书观点：负有食品、药品安全监督管理职责的国家机关工作人员滥用职权或者玩忽职守，造成严重后果的，以前是以滥用职权罪或者玩忽职守罪追究刑事责任的。由于《刑法修正案（八）》第四十九条增设了本罪名，故根据《刑法》第三百九十七条第一款和第二款“本法另有规定的，依照规定”的规定，对于《刑法修正案（八）》2011 年 5 月 1 日施行以后发生的这类案件，应以本罪定罪处罚；对于 2011 年 4 月 30 日以前发生的这类案件，应依照“从旧兼从轻”的刑法适用原则定罪量刑。

3. **划清本罪与徇私舞弊不移交刑事案件罪、商检徇私舞弊罪、动植物检疫徇私舞弊罪、放纵制售伪劣商品犯罪行为罪的界限**①

本书观点：负有食品、药品安全监督管理职责的国家机关工作人员，滥用职权或者玩忽职守，导致发生重大食品安全事故或者造成其他严重后果，同时构成食品监管渎职罪和徇私舞弊不移交刑事案件罪、商检徇私舞弊罪、动植物检疫徇私舞弊罪、放纵制售伪劣商品犯罪行为罪等其他渎职犯罪的，依照处罚较重的规定定罪处罚。

负有食品、药品安全监督管理职责的国家机关工作人员滥用职权或者玩忽职守，不构成食品、药品监管渎职罪，但构成前款规定的其他渎职犯罪的，依照该其他犯罪定罪处罚。

负有食品、药品安全监督管理职责的国家机关工作人员与他人共谋，利用其职务行为帮助他人实施危害食品安全犯罪行为，同时构成渎职犯罪和危害食品安全犯罪共犯的，依照处罚较重的规定定罪处罚。

4. **划清一罪和数罪的界限**

本书观点：行为人在食品、药品监管活动中因受贿而徇私舞弊，滥用职权或者玩忽职守，同时构成受贿罪和本罪的，应数罪并罚。

（四）量刑指导或参考

依照《刑法》第四百零八条之一第一款规定，犯食品、药品监管渎职罪的，处五年以下有期徒刑或者拘役；造成特别严重后果的，处五年以上十年以下有期徒刑。

依照本条第二款规定，徇私舞弊犯本罪的，从重处罚。

司法机关在适用上述规定对本罪行为人进行处罚时，应当注意以下问题：

1. “徇私舞弊”，是从重处罚的情节，即负有食品安全监督管理职责的国家机关工作人员徇私舞弊，犯本罪的，应当以食品监管渎职罪定罪，在该条第一款规定的法定刑的幅度内从重处罚。

2. 依照《渎职解释》第九条的规定，负有监督管理职责的国家机关工作人员滥用职权或者玩忽职守，致使不符合安全标准的食品、有毒有害食品、

---

① 观点来源：《最高人民法院、最高人民检察院关于办理危害食品安全刑事案件适用法律若干问题的解释》。

假药、劣药等流入社会，对人民群众生命、健康造成严重危害后果的，依照渎职罪的规定从严惩处。

二十二、传染病防治失职罪

（一）刑法规定

第四百零九条 从事传染病防治的政府卫生行政部门的工作人员严重不负责任，导致传染病传播或者流行，情节严重的，处三年以下有期徒刑或者拘役。

（二）司法解释、司法文件及其权威解读

1. **最高人民法院、最高人民检察院关于办理妨害预防、控制突发传染病疫情等灾害的刑事案件具体应用法律若干问题的解释**（法释〔2003〕8号，自2003年5月15日起施行）（节录）

第十六条 在预防、控制突发传染病疫情等灾害期间，从事传染病防治的政府卫生行政部门的工作人员，或者在受政府卫生行政部门委托代表政府卫生行政部门行使职权的组织中从事公务的人员，或者虽未列入政府卫生行政部门人员编制但在政府卫生行政部门从事公务的人员，在代表政府卫生行政部门行使职权时，严重不负责任，导致传染病传播或者流行，情节严重的，依照刑法第四百零九条的规定，以传染病防治失职罪定罪处罚。

在国家对突发传染病疫情等灾害采取预防、控制措施后，具有下列情形之一的，属于刑法第四百零九条规定的“情节严重”：

（一）对发生突发传染病疫情等灾害的地区或者突发传染病病人、病原携带者、疑似突发传染病病人，未按照预防、控制突发传染病疫情等灾害工作规范的要求做好防疫、检疫、隔离、防护、救治等工作，或者采取的预防、控制措施不当，造成传染范围扩大或者疫情、灾情加重的；

（二）隐瞒、缓报、谎报或者授意、指使、强令他人隐瞒、缓报、谎报疫情、灾情，造成传染范围扩大或者疫情、灾情加重的；

（三）拒不执行突发传染病疫情等灾害应急处理指挥机构的决定、命令，造成传染范围扩大或者疫情、灾情加重的；

（四）具有其他严重情节的。

权威解读

解读《最高人民法院、最高人民检察院关于办理妨害预防、控制突发传染病疫情等灾害的刑事案件具体应用法律若干问题的解释》（节录）

2. 本解释重点规定了《刑法》第四百零九条传染病防治失职罪的适用问题。

（1）本解释第十六条第一款的规定，解决了传染病防治失职罪的犯罪主体适用范围问题。条文的内容按照全国人大常委会《关于〈中华人民共和国刑法〉第九章渎职罪主体适用问题的解释》的规定拟就。

（2）该条第二款规定了传染病防治失职行为“情节严重”的四种情形：①对发生突发传染病疫情等灾害的地区或者突发传染病病人、病原携带者、疑似突发传染病病人，未按照预防、控制突发传染病疫情等灾害工作规范的要求做好防疫、检疫、隔离、防护、救治等工作，或者采取的预防、控制措施不当，造成传染范围扩大或者疫情、灾情加重的；②隐瞒、缓报、谎报或者授意、指使、强令他人隐瞒、缓报、谎报疫情、灾情，造成传染范围扩大或者疫情、灾情加重的；③拒不执行突发传染病疫情等灾害应急处理指挥机构的决定、命令，造成传染范围扩大或者疫情、灾情加重的；④具有其他严重情节的。

（3）第二款的规定还明确了政策界限，即对于在国家对突发传染病疫情等灾害采取预防、控制措施后，具有上述四种情形之一的，才可以追究卫生行政部门工作人员渎职行为的刑事责任，以避免因国家应对突发事件工作机制不完善而不当追究有关工作人员刑事责任的问题，防止可能出现的消极影响。

（撰稿：孙军工）

2. **最高人民检察院关于渎职侵权犯罪案件立案标准的规定**（高检发释字〔2006〕2号，自2006年7月26日起施行）（节录）

一、渎职犯罪案件

（二十）传染病防治失职案（第四百零九条）

传染病防治失职罪是指从事传染病防治的政府卫生行政部门的工作人员严重不负责任，不履行或者不认真履行传染病防治监管职责，导致传染病传播或者流行，情节严重的行为。

涉嫌下列情形之一的，应予立案：

1. 导致甲类传染病传播的；

2. 导致乙类、丙类传染病流行的；

3. 因传染病传播或者流行，造成人员重伤或者死亡的；

4. 因传染病传播或者流行，严重影响正常的生产、生活秩序的；

5. 在国家对突发传染病疫情等灾害采取预防、控制措施后，对发生突发传染病疫情等灾害的地区或者突发传染病病人、病原携带者、疑似突发传染病病人，未按照预防、控制突发传染病疫情等灾害工作规范的要求做好防疫、检疫、隔离、防护、救治等工作，或者采取的预防、控制措施不当，造成传染范围扩大或者疫情、灾情加重的；

6. 在国家对突发传染病疫情等灾害采取预防、控制措施后，隐瞒、缓报、谎报或者授意、指使、强令他人隐瞒、缓报、谎报疫情、灾情，造成传染范围扩大或者疫情、灾情加重的；

7. 在国家对突发传染病疫情等灾害采取预防、控制措施后，拒不执行突发传染病疫情等灾害应急处理指挥机构的决定、命令，造成传染范围扩大或者疫情、灾情加重的；

8. 其他情节严重的情形。

（三）典型或常见问题的审理思路

1. 罪与非罪的认定

本书观点：构成本罪，客观方面必须具有“情节严重”这一结果要件。行为虽然导致传染病传播或者流行，但尚未达到“情节严重”程度的，属一般违法行为。在最高人民法院出台相关司法解释之前，审判实践中把握本罪的罪与非罪的界限时，可以参考《渎职侵权立案标准》对本罪立案追诉的标准来认定是否达到定罪标准。

2. 本罪与妨害传染病防治罪的区别

本书观点：二者的区别在于：本罪的犯罪主体为特殊主体，而妨害传染病防治罪的犯罪主体为一般主体，包括自然人和单位。在客观方面本罪所指的传染病包括甲类、乙类和丙类，且不包括传播危险的要件，而妨害传染病防治罪表现为引起甲类传染病传播或者有严重传播危险的行为。

3. 本罪情节严重的“四种情形”

本书观点：根据司法解释规定，本罪“情节严重”的四种情形包括：

（1）对发生突发传染病疫情等灾害的地区或者突发传染病病人、病原携带者、疑似突发传染病病人，未按照预防、控制突发传染病疫情等灾害工作规范的要求做好防疫、检疫、隔离、防护、救治等工作，或者采取的预防、控制措施不当，造成传染范围扩大或者疫情、灾情加重的；（2）隐瞒、缓报、谎报或者授意、指使、强令他人隐瞒、缓报、谎报疫情、灾情，造成传染范围扩大或者疫情、灾情加重的；（3）拒不执行突发传染病疫情等灾害应急处理指挥机构的决定、命令，造成传染范围扩大或者疫情、灾情加重的；（4）具有其他严重情节的。

根据司法解释规定，对于在国家对突发传染病疫情等灾害采取预防、控制措施后，具有上述四种情形之一的，才可以追究卫生行政部门工作人员渎职行为的刑事责任，以避免因国家应对突发事件工作机制不完善而不当追究有关工作人员刑事责任的问题，防止可能出现的消极影响。

（四）疑难、复杂问题的参考性解答

1. 如何认定“严重不负责任”？①

本书观点：严重不负责任，是指从事传染病防治的政府卫生行政部门工作人员不履行法律和其职务要求的防治传染病的职责或者在履行职务中敷衍塞责、草率应付，极端不负责任，没有切实履行起应当履行、能够履行的义务。严重不负责任表现形式是多种多样，如应当对传染病的预防、治疗、监测、控制和疫情的管理措施进行监督检查却不作监督检查或者虽作监督检查却不认真负责；发现有传染病传播或流行的可能，应当采取措施而不采取措施；发现重大疫情应当报告而不报告或不立即报告；对传染病病人应当采取隔离治疗措施而未采取措施；发现有关单位与个人不符合传染病防治法的规定，应当责令其改进而不责令改进或者责令改进但不做检查或不做认真检查等。

在面对突发传染病疫情情况下，行为人的行为也有多种表现。如在国家对突发传染病疫情等灾害采取预防、控制措施后，对发生突发传染病疫情等灾害的地区或者突发传染病病人、病原携带者、疑似突发传染病病人，未按

---

① 周强总主编，李少平、南英、张述元、刘学文、胡云腾主编：《中华人民共和国刑法案典》（下），人民法院出版社2016年版，第3597页。

照预防、控制突发传染病疫情等灾害工作规范的要求做好防疫、检疫、隔离、防护、救治等工作，或者采取的预防、控制措施不当，造成传染范围扩大或者疫情、灾情加重的；隐瞒、缓报、谎报或者授意、指使、强令他人隐瞒、缓报、谎报疫情、灾情，造成传染范围扩大或者疫情、灾情加重的；拒不执行突发传染病疫情等灾害应急处理指挥机构的决定、命令，造成传染范围扩大或者疫情、灾情加重的等。

2. **如何认定导致传染病传播或者流行？**[①]

本书观点：导致传染病传播或者流行，是指致使传染病通过一定的途径散播给其他健康的人，致使一个地区某种传染病发病率显著超过该病历年的一般发病率水平或者使本已发生的突发传染病疫情的灾情进一步加重。根据新的立案标准的规定，导致传染病传播或者流行有具体的认定标准，如导致甲类传染病传播的；导致乙类、丙类传染病流行的；因传染病传播或者流行，造成人员重伤或者死亡的；因传染病传播或者流行，严重影响正常的生产、生活秩序的；由于不认真履行职责或不听从指挥，而使突发的传染病范围扩大或者疫情、灾情进一步加重。

3. **如何认定行为人的行为与传染病传播或者流行之间具有因果关系？**[②]

本书观点：行为人的行为与传染病传播或者流行之间具有因果关系，是行为人对其不负责任行为承担责任的事实依据。即正是由于行为人的严重失职行为，没有对传染病采取防治措施或者没有采取积极有效的防治措施，从而丧失了防治传染病的有效时机，而直接造成传染病的传播或者流行。在突发传染病疫情的情况下，由于严重不负责任，从而导致突发传染病疫情范围扩大或者疫情、灾情加重。相反，如果行为人认真履行自己的职责，在疫情发生前采取有效的事先防治措施，在疫情发生时针对不同的传染病疫情采取不同的有针对性的措施，在突发传染病疫情时采取有效的防疫、检疫、隔离、防护、救治、通报等措施，即使有传染病疫情的发生或者传染病疫情进一步加重，也不能追究有关责任人员的责任。

---

① 周强总主编，李少平、南英、张述元、刘学文、胡云腾主编：《中华人民共和国刑法案典（下）》，人民法院出版社 2016 年版，第 3597－3598 页。

② 周强总主编，李少平、南英、张述元、刘学文、胡云腾主编：《中华人民共和国刑法案典》（下），人民法院出版社 2016 年版，第 3598 页。

（五）量刑指导或参考

依照《刑法》第四百零九条规定，犯传染病防治失职罪的，处三年以下有期徒刑或者拘役。

二十三、非法批准征收、征用、占用土地罪

（一）刑法规定

第四百一十条[①] 国家机关工作人员徇私舞弊，违反土地管理法规，滥用职权，非法批准征收、征用、占用土地，或者非法低价出让国有土地使用权，情节严重的，处三年以下有期徒刑或者拘役；致使国家或者集体利益遭受特别重大损失的，处三年以上七年以下有期徒刑。

（二）司法解释、司法文件及其权威解读

1. **全国人民代表大会常务委员会关于《中华人民共和国刑法》第二百二十八条、第三百四十二条、第四百一十条的解释**（2001年8月31日发布，2009年8月27日修正并施行）

全国人民代表大会常务委员会讨论了刑法第二百二十八条、第三百四十二条、第四百一十条规定的“违反土地管理法规”和第四百一十条规定的“非法批准征收、征用、占用土地”的含义问题，解释如下：

刑法第二百二十八条、第三百四十二条、第四百一十条规定的“违反土地管理法规”，是指违反土地管理法、森林法、草原法等法律以及有关行政法规中关于土地管理的规定。

刑法第四百一十条规定的“非法批准征收、征用、占用土地”，是指非法批准征收、征用、占用耕地、林地等农用地以及其他土地。

现予公告。

---

① 2009年8月27日公布的《全国人民代表大会常务委员会关于修改部分法律的决定》（部分失效）第二条将本条及全国人大常委会关于本条的解释中的“征用”修改为“征收、征用”。

2. 最高人民法院关于审理破坏草原资源刑事案件应用法律若干问题的解释（法释〔2012〕15号，自2012年11月22日起施行）（节录）

第三条 国家机关工作人员徇私舞弊，违反草原法等土地管理法规，具有下列情形之一的，应当认定为刑法第四百一十条规定的“情节严重”：

（一）非法批准征收、征用、占用草原四十亩以上的；

（二）非法批准征收、征用、占用草原，造成二十亩以上草原被毁坏的；

（三）非法批准征收、征用、占用草原，造成直接经济损失三十万元以上，或者具有其他恶劣情节的。

具有下列情形之一，应当认定为刑法第四百一十条规定的“致使国家或者集体利益遭受特别重大损失”：

（一）非法批准征收、征用、占用草原八十亩以上的；

（二）非法批准征收、征用、占用草原，造成四十亩以上草原被毁坏的；

（三）非法批准征收、征用、占用草原，造成直接经济损失六十万元以上，或者具有其他特别恶劣情节的。

权威解读

解读《最高人民法院关于审理破坏草原资源刑事案件应用法律若干问题的解释》（节录）

（三）国家机关工作人员非法批准征用、征收、占用草原行为的定罪量刑标准

《刑法》第四百一十条规定的非法批准征用、占用土地罪，是指国家机关工作人员徇私舞弊，违反土地管理法、森林法、草原法等法律以及有关行政法规中关于土地管理的规定，滥用职权，非法批准征收、征用、占用耕地、林地、草原等农用地以及其他土地，情节严重的行为。《破坏草原资源解释》针对实践中存在的国家机关工作人员违反草原法的规定，无权批准征收、征用、占用草原而批准，超越批准权限批准征收、征用、占用草原，不按照草原保护、建设、利用总体规划的用途批准占用草原，或者违反法律规定的程序批准占用草原的行为，规定了下列情形为“情节严重”：（1）非法批准征收、征用、占用草原四十亩以上的；（2）非法批准征收、征用、占用草原，造成二十亩以上草原被毁坏的；（3）非法批准征收、征用、占用草原，造成直接经济损失三十万元以上，或者具有其他恶劣情节的。规定具有下列情形之一，应当认定为刑法第四百一十条规定的“致使国家或者集体利益遭受特

别重大损失”：（1）非法批准征收、征用、占用草原八十亩以上的；（2）非法批准征收、征用、占用草原，造成四十亩以上草原被毁坏的；（3）非法批准征收、征用、占用草原，造成直接经济损失六十万元以上，或者具有其他特别恶劣情节的。

（撰稿：李晓）

3. 最高人民法院关于审理破坏林地资源刑事案件具体应用法律若干问题的解释（法释〔2005〕15号，自2005年12月30日起施行）（节录）

第二条 国家机关工作人员徇私舞弊，违反土地管理法规，滥用职权，非法批准征用、占用林地，具有下列情形之一的，属于刑法第四百一十条规定的“情节严重”，应当以非法批准征用、占用土地罪判处三年以下有期徒刑或者拘役：

（一）非法批准征用、占用防护林地、特种用途林地数量分别或者合计达到十亩以上；

（二）非法批准征用、占用其他林地数量达到二十亩以上；

（三）非法批准征用、占用林地造成直接经济损失数额达到三十万元以上，或者造成本条第（一）项规定的林地数量分别或者合计达到五亩以上或者本条第（二）项规定的林地数量达到十亩以上毁坏。

第三条 实施本解释第二条规定的行为，具有下列情形之一的，属于刑法第四百一十条规定的“致使国家或者集体利益遭受特别重大损失”，应当以非法批准征用、占用土地罪判处三年以上七年以下有期徒刑：

（一）非法批准征用、占用防护林地、特种用途林地数量分别或者合计达到二十亩以上；

（二）非法批准征用、占用其他林地数量达到四十亩以上；

（三）非法批准征用、占用林地造成直接经济损失数额达到六十万元以上，或者造成本条第（一）项规定的林地数量分别或者合计达到十亩以上或者本条第（二）项规定的林地数量达到二十亩以上毁坏。

权威解读

解读《最高人民法院关于审理破坏林地资源刑事案件具体应用法律若干问题的解释》（节录）

（二）关于非法批准征用、占用林地犯罪的定罪量刑标准问题

对于非法批准征用、占用林地的行为，本解释第二条和第三条通过分别

就《刑法》第四百一十条规定的“情节严重”和“致使国家或者集体利益遭受特别重大损失”作出解释性的具体规定，明确了这一犯罪的定罪量刑标准。在具体适用时，应当注意以下几点：

一是非法批准征用、占用其他林地的定罪量刑标准与2000年6月颁布实施的《最高人民法院关于审理破坏土地资源刑事案件具体应用法律若干问题的解释》（以下简称《破坏土地资源解释》）的相关规定不同。本解释第二条第（二）项和第三条第（二）项分别规定，非法批准征用、占用其他林地数量达到二十亩以上和四十亩以上，而《破坏土地资源解释》的相关规定为三十亩以上和六十亩以上。这是因为，本解释把防护林地和特种用途林地与基本农田相对应，把其他林地与基本农田以外的耕地相对应。防护林地、特种用途林地与其他林地之间保持两倍的比例关系，不同量刑档次的数量标准亦保持为两倍的比例关系。其实，《破坏土地资源解释》的第一条、第二条和第三条规定中，基本农田与耕地之间以及不同量刑档次的数量标准之间也是同样的比例关系。就本解释的具体内容而言，这样规定才能不失平衡，体现了相对的科学性、合理性和一致性。

二是将造成非法批准征用、占用林地并毁坏作为成立这种犯罪的定罪量刑标准之一，并明确具体化。本解释第二条第（三）项和第三条第（三）项分别规定，造成非法批准征用、占用的防护林地、特种用途林地毁坏的数量分别或者合计达到五亩以上和十亩以上，造成非法批准征用、占用其他林地毁坏的数量达到十亩以上和二十亩以上。这样明确规定，使《刑法》第四百一十条规定的“情节严重”和“致使国家或者集体利益遭受特别重大损失”在破坏林地资源犯罪方面更加具体化，有利于司法实践中的操作。

三是本解释对非法批准征用、占用林地造成直接经济损失数额的定罪量刑标准分别规定为三十万元以上和六十万元以上，这也与《破坏土地资源解释》的相关规定有所不同。根据有关部门提供的资料，一般林地的市场最低价格为2万元（无林地）到2.5万元（有林地），与一般土地的市场最低价格2万元差异不大。而二十亩和四十亩林地与非法批准征用、占用林地造成直接经济损失三十万元和六十万元的数额更为接近、合理。

（撰稿：马东）

4. **最高人民法院关于审理破坏土地资源刑事案件具体应用法律若干问题的解释**（法释〔2000〕14号，自2000年6月22日起施行）（节录）

第四条　国家机关工作人员徇私舞弊，违反土地管理法规，滥用职权，非法批准征用、占用土地，具有下列情形之一的，属于非法批准征用、占用土地"情节严重"，依照刑法第四百一十条的规定，以非法批准征用、占用土地罪定罪处罚：

（一）非法批准征用、占用基本农田十亩以上的；

（二）非法批准征用、占用基本农田以外的耕地三十亩以上的；

（三）非法批准征用、占用其他土地五十亩以上的；

（四）虽未达到上述数量标准，但非法批准征用、占用土地造成直接经济损失三十万元以上；造成耕地大量毁坏等恶劣情节的。

第五条　实施第四条规定的行为，具有下列情形之一的，属于非法批准征用、占用土地"致使国家或者集体利益遭受特别重大损失"：

（一）非法批准征用、占用基本农田二十亩以上的；

（二）非法批准征用、占用基本农田以外的耕地六十亩以上的；

（三）非法批准征用、占用其他土地一百亩以上的；

（四）非法批准征用、占用土地，造成基本农田五亩以上，其他耕地十亩以上严重毁坏的；

（五）非法批准征用、占用土地造成直接经济损失五十万元以上等恶劣情节的。

5. **最高人民检察院关于渎职侵权犯罪案件立案标准的规定**（高检发释字〔2006〕2号，自2006年7月26日起施行）（节录）

一、渎职犯罪案件

（二十一）非法批准征用、占用土地案（第四百一十条）

非法批准征用、占用土地罪是指国家机关工作人员徇私舞弊，违反土地管理法、森林法、草原法等法律以及有关行政法规中关于土地管理的规定，滥用职权，非法批准征用、占用耕地、林地等农用地以及其他土地，情节严重的行为。

涉嫌下列情形之一的，应予立案：

1. 非法批准征用、占用基本农田10亩以上的；

2. 非法批准征用、占用基本农田以外的耕地30亩以上的；

3. 非法批准征用、占用其他土地50亩以上的；

4. 虽未达到上述数量标准，但造成有关单位、个人直接经济损失30万元以上，或者造成耕地大量毁坏或者植被遭到严重破坏的；

5. 非法批准征用、占用土地，影响群众生产、生活，引起纠纷，造成恶劣影响或者其他严重后果的；

6. 非法批准征用、占用防护林地、特种用途林地分别或者合计10亩以上的；

7. 非法批准征用、占用其他林地20亩以上的；

8. 非法批准征用、占用林地造成直接经济损失30万元以上，或者造成防护林地、特种用途林地分别或者合计5亩以上或者其他林地10亩以上毁坏的；

9. 其他情节严重的情形。

（三）典型或常见问题的审理思路

1. 罪与非罪的认定

本书观点：情节是否严重，是区分本罪与一般违法行为的重要标准。行为人虽有非法批准征收、征用、占用土地的行为，但情节不严重的，则属于一般违法行为，不构成犯罪。

所谓情节严重，司法实践中，一般是指非法批准征收、征用、占用的土地面积大、次数多的；致使国家或者集体利益遭受重大损失的等情形。

依照《破坏土地资源解释》第四条规定，国家机关工作人员徇私舞弊，违反土地管理法规，滥用职权，非法批准征用、占用土地，具有下列情形之一的，属于非法批准征用、占用土地“情节严重”，依照刑法第四百一十条的规定，以非法批准征用、占用土地罪（该罪现已修改为“非法批准征收、征用、占用土地罪”）定罪处罚：（1）非法批准征用、占用基本农田十亩以上的；（2）非法批准征用、占用基本农田以外的耕地三十亩以上的；（3）非法批准征用、占用其他土地五十亩以上的；（4）虽未达到上述数量标准，但非法批准征用、占用土地造成直接经济损失三十万元以上；造成耕地大量毁坏等恶劣情节的。

依照《破坏林地资源解释》第二条规定，国家机关工作人员徇私舞弊，违反土地管理法规，滥用职权，非法批准征用、占用林地，具有下列情形之一的，属于刑法第四百一十条规定的“情节严重”：（1）非法批准征用、占用防护林地、特种用途林地数量分别或者合计达到十亩以上；（2）非法批准征用、占用其他林地数量达到二十亩以上；（3）非法批准征用、占用林地造成直接经济损失数额达到三十万元以上，或者造成第（一）项规定的林地数量分别或者合计达到五亩以上或者第（二）项规定的林地数量达到十亩以上毁坏。

依照2012年11月23日起施行的《破坏草原资源解释》第三条第一款的规定，国家机关工作人员徇私舞弊，违反草原法等土地管理法规定，具有下列情形之一的，应当认定为刑法第四百一十条规定的“情节严重”：（1）非法批准征收、征用、占用草原四十亩以上的；（2）非法批准征收、征用、占用草原，造成二十亩以上草原被毁坏的；（3）非法批准征收、征用、占用草原，造成直接经济损失三十万元以上，或者具有其他恶劣情节的。

2. **划清本罪与滥用职权罪的界限**

本书观点：前者属特别法的规定，其主体是具有土地管理职权的国家机关工作人员，滥用的是批准征收、征用、占用土地的职权。后者则属普通法的规定，其主体是一般国家机关工作人员，滥用的是一般职权。因此，二者存在特别法与普通法之间的法条竞合关系。滥用批准征收、征用、占用土地的职权，情节严重的，以本罪论处。

3. **划清本罪与非法转让、倒卖土地使用权罪的界限**

本书观点：两罪都是违反土地管理法规，有关土地所有权、使用权的犯罪，而且都是故意犯罪，容易混淆。其区别是：（1）犯罪主体不同。本罪的主体是特殊主体，即国家机关工作人员；而非法转让、倒卖土地使用权罪的主体是一般主体，既可以是自然人，也可以是单位。（2）主观方面故意的内容不同。非法转让、倒卖土地使用权罪的直接故意是行为人有意识地通过非法转让、倒卖土地使用权，非法获取不正当的经济利益，如果行为人不具备牟利的目的，则不构成此罪，而本罪的故意是指行为人明知自己的行为违反土地管理法规，而仍非法批准征用、占用土地，并不以行为人是否具有牟利目的为成立条件。（3）客观方面不同。非法转让、倒卖土地使用权罪在客观上表现为实施了非法转让、倒卖土地使用权的行为。而“非法征收、征用、占有土地使用”是指以买卖、转让以外的其他形式非法转移土地使用的行为，即未按国家法律规定程序办理征收、征用或者划拨手续的行为或者未按规定办理审批手续的土地转让行为。（4）侵犯的客体不同。本罪侵犯的客体是国家机关对土地依法进行管理的正常活动，而非法倒卖、转让土地罪侵犯的客体是国家对土地使用权合法转让的管理制度。

4. 划清本罪与非法占用耕地罪的界限

本书观点：二者的区别在于：（1）犯罪主体不同。非法占用耕地罪的犯罪主体是一般主体，自然人和单位都可以成为本罪主体，而本罪的主体是特殊主体，即国家机关工作人员。（2）犯罪客观方面不同。非法占用耕地罪的行为表现是非法“占用”，即违反土地利用总体规划或计划，未经批准或骗取批准，擅自将耕地改为建设用地或者作其他用途的情况。本罪的行为是违反国家土地管理法规，非法批准征收、征用、占用土地。犯罪对象并不仅仅限于耕地，而且其行为造成的危害结果并不一定是造成土地资源的大量毁坏，如行为人多次非法批准的，也可以构成本罪。

（四）疑难、复杂问题的参考性解答

行为人与国家机关工作人员合谋非法占用耕地，后由国家机关工作人员非法批准的行为应当如何认定？[①]

本书观点：行为人与国家机关工作人员合谋，非法占用耕地，后由国家机关工作人员非法批准的行为如何认定，这实际上涉及相关共犯与罪数问题，即对渎职者是认定渎职罪还是他人所犯之罪共犯问题。司法实践中主要有两种做法：一种做法是认定为渎职罪；另一种做法是，原则上认定为渎职罪，但是，如果以共犯对渎职者认定处罚更重的，则应认定为共犯。从共同犯罪和罪数理论角度进行分析，在这种情况下，渎职者的渎职行为实际上兼有渎职罪构成要件和共犯构成要件的双重性质，即他的同一行为，在观念上、形式上同时符合两个犯罪构成，属于想象竞合犯形态，依照想象竞合犯的处罚原则，对行为人应当择一重罪处罚。因此，行为人与国家机关工作人员合谋，非法占用耕地，原则上应当认定为非法批准征用、占用土地罪，如果非法占用耕地的行为处罚更重的话，应该以非法占用土地罪的共犯处罚。

---

① 周强总主编，李少平、南英、张述元、刘学文、胡云腾主编：《中华人民共和国刑法案典》（下），人民法院出版社 2016 年版，第 2405 页。

（五）量刑指导或参考

依照《刑法》第四百一十条规定，犯非法批准征用、占用土地罪的，处三年以下有期徒刑或者拘役；致使国家或者集体利益遭受特别重大损失的，处三年以上七年以下有期徒刑。

司法机关在适用上述规定对本罪行为人进行处罚时，应当注意以下问题：

1. “致使国家或者集体利益遭受特别重大损失”，是本罪的加重处罚情节，司法实践中，一般是指非法批准征收、征用、占用土地的面积特别大、次数特别多的；致使国家或者集体蒙受特别重大经济损失的；造成耕地大面积毁坏、土地资源大量流失的等情形。

根据《破坏土地资源解释》第五条规定，具有下列情形之一的，属于非法批准征收、征用、占用土地“致使国家或者集体利益遭受特别重大损失”：（1）非法批准征用、占用基本农田二十亩以上的；（2）非法批准征用、占用基本农田以外的耕地六十亩以上的；（3）非法批准征用、占用其他土地一百亩以上的；（4）非法批准征用、占用土地，造成基本农田五亩以上，其他耕地十亩以上严重毁坏的；（5）非法批准征用、占用土地造成直接经济损失五十万元以上等恶劣情节的。

根据《破坏林地资源解释》第三条规定，具有下列情形之一的，属于刑法第四百一十条规定的“致使国家或者集体利益遭受特别重大损失”：（1）非法批准征用、占用防护林地、特种用途林地数量分别或者合计达到二十亩以上；（2）非法批准征用、占用其他林地数量达到四十亩以上；（3）非法批准征用、占用林地造成直接经济损失数额达到六十万元以上，或者造成第（一）项规定的林地数量分别或者合计达到十亩以上或者第（二）项规定的林地数量达到二十亩以上毁坏。

根据《破坏草原资源解释》第三条第二款的规定，具有下列情形之一，应当认定为刑法第四百一十条规定的“致使国家或者集体利益遭受特别重大损失”：（1）非法批准征收、征用、占用草原八十亩以上的；（2）非法批准征收、征用、占用草原，造成四十亩以上草原被毁坏的；（3）非法批准征收、征用、占用草原，造成直接经济损失六十万元以上，或者具有其他特别恶劣情节的。

2. 行为人因受贿而非法批准征收、征用、占用土地，如果受贿行为构成犯罪的，以非法批准征收、征用、占用土地罪和受贿罪数罪并罚。

二十四、非法低价出让国有土地使用权罪

（一）刑法规定

第四百一十条 国家机关工作人员徇私舞弊，违反土地管理法规，滥用职权，非法批准征收、征用、占用土地，或者非法低价出让国有土地使用权，情节严重的，处三年以下有期徒刑或者拘役；致使国家或者集体利益遭受特别重大损失的，处三年以上七年以下有期徒刑。

（二）司法解释、司法文件

1. **最高人民法院关于审理破坏林地资源刑事案件具体应用法律若干问题的解释**（法释〔2005〕15号，自2005年12月30日起施行）（节录）

第四条 国家机关工作人员徇私舞弊，违反土地管理法规，非法低价出让国有林地使用权，具有下列情形之一的，属于刑法第四百一十条规定的"情节严重"，应当以非法低价出让国有土地使用权罪判处三年以下有期徒刑或者拘役：

（一）林地数量合计达到三十亩以上，并且出让价额低于国家规定的最低价额标准的百分之六十；

（二）造成国有资产流失价额达到三十万元以上。

第五条 实施本解释第四条规定的行为，造成国有资产流失价额达到六十万元以上的，属于刑法第四百一十条规定的"致使国家和集体利益遭受特别重大损失"，应当以非法低价出让国有土地使用权罪判处三年以上七年以下有期徒刑。

2. **最高人民法院关于审理破坏土地资源刑事案件具体应用法律若干问题的解释**（法释〔2000〕14号，自2000年6月22日起施行）（节录）

第六条 国家机关工作人员徇私舞弊，违反土地管理法规，非法低价出让国有土地使用权，具有下列情形之一的，属于"情节严重"，依照刑法第四百一十条的规定，以非法低价出让国有土地使用权罪定罪处罚：

（一）出让国有土地使用权面积在三十亩以上，并且出让价额低于国家规定的最低价额标准的百分之六十的；

（二）造成国有土地资产流失价额在三十万元以上的。

第七条 实施第六条规定的行为，具有下列情形之一的，属于非法低价出让国有土地使用权，“致使国家和集体利益遭受特别重大损失”：

（一）非法低价出让国有土地使用权面积在六十亩以上，并且出让价额低于国家规定的最低价额标准的百分之四十的；

（二）造成国有土地资产流失价额在五十万元以上的。

3. **最高人民检察院关于渎职侵权犯罪案件立案标准的规定**（高检发释字〔2006〕2号，自2006年7月26日起施行）（节录）

一、渎职犯罪案件

（二十二）非法低价出让国有土地使用权案（第四百一十条）

非法低价出让国有土地使用权罪是指国家机关工作人员徇私舞弊，违反土地管理法、森林法、草原法等法律以及有关行政法规中关于土地管理的规定，滥用职权，非法低价出让国有土地使用权，情节严重的行为。

涉嫌下列情形之一的，应予立案：

1. 非法低价出让国有土地30亩以上，并且出让价额低于国家规定的最低价额标准的百分之六十的；

2. 造成国有土地资产流失价额30万元以上的；

3. 非法低价出让国有土地使用权，影响群众生产、生活，引起纠纷，造成恶劣影响或者其他严重后果的；

4. 非法低价出让林地合计30亩以上，并且出让价额低于国家规定的最低价额标准的百分之六十的；

5. 造成国有资产流失30万元以上的；

6. 其他情节严重的情形。

（三）典型或常见问题的审理思路

1. **罪与非罪的认定**

本书观点：情节是否严重，是区分罪与非罪的标准。虽有滥用职权，非法低价出让国有土地使用权的行为，但情节不严重的，属于一般违法行为，不构成犯罪。根据《破坏土地资源解释》第六条规定，国家机关工作人员徇私舞弊，违反土地管理法规，非法低价出让国有土地使用权，具有下列情形之一的，属于“情节严重”，依照刑法第四百一十条的规定，以非法低价出让国有土地使用权罪定罪处罚：（一）出让国有土地使用权面积在三十亩以上，并且出让价额低于国家规定的最低价额标准的百分之六十的；（二）造成国有土地资产流失价额在三十万元以上的。

根据《破坏林地资源解释》第四条规定，国家机关工作人员徇私舞弊，违反土地管理法规，非法低价出让国有林地使用权，具有下列情形之一的，属于刑法第四百一十条规定的“情节严重”：（一）林地数量合计达到三十亩以上，并且出让价额低于国家规定的最低价额标准的百分之六十；（二）造成国有资产流失价额达到三十万元以上。

2. 注意本罪与非法批准征用、占用土地罪的区别

本书观点：二者的主要区别在于：（1）行为特征不同。本罪表现为非法低价出让国有土地使用权，非法批准征用、占用土地罪则表现为非法批准征用、占用土地；（2）主体不完全相同。本罪为有权决定出让国有土地使用权的单位的国家机关工作人员，非法批准征用、占用土地罪为国家土地管理部门的国家机关工作人员。

3. 注意本罪与徇私舞弊低价折股、出售国有资产罪的区别

本书观点：两罪有一定的相同之处，即它们都是特殊主体低价出让公共财产的渎职行为。二者的区别是：第一，犯罪主体不同。前者的主体是国家机关工作人员；后者的主体是国有公司、企业或者其上级主管部门直接负责的主管人员。第二，犯罪客观方面不同。前者在客观方面表现为违反土地管理法规，徇私舞弊、滥用职权，非法低价出让国有土地使用权，情节严重的行为；后者在客观方面表现为将国有资产低价折股或者低价出售，致使国家利益遭受重大损失的行为。第三，犯罪对象不同。前者的犯罪对象是国有土地；后者的犯罪对象是一般的国有资产。

对于国家机关工作人员在转让企业产权中，徇私舞弊低价折股、出售国有资产，其中的行为对象包括国有土地的，也应当一并按照徇私舞弊低价折股、出售国有资产罪定罪处罚；如果行为对象仅仅只是企业的国有土地的，应当按照非法低价出让国有土地使用权罪定罪处罚。

4. 划清一罪与数罪的界限

本书观点：行为人受贿后徇私舞弊，非法低价出让国有土地使用权，情节严重的，应以非法低价出让国有土地使用权罪和受贿罪数罪并罚。

（四）量刑指导或参考

依照《刑法》第四百一十条规定，犯非法低价出让国有土地使用权罪的，处三年以下有期徒刑或者拘役；致使国家或者集体利益遭受特别重大损失的，处三年以上七年以下有期徒刑。

司法机关在适用上述规定对本罪行为人进行处罚时，应当注意以下问题：

1.“致使国家和集体利益遭受特别重大损失”是本罪的加重处罚情节，根据《破坏土地资源解释》第七条规定，具有下列情形之一的，属于非法低价出让国有土地使用权，“致使国家和集体利益遭受特别重大损失”：（1）非法低价出让国有土地使用权面积在六十亩以上，并且出让价额低于国家规定的最低价额标准的百分之四十的；（2）造成国有土地资产流失价额在五十万元以上的。

2. 根据《破坏林地资源解释》第五条规定，造成国有资产流失价额达到六十万元以上的，属于刑法第四百一十条规定的“致使国家和集体利益遭受特别重大损失”。

二十五、放纵走私罪

（一）刑法规定

第四百一十一条 海关工作人员徇私舞弊，放纵走私，情节严重的，处五年以下有期徒刑或者拘役；情节特别严重的，处五年以上有期徒刑。

（二）司法解释、司法文件

1. 最高人民法院、最高人民检察院、海关总署关于办理走私刑事案件适用法律若干问题的意见（法〔2002〕139号，自2002年7月8日起施行）（节录）

十六、关于放纵走私罪的认定问题

依照刑法第四百一十一条的规定，负有特定监管义务的海关工作人员徇私舞弊，利用职权，放任、纵容走私犯罪行为，情节严重的，构成放纵走私罪。放纵走私行为，一般是消极的不作为。如果海关工作人员与走私分子通谋，在放纵走私过程中以积极的行为配合走私分子逃避海关监管或者在放纵走私之后分得赃款的，应以共同走私犯罪追究刑事责任。

海关工作人员收受贿赂又放纵走私的，应以受贿罪和放纵走私罪数罪并罚。

2. **最高人民检察院关于渎职侵权犯罪案件立案标准的规定**（高检发释字〔2006〕2号，自2006年7月26日起施行）（节录）

一、渎职犯罪案件

（二十三）放纵走私案（第四百一十一条）

放纵走私罪是指海关工作人员徇私舞弊，放纵走私，情节严重的行为。

涉嫌下列情形之一的，应予立案：

1. 放纵走私犯罪的；
2. 因放纵走私致使国家应收税额损失累计达10万元以上的；
3. 放纵走私行为3起次以上的；
4. 放纵走私行为，具有索取或者收受贿赂情节的；
5. 其他情节严重的情形。

（三）典型或常见问题的审理思路

罪与非罪的认定

本书观点：情节是否严重，是区分本罪与一般违法行为的重要标准。行为人虽有放纵的行为，但情节不严重的，属于一般违法行为，不构成犯罪。在最高人民法院出台相关司法解释之前，审判实践中把握本罪的罪与非罪的界限时，可以参考《渎职侵权立案标准》对本罪立案追诉的标准来认定是否达到定罪标准。

（四）疑难、复杂问题的参考性解答

海关工作人员与走私犯罪分子事先通谋，并在走私过程中利用本人职务之便利积极配合，放纵走私的，如何对海关工作人员定罪？

本书观点：行为人与走私犯罪分子相勾结，形成走私的共同故意，通过放纵走私为走私犯罪分子提供帮助的，构成走私罪的共犯。如果缺少走私的共同故意而放纵走私的，则以放纵走私罪论处。

（五）量刑指导或参考

依照《刑法》第四百一十一条规定，犯放纵走私罪的，处五年以下有期

徒刑或者拘役；情节特别严重的，处五年以上有期徒刑。

司法机关在适用上述规定对本罪行为人进行处罚时，应当注意，根据《最高人民法院、最高人民检察院、海关总署关于办理走私刑事案件适用法律若干问题的意见》的相关规定，行为人因受贿而放纵走私，且受贿行为构成犯罪的，应以受贿罪和放纵走私罪并罚。

二十六、商检徇私舞弊罪

（一）刑法规定

第四百一十二条第一款　国家商检部门、商检机构的工作人员徇私舞弊，伪造检验结果的，处五年以下有期徒刑或者拘役；造成严重后果的，处五年以上十年以下有期徒刑。

（二）司法解释、司法文件

1. **最高人民法院、最高人民检察院关于办理危害食品安全刑事案件适用法律若干问题的解释**（法释〔2021〕24号，自2022年1月1日起施行）（节录）

第二十条　负有食品安全监督管理职责的国家机关工作人员，滥用职权或者玩忽职守，构成食品监管渎职罪，同时构成徇私舞弊不移交刑事案件罪、商检徇私舞弊罪、动植物检疫徇私舞弊罪、放纵制售伪劣商品犯罪行为罪等其他渎职犯罪的，依照处罚较重的规定定罪处罚。

负有食品安全监督管理职责的国家机关工作人员滥用职权或者玩忽职守，不构成食品监管渎职罪，但构成前款规定的其他渎职犯罪的，依照该其他犯罪定罪处罚。

负有食品安全监督管理职责的国家机关工作人员与他人共谋，利用其职务行为帮助他人实施危害食品安全犯罪行为，同时构成渎职犯罪和危害食品安全犯罪共犯的，依照处罚较重的规定定罪从重处罚。

2. **最高人民检察院关于渎职侵权犯罪案件立案标准的规定**（高检发释字〔2006〕2号，自2006年7月26日起施行）（节录）

一、渎职犯罪案件

（二十四）商检徇私舞弊案（第四百一十二条第一款）

商检徇私舞弊罪是指出入境检验检疫机关、检验检疫机构工作人员徇私舞弊，伪造检验结果的行为。

涉嫌下列情形之一的，应予立案：

1. 采取伪造、变造的手段对报检的商品的单证、印章、标志、封识、质量认证标志等作虚假的证明或者出具不真实的证明结论的；

2. 将送检的合格商品检验为不合格，或者将不合格商品检验为合格的；

3. 对明知是不合格的商品，不检验而出具合格检验结果的；

4. 其他伪造检验结果应予追究刑事责任的情形。

（三）典型或常见问题的审理思路

1. 罪与非罪的认定

本书观点：认定商检徇私舞弊罪应当注意把握本罪成立的要件。行为人只要出于徇私的动机，伪造检验结果的，即可成立本罪，并不要求损害结果的发生。至于造成严重后果的，则构成本罪的结果加重犯。在最高人民法院出台相关司法解释之前，审判实践中把握本罪的罪与非罪的界限时，可以参考《渎职侵权立案标准》对本罪立案追诉的标准来认定是否达到定罪标准。如果行为人不具有徇私的动机，即使在故意的主观心理态度支配下，实施了伪造检验结果的行为，也不能认定为本罪。

2. 划清本罪与走私罪共犯的界限

本书观点：如果行为人与走私分子共谋，为其伪造检验结果，帮助其进行走私，则属走私罪的共犯，应以走私罪论处。

（四）量刑指导或参考

依照《刑法》第四百一十二条第一款规定，犯商检徇私舞弊罪的，处五年以下有期徒刑或者拘役；造成严重后果的，处五年以上十年以下有期徒刑。

司法机关在适用上述规定对本罪行为人进行处罚时，应当注意以下问题：

1. “造成严重后果”，是本罪的加重处罚情节，司法实践中，一般是指致使不合格的商品进口或者出口，给国家利益造成严重损失，如进口的商品因不合格给国家造成严重经济损失，或者因出口的商品不合格，外方向我方索赔，致使我方赔偿数额巨大等情形。

2. 行为人受贿后伪造检验结果，且受贿行为构成犯罪的，应以商检徇私舞弊罪和受贿罪数罪并罚。

二十七、商检失职罪

（一）刑法规定

第四百一十二条 国家商检部门、商检机构的工作人员徇私舞弊，伪造检验结果的，处五年以下有期徒刑或者拘役；造成严重后果的，处五年以上十年以下有期徒刑。

前款所列人员严重不负责任，对应当检验的物品不检验，或者延误检验出证、错误出证，致使国家利益遭受重大损失的，处三年以下有期徒刑或者拘役。

（二）司法解释、司法文件

最高人民检察院关于渎职侵权犯罪案件立案标准的规定（高检发释字〔2006〕2号，自2006年7月26日起施行）（节录）

一、渎职犯罪案件

（二十五）商检失职案（第四百一十二条第二款）

商检失职罪是指出入境检验检疫机关、检验检疫机构工作人员严重不负责任，对应当检验的物品不检验，或者延误检验出证、错误出证，致使国家利益遭受重大损失的行为。

涉嫌下列情形之一的，应予立案：

1. 致使不合格的食品、药品、医疗器械等商品出入境，严重危害生命健康的；

2. 造成个人财产直接经济损失15万元以上，或者直接经济损失不满15万元，但间接经济损失75万元以上的；

3. 造成公共财产、法人或者其他组织财产直接经济损失30万元以上，或者直接经济损失不满30万元，但间接经济损失150万元以上的；

4. 未经检验，出具合格检验结果，致使国家禁止进口的固体废物、液态废物和气态废物等进入境内的；

5. 不检验或者延误检验出证、错误出证，引起国际经济贸易纠纷，严重影响国家对外经贸关系，或者严重损害国家声誉的；

6. 其他致使国家利益遭受重大损失的情形。

（三）典型或常见问题的审理思路

1. 罪与非罪的认定

本书观点：“致使国家利益遭受重大损失”，是区分本罪与一般违法行为的重要标准。行为人虽有商检失职的行为，并给国家利益造成了损失，但没有达到“重大”的程度，属于一般违法行为，不成立犯罪。在最高人民法院出台相关司法解释之前，审判实践中把握本罪的罪与非罪的界限时，可以参考《渎职侵权立案标准》对本罪立案追诉的标准来认定是否达到定罪标准。

2. 注意本罪与商检徇私舞弊罪的区别

本书观点：两者的区别在于：（1）主观方面的内容不同，本罪由过失构成，商检徇私舞弊罪由故意构成；（2）本罪是结果犯，客观上具有“致使国家利益遭受重大损失”的结果，才构成犯罪，商检徇私舞弊罪则是行为犯，只要伪造检验结果，即可构成犯罪。

（四）量刑指导或参考

依照《刑法》第四百一十二条第二款规定，犯商检失职罪的，处三年以下有期徒刑或者拘役。由于主观恶性的不同，本款处刑低于商检徇私舞弊罪。

二十八、动植物检疫徇私舞弊罪

（一）刑法规定

第四百一十三条第一款　动植物检疫机关的检疫人员徇私舞弊，伪造检疫结果的，处五年以下有期徒刑或者拘役；造成严重后果的，处五年以上十年以下有期徒刑。

（二）司法解释、司法文件

1. 最高人民法院、最高人民检察院关于办理危害食品安全刑事案件适用法律若干问题的解释（法释〔2021〕24号，自2022年1月1日起施行）（节录）

第二十条　负有食品安全监督管理职责的国家机关工作人员，滥用职权或者玩忽职守，构成食品监管渎职罪，同时构成徇私舞弊不移交刑事案件罪、商检徇私舞弊罪、动植物检疫徇私舞弊罪、放纵制售伪劣商品犯罪行为罪等其他渎职犯罪的，依照处罚较重的规定定罪处罚。

负有食品安全监督管理职责的国家机关工作人员滥用职权或者玩忽职守，不构成食品监管渎职罪，但构成前款规定的其他渎职犯罪的，依照该其他犯罪定罪处罚。

负有食品安全监督管理职责的国家机关工作人员与他人共谋，利用其职务行为帮助他人实施危害食品安全犯罪行为，同时构成渎职犯罪和危害食品安全犯罪共犯的，依照处罚较重的规定定罪从重处罚。

2. **最高人民检察院关于渎职侵权犯罪案件立案标准的规定**（高检发释字〔2006〕2号，自2006年7月26日起施行）（节录）

一、渎职犯罪案件

（二十六）动植物检疫徇私舞弊案（第四百一十三条第一款）

动植物检疫徇私舞弊罪是指出入境检验检疫机关、检验检疫机构工作人员徇私舞弊，伪造检疫结果的行为。

涉嫌下列情形之一的，应予立案：

1. 采取伪造、变造的手段对检疫的单证、印章、标志、封识等作虚假的证明或者出具不真实的结论的；

2. 将送检的合格动植物检疫为不合格，或者将不合格动植物检疫为合格的；

3. 对明知是不合格的动植物，不检疫而出具合格检疫结果的；

4. 其他伪造检疫结果应予追究刑事责任的情形。

（三）典型或常见问题的审理思路

1. **罪与非罪的认定**

本书观点：认定动植物检疫徇私舞弊罪应当注意把握本罪成立的客观要件。徇私舞弊，伪造检疫结果，是本罪的客观要件。本罪是行为犯，构成本罪，并不要求损害结果的发生。至于造成严重后果的，则构成本罪的结果加重犯。在最高人民法院出台相关司法解释之前，审判实践中把握本罪的罪与非罪的界限时，可以参考《渎职侵权立案标准》对本罪立案追诉的标准来认定是否达到定罪标准。

2. 动植物检疫徇私舞弊罪与商检徇私舞弊罪的界限

本书观点：两罪的区别体现在：（1）犯罪侵犯的直接客体不同。二者虽然都是渎职犯罪中的具体罪名，但动植物检疫徇私舞弊罪侵犯的直接客体是国家动植物检疫机关的正常管理活动；而商检徇私舞弊罪侵犯的直接客体则是国家商检机关的正常管理活动。（2）犯罪客观方面的表现形式不同。二者虽然都属于国家的质检部门，但由于职权范围的不同，导致其客观行为也不同。动植物检疫徇私舞弊罪客观方面表现为，在动植物检疫工作中，徇私舞弊，伪造动植物检疫结果的行为；而商检徇私舞弊罪在客观方面则表现为，在商检工作中徇私舞弊，伪造商品检验结果的行为。（3）犯罪主体不同。动植物检疫徇私舞弊罪的主体是国家动植物检疫机关的工作人员，而商检徇私舞弊罪的主体则是国家商检部门、商检机构的工作人员。

3. 划清一罪和数罪的界限

本书观点：行为人与走私动植物、动植物制品的犯罪分子相互勾结，伪造检疫结果帮助走私的，应以牵连犯择一重罪的处罚原则以走私珍贵动物、珍贵动物制品罪，走私珍稀植物、珍稀植物制品罪等论处。

（四）疑难、复杂问题的参考性解答

检疫机关的非检疫人员是否可以构成本罪？

本书观点：检疫机关的非检疫人员如果徇私舞弊、滥用职权指使他人伪造检疫结果的，可构成本罪的共犯。

（五）量刑指导或参考

依照《刑法》第四百一十三条第一款规定，犯动植物检疫徇私舞弊罪的，处五年以下有期徒刑或者拘役；造成严重后果的，处五年以上十年以下有期徒刑。

司法机关在适用上述规定对本罪行为人进行处罚时，应当注意以下问题：

1. “造成严重后果”，是本罪的加重处罚情节，司法实践中，一般是指致使带有传染病、寄生虫病和植物危险性病、虫、杂草传入或者传出国境，引起重大疫情或者使国家蒙受重大损失等情形。

2. 受贿后伪造检疫结果，同时受贿行为构成犯罪的，应以动植物检疫徇私舞弊罪和受贿罪数罪并罚。

二十九、动植物检疫失职罪

（一）刑法规定

第四百一十三条 动植物检疫机关的检疫人员徇私舞弊，伪造检疫结果的，处五年以下有期徒刑或者拘役；造成严重后果的，处五年以上十年以下有期徒刑。

前款所列人员严重不负责任，对应当检疫的检疫物不检疫，或者延误检疫出证、错误出证，致使国家利益遭受重大损失的，处三年以下有期徒刑或者拘役。

（二）司法解释、司法文件

最高人民检察院关于渎职侵权犯罪案件立案标准的规定（高检发释字〔2006〕2号，自2006年7月26日起施行）（节录）

一、渎职犯罪案件

（二十七）动植物检疫失职案（第四百一十三条第二款）

动植物检疫失职罪是指出入境检验检疫机关、检验检疫机构工作人员严重不负责任，对应当检疫的检疫物不检疫，或者延误检疫出证、错误出证，致使国家利益遭受重大损失的行为。

涉嫌下列情形之一的，应予立案：

1. 导致疫情发生，造成人员重伤或者死亡的；

2. 导致重大疫情发生、传播或者流行的；

3. 造成个人财产直接经济损失15万元以上，或者直接经济损失不满15万元，但间接经济损失75万元以上的；

4. 造成公共财产或者法人、其他组织财产直接经济损失30万元以上，或者直接经济损失不满30万元，但间接经济损失150万元以上的；

5. 不检疫或者延误检疫出证、错误出证，引起国际经济贸易纠纷，严重影响国家对外经贸关系，或者严重损害国家声誉的；

6. 其他致使国家利益遭受重大损失的情形。

（三）典型或常见问题的审理思路

1. 罪与非罪的认定

本书观点：“致使国家利益遭受重大损失”，是区分本罪与一般违法行为的重要标准。行为人在动植物检疫工作中虽有失职行为，致使国家利益遭受损失，但尚未达到“重大”的程度，属于一般违法行为，不构成犯罪。在最高人民法院出台相关司法解释之前，审判实践中把握本罪的罪与非罪的界限时，可以参考《渎职侵权立案标准》对本罪立案追诉的标准来认定是否达到定罪标准。

2. 注意本罪与动植物检疫徇私舞弊罪的区别

本书观点：二者的区别在于：（1）主观方面的内容不同。本罪只能由过失构成，动植物检疫徇私舞弊罪则由故意构成。（2）犯罪形态不同。本罪是结果犯，客观上必须具有“致使国家利益遭受重大损失”的结果才成立犯罪；动植物检疫徇私舞弊罪则是行为犯，只要伪造了检疫结果，即构成犯罪。徇私舞弊而故意错误出证的，可构成《刑法》第四百一十三条第一款规定的动植物检疫徇私舞弊罪；不是出于徇私动机的，可构成其他故意犯罪。

3. 注意本罪与传染病防治失职罪的区别

本书观点：两罪的区别在于：（1）客观方面不同。动植物检疫失职罪在客观方面表现为对应当检疫的物品不检疫，或者延误出证、错误出证，致使国家利益遭受重大损失；传染病防治失职罪在客观方面表现为从事传染病防治的政府卫生行政部门的工作人员严重不负责任，导致传染病传播或者流行，情节严重的。（2）主体不同。动植物检疫失职罪的主体是国家动植物检疫机关的检疫人员，包括国家动植物检疫机关及其在对外开放的口岸和进出境动植物检疫业务集中的地点设立的口岸动植物检疫机关；传染病防治失职罪的主体是从事传染病防治的政府卫生行政部门的工作人员，主要是从事卫生防疫、医疗保健、卫生监督管理的工作人员和卫生行政部门的管理人员。

（四）疑难、复杂问题的参考性解答

分清本罪与工作失误的界限[①]

本书观点：动植物检疫失职罪与一般工作失误的界限在于二者是两种不同性质的行为，可以从主观、客观两方面对其差别进行界定。（1）从主观方面看，二者的区别关键是看其是否与违反特定的职责规定相联系。如果没有违反特定职责义务的规定，即使发生了严重的损害结果，也属于客观上无法预见、不能避免、不能克服的意外事件，即主观上不存在犯罪过失，只能属于工作失误。如果违反了特定职责义务的规定，且主观上应当预见到其行为可能发生危害社会的结果，因为疏忽大意而没有预见，或者已经预见而轻信能够避免，导致发生了严重的损害后果，即主观上存在犯罪过失，则成立动植物检疫失职罪。（2）从客观方面看，正确认识二者的差别，不仅要看行为人是否违反特定职责义务的规定，而且还要看重大损失结果的发生是否与其违反职责义务的行为有刑法上的因果关系，以及因果作用力的大小。如果不具有刑法上的因果关系，或者因果作用力不大，属于工作失误；如果具有刑法上的因果关系且作用力达到了一定程度，则成立动植物检疫失职罪。

（五）量刑指导或参考

依照《刑法》第四百一十三条第二款规定，犯动植物检疫失职罪的，处三年以下有期徒刑或者拘役。

三十、放纵制售伪劣商品犯罪行为罪

（一）刑法规定

第四百一十四条　对生产、销售伪劣商品犯罪行为负有追究责任的国家机关工作人员，徇私舞弊，不履行法律规定的追究职责，情节严重的，处五年以下有期徒刑或者拘役。

---

① 周强总主编，李少平、南英、张述元、刘学文、胡云腾主编：《中华人民共和国刑法案典》（下），人民法院出版社 2016 年版，第 2423－2424 页。

（二）司法解释、司法文件及其权威解读

1. **最高人民法院、最高人民检察院关于办理危害食品安全刑事案件适用法律若干问题的解释**（法释〔2021〕24号，自2022年1月1日起施行）（节录）

第二十条 负有食品安全监督管理职责的国家机关工作人员，滥用职权或者玩忽职守，构成食品监管渎职罪，同时构成徇私舞弊不移交刑事案件罪、商检徇私舞弊罪、动植物检疫徇私舞弊罪、放纵制售伪劣商品犯罪行为罪等其他渎职犯罪的，依照处罚较重的规定定罪处罚。

负有食品安全监督管理职责的国家机关工作人员滥用职权或者玩忽职守，不构成食品监管渎职罪，但构成前款规定的其他渎职犯罪的，依照该其他犯罪定罪处罚。

负有食品安全监督管理职责的国家机关工作人员与他人共谋，利用其职务行为帮助他人实施危害食品安全犯罪行为，同时构成渎职犯罪和危害食品安全犯罪共犯的，依照处罚较重的规定定罪从重处罚。

2. **最高人民法院、最高人民检察院关于办理生产、销售伪劣商品刑事案件具体应用法律若干问题的解释**（法释〔2001〕10号，自2001年4月10日起施行）（节录）

第八条 国家机关工作人员徇私舞弊，对生产、销售伪劣商品犯罪不履行法律规定的查处职责，具有下列情形之一的，属于刑法第四百一十四条规定的“情节严重”：

（一）放纵生产、销售假药或者有毒、有害食品犯罪行为的；

（二）放纵依法可能判处二年有期徒刑以上刑罚的生产、销售、伪劣商品犯罪行为的；

（三）对三个以上有生产、销售伪劣商品犯罪行为的单位或者个人不履行追究职责的；

（四）致使国家和人民利益遭受重大损失或者造成恶劣影响的。

权威解读

解读《最高人民法院、最高人民检察院关于办理生产、销售伪劣商品刑事案件具体应用法律若干问题的解释》（节录）

（七）关于放纵制售伪劣商品犯罪行为罪

《刑法》第四百一十四条规定了放纵制售伪劣商品犯罪行为罪。我们主要

考虑到，放纵制售伪劣商品犯罪行为罪主要发生在《刑法》第一百四十条规定的生产、销售伪劣商品中，而该罪的第一个量刑幅度是二年以下有期徒刑，因此这样便于司法实践操作。同时，本解释也考虑到最高人民检察院在《关于人民检察院直接受理立案侦查案件立案标准的规定（试行）》中制定的关于该罪的立案标准，将国家机关工作人员放纵依法可能判处“二年”有期徒刑以上刑罚的生产、销售伪劣商品犯罪行为作为“情节严重”应当追究刑事责任的情形之一。

关于放纵制售伪劣商品犯罪的主体问题，有人认为，根据《刑法》第四百一十四条的规定，放纵制售伪劣商品犯罪的对象是“生产、销售伪劣商品犯罪行为”，而行政机关没有查处犯罪的职责，所以，放纵制售伪劣商品犯罪的主体，不能是行政机关。我们理解，工商行政管理机关、质量技术监督管理等行政机关，属于法定的对生产、销售伪劣商品行为负有查处、追究职责的机关，而且，从《刑法》第四百一十四条规定的犯罪制售伪劣商品犯罪的行为方式看，也只有这些机关才能成为本罪的主体。司法工作人员不依法追究生产、销售伪劣商品犯罪行为的，可按照徇私枉法罪定罪处罚。

（撰稿：熊选国、祝二军）

3. **最高人民检察院关于渎职侵权犯罪案件立案标准的规定**（高检发释字〔2006〕2号，自2006年7月26日起施行）（节录）

一、渎职犯罪案件

（二十八）放纵制售伪劣商品犯罪行为案（第四百一十四条）

放纵制售伪劣商品犯罪行为罪是指对生产、销售伪劣商品犯罪行为负有追究责任的国家机关工作人员徇私舞弊，不履行法律规定的追究职责，情节严重的行为。

涉嫌下列情形之一的，应予立案：

1. 放纵生产、销售假药或者有毒、有害食品犯罪行为的；

2. 放纵生产、销售伪劣农药、兽药、化肥、种子犯罪行为的；

3. 放纵依法可能判处3年有期徒刑以上刑罚的生产、销售伪劣商品犯罪行为的；

4. 对生产、销售伪劣商品犯罪行为不履行追究职责，致使生产、销售伪劣商品犯罪行为得以继续的；

5. 3次以上不履行追究职责，或者对3个以上有生产、销售伪劣商品犯罪行为的单位或者个人不履行追究职责的；

6. 其他情节严重的情形。

（三）典型或常见问题的审理思路

1. 罪与非罪的认定

本书观点：区分罪与非罪的关键在于徇私舞弊，不履行法律规定的追究职责的行为，是否达到“情节严重”的程度。依照《最高人民法院、最高人民检察院关于办理生产、销售伪劣商品刑事案件具体应用法律若干问题的解释》第八条规定，国家机关工作人员徇私舞弊，对生产、销售伪劣商品犯罪不履行法律规定的查处职责，具有下列情形之一的，属于刑法第四百一十四条规定的“情节严重”：（1）放纵生产、销售假药或者有毒、有害食品犯罪行为的；（2）放纵依法可能判处二年有期徒刑以上刑罚的生产、销售、伪劣商品犯罪行为的；（3）对三个以上有生产、销售伪劣商品犯罪行为的单位或者个人不履行追究职责的；（4）致使国家和人民利益遭受重大损失或者造成恶劣影响的。

2. 注意本罪与徇私枉法罪的区别

本书观点：二者的区别在于：（1）客观方面的表现形式不同。本罪表现为不作为，即应当履行追究责任而故意不履行，而徇私枉法罪表现为作为，即对明知是有罪的人而伪造、隐匿、毁弃证据，故意包庇使之不受追诉。（2）犯罪主体不同。本罪的主体范围除司法工作人员以外，还包括国家行政机关的工作人员，徇私枉法罪的主体则只能由司法工作人员构成。（3）犯罪对象不同。本罪的犯罪对象仅限于制售伪劣商品犯罪行为，徇私枉法罪可以是任何犯罪行为。

3. 注意本罪与徇私舞弊不移交刑事案件罪的区别

本书观点：二者的区别在于：（1）犯罪主体不同。本罪的主体是对生产、销售伪劣商品犯罪行为负有追究职责的国家机关工作人员，徇私舞弊不移交刑事案件罪的主体只能是行政执法人员。（2）客观方面的表现不同。本罪表现为不履行法律规定的追究职责，徇私舞弊不移交刑事案件罪则表现为对依法应当移交司法机关追究刑事责任的不移交，只作行政处罚，“以罚代刑”。

4. 划清一罪与数罪的界限

本书观点：在“查禁案件”时，以“通风报信、提供便利”手段帮助犯罪分子逃避刑事处罚的，可构成刑法第四百一十七条规定的帮助犯罪分子逃避处罚罪。司法工作人员在刑事诉讼过程中徇私、徇情，以作假证明、笔录，毁灭证据、伪造证据、妨害作证等手段包庇犯罪分子的，应从一重罪处断，即依照《刑法》第三百九十九条第一款规定的徇私枉法罪定罪处罚，不再适用伪证罪、帮助毁灭、伪造证据罪、妨害作证罪及本条等规定。放纵的犯罪行为、拒不移交的案件涉及制售伪劣商品的，同时触犯本罪和刑法第四百零二条规定的徇私舞弊不移交刑事案件罪，应从一重罪处断。

（四）量刑指导或参考

依照《刑法》第四百一十四条规定，犯放纵制售伪劣商品犯罪行为罪的，处五年以下有期徒刑或者拘役。

司法机关在适用上述规定对本罪行为人进行处罚时，应当注意，受贿后放纵制售伪劣商品的，应以放纵制售伪劣商品犯罪行为罪处罚，同时受贿行为构成犯罪的，应当数罪并罚。

三十一、办理偷越国（边）境人员出入境证件罪

（一）刑法规定

第四百一十五条　负责办理护照、签证以及其他出入境证件的国家机关工作人员，对明知是企图偷越国（边）境的人员，予以办理出入境证件的，或者边防、海关等国家机关工作人员，对明知是偷越国（边）境的人员，予以放行的，处三年以下有期徒刑或者拘役；情节严重的，处三年以上七年以下有期徒刑。

（二）司法解释、司法文件

最高人民检察院关于渎职侵权犯罪案件立案标准的规定（高检发释字〔2006〕2号，自2006年7月26日起施行）（节录）

一、渎职犯罪案件

（二十九）办理偷越国（边）境人员出入境证件案（第四百一十五条）

办理偷越国（边）境人员出入境证件罪是指负责办理护照、签证以及其他出入境证件的国家机关工作人员，对明知是企图偷越国（边）境的人员，

予以办理出入境证件的行为。

负责办理护照、签证以及其他出入境证件的国家机关工作人员涉嫌在办理护照、签证以及其他出入境证件的过程中，对明知是企图偷越国（边）境的人员而予以办理出入境证件的，应予立案。

（三）典型或常见问题的审理思路

1. 注意本罪与玩忽职守罪的区别

本书观点：二者的区别在于：（1）犯罪主体不同。本罪的主体是负责办理护照、签证以及其他出入境证件的国家机关工作人员，玩忽职守罪的主体则是一般国家机关工作人员。（2）主观方面不同。本罪主观上具有明知的故意，玩忽职守罪则出于过失。

2. 划清一罪与数罪的界限

本书观点：行为人明知是偷越国（边）境的人员而向其出售护照、签证以及其他出入境证件的，其行为同时触犯办理偷越国（边）境人员出入境证件罪和《刑法》第三百二十条规定的出售出入境证件罪两个罪名，应按照处理法条竞合犯的原则，从一重罪处断，不实行并罚。

3. 划清本罪与组织他人偷越国（边）境罪、运送他人偷越国（边）境罪共犯的界限

本书观点：行为人与组织、运送他人偷越国（边）境的犯罪分子相勾结，为偷越国（边）境的人员办理出入境证件的，构成该两罪的共犯，不以本罪论处。

（四）疑难、复杂问题的参考性解答

1. 明知偷越国（边）境的人员是犯罪的人而为其办理出入境证件的应当如何定罪？

本书观点：明知偷越国（边）境的人员是犯罪的人而为其办理出入境证件的，其行为同时触犯办理偷越国（边）境人员出入境证件罪和窝藏罪两个罪名，构成想象竞合犯，应从一重罪处断，不实行并罚。

2. 国家出入境证件管理机关的工作人员与组织、运送他人偷越国（边）境的犯罪分子相勾结，实施办理偷越国（边）境人员出入境证件行为应当如何定罪？

本书观点：在该种情况下，行为人的行为兼有办理偷越国（边）境人员出入境证件罪构成要件和组织他人偷越国（边）境罪、运送他人偷越国（边）境罪的共犯构成要件的双重性，即其同一个行为在观念上、形式上同时符合两个犯罪构成，属于想象竞合犯形态，依照想象竞合犯的处罚原则，应择一重罪处断。因此，该行为原则上应认定为办理偷越国（边）境人员出入境证件罪，但是如果以组织他人偷越国（边）境或运送他人偷越国（边）境罪的共犯对行为人认定处罚更重的，则应认定为共犯。

（五）量刑指导或参考

依照《刑法》第四百一十五条规定，犯办理偷越国（边）境人员出入境证件罪的，处三年以下有期徒刑或者拘役；情节严重的，处三年以上七年以下有期徒刑。

司法机关在适用上述规定对本罪行为人进行处罚时，应当注意，“情节严重”，是本罪的加重处罚情节，司法实践中，一般是指多次或给多人办理出入境证件的；造成严重后果的等情形。

三十二、放行偷越国（边）境人员罪

（一）刑法规定

第四百一十五条　负责办理护照、签证以及其他出入境证件的国家机关工作人员，对明知是企图偷越国（边）境的人员，予以办理出入境证件的，或者边防、海关等国家机关工作人员，对明知是偷越国（边）境的人员，予以放行的，处三年以下有期徒刑或者拘役；情节严重的，处三年以上七年以下有期徒刑。

（二）司法解释、司法文件

最高人民检察院关于渎职侵权犯罪案件立案标准的规定（高检发释字〔2006〕2号，自2006年7月26日起施行）（节录）

一、渎职犯罪案件

（三十）放行偷越国（边）境人员案（第四百一十五条）

放行偷越国（边）境人员罪是指边防、海关等国家机关工作人员，对明知是偷越国（边）境的人员予以放行的行为。

边防、海关等国家机关工作人员涉嫌在履行职务过程中，对明知是偷越国（边）境的人员而予以放行的，应予立案。

（三）典型或常见问题的审理思路

1. 本罪的对象是偷越国（边）境的人员。无论该人员是否持有出入境证件，也不论其持有的出入境证件是伪造、变造还是失效的，只要明知是偷越国（边）境的人员而予以放行的，即可构成本罪。

2. 注意本罪与玩忽职守罪的区别在于：（1）犯罪主体不同。前者的主体是边防、海关等国家机关工作人员，后者的主体则是一般国家机关工作人员。（2）主观方面不同。前者在主观上具有明知的故意，后者则出于过失。

3. 明知偷越国（边）境的人员是犯罪的人而予以放行的，其行为同时触犯本罪和窝藏罪两个罪名，构成想象竞合犯，应从一重罪处罚，不实行并罚。

4. 行为人与组织、运送他人偷越国（边）境的犯罪分子相勾结，对偷越国（边）境的人员予以放行的，构成组织他人偷越国（边）境罪、运送他人偷越国（边）境罪的共犯，不以本罪论处。

（四）疑难、复杂问题的参考性解答

边防检查人员伪造入境记录的行为如何定性？①

本书观点：边防检查人员负有对出入境人员的证件进行查验核准的职责，利用职务上的便利，在无人入境的情况下，在他人提供的护照上加盖入验讫

---

① 案例来源：最高人民法院刑事审判第一庭、第二庭编：《刑事审判参考》2001年第4集（总第15集）。

章、伪造入境记录，致使持该护照的偷越国（边）境人员可不受相关规定的限制，较为顺利地出境，实质上是一种滥用职权的放行行为，只不过这种放行行为不是直接针对企图偷越国（边）境的人员本身，而是为提供护照的人（既可能是组织他人偷越国（边）境的人，也可能是运送他人偷越国（边）境的人，等等）提供有关的方便，是一种间接放行的行为。只有在没有证据证实行为人与提供护照的人存在共同犯有组织他人偷越国（边）境罪或运送他人偷越国（边）境罪的前提下，才能按放行偷越国（边）境人员罪处理，否则，就应按组织他人偷越国（边）境罪或运送他人偷越国（边）境罪的共犯处理。

（五）量刑指导或参考

依照《刑法》第四百一十五条规定，犯放行偷越国（边）境人员罪的，处三年以下有期徒刑或者拘役；情节严重的，处三年以上七年以下有期徒刑。

司法机关在适用上述规定对本罪行为人进行处罚时，应当注意，“情节严重”，是本罪的加重处罚情节，司法实践中，一般是指多次或者对多人放行的；造成严重后果的等情形。

三十三、不解救被拐卖、绑架妇女、儿童罪

（一）刑法规定

第四百一十六条第一款 对被拐卖、绑架的妇女、儿童负有解救职责的国家机关工作人员，接到被拐卖、绑架的妇女、儿童及其家属的解救要求或者接到其他人的举报，而对被拐卖、绑架的妇女、儿童不进行解救，造成严重后果的，处五年以下有期徒刑或者拘役。

（二）司法解释、司法文件

最高人民检察院关于渎职侵权犯罪案件立案标准的规定（高检发释字〔2006〕2号，自2006年7月26日起施行）（节录）

一、渎职犯罪案件

（三十一）不解救被拐卖、绑架妇女、儿童案（第四百一十六条第一款）

不解救被拐卖、绑架妇女、儿童罪是指对被拐卖、绑架的妇女、儿童负

有解救职责的公安、司法等国家机关工作人员接到被拐卖、绑架的妇女、儿童及其家属的解救要求或者接到其他人的举报，而对被拐卖、绑架的妇女、儿童不进行解救，造成严重后果的行为。

涉嫌下列情形之一的，应予立案：

1. 导致被拐卖、绑架的妇女、儿童或者其家属重伤、死亡或者精神失常的；

2. 导致被拐卖、绑架的妇女、儿童被转移、隐匿、转卖，不能及时进行解救的；

3. 对被拐卖、绑架的妇女、儿童不进行解救 3 人次以上的；

4. 对被拐卖、绑架的妇女、儿童不进行解救，造成恶劣社会影响的；

5. 其他造成严重后果的情形。

（三）典型或常见问题的审理思路

1. 罪与非罪的认定

本书观点：是否“造成严重后果”，是区分犯罪与一般违法行为的重要标准。行为人虽然有不解救被拐卖、绑架妇女、儿童的行为，但尚未造成严重后果的，属于一般违法行为，不构成犯罪，包括也不构成滥用职权罪或玩忽职守罪。在最高人民法院出台相关司法解释之前，审判实践中把握本罪的罪与非罪的界限时，可以参考《渎职侵权立案标准》对本罪立案追诉的标准来认定是否达到定罪标准。

2. 划清本罪与拐卖妇女、儿童罪共犯的界限

本书观点：行为人与拐卖妇女、儿童的犯罪分子相勾结，拒不解救被拐卖、绑架的妇女、儿童的，构成拐卖妇女、儿童罪的共犯，不以本罪论处。

3. 划清一罪与数罪的界限

本书观点：行为人因受贿而拒不解救被拐卖、绑架妇女、儿童，同时构成受贿罪和拐卖妇女、儿童罪（故意犯罪的共犯）的，应数罪并罚。

（四）量刑指导或参考

依照《刑法》第四百一十六条第一款规定，犯不解救被拐卖、绑架妇女、儿童罪的，处五年以下有期徒刑或者拘役。

三十四、阻碍解救被拐卖、绑架妇女、儿童罪

（一）刑法规定

第四百一十六条第二款　负有解救职责的国家机关工作人员利用职务阻碍解救的，处二年以上七年以下有期徒刑；情节较轻的，处二年以下有期徒刑或者拘役。

（二）司法解释、司法文件

最高人民检察院关于渎职侵权犯罪案件立案标准的规定（高检发释字〔2006〕2号，自2006年7月26日起施行）（节录）

一、渎职犯罪案件

（三十二）阻碍解救被拐卖、绑架妇女、儿童案（第四百一十六条第二款）

阻碍解救被拐卖、绑架妇女、儿童罪是指对被拐卖、绑架的妇女、儿童负有解救职责的公安、司法等国家机关工作人员利用职务阻碍解救被拐卖、绑架的妇女、儿童的行为。

涉嫌下列情形之一的，应予立案：

1. 利用职权，禁止、阻止或者妨碍有关部门、人员解救被拐卖、绑架的妇女、儿童的；

2. 利用职务上的便利，向拐卖、绑架者或者收买者通风报信，妨碍解救工作正常进行的；

3. 其他利用职务阻碍解救被拐卖、绑架的妇女、儿童应予追究刑事责任的情形。

（三）典型或常见问题的审理思路

1. 本罪是行为犯

本书观点：行为人只要有“利用职务阻碍解救”的行为，无论解救活动是否真的受到阻碍，都构成本罪。在最高人民法院出台相关司法解释之前，审判实践中把握本罪的罪与非罪的界限时，可以参考《渎职侵权立案标准》对本罪立案追诉的标准来认定是否达到定罪标准。

2. **注意本罪与妨害公务罪的区别**

本书观点：从广义上讲，本罪也是一种妨害公务的行为，但与妨害公务罪是不同的。二者的区别在于：（1）本罪为特殊主体，妨害公务罪则为一般主体；（2）本罪在客观方面表现为利用职务阻碍解救被拐卖、绑架的妇女、儿童的行为，妨害公务罪则表现为以暴力、威胁方法阻碍国家机关工作人员依法执行一般职务的行为。妨害公务罪，被妨害的公务必须是国家工作人员所执行的解救公务；本罪既可以是阻碍解救妇女、儿童的公务，又可以是其他公民的非公务的解救活动。

3. **划清阻碍解救被拐卖、绑架妇女、儿童罪与不解救被拐卖、绑架妇女、儿童罪的界限**

本书观点：两者的区别主要体现在客观方面。前者客观方面表现为行为人利用职务阻碍解救被拐卖、绑架的妇女、儿童，行为人不但不积极解救，反而利用自己的职权或职务便利为其他人的解救工作设置障碍，如组织群众围攻解救人员，向拐卖、绑架妇女儿童的犯罪分子通风报信等。该行为既可以是作为，也可以是不作为，但主要表现为作为形式，且构成该罪不以发生严重后果为条件。不解救被拐卖、绑架妇女、儿童罪表现为接到被拐卖、绑架妇女、儿童及其家属的解救要求或者接到其他人的举报，而不进行解救，造成严重后果的行为。该行为只能是不作为，其构成要以发生严重后果为条件。

4. **划清本罪与聚众阻碍解救被收买的妇女、儿童罪的界限**

本书观点：二者的区别在于：（1）侵犯客体不同。本罪除侵犯国家工作人员解救妇女、儿童的公务活动外，还侵犯国家机关的声誉，而聚众阻碍解救被收买的妇女、儿童罪不侵犯国家机关的声誉。（2）客观方面不同。本罪客观行为多种多样，且限定为利用职务实施，阻碍的解救活动可以是公务也可以是非公务；而聚众阻碍解救被收买的妇女、儿童罪行为形式只限定为以“聚众”的形式，且阻碍的仅限于解救被收买的妇女、儿童的公务行为。（3）主体上不同。本罪主体仅限于负有解救职责的国家机关工作人员，而聚众阻碍解救被收买的妇女、儿童罪的主体为实施阻碍行为的首要分子，可以是国家机关工作人员，也可以是非国家机关工作人员。（4）主观方面不同。本罪主观故意的内容是意图阻碍解救被拐卖、绑架的妇女、儿童的公务活动和非公务活动，而聚众阻碍解救被收买的妇女、儿童罪的故意内容是意图阻碍解救被收买的妇女、儿童的公务活动。

5. 划清一罪与数罪的界限

行为人因受贿而阻碍解救被拐卖、绑架妇女、儿童，同时受贿行为构成犯罪的，应以阻碍解救被拐卖、绑架妇女、儿童罪和受贿罪数罪并罚。

（四）量刑指导或参考

依照《刑法》第四百一十六条第二款规定，犯阻碍解救被拐卖、绑架妇女、儿童罪的，处二年以上七年以下有期徒刑；情节较轻的，处二年以下有期徒刑或者拘役。

司法机关在适用上述规定对本罪行为人进行处罚时，应当注意，“情节较轻”，一般是指没有造成严重后果，如解救活动没有实际受到阻碍的；没有造成恶劣社会影响的等情形。

三十五、帮助犯罪分子逃避处罚罪

（一）刑法规定

第四百一十七条 有查禁犯罪活动职责的国家机关工作人员，向犯罪分子通风报信、提供便利，帮助犯罪分子逃避处罚的，处三年以下有期徒刑或者拘役；情节严重的，处三年以上十年以下有期徒刑。

（二）司法解释、司法文件及其权威解读

1. 最高人民法院、最高人民检察院关于办理扰乱无线电通讯管理秩序等刑事案件适用法律若干问题的解释（法释〔2017〕11号，自2017年7月1日起施行）（节录）

第七条 ……

有查禁扰乱无线电管理秩序犯罪活动职责的国家机关工作人员，向犯罪分子通风报信、提供便利，帮助犯罪分子逃避处罚的，应当依照刑法第四百一十七条的规定，以帮助犯罪分子逃避处罚罪追究刑事责任；事先通谋的，以共同犯罪论处。

权威解读

解读《最高人民法院、最高人民检察院关于办理扰乱无线电通讯管理秩

序等刑事案件适用法律若干问题的解释》（节录）

（七）关于国家机关工作人员渎职犯罪

《无线电解释》第七条规定了国家机关工作人员有关渎职犯罪问题。该条分两款，明确了两类渎职犯罪的定罪处罚。

第一款规定，负有无线电监督管理职责的国家机关工作人员滥用职权或者玩忽职守，致使公共财产、国家和人民利益遭受重大损失的，应当以滥用职权罪或者玩忽职守罪追究刑事责任。

第二款规定，有查禁扰乱无线电通讯管理秩序犯罪活动职责的国家机关工作人员，向犯罪分子通风报信、提供便利，帮助犯罪分子逃避处罚的，应当以帮助犯罪分子逃避处罚罪追究刑事责任；事先通谋的，以共同犯罪论处。

（撰稿：缐杰、卢宇蓉）

2. 最高人民法院、最高人民检察院、公安部关于办理利用赌博机开设赌场案件适用法律若干问题的意见（公通字〔2014〕17号，自2014年3月26日起施行）（节录）

八、关于国家机关工作人员渎职犯罪的处理

负有查禁赌博活动职责的国家机关工作人员，徇私枉法，包庇、放纵开设赌场违法犯罪活动，或者为违法犯罪分子通风报信、提供便利、帮助犯罪分子逃避处罚，构成犯罪的，依法追究刑事责任。

3. 最高人民法院、最高人民检察院、公安部、监察部、国家安全生产监督管理总局关于严格依法及时办理危害生产安全刑事案件的通知（高检会〔2008〕5号，自2008年6月6日起施行）（节录）

七、严肃查办谎报瞒报事故行为。对有关单位和个人故意干扰、阻碍办案，或者毁灭、伪造证据、转移藏匿物证书证，或者拒不提供证据资料等违纪违法行为，监察机关要追究直接责任人和有关领导的责任；违反治安管理的，由公安机关进行治安管理处罚；构成犯罪的，依法追究刑事责任。对国家机关工作人员徇私枉法、帮助犯罪分子逃避处罚以及滥用职权、玩忽职守的，检察机关、监察机关要严肃查处；构成犯罪的，依法追究刑事责任。

4. 最高人民法院、最高人民检察院、公安部、国家工商行政管理局关于印发《关于依法查处盗窃、抢劫机动车案件的规定》的通知（公通字〔1998〕31号，自1998年5月8日起施行）（节录）

十、公安人员对盗窃、抢劫的机动车辆，非法提供机动车牌证或者为其取得机动车牌证提供便利，帮助犯罪分子逃避处罚的，依照《刑法》第四百一十七条规定处罚。

5. **最高人民检察院关于渎职侵权犯罪案件立案标准的规定**（高检发释字〔2006〕2号，自2006年7月26日起施行）（节录）

一、渎职犯罪案件

（三十三）帮助犯罪分子逃避处罚案（第四百一十七条）

帮助犯罪分子逃避处罚罪是指有查禁犯罪活动职责的司法及公安、国家安全、海关、税务等国家机关工作人员，向犯罪分子通风报信、提供便利，帮助犯罪分子逃避处罚的行为。

涉嫌下列情形之一的，应予立案：

1. 向犯罪分子泄漏有关部门查禁犯罪活动的部署、人员、措施、时间、地点等情况的；

2. 向犯罪分子提供钱物、交通工具、通讯设备、隐藏处所等便利条件的；

3. 向犯罪分子泄漏案情的；

4. 帮助、示意犯罪分子隐匿、毁灭、伪造证据，或者串供、翻供的；

5. 其他帮助犯罪分子逃避处罚应予追究刑事责任的情形。

（三）典型或常见问题的审理思路

1. 本罪是行为犯

本书观点：只要行为人出于帮助犯罪分子逃避处罚的目的，实施通风报信、提供便利的行为，至于犯罪分子是否实际上逃避了处罚，不影响本罪的成立，但可作为一个量刑情节考虑。在最高人民法院出台相关司法解释之前，审判实践中把握本罪的罪与非罪的界限时，可以参考《渎职侵权立案标准》对本罪立案追诉的标准来认定是否达到定罪标准。

2. 划清本罪与其他犯罪共犯的界限

本书观点：行为人与犯罪分子事前通谋，在其实施犯罪后，为其通风报信、提供便利的，构成犯罪分子所实施的犯罪的共犯，不以本罪论处。非司法工作人员、非行政执法工作人员与司法工作人员、行政执法工作人员相勾结，共同帮助犯罪分子逃避处罚的，可构成本罪的共犯。非司法工作人员、非行政执法工作人员单独实施本条规定行为的，可构成《刑法》第三百一十条规定的窝藏、包庇罪；如系事先与犯罪分子通谋的，应按通谋之罪的共犯论处。

3. **划清本罪与徇私枉法罪的界限**

本书观点：司法工作人员在查禁犯罪活动中，对明知是有罪的人而采取伪造、隐匿、毁弃证据的方法掩盖犯罪事实，故意包庇不使其受追诉的，不构成本罪，构成徇私枉法罪。

4. **划清本罪与徇私舞弊不移交刑事案件罪的界限**

本书观点：从主观目的看，徇私舞弊不移交刑事案件也是为了帮助犯罪分子逃避处罚。但二者的区别主要在于：（1）犯罪主体不同。徇私舞弊不移交刑事案件罪的主体只能是行政执法人员，而本罪的主体是特定的司法工作人员；（2）行为方式不同。徇私舞弊不移交刑事案件罪主要以不作为方式表现，本罪则表现为作为。

根据《渎职侵权立案标准》的相关规定，行为人利用职务上的便利，向拐卖、绑架、收买妇女、儿童者通风报信，妨碍解救工作正常进行的，以《刑法》第四百一十六条第二款规定的阻碍解救被拐卖、绑架妇女、儿童罪定罪处罚。对于因受贿而帮助犯罪分子逃避处罚，且受贿行为构成犯罪的，应以帮助犯罪分子逃避处罚罪和受贿罪数罪并罚。

（四）疑难、复杂问题的参考性解答

1. **烟草局工作人员是否具有帮助犯罪分子逃避处罚罪的主体资格？**[①]

本书观点：烟草局稽查支队的稽查员，负有查禁销售假冒注册商标卷烟制品犯罪的职责，如果与销售假冒注册商标的商品的犯罪分子相互勾结，共同实施销售假冒注册商标的商品的犯罪行为，并向犯罪分子通风报信，帮助犯罪分子逃避处罚，其行为分别构成销售假冒注册商标的商品罪、帮助犯罪分子逃避处罚罪，应依法实行数罪并罚。

2. **负有查禁犯罪活动职责的国家机关工作人员，向违法行为人通风报信，帮助逃避行政处罚的，是否构成帮助犯罪分子逃避处罚罪？**[②]

本书观点：根据《刑法》第四百一十七条的规定，帮助犯罪分子逃避处罚罪的构成要件中，负有查禁犯罪活动职责的国家机关工作人员所帮助的对

---

① 观点来源：《最高人民法院公报》2009 年第 6 期（总第 152 期）。

② 观点来源：最高人民法院刑事审判第一、二、三、四、五庭编：《刑事审判参考》2005 年第 4 集（总第 45 集）。

象只能是“犯罪分子”，不包括一般的违法分子。帮助犯罪分子逃避处罚罪中的“犯罪分子”，只能是正在实行犯罪或者有证据证明涉嫌犯罪的犯罪嫌疑人。当负有查禁犯罪活动职责的国家机关工作人员明知这种事实发生和存在，却故意帮助犯罪分子逃避处罚，即可构成本罪。而利用职务便利，帮助他人逃避行政处罚的行为不能以帮助犯罪分子逃避处罚罪定罪处罚。

3. 执行法官能否成为帮助犯罪分子逃避处罚罪的主体？①

本书观点：根据《刑法》第四百一十七条的规定，帮助犯罪分子逃避处罚罪，是指有查禁犯罪活动职责的国家机关工作人员，向犯罪分子通风报信，提供便利，帮助犯罪分子逃避处罚的行为。所谓“有查禁犯罪活动职责的国家机关工作人员”，参照最高人民检察院颁布的《自侦案件立案标准》的规定，主要是指司法及公安、国家安全机关、海关、税务等国家机关的工作人员。通常而言，作为行使刑事审判权的人民法院，虽也负有打击犯罪活动的职责，但并不能说人民法院所有的工作人员都有查禁犯罪活动的职责。只有那些直接负有查禁犯罪活动职责（包括领导职责）或因工作需要临时参与到查禁某项犯罪活动中来的人民法院工作人员，才有为帮助犯罪分子逃避处罚而向他们或亲属通风报信、提供便利的可能，也才有构成本罪的余地。至于那些根本不负有上述职责且也没有实际参与到查禁某项犯罪活动中来的工作人员，是不能单独成为本罪的主体的。人民法院的执行法官，其日常所从事的职务只是承办执行案件，根本不具有查禁犯罪活动的职责，也没有因工作需要而实际参与到查禁某项犯罪活动中来，显然是不能单独成为帮助犯罪分子逃避处罚罪的主体。如果执行法官为帮助犯罪分子逃避处罚而为他人伪造证据提供了帮助，且情节严重，符合帮助伪造证据罪的主客观方面的构成要件，可以帮助伪造证据罪定罪处罚。

（五）量刑指导或参考

依照《刑法》第四百一十七条规定，犯帮助犯罪分子逃避处罚罪的，处三年以下有期徒刑或者拘役；情节严重的，处三年以上十年以下有期徒刑。

司法机关在适用上述规定对本罪行为人进行处罚时，应当注意，“情节严

---

① 观点来源：最高人民法院刑事审判第一庭、第二庭编：《刑事审判参考》2002 年第 3 集（总第 26 集）。

重”，是本罪的加重处罚情节，司法实践中，一般是指多次向犯罪分子或者向多名犯罪分子通风报信、提供便利的；致使罪行严重的犯罪分子逃避处罚的；造成恶劣社会影响的等情形。

三十六、招收公务员、学生徇私舞弊罪

（一）刑法规定

第四百一十八条 国家机关工作人员在招收公务员、学生工作中徇私舞弊，情节严重的，处三年以下有期徒刑或者拘役。

（二）司法解释、司法文件

最高人民检察院关于渎职侵权犯罪案件立案标准的规定（高检发释字〔2006〕2号，自2006年7月26日起施行）（节录）

一、渎职犯罪案件

（三十四）招收公务员、学生徇私舞弊案（第四百一十八条）

招收公务员、学生徇私舞弊罪是指国家机关工作人员在招收公务员、省级以上教育行政部门组织招收的学生工作中徇私舞弊，情节严重的行为。

涉嫌下列情形之一的，应予立案：

1. 徇私舞弊，利用职务便利，伪造、变造人事、户口档案、考试成绩或者其他影响招收工作的有关资料，或者明知是伪造、变造的上述材料而予以认可的；

2. 徇私舞弊，利用职务便利，帮助5名以上考生作弊的；

3. 徇私舞弊招收不合格的公务员、学生3人次以上的；

4. 因徇私舞弊招收不合格的公务员、学生，导致被排挤的合格人员或者其近亲属自杀、自残造成重伤、死亡，或者精神失常的；

5. 因徇私舞弊招收公务员、学生，导致该项招收工作重新进行的；

6. 其他情节严重的情形。

（三）典型或常见问题的审理思路

1. 罪与非罪的认定

本书观点：情节是否严重，是区分犯罪与一般违法行为的重要标准。行

为人在招收公务员、学生工作中有徇私舞弊的行为，但情节不严重的，属于一般违法行为，不构成犯罪。在最高人民法院出台相关司法解释之前，审判实践中把握本罪的罪与非罪的界限时，可以参考《渎职侵权立案标准》对本罪立案追诉的标准来认定是否达到定罪标准。

2. 注意本罪与玩忽职守罪的区别

本书观点：二者的区别在于：（1）主观方面不同。本罪主观上出于故意，并具有徇私的动机，玩忽职守罪则出于过失。（2）行为发生的领域不同。本罪发生在招收公务员、学生的工作中，玩忽职守罪则发生在一般工作中。

3. 划清一罪与数罪的界限

本书观点：对于因受贿而徇私舞弊，招收公务员、学生，且受贿行为构成犯罪的，应以招收公务员、学生徇私舞弊罪和受贿罪数罪并罚。

（四）疑难、复杂问题的参考性解答

公安人员为“高考移民”违规办理户口的行为，是否构成招收学生徇私舞弊罪？①

本书观点：户籍管理工作是招生工作的一部分，管理户籍的公安人员属于特指的国家机关中负责招收学生工作的工作人员，符合招生舞弊罪的主体要件。如果接受他人请托，违反户籍管理规定办理虚假户籍，造成严重社会影响的，属于徇私舞弊类犯罪，按照“特殊优于一般”的原则，应当构成招收学生徇私舞弊罪。

（五）量刑指导或参考

依照《刑法》第四百一十八条规定，犯招收公务员、学生徇私舞弊罪的，处三年以下有期徒刑或者拘役。

三十七、失职造成珍贵文物损毁、流失罪

（一）刑法规定

第四百一十九条　国家机关工作人员严重不负责任，造成珍贵文物损毁

---

① 案例来源：《人民法院案例选》总第93辑（2015年第3辑）。

或者流失，后果严重的，处三年以下有期徒刑或者拘役。

（二）司法解释、司法文件及其权威解读

1. 最高人民法院、最高人民检察院关于办理妨害文物管理等刑事案件适用法律若干问题的解释（法释〔2015〕23号，自2016年1月1日起施行）（节录）

第十条 国家机关工作人员严重不负责任，造成珍贵文物损毁或者流失，具有下列情形之一的，应当认定为刑法第四百一十九条规定的“后果严重”：

（一）导致二级以上文物或者五件以上三级文物损毁或者流失的；

（二）导致全国重点文物保护单位、省级文物保护单位的本体严重损毁或者灭失的；

（三）其他后果严重的情形。

权威解读

解读《最高人民法院、最高人民检察院关于办理妨害文物管理等刑事案件适用法律若干问题的解释》（节录）

（六）失职造成珍贵文物损毁、流失罪的定罪量刑标准

根据《刑法》第四百一十九条的规定，失职造成珍贵文物损毁或者流失，后果严重的，构成失职造成珍贵文物损毁、流失罪。《文物解释》第十条对“后果严重”的具体情形作出明确。需要说明的是，2006年最高人民检察院《渎职侵权立案标准》将失职造成珍贵文物损毁、流失罪的入罪标准之一规定为“导致国家一、二、三级珍贵文物损毁或者流失的”。而根据《刑法》第四百一十九条的规定，失职造成珍贵文物损毁、流失罪的入罪要件为“造成珍贵文物损毁或者流失，后果严重”。因此，“导致国家一、二、三级珍贵文物损毁或者流失”实际只是重复了“造成珍贵文物损毁或者流失”的规定，并未对“后果严重”作出解释。因此，《文物解释》第十条第（一）项规定“导致二级以上文物或者五件以上三级文物损毁或者流失的”才认定为造成珍贵文物损毁或者流失“后果严重”，构成失职造成珍贵文物损毁、流失罪。

（撰稿：喻海松）

2. **最高人民检察院关于渎职侵权犯罪案件立案标准的规定**（高检发释字〔2006〕2号，自2006年7月26日起施行）（节录）

一、渎职犯罪案件

（三十五）失职造成珍贵文物损毁、流失案（第四百一十九条）

失职造成珍贵文物损毁、流失罪是指文物行政部门、公安机关、工商行政管理部门、海关、城乡建设规划部门等国家机关工作人员严重不负责任，造成珍贵文物损毁或者流失，后果严重的行为。

涉嫌下列情形之一的，应予立案：

1. 导致国家一、二、三级珍贵文物损毁或者流失的；

2. 导致全国重点文物保护单位或者省、自治区、直辖市级文物保护单位损毁的；

3. 其他后果严重的情形。

（三）典型或常见问题的审理思路

1. 罪与非罪的认定

本书观点：本罪是结果犯，后果是否严重，是区分本罪与一般违法行为的重要标准。行为人严重不负责任，造成珍贵文物损毁或者流失，但其后果没有达到“严重”的程度，属于一般违法行为，不成立犯罪。根据《文物解释》的规定，以下三种情形的属于造成珍贵文物损毁或者流失“后果严重”：（1）导致二级以上文物或者五件以上三级文物损毁或者流失的；（2）导致全国重点文物保护单位、省级文物保护单位的本体严重损毁或者灭失的；（3）其他后果严重的情形。

2. 注意本罪与过失损毁文物罪的区别

本书观点：两罪的主要区别有：（1）本罪的主体是特殊主体，过失损毁文物罪的主体则为一般主体；（2）本罪是一种职务犯罪，即国家机关工作人员，因严重不负责任，造成珍贵文物损毁或者流失的行为，过失损毁文物罪不属于职务犯罪，且行为方式仅限于“损毁”。

（四）疑难、复杂问题的参考性解答

注意把握本罪中“珍贵文物”的犯罪

本书观点：本条所称的珍贵文物是指在中华人民共和国境内，具有重要

历史、艺术、科学价值的文物。主要包括国家规定的一、二级文物，三级文物要确认为珍贵文物的，应经文物鉴定委员会确认。“文物”主要包括：（1）具有历史、艺术、科学价值的古文化遗址、古墓葬、古建筑、石窟寺和石刻；（2）与重大历史事件、革命运动和著名人物有关的，具有重要纪念意义、教育意义和史料价值的建筑物、遗址、纪念物；（3）历史上各时代珍贵的艺术品、工艺美术品；（4）重要的革命文献资料以及具有历史、艺术、科学价值的手稿、古旧图书资料等；（5）反映历史上各时代、各民族社会制度、社会生产、社会生活的代表性实物。另外，根据全国人大常委会2005年12月29日通过的《关于〈中华人民共和国刑法〉有关文物的规定适用于具有科学价值的古脊椎动物化石、古人类化石的解释》的规定，刑法有关文物的规定，适用于具有科学价值的古脊椎动物化石和古人类化石。因此，本条规定也适用于国家机关工作人员严重不负责任，造成具有科学价值的古脊椎动物化石和古人类化石损毁或者流失，后果严重的犯罪行为。

（五）量刑指导或参考

依照《刑法》第四百一十九条规定，犯失职造成珍贵文物损毁、流失罪的，处三年以下有期徒刑或者拘役。

第十章　军人违反职责罪

一、战时违抗命令罪

（一）刑法规定

第四百二十一条　战时违抗命令，对作战造成危害的，处三年以上十年以下有期徒刑；致使战斗、战役遭受重大损失的，处十年以上有期徒刑、无期徒刑或者死刑。

（二）司法解释、司法文件

军人违反职责罪案件立案标准的规定（政检〔2013〕1号，自2013年3月28日起施行）（节录）

第一条　……战时涉嫌下列情形之一的，应予立案：

（一）扰乱作战部署或者贻误战机的；

（二）造成作战任务不能完成或者迟缓完成的；

（三）造成我方人员死亡一人以上，或者重伤二人以上，或者轻伤三人以上的；

（四）造成武器装备、军事设施、军用物资损毁，直接影响作战任务完成的；

（五）对作战造成其他危害的。

（三）典型或常见问题的审理思路

“违抗命令”，司法实践中是指违背、抗拒首长、上级职权范围内的命令，包括拒绝接受命令，或者不按照命令的具体要求行动等。违抗命令的行为必须发生在战时才能构成犯罪。“对作战造成危害”，泛指一切可能对作战造成不利影响的结果，如扰乱了作战部署，贻误了战机，影响部队完成作战任务，给敌人可乘之机，造成人员伤亡、武器装备、军事设施、军用物资损毁等。这种危害既可以是现实的、具体的，也可以是潜在的、抽象的。违抗命令的具体形式因命令的内容而有所不同，既有不服从调遣，拒不接受上级部署的任务，该前进不前进，该撤退不撤退等不作为的行为，也有执行潜伏任务时主动攻击敌人，进攻敌人时有意改变攻击目标等作为的行为，但本质上都是没有执行命令。命令通常由首长以口头、书面等部属能够接受的方式下达，其内容是首长在职权范围内向部属作出的指示、决定或者要求。如果首长违背自己的职责，滥用权力，向部属提出不正当的要求，部属在根据《内务条令》的规定按级或者越级提出意见的同时，没有按照其要求去做的，不应视为违抗命令。

（四）量刑指导或者参考

《刑法》第四百二十一条规定，犯战时违抗命令罪处三年以上十年以下有期徒刑；致使战斗、战役遭受重大损失的，处十年以上有期徒刑、无期徒刑或者死刑。

二、隐瞒、谎报军情罪

（一）刑法规定

第四百二十二条 故意隐瞒、谎报军情或者拒传、假传军令，对作战造成危害的，处三年以上十年以下有期徒刑；致使战斗、战役遭受重大损失的，处十年以上有期徒刑、无期徒刑或者死刑。

（二）司法解释、司法文件

军人违反职责罪案件立案标准的规定（政检〔2013〕1号，自2013年3月28日起施行）（节录）

第二条 ……涉嫌下列情形之一的，应予立案：

（一）造成首长、上级决策失误的；

（二）造成作战任务不能完成或者迟缓完成的；

（三）造成我方人员死亡一人以上，或者重伤二人以上，或者轻伤三人以上的；

（四）造成武器装备、军事设施、军用物资损毁，直接影响作战任务完成的；

（五）对作战造成其他危害的。

（三）疑难、复杂问题的参考性解答

1. 本罪侵犯的客体

本罪侵犯的客体是作战指挥秩序，准确、及时地掌握军情是我军各级领导机关和首长全面了解敌我双方的情况，制订作战计划，指挥作战行动的重要保证。隐瞒、谎报军情的行为，扰乱作战指挥秩序，导致首长和上级决策失误，指挥不当，将给作战造成严重危害。《惩治军人违反职责罪暂行条例》（已失效）第十八条规定了谎报军情罪，鉴于隐瞒军情的行为也会影响首长和上级全面了解和掌握军情，容易造成决策失误，与谎报军情同样严重干扰了正常指挥活动，危害作战指挥秩序，所以 1997 年修订刑法时作为选择性罪名，增加了隐瞒军情罪。

2. 本罪的客观表现形式

客观方面表现为将按规定应该向首长和上级报告的军情隐瞒不报，掩盖事实真相，或者违背客观事实，将编造或者篡改的虚假军情向首长和上级报告，欺骗领导，对作战造成危害的行为。

隐瞒是不作为的行为方式，谎报是作为的行为方式。这两种行为既可以单独实施，也可以结合在一起实施。结合在一起实施时，如隐瞒了真实的情报而谎报了虚假的情报，作为选择性罪名，不进行数罪并罚，只定一个隐瞒、谎报军情罪。军情是指与军事特别是与作战有关的情况，如敌军的兵力、装备、部署、活动等情况，我军的兵员、装备、作战准备、战斗进展等情况，战区的地形、地貌、水文、气象等自然情况，以及与军事有关的政治、经济、科技等方面的情况等。军事情报机关收集的情报，不论其内容与军事活动有无直接关系，都属军情。隐瞒或者谎报军情对作战造成危害，表现为首长和上级因其隐瞒或者谎报军情，在作战和其他军事行动方面可能作出错误的决策，以致打乱了作战部署，贻误了战机，影响部队完成作战任务，给敌人可乘之机，造成人员伤亡、武器装备、军事设施、军用物资损毁等。这种危害既可以是现实的、具体的，也可以是潜在的、抽象的。本罪没有限定为战时

犯罪，因为部队平时的战备工作本身就是一种作战准备活动，隐瞒或者谎报军情都可能导致首长和上级在作战及其准备上决策失误，最终对作战造成危害。

3. 谎报军情罪与战时故意提供虚假敌情罪的界限

两者在犯罪的直接客体、客观方面、主观方面相同或者近似，其主要区别在于：（1）犯罪主体不同。前者的犯罪主体是军人，而后者的犯罪主体是非军人。（2）提供情报的内容不一样。前者提供的虚假情报既可以是敌方的，也可以是我军或者友军的；后者提供的虚假情报则仅限于是敌方的。

（四）量刑指导或者参考

依照《刑法》第四百二十二条规定，犯隐瞒、谎报军情罪的，处三年以上十年以下有期徒刑；致使战斗、战役遭受重大损失的，处十年以上有期徒刑、无期徒刑或者死刑。

三、拒传、假传军令罪

（一）刑法规定

第四百二十二条 故意隐瞒、谎报军情或者拒传、假传军令，对作战造成危害的，处三年以上十年以下有期徒刑；致使战斗、战役遭受重大损失的，处十年以上有期徒刑、无期徒刑或者死刑。

（二）司法解释、司法文件

军人违反职责罪案件立案标准的规定（政检〔2013〕1号，自2013年3月28日起施行）（节录）

第三条 ……涉嫌下列情形之一的，应予立案：

（一）造成首长、上级决策失误的；

（二）造成作战任务不能完成或者迟缓完成的；

（三）造成我方人员死亡一人以上，或者重伤二人以上，或者轻伤三人以上的；

（四）造成武器装备、军事设施、军用物资损毁，直接影响作战任务完成的；

（五）对作战造成其他危害的。

（三）疑难、复杂问题的参考性解答

1. 本罪侵犯的客体

本罪侵犯的客体是作战指挥秩序。军令是部队执行军事任务的依据，保证准确、及时地传递军令，是争取作战胜利的必要条件。拒传、假传军令的行为，严重妨害了各级首长对部队的指挥，破坏作战指挥秩序，将对作战造成严重危害。《惩治军人违反职责罪暂行条例》第十八条规定了假传军令罪，鉴于拒绝传递军令的行为与假传军令的行为同样严重干扰了军令的传递，妨害部队执行上级的命令，破坏作战指挥秩序，对作战危害严重，所以 1997 年修订刑法时作为选择性罪名，增加了拒传军令罪。

2. 本罪的客观要件

客观方面表现为有条件传递军令而拒绝、拖延传递，或者传递虚假的军令，对作战造成危害的行为。拒传是不作为的行为方式，假传是作为的行为方式。这两种行为既可以单独实施，也可以结合在一起实施。结合在一起实施时，如拒不传递真实命令反而传递了虚假的命令，作为选择性罪名，不进行数罪并罚，只定一个拒传、假传军令罪。如果因受客观条件的限制无法传递，如联络中断等，不能认为是拒传。假传的军令既可以是行为人自己编造的，也可以是别人编造的。军令是指与部队军事行动有关的命令、指示，如平时部队的设防，担负的战备任务，进入或者解除等级战备，受领作战任务，战时部队开进、集结，兵力部署，火力配置，战斗梯队编成，协同计划，保障方案等涉及作战准备和实施的内容。拒传或者假传军令对作战造成的危害，表现为有关部队在作战中无法执行上级的命令，或者执行了违背上级意图的错误指令，以致打乱了作战部署，造成决策失误，贻误了战机，影响部队完成作战任务，给敌人可乘之机，造成我军人员伤亡、武器装备、军事设施、军用物资损毁等。这种危害既可以是现实的、具体的，也可以是潜在的、抽象的。本罪没有限定为战时犯罪，因为部队平时的战备工作本身就是一种作战准备活动，拒传或者假传军令都可能导致部队无法正确执行上级的命令，最终对作战造成危害。

3. 假传军令罪与隐瞒军情罪的界限

军令也是一种重要军情，假传军令与隐瞒军情都有隐匿行为。其区别在

于，前者所假传的是上级对下级下达的命令；而后者所隐瞒的是下级按规定应向上级报告的情况。

4. 拒传军令罪与战时违抗命令罪的界限

这两种犯罪都有公然对抗上级的性质。两者的区别在于犯罪主体不同。前者的犯罪主体并不是该命令的执行者，而是命令下达者和执行者之间的命令传递人；由于其拒绝传递，使得该命令的执行者无法知悉该命令；后者的犯罪主体则是该命令的执行者，由于其公然抗拒，使得该命令得不到落实。

（四）量刑指导或者参考

依照《刑法》第四百二十二条规定，犯拒传、假传军令罪的，处三年以上十年以下有期徒刑；致使战斗、战役遭受重大损失的，处十年以上有期徒刑、无期徒刑或者死刑。

四、投降罪

（一）刑法规定

第四百二十三条 在战场上贪生怕死，自动放下武器投降敌人的，处三年以上十年以下有期徒刑；情节严重的，处十年以上有期徒刑或者无期徒刑。

投降后为敌人效劳的，处十年以上有期徒刑、无期徒刑或者死刑。

（二）司法解释、司法文件

军人违反职责罪案件立案标准的规定（政检〔2013〕1号，自2013年3月28日起施）（节录）

第四条 ……凡涉嫌投降敌人的，应予立案。

（三）疑难、复杂问题的参考性解答

1. 本罪的客观要件

客观方面表现为在战场上自动放下武器向敌人投降的行为。“在战场上”限定了本罪只能发生在敌我双方直接交战的场合，实践中较多的是发生在敌众我寡、敌强我弱、被敌人包围或者追击的情况下。自动放下武器是本罪在客观方面的主要行为特征。对此应作广义的理解，即行为人当时能够使用武

器杀伤敌人，保护自己，却不使用武器，自行放弃抵抗，而不能仅仅理解为将武器从手中放下。向敌人投降，主要是指向战争或者武装冲突中的敌对一方屈服。根据《刑法》第四百五十一条的规定，部队执行戒严任务或者处置突发性暴力事件应以战时论，所以在这种情况下向暴力侵害者投降，也应视为向敌人投降。

2. 本罪与被敌俘虏的界限

一般情况下，投降敌人是主动的，被敌俘虏则完全是被迫的；投降敌人时具有自动放下武器的情节，而被敌俘虏时已不具备使用武器进行抵抗的条件。如因弹药耗尽、武器毁损、严重伤病、极度疲惫而无法使用武器进行抵抗被敌人俘获的；或者遭到敌人突然袭击，措手不及未能使用武器进行抵抗而被敌人抓获的，都属于被敌俘虏，而不应认定为投降敌人。即使被俘后叛变，积极为敌人效劳的，也不应以本罪论处，而应适用《刑法》第一百零八条以投敌叛变罪论处。

3. 本罪与战时违抗命令罪的界限

这两种犯罪都发生在战时，而且投降敌人的行为在某种意义上带有违抗命令的因素。两者的区别：（1）在客观方面的行为不同。前者表现为自动放下武器，向敌人投降；而后者表现为抗拒执行上级命令。（2）行为人的主观目的不同。前者主要是为了保全性命；而后者是为了不执行上级命令。如果在具体案件中出现了犯罪竞合现象，如在遭到敌人进攻时抗拒执行上级坚守阵地的命令而向敌人缴械投降，应按处理想象竞合犯的原则，按较重的罪名以战时违抗命令罪定罪处罚。

4. 本罪与投敌叛变罪的界限

这两种犯罪都有主动放弃抵抗、投靠敌人的表现，容易发生混淆。但从犯罪构成要件来看，投降敌人的主体只能是参加作战的军人，而投敌叛变的主体既可以是军人，也可以是普通公民；投降敌人在主观方面是迫于敌人的武装压力，为了保全自己的性命，而背弃自己的政治使命，屈服于敌人；投敌叛变则是出于信仰动摇、政治变节而投靠敌人。投降敌人只能发生在战场上，特别是敌我双方短兵相接、面临战斗的情况下；而投敌叛变主要发生在平时，即使发生在战时，一般也不是在面临战斗的情况下，如部队正在休整、待机或者转移途中，没有遭遇敌人的时候。如果行为人蓄谋叛变，在战场上直接投敌的，应属投敌叛变。投降后为敌人效劳的，虽其犯罪性质已转化为投敌叛变，但鉴于是在投降敌人后才实施上述行为的，可以作为投降罪的一个加重处罚情节，不再进行数罪并罚。投降后被迫为敌人服劳役的，如挖工事、搬弹药等，不宜认定为敌人效劳。

（四）量刑指导或者参考

本条规定了三个量刑幅度，法定最低刑期是三年有期徒刑，法定最高刑是死刑。在审理案件时，应根据案件的不同情节，区别对待，恰当量刑。

五、战时临阵脱逃罪

（一）刑法规定

第四百二十四条 战时临阵脱逃的，处三年以下有期徒刑；情节严重的，处三年以上十年以下有期徒刑；致使战斗、战役遭受重大损失的，处十年以上有期徒刑、无期徒刑或者死刑。

（二）司法解释、司法文件

军人违反职责罪案件立案标准的规定（政检〔2013〕1号，自2013年3月28日起施行）（节录）

第五条 ……凡战时涉嫌临阵脱逃的，应予立案。

（三）疑难、复杂问题的参考性解答

1. 本罪的主观要件

主观方面由故意构成，即行为人明知自己逃避参加战斗会破坏军人参战秩序，对作战造成危害，却希望或者放任这种危害结果的发生。临阵脱逃的动机，较多的是贪生怕死、畏惧战斗，也有的是不顾大局保存实力。《惩治军人违反职责罪暂行条例》第十六条规定临阵脱逃是出于“畏惧战斗”。因“畏惧战斗”是行为人的主观心理活动，在司法实践中难以认定，还容易给犯罪分子留下狡辩的机会，所以修订刑法时将本罪的罪状修改为“战时临阵脱逃的”。行为人只要不是出于积极的战术目的，如在攻防作战中有组织地退却，诱敌深入，或者在遭遇战中为完成原定任务不与敌人恋战，而有意回避作战等，都应认定有临阵脱逃的主观故意。

2. **本罪的客观要件**

客观方面表现为战时临阵脱逃的行为。战时临阵脱逃是指在战斗中或者在接受作战任务后，逃离战斗岗位逃避参加作战。“临阵”包括两种情况，一种是正在进行战斗，如进攻敌方阵地，坚守我方阵地，与敌机、敌舰正在交战，遭敌突然袭击被迫应战等；另一种是已受领了具体的战斗任务，正在准备实施，如待命出击，临上阵地换防等。不论哪种情况，面临的作战任务都应该是具体的、明确的，不能泛指参战。因此，部队奉命向战区开进、集结，在战区休整待命等，不应视为已面临战斗任务。逃离战斗岗位是逃避参加作战的具体表现，泛指脱离正在进行战斗的特定区域或者准备参加战斗的部队，包括作为与不作为两种方式，如与敌交战中擅自撤出战斗，从遭敌攻击的阵地上退下来，有意不随部队进入阵地等。逃离岗位只是为了逃避参加战斗，并不一定要逃离部队。

3. **本罪与战时违抗命令罪的界限**

这两种犯罪都发生在战时，而且都有不执行命令的行为，容易发生混淆。其主要区别在于客观方面的行为特征有所不同。前者一般发生在已受领了具体的作战任务后，其不执行命令的行为必须表现为脱离岗位；而后者一般发生在接受上级命令时，行为人公然抗拒执行上级的命令，但其行为并不需要采取脱离岗位的方式。在具体案件中出现这两种犯罪竞合时，如在遭到敌人进攻时违反上级坚守阵地的命令逃离阵地等，应按处理想象竞合犯的原则，按较重的罪名以战时违抗命令罪定罪处罚。

4. **本罪与投降罪的界限**

这两种犯罪都可能出于贪生怕死的动机，而且都发生在战时，客观上又都存在脱离战斗、放弃抵抗的因素。其主要区别在于前者是通过脱离战斗岗位逃避参加作战的方法达到保全性命的目的；而后者是通过放下武器，屈服于敌人的方法达到保全性命的目的。如果在具体案件中出现犯罪竞合现象，如正在作战时行为人扔下武器逃往敌人的阵地，一般应以投降罪论处，但如果致使战斗、战役遭受重大损失的，则应以战时临阵脱逃罪论处。

（四）量刑指导或者参考

依照《刑法》第四百二十四条规定，犯战时临阵脱逃罪的，处三年以下有期徒刑；情节严重的，处三年以上十年以下有期徒刑；致使战斗、战役遭受重大损失的，处十年以上有期徒刑、无期徒刑或者死刑。

司法机关在适用《刑法》第四百二十四条规定处罚时，应当注意以下问题：

1. 本条中的“情节严重”，是加重处罚情节，司法实践中，一般是指指挥人员或者其他负有重要职责人员临阵脱逃的；在紧要关头或者危急时刻临阵脱逃的；率领部队或者部属临阵脱逃的；携带重要武器装备临阵脱逃的；胁迫他人临阵脱逃的；策动多人或策动指挥人员和其他负有重要职责的人员临阵脱逃的等情形。

2. 本条中的“致使战斗、战役遭受重大损失”，主要是指造成我军人员重大伤亡；武器装备、军事设施和军用物资严重损失；直至战斗、战役失利等情形。

3. 本条规定了三个量刑幅度，法定最低刑期是六个月有期徒刑，法定最高刑是死刑。在审理案件时，应根据案件的不同情节，区别对待，恰当量刑。

六、擅离、玩忽军事职守罪

（一）刑法规定

第四百二十五条 指挥人员和值班、值勤人员擅离职守或者玩忽职守，造成严重后果的，处三年以下有期徒刑或者拘役；造成特别严重后果的，处三年以上七年以下有期徒刑。

战时犯前款罪的，处五年以上有期徒刑。

（二）司法解释、司法文件

军人违反职责罪案件立案标准的规定（政检〔2013〕1号，自2013年3月28日起施行）（节录）

第六条 ……涉嫌下列情形之一的，应予立案：

（一）造成重大任务不能完成或者迟缓完成的；

（二）造成死亡一人以上，或者重伤三人以上，或者重伤二人、轻伤四人以上，或者重伤一人、轻伤七人以上，或者轻伤十人以上的；

（三）造成枪支、手榴弹、爆炸装置或者子弹十发、雷管三十枚、导火索或者导爆索三十米、炸药一千克以上丢失、被盗，或者不满规定数量，但后果严重的，或者造成其他重要武器装备、器材丢失、被盗的；

（四）造成武器装备、军事设施、军用物资或者其他财产损毁，直接经济损失三十万元以上，或者直接经济损失、间接经济损失合计一百五十万元以上的；

（五）造成其他严重后果的。

（三）疑难、复杂问题的参考性解答

1. 本罪的主体要件

本罪犯罪主体为军队中的指挥人员和值班、值勤人员，属于军人违反职责罪中的特殊主体。指挥人员，是指对部队或者部属负有组织、领导、管理职责的人员。专业主管人员在其业务管理范围内，视为指挥人员。值班人员，是指军队各单位、各部门为保持指挥或者履行职责不间断而设立的、负责处理本单位、本部门特定事务的人员。值勤人员，是指正在担任警卫、巡逻、观察、纠察、押运等勤务，或者作战勤务工作的人员。

2. 本罪的主观要件

主观方面由过失构成。擅离职守的行为人对违反指挥和值班、值勤规章制度，擅离岗位的行为都是明知的，但对可能造成的危害后果却抱有侥幸心理，以为不会发生，所以属于过于轻信的过失犯罪。而玩忽职守则是因疏忽大意没有预见可能造成的危害后果，或者虽然已经预见但轻信能够避免，主观上存在疏忽大意或者过于轻信两种过失心理状态。

3. 本罪的客观要件

客观方面表现为擅离职守或者玩忽职守，造成严重后果的行为。擅离职守是指行为人擅自离开正在履行职责的岗位，如哨兵擅自离开哨位等。玩忽职守是指行为人在履行职责的岗位上，严重不负责任，不履行或者不正确履行职责，如值班人员酗酒、哨兵睡觉等。擅离职守的行为从广义上看，也属于玩忽职守性质。按照法律规定，擅离、玩忽军事职守的行为必须“造成严重后果”才构成犯罪。司法实践中，一般是指作战失利、贻误战机，严重影响部队完成任务，造成部队人员伤亡，武器装备、军事设施、军用物资或者其他财产毁损，发生其他责任事故等。这些严重后果应和指挥人员和值班、值勤人员违反其指挥和值班、值勤的特殊职责具有内在的因果关系。换言之，这些危害后果本应是指挥人员和值班、值勤人员正确履行职责可以避免的。

如担任警戒勤务的哨兵应保证警卫目标的安全，如果其不认真履行哨兵职责，导致警卫目标遭到破坏，则属于哨兵擅离职守或者玩忽职守造成了严重后果。

4. 正确处理擅离、玩忽军事职守罪与《刑法》第三百九十七条玩忽职守罪的法条竞合问题

刑法对这两类犯罪的规定存在法条竞合关系，军队指挥人员或者值班、值勤人员擅离职守、玩忽职守的行为构成犯罪时，应适用本条的规定，以擅离、玩忽军事职守罪论处。

5. 正确处理玩忽军事职守罪与刑法中一些过失危害公共安全犯罪的竞合关系

由于玩忽军事职守罪客观上造成的严重后果可能表现为失火、爆炸、武器装备和军事设施毁损等，主观上又是出于过失，这与过失危害公共安全的一些犯罪很相似，在具体案件中可能出现犯罪竞合现象。对此应按照处理想象竞合犯的原则，以较重的玩忽军事职守罪论处。即使在平时，虽然法定刑相同，但本罪相对于刑法分则中的其他规定来说，属于特别规定，应优先适用，仍以玩忽军事职守罪论处。

6. 擅离军事职守罪与战时临阵脱逃罪的界限

这两种犯罪在脱离岗位不履行职责上有相似之处，但构成要件有所不同。后者没有犯罪主体的限制，而前者限定为指挥人员和值班、值勤人员；后者限定为战时，前者平时也可以构成，战时则是加重处罚的条件；后者不要求造成具体的危害后果，属于行为犯，前者必须造成严重后果，属于结果犯；后者是故意犯罪，前者是过失犯罪。如果在具体案件中出现犯罪竞合现象，如指挥人员或者值班、值勤人员面临战斗任务时而逃离岗位，不论是否造成严重后果，均应按处理想象竞合犯的原则，按较重的罪名以战时临阵脱逃罪定罪处罚。

7. 本罪是选择性罪名

行为人只要实施了擅离职守或者玩忽职守其中一种行为就可构成本罪；实施两种行为的，仍为一罪，不实行数罪并罚。

（四）量刑指导或者参考

依照《刑法》第四百二十五条第一款规定，犯擅离、玩忽军事职守罪的，处三年以下有期徒刑或者拘役；造成特别严重后果的，处三年以上七年以下有期徒刑。

依照本条第二款规定，战时犯本罪的，处五年以上有期徒刑。

刑法第四百二十五条第一款中的“造成特别严重后果”，是加重处罚情节，司法实践中，一般是指贻误重要战机，严重影响部队完成重要任务，造成部队人员重大伤亡，重要武器装备、军事设施、军用物资或者其他财产严重毁损，发生其他重大责任事故等情形。

刑法第四百二十五条第二款的规定，体现了战时从严的原则。

七、阻碍执行军事职务罪

（一）刑法规定

第四百二十六条[①] 以暴力、威胁方法，阻碍指挥人员或者值班、值勤人员执行职务的，处五年以下有期徒刑或者拘役；情节严重的，处五年以上十年以下有期徒刑；情节特别严重的，处十年以上有期徒刑或者无期徒刑。战时从重处罚。

（二）司法解释、司法文件

军人违反职责罪案件立案标准的规定（政检〔2013〕1号，自2013年3月28日起施行）（节录）

第七条 ……凡涉嫌阻碍执行军事职务的，应予立案。

（三）疑难、复杂问题的参考性解答

1. 本罪的客观要件

本罪客观方面表现为对指挥人员或者值班、值勤人员施以暴力、威胁，阻挠或者妨碍其执行职务的行为。本罪侵害的对象是正在执行职务的部队指挥人员或者值班、值勤人员。如正在哨位上执勤的哨兵，指挥部队作战、训练、施工等活动的军人等。如果军人没有在履行指挥或者值班、值勤职责，仅是在正常进行个人的日常工作，不能作为本罪的侵害对象。侵害的方法是施以暴力、威胁。暴力泛指捆绑、拘禁、殴打、伤害和其他危害人身安全和

① 本条经过中华人民共和国《刑法修正案（九）》修正。

限制人身自由的行为以及强行毁坏指挥人员或者值班、值勤人员用以执行职务的装备、设施，使其无法正常执行职务的行为。威胁是指以实施暴力逼迫、恫吓等方式相胁迫，使其不能正常执行职务的行为。如果行为人仅以打击报复、揭发隐私等非暴力方法对被害人进行要挟，因其不足以对指挥人员和值班、值勤人员执行职务造成强制性的阻碍，则不属于本罪的威胁方法。行为人对指挥人员或者值班、值勤人员使用暴力、威胁方法，阻碍其执行职务，包括强制指挥人员和值班、值勤人员停止或者放弃执行职务，变更执行职务的内容等。

2. 正确处理阻碍执行军事职务罪与《刑法》第二百七十七条妨害公务罪的法条竞合问题

刑法对这两种犯罪的规定存在法条竞合关系，当阻碍执行职务的侵害对象是军队的指挥人员和值班、值勤人员时，应优先适用本条的规定，以阻碍执行军事职务罪定罪处罚。

3. 本罪与阻碍军人执行职务罪的界限

这两种犯罪在犯罪客体和客观方面有相近或交叉之处，其主要区别：（1）本罪的犯罪主体仅限于军人，而阻碍军人执行职务罪的犯罪主体包括非军人；（2）本罪的犯罪对象仅限于指挥人员或者值班、值勤人员，而阻碍军人执行职务罪的犯罪对象包括所有执行职务的军人，而不论其是否属于指挥人员或者值班、值勤人员。

4. 正确处理犯阻碍执行军事职务罪致人重伤、死亡的定罪问题

以故意伤害他人的暴力方法阻碍指挥人员或者值班、值勤人员执行职务时，可能会造成被害人重伤或者死亡的后果，虽然行为人对此也有伤害他人的主观故意，但其伤害行为已与阻碍执行职务的行为发生犯罪竞合。鉴于刑法对阻碍执行军事职务罪有特别规定，其中对致人重伤或者死亡的法定刑重于刑法第二百三十四条故意伤害罪致人重伤、死亡的法定刑，而且刑法第二百三十四条还明确规定："本法另有规定的，依照规定"，所以应一律以阻碍执行军事职务罪定罪处罚。

（四）量刑指导或者参考

依照《刑法》第四百二十六条规定，犯阻碍执行军事职务罪的，处五年以下有期徒刑或者拘役；情节严重的，处五年以上有期徒刑；致人重伤、死亡的，或者有其他特别严重情节的，处无期徒刑或者死刑。战时从重处罚。

司法机关在适用《刑法》第四百二十六条规定处罚时，应当注意以下问题：

1. 本条中的“情节严重”，是加重处罚情节，司法实践中，一般是指聚众阻碍执行职务的首要分子；使用武器装备阻碍执行职务的；在紧要关头或者危急时刻阻碍执行职务的；阻碍担负重要职责的指挥人员或者值班、值勤人员执行职务的；阻碍执行职务造成严重后果的等情形。“其他特别严重情节”，主要是指聚众使用武器装备阻碍执行职务的；在紧要关头或者危急时刻阻碍担负重要职责的指挥人员或者值班、值勤人员执行职务的；阻碍执行职务造成特别严重后果的等情形。

2. 本条规定了三个量刑幅度，法定最低刑是拘役，法定最高刑是死刑。在审理案件时，应根据案件的不同情节，区别对待，恰当量刑。

3. 战时犯本罪的，还应当在《刑法》第四百二十六条规定的法定刑幅度内从重处罚，以体现战时从严的原则。

八、指使部属违反职责罪

（一）刑法规定

第四百二十七条 滥用职权，指使部属进行违反职责的活动，造成严重后果的，处五年以下有期徒刑或者拘役；情节特别严重的，处五年以上十年以下有期徒刑。

（二）司法解释、司法文件

军人违反职责罪案件立案标准的规定（政检〔2013〕1号，自2013年3月28日起施行）（节录）

第八条 ……涉嫌下列情形之一的，应予立案：

（一）造成重大任务不能完成或者迟缓完成的；

（二）造成死亡一人以上，或者重伤二人以上，或者重伤一人、轻伤三人以上，或者轻伤五人以上的；

（三）造成武器装备、军事设施、军用物资或者其他财产损毁，直接经济损失二十万元以上，或者直接经济损失、间接经济损失合计一百万元以上的；

（四）造成其他严重后果的。

（三）疑难、复杂问题的参考性解答

1. 本罪的主体要件

本罪犯罪主体为军队中的各级首长和其他有权指挥他人的人员，属于军人违反职责罪中的特殊主体。根据《公安机关人民警察内务条令》的规定，军人在行政职务上有隶属关系时，行政职务高的是首长，行政职务低的是部属；首长有权对部属下达命令，部属必须服从首长。因此，本罪的犯罪主体与侵害对象之间必须有指挥与被指挥的隶属关系，既包括军官与士兵，也包括上级军官与下级军官，甚至士兵与士兵。如部队中的班长也是士兵，但有权指挥本班其他士兵，对全班的工作负完全责任，因此，班长属于本罪的犯罪主体之一。

2. 本罪的主观要件

本罪主观方面由过失构成。行为人在滥用职权，指使部属进行违反职责的活动时，往往是明知故犯的，但并不是希望或者放任造成严重后果，而是抱着侥幸心理，轻信能够避免，因而属于过失犯罪。

3. 本罪的客观要件

客观方面表现为滥用职权，指使部属进行违反职责的活动，造成严重后果的行为。滥用职权即超越职责范围，不正当地运用职务上的权力，如违法决定、处理无权决定的事项、违反规定处理公务等。指使部属进行违反职责的活动，是指指使部属实施军队条令、条例和国家法律、法规禁止的、违反军人共同职责、基本职责和专业职责的行为。从所进行的违反职责活动的严重程度看，包括违纪行为和一般违法行为。指使部属进行犯罪活动虽也属进行违反职责的活动，但因这种情况本身已属共同犯罪，而刑法对共同犯罪有专门规定，因此，不能再按指使部属进行违反职责的活动看待。按照法律规定，指使部属违反职责的行为必须“造成严重后果”才构成犯罪。司法实践中，“造成严重后果”通常包括作战失利，贻误战机，严重影响部队完成任务，造成部队人员伤亡，武器装备、军事设施、军用物资或者其他财产毁损，发生其他责任事故，引起严重事端等情形。

4. 正确处理指使部属违反职责罪与刑法第三百九十七条滥用职权罪的法条竞合问题

刑法对这两种犯罪的规定存在法条竞合关系，当滥用职权的具体内容是指使部属进行违反职责的活动时，如造成严重后果，应优先适用本条的规定，以指使部属违反职责罪论处。

5. 正确处理指使部属违反职责罪与行为人和部属共同犯罪的关系

指使部属违反职责罪属于过失犯罪，因此，行为人指使部属实施违反职责的行为不能包括故意犯罪的内容。当行为人指使部属进行犯罪活动时，从共同犯罪的法律规定看，应属于行为人和部属共同实施犯罪（部属不能预见或者辨认的除外）。因此，应按行为人指使部属实施的犯罪，以共同犯罪论处，但对部属可适用《刑法》第二十八条规定，减轻或者免除处罚，而不能对行为人以指使部属违反职责罪论处。

（四）量刑指导或者参考

依照《刑法》第四百二十七条规定，犯指使部属违反职责罪的，处五年以下有期徒刑或者拘役；情节特别严重的，处五年以上十年以下有期徒刑。

该条中的“情节特别严重”，是加重处罚情节，司法实践中，一般是指造成的后果特别严重的；战时指使部属违反职责的；指使建制部队（分队）违反职责的；不顾部属的反对意见强迫部属违反职责的等情形。

九、违令作战消极罪

（一）刑法规定

第四百二十八条　指挥人员违抗命令，临阵畏缩，作战消极，造成严重后果的，处五年以下有期徒刑；致使战斗、战役遭受重大损失或者有其他特别严重情节的，处五年以上有期徒刑。

（二）司法解释、司法文件

军人违反职责罪案件立案标准的规定（政检〔2013〕1号，自2013年3月28日起施行）（节录）

第九条　……涉嫌下列情形之一的，应予立案：

（一）扰乱作战部署或者贻误战机的；

（二）造成作战任务不能完成或者迟缓完成的；

（三）造成我方人员死亡一人以上，或者重伤二人以上，或者轻伤三人以上的；

（四）造成武器装备、军事设施、军用物资或者其他财产损毁，直接经济损失二十万元以上，或者直接经济损失、间接经济损失合计一百万元以上的；

（五）造成其他严重后果的。

（三）疑难、复杂问题的参考性解答

1. 本罪的主体要件

犯罪主体为各级指挥人员，即对部队和部属负有领导、管理职责的军人，属于军人违反职责罪中的特殊主体。

2. 本罪的客体要件

客观方面表现为违抗命令，临阵畏缩，作战消极，造成严重后果的行为。违抗命令，临阵畏缩，作战消极，是指在作战中故意违背、抗拒执行首长、上级的命令，面临战斗任务而畏难怕险，怯战怠战，行动消极。本罪只能发生在作战过程中。违抗命令是指违反并拒不执行上级的命令。临阵畏缩、作战消极在战场上的具体表现多种多样，其共同特点是在作战中不尽全力，行动消极，畏难怕险，怠战怯战。对临阵畏缩、作战消极的行为，如果尚未造成严重后果，应给予批评教育和军纪处分；如果造成了严重后果，则应依法追究刑事责任。因此，造成严重后果是构成本罪的必要条件。严重后果主要是指没有按照上级要求完成任务，造成不必要的人员伤亡，武器装备、军事设施或者军用物资毁损，贻误战机或者妨碍协同作战等。如果行为人主观上积极努力，创造条件争取完成任务，但由于客观条件的限制，无法达到预期目的，以致造成严重后果的，不能认定行为人有作战消极的行为。

3. 本罪与战时违抗命令罪的界限

这两种犯罪都有违抗命令的构成要件，容易混淆界限。其区别除了犯罪主体不同，本罪限于指挥人员，而战时违抗命令罪是所有军人外，主要还在于违抗命令的含义有所不同。在战时违抗命令罪中，违抗命令的行为本身就是犯罪客观方面的主要内容，是需要追究刑事责任的基本依据，不需要再有其他具体的危害行为；而在违令作战消极罪中，犯罪客观方面的主要内容是

临阵畏缩，作战消极，并造成严重后果，违抗命令仅仅是限制条件，说明行为人违反并抗拒执行上级命令，但尚未达到战时违抗命令罪那样的严重程度。因此，在违令作战消极罪中，仅凭其违抗命令的行为本身是不能追究刑事责任的。当然，如果行为人在违令作战消极罪中，违抗命令的行为本身性质恶劣，危害严重，符合战时违抗命令罪的构成条件的，应按处理想象竞合犯的原则，以战时违抗命令罪定罪处罚。

4. **本罪与玩忽军事职守罪的界限**

这两种犯罪主观上都是出于过失，客观上都造成了严重的后果，又都可能发生在战时或战场上，而且作战消极的行为广义上也是一种不尽职的行为，因此，很容易混淆。其区别在于，前者侧重于指挥人员在指挥部队（分队）执行作战任务时，态度不坚决，措施不得力，以致整个部队（分队）行动迟缓、消极怠战，造成严重后果，指挥人员对此应负的领导责任；而后者侧重于指挥人员由于个人在指挥岗位上玩忽职守，以致造成严重后果，指挥人员对此应负的直接责任。

5. **本罪与战时临阵脱逃罪的界限**

犯这两种罪可能出于完全相同的犯罪动机，如贪生怕死，畏惧战斗，而且实施犯罪的时间、地点及客观环境很相似。其区别除了犯罪主体不完全相同外，主要在于行为人是否脱离了战斗岗位。临阵脱逃的行为人已脱离战斗岗位，没有继续参加战斗；作战消极的行为人仍在战斗岗位上，只是作战不积极。如阵地遭敌攻击时躲在掩体内不敢积极还击，追击敌人时怕敌人反扑不敢大胆逼近敌人等，都不应认定为临阵脱逃，而属于作战消极。

（四）量刑指导或者参考

依照《刑法》第四百二十八条规定，犯违令作战消极罪的，处五年以下有期徒刑；致使战斗、战役遭受重大损失或者有其他特别严重情节的，处五年以上有期徒刑。

该条中的“致使战斗、战役遭受重大损失”，是加重处罚情节，司法实践中，一般是指造成我军人员重大伤亡；武器装备、军事设施或者军用物资严重损失；直至战斗、战役失利等情形；“其他特别严重情节”，主要是指造成特别严重后果的；执行重要作战任务行动消极的；在紧要关头或者危急时刻作战消极的；煽动、串通其他部队和人员消极怠战的等情形。

十、拒不救援友邻部队罪

（一）刑法规定

第四百二十九条 在战场上明知友邻部队处境危急请求救援，能救援而不救援，致使友邻部队遭受重大损失的，对指挥人员，处五年以下有期徒刑。

（二）司法解释、司法文件

军人违反职责罪案件立案标准的规定（政检〔2013〕1号，自2013年3月28日起施行）（节录）

第十条 ……涉嫌下列情形之一的，应予立案：

（一）造成战斗失利的；

（二）造成阵地失陷的；

（三）造成突围严重受挫的；

（四）造成我方人员死亡三人以上，或者重伤十人以上，或者轻伤十五人以上的；

（五）造成武器装备、军事设施、军用物资损毁，直接经济损失一百万元以上的；

（六）造成其他重大损失的。

（三）疑难、复杂问题的参考性解答

1. 本罪的客观要件

客观方面表现为行为人明知友邻部队处境危急请求救援，自己有条件组织部队前去救援而没有救援，以致友邻部队遭受重大损失的行为。友邻部队是指由于驻地、配置地域或者执行任务而相邻的没有隶属关系的部队及其分队。处境危急是指被敌人包围、追击或者阵地将被攻陷等紧急情况。能救援而不救援，是指根据当时自己部队（分队）所处的环境、作战能力及所担负的任务，有条件组织救援却没有组织救援。致使友邻部队遭受重大损失是构成本罪的必要条件，如作战失利，阵地失陷，行动受挫，人员重大伤亡，武器装备、军事设施或者军用物资严重毁损等。如果虽发现友邻部队处境有危险，但友邻部队没有请求救援，行为人此时没有及时组织救援的，不能认为

是能救援而不救援。

2. 本罪与玩忽军事职守罪的界限

这两种犯罪客观上都可能因未尽职责而造成严重后果，主观上又都是过失犯罪，因此可能混淆。其区别在于前者所未尽的职责是指挥人员基于部队友邻关系而产生的，而后者所未尽的职责是指挥人员自身职务所要求的。指挥人员对所属部队处境危急不积极组织支援构成犯罪的，应以玩忽军事职守罪论处；对友邻部队见危不救构成犯罪的，应以拒不救援友邻部队罪论处。

（四）量刑指导或者参考

依照《刑法》第四百二十九条规定，犯拒不救援友邻部队罪的，对指挥人员，处五年以下有期徒刑。

十一、军人叛逃罪

（一）刑法规定

第四百三十条　在履行公务期间，擅离岗位，叛逃境外或者在境外叛逃，危害国家军事利益的，处五年以下有期徒刑或者拘役；情节严重的，处五年以上有期徒刑。

驾驶航空器、舰船叛逃的，或者有其他特别严重情节的，处十年以上有期徒刑、无期徒刑或者死刑。

（二）司法解释、司法文件

军人违反职责罪案件立案标准的规定（政检〔2013〕1号，自2013年3月28日起施行）（节录）

第十一条　……涉嫌下列情形之一的，应予立案：

（一）因反对国家政权和社会主义制度而出逃的；

（二）掌握、携带军事秘密出境后滞留不归的；

（三）申请政治避难的；

（四）公开发表叛国言论的；

（五）投靠境外反动机构或者组织的；

（六）出逃至交战对方区域的；

（七）进行其他危害国家军事利益活动的。

（三）疑难、复杂问题的参考性解答

1. 本罪的主观要件

主观方面由故意构成，即行为人明知自己的行为是叛逃行为，会对国家安全造成危害结果，却希望或者放任这一危害结果的发生。主观上，必须具有背叛祖国的目的。行为人是否具有背叛国家的目的，应以其出逃的原因以及在境外的行为来分析认定。凡因触犯我国法律，为逃避制裁而出逃的，以及出逃后公开发表叛国言论的，投靠境外的反动机构、组织的，参与危害国家安全活动的等，都应认定有背叛国家的目的。行为人因贪图享受、求学、婚嫁或其他一些个人原因出逃，在境外没有实施上述背叛国家言行的，不应认定其有背叛国家的目的。

2. 本罪的客观要件

客观方面表现为在履行公务期间，擅离岗位，叛逃境外或者在境外叛逃，危害国家军事利益的行为。“履行公务”，是指履行国家、国防事务以及其他军事事务。“叛逃境外”，是指行为人以背叛祖国为目的，从境内叛逃至境外的行为。既包括通过合法手续出境而叛逃的情形，也包括采取非法手段出境而叛逃的情形。叛逃至外国驻华使馆、领馆的，应以叛逃境外论。“在境外叛逃”，是指行为人因履行公务出境后以背叛祖国为目的，擅自离队或者与派出单位和有关部门脱离关系，并滞留境外不归而叛逃。叛逃行为必须发生在履行公务期间，并且必须危害了国家军事利益才构成本罪。如果行为人是因私合法出境后与派出单位和有关部门脱离关系，并滞留境外不归的，属于出走，不应认定在境外叛逃，但其如在境外有投敌叛变的行为，则可以投敌叛变罪论处。

3. 正确处理本罪与《刑法》第一百零九条叛逃罪的法条竞合问题

刑法对这两种叛逃罪的规定存在法条竞合关系，军人叛逃的，应优先适用本条的规定，以军人叛逃罪定罪处罚。

4. 划清本罪与投敌叛变罪的界限

这两种犯罪都有叛变行为，其区别在于前者是出逃到境外，叛逃后并不一定投靠具体的机构、组织，即使投靠也不是投靠敌对的机构、组织；而后者则不一定逃到境外，但必须有具体的投靠对象，而且这些投靠对象是敌对的国家、集团、机构、组织等。

（四）量刑指导或者参考

依照《刑法》第四百三十条第一款规定，犯军人叛逃罪的，处五年以下有期徒刑或者拘役；情节严重的，处五年以上有期徒刑。

依照本条第二款规定，驾驶航空器、舰船叛逃的，或者有其他特别严重情节的，处十年以上有期徒刑、无期徒刑或者死刑。

司法机关在适用本条规定处罚时，应当注意以下问题：

1. 本条中的“情节严重”，是加重处罚情节，司法实践中，一般是指指挥人员和其他担负重要职责的人员叛逃的；策动他人叛逃的；携带军事秘密叛逃的；战时叛逃的等情形。

2. 本条中的“其他特别严重情节”，主要是指劫持航空器、舰船叛逃的；胁迫他人叛逃的；策动多人或者策动指挥人员和其他负有重要职责的人员叛逃的；携带重要或者大量军事秘密叛逃的；叛逃后积极从事危害国家安全和国防利益活动的等情形。

十二、非法获取军事秘密罪

（一）刑法规定

第四百三十一条第一款 以窃取、刺探、收买方法，非法获取军事秘密的，处五年以下有期徒刑；情节严重的，处五年以上十年以下有期徒刑；情节特别严重的，处十年以上有期徒刑。

（二）司法解释、司法文件

军人违反职责罪案件立案标准的规定（政检〔2013〕1号，自2013年3月28日起施行）（节录）

第十二条 ……凡涉嫌非法获取军事秘密的，应予立案。

（三）疑难、复杂问题的参考性解答

1. 本罪的客体要件

本罪侵犯的客体是军事秘密的安全。军事秘密关系国防安全和军事利益，

是国家秘密的重要组成部分，必须严加保守。任何采取非法手段获取军事秘密的行为，都将造成军事秘密的泄露和扩散，严重危害国防安全和军事利益。《惩治军人违反职责罪暂行条例》第四条第三款规定了为敌人或者外国人窃取、刺探军事机密罪。但对不是为敌人或者外国人而是为国内不法分子窃取、刺探军事秘密的，或者收买军事秘密的，都无法适用该款规定定罪处罚。为了加强对军事秘密的全面保护，防止无关人员采取非法手段知悉军事秘密，所以将以窃取、刺探、收买的方法，非法获取军事秘密的行为，单独规定为非法获取军事秘密罪。

2. **本罪的主观要件**

主观方面由故意构成，即行为人明知采取窃取、刺探、收买的方法非法获取军事秘密，将会对军事秘密的安全造成危害结果，却希望或者放任发生这种危害结果。

3. **本罪的客观要件**

客观方面表现为以窃取、刺探、收买的方法，非法获取军事秘密的行为。“窃取”，是指秘密获取；“刺探”，是指暗中打听、观察、探知、收集等；“收买”，是指以财物交换。这是几种最常见的非法手段。其他一些非法手段，如骗取、敲诈等，从广义上看也属窃取行为。

军事秘密，是关系国防安全和军事利益，依照规定的权限和程序确定，在一定时间内只限一定范围的人员知悉的事项。内容包括：

（1）国防和武装力量建设规划及其实施情况；

（2）军事部署，作战、训练以及处置突发事件等军事行动中需要控制知悉范围的事项；

（3）军事情报及其来源，军事通信、信息对抗以及其他特种业务的手段、能力，密码以及有关资料；

（4）武装力量的组织编制，部队的任务、实力、状态等情况中需要控制知悉范围的事项，特殊单位以及师级以下部队的番号；

（5）国防动员计划及其实施情况；

（6）武器装备的研制、生产、配备情况和补充、维修能力，特种军事装备的战术技术性能；

（7）军事学术和国防科学技术研究的重要项目、成果及其应用情况中需要控制知悉范围的事项；

（8）军队政治工作中不宜公开的事项；

（9）国防费分配和使用的具体事项，军事物资的筹措、生产、供应和储备等情况中需要控制知悉范围的事项；

（10）军事设施及其保护情况中不宜公开的事项；

（11）对外军事交流与合作中不宜公开的事项；

（12）其他需要保密的事项。

4. 正确处理本罪与《刑法》第二百八十二条非法获取国家秘密罪的法条竞合问题

刑法对这两种犯罪的规定存在法条竞合关系，对军人非法获取军事秘密的，应优先适用本条的规定，以非法获取军事秘密罪论处。

5. 正确处理非法获取军事秘密后又将军事秘密故意泄露的定罪问题

应当根据具体情况区别对待。平时故意泄露军事秘密的，因平时故意泄露军事秘密的法定刑比非法获取军事秘密罪的法定刑轻，所以应定非法获取军事秘密罪，而将故意泄露军事秘密的行为作为非法获取军事秘密罪的从重处罚情节，在量刑时予以考虑。如果是在战时将非法获取的军事秘密又故意泄露的，因战时故意泄露军事秘密的法定刑比非法获取军事秘密罪的法定刑重，所以应定故意泄露军事秘密罪，而将非法获取军事秘密的行为作为从重处罚的情节予以考虑。

6. 正确处理以盗窃武器装备、军用物资的方式非法获取军事秘密的定罪问题

军队的许多武器装备、军用物资本身就包含需要保密的内容，如性能、构造、成分等，是军事秘密的载体。为了非法获取军事秘密而盗窃武器装备、军用物资的，其行为同时触犯了非法获取军事秘密罪和盗窃武器装备、军用物资罪，属于想象竞合犯，应当根据具体案情，选择适用处罚较重的法律规定定罪。

（四）量刑指导或者参考

依照《刑法》第四百三十一条第一款规定，犯非法获取军事秘密罪的，处五年以下有期徒刑；情节严重的，处五年以上十年以下有期徒刑；情节特别严重的，处十年以上有期徒刑。

刑法对本罪规定了三个档次的量刑幅度，司法机关在适用《刑法》第四百三十一条第一款规定处罚时，要注意区别情节，正确量刑。

1. 该条中的“情节严重”，是加重处罚情节，司法实践中，一般是指利用职权非法获取军事秘密的；从作战、机要、保密等重要部门非法获取军事秘密的；非法获取机密级或者多项秘密级军事秘密的；非法获取军事秘密的手段特别恶劣的；战时非法获取军事秘密的；将非法获取的军事秘密又泄露的；非法获取军事秘密造成严重后果的等情形。

2. 该条中的“情节特别严重”，一般是指利用职权非法获取机密级或者多项秘密级军事秘密的；从作战、机要、保密等重要部门非法获取机密级或者多项秘密级军事秘密的；非法获取绝密级或者多项机密级军事秘密的；为敌人非法获取军事秘密的；将非法获取的机密级或者多项秘密级军事秘密又泄露的；非法获取军事秘密造成特别严重后果的等情形。

十三、为境外窃取、刺探、收买、非法提供军事秘密罪

（一）刑法规定

第四百三十一条第二款[①]　为境外的机构、组织、人员窃取、刺探、收买、非法提供军事秘密的，处五年以上十年以下有期徒刑；情节严重的，处十年以上有期徒刑、无期徒刑或者死刑。

（二）司法解释、司法文件

军人违反职责罪案件立案标准的规定（政检〔2013〕1号，自2013年3月28日起施行）（节录）

第十三条　……凡涉嫌为境外窃取、刺探、收买、非法提供军事秘密的，应予立案。

（三）疑难、复杂问题的参考性解答

1. 本罪的客观要件

客观方面表现为为境外的机构、组织、人员窃取、刺探、收买、非法提

---

① 本条经《刑法修正案（十一）》修正。原条文为“为境外的机构、组织、人员窃取、刺探、收买、非法提供军事秘密的，处十年以上有期徒刑、无期徒刑或者死刑。”

供军事秘密的行为。"境外的机构、组织、人员"，是指外国的或者境外地区的机构、组织、人员。窃取、刺探、收买属于非法获取军事秘密的方法，其含义与非法获取军事秘密罪相同。"非法提供"，是指违反保守国家秘密法和军队有关保密法规的规定，未经事先批准而擅自将军事秘密提供给他人的行为。

2. 正确处理为境外窃取、刺探、收买、非法提供军事秘密罪与《刑法》第一百一十一条为境外窃取、刺探、收买、非法提供国家秘密、情报罪的法条竞合问题

刑法对这两种犯罪的规定存在法条竞合关系，军人为境外的机构、组织、人员窃取、刺探、收买、非法提供军事秘密的，应优先适用本条的规定，以为境外窃取、刺探、收买、非法提供军事秘密罪定罪处罚。

（四）量刑指导或者参考

依照《刑法》第四百三十一条第二款规定，犯为境外窃取、刺探、收买、非法提供军事秘密罪的，处五年以上十年以下有期徒刑；情节严重的，处十年以上有期徒刑、无期徒刑或者死刑。

十四、故意泄露军事秘密罪

（一）刑法规定

第四百三十二条 违反保守国家秘密法规，故意或者过失泄露军事秘密，情节严重的，处五年以下有期徒刑或者拘役；情节特别严重的，处五年以上十年以下有期徒刑。

战时犯前款罪的，处五年以上十年以下有期徒刑；情节特别严重的，处十年以上有期徒刑或者无期徒刑。

（二）司法解释、司法文件

军人违反职责罪案件立案标准的规定（政检〔2013〕1号，自2013年3月28日起施行）（节录）

第十四条 ……涉嫌下列情形之一的，应予立案：

（一）泄露绝密级或者机密级军事秘密一项（件）以上的；

（二）泄露秘密级军事秘密三项（件）以上的；

（三）向公众散布、传播军事秘密的；

（四）泄露军事秘密造成严重危害后果的；

（五）利用职权指使或者强迫他人泄露军事秘密的；

（六）负有特殊保密义务的人员泄密的；

（七）以牟取私利为目的泄露军事秘密的；

（八）执行重大任务时泄密的；

（九）有其他情节严重行为的。

（三）疑难、复杂问题的参考性解答

1. 本罪的客观要件

客观方面表现为违反保守国家秘密法规，故意泄露军事秘密的行为。为了保守军事秘密，全国人大常委会颁布了保守国家秘密法，中央军委也制定颁发了《中国人民解放军保密条例》，解放军各总部和各军、兵种也都制定了相应的保密规章，建立了一套完整的保密制度。故意泄露军事秘密的行为必然违反保密法规。其表现方式是多种多样的，从最简单的口头陈述泄密，到高技术条件下的计算机网络泄密。不论哪种形式，只要故意使无关人员知悉军事秘密的内容，均属故意泄露军事秘密的行为。在故意泄露军事秘密时，泄密行为往往是由行为人直接实施的，如将军事秘密的内容亲口告诉他人，将涉及军事秘密的文件交给他人阅看等。

按照法律规定，故意泄露军事秘密的行为，除需具备以上构成要件外，还必须达到“情节严重”的程度才构成犯罪。“情节严重”，司法实践中，一般是指机要、保密人员或者其他负有特殊保密义务的人员泄密的；出于恶劣的个人动机或者为达到非法目的泄密的；利用职权指使或强迫他人违反保密规定泄露军事秘密的；出卖军事秘密的；战时泄密的；执行特殊任务时泄密的；泄露机密级或多项秘密级军事秘密的；因泄密造成严重后果的等情形。

2. 罪与非罪的界限

关键在于违反保守国家秘密法规，故意泄露军事秘密的行为情节是否严重。对于情节不严重的故意泄露军事秘密的行为，应当按违反军纪处理。

3. 正确处理故意泄露军事秘密罪与《刑法》第三百九十八条故意泄露国家秘密罪的法条竞合问题

刑法对这两类犯罪的规定存在法条竞合关系，对军人故意泄露军事秘密构成犯罪的，应优先适用本条的规定，以故意泄露军事秘密罪论处。

4. 正确处理故意将军事秘密泄露给境外的机构、组织、人员的定罪问题

这种行为从表面看是泄露军事秘密，但实质上是将军事秘密非法提供给境外的机构、组织、人员。因此，应根据《刑法》第四百三十一条第二款的规定，以为境外窃取、刺探、收买非法提供军事秘密罪论处，不能再定故意泄露军事秘密罪。

（四）量刑指导或者参考

依照《刑法》第四百三十二条第一款规定，犯故意泄露军事秘密罪的，处五年以下有期徒刑或者拘役；情节特别严重的，处五年以上十年以下有期徒刑。依照本条第二款规定，战时犯本罪的，处五年以上十年以下有期徒刑；情节特别严重的，处十年以上有期徒刑或者无期徒刑。

司法机关在适用本条规定处罚时，应当注意：

1. 该条第一款中的“情节特别严重”，是加重处罚情节，司法实践中，一般是指机要、保密人员或者其他负有特殊保密职责的人员泄露机密级或者多项秘密级军事秘密的；出卖机密级或者多项秘密级军事秘密的；泄露绝密级或者多项机密级军事秘密的；因泄露军事秘密而造成特别严重后果的等情形。

2. 该条第二款的法定刑高于第一款的法定刑，体现了“战时从严”的原则。

十五、过失泄露军事秘密罪

（一）刑法规定

第四百三十二条　违反保守国家秘密法规，故意或者过失泄露军事秘密，情节严重的，处五年以下有期徒刑或者拘役；情节特别严重的，处五年以上十年以下有期徒刑。

战时犯前款罪的，处五年以上十年以下有期徒刑；情节特别严重的，处十年以上有期徒刑或者无期徒刑。

（二）司法解释、司法文件

军人违反职责罪案件立案标准的规定（政检〔2013〕1号，自2013年3月28日起施行）（节录）

第十五条 ……涉嫌下列情形之一的，应予立案：

（一）泄露绝密级军事秘密一项（件）以上的；

（二）泄露机密级军事秘密三项（件）以上的；

（三）泄露秘密级军事秘密四项（件）以上的；

（四）负有特殊保密义务的人员泄密的；

（五）泄露军事秘密或者遗失军事秘密载体，不按照规定报告，或者不如实提供有关情况，或者未及时采取补救措施的；

（六）有其他情节严重行为的。

（三）疑难、复杂问题的参考性解答

1. 本罪的主观要件

主观方面由过失构成。过失泄露军事秘密是行为人应当预见自己的行为违反保密法规，会造成军事秘密泄露的危害结果，因疏忽大意而没有预见，或者虽已预见却轻信能够避免，以致将军事秘密泄露。

2. 本罪的客观要件

客观方面表现为违反保守国家秘密法规，过失泄露军事秘密的行为。其表现方式是多种多样的，从最简单的口头陈述泄密，到高技术条件下的计算机网络泄密，不论哪种形式，只要能让无关人员知悉军事秘密的内容，均属泄露军事秘密的行为。《惩治军人违反职责罪暂行条例》原来虽有遗失军事秘密的规定，但主要是指遗失军事秘密的载体，如文件、图纸、照片等，是否包括过失泄露军事秘密不够明确。1997年修订刑法时总结以往经验，明确规定了过失泄露军事秘密罪。在过失泄露军事秘密时，泄密行为既可以由行为人直接实施，如误用明码电报拍发秘密电文；也可以不由行为人直接实施，而是由他人直接实施，如行为人违反保密法规将秘密文件带到公共场所后，导致被盗或者丢失。在这种情况下，行为人违反保密规定的行为与泄密的结果存在刑法上的因果关系，所以应属过失泄露军事秘密的行为。按照法律规

定，过失泄露军事秘密的行为，必须达到“情节严重”的程度，才构成犯罪。“情节严重”，司法实践中，一般是指机要、保密人员或者其他负有特殊保密义务的人员泄密的；战时泄密的；执行特殊任务时泄密的；泄露机密级或者多项秘密级军事秘密的；因泄密造成严重后果的；泄密后隐情不报或者未及时采取补救措施的等情形。

3. 罪与非罪的界限

关键在于泄密行为情节是否严重。对于情节不严重的过失泄露军事秘密的行为，应当按违反军纪处理。

4. 正确对待故意或者过失泄露军事秘密的差别

行为人犯罪时，主观方面是故意还是过失，对其应负的刑事责任有重大影响。刑法虽然将过失泄露军事秘密罪和故意泄露军事秘密罪规定在同一条文中，而且规定了相同的法定刑，但在具体适用上应注意加以区别。如在认定情节是否严重时，对故意泄密应从严，过失泄密应从宽；在决定刑罚时，对故意泄密应处以较重的刑罚，过失泄密则应处以较轻的刑罚。

5. 正确处理过失泄露军事秘密罪与《刑法》第三百九十八条过失泄露国家秘密罪的法条竞合问题

刑法对这两类犯罪的规定存在法条竞合关系，对军人过失泄露军事秘密构成犯罪的，应优先适用本条的规定，以过失泄露军事秘密罪论处。

6. 本罪与擅离、玩忽军事职守罪的界限

这两种犯罪主观上都是过失，客观上又都可能造成泄密的严重后果，其区别在于，前者所违反的是保守军事秘密的规章制度，违背的是军人保守军事秘密的一般职责；而后者所违反的是指挥和值班、值勤的规章制度，违背的是指挥人员和值班、值勤人员的特殊职责。如保密室的值勤人员擅离职守、玩忽职守导致保密室被盗的，应定擅离、玩忽军事职守罪；而作战指挥人员使用电话了解部队情况时，忘记加密而造成泄密的，则应以过失泄露军事秘密罪论处。

（四）量刑指导或者参考

依照《刑法》第四百三十二条第一款规定，犯过失泄露军事秘密罪的，处五年以下有期徒刑或者拘役；情节特别严重的，处五年以上十年以下有期徒刑。依照本条第二款规定，战时犯本罪的，处五年以上十年以下有期徒刑；

情节特别严重的，处十年以上有期徒刑或者无期徒刑。

司法机关在适用本条规定处罚时，应当注意：

1. 该条第一款中的“情节特别严重”，是加重处罚情节，司法实践中，一般是指机要、保密人员或者其他负有特别保密职责的人员泄露机密级或者多项秘密级军事秘密的；泄露绝密级或者多项机密级军事秘密的；因泄露军事秘密造成特别严重后果的等情形。

2. 该条第二款的法定刑高于第一款的法定刑，体现了“战时从严”的原则。

十六、战时造谣惑众罪

（一）刑法规定

第四百三十三条[①] 战时造谣惑众，动摇军心的，处三年以下有期徒刑；情节严重的，处三年以上十年以下有期徒刑；情节特别严重的，处十年以上有期徒刑或者无期徒刑。

（二）司法解释、司法文件

军人违反职责罪案件立案标准的规定（政检〔2013〕1号，自2013年3月28日起施行）（节录）

第十六条 ……凡战时涉嫌造谣惑众，动摇军心的，应予立案。

（三）疑难、复杂问题的参考性解答

1. 本罪的客观要件

客观方面表现为战时造谣惑众，动摇军心的行为。本罪只能发生在战时。造谣惑众，动摇军心，是指故意编造、散布谣言，煽动怯战、厌战或者恐怖情绪，蛊惑官兵，造成或者足以造成部队情绪恐慌、士气不振、军心涣散的行为。如果行为人将道听途说的内容不负责任地又向他人散布，不能认定为造谣。行为人所散布的内容必须是虚假的，而且是与作战有直接关系的，如夸大敌人的兵力和装备优势，虚构敌方的战绩和对我方不利的战况等。如果

① 本条根据2015年8月29日《刑法修正案（九）》修改。

行为人所散布的内容确属实情，即使对我军不利，也不宜认定为造谣。如涉及泄露军事秘密，可依法以故意或者过失泄露军事秘密罪论处。动摇军心是对造谣惑众的内容和可能造成的危害后果的限制，而不是必须已造成实际的危害后果。因此，只要行为人制造并散布的谣言足以动摇军心，不论是否已经产生了动摇军心的实际后果，如引起部队混乱、指挥失控、人员逃亡等，均应属造谣惑众，动摇军心。行为人散布谣言的方式，可以是在公开场合散布，也可以是私下传播；可以是口头散布，也可以通过文字、图像或其他途径散布，只要是将谣言让他人知道，均属散布谣言。

2. 本罪与谎报军情罪的界限

这两种犯罪都有虚构事实并加以扩散的情节，而且其虚构的内容可能很相似。但前者是将编造的谣言在公众中散布，散布的对象包括下级、同级和上级，但不是在履行职责；而后者是将编造的情况按隶属关系和职责要求向上级报告，其表现形式是在履行职责。

3. 本罪与假传军令罪的界限

前者的行为人也可能编造有关作战命令的谣言。这种情况与假传军令罪的区别，在于传递虚假军令的方式和接受虚假军令的对象不同。前者不是将虚假军令直接传播给执行人，而是在公众中传播，对象是不特定的；后者则是将虚假的命令传递给依照职责应执行该命令的人，假传的方式往往是采取正常下达命令的方式，对象是特定的。

4. 本罪与《刑法》第三百七十七条战时故意提供虚假敌情罪的界限

两者在犯罪的客观方面都有传播虚假情况的行为，容易混淆界限。其主要区别在于：一是犯罪主体不同。前者的犯罪主体是军人，而后者的犯罪主体是非军人。二是传播虚假情况的内容不一样。前者既可以是敌方的，也可以是我军或友军的，而后者则仅限于敌方的。三是传播的范围不同。前者是在公众中传播扩散，而后者是向有责任接收情报的机构或者人员提供。

5. 正确处理战时造谣惑众罪与《刑法》第三百七十八条战时造谣扰乱军心罪的法条竞合问题

刑法对这两类犯罪的规定存在法条竞合关系，对军人战时造谣惑众、扰乱军心构成犯罪的，应优先适用本条的规定，以战时造谣惑众罪论处。

（四）量刑指导或者参考

依照《刑法》第四百三十三条规定，犯战时造谣惑众罪的，处三年以下有期徒刑；情节严重的，处三年以上十年以下有期徒刑；情节特别严重的，处十年以上有期徒刑或者无期徒刑。

司法机关在适用本条规定处罚时，应当注意：

1. 该条的“情节严重”，是加重处罚情节，司法实践中，一般是指指挥人员造谣惑众的；谣言散布范围广的；谣言内容煽动性大的；在紧要关头或者危急时刻造谣惑众的；引起部队混乱、指挥失控、多人逃亡等严重后果的等情形。

2. 该条中的“情节特别严重”，司法实践中，一般是指指挥人员造谣惑众的；谣言散布范围广的；谣言内容煽动性大的；在紧要关头或者危急时刻造谣惑众的；引起部队混乱、指挥失控、多人逃亡等严重后果的等情形。

十七、战时自伤罪

（一）刑法规定

第四百三十四条 战时自伤身体，逃避军事义务的，处三年以下有期徒刑；情节严重的，处三年以上七年以下有期徒刑。

（二）司法解释、司法文件

军人违反职责罪案件立案标准的规定（政检〔2013〕1号，自2013年3月28日起施行）（节录）

第十七条 ……凡战时涉嫌自伤致使不能履行军事义务的，应予立案。

（三）疑难、复杂问题的参考性解答

1. 本罪的客观要件

客观方面表现为战时自伤身体的行为。本罪只能发生在战时。“自伤身体”，是指有意识地伤害自己的身体，包括加重已有的伤害的行为。对自伤的部位、方法和伤害的程度，应从广义上理解，不论是伤害哪一部位，是造成轻伤还是重伤，是利用枪击、刀砍还是其他方法，是行为人自己伤害自己的身体，还是利用他人的故意或者过失行为伤害自己的身体，均属自伤身体的行为。

2. 正确处理战时自伤罪与本章其他犯罪牵连的问题

行为人在实施投降、战时违抗命令、战时临阵脱逃、违令作战消极等犯罪时，可能会采取自伤身体的方法来达到犯罪目的，此时行为人自伤行为与其欲实施的其他犯罪行为发生牵连，应按照处理牵连犯的原则，以其中法定刑最重的一个罪定罪处罚，不再定战时自伤罪，实行并罚。

（四）量刑指导或者参考

依照《刑法》第四百三十四条规定，犯战时自伤罪的，处三年以下有期徒刑；情节严重的，处三年以上七年以下有期徒刑。

该条中的“情节严重”，是加重处罚情节，司法实践中，一般是指指挥人员或者其他负有重要职责的人员自伤的；紧要关头或者危急时刻自伤的；因自伤造成严重后果的等情形。

十八、逃离部队罪

（一）刑法规定

第四百三十五条 违反兵役法规，逃离部队，情节严重的，处三年以下有期徒刑或者拘役。

战时犯前款罪的，处三年以上七年以下有期徒刑。

（二）司法解释、司法文件及其权威解读

1. 最高人民法院、最高人民检察院关于对军人非战时逃离部队的行为能否定罪处罚问题的批复（法释〔2000〕39号，自2000年12月8日起施行）

中国人民解放军军事法院、军事检察院：

〔1999〕军法呈字第19号《关于军人非战时逃离部队情节严重的，能否适用刑法定罪处罚问题的请示》收悉。经研究，答复如下：

军人违反兵役法规，在非战时逃离部队，情节严重的，应当依照刑法第四百三十五条第一款的规定定罪处罚。

权威解读

解读《最高人民法院、最高人民检察院关于对军人非战时逃离部队的行为能否定罪处罚问题的批复》

关于军人逃离部队行为的定罪处罚问题，1979 年刑法没有规定。1981 年 6 月 10 日通过的《惩治军人违反职责罪暂行条例》（已失效，以下简称《惩治军人条例》）第六条规定："违反兵役法规，逃离部队，情节严重的，处三年以下有期徒刑或者拘役。战时犯前款罪的，处三年以上七年以下有期徒刑。"1997 年刑法第四百三十五条沿袭了《惩治军人条例》的前述规定。根据规定，军人无论是战时还是非战时逃离部队，情节严重的，均可构成逃离部队罪。但是，1998 年 12 月 29 日第九届全国人民代表大会常务委员会第六次会议通过《关于修改〈中华人民共和国兵役法〉的决定》（已被修改）后，却出现了新的情况。根据该决定新增设的兵役法第六十二条第一款规定："现役军人以逃避服兵役为目的，拒绝履行职责或者逃离部队的，按照中央军事委员会的规定给予行政处分；战时逃离部队，构成犯罪的，依法追究刑事责任。"由于刑法和兵役法的规定不一致，司法实践中，对军人非战时逃离部队情节严重的行为，能否适用刑法规定追究刑事责任问题，存在以下两种不同意见：

第一种意见认为，对军人非战时逃离部队的行为不能适用刑法的规定追究刑事责任。其主要理由是：刑法规定的逃离部队罪的首要构成条件是"违反兵役法规"，而修改后的兵役法只规定了"战时逃离部队构成犯罪的，依法追究刑事责任"，这就意味着军人非战时逃离部队的，即便情节严重，也不具备刑法规定的"违反兵役法规"这一犯罪构成要件，不能追究刑事责任，而只能"按照中央军事委员会的规定给予行政处分"；刑法和兵役法均是全国人民代表大会通过的全国性法律，依据"特别法优于普通法""后法优于前法"的原则，对军人逃离部队行为的处理，应优先适用兵役法的有关规定。

第二种意见则认为，对军人非战时逃离部队的行为可以适用刑法的规定追究刑事责任。其主要理由是：刑法与兵役法的规定并不矛盾。刑法规定的逃离部队罪的构成要件之一是"情节严重"，而兵役法第六十二条中并没有"情节严重"的规定，可以认为无论战时还是非战时，逃离部队不具备"情节严重"要件的，应依据兵役法和中央军事委员会的有关规定给予行政处分，情节严重的，应依据刑法的规定定罪处罚，二者并无"冲突"；刑法属于基本法，在效力上应高于兵役法；对逃离部队，严重危害部队建设的行为，依法追究刑事责任，是加强军队和国防建设的需要。

为及时解决上述问题，保证统一正确执法，1999 年 10 月 10 日，中国人民解放军军事法院、军事检察院分别同时向最高人民法院和最高人民检察院提出了《关于军人非战时逃离部队情节严重的，能否适用刑法定罪处罚问题的请示》（〔1999〕军法呈字第 19 号）。

经研究，我们认为，刑法和兵役法的表述确实存在不一致的问题，但从立法原意上分析，兵役法并没有对刑法规定的逃离部队罪作出修改之意。首先，兵役法属于非刑事法律，且该法第六十二条属于一般性的规定，并没有对刑法作出修改。其次，军人逃离部队的行为，无论是发生在战时还是非战时，都会严重危害国家兵役制度，妨害部队管理秩序，造成军心浮动，危害国家的军事利益和国防安全，影响安定团结的政治局面。如果是在战时实施的，还会直接造成部队非战斗减员，削弱部队的战斗力，严重危害国家的军事利益。鉴于军人违反职责的犯罪大多是发生在战时，所以刑法对违法军人实行“军法从严、战时从严”的处罚原则，刑法对逃离部队罪的规定同样体现了这一原则，兵役法的规定实际上也是为了体现这一原则，但并没有否定刑法关于军人非战时逃离部队情节严重的应按犯罪处理的规定的意思。再次，刑法和兵役法都是修改过的，且相隔时间不长，如果要对刑法的规定作如此大的修改，立法者不可能在修改刑法时没有考虑到，再说即使要修改，也要采取刑法修正案等专门的方式，而不会在兵役法中单独规定。最后，虽然刑法和兵役法的规定存在一定的不协调之处，但在实践中，应以刑法的规定为准，即军人非战时逃离部队，情节严重的，应按《刑法》第四百三十五条第一款的规定，以逃离部队罪追究刑事责任。

经 2000 年 9 月 28 日最高人民法院审判委员会第 1132 次会议、2000 年 11 月 13 日最高人民检察院第九届检察委员会第 74 次会议讨论通过，最高人民法院、最高人民检察院于 2000 年 12 月 5 日联合制发了《关于对军人非战时逃离部队的行为能否定罪处罚问题的批复》并于同月 8 日起施行。批复明确规定：“军人违反兵役法规，在非战时逃离部队，情节严重的，应当依照刑法第四百三十五条第一款的规定定罪处罚。”

实践中，在具体认定逃离部队罪时，应注意以下几个问题：

一、要准确把握逃离部队罪的构成要件

逃离部队罪，是指违反兵役法规，逃离部队，情节严重的行为。构成本罪，必须具备下列条件：(1) 行为人具有违反兵役法规，逃离部队的行为。所谓“违反兵役法规”，是指行为人违反宪法以及兵役法等法律、法规关于公民履行服兵役义务的规定。我国宪法规定，保卫祖国，抵抗侵略是中华人民共和国每一个公民的神圣职责。依法服兵役是公民的光荣任务。逃避服兵役的行为，就是违反兵役法规的行为。所谓“逃离部队”，是指行为人未经批准，为了逃避履行兵役义务而擅自离开部队或经批准离队后，故意不按期归队。(2) 行为人主观上要具有逃避服兵役的目的，动机可能是贪生怕死，怕苦怕累，不愿受部队纪律约束等。如果行为人没有逃避服兵役的目的，而是由于迷失方向脱离了部队，受伤掉队或者因其无法克服的原因而没有按期归队的，都不能认为是逃离部队，更不应按犯罪处理。(3) 行为人逃离部队的行为必须是达到情节严重的程度。何谓“情节严重”，目前尚无司法解释规定，实践中主要是指指挥人员或者其他负有重要职责的人员逃离的；逃离部队的时间较长的；逃离部队后非法出境的；多次逃离部队、屡教不改的；携带武器装备逃离部队的；组织他人共同逃离部队的等情况。对于情节轻微的一般逃离部队的行为，应当采取说服教育，欢迎归队的政策，必要时予以军纪处分，而不应按犯罪处理。

二、要区分好“战时”与“非战时”的界限

如前所述，战时逃离部队的行为相对于非战时逃离部队的行为害要大，因而刑法对战时逃离部队的行为规定了较之非战时逃离部队更重的刑罚。根据刑法第四百五十一条的规定，“战时”是指具有下列情形之一的情况：(1) 国家宣布进入战争状态的；(2) 部队受领作战任务的；(3) 部队遭受突然袭击的；(4) 部队执行戒严任务或者处置突发性暴力事件时，以战时论。前三种情况是典型意义上的“战时”，由于第四种情况已处于随时准备使用或者已经使用武力状态，与战时使用武力有相同之处，所以“以战时论”。

三、要注意区分逃离部队罪与相关罪的界限

一是（战时）逃离部队罪与战时临阵脱逃罪的界限。战时临阵脱逃罪是行为人在战场上、战斗中或者是在临战状态下，由于畏惧战斗等原因而逃离岗位的行为，不论其是否已逃离了部队，只要是为了逃避战斗而逃离了战场和岗位，无论是否情节严重均可构成临阵脱逃罪；而逃离部队是为了逃避服兵役，只有情节严重的，才按犯罪处理。二是逃离部队罪与军人叛逃罪的界限。军人叛逃时必然同时具有逃离部队的行为。刑法对这两种犯罪的规定存在法条竞合关系，在适用时应根据重法优先适用的原则以军人叛逃罪论处，不实行数罪并罚。三是逃离部队罪与擅离军事职守罪的界限。二者都属于擅自离职的行为，其主要区别是主体和行为后果要求不同，擅离军事职守罪的犯罪主体仅限于指挥人员和值班、值勤人员，且行为人只需离开特定的岗位，不要求离开部队，即可构成犯罪，而逃离部队罪的犯罪主体则包括所有的现役军人，且行为人必须已离开部队并在客观上造成了严重的后果。

（撰稿：李兵、罗庆东）

2. **军人违反职责罪案件立案标准的规定**（政检〔2013〕1号，自2013年3月28日起施行）（节录）

第十八条 ……涉嫌下列情形之一的，应予立案：

（一）逃离部队持续时间达三个月以上或者三次以上或者累计时间达六个月以上的；

（二）担负重要职责的人员逃离部队的；

（三）策动三人以上或者胁迫他人逃离部队的；

（四）在执行重大任务期间逃离部队的；

（五）携带武器装备逃离部队的；

（六）有其他情节严重行为的。

（三）疑难、复杂问题的参考性解答

1. 本罪的主体要件

犯罪主体为具有服兵役义务的现役军人，包括士兵、学员、军官和文职干部，属于军人违反职责罪的特殊主体。根据《兵役法》（已被修改）第六十七条第一款的规定，现役军人以逃避服兵役为目的，拒绝履行职责或者逃离部队的，按照中央军事委员会的规定给予处分；构成犯罪的，依法追究刑事责任。因此，只有现役军人是本罪的犯罪主体。部队的正式职工、文职人员和非现役公勤人员不具有履行兵役的义务，因而不能成为本罪的主体。预备役人员虽然也属于正在履行兵役义务，但根据《兵役法》（已被修改）第六十六条第一款、第四款的规定，预备役人员战时拒绝、逃避参加军事训练和执行军事勤务，构成犯罪的，依法追究刑事责任。《刑法》第三百七十六条第一款为此专门规定了预备役人员战时拒绝、逃避征召或者军事训练的犯罪。

预备役人员在平时执行军事任务期间即使擅自离队，拒绝执行军事任务，因其身份仍是预备役人员而非现役军人，所以，不属本罪的犯罪主体，不能以本罪追究刑事责任。

2. **本罪的客观要件**

客观方面表现为违反兵役法规，逃离部队的行为。我国宪法、国防法和兵役法都规定公民有义务依法服兵役。兵役法还明确规定，现役军人必须遵守军队的条令和条例，忠于职守，随时为保卫祖国而战斗。现役军人逃离部队的行为违反了上述法律规定。逃离部队是指为逃避服役而脱离部队，其行为方式通常表现为未经批准擅自离队，请假离队后逾期不归，工作调动或者学员分配离开原单位后拒不向新单位报到等。

按照法律规定，逃离部队的行为，除需具备以上构成要件外，还必须达到“情节严重”的程度，才构成犯罪。这是考虑到处理军人逃离部队的问题，应遵循惩办与教育相结合的原则，只对其中情节严重的个别人才给予刑事制裁。所谓情节严重，司法实践中，一般是指指挥人员或者其他担负重要职责的人员逃离部队的；策动多人或者胁迫他人逃离部队的；在部队执行重要任务期间逃离部队的；逃离部队三次以上或者因逃离部队受纪律处分仍不悔改再次逃离部队的；逃离部队持续时间超过三个月或者累计时间达六个月的；逃离部队后在社会上从事违法活动的；逃离部队后私自出境的等情形。

3. **罪与非罪的界限**

关键在于逃离部队的行为情节是否严重。对于情节不严重的逃离部队的行为，应当按违反军纪处理。

4. **正确处理军人逃离部队又实施其他犯罪行为的定罪问题**

对军人逃离部队时或者逃离部队后又实施其他犯罪行为的定罪问题，应根据不同情况区别对待。如果军人逃离部队的行为达到“情节严重”的程度，构成逃离部队罪的，应与其又实施的其他犯罪行为进行数罪并罚；如果军人逃离部队的行为达不到“情节严重”的程度，可将逃离部队作为其他犯罪行为从重处罚的情节，不再定逃离部队罪。

5. **本罪与战时临阵脱逃罪的界限**

犯这两种罪可能出于相似的犯罪动机，如害怕打仗，客观上又都可能在一定程度上脱离部队，其区别在于犯罪时是否面临战斗任务。前者主要指平时，即使发生在战时，也都没有面临具体、明确的战斗任务，如部队正在向战区开进或者在战区休整待命等，而后者必须是面临具体、明确的战斗任务，因此，只能发生在战时和战场上。

6. 本罪与擅离军事职守罪的界限

这两种犯罪都有擅自离职的表现，其主要区别除了前者是故意犯罪后者是过失犯罪外，逃离部队罪的犯罪主体是所有现役军人，其行为所违反的是现役军人依法服兵役的职责要求，行为人必须已离开部队，客观上并不要求已造成严重后果；而擅离军事职守罪的犯罪主体限定为指挥人员和值班、值勤人员，其行为发生在担任指挥和值班、值勤任务时，所违反的是指挥和值班、值勤人员的特殊职责要求，行为人只需离开特定的岗位，不要求必须离开部队，必须已造成严重后果。

7. 本罪与军人叛逃罪的界限

这两种犯罪都有离队不归的行为，其主要区别在于前者以逃避服役为目的，并不要求逃至境外；后者则以背叛祖国为目的，而且必须逃至境外。军人叛逃的行为本身必然包含了逃离部队的行为。因此，在适用法律上，应根据重罪吸收轻罪的原则，以军人叛逃罪论处，不能再定逃离部队罪实行并罚。

8. 本罪与战时拒绝、逃避征召、军事训练罪的界限

两罪侵犯的直接客体、犯罪客观方面、主观方面相同或者近似，其主要区别：（1）犯罪主体不同。战时拒绝、逃避征召、军事训练罪的主体是预备役人员，本罪的主体是现役军人。（2）构成犯罪的时间要求不同。战时拒绝、逃避征召、军事训练罪只能发生在战时，本罪可以发生在战时，也可以发生在平时。

（四）量刑指导或者参考

依照《刑法》第四百三十五条第一款规定，犯逃离部队罪的，处三年以下有期徒刑或者拘役。依照本条第二款规定，战时犯本罪的，处三年以上七年以下有期徒刑。其法定刑要高于第一款的法定刑，体现了“战时从严”的原则。

十九、武器装备肇事罪

（一）刑法规定

第四百三十六条 违反武器装备使用规定，情节严重，因而发生责任事故，致人重伤、死亡或者造成其他严重后果的，处三年以下有期徒刑或者拘役；后果特别严重的，处三年以上七年以下有期徒刑。

（二）司法解释、司法文件

1. **中国解放军军事法院关于审理军人违反职责罪案件中几个具体问题的处理意见**（〔1988〕军法发字第34号，自1988年10月19日起施行）

一、关于军职人员玩弄枪支、弹药走火或者爆炸，致人重伤、死亡或者造成其他严重后果的案件，是否一概以武器装备肇事罪论处的问题。

军职人员在执勤、训练、作战时使用、操作武器装备，或者在管理、维修、保养武器装备的过程中，违反武器装备使用规定和操作规程，情节严重，因而发生重大责任事故，致人重伤、死亡者或造成其他严重后果的，依照《条例》第三条的规定，以武器装备肇事罪论处；凡违反枪支、弹药管理使用规定，私自携带枪支、弹药外出，因玩弄而造成走火或者爆炸，致人重伤、死亡或者使公私财产遭受重大损失的，分别依照刑法第一百三十五条、第一百三十三条、第一百零六条的规定，以过失重伤罪、过失杀人罪或者过失爆炸罪论处。

二、关于军职人员擅自将自己保管、使用的枪支、弹药借给他人，因而造成严重后果的，应当如何定性和适用法律问题。

军职人员确实不知他人借用枪支、弹药是为实施犯罪，私自将自己保管、使用的枪支、弹药借给他人，致使公共财产、国家和人民利益遭受重大损失的，以刑法第一百八十七条规定的玩忽职守罪论处；如果在值班、值勤等执行职务时，擅自将自己使用、保管的枪支、弹药借给他人，因而造成严重后果的。以《条例》第五条规定的玩忽职守罪论处。

如果明知他人借用枪支、弹药是为了实施犯罪，仍将枪支、弹药借给他人的，以共同犯罪论处。

三、关于监守自盗军用物资的行为应如何定罪处罚问题。

军职人员利用职务上的便利，盗窃自己经手、管理的军用物资的，符合贪污罪的基本特征，依照刑法第一百五十五条和全国人大常委会《关于惩治贪污罪贿赂罪的补充规定》，以贪污罪论处，从重处罚。

四、关于军职人员驾驶军用装备车辆肇事的，是定交通肇事罪还是武器装备肇事罪的问题。

军职人员驾驶军用装备车辆，违反武器装备使用规定和操作规程，情节严重，因而发生重大责任事故，致人重伤、死亡或者造成其他严重后果的，即使同时违反交通运输规章制度，也应当依照《条例》第三条的规定，以武器装备肇事罪论处；如果仅因违反交通运输规章制度而发生重大事故，致人重伤、死亡或者使公私财产遭受重大损失的，则依照刑法第一百一十三条的规定，以交通肇事罪论处。

五、关于军人在临时看管期间逃跑的，能否以脱逃罪论处问题。

脱逃罪是指被依法逮捕，关押的犯罪分子，从羁押、改造场所或者在押解途中逃走的行为。军队的临时看管仅是一项行政防范措施。因此，军人在此期间逃跑的，不构成脱逃罪。但在查明他确有犯罪行为后，他的逃跑行为可以作为情节在处刑时予以考虑。

2. **军人违反职责罪案件立案标准的规定**（政检〔2013〕1号，自2013年3月28日起施行）（节录）

第十九条 ……涉嫌下列情形之一的，应予立案：

（一）影响重大任务完成的；

（二）造成死亡一人以上，或者重伤二人以上，或者轻伤三人以上的；

（三）造成武器装备、军事设施、军用物资或者其他财产损毁，直接经济损失三十万元以上，或者直接经济损失、间接经济损失合计一百五十万元以上的；

（四）严重损害国家和军队声誉，造成恶劣影响的；

（五）造成其他严重后果的。

（三）疑难、复杂问题的参考性解答

1. 本罪的客观要件

客观方面表现为违反武器装备使用规定，情节严重，因而发生责任事故，致人重伤、死亡或者造成其他严重后果的行为。“武器装备”，是指部队用于

实施和保障作战行动的武器、武器系统和军事技术器材，通常包括枪械、火炮、火箭、导弹、弹药、坦克及其他装甲战斗车辆、作战飞机、战斗舰艇等武器；通信指挥器材、侦察探测器材、军用测绘器材、气象保障器材、雷达、电子对抗装备、情报处理设备、军用电子计算机、工程机械及器材、“三防”装备、后勤装备、辅助飞机、勤务舰船、军用车辆等军事技术装备。“使用规定”，泛指中央军委、各总部、各军兵种根据各种武器装备的用途和技术性能制定和颁发的，关于武器装备的日常维护保养、保管、检查及使用的规定，以及各种武器装备的操作规程和安全规范等。这些规定是保障武器装备经常处于良好的技术状态，正确地使用武器装备，防止发生事故的重要规章制度。武器装备肇事在客观方面首先表现为行为人的行为违反了这些规章制度，即具有违章行为。武器装备肇事罪中的违章行为不是一般情节的违章行为，而是情节严重的违章行为。“情节严重”，一般是指违反武器装备使用规定的行为本身情节严重，如故意违反武器装备的使用程序的，或者在使用过程中严重不负责任的等。违章行为的表现方式是多种多样的，如有的明知违章冒险蛮干，有的不懂装懂随意摆弄，也有的有章不循自行其是。对于入伍不久的士兵或者部队新换装的武器装备，由于尚未熟练掌握武器装备的使用规定而出现的违章行为，不宜认定为情节严重。情节严重的违章行为一旦发生责任事故，致人重伤、死亡或者造成其他严重后果，即构成武器装备肇事罪。“责任事故”，是指因行为人违反规章制度的失职行为而造成的事故。由于不能预见和不能控制的自然条件发生变化而引起的自然事故，或者由于技术条件限制或者武器装备条件不良造成的技术事故，不属于责任事故。《惩治军人违反职责罪暂行条例》第三条曾规定为发生“重大责任事故”，1997 年修订刑法时改为“责任事故”。这是因为，原规定发生重大责任事故造成致人重伤、死亡的后果，才追究刑事责任，而根据军队有关责任事故等级划分的规定，致人重伤、死亡仅属于一般责任事故或者严重责任事故，只有重伤、死亡达到一定的数量界限才属于重大责任事故。这样修改后，使罪状的表述更加准确，避免了犯罪构成要件与有关军事规章之间的矛盾。“其他严重后果”，包括武器装备的毁损，严重财产损失，因武器装备肇事而引起的爆炸、火灾、大面积污染等。

2. 武器装备肇事罪与危害公共安全罪中的过失犯罪的界限

危害公共安全罪中的过失犯罪，如失火罪，过失爆炸罪，过失损坏易燃易爆设备、交通工具、交通设施和广播电视设施、公用电信设施罪，交通肇事罪，重大责任事故罪和危险物品肇事罪等，与武器装备肇事罪有许多相似之处。其区别除了在犯罪主体和犯罪客体上的不同外，主要有以下两点：（1）看犯罪对象是否属于武器装备。只有犯罪对象属于武器装备，才能构成武器装备肇事罪；如不属于武器装备，则应根据不同的犯罪构成要件确定相应的罪名。（2）看是否因违反了武器装备的使用规定而发生责任事故。如果主要是因违反了武器装备使用规定，就应定武器装备肇事罪；如果主要是因违反了其他维护公共安全的法规和规章制度，就应根据不同犯罪构成要件确定相应的罪名。刑法对武器装备肇事罪与上述过失犯罪的规定存在法条竞合关系，如果行为人既违反了武器装备使用规定，又违反了其他维护公共安全的法规和规章制度，应优先适用本章的规定，以武器装备肇事罪论处。

3. 正确处理武器装备肇事致人重伤、死亡的定罪问题

枪支走火致人伤亡是在部队中比较常见的情况。这种情况从广义上来说，也属于过失致人死亡或者重伤。在《惩治军人违反职责罪暂行条例》施行以前，是按过失杀人或者过失伤害致人重伤定罪的。《惩治军人违反职责罪暂行条例》规定了武器装备肇事罪后，均以武器装备肇事罪论处。现军职罪已编入刑法，并仍保留了武器装备肇事罪。因此，根据刑法第二百三十三条和第二百三十五条对过失致人死亡罪和过失致人重伤罪所规定的“本法另有规定的，依照规定”，武器装备肇事致人重伤、死亡的，应以武器装备肇事罪定罪处罚。

（四）量刑指导或者参考

依照《刑法》第四百三十六条规定，犯武器装备肇事罪的，处三年以下有期徒刑或者拘役；后果特别严重的，处三年以上七年以下有期徒刑。

该条中的“后果特别严重”，是加重处罚情节，司法实践中，一般是指毁损重要武器装备的，造成多人伤亡的，致使国家财产遭受重大损失的等情形。

二十、擅自改变武器装备编配用途罪

（一）刑法规定

第四百三十七条　违反武器装备管理规定，擅自改变武器装备的编配用途，造成严重后果的，处三年以下有期徒刑或者拘役；造成特别严重后果的，处三年以上七年以下有期徒刑。

（二）司法解释、司法文件

军人违反职责罪案件立案标准的规定（政检〔2013〕1号，自2013年3月28日起施行）（节录）

第二十条 ……涉嫌下列情形之一的，应予立案：

（一）造成重大任务不能完成或者迟缓完成的；

（二）造成死亡一人以上，或者重伤三人以上，或者重伤二人、轻伤四人以上，或者重伤一人、轻伤七人以上，或者轻伤十人以上的；

（三）造成武器装备、军事设施、军用物资或者其他财产损毁，直接经济损失三十万元以上，或者直接经济损失、间接经济损失合计一百五十万元以上的；

（四）造成其他严重后果的。

（三）疑难、复杂问题的参考性解答

1. 本罪的主观方面特征

主观方面由过失构成，即行为人应当预见自己的行为违反了武器装备管理规定，会造成严重后果，由于疏忽大意而没有预见，或者已预见又轻信能够避免，以致发生严重后果。如果行为人对违反武器装备管理规定，擅自改变武器装备编配用途的行为可能造成的严重后果采取希望或者放任的态度，则应根据不同的犯罪构成要件以故意犯罪论处。例如，明知他人借用枪支是为了报复杀人而仍将枪支借给他人，应以故意杀人罪的共犯论处。

2. 本罪的客观要件

客观方面表现为违反武器装备的管理规定，擅自改变武器装备的编配用途，造成严重后果的行为。武器装备的管理规定是相对于武器装备的操作规程、安全规范等使用规定而言的，主要是指涉及武器装备的动用权限、编配用途、使用范围等管理内容的规定。擅自改变武器装备的编配用途是指未经上级批准而自行将用于某一用途的武器装备改作其他用途，如随意启封使用作战储备的武器装备，将特殊用途的武器装备改作其他用途，随意将武器装备出租、出借等。按照法律规定，擅自改变武器装备编配用途的行为必须是

"造成严重后果"才构成犯罪。在司法实践中，一般是指武器装备毁损，人员伤亡，作战失利，严重影响部队执行任务等情形。

3. 本罪与武器装备肇事罪的界限

这两种犯罪都与武器装备有关，行为人主观上都是过失，客观上也可能造成相似的严重后果，而且武器装备的使用和管理规定经常混在一起，使用中有管理要求，管理中有使用规定，因此容易发生混淆。其区别在于武器装备肇事罪主要是在武器装备的操作使用过程中发生的，行为人主要是武器装备的操作使用人员；而擅自改变武器装备编配用途罪则主要是在武器装备的管理过程中发生的，行为人主要是武器装备的管理人员而不是操作使用人员。如果武器装备的操作使用人员违反武器装备的管理规定，擅自改变武器装备的编配用途，造成严重后果的，也应以擅自改变武器装备编配用途罪论处，而不宜定为武器装备肇事罪。

4. 正确处理本罪与《刑法》第一百二十八条第二款非法出租、出借枪支罪的法条竞合问题

刑法对这两种犯罪的规定存在部分法规竞合关系。军人非法出租、出借枪支的，应优先适用本章的规定，以擅自改变武器装备编配用途罪定罪处罚。

5. 正确处理本罪与玩忽军事职守罪的法条竞合问题

两罪存在部分法条竞合关系。当指挥人员玩忽职守的行为表现为不正确履行职责，擅自改变武器装备编配用途时，虽然其擅自改变武器装备编配用途的行为本质上也是一种玩忽职守行为，但应以擅自改变武器装备编配用途罪论处。如果是指挥人员战时擅自改变武器装备编配用途构成犯罪的，根据罪刑相当的原则，应以玩忽军事职守罪定罪处罚。

6. 正确处理使用武器装备实施其他犯罪的定罪问题

使用武器装备实施其他犯罪的，如使用装备枪支杀人，动用舰艇、军用飞机走私等，一般应将其擅自改变武器装备编配用途的行为作为实施其他犯罪的一个情节从重处罚。但是在使用武器装备实施其他犯罪过程中，发生武器装备毁损后果的，则应实行数罪并罚。

（四）量刑指导或者参考

依照《刑法》第四百三十七条规定，犯擅自改变武器装备编配用途罪的，处三年以下有期徒刑或者拘役；造成特别严重后果的，处三年以上七年以下有期徒刑。

该条中的“特别严重后果”，是加重处罚情节，司法实践中，一般是指毁损重要武器装备的，伤亡多人的，严重影响部队执行重要任务的等情形。

二十一、盗窃、抢夺武器装备、军用物资罪

（一）刑法规定

第四百三十八条 盗窃、抢夺武器装备或者军用物资的，处五年以下有期徒刑或者拘役；情节严重的，处五年以上十年以下有期徒刑；情节特别严重的，处十年以上有期徒刑、无期徒刑或者死刑。

盗窃、抢夺枪支、弹药、爆炸物的，依照本法第一百二十七条的规定处罚。

（二）司法解释、司法文件

军人违反职责罪案件立案标准的规定（政检〔2013〕1号，自2013年3月28日起施行）（节录）

第二十一条 ……凡涉嫌盗窃、抢夺武器装备的，应予立案。

凡涉嫌盗窃、抢夺军用物资价值二千元以上，或者不满规定数额，但后果严重的，应予立案。

（三）疑难、复杂问题的参考性解答

1. 本罪的客观要件

客观方面表现为盗窃、抢夺武器装备、军用物资的行为。“盗窃”，是指采取秘密窃取的方法非法占有武器装备、军用物资的行为；“抢夺”，是指采取乘人不备、公然夺取的方法非法占有武器装备、军用物资的行为。盗窃、抢夺的对象是部队在编的、正在使用的和储存备用的武器装备或者军用物资，不包括已确定退役报废的武器装备、军用物资，因为退役报废的武器装备、军用物资已不能直接形成部队的战斗力。武器装备的重要零件、部件应以武器装备论。用于实施和保障作战行动的军用动物，如军马、军驼、军犬、军鸽等，应视为武器装备。盗窃、抢夺武器装备、军用物资不受部队隶属关系的限制，即这个部队的人盗窃、抢夺那个部队的武器装备、军用物资，现役

军人盗窃、抢夺预备役部队的武器装备、军用物资，均属盗窃、抢夺部队的武器装备、军用物资。正在生产过程中，尚未交付部队的产品和物资，不能视为部队的武器装备、军用物资。军用物资是指除武器装备以外，供军事上使用的其他物资，如被装、粮秣、油料、建材、药材等。盗窃、抢夺军用物资构成犯罪的数额标准，可以参照《刑法》第二百六十四条和第二百六十七条对盗窃罪、抢夺罪的数额标准从严认定。按照法律规定，行为人只要具有盗窃、抢夺武器装备、军用物资其中一种行为就构成本罪；具有两种行为的，仍为一罪，不实行并罚。

2. 正确处理采取破坏性方法盗窃武器装备、军用物资的定罪问题

在具体案件中，采取破坏性方法盗窃武器装备、军用物资的，可能出现与破坏武器装备、军事设施罪竞合的现象。因这两种犯罪的法定刑相同，行为人的目的是盗窃，如符合盗窃武器装备、军用物资罪的构成要件，应以盗窃武器装备、军用物资罪论处为妥，行为人所采取的破坏性方法及其所造成的损失可作为量刑情节来考虑。

3. 正确处理军人携带武器逃离部队的定罪问题

在过去的司法实践中，对军人携带武器逃离部队是作为情节严重的逃离部队行为，只定逃离部队罪。这样处理忽略了军人非法占有武器特别是枪支、弹药、爆炸物的严重危害性。配发给军人个人使用的武器，所有权属于部队，个人无权据为己有。军人携带武器逃离部队，不仅逃避服兵役，而且将部队的武器盗走，是一种特殊方式的盗窃行为。因此，应以盗窃武器装备罪论处。

（四）量刑指导或者参考

依照《刑法》第四百三十八条第一款规定，犯盗窃、抢夺武器装备、军用物资罪的，处五年以下有期徒刑或者拘役；情节严重的，处五年以上十年以下有期徒刑；情节特别严重的，处十年以上有期徒刑、无期徒刑或者死刑。

司法机关在适用本条规定处罚时，应当注意以下问题：

1. 刑法对本罪规定了三个档次的量刑幅度，要注意区别情节，正确适用。《刑法》第四百三十八条第一款规定的“情节严重”，是加重处罚情节，在司法实践中，一般是指盗窃、抢夺重要武器装备或者多件武器装备的；盗窃、抢夺军用物资数额巨大的；盗窃、抢夺武器装备、军用物资严重影响部队完成战备执勤任务的；采取破坏性方法盗窃、抢夺武器装备或者军用物资的；

盗窃、抢夺武器装备、军用物资造成严重后果的；多次盗窃、抢夺武器装备或者军用物资的等情形。“情节特别严重”，一般是指盗窃、抢夺多件重要武器装备或者多次盗窃、抢夺重要武器装备的；盗窃、抢夺军用物资的价值达到数额特别巨大的；盗窃、抢夺武器装备或者军用物资严重影响部队完成作战等重大任务的；盗窃、抢夺武器装备或者军用物资造成特别严重后果的；战时盗窃、抢夺武器装备或者军用物资，情节严重的等情形。

2.《刑法》第四百三十八条第二款规定了军人盗窃、抢夺部队的枪支、弹药、爆炸物的法律适用问题。为了保障公共安全，《刑法》第一百二十七条规定了盗窃、抢夺枪支、弹药、爆炸物、危险物质罪，并对盗窃、抢夺军警人员的枪支、弹药、爆炸物的行为予以加重处罚，规定了比盗窃、抢夺武器装备、军用物资罪更重的法定刑。部队的武器装备、军用物资种类繁多，其中包括枪支、弹药、爆炸物。军人盗窃或者抢夺部队的枪支、弹药、爆炸物的，因《刑法》第四百三十八条相对于第一百二十七条来说属于特别法，按照法律适用原则，应当优先适用，所以仍应定盗窃或者抢夺武器装备、军用物资罪。

二十二、非法出卖、转让武器装备罪

（一）刑法规定

第四百三十九条　非法出卖、转让军队武器装备的，处三年以上十年以下有期徒刑；出卖、转让大量武器装备或者有其他特别严重情节的，处十年以上有期徒刑、无期徒刑或者死刑。

（二）司法解释、司法文件

军人违反职责罪案件立案标准的规定（政检〔2013〕1号，自2013年3月28日起施行）（节录）

第二十二条　……涉嫌下列情形之一的，应予立案：

（一）非法出卖、转让枪支、手榴弹、爆炸装置的；

（二）非法出卖、转让子弹十发、雷管三十枚、导火索或者导爆索三十米、炸药一千克以上，或者不满规定数量，但后果严重的；

（三）非法出卖、转让武器装备零部件或者维修器材、设备，致使武器装备报废或者直接经济损失三十万元以上的；

（四）非法出卖、转让其他重要武器装备的。

（三）疑难、复杂问题的参考性解答

1. 正确对待单位非法出卖、转让武器装备的问题

从司法实践看，非法出卖、转让武器装备多数是由单位主管领导决定，以单位名义非法出卖、转让的。由于本罪没有规定单位犯罪，根据《刑法》第三十条的规定，不能按单位犯罪处理，只能依照本条的规定，追究行为人的刑事责任。

2. 正确处理非法出卖武器装备罪与《刑法》第一百二十五条非法买卖枪支、弹药、爆炸物罪的法条竞合问题

刑法对这两种犯罪的规定存在法条竞合关系。军人非法出卖部队武器装备的，应优先适用本条的规定，以非法出卖武器装备罪定罪处罚。

3. 正确处理将盗窃、抢夺的武器装备又出卖、转让的定罪问题

盗窃、抢夺武器装备后又将其出卖、转让的，应根据重罪吸收轻罪的原则，以非法出卖、转让武器装备罪论处，而将盗窃、抢夺的行为作为量刑情节。但如果盗窃、抢夺的是枪支、弹药、爆炸物，则应以盗窃、抢夺武器装备、军用物资罪定罪，依照《刑法》第一百二十七条的规定处罚，而将出卖、转让的行为作为量刑情节。

（四）量刑指导或者参考

依照《刑法》第四百三十九条规定，犯非法出卖、转让武器装备罪的，处三年以上十年以下有期徒刑；出卖、转让大量武器装备或者有其他特别严重情节的，处十年以上有期徒刑、无期徒刑或者死刑。

该条中的“其他特别严重情节”，是加重处罚情节，司法实践中，一般是指出卖、转让重要武器装备的；战时出卖、转让武器装备的；致使武器装备流散社会造成严重后果的；严重影响部队完成重要任务的；出卖、转让给境外的机构、组织、人员的等情形。

二十三、遗弃武器装备罪

（一）法律规定

第四百四十条 违抗命令，遗弃武器装备的，处五年以下有期徒刑或者拘役；遗弃重要或者大量武器装备的，或者有其他严重情节的，处五年以上有期徒刑。

（二）司法解释、司法文件

军人违反职责罪案件立案标准的规定（政检〔2013〕1号，自2013年3月28日起施行）（节录）

第二十三条 ……涉嫌下列情形之一的，应予立案：

（一）遗弃枪支、手榴弹、爆炸装置的；

（二）遗弃子弹十发、雷管三十枚、导火索或者导爆索三十米、炸药一千克以上，或者不满规定数量，但后果严重的；

（三）遗弃武器装备零部件或者维修器材、设备，致使武器装备报废或者直接经济损失三十万元以上的；

（四）遗弃其他重要武器装备的。

（三）疑难、复杂问题的参考性解答

1. 本罪的客观要件

客观方面表现为违抗命令，遗弃武器装备的行为。“违抗命令”，是指违反并拒不执行上级的命令；“遗弃”，是指故意丢掉，弃置不顾。遗弃的场所法律没有限制，一般是在战场、军事行动地区和野外训练场等。遗弃的对象是行为人依法持有或者有权管理的、能够供部队使用的武器装备，包括暂时损坏但能够修复的武器装备。在战场上，行为人自行将战场损坏无法及时修复的武器装备丢弃，不属于遗弃武器装备。将盗窃、抢夺的武器装备又遗弃的，应作为盗窃、抢夺武器装备罪的从重处罚情节。

2. 本罪与战时违抗命令罪的界限

这两种犯罪中虽然都有违抗命令的构成要件，但其含义有所不同。在战时违抗命令罪中，违抗命令的行为本身就是犯罪客观方面的主要内容，是需

要追究刑事责任的基本依据，不需要再有其他具体的危害行为；而在遗弃武器装备罪中，犯罪客观方面的主要内容是遗弃武器装备，违抗命令仅仅是限制条件，说明行为人违反并抗拒执行上级命令，但其尚未达到战时违抗命令罪的严重程度。因此，在遗弃武器装备罪中，仅凭其违抗命令的行为本身是不能追究刑事责任的。当然，如果行为人在遗弃武器装备行为中违抗命令的行为本身性质恶劣，危害严重，符合战时违抗命令罪的构成条件的，应按处理想象竞合犯的原则，以战时违抗命令罪定罪处罚。

3. 本罪与破坏武器装备罪的界限

本罪与《刑法》第三百六十九条规定的破坏武器装备罪犯罪对象相同，客观上都可能造成武器装备毁损的后果，其主要区别除了主观故意的内容不同外，在客观方面，遗弃武器装备的行为表现为消极地将武器装备丢弃不管，而破坏武器装备的行为表现为采取各种方法，积极地将武器装备毁坏。如果行为人所采取的遗弃武器装备的方法必然造成武器装备毁坏或者灭失的，如飞行员无重大危险而弃机跳伞，或者故意将武器装备投入深海等，应属破坏武器装备的行为。

4. 正确处理遗弃武器装备兼犯其他罪行的定罪问题

军人在犯战时临阵脱逃、逃离部队等罪时遗弃武器装备的，其行为如果符合不同的犯罪构成要件的，应实行数罪并罚。

（四）量刑指导或者参考

依照《刑法》第四百四十条规定，犯遗弃武器装备罪的，处五年以下有期徒刑或者拘役；遗弃重要或者大量武器装备的，或者有其他严重情节的，处五年以上有期徒刑。

司法机关在适用《刑法》第四百四十条规定处罚时，应当注意两个问题：

1. 该条中的“重要武器装备”，是加重处罚情节之一，是指部队的主要武器装备和其他在作战中急需或者必不可少的武器装备。根据军队有关武器装备管理规定，主要武器装备指的是各种导弹、飞机、作战舰艇、登陆舰和一千吨以上辅助船、坦克、装甲车辆、八十五毫米以上口径的地面火炮、岸炮、高炮、雷达、声呐、指挥仪、十五瓦以上电台和电子对抗装备、舟桥、六十千瓦以上的工程机械、汽车、陆军船艇等武器装备。

2. 该条中的“其他严重情节”，也是加重处罚情节之一，司法实践中，一般是指指挥人员带头遗弃的；煽动他人遗弃的；战时遗弃的；严重影响部队完成任务的；造成严重后果的等情形。

二十四、遗失武器装备罪

（一）刑法规定

第四百四十一条 遗失武器装备，不及时报告或者有其他严重情节的，处三年以下有期徒刑或者拘役。

（二）司法解释、司法文件

军人违反职责罪案件立案标准的规定（政检〔2013〕1号，自2013年3月28日起施行）（节录）

第二十四条 ……凡涉嫌遗失武器装备不及时报告或者有其他严重情节的，应予立案。

（三）疑难、复杂问题的参考性解答

1. 本罪的主观要件

主观方面由过失构成，即行为人应当预见到自己的行为会造成部队武器装备遗失的危害结果，但由于疏忽大意而没有预见，或者虽已预见却又轻信能够避免，以致造成武器装备遗失。

2. 本罪的客观要件

客观方面表现为遗失武器装备，不及时报告或者有其他严重情节的行为。"遗失"，包括丢失和被盗，属于不作为的行为。遗失的武器装备是行为人依法持有和使用的。"不及时报告"，包括故意隐瞒情况不报告或者没有按规定报告，以致丧失追查、寻找的机会。武器装备一时找不到，正在积极设法寻找，不能确认已遗失而未向上级报告，不能认为是不及时报告。"其他严重情节"，是指遗失武器装备严重影响重大任务完成的；给人民群众生命财产安全造成严重危害的；遗失的武器装备被敌人或者境外的机构、组织和人员或者国内恐怖组织和人员利用，造成严重后果或者恶劣影响的；遗失的武器装备数量多、价值高的；战时遗失的；等等。

3. 正确认定本罪的犯罪对象

根据我国刑法罪责自负的原则，本罪应追究的是遗失武器装备的行为人本人的刑事责任。“不及时报告”，仅限于遗失人没有及时向主管领导报告。如果一个单位发生了遗失武器装备的事件，主管领导没有及时向上级报告，不应以遗失武器装备罪追究主管领导的刑事责任。

4. 正确处理遗失武器装备罪与《刑法》第一百二十九条丢失枪支不报罪的法条竞合问题

刑法对这两种犯罪的规定存在法条竞合关系。军人丢失枪支时，应优先适用本条的规定，以遗失武器装备罪定罪处罚。

（四）量刑指导或者参考

依照《刑法》第四百四十一条规定，犯遗失武器装备罪的，处三年以下有期徒刑或者拘役。

二十五、擅自出卖、转让军队房地产罪

（一）刑法规定

第四百四十二条　违反规定，擅自出卖、转让军队房地产，情节严重的，对直接责任人员，处三年以下有期徒刑或者拘役；情节特别严重的，处三年以上十年以下有期徒刑。

（二）司法解释、司法文件

军人违反职责罪案件立案标准的规定（政检〔2013〕1号，自2013年3月28日起施行）（节录）

第二十五条　……涉嫌下列情形之一的，应予立案：

（一）擅自出卖、转让军队房地产价值三十万元以上的；

（二）擅自出卖、转让军队房地产给境外的机构、组织、人员的；

（三）擅自出卖、转让军队房地产严重影响部队正常战备、训练、工作、生活和完成军事任务的；

（四）擅自出卖、转让军队房地产给军事设施安全造成严重危害的；

（五）有其他情节严重行为的。

（三）疑难、复杂问题的参考性解答

1. 本罪的主体要件

犯罪主体为军队各单位的主管人员和负有房地产管理职责的人员，属于军人违反职责罪中的特殊主体。本罪没有对犯罪主体作明文限定，只规定追究直接责任人员的刑事责任，从本罪的犯罪构成看，由于房地产的不动产属性，决定了出卖、转让军队房地产的行为只能由上述人员实施。

2. 本罪的客观要件

客观方面表现为违反军队房地产管理规定，擅自出卖、转让军队房地产的行为。“军队房地产”，是指依法由军队使用管理的土地及其地上地下用于营房保障的建筑物、构筑物、附属设施设备，以及其他附着物。“违反规定”，是指违反《内务条令》《中国人民解放军房地产管理条例》及其他有关军队房地产管理和使用的规定。这些条令、条例规定了军队房地产管理、使用的基本原则和具体制度，其中包括处理军队房地产的审批权限及其程序。未经有权机关依法审批，任何单位和个人都不得随意处理军队房地产，违者即属擅自处理军队房地产。出卖、转让分别是指有偿或者无偿改变军队房地产的产权关系。如果是临时出租或出借给他人使用，到期收回，不改变产权关系的，不属于出卖或者转让。按照法律规定，行为人只要实施了擅自出卖或者转让其中一种行为就构成本罪；实施了两种行为的，仍为一罪，不实行并罚。

3. 罪与非罪的界限

擅自出卖、转让军队房地产均属违法行为，其中情节严重的才能构成擅自出卖、转让军队房地产罪。对于情节不严重的擅自出卖、转让军队房地产的行为，应当按照违反军纪处理。

4. 正确对待单位擅自出卖、转让军队房地产的问题

从司法实践看，擅自出卖、转让军队房地产多数是由单位主管领导决定，以单位名义出卖、转让的。由于本罪没有规定单位犯罪，根据刑法第三十条的规定，不能按单位犯罪处理，只能依照本条的规定，追究直接责任人员的刑事责任。

5. 正确处理本罪与《刑法》第二百二十八条非法转让、倒卖土地使用权罪和第四百一十条非法低价出让国有土地使用权罪的法条竞合问题

刑法对这两类犯罪的规定存在法条竞合关系。军人擅自出卖、转让军队房地产的，应优先适用本章的规定，以擅自出卖、转让军队房地产罪定罪处罚。

（四）量刑指导或者参考

依照《刑法》第四百四十二条规定，犯擅自出卖、转让军队房地产罪的，对直接责任人员，处三年以下有期徒刑或者拘役；情节特别严重的，处三年以上十年以下有期徒刑。

该条中的“情节特别严重”，是加重处罚情节，司法实践中，一般是指出卖、转让的数量巨大的出卖、转让特别重要的军队房地产的；出卖、转让给境外的机构、组织、人员的；造成不可挽回的严重损失的，导致部队不能正常训练工作和生活的等情形。

二十六、虐待部属罪

（一）刑法规定

第四百四十三条 滥用职权，虐待部属，情节恶劣，致人重伤或者造成其他严重后果的，处五年以下有期徒刑或者拘役；致人死亡的，处五年以上有期徒刑。

（二）司法解释、司法文件

军人违反职责罪案件立案标准的规定（政检〔2013〕1号，自2013年3月28日起施行）（节录）

第二十六条 ……凡涉嫌虐待部属，情节恶劣，致人重伤、死亡或者造成其他严重后果的，应予立案。

（三）疑难、复杂问题的参考性解答

1. 本罪的主体要件

犯罪主体为部队中的各级首长和其他有权指挥他人的人员，属于军人违反职责罪中的特殊主体。根据《内务条令》的规定，军人在行政职务上有隶属关系时，行政职务高的是首长，行政职务低的是部属；首长有权对部属下达命令，部属必须服从首长。因此，本罪的犯罪主体与侵害对象之间必须有

指挥与被指挥的隶属关系，即包括军官与士兵，也包括上级军官与下级军官，甚至士兵与士兵，如部队中的班长也是士兵，但有权指挥本班其他士兵，对全班的工作负完全责任，因此，班长属于本罪的犯罪主体之一。没有隶属关系的军人之间，一方凭借资历或其他有利条件，对另一方实施虐待，如老兵虐待新兵，不能以本罪论处。

2. 本罪的客观要件

客观方面表现为滥用职权，虐待部属，致人重伤或者造成其他严重后果的行为。滥用职权是指超越职责范围，不正当地使用职权。虐待部属，是指采取殴打、体罚、冻饿或者其他有损身心健康的手段，折磨、摧残部属的行为。情节恶劣，是指虐待手段残酷的；虐待三人以上的；虐待部属三次以上的；虐待伤病残部属的；等等。其他严重后果，是指部属不堪忍受虐待而自杀、自残造成重伤或者精神失常的；诱发其他案件、事故的；导致部属一人逃离部队三次以上，或者二人以上逃离部队的；造成恶劣影响的；等等。

3. 罪与非罪的界限

从司法实践看，打骂、体罚士兵，虐待部属，在一些单位屡有发生。解决这一问题，对绝大多数人应是通过批评教育或者给予相应的纪律处分，追究个别人的刑事责任必须严格依法办事。既要防止放纵罪犯，打击不力，又要避免扩大打击面。具体操作上，对确有情节恶劣的虐待行为，如出于报复动机的，虐待手段残忍或者不人道的，屡教不改的，虐待多人的等，又致人重伤或者造成其他严重后果的，应坚决依法追究刑事责任。相反，对没有明显的虐待行为，只是管理方法上简单粗暴，一时的过激行为，或者虽有虐待行为但情节尚不恶劣的，不能以虐待部属罪追究刑事责任。

4. 正确处理虐待部属中的故意伤害问题

实施虐待部属的行为时，出现殴打他人致人伤亡结果的，如果行为人所实施的虐待行为中，有无节制的殴打行为，甚至使用足以致人伤亡的器具，造成伤亡结果的，则应以故意伤害罪论处。

（四）量刑指导或者参考

依照《刑法》第四百四十三条规定，犯虐待部属罪的，处五年以下有期徒刑或者拘役；致人死亡的，处五年以上有期徒刑。

二十七、遗弃伤病军人罪

（一）刑法规定

第四百四十四条　在战场上故意遗弃伤病军人，情节恶劣的，对直接责任人员，处五年以下有期徒刑。

（二）司法解释、司法文件

军人违反职责罪案件立案标准的规定（政检〔2013〕1号，自2013年3月28日起施行）（节录）

第二十七条　……涉嫌下列情形之一的，应予立案：

（一）为挟嫌报复而遗弃伤病军人的；

（二）遗弃伤病军人三人以上的；

（三）导致伤病军人死亡、失踪、被俘的；

（四）有其他恶劣情节的。

（三）疑难、复杂问题的参考性解答

1. 本罪的客观要件

客观方面表现为在战场上将伤病军人遗弃的行为。遗弃是指对有条件救护的伤病军人弃置不顾，一般表现为不作为的形式。遗弃行为必须发生在战场上，遗弃的对象应是我军因负伤、生病需要他人给予救护的人员，不包括受伤、生病的俘虏。《惩治军人违反职责罪暂行条例》第十五条原规定为遗弃伤员，但在战场上因病失去作战能力的军人也是救护的对象，所以修订刑法时改为"伤病军人"，扩大了适用范围。根据法律规定，在战场上故意遗弃伤病军人的行为，除需具备上述构成要件外，行为的性质还必须是"情节恶劣"的，才构成犯罪。"情节恶劣"，司法实践中，一般是指挟嫌报复遗弃伤病军人的；指挥人员和救护人员在紧要关头或者危急时刻只顾保全自己而遗弃伤病军人的；遗弃多人的；遗弃重要伤病军人的；遗弃后致使伤病军人死亡、失踪、被俘的；因遗弃行为引起官兵强烈义愤或者造成恶劣影响的等情形。

2. 正确区分罪与非罪的界限

战场上的情况错综复杂，对遗弃伤病军人的行为要具体分析，区别对待。

因此，司法实践中，刑法规定只有遗弃伤病军人，情节恶劣的行为，才构成本罪；对情节不恶劣的一般遗弃伤病军人的行为，则应按违反军纪处理。

（四）量刑指导或者参考

依照《刑法》第四百四十四条规定，犯遗弃伤病军人罪的，对直接责任人员，处五年以下有期徒刑。

二十八、战时拒不救治伤病军人罪

（一）刑法规定

第四百四十五条 战时在救护治疗职位上，有条件救治而拒不救治危重伤病军人的，处五年以下有期徒刑或者拘役；造成伤病军人重残、死亡或者有其他严重情节的，处五年以上十年以下有期徒刑。

（二）司法解释、司法文件

军人违反职责罪案件立案标准的规定（政检〔2013〕1号，自2013年3月28日起施行）（节录）

第二十八条 ……凡战时涉嫌拒不救治伤病军人的，应予立案。

（三）疑难、复杂问题的参考性解答

1. 本罪的客观要件

客观方面表现为战时有条件救治而拒不救治危重伤病军人的行为。本罪限于战时才能构成。拒不救治的对象是我军的伤病军人，而且伤情、病情危险、紧急、严重，如不及时给予救治，将可能危及生命安全。拒不救治表现为拒绝提供必要的抢救、治疗，以控制、缓解伤情、病情，挽救伤病军人的生命或者避免造成终生严重残疾。拒不救治的行为可以发生在医疗救护的各个环节上，如值班护士拒不接诊，医生拒不检诊和进行抢救，检验人员拒不进行检验等。有条件救治而拒不救治，是指根据伤病军人的伤情或者病情，结合救护人员的技术水平、医疗单位的医疗条件及当时的客观环境等因素，能够给予救治而拒绝抢救、治疗。

2. **本罪与遗弃伤病军人罪的界限**

这两种犯罪都涉及战时的伤病军人，主观上又都是故意犯罪，犯罪主体也有相同之处，界限不易划清，其区别在于客观方面有所不同。后者是将伤病军人丢弃，使其不仅得不到救护治疗，而且还面临脱离部队的更大危险；而前者则仅是使伤病军人在有条件得到医疗救护的情况下却得不到救治，不存在伤病军人脱离部队的危险。

（四）量刑指导或者参考

依照《刑法》第四百四十五条规定，犯战时拒不救治伤病军人罪的，处五年以下有期徒刑或者拘役；造成伤病军人重残、死亡或者有其他严重情节的，处五年以上十年以下有期徒刑。

该条中的“其他严重情节”，是加重处罚情节之一，司法实践中，一般是指挟嫌报复拒不救治的；拒不救治重要伤病军人的；煽动其他医务人员共同拒不救治的；引起官兵强烈义愤造成严重事件的等情形。

二十九、战时残害居民、掠夺居民财物罪

（一）刑法规定

第四百四十六条　战时在军事行动地区，残害无辜居民或者掠夺无辜居民财物的，处五年以下有期徒刑；情节严重的，处五年以上十年以下有期徒刑；情节特别严重的，处十年以上有期徒刑、无期徒刑或者死刑。

（二）司法解释、司法文件

军人违反职责罪案件立案标准的规定（政检〔2013〕1号，自2013年3月28日起施行）（节录）

第二十九条　……战时涉嫌下列情形之一的，应予立案：

（一）故意造成无辜居民死亡、重伤或者轻伤三人以上的；

（二）强奸无辜居民的；

（三）故意损毁无辜居民财物价值五千元以上，或者不满规定数额，但手段恶劣、后果严重的。

……

战时涉嫌下列情形之一的，应予立案：

（一）抢劫无辜居民财物的；

（二）抢夺无辜居民财物价值二千元以上，或者不满规定数额，但手段恶劣、后果严重的。

（三）疑难、复杂问题的参考性解答

1. 本罪的客观要件

客观方面表现为战时在军事行动地区残害无辜居民或者掠夺无辜居民财物的行为。这些行为都只能发生在战时，而且是在军事行动地区，即战区，包括国内战区和境外的战区。因为这一条的立法原意是惩治在战区对无辜居民滥施暴行的犯罪行为，但《惩治军人违反职责罪暂行条例》第二十条的规定却表述为；“在军事行动地区”，范围过大，甚至包括平时的训练、演习地区，所以修订刑法时增加了“战时”的限制。受侵害的对象都是战区无辜居民，即对我军没有采取武装敌对行动的平民。残害不是一种具体的犯罪行为表现，而是一个集合的犯罪行为概念，往往包括一系列违法犯罪行为，如殴打、体罚、虐待、监禁、奸淫、杀伤无辜居民，焚烧、毁坏无辜居民的财物等，掠夺财物也是一个集合的犯罪行为概念，包括抢劫、抢夺、敲诈勒索等。在司法实践中，犯罪分子实施本罪往往既残害无辜居民又掠夺无辜居民财物，所以本罪是选择性罪名，不进行数罪并罚。

2. 本罪属于选择性罪名

只要行为人实施了残害无辜居民或者掠夺无辜居民财物其中一种行为，就构成犯罪；同时实施几种行为的，仍是一罪，不实行并罚，但量刑时可作参考。

3. 正确处理残害居民、掠夺居民财物罪与刑法有关犯罪的法条竞合问题

如上所述，本罪是集合犯罪，包含很多具体的犯罪行为，因而与刑法的有关规定存在法条竞合关系。因本罪是军人在特定时间、地点实施的，应优先适用本条的规定，所以不再适用刑法对其他有关犯罪的规定。

（四）量刑指导或者参考

依据《刑法》第四百四十六条规定，犯战时残害居民、掠夺居民财物罪的，处五年以下有期徒刑；情节严重的，处五年以上十年以下有期徒刑；情

节特别严重的，处十年以上有期徒刑、无期徒刑或者死刑。

司法机关在适用刑法第四百四十六条规定处罚时，应当注意以下问题：

1. 该条中的“情节严重”“情节特别严重”，都是加重处罚情节。“情节严重”，司法实践中，一般是指聚众残害无辜居民、掠夺无辜居民财物的首要分子；残害无辜居民多人的；掠夺无辜居民财物数额巨大的；残害无辜居民手段恶劣的；严重影响我军军事行动的；造成其他严重后果的等情形。“情节特别严重”，司法实践中，一般是指残害大批无辜居民的；残害无辜居民手段特别恶劣的；掠夺无辜居民财物数额特别巨大的；严重影响我军重要军事行动的；造成其他特别严重后果的等情形。

2. 该条规定了三个量刑幅度，法定最低刑期六个月有期徒刑，法定最高刑为死刑。在审理案件时，应根据案件的不同情节，区别对待，恰当量刑。

三十、私放俘虏罪

（一）刑法规定

第四百四十七条　私放俘虏的，处五年以下有期徒刑；私放重要俘虏、私放俘虏多人或者有其他严重情节的，处五年以上有期徒刑。

（二）司法解释、司法文件

军人违反职责罪案件立案标准的规定（政检〔2013〕1号，自2013年3月28日起施行）（节录）

第三十条　……凡涉嫌私放俘虏的，应予立案。

（三）疑难、复杂问题的参考性解答

1. 本罪的主体要件

本罪犯罪主体为所有军人。在司法实践中，多为负有看押、管理俘虏职责的军人。

2. 本罪的客观要件

客观方面表现为私自放走俘虏的行为。俘虏是指在作战中被我方俘获的敌方武装人员，及其他为武装部队服务的人员。我军对俘虏的处理，要经过甄别、审讯、教育后，区别对待。未经批准，不得私自放走俘虏。私放俘虏

的行为既可以发生在战时，也可以发生在战后，所以本罪没有限定为战时犯罪。

（四）量刑指导或者参考

依照《刑法》第四百四十七条规定，犯私放俘虏罪的，处五年以下有期徒刑；私放重要俘虏、私放俘虏多人或者有其他严重情节的，处五年以上有期徒刑。

该条中的“私放重要俘虏”，一般是指私放俘虏中的中、高级军官，掌握重要秘密的人员，或者专为了解敌情抓获的俘虏等人员；“私放俘虏多人”，是指私放俘虏三人以上；“其他严重情节”，一般是指暴露我军秘密的、收受俘虏钱财的、造成严重后果的等情形，均为加重处罚情节。

三十一、虐待俘虏罪

（一）刑法规定

第四百四十八条 虐待俘虏，情节恶劣的，处三年以下有期徒刑。

（二）司法解释、司法文件

军人违反职责罪案件立案标准的规定（政检〔2013〕1号，自2013年3月28日起施行）（节录）

第三十一条 ……涉嫌下列情形之一的，应予立案：

（一）指挥人员虐待俘虏的；

（二）虐待俘虏三人以上，或者虐待俘虏三次以上的；

（三）虐待俘虏手段特别残忍的；

（四）虐待伤病俘虏的；

（五）导致俘虏自杀、逃跑等严重后果的；

（六）造成恶劣影响的；

（七）有其他恶劣情节的。

（三）疑难、复杂问题的参考性解答

1. 本罪的客观要件

客观方面表现为虐待俘虏的行为。虐待的对象必须是俘虏，即在作战中被我方俘获的敌方武装人员及其他为武装部队服务的人员。虐待行为一般表现为采取不人道的生活待遇，打骂、体罚、折磨及施以其他酷刑，强迫从事危险性和屈辱性的工作等方法，摧残、折磨俘虏。随意杀死俘虏的行为属于严重侵害俘虏人身权利的犯罪，不应再以本罪论处。虐待俘虏的行为既可以发生在战时，也可以发生在战后，所以本罪没有限定为战时犯罪。

根据法律规定，虐待俘虏的行为，除需具备以上构成要件外，还必须是“情节恶劣”的，才构成本罪。司法实践中，“情节恶劣”，一般是指挥人员虐待俘虏的；虐待俘虏三人以上，或者虐待俘虏三次以上的；虐待俘虏手段特别残忍的；虐待伤病俘虏的；导致俘虏自杀、逃跑等严重后果的；造成恶劣影响的；有其他恶劣情节的。

2. 罪与非罪的界限

虐待俘虏的行为在很大程度上是出于对敌人的仇恨和报复心理，因此，制止这种行为主要应依靠思想教育。但对极少数虐待俘虏情节恶劣的人员，应依法惩处。

（四）量刑指导或者参考

依照《刑法》第四百四十八条规定，犯虐待俘虏罪的，处三年以下有期徒刑。

图书在版编目(CIP)数据

刑法办案思路与疑难释解：六卷本 / 胡云腾主编；周峰副主编．—北京：中国法制出版社，2022.6

ISBN 978-7-5216-2596-7

Ⅰ．①刑…　Ⅱ．①胡…　②周…　Ⅲ．①刑法－基本知识－中国　Ⅳ．①D924.04

中国版本图书馆 CIP 数据核字(2022)第 048870 号

责任编辑：秦智贤　熊林林　　　　封面设计：李宁

刑法办案思路与疑难释解：六卷本

XINGFA BAN'AN SILU YU YINAN SHIJIE：LIU JUAN BEN

主编/胡云腾
副主编/周峰
经销/新华书店
印刷/三河市国英印务有限公司
开本/710 毫米×1000 毫米　16 开　　　　总印张/275.5　总字数/4502 千
版次/2022 年 6 月第 1 版　　　　2022 年 6 月第 1 次印刷

中国法制出版社出版
书号 ISBN 978-7-5216-2596-7　　　　（全六卷）总定价：996.00 元

北京市西城区西便门西里甲 16 号西便门办公区
邮政编码：100053　　　　传真：010－63141600
网址：http：//www.zgfzs.com　　　　**编辑部电话：010－63141798**
市场营销部电话：010－63141612　　　　**印务部电话：010－63141607**

（如有印装质量问题，请与本社印务部联系。）

刑法办案思路与疑难释解

XINGFA BANAN SILU YU YINAN SHIJIE

第五卷

主　编◎胡云腾
副主编◎周　峰

中国法制出版社
CHINA LEGAL PUBLISHING HOUSE

总目录

·第一卷·

刑法总则

·第二卷·

刑法分则

·第三卷·

·第四卷·

·第五卷·

·第六卷·

分目录

（第五卷）

第六章　妨害社会管理秩序罪

第一节　扰乱公共秩序罪

一、妨害公务罪，袭警罪

（一）刑法规定

第二百七十七条　以暴力、威胁方法阻碍国家机关工作人员依法执行职务的，处三年以下有期徒刑、拘役、管制或者罚金。

以暴力、威胁方法阻碍全国人民代表大会和地方各级人民代表大会代表依法执行代表职务的，依照前款的规定处罚。

在自然灾害和突发事件中，以暴力、威胁方法阻碍红十字会工作人员依法履行职责的，依照第一款的规定处罚。

故意阻碍国家安全机关、公安机关依法执行国家安全工作任务，未使用暴力、威胁方法，造成严重后果的，依照第一款的规定处罚。

暴力袭击正在依法执行职务的人民警察的，处三年以下有期徒刑、拘役或者管制；使用枪支、管制刀具，或者以驾驶机动车撞击等手段，严重危及其人身安全的，处三年以上七年以下有期徒刑。①

---

①　本条经2020年12月26日《刑法修正案（十一）》修正。

1997年《刑法》无第五款规定。2015年11月1日起施行的《刑法修正案（九）》增加了第五款规定，内容为：暴力袭击正在依法执行职务的人民警察的，依照第一款的规定从重处罚。

（二）司法解释、司法文件

1. **最高人民检察院关于以暴力威胁方法阻碍事业编制人员依法执行行政执法职务是否可对侵害人以妨害公务罪论处的批复**（高检发释字〔2000〕2号，2000年4月24日发布）

重庆市人民检察院：

你院《关于以暴力、威胁方法阻碍事业编制人员行政执法活动是否可以对侵害人适用妨害公务罪的请示》收悉。经研究，批复如下：

对于以暴力、威胁方法阻碍国有事业单位人员依照法律、行政法规的规定执行行政执法职务的，或者以暴力、威胁方法阻碍国家机关中受委托从事行政执法活动的事业编制人员执行行政执法职务的，可以对侵害人以妨害公务罪追究刑事责任。

此复。

2. **最高人民法院、最高人民检察院、公安部关于依法严肃查处拒不执行判决、裁定和暴力抗拒法院执行犯罪行为有关问题的通知**（法发〔2007〕29号，2007年8月30日发布）（节录）

近年来，在人民法院强制执行生效法律文书过程中，一些地方单位、企业和个人拒不执行或以暴力手段抗拒人民法院执行的事件时有发生且呈逐年上升的势头。这种违法犯罪行为性质恶劣，社会危害大，严重影响了法律的尊严和执法机关的权威，已经引起了党中央的高度重视。中央政法委在《关于切实解决人民法院执行难问题的通知》（政法〔2005〕52号文件）中，特别提出公、检、法机关应当统一执法思想，加强协作配合，完善法律制度，依法严厉打击暴力抗拒法院执行的犯罪行为。为贯彻中央政法委指示精神，加大对拒不执行判决、裁定和暴力抗拒执行犯罪行为的惩处力度，依据《中华人民共和国刑法》、《中华人民共和国刑事诉讼法》、全国人大常委会《关于〈中华人民共和国刑法〉第三百一十三条的解释》等规定，现就有关问题通知如下：

……

二、对下列暴力抗拒执行的行为，依照刑法第二百七十七条的规定，以妨害公务罪论处。

（一）聚众哄闹、冲击执行现场，围困、扣押、殴打执行人员，致使执行工作无法进行的；

（二）毁损、抢夺执行案件材料、执行公务车辆和其他执行器械、执行人员服装以及执行公务证件，造成严重后果的；

（三）其他以暴力、威胁方法妨害或者抗拒执行，致使执行工作无法进行的。

三、负有执行人民法院判决、裁定义务的单位直接负责的主管人员和其他直接责任人员，为了本单位的利益实施本《通知》第一条、第二条所列行为之一的，对该主管人员和其他直接责任人员，依照刑法第三百一十三条和第二百七十七条的规定，分别以拒不执行判决、裁定罪和妨害公务罪论处。

（三）典型或常见问题的审理思路

1. 妨害公务罪认定中被害人身份与罪数的关系①

从妨害公务罪的刑法规定来看，被害人的身份对定罪量刑具有重要影响，行为人的暴力、威胁行为只有针对国家机关工作人员、人大代表、红十字会工作人员等实施，才能构成本罪，一般来讲，不具有执法身份的人很难纳入本罪的评价范围。但是，行为人基于阻碍执法人员执法的目的，实施了一个暴力、胁迫的行为，在此过程中同时造成执法人员和不具有执法身份的人员受伤（此处仅指轻伤、轻微伤，造成重伤的按照故意伤害罪定罪处罚），此种情形下，不具有执法人员身份的人受伤具有明显的附带性，根据主客观相统一原则，不具有执法人员身份的人应当可以涵盖到执法人员当中，即定妨害公务罪一罪。理由是，从刑法理论上讲，妨害公务罪可以包容评价为故意伤害罪，而故意伤害罪则不可以包容评价为妨害公务罪，如果仅以故意伤害罪定罪，则没有评价妨害公务的行为；如果以故意伤害罪和妨害公务罪数罪并罚，则违反禁止重复评价原则，且会导致量刑失衡。

2. 以投掷点燃汽油瓶的方式阻碍城管队员依法执行职务的行为如何定罪处罚?②

向正在强制拆除违章建筑的城管队员投掷点燃的汽油瓶，以阻碍城管队员执行职务，如果客观上造成城管队员重伤的后果，则应构成故意伤害罪。如果没有造成执法人员重伤的后果，且投掷点燃汽油瓶的行为明确指向在场

---

① 案例来源：《妨害公务案件被害人身份与罪数的关系》，载《人民司法》2019 年第 26 期。

② 案例来源：江苏省无锡市中级人民法院（2010）锡刑终字第 71 号刑事判决。

执行公务的行政机关工作人员这一特定对象，并根据当时的客观环境判断不可能引发危害公共安全的燃烧状态，则不构成放火罪，行为人属于以暴力方法阻碍国家机关工作人员依法执行职务，阻碍了国家机关公务活动的正常进行，符合妨害公务罪的构成要件。

3. 被执行人采取暴力手段抗拒执行，并抢走执法记录仪的行为定性①

人民法院工作人员在执行工作中实施的查封、扣押、冻结等执行行为及采取罚款、司法拘留等强制措施，均属于国家机关依法执行职务、履行职责的公务行为。任何人以暴力、威胁的方式故意阻碍执行人员执行公务的，都有可能构成妨害公务罪，被依法追究刑事责任。被执行人对执行人员以刀相向，抢走执法记录仪，暴力抗法，构成妨害公务罪。

4. 聚众以暴力手段抢回被依法查扣的制假设备的行为构成妨害公务罪②

只有国家机关工作人员依法执行职务时对其实施暴力或威胁阻碍的，才可能存在妨害公务问题，也才有可能构成妨害公务罪。所谓执行职务，包括从开始实际执行职务时至职务执行完毕的全过程。实践中，执行职务行为通常表现为一个连续性的过程，判断一个职务行为的执行开始和执行完毕，必须根据职务行为执行的具体情况而论。聚众以暴力在中途拦截执法车辆，公然夺回被依法查扣的制假设备的，从查扣制假设备到案发时的返回途中，均应视为在执行职务的过程中，而非执行职务完毕。行为人以对抗执法的故意和目的，聚众以暴力在中途拦截执法车辆，公然夺回被依法查扣的制假设备，符合妨害公务罪的构成特征，应以妨害公务罪定罪处罚。

（四）疑难、复杂问题的参考性解答

1. 构成妨害公务罪是否需要达到“情节严重”？

构成本罪既要符合《刑法》分则规定的妨害公务罪的形式要件，即具体的犯罪构成要件，同时也要符合《刑法》总则规定的构成犯罪的本质要件，即社会危害性。虽然《刑法》并没有规定本罪必须达到“情节严重”，但在司法实践中，也绝不能将一切阻碍公务执行的行为都视为犯罪。要注意把群众由于对某些管理措施不理解而出现的发牢骚、谩骂，与国家机关工作人员

---

① 案例来源：《最高人民法院发布10起人民法院依法惩处拒执罪典型案例》（2015年7月21日）。

② 案例来源：《刑事审判参考》第205号指导案例，江某田等妨害公务案。

争吵、拉扯等行为同本罪加以区别；要把有正当理由的人，在要求有关部门解决问题时，因情绪激动而与国家机关工作人员发生冲突、顶撞的行为同本罪加以区别。

2. 如何认定“依法执行职务”？

“职务行为”必须具有合法性，才能认定为“依法执行职务”。对国家机关工作人员的违法行为予以阻碍的，当然不成立本罪。如何认定合法性应当从以下三个方面考察：第一，执行公务的内容应当合法。公务内容的合法性主要表现在：作出公务活动是为了国家和社会的需要，而不是个别机关或个人滥用职权、假公济私的违法活动；执行公务不能无根据地造成对他人合法权益的损害，如果在执行中必须要对有关单位或个人的利益造成损害，那这种损害也必须是出于履行法律职责的需要；公务行为的履行应当符合实际和考虑公平、合理的原则，不能强制性地命令或者强制性地规定他人从事事实上不可能完成的事务。第二，执行公务活动的形式应当合法。执行公务必须依据一定的程序进行。第三，公务执行者的身份应当合法。公务执行者的身份是否合法主要是指该公务执行者是否具有执行这种公务的权限。在具体执行活动中，还应看执行者是否存在实施该公务行为的具体职务权限。

3. 本罪的罪数如何认定？

妨害公务的行为，可能成为其他犯罪的手段，此种情形下，一般应从一重罪论处，但《刑法》有特别规定的，按特别规定处理。例如，以暴力、胁迫方法抗拒缉私的，应以走私罪和本罪实行数罪并罚；在运送他人偷越国（边）境中以暴力、胁迫方法抗拒检查的，应选择《刑法》规定的较重法定刑。此外，本罪的暴力行为如果触犯了其他罪名，如暴力行为致人重伤，抢夺依法执行职务的司法工作人员的枪支等，原则上应从一重罪论处。

4. 如何区分本罪与聚众阻碍解救被收买的妇女、儿童罪？

首先，本罪属于妨害社会管理秩序罪，侵害的主要客体是国家的正常管理活动，后罪则属于侵犯公民人身权利罪，侵害的主要客体是被拐卖、收买的妇女、儿童的人身自由权。

其次，本罪在客观方面不要求“聚众”；而后罪只能是以聚众方式阻碍国家机关工作人员解救被收买的妇女、儿童的行为，至于犯罪方法，则不以暴力、威胁为必要，以非强制手段进行的，也可构成犯罪。对于少数人（3 人以下）以暴力、威胁方法阻碍国家机关工作人员解救被收买的妇女、儿童的，应依照《刑法》第二百四十二条第一款和第二百七十七条第一款的规定，以妨害公务罪论处。此外，后罪由特殊主体构成，只有在聚众阻碍解救被收买的妇女、儿童的活动中起组织、策划、指挥作用的首要分子才能成为其主体。对于其他参与阻碍活动的，若未使用暴力、威胁方法，应依法不认定为犯罪；如使用暴力、威胁方法的，则应以妨害公务罪论处。

（五）正确理解和适用暴力袭警罪

《刑法修正案（十一）》新设了暴力袭警罪，从而将暴力袭警罪从普通的妨害公务罪中分离出来，并配置了独立的罪刑单位。司法实务中，应注意以下几点：

1. 正确区分暴力袭警罪与妨害公务罪。前者从后者中分离出来，但并非所有的妨害警察执行公务的行为都构成暴力袭警罪，只有暴力袭击正在依法执行职务的人民警察的，才构成暴力袭警罪。没有暴力袭击而仅以威胁方法阻碍人民警察依法执行职务的，只能构成妨害公务罪。针对非执行公务状态下的警察进行暴力袭击的，亦不构成暴力袭警罪，构成其他犯罪的，应依照有关规定定罪处罚。

2. 正确理解和掌握暴力袭警罪的法定加重情节。根据《刑法》第二百七十七条第五款的规定，犯袭警罪，使用枪支、管制刀具，或者以驾驶机动车撞击等手段，严重危及其人身安全的，处三年以上七年以下有期徒刑。应明确以下几点：

（1）暴力袭警罪的法定加重情节是行为人采取暴力袭击正在依法执行职务的人民警察时，使用枪支、管制刀具，或者以驾驶机动车撞击等手段，如果没有借助上述工具或手段的，则不能认定为具有法定加重处罚情节。借助的工具必须是枪支、管制刀具，而不包括其他日常生活用品如菜刀、石块等。“以驾驶机动车撞击等手段”中的等，应该理解为“等外等”，但不能随意认定。必须是其危害程度至少与“以驾驶机动车撞击”相当的手段。比如，朝正在依法执行职务的人民警察泼洒汽油并试图点燃的。

（2）行为人使用枪支、管制刀具，或者以驾驶机动车撞击等手段暴力袭警，必须具备严重危及正在依法执行职务的人民警察的人身安全的。如果行为仅仅携带了枪支、管制刀具但并未使用的，或者虽然驾驶机动车但未以此为袭警手段的，则不能认定为法定加重处罚情节。

（3）行为人使用枪支、管制刀具，或者以驾驶机动车撞击等手段暴力袭警，其行为如果同时构成其他犯罪，如故意伤害罪致人重伤、故意杀人的，则应当依照处刑重的故意伤害罪、故意杀人罪等重罪定罪处罚，其袭警情节可作为重罪量刑时考量的因素。

（六）量刑指导或参考

依照《刑法》第二百七十七条规定，犯妨害公务罪的，处三年以下有期徒刑、拘役、管制或者罚金。

《量刑指导意见（试行）》对妨害公务罪的量刑作了如下规定：

1. 构成妨害公务罪的，在二年以下有期徒刑、拘役幅度内确定量刑起点。

2. 在量刑起点的基础上，根据妨害公务造成的后果、犯罪情节严重程度等其他影响犯罪构成的犯罪事实增加刑罚量，确定基准刑。

3. 构成妨害公务罪，依法单处罚金的，根据妨害公务的手段、危害后果、造成的人身伤害以及财物毁损情况等犯罪情节，综合考虑被告人缴纳罚金的能力，决定罚金数额。

4. 构成妨害公务罪的，综合考虑妨害公务的手段、造成的人身伤害、财物的毁损及社会影响等犯罪事实、量刑情节，以及被告人的主观恶性、人身危险性、认罪悔罪表现等因素，决定缓刑的适用。

《最高人民法院新增十个罪名的量刑指导意见（试行）》（2009 年 11 月）对妨害公务罪的量刑作了如下补充规定：

1. 构成妨害公务犯罪的，可在六个月至一年有期徒刑幅度内确定量刑起点。

2. 在确定量刑起点的基础上，可根据妨害公务次数、致人伤害后果等犯罪事实和情节增加刑罚量确定基准刑。有下列情形之一的，可增加相应的刑罚量：

（1）每增加一人轻微伤，增加二个月至三个月刑期；

（2）每增加一人轻伤，增加三个月至六个月刑期；

3. 有下列情节之一的，可增加基准刑的 10%—30%：

（1）煽动群众阻碍依法执行职务、履行职责的；

（2）持械妨害公务的；

（3）烧毁警用、公务车辆的。

4. 执行公务行为不规范的，可以减少基准刑的10%—30%。

二、煽动暴力抗拒法律实施罪

（一）刑法规定

第二百七十八条 煽动群众暴力抗拒国家法律、行政法规实施的，处三年以下有期徒刑、拘役、管制或者剥夺政治权利；造成严重后果的，处三年以上七年以下有期徒刑。

（二）疑难、复杂问题的参考性解答

1. 本罪在客观行为认定方面应注意哪些问题？

本罪的行为前提是群众本无暴力抗拒法律、行政法规实施的意思，或者虽有抗拒法律、行政法规实施的意思但尚未着手实行，行为人实施煽动行为，使群众产生或者坚定暴力抗拒法律、行政法规实施的意思。“煽动”，是指故意用语言、文字等方式公然诱惑、鼓动群众，煽动行为必须具有公然性，即在不特定人、多数人共见共闻或可见可闻的情形下从事煽动。煽动的方式是多种多样的，如标语、传单、发表演讲、发送书信等。煽动的内容必须是暴力抗拒国家法律、行政法规的实施。“暴力抗拒国家法律、行政法规实施”，是指以杀害、伤害执法人员或者进行物质破坏等暴力手段，抗拒国家法律、行政法规的执行。此外，本罪是行为犯。行为人只要实施了煽动行为，就构成本罪。至于群众是否听信，是否造成了实际危害后果，不影响本罪的成立。

2. 本罪与煽动分裂国家罪等犯罪的界限？

划清本罪与煽动分裂国家罪、煽动颠覆国家政权罪、煽动军人逃离部队罪的界限，主要是犯罪目的和煽动的内容不同。本罪是以阻碍某项国家法律、行政法规实施为目的，煽动群众使用暴力抗拒该项法律、法规的实施；如果煽动的内容是分裂国家、颠覆国家政权，民族分裂、地方割据、推翻人民民主专政的政权和社会主义制度或者军人逃离部队的，则分别构成煽动分裂国家罪、煽动颠覆国家政权罪、煽动军人逃离部队罪。

三、招摇撞骗罪

（一）刑法规定

第二百七十九条　冒充国家机关工作人员招摇撞骗的，处三年以下有期徒刑、拘役、管制或者剥夺政治权利；情节严重的，处三年以上十年以下有期徒刑。

冒充人民警察招摇撞骗的，依照前款的规定从重处罚。

（二）司法解释、司法文件及其权威解读

1. 最高人民法院关于审理抢劫、抢夺刑事案件适用法律若干问题的意见（法发〔2005〕8号，自2005年6月8日起施行）（节录）

九、关于抢劫罪与相似犯罪的界限

1. 冒充正在执行公务的人民警察、联防人员，以抓卖淫嫖娼、赌博等违法行为为名非法占有财物的行为定性

行为人冒充正在执行公务的人民警察“抓赌”、“抓嫖”，没收赌资或者罚款的行为，构成犯罪的，以招摇撞骗罪从重处罚；在实施上述行为中使用暴力或者暴力威胁的，以抢劫罪定罪处罚。行为人冒充治安联防队员“抓赌”、“抓嫖”、没收赌资或者罚款的行为，构成犯罪的，以敲诈勒索罪定罪处罚；在实施上述行为中使用暴力或者暴力威胁的，以抢劫罪定罪处罚。

权威解读

（一）关于冒充正在执行公务的人民警察、联防人员，以抓卖淫嫖娼、赌博等违法行为为名，非法占有财物的行为定性

《两抢意见》第九条规定：“行为人冒充正在执行公务的人民警察‘抓赌’、‘抓嫖’，没收赌资或者罚款的行为，构成犯罪的，以招摇撞骗罪从重处罚；在实施上述行为中使用暴力或者暴力威胁的，以抢劫罪定罪处罚。行为人冒充治安联防队员‘抓赌’、‘抓嫖’，没收赌资或者罚款的行为，构成犯罪的，以敲诈勒索罪定罪处罚；在实施上述行为中使用暴力或者暴力威胁的，以抢劫罪定罪处罚。”不同的观点认为，行为人主观上具有非法占有他人财物的故意，客观上冒充警察或治安联防员等执法人员，是因为这些人员拥有合法的实施暴力的权利，行为人借此使受害人受到精神强制，从而非法占有财

物。受害人也认识到如果不交出财物的话，这种难以抗拒的“合法的暴力”可能会当场发生。因此，此类行为符合抢劫罪中“以当场实施暴力相威胁”的特征，应以抢劫罪定罪处罚。我们认为，对于行为人冒充正在执行公务的人民警察、联防队员，以抓卖淫嫖娼、赌博等违法行为为名，非法占有财物的，如果没有使用暴力或者暴力威胁的，不宜以抢劫罪定罪处罚；如果使用暴力或者暴力威胁的，应以抢劫罪定罪处罚。理由是：

第一，行为人冒充正在执行公务的人民警察、联防队员，“抓赌”“抓嫖”，没收赌资或者罚款，不符合抢劫罪中“以当场实施暴力相威胁”的特征。抢劫罪“以当场实施暴力相威胁”中的暴力使得行为人产生如果不交出财物人身安全就会受到侵害的认识，人民警察、联防队员在履行职务的时候虽然拥有合法地实施一定程度暴力的权力，但这种暴力是使当事人服从治安管理的辅助手段，并非非法占有他人财物的手段，对违法者予以罚没财物的处罚需依照法定程序进行。行为人冒充人民警察、治安联防队员等身份，在于借助执法机关的惩处违法行为的职权，使那些有违法行为的受害人产生错误认识，“自愿服从”地交出财物。在这种情况下，受害人交出财物，主要是基于对自己行为违法性的认识及免于承受更严重的法律后果和个人名誉、事业前途等损失，一般不是因为存在当场危及人身安全的情况。这与抢劫罪中受害人慑于现实的人身侵害危险而不得不交付财物是有本质区别的。因此，当受害人是“自愿服从”地交付财物时，并不符合基于抢劫罪中的“以当场实施暴力相威胁”的特征；但如果受害人当场拒交罚没款时，行为人当场实施暴力或以暴力威胁，比如威胁将对方带走、关起来等，迫使其交付财物，这种暴力或暴力威胁就转化为非法占有的手段，应以抢劫罪定罪处罚。

第二，行为人冒充正在执行公务的人民警察，“抓赌”“抓嫖”，没收赌资或者罚款，符合招摇撞骗罪的特征。人民警察属于国家机关工作人员，行为人冒充人民警察符合招摇撞骗罪的主体要件。行为人出于谋取非法利益的目的，冒充人民警察，利用公安机关工作人员身份和查处违法犯罪行为的职权，骗取违法行为人产生错误认识，“自愿服从”地交出财物，损害了国家机关的声誉与正常活动，符合招摇撞骗罪构成要件，应以招摇撞骗罪定罪处罚。

第三，行为人冒充治安联防人员，“抓赌”“抓嫖”，没收赌资或者罚款，符合敲诈勒索罪的特征。联防队员一般不属于国家机关工作人员，行为人冒充治安联防人员不符合招摇撞骗罪的主体要件。客观上，行为人取得财物的关键手段既不是以当场实施暴力相威胁，也不是冒充国家机关工作人员招摇撞骗，而是利用受害人因违法而惧怕被追究法律责任或个人名誉、事业、前途遭受损害进行要挟，使其不得已而交出财物，符合敲诈勒索的特征。主观上，行为人具有非法占有他人财物的故意。因此，对行为人以敲诈勒索罪定罪处罚是适当的。

（撰稿：顾保华）

2. 最高人民法院、最高人民检察院关于办理诈骗刑事案件具体应用法律若干问题的解释（法释〔2011〕7号，自2011年4月8日起施行）（节录）

第八条　冒充国家机关工作人员进行诈骗，同时构成诈骗罪和招摇撞骗罪的，依照处罚较重的规定定罪处罚。

权威解读

《最高人民法院、最高人民检察院关于办理诈骗刑事案件具体应用法律若干问题的解释》第八条规定了诈骗罪与招摇撞骗罪竞合的处理原则。实践中，有些犯罪人冒充国家机关工作人员进行诈骗，且诈骗财物的数额特别巨大。如仍按招摇撞骗罪定罪量刑（最高法定刑为十年有期徒刑），显然不符合罪责刑相适应的刑法基本原则。此种情形实质属于诈骗罪与招摇撞骗罪的竞合，故应“依照处罚较重的规定定罪处罚”。

（三）典型或常见问题的审理思路

冒充国家机关工作人员进行诈骗，同时构成诈骗罪和招摇撞骗罪的，应如何处理？[①]

招摇撞骗罪与诈骗罪存在法条之间的交叉竞合关系，所谓的法条竞合是指因一个犯罪行为同时符合数个《刑法》条文所引起的法律现象。在这种情况下对行为人只能选择适用竞合数法条中的一个法条进行定罪量刑，而不能重复适用数法条，不能实行数罪并罚。根据《诈骗罪解释》第八条的规定，冒充国家机关工作人员进行诈骗，同时构成诈骗罪和招摇撞骗罪的，依照处罚较重的规定定罪处罚。

---

① 案例来源：《中国刑事审判指导案例（妨害社会管理秩序罪）》，法律出版社2009年版，第47－50页。

（四）疑难、复杂问题的参考性解答

1. 如何认定本罪中的“冒充国家机关工作人员”？

“冒充国家机关工作人员”是指不具有特定的国家机关工作人员的身份或职务的人员，对外假称其具有国家机关工作人员的身份或职务并以此身份或职务进行活动。主要包括三种情形：一是非国家机关工作人员假冒国家机关工作人员的身份、职位，例如，工人、农民、无业人员以及在国家机关工作但不具有国家机关工作人员身份的工勤人员，或者曾经具有国家机关工作人员身份但因退休、辞职、被开除等原因不再具有国家机关工作人员身份的人员，冒充某种国家机关工作人员的身份。二是某一国家机关工作人员冒用其他国家机关工作人员的身份、职位的行为。例如，工商行政管理机关工作人员冒充人民警察等。三是职务低的国家机关工作人员冒充职务高的国家机关工作人员（也不能绝对排除相反的情形）。此外，冒充已被撤销的国家机构的工作人员，足以使对方信以为真的，也可能成立本罪。行为人冒充的对象必须是国家机关工作人员，如果冒充的是非国家机关工作人员，如高干子弟、港商、华侨、烈士子女、劳动模范等骗取非法利益的，不构成本罪。关于冒充国家机关工作人员的方式，既有明示的方式，如对外宣称假冒的国家机关工作人员的身份或职务，也可采用默示的方式，如对他人误认其为国家机关工作人员“将计就计”、趁机冒充。

2. 如何区分招摇撞骗罪与诈骗罪？

从犯罪构成特征上看，两罪的区别主要是：（1）犯罪手段不同。招摇撞骗罪所采取的手段必须是冒充国家机关工作人员。诈骗罪则无此限制，行为人只要采取虚构事实、隐瞒真相的方法，就符合诈骗罪的手段要求。（2）犯罪目的不同。招摇撞骗罪中行为人的目的是骗取非法利益，其内容既包括骗取财物又包括骗取其他非法利益。诈骗罪中行为人以非法占有他人财物为目的，不包括其他非法利益。（3）犯罪形态不同。招摇撞骗罪是行为犯，并无骗取财物数额的限制。诈骗罪是数额犯，刑法要求诈骗数额较大的，才构成诈骗罪。

四、伪造、变造、买卖国家机关公文、证件、印章罪，盗窃、抢夺、毁灭国家机关公文、证件、印章罪

（一）刑法规定

第二百八十条第一款　伪造、变造、买卖或者盗窃、抢夺、毁灭国家机关的公文、证件、印章的，处三年以下有期徒刑、拘役、管制或者剥夺政治权利，并处罚金；情节严重的，处三年以上十年以下有期徒刑，并处罚金。

（二）典型或常见问题的审理思路

1. 伪造、变造、买卖民用机动车号牌行为能否以伪造、变造、买卖国家机关证件罪定罪处罚？①

伪造、变造、买卖民用机动车号牌行为不能以伪造、变造、买卖国家机关证件罪定罪处罚。问题的关键在于能否将机动车号牌认定为国家机关证件，从当前我国《刑法》的规定看，不能将机动车号牌认定为国家机关证件。理由在于：

（1）《刑法》第二百八十条第一款规定了伪造、变造、买卖国家机关公文、证件、印章罪，第二百八十一条规定了非法生产、买卖警用装备罪，将警用车辆号牌归属于警察专用标志，属于警用装备的范围。从这一点分析，证件与车辆号牌不具有同一性。如果具有同一性，《刑法》第二百八十条中的证件就包括了警用车辆号牌，也就没有必要在第二百八十一条中单独明确列举警用车辆号牌了。同样的道理适用于《刑法》第三百七十五条的规定（《刑法》第三百七十五条第一款规定了伪造、变造、买卖武装部队公文、证件、印章罪，盗窃、抢夺武装部队公文、证件、印章罪，第二款规定了非法生产、买卖军用标志罪，而军用标志包括武装部队车辆号牌）。刑法规定非法生产、买卖警用装备罪和非法生产、买卖军用标志罪，明确对警用车辆号牌和军用车辆号牌进行保护，目的在于维护警用、军用标志性物品的专用权，而不是将警用和军用车辆号牌作为国家机关证件来保护。如果将机动车号牌

---

① 《最高人民法院研究室〈关于伪造、变造、买卖民用机动车号牌行为能否以伪造、变造、买卖国家机关证件罪定罪处罚问题的请示〉的答复》（法研〔2009〕68 号）。

认定为证件，那么非法买卖警用机动车号牌的行为，是认定为非法买卖国家机关证件罪还是非法买卖警用装备罪？这会导致刑法适用的混乱。

（2）从刑罚处罚上看，如果将机动车号牌认定为国家机关证件，那么非法买卖的机动车号牌如果分别属于人民警察车辆号牌、武装部队车辆号牌、普通机动车号牌，同样一个行为就会得到不同的处理结果：对于前两者，根据《刑法》第二百八十一条、第三百七十五条第二款的规定，情节严重的，分别构成非法买卖警用装备罪、非法买卖军用标志罪，法定刑为三年以下有期徒刑、拘役或者管制，并处或者单处罚金。对于非法买卖民用机动车号牌，根据《刑法》第二百八十条第一款的规定，不论情节是否严重，均构成买卖国家机关证件罪，情节一般的，处三年以下有期徒刑、拘役、管制或者剥夺政治权利；情节严重的，处三年以上十年以下有期徒刑。可见，将机动车号牌认定为证件，将使对非法买卖普通机动车号牌的刑罚处罚重于对非法买卖人民警察、武装部队车辆号牌的刑罚处罚，这显失公平，也有悖立法本意。

2. 买卖伪造的国家机关证件行为是否构成犯罪？①

对于买卖伪造的国家机关证件的行为，依法应当追究刑事责任的，可适用《刑法》第二百八十条第一款的规定以买卖国家机关证件罪追究刑事责任。

3. 买卖尚未加盖印章的空白《边境证》行为如何适用法律？②

对买卖尚未加盖发证机关的行政印章或者通行专用章印鉴的空白《边境证》的行为，不宜以买卖国家机关证件罪追究刑事责任。国家机关工作人员实施上述行为，构成犯罪的，可以按滥用职权等相关犯罪依法追究刑事责任。

4. 伪造、变造、买卖政府设立的临时性机构的公文、证件、印章行为如何适用法律？③

伪造、变造、买卖各级人民政府设立的行使行政管理权的临时性机构的公文、证件、印章行为，构成犯罪的，应当依照《刑法》第二百八十条第一款的规定，以伪造、变造、买卖国家机关公文、证件、印章罪追究刑事责任。

---

① 最高人民检察院法律政策研究室《关于买卖伪造的国家机关证件行为是否构成犯罪问题的答复》（1999 年 6 月 21 日，〔1999〕高检研发第 5 号）。

② 最高人民检察院法律政策研究室《关于买卖尚未加盖印章的空白〈边境证〉行为如何适用法律问题的答复》（2002 年 9 月 25 日，〔2002〕高检研发第 19 号）。

③ 最高人民检察院法律政策研究室《关于伪造、变造、买卖政府设立的临时性机构的公文、证件、印章行为如何适用法律问题的答复》（2003 年 6 月 3 日，〔2003〕高检研发第 17 号）。

5. 行为人通过伪造国家机关公文、证件担任国家工作人员职务并利用职务上的便利侵占本单位财物、收受贿赂、挪用本单位资金等行为如何适用法律?①

行为人通过伪造国家机关公文、证件担任国家工作人员职务以后，又利用职务上的便利实施侵占本单位财物、收受贿赂、挪用本单位资金等行为，构成犯罪的，应当分别以伪造国家机关公文、证件罪和相应的贪污罪、受贿罪、挪用公款罪等追究刑事责任，实行数罪并罚。

6. 盗窃国家机关证件后又买卖国家机关证件的如何定性?②

行为人通过用假的国家机关证件换取真的国家机关证件，再将真证件销售获利，整个行为固然包含了盗窃，然而行为并未在盗窃后终止，行为人将盗得的真证件销售获利，表明了其真实主观意思是将证件用于转卖获利。因此，行为人盗窃证件之行为是为之后的买卖证件行为服务的，可以认定是买卖行为的预备行为或者是预备阶段，买卖行为体现了整体行为的基本属性，故应以买卖国家机关证件罪定罪量刑。

7. 以勒索钱财为目的盗窃机动车号牌的如何定罪处罚?③

机动车号牌不属于《刑法》第二百八十条规定的盗窃国家机关证件罪中的国家机关证件，其主要理由在于:

首先，从文义解释角度来看，国家机关证件是由国家机关制作颁发的用以证明身份、权利义务关系或者有关事实的规范性凭证，通常具有制作主体特定、用途明确、形式规范等特征，主要包括证件、证书等，如常见的护照、机动车行驶证均具有此特征。机动车在交易过程中，涉及各种不同的证件，包括机动车来历凭证、整车合格证、号牌、行驶证、登记证书以及有关机动车的其他证明和凭证。从证件属性来看，有关机动车的证明和凭证中，只有行驶证、登记证书属于国家机关证件的范畴，其他证明和凭证不属于国家机关证件的范畴。机动车号牌虽由公安机关交通管理部门统一制发，但只是中英文和数字的组合，并不加盖主管机关的印章，仅起到机动上路行驶的有效

---

① 最高人民法院研究室《关于对行为人通过伪造国家机关公文、证件担任国家工作人员职务并利用职务上的便利侵占本单位财物、收受贿赂、挪用本单位资金等行为如何适用法律问题的答复》(2004年3月30日，法研〔2004〕38号)。

② 案例来源：辽宁省大连市甘井子区人民法院（1999）甘刑初字第377号刑事判决书。

③ 案例来源：《刑事审判参考》第582号指导案例，杨某慧、马某明盗窃机动车号牌案。

识别载体的作用，不具有国家机关证件通常具备的上述特征。特别是根据公安部修订发布的《机动车登记规定》，自2008年10月1日起机动车所有人可以通过计算机自动选取或者按机动车号牌标准规定自行编排的方式获取机动车号牌号码，进一步强化了机动车号牌的个性色彩。因此，从一般属性来看，机动车号牌只是一种标志，而非国家机关证件。

其次，从体系解释出发，在刑法分则体例安排上，《刑法》分则第二百八十一条、第三百七十五条中分别规定了对非法生产、买卖人民警察车辆号牌、武装部队车辆号牌等专用标志，情节严重的行为，予以定罪处罚。从上述规定可以看出，《刑法》是将人民警察车辆号牌、武装部队车辆号牌归为专用标志，而非国家机关证件，因此，将除上述特殊车辆号牌外的一般的机动车号牌解释为国家机关证件有悖于刑法体系解释的原理。或许有人认为，《刑法》第三百七十五条第一款、第二款分别规定了伪造、变造、买卖或者盗窃、抢夺武装部队公文、证件、印章罪及非法生产、买卖武装部队制式服装、车辆号牌罪，可那是立法者为了对武装部队类的机动车号牌予以特别保护才作此规定，因而并不妨害将一般的机动车号牌认定为国家机关证件。很显然这种理解并不合理，从这两个条文本身来看，第一款规定的入罪标准显然宽于第二款要求的入罪标准，第二款仅对情节严重的情形予以刑罚制裁，而第一款却将情节严重情形作为法定刑升格的条件，这是因为，从一般观念来看，武装部队公文、证件显然较武装部队车辆号牌更为重要，更值得刑法保护，以之为对象的犯罪社会危害更大。因而如果将普通的机动车号牌解释为国家机关证件，不仅造成概念的混乱也严重背离了刑法体系解释的基本原理。而且，无论《刑法》第二百八十一条还是第三百七十五条都只规定非法生产、买卖人民警察车辆号牌、武装部队车辆号牌等专用标志，情节严重的予以定罪处罚，并未将盗窃、抢夺上述专用标志定罪处罚，如果将盗窃机动车号牌即以盗窃国家机关证件予以定罪处罚，甚至可以情节严重升格法定刑幅度予以处罚，显然是严重背离了罪刑法定原则。特别值得一提的是，立法者已注意到盗窃、抢夺武装部队车辆号牌具有较为严重的社会危害性，故而在《刑法修正案（七）》中增加规定了盗窃、抢夺武装部队车辆号牌等专用标志的犯罪，但这仍然是将机动车号牌限定在专用标志的范畴内处理这一问题。

行为人盗窃他人机动车号牌是为了以此向有关号牌所有人勒索钱财，因为单纯的盗窃机动车牌照对其而言并不具有实质性的意义，机动车号牌本身没有什么经济价值，其盗窃机动车牌照系为了向号牌所有人实施敲诈勒索的行为，达到非法获取钱财的目的。因此，盗窃机动车号牌的行为属于手段行为，勒索钱财行为属于目的行为，所以将盗窃行为认定为与勒索行为具有牵连关系比较妥当。对于牵连犯，一般应择一重罪进行定罪处罚。如果行为人敲诈得手后归还所窃取的车牌，并达到追诉标准的，以敲诈勒索予以定罪是无异议的。如果行为人未能敲诈到钱财并且将车牌随意丢弃的，在此情况下可以盗窃罪予以定罪。行为人在未能敲诈得手的情况下，将车牌任意丢弃，主观上虽然没有实现非法取财的目的，但其主观上对于造成他人财产损失是故意的，客观上亦造成了被害人为补办车牌带来的利益损失，具有一定的社会危害性，故以盗窃罪予以处罚符合刑法原理。在此涉及的一个问题是盗窃数额如何认定，机动车牌照本身不能买卖，不具有经济价值，但其具有使用价值，所有人需支付相应办理牌照的费用才能获取，从这个意义上讲，被害人因盗窃所遭受的经济损失就是需支付的补办牌照费用，虽然此部分费用被告人并未获取，但确属被害人遭受的经济损失，因此以被害人补办车牌所需的费用作为盗窃数额符合侵财犯罪的本质原理。如果行为人既敲诈得手钱财又有任意丢弃车牌行为的，可视具体情形处断为一罪或数罪并罚。

（三）疑难、复杂问题的参考性解答

1. 罪与非罪如何界定？

伪造、变造、买卖国家机关公文、证件、印章罪以及盗窃、抢夺、毁灭国家机关公文、证件、印章罪，犯罪对象是国家机关的公文、证件、印章。我国刑法没有规定伪造、变造、买卖、盗窃、抢夺、毁灭私人文书、印章罪，也没有规定变造、买卖、盗窃、抢夺、毁灭公司、企业、事业单位、人民团体公文、证件罪。因此，伪造、变造、买卖、盗窃、抢夺、毁灭私人文书、印章的行为，变造、买卖、盗窃、抢夺、毁灭公司、企业、事业单位、人民团体公文、证件的行为，不构成伪造、变造、买卖国家机关公文、证件、印章罪以及盗窃、抢夺、毁灭国家机关公文、证件、印章罪，也不构成独立的犯罪。如果行为人实施上述行为是为进行其他犯罪作准备，则可能构成其他犯罪。

伪造、变造、买卖国家机关公文、证件、印章罪以及盗窃、抢夺、毁灭国家机关公文、证件、印章罪成立的前提，是该公文、证件、印章有真实的

机关存在。如果虚构机关之名伪造公文、证件、印章的，则不构成伪造公文、证件、印章罪。如果行为人利用这种手段实施诈骗或招摇撞骗的，则可能构成其他犯罪。

2. 对使用伪造、变造、买卖的国家机关的公文、证件、印章的行为如何定性？

《刑法》第二百八十条只规定了伪造、变造、买卖国家机关的公文、证件、印章罪，没有规定对使用伪造、变造、买卖的国家机关的公文、证件、印章的行为如何处罚。但是在实践中，使用伪造、变造、买卖的国家机关的公文、证件、印章的行为却时有发生。对于这种行为应当如何处理，我们认为应当区分如下情况进行处理：（1）如果行为人自己伪造、变造国家机关的公文、证件、印章然后又使用的，构成伪造、变造国家机关公文、证件、印章罪。（2）如果行为人不明真相而使用了他人伪造、变造、买卖的国家机关公文、证件、印章的，不构成犯罪。（3）如果行为人明知是伪造、变造、买卖的国家机关公文、证件、印章而非法使用，本人又没有参与伪造、变造、买卖的，也不构成伪造、变造、买卖国家机关公文、证件、印章罪；其行为构成其他罪的，按其构成的罪处理。（4）如果行为人非法使用伪造、变造、买卖的国家机关公文、证件、印章，事前有通谋的，按伪造、变造、买卖国家机关公文、证件、印章罪的共犯论处。

如果行为人不知买卖的是伪造、变造的国家机关公文、证件、印章而误以为是真的，则属于认识错误，构成买卖国家机关公文、证件、印章罪。如果行为人知道购买的是伪造、变造的国家机关公文、证件、印章，如出于收藏等合法目的，不构成犯罪；如出于其他目的，构成什么罪就定什么罪。如果行为人知道是伪造、变造的国家机关公文、证件、印章而出卖的，构成买卖国家机关公文、证件、印章罪。

（四）量刑指导或参考

依照《刑法》第二百八十条第一款规定，犯伪造、变造、买卖国家机关公文、证件、印章罪或者盗窃、抢夺、毁灭国家机关公文、证件、印章罪的，处三年以下有期徒刑、拘役、管制或者剥夺政治权利，并处罚金；情节严重的，处三年以上十年以下有期徒刑，并处罚金。

根据《盗窃、抢劫、诈骗、抢夺机动车解释》第二条的规定，伪造、变造、买卖机动车行驶证、登记证书，累计三本以上的，依照《刑法》第二百八十条第一款的规定，以伪造、变造、买卖国家机关证件罪定罪，处三年以下有期徒刑、拘役、管制或者剥夺政治权利。伪造、变造、买卖机动车行驶证、登记证书，累计达到上述规定数量标准五倍以上的，属于《刑法》第二百八十条第一款规定中的“情节严重”，处三年以上十年以下有期徒刑。

五、伪造公司、企业、事业单位、人民团体印章罪

（一）刑法规定

第二百八十条第二款　伪造公司、企业、事业单位、人民团体的印章的，处三年以下有期徒刑、拘役、管制或者剥夺政治权利，并处罚金。

（二）司法解释、司法文件及其权威解读

最高人民法院、最高人民检察院关于办理伪造、贩卖伪造的高等院校学历、学位证明刑事案件如何适用法律问题的解释（法释〔2001〕22号，自2001年7月5日起施行）

为依法惩处伪造、贩卖伪造的高等院校学历、学位证明的犯罪活动，现就办理这类案件适用法律的有关问题解释如下：

对于伪造高等院校印章制作学历、学位证明的行为，应当依照刑法第二百八十条第二款的规定，以伪造事业单位印章罪定罪处罚。

明知是伪造高等院校印章制作的学历、学位证明而贩卖的，以伪造事业单位印章罪的共犯论处。

权威解读

解读《最高人民法院、最高人民检察院关于办理伪造、贩卖伪造的高等院校学历、学位证明刑事案件如何适用法律问题的解释》

为依法惩处伪造、贩卖伪造的高等院校学历、学位证明的犯罪活动，最高人民法院、最高人民检察院于2001年7月3日联合发布了《关于办理伪造、贩卖伪造的高等院校学历、学位证明刑事案件如何适用法律问题的解释》。该解释的施行，对于有效打击和遏制此类犯罪活动的蔓延，将会起到积极的作用。在具体适用中，应当着重把握以下几个问题：

一、关于伪造、贩卖假文凭行为的定性问题

《刑法》第二百八十条第一款规定了伪造、变造、买卖国家机关公文、证件、印章罪，第二款规定了伪造公司、企业、事业单位、人民团体印章罪。这种立法上的区别对待，既突出了刑法对行使国家管理职权的国家机关予以特别保护的立法本意，同时也限定了侵犯国家机关以外的其他单位印章犯罪的范围。即，对侵犯公司、企业、事业单位、人民团体印章的犯罪，仅限定为伪造这一种行为，并限定为印章这一个对象。曾有一种意见认为，公立高等院校签发的学历、学位证明，特别是在教育主管部门下达的计划指标范围内，并报经教育主管部门审批同意后发放的学历、学位证明，应当看作各高等院校受国家教育主管部门委托实施的行为。因此，伪造高等院校学历、学位证明的行为，实际上扰乱了国家机关对高等院校学历、学位证明的监管秩序，应当按照《刑法》第二百八十条第一款的规定定罪处罚。笔者认为，国家对于高等院校的学历教育、学位授予等问题有相应的法律、法规规定，高等院校依照法律、法规的规定，根据在校学生的学习情况发放学历证明、授予学位，只能反映出学校对学生学习成绩的一种评价，而不能将其等同于国家机关对学生学习情况的证明。有鉴于此，因高等院校的学历、学位证明并非国家机关制发的公文证件，加盖的印章也非国家机关的印章。因此，对于伪造高等院校学历、学位证明的行为不能以伪造国家机关公文、证件、印章罪定罪处罚。鉴于高等院校属于事业单位性质，而伪造高等院校印章进而伪造学历证明的行为较为常见，因此，该解释规定，对于伪造高等院校印章制作学历、学位证明的行为，应当依照《刑法》第二百八十条第二款的规定，以伪造事业单位印章罪定罪处罚。

二、关于贩卖伪造的高等院校学历、学位证明行为的定性问题

曾有一种意见认为，因刑法没有规定买卖公司、企业、事业单位、人民团体公文、证件罪，故对贩卖伪造的高等院校学历、学位证明行为，不能以买卖的罪名追究其刑事责任。但鉴于此种行为发生较多，且多数具有营利目的，具有社会危害性，因此，对于买卖伪造的高等院校学历证明且情节严重的，可依据《刑法》第二百二十五条的规定定非法经营罪。从该解释的内容看，这一意见未予采纳。道理在于，学历证明的发放行为并非市场行为，学历证明不是市场活动必需的经营许可证明文件，贩卖伪造的学历、学位证明行为侵犯的客体也并非市场秩序，因此，以非法经营罪定罪不妥。但是，对

于明知是伪造高等院校印章制作的学历、学位证明而贩卖的，因行为人往往与伪造者已有勾结，客观上又实施了帮助行为，应当以伪造事业单位印章罪的共犯论处。

三、关于购买伪造的学历、学位证明行为能否追究刑事责任的问题

如前所述，《刑法》对于涉及国家机关以外的其他单位公文、印章的行为，只规定了伪造印章罪，更没有追究购买伪造的学历、学位证明行为的规定。应当承认，“买方市场”的存在，是导致伪造学历、学位证明犯罪行为屡禁不止的重要因素。实践中，买假的原因大多是为了求职、求学、沽名钓誉等，假文凭的使用，给社会管理、用人单位的人事管理等都带来了十分严重的危害。由于刑法并未对此行为规定相应的刑事责任，对其则应当依法给予行政处罚或者行政处分。但是，如果买假者参与了伪造高等院校印章的行为，则应当以伪造事业单位印章罪的共犯追究其刑事责任。

（撰稿：孙军工）

（三）疑难、复杂问题的参考性解答

1. 盗窃空白因私护照的应如何适用法律?①

空白护照属于出入境证件。护照不同于一般的身份证件，它是公民国际旅行的身份证件和国籍证明。在我国，公民因私护照的设计、研制、印刷统一由公安部出入境管理局负责。护照上设计了多项防伪措施，每本护照（包括空白护照）都有一个统一编号，空白护照是签发护照的重要构成因素，对空白护照的发放、使用有严格的管理程序。空白护照丢失，与已签发的护照一样，也由公安部出入境管理局宣布作废，空白护照是作为出入境证件加以管理的。因此，空白护照既是国家机关的证件，也是出入境证件。

护照不同于一般商品，在认定其盗窃情节时，不能简单依照护照本身的研制、印刷费用计算盗窃数额，而应依照所盗护照的本数计算。将盗窃的护照出售，其出售护照的行为也妨害国（边）境管理秩序，触犯《刑法》第三百二十条，涉嫌构成出售出入境证件罪。

---

① 《公安部关于盗窃空白因私护照有关问题的批复》（2000 年 5 月 16 日，公境出〔2000〕881 号）。

2. 伪造学生证及贩卖、使用伪造学生证的行为如何处理?[①]

对伪造高等院校印章制作学生证的行为，应当依照《刑法》第二百八十条第二款的规定，以伪造事业单位印章罪立案侦查。

对明知是伪造高等院校印章制作的学生证而贩卖的，应当以伪造事业单位印章罪的共犯立案侦查；对贩卖伪造的学生证，尚不够刑事处罚的，应当就其明知是伪造的学生证而购买的行为，依照《治安管理处罚条例》第二十四条第一项的规定，以明知是赃物而购买处罚。

对使用伪造的学生证购买半价火车票，数额较大的，应当依照《刑法》第二百六十六条的规定，以诈骗罪立案侦查；尚不够刑事处罚的，应当依照《治安管理处罚条例》第二十三条第一项的规定以诈骗定性处罚。

六、伪造、变造、买卖身份证件罪

（一）刑法规定

第二百八十条第三款 伪造、变造、买卖居民身份证、护照、社会保障卡、驾驶证等依法可以用于证明身份的证件的，处三年以下有期徒刑、拘役、管制或者剥夺政治权利，并处罚金；情节严重的，处三年以上七年以下有期徒刑，并处罚金。[②]

（二）疑难、复杂问题的参考性解答

1. 本罪与非罪如何区分界限?

本罪的犯罪行为侵害的对象，是居民身份证、护照、社会保障卡、驾驶证等依法可以用于证明身份的证件。此处的护照，既包括中国公民依法申领的由中国有关主管部门发放的护照，也包括外国人持有的相关国家主管部门发放的护照。社会保障卡是社会保障主管部门依照规定向社会保障对象发放的拥有多种功能的证件。此外，临时居民身份证既能证明持有人的身份，也

---

① 《公安部关于对伪造学生证及贩卖、使用伪造学生证的行为如何处理问题的批复》（2002 年 6 月 26 日，公刑〔2002〕1046 号）。

② 2015 年 11 月 1 日起施行的《刑法修正案（九）》对第二百八十条第三款的规定作了修改补充。修改前的第二百八十条第三款为“伪造、变造居民身份证的，处三年以下有期徒刑、拘役、管制或者剥夺政治权利；情节严重的，处三年以上七年以下有期徒刑”。

具有社会公共管理功能，在购买火车票、飞机票或住宿等需要出示本人身份证的场合中，出示临时身份证与出示正式身份证具有同等效力。《临时居民身份证管理办法》第三条规定，临时居民身份证具有证明公民身份的法律效力。因此，临时居民身份证属于本罪中的证件；户口簿可以证明持有人的身份，也具有户籍管理功能，根据《户籍管理条例》第四条的规定，户口登记簿和户口簿登记的事项，具有证明公民身份的效力，因此户口簿也属于本罪中的证件。在实际生活中，还有一些被单位或者个人在一定范围、领域内使用，实际起到证明身份作用的证件，如各种会员卡、会员证、上岗证等，这些证件虽然具有一定的身份识别作用，但与刑法所列举的身份证、护照、社会保障卡、驾驶证这四类证件不具有同质性，在权威性、统一性、持证人的广泛性等方面与上述四类证件不具有相当性，一般不宜认定为本罪中的"依法可以用于证明身份的证件"。当然，对证件的范围严格掌握并非对伪造、变造、买卖其他证件的行为不能够依法处理。实际上其中多数行为可以根据《刑法》第二百八十条第一款、第二款的规定，以伪造、变造、买卖国家机关证件、印章罪，伪造公司、企业、事业单位、人民团体印章罪追究。

2. 工作证属于国家机关证件还是居民身份证件?

这涉及国家机关证件与居民身份证件的区分，进而影响到是适用《刑法》第二百八十条第一款规定的刑罚还是第三款规定的刑罚。用途是区分两者的关键。如果认为国家机关制发的证件就属于国家机关证件，由于几乎所有的证件都是国家机关制发，那么就会得出所有的证件都是国家机关证件的结论，这显然不成立。因此，根据制发的主体难以区分两者。国家机关证件是国家机关制发的用于办理公务事项的凭证，如拘留证、逮捕证等，这在日本刑法中被称为公文书。身份证件虽也由相关国家机关制发，但主要用于证明公民身份，并进而明确公民在办理私人事项时与相应机关之间的权利义务，这在日本刑法中被称为私文书。有些证件兼具公文书和私文书的性质，工作证、持枪证等即是，但这些证件证明身份的用途更大些。毫无疑问，工作证、持枪证能够为办理公务提供便利，但这是证明工作人员身份或者具有持枪资格后的附随结果。因而，工作证属于身份证件。《刑事诉讼法》第一百一十九条第一款规定："对不需要逮捕、拘留的犯罪嫌疑人，可以传唤到犯罪嫌疑人所在市、县内的指定地点或者到他的住处进行讯问，但是应当出示人民检察院或者公安机关的证明文件。对在现场发现的犯罪嫌疑人，经出示工作证件，可以口头传唤，但应当在讯问笔录中注明。”第一百二十四条关于询问证人的规定也有类似内容。从上述规定看，“工作证件”与“证明文件”具有严格的区分，二者证明的内容不同。

七、使用虚假身份证件、盗用身份证件罪

（一）刑法规定

第二百八十条之一 在依照国家规定应当提供身份证明的活动中，使用伪造、变造的或者盗用他人的居民身份证、护照、社会保障卡、驾驶证等依法可以用于证明身份的证件，情节严重的，处拘役或者管制，并处或者单处罚金。

有前款行为，同时构成其他犯罪的，依照处罚较重的规定定罪处罚。①

（二）疑难、复杂问题的参考性解答

1. 如何理解“盗用他人的居民身份证、护照、社会保障卡、驾驶证等依法可以用于证明身份的证件”的含义？

这里的“盗用”是指盗用他人名义、使用他人的居民身份证、护照、社会保障卡、驾驶证等依法可以用于证明身份的证件的行为。盗用的一般是他人真实的身份证件，包括捡到他人的身份证件后冒用，购买他人的身份证件后冒用，也包括盗窃他人的身份证件后冒用等。实际生活中，还有一些是经过身份证件持有人本人同意或者与其串通，冒用证件所有人名义从事相关经济社会活动的情况，这种行为因为不存在盗用本人名义的情况，因而不属于本款规定的“盗用”。

2. 如何界定本罪与非罪的界限？

只有“情节严重”的才能构成本罪，情节一般，危害不大的，不作为犯罪。具体可视情况依照相关法律法规的规定处理。这里的“情节严重”，主要是指使用伪造、变造的或者盗用的次数多、数量大；非法牟利数额大；严重扰乱相关事项的管理秩序；严重损害第三人的人身或者财产权益等。

在正常经济社会活动中需要证明自己身份时，使用虚假身份证件或者盗

---

① 本罪是2015年11月1日起施行的《刑法修正案（九）》增加的罪名。

用他人名义以冒充他人身份的，如果不属于“依照国家规定应当提供身份证明”的情形，则不构成本罪。这里“依照国家规定应当提供身份证明”中的“国家规定”，是指全国人民代表大会及其常务委员会制定的法律和决定，国务院制定的行政法规、规定的行政措施、发布的决定和命令。如《居民身份证法》第十四条规定，公民在常住户口登记项目变更、兵役登记、婚姻登记、收养登记、申请办理出境手续等事项中，应当出示居民身份证证明身份；《个人存款账户实名制规定》第六条规定，个人在金融机构开立个人存款账户时，应当出示本人身份证件，使用实名；《铁路安全管理条例》第六十四条规定，铁路运输企业应当按照国务院铁路行业监督管理部门的规定实施火车票实名购买、查验制度；《民用航空器安全保卫条例》第二十七条规定，安全检查人员应当查验旅客客票、身份证件和登机牌。《道路安全法实施条例》第二十七条规定，机动车驾驶人申请补发机动车驾驶证的，应当提供身份证明材料等。上述规定属于刑法意义上的“国家规定”，在上述活动使用虚假身份证件的，可以认定为在国家规定的活动中使用虚假身份证件。在部门规章、地方性法规、地方政府规章或者其他政策性文件规定的活动中使用虚假身份证件的，不构成使用虚假身份证件罪。

八、冒名顶替罪

（一）刑法规定

第二百八十条之二[①]　盗用、冒用他人身份，顶替他人取得的高等学历教育入学资格、公务员录用资格、就业安置待遇的，处三年以下有期徒刑、拘役或者管制，并处罚金。

组织、指使他人实施前款行为的，依照前款的规定从重处罚。

国家工作人员有前两款行为，又构成其他犯罪的，依照数罪并罚的规定处罚。

---

①　本条系根据《刑法修正案（九）》第三十二条规定增加，1997 年《刑法》无此条规定。

（二）疑难、复杂问题的参考性解答

1. 正确理解和适用本罪的构成要件

本罪的犯罪主体为一般主体。

本罪的主观方面为故意，且系直接故意。间接故意、过失均不构成本罪。

本罪的客观方面表现为盗用、冒用他人身份，顶替他人取得的高等学历教育入学资格、公务员录用资格、就业安置待遇。这里包括两个方面。一是盗用、冒用他人身份，二是顶替他人取得的高等学历教育入学资格、公务员录用资格、就业安置待遇，二者缺一不可。后果体现为犯罪结果。因此，本罪系结果犯。如果行为人仅实施了盗用、冒用他人身份，但未实现顶替他人取得的高等学历教育入学资格、公务员录用资格、就业安置待遇目的的，不以犯罪论处。

本罪的客观方面，侵犯了国家高等院校招生制度、公务员招考制度、企事业单位录用制度。

2. 正确理解和适用“组织、指使他人实施前款行为的，依照前款的规定从重处罚”的规定

《刑法》第二百八十条之二第二款规定，组织、指使他人实施前款行为的，依照前款的规定从重处罚。实务中，要明确以下几点：

（1）适用本款规定的犯罪主体，不仅指犯罪行为的最终得益者，即不仅是入学、加入公务员队伍、参加就业者本人，也包括其他人员，如家长、学校教职人员、机关干部、企业事业单位领导等，且在实践中，实施本款行为的主要是后者。

（2）组织，是指组织行为，而不是指一个组织，因此，一个人也可以实施组织行为。比如，一个人实施了从他人处取得身份证或者实施了伪造他人身份证，将该身份证交予相关人员参加高等学历教育入学考试、公务员录用考试、就业安置考试。指使是指指使他人实施盗用、冒用他人身份等行为，顶替他人取得的高等学历教育入学资格、公务员录用资格、就业安置待遇的。组织行为中往往包括指使行为，但仅有指使行为不能认定为组织行为。

（3）被组织者、被指使者可能构成犯罪，也可能不构成犯罪。比如，指使他人盗窃身份证一张的供相关人员参加考试使用的，盗窃身份证行为人在不知身份证的用处情况下，其行为不一定构成犯罪。但指使者的指使行为则构成犯罪。亦即说，组织者、指使者的行为是否构成犯罪，不以每一位被组织者、被指使者的行为均构成犯罪为前提条件。

（4）“依照前款的规定从重处罚”，指定罪上对组织者、指使者以“盗用、冒用他人身份罪”定罪，并且在法定量刑幅度内从重处罚，而不能另行定组织、指使盗用、冒用他人身份罪。

3. 要注意处理好该罪与其他相关罪名之间的关系

在行为人实施盗用、冒用他人身份，顶替他人取得的高等学历教育入学资格、公务员录用资格、就业安置待遇等行为时，可能同时构成伪造、变造国家机关公文、证件等罪，在这种情况下，依照处罚较重的规定定罪处罚。对于国家工作人员有本条前两款规定的行为，又构成其他犯罪的，依照数罪并罚的规定处罚。

4. 关于此前发生的一系列冒名顶替案件入罪条件的把握

根据法不溯及既往的原则，《刑法修正案（九）》无法规制此前发生的一系列冒名顶替上大学的案件。对于这些案件如何处理，最重要的是要注意区分一般违法与犯罪的界限。从调查的情况看，大部分的冒名顶替，双方都是知情的，甚至存在交易。对于不知情的，主要分为三类：未填报志愿被顶替的、放弃入学资格被顶替的和本人已录取但被别人顶替的。调查发现，放弃入学资格被顶替的占多数。另外，调查还发现了冒名不顶替案例，即部分高考大省曾规定往届生不能参加高考，所以发生了往届生冒用他人身份、使用他人学籍参加高考的情况。因此，处理此类案件，应当把握：一是对于采取截取录取通知书等手段盗用他人入学资格，导致被冒名顶替者不知自己已被录取、丧失教育机会的；以牟利为目的组织策划冒名顶替的；或者造成其他严重后果的，应当依法惩处。二是对于经被冒名顶替者允许后顶替入学的，或者冒用他人自愿放弃的考试成绩或者入学资格的，特别是冒用他人身份但本人参加考试、没有造成严重后果的，应当根据案件具体情况，综合考虑案件发生时的背景等因素，不宜作为犯罪处理，防止追诉面过大。

九、非法生产、买卖警用装备罪

（一）刑法规定

第二百八十一条　非法生产、买卖人民警察制式服装、车辆号牌等专用标志、警械，情节严重的，处三年以下有期徒刑、拘役或者管制，并处或者单处罚金。

单位犯前款罪的，对单位判处罚金，并对其直接负责的主管人员和其他直接责任人员，依照前款的规定处罚。

（二）疑难、复杂问题的参考性解答

1. 如何理解本罪的犯罪对象？

本罪的犯罪对象是警用装备。所谓警用装备，是指用于装备人民警察的制式服装、专用标志、警械等。具体包括：（1）制式服装，即人民警察执行公务时应当着装穿戴的具有特定标志的服装。我国现行人民警察的制式服装为九九式，包括常服、长短袖制式服、执勤服和多功能服四种，以及服装的附属物，包括帽徽、领带、领花、胸徽、领带夹、纽扣等。作为人民警察具有象征性的物品，必须是具有特定的标志，才能认为属于警用装备范畴的制式服装。如果不具有特定的表示人民警察标志的物品，就不能视为人民警察的制式服装，如武警部队或公安机关购买的一般日用鞋袜、棉衣、手套、无特定标志的衬衣等，不应当视为人民警察的制式服装，行为人生产这类服装不构成本罪。（2）专用标志，是指人民警察在履行公务过程中所具有的特定象征物，主要包括两大类：第一类是帽徽、领花、警衔、胸徽、警号等标志，这类标志一般与人民警察的制式服装配合使用，但不属于制式服装范围，因为帽徽、领花、警衔、胸徽、警号等警用标志一般并不与服装同时生产，如果将其列入服装范围，就很难从犯罪对象上认定；第二类是人民警察在执行公务时使用各种设备的标志，如警车牌照、警灯、报警装置等。（3）警械。警械是人民警察用于执行公务使用的武器或其他防暴工具。1996 年 1 月国务院发布的《人民警察使用警械和武器条例》第三条将“警械”定义为：本条例所称警械，是指人民警察按照规定装备的警棍、催泪弹、高压水枪、特种防暴枪、手铐、脚镣、警绳等警用器械；所称武器，是指人民警察按照规定装备的枪支、弹药等致命性警用武器。

2. 如何界定本罪与非罪的界限？

构成本罪必须达到“情节严重”的程度，如果生产、买卖警用装备情节一般，例如，行为人出于好奇的心理购买警服穿用的，则不能按犯罪处理。根据《追诉标准（一）》第三十五条的规定，非法生产、买卖人民警察制式服装、车辆号牌等专用标志、警械，涉嫌下列情形之一的，应予立案追诉：

（1）成套制式服装三十套以上，或者非成套制式服装一百件以上的；

（2）手铐、脚镣、警用抓捕网、警用催泪喷射器、警灯、警报器单种或者合计十件以上的；

（3）警棍五十根以上的；

（4）警衔、警号、胸章、臂章、帽徽等警用标志单种或者合计一百件以上的；

（5）警用号牌、省级以上公安机关专段民用车辆号牌一副以上，或者其他公安机关专段民用车辆号牌三副以上的；

（6）非法经营数额5000元以上，或者非法获利1000元以上的；

（7）被他人利用进行违法犯罪活动的；

（8）其他情节严重的情形。

十、非法获取国家秘密罪，非法持有国家绝密、机密文件、资料、物品罪

（一）刑法规定

第二百八十二条　以窃取、刺探、收买方法，非法获取国家秘密的，处三年以下有期徒刑、拘役、管制或者剥夺政治权利；情节严重的，处三年以上七年以下有期徒刑。

非法持有属于国家绝密、机密的文件、资料或者其他物品，拒不说明来源与用途的，处三年以下有期徒刑、拘役或者管制。

（二）疑难、复杂问题的参考性解答

1. 如何理解“国家秘密”？

“国家秘密”，是指关系国家安全和利益，依照法定程序确定，在一定时间内只限一定范围的人知悉的事项。根据《保守国家秘密法》的有关规定，国家秘密包括下列秘密事项：（1）国家事务重大决策中的秘密事项；（2）国防建设和武装力量活动中的秘密事项；（3）外交和外事活动中的秘密事项以及对外承担保密义务的秘密事项；（4）国民经济和社会发展中的秘密事项；（5）科学技术中的秘密事项；（6）维护国家安全活动和追查刑事犯罪中的秘密事项；（7）经国家保密行政管理部门确定的其他秘密事项。不符合上述规

定的，不属于国家秘密。政党的秘密事项中符合上述规定的，属于国家秘密。国家秘密的密级分为“绝密”“机密”“秘密”三级。“绝密”是最重要的国家秘密，泄露会使国家的安全和利益遭受特别严重的损害；“机密”是重要的国家秘密，泄露会使国家的安全和利益遭受严重的损害；“秘密”是一般的国家秘密，泄露会使国家的安全和利益遭受损害。

2. “非法持有属于国家绝密、机密文件、资料或者其他物品”应如何具体认定？

“非法持有属于国家绝密、机密文件、资料或者其他物品”，参照《国家安全法实施细则》第十九条的规定，应当是指：（1）不应知悉某项国家秘密的人员携带、存放属于该项国家秘密的文件、资料或者其他物品；（2）可以知悉某项国家秘密的人员，未经办理手续，私自携带、留存属于该项国家秘密的文件、资料或者其他物品。

3. 非法获取国家秘密罪与非法持有国家绝密、机密文件、资料、物品罪应如何区分？

前罪的犯罪对象包括任何一级的国家秘密，后罪的犯罪对象则仅限于属于国家绝密、机密的文件、资料或者其他物品。前罪的行为方式是以窃取、刺探、收买的方法非法获取，后罪的行为方式是非法持有且拒不说明来源与用途。如果行为人以窃取、刺探、收买的方法非法获取属于国家绝密、机密的文件、资料或者其他物品后，又非法持有且拒不说明来源与用途的，应以非法获取国家秘密罪一罪处理。

十一、非法生产、销售专用间谍器材、窃听、窃照专用器材罪，非法使用窃听、窃照专用器材罪

（一）刑法规定

第二百八十三条 非法生产、销售专用间谍器材或者窃听、窃照专用器材的，处三年以下有期徒刑、拘役或者管制，并处或者单处罚金；情节严重的，处三年以上七年以下有期徒刑，并处罚金。

单位犯前款罪的，对单位判处罚金，并对其直接负责的主管人员和其他

直接责任人员，依照前款的规定处罚。①

第二百八十四条 非法使用窃听、窃照专用器材，造成严重后果的，处二年以下有期徒刑、拘役或者管制。

（二）疑难、复杂问题的参考性解答

1. 如何理解本罪的“专用间谍器材”及“窃听、窃照专用器材”？

“专用间谍器材”是指专门用于实施间谍活动的工具。对于间谍专用器材的范围，根据《反间谍法实施细则》第十八条的规定，是指进行间谍活动特殊需要的下列器材：（1）暗藏式窃听、窃照器材；（2）突发式收发报机、一次性密码本、密写工具；（3）用于获取情报的电子监听、截收器材；（4）其他专用间谍器材。本罪中的“窃听、窃照专用器材”，是指具有窃听、窃照功能，并专门用于窃听、窃照的器材，如专门用于窃听、窃照的窃听器、微型录音机、微型照相机等。所谓“窃听”，是指使用专用器材、设备，在当事人未察觉、不知晓或无法防范的情况下，偷听其谈话或者通话以及其他活动的行为；所谓“窃照”，是指使用专用器材、设备，对窃照对象的形象或者活动进行的秘密拍照摄录活动。需要注意的是，上述专用器材有别于中性的“窃听、窃照器材”，后者既可以用于违法犯罪目的，又可以用于合法目的。可以类比的是，菜刀既可以用于切菜等合法用途，也可以被不法分子用作杀人、伤害等违法犯罪，但不能将菜刀认定为“杀人、伤害专用工具”。实践中，一些中性的器材也可能被用作违法犯罪的工具，如具有拍照、录音功能的手机也可以被不法分子用于窃听、窃照，甚至用于间谍活动，但手机明显不能被归入“专用间谍器材”“窃听、窃照专用器材”的范畴。因此，在具体认定涉案器材时，应当注意从技术标准和功能设定上将“专用间谍器材”“窃听、窃照专用器材”同中性的“窃听、窃照器材”区分开来，防止刑法适用的泛化。例如，当前市面上销售的儿童安全手表，基于家长监控儿童的安全需要，可以远程接收儿童所处环境的语音信号，且以隐蔽的方式装置在手表内，是

---

① 2015年11月1日起施行的《刑法修正案（九）》对本罪进行了修改，将原来规定的非法生产、销售“窃听、窃照等专用间谍器材”修改为生产、销售“专用间谍器材或者窃听、窃照等专用器材”，并完善了法定刑配置，提高了本罪的法定刑，将法定最高刑由三年有期徒刑提高到七年有期徒刑，增加了罚金刑，并增加了第二款关于单位犯罪的规定。《刑法》原第二百八十三条规定，非法生产、销售窃听、窃照等专用间谍器材的，处三年以下有期徒刑、拘役或者管制。

具有无线发射、接收语音信号功能的发射、接收器材，且是以伪装或隐蔽方式使用的器材。但根据一般人的认识和立法本意，不能将此类器材认定为“窃听专用器材”。

2. 针孔摄像机是否属于间谍器材？

针孔摄像机属于窃听、窃照等专用间谍器材的范畴。针孔摄像机可以安装得非常隐蔽。例如被安装在领带、皮带、运动鞋、不锈钢水杯、手机和手机电板、灯罩等物品的表面，每个镜头配套了无线发射器、用于和电视机相连的无线接收器，还可选配对讲机和微型耳机。因此，针孔摄像机属于暗藏式窃听、窃照器材，应当认为属于窃听、窃照等专用间谍器材的范畴。

3. 非法使用窃听、窃照专用器材罪与非罪应如何认定？

构成本罪必须具备非法使用窃听、窃照专用器材和造成严重后果两个条件。如果行为人使用普通照相机、录音机或者使用窃听、窃照以外的方法获取他人的隐私或者秘密的，不构成本罪；虽然使用了窃听、窃照专用器材，但未造成严重后果的，也不构成本罪。

此处的“非法使用”，是指违反国家规定使用窃听、窃照专用器材，包括无权使用的人使用和有权的人违反规定使用。构成本罪，还要求“造成严重后果”。所谓造成严重后果，主要是指由于非法使用窃听、窃照专用器材，造成他人自杀、精神失常；引起杀人、伤害等犯罪发生；使被窃听、窃照单位的经济情报、信息泄露，造成重大经济损失等情形。

十二、组织考试作弊罪

（一）刑法规定

第二百八十四条之一第一款　在法律规定的国家考试中，组织作弊的，处三年以下有期徒刑或者拘役，并处或者单处罚金；情节严重的，处三年以上七年以下有期徒刑，并处罚金。

第二款　为他人实施前款犯罪提供作弊器材或者其他帮助的，依照前款的规定处罚。[①]

---

① 本罪是《刑法修正案（九）》新增加的罪名。

（二）司法解释、司法文件及其权威解读

最高人民法院、最高人民检察院关于办理组织考试作弊等刑事案件适用法律若干问题的解释（法释〔2019〕13 号，自 2019 年 9 月 4 日起施行）

为依法惩治组织考试作弊、非法出售、提供试题、答案、代替考试等犯罪，维护考试公平与秩序，根据《中华人民共和国刑法》《中华人民共和国刑事诉讼法》的规定，现就办理此类刑事案件适用法律的若干问题解释如下：

第一条　刑法第二百八十四条之一规定的“法律规定的国家考试”，仅限于全国人民代表大会及其常务委员会制定的法律所规定的考试。

根据有关法律规定，下列考试属于“法律规定的国家考试”：

（一）普通高等学校招生考试、研究生招生考试、高等教育自学考试、成人高等学校招生考试等国家教育考试；

（二）中央和地方公务员录用考试；

（三）国家统一法律职业资格考试、国家教师资格考试、注册会计师全国统一考试、会计专业技术资格考试、资产评估师资格考试、医师资格考试、执业药师职业资格考试、注册建筑师考试、建造师执业资格考试等专业技术资格考试；

（四）其他依照法律由中央或者地方主管部门以及行业组织的国家考试。

前款规定的考试涉及的特殊类型招生、特殊技能测试、面试等考试，属于“法律规定的国家考试”。

第二条　在法律规定的国家考试中，组织作弊，具有下列情形之一的，应当认定为刑法第二百八十四条之一第一款规定的“情节严重”：

（一）在普通高等学校招生考试、研究生招生考试、公务员录用考试中组织考试作弊的；

（二）导致考试推迟、取消或者启用备用试题的；

（三）考试工作人员组织考试作弊的；

（四）组织考生跨省、自治区、直辖市作弊的；

（五）多次组织考试作弊的；

（六）组织三十人次以上作弊的；

（七）提供作弊器材五十件以上的；

（八）违法所得三十万元以上的；

（九）其他情节严重的情形。

第三条 具有避开或者突破考场防范作弊的安全管理措施，获取、记录、传递、接收、存储考试试题、答案等功能的程序、工具，以及专门设计用于作弊的程序、工具，应当认定为刑法第二百八十四条之一第二款规定的“作弊器材”。

对于是否属于刑法第二百八十四条之一第二款规定的“作弊器材”难以确定的，依据省级以上公安机关或者考试主管部门出具的报告，结合其他证据作出认定；涉及专用间谍器材、窃听、窃照专用器材、“伪基站”等器材的，依照相关规定作出认定。

第四条 组织考试作弊，在考试开始之前被查获，但已经非法获取考试试题、答案或者具有其他严重扰乱考试秩序情形的，应当认定为组织考试作弊罪既遂。

第五条 为实施考试作弊行为，非法出售或者提供法律规定的国家考试的试题、答案，具有下列情形之一的，应当认定为刑法第二百八十四条之一第三款规定的“情节严重”：

（一）非法出售或者提供普通高等学校招生考试、研究生招生考试、公务员录用考试的试题、答案的；

（二）导致考试推迟、取消或者启用备用试题的；

（三）考试工作人员非法出售或者提供试题、答案的；

（四）多次非法出售或者提供试题、答案的；

（五）向三十人次以上非法出售或者提供试题、答案的；

（六）违法所得三十万元以上的；

（七）其他情节严重的情形。

第六条 为实施考试作弊行为，向他人非法出售或者提供法律规定的国家考试的试题、答案，试题不完整或者答案与标准答案不完全一致的，不影响非法出售、提供试题、答案罪的认定。

第七条 代替他人或者让他人代替自己参加法律规定的国家考试的，应当依照刑法第二百八十四条之一第四款的规定，以代替考试罪定罪处罚。

对于行为人犯罪情节较轻，确有悔罪表现，综合考虑行为人替考情况以及考试类型等因素，认为符合缓刑适用条件的，可以宣告缓刑；犯罪情节轻微的，可以不起诉或者免予刑事处罚；情节显著轻微危害不大的，不以犯罪论处。

第八条　单位实施组织考试作弊、非法出售、提供试题、答案等行为的，依照本解释规定的相应定罪量刑标准，追究组织者、策划者、实施者的刑事责任。

第九条　以窃取、刺探、收买方法非法获取法律规定的国家考试的试题、答案，又组织考试作弊或者非法出售、提供试题、答案，分别符合刑法第二百八十二条和刑法第二百八十四条之一规定的，以非法获取国家秘密罪和组织考试作弊罪或者非法出售、提供试题、答案罪数罪并罚。

第十条　在法律规定的国家考试以外的其他考试中，组织作弊，为他人组织作弊提供作弊器材或者其他帮助，或者非法出售、提供试题、答案，符合非法获取国家秘密罪、非法生产、销售窃听、窃照专用器材罪、非法使用窃听、窃照专用器材罪、非法利用信息网络罪、扰乱无线电通讯管理秩序罪等犯罪构成要件的，依法追究刑事责任。

第十一条　设立用于实施考试作弊的网站、通讯群组或者发布有关考试作弊的信息，情节严重的，应当依照刑法第二百八十七条之一的规定，以非法利用信息网络罪定罪处罚；同时构成组织考试作弊罪、非法出售、提供试题、答案罪、非法获取国家秘密罪等其他犯罪的，依照处罚较重的规定定罪处罚。

第十二条　对于实施本解释规定的犯罪被判处刑罚的，可以根据犯罪情况和预防再犯罪的需要，依法宣告职业禁止；被判处管制、宣告缓刑的，可以根据犯罪情况，依法宣告禁止令。

第十三条　对于实施本解释规定的行为构成犯罪的，应当综合考虑犯罪的危害程度、违法所得数额以及被告人的前科情况、认罪悔罪态度等，依法判处罚金。

第十四条　本解释自2019年9月4日起施行。

权威解读

解读《最高人民法院、最高人民检察院关于办理组织考试作弊等刑事案件适用法律若干问题的解释》

最高人民法院、最高人民检察院发布《关于办理组织考试作弊等刑事案件适用法律若干问题的解释》（以下简称《组织考试作弊解释》），自2019年9月4日起施行。《组织考试作弊解释》的公布施行，对于依法严惩考试作弊犯罪，维护公平公正的考试秩序，保障社会诚信体系建设，践行社会主义核心价值观必将发挥重要作用。为便于司法实践中正确理解与适用，现就《组织考试作弊解释》的制定背景、起草中的主要考虑和主要内容介绍如下。

一、《组织考试作弊解释》的制定背景与经过

考试是人才选拔的重要途径。保持考场风清气正、维护考试公平，事关社会公平正义，事关社会诚信与和谐稳定。考试作弊破坏考试制度和人才选拔机制，破坏公平竞争，败坏社会风气，具有严重的社会危害性。近年来，考试作弊行为多发，特别是利用信息技术手段实施的考试作弊活动迅速蔓延，形成了相互依赖、分工严密的利益链条，危害日益严重。为严厉惩治考试作弊犯罪，有效维护考试公平与秩序，2015 年 11 月 1 日起施行的《刑法修正案（九）》增设《刑法》第二百八十四条之一，规定了组织考试作弊罪、非法出售、提供试题、答案罪和代替考试罪。《刑法修正案（九）》施行以来，各级考试主管部门和公检法机关依据修改后的刑法规定，严肃惩处考试作弊犯罪。截至 2019 年 7 月，全国法院审理考试作弊刑事案件 1734 件，判决 3724 人。其中，组织考试作弊刑事案件 951 件、2251 人，非法出售、提供试题、答案刑事案件 117 件、205 人，代替考试刑事案件 666 件、1268 人。

与此同时，司法实践反映，组织考试作弊罪、非法出售、提供试题、答案罪和代替考试罪的具体定罪量刑标准尚不明确，一些法律适用问题存在争议，亟须通过司法解释作出规定。为确保法律准确、统一适用，依法严惩、有效防范考试作弊犯罪，最高人民法院会同最高人民检察院，在教育部、公安部、人力资源和社会保障部等有关部门的大力支持下，经深入调查研究、广泛征求意见，起草了《组织考试作弊解释》。2019 年 4 月 8 日最高人民法院审判委员会第 1765 次会议、2019 年 6 月 28 日最高人民检察院第十三届检察委员会第二十次会议审议通过了《组织考试作弊解释》。

二、《组织考试作弊解释》起草中的主要考虑

为确保《组织考试作弊解释》的内容科学合理，能够适应形势发展、满足实践需要，在起草过程中，着重注意把握了以下几点：

第一，贯彻《刑法》修改精神，依法严惩考试作弊犯罪。基于当前考试作弊犯罪高发多发的态势，根据修法精神，《组织考试作弊解释》明确对法律规定的国家考试适用组织考试作弊罪、非法出售、提供试题、答案罪和代替考试罪，对法律规定的国家考试以外的其他考试可以视情适用非法获取国家

秘密罪、非法生产、销售窃听、窃照专用器材罪、非法使用窃听、窃照专用器材罪、非法利用信息网络罪、扰乱无线电通讯管理秩序罪等其他犯罪，彰显对考试作弊犯罪的严惩立场，实现对考试公平和秩序刑法保护的“全覆盖”。

第二，坚持宽严相济刑事政策，最大限度发挥《刑法》的威慑和教育功能。《组织考试作弊解释》根据实践情况，对组织考试作弊罪和非法出售、提供试题、答案罪规定了相对较低的升档量刑标准，体现了依法从严的政策要求。同时，针对实践中代替考试情形较为复杂的情况，对代替考试从宽处理的情形作了明确，以促使行为人积极认罪悔罪，充分发挥刑法的威慑和教育功能。

第三，坚持问题导向，全面解决司法实务难题。从调研情况来看，对考试作弊犯罪尚存在不少争议问题，亟须通过司法解释加以明确。例如，“法律规定的国家考试”的内涵与外延，组织考试作弊罪既遂的认定，非法出售、提供试题、答案罪涉及的试题不完整或者答案与标准答案不一致的处理，考试作弊犯罪的罪数处断规则，等等。基于此，《组织考试作弊解释》相关条文根据司法实践具体情况，全面解决办案实际中的难题，切实提升打击实效。

三、《组织考试作弊解释》的主要内容

《组织考试作弊解释》结合当前考试作弊犯罪的特点和司法实践反映的问题，依照刑法、刑事诉讼法的规定，对考试作弊犯罪的定罪量刑标准和相关法律适用问题作了全面、系统的规定。《组织考试作弊解释》共十四个条文，大致可以归纳为如下十个方面的问题：

（一）“法律规定的国家考试”的范围

根据《刑法》第二百八十四条之一的规定，组织考试作弊罪、非法出售、提供试题、答案罪和代替考试罪的适用范围是“法律规定的国家考试”。在《刑法修正案（九）（草案）》研拟和审议过程中，曾采用过“依照国家规定举办的考试”“依照国家规定举办的考试或者国务院有关主管机关举办的考试”“国家规定的考试”等表述，最终的表述为“法律规定的国家考试”。据此，《刑法》第二百八十四条之一只适用于在法律规定的国家考试中发生的考试作弊犯罪，对于在其他考试中作弊的行为，不以组织考试作弊罪、非法出售、提供试题、答案罪论处。因此，明确“法律规定的国家考试”的范围，是确保《刑法》第二百八十四条之一准确适用的前提和基础，也是考试作弊犯罪司法适用亟须解决的核心问题。为统一司法适用，《组织考试作弊解释》第一条对“法律规定的国家考试”的内涵与外延作了明确。

1. “法律规定的国家考试”的内涵与外延。《组织考试作弊解释》第一条第一款对“法律规定的国家考试”作了概括规定，即“刑法第二百八十四条之一规定的‘法律规定的国家考试’，仅限于全国人民代表大会及其常务委员会制定的法律所规定的考试。”需要注意的问题有二：一是“法律规定的国家考试”限于法律有规定的考试。目前，许多领域都存在国家考试，且分属不同部门主管，大致可分为教育类考试、资格类考试、职称类考试、录用任用考试四大类，共计200多种。经梳理，目前二十余部法律对“法律规定的国家考试”作了规定，包括《教育法》《高等教育法》《公务员法》《法官法》《检察官法》《警察法》《教师法》《执业医师法》《注册会计师法》《道路交通安全法》《海关法》《动物防疫法》《旅游法》《证券投资基金法》《统计法》《公证法》等。其他考试，如护士执业资格考试，只有《护士条例》对此有规定，缺乏法律规定，不属于“法律规定的国家考试”。二是“法律规定的国家考试”不限于由中央有关主管部门依照法律统一组织的全国性考试，也包括地方主管部门依照法律规定组织的考试。例如，《公务员法》第二十四条规定：“中央机关及其直属机构公务员的录用，由中央公务员主管部门负责组织。地方各级机关公务员的录用，由省级公务员主管部门负责组织，必要时省级公务员主管部门可以授权设区的市级公务员主管部门组织。”又如普通高等学校招生考试既有全国统一考试，也有省（区、市）组织的考试。

《组织考试作弊解释》第一条第二款对“法律规定的国家考试”的外延作了列举。具体而言，根据有关法律规定，下列考试属于“法律规定的国家考试”：（1）普通高等学校招生考试、研究生招生考试、高等教育自学考试、成人高等学校招生考试等国家教育考试；（2）中央和地方公务员录用考试；（3）国家统一法律职业资格考试、国家教师资格考试、注册会计师全国统一考试、会计专业技术资格考试、资产评估师资格考试、医师资格考试、执业药师职业资格考试、注册建筑师考试、建造师执业资格考试等专业技术资格考试；（4）其他依照法律由中央或者地方主管部门以及行业组织的国家考试。需要注意的是，随着法律的修改，“法律规定的国家考试”的范围也可能发生变化，特别是一些国家考试可能会在法律中增设或者调整，对此司法机关应当根据法律的具体规定准确把握。

《组织考试作弊解释》第一条第三款进一步规定："前款规定的考试涉及的特殊类型招生、特殊技能测试、面试等考试，属于'法律规定的国家考试'。"而《普通高等学校招生违规行为处理暂行办法》（教育部令第36号）第十八条规定："本办法所称特殊类型招生，是指自主选拔录取、艺术类专业、体育类专业、保送生等类型的高校招生。"因此，普通高等学校招生考试中的自主选拔录取、艺术类专业、体育类专业、保送生等类型的高校招生考试，以及相关招生、公务员录用、专业技术资格等考试涉及的特殊技能测试、面试等考试，均属于"法律规定的国家考试"。

2. "法律规定的国家考试"范围涉及的实务争议。从实践来看，以下几个涉及"法律规定的国家考试"范围的问题须进一步厘清，以解决司法适用中的争议：

其一，如何理解《教育法》第二十一条的规定？《教育法》第二十一条规定："国家实行国家教育考试制度。国家教育考试由国务院教育行政部门确定种类，并由国家批准的实施教育考试的机构承办。"经研究认为，不宜依据《教育法》第二十一条的笼统规定认定只要是教育部组织的考试均属于"法律规定的国家考试"，而应限于法律有相对明确具体规定的考试，否则恐会导致"法律规定的国家考试"范围过于宽泛。例如，高等教育自学考试属于"法律规定的国家考试"，其依据在于《高等教育法》第二十一条明确规定："国家实行高等教育自学考试制度，经考试合格的，发给相应的学历证书或者其他学业证书"；而大学英语四、六级考试虽然由教育部组织实施，但相关法律未作明确规定，故不宜纳入"国家规定的考试"范畴。对此，《国家教育考试违规处理办法》（教育部第18号令）第二条明确规定："本办法所称国家教育考试是指普通和成人高等学校招生考试、全国硕士研究生招生考试、高等教育自学考试等，由国务院教育行政部门确定实施，由经批准的实施教育考试的机构承办，面向社会公开、统一举行，其结果作为招收学历教育学生或者取得国家承认学历、学位证书依据的测试活动。"据此，目前看来，属于"法律规定的国家考试"的国家教育考试主要是指普通高等学校招生考试、研究生招生考试、高等教育自学考试、成人高等学校招生考试四种考试。

其二，《建筑法》第十四条是否属于"法律规定"？《建筑法》第十四条规定："从事建筑活动的专业技术人员，应当依法取得相应的执业资格证书，并在执业资格证书许可的范围内从事建筑活动。"经研究认为，上述规定虽未出现“考试”表述，但执业资格证书主要通过考试取得，且《注册建筑师条例》（国务院令第184号）第七条进一步规定：“国家实行注册建筑师全国统一考试制度。注册建筑师全国统一考试办法，由国务院建设行政主管部门会同国务院人事行政主管部门商国务院其他有关行政主管部门共同制定，由全国注册建筑师管理委员会组织实施。”《注册建造师管理规定》（建设部令第153号）第三条第一款规定：“本规定所称注册建造师，是指通过考核认定或考试合格取得中华人民共和国建造师资格证书……并按照本规定注册，取得中华人民共和国建造师注册证书……和执业印章，担任施工单位项目负责人及从事相关活动的专业技术人员。”因此，注册建筑师考试、建造师执业资格考试均属于“法律规定的国家考试”。

又如，《药品管理法》第六十九条规定：“医疗机构应当配备依法经过资格认定的药师或者其他药学技术人员……。非药学技术人员不得直接从事药剂技术工作。”《执业药师资格制度暂行规定》（人发〔1999〕34号）第二条规定：“国家实行执业药师资格制度，纳入全国专业技术人员执业资格制度统一规划的范围。”第六条规定：“执业药师资格实行全国统一大纲、统一命题、统一组织的考试制度。一般每年举行一次。”同理，执业药师执业资格考试也属于“法律规定的国家考试”。

其三，《职业教育法》第八条，特别是《劳动法》第六十九条是否属于“法律规定”？《职业教育法》第八条第一款规定：“实施职业教育应当根据实际需要，同国家制定的职业分类和职业等级标准相适应，实行学历证书、培训证书和职业资格证书制度。”《劳动法》第六十九条规定：“国家确定职业分类，对规定的职业制定职业技能标准，实行职业资格证书制度，由经备案的考核鉴定机构负责对劳动者实施职业技能考核鉴定。”经研究认为，上述规定过于原则，且相关考核不能等同于考试，故不宜成为认定资格类考试属于“法律规定的国家考试”的依据，而应看各类资格类考试有无法律的具体规定。

又如，《行政许可法》第五十四条第一款规定：“实施本法第十二条第三项所列事项的行政许可，赋予公民特定资格，依法应当举行国家考试的，行政机关根据考试成绩和其他法定条件作出行政许可决定……”该法第十二条第三项事项为“提供公众服务并且直接关系公共利益的职业、行业，需要确定具备特殊信誉、特殊条件或者特殊技能等资格、资质的事项”。同理，《行政许可法》第五十四条也不能直接成为“法律规定的国家考试”的认定依据。

（二）组织考试作弊罪“情节严重”的认定标准

根据《刑法》第二百八十四条之一第一款、第二款的规定，在法律规定的国家考试中，组织作弊或者为他人实施组织作弊犯罪提供作弊器材或其他帮助的，即构成组织考试作弊罪，处三年以下有期徒刑或者拘役，并处或者单处罚金；情节严重的，处三年以上七年以下有期徒刑，并处罚金。对于组织作弊罪“情节严重”这一概括升档量刑情节，宜根据司法实践的情况从犯罪的客体、客观方面、主体、主观方面等多个角度加以考察。经充分调研，《组织考试作弊解释》第二条从六个方面规定了“情节严重”的认定标准：一是考试类型。普通高等学校招生考试、研究生招生考试、公务员录用考试社会关注度高、影响大、涉及面广。基于此，《组织考试作弊解释》将在此类考试中组织作弊的直接规定为“情节严重”。二是行为后果。《组织考试作弊解释》将导致考试推迟、取消或者启用备用试题的明确规定为“情节严重”。三是行为主体。考试工作人员违背所承担的职责组织考试作弊，主观恶性更大，故《组织考试作弊解释》将其规定为“情节严重”。关于“考试工作人员”的范围，具体适用中可以理解为参与考试管理和服务工作的人员，包括命（审）题（卷）、监考、主考、巡考、考试系统操作、评卷等人员。四是地域范围。组织考生跨省、自治区、直辖市作弊的，危害十分严重，故《组织考试作弊解释》将其规定为“情节严重”。五是数量标准。《组织考试作弊解释》将多次组织考试作弊，组织三十人次以上作弊，以及提供作弊器材五十件以上的规定为“情节严重”。六是违法所得。从司法实践来看，根据所涉考试的不同，组织考试作弊或者提供作弊器材等帮助的违法所得数额相差较大。基于严厉惩治组织考试作弊犯罪的考虑，《组织考试作弊解释》将违法所得30万元以上的规定为“情节严重”。

顺带提及的是，对于“组织作弊”的认定，应当根据案件具体情况加以把握。一般而言，领导、策划、指挥他人在法律规定的国家考试中实施下列行为之一的，可以认定为《刑法》第二百八十四条之一规定的“组织作弊”：（1）向他人提供试题、答案的；（2）代替他人参加考试的；（3）携带与考试内容相关的资料、作弊器材的；（4）篡改考试成绩的；（5）其他组织作弊的情形。需要注意的是，《刑法》第二百八十四条之一第三款规定了非法出售、提供试题、答案罪，第四款规定了代替考试罪，但是在组织考试作弊中提供试题、答案或者代替他人参考考试的，该行为应当视为组织考试作弊的有机组成部分，不应再单独评价。

（三）作弊器材的认定标准与程序

根据《刑法》第二百八十四条之一第二款的规定，组织考试作弊罪涉及为他人实施组织作弊犯罪提供作弊器材或者其他帮助的情形。基于此，《组织考试作弊解释》第三条第一款对“作弊器材”的认定标准作了明确。具体而言，从功能上将“作弊器材”限定为具有避开或者突破考场防范作弊的安全管理措施（如纽扣式数码相机、眼镜式密拍设备通过伪装，以规避考场检查），并具有获取、记录、传递、接收、存储试题、答案等功能（如密拍设备、数据接收设备可以发送、接收相关信息）。据此，对于普通的手机、相机，不宜认定为“作弊器材”。此外，随着技术发展，未来有可能出现新型作弊器材。例如，在机动车驾驶员考试中，目前实行电子路考，即摒弃原先的考试员监考评分，取而代之的是电脑监控评判，进行扣分等工作。如果研制相关作弊程序，从而控制电子路考设备，使其失去相应功能，无法进行扣分的，也应当认定为“作弊器材”。基于此，从主观动机角度，将“专门设计用于作弊的程序、工具”也规定为“作弊器材”的情形。

《组织考试作弊解释》第三条第二款明确了作弊器材的认定程序，规定：“对于是否属于刑法第二百八十四条之一第二款规定的‘作弊器材’难以确定的，依据省级以上公安机关或者考试主管部门出具的报告，结合其他证据作出认定；涉及专用间谍器材、窃听、窃照专用器材、‘伪基站’等器材的，依照相关规定作出认定。”据此，需要注意的是，有些考试作弊器材可能属于专用间谍器材、窃听、窃照专用器材、“伪基站”等器材，应当根据相关规定作出认定，如《反间谍法实施细则》第十八条第二款规定，“专用间谍器材的确认，由国务院国家安全主管部门负责”，《禁止非法生产销售使用窃听窃照专用器材和“伪基站”设备的规定》规定，“公安机关负责对窃听窃照专用器材……的认定工作”，《最高人民法院、最高人民检察院关于办理扰乱无线电通讯管理秩序等刑事案件适用法律若干问题的解释》（法释〔2017〕11号）第九条第一款规定：“对案件所涉的有关专门性问题难以确定的，依据司法鉴定机构出具的鉴定意见，或者下列机构出具的报告，结合其他证据作出认定：（一）省级以上无线电管理机构、省级无线电管理机构依法设立的派出机构、地市级以上广播电视主管部门就是否系‘伪基站’‘黑广播’出具的报告……”

顺带提及的是，对于《刑法》第二百八十四条之一第二款规定的为他人实施组织作弊犯罪提供的“其他帮助”，应当根据案件的具体情况加以把握。从实践来看，为他人组织作弊犯罪实施的下列帮助行为可以认定为“其他帮助”：(1)帮助安排作弊考点、考场或者考位的；(2)帮助控制考场视频监控系统和无线电通讯信号屏蔽系统的；(3)帮助传递考试试题、答案、作弊器材或者通讯设备的；(4)帮助违规招录监考人员的；(5)帮助更换答题卡的；(6)其他为实施组织考试作弊犯罪提供帮助的行为。

(四)组织考试作弊罪既遂的认定标准

从实践来看，组织考试作弊的案件不少在考试开始之前即被查处，此种情形之下组织考试作弊的目的未能实现，究竟应当认定为犯罪既遂还是未遂，实践中存在不同认识。经研究认为，组织考试作弊罪的构成要件行为是组织作弊以及为他人实施组织作弊犯罪提供作弊器材或者其他帮助，而作弊目的是否实现不应当影响犯罪既遂的成立。基于严厉惩治组织考试作弊犯罪的考虑，《组织考试作弊解释》第四条规定：“组织考试作弊，在考试开始之前被查获，但已经非法获取考试试题、答案或者具有其他严重扰乱考试秩序情形的，应当认定为组织考试作弊罪既遂。”需要注意的是，对于组织考试作弊，在考试开始之前被查获，未达到犯罪既遂的，可以以组织考试作弊罪(未遂)定罪处罚；情节严重的，在相应的法定刑幅度内，结合未遂犯的处罚原则量刑。

(五)非法出售、提供试题、答案罪“情节严重”的认定标准

根据《刑法》第二百八十四条之一第一款、第三款的规定，为实施考试作弊行为，向他人非法出售或者提供法律规定的国家考试的试题、答案的，即构成非法出售、提供试题、答案罪，处三年以下有期徒刑或者拘役，并处或者单处罚金；情节严重的，处三年以上七年以下有期徒刑，并处罚金。根据法律规定，结合司法实践，《组织考试作弊解释》第五条对非法出售、提供试题、答案罪“情节严重”的认定标准作了明确规定，大致涉及如下五个方面：一是考试类型。《组织考试作弊解释》将非法出售或者提供普通高等学校招生考试、研究生招生考试、公务员录用考试的试题、答案的行为直接规定为“情节严重”。二是行为后果。《组织考试作弊解释》将导致考试推迟、取消或者启用备用试题的明确规定为“情节严重”。三是行为主体。《组织考试作弊解释》将考试工作人员非法出售或者提供试题、答案的行为规定为“情

节严重”。四是数量标准。《组织考试作弊解释》将多次非法出售或者提供试题、答案，向三十人次以上非法出售或者提供试题、答案的规定为“情节严重”。五是违法所得。《组织考试作弊解释》将违法所得30万元以上的规定为“情节严重”。

此外，由于各种原因，不少非法出售、提供试题、答案的案件，存在涉案试题不完整或者答案与标准答案不完全一致的情况，甚至可能出现行为人由于认识错误出售、提供完全错误的试题、答案的情况。为统一法律适用，《组织考试作弊解释》第六条明确了非法出售、提供试题、答案罪涉及的试题不完整或者答案与标准答案不完全一致的处理规则，规定：“为实施考试作弊行为，向他人非法出售或者提供法律规定的国家考试的试题、答案，试题不完整或者答案与标准答案不完全一致的，不影响非法出售、提供试题、答案罪的认定。”当然，如果试题本身错误或者答案与标准答案完全或者较大程度不一致的，不能认定为非法出售、提供试题、答案罪；符合诈骗罪等其他犯罪的，可以适用相应罪名。

（六）代替考试犯罪的处理规则

根据《刑法》第二百八十四条之一第四款的规定，代替他人或者让他人代替自己参加法律规定的国家考试的，构成代替考试罪，处拘役或者管制，并处或者单处罚金。为充分发挥刑法的威慑和教育功能，《组织考试作弊解释》第七条第一款重申了在法律规定的国家考试中代替考试构成犯罪的规定，明确：“代替他人或者让他人代替自己参加法律规定的国家考试的，应当依照刑法第二百八十四条之一第四款的规定，以代替考试罪定罪处罚。”

考虑到实践中替考的情况、情节存在差异，所涉考试的类型有所不同，不区分情形一律定罪处罚过于严苛。因此，根据宽严相济刑事政策的要求，《组织考试作弊解释》第七条第二款规定：“对于行为人犯罪情节较轻，确有悔罪表现，综合考虑行为人替考情况以及考试类型等因素，认为符合缓刑适用条件的，可以宣告缓刑；犯罪情节轻微的，可以不起诉或者免予刑事处罚；情节显著轻微危害不大的，不以犯罪论处。”

（七）单位实施考试作弊犯罪的定罪量刑标准

根据《刑法》第二百八十四条之一的规定，组织考试作弊罪、非法出售、提供试题、答案罪和代替考试罪均非单位犯罪。但是，司法实践中，存在单位实施考试作弊犯罪，特别是组织考试作弊犯罪的情形。鉴于此，《组织考试作弊解释》第八条规定："单位实施组织考试作弊、非法出售、提供试题、答案等行为的，依照本解释规定的相应定罪量刑标准，追究组织者、策划者、实施者的刑事责任。"

（八）考试作弊犯罪的罪数处断规则

司法实践中，往往存在行为人非法获取试题、答案，而后组织考试作弊或者向他人非法出售、提供试题、答案的情形，是否应当数罪并罚，存在不同认识。经研究认为，此种情形实际上是数个行为触犯数个罪名，应当予以数罪并罚，以体现对此类行为的严惩立场。基于此，《组织考试作弊解释》第九条规定："以窃取、刺探、收买方法非法获取法律规定的国家考试的试题、答案，又组织考试作弊或者非法出售、提供试题、答案，分别符合刑法第二百八十二条和刑法第二百八十四条之一规定的，以非法获取国家秘密罪和组织考试作弊罪或者非法出售、提供试题、答案罪数罪并罚。"

此外，根据《刑法》第二百八十七条之一第一款的规定，设立用于实施违法犯罪活动的网站、通讯群组或者发布有关违法犯罪信息，情节严重的，构成非法利用信息网络罪。在法律规定的国家考试以外的其他考试中组织作弊，为他人组织作弊提供作弊器材或者其他帮助，或者出售、提供试题、答案，不构成组织考试作弊罪、非法提供试题、答案罪，也可能不构成非法获取国家秘密罪等其他犯罪。此种情形下，如果设立用于实施考试作弊的网站、通讯群组或者发布有关考试作弊的信息的，可以视情适用非法利用信息网络罪。基于此，根据考试作弊犯罪的具体情况，《组织考试作弊解释》第十一条规定："设立用于实施考试作弊的网站、通讯群组或者发布有关考试作弊的信息，情节严重的，应当依照刑法第二百八十七条之一的规定，以非法利用信息网络罪定罪处罚；同时构成组织考试作弊罪、非法出售、提供试题、答案罪、非法获取国家秘密罪等其他犯罪的，依照处罚较重的规定定罪处罚。"

（九）在法律规定的国家考试以外的其他考试中实施考试作弊犯罪的处理规则

根据《刑法》第二百八十四条之一的规定，组织考试作弊罪、非法出售、提供试题、答案罪和代替考试罪的适用范围限于"法律规定的国家考试"，但这并非意味着对在其他考试中作弊的行为一律不予刑事追究。为统一法律适用，《组织考试作弊解释》第十条规定："在法律规定的国家考试以外的其他考试中，组织作弊，为他人组织作弊提供作弊器材或者其他帮助，或者非法出售、提供试题、答案，符合非法获取国家秘密罪、非法生产、销售窃听、窃照专用器材罪、非法使用窃听、窃照专用器材罪、非法利用信息网络罪、扰乱无线电通讯管理秩序罪等犯罪构成要件的，依法追究刑事责任。”

另外，司法实践中，不少组织考试作弊行为被以非法获取国家秘密罪等涉密犯罪追究刑事责任。在考试开始前，相关试题、答案属于国家秘密，对此不存在疑义。司法适用中，对于法律规定的国家考试以外的考试而言，相关试题依照有关规定被认定为国家秘密的，考前作弊（即行为人在考前通过盗窃试卷、贿买特定知悉人员等方式非法获取考试试题、参考答案、评分标准等，而后实施组织考试作弊行为）可以适用侵犯国家秘密类犯罪。具体而言，可能同时构成非法获取国家秘密罪、故意泄露国家秘密罪等罪名，应当根据牵连犯的处断原则，择一重罪处断。

但是，对于考试开始后结束前，相关试题是否仍属于国家秘密，则存在不同认识：相关考试主管部门和公安机关通常认为属于国家秘密，应当适用非法获取国家秘密罪等涉密犯罪；但是，也有意见持相反观点，认为开考后对相关试题的管理难以达到相关保密要求，认定为国家秘密值得商榷，故不宜适用非法获取国家秘密罪等涉密犯罪。经研究认为，此种情形下，考中作弊（即行为人通过雇佣“枪手”进入考场，将试题非法发送给场外人员，进而作弊的行为）能否认定为侵犯国家秘密类犯罪，则取决于依照相关规定能否将开考后、结束前的试题认定为国家秘密。对此，有些考试主管部门明确规定相关试题在开考后、结束前仍然属于国家秘密。例如，2012 年 9 月 28 日人力资源和社会保障部人事考试中心《关于对〈人事工作中国家秘密及其密级具体范围的补充规定〉中“启用前”一词解释的通知》明确：“‘启用’一词包含‘启封’和‘使用完毕’两层含义。‘启用前’即‘启封并使用完毕前’，特指应试人员按规定结束考试离开考场之前的时间段。”按照这一规定，非法获取相关考试从命题到考试结束之前的试题、答案的行为，都属于侵害国家秘密的行为，可以视情适用非法获取国家秘密罪等侵犯国家秘密类犯罪。为稳妥起见，司法机关在办案过程中宜仔细查阅相关规定，商请有关考试主管部门对相关考试试题在开考后、结束前是否属于国家秘密出具认定意见。

（十）考试作弊犯罪的职业禁止、禁止令和罚金刑适用规则

从实践来看，考试作弊犯罪相当程度存在再犯现象，不少罪犯“重操旧业”，故《组织考试作弊解释》第十二条专门明确可以依法宣告职业禁止和禁

止令，规定：“对于实施本解释规定的犯罪被判处刑罚的，可以根据犯罪情况和预防再犯罪的需要，依法宣告职业禁止；被判处管制、宣告缓刑的，可以根据犯罪情况，依法宣告禁止令。”

此外，考试作弊犯罪具有明显的牟利性，行为人实施该类犯罪主要是为了牟取非法利益。因此，有必要加大财产刑的适用力度，让行为人在经济上得不偿失，进而剥夺其再次实施此类犯罪的经济能力。基于此，《组织考试作弊解释》第十三条规定：“对于实施本解释规定的行为构成犯罪的，应当综合考虑犯罪的危害程度、违法所得数额以及被告人的前科情况、认罪悔罪态度等，依法判处罚金。”

（撰稿：周加海、王庆刚、喻海松）

（三）典型或常见问题的审理思路

在高考期间向作弊考生传送试题答案，收取资金的行为如何定性?①

行为人以谋取非法利益为目的，在高考考试中实施作弊，违反考试的公平、公正原则，严重侵害了其他考生的合法权益和国家的考试制度；通过网络数据传输，利用作弊器材等设备发送、接收高考试题答案，已构成组织考试作弊罪。

（四）疑难、复杂问题的参考性解答

1. 考试作弊行为的司法认定问题

作弊与舞弊是同义词，舞弊行为在《现代汉语词典》被界定为：“用欺诈的方式做违法乱纪或不合规定的事情，如考试舞弊等”，无论行为人采取传统的作弊手法还是现代的高科技手段，都应属于作弊中采取的欺诈方法范畴。据此，考试中的作弊行为，则表现为行为人采用欺诈方式做违反法律规定的国家考试的行为。关于考试作弊行为可能发生的期间认定，行为人在整个考试及与其相关的活动中都有可能实施作弊行为，因而对考试作弊行为的认定，不局限于考前、考中和考后三个阶段。只要存在作弊行为，无论该考试过程是否结束，都应该按照犯罪来认定。关于考试作弊危害行为的认定，《刑法》中的危害行为，体现行为人违法的意志因素并在其支配下实施的危害社会的

① 案例来源：《人民法院报》2016年6月7日第1版。

动作行为，分为作为和不作为两种形式。考前刺探、窃取试题；考试中组织“枪手”替考，将拍照、誊写试题带出考场；考后请托篡改分数等，这些都是行为人积极的作为，他们对作弊结果的追逐，体现出他们强烈的意志因素和社会危害性。也有的通过不作为形式来达到作弊的目的，主要发生在考生之外的其他人员，如监考老师发现存在作弊行为不履行监管而助考的，或是阅卷、评卷中配合他人作弊的渎职而助考的等。

2. 考试作弊的组织性应如何认定？

仅是个人采用欺诈或其他不正当竞争弄虚作假的手段而作弊的，不是本罪规制的行为。对这里的组织性应作限缩性解释，即指该组织一般具有固定或临时工作人员或作弊设备、仪器等，有独立的成本核算。组织考试作弊的组织性具体表现为行为人实施了组织、策划、直接参与作弊。

组织，是指发起、建立固定的或临时的作弊团体，将作弊考生需求进行集中管理，并随机分配给相关“枪手”或其他参与人实施作弊行为，并在其中起组织作用。组织行为就是把作弊的上、下家捆绑在一起，并从中给予牵线搭桥。策划，就是为组织考试作弊活动进行谋划布置、制订计划的行为。如为组织考试作弊团伙找上家考生、下家“枪手”，建立窝点选址等。

策划行为是为组织考试作弊犯罪提供重要参谋。对于完成特定的犯罪具有重要作用，可以说，其是组织行为的延伸。参与，就是在组织者建立起以作弊为目的的团伙后，直接参与或为实施作弊行为提供帮助的间接参与。如枪手就是直接参与，为他人实施前款犯罪提供作弊器材或者其他帮助的间接参与等，都应是本罪的参与行为。

3. 组织考试作弊罪的未完成形态如何认定？

从本罪的法律规定来看，本罪是行为犯，即只要行为人实施了违反法律规定的国家考试的作弊行为，就已经构成了本罪，是否达到既遂状态，还要看其是否完全实现了犯罪的构成要件要素。在实施考试作弊行为前，一方面，作弊的犯意仅存于思想中，受思想支配的行为就无法用法律来评价；另一方面，传统的夹带、誊抄等作弊手段无法满足考试需求，随着高科技智能化设备的出现，使得助考成为一种半公开的、有组织的行业，提前准备作弊工具、找“枪手”、在网上发帖找考生等行为虽是违法行为，但不具有侵害本罪法益的紧迫性，不宜被认作本罪的着手实行行为，否则刑法的打击面过大，并且有违刑法的谦抑性原则，不利于社会安定。在作弊犯意合意后，无论双方中的任何一方实施作弊行为的，都是对本罪法益的侵害，因为他们的目标已经是针对考试，并且在作弊意志的支配下，展开相关破坏考试公平的行为，对法益的侵害急迫性较双方作弊合意前更强，据此，在达成作弊合意后，开始实施作弊行为的即是本罪的着手行为。

为在考试中作弊，提取准备相关工具，创造条件，由于行为人意志以外原因，致使行为人未能着手实行组织考试作弊罪的实行行为的停止形态，是为本罪的犯罪预备形态。这些行为在实践中，主要表现为以下几点：购买作弊工具，找“枪手”、宣传广告等；发帖找考生（下家）；寻找犯罪办公场所等。

4. 本罪与招收公务员、学生徇私舞弊罪的区分

国家机关工作人员在招录公务员、学生过程中徇私舞弊的行为属于考试作弊的范畴之内，但由于其多体现为个人犯罪，未能体现出考试作弊的组织性，本罪无法对该行为进行评价。如其在招录公务员、学生中形成了临时或固定的团伙组织的，则应按照本罪处罚，否则只能按照招收公务员、学生徇私舞弊罪定罪量刑。

十三、非法出售、提供试题、答案罪

（一）刑法规定

第二百八十四条之一第三款　为实施考试作弊行为，向他人非法出售或者提供第一款规定的考试的试题、答案的，依照第一款的规定处罚。①

（二）典型或常见问题的审理思路

非法获取属于国家秘密的试题、答案，而后向他人非法出售、提供试题、答案的，应如何定罪?②

行为人非法获取属于国家秘密的一级建造师执业资格考试的试题和答案，并提供给他人在对外培训中使用获利，其行为既构成非法获取国家秘密罪，又构成非法出售、提供试题、答案罪，根据相关司法解释的规定，应数罪并罚。

---

① 本罪是《刑法修正案（九）》新增加的罪名。

② 案例来源：最高人民法院发布六起组织考试作弊犯罪典型案例之六，王某军、翁某能等非法获取国家秘密、非法出售、提供试题、答案案。

（三）疑难、复杂问题的参考性解答

非法出售、提供试题、答案罪与故意泄露国家秘密罪的界限

在客体上，本罪侵犯的是国家的考试管理秩序以及考生公平参加考试的权利，故意泄露国家秘密罪侵犯的是国家的保密制度；客观方面，本罪表现为向他人非法出售、提供的行为即可，故意泄露国家秘密罪表现为口头的、书面的或提供给他人阅读或非法复制或窃取后送给他人等，且需达到情节严重的要求；主体上，本罪为一般主体，故意泄露国家秘密罪的主体主要是国家机关工作人员，但非国家机关工作人员也可构成；主观方面，两者均为故意，但本罪是为了实施考试作弊行为，而故意泄露国家秘密罪对动机、目的未作要求。

如果行为人为了实施考试作弊行为，向他人出售或提供属于国家秘密的试题、答案，情节严重的，既构成本罪，也构成故意泄露国家秘密罪，根据相关司法解释的规定，应当数罪并罚。如未达到情节严重，如出售、提供属于国家秘密级的一项试题、答案的，应以本罪论处。如果行为人并非为了实施考试作弊行为的目的，而是出于炫耀，以显示自己消息灵通等目的，向他人提供属于国家秘密的试题、答案，且情节严重的，应当认定为故意泄露国家秘密罪，未达到情节严重的，不构成犯罪。如果行为人向他人非法出售属于国家秘密的试题、答案进行牟利的，可以推定行为人主观上有为实施考试作弊的目的。

十四、代替考试罪

（一）刑法规定

第二百八十四条之一第四款　代替他人或者让他人代替自己参加第一款规定的考试的，处拘役或者管制，并处或者单处罚金。①

① 本罪是《刑法修正案（九）》新增加的罪名。

（二）典型或常见问题的审理思路

在研究生入学考试中找他人替考的如何定罪?[①]

从维护社会诚信，惩治失信、背信行为的角度，对代替他人或者让他人代替自己参加考试的，作为犯罪加以处理是必要和可行的。对于“法律规定的国家考试”的理解，应把握两个方面：一是所涉考试必须是法律作出明确规定的，即全国人民代表大会及其常务委员会制定的法律中规定的考试，不包括其他国家规定中涉及的考试。二是国家考试并不是“统一由国家一级组织的考试”，有些法律规定的考试，依照规定不是由国家一级统一组织，而是由地方根据法律规定组织实施的，这些考试也属于“法律规定的国家考试”。研究生入学考试属于法律规定的国家考试，在此类考试中代替他人参加考试的与被替代考试的，均构成代替考试罪。对于符合代替考试罪的被告人自首、有悔罪表现的，依法可从轻处罚。由于代替考试犯罪案件案情简单，在审判时可以适用刑事速裁程序。

（三）疑难、复杂问题的参考性解答

1. 为他人考试介绍“枪手”后又帮助“枪手”伪造身份证的行为应如何定性?

行为人实施了介绍“枪手”和伪造身份证件两个行为，应如何定罪存在四种不同意见。第一种意见认为，行为人的行为是组织考试作弊的行为，因为被告人为作弊者和代替考试者牵线搭桥，并提供代替考试需要的假身份证，实施的是组织作弊的行为。第二种意见认为，行为人的行为是代替考试罪的帮助行为，无论是牵线撮合还是帮助制作假身份证，都是围绕帮助“枪手”顺利替考这一犯罪目的而实施的行为，是帮助应考者和替考者实施代替考试的行为，属于代替考试罪的帮助犯。第三种意见认为，行为人介绍“枪手”的行为是代替考试行为的帮助行为，伪造证件的行为是伪造身份证件行为的正犯行为，应当数罪并罚，定为代替考试罪和伪造身份证件罪。第四种意见认为，行为人的两个行为是“手段—目的”的关系，按照牵连犯理论，择一

---

① 案例来源：《北京审结首例考研替考入刑案——两名被告人获刑并被判处罚金》，载《人民法院报》2016年1月15日第3版。

从重处罚，《刑法》第二百八十条第三款伪造身份证件罪的处罚比代替考试罪的量刑重，应定伪造身份证件罪。

组织考试作弊罪的实行行为应该是特殊共犯中的组织行为，在作弊组织中的首要分子和起到主要作用的人才能成为该罪的主体。此外，有组织的犯罪应该具有组织性、共谋性、分工性和危害性的特点。典型的组织考试作弊罪中的犯罪主体需要符合组织犯的特点，在组织作弊的过程中起到发起、策划、安排、统筹的决定性作用。行为人缺少组织犯的组织性、分工性、共谋性的特点，没有将介绍“枪手”替考作为一项规模化的活动予以组织，仅扮演了一个掮客的角色，缺少了组织性，不构成组织考试作弊罪。如果将行为人的两个行为择一重罪定性为伪造身份证件罪，仅评价了被告人伪造假证这一手段行为，而对牵线搭桥帮助替考的目的行为完全不作评价，不仅有轻判的趋向，而且在理论上也有争议。因为如用牵连犯的理论分析，可认定为“手段—目的型”牵连犯；如用犯罪停止形态理论予以解释，伪造假证的行为也可以视为帮助替考的犯罪预备行为，预备行为在犯罪实行行为实施后没有单独评价的意义，那就应依据实行行为定性为代替考试罪。所以，用牵连犯来解决本案的定性，不仅有轻判顾虑，更有理论上的难题。行为人实际实施了两个犯罪行为，比较合理的意见是数罪并罚。行为人介绍“枪手”帮助替考在只有一次的情况下，行为人在代替考试犯罪行为中起到了不可缺少的帮助行为，而伪造身份证件行为中，行为人给造假者提供了身份信息，是伪造身份证件的共犯，所以定为数罪并罚能把行为人的行为均考察到，能够罪责统一。“枪手”和考生着手实施了代替考试罪的实行行为，已经构成代替考试罪。作为共犯中的帮助犯，应根据正犯触犯的罪名对帮助犯予以定罪。既然“枪手”和考生都因为实施代替考试罪受到刑罚处罚，那么积极促成替考的行为人当日需要承担一样的罪名，所以数罪并罚是最为合理的意见。

2. 如何区分代替考试罪与组织考试作弊罪？

在实践中，替考往往表现出一定的组织性，在替考者和应考者之间常常存在牵线搭桥的居间行为，并呈团伙化、产业化的趋势。从居间活动的方式看，有的是介绍、沟通双方的关系；有的不但是沟通关系，还参与传递、拟定谈判条件；有的还帮助报名、采集信息、现场确认、伪造考试证件、接送替考者、安排住宿、提供考试作弊工具等。从角色上看，有的是普通居间人，如亲友、同事、下属等；有的是职业居间人，如考试培训机构人员。对如何认定居间人的行为性质，司法实践中亦有争议。有的将其认定为代替考试罪的共犯，有的则认定其构成组织作弊罪。

在代替考试犯罪中，居间人因其地位和所起的作用不同，可分为组织性居间人（组织者）和帮助型居间人（帮助者）。根据共同犯罪基本原理，不管是为他人替考提供帮助的，还是为他人替考予以组织的，帮助者和组织者都附和代替考试罪的共同犯罪，属于代替考试罪的帮助犯、组织犯。但需要注意的是，替考本身也是一种考试作弊行为。对于在法律规定的国家考试中组织作弊的，刑法已将其单独规定为组织考试作弊罪，基于特别规定优于一般规定的法理，应直接适用该款规定，以组织考试作弊罪定罪处罚，不再认定为代替考试罪的共犯。

何为组织作弊行为？其与组织性居间行为有何区别？我们认为，对此应结合组织作弊罪的立法目的及其构成要件进行认定。组织作弊罪的设立目的在于体现对有组织的团伙作弊行为的严惩，唯有组织行为达到一定规模，才能表明其社会危害性达到犯罪的程度。参照《刑法》及其司法解释关于组织型犯罪的类似规定，组织作弊的对象应当有人数的要求，即多人。所以，组织作弊，应指组织、策划、指挥多人进行考试作弊，或者从事考试作弊的经营行为。行为人为特定的应考者寻找替考者，而没有组织多人替考的，应认定为代替考试罪的共犯，不构成组织考试作弊罪。但是，行为人在不特定的应考者与替考者之间从事中介服务的，则应认定为组织考试作弊罪。因此，组织作弊行为仅是组织型居间行为的部分内容。除此之外，组织型居间行为还包括不构成组织考试作弊罪的普通的组织型居间行为。对于普通的组织型居间行为以及帮助型居间行为，因《刑法》没有对其作出特别规定，可以根据共同犯罪的原理，以代替考试罪的共犯论处。

十五、非法侵入计算机信息系统罪

（一）刑法规定

第二百八十五条第一款　违反国家规定，侵入国家事务、国防建设、尖端科学技术领域的计算机信息系统的，处三年以下有期徒刑或者拘役。

（二）司法解释、司法文件及其权威解读

1. **全国人民代表大会常务委员会关于维护互联网安全的决定**（2000年12月28日第九届全国人民代表大会常务委员会第十九次会议通过）

我国的互联网，在国家大力倡导和积极推动下，在经济建设和各项事业中得到日益广泛的应用，使人们的生产、工作、学习和生活方式已经开始并将继续发生深刻的变化，对于加快我国国民经济、科学技术的发展和社会服务信息化进程具有重要作用。同时，如何保障互联网的运行安全和信息安全问题已经引起全社会的普遍关注。为了兴利除弊，促进我国互联网的健康发展，维护国家安全和社会公共利益，保护个人、法人和其他组织的合法权益，特作如下决定：

一、为了保障互联网的运行安全，对有下列行为之一，构成犯罪的，依照刑法有关规定追究刑事责任：

（一）侵入国家事务、国防建设、尖端科学技术领域的计算机信息系统；

（二）故意制作、传播计算机病毒等破坏性程序，攻击计算机系统及通信网络，致使计算机系统及通信网络遭受损害；

（三）违反国家规定，擅自中断计算机网络或者通信服务，造成计算机网络或者通信系统不能正常运行。

二、为了维护国家安全和社会稳定，对有下列行为之一，构成犯罪的，依照刑法有关规定追究刑事责任：

（一）利用互联网造谣、诽谤或者发表、传播其他有害信息，煽动颠覆国家政权、推翻社会主义制度，或者煽动分裂国家、破坏国家统一；

（二）通过互联网窃取、泄露国家秘密、情报或者军事秘密；

（三）利用互联网煽动民族仇恨、民族歧视，破坏民族团结；

（四）利用互联网组织邪教组织、联络邪教组织成员，破坏国家法律、行政法规实施。

三、为了维护社会主义市场经济秩序和社会管理秩序，对有下列行为之一，构成犯罪的，依照刑法有关规定追究刑事责任：

（一）利用互联网销售伪劣产品或者对商品、服务作虚假宣传；

（二）利用互联网损害他人商业信誉和商品声誉；

（三）利用互联网侵犯他人知识产权；

（四）利用互联网编造并传播影响证券、期货交易或者其他扰乱金融秩序的虚假信息；

（五）在互联网上建立淫秽网站、网页，提供淫秽站点链接服务，或者传播淫秽书刊、影片、音像、图片。

四、为了保护个人、法人和其他组织的人身、财产等合法权利，对有下列行为之一，构成犯罪的，依照刑法有关规定追究刑事责任：

（一）利用互联网侮辱他人或者捏造事实诽谤他人；

（二）非法截获、篡改、删除他人电子邮件或者其他数据资料，侵犯公民通信自由和通信秘密；

（三）利用互联网进行盗窃、诈骗、敲诈勒索。

五、利用互联网实施本决定第一条、第二条、第三条、第四条所列行为以外的其他行为，构成犯罪的，依照刑法有关规定追究刑事责任。

六、利用互联网实施违法行为，违反社会治安管理，尚不构成犯罪的，由公安机关依照《治安管理处罚条例》予以处罚；违反其他法律、行政法规，尚不构成犯罪的，由有关行政管理部门依法给予行政处罚；对直接负责的主管人员和其他直接责任人员，依法给予行政处分或者纪律处分。

利用互联网侵犯他人合法权益，构成民事侵权的，依法承担民事责任。

七、各级人民政府及有关部门要采取积极措施，在促进互联网的应用和网络技术的普及过程中，重视和支持对网络安全技术的研究和开发，增强网络的安全防护能力。有关主管部门要加强对互联网的运行安全和信息安全的宣传教育，依法实施有效的监督管理，防范和制止利用互联网进行的各种违法活动，为互联网的健康发展创造良好的社会环境。从事互联网业务的单位要依法开展活动，发现互联网上出现违法犯罪行为和有害信息时，要采取措施，停止传输有害信息，并及时向有关机关报告。任何单位和个人在利用互联网时，都要遵纪守法，抵制各种违法犯罪行为和有害信息。人民法院、人民检察院、公安机关、国家安全机关要各司其职，密切配合，依法严厉打击利用互联网实施的各种犯罪活动。要动员全社会的力量，依靠全社会的共同努力，保障互联网的运行安全与信息安全，促进社会主义精神文明和物质文明建设。

权威解读

解读《全国人民代表大会常务委员会关于维护互联网安全的决定》

第九届全国人大常委会第十九次会议于2000年12月28日通过了《关于维护互联网安全的决定》（以下简称《互联网安全决定》），《互联网安全决定》针对我国目前出现的利用互联网犯罪的实际情况，从维护国家安全和社会稳定，保障网络安全，维护社会主义市场经济秩序和社会管理秩序，保护公民、法人和其他组织的合法权益四个方面，列明具体行为，明确规定“构成犯罪的，依照刑法有关规定追究刑事责任”。同时规定：“利用互联网实施违法行为，违反社会治安管理，尚不构成犯罪的，由公安机关依照《治安管理处罚条例》予以处罚；违反其他法律、行政法规，尚不构成犯罪的，由有关行政管理部门依法给予行政处罚；对直接负责的主管人员和其他直接责任人员，依法给予行政处分或纪律处分。利用互联网侵犯他人合法权益，构成民事侵权的，依法承担民事责任。”

《互联网安全决定》的内容是宣言式的，它明确地告诉人们在互联网上哪些行为是违法犯罪行为，如果实施，就要承担刑事责任、受到行政处罚或者承担民事责任。但由于《互联网安全决定》没有规定具体罚则，因此，在决定对构成犯罪的行为如何追究刑事责任时，还必须依照《刑法》的有关规定；在对违法行为给予行政处罚、承担民事责任时，还必须根据其他有关法律、行政法规的规定才能确定。

本文仅就《互联网安全决定》中列举的具体行为构成犯罪的，如何适用法律的问题，发表自己的一点浅见。

一、关于危害互联网运行安全的犯罪行为的法律适用问题

《互联网安全决定》在第一条中列举了三种危害互联网运行安全的具体的犯罪行为。

（一）“侵入国家事务、国防建设、尖端科学技术领域的计算机信息系统”，这主要是指违反国家对国家事务、国防建设、尖端科学技术领域的计算机信息系统的管理规定，利用网络系统或产品加密等技术上的漏洞或瑕疵，进行解密或者对身份认证的破坏等手段，未经允许，擅自进入该计算机信息系统的行为。这里所说的“计算机信息系统”，是指由计算机及其相关的和配套的设备、设施（含网络）构成的，按照一定的应用目标和规则对信息进行采集、加工、存储、传输、检索等处理的系统。应当特别指出的是，这里所

说的涉及“国家事务、国防建设、尖端科学技术领域的计算机信息系统”，不仅包括与国际互联网连接的计算机系统，还包括已经联网的特定局域网络系统。“国家事务”的范围既包括政治、经济活动，也包括金融、海关管理等。对于“侵入国家事务、国防建设、尖端科学技术领域的计算机信息系统”的犯罪行为，可依照《刑法》第二百八十五条非法侵入计算机信息系统罪定罪处罚。

（二）“故意制作、传播计算机病毒等破坏性程序，攻击计算机系统及通信网络，致使计算机系统及通信网络遭受损害”，主要是指在计算机中编制或者在计算机程序中加载能破坏计算机功能或者毁坏计算机数据，影响计算机使用并能自我复制的一组计算机指令或者程序代码，通过计算机信息系统（含网络）直接输入、输出破坏性程序，或者将已输入破坏性程序的软件加以派送、散发，在计算机病毒等破坏性程序发作后导致原有的计算机信息系统和应用程序不能正常运行的行为，如果造成严重经济损失或者造成恶劣的影响，就构成犯罪，可依照《刑法》第二百八十六条破坏计算机信息系统罪定罪处罚。

（三）“违反国家规定，擅自中断计算机网络或者通信服务，造成计算机网络或者通信系统不能正常运行”，这主要是指互联网接入服务供应商、互联网应用服务供应商违反国家规定，对计算机信息系统功能进行删除、修改、增加、干扰，造成计算机信息系统不能运行或者计算机信息处理功能不能按原设计的要求运行的行为。如果给国家重要计算机信息系统的功能造成破坏，给国家、集体组织或者个人造成重大经济损失，或者造成恶劣社会影响等严重后果发生，就构成犯罪，可依照《刑法》第二百八十六条破坏计算机信息系统罪定罪处罚。

二、关于对利用互联网危害国家安全和社会稳定的犯罪行为的法律适用问题

《互联网安全决定》第二条列举了以下四种利用互联网危害国家安全和社会稳定的具体犯罪行为：

（一）“利用互联网造谣、诽谤或者发表、传播其他有害信息，煽动颠覆国家政权、推翻社会主义制度，或者煽动分裂国家、破坏国家统一”，这在实践中主要表现为行为人通过电信终端在互联网上通过自设的网络或网页或者以向众多特定、不特定的人发送电子邮件的方式，制造各种政治谣言、捏造并散布诋毁和污蔑国家政权和社会主义制度的各种虚假的事实，或者发表、

传播其他有害信息，以此来煽动颠覆国家政权、推翻社会主义制度或者煽动分裂国家、破坏国家统一的行为。对于利用互联网煽动颠覆国家政权、推翻社会主义制度的，可依照《刑法》第一百零五条煽动颠覆国家政权罪定罪处罚；对于利用互联网煽动分裂国家、破坏国家统一的，可依照《刑法》第一百零三条煽动分裂国家罪定罪处罚。

（二）“通过互联网窃取、泄露国家秘密、情报或者军事秘密”，主要是指采用破译重要的密钥及准入的口令、修改身份证认定指令等方式，侵入事关国家秘密的计算机信息系统，窃取或者通过互联网泄露国家秘密、情报或者军事秘密的行为。对实施以上犯罪行为的，可视具体情况，分别依照《刑法》第一百一十一条为境外窃取、非法提供国家秘密、情报罪，第二百八十二条非法获取国家秘密罪，第三百九十八条故意泄露国家秘密罪，第四百三十一条非法获取军事秘密罪和为境外窃取、非法提供军事秘密罪，或者第四百三十二条故意泄露军事秘密罪定罪处罚。

（三）“利用互联网煽动民族仇恨、民族歧视、破坏民族团结”，主要是指以激起民族之间的仇恨、歧视，破坏民族团结为目的，利用互联网宣传、蓄意鼓动不同民族之间基于民族的来源、历史、风俗习惯等的不同，相互敌对、仇视，相互排斥、限制，损害民族平等地位的行为。对情节严重的，可依照《刑法》第二百四十九条煽动民族仇恨、民族歧视罪定罪处罚。

（四）“利用互联网组织邪教组织、联络邪教组织成员，破坏国家法律、行政法规实施”，这是目前以“法轮功”为代表的邪教组织进行反人民、反社会违法犯罪活动所惯用的手法。他们将互联网作为工具，在互联网上设置网站鼓吹或者向个人电子信箱发送李洪志的所谓“指示”、经文，宣传邪教教义；通过互联网联络“法轮功”组织骨干分子，组织、蛊惑、煽动、欺骗“法轮功”痴迷者围攻党政机关，举行非法集会和示威、游行，抗拒政府关于取缔“法轮功”的决定，破坏国家法律、行政法规的实施。对有以上犯罪行为的，可依照《刑法》第三百条组织、利用邪教组织破坏法律实施罪定罪处罚。

三、关于对利用互联网破坏社会主义市场经济秩序和社会管理秩序的犯罪行为的法律适用问题

《互联网安全决定》第三条列举了以下五种利用互联网破坏社会主义市场经济秩序和社会管理秩序的具体犯罪行为：

（一）“利用互联网销售伪劣产品或者对商品、服务作虚假宣传”，主要

是指利用互联网销售伪劣产品，或者对商品、服务作虚假宣传，坑害消费者的行为。对于利用互联网销售伪劣产品，构成犯罪的，可根据销售数额的大小、销售伪劣商品的不同，及其所产生的不同危害，依照《刑法》第一百四十条至第一百五十条有关生产、销售伪劣产品犯罪的规定定罪处罚。利用互联网对商品或者服务作虚假宣传，情节严重的，可依照《刑法》第二百二十二条虚假广告罪定罪处罚。

（二）“利用互联网损害他人商业信誉和商品声誉”，是指在互联网上通过个人设计的网站、网页或者以广泛发送电子邮件的方式捏造并散布虚假事实，对他人在商业活动中的信用程度、信誉度、生产能力、资金经营状况是否良好、商品质量的可信度和经过长期诚实生产、经营所形成的知名度等进行诋毁和歪曲的行为。此类行为给他人造成重大损失或者有其他严重情节，构成犯罪的，可依照《刑法》第二百二十一条损害商业信誉、商品声誉罪定罪处罚。

（三）“利用互联网侵犯他人知识产权”，主要包括在互联网上销售假冒他人注册商标的商品，销售非法制造的他人注册商标标识或销售伪造、擅自制造的注册商标标识，假冒他人专利，未经著作权人许可上网发行他人享有著作权的作品，销售侵犯他人著作权的复制品，通过互联网非法侵入他人计算机信息系统盗取他人的商业秘密，或者通过网站、网页或电子邮件披露行为人通过非法手段获取的他人商业秘密以及违反约定或者违反与权利人达成的有关保守秘密的要求，将其所掌握的他人的商业秘密通过互联网广为披露等行为。对以上利用互联网侵犯他人知识产权的行为，根据行为的不同，如果有“情节严重”，或者“销售金额数额较大”，或者“违法所得数额较大”，或者“给商业秘密的权利人造成重大损失”等情形的，即构成犯罪，可根据其行为特点、侵害对象及危害后果，依照《刑法》第二百一十三条至第二百二十条有关侵犯知识产权犯罪的规定定罪处罚。

（四）“利用互联网编造并传播影响证券、期货交易或者其他扰乱金融秩序的虚假信息”，这主要是指行为人利用自己的主页或网站、电子公告编造并且传播对证券、期货交易价格产生较大影响的虚假信息，以及其他扰乱金融秩序的虚假信息的行为，如编造传播银行利率、国家外汇汇率、金融政策要作重大调整等虚假信息的行为。根据我国刑法的规定，对“利用互联网编造并传播影响证券、期货交易的虚假信息”，扰乱证券、期货交易市场的，可依照《刑法》第一百八十一条规定的编造并传播证券、期货交易虚假信息罪定罪处罚。

（五）“在互联网上建立淫秽网站、网页，提供淫秽站点链接服务，或者传播淫秽书刊、影片、音像、图片”，这主要是指在互联网上建立淫秽网站、网页和提供淫秽站点链接服务，在网上提供淫秽色情信息、淫秽色情行业中介服务、发布淫秽色情广告或者在互联网上发布淫秽小说、书刊、影片、音像制品、图片等行为。对以上犯罪行为，可视具体情况依照《刑法》第三百六十三条规定所制作、复制、传播淫秽物品牟利罪，或者第三百六十四条规定的传播淫秽物品罪定罪处罚。

四、关于利用互联网侵犯公民人身、财产等合法权益的犯罪行为的法律适用问题

《互联网安全决定》第四条列举了以下三种具体的犯罪行为：

（一）“利用互联网侮辱他人或者捏造事实诽谤他人”，这主要是指利用互联网散布诋毁他人人格、破坏他人名誉的言论、文字、图画或者无中生有、凭空捏造虚假的事实，公然损害他人人格和名誉的行为。实践中表现为行为人在自设的网站、个人主页中对某一特定的人进行侮辱、诽谤或者向其他特定的或不特定的人的电子信箱中发送侮辱、诽谤某一特定人内容的电子邮件。利用互联网侮辱、诽谤他人，情节严重，构成犯罪的，可依照《刑法》第二百四十六条规定的侮辱罪或者诽谤罪定罪处罚。

（二）“非法截获、篡改、删除他人电子邮件或者其他数据资料，侵犯公民通信自由和通信秘密”，情节严重，构成犯罪的，可依照《刑法》第二百五十二条规定的侵犯通信自由罪定罪处罚。

（三）“利用互联网进行盗窃、诈骗、敲诈勒索”，主要是指行为人利用计算机网络系统或者产品加密等技术上的漏洞，利用解密、修改指令等破坏手段，擅自侵入计算机网络系统，将本属国家、集体或者他人的财产窃为己有。如擅自侵入银行计算机服务网络，将他人银行账号上的存款转到自己名下，或者利用电子商务（如签订电子合同、网上拍卖、网上招聘、网上购物、网上租赁等）进行诈骗，或者以在线发布张扬他人隐私或毁损他人名誉的主页、电子邮件等方式相威胁，勒索他人财物的行为。对于利用互联网实施盗窃、诈骗、敲诈勒索行为，构成犯罪的，可依照《刑法》关于盗窃罪、诈骗罪、敲诈勒索罪的规定定罪处罚。

（撰稿：黄太云）

2. 最高人民法院、最高人民检察院关于办理危害计算机信息系统安全刑事案件应用法律若干问题的解释（法释〔2011〕19号，自2011年9月1日起施行）

为依法惩治危害计算机信息系统安全的犯罪活动，根据《中华人民共和国刑法》、《全国人民代表大会常务委员会关于维护互联网安全的决定》的规定，现就办理这类刑事案件应用法律的若干问题解释如下：

第一条　非法获取计算机信息系统数据或者非法控制计算机信息系统，具有下列情形之一的，应当认定为刑法第二百八十五条第二款规定的"情节严重"：

（一）获取支付结算、证券交易、期货交易等网络金融服务的身份认证信息十组以上的；

（二）获取第（一）项以外的身份认证信息五百组以上的；

（三）非法控制计算机信息系统二十台以上的；

（四）违法所得五千元以上或者造成经济损失一万元以上的；

（五）其他情节严重的情形。

实施前款规定行为，具有下列情形之一的，应当认定为刑法第二百八十五条第二款规定的"情节特别严重"：

（一）数量或者数额达到前款第（一）项至第（四）项规定标准五倍以上的；

（二）其他情节特别严重的情形。

明知是他人非法控制的计算机信息系统，而对该计算机信息系统的控制权加以利用的，依照前两款的规定定罪处罚。

第二条　具有下列情形之一的程序、工具，应当认定为刑法第二百八十五条第三款规定的"专门用于侵入、非法控制计算机信息系统的程序、工具"：

（一）具有避开或者突破计算机信息系统安全保护措施，未经授权或者超越授权获取计算机信息系统数据的功能的；

（二）具有避开或者突破计算机信息系统安全保护措施，未经授权或者超越授权对计算机信息系统实施控制的功能的；

（三）其他专门设计用于侵入、非法控制计算机信息系统、非法获取计算机信息系统数据的程序、工具。

第三条 提供侵入、非法控制计算机信息系统的程序、工具，具有下列情形之一的，应当认定为刑法第二百八十五条第三款规定的“情节严重”：

（一）提供能够用于非法获取支付结算、证券交易、期货交易等网络金融服务身份认证信息的专门性程序、工具五人次以上的；

（二）提供第（一）项以外的专门用于侵入、非法控制计算机信息系统的程序、工具二十人次以上的；

（三）明知他人实施非法获取支付结算、证券交易、期货交易等网络金融服务身份认证信息的违法犯罪行为而为其提供程序、工具五人次以上的；

（四）明知他人实施第（三）项以外的侵入、非法控制计算机信息系统的违法犯罪行为而为其提供程序、工具二十人次以上的；

（五）违法所得五千元以上或者造成经济损失一万元以上的；

（六）其他情节严重的情形。

实施前款规定行为，具有下列情形之一的，应当认定为提供侵入、非法控制计算机信息系统的程序、工具“情节特别严重”：

（一）数量或者数额达到前款第（一）项至第（五）项规定标准五倍以上的；

（二）其他情节特别严重的情形。

第四条 破坏计算机信息系统功能、数据或者应用程序，具有下列情形之一的，应当认定为刑法第二百八十六条第一款和第二款规定的“后果严重”：

（一）造成十台以上计算机信息系统的主要软件或者硬件不能正常运行的；

（二）对二十台以上计算机信息系统中存储、处理或者传输的数据进行删除、修改、增加操作的；

（三）违法所得五千元以上或者造成经济损失一万元以上的；

（四）造成为一百台以上计算机信息系统提供域名解析、身份认证、计费等基础服务或者为一万以上用户提供服务的计算机信息系统不能正常运行累计一小时以上的；

（五）造成其他严重后果的。

实施前款规定行为，具有下列情形之一的，应当认定为破坏计算机信息系统“后果特别严重”：

（一）数量或者数额达到前款第（一）项至第（三）项规定标准五倍以上的；

（二）造成为五百台以上计算机信息系统提供域名解析、身份认证、计费等基础服务或者为五万以上用户提供服务的计算机信息系统不能正常运行累计一小时以上的；

（三）破坏国家机关或者金融、电信、交通、教育、医疗、能源等领域提供公共服务的计算机信息系统的功能、数据或者应用程序，致使生产、生活受到严重影响或者造成恶劣社会影响的；

（四）造成其他特别严重后果的。

第五条　具有下列情形之一的程序，应当认定为刑法第二百八十六条第三款规定的“计算机病毒等破坏性程序”：

（一）能够通过网络、存储介质、文件等媒介，将自身的部分、全部或者变种进行复制、传播，并破坏计算机系统功能、数据或者应用程序的；

（二）能够在预先设定条件下自动触发，并破坏计算机系统功能、数据或者应用程序的；

（三）其他专门设计用于破坏计算机系统功能、数据或者应用程序的程序。

第六条　故意制作、传播计算机病毒等破坏性程序，影响计算机系统正常运行，具有下列情形之一的，应当认定为刑法第二百八十六条第三款规定的“后果严重”：

（一）制作、提供、传输第五条第（一）项规定的程序，导致该程序通过网络、存储介质、文件等媒介传播的；

（二）造成二十台以上计算机系统被植入第五条第（二）、（三）项规定的程序的；

（三）提供计算机病毒等破坏性程序十人次以上的；

（四）违法所得五千元以上或者造成经济损失一万元以上的；

（五）造成其他严重后果的。

实施前款规定行为，具有下列情形之一的，应当认定为破坏计算机信息系统“后果特别严重”：

（一）制作、提供、传输第五条第（一）项规定的程序，导致该程序通过网络、存储介质、文件等媒介传播，致使生产、生活受到严重影响或者造成恶劣社会影响的；

（二）数量或者数额达到前款第（二）项至第（四）项规定标准五倍以上的；

（三）造成其他特别严重后果的。

第七条 明知是非法获取计算机信息系统数据犯罪所获取的数据、非法控制计算机信息系统犯罪所获取的计算机信息系统控制权，而予以转移、收购、代为销售或者以其他方法掩饰、隐瞒，违法所得五千元以上的，应当依照刑法第三百一十二条第一款的规定，以掩饰、隐瞒犯罪所得罪定罪处罚。

实施前款规定行为，违法所得五万元以上的，应当认定为刑法第三百一十二条第一款规定的“情节严重”。

单位实施第一款规定行为的，定罪量刑标准依照第一款、第二款的规定执行。

第八条 以单位名义或者单位形式实施危害计算机信息系统安全犯罪，达到本解释规定的定罪量刑标准的，应当依照刑法第二百八十五条、第二百八十六条的规定追究直接负责的主管人员和其他直接责任人员的刑事责任。

第九条 明知他人实施刑法第二百八十五条、第二百八十六条规定的行为，具有下列情形之一的，应当认定为共同犯罪，依照刑法第二百八十五条、第二百八十六条的规定处罚：

（一）为其提供用于破坏计算机信息系统功能、数据或者应用程序的程序、工具，违法所得五千元以上或者提供十人次以上的；

（二）为其提供互联网接入、服务器托管、网络存储空间、通讯传输通道、费用结算、交易服务、广告服务、技术培训、技术支持等帮助，违法所得五千元以上的；

（三）通过委托推广软件、投放广告等方式向其提供资金五千元以上的。

实施前款规定行为，数量或者数额达到前款规定标准五倍以上的，应当认定为刑法第二百八十五条、第二百八十六条规定的“情节特别严重”或者“后果特别严重”。

第十条 对于是否属于刑法第二百八十五条、第二百八十六条规定的“国家事务、国防建设、尖端科学技术领域的计算机信息系统”、“专门用于侵入、非法控制计算机信息系统的程序、工具”、“计算机病毒等破坏性程序”难以确定的，应当委托省级以上负责计算机信息系统安全保护管理工作的部门检验。司法机关根据检验结论，并结合案件具体情况认定。

第十一条 本解释所称“计算机信息系统”和“计算机系统”，是指具备自动处理数据功能的系统，包括计算机、网络设备、通信设备、自动化控制设备等。

本解释所称“身份认证信息”，是指用于确认用户在计算机信息系统上操作权限的数据，包括账号、口令、密码、数字证书等。

本解释所称“经济损失”，包括危害计算机信息系统犯罪行为给用户直接造成的经济损失，以及用户为恢复数据、功能而支出的必要费用。

权威解读

解读《最高人民法院、最高人民检察院关于办理危害计算机信息系统安全刑事案件应用法律若干问题的解释》

为依法惩治危害计算机信息系统安全犯罪活动，维护正常的计算机网络运行秩序，最高人民法院、最高人民检察院联合发布了《关于办理危害计算机信息系统安全刑事案件应用法律若干问题的解释》（以下简称《危害计算机信息系统安全解释》，法释〔2011〕19号），自2011年9月1日起施行。为便于司法实践中正确理解和适用，现就《危害计算机信息系统安全解释》的制定背景及经过、起草中的主要考虑、主要内容、时间效力等问题介绍如下。

一、《危害计算机信息系统安全解释》的制定背景及经过

随着计算机信息技术和互联网业的快速发展，计算机信息系统在现代社会中发挥着越来越重要的作用，大量的经济活动、社会交往和日常生活都依赖于计算机信息系统的正常运行。计算机信息系统的普及在极大地方便了人民群众的工作生活的同时，其自身的安全问题也日益突出。为保护计算机信息系统的安全，1997年《刑法》对危害计算机信息系统安全的犯罪作了规定：第二百八十五条对非法侵入国家事务、国防建设、尖端科学技术领域的计算机信息系统的行为作了规定；第二百八十六条对破坏计算机信息系统功能，破坏计算机信息系统中的数据和应用程序，制作、传播计算机病毒等破坏性程序的行为作了规定。针对维护计算机信息系统安全方面出现的新情况，《刑法修正案（七）》对1997年《刑法》关于危害计算机信息系统安全的犯罪作了补充：在《刑法》第二百八十五条增加第二款，对违反国家规定，侵入国家事务、国防建设、尖端科学技术领域的计算机信息系统以外的计算机信息系统或者采用其他技术手段，获取该计算机信息系统中存储、处理或者

传输的数据，或者对该计算机信息系统实施非法控制的行为作了规定；在《刑法》第二百八十五条增加第三款，对提供专门用于侵入、非法控制计算机信息系统的程序、工具，或者明知他人实施侵入、非法控制计算机信息系统的违法犯罪行为而为其提供程序、工具的行为作了规定。这些规定对于保护计算机信息系统安全，打击计算机网络犯罪发挥了重要作用。

2010 年 6 月，国务院新闻办公室发表了《中国互联网状况》白皮书，维护互联网安全是其中的重要内容。据《中国互联网状况》白皮书，近年来，网络犯罪呈上升趋势，我国面临黑客攻击、网络病毒等违法犯罪活动的严重威胁，是世界上黑客攻击的主要受害国之一。据不完全统计，2009 年我国被境外控制的计算机 IP 地址达 100 多万个；被黑客篡改的网站达 4.2 万个；被“飞客”蠕虫网络病毒感染的计算机每月达 1800 万台，约占全球感染主机数量的 30%。而据公安部提供的情况，近五年来，我国互联网上传播的病毒数量平均每年增长 80% 以上，互联网上平均每 10 台计算机中有 8 台受到黑客控制，公安机关受理的黑客攻击破坏活动相关案件平均每年增长 110%。而且，通过非法控制计算机信息系统、非法获取计算机信息系统数据、制作销售黑客工具等行为牟取巨额利润，进而逐步形成由制作黑客工具、销售黑客工具、非法获取计算机信息系统数据、非法控制计算机信息系统、倒卖非法获政的计算机信息系统数据、倒卖非法控制的计算机信息系统的控制权等各个环节构成的利益链条。

目前，严厉打击危害计算机信息系统安全犯罪，加大对信息网络安全的保护力度，刻不容缓。然而，在办理危害计算机信息系统案件的过程中，适用刑法相关规定遇到了一些问题，需要进一步明确：(1)《刑法》第二百八十五条、第二百八十六条规定的有关术语，如“专门用于侵入、非法控制计算机信息系统的程序、工具”和“计算机病毒等破坏性程序”等，其含义须作进一步明确。(2) 对犯罪行为的情节和后果缺乏可量化的衡量标准。《刑法》第二百八十五条、第二百八十六条涉及的“情节严重”“情节特别严重”“后果严重”“后果特别严重”等规定缺乏具体认定标准，办案部门认识不一，难以操作。(3) 对于倒卖计算机信息系统数据、控制权等行为的定性、以单位名义或者形式实施危害计算机信息系统安全犯罪的处理、危害计算机信息系统安全共同犯罪的处理等疑难问题，司法实务部门反映突出。有鉴于此，为适应司法实践需要，明确危害计算机信息系统安全犯罪的法律适用问题，在中央有关部门的大力协作下，最高人民法院会同最高人民检察院，于2009年下半年启动了《危害计算机信息系统安全解释》的制定工作。

“两高”抽调专门力量，负责起草司法解释。在充分了解当前危害计算机信息系统安全犯罪活动情况、司法实践遇到的问题的基础上，有关部门多次研究论证，拟出了解释初稿。2010年3月至6月，“两高”研究室会同公安部网络安全保卫局，对解释初稿进行了多次研究、修改，并前往案件多发地区进行调研，听取当地法院、检察、公安系统同志的意见。2010年7月至8月，将解释稿送请“两高”相关部门征求意见，并征求了全国部分高级人民法院、省级人民检察院和公安厅（局）的意见。根据反馈意见，形成专家论证稿，听取了陈兴良、张明楷等法律专家和方滨兴、季昕华等技术专家的意见，之后将解释稿送请全国人大常委会法工委刑法室、工业和信息化部办公厅、国家安全部法制办、国家保密局政法司征求意见。几经综合研究，反复修改，形成了《危害计算机信息系统安全解释》（送审稿），分别于2011年6月20日由最高人民法院审判委员会第1524次会议、2011年7月11日由最高人民检察院第11届检察委员会第63次会议通过，自2011年9月1日起施行。

二、《危害计算机信息系统安全解释》起草中的主要考虑

为确保《危害计算机信息系统安全解释》的内容科学合理，能够适应形势发展，满足司法实践需要，我们在起草过程中，着重注意把握了以下几点：

第一，科学合理确定危害计算机信息系统安全犯罪的定罪量刑标准。为给司法实务提供可操作的定罪量刑标准，《危害计算机信息系统安全解释》的不少条款都涉及数量或者数额，基于严厉打击危害计算机信息系统安全犯罪的考虑，我们立足司法实践，切实贯彻宽严相济刑事政策，对数量数额标准作出了相应规定。在制定过程中，我们组织专门力量深入司法实践，了解具体案件，为确定行为的社会危害性程度提供了依据，并充分听取了各方意见，最终确定了定罪量刑的相关数量或者数额标准。例如，根据数据的重要性程度不同对非法获取计算机信息系统数据罪的入罪标准予以合理区分，非法获取支付结算、证券交易、期货交易等网络金融服务的身份认证信息10组以上的构成犯罪，而非法获取其他身份认证信息500组以上的构成犯罪；根据司法实践的具体情况，并考虑有效惩治和震慑非法控制计算机信息系统犯罪的需要，将非法控制计算机信息系统罪的入罪标准规定为20台以上。

第二，注重斩断危害计算机信息系统安全犯罪的利益链条。近年来，危

害计算机信息系统安全犯罪猖獗和泛滥的深层次原因是形成了环环相扣的利益链条。因此，打击危害计算机信息系统安全犯罪的关键是要斩断利益链，这是制定《危害计算机信息系统安全解释》所要解决的核心问题之一。《危害计算机信息系统安全解释》的相关规定明确了制作黑客工具、销售黑客工具、非法获取计算机信息系统数据、非法控制计算机信息系统、倒卖非法获取的计算机信息系统数据、倒卖非法控制的计算机信息系统的控制权等各种行为的刑事责任，有利于从源头上切断利益链条，有效遏制危害计算机信息系统安全犯罪的蔓延和泛滥。

第三，有效解决打击危害计算机信息系统安全犯罪司法实践中反映突出的法律适用问题。多年来，司法机关在办理危害计算机信息系统安全犯罪案件的过程中遇到了许多困难。在《危害计算机信息系统安全解释》起草过程中，我们为适应司法实践需要，明确了危害计算机信息系统安全犯罪的定罪量刑标准，并特别解决了掩饰、隐瞒计算机信息系统数据、控制权行为的定性、以单位名义或者形式实施危害计算机信息系统安全犯罪的处理原则、危害计算机信息系统安全共同犯罪的处理原则等长期困扰司法实践的突出问题。

三、《危害计算机信息系统安全解释》的主要内容

《危害计算机信息系统安全解释》共十一条，大体而言，可以划分为如下三大块内容：（1）明确危害计算机信息系统安全犯罪的定罪量刑标准，对《刑法》第二百八十五条、第二百八十六条涉及的“情节严重”“情节特别严重”“后果严重”“后果特别严重”的具体情形作出规定；（2）界定危害计算机信息系统安全犯罪中术语的范围，对“计算机信息系统”“计算机系统”“专门用于侵入、非法控制计算机信息系统的程序、工具”“计算机病毒等破坏性程序”等术语的内涵、外延予以明确；（3）解决办理危害计算机信息系统安全犯罪中有关法律适用疑难问题，对掩饰、隐瞒计算机信息系统数据、控制权行为的定性、以单位名义或者形式实施危害计算机信息系统安全犯罪的处理原则、危害计算机信息系统安全共同犯罪的处理原则等问题作出明确规定。

（一）明确危害计算机信息系统安全犯罪的定罪量刑标准

1. 非法获取计算机信息系统数据、非法控制计算机信息系统行为的定罪量刑标准

《危害计算机信息系统安全解释》第一条共分为三款，明确了《刑法》

第二百八十五条第二款规定的非法获取计算机信息系统数据、非法控制计算机信息系统罪中“情节严重”“情节特别严重”的具体情形。

第一款规定了“情节严重”的具体认定标准。主要包括下列情形：第一项以获取网络金融服务的身份认证信息的数量为标准。与计算机信息系统安全相关的数据中最为重要的是用于认证用户身份的身份认证信息（如口令、证书等），此类数据通常是网络安全的第一道防线，也是网络盗窃的最主要对象，特别是非法获取电子银行、证券交易、期货交易等网络金融服务的账号、口令等身份认证信息的活动非常猖獗，故应对身份认证信息予以重点保护。根据司法实践的情况，综合考虑行为的社会危害性，获取支付结算、证券交易、期货交易等网络金融服务的身份认证信息10组以上即属“情节严重”。第二项以获取网络金融服务以外的身份认证信息的数量为标准。对于网络金融服务以外的其他网络服务，如网络即时通信、网络邮箱等，网络盗窃者非法获取这些身份认证信息的案件也较为多发。获取其他网络服务的身份认证信息500组以上的，应当认定为“情节严重”。需要注意的是，对于实践中发生的出于好奇、显示网络技术等目的而实施的打包盗窃论坛身份认证信息等行为，即使获取身份认证信息略微超过500组的，由于社会危害性也不大，也应当适用《刑法》第十三条但书的规定，不宜纳入刑事打击的范围。在司法实践中，要准确把握第一项和第二项规定的“一组”身份认证信息的概念。所谓一组身份认证信息，是指可以确认用户在计算机信息系统上操作权限的认证信息的一个组合。比如，某些网上银行需要用户名、密码和动态口令就可以转账，那么用户名、密码和动态口令就是一组身份认证信息；有的网上银行除上述三项信息外还需要手机认证码才可以转账，缺一不可，那么这四项信息才能构成一组身份认证信息。但是，对于身份认证信息，特别是密码信息，很多用户有经常更改密码的习惯，故认定一组身份认证信息不应以在办案过程中是否可以实际登录使用为判断标准，而应结合其非法获取身份认证信息的方法判断该身份认证信息在被非法获取时是否可用为依据。如使用的木马程序能有效截获用户输入的账号密码，则不管该密码当前是否可用，只要是使用该木马程序截获的账号、密码，则应认定为一组有效身份认证信息。第三项以非法控制计算机信息系统的数量为标准。在非法侵入计算机信息系统后，并未破坏计算机信息系统的功能或者数据，而是通过控制计算机信息系统实施特定操作的行为被称为“非法控制计算机信息系统”。很多攻击者通过控制大量计算机信息系统形成僵尸网络（Botnet），据统计，全世界的僵尸网络75%位于我国，有的僵尸网络控制的计算机信息系统甚至多达数十万台，这已成为我国互联网安全的重大隐患。为了解决上述问题，将非法控制计算机信息系统台数作为衡量情节严重的标准之一，即非法控制计算机信息系统20台以上的，应当认定为“情节严重”。第四项以违法所得或者经济损失的数额为标准。非法获取计算机信息系统数据、非法控制计算机信息系统行为的主要目的是牟利，且易给权利人造成经济损失，故将违法所得数额和财产损失数额作为衡量情节严重的标准之一，即违法所得5000元以上或者造成经济损失10000元以上的，应当认定为“情节严重”。第五项是关于兜底条款的规定。此外，第二款根据计算机网络犯罪的性质和危害程度，并参照以往有关司法解释，以“情节严重”的五倍为标准对“情节特别严重”作了规定。

明知是他人非法控制的计算机信息系统，而对该计算机信息系统的控制权加以利用，使得该计算机信息系统继续处于被控制状态，实际上是对该计算机信息系统实施控制，应当认定为非法控制计算机信息系统，故第三款明确规定对此种行为适用前两款关于非法控制计算机信息系统行为的定罪量刑标准。

2. 提供侵入、非法控制计算机信息系统程序、工具行为的定罪量刑标准

《危害计算机信息系统安全解释》第三条共分为两款，明确了《刑法》第二百八十五条第三款规定的提供侵入、非法控制计算机信息系统程序、工具罪中“情节严重”“情节特别严重”的具体情形。

第一款明确了“情节严重”的具体认定标准。对于提供专门用于侵入、非法控制计算机信息系统的程序、工具，或者明知他人实施侵入、非法控制计算机信息系统的违法犯罪行为而为其提供程序、工具的行为，主要从以下几个方面认定“情节严重”：一是提供的程序、工具的人次。其中，对于提供网银木马等“能够用于非法获取支付结算、证券交易、期货交易等网络金融服务的身份认证信息的专门性程序、工具”的行为，第一项规定提供5人次以上的即属“情节严重”；对于提供盗号程序、远程控制木马程序等其他专门用于侵入、非法控制计算机信息系统的程序、工具的，第二项规定提供的人次达到20人以上的属于“情节严重”；对于明知他人实施非法获取支付结算、证券交易、期货交易等网络金融服务的身份认证信息的违法犯罪行为而为其

提供程序、工具的，第三项规定提供5人次以上的即属“情节严重”；对于明知他人实施其他侵入、非法控制计算机信息系统的违法犯罪行为而为其提供程序、工具的，第四项规定提供20人次以上的属于“情节严重”。二是违法所得和经济损失数额。由于提供此类工具的行为主要以获利为目的，正是在非法获利的驱动下，互联网上销售各类黑客工具的行为才会泛滥，且往往会给权利人造成经济损失，故第五项将违法所得5000元以上或者造成经济损失10000元以上作为认定“情节严重”的标准之一。三是对于其他无法按照提供的人次、违法所得数额、经济损失数额定罪的，第六项设置了兜底条款。此外，第二款规定“情节严重”和“情节特别严重”之间为五倍的倍数关系。

3. 破坏计算机信息系统功能、数据或者应用程序行为的定罪量刑标准

《解释》第四条共分为两款，明确了《刑法》第二百八十六条第一款、第二款规定的破坏计算机信息系统罪中“后果严重”“后果特别严重”的具体情形。

第一款规定了“后果严重”的具体认定标准。对于破坏计算机信息系统功能、数据或者应用程序行为，主要从以下几个方面认定“后果严重”：一是破坏计算机信息系统的数量。第一项规定，造成十台以上计算机信息系统的主要软件或者硬件不能正常运行的，属于“后果严重”。需要注意的是，“计算机信息系统的主要软件或者硬件不能正常运行”，不能仅理解为计算机信息系统不能启动或者不能进入操作系统等极端情况，而是既包括计算机信息系统主要软件或者硬件的全部功能不能正常运行，也包括计算机信息系统主要软件或者硬件的部分功能不能正常运行。根据《刑法》第二百八十六条第二款的规定，“对计算机信息系统中存储、处理或者传输的数据和应用程序进行删除、修改、增加的操作”，也是破坏计算机信息系统的方式之一。需要强调的是，从司法实践来看，破坏数据、应用程序的案件，主要表现为对数据进删除、修改、增加的操作，鲜有破坏应用程序的案件。因此，对于《刑法》第二百八十六条“对计算机信息系统中存储、处理或者传输的数据和应用程序进行删除、修改、增加的操作”的规定，应当理解为“数据”“应用程序”均可以成为犯罪对象，而并不要求一次破坏行为必须同时破坏数据和应用程序，这样才能实现对计算机信息系统中存储、处理或者传输的数据、应用程序的有效保护，有效维护计算机信息系统安全。基于上述考虑，第二项规定，

对20台以上计算机信息系统中存储、处理或者传输的数据进行删除、修改、增加的操作的，应当认定为“情节严重”。二是违法所得、经济损失的数额，第三项规定，违法所得5000元以上或者造成经济损失10000元以上的属于“后果严重”。三是针对特定类型的计算机信息系统作出特殊规定。在网络上存在很多为其他计算机信息系统提供基础服务的系统，如域名解析服务器、路由器、身份认证服务器、计费服务器等，对这些服务器实施攻击可能导致大量的计算机信息系统瘫痪。比如，一个域名解析服务器可能为数万个网站提供域名解析服务，对其实施拒绝服务攻击将可能导致数万个网站无法访问，表面上其攻击行为仅破坏了一台服务器的功能，但由此引发的后果却远大于此。因此，针对特定类型或者特定领域计算机信息系统的攻击是互联网上危害最为严重的攻击行为，应当对此作出专门规定。第四项规定，造成为100台以上计算机信息系统提供域名解析、身份认证、计费等基础服务或者为10000人以上用户提供服务的计算机信息系统不能正常运行累计一小时以上的，属于“后果严重”。司法实务中应当注意的是，认定被破坏的计算机信息系统是否属于本款第四项中的“为一万以上用户提供服务的计算机信息系统”和第二款第二项中“为五万以上用户提供服务的计算机信息系统”可按如下方法：有注册用户的按照其注册用户数量统计，没有注册用户的按照其服务对象的数量统计。此外，第五项为兜底条款。

第二款规定了“后果特别严重”的具体情形。第一项规定，通常情况下，“后果严重”和“后果特别严重”之间为五倍的倍数关系。第二项针对为其他计算机信息系统提供基础服务或者其他服务的特定类型计算机信息系统作出特殊规定。此外，国家机关或者金融、电信、交通、教育、医疗、能源领域的计算机信息系统主要用于提供公共服务。考虑到此类计算机信息系统的特殊性，第三项将破坏该类计算机信息系统功能或者数据，致使生产、生活受到严重影响或者造成恶劣社会影响的情形规定为“情节特别严重”。

需要注意的是，《危害计算机信息系统安全解释》第四条只是明确了破坏计算机信息系统功能、数据或者应用程序行为的“后果严重”“后果特别严重”的具体情形，是否构成犯罪，还需要结合刑法规定的其他要件判断。而根据《刑法》第二百八十六条第一款、第二款的规定，破坏计算机信息系统功能和破坏计算机信息系统数据、应用程序行为的入罪要件并不相同，前者要求“造成计算机信息系统不能正常运行”，而后者不需要这一要件。因此，在司法实践中，需要依据《刑法》和《危害计算机信息系统安全解释》的规定，根据具体案件情况进行分析判断，确保定罪量刑准确。

4. 故意制作、传播计算机病毒等破坏性程序行为的定罪量刑标准

《危害计算机信息系统安全解释》第六条共分为两款，明确了故意制作、传播计算机病毒等破坏性程序，影响计算机系统正常运行行为的定罪量刑标准。

根据《刑法》第二百八十六条第三款的规定，故意制作、传播计算机病毒等破坏性程序，影响计算机系统正常运行，是破坏计算机信息系统的一种情形。在起草过程中，着重考虑了如下两个问题：一是对于制作计算机病毒等破坏性程序的行为，如果仅制作而不传播，则不可能“影响计算机信息系统正常运行”，故制作计算机病毒等破坏性程序的行为不可能独立构成犯罪。换言之，《刑法》第二百八十六条第三款本身并不属于“制作、提供工具犯罪”，故对于互联网上制作、销售计算机病毒等破坏性程序的行为无法独立打击。二是将向他人提供（也即人到人的“传播”）计算机病毒等破坏性程序的行为都纳入“传播”的范畴，但同时也要求其行为必须最终导致“影响计算机信息系统正常运行”，即其制作、提供的计算机病毒等破坏性程序最终被使用并产生后果，避免突破刑法条文的规定。

在此基础上，第一款明确了“情节严重”的具体认定标准。《危害计算机信息系统安全解释》第五条第一项规定的计算机病毒程序具有自我复制传播特性，其传播方式容易引起大规模传播。由于此类程序一经传播即无法控制其传播面，也无法对被侵害的计算机逐一取证确认其危害后果，因此，本款第一项规定制作、提供、传输该类程序，只要导致该程序通过网络、存储介质、文件等媒介传播的，即应当认定为“后果严重”。而“逻辑炸弹”等其他破坏性程序在未触发之前，并不破坏计算机信息系统，只存在潜在的破坏性，只有向被害计算机信息系统植入该程序，才满足“影响计算机信息系统正常运行”的要件。因此，第二项规定向20台以上计算机系统植入其他的破坏性程序的，应当认定为“后果严重”。以提供计算机病毒等破坏性程序的人次、违法所得数额、经济损失数额作为衡量“情节严重”的标准，第三项、第四项规定提供计算机病毒等破坏性程序10人次以上、违法所得5000元以上或者造成经济损10000元以上属于“后果严重”。此外，第五项为兜底条款。

第二款规定“后果特别严重”的认定标准。计算机病毒容易引起大规模传播，且一经传播即无法控制其传播面，故第一项特别规定制作、提供、传输计算机病毒，导致该程序通过网络、存储介质、文件等媒介传播，致使生产、生活受到严重影响或者造成恶劣社会影响的，应属“后果特别严重”。其他情况下，“后果严重”和“后果特别严重”之间为五倍的倍数关系。

（二）界定危害计算机信息系统安全犯罪中术语的范围

1.“专门用于侵入、非法控制计算机信息系统的程序、工具”的范围界定

《危害计算机信息系统安全解释》第二条明确了《刑法》第二百八十五条第三款规定的“专门用于侵入、非法控制计算机信息系统的程序、工具”的具体范围。

本条解释的关键是对《刑法》第二百八十五条第三款规定的“专门”一词的含义作出明确。参考立法机关编写的相关论著，《刑法》第二百八十五条第三款的“专门用于侵入、非法控制计算机信息系统的程序、工具”，“是指行为人所提供的程序、工具只能用于实施非法侵入、非法控制计算机信息系统的用途”。[①] 可见，其区别于一般的程序、工具之处在于此类程序、工具专门是用于违法犯罪目的，而不包括那些既可以用于违法犯罪目的又可以用于合法目的的“中性程序”。因此，“专门”是对程序、工具本身的用途非法性的限定，是通过程序、工具本身的用途予以体现的。而程序、工具本身的用途又是由其功能所决定的，如果某款程序、工具在功能设计上就只能用来违法地实施控制、获取数据的行为，则可以称为“专门工具、程序”。我们认为，从功能设计上可以对“专门用于侵入、非法控制计算机信息系统的程序、工具”作如下限定：

首先，程序、工具本身具有获取计算机信息系统数据，控制计算机信息系统的功能。《刑法》第二百八十五条第三款的用语是“专门用于侵入、非法控制计算机信息系统的程序、工具”，从字面上看，没有涉及“专门用于非法获取数据的工具”。但是，从刑法规范的逻辑角度而言，《刑法》第二百八十五条第三款应当是前两款的工具犯。换言之，通过侵入计算机信息系统而非

① 全国人大常委会法工委刑法室编：《中华人民共和国刑法·条文说明、立法理由及相关规定》，北京大学出版社2009年版，第592页。

法获取数据的专门性程序、工具也应当纳入“专门用于侵入计算机信息系统的程序、工具”的范畴，这并未超越刑法用语的规范含义。因此，“专门用于侵入、非法控制计算机信息系统的程序、工具”，既包括专门用于侵入、非法控制计算机信息系统的程序、工具，也包括通过侵入计算机信息系统而非法获取数据的专门性程序、工具。顺带需要提及的是，基于同样的理由，《刑法》第二百八十五条第三款后半句规定的“明知他人实施侵入、非法控制计算机信息系统的违法犯罪行为而为其提供程序、工具”，这里的“侵入”既包括非法侵入计算机信息系统行为，也包括通过侵入计算机信息系统而非法获取数据的行为。由于专门用于实施非法侵入计算机信息系统的程序、工具较为少见，而且难以从功能上对其作出界定，对其主要应通过主观设计目的予以判断（即本条第三项的规定）。基于上述考虑，这里主要强调了程序、工具本身的获取数据和控制功能。

其次，程序、工具本身具有避开或者突破计算机信息系统安全保护措施的功能。有不少木马程序既可用于合法目的也可用于非法目的，属于“中性程序”。比如，Windows 系统自带的终端服务（terminal service）也可以用于远程控制计算机信息系统，很多商用用户运用这种远程控制程序以远程维护计算机信息系统。通常情况下，攻击者使用的木马程序必须故意逃避杀毒程序的查杀、防火墙的控制，故此类木马程序区别于“中性的”商用远程控制程序的主要特征是其具有“避开或者突破计算机信息系统安全保护措施”的特征，如自动停止杀毒软件的功能、自动卸载杀毒软件功能等，在互联网上广泛销售的所谓“免杀”木马程序即属于此种类型的木马程序。因此，本条将“专门用于避开或者突破计算机信息系统安全保护措施”作为界定标准之一。

最后，程序、工具获取数据和控制功能，在设计上即能在未经授权或者超越授权的状态下得以实现。这是专门程序、工具区别于“中性程序、工具”的典型特征，是该类程序违法性的集中体现。例如，“网银大盗”程序通过键盘记录的方式，监视用户操作，当用户使用个人网上银行进行交易时，该程序会恶意记录用户所使用的账号和密码，记录成功后，程序会将盗取的账号和密码发送给行为人。该程序在功能设计上即可在无须权利人授权的情况下获取其网上银行账号、密码等数据。“中性程序、工具”不具备在未经授权或超越授权的情况下自动获取数据或者控制他人计算机信息系统的功能。

基于上述考虑，本条第一项、第二项将具有避开或者突破计算机信息系统安全保护措施，未经授权或者超越授权获取计算机信息系统数据的功能或者对计算机信息系统实施控制的功能的程序、工具列为“专门用于侵入、非法控制计算机信息系统的程序、工具”。这两类程序都符合了上述三个要件，明显有别于“中性程序”，能够被认定为“专门性程序、工具”。此外，第三项还列出了其他专门设计用于侵入、非法控制计算机信息系统、非法获取计算机信息系统数据的程序、工具。在黑客攻击破坏活动中还存在很多专门为实施违法犯罪活动而设计的程序、工具，如攻击者针对某类网吧管理系统的漏洞专门设计的侵入程序，针对某个网络银行系统设计专用的侵入程序，此类程序难以进行详细分类并一一列举，也难以准确地概括其违法性的客观特征。因此，此处规定并不是通过程序的客观特性界定其范围，而是通过设计者的主观动机予以界定，具体哪些程序属于这一范畴应当具体情形具体分析。

2. “计算机病毒等破坏性程序”的范围界定

《危害计算机信息系统安全解释》第五条明确了《刑法》第二百八十六条第三款规定的“计算机病毒等破坏性程序”的具体范围。主要涵括了如下三类程序：第一项将能够通过网络、存储介质、文件等媒介，将自身的部分、全部或者变种进行自我复制、传播，并破坏计算机系统功能、数据或者应用程序的程序（计算机病毒）纳入计算机病毒等破坏性程序范围。此类程序的危害性主要是其传播方式容易引起大规模传播，而且一经传播即无法控制其传播面，也无法对被侵害的计算机逐一取证确认其危害后果。第二项将能够在预先设定条件下自动触发，并破坏计算机系统数据、功能或者应用程序的程序（逻辑炸弹）纳入计算机病毒等破坏性程序的范围。此类程序一旦被触发即可破坏计算机信息系统数据、功能或者应用程序，但在未触发之前仍存在潜在的破坏性。第三项将其他专门设计用于破坏计算机系统数据、功能或者应用程序的程序纳入计算机病毒等破坏性程序的范围。

3. “计算机信息系统”和“计算机系统”的范围界定

《危害计算机信息系统安全解释》第十一条第一款对“计算机信息系统”和“计算机系统”的内涵和外延进行了界定。

《刑法》第二百八十五条、第二百八十六条使用了“计算机信息系统”“计算机系统”两种表述，其中《刑法》第二百八十六条第三款有关制作、传播计算机病毒等破坏性程序的条款中使用的是“计算机系统”，其他条款使用的则是“计算机信息系统”。本条对这两种表述作了统一界定，原因如下：

一是从技术角度看，这两种表述已无法区分。《刑法》第二百八十五条、第二百八十六条立法区分这两者的原意是考虑侵入计算机信息系统、破坏计算机信息系统功能、数据或者应用程序的对象应当是数据库、网站等提供信息服务的系统，而传播计算机病毒如果只影响计算机操作系统（计算机系统）本身，即使不对系统上的信息服务造成影响也应当受到处罚。但随着计算机技术的发展，计算机操作系统与提供信息服务的系统已密不可分。如很多操作系统自身也提供 WEB（互联网）服务、FTP（文件传输协议）服务，而侵入操作系统也就能够实现对操作系统上提供信息服务的系统实施控制，破坏操作系统的数据或者功能也就能够破坏操作系统上提供信息服务的系统的数据或者功能，从技术角度无法准确划分出提供信息服务的系统和操作系统。二是从保护计算机信息系统安全这一立法目的出发，对这两种表述进行区分没有必要。不论危害的是计算机操作系统还是提供信息服务的系统，只要情节严重或者造成严重后果的，都应当追究刑事责任。三是经对美国、德国等国的网络犯罪立法进行研究，这些国家均在立法中使用单一的计算机系统、计算机等术语，而未对计算机信息系统和计算机系统作出区分。

本款将“计算机信息系统”和“计算机系统”统一界定为“具备自动处理数据功能的系统”，原因如下：一是具备自动处理数据功能的系统都可能成为被攻击的对象，有必要将其纳入刑法保护范畴。随着信息技术的发展，各类内置有可以编程、安装程序的操作系统的数字化设备广泛应用于各个领域，其本质与传统的计算机系统已没有任何差别。这些设备都可能受到攻击破坏：互联网上销售的专门用于控制手机的木马程序，可以通过无线网络获取手机中的信息；通过蓝牙、WIFI（将电脑、手持设备等终端以无线方式互相连接的技术）等无线网络传播病毒的案件也呈现快速增长态势；在工业控制设备中可能植入破坏性程序，使得工业控制设备在特定条件下运行不正常；在打印机、传真机等设备中可以内置程序非法获取相关数据。总之，任何内置有操作系统的智能化设备都可能成为入侵、破坏和传播计算机病毒的对象，因此，应当将这些设备的安全纳入刑法保护范畴。二是本定义借鉴了多个国家有关法律的相关定义。如美国将计算机定义为“具备自动处理数据的功能的一个或者一组设备”，欧盟网络犯罪公约将计算机定义为“由软件和硬件构成的用于自动处理数据的设备”，其出发点都是将保护计算机信息系统安全的法律适用于所有具有自动处理数据功能的设备。

为使相关界定更加明确，方便司法实践适用，本款采用了概括加列举的解释方法，即在对“计算机信息系统”“计算机系统”作归纳定义的同时，还列举“计算机”“网络设备”“通信设备”“自动化控制设备”等具体情形。其中，网络设备是指由路由器、交换机等组成的用于连接网络的设备；通信设备包括手机、通信基站等用于提供通信服务的设备；自动化控制设备是指在工业中用于实施自动化控制的设备，如电力系统中的监测设备、制造业中的流水线控制设备等。

4. “身份认证信息”的范围界定

由于《危害计算机信息系统安全解释》多处涉及“身份认证信息”这一术语，第十一条第二款明确了“身份认证信息”的内涵和外延。考虑到司法实践的具体情形，采用了概括加列举的方法，将“身份认证信息”界定为用于确认用户在计算机信息系统上操作权限的数据，包括账号、口令、密码、数字证书等。从实践来看，数字签名、生物特征等都属于身份认证信息。

5. “经济损失”的范围界定

《危害计算机信息系统安全解释》第十一条第三款明确了“经济损失”的计算范围，具体包括危害计算机信息系统犯罪行为给用户造成的直接经济损失，以及用户为恢复数据、功能而支出的必要费用。需要注意的是，破坏计算机信息系统功能、数据给用户带来的预期利益的损失不能纳入“经济损失”的计算范围。

6. 危害计算机信息系统安全犯罪案件的检验问题

考虑到危害计算机信息系统安全犯罪案件的司法认定专业性强，为确保相关案件依法得到稳妥、正确处理，《危害计算机信息系统安全解释》第十条专门规定对于是否属于“国家事务、国防建设、尖端科学技术领域的计算机信息系统”“专门用于侵入、非法控制计算机信息系统的程序、工具”“计算机病毒等破坏性程序”难以确定的，应当委托省级以上负责计算机信息系统安全保护管理工作的部门检验。司法机关根据检验结论，并结合案件具体情况认定。《计算机信息系统安全保护条例》（国务院第147号令）第六条规定：“公安部主管全国计算机信息系统安全保护工作。国家安全部、国家保密局和国务院其他有关部门，在国务院规定的职责范围内做好计算机信息系统安全保护的有关工作。”因此，对于相关情形难以确定的，应当根据案件具体涉及的领域，从省级以上的公安部门、国家安全部门、保密部门或者其他有关部门中选取确定检验部门。从实践来看，进行检验的部门主要应当是省级以上公安机关。

（三）解决办理危害计算机信息系统安全犯罪中有关法律适用疑难问题

1. 掩饰、隐瞒计算机信息系统数据、控制权行为的定性

《危害计算机信息系统安全解释》第七条明确了明知是非法获取计算机信息系统数据犯罪所获取的数据、非法控制计算机信息系统犯罪所获取的计算机信息系统控制权，而予以转移、收购、代为销售或者以其他方法掩饰、隐瞒行为的定性问题。

危害计算机信息系统安全犯罪活动的一个重要特点是分工细化。例如，在非法获取计算机信息系统数据活动中，制作非法获取数据的程序、传播用于非法获取数据的程序、非法获取数据、获取数据后销赃获利、使用数据等行为通常由不同人员实施。在这些行为中，由于行为人之间事前无通谋，欠缺共同犯罪故意，难以依据共同犯罪予以打击。目前，收购、代为销售或者以其他方法掩饰、隐瞒计算机信息系统数据、控制权的行为已经非常泛滥，甚至形成了大规模的网上交易平台。

《刑法修正案（六）》《刑法修正案（七）》两次对1997年《刑法》第三百一十二条进行了修改，形成了现在的表述。从现在的规定来看，《刑法》第三百一十二条的对象不限于赃物，而是涵括除《刑法》第一百九十一条规定的洗钱罪的上游犯罪以外的所有犯罪的犯罪所得及其产生的收益。因此，"《刑法》第三百一十二条的适用范围就扩大到了除《刑法》第一百九十一条规定的上游犯罪以外的所有犯罪"。① 基于上述考虑，《刑法》第二百八十五条第二款也应当成为《刑法》第三百一十二条的适用范围。明知是非法获取计算机信息系统数据犯罪所获取的数据、非法控制计算机信息系统犯罪所获取的计算机信息系统控制权，而予以转移、收购、代为销售或者以其他方法掩饰、隐瞒的，应当构成掩饰、隐瞒犯罪所得罪。针对司法实践的具体情形，第一款规定明知是非法获取计算机信息系统数据犯罪所获取的数据、非法控制计算机信息系统犯罪所获取的计算机信息系统控制权，而予以转移、收购、代为销售或者以其他方法掩饰、隐瞒的，违法所得数额在5000元以上的，以掩饰、隐瞒犯罪所得罪追究刑事责任。第二款规定违法所得数额在50000元以

① 黄太云：《〈刑法修正案（六）〉的理解与适用（下）》，载《人民检察》2006年第15期。

上的，应当认定为“情节严重”。针对单位犯罪的情形，第三款专门规定单位犯罪的，定罪量刑标准依照自然人犯罪的定罪量刑标准执行。

需要说明的是，《刑法》第三百一十二条规定的“犯罪所得”过去多限于财产、物品等，将其适用于计算机信息系统数据、控制权，是否可行，有关方面认识不一。经慎重研究，我们认为，计算机信息系统数据、控制权可以成为掩饰、隐瞒犯罪所得罪的犯罪对象。主要有如下考虑：一是计算机信息系统数据、控制权是一种无形物，属于“犯罪所得”的范畴，理应成为掩饰、隐瞒犯罪所得罪的对象。将计算机信息系统数据、控制权解释为犯罪所得，符合罪刑法定原则。二是从刑法体系看，《刑法》第三百一十二条的掩饰、隐瞒犯罪所得罪的上游犯罪应该涵盖第一百九十一条洗钱罪规定的上游犯罪以外的所有犯罪，理应适用于危害计算机信息系统安全犯罪。三是作出这种解释，也是司法实践的现实需要。从危害计算机信息系统安全犯罪的现状来看，掩饰、隐瞒计算机信息系统数据、控制权的现象十分突出，不予以打击将无法切断危害计算机信息系统安全犯罪的利益链条，难以切实保障计算机信息系统安全。

此外，在起草过程中，有建议主张对倒卖计算机信息系统控制权的行为直接按非法控制计算机信息系统罪定罪处罚。经认真研究认为，该建议不宜采纳。因为在倒卖控制权的过程中，行为人可能事实上未控制他人计算机信息系统，故不宜按照非法控制计算机信息系统罪定罪处罚，而只能适用掩饰、隐瞒犯罪所得罪。

2. 以单位名义或者单位形式实施危害计算机信息系统安全犯罪的处理规则

《危害计算机信息系统安全解释》第八条明确了以单位名义或者单位形式实施危害计算机信息系统安全犯罪如何追究刑事责任的问题。

《刑法》第二百八十五条、第二百八十六条规定的危害计算机信息系统安全犯罪系自然人犯罪。而从司法实践来看，非法侵入计算机信息系统、非法获取计算机信息系统数据、非法控制计算机信息系统、提供侵入、非法控制计算机信息系统的程序、工具以及破坏计算机信息系统行为，不少是由单位实施的。公安机关查处这类案件后，往往难以处理。为切实惩治危害计算机信息系统安全犯罪，确保相关案件顺利移送起诉、依法审判，本条规定以单位名义或者形式实施危害计算机信息系统安全犯罪，达到《危害计算机信息系统安全解释》规定的定罪量刑标准的，应当依照《刑法》第二百八十五条、第二百八十六条的规定追究直接负责的主管人员和其他直接责任人员的刑事责任。主要考虑如下：

第一，对以单位名义或者形式实施危害计算机信息系统安全犯罪的案件追究直接负责的主管人员和其他直接责任人员的刑事责任，是司法实践的现实需要。由于危害计算机信息系统安全活动的实施有一定的技术、资金要求，实践中此类案件不少是一些网络公司、增值服务公司所为。这些公司并非为了进行违法犯罪活动而设立，设立后也不是以实施犯罪为主要活动，故无法按照自然人犯罪对其追究刑事责任。在此背景下，如对以单位名义或者形式实施的危害计算机信息系统安全犯罪不作出明确规定，司法机关对此种行为将难以追究刑事责任，必然会导致不少严重危害计算机信息系统安全的行为无法得到有效惩治。而追究直接负责的主管人员和其他直接责任人员的刑事责任，符合刑法的规定，也是当前打击犯罪、维护社会秩序的需要。

第二，对以单位名义或者形式实施危害计算机信息系统安全犯罪的案件追究直接负责的主管人员和其他直接责任人员的刑事责任，在司法文件中有先例可循。例如，1998年《最高人民法院关于审理拒不执行判决、裁定案件具体应用法律若干问题的解释》① 第四条规定："负有执行人民法院判决、裁定义务的单位直接负责的主管人员和其他直接责任人员，为了本单位的利益实施本解释第三条所列行为之一，造成特别严重后果的，对该主管人员和其他直接责任人员依照刑法第三百一十三条的规定，以拒不执行判决、裁定罪定罪处罚。"而该解释第三条所涉及的拒不执行人民法院判决、裁定罪即为自然人犯罪。

3. 危害计算机信息系统安全共同犯罪处理规则

《危害计算机信息系统安全解释》第九条明确了危害计算机信息系统安全共同犯罪的认定标准和处理原则。

与传统犯罪不同，危害计算机信息系统安全犯罪活动分工细化，形成了利益链条。为危害计算机信息系统违法犯罪行为提供用于破坏计算机信息系统功能、数据的程序，提供互联网接入、服务器托管、网络存储空间、通讯

---

① 现已失效，已被《最高人民法院、最高人民检察院、公安部关于依法严惩查处拒不执行判决裁定和暴力抗拒法院执行犯罪行为有关问题的通知》代替。

传输通道、费用结算、交易服务、广告服务、技术培训、技术支持等帮助，通过委托其推广软件、投放广告等方式向其提供资金等行为十分突出，行为人从中牟取了巨大利润，也使得实施危害计算机信息系统安全犯罪活动的“技术门槛”日益降低。例如，在司法实践中，很多实施危害计算机信息系统安全犯罪活动的行为人只有初中文化程度，其往往是通过购买用于破坏计算机信息系统功能、数据的程序、工具或者获取技术帮助进而实施危害计算机信息系统安全犯罪的。再如，通过互联网搜索引擎可以发现，黑客培训广告已经不计其数。可以说，危害计算机信息系统安全犯罪活动分工细化和进而形成的利益链条，导致了危害计算机信息系统安全犯罪活动迅速蔓延。

本条规定的目的就是切断黑客攻击破坏活动相关利益链条：由于《刑法》第二百八十五条第三款将明知他人实施侵入、非法控制计算机信息系统而向其提供程序、工具的行为入罪，而对于“明知他人实施破坏计算机信息系统功能或者数据的犯罪行为，而为其提供用于破坏计算机信息系统功能、数据或者应用程序的程序或者工具”的行为并未单独入罪处罚，第一项将其作为共犯处理；第二项将向危害计算机系统安全行为提供帮助获利的行为作为共犯处理；第三项将从危害计算机信息系统安全行为获得帮助并向其提供资金的行为作为共犯处理。

需要特别说明的是，网络环境下的共同犯罪具有殊于传统共同犯罪的特性。在传统犯罪中，一个人通常只能是单个人或者少数人的共犯。而在网络犯罪中，一个人往往能够成为很多人的共犯。例如，用于破坏计算机信息系统功能、数据或者应用程序的程序、工具的制造者，可以向数以万计甚至更多的破坏计算机信息系统行为人提供程序、工具，成为破坏计算机信息系统实行行为的帮助犯。在这种背景下，一方面，要求抓获所有接受帮助行为的实行犯并查清相关情况，在司法实践中不具有可操作性；另一方面，可能存在所有的实行行为均未达到入罪标准，但帮助犯由于向数以万计的实行行为提供了帮助，其行为性质反而更重的情况，对帮助犯更有惩罚的必要。故而，基于宽严相济刑事政策的考量，按照《淫秽电子信息解释（二）》第七条、《网络赌博意见》第二条的思路，本条对于共犯的成立设置了独立的定罪量刑标准，对情节严重的行为予以刑事惩治。

在司法适用过程中，需要注意如下两个问题：（1）跨国共同犯罪的处理问题。由于网络无国界，危害计算机信息系统安全犯罪行为和犯罪结果可能分别发生在中华人民共和国领域内外。根据《刑法》第六条的规定，犯罪的行为或者结果有一项发生在中华人民共和国领域内的，就认为是在中华人民共和国领域内犯罪。因此，对于这类危害计算机信息系统安全犯罪案件，只要其危害后果最终发生在中华人民共和国领域内，就应当认为是在中华人民共和国领域内犯罪，应当适用我国《刑法》的相关规定。在此前提下，可能对境外实行犯无法实际行使刑事管辖权，在境外实行犯未归案的情况下，对于境内为境外实行犯提供帮助的行为人，应当依照本条确定的规则处理。

（2）帮助犯在共同犯罪中的类型认定问题。与传统犯罪不同，网络环境中的帮助犯在共同犯罪中所起的作用具有一定的特殊性和复杂性，并非只起次要和辅助作用，也可能起主要作用。因此，对于行为人帮助他人实施《刑法》第二百八十五条、第二百八十六条规定的行为的，应当根据其在共同犯罪中的作用予以认定，既可以认定为主犯，也可以认定为从犯。

四、《危害计算机信息系统安全解释》的时间效力

在司法适用中，需注意《危害计算机信息系统安全解释》的时间效力问题。根据“两高”公告，《危害计算机信息系统安全解释》自2011年9月1日起施行。考虑到《危害计算机信息系统安全解释》施行后，不少危害计算机信息系统安全犯罪案件尚未处理或者正在处理过程中，在此有必要明确《危害计算机信息系统安全解释》的时间效力问题。根据《最高人民法院、最高人民检察院关于适用刑事司法解释时间效力问题的规定》，对于《危害计算机信息系统安全解释》施行前发生的行为，由于行为时没有相关司法解释，对于《危害计算机信息系统安全解释》施行后尚未处理或者正在处理的案件，应当依照《危害计算机信息系统安全解释》的规定办理。需要注意的是，对于《危害计算机信息系统安全解释》施行前已办结的案件，按照当时的法律，认定事实和适用法律没有错误的，不再变动。

（撰稿：喻海松）

（三）疑难、复杂问题的参考性解答

1. 如何认定“计算机信息系统”？

依照《危害计算机信息系统安全解释》的规定，是指具备自动处理数据功能的系统，包括计算机、网络设备、通信设备、自动化控制设备等。其中，网络设备是指由路由器、交换机等组成的用于连接网络的设备；通信设备包

括手机、通信基站等用于提供通信服务的设备；自动化控制设备是指在工业中用于实施自动化控制的设备，如电力系统中的监测设备、制造业中的流水线控制设备等。本罪侵入的计算机信息系统只限于国家事务、国防建设、尖端科学技术领域。国家事务、国防建设和尖端科学技术领域的计算机信息系统传输、处理、存储着大量有关国家事务、国防建设、尖端科学技术的绝密、机密资料和数据信息。如果这一信息系统被非法侵入，则存储在其中的国家事务、国防建设、尖端科学技术秘密便会被浏览、泄露，甚至可能被删除、修改、窃取，从而给国家事务、国防建设和尖端科学技术的研究应用造成重大损失。

2. 本罪的既遂与未遂应如何区分？

本罪属于行为犯，行为人只要实施了侵入国家事务、国防建设、尖端科学技术领域计算机信息系统的行为，就构成本罪，并不要求实际危害后果的发生。如果行为人侵入这些领域的计算机信息系统之后，又窃取了系统中储存的绝密资料和数据或者输入计算机病毒，则又构成非法获取国家秘密罪和破坏计算机信息系统罪，应当按照处理牵连犯的原则，从一重罪处罚。

3. “国家事务、国防建设、尖端科学技术领域的计算机信息系统”应如何认定？

考虑到危害计算机信息系统安全犯罪案件的司法认定专业性强，《危害计算机信息系统安全解释》第十条规定，对于是否属于《刑法》第二百八十五条、第二百八十六条规定的“国家事务、国防建设、尖端科学技术领域的计算机信息系统”“专门用于侵入、非法控制计算机信息系统的程序、工具”“计算机病毒等破坏性程序”难以认定的，应当委托省级以上负责计算机信息系统安全保护管理工作的部门检验。司法机关根据检验结论，并结合案件具体情况认定。实践中，检验部门包括公安、国家安全、保密等部门。

对于“国家事务”的计算机信息系统应当从严理解，仅限于处理全国层面的国家内部治理事务和外交事务的计算机信息系统，对于地方国家权力机关的政务公开或网络办公系统，不应当认定为国家事务的计算机信息系统。理由有以下几个方面：

从体系解释的角度分析。《刑法》第二百八十五条将国家事务与国防建设、尖端科学技术领域三项并列，其用意在于这里的国家事务与国防建设、尖端科学技术领域等事务在重要性上具有相当的层次，即同样重要。因此，这里的国家事务应当是指和国防建设、尖端科学技术领域一样对于整个国家有重要意义的事务，也即全国层面的国家内部治理事务和外交事务，而不能简单理解为包括省级、地市级、县区级甚至乡镇、街道办事处等各个级别的国家机关的事务或者管理的行政事务。因为后者的社会重要性与国防建设、尖端科学技术领域事务相比，不可同日而语。

从比较解释的角度理解。《刑法》第二百八十五条的非法侵入计算机信息系统罪与非法获取计算机信息系统数据、非法控制计算机信息系统罪的基本法定刑相同，都是三年以下有期徒刑或者拘役，说明立法机关认为其社会危害性是相当的，但二者的客观表现却有显著差别：一是犯罪对象是非此即彼的关系，前者的犯罪对象是国家事务、国防建设、尖端科学技术领域的计算机信息系统，后者是该三项以外的其他计算机信息系统；二是犯罪客观行为不同，前者只要求有侵入计算机信息系统的行为，是行为犯，后者要求不但有侵入行为还要有非法获取数据或者非法控制行为，并达到情节严重的程度，是结果犯。

从历史解释的角度看。《刑法》第二百八十五条第一款的非法侵入计算机信息系统罪是在 1997 年《刑法》中规定的罪名，该罪名相关罪状规定来源于 1994 年 2 月 18 日发布的《计算机信息系统安全保护条例》第四条“计算机信息系统的安全保护工作，重点维护国家事务、经济建设、国防建设、尖端科学技术等重要领域的计算机信息系统的安全”的规定。1997 年《刑法》修改时，也没有将该条例第四条规定的所有四类重点保护的计算机信息系统作为《刑法》保护的对象，而是选择其中国家事务、国防建设和尖端科学技术领域三个立法机关认为更为重要的计算机信息系统，作为《刑法》保护的对象，规定在本罪名中。从刑法的谦抑角度看，也不能将本罪的保护对象扩大解释为各个层面的国家机关的计算机信息系统。

十六、非法获取计算机信息系统数据、非法控制计算机信息系统罪

（一）刑法规定

第二百八十五条第二款　违反国家规定，侵入前款规定以外的计算机信息系统或者采用其他技术手段，获取该计算机信息系统中存储、处理或者传

输的数据，或者对该计算机信息系统实施非法控制，情节严重的，处三年以下有期徒刑或者拘役，并处或者单处罚金；情节特别严重的，处三年以上七年以下有期徒刑，并处罚金。①

（二）典型或常见问题的审理思路

1. 控制傀儡机、攻击游戏服务器的行为如何认定？②

根据我国《刑法》及最高人民法院《危害计算机信息系统安全解释》的规定，非法控制计算机信息系统达到20台以上的，构成非法控制计算机信息系统罪。同时相关司法解释还规定，对20台以上计算机信息系统中存储、处理或者传输的数据进行删除、修改、增加操作的构成破坏计算机信息系统罪。行为人向55台傀儡机植入木马软件，获取用户名和密码，并取得对该55台计算机的远程控制权限，进而利用该55台电脑对目标服务器发送大量的数据包，造成目标服务器的网络带宽堵塞。如果严格参照相关司法解释的字面意思，向傀儡机植入木马的过程中，势必会对该傀儡机中所储存、处理的数据进行删除、修改等操作，也能够构成破坏计算机信息系统罪。但是从立法的本意出发，区分破坏和控制行为的关键在于，从犯罪的主观方面而言，破坏计算机信息系统罪是以对目标计算机系统的功能或者其中的数据进行破坏，以达成侵犯他人利益或获取不法利益的目的；而控制计算机信息系统罪中，被控制的计算机系统对于犯罪行为人并没有直接的价值，其非但不会对傀儡机本身进行破坏，其主观上更加希望傀儡机能够正常运行，成为破坏目标计算机后行为的有效工具。从犯罪客观方面而言，受控制的傀儡机在断开网络连接的状态下与未受控计算机并无显著差别，而被破坏的计算机要么在使用功能上，要么在用户数据的完整性上受到了实质性的破坏。因此行为人向傀儡机植入木马的行为应当认定为非法控制计算机信息系统罪。

行为人对目标服务器的攻击行为客观上达到了破坏其系统功能，造成服务器瘫痪、经济受损的后果，在犯罪形态上符合破坏计算机信息系统罪的表现。但是根据刑法规定，该罪属于结果犯，需达到后果严重的程度，即造成10台以上计算机信息系统的主要软件或者硬件不能正常运行的；或者违法所

① 本罪是《刑法修正案（七）》增设的罪名。

② 案例来源：《人民司法·案例》2011年第24期，向某非法控制计算机信息系统案。

得5000元以上或者造成经济损失10000元以上等情形才能予以认定，否则不能认定构成破坏计算机信息系统罪。

2. 侵入他人游戏账号窃取虚拟财产的行为应如何定性？[①]

从物理属性上分析，虚拟财产在物质形态上是磁信息。虚拟财产系一定虚拟环境的产物，而虚拟环境为计算机环境，因此，虚拟财产是一种包含特定信息的电磁记录。而（服务商）客户端技术对虚拟财产分为三个层次：物理层、数据层、应用层。物理层即网络财产只是存储在游戏服务器上的电磁记录；数据层即装备对应的数据代码所处的层面，通过解释物理层来获得数据意义；应用层，即虚拟财产图像的可感知和应用形式层面。所以虚拟财产其本身不过是一组数据、电磁信息，这些数据本质是光电媒介所支撑的数据，从而形成一定的图像或者应用形式，满足玩家的特定需求、精神上的娱乐或者物质上的追求。

该行为在行为方式上符合非法获取计算机信息系统数据罪的客观要件。盗窃虚拟财产的整个犯罪过程可以分为非法侵入计算机信息系统和移转、删除虚拟物品两个阶段：一是盗窃虚拟财产往往采取木马程序等违法侵入手段，行为人非法进入在线游戏的计算机网络系统；二是行为人在该在线游戏的计算机网络系统中输入指令，将被害玩家在游戏中的虚拟物品移转、复制、删除或变更，属于违反国家规定，非法侵入国家事务、国防建设、尖端科学技术领域的计算机信息系统以外的计算机信息系统。

盗窃虚拟财产的行为不应认定为盗窃罪，主要理由是：虚拟财产不具有法律意义上的财产属性，不具有法律财产中管理、自由交易的可能性，也不能独立性地存在，而是依附于网络而生，行为人盗窃的是代码，脱离网络环境并不存在；虚拟财产存在的期限性完全取决于游戏服务经营状况，并非如现实财产有一个自然消亡的过程；从盗窃罪的认定上存在法律障碍，虚拟财产的价值和价格难以确定，虚拟财产的价值不仅难以被普遍接受，而且难以流通；适用非法获取计算机信息系统数据罪更有利于保护网络环境，盗窃罪仅将造成的损害后果局限于财产损失，而盗窃虚拟财产更多地影响个人计算机信息系统的正常运转，即使财产损失有限或者行为人并没有获利，只要侵害了计算机信息系统功能的安全，仍然可以定罪处理。

---

① 案例来源：《人民司法》2015年第6期，被告人岳某伟等非法获取计算机信息系统数据案。

此外，对于连环买卖虚拟财产的行为，也不宜一律认定为构成掩饰、隐瞒犯罪所得罪。对于收买人的行为应根据具体情况区分，一类收买人是收买数据流对其中的数据进行筛选（俗称洗号），对其中有效的虚拟账户进行选取，收买人通过侵入账户再对虚拟财产进行转移、出卖等。这种情形符合非法获取计算机信息系统罪的构成要件，因为原有的权利人并未丧失对虚拟财产的占有和使用，收买人的目的在于侵入他人计算机系统后窃取虚拟财产以牟利。而赃物犯罪的法益是违法状态维持，犯罪行为处罚的原因在于维持犯罪造成的违法状态，因此赃物犯罪必须是上游犯罪中财物已经脱离了权利人占有。对于另一类行为人明知虚拟财产系上线人仍然收买或者倒卖的行为，此时虚拟财产已经脱离了原权利人，构成掩饰、隐瞒犯罪所得罪。

（三）疑难、复杂问题的参考性解答

司法实践中如何具体认定本罪的行为方式？

本罪具体表现为以下两种行为方式：（1）非法“侵入计算机信息系统”，实施“获取该计算机信息系统中存储、处理或者传输的数据，或者对该计算机信息系统实施非法控制”。常见的方式是利用他人网上认证信息进入计算机信息系统，或者在计算机系统中植入木马、后门程序，获取该计算机信息；系统中存储、处理或者传输的信息数据，或者对计算机信息系统实施非法控制。所谓“非法控制”，比较常见的是行为人利用网站漏洞将木马植入网站上，在用户访问网站时利用客户端漏洞将木马移植到用户计算机上，或在互联网上传播捆绑有木马的程序或文件。当用户连接到互联网上时，该程序就会通知黑客，来报告IP地址以及预先设定的端口。黑客在收到这些信息后，再利用这个潜伏在其中的程序，就可以任意地修改他人的计算机的参数设定、复制文件、窥视他人硬盘中的内容等，从而达到控制他人计算机的目的。利用各种特洛伊木马程序、后门程序和黑客自己编写的导致缓冲区溢出的程序进行攻击，前者可使黑客非法获得对用户机器的完全控制权；后者可使黑客获得超级用户的权限，从而拥有对整个网络的绝对控制权。（2）“利用其他技术手段”非法获取数据或者控制计算机信息系统。所谓“利用其他技术手段”，主要是指假冒或者设立虚假网站，或者利用网关欺骗技术，行为人并不需要进入他人的计算机信息系统就可获取其他计算机处理、传输的数据信息。所谓“假冒”网站一般是指冒充国家机关、金融系统已经建立的网站；所谓

“设立”虚假网站，一般是指以国家机关、金融系统的名义建立并不存在的网站。所谓“网关欺骗”技术，就是通过 ARP 欺骗技术建立假网关，让被它欺骗的个人电脑向假网关发送数据，而不是通过正常的路由器上网，使所有发送的数据都要先经过假网关中转一次。这样，就可以窃取到被它欺骗的计算机系统数据。假冒、设立虚假网站或者利用网关欺骗等行为欺骗性很大，不明真相的互联网用户在点击登录网站，处理、传输数据时，这些数据就被他人非法获取。

本罪名规定的行为方式有如下几种，包括：侵入国家事务、国防建设、尖端科学技术领域以外的计算机信息系统的行为；获取国家事务、国防建设、尖端科学技术领域以外的计算机信息系统中存储、处理或者传输的数据的行为；非法控制国家事务、国防建设、尖端科学技术领域以外的计算机信息系统的行为。上述几种行为方式是并列的行为方式，行为人无论采用其中哪一种行为方式，只要情节严重，都可以构成本罪，而不需要具备各种行为方式才构成犯罪。如果行为人既侵入计算机信息系统，同时又获取计算机信息系统数据，应当按照牵连犯的处理原则，从一重罪处罚。

十七、提供侵入、非法控制计算机信息系统程序、工具罪

（一）刑法规定

第二百八十五条第三款 提供专门用于侵入、非法控制计算机信息系统的程序、工具，或者明知他人实施侵入、非法控制计算机信息系统的违法犯罪行为而为其提供程序、工具，情节严重的，依照前款的规定处罚。①

（二）典型或常见问题的审理思路

在 GRE 考试中，在考生计算机上下载相应计算机远程控制软件插件，对考试计算机实施控制后进行远程代考行为应如何定性?②

该行为不构成代替考试罪。GRE 考试是由美国教育考试服务处举办，由我国教育部考试中心承办、利用计算机网络进行的考试，该项考试的考核标

① 本罪是《刑法修正案（七）》增设的罪名。

② 案例来源：《人民司法》2017 年第 2 期，曹某霞等非法控制计算机信息系统案。

准和录取规则是美国教育制度的一部分，我国的教育部考试中心只是负责承办（即提供便利），对该项考试并没有主管性的职权，所以它不属于我国法律规定的国家考试，不能构成代替考试罪。

非法控制计算机信息系统罪与提供侵入、非法控制计算机信息系统的程序、工具罪都属于典型的计算机信息系统犯罪。后者实际是前者中帮助行为正犯化的典型表现形式；前者是基础性罪名，而后者体现了立法对于特定领域的网络帮助行为的特殊制裁。但提供侵入、非法控制计算机信息系统的程序、工具罪的入罪条件为“情节严重”，行为人的行为从犯罪金额、犯罪对象、犯罪次数等方面如果均达不到该罪的“情节严重”标准，则不能构成该罪，各行为人开发出专门用于远程控制计算机代考的软件，在网络上租赁相关服务器，提供计算机远程控制软件，以实现远程代考，应认定其行为属于非法控制计算机信息系统罪的共同犯罪。

（三）疑难、复杂问题的参考性解答

“专门用于侵入、非法控制计算机信息系统的程序、工具”应如何认定？

“专门用于侵入、非法控制计算机信息系统”，是指行为人所提供的程序、工具只能用于实施非法侵入、非法控制计算机信息系统的用途。其区别于一般的程序、工具之处在于此类程序、工具专门用于违法犯罪目的，而不包括那些既可以用于违法犯罪目的又可以用于合法目的的“中性程序”。因此，“专门”是对程序、工具本身的用途非法性来进行限定的。实践中，具体认定“专门用于侵入、非法控制计算机信息系统的程序、工具”时需要注意把握以下几点：（1）程序、工具本身具有获取计算机信息系统数据，控制计算机信息系统的功能。“专门用于侵入、非法控制计算机信息系统的程序、工具”，既包括专门用于侵入、非法控制计算机信息系统的程序、工具，也包括通过侵入计算机信息系统而非法获取数据的专门性程序、工具。（2）程序、工具本身具有避开或者突破计算机信息系统安全保护措施的功能。一些“中性”商用程序也可以用于远程控制计算机信息系统，很多商用用户运用这种远程控制程序以远程维护计算机信息系统。“专门”程序区别于“中性”商用远程控制程序的主要特征在于其具有避开或者突破计算机信息系统安全保护措施的特征，如自动停止杀毒软件的功能、自动卸载杀毒软件功能等，在互联网上广泛销售的所谓“免杀”木马程序即属于此种类型的木马程序。（3）程

序、工具获取数据和控制功能，在设计上即能在未经授权或者超越授权的状态下得以实现，而“中性”程序、工具不具备在未经授权或超越授权的情况下自动获取数据或者控制他人计算机信息系统的功能。

十八、破坏计算机信息系统罪

（一）刑法规定

第二百八十六条　违反国家规定，对计算机信息系统功能进行删除、修改、增加、干扰，造成计算机信息系统不能正常运行，后果严重的，处五年以下有期徒刑或者拘役；后果特别严重的，处五年以上有期徒刑。

违反国家规定，对计算机信息系统中存储、处理或者传输的数据和应用程序进行删除、修改、增加的操作，后果严重的，依照前款的规定处罚。

故意制作、传播计算机病毒等破坏性程序，影响计算机系统正常运行，后果严重的，依照第一款的规定处罚。

单位犯前三款罪的，对单位判处罚金，并对其直接负责的主管人员和其他直接责任人员，依照第一款的规定处罚。

（二）典型或常见问题的审理思路

1. **公安交通管理部门协管员非法侵入道路交通违法信息管理系统，清除车辆违章信息，收取违章人员钱财的行为如何定性？**

违反国家规定，通过删除交通管理部门计算机信息系统中存储的违章记录，造成罚款已缴纳的假象，造成了恶劣的社会影响，严重扰乱了交管部门对违章车辆的正常管理秩序。因此，本案侵害的客体主要是国家正常的社会管理秩序，应属于妨害社会管理秩序类犯罪。根据《刑法》第二百八十六条的规定，破坏计算机信息系统罪的行为方式有三种：一是违反国家规定，对计算机信息系统功能进行删除、修改、增加、干扰，造成计算机信息系统不能正常运行，其特征是进行“删除、修改、增加、干扰”的非法操作，针对的对象是“计算机信息系统功能”。具体而言，主要是对计算机的系统文件进行上述非法操作，使系统紊乱、丧失部分或全部运行功能，甚至崩溃。二是违反国家规定，对计算机信息系统中存储、处理或者传输的数据和应用程序进行删除、修改、增加的操作，其特征是进行“删除、修改、增加”的非法操作，操作的对象是“计算机信息系统中存储、处理或者传输的数据和应用程序”。具体而言，主要是对数据和应用程序（不包括系统文件和系统程序）进行上述非法操作，使相应的数据或程序丢失、更改、损坏。三是故意制作、传播计算机病毒等破坏性程序，影响计算机系统正常运行，此种行为既可能破坏系统功能，又可能破坏数据和应用程序。非法侵入交通管理计算机系统，对存储的违章记录、罚款数据进行非法删除，造成罚款已缴纳的假象，其行为完全符合破坏计算机信息系统罪的第二种行为方式，且属“后果严重”情形。

2. 如何认定和适用破坏计算机信息系统罪中的“经济损失”和“违法所得”情节?

《危害计算机信息系统安全解释》第十一条第三款规定：“本解释所称‘经济损失’，包括危害计算机信息系统犯罪行为给用户直接造成的经济损失，以及用户为恢复数据、功能而支出的必要费用。”该条明确规定了危害计算机信息系统安全犯罪中的经济损失是指犯罪行为所造成的直接经济损失。间接经济损失或者实施犯罪行为时尚未实际发生的可能经济损失，不能认定为直接经济损失，从而不能计入犯罪行为所造成的经济损失。首先，公安机关拟行政处罚的车辆违章罚款，需要公安机关在相关车辆进行年检时，对车辆违章行为作出行政处罚，在当事人缴纳罚款之后，才能获取该项利益。行为人在非法处理违章数据的时候，因违章车辆当事人还没有实际缴纳罚款，公安机关还没有实际取得该罚款。行为人非法处理违章数据的行为本身并不直接导致罚款的必然损失。因此，罚款金额不是直接经济损失。其次，行为人非法处理的违章信息所对应的罚款具有不确定性，该罚款只是违章行为所对应的应当处以罚款的数额，公安机关是否最终对上述所有违章行为都作出处罚，处罚所对应的罚款是否能够全部征收到位，都处于或然状态。最后，所有经行为人非法处理的车辆违章数据并没被删除，而是仍然存放于电脑系统中，只是将数据处理的状态由原来的“未处理”修改为“已处理”。经查，公安机关随时可以把有关数据恢复到修改前的状态，并据此实事求是地对违章行为进行处理。如果公安机关不及时修复数据，或者虽然修复数据但没有及时对违章车辆进行处罚，导致应该收取的罚款没有收取的，由此导致的损失更不能归责于行为人的行为。

根据《危害计算机信息系统安全解释》的规定，违法所得和经济损失都是破坏计算机信息系统犯罪定罪量刑的标准，二者只要符合其一即可，公安机关和检察机关对上述两个数额都应当进行侦查。如果这两个数额分别属于后果严重、后果特别严重的情节，导致量刑上的冲突时，应当按照处罚较重的数额对被告人进行量刑，另一数额可作为量刑的酌定情节予以考虑。

3. 在无法准确认定经济损失、用户数量的情况下，如何认定破坏计算机信息系统的“后果严重”？

《危害计算机信息系统安全解释》第四条明确列举了破坏计算机信息系统“后果严重”的四种情形，同时将“造成其他严重后果的”情形规定为兜底条款。实践中，为了防止扩大解释，一般要求兜底条款的适用对象在行为性质、情节、社会危害程度等方面与《刑法》及相关司法解释规定的定罪量刑条件具有同质性或者相当性。如果案件当中不能准确认定所造成的经济损失和受影响的计算机用户数量，但如果行为人恶意攻击计算机信息系统的次数多，总计时间长，造成被攻击的计算机信息系统长时间内无法正常运行，并影响众多的服务用户，造成一定的经济损失，这些情节较《危害计算机信息系统安全解释》所规定的“造成经济损失一万元以上”或者“造成为一万以上用户提供服务的计算机信息系统不能正常运行累计一小时以上”的入罪条件，在性质、情节、社会危害程度等方面均有过之而无不及，应认定符合《危害计算机信息系统安全解释》规定的破坏计算信息系统“造成其他严重后果”的情形。

（三）疑难、复杂问题的参考性解答

1. 如何认定破坏计算机信息系统罪？

认定破坏计算机信息系统罪应注意从犯罪构成上把握如下特征：一是破坏计算机信息系统罪的犯罪对象是计算机信息系统功能、计算机信息系统及其中的数据、应用程序，侵犯的客体是计算机信息系统的安全。计算机信息系统功能，是指在计算机中，按照一定的应用目标和规则对信息进行采集、加工、存储、传输、检索的功用和能力。计算机信息系统，根据《计算机信息系统安全保护条例》第二条的规定，是指“由计算机及其相关的和配套的设备、设施（含网络）构成的，按照一定的应用目标和规则对信息进行采集、加工、存储、传输、检索等处理的人机系统”。数据，是指计算机实际处理的一切文字、符号、声音、图像等有意义的组合。而计算机应用程序，是用户

使用数据库的一种方式，是用户按数据库授予的子模式的逻辑结构，书写对数据进行操作或运算的程序。正是这种犯罪侵犯的客体和犯罪对象，将破坏计算机信息系统罪与利用计算机实施的金融诈骗、盗窃、贪污、挪用公款、窃取国家秘密等犯罪区别开来。二是破坏计算机信息系统罪在客观方面表现为违反国家规定，对计算机信息系统功能进行删除、修改、增加、干扰，对计算机信息系统中存储、处理、传输的数据和应用程序进行删除、修改、增加的操作，故意制作、传播计算机病毒等破坏性程序，影响计算机系统正常运行，后果严重的行为。“对计算机信息系统功能进行删除、修改、增加、干扰”“对计算机信息系统中存储、处理或传输的数据和应用程序进行删除、修改、增加的操作”“故意制作、传播计算机病毒等破坏性程序”，是破坏计算机信息系统罪的三种行为方式。三是致使计算机信息系统不能正常运行，并且后果严重，是罪与非罪的界限。“后果严重”，主要是指给国家、集体、组织或者个人造成重大经济损失的，或者影响正常的工作秩序或生活秩序的，或者造成恶劣的社会影响等。行为人采取了上述三种行为之一，并且后果严重的，就构成本罪。但是，应当注意的是，破坏计算机信息系统有时会致使计算机瘫痪，这是计算机信息系统不能正常运行的最严重后果，但不是构成破坏计算机信息系统罪的必要条件。需要指出的是，《刑法》第二百八十六条规定的三种破坏计算机信息系统的行为，每一种行为都能单独构成破坏计算机信息系统罪，如果被告人同时实施三种或者两种犯罪行为时，必须查明被告人所实施的每一种行为是否都具有后果严重这一要件。

2. 如何理解本罪的行为方式？

《刑法》第二百八十六条规定的破坏计算机信息系统罪的罪状采用的是并列选择的行为方式，即破坏计算机信息系统功能；破坏计算机数据和应用程序；制作、传播计算机病毒等破坏性程序且造成严重后果的行为。这些行为方式只要具备其中之一，就可以成立破坏计算机信息系统罪。

所谓违反国家规定，破坏计算机信息系统功能，是指对计算机系统功能进行删除、修改、增加、干扰。“违反国家规定”，是指违反国家关于保护计算机安全的有关规定。这里的“删除”，是指将原有的计算机信息系统功能删去，使之不能正常运转。“修改”和“增加”，是指对原有的计算机信息系统功能进行增加或者变换，致使原有的功能受到影响或者破坏，无法正常运行。“干扰”是指人为地发射一种强大的扰乱信号，用以干扰正常的操作状态或使用中的信号，使之不能正常工作或信号不能被正常输出或接收。

所谓破坏计算机数据和应用程序，是指对计算机信息系统中存储、处理或者传输的数据和应用程序进行删除、修改和增加。这里的“数据”，是指计算机输入、输出和以某种方式处理的信息。“应用程序”，是指在计算机程序设计中，为某些原因编写的具有特定用途的程序。这些被破坏的数据和应用程序必须是处在“存储、处理或传输”的状态，否则不能构成本罪。

所谓制作、传播计算机病毒等破坏性程序，是指故意制作、传播损坏数据、程序或破坏计算机系统安全的任何程序。主要的破坏性程序是计算机病毒。“计算机病毒等破坏性程序”，根据《危害计算机信息系统安全解释》第五条的规定，包括：（1）能够通过网络、存储介质、文件等媒介，将自身的部分、全部或者变种进行复制、传播，并破坏计算机系统功能、数据或者应用程序的；（2）够在预先设定条件下自动触发，并破坏计算机系统功能、数据或者应用程序的；（3）其他专门设计用于破坏计算机系统功能、数据或者应用程序的程序。破坏性计算机程序的种类是很多的，如“特洛伊木马”“逻辑炸弹”“野龟”等。所谓“制作”，是指利用各种计算机语言编写、设计、开发病毒程序或者改编病毒程序。所谓“传播”是指针对特定对象或不特定对象的扩散。扩散的方式可以是多种多样的，如采用私自安装、复制或在网络上公布并免费提供的方式等。

上述行为必须达到“后果严重”的程度才构成犯罪。后果不严重的，不构成犯罪。所谓后果严重，根据《危害计算机信息系统安全解释》第六条第一款的规定，是指以下情形：（1）制作、提供、传输能够在预先设定条件下自动触发，并破坏计算机系统功能、数据或者应用程序的程序，导致该程序通过网络、存储介质、文件等媒介传播的；（2）造成20台以上计算机系统被植入前述程序之外的其他破坏性程序的；（3）提供计算机病毒等破坏性程序10人次以上的；（4）违法所得5000元以上或者造成经济损失1万元以上的；（5）造成其他严重后果的。

十九、拒不履行信息网络安全管理义务罪

（一）刑法规定

第二百八十六条之一　网络服务提供者不履行法律、行政法规规定的信

息网络安全管理义务，经监管部门责令采取改正措施而拒不改正，有下列情形之一的，处三年以下有期徒刑、拘役或者管制，并处或者单处罚金：

（一）致使违法信息大量传播的；

（二）致使用户信息泄露，造成严重后果的；

（三）致使刑事案件证据灭失，情节严重的；

（四）有其他严重情节的。

单位犯前款罪的，对单位判处罚金，并对其直接负责的主管人员和其他直接责任人员，依照前款的规定处罚。

有前两款行为，同时构成其他犯罪的，依照处罚较重的规定定罪处罚。①

（二）司法解释、司法文件及其权威解读

最高人民法院、最高人民检察院关于办理非法利用信息网络、帮助信息网络犯罪活动等刑事案件适用法律若干问题的解释（法释〔2019〕15号，自2019年11月1日起施行）

为依法惩治拒不履行信息网络安全管理义务、非法利用信息网络、帮助信息网络犯罪活动等犯罪，维护正常网络秩序，根据《中华人民共和国刑法》《中华人民共和国刑事诉讼法》的规定，现就办理此类刑事案件适用法律的若干问题解释如下：

第一条 提供下列服务的单位和个人，应当认定为刑法第二百八十六条之一第一款规定的“网络服务提供者”：

（一）网络接入、域名注册解析等信息网络接入、计算、存储、传输服务；

（二）信息发布、搜索引擎、即时通讯、网络支付、网络预约、网络购物、网络游戏、网络直播、网站建设、安全防护、广告推广、应用商店等信息网络应用服务；

（三）利用信息网络提供的电子政务、通信、能源、交通、水利、金融、教育、医疗等公共服务。

第二条 刑法第二百八十六条之一第一款规定的“监管部门责令采取改正措施”，是指网信、电信、公安等依照法律、行政法规的规定承担信息网络

---

① 本罪是《刑法修正案（九）》新增加的罪名。

安全监管职责的部门，以责令整改通知书或者其他文书形式，责令网络服务提供者采取改正措施。

认定“经监管部门责令采取改正措施而拒不改正”，应当综合考虑监管部门责令改正是否具有法律、行政法规依据，改正措施及期限要求是否明确、合理，网络服务提供者是否具有按照要求采取改正措施的能力等因素进行判断。

第三条 拒不履行信息网络安全管理义务，具有下列情形之一的，应当认定为刑法第二百八十六条之一第一款第一项规定的“致使违法信息大量传播”：

（一）致使传播违法视频文件二百个以上的；

（二）致使传播违法视频文件以外的其他违法信息二千个以上的；

（三）致使传播违法信息，数量虽未达到第一项、第二项规定标准，但是按相应比例折算合计达到有关数量标准的；

（四）致使向二千个以上用户账号传播违法信息的；

（五）致使利用群组成员账号数累计三千以上的通讯群组或者关注人员账号数累计三万以上的社交网络传播违法信息的；

（六）致使违法信息实际被点击数达到五万以上的；

（七）其他致使违法信息大量传播的情形。

第四条 拒不履行信息网络安全管理义务，致使用户信息泄露，具有下列情形之一的，应当认定为刑法第二百八十六条之一第一款第二项规定的“造成严重后果”：

（一）致使泄露行踪轨迹信息、通信内容、征信信息、财产信息五百条以上的；

（二）致使泄露住宿信息、通信记录、健康生理信息、交易信息等其他可能影响人身、财产安全的用户信息五千条以上的；

（三）致使泄露第一项、第二项规定以外的用户信息五万条以上的；

（四）数量虽未达到第一项至第三项规定标准，但是按相应比例折算合计达到有关数量标准的；

（五）造成他人死亡、重伤、精神失常或者被绑架等严重后果的；

（六）造成重大经济损失的；

（七）严重扰乱社会秩序的；

（八）造成其他严重后果的。

第五条 拒不履行信息网络安全管理义务，致使影响定罪量刑的刑事案件证据灭失，具有下列情形之一的，应当认定为刑法第二百八十六条之一第一款第三项规定的“情节严重”：

（一）造成危害国家安全犯罪、恐怖活动犯罪、黑社会性质组织犯罪、贪污贿赂犯罪案件的证据灭失的；

（二）造成可能判处五年有期徒刑以上刑罚犯罪案件的证据灭失的；

（三）多次造成刑事案件证据灭失的；

（四）致使刑事诉讼程序受到严重影响的；

（五）其他情节严重的情形。

第六条 拒不履行信息网络安全管理义务，具有下列情形之一的，应当认定为刑法第二百八十六条之一第一款第四项规定的“有其他严重情节”：

（一）对绝大多数用户日志未留存或者未落实真实身份信息认证义务的；

（二）二年内经多次责令改正拒不改正的；

（三）致使信息网络服务被主要用于违法犯罪的；

（四）致使信息网络服务、网络设施被用于实施网络攻击，严重影响生产、生活的；

（五）致使信息网络服务被用于实施危害国家安全犯罪、恐怖活动犯罪、黑社会性质组织犯罪、贪污贿赂犯罪或者其他重大犯罪的；

（六）致使国家机关或者通信、能源、交通、水利、金融、教育、医疗等领域提供公共服务的信息网络受到破坏，严重影响生产、生活的；

（七）其他严重违反信息网络安全管理义务的情形。

第七条 刑法第二百八十七条之一规定的“违法犯罪”，包括犯罪行为和属于刑法分则规定的行为类型但尚未构成犯罪的违法行为。

第八条 以实施违法犯罪活动为目的而设立或者设立后主要用于实施违法犯罪活动的网站、通讯群组，应当认定为刑法第二百八十七条之一第一款第一项规定的“用于实施诈骗、传授犯罪方法、制作或者销售违禁物品、管制物品等违法犯罪活动的网站、通讯群组”。

第九条 利用信息网络提供信息的链接、截屏、二维码、访问账号密码及其他指引访问服务的，应当认定为刑法第二百八十七条之一第一款第二项、第三项规定的“发布信息”。

第十条　非法利用信息网络，具有下列情形之一的，应当认定为刑法第二百八十七条之一第一款规定的“情节严重”：

（一）假冒国家机关、金融机构名义，设立用于实施违法犯罪活动的网站的；

（二）设立用于实施违法犯罪活动的网站，数量达到三个以上或者注册账号数累计达到二千以上的；

（三）设立用于实施违法犯罪活动的通讯群组，数量达到五个以上或者群组成员账号数累计达到一千以上的；

（四）发布有关违法犯罪的信息或者为实施违法犯罪活动发布信息，具有下列情形之一的：

1. 在网站上发布有关信息一百条以上的；

2. 向二千个以上用户账号发送有关信息的；

3. 向群组成员数累计达到三千以上的通讯群组发送有关信息的；

4. 利用关注人员账号数累计达到三万以上的社交网络传播有关信息的；

（五）违法所得一万元以上的；

（六）二年内曾因非法利用信息网络、帮助信息网络犯罪活动、危害计算机信息系统安全受过行政处罚，又非法利用信息网络的；

（七）其他情节严重的情形。

第十一条　为他人实施犯罪提供技术支持或者帮助，具有下列情形之一的，可以认定行为人明知他人利用信息网络实施犯罪，但是有相反证据的除外：

（一）经监管部门告知后仍然实施有关行为的；

（二）接到举报后不履行法定管理职责的；

（三）交易价格或者方式明显异常的；

（四）提供专门用于违法犯罪的程序、工具或者其他技术支持、帮助的；

（五）频繁采用隐蔽上网、加密通信、销毁数据等措施或者使用虚假身份，逃避监管或者规避调查的；

（六）为他人逃避监管或者规避调查提供技术支持、帮助的；

（七）其他足以认定行为人明知的情形。

第十二条　明知他人利用信息网络实施犯罪，为其犯罪提供帮助，具有下列情形之一的，应当认定为刑法第二百八十七条之二第一款规定的“情节严重”：

（一）为三个以上对象提供帮助的；

（二）支付结算金额二十万元以上的；

（三）以投放广告等方式提供资金五万元以上的；

（四）违法所得一万元以上的；

（五）二年内曾因非法利用信息网络、帮助信息网络犯罪活动、危害计算机信息系统安全受过行政处罚，又帮助信息网络犯罪活动的；

（六）被帮助对象实施的犯罪造成严重后果的；

（七）其他情节严重的情形。

实施前款规定的行为，确因客观条件限制无法查证被帮助对象是否达到犯罪的程度，但相关数额总计达到前款第二项至第四项规定标准五倍以上，或者造成特别严重后果的，应当以帮助信息网络犯罪活动罪追究行为人的刑事责任。

第十三条 被帮助对象实施的犯罪行为可以确认，但尚未到案、尚未依法裁判或者因未达到刑事责任年龄等原因依法未予追究刑事责任的，不影响帮助信息网络犯罪活动罪的认定。

第十四条 单位实施本解释规定的犯罪的，依照本解释规定的相应自然人犯罪的定罪量刑标准，对直接负责的主管人员和其他直接责任人员定罪处罚，并对单位判处罚金。

第十五条 综合考虑社会危害程度、认罪悔罪态度等情节，认为犯罪情节轻微的，可以不起诉或者免予刑事处罚；情节显著轻微危害不大的，不以犯罪论处。

第十六条 多次拒不履行信息网络安全管理义务、非法利用信息网络、帮助信息网络犯罪活动构成犯罪，依法应当追诉的，或者二年内多次实施前述行为未经处理的，数量或者数额累计计算。

第十七条 对于实施本解释规定的犯罪被判处刑罚的，可以根据犯罪情况和预防再犯罪的需要，依法宣告职业禁止；被判处管制、宣告缓刑的，可以根据犯罪情况，依法宣告禁止令。

第十八条 对于实施本解释规定的犯罪的，应当综合考虑犯罪的危害程度、违法所得数额以及被告人的前科情况、认罪悔罪态度等，依法判处罚金。

第十九条 本解释自2019年11月1日起施行。

权威解读

解读《最高人民法院、最高人民检察院关于办理非法利用信息网络、帮助信息网络犯罪活动等刑事案件适用法律若干问题的解释》

日前，最高人民法院、最高人民检察院联合发布《关于办理非法利用信息网络、帮助信息网络犯罪活动等刑事案件适用法律若干问题的解释》（以下简称《非法利用信息网络、帮助信息网络犯罪活动解释》，法释〔2019〕15号），自2019年11月1日起施行。为便于司法实践中正确理解与适用，现就《非法利用信息网络、帮助信息网络犯罪活动解释》的制定背景、起草中的主要考虑和主要内容介绍如下。

一、《非法利用信息网络、帮助信息网络犯罪活动解释》的制定背景与经过

近年来，网络犯罪呈上升趋势，各种传统犯罪日益向互联网迁移，网络犯罪呈高发多发态势，严重危害国家安全、社会秩序和人民群众合法权益。为进一步严惩网络犯罪，维护正常网络秩序，2015年11月1日起施行的《刑法修正案（九）》增设了《刑法》第二百八十六条之一和第二百八十七条之一、之二，规定了拒不履行信息网络安全管理义务罪，非法利用信息网络罪和帮助信息网络犯罪活动罪。《刑法修正案（九）》施行以来，各级公检法机关依据修改后的刑法规定，严肃惩处相关网络犯罪。截至2019年9月，全国法院共审理相关网络犯罪案件260件，判决473人。其中，非法利用信息网络刑事案件159件、223人，帮助信息网络犯罪活动刑事案件98件、247人。

依法严惩网络犯罪，切实维护网络安全，对于维护国家安全、社会秩序和人民群众合法权益，发挥了重要作用。但是，在查办案件过程中，有意见反映，《刑法修正案（九）》新增相关网络犯罪的定罪量刑标准较为原则，不易把握；另有一些法律适用问题存在认识分歧，影响了案件办理。鉴此，为保障法律正确、统一适用，依法严厉惩治、有效防范网络犯罪，最高人民法院会同最高人民检察院，在公安部等部门的大力支持下，经深入调查研究、广泛征求意见、反复论证完善，起草了《非法利用信息网络、帮助信息网络犯罪活动解释》。2019年6月3日最高人民法院审判委员会第1771次会议、2019年9月4日最高人民检察院第十三届检察委员会第二十三次会议审议通过了《非法利用信息网络、帮助信息网络犯罪活动解释》。

二、《非法利用信息网络、帮助信息网络犯罪活动解释》起草中的主要考虑

为确保《非法利用信息网络、帮助信息网络犯罪活动解释》的内容科学合理，能够适应形势发展、满足实践需要，在起草过程中，着重注意把握了以下几点：

第一，贯彻《刑法》修改精神，依法严惩网络犯罪。网络犯罪不仅严重侵害公民的人身安全和财产安全，而且严重影响社会秩序甚至国家安全，依法有效惩治网络犯罪已经成为当前及未来一段时期的重要任务。基于当前网络犯罪的态势，根据修法精神，《非法利用信息网络、帮助信息网络犯罪活动解释》相关条文彰显了对网络犯罪的严惩立场：设置较低的入罪门槛，以适当减小取证工作难度，对网络犯罪“打早打小”；规制为网络犯罪提供技术支持和其他帮助的行为，对网络犯罪“全链条”惩治；在自由刑的基础上进一步加大职业禁止、禁止令和财产刑的适用力度，防止相关犯罪分子“重操旧业”。

第二，坚持问题导向，有效解决司法实务问题。从调研情况来看，拒不履行信息网络安全管理义务罪、非法利用信息网络罪、帮助信息网络犯罪活动罪的定罪量刑标准尚不明确，“网络服务提供者”的范围、“经政府有关部门责令采取改正措施而拒不改正”的认定、非法利用信息网络罪中“违法犯罪”与帮助信息网络犯罪活动罪中“犯罪”的把握等法律适用问题存在较大争议，亟须通过司法解释加以明确。《非法利用信息网络、帮助信息网络犯罪活动解释》相关条文根据司法实践具体情况，全面解决办案实际中的难题，切实提升打击实效。

第三，坚持安全与发展并重，兼顾网络安全和网络服务业发展的需要。网络服务提供者依法切实履行信息网络安全管理义务，是维护网络安全的前提和基础。《非法利用信息网络、帮助信息网络犯罪活动解释》明确了拒不履行信息网络安全管理义务罪的入罪标准，以充分发挥刑法的威慑和教育功能，促进网络服务提供者认真履行防止违法信息传播、保护用户信息安全、留存刑事案件证据等义务，切实维护网络安全。同时，《非法利用信息网络、帮助信息网络犯罪活动解释》坚持实事求是和刑法谦抑原则，以确保相关刑事责任的追究依法、妥当、合理，确保网络服务业的健康、有序发展。

三、《非法利用信息网络、帮助信息网络犯罪活动解释》的主要内容

《非法利用信息网络、帮助信息网络犯罪活动解释》依照《刑法》《刑事诉讼法》的规定，对拒不履行信息网络安全管理义务罪、非法利用信息网络罪、帮助信息网络犯罪活动罪的定罪量刑标准和相关法律适用问题作了较为全面、系统的规定，共十九个条文，大致可以归纳为如下八个方面的问题：

（一）拒不履行信息网络安全管理义务罪的主体范围

根据《刑法》第二百八十六条之一的规定，拒不履行信息网络安全管理义务罪的主体是“网络服务提供者”。因此，明确“网络服务提供者”的范围，是确保拒不履行信息网络安全管理义务罪准确适用的前提和基础。《网络安全法》第七十六条第一项规定：“网络，是指由计算机或者其他信息终端及相关设备组成的按照一定的规则和程序对信息进行收集、存储、传输、交换、处理的系统。”第三项规定：“网络运营者，是指网络的所有者、管理者和网络服务提供者。”可见，“网络”与“信息系统”含义相同，包括联入公共通信网的系统和未联入公共通信网的系统，涵括对外提供服务的系统和不对外提供服务而自用的系统。而《刑法》第二百八十六条之一使用了“网络服务提供者”，自然不能包括《网络安全法》规定的“网络运营者”的所有情形。经研究认为，“网络服务提供者”包括提供互联网服务的“网络运营者”，也包括虽然提供内部网络服务，但涉及公共服务的“网络运营者”。基于此，《非法利用信息网络、帮助信息网络犯罪活动解释》第一条规定，提供下列服务的单位和个人，应当认定为《刑法》第二百八十六条之一第一款规定的“网络服务提供者”：（1）网络接入、域名注册解析等信息网络接入、计算、存储、传输服务；（2）信息发布、搜索引擎、即时通讯、网络支付、网络预约、网络购物、网络游戏、网络直播、网站建设、安全防护、广告推广、应用商店等信息网络应用服务；（3）利用信息网络提供的电子政务、通信、能源、交通、水利、金融、教育、医疗等公共服务。

（二）拒不履行信息网络安全管理义务罪的前提要件

根据《刑法》第二百八十六条之一的规定，构成拒不履行信息网络安全管理义务罪，以“经政府有关部门责令采取改正措施而拒不改正”作为前提要件。根据司法实践情况，为统一司法适用，《非法利用信息网络、帮助信息网络犯罪活动解释》第二条对“经政府有关部门责令采取改正措施而拒不改正”的认定作了明确。

1. “监管部门责令采取改正措施”的含义。《网络安全法》第八条第一款规定：“国家网信部门负责统筹协调网络安全工作和相关监督管理工作。国务院电信主管部门、公安部门和其他有关机关依照本法和有关法律、行政法规的规定，在各自职责范围内负责网络安全保护和监督管理工作。”据此，《非法利用信息网络、帮助信息网络犯罪活动解释》第二条第一款规定：“刑法第二百八十六条之一第一款规定的‘监管部门责令采取改正措施’，是指网信、电信、公安等依照法律、行政法规的规定承担信息网络安全监管职责的部门，以责令整改通知书或者其他文书形式，责令网络服务提供者采取改正措施。”

2. “经监管部门责令采取改正措施而拒不改正”的认定。根据司法实践反映的问题，基于拒不履行信息网络安全管理义务罪系不作为犯的属性，《非法利用信息网络、帮助信息网络犯罪活动解释》第二条第二款进一步规定：“认定‘经监管部门责令采取改正措施而拒不改正’，应当综合考虑监管部门责令改正是否具有法律、行政法规依据，改正措施及期限要求是否明确、合理，网络服务提供者是否具有按照要求采取改正措施的能力等因素进行判断。”

（三）拒不履行信息网络安全管理义务罪的入罪标准

《刑法》第二百八十六条之一第一款第一项至第三项列举了拒不履行信息网络安全管理义务，致使违法信息大量传播、致使用户信息泄露以及致使刑事案件证据灭失的入罪情形，并设置了兜底项“有其他严重情节的”。为统一司法适用，《非法利用信息网络、帮助信息网络犯罪活动解释》根据拒不履行信息网络安全管理义务罪的不同情形，对其入罪标准作了明确。

1. 致使违法信息大量传播的。根据司法实践的情况，《非法利用信息网络、帮助信息网络犯罪活动解释》第三条主要从违法信息数量、传播范围等方面明确了“致使违法信息大量传播”的认定标准：根据违法信息的类型不同，第一项至第三项区分违法视频文件和其他违法信息设置不同标准；根据传播方式的不同，以传播用户账号数、通讯群组和社交网络账号数以及实际被点击数设置不同标准。具体而言，拒不履行信息网络安全管理义务，具有下列情形之一的，应当认定为《刑法》第二百八十六条之一第一款第一项规定的“致使违法信息大量传播”：（1）致使传播违法视频文件二百个以上的；（2）致使传播违法视频文件以外的其他违法信息二千个以上的；（3）致使传播违法信息，数量虽未达到前述规定标准，但是按相应比例折算合计达到有关数量标准的；(4) 致使向二千个以上用户账号传播违法信息的；(5) 致使利用群组成员账号数累计三千以上的通讯群组或者关注人员账号数累计三万以上的社交网络传播违法信息的；(6) 致使违法信息实际被点击数达到五万以上的；(7) 其他致使违法信息大量传播的情形。

2. 致使用户信息泄露，造成严重后果的。根据司法实践情况，《非法利用信息网络、帮助信息网络犯罪活动解释》第四条主要从泄露的用户信息数量、后果严重程度等方面明确了“致使用户信息泄露，造成严重后果”的认定标准。其中，与侵犯公民个人信息罪的入罪标准相协调，区分高度敏感信息、敏感信息、一般信息设置不同标准。具体而言，拒不履行信息网络安全管理义务，致使用户信息泄露，具有下列情形之一的，应当认定为《刑法》第二百八十六条之一第一款第二项规定的“造成严重后果”：(1) 致使泄露行踪轨迹信息、通信内容、征信信息、财产信息500条以上的；(2) 致使泄露住宿信息、通信记录、健康生理信息、交易信息等其他可能影响人身、财产安全的用户信息5000条以上的；(3) 致使泄露一般用户信息5万条以上的；(4) 数量虽未达到前述规定标准，但是按相应比例折算合计达到有关数量标准的；(5) 造成他人死亡、重伤、精神失常或者被绑架等严重后果的；(6) 造成重大经济损失的；(7) 严重扰乱社会秩序的；(8) 造成其他严重后果的。

3. 致使刑事案件证据灭失，情节严重的。根据司法实践的情况，《非法利用信息网络、帮助信息网络犯罪活动解释》第五条主要从相关证据所涉案件重要程度、造成证据灭失的次数、对刑事诉讼程序的影响等方面明确了“致使刑事案件证据灭失，情节严重”的认定标准。具体而言，拒不履行信息网络安全管理义务，致使影响定罪量刑的刑事案件证据灭失，具有下列情形之一的，应当认定为《刑法》第二百八十六条之一第一款第三项规定的“情节严重”：(1) 造成危害国家安全犯罪、恐怖活动犯罪、黑社会性质组织犯罪、贪污贿赂犯罪案件的证据灭失的；(2) 造成可能判处五年有期徒刑以上刑罚犯罪案件的证据灭失的；(3) 多次造成刑事案件证据灭失的；(4) 致使刑事诉讼程序受到严重影响的；(5) 其他情节严重的情形。

4. 有其他严重情节的。根据司法实践的情况，《非法利用信息网络、帮助信息网络犯罪活动解释》第六条主要从拒不履行信息网络安全管理义务的重要程度、前科情况、造成后果等方面对“有其他严重情节”作了明确。具体而言，拒不履行信息网络安全管理义务，具有下列情形之一的，应当认定为《刑法》第二百八十六条之一第一款第四项规定的“有其他严重情节”：(1) 对绝大多数用户日志未留存或者未落实真实身份信息认证义务的；(2) 二年内经多次责令改正拒不改正的；(3) 致使信息网络服务被主要用于违法犯罪的；(4) 致使信息网络服务、网络设施被用于实施网络攻击，严重影响生产、生活的；(5) 致使信息网络服务被用于实施危害国家安全犯罪、恐怖活动犯罪、黑社会性质组织犯罪、贪污贿赂犯罪或者其他重大犯罪的；(6) 致使国家机关或者通信、能源、交通、水利、金融、教育、医疗等领域提供公共服务的信息网络受到破坏，严重影响生产、生活的；(7) 其他严重违反信息网络安全管理义务的情形。

（四）非法利用信息网络罪的客观行为方式

《刑法》第二百八十七条之一多处涉及“违法犯罪”的表述，包括“用于实施诈骗、传授犯罪方法、制作或者销售违禁物品、管制物品等违法犯罪活动的网站、通讯群组”“有关制作或者销售毒品、枪支、淫秽物品等违禁物品、管制物品或者其他违法犯罪信息”“为实施诈骗等违法犯罪活动”等。经研究，《非法利用信息网络、帮助信息网络犯罪活动解释》第七条规定：“刑法第二百八十七条之一规定的‘违法犯罪’，包括犯罪行为和属于刑法分则规定的行为类型但尚未构成犯罪的违法行为。”据此，一方面，对《刑法》第二百八十七条之一规定中的“等”，应当做等外的理解，即不只限于该条所明确列举的类型，也包括其他违法犯罪。另一方面，对于《刑法》未规定、仅在《治安管理处罚法》或者其他法律法规规定的行政违法行为，即使利用信息网络实施，也不应当构成非法利用信息网络罪。例如，对于买卖驾照计分的行为，目前无法直接追究刑事责任；对于此类行为，即使通过互联网、通信群组发布相关信息的，也不构成非法利用信息网络罪。

《非法利用信息网络、帮助信息网络犯罪活动解释》明确了《刑法》第二百八十七条之一第一款第一项规定的“用于实施诈骗、传授犯罪方法、制作或者销售违禁物品、管制物品等违法犯罪活动的网站、通讯群组”的认定规则。为区别于用于正常活动的网站、通讯群组，《非法利用信息网络、帮助信息网络犯罪活动解释》第八条从网站、群组的设立目的与设立后主要从事的活动两个方面予以明确，规定：“以实施违法犯罪活动为目的而设立或者设立后主要用于实施违法犯罪活动的网站、通讯群组，应当认定为刑法第二百八十七条之一第一款第一项规定的‘用于实施诈骗、传授犯罪方法、制作或者销售违禁物品、管制物品等违法犯罪活动的网站、通讯群组’。”

《非法利用信息网络、帮助信息网络犯罪活动解释》明确了《刑法》第二百八十七条之一第一款第二项、第三项规定的“发布信息”的含义。实践中，有些行为人为逃避打击，不直接发布信息，而是发布信息的链接地址、截屏，或者将包含信息的文件放到网盘等存储空间后发布访问账号、密码。如某起案件，行为人将大量淫秽视频存入网盘后，在网上发布网盘账号、密码。经研究认为，此种情形与直接发布信息并无差异，应当认定为“发布信息”。基于此，《非法利用信息网络、帮助信息网络犯罪活动解释》第九条规定：“利用信息网络提供信息的链接、截屏、二维码、访问账号密码及其他指引访问服务的，应当认定为刑法第二百八十七条之一第一款第二项、第三项规定的‘发布信息’。”

（五）非法利用信息网络罪的入罪标准

根据《刑法》第二百八十七条之一第一款的规定，非法利用信息网络以“情节严重”作为入罪要件。根据司法实践的具体情况，《非法利用信息网络、帮助信息网络犯罪活动解释》第十条主要从设立网站、通讯群组、发布信息的数量，违法所得数额，前科情况等方面明确了“情节严重”的认定标准。具体而言，非法利用信息网络，具有下列情形之一的，应当认定为《刑法》第二百八十七条之一第一款规定的“情节严重”：（1）假冒国家机关、金融机构名义，设立用于实施违法犯罪活动的网站的。实践中，不少从事诈骗活动的犯罪分子会假冒国家机关或者金融机构名义设立用于实施违法犯罪活动的网站，如针对工商银行（icbc. com. cn）制作钓鱼网站，犯罪分子将网站内容托管到服务器后申请诸如 lcbc. com、1cbc. cn、icdc. cn 等近似于工商银行域名的虚假域名指向网站后台。基于此，《非法利用信息网络、帮助信息网络犯罪活动解释》将此种情形规定为“情节严重”。（2）设立用于实施违法犯罪活动的网站，数量达到三个以上或者注册账号数累计达到二千以上的。（3）设立用于实施违法犯罪活动的通讯群组，数量达到五个以上或者群组成员账号数累计达到一千以上的。（4）发布有关违法犯罪的信息或者为实施违法犯罪活动发布信息，具有下列情形之一的：①在网站上发布有关信息 100 条以上的；②向 2000 个以上用户账号发送有关信息的；③向群组成员数累计达到3000以上的通讯群组发送有关信息的；④利用关注人员账号数累计达到3万以上的社交网络传播有关信息的。（5）违法所得1万元以上的。从实践来看，非法利用信息网络设立网站、通讯群组或者发布信息，可能获取广告费、会员注册费或者其他违法所得。基于此，《非法利用信息网络、帮助信息网络犯罪活动解释》将违法所得数额确定为“情节严重”的认定标准之一。（6）二年内曾因非法利用信息网络、帮助信息网络犯罪活动、危害计算机信息系统安全受过行政处罚，又非法利用信息网络的。（7）其他情节严重的情形。

（六）帮助信息网络犯罪活动罪的主观明知推定规则

根据《刑法》第二百八十七条之二的规定，帮助信息网络犯罪活动罪以行为人“明知他人利用信息网络实施犯罪”为前提。经研究认为，对帮助信息网络犯罪活动罪主观明知的认定，应当结合一般人的认知水平和行为人的认知能力，相关行为是否违反法律的禁止性规定，行为人是否履行管理职责，是否逃避监管或者规避调查，是否因同类行为受过处罚，以及行为人的供述和辩解等情况进行综合判断。根据司法实践的情况，《非法利用信息网络、帮助信息网络犯罪活动解释》第十一条总结了主观明知的推定情形。具体而言，为他人实施犯罪提供技术支持或者帮助，具有下列情形之一的，可以认定行为人明知他人利用信息网络实施犯罪，但是有相反证据的除外：（1）经监管部门告知后仍然实施有关行为的。随着信息技术的发展，监管部门不一定通过专门文书进行告知，甚至未必采用书面告知方式，特别是遇到紧急事件时，监管部门往往通过即时通讯群组、电话、短信、电子邮件等多种方式告知，只要有相关证据可以证明已经告知即可，故未限定告知方式。（2）接到举报后不履行法定管理职责的。网络服务提供者在为网络应用提供服务的同时也担负相关的管理职责，但现实中服务商不可能对所有服务对象进行相关管理。如网站托管服务商一般只负责网站软硬件环境的建设和维护，对网站内容不予管理，故不能要求服务商主动发现全部违法犯罪行为，但在接到举报后应当履行法定管理职责。例如，网站托管服务商在接到举报某服务对象托管的网站为淫秽色情网站后，仍不依法采取关停、删除、报案等措施，继续为该网站提供服务的，可以认定其主观明知。（3）交易价格或者方式明显异常的。例如，第三方支付平台从一般的支付活动中收取1.5%的费用，而在有的赌博案件中第三方支付平台收取超过10%的费用。从这一收费明显异常情况，可以看出该第三方支付平台对服务对象从事犯罪活动实际上是“心知肚明”的，故推定其具有主观明知。（4）提供专门用于违法犯罪的程序、工具或者其他技术支持、帮助的。实践中，随着网络犯罪案件的分工日益细化，滋生出专门用于违法犯罪的活动，如替人开卡，取钱车手，贩卖“多卡合一”（银行卡、电话卡、支付宝账号、微信账号、身份证），解冻被支付宝、微信等支付工具安全策略冻结的未实名账户等服务；此外，还有专门用于违法犯罪活动的程序、工具，如仿冒银行、执法部门网站制作钓鱼网站。可以说，这些活动或者程序、工具并非社会正常活动所需，而系为违法犯罪活动提供帮助的专门服务，故相关从业人员对其服务对象系可能涉嫌犯罪主观上实际是明知的，故将此种情形推定为主观明知。（5）频繁采用隐蔽上网、加密通信、销毁数据等措施或者使用虚假身份，逃避监管或者规避调查的。实践中，一些行为人在帮助信息网络犯罪活动中长期使用加密措施或者虚假身份，对于此类逃避监管或者规避调查的行为，可以推定行为人主观明知。（6）为他人逃避监管或者规避调查提供技术支持、帮助的。（7）其他足以认定行为人明知的情形。实践中还有一些情形可以推断行为人主观明知，如取钱人持有多张户主不同的银行卡或者多张假身份证，无法说明缘由的，亦可以推定其主观明知。

（七）帮助信息网络犯罪活动罪的入罪标准

根据《刑法》第二百八十七条之二的规定，帮助信息网络犯罪活动以“情节严重”为入罪门槛。根据司法实践的具体情况，《非法利用信息网络、帮助信息网络犯罪活动解释》第十二条第一款明确了“情节严重”的认定标准。具体而言，明知他人利用信息网络实施犯罪，为其犯罪提供帮助，具有下列情形之一的，应当认定为《刑法》第二百八十七条之二第一款规定的“情节严重”：（1）为三个以上对象提供帮助的；（2）支付结算金额20万元以上的；（3）以投放广告等方式提供资金5万元以上的；（4）违法所得1万元以上的；（5）二年内曾因非法利用信息网络、帮助信息网络犯罪活动、危害计算机信息系统安全受过行政处罚，又帮助信息网络犯罪活动的；（6）被帮助对象实施的犯罪造成严重后果的；（7）其他情节严重的情形。

需要注意的是，考虑到与传统犯罪中帮助行为不同，网络犯罪中帮助者往往为众多对象提供帮助，一一查证被帮助对象是否已构成犯罪存在客观困难，而帮助行为“累计”的社会危害性严重，《非法利用信息网络、帮助信息网络犯罪活动解释》第十二条第二款规定："实施前款规定的行为，确因客观条件限制无法查证被帮助对象是否达到犯罪的程度，但相关数额总计达到前款第二项至第四项规定标准五倍以上，或者造成特别严重后果的，应当以帮助信息网络犯罪活动罪追究行为人的刑事责任。"适用本款时应当注意：一是此种情形下通常是被帮助对象人数众多，对于帮助单个或者少数对象利用信息网络实施犯罪的，必须以被帮助对象构成犯罪为入罪前提；二是确因客观条件限制无法证实被帮助对象实施的行为达到犯罪程度，但经查证确系刑法分则规定的行为的，如果是一般的违法行为也不能适用这一例外规则；三是情节远高于"情节严重"的程度，即此种情形下虽然无法查证被帮助对象构成犯罪，但帮助行为本身具有十分严重的社会危害性，达到独立刑事惩处的程度。

此外，根据《刑法》第二百八十七条之二第一款的规定，帮助信息网络犯罪活动罪中被帮助对象的行为必须构成犯罪，但是对此处规定的"犯罪"只应理解为相关犯罪查证属实，而不能理解为要求经人民法院生效裁判确认。同时，即使被帮助对象的行为符合刑法规定的其他构成要件，但因行为人未达到刑事责任年龄等原因依法未予追究刑事责任的，也不应影响帮助信息网络犯罪活动罪的认定。基于此，《非法利用信息网络、帮助信息网络犯罪活动解释》第十三条规定："被帮助对象实施的犯罪行为可以确认，但尚未到案、尚未依法裁判或者因未达到刑事责任年龄等原因依法未予追究刑事责任的，不影响帮助信息网络犯罪活动罪的认定。"

（八）相关网络犯罪的其他问题

根据司法实践的情况，《非法利用信息网络、帮助信息网络犯罪活动解释》还对相关网络犯罪的其他问题作了明确：

1. 单位实施相关网络犯罪的定罪量刑标准。拒不履行信息网络安全管理义务罪、非法利用信息网络罪、帮助信息网络犯罪活动罪的主体均可以是单位。为严惩单位实施的相关网络犯罪活动，《非法利用信息网络、帮助信息网络犯罪活动解释》第十四条规定："单位实施本解释规定的犯罪的，依照本解释规定的相应自然人犯罪的定罪量刑标准，对直接负责的主管人员和其他直接责任人员定罪处罚，并对单位判处罚金。"

2. 相关网络犯罪的认罪认罚从宽规则。考虑到司法实践中的复杂情况，根据认罪认罚从宽制度的要求，《非法利用信息网络、帮助信息网络犯罪活动解释》第十五条规定："综合考虑社会危害程度、认罪悔罪态度等情节，认为犯罪情节轻微的，可以不起诉或者免予刑事处罚；情节显著轻微危害不大的，不以犯罪论处。"

3. 相关网络犯罪的数量数额累计规则。《非法利用信息网络、帮助信息网络犯罪活动解释》第十六条规定："多次拒不履行信息网络安全管理义务、非法利用信息网络、帮助信息网络犯罪活动构成犯罪，依法应当追诉的，或者二年内多次实施前述行为未经处理的，数量或者数额累计计算。"

4. 相关网络犯罪的职业禁止和禁止令适用规则。刑法规定，因利用职业便利实施犯罪的，人民法院可以根据犯罪情况和预防再犯罪的需要，禁止其自刑罚执行完毕之日或者假释之日起从事相关执业，期限为三年至五年；判处管制、宣告缓刑的，可以根据犯罪情况，同时禁止犯罪分子在执行期间从事特定活动。鉴于网络犯罪相当程度存在再犯现象，不少行为人"重操旧业"的现实情况，《非法利用信息网络、帮助信息网络犯罪活动解释》第十七条专门规定："对于实施本解释规定的犯罪被判处刑罚的，可以根据犯罪情况和预防再犯罪的需要，依法宣告职业禁止；被判处管制、宣告缓刑的，可以根据犯罪情况，依法宣告禁止令。"

5. 相关网络犯罪的罚金刑适用规则。网络犯罪具有明显的牟利性，行为人实施该类犯罪主要是为了牟取非法利益。因此，有必要加大财产刑的适用力度，让行为人在经济上得不偿失，进而剥夺其再次实施犯罪的经济能力。基于此，《非法利用信息网络、帮助信息网络犯罪活动解释》第十八条规定："对于实施本解释规定的犯罪的，应当综合考虑犯罪的危害程度、违法所得数额以及被告人的前科情况、认罪悔罪态度等，依法判处罚金。"

（撰稿：周加海、喻海松）

（三）疑难、复杂问题的参考性解答

1. 如何认定本罪的行为方式？

本罪的客观行为包括三个方面：（1）行为人不履行法律、行政法规规定的信息网络安全管理义务。司法实践中认定行为人是否有不履行相关安全管理义务的行为时，需要结合相关法律、行政法规关于安全管理义务的具体规定和要求认定。这方面的法律、行政法规主要有《全国人民代表大会常务委员会关于加强网络信息保护的决定》、国务院《互联网信息服务管理办法》

《计算机信息网络国际联网安全保护管理办法》《电信条例》等。根据这些法律、行政法规的规定，网络服务提供者的安全管理义务主要有：落实信息网络安全管理制度和安全保护技术措施，互联网服务提供者应当建立相应的管理制度，包括网络安全保障制度、信息安全保密管理制度、用户信息安全管理制度等；及时发现、处置违法信息；网络服务提供者在提供服务过程中，应当对网上信息和网络日志信息记录进行备份和留存。

（2）行为人经监管部门责令改正而拒不改正。这里的监管部门是指依据法律、行政法规的规定对网络服务提供者负有监督管理职责的各个部门。由于信息网络安全设计面较广，相关监管部门也涉及各个领域，除公安部门、电信管理机构外，新闻、出版、教育、卫生、药品监督管理、工商行政管理、国家安全等有关主管部门，在各自职责范围内依法对互联网信息内容实施监督管理。这里的“责令采取改正措施”应当是上述负有监督管理职责的部门，根据相关网络服务提供者在安全管理方面存在的问题，依法提出的改正错误、堵塞漏洞、加强防范等要求。即责令的主体、责令的方式和程序，都要有法律、行政法规的依据，符合依法行政的要求。

（3）行为人拒不改正的行为导致特定危害后果的发生。“拒不改正”是指明知而故意加以拒绝，实践中认定网络服务提供者是否“拒不改正”，应当考虑以下因素：网络服务提供者是否收到监管部门提出的责令采取改正措施的要求；相关责令整改要求是否明确、具体；网络服务提供者对监管部门提出的采取改正措施的要求，在主观上是否具有拖延或者拒绝执行的故意；网络服务提供者是否具有依照监管部门提出的要求，采取相应改正措施的能力。网络服务提供者拒不采取改正措施，导致了下列危害后果发生的，才能追究其刑事责任：①致使违法信息大量传播。违法信息是指其内容违反相关法律法规规定的信息。如《电信条例》规定，“违法信息”是指含有反对宪法所确定的基本原则；危害国家安全，泄露国家秘密，颠覆国家政权，破坏国家统一；损害国家荣誉和利益；煽动民族仇恨、民族歧视，破坏民族团结；破坏国家宗教政策，宣扬邪教和封建迷信；散布谣言，扰乱社会秩序，破坏社会稳定；散布淫秽、色情、赌博、暴力、凶杀、恐怖或者教唆犯罪；侮辱或者诽谤他人，侵害他人合法权益；含有法律、行政法规禁止的其他内容等的信息。根据相关司法解释的规定，“致使违法信息大量传播”是指以下情形：致使传播违法视频文件 200 个以上的；致使传播违法视频文件以外的其他违法信息2000个以上的；致使传播违法信息，数量虽未达到第一项、第二项规定标准，但是按相应比例折算合计达到有关数量标准的；致使向2000个以上用户账号传播违法信息的；致使利用群组成员账号数累计3000以上的通讯群组或者关注人员账号数累计3万以上的社交网络传播违法信息的；致使违法信息实际被点击数达到5万以上的；其他致使违法信息大量传播的情形。②致使用户信息泄露，造成严重后果的。这里的“用户信息”主要包括三类：一是关于用户基本情况信息，如网络服务提供者在服务的过程中收集的个人用户的姓名、出生日期、身份证件号码、住址、电话号码等，以及企业用户商业信息等。二是用户的行为类信息，如用户购买服务或者产品的记录，与企业的联络记录，用户的消费行为、偏好、生活方式等相关信息。三是与用户行为相关的，反映和影响用户行为和心理的相关信息，包括用户的满意度、忠诚度、对产品或服务的偏好、竞争对手行为等。上述用户信息有的涉及公民个人隐私，有的属于企业商业秘密，根据相关法律、行政法规的规定，网络服务提供者应当对其收集或者保存的用户信息采取保护措施，防止信息的泄露。根据相关司法解释的规定，“造成严重后果”是指：致使泄露行踪轨迹信息、通信内容、征信信息、财产信息500条以上的；致使泄露住宿信息、通信记录、健康生理信息、交易信息等其他可能影响人身、财产安全的用户信息5000条以上的；致使泄露第一项、第二项规定以外的用户信息5万条以上的；数量虽未达到第一项至第三项规定标准，但是按相应比例折算合计达到有关数量标准的；造成他人死亡、重伤、精神失常或者被绑架等严重后果的；造成重大经济损失的；严重扰乱社会秩序的以及造成其他严重后果的。③致使刑事案件证据灭失，情节严重的。主要是指网络服务提供者未按照要求保存用户信息或者采取其他安全防卫措施，导致相关刑事追诉活动因为重要证据灭失而遭受严重障碍。这里的“情节严重”，根据相关司法解释的规定是指：造成危害国家安全犯罪、恐怖活动犯罪、黑社会性质组织犯罪、贪污贿赂犯罪案件的证据灭失的；造成可能判处五年有期徒刑以上刑罚犯罪案件的证据灭失的；多次造成刑事案件证据灭失的；致使刑事诉讼程序受到严重影响的以及其他情节严重的情形。

2. 如何区分本罪与其他罪的界限？

司法实践中，网络服务提供者拒不履行安全管理义务的行为，根据其具体情况还可能构成刑法规定的其他犯罪，如《刑法》第一百二十条之三规定的宣扬恐怖主义、极端组织的犯罪，第三百六十四条规定的传播淫秽物品罪，第三百九十八条规定的故意或者过失泄露国家秘密罪，第三百零七条规定的帮助毁灭、伪造证据罪，第三百一十一条规定的拒绝提供间谍犯罪、恐怖主义、极端主义犯罪证据罪等。根据《刑法》第二百八十六条之一第三款规定，“有前两款行为，同时构成其他犯罪的，依照处罚较重的规定定罪处罚”。即从一重罪定罪处罚。

二十、非法利用信息网络罪

（一）刑法规定

第二百八十七条之一 利用信息网络实施下列行为之一，情节严重的，处三年以下有期徒刑或者拘役，并处或者单处罚金：

（一）设立用于实施诈骗、传授犯罪方法、制作或者销售违禁物品、管制物品等违法犯罪活动的网站、通讯群组的；

（二）发布有关制作或者销售毒品、枪支、淫秽物品等违禁物品、管制物品或者其他违法犯罪信息的；

（三）为实施诈骗等违法犯罪活动发布信息的。

单位犯前款罪的，对单位判处罚金，并对其直接负责的主管人员和其他直接责任人员，依照第一款的规定处罚。

有前两款行为，同时构成其他犯罪的，依照处罚较重的规定定罪处罚。①

（二）典型或常见问题的审理思路

1. 发布有关销售管制物品的信息，情节严重的行为如何定性？②

行为人在朋友圈发布其拍摄的管制刀具图片、视频和文字信息 1 万余条，用以销售管制刀具，并从中非法获利，他人购得刀具后实施了故意伤害致人死亡的犯罪行为。行为人利用信息网络，发布有关销售管制物品的违法犯罪信息，其行为已构成非法利用信息网络罪。

---

① 本罪是《刑法修正案（九）》新增加的罪名。

② 案例来源：2019 年 10 月 25 日最高人民法院发布四起非法利用信息网络罪、帮助信息网络犯罪活动罪典型案例之黄某明、陶某新等非法利用信息网络案。

2. 为实施诈骗活动发布信息的行为应如何定性?[1]

行为人为获取非法利益，在网上为他人发送“刷单获取佣金”的诈骗信息业务，即通过“阿里旺旺”向不特定的淘宝用户发送信息，从让其发送信息的上家处获取费用。行为人以非法获利为目的，通过信息网络发送刷单诈骗信息，其行为本质上属于诈骗犯罪预备，构成非法利用信息网络罪。实施诈骗的行为人是否归案并受到刑事追究，不影响非法利用信息网络罪的成立。

(三) 疑难、复杂问题的参考性解答

司法实践中如何认定本罪的客观行为?

本罪系利用信息网络实施以下三类行为:

(1) 设立用于实施诈骗、传授犯罪方法、制作或者销售违禁物品、管制物品等违法犯罪活动的网站、通讯群组。“网站”是其设立者或者维护者制作的用于展示特定内容的相关网页的集合，便于使用者在其上发布信息或者获取信息;“通讯群组”是网上供具有相同需求的人群集合在一起进行交流的平台和工具，如QQ、微信等。行为人设立网站、通讯群组的目的是用于实施违法犯罪活动。如果行为人是出于发布合法信息，从事正常的社交或者网络经营行为等目的设立网站、通讯群组，事后被他人用于从事违法犯罪行为的，不属于本项规定的设立用于违法犯罪活动的网站、通讯群组。当然，如果行为人事后知道他人利用其设立的网站、通讯群组从事违法犯罪活动，而为其提供技术支持的，可以适用《刑法》第二百八十七条之二关于帮助实施网络犯罪的规定追究刑事责任。“违法犯罪”，包括犯罪行为和属于《刑法》分则规定的行为类型但尚未构成犯罪的违法行为。行为人设立违法犯罪网站、通讯群组，主要是从事诈骗、传授犯罪方法、制作或者销售违禁物品、管制物品，但并不限于法律明确列举的这几类违法犯罪活动。以实施违法犯罪活动为目的而设立或者设立后主要用于实施违法犯罪活动的网站、通讯群组，应当认定为“用于实施诈骗、传授犯罪方法、制作或者销售违禁物品、管制物品等违法犯罪活动的网站、通讯群组”。为实施诈骗而设立网站和通讯群组，是实践中最为常见的一种犯罪情形，如设立“钓鱼网站”，通过钓鱼网站窃

---

① 案例来源：2019年10月25日最高人民法院发布四起非法利用信息网络罪、帮助信息网络犯罪活动罪典型案例之谭某羽、张某等非法利用信息网络案。

取、记录用户网上银行账号、密码等数据，进而用于诈骗、窃取用户网银资金等。

（2）发布有关制作或者销售毒品、枪支、淫秽物品等违禁物品、管制物品或者其他违法犯罪信息。这里的违法犯罪信息主要是指制作、销售毒品、枪支、淫秽物品等违禁物品、管制物品的信息，但不限于这些信息，即还包括“其他违法犯罪信息”。实践中比较常见的发布“其他违法犯罪信息”的行为，有发布招嫖、销售假证、假发票、赌博、传销的信息等。利用信息网络提供信息的链接、截屏、二维码、访问账号密码及其他指引访问服务的，应当认定为此处规定的“发布信息”。

（3）为实施诈骗等违法犯罪活动发布信息。这里行为人发布的信息，从表面上看往往不具有违法性，但行为人发布信息的目的，是吸引他人关注，借以实施诈骗等违法犯罪活动，相关信息只是其从事犯罪的幌子。如通过发布低价机票、旅游产品、保健品等商品信息，吸引他人购买，进而实施诈骗、传销等违法犯罪行为。司法实践中，办案部门在查办具体案件时，应当依据掌握的线索，尽力查明行为人线下实际实施的各种犯罪行为。对经过深入细致查证，有足够证据证明行为人实施了诈骗等犯罪的，应当依照《刑法》诈骗罪等规定定罪处罚。如果经过深入工作，因为证据等原因，确实难以按照诈骗等犯罪追究的，可以根据本条规定，针对其所实际实施的为实施诈骗等犯罪而发布信息的行为，依法追究刑事责任。

二十一、帮助信息网络犯罪活动罪

（一）刑法规定

第二百八十七条之二　明知他人利用信息网络实施犯罪，为其犯罪提供互联网接入、服务器托管、网络存储、通讯传输等技术支持，或者提供广告推广、支付结算等帮助，情节严重的，处三年以下有期徒刑或者拘役，并处或者单处罚金。

单位犯前款罪的，对单位判处罚金，并对其直接负责的主管人员和其他直接责任人员，依照第一款的规定处罚。

有前两款行为，同时构成其他犯罪的，依照处罚较重的规定定罪处罚。

（二）典型或常见问题的审理思路

1. 为他人实施信息网络犯罪提供支付结算帮助，情节严重的行为如何定性?①

行为人经营的网络科技有限公司的主营业务为第三方支付公司网络支付接口代理。行为人在明知申请支付接口需要提供商户营业执照、法人身份证等五证信息和网络商城备案域名，且明知非法代理的网络支付接口可能被用于犯罪资金走账和洗钱的情况下，让通过事先购买的企业五证信息和假域名备案在第三方公司申请支付账号，以每个账号收取不等的接口费将账号卖给他人，并收取该账号入金金额千分之三左右的分润，其明知他人利用信息网络实施犯罪，为其犯罪提供支付结算的帮助，其行为已构成帮助信息网络犯罪活动罪。

2. 为他人实施信息网络犯罪提供开办银行卡帮助的行为如何定性?②

行为人在我国台湾地区受人指派在大陆银行办理银行卡，用于电信网络诈骗等违法犯罪活动，明知开办的银行卡可能用于实施电信网络诈骗等犯罪行为，仍帮助到大陆开办银行卡，情节严重，已构成帮助信息网络犯罪活动罪。

（三）疑难、复杂问题的参考性解答

1. 司法实践中如何认定本罪的行为方式?

本罪的帮助行为主要有以下几种具体形式：

一是为他人实施网络犯罪提供互联网接入、服务器托管、网络存储、通讯传输等技术支持。其中，“互联网接入”是指为他人提供访问互联网或者在互联网发布信息的通路。这一规定主要针对互联网接入服务提供商，如果其明知他人利用其接入服务实施犯罪，仍继续让对方使用，情节严重的，构成本罪。“服务器托管”是指将服务器及相关设备托管到具有专门数据中心的机房。“网络存储”通常是指通过网络存储、管理数据的载体空间，如常用的百

---

① 案例来源：2019 年 10 月 25 日最高人民法院发布四起非法利用信息网络罪、帮助信息网络犯罪活动罪典型案例之赵某帮助信息网络犯罪活动案。

② 案例来源：2019 年 10 月 25 日最高人民法院发布四起非法利用信息网络罪、帮助信息网络犯罪活动罪典型案例之侯某元、刘某祈等帮助信息网络犯罪活动案。

度网盘、QQ 中转站等。“通讯传输”是指用户之间传输信息的通路。比如电信诈骗犯罪中犯罪分子常用的 VOIP 电话，这种技术能将语音信号经技术处理后通过互联网传输出去。另一种常用的通讯传输通道是 VPN（虚拟专用网络），该技术能在公用网络上建立专用网络，进行加密通讯。

二是为他人利用信息网络实施犯罪提供广告推广。这里的广告推广包括两种情况，一种是为利用网络实施犯罪的人做广告，拉客户。另一种情况是为他人设立的犯罪网站拉广告客户，帮助该犯罪网站获得广告收入，以支持犯罪网站的运营。

三是为他人利用信息网络实施犯罪提供支付结算帮助。由于网络自身的特点，网络犯罪行为人要最终获得犯罪收益，往往需要借助第三方支付等各种网络支付结算服务提供者，以完成收款、转账、取现等活动。实践中甚至有一些人员，专门为网络诈骗集团提供收付款、转账、结算、现金提取服务等帮助。

2. **本罪的构成是否要求行为人与被帮助者之间存在共谋?**

本罪的构成不要求行为人与被帮助者之间存在共谋。本罪的构成要求行为人明知他人利用信息网络实施犯罪，为其犯罪提供互联网接入、服务器托管、网络存储、通讯传输等技术支持，或者提供广告推广、支付结算等帮助，这种帮助行为类似共同犯罪中的帮助犯，但又有所不同，因为作为共犯中的帮助犯，要求行为人与被帮助者之间有共谋，而本罪则不要求必须存在这种共谋，在某种意义上更接近片面帮助犯的情形，也超出传统意义上一对一的帮助类型，可谓一对多的帮助类型，传统的共犯理论难以有效惩治，故此单独定罪。当然，为他人利用信息网络实施犯罪提供便利的行为也有可能符合共同犯罪的情形。对此，《刑法》第二百八十七条之二第三款规定，为他人利用信息网络实施犯罪提供便利的行为同时又构成其他犯罪的（包括共犯情形），依照处罚较重的规定定罪处罚。

二十二、扰乱无线电通讯管理秩序罪

（一）刑法规定

第二百八十八条 违反国家规定，擅自设置、使用无线电台（站），或者擅自使用无线电频率，干扰无线电通讯秩序，情节严重的，处三年以下有期徒刑、拘役或者管制，并处或者单处罚金；情节特别严重的，处三年以上七年以下有期徒刑，并处罚金。

单位犯前款罪的，对单位判处罚金，并对其直接负责的主管人员和其他直接责任人员，依照前款的规定处罚。①

（二）司法解释、司法文件及其权威解读

1. 最高人民法院、最高人民检察院关于办理扰乱无线电通讯管理秩序等刑事案件适用法律若干问题的解释（法释〔2017〕11号，自2017年7月1日起施行）

为依法惩治扰乱无线电通讯管理秩序犯罪，根据《中华人民共和国刑法》《中华人民共和国刑事诉讼法》的有关规定，现就办理此类刑事案件适用法律的若干问题解释如下：

第一条　具有下列情形之一的，应当认定为刑法第二百八十八条第一款规定的“擅自设置、使用无线电台（站），或者擅自使用无线电频率，干扰无线电通讯秩序”：

（一）未经批准设置无线电广播电台（以下简称“黑广播”），非法使用广播电视专用频段的频率的；

（二）未经批准设置通信基站（以下简称“伪基站”），强行向不特定用户发送信息，非法使用公众移动通信频率的；

（三）未经批准使用卫星无线电频率的；

（四）非法设置、使用无线电干扰器的；

（五）其他擅自设置、使用无线电台（站），或者擅自使用无线电频率，干扰无线电通讯秩序的情形。

第二条　违反国家规定，擅自设置、使用无线电台（站），或者擅自使用无线电频率，干扰无线电通讯秩序，具有下列情形之一的，应当认定为刑法

---

① 原《刑法》第二百八十八条规定，违反国家规定，擅自设置、使用无线电台（站），或者擅自占用频率，经责令停止使用后拒不停止使用，干扰无线电通讯正常进行，造成严重后果的，处三年以下有期徒刑、拘役或者管制，并处或者单处罚金。单位犯前款罪的，对单位判处罚金，并对其直接负责的主管人员和其他直接责任人员，依照前款的规定处罚。《刑法修正案（九）》对本罪作了修改，取消了原来规定的“经责令停止使用后拒不停止使用”的规定，降低了构成犯罪的门槛，将原来规定的“造成严重后果”改为“情节严重”，并增加了一档刑罚，对情节特别严重的，处三年以上七年以下有期徒刑，并处罚金。

第二百八十八条第一款规定的“情节严重”：

（一）影响航天器、航空器、铁路机车、船舶专用无线电导航、遇险救助和安全通信等涉及公共安全的无线电频率正常使用的；

（二）自然灾害、事故灾难、公共卫生事件、社会安全事件等突发事件期间，在事件发生地使用“黑广播”“伪基站”的；

（三）举办国家或者省级重大活动期间，在活动场所及周边使用“黑广播”“伪基站”的；

（四）同时使用三个以上“黑广播”“伪基站”的；

（五）“黑广播”的实测发射功率五百瓦以上，或者覆盖范围十公里以上的；

（六）使用“伪基站”发送诈骗、赌博、招嫖、木马病毒、钓鱼网站链接等违法犯罪信息，数量在五千条以上，或者销毁发送数量等记录的；

（七）雇佣、指使未成年人、残疾人等特定人员使用“伪基站”的；

（八）违法所得三万元以上的；

（九）曾因扰乱无线电通讯管理秩序受过刑事处罚，或者二年内曾因扰乱无线电通讯管理秩序受过行政处罚，又实施刑法第二百八十八条规定的行为的；

（十）其他情节严重的情形。

第三条 违反国家规定，擅自设置、使用无线电台（站），或者擅自使用无线电频率，干扰无线电通讯秩序，具有下列情形之一的，应当认定为刑法第二百八十八条第一款规定的“情节特别严重”：

（一）影响航天器、航空器、铁路机车、船舶专用无线电导航、遇险救助和安全通信等涉及公共安全的无线电频率正常使用，危及公共安全的；

（二）造成公共秩序混乱等严重后果的；

（三）自然灾害、事故灾难、公共卫生事件和社会安全事件等突发事件期间，在事件发生地使用“黑广播”“伪基站”，造成严重影响的；

（四）对国家或者省级重大活动造成严重影响的；

（五）同时使用十个以上“黑广播”“伪基站”的；

（六）“黑广播”的实测发射功率三千瓦以上，或者覆盖范围二十公里以上的；

（七）违法所得十五万元以上的；

（八）其他情节特别严重的情形。

第四条 非法生产、销售“黑广播”“伪基站”、无线电干扰器等无线电设备，具有下列情形之一的，应当认定为刑法第二百二十五条规定的“情节严重”：

（一）非法生产、销售无线电设备三套以上的；

（二）非法经营数额五万元以上的；

（三）其他情节严重的情形。

实施前款规定的行为，数量或者数额达到前款第一项、第二项规定标准五倍以上，或者具有其他情节特别严重的情形的，应当认定为刑法第二百二十五条规定的“情节特别严重”。

在非法生产、销售无线电设备窝点查扣的零件，以组装完成的套数以及能够组装的套数认定；无法组装为成套设备的，每三套广播信号调制器（激励器）认定为一套“黑广播”设备，每三块主板认定为一套“伪基站”设备。

第五条 单位犯本解释规定之罪的，对单位判处罚金，并对直接负责的主管人员和其他直接责任人员，依照本解释规定的自然人犯罪的定罪量刑标准定罪处罚。

第六条 擅自设置、使用无线电台（站），或者擅自使用无线电频率，同时构成其他犯罪的，按照处罚较重的规定定罪处罚。

明知他人实施诈骗等犯罪，使用“黑广播”“伪基站”等无线电设备为其发送信息或者提供其他帮助，同时构成七条犯罪的，按照处罚较重的规定定罪处罚。

第七条 负有无线电监督管理职责的国家机关工作人员滥用职权或者玩忽职守，致使公共财产、国家和人民利益遭受重大损失的，应当依照刑法第三百九十七条的规定，以滥用职权罪或者玩忽职守罪追究刑事责任。

有查禁扰乱无线电管理秩序犯罪活动职责的国家机关工作人员，向犯罪分子通风报信、提供便利，帮助犯罪分子逃避处罚的，应当依照刑法第四百一十七条的规定，以帮助犯罪分子逃避处罚罪追究刑事责任；事先通谋的，以共同犯罪论处。

第八条 为合法经营活动，使用“黑广播”“伪基站”或者实施其他扰乱无线电通讯管理秩序的行为，构成扰乱无线电通讯管理秩序罪，但不属于

"情节特别严重"，行为人系初犯，并确有悔罪表现的，可以认定为情节轻微，不起诉或者免予刑事处罚；确有必要判处刑罚的，应当从宽处罚。

第九条 对案件所涉的有关专门性问题难以确定的，依据司法鉴定机构出具的鉴定意见，或者下列机构出具的报告，结合其他证据作出认定：

（一）省级以上无线电管理机构、省级无线电管理机构依法设立的派出机构、地市级以上广播电视主管部门就是否系"伪基站""黑广播"出具的报告；

（二）省级以上广播电视主管部门及其指定的检测机构就"黑广播"功率、覆盖范围出具的报告；

（三）省级以上航空、铁路、船舶等主管部门就是否干扰导航、通信等出具的报告。

对移动终端用户受影响的情况，可以依据相关通信运营商出具的证明，结合被告人供述、终端用户证言等证据作出认定。

第十条 本解释自2017年7月1日起施行。

权威解读

解读《最高人民法院、最高人民检察院关于办理扰乱无线电通讯管理秩序等刑事案件适用法律若干问题的解释》

最高人民法院、最高人民检察院于2017年6月27日发布了《关于办理扰乱无线电通讯管理秩序等刑事案件适用法律若干问题的解释》（以下简称《无线电解释》）。为准确理解和适用《无线电解释》的相关规定，现对《无线电解释》解读如下。

一、《无线电解释》的起草背景与过程

无线电通讯技术的广泛应用便利了人们的生产生活，但近年来，利用"黑广播""伪基站"等无线电技术手段进行的违法犯罪活动也日益增多。"黑广播"是指未经广播电视管理部门和无线电管理机构批准，擅自设置的无线电广播电台。"伪基站"是指未取得电信设备进网许可和无线电发射设备型号核准的无线电通信设备及发射站点。"伪基站"具有收集手机用户信息，强行向不特定用户手机发送短信息等功能，使用"伪基站"技术通常会非法占用公众移动通信频率，局部阻断公众移动通信网络信号。实践中，一些单位和个人为了牟利不择手段，使用"黑广播""伪基站"等非法无线电设备，发送假药广告、诈骗消息等有害信息，既严重扰乱无线电通讯管理秩序，又助推了电信诈骗犯罪，有的甚至给航空飞行安全造成了严重威胁。

为有效维护无线电通讯秩序，2015 年 11 月 1 日生效的《刑法修正案（九）》对扰乱无线电通讯管理秩序罪作出修改，将《刑法》第二百八十八条第一款修改为：“违反国家规定，擅自设置、使用无线电台（站），或者擅自使用无线电频率，干扰无线电通讯秩序，情节严重的，处三年以下有期徒刑、拘役或者管制，并处或者单处罚金；情节特别严重的，处三年以上七年以下有期徒刑，并处罚金。”修改主要有两点：一是删去“经责令停止使用后拒不停止使用”；二是将该罪由结果犯修改为情节犯。为保证《刑法修正案（九）》顺利实施，加大对“黑广播”“伪基站”等犯罪的打击，2016 年年初，最高人民法院、最高人民检察院启动扰乱无线电通讯管理秩序犯罪司法解释工作。经反复研究、广泛调研，征求全国检察系统、法院系统、全国人大常委会法工委、工业和信息化部、公安部、国家新闻出版广电总局等单位的意见，召开专家论证会，形成该解释审议稿。

2017 年 4 月 17 日最高人民法院审判委员会第 1715 次会议、2017 年 5 月 25 日最高人民检察院第十二届检察委员会第 64 次会议审议通过《无线电解释》。2017 年 6 月 27 日，“两高”正式对外发布《无线电解释》，自 2017 年 7 月 1 日起施行。

二、《无线电解释》规定的主要内容

《无线电解释》共十条，主要规定了以下内容：一是关于“擅自设置、使用无线电台（站），或者擅自使用无线电频率，干扰无线电通讯秩序”的司法认定（第一条）。二是关于扰乱无线电通讯管理秩序罪“情节严重”“情节特别严重”的认定标准（第二条至第三条）。三是关于非法生产、销售“黑广播”“伪基站”等无线电设备行为的定罪量刑问题（第四条）。四是单位犯罪、犯罪竞合及有关渎职罪的处断原则（第五条至第七条）。五是宽严相济刑事政策的具体运用（第八条）。六是对有关专门性问题证据材料的认定（第九条）。七是解释的生效时间（第十条）。

三、《无线电解释》的理解与适用

（一）关于“擅自设置、使用无线电台（站），或者擅自使用无线电频率，干扰无线电通讯秩序”的司法认定

《无线电解释》第一条明确规定了应当认定为《刑法》第二百八十八条第一款规定的“擅自设置、使用无线电台（站），或者擅自使用无线电频率，

干扰无线电通讯秩序”的情形。具体包括五项：

第一项规定了未经批准设置“黑广播”，非法使用广播电视专用频段的频率向社会进行播音宣传的行为。第二项规定了未经批准设置“伪基站”，强行向不特定用户发送信息，非法使用公众移动通信频率的行为。第三项规定了未经批准使用卫星无线电频率的行为。实践中，已出现擅自使用卫星频率的情况，鉴于这种行为可能造成严重危害后果，有必要规定刑罚予以惩戒。第四项规定了非法设置、使用无线电干扰器的行为。第五项是兜底条款。

（二）扰乱无线电通讯管理秩序罪的入罪门槛，即《刑法》第二百八十八条第一款中规定的“情节严重”的认定标准

《无线电解释》第二条明确了“违反国家规定，擅自设置、使用无线电台（站），或者擅自使用无线电频率，干扰无线电通讯秩序……情节严重”的适用标准。具体包括十种情形：

第一项是对有关干扰涉及公共安全的特殊无线电频率行为的规定。航天器、航空器、铁路机车、船舶专用无线电导航、遇险救助和安全通信等涉及公共安全的无线电频率使用范围广、使用频率高、事关不特定多数人的人身、财产安全和社会安全，十分重要。2016年12月1日起施行的《无线电管理条例》第六十四条规定：“国家对船舶、航天器、航空器、铁路机车专用的无线电导航、遇险救助和安全通信等涉及人身安全的无线电频率予以特别保护。任何无线电发射设备和辐射无线电波的非无线电设备对其产生有害干扰的，应当立即消除有害干扰。”鉴于此类特殊的无线电通讯管理秩序的重要性，《无线电解释》第二条第一项将对航天器、航空器、铁路机车、船舶专用无线电导航、遇险救助和安全通信等涉及公共安全的无线电频率造成有害干扰，影响正常使用的行为，明确规定为扰乱无线电通讯管理秩序“情节严重”的情形之一。

第二项是对突发事件期间擅自设置、使用“黑广播”“伪基站”的规定。在自然灾害、事故灾难、公共卫生事件、社会安全事件等突发事件期间，在突发事件发生地使用“黑广播”“伪基站”，干扰当地无线电频率的正常使用，影响广播、通讯等无线电通讯管理秩序，会阻碍或者对突发事件的应对与处置造成不利影响。

第三项规定了举办国家或者省级重大活动期间禁止在活动场所及周边使用“黑广播”“伪基站”的情形。实践中，确保无线电通讯正常秩序是顺利

举办重大活动任务的重要保障。举办国家或者省级重大活动期间，在活动场所及周边使用“黑广播”“伪基站”，会对活动场所及周边的无线电磁环境造成强烈干扰，影响活动正常进行，社会危害大。

第四项是对同时使用多个“黑广播”“伪基站”入罪标准的规定。实践中，犯罪嫌疑人、被告人一般采用安装小功率设备、多点密布的方式，使用多个“黑广播”或“伪基站”。为防止行为人通过降低发射功率等方式逃避刑事打击，该项明确行为人同时使用三个以上“黑广播”“伪基站”的，应当属于扰乱无线电通讯管理秩序“情节严重”的情形之一。

第五项根据“黑广播”的功率和覆盖范围对有关入罪标准作出规定。“黑广播”的危害后果取决于发射功率和覆盖范围。该项根据国家无线电监测中心和国家无线电频谱管理中心的调研数据，以“黑广播”功率或者信号覆盖范围大小为标准，对有关扰乱无线电通讯管理秩序行为的入罪标准作出规定。

第六项是对使用“伪基站”发送违法犯罪信息数量大，或者销毁有关发送记录行为的规定。使用“伪基站”发送违法犯罪信息，不仅严重扰乱无线电通讯管理秩序，同时助长电信诈骗等犯罪，甚至可能会引发一系列的次生违法犯罪行为，因此，该项将使用“伪基站”发送诈骗、赌博、招嫖、木马病毒等违法犯罪信息，数量达到5000条以上，或者销毁发送数量等记录的，规定为“情节严重”的情形之一。

第七项是关于雇佣、指使未成年人、残疾人等特定人员使用“伪基站”的规定。实践中，一些犯罪分子为了逃避打击，雇佣、指使未成年人、残疾人等特定人员使用“伪基站”的情况较为常见。这些雇佣、指使他人使用“伪基站”的犯罪分子，不仅有教唆他人实施违法犯罪行为的故意，也具备了职业化犯罪的特征，应当从重给予处罚。

第八项是对违法所得数额标准作出的规定。该项参考了2014年3月最高人民法院、最高人民检察院、公安部、国家安全部《关于依法办理非法生产销售使用“伪基站”设备案件的意见》，将违法所得数额3万元以上的作为“情节严重”的情形之一。

第九项是根据有关犯罪行为并结合人身危险性大小对入罪标准作出的特殊规定。根据第九项规定，行为人曾因扰乱无线电通讯秩序受过刑事处罚，或者二年内曾因扰乱无线电通讯管理秩序行为被行政处罚，又实施《刑法》第二百八十八条规定的行为的，应当认定为“情节严重”的情形之一。

第十项是兜底条款。

（三）扰乱无线电通讯管理秩序罪第二档法定刑的适用标准，即《刑法》第二百八十八条第一款中“情节特别严重”的认定

《无线电解释》第三条规定了应当认定为扰乱无线电通讯管理秩序罪“情节特别严重”的认定标准。具体包括八种情形：

第一项是影响涉及公共安全的无线电频率正常使用，危及公共安全的规定。根据该项规定，影响航天器、航空器、铁路机车、船舶专用无线电导航、遇险救助和安全通信等涉及公共安全的无线电频率正常使用，危及公共安全的，应当认定为属于扰乱无线电通讯管理秩序“情节特别严重”的情形之一。

第二项是对造成公共秩序混乱等严重后果的规定。违反国家规定，擅自设置、使用无线电台（站），或者擅自使用无线电频率，扰乱无线电通讯秩序，引起人员聚集起哄闹事、静坐示威、堵塞交通、毁坏公共设施等公共场所秩序混乱等严重后果的，依法应予严厉惩处。

第三项是突发事件期间在事件发生地擅自设置、使用“黑广播”“伪基站”造成严重影响的规定。

第四项是对国家或者省级重大活动造成严重影响的规定。在国家或者省级重大活动举办期间，擅自设置、使用无线电台（站）或者擅自使用无线电频率，致使重大活动无法正常进行或者重大活动推延等，严重影响国家或者省级重大活动的，应当认定为“情节特别严重”的情形之一。

第五项规定同时使用十个以上“黑广播”“伪基站”的行为，应当认定为“情节特别严重”的情形之一。

第六项是以“黑广播”发射功率和发射覆盖范围为标准，对是否属于扰乱无线电通讯管理秩序“情节特别严重”作出的规定。根据该项规定，“黑广播”的实测发射功率三千瓦以上，或者覆盖范围二十公里以上的，应当认定为扰乱无线电通讯管理秩序“情节特别严重”的情形之一。

第七项是根据违法所得数额大小，对扰乱无线电通讯管理秩序“情节特别严重”的情形作出规定。根据该项规定，利用“黑广播”“伪基站”等无线电设备实施扰乱无线电通讯管理秩序犯罪，违法所得数额达到15万元以上的，应当认定为“情节特别严重”的情形之一。

第八项是兜底条款。

（四）关于非法生产、销售“黑广播”“伪基站”、无线电干扰器等无线电设备行为的定罪量刑问题

《无线电解释》第四条规定非法生产、销售“黑广播”“伪基站”、无线电干扰器等无线电设备，构成犯罪的，应当以非法经营罪追究其刑事责任，并明确了有关定罪量刑标准。

第一款以有关设备的套数、非法经营数额等为标准，规定了非法生产、销售“黑广播”“伪基站”、无线电干扰器等无线电设备，构成非法经营罪的入罪标准。根据该条第一款规定，非法生产、销售“黑广播”“伪基站”、无线电干扰器等无线电设备，具有下列情形之一的，应当认定为《刑法》第二百二十五条规定的“情节严重”：(1) 非法生产、销售无线电设备三套以上的；(2) 非法经营数额五万元以上的；(3) 其他情节严重的情形。

第二款明确了非法生产、销售“黑广播”“伪基站”、无线电干扰器等无线电设备构成非法经营罪，适用第二档法定刑的标准。适用“情节特别严重”的有关数额标准，按照第一款“情节严重”相应标准的五倍掌握，同时该款也规定了兜底项，即“其他情节特别严重”的情形。

第三款明确了“黑广播”“伪基站”、无线电干扰器等无线电设备套数的认定标准。根据该款规定，对于在非法生产、销售无线电设备窝点查扣的“黑广播”“伪基站”等无线电设备零件，以组装完成的套数以及能够组装的套数认定；如果没有办法组装为成套设备的，那么每三套广播信号调制器（激励器）认定为一套“黑广播”设备，每三块主板认定为一套“伪基站”设备。

（五）关于单位犯罪的规定

《无线电解释》第五条明确规定了单位犯罪的处罚。根据该条规定，单位犯本解释规定之罪的，对单位判处罚金，并对直接负责的主管人员和其他直接责任人员，依照本解释规定的自然人犯罪的定罪量刑标准定罪处罚。

（六）关于竞合犯的处断规则

《无线电解释》第六条规定了竞合犯罪的处断规则。实践中，行为人实施扰乱无线电通讯管理秩序犯罪可能与其他犯罪发生竞合，主要有两种情况：一是擅自设置、使用无线电台（站），或者擅自使用无线电频率，同时构成其他犯罪的。二是明知他人实施诈骗等犯罪，使用“黑广播”“伪基站”等无线电设备为其发送信息或者提供其他帮助，同时构成其他犯罪的。该条分两

款规定了上述两种竞合的情形，并明确规定对这两种情形下的犯罪竞合，按照处罚较重的规定定罪处罚。

（七）关于国家机关工作人员渎职犯罪

《无线电解释》第七条规定了国家机关工作人员有关渎职犯罪问题。该条分两款，明确了两类渎职犯罪的定罪处罚。

第一款规定，负有无线电监督管理职责的国家机关工作人员滥用职权或者玩忽职守，致使公共财产、国家和人民利益遭受重大损失的，应当以滥用职权罪或者玩忽职守罪追究刑事责任。

第二款规定，有查禁扰乱无线电通讯管理秩序犯罪活动职责的国家机关工作人员，向犯罪分子通风报信、提供便利，帮助犯罪分子逃避处罚的，应当以帮助犯罪分子逃避处罚罪追究刑事责任；事先通谋的，以共同犯罪论处。

（八）关于宽严相济刑事政策的适用

《无线电解释》第八条是贯彻宽严相济刑事政策的规定。

实践中，存在利用“黑广播”“伪基站”发送合法经营业务等无害信息的情形，如发送服饰经营、商场促销等信息。为在刑事司法中贯彻落实宽严相济刑事政策，同时也更好地体现“犯罪嫌疑人、被告人认罪认罚从宽制度”的精神，《无线电解释》第八条专门规定，为合法经营活动，使用“黑广播”“伪基站”或者实施其他扰乱无线电通讯管理秩序的行为，构成扰乱无线电通讯管理秩序罪，但不属于“情节特别严重”，如果行为人系初犯，并确有悔罪表现的，可以认定为情节轻微，不起诉或者免予刑事处罚；确有必要判处刑罚的，应当从宽处罚。该条规定避免了实践中可能出现打击面过大的情况，同时也为行政执法活动预留了合理的空间。

（九）有关专门性问题的司法认定

《无线电解释》第九条分两款明确了有关专门性问题的司法认定。

根据第一款规定，对案件所涉及的有关专门性问题难以确定的，依据司法鉴定机构出具的鉴定意见，或者依据有关机构出具的报告，结合其他证据作出认定。有关机构出具的报告包括：（1）省级以上无线电管理机构、省级无线电管理机构依法设立的派出机构、地市级以上广播电视主管部门就是否系“伪基站”“黑广播”出具的报告；（2）省级以上广播电视主管部门及其指定的检测机构就“黑广播”功率、覆盖范围出具的报告；（3）省级以上航空、铁路、船舶等主管部门就是否干扰导航、通信等出具的报告。

根据第二款规定，对移动终端用户受影响的情况，可以依据相关通信运营商出具的证明，结合被告人供述、终端用户证言等证据作出认定。

（撰稿：缐杰、卢宇蓉、杨建军）

2. 最高人民法院关于审理扰乱电信市场管理秩序案件具体应用法律若干问题的解释（法释〔2000〕12号，自2000年5月24日起施行）（节录）

第五条　违反国家规定，擅自设置、使用无线电台（站），或者擅自占用频率，非法经营国际电信业务或者涉港澳台电信业务进行营利活动，同时构成非法经营罪和刑法第二百八十八条规定的扰乱无线电通讯管理秩序罪的，依照处罚较重的规定定罪处罚。

3. 最高人民法院、最高人民检察院、公安部、国家安全部关于依法办理非法生产销售使用“伪基站”设备案件的意见（公通字〔2014〕13号，2014年3月14日）（节录）

非法使用“伪基站”设备干扰公用电信网络信号，危害公共安全的，依照《刑法》第一百二十四条第一款的规定，以破坏公用电信设施罪追究刑事责任；同时构成虚假广告罪、非法获取公民个人信息罪、破坏计算机信息系统罪、扰乱无线电通讯管理秩序罪的，依照处罚较重的规定追究刑事责任。

除法律、司法解释另有规定外，利用“伪基站”设备实施诈骗等其他犯罪行为，同时构成破坏公用电信设施罪的，依照处罚较重的规定追究刑事责任。

（三）典型或常见问题的审理思路

利用伪基站群发短信的行为如何定罪处罚？①

从利用伪基站行为的罪质看，一般尚未达到危害公共安全的程度，不构成破坏公用电信设施罪。《公用电信设施解释》第一条规定：“采用截断通信线路、毁损通信设备或者删除、修改、增加电信网计算机系统中存储、处理或者传输的数据和应用程序等手段，故意破坏正在使用的公用电信设施，具有下列情形之一的，属于刑法第一百二十四条规定的‘危害公共安全’……”。认定利用“伪基站”行为构成破坏公用电信设施罪，首先要认定该行为是否属于以上所述“破坏行为”。显然，使用“伪基站”的行为不构成“破坏行为”。第一，以“伪基站”作为工具占用移动等合法基站的频

---

① 案例来源：《刑事审判参考》第1227号指导案例，李某剑等扰乱无线电通讯管理秩序案。

率的行为并没有截断通讯线路。向不特定用户大批量发送垃圾短信、广告等行为，在完成发送信号的行为之后，正规基站就自动恢复通讯功能，因此并没有破坏有形的传输媒介，仅仅是干扰了电磁波信号的传递，不符合“截断通信线路、毁损通信设备”这一特征，不符合“破坏”这一构成要件。第二，利用“伪基站”占用移动等正规基站的频率也不符合删除、修改、增加电信网计算机系统中存储、处理或者传输的数据和应用程序这一行为特征。如果行为人使用了黑客技术通过“伪基站”设备对合法无线电台信息系统中的数据和程序加以删改，则构成破坏计算机信息系统罪。从侵害的法益看，“伪基站”犯罪是干扰而非破坏。大多数“伪基站”发送的内容是涉及房产、股票推销等商业推广，更多的是对无线电通讯秩序和居民的生活安定造成了一定的干扰，达不到危害公共安全的程度。

根据最高人民法院、最高人民检察院《无线电解释》第一条的规定，未经批准设置通信基站，强行向不特定用户发送信息，非法使用公众移动通信频率的，应当认定为《刑法》第二百八十八条第一款规定的“擅自设置、使用无线电台（站），或者擅自使用无线电频率，干扰无线电通讯秩序”，因此，利用“伪基站”群发短信的行为，应当以扰乱无线电通讯管理秩序罪定罪处罚。

（四）疑难、复杂问题的参考性解答

如何理解“违反国家规定，擅自设置、使用无线电台（站），或者擅自使用无线电频率”？

（1）违反国家规定，擅自设置、使用无线电台（站），或者擅自使用无线电频率。“违反国家规定”，是指违反国家对无线电的管理规定，目前主要是指《无线电管理条例》的有关规定。“擅自设置、使用无线电台（站）”，是指行为人违反国家关于无线电台（站）的设置和使用的管理规定，未提出书面申请、未办理设台（站）的审批手续或者未领取电台执照而设置、使用无线电台（站）的行为；（2）“擅自使用无线电频率”，是指违反国家有关无线电使用的管理规定，未经批准获得使用权而使用无线电频率的行为。根据《无线电管理条例》的规定，国家无线电管理机构对于无线电频率实行统一划分和分配。行为人擅自使用无线电频率，包括行为人无线电台站本身属于未经批准而设置的；也包括行为人无线电台站虽经依法批准设立，但在使用过程中，违反国家有关无线电使用的管理规定，擅自改变主管部门为其指配的

频率而非法使用其他频率的等情形。

二十三、聚众扰乱社会秩序罪，聚众冲击国家机关罪，扰乱国家机关工作秩序罪，组织、资助非法聚集罪

（一）刑法规定

第二百九十条　聚众扰乱社会秩序，情节严重，致使工作、生产、营业和教学、科研、医疗无法进行，造成严重损失的，对首要分子，处三年以上七年以下有期徒刑；对其他积极参加的，处三年以下有期徒刑、拘役、管制或者剥夺政治权利。

聚众冲击国家机关，致使国家机关工作无法进行，造成严重损失的，对首要分子，处五年以上十年以下有期徒刑；对其他积极参加的，处五年以下有期徒刑、拘役、管制或者剥夺政治权利。

多次扰乱国家机关工作秩序，经行政处罚后仍不改正，造成严重后果的，处三年以下有期徒刑、拘役或者管制。

多次组织、资助他人非法聚集，扰乱社会秩序，情节严重的，依照前款的规定处罚。

（二）司法解释、司法文件及其权威解读

最高人民法院、最高人民检察院、公安部、司法部、国家卫生和计划生育委员会关于依法惩处涉医违法犯罪维护正常医疗秩序的意见（法发〔2014〕5号，自2014年4月22日起施行）（节录）

为依法惩处涉医违法犯罪，维护正常医疗秩序，构建和谐医患关系，根据《中华人民共和国刑法》《中华人民共和国治安管理处罚法》等法律法规，结合工作实践，制定本意见。

……

二、严格依法惩处涉医违法犯罪

……

（一）在医疗机构内殴打医务人员或者故意伤害医务人员身体、故意损毁公私财物，尚未造成严重后果的，分别依照治安管理处罚法第四十三条、第四十九条的规定处罚；故意杀害医务人员，或者故意伤害医务人员造成轻伤

以上严重后果，或者随意殴打医务人员情节恶劣、任意损毁公私财物情节严重，构成故意杀人罪、故意伤害罪、故意毁坏财物罪、寻衅滋事罪的，依照刑法的有关规定定罪处罚。

（二）在医疗机构私设灵堂、摆放花圈、焚烧纸钱、悬挂横幅、堵塞大门或者以其他方式扰乱医疗秩序，尚未造成严重损失，经劝说、警告无效的，要依法驱散，对拒不服从的人员要依法带离现场，依照治安管理处罚法第二十三条的规定处罚；聚众实施的，对首要分子和其他积极参加者依法予以治安处罚；造成严重损失或者扰乱其他公共秩序情节严重，构成寻衅滋事罪、聚众扰乱社会秩序罪、聚众扰乱公共场所秩序、交通秩序罪的，依照刑法的有关规定定罪处罚。

在医疗机构的病房、抢救室、重症监护室等场所及医疗机构的公共开放区域违规停放尸体，影响医疗秩序，经劝说、警告无效的，依照治安管理处罚法第六十五条的规定处罚；严重扰乱医疗秩序或者其他公共秩序，构成犯罪的，依照前款的规定定罪处罚。

权威解读

解读《最高人民法院、最高人民检察院、公安部、司法部、国家卫生和计划生育委员会关于依法惩处涉医违法犯罪维护正常医疗秩序的意见》（以下简称《涉医违法犯罪意见》）（节录）

（二）准确适用法律，依法惩处六类常见涉医违法犯罪行为。

1. 关于《涉医违法犯罪意见》第二部分第一项

该项规定："在医疗机构内殴打医务人员或者故意伤害医务人员身体、故意损毁公私财物，尚未造成严重后果的，分别依照治安管理处罚法第四十三条、第四十九条的规定处罚；故意杀害医务人员，或者故意伤害医务人员造成轻伤以上严重后果，或者随意殴打医务人员情节恶劣、任意损毁公私财物情节严重，构成故意杀人罪、故意伤害罪、故意毁坏财物罪、寻衅滋事罪的，依照刑法的有关规定定罪处罚。"理解该项规定，主要注意以下四点：

第一，实施上述行为（故意杀人除外），构成一般违法行为还是犯罪行为，区分的关键在于是否造成严重后果，情节是否恶劣、严重。根据《治安管理处罚法》第四十三条、第四十九条的规定，殴打他人、故意伤害他人身体或者故意损毁公私财物的，只要实施该行为即构成行政违法，情节的轻重仅影响行政处罚的种类和严厉程度。但该行为达到后果严重或者情节恶劣、严重的程度，则构成犯罪。具体而言：一是故意伤害医务人员，造成轻伤以上后果的，属于后果严重，应当作为犯罪处理。二是根据2013年制定的《寻衅滋事解释》第二条、第四条的规定，具有下列情形之一，属于寻衅滋事情节恶劣或者严重：(1) 致一人以上轻伤或者二人以上轻微伤，或者任意损毁、占用公私财物价值2000元以上的；(2) 多次或者持凶器随意殴打他人，或者多次任意损毁、占用公私财物造成恶劣社会影响的；(3) 在公共场所随意殴打他人，造成公共场所秩序严重混乱的；(4) 引起他人精神失常、自杀等严重后果的；(5) 严重影响他人的工作、生活的。三是根据《追诉标准（一）》第三十三条的规定，具有下列情形之一的，属于故意毁坏公私财物数额巨大或者情节严重：(1) 造成公私财物损失5000元以上的；(2) 毁坏公私财物三次以上的；(3) 纠集三人以上公然毁坏公私财物的。

第二，殴打医务人员致一人以上轻伤的，构成故意伤害罪还是寻衅滋事罪，应当结合案发起因、犯罪对象、侵犯客体等因素进行判断。根据《寻衅滋事解释》第一条的有关规定，对于在医疗机构就诊过程中因言语不和、肢体碰撞等偶发矛盾纠纷，而借故生非殴打医务人员的，应当认定为"寻衅滋事"，但矛盾系由被害人故意引发或者被害人对矛盾激化负有主要责任的除外；因对治疗方案、诊治效果等不满产生医疗纠纷后蓄意报复，殴打相对特定的医务人员的，一般不认定为"寻衅滋事"，但经有关部门批评制止或者处理处罚后，继续实施上述行为，破坏社会秩序的除外。

例如，2013年发生的湖南中医研究院附属医院肖某伤医案，肖某因对该院所做的胡须植入美容手术效果不满意，持菜刀将该院美容科导诊台的三名护士砍至轻伤。检察机关以寻衅滋事罪对肖某提起公诉。法院经审理认为，肖某并非借故生非随意殴打医务人员，而是就诊后对医疗效果不满蓄意报复，持刀捅伤参与手术的一名护士及该院美容科的另两名护士，伤害对象相对特定，且未造成医院秩序严重混乱，故其行为构成故意伤害罪而非寻衅滋事罪。又如，2013年发生的浙江宁波第七医院卞某等人寻衅滋事案，致两名医务人员轻微伤，医疗器材、办公设备毁损价值共计4167元。法院经审理认为，本案虽发生在就诊过程中，但并非因医疗纠纷而起，卞某等六人违反就医流程要求拍片，被医务人员拒绝后借故生非，随意殴打医务人员、任意毁损财物，故其行为均已构成寻衅滋事罪。

第三，实施寻衅滋事行为，同时符合寻衅滋事罪、故意杀人罪、故意伤害罪、故意毁坏财物罪构成要件的，依照处罚较重的规定定罪处罚。

第四，该项规定“在医疗机构内”实施上述行为，只是对行为场所进行强调，并不意味着在别的场所实施上述行为的，不构成违法犯罪行为。

2. 关于《涉医违法犯罪意见》第二部分第二项

该项规定：“在医疗机构私设灵堂、摆放花圈、焚烧纸钱、悬挂横幅、堵塞大门或者以其他方式扰乱医疗秩序，尚未造成严重损失，经劝说、警告无效的，要依法驱散，对拒不服从的人员要依法带离现场，依照治安管理处罚法第二十三条的规定处罚；聚众实施的，对首要分子和其他积极参加者依法予以治安处罚；造成严重损失或者扰乱其他公共秩序情节严重，构成寻衅滋事罪、聚众扰乱社会秩序罪、聚众扰乱公共场所秩序、交通秩序罪的，依照刑法的有关规定定罪处罚。在医疗机构的病房、抢救室、重症监护室等场所及医疗机构的公共开放区域违规停放尸体，影响医疗秩序，经劝说、警告无效的，依照治安管理处罚法第六十五条的规定处罚；严重扰乱医疗秩序或者其他公共秩序，构成犯罪的，依照前款的规定定罪处罚。”实践中，对于患者及其家属等人不满治疗效果，在医疗机构内或者医疗机构门口实施上述扰乱秩序行为应如何处理，存在一定争议。为明确处罚依据，故作出上述规定。理解该项规定，主要注意以下四点：

第一，“以其他方式”扰乱医疗秩序，是指与列举行为性质、方式类似的行为，如抛撒纸钱、张贴死者照片、散发传单、使用高音喇叭等。

第二，实施上述行为，构成一般违法行为还是犯罪行为，区分的关键在于是否造成严重损失，情节是否严重。我们认为，“造成严重损失”主要是指致医疗机构内的人员受到轻微伤以上伤害，或者公私财物遭受严重损毁等；“情节严重”主要是指扰乱的时间长、纠集的人数多，致使医疗机构的工作秩序受到严重破坏，诊疗活动无法正常进行；或者堵塞交通致使车辆、行人不能通过，破坏交通秩序影响通行安全等。

第三，上述行为构成寻衅滋事罪、聚众扰乱社会秩序罪还是聚众扰乱公共场所秩序、交通秩序罪，主要有以下三点区别。一是行为方式略有不同，构成聚众扰乱公共场所秩序、交通秩序罪的，还需实施抗拒、阻碍国家治安管理工作人员依法执行职务的行为。二是犯罪主体不同。寻衅滋事罪是一般主体，聚众扰乱社会秩序罪的主体是扰乱秩序的首要分子和其他积极参加者，聚众扰乱公共场所秩序、交通秩序罪的主体是扰乱秩序的首要分子。三是犯罪的地点和侵犯的客体不同。根据《公共场所卫生管理条例》（国发〔1987〕

24 号）的有关规定，医疗机构只有候诊室属于公共场所。因此，聚众在医疗机构候诊室起哄闹事、扰乱秩序，既属于扰乱公共场所秩序也属于扰乱社会秩序，构成寻衅滋事罪、聚众扰乱社会秩序罪、聚众扰乱公共场所秩序罪的，依照处罚较重的规定定罪处罚；聚众在医疗机构的病房、抢救室、重症监护室等非公共场所起哄闹事、扰乱秩序的，构成聚众扰乱社会秩序罪；聚众在医疗机构门口等其他公共场所起哄闹事、扰乱秩序，构成寻衅滋事罪、聚众扰乱公共场所秩序罪的，依照处罚较重的规定定罪处罚。同时，根据《道路交通安全法》的有关规定，虽在医疗机构管辖范围但允许社会车辆通行的地方也属于道路，故聚众堵塞、破坏医疗机构管辖范围内道路或者医疗机构周边的公共道路交通秩序的，均可构成聚众扰乱交通秩序罪。例如，2014 年发生的江西瑞昌赛湖社区卫生服务中心柯某贵、柯某方扰序案，柯某贵、柯某方怀疑该卫生服务中心医治不当致其亲属死亡，在该中心一楼大厅设置灵堂、停放尸体、摆放花圈，纠集、煽动 150 余人聚集在该中心。法院经审查认为，柯某贵、柯某方聚众扰乱医疗机构秩序，致使该中心无法正常运营长达六日，损失严重，故其行为均已构成聚众扰乱社会秩序罪。

第四，考虑到上述扰序行为事出有因，故本项规定应对行为人先行劝说、警告，无效的才依法驱散或者带离现场。

（撰稿：高贵君、马岩、方文军、曾琳）

（三）典型或常见问题的审理思路

1. 因亲属在医院治疗期间死亡，召集亲友打砸医院设施、随意殴打医护人员的行为应如何定性？①

行为人因其兄在医院治疗期间死亡，遂用手机召集其亲戚朋友前来，实施了抢夺病历，对医生办公室、护士站、治疗室进行打砸，致大量医用器具、器械、药品及电脑、打印机等物品损坏的结果，且随意殴打医护人员及在场执勤的派出所协勤人员，强行将死者的尸体拉至医院一楼入口大厅处，设灵堂、烧纸钱、拉横幅、堵大门、围堵电梯出入口，用水将收费窗口工作台凹槽注满等。其行为造成七名医务人员轻微伤，医院总价值 36645 元的医用器

① 案例来源：《检察机关依法惩处涉医违法犯罪典型案例》（最高人民检察院 2015 年 6 月 23 日发布）。

具、器材、药品等财物被毁损，导致医院医疗工作无法正常进行，在院病人无法得到正常治疗，属于聚众扰乱社会秩序，情节严重，致使医疗无法进行，造成严重损失的情形，构成聚众扰乱社会秩序罪。

2. 聚众上访谩骂政府工作人员、毁坏财物数额不大的是否构成聚众扰乱社会秩序罪?①

并非所有的聚众行为都构成犯罪，对于聚众行为未严重扰乱社会秩序的不宜认定为聚众扰乱社会秩序罪，因此对于纠集数人上访并毁坏数额不大的财物的，属于一般群体事件，未达到聚众扰乱社会秩序罪中情节严重、造成严重后果的程度。

3. 利用反腐败的名义纠集群众采用聚众围攻基层组织工作人员等方式，扰乱社会秩序的，如何定性?②

反腐败行为需要采用合法的方式，对于利用反腐败的名义纠集群众围攻基层社会组织工作人员、制造堵车事件、关停工厂的行为，符合聚众行为公然性、多样性、组成人员复杂性的特点，且情节严重造成生产单位严重受损的，应以聚众扰乱社会秩序罪论处。

4. 多次对法院内设施进行打砸、大声喧哗，辱骂工作人员的行为应如何定性?③

良好的工作秩序是人民法院依法公正履行审判职责的重要前提。进入办公场所的诉讼参与人也应当充分遵守规则，自觉维护场所秩序。一些人为了发泄情绪，在法院公共区域内喧哗吵闹、打砸财物，甚至公然辱骂、殴打法院工作人员，不仅对其他公民参与诉讼活动造成干扰，也妨碍了司法人员依法履行职务。行为人打砸物品、打伤法官的行为，造成人员受伤及工作秩序混乱，情节及后果均较为严重的，构成扰乱国家机关工作秩序罪。

（四）疑难、复杂问题的参考性解答

1. 聚众冲击国家机关罪与聚众扰乱社会秩序罪应如何区分?

两者之间的主要区别：（1）侵犯的客体不同。前者侵犯的是国家机关的正常工作秩序，后者侵犯的是社会秩序。（2）犯罪对象不同。前者是国家机

---

① 案例来源：《中国审判案例要览》（2001）盐刑一终字第118号。

② 案例来源：《中国审判案例要览》（2000）绍中刑终字第157号。

③ 王某扰乱国家机关工作秩序案，载中国法院网2018年11月12日。

关，后者还包括企业、事业单位和人民团体。（3）客观方面不同。前者是聚众冲击国家机关，致使国家机关工作无法进行，造成严重损失的行为；后者则是聚众扰乱社会秩序，致使工作、生产、营业和教学、科研无法进行，造成严重损失的行为。行为人如果采用冲闯、强行进入、占据国家机关或者堵塞国家机关通道的方法扰乱社会秩序的，则应当以聚众冲击国家机关罪论处。

2. 扰乱国家机关工作秩序罪与聚众冲击国家机关罪应如何区分?

两罪侵犯的客体都是国家机关的正常工作秩序，在客观方面的行为方式、手段也多有类似，但两罪最主要的区别在于：（1）犯罪主体不同。本罪的犯罪主体为一般主体，个人即可实施本罪，而聚众冲击国家机关罪系聚众型犯罪，个人无法单独实施该罪的行为，且只有首要分子和其他积极参加者才能成为犯罪主体。（2）客观方面表现不同。本罪在客观方面表现为多次扰乱国家机关工作秩序，经行政处罚后仍不改正，造成严重后果的行为。而聚众冲击国家机关罪在客观方面表现为聚众冲击国家机关，致使国家机关工作无法进行，造成严重损失的行为，并不要求经过行政处罚。

3. 聚众扰乱社会秩序罪与非罪应如何区分?

聚众扰乱社会秩序行为须达到情节严重的程度并造成严重后果的才构成犯罪。聚众情节一般，没有造成严重损失，或者属于普通参加者实施的聚众行为系一般违法行为。“情节严重”，一般表现为扰乱的时间长、次数多、纠集的人数多，扰乱重要的工作、生产、营业和教学、科研、医疗活动，造成的影响比较恶劣等。“造成严重损失”，主要是指使经济建设、教学、科研、医疗等受到严重的破坏和损失。在这里，情节严重，致使机关、单位、团体的工作、生产、营业和教学、科研、医疗无法进行，造成严重损失，都是构成本罪的要件，缺一不可。

二十四、聚众扰乱公共场所秩序、交通秩序罪

（一）刑法规定

第二百九十一条 聚众扰乱车站、码头、民用航空站、商场、公园、影剧院、展览会、运动场或者其他公共场所秩序，聚众堵塞交通或者破坏交通秩序，抗拒、阻碍国家治安管理工作人员依法执行职务，情节严重的，对首要分子，处五年以下有期徒刑、拘役或者管制。

（二）典型或常见问题的审理思路

1. 如何认定聚众扰乱交通秩序罪中的“首要分子”和“情节严重”？

根据《刑法》第二百九十一条之规定，聚众扰乱交通秩序罪是指聚众堵塞交通或者破坏交通秩序，抗拒、阻碍国家治安管理工作人员依法执行职务，情节严重的行为。可见，只有相关扰乱行为达到“情节严重”的程度才能构成该罪，且由于该罪属于聚众型犯罪，仅处罚起组织、策划、指挥作用的首要分子，所以如何理解本罪中的“首要分子”直接关系到本罪的适用。

（1）聚众扰乱活动的造意者、煽动者应当认定为聚众扰乱交通秩序罪中的“首要分子”

聚众型犯罪是在首要分子的纠集下实施的一种犯罪类型，参与聚众型犯罪活动的人员可以分为三类，即除了首要分子外，还包括积极参与者和一般参与者。根据不同罪名，《刑法》规定了不同的刑罚处罚原则：一是规定三类参与人员均需负刑事责任，如煽动分裂国家罪；二是仅规定首要分子和积极参与者需负刑事责任，如聚众淫乱罪；三是仅规定首要分子需负刑事责任，积极参与者和一般参与者均不构成犯罪，本案中的聚众扰乱交通秩序罪即属此类。

根据《刑法》第九十七条之规定，聚众犯罪中的首要分子是指在犯罪中“起组织、策划、指挥作用的犯罪分子”。所谓“组织”，是指采用拉帮结派、煽动教唆等方式使他人产生冲动、狂热情绪，并借此将其纠集在一起。“策划”是指在聚众犯罪活动具体实施之前，对犯罪时间地点确定、犯罪采取的手段、各参与人员的分工等犯罪方案进行谋划的活动。“指挥”则是在犯罪实施之前和实施过程中统率调度、协调指使，其在聚众犯罪中处于核心地位。总之，聚众犯罪中的首要分子是聚众犯罪的犯意发动者、参与人员的聚集者、犯罪实施过程的指挥操控者，在整个犯罪中起着关键性作用。“组织、策划、指挥”为选择性要件，只需具备其中之一即可认定为“首要分子”。

（2）关于聚众扰乱交通秩序罪中“情节严重”的司法认定

①“情节严重”是构成聚众扰乱交通秩序罪的必备要件，但聚众扰乱交通秩序罪不要求“聚众堵塞交通或者破坏交通秩序”达到情节严重的同时“抗拒、阻碍国家治安管理工作人员依法执行职务”也达到情节严重。“抗拒、阻碍国家治安管理工作人员依法执行职务”是必须齐备的构成要件行为，但

不是必须达到情节严重的程度。根据《刑法》第二百九十一条的规定，聚众扰乱交通秩序罪的客观要件中包含两类行为：其一，聚众堵塞交通或者破坏交通秩序，即纠集多人堵塞交通道路使过往车辆、行人不能顺利通过，或者故意以其他方法破坏正常的交通秩序，妨碍车辆、行人通行安全和便利。其二，抗拒、阻碍国家治安管理工作人员依法执行职务，即抗拒、阻碍依法执行治安管理职务的警察或其他国家机关工作人员依法维护交通秩序的行为。上述两种行为必须同时齐备，方可构成犯罪。具体分析如下：

首先，“抗拒、阻碍国家治安管理工作人员依法执行职务”在本罪中不是选择性行为，故不要求单行为达到情节严重的程度。从“抗拒、阻碍”的对象来看，“国家治安管理工作人员”就是指代表国家机关履行治安管理职责的人民警察以及治安队员、联防队员等，从身份性质角度而言，均属于国家机关工作人员。对于阻碍包括国家治安管理工作人员在内的国家机关工作人员履行职务的行为，《刑法》第二百七十七条规定的妨害公务罪已作了相关规定，即对这类情形的阻碍情形，行为人使用暴力、威胁方法，情节严重的，可以适用妨害公务罪的罪名。因此，对于“聚众堵塞交通或者破坏交通秩序”的情形，不必要求“抗拒、阻碍国家治安管理工作人员依法执行职务”也达到情节严重。

其次，“抗拒、阻碍国家治安管理工作人员依法执行职务”不是复合实行行为，故不要求单行为达到情节严重的程度。复合实行行为是刑法理论界的一种分类。《刑法》规定的复合实行行为包括牵连式和递进式两类。在牵连式的复合实行行为中，诸要素行为之间存在手段与目的或者原因与结果的关系，且手段、原因行为在前，目的、结果行为在后，后一行为直接导致行为人追求的结果发生。如在抢劫罪中，暴力、胁迫为手段行为，取财为目的行为，正是取财行为直接导致被害人遭受财产损害，而行为人直接获得财产利益。在递进式的复合实行行为中，要素行为之间不存在手段与目的的关系，但要求前后承继、逐步推进，最终形成对客体的损害。典型的如诬告陷害罪，行为人捏造事实后，还必须实施后续的向司法机关等部门控告的行为。而在聚众扰乱交通秩序罪中，“聚众堵塞交通或者破坏交通秩序”与“抗拒、阻碍国家治安管理工作人员依法执行职务”之间显然不具有手段与目的、原因与结果的牵连关系，也不属于当然的递进关系。在排除“抗拒、阻碍国家治安管理工作人员依法执行职务”是复合实行行为的前提下，鉴于“聚众堵塞交通或者破坏交通秩序”行为一经实施就直接侵害到交通秩序这一客体，可以不对“抗拒、阻碍国家治安管理工作人员依法执行职务”的严重程度进行单独评价。即聚众扰乱交通秩序罪不要求“抗拒、阻碍国家治安管理工作人员依法执行职务”达到情节严重的程度。

②聚众扰乱交通秩序个案中“情节严重”的认定

“情节严重”是一种概括性的定罪情节，体现了《刑法》对聚众扰乱交通秩序行为在入罪问题上的社会危害性程度要求。由于立法以及相关司法解释对“情节严重”的认定标准未作出明确规定，司法实践中办案人员往往是通过对犯罪主体、主观恶性、侵害客体、客观行为等内容的综合分析，判断个案中的情节是否足以严重到应受刑事处罚的违法性程度。在聚众扰乱交通秩序案件中，比较通行的做法是，对具有交通堵塞严重、持续时间长、聚集人数多、社会影响恶劣、公私财产损失大、发生人员伤亡等情形的，都可以认定为聚众扰乱交通秩序罪中的“情节严重”。当然，具体个案中还应当根据个案的特殊情况进行个性化和综合性的分析。具体可以从以下三个方面进行分析：第一，犯罪动机。本罪的主观方面是故意，且行为人通常是通过聚众堵塞交通或者破坏交通秩序向有关单位或者部门施加压力，寻求解决相关问题。行为动机并不正当的，相对于为索要被拖欠工资而实施的过激行为来说，体现的主观恶性要大得多。第二，聚集人数。聚众扰乱交通秩序罪为典型的聚众型犯罪，只处罚起组织、策划、指挥作用的首要分子，而对于积极参加者和其他一般参加者一般不以犯罪论处。因此，在客观要件上，不仅要求行为人自己实施扰乱交通秩序的行为，还要求其纠集特定或者不特定的多人于一定时间聚集于一定的地点，共同实施特定的扰乱交通行为。可见，聚集人数的多少是认定情节是否严重的重要因素之一。第三，行为影响。具体包括交通被堵塞的严重程度、交通秩序的混乱程度及持续时间、社会影响等方面，这是聚众扰乱交通秩序罪对交通秩序这一客体侵害的最直接体现，也是反映个案情节是否严重的最重要的考量因素。

2. 行为人将亲属的尸体停放在医院门诊大厅，并烧香纸、放鞭炮，聚集一百余人的行为应如何定性?①

根据《公共场所卫生管理条例》（国发〔1987〕24号）的有关规定，医疗机构只有候诊室属于公共场所。因此，聚众在医疗机构候诊室、候诊大厅起哄闹事、扰乱秩序，既属于扰乱公共场所秩序也属于扰乱社会秩序，构成寻衅滋事罪、聚众扰乱社会秩序罪、聚众扰乱公共场所秩序罪的，依照处罚较重的规定定罪处罚；而聚众在医疗机构的病房、抢救室、重症监护室等非公共场所起哄闹事、扰乱秩序的，构成聚众扰乱社会秩序罪。根据《道路交通安全法》的有关规定，虽在医疗机构管辖范围但允许社会车辆通行的地方也属于道路，故聚众堵塞、破坏医疗机构管辖范围内道路或者医疗机构周边的公共道路交通秩序的，均可构成聚众扰乱交通秩序罪。行为人的亲属经医院抢救无效死亡，在医院没有满足赔偿要求的情况下，行为人提出，并带头参与将其亲属的尸体推到医院门诊大厅停放，在此处烧香纸、放鞭炮，在医院门诊大厅及附近聚集有一百余人，在有关部门安排的工作人员劝阻时，拒不撤离，其行为严重扰乱了医院、医疗的正常秩序，既构成扰乱公共场所秩序罪，也构成扰乱社会秩序罪，应则一重罪定罪处罚。

（三）疑难、复杂问题的参考性解答

如何区分本罪与聚众扰乱社会秩序罪?

两者主观方面都是故意，动机都是制造事端，给有关单位施加压力，以满足某些无理要求或者借机发泄不满情绪；客观方面都是聚众进行，有扰乱社会秩序的行为。两者的主要区别是犯罪的地点和侵犯的客体不同。前者发生在公共场所或者交通要道，侵犯的是公共场所秩序或者交通秩序；后者发生在党政机关、企业、事业单位和人民团体，侵犯的是正常的工作、生产、营业和教学、科研秩序。

---

① 案例来源：《检察机关依法惩处涉医违法犯罪典型案例》（最高人民检察院2015年6月23日发布）。

二十五、投放虚假危险物质罪，编造、故意传播虚假恐怖信息罪，编造、故意传播虚假信息罪

（一）刑法规定

第二百九十一条之一 投放虚假的爆炸性、毒害性、放射性、传染病病原体等物质，或者编造爆炸威胁、生化威胁、放射威胁等恐怖信息，或者明知是编造的恐怖信息而故意传播，严重扰乱社会秩序的，处五年以下有期徒刑、拘役或者管制；造成严重后果的，处五年以上有期徒刑。①

编造虚假的险情、疫情、灾情、警情，在信息网络或者其他媒体上传播，或者明知是上述虚假信息，故意在信息网络或者其他媒体上传播，严重扰乱社会秩序的，处三年以下有期徒刑、拘役或者管制；造成严重后果的，处三年以上七年以下有期徒刑。

（二）司法解释、司法文件及其权威解读

1. 最高人民法院关于审理编造、故意传播虚假恐怖信息刑事案件适用法律若干问题的解释（法释〔2013〕24号，2013年9月16日最高人民法院审判委员会第1591次会议通过，自2013年9月30日起施行）

第一条 编造恐怖信息，传播或者放任传播，严重扰乱社会秩序的，依照刑法第二百九十一条之一的规定，应认定为编造虚假恐怖信息罪。

明知是他人编造的恐怖信息而故意传播，严重扰乱社会秩序的，依照刑法第二百九十一条之一的规定，应认定为故意传播虚假恐怖信息罪。

第二条 编造、故意传播虚假恐怖信息，具有下列情形之一的，应当认定为刑法第二百九十一条之一的“严重扰乱社会秩序”：

（一）致使机场、车站、码头、商场、影剧院、运动场馆等人员密集场所秩序混乱，或者采取紧急疏散措施的；

（二）影响航空器、列车、船舶等大型客运交通工具正常运行的；

（三）致使国家机关、学校、医院、厂矿企业等单位的工作、生产、经营、教学、科研等活动中断的；

---

① 本罪是《刑法修正案（三）》第八条增设的罪名。

（四）造成行政村或者社区居民生活秩序严重混乱的；

（五）致使公安、武警、消防、卫生检疫等职能部门采取紧急应对措施的；

（六）其他严重扰乱社会秩序的。

第三条 编造、故意传播虚假恐怖信息，严重扰乱社会秩序，具有下列情形之一的，应当依照刑法第二百九一条之一的规定，在五年以下有期徒刑幅度内酌情从重处罚：

（一）致使航班备降或返航；或者致使列车、船舶等大型客运交通工具中断运行的；

（二）多次编造、故意传播虚假恐怖信息的；

（三）造成直接经济损失 20 万元以上的；

（四）造成乡镇、街道区域范围居民生活秩序严重混乱的；

（五）具有其他酌情从重处罚情节的。

第四条 编造、故意传播虚假恐怖信息，严重扰乱社会秩序，具有下列情形之一的，应当认定为刑法第二百九十一条之一的“造成严重后果”，处五年以上有期徒刑：

（一）造成 3 人以上轻伤或者 1 人以上重伤的；

（二）造成直接经济损失 50 万元以上的；

（三）造成县级以上区域范围居民生活秩序严重混乱的；

（四）妨碍国家重大活动进行的；

（五）造成其他严重后果的。

第五条 编造、故意传播虚假恐怖信息，严重扰乱社会秩序，同时又构成其他犯罪的，择一重罪处罚。

第六条 本解释所称的“虚假恐怖信息”是指以发生爆炸威胁、生化威胁、放射威胁、劫持航空器威胁、重大灾情、重大疫情等严重威胁公共安全的事件为内容，可能引起社会恐慌或者公共安全危机的不真实信息。

权威解读

解读《最高人民法院关于审理编造、故意传播虚假恐怖信息刑事案件适用法律若干问题的解释》

为依法惩治编造、故意传播虚假恐怖信息的犯罪活动，维护社会秩序，维护人民群众生命、财产安全，最高人民法院于 2013 年 9 月 18 日发布了

《关于审理编造、故意传播虚假恐怖信息刑事案件适用法律若干问题的解释》（以下简称《编造、故意传播虚假恐怖信息解释》），法释〔2013〕24号），为便于司法实践中正确理解和适用，现就《编造、故意传播虚假恐怖信息解释》制定的背景、意义、主要内容及起草思路等问题介绍如下。

一、《编造、故意传播虚假恐怖信息解释》的制定背景

近年来，陆续发生了一些编造、故意传播虚假恐怖信息的犯罪活动。这些犯罪活动，有的为勒索钱财等违法犯罪目的，向商场、酒店等企事业单位散布爆炸威胁的虚假恐怖信息；有的出于无聊、好奇或者"出风头"，还有的则是出于发泄私愤、报复社会等动机，散布"发生地震""飞机上有炸弹"等虚假恐怖信息。如2013年5月15日至18日，全国连续发生6起编造虚假爆炸信息威胁民航安全的事件，造成北京、上海、广州等地共22架次航班返航、备降或延迟起飞。这些犯罪活动中，由于行为人制造恐怖气氛，引起了不同程度的社会恐慌，严重影响了人民群众正常的工作、生产、交通、生活等秩序，造成了社会危害。

我国《刑法》第二百九十一条之一规定："编造爆炸威胁、生化威胁、放射威胁等恐怖信息，或者明知是编造的恐怖信息而故意传播，严重扰乱社会秩序的，处五年以下有期徒刑、拘役或者管制；造成严重后果的，处五年以上有期徒刑。"但由于《刑法》对什么是"严重扰乱社会秩序""造成严重后果"没有具体规定，公安机关、检察院以及法院系统内部对编造、故意传播虚假恐怖信息的违法犯罪行为在适用法律上理解不尽一致导致执法标准不统一，甚至影响对此类犯罪行为的打击力度，使法律难以发挥应有的惩治作用。为此，最高人民法院为了适应与此类违法犯罪行为作斗争的需要，维持社会秩序，维护人民群众生命、财产安全，准确有力地打击此类违法犯罪活动，出台了《编造、故意传播虚假恐怖信息解释》。

在出台《编造、故意传播虚假恐怖信息解释》之前，我们进行了深入调研，全面收集了近年来全国各地发生的真实案例，对过去司法实践中积累的丰富经验以及存在的问题进行了系统梳理，广泛征求了立法机关、行政机关、其他司法机关、专家学者等社会各方面的意见，并借鉴其他国家通行的法律规制原则，经反复研究论证，不断修改完善，经过最高人民法院审判委员会第1591次会议讨论，通过了《编造、故意传播虚假恐怖信息解释》。

二、《编造、故意传播虚假恐怖信息解释》出台的重要意义

《编造、故意传播虚假恐怖信息解释》出台的主要意义是：第一，制定出台《编造、故意传播虚假恐怖信息解释》，是依法打击编造、故意传播虚假恐怖信息犯罪的现实需要。通过制定具体的定罪、量刑标准，为依法打击此类犯罪行为，提供了更加明确的司法依据。有利于统一司法标准，规范司法行为。第二，制定出台《编造、故意传播虚假恐怖信息解释》，是保护人民群众生命、财产安全，维护社会正常秩序的需要。编造、故意传播虚假恐怖信息，极易造成社会恐慌，严重干扰社会正常秩序，甚至造成人员密集场所发生踩踏事故；同时因排除虚假恐怖信息，也给相关单位或个人造成直接经济损失。《编造、故意传播虚假恐怖信息解释》为人民群众提供了与此类犯罪作斗争的法律武器。第三，制定出台《编造、故意传播虚假恐怖信息解释》，也是维护信息网络健康发展的需要。近年来，随着信息技术的快速发展以及网络的普及，越来越多的违法犯罪分子通过手机短信、QQ 群、微信、互联网等通信手段编造、散布虚假恐怖信息，极易造成广大信息受众心理恐慌，危害甚大。《编造、故意传播虚假恐怖信息解释》的出台，有助于规范网络秩序，为广大人民群众提供一个健康、有序的网络环境。

三、《编造、故意传播虚假恐怖信息解释》的主要内容及有关问题的说明

《编造、故意传播虚假恐怖信息解释》共有六个条文，规定了六个方面的内容，主要包括以下几个方面：（1）对编造、故意传播虚假恐怖信息罪的特征进行界定，以便司法实践中区分此罪与彼罪，正确确定罪名；（2）明确了编造、故意传播虚假恐怖信息罪的入罪标准，即如何认定“严重扰乱社会秩序”；（3）在定罪标准上规定应当酌情从重处罚的标准；（4）明确规定加重处罚标准，即如何认定“造成严重后果”；（5）对编造、传播虚假恐怖信息的想象竞合犯、牵连犯进行了原则性规定；（6）对“虚假恐怖信息”进行了界定。具体内容及有关问题的说明如下：

（一）明确了编造、故意传播虚假恐怖信息罪的客观特征

1. 关于编造虚假恐怖信息罪

《刑法》第二百九十一条之一对“编造虚假恐怖信息罪”客观特征的规定非常简洁、抽象，如何理解编造虚假信息罪的客观特征，需要通过解释进一步具体化、明确化。在起草《编造、故意传播虚假恐怖信息解释》过程中，编造虚假恐怖信息的行为构成犯罪，是否需要附加行为人在编造的同时或之

后具有传播或放任传播的客观行为，讨论较为激烈。一种观点认为，《刑法》对该罪的客观行为仅规定“编造”，没有规定传播，而且对虚假恐怖信息的传播单独规定了罪名（即故意传播虚假恐怖信息罪），故无必要加上“传播”的限制，否则有违背罪刑法定原则之嫌。另一种观点认为，应当规定在编造的同时或之后有传播或放任传播的客观行为。《编造、故意传播虚假恐怖信息解释》采纳了后一种观点，主要理由如下：

（1）该罪是结果犯。虚假恐怖信息本身是虚假的，从结果上讲根本不可能对人的生命安全和财产造成实际危害，其社会危害主要体现在制造恐怖气氛、引起社会恐慌、扰乱社会秩序等方面，通常造成人们“一场虚惊”。为防止不当扩大刑法的打击面，《刑法》立法规定编造、故意传播虚假恐怖信息，必须造成“严重扰乱社会秩序”的后果，才能构成犯罪。行为人虽然编造了恐怖信息，但其编造的恐怖信息没有被传播出去，不可能产生扰乱社会秩序的后果，也就不构成犯罪。因此，编造恐怖信息，传播或者放任传播的，才构成编造虚假恐怖信息罪。如果行为人编造恐怖信息后，慑于法律威严或者后悔，及时采取措施，没有让自己编造的恐怖信息被传播出去，从而没有扰乱社会秩序的，则不应作为犯罪处理。

（2）该罪是故意犯罪。编造虚假恐怖信息罪是故意犯罪，从上述分析来看，行为人对犯罪结果（即严重扰乱社会秩序）的直接故意或间接故意应当要求行为人在编造虚假恐怖信息的同时或之后，主观上具有传播的直接故意或者放任传播的间接故意。如何判断“放任传播”，应结合行为人有没有采取必要措施防止虚假恐怖信息被传播的客观行为进行判断。例如，行为人出于好玩、无聊在某些知悉范围较小的载体上（如仅对好友开放的QQ空间）上编写虚假恐怖信息，如果行为人没有采取加密、及时删除等必要措施，导致虚假恐怖信息被传播，严重扰乱社会秩序的，应以犯罪论处。

行为人在私密载体上（如日记本里）编造虚假恐怖信息，有理由确信其没有传播意图，在极其偶然的情况下，该虚假恐怖信息被他人知悉而传播出去，严重扰乱社会秩序的，应认定行为人主观上是过失或者意外事件，不应认定为犯罪。

（3）实践经验的总结。从收集的近百件案例来看，绝大多数行为人是在编造的同时或之后实施了自行传播行为。主要包括以下几种情形：一是编造与传播同步进行。最典型的是通过互联网发帖的方式编造并传播虚假恐怖信息。有的是想好虚假恐怖信息后，在人群中口头散布，从客观上讲也是编造、传播同步进行的。二是编造之后又进行传播。如行为人编写好虚假恐怖信息的手机短信后，又向他人转发；想好虚假恐怖信息后，又给公安局、航空公司、商场等单位打电话（打电话其实就是传播）。三是编造后故意通过他人传播。如唆使他人传播，或者告知不明真相的人，致使编造的恐怖信息进一步扩散（行为人告知不明真相的人是传播的开始）。司法实践中，对以上情形绝大多数法院都以编造虚假恐怖信息罪定罪量刑。

2. 关于故意传播虚假恐怖信息罪

虚假恐怖信息的源头是编造行为，但引起社会恐慌，扰乱社会秩序，危害社会的结果，最终还是传播行为所致。因此，即使行为人没有编造虚假恐怖信息，但明知是他人编造的虚假恐怖信息而故意传播，严重扰乱社会秩序的，根据《刑法》第二百九十一条之一的规定，应以故意传播虚假恐怖信息罪论处。

故意传播虚假恐怖信息罪应当强调“明知”要件，即明知恐怖信息来源于他人的编造。现实生活中，一般公民听到某个恐怖信息后，一时难以分辨信息真伪，可能会主动告其他人或打电话报警，最后经查证是虚假恐怖信息，因行为人主观上并无犯罪故意，不能以犯罪论处。

3. 关于“自编自传”“既编又传”的罪名适用

从《编造、故意传播虚假恐怖信息解释》的规定来看，对于行为人编造虚假恐怖信息又自行传播，严重扰乱社会秩序的，即“自编自传”的情形，应定“编造虚假恐怖信息罪”。

司法实践中，此类案件的多数判决与《编造、故意传播虚假恐怖信息解释》的规定相符，但也有少数判决采用的罪名为“编造、传播虚假恐怖信息罪”或“编造、故意传播虚假恐怖信息罪”。根据《最高人民法院、最高人民检察院关于执行〈中华人民共和国刑法〉确定罪名的补充规定》，该类犯罪的罪名为“编造、故意传播虚假恐怖信息罪”，故采用“编造、传播虚假恐怖信息罪”的罪名与该司法解释的规定不符，罪名适用不规范、不严肃，今后应当注意并加以纠正。对于“自编自传”情形中的“传播”行为，这是行为人编造虚假恐怖信息行为的自然延伸，编造行为可以吸收传播行为，对其“传播”行为不必单独定罪。

司法实践中，还有一种观点认为，行为人编造虚假恐怖信息向特定对象散布的，定“编造恐怖信息罪”；向不特定对象传播的，定“编造、故意传播虚假恐怖罪”。我们认为，“散布”与“传播”很难区分，甚至“散布”比“传播”范围更广。向特定对象散布虚假恐怖信息，如果该特定对象是个人，其没有传播出去，通常不会严重扰乱秩序，不构成犯罪；如果特定对象是单位，实际是向不特定多数人传播的一种表现。因此，《编造、故意传播虚假恐怖信息解释》没有采纳此种观点。

行为人编造虚假恐怖信息，此外，又明知是他人编造的虚假恐怖信息而故意传播，两者均构成犯罪的情况下，即“既编又传”的情形，如何适用罪名，争议也很激烈。一种观点认为，应认定“编造、故意传播虚假恐怖信息罪”；另一种观点认为，应认定“编造虚假恐怖信息罪”和“故意传播虚假恐怖信息罪”，实行数罪并罚。鉴于争议激烈，《编造、故意传播虚假恐怖信息解释》对此没有明确规定。由于此类案件有两个不同的犯罪事实，后一种观点较为适当，也有利于准确量刑，我们倾向于后一种观点。

（二）明确了编造、故意传播虚假恐怖信息罪的入罪标准，即如何认定“严重扰乱社会秩序”

《编造、故意传播虚假恐怖信息解释》第二条采取列举的方式，对“严重扰乱社会秩序”的标准进行具体规定，主要包括以下六种情形：(1) 扰乱公共场所秩序，即致使机场、车站、码头、商场、影剧院、运动场馆等人员密集场所秩序混乱，或者采取紧急疏散措施的。(2) 破坏公共交通秩序，即影响航空器、列车、船舶等大型客运交通工具正常运行的。如编造火车上有爆炸装置，致使火车迟延运行的。(3) 破坏有关单位的正常工作秩序，即致使国家机关、学校、医院、厂矿企业等单位的工作、生产、经营、教学、科研等活动中断的。(4) 破坏居民生活秩序，即造成行政村或社区居民生活秩序严重混乱的。如编造“水源有毒”等虚假恐怖信息，导致行为地群众心理恐慌，生活用水困难等。(5) 干扰国家职能部门的正常工作秩序，即致使公安、武警、消防、卫生检疫等职能部门采取紧急应对措施的。通常情况下虚假恐怖信息的危害后果是造成社会恐慌，但也不排除公安、武警等职能部门率先获得恐怖信息，为避免造成社会恐慌而启动“公共安全危机预案”及采取措施，秘密排除险情的情况。(6) 其他严重扰乱社会秩序的。由于司法解释难以穷尽，有待司法机关根据具体违法行为，比照上述危害情形决定是否构成犯罪。

《编造、故意传播虚假恐怖信息解释》起草讨论过程中，对本条规定的争议不大。但有观点认为，对第五项应规定职能部门采取紧急应对措施的“级别”，即“险情级别”，如果是一般险情，不宜规定为犯罪。我们认为，由于各地区公安、武警等职能部门对“险情级别”的认定没有明确的标准，且该类犯罪的定罪标准不宜过高，否则不利于打击此类犯罪，故《编造、故意传播虚假恐怖信息解释》没有明确规定职能部门采取紧急措施的级别情况。如果仅是造成职能部门派出两三个人排查“险情”，又没有造成公共场所秩序或有关单位工作秩序严重混乱等其他严重扰乱后果的，可不作为犯罪处理。实践中，行为人针对人员很少的小超市或个体经营场所编造“诈弹”等虚假恐怖信息，仅能引起极个别人的心理恐慌，社会危害不大的，也不应以犯罪处理。

（三）在定罪标准基础上规定应当酌情从重处罚的标准

《刑法》第二百九十一条之一规定，编造、故意传播虚假恐怖信息，严重扰乱社会秩序，但是没有造成严重后果的，刑期从管制到五年有期徒刑，量刑幅度较大。为了规范量刑，最大限度地促进量刑公正，《编造、故意传播虚假恐怖信息解释》第三条在定罪标准基础上，规定了在这一量刑幅度内酌情从重处罚的情节。主要有以下几种情形：（1）致使航班备降或返航的；或者列车、船舶等大型客运交通工具中断运行的。如编造、故意传播虚假恐怖信息致使已经起飞的航班备降或返航，造成大量乘客及其亲友心理极度恐慌，严重干扰民航秩序，而且给航空公司造成一定的经济损失，对于此种情应从重处罚。（2）多次编造、故意传播虚假恐怖信息的。该种情形表明行为人的主观恶性较深，虚假恐怖信息波及范围大，故应从重处罚。（3）造成直接经济损失20万元以上的。（4）造成乡镇、街道区域范围居民生活秩序严重混乱的。该种情影响人数较多，社会影响较大，应从重处罚。（5）具有其他酌情从重处罚情节的。如犯罪动机卑劣，造成直接经济损失不大，但间接经济损失较大或者某一情形虽不十分严重，但兼有多种情形，危害较大等。

《编造、故意传播虚假恐怖信息解释》起草过程中，有意见认为，编造虚假恐怖信息致使航班备降或返航，不仅严重干扰了民航秩序，而且给航空公司造成巨额经济损失，造成大量乘客及其亲友心理极度恐慌，可直接将此种情形作为“造成严重后果”的量刑标准，判处五年以上刑罚。我们认为，“诈弹”导致航班备降、返航的情形较多，危害程度差异较大，造成航空公司直接经济损失的大小亦不同，故不宜一律认定为“造成严重后果”。实践中，我们以往对该类案件也都是在五年以下判处刑罚的。当然，如果造成航空公司直接经济损失达50万元以上，可根据《编造、故意传播虚假恐怖信息解释》第四条的规定，处五年以上有期徒刑。

对于“多次编造、故意传播虚假恐怖信息”中“多次”的理解，“多次”应指三次以上，且每次均单独构成犯罪，如果行为人将编造的同一虚假恐怖信息多次向同一单位散布，仅造成单一犯罪后果的，应认定为一次。如行为人为了向某商场敲诈勒索钱财，在不同时间内先后多次向该商场打电话称“在商场内安装了遥控炸弹”，如果仅造成该商场一次严重秩序混乱，应认定为一次，如果造成该商场三次以上秩序严重混乱，则应认定为“多次”。

（四）明确规定加重处罚标准，即如何认定“造成严重后果”

《编造、故意传播虚假恐怖信息解释》第四条通过列举的方式，对应判处五年以上有期徒刑，即“造成严重后果”作了明确规定。主要包括以下几种情形：(1) 造成三人以上轻伤或者一人以上重伤的。编造、故意传播虚假恐怖信息造成人员密集场所发生踩踏事故，造成人员伤亡的，不仅严重扰乱了公共场所的秩序，而且造成三人以上轻伤或一人以上重伤后果的，社会危害更大，故应加重处罚。如果造成人员死亡的，根据“举轻以明重”原则，在此标准上更应从重判处。(2) 造成直接经济损失50万元以上的。如前不久发生的一起国际航班“炸弹”案件，造成某航班将要到达目的地时返航，不仅造成乘客极度心理恐慌，而且造成航空公司上百万元的直接经济损失，甚至造成国际影响。对于此类情形，应判处五年以上有期徒刑。(3) 造成县级以上行政区域范围居民生活秩序严重混乱的。这种情形相对第二条、第三条规定的情形而言，范围更广，造成的社会恐慌程度更大，极易造成相关地区正常的社会秩序严重混乱，应判处五年以上有期徒刑。(4) 妨碍国家重大活动进行的。如在国家举行重大庆典、举办重大国际赛事、国际展览会等活动期间，编造、故意传播虚假恐怖信息，妨碍国家重大活动顺利进行的，应从严打击，判处五年以上有期徒刑。(5) 造成其他严重后果的。该条规定的理由同前，不再赘述。

（五）对编造、传播虚假恐怖信息的想象竞合犯、牵连犯进行了原则性规定

《编造、故意传播虚假恐怖信息解释》第五条规定，编造、故意传播虚假恐怖信息，严重扰乱社会秩序，同时又构成其他犯罪的，择一重罪处罚。如

出于勒索钱财等其他犯罪目的，或者通过破坏计算机系统等犯罪手段，编造、故意传播虚假恐怖信息，严重扰乱社会秩序的，同时构成数罪，根据司法实践中的通行做法，择一重罪处罚。之前的司法判例，对于此类案件如何定罪标准不一，有的定数罪，实行数罪并罚；有的按照牵连犯的原则择一重罪处罚。《编造、故意传播虚假恐怖信息解释》施行后，应严格按照本解释的规定处理。

如果行为人明知会引起社会恐慌，造成严重事故，故意针对人员密集场所编造、故意传播虚假恐怖信息，造成重大人员伤亡后果的，该种情形同时触犯了《刑法》第一百一十五条、第二百九十一条之一的规定，应择一重罪，即以“以危险方法危害公共安全罪”论处。例如，2005 年 8 月，巴格达清真寺有 100 万穆斯林聚集，举行纪念活动，突然有人谎称有自杀式炸弹袭击，聚会场所顿时乱作一团，人们相互踩踏，造成 900 余人死亡。我国目前虽没有此类事件的发生，但不排除将来发生的可能性。

（六）对“虚假恐怖信息”进行了界定

《刑法》第二百九十一条之一规定的虚假恐怖信息为“爆炸威胁、生化威胁、放射威胁等”，我们根据此类犯罪的发展变化，对可能出现的虚假恐怖信息进行了归纳、总结，在《编造、故意传播虚假恐怖信息解释》第六条中规定，“虚假恐怖信息”除《刑法》规定的上述三类恐怖威胁外，还包括“劫持航空器威胁、重大灾情、重大疫情”等不真实的恐怖信息。重大疫情，如“非典”流行期间编造虚假“非典”疫情等；重大灾情，如编造虚假“地震”信息等。

司法实践中，如果行为人编造或故意传播的虚假信息内容是其他类威胁，也应与爆炸威胁、生化威胁、放射威胁的恐怖程度相当，否则不应构成本罪。如有些人“搞恶作剧”，编造、散布某工厂经常有女工被强奸的虚假信息，使某厂女工及周边女性居民产生一定程度的心理恐慌，但这类信息毕竟与恐怖信息有所不同，应该在实践中加以区分。

对于那些一查就知道是虚假的恐怖信息，根本不可能引起社会恐慌及扰乱社会秩序的，不构成犯罪。如 2013 年 5 月 17 日 23 时，王某然（男，16 岁）在腾讯微博上发帖称，将于 5 月 18 日 17 时 28 分炸“连云港飞往佛山”的航班。经查，根本没有该航班。编造根本不具有误导性的虚假恐怖信息不应以犯罪论处。

（撰稿：吕广伦、王尚明、陈攀）

2. 最高人民法院、最高人民检察院关于办理妨害预防、控制突发传染病疫情等灾害的刑事案件具体应用法律若干问题的解释（法释〔2003〕8号，自2003年5月15日起施行）（节录）

第十条 编造与突发传染病疫情等灾害有关的恐怖信息，或者明知是编造的此类恐怖信息而故意传播，严重扰乱社会秩序的，依照刑法第二百九十一条之一的规定，以编造、故意传播虚假恐怖信息罪定罪处罚。

（三）典型或常见问题的审理思路

1. 投放虚假危险物质罪的主观明知的如何认定？

行为人根据当时社会上的传闻，模仿传闻中艾滋病患者通过扎针传播疾病的方式，将药面置入废旧的针管中。然后在庙会人多的时候用针管扎妇女的臀部，并将针管内的液体注射入被害妇女的体内，从而造成当时秩序混乱，庙会解散，使该地区的人们在心理上产生极大的恐慌。可见，其行为符合投放虚假危险物质罪对客观方面的规定，其行为不仅使当时的具体公共场所秩序陷于混乱，还导致当地人们在相当长时期内对当地的公共场所活动产生心理恐慌（有证据证实），其实也是概括性地限制了公众合法利用公共场所的自由。其行为侵犯的客体无疑是公共场所秩序和人们利用公共场所的权利。行为人明知自己使用的是不携带艾滋病病毒的废弃针头、针管、不明药粉等，明知自己投放这些物质的行为会发生扰乱社会秩序的结果，仍然放任这种结果发生，最终造成群众极度恐慌，严重扰乱社会秩序，其行为完全符合投放虚假危险物质罪的构成要件。

2. 在公共场所用锥子扎人造成恐怖气氛的能否构成投放虚假危险物质罪？

首先，行为人的行为不构成投放虚假危险物质罪。这是因为：其一，在犯罪主观方面，现有证据不能证明行为人明知或应知社会上存在的“扎针”传播艾滋病的传言，不能证明行为人用铁锥扎人的目的是故意制造社会恐慌。在行为人不明知或应知社会上存在“扎针”传播艾滋病传闻的情况下，不能认定其主观上具有制造社会恐慌的目的。因此，不具备投放虚假危险物质罪的主观要件。其二，在犯罪客观方面，持铁锥扎人的行为不符合投放虚假危险物质罪的“投放”行为。行为人所使用的犯罪工具是一把实心的锥子，不可能存放任何物质，不存在“投放”问题。综上，本案行为人的行为不符合投放虚假危险物质罪的构成要件和立法本意，故不能以此罪定罪处罚。

其次，行为人的行为构成寻衅滋事罪。理由是：第一，行为具有相当的社会危害性。行为人在公交车上用锥子扎青年女性的腿部，虽然没有给被害人的身体造成严重的后果，也未达到轻伤的标准，但在当时的特定背景下，被告人的行为不仅对被害人而且对社会的影响甚大。由于当时社会上流传“扎针”传播艾滋病一事，造成社会群体尤其是女性群体产生恐慌心理，生怕自己成为被害人。行为人在公交车这一人多拥挤较为敏感的场所用锥子扎人，与社会上传闻的扎针事件极为相似，容易被人误以为是有人“扎针”传播艾滋病，被害人在事发后，虽经澄清，但仍承受较大的心理压力，甚至被亲属、朋友、同事误解、疏远。公交车上的乘客事发后向外传播（有些是误传或者添油加醋），作为“扎针”传闻例证，客观上对社会的恐慌心理起到了推波助澜的作用。因此，被告人的行为具有较大的社会危害性。第二，行为符合寻衅滋事罪的特征。行为人由于被女友抛弃而产生不健康的心理，无端滋事，用锥子扎伤他人，侵害他人身体，与“随意殴打他人”扰乱社会秩序属同一类型。尽管其伤害后果并不严重，但由于是在特定的背景下，使用特定的方法，并选择在特定的地点一公共汽车这一人员集中的地方作案，不仅给被害人造成了较大的心理压力，在案发时引起公共汽车秩序的混乱，且案发后，客观上产生了恶劣的社会影响，亦属于“情节恶劣”。

3. 以编造爆炸威胁等恐怖信息的方式向有关单位进行敲诈勒索的，如何定罪处罚？

想象竞合犯，是指一个行为触犯数个罪名的情况，属于“实质的一罪”。想象竞合犯具有两个基本特征：(1) 行为人只实施了一个行为。(2) 一个行为必须触犯数个罪名。其与牵连犯的区别在于，前者行为人只实施了一个行为，而后者行为人实施了数个行为，数行为之间存在手段行为与目的行为、原因行为和结果行为的牵连关系。判断行为人是否只实施了一个行为，不应以犯罪构成要件为出发点进行评价，而是应该基于自然的观察，从社会的一般观念上作出判断。在以编造虚假恐怖信息的方式实施敲诈勒索的行为中，行为人往往就是打了个电话，编造爆炸威胁、投毒威胁等恐怖信息进行敲诈勒索。从一般普通人的观念认识上进行观察和评价，可以得出行为人只实施了打电话一个行为的结论，不能因为该行为具有多重属性，符合编造虚假恐怖信息罪和敲诈勒索罪的犯罪构成，而机械地分割成编造虚假恐怖信息和勒索财物两个行为。与之相比较，假如，行为人通过投放虚假危险物质的方式实施敲诈勒索，那么基于自然的观察，从时间和空间上看，行为人实际上实施了两个行为，即投放虚假危险物质的行为（手段行为）和威胁他人勒索财物的行为（目的行为），分别触犯了投放虚假危险物质罪和敲诈勒索罪，且具有牵连关系，符合牵连犯的特征。因此，我们认为以编造虚假恐怖信息的方式实施敲诈勒索的，行为人只实施了一个行为，该行为具有多重属性，触犯了两个罪名，符合想象竞合犯的特征，应按该行为所触犯的罪名中的一个重罪论处。

编造虚假恐怖信息造成严重后果的认定。从编造虚假恐怖信息罪的犯罪构成上看，此罪并非行为犯，而是结果犯，行为人是否"严重扰乱社会秩序"是区分罪与非罪的重要界限，对于尚未达到严重扰乱社会秩序的编造虚假恐怖信息的行为，不应认定为犯罪，可依照其他法律法规的相关规定予以行政拘留或罚款。一般认为，编造虚假恐怖信息，引起社会恐慌，致使工作、生产、营业和教学、科研活动无法正常进行，属于"严重扰乱社会秩序"。当造成有关部门实施人员疏散行动时，则行为人的行为不仅侵犯了被害单位的正常工作、生产、营业和教学、科研秩序，也导致公安、消防、卫生防疫等国家职能部门的正常工作秩序被严重干扰、破坏，并耗费了大量的人力、物力，其行为具有更大的社会危害性，造成的后果也更加严重。因此我们认为，编造虚假恐怖信息，造成有关部门实施人员疏散行动的，属于"造成严重后果"，应处五年以上有期徒刑。

需要特别指出的是，编造虚假恐怖信息罪侵犯的客体是社会管理秩序，从犯罪手段上讲一般不足以对公共安全，即不特定人的生命、身体、健康或重大公私财产造成实际的危害。而对于行为人编造虚假恐怖信息在公众场合传播，如在公众集会、节日游园等人群密集场所，编造虚假恐怖信息，引起秩序大乱，造成人员践踏死伤的，属于严重危害公共安全的行为，如果行为人明知或足以认识到自己的行为会造成人员践踏死伤的后果，仍然希望或放任该危害结果发生的，应定性为以危险方法危害公共安全罪。

4. 谎称飞机上有恐怖分子，致使航班晚点的行为应如何定性？[①]

关于编造虚假恐怖信息造成"严重扰乱社会秩序"的认定，应当结合行为对正常的工作、生产、生活、经营、教学、科研等秩序的影响程度、对公

---

① 案例来源：《最高人民检察院关于印发第三批指导性案例的通知》（2013年5月27日）。

众造成的恐慌程度以及处置情况等因素进行综合分析判断。对于编造、故意传播虚假恐怖信息威胁民航安全，引起公众恐慌，或者致使航班无法正常起降的，应当认定为“严重扰乱社会秩序”。

5. 侵入国家事务领域的计算机信息系统编造虚假地震信息的如何定罪？

（1）虚假地震信息属于虚假恐怖信息。《刑法》第二百九十一条明确将具有爆炸威胁、生化威胁、放射威胁虚假内容的信息列为恐怖信息，但刑法并未将恐怖信息限于具有爆炸威胁、生化威胁、放射威胁内容的信息，而是采取了用“等”这一列举加兜底型条款的立法例。据此，从《刑法》第二百九十一条保护的法益出发，该条规定的“恐怖信息”并不等于恐怖主义信息，更不能将其等同于恐怖主义。“恐怖”一词，是指“由于生命受到威胁而引起的恐惧”。这里的恐怖信息，应是指足以使社会公众产生生命安全受到威胁的恐慌心理，致使工作、生产、营业、教学和科研活动无法正常进行，引起社会秩序混乱的信息。恐怖信息的恐怖性在于，知悉该信息的公众，会产生受到生命安全威胁的恐惧并容易进而采取相应的诸如逃难、不敢从事正常的工作、生产、营业、教学、科研活动，甚至可能会导致公安、武警等国家职能机关采取出警应对行动等，从而使社会正常的生产、生活秩序受到严重干扰、破坏。因此，只要足以使社会公众产生受到威胁的恐惧并可能在一定范围内引起公众恐慌、严重扰乱社会秩序的虚假信息，都可以认定为《刑法》第二百九十一条规定的“恐怖信息”。

行为人侵入某省地震局网站信息发布页面，编造并传播虚假地震信息，此时，距“5·12”汶川特大地震发生才 17 天，部分地区仍余震不断，地震是否会再次发生及在什么范围内发生是一个不确定但人民群众十分敏感的问题。政府相关部门一直高度紧张，严阵以待，及时通过多种渠道发布相关地震信息，安抚群众的恐慌情绪，避免社会秩序的混乱，保障公民的正常生产、生活秩序。在这种特殊时期，行为人编造并发布的虚假地震信息使得民众产生了强烈的恐慌心理，扰乱了群众正常的生产、生活秩序，引起了社会秩序的混乱。因此，该虚假的地震信息完全具备虚假恐怖信息的实质特征，属于虚假恐怖信息的范畴。

（2）侵入国家事务领域的计算机信息系统编造虚假地震信息的，以编造虚假恐怖信息罪处罚。行为人侵入属于国家事务计算机系统的地震局网站的行为，已经构成了非法侵入计算机信息系统罪。但是，其非法侵入计算机信息系统的行为，是编造、发布虚假恐怖信息的手段行为，与编造、发布虚假恐怖信息的犯罪行为之间属于目的和手段的牵连关系，属于牵连犯，一般采取“从一重罪”进行处罚。因为编造虚假恐怖信息罪的法定刑比非法侵入计算机信息系统罪的法定刑重，故应以编造虚假恐怖信息罪进行定罪量刑。

6. 编造感染新型冠状病毒的虚假信息并通过微信传播的行为应如何定性?①

行为人在新型冠状病毒肺炎疫情防控期间利用微信号编造其感染新型冠状病毒后到公共场所通过咳嗽方式向他人传播的虚假疫情信息，并将信息发至其另一微信号，将聊天记录截图后通过微信朋友圈、微信群、QQ群传播，直接覆盖人员共计2700余人，并被其他个人微博转发，严重扰乱社会秩序，其行为构成编造、故意传播虚假信息罪。

（四）疑难、复杂问题的参考性解答

1. 编造、故意传播虚假恐怖信息罪中“编造”与“传播”的内涵及其关系应如何界定?

编造、故意传播虚假恐怖信息罪，是选择性罪名，即编造虚假恐怖信息罪、故意传播虚假恐怖信息罪和编造、故意传播虚假恐怖信息罪，但在罪名的适用上具有特殊性。对于编造虚假恐怖信息并故意传播所编造的虚假恐怖信息行为，认定为编造虚假恐怖信息罪即可，无须重复地认定成编造、故意传播虚假恐怖信息罪。理由是：其一，严重扰乱社会秩序是构成编造虚假恐怖信息罪的必要条件，如果只有编造而无传播行为，显然是不可能严重扰乱社会秩序的，故也就难以成立犯罪。因此，对于编造虚假恐怖信息构成犯罪的情形，在客观方面必须同时具备“编造”和“传播”行为，缺一不可。换言之，如果行为人只有编造恐怖信息而无将之予以传播的行为，不能构成犯罪，认定某人构成编造虚假恐怖信息罪，其必然实施了编造虚假恐怖信息并将之予以传播的行为。其二，如果将编造并故意传播所编造的虚假恐怖信息行为认定成编造、故意传播虚假恐怖信息罪，还可能存在与刑法条文本意不相协调的问题。将《刑法》第二百九十一条之一所规定的“明知是编造的恐

① 案例来源：人民法院依法惩处妨害疫情防控犯罪典型案例：刘某某编造、故意传播虚假信息案。

怖信息而故意传播”，与“编造爆炸威胁、生化威胁、放射威胁等恐怖信息”联系起来看，该条款实际上规定了两种不同犯罪类型：编造虚假恐怖信息罪和故意传播虚假恐怖信息罪。也就是说，这里的“传播”，实际上有着确定的含义，即传播他人编造的虚假恐怖信息，即虚假恐怖信息的传播者不是编造者，如果编造者将所编造的虚假恐怖信息予以传播，如前所述，定编造虚假恐怖信息罪即可。因此，《刑法》第二百九十一条之一规定的“明知是编造的恐怖信息而故意传播”，特指行为人明知是他人编造的虚假恐怖信息而故意予以传播且严重扰乱社会秩序的情形，才以“故意传播虚假恐怖信息罪”定罪处罚。对于编造虚假恐怖信息并将所编造的虚假恐怖信息予以传播且严重扰乱社会秩序的，认定为编造虚假恐怖信息罪；明知是他人编造的恐怖信息而故意予以传播且严重扰乱社会秩序的，认定为故意传播虚假恐怖信息罪；既实施了编造并传播所编造的虚假恐怖信息的行为，同时又实施了明知是他人编造的虚假恐怖信息而故意予以传播的行为，且已严重扰乱社会秩序的，以“编造、故意传播虚假恐怖信息罪”定罪处罚。

2. 如何区分编造、故意传播虚假恐怖信息罪与投放虚假危险物质罪？

本罪与后罪在犯罪客体、主观方面有相同或类似之处。两罪的区别是：

（1）主观故意的内容不同。本罪的主观故意内容为明知编造、传播的是虚假恐怖信息而仍决意为之；投放虚假危险物质罪的主观故意内容表现为明知是虚假的危险物质而决意投放。（2）两罪的行为方式不同。本罪表现为编造爆炸威胁、生化威胁、放射威胁等恐怖信息，或者故意传播编造的恐怖信息；后罪的行为方式表现为投放虚假的爆炸性、毒害性、放射性、传染病病原体等危险物质。如果行为人投放虚假的爆炸性、毒害性、放射性、传染病病原体等危险物质后，再编造成为恐怖信息传播出去，后面的编造并传播行为乃为前面的投放虚假危险物质的自然结果，属事后不可罚行为，应以投放虚假危险物质罪定罪处罚。但是，行为人投放虚假危险物质之后，不是进行编造恐怖信息或者传播，而是编造另外的虚假恐怖信息或者传播编造的另外虚假恐怖信息，由于后行为与前行为并不存在必要的按一罪处罚的关系，两行为分别构成犯罪的，应以本罪与后罪实行并罚。

二十六、高空抛物罪

（一）刑法规定

第二百九十一条之二[①] 从建筑物或者其他高空抛掷物品，情节严重的，处一年以下有期徒刑、拘役或者管制，并处或者单处罚金。

有前款行为，同时构成其他犯罪的，依照处罚较重的规定定罪处罚。

（二）疑难、复杂问题的参考性解答

1. 如何正确理解和适用高空抛物罪的定罪量刑规定？

本罪名系根据《刑法修正案（十一）》第三十三条新增加的罪名。但是，在《刑法修正案（十一）》公布前，此类行为发生不少，社会反响也比较强烈。为此，最高人民法院于2019年10月20日发布了《关于依法妥善审理高空抛物、坠物案件的意见》（法发〔2019〕25号）。该意见第二条规定，依法惩处构成犯罪的高空抛物、坠物行为，切实维护人民群众生命财产安全。要准确认定高空抛物犯罪。对于高空抛物行为，应当根据行为人的动机、抛物场所、抛掷物的情况以及造成的后果等因素，全面考量行为的社会危害程度，准确判断行为性质，正确适用罪名，准确裁量刑罚。故意从高空抛弃物品，尚未造成严重后果，但足以危害公共安全的，依照《刑法》第一百一十四条规定的以危险方法危害公共安全罪定罪处罚；致人重伤、死亡或者使公私财产遭受重大损失的，依照《刑法》第一百一十五条第一款的规定处罚。为伤害、杀害特定人员实施上述行为的，依照故意伤害罪、故意杀人罪定罪处罚。《刑法修正案（十一）》公布后，自2021年3月1日起，该意见关于高空抛物定罪的内容，因与《刑法修正案（十一）》规定相冲突，因而不再适用。司法实践中，对于自2021年3月1日起发生的高空抛物行为，一律以高空抛物罪定罪处罚。

（1）本罪的犯罪主体为一般主体。

（2）本罪的主观方面必须是故意的。过失致高空坠物的，不构成本罪。

---

① 本条系根据《刑法修正案（十一）》第三十三条新增加的条款。1997年《刑法》无本条规定。

（3）客观方面，行为人实施了从建筑物或者其他高空抛掷物品，情节严重的行为。应当根据行为人的动机、抛物场所、抛掷物的情况以及造成的后果等因素，全面考量行为的社会危害程度，准确判断高空抛物行为是否属于“情节严重”。下列情况下，应当认定为“情节严重”：多次实施高空抛物行为的；经劝阻仍然实施高空抛物行为的；受过刑事处罚或者行政处罚后又实施高空抛物行为的；在人员密集场所实施高空抛物行为的；其他情节严重的高空抛物行为的。因此，并非所有的高空抛物行为一律以高空抛物罪定罪处罚。例如，高空抛掷纸张，明显不会对人身安全造成危害的行为，一般就不予以犯罪处理。

（4）本罪侵犯的是客体是复杂客体，既扰乱社会公共秩序，也可能侵犯公民的人身安全、财产安全。

（5）高空抛物行为，如果致人重伤、死亡或者造成公私财产损失的，依照本条第二款规定，应当以故意杀人罪、故意伤害罪、故意毁坏财物罪等定罪处罚。

2. **区分该罪与其他罪之间的关系**

从建筑物或者其他高空抛掷物品，需达到“情节严重”才能入罪。司法实践中，考虑情节严重，一般从手段或者后果上考虑。由于本罪手段比较明确，更多的区别在于后果方面。而对于后果的考虑，要么是对公共秩序造成的危险状态，要么是对他人人身、财产造成的实害后果。因此，一是要注意与以危险方法危害公共安全罪的区分。因为该条第二款明确“有前款行为，同时构成其他犯罪的，依照处罚较重的规定定罪处罚”。二是要注意与故意伤害、过失致人死亡等罪的区分。如果以实害后果考虑，则有可能与故意伤害、过失致人死亡、故意毁坏财物等罪名发生竞合。由于该罪法定刑为“一年以下有期徒刑、拘役或者管制”，而其他罪名法定刑均高于该罪名，因此，在考虑“情节严重”时，要将该情节与其他罪造成的后果进行区分，避免该罪名在实践中被“架空”。

3. **正确认定高空坠物犯罪**

高空坠物不同于高空抛物。行为人主观上没有抛物的故意，但因过失导致物品从高空坠落，对此类行为如何处理？最高人民法院《关于依法妥善审理高空抛物、坠物案件的意见》指出，要准确认定高空坠物犯罪。过失导致物品从高空坠落，致人死亡、重伤，符合《刑法》第二百三十三条、第二百三十五条规定的，依照过失致人死亡罪、过失致人重伤罪定罪处罚。在生产、作业中违反有关安全管理规定，从高空坠落物品，发生重大伤亡事故或者造成其他严重后果的，依照《刑法》第一百三十四条第一款的规定，以重大责任事故罪定罪处罚。

二十七、聚众斗殴罪

（一）刑法规定

第二百九十二条 聚众斗殴的，对首要分子和其他积极参加的，处三年以下有期徒刑、拘役或者管制；有下列情形之一的，对首要分子和其他积极参加的，处三年以上十年以下有期徒刑：

（一）多次聚众斗殴的；

（二）聚众斗殴人数多，规模大，社会影响恶劣的；

（三）在公共场所或者交通要道聚众斗殴，造成社会秩序严重混乱的；

（四）持械聚众斗殴的。

聚众斗殴，致人重伤、死亡的，依照本法第二百三十四条、第二百三十二条的规定定罪处罚。

（二）典型或常见问题的审理思路

1. 聚众斗殴并驾车撞击对方的行为是否认定为持械聚众斗殴？

利用车辆撞击聚众斗殴一方的人可以认定为“持械聚众斗殴”。“持械聚众斗殴”主要是指参加聚众斗殴的人员使用棍棒、刀具以及各种枪支、武器进行斗殴。根据当前司法实践中的通行观念，持械聚众斗殴中的“持械”，是指参加聚众斗殴的人员使用器械或者为斗殴携带器械但实际未使用的情形。这里的“器械”只是各种枪支、刀具、棍棒、砖块等足以致人伤亡的工具。该情形包括为斗殴而准备器械或者持器械参与斗殴，也包括在实施过程中临时获得器械并持器械进行斗殴。已经发动的车辆具有速度快，冲力大，破坏性强的特点，在聚众斗殴中以操控方式作为斗殴行凶的工具，其作用等同于传统的棍棒类器械。

2. 如何准确把握聚众斗殴罪的犯罪构成及转化要件？

单方有聚众斗殴故意的也可以构成聚众斗殴罪。聚众斗殴罪的典型形态是双方均在三人以上，且均有与对方殴斗故意的情形。如果只有一方有殴打对方的故意，是否构成聚众斗殴罪呢？我们认为，对此类案件应依照聚众斗殴罪的构成特点，全面分析案件的主客观情况，防止片面强调客观行为条件，忽视行为人主观故意内容而导致简单化的错误倾向，从而准确定罪量刑。在殴斗的理解上，我们认为，只要双方或一方采用暴力方式进行殴斗，不论采用何种暴力方式都是结伙殴斗行为。

3. 聚众斗殴致人死亡的是否一律认定为故意杀人罪？

聚众斗殴致人死亡，不应一律认定为故意杀人罪。首先，《刑法》第二百九十二条第二款规定："聚众斗殴，致人重伤、死亡的，依照本法第二百三十四条、第二百三十二条的规定定罪处罚。"从字面上理解，本条款对"致人重伤、死亡"与"依照本法第二百三十四条、第二百三十二条的规定定罪处罚"并未规定为严格的一一对应关系，即不能理解为聚众斗殴"致人重伤的，依照本法第二百三十四条的规定定罪处罚；致人死亡的，依照本法第二百三十二条的规定定罪处罚"。从立法本意上讲，《刑法》第二百九十二条第二款的规定只是表明聚众斗殴中出现重伤或者死亡后果的，不再成立聚众斗殴罪，而应转化定罪，即认定为故意伤害罪或者故意杀人罪，但具体以何罪论处应当根据案件证据结合刑法规定进行确定。

其次，根据犯罪故意的具体内容进行定罪是主客观相一致定罪原则的要求。罪状虽是对具体犯罪构成要件的描述，但并非所有罪状都会把全部构成要件详细列明。《刑法》第二百九十二条第二款的罪状部分虽未明示罪过要素，但这并不意味着模糊了罪过认定。在认定犯罪成立与否的过程中，仍应在满足客观要件的基础上对行为人的主观罪过进行考察，才能将犯罪行为或者危害结果归责于行为人，进行准确定罪。聚众斗殴致人死亡时，准确认定行为人的主观故意就成为正确定罪的必然前提，也是主客观相统一的定罪原则的内在要求。具体而言，聚众斗殴中发生致人死亡结果时，应当在判断死亡结果是否是行为人实施的犯罪行为所致的基础上，判断行为人对死亡结果所持的主观心态：行为人只能对有杀人故意（包括直接故意杀人和间接故意杀人）的行为承担故意杀人的罪责；行为人仅有伤害故意时，虽致被害人死亡，也只能承担故意伤害（致死）的罪责。据此，死亡结果虽是行为人所致，但不能仅凭结果发生来认定行为人的犯罪故意内容，也即不能说致人死亡就有杀人故意，没有致人死亡的就没有杀人故意。

最后，聚众斗殴致人死亡时，根据行为人所具有的不同的主观故意而分别认定为故意伤害罪或者故意杀人罪，不仅可能而且必要。聚众斗殴致人死亡时，区分故意伤害（致死）罪与故意杀人罪对于量刑意义十分重大。一则二者的法定刑顺序不同（故意杀人罪的法定刑为：死刑、无期徒刑、十年以上有期徒刑；故意伤害致人死亡的法定刑为：十年以上有期徒刑、无期徒刑、死刑），势必导致法官在量刑时的优先考虑顺序不同，难免会出现“同一事实，定罪不同、量刑结果亦不同”的实质不公正。二则虽然故意伤害（致死）罪与故意杀人罪最高法定刑均为死刑，但由于故意伤害（致死）罪的主观罪过轻于故意杀人罪，故意伤害罪在死刑适用标准的把握上会更为严格。如不能正确认定罪名，很可能会导致不当地适用死刑。

综上所述，聚众斗殴中出现死亡后果的，应当依照《刑法》规定的故意伤害罪和故意杀人罪的构成要件，结合具体案件事实，在准确认定行为人主观罪过基础上正确定罪，而不能简单地以结果定罪。

（三）疑难、复杂问题的参考性解答

1. 如何正确理解和掌握聚众斗殴的转化条件？

聚众斗殴转化定罪的前提是主客观条件都发生转化。所谓转化犯，是指行为人在实施某一较轻的犯罪时，由于具备了某种情形，刑法明文规定不再以本罪论处，而是按照《刑法》另一条文规定的较重的犯罪论处的情况。聚众斗殴转化以故意杀人、故意伤害定罪，就是转化定罪的典型立法例。我国《刑法》第二百九十二条第二款规定：“聚众斗殴，致人重伤、死亡的，依照本法第二百三十四条、第二百三十二条的规定定罪处罚。”这是聚众斗殴行为转化定罪的法律依据。即对于在聚众斗殴行为中，致人重伤、死亡的，不再以聚众斗殴罪论处，而以故意伤害罪、故意杀人罪定罪处罚。

关于聚众斗殴行为转化定罪的条件，在理论界和司法中，一直存在不同的观点：一是“客观条件说”。该说认为，聚众斗殴行为转化定罪在于增加了新的犯罪情节，即行为人在实施了聚众斗殴行为时又实施了其他危害行为，产生了不能被聚众斗殴罪包容的特定犯罪结果。该种观点的本质是将转化定罪的原因绝对归于客观条件的变化，否定故意内容的转化。二是“主观条件说”。该说认为，聚众斗殴罪转化定罪的关键在于行为人主观故意的内容发生了变化，由聚众斗殴的故意转化为伤害、杀人的故意，并造成他人重伤、死亡的，即应当转化定罪。三是“主客观条件说”。该说认为，聚众斗殴行为转化定罪在于主客观要件的诸项事实的转化，即行为人主观故意内容和客观行为方式的转化。我们认为，转化犯是从此罪向彼罪、轻罪向重罪的转化，即犯罪构成的转化。犯罪构成是主观要件和客观要件的统一体，应当按照主客观相一致的原则，全面考察犯罪构成要件的转化，片面强调犯罪构成的某些要件，而忽视其他方面都有悖于主客观相统一的犯罪构成理论。因此，“主客观条件说”是妥当的。成立聚众斗殴行为中的转化犯不仅要考察行为人的主观故意是否由一般斗殴转化为故意伤害、杀人的故意，还要考虑行为人是否超出了聚众斗殴行为的界限，造成了致人重伤、死亡的后果。具体地说，聚众斗殴转化以故意杀人罪、故意伤害罪定罪处罚的，必须同时具备下列条件：（1）客观条件。一是必须存在聚众斗殴的事实。二是必须实施了聚众斗殴性质所要求的致人重伤或者死亡的行为，该行为超出了一般聚众斗殴行为界限，具有可以致人重伤或者死亡的行为特质。三是必须造成了被害人重伤或者死亡的结果。四是超出斗殴性质所要求的行为和致人重伤、死亡的危害结果必须是在聚众斗殴过程中发生，也就是说，发生在聚众斗殴的当场或者是没有时间间隔和中断的延续现场。这是转化定罪行为和结果的时空条件要求。否则，在聚众斗殴结束后，因聚众一方发现己方吃亏而实施的对对方部分个体进行的殴打，因时空中断而不再适用转化定罪的规定，应根据其行为的性质直接定罪处罚。（2）主观条件。一是必须具备基本的聚众斗殴的犯罪故意。二是发生了故意内容的转化，即斗殴中首要分子或者积极参加者的主观故意内容由先前的斗殴故意转化为致对方某一个或者某一些人重伤或者死亡的故意。三是行为人犯罪故意内容的转化以发生在斗殴的过程中为必要，这是定罪主观条件转化的时空要求。

2. 聚众斗殴既致人死亡，又致人轻伤的，应如何处理？

聚众斗殴既致人死亡，又致人轻伤的，以故意杀人一罪定罪处罚，而不以故意杀人、故意伤害两罪定罪处罚。在实践中有两种不同观点，一种观点认为，行为虽然造成了一人死亡、二人轻伤的不同后果，但致人轻伤行为被聚众斗殴行为吸收，其聚众犯罪已全罪转化为故意杀人罪，因此，应定故意杀人一罪。另一种观点认为，行为人在不确定故意下实施故意杀人及故意伤害行为，应以故意杀人罪和故意伤害罪两罪并罚。

我们认为，从对法条的理解上看，《刑法》第二百九十二条第二款规定了聚众斗殴，致人重伤、死亡的，依照故意伤害罪、故意杀人罪定罪处罚。也就是说，对于聚众斗殴致人轻伤、轻微伤的，仍认定为聚众斗殴罪，排除了转化为故意伤害罪的可能。这是因为，从社会危害性上看，聚众斗殴罪是从1979年《刑法》中流氓罪分离出来的，是一种扰乱社会公共秩序的犯罪。聚众斗殴一般都是为私仇、争霸一方或者其他不正当的目的，纠集多人，成帮结伙地互相进行斗殴的行为。这种大规模或者持械进行的殴斗极易造成他人轻伤结果的发生，《刑法》第二百九十二条在设定法定刑时考虑到了这种情况，因而一般聚众斗殴罪的法定刑与没有造成重伤的故意伤害罪的法定刑幅度完全相同。从聚众斗殴罪的犯罪构成上看，聚众斗殴行为人主观上具有不确定的盖然性故意，聚众斗殴致人轻伤的行为并没有超出聚众斗殴罪的犯罪构成要件。因此，致人轻伤的结果完全可以包容在聚众斗殴罪评价之中，由于同时故意杀人造成一人死亡的结果，应按照《刑法》第二百九十二条第二款的规定转化定罪，所以以故意杀人罪一罪定罪处罚即可。

（四）量刑指导或参考

依照《刑法》第二百九十二条第一款规定，犯聚众斗殴罪的，对首要分子和其他积极参加的，处三年以下有期徒刑、拘役或者管制；有下列情形之一的，对首要分子和其他积极参加的，处三年以上十年以下有期徒刑：1. 多次聚众斗殴的；2. 聚众斗殴人数多，规模大，社会影响恶劣的；3. 在公共场所或者交通要道聚众斗殴，造成社会秩序严重混乱的；4. 持械聚众斗殴的。

《量刑指导意见（试行）》对聚众斗殴罪的量刑作了如下规定：

1. 构成聚众斗殴罪的，根据下列情形在相应的幅度内确定量刑起点：

（1）犯罪情节一般的，在二年以下有期徒刑、拘役幅度内确定量刑起点。

（2）有下列情形之一的，在三年至五年有期徒刑幅度内确定量刑起点：聚众斗殴三次的；聚众斗殴人数多，规模大，社会影响恶劣的；在公共场所或者交通要道聚众斗殴，造成社会秩序严重混乱的；持械聚众斗殴的。

2. 在量刑起点的基础上，可以根据聚众斗殴人数、次数、手段严重程度等其他影响犯罪构成的犯罪事实增加刑罚量，确定基准刑。

《最高人民法院新增十个罪名的量刑指导意见（试行）》对聚众斗殴罪的量刑作了如下补充规定：

1. 构成聚众斗殴犯罪的，可根据下列不同情形在相应的幅度内确定量刑起点：

（1）犯罪情节一般的，可在六个月至一年六个月有期徒刑幅度内确定量刑起点。

（2）聚众斗殴三次的；聚众斗殴人数多，规模大，社会影响恶劣的；在公共场所或者交通要道聚众斗殴，造成社会秩序严重混乱的；或者持械聚众斗殴的，可在三年至四年有期徒刑幅度内确定量刑起点。

2. 在确定量刑起点的基础上，可根据聚众斗殴人数、次数、伤害后果等犯罪事实和情节增加刑罚量确定基准刑。有下列情形之一的，可增加相应的刑罚量：

（1）每增加一人轻微伤，增加二个月至三个月刑期；

（2）每增加一人轻伤，增加三个月至六个月刑期；

（3）每增加聚众斗殴一次，增加六个月至九个月刑期。

3. 有下列情节之一的，可增加基准刑的10%—30%：

（1）带有黑社会性质或地方恶势力性质的；

（2）组织未成年人聚众斗殴的。

根据《刑法》第二百九十二条第二款的规定，如果在聚众斗殴中致人重伤、死亡的，则不能再按本罪处罚，而应当依照《刑法》第二百三十四条、第二百三十二条规定的故意伤害罪或者故意杀人罪定罪处罚。

二十八、寻衅滋事罪

（一）刑法规定

第二百九十三条　有下列寻衅滋事行为之一，破坏社会秩序的，处五年以下有期徒刑、拘役或者管制：

（一）随意殴打他人，情节恶劣的；

（二）追逐、拦截、辱骂、恐吓他人，情节恶劣的；

（三）强拿硬要或者任意损毁、占用公私财物，情节严重的；

（四）在公共场所起哄闹事，造成公共场所秩序严重混乱的。

纠集他人多次实施前款行为，严重破坏社会秩序的，处五年以上十年以下有期徒刑，可以并处罚金。

（二）司法解释、司法文件及其权威解读

1. 最高人民法院、最高人民检察院关于办理寻衅滋事刑事案件适用法律若干问题的解释（法释〔2013〕18号，自2013年7月22日起施行）

为依法惩治寻衅滋事犯罪，维护社会秩序，根据《中华人民共和国刑法》的有关规定，现就办理寻衅滋事刑事案件适用法律的若干问题解释如下：

第一条 行为人为寻求刺激、发泄情绪、逞强耍横等，无事生非，实施刑法第二百九十三条规定的行为的，应当认定为“寻衅滋事”。

行为人因日常生活中的偶发矛盾纠纷，借故生非，实施刑法第二百九十三条规定的行为的，应当认定为“寻衅滋事”，但矛盾系由被害人故意引发或者被害人对矛盾激化负有主要责任的除外。

行为人因婚恋、家庭、邻里、债务等纠纷，实施殴打、辱骂、恐吓他人或者损毁、占用他人财物等行为的，一般不认定为“寻衅滋事”，但经有关部门批评制止或者处理处罚后，继续实施前列行为，破坏社会秩序的除外。

第二条 随意殴打他人，破坏社会秩序，具有下列情形之一的，应当认定为刑法第二百九十三条第一款第一项规定的“情节恶劣”：

（一）致一人以上轻伤或者二人以上轻微伤的；

（二）引起他人精神失常、自杀等严重后果的；

（三）多次随意殴打他人的；

（四）持凶器随意殴打他人的；

（五）随意殴打精神病人、残疾人、流浪乞讨人员、老年人、孕妇、未成年人，造成恶劣社会影响的；

（六）在公共场所随意殴打他人，造成公共场所秩序严重混乱的；

（七）其他情节恶劣的情形。

第三条 追逐、拦截、辱骂、恐吓他人，破坏社会秩序，具有下列情形之一的，应当认定为刑法第二百九十三条第一款第二项规定的“情节恶劣”：

（一）多次追逐、拦截、辱骂、恐吓他人，造成恶劣社会影响的；

（二）持凶器追逐、拦截、辱骂、恐吓他人的；

（三）追逐、拦截、辱骂、恐吓精神病人、残疾人、流浪乞讨人员、老年人、孕妇、未成年人，造成恶劣社会影响的；

（四）引起他人精神失常、自杀等严重后果的；

（五）严重影响他人的工作、生活、生产、经营的；

（六）其他情节恶劣的情形。

第四条　强拿硬要或者任意损毁、占用公私财物，破坏社会秩序，具有下列情形之一的，应当认定为刑法第二百九十三条第一款第三项规定的“情节严重”：

（一）强拿硬要公私财物价值一千元以上，或者任意损毁、占用公私财物价值二千元以上的；

（二）多次强拿硬要或者任意损毁、占用公私财物，造成恶劣社会影响的；

（三）强拿硬要或者任意损毁、占用精神病人、残疾人、流浪乞讨人员、老年人、孕妇、未成年人的财物，造成恶劣社会影响的；

（四）引起他人精神失常、自杀等严重后果的；

（五）严重影响他人的工作、生活、生产、经营的；

（六）其他情节严重的情形。

第五条　在车站、码头、机场、医院、商场、公园、影剧院、展览会、运动场或者其他公共场所起哄闹事，应当根据公共场所的性质、公共活动的重要程度、公共场所的人数、起哄闹事的时间、公共场所受影响的范围与程度等因素，综合判断是否“造成公共场所秩序严重混乱”。

第六条　纠集他人三次以上实施寻衅滋事犯罪，未经处理的，应当依照刑法第二百九十三条第二款的规定处罚。

第七条　实施寻衅滋事行为，同时符合寻衅滋事罪和故意杀人罪、故意伤害罪、故意毁坏财物罪、敲诈勒索罪、抢夺罪、抢劫罪等罪的构成要件的，依照处罚较重的犯罪定罪处罚。

第八条　行为人认罪、悔罪，积极赔偿被害人损失或者取得被害人谅解的，可以从轻处罚；犯罪情节轻微的，可以不起诉或者免予刑事处罚。

权威解读

解读《最高人民法院、最高人民检察院关于办理寻衅滋事刑事案件适用法律若干问题的解释》

为依法惩治寻衅滋事犯罪，维护社会秩序，最高人民法院、最高人民检察院联合发布了《关于办理寻衅滋事刑事案件适用法律若干问题的解释》（以下简称《寻衅滋事解释》，法释〔2013〕18 号），自 2013 年 7 月 22 日起施行。为便于司法实践中正确理解和适用，现就《寻衅滋事解释》的制定背景、主要内容介绍如下。

一、《寻衅滋事解释》的制定背景

1997年修订《刑法》时，将流氓罪分解为强制猥亵、侮辱妇女罪，聚众斗殴罪，聚众淫乱罪和寻衅滋事罪四种犯罪。1997年《刑法》第二百九十三条规定："有下列寻衅滋事行为之一，破坏社会秩序的，处五年以下有期徒刑、拘役或者管制：（一）随意殴打他人，情节恶劣的；（二）追逐、拦截、辱骂他人，情节恶劣的；（三）强拿硬要或者任意损毁、占用公私财物，情节严重的；（四）在公共场所起哄闹事，造成公共场所秩序严重混乱的。"

针对实践中寻滋事违法犯罪出现的新情况，2011年2月25日通过的《刑法修正案（八）》对《刑法》第二百九十三条作了进一步完善：一是在原第二项"追逐、拦截、辱骂"后增加了"恐吓"他人的行为；二是增加一款纠集他人多次实施寻衅滋事，严重破坏社会秩序的行为，规定对此种行为"处五年以上十年以下有期徒刑，可以并处罚金"。

寻衅滋事罪系司法实践中的常见多发犯罪，人民法院受理的刑事案件中占有相当比例。为准确、统一适用法律，依法严惩寻衅滋事犯罪，最高人民法院会同最高人民检察院在深入调研的基础上，对迫切需要解决的法律适用问题进行了认真梳理，经广泛征求意见、反复研究论证，起草了《寻衅滋事解释》。2013年5月27日最高人民法院审判委员会第1579次会议、2013年4月28日最高人民检察院第十二届检察委员会第5次审议通过了《寻衅滋事解释》。

二、《寻衅滋事解释》的主要内容

《寻衅滋事解释》共八条，明确了以下八个方面问题：

1. 关于"寻衅滋事"的认定

寻衅滋事罪的四种表现形式与《刑法》规定的其他犯罪，如故意伤害罪，故意毁坏财物罪，强制猥亵、侮辱罪，抢劫罪等罪在行为方式上存在重合与交叉。准确界定"寻衅滋事"，是正确区分有关行为是构成寻衅滋事罪还是其他犯罪，或者只是一般违法行为的关键。而从实践情况看，目前对这一问题的认识和把握还不尽准确、统一，影响了相关案件的依法及时处理。为规范、统一法律适用，准确把握罪与非罪、此罪与彼罪的界限，有必要首先对何谓"寻衅滋事"作出明确。此外，明确何谓"寻衅滋事"，是准确认定本罪的共性问题、基础性问题。如不对此作出明确，则在解释“随意殴打他人，情节恶劣”“追逐、拦截、辱骂、恐吓他人，情节恶劣”“强拿硬要或者任意损毁、占用公私财物，情节严重”等内容时，均须对这一问题作出规定，这将使解释条文明显重复。鉴于此，《寻衅滋事解释》第一条首先对“寻衅滋事”的认定作了一般性规定。

第一款规定：“行为人为寻求刺激、发泄情绪、逞强耍横等，无事生非，实施刑法第二百九十三条规定的行为的，应当认定为‘寻衅滋事’。”该款规定的是“无事生非型”寻衅滋事。对此类行为应当认定为“寻衅滋事”，在理论上、实践中没有不同认识。第二款规定：“行为人因日常生活中的偶发矛盾纠纷，借故生非，实施刑法第二百九十三条规定的行为的，应当认定为‘寻衅滋事’，但矛盾系由被害人故意引发或者被害人对矛盾激化负有主要责任的除外。”该款规定的是“小题大做型”寻衅滋事。传统刑法理论认为，寻衅滋事只能表现为无事生非。这一观点有失妥当。从实践看，“无事生非型”寻衅滋事已极为少见，甚至从极端意义上讲并不存在，如认为只有“无事生非”才属于寻衅滋事，将极大地不当限缩寻衅滋事罪的成立范围。在日常生活中偶发矛盾纠纷，如与他人无意碰撞后，即小题大做、借题发挥，实施随意殴打他人或者任意毁损他人财物等行为的，明显不属于解决纠纷的合理方式，明显超出解决纠纷的合理限度，尽管事出有因，也可认为是借故寻衅，破坏社会秩序，对此应当认定为“寻衅滋事”。当然，如矛盾系由被害人故意引发或者被害人对矛盾激化负有主要责任的（如被害人的车挡住了行为人的路，经行为人请求，被害人拒绝挪动，甚至辱骂行为人，从而引起双方冲突的），则不应认定为“寻衅滋事”；构成其他犯罪的，可以以其他犯罪论处。

第三款规定：“行为人因婚恋、家庭、邻里、债务等纠纷，实施殴打、辱骂、恐吓他人或者损毁、占用他人财物等行为的，一般不认定为‘寻衅滋事’，但经有关部门批评制止或者处理处罚后，继续实施前列行为，破坏社会秩序的除外。”该款规定了因婚恋、家庭、邻里、债务等纠纷实施相应行为构成寻衅滋事的标准。行为人因婚恋、家庭、邻里、债务等纠纷，特别是基于积怨，实施殴打、辱骂、恐吓他人或者损毁、占用他人财物等行为的，由于行为人并非“寻衅”，一般不应以寻衅滋事论处；但是，行为人经有关部门批评制止或者处理处罚后，拒不改正，继续实施前列行为，破坏社会秩序的，也可认定为“寻衅滋事”。特别需要强调的是，根据《刑法》和《寻衅滋事解释》的规定，对此种情形以“寻衅滋事”论处，必须以行为人的行为“破坏社会秩序”为条件。寻衅滋事是扰乱公共秩序罪，根据《刑法》第二百九十三条的规定，实施寻衅滋事行为，破坏社会秩序的，才能构成寻衅滋事罪。如行为人因婚恋、家庭等纠纷实施的有关行为并未破坏社会秩序，则即使其此前曾受有关部门批评制止或者处理处罚，依法也不能认定为“寻衅滋事”。

2. 关于随意殴打他人“情节恶劣”的认定标准

从实践看，在寻衅滋事罪的四种表现形式中，“随意殴打他人”占绝对比重。经对某地2010年至2012年审结的寻衅滋事案件的抽样调查，随意殴打他人的案件共701件，占案件总量的89.07%。因此，准确界定随意殴打他人“情节恶劣”的认定标准，意义重大。

《寻衅滋事解释》第二条明确，随意殴打他人，破坏社会秩序，具有下列情形之一的，应当认定为刑法第二百九十三条第一款第一项规定的“情节恶劣”：（1）致一人以上轻伤或者二人以上轻微伤的；（2）引起他人精神失常、自杀等严重后果的；（3）多次随意殴打他人的；（4）持凶器随意殴打他人的；（5）随意殴打精神病人、残疾人、流浪乞讨人员、老年人、孕妇、未成年人，造成恶劣社会影响的；（6）在公共场所随意殴打他人，造成公共场所秩序严重混乱的；（7）其他情节恶劣的情形。需注意的是，并非所有随意殴打精神病人、残疾人等特殊人员以及在公共场所随意殴打他人的行为均属于“情节恶劣”，均构成寻衅滋事罪。如实施上述行为，未造成恶劣社会影响或造成公共场所秩序严重混乱的，属于违反《治安管理处罚法》的一般违法行为。

3. 关于追逐、拦截、辱骂、恐吓他人“情节恶劣”的认定标准

《寻衅滋事解释》第三条明确规定，追逐、拦截、辱骂、恐吓他人，破坏社会秩序，具有下列情形之一的，应当认定为刑法第二百九十三条第一款第二项规定的“情节恶劣”：（1）多次追逐、拦截、辱骂、恐吓他人，造成恶劣社会影响的；（2）持凶器追逐、拦截、辱骂、恐吓他人的；（3）追逐、拦截、辱骂、恐吓精神病人、残疾人、流浪乞讨人员、老年人、孕妇、未成年人，造成恶劣社会影响的；（4）引起他人精神失常、自杀等严重后果的；（5）严重影响他人的工作、生活、生产、经营的；（6）其他情节恶劣的情形。

4. 关于强拿硬要或者任意损毁、占用公私财物“情节严重”的认定标准

2008年《最高人民检察院、公安部关于公安机关管辖的刑事案件立案追

诉标准的规定（一）》第三十七条第三项规定，“强拿硬要或者任意损毁、占用公私财物价值二千元以上”，属于“情节严重”。经研究认为，这一规定不尽妥当。这是根据2002年《抢夺解释》的规定，抢夺公私财物价值人民币500元至2000元以上的，为“数额较大”。如规定“强拿硬要”2000元以上的，才属于“情节严重”，将导致相关犯罪的入罪标准有失平衡。强拿硬要与任意损毁、占用行为的社会危害程度存在差异，不宜适用同一数额标准。

《寻衅滋事解释》第四条明确规定，强拿硬要或者任意损毁、占用公私财物，破坏社会秩序，具有下列情形之一的，应当认定为《刑法》第二百九十三条第一款第三项规定的“情节严重”：（1）强拿硬要公私财物价值1000元以上，或者任意损毁、占用公私财物价值2000元以上的；（2）多次强拿硬要或者任意损毁、占用公私财物，造成恶劣社会影响的；（3）强拿硬要或者任意损毁、占用精神病人、残疾人、流浪乞讨人员、老年人、孕妇、未成年人的财物，造成恶劣社会影响的；（4）引起他人精神失常、自杀等严重后果的；（5）严重影响他人的工作、生活、生产、经营的；（6）其他情节严重的情形。

5. 关于在公共场所起哄闹事“造成公共场所秩序严重混乱”的认定标准

《寻衅滋事解释》第五条对在公共场所起哄闹事“造成公共场所秩序严重混乱”的认定标准作了规定，明确在车站、码头、机场、医院、商场、公园、影剧院、展览会、运动场或者其他公共场所起哄闹事，应当根据公共场所的性质、公共活动的重要程度、公共场所的人数、起哄闹事的时间、公共场所受影响的范围与程度等因素，综合判断是否“造成公共场所秩序严重混乱”。

6. 关于纠集他人多次寻衅滋事的认定

根据《刑法》第二百九十三条第二款的规定，纠集他人多次实施《刑法》第二百九十三条第一款行为，严重破坏社会秩序的，处五年以上十年以下有期徒刑，可以并处罚金。实践中对于该规定的具体理解存在不同认识，主要集中在如下三个问题：（1）应否有时间跨度的限制；（2）每次实施的寻衅滋事行为是否须构成犯罪；（3）每次寻衅滋事行为是否须未经处理。经研究，《寻衅滋事解释》第六条规定：“纠集他人三次以上实施寻衅滋事犯罪，未经处理的，应当依照刑法第二百九十三条第二款的规定处罚。”据此，对寻衅滋事行为依照《刑法》第二百九十三条第二款的规定“处五年以上十年以下有期徒刑，可以并处罚金”，应当同时满足以下两个条件：一是每次实施的寻衅滋事行为均构成犯罪；二是每次寻衅滋事行为未经处理，包括行政处理和刑事处理。至于多次寻衅滋事行为的时间跨度，《寻衅滋事解释》未作限制，只要未超过法定的追诉时限期限，均可计入。

7. 关于寻衅滋事罪与其他犯罪竞合时的处理规则

《寻衅滋事解释》第七条明确了寻衅滋事罪与其他犯罪竞合时的处理规则，即“从一重处断”，规定实施寻衅滋事行为，同时符合寻衅滋事罪和故意杀人罪、故意伤害罪、故意毁坏财物罪、敲诈勒索罪、抢夺罪、抢劫罪等罪的构成要件的，依照处罚较重的犯罪定罪处罚。

8. 关于寻衅滋事刑事案件的从宽处理

《寻衅滋事解释》第八条对寻衅滋事刑事案件的从宽处理作了规定，明确行为人认罪、悔罪，积极赔偿被害人损失或者取得被害人谅解的，可以从轻处罚；犯罪情节轻微的，可以不起诉或者免予刑事处罚。

（撰稿：周加海、喻海松）

2. **最高人民法院关于审理抢劫、抢夺刑事案件适用法律若干问题的意见**（法发〔2005〕8号，自2005年6月18日起施行）（节录）

4. 抢劫罪与寻衅滋事罪的界限

寻衅滋事罪是严重扰乱社会秩序的犯罪，行为人实施寻衅滋事的行为时，客观上也可能表现为强拿硬要公私财物的特征。这种强拿硬要的行为与抢劫罪的区别在于：前者行为人主观上还具有逞强好胜和通过强拿硬要来填补其精神空虚等目的，后者行为人一般只具有非法占有他人财物的目的；前者行为人客观上一般不以严重侵犯他人人身权利的方法强拿硬要财物，而后者行为人则以暴力、胁迫等方式作为劫取他人财物的手段。司法实践中，对于未成年人使用或威胁使用轻微暴力强抢少量财物的行为，一般不宜以抢劫罪定罪处罚。其行为符合寻衅滋事罪特征的，可以寻衅滋事罪定罪处罚。

权威解读

解读《最高人民法院关于审理抢劫、抢夺刑事案件适用法律若干问题的意见》（节录）

抢劫罪与寻衅滋事罪的界限

司法实践中，抢劫罪与寻衅滋事罪中的强拿硬要行为较容易混淆。主要在于行为人实施寻衅滋事的行为时，客观上也可能表现为强拿硬要公私财物的特征，导致对他人的人身权利和公私财产权利的侵害，主观上行为人也具有非法占有他人财物的故意。这与抢劫罪中以暴力或暴力相威胁的方法非法占有他人财物的特征较为相似。但两罪仍有本质区别，应当按照两罪的构成要件，遵循主客观相一致的原则，正确把握行为的特征，准确界定两罪的界限。《最高人民法院关于审理抢劫、抢夺刑事案件适用法律若干问题的意见》（以下简称《两抢意见》）第九条对这两种行为从主、客观两方面作了区分：寻衅滋事罪中，行为人主观上还具有逞强好胜和通过强拿硬要来填补其精神空虚等目的，抢劫罪中，行为人一般只具有非法占有他人财物的目的；前者行为人客观上一般不以严重侵犯他人人身权利的方法强拿硬要财物，而后者行为人则以暴力、胁迫等方式作为劫取他人财物的手段。实践中需要注意的另一个问题是：对于未成年人以轻微暴力或以实施暴力相威胁的方法强抢少量财物的行为，如一些中、小学生在学校内外、放学途中，拦阻其他学生，以打耳光等方法强抢他人随身的少量财物，实践中认识不一。有的观点认为，这种行为符合抢劫罪的构成要件，应以抢劫罪定罪处罚。我们认为，从犯罪构成要件上看，中、小学生特别是未成年人的人格发育尚不成熟，对自身行为性质的认识和自我约束能力较之成年人有差别。特别是其往往出于逞强好胜和通过强拿硬要来显示“威风”和“强大”。这种行为对社会秩序的侵害大于对他人财产权益的侵害，因而更符合寻衅滋事罪的特征。从对未成年人教育、挽救为主的刑事政策角度考虑，以寻衅滋事罪定罪处罚也是适当的。按照《两抢意见》第九条的规定，对于未成年人使用或威胁使用轻微暴力强抢少量财物的行为，一般不宜以抢劫罪定罪处罚。其行为符合寻衅滋事罪特征的，可以寻衅滋事罪定罪处罚。

3. 最高人民法院关于审理未成年人刑事案件具体应用法律若干问题的解释（法释〔2006〕1号，自2006年1月23日起施行）（节录）

第八条　已满十六周岁不满十八周岁的人出于以大欺小、以强凌弱或者寻求精神刺激，随意殴打其他未成年人、多次对其他未成年人强拿硬要或者任意损毁公私财物，扰乱学校及其他公共场所秩序，情节严重的，以寻衅滋事罪定罪处罚。

4. 最高人民法院、最高人民检察院关于办理利用信息网络实施诽谤等刑事案件适用法律若干问题的解释（法释〔2013〕21号，自2013年9月10日起施行）（节录）

第五条　利用信息网络辱骂、恐吓他人，情节恶劣，破坏社会秩序的，依照刑法第二百九十三条第一款第（二）项的规定，以寻衅滋事罪定罪处罚。

编造虚假信息，或者明知是编造的虚假信息，在信息网络上散布，或者组织、指使人员在信息网络上散布，起哄闹事，造成公共秩序严重混乱的，依照刑法第二百九十三条第一款第（四）项的规定，以寻衅滋事罪定罪处罚。

……

第八条 明知他人利用信息网络实施诽谤、寻衅滋事、敲诈勒索、非法经营等犯罪，为其提供资金、场所、技术支持等帮助的，以共同犯罪论处。

第九条 利用信息网络实施诽谤、寻衅滋事、敲诈勒索、非法经营犯罪，同时又构成刑法第二百二十一条规定的损害商业信誉、商品声誉罪，第二百七十八条规定的煽动暴力抗拒法律实施罪，第二百九十一条之一规定的编造、故意传播虚假恐怖信息罪等犯罪的，依照处罚较重的规定定罪处罚。

第十条 本解释所称信息网络，包括以计算机、电视机、固定电话机、移动电话机等电子设备为终端的计算机互联网、广播电视网、固定通信网、移动通信网等信息网络，以及向公众开放的局域网络。

权威解读

解读《最高人民法院、最高人民检察院关于办理利用信息网络实施诽谤等刑事案件适用法律若干问题的解释》（节录）

为保护公民、法人和其他组织的合法权益，维护社会秩序，最高人民法院、最高人民检察院于2013年9月6日联合发布了法释〔2013〕21号《关于办理利用信息网络实施诽谤等刑事案件适用法律若干问题的解释》（以下简称《信息网络诽谤解释》）。《信息网络诽谤解释》明确规定了利用信息网络实施诽谤、寻衅滋事、敲诈勒索、非法经营犯罪的认定及处罚问题，对依法准确惩治此类犯罪，提供了较为明确的司法解释依据。为便于司法实践中正确理解与适用，现就《信息网络诽谤解释》的制定背景、起草过程中的主要考虑、主要内容等问题介绍如下。

……

三、《信息网络诽谤解释》的主要内容

《信息网络诽谤解释》共十个条文，主要包括以下六个方面的内容：（1）利用信息网络实施诽谤犯罪的行为方式、入罪标准、适用公诉程序的条件；（2）利用信息网络实施寻衅滋事犯罪的行为方式及具体认定；（3）利用信息网络实施敲诈勒索犯罪的行为方式及具体认定；（4）利用信息网络实施非法经营犯罪的行为方式及数额标准；(5) 所涉共同犯罪和犯罪竞合的处理；(6) 对信息网络的含义进行了明确界定，包括以计算机、电视机、固定电话机、移动电话机等电子设备为终端的计算机互联网、广播电视网、固定通信网、移动通信网等信息网络，以及向公众开放的局域网络。

……

（二）利用信息网络实施寻衅滋事犯罪的认定

信息网络既是工作、生活、学习的重要途径和手段，也是公众沟通交流的主要媒介和平台，体现出较强的“工具性”和“公共性”特征。《信息网络诽谤解释》第五条结合信息网络的上述两种属性，明确了利用信息网络实施寻衅滋事犯罪的两种行为方式。

1. 利用信息网络辱骂、恐吓他人的认定及处理

《信息网络诽谤解释》第五条第一款规定，利用信息网络辱骂、恐吓他人，情节恶劣，破坏社会秩序的，以寻衅滋事罪定罪处罚。该款规定反映出信息网络的工具性特征。实践中需要把握以下两点：一是如果利用信息网络辱骂特定的个人，则可能存在寻衅滋事罪与侮辱罪的竞合。如果辱骂他人情节恶劣，破坏社会秩序的，应按照《信息网络诽谤解释》第九条的规定，依照处罚较重的罪即寻衅滋事罪定罪处罚。二是要严格入罪标准。辱骂、恐吓行为必须达到“情节恶劣”的程度，同时对社会秩序造成了现实的破坏。对于一些网民在网络上发泄不满，辱骂他人的，要重在教育，强化管理，一般不要轻易适用本款规定按犯罪处理。

2. 在信息网络上编造、散布虚假信息，起哄闹事的认定

《信息网络诽谤解释》第五条第二款规定：“编造虚假信息，或者明知是编造的虚假信息，在信息网络上散布，或者组织、指使人员在信息网络上散布，起哄闹事，造成公共秩序严重混乱的，依照刑法第二百九十三条第一款第四项的规定，以寻衅滋事罪定罪处罚。”

信息网络具有明显的公共属性和社会属性。网络社会已经与现实社会融为一体，成为现实社会的重要组成部分。网络信息必然会对现实社会产生直接的、实实在在的影响。显而易见，编造虚假信息并在信息网络上散布，起哄闹事，进而造成公共秩序严重混乱，此类行为具有现实的社会危害性，应当以寻衅滋事罪追究刑事责任。实践中需要把握以下两点：一是该款规定的“虚假信息”，不是针对特定的自然人而捏造的虚假事实，而是针对不特定的

自然人或者单位、公共事件而编造的虚假信息。如果针对特定的自然人，捏造损害其名誉的虚假事实，并在网络上散布的，应当适用《信息网络诽谤解释》第一条的规定处理。二是“造成公共秩序严重混乱”，主要是指导致现实社会公共秩序严重混乱。网络空间是现实社会的组成部分，行为人在信息网络上散布虚假信息，起哄闹事，在导致网络秩序混乱的同时，往往会导致现实社会公共秩序的混乱，甚至引发群体性事件等。对此以寻衅滋事罪定罪处罚，于法有据。

……

（五）共同犯罪的认定和犯罪竞合的处理

1. 共同犯罪的认定

利用信息网络实施诽谤等犯罪，行为人在实践中可能面临资金、场所、技术等方面的困难，进而寻求他人的帮助，从而涉及共同犯罪问题。《信息网络诽谤解释》第八条规定：“明知他人利用信息网络实施诽谤、寻衅滋事、敲诈勒索、非法经营等犯罪，为其提供资金、场所、技术支持等帮助的，以共同犯罪论处。”实践中对于共同犯罪的认定，必须以行为人明知他人利用信息网络实施诽谤、寻衅滋事、敲诈勒索、非法经营等犯罪为前提如果不明知他人利用信息网络实施相关犯罪活动，即使客观上提供了资金、场所、技术等帮助，也不能认定为共同犯罪。

2. 犯罪竞合的处理

利用信息网络实施诽谤、寻衅滋事、敲诈勒索、非法经营犯罪，可能同时构成《刑法》第二百二十一条规定的损害商业信誉、商品声誉罪，第二百七十八条规定的煽动暴力抗拒法律实施罪，第二百九十一条之一规定的编造、故意传播虚假恐怖信息罪等犯罪。针对司法实践的具体情况，《信息网络诽谤解释》第九条规定，对于上述情形依照处罚较重的规定定罪处罚。

（三）典型或常见问题的审理思路

1. 采取轻微暴力、威胁手段强行索回医药费，并强行索取少量现金的行为如何定罪处罚?①

行为人的行为不符合抢劫罪的罪质特征。理由在于：（1）行为人的暴力行为比较轻微，并未达到足以抑制被害人反抗的程度，被害人在案发当时还

① 案例来源：《法律适用》2012年第11期，第117－120页，陈某、曾某强寻衅滋事案。

有一定的意志自由。在实施作案过程中，被害人还给其他病人换药，也有条件选择报警等方式寻求帮助。另外，在场证人也证明双方之间发生了医患纠纷。（2）行为人案发当天的目的是认为被害人多收了医药费，要与被害人理论，非法占有被害人财物的动机不明显。行为人先与被害人就医药费收取是否合理发生争执，在索回医疗费无果的情况下才开始实施砸坏桌上的玻璃、殴打、威胁被害人等行为，然后才迫使被害人"退还"医药费 220 元，最后威胁被害人又拿出 100 元。行为人的主要目的还是在于发泄被多收医药费的不满、拿被害人"出气""耍威风"。（3）涉案财物的数额不大。除医药费 220 元外，行为人仅多拿了 100 元。

行为人的行为也不符合敲诈勒索罪的特征。行为人认为其被收取了高额医药费，以此为由对被害人实施殴打，损坏财物，并拿走了 320 元，从犯罪动机上不易区分是敲诈勒索罪还是寻衅滋事罪。但是本案发生在被害人卫生室的营业场所，而且当时在卫生室治疗及陪护的两名证人在现场劝解，行为人并未采取隐秘的方法，持不愿让人觉察的态度，相反，行为人丝毫不在意现场有多少人，他们就是要向被害人显示"实力"，摆摆"威风"，走时还对被害人说："今天这个事情，你报警可以，喊人来打我也可以。"这是对社会公德和国家法纪的公然蔑视，其主要危害性在于破坏公共秩序，不符合敲诈勒索罪的特点。

综合分析上述情节，行为人随意殴打他人、损坏他人财物，情节恶劣，应认定其行为构成寻衅滋事罪。

2. 多次到医院滋事并殴打、辱骂、恐吓医务人员，情节恶劣的行为应如何定性？①

行为人为泄愤多次到医院任意毁损公共财物，后果严重；在医院起哄闹事，造成医院秩序严重混乱；辱骂、恐吓并指使他人随意殴打医务人员，情节恶劣，其行为已构成寻衅滋事罪。行为人多次实施上述行为，严重破坏社会秩序，且致一人轻微伤，酌情从重处罚。自愿认罪，可酌情从轻处罚。

3. 二人以上共同寻衅滋事随意殴打他人致人重伤、死亡的应如何处理？

根据《刑法》第二百九十三条之规定，寻衅滋事罪的法定情形之一，即表现为随意殴打他人。虽然殴打他人本质上也是一种伤害行为，但作为寻衅滋事罪客观表现之一的"随意殴打他人"与故意伤害罪中的伤害行为还是有

---

① 案例来源：《最高人民法院发布四起涉医犯罪典型案例》（2015 年 5 月 27 日）。

显著区别的。区别的要点在于：因寻衅滋事而随意殴打他人的，行为人的动机在于发泄或满足其不良情绪，其特点表现为在殴打他人的起因上、殴打对象上、殴打手段上均具有相当的“随意”性。殴打起因上的随意性，是指行为人为寻求精神刺激，无事生非，毫无理由或者强以微不足道的琐事、不能成立的理由为借口，挑起事端，殴打他人。殴打对象上的随意性反映了行为人殴打他人就是为了取乐、发泄或者谁妨碍了他要威风就殴打谁，寻衅打人的对象具有不特定性。殴打手段、方式的随意性是指殴打他人具有突发性，选择的殴打手段、器物、打击部位和力量因时因事因人随心所欲，但一般情况下，行为人不具有伤害他人至何种程度的明确故意。故意伤害罪在于行为人一般则有直接明确的伤害故意和目的，伤害他人的起因、对象一般都具有特定性。但司法实践中还是经常会出现行为人在寻衅滋事的过程中，因随意殴打他人结果致人轻伤甚至重伤或者死亡的严重情形。对此，应择一重罪论处。理由是：从刑法对这两种犯罪的法定刑配置角度来看，寻衅滋事罪的法定刑为五年以下有期徒刑、拘役或者管制；故意伤害罪的法定刑则因伤害结果的不同而不同，如致人轻伤，处三年以下有期徒刑、拘役或管制；致人重伤，处三年以上十年以下有期徒刑；致人死亡或者以特别残忍手段致人重伤造成严重残疾的，处十年以上有期徒刑、无期徒刑或者死刑。通过刑罚的这一配置可以看出，对寻衅滋事“随意殴打他人”致人轻伤的刑罚，已经涵盖在寻衅滋事的法定刑之中，仅以寻衅滋事罪论处，不会轻纵被告人，无二罪并罚的必要。如因寻衅滋事“随意殴打他人”致人重伤或死亡的，由于寻衅滋事罪本身不包含致人重伤或死亡的结果，或者说已超出寻衅滋事罪的涵盖范围，对此，一般应直接以故意伤害罪一罪论处，既无并罚的必要，也无并罚的理论依据。因为，根据罪数的犯罪构成个数标准说，因寻衅滋事“随意殴打他人”致人重伤或死亡的，与故意伤害致人重伤或死亡的，在伤害的性质和后果上并无区别，无构成数罪的基础。如定两罪，势必是对“随意殴打他人”一行为作两次评价，即既将其评价为寻衅滋事，又将其评价为故意伤害，有违刑法禁止对同一行为重复评价的原则。

二人以上共同寻衅滋事随意殴打他人致人重伤或死亡的，是对所有的共同殴打人均定故意伤害罪或故意杀人罪，还是仅对直接造成重伤、死亡的一人或数人定故意伤害罪或故意杀人罪，而对其他参与殴打的人仍定寻衅滋事罪？我们认为，数行为人在寻衅滋事的共同故意支配下共同实施了随意殴打他人的行为，因此致人重伤或死亡的，在能够查明确系其中一人或几人的行为直接造成被害人重伤或死亡的情况下，对这些人应当以故意伤害罪或故意杀人罪来论处，是没有任何疑问的。但对其他参与共同殴打的人，是否一律以故意伤害罪或故意杀人罪来论处，则不宜一概而论。理由在于：对各共同参与随意殴打他人的人而言，参与共同殴打行为本身，仅表明他们具有明确的共同寻衅滋事的故意，尚不能充分肯定他们就一定具有共同伤害的故意。对此的判断，必须依据具体案情具体考察、分析。关键是要看各行为人之间在共同殴打过程中所形成的临时共同故意中是否包含伤害的内容以及他们各自的行为与被害人的重伤、死亡是否具有相当的因果关系。如果这两方面条件都满足，就应当以故意伤害罪或故意杀人罪的共犯论处，反之，就只应以寻衅滋事罪论处。由此而产生的定罪各异和适用的法定刑幅度差距也是正常的，因为没有特定的共同故意内容，就不可能形成该故意内容的共同犯罪。

4. 对使用轻微暴力手段帮他人抢回赌资的行为人，应当如何定罪处罚？[①]

抢劫罪的社会危害性、对被害人人身的危险性以及侦破的难度，都远远高于寻衅滋事罪。一般情况下，抢劫罪的行为绝大多数发生在偏僻街巷、人烟稀少的地方，且行为人常常具有隐蔽的特性，因而往往有意识地躲避世人。寻衅滋事罪的强拿硬要行为则常常发生在公共场所，多数是临时起意，结伙进行，一般不隐瞒自己身份，其最终或者说最主要的目的在于寻求一种精神刺激，炫耀自己的威能。其次，寻衅滋事罪客观上不以严重侵犯他人人身权利的方法强拿硬要财物，表现在具体方式上如使用的暴力或胁迫手段，一般是轻微的拳打脚踢等不易造成严重后果的方式；暴力行为往往也会有所节制；在造成的危害后果上，一般不超出轻微伤的范围。如果暴力手段使用了刀具、枪支等易造成严重后果的工具，胁迫手段是以对被害人身体健康、生命安全等重大利益进行威胁，则通常应认定超过强拿硬要限度。行为人基于要回赌资的目的，前去被告人家时没有携带任何凶器，仅实施轻微的拳打脚踢行为及一般的追赶、拉扯行为，被害人所受损伤亦为轻微伤。可见，行为人实施的暴力、胁迫行为有节制，且强度一般，尚未超出寻衅滋事罪中“随意殴打他人”“强拿硬要”的范畴。行为人在大庭广众之下，使用轻微暴力对被害人公开强索他人所输赌资，已经扰乱到公共秩序，符合寻衅滋事罪的客观方面。

---

① 案例来源：《刑事审判参考》第1248号指导案例，黄某喜等寻衅滋事案。

抢劫罪的目的是非法占有他人财物，侵犯人身权利只是实现其犯罪目的的一种手段。一般而言，行为人总会竭尽所能地劫取财物。而在强拿硬要型的寻衅滋事犯罪中，行为人一般出于通过破坏公共秩序来寻求个人精神上的满足，非法占有他人财物的目的处于从属地位。虽然行为人也会强取他人财物，但是其主观目的并不是占有他人财物，占有财物是其耍威风、占便宜、开心取乐的一种手段，有时索到财物多少甚至有没有对行为人不甚重要，行为人追求的主要是在强拿硬要过程中精神上的刺激，因此，有的行为人甚至将钱退回一部分或者明知被害人身上有更多的钱而不为所动等。如果行为人的目的主要是教训被害人，拿回其输掉的赌资，并没有进一步非法占有被害人财物的故意，则亦不能构成抢劫罪。

（四）疑难、复杂问题的参考性解答

1. 罪与非罪的认定

行为人寻衅滋事只有具备了《刑法》第二百九十三条列举的四种寻衅滋事行为之一的，才可构成本罪。实施这四种行为以外的其他寻衅滋事行为，不能按本罪处理。而且即使是实施了四种法定的行为，也必须是分别达到“情节恶劣”“情节严重”“造成公共场所秩序严重混乱”的程度，才能构成犯罪。对于未达到上述规定程度的一般寻衅滋事行为，不能以犯罪论处。

一些公民因民事纠纷或个人恩怨在公共场所殴打、辱骂他人，在路上拦截、追逐他人，或为索要债务而强行拿走、毁坏、占有他人财物等行为，虽然在行为方式上与寻衅滋事犯罪相似，但都是事出有因，没有无事生非、寻衅滋事的动机，一般不能作为本罪处理。如果行为人殴打他人致伤，损毁他人财物数额较大，公然辱骂他人情节严重的，则可以分别按伤害罪、故意毁坏财物罪或者侮辱罪定罪处罚。

2. 如何区分本罪与聚众扰乱社会秩序罪、聚众扰乱公共场所秩序、交通秩序罪？

犯寻衅滋事罪有时也会造成交通堵塞、公共场所混乱，甚至会造成国家机关、企业、事业单位、人民团体停工、停产，学校停课等后果，在形式上与聚众扰乱社会秩序罪、聚众扰乱公共场所秩序、交通秩序罪基本相同。它们之间的主要区别在于：本罪的行为人多是无事生非，肆意挑起事端，具有耍个人威风，寻求精神刺激的动机；而扰乱社会秩序罪、聚众扰乱公共场所

秩序、交通秩序罪，行为人往往是要达到某种个人目的，用聚众闹事的方式要挟政府，施加压力，没有寻衅滋事的动机。

3. 如何区分本罪与强迫交易罪？

两者的客观方面都可能表现为强买强卖等行为，但侵犯的客体不同：前者主要侵犯的是社会管理秩序，后者侵犯的是正常的市场交易秩序；行为人主观目的不同：前者是为了寻欢取乐，无事生非，后者是为了牟取非法的经济利益；主体特征不同：强迫交易罪主体包括自然人和单位，而寻衅滋事罪主体只限于自然人。

4. 如何区分寻衅滋事罪与抢劫罪？

一般来讲，抢劫罪与寻衅滋事罪不难区分，但是，在伴随轻微暴力强索财物的场合，要准确界定这两个罪名则存在一定的难度。寻衅滋事罪虽然是妨害社会管理秩序犯罪，但有时行为人主观上也具有非法占有他人财物的故意，客观上也实施了强拿硬要他人财物的非法占有行为，侵犯了他人的人身权利和财产权利，与抢劫罪的构成特征有些近似。但是，仔细分析其主客观方面的表现，还是能够找出一定差异的。《两抢意见》第九条中对此作了明确阐述：寻衅滋事罪行为人主观上还具有逞强好胜和通过强拿硬要来填补其精神空虚等目的，客观上一般不以严重侵犯他人人身权利的方法强拿硬要财物；抢劫罪行为人一般只具有非法占有他人财物的目的，以暴力、胁迫等方式作为劫取他人财物的手段。因此，行为人出于教训、报复他人的目的，使用轻微暴力强拿硬要财物的行为扰乱了正常的社会秩序，其暴力强度并未超出寻衅滋事罪所涵括的程度，符合寻衅滋事罪的构成要件，以寻衅滋事罪定罪评价更为客观和准确。

《刑法》第五条规定："刑法的轻重，应当与犯罪分子所犯罪行和承担的刑事责任相适应。"这就是我国《刑法》中的罪刑相适应原则，其基本含义就是刑罚的轻重应与犯罪的轻重相适应。作为一项刑法基本原则，该原则不但对立法中刑罚的设定、司法中刑罚的具体裁量起着关键的作用，而且在区分不同的犯罪中也具有非常重要的意义。抢劫罪在我国《刑法》中属于重罪，其起刑点就是三年有期徒刑，最高刑是死刑；相对而言，寻衅滋事罪是一种轻罪，只能判处五年以下有期徒刑、拘役或者管制。寻衅滋事罪与抢劫罪的法定刑规定之所以如此轻重悬殊，其中一个非常重要的原因就在于抢劫犯罪的社会危害性、对被害人人身的危险性以及侦破的难度，都远远高于寻衅滋事罪。寻衅滋事罪的行为人在随意殴打、强拿硬要或任意毁损公私财物时，一般不隐瞒自己身份，通常还多发生在熟人之间，其最终或者说最主要的目的在于寻求一种精神刺激，炫耀自己的威能，故此类案件对被害人造成的伤害比较轻微，司法机关查处起来也较容易。但抢劫罪的行为人则往往对被害人隐瞒身份，通常选择陌生人作为作案对象，给被害人造成的人身伤害也往往较为严重，侦破查处起来也更加困难。因此，正确区分抢劫罪和寻衅滋事罪，不仅要考量其犯罪构成的迥异，在行为性质不甚明确时，还要依据罪刑相适应原则，凭借社会一般观念，权衡一下行为人应受处罚的轻重和处刑后可能会产生的社会效果，以期最终准确认定行为人的行为性质和罪名。在抢劫罪与寻衅滋事罪量刑存在巨大差异的情况下，出于保护未成年人的目的，根据《未成年人犯罪解释》第八条的规定，已满十六周岁不满十八周岁的人出于以大欺小、以强凌弱或者寻求精神刺激，随意殴打其他未成年人、多次对其他未成年人强拿硬要或者任意毁损公私财物，扰乱学校及其他公共场所秩序，只有达到“情节严重”的程度，才以寻衅滋事罪定罪处罚。司法实践中，对于未成年人使用或威胁使用轻微暴力强抢少量财物的行为，一般不以抢劫罪定罪处罚。

（五）量刑指导或参考

依照《刑法》第二百九十三条规定，犯寻衅滋事罪的，处五年以下有期徒刑、拘役或者管制。纠集他人多次实施寻衅滋事行为，严重破坏社会秩序的，处五年以上十年以下有期徒刑，可以并处罚金。该条第二款规定的加重处罚情节，即“纠集他人多次实施前款行为，严重破坏社会秩序”，主要是为了打击以结伙或者集团形式犯寻衅滋事罪的首要分子。“纠集”是指有目的地将他人联合、召集在一起；“多次”，一般是指三次以上；“严重破坏社会秩序”，是指造成公共场所秩序的混乱和所在地区的治安秩序紧张，影响到人民群众的正常生活和工作秩序。

《量刑指导意见（试行）》对寻衅滋事罪的量刑作了如下规定：

1. 构成寻衅滋事罪的，根据下列情形在相应的幅度内确定量刑起点：

（1）寻衅滋事一次的，在三年以下有期徒刑、拘役幅度内确定量刑起点。

（2）纠集他人三次寻衅滋事（每次都构成犯罪），严重破坏社会秩序的，在五年至七年有期徒刑幅度内确定量刑起点。

2. 在量刑起点的基础上，根据寻衅滋事次数、伤害后果、强拿硬要他人财物或任意损毁、占用公私财物数额等其他影响犯罪构成的犯罪事实增加刑罚量，确定基准刑。

3. 构成寻衅滋事罪，判处五年以上十年以下有期徒刑，并处罚金的，根据寻衅滋事的次数、危害后果、对社会秩序的破坏程度等犯罪情节，综合考虑被告人缴纳罚金的能力，决定罚金数额。

4. 构成寻衅滋事罪的，综合考虑寻衅滋事的具体行为、危害后果、对社会秩序的破坏程度等犯罪事实、量刑情节，以及被告人的主观恶性、人身危险性、认罪悔罪表现等因素，决定缓刑的适用。

《最高人民法院新增十个罪名的量刑指导意见（试行）》对寻衅滋事罪的量刑作了如下补充规定：

1. 构成寻衅滋事犯罪的，可在六个月至一年六个月有期徒刑幅度内确定量刑起点。

2. 在确定量刑起点的基础上，可根据寻衅滋事次数、犯罪情节的严重程度增加刑罚量确定基准刑。有下列情形之一的，可增加相应的刑罚量：

（1）每增加一人轻微伤，可增加二个月至三个月刑期；

（2）每增加一人轻伤，可增加三个月至六个月刑期；

（3）每增加寻衅滋事一次，增加六个月至九个月刑期。

3. 有下列情节之一的，可增加基准刑的10%—30%：

（1）在预防、控制突发传染病疫情等灾害期间寻衅滋事的；

（2）持械进行寻衅滋事的；

（3）带有黑社会性质或地方恶势力性质的。

根据《妨害预防、控制突发传染病疫情解释》，在预防、控制突发传染病疫情等灾害期间，强拿硬要或者任意损毁、占用公私财物情节严重，或者在公共场所起哄闹事，造成公共场所秩序严重混乱的，依照《刑法》第二百九十三条的规定，以寻衅滋事罪定罪，从重处罚。

二十九、催收非法债务罪

（一）刑法规定

第二百九十三条之一　有下列情形之一，催收高利放贷等产生的非法债务，情节严重的，处三年以下有期徒刑、拘役或者管制，并处或者单处罚金：

（一）使用暴力、胁迫方法的；

（二）限制他人人身自由或者侵入他人住宅的；

（三）恐吓、跟踪、骚扰他人的。

（二）疑难、复杂问题的参考性解答

1.《刑法修正案（十一）》实施后，对催收非法债务如何定罪处罚？

在《刑法修正案（十一）》实施前，根据最高人民法院、最高人民检察院、公安部、司法部《关于办理实施“软暴力”的刑事案件若干问题的意见》第五条第一款（采用“软暴力”手段，使他人产生心理恐惧或者形成心理强制，分别属于《刑法》第二百二十六条规定的“威胁”、《刑法》第二百九十三条第一款第（二）项规定的“恐吓”，同时符合其他犯罪构成要件的，应当分别以强迫交易罪、寻衅滋事罪定罪处罚）规定，非法讨债行为属于寻衅滋事的性质。但是，自2021年3月1日《刑法修正案（十一）》实施后，对此类非法讨债的行为不再以寻衅滋事罪定罪处罚，而应当以新增加的催收非法债务罪定罪处罚。

2. 如何正确认定催收非法债务罪的客观要件？

构成催收非法债务罪的客观要件是，行为人通过非法的手段催收非法债务。对此，应当明确以下几点：

（1）催收非法债务的手段必须是法定的三种形式，即使用暴力、胁迫方法的；限制他人人身自由或者侵入他人住宅的；恐吓、跟踪、骚扰他人的。

（2）行为人所催收的债务必须是非法债务，即不受法律保护的债务。《刑法》仅列明了高利贷等产生的非法债务。但这里的“等”，明显属于“等外等”，而不是“等内等”。例如，赌博产生的赌债，就属于非法债务。行为人催收合法的债务，如正常的民间借款，即使行为人采取前述非法手段，也不能以非法讨债罪定罪，构成其他犯罪的如故意伤害罪、非法侵入住宅罪，则以相应的犯罪定罪处罚。在《刑法修正案（十一）》实施前，对于催收合法债务的，亦不能以寻衅滋事罪定罪处罚。根据最高人民法院、最高人民检察院《寻衅滋事解释》第一条第三款规定：“行为人因婚恋、家庭、邻里、债务等纠纷，实施殴打、辱骂、恐吓他人或者损毁、占用他人财物等行为的，一般不认定为‘寻衅滋事’。”

（3）催收非法债务构成犯罪必须以情节严重为前提，而不是所有的非法讨债行为均以犯罪定罪处罚。实践中，下列情形下，可以认定为非法讨债情节严重：多次非法讨债的；暴力讨债造成被讨债人轻微伤的；非法讨债造成恶劣社会影响的；非法讨债严重影响被讨债人正常生产经营和生活的；等等。

三十、组织、领导、参加黑社会性质组织罪

（一）刑法规定

第二百九十四条第一款　组织、领导黑社会性质的组织的，处七年以上有期徒刑，并处没收财产；积极参加的，处三年以上七年以下有期徒刑，可以并处罚金或者没收财产；其他参加的，处三年以下有期徒刑、拘役、管制或者剥夺政治权利，可以并处罚金。

第五款　黑社会性质的组织应当同时具备以下特征：

（一）形成较稳定的犯罪组织，人数较多，有明确的组织者、领导者，骨干成员基本固定；

（二）有组织地通过违法犯罪活动或者其他手段获取经济利益，具有一定的经济实力，以支持该组织的活动；

（三）以暴力、威胁或者其他手段，有组织地多次进行违法犯罪活动，为非作恶，欺压、残害群众；

（四）通过实施违法犯罪活动，或者利用国家工作人员的包庇或者纵容，称霸一方，在一定区域或者行业内，形成非法控制或者重大影响，严重破坏经济、社会生活秩序。

（二）司法解释、司法文件及其权威解读

1. **全国人民代表大会常务委员会关于《中华人民共和国刑法》第二百九十四条第一款的解释**（2002 年 4 月 28 日第九届全国人民代表大会常务委员会第二十七次会议通过）

全国人民代表大会常务委员会讨论了刑法第二百九十四条第一款规定的“黑社会性质的组织”的含义问题，解释如下：

刑法第二百九十四条第一款规定的“黑社会性质的组织”应当同时具备以下特征：

（一）形成较稳定的犯罪组织，人数较多，有明确的组织者、领导者，骨干成员基本固定；

（二）有组织地通过违法犯罪活动或者其他手段获取经济利益，具有一定的经济实力，以支持该组织的活动；

（三）以暴力、威胁或者其他手段，有组织地多次进行违法犯罪活动，为非作恶，欺压、残害群众；

（四）通过实施违法犯罪活动，或者利用国家工作人员的包庇或者纵容，称霸一方，在一定区域或者行业内，形成非法控制或者重大影响，严重破坏经济、社会生活秩序。

现予公告。

权威解读

1. 解读《关于〈中华人民共和国刑法〉第二百九十四条第一款的解释》

2002年4月28日第九届全国人大常委会第二十七次会议通过的《关于〈中华人民共和国刑法〉第二百九十四条第一款的解释》，是在《刑法》实施以来，第一次在有关的法律问题已有司法解释的情况下，由于司法机关对法律规定认识不一致，而由全国人大常委会另行作出的立法解释。它对于明确法律规定的立法本意，进一步规范刑法解释，具有重要意义。现就该立法解释的相关背景及理解与适用中应注意的几个问题说明如下：

一、立法解释的背景

《刑法》第二百九十四条规定："组织、领导和积极参加以暴力、威胁或者其他手段，有组织地进行违法犯罪活动，称霸一方，为非作恶，欺压、残害群众，严重破坏经济、社会生活秩序的黑社会性质的组织的，处三年以上十年以下有期徒刑；其他参加的，处三年以下有期徒刑、拘役、管制或者剥夺政治权利。境外的黑社会组织的人员到中华人民共和国境内发展组织成员的，处三年以上十年以下有期徒刑。犯前两款罪又有其他犯罪行为的，依照数罪并罚的规定处罚。国家机关工作人员包庇黑社会性质的组织，或者纵容黑社会性质的组织进行违法犯罪活动的，处三年以下有期徒刑、拘役或者剥夺政治权利；情节严重的，处三年以上十年以下有期徒刑。"

2000年12月，最高人民法院发布了《黑社会性质组织解释》，其中规定：黑社会性质的组织一般应具备以下四个特征：（1）组织结构比较紧密，人数较多，有比较明确的组织者、领导者，骨干成员基本固定，有较为严格的组织纪律；（2）通过违法犯罪活动或者其他手段获取经济利益，具有一定的经济实力；（3）通过贿赂、威胁等手段，引诱、逼迫国家工作人员参加黑社会性质组织活动，或者为其提供非法保护；（4）在一定区域或者行业范围内，以暴力、威胁、滋扰等手段，大肆进行敲诈勒索、欺行霸市、聚众斗殴、寻衅滋事、故意伤害等违法犯罪活动，严重破坏经济、社会生活秩序。

最高人民检察院于2001年11月向全国人大常委会递交报告，认为最高法院的上述解释是在《刑法》第二百九十四条规定之外又附加了对认定黑社会性质的组织的条件。这四个特征中的第三个特征（即要有非法保护）的规定，突破了《刑法》第二百九十四条关于黑社会性质的组织规定的内容，致使一批“严打”整治斗争中正在办理的黑社会性质组织犯罪案件，不能依法追究，导致打击不力。同时认为，《黑社会性质组织解释》规定的四个特征，应当理解为一般情况下要同时具备，但在特殊情况下不一定同时具备。为了解决司法实践中存在的对法律理解不一致的问题，最高人民检察院向全国人大常委会提出了对《刑法》第二百九十四条第一款规定中“黑社会性质的组织”的含义作立法解释的要求。

最高人民法院认为，《黑社会性质组织解释》所规定的黑社会性质的组织的四个特征，是根据我国《刑法》第二百九十四条的规定，针对我国黑社会性质组织的发展态势和严厉打击黑社会性质组织犯罪的实际需要作出的，揭示了黑社会性质组织的本质特征。规定上述四个特征，主要是出于以下几方面考虑：（1）不违背《刑法》第二百九十四条的立法原意。《刑法》第二百九十四条只规定了黑社会性质组织犯罪的概念，没有规定其明确的特征。根据刑法规定的黑社会性质组织的犯罪概念可以派生出上述四个特征，即组织结构、经济实力、非法保护、行为方式。这四个特征缺一不可。尤其是“非法保护”特征必不可少。否则，黑社会性质的组织难以形成。（2）黑社会性质的组织的特征是区分刑法规定的其他共同犯罪、集团犯罪的标准。黑社会性质组织犯罪、一般共同犯罪、集团犯罪是三种不同的犯罪形态。黑社会性质的组织除具备一般共同犯罪、集团犯罪的组织特征外，还有其自身的特点，主要是经济实力和“非法保护”，如果没有这些特征，就很难与一般的共同犯罪和犯罪集团区别开来，会导致对这三种犯罪形态的定性发生混乱。（3）考虑到适用《刑法》的社会效果和法律效果的有机统一。从我国目前的情况看，有组织地实施违法犯罪活动、公然对抗社会的黑社会性质的组织虽然存在，但毕竟是少数。如果对黑社会性质组织犯罪不加以严格限制，会给外界造成“中国黑社会性质组织满天飞”的印象，会造成对黑社会性质的组织认定混乱，打击面过宽，处理不好，甚至从某种程度上影响我国的改革开放。(4) 对黑社会性质组织的认定作出上述规定，明确界限，不存在打击不力的问题。作出这样的限制有利于突出打击重点，集中打击这类犯罪活动。同时，对其他不具有上述特征的共同犯罪和集团犯罪可依照《刑法》关于共同犯罪的规定从重惩处，直至判处死刑。在司法实践中，对许多案件都是这样处理的。

鉴于司法机关对法律规定的“黑社会性质的组织”的含义认识不一致。根据《立法法》第四十四条的规定，全国人大常委会法制工作委员会专门听取了最高人民检察院的意见，又与中央政法委员会、最高人民法院、最高人民检察院、公安部及法律专家多次进行研究，拟定了《全国人民代表大会常务委员会关于〈中华人民共和国刑法〉第二百九十四条第一款的解释》，经委员长会议讨论同意列入第九届全国人大常委会第二十七次会议议程，经委员们审议讨论后通过。

二、《刑法》第二百九十四条所规定的“黑会性质的组织”不同于流氓恶势力

在起草立法解释的过程中，有的人认为，《刑法》第二百九十四条是以流氓行为作为参照而设计的，其目的是在流氓罪分解以后有力地打击流氓恶势力。因此，所谓“黑社会性质的组织”实际上就是指流氓恶势力。这种说法没有很好地了解立法原意。

1997 年修订《刑法》时确立了罪刑法定原则。与此同时，将 1979 年《刑法》中公、检、法机关在司法实践中普遍反映比较笼统、原则的规定进一步具体化，以避免司法中的随意性。比较典型的例子就是将《刑法》中所谓的“口袋罪”（投机倒把罪、流氓罪和渎职罪）尽量具体化。关于流氓罪的分解，正如王汉斌副委员长在《关于〈中华人民共和国刑法（修订草案)〉的说明》中所指出的：1979 年《刑法》关于流氓罪的规定比较笼统，实际执行中定为流氓罪的随意性较大。这次修订，将流氓罪分解为四条具体规定：一是侮辱、猥亵妇女的犯罪，二是聚众进行淫乱活动的犯罪，三是聚众斗殴的犯罪，四是寻衅滋事的犯罪，由此不难看出，立法机关不可能在分解流氓罪以减少执法中的随意性的同时，又给流氓行为设定一个处刑更重的口袋罪。1997 年修订《刑法》时，立法机关已经充分注意到了境外黑社会组织对我国的渗透及在我国出现的带有黑社会性质的组织对社会造成的严重危害。王汉

斌副委员长在《关于〈中华人民共和国刑法（修订草案)〉的说明》中指出："在我国，明显的、典型的黑社会犯罪还没有出现，但带有黑社会性质的犯罪集团已经出现，横行乡里、称霸一方，为非作恶，欺压、残害群众的有组织犯罪时有出现。另外也发现有境外黑社会组织成员入境进行违法活动的，可能会对社会造成严重危害。对于黑社会性质的犯罪，必须坚决打击，一定要消灭在萌芽状态，防止蔓延。只要组织、参加黑社会性质的犯罪组织，不管是否有其他具体的犯罪行为都要判刑。"这就是《刑法》在规定了犯罪团伙、犯罪集团之外，又规定黑社会性质的组织的本意所在。我国《刑法》分则条文中，对于只要参加一个组织，不论有无其他具体犯罪行为都要定罪判刑的条文并不多。除了《刑法》第一百一十条参加间谍组织、第一百二十条参加恐怖活动组织之外，就是第二百九十四条参加黑社会性质的组织了。我国《刑法》对仅参加杀人、抢劫、强奸犯罪集团的人，如果没有实施具体犯罪行为，尚且没有规定一定要定罪判刑，怎么可能对只要参加流氓集团的就如同参加间谍组织、恐怖组织一样打击呢?

《刑法》第二百九十四条规定的"黑社会性质的组织"的立法本意不是指流氓恶势力，而是指呈现黑社会组织雏形，初步具备黑社会组织基本特征，带有黑社会性质的特殊犯罪集团。

三、对"黑社会性质的组织"界定出刑法条文没有提及的特征并不违背立法原意

在研究起草立法解释过程中，有的人认为，根据《刑法》第二百九十四条的规定，黑社会性质的组织在行为上有"以暴力、威胁或者其他手段，有组织地进行违法犯罪活动，称霸一方，为非作恶，欺压、残害群众，严重破坏经济、社会生活秩序"的特点，并未提及其他特征。因此，对"黑社会性质的组织"在上述行为特征之外再附加任何其他特征都违背了立法原意。这种观点有失偏颇。

"黑社会性质的组织"既不是指专门实施杀人、抢劫、强奸犯罪行为的犯罪集团，也不是指流氓恶势力团伙，它是指具有严密组织结构，与政府对抗的一股社会黑恶势力，是犯罪集团发展的一种高级形态。《刑法》修订时，对作为犯罪集团高级形态的"黑社会性质的组织"有哪些不同于一般犯罪集团的特征不太有把握，所以未作具体规定。立法机关、司法机关总结司法实践经验，对"黑社会性质的组织"的特征作出明确界定，尽管有些特征在法律

条文上没有提及，只要符合立法原意，不仅是必要的，也是合适的。如1997年修订《刑法》时，考虑到邪教组织对社会的严重危害性，《刑法》第三百条对利用邪教组织进行犯罪活动作了规定。但由于那时对邪教组织的认识还不深刻，因此，《刑法》虽规定了“邪教组织”，但对“邪教组织”的特征并未提及。“法轮功”的出现，使我们对邪教组织的特征及本质有了深刻的认识。1999年10月最高人民法院、最高人民检察院联合颁布了《关于办理组织和利用邪教组织犯罪案件具体应用法律若干问题的解释》，将“邪教组织”界定为“冒用宗教、气功或者其他名义建立，神化首要分子，利用制造、散布迷信邪说等手段蛊惑、蒙骗他人，发展、控制成员，危害社会的非法组织”，其中很多特征法律条文中也并未提及，但符合立法原意，对司法机关适用刑法打击利用邪教组织的犯罪活动起了很好的指导作用，也是合适的。

四、立法解释所界定的“黑社会性质的组织”四个特征的具体理解

在起草过程中，一些部门和法律专家认为，黑社会性质的组织是从一般犯罪集团到黑社会组织的过渡形式，已经具备黑社会组织的基本特征，只是在组织的完备程度、规模和危害上不及黑社会组织。为了正确适用法律，应当搞清楚黑社会性质的组织与一般犯罪集团的区别。犯罪集团一般具有人数较多，有明显的首要分子，重要成员固定或者基本固定，经常纠集在一起进行一种或数种严重刑事犯罪活动等特征。黑社会性质的组织不仅具备以上组织结构、行为方式的特征，通常还应具有一定的经济实力，有国家工作人员为其提供非法保护，称霸一方，在一定的区域范围或行业内形成控制和影响等特征。其中，应将国家工作人员参与犯罪活动或者提供非法保护作为划分黑社会性质的组织和一般犯罪集团的主要界限。如果没有这一界限，可能会导致认定黑社会性质的组织很多，不符合我国社会稳定的实际情况，还可能会造成打黑斗争中一旦发现黑社会性质的组织，只满足于打击浮在面上的犯罪分子，不再深挖幕后的国家工作人员，不利于铲除支持黑社会性质的组织的基础和“官匪勾结”的腐败现象。有些部门反对将保护伞特征作为认定黑社会性质组织的必备特征。

在研究了各方面意见后，立法解释对黑社会性质组织的特征作了如下规定：

（一）形成较稳定的犯罪组织，人数较多，有明确的组织者、领导者，骨干成员基本固定这是对黑社会性质组织的组织结构特征的概括，即具有稳定

性、严密性和人数多的特征。稳定性表现在其不是一个松散的临时纠合体，而是一个较长时期在一定地域有组织地从事犯罪活动的稳定的组织；严密性表现在该组织有明确的组织者、领导者，骨干成员基本固定；“组织者、领导者”通常是指组织、领导、策划、指挥黑社会性质组织的犯罪活动的人，其本身通常不直接参与实施具体的犯罪活动。“骨干成员”通常是指从组织者、领导者那里领受任务又指挥和积极参与实施具体的犯罪活动的人。关于人数，在起草过程中，部门和专家一致认为，黑社会性质的组织在人数上应有一定的规模，与犯罪集团在人数上有明显的差别，几个人很难达到法律规定的“称霸一方”的结果。从查办的案件看，大多数案件都在十几人、几十人，有的甚至多达上百人。因此，有的建议，在立法解释中应当明确黑社会性质的组织人数应当在十人以上；也有的认为应规定为几十人以上。考虑到黑社会性质的组织情况比较复杂，难以规定一个具体的数字。因此，曾经考虑在草案中规定“人数众多”以表达人数多的意思。但在征求意见过程中，有的提出，中国人对于“众”的传统理解是三人为众，如果规定“人数众多”，在实际执行中有可能认为三人以上即为人数众多，不如表述为“人数较多”，草案采纳了这个意见。

应当指出的是，尽管黑社会性质的组织具有稳定性、严密性和人数多的特征，但认定该特征并不需要必须具有明确的组织名称、纲领、章程、文字规约等。

（二）有组织地通过违法犯罪活动或者其他手段获取经济利益，具有一定的经济实力，以支持该组织的活动

这是指黑社会性质的组织的经济实力特征。多数部门和法律专家们认为，是否具有一定的经济实力是区别犯罪集团与黑社会性质的组织的主要特征之一。黑社会性质的组织如果没有一定的经济实力就无法生存，要称霸一方也难以做到。“一定的经济实力”表现为具有一定的、通过有组织的犯罪活动或者其他手段获取的经济利益。它有可能是通过违法犯罪活动，如强行收取保护费、敲诈勒索、抢劫、抢夺、贩毒取得，也有可能通过一些正常的经营活动获取。在起草过程中，有的建议应当明确“具有一定的经济实力”的标志是看其是否开办有经济实体。考虑到黑社会性质的组织获取经济利益的手段具有多样性，草案没有规定黑社会性质的组织必须开办有经济实体。

实践中应当注意的是，认定该特征并不要求黑社会性质的组织的全部经

费都要来自有组织地通过违法犯罪活动或者其他手段获取的经济利益，也不要求经济实力需达到某一固定的数额标准，不论黑社会性质的组织是通过违法犯罪活动还是通过正常经营活动获取经济利益，不论其经济实力是较为雄厚还是较为薄弱，只要将其获得的经济利益用以支持该组织的活动，就可认定该特征。

（三）以暴力、威胁或者其他手段，有组织地多次进行违法犯罪活动，为非作恶，欺压、残害群众

违法犯罪活动具有暴力性和多样性，这是黑社会性质的组织的行为特征。黑社会性质的组织的本质是对某一地区或者行业进行非法控制，公然与公权力对抗。因此，它首先具有暴力性特征，即以暴力或者暴力威胁为后盾，虽然并不一定每次都使用。黑社会性质的组织“有组织地多次进行违法犯罪活动，为非作恶，欺压、残害群众”可能采取多种犯罪方式，如敲诈勒索、强买强卖、寻衅滋事、故意伤害、故意杀人等。犯罪的暴力性和多样性特征表明黑社会性质的组织在犯罪规模、能量、手段、社会影响上都要比犯罪集团更为严重、恶劣，应当严厉打击。因此，《刑法》第二百九十四条规定，参加黑社会性质的组织又有其他犯罪行为的，依照数罪并罚的规定处罚。

（四）通过实施违法犯罪活动，或利用国家工作人员的包庇或者纵容，称霸一方，在一定区域或者行业内，形成非法控制或者重大影响，严重破坏经济、社会生活秩序

这是黑社会性质的组织的“非法控制”特征。笔者认为，这是区分黑社会性质的组织与犯罪集团的最主要特征。实践中有的犯罪集团人数也较多，进行过多次犯罪，犯罪手段也十分恶劣，有的也具有一定的经济实力，有的甚至还受到了国家工作人员的非法保护。但它与黑社会性质的组织的本质差别就在于犯罪集团还没有对一定的区域或者行业形成非法控制，犯罪集团在进行犯罪活动的时候大多还是采取秘密、半地下的方式，怕被发现受到打击。而黑社会性质的组织则不然，它是一股与国家公权力相抗衡的社会黑恶势力，它称霸一方，达到了在一定区域或者行业进行非法控制的程度，在其控制的势力范围内为非作恶，欺压、残害群众大多肆无忌惮，无所顾忌，通常采取公开、半公开的方式。立法解释中所说“一定区域”，是指一定的地域范围；所谓一定的“行业”，是指一定的职业领域，如运输、建筑、商品批发、餐饮、娱乐业等。“形成非法控制”是指将其处于非法操纵、左右、支配之下。

"重大影响"是指具有相当程度的左右、决定的作用。

黑社会性质的组织的形成通常有两种途径：一是靠"双拳"起家，打出一片势力范围，即立法解释中所说的"通过实施违法犯罪活动"。我国实行的是中国共产党领导下的人民民主专政制度，在一般情况下，犯罪分子要在一定区域或者行业内，形成非法控制，如果没有国家工作人员的包庇或者纵容，即没有通常所说的国家工作人员的非法保护，是难以实现的。但也不排除有的地方基层政权组织软弱涣散，对违法犯罪活动不敢管。在这些地方，虽然没有国家工作人员的包庇或者纵容，但通过有组织地多次实施犯罪活动，黑社会性质的组织仍有可能在一定区域或者行业内形成称霸一方、非法控制的局面。二是"利用国家工作人员的包庇或者纵容"，即受到国家工作人员的非法保护。这已被所查办的大多数黑社会性质组织犯罪案件所证实。国家工作人员的非法保护是黑社会性质的组织在一地形成气候，势力坐大的重要原因。强调此点有利于在摧毁黑社会性质的组织的同时，深挖其背后的保护伞，除恶务尽。"包庇"，是指国家工作人员为使黑社会性质组织及其成员逃避查禁，而通风报信，隐匿、毁灭、伪造证据，阻止他人作证、检举揭发，指使他人作伪证，帮助逃匿，或者阻挠其他国家工作人员依法查禁等行为。"纵容"，是指国家工作人员不依法履行职责，放纵黑社会性质组织进行违法犯罪活动的行为。

应当指出的是，立法解释所说"利用国家工作人员的包庇或者纵容，称霸一方，在一定区域或者行业内，形成非法控制或者重大影响，严重破坏经济、社会生活秩序"，并不意味着黑社会性质的组织有了国家工作人员的非法保护就不再实施其他违法犯罪活动了，而只是强调与靠"双拳"起家的方式相比，国家工作人员的包庇和纵容对黑社会性质的组织称霸一方，在一定区域或者行业内形成非法控制起了十分重要的作用。

还应当强调一点，对于黑社会性质的组织的上述四个特征，立法解释强调"必须同时具备"，而不是在一般情况下可同时具备，特殊情况下不一定同时具备。应当全面、准确地把握四个特征。不能把只要是使用了暴力或者以暴力相威胁，作案次数多，人数多，犯多种罪的，就都定为黑社会性质的组织。

五、对黑社会性质的组织的特征作出明确、严格界定不会影响对犯罪团伙、犯罪集团的打击

有些同志担心，对人数多、多次犯罪、犯多种罪的犯罪团伙或者犯罪集

团，如果不定黑社会性质的组织，打击不力。这种观点是片面的。

《刑法》第二百九十四条第一款所要解决的只是组织、领导、参加黑社会性质组织罪的定罪处罚问题，其法定最高刑为十年有期徒刑。真正要判处十年以上有期徒刑、无期徒刑或者死刑，还需根据其实施的其他具体犯罪。在司法实践中，对于不构成黑社会性质组织的犯罪团伙、犯罪集团，仍应根据他们所实施的具体犯罪，予以打击。根据《刑法》的规定，对主犯应当按照其所参与或者组织、指挥的全部犯罪处罚；对组织、领导犯罪集团的首要分子，应按照集团所犯的全部罪行处罚。因此，对于一般的犯罪团伙、犯罪集团，不定黑社会性质的组织并不会影响对其打击。在实践中，如果认为对专门从事某一类犯罪活动的犯罪团伙、犯罪集团的每一具体犯罪行为都判不了重刑，数罪并罚也不解气，想通过定黑社会性质的组织来判处重刑的话，不仅背离了《刑法》规定的罪刑法定、罪刑相适应原则，从长远看，也不会收到好的社会效果，对法治会产生负面效应。

（撰稿：黄太云）

2. 关于对《刑法》第二百九十四条第一款和第三百八十四条第一款的立法解释的理解与适用（节录）

2002年4月28日，第九届全国人大常委会第二十七次会议审议通过了《全国人民代表大会常务委员会关于〈中华人民共和国刑法〉第二百九十四条第一款的解释》和《全国人民代表大会常务委员会关于〈中华人民共和国刑法〉第三百八十四条第一款的解释》，这两个立法解释的通过，对于正确、严格适用《刑法》，惩治组织、领导、参加黑社会性质组织罪和挪用公款罪，具有重要的意义。

为了惩治组织、领导、参加黑社会性质组织罪和挪用公款罪，最高人民法院2000年12月4日颁布了《关于审理黑社会性质组织犯罪的案件具体应用法律若干问题的解释》，对黑社会性质的组织的犯罪特征作了规定；并于2001年9月18日颁布了《关于如何认定挪用公款归个人使用有关问题的解释》，对挪用公款属于归个人使用的情形作了界定。在执行中，有的司法机关对最高人民法院上述两个司法解释中的一些规定提出了不同意见。为了正确适用法律，准确打击黑社会性质组织犯罪和挪用公款罪，根据《立法法》关于法律的规定需要进一步明确具体含义的，由全国人民代表大会常务委员会解释的规定，在广泛听取司法机关各部门和法律专家意见的基础上，全国人大常委会对《刑法》第二百九十四条第一款规定的“黑社会性质组织”的特征和《刑法》第三百八十四条第一款规定的国家工作人员利用职务上的便利，挪用公款“归个人使用”的含义作了立法解释。

一、关于《刑法》第二百九十四条第一款的解释

《刑法》第百九十四条第一款规定：“组织、领导和积极参加以暴力、威胁或者其他手段，有组织地进行违法犯罪活动，称霸一方，为非作恶，欺压、残害群众，严重破坏经济、社会生活秩序的黑社会性质的组织的，处三年以上十年以下有期徒刑；其他参加的，处三年以下有期徒刑、拘役、管制或者剥夺政治权利。”

组织、领导、参加黑社会性质的组织罪是一种严重的犯罪，其严重性一方面在于这种犯罪的社会危害严重，具有恶劣的社会影响，严重影响人们生产、生活的正常进行，另一方面在于刑法对这一犯罪所规定刑罚的严厉性和严格性。该罪的最高刑为十年，但根据《刑法》第二百九十四条规定，只要参加该组织即构成犯罪，不需要具有其他犯罪行为。因此，必须正确、严格掌握黑社会性质组织的界限。经过研究和讨论，司法机关一致认为应当从立法上明确黑社会性质的组织的特征，以利于执法机关更好地把握和准确打击黑社会性质的组织犯罪。

《全国人民代表大会常务委员会关于〈中华人民共和国刑法〉第二百九十四条第一款的解释》规定：“刑法第二百九十四条第一款的‘黑社会性质的组织’应当同时具备以下特征：（一）形成较稳定的犯罪组织，人数较多，有明确的组织者、领导者，骨干成员基本固定；（二）有组织地通过违法犯罪活动或者其他手段获取经济利益，具有一定的经济实力，以支持该组织的活动；（三）以暴力、威胁或者其他手段，有组织地多次进行违法犯罪活动，为非作恶，欺压、残害群众；（四）通过实施违法犯罪活动，或者利用国家工作人员的包庇或者纵容，称霸一方，在一定区域或者行业内，形成非法控制或者重大影响，严重破坏经济、社会生活秩序。”

根据上述规定，黑社会性质的组织应当同时具备以下四个特征：

1. 形成较稳定的犯罪组织，人数较多，有明确的组织者、领导者，骨干成员基本固定。这是黑社会性质组织的组织形式特征。这一组织形式特征主要体现在四个方面：第一，“形成较稳定的犯罪组织”是指在组织形态上，黑社会性质组织的组织结构较为严密，具有稳定性，而不是为了实现某一犯罪

临时纠集的组织或团伙；第二，“人数较多”是指组织成员的数量达到一定的规模，这种规模是与黑社会性质组织的其他特征和组织活动相适应的，如果人数较少，只有三五人不可能实现对于一定区域、一定行业的控制和重大影响，不能认定为黑社会性质组织；第三，“有明确的组织者、领导者”是指犯罪组织内部存在着明确的领导与被领导的关系，有类似黑社会组织的“老大”“大哥”等组织、指挥黑社会性质组织的首要分子；第四，“骨干成员基本固定”是指黑社会性质的组织是以骨干成员为核心、基础组成的，虽然一般成员有一些变化，但作为组织核心的骨干成员是基本不变的，骨干成员的基本固定从另一个侧面来描述了黑社会性质组织的稳定性。

2. 有组织地通过违法犯罪活动或者通过其他手段获取经济利益，具有一定的经济实力，以支持该组织的活动。这是黑社会性质组织的经济实力特征。这也是黑社会性质组织区别于其他一般犯罪集团的一个明显特征。“有组织地通过违法犯罪活动或者通过其他手段获取经济利益”是指有组织地通过走私、贩毒、绑架、抢劫、诈骗、敲诈勒索、赌博等违法犯罪活动，或者通过开办公司、企业，进行贸易、金融等正常的经济活动，获取经济利益。“具有一定的经济实力”包括有一定经济实体或者有一定的资金等。“以支持该组织的活动”是指该组织通过非法或者表面合法方式筹集资金，用来为该组织的生存、发展和活动提供物质保障。

3. 以暴力、威胁或者其他手段，有组织地多次进行违法犯罪活动，为非作恶，欺压、残害群众。这是黑社会性质组织的犯罪行为特征。“暴力、威胁或者其他手段”是对黑社会性质组织通常采用的犯罪手段的描述，根据实践情况，黑社会性质组织的犯罪多以暴力或者暴力威胁为主要手段或者以暴力手段为后盾，同时也使用其他欺骗、金钱收买等较为缓和的手段，但是当某种利益以较为缓和的手段不能取得时，他们往往会毫不犹豫地诉诸暴力。“有组织地多次进行违法犯罪活动，为非作恶，欺压、残害群众”具体、明确地规定了黑社会性质组织实施犯罪行为的特点：一是有组织地进行犯罪，是在黑社会性质组织领导者的策划下有组织、有分工地实行犯罪行为；二是多次进行犯罪，反复实施某种犯罪行为或者多种犯罪行为。

4. 通过实施违法犯罪活动，或者利用国家工作人员的包庇或者纵容，称霸一方，在一定区域或者一定行业内，形成非法控制或者重大影响，严重破坏经济、社会生活秩序。这是黑社会性质组织非法对抗社会的特征，是黑社会性质的组织最本质的特征。在一般情况下，黑社会性质的组织要在一定区域或者行业内，形成非法控制或重大影响，如果没有国家工作人员的包庇或者纵容是难以实现的，这种国家工作人员的包庇或纵容也就是我们一般所说的“保护伞”，但也不排除黑社会性质的组织具有较大的与主流社会的抗衡力，通过有组织地实施多次犯罪活动形成较大势力，使当地政府部门不敢管、无法管，从而形成自我保护的情况。对于具有国家工作人员包庇、纵容黑社会性质的组织活动的，一定要深挖其保护伞，才能做到除恶务尽。这里的“包庇”是指行为人实施的一切庇护黑社会性质组织的行为，即包括利用职权或影响掩饰黑社会性质的组织的性质，帮助其隐匿、毁灭违法犯罪证据或者作假证明的行为，还包括为他们提供隐藏处所、财物、向他们通风报信、替他们说情等一切妨害有关部门查办、打击黑社会性质组织的行为。“纵容”是指行为人对黑社会性质的组织的违法犯罪活动不依法制止，放纵、宽容他们实施违法犯罪活动的行为。“在一定区域或者行业内形成非法控制或者重大影响”，是对该特征本质的具体表述，是指黑社会性质的组织在一定的地区范围内或者在特定的行业内形成一种非法的控制或者施以重大的影响，使正常的社会管理和行业管理不能得以施行，公然对抗主流社会，严重破坏了正常的经济、社会生活秩序。这是黑社会性质组织与其他犯罪集团和团伙性犯罪最根本的区别。

在执行中应当注意，只有同时具备上述四个特征的，才能认定为黑社会性质的组织，要防止在认定黑社会性质的组织上的扩大化；同时，对于虽不具备黑社会性质的特征的犯罪集团和团伙性犯罪，必须依照《刑法》的有关规定予以严厉打击，对主犯应当按照其所参与的或者组织、指挥的全部犯罪处罚；对首要分子，按照集团所犯的全部罪行处罚，防止对于犯罪的打击不力。

（撰稿：王尚新、王宁）

2. 最高人民法院关于审理黑社会性质组织犯罪的案件具体应用法律若干问题的解释（法释〔2000〕42 号，自 2000 年 12 月 10 日起施行）

为依法惩治黑社会性质组织的犯罪活动，根据刑法有关规定，现就审理黑社会性质组织的犯罪案件具体应用法律的若干问题解释如下：

第一条　刑法第二百九十四条规定的“黑社会性质的组织”，一般应具备以下特征：

（一）组织结构比较紧密，人数较多，有比较明确的组织者、领导者，骨干成员基本固定，有较为严格的组织纪律；

（二）通过违法犯罪活动或者其他手段获取经济利益，具有一定的经济实力；

（三）通过贿赂、威胁等手段，引诱、逼迫国家工作人员参加黑社会性质组织活动，或者为其提供非法保护；

（四）在一定区域或者行业范围内，以暴力、威胁、滋扰等手段，大肆进行敲诈勒索、欺行霸市、聚众斗殴、寻衅滋事、故意伤害等违法犯罪活动，严重破坏经济、社会生活秩序。

第二条 刑法第二百九十四条第二款规定的“发展组织成员”，是指将境内、外人员吸收为该黑社会组织成员的行为。对黑社会组织成员进行内部调整等行为，可视为“发展组织成员”。

港、澳、台黑社会组织到内地发展组织成员的，适用刑法第二百九十四条第二款的规定定罪处罚。

第三条 组织、领导、参加黑社会性质的组织又有其他犯罪行为的，根据刑法第二百九十四条第三款的规定，依照数罪并罚的规定处罚；对于黑社会性质组织的组织者、领导者，应当按照其所组织、领导的黑社会性质组织所犯的全部罪行处罚；对于黑社会性质组织的参加者，应当按照其所参与的犯罪处罚。

对于参加黑社会性质的组织，没有实施其他违法犯罪活动的，或者受蒙蔽、胁迫参加黑社会性质的组织，情节轻微的，可以不作为犯罪处理。

第四条 国家机关工作人员组织、领导、参加黑社会性质组织的，从重处罚。

第五条 刑法第二百九十四条第四款规定的“包庇”，是指国家机关工作人员为使黑社会性质组织及其成员逃避查禁，而通风报信，隐匿、毁灭、伪造证据，阻止他人作证、检举揭发，指使他人作伪证，帮助逃匿，或者阻挠其他国家机关工作人员依法查禁等行为。

刑法第二百九十四条第四款规定的“纵容”，是指国家机关工作人员不依法履行职责，放纵黑社会性质组织进行违法犯罪活动的行为。

第六条 国家机关工作人员包庇、纵容黑社会性质的组织，有下列情形之一的，属于刑法第二百九十四条第四款规定的“情节严重”：

（一）包庇、纵容黑社会性质组织跨境实施违法犯罪活动的；

（二）包庇、纵容境外黑社会组织在境内实施违法犯罪活动的；

（三）多次实施包庇、纵容行为的；

（四）致使某一区域或者行业的经济、社会生活秩序遭受黑社会性质组织特别严重破坏的；

（五）致使黑社会性质组织的组织者、领导者逃匿，或者致使对黑社会性质组织的查禁工作严重受阻的；

（六）具有其他严重情节的。

第七条　对黑社会性质组织和组织、领导、参加黑社会性质组织的犯罪分子聚敛的财物及其收益，以及用于犯罪的工具等，应当依法追缴、没收。

权威解读

解读《最高人民法院关于审理黑社会性质组织犯罪的案件具体应用法律若干问题的解释》

当前，黑社会性质组织犯罪日益突出，发案数量逐渐增多，严重危害人民群众的生命、财产安全，破坏社会治安和经济秩序的稳定。2000 年 12 月 10 日，最高人民法院颁行《关于审理黑社会性质组织犯罪的案件具体应用法律若干问题的解释》（以下简称《黑社会性质组织解释》），适应司法实践的需要，为认定和处理黑社会性质组织犯罪提供统一、明确、具体的标准。

一、关于黑社会性质组织的特征

所谓“黑社会性质的组织”，根据《刑法》第二百九十四条的规定，是指以暴力、威胁或者其他手段，有组织地进行违法犯罪活动，称霸一方，为非作恶，欺压、残害群众，严重破坏经济、社会生活秩序的组织。黑社会性质组织实施的犯罪活动不同于一般的共同犯罪，也不同于一般的犯罪集团，而有其自身的特征。结合实际情况，从便于司法机关准确认定黑社会性质组织出发，《黑社会性质组织解释》第一条从以下四个方面规定了黑社会性质组织的一般特征：

1. 在组织结构上，黑社会性质组织的组织结构比较紧密，人数较多，有比较明确的组织者、领导者，骨干成员基本固定，有较为严格的组织纪律；关于“人数较多”的标准，从司法实践看，一般掌握在十人左右为宜；

2. 在经济上，黑社会性质组织大都通过违法犯罪活动或者其他非法手段获取经济利益，聚敛不义之财，因此具有一定的甚至相当的经济实力；

3. 在社会背景方面，黑社会性质组织经常通过贿赂、威胁等手段向国家机关渗透，收买、引诱、逼迫国家工作人员参加黑社会性质组织活动，或者为其提供非法保护，或者直接向国家机关安插成员；

4. 在行为方式方面，黑社会性质组织往往在一定区域诸如某一村、乡、县等，或者在一定行业诸如建筑业、运输业、手工业等范围内，以暴力、威胁、滋扰等手段，大肆进行敲诈勒索、欺行霸市、聚众斗殴、寻衅滋事、故意伤害等违法犯罪活动，称霸一方，欺压、残害群众，严重破坏经济、社会生活秩序。

应当注意的是，《刑法》中的“黑社会性质组织”和“黑社会组织”是两个不同的概念。境内的称为“黑社会性质的组织”，境外的称为“黑社会组织”。“境外”的范围既包括国外，也包括我国的港、澳、台地区。因此，《黑社会性质组织解释》第二条第二款规定：“港、澳、台黑社会组织到内地发展组织成员的，适用刑法第二百九十四条第二款的规定定罪处罚。”

二、关于入境发展黑社会组织罪

《黑社会性质组织解释》第二条对《刑法》第二百九十四条第二款规定的“发展组织成员”的含义进行了明确，即“将境内、外人员吸收为该黑社会组织成员的行为。对黑社会组织成员进行内部调整等行为，可视为‘发展组织成员’”。所谓“内部调整”，包括对黑社会组织成员职位的升迁、调换、降低，以及选举、开除等调整行为。至于境外的黑社会组织到境内举行一般性的集会、会议以及祭祀、祈祷等仪式，则不应当理解为“发展组织成员”。该种行为构成其他犯罪的，可以按照其他犯罪来处理。

三、关于黑社会性质组织成员实施犯罪行为的处罚问题

组织、领导、参加黑社会性质组织罪是行为犯，只要有组织、领导或者参加黑社会性质组织的行为，就构成犯罪。对于既有组织、领导、参加黑社会性质组织的犯罪行为，又实施了其他犯罪行为的，就应当依照数罪并罚的规定进行处罚，《刑法》第二百九十四条第三款对此已有明确规定。《黑社会性质组织解释》第三条根据黑社会性质组织成员在共同犯罪中所起的不同地位和作用，规定了相应的处罚原则：

黑社会性质组织的组织者、领导者，比一般犯罪集团的首要分子的危害更加严重，根据罪责自负的原则，应当对黑社会性质组织所犯的全部罪行承担刑事责任。但是，应当注意的是，许多黑社会性质组织有明确的层次关系，

黑社会性质组织的组织者、领导者也有不同等级之分，不同等级的组织者和领导者应当对其所组织、领导的黑社会性质组织所犯的全部罪行承担刑事责任。因此，《黑社会性质组织解释》规定，“对于黑社会性质组织的组织者、领导者，应当按照其所组织、领导的黑社会性质组织所犯的全部罪行处罚”。

按照《刑法》第二百九十四条第一款的规定，对于参加黑社会性质组织的，无论是积极参加者，还是其他参加者，都应当根据罪责自负原则，按照其所参与的犯罪处罚。但是，黑社会性质组织参加者的情况比较复杂。在实践中，许多黑社会性质组织涉及面较大，范围较广，有的甚至有数百人之巨。在这些参加者中，有的仅仅履行了参加黑社会性质组织的手续，但没有实施其他违法犯罪活动的；有的受蒙蔽、胁迫参加了黑社会性质的组织；有的参加黑社会性质组织后虽有情节轻微的不良行为或者违法活动，但危害不大。对这些情节轻微、危害不大的参加者，根据《刑法》第十三条规定的精神，可以不作为犯罪处理。因此，《黑社会性质组织解释》第三条第二款规定：“对于参加黑社会性质的组织，没有实施其他违法犯罪活动的，或者受蒙蔽、胁迫参加黑社会性质的组织，情节轻微的，可以不作为犯罪处理。”

四、关于包庇、纵容黑社会性质组织罪

从“包庇”和“纵容”的关系来看，包庇、纵容黑社会性质组织罪中的“包庇”行为，一般是指国家机关工作人员的积极行为，而“纵容”行为则是一种消极的不作为行为，即消极地不履行法定的查禁黑社会性质组织犯罪的职责。但应当注意的是，不能简单地将国家机关工作人员“包庇”黑社会性质组织的行为，理解为等同于《刑法》第三百一十条“窝藏、包庇罪”中的“作假证明包庇”，其外延应当比“作假证明包庇”要宽泛。司法实践中，对于国家机关工作人员为使黑社会性质组织及其成员逃避查禁，而通风报信，隐匿、毁灭、伪造有关证据，阻止他人作证、检举揭发，指使他人作伪证，帮助黑社会性质组织成员逃匿，或者阻挠其他国家机关工作人员依法对黑社会性质组织进行查禁等行为，都应认定为包庇行为。《黑社会性质组织解释》第五条第一款对此作了明确规定。

关于“纵容”，应当是指国家机关工作人员不依法履行职责，放纵黑社会性质组织进行违法犯罪活动的行为。一般来说，负有查禁黑社会性质组织职责的国家机关工作人员，主要是公、检、法三机关的工作人员，其不依法履行职责，才有可能纵容黑社会性质组织进行违法犯罪活动。但是，一些地方党委、政府的领导人员，工商、税务等部门的工作人员，其不依法履行职责的行为，也有可能放纵黑社会性质组织进行违法犯罪活动，因此，这里的“国家机关工作人员”，不仅是指具有查禁职能的公、检、法三机关的工作人员。

关于包庇、纵容行为的“情节严重”问题。《黑社会性质组织解释》第六条主要从所包庇、纵容的黑社会性质组织及其成员实施违法犯罪的地域范围、性质、结果以及包庇、纵容行为的次数、持续时间等方面作了具体规定。

五、关于对黑社会性质组织的财物及其收益等的处置问题

《刑法》第六十四条规定，犯罪分子违法所得的一切财物，应当予以追缴或者责令退赔；违禁品和供犯罪所用的本人及其组织的财物，应当予以没收。对于黑社会性质组织及其成员来说，通过各种手段获取经济利益是其主要目的之一，他们也正是凭借攫取的这些经济利益的支撑，才得以实施更大规模、更加严重的违法犯罪活动；从黑社会性质组织及其成员获取经济利益的手段来看，往往是非法手段和合法手段并用，以非法手段为主，而且，黑社会性质组织最初成立之时往往通过非法手段聚敛财物，在其组织规模达到一定程度之后，则多采取正当经营的形式为掩护，以获取高额非法收益或者稳定的正当收益；从预防犯罪的刑法目的来看，对黑社会性质组织及其成员通过各种手段聚敛的财物及其收益的剥夺，是防止他们死灰复燃、再次实施犯罪的必要措施之一，因此，《解释》第七条在《刑法》第六十四条规定的基础上，作了更加明确、有针对性的规定，即“对黑社会性质组织和组织、领导、参加黑社会性质组织的犯罪分子通过各种手段聚敛的财物及其收益，以及用于犯罪的工具等，应当依法追缴、没收”。

（撰稿：祝二军）

3. 最高人民法院、最高人民检察院、公安部关于办理黑社会性质组织犯罪案件座谈会纪要（法〔2009〕382号，自2009年12月9日起施行）

为正确理解和适用刑法、立法解释、司法解释关于黑社会性质组织犯罪的规定，依法及时、准确、有力地惩治黑社会性质组织犯罪，最高人民法院、最高人民检察院、公安部于2009年7月15日在北京召开了办理黑社会性质组织犯罪案件座谈会。会议总结了各级人民法院、人民检察院和公安机关办理黑社会性质组织犯罪案件所取得的经验，分析了当前依法严惩黑社会性质组织犯罪面临的严峻形势，研究了办理黑社会性质组织犯罪案件遇到的适用法

律问题，就人民法院、人民检察院和公安机关正确使用法律，严厉打击黑社会性质组织犯罪形成了具体意见。会议纪要如下：

一、与会同志一致认为，自2006年初全国开展打黑除恶专项斗争以来，各级人民法院、人民检察院和公安机关依法履行各自职责，密切配合，惩治了一批黑社会性质组织犯罪分子，遏制了黑社会性质组织犯罪高发的势头，为维护社会稳定，构建社会主义和谐社会做出了重要贡献。但是，在我国，黑社会性质组织犯罪仍处于活跃期，犯罪的破坏性不断加大，犯罪分子逃避法律制裁的行为方式不断变换，向政治领域的渗透日益明显，对人民群众的生命、财产安全，对经济、社会生活秩序和基层政权建设都构成了严重威胁。因此，严厉打击黑社会性质组织犯罪，遏制并最大限度地减少黑社会性质组织犯罪案件的发生，是当前乃至今后相当长一个时期政法机关的重要任务。为此，各级人民法院、人民检察院和公安机关必须坚持做好以下几方面工作：

首先，要切实提高对打击黑社会性质组织犯罪重要性的认识。依法严惩黑社会性质组织犯罪，不仅是保障民生、维护稳定的迫切需要，而且事关政权安危，容不得丝毫懈怠。各级人民法院、人民检察院和公安机关要充分认识这项工作的重要性、紧迫性、复杂性、艰巨性和长期性，在思想上始终与党中央的决策保持高度一致，坚决克服麻痹、松懈情绪，把依法打击黑社会性质组织犯罪，实现社会治安的持续稳定作为一项重要任务常抓不懈。

其次，要严格坚持法定标准，切实贯彻落实宽严相济的刑事政策。各级人民法院、人民检察院和公安机关要严格依照刑法、刑事诉讼法及有关法律解释的规定办理案件，确保认定的事实清楚，据以定案的证据确实、充分，黑社会性质组织的认定准确无误。既要防止将已构成黑社会性质组织犯罪的案件“降格”处理，也不能因为强调严厉打击而将不构成此类犯罪的共同犯罪案件“拔高”认定。要严格贯彻落实宽严相济的刑事政策，对黑社会性质组织的组织者、领导者及其他骨干成员要依法从严惩处；对犯罪情节较轻的其他参加人员以及初犯、偶犯、未成年犯，要依法从轻、减轻处罚，以分化、瓦解犯罪分子，减少社会对抗、促进社会和谐，取得法律效果和社会效果的统一。

第三，要充分发挥各自的职能作用，密切配合，相互支持，有效形成打击合力。各级人民法院、人民检察院和公安机关要积极总结和交流工作经验，不断统一执法思想，共同加强长效机制建设。为了及时、有效地打击黑社会性质组织犯罪，公安机关在办案中要紧紧围绕法律规定的黑社会性质组织的“四个特征”，严格按照刑事诉讼法及有关规定全面收集、固定证据，严禁刑讯逼供、滥用强制措施和超期羁押，对重要犯罪嫌疑人的审讯以及重要取证活动要全程录音、录像。人民检察院不仅要把好批捕、起诉关，还要加强对看守所监管活动的检查监督，防止串供、翻供、订立攻守同盟、搞假立功等情况的发生。人民法院要严格审查事实、证据，不断强化程序意识，全面提高审判工作质量和效率。

第四，要严惩“保护伞”，采取多种措施深入推进打黑除恶工作。黑社会性质组织之所以能在一些地方坐大成势，与个别国家工作人员的包庇、纵容有着直接关系。各级人民法院、人民检察院和公安机关要把查处“保护伞”与办理涉黑案件有机地结合起来，与反腐败工作紧密地结合起来，与纪检、监察部门做好衔接配合，加大打击力度，确保实现“除恶务尽”的目标。打击黑社会性质组织犯罪是一项复杂的系统工程，各级人民法院、人民检察院和公安机关在办理好案件的同时，还要通过积极参与社会治安综合治理、加强法制宣传、广泛发动群众等多种手段，从源头上有效防控此类犯罪。

二、会议认为，自1997年刑法增设黑社会性质组织犯罪的规定以来，全国人大常委会、最高人民法院分别作出了《关于〈中华人民共和国刑法〉第二百九十四条第一款的解释》（以下简称《立法解释》）、《关于审理黑社会性质组织犯罪的案件具体应用法律若干问题的解释》（以下简称《司法解释》），对于指导司法实践发挥了重要作用。但由于黑社会性质组织犯罪的构成要件和所涉及的法律关系较为复杂，在办案过程中对法律规定的理解还不尽相同。为了进一步统一司法标准，会议就实践中争议较大的问题进行了深入研讨，并取得了一致意见：

（一）关于黑社会性质组织的认定

黑社会性质组织必须同时具备《立法解释》中规定的“组织特征”、“经济特征”、“行为特征”和“危害性特征”。由于实践中许多黑社会性质组织并非这“四个特征”都很明显，因此，在具体认定时，应根据立法本意，认真审查、分析黑社会性质组织“四个特征”相互间的内在联系，准确评价涉案犯罪组织所造成的社会危害，确保不枉不纵。

1. 关于组织特征。黑社会性质组织不仅有明确的组织者、领导者，骨干成员基本固定，而且组织结构较为稳定，并有比较明确的层级和职责分工。

当前，一些黑社会性质组织为了增强隐蔽性，往往采取各种手段制造“人员频繁更替、组织结构松散”的假象。因此，在办案时，要特别注意审查组织者、领导者，以及对组织运行、活动起着突出作用的积极参加者等骨干成员是否基本固定、联系是否紧密，不要被其组织形式的表象所左右。

关于组织者、领导者、积极参加者和其他参加者的认定。组织者、领导者，是指黑社会性质组织的发起者、创建者，或者在组织中实际处于领导地位，对整个组织及其运行、活动起着决策、指挥、协调、管理作用的犯罪分子，既包括通过一定形式产生的有明确职务、称谓的组织者、领导者，也包括在黑社会性质组织中被公认的事实上的组织者、领导者；积极参加者，是指接受黑社会性质组织的领导和管理，多次积极参与黑社会性质组织的违法犯罪活动，或者积极参与较严重的黑社会性质组织的犯罪活动且作用突出，以及其他在组织中起重要作用的犯罪分子，如具体主管黑社会性质组织的财务、人员管理等事项的犯罪分子；其他参加者，是指除上述组织成员之外，其他接受黑社会性质组织的领导和管理的犯罪分子。根据《司法解释》第三条第二款的规定，对于参加黑社会性质的组织，没有实施其他违法犯罪活动的，或者受蒙蔽、胁迫参加黑社会性质的组织，情节轻微的，可以不作为犯罪处理。

关于黑社会性质组织成员的主观明知问题。在认定黑社会性质组织的成员时，并不要求其主观上认为自己参加的是黑社会性质组织，只要其知道或者应当知道该组织具有一定规模，且是以实施违法犯罪为主要活动的，即可认定。

对于黑社会性质组织存在时间、成员人数及组织纪律等问题的把握。黑社会性质组织一般在短时间内难以形成，而且成员人数较多，但鉴于普通犯罪集团、“恶势力”团伙向黑社会性质组织发展是一个渐进的过程，没有明显的性质转变的节点，故对黑社会性质组织存在时间、成员人数问题不宜作出“一刀切”的规定。对于那些已存在一定时间，且成员人数较多的犯罪组织，在定性时要根据其是否已具备一定的经济实力，是否已在一定区域或行业内形成非法控制或重大影响等情况综合分析判断。此外在通常情况下，黑社会性质组织为了维护自身的安全和稳定，一般会有一些约定俗成的纪律、规约，有些甚至还有明确的规定。因此，具有一定的组织纪律、活动规约，也是认定黑社会性质组织特征时的重要参考依据。

2. 关于经济特征。一定的经济实力是黑社会性质组织坐大成势，称霸一方的基础。由于不同地区的经济发展水平、不同行业的利润空间均存在很大差异，加之黑社会性质组织存在、发展的时间也各有不同，因此，在办案时不能一般性地要求黑社会性质组织所具有的经济实力必须达到特定规模或特定数额。此外，黑社会性质组织的敛财方式也具有多样性。实践中，黑社会性质组织不仅会通过实施赌博、敲诈、贩毒等违法犯罪活动攫取经济利益，而且还往往会通过开办公司、企业等方式“以商养黑”、“以黑护商”。因此，无论其财产是通过非法手段聚敛，还是通过合法的方式获取，只要将其中部分或全部用于违法犯罪活动或者维系犯罪组织的生存、发展即可。

“用于违法犯罪活动或者维系犯罪组织的生存、发展”，一般是指购买作案工具、提供作案经费，为受伤、死亡的组织成员提供医疗费、丧葬费，为组织成员及其家属提供工资、奖励、福利、生活费用，为组织寻求非法保护以及其他与实施有组织的违法犯罪活动有关的费用支出等。

3. 关于行为特征。暴力性、胁迫性和有组织性是黑社会性质组织行为方式的主要特征，但有时也会采取一些“其他手段”。

根据司法实践经验，《立法解释》中规定的“其他手段”主要包括：以暴力、威胁为基础，在利用组织势力和影响已对他人形成心理强制或威慑的情况下，进行所谓的“谈判”、“协商”、“调解”；滋扰、哄闹、聚众等其他干扰、破坏正常经济、社会生活秩序的非暴力手段。

“黑社会性质组织实施的违法犯罪活动”主要包括以下情形：由组织者、领导者直接组织、策划、指挥、参与实施的违法犯罪活动；由组织成员以组织名义实施，并得到组织者、领导者认可或者默许的违法犯罪活动；多名组织成员为逞强争霸、插手纠纷、报复他人、替人行凶、非法敛财而共同实施，并得到组织者、领导者认可或者默许的违法犯罪活动；组织成员为组织争夺势力范围、排除竞争对手、确立强势地位、谋取经济利益、维护非法权威或者按照组织的纪律、惯例、共同遵守的约定而实施的违法犯罪活动；由黑社会性质组织实施的其他违法犯罪活动。

会议认为，在办案时还应准确理解《立法解释》中关于“多次进行违法犯罪活动”的规定。黑社会性质组织实施犯罪活动过程中，往往伴随着大量的违法活动，对此均应作为黑社会性质组织的违法犯罪事实予以认定。但如果仅实施了违法活动，而没有实施犯罪活动的，则不能认定为黑社会性质组织。此外，“多次进行违法犯罪活动”只是认定黑社会性质组织的必要条件之一，最终能否认定为黑社会性质组织，还要结合危害性特征来加以判断。即使有些案件中的违法犯罪活动已符合“多次”的标准，但根据其性质和严重程度，尚不足以形成非法控制或者重大影响的，也不能认定为黑社会性质组织。

4. 关于危害性特征。称霸一方，在一定区域或者行业内，形成非法控制或者重大影响，从而严重破坏经济、社会生活秩序，是黑社会性质组织的本质特征，也是黑社会性质组织区别于一般犯罪集团的关键所在。

对于“一定区域”的理解和把握。区域的大小具有相对性，且黑社会性质组织非法控制和影响的对象并不是区域本身，而是在一定区域中生活的人，以及该区域内的经济、社会生活秩序。因此，不能简单地要求“一定区域”必须达到某一特定的空间范围，而应当根据具体案情，并结合黑社会性质组织对经济、社会生活秩序的危害程度加以综合分析判断。

对于“一定行业”的理解和把握。黑社会性质组织所控制和影响的行业，既包括合法行业，也包括黄、赌、毒等非法行业。这些行业一般涉及生产、流通、交换、消费等一个或多个市场环节。

通过实施违法犯罪活动，或者利用国家工作人员的包庇、纵容，称霸一方，并具有以下情形之一的，可认定为“在一定区域或者行业内，形成非法控制或者重大影响，严重破坏经济、社会生活秩序”：对在一定区域内生活或者在一定行业内从事生产、经营的群众形成心理强制、威慑，致使合法利益受损的群众不敢举报、控告的；对一定行业的生产、经营形成垄断，或者对涉及一定行业的准入、经营、竞争等经济活动形成重要影响的；插手民间纠纷、经济纠纷，在相关区域或者行业内造成严重影响的；干扰、破坏他人正常生产、经营、生活，并在相关区域或者行业内造成严重影响的；干扰、破坏公司、企业、事业单位及社会团体的正常生产、经营、工作秩序，在相关区域、行业内造成严重影响，或者致使其不能正常生产、经营、工作的；多次干扰、破坏国家机关、行业管理部门以及村委会、居委会等基层群众自治组织的工作秩序，或者致使上述单位、组织的职能不能正常行使的；利用组织的势力、影响，使组织成员获取政治地位，或者在党政机关、基层群众自治组织中担任一定职务的；其他形成非法控制或者重大影响，严重破坏经济、社会生活秩序的情形。

（二）关于办理黑社会性质组织犯罪案件的其他问题

1. 关于包庇、纵容黑社会性质组织罪主观要件的认定。本罪主观方面要求必须是出于故意，过失不能构成本罪。会议认为，只要行为人知道或者应当知道是从事违法犯罪活动的组织，仍对该组织及其成员予以包庇，或者纵容其实施违法犯罪活动，即可认定本罪。至于行为人是否明知该组织系黑社会性质组织，不影响本罪的成立。

2. 关于黑社会性质组织成员的刑事责任。对黑社会性质组织的组织者、领导者，应根据法律规定和本纪要中关于“黑社会性质组织实施的违法犯罪活动”的规定，按照该组织所犯的全部罪行承担刑事责任。组织者、领导者对于具体犯罪所承担的刑事责任，应当根据其在该起犯罪中的具体地位、作用来确定。对黑社会性质组织中的积极参加者和其他参加者，应按照其所参与的犯罪，根据其在具体犯罪中的地位和作用，依照罪责刑相适应的原则，确定应承担的刑事责任。

3. 关于涉黑犯罪财物及其收益的认定和处置。在办案时，要依法运用查封、扣押、冻结、追缴、没收等手段，彻底摧毁黑社会性质组织的经济基础，防止其死灰复燃。对于涉黑犯罪财物及其收益以及犯罪工具，均应按照刑法第六十四条和《司法解释》第七条的规定予以追缴、没收。黑社会性质组织及其成员通过犯罪活动聚敛的财物及其收益，是指在黑社会性质组织的形成、发展过程中，该组织及组织成员通过违法犯罪活动或其他不正当手段聚敛的全部财物、财产性权益及其孳息、收益。在办案工作中，应认真审查涉案财产的来源、性质，对被告人及其他单位、个人的合法财产应依法予以保护。

4. 关于认定黑社会性质组织犯罪的证据要求。办理涉黑案件同样应当坚持案件“事实清楚，证据确实、充分”的法定证明标准。但应当注意的是，“事实清楚”是指能够对定罪量刑产生影响的事实必须清楚，而不是指整个案件的所有事实和情节都要一一查证属实；“证据确实、充分”是指能够据以定罪量刑的证据确实、充分，而不是指案件中所涉全部问题的证据都要达到确实、充分的程度。对此，一定要准确理解和把握，不要纠缠那些不影响定罪量刑的枝节问题。比如，在可以认定某犯罪组织已将所获经济利益部分用于组织活动的情况下，即使此部分款项的具体数额难以全部查实，也不影响定案。

5. 关于黑社会性质组织成员的立功问题。积极参加者、其他参加者配合司法机关查办案件，有提供线索、帮助收集证据或者其他协助行为，并对侦破黑社会性质组织犯罪案件起到一定作用的，即使依法不能认定立功，一般也应酌情对其从轻处罚。组织者、领导者检举揭发与该黑社会性质组织及其违法犯罪活动有关联的其他犯罪线索，即使依法构成立功或者重大立功，在量刑时也应从严掌握。

6. 关于对“恶势力”团伙的认定和处理。“恶势力”是黑社会性质组织的雏形，有的最终发展成为了黑社会性质组织。因此，及时严惩“恶势力”团伙犯罪，是遏制黑社会性质组织滋生，防止违法犯罪活动造成更大社会危害的有效途径。

会议认为，“恶势力”是指经常纠集在一起，以暴力、威胁或其他手段，在一定区域或者行业内多次实施违法犯罪活动，为非作恶，扰乱经济、社会生活秩序，造成较为恶劣的社会影响，但尚未形成黑社会性质组织的犯罪团伙。“恶势力”一般为三人以上，纠集者、骨干成员相对固定，违法犯罪活动一般表现为敲诈勒索、强迫交易、欺行霸市、聚众斗殴、寻衅滋事、非法拘禁、故意伤害、抢劫、抢夺或者黄、赌、毒等。各级人民法院、人民检察院和公安机关在办案时应根据本纪要的精神，结合组织化程度的高低、经济实力的强弱、有无追求和实现对社会的非法控制等特征，对黑社会性质组织与“恶势力”团伙加以正确区分。同时，还要本着实事求是的态度，正确理解和把握“打早打小”方针。在准确查明“恶势力”团伙具体违法犯罪事实的基础上，构成什么罪，就按什么罪处理，并充分运用刑法总则关于共同犯罪的规定，依法惩处。对符合犯罪集团特征的，要按照犯罪集团处理，以切实加大对“恶势力”团伙依法惩处的力度。

7. 关于视听资料的收集、使用。公安机关在侦查时要特别重视对涉黑犯罪视听资料的收集。对于那些能够证明涉案犯罪组织具备黑社会性质组织的“四个特征”及其实施的具体违法犯罪活动的录音、录像资料，要及时提取、固定、移送。通过特殊侦查措施获取的视听资料，在移送审查起诉时，公安机关对证据的来源、提取经过应予说明。

8. 庭审时应注意的有关问题。为确保庭审效果，人民法院在开庭审理涉黑案件之前，应认真做好庭审预案。法庭调查时，除必须传唤共同被告人同时到庭质证外，对各被告人应当分别讯问，以防止被告人当庭串供或者不敢如实供述、作证。对于诉讼参与人、旁听人员破坏法庭秩序、干扰法庭审理的，法庭应按照刑事诉讼法及有关司法解释的规定及时作出处理。构成犯罪的，应当依法追究刑事责任。

权威解读

解读《最高人民法院、最高人民检察院、公安部关于办理黑社会性质组织犯罪案件座谈会纪要》

为依法及时、准确、有力地惩治黑社会性质组织犯罪，最高人民法院、最高人民检察院、公安部于2009年12月9日印发了《关于办理黑社会性质组织犯罪案件座谈会纪要》（以下简称《黑社会性质组织纪要》）。为了便于从事此项工作的同志正确理解《黑社会性质组织纪要》精神，现对《黑社会性质组织纪要》制定的背景、指导思想作一简要介绍，并就其中的重点内容谈谈我们的理解。

一、起草背景和指导思想

2006年以来，在打黑除恶专项斗争中破获的大量涉黑案件陆续进入起诉、审判环节。由于此类案件中的事实、证据问题和所涉及的法律关系较为复杂，各级人民法院、人民检察院和公安机关对于现有法律规定的理解和把握还不尽相同，有时甚至因此影响了办案效果，这一问题引起了最高人民法院、最高人民检察院、公安部的高度重视。2008年6月，全国打黑除恶专项斗争协调小组办公室分别在湖北省、江苏省组织召开了座谈会。来自全国20个省、区、市的法官、检察官及公安干警在会上对最高人民法院牵头制定的有关指导意见进行了研讨。2009年7月15日，最高人民法院、最高人民检察院、公安部在京召开座谈会，对各级人民法院、人民检察院和公安机关办理黑社会性质组织犯罪案件提出了具体的工作要求，并对有关法律适用问题进行了认真研讨。根据与会同志提出的意见和建议，最高人民法院在原指导意见的基础上，牵头起草了座谈会纪要，并分别征求了全国人大常委会法工委、最高人民检察院、公安部等相关单位的意见。经反复讨论修改，《黑社会性质组织纪要》于2009年12月正式印发。

《黑社会性质组织纪要》的研究、制定，始终遵循着“严格依照法律规定，集中解决重点问题，原则性与灵活性相结合，最大限度地满足司法实践需要”的指导思想。一方面，《黑社会性质组织纪要》的有关内容和精神与刑法、立法解释及司法解释的规定保持着协调统一。另一方面，《黑社会性质组织纪要》也充分考虑到了黑社会性质组织犯罪的新特点、新变化，并尽可能地增强可操作性，以满足依法惩治黑社会性质组织犯罪的现实需要。同时，由于司法实践中的适用法律问题纷繁复杂，作为一个旨在为办案提供服务的指导性文件，其内容也不可能面面俱到，只能解决那些最迫切需要解决的问题。从2006年以来的统计数据和各地反映的情况看，当前实践中争议较大的问题主要集中于黑社会性质组织的认定和组织、领导、参加黑社会性质组织罪的适用上，因此，《黑社会性质组织纪要》重点对以上有关问题进行了说明；而对《刑法》第二百九十四条中规定的入境发展黑社会组织罪和包庇、纵容黑社会性质组织罪则较少涉及或未作规定。此外，鉴于当前涉黑犯罪具有表现形式多样、隐蔽性不断增强、手法不断翻新等特点，对于黑社会性质组织的存在时间、成员人数等一些暂时无法达成共识或者不宜统一划定标准的问题，《黑社会性质组织纪要》只是作了原则性的规定。

二、黑社会性质组织“四个特征”的认定问题

（一）关于“组织特征”的认定

1. 准确理解和把握组织结构的严密性、稳定性

当前，许多黑社会性质组织为了增强自身的隐蔽性，组织头目和骨干成员大多藏于幕后，在实施违法犯罪活动时往往采用“临时雇佣，打完就散”的手法。由于核心成员不明显、外围成员不固定，因此呈现出一种组织结构松散的假象。对于此种情况，办案时要特别注意审查违法犯罪活动的起因、目的以及组织者、领导者、骨干成员是否基本固定以及他们之间的相互联系是否紧密，确保准确定性。

2. 正确认定和区分各类组织成员

根据《刑法》第二百九十四条的规定，黑社会性质组织的成员分为组织者、领导者、积极参加者和其他参加者。被告人在组织中的地位不同，其罪名和可能被判处的刑罚就会不同。由于之前缺乏明确的标准，实践中存在将被告人的组织地位“拔高”或“降格”认定的情况。为了解决这一问题，《黑社会性质组织纪要》对各类组织成员分别进行了界定。

（1）关于积极参加者、其他参加者。“接受黑社会性质组织的领导和管理”，是认定积极参加者、其他参加者时需要审查的主观意志要素。对于那些主观上并无加入意图，因被纠集、雇佣、收买、威逼或者受蒙蔽为黑社会性质组织实施违法犯罪活动或者提供帮助、支持、服务的人员，不应以参加黑社会性质组织罪定罪处罚。另外，从实践情况看，黑社会性质组织在吸纳成

员时，一般都不会举行仪式或者办理手续，这使得“参加”行为难以通过充分的证据被客观地反映出来，往往只能依据犯罪嫌疑人、被告人加入犯罪组织后所实施的具体违法犯罪活动来认定。基于以上考虑，同时也是为了贯彻落实“宽严相济”的刑事司法政策，分化瓦解犯罪分子，《黑社会性质组织纪要》要求办案时应正确适用《黑社会性质组织解释》第三条第二款的规定，即“对于参加黑社会性质的组织，没有实施其他违法犯罪活动的，或者受蒙蔽、胁迫参加黑社会性质的组织，情节轻微的，可以不作为犯罪处理”。

《黑社会性质组织纪要》从客观行为方面将积极参加者划分为三种类型：第一种是“多次积极参与黑社会性质组织违法犯罪活动的犯罪分子”。此类积极参加者不仅要求其多次积极参与实施违法犯罪活动，而且在其参与实施的违法犯罪活动中一般应起主要作用。第二种是“积极参与较严重的黑社会性质组织的犯罪活动，且作用突出的犯罪分子”。此处“较严重的黑社会性质组织的犯罪”，既包括故意杀人、故意伤害、绑架等严重暴力犯罪，也包括其他一些已造成重大财产损失或者恶劣社会影响的犯罪。第三种是“其他在黑社会性质组织中起重要作用的犯罪分子”。实践中，一些具体主管黑社会性质组织人、财、物等事项的组织成员虽然很少参与，甚至从不参与违法犯罪活动，但这些成员往往与组织头目有着某种特殊关系，相互联系密切。而且，这些成员由于直接掌控着犯罪组织的“生命线”，对于组织的维系、运行、发展实际上起着非常重要的作用，理应认定为积极参加者。需要强调的是，此类积极参加者应是对犯罪组织的人、财、物等事项具有“主要管理职权”，且对犯罪组织的维系、运行、活动确实起到重要作用的成员，不能把凡是参与前述事务的组织成员均认定为积极参加者。

（2）关于主观明知。定罪时，并不要求行为人确知其所参加的是黑社会性质组织。对于主观明知问题应重点把握以下两方面：第一，行为人知道或者应当知道其所参加的是由多人组成、具有一定层级结构的组织群体；第二，行为人知道或者应当知道其所参加的组织主要是从事违法犯罪活动，或者该组织虽有形式合法的生产、经营活动，但仍是以有组织地实施违法犯罪活动为基本行为方式，欺压、残害群众。

应当注意的是，对于那些明知是黑社会性质组织开办的公司、企业、社团，仍受雇佣到这些单位工作的人员，如果其未参与有组织的违法犯罪活动，基于防止扩大打击面的考虑，不应将其认定为是黑社会性质组织的成员。

3. 关于“组织纪律”

《黑社会性质组织解释》规定黑社会性质组织应“有较为严格的组织纪律”，《全国人大常委会关于〈中华人民共和国刑法〉第二百九十四条第一款的解释》虽然没有再作类似规定，但立法机关仍然认为黑社会性质组织应具有严密性，只是“不需要必须具有明确的组织名称、纲领、章程、活动规约等”。实践证明，如果没有通过一定的组织纪律、活动规约来加强内部管理，黑社会性质组织将难以保持其自身的稳定性、严密性，从而也难以发挥组织应有的能效。因此，《黑社会性质组织纪要》将“具有一定的组织纪律、活动规约”作为认定黑社会性质组织时的重要参考依据。当然，纪律、规约的表现形式多种多样，如宣誓、训诫、警告、处罚及组织成员公知公认的惯例、准则等，但如果确实不存在一定的纪律、规约，认定黑社会性质组织时一定要慎之又慎。

（二）关于“经济特征”的认定

攫取经济利益，具备经济实力，不仅是黑社会性质组织实施违法犯罪活动的主要目标，而且也是其非法控制社会并向黑社会组织发展过渡的物质基础。由于“经济特征”相对比较直观，故实践中对于该特征的理解和认识也相对比较统一。根据各方意见，《黑社会性质组织纪要》对黑社会性质组织的敛财方式、获利数额作了较为原则和宽松的规定，而把认定重点放在了获利之后的用途上。需要说明的是，对于立法解释中规定的“具有一定的经济实力”，要根据案件所涉及的不同地区、不同行业的经济发展水平、利润空间等因素综合考量，应达到足以支持黑社会性质组织生存、发展和实施违法犯罪活动的程度，数额标准不可放得过低。此外，《黑社会性质组织纪要》最初的讨论稿曾规定“黑社会性质组织所获的经济利益应由组织统一管理、支配”，后经征求意见，考虑到“统一管理、支配”的表现形式复杂多样，难以形成一致的理解和认识，硬性要求恐不利于打击涉黑犯罪，故该规定被删去。但办案时对此节亦不可忽略，对于那些在“黑财”的管理、支配问题上组织性特点不明显的案件，应审慎处理。

（三）关于“行为特征”的认定

1. 关于对“其他手段”的理解

当黑社会性质组织通过“打打杀杀”树立恶名后，出于自我保护、发展升级的需要，往往会竭力隐藏其暴力、血腥的本来面目，更多地使用“软暴力”手段，以此给司法机关打击处理制造障碍。为了解决这一问题，《黑社会性质组织纪要》在总结司法实践经验的基础上，列举了两类属于“其他手段”的具体情形。虽然列举不可能穷尽，但不管黑社会性质组织如何变换手法，其在实施违法犯罪活动时始终是以暴力、威胁为基础，以干扰、破坏正常经济、社会生活秩序为目的。在分析某种具体情形是否属于“其他手段”时，应紧扣以上两点。

2. 关于组织犯罪的范围

区分组织犯罪和组织成员个人犯罪，是办理涉黑案件时的一大难点。这一问题不仅对“组织特征”的认定有重要影响，而且也关系到组织者、领导者应对哪些犯罪承担刑事责任。在许多案件中，组织者、领导者被指控、被认定的罪行，往往只是那些其亲自参与的犯罪，实际上轻纵了此类犯罪分子。为此，《黑社会性质组织纪要》明确了“黑社会性质组织实施的违法犯罪活动”的几种情形。

在讨论稿中，各种情形均要求具有“为组织利益”的要件。许多同志对此提出了不同意见，认为“为组织利益”是一个主观标准，从证据上较难固定。而且，“组织利益”本身也较难界定，组织成员实施的某些违法犯罪活动，从表面上看似与组织利益无关，但实际上却是在为组织造势、立威。最终，《黑社会性质组织纪要》在表述上作了相应修改，但这并不意味着完全采纳了前述意见。办案时，还是应当从是否代表组织意志、是否使用组织名义、是否维护组织利益等方面进行认真审查，对组织犯罪的范围加以必要的限制。如果确与维护组织利益无关，则不能作为组织犯罪处理。

3. 关于对“违法犯罪活动”的理解

有观点认为，立法解释在其规定的“行为特征”中之所以没有将违法与犯罪分开表述，是因为立法机关充分考虑到了涉黑犯罪的特殊性和从严惩处的必要性，故只要有多次的违法行为即可认定为黑社会性质组织，无须再有犯罪行为。《黑社会性质组织纪要》未采纳此观点。黑社会性质组织是犯罪集团的一种特殊形态，其应当满足一般犯罪集团的全部构成条件。依据《刑法》第二十六条的规定，一般的犯罪集团尚且要以共同实施犯罪为基本条件，黑社会性质组织更要有以共同实施犯罪为要件。

4. 关于犯罪的多样性问题

刑法及有关法律解释均未规定黑社会性质组织必须实施性质不同的多种

犯罪，《黑社会性质组织纪要》对此问题也未涉及。理论界有观点认为，犯罪的多样性应是黑社会性质组织“行为特征”中的重要标志。从实践情况看，这种观点不无道理，黑社会性质组织若要实现对经济、社会生活的非法控制，一般都需要实施多种犯罪。对于那些仅触犯一两个罪名的犯罪组织，办案时应特别注意，要将黑社会性质组织与专门从事某种犯罪的犯罪集团严格区别开来。

（四）关于“非法控制特征”的认定

1. 关于对“一定行业”的理解

《黑社会性质组织纪要》规定：“黑社会性质组织所控制和影响的行业，一般涉及生产、流通、交换、消费等一个或多个市场环节。”这是因为，通过介入社会经济生活来攫取不法利益，不仅是黑社会性质组织发展壮大的必要手段，也是其反社会性的具体表现。因此，“一定行业”一般应与市场经济活动直接相关，而如抢劫、盗窃、诈骗等以纯粹的侵权方式获取财产的违法犯罪活动，不能视为本罪中的“行业”。

2. 关于对“重大影响”的理解

“非法控制特征”中的“非法控制”和“重大影响”，是指黑社会性质组织对于经济、社会生活的干预度和影响力。两者并没有本质上的区别，只是在控制程度上有所不同。因此，办案时不应将“重大影响”仅理解为具体违法犯罪活动所造成的严重后果或者在社会上造成的轰动效应。

3. 关于对“八种情形”有关问题的说明

在最初的讨论稿中，《黑社会性质组织纪要》曾列举了构成“非法控制”“重大影响”的十三种情形。如“多次为他人实施杀人、绑架、非法拘禁、伤害，或多次采取暴力方式强立债权、强索债务等”。但过于具体的规定不仅丧失了灵活性，而且难以准确涵盖和反映出“非法控制”的本意，容易产生“对号入座”的误导，故《黑社会性质组织纪要》最终只是作了较为原则的规定。在此，有以下几个问题需要注意：

(1) 注意对“非法控制”“重大影响”进行区分。第一种情形中的“致使合法利益受损的群众不敢举报、控告”，就其程度而言，应认定为“重大影响”。如果犯罪组织采用拉拢腐蚀国家工作人员，收买、威逼证人等手段，致使那些敢于举报、控告的群众也不能通过正当渠道有效地保护自己的权利，那么就应认定为“非法控制”。同理，对于《黑社会性质组织纪要》列举的其他几种情形，办案时也应根据具体案情，对其严重程度进行认真分析，从而对个案应属“非法控制”抑或“重大影响”作出准确认定。

（2）关于对“严重影响”的判断和把握。对于第三种、第四种、第五种情形中的“严重影响”，要结合违法犯罪活动的次数、性质、后果、侵害对象的个数、造成的社会影响及群众安全感是否下降等因素综合判断。

（3）关于对“政治身份”“一定职务”的理解。第七种情形中的“获取政治地位”不同于取得一般的政治身份，主要是指成为各级人大、政协的代表、委员。该情形中的“担任一定职务”，是指在有关单位、组织中担任主要领导职务或者其他具有组织、领导、监督、管理职权的职务。

4. 关于对实现途径的理解和把握

黑社会性质组织可以通过“实施违法犯罪”“寻求非法保护”这两种途径，来实现其对经济、社会生活的非法控制。由于立法解释已对黑社会性质组织的“行为特征”作出了明确的规定，故仅有非法保护而没有违法犯罪，显然不能以“黑”定案。但在实践中，一些地方在下发有关指导性意见或者规范性文件时，却将两种实现途径规定为选择性关系，从而在这个问题上造成了错误的认识，在此有必要予以澄清。

三、应正确理解和把握的其他问题

（一）关于包庇、纵容黑社会性质组织罪中的主观明知问题

确定某一犯罪组织是否属于黑社会性质组织，需要经历一个极为复杂的司法认定过程。因此，认定该罪时不要求行为人确知其包庇、纵容的对象具有“黑社会性质”，只要其知道或者应当知道是从事违法犯罪活动的组织，仍对该组织及其成员予以包庇或者纵容其实施违法犯罪活动即可。

（二）正确区分刑事责任范围和刑事责任程度

《黑社会性质组织纪要》明确了组织者、领导者的刑事责任范围。值得注意的是，对组织所犯的全部罪行承担刑事责任，并不等于在每一起犯罪中均应承担最重的责任。组织者、领导者的刑事责任，应当根据其在犯罪中的具体地位、作用来确定。如犯罪的起意、预谋、准备、实施等环节均由其他组织成员完成，组织者、领导者虽予认可或默许，但并未具体参与，则组织者、领导者的刑事责任一般应小于造意犯、实行犯，量刑时要有所区别。

（三）追缴、没收“黑财”时应注意的问题

《黑社会性质组织纪要》要求涉黑犯罪财物、收益应是“通过违法犯罪活

动或其他不正当手段聚敛”的。此问题争议较大，但如不加以限制，则有可能使公民合法的财产权利遭受侵害。实践中，涉黑犯罪分子为了隐匿、“漂白”其聚敛的资财，往往会通过合伙、入股、并购等方式，将非法所得与其他单位、个人的合法财产相互混合。因此，办案时应认真审查涉案财产的来源、性质，在打击犯罪的同时，确保合法财产权利不受侵害。

（四）正确把握涉黑案件的证明标准

办理各类刑事案件均应坚持“事实清楚，证据确实、充分”的法定证明标准，涉黑案件亦不例外。但对于证明标准的理解和把握，实践中却纷争颇多。为统一认识，《黑社会性质组织纪要》对“事实清楚”和“证据确实、充分”分别进行了解读。需要指出的是，涉黑案件在事实、证据问题上比较特殊，组织、领导、参加黑社会性质组织罪的事实是由若干具体的违法犯罪事实共同组成的，证据上也往往相互交叉、存在交集。因此，切不可对“黑罪”与“个罪”、“重罪”与“轻罪”划分主次，在证明标准上各搞一套。

（五）对不同类型组织成员的立功情节应区别对待

众所周知，黑社会性质组织犯罪案件的侦查取证难度远大于其他普通刑事案件。在一些案件中，部分组织成员在政府的感召下迷途知返，能够配合司法机关查办案件，提供线索、帮助收集证据或者实施其他协助行为，并对破案、定案起到了一定作用。为了更好地起到昭示作用，办案时应对积极参加者、其他参加者的前述行为予以积极评价，即使依法不能认定为立功，一般也应在量刑时酌情从轻，以收到分化、瓦解犯罪分子，提高破案效率之功效。另外，黑社会性质组织的组织者、领导者往往掌握着大量的犯罪线索，具有检举揭发的“便利”条件，有些人甚至早已备有后手。为了不给此类犯罪分子逃避处罚留有可乘之机，《黑社会性质组织纪要》作了“在量刑时也应从严掌握”的规定。但应当注意，“从严掌握”的前提是组织者、领导者所检举揭发的犯罪线索“与该黑社会性质组织及其违法犯罪活动有关联”。对此，主要应从以下几方面来分析：提供线索是否是利用其在组织中所处的特殊地位而取得；是否与该组织寻求非法保护、实施违法犯罪等活动有关联；是否与该组织的成员、“保护伞”及雇佣、纠集的人员有关联等。

（六）关于“恶势力”团伙犯罪的处理

“恶势力”并非法律用语。《黑社会性质组织纪要》对“恶势力”所下的定义，是以全国打黑除恶专项斗争协调小组办公室制定的《“恶势力”战果统计标准》为基础，根据实践情况总结、归纳而来的，目的是给办案单位正确区分“黑”与“恶”提供参考。实践中，“恶势力”团伙的数量远多于黑社会性质组织，社会危害面更为广泛。在目前“恶势力”并未入罪的情况下，用足用好刑法总则中关于犯罪集团的有关规定，是加大对此类犯罪打击力度的有效途径。因此，对符合犯罪集团特征的“恶势力”，团伙，办案时要按照犯罪集团依法惩处。

（七）合法、有效地收集、使用视听资料

视听资料不仅多属于直接证据，而且在证明案件事实时具有直观、稳定、准确等优点。为保证在办理涉黑案件时合法、有效地收集和使用此类证据，《黑社会性质组织纪要》对公安机关的侦查取证工作提出了明确要求。同时，各级人民法院在对证据进行质证时，也要注意对有关视听资料的来源及提取、制作经过进行重点审查，确保据以定案的证据真实、合法。

（八）依法确保开庭审理效果

根据实践中的经验，《黑社会性质组织纪要》对开庭审理涉黑案件时的有关事项也提出了要求。各级人民法院对此要予以充分重视，要严格依照法定程序进行庭审，并对可能出现的突发情况做好预判和准备；严格依法维护法庭秩序，充分彰显法律的严肃与公正。

（撰稿：高憬宏、周川）

4. 最高人民法院、最高人民检察院、公安部、司法部关于办理黑社会性质组织犯罪案件若干问题的规定（公通字〔2012〕45号，自2012年9月11日起施行）

为依法严厉打击黑社会性质组织犯罪，按照宽严相济的刑事政策和“打早打小、除恶务尽”的工作方针，根据《中华人民共和国刑法》、《中华人民共和国刑事诉讼法》和其他有关规定，现就办理黑社会性质组织犯罪案件有关问题，制定本规定。

一、管辖

第一条 公安机关侦查黑社会性质组织犯罪案件时，对黑社会性质组织及其成员在多个地方实施的犯罪，以及其他与黑社会性质组织犯罪有关的犯罪，可以依照法律和有关规定一并立案侦查。对案件管辖有争议的，由共同的上级公安机关指定管辖。

并案侦查的黑社会性质组织犯罪案件，由侦查该案的公安机关所在地同级人民检察院一并审查批准逮捕、受理移送审查起诉，由符合审判级别管辖要求的人民法院审判。

第二条 公安机关、人民检察院、人民法院根据案件情况和需要，可以依法对黑社会性质组织犯罪案件提级管辖或者指定管辖。

提级管辖或者指定管辖的黑社会性质组织犯罪案件，由侦查该案的公安机关所在地同级人民检察院审查批准逮捕、受理移送审查起诉，由同级或者符合审判级别管辖要求的人民法院审判。

第三条 人民检察院对于公安机关提请批准逮捕、移送审查起诉的黑社会性质组织犯罪案件，人民法院对于已进入审判程序的黑社会性质组织犯罪案件，被告人及其辩护人提出管辖异议，或者办案单位发现没有管辖权的，受案人民检察院、人民法院经审查，可以依法报请与有管辖权的人民检察院、人民法院共同的上级人民检察院、人民法院指定管辖，不再自行移交。对于在审查批准逮捕阶段，上级检察机关已经指定管辖的案件，审查起诉工作由同一人民检察院受理。

第四条 公安机关侦查黑社会性质组织犯罪案件过程中，发现人民检察院管辖的贪污贿赂、渎职侵权犯罪案件线索的，应当及时移送人民检察院。人民检察院对于公安机关移送的案件线索应当及时依法进行调查或者立案侦查。人民检察院与公安机关应当相互及时通报案件进展情况。

二、立案

第五条 公安机关对涉嫌黑社会性质组织犯罪的线索，应当及时进行审查。审查过程中，可以采取询问、查询、勘验、检查、鉴定、辨认、调取证据材料等必要的调查活动，但不得采取强制措施，不得查封、扣押、冻结财产。

立案前的审查阶段获取的证据材料经查证属实的，可以作为证据使用。

公安机关因侦查黑社会性质组织犯罪的需要，根据国家有关规定，经过严格的批准手续，对一些重大犯罪线索立案后可以采取技术侦查等秘密侦查措施。

第六条 公安机关经过审查，认为有黑社会性质组织犯罪事实需要追究刑事责任，且属于自己管辖的，经县级以上公安机关负责人批准，予以立案，同时报上级公安机关备案。

三、强制措施和羁押

第七条 对于组织、领导、积极参加黑社会性质组织的犯罪嫌疑人、被告人，不得取保候审；但是患有严重疾病、生活不能自理，怀孕或者是正在哺乳自己婴儿的妇女，采取取保候审不致发生社会危险性的除外。

第八条 对于黑社会性质组织犯罪案件的犯罪嫌疑人、被告人，看守所应当严格管理，防止发生串供、通风报信等行为。

对于黑社会性质组织犯罪案件的犯罪嫌疑人、被告人，可以异地羁押。

对于同一黑社会性质组织犯罪案件的犯罪嫌疑人、被告人，应当分别羁押，在看守所的室外活动应当分开进行。

对于组织、领导黑社会性质组织的犯罪嫌疑人、被告人，有条件的地方应当单独羁押。

四、证人保护

第九条 公安机关、人民检察院和人民法院应当采取必要措施，保障证人及其近亲属的安全。证人的人身和财产受到侵害时，可以视情给予一定的经济补偿。

第十条 在侦查、起诉、审判过程中，对于因作证行为可能导致本人或者近亲属的人身、财产安全受到严重危害的证人，分别经地市级以上公安机关主要负责人、人民检察院检察长、人民法院院长批准，应当对其身份采取保密措施。

第十一条 对于秘密证人，侦查人员、检察人员和审判人员在制作笔录或者文书时，应当以代号代替其真实姓名，不得记录证人住址、单位、身份证号等其他足以识别其身份的信息。证人签名以按指纹代替。

侦查人员、检察人员和审判人员记载秘密证人真实姓名和身份信息的笔录或者文书，以及证人代号与真实姓名对照表，应当单独立卷，交办案单位档案部门封存。

第十二条 法庭审理时不得公开秘密证人的真实姓名和身份信息。用于公开质证的秘密证人的声音、影像，应当进行变声、变像等技术处理。

秘密证人出庭作证，人民法院可以采取限制询问、遮蔽容貌、改变声音或者使用音频、视频传送装置等保护性措施。

经辩护律师申请，法庭可以要求公安机关、人民检察院对使用秘密证人的理由、审批程序出具说明。

第十三条　对报案人、控告人、举报人、鉴定人、被害人的保护，参照本规定第九条至第十二条的规定执行。

五、特殊情况的处理

第十四条　参加黑社会性质组织的犯罪嫌疑人、被告人，自动投案，如实供述自己的罪行，或者在被采取强制措施期间如实供述司法机关还未掌握的本人其他罪行的，应当认定为自首。

参加黑社会性质组织的犯罪嫌疑人、被告人，积极配合侦查、起诉、审判工作，检举、揭发黑社会性质组织其他成员与自己共同犯罪以外的其他罪行，经查证属实的，应当认定为有立功表现。在查明黑社会性质组织的组织结构和组织者、领导者的地位作用，追缴、没收赃款赃物，打击“保护伞”方面提供重要线索，经查证属实的，可以酌情从宽处理。

第十五条　对于有本规定第十四条所列情形之一的，公安机关应当根据犯罪嫌疑人的认罪态度以及在侦查工作中的表现，经县级以上公安机关主要负责人批准，提出从宽处理的建议并说明理由。

人民检察院应当根据已经查明的事实、证据和有关法律规定，在充分考虑全案情况和公安机关建议的基础上依法作出起诉或者不起诉决定，或者起诉后向人民法院提出依法从轻、减轻或者免除刑事处罚的建议。

人民法院应当根据已经查明的事实、证据和有关法律规定，在充分考虑全案情况、公安机关和人民检察院建议和被告人、辩护人辩护意见的基础上，依法作出判决。

对参加黑社会性质组织的犯罪嫌疑人、被告人不起诉或者免予刑事处罚的，应当予以训诫或者责令具结悔过并保证不再从事违法犯罪活动。

第十六条　对于有本规定第十四条第二款情形的犯罪嫌疑人、被告人，可以参照第九条至第十二条的规定，采取必要的保密和保护措施。

六、涉案财产的控制和处理

第十七条　根据黑社会性质组织犯罪案件的诉讼需要，公安机关、人民检察院、人民法院可以依法查询、查封、扣押、冻结与案件有关的下列财产：

（一）黑社会性质组织的财产；

（二）犯罪嫌疑人、被告人个人所有的财产；

（三）犯罪嫌疑人、被告人实际控制的财产；

（四）犯罪嫌疑人、被告人出资购买的财产；

（五）犯罪嫌疑人、被告人转移至他人的财产；

（六）其他与黑社会性质组织及其违法犯罪活动有关的财产。

对于本条第一款的财产，有证据证明与黑社会性质组织及其违法犯罪活动无关的，应当依法立即解除查封、扣押、冻结措施。

第十八条 查封、扣押、冻结财产的，应当一并扣押证明财产所有权或者相关权益的法律文件和文书。

在侦查、起诉、审判过程中，查询、查封、扣押、冻结财产需要其他部门配合或者执行的，应当分别经县级以上公安机关负责人、人民检察院检察长、人民法院院长批准，通知有关部门配合或者执行。

查封、扣押、冻结已登记的不动产、特定动产及其他财产，应当通知有关登记机关，在查封、扣押、冻结期间禁止被查封、扣押、冻结的财产流转，不得办理被查封、扣押、冻结财产权属变更、抵押等手续；必要时可以提取有关产权证照。

第十九条 对于不宜查封、扣押、冻结的经营性财产，公安机关、人民检察院、人民法院可以申请当地政府指定有关部门或者委托有关机构代管。

第二十条 对于黑社会性质组织形成、发展过程中，组织及其成员通过违法犯罪活动或者其他不正当手段聚敛的财产及其孳息、收益，以及用于违法犯罪的工具和其他财物，应当依法追缴、没收。

对于其他个人或者单位利用黑社会性质组织及其成员的违法犯罪活动获得的财产及其孳息、收益，应当依法追缴、没收。

对于明知是黑社会性质组织而予以资助、支持的，依法没收资助、支持的财产。

对于被害人的合法财产及其孳息，应当依法及时返还或者责令退赔。

第二十一条 依法应当追缴、没收的财产无法找到、被他人善意取得、价值灭失或者与其他合法财产混合且不可分割的，可以追缴、没收其他等值财产。

对黑社会性质组织及其成员聚敛的财产及其孳息、收益的数额，办案单位可以委托专门机构评估；确实无法准确计算的，可以根据有关法律规定及查明的事实、证据合理估算。

七、律师辩护代理

第二十二条 公安机关、人民检察院、人民法院应当依法保障律师在办理黑社会性质组织犯罪案件辩护代理工作中的执业权利，保证律师依法履行职责。

公安机关、人民检察院、人民法院应当加强与司法行政机关的沟通和协作，及时协调解决律师辩护代理工作中的问题；发现律师有违法违规行为的，应当及时通报司法行政机关，由司法行政机关依法处理。

第二十三条　律师接受委托参加黑社会性质组织犯罪案件辩护代理工作的，应当严格依法履行职责，依法行使执业权利，恪守律师职业道德和执业纪律。

第二十四条　司法行政机关应当建立对律师办理黑社会性质组织犯罪案件辩护代理工作的指导、监督机制，加强对敏感、重大的黑社会性质组织犯罪案件律师辩护代理工作的业务指导；指导律师事务所建立健全律师办理黑社会性质组织犯罪案件辩护代理工作的登记、报告、保密、集体讨论、档案管理等制度；及时查处律师从事黑社会性质组织犯罪案件辩护代理活动中的违法违规行为。

八、刑罚执行

第二十五条　对于组织、领导、参加黑社会性质组织的罪犯，执行机关应当采取严格的监管措施。

第二十六条　对于判处十年以上有期徒刑、无期徒刑，以及判处死刑缓期二年执行减为有期徒刑、无期徒刑的黑社会性质组织的组织者、领导者，应当跨省、自治区、直辖市异地执行刑罚。

对于被判处十年以下有期徒刑的黑社会性质组织的组织者、领导者，以及黑社会性质组织的积极参加者，可以跨省、自治区、直辖市或者在本省、自治区、直辖市内异地执行刑罚。

第二十七条　对组织、领导和积极参加黑社会性质组织的罪犯减刑的，执行机关应当依法提出减刑建议，报经省、自治区、直辖市监狱管理机关审核后，提请人民法院裁定。监狱管理机关审核时应当向同级人民检察院、公安机关通报情况。

对被判处不满十年有期徒刑的组织、领导和积极参加黑社会性质组织的罪犯假释的，依照前款规定处理。

对因犯组织、领导黑社会性质组织罪被判处十年以上有期徒刑、无期徒刑的罪犯，不得假释。

第二十八条 对于组织、领导和积极参加黑社会性质组织的罪犯，有下列情形之一，确实需要暂予监外执行的，应当依照法律规定的条件和程序严格审批：

（一）确有严重疾病而监狱不具备医治条件，必须保外就医，且适用保外就医不致危害社会的；

（二）怀孕或者正在哺乳自己婴儿的妇女；、

（三）因年老、残疾完全丧失生活自理能力，适用暂予监外执行不致危害社会的。

暂予监外执行的审批机关在作出审批决定前，应当向同级人民检察院、公安机关通报情况。

第二十九条 办理境外黑社会组织成员入境发展组织成员犯罪案件，参照本规定执行。

第三十条 本规定自印发之日起施行。

5. **全国部分法院审理黑社会性质组织犯罪案件工作座谈会纪要**（法〔2015〕291号，自2015年10月13日起施行）

为深入贯彻党的十八大和十八届三中、四中全会以及习近平总书记系列重要讲话精神，认真落实全国继续推进打黑除恶专项斗争电视电话会议和《中央政法委员会关于继续推进打黑除恶专项斗争的意见》的总体部署，进一步加强黑社会性质组织犯罪案件的审判工作，最高人民法院于2015年9月17日在广西壮族自治区北海市组织召开了全国部分法院审理黑社会性质组织犯罪案件工作座谈会。全国20个省、自治区、直辖市高级人民法院和部分中级人民法院、基层人民法院的主管副院长、刑事审判庭负责同志参加了此次会议。

会议传达、学习了中央关于不断深化打黑除恶专项斗争的有关文件、领导讲话和周强院长对会议所作的重要批示，最高人民法院副院长南英同志作了重要讲话。会议就如何加强打黑除恶审判工作进行了经验交流，并对当前审判工作中存在的新情况、新问题进行了全面、系统地归纳整理，对如何进一步明确和统一司法标准进行了深入研讨。会议认为，2009年印发的《最高人民法院、最高人民检察院、公安部办理黑社会性质组织犯罪案件座谈会纪要》（以下简称：2009年《座谈会纪要》）对于指导审判实践发挥了重要作用。由于黑社会性质组织犯罪始终处于不断发展变化之中，且刑法、刑事诉讼法的相关规定均有修改，因此，对于一些实践中反映较为突出，但2009年《座谈会纪要》未作规定或者有关规定尚需进一步细化和完善的问题，确有必要及时加以研究解决。经过与会代表的认真研究，会议就人民法院审理黑社会性质组织犯罪案件时遇到的部分政策把握及具体应用法律问题形成了共识。同时，与会代表也一致认为，本次会议所取得的成果是对2009年《座谈会纪要》的继承与发展，原有内容审判时仍应遵照执行；内容有所补充的，审判时应结合执行。纪要如下。

一、准确把握形势、任务，坚定不移地在法治轨道上深入推进打黑除恶专项斗争

（一）毫不动摇地贯彻依法严惩方针

会议认为，受国内国际多种因素影响，我国黑社会性质组织犯罪活跃、多发的基本态势在短期内不会改变。此类犯罪组织化程度较高，又与各种社会治安问题相互交织，破坏力成倍增加，严重威胁人民群众的生命、财产安全。而且，黑社会性质组织还具有极强的向经济领域、政治领域渗透的能力，严重侵蚀维系社会和谐稳定的根基。各级人民法院必须切实增强政治意识、大局意识、忧患意识和责任意识，进一步提高思想认识，充分发挥审判职能作用，继续深入推进打黑除恶专项斗争，在严格把握黑社会性质组织认定标准的基础上始终保持对于此类犯罪的严惩高压态势。对于黑社会性质组织犯罪分子要依法加大资格刑、财产刑的适用力度，有效运用刑法中关于禁止令的规定，严格把握减刑、假释适用条件，全方位、全过程地体现从严惩处的精神。

（二）认真贯彻落实宽严相济刑事政策

审理黑社会性质组织犯罪案件应当认真贯彻落实宽严相济刑事政策。要依照法律规定，根据具体的犯罪事实、情节以及人身危险性、主观恶性、认罪悔罪态度等因素充分体现刑罚的个别化。同时要防止片面强调从宽或者从严，切实做到区别对待，宽严有据，罚当其罪。对于黑社会性质组织的组织者、领导者、骨干成员及其"保护伞"，要依法从严惩处。根据所犯具体罪行的严重程度，依法应当判处重刑的要坚决判处重刑。确属罪行极其严重，依法应当判处死刑的，也必须坚决判处。对于不属于骨干成员的积极参加者以及一般参加者，确有自首、立功等法定情节的，要依法从轻、减轻或免除处罚；具有初犯、偶犯等酌定情节的，要依法酌情从宽处理。对于一般参加者，

虽然参与实施了少量的违法犯罪活动，但系未成年人或是只起次要、辅助作用的，应当依法从宽处理。符合缓刑条件的，可以适用缓刑。

（三）正确把握“打早打小”与“打准打实”的关系

“打早打小”，是指各级政法机关必须依照法律规定对有可能发展成为黑社会性质组织的犯罪集团、“恶势力”团伙及早打击，绝不能允许其坐大成势，而不应被理解为对尚处于低级形态的犯罪组织可以不加区分地一律按照黑社会性质组织处理。“打准打实”，就是要求审判时应当本着实事求是的态度，在准确查明事实的基础上，构成什么罪，就按什么罪判处刑罚。对于不符合黑社会性质组织认定标准的，应当根据案件事实依照刑法中的相关条款处理，从而把法律规定落到实处。由于黑社会性质组织的形成、发展一般都会经历一个从小到大、由“恶”到“黑”的渐进过程，因此，“打早打小”不仅是政法机关依法惩治黑恶势力犯罪的一贯方针，而且是将黑社会性质组织及时消灭于雏形或萌芽状态，防止其社会危害进一步扩大的有效手段。而“打准打实”既是刑事审判维护公平正义的必然要求，也是确保打黑除恶工作实现预期目标的基本前提。只有打得准，才能有效摧毁黑社会性质组织；只有打得实，才能最大限度地体现惩治力度。“打早打小”和“打准打实”是分别从惩治策略、审判原则的角度对打黑除恶工作提出的要求，各级人民法院对于二者关系的理解不能简单化、片面化，要严格坚持依法办案原则，准确认定黑社会性质组织，既不能“降格”，也不能“拔高”，切实防止以“打早打小”替代“打准打实”。

（四）依法加大惩处“保护伞”的力度

个别国家机关工作人员的包庇、纵容，不仅会对黑社会性质组织的滋生、蔓延起到推波助澜的作用，而且会使此类犯罪的社会危害进一步加大。各级人民法院应当充分认识“保护伞”的严重危害，将依法惩处“保护伞”作为深化打黑除恶工作的重点环节和深入开展反腐败斗争的重要内容，正确运用刑法的有关规定，有效加大对于“保护伞”的惩处力度。同时，各级人民法院还应当全面发挥职能作用，对于审判工作中发现的涉及“保护伞”的线索，应当及时转往有关部门查处，确保实现“除恶务尽”的目标。

（五）严格依照法律履行审判职能

《中华人民共和国刑法修正案（八）》的颁布实施以及刑事诉讼法的再次修正，不仅进一步完善了惩处黑恶势力犯罪的相关法律规定，同时也对办理黑社会性质组织犯罪案件提出了更为严格的要求。面对新的形势和任务，各级人民法院应当以审判为中心，进一步增强程序意识和权利保障意识，严格按照法定程序独立行使审判职权，并要坚持罪刑法定、疑罪从无、证据裁判原则，依法排除非法证据，通过充分发挥庭审功能和有效运用证据审查判断规则，切实把好事实、证据与法律适用关，以令人信服的裁判说理来实现审判工作法律效果与社会效果的有机统一。同时，还应当继续加强、完善与公安、检察等机关的配合协作，保证各项长效工作机制运行更为顺畅。

二、关于黑社会性质组织的认定

（一）认定组织特征的问题

黑社会性质组织存续时间的起点，可以根据涉案犯罪组织举行成立仪式或者进行类似活动的时间来认定。没有前述活动的，可以根据足以反映其初步形成核心利益或强势地位的重大事件发生时间进行审查判断。没有明显标志性事件的，也可以根据涉案犯罪组织为维护、扩大组织势力、实力、影响、经济基础或按照组织惯例、纪律、活动规约而首次实施有组织的犯罪活动的时间进行审查判断。存在、发展时间明显过短、犯罪活动尚不突出的，一般不应认定为黑社会性质组织。

黑社会性质组织应当具有一定规模，人数较多，组织成员一般在 10 人以上。其中，既包括已有充分证据证明但尚未归案的组织成员，也包括虽有参加黑社会性质组织的行为但因尚未达到刑事责任年龄或因其他法定情形而未被起诉，或者根据具体情节不作为犯罪处理的组织成员。

黑社会性质组织应有明确的组织者、领导者，骨干成员基本固定，并有比较明确的层级和职责分工，一般有三种类型的组织成员，即：组织者、领导者与积极参加者、一般参加者（也即“其他参加者”）。骨干成员，是指直接听命于组织者、领导者，并多次指挥或积极参与实施有组织的违法犯罪活动或者其他长时间在犯罪组织中起重要作用的犯罪分子，属于积极参加者的一部分。

对于黑社会性质组织的组织纪律、活动规约，应当结合制定、形成相关纪律、规约的目的与意图来进行审查判断。凡是为了增强实施违法犯罪活动的组织性、隐蔽性而制定或者自发形成，并用以明确组织内部人员管理、职责分工、行为规范、利益分配、行动准则等事项的成文或不成文的规定、约定，均可认定为黑社会性质组织的组织纪律、活动规约。

对于参加黑社会性质组织，没有实施其他违法犯罪活动，或者受蒙蔽、威胁参加黑社会性质组织，情节轻微的，可以不作为犯罪处理。对于参加黑社会性质组织后仅参与少量情节轻微的违法活动的，也可以不作为犯罪处理。

以下人员不属于黑社会性质组织的成员：1. 主观上没有加入社会性质组织的意愿，受雇到黑社会性质组织开办的公司、企业、社团工作，未参与或者仅参与少量黑社会性质组织的违法犯罪活动的人员；2. 因临时被纠集、雇佣或受蒙蔽为黑社会性质组织实施违法犯罪活动或者提供帮助、支持、服务的人员；3. 为维护或扩大自身利益而临时雇佣、收买、利用黑社会性质组织实施违法犯罪活动的人员。上述人员构成其他犯罪的，按照具体犯罪处理。

对于被起诉的组织成员主要为未成年人的案件，定性时应当结合“四个特征”审慎把握。

（二）认定经济特征的问题

“一定的经济实力”，是指黑社会性质组织在形成、发展过程中获取的，足以支持该组织运行、发展以及实施违法犯罪活动的经济利益。包括：1. 有组织地通过违法犯罪活动或其他不正当手段聚敛的资产；2. 有组织地通过合法的生产、经营活动获取的资产；3. 组织成员以及其他单位、个人资助黑社会性质组织的资产。通过上述方式获取的经济利益，即使是由部分组织成员个人掌控，也应计入黑社会性质组织的“经济实力”。

各高级人民法院可以根据本地区的实际情况，对黑社会性质组织所应具有的“经济实力”在20—50万元幅度内，自行划定一般掌握的最低数额标准。

是否将所获经济利益全部或部分用于违法犯罪活动或者维系犯罪组织的生存、发展，是认定经济特征的重要依据。无论获利后的分配与使用形式如何变化，只要在客观上能够起到豢养组织成员、维护组织稳定、壮大组织势力的作用即可认定。

（三）认定行为特征的问题

涉案犯罪组织仅触犯少量具体罪名的，是否应认定为黑社会性质组织要结合组织特征、经济特征和非法控制特征（危害性特征）综合判断，严格把握。

黑社会性质组织实施的违法犯罪活动包括非暴力性的违法犯罪活动，但暴力或以暴力相威胁始终是黑社会性质组织实施违法犯罪活动的基本手段，并随时可能付诸实施。因此，在黑社会性质组织所实施的违法犯罪活动中，一般应有一部分能够较明显地体现出暴力或以暴力相威胁的基本特征。否则，定性时应当特别慎重。

属于2009年《座谈会纪要》规定的五种情形之一的，一般应当认定为黑社会性质组织实施的违法犯罪活动，但确与维护和扩大组织势力、实力、影响、经济基础无任何关联，亦不是按照组织惯例、纪律、活动规约而实施，则应作为组织成员个人的违法犯罪活动处理。

组织者、领导者明知组织成员曾多次实施起因、性质类似的违法犯罪活动，但并未明确予以禁止的，如果该类行为对扩大组织影响起到一定作用，可以视为是按照组织惯例实施的违法犯罪活动。

（四）认定非法控制特征（危害性特征）的问题

黑社会性质组织所控制和影响的“一定区域”，应当具备一定空间范围，并承载一定的社会功能。既包括一定数量的自然人共同居住、生活的区域，如乡镇、街道、较大的村庄等，也包括承载一定生产、经营或社会公共服务功能的区域，如矿山、工地、市场、车站、码头等。对此，应当结合一定地域范围内的人口数量、流量、经济规模等因素综合评判。如果涉案犯罪组织的控制和影响仅存在于一座酒店、一处娱乐会所等空间范围有限的场所或者人口数量、流量、经济规模较小的其他区域，则一般不能视为是对“一定区域”的控制和影响。

黑社会性质组织所控制和影响的“一定行业”，是指在一定区域内存在的同类生产、经营活动。黑社会性质组织通过多次有组织地实施违法犯罪活动，对黄、赌、毒等非法行业形成非法控制或重大影响的，同样符合非法控制特征（危害性特征）的要求。

2009年《座谈会纪要》明确了可以认定为“在一定区域或者行业内，形成非法控制或者重大影响，严重破坏经济、社会生活秩序”的八种情形，适用时应当注意以下问题：第1种情形中的“致使合法利益受损的群众不敢举报、控告的”，是指致使多名合法利益遭受犯罪或者严重违法活动侵害的群众不敢通过正当途径维护权益；第2种情形中的“形成垄断”，是指可以操控、左右、决定与一定行业相关的准入、退出、经营、竞争等经济活动。“形成重要影响”，是指对与一定行业相关的准入、退出、经营、竞争等经济活动具有较大的干预和影响能力，或者具有在该行业内占有较大市场份额、通过违法犯罪活动或以其他不正当手段在该行业内敛财数额巨大（最低数额标准由各高院根据本地情况在20－50万元的幅度内自行划定）、给该行业内从事生产、经营活动的其他单位、组织、个人造成直接经济损失100万元以上等情节之一；第3、4、5种情形中的“造成严重影响”，是指具有致人重伤或致多人轻伤、通过违法犯罪活动或以其他不正当手段敛财数额巨大（数额标准同上）、造成直接经济损失100万元以上、多次引发群体性事件或引发大规模群体性事件等情节之一；第6种情形中的“多次干扰、破坏国家机关、行业管理部门以及村委会、居委会等基层群众自治组织的工作秩序”，包括以拉拢、收买、威胁等手段多次得到国家机关工作人员包庇或纵容，或者多次对前述单位、组织中正常履行职务的工作人员进行打击、报复的情形；第7种情形中的“获取政治地位”，是指当选各级人大代表、政协委员。“担任一定职务”，是指在各级党政机关及其职能部门、基层群众自治组织中担任具有组织、领导、监督、管理职权的职务。

根据实践经验，在黑社会性质组织犯罪案件中，2009年《座谈会纪要》规定的八种情形一般不会单独存在，往往是两种以上的情形同时并存、相互交织，从而严重破坏经济、社会生活秩序。审判时，应当充分认识这一特点，准确认定该特征。

“四个特征”中其他构成要素均已具备，仅在成员人数、经济实力规模方面未达到本纪要提出的一般性要求，但已较为接近，且在非法控制特征（危害性特征）方面同时具有2009年《座谈会纪要》相关规定中的多种情形，其中至少有一种情形已明显超出认定标准的，也可以认定为黑社会性质组织。

三、关于刑事责任和刑罚适用

（一）已退出或者新接任的组织者、领导者的刑事责任问题

对于在黑社会性质组织形成、发展过程中已经退出的组织者、领导者，或者在加入黑社会性质组织之后逐步发展成为组织者、领导者的犯罪分子，应对其本人参与及其实际担任组织者、领导者期间该组织所犯的全部罪行承担刑事责任。

（二）量刑情节的运用问题

黑社会性质组织的成员虽不具有自首情节，但到案后能够如实供述自己罪行，并具有以下情形之一的，一般应当适用《刑法》第六十七条第三款的规定予以从轻处罚：1. 如实交代大部分尚未被掌握的同种犯罪事实；2. 如实

交代尚未被掌握的较重的同种犯罪事实；3. 如实交代犯罪事实，并对收集定案证据、查明案件事实有重要作用的。

积极参加者、一般参加者配合司法机关查办案件，有提供线索、帮助收集证据或者其他协助行为，并在侦破黑社会性质组织犯罪案件、认定黑社会性质组织及其主要成员、追缴黑社会性质组织违法所得、查处“保护伞”等方面起到较大作用的，即使依法不能认定立功，一般也应酌情对其从轻处罚。

组织者、领导者、骨干成员以及“保护伞”协助抓获同案中其他重要的组织成员，或者骨干成员能够检举揭发其他犯罪案件中罪行同样严重的犯罪分子，原则上依法应予从轻或者减轻处罚。组织者、领导者检举揭发与该黑社会性质组织及其违法犯罪活动有关联的其他犯罪线索，如果在是否认定立功的问题上存在事实、证据或法律适用方面的争议，应当严格把握。依法应认定为立功或者重大立功的，在决定是否从宽处罚、如何从宽处罚时，应当根据罪责刑相一致原则从严掌握。可能导致全案量刑明显失衡的，不予从宽处罚。

审理黑社会性质组织犯罪案件，应当通过判处和执行民事赔偿以及积极开展司法救助来最大限度地弥补被害人及其亲属的损失。被害人及其亲属确有特殊困难，需要接受被认定为黑社会性质组织成员的被告人赔偿并因此表示谅解的，量刑时应当特别慎重。不仅应当查明谅解是否确属真实意思表示以及赔偿款项与黑社会性质组织违法所得有无关联，而且在决定是否从宽处罚、如何从宽处罚时，也应当从严掌握。可能导致全案量刑明显失衡的，不予从宽处罚。

（三）附加剥夺政治权利的适用问题

对于黑社会性质组织的组织者、领导者，可以适用《刑法》第五十六条第一款的规定附加剥夺政治权利。对于因犯参加黑社会性质组织罪被判处5年以上有期徒刑的积极参加者，也可以适用该规定附加剥夺政治权利。

（四）财产刑的适用问题

对于黑社会性质组织的组织者、领导者，依法应当并处没收财产。黑社会性质组织敛财数额特别巨大，但因犯罪分子转移、隐匿、毁灭证据或者拒不交代涉案财产来源、性质，导致违法所得以及其他应当追缴的财产难以准确查清和追缴的，对于组织者、领导者以及为该组织转移、隐匿资产的积极参加者可以并处没收个人全部财产。

对于确属骨干成员的积极参加者一般应当并处罚金或者没收财产。对于其他积极参加者和一般参加者，应当根据所参与实施违法犯罪活动的次数、性质、地位、作用、违法所得数额以及造成损失的数额等情节，依法决定财产刑的适用。

四、关于审判程序和证据审查

（一）分案审理问题

为便宜诉讼，提高审判效率，防止因法庭审理过于拖延而损害当事人的合法权益，对于被告人人数众多，合并审理难以保证庭审质量和庭审效率的黑社会性质组织犯罪案件，可分案进行审理。分案应当遵循有利于案件顺利审判、有利于查明案件事实、有利于公正定罪量刑的基本原则，确保有效质证、事实统一、准确定罪、均衡量刑。对于被作为组织者、领导者、积极参加者起诉的被告人，以及黑社会性质组织重大犯罪的共同作案人，分案审理影响庭审调查的，一般不宜分案审理。

（二）证明标准和证据运用问题

办理黑社会性质组织犯罪案件应当坚持“事实清楚，证据确实、充分”的法定证明标准。黑社会性质组织犯罪案件侦查取证难度大，“四个特征”往往难以通过实物证据来加以证明。审判时，应当严格依照刑事诉讼法及有关司法解释的规定对相关证据进行审查与认定。在确保被告人供述、证人证言、被害人陈述等言词证据取证合法、内容真实，且综合全案证据，已排除合理怀疑的情况下，同样可以认定案件事实。

（三）法庭举证、质证问题

审理黑社会性质组织犯罪案件时，合议庭应当按照刑事诉讼法及有关司法解释的规定有效引导控辩双方举证、质证。不得因为案件事实复杂、证据繁多，而不当限制控辩双方就证据问题进行交叉询问、相互辩论的权利。庭审时，应当根据案件事实繁简、被告人认罪态度等采取适当的举证、质证方式，突出重点；对黑社会性质组织的“四个特征”应单独举证、质证。为减少重复举证、质证，提高审判效率，庭审中可以先就认定具体违法犯罪事实的证据进行举证、质证。对认定黑社会性质组织行为特征的证据进行举证、质证时，之前已经宣读、出示过的证据，可以在归纳、概括之后简要征询控辩双方意见。对于认定组织特征、经济特征、非法控制特征（危害性特征）的证据，举证、质证时一般不宜采取前述方式。

（四）对出庭证人、鉴定人、被害人的保护问题

人民法院受理黑社会性质组织犯罪案件后，应当及时了解在侦查、审查起诉阶段有无对证人、鉴定人、被害人采取保护措施的情况，确保相关保护措施在审判阶段能够紧密衔接。开庭审理时，证人、鉴定人、被害人因出庭作证，本人或其近亲属的人身安全面临危险的，应当采取不暴露外貌、真实声音等出庭作证措施。必要时，可以进行物理隔离，以音频、视频传送的方式作证，并对声音、图像进行技术处理。有必要禁止特定人员接触证人、鉴定人、被害人及其近亲属的，以及需要对证人、鉴定人、被害人及其近亲属的人身和住宅采取专门性保护措施的，应当及时与检察机关、公安机关协调，确保保护措施及时执行到位。依法决定不公开证人、鉴定人、被害人真实姓名、住址和工作单位等个人信息的，应当在开庭前核实其身份。证人、鉴定人签署的如实作证保证书应当列入审判副卷，不得对外公开。

五、关于黑社会性质组织犯罪案件审判工作相关问题

（一）涉案财产的处置问题

审理黑社会性质组织犯罪案件时，对于依法查封、冻结、扣押的涉案财产，应当全面审查证明财产来源、性质、用途、权属及价值大小的有关证据，调查财产的权属情况以及是否属于违法所得或者依法应当追缴的其他财物。属于下列情形的，依法应当予以追缴、没收：1. 黑社会性质组织形成、发展过程中，该组织及其组织成员通过违法犯罪活动或其他不正当手段聚敛的财产及其孳息、收益，以及合法获取的财产中实际用于支持该组织存在、发展和实施违法犯罪活动的部分；2. 其他单位、个人为支持黑社会性质组织存在、发展以及实施违法犯罪活动而资助或提供的财产；3. 组织成员通过个人实施的违法犯罪活动所聚敛的财产及其孳息、收益，以及供个人犯罪所用的本人财物；4. 黑社会性质组织及其组织成员个人非法持有的违禁品；5. 依法应当追缴的其他涉案财物。

（二）发挥庭审功能问题

黑社会性质组织犯罪案件开庭前，应当按照重大案件的审判要求做好从物质保障到人员配备等各方面的庭审准备，并制定详细的庭审预案和庭审提纲。同时，还要充分发挥庭前会议了解情况、听取意见的应有作用，提前了解控辩双方的主要意见，及时解决可能影响庭审顺利进行的程序性问题。对于庭前会议中出示的证据材料，控辩双方无异议的，庭审举证、质证时可以

简化。庭审过程中，合议庭应当针对争议焦点和关键的事实、证据问题，有效引导控辩双方进行法庭调查与法庭辩论。庭审时，还应当全程录音录像，相关音视频资料应当存卷备查。

权威解读

解读《最高人民法院全国部分法院审理黑社会性质组织犯罪案件工作座谈会纪要》

为深入贯彻中央的决策部署，进一步加强黑社会性质组织犯罪案件的审判工作，最高人民法院于2015年9月17日在广西壮族自治区北海市组织召开了全国部分法院审理黑社会性质组织犯罪案件工作座谈会。经与会代表认真讨论，就若干法律适用问题取得了共识，会后形成的《最高人民法院全国部分法院审理黑社会性质组织犯罪案件工作座谈会纪要》（以下简称《法院审理黑社会性质组织纪要》）已于2015年10月13日印发，供各级人民法院在刑事审判工作中参照执行。为便于司法实践中准确理解《法院审理黑社会性质组织纪要》的有关精神，现对《法院审理黑社会性质组织纪要》制定的背景、指导思想以及其中的重点内容进行简要介绍和说明。

一、《法院审理黑社会性质组织纪要》的制定背景及过程

为统一办理黑社会性质组织犯罪案件的执法标准，2009年12月，最高人民法院与最高人民检察院、公安部联合下发了2009年《黑社会性质组织纪要》，初步解决了一批实践中争议较大的问题，对于指导审判工作发挥了重要作用。但是，随着时间的推移，新情况也在不断出现，一些2009年《黑社会性质组织纪要》未作规定或者有关规定尚需进一步细化和完善的问题，对于司法实践的困扰越发凸显。特别是《刑法修正案（八）》的颁布实施以及《刑事诉讼法》的再次修订，对于办理黑社会性质组织犯罪案件提出了更为严格的要求，如何更好地将严打方针与依法有机结合起来，成为一项迫切需要解决的问题。

2014年下半年，中央政法委下发文件并召开电视电话会议，对继续推进打黑除恶专项斗争进行部署。最高人民法院迅速制订工作方案，将研究解决黑社会性质组织犯罪案件法律适用、证明标准、审判程序等方面存在的突出问题列为工作重点。2015年年初，最高人民法院成立专题调研小组，在全面了解情况和广泛听取意见的基础上，针对实践中反映较为集中的问题提出了具体指导意见。《法院审理黑社会性质组织纪要》稿起草完成后，分别征求了

最高人民法院各相关庭室、部分高级人民法院以及全国人大法工委、最高人民检察院、公安部的意见，并邀请部分知名专家、学者进行研究论证，几经修改和完善后提交全国部分法院审理黑社会性质组织犯罪案件工作座谈会讨论。会后，调研小组根据与会代表提出的意见作了进一步修改，最终形成《法院审理黑社会性质组织纪要》。

二、制定《法院审理黑社会性质组织纪要》的指导思想及其与2009年《黑社会性质组织纪要》的适用关系

（一）指导思想

《法院审理黑社会性质组织纪要》的研究、制定，始终遵循和体现以下的指导思想：

第一，以问题为导向，什么问题突出就研究什么问题，什么问题能解决就解决什么问题。首先，从前期调研情况来看，各地法院所反映的问题几乎都与组织、领导、参加黑社会性质组织罪的法律适用、政策把握和审判程序相关，而对《刑法》第二百九十四条规定的包庇、纵容黑社会性质组织罪和入境发展黑社会组织罪则基本没有涉及。因此，《法院审理黑社会性质组织纪要》未对这两个罪名的法律适用进行解读和说明。其次，黑社会性质组织犯罪案件审判工作中遇到的问题纷繁复杂，其中一些需要在法学理论层面进行更为深入的研究、探讨，还有一些则需要通过立法来解决。因此，《法院审理黑社会性质组织纪要》只是针对实践中反映最为突出，且有可能在充分论证后达成共识的问题提供指导意见。

第二，严格依照法律和司法解释的规定。在征求意见过程中，一些学者和实务部门的同志都曾指出，我国刑事立法只关注打击高端形态的犯罪组织，而对中低端的犯罪组织的社会危害未给予足够重视，既不符合国际上通行的“有组织犯罪统一体”观念，客观上也造成了“形成期不能打，形成后打不动”的困境，“降格”或“拔高”认定问题的根源也正在于此。应该说，这些意见确实需要引起重视和认真思考。但是，罪刑法定是审判时必须遵循的基本原则，因此，《法院审理黑社会性质组织纪要》提出的指导意见必须坚守不超越法律、司法解释的底线，严格坚持依法办案原则也是贯穿《法院审理黑社会性质组织纪要》全部内容的一项基本要求。

第三，在继承2009年《黑社会性质组织纪要》有关精神的基础上，为审判实践提供尽可能清晰和便于操作的指导意见。2009年《黑社会性质组织纪

要》澄清关于黑社会性质组织犯罪中一些基本问题的认识，对于依法惩治黑社会性质组织犯罪产生了积极而深远的影响，在今后的审判工作中仍具有重要的指导作用。因此，《法院审理黑社会性质组织纪要》的制定是对既有成果的继承与发展，大部分内容是对2009年《黑社会性质组织纪要》的补充和细化。同时，考虑到实践中的情况极为复杂，《法院审理黑社会性质组织纪要》最大限度地兼顾了原则性、灵活性和可操作性的统一，更多采用"一般性要求""提示性规定"的方式，并有针对性地设置了兜底条款，为满足惩治犯罪的需要留出了余地和空间。

（二）与2009年《黑社会性质组织纪要》的适用关系

如前所述，《法院审理黑社会性质组织纪要》整体上延续了2009年《黑社会性质组织纪要》的有关精神，2009年《黑社会性质组织纪要》的大部分内容在今后的审判实践中仍具有指导意义，应当继续参照执行。两相比较，《法院审理黑社会性质组织纪要》中的新变化主要表现为以下三种情形：(1) 2009年《黑社会性质组织纪要》未作规定，《法院审理黑社会性质组织纪要》予以补充，如附加剥夺政治权利的适用、财产刑的适用等内容就属于这种情形。审判时，应当按照《法院审理黑社会性质组织纪要》的规定执行。(2) 2009年《黑社会性质组织纪要》已有规定，《法院审理黑社会性质组织纪要》予以完善、修改，如组织成员人数、经济实力数额等问题，相关内容发生了一定的变化。审判时，也应当按照《法院审理黑社会性质组织纪要》的规定执行。(3) 2009年《黑社会性质组织纪要》已有规定，《法院审理黑社会性质组织纪要》予以细化，如对非法控制特征（危害性特征）八种情形的进一步解读就是这种情形的典型代表。审判时，应当将两个纪要的有关内容相互结合，配套使用。

三、对于《法院审理黑社会性质组织纪要》重点内容的解读

（一）关于黑社会性质组织的认定

1. 认定组织特征的问题关于黑社会性质组织存续时间起点的认定

(1) 黑社会性质组织的存续时间起点应当如何确定，是司法实践一个非常重要但又长期悬而未决的问题。该问题不仅与组织特征的认定有关，而且会对组织成员、组织犯罪等一系列问题的认定产生重要影响。从逻辑上讲，只有当"四个特征"同时具备之时才是黑社会性质组织真正形成之日，但是，这在司法实践中又是无法准确判断和把握的。黑社会性质组织一般都是由犯

罪集团、“恶势力”团伙逐步演化而来，会经历一个渐进的、从量变到质变的过程。有组织地大量实施暴力性违法犯罪活动以获取强势地位，往往是黑社会性质组织发展初期的明显特征，而构建非法秩序也大多是在这个阶段完成的。当其发展到比较成熟的阶段之后，由于凭借前期积累的恶名和影响力便可维持非法控制的状态，行为方式中的暴力性特点会逐渐趋于隐蔽，违法犯罪活动的数量也会相应减少。因此，如果以同时具备“四个特征”为时间节点，将“恶”与“黑”这两个阶段截然分开，认定黑社会性质组织时就会面临空中楼阁一般的困局，无法有效地通过具体的违法犯罪事实来充分反映该犯罪组织的行为特征以及社会危害。

为解决上述问题，《法院审理黑社会性质组织纪要》作出原则性规定，将“举行成立仪式或者进行类似活动”“标志性事件”“首次实施有组织的犯罪活动”作为认定黑社会性质组织起始时间的审查判断依据。也就是说，“成立仪式”最为优先，“标志性事件”次之，在没有前两者的情况下，可以依据“首次有组织的犯罪”的时间认定。其中，“标志性事件”主要包括两种情形：一是足以反映涉案犯罪组织已初步形成较稳定获利来源的重大事件，如为涉足某一行业而成立公司、企业等经济实体等；二是足以反映涉案犯罪组织已在一定区域或行业内初步形成强势地位的重大事件，实践中比较常见的就是在逞强争霸、排除竞争对手过程中具有“一战成名”作用的违法犯罪活动。

有一种意见认为，根据《刑法》第二百九十四条的规定，黑社会性质组织的行为特征既包括犯罪活动，也包括违法活动，因此，应从“首次共同实施有组织的违法犯罪活动”起算。我们认为，黑社会性质组织是犯罪集团的高级形态，应当满足犯罪集团的全部条件。根据《刑法》第二十六条的规定，犯罪集团应当是“为共同实施犯罪”而组成，因此，黑社会性质组织的存续时间起点应从首次实施有组织的犯罪活动起算。

（2）是否应对黑社会性质组织的存在、发展时间作出明确规定

由于2009年《黑社会性质组织纪要》没有对此问题明确画线，实践中标准掌握不统一的问题仍然存在。根据前期调研情况，2011年1月至2014年12月间，已审结生效的组织、领导、参加黑社会性质组织犯罪案件中，涉案犯罪组织存在、发展时间不满六个月的占比达到4.53%。综合考虑多方面因素，《黑社会性质组织纪要》讨论稿中皆有如下规定：黑社会性质组织的存在、发

展时间一般在十二个月以上。征求意见过程中，此问题始终存在较大争议，其中一种意见认为，刑法相关条款中并未涉及黑社会性质组织的存在、发展时间问题，故不应对此作出规定。根据座谈会讨论情况以及各方提出的意见，《黑社会性质组织纪要》未再提出明确的时间要求，但规定“存在、发展时间明显过短、犯罪活动尚不突出的，一般不应认定为黑社会性质组织”。这是因为，根据《刑法》第二百九十四条的规定，黑社会性质组织应当是“较稳定”的犯罪组织。“较稳定”应从两方面来理解：一是指犯罪组织的结构与核心成员比较稳定；二是指犯罪组织应当在一定时期内持续存在。因此，黑社会性质组织的存在、发展时间应当达到一定长度。同时，如果一个犯罪组织存在、发展时间过短，也难以形成真正意义上的非法控制。

（3）关于黑社会性质组织的成员人数问题

根据《刑法》的规定，黑社会性质组织应当“人数较多”。按照一般的理解，黑社会性质组织的成员人数理应比普通的犯罪集团更多，但由于缺少明文规定，一些案件在成员人数的把握上明显偏松。在已审结生效的案件中，组织成员不足五人的案件并不鲜见，在一定程度上降低了认定门槛。征求意见过程中，多数意见都赞成将组织成员人数予以量化，但又有“十人说”和“七人说”之争。《法院审理黑社会性质组织纪要》最终采纳了目前理论界、实务界相对更为认可的“十人说”，并专门说明“十人”之中“既包括已有充分证据证明但尚未归案的组织成员，也包括虽有参加黑社会性质组织的行为但因尚未达到刑事责任年龄或因其他法定情形而未被起诉，或者根据具体情节不作为犯罪处理的组织成员”。如此规定，主要是基于以下两点考虑：一是对于未到案、未起诉、未定罪处罚的人员可否在认定黑社会性质组织时算作组织成员的问题一直存在争议，《法院审理黑社会性质组织纪要》作出规定后可以给该争论画上句号；二是《法院审理黑社会性质组织纪要》明确规定组织成员的人数标准之后，不排除实践中可能出现为了凑齐人数而将本不应认定为黑社会性质组织成员的被告人“拔高”认定的问题，对该标准加以详细说明，将有助于预防出现这一问题。

（4）关于“骨干成员”的认定

《刑法》第二百九十四条第一款中对组织者、领导者、积极参加者、一般参加者（其他参加者）分别设置了不同的法定刑，并没有“骨干成员”的概念，但第四款关于组织特征的规定中却有骨干成员基本固定的要求。由于概念不明，实践中将骨干成员、积极参加者相互替代使用的情况时有出现。为此，《法院审理黑社会性质组织纪要》明确指出，骨干成员只是积极参加者中较为核心的一部分，除了直接听命于组织者、领导者之外，还要求多次指挥或积极参与实施有组织的违法犯罪活动或者长时间在犯罪组织中起重要作用。之所以要加上“多次”和“长时间”的限定，主要是为了从作用上将其与一般的积极参加者相区别。

（5）关于组织纪律、活动规约的审查判断问题

2009年《法院审理黑社会性质组织纪要》规定：“具有一定的组织纪律、活动规约，也是认定黑社会性质组织时的重要参考依据。”近年来，实践中出现了一些新情况，黑社会性质组织的组织纪律、活动规约表现形式多种多样，而且内容也会带有一定的迷惑性、欺骗性。例如，一些以经济实体为依托的黑社会性质组织，其组织纪律、活动规约往往是以公司、企业内部规章制度的形式表现出来的；还有一些黑社会性质组织会对其成员提出“不许吸毒、不许赌博、不许随意殴打他人”等看似劝人向善的要求，与传统意义上的“帮规”“家法”存在一定差异。为此，《法院审理黑社会性质组织纪要》要求结合涉案犯罪组织制定、形成相关纪律、规约的目的与意图来进行审查判断。

（6）关于可不作为犯罪处理的情形

为了贯彻执行宽严相济刑事政策，《法院审理黑社会性质组织纪要》重申了《黑社会性质组织解释》第三条第二款的规定。为了适当放开该罪的出口，以便更好地分化、瓦解犯罪分子，《法院审理黑社会性质组织纪要》还规定：“对于参加黑社会性质组织后仅参与少量情节轻微的违法活动，也可以不作为犯罪处理。”

（7）关于不应认定为黑社会性质组织成员的几类人员

实践中，对于某些与黑社会性质组织或其违法犯罪活动有一定关联的人员能否以参加黑社会性质组织罪定罪处罚的问题尚存在争议。为防止不当扩大打击面，《法院审理黑社会性质组织纪要》明确了不应认定为黑社会性质组织成员的三类人员，其行为如果构成其他犯罪的，应按照具体犯罪处理。我们认为，在认定黑社会性质组织成员时应当遵循“主客观一致”的基本原则。对于“主观上没有加入黑社会性质组织的意愿，受雇到黑社会性质组织开办的公司、企业、社团工作，未参与或者仅参与少数黑社会性质组织违法犯罪

活动的人员”，虽然也可视为在客观上接受了黑社会性质组织的领导和管理，但由于未参与或者仅参与少量黑社会性质组织的违法犯罪活动，还不足以推定其主观上已经具有加入黑社会性质组织的意愿，为此，不应以参加黑社会性质组织罪定罪处罚。例如，在刘某、刘某黑社会性质组织案中，某公司财务人员刘某、赖某某因履行职务而实施了骗取贷款、票据承兑、金融凭证犯罪，但并未被认定为是黑社会性质组织成员。对于“因临时被纠集、雇佣或受蒙蔽为黑社会性质组织实施违法犯罪活动或者提供帮助、支持、服务的人员”以及“为维护或扩大自身利益而临时雇佣、收买、利用黑社会性质组织实施违法犯罪活动的人员”，由于这两类人员主观上没有加入黑社会性质组织的意愿，客观上也没有接受黑社会性质组织的领导、管理，只是临时性的雇佣与被雇佣、收买与被收买、利用与被利用的关系，因此，也不应以参加黑社会性质组织罪定罪处罚。当然，如果这两类人员与黑社会性质组织经过长期合作后已经相互渗透与融合，则另当别论。

2. 认定经济特征的问题

（1）关于“一定经济实力”的范围

“有组织地通过违法犯罪活动或者其他手段获取经济利益，具有一定的经济实力，以支持该组织的活动”是黑社会性质组织应当具备的经济特征。实践中，对于“一定经济实力”的范围问题存在模糊认识，特别是对组织成员在黑社会性质组织形成之前已经拥有的财产和黑社会性质组织形成后组织成员个人名下的财产能否计入“一定经济实力”的问题，各地做法差异很大。我们认为，对于该问题主要应从以下两个方面来把握：第一，黑社会性质组织所具有的经济实力并不等同于《刑法》第六十四条规定的违法所得和犯罪工具。所谓经济实力，是指掌控经济资源并随时为己所用的能力，因此，应当包括合法获取的资产；第二，根据《刑法》第二百九十四条第五款第二项的规定，“一定经济实力”的取得方式应具备“有组织性”的特点。也就是说，无论是违法所得还是合法资产，都应当是通过与黑社会性质组织有关联的行为或方式而获取，包括黑社会性质组织通过实施违法犯罪活动而获取的资产，黑社会性质组织利用从事不法活动所确立的优势地位和影响力而获取的资产，黑社会性质组织聚敛资产后进行合法投资而获取的孳息、收益等。为此，《法院审理黑社会性质组织纪要》对“一定经济实力”的概念和范围进行了说明，将黑社会性质组织形成之前获取或者组织成员完全通过个人行为获取的经济利益排除在外。同时还规定，只要是“有组织地”获取的经济利益，即便归于组织成员个人名下，也应当计入“一定经济实力”。

（2）关于“一定经济实力”的数额标准

2009 年《黑社会性质组织纪要》考虑到司法实践的复杂性，没有明确规定“一定经济实力”的数额标准，但近年来的效果并不理想。《法院审理黑社会性质组织纪要》起草过程中，有一种意见认为，经济实力的强弱并不是黑社会性质组织的本质特征，而且客观上证明经济实力来源、数额的证据很难收集，因此，不应对此问题予以量化。我们认为，由于《刑法》第二百九十四条规定黑社会性质组织需要具有“一定经济实力”，因此，明确标准的做法更加符合罪刑法定原则的基本精神。具有“一定经济实力”虽不是黑社会性质组织的本质特征，但却可以反映出涉案犯罪组织的发展成熟程度。在当前的司法实践中，对此问题掌握较为随意的情况依然存在，确有必要加以规范。根据前期调研掌握的数据，综合考虑各地经济发展水平的差异以及其他多方面因素后，《法院审理黑社会性质组织纪要》规定：“各高级人民法院可以根据本地区的实际情况……在 20—50 万元幅度内，自行划定一般掌握的最低数额标准。”

（3）对于所获经济利益是否用于黑社会性质组织的审查判断

2009 年《黑社会性质组织纪要》将认定经济特征的重点放在了涉案犯罪组织获利后的用途上，并列举了“购买作案工具、提供作案经费，为受伤、死亡的组织成员提供医疗费、丧葬费，为组织成员及其家属提供工资、奖励、福利、生活费用”等具体情形。近年来，一些黑社会性质组织改变手法，往往不再直接向组织成员提供工资、福利、奖励、生活费用或者作案经费，而是通过安排组织成员承揽工程、承接项目、从事特定生产、经营活动等方式进行间接的利益分配，或者授意、指使、帮助组织成员实施某种违法犯罪活动以获取不法经济利益。针对这一变化，《法院审理黑社会性质组织纪要》规定：“无论获利后的分配与使用形式如何变化，只要在客观上能够起到豢养组织成员、维护组织稳定、壮大组织势力的作用即可认定。”

3. 认定行为特征的问题

（1）关于黑社会性质组织犯罪的多样性

《刑法》第二百九十四条以及《黑社会性质组织解释》中均未规定黑社会性质组织必须实施性质不同的多种犯罪，故 2009 年《黑社会性质组织纪要》对此问题并未涉及。但从实践情况看，黑社会性质组织若要实现对经济、社会生活的非法控制，一般都需要实施多种犯罪。为了引起对此问题的重视，在审判工作中更加准确地区分黑社会性质组织与专门从事某种犯罪的犯罪集团，《法院审理黑社会性质组织纪要》作了相应的提示性规定。

（2）关于黑社会性质组织违法犯罪活动的暴力性问题

如前所述，当黑社会性质组织发展到一定阶段后暴力色彩会有所减弱，往往会更多地采用滋扰恫吓、造势摆场等非暴力、“软暴力”手段来达到不法目的。正因如此，司法实践中也逐渐产生了一种模糊认识，认为黑社会性质组织不需要实施暴力性的违法犯罪活动也可以形成非法控制。我们认为，无论行为方式最终如何变化，暴力（“硬暴力”）或者以暴力相威胁的手段是黑社会性质组织能够对社会公众形成心理强制的重要原因。即便在发展到较为成熟的阶段之后，暴力性也依然是黑社会性质组织行为方式的基本特点，一旦需要使用便随时可能付诸实施。因此，如果涉案犯罪组织在整个发展过程中没有较为明显地以暴力或者以暴力相威胁的手段实施违法犯罪活动，那么，在对该组织定性时就应当特别慎重。

（3）如何区分黑社会性质组织的违法犯罪活动和组织成员个人的违法犯罪活动

2009年《黑社会性质组织纪要》通过列举五种具体情形的方式，较好地解决了黑社会性质组织的违法犯罪活动范围问题。但是，由于其并未明确将“符合组织利益或者组织宗旨”作为基本判断标准，在一些个案的审判工作中，如何区分黑社会性质组织违法犯罪活动和组织成员个人违法犯罪活动的问题仍然引发了一定的争议。有鉴于此，《法院审理黑社会性质组织纪要》作了补充性规定。也就是说，即便是组织者、领导者亲自组织实施的违法犯罪活动，如果确实与维护和扩大组织的势力、实力、影响、经济基础无任何关联，也不是按照组织管理、纪律、活动规约而实施的，也不应当认定为黑社会性质组织的违法犯罪活动。

（4）如何认定“按照组织惯例实施的违法犯罪活动”

在黑社会性质组织犯罪案件中往往存在大量的违法犯罪活动无法直接与组织利益、组织宗旨联系起来，但这些违法犯罪活动大多是在组织者、领导者的纵容之下实施的，符合黑社会性质组织约定俗成的行为习惯，客观上又起到了为黑社会性质组织确立非法权威，扩大影响推波助澜的作用，有必要作为组织的违法犯罪活动来处理。因此，《黑社会性质组织纪要》规定：“组织者、领导者明知组织成员曾多次实施起因、性质类似的犯罪活动，但并未明确予以禁止的，如果该类行为对扩大组织影响起到一定作用，可以视为是按照组织惯例实施的违法犯罪活动。”有一种意见认为，对于纯属组织成员个人行为的违法犯罪活动，不能仅因组织者、领导者未尽到禁止义务就作为黑社会性质组织的违法犯罪活动来处理，组织者、领导者也不应承担相应罪责。我们认为，黑社会性质组织的宗旨就是要通过实施违法犯罪活动建立非法秩序，组织者、领导者在创建、管理犯罪组织时，对于组织成员可能实施多种违法犯罪活动有概括的预见和故意。组织者、领导者作为核心认为，犯罪组织的意志在很大程度上就是通过组织者、领导者的意志来体现的。组织者、领导者在明知组织成员多次实施类似行为的情况下不予明确禁止，可以说明其对此类行为持放任、纵容的态度，也说明此类行为并不违背犯罪组织的意志和宗旨，加之这些行为客观上又对扩大组织影响起到作用，组织者、领导者应当承担责任。

4. 认定非法控制特征（危害性特征）的问题

（1）对于“一定区域”“一定行业”的理解和把握

在2009年《黑社会性质组织纪要》的有关内容的基础上，《法院审理黑社会性质组织纪要》对这两个问题作了进一步解读。不仅明确了“一定区域”包括乡镇、街道、较大的村庄，同时还指出，对于“一定行业”的理解应当结合“一定区域”的概念来把握。简而言之，即便是某一乡镇范围内的同类生产、经营活动，只要从业人员、产业规模要素达到一定程度，也可以视为“一定行业”。

（2）关于非法控制特征（危害性特征）的认定

2009年《黑社会性质组织纪要》明确了可以认定为“在一定区域或者行业内，形成非法控制或者重大影响，严重破坏经济、社会生活秩序”的八种情形。前期调研时，许多高级人民法院均反映这八种情形不够具体，诸如“重要影响”“严重影响”等表述还需要进一步明确。综合各方意见，《法院审理黑社会性质组织纪要》以导致人员伤亡、造成直接经济损失、敛财数额巨大等情形为标准，对2009年《黑社会性质组织纪要》的有关内容予以补充和细化，并使之更具可操作性。其中列举的“直接经济损失”，是指与黑社会性质组织的违法犯罪活动有直接因果关系的经济损失。主要包括以下情形：

因违法犯罪活动导致财产损毁、灭失而造成的经济损失；因违法犯罪活动导致停产、停业、减产、破产以及由此承担违约责任而造成的经济损失；因违法犯罪活动导致被迫接受不公平交易而造成的经济损失；其他应当计算在内的直接经济损失。此外，由于敲诈勒索、聚众扰乱社会秩序等个罪所造成的危害后果也有可能符合八种情形之一，因此，不能简单地认为只要具有其中一种情形，就可以认定非法控制特征。为纠正对此问题的认识，《法院审理黑社会性质组织纪要》专门作了如下说明："2009 年《座谈会纪要》规定的八种情形一般不会单独存在，往往是两种以上的情形同时并存、相互交织，从而严重破坏经济、社会生活秩序。审判时，应当充分认识这一特点，准确认定该特征。"

（3）关于是否应当设置"兜底"规定的问题

《法院审理黑社会性质组织纪要》在对黑社会性质组织的成员人数、经济实力规模予以量化的同时，也有针对性地设置了"兜底"规定。对此，有意见认为，"兜底"规定一旦放开口子，就有可能会使组织特征、经济特征中已经量化的标准失去意义。我们认为，由于实践中的情况极为复杂，确有必要保持惩治黑社会性质组织犯罪的灵活性。设置"兜底"规定，其目的在于突出非法控制特征（危害性特征）的重要性，但这并不意味着已经量化的标准可以忽略。为此，《法院审理黑社会性质组织纪要》也对适用"兜底"规定认定黑社会性质组织的情形设定了多项限制条件，可以避免出现标准虚置的问题。

（二）关于刑事责任和刑罚适用

1. 已退出或者新接任的组织者、领导者的刑事责任范围

《法院审理黑社会性质组织纪要》根据近几年来实践中出现的新情况，明确了在组织者、领导者发生更替的情况下应当如何确定相关人员刑事责任范围的问题。需要重申的是，刑事责任范围不同于刑事责任程度。在具体犯罪中，组织者、领导者并非一定是罪责最为严重者，还是应当根据 2009 年《黑社会性质组织纪要》的规定，按照其在具体犯罪中的地位、作用来确定责任程度。

2. 量刑情节的运用问题

（1）坦白情节的运用

为节约办理黑社会性质组织犯罪案件的司法资源，鼓励包括组织者、领导者在内的黑社会性质组织成员主动交代犯罪事实，《法院审理黑社会性质组

织纪要》列举了一般应当适用《刑法》第六十七条第三款的规定予以从轻处罚的三种情形。其中，前两种情形是针对个罪而言，而第三种情形既包括个罪，也包括组织、领导、参加黑社会性质组织罪。

（2）对于配合查办案件行为的积极评价

运用宽严相济刑事政策分化、瓦解犯罪分子，是打黑除恶专项斗争中的一条宝贵经验。实践中，积极参加者、一般参加者的某些配合司法机关查办案件的协助行为依法难以认定为立功。为了给予积极评价，《法院审理黑社会性质组织纪要》规定对此类协助行为量刑时一般应酌情予以从轻处罚。

（3）对于组织者、领导者立功情节的把握

《法院审理黑社会性质组织纪要》规定，"组织者、领导者、骨干成员以及'保护伞'协助抓获同案中其他重要的组织成员，或者骨干成员能够检举揭发其他犯罪案件中罪行同样严重的犯罪分子，原则上依法应予从轻或者减轻处罚"，这与《宽严相济意见》中的有关内容保持一致。对于"组织者、领导者检举揭发与该黑社会性质组织及其违法犯罪活动有关联的其他犯罪线索"的情形，《法院审理黑社会性质组织纪要》作了与2009年《黑社会性质组织纪要》类似的规定。不同的是，《法院审理黑社会性质组织纪要》明确指出，此种揭发检举"如果在是否认定立功的问题上存在事实、证据或法律适用方面的争议，应当严格把握"，进一步体现了不让犯罪分子利用优势地位得利的从严惩处精神。

（4）关于通过民事赔偿取得被害方谅解后可否从宽处罚的问题

黑社会性质组织犯罪分子通过赔偿经济损失取得被害方谅解后可否酌情从轻处罚，这一直是实践中存在争议的问题。我们认为，黑社会性质组织犯罪不仅社会危害极大，而且组织成员往往可以从违法犯罪活动中获得巨额不法利益，具有较强的经济赔偿能力和社会活动能力。因此，对于通过民事赔偿取得被害方谅解的，量刑时应当从严掌握，以防止犯罪分子有机可乘。当然，对此问题的理解也不应绝对化，对于组织者、领导者、骨干成员以外的其他黑社会性质组织成员，也可以视其所犯具体罪行的严重程度及其在犯罪中的地位、作用，综合考虑被害方是否具有特殊困难等情况，在确认谅解意思真实、赔偿款项与违法所得无关的情况下，酌情予以从宽处罚。

3. 关于资格刑、财产刑的适用问题

由于组织、领导黑社会性质组织罪的法定最高刑为有期徒刑十五年，积极参加黑社会性质组织罪的法定最高刑为有期徒刑七年，因此，对于组织者、领导者和积极参加者可否适用《刑法》第五十六条第一款的规定附加剥夺政治权利，以及可否并处没收个人全部财产的问题均存在不同认识。有一种意见认为，司法惯例不宜轻易突破，否则可能会引发示范效应。我们认为，考虑到黑社会性质组织犯罪的特殊危害及其自身特点，有必要加大资格刑、财产刑的适用力度。关于能否附加剥夺政治权利的问题，虽然司法实践中一般都掌握在处刑十年以上的才附加剥夺政治权利，但这并不是法律的明文规定。黑社会性质组织犯罪属于严重危害社会治安、严重破坏社会秩序的犯罪，而有期徒刑五年又是目前重刑率的计算起点，因此，对于因犯组织、领导、参加黑社会性质组织罪而被判处五年以上、十年以下有期徒刑的组织者、领导者和积极参加者，也可以适用《刑法》第五十六条第一款的规定附加剥夺政治权利。关于对组织者、领导者和积极参加者能否并处没收个人全部财产的问题，我们同样持肯定的观点。首先，刑法并未规定对于判处有期徒刑的被告人不能并处没收个人全部财产。其次，《刑法修正案（八）》之所以增设财产刑，就是考虑到黑社会性质组织犯罪案件中甄别涉案财产来源、性质的难度极大，仅靠追缴、没收违法所得和犯罪工具不足以彻底摧毁黑社会性质组织的经济基础。因此，审判时应当充分运用现有法律规定加大惩治力度。最后，《法院审理黑社会性质组织纪要》对于组织者、领导者和部分积极参与者并处没收个人全部财产的前提条件作了较为严格的限定，并非可以随意适用，应符合罪责刑相一致的基本原则。

（三）关于审判程序和证据审查

1. 关于分案审理问题

并案审理是审理共同犯罪案件的一般原则，我国《刑事诉讼法》和相关司法解释对于哪些案件可以分案审理未作明确规定。黑社会性质组织犯罪案件普遍具有人数多、事实多、罪名多的特点，一律并案审理不仅会给审判工作造成困难，而且也不利于保护被告人的合法权利。例如，某些重大涉黑案件庭审时间长达数十天，不仅被告人超期羁押的情况难以避免，而且也无法充分保障每一名被告人都能有效地行使举证、质证、辩解、辩护等诉讼权利。因此，《法院审理黑社会性质组织纪要》规定，“对于被告人人数众多，合并审理难以保障庭审质量和庭审效率的黑社会性质组织犯罪案件，可分案进行审理”，这为解决这一问题提供了依据。同时，为避免分案审理带来的弊端，

《法院审理黑社会性质组织纪要》还明确了分案审理的基本原则和一般性要求。应当特别说明的是，在审判实践中分案审理只能是例外情形，凡有条件并案审理的涉黑案件不得随意分案。

2. 关于证明标准和证据运用问题

黑社会性质组织犯罪案件收集证据的难度极大，且“四个特征”往往要靠被告人供述、证人证言、被害人陈述等言词证据来证明，证据的稳定性较差。根据这一特点，《法院审理黑社会性质组织纪要》强调涉黑案件应当坚持“事实清楚，证据确实、充分”的法定证明标准，同时也按照《刑事诉讼法》和相关司法解释的规定，对如何依据言词证据认定案件事实进行了说明。

3. 关于法庭举证、质证问题

由于法庭举证、质证环节耗时较长，在一些黑社会性质组织犯罪案件的庭审过程中存在举证、质证不规范、随意限制控辩双方质证权利等问题，个别案件甚至没有对“四个特征”问题进行有针对性的举证、质证。另外，由于黑社会性质组织行为特征的认定与个罪事实在证据上多有交叉，法庭审理过程中又往往容易出现重复举证、质证问题。为规范这一庭审环节，《法院审理黑社会性质组织纪要》对法庭举证、质证提出具体要求，同时提供了避免重复举证、质证的具体方案。

4. 关于对出庭证人、鉴定人、被害人的保护问题

《法院审理黑社会性质组织纪要》对证人、鉴定人、被害人保护的衔接问题作了原则性规定，要求人民法院主动了解情况，确保相关保护措施紧密衔接。此外，《法院审理黑社会性质组织纪要》还对《刑事诉讼法》规定的“采取不暴露外貌、真实声音等出庭作证措施”进行了一定的细化，规定可以采取音频、视频传送的方式作证。

（四）关于黑社会性质组织犯罪案件审判工作相关问题

1. 关于涉案财产的处置

涉案财产的处置是黑社会性质组织犯罪案件审判工作中的“老、大、难”问题，究其根本，关键还是在于取证难度极大。为改变司法实践中的乱象，《法院审理黑社会性质组织纪要》要求审判时“应当全面审查证明财产来源、性质、用途、权属及价值大小的有关证据”，并依照《刑法》和有关司法解释的规定明确了涉案财产追缴、没收的范围，特别是将追缴、没收“合法获取的财产”的范围限定为“实际用于支持该组织存在、发展和实施违法犯罪活

动的部分”，以防止出现侵害合法财产权利的情况。

2. 关于发挥庭审功能问题

以落实审判中心主义为出发点，《法院审理黑社会性质组织纪要》从制定庭审预案、召开庭前会议、把握争议焦点、有效引导控辩等方面，对黑社会性质组织犯罪案件的庭审工作提出了原则性要求，从而保证庭审能够发挥应有功能。

（撰稿：戴长林、朱和庆、刘广三、周川、张向东）

6. 最高人民法院、最高人民检察院、公安部、司法部关于办理黑恶势力犯罪案件若干问题的指导意见（法发〔2018〕1号，自2018年1月16日起施行）

为贯彻落实《中共中央、国务院关于开展扫黑除恶专项斗争的通知》精神，统一执法思想，提高执法效能，依法、准确、有力惩处黑恶势力犯罪，严厉打击“村霸”、宗族恶势力、“保护伞”以及“软暴力”等犯罪，根据《刑法》、《刑事诉讼法》及有关司法解释等规定，针对实践中遇到的新情况、新问题，现就办理黑恶势力犯罪案件若干问题制定如下指导意见：

一、总体要求

1. 各级人民法院、人民检察院、公安机关和司法行政机关应充分发挥职能作用，密切配合，相互支持，相互制约，形成打击合力，加强预防惩治黑恶势力犯罪长效机制建设。正确运用法律规定加大对黑恶势力违法犯罪以及“保护伞”惩处力度，在侦查、起诉、审判、执行各阶段体现依法从严惩处精神，严格掌握取保候审，严格掌握不起诉，严格掌握缓刑、减刑、假释，严格掌握保外就医适用条件，充分运用《刑法》总则关于共同犯罪和犯罪集团的规定加大惩处力度，充分利用资格刑、财产刑降低再犯可能性。对黑恶势力犯罪，注意串并研判、深挖彻查，防止就案办案，依法加快办理。坚持依法办案、坚持法定标准、坚持以审判为中心，加强法律监督，强化程序意识和证据意识，正确把握“打早打小”与“打准打实”的关系，贯彻落实宽严相济刑事政策，切实做到宽严有据，罚当其罪，实现政治效果、法律效果和社会效果的统一。

2. 各级人民法院、人民检察院、公安机关和司法行政机关应聚焦黑恶势力犯罪突出的重点地区、重点行业和重点领域，重点打击威胁政治安全特别是政权安全、制度安全以及向政治领域渗透的黑恶势力；把持基层政权、操纵破坏基层换届选举、垄断农村资源、侵吞集体资产的黑恶势力；利用家族、宗族势力横行乡里、称霸一方、欺压残害百姓的“村霸”等黑恶势力；在征地、租地、拆迁、工程项目建设等过程中煽动闹事的黑恶势力；在建筑工程、交运运输、矿产资源、渔业捕捞等行业、领域，强揽工程、恶意竞标、非法占地、滥开滥采的黑恶势力；在商贸集市、批发市场、车站码头、旅游景区等场所欺行霸市、强买强卖、收保护费的市霸、行霸等黑恶势力；操纵、经营“黄赌毒”等违法犯罪活动的黑恶势力；非法高利放贷、暴力讨债的黑恶势力；插手民间纠纷，充当“地下执法队”的黑恶势力；组织或雇佣网络“水军”在网上威胁、恐吓、侮辱、诽谤、滋扰的黑恶势力；境外黑社会入境发展渗透以及跨国跨境的黑恶势力。同时，坚决深挖黑恶势力“保护伞”。

二、依法认定和惩处黑社会性质组织犯罪

3. 黑社会性质组织应同时具备《刑法》第二百九十四条第五款中规定的“组织特征”“经济特征”“行为特征”和“危害性特征”。由于实践中许多黑社会性质组织并非这“四个特征”都很均显，在具体认定时，应根据立法本意，认真审查、分析黑社会性质组织“四个特征”相互间的内在联系，准确评价涉案犯罪组织所造成的社会危害，做到不枉不纵。

4. 发起、创建黑社会性质组织，或者对黑社会性质组织进行合并、分立、重组的行为，应当认定为“组织黑社会性质组织”；实际对整个组织的发展、运行、活动进行决策、指挥、协调、管理的行为，应当认定为“领导黑社会性质组织”。黑社会性质组织的组织者、领导者，既包括通过一定形式产生的有明确职务、称谓的组织者、领导者，也包括在黑社会性质组织中被公认的事实上的组织者、领导者。

5. 知道或者应当知道是以实施违法犯罪为基本活动内容的组织，仍加入并接受其领导和管理的行为，应当认定为“参加黑社会性质组织”。没有加入黑社会性质组织的意愿，受雇到黑社会性质组织开办的公司、企业、社团工作，未参与黑社会性质组织违法犯罪活动的，不应认定为“参加黑社会性质组织”。

参加黑社会性质组织并具有以下情形之一的，一般应当认定为“积极参加黑社会性质组织”：多次积极参与黑社会性质组织的违法犯罪活动，或者积极参与较严重的黑社会性质组织的犯罪活动且作用突出，以及其他在组织中起重要作用的情形，如具体主管黑社会性质组织的财务、人员管理等事项。

6. 组织形成后，在一定时期内持续存在，应当认定为“形成较稳定的犯罪组织”。

黑社会性质组织一般在短时间内难以形成，而且成员人数较多，但鉴于“恶势力”团伙和犯罪集团向黑社会性质组织发展是一个渐进的过程，没有明显的性质转变的节点，故对黑社会性质组织存在时间、成员人数问题不宜作出“一刀切”的规定。

黑社会性质组织未举行成立仪式或者进行类似活动的，成立时间可以按照足以反映其初步形成非法影响的标志性事件的发生时间认定。没有明显标志性事件的，可以按照本意见中关于黑社会性质组织违法犯罪活动认定范围的规定，将组织者、领导者与其他组织成员首次共同实施该组织犯罪活动的时间认定为该组织的形成时间。该组织者、领导者因未到案或者因死亡等法定情形未被起诉的，不影响认定。

黑社会性质组织成员既包括已有充分证据证明但尚未归案的组织成员，也包括虽有参加黑社会性质组织的行为但因尚未达到刑事责任年龄或因其他法定情形而未被起诉，或者根据具体情节不作为犯罪处理的组织成员。

7. 在组织的形成、发展过程中通过以下方式获取经济利益的，应当认定为“有组织地通过违法犯罪活动或者其他手段获取经济利益”：

（1）有组织地通过违法犯罪活动或其他不正当手段聚敛；

（2）有组织地以投资、控股、参股、合伙等方式通过合法的生产、经营活动获取；

（3）由组织成员提供或通过其他单位、组织、个人资助取得。

8. 通过上述方式获得一定数量的经济利益，应当认定为“具有一定的经济实力”，同时也包括调动一定规模的经济资源用以支持该组织活动的能力。通过上述方式获取的经济利益，即使是由部分组织成员个人掌控，也应计入黑社会性质组织的“经济实力”。组织成员主动将个人或者家庭资产中的一部分用于支持该组织活动，其个人或者家庭资产可全部计入“一定的经济实力”，但数额明显较小或者仅提供动产、不动产使用权的除外。

由于不同地区的经济发展水平、不同行业的利润空间均存在很大差异，加之黑社会性质组织存在、发展的时间也各有不同，在办案时不能一般性地要求黑社会性质组织所具有的经济实力必须达到特定规模或特定数额。

9. 黑社会性质组织实施的违法犯罪活动包括非暴力性的违法犯罪活动，

但暴力或以暴力相威胁始终是黑社会性质组织实施违法犯罪活动的基本手段，并随时可能付诸实施。暴力、威胁色彩虽不明显，但实际是以组织的势力、影响和犯罪能力为依托，以暴力、威胁的现实可能性为基础，足以使他人产生恐惧、恐慌进而形成心理强制或者足以影响、限制人身自由、危及人身财产安全或者影响正常生产、工作、生活的手段，属于《刑法》第二百九十四条第五款第（三）项中的“其他手段”，包括但不限于所谓的“谈判”“协商”“调解”以及滋扰、纠缠、哄闹、聚众造势等手段。

10. 为确立、维护、扩大组织的势力、影响、利益或者按照纪律规约、组织惯例多次实施违法犯罪活动，侵犯不特定多人的人身权利、民主权利、财产权利，破坏经济秩序、社会秩序，应当认定为“有组织地多次进行违法犯罪活动，为非作恶，欺压、残害群众”。

符合以下情形之一的，应当认定为是黑社会性质组织实施的违法犯罪活动：

（1）为该组织争夺势力范围、打击竞争对手、形成强势地位、谋取经济利益、树立非法权威、扩大非法影响、寻求非法保护、增强犯罪能力等实施的；

（2）按照该组织的纪律规约、组织惯例实施的；

（3）组织者、领导者直接组织、策划、推挥、参与实施的；

（4）由组织成员以组织名义实施，并得到组织者、领导者认可或者默许的；

（5）多名组织成员为逞强争霸、插手纠纷、报复他人、替人行凶、非法敛财而共同实施，并得到组织者、领导者认可或者默许的；

（6）其他应当认定为黑社会性质组织实施的。

11. 鉴于黑社会性质组织非法控制和影响的“一定区域”的大小具有相对性，不能简单地要求“一定区域”必须达到某一特定的空间范围，而应当根据具体案情，并结合黑社会性质组织对经济、社会生产秩序的危害程度加以综合分析判断。

通过实施违法犯罪活动，或者利用国家工作人员的包庇或者不依法履行职责，放纵黑社会性质组织进行违法犯罪活动的行为，称霸一方，并具有以下情形之一的，可认定为“在一定区域或者行业内，形成非法控制或者重大影响，严重破坏经济、社会生活秩序”：

（1）致使在一定区域内生活或者在一定行业内从事生产、经营的多名群众，合法利益遭受犯罪或严重违法活动侵害后，不敢通过正当途径举报、控告的；

（2）对一定行业的生产、经营形成垄断，或者对涉及一定行业的准入、经营、竞争等经济活动形成重要影响的；

（3）插手民间纠纷、经济纠纷，在相关区域或者行业内造成严重影响的；

（4）干扰、破坏他人正常生产、经营、生活，并在相关区域或者行业内造成严重影响的；

（5）干扰、破坏公司、企业、事业单位及社会团体的正常生产，经营、工作秩序，在相关区域、行业内造成严重影响，或者致使其不能正常生产、经营、工作的；

（6）多次干扰、破坏党和国家机关、行业管理部门以及村委会、居委会等基层群众自治组织的工作秩序，或者致使上述单位、组织的职能不能正常行使的；

（7）利用组织的势力、影响，帮助组织成员或他人获取政治地位，或者在党政机关、基层群众自治组织中担任一定职务的；

（8）其他形成非法控制或者重大影响，严重破坏经济、社会生活秩序的情形。

12. 对于组织者、领导者和因犯参加黑社会性质组织罪被判处五年以上有期徒刑的积极参加者，可根据《刑法》第五十六条第一款的规定适用附加剥夺政治权利。对于符合《刑法》第三十七条之一规定的组织成员，应当依法禁止其从事相关职业。符合《刑法》第六十六条规定的组织成员，应当认定为累犯，依法从重处罚。

对于因有组织的暴力性犯罪被判处死刑缓期执行的黑社会性质组织犯罪分子，可以根据《刑法》第五十条第二款的规定同时决定对其限制减刑。对于因有组织的暴力性犯罪被判处十年以上有期徒刑、无期徒刑的黑社会性质组织犯罪分子，应当根据《刑法》第八十一条第二款规定，不得假释。

13. 对于组织者、领导者一般应当并处没收个人全部财产。对于确属骨干成员或者为该组织转移、隐匿资产的积极参加者，可以并处没收个人全部财产。对于其他组织成员，应当根据所参与实施违法犯罪活动的次数、性质、地位、作用、违法所得数额以及造成损失的数额等情节，依法决定财产刑的适用。

三、依法惩处恶势力犯罪

14. 具有下列情形的组织，应当认定为“恶势力”：经常纠集在一起，以暴力、威胁或者其他手段，在一定区域或者行业内多次实施违法犯罪活动，为非作恶，欺压百姓，扰乱经济、社会生活秩序，造成较为恶劣的社会影响，但尚未形成黑社会性质组织的违法犯罪组织。恶势力一般为三人以上，纠集者相对固定，违法犯罪活动主要为强迫交易、故意伤害、非法拘禁、敲诈勒索、故意毁坏财物、聚众斗殴、寻衅滋事等，同时还可能伴随实施开设赌场、组织卖淫、强迫卖淫、贩卖毒品、运输毒品、制造毒品、抢劫、抢夺、聚众扰乱社会秩序、聚众扰乱公共场所秩序、交通秩序以及聚众“打砸抢”等。

在相关法律文书中的犯罪事实认定部分，可使用“恶势力”等表述加以描述。

15. 恶势力犯罪集团是符合犯罪集团法定条件的恶势力犯罪组织，其特征表现为：有三名以上的组织成员，有明显的首要分子，重要成员较为固定，组织成员经常纠集在一起，共同故意实施三次以上恶势力惯常实施的犯罪活动或者其他犯罪活动。

16. 公安机关、人民检察院、人民法院在办理恶势力犯罪案件时，应当依照上述规定，区别于普通刑事案件，充分运用《刑法》总则关于共同犯罪和犯罪集团的规定，依法从严惩处。

四、依法惩处利用“软暴力”实施的犯罪

17. 黑恶势力为谋取不法利益或形成非法影响，有组织地采用滋扰、纠缠、哄闹、聚众造势等手段侵犯人身权利、财产权利，破坏经济秩序、社会秩序，构成犯罪的，应当分别依照《刑法》相关规定处理：

（1）有组织地采用滋扰、纠缠、哄闹、聚众造势等手段扰乱正常的工作、生活秩序，使他人产生心理恐惧或者形成心理强制，分别属于《刑法》第二百九十三条第一款第（二）项规定的“恐吓”、《刑法》第二百二十六规定的“威胁”，同时符合其他犯罪构成条件的，应分别以寻衅滋事罪、强迫交易罪定罪处罚。

《关于办理寻衅滋事刑事案件适用法律若干问题的解释》第二条至第四条中的“多次”一般应当理解为二年内实施寻衅滋事行为三次以上。二年内多次实施不同种类寻衅滋事行为的，应当追究刑事责任。

（2）以非法占有为目的强行索取公私财物，有组织地采用滋扰、纠缠、哄闹、聚众造势等手段扰乱正常的工作、生活秩序，同时符合《刑法》第二百七十四条规定的其他犯罪构成条件的，应当以敲诈勒索罪定罪处罚。同时由多人实施或者以统一着装、显露纹身、特殊标识以及其他明示或者暗示方式，足以使对方感知相关行为的有组织性的，应当认定为《关于办理敲诈勒索刑事案件适用法律若干问题的解释》第二条第（五）项规定的“以黑恶势力名义敲诈勒索”。

采用上述手段，同时又构成其他犯罪的，应当依法按照处罚较重的规定定罪处罚。

雇佣、指使他人有组织地采用上述手段强迫交易、敲诈勒索，构成强迫交易罪、敲诈勒索罪的，对雇佣者、指使者，一般应当以共同犯罪中的主犯论处。为强索不受法律保护的债务或者因其他非法目的，雇佣、指使他人有组织地采用上述手段寻衅滋事，构成寻衅滋事罪的，对雇佣者、指使者，一般应当以共同犯罪中的主犯论处；为追讨合法债务或者因婚恋、家庭、邻里纠纷等民间矛盾而雇佣、指使，没有造成严重后果的，一般不作为犯罪处理，但经有关部门批评制止或者处理处罚后仍继续实施的除外。

18. 黑恶势力有组织地多次短时间非法拘禁他人的，应当认定为《刑法》第二百三十八条规定的“以其他方法非法剥夺他人人身自由”。非法拘禁他人三次以上、每次持续时间在四小时以上，或者非法拘禁他人累计时间在十二小时以上的，应以非法拘禁罪定罪处罚。

五、依法打击非法放贷讨债的犯罪活动

19. 在民间借贷活动中，如有擅自设立金融机构、非法吸收公众存款、骗取贷款、套取金融机构资金发放高利贷以及为强索债务而实施故意杀人、故意伤害、非法拘禁、故意毁坏财物等行为的，应当按照具体犯罪侦查、起诉、审判。依法符合数罪并罚条件的，应当并罚。

20. 对于以非法占有为目的，假借民间借贷之名，通过“虚增债务”“签订虚假借款协议”“制造资金走账流水”“肆意认定违约”“转单平账”“虚假诉讼”等手段非法占有他人财产，或者使用暴力、威胁手段强立债权、强行索债的，应当根据案件具体事实，以诈骗、强迫交易、敲诈勒索、抢劫、虚假诉讼等罪名侦查、起诉、审判。对于非法占有的被害人实际所得借款以外的虚高“债务”和以“保证金”“中介费”“服务费”等各种名目扣除或收取的额外费用，均应计入违法所得。对于名义上为被害人所得、但在案证据能够证明实际上却为犯罪嫌疑人、被告人实施后续犯罪所使用的“借款”，应予以没收。

21. 对采用讨债公司、“地下执法队”等各种形式有组织地进行上述活动，符合黑社会性质组织、犯罪集团认定标准的，应当按照组织、领导、参加黑社会性质组织罪或者犯罪集团侦查、起诉、审判。

六、依法严惩“保护伞”

22. 《刑法》第二百九十四条第三款中规定的“包庇”行为，不要求相关国家机关工作人员利用职务便利。利用职务便利包庇黑社会性质组织的，酌情从重处罚。包庇、纵容黑社会性质组织，事先有通谋的，以具体犯罪的共犯论处。

23. 公安机关、人民检察院、人民法院对办理黑恶势力犯罪案件中发现的涉嫌包庇、纵容黑社会性质组织犯罪、收受贿赂、渎职侵权等违法违纪线索，应当及时移送有关主管部门和其他相关部门，坚决依法严惩充当黑恶势力“保护伞”的职务犯罪。

24. 依法严惩农村“两委”等人员在涉农惠农补贴申领与发放、农村基础设施建设、征地拆迁补偿、救灾扶贫优抚、生态环境保护等过程中，利用职权恃强凌弱、吃拿卡要、侵吞挪用国家专项资金的犯罪，以及放纵、包庇“村霸”和宗族恶势力，致使其坐大成患；或者收受贿赂、徇私舞弊，为“村霸”和宗族恶势力充当“保护伞”的犯罪。

25. 公安机关在侦办黑恶势力犯罪案件中，应当注意及时深挖其背后的腐败问题，对于涉嫌特别重大贿赂犯罪案件的犯罪嫌疑人，及时会同有关机关，执行《刑事诉讼法》第三十七条的相关规定，辩护律师在侦查期间会见在押犯罪嫌疑人的，应当经相关侦查机关许可。

七、依法处置涉案财产

26. 公安机关、人民检察院、人民法院根据黑社会性质组织犯罪案件的诉讼需要，应当依法查询、查封、扣押、冻结全部涉案财产。公安机关侦查期间，要会同工商、税务、国土、住建、审计、人民银行等部门全面调查涉黑组织及其成员的财产状况。

对于不宜查封、扣押、冻结的经营性资产，可以申请当地政府指定有关部门或者委托有关机构代管或者托管。

对黑社会性质组织及其成员聚敛的财产及其孳息、收益的数额，办案单位可以委托专门机构评估；确实无法准确计算的，可以根据有关法律规定及查明的事实、证据合理估算。

27. 对于依法查封、冻结、扣押的黑社会性质组织涉案财产，应当全面收集、审查证明其来源、性质、用途、权属及价值大小的有关证据。符合下列情形之一的，应当依法追缴、没收：

（1）组织及其成员通过违法犯罪活动或其他不正当手段聚敛的财产及其孳息、收益；

（2）组织成员通过个人实施违法犯罪活动聚敛的财产及其孳息、收益；

（3）其他单位、组织、个人为支持该组织活动资助或主动提供的财产；

（4）通过合法的生产、经营活动获取的财产或者组织成员个人、家庭合法资产中，实际用于支持该组织活动的部分；

（5）组织成员非法持有的违禁品以及供犯罪所用的本人财物；

（6）其他单位、组织、个人利用黑社会性质组织及其成员的违法犯罪活动获取的财产及其孳息、收益；

（7）其他应当追缴、没收的财产。

28. 违法所得已用于清偿债务或者转让给他人，具有下列情形之一的，应当依法追缴：

（1）对方明知是通过违法犯罪活动或者其他不正当手段聚敛的财产及其孳息、收益的；

（2）对方无偿或者以明显低于市场价格取得的；

（3）对方是因非法债务或者违法犯罪活动而取得的；

（4）通过其他方式恶意取得的。

29. 依法应当追缴、没收的财产无法找到、被他人善意取得、价值灭失或者与其他合法财产混合且不可分割的，可以追缴、没收其他等值财产。

30. 黑社会性质组织犯罪嫌疑人、被告人逃匿，在通缉一年后不能到案，或者犯罪嫌疑人、被告人死亡的，应当依照法定程序没收其违法所得。

31. 对于依法查封、扣押、冻结的涉案财产，有证据证明确属被害人合法财产，或者确与黑社会性质组织及其违法犯罪活动无关的应予以返还。

八、其他

32. 司法行政机关应当加强对律师办理黑社会性质组织犯罪案件辩护代理

工作的指导监督，指导律师事务所建立健全律师办理黑社会性组织犯罪的请示报告、集体研究和检查督导制度。办案机关应当依法保障律师各项诉讼权利，为律师履行辩护代理职责提供便利，防止因妨碍辩护律师依法履行职责，对案件办理带来影响。

对黑恶势力犯罪案件开庭审理时，人民法院应当通知对辩护律师所属事务所具有监督管理权限的司法行政机关派员旁听。

对于律师违反会见规定的；以串联组团，联署签名、发表公开信，组织网上聚集、声援等方式或者借个案研讨之名，制造舆论压力，攻击、诋毁司法机关和司法制度，干扰诉讼活动正常进行的；煽动、教唆和组织当事人或者其他人员到司法机关或者其他国家机关静坐、举牌、打横幅、喊口号等，扰乱公共秩序、危害公共安全的；违反规定披露、散布不公开审理案件的信息、材料，或者本人、其他律师在办案过程中获悉的有关案件重要信息、证据材料的，司法行政机关应当依照有关规定予以处罚，构成犯罪的，依法追究刑事责任。对于律师辩护、代理活动中的违法违规行为，相关办案机关要注意收集固定证据，提出司法建议。

33. 监狱应当从严管理组织、领导、参加黑社会性质组织的罪犯，严格罪犯会见、减刑、假释、暂予监外执行等执法活动。对于判处十年以上有期徒刑、无期徒刑，判处死刑缓期二年执行减为有期徒刑、无期徒刑的黑社会性质组织的组织者、领导者，实行跨省、自治区、直辖市异地关押。积极开展黑恶势力犯罪线索排查，教育引导服刑人员检举揭发。社区矫正机构对拟适用社区矫正的黑恶势力犯罪案件的犯罪嫌疑人、被告人，应当认真开展调查评估，为准确适用非监禁刑提供参考。社区矫正机构对组织、领导、参加黑社会性质组织的社区服刑人员要严格监管教育。公安机关、人民检察院、人民法院、司法行政机关要加强协调联动，完善应急处置工作机制，妥善处理社区服刑人员脱管漏管和重新违法犯罪等情形。

34. 办理黑恶势力犯罪案件，要依法建立完善重大疑难案件会商、案件通报等工作机制，进一步加强政法机关之间的配合，形成打击合力；对群众关注度高、社会影响力大的黑恶势力犯罪案件，依法采取挂牌督办、上提一级、异地管辖、指定管辖以及现场联合督导等措施，确保案件质量。根据办理黑恶势力犯罪案件的实际情况，及时汇总问题，归纳经验，适时出台有关证据标准，切实保障有力打击。

35. 公安机关、人民检察院、人民法院办理黑社会性质组织犯罪案件，应当按照《刑事诉讼法》、《关于办理黑社会性质组织犯罪案件若干问题的规定》、《公安机关办理刑事案件证人保护工作规定》的有关规定，对证人、报案人、控告人、举报人、鉴定人、被害人采取保护措施。

犯罪嫌疑人、被告人，积极配合侦查、起诉、审判工作，在查明黑社会性质组织的组织结构和组织者、领导者的地位作用，组织实施的重大犯罪事实，追缴、没收赃款赃物，打击"保护伞"等方面提供重要线索和证据，经查证属实的，可以根据案件具体情况，依法从轻、减轻或者免除处罚，并对其参照证人保护的有关规定采取保护措施。前述规定，对于确属组织者、领导者的犯罪嫌疑人、被告人应当严格掌握。

对于确有重大立功或者对于认定重大犯罪事实或追缴、没收涉黑财产具有重要作用的组织成员，确有必要通过分案审理予以保护的，公安机关可以与人民检察院、人民法院在充分沟通的基础上作出另案处理的决定。

对于办理黑社会性质组织犯罪案件的政法干警及其近亲属，需要采取保护措施的，可以参照《刑事诉讼法》等关于证人保护的有关规定，采取禁止特定的人员接触、对人身和住宅予以专门性保护等必要的措施，以确保办理案件的司法工作人员及其近亲属的人身安全。

36. 本意见颁布实施后，最高人民法院、最高人民检察院、公安部、司法部联合发布或者单独制定的其他相关规范性文件，内容如与本意见中有关规定不一致的，应当按照本意见执行。

7. **最高人民法院、最高人民检察院、公安部、司法部关于办理利用信息网络实施黑恶势力犯罪刑事案件若干问题的意见**（自2019年10月21日起施行）

为认真贯彻中央关于开展扫黑除恶专项斗争的部署要求，正确理解和适用最高人民法院、最高人民检察院、公安部、司法部《关于办理黑恶势力犯罪案件若干问题的指导意见》（法发〔2018〕1号，以下简称《指导意见》），根据刑法、刑事诉讼法、网络安全法及有关司法解释、规范性文件的规定，现对办理利用信息网络实施黑恶势力犯罪案件若干问题提出以下意见：

一、总体要求

1. 各级人民法院、人民检察院、公安机关及司法行政机关应当统一执法思想、提高执法效能，坚持"打早打小"，坚决依法严厉惩处利用信息网络实施的黑恶势力犯罪，有效维护网络安全和经济、社会生活秩序。

2. 各级人民法院、人民检察院、公安机关及司法行政机关应当正确运用法律，严格依法办案，坚持"打准打实"，认真贯彻落实宽严相济刑事政策，切实做到宽严有据、罚当其罪，实现政治效果、法律效果和社会效果的统一。

3. 各级人民法院、人民检察院、公安机关及司法行政机关应当分工负责，互相配合、互相制约，切实加强与相关行政管理部门的协作，健全完善风险防控机制，积极营造线上线下社会综合治理新格局。

二、依法严惩利用信息网络实施的黑恶势力犯罪

4. 对通过发布、删除负面或虚假信息，发送侮辱性信息、图片，以及利用信息、电话骚扰等方式，威胁、要挟、恐吓、滋扰他人，实施黑恶势力违法犯罪的，应当准确认定，依法严惩。

5. 利用信息网络威胁他人，强迫交易，情节严重的，依照刑法第二百二十六条的规定，以强迫交易罪定罪处罚。

6. 利用信息网络威胁、要挟他人，索取公私财物，数额较大，或者多次实施上述行为的，依照刑法第二百七十四条的规定，以敲诈勒索罪定罪处罚。

7. 利用信息网络辱骂、恐吓他人，情节恶劣，破坏社会秩序的，依照刑法第二百九十三条第一款第二项的规定，以寻衅滋事罪定罪处罚。

编造虚假信息，或者明知是编造的虚假信息，在信息网络上散布，或者组织、指使人员在信息网络上散布，起哄闹事，造成公共秩序严重混乱的，依照刑法第二百九十三条第一款第四项的规定，以寻衅滋事罪定罪处罚。

8. 侦办利用信息网络实施的强迫交易、敲诈勒索等非法敛财类案件，确因被害人人数众多等客观条件的限制，无法逐一收集被害人陈述的，可以结合已收集的被害人陈述，以及经查证属实的银行账户交易记录、第三方支付结算账户交易记录、通话记录、电子数据等证据，综合认定被害人人数以及涉案资金数额等。

三、准确认定利用信息网络实施犯罪的黑恶势力

9. 利用信息网络实施违法犯罪活动，符合刑法、《指导意见》以及最高人民法院、最高人民检察院、公安部、司法部《关于办理恶势力刑事案件若干问题的意见》等规定的恶势力、恶势力犯罪集团、黑社会性质组织特征和认定标准的，应当依法认定为恶势力、恶势力犯罪集团、黑社会性质组织。

认定利用信息网络实施违法犯罪活动的黑社会性质组织时，应当依照刑

法第二百九十四条第五款规定的“四个特征”进行综合审查判断，分析“四个特征”相互间的内在联系，根据在网络空间和现实社会中实施违法犯罪活动对公民人身、财产、民主权利和经济、社会生活秩序所造成的危害，准确评价，依法予以认定。

10. 认定利用信息网络实施违法犯罪的黑恶势力组织特征，要从违法犯罪的起因、目的，以及组织、策划、指挥、参与人员是否相对固定，组织形成后是否持续进行犯罪活动、是否有明确的职责分工、行为规范、利益分配机制等方面综合判断。利用信息网络实施违法犯罪的黑恶势力组织成员之间一般通过即时通讯工具、通讯群组、电子邮件、网盘等信息网络方式联络，对部分组织成员通过信息网络方式联络实施黑恶势力违法犯罪活动，即使相互未见面、彼此不熟识，不影响对组织特征的认定。

11. 利用信息网络有组织地通过实施违法犯罪活动或者其他手段获取一定数量的经济利益，用于违法犯罪活动或者支持该组织生存、发展的，应当认定为符合刑法第二百九十四条第五款第二项规定的黑社会性质组织经济特征。

12. 通过线上线下相结合的方式，有组织地多次利用信息网络实施违法犯罪活动，侵犯不特定多人的人身权利、民主权利、财产权利，破坏经济秩序、社会秩序的，应当认定为符合刑法第二百九十四条第五款第三项规定的黑社会性质组织行为特征。单纯通过线上方式实施的违法犯罪活动，且不具有为非作恶、欺压残害群众特征的，一般不应作为黑社会性质组织行为特征的认定依据。

13. 对利用信息网络实施黑恶势力犯罪非法控制和影响的“一定区域或者行业”，应当结合危害行为发生地或者危害行业的相对集中程度，以及犯罪嫌疑人、被告人在网络空间和现实社会中的控制和影响程度综合判断。虽然危害行为发生地、危害的行业比较分散，但涉案犯罪组织利用信息网络多次实施强迫交易、寻衅滋事、敲诈勒索等违法犯罪活动，在网络空间和现实社会造成重大影响，严重破坏经济、社会生活秩序的，应当认定为“在一定区域或者行业内，形成非法控制或者重大影响”。

四、利用信息网络实施黑恶势力犯罪案件管辖

14. 利用信息网络实施的黑恶势力犯罪案件管辖依照《关于办理黑社会性质组织犯罪案件若干问题的规定》和《关于办理网络犯罪案件适用刑事诉讼程序若干问题的意见》的有关规定确定，坚持以犯罪地管辖为主、被告人

居住地管辖为辅的原则。

15. 公安机关可以依法对利用信息网络实施的黑恶势力犯罪相关案件并案侦查或者指定下级公安机关管辖，并案侦查或者由上级公安机关指定管辖的公安机关应当全面调查收集能够证明黑恶势力犯罪事实的证据，各涉案地公安机关应当积极配合。并案侦查或者由上级公安机关指定管辖的案件，需要提请批准逮捕、移送审查起诉、提起公诉的，由立案侦查的公安机关所在地的人民检察院、人民法院受理。

16. 人民检察院对于公安机关提请批准逮捕、移送审查起诉的利用信息网络实施的黑恶势力犯罪案件，人民法院对于已进入审判程序的利用信息网络实施的黑恶势力犯罪案件，被告人及其辩护人提出的管辖异议成立，或者办案单位发现没有管辖权的，受案人民检察院、人民法院经审查，可以依法报请与有管辖权的人民检察院、人民法院共同的上级人民检察院、人民法院指定管辖，不再自行移交。对于在审查批准逮捕阶段，上级检察机关已经指定管辖的案件，审查起诉工作由同一人民检察院受理。人民检察院、人民法院认为应当分案起诉、审理的，可以依法分案处理。

17. 公安机关指定下级公安机关办理利用信息网络实施的黑恶势力犯罪案件的，应当同时抄送同级人民检察院、人民法院。人民检察院认为需要依法指定审判管辖的，应当协商同级人民法院办理指定管辖有关事宜。

18. 本意见自2019年10月21日起施行。

8. 最高人民法院、最高人民检察院、公安部、司法部关于办理恶势力刑事案件若干问题的意见（法发〔2019〕10号，自2019年4月9日起施行）

为认真贯彻落实中央开展扫黑除恶专项斗争的部署要求，正确理解和适用最高人民法院、最高人民检察院、公安部、司法部《关于办理黑恶势力犯罪案件若干问题的指导意见》（法发〔2018〕1号，以下简称《指导意见》），根据刑法、刑事诉讼法及有关司法解释、规范性文件的规定，现对办理恶势力刑事案件若干问题提出如下意见：

一、办理恶势力刑事案件的总体要求

1. 人民法院、人民检察院、公安机关和司法行政机关要深刻认识恶势力违法犯罪的严重社会危害，毫不动摇地坚持依法严惩方针，在侦查、起诉、审判、执行各阶段，运用多种法律手段全面体现依法从严惩处精神，有力震慑恶势力违法犯罪分子，有效打击和预防恶势力违法犯罪。

2. 人民法院、人民检察院、公安机关和司法行政机关要严格坚持依法办案，确保在案件事实清楚，证据确实、充分的基础上，准确认定恶势力和恶势力犯罪集团，坚决防止人为拔高或者降低认定标准。要坚持贯彻落实宽严相济刑事政策，根据犯罪嫌疑人、被告人的主观恶性、人身危险性、在恶势力、恶势力犯罪集团中的地位、作用以及在具体犯罪中的罪责，切实做到宽严有据，罚当其罪，实现政治效果、法律效果和社会效果的统一。

3. 人民法院、人民检察院、公安机关和司法行政机关要充分发挥各自职能，分工负责，互相配合，互相制约，坚持以审判为中心的刑事诉讼制度改革要求，严格执行“三项规程”，不断强化程序意识和证据意识，有效加强法律监督，确保严格执法、公正司法，充分保障当事人、诉讼参与人的各项诉讼权利。

二、恶势力、恶势力犯罪集团的认定标准

4. 恶势力，是指经常纠集在一起，以暴力、威胁或者其他手段，在一定区域或者行业内多次实施违法犯罪活动，为非作恶，欺压百姓，扰乱经济、社会生活秩序，造成较为恶劣的社会影响，但尚未形成黑社会性质组织的违法犯罪组织。

5. 单纯为牟取不法经济利益而实施的“黄、赌、毒、盗、抢、骗”等违法犯罪活动，不具有为非作恶、欺压百姓特征的，或者因本人及近亲属的婚恋纠纷、家庭纠纷、邻里纠纷、劳动纠纷、合法债务纠纷而引发以及其他确属事出有因的违法犯罪活动，不应作为恶势力案件处理。

6. 恶势力一般为3人以上，纠集者相对固定。纠集者，是指在恶势力实施的违法犯罪活动中起组织、策划、指挥作用的违法犯罪分子。成员较为固定且符合恶势力其他认定条件，但多次实施违法犯罪活动是由不同的成员组织、策划、指挥，也可以认定为恶势力，有前述行为的成员均可以认定为纠集者。

恶势力的其他成员，是指知道或应当知道与他人经常纠集在一起是为了共同实施违法犯罪，仍按照纠集者的组织、策划、指挥参与违法犯罪活动的违法犯罪分子，包括已有充分证据证明但尚未归案的人员，以及因法定情形不予追究法律责任，或者因参与实施恶势力违法犯罪活动已受到行政或刑事处罚的人员。仅因临时雇佣或被雇佣、利用或被利用以及受蒙蔽参与少量恶势力违法犯罪活动的，一般不应认定为恶势力成员。

7. “经常纠集在一起，以暴力、威胁或者其他手段，在一定区域或者行业内多次实施违法犯罪活动”，是指犯罪嫌疑人、被告人于2年之内，以暴力、威胁或者其他手段，在一定区域或者行业内多次实施违法犯罪活动，且包括纠集者在内，至少应有2名相同的成员多次参与实施违法犯罪活动。对于“纠集在一起”时间明显较短，实施违法犯罪活动刚刚达到“多次”标准，且尚不足以造成较为恶劣影响的，一般不应认定为恶势力。

8. 恶势力实施的违法犯罪活动，主要为强迫交易、故意伤害、非法拘禁、敲诈勒索、故意毁坏财物、聚众斗殴、寻衅滋事，但也包括具有为非作恶、欺压百姓特征，主要以暴力、威胁为手段的其他违法犯罪活动。

恶势力还可能伴随实施开设赌场、组织卖淫、强迫卖淫、贩卖毒品、运输毒品、制造毒品、抢劫、抢夺、聚众扰乱社会秩序、聚众扰乱公共场所秩序、交通秩序以及聚众“打砸抢”等违法犯罪活动，但仅有前述伴随实施的违法犯罪活动，且不能认定具有为非作恶、欺压百姓特征的，一般不应认定为恶势力。

9. 办理恶势力刑事案件，“多次实施违法犯罪活动”至少应包括1次犯罪活动。对于反复实施强迫交易、非法拘禁、敲诈勒索、寻衅滋事等单一性质的违法行为，单次情节、数额尚不构成犯罪，但按照刑法或者有关司法解释、规范性文件的规定累加后应作为犯罪处理的，在认定是否属于“多次实施违法犯罪活动”时，可将已用于累加的违法行为计为1次犯罪活动，其他违法行为单独计算违法活动的次数。

已被处理或者已作为民间纠纷调处，后经查证确属恶势力违法犯罪活动的，均可以作为认定恶势力的事实依据，但不符合法定情形的，不得重新追究法律责任。

10. 认定“扰乱经济、社会生活秩序，造成较为恶劣的社会影响”，应当结合侵害对象及其数量、违法犯罪次数、手段、规模、人身损害后果、经济损失数额、违法所得数额、引起社会秩序混乱的程度以及对人民群众安全感的影响程度等因素综合把握。

11. 恶势力犯罪集团，是指符合恶势力全部认定条件，同时又符合犯罪集团法定条件的犯罪组织。

恶势力犯罪集团的首要分子，是指在恶势力犯罪集团中起组织、策划、指挥作用的犯罪分子。恶势力犯罪集团的其他成员，是指知道或者应当知道是为共同实施犯罪而组成的较为固定的犯罪组织，仍接受首要分子领导、管理、指挥，并参与该组织犯罪活动的犯罪分子。

恶势力犯罪集团应当有组织地实施多次犯罪活动，同时还可能伴随实施违法活动。恶势力犯罪集团所实施的违法犯罪活动，参照《指导意见》第十条第二款的规定认定。

12. 全部成员或者首要分子、纠集者以及其他重要成员均为未成年人、老年人、残疾人的，认定恶势力、恶势力犯罪集团时应当特别慎重。

三、正确运用宽严相济刑事政策的有关要求

13. 对于恶势力的纠集者、恶势力犯罪集团的首要分子、重要成员以及恶势力、恶势力犯罪集团共同犯罪中罪责严重的主犯，要正确运用法律规定加大惩处力度，对依法应当判处重刑或死刑的，坚决判处重刑或死刑。同时要严格掌握取保候审，严格掌握不起诉，严格掌握缓刑、减刑、假释，严格掌握保外就医适用条件，充分利用资格刑、财产刑等法律手段全方位从严惩处。对于符合刑法第三十七条之一规定的，可以依法禁止其从事相关职业。

对于恶势力、恶势力犯罪集团的其他成员，在共同犯罪中罪责相对较小、人身危险性、主观恶性相对不大的，具有自首、立功、坦白、初犯等法定或酌定从宽处罚情节，可以依法从轻、减轻或免除处罚。认罪认罚或者仅参与实施少量的犯罪活动且只起次要、辅助作用，符合缓刑条件的，可以适用缓刑。

14. 恶势力犯罪集团的首要分子检举揭发与该犯罪集团及其违法犯罪活动有关联的其他犯罪线索，如果在认定立功的问题上存在事实、证据或法律适用方面的争议，应当严格把握。依法应认定为立功或者重大立功的，在决定是否从宽处罚、如何从宽处罚时，应当根据罪责刑相一致原则从严掌握。可能导致全案量刑明显失衡的，不予从宽处罚。

恶势力犯罪集团的其他成员如果能够配合司法机关查办案件，有提供线索、帮助收集证据或者其他协助行为，并在侦破恶势力犯罪集团案件、查处“保护伞”等方面起到较大作用的，即使依法不能认定立功，一般也应酌情对其从轻处罚。

15. 犯罪嫌疑人、被告人同时具有法定、酌定从严和法定、酌定从宽处罚情节的，量刑时要根据所犯具体罪行的严重程度，结合被告人在恶势力、恶势力犯罪集团中的地位、作用、主观恶性、人身危险性等因素整体把握。对于恶势力的纠集者、恶势力犯罪集团的首要分子、重要成员，量刑时要体现总体从严。对于在共同犯罪中罪责相对较小、人身危险性、主观恶性相对不大，且能够真诚认罪悔罪的其他成员，量刑时要体现总体从宽。

16. 恶势力刑事案件的犯罪嫌疑人、被告人自愿如实供述自己的罪行，承认指控的犯罪事实，愿意接受处罚的，可以依法从宽处理，并适用认罪认罚从宽制度。对于犯罪性质恶劣、犯罪手段残忍、社会危害严重的犯罪嫌疑人、被告人，虽然认罪认罚，但不足以从轻处罚的，不适用该制度。

四、办理恶势力刑事案件的其他问题

17. 人民法院、人民检察院、公安机关经审查认为案件符合恶势力认定标准的，应当在起诉意见书、起诉书、判决书、裁定书等法律文书中的案件事实部分明确表述，列明恶势力的纠集者、其他成员、违法犯罪事实以及据以认定的证据；符合恶势力犯罪集团认定标准的，应当在上述法律文书中明确定性，列明首要分子、其他成员、违法犯罪事实以及据以认定的证据，并引用刑法总则关于犯罪集团的相关规定。被告人及其辩护人对恶势力定性提出辩解和辩护意见，人民法院可以在裁判文书中予以评析回应。

恶势力刑事案件的起诉意见书、起诉书、判决书、裁定书等法律文书，可以在案件事实部分先概述恶势力、恶势力犯罪集团的概括事实，再分述具体的恶势力违法犯罪事实。

18. 对于公安机关未在起诉意见书中明确认定，人民检察院在审查起诉期间发现构成恶势力或者恶势力犯罪集团，且相关违法犯罪事实已经查清，证据确实、充分，依法应追究刑事责任的，应当作出起诉决定，根据查明的事实向人民法院提起公诉，并在起诉书中明确认定为恶势力或者恶势力犯罪集团。人民检察院认为恶势力相关违法犯罪事实不清、证据不足，或者存在遗漏恶势力违法犯罪事实、遗漏同案犯罪嫌疑人等情形需要补充侦查的，应当提出具体的书面意见，连同案卷材料一并退回公安机关补充侦查；人民检察院也可以自行侦查，必要时可以要求公安机关提供协助。

对于人民检察院未在起诉书中明确认定，人民法院在审判期间发现构成恶势力或恶势力犯罪集团的，可以建议人民检察院补充或者变更起诉；人民检察院不同意或者在七日内未回复意见的，人民法院不应主动认定，可仅就起诉指控的犯罪事实依照相关规定作出判决、裁定。

审理被告人或者被告人的法定代理人、辩护人、近亲属上诉的案件时，一审判决认定黑社会性质组织有误的，二审法院应当纠正，符合恶势力、恶势力犯罪集团认定标准，应当作出相应认定；一审判决认定恶势力或恶势力犯罪集团有误的，应当纠正，但不得升格认定；一审判决未认定恶势力或恶势力犯罪集团的，不得增加认定。

19. 公安机关、人民检察院、人民法院应当分别以起诉意见书、起诉书、裁判文书所明确的恶势力、恶势力犯罪集团，作为相关数据的统计依据。

20. 本意见自2019年4月9日起施行。

权威解读

解读《最高人民法院、最高人民检察院、公安部、司法部关于办理恶势力刑事案件若干问题的意见》

为认真贯彻落实中央开展扫黑除恶专项斗争的部署要求，依法严惩恶势力违法犯罪，在全国扫黑办的统筹协调下，最高人民法院会同最高人民检察院、公安部、司法部联合制定印发了《关于办理恶势力刑事案件若干问题的意见》（以下简称《恶势力意见》，法发〔2019〕10号），自2019年4月9日起施行。为便于司法实践中准确理解和正确适用，现对《恶势力意见》的制定背景、制定过程中的总体考虑和重点内容予以简要介绍和说明。

一、《恶势力意见》的制定背景

在全国开展扫黑除恶专项斗争，是以习近平同志为核心的党中央站在中国特色社会主义进入新时代、“两个一百年”奋斗目标进入历史交汇期的战略高度作出的一项重大决策部署。为依法、准确、有力惩处黑恶势力犯罪，最高人民法院、最高人民检察院、公安部、司法部于2018年1月出台了《关于办理黑恶势力犯罪案件若干问题的指导意见》（法发〔2018〕1号，以下简称《指导意见》），对于指导办理黑恶势力犯罪案件发挥了重要作用。随着专项斗争全面深入推进，新情况、新问题不断出现，在办理恶势力刑事案件方面，一些《指导意见》未作规定或者有关规定尚需进一步细化、完善的问题，越发困扰执法办案一线。

2018年10月，中央政法委召开全国扫黑除恶专项斗争推进会，对深入推进扫黑除恶专项斗争作出全面部署，明确提出要进一步统一执法办案思想，在提高法治化水平上实现新突破。根据全国扫黑办的部署安排，最高人民法院第一时间成立了专题调研小组，经过充分调研，在深入总结实践经验和突出问题的基础上研究起草了《恶势力意见》稿，并广泛征求和听取意见，经多次修改和完善后形成《恶势力意见》。《恶势力意见》经最高人民法院、最高人民检察院、公安部、司法部会签，于2019年4月9日向社会发布并施行。

二、制定《恶势力意见》的总体考虑

第一，满足实践需要，解决突出问题。由于恶势力不是一个法定概念，导致有的地方公检法机关对于恶势力的认识分歧较大、执法尺度把握不一，在一定程度上影响了打击效果。为此，《恶势力意见》研究起草牢固坚持问题导向，力求通过进一步明晰法律、政策适用，回应司法实践中依法严惩恶势力、恶势力犯罪集团的迫切需要。从前期调研情况来看，各地政法机关反映的问题基本都集中在恶势力违法犯罪认定、宽严相济刑事政策把握和恶势力刑事案件的办理程序三个方面。基于这一情况，《恶势力意见》在设计总体框架时，即明确将前述三个方面问题作为规制重点，在《恶势力意见》的第二、第三、第四部分分别作出详细规定，以期有效指导司法实践，解决办理恶势力刑事案件中的突出问题。

第二，坚持依法办案，体现从严惩处。在研究起草《恶势力意见》时，我们坚持充分运用法治思维和法治方式，确保将依法严惩的要求落到实处。首先，《恶势力意见》有关内容和办案要求均严格依照《刑法》《刑事诉讼法》及有关司法解释、规范性文件的规定，强调要在案件事实清楚，证据确实、充分的基础上，准确认定恶势力和恶势力犯罪集团，坚决防止人为拔高或者降低认定标准，确保严守法律底线，保障政法机关依法办案。其次，《恶势力意见》明确要毫不动摇地坚持依法严惩方针，强调要在侦查、起诉、审判、执行各阶段体现全程从严，要运用多种法律手段体现全面从严。同时，还强调要坚持贯彻落实宽严相济刑事政策，切实做到宽严有据，罚当其罪，防止将依法从严理解为片面从严。最后，《恶势力意见》明确要坚持“分工负责，互相配合，互相制约”等刑事诉讼基本原则，坚持以审判为中心的刑事诉讼制度改革要求，不断强化程序意识和证据意识。其中，《恶势力意见》强调严格执行“三项规程”，就是要突出“三项规程”在办理恶势力刑事案件中对于规范办案程序的重要意义，提示办案人员要“规行矩步”“照章办事”，推动侦查机关、公诉机关按照证据裁判的要求和标准收集、固定、审查、运用证据，审判机关充分发挥庭前会议程序作用、规范有序组织庭审，确保将每一起恶势力刑事案件都办成经得起法律和历史检验的铁案。

第三，继承既有成果，指导长远实践。《指导意见》对恶势力作出的相关规定，是对以往司法经验的深刻总结，对于依法办理恶势力刑事案件具有重要影响。《恶势力意见》的定位不是对《指导意见》作出变更、修改，而是在继受、吸收《指导意见》既有规定的基础上进行进一步细化、补充、完善，力争在满足当前扫黑除恶专项斗争需要的同时，能够在今后较长一个时期内指导司法实践，并逐步建立起办理恶势力刑事案件的规范体系。

三、对于《恶势力意见》重点内容的解读

（一）关于恶势力、恶势力犯罪集团的认定标准

1. 关于“为非作恶，欺压百姓”特征，以及恶势力与普通违法犯罪团伙的区别

《恶势力意见》第四条沿用了《指导意见》对恶势力的定义，其中“尚未形成黑社会性质组织的违法犯罪组织”这一表述，既明确了恶势力与黑社会性质组织间的内在联系，也厘清了恶势力与普通违法犯罪团伙的关系。作为一种共同违法犯罪的特殊形式，恶势力在组织形式、行为方式、危害后果等方面与黑社会性质组织均有一定的相似之处，虽尚未达到黑社会性质组织的严重程度，但已经初具雏形，如果不加以限制和打击，就有可能发展成为黑社会性质组织。扫黑除恶专项斗争之所以明确提出“扫黑”与“除恶”并重，正是因为准确洞察“黑”与“恶”的内在联系，故而要以“打早打小”的惩治策略来实现“斩草除根”的惩治效果。基于同样的理由，恶势力的定义与黑社会性质组织的认定标准也具有明显的相似性和对应性。比如，二者都要求“以暴力、威胁或者其他手段，多次实施违法犯罪活动”；又如，恶势力定义中的“为非作恶，欺压百姓”，与黑社会性质组织行为特征中的“为非作恶，欺压、残害群众”相对应，“造成较为恶劣的社会影响”与黑社会性质组织危害性特征中的“形成非法控制或者重大影响”相对应。因此，在认定恶势力时，要深刻理解和准确把握“黑”与“恶”的关系以及恶势力与普通违法犯罪团伙的区别，避免认定扩大化、随意化，确保“打准打实”的原则落到实处。

（1）办案时要认真审查违法犯罪活动是否带有“为非作恶，欺压百姓”特征。黑社会性质组织的危害性特征中有“称霸一方”的要求，这实际上不仅勾勒出黑社会性质组织形成的不法状态，同时也反映了黑社会性质组织的总体违法犯罪意图，从而可以清晰地划定黑社会性质组织与恐怖组织、邪教组织等其他犯罪组织的楚河汉界。恶势力的定义中未包含类似的主观方面要

求，主要是考虑恶势力尚处于相对松散的低端形态，不宜完全参照黑社会性质组织的认定标准。但是，“恶”与“黑”的演进关系和内在联系，决定了恶势力实施违法犯罪活动一般都会不同程度地带有“形成非法影响、谋求强势地位”的意图，并会通过不断累积的非法影响、日益巩固的强势地位攫取不法利益，壮大自身实力，最终形成对一定区域或者行业的非法控制，完成恶势力向黑社会性质组织的蜕变。在司法实践中，违法犯罪意图往往较为抽象和复杂，不易判断和把握，这就需要根据犯罪嫌疑人、被告人的客观行为，特别是违法犯罪活动的动机、起因、手段等情节来认定。就恶势力“形成非法影响、谋求强势地位”的意图而言，其表征于外的便是实施违法犯罪活动必然带有“为非作恶，欺压百姓”的特征。因此，“为非作恶，欺压百姓”这一特征便成为区分恶势力和普通共同犯罪团伙的关键标志。所谓“为非作恶，欺压百姓”，从字面上来理解，是指做坏事、施恶行，欺负、压迫群众，办案时要注意全面、准确地把握其含义。首先，“为非作恶”，不仅指行为性质具有不法性，同时也要求行为的动机、目的、起因带有不法性，因婚恋纠纷、家庭纠纷、邻里纠纷、劳动纠纷、合法债务纠纷而引发以及其他确属事出有因的违法犯罪活动，就不宜归入“为非作恶”之列。其次，“欺压百姓”，要求“为非作恶”的方式、手段带有欺凌、强制、压迫的性质，也就是要利用物理强制或心理强制手段侵害群众权益。因此，暴力、威胁应是恶势力较常采用的违法犯罪活动手段。此处需要说明的是，实践中经常会有这样的案件：恶势力之间互相争斗，违法犯罪活动未伤及无辜群众，是否属于“欺压百姓”？我们认为，“欺压百姓”既包括直接以普通群众为对象实施违法犯罪活动的情形，也包括因逞强争霸、好勇斗狠、树立恶名、抢夺地盘等不法动机实施违法犯罪活动，直接或间接破坏人民群众安全感的情形。这是因为，恶势力处于不断发展过程中，违法犯罪活动对象并不特定，即便在个案中未直接侵害普通群众权益，但其发展壮大后必然会对人民群众的人身权利、财产权利、民主权利形成威胁或造成损害，故对“欺压百姓”不应作狭义理解。

（2）办案时要准确区分恶势力与普通违法犯罪团伙。恶势力与普通违法犯罪团伙都具有一定的组织性、稳定性，但二者在有无“为非作恶，欺压百姓”特征、有无“造成较为恶劣的社会影响”等方面存在区别。在具体案件中，可以从以下方面分解细化：

一是违法犯罪手段具有特定性。如前所述，“欺压百姓”的特定含义，决定了恶势力实施违法犯罪活动应当以暴力、威胁为主要手段。而普通违法犯罪团伙则没有这方面要求，犯罪手段要根据其具体实施的犯罪行为而定。

二是行为方式具有公开性。恶势力实施违法犯罪活动一般都会不同程度地带有“形成非法影响、谋求强势地位”的意图，而且客观上要求“在一定区域或者行业内，造成较为恶劣的社会影响”，因此，其实施违法犯罪活动必然具有一定的公开性，也就是通常所说的“横行乡里，肆无忌惮”。而普通共同违法犯罪通常采用较为隐蔽的方式实施，在实现犯罪目的后就设法隐匿踪迹、毁灭痕迹，不会有意制造或者放任形成不法影响。

三是危害后果具有多重性。恶势力因为意图“形成非法影响、谋求强势地位”，其违法犯罪活动带来的危害往往具有复合性，在侵犯公民人身、财产权利的同时，还会破坏市场经济秩序或者社会管理秩序。而普通违法犯罪团伙一般是出于某种特定的违法犯罪目的而聚集，造成的危害后果通常具有单一性。因此，《恶势力意见》第五条作出排除性规定，将“单纯为牟取不法经济利益而实施的‘黄、赌、毒、盗、抢、骗’等违法犯罪活动，不具有为非作恶、欺压百姓特征的”排除在恶势力案件之外。同时，在《恶势力意见》其他条款中也有类似提示，认定恶势力、恶势力犯罪集团时，应杜绝只看“人数”“行为次数”和“罪名”的错误倾向。

2. 关于恶势力的成员人数及各类成员的认定、区分

《恶势力意见》第六条吸收了《指导意见》中“恶势力一般为三人以上，纠集者相对固定”的规定，并明确了恶势力纠集者、其他成员的认定和区分。关于恶势力的成员人数，有一种观点认为，由于《指导意见》规定恶势力是“一般”而非“应当”为三人以上，因此，对于二人共同实施，甚至一人单独实施多次违法犯罪活动，造成较为恶劣社会影响的，也完全可以认定为“二人恶势力”甚至“一人恶势力”。我们认为，这种观点并不准确，在绝大多数案件中应当将恶势力的成员人数把握在三人以上。主要理由是，恶势力是一类违法犯罪组织，作为共同违法犯罪的特殊形式，不论是从《刑法》相关规定还是从文义解释来看，其人数下限原则上都应高于一般的共同违法犯罪，只有在“为非作恶，欺压百姓”特征十分明显、危害后果特别严重的极个别情况下，才可以考虑认定“二人恶势力”。至于“一人恶势力”，则明显不符合违法犯罪组织的基本构成条件，应当坚决排除在外。

关于恶势力的纠集者，《指导意见》规定“纠集者相对固定”却没有明确纠集者的概念，使实践中各地、政法各单位对恶势力的纠集者理解、把握有不同程度差异。为此，《恶势力意见》明确“纠集者，是指在恶势力实施的违法犯罪活动中起组织、策划、指挥作用的违法犯罪分子”。需要说明的是，由于恶势力属于相对松散的违法犯罪组织，故其纠集者所起的组织、策划、指挥作用主要体现在恶势力实施的具体违法犯罪活动中，不必然及于整个违法犯罪组织的运行、活动。此外，有意见提出，实践中常有多名较为固定的违法犯罪分子相互纠集，除多次实施违法犯罪活动是由不同的人员组织、策划、指挥外，均符合恶势力其他认定条件，建议将此类情况也认定为恶势力。我们经研究认为，在前述情况下，多名违法犯罪分子通常关系较为紧密、地位基本相当，在多次违法犯罪活动中起组织、策划、指挥作用的具体人员虽有不同，但也是视情况在特定几人中产生，因而符合“恶势力纠集者相对固定”这一规定的本质要求。故《恶势力意见》采纳了这一观点，并且明确有组织、策划、指挥具体违法犯罪活动行为的成员均可以认定为纠集者。

关于恶势力的其他成员，《恶势力意见》坚持了主客观相一致原则，要求行为人需要在主观认识上“知道或者应当知道与他人经常纠集在一起是为了共同实施违法犯罪”，在主观意志上要有加入恶势力的意愿，即“仍按照纠集者的组织、策划、指挥”，在客观行为上“参与违法犯罪活动”，方可认定为恶势力成员。对于那些主观上并无加入恶势力意愿，仅因临时雇佣或被雇佣、利用或被利用以及受蒙蔽参与少量恶势力违法犯罪活动的人员，一般不应认定为恶势力成员。从实践情况来看，行为人有无参与恶势力实施的违法犯罪活动一般能够通过充分的证据直观反映，而行为人的主观认知与态度则要结合其参与违法犯罪活动时的具体行为、所起作用、与其他恶势力成员间的关系等事实予以认定。在办理案件时，应当结合《恶势力意见》规定注意把握以下两点：一是行为人在知晓与他人经常纠集在一起是为了共同实施违法犯罪的情况下，依然按照纠集者组织、策划、指挥行事，通常会具体表现为与其他成员平时联系较紧密、对所参与实施的违法犯罪活动的动机、起因、对象比较了解且行为积极、作用明显等；二是在适用恶势力成员的排除性规定时，要注意把握参与违法犯罪活动的“临时”“少量”。对于表面虽有雇佣或被雇佣、利用或被利用关系，但是长时间或者多次参与恶势力违法犯罪活动的，应当视为行为人已具有加入恶势力的意愿，避免违法犯罪分子利用规定逃避打击。

3. 关于“经常纠集在一起”的把握

根据《指导意见》规定，认定恶势力要求犯罪嫌疑人、被告人经常纠集在一起，并且多次实施违法犯罪活动。但对于“经常纠集在一起”应当如何理解、把握，《指导意见》并未明确。我们认为，认定“经常纠集在一起”，要审查犯罪嫌疑人、被告人日常联系是否紧密，但更主要的是看有无在一定时期内共同“多次实施违法犯罪活动”，前者在很大程度上需要通过后者的时间跨度和参与人员稳定性来反映和证明。

（1）关于多次实施违法犯罪活动的时间跨度

“经常纠集在一起”，实际上反映了对违法犯罪组织持续性的要求，而这种持续性主要是靠一定时期内违法犯罪活动的反复实施来体现。一方面“多次实施违法犯罪活动”需要达到一定的频度，不能相隔过久；另一方面也要求违法犯罪活动不能过于集中，换言之，就是“纠集在一起”的时间不能过于短暂。因此，有必要对“多次实施违法犯罪活动”的时间跨度加以适当限定。例如，甲、乙、丙三人曾经共同实施过两起寻衅滋事违法活动，之后很长一段时间里没有惹是生非，直至六七年后又共同实施了一起故意伤害犯罪，在形式上虽然符合“多人”“多次”标准，但由于违法活动和犯罪活动的时间间隔过长，实际上已经难以认定甲、乙、丙三人“经常纠集在一起”，不应以恶势力来评价。又如，甲、乙、丙三人在短短数天内连续共同实施三起违法犯罪活动，但除此之外再无其他违法犯罪事实，尽管在形式上同样也已符合“多人”“多次”标准，但由于“纠集在一起”的时间明显较短，故不足以作为违法犯罪组织来评价。当然这种情形并不绝对，如果时间虽短，但违法犯罪活动远超“多次”标准，且已造成较为恶劣的社会影响，同时符合其他认定条件的，也可以认定为恶势力。

（2）关于成员的稳定性

恶势力作为一类违法犯罪组织，其成员需要有一定的稳定性，如果每次参与实施违法犯罪活动的人员都变化不定，那么也很难认定其已形成“组织”。因此，本次出台的意见规定“包括纠集者在内，至少应有2名相同的成员多次参与实施违法犯罪活动”，办案时要特别注意这一点，不能不区分情况，简单地将若干不同人员实施违法犯罪活动叠加，打包后作为恶势力刑事案件来处理。

4. 关于恶势力主要实施和伴随实施的违法犯罪活动

恶势力主要实施的违法犯罪活动，是指恶势力惯常实施且能够较明显地反映恶势力“为非作恶，欺压百姓”特征的违法犯罪活动。《指导意见》提示性地列举了强迫交易、故意伤害、非法拘禁、敲诈勒索、故意毁坏财物、聚众斗殴、寻衅滋事，并在之后加了一个“等”字。实践中有观点认为，犯罪嫌疑人、被告人只要多次共同实施上述七类中的一种或数种违法犯罪活动，就可以认定为恶势力。对此，前文已作分析，不能简单地以罪名来认定恶势力，办案时还要根据案件的动机、起因、对象、危害后果等综合判断。此外，实践中对于“等”字也有不同理解，《恶势力意见》第八条第一款针对该问题作出回应。

与“主要实施”相对应，开设赌场、组织卖淫、强迫卖淫、贩卖毒品、运输毒品、制造毒品、抢劫、抢夺、聚众扰乱社会秩序、聚众扰乱公共场所秩序、交通秩序以及聚众“打砸抢”等，是恶势力案件中伴随实施的违法犯罪活动。之所以称为“伴随实施”，是因为这些违法犯罪活动在恶势力案件中虽然也很常见，但有的缺少公开性，有的没有具体被害人，有的危害后果仅限于侵害财产权，还有的往往事出有因，故在通常情况下，仅有这些违法犯罪活动还不足以体现恶势力“为非作恶，欺压百姓”的特征。因此，如果犯罪嫌疑人、被告人仅是共同实施了以上一种或数种违法犯罪活动，一般不应认定为恶势力。但这也并不绝对，诸如聚众“打砸抢”等违法犯罪活动，在不少案件中也可以明显地反映出犯罪嫌疑人、被告人“为非作恶，欺压百姓”的特征，如果同时符合其他认定条件，也可认定为恶势力。基于以上理解，《恶势力意见》第八条第二款对《指导意见》中恶势力伴随实施的违法犯罪活动有关规定进行了进一步完善。

5. 关于反复实施单一性质违法行为的评价

《恶势力意见》第九条第一款规定：“对于反复实施强迫交易、非法拘禁、敲诈勒索、寻衅滋事等单一性质的违法行为，单次情节、数额尚不构成犯罪，但按照刑法或者有关司法解释、规范性文件的规定累加后应作为犯罪处理的，在认定是否属于‘多次实施违法犯罪活动’时，可将已用于累加的违法行为计为1次犯罪活动，其他违法行为单独计算违法活动的次数。”以上规定，主要考虑违法行为是恶势力违法犯罪活动的重要组成部分，对于认定恶势力意义重大。特别是对那些“大罪不犯，小恶不断”的团伙，如果其行为符合

“为非作恶，欺压百姓”特征，且已造成较为恶劣的社会影响的，完全有必要作为恶势力打击处理。以寻衅滋事为例，假如犯罪嫌疑人、被告人共同实施了五次随意殴打他人的寻衅滋事违法行为，虽然只能按照一罪处理，但超出“多次随意殴打他人”入罪标准的那部分违法行为，可以单独计算违法活动的次数，也就是视为一次犯罪活动和二次违法活动，这样就符合了恶势力“多次实施违法犯罪活动”的要求，如果同时符合其他认定条件的，应当作为恶势力案件处理。如此认定，可以更加全面、准确评价相关违法犯罪活动所造成的社会危害。

6. 关于恶势力危害后果的认定

《指导意见》规定，恶势力“扰乱经济、社会生活秩序，造成较为恶劣的社会影响”，但没有明确前述后果应当如何认定。我们认为，恶势力“造成较为恶劣的社会影响”并不是仅指案件的社会知晓度或者产生的轰动效应，而是与黑社会性质组织形成的非法控制或者重大影响相类似，表现为对经济、社会生活秩序干扰、破坏和影响程度。故《恶势力意见》第十条借鉴黑社会性质组织犯罪危害性特征的规定，从侵害对象及其数量、违法犯罪次数、手段、规模、人身损害后果、经济损失数额、违法所得数额、引起社会秩序混乱的程度以及对人民群众安全感的影响程度等方面提出了认定恶势力危害后果的方向性指引，供办案机关结合案情和本地区实际情况综合把握。

7. 恶势力犯罪集团的有关问题

《恶势力意见》第十一条在《指导意见》有关规定的基础上对恶势力犯罪集团的定义作出了进一步明确，既符合恶势力全部认定条件，同时又符合犯罪集团法定条件的犯罪组织。可以说，恶势力是形成恶势力犯罪集团的基础，恶势力犯罪集团是恶势力的下一发展形态。与恶势力的纠集者不同，由于犯罪集团是一个法定概念，《刑法》中对犯罪集团的首要分子已有明确界定，因而《恶势力意见》对于恶势力犯罪集团首要分子的定义也宜与之保持一致。

对恶势力犯罪集团的首要分子，按照恶势力集团所犯全部罪行处罚，是用足用好《刑法》总则关于犯罪集团的规定，实现依法从严惩处的重要途径。为此，只有准确认定恶势力犯罪集团实施的违法犯罪活动，将集团与成员个人的违法犯罪区分开来，才能确保精准打击、不枉不纵。由于黑社会性质组织属于特殊的犯罪集团，因而在违法犯罪活动区分问题上与恶势力犯罪集团具有一致性，故《恶势力意见》明确直接参照《指导意见》第十条第二款的规定认定恶势力犯罪集团所实施的违法犯罪活动。

8. 关于特定群体认定恶势力、恶势力犯罪集团的问题

考虑到未成年人、老年人、残疾人由于心智、身体等方面的特点，在实施违法犯罪的方式和行为表现上往往与典型的恶势力、恶势力犯罪集团有所区别。故《恶势力意见》第十二条明确，全部成员或者首要分子、纠集者以及其他重要成员均为未成年人、老年人、残疾人的，认定恶势力、恶势力犯罪集团时应当特别慎重。

（二）关于正确运用宽严相济刑事政策的有关要求

1. 关于运用宽严相济刑事政策的总体把握

宽严相济刑事政策是我国的基本刑事政策，贯穿于刑事立法、刑事司法和刑罚执行的全过程，在办理恶势力刑事案件过程中同样需要一以贯之。宽严相济的核心就是要根据犯罪的具体情况，实行区别对待，做到该宽则宽，当严则严，宽严相济，罚当其罪。首先，对于恶势力犯罪整体来说，由于其严重的社会危害性，与办理其他刑事案件相比，在总体上应当体现依法从严惩处方针，这是宽严相济刑事政策的内在要求。其次，对具体的恶势力刑事案件而言，要深刻认识“没有区别就没有政策”，不能将依法严惩简单理解为一律从严，而是要充分体现区分情况、区别对待的原则，根据犯罪嫌疑人、被告人的主观恶性、人身危险性、在恶势力、恶势力犯罪集团中的地位、作用以及在具体犯罪中的罪责来确定不同的刑罚，切实全面发挥刑罚功能，做到坚持宽严并举、突出惩治重点，实现政治效果、法律效果和社会效果的统一。最后，要注重综合运用多种法律手段充分体现依法从“严”、从“宽”的政策要求，这也是《恶势力意见》第十三条着重解决的问题。

2. 对恶势力犯罪集团不同类型成员立功情节的把握

根据《恶势力意见》第十四条的规定，对恶势力犯罪集团首要分子的立功情节应当从严把握、区别对待。这一规定是宽严相济刑事政策的具体体现，是对既往严格把握黑社会性质组织的组织者、领导者立功情节相关规定的借鉴和发展，进一步体现了不让犯罪分子利用优势地位得利的从严惩处精神。在研究起草过程中，有观点认为，对恶势力纠集者的立功情节也应从严把握、区别对待。我们认为，恶势力犯罪集团属于为共同实施犯罪而组成的较为固定的犯罪组织，已经达到了相当高的组织化程度，离黑社会性质组织更近一

步，但恶势力还处在“纠集”层面，组织较为松散，纠集者的作用一般只体现在具体违法犯罪活动中，平时与其他成员大多没有领导、管理关系，故其没有明显的优势地位，难以与恶势力犯罪集团的首要分子相提并论，故《恶势力意见》未采纳这种观点。此外，《恶势力意见》还昭示了对于恶势力犯罪集团的其他成员通过提供线索、帮助收集证据或者其他协助行为，配合司法机关查办案件的应予积极评价，并且明确提出，在侦破恶势力犯罪集团案件、查处“保护伞”等方面起到较大作用的，即使依法不能认定立功，一般也应酌情对其从轻处罚，可以起到分化、瓦解犯罪分子，提高案件查办效率的效果。

3. 对同时具有从严、从宽处罚情节的把握

实践中，常有恶势力刑事案件的犯罪嫌疑人、被告人同时具有法定、酌定从严和法定、酌定从宽处罚情节，需要在量刑时作出总体把握。对此，《恶势力意见》在吸收《宽严相济意见》（法发〔2010〕9 号）有关规定的基础上，进一步强调对于恶势力的纠集者、恶势力犯罪集团的首要分子、重要成员，量刑时要体现总体从严；对于在共同犯罪中罪责相对较小、人身危险性、主观恶性相对不大，且能够真诚认罪悔罪的其他成员，量刑时要体现总体从宽。通过这一规定，《恶势力意见》力求实现对宽和严两种手段的综合运用，对不同的犯罪和犯罪分子作出区别对待，切实做到严中有宽、宽以济严；宽中有严、严以济宽。

4. 关于认罪认罚从宽制度的适用

2018 年 10 月 26 日，第十三届全国人大常委会第六次会议通过《关于修改〈中华人民共和国刑事诉讼法〉的决定》，将认罪认罚从宽制度改革成果以法律形式固定下来。认罪认罚从宽制度对于更好落实坦白从宽、全面贯彻宽严相济，推进繁简分流，实现公正与效率相统一都有着重要意义。但是，在办理恶势力刑事案件过程中能否适用该制度存在争议，实践中也确实存在“不敢用”的问题。我们认为，认罪认罚从宽制度是宽严相济、坦白从宽刑事政策的具体化和制度化，其制度定位决定了认罪认罚从宽制度没有特别的案件范围限制。故《恶势力意见》规定，恶势力刑事案件的犯罪嫌疑人、被告人自愿如实供述自己的罪行，承认指控的犯罪事实，愿意接受处罚的，可以依法从宽处理，并适用认罪认罚从宽制度。但是，需要注意，根据《刑事诉讼法》第十五条的规定，认罪认罚从宽绝不是“一律从宽”，而是“依法”

从宽、“可以”从宽，在适用时必须坚持宽严相济刑事政策。因此，对那些犯罪性质恶劣、犯罪手段残忍、社会危害严重的犯罪嫌疑人、被告人，其认罪认罚不足以从轻处罚的，《恶势力意见》也明确对其排除适用认罪认罚从宽制度。

（三）办理恶势力刑事案件的其他问题

1. 关于恶势力刑事案件的文书表述问题

《指导意见》第十四条第二款规定：“在相关法律文书的犯罪事实认定部分，可使用‘恶势力’等表述加以描述。”这是相比以往规范性文件的一大创新之处，首次提出了恶势力的法律文书表述问题，对于办理恶势力刑事案件的制度化、规范化具有重要意义。《恶势力意见》基于一年多来扫黑除恶专项斗争的司法实践，对恶势力刑事案件法律文书的制作规范作了进一步完善，主要体现在以下方面：

一是《恶势力意见》第十七条将“可使用‘恶势力’等表述加以描述”的要求上升为“应当”明确表述或者定性。主要考虑，认定恶势力、恶势力犯罪集团是对犯罪嫌疑人、被告人的否定性评价，一旦认定就要在刑事诉讼各阶段对其体现整体从严，对犯罪嫌疑人、被告人的实体和程序利益影响重大。《恶势力意见》要求在法律文书中一律明确表述恶势力或者明确恶势力犯罪集团的定性，不仅体现了司法公开的基本精神，也是对当事人知情权和辩解、辩护权的进一步保障。此外，在相关法律文书中明确表述恶势力或者明确恶势力犯罪集团的定性，还有利于侦查、审查起诉、审判、执行各阶段工作的顺畅衔接，进一步提高恶势力刑事案件办理的法治化、规范化水平。

二是《恶势力意见》提出了恶势力刑事案件法律文书的制作要求和指引。《恶势力意见》明确要求认定恶势力的案件，要同时在法律文书事实部分列明恶势力的纠集者、其他成员、违法犯罪事实以及据以认定的证据；符合恶势力犯罪集团认定标准的，同时应当列明首要分子、其他成员、违法犯罪事实以及据以认定的证据，并引用刑法总则关于犯罪集团的相关规定。同时，《恶势力意见》还明确“被告人及其辩护人对恶势力定性提出辩解和辩护意见，人民法院可以在裁判文书中予以评析回应”，既统一了实践中的不同做法，也符合裁判说理的工作要求。

2. 关于不诉不理原则和上诉不加刑原则的适用问题

根据不诉不理原则，《恶势力意见》规定，人民检察院如果没有指控恶势力或恶势力犯罪集团的，人民法院不应主动认定，可仅就起诉指控的犯罪事实依照相关规定作出判决、裁定；还根据上诉不加刑原则规定，审理上诉案件时，一审认定黑恶势力有误，二审可以纠正，但不能增加或者升格认定，充分保障被告人的上诉权，防止上诉可能给被告人带来的不利后果。对此，在《恶势力意见》研究起草过程中曾有不同观点，认为恶势力不是独立的罪名，仅属于司法认定的事实和酌定的量刑情节，所以即便人民检察院未在起诉书中指控，人民法院在审判期间发现构成恶势力的，也可以主动认定；同理，一审判决在认定恶势力存在错误，该定未定的，二审法院可以通过增加认定来予以纠正。我们认为，产生这一分歧的关键在于对认定恶势力的法律意义应如何定位。根据《指导意见》和《恶势力意见》规定，认定恶势力不仅会导致量刑从重，还会产生其他不利于被告人的法律后果，一是在执行刑罚时，减刑、假释、保外就医等均会被从严掌握；二是认定恶势力后，在适用部分罪名（如敲诈勒索罪）时入罪标准会有相应降低。因此，是否认定恶势力，事实上对被告人实体、程序利益均有重大影响，应当受到不诉不理原则和上诉不加刑原则的限制，故《恶势力意见》未采纳前述观点。

（撰稿：朱和庆、周川、李梦龙）

9. 最高人民法院、最高人民检察院、公安部、司法部关于办理实施“软暴力”的刑事案件若干问题的意见（自2019年4月9日起施行）

为深入贯彻落实中央关于开展扫黑除恶专项斗争的决策部署，正确理解和适用最高人民法院、最高人民检察院、公安部、司法部《关于办理黑恶势力犯罪案件若干问题的指导意见》（法发〔2018〕1号，以下简称《指导意见》）关于对依法惩处采用“软暴力”实施犯罪的规定，依法办理相关犯罪案件，根据《刑法》《刑事诉讼法》及有关司法解释、规范性文件，提出如下意见：

一、“软暴力”是指行为人为谋取不法利益或形成非法影响，对他人或者在有关场所进行滋扰、纠缠、哄闹、聚众造势等，足以使他人产生恐惧、恐慌进而形成心理强制，或者足以影响、限制人身自由、危及人身财产安全，影响正常生活、工作、生产、经营的违法犯罪手段。

二、“软暴力”违法犯罪手段通常的表现形式有：

（一）侵犯人身权利、民主权利、财产权利的手段，包括但不限于跟踪贴靠、扬言传播疾病、揭发隐私、恶意举报、诬告陷害、破坏、霸占财物等；

（二）扰乱正常生活、工作、生产、经营秩序的手段，包括但不限于非法侵入他人住宅、破坏生活设施、设置生活障碍、贴报喷字、拉挂横幅、燃放鞭炮、播放哀乐、摆放花圈、泼洒污物、断水断电、堵门阻工，以及通过驱赶从业人员、派驻人员据守等方式直接或间接地控制厂房、办公区、经营场所等；

（三）扰乱社会秩序的手段，包括但不限于摆场架势示威、聚众哄闹滋扰、拦路闹事等；

（四）其他符合本意见第一条规定的“软暴力”手段。

通过信息网络或者通讯工具实施，符合本意见第一条规定的违法犯罪手段，应当认定为“软暴力”。

三、行为人实施“软暴力”，具有下列情形之一，可以认定为足以使他人产生恐惧、恐慌进而形成心理强制或者足以影响、限制人身自由、危及人身财产安全或者影响正常生活、工作、生产、经营：

（一）黑恶势力实施的；

（二）以黑恶势力名义实施的；

（三）曾因组织、领导、参加黑社会性质组织、恶势力犯罪集团、恶势力以及因强迫交易、非法拘禁、敲诈勒索、聚众斗殴、寻衅滋事等犯罪受过刑事处罚后又实施的；

（四）携带凶器实施的；

（五）有组织地实施的或者足以使他人认为暴力、威胁具有现实可能性的；

（六）其他足以使他人产生恐惧、恐慌进而形成心理强制或者足以影响、限制人身自由、危及人身财产安全或者影响正常生活、工作、生产、经营的情形。

由多人实施的，编造或明示暴力违法犯罪经历进行恐吓的，或者以自报组织、头目名号、统一着装、显露纹身、特殊标识以及其他明示、暗示方式，足以使他人感知相关行为的有组织性的，应当认定为“以黑恶势力名义实施”。

由多人实施的，只要有部分行为人符合本条第一款第（一）项至第（四）项所列情形的，该项即成立。

虽然具体实施“软暴力”的行为人不符合本条第一款第（一）项、第

（三）项所列情形，但雇佣者、指使者或者纠集者符合的，该项成立。

四、“软暴力”手段属于《刑法》第二百九十四条第五款第（三）项“黑社会性质组织行为特征”以及《指导意见》第14条“恶势力”概念中的“其他手段”。

五、采用“软暴力”手段，使他人产生心理恐惧或者形成心理强制，分别属于《刑法》第二百二十六条规定的“威胁”、《刑法》第二百九十三条第一款第（二）项规定的“恐吓”，同时符合其他犯罪构成要件的，应当分别以强迫交易罪、寻衅滋事罪定罪处罚。

《关于办理寻衅滋事刑事案件适用法律若干问题的解释》第二条至第四条中的“多次”一般应当理解为二年内实施寻衅滋事行为三次以上。三次以上寻衅滋事行为既包括同一类别的行为，也包括不同类别的行为；既包括未受行政处罚的行为，也包括已受行政处罚的行为。

六、有组织地多次短时间非法拘禁他人的，应当认定为《刑法》第二百三十八条规定的“以其他方法非法剥夺他人人身自由”。非法拘禁他人三次以上、每次持续时间在四小时以上，或者非法拘禁他人累计时间在十二小时以上的，应当以非法拘禁罪定罪处罚。

七、以“软暴力”手段非法进入或者滞留他人住宅的，应当认定为《刑法》第二百四十五条规定的“非法侵入他人住宅”，同时符合其他犯罪构成要件的，应当以非法侵入住宅罪定罪处罚。

八、以非法占有为目的，采用“软暴力”手段强行索取公私财物，同时符合《刑法》第二百七十四条规定的其他犯罪构成要件的，应当以敲诈勒索罪定罪处罚。

《关于办理敲诈勒索刑事案件适用法律若干问题的解释》第三条中“二年内敲诈勒索三次以上”，包括已受行政处罚的行为。

九、采用“软暴力”手段，同时构成两种以上犯罪的，依法按照处罚较重的犯罪定罪处罚，法律另有规定的除外。

十、根据本意见第五条、第八条规定，对已受行政处罚的行为追究刑事责任的，行为人先前所受的行政拘留处罚应当折抵刑期，罚款应当抵扣罚金。

十一、雇佣、指使他人采用“软暴力”手段强迫交易、敲诈勒索，构成强迫交易罪、敲诈勒索罪的，对雇佣者、指使者，一般应当以共同犯罪中的主犯论处。

为强索不受法律保护的债务或者因其他非法目的，雇佣、指使他人采用“软暴力”手段非法剥夺他人人身自由构成非法拘禁罪，或者非法侵入他人住宅、寻衅滋事，构成非法侵入住宅罪、寻衅滋事罪的，对雇佣者、指使者，一般应当以共同犯罪中的主犯论处；因本人及近亲属合法债务、婚恋、家庭、邻里纠纷等民间矛盾而雇佣、指使，没有造成严重后果的，一般不作为犯罪处理，但经有关部门批评制止或者处理处罚后仍继续实施的除外。

十二、本意见自2019年4月9日起施行。

（三）典型或常见问题的审理思路

1. 在黑社会性质组织犯罪案件中，应如何准确认定被告人是否为黑社会性质组织的成员？

我国《刑法》采用行为与地位、作用相结合的划分标准，将黑社会性质组织的成员分为组织者、领导者、积极参加者、其他参加者（又称“一般参加者”）等不同类型，并且规定了不同的刑罚。被指控为黑社会性质组织成员的被告人，能否认定其具有组织、领导、参加行为是一个基础性问题，不仅关乎事实认定，更关乎罪与非罪以及如何判处刑罚，必须严格加以区分。2009年《黑社会性质组织纪要》对黑社会性质组织的组织者、领导者、积极参加者、其他参加者均作出了较为明确的界定。2015年《法院审理黑社会性质组织纪要》进一步采用反向列举的方式，明确了以下三类人员不属于黑社会性质组织的成员：（1）主观上没有加入黑社会性质组织的意愿，受雇到黑社会性质组织开办的公司、企业、社团工作，未参与或者仅参与少量黑社会性质组织的违法犯罪活动的人员；（2）因临时被纠集、雇佣或受蒙蔽为黑社会性质组织实施违法犯罪活动或者提供帮助、支持、服务的人员；（3）为维护或扩大自身利益而临时雇佣、收买、利用黑社会性质组织实施违法犯罪活动的人员。同时规定：“上述人员构成其他犯罪的，按照具体犯罪处理。”通观两份纪要中关于认定黑社会性质组织成员的相关规定，既强调“主客观相一致”的刑法原则，要求审判时应当着重审查行为人主观上有无参加黑社会性质组织的认识因素和意志因素，同时又从客观方面对认定“组织、领导、参加”行为提出了具体标准。从2009年《黑社会性质组织纪要》的规定来看，组织者是指黑社会性质组织的发起者、创建者，领导者是指实际居于领导地位，并对整个组织及其运行、活动起着决策、指挥、协调、管理作用的组织成员。由于该定义十分清楚，组织者、领导者所需具有的客观行为也一目了然。对于积极参加者、其他参加者的认定，2009 年《黑社会性质组织纪要》除了要求“明知而参加”之外，还要求行为人“接受黑社会性质组织的领导和管理”。应当说，此处的“接受”一词有着主客观两方面的含义：一方面是指主观上有将自己置于黑社会性质组织管控之下的意愿；另一方面也是指客观上有接受黑社会性质组织领导和管理的事实。2015 年《法院审理黑社会性质组织纪要》继承了上述精神，仔细分析后不难发现，所列举的三类人员都是因为在主观或者客观方面尚未达到认定标准而被排除在黑社会性质组织成员之外。

司法实践中，认定被告人有无组织行为、领导行为相对容易，而认定被告人是否有参加黑社会性质组织行为时，情况则显得比较复杂。一般来说，可以将是否举行专门的参加仪式作为重要的认定依据。但当前的实践中多数黑社会性质组织在发展成员时并无此类程序，这就要求在审判时要按照两份纪要的规定，审慎地结合以下两个方面来判别被告人是否有参加黑社会性质组织的行为：第一，是否参与实施了黑社会性质组织的违法犯罪活动。黑社会性质组织区别于其他犯罪组织的本质特征，就是依靠有组织的违法犯罪活动来达到对经济、社会生活进行非法控制并进而攫取非法利益的目的。黑社会性质组织的生存离不开有组织的违法犯罪活动，而是否参与有组织的违法犯罪活动又是表明被告人与涉案黑社会性质组织之间存在关系的重要标志。因此，这一点自然是判断参加行为的重要依据。第二，与涉案黑社会性质组织之间有无相对固定的从属关系。所谓相对固定的从属关系，是指在黑社会性质组织中组织者、领导者居于核心地位，积极参加者和其他参加者较稳定地处于被领导、被管理的地位。其中，有些人是直接听命于组织者、领导者，更多的则是在分级管理的体系内听命于其他组织成员。但不管怎样，组织成员在黑社会性质组织中均应具有相对固定的位置，如果与黑社会性质组织没有任何从属关系，如只是临时受邀或基于个人意愿参与某起犯罪，即便其参与了有组织的违法犯罪活动，也不能将其认定为是黑社会性质组织的成员。换言之，如果在黑社会性质组织中找不到可以对应的位置，就说明被告人与该犯罪组织没有从属关系；如果与黑社会性质组织的某一成员之间没有服从与被服从、管理与被管理关系，就不能认定被告人有参加黑社会性质组织的行为。

2. **如何准确把握和认定黑社会性质组织的骨干成员？**

根据《刑法》第二百九十四条第一款的规定，黑社会性质组织的成员包括三种类型：组织者、领导者，积极参加者和其他参加者。在该款规定中，还分别设置了七年以上有期徒刑，三年至七年有期徒刑以及三年以下有期徒刑、拘役、管制或者剥夺政治权利三个不同档次的刑罚。也就是说，审判时，对于被认定犯有该罪的被告人要分别归入这三类（也只能归入这三类），并在对应的法定刑幅度内判处刑罚。但是，《刑法》第二百九十四条第五款第一项规定，黑社会性质组织应当具备“形成较稳定的犯罪组织，人数较多，有明确的组织者、领导者，骨干成员基本固定”的组织特征。其中“骨干成员”所指为何并无明确规定，导致司法实践中在这个问题上出现了一定混乱。从有些黑社会性质组织犯罪案件的裁判文书中可以看到，“骨干成员”一词要么被回避，要么与积极参加者混为一谈、互相替代。不仅社会公众不明其意，许多办案法官也说不清“骨干成员”与法定的三类组织成员有何区别、是何关系。实际上，这个问题在《刑法》修正之前就已存在。“骨干成员”一词最早出现于2000年12月出台的《黑社会性质组织解释》。该解释规定，“黑社会性质的组织”一般应具备以下组织特征：“组织结构比较紧密，人数较多，有比较明确的组织者、领导者，骨干成员基本固定，有较为严格的组织纪律。”2002年出台的《全国人大常委会关于〈中华人民共和国刑法〉第二百九十四条第一款的解释》虽对组织特征的认定标准作出调整，但关于“骨干成员基本固定”的要求并未改变，即“形成较稳定的犯罪组织，人数较多，有明确的组织者、领导者、骨干成员基本固定”。之后，该规定又被《刑法修正案（八）》全盘吸收，并沿用至今。

从字面上理解，“骨干”一词是指事物最主要的、起支柱作用的部分。照此解读，“骨干成员”就应该是指黑社会性质组织中最为核心、最为重要的成员，显然不包括处于组织底层的其他参加者。那么，“骨干成员”是否是指组织者、领导者？毫无疑问，在黑社会性质组织中，组织者、领导者是能够代表组织意志并起决策、指挥、管理作用的核心成员。但从《刑法》第二百九十四条的相关规定来看，黑社会性质组织的组织特征同时要求“有明确的组织者、领导者”和“骨干成员基本固定”，因此，组织者、领导者与“骨干成员”是并列存在的不同范畴。在排除了组织者、领导者和其他参加者之后，“骨干成员”能否与积极参加者画等号？为了明确这一概念，准确认定组织特征，2015 年《法院审理黑社会性质组织纪要》专门对此作出说明：“骨干成员，是指直接听命于组织者、领导者，并多次指挥或积极参与实施有组织的违法犯罪活动或者其他长时间在犯罪组织中起重要作用的犯罪分子，属于积极参加者的一部分。”根据这一界定，在认定“骨干成员”时应分为以下几层次来把握：

第一，骨干成员是积极参加者中的一部分，应当满足积极参加者的认定条件。2009 年《黑社会性质组织纪要》已经从主客观两方面明确了积极参加者的认定标准。主观方面是指“明知而接受黑社会性质组织的领导和管理”。客观方面则更为复杂一些，既要有“参加”行为，又要符合三种情形之一。其中，第一种情形是指“多次积极参与黑社会性质组织违法犯罪活动”。要求行为人多次积极参与实施黑社会性质组织的违法犯罪活动，且在其参与实施的违法犯罪活动中一般应起主要作用。第二种情形是指“积极参与较严重的黑社会性质组织的犯罪活动且作用突出”。行为人所参与的“较严重的黑社会性质组织的犯罪”，既包括故意杀人、故意伤害、绑架等性质严重的暴力犯罪，也包括其他一些已造成重大财产损失或者恶劣社会影响的犯罪。第三种情形是指“在黑社会性质组织中起重要作用”。实际上就是专指那些对黑社会性质组织的人、财、物等重要事项具有“主要管理职权”，且对犯罪组织的维系、运行、活动确实起到重要作用的成员。审判时，对于“骨干成员”应当首先根据上述规定进行初步判断，不符合积极参加者认定条件的应直接被排除在外。

第二，“骨干成员”应当是直接听命于组织者、领导者的积极参加者。当时在全国人大法工委工作的黄太云同志在解读立法解释时指出，“骨干成员，通常是指从组织者、领导者那里受领任务又指挥和积极参与实施具体的犯罪活动的人”，这一解读清晰地传达出了立法本意。应当说，这一解读既符合“骨干”一词的文意，又与黑社会性质组织的组织结构相契合。可以试想，在组织者、领导者明确，而由其直接管理的积极参加者又基本确定的情况下，一个两层级的组织结构便已然建立，只要再加上一定数量的其他成员，并有组织纪律、规约作为管理手段，稳定的犯罪组织即可基本成型。因此，审判时应当紧紧把握“直接听命于组织者、领导者”这一限定条件，从积极参加者中准确筛选出“骨干成员”。

第三，“骨干成员”在黑社会性质组织中所起的作用应当大于一般的积极参加者。在认定“骨干成员”时，仅具备“直接听命于组织者、领导者”这一条件还是不够的。既然是“骨干”，所起的作用自然是要比一般的积极参加者更大。与2009年《黑社会性质组织纪要》中关于积极参加者的规定相比较后不难发现，2015年《法院审理黑社会性质组织纪要》对于“骨干成员”客观方面的要求，实际上是在积极参加者相关要求基础上的升级。只有是“多次指挥或积极参与实施有组织的违法犯罪活动或者其他长时间在犯罪组织中起重要作用”的积极参加者，才能被认定为“骨干成员”。也就是说，只要未达到“多次”，即便“积极参与实施较严重的黑社会性质组织的犯罪活动，且作用突出”，也不能认定。同理，只要未达到“长时间”，即便是对黑社会性质组织的人、财、物等重要事项具有主要管理职权，亦不能认定。

“骨干成员”与积极参加者之间是包含与被包含的关系，不能混为一谈。在我国刑法中，对任意共犯的责任区分主要体现在总则部分（划分主从犯），而对必要共犯的责任区分主要是靠分则来解决。组织、领导、参加黑社会性质组织罪就属于必要共犯，《刑法》第二百九十四条第一款按照三类成员在黑社会性质组织中的地位、作用直接设置了不同幅度的法定刑。因此，准确认定积极参加者的主要意义就在于对被告人公正定罪量刑。而“骨干成员”出现在《刑法》第二百九十四条中关于黑社会性质组织构成条件的部分，准确认定“骨干成员”的主要意义，则在于保证黑社会性质组织认定的恰当性。由于两个概念的意义、作用不同，在裁判文书中应当区分情况、准确运用。一般来说，在裁判文书认定的事实部分，对于谁是骨干成员应予明确表述，不属于骨干成员的积极参加者也要单独表述清楚。而在裁判文书的“本院认为”部分，由于需要准确叙述罪状和量刑依据，对确属“骨干成员”的被告人，只表述“被告人某某积极参加黑社会性质组织”即可。因为“骨干成员”并没有与之对应的法定刑，积极参加者的身份才是对被告人定罪量刑的适当依据。

3. **如何认定黑社会性质组织形成的时间？**

黑社会性质组织一般都会有一个从产生、发展到逐步壮大的过程。随着组织的发展演变和犯罪行为的积累，其组织特征、经济特征、行为特征和非法控制特征逐渐形成、完备。严格来说，前述四个特征都具备了，才可称之为黑社会性质组织，但普通犯罪集团、恶势力团伙向黑社会性质组织发展是一个渐进的过程，没有明显的性质转变的节点，审判中也难以判明四个特征何时均已具备，认定标准无法统一。2015 年 9 月 7 日，最高人民法院在广西壮族自治区北海市召开会议，并形成《法院审理黑社会性质组织纪要》。该文件规定：“黑社会性质组织存续的起点，可以根据涉案犯罪组织举行成立仪式或者进行类似活动的时间来认定。没有前述活动的，可以根据足以反映其初步形成核心利益或者强势地位的重大事件发布时间进行审查判断。没有明显标志性事件的，也可以根据涉案犯罪组织为维护、扩大组织势力、实力、影响、经济基础或者按照组织惯例、纪律、活动规约而首次实施有组织的犯罪活动的时间进行审查判断。”该规定不仅体现了在审判实践中认定黑社会性质组织形成时间的必要性、重要性，同时也确定了可供操作的具体标准，对于准确适用法律，切实做到罚当其罪，维护公平正义有重要意义。

从司法实践情况来看，尽管举行成立仪式也并不意味着黑社会性质组织的四个特征都已具备，但由于此类活动往往带有明确组织层级、结构、宗旨、目标的性质，故将举行成立仪式作为黑社会性质组织形成时间的起点很少会引起争议。不过，由于黑社会性质组织的成熟程度、严密程度毕竟不同于典型的黑社会组织，通过举行专门仪式来宣告成立的为数很少，故仅此一个判断标准尚不足以应对实践中各类复杂情况。审判时可以发现，有相当多的黑社会性质组织在发展过程中，都存在对其树立非法权威、争夺势力范围、获取稳定经济来源具有重要意义的违法犯罪活动或其他重大事件。这些违法犯罪活动或重大事件的具体情形和后果不尽相同：有的是击垮主要竞争对手，有的是抢得重要资源，还有的是制造重大社会影响并极大提升了犯罪组织的知名度。但其相同之处在于，它们都会对黑社会性质组织的发展、升级产生显著的推动或催化作用。将这些违法犯罪活动或重大事件作为黑社会性质组织的形成起点，不仅易于判断，而且也符合黑社会性质组织的成立宗旨和发展规律。当然，确实也有一些案件中不存在明显的标志性事件。在此情况下，可以按照 2015 年《法院审理黑社会性质组织纪要》的规定，将首次实施有组织犯罪活动的时间作为形成起点。应当注意的是，“首次实施有组织犯罪活动”并非仅指实施犯罪的方式具有组织性，更重要的是看该犯罪是否为了组织利益、按照组织意志而实施，以及犯罪能否体现该组织追求非法控制的意图。认定黑社会性质组织的违法犯罪活动，并非只有那些直接体现组织利益和组织意图的违法犯罪活动才能构成，只要符合组织惯例、纪律、活动规约，或者客观上起到维护和扩大组织势力、实力、影响、经济基础作用的也可认定。但是，在判断黑社会性质组织形成时间起点时，由于还没有所谓的惯例、纪律、活动规约可供参照，反映非法控制意图的事实尚不充分，如果作为判断依据的“首次实施有组织犯罪活动”不能体现组织利益、意图，则会失去应有的作用和意义。

4. 较长时期内暂停实施违法犯罪活动的，是否可以认定黑社会性质组织仍持续存在？

黑社会性质组织应当是在较长时期内持续存在的犯罪组织。《刑法》第二百九十四条第一款尽管没有明文表述黑社会性质组织应当是在较长时期内持续存在的犯罪组织，但该条第五款第一项中所规定的“形成较稳定的犯罪组织”，实际上已经包含了这一要求。如果对黑社会性质组织的四个特征进行系统化分析，便会发现“较长时期内持续存在”是认定黑社会性质组织的必然要求。从逻辑角度观察，黑社会性质组织不可能像合法组织那样在满足法定要件后成立运作，而只能是在违法犯罪活动中逐步发展、定型与升级。换言之，即便是成立之初就明确以成为黑社会性质组织为目标的犯罪组织，也不可能从其形成之日起就实现对一定区域或者行业的非法控制或重大影响，需要通过多次有组织地实施违法犯罪活动才能得以形成。从司法审查的角度来看，判断是否已形成较稳定的犯罪组织、骨干成员是否基本固定以及是否通过有组织的违法犯罪活动获取经济利益并实现对一定行业或区域的非法控制或形成重大影响，都需要以在较长时期内连续、多次实施有组织的违法犯罪活动作为主要依据。否则，既不能确定犯罪组织具有稳定性，更不能认定其已符合黑社会性质组织的法定认定标准。

判断犯罪组织是否在“较长时期内持续存在”，主要涉及两方面问题：一是“较长时期”从何时起算、需要持续多久；二是“持续存在”应当如何认定。关于第一个问题，2015 年最高人民法院印发的《法院审理黑社会性质组织纪要》已有比较明确的规定，司法实践中遵照执行即可。关于第二个问题，在确定犯罪组织的形成起点后，只要该犯罪组织以组织名义、为组织利益连续多次实施违法犯罪活动的，就可以认定犯罪组织持续存在。实践中，有以下两种情况值得注意：一是有些黑社会性质组织脱离“打打杀杀”的初级阶段后，往往会以合法行业为主要经济来源，并会为逃避打击而自我“洗白”，有意减少甚至在一定时期内暂时停止实施违法犯罪活动，给人造成犯罪组织已经“转型”或者“解散”的错觉。当需要打击对手、抢夺市场、攫取资源之时，便会恢复本来面目，继续实施违法犯罪活动。二是有些黑社会性质组织在发展过程中，因某些具体的犯罪案件被公安司法机关查破，原有的组织成员或被抓或潜逃，被迫暂时停止实施违法犯罪活动，由此形成组织“溃散”的假象。但经过一段时间以后，组织成员又会重新聚集，或者又有新的成员加入并继续实施有组织违法犯罪活动。在认定黑社会性质组织是否持续存在时，以上两种情况往往会引发争议。

相比较而言，在第一种情况下，由于暂停违法犯罪活动期间，组织成员、结构一般不会发生大的变化，故认定起来相对容易。而对于第二种情况，由于组织成员一般会有明显更替，甚至犯罪组织活动的区域、染指的领域也可能发生变化，故认定起来存在一定难度。我们认为，在第二种情况下，判断黑社会性质组织是否持续存在，应当着重审查组织者、领导者、骨干成员等组织的核心成员是否具有延续性，以及组织的非法影响是否具有延续性。组织的核心成员具有延续性，说明犯罪组织的基本构成是稳定的；非法影响具有延续性，说明犯罪组织的行为方式和犯罪宗旨未发生根本变化。需要说明的是，对于《刑法》第二百九十四条第五款第一项中的“骨干成员基本固定”，不能理解为骨干成员不变或基本不变。如同正规合法的社会组织，黑社会性质组织也会存在新老交替，当原本的骨干成员受到司法打击或由于死亡、受伤、潜逃、被开除等其他原因脱离组织后，原低层级的成员或新成员填补继位，并不会影响组织结构的稳定性和组织运转的有效性，组织者、领导者依然能够通过对骨干成员的直接指挥来对整个犯罪组织进行稳定的管控。因此，只要不是时聚时散或者频繁地大面积更换，就可以视为“骨干成员基本固定”。正因如此，在判断组织核心成员的延续性时，也并不要求骨干成员全部或者大部分保持不变。

5. 如何认定黑社会性质组织犯罪案件中的“保护伞”问题？

黑社会性质组织是一种为实施违法犯罪活动而纠集起来的犯罪组织，已经具备了黑社会组织的某些痕迹，但还不具备黑社会组织的典型特征，不等于黑社会组织；黑社会性质组织是一种特殊的犯罪集团，但又不像一般犯罪集团那样以犯罪为纽带连结而成，而是以有组织地进行违法犯罪活动为目的，但常有其他正常活动作掩盖，或者也进行一般违法活动，即其进行的活动不仅限于犯罪活动。可以说，黑社会性质组织是一种处于一般犯罪集团与黑社会组织之间的中间形态的犯罪组织。行为人没有采取黑社会性质组织通常使用的在政府部门寻找“保护伞”和代理人的方式，寻求“保护伞”，而是通过“竞选”使自己成为乡人大代表，从而向政权机关渗透，以寻求政治上的非法保护。那么，此种方式是否符合司法解释规定的“黑社会性质组织”的构成特征呢？我们认为，司法解释的规定，准确地反映了黑社会性质组织的本质。只有同时具备这四个特征，才能认定为刑法意义上的“黑社会性质的组织”。但在某一具体的黑社会性质组织犯罪案件中，并非所有的特征都十分典型地表现出来。一般而言，由于黑社会性质组织具有反社会性，其为了生存与发展，往往采取各种手段，例如司法解释规定的“贿赂、威胁等手段”，引诱、威逼国家工作人员加入黑社会性质的组织，或者引诱、威逼国家工作人员为其提供非法保护。但并不排除黑社会性质组织采用其他方式寻求“保护伞”。黑社会性质组织成员直接混入国家机关，或者通过合法、非法手段取得某种政治身份，向国家机关进行渗透，以寻求非法保护，也是黑社会性质组织寻求“保护伞”的重要方式。行为人为了逃避法律制裁，维护和发展自己的势力，积极向国家机关渗透，通过破坏选举等手段，使自己当选为乡人大代表，以为自己的违法犯罪活动提供非法保护，应当认定符合获取“非法保护”这一特征。

6. 如何理解和把握参加黑社会性质组织罪的主观构成要件和积极参加行为？

（1）参加黑社会性质组织罪不以行为人明确知道组织具有黑社会性质为要件。对于参加黑社会性质组织罪是否以行为人明确知道组织具有黑社会性质为要件这一问题，理论界和实务界主要有两种观点：第一种观点认为，构成本罪的行为人必须明确知道组织的黑社会性质，这是主客观相一致原则和罪刑法定原则的当然要求；第二种观点则认为，不要求行为人明确知道组织的黑社会性质，因为《刑法》第二百九十四条并未规定“明确知道”这一前提，且在司法认定上，将“明确知道”作为入罪要件既无必要也不现实。

我们赞同第二种观点，认定行为人构成参加黑社会性质组织罪不以明确知道组织的黑社会性质为前提，理由是：第一，在现实生活中，一般很少有一个众所周知的黑社会性质组织等待他人参加。在我国，目前多数此类组织一般都不会以“黑社会”自居，对内、对外都不会宣称自己是黑社会性质组织。第二，对于一个组织是否属于黑社会性质组织是一种法律判断，且是一项极为复杂的工作，因此，要求每一个参加者都明确知道所参加的组织的性质是不现实的。但是，这并不是说对行为人的主观认识就没有任何要求，从黑社会性质组织犯罪的特征来看，行为人必须知道或者应当知道自己所参与的是具有一定规模的组织。第三，黑社会性质组织本身有一个形成、发展的过程，实践中很难用一个明确的时间点划分，因此，不可能要求行为人对所参加组织性质的变化有准确的认知。第四，在司法实践中，行为人为逃避法律制裁，往往会以种种借口辩称自己不知道所参加的组织是黑社会性质组织，不能因其口头上的否认就改变其犯罪的性质。当然，如果行为人明确知道是黑社会性质组织而参加，自然构成参加黑社会性质组织罪。但是，如果行为人事先确实不了解情况，不知是黑社会性质组织而参加，发现后即退出；或者行为人确实不知道，也不应当知道其参加的组织是一个主要从事违法犯罪活动、具有一定层次结构的犯罪组织，一般不按参加黑社会性质组织罪论处。对于参加黑社会性质的组织，没有实施其他违法犯罪活动的，或者受蒙蔽、胁迫参加黑社会性质的组织，情节轻微的，可以不作为犯罪处理。

（2）如何认定参加黑社会性质组织案件中的积极参加行为？《刑法》对黑社会性质组织的积极参加者和其他参加者规定了不同的法定刑，因此，在司法实践中有必要区分积极参加者和一般参加者。我们认为，应从以下三个方面认定积极参加者：首先，应根据行为人实施具体犯罪的客观方面来判断，对那些多次积极参与黑社会性质组织的违法犯罪活动、积极参与较严重的黑社会性质组织的犯罪活动，且作用突出及其他在黑社会性质组织中起重要作用的犯罪分子，一般应认定为积极参加者；其次，从行为人在黑社会性质组织中的地位、作用，与组织、领导者之间的关系来判断，那些与组织、领导者关系密切，在组织中地位、作用突出的，一般应认定为积极参加者；最后，从行为人所获取的犯罪所得来判断，所获报酬数额较大的组织成员一般应认定为积极参加者。对除上述组织成员之外，其他接受黑社会性质组织的领导和管理的犯罪分子可认定为其他参加者。

7. 如何认定黑社会性质组织中的组织者、领导者对具体犯罪的罪责范围和程度？

黑社会性质组织的组织者、领导者是组织的发起者、创建者，在组织中处于领导地位，对整个组织的运行起着决策、指挥、管理作用。因此，组织者、领导者不仅应对其直接组织、策划、指挥、参与实施的违法犯罪活动承担责任，而且应当对该组织所犯全部罪行承担刑事责任。但在对具体犯罪承担刑事责任的范围和程度上，实践中不无争议。概括起来有两个层次的问题：

（1）组织者、领导者对具体犯罪承担罪责的范围。组织者、领导者应对黑社会性质组织所犯的全部罪行承担刑事责任，即组织者、领导者与犯罪行为的组织者、策划者、指挥者、实施者构成共犯，应根据其在共同犯罪中的地位和作用对具体犯罪承担刑事责任；黑社会性质组织是犯罪集团的高级表现形式，黑社会性质组织的组织者、领导者也是犯罪集团的首要分子，应按照黑社会性质组织所犯的全部罪行处罚；2009 年《黑社会性质组织纪要》进一步规定，对黑社会性质组织的组织者、领导者，应根据法律规定和该纪要中关于“黑社会性质组织实施的违法犯罪活动”的规定，按照该组织所犯的全部罪行承担责任。

（2）组织者、领导者对具体犯罪承担罪责的程度。组织者、领导者对黑社会性质组织所犯的全部罪行承担刑事责任，并不意味着组织者、领导者在具体犯罪中承担最重罪责，而要根据其在具体犯罪中的地位和作用来确定罪责。具体来说，在确定组织者、领导者对具体犯罪的罪责时，应把握以下原则：

第一，组织者、领导者对于并非由自己直接组织、策划、指挥、参与的犯罪一般不承担最重的责任。如上文所述，2009 年《黑社会性质组织纪要》规定了四种并非由组织者、领导者直接组织、策划、指挥、参与的违法犯罪。上述四种情形下，组织者、领导者对具体犯罪只是一般性地知晓，甚至根本不知晓，只应负一般的责任，而应当由具体犯罪的起意者、组织者、指挥者或者实施者承担最重的责任。

第二，组织者、领导者对由其直接组织、策划、指挥、参与实施的犯罪，一般应承担最重的刑事责任。实践中存在的争议问题是，如果组织者、领导者提出犯意后未参与具体的策划、实施，如何确定其罪责程度？《最高人民法院关于审理故意杀人、故意伤害案件正确适用死刑的指导意见》指出，对于雇凶者与受雇者共同直接实施故意杀人、故意伤害犯罪的，应认定雇凶者为罪行最为严重的主犯；雇凶者没有直接实施故意杀人、故意伤害犯罪行为，但参与了共同犯罪的策划，实施了具体组织、指挥行为的，对雇凶者也应认定为罪行最为严重的主犯；雇凶者只是笼统提出犯意，没有实施具体组织、指挥行为，积极实施犯罪行为的受雇者可以认定为罪行最为严重的主犯。我们认为，上述意见对黑社会性质组织犯罪案件具有参考意义，但审判时应当结合涉黑犯罪的自身特点来把握，不能机械理解。具体来说，如果组织者、领导者不仅提出犯意，而且具体策划、组织、指挥，或者直接参与实施犯罪的，当然应认定为罪责最为严重的主犯。但是，如果组织者、领导者没有针对具体犯罪进行策划、组织、指挥以及参与实施，只是提出犯意后交由组织成员负责实施，也并不能就此认为组织者、领导者不是罪责最为严重的主犯，还应当结合具体案情进行分析。这是因为，黑社会性质组织犯罪不同于一般共同犯罪、团伙犯罪，组织者、领导者与组织成员的联系更加紧密，具有领导与被领导、管理与被管理的关系，犯罪的组织化程度也更高，分工更明确，隐蔽性更强。基于这些特点，组织者、领导者往往只需要躲在幕后发号施令即可，不必策划、组织、指挥具体的违法犯罪活动，参与实施的情况就更少。实践中，组织者、领导者一旦发出指示，组织成员都会不遗余力地执行，如果简单套用上述意见，无疑会给黑社会性质组织的组织者、领导者逃避处罚以可乘之机。

8. 如何界分黑社会性质组织犯罪和成员个人犯罪？

黑社会性质组织的特征和表现形式决定了组织成员人数较多，实施的犯罪行为多样。必须注意的是，并非涉黑组织成员实施的所有犯罪都属于组织犯罪，准确界分哪些犯罪是组织所为，哪些犯罪是成员个人所为，对正确评价涉案犯罪组织的性质和社会危害性，确定组织、领导者的刑事责任，准确、有力惩治黑社会性质组织犯罪，有着重要意义。区分组织犯罪和成员个人犯罪，主要根据以下标准：

（1）是否由组织者、领导者直接组织、策划、指挥、参与实施。组织者、领导者是黑社会性质组织的发起者、创建者，或者在组织中实际处于领导地位，对整个组织及其运行、活动起着决策、指挥、协调、管理作用的犯罪分子，由组织者、领导者直接组织、策划、指挥、参与实施的犯罪行为，都应认定为组织犯罪。

（2）是否基于组织意志实施。黑社会性质组织的犯罪行为应体现组织意志，受组织意志的制约。也就是说，组织成员实施的犯罪行为是得到了组织者、领导者认可或者默许的，抑或按照组织的纪律、惯例、共同遵守的约定而实施的犯罪活动。

（3）是否为了组织利益实施。实施犯罪活动的目的是为犯罪组织谋取利益，而不是为了追求个人利益或其他个人目的。对于组织成员为了组织利益而实施的犯罪，并不要求组织者、领导者知情。如组织成员为组织争夺势力范围、排除竞争对手、确立强势地位、谋取经济利益、维护非法权威而实施的违法犯罪活动。反之，如果是组织成员仅是为了个人利益，在组织意志之外单独实施的违法犯罪活动，组织、领导者并不知情，则不应认定为该黑社会性质组织实施的犯罪活动，而应认定为组织成员个人犯罪。

实践中，由于黑社会性质组织犯罪的表现形式多种多样，因此，认定哪些行为是组织犯罪，哪些行为是个人犯罪，还需要结合具体案情进行综合分析判断。

9. 如何区分黑社会性质组织与有违法犯罪行为的单位？

黑社会组织或者黑社会性质组织，存在的类型通常有两种：一种是公开的非法组织，如意大利的黑手党等，典型意义上的黑社会组织大多属此类；另一种是以合法形式掩盖非法目的的非法组织。此类犯罪组织表面上具有合法的组织形式，但实质上是以有组织地实施违法犯罪为主要活动。由于后者具有“合法外衣”，与那些有违法犯罪行为的单位较为相似，实践中有必要对此进行严格区分。有违法犯罪行为的单位，是指依法成立后在从事生产经营活动过程中实施了某些违法犯罪活动的社会经济实体（即单位）。我们认为，尽管有违法犯罪行为的单位在实施违法犯罪活动过程中也可能“转化”为黑社会性质的犯罪组织，但二者在未转化前，有着明显的区别：

（1）成立目的不同。有违法犯罪行为的单位，一般都是依法设立的公司、企业等合法经济实体或者社会组织，从事一定的生产经营活动或者履行一定的社会职责。而黑社会性质组织系为了实施违法犯罪而成立的非法组织。虽然二者都有基本的组织架构、职责分工，但前者是为了正常开展生产、经营活动而设立的；而黑社会性质组织，其内部严密的组织结构、细致的职能分工、帮规纪律等，均是为了有组织地实施违法犯罪活动而设立。

（2）经济特征不同。有违法犯罪行为的单位，自成立开始便有其正当的经营或职能范围以及较为稳定的运作方式和营收模式。违法犯罪行为，对其而言，只是在单位行使职权或者经营过程中出现的偶然“越权行为”或者“寻租行为”，违法犯罪所得不会成为其主要的、稳定的收入来源。而黑社会性质组织是以有组织地实施违法犯罪活动或者其他手段获取经济利益，具有一定的经济实力，并以此支持该组织的活动。一言以蔽之，黑社会性质组织是“以黑养黑”，其维持犯罪组织日常运作的资金主要来源于违法犯罪活动，或者与违法犯罪活动有关。

（3）行为特征不同。有违法犯罪行为的单位实施违法犯罪行为一般不具有经常性，违法犯罪并非单位获取经济利益或者解决纠纷的主要手段。与此不同的是，黑社会性质组织实施违法犯罪行为具有经常性、一贯性，而且其所实施的违法犯罪行为具有明显的暴力性特征，通常表现为故意杀人、故意伤害、绑架、抢劫、敲诈勒索、聚众斗殴、寻衅滋事、故意毁坏财物等。

（4）非法控制特征不同。黑社会性质组织本质上是要通过实施违法犯罪活动称霸一方，在一定区域或者行业内，形成非法控制或者重大影响，从而严重破坏经济、社会生活秩序。非法控制特征是连接其他三个特征的纽带，正是在“非法控制”这一点上，使得黑社会性质的组织犯罪与其他犯罪组织区别开来：在对组织内部进行严格控制的基础上，通过对一定行业或者区域的控制最终实现对社会的控制。由此可以认为，非法控制是黑社会性质组织的本质特征。而有违法犯罪行为的单位，并不具有非法控制社会的意图，亦无法形成对一定区域或行业内社会、经济秩序的严重破坏。

10. 如何根据“非法控制或重大影响”的内在要求准确认定黑社会性质组织的危害性特征？

在黑社会性质组织四个特征中，危害性特征（又称非法控制特征）是最为重要的判断标准。以程度的不同来区分，该特征中又包括非法控制和重大影响两种情形。为便于审判时掌握和操作，2009 年《黑社会性质组织纪要》列举了“通过实施违法犯罪活动，或者利用国家工作人员的包庇、纵容，在一定区域或者行业内形成非法控制或重大影响”的八种情形：

（1）对在一定区域内生活或者在一定行业内从事生产、经营的群众形成心理强制、威慑，致使合法利益受损的群众不敢举报、控告的；

（2）对一定行业的生产、经营形成垄断，或者对涉及一定行业的准入、经营、竞争等经济活动形成重要影响的；

（3）插手民间纠纷、经济纠纷，在相关区域或者行业内造成严重影响的；

（4）干扰、破坏他人正常生产、经营、生活，并在相关区域或者行业内造成严重影响的；

（5）干扰、破坏公司、企业、事业单位及其他社会团体的正常生产、经营、工作秩序，在相关区域、行业内造成严重影响，或者致使其不能正常生产、经营、工作的；

（6）多次干扰、破坏国家机关、行业管理部门以及村委会、居委会等基层群众自治组织的工作秩序，或者致使上述单位、组织的职能不能正常行使的；

（7）利用组织的势力、影响，使组织成员获取政治地位，或者在党政机关、基层群众自治组织中担任一定职务的；

（8）其他形成非法控制或者重大影响，严重破坏经济、社会生活秩序的情形。

为使以上情形更加清晰、明确，2015 年《法院审理黑社会性质组织纪要》进一步规定：第一种情形中的“致使合法利益受损的群众不敢举报、控告的”，是指致使多名合法利益遭受犯罪或者严重违法活动侵害的群众不敢通过正当途径维护权益。第二种情形中的“形成垄断”，是指可以操控、左右、决定与一定行业相关的准入、退出、经营、竞争等经济活动。“形成重要影响”，是指对与一定行业相关的准入、退出、经营、竞争等经济活动具有较大的干预和影响能力，或者具有在该行业内占有较大市场份额，通过违法犯罪活动或以其他不正当手段在该行业内敛财数额巨大（最低数额标准由各高级人民法院根据本地情况在 20 万元至 50 万元的幅度内自行划定），给该行业内从事生产、经营活动的其他单位、组织、个人造成直接经济损失 100 万元以上等情节之一。第三种、第四种、第五种情形中的“造成严重影响”，是指具有致人重伤或致多人轻伤、通过违法犯罪活动或以其他不正当手段敛财数额巨大（数额标准同上）、造成直接经济损失 100 万元以上、多次引发群体性事件或引发大规模群体性事件等情节之一。第六种情形中的“多次干扰、破坏国家机关、行业管理部门以及村委会、居委会等基层群众自治组织的工作秩序”，包括以拉拢、收买、威胁等手段多次得到国家机关工作人员包庇或纵容，或者多次对前述单位、组织中正常履行职务的工作人员进行打击、报复的情形。第七种情形中的“获取政治地位”，是指当选各级人大代表、政协委员。“担任一定职务”，是指在各级党政机关及其职能部门、基层群众自治组织中担任具有组织、领导、监督、管理职权的职务。同时，考虑到寻衅滋事、敲诈勒索、强迫交易、聚众扰乱社会秩序等个罪，如果多次实施也有可能造成“干扰、破坏他人正常生产、经营、生活，并在相关区域或者行业内造成严重影响”等后果，故 2015 年《法院审理黑社会性质组织纪要》还规定：八种情形一般不会单独存在，往往是两种以上的情形同时并存、相互交织，从而严重破坏经济、社会生活秩序。审判时，应当充分认识这一特点，准确认定该特征。这一重要补充使认定危害性特征的标准更加严密。

以上两个纪要中列举的若干情形，源于对司法实践经验的总结，对于审判时准确把握危害性特征具有重要的指导作用。但应当看到，黑社会性质组织的司法认定具有高度的复杂性。就危害性特征来说，不能仅根据一个或数个孤立事实来认定，而是要通过一系列的违法犯罪事实来反映。而且，对于具体的违法犯罪事实也不能只看客观上造成的后果，还要审查行为时的主观意图。换句话说，就是审判时不能简单堆砌和套用以上两个纪要的规定。为进一步揭示危害性特征的内在要求，有必要对“非法控制”和“重大影响”作进一步分析。按照《现代汉语词典》的释义，“控制”，是指使一定对象处于自己的占有、管理和影响之下；“影响”，是指对他人的思想和行动所起的作用。由此推论，《刑法》第二百九十四条第五款中的非法控制，是指以有组织的违法犯罪手段使一定对象处于自己的占有、管理和影响之下；重大影响，是指以有组织的违法犯罪手段对一定对象的思想和行动产生发挥作用。二者有着以下共同点：(1）都是有意识地以非法方式主动干涉他人（包括其他单位、组织）的结果；(2）都不是一种偶然、短暂的现象，而是一种持续的状态；(3）控制或影响的对象具有广泛性，控制或影响的程度具有严重性。根据以上几点，在对涉案犯罪组织是否形成非法控制与重大影响进行司法判断时，除了要对照两个纪要的相关规定，还应着重审查涉案犯罪组织是否是基于争抢势力范围、树立非法权威、攫取不法利益等非法控制目的而实施违法犯罪行为；是否在一段较长的时期内连续、多次通过实施违法犯罪行为对他人的自主性造成干扰或破坏；被侵害对象的数量以及所造成的后果是否已达到形成非法控制或重大影响的严重程度。如果以上几点都已齐备，危害性特征一般能够成立。反之，则不能认定。

（四）疑难、复杂问题的参考性解答

1. 组织、领导、参加黑社会性质组织行为的认定？

组织、领导和积极参加以暴力、威胁或者其他手段，有组织地进行违法犯罪活动，称霸一方，为非作恶，欺压、残害群众，严重破坏经济、社会生活秩序的黑社会性质组织的行为，是构成组织、领导、参加黑社会性质组织罪的客观表现。其中，“组织”是指为了实现称霸一方的目的，倡导、发起、

纠集、组织人员建立黑社会性质组织的行为，如创立、组建黑社会性质的组织，确定该组织的目的、宗旨；确定黑社会性质的组织机构、人员安排、行为规范、活动方式；发展黑社会性质组织的成员等。“领导”是指在黑社会性质组织中处于领导地位，制订犯罪计划，指挥实施犯罪的行为。“积极参加”是指积极、主动加入黑社会性质组织的行为。积极参加者往往在实施具体违法犯罪时表现主动、积极。除积极参加并起主要作用的成员外，其他均为一般参加者。

“组织”与“领导”两种行为有可能交叉并存。通常情况下，组织行为包括组织、策划、领导、指挥等行为。组织者在黑社会性质组织建立以后往往成为领导者。在规模较小、成员不多的黑社会性质组织中尤其如此。两种行为的区分一般可以黑社会性质组织形成时间为界限，形成前为促使组织的形成而实行的组织、领导行为称为“组织”，形成以后的组织、领导行为称为“领导”。如果在组建黑社会组织过程中起领导、决定作用的，应认定为“组织”行为。

组织、领导、参加黑社会性质组织罪在犯罪形态上属于行为犯，即只要行为人实施了组织、领导、积极参加黑社会性质组织的行为，就构成犯罪既遂。立法者基于黑社会性质组织犯罪的严重社会危害性，并不以组织者、领导者或者参加者实施的行为已实际构成犯罪作为组织、领导、参加黑社会性质组织罪的构成要件。事实上，黑社会性质组织为了获取非法的经济利益以维护其生存与发展所必需的经济能力与经济基础，往往以企业、公司等经济组织为依托，进行一些合法的工商活动。因此，只要实施了组织、领导或者积极参加黑社会性质的组织的行为，就构成犯罪。对于组织、领导、参加黑社会性质的组织又有其他犯罪行为的，根据《刑法》第二百九十四条第三款的规定，应当依照数罪并罚的规定处罚。在认定黑社会性质组织成立或者形成的前提下，应当对其中的犯罪分子根据其地位和作用，区分为组织者、领导者、积极参加者及一般参加者。对于组织者和领导者，应当按照其所组织、领导的黑社会性质组织所犯的全部罪行处罚。对于黑社会性质组织的参加者，应当按其实际参加的犯罪处罚。对于参加黑社会性质的组织没有实施违法犯罪活动的，或者受蒙蔽、胁迫参加黑社会性质的组织，情节显著轻微的，依法可不作为犯罪处理。

2. 如何认定参加黑社会性质组织案件中的“参加”行为？

参加黑社会性质组织，是指成为黑社会性质组织的一员，接受黑社会性质组织领导和管理的行为。参加黑社会性质组织分为积极参加和一般参加。判断行为人是否犯有参加黑社会性质组织罪，关键在于对“参加”行为的认定。关于“参加”行为，实践中可从以下几个方面认定：

（1）关于“参加”的主观明知问题的把握。对一个犯罪组织是否属于黑社会性质组织的判断属于法律判断，因此，认定行为人的参加行为构成参加黑社会性质组织罪，不要求行为人在加入犯罪组织时明确知道该组织具有黑社会性质，行为人只要知道或者应当知道所参加的是由多人组成、具有一定层级结构，主要从事违法犯罪活动的组织群体，或者该组织虽有形式合法的生产、经营活动，但仍是以有组织地实施违法犯罪活动为基本行为方式，欺压、残害群众的组织，就可以认定其“参加”行为构成参加黑社会性质组织罪。

（2）关于接受黑社会性质组织领导和管理问题的把握。无论是积极参加者还是一般参加者，都要接受黑社会性质组织的领导和管理。这不仅是一个必要的主观意志要素，而且是判断“参加”行为是否存在的重要依据。对于那些主观上并无加入意图，客观上也不受犯罪组织领导和管理，因被纠集、雇佣、收买、威逼或者受蒙蔽为黑社会性质组织实施违法犯罪活动或者提供帮助、支持、服务的人员，不应以参加黑社会性质组织罪定罪处罚。

（3）关于“参加”行为完成形态问题的把握。有一种观点主张以行为人履行入会手续或者口头、书面明确表示加入为判断标准。但从实践情况来看，“参加”行为的完成形态具有复杂性，因为黑社会性质组织在吸纳成员时，很多情况下并不会专门举行仪式或者办理手续，这使得“参加”行为难以通过法定证据被客观地反映出来。我们认为，就本质而言，“参加”行为是否完成应以行为人与黑社会性质组织就加入该组织问题达成意思一致作为判断标准比较合适，而不能以是否履行手续、是否取得组织会籍、是否举行专门仪式等作为认定的标准。对有下列情形之一的，可以认定行为人完成了“参加”行为：一是就加入犯罪组织问题有明确的约定；二是行为人履行了加入组织的仪式；三是行为人要求加入，并经该组织或组织头目的批准或默许；四是虽未履行手续，但已在该组织的领导和管理下实际参加了该组织的各种违法犯罪活动；五是行为人开始不知道加入的是从事违法犯罪活动的黑社会性质组织，了解真相后没有退出，并在该组织的领导和管理下参加了该组织的违法犯罪活动。

3. 如何认定和把握黑社会性质组织的组织特征？

根据《全国人大常委会关于〈中华人民共和国刑法〉第二百九十四条第一款的解释》的规定，黑社会性质组织应该具备组织特征、经济特征、行为特征和非法控制特征。组织特征是黑社会性质组织的重要特征之一，不具备这一特征不能认定为黑社会性质组织。组织特征是指“黑社会性质组织不仅有明确的组织者、领导者，骨干成员基本固定，而且组织结构较为稳定，并有比较明确的层级和职责分工”。根据《黑社会性质组织纪要》的规定，在认定组织特征时“要特别注意审查组织者、领导者，以及对组织运行、活动起着突出作用的积极参加者等骨干成员是否基本固定、联系是否紧密，不要被其组织形式的表象所左右”。我们认为，对黑社会性质的组织特征可以从以下几个方面进行理解和把握：

（1）审查犯罪组织的目的性

普通共同犯罪、犯罪集团中的各被告人也有可能多次纠集在一起实施违法犯罪活动，其中不乏成员众多、纠集时间长、犯罪次数多的犯罪组织，但在犯罪目的上与黑社会性质组织相比存在一定区别。前者违法犯罪的目的是实现组织成员个人的目标和利益，故犯罪目的比较直接、明显。而后者违法犯罪的目的在于维护其组织的利益，是为了组织的安全、稳定和发展，最终实现其对一定区域或者行业的非法控制。

（2）审查核心成员的稳定性

黑社会性质组织为了增强隐蔽性，其外围成员可能会经常更换，甚至会有意地制造“人员频繁更替、组织结构松散”的假象。这就要求办案人员抓住此类黑社会性质组织“外松内紧”的本质，认真鉴别组织的核心与框架是否具有严密性和稳定性，只要组织头目和对组织的运行、活动起着重要作用的骨干成员相对比较固定、相互之间联系紧密，则不管其组织结构的外在表现是否松散，均不影响组织特征的认定。

（3）审查犯罪组织内部的组织性、纪律性

普通犯罪团伙为了更好地实施犯罪、逃避惩罚，在多次违法犯罪活动中也会总结出自己的经验，但更多的是依靠成员之间的相互配合；对于成员个人的行为，尤其是实施犯罪活动之外的行为，不会进行过多的干涉。实践证明，缺乏内部管理的犯罪组织结构上比较松散，很难发挥出组织的能效，难以坐大成势。而黑社会性质组织经历了从普通的犯罪团伙逐步发展壮大的过程，其间必定有一定的组织纪律、活动规约来确保组织自身的生存和发展。因此，《法院审理黑社会性质组织纪要》将“具有一定的组织纪律、活动规约”作为认定黑社会性质组织时的重要参考依据。

以上是把握组织特征最基本的三个方面，实践中还可以结合该组织其他方面的特点来对组织特征予以更加全面的认定，如犯罪组织的内部分配机制。普通犯罪团伙通常依据各犯罪人在具体犯罪中的地位、作用来进行分配，且通常在实施每一起具体犯罪后“坐地分赃”，获利后的分配模式相对直接、简单。而对于犯罪所得，黑社会性质组织内部一般会有相对稳定的分配模式，组织成员的收入与各人在犯罪组织中的地位、作用成正比。犯罪所得的分配既包括组织成员的工资、福利支出，也包括组织自身发展资金的支出。

4. 如何理解和把握黑社会性质组织罪的非法控制特征？

根据《全国人大常务委员会关于〈中华人民共和国刑法〉第二百九十四条第一款的解释》的规定，黑社会性质组织应当同时具备组织特征、经济特征、行为特征及非法控制特征。非法控制特征也被称为危害性特征，是指通过实施违法犯罪活动，或者利用国家工作人员的包庇或者纵容，称霸一方，在一定区域或者行业内，形成非法控制或者重大影响，严重破坏经济、社会生活秩序。非法控制特征是黑社会性质组织最本质、最核心的特征，正确理解和把握这一特征对于准确认定黑社会性质组织罪具有非常重要的意义。

我们认为，可从以下三个方面理解和把握黑社会性质组织的非法控制特征：

（1）关于对实现途径的理解和把握

根据立法解释的规定，黑社会性质组织所形成的非法控制或者重大影响是通过实施违法犯罪活动或者利用国家工作人员的包庇或者纵容来实现的。即该罪的危害性可以通过“实施违法犯罪”和“寻求非法保护”这两种途径，来实现其对经济、社会生活的非法控制或者重大影响。

一是“实施违法犯罪”。通常表现为敲诈勒索、欺行霸市、聚众斗殴、寻衅滋事、故意伤害、故意杀人、绑架、非法拘禁等，有时还表现为以实现非法控制或者造成重大影响为目的而实施抢劫、盗窃、诈骗犯罪以及强行插手民间和经济纠纷等侵权型违法犯罪活动。需要注意的是，这里的“违法”，主要是指黑社会性质组织在实施犯罪活动过程中所伴随的违法活动，如果仅仅是实施了违法活动，而未实施犯罪活动，则不能认定为黑社会性质组织。

二是“寻求非法保护”，即“利用国家工作人员的包庇或者纵容”，俗称“保护伞”。“保护伞”并不是黑社会性质组织的必备特征，它只是黑社会性质组织犯罪实现非法控制的途径之一。根据立法解释对黑社会性质组织行为特征的规定，对仅有非法保护而没有违法犯罪的组织，不能以“黑”定性。但反之，如果存在违法犯罪而没有非法保护的，只要具备其他特征，仍然可以认定为黑社会性质组织。

（2）关于对“一定区域或者行业”的理解和把握

首先，黑社会性质组织的“非法控制”并不表现为对一定区域内领土的占领，而是表现为对这个区域内生活的人以及这个区域内的经济、社会生活秩序有了非法的控制和重大的影响。因此，在理解上，要注意区域的大小和空间范围具有相对性，不能简单地以必须达到某一特定的空间范围为标准。其次，黑社会性质组织的非法控制必将表现为对某一行业的非法控制。经济实力是黑社会性质组织发展成员、巩固和扩大组织、称霸一方的基础，而打、砸、抢等简单暴力性违法犯罪活动所能实现的经济利益毕竟有限且暴露性太强，因此，许多黑社会性质组织均以实现对某个行业的控制作为其实施违法犯罪活动的一个重要目标，而这也正是其反社会性的具体体现，它必将严重影响当地经济、社会的生活秩序。从这个角度分析，黑社会性质组织所控制和影响的行业应当既包括合法行业，也包括黄、赌、毒等可以牟取暴利的非法行业。

关于对“非法控制或者重大影响”的理解和把握。“非法控制”和“重大影响”虽然在本质上都是指对经济、社会生活的干预和影响，但在程度上是有区别的。“非法控制”，顾名思义是指干预已经达到足以控制一定范围内的经济、社会生活的程度；而“重大影响”，是指虽然封于一定区域、一定行业内的社会、经济生活尚未达到任意操控的程度，但已有相当的能力进行干预和施加影响。这种“重大影响”是通过一系列的违法犯罪活动形成的，具有一定的深度和广度，而非个别的、一时的。在理解和把握上，要结合违法犯罪活动的次数、性质、后果、侵害对象的个数、造成的社会影响及群众安全感是否下降等因素综合判断，而不能仅理解为具体的违法犯罪活动所造成的严重后果或者在社会上所造成的轰动效应。

5. 如何把握黑社会性质组织行为特征中的暴力性？

行为特征是黑社会性质组织的“四大特征”之一。《刑法》第二百九十四条将黑社会性质组织的行为特征界定为“以暴力、胁迫或者其他手段，有组织地多次进行违法犯罪活动，为非作恶，欺压、残害群众”。分析条文并结合两个纪要的规定，黑社会性质组织的行为应具有以下几个特征：（1）行为的有组织性。行为的有组织性，是指为了黑社会性质组织的组织利益，由组织成员有计划、有安排、有分工地实施违法犯罪活动。司法实践中，为了组织利益，一般而言主要表现是争夺势力范围、排除竞争对手、确立强势地位、谋取经济利益、维护非法权威等。（2）行为的违法性。行为的违法性，是指行为违反法律规定，既包括违反刑法规定的犯罪行为，也包括尚不构成犯罪的其他违法行为。（3）行为危害的严重性。行为危害的严重性，一方面体现在黑社会性质组织存续期间需要多次实施违法犯罪行为，同时，根据实现非法控制目的的需要，一般应触犯多个罪名；另一方面也体现在违法犯罪行为所造成的危害后果应达到一定的严重程度。（4）行为的暴力性。2009 年《黑社会性质组织纪要》指出，暴力性、胁迫性和有组织性是黑社会性质组织行为方式的主要特征，而“其他手段”主要包括以暴力、威胁为基础，在利用组织势力和影响力对他人形成心理强制和威慑的情况下，进行所谓的“谈判”“协商”“调解”，滋扰、哄闹、聚众等其他干扰、破坏正常经济、社会生活秩序的非暴力手段。可见暴力性是黑社会性质组织行为特征中的必备属性，即便是黑社会性质组织的非暴力行为，也往往是以暴力或以暴力威胁为后盾的。2015 年《法院审理黑社会性质组织纪要》明确指出，在黑社会性质组织所实施的违法犯罪活动中，一般应有一部分能够较明显地体现出暴力或以暴力相威胁的基本特征。这一点其实不难理解：黑社会性质组织之所以能够实现对人民群众的心理强制或威慑，并进而实现非法控制，依靠的正是暴力血腥的违法犯罪手段。黑社会性质组织并不排斥非暴力性犯罪，甚至当其发展到一定阶段后会以非暴力性的违法犯罪为主要活动，但这并不是说黑社会性质组织会自动放弃使用暴力手段，更不是说在黑社会性质组织发展过程中可以没有明显的暴力性违法犯罪活动。如日本著名的暴力团（我国称之为黑社会组织）“山口组”，发展至今早已脱离了随意打杀的低级阶段，主要依靠涉足娱乐、服务等产业来不断获取巨额经济利益。但是应当看到，“山口组”的发迹史充斥着各种各样严重的暴力犯罪，而且，即便是现在，当利益受到威胁时，暴力犯罪还会重新成为其解决问题的主要方式。因此，不管黑社会性质组织违法犯罪手段如何变化，暴力或者以暴力相威胁的基本特点都是不会改变的。

6. 如何认定黑社会性质组织罪的经济特征？

（1）黑社会性质组织获取经济利益的手段具有选择性。根据《全国人大常委会关于〈中华人民共和国刑法〉第二百九十四条第一款的解释》第二项的规定，黑社会性质组织既可以通过有组织地实施违法犯罪活动敛财，也可以通过形式合法的经营来获取经济利益。需要注意的是，以暴力、威胁为手段是黑社会性质组织的基本行为方式，但在具体的敛财过程中，并不要求前者中的“违法犯罪活动”都具有暴力性。黑社会性质组织既可以通过抢劫、绑架、敲诈勒索等暴力犯罪获取不法利益，又可以通过赌博、贩毒等非暴力犯罪扩充经济实力。行为人通过虚报注册资本的手段设立经济实体，其根本目的是更快地扩充经济实力，并借以加强该组织对当地经济生活的非法控制。尽管这种方式具有相当的隐蔽性，但实质上仍是以有计划、有组织地实施经济犯罪、职务犯罪来作为敛财的主要手段，符合立法解释对黑社会性质组织经济特征的规定。

（2）所获经济利益应足以支持黑社会性质组织生存、发展和实施违法犯罪活动。我们认为，“经济实力”没有明确的数额标准并不等于没有要求。要结合不同地区、不同行业的经济发展水平、利润空间等因素，综合评判黑社会性质组织所获经济利益是否足以支持该组织的生存、发展和实施违法犯罪活动。

（3）所获经济利益应用于犯罪组织或组织犯罪活动所需。攫取经济利益，具备经济实力，不仅是黑社会性质组织实施违法犯罪活动的主要目标，而且是其非法控制社会并向黑社会组织发展过渡的物质基础。因此，获利之后是否用于支持犯罪组织的生存、发展或者实施违法犯罪活动，历来是认定黑社会性质组织“经济特征”的重要参考指标。同时，由于在发展水平、组织化程度等方面存在差异，不同的黑社会性质组织在分配、使用非法所得时也会有所区别，故只要将所获经济利益部分用于组织或者组织犯罪即可，并不要求黑社会性质组织将获利的全部或绝大部分用于“犯罪再生产”。行为人领导的黑社会性质组织在攫取钱财后，将其中一部分直接或间接用于奖励组织成员，而将另一部分，也是最为主要的一部分，用于筹建公司，该公司作为行为人所领导的黑社会性质组织进一步扩张和壮大的重要依托，将所获主要经济利益用于该公司正是该组织谋求长久稳固发展的具体表现。

（4）正确把握经济特征与其他特征的相互关系。如前所述，黑社会性质组织攫取经济利益、扩充经济实力并不是其实施违法犯罪活动的终极目标，而只是其非法控制社会的一个必要步骤。司法实践中，许多黑社会性质组织的经济特征并不是十分典型，因此，在认定方法上要特别注意以“非法控制特征”为核心，用辩证的、联系的观点分析“四个特征”的内在联系。

7. 如何区分黑社会性质组织与恐怖组织的界限？

《刑法》在规定组织、领导、参加黑社会性质组织罪的同时，还规定了组织、领导、参加恐怖组织罪。可见，这两种组织并不是同一个概念。从两者的特征来看，有很多的相通之处：同属于犯罪组织的范畴，在组织性、行为方式上有相同之处，黑社会性质组织可以为了逃避惩戒而对政府官员和司法人员进行暗杀、恫吓等恐怖活动，恐怖组织可以通过从事恐怖活动而筹集资金；甚至两者可能合而为一。其区别在于：（1）两者的基本目的不同。黑社会性质组织主要是为了追求经济利益，所实施的各种违法犯罪活动的最终目的还是实现经济利益；而恐怖组织则主要是为了政治目的，即使其从事经济活动，也不是单纯追求经济利益，而是为实现政治目的奠定基础。（2）两者进行违法犯罪活动所采取的手段和通常所涉足的违法犯罪领域不同。黑社会性质组织进行违法犯罪活动所采取的手段较多，包括暴力、威胁、欺骗、腐蚀等各种手段，所涉足的违法犯罪领域较广，包括走私、贩毒、洗钱、诈骗、敲诈勒索、贩运军火、非法移民、组织卖淫、开设赌场、收取“保护费”甚至抢劫、杀人、伤害等各种违法犯罪活动；恐怖组织的犯罪手段较为单一，多采取暴力或以暴力相威胁，所犯的罪行多为爆炸、放火、投毒、劫持、绑架、杀人等会引起公众普遍恐惧感的犯罪。

三十一、入境发展黑社会组织罪，包庇、纵容黑社会性质组织罪

（一）刑法规定

第二百九十四条第二款　境外的黑社会组织的人员到中华人民共和国境内发展组织成员的，处三年以上十年以下有期徒刑。

第三款 国家机关工作人员包庇黑社会性质的组织，或者纵容黑社会性质的组织进行违法犯罪活动的，处五年以下有期徒刑；情节严重的，处五年以上有期徒刑。

（二）典型或常见问题的审理思路

如何理解和把握包庇、纵容黑社会性质组织罪的主观要件？

包庇、纵容黑社会性质组织罪，是指国家机关工作人员包庇或者纵容黑社会性质的组织进行违法犯罪活动的行为。本罪是1997年《刑法》增设的新罪名，其构成要件包括：客体是司法机关同黑社会性质组织犯罪作斗争的正常活动；客观方面表现为包庇或者纵容黑社会性质的组织进行违法犯罪活动的行为。根据《黑社会性质组织解释》，“包庇”，是指国家机关工作人员为使黑社会性质组织及其成员逃避查禁，而通风报信，隐匿、毁灭、伪造证据，阻止他人作证、检举揭发，指使他人作伪证，帮助逃匿，或者阻挠其他国家机关工作人员依法查禁等行为。“纵容”，是指国家机关工作人员不依法履行职责，放纵黑社会性质组织及其成员进行违法犯罪活动的行为；犯罪主体是特殊主体，必须是国家机关工作人员，即在国家各级党政机关、权力机关、司法机关和军事机关中依法从事公务的人员；主观方面由故意构成，过失不构成本罪。

包庇、纵容黑社会性质组织罪的主观要件为故意，其中包庇行为只能出自直接故意；而纵容行为，则可能采取听之任之的态度，即纵容行为的主观方面可以是直接故意，也可以是间接故意。然而对于“明知”的内容，是否必须包含“明知是黑社会性质的组织，或者明知是黑社会性质组织的违法犯罪活动”这一认识因素，理论界和实务界均存在不同的理解。部分学者认为，要构成本罪的故意，必须以行为人主观上明确认识到所包庇、纵容的是黑社会性质的组织或是黑社会性质组织的违法犯罪活动为前提，“不明知是黑社会性质的组织及其活动而实施包庇、纵容行为的，不构成本罪”。也有部分学者认为，对“明知”的内容应作宽泛的解释，不需要明知是黑社会性质组织及活动，只要行为人知道包庇、纵容的是违法犯罪活动即可，一旦该犯罪组织被认定为黑社会性质组织，就构成本罪。从司法实践来看，黑社会性质组织一般在短时间内难以形成，普通犯罪集团、“恶势力”团伙向黑社会性质组织发展是一个渐进的过程，没有明显的性质转变节点；某些黑社会性质组织为了增强隐蔽性，还会通过开办公司、企业等“合法”方式“以商养黑”，且某些黑社会性质组织的领导者、组织者还有特殊的身份作掩护，如以国家工作人员、人大代表、政协委员等身份作“保护伞”。所以，司法机关认定一个犯罪集团是否构成，何时形成黑社会性质组织，需要结合案件的具体情况综合认定。正是由于黑社会性质组织在认定上的严格化、形式上的多样化，使得实施包庇、纵容行为的行为人很难明确认识到其包庇、纵容的对象是黑社会性质组织及其活动。如果将明知是黑社会性质组织及其活动作为本罪故意成立不可或缺的认识因素，将给司法认定带来相当的困难，也会成为行为人逃避法律制裁的理由，不利于打黑专项斗争工作的开展。有鉴于此，《黑社会性质组织纪要》明确规定：“只要行为人知道或者应当知道是从事违法犯罪活动的组织，仍对该组织及其成员予以包庇，或者纵容其实施违法犯罪活动，即可认定本罪。至于行为人是否明知该组织系黑社会性质组织，不影响本罪的成立。”

（三）疑难、复杂问题的参考性解答

如何理解入境发展黑社会组织罪的行为特征？

本罪客观方面表现为境外的黑社会组织的人员到我国境内发展组织成员的行为。“境外的黑社会组织”，既包括外国的黑社会组织，也包括台湾、香港、澳门地区的黑社会组织；是指被境外国家和地区确定为黑社会的组织，它的组织结构已形成完整的黑社会体系，有组织名称和稳定的、众多的成员，组织内部等级森严，纪律严密而残酷，资金财产雄厚，经济来源稳定，从事多种严重犯罪，并建有自己的武装力量，建立了广泛的国际联系，实现了犯罪的跨地域性。我国境内还没有出现类似国际上的典型的黑社会组织，故《刑法》规定本罪的主体是境外的黑社会组织成员。如果行为人不属于境外的黑社会组织成员而谎称是其成员，到我国境内发展黑社会成员，对行为人不能依本罪论处，但按照组织黑社会性质组织罪定罪量刑。“到中华人民共和国境内发展组织成员”，是指境外的黑社会组织通过引诱、拉拢、腐蚀、强迫、威胁、暴力、贿赂等手段，在我国境内，将境内、外人员吸收为该黑社会组织成员的行为。根据2000年12月4日《黑社会性质组织解释》第二条的规定，对黑社会组织成员进行内部调整等行为，也可视为“发展组织成员”。至于实际上是否发展了黑社会组织成员，不影响本罪的成立。所谓“到中华人

民共和国境内发展组织成员”，并不要求境外的黑社会组织的人员自身进入中华人民共和国境内，只是意味着行为人在我国境内发展组织成员，因此，行为人虽未进入我国境内，但通过网络、电话等手段在中华人民共和国境内发展组织成员的，也应以本罪论处。

三十二、传授犯罪方法罪

（一）刑法规定

第二百九十五条　传授犯罪方法的，处五年以下有期徒刑、拘役或者管制；情节严重的，处五年以上十年以下有期徒刑；情节特别严重的，处十年以上有期徒刑或者无期徒刑。

（二）典型或常见问题的审理思路

强迫他人学习犯罪方法后，胁迫其实施犯罪，应如何定性?

（1）行为人的胁迫抢夺行为（即目的行为），属于共同犯罪中的教唆犯，应认定构成抢夺罪（未遂）。根据刑法学通说，教唆犯，是指以劝说、利诱、授意、怂恿、收买、威胁等方法，将自己的犯罪意图灌输给本来没有犯罪意图的人，使其按教唆人的犯罪意图实施犯罪，实施教唆行为的人，即构成教唆犯。教唆的行为方式通常为唆使、引诱、怂恿、煽动等，有的以金钱、物质、美色以及其他方面的好处引诱他人犯罪，有的以嘲弄、蔑视或者侮辱的手段刺激他人实施犯罪，有的利用封建迷信教唆他人犯罪。通常被教唆人的人身自由和意志不会受到强制，但也存在被教唆人在被逼无奈或受到胁迫接受教唆的情况，如教唆人以暴力或者其他方式胁迫他人犯罪。

教唆犯有双重特性，在定罪上具有独立性，只要其主观上有教人犯罪的故意，客观上实施了教唆行为就构成犯罪；但在量刑上却具有从属性，如果被教唆人实施了教唆的犯罪，成立教唆既遂，则按照《刑法》分则规定的犯罪量刑；如被教唆人没有实施教唆的犯罪，成立教唆未遂，对教唆人可以从轻或者减轻处罚。

但是，并非所有教唆他人犯罪的人都属于共同犯罪中的教唆犯，当《刑法》分则条文将某些特定的教唆行为规定为独立犯罪时，对教唆者不能适用《刑法》总则关于教唆犯的规定，不能以所教唆的罪来定罪，而应依据分则条文的具体规定定罪处罚。如唆使刑事案件的证人作伪证，表面上完全符合教唆犯的构成要件特征，但是《刑法》有明确规定，对于证人定伪证罪（《刑法》分则第三百零五条），对教唆人定妨害作证罪（《刑法》分则第三百零七条），如果教唆人的身份是辩护律师，则构成辩护人妨害作证罪（《刑法》分则第三百零六条）。此外，所有的煽动型犯罪，教唆人都不能以所教唆的罪来定罪，对于此类犯罪都不能按教唆犯定罪处罚。

行为人伙同他人持刀对被害人进行威胁，以胁迫三被害人通过实施抢夺行为进行敛财为目的，以言语讲解的方式向三被害人传授抢夺的犯罪方法。主观上有教唆他人进行抢夺的故意，客观上通过暴力胁迫实施了教唆行为，这些行为并非刑法分则所规定的能够独立成罪的特定情形，因此，属于共同犯罪中的教唆犯，应认定构成抢夺罪（未遂）。

（2）行为人传授犯罪方法行为（即方法行为），应认定构成传授犯罪方法罪。传授犯罪方法罪，是指使用语言、文字、动作、图像或者其他方法，故意向他人传授实施犯罪的具体经验和技能的行为。传授的犯罪方法包括预备犯罪、实行犯罪以及完成犯罪后逃避刑事责任的技术、步骤、办法等。本罪的主观方面必须是直接故意，即以向他人传授犯罪方法为目的。对于生活中行为人无意散布一些道听途说的或者在影视作品中获知的一些犯罪方法的行为，或者在工作中教授格斗术、开锁技能、化学知识（特别是毒品配置方法）的行为，即如这些方法或技巧后来被人利用来犯罪，也因为行为人没有传授犯罪方法的故意，不应以传授犯罪方法罪论处。

传授犯罪方法罪属于举动犯，只要客观上有传授犯罪方法的行为，且不属于“情节显著轻微、危害不大，不认为是犯罪”的类型，哪怕是刚刚着手，就应按既遂犯追究刑事责任，不存在犯罪未遂问题，但存在犯罪预备及预备阶段的犯罪中止等犯罪停止形态；至于是否完成所计划的传授行为，被传授的对象是否达到刑事责任年龄，是否掌握了犯罪方法，均不影响本罪的成立。本罪的犯罪主体为普通主体，但在司法实践中，多为具有犯罪经验和技能的人，如曾有盗窃、抢劫、强奸、猥亵等前科的犯罪分子，尤其是惯犯和累犯。但已满十四周岁不满十六周岁的未成年人不能成为《刑法》第十七条规定的八类犯罪的传授犯罪方法罪的主体。

行为人伙同他人，以言语讲解的方式向三被害人传授抢夺的犯罪方法，主观上希望被害人掌握犯罪技巧，顺利完成抢夺犯罪行为，即便被害人最终没有实施其所传授的犯罪，亦完全符合传授犯罪方法罪的构成特征，因而，其传授犯罪方法行为，应认定构成传授犯罪方法罪。

（3）行为人的目的行为和方法行为符合牵连犯的构成特征。牵连犯是两个行为触犯两个罪名，但鉴于数个行为之间存在的密切关联，《刑法》理论上和司法实践中将其作为一罪来处理，属于“处断的一罪”的范畴。行为人胁迫他人实施抢夺行为，同时传授犯罪方法，传授犯罪方法的意图是将三被害人培育成实施犯罪的工具，即通过培育犯罪工具的方法，实现抢夺的目的，是典型的手段行为与目的行为的牵连。其中，传授犯罪方法的行为已经完成，构成传授犯罪方法罪；实施抢夺的行为没有得逞，其胁迫三被害人尾随多名路人表明已着手实施犯罪，但因为意志以外的原因，即因三被害人的消极怠工、内心抗拒而未得逞，构成抢夺罪的犯罪未遂。根据牵连犯择一重罪处断的原则，传授犯罪方法罪既遂的量刑重于抢夺罪未遂，故应以传授犯罪方法罪定罪处罚。

（三）疑难、复杂问题的参考性解答

1. 如何认定本罪中的“犯罪方法”？

《刑法》第二百九十五条规定的传授犯罪方法罪，是指故意用语言、文字、动作、图像或者其他方法，将实施犯罪的具体做法、经验传授给他人的行为。本罪的罪状和法定刑借鉴了1983年9月2日《全国人大常委会关于严惩严重危害社会治安的犯罪分子的决定》第二条的规定。本罪中的“犯罪方法”，通常认为，是指犯罪的技能与经验，包括犯罪的手段、步骤、反侦查方法等，并且只能是直接故意犯罪的方法。如果作这样的理解，行为人从正常渠道获悉的并非专门用于犯罪的炸药制造方法，就可能无法认定为“犯罪方法”，从而缩小了《刑法》的打击面。因为炸药制造方法本身是“中性”的，具有两面性，既可以用于犯罪行为，也可以用于正当目的。

从实践看，确有一些技能、方法的应用范围只能是违法犯罪，如扒窃技术。对此，只要行为人向他人传授该技术，就应当认定其传授行为具备了传授犯罪方法罪的客观要件。但更多的实际技能、方法都是“中性”的，如同科学技术是“双刃剑”一样，既可以用于违法犯罪，也可以用于正当合法的行为。是否作为“犯罪方法”，取决于其实际运用的具体途径和场合。对于传授此类方法的行为如何认定，需要结合整体传授过程，并根据社会通常观念作出恰当判断。我们认为，在司法实践中应当重点结合以下情况予以认定：（1）行为人的个人情况；（2）向他人传授该种方法的原因；（3）在何种场合下或者利用何种途径传授该方法；（4）被传授人会基于何种原因向行为人学习该种方法；（5）行为人和被传授人言行的倾向性（如有无指明该种方法是实行某种犯罪的方法）等。

例如，行为人所搜集的主要是炸药制造的方法，从其本身看是中性的，而且能够通过正常渠道获取，并非专门用于某种具体犯罪的技能和经验。如果纯粹把这种炸药制造的方法通过网络传播，也不必然增加社会风险。因此，通常不能以犯罪论处。但是，如果行为人把涉及恐怖的言词穿插于炸药制造方法之中，并将其命名为《恐怖分子手册》，从而使浏览者很自然地将该炸药制造方法与恐怖活动联系起来，这就使原本中性的炸药制造方法类型化为恐怖犯罪、爆炸犯罪的方法。事实上，公众通过正常渠道能够获得的只是一般炸药制造方法，而不是特定的恐怖气氛笼罩下的炸药制造方法。明显带有恐怖、爆炸犯罪倾向性的炸药制造方法，也不可能被允许通过公共媒介予以传播或获取。

2. 本罪的对象是否必须为特定主体？

《刑法》并未限定传授犯罪方法罪的对象必须为特定主体。一般认为，传授犯罪方法罪中的“传授”，是指将犯罪的方法教给他人。实践中，传授犯罪方法的方式是多种多样的，可以是口头传授，也可以是书面传授；可以采取公开的方式传授，也可以采取秘密的方式传授；可以用语言、动作传授，即“言传”，也可以具体实施犯罪活动来传授，即“身教”；可以传授一种犯罪方法，也可以传授多种犯罪方法。其中，公开的方式传授包括通过第三人转达或通讯工具传授，以及通过广播、电视、报刊、互联网等公共媒介进行传授，在此种情况下的传授对象就不可能是特定的个人或特定的少数人，而是特定的多人或不特定的人员。事实上，传授犯罪方法罪是行为犯，即只要实施了向他人传授犯罪方法的行为就可以构成传授犯罪方法罪。所以，该罪所强调的是“传”也即“教”的行为，至于学的人是多是少、特定或不特定、学会与否都不是该罪所强调的内容，不应影响该罪的成立。

从社会危害性的比较来看，利用互联网向不特定的人员传授犯罪方法比向特定的人员传授的危害性更大。向特定人员传授犯罪方法的结果是有限的人员（即使是为数不少）掌握了该犯罪方法，并可能将其应用于实施犯罪行为，从而造成对某些合法利益的侵害或者对社会公共秩序的破坏。但由于学习者是特定的人员，有关部门往往可以通过一定的侦查方式找到他们，有可能在其将所掌握的犯罪方法用于实施具体的犯罪行为之前阻止其行为或者在其实施犯罪行为后很快将其绳之以法。而利用网络向不特定的人员传授犯罪方法，由于其学习者是不特定的，很难将这些人员悉数找出，从而难免会对潜在的犯罪行为疏于防范，亦即这种向不特定的人员传授犯罪方法的行为更容易造成侵害他人合法利益或者破坏社会公共秩序行为的发生，其社会危害性相对更大。

利用互联网传授犯罪方法不过是赋予了传授行为一种新的方式或途径，究其实质，与传统的传授行为无异。目前在网络环境下，传授犯罪方法主要表现为：（1）利用 QQ、微信等即时通讯软件或者电子邮件等方式进行一对一交流；（2）在 BBS、论坛、微博等公共交流平台上发帖，讲解特定犯罪方法；（3）开设专门网站，讲授相关犯罪的技术知识等。对于第一种传授形式，其传授对象是特定的，依法应按照传授犯罪方法罪进行处理，对此已无异议。而对于第二种、第三种传授形式，虽然其传授对象是不特定的，但在本质上仍符合传统的传授行为的特征，例如，既有传授者，又有被传授者，传授的内容也是属于犯罪方法的技能、经验等，故不能仅因为传授对象的不特定性而否认传授者的行为系“传授”。实际上，这种情形从本质上也可以理解为采取公开课的形式传授犯罪方法。

3. **构成本罪是否要求犯罪方法必须为被传授者所接受？**

从实际看，传授的程度确实对行为危害社会的程度有相当的影响。但从构成犯罪的角度来看，刚刚着手实行传授犯罪方法的行为，危害社会的程度不一定就达不到构成犯罪的程度；行为人已经完成了传授的行为，甚至被传授人已经接受了传授的内容，其危害社会的程度并不一定就达到构成犯罪的程度。所以，虽然传授的程度是影响传授行为是否构成犯罪的一个重要因素，但不能过于夸大其对犯罪成立的作用。决定传授行为危害社会程度及是否成立犯罪的因素，不仅有传授的程度，还有传授的是何种犯罪的方法、传授的次数、行为人传授意志坚决的程度、被传授人是否接受传授，以及是否利用传授的犯罪方法实施具体的犯罪等因素。只有对这些因素进行综合考察，才能得出传授行为是否构成犯罪的正确结论。

在利用互联网传授的情况下，因为受众广泛，且传授的犯罪方法可以不受限制地下载、复制，具有“取之不尽，用之不竭”的特点，其影响范围明显要大于传统的传授行为。一旦被别有用心者利用，危害后果将是非常严重的。所以，对于网络传授犯罪方法的行为，不能仅关注其现实危险性，而对于具有抽象危险性的行为就不予刑法规制。即便无法查实被传授者是否已经接受和使用被告人传授的犯罪方法，鉴于行为的危害性，仍可以依法认定传授犯罪方法罪。

4. **如何认定网络传授者的主观方面？**

传授犯罪方法罪的主观方面是故意而不是过失，一般不论行为人的目的动机，这已是刑法学界的公论。然而，故意这一罪过形态是否包括间接故意，就存在肯定说与否定说两种意见。肯定说认为，应包括间接故意在内，只要明知是犯罪方法故意传授给他人即可成立犯罪，不管行为人是持积极追求还是放任心态；否定说则认为，构成传授犯罪方法罪只能出于直接故意，希望或积极追求他人接受和使用其所传授的犯罪方法。我们认为，肯定说的主张更为合理，更利于网络犯罪的处理。

从立法层面看，《刑法》分则的罪名只区分为故意犯罪和过失犯罪。至于一个犯罪是由何种故意、何种过失构成，则是司法层面的解释和学理层面的理解问题。当然，有些犯罪只能由直接故意构成，这往往限于目的犯的范围之内。而就作为行为犯的传授犯罪方法罪而言，其故意的内容则不宜局限于直接故意。因为在网络环境下，由于信息接受者的不特定性以及传授者与接受者之间联系的非直接性等特点，要求传授者对他人接受其传授的内容全部持积极追求的心态，并不切合实际，必然会存在一些放任的情况。事实上，不限于直接故意构成犯罪，这也是传授犯罪方法罪与教唆犯罪的区别之一。一般认为，教唆犯罪是使无犯意者产生犯意或者使犯意不坚定者决议犯罪，故教唆行为人的主观方面只能是直接故意。而传授犯罪方法罪属于妨害社会管理秩序的行为，它会助长犯罪的发生，危害性在于其使他人犯罪变得易行，而非使他人决议犯罪。他人是否据此实施犯罪，并不影响传授犯罪方法罪的成立。这样，行为人只要对别人据此实施犯罪有认识而持放任心态，就符合了传授犯罪方法罪的主观要件。换言之，间接故意支配下实施传授犯罪方法的行为，也可以成立犯罪。

5. **如何正确办理网络传授犯罪方法案件？**

信息网络的飞速发展造就了与真实的现实空间截然不同的网络空间，而这一空间在短时间内已成为各种犯罪行为滋生的新土壤。所以，网络空间亦应纳入法律调整范畴，而不能仅仅依靠技术及道德准则加以规范，对于在网络空间中实施的具有相当危害性的行为，应予刑罚处罚。当然，刑法作为最后、最有力的治理手段，在介入网络空间时，还应当处理好积极介入与适度介入的关系。所谓积极介入，即如果行为的社会危害性已达到一定的严重程度，通过行业治理、民事或者行政调整已不足以制止这种危害行为而需要刑法手段介入，且刑法手段的介入不致违背罪刑法定原则，符合社会公众的价值判断和心理预期时，刑法应当及时介入。所谓适度介入，即对于这类新型领域，不仅刑法介入的范围应适当控制，而且刑法介入的强度亦不宜过大。因为对于这些新型领域的刑法介入，主要是基于公平正义原则，基于对公共利益保护的考量，通过法律的扩张解释方法而作出的，其介入的程度显然不如传统领域。此外，从刑法的功能来分析，刑法的介入既是对某种合法权益的保护，更是对某种行为规范的引导，对于一些新型领域而言，这种引导需要采取循序渐进的方式，如果一开始就过于强烈，不仅当事人始料未及，社会公众也会觉得过于严苛，难以接受，处理效果自然不好，也就达不到预期的目的。

从实践看，利用互联网传授犯罪方法的行为表现形态复杂多样，既有“一对一”型的向特定对象传授犯罪方法，也有“一对多”型的向不特定对象传授犯罪方法；既可以是传授原创的“犯罪方法”，也可以是转贴他人的“犯罪方法”；既有以牟利为目的的故意传授，也有不以牟利为目的的故意传授，还可能由于过失传播了犯罪方法等。在实际认定中，需要对案件坚持具体情况具体分析，并严格依照刑法规定慎重处理。

首先，根据传授对象的特定与否，可分为向特定对象传授犯罪方法的“一对一”型和向不特定对象传授的“一对多”型。如前所述，行为人无论是向特定还是不特定的对象传授犯罪方法，都不影响传授犯罪方法罪的成立。

其次，根据行为人所传授的犯罪方法的性质，可分为传授自己编辑、加工的原创型的“犯罪方法”和转贴他人制作的“犯罪方法”。对于传授原创型的犯罪方法的行为，鉴于其是网上犯罪方法泛滥的源泉，应当在罪刑法定原则的范围内予以从严惩治，可认定为传授犯罪方法罪；对于转贴他人制作的“犯罪方法”的行为，应根据其传授行为的性质、途径、方法、次数及其客观危害后果等，综合衡量判断。如果确属情节显著轻微、危害不大的，可依照《刑法》第十三条的规定，不作为犯罪处理。此外，在司法认定中，还应注意行为人转贴时的加工行为，如果原创者传授的某种实际技能、方法虽然可以不当地被运用于犯罪，但其并没有犯罪倾向，只是作为科学知识传授他人，行为人在转贴时通过加工，使该技能、方法与特定犯罪相连接，从而使其类型化为某种犯罪方法，则只能处罚转贴的行为人。

最后，根据行为人是否具有牟利目的，可分为以牟利为目的的传授行为与不以牟利为目的的传授行为。前者如行为人提供有偿浏览、下载服务，利用网络售卖载有犯罪方法的软件、光盘等；后者如行为人提供免费浏览、下载服务。依照我国刑法规定，牟利并非传授犯罪方法罪的构成要件，该罪所关注的只是行为人是否具有传授的故意。因此，无论行为人是否出于牟利目的，也不论实际是否谋取到利益，只要其具有传授方法的故意，并且实施了向他人传授该犯罪方法的行为，就可以构成传授犯罪方法罪。当然，过失导致某种或某些犯罪方法被散布、传播的，应不构成该罪；如成立其他犯罪，则依法定罪处罚。

三十三、非法集会、游行、示威罪，非法携带武器、管制刀具、爆炸物参加集会、游行、示威罪，破坏集会、游行、示威罪

（一）刑法规定

第二百九十六条 举行集会、游行、示威，未依照法律规定申请或者申请未获许可，或者未按照主管机关许可的起止时间、地点、路线进行，又拒不服从解散命令，严重破坏社会秩序的，对集会、游行、示威的负责人和直接责任人员，处五年以下有期徒刑、拘役、管制或者剥夺政治权利。

第二百九十七条 违反法律规定，携带武器、管制刀具或者爆炸物参加集会、游行、示威的，处三年以下有期徒刑、拘役、管制或者剥夺政治权利。

第二百九十八条 扰乱、冲击或者以其他方法破坏依法举行的集会、游行、示威，造成公共秩序混乱的，处五年以下有期徒刑、拘役、管制或者剥夺政治权利。

（二）疑难、复杂问题的参考性解答

1. 如何区分非法集会、游行、示威罪与聚众扰乱社会秩序罪、聚众冲击国家机关罪、聚众扰乱公共场所秩序、交通秩序罪？

非法集会、游行、示威罪与聚众扰乱社会秩序罪、聚众冲击国家机关罪、聚众扰乱公共场所秩序、交通秩序罪都具有聚众性，都可能发生在公共场所，都会造成严重破坏社会秩序的后果，其主要区别在于：前者是以非法举行集会、游行、示威为前提的。在非法举行集会、游行、示威的过程中，伴有扰乱工作、生产、营业和教学、科研秩序或者公共场所秩序、交通秩序的，应视为本罪的扰乱社会秩序的情况；聚众进行不具有集会、游行、示威性质的活动，扰乱工作、生产、营业和教学、科研秩序或者公共场所秩序、交通秩序的，则应当依照《刑法》其他的有关规定定罪处罚。

2. 非法集会、游行、示威罪的客观行为应如何认定？

本罪分为两种类型：一是未依照法律规定申请或者申请未获许可，而举行集会、游行、示威，又拒不服从解散命令，严重破坏社会秩序；二是未按照主管机关许可的起止时间、地点、路线进行集会、游行、示威，又拒不服从解散命令，严重破坏社会秩序。所谓集会，是指聚集于露天公共场所发表意见，表达意愿的活动；游行，是指在公共道路、露天场所列队行进，表达共同意愿的活动；示威，是指在露天公共场所或者公共道路上以集会、游行、静坐等方式，表达要求、抗议或者支持、声援等共同意愿的活动。在第一种情况下，只有拒不服从解散命令，严重破坏社会秩序的，才成立犯罪。从实质上看，如果是没有申请或者申请未获许可举行集会、游行、示威，但在有关机关发布解散命令后解散集会、游行、示威的，其法益侵害性并没有达到值得科处刑罚的程度。再者，集会、游行、示威是宪法赋予公民的权利，对于行使宪法所规定的权利的行为，即使在程序等方面存在轻微违法，也不宜认定为犯罪。

三十四、侮辱国旗、国徽、国歌罪

（一）刑法规定①

第二百九十九条 在公众场合故意以焚烧、毁损、涂划、玷污、践踏等方式侮辱中华人民共和国国旗、国徽的，处三年以下有期徒刑、拘役、管制或者剥夺政治权利。

在公共场合，故意篡改中华人民共和国国歌歌词、曲谱，以歪曲、贬损方式奏唱国歌，或者以其他方式侮辱国歌，情节严重的，依照前款的规定处罚。

（二）疑难、复杂问题的参考性解答

如何理解本罪的行为方式？

本罪表现为在公众场合故意以焚烧、毁损、涂划、玷污、践踏等方式，侮辱中华人民共和国国旗、国徽的行为，或者在公共场合，故意篡改中华人民共和国国歌歌词、曲谱，以歪曲、贬损方式奏唱国歌，或者以其他方式侮辱国歌，情节严重的行为。“公众场合”，一是指根据国旗法、国徽法规定悬挂国旗、国徽的公共场所或者中央机关所在地；二是指人群聚集的公共场所。如果发生在非公共场合，不构成本罪。“焚烧”，是指放火燃烧国旗、国徽的行为。“毁损”，是指撕毁、砸毁或者以其他方式使国旗、国徽受到毁坏、损坏的行为。“涂划”，是指用笔墨、颜料等在国旗、国徽上涂画的行为。“玷污”，是指用唾沫、粪便等玷污国旗、国徽的行为。“践踏”，是指将国旗、国徽放在脚下、车轮下等处进行踩踏、碾轧的行为。侮辱国旗、国徽的行为不止上述五种，实施其他侮辱行为、情节严重的，也可构成本罪。应当注意的是，侮辱国旗、国徽不以情节严重为构罪条件，而侮辱国歌则以情节严重为构成条件。

---

① 本条批第二款系根据《刑法修正案（十）》而增加。1997年《刑法》无第二款的内容。

三十五、侵害英雄烈士名誉、荣誉罪

（一）刑法规定

第二百九十九条之一[①]　侮辱、诽谤或者以其他方式侵害英雄烈士的名誉、荣誉，损害社会公共利益，情节严重的，处三年以下有期徒刑、拘役、管制或者剥夺政治权利。

（二）司法解释、司法文件

最高人民法院、最高人民检察院、公安部关于依法惩治侵害英雄烈士名誉、荣誉违法犯罪的意见（公通字〔2022〕5号，自2022年1月11日起施行）

各省、自治区、直辖市高级人民法院，人民检察院，公安厅、局，新疆维吾尔自治区高级人民法院生产建设兵团分院，新疆生产建设兵团人民检察院、公安局：

为依法惩治侵害英雄烈士名誉、荣誉违法犯罪活动，维护社会公共利益，传承和弘扬英雄烈士精神、爱国主义精神，培育和践行社会主义核心价值观，根据《中华人民共和国刑法》《中华人民共和国刑事诉讼法》《中华人民共和国英雄烈士保护法》等法律和相关司法解释的规定，制定本意见。

一、关于英雄烈士的概念和范围

根据英雄烈士保护法第二条的规定，刑法第二百九十九条之一规定的“英雄烈士”，主要是指近代以来，为了争取民族独立和人民解放，实现国家富强和人民幸福，促进世界和平和人类进步而毕生奋斗、英勇献身的英雄烈士。

司法适用中，对英雄烈士的认定，应当重点注意把握以下几点：

（一）英雄烈士的时代范围主要为“近代以来”，重点是中国共产党、人民军队和中华人民共和国历史上的英雄烈士。英雄烈士既包括个人，也包括群体；既包括有名英雄烈士，也包括无名英雄烈士。

（二）对经依法评定为烈士的，应当认定为刑法第二百九十九条之一规定

---

① 本条系根据《刑法修正案（十一）》第三十五条规定而增加。1997年《刑法》无此条款。

的“英雄烈士”；已牺牲、去世，尚未评定为烈士，但其事迹和精神为我国社会普遍公认的英雄模范人物或者群体，可以认定为“英雄烈士”。

（三）英雄烈士是指已经牺牲、去世的英雄烈士。对侮辱、诽谤或者以其他方式侵害健在的英雄模范人物或者群体名誉、荣誉，构成犯罪的，适用刑法有关侮辱、诽谤罪等规定追究刑事责任，符合适用公诉程序条件的，由公安机关依法立案侦查，人民检察院依法提起公诉。但是，被侵害英雄烈士群体中既有已经牺牲的烈士，也有健在的英雄模范人物的，可以统一适用侵害英雄烈士名誉、荣誉罪。

二、关于侵害英雄烈士名誉、荣誉罪入罪标准

根据刑法第二百九十九条之一的规定，侮辱、诽谤或者以其他方式侵害英雄烈士的名誉、荣誉，损害社会公共利益，情节严重的，构成侵害英雄烈士名誉、荣誉罪。

司法实践中，对侵害英雄烈士名誉、荣誉的行为是否达到“情节严重”，应当结合行为方式，涉及英雄烈士的人数，相关信息的数量、传播方式、传播范围、传播持续时间，相关信息实际被点击、浏览、转发次数，引发的社会影响、危害后果以及行为人前科情况等综合判断。根据案件具体情况，必要时，可以参照适用《最高人民法院、最高人民检察院关于办理利用信息网络实施诽谤等刑事案件适用法律若干问题的解释》（法释〔2013〕21 号）的规定。

侵害英雄烈士名誉、荣誉，达到入罪标准，但行为人认罪悔罪，综合考虑案件具体情节，认为犯罪情节轻微的，可以不起诉或者免予刑事处罚；情节显著轻微危害不大的，不以犯罪论处；构成违反治安管理行为的，由公安机关依法给予治安管理处罚。

三、关于办案工作要求

（一）坚决依法惩治。英雄烈士的事迹和精神是中华民族共同的历史记忆和宝贵的精神财富，英雄不容亵渎、先烈不容诋毁、历史不容歪曲。各级公安机关、人民检察院、人民法院要切实增强责任感和使命感，依法惩治侵害英雄烈士名誉、荣誉的违法犯罪活动，坚决维护中国特色社会主义制度，坚决维护社会公共利益。

（二）坚持宽严相济。对侵害英雄烈士名誉、荣誉的，要区分案件具体情况，落实宽严相济刑事政策，突出惩治重点，重在教育挽救，避免打击扩大

化、简单化，确保实现政治效果、法律效果和社会效果的有机统一。对利用抹黑英雄烈士恶意攻击我国基本社会制度、损害社会公共利益，特别是与境外势力勾连实施恶意攻击，以及长期、多次实施侵害行为的，要依法予以严惩。对没有主观恶意，仅因模糊认识、好奇等原因而发帖、评论的，或者行为人系在校学生、未成年人的，要以教育转化为主，切实做到教育大多数、打击极少数。

（三）严格规范办案。公安机关要落实严格规范公正文明执法要求，依法全面、及时收集、固定证据，严格履行法定程序，依法保障嫌疑人合法权益。人民检察院对公安机关提请批准逮捕、移送审查起诉的案件，符合批捕、起诉条件的，依法予以批捕、起诉。对重大、疑难案件，公安机关可以商请人民检察院派员通过审查证据材料等方式，就案件定性、证据收集、法律适用等提出意见建议。人民法院要加强审判力量，制定庭审预案，依法审理。公安机关、人民检察院、人民法院要与退役军人事务部门和军队有关部门建立健全工作联系机制，妥善解决英雄烈士甄别、认定过程中的问题。

（三）疑难、复杂问题的参考性解答

1. 如何正确理解侮辱、诽谤英烈罪的构成要件？

本罪主体为一般主体，主观方面必须是故意，且为直接故意。

本罪客观方面：（1）侮辱、诽谤或者以其他方式侵害英雄烈士的名誉、荣誉；（2）损害社会公共利益，如果没有损害社会公共利益，仅仅对英雄烈士某些方面的言行评头论足，不足以损害英雄烈士在公众中的形象，不足以损害英雄烈士对社会公众的引领、模范作用的，则不构成本罪；（3）情节严重，如多次实施侮辱、诽谤行为或多次以其他方式侵害英雄烈士的名誉、荣誉的，严重损害英雄烈士在公众中形象的，严重损害英雄烈士对社会公众的引领、模范作用的，致使英烈后代精神遭受重大影响的等。因此，一定要区分情节和严重程度，尤其是通过网络实施侮辱、诽谤行为，可以参照利用网络实施的诽谤他人“情节严重”的入罪标准。对于只是在微信聊天群发表不当言论，没有造成大范围传播的，一般不宜作为犯罪处理。

本罪的客体为社会公共秩序，特别是侵犯对英雄烈士的褒奖秩序。关于“英雄烈士”的界定问题。我们认为，无论对已牺牲的英雄，还是未牺牲的英雄，都可以适用此条予以保护，这符合对法律用语的理解规则，也更能体现

对英雄烈士这一特殊群体的利益保护。比如近期针对戍边英雄烈士的侮辱和诽谤，受表彰的戍边英雄烈士有五名，其中有牺牲的，也有未牺牲的，统一适用侵害英雄烈士名誉、荣誉罪更为合适。若已牺牲的按照侵害英雄烈士名誉、荣誉罪处理，未牺牲的按照侮辱诽谤公诉案件处理，将会人为造成法律适用的困惑和混乱。

三十六、组织、利用会道门、邪教组织、利用迷信破坏法律实施罪，组织、利用会道门、邪教组织、利用迷信致人重伤、死亡罪

（一）刑法规定

第三百条 组织、利用会道门、邪教组织或者利用迷信破坏国家法律、行政法规实施的，处三年以上七年以下有期徒刑，并处罚金；情节特别严重的，处七年以上有期徒刑或者无期徒刑，并处罚金或者没收财产；情节较轻的，处三年以下有期徒刑、拘役、管制或者剥夺政治权利，并处或者单处罚金。

组织、利用会道门、邪教组织或者利用迷信蒙骗他人，致人重伤、死亡的，依照前款的规定处罚。

犯第一款罪又有奸淫妇女、诈骗财物等犯罪行为的，依照数罪并罚的规定处罚。

（二）司法解释、司法文件及其权威解读

最高人民法院、最高人民检察院关于办理组织、利用邪教组织破坏法律实施等刑事案件适用法律若干问题的解释（法释〔2017〕3号，自2017年2月1日起施行）

为依法惩治组织、利用邪教组织破坏法律实施等犯罪活动，根据《中华人民共和国刑法》《中华人民共和国刑事诉讼法》有关规定，现就办理此类刑事案件适用法律的若干问题解释如下：

第一条 冒用宗教、气功或者以其他名义建立，神化、鼓吹首要分子，利用制造、散布迷信邪说等手段蛊惑、蒙骗他人，发展、控制成员，危害社会的非法组织，应当认定为刑法第三百条规定的“邪教组织”。

第二条 组织、利用邪教组织，破坏国家法律、行政法规实施，具有下

列情形之一的，应当依照刑法第三百条第一款的规定，处三年以上七年以下有期徒刑，并处罚金：

（一）建立邪教组织，或者邪教组织被取缔后又恢复、另行建立邪教组织的；

（二）聚众包围、冲击、强占、哄闹国家机关、企业事业单位或者公共场所、宗教活动场所，扰乱社会秩序的；

（三）非法举行集会、游行、示威，扰乱社会秩序的；

（四）使用暴力、胁迫或者以其他方法强迫他人加入或者阻止他人退出邪教组织的；

（五）组织、煽动、蒙骗成员或者他人不履行法定义务的；

（六）使用"伪基站""黑广播"等无线电台（站）或者无线电频率宣扬邪教的；

（七）曾因从事邪教活动被追究刑事责任或者二年内受过行政处罚，又从事邪教活动的；

（八）发展邪教组织成员五十人以上的；

（九）敛取钱财或者造成经济损失一百万元以上的；

（十）以货币为载体宣扬邪教，数量在五百张（枚）以上的；

（十一）制作、传播邪教宣传品，达到下列数量标准之一的：

1. 传单、喷图、图片、标语、报纸一千份（张）以上的；

2. 书籍、刊物二百五十册以上的；

3. 录音带、录像带等音像制品二百五十盒（张）以上的；

4. 标识、标志物二百五十件以上的；

5. 光盘、U 盘、储存卡、移动硬盘等移动存储介质一百个以上的；

6. 横幅、条幅五十条（个）以上的。

（十二）利用通讯信息网络宣扬邪教，具有下列情形之一的：

1. 制作、传播宣扬邪教的电子图片、文章二百张（篇）以上，电子书籍、刊物、音视频五十册（个）以上，或者电子文档五百万字符以上、电子音视频二百五十分钟以上的；

2. 编发信息、拨打电话一千条（次）以上的；

3. 利用在线人数累计达到一千以上的聊天室，或者利用群组成员、关注人员等账号数累计一千以上的通讯群组、微信、微博等社交网络宣扬邪教的；

4. 邪教信息实际被点击、浏览数达到五千次以上的。

（十三）其他情节严重的情形。

第三条 组织、利用邪教组织，破坏国家法律、行政法规实施，具有下列情形之一的，应当认定为刑法第三百条第一款规定的“情节特别严重”，处七年以上有期徒刑或者无期徒刑，并处罚金或者没收财产：

（一）实施本解释第二条第一项至第七项规定的行为，社会危害特别严重的；

（二）实施本解释第二条第八项至第十二项规定的行为，数量或者数额达到第二条规定相应标准五倍以上的；

（三）其他情节特别严重的情形。

第四条 组织、利用邪教组织，破坏国家法律、行政法规实施，具有下列情形之一的，应当认定为刑法第三百条第一款规定的“情节较轻”，处三年以下有期徒刑、拘役、管制或者剥夺政治权利，并处或者单处罚金：

（一）实施本解释第二条第一项至第七项规定的行为，社会危害较轻的；

（二）实施本解释第二条第八项至第十二项规定的行为，数量或者数额达到相应标准五分之一以上的；

（三）其他情节较轻的情形。

第五条 为了传播而持有、携带，或者传播过程中被当场查获，邪教宣传品数量达到本解释第二条至第四条规定的有关标准的，按照下列情形分别处理：

（一）邪教宣传品是行为人制作的，以犯罪既遂处理；

（二）邪教宣传品不是行为人制作，尚未传播的，以犯罪预备处理；

（三）邪教宣传品不是行为人制作，传播过程中被查获的，以犯罪未遂处理；

（四）邪教宣传品不是行为人制作，部分已经传播出去的，以犯罪既遂处理，对于没有传播的部分，可以在量刑时酌情考虑。

第六条 多次制作、传播邪教宣传品或者利用通讯信息网络宣扬邪教，未经处理的，数量或者数额累计计算。

制作、传播邪教宣传品，或者利用通讯信息网络宣扬邪教，涉及不同种类或者形式的，可以根据本解释规定的不同数量标准的相应比例折算后累计计算。

第七条　组织、利用邪教组织，制造、散布迷信邪说，蒙骗成员或者他人绝食、自虐等，或者蒙骗病人不接受正常治疗，致人重伤、死亡的，应当认定为刑法第三百条第二款规定的组织、利用邪教组织“蒙骗他人，致人重伤、死亡”。

组织、利用邪教组织蒙骗他人，致一人以上死亡或者三人以上重伤的，处三年以上七年以下有期徒刑，并处罚金。

组织、利用邪教组织蒙骗他人，具有下列情形之一的，处七年以上有期徒刑或者无期徒刑，并处罚金或者没收财产：

（一）造成三人以上死亡的；

（二）造成九人以上重伤的；

（三）其他情节特别严重的情形。

组织、利用邪教组织蒙骗他人，致人重伤的，处三年以下有期徒刑、拘役、管制或者剥夺政治权利，并处或者单处罚金。

第八条　实施本解释第二条至第五条规定的行为，具有下列情形之一的，从重处罚：

（一）与境外机构、组织、人员勾结，从事邪教活动的；

（二）跨省、自治区、直辖市建立邪教组织机构、发展成员或者组织邪教活动的；

（三）在重要公共场所、监管场所或者国家重大节日、重大活动期间聚集滋事，公开进行邪教活动的；

（四）邪教组织被取缔后，或者被认定为邪教组织后，仍然聚集滋事，公开进行邪教活动的；

（五）国家工作人员从事邪教活动的；

（六）向未成年人宣扬邪教的；

（七）在学校或者其他教育培训机构宣扬邪教的。

第九条　组织、利用邪教组织破坏国家法律、行政法规实施，符合本解释第四条规定情形，但行为人能够真诚悔罪，明确表示退出邪教组织、不再从事邪教活动的，可以不起诉或者免予刑事处罚。其中，行为人系受蒙蔽、胁迫参加邪教组织的，可以不作为犯罪处理。

组织、利用邪教组织破坏国家法律、行政法规实施，行为人在一审判决前能够真诚悔罪，明确表示退出邪教组织、不再从事邪教活动的，分别依照下列规定处理：

（一）符合本解释第二条规定情形的，可以认定为刑法第三百条第一款规定的“情节较轻”；

（二）符合本解释第三条规定情形的，可以不认定为刑法第三百条第一款规定的“情节特别严重”，处三年以上七年以下有期徒刑，并处罚金。

第十条 组织、利用邪教组织破坏国家法律、行政法规实施过程中，又有煽动分裂国家、煽动颠覆国家政权或者侮辱、诽谤他人等犯罪行为的，依照数罪并罚的规定定罪处罚。

第十一条 组织、利用邪教组织，制造、散布迷信邪说，组织、策划、煽动、胁迫、教唆、帮助其成员或者他人实施自杀、自伤的，依照刑法第二百三十二条、第二百三十四条的规定，以故意杀人罪或者故意伤害罪定罪处罚。

第十二条 邪教组织人员以自焚、自爆或者其他危险方法危害公共安全的，依照刑法第一百一十四条、第一百一十五条的规定，以放火罪、爆炸罪、以危险方法危害公共安全罪等定罪处罚。

第十三条 明知他人组织、利用邪教组织实施犯罪，而为其提供经费、场地、技术、工具、食宿、接送等便利条件或者帮助的，以共同犯罪论处。

第十四条 对于犯组织、利用邪教组织破坏法律实施罪、组织、利用邪教组织致人重伤、死亡罪，严重破坏社会秩序的犯罪分子，根据刑法第五十六条的规定，可以附加剥夺政治权利。

第十五条 对涉案物品是否属于邪教宣传品难以确定的，可以委托地市级以上公安机关出具认定意见。

第十六条 本解释自2017年2月1日起施行。《最高人民法院、最高人民检察院关于办理组织和利用邪教组织犯罪案件具体应用法律若干问题的解释》（法释〔1999〕18号），《最高人民法院、最高人民检察院关于办理组织和利用邪教组织犯罪案件具体应用法律若干问题的解释（二）》（法释〔2001〕19号），以及《最高人民法院、最高人民检察院关于办理组织和利用邪教组织犯罪案件具体应用法律若干问题的解答》（法发〔2002〕7号）同时废止。

（三）疑难、复杂问题的参考性解答

如何区分组织、利用邪教组织致人重伤、死亡罪与故意杀人罪、故意伤害罪?

根据《最高人民法院、最高人民检察院关于办理组织、利用邪教组织破坏法律实施等刑事案件适用法律若干问题的解释》，对于组织、利用邪教组织，制造、散布迷信邪说，组织、策划、煽动、胁迫、教唆、帮助其成员或者他人实施自杀、自伤的，应当以故意杀人罪或者故意伤害罪定罪处罚；如果是蒙骗其成员或者其他人绝食、自虐等，或者蒙骗病人不接受正常治疗，致人重伤、死亡的，应当认定为组织、利用邪教组织“蒙骗他人，致人重伤、死亡”，以组织、利用邪教组织致人重伤、死亡罪定罪处罚。前者是“组织、策划、煽动、胁迫、教唆、帮助”，表明行为人对被害人死亡结果持希望的直接故意态度；后者是“蒙骗”，表明行为人对被害人死亡结果持过失或者间接故意的心理态度。如果行为人对死亡结果的发生持希望的心理态度，则应按照故意杀人罪、故意伤害罪定罪处罚。

邪教组织人员以自焚、自爆或者其他危险方法危害公共安全的，依照《刑法》第一百一十四条、第一百一十五条的规定，以放火罪、爆炸罪、以危险方法危害公共安全罪等定罪处罚。

三十七、聚众淫乱罪，引诱未成年人聚众淫乱罪

（一）刑法规定

第三百零一条　聚众进行淫乱活动的，对首要分子或者多次参加的，处五年以下有期徒刑、拘役或者管制。

引诱未成年人参加聚众淫乱活动的，依照前款的规定从重处罚。

（二）疑难、复杂问题的参考性解答

1. 聚众淫乱罪在司法实践认定中应注意哪些问题?

“聚众”，是指在首要分子的组织、指挥、策划下，纠集多人聚集在一起进行淫乱活动。这里的“多人”，既可以是男性多人，也可以是女性多人，还可以是男女混杂多人。“淫乱”，主要是指聚集男女多人在一起进行性交，即群奸群宿，也包括进行其他性变态行为，如鸡奸等。聚众淫乱发生的场所不

影响对该罪性质的认定，因为本罪属于扰乱公共秩序罪，无论聚众淫乱行为发生在私密空间还是公共场所，均不影响对此类行为性质的认定。本罪所涉及的行为是行为人自愿参加的行为，如果其中有强迫或胁迫的成分，就可能触犯其他罪名如强奸罪。

2. **如何认定聚众淫乱罪罪与非罪的界限？**

构成本罪的只能是聚众淫乱活动的首要分子和多次参加者，包括男性和女性。并非参加淫乱的任何行为都成立本罪，只有在聚众淫乱中起组织、策划、指挥作用的首要分子，或者虽不是首要分子但多次参加聚众淫乱的人，才成立本罪。对于偶尔参加的，或者虽有淫乱活动但未聚众进行的，不构成犯罪。首要分子是指在聚众淫乱活动中起纠集、指挥、策划作用的人。组织是指纠集聚众淫乱的人员、选择或提供聚众淫乱的场所等；指挥是指安排淫乱的方式，也包括胁迫、诱骗他人参加淫乱活动等；策划是指为聚众淫乱活动出谋划策等。只要起到其中一种作用的，就可认定为首要分子。

3. **多名妇女同时向一人卖淫的，能否构成本罪？**

这种行为虽然在表面现象上看似具有聚众淫乱的特点，但结合犯罪的主客观特征来分析，其并不符合本罪的构成特征。从主观方面看，虽然嫖娼者具有寻求下流无耻精神刺激的主观动机，但对于其他聚在一起共同向其卖淫的多名妇女而言则没有此动机，卖淫妇女的目的是营利。寻求下流无耻的精神刺激在本罪中表现为寻求感官刺激，填补精神空虚。即通过聚众淫乱来刺激感官、寻欢作乐。这既是犯罪分子通过聚众淫乱行为所要达到的直接目的，也是推动犯罪分子实施聚众淫乱行为的内心起因，甚至在犯罪动机上比在犯罪的目的上表现得更为明显。寻求下流无耻的精神刺激，表明行为人追究的既不是政治目的，也不是经济目的，既不是基于义愤，也不是基于某种非法利益，这就决定了聚众淫乱犯罪的矛头所向不局限于某种具体的社会关系。寻求下流无耻的精神刺激，能够把本罪与各种追究政治目的的犯罪区别开来，是区分本罪与其他罪的主要标志。从客观方面看，本罪多表现为多人聚集在一起进行乱交、滥交的淫乱行为，具有行为对象的非专一性特征。而多名妇女共同向行为人卖淫的行为，由其主观动机、目的决定了他们之间并非聚集在一起进行乱交、滥交的淫乱行为，因而不具有本罪“淫乱”的特征。综上分析，对多名妇女同时向行为人卖淫的，不能作为聚众淫乱罪处理，可依照《治安管理处罚法》予以行政处罚。

4. 引诱未成年人参加聚众淫乱罪的主观明知如何认定?

行为人必须明知引诱对象是未成年人，才能构成本罪。对于行为人所引诱的个别未成年人发育早熟、貌似成年或者本人隐瞒实际年龄，行为人确实不知道其真实年龄而误加引诱的，由于行为人主观上缺乏犯罪的故意，不构成本罪。构成其他罪的，按其他罪处罚。对于无法具体判断行为人是否知道所引诱的是未成年人，但从整个刑事案件看，可以判断行为人主观上应当知道是未成年人而加以引诱，可以认定行为人已经明知对方是未成年人，应当按照本罪论处。

三十八、盗窃、侮辱、故意毁坏尸体、尸骨、骨灰罪

(一) 刑法规定

第三百零二条 盗窃、侮辱、故意毁坏尸体、尸骨、骨灰的，处三年以下有期徒刑、拘役或者管制。

(二) 司法解释、司法文件

最高人民检察院法律政策研究室关于盗窃骨灰行为如何处理问题的答复

(〔2002〕高检研发第14号，自2002年9月18日施行)

吉林省人民检察院法律政策研究室:

你院《关于对盗窃骨灰行为可否比照盗窃尸体罪定性问题的请示》(吉检发请字〔2002〕1号收悉。经研究，我们认为，“骨灰”不属于刑法第三百零二条规定的“尸体”。对于盗窃骨灰的行为不能以刑法第三百零二条的规定追究刑事责任。

(三) 典型或常见问题的审理思路

1. 行为人因封建迷信而盗窃他人遗骨的行为应如何定性?[①]

行为人的亲属因交通肇事死亡，行为人因迷信为其亲属结阴亲，偷挖他人坟墓将遗骨盗走。其行为是否构成盗窃、侮辱尸体罪，存在两种意见。第一种意见认为构成盗窃、侮辱尸体罪，因为其行为侵犯的客体是社会公共秩

---

① 案例来源:《人民司法》2003年第11期。

序。第二种意见认为，不构成盗窃、侮辱尸体罪，因本罪的行为对象是尸体。尸体是指自然人死亡后所遗留的躯体，无生命的尸体，如已蜕化分离的则为遗骨或遗发，不能称为尸体。行为人盗窃遗骨不构成本罪。我们认为，考虑到我国土葬与火葬相结合的实际情况，以及自然死亡、意外死亡（尸体可能不完整）等特殊情况，对本罪规定的“尸体”应当理解为：既包括完整或不完整的尸体，也包括遗体腐化、蜕变形成的骨骸、遗发等。行为人为了给其亡弟“结阴亲”，偷挖他人坟墓盗走遗骨，应当以本罪论处。

2. **侮辱尸体罪的具体认定**

行为人在迷信思想的驱使下私掘他人坟墓并侮辱尸体，符合侮辱尸体罪的构成要件，构成侮辱尸体罪。行为人辩称其只是受迷信思想驱使怕鬼魂缠身而给他人尸体迁坟，不是想侮辱他人的尸体，但根据本案实际情况，行为人挑出他人尸体的头骨，将头骨移埋，又用锄头把他人尸体的其余部分刨散后弃置，其已经实施了侮辱尸体的行为。

三十九、赌博罪

（一）刑法规定

第三百零三条第一款[①] 以营利为目的，聚众赌博或者以赌博为业的，处三年以下有期徒刑、拘役或者管制，并处罚金。

（二）司法解释、司法文件及其权威解读

最高人民法院、最高人民检察院关于办理赌博刑事案件具体应用法律若干问题的解释（法释〔2005〕3号，自2005年5月13日起施行）

为依法惩治赌博犯罪活动，根据刑法的有关规定，现就办理赌博刑事案件具体应用法律的若干问题解释如下：

第一条 以营利为目的，有下列情形之一的，属于刑法第三百零三条规定的“聚众赌博”：

（一）组织3人以上赌博，抽头渔利数额累计达到5000元以上的；

---

① 本款根据《刑法修正案（六）》进行修改。原条文为：以营利为目的，聚众赌博、开设赌场或者以赌博为业的，处三年以下有期徒刑、拘役或者管制，并处罚金。《刑法修正案（六）》将开设赌场罪另设一款作为本条的第二款。

（二）组织3人以上赌博，赌资数额累计达到5万元以上的；

（三）组织3人以上赌博，参赌人数累计达到20人以上的；

（四）组织中华人民共和国公民10人以上赴境外赌博，从中收取回扣、介绍费的。

第二条　以营利为目的，在计算机网络上建立赌博网站，或者为赌博网站担任代理，接受投注的，属于刑法第三百零三条规定的“开设赌场”。

第三条　中华人民共和国公民在我国领域外周边地区聚众赌博、开设赌场，以吸引中华人民共和国公民为主要客源，构成赌博罪的，可以依照刑法规定追究刑事责任。

第四条　明知他人实施赌博犯罪活动，而为其提供资金、计算机网络、通讯、费用结算等直接帮助的，以赌博罪的共犯论处。

第五条　实施赌博犯罪，有下列情形之一的，依照刑法第三百零三条的规定从重处罚：

（一）具有国家工作人员身份的；

（二）组织国家工作人员赴境外赌博的；

（三）组织未成年人参与赌博，或者开设赌场吸引未成年人参与赌博的。

第六条　未经国家批准擅自发行、销售彩票，构成犯罪的，依照刑法第二百二十五条第（四）项的规定，以非法经营罪定罪处罚。

第七条　通过赌博或者为国家工作人员赌博提供资金的形式实施行贿、受贿行为，构成犯罪的，依照刑法关于贿赂犯罪的规定定罪处罚。

第八条　赌博犯罪中用作赌注的款物、换取筹码的款物和通过赌博赢取的款物属于赌资。通过计算机网络实施赌博犯罪的，赌资数额可以按照在计算机网络上投注或者赢取的点数乘以每一点实际代表的金额认定。

赌资应当依法予以追缴；赌博用具、赌博违法所得以及赌博犯罪分子所有的专门用于赌博的资金、交通工具、通讯工具等，应当依法予以没收。

第九条　不以营利为目的，进行带有少量财物输赢的娱乐活动，以及提供棋牌室等娱乐场所只收取正常的场所和服务费用的经营行为等，不以赌博论处。

权威解读

解读《最高人民法院、最高人民检察院关于办理赌博刑事案件具体应用法律若干问题的解释》

近年来，赌博犯罪活动日益猖獗，严重影响社会稳定和经济发展，严重败坏社会风气，社会各界反映强烈。打击赌博违法犯罪活动专项行动开展以来，司法实践中遇到一些困惑，例如，追究赌博罪刑事责任的标准不统一、各地差别较大，与赌博相关的网络赌博、非法发行彩票、假借赌博实施行贿受贿的性质难以认定等。对此，最高人民法院、最高人民检察院高度重视，从加强党的执政能力、巩固党的执政基础、构建社会主义和谐社会的高度出发，在深入调查研究、认真总结审判实践经验的基础上，反复修改，多次论证，于2005年5月11日发布了《关于办理赌博刑事案件具体应用法律若干问题的解释》（以下简称《赌博解释》）。准确理解和适用《赌博解释》，应主要从以下几个方面把握：

一、关于赌博罪的营利目的

根据《刑法》第三百零三条的规定，构成赌博罪的前提，不但必须具备直接故意的一般主观要件，而且必须具备“以营利为目的”的特别主观要件。这里的“以营利为目的”，指行为人实施聚众赌博、开设赌场、以赌博为业的行为，是为了获取数额较大的金钱或者其他财物，而不是为了消遣、娱乐。行为人获取财物的方式，主要包括以下几种情况：一是抽头渔利，即组织、招引他人赌博，从他人赌博赢取的财物中按照一定比例，如5%或者10%等，抽取费用；二是开设赌场获取非法收益；三是直接参赌获利，既包括聚众赌博的组织者自己参赌获利，也包括以赌博为业者参赌获利；四是组织中国公民赴境外赌博，获取回扣、介绍费等费用。当然，行为人是否实际获利并不影响其主观目的的认定。

司法实践中，认定行为人是否“以营利为目的”，主要根据行为人实施赌博行为的方式，考虑上述获利方式综合判断。一般来讲，实施了符合《赌博解释》规定标准行为的人，就可以认定是以营利为目的。

“以营利为目的”的有无，决定了行为人是否构成赌博罪，也是区别赌博罪与非罪的关键。行为人进行带有少量财物输赢的娱乐活动，虽然主观上也有为了赢取少量财物的获利成分，但输赢对其无所谓，或者意义不大，其主要目的是消遣、娱乐，因此，不属于“以营利为目的”。组织、招引他人赌博的行为人，如果既没有从中抽头渔利的行为，也没有直接参与赌博的行为，不属于“以营利为目的”，依法不能认定其构成赌博罪。

二、关于聚众赌博的认定

《赌博解释》第一条规定：“以营利为目的，有下列情形之一的，属于刑法第三百零三条规定的‘聚众赌博’：（一）组织3人以上赌博，抽头渔利数额累计达到5000元以上的；（二）组织3人以上赌博，赌资数额累计达到5万元以上的；（三）组织3人以上赌博，参赌人数累计达到20人以上的；（四）组织中华人民共和国公民10人以上赴境外赌博，从中收取回扣、介绍费的。”

可以看出，该条前三项分别规定了抽头渔利数额、赌资数额和参赌人数三项标准。行为人只要符合上述标准其中之一，即可认定属于聚众赌博。需要注意的有以下几点：一是该三项标准规定的均是累计数量，凡是未经行政处罚或者刑事处罚，且在违法或者犯罪行为的追诉时效期限内的，均分别累计计算抽头渔利数额、赌资数额以及被组织的参赌人数。根据《刑法》第八十七条的规定，赌博罪的追诉时效期限是五年。根据《治安管理处罚条例》①第十八条的规定，赌博违法行为的追究时效期限是六个月。也就是说，行为人未经处罚的聚众赌博行为在六个月之内再犯的，其抽头渔利数额、赌资数额以及被组织的参赌人数应分别累计计算。二是既然刑法规定的是聚众赌博，那么，每次被组织参与赌博的人数应在三人以上，否则不能称为聚众。在此基础上，才分别累计计算抽头渔利数额、赌资数额以及被组织的参赌人数。三是本条第三项规定了二十人的参赌人数，指的是不同的个人，而不是参赌人员达到二十人次以上。如果行为人一次即组织二十人以上赌博，又亲自参与赌博的，就可认定构成聚众赌博。四是《赌博解释》没有规定抽头渔利数额、赌资数额和被组织参赌人数的幅度，就是说，全国各地司法机关不分地区差别，应当统一适用该标准。

该条最后一项标准针对的主要是一些旅行社、导游、境外赌场在境内设立的代理机构等。在适用本项标准时，应注意以下几点：一是被组织人数不累计计算，必须一次组织十名以上中华人民共和国公民赴境外赌博；二是这里的“境”，指“国（边）境”，组织中华人民共和国公民赴港、澳、台地区赌博的，也适用本项规定；三是必须有证据证明，行为人组织中华人民共和国公民赴境外是进行赌博，而不是旅游；四是行为人必须有从中收取回扣、介绍费的行为，至于收费数额的多少，则不限制。

---

① 现已失效，已被《治安管理处罚法》取代。

三、关于建立赌博网站行为的法律适用

近年来，网络赌博发展迅速。据统计，截至2004年年底，全球赌博网站已有1600多家。中文赌博网站也有330多家，主要设在我国台湾地区、香港地区，东南亚和美国等地。国内大陆设立的赌博网站数量极少，绝大多数是担任国外网站的代理。国外网站一般在境内首先设立总代理，再由总代理向下发展一级代理，一级代理再向下发展二级代理，二级代理再发展三级代理，以至多级代理。最后一级代理只接受赌客投注，其他各级代理一般既发展下级代理，又接受赌客投注。

传统的开设赌场，是指以营利为目的，营业性地为赌博提供场所、设定赌博方式、提供赌具、筹码，接受赌客投注的行为。赌博网站及其各级代理一般均提供百家乐、二十一点、老虎机、押大小、轮盘赌等赌博方式。从网站内容及运营方式看，赌博网站与传统赌场很相似，而且，赌博网站的每一级代理，均全权代表赌博网站与赌博客户发生业务关系，因此，《赌博解释》规定："以营利为目的，在计算机网络上建立赌博网站，或者为赌博网站担任代理，接受投注的，属于刑法第三百零三条规定的'开设赌场'。"与传统赌场赌博不同的是，网络赌博更加快捷、方便，投注、资金交割只需轻点鼠标即可完成，赌资数额更加巨大，参赌者范围更广，网站收入更加丰厚，其社会危害性也更加严重。

司法实践中，只要查明行为人建立了赌博网站，或者为赌博网站担任代理，接受赌客投注的，即可认定其属于开设赌场，而无论其发展的赌客数量有多少，赌客投注的次数有多少、投注的资金量有多大。

实践中也存在这种情形，即行为人只是利用其获取的赌博网站的账号和密码，组织、招引他人在该账号内投注。对此，如果行为人既没有建立赌博网站，也没有为赌博网站担任代理，则不能认定其开设赌场；如果行为人符合《赌博解释》第一条规定的前三项标准之一，则应认定为聚众赌博，否则不构成赌博罪。单纯的参与赌博行为，既不属于聚众赌博，也不属于开设赌场。

四、关于在我国领域外犯赌博罪的法律适用

据不完全统计，截至2004年年底以前，在我国领域外周边地区，如俄罗斯、蒙古、朝鲜、越南、缅甸等，开设的赌场有160余家。这些赌场以吸引中国公民为主要客源，每年收益有几百亿元人民币，造成中国国内资金流失惨重，严重影响我国边境地区的治安秩序和经济发展，严重危害我国家利益。

《刑法》第七条规定："中华人民共和国公民在中华人民共和国领域外犯本法规定之罪的，适用本法，但是按照本法规定的最高刑为三年以下有期徒刑的，可以不予追究。"由于赌博罪的法定刑最高为三年有期徒刑，因此，中国公民在领域外犯赌博罪的，依法可以不予追究。但是，可以不予追究并不等于不能追究，一般情况下不予追究并不等于在任何情况下都不予追究。刑法规定的赌博罪有三种情形，即聚众赌博、开设赌场和以赌博为业，在我国领域外实施的赌博罪也有实施地域的远近之分，对我国造成的危害更有大小之别。《赌博解释》在综合考虑这些因素的基础上，没有规定凡是我国公民在我国领域外实施的任何赌博行为都要依法追究，而是有选择性地规定，中华人民共和国公民在我国领域外周边地区聚众赌博、开设赌场，以吸引中华人民共和国公民为主要客源，构成赌博罪的，可以依照《刑法》规定追究刑事责任。这是完全符合刑法规定，符合保护我国家利益需要的。

需要注意的是，《赌博解释》规定了"我国领域外周边地区"以及"吸引中华人民共和国公民为主要客源"的限制性条件。"我国领域外周边地区"，主要指与我国有领土主要是陆地接壤的国家和地区。我国公民如果在美国、日本、菲律宾等其他国家实施聚众赌博、开设赌场行为的，一般不能依照本条以赌博罪追究刑事责任。

五、关于赌博罪的共犯问题

《赌博解释》第四条规定："明知他人实施赌博犯罪活动，而为其提供资金、计算机网络、通讯、费用结算等直接帮助的，以赌博罪的共犯论处。"

典型的赌博罪共犯，是指两人以上共同故意实施聚众赌博、开设赌场等赌博犯罪活动。这种共犯有共同的故意和共同的行为，在司法实践中比较常见，也比较容易认定。《赌博解释》第四条规定的行为，行为人明知他人实施赌博犯罪，主观上已经存在与赌博犯罪分子沟通的故意。其向赌博犯罪分子提供资金、计算机网络、通讯、费用结算等直接帮助，该帮助直接促使了赌博犯罪的发生和发展，成为赌博共同犯罪的一个有机组成部分，甚至是必不可少的组成部分。对此，应当以赌博罪的共犯论处。

在认定赌博罪共犯时，需要注意的有两点：一是必须有证据证明行为人明知他人在实施赌博犯罪，这是行为人主观上存在沟通故意的前提。行为人的认知状态是明知，认知内容是他人在实施赌博犯罪。二是行为人必须提供了资金、计算机网络、通讯、费用结算等直接帮助。其中的计算机网络帮助，主要指互联网接入、服务器托管、网络存储空间等条件和服务。其中的直接帮助，是指对于赌博犯罪的发生和发展来说，这种帮助有直接的促进作用，并非可有可无。

六、关于从重处罚的若干情形

《赌博解释》第五条规定："实施赌博犯罪，有下列情形之一的，依照刑法第三百零三条的规定从重处罚：（一）具有国家工作人员身份的；（二）组织国家工作人员赴境外赌博的；（三）组织未成年人参与赌博，或者开设赌场吸引未成年人参与赌博的。"

国家工作人员，包括国家机关工作人员主要是党政官员，国有公司、企业、事业单位、人民团体中从事公务的人员等。国家工作人员参与赌博，严重损害党和政府的信誉和廉洁形象，具有很大的社会危害性，人民群众对此深恶痛绝，党和政府也三令五申，严厉禁止国家工作人员赌博。这次专项行动的重点之一，就是打击国家工作人员的赌博行为。在适用本条时，应当注意两点：一是依照《刑法》规定，无论任何公民，除了以赌博为业的人以外，其参赌行为一般不构成赌博罪。国家工作人员的参赌行为也不例外。但是，因身份的特殊，对参赌的国家工作人员可予以党纪政纪处理。二是从行为特征看，国家工作人员因其具有正当合法的职业，因此难以认定其以赌博为业，但可以在符合第一条规定标准时认定其聚众赌博或者开设赌场，从而构成赌博罪。三是从追究刑事责任的角度讲，国家工作人员实施赌博罪的，社会危害性更大，应从重处罚。

可以看出，《赌博解释》第五条第二项的规定，与第一条第四项的规定相互照应。第一条第四项既然规定组织普通中国公民十人以上赴境外赌博，并且收受回扣、手续费的，可以构成赌博罪，那么，本条第二项规定组织国家工作人员赴境外赌博构成犯罪时，予以从重处罚，自然就在情理之中了。

《赌博解释》第三项是关于针对未成年人实施赌博罪时予以从重处罚的规定。未成年人生理、心理尚未成熟，可塑性较强。如果他们过早地参与赌博，极容易形成恶习，贻害终生。为了依法保障未成年人的合法权益，《赌博解释》特规定，对于赌博犯罪分子组织未成年人参与赌博，或者开设赌场吸引未成年人参与赌博的，依法从重处罚。

七、关于非法发行、销售彩票行为的定性

一般来讲，发行、销售彩票属于"赌博"的性质。但这种形式又不同于一般的赌博，而有其自身的特殊性。在我国，彩票发行涉及面广，数额巨大，动辄以亿元计算，国家将其从传统意义上的赌博中分离出来，纳入专营的范围，使其性质从非法的赌博转变为合法的经营，国家保护的社会关系的重点也从社会管理秩序转变为市场经济秩序。经国家批准的合法彩票业务除了提供博彩娱乐之外，还是国家筹集公益资金的一条重要途径。我国目前经国家批准的合法的彩票业务只有体彩和福彩。凡未经国家批准发行、销售彩票的，包括我国东南沿海一带农村地区泛滥的六合彩，均属于非法发行、销售彩票。据了解，非法彩票活动的规模，已经大大超过了国家彩票的年发行额。

对于非法发行、销售彩票行为如何定性，在实践中争议相当大。一种观点认为，这种行为从侵犯的客体讲，主要是扰乱了国家彩票发行的专营秩序，即市场经济秩序，情节严重构成犯罪的，应该按照非法经营罪定性。相反，如果按照赌博罪追究六合彩之类的犯罪，那么判处的刑罚最高刑为三年有期徒刑。这与非法发行、销售彩票行为的巨大社会危害性相比，存在明显的量刑失衡。另一种观点认为，国内六合彩之类的非法发行、销售彩票行为，主要是指行为人假借香港“六合彩”的名称和开奖号码，自己坐庄，接受他人投注，侵犯的客体主要是社会管理秩序，是一种赌博行为，情节严重构成犯罪的，应该按照赌博罪追究刑事责任。据了解，一些地方出台的规范性文件均规定对这类犯罪以赌博罪定罪处罚；审判实践中，绝大多数案件也是按照赌博罪定罪处罚的。

《赌博解释》支持了第一种观点，第六条规定，“未经国家批准擅自发行、销售彩票，构成犯罪的，依照刑法第二百二十五条第（四）项的规定，以非法经营罪定罪处罚”。

八、关于赌博贿赂行为的定性

所谓赌博贿赂，是指以赌博之名，行贿赂之实。现实生活中，一些人通过打牌娱乐，有求者一方故意输钱，掌权者一方坦然赢钱，相互心知肚明，心照不宣。这种行为表面上是打牌娱乐、联络感情，实际上是行贿受贿。在这里，国家权力成为交易的牺牲品，赢钱者往往是掌握一定权力的人，输钱者往往是为了谋取非法利益或者要求掌权者违法提供帮助条件的人，相互之间进行的是彻头彻尾的权钱交易。赌博贿赂不仅败坏党风、政风和社会风气，而且往往给国家和人民利益造成重大损失。为此，《赌博解释》第七条规定：“通过赌博或者为国家工作人员赌博提供资金的形式实施行贿、受贿行为，构成犯罪的，依照刑法关于贿赂犯罪的规定定罪处罚。”

需要注意的有两点：一是“通过赌博形式实施行贿受贿”中，行贿人和受贿人均直接参与形式上的赌博；“通过为国家工作人员赌博提供资金的形式实施行贿受贿”中，行贿人不直接参与赌博，只是为受贿人赌博提供资金。无论哪一种形式，受贿人均直接参与形式上的赌博。二是认定赌博贿赂，必须符合刑法规定的受贿罪和行贿罪的具体构成要件，诸如受贿人有利用职务上的便利，索取行贿人的赌资的行为，或者有非法收受行贿人赌资，为行贿人谋取利益的行为，行贿人是为谋取非法利益而提供赌资等。

九、关于赌资的计算和追缴、没收

长期以来，关于赌资的计算和追缴、没收问题各地的做法不统一。有的地方，凡是参赌人随身携带的所有现金和其他财物，包括信用卡上的资金，提包中的资金，手表等，统统予以没收。有的地方，对于参赌人乘坐的汽车、使用的手机等也统统没收。这些做法引起各方面不少争议，影响了惩治赌博违法犯罪活动的深入进行。

针对这种状况，《赌博解释》第八条规定：“赌博犯罪中用作赌注的款物、换取筹码的款物和通过赌博赢取的款物属于赌资。通过计算机网络实施赌博犯罪的，赌资数额可以按照在计算机网络上投注或者赢取的点数乘以每一点实际代表的金额认定。赌资应当依法予以追缴；赌博用具、赌博违法所得以及赌博犯罪分子所有的专门用于赌博的资金、交通工具、通讯工具等，应当依法予以没收。”

据此规定，赌资包括三种形式的款物，即赌博犯罪中用作赌注的款物、换取筹码的款物和通过赌博赢取的款物。除此之外的款物，例如行为人随身携带的尚未用作赌注或者换取筹码的现金、财物、信用卡内的其他资金等，则不能视为赌资。

网络赌博中赌资的计算方式，是由计算机网络赌博行为的特殊性决定的。在计算机网络赌博中，为了方便客户投注，用作投注的对象往往只是“点数”，而不是真实的资金。只有在结算时才按照每一点实际代表的金额来计算输赢数额，然后再发生真实的资金转移关系。计算机网络赌博中，“点数”相当于现实赌博中的筹码。这种计算方法，只适用于计算机网络赌博中对用作赌注的款物和赌博赢取的款物的数额的计算，能够反映计算机网络赌博中真实的投注数额和赢取数额。

赌博犯罪分子所有的专门用于赌博的资金、交通工具、通讯工具，包括犯罪分子开设赌场的资金，赌场的运营资金，专门用于赌场的船只、汽车，专门接送赌客的船只、汽车，赌博犯罪分子、赌场工作人员之间用于联络的手机、对讲机等。对此应当予以没收。参赌人临时乘坐的汽车、船只、临时联络用的手机等，则不宜没收。

十、关于不以赌博论处的行为

《赌博解释》第九条规定："不以营利为目的，进行带有少量财物输赢的娱乐活动，以及提供棋牌室等娱乐场所只收取正常的场所和服务费用的经营行为等，不以赌博论处。"其中"少量财物"的标准，宜由国务院治安管理行政主管部门按照赌博违法犯罪活动的态势以及社会经济发展水平综合考虑后确定。"正常的场所和服务费用"的标准，宜参照该地区同档次娱乐场所的收费标准确定。对娱乐场所的合法经营行为，一般不宜以赌博罪论处。当然，如果有证据证明娱乐场所明知他人实施赌博犯罪，而向他人提供场地服务等直接帮助条件的，根据本解释第四条的规定，对其直接责任人员应当以赌博罪的共犯论处。

在征求意见过程中，少数同志认为，司法解释解决的是定罪量刑问题，不以赌博论处的内容属于行政性规范，不宜在司法解释中出现。但是，绝大多数同志同意保留该条内容。保留该条内容主要有三点理由：一是2005年1月专项行动开始时最高人民法院、最高人民检察院、公安部联合发布的《关于开展集中打击赌博违法犯罪活动专项行动有关工作的通知》中有类似内容。考虑到我国目前赌博行为的实际状况，为了避免打击的扩大化，为了维持和谐稳定的社会秩序，有必要保留通知中的规定。而且，通知的效力层次较低，周知的范围较小，而司法解释面向全社会，影响范围更广。两者表述一致，更有利于内容的贯彻实施。二是关于赌博罪的解释中，最基本的问题，就是对什么是赌博有个基本界定。从正面难以界定时，从反面规定什么不是赌博也是可以的。三是该项规定更多地具有政策宣讲性，可以更好地显示"两高"对做好禁赌工作的积极态度和坚定信心。

（撰稿：祝二军）

（三）典型或常见问题的审理思路

1. 在内地利用香港“六合彩”开奖信息，在庄家与投注者之间进行竞猜对赌的行为，如何定性？

仅利用“六合彩”信息在庄家与参赌者之间进行竞猜对赌，庄家与香港赛马会之间无关联的行为，不属于非法发行、销售彩票的非法经营行为，而是一种赌博行为。

（1）利用“六合彩”信息相互竞猜，以财物下注赌输赢的行为，不属于非法发售彩票的行为。发行、销售彩票与传统的赌博行为有一定的区别，最本质的一个区别在于资金所有权转换的方向不同。正规渠道发行彩票筹集的资金使用是一次有利于社会的再分配。彩票销售金额，部分用于返奖，部分是政府收入，用于社会公益事业，还有部分是发行费用，而赌博的赌资则全部为庄家或其他参与人员所瓜分。非法发行、销售彩票的行为人与赌博行为人所获取的利益来源不同：前者是通过发行、销售彩票，取得除返奖、发行费用后的余额；赌博者的非法获利则是其借助运气、技巧等因素获取对方的钱财，不存在返奖、发行销售费用等开支，这是赌博者非法营利的来源。

因彩票的发行涉及面广，数额巨大，且与赌博有相当的类似之处，但适度规范的彩票市场又是一种有利于社会的再分配。因此，在我国内地，国家将发行、销售彩票纳入专营范围，进行规范管理，未经审批擅自发行、销售彩票的行为，必然扰乱国家对彩票发行、销售的正常管理秩序。根据相关司法解释的规定，擅自发行、销售香港“六合彩”，构成犯罪的，以非法经营罪定罪处罚。但并非所有利用“六合彩”信息敛财的行为构成犯罪的，都以非法经营罪处理。例如，他人利用“六合彩”的中奖号码进行竞猜，并不与“六合彩”经营机构之间存在关联的行为，就不是一种非法发售彩票的非法经营行为。因为行为人没有利用“彩票”这一物质载体，不具备利用国家有关彩票规定的特定方式去干扰正常的彩票市场的特征；行为人是利用他人发行的“六合彩”，自己以另一种方式非法牟利，实际上与香港“六合彩”经营机构之间并不存在任何关联，其非法所得也不上缴香港赛马会。因而，其本质上只是利用了“六合彩”信息的这一形式，为庄家与参赌者之间的赌博提供一个判断输赢的衡量标准，与通过竞猜某场球赛最终的比分确定输赢的赌球行为，在本质上没有什么差别。因此，该行为不属于在内地兜售“六合彩”

的经营行为。

（2）将利用“六合彩”信息竞猜对赌的行为以赌博定性，符合刑法的相关规定。赌博罪，是指以营利为目的，聚众赌博或者以赌博为业的行为。非法经营罪，是指违反国家规定从事经营活动，扰乱市场秩序，情节严重的行为。就犯罪构成上的区分来说，首先，二者侵犯的客体不同。赌博罪侵犯的是社会管理秩序，而非法经营罪侵犯的客体是国家的市场交易管理秩序。其次，二者在客观方面的表现不同。赌博罪表现为行为人以营利为目的，聚众赌博或以赌博为业的行为。所谓以赌博为业，是指以赌博为常业，即嗜赌成性，以赌博所得为主要生活来源或挥霍来源。对于那些虽有正当职业，却不务正业，把主要精力放在赌博上，长期在工作之余从事赌博活动，输赢数额巨大的，也视为以赌博为业。非法经营罪则表现为行为人违反国家规定，非法从事经营活动，扰乱市场交易管理秩序的行为。我国内地法律严禁赌博，不存在合法的赌博经营服务，也不存在合法的赌博交易市场秩序，因此，聚集多人竞赌，不是扰乱市场秩序的非法经营活动，而是聚众赌博行为，它侵害了正常的社会管理秩序。从客观方面的行为来看，借用“六合彩”的开奖信息作为评判输赢的标准，以庄家和参赌者结算的方式获取非法利益，其行为不具有非法发行、销售等经营行为的特点，也不是通过非法经营行为获利，不符合非法经营罪客观方面的要件。因此，对其以赌博罪定罪处罚符合刑法相关规定。

2. 设置圈套诱人参赌，以打假牌的方式“赢取”他人钱财的行为构成赌博罪还是诈骗罪?

以非法占有他人财产为目的，设置圈套诱人参赌并以欺诈手段控制赌局的输赢结果，从而骗取他人财物的，应以诈骗罪定罪处罚。理由如下：

诈骗罪和赌博罪的行为人在主观方面都有非法获取他人财产的目的，客观上都会给他人财产造成损失，但两罪在行为特征和构成要件上的区别还是非常明显的。诈骗罪作为侵财类犯罪，主要侵害的是他人财产权益，因而刑法将其规定在分则第五章侵犯财产罪中，诈骗罪本质在于以骗取财，即行为人以直接占有他人财产为目的，采取虚构事实隐瞒真相的方法使被害人陷于认识错误而交付财产，整个行为过程都在诈骗行为人的掌控之下，对于被害人而言，在行为过程中往往由于犯罪人实施骗术陷于认识错误而对财产损失没有察觉，案发后，对被害人的财产权益应予保护，行为人对于被害人的财产损失应当予以返还或退赔。赌博罪保护的客体主要是社会风尚，因而刑法将其规定在分则第六章妨害社会管理秩序罪中，赌博犯罪中虽然也会伴有财产损失，但取财人营利目的的实现靠的是赌博活动具有的偶然性决定的输赢，参赌者对可能造成的财产损失具有明确预知并接受相关的输赢结果，赌博罪没有被害人，案发后，参赌各方所非法获取的财产属于非法所得，法律不予保护，应予没收。

在现实生活中，赌博与欺诈经常是交织在一起的，一点骗术不使用的赌博并不常见，尤其是那些营业性赌场和职业型赌徒，但要注意把那种为了胜算更大而使用了一些骗术的赌博同单纯的诈骗区别开来。如果仅是为了使赢钱的概率更大，在赌博过程中夹杂一些骗术，主要还是凭借运气和赌技赢取参与赌博者的钱财的，偶有作弊行为控制输赢结果的，并不改变其行为整体的赌博性质，仍然构成赌博。如果在所谓赌博过程中，行为人不是将骗术夹杂在赌博过程中，凭借运气和赌技赢取参与赌博者的钱财，而是采用骗术完全控制赌博过程，输赢结果完全被赌博一方或几方掌控，合谋骗取他方钱财的，则这种输赢胜败并不取决于偶然性的“赌博”，已经不再符合赌博的本质特征。因为赌博指的是就偶然的输赢以财物进行赌事或者博戏的行为，换言之，赌博的输赢一般取决于偶然事实，这种偶然性对当事人来讲具有不确定性，如果对一方当事人而言，若输赢结果事先已经人为控制，赌博输赢失却了偶然性，则不能称为赌博了。根据《刑法》第三百零三条的规定，构成聚众赌博和以赌博为业型的赌博罪，其前提是行为人必须实施了具体的赌博行为，如果不能认定存在赌博行为，那么赌博罪自然无从成立。行为人如果出于诈骗他人钱财以偿还其所欠赌债的故意，共谋设置赌局诱骗他人参加赌博并采用打假牌的方法控制输赢结果，由于输赢结果已被行为人人为控制，因而所谓“赌博”失却了赌博活动的本质特征，不应再认定为赌博行为。

从刑事政策角度出发，大部分以赌博为名实施诈骗的行为，并不符合聚众赌博、以赌博为业和开设赌场的赌博罪构成要件，如果将以赌博为名实施诈骗的行为认定为赌博罪，可能会造成放纵此类比赌博犯罪的社会危害更重的犯罪行为的后果。从法律公正上讲，被害人是被诱骗、受胁迫参赌的，其本身并无主动赌博的故意，如果以赌博罪认定，一方面，会造成被害人的财产损失无法弥补，因为赌博是非法的，被骗财产会被作为赌资没收，对被害人不公平；另一方面，也会导致此类案件中的被害人顾忌自身被追究赌博的违法责任，从而不愿意报案、检举揭发，造成这类严重的欺诈犯罪难以被追究的状况，这对于维护社会治安，保护被害人权益，惩治这类犯罪不利，有违公平正义。

（四）疑难、复杂问题的参考性解答

1. 设置圈套诱骗他人参赌的行为是构成诈骗罪还是赌博罪？

诈骗，是指行为人以非法占有为目的，采用虚构事实或者隐瞒真相的方式，骗取他人财物的行为。诈骗的实质在于被害人基于行为人的欺诈行为产生错误认识，进而"自愿"处分财物。而赌博遵循的是一种射幸规则，其输赢带有相当大的不确定性和偶然性，是行为人所不能掌控的。赌博活动有时虽然也掺杂一些欺诈行为，特别是在利用赌博骗取钱财的犯罪案件中，赌博行为与欺诈行为交织在一起，导致定性困难。对于设置圈套诱骗他人参赌获取钱财的行为，应当结合赌博罪和诈骗罪的基本特征，根据欺诈行为在整个犯罪过程中的地位和作用进行分析。也就是说，区分构成诈骗罪还是赌博罪，关键在于赌博圈套中的欺骗程度。如果行为人仅采取了较为轻微的欺骗行为，赌博输赢主要是依靠各自运气、技术，即赌博各方均不能控制、主导赌博输赢结果，则其行为仍然符合赌博特征；如果行为人在赌博过程中采取作弊手段控制赌博输赢，则赌博成了掩盖事实的手段，该行为本质上符合诈骗的特征。

司法实践中，根据欺诈行为在犯罪过程中的地位和作用不同，可以将利用赌博骗取钱财的犯罪行为分为圈套型赌博犯罪和赌博型诈骗犯罪。圈套型赌博犯罪，是指通过采用设置圈套的方式诱骗他人参赌的犯罪，行为人实施犯罪的目的在于通过赌博进行营利，虽然行为人在赌博过程中采用了一些欺诈的行为，但是该欺诈行为是为了诱骗他人参赌，保证赌博的顺利进行而实施的，赌博的输赢主要还是靠行为人掌握的娴熟的赌博技巧，并且依靠一定偶然性来完成的，行为人并不必然控制赌博输赢。对于此种类型的犯罪行为，应当以赌博罪定罪处罚；而赌博型诈骗犯罪又称为"诈赌"犯罪，其与圈套型赌博犯罪的相同之处在于行为人在赌博过程中也采用了欺诈的手段，但是二者具有本质的区别。在赌博型诈骗犯罪中，行为人在主观上是以非法占有为目的的，客观上采用了欺诈的手段弄虚作假，支配、控制赌局的输赢，单方面确定赌博胜败的结果，使被害人基于错误认识，误认为自己运气不佳而"自愿"交付财物给行为人。此种行为属于以赌博之名，行诈骗之实的行为，实质上符合诈骗罪的构成要件。

2. **如何认定赌博罪的共犯？**

典型的赌博罪共犯，是指两人以上共同故意实施聚众赌博等赌博犯罪行为。行为人明知他人实施赌博犯罪行为，而为其提供资金、计算机网络、通讯、费用结算等直接帮助的，也应以赌博罪的共犯论处。这种情况下，行为人明知他人实施赌博犯罪，主观上已经存在与赌博犯罪分子沟通的故意，客观上实施了帮助行为，直接促使了赌博犯罪的发生和发展，是赌博犯罪不可缺少的组成部分，因而构成赌博罪的共犯。

四十、开设赌场罪，组织参与国（境）外赌博罪

（一）刑法规定

第三百零三条第二款[①] 开设赌场的，处五年以下有期徒刑、拘役或者管制，并处罚金；情节严重的，处五年以上十年以下有期徒刑，并处罚金。

第三款 组织中华人民共和国公民参与国（境）外赌博，数额巨大或者有其他严重情节的，依照前款的规定处罚。

（二）司法解释、司法文件及其权威解读

1. **最高人民法院、最高人民检察院、公安部关于办理网络赌博犯罪案件适用法律若干问题的意见**（公通字〔2010〕40号，自2010年8月31日起施行）

各省、自治区、直辖市高级人民法院、人民检察院、公安厅、局，新疆维吾尔自治区高级人民法院生产建设兵团分院、新疆生产建设兵团人民检察院、公安局：

为依法惩治网络赌博犯罪活动，根据《中华人民共和国刑法》、《中华人民共和国刑事诉讼法》和《最高人民法院、最高人民检察院关于办理赌博刑事案件具体应用法律若干问题的解释》等有关规定，结合司法实践，现就办

---

① 本条第二款（1997年《刑法》无此款）系根据《刑法修正案（六）》而增加，内容为：开设赌场的，处三年以下有期徒刑、拘役或者管制，并处罚金；情节严重的，处三年以上十年以下有期徒刑，并处罚金。《刑法修正案（十一）》又进行了修改。

本条第三款系根据《刑法修正案（十一）》而增加。

理网络赌博犯罪案件适用法律的若干问题，提出如下意见：

一、关于网上开设赌场犯罪的定罪量刑标准

利用互联网、移动通讯终端等传输赌博视频、数据，组织赌博活动，具有下列情形之一的，属于刑法第三百零三条第二款规定的“开设赌场”行为：

（一）建立赌博网站并接受投注的；

（二）建立赌博网站并提供给他人组织赌博的；

（三）为赌博网站担任代理并接受投注的；

（四）参与赌博网站利润分成的。

实施前款规定的行为，具有下列情形之一的，应当认定为刑法第三百零三条第二款规定的“情节严重”：

（一）抽头渔利数额累计达到3万元以上的；

（二）赌资数额累计达到30万元以上的；

（三）参赌人数累计达到120人以上的；

（四）建立赌博网站后通过提供给他人组织赌博，违法所得数额在3万元以上的；

（五）参与赌博网站利润分成，违法所得数额在3万元以上的；

（六）为赌博网站招募下级代理，由下级代理接受投注的；

（七）招揽未成年人参与网络赌博的；

（八）其他情节严重的情形。

二、关于网上开设赌场共同犯罪的认定和处罚

明知是赌博网站，而为其提供下列服务或者帮助的，属于开设赌场罪的共同犯罪，依照刑法第三百零三条第二款的规定处罚：

（一）为赌博网站提供互联网接入、服务器托管、网络存储空间、通讯传输通道、投放广告、发展会员、软件开发、技术支持等服务，收取服务费数额在2万元以上的；

（二）为赌博网站提供资金支付结算服务，收取服务费数额在1万元以上或者帮助收取赌资20万元以上的；

（三）为10个以上赌博网站投放与网址、赔率等信息有关的广告或者为赌博网站投放广告累计100条以上的。

实施前款规定的行为，数量或者数额达到前款规定标准5倍以上的，应当认定为刑法第三百零三条第二款规定的“情节严重”。

实施本条第一款规定的行为，具有下列情形之一的，应当认定行为人“明知”，但是有证据证明确实不知道的除外：

（一）收到行政主管机关书面等方式的告知后，仍然实施上述行为的；

（二）为赌博网站提供互联网接入、服务器托管、网络存储空间、通讯传输通道、投放广告、软件开发、技术支持、资金支付结算等服务，收取服务费明显异常的；

（三）在执法人员调查时，通过销毁、修改数据、账本等方式故意规避调查或者向犯罪嫌疑人通风报信的；

（四）其他有证据证明行为人明知的。

如果有开设赌场的犯罪嫌疑人尚未到案，但是不影响对已到案共同犯罪嫌疑人、被告人的犯罪事实认定的，可以依法对已到案者定罪处罚。

三、关于网络赌博犯罪的参赌人数、赌资数额和网站代理的认定

赌博网站的会员账号数可以认定为参赌人数，如果查实一个账号多人使用或者多个账号一人使用的，应当按照实际使用的人数计算参赌人数。

赌资数额可以按照在网络上投注或者赢取的点数乘以每一点实际代表的金额认定。

对于将资金直接或间接兑换为虚拟货币、游戏道具等虚拟物品，并用其作为筹码投注的，赌资数额按照购买该虚拟物品所需资金数额或者实际支付资金数额认定。

对于开设赌场犯罪中用于接收、流转赌资的银行账户内的资金，犯罪嫌疑人、被告人不能说明合法来源的，可以认定为赌资。向该银行账户转入、转出资金的银行账户数量可以认定为参赌人数。如果查实一个账户多人使用或多个账户一人使用的，应当按照实际使用的人数计算参赌人数。

有证据证明犯罪嫌疑人在赌博网站上的账号设置有下级账号的，应当认定其为赌博网站的代理。

四、关于网络赌博犯罪案件的管辖

网络赌博犯罪案件的地域管辖，应当坚持以犯罪地管辖为主、被告人居住地管辖为辅的原则。

“犯罪地”包括赌博网站服务器所在地、网络接入地，赌博网站建立者、管理者所在地，以及赌博网站代理人、参赌人实施网络赌博行为地等。

公安机关对侦办跨区域网络赌博犯罪案件的管辖权有争议的，应本着有

利于查清犯罪事实、有利于诉讼的原则，认真协商解决。经协商无法达成一致的，报共同的上级公安机关指定管辖。

对即将侦查终结的跨省（自治区、直辖市）重大网络赌博案件，必要时可由公安部商最高人民法院和最高人民检察院指定管辖。

为保证及时结案，避免超期羁押，人民检察院对于公安机关提请审查逮捕、移送审查起诉的案件，人民法院对于已进入审判程序的案件，犯罪嫌疑人、被告人及其辩护人提出管辖异议或者办案单位发现没有管辖权的，受案人民检察院、人民法院经审查可以依法报请上级人民检察院、人民法院指定管辖，不再自行移送有管辖权的人民检察院、人民法院。

五、关于电子证据的收集与保全

侦查机关对于能够证明赌博犯罪案件真实情况的网站页面、上网记录、电子邮件、电子合同、电子交易记录、电子账册等电子数据，应当作为刑事证据予以提取、复制、固定。

侦查人员应当对提取、复制、固定电子数据的过程制作相关文字说明，记录案由、对象、内容以及提取、复制、固定的时间、地点、方法，电子数据的规格、类别、文件格式等，并由提取、复制、固定电子数据的制作人、电子数据的持有人签名或者盖章，附所提取、复制、固定的电子数据一并随案移送。

对于电子数据存储在境外的计算机上的，或者侦查机关从赌博网站提取电子数据时犯罪嫌疑人未到案的，或者电子数据的持有人无法签字或者拒绝签字的，应当由能够证明提取、复制、固定过程的见证人签名或者盖章，记明有关情况。必要时，可对提取、复制、固定有关电子数据的过程拍照或者录像。

权威解读

解读《最高人民法院、最高人民检察院、公安部关于办理网络赌博犯罪案件适用法律若干问题的意见》

2010年8月31日，最高人民法院、最高人民检察院、公安部联合印发了《关于办理网络赌博犯罪案件适用法律若干问题的意见》（以下简称《网络赌博意见》），对正确适用法律办理网络赌博犯罪案件，净化社会环境，促进文化发展繁荣和社会主义精神文明建设，具有重要的指导意义。现结合起草、制定该《网络赌博意见》的有关情况，就其理解和适用问题进行解释、说明。

一、《网络赌博意见》的制定背景和指导思想

近年来，随着互联网的普及和上网用户的急剧增加，利用网络从事赌博活动也越发猖獗。与传统的赌场赌博相比，网络赌博更加快捷、方便，投注、资金交割只需轻点鼠标即可完成，赌资的数额往往很大，其社会危害性也更为严重。尤其是一些不法分子利用互联网大肆组织跨国赌博活动，不仅严重危害了青少年的身心健康和互联网正常管理秩序，败坏了社会风气，而且导致大量资金非法外流，严重破坏经济秩序，影响社会和谐稳定，人民群众反映十分强烈。为打击网络赌博违法犯罪活动，最高人民法院、最高人民检察院、公安部等八部委从2010年1月开始，在全国范围内开展了集中整治网络赌博违法犯罪专项行动。开展专项行动以来，公安机关破案数、抓获犯罪嫌疑人数、冻结赌资数、抓获境外派驻境内犯罪嫌疑人数量均超过前五年的总和。全国法院2010年1—8月共新收聚众赌博、开设赌场刑事案件6453件，审结5924件，结案同比上升40.05%；判决发生效力的犯罪分子13800人，其中被判处3年以上有期徒刑的367人，同比上升42.25%，从而有力地打击了赌博犯罪，遏制了赌博活动的蔓延。

同时，由于2005年5月最高人民法院、最高人民检察院联合发布的《赌博解释》仅就聚众赌博罪作了规定，未明确开设赌场罪的定罪量刑标准，而网络赌博犯罪尤其是网上开设赌场犯罪具有不同于普通赌博犯罪的特点，办案机关在司法实践中遇到了一些适用法律的疑难问题，如各地追究开设赌场犯罪及其共犯刑事责任的标准不统一，网络赌博犯罪的管辖不明确等。为搞好集中整治网络赌博违法犯罪专项行动，并为处理网络赌博犯罪案件提供明确的适用法律依据，最高人民法院、最高人民检察院和公安部在深入调查研究、认真总结办案经验和广泛征求各方面意见的基础上，制定和印发了《网络赌博意见》。

《网络赌博意见》的起草和制定主要遵循和体现了以下指导思想：

一是坚持从实际出发，解决办理网络赌博犯罪案件遇到的法律适用疑难问题。既与《刑法》、有关行政法规和司法解释的规定协调一致，又注意总结近年来办理网络赌博犯罪案件实践中好的经验和做法，依法明确网上开设赌场犯罪的具体构成条件及其共同犯罪的认定和处罚等，以统一认识和司法标准，切实解决目前迫切需要解决的法律适用疑难问题。

二是以切断网上开设赌场犯罪的利益链条为核心，形成惩治网络赌博犯

罪的长效机制。开设网络赌场犯罪活动屡禁不绝的主要原因之一，就是犯罪分子以谋取非法利益为目的，以网络为平台和联络载体，形成了网络赌博的信息流、人员流和资金流，并且其人员分工日趋细化。赌博网站的程序开发者、技术维护者、网络接入者、服务器托管者、为其提供资金支付结算服务的第三方支付平台等，分工协作，相互配合，形成环环相扣的利益链条。只有切断这一利益链条，才能真正遏制赌博网站泛滥的趋势，形成打击网络赌博犯罪的长效机制。

二、关于网上开设赌场犯罪的定罪量刑标准问题

（一）网上开设赌场行为的认定

首先，关于网上开设赌场，《赌博解释》曾规定“在计算机网络上建立赌博网站，或者为赌博网站担任代理，接受投注的，属于刑法第三百零三条规定的开设赌场”。《网络赌博意见》将《赌博解释》规定的“在计算机网络上建立赌博网站”，进一步区分为“建立赌博网站并接受投注”和“建立赌博网站并提供给他人组织赌博”。同时，《网络赌博意见》沿用《赌博解释》为赌博网站担任代理并接受投注的，属于“开设赌场”的规定。此外，实践中有的行为人并不参与赌博网站的建立和赌博活动的具体组织，也不充当赌博网站的代理人，而是通过入资等方式从中分成获利。该行为虽在形式上与《赌博解释》规定的“开设赌场”行为有所不同，但符合刑法规定的开设赌场罪的本质。因此，《网络赌博意见》规定，参与赌博网站利润分成的行为也属于《刑法》规定的“开设赌场”。关于赌博网站的认定有两点值得注意：一是纯粹为了从事赌博违法犯罪活动而建立的网站当然属于赌博网站，只有部分网页从事赌博违法犯罪活动的网站也属于赌博网站。二是赌博网站不仅可以利用计算机网络，也可以利用有线或无线互联网、移动通讯终端等传输赌博数额、数据。

其次，建立赌博网站或者为赌博网站担任代理并且接受投注的，才属于《刑法》规定的“开设赌场”的行为。如果仅建立赌博网站或者仅为赌博网站担任代理，但不接受投注，不属于《刑法》规定的“开设赌场”行为。这里的“不接受投注”是指没有接受投注的意图。如果建立了赌博网站或者为赌博网站担任代理，并且意图接受投注，由于意志以外的原因或者自动中止接受投注，则可以认定为开设赌场罪的未遂或中止。

最后，开设赌场行为有情节轻重之别，轻者违反《治安管理处罚法》，重

者才触犯《刑法》。关于罪与非罪的界限，应当综合考虑行为客观方面诸要素，包括抽头渔利数额、赌资数额、参赌人数、违法所得数额和社会影响等，以判断其妨害社会管理秩序是否达到犯罪的程度。利用局域网在少数固定的人员之间传输赌博视频、数据，抽头渔利数额较小或仅赢取少量钱财，危害不大的，可不以犯罪论处。

此外，在《网络赌博意见》制定过程中，有的提出，如果赌博网站的代理仅接受投注，没有发展下级代理，则其行为属于聚众赌博行为而非开设赌场行为。考虑到无论是赌博网站的总代理，还是最低级别的代理，其行为的最终目的都是通过赌博网站组织他人赌博以获利，两者的行为只有所涉参赌人员和赌资数额多少的区别，而没有本质区别，故未采纳该意见。但是，如果行为人既没有建立赌博网站，也没有为赌博网站担任代理，仅以营利为目的，通过利用自己掌握的赌博网站的网址、账户、密码等信息，组织多人进行网络赌博活动，则其行为不属于刑法规定的“开设赌场”，符合《刑法》和《赌博解释》规定的聚众赌博标准的，则应认定为聚众赌博罪。

（二）网上开设赌场犯罪“情节严重”的标准

《刑法修正案（六）》规定了开设赌场“情节严重”的，处三年以上十年以下有期徒刑，并处罚金，但实践中各地对何谓“情节严重”认识不一。为统一司法尺度，《网络赌博意见》从抽头渔利、赌资数额、参赌人数、违法所得数额和社会危害等方面来衡量行为人开设赌场的行为是否属于《刑法》规定的“情节严重”。

为避免扩大或缩小打击范围，参照《赌博解释》的规定，结合司法实践，《网络赌博意见》规定，在以抽头渔利、赌资数额或参赌人数为标准来衡量开设赌场行为是否属于刑法规定的“情节严重”的情形下，开设赌场“情节严重”的相应数额是《赌博解释》规定的聚众赌博罪的起刑点的六倍，即开设赌场抽头渔利数额累计达到3万元以上的，或者赌资数额累计达到30万元以上的，或者参赌人数累计达到120人以上的，属于刑法规定的开设赌场中的“情节严重”。

对于“建立赌博网站并提供给他人组织赌博”“参与赌博网站利润分成”两类开设赌场行为，由于行为人不直接抽头渔利或参赌获利，难以以抽头渔利数额或其行为所涉及的赌资数额、参赌人数为标准来衡量其行为的社会危害程度。由于这两类行为的行为人从开设赌场中非法获利，且非法获利的性质与前述抽头渔利的性质类似，因此《网络赌博意见》规定，对这两类行为，以违法所得数额为标准来衡量其是否属于开设赌场“情节严重”，违法所得数额标准与抽头渔利数额标准相同，即建立赌博网站并提供给他人组织赌博或者参与赌博网站利润分成，并且违法所得数额3万元以上的，属于开设赌场“情节严重”。

网络赌博犯罪泛滥的主要原因之一是其“金字塔”形组织结构。实践中，国外赌博网站一般在境内首先设立总代理，再由总代理向下发展一级代理，一级代理再向下发展二级代理，二级代理再发展三级代理，以至多级代理，各级代理通过赌博网站组织赌博。赌博网站的代理越多，参赌人数、赌资数额越大，社会危害就越大。鉴于《赌博解释》曾规定“为赌博网站担任代理，接受投注的”，属于《刑法》第三百零三条规定的“开设赌场”，《网络赌博意见》规定，为赌博网站招募下级代理，由下级代理接受投注的，属于开设赌场“情节严重”。

未成年人是使用互联网的重要群体，又处于心理、身体成长期，自制力相对较差，比成年人更容易陷入网络赌博陷阱。为保护未成年人的身心健康，《网络赌博意见》规定，招揽未成年人参与网络赌博的，属于开设赌场“情节严重”。

三、关于网上开设赌场共犯的认定和处罚问题

（一）网上开设赌场共犯的行为方式

通常开设赌场的共同犯罪，是指二人以上共同策划或进行分工，故意实施开设赌场的犯罪活动。这种共犯有共同的犯意和共同的实行行为，在司法实践中比较容易认定。在信息网络和电子商务越来越发达的新情况下，较难认定的是：如何认定网络、通讯或资金支付、结算服务的提供者的共同犯罪行为并确定相关人员的刑事责任问题。鉴于这种行为对网络赌博帮助很大，是形成网络赌博人员流、信息流、资金流的重要因素，《网络赌博意见》结合司法实践，在《赌博解释》第四条相关规定的基础上进一步明确了网上开设赌场共犯的行为方式。

实践中，赌博网站的运营通常包括以下四个环节：一是赌博网站的程序开发和技术维护环节。赌博网站的经营者往往不自行开发赌博网站的程序，而是雇他人为其开发程序并提供相关技术维护或向他人购买程序并由对方提供相关技术维护。二是将赌博网站的服务器接入网络环节。为了将赌博网站

的服务器接入网络中，赌博网站的经营者往往雇他人为其提供互联网接入、服务器托管、网络存储空间、通讯运输通道等服务。三是赌博网站的推广环节。赌博网站常通过雇用他人在其他网站上刊登宣传赌博网站的广告，提供赌博网站的链接或者雇用他人发展会员。不同于赌博网站的代理，受雇为赌博网站发展会员者本人并不组织或参与赌博，仅通过为赌博网站发展会员的方式获取非法利益。赌博网站一般根据受雇者帮助其发展会员的人数向其支付费用。四是赌资支付结算环节。赌博活动最终都需要通过各种资金流转渠道，实现赌资的支付结算流转。这四个环节的犯罪活动往往由不同的人员负责，形成分工合作的利益链条，对开设赌场犯罪的发生和进行有直接促进作用，是网络赌博犯罪活动泛滥的原因之一。只有对上述四个环节的犯罪活动予以惩治，才能切断网上开设赌场的利益链条，遏制网络赌博犯罪活动的泛滥。因此，《网络赌博意见》规定，明知是赌博网站，而为其提供下列服务或者帮助的，属于开设赌场罪的共同犯罪，依照《刑法》第三百零三条第二款的规定处罚：

第一项规定主要是考虑到开设赌场罪主犯“抽头渔利3万元以上的”即属于“情节严重”，而为赌博网站提供帮助的共犯通常不直接抽头渔利，仅收取服务费用，社会危害性小于其主犯。因此《网络赌博意见》规定，为赌博网站提供互联网接入、服务器托管、网络存储空间、通讯传输通道、投放广告、发展会员、软件开发、技术支持等服务，收取服务费数额2万元以上的，依照《刑法》第三百零三条第二款的规定处罚。

第二项“为赌博网站提供资金支付结算服务，收取服务费数额在1万元以上或者帮助收取赌资20万元以上的”的规定表明，对于为赌博网站提供资金支付结算服务的帮助行为，可以以“收取服务费数额”或“帮助收取赌资数额”为标准来确定其起刑点。在同样以收取服务费数额为标准的情况下，《网络赌博意见》之所以规定提供资金支付结算服务的起刑点比前项规定的提供互联网接入、服务器托管等服务的起刑点低，主要是考虑到在实践中，第三方支付平台通常收取赌资数额的1%至7%作为服务费，若支付平台收取了1万元的服务费，则其帮助赌博网站支付或结算了100万元至700万元的赌资。若对为赌博网站提供资金支付结算服务的行为规定过高的起刑点，则难以有效惩治该类犯罪活动。

第三项“为10个以上赌博网站投放与网址、赔率等信息有关的广告或者为赌博网站投放广告累计100条以上的”的规定表明，对于为赌博网站投放广告的行为，除了以收取服务费数额为标准确定起刑点外，还以赌博网站数量或广告数量为标准确定其起刑点。为赌博网站投放广告，只要符合前述条件之一，即可构成开设赌场罪。

同时，《网络赌博意见》参照以往司法解释和相关规定指出，网上开设赌场共犯的起刑点与“情节严重”的标准之间为1:5的比例关系，即达到前述规定标准5倍以上的，属于《刑法》第三百零三条第二款规定的“情节严重”。

（二）其他需要说明的相关问题

需要指出的是，开设赌场犯罪的共犯之间并非必须事前有通谋，在实行赌博犯罪的过程中形成共同犯罪故意的，同样构成共犯。只是在认定这种共犯时，需要注意两点：一是必须有证据证明行为人明知他人在实施开设赌场犯罪，这是行为人主观上存在沟通故意的前提。行为人的认知状态是明知，认知内容是他人在实施开设赌场犯罪。二是行为人的上述帮助行为对于开设赌场犯罪的发生和进行来说，有直接的促进作用，成为开设赌场顺利进行或赌博得逞的环节。

在《网络赌博意见》制定过程中，有的提出明知他人开设赌场而为其提供支付结算服务的，可以《刑法修正案（七）》修订后的非法经营罪处罚，而不必再列举前述第二项规定。但是，由于“明知他人开设赌场而为其提供费用结算服务的”还包括经行政许可、有资质从事网络支付业务的金融机构人员实施该行为的情形，非法经营罪并不能包括这一情形。故《网络赌博意见》规定，为赌博网站提供资金支付结算服务，收取服务费数额1万元以上或者帮助收取赌资20万元以上的，可以以开设赌场罪的共犯处罚。同时，考虑到中国人民银行发布的《非金融机构支付服务管理办法》规定，从事网络支付业务的金融机构必须通过严格的资质条件考核，任何非金融机构不得擅自从事网络支付业务。因此，未经国家行政审批部门许可而从事网络支付业务，为赌博犯罪活动提供网络支付服务的，既符合《刑法修正案（七）》规定的非法从事资金支结算条件而构成非法经营罪，又可以开设赌场罪的共犯处罚。对此种一行为触犯数罪名的竞合犯，应择一重罪处断，即以其行为所对应的法定刑较重的重罪处罚。

有的提出，将在赌博网站发布与赌博无关的广告并向该赌博网站支付一定广告报酬的行为规定为开设赌场罪的共犯。我们认为，该行为虽然在客观上给开设赌场者带来一定的经济利益，但毕竟不是直接资助网站赌博或开设赌场的行为。况且，实践中大部分赌博网站的巨额利润主要来源于抽头渔利和直接参赌赢取钱财等，并非赌博网站上的广告收入，故未采纳该意见。

（三）网上开设赌场共犯“明知”的认定

从犯罪的主观方面看，开设赌场罪是故意犯罪，要求行为人对自己实施的开设赌场的行为在主观上是明知的。在司法实践中，犯罪分子往往以自己并不“明知”是为开设赌场提供帮助为由规避打击，致使查证行为人的主观明知成为一个难题。为解决这一问题，《网络赌博意见》在总结网上开设赌场共同犯罪案件侦查、起诉和审判实践经验的基础上，提出对帮助他人开设赌场的行为，有四种情形之一，结合犯罪嫌疑人、被告人的供述和其他证据，经综合审查判断，可以认定其“明知”他人开设赌场而为其提供帮助，但有证据证明确实不知道的除外：

第一项“收到行政主管机关书面等方式的告知后，仍然实施上述行为的”，是指行为人收到行政主管机关书面等方式告知，其在为开设赌场的行为提供服务，而后仍继续提供该服务。一般情况下，行政主管机关应以书面方式告知行为人，但告知的方式并不限于书面方式，只要有证据证明该告知内容能够为行为人所知晓即可。

第二项“为赌博网站提供互联网接入、服务器托管、网络存储空间、通讯传输通道、投放广告、软件开发、技术支持、资金支付结算等服务，收取服务费明显异常的”，是通过服务费用的明显超常来认定主观上的“明知”。实践中，为赌博网站提供服务所收取的服务费一般高于提供同类服务的正常费用，但有的犯罪分子为吸引赌博网站雇佣其提供服务，主动降低服务费数额。故收取服务费的明显异常包括高于正常数额和低于正常数额两种情形。

第三项“在执法人员调查时，通过销毁、修改数据、账本等方式故意规避调查或者向犯罪嫌疑人通风报信的”，参考了最高人民法院、最高人民检察院、公安部印发的《关于办理制毒物品犯罪案件适用法律若干问题的意见》的有关规定，将具有故意逃避调查、故意销毁数据等异常情况认定为明知。值得注意的是，开设赌场的帮助犯规避调查的方式通常是销毁、修改数据、账本，但不限于上述列出的方式。

第四项则是为了应对实践中复杂多变的案件情况而规定的兜底条款，以防止因列举不全而使行为人逃避惩治。

（四）在实行犯未到案情形下对赌博共犯的处理

在隔地共同犯罪的情况下，针对可能存在对网上开设赌场犯罪的共犯无法实际行使刑事管辖权的情况，如赌博网站的上层人员在境外，难以抓获归案；为境外数十家赌博网站开发赌博网络平台，难以认定是哪个赌博网站的共犯或者存在主犯不明确的情形。为解决这一难题，《网络赌博意见》规定，在实行犯未归案的情况下，如果不影响对已到案共同犯罪嫌疑人、被告人的犯罪事实认定的，可以依法对已到案者先行独立起诉并予以定罪处罚。

四、关于网络赌博犯罪的参赌人数、赌资数额和网站代理的认定问题

（一）参赌人数和网站代理的认定

网络赌博中参赌人数、网站代理的认定方式，是由网络赌博行为的特殊性决定的。与开设赌场的普通方式不同，网上开设赌场的犯罪分子给参赌人、下级代理提供的是赌博网站的账户和密码，而非物理场所和有形的赌具，因而网络赌博参赌人数通常与赌博网站上的会员账号数相同。因此，《网络赌博意见》规定，赌博网站的会员账号数可以认定为参赌人数，但如果查明一个账号多人使用或者多个账号一人使用的，则应当按照实际使用的人数计算参赌人数。有证据证明犯罪嫌疑人在赌博网站上的账号设置有下级账号的，应当认定其为赌博网站的代理。

有些赌博网站并不留存投注记录，每一场赌博结束后所有数据立即消除，认定赌博的证据是银行的相关记录。因此，《网络赌博意见》又规定，可将向开设赌场犯罪中用于转入、转出赌资的银行账户数量认定为参赌人数。但如果查实一个账户多人使用或多个账户一人使用的，则应当按照实际使用的人数计算参赌人数。

（二）赌资数额的认定

赌资包括三种形式的款物，即赌博犯罪中用作赌注的款物、换取筹码的款物和通过赌博赢取的款物。网络赌博中赌资的计算方式，也是由网络赌博行为的特殊性决定的。在网络赌博中，为了方便参赌人投注，用作投注的对象往往只是“点数”，而不是实际的资金。只有在结算时才按照每一点数实际代表的金额来计算输赢数额，然后再发生真实的资金转移关系。网络赌博中，“点数”相当于现场赌博中的筹码。因此，《网络赌博意见》重申《赌博解释》的有关规定，赌资数额可以按照在网络上投注或者赢取的点数乘以每一

点实际代表的金额认定。用这种计算方法计算网络赌博的赌资数额，能够客观反映并准确计算网络赌博中真实的投注或者赢取款物数额。

实践中，开设赌场的行为人通常使用专门银行账户流转赌资，故《网络赌博意见》又规定，对于开设赌场犯罪中用于接收、流转赌资的银行账户内的资金，犯罪嫌疑人、被告人不能说明合法来源的，可以认定为赌资。需要注意的是，鉴于实践中很多参赌人员使用自己日常生活使用的资金账户进行投注，上述规定仅适用于开设赌场者的资金账户，并不适用于参赌者的资金账户。

在网络游戏中，游戏参与者和游戏中的虚拟人物对赌，或者基于游戏规则而进行的虚拟赌博，均与网络赌博不同。但是，也存在一些以网络游戏为幌子的网络赌博活动。在此类活动中，参赌人通常将资金兑换成“虚拟物品”并用其作为筹码投注，这和将赌资兑换成“点数”进行投注并没有本质区别。在行为人将金钱直接或间接兑换为虚拟货币、游戏道具等虚拟物品，并用其作为筹码投注，虚拟物品可以再次兑换成现实生活中的货币的情况下，虚拟财产已与现实财产发生了真实联系，应当属于法律调整的范畴。因此，《网络赌博意见》规定，对于将资金直接或间接兑换为虚拟货币、游戏道具等虚拟物品，并用其作为筹码投注的，赌资数额按照购买该虚拟物品所需资金数额或者实际支付资金数额认定。

五、关于网络赌博犯罪案件管辖问题

（一）网络赌博犯罪的“犯罪地”的范围

网络赌博犯罪的地域管辖，应当坚持《刑事诉讼法》规定的以犯罪地管辖为主、被告人居住地管辖为辅的原则。考虑到网络赌博犯罪的特殊性，即赌博网站服务器所在地、网络接入地、赌博网站建立者等可能不在同一地区，而且网络赌博犯罪大多是共同犯罪，参与犯罪的多个被告人也可能来自不同地区，有必要根据《刑事诉讼法》管辖规定，结合网络赌博犯罪的特殊情况，对“犯罪地”作进一步解释。故《网络赌博意见》规定，“犯罪地”包括赌博网站服务器所在地，网络接入地，赌博网站建立者、管理者所在地，以及赌博网站代理人、参赌人实施网络赌博行为地等。

值得注意的是，“赌博网站建立者、管理者所在地”是指赌博网站建立者、管理者实施网络赌博行为地，而非行为人实施网络赌博行为后的实际所在地。此外，网络赌博活动中，参赌人必然会利用赌博网站上传、下载或传输信息。仅静态浏览赌博网站的网页，不属于实施网络赌博的行为。因此，仅仅被动接受信息的网络用户所在地不是《网络赌博意见》规定的“参赌人实施网络赌博行为地”。

（二）跨地区网络赌博案件的管辖问题

实践中，网络赌博犯罪行为往往涉及多个省（自治区、直辖市），而且共同作案人往往也来自不同居住地。依照刑事诉讼法和前述规定，所涉及地域的有关司法机关对这些网络赌博犯罪案件均有管辖权，从而在实际办案中可能造成有管辖权的司法机关之间的管辖争议或者互相推诿，从而影响及时追赃、缉捕犯罪嫌疑人，影响及时起诉和审判。为解决这一问题，《网络赌博意见》规定，公安机关对侦办跨区域网络赌博犯罪案件的管辖权有争议的，应本着有利于查清犯罪事实、有利于诉讼的原则，认真协商解决。经协商无法达成一致的，报共同的上级公安机关指定管辖。对即将侦查终结的跨省（自治区、直辖市）重大网络赌博案件，必要时可由公安部商最高人民法院和最高人民检察院指定管辖。人民法院和检察院对进入起诉或审判诉讼程序而没有管辖权的案件，受案单位可报请上级机关指定管辖，而不再移送其他司法机关管辖。

六、关于电子证据的收集与保全问题

在网络赌博案件中，大量证据以电子数据的形式呈现。电子证据属于《刑事诉讼法》规定的证据种类中的视听资料，具有直观性强、信息量大、准确度高和易被伪造或篡改的特点。为有效惩治赌博犯罪分子，参考最高人民法院、最高人民检察院、海关总署联合发布的《关于办理走私刑事案件适用法律若干问题的意见》的有关规定，《网络赌博意见》作了如下规定：

一是明确电子证据应当作为刑事证据予以提取、复制，即侦查机关对于能够证明赌博犯罪案件真实情况的网站页面、上网记录、电子邮件、电子合同、电子交易记录、电子账册等电子设备储存的数据资料，应当作为证据予以提取、复制、固定。

二是规定侦查人员提取电子证据应当对其过程作相关文字说明和记录，由电子数据的制作人、持有人签名或者盖章，并将电子数据一并随案移送。与《关于办理走私刑事案件适用法律若干问题的意见》的有关规定不同，考虑到电子证据的制作人和持有人的签名或者盖章具有相互印证的作用，可以证明所提取电子证据的真实性和提取程序的合法性，《网络赌博意见》未要求提取上述电子证据时有见证人在场。

三是强调对于电子数据存储在境外的计算机上，或者侦查机关从赌博网站提取电子数据时犯罪嫌疑人未到案，或者电子数据的持有人无法签字或者拒绝签字的，应由能证明提取、复制、固定过程的见证人签名或者盖章，记录有关情况。必要时，可对提取、复制、固定有关电子数据的过程拍照或者录像。这主要是考虑到很多赌博网站位于境外，一些电子数据是侦查机关在抓获犯罪嫌疑人之前通过对赌博网站实施远程勘验固定的，犯罪嫌疑人也可能不在案或者拒绝签字，从而无法让犯罪嫌疑人或电子数据持有人签名。因而为确保证据来源的客观性，在此情形下，强调应由能证明提取、复制、固定电子数据过程的见证人签名或者盖章。

（撰稿：高贵君、张明、吴光侠、邓克珠）

2. **最高人民法院、最高人民检察院、公安部关于办理利用赌博机开设赌场案件适用法律若干问题的意见**（公通字〔2014〕17号，自2014年3月26日起施行）

各省、自治区、直辖市高级人民法院，人民检察院，公安厅、局，解放军军事法院、军事检察院，新疆维吾尔自治区高级人民法院生产建设兵团分院，新疆生产建设兵团人民检察院、公安局：

为依法惩治利用具有赌博功能的电子游戏设施设备开设赌场的犯罪活动，根据《中华人民共和国刑法》、《最高人民法院、最高人民检察院关于办理赌博刑事案件具体应用法律若干问题的解释》等有关规定，结合司法实践，现就办理此类案件适用法律问题提出如下意见：

一、关于利用赌博机组织赌博的性质认定

设置具有退币、退分、退钢珠等赌博功能的电子游戏设施设备，并以现金、有价证券等贵重款物作为奖品，或者以回购奖品方式给予他人现金、有价证券等贵重款物（以下简称设置赌博机）组织赌博活动的，应当认定为刑法第三百零三条第二款规定的“开设赌场”行为。

二、关于利用赌博机开设赌场的定罪处罚标准

设置赌博机组织赌博活动，具有下列情形之一的，应当按照刑法第三百零三条第二款规定的开设赌场罪定罪处罚：

（一）设置赌博机10台以上的；

（二）设置赌博机2台以上，容留未成年人赌博的；

（三）在中小学校附近设置赌博机 2 台以上的；

（四）违法所得累计达到 5000 元以上的；

（五）赌资数额累计达到 5 万元以上的；

（六）参赌人数累计达到 20 人以上的；

（七）因设置赌博机被行政处罚后，两年内再设置赌博机 5 台以上的；

（八）因赌博、开设赌场犯罪被刑事处罚后，五年内再设置赌博机 5 台以上的；

（九）其他应当追究刑事责任的情形。

设置赌博机组织赌博活动，具有下列情形之一的，应当认定为刑法第三百零三条第二款规定的"情节严重"：

（一）数量或者数额达到第二条第一款第一项至第六项规定标准六倍以上的；

（二）因设置赌博机被行政处罚后，两年内再设置赌博机 30 台以上的；

（三）因赌博、开设赌场犯罪被刑事处罚后，五年内再设置赌博机 30 台以上的；

（四）其他情节严重的情形。

可同时供多人使用的赌博机，台数按照能够独立供一人进行赌博活动的操作基本单元的数量认定。

在两个以上地点设置赌博机，赌博机的数量、违法所得、赌资数额、参赌人数等均合并计算。

三、关于共犯的认定

明知他人利用赌博机开设赌场，具有下列情形之一的，以开设赌场罪的共犯论处：

（一）提供赌博机、资金、场地、技术支持、资金结算服务的；

（二）受雇参与赌场经营管理并分成的；

（三）为开设赌场者组织客源，收取回扣、手续费的；

（四）参与赌场管理并领取高额固定工资的；

（五）提供其他直接帮助的。

四、关于生产、销售赌博机的定罪量刑标准

以提供给他人开设赌场为目的，违反国家规定，非法生产、销售具有退币、退分、退钢珠等赌博功能的电子游戏设施设备或者其专用软件，情节严重的，依照刑法第二百二十五条的规定，以非法经营罪定罪处罚。

实施前款规定的行为，具有下列情形之一的，属于非法经营行为“情节严重”：

（一）个人非法经营数额在五万元以上，或者违法所得数额在一万元以上的；

（二）单位非法经营数额在五十万元以上，或者违法所得数额在十万元以上的；

（三）虽未达到上述数额标准，但两年内因非法生产、销售赌博机行为受过二次以上行政处罚，又进行同种非法经营行为的；

（四）其他情节严重的情形。

具有下列情形之一的，属于非法经营行为“情节特别严重”：

（一）个人非法经营数额在二十五万元以上，或者违法所得数额在五万元以上的；

（二）单位非法经营数额在二百五十万元以上，或者违法所得数额在五十万元以上的。

五、关于赌资的认定

本意见所称赌资包括：

（一）当场查获的用于赌博的款物；

（二）代币、有价证券、赌博积分等实际代表的金额；

（三）在赌博机上投注或赢取的点数实际代表的金额。

六、关于赌博机的认定

对于涉案的赌博机，公安机关应当采取拍照、摄像等方式及时固定证据，并予以认定。对于是否属于赌博机难以确定的，司法机关可以委托地市级以上公安机关出具检验报告。司法机关根据检验报告，并结合案件具体情况作出认定。必要时，人民法院可以依法通知检验人员出庭作出说明。

七、关于宽严相济刑事政策的把握

办理利用赌博机开设赌场的案件，应当贯彻宽严相济刑事政策，重点打击赌场的出资者、经营者。对受雇佣为赌场从事接送参赌人员、望风看场、发牌坐庄、兑换筹码等活动的人员，除参与赌场利润分成或者领取高额固定工资的以外，一般不追究刑事责任，可由公安机关依法给予治安管理处罚。对设置游戏机，单次换取少量奖品的娱乐活动，不以违法犯罪论处。

八、关于国家机关工作人员渎职犯罪的处理

负有查禁赌博活动职责的国家机关工作人员，徇私枉法，包庇、放纵开设赌场违法犯罪活动，或者为违法犯罪分子通风报信、提供便利、帮助犯罪分子逃避处罚，构成犯罪的，依法追究刑事责任。

国家机关工作人员参与利用赌博机开设赌场犯罪的，从重处罚。

权威解读

解读《最高人民法院、最高人民检察院、公安部关于办理利用赌博机开设赌场案件适用法律若干问题的意见》

2014 年 3 月 26 日，最高人民法院、最高人民检察院、公安部联合印发了《关于办理利用赌博机开设赌场案件适用法律若干问题的意见》（以下简称《赌博机意见》）。根据《刑法》和“两高”《赌博解释》等有关规定，结合司法实践，进一步明确了办理利用赌博机开设赌场案件的有关法律适用问题。这是最高人民法院、最高人民检察院、公安部依法惩治利用赌博机开设赌场犯罪活动，深入推进打击赌博犯罪专项行动，净化社会风气，维护社会秩序的重大举措，展示了司法机关铲除赌患、匡扶正气的坚定决心。为便于深入理解和掌握《赌博机意见》的基本精神和主要内容，现就《赌博机意见》的有关问题解读如下：

一、制定《赌博机意见》的背景及过程

2005 年 5 月，“两高”公布施行了《赌博解释》，对刑法第三百零三条关于赌博罪的规定作了解释，明确了相关定罪量刑标准，为公安司法机关认定和处理赌博违法犯罪案件提供了法律依据。为了完善我国刑法有关赌博犯罪的规定，全国人大常委会于 2006 年 6 月 29 日通过了《刑法修正案（六）》，将“开设赌场”从赌博罪中分立出来，规定为独立的犯罪，并将最高法定刑从三年有期徒刑提高到十年。2010 年 9 月，“两高”、公安部联合出台了《网络赌博意见》，针对利用互联网、移动通讯终端等传输赌博视频、数据，组织网络赌博等犯罪行为，进一步明确了法律适用标准。

近年来，赌博违法犯罪活动出现新的动向，特别是利用赌博机组织赌博的违法犯罪活动日趋严重，并呈蔓延之势。赌博机具有欺骗性强、迷惑性大、牟利快等特点，具有极大的社会危害性，严重扰乱社会秩序，败坏社会道德风尚。全国公安机关每年均查处大量利用赌博机组织赌博的治安、刑事案件，每年收缴、销毁逾 10 万台赌博机，但利用赌博机组织赌博及生产、销售赌博机的违法犯罪活动仍屡打不绝、屡禁不止。同时，各地公安司法机关由于对利用赌博机组织赌博案件的法律适用问题认识和处理不一，在一定程度上影响了对此类违法犯罪活动的有效惩治。

自2012年3月起，最高人民法院、最高人民检察院、公安部共同启动了《赌博机意见》的研究制定工作，在《赌博解释》和《网络赌博意见》的基础上，结合司法实践中遇到的法律适用问题，研究起草了意见稿。通过专题调研、召开会议等方式听取了有关部门、单位的意见和建议，并在全国公安、检察院、法院系统内征求了意见。经综合各方面的意见，多次研究修改，2014年1月23日由最高人民检察院第十二届检察委员会第十五次会议审议通过了“意见”稿，3月26日“两高”、公安部联合印发了《赌博机意见》。

二、主要内容及说明

《赌博机意见》共八条，明确了八个方面的问题，现具体说明如下：

（一）关于利用赌博机组织赌博的性质认定问题

《赌博机意见》第一条明确了利用赌博机开设赌场行为的认定问题，包括两个层次：一是设置具有退币、退分、退钢珠等赌博功能的电子游戏设施设备，并以现金、有价证券等贵重款物作为奖品，或者以回购奖品方式给予他人现金、有价证券等贵重款物的，即为“设置赌博机”；二是设置赌博机组织赌博活动的，应当认定为《刑法》第三百零三条第二款规定的“开设赌场”行为。主要考虑：一是2000年国务院办公厅转发文化部等部门《关于开展电子游戏经营场所专项治理的意见》第三条第七项规定，对设置具有退币、退钢珠、退奖券、荧屏记分和其他中奖方式等赌博功能的电子游戏机机型、机种、电路板的电子游戏经营场所，除由文化部门会同公安、信息产业、工商行政管理等部门依照有关规定分别处罚外，工商行政管理部门要吊销其营业执照或予以取缔，构成犯罪的，依法追究刑事责任。2006年《娱乐场所管理条例》第十九条规定，游艺娱乐场所不得设置具有赌博功能的电子游戏机机型、机种、电路板等游戏设施设备，不得以现金或者有价证券作为奖品，不得回购奖品。因此，《赌博机意见》第一条根据目前执法办案的实际情况，明确设置具有退币、退分、退钢珠等赌博功能的电子游戏设施设备，并以贵重款物作为奖品，或者以回购奖品方式给予他人贵重款物的，属于“设置赌博机”的行为。二是《刑法》第三百零三条第二款规定的“开设赌场”，一般是指开设专门用于进行赌博的场所，设定赌博方式，提供赌具、筹码，接受赌客投注的行为。而设置赌博机组织赌博活动的行为，与传统开设赌场的行为性质相同，因此应当将其认定为《刑法》第三百零三条第二款规定的“开设赌场”，以开设赌场罪定性处理。

（二）关于利用赌博机开设赌场的定罪处罚标准

《赌博机意见》第二条共分四款，明确了利用赌博机开设赌场的定罪处罚标准。第一款规定了设置赌博机组织赌博活动，构成开设赌场罪的九种情形。第一项“设置赌博机10台以上的”、第四项“违法所得累计达到5000元以上的”、第五项“赌资数额累计达到5万元以上的”、第六项“参赌人数累计达到20人以上的”情形，主要参照了《赌博解释》第一条关于聚众赌博构成赌博罪的认定标准，从设置赌博机数量、违法所得数额、赌资数额、参赌人数等方面作了规定，各项数量数额标准保持大致平衡，社会危害性也大体相当。第二项“设置赌博机2台以上，容留未成年人赌博的”，第三项“在中小学校附近设置赌博机2台以上的”情形，主要为了体现对未成年人和在校学生的特殊保护，将设置赌博机入罪的数量标准在第一项规定的基础大幅度降低。第七项“因设置赌博机被行政处罚后，两年内再设置赌博机5台以上的”，第八项“因赌博、开设赌场犯罪被刑事处罚后，五年内再设置赌博机5台以上的”情形，主要考虑到这类犯罪分子屡教不改，受过处罚后重操旧业，主观恶性较大，有必要予以从严惩处。第九项“其他应当追究刑事责任的情形”是兜底条款。

第二款规定了设置赌博机组织赌博活动，构成开设赌场罪“情节严重”的四种情形：一是数量或者数额达到第一款第一项至第六项规定标准六倍以上的；二是因设置赌博机被行政处罚后，两年内再设置赌博机30台以上的；三是因赌博、开设赌场犯罪被刑事处罚后，五年内再设置赌博机30台以上的；四是其他情节严重的情形。本款的数量数额标准与第一款的标准保持六倍关系。

第三款规定了赌博机数量的计算问题，明确可同时供多人使用的赌博机，台数按照能够独立供一人进行赌博活动的操作基本单元的数量认定。主要考虑到实践中有的赌博机可同时供多人使用，为避免以此逃避打击，对其台数应折合成单人的操作基本单元计算。

第四款明确在两个以上地点设置赌博机，赌博机的数量、违法所得、赌资数额、参赌人数等，均合并计算。

（三）关于共犯的认定问题

《赌博机意见》第三条明确了开设赌场罪共犯的认定问题，具体规定了可以构成共犯的五类情形，即提供赌博机、资金、场地、技术支持、资金结算服务的；受雇参与赌场经营管理并分成的；为开设赌场者组织客源，收取回扣、手续费的；参与赌场管理并领取高额固定工资的以及提供其他直接帮助的情形。这些人员明知他人利用赌博机开设赌场，有的为其提供开设赌场的物质技术条件，有的为赌场组织客源并从中牟利，有的受其雇用从事直接帮助行为，都符合《刑法》关于共同犯罪的规定，应当以开设赌场罪的共犯论处。

（四）关于生产、销售赌博机的定罪量刑标准

《赌博机意见》第四条共分三款，明确了生产、销售赌博机的定罪量刑标准。第一款明确以提供给他人开设赌场为目的，违反国家规定，非法生产、销售具有退币、退分、退钢珠等赌博功能的电子游戏设施设备或者其专用软件，情节严重的，应当以非法经营罪定罪处罚。主要考虑是：2000 年国务院办公厅转发文化部等部门《关于开展电子游戏经营场所专项治理的意见》第六条规定："自本意见发布之日起，面向国内的电子游戏设备及其零、附件生产、销售即行停止。任何企业、个人不得再从事面向国内的电子游戏设备及其零、附件的生产、销售活动。"由此可见，以提供给他人开设赌场为目的，生产、销售赌博机或者其专用软件的行为，是以为他人从事违法犯罪活动提供商品为经营业务的行为，可以认定为《刑法》第二百二十五条规定的"其他严重扰乱市场秩序的非法经营行为"，情节严重的，以非法经营罪定罪处罚是适当的。同时，当前利用赌博机组织赌博的违法犯罪活动屡打不绝、屡禁不止的重要原因之一，就是存在受利益驱动生产、销售赌博机及其专用软件的上游产业链条，对其予以刑事打击具有现实必要性，在罪名适用上也体现了惩治源头犯罪的精神。

第二款明确了非法生产、销售赌博机或者其专用软件，构成非法经营行为"情节严重"的四种情形：个人非法经营数额在 5 万元以上，或者违法所得数额在 1 万元以上的；单位非法经营数额在 50 万元以上，或者违法所得数额在 10 万元以上的；虽未达到上述数额标准，但两年内因非法生产、销售赌博机行为受过二次以上行政处罚，又进行同种非法经营行为的；其他情节严重的情形。

第三款明确了非法生产、销售赌博机或者其专用软件，构成非法经营行为"情节特别严重"的两种情形，即个人非法经营数额在25万元以上，或者违法所得数额在5万元以上的；单位非法经营数额在250万元以上，或者违法所得数额在50万元以上的。第三款的数额标准与第二款的标准保持五倍关系。

（五）关于赌资的认定问题

《赌博机意见》第五条明确了赌资的认定问题，即赌资包括当场查获的用于赌博的款物，代币、有价证券、赌博积分等实际代表的金额，以及在赌博机上投注或赢取的点数实际代表的金额。该条规定参照了《赌博解释》和《网络赌博意见》的有关规定，能够客观反映并准确计算开设赌场犯罪中的赌资数额。

（六）关于赌博机的认定问题

《赌博机意见》第六条明确了赌博机的认定问题，要求公安机关应当采取拍照、摄像等方式及时固定证据，并予以认定。同时，考虑到实践中可能出现对于是否属于赌博机难以确定的情况，本条还明确在这种情况下，司法机关可以委托地市级以上公安机关出具检验报告。司法机关根据检验报告，并结合案件具体情况作出认定。必要时，人民法院可以依法通知检验人员出庭作出说明。

（七）关于宽严相济刑事政策的把握问题

《赌博机意见》第七条明确了宽严相济刑事政策的把握问题，包括三个层次：一是明确了打击重点，对于办理利用赌博机开设赌场的案件，应当重点打击赌场的出资者、经营者；二是要求对受雇佣为赌场从事接送参赌人员、望风看场、发牌坐庄、兑换筹码等活动的人员，除参与赌场利润分成或者领取高额固定工资的以外，一般不追究刑事责任，可由公安机关依法给予治安管理处罚；三是要求对设置游戏机，单次换取少量奖品的娱乐活动，不以违法犯罪论处。主要考虑：一是为贯彻宽严相济刑事政策，应当将赌场的出资者、经营者作为打击重点，而对受雇佣单纯从事劳务工作的一般参与者，应当区别于《赌博机意见》第三条规定的受雇参与赌场经营管理并分成或者参与赌场管理并领取高额固定工资构成共犯的人员，一般不追究刑事责任，防止不当扩大刑事打击面；二是正确区分罪与非罪的界限，考虑到《赌博解释》第九条"不以营利为目的，进行带有少量财物输赢的娱乐活动，以及提供棋牌室等娱乐场所只收取正常的场所和服务费用的经营行为等，不以赌博论处”的规定，这里也明确对设置游戏机，单次换取少量奖品的娱乐活动，不以违法犯罪论处。

（八）关于国家机关工作人员渎职犯罪的处理问题

《赌博机意见》第八条共分两款，明确了国家机关工作人员渎职犯罪的处理问题。第一款针对有的国家机关工作人员徇私枉法，或者帮助犯罪分子逃避处罚的情况明确规定：负有查禁赌博活动职责的国家机关工作人员，徇私枉法，包庇、放纵开设赌场违法犯罪活动，或者为违法犯罪分子通风报信、提供便利、帮助犯罪分子逃避处罚，构成犯罪的，依法追究刑事责任。第二款根据《网络解释》第五条的规定再次明确，国家机关工作人员参与利用赌博机开设赌场犯罪的，从重处罚。

（撰稿：韩耀元、吴峤滨）

（三）典型或常见问题的审理思路

1. 开设赌场的犯罪中不参与“分红”，仅领取报酬而实施帮助行为的人是否构成赌博罪的共犯？

在网络赌博犯罪中，赌博网站的代理人所实施的赌博犯罪行为一般都是“开设赌场”的行为，为了顺利开展赌博犯罪活动，赌博网站的代理人通常要组织相关人员共同完成赌博犯罪活动，对于那些在赌博犯罪团伙中，对从事开设赌场的犯罪起着直接的、必不可少的作用的人员应当依法追究刑事责任；对于那些对开设赌场犯罪无足轻重的人员可以不追究刑事责任。例如，受赌博犯罪组织者雇佣，为犯罪分子提供后勤保障的服务人员或者偶尔几次为赌博犯罪分子提供帮助的人员等对开设赌场犯罪无足轻重的人员，情节显著轻微的，一般不追究其刑事责任。行为人虽然在开设赌场的赌博犯罪中不参与“分红”，仅领取报酬而实施帮助行为，但是共同犯罪是一个整体，存在共同犯罪人的犯罪主观方面不一致的情况，特别是犯罪目的不相同的情况更为常见。只要正犯的犯罪目的明确，即使其他共犯的犯罪目的不同也不影响犯罪行为性质的认定。因为，共同犯罪作为一个犯罪整体，正犯的行为及主观方面决定了犯罪行为的类型，共犯只要明知正犯的行为性质及主观意图并实施了帮助行为，就可以构成正犯所犯之罪。这是共同犯罪理论中，共犯从属说理论的必然结论。

2. 明知是赌博网站而提供资金支付结算便利的行为，如何定性？

明知是赌博网站而提供资金支付结算便利的行为构成开设赌场罪。与传统的实体赌场不同，网上开设赌场是利用互联网、移动通讯终端等传输赌博视频、数据，以现代科技为依托建立虚拟场所，通过数字信息交流，组织赌博活动。在网络上开设赌场的整个流程分为两个环节：一是信息流环节，即赌博网站网址、赔率等招赌信息的发布、参赌人员的身份信息注册、银行账户等支付手段信息的确认、投注信息的上传与接收、赌博输赢结果的公布等；二是资金流环节，即利用银行、第三方支付平台等金融机构或者准金融机构，进行赌资的收支结算活动。行为人明知某网站是赌博网站而在资金流环节提供服务，在开设赌场犯罪中承担了一定的分工，符合刑法总则关于共同犯罪的规定，应当以开设赌场罪定罪处罚。

3. 组织微信抢红包赌博的行为如何定性？①

构成开设赌场罪。微信群虽然属于网络虚拟媒介，但同样可以成为赌博的场域，将微信群扩大解释为赌场并未超出公众对“赌场”一词的理解，而“两高一部”《网络赌博意见》第一条，亦明确了利用互联网、通讯终端从事赌博行为属于开设赌场罪。行为人建立微信群招募他人参与赌博的行为与线下的赌场并无二致：微信群内部有严密的组织和明确的分工；行为人建立微信群的目的就是供他人赌博，且在一定时间内具有持续性；赌博方式由行为人事先决定并制定了相关的赌博流程，完全符合开设赌场罪的行为特征。

行为人不构成赌博罪。其并未进行赌博，只是赌博行为的组织者，且提供其实际控制的微信群供他人参与赌博，行为人抽头获取利益，不是参与博取偶尔的输赢机会以获得财物，不应认定为赌博罪。开设赌场罪与赌博罪的本质区别在于是否存在经营行为，开设赌场罪须存在经营赌场的实质行为，而经营行为并非赌博罪的责任要素。行为人未参与抢红包进行赌博，但通过招募人员、制定规则、组织赌博、采取抽头的方式获取经营性利益。进一步讲，行为人行为的本质是通过对微信群的管理及控制，具备对违反群规移除或强制退群的处罚权力，并有以微信群为平台牟取利益、数额较大、覆盖人员广等社会危害性，具备经营赌场的实质。

---

① 《人民法院报》2017 年 9 月 28 日 07 版，郁某等开设赌场案。

4. 组织参与国（境）外赌博罪是单独罪名

在《刑法修正案（十一）》实施前，组织中华人民共和国公民参与国（境）外赌博，构成犯罪的，一般以赌博罪论处。主要原因是，最高人民法院、最高人民检察院《赌博解释》（法释〔2005〕3号）第三条规定："中华人民共和国公民在我国领域外周边地区聚众赌博、开设赌场，以吸引中华人民共和国公民为主要客源，构成赌博罪的，可以依照刑法规定追究刑事责任。"但实践中，对组织中华人民共和国公民参与国（境）外赌博，如何定罪处罚一直存在争议，有的认为应当以赌博罪定罪处罚，有的认为应当以开设赌场罪定罪处罚。《刑法修正案（十一）》实施前对此进行了明确，即组织中华人民共和国公民参与国（境）外赌博，数额巨大或者有其他严重情节的，依照前款（即《刑法》第三百零三条第二款关于开设赌场罪的规定）的规定处罚。但罪名是单独的。"两高"《关于执行〈中华人民共和国刑法〉确定罪名的补充规定（七）》将本款罪名确定为"组织参与国（境）外赌博罪"。主要理由：（1）本款的入罪门槛与《刑法》第三百零三条第二款有所不同，且本款规制的是组织中国公民参与国（境）外赌博的行为，该行为类型不能为开设赌场罪所涵盖。故而，有必要对本款单独确定罪名。（2）本款罪状使用了"国（境）外"的表述，为准确反映罪状，不宜简化为"组织跨境赌博罪"。

（四）疑难、复杂问题的参考性解答

1. 开设赌场罪情节严重的如何认定？

"两高"、公安部《网络赌博意见》和《赌博机意见》中有关开设网络赌场和利用赌博机开设赌场"情节严重"的规定不适应传统型开设赌场案件。目前司法解释尚未对开设网络赌场和利用赌博机开设赌场之外的传统型开设赌场行为的情节严重作出明确规定。但前述两意见中情节严重的标准与当前传统型开设赌场罪的司法现实不相适应。司法实践中，开设赌场罪案件违法所得动辄几万、几十万元，如果借鉴两意见的标准，大量案件将被认定为"情节严重"。从立法原意来看，情节严重内容应契合社会发展和司法现实，特别是以数额作为情节严重标准的情况下，该数额的确定应随着社会经济的发展而不断调整。

2. 网上开设赌场犯罪如何认定?

从网络赌博现状分析，中文赌博网站主要设在我国台湾地区、香港地区，东南亚和美国等地，国内大陆设立的赌博网站数量较少，绝大多数是担任国外网站的代理，包括总代理、一级代理、二级代理等。司法实践中，只要查明行为人建立了赌博网站，或者为赌博网站担任代理，接受赌客投注的，无论其发展的赌客数量有多少，赌客投注的次数有多少，资金有多大，即可认定属于开设赌场。根据《网络赌博意见》第一条第一款的规定，利用互联网、移动通讯终端等传输赌博视频、数据，组织赌博活动，具有下列情形之一的，应当认定为“开设赌场”的行为，依法追究刑事责任：（1）建立赌博网站并接受投注的；（2）建立赌博网站并提供给他人组织赌博的；（3）为赌博网站担任代理并接受投注的；（4）参与赌博网站利润分成的。

关于网上开设赌场共犯的认定。根据《网络赌博意见》第二条的规定，明知是赌博网站，而为其提供下列服务或者帮助的，属于开设赌场罪的共同犯罪：（1）为赌博网站提供互联网接入、服务器托管、网络存储空间、通讯传输通道、投放广告、发展会员、软件开发、技术支持等服务，收取服务费数额在2万元以上的；（2）为赌博网站提供资金支付结算服务，收取服务费数额在1万元以上或者帮助收取赌资20万元以上的；（3）为10个以上赌博网站投放与网址、赔率等信息有关的广告或者为赌博网站投放广告累计100条以上的。是否具有主观明知，可以通过收取服务费是否明显异常、有关部门告知后是否仍然实施帮助行为、执法人员调查时有无故意规避调查或者通风报信等情节来进行认定。

关于网上开设赌场主观上行为人“明知”的认定。按照《网络赌博意见》第二条第三款的规定，实施本条第一款规定的行为，具有下列情形之一的，应当认定行为人“明知”，但是有证据证明确实不知道的除外：（1）收到行政主管机关书面等方式的告知后，仍然实施上述行为的；（2）为赌博网站提供互联网接入、服务器托管、网络存储空间、通讯传输通道、投放广告、软件开发、技术支持、资金支付结算等服务，收取服务费明显异常的；（3）在执法人员调查时，通过销毁、修改数据、账本等方式故意规避调查或者向犯罪嫌疑人通风报信的；（4）其他有证据证明行为人明知的。

关于网络赌博犯罪的参赌人数、赌资数额和网站代理的认定。按照《网络赌博意见》第三条的规定，赌博网站的会员账号数可以认定为参赌人数，如果查实一个账号多人使用或者多个账号一人使用的，应当按照实际使用的人数计算参赌人数。赌资数额可以按照在网络上投注或者赢取的点数乘以每一点实际代表的金额认定。对于将资金直接或间接兑换为虚拟货币、游戏道具等虚拟物品，并用其作为筹码投注的，赌资数额按照购买该虚拟物品所需资金数额或者实际支付资金数额认定。对于开设赌场犯罪中用于接收、流转赌资的银行账户内的资金，犯罪嫌疑人、被告人不能说明合法来源的，可以认定为赌资。向该银行账户转入、转出资金的银行账户数量可以认定为参赌人数。如果查实一个账户多人使用或多个账户一人使用的，应当按照实际使用的人数计算参赌人数。

3. 开设赌场罪与赌博罪中聚众赌博行为如何区分？

赌博罪是指以营利为目的，聚众赌博或者以赌博为业的行为。与原《刑法》第三百零三条相比较，修订后的《刑法》是将原赌博罪中开设赌场的行为从赌博罪中分离出来，设立了独立的罪名，以加大对开设赌场行为的打击力度。在行为性质、犯罪侵犯的客体、犯罪目的等方面，开设赌场罪与原《刑法》规定的赌博罪并没有发生多大变化。二者的区别主要表现在：(1）从参与人员上加以区分。聚众赌博中的参与人员一般具有稳定性，即经常都是相互熟悉的一群人之间进行赌博；而开设赌场中的参与人员一般不一定具有稳定性，很多参与赌博的人并不一定与开设赌场的人认识或者熟悉。(2）从公开程度上加以区分。聚众赌博因为是一群人之间的赌博行为，所以一般不会对社会上公开，在社会上知晓的范围不会很大；而开设赌场则可能扩散到较大的知晓范围。(3）从有无经营目的上加以区分。聚众赌博是直接通过赌博获取非法利益，不具有经营的目的；而开设赌场则是利用赌博来进行经营，通过经营间接获取赌博利润。(4）从专门化程度上加以区分。由于开设赌场是一种经营形式，所以需要具备经营上的专业化程度，在赌博工具、赌博场所等方面都有所讲究；而聚众赌博则不一定具备这些条件，有的可能长期聚众赌博，但赌博的条件却非常简陋。(5）从规模上加以区分。由于聚众赌博人员的稳定性、非经营性，所以一般来说，聚众赌博的规模都要远远小于开设赌场的规模。

（五）量刑指导或参考

依照《刑法》第三百零三条第二款规定，犯开设赌场罪的，处五年以下有期徒刑、拘役或者管制，并处罚金；情节严重的，处五年以上十年以下有期徒刑，并处罚金。

该款规定的“情节严重”，是本罪的加重处罚情节。属于网上开设赌场的，依照《网络赌博意见》第一条第二款的规定，具有下列情形之一的，应当认定为“情节严重”：1. 抽头渔利数额累计达到3万元以上的；2. 赌资数额累计达到30万元以上的；3. 参赌人数累计达到120人以上的；4. 建立赌博网站后通过提供给他人组织赌博，违法所得数额在3万元以上的；5. 参与赌博网站利润分成，违法所得数额在3万元以上的；6. 为赌博网站招募下级代理，由下级代理接受投注的；7. 招揽未成年人参与网络赌博的；8. 其他情节严重的情形。不属于网上开设赌场的，可以参照上述规定并结合案件的具体情况进行认定。

属于设置赌博机组织赌博活动，依照《赌博机意见》的规定，具有下列情形之一的，应当认定为“情节严重”：1. 数量或者数额达到第二条第一款第一项至第六项规定标准六倍以上的；2. 因设置赌博机被行政处罚后，两年内再设置赌博机30台以上的；3. 因赌博、开设赌场犯罪被刑事处罚后，五年内再设置赌博机30台以上的；4. 其他情节严重的情形。

四十一、故意延误投递邮件罪

（一）刑法规定

第三百零四条　邮政工作人员严重不负责任，故意延误投递邮件，致使公共财产、国家和人民利益遭受重大损失的，处二年以下有期徒刑或者拘役。

（二）疑难、复杂问题的参考性解答

如何认定本罪的犯罪主体？

本罪犯罪主体为邮政工作人员，即各级邮政管理部门中的工作人员，中国邮政集团及下属各级企业中从事分发、投递等与邮件直接有联系职责的邮政业务的人员，包括营业员、发行员、分拣员、投递员、押运员，及受邮政机构委托从事邮政业务的人员均属于邮政工作人员。其他人员，如一般单位收发室人员故意延误邮件投递的，不构成本罪。

我国《邮政法》明确规定各级邮政部门对其辖区的邮政市场负责监督管

理，邮政普遍服务和竞争性业务实行分业经营。《邮政法》对快递业务有相对于邮政服务的专章规定。经营快递业务，应当依法取得快递业务经营许可，必须先取得邮政管理部门的行政许可，到工商部门登记注册，取得企业法人经营执照。因此，邮政企业以外的快递公司，不是邮政企业，仅是经营经过邮政管理部门许可经营的快件的市场经济实体，接受当地邮政管理部门的行业监管。受委托从事邮政业务，是指行为人通过与邮政企业签订代理协议或者承包协议，添置邮政企业规定的设备，使用邮政标识，在一定地域内从事部分邮政业务，如果行为人仅是通过与快递公司签订协议，成为快递员，从事某快递公司快件的揽收及派送，其业务并非与邮政部门签订代理协议，所在快递公司与邮政部门、邮政企业不存在委托关系，仅是行业监管与被监管的关系，则不能认为行为人属于“邮政工作人员”，而仅为快递从业人员。

第二节　妨害司法罪

一、伪证罪

（一）刑法规定

第三百零五条　在刑事诉讼中，证人、鉴定人、记录人、翻译人对与案件有重要关系的情节，故意作虚假证明、鉴定、记录、翻译，意图陷害他人或者隐匿罪证的，处三年以下有期徒刑或者拘役；情节严重的，处三年以上七年以下有期徒刑。

（二）典型或常见问题的审理思路

在公安机关侦查故意伤害案件过程中，接受侦查人员询问时作出虚假证言，导致他人被逮捕并被移送起诉的行为应如何定性？[①]

行为人以证人身份在接受侦查人员询问时，两次作出虚假证言，证明自

① 观点来源：《最高人民法院公布10起弘扬社会主义核心价值观典型案例》（2016年3月8日）。

己看见他人往被害人脸上殴打两拳，导致他人先后被刑事拘留、逮捕，并被移送起诉。金某接受检察人员询问时，推翻了以前关于自己看见胡某殴打王某的证言，承认自己在公安机关侦查期间作了伪证。人民法院认为，金某在刑事诉讼过程中，对与案件有重要关系的情节，故意作虚假证明，意图陷害他人，其行为构成伪证罪。虚假作证不但严重影响裁判结果的公正性，危害司法权威，而且直接侵害当事人合法权益，损害社会诚信建设。本案金某在诉讼中故意作伪证，严重违背诚实信用原则，违反了法律义务，受到了应有的刑事制裁。

（三）疑难、复杂问题的参考性解答

1. 如何理解本罪中“对与案件有重要关系的情节”?

所谓与案件有重要关系的情节，是指对于行为是否构成犯罪、犯罪的性质或者罪行的轻重有重大影响的情节，也就是能够影响定罪量刑的情节，包括犯罪主体的年龄与精神状态、犯罪的故意或者过失、危害行为、特定的犯罪目的、时间、地点、手段，以及法律明确规定的从轻、减轻、免除处罚和从重处罚的情节，还包括法律没有明确规定而由司法机关在办理案件的过程中具体掌握的酌定情节，如犯罪的动机、目的、被告人一贯表现、认罪态度，等等。

2. 本罪与提供虚假证明文件罪的界限

本罪在客观方面也表现为提供虚假证明的行为，但这种虚假证明是作为诉讼证据而向司法机关提供的，提供者是证人、鉴定人、记录人、翻译人等特定人员，主观上是意图陷害他人或者隐匿罪证，侵害的是司法机关的正常活动。而后罪行为人提供的是资产评估、验资、验证、会计、审计、法律服务等方面的虚假证明文件，提供者是承担资产评估、验资、验证、会计、审计、法律服务的中介组织人员，主观上可能是出于哥们义气、朋友关系或者为了获取其他不正当利益，侵犯的客体是正常的市场经济秩序。

二、辩护人、诉讼代理人毁灭证据、伪造证据、妨害作证罪

（一）刑法规定

第三百零六条　在刑事诉讼中，辩护人、诉讼代理人毁灭、伪造证据，

帮助当事人毁灭、伪造证据，威胁、引诱证人违背事实改变证言或者作伪证的，处三年以下有期徒刑或者拘役；情节严重的，处三年以上七年以下有期徒刑。

辩护人、诉讼代理人提供、出示、引用的证人证言或者其他证据失实，不是有意伪造的，不属于伪造证据。

（二）典型或常见问题的审理思路

1. 辩护人妨害作证罪是否以发生危害后果为构成要件？①

辩护人妨害作证罪在客观上表现为辩护人在刑事诉讼中实施了威胁、引诱证人违背事实改变证言或者作伪证的行为。只要辩护人在刑事诉讼中实施了上述行为即可构成犯罪。至于证人在威胁、引诱下改变了证言或者作了伪证，是否足以或者已经导致案件处理或者裁判错误，如是否已造成犯罪嫌疑人、被告人逃避刑事追究或者使无罪的人受到刑事追究等，不影响犯罪的成立。

2. 辩护人妨害作证罪的主观故意应如何把握？②

在审判实践中，应注意严格区别与把握辩护人依法履行法定责任与妨害作证行为的界限。虽然豁免辩护人履行职责中一切不当行为的法律责任是不适当的，但不适当地扩大辩护人应负法律责任的范围，势必会限制，甚至变相剥夺辩护人行使辩护权利，从而妨害律师履行职务，影响刑事诉讼法任务与目的的实现。要结合个案的外部条件和辩护人的职责义务，判断辩护人是否存在“明知”的充分条件。应该从辩护人的客观行为入手，分析其是否具有明知，只有认定辩护人主观上具有妨害作证的直接故意时，才能追究其刑事责任。

3. 辩护人妨害作证罪中的“证人”是否包括被害人？

辩护人、诉讼代理人妨害作证罪中的“证人”应当包括被害人。虽然我国刑事诉讼法将证人证言与被害人陈述、鉴定结论分列为不同的证据种类，但是，这只是出于证据分类角度作的区分，《刑事诉讼法》第六十二条在对证人的范围作出规定时并没有把被害人排除在证人范围以外，该法条明确规定：

---

① 观点来源：《中国刑事审判指导案例（妨害社会管理秩序罪）》，法律出版社2009年版，第80－82页。

② 观点来源：《中国刑事审判指导案例（妨害社会管理秩序罪）》，法律出版社2009年版，第83－85页。

“凡是知道案件情况的人，都有作证的义务。生理上、精神上有缺陷或者年幼，不能辨别是非、不能正确表达的人，不能成为证人。”因此，第一，从广义上来讲，从被害人、鉴定人在刑事诉讼中对于案件事实的证明作用角度讲，也应属于证人范畴。第二，从行为的社会危害性来分析，威胁、引诱被害人、鉴定人违背事实改变证言或者作伪证的与威胁、引诱证人违背事实改变证言或者作伪证的行为，同样妨害了刑事诉讼活动的正常进行，危害了司法机关的正常追诉活动，从侵害法益的同质性来看，两种行为均应受到刑罚处罚。第三，从立法本意来分析，《刑法》第三百零六条的立法目的在于通过刑罚手段惩治辩护人、诉讼代理人的妨害作证的行为，来规范刑事辩护制度，确保刑事诉讼的正常进行。如果不将威胁、引诱被害人、鉴定人违背事实改变证言或者作伪证的行为纳入本罪的惩治范围，就会放纵实践中辩护人、诉讼代理人的此类妨害作证的行为，不能全面有效地维护刑事诉讼秩序，这显然有违立法本意。

（三）疑难、复杂问题的参考性解答

辩护人、诉讼代理人毁灭证据、伪造证据、妨害作证罪与包庇罪的界限

两罪在构成特征上具有相似之处，在主观方面都是出于故意，都具有包庇行为人逃避法律制裁的目的；在客观方面都表现为毁灭证据、伪造证据、妨害作证的行为；其犯罪行为的实施，都侵犯了司法机关的正常活动。两罪的区别主要表现在：

（1）犯罪主体不同。辩护人、诉讼代理人毁灭证据、伪造证据、妨害作证罪的主体是特殊主体，即只能是辩护人、诉讼代理人；而包庇罪的主体则是一般主体，只要达到刑事责任年龄、具有刑事责任能力、实施了作假证明包庇犯罪人的行为，都可以构成包庇罪的主体。

（2）犯罪对象不同。辩护人、诉讼代理人毁灭证据、伪造证据、妨害作证罪的犯罪对象是刑事证据；而包庇罪的犯罪对象则是犯罪的人。

（3）犯罪客观方面的表现形式不同。辩护人、诉讼代理人毁灭证据、伪造证据、妨害作证罪在客观方面表现为，在刑事诉讼中，辩护人、诉讼代理人毁灭、伪造证据，帮助当事人毁灭、伪造证据，引诱证人违背事实改变证言或者作伪证的行为；而包庇罪在客观方面则表现为明知是犯罪的人而作假证明予以包庇的行为。

三、妨害作证罪

（一）刑法规定

第三百零七条第一款 以暴力、威胁、贿买等方法阻止证人作证或者指使他人作伪证的，处三年以下有期徒刑或者拘役；情节严重的，处三年以上七年以下有期徒刑。

（二）典型或常见问题的审理思路

1. 交通肇事逃逸后以贿买的方式指使他人冒名顶罪、作伪证的行为，如何定性？

以贿买方式指使他人冒名顶罪的行为不属于交通肇事罪中的“逃逸”行为。《交通肇事解释》第三条规定：“‘交通运输肇事后逃逸’，是指行为人在……发生交通事故后，为逃避法律追究而逃跑的行为。”表面看来，刑法意义上的“逃逸”表现为逃跑，即逃离现场。根据2011年修正的《道路交通安全法》第七十条第一款的规定，发生交通事故后，肇事者必须立即停车，保护现场，抢救伤者和财产，报警，听候处理，这是肇事者的法定义务。肇事者在交通肇事后逃逸即意味着不履行上述法定义务，因而从本质上说，交通肇事后的逃逸行为是一种不作为，是行为人对应该履行而且能够履行的法定义务的不履行。这项义务的不履行会产生一系列严重甚至不可挽救的后果，正是这项义务的不履行使逃逸行为具备了刑法所要求的严重社会危害性。唯其如此，《刑法》第一百三十三条将交通运输肇事后逃逸与特别恶劣情节并列。对交通运输肇事后的逃逸行为处三年以上七年以下有期徒刑，对因逃逸致人死亡的，处七年以上有期徒刑。行为人在事故发生后逃离现场，不积极保护现场，不抢救伤者，不及时报警，不听候处理，故其具有刑法意义上的逃逸情节，应以该档法定刑予以量刑。而行为人以贿买方式指使他人冒名顶罪的行为是一种积极作为，且与抢救伤者和财产关联性不大，故不应将其性质等同于刑法意义上的“逃逸”行为。另外，对《刑法》条文、词义的解释不可以随意作扩大或缩小解释，指使他人冒名顶罪的行为显然已超出刑法意义上“逃逸”的应有之义，因此不能将其认定为交通肇事罪的一个量刑情节。

以贿买方式指使他人冒名顶罪的行为构成妨害作证罪。妨害作证罪的主体为一般主体，当事人能否成为本罪主体？我们认为，当事人也可以成为本罪主体。在司法实践中主要是与案件有利害关系的人，如犯罪嫌疑人、被告人的亲戚、朋友等。如果是犯罪嫌疑人、被告人本人采取非法手段妨害作证的，也构成本罪。但是，对此不能绝对化。被告人本人作虚假陈述的，不能成立伪证罪，也不能成立妨害作证罪。行为人对自己以贿买方式指使他人顶罪、作伪证的行为的违法性与危害后果是明知的，行为目的很明显，因自己无机动车驾驶证，怕被追究刑事责任，在逃离现场后，想由他人代自己承担法律责任，意图妨害司法的客观公正性。妨害作证罪的行为，表现为以暴力、威胁、贿买等方法阻止证人作证或者指使他人作伪证。“以暴力、威胁、贿买等方法”的规定，既是对阻止证人作证的行为方式的限定，也是对指使他人作伪证的行为方式的限定。如果被告人采取一般的嘱托、请求、劝诱等行为阻止他人作证或者指使他人作伪证的，一般不以妨害作证罪论处。

2. 被害人在向司法机关报案时故意夸大犯罪事实，并指使他人作伪证的行为如何定罪处刑?①

（1）不构成伪证罪。伪证罪是特殊主体实施的犯罪，即只能由证人、鉴定人、记录人、翻译人构成。行为人的财物被盗，属于盗窃案件中的被害人，被害人属于当事人范畴，证人属于其他诉讼参与人，二者不存在种属包含关系，证人不可能包含作为当事人之一的被害人。（2）不构成诬告陷害罪。诬告陷害罪是指捏造事实，向国家机关或者有关单位作虚假告发，意图使他人受刑事追究的行为。“捏造事实”是指无中生有，任意虚构和编造根本不存在的犯罪事实的情形，行为人借题发挥，扩大事实，将他人的不道德行为、错误行为或违法违纪行为等扩大或上升为犯罪事实，或把构成轻罪的事实夸大成为构成重罪的事实的行为，不宜认定为“捏造事实”。（3）构成妨害作证罪。行为人出于报复的动机，在自己向公安机关报案并作了虚假陈述的情况下，又指使他人作伪证，以证实其虚假陈述，这一行为严重妨害了司法机关的正常诉讼活动，构成犯罪的，应当以妨害作证罪定罪处罚。

① 观点来源：《中国刑事审判指导案例（妨害社会管理秩序罪）》，法律出版社2009年版，第89-92页。

（三）疑难、复杂问题的参考性解答

1. 司法实践中如何认定本罪的客观行为？

本罪的行为可以分为两类：一类是以各种非法手段阻止证人依法作证；另一类是以各种非法手段使人作伪证，既包括使了解案件情况的证人向司法机关作虚假的证明，也包括使不了解案件情况的人假称了解案件情况向司法机关作虚假的证明。非法手段各种各样。首先是暴力，如对证人施以绑架、拘禁，使证人因人身自由受到剥夺而无法向司法机关提供证言。“暴力”，是指致人轻伤以下程度的暴力。如因实施暴力致人重伤、死亡的，应以故意伤害罪、故意杀人罪定罪处罚。其次是威胁，即对证人以暴力威胁或者以其他损害证人的利益进行要挟，如声言如果作证就要对证人或者证人的亲属施加暴力，或者揭发其隐私等，使证人不敢向司法机关作证。最后是贿买，所谓贿买，就是给证人以一定的金钱、财物或者其他利益，或者向证人许诺给其一定的金钱、财物或其他利益，使证人因贪图钱财而不愿向司法机关作证或者作伪证。“等”，即指除了暴力、威胁、贿买以外的其他阻止证人作证或者让其作伪证的方法，如唆使等。

2. 本罪与辩护人、诉讼代理人妨害作证罪的区别

两罪有相似之处，都是直接故意犯罪，在客体上都侵犯司法机关正常的诉讼秩序，行为人主观上都有妨害证据的意图，客观行为也有相似之处。但两罪的区别还是比较明显的：（1）发生的诉讼范围不同。本罪可以发生在刑事诉讼、民事诉讼、行政诉讼三大诉讼中；而后罪只能发生在刑事诉讼中。（2）行为发生的时间不同。从时间上看，本罪行为既可以发生在诉讼活动开始之前，也可以发生在诉讼活动开始之后；而后罪行为只能发生在刑事诉讼活动开始之后。（3）行为表现不尽相同。本罪的行为表现为“以暴力、威胁、贿买等方法阻止证人作证”“指使他人作伪证”两种；而后罪则为“威胁、引诱证人违背事实改变证言或者作伪证”。（4）主体不同。本罪的主体为一般主体；而后罪的主体为特殊主体，限于辩护人、诉讼代理人。

如果辩护人在刑事诉讼中，威胁、引诱证人作伪证，则既触犯了妨害作证罪，又触犯了辩护人妨害作证罪，由于行为人只实施了一个行为，而触犯的这两个罪名的法条在内容上存在包容与被包容的关系，因而属于法条竞合。妨害作证罪的法条是普通法条，辩护人妨害作证罪的法条是特别法条，因此，

按照“特别法优于普通法”的处理原则，对这种情况下的行为人应按照辩护人妨害作证罪定罪处罚。

四、帮助毁灭、伪造证据罪

（一）刑法规定

第三百零七条第二款　帮助当事人毁灭、伪造证据，情节严重的，处三年以下有期徒刑或者拘役。

（二）典型或常见问题的审理思路

如何理解帮助伪造证据罪中的帮助行为？

帮助犯罪分子逃避处罚罪中，所谓“通风报信、提供便利”的行为，主要是指：（1）为使犯罪分子逃避处罚，向犯罪分子及其亲属泄露有关部门查禁犯罪活动的部署、人员、措施、时间、地点等情况的；（2）为使犯罪分子逃避处罚，向犯罪分子及其亲属提供交通工具、通讯设备、隐藏处所等便利条件的；（3）为使犯罪分子逃避处罚，向犯罪分子及其亲属泄露案情，帮助、指示其隐匿、毁灭、伪造证据及串供、翻供的；（4）其他向犯罪分子通风报信、提供便利，帮助犯罪分子逃避处罚的行为。而根据《刑法》第三百零七条第二款的规定，帮助伪造证据罪，是指帮助当事人伪造证据，情节严重的行为。可见，帮助犯罪分子逃避处罚罪和帮助伪造证据罪，在客观行为上都可以表现为帮助对象实施伪造证据的帮助行为。

但两罪也存在许多明显的区别：（1）前者的犯罪主体为特殊主体，只能是有查禁犯罪活动职责的国家机关工作人员。而后者则是诉讼活动中当事人以外的一般主体。（2）客观方面，前罪主要表现为如上所述的向犯罪分子或其亲属通风报信、提供便利的行为。而后罪则表现为为当事人伪造证据提供帮助。至于帮助的形式可以是多种多样，如出谋划策、提供便利、工具、指示串供、翻供等。（3）主观方面，前罪行为人的帮助目的只能是明知是犯罪分子而有意帮助其逃避处罚。而在后罪，无论行为人采取何种帮助方式，其主观上都明知自己的行为是在为当事人伪造证据提供帮助，其故意内容就是想通过妨害司法机关查明真实案情来达到替当事人开脱责任或者嫁祸他人的目的。如果行为人不知道自己的行为是在为当事人伪造证据提供帮助，尽管客观上起到了帮助的效果，也不能构成帮助伪造证据罪。（4）在构成犯罪的情节要求方面，前者《刑法》条文中对其行为并没有情节严重的要求，也不论被帮助的犯罪分子是否已实际逃避了处罚。而后者的行为人所实施的帮助行为只有达到情节严重的程度才能构成犯罪。所谓“情节严重”通常是指行为人的帮助行为严重干扰了司法、诉讼活动，或者造成了冤假错案等严重后果，或者是帮助重大案犯伪造证据使其逃避法律制裁等。如果行为人实施的帮助行为，情节轻微或者显著轻微则无须以犯罪论处。（5）在帮助对象方面，前罪中的被帮助人只能是犯罪分子，即实施了犯罪行为应予刑罚处罚的人，不管该犯罪分子是否已被采取了强制措施。而后罪的被帮助人即“当事人”，既包括刑事案件中的自诉人、被告人、被害人，也可以包括民事、经济、行政等案件中的原告、被告、第三人等。

（三）疑难、复杂问题的参考性解答

本罪与妨害作证罪的界限

两罪具有相似之处：两罪的主体都是一般主体；在主观方面都是出于直接故意；在客观方面，两罪的行为是发生在诉讼活动进行过程之中和诉讼提起之前；其犯罪行为的实施，都对司法机关的正常诉讼活动造成了侵害。

两者之间的主要区别是：（1）犯罪对象不同。帮助毁灭、伪造证据罪的犯罪对象是诉讼活动中的当事人；而妨害作证罪的犯罪对象则是诉讼活动中依法作证的证人。（2）犯罪客观方面的表现形式不同。帮助毁灭、伪造证据罪在客观方面的表现形式是为当事人毁灭、伪造证据出谋划策或者提供各种便利条件；而妨害作证罪在客观方面则表现为以暴力、威胁、贿买等手段阻止证人作证或者指使他人作伪证的行为。

五、虚假诉讼罪

（一）刑法规定

第三百零七条之一　以捏造的事实提起民事诉讼，妨害司法秩序或者严重侵害他人合法权益的，处三年以下有期徒刑、拘役或者管制，并处或者单处罚金；情节严重的，处三年以上七年以下有期徒刑，并处罚金。

单位犯前款罪的，对单位判处罚金，并对其直接负责的主管人员和其他

直接责任人员，依照前款的规定处罚。

有第一款行为，非法占有他人财产或者逃避合法债务，又构成其他犯罪的，依照处罚较重的规定定罪从重处罚。

司法工作人员利用职权，与他人共同实施前三款行为的，从重处罚；同时构成其他犯罪的，依照处罚较重的规定定罪从重处罚。①

（二）司法解释、司法文件及其权威解读

最高人民法院、最高人民检察院关于办理虚假诉讼刑事案件适用法律若干问题的解释（法释〔2018〕17号，自2018年10月1日起施行）

为依法惩治虚假诉讼犯罪活动，维护司法秩序，保护公民、法人和其他组织合法权益，根据《中华人民共和国刑法》《中华人民共和国刑事诉讼法》《中华人民共和国民事诉讼法》等法律规定，现就办理此类刑事案件适用法律的若干问题解释如下：

第一条 采取伪造证据、虚假陈述等手段，实施下列行为之一，捏造民事法律关系，虚构民事纠纷，向人民法院提起民事诉讼的，应当认定为刑法第三百零七条之一第一款规定的“以捏造的事实提起民事诉讼”：

（一）与夫妻一方恶意串通，捏造夫妻共同债务的；

（二）与他人恶意串通，捏造债权债务关系和以物抵债协议的；

（三）与公司、企业的法定代表人、董事、监事、经理或者其他管理人员恶意串通，捏造公司、企业债务或者担保义务的；

（四）捏造知识产权侵权关系或者不正当竞争关系的；

（五）在破产案件审理过程中申报捏造的债权的；

（六）与被执行人恶意串通，捏造债权或者对查封、扣押、冻结财产的优先权、担保物权的；

（七）单方或者与他人恶意串通，捏造身份、合同、侵权、继承等民事法律关系的其他行为。

隐瞒债务已经全部清偿的事实，向人民法院提起民事诉讼，要求他人履行债务的，以“以捏造的事实提起民事诉讼”论。

向人民法院申请执行基于捏造的事实作出的仲裁裁决、公证债权文书，

---

① 本罪是《刑法修正案（九）》新增加的罪名。

或者在民事执行过程中以捏造的事实对执行标的提出异议、申请参与执行财产分配的，属于刑法第三百零七条之一第一款规定的“以捏造的事实提起民事诉讼”。

第二条　以捏造的事实提起民事诉讼，有下列情形之一的，应当认定为刑法第三百零七条之一第一款规定的“妨害司法秩序或者严重侵害他人合法权益”：

（一）致使人民法院基于捏造的事实采取财产保全或者行为保全措施的；

（二）致使人民法院开庭审理，干扰正常司法活动的；

（三）致使人民法院基于捏造的事实作出裁判文书、制作财产分配方案，或者立案执行基于捏造的事实作出的仲裁裁决、公证债权文书的；

（四）多次以捏造的事实提起民事诉讼的；

（五）曾因以捏造的事实提起民事诉讼被采取民事诉讼强制措施或者受过刑事追究的；

（六）其他妨害司法秩序或者严重侵害他人合法权益的情形。

第三条　以捏造的事实提起民事诉讼，有下列情形之一的，应当认定为刑法第三百零七条之一第一款规定的“情节严重”：

（一）有本解释第二条第一项情形，造成他人经济损失一百万元以上的；

（二）有本解释第二条第二项至第四项情形之一，严重干扰正常司法活动或者严重损害司法公信力的；

（三）致使义务人自动履行生效裁判文书确定的财产给付义务或者人民法院强制执行财产权益，数额达到一百万元以上的；

（四）致使他人债权无法实现，数额达到一百万元以上的；

（五）非法占有他人财产，数额达到十万元以上的；

（六）致使他人因为不执行人民法院基于捏造的事实作出的判决、裁定，被采取刑事拘留、逮捕措施或者受到刑事追究的；

（七）其他情节严重的情形。

第四条　实施刑法第三百零七条之一第一款行为，非法占有他人财产或者逃避合法债务，又构成诈骗罪，职务侵占罪，拒不执行判决、裁定罪，贪污罪等犯罪的，依照处罚较重的规定定罪从重处罚。

第五条　司法工作人员利用职权，与他人共同实施刑法第三百零七条之一前三款行为的，从重处罚；同时构成滥用职权罪，民事枉法裁判罪，执行判决、裁定滥用职权罪等犯罪的，依照处罚较重的规定定罪从重处罚。

第六条　诉讼代理人、证人、鉴定人等诉讼参与人与他人通谋，代理提起虚假民事诉讼、故意作虚假证言或者出具虚假鉴定意见，共同实施刑法第三百零七条之一前三款行为的，依照共同犯罪的规定定罪处罚；同时构成妨害作证罪，帮助毁灭、伪造证据罪等犯罪的，依照处罚较重的规定定罪从重处罚。

第七条　采取伪造证据等手段篡改案件事实，骗取人民法院裁判文书，构成犯罪的，依照刑法第二百八十条、第三百零七条等规定追究刑事责任。

第八条　单位实施刑法第三百零七条之一第一款行为的，依照本解释规定的定罪量刑标准，对其直接负责的主管人员和其他直接责任人员定罪处罚，并对单位判处罚金。

第九条　实施刑法第三百零七条之一第一款行为，未达到情节严重的标准，行为人系初犯，在民事诉讼过程中自愿具结悔过，接受人民法院处理决定，积极退赃、退赔的，可以认定为犯罪情节轻微，不起诉或者免予刑事处罚；确有必要判处刑罚的，可以从宽处罚。

司法工作人员利用职权，与他人共同实施刑法第三百零七条之一第一款行为的，对司法工作人员不适用本条第一款规定。

第十条　虚假诉讼刑事案件由虚假民事诉讼案件的受理法院所在地或者执行法院所在地人民法院管辖。有刑法第三百零七条之一第四款情形的，上级人民法院可以指定下级人民法院将案件移送其他人民法院审判。

第十一条　本解释所称裁判文书，是指人民法院依照民事诉讼法、企业破产法等民事法律作出的判决、裁定、调解书、支付令等文书。

第十二条　本解释自2018年10月1日起施行。

权威解读

解读《最高人民法院、最高人民检察院关于办理虚假诉讼刑事案件适用法律若干问题的解释》

为明确虚假诉讼刑事案件的法律适用，依法惩治虚假诉讼犯罪活动，最高人民法院、最高人民检察院联合发布了《关于办理虚假诉讼刑事案件适用法律若干问题的解释》（以下简称《虚假诉讼解释》），自2018年10月1日起施行。为便于实践中准确理解和正确适用，现对《虚假诉讼解释》的制定背景、起草过程中的总体原则和主要内容予以简要介绍。

一、《虚假诉讼解释》的制定背景

近年来，随着我国经济社会的快速发展和人民群众法治观念的不断增强，公民、法人和其他组织之间发生民事纠纷后，选择向人民法院提起民事诉讼，通过法律途径保护自身权利、定分止争，成为解决民事争议、维护自身合法权益的重要途径，各级人民法院受理的民事案件数量大幅增长。特别是2015年5月1日人民法院全面启动立案登记制改革之后，民事审判工作压力空前繁重。其中，部分单位和个人出于各种目的，故意捏造事实提起虚假民事诉讼，意图骗取人民法院裁判文书，牟取不正当利益。此类行为不仅严重侵害了他人合法权益，同时也极大损害了司法权威，扰乱了正常诉讼秩序。在极少数民事案件中，司法工作人员与当事人恶意串通，帮助其实施虚假诉讼行为，意图达到非法确认驰名商标、规避商品房或者机动车限购政策等不正当目的，造成了恶劣影响。

虚假诉讼违法行为的社会危害性十分严重，有必要通过刑罚手段予以规制。十八届四中全会通过的《中共中央关于全面推进依法治国若干重大问题的决定》提出，加大对虚假诉讼的惩治力度。2012年修订的《民事诉讼法》第一百一十二条、第一百一十三条（现第一百一十五条、第一百一十六条）规定，当事人之间或者被执行人与他人恶意串通，企图通过诉讼、调解等方式侵害他人合法权益或者逃避履行法律文书确定的义务的，人民法院应当驳回其请求，并根据情节轻重予以罚款、拘留；构成犯罪的，依法追究刑事责任。但是，由于当时的《刑法》中并无专门的虚假诉讼罪名，司法实践中，对于虚假诉讼违法犯罪行为应当如何定性和处罚，存在很大争议。为了解决这个问题，中央和地方司法机关相继出台了一系列规范性文件。例如，最高人民检察院2002年出台了《关于通过伪造证据骗取法院民事裁判占有他人财物的行为如何适用法律问题的答复》（法研〔2006〕73号），浙江、江苏等部分省、区、市司法机关也陆续出台了一些地方性规范文件。理论界和实务界普遍认为，虚假诉讼违法犯罪行为的社会危害性较大，且司法机关对相关问题的认识不统一，建议尽早在立法上予以明确。

立法机关经审慎研究，采纳了在《刑法》中增设专门罪名规制虚假诉讼犯罪的意见。2015年11月1日施行的《刑法修正案（九）》决定在《刑法》第三百零七条后面增加一条，作为第三百零七条之一。该条第一款规定：“以捏造的事实提起民事诉讼，妨害司法秩序或者严重侵害他人合法权益的，处三年以下有期徒刑、拘役或者管制，并处或者单处罚金；情节严重的，处三年以上七年以下有期徒刑，并处罚金。”第二款、第三款、第四款还对单位犯罪、数罪竞合、司法工作人员共同犯罪等问题作出了规定。《最高人民法院、最高人民检察院关于执行〈中华人民共和国刑法〉确定罪名的补充规定（六）》把该条规定的罪名确定为虚假诉讼罪。

最高人民法院历来高度重视依法惩治虚假诉讼违法犯罪活动，在《刑法修正案（九）》施行前后开展了认真调研。调研发现，在《刑法》增设虚假诉讼罪后，全国范围内审结的虚假诉讼犯罪案件数量总体偏少，且各地区分布极不平衡，量刑方面，绝大部分案件均适用第一档法定刑，适用第二档法定刑、判处三年以上有期徒刑的案件极少，说明部分地区司法机关对虚假诉讼罪的认识有待进一步深入，对定罪量刑标准把握不准，迫切需要出台司法解释对法律适用等方面问题进行明确。最高人民法院会同最高人民检察院共同深入调研，广泛听取了各方面意见，经反复研究论证，起草了《虚假诉讼解释》。2018 年 1 月 25 日和 6 月 13 日，最高人民法院审判委员会第 1732 次会议、最高人民检察院第十三届检察委员会第二次会议分别审议通过了《虚假诉讼解释》。

二、《虚假诉讼解释》起草过程中的总体原则

为确保《虚假诉讼解释》规定内容科学合理，能够有效指导司法实践，解决实践中存在的突出问题，起草过程中着重把握了以下几个总体原则：

第一，惩罚犯罪与保护诉权并重。诉权是法律赋予当事人的基本权利。依法惩治虚假诉讼犯罪活动，不能侵害人民群众依法享有的诉权，否则就偏离了刑事立法的初衷。为此，《虚假诉讼解释》起草过程中着重解决了以下三个方面问题：首先，明确规制重点，合理界定刑事处罚范围，将虚假诉讼犯罪限定为“无中生有型”捏造事实行为。其次，设置明确的定罪量刑标准，对于什么情况下可以认定为虚假诉讼罪，给人民群众以明确的行为预期和规范指引。最后，注意与《民事诉讼法》第一百一十二条、第一百一十三条（现第一百一十五条、第一百一十六条）规定内容的协调衔接，将定罪标准确定为人民法院采取保全措施、开庭审理或者作出裁判文书等重要程序节点，确保对大部分虚假诉讼违法行为由民事诉讼强制措施予以规制，形成司法处罚和刑事惩罚手段的层次递进关系，避免造成犯罪行为大面积侵占妨害民事诉讼违法行为的局面。

第二，立足实际需要，突出打击重点。司法解释不仅是裁判规范，也是行为规范。在发挥对人民群众的行为指引功能方面，列举式规定比定义式更加有效。但是，司法实践中存在的虚假诉讼犯罪行为多种多样，要作出完全列举，既无必要，也不可能。《虚假诉讼解释》在认真总结审判经验的基础上，在第一条第一款中选取实践中常见多发、人民群众反映强烈的六种典型的虚假诉讼犯罪行为作了不完全列举，并设置了兜底性条款。另外，自2016年3月以来，人民法院全面打响“基本解决执行难”攻坚战。在民事执行过程中，部分被执行人与他人恶意串通，以捏造的事实对执行标的提出异议或者申请参与执行财产分配，以达到非法转移财产、逃避执行义务的目的，此类行为严重干扰民事执行程序的正常进行，社会危害严重，应依法予以严惩。《虚假诉讼解释》第一条第三款明确，在民事执行过程中对执行标的提出异议、申请参与执行财产分配，以及申请执行仲裁裁决或者公证债权文书，均属于虚假诉讼罪中“提起民事诉讼”的范畴。

第三，坚持宽严相济原则。为最大限度体现宽严相济，发挥刑法的威慑作用和教育功能，首先，《虚假诉讼解释》第五条、第六条明确，司法工作人员犯虚假诉讼罪的，从重处罚；司法工作人员或者诉讼代理人、证人、鉴定人等诉讼参与人犯虚假诉讼罪，同时构成其他犯罪的，根据择一重从重原则进行处罚，体现依法从严的一面。其次，《虚假诉讼解释》第九条第一款规定，实施了虚假诉讼犯罪行为，但未达到情节严重标准的犯罪人，如果系初犯，在民事诉讼过程中自愿具结悔过，接受人民法院处理决定，积极退赃、退赔的，可以认定为犯罪情节轻微，不起诉或者免予刑事处罚，确有必要判处刑罚的，可以从宽处罚，体现依法从宽的一面。此外，考虑到司法工作人员利用职权与他人串通实施虚假诉讼犯罪行为的严重危害性，该条第二款还规定，司法工作人员利用职权与他人共同实施虚假诉讼犯罪行为的，不适用第一款规定，体现“宽中有严”的政策要求。

三、虚假诉讼罪的行为特征

虚假诉讼罪的行为特征，解决的是什么样的行为可以构成虚假诉讼罪的问题。《虚假诉讼解释》第一条对此作了明确规定。

1. “捏造事实”的认定

有意见认为，《刑法》规定的“以捏造的事实提起民事诉讼”，既可能表现为行为人自己捏造事实向人民法院提起诉讼，也可能表现为利用他人捏造的事实向人民法院提起诉讼，虚假诉讼罪并非复行为犯，行为并不是由捏造行为+起诉行为所构成。[①] 研究认为，上述意见正确。但是，在行为人利用他人捏造的事实向人民法院提起民事诉讼的情况下，起诉人与捏造事实行为人至少成立片面共犯，在此情况下，认定起诉人是否构成虚假诉讼罪，仍需对该他人的行为是否属于捏造事实进行审查。因此，虽然虚假诉讼罪不属于复行为犯，但正确认定"捏造事实"的内涵，仍然是正确适用本罪的必要条件。

准确认定"捏造事实"，应当从《刑法》条文的通常语义、《刑法》增设虚假诉讼罪的立法目的以及立法沿革等方面进行考虑。首先，根据一般理解，"捏造"一般是指完全没有依据，仅靠自己的凭空想象臆造事物，与"杜撰""虚构"等基本属于同义词。《刑法》第二百四十三条关于诬告陷害罪的规定、第二百四十六条关于诽谤罪的规定等多个条文均使用了"捏造"一词，理论和实践中一般认为，上述条文中的"捏造"，是指对相关事实无中生有的行为。从保持《刑法》用语含义的一致性考虑，虚假诉讼罪中的"捏造"，原则上也应限定为无中生有、凭空虚构。其次，从立法本意来看，《刑法》增设虚假诉讼罪的目的，主要是依法惩治不具有合法诉权的行为人故意捏造事实，制造自己具有诉权的假象，意图骗取人民法院裁判文书、达到非法目的的行为。对于虚假诉讼中的"诉讼"一词来讲，行为人行使诉权、提交诉状为"诉"，人民法院立案受理为"讼"，在人民法院实行立案登记制改革之后，"讼"是"诉"的必然逻辑结果。因此，所谓虚假诉讼，重点是其中"诉"的虚假性，刑罚打击的对象是行为人行使虚假诉权的行为。根据民事诉讼理论，诉权具有程序和实体两个方面的内涵，程序内涵即在程序上请求法院行使审判权，旨在启动诉讼程序；实体内涵是指原告行使诉权或提起诉讼所欲获得的实体法上的具体法律地位或具体法律效果。[②] 据此，从实体意义和程序意义上来讲，原告享有诉权的前提，分别是其与他人之间存在的特定民事法律关系，以及因该民事法律关系产生的民事纠纷，因此，行为人行使虚假诉权，也应体现在民事法律关系的虚假性和民事纠纷的虚假性两个方面。最后，《刑法修正案（九）》（草案一次审议稿）对虚假诉讼罪罪状的规定为：为谋取不正当利益，以捏造的事实为案由，向人民法院提起民事诉讼，骗取

---

① 参见张明楷：《虚假诉讼罪的基本问题》，载《法学》2017 年第 1 期。

② 参见江伟、肖建国：《民事诉讼法》，中国人民大学出版社 2015 年版，第 40 页。

人民法院裁判文书的，构成虚假诉讼罪，明确虚假诉讼罪中捏造的事实是属于案由范围内的事实。

综合以上考虑，研究认为，虚假诉讼罪中的“捏造”，应当是指“无中生有”“凭空虚构”；捏造的“事实”，应当是足以对起诉能否获得人民法院受理以及人民法院作出何种裁判结果产生影响、属于民事案由范围内的事实。根据《民事案件案由规定》的规定，民事案件的案由反映案件涉及的民事法律关系的性质，是对诉讼争议所包含的法律关系进行的概括，表述方式原则上为“法律关系的性质”加“纠纷”组成。据此，《虚假诉讼解释》第一条第一款明确，虚假诉讼罪中的“捏造事实”，包括捏造民事法律关系、虚构民事纠纷两个方面。捏造民事法律关系，是指行为人与他人之间根本不存在特定的民事法律关系，但是，行为人通过伪造证据、虚假陈述等手段无中生有、凭空伪造双方存在民事法律关系的假象；虚构民事纠纷，是指双方本来不存在民事纠纷，故意虚构因为捏造出来的民事法律关系产生民事纠纷的事实。同时满足上述两个条件的，才能认定为“捏造事实”。具体案件处理过程中，对于是否属于捏造民事法律关系，应当坚持实质性判断，不能进行形式化、简单化认定。根据《民事案件案由规定》的规定，行为人起诉的法律关系与实际诉争的法律关系不一致的，人民法院结案时应当根据法庭查明的当事人之间实际存在的法律关系的性质，相应变更案件的案由，不能一概认定为捏造民事法律关系。另外，考虑到虚假诉讼罪的实质是通过欺骗手段获得人民法院立案受理和作出裁判，而《刑法》中典型的以欺骗手段实施的犯罪，例如诈骗罪，理论上认为虚构事实和隐瞒真相两种行为方式均可以构成，且实践中存在的采用隐瞒真相方式虚构民事法律关系的行为，其社会危害性与采用积极行为虚构民事法律关系行为的社会危害性并无本质上的区别，没有理由将隐瞒真相行为排除在虚假诉讼罪之外。《虚假诉讼解释》第一条第二款明确，隐瞒债务已经全部清偿的事实，向人民法院提起民事诉讼，要求他人履行债务的，以“以捏造的事实提起民事诉讼”论。

《虚假诉讼解释》起草过程中，有意见提出，行为人与他人存在特定的民事法律关系，为了达到不法目的，故意篡改该民事法律关系的部分内容并提起民事诉讼的行为，即理论上所谓的“部分篡改型”虚假诉讼行为，社会危害性并不一定小于“无中生有型”虚假诉讼行为，也可能构成虚假诉讼罪。研究认为，首先，如果行为人与他人之间确实存在真实的民事法律关系和民事纠纷，则行为人依法享有诉权，将其在起诉时或者民事诉讼过程中伪造部分证据的行为认定为虚假诉讼罪，不符合《刑法》增设本罪的立法目的；其次，民事诉讼的情况比较复杂，部分原告采取伪造证据等手段故意提高诉讼标的额，其实是出于诉讼策略的考虑，如果对这种情况一律认定为虚假诉讼犯罪，可能会侵害人民群众的合法诉权；最后，如果将“部分篡改型”行为认定为虚假诉讼罪，涉及如何合理确定罪与非罪的判断标准问题，实践中不具有可操作性。《虚假诉讼解释》第七条明确，采取伪造证据等手段篡改案件事实，骗取人民法院裁判文书的，不构成虚假诉讼罪，构成其他犯罪的，可以以伪造公司、企业、事业单位、人民团体印章罪或者妨害作证罪等罪名定罪处罚。

关于虚假诉讼犯罪参与人仅限于双方当事人，还是也包括单方当事人，在《刑法修正案（九）》审议过程中和施行之后，一直存在不同意见。有意见认为，根据《民事诉讼法》第一百一十二条、第一百一十三条（现第一百一十五条、第一百一十六条）的规定，虚假诉讼罪仅应包含双方当事人恶意串通提起的虚假民事诉讼，仅限于“双方串通型”一种形式。研究认为，上述意见难以成立。首先，《刑法》并没有对虚假诉讼罪设置当事人恶意串通的限制条件，一方当事人以捏造的事实提起民事诉讼的行为，完全可能造成妨害司法秩序或者严重侵害他人合法权益的危害后果，进而构成虚假诉讼罪。其次，《刑法》第三百零七条之一第三款规定：“有第一款行为，非法占有他人财产或者逃避合法债务，又构成其他犯罪的，依照处罚较重的规定定罪从重处罚。”其中的“非法占有他人财产”行为即属于“单方欺诈型”虚假诉讼。最后，《刑法》第三百零七条之一属于叙明罪状，不需要参照其他法律法规的具体规定来确定虚假诉讼罪的构成要件特征，成立虚假诉讼罪，不以违反《民事诉讼法》第一百一十二条、第一百一十三条（现第一百一十五条、第一百一十六条）的具体规定为前提。《虚假诉讼解释》第一条第一款明确，单方或者与他人恶意串通，捏造事实，向人民法院提起民事诉讼的，均可以认定为虚假诉讼犯罪行为。

2. “提起民事诉讼”的认定

如上所述，虚假诉讼罪的惩治对象，是不具有合法诉权的行为人采用欺骗手段提起民事诉讼，致使虚假民事案件进入人民法院诉讼程序的行为，规制重点原则上是导致案件首次进入诉讼程序的起诉和申请立案执行等行为。

因此，不能认为《刑法》第三百零七条之一规定的“提起民事诉讼”包括了民事诉讼法规定的所有诉讼程序。根据《最高人民法院关于适用〈中华人民共和国民事诉讼法〉的解释》第三百二十三条的规定，民事诉讼二审程序采用续审制原则，除特殊情况外，二审审理范围原则上不超出一审之诉和上诉请求的范围。行为人在一审阶段被动应诉、一审宣判后以捏造的事实提出上诉的，其上诉诉求不超出一审之诉的范围，不符合“无中生有”捏造民事法律关系的行为特征，故一审宣判后提出上诉、启动二审程序的，一般不属于虚假诉讼罪中的“提起民事诉讼”。另外，还需要考虑民事诉讼中的特殊情况。案件获得人民法院受理立案、进行诉讼程序后，当事人提出新的独立的诉讼请求的，实质上属于诉的合并，也可以认定为“提起民事诉讼”。

根据上述判断标准，虚假诉讼罪中的“提起民事诉讼”包括以下七种情形：（1）民事案件普通一审程序；（2）第三人撤销之诉和执行异议之诉；（3）特别程序、督促程序、公示催告程序；（4）原告增加诉讼请求，被告提出反诉，有独立请求权的第三人提出与本案有关的诉讼请求；（5）审判监督程序；（6）企业破产程序；（7）执行程序。根据《虚假诉讼解释》第一条第三款的规定，此处的执行程序，包括申请执行仲裁裁决和公证债权文书、在执行过程中对执行标的提出异议和申请参与执行财产分配三种情形。还应明确的是，可能构成虚假诉讼罪的审判监督程序，仅包括《民事诉讼法》第二百二十七条（现第二百三十四条）规定的执行过程中案外人提起的审判监督程序和《最高人民法院关于适用〈中华人民共和国民事诉讼法〉审判监督程序若干问题的解释》第五条规定的案外人申请再审。原审当事人申请再审的，针对的是原生效裁判认定的事实和确认的诉讼请求，一般不涉及新的诉讼请求，难以成立虚假诉讼罪。

四、虚假诉讼罪的定罪量刑标准

《虚假诉讼解释》起草过程中对虚假诉讼罪的定罪量刑标准争议很大。经研究，《虚假诉讼解释》第二条、第三条确定了六个方面的定罪标准和七个方面的法定刑升格标准。实际适用中，需要注意以下几个方面问题：

第一，正确认识“妨害司法秩序”与“严重侵害他人合法权益”的关系。“妨害司法秩序”和“严重侵害他人合法权益”均属于虚假诉讼罪的成立条件，满足其一即可构成本罪。实践中，虚假诉讼行为一旦获得立案、进入审判程序，自然会产生妨害司法秩序的危害后果。但是，如果在案件进入执行程序或者人民法院采取保全措施之前就被识破或者中止，一般情况下并不会侵害他人合法权益。从这个意义上讲，司法秩序是虚假诉讼罪侵犯的必然客体，而他人合法权益则仅属于选择客体。另外，《刑法》还对“侵害他人合法权益”设置了“严重”的程度要求，对“妨害司法秩序”则无任何限制。如何合理确定上述两个定罪条件的具体认定标准，值得认真研究，如果把握不当，可能导致“严重侵害他人合法权益”这一定罪条件在实践中失去适用的余地。

研究认为，在《刑法》对某一罪名同时规定有多个定罪条件的情况下，各定罪条件体现出的社会危害性应当大致相当，否则就违反了罪责刑相适应原则的基本要求。据此，一方面，《虚假诉讼解释》将“妨害司法秩序”的认定标准适当提高，将刑事处罚关口适当延后。例如，行为人以捏造的事实提起民事诉讼，致使人民法院开庭审理、干扰正常司法活动，或者致使人民法院作出裁判文书、制作财产分配方案或者立案执行基于捏造的事实作出的仲裁裁决、公证债权文书，或者多次以捏造的事实提起民事诉讼等。实践中，不能认为只要获得人民法院受理立案就达到了妨害司法秩序的程度，进而认定为虚假诉讼罪。还应当注意的是，一般情况下，干扰正常司法活动可以视为人民法院开庭审理的必然结果，在人民法院开庭审理的情况下，无须再对该行为是否干扰正常司法活动进行实质审查，但是，如果刚刚开始法庭调查，行为人的虚假诉讼行为就被识破或者自愿认罪，则可以认定为未达到干扰正常司法活动的程度，不认定为犯罪。另一方面，《虚假诉讼解释》将“严重侵害他人合法权益”的认定标准适当降低，不要求人民法院作出的裁判文书得到实际履行或者强制执行。人民法院对他人采取财产保全或者行为保全措施即可，且对财产保全和行为保全措施不设数额限制，也不要求实际造成财产损失。

第二，准确理解“情节严重”的认定标准。从体系解释的角度出发，与虚假诉讼罪的定罪标准相对应，作为法定刑升格标准的“情节严重”，也应体现在妨害司法秩序和侵害他人合法权益两个方面。因此，行为人以捏造的事实提起民事诉讼，严重妨害司法秩序，或者给他人合法权益造成特别严重侵害的，才能适用第二档法定刑，判处三年至七年有期徒刑。根据《虚假诉讼解释》第三条的规定，严重妨害司法秩序，实践中主要表现为：致使人民法院开庭审理，同时还开展了调查取证等其他方面工作，对人民法院的正常司法活动造成严重干扰；人民法院基于捏造的事实作出的裁判文书虽未生效也未进入执行程序，但引发当事人上访、闹访或者新闻舆论负面炒作，对司法公信力造成严重损害；行为人在较短时间内频繁以捏造的事实提起民事诉讼，严重干扰正常司法活动等。在行为人多次以捏造的事实提起民事诉讼的情况下，什么情况可以认定为“情节严重”，可以参考其他司法解释的规定，以三倍于定罪条件的标准，结合行为人第一次和最后一次提起民事诉讼的时间间隔进行判断，一般不宜超过五年。给他人合法权益造成特别严重侵害，包括采取财产保全或者行为保全措施，造成他人经济损失100万元以上；义务人自动履行执行义务或者人民法院基于生效裁判文书执行他人财产权益，数额达到100万元以上；通过虚假诉讼手段逃避合法债务，致使他人债权无法实现，数额达到100万元以上；通过虚假诉讼手段直接非法占有他人财产，数额达到10万元以上；或者致使他人因为不执行判决、裁定受到刑事打击处罚等。

第三，《虚假诉讼解释》起草过程中，有意见建议将诉讼标的额的大小以及致使人民法院开展调解活动明确规定为虚假诉讼罪的定罪标准。研究认为：首先，《虚假诉讼解释》确定的定罪量刑标准原则上应当与犯罪行为造成的危害后果存在直接联系。根据刑法规定，成立虚假诉讼罪并不要求人民法院作出的裁判得到实际履行，在此情况下，案件诉讼标的额与虚假诉讼行为是否造成了妨害司法秩序和严重侵害他人合法权益的危害后果之间并不存在直接联系，难以直接反映行为的社会危害性。其次，根据民事诉讼法的规定，民事诉讼中的调解活动并无明确的程序性标志。实践中，人民法院对某一民事案件是否已经开展调解、开展调解后对司法秩序的妨害程度等，均缺乏明确的判断标准，将人民法院开展调解作为定罪标准，无法为人民群众提供明确的行为预期。据此，《虚假诉讼解释》对上述意见未予采纳。

第四，对于将《虚假诉讼解释》第二条第五项“曾因以捏造的事实提起民事诉讼被采取民事诉讼强制措施或者受过刑事追究的”作为定罪标准，是否可能导致重复评价，起草过程中分歧较大。经研究，保留了本项规定，理由在于：首先，刑事责任是主客观相统一的整体，本项规定内容符合主客观相统一原则，有利于从严打击虚假诉讼惯犯，贯彻落实宽严相济刑事政策。其次，将行为人的同类前科违法犯罪情况规定为定罪条件，是近年来多个司法解释的通行做法，在《刑法》部分条文中也有体现。最后，实践中，如果作为定罪条件的行为人前科犯罪情况同时符合《刑法》规定的累犯条件，人民法院依法认定其构成累犯的，从重处罚的幅度可以适当从严把握，不会造成处刑过重。

五、虚假诉讼罪中的数罪竞合和共同犯罪问题

《虚假诉讼解释》第四条至第六条规定了虚假诉讼罪中的数罪竞合和共同犯罪问题。有以下三个方面问题需要说明：

1. 虚假诉讼犯罪行为是否可以构成侵财型犯罪

行为人采用虚假诉讼手段逃避合法债务的，可能构成拒不执行判决、裁定罪，一般争议不大。但是，对于虚假诉讼犯罪中的“单方欺诈型”行为是否可以认定为诈骗罪等侵财型犯罪，理论和实践中存在较大争议。《最高人民检察院关于通过伪造证据骗取法院民事裁判占有他人财物的行为如何适用法律问题的答复》确立的总体原则是：对此类行为不宜以诈骗罪追究刑事责任，行为人实施的手段行为构成犯罪的，可以认定为伪造公司、企业、事业单位、人民团体印章罪或者妨害作证罪等罪名。但是，理论和实践中的争议并未因为该答复的出台而平息，对于此类行为的定性，长期存在多种观点。一种意见认为，此类行为不符合侵财型犯罪的构成要件，不构成侵财型犯罪。另一种意见认为，“单方欺诈型”行为人的主观目的是借助人民法院的强制执行力，迫使被害人非自愿的交付财物，更加符合敲诈勒索罪的构成要件，应以敲诈勒索罪论处。还有一种意见认为，“单方欺诈型”虚假诉讼行为属于典型的“三角诈骗”，认定为诈骗罪等侵财型犯罪，并不存在理论上的障碍，多个省、区、市出台的地方性规范文件基本上采纳了这种意见。

研究认为，从《刑法修正案（九）》的审议过程来看，立法机关采纳了上述第三种意见，认为“单方欺诈型”虚假诉讼行为可以构成诈骗罪等侵财型犯罪。《刑法修正案（九）》（草案一次审议稿）建议增设的《刑法》第三百零七条之一第二款规定，“以捏造的事实提起民事诉讼，非法侵占他人财产或者逃避合法债务，又构成其他犯罪的，依照本法第二百六十六条（诈骗罪）的规定从重处罚”，已经明确虚假诉讼犯罪行为可以构成诈骗罪。后续有意见提出，实施虚假诉讼行为非法侵占他人财产，还可能构成职务侵占罪、贪污罪等其他侵财型犯罪，故立法机关对该款规定作了进一步修改，明确此类行为又构成其他犯罪的，依照处罚较重的规定定罪从重处罚。此处的“其他犯罪”，既包括诈骗罪，也包括以欺诈手段实施的职务侵占罪、贪污罪等侵财型

犯罪。《虚假诉讼解释》第四条明确，行为人以非法占有他人财产为目的实施虚假诉讼犯罪行为，达到诈骗罪、职务侵占罪、贪污罪等侵财型犯罪定罪标准的，应当依法认定为诈骗罪、职务侵占罪、贪污罪等罪名，再比较该罪与虚假诉讼罪适用的量刑幅度，选择其中一个重罪论处，并在法定量刑幅度内从重处罚。

2. 虚假诉讼行为人的手段行为构成其他犯罪的，是否适用择一重从重处罚原则

《虚假诉讼解释》起草过程中，有意见提出，虚假诉讼行为人的手段行为同时构成伪造公司、企业、事业单位、人民团体印章罪或者妨害作证罪等其他犯罪的，也属于《刑法》第三百零七条之一第三款的规定范围，应当适用择一重从重处罚原则。经研究，对该意见未予采纳。理由在于：首先，《刑法》规定的对牵连犯和想象竞合犯的处罚原则，多数为择一重处罚，少数情况下为数罪并罚。《刑法》第三百零七条之一第三款、第四款首次规定对牵连犯和想象竞合犯择一重从重处罚，应是对本罪所作的特殊规定，不属于处理牵连犯和想象竞合犯的一般原则，一般不宜扩大适用于其他情形。其次，《刑法》第三百零七条之一第三款对虚假诉讼行为人的主观目的作了明确限制，即“非法占有他人财产或者逃避合法债务”，并不涉及行为人的手段行为。虚假诉讼行为人的手段行为构成其他犯罪的，不属于本款规定情形，不能适用择一重罪从重处罚原则，仍应根据处理牵连犯和想象竞合犯的一般原则，择一重罪处罚。

3. 诉讼参与人的共同犯罪和数罪竞合

《虚假诉讼解释》第五条、第六条对司法工作人员和诉讼代理人、证人、鉴定人等诉讼参与人的共同犯罪和数罪竞合问题作了规定，处罚原则存在一定差异。首先，现行《刑法》废除了1979年《刑法》对主犯从重处罚的原则，《刑法》第三百零七条之一第四款关于司法工作人员利用职权与他人共同实施虚假诉讼行为应当从重处罚的规定内容，应属特殊规定而非一般原则。在《刑法》无明文规定的情况下，对于诉讼参与人与他人共同实施虚假诉讼犯罪行为的情况，不能适用从重处罚，仍应按照共同犯罪的一般处理原则处理。其次，《刑法》第三百零七条第三款、第四款确立了对虚假诉讼罪中的数罪竞合择一重从重处罚原则，诉讼代理人、证人、鉴定人等诉讼参与人与他人通谋，共同实施虚假诉讼犯罪的，将导致虚假诉讼犯罪更加容易得逞，与

司法工作人员利用职权共同实施虚假诉讼犯罪的社会危害性并无实质差别，构成其他犯罪的，也应适用择一重从重处罚原则。

六、虚假诉讼犯罪案件的地域管辖

《刑事诉讼法》第二十四条规定，刑事案件由犯罪地的人民法院管辖；如果由被告人居住地的人民法院审判更为适宜的，可以由被告人居住地的人民法院管辖。《最高人民法院关于适用〈中华人民共和国刑事诉讼法〉的解释》第二条规定，犯罪地包括犯罪行为发生地和犯罪结果发生地。根据上述规定，虚假诉讼刑事案件既可以由犯罪行为发生地或者犯罪结果发生地人民法院管辖，也可以由被告人居住地人民法院管辖。但是，在多个人民法院均有管辖权的情况下，有可能导致争夺或者推诿管辖权，还有可能出现虚假民事诉讼案件审判法院与刑事案件审判法院不一致的情况。在审判法院不一致的情况下，由于相关案件材料均集中在虚假民事诉讼案件审判法院，刑事办案机关需要异地调查取证和固定证据，办案成本将大幅增加。更加重要的是，在民事案件审理过程中，被告有可能向异地公安机关报案，称原告方存在虚假诉讼犯罪嫌疑，要求异地公安机关立案侦查，要求民事诉讼案件审判法院中止或者终结民事审判程序，从而达到阻碍民事诉讼正常进行、避免自己败诉的不正当目的。类似情况在实践中已经出现，应当引起高度重视，并采取适当措施予以解决。

研究认为，为了维护正常民事诉讼秩序，解决实践中存在的突出问题，有必要对虚假诉讼刑事案件的地域管辖范围作出进一步明确。有意见提出，为了确保此类民刑交叉案件的公正审理，最好由同一审判组织统一审理相关的民事案件和刑事案件。① 在现阶段人民法院内部民事、刑事审判部门存在明确分工的情况下，由同一审判组织统一审理民事案件和刑事案件的条件尚不成熟，由同一地区的人民法院审理相关的民事案件和刑事案件，是现阶段可以作出的最优选择。《虚假诉讼解释》第十条明确，虚假诉讼刑事案件由虚假民事诉讼案件的受理法院所在地或者执行法院所在地人民法院管辖。虚假诉讼罪属于轻罪，一般应由基层人民法院管辖。实践中，如果虚假民事诉讼案件的受理法院或者执行法院本身就是基层人民法院，这种情况下，由同一人民法院的刑事审判部门审理相关刑事案件即可；如果虚假民事诉讼案件的受

① 参见张卫平：《民刑交叉诉讼关系处理的规则与法理》，载《法学研究》2018 年第 3 期。

理法院或者执行法院属于中、高级法院，则可以由辖区内基层人民法院审理相关刑事案件。采取这种处理方式，有利于民事和刑事办案机关之间相互协调，确保案件及时、公正处理，并可以防止部分当事人利用地域管辖恶意干扰民事诉讼案件的正常审理。

《虚假诉讼解释》起草过程中，有意见提出，为确保此类案件公正审理，审理虚假民事诉讼案件的人民法院应当回避，由异地人民法院审理相关刑事案件。研究认为，一般情况下，人民法院与虚假民事诉讼案件当事人之间并无利益关联，一律实行异地管辖，既无必要，可行性也不高。但是，在司法工作人员利用职权与他人相互串通，共同实施虚假诉讼犯罪的情况下，虚假民事诉讼案件的受理法院或者执行法院应当回避，适用《刑事诉讼法》第二十六条的规定，实行异地指定管辖。《虚假诉讼解释》第十条明确，有《刑法》第三百零七条之一第四款情形的，上级人民法院可以指定下级人民法院将案件移送其他人民法院审判。

七、虚假诉讼犯罪案件的程序衔接和责任竞合

虚假诉讼犯罪发生在民事诉讼过程中，以行为人提起民事诉讼为前提，属于典型的民刑交叉案件。民刑交叉案件的处理是近年来法学理论和司法实践研究的热点和难点，此处仅讨论其中的程序衔接和责任竞合问题。

1. 虚假诉讼犯罪案件的程序衔接

虚假诉讼犯罪案件的程序衔接，主要是指在民事案件审理过程中发现有虚假诉讼犯罪线索的，人民法院对民事诉讼程序应当如何处理，以及犯罪线索应当如何移送的问题。对于这个问题，法律和司法解释存在多个规定，但规定内容并不完全一致。根据《民事诉讼法》第一百五十条（现第一百五十三条）第五项的规定，本案（指民事案件）必须以另一案的审理结果为依据，而另一案尚未审结的，人民法院应当中止审理。其中的“另一案”，包括与民事诉讼案件有关的刑事案件。上述规定内容比较原则，且中止审理并非对民事诉讼案件的终局性处理，如果另一案在较长时间内无法审结，中止审理时间过长，将导致民事诉讼案件久拖不决，当事人的实体权利长期处于不确定状态。为了解决实践中存在的问题，多个司法解释和规范性文件对此问题作出了进一步规定。《最高人民法院关于在审理经济纠纷案件中涉及经济犯罪嫌疑若干问题的规定》第十一条规定：“人民法院作为经济纠纷受理的案件，经审理认为不属于经济纠纷案件而有经济犯罪嫌疑的，应当裁定驳回起诉，将

有关材料移送公安机关或检察机关。”《最高人民法院关于审理民间借贷案件适用法律若干问题的规定》第二十条规定：“经查明属于虚假民间借贷诉讼，原告申请撤诉的，人民法院不予准许，并应当根据《中华人民共和国民事诉讼法》第一百一十二条（现第一百五十三条）之规定，判决驳回其请求。诉讼参与人或者其他人恶意制造、参与虚假诉讼，人民法院应当……依法予以罚款、拘留；构成犯罪的，应当移送有管辖权的司法机关追究刑事责任。”《最高人民法院关于防范和制裁虚假诉讼的指导意见》第十一条规定：“经查明属于虚假诉讼，原告申请撤诉的，不予准许，并应当根据民事诉讼法第一百一十二条的规定，驳回其请求。”第十二条还规定：“虚假诉讼违法行为涉嫌虚假诉讼罪、诈骗罪、合同诈骗罪等刑事犯罪的，民事审判部门应当依法将相关线索和有关案件材料移送侦查机关。”可见，上述司法解释和规范性文件对于在民事案件审理过程中发现有刑事犯罪线索应当如何处理的问题，并未采用民事诉讼法第一百五十条第五项规定的处理方式，一律裁定中止审理，而是要求民事审判部门依法作出裁定驳回起诉或者判决驳回诉讼请求等终局性处理结论，然后再将犯罪线索和有关材料移送侦查机关。这种处理方式，有利于相关民事案件及时审结，避免久拖不决。

为有效解决虚假诉讼民事案件与刑事案件的程序衔接问题，《虚假诉讼解释》起草过程中，曾考虑作如下规定：“人民法院在审理民事案件的过程中，发现当事人有虚假诉讼犯罪嫌疑的，应当裁定驳回起诉或者判决驳回诉讼请求，并将有关证据材料移送有管辖权的公安机关处理。”征求意见过程中，多个意见提出，在《虚假诉讼解释》中明确规定审理民事案件过程中发现的犯罪线索应当移送公安机关处理，等于给民事案件的审判法官设置了及时移送犯罪线索的法定义务，一旦民事法官未能及时发现虚假诉讼犯罪线索，或者虽然发现了犯罪线索，但由于种种原因未及时移送，将可能导致民事法官被追究审判责任，甚至可能被以渎职犯罪追究刑事责任。经反复慎重研究，《虚假诉讼解释》删去了相关条文。实践中，民事审判部门在具体民事案件审理过程中，发现有虚假诉讼犯罪嫌疑的，可以按照相关司法解释和规范性文件的规定，对民事案件裁定驳回起诉或者判决驳回诉讼请求，并将案件线索和相关证据材料及时移送侦查机关处理。需要注意的是，判断是否存在虚假诉讼犯罪嫌疑、是否需要将相关材料对外移送，需要有相应的证据支持。不能认为只要一方当事人提出对方有犯罪嫌疑，民事审判部门就需要把案件线索和相关证据移送侦查机关处理，否则，可能导致民事诉讼程序无法正常进行，不当加重民事审判部门的工作负担和法律责任。

2. 虚假诉讼犯罪案件中的责任竞合

《民事诉讼法》和《刑法》分别规定了对虚假诉讼行为的司法处罚和刑事处罚措施，实践中可能涉及不同责任的竞合问题。通行理论认为，对于同一不法行为在不同法律领域间的责任竞合，应当区分不同情况，考虑禁止重复评价等原则进行处理，在刑事责任与行政罚责竞合的问题上，应当仅让不法者承担刑事责任，而不应承担行政责任。①《行政处罚法》第三十五条规定："违法行为构成犯罪，人民法院判处拘役或者有期徒刑时，行政机关已经给予当事人行政拘留的，应当依法折抵相应刑期。违法行为构成犯罪，人民法院判处罚金时，行政机关已经给予当事人罚款的，应当折抵相应罚金。"但是，对于司法处罚和刑事责任的竞合问题，法学理论和现行法律规定均鲜有涉及。

研究认为，解决此问题的要点，在于区分不法者承担的公法上的责任和私法上的责任。从理论上讲，公法上责任属于国家权力机关对不法者的否定评价和施加的不利后果，主要体现惩罚功能，而私法上的责任属于平等民事主体之间基于法律规定产生的法律关系，主要实现补偿功能。由于功能存在明显差异，对于同一不法行为所负公法上的责任和私法上的责任，一般情况下应当坚持并科原则。但是，根据禁止重复评价和禁止双重危险的法律原则，一般情况下不应对同一不法行为处以两种或者两种以上公法上的责任。当不法者已经承担一种公法上的责任时，如果其仍需承担另一种公法上的责任，则应按照一定的标准予以折抵。对于虚假诉讼犯罪案件而言，人民法院对虚假诉讼行为人所处罚款、拘留等司法处罚属于公法上的责任。在某一行为人已因实施虚假诉讼行为被处以罚款、拘留等民事诉讼强制措施的情况下，如果其行为又被认定为犯罪，人民法院在对其判处刑罚时，应当参照《行政处罚法》第二十八条的规定进行折抵，并在裁判文书查明的案件事实部分写明被告人被处以民事诉讼强制措施的情况。

八、《虚假诉讼解释》的时间效力

《虚假诉讼解释》第十二条规定，本解释自2018年10月1日起施行。应

① 参见孙华璞：《法律责任竞合理论初探》，载《人民司法·应用》2017年第4期。

当明确的是，司法解释是对审判、检察工作中具体应用法律问题所作的解释，其效力适用于作为其解释对象的法律的施行期间。虚假诉讼罪是2015年11月1日施行的《刑法修正案（九）》增设的罪名。对于2015年11月1日之前发生的行为，除适用从旧兼从轻原则处理的情况外，不能以虚假诉讼罪定罪处罚；对于2015年11月1日之后发生的行为，如果在《虚假诉讼解释》施行前已经办结，且认定事实和适用法律没有错误的，不再变动，如果在《虚假诉讼解释》施行时尚未处理或者正在处理的，应当适用《虚假诉讼解释》的相关规定定罪处罚。实践中，对于发生在《刑法修正案（九）》施行之前的虚假诉讼行为，应当审查其是否符合伪造公司、企业、事业单位、人民团体印章罪、妨害作证罪或者诈骗罪等侵财型犯罪的构成要件，然后再根据从旧兼从轻原则，确定该行为是否构成犯罪和对行为人应当判处的刑罚，不能以行为发生时《刑法》未规定虚假诉讼罪为由，简单认定行为人无罪。另外，在《刑法修正案（九）》增设虚假诉讼罪，并且明确虚假诉讼罪可能与诈骗罪等侵财型犯罪成立竞合关系后，《最高人民检察院关于通过伪造证据骗取法院民事裁判占有他人财物的行为如何适用法律问题的答复》的效力仅适用于虚假诉讼罪以外的情形，主要是“部分篡改型”虚假诉讼行为。

（撰稿：周峰、汪斌、李加玺）

（三）疑难、复杂问题的参考性解答

1. 在民事共同诉讼案件中，应当如何正确认定虚假诉讼罪？

本书观点：刑法增设虚假诉讼罪的主要目的，是惩治本不存在民事法律关系、行为人依法并无诉权，为达到非法占有他人财物或者逃避履行债务等目的而虚构民事法律关系和民事纠纷，制造自己享有诉权的假象，并向人民法院提起民事诉讼的行为，即仅限于“无中生有型”行为。对于“部分篡改型”行为而言，由于本就存在民事法律关系，行为人依法享有诉权，其通过伪造证据、虚假陈述等手段篡改部分案件事实并提起民事诉讼的行为，不应认定为虚假诉讼罪。

第一，判断某一行为是否构成虚假诉讼罪，应当结合民事诉讼理论和案件具体情况，进行实质性判断。实践中，民事案件的情况千差万别，具体情况各不相同，对于行为人实施的行为是否属于捏造民事法律关系、虚构民事纠纷，应当结合民事诉讼理论和案件的具体情况，进行实质性判断，不能作

形式化、简单化处理，否则可能不当扩大刑罚的打击范围。例如，行为人与他人之间存在真实的买卖合同关系，买方未能按期支付货款，为达到顺利收取货款的目的，行为人以双方存在借贷合同关系为由向人民法院提起民事诉讼，要求对方偿还借款。从形式上看，行为人捏造了借贷合同关系，似乎可以认定为虚假诉讼行为。但是，根据《民事案件案由规定》的相关规定，行为人起诉的法律关系与实际诉争的法律关系不一致的，人民法院结案时应当根据法庭查明的当事人之间实际存在的法律关系的性质，相应变更案件的案由。因此，对于行为人与他人之间确实存在民事法律关系和民事纠纷，仅对民事法律关系的性质进行篡改的，不宜简单认定为捏造民事法律关系，进而以虚假诉讼罪论处。

在民事共同诉讼中，正确认定某一行为是否构成虚假诉讼罪，需要以普通共同诉讼和必要共同诉讼的区分为基础进行判断。具体来讲，必要共同诉讼人具有共同的权利或义务，属于不可分之诉，因此，对于行为人实施的某一行为是否属于刑法规定的虚假诉讼行为，只能进行整体评价。但是，在普通共同诉讼中，参加诉讼的各个原告均享有独立的诉权，属于可分之诉。在普通共同诉讼中，由于一方多个当事人之间没有共同的权利或者义务关系，既可以作为共同诉讼合并审理，也可以作为多个独立的诉讼分别审理，即使合并审理，法院也需要作出分别确认各自民事权利义务的判决，共同诉讼人的诉讼权利和义务与独立进行的诉讼完全相同。可以看出，在多个原告共同提起普通共同诉讼的情况下，各原告均享有独立的诉权。虚假诉讼罪的惩治重点，是行为人捏造事实行使虚假诉权的行为，因此，对于普通共同诉讼中各原告行使各自诉权的行为，原则上应当分别进行评价，确定其中是否存在捏造民事法律关系、虚构民事纠纷的情形，如果答案是肯定的，则应认定为刑法规定的虚假诉讼行为。不能因为其中部分原告的行为属于部分篡改案件事实，就对全案认定为“部分篡改型”行为。

第二，判断某一行为是否构成虚假诉讼罪，还应考虑案件处理的实际效果。在存在多个原告的情况下，各原告人既可以作为一个整体提起诉讼，由法院立为一个民事案件进行合并审理，也可以分别提起诉讼，由法院立为多个民事案件分别进行审理；在各原告人分别提起诉讼的情况下，法院发现多个相关案件的诉讼标的属于同一种类的，征得当事人同意后，也可以合并审理。如果认为对民事共同诉讼案件均应坚持整体评价的原则确定行为是否构成虚假诉讼罪，则行为人完全可以采取将“无中生有”之诉与“部分篡改”之诉同时起诉、由法院立为一个民事案件进行合并审理的方式，规避刑法的处罚；在行为人指使多人分别作为原告，将“无中生有”之诉与“部分篡改”之诉分别起诉的情况下，法院如果合并审理，则行为人的行为不构成虚假诉讼罪，如果不合并审理，则行为人可能被处以虚假诉讼罪定罪处罚。如此一来，法院的行为将直接决定某一行为是否可能构成虚假诉讼罪，不符合刑事责任认定的基本理论，实践中可能造成不良效果。

2. 向人民法院申请执行仲裁调解书，是否属于虚假诉讼罪中的“提起民事诉讼”？

本书观点：（1）申请民事执行程序属于虚假诉讼罪中的“提起民事诉讼”。民事一审程序是公民、法人和其他组织行使诉权、纠纷首次进入民事诉讼程序的入口，认定为虚假诉讼罪中的“提起民事诉讼”，一般不会存在争议。简易程序、特别程序、督促程序和公示催告程序亦属于纠纷首次进入民事诉讼程序的入口，应当认定为虚假诉讼罪中的“提起民事诉讼”。根据民事诉讼法的规定，我国的二审程序一般采取续审制原则，除特殊情况外，二审审理范围原则上不超出一审之诉和上诉请求的范围。因此，行为人在一审阶段被动应诉、一审宣判后以捏造的事实提出上诉、启动二审程序的，一般不应认定为虚假诉讼罪中的“提起民事诉讼”。

通常情况下，执行程序是民事一审、二审程序的自然延续，大多数情况不属于纠纷首次进入民事诉讼的初始程序。但是，执行程序同时还具有相对的独立性，并不是一审、二审程序的附庸。《民事诉讼法》第二百三十七条第一款规定，对依法设立的仲裁机构的裁决，一方当事人不履行的，对方当事人可以向有管辖权的人民法院申请执行。第二百三十八条第一款规定，对公证机关依法赋予强制执行效力的债权文书，一方当事人不履行的，对方当事人可以向有管辖权的人民法院申请执行。另外，《民事诉讼法》第二百二十七条和《最高人民法院关于适用〈中华人民共和国民事诉讼法〉的解释》还分别规定了民事执行过程中案外人对执行标的提出异议和申请参与执行财产分配程序。上述情况均属于民事纠纷首次进入人民法院司法处理程序，不以同一纠纷已经过一审、二审民事程序审理为前提。因此，民事执行程序中的申请执行仲裁裁决和公证债权文书、案外人对执行标的提出异议和申请参与执行财产分配，均可以认定为虚假诉讼罪中的“提起民事诉讼”。

（2）申请执行仲裁调解书属于虚假诉讼罪中的“提起民事诉讼”。《民事诉讼法》第二百三十七条规定的当事人向人民法院申请执行的法律文书，仅包括仲裁机构作出的裁决。但是，《最高人民法院关于人民法院办理仲裁裁决执行案件若干问题的规定》第一条规定：“本规定所称的仲裁裁决执行案件，是指当事人申请人民法院执行仲裁机构依据仲裁法作出的仲裁裁决或者仲裁调解书的案件。”据此，《民事诉讼法》第二百三十七条规定内容实际上也包含申请强制执行仲裁调解书。此外，根据《仲裁法》第五十一条第二款的规定，仲裁庭经调解达成协议的，应当制作调解书或者根据协议的结果制作裁决书，调解书与裁决书具有同等法律效力；根据《劳动争议调解仲裁法》第五十一条的规定，当事人对发生法律效力的调解书、裁决书，应当依照规定的期限履行。一方当事人逾期不履行的，另一方当事人可以依照民事诉讼法的有关规定向人民法院申请执行，受理申请的人民法院应当依法执行。可以看出，仲裁机构依法作出的裁决书和调解书的法律效力相同，一方当事人向人民法院申请执行裁决书和调解书，行为性质并无实质区别，在是否构成犯罪方面不能作出相反的法律评价。最后，《最高人民法院关于防范和制裁虚假诉讼的指导意见》第八条规定：“在执行公证债权文书和仲裁裁决书、调解书等法律文书过程中，对可能存在双方恶意串通、虚构事实的，要加大实质审查力度，注重审查相关法律文书是否损害国家利益、社会公共利益或者案外人的合法权益。如果存在上述情形，应当裁定不予执行。必要时，可向仲裁机构或者公证机关发出司法建议。”将向人民法院申请执行基于捏造的事实作出的仲裁调解书的行为明确规定为虚假诉讼行为。综上，以捏造的事实获取仲裁调解书后，向人民法院申请执行该仲裁调解书的，属于虚假诉讼罪中的“提起民事诉讼”，可能构成虚假诉讼罪。

3. 采用隐瞒真相方式捏造事实并提起民事诉讼的行为是否构成虚假诉讼罪？

本书观点：虚假诉讼罪中的“捏造事实”包括虚构事实和隐瞒真相两种行为方式。首先，根据《刑法》第三百零七条之一第一款的规定，虚假诉讼罪在客观方面表现为“以捏造的事实提起民事诉讼”，即行为人通过伪造证据、作虚假陈述等虚假行为欺骗法院，并经庭审质证、司法裁判将虚假事实转化为法律事实的过程，本质上就是一种欺骗行为。捏造事实作为虚假行为的结果，既可以通过虚构事实，也可以通过隐瞒真相的方式实现，两种行为方式在导致捏造事实这一行为效果方面具有同等价值，均可以导致欺骗法院、实现非法目的的后果。其次，虚构事实与隐瞒真相看似一个属于作为，一个属于不作为，但两者在语义范围内存在一定程度的重合，实践中作出明确区分存在一定困难，将隐瞒真相一概排除在虚假诉讼罪之外，缺乏可操作性。最后，民事诉讼中的举证责任分配实行谁主张谁举证原则，法院最后作出裁判依据的是双方当事人提交的证据进行司法认定的事实，因此，民事诉讼当事人只有获得证据优势，才能让法官形成对自己有利的内心确信。为了获得证据优势，一般情况下，提出诉讼请求的一方不会隐瞒对自己有利的证据，但完全可能隐瞒作为自己诉讼请求基础的民事法律关系已经消灭的事实，不能根据民事诉讼举证责任分配原则否定隐瞒真相行为可以构成虚假诉讼罪。

4. 如何确定虚假诉讼罪的既遂标准？

本书观点：虚假诉讼罪属于结果犯。理由在于：首先，虚假诉讼罪的实行行为是以捏造的事实提起民事诉讼，《刑法》第三百零七条之一规定的“妨害司法秩序或者严重侵害他人合法权益”系实行行为造成的危害结果。无论是从时间还是空间上看，本罪的实行行为与危害结果之间均存在一定的间隔。当实行行为开始实施时，并不意味着立刻产生刑法规定的危害结果，只有在特定危害结果发生时才能认定为犯罪既遂，这与行为犯只需实施某种行为就达到既遂状态有所不同。其次，在民事诉讼过程中，当事人基于趋利避害的本能选择自己的行为方式，民事诉讼法明确规定了对虚假诉讼行为的司法处罚措施，倘若需要动用刑法来规制此类行为，必须遵循刑法的谦抑性原则，慎重确定处罚范围。如果认为虚假诉讼罪属于行为犯，行为人只要以捏造的事实提起民事诉讼就构成犯罪既遂，将导致犯罪行为与妨害民事诉讼违法行为的界限模糊，造成刑罚的打击面过广。

与其他犯罪相比，虚假诉讼罪的特殊之处在于保护的法益为复数。根据《刑法》第三百零七条之一的规定，虚假诉讼罪保护的法益是司法秩序和他人合法权益，行为造成“妨害司法秩序”或者“严重侵害他人合法权益”后果之一即可构成犯罪既遂。实践中，虽然部分行为人提起虚假诉讼的目的在于非法获取他人财产利益，但是，立法机关将本罪设置在妨害司法罪一章而非侵犯财产罪一章中，反映立法初衷在于强调虚假诉讼犯罪行为对司法秩序的侵害是必然的，而侵害他人合法权益却仅是盖然性结果。如果将严重侵害他人合法权益作为虚假诉讼罪的既遂标准，将导致既遂标准过于靠后，不利于严厉打击此类犯罪行为，并可能造成部分不以侵财为目的的虚假诉讼行为永远无法达到犯罪既遂的不合理局面。

综合以上考虑，认定虚假诉讼罪的既遂，既不能以获得人民法院立案受理为标准，也不能以严重侵害他人合法权益为标准，应以行为是否对司法秩序造成实质损害为判断本罪是否既遂的标准。此处的司法秩序是指人民法院受理民事案件后的正常司法活动，实践中主要表现为行为人提起虚假民事诉讼后导致司法机关作出错误裁判，或者大量占用司法资源、影响正常司法活动等两个方面。

5. “单方欺诈型”虚假诉讼行为是否构成诈骗罪？

本书观点：行为人明知债务人的借款已经全部归还，双方之间的债权债务法律关系已经消灭，仍然故意捏造事实，起诉要求借款人及担保人再次归还借款及利息，属于刑法理论所称的“单方欺诈型”虚假诉讼行为。对“单方欺诈型”虚假诉讼行为依法可以认定为诈骗罪，理由在于：诈骗犯罪行为的通常表现形式为：行为人向被害人实施虚构事实或者隐瞒真相行为——被害人产生认识错误进而自愿交付自己所有或者占有的财物——被害人遭受财产损失。这种情况下，受骗人处分自己所有或者占有的财物，自己遭受财产损失，受骗人（即财产处分人）与被害人具有同一性，完全符合诈骗罪的构成要件，以诈骗罪定罪处罚不存在争议。但是，在“单方欺诈型”虚假诉讼的情况下，因行为人捏造事实而被骗的是人民法院，人民法院在受蒙蔽的情况下处分的是民事被告的财产，遭受损失的是民事被告，受骗人（财产处分人）与被害人并非同一主体，发生了分离。对于这种情况，理论上一般称为“三角诈骗”，是否可以以诈骗罪论处，是理论和实践中的主要分歧所在。我们认为，首先，刑法关于诈骗罪的规定并未排除“三角诈骗”，无受骗人与被害人必须是同一主体的规定，“三角诈骗”行为完全符合诈骗罪的构成要件。其次，诈骗罪属于侵犯财产犯罪，刑法规定诈骗罪的目的是保护公私财产，“三角诈骗”在侵犯公私财产权益方面与普通诈骗不存在任何区别，对“三角诈骗”以诈骗罪论处，符合刑法关于诈骗罪的立法原意。因此，此类行为可以构成诈骗罪，同时构成虚假诉讼罪的，根据刑法的规定应当依照处罚较重的规定从重处罚。

6. 犯虚假诉讼罪的同时构成其他犯罪时如何处理？

本书观点：以骗取财物为目的的虚假诉讼行为，在构成虚假诉讼罪的同时，往往还构成刑法规定的其他侵财类犯罪，根据《刑法》第三百零七条之一第三款的规定，应“依照处罚较重的规定定罪从重处罚”，即从一重罪处罚。首先，要比较本罪规定的刑罚和刑法其他条文规定的刑罚，适用处刑较重的条文。本罪和刑法有关诈骗罪、贪污罪、职务侵占罪等犯罪的条文，规定了多个量刑幅度，对此，在适用时要根据案件事实和规定，确定适用某一犯罪的具体量刑幅度，再进行比较选择处罚较重的规定定罪。同时，还要根据确定适用的规定和量刑幅度从重处罚。这样规定体现了对虚假诉讼行为从严惩处的精神。

诉讼代理人、证人、鉴定人等诉讼参与人与他人通谋，代理提起虚假民事诉讼、故意作虚假证言或者出具虚假鉴定意见，共同实施本罪行为的，依照共同犯罪的规定定罪处罚；同时构成妨害作证罪，帮助毁灭、伪造证据罪等犯罪的，依照处罚较重的规定定罪从重处罚。

7. 认定虚假诉讼罪“情节严重”的具体标准

本书观点：虚假诉讼罪中的“情节严重”，包括严重妨害司法秩序和对他人合法权益造成特别严重侵害两种情形。结合司法实践中的具体情况，我们认为，严重妨害司法秩序，主要是指人民法院对虚假民事诉讼案件进行开庭审理，同时还开展了调查取证、庭前会议等其他方面工作，对人民法院的正常工作和司法活动造成严重干扰；人民法院基于捏造的事实作出裁判文书，虽未生效，也未进入执行程序，但引发当事人上访、闹访或者新闻舆论负面炒作，对司法公信力造成严重损害；或者行为人在较短时间内频繁多次以捏造的事实提起民事诉讼，严重干扰正常司法活动等多种情形。判断行为是否对他人合法权益造成特别严重侵害，涉及人民法院作出的裁判进入执行程序后被告人实际获得的财产权益数额标准的确定。对此，应区分不同情况进行具体分析。

实践中，行为人提起虚假诉讼的目的多种多样，但大致可以区分为欺诈侵财、逃避债务和其他目的等三种情形。首先，欺诈侵财类虚假诉讼行为可能构成诈骗罪、职务侵占罪和贪污罪等侵财型犯罪，构成行为竞合关系。根据相关司法解释规定，行为人实施虚假诉讼犯罪行为，非法占有他人财产数额达到10万元以上的，认定为“情节严重”，适用第二个法定刑幅度。其次，对于逃避债务类虚假诉讼行为而言，其造成的危害后果主要体现为导致他人债权无法实现。这种情况下，债权人的可得利益无法顺利变现，与被害人自己所有的财产直接被他人非法占有相比，无论是从实际造成的危害后果，还是从社会公众的法感情上来看，前者的社会危害性均相对较小。根据相关司法解释的规定，逃避债务类虚假诉讼行为认定为“情节严重”的数额，一般数额达到100万元以上，或者在无证据证实他人无法实现的债权具体数额的情况下，法院生效裁判确定的义务人自动履行裁判确定的财产给付义务或者人民法院强制执行财产权益数额达到100万元以上的，可以适用第二个法定刑幅度。最后，行为人出于其他目的实施的虚假诉讼行为的情形与逃避债务类行为类似，均不存在被害人将自己所有的财产直接交付于他人的情况，可以采用相同的数额标准，义务人自动履行财产给付义务或者人民法院强制执行的财产权益数额达到100万元以上的，可以认定为“情节严重”。

六、打击报复证人罪

（一）刑法规定

第三百零八条 对证人进行打击报复的，处三年以下有期徒刑或者拘役；情节严重的，处三年以上七年以下有期徒刑。

（二）疑难、复杂问题的参考性解答

共同犯罪中如何认定“对证人进行打击报复”？

本书观点：在共同犯罪场合，如果共同犯罪人互相质证的犯罪事实是共同犯罪事实，那么犯罪人质证时的发言就不是证言，仍是被告人供述，因此也就不符合证人身份。在此情况下，对共同犯罪人打击报复，就不能定打击报复证人罪，但可以将这种报复行为作为对犯罪分子从重处罚的情节。如果因报复行为造成其他严重后果构成犯罪的，应当实行数罪并罚。如果共同犯罪人就共同犯罪事实以外其他共同犯罪人的其他犯罪行为进行作证，那么作证的共同犯罪人就具备了证人资格，对之打击报复的，应以打击报复证人罪论处。对证人进行打击报复可以表现为多种形式，如对证人进行殴打、侮辱、诽谤，利用职务对证人进行降级、降职、停薪等。

七、泄露不应公开的案件信息罪，披露、报道不应公开的案件信息罪

（一）刑法规定

第三百零八条之一 司法工作人员、辩护人、诉讼代理人或者其他诉讼参与人，泄露依法不公开审理的案件中不应当公开的信息，造成信息公开传播或者其他严重后果的，处三年以下有期徒刑、拘役或者管制，并处或者单处罚金。

有前款行为，泄露国家秘密的，依照本法第三百九十八条的规定定罪处罚。

公开披露、报道第一款规定的案件信息，情节严重的，依照第一款的规定处罚。

单位犯前款罪的，对单位判处罚金，并对其直接负责的主管人员和其他直接责任人员，依照第一款的规定处罚。

（二）疑难、复杂问题的参考性解答

如何理解泄露不应公开的案件信息罪中的"泄露依法不公开审理的案件中不应当公开的信息"？

本书观点："泄露依法不公开审理的案件中不应当公开的信息"，其中"依法不公开审理的案件"，是指依照刑事诉讼法，应当不公开审理或者经当事人提出申请，人民法院决定不公开审理的案件。"不应当公开的信息"，是指公开以后可能对国家安全和利益、当事人受法律保护的隐私权、商业秘密造成损害，以及对涉案未成年人的身心健康造成不利影响的信息。包括案件涉及的国家秘密、个人隐私、商业秘密本身，也包括其他与案件有关不宜为诉讼参与人以外人员知悉的信息。对于未成年人犯罪案件，未成年犯罪嫌疑人、被告人的姓名、住所、照片、图像以及可能推断出该未成年人的资料，都属于不应当公开的信息。由于行为人的故意或者过失，造成不应当知悉有关案件信息的人员知悉有关案件信息的，即属于泄露该信息的行为。

本罪成立要求造成信息公开传播或者其他严重后果。这是构成本罪的结果条件。信息公开传播是指信息在一定数量的公众中广泛传播。信息的公开

传播使对不公开审理制度所保护的法益的损害扩大，是严重的危害后果。“其他严重后果”是指信息公开传播以外的其他严重的危害后果，如造成被害人不堪受辱而自杀，造成审判活动被干扰导致无法顺利进行等。

八、扰乱法庭秩序罪

（一）刑法规定

第三百零九条 有下列扰乱法庭秩序情形之一的，处三年以下有期徒刑、拘役、管制或者罚金：

（一）聚众哄闹、冲击法庭的；

（二）殴打司法工作人员或者诉讼参与人的；

（三）侮辱、诽谤、威胁司法工作人员或者诉讼参与人，不听法庭制止，严重扰乱法庭秩序的；

（四）有毁坏法庭设施，抢夺、损毁诉讼文书、证据等扰乱法庭秩序行为，情节严重的。①

（二）疑难、复杂问题的参考性解答

如何理解本罪中的“法庭秩序”？

本书观点：扰乱法庭秩序罪的发生具有特定的场所限制，应当局限于正在进行审判活动的法庭之内。考虑到法庭是国家进行审判活动的场所，应当予以特别保护，刑法应集中关注对庭审过程中扰乱法庭秩序行为的惩治，对于在庭审以外人民法院及其工作人员履行职责的活动中扰乱秩序的行为，例如聚众冲击人民法院、在参加庭审以外殴打、侮辱司法工作人员等行为，可以按照其他法律予以处理。不过，对于法庭应当更为实质性地理解。《法庭规则》第二条第一款特别规定：“法庭是人民法院代表国家依法审判各类案件的专门场所。”在扰乱法庭秩序罪的认定中，所谓专门场所，应当功能性地、实

---

① 《刑法修正案（九）》对本罪进行了修改，增加规定了多种扰乱法庭秩序的犯罪行为，并对原条文的表述进行了完善。一是增加了殴打诉讼参与人的行为；二是增加了侮辱、诽谤、威胁司法工作人员或者诉讼参与人的行为；三是增加了毁坏法庭设施，抢夺诉讼文书、证据等行为。《刑法》原第三百零九条规定：聚众哄闹、冲击法庭，或者殴打司法工作人员，严重扰乱法庭秩序的，处三年以下有期徒刑、拘役、管制或者罚金。

质性地理解为当时正在执行案件审判任务的任何场所，既包括专门用于审理案件的正规固定场所，也应当包括非正规的临时用于审理案件的场所，甚至是开放的场所，例如在农村田间地头巡回的法庭等。

但在此所谓的发生的特定场所限制应当从法益侵害的发生场所角度加以理解，即对于法庭秩序的扰乱而言，重要的是要考察行为的后果，因此，不能简单地要求行为人的行为必须发生在法庭内部或法庭场所范围内。行为人通过法庭外的行为实现对正在审理案件的法庭秩序的扰乱的，同样应当予以认定。例如，在法庭外用高音喇叭喧叫干扰法庭审理活动，或者在法庭外针对法庭内参加审判的司法工作人员进行侮辱、诽谤等行为，甚至在行为发生场所变更延续的场合，例如在法庭内发生追打诉讼参与人，并继续追赶到法庭外，影响法庭审理秩序的情形。

应当更为实质性地解释法庭安全和法庭秩序，不应过分狭隘地限定法庭安全和法庭秩序，简单地将其等同于庭审过程。毫无疑问，庭审活动当然属于法庭安全和法庭秩序中的核心利益，但是在法庭内，围绕特定庭审活动而进行的、与庭审活动紧密相连的准备阶段、中间休庭阶段、等待阶段、评议阶段以及庭审刚刚结束人员尚未离开法庭的这一时刻，仍然属于《法庭规则》所要保护的法庭安全和法庭秩序范畴，也仍然存在成立扰乱法庭秩序罪的可能。例如，在法庭尚未宣布开庭，庭审活动并未开始，但包括旁听人员、检察官、律师等诉讼参与人在内的人员已经入座，行为人携带爆炸性物品进入法庭，或者在庭审刚刚结束时，行为人即携带枪支强行闯入法庭内，其行为不能不被认为侵害了法庭安全。同样的道理，所谓的法庭秩序理应包含为紧接而来的庭审活动做好准备的法庭环境和秩序，因此，实践中，例如被告人家属在庭审活动开始前闹庭，导致庭审活动无法按正常计划开始的，也应当认定属于扰乱法庭秩序，情节严重的，仍然可能成立扰乱法庭秩序罪。与此相应，实践中，行为人在审判长宣布庭审活动结束后，仍然不能控制情绪而大闹法庭，殴打司法工作人员甚或毁坏法庭设施、损毁证据材料、威胁证人的行为，也屡见不鲜。对此类行为，不应当认为庭审活动已经终止，就不属于侵害《法庭规则》第二十条所保护的法庭安全和法庭秩序的行为，应当仍然认为属于对法庭安全和法庭秩序的侵害，可能成立扰乱法庭秩序罪。

当然，某一行为由违反法庭规则的行为转变成为扰乱法庭秩序罪，必须注意到其中性质的不同，并且应当特别注意两者的相互衔接，刑事处罚手段的运用应当极为慎重和节制，尤其需要考虑到庭审秩序的保障和合理辩护权的保障之间的平衡。对于扰乱法庭秩序罪而言，虽然仅在其第（三）项和第（四）项分别规定了“严重扰乱法庭秩序的”和“情节严重”的限制要件，但是在认定“聚众哄闹、冲击法庭”“殴打司法工作人员或者诉讼参与人”行为时，同样应当注意到两种处罚性质上的不同，视其情节轻重而作出合理的区分。

九、窝藏、包庇罪

（一）刑法规定

第三百一十条 明知是犯罪的人而为其提供隐藏处所、财物，帮助其逃匿或者作假证明包庇的，处三年以下有期徒刑、拘役或者管制；情节严重的，处三年以上十年以下有期徒刑。

犯前款罪，事前通谋的，以共同犯罪论处。

（二）典型或常见问题的审理思路

事前明知，并且事后包庇的行为，是否构成共同犯罪[①]？

本书观点：对于为他人犯罪提供帮助的行为，无论是事前提供帮助还是事后提供帮助，也无论是为实行犯罪提供帮助，还是为犯罪分子逃避处罚提供帮助，只要帮助人与犯罪实行人之间事前有通谋，那么，该帮助行为都是共同犯罪中的组成部分，是在共同犯罪故意的支配下实施的共同犯罪行为，应以共同犯罪论处。《刑法》第三百一十条第二款规定，窝藏、包庇犯罪的人，事前通谋的，以共同犯罪论处，其理由就在于此。值得注意的是，这里所说的“事前”，应当理解为被窝藏、包庇的犯罪人实行犯罪之前，而不是实施窝藏、包庇行为之前。如果将其理解为实施窝藏、包庇行为之前，不仅不符合共同犯罪的原理，而且也使该条规定没有必要。至于事中通谋的共同犯罪，一般而言，共同的犯罪故意是在着手实施犯罪之时或在实行犯罪之中，通过共同参与犯罪或为他人实施犯罪提供帮助而形成的，故共犯之间的意思

① 观点来源：《刑事审判参考》第254号指导案例，冉某成、冉某超、冉某雁故意杀人、包庇案。

联络主要表现为犯罪行为之间的相互配合。如果共同犯罪故意是在实行犯罪过程中形成的，而帮助犯的行为是在实行犯的行为完成后才实施，仍然应以共犯论处。

行为人出于包庇的故意，实施包庇行为和帮助毁灭证据行为，其行为应以包庇罪定罪，而不应数罪并罚。行为人是出于帮助他人逃避刑事法律追究这一犯罪目的而实施的上述犯罪行为，只是由于犯罪的手段行为与目的行为分别触犯了帮助毁灭证据罪和包庇罪这两个罪名，因而出现了犯罪的手段行为与目的行为的牵连，此种情形属于刑法理论上的牵连犯。由于刑法在法定刑的设置上，包庇罪的法定刑比帮助毁灭证据罪的法定刑更重，故按照牵连犯从一重罪处罚的处置原则，对行为人的包庇行为和帮助毁灭证据的行为只以包庇罪定罪，而不实行数罪并罚。

（三）疑难、复杂问题的参考性解答

1. 如何理解窝藏罪中“明知是犯罪的人而为其提供隐藏处所、财物，帮助其逃匿”之间的关系？

本书观点：提供财物、处所与帮助犯罪的人逃匿之间的关系应定位为手段与目的的关系。从刑法条文的结构分析，我们认为两者之间是手段与目的的关系。《刑法》第三百一十条规定了两个罪。一是窝藏罪，二是包庇罪。窝藏罪的罪状描述为“提供隐藏处所、财物、帮助其逃匿”，而包庇罪的罪状描述是“作假证明包庇”。其中包庇罪的客观行为是作假证明，目的是包庇。同理，窝藏罪的客观行为是提供隐藏处所、财物，目的是帮助犯罪的人逃匿。两个罪名的逻辑结构一致，表现了立法的严谨性。

2. 窝藏、包庇罪中的“明知”应如何认定？

本书观点：认定本罪的“明知”，应当根据案件的客观事实，结合行为人的认知能力，接触犯罪人的情况以及行为人的供述等主、客观因素进行认定。一般来讲，具有下列情形之一的，应当认定行为人具有“明知”，但有证据证明确实不知道的除外：（1）行为人目击犯罪事实发生的；（2）犯罪的人告知其实施犯罪行为的；（3）根据衣着、携带物品等，应当能够判断出系犯罪的人的；（4）司法机关查处犯罪事实时已经明确告知的等。

3. 如何认定窝藏、包庇罪的“情节严重”？

本书观点：窝藏包庇罪的情节严重，主要是从两个方面予以判断：被窝

藏、包庇犯罪的性质、罪行轻重以及窝藏、包庇犯罪行为本身。例如，窝藏、包庇危害国家安全犯罪、恐怖主义或者极端主义犯罪、黑社会性质组织犯罪的人，且被窝藏、包庇的人犯罪情节严重的；被窝藏、包庇的人系犯罪集团的首要分子，或者共同犯罪的主犯，且可能被判处十年有期徒刑以上刑罚的；被窝藏、包庇的人可能被判处无期徒刑以上刑罚的；窝藏、包庇多名犯罪的人的；被窝藏、包庇的人在被窝藏、包庇期间再次实施故意犯罪，且新罪可能被判处五年有期徒刑以上刑罚的等，可以认定为“情节严重”。

这里涉及本犯与加入犯的量刑平衡问题。一般情况下，本犯的刑罚应当重于掩饰隐瞒、窝藏包庇等加入犯罪的刑罚。但是，当加入犯是多次犯罪时，就不能简单地以量刑平衡来看待。因此，窝藏、包庇多名犯罪的人的，应当认定为窝藏、包庇情节严重。此时就可能出现窝藏包庇行为人的刑罚重于被窝藏包庇者的刑罚。实践中，也存在加入犯单次犯罪的罪责重于本犯的特殊情况。如：危险驾驶罪，最重判处六个月的拘役。但顶包行为，构成包庇罪，则最高可判处三年有期徒刑。对此，不能简单地从刑罚量上看待。而要看两者的罪责。顶包行为严重妨害的司法秩序，其实际危害比危险驾驶罪更大，而危险驾驶罪则是一个还没有造成严重后果的危险性犯罪。

4. **窝藏、包庇罪与非罪的界限**

本书观点：认定窝藏、包庇罪，以被窝藏、包庇的人的行为构成犯罪为前提。被窝藏、包庇的人实施的犯罪行为可以确认，但尚未到案、尚未依法裁判或者因未达到刑事责任年龄等原因依法未予追究刑事责任的，不影响窝藏、包庇罪的认定。窝藏犯脱逃罪的人，不以脱逃人在脱逃之前被追诉的行为构成犯罪为前提。

5. **本罪的罪数问题**

本书观点：基于一个概括的犯罪故意，为同一个犯罪的人实施窝藏、包庇行为，又实施掩饰、隐瞒犯罪所得及其收益行为，或者帮助毁灭证据行为，或者伪证行为的，依照处罚较重的犯罪定罪处罚，不实行数罪并罚。例如，李某犯故意杀人罪后，其妻子王某将罪犯李某的血衣清洗或者焚烧，后又给李某一万元钱帮助其逃匿，公安机关来调查时，又出假证词称李某没有作案时间。简单地从刑法理论上看，王某的行为构成帮助毁灭证据罪、窝藏罪、包庇罪。但是，王某实施这一系列行为时，实际上是出于一个概括的故意，即帮助李某逃避刑事处罚。为此，我们认为，为避免刑事司法工作中的形而上学观念和机械司法的不当，确保罪责刑相适应，有必要规定一下此种情形下的定罪方法问题，即择一重罪定罪处罚，不实行数罪并罚。但是，犯窝藏、包庇罪，又实施《刑法》第二百九十四条第三款规定的包庇黑社会性质组织行为的，或者又实施《刑法》第三百四十九条规定的包庇毒品犯罪分子行为的，应当以窝藏、包庇罪和包庇黑社会性质组织罪、包庇毒品犯罪分子罪实行并罚。

6. 共同犯罪人之间互相实施的窝藏、包庇行为应如何定性?

本书观点：共同犯罪人之间互相实施的窝藏、包庇行为，不以窝藏、包庇罪定罪处罚，但为共同犯罪以外的犯罪实施窝藏、包庇行为的，以所犯共同犯罪和窝藏、包庇罪并罚。理由主要是：（1）共同犯罪人之间相互窝藏、包庇的，被其共犯行为吸收，不具有期待可能性，属于事后不可罚行为；（2）窝藏、包庇犯罪的主体，应当是本犯以外的人，当窝藏、包庇主体是本犯时，不具有窝藏、包庇罪的主体资格；（3）从刑法条文的内在逻辑结构分析，共同犯罪人不属于窝藏、包庇罪的犯罪主体。因为，窝藏、包庇罪的前提是明知是犯罪的人。而明知，当然只能对本犯以外的犯罪人而言。对本犯而言，规定明知毫无意义。另外，从“帮助其逃匿”等用语分析，也是指本犯以外的人。

十、拒绝提供间谍犯罪、恐怖主义犯罪、极端主义犯罪证据罪

（一）刑法规定

第三百一十一条　明知他人有间谍犯罪或者恐怖主义、极端主义犯罪行为，在司法机关向其调查有关情况、收集有关证据时，拒绝提供，情节严重的，处三年以下有期徒刑、拘役或者管制。

（二）疑难、复杂问题的参考性解答

本罪与非罪应如何界定?

本书观点：构成本罪必须达到“情节严重”的程度，即拒绝提供间谍犯罪或者恐怖主义、极端主义犯罪有关情况、证据的行为，必须是情节严重的才能构成本罪。“情节严重”，包括行为人在司法机关要求提供证据时进行暴力抗拒的；或者行为人拒不提供证据手段恶劣的；或者由于行为人的不配合

而延误对间谍犯罪、恐怖主义、极端主义犯罪案件的侦破，致使犯罪分子逃避法律追究或致使国家安全、利益遭受损害的；或者妨害了司法机关执行维护国家安全任务等情形。如果行为人虽然实施了拒绝提供证据的行为，但没有影响到司法机关的正常活动，没有造成危害国家安全或实施恐怖活动，没有使犯罪分子逃避法律制裁等严重后果的，则不构成本罪。

十一、掩饰、隐瞒犯罪所得、犯罪所得收益罪

（一）刑法规定

第三百一十二条 明知是犯罪所得及其产生的收益而予以窝藏、转移、收购、代为销售或者以其他方法掩饰、隐瞒的，处三年以下有期徒刑、拘役或者管制，并处或者单处罚金；情节严重的，处三年以上七年以下有期徒刑，并处罚金。

单位犯前款罪的，对单位判处罚金，并对其直接负责的主管人员和其他直接责任人员，依照前款的规定处罚。

（二）司法解释、司法文件

1. **最高人民法院关于审理掩饰、隐瞒犯罪所得、犯罪所得收益刑事案件适用法律若干问题的解释**（法释〔2015〕11号公布，法释〔2021〕8号修正，自2021年4月15日起施行）

为依法惩治掩饰、隐瞒犯罪所得、犯罪所得收益犯罪活动，根据刑法有关规定，结合人民法院刑事审判工作实际，现就审理此类案件具体适用法律的若干问题解释如下：

第一条 明知是犯罪所得及其产生的收益而予以窝藏、转移、收购、代为销售或者以其他方法掩饰、隐瞒，具有下列情形之一的，应当依照刑法第三百一十二条第一款的规定，以掩饰、隐瞒犯罪所得、犯罪所得收益罪定罪处罚：

（一）一年内曾因掩饰、隐瞒犯罪所得及其产生的收益行为受过行政处罚，又实施掩饰、隐瞒犯罪所得及其产生的收益行为的；

（二）掩饰、隐瞒的犯罪所得系电力设备、交通设施、广播电视设施、公用电信设施、军事设施或者救灾、抢险、防汛、优抚、扶贫、移民、救济款

物的；

（三）掩饰、隐瞒行为致使上游犯罪无法及时查处，并造成公私财物损失无法挽回的；

（四）实施其他掩饰、隐瞒犯罪所得及其产生的收益行为，妨害司法机关对上游犯罪进行追究的。

人民法院审理掩饰、隐瞒犯罪所得、犯罪所得收益刑事案件，应综合考虑上游犯罪的性质、掩饰、隐瞒犯罪所得及其收益的情节、后果及社会危害程度等，依法定罪处罚。

司法解释对掩饰、隐瞒涉及计算机信息系统数据、计算机信息系统控制权的犯罪所得及其产生的收益行为构成犯罪已有规定的，审理此类案件依照该规定。

依照全国人民代表大会常务委员会《关于〈中华人民共和国刑法〉第三百四十一条、第三百一十二条的解释》，明知是非法狩猎的野生动物而收购，数量达到五十只以上的，以掩饰、隐瞒犯罪所得罪定罪处罚。

第二条　掩饰、隐瞒犯罪所得及其产生的收益行为符合本解释第一条的规定，认罪、悔罪并退赃、退赔，且具有下列情形之一的，可以认定为犯罪情节轻微，免予刑事处罚：

（一）具有法定从宽处罚情节的；

（二）为近亲属掩饰、隐瞒犯罪所得及其产生的收益，且系初犯、偶犯的；

（三）有其他情节轻微情形的。

第三条　掩饰、隐瞒犯罪所得及其产生的收益，具有下列情形之一的，应当认定为刑法第三百一十二条第一款规定的“情节严重”：

（一）掩饰、隐瞒犯罪所得及其产生的收益价值总额达到十万元以上的；

（二）掩饰、隐瞒犯罪所得及其产生的收益十次以上，或者三次以上且价值总额达到五万元以上的；

（三）掩饰、隐瞒的犯罪所得系电力设备、交通设施、广播电视设施、公用电信设施、军事设施或者救灾、抢险、防汛、优抚、扶贫、移民、救济款物，价值总额达到五万元以上的；

（四）掩饰、隐瞒行为致使上游犯罪无法及时查处，并造成公私财物重大损失无法挽回或其他严重后果的；

（五）实施其他掩饰、隐瞒犯罪所得及其产生的收益行为，严重妨害司法机关对上游犯罪予以追究的。

司法解释对掩饰、隐瞒涉及机动车、计算机信息系统数据、计算机信息系统控制权的犯罪所得及其产生的收益行为认定“情节严重”已有规定的，审理此类案件依照该规定。

第四条 掩饰、隐瞒犯罪所得及其产生的收益的数额，应当以实施掩饰、隐瞒行为时为准。收购或者代为销售财物的价格高于其实际价值的，以收购或者代为销售的价格计算。

多次实施掩饰、隐瞒犯罪所得及其产生的收益行为，未经行政处罚，依法应当追诉的，犯罪所得、犯罪所得收益的数额应当累计计算。

第五条 事前与盗窃、抢劫、诈骗、抢夺等犯罪分子通谋，掩饰、隐瞒犯罪所得及其产生的收益的，以盗窃、抢劫、诈骗、抢夺等犯罪的共犯论处。

第六条 对犯罪所得及其产生的收益实施盗窃、抢劫、诈骗、抢夺等行为，构成犯罪的，分别以盗窃罪、抢劫罪、诈骗罪、抢夺罪等定罪处罚。

第七条 明知是犯罪所得及其产生的收益而予以掩饰、隐瞒，构成刑法第三百一十二条规定的犯罪，同时构成其他犯罪的，依照处罚较重的规定定罪处罚。

第八条 认定掩饰、隐瞒犯罪所得、犯罪所得收益罪，以上游犯罪事实成立为前提。上游犯罪尚未依法裁判，但查证属实的，不影响掩饰、隐瞒犯罪所得、犯罪所得收益罪的认定。

上游犯罪事实经查证属实，但因行为人未达到刑事责任年龄等原因依法不予追究刑事责任的，不影响掩饰、隐瞒犯罪所得、犯罪所得收益罪的认定。

第九条 盗用单位名义实施掩饰、隐瞒犯罪所得及其产生的收益行为，违法所得由行为人私分的，依照刑法和司法解释有关自然人犯罪的规定定罪处罚。

第十条 通过犯罪直接得到的赃款、赃物，应当认定为刑法第三百一十二条规定的“犯罪所得”。上游犯罪的行为人对犯罪所得进行处理后得到的孳息、租金等，应当认定为刑法第三百一十二条规定的“犯罪所得产生的收益”。

明知是犯罪所得及其产生的收益而采取窝藏、转移、收购、代为销售以外的方法，如居间介绍买卖，收受，持有，使用，加工，提供资金账户，协助将财物转换为现金、金融票据、有价证券，协助将资金转移、汇往境外等，应当认定为刑法第三百一十二条规定的“其他方法”。

第十一条　掩饰、隐瞒犯罪所得、犯罪所得收益罪是选择性罪名，审理此类案件，应当根据具体犯罪行为及其指向的对象，确定适用的罪名。

2. **全国人大常委会关于《中华人民共和国刑法》第三百四十一条、第三百一十二条的解释**（2014 年 4 月 24 日发布实施）

全国人民代表大会常务委员会根据司法实践中遇到的情况，讨论了刑法第三百四十一条第一款规定的非法收购国家重点保护的珍贵、濒危野生动物及其制品的含义和收购刑法第三百四十一条第二款规定的非法狩猎的野生动物如何适用刑法有关规定的问题，解释如下：

知道或应当知道是国家重点保护的珍贵、濒危野生动物及其制品，为食用或者其他目的而非法购买的，属于刑法第三百四十一条第一款规定的非法收购国家重点保护的珍贵、濒危野生动物及其制品的行为。

知道或者应当知道是刑法第三百四十一条第二款规定的非法狩猎的野生动物而购买的，属于刑法第三百一十二条第一款规定的明知是犯罪所得而收购的行为。

3. **最高人民法院、最高人民检察院关于办理与盗窃、抢劫、诈骗、抢夺机动车相关刑事案件具体应用法律若干问题的解释**（法释〔2007〕11 号，自 2007 年 5 月 11 日起施行）（节录）

第一条　明知是盗窃、抢劫、诈骗、抢夺的机动车，实施下列行为之一的，依照刑法第三百一十二条的规定，以掩饰、隐瞒犯罪所得、犯罪所得收益罪定罪，处三年以下有期徒刑、拘役或者管制，并处或者单处罚金：

（一）买卖、介绍买卖、典当、拍卖、抵押或者用其抵债的；

（二）拆解、拼装或者组装的；

（三）修改发动机号、车辆识别代号的；

（四）更改车身颜色或者车辆外形的；

（五）提供或者出售机动车来历凭证、整车合格证、号牌以及有关机动车的其他证明和凭证的；

（六）提供或者出售伪造、变造的机动车来历凭证、整车合格证、号牌以及有关机动车的其他证明和凭证的。

实施第一款规定的行为涉及盗窃、抢劫、诈骗、抢夺的机动车五辆以上或者价值总额达到五十万元以上的，属于刑法第三百一十二条规定的“情节严重”，处三年以上七年以下有期徒刑，并处罚金。

（三）典型或常见问题的审理思路

1. 收购他人非法获取的计算机信息系统数据并出售的行为应如何认定①？

本书观点：《最高人民法院、最高人民检察院关于办理危害计算机信息系统安全刑事案件应用法律若干问题的解释》第七条明确规定，明知是非法获取计算机信息系统数据犯罪所获取的数据、非法控制计算机信息系统犯罪所获取的计算机信息系统控制权，而予以转移、收购、代为销售或者以其他方法掩饰、隐瞒，违法所得五千元以上的，应当按照《刑法》第三百一十二条第一款的规定，以掩饰、隐瞒犯罪所得罪定罪处罚。实施上述行为，违法所得五万元以上的，应当认定为《刑法》第三百一十二条第一款规定的“情节严重”。计算机信息系统数据作为一种具有财产性质的虚拟载体，可以成为非法获取的对象，同时也可以成为掩饰、隐瞒犯罪所得罪的行为对象。掩饰、隐瞒的行为方式主要是转移、收购、代为销售，其中收购和代为销售中可能会包含转移行为。在收购和代为销售他人非法获取的计算机信息系统数据的犯罪活动中，行为人和上游犯罪人之间大多不当面联系，而是通过网上数据传输、网上银行转账等方式来完成交易。

“收购”和“代为销售”是《刑法》第三百一十二条列举的掩饰、隐瞒的行为方式。“收”和“购”两个字之间是语义的重复，解释为“购买”就可以了。同时也无须对“收购”附加“销售营利”的目的，单纯为了自用而收购的，也是掩饰、隐瞒行为。“收购”的行为类型中包含“先购后卖”这种情况，根据掩饰、隐瞒犯罪所得罪的立法旨意，法律在这时惩罚的侧重点仍在于“购”，因为明知是他人犯罪所得及其收益而仍然购买，不管其目的是不是再次出售，购买行为都体现出行为人为上游犯罪人掩饰、隐瞒的主观故意，可以是直接故意，也可以是间接故意，这是本罪打击的重点。后面再出售的行为就只是实现其个人利益而已，所以刑法条文在这里没有列举“销售”一项，而是在“收购”之后列举了“代为销售”。所谓“代为销售”，是指行为人代犯罪分子出售犯罪所得的行为。“代为销售”与“收购”不同，它是

---

① 观点来源：《刑事审判参考》第1102号指导案例，陈某、欧阳某等掩饰、隐瞒犯罪所得案。

替犯罪分子销售犯罪所得，中间过程中并没有以自有资金取得对犯罪所得的所有权。“代为销售”既可以表现为行为人以卖主身份替上游犯罪人销售犯罪所得的行为；也包括在犯罪分子与购赃人之间进行斡旋介绍的行为。行为人先将犯罪所得进行窝藏，然后以卖主身份寻找买赃人售出的行为，仍是一种代为销售行为。根据以上分析，行为人属于“先购后卖”，应当解释为《刑法》第三百一十二条规定的“收购”而非“代为销售”。

认定掩饰、隐瞒犯罪所得及其收益的行为人是否“明知”，应当结合被告人的认知能力，接触他人犯罪所得及其收益的情况，犯罪所得及其收益的种类、数额，犯罪所得及其收益的转移方式以及被告人的供述等主客观因素进行认定。换言之，认定被告人明知是犯罪所得，不能仅凭被告人的口供。司法实践中往往采用推定的方法，同时允许被告人提出反证，如果被告人能够提出证据证实自己确实不知道的，则不构成本罪。而且，本罪的主观方面是故意，包括确定的故意和不确定的故意，只要行为人根据有关情况，主观上认识到或应当认识到掩饰、隐瞒的对象是或可能是他人的犯罪所得或者收益即可，不要求其对上游犯罪的犯罪人究竟是何人、上游犯罪的行为时间、地点及触犯的罪名等有具体的认知。

2. 如何理解本罪的犯罪对象？①

本书观点：掩饰、隐瞒犯罪所得、犯罪所得收益罪在国际上属于洗钱罪的大范畴，我国刑法通过限定上游犯罪的种类和犯罪手段，将本罪与洗钱罪进行区分。换言之，本罪的上游犯罪范围很广，除刑法有特殊规定的之外，所有犯罪所得及其收益均可能成为本罪的犯罪对象。因此，本罪的对象既可能是手机、手表、电脑、自行车、电动车等日常生活用品，也可能是电力设备、通信电缆、公用安全设施、交通设施等关系到社会公众利益的物品。实施掩饰、隐瞒犯罪的行为人通常对掩饰、隐瞒物品的性质、用途等有所了解，在面对特殊的涉及重大利益的物品时仍予以掩饰、隐瞒的，就成为破坏公共利益、公共安全等受法律特殊保护的利益的助推器。作为整个犯罪链条上的一个环节，本罪行为人不仅帮助上游犯罪行为人实现了获利目的，也妨害了司法机关对上游犯罪正常的追诉活动，在某种程度上“保障”了上游犯罪行为人的安全。因此，本罪行为人的存在，特别是职业收赃人的产生，对于上

---

① 观点来源：《刑事审判参考》第1091号指导案例，刘某会、于某掩饰、隐瞒犯罪所得案。

游犯罪行为人实施犯罪起到一定的“推进”作用，即所谓的“没有买卖就没有杀戮”。因此，从阻断犯罪链条、遏制上游犯罪发生的角度出发，对于掩饰、隐瞒特殊犯罪对象的行为要从严打击，不仅在入罪条件上低于一般的掩饰、隐瞒行为，降低入罪门槛，增强打击力度；在加重处罚的适用条件上，掌握的“情节严重”标准也要低于普通的掩饰、隐瞒行为，严密刑事打击法网。

行为人帮助转移的犯罪对象系同案犯盗割的地铁供电公司正在使用的电力设备，涉及不特定多数人的交通出行安全和生命财产安全，盗割行为扰乱了“公共生活的平稳与安宁”，相较一般的偷盗行为，性质更为严重，危害性更大。行为人明知同案犯盗割的是地铁供电电缆，仍然帮助转移，反映出其主观上对于盗割行为持放任态度，并且以积极作为的方式妨害司法机关对盗割行为的正常追诉，其主观恶性和转移行为的社会危害性均较大。虽然行为人帮助转移的电缆已经灭失，无法准确确定财物价值，但是因二人帮助转移的是电力设备，根据相关司法解释的规定，已经符合本罪的入罪条件。

3. 对犯罪所得的赃车修改发动机号、大架号并介绍买卖的行为如何定性?①

本书观点：关于掩饰、隐瞒的“其他方法”的认定，必须坚持以下几点：一是行为人的目的是出于掩饰、隐瞒上游犯罪人的犯罪所得及其收益；二是这些方法与窝藏、转移、收购和代为销售在罪质上具有相当性；三是这些方法在客观上扰乱了司法秩序，妨害了司法机关对上游犯罪行为的追究。

行为人明知车辆系他人盗窃犯罪所得，仍向同案犯介绍买卖，并将发动机号码和大架号磨损，且刻上假的发动机号，符合上述三个条件，可以认定为掩饰、隐瞒的“其他方法”。根据《最高人民法院、最高人民检察院关于办理与盗窃、抢劫、诈骗、抢夺机动车相关刑事案件具体应用法律若干问题的解释》（以下简称《机动车解释》）第一条第一款第（三）项的规定，明知是盗窃、抢劫、诈骗、抢夺的机动车而予以修改发动机号的，依照《刑法》第三百一十二条的规定，以掩饰、隐瞒犯罪所得罪定罪处罚。同时，居间介绍买卖的行为，依照《最高人民法院关于审理掩饰、隐瞒犯罪所得、犯罪所得收益刑事案件适用法律若干问题的解释》（以下简称《掩饰、隐瞒犯罪所得、

---

① 观点来源：《刑事审判参考》第1110号指导案例，陈某、刘波掩饰、隐瞒犯罪所得案。

犯罪所得收益解释》）第十条第二款的规定，应该认定为《刑法》第三百一十二条规定的“其他方法”。综上，行为人实施了两种掩饰、隐瞒犯罪所得的行为，即居间介绍、修改发动机号和大架号，均属于《刑法》第三百一十二条规定的“其他方法”。

4. 如何区分掩饰、隐瞒犯罪所得罪与洗钱罪?[①]

本书观点：国际刑法中的洗钱罪的概念包含了我国刑法的洗钱罪和掩饰、隐瞒犯罪所得、犯罪所得收益罪的集合。但是在我国已经形成了洗钱罪与掩饰、隐瞒犯罪所得、犯罪所得收益罪两罪并立的格局下，无论洗钱罪的上游犯罪范围再怎么扩大，也不能改变在治理赃物犯罪的罪名体系中，掩饰、隐瞒犯罪所得、犯罪所得收益罪占有的主体地位；而且虽然两罪的主要区分点是犯罪对象，在行为方式和行为性质上的差异已经十分淡化，但这种差异性还是存在的。

第一，两罪的主要区分点是犯罪对象，也即上游犯罪的性质不同。洗钱罪的上游犯罪只限于《刑法》第一百九十一条规定的毒品犯罪、黑社会性质的组织犯罪、恐怖活动犯罪、走私犯罪、贪污贿赂犯罪、破坏金融管理秩序犯罪、金融诈骗犯罪这七类犯罪，掩饰、隐瞒犯罪所得、犯罪所得收益罪的上游犯罪则是除此之外的有“犯罪所得”及其收益的所有犯罪。

第二，两罪的犯罪客体有所不同。洗钱罪位列刑法分则第三章第四节破坏金融管理秩序罪中，该罪侵犯的客体是国家的金融管理秩序，同时也侵害了司法机关的职能活动，兼具妨害司法的性质。掩饰、隐瞒犯罪所得、犯罪所得收益罪位列刑法分则第六章第二节妨害司法罪中，该罪侵犯的客体主要是司法机关追诉犯罪的职能活动，也包含上游犯罪中的被害人对财物的合法权益。从立法旨趣来看，之所以把洗钱罪单列在破坏金融管理秩序罪中，设置了相较于掩饰、隐瞒犯罪所得、犯罪所得收益罪更高的法定刑，是从保障金融安全的实际需要出发，对某些特定的通常可能有巨大犯罪所得的严重犯罪而为其洗钱的行为，作出的特别规定，而在诸如恐怖活动犯罪、毒品犯罪、走私犯罪中，洗钱行为对于上游犯罪规模的扩大和犯罪的持续发生有着比普通犯罪更大的促进作用，社会危害性更大。

第三，两罪的行为方式有所差异。洗钱罪和掩饰、隐瞒犯罪所得罪的行

---

① 观点来源：《刑事审判参考》第1103号指导案例，姜某掩饰、隐瞒犯罪所得案。

为方式均是“掩饰、隐瞒”，但洗钱罪的表述是“掩饰、隐瞒犯罪所得及其收益的来源和性质的”，掩饰、隐瞒犯罪所得、犯罪所得收益罪的表述是“掩饰、隐瞒的”。从字面意义上看，两者有所区别。洗钱罪由于其涉及妨害金融管理秩序和破坏国家经济安全的性质，所以侧重点在于掩饰、隐瞒犯罪所得及其收益的来源和性质，也就是俗话说的把“赃钱洗白”，披上合法的外衣；而掩饰、隐瞒犯罪所得、犯罪所得收益罪的行为方式包括掩饰、隐瞒犯罪所得及其收益的来源和性质，但又不局限于此，还包括掩饰、隐瞒犯罪所得及其收益的处所等其他情况。因此，两罪之间就发生了交叉，即使上游犯罪属于洗钱罪规定的七类上游犯罪之一，但是不涉及掩饰、隐瞒犯罪所得及其收益的来源和性质的，按照罪刑法定的要求和立法本意，仍应该定掩饰、隐瞒犯罪所得、犯罪所得收益罪而非洗钱罪。

那么，如何理解“掩饰、隐瞒来源及性质”呢？我们认为，《刑法》第一百九十一条规定了洗钱罪的五种行为方式，即提供资金账户；协助将财产转换为现金、金融票据、有价证券；通过转账或者其他结算方式协助资金转移；协助将资金汇往境外；以其他方式掩饰、隐瞒犯罪所得及其收益的来源和性质。第五种行为方式作为兜底条款，是对列举式规定的补充归纳，应该与前四项所列举的方式具有相当性。《最高人民法院关于审理洗钱等刑事案件具体应用法律若干问题的解释》（以下简称《洗钱司法解释》）第二条的列举式规定，在《刑法》第一百九十一条的基础上，又进一步明确洗钱行为可以通过商业银行等银行类的金融性机构，证券公司、保险公司等非银行类金融机构，商品交易、企业收购、投资等非金融机构以及地下钱庄、赌博等非法途径实施，意图在于淡化洗钱罪在行为方式上的特殊要求。据此，“掩饰、隐瞒来源及性质”不需要局限在金融领域或通过金融机构来实现，应当将其落脚点放在资金形式的“转换”上而非“金融机构”上。洗钱罪要求行为人借助一定的金融手段或非金融手段来实现对犯罪所得及其收益的转换，它一定有一个类似交易、兑换等的转换过程。例如，行为人明知系他人受贿犯罪所得的一个名贵花瓶而为其保管，因为不涉及资金形式的“转换”，只能构成掩饰、隐瞒犯罪所得罪；同理，行为人明知系他人受贿犯罪所得的现金港币而提供场所藏匿，只是物理意义上的转移、窝藏行为，行为的落脚点在于掩饰、隐瞒实物本身，而非犯罪所得的性质和来源，不涉及资金形式的“转换”，仍应定掩饰、隐瞒犯罪所得罪。

5. **帮助运输假冒伪劣商品行为是否构成掩饰、隐瞒犯罪所得罪?**[①]

本书观点: 假冒伪劣商品并非犯罪所得,而是货主生产、销售伪劣产品犯罪的犯罪对象。只有假冒伪劣商品销售成功后所得货款,才是生产、销售伪劣产品罪的犯罪所得。根据《掩饰、隐瞒犯罪所得、犯罪所得收益解释》第十条第一款的规定,"犯罪所得"是指通过犯罪直接得到的赃款、赃物。如果有确实、充分的证据证明行为人可能知道所运货物为假冒伪劣商品的,那么可认定行为人的行为构成生产、销售伪劣产品罪的共犯,但由于货主生产、销售假冒伪劣商品的犯罪活动尚在进行中,犯罪尚未达到完全完成状态,犯罪所得还未形成,行为人的行为不可能构成掩饰、隐瞒犯罪所得罪。

6. **有证据证实上游犯罪事实存在,但上游犯罪的嫌疑人尚未被抓获,可否认定上游犯罪事实经查证属实?**[②]

本书观点: "上游犯罪事实成立"是指上游犯罪行为确实存在,不要求必须是由刑事判决确认的犯罪。《掩饰、隐瞒犯罪所得、犯罪所得收益解释》第八条规定:"认定掩饰、隐瞒犯罪所得、犯罪所得收益罪,以上游犯罪事实成立为前提。上游犯罪尚未依法裁判,但查证属实的,不影响掩饰、隐瞒犯罪所得、犯罪所得收益罪的认定。上游犯罪事实经查证属实,但因行为人未达到刑事责任年龄等原因依法不予追究刑事责任的,不影响掩饰、隐瞒犯罪所得、犯罪所得收益罪的认定。"如何理解上游犯罪事实成立?我们认为,上游犯罪事实成立指的是上游犯罪行为确实存在,不要求必须是已经由刑事判决确认的犯罪,即无论上游犯罪的嫌疑人是否归案、是否被判处刑罚,均不影响上游犯罪事实的成立,更不影响掩饰、隐瞒犯罪所得、犯罪所得收益罪的认定。

在司法实践中,多数情况下赃物犯罪的被告人与上游犯罪的被告人是同案处理的。少数情况下,由于上游犯罪嫌疑人还有其他犯罪事实一时难以查清或者因为其他原因尚未依法裁判,为依法及时审判赃物犯罪案件,才在上游犯罪查证属实的情况下先行认定赃物犯罪。虽然上游犯罪的犯罪嫌疑人未被抓获,更未依法裁判,但现有的证据足以认定该犯罪事实的存在,可以认定属于"上游犯罪尚未依法裁判,但查证属实"的情形,故不影响对掩饰、

---

① 观点来源:《刑事审判参考》第1115号指导案例,谭某旗、谭某掩饰、隐瞒犯罪所得案。

② 观点来源:《刑事审判参考》第1105号指导案例,谭某松掩饰、隐瞒犯罪所得案。

隐瞒犯罪所得罪的认定和量刑。上游犯罪嫌疑人尚未被抓获或者未经审判，而实施掩饰、隐瞒行为的被告人已被法院审判的情形，在实践中大量存在。如果因上游行为未定罪，就对实施掩饰、隐瞒犯罪的行为人作出无罪判决，等到上游犯罪嫌疑人被抓获并依法判决有罪后，再对实施掩饰、隐瞒犯罪的行为人重新侦查、起诉、审判，会浪费司法资源，还有可能因现有证据灭失等原因加大审判难度。

（四）疑难、复杂问题的参考性解答

1. 违禁品能否成为犯罪所得？

本书观点：一般不将违禁品作为普通赃物对待，主要理由有二：一是刑法对掩饰、隐瞒违禁品的行为，一般有专门的条文规定，如窝藏毒品罪、私藏枪支罪，按照特别法优于一般法的原则，应当适用特别规定。二是司法实践以及群众一般观念中，违禁品与一般的赃款、赃物是有质的区别的，一般的赃款、赃物，除非有证据证明是赃款、赃物，否则，持有人可以拥有合法的使用权，而违禁品不同，除非法律特别授权的组织和人员，否则持有违禁品本身就是违法甚至是犯罪行为。因此，对违禁品进行掩饰、隐瞒的行为，如果我国《刑法》中有相关的规定将其列为独立的罪名，应以这种独立的犯罪定罪处罚，如果没有规定，则应当具体问题具体分析，某些禁止公民随意持有的物品也可能成为掩饰、隐瞒犯罪所得、犯罪所得收益罪的犯罪对象。最典型的例子是收购非法狩猎的野生动物的行为。全国人大常委会2014年4月公布的《关于〈中华人民共和国刑法〉第三百四十一条、第三百一十二条的解释》规定：知道或者应当知道是国家重点保护的珍贵、濒危野生动物及其制品，为食用或者其他目的而非法购买的，属于刑法第三百四十一条第一款规定的非法收购国家重点保护的珍贵、濒危野生动物及其制品的行为。知道或者应当知道是刑法第三百四十一条第二款规定的非法狩猎的野生动物而购买的，属于刑法第三百一十二条第一款规定的明知是犯罪所得而收购的行为。非法收购国家重点保护的珍贵、濒危野生动物及其制品的行为，有单独的罪名来规制，而对于非法狩猎的普通野生动物，则可以成为掩饰、隐瞒犯罪所得、犯罪所得收益罪的对象。

2. “犯罪所得”是否必须以上游犯罪成立为前提？

本书观点：如果上游犯罪的行为没有达到司法解释所要求的数额，不符

合犯罪构成的要求，上游犯罪不成立，则不能认定犯罪所得。如果数人单独盗窃均未达到盗窃罪所要求的“数额较大”的标准，但收购者总共收购的数额超过盗窃罪“数额较大”的起点，在单个上游行为不构成犯罪的情况下，不能认定下游构成掩饰、隐瞒犯罪所得罪。不管在何种情况下，都要坚守上游犯罪必须是犯罪行为，才可能追究下游掩饰、隐瞒行为的责任。根据《洗钱司法解释》第四条规定，掩饰、隐瞒犯罪所得、犯罪所得收益罪，应当以上游犯罪事实成立为认定前提。上游犯罪尚未依法裁判，但查证属实的，不影响掩饰、隐瞒犯罪所得、犯罪所得收益罪的审判。上游犯罪事实可以确认，因行为人死亡等原因依法不予追究刑事责任的，不影响掩饰、隐瞒犯罪所得、犯罪所得收益罪的认定。

3. **本罪主观“明知”应如何认定?**

本书观点：“明知”的基本含义：知道或者应当知道。《洗钱司法解释》第一条第一款即对“明知”的认定作了详细的规定：《刑法》第一百九十一条、第三百一十二条规定的“明知”，应当结合被告人的认知能力，接触他人犯罪所得及其收益的情况，犯罪所得及其收益的种类、数额，犯罪所得及其收益的转换、转移方式以及被告人的供述等主、客观因素进行认定。第二款则详细规定了可以认定为“明知”的7种情况，同时还规定，“有证据证明确实不知道的除外”。

立法和司法解释只规定赃物犯罪是否需要“明知”这一要件为基本构成要件，而如何认定“明知”，严格来说，不属于立法问题，而属于司法问题。犯罪现象千奇百怪，犯罪事实也千变万化，在什么情况下可以认定为“明知”，什么情况下不能认定为“明知”，对立法和司法解释都是难而又难的问题，即使列举了大部分情况，也都难免挂一漏万。“明知”的认定，究其本质，实际上是一个事实认定问题，而不是一个单纯的法律问题。无论是知道还是应当知道，司法人员都应当基于一定的证据来认定。

赃物犯罪之“明知”的指向对象：犯罪所得及其收益。这里的犯罪事实概念，不能完全从犯罪构成齐备的角度去理解，而应当从上游犯罪行为是否具有社会危害性和刑事违法性去理解。至于是否具有刑事可罚性，不影响对上游犯罪事实是否成立的判断。因此，上游犯罪事实成立指的是上游犯罪行为确实存在，既指上游犯罪事实有充分证据证明，也指上游犯罪事实达到了犯罪的程度。至于被告人是否归案，被告人是否被判处刑罚，均不影响上游犯罪事实的成立，更不影响赃物犯罪的认定。对于犯罪所得，只要认识到是某种犯罪所取得的财物即可，无须知道犯罪所得的具体种类、数量等详细情况；只要认识到上游犯罪是犯罪就够了，不要求很清楚地知道具体是哪一种犯罪、行为人和被害人是谁、实施的具体时间和情节如何，等等。比如赃物犯罪，只要求行为人知道所掩饰、隐瞒的财物系犯罪所得即可，对上游犯罪的具体性质在所不问。关于“犯罪所得收益”，《掩饰、隐瞒犯罪所得、犯罪所得收益解释》规定：上游犯罪的行为人对犯罪所得进行处理后得到的孳息、租金等，应当认定为“犯罪所得产生的收益”。认定犯罪所得收益时，要注意，犯罪所得收益的数额以上游行为人对犯罪所得进行处理后得到的收益为标准。如果犯罪所得及其收益到了掩饰、隐瞒行为人手上，由此产生的新的收益，则不能认定为犯罪所得收益的数额，只能认定为非法所得并予以追缴。

（五）量刑指导或参考

根据《刑法》第三百一十二条的规定，犯掩饰、隐瞒犯罪所得、犯罪所得收益罪的，处三年以下有期徒刑、拘役或者管制，并处或者单处罚金；情节严重的，处三年以上七年以下有期徒刑，并处罚金。单位犯前款罪的，对单位判处罚金，并对其直接负责的主管人员和其他直接责任人员，依照前款的规定处罚。

根据《掩饰、隐瞒犯罪所得、犯罪所得收益解释》第三条的规定，掩饰、隐瞒犯罪所得及其产生的收益，具有下列情形之一的，应当认定为“情节严重”：（1）掩饰、隐瞒犯罪所得及其产生的收益价值总额达到十万元以上的；（2）掩饰、隐瞒犯罪所得及其产生的收益十次以上，或者三次以上且价值总额达到五万元以上的；（3）掩饰、隐瞒的犯罪所得系电力设备、交通设施、广播电视设施、公用电信设施、军事设施或者救灾、抢险、防汛、优抚、扶贫、移民、救济款物，价值总额达到五万元以上的；（4）掩饰、隐瞒行为致使上游犯罪无法及时查处，并造成公私财物重大损失无法挽回或其他严重后果的；（5）实施其他掩饰、隐瞒犯罪所得及其产生的收益行为，严重妨害司法机关对上游犯罪予以追究的。

规范化量刑。《最高人民法院关于常见犯罪的量刑指导意见》（已失效）对掩饰、隐瞒犯罪所得、犯罪所得收益罪的量刑作了如下规定：1. 构成掩饰、隐瞒犯罪所得、犯罪所得收益罪的，可以根据下列不同情形在相应的幅度内确定量刑起点：（1）犯罪情节一般的，可以在一年以下有期徒刑、拘役幅度内确定量刑起点。（2）情节严重的，可以在三年至四年有期徒刑幅度内确定量刑起点。2. 在量刑起点的基础上，可以根据犯罪数额等其他影响犯罪构成的犯罪事实增加刑罚量，确定基准刑。

十二、拒不执行判决、裁定罪

（一）刑法规定

第三百一十三条　对人民法院的判决、裁定有能力执行而拒不执行，情节严重的，处三年以下有期徒刑、拘役或者罚金；情节特别严重的，处三年以上七年以下有期徒刑，并处罚金。

单位犯前款罪的，对单位判处罚金，并对其直接负责的主管人员和其他直接责任人员，依照前款的规定处罚。①

（二）司法解释、司法文件及其权威解读

1. **全国人民代表大会常务委员会关于《中华人民共和国刑法》第三百一十三条的解释**（2002 年 8 月 29 日发布实施）

全国人民代表大会常务委员会讨论了刑法第三百一十三条规定的“对人民法院的判决、裁定有能力执行而拒不执行，情节严重”的含义问题，解释如下：

刑法第三百一十三条规定的“人民法院的判决、裁定”，是指人民法院依法作出的具有执行内容并已发生法律效力的判决、裁定。人民法院为依法执行支付令、生效的调解书、仲裁裁决、公证债权文书等所作的裁定属于该条规定的裁定。

下列情形属于刑法第三百一十三条规定的“有能力执行而拒不执行，情节严重”的情形：

---

① 《刑法修正案（九）》对本罪作了两处修改：一是增加了一档法定刑，规定“情节特别严重的，处三年以上七年以下有期徒刑，并处罚金”；二是增加了一款，作为第二款，对单位犯罪及其处罚作了明确，规定“单位犯前款罪的，对单位判处罚金，并对其直接负责的主管人员和其他直接责任人员，依照前款的规定处罚。”《刑法》原第三百一十三条：对人民法院的判决、裁定有能力执行而拒不执行，情节严重的，处三年以下有期徒刑、拘役或者罚金。

（一）被执行人隐藏、转移、故意毁损财产或者无偿转让财产、以明显不合理的低价转让财产，致使判决、裁定无法执行的；

（二）担保人或者被执行人隐藏、转移、故意毁损或者转让已向人民法院提供担保的财产，致使判决、裁定无法执行的；

（三）协助执行义务人接到人民法院协助执行通知书后，拒不协助执行，致使判决、裁定无法执行的；

（四）被执行人、担保人、协助执行义务人与国家机关工作人员通谋，利用国家机关工作人员的职权妨害执行，致使判决、裁定无法执行的；

（五）其他有能力执行而拒不执行，情节严重的情形。

国家机关工作人员有上述第四项行为的，以拒不执行判决、裁定罪的共犯追究刑事责任。国家机关工作人员收受贿赂或者滥用职权，有上述第四项行为的，同时又构成刑法第三百八十五条、第三百九十七条规定之罪的，依照处罚较重的规定定罪处罚。

权威解读

解读《全国人民代表大会常务委员会关于〈中华人民共和国刑法〉第三百一十三条的解释》

2002 年 8 月 29 日第九届全国人民代表大会常务委员会第 29 次会议通过了《全国人民代表大会常务委员会关于〈中华人民共和国刑法〉第三百一十三条的解释》（以下简称《关于中华人民共和国刑法第三百一十三条的解释》），对于加大执行工作力度，解决欠债不还和法院判决、裁定执行难问题，维护法律权威和当事人的合法权益，具有重要意义。

现将该立法解释所涉及的主要问题简要介绍如下：

一、立法背景

在我国目前建立社会主义市场经济秩序过程中，“欠债不还”问题引起了全社会的关注。“欠债不还”的广泛存在，对我国经济发展产生了巨大的消极影响：企业的商品生产和交换不能正常进行；由拖欠导致的连环拖欠，使企业资金周转受阻，生产不能正常进行；借钱不还，银行不敢放贷，使银行业务无法正常进行；信用体系的瓦解，使交易者的合法权利受到损失，会引起投资者、交易者信心的丧失，进而减少投资和消费。投资者担心投资合同不能履约，生产的产品不能卖出去；消费者担心自己付了钱，不能买回与价格相称的商品。一次上当的经历就足以使投资者对再投资望而却步，使消费者对购买商品思虑再三。信用危机对社会经济生活造成严重损害，也严重破坏了社会主义市场经济秩序的建立。

欠债的原因是多方面的：因合同纠纷、民事侵权、不当得利、缔约过错和犯罪行为都有可能引起债务。欠债不还的原因也是多方面的：市场经济秩序不完善、当事人无力偿还或者恶意拖欠、地方保护、法律规定存在缺陷都是因素之一。据有关部门调查，在农村，农民之间的借贷约70%以上不能按时归还；在城市，截至2000年年末，在工、农、中、建4家商业银行开户的62656个改制企业中，经过金融债权管理机构认定的欠债不还的企业有32140个，占51.29%。

欠债不还现象的普遍存在引起了中央领导同志的高度重视，为解决欠债不还问题寻找法律对策也是司法机关普遍关心的议题。全国人大常委会法工委多次邀请中央政法委、最高人民法院、最高人民检察院、国务院法制办和公安部等中央政法机关负责同志和部分法律专家就解决欠债不还的法律对策问题进行研究，有关部门和专家提出了以下几种解决方案：

（一）在刑法中增设“拒不偿还债务罪”

有的部门建议在刑法中增设“拒不偿还债务罪”，对“恶意拖欠、拒不偿还合法债务，经债权人催告，三个月仍不归还，数额较大的”，规定为犯罪，以解决欠债不还问题。其主要理由是：

诚实信用是我国民法的一项基本原则，其宗旨是为了维护市场经济秩序和当事人之间的利益平衡，它依赖一定的道德基础。社会主义市场经济的健康有序发展在很大程度上依赖于当事人对信用的遵守。否则，正常的经济往来将无法进行。然而另一方面，由于市场经济下，尽可能地争取最大利益成为市场主体的追求。对诚实信用的维护仅仅依靠道德的约束是远远不够的。虽然根据民法规定，行为人如不遵守诚实信用原则，对债务拒不履行，对方当事人有权申请法院强制执行，但现行法院的强制执行办法存在明显不足，无法解决民事经济欠债问题。无法受到法律现实保障的债权势必会使得民事经济活动主体对经济活动中的他方当事人的信用不复信赖。如此恶性循环，社会主义市场经济体制的健全更加举步维艰。因此，加大法律对信用制度的维护，以刑罚的方法规制欠债不还现象，可以说是为我国日益完善的社会主义市场经济体制建设保驾护航的一个有益举措。

我国还没有健全的财产申报制度，现有法律法规不能完全有效地解决实践中欠债不还的问题。首先，根据法律规定，由民事和经济纠纷引起的欠债不还不构成犯罪，因而有的债务人无所顾忌，甚至赖账。要改变这种状况，有效的办法就是设立欠债不还罪，将该行为犯罪化，达到促使债务人偿还债务或者采取有效措施偿还债务的目的。其次，根据法律规定，强制执行的条件必须有生效的法律文书、由债权人提出申请、债务人有可执行的财产等条件。如果行为人无视法院的判决、裁定，拒不偿还债务，但又没有实施积极的抗拒执行判决、裁定的行为，或者没有造成严重后果，则无法追究其刑事责任。设立拒不偿还债务罪则可以解决上述问题。

在司法实践中，由于法院无从得知债务人的确切财产数额，因而也无法得知和确认债务人是否实施了隐藏、转移、变卖、故意毁损已被或者应被司法机关查封、扣押、冻结的财产的行为。如果设立拒不偿还债务罪，就可以给债务人以警示，无论是否转移、隐匿财产，只要是恶意欠债不还，就逃脱不了应负的法律责任。

尽管刑法将某些由于欺诈行为引起的欠债不还行为规定为犯罪，但对于通过合法手段或者正常渠道获取国家或者他人财产后拒不偿还的行为，刑法没有任何规定。虽然《刑法》第六十条规定："没收财产以前犯罪分子所负的正当债务，需要以没收的财产偿还的，经债权人请求，应当偿还。"但在实践中，犯罪人一旦被定罪判刑，债权人的债权往往难以实现。只有增设拒不偿还债务罪，才能显示法律的公平和公正，有效保护债权人的合法权益，并有效地避免非法讨债现象的发生。

我国已经加入WTO，根据我国对世贸组织的承诺，我国将逐步向外国投资者开放国内市场。如果不有效地解决目前已露端倪的欠债不还现象，将难以充分有效地保护中外当事人的合法财产和权益，从而会影响正常的涉外经济交往的进行，并有损于我国的国际形象。

有些司法机关和法律专家不同意在刑法中增设"拒不偿还债务罪"，认为增设此罪，存在以下几个问题：

打击面太大。我国目前经济生活中欠债不还的现象确实存在，而且较为严重。尤其从欠债不还的对象看，在农村，农民之间的借贷70%以上不能按时归还；在城市制企业中，经过金融债权管理机构认定的欠债不还的企业占50%以上，这些基本上都是国有企业。他们欠债不还的原因十分复杂：有的是多年老厂，技术设备落后；有的是离、退休职工过多，企业负担过重；有的是经营管理不善，产品又没有市场，等等。如果适用“拒不偿还债务罪”，将这些行为规定为犯罪，则因此被定罪判刑的人数将不是一个小数，打击面过大，不仅无助于问题的解决，还会引发严重的社会问题。

不利于市场经济的发展。立法必须充分考虑市场经济的特点。在市场经济条件下，债务出现暂时的支付困难、支付不能的原因很复杂，很多情况下这是市场风险的正常现象。尤其是我国目前尚处于社会主义市场经济的初期，市场主体的财富积累还不够，抗风险能力较小，出现债务不能及时清偿的现象是不可避免的。负债经营是一种提高资源利用效率的方式，在市场经济国家被普遍采用。在我国目前的经济生活中，负债经营也是一种较为普遍的做法。不仅仅是个体，大多数国有企业也存在这种情况。如果增设“拒不偿还债务罪”，虽然对解决欠债不还问题有一定效果，但同时也大大增加了市场主体从事投资和交易的法律风险和成本。市场主体在从事投资和交易活动时不得不过多考虑即使正常的市场风险发生，整个交易链条在某一环节断裂的话，自己也可能因无法还债被作为犯罪处理，这实际上人为地给投资和交易活动设置了法律障碍，可能使市场主体和投资主体失去参加交易、投资的勇气，不利于市场经济的发展，总的来看，弊大于利。

混淆了民事责任和刑事责任的界限。债务主要是当事人之间的民事法律关系。在市场交易过程中，交易对象无力履行债务的风险始终是客观存在的。交易双方由于商品的质量、规格等问题引起纠纷，导致合同另一方不按照合同的约定支付货款或有关费用，因而引起欠债不还的现象是经常发生的。市场交易主体在选择交易对象时，应当充分考虑这种风险，慎重选择交易对象，将这种风险降到最低。一旦选定交易对象，就要承担这种风险。换言之，对于正常债务中的欠债不还的情况，债权人也要负一定责任。出现债务支付困难或者支付不能，实际上正是市场主体承担交易风险的表现。民法规定的合同违约责任就是解决不能正常履行债务时的法律责任问题的。因此，将这种民事法律关系通过民事诉讼处理更为适宜。

一些司法机关和法律专家提出，对于欠债不还的问题，现行法律已经规定了多种解决办法。从民事法律角度讲，法律规定有：（1）督促程序。债权人要求债务人给付金钱、有价证券的，可以申请人民法院向债务人发出支付令，债务人自收到支付令之日起15日内不提出异议又不履行的，债权人可以申请人民法院强制执行。（2）财产保全措施。为防止债务人隐匿、转移财产逃避债务，债权人可以在起诉前或诉讼中申请人民法院查封、扣押、冻结债务人的财产，以保证债务的偿还。（3）强制执行措施。人民法院的裁判文书生效后，债务人拒不履行的，债权人可以申请人民法院采取划拨存款，扣留、提取收入，拍卖、变卖财产等方式强制执行。债务人隐匿财产的，人民法院可以依法搜查。人民法院采取执行措施后，债务人仍不能偿还债务的，应当继续履行义务。债权人发现债务人有可执行的财产，可以随时请求人民法院执行。（4）妨害民事诉讼的制裁措施。债务人有隐匿、转移、变卖、毁损已被采取保全措施的财产的行为或拒不履行人民法院裁判的，人民法院可以给予罚款、拘留等处罚。

从刑事法律角度讲，刑法规定了拒不执行人民法院判决裁定罪，隐藏、转移、变卖、毁损被司法机关查封、扣押、冻结的财产罪和以债权债务形式表现的各类诈骗罪，如合同诈骗罪、集资诈骗罪、贷款诈骗罪、票据诈骗罪、金融凭证诈骗罪、信用证诈骗罪、信用卡诈骗罪、有价证券诈骗罪、保险诈骗罪等。刑法中还有一些罪名可以用以追究拒不偿还债务者相关行为的刑事责任，如虚假出资、抽逃出资罪，提供虚假财务报告罪，妨害清算罪等。为了防止因犯罪引起的欠债不还，刑法还规定，由于犯罪行为而使被害人遭受经济损失的，应当判处赔偿经济损失。

执法中难以操作。从司法实践看，要划清恶意拖欠债务不还与诈骗犯罪或者确实是一时无力偿还的界限，首先，应当确定债务的合法性。实践中欠债不还问题非常复杂，当事人对债务是否合法、债务的数额等往往存在争议，一般应当通过民事诉讼、仲裁等途径认定合同纠纷的民事责任，进而才能确定一方当事人是否应当偿还债务。如果在发生民事纠纷后应当由哪一方当事人承担民事责任尚未确定的情况下，直接由一方当事人向人民法院提起刑事诉讼追究另一方当事人的刑事责任，受理案件的人民法院是无法操作的。其次，认定债务人“恶意拖欠”的关键是查清债务人的财物状况，而这正是人民法院执行工作的难中之难。如果能够查明债务人确有财产，则通过民事执行程序就可解决欠债不还问题。如果举不出证据证明债务人有财产，即使增设“拒不偿还债务罪”也难以适用。

5. 不符合联合国《公民权利和政治利国际公约》的要求。我国已经签署了联合国《公民权利和政治权利国际公约》。该公约第十一条规定了禁止因债务监禁原则，即“任何人不得仅仅由于无力履行约定义务而被监禁”。如果把欠债不还规定为犯罪，确实无力偿还债务的人就会被追究刑事责任。一旦我国批准了该公约，刑法的这一规定就违反了我国政府应当承担的义务。

（二）完善《刑法》第三百一十三条，加大对拒不执行法院判决、裁定罪的打击力度，加强和改善人民法院的强制执行工作，以维护法律权威和当事人的合法权益。

一些司法机关和法律专家认为，当前大量存在欠债不还的原因主要有两方面：一是一些当事人不熟悉法律，不善于运用法律保护自已的权利；二是由于存在司法不公和地方保护主义等原因，使有些债权人虽然起诉也得不到公正判决，或者即使胜诉了也执行不了。因此，当务之急是用足用好现有的法律手段，加大执行工作的力度，严惩拒不执行法院判决、裁定的犯罪，维护法律权威和当事人的合法权益。从司法实践看，《刑法》第三百一十三条拒不执行法院判决、裁定罪在执行中普遍遇到以下问题，建议通过立法解释予以明确。

适用范围不明确。《刑法》第三百一十三条规定，对人民法院的判决、裁定有能力执行而拒不执行，情节严重的，应当追究刑事责任。在司法实践中，对该条所规定的“裁定”是否包括人民法院依法执行支付令、生效的调解书、仲裁决定、公证债权文书等所作的裁定有不同认识，影响了对拒不执行人民法院这些裁定的行为追究法律责任。

对有些国家机关工作人员搞部门和地方保护主义，利用职权严重干扰人民法院的执行工作，情节严重的行为，应当如何追究刑事责任不明确，难以切实维护法律文书的权威性、严肃性以及当事人的合法权益。

根据《立法法》第四十四条的规定，法制工作委员会邀请最高人民法院、最高人民检察院、公安部等有关部门和专家学者对《刑法》第三百一十三条的含义进行了研究，草拟了《关于〈中华人民共和国刑法〉第三百一十三条的解释》，交第九届全国人民代表大会常务委员会第29次会议审议后通过。

二、立法解释的主要内容

立法解释着重解决两个问题。

（一）明确《刑法》第三百二十三条规定的“人民法院的判决、裁定”的范围

立法解释指出：“刑法第三百一十三条规定的‘人民法院的判决、裁定’，是指人民法院依法作出的具有执行内容并已发生法律效力的判决、裁定。人

民法院为依法执行支付令、生效的调解书、仲裁裁决、公证债权文书等所作的裁定属于该条规定的裁定。”

人民法院依法作出的具有执行内容并发生法律效力的判决、裁定，是人民法院对当事人实体权利所作的结论性判定，既包括民事判决，如当事人必须给付金钱、交出物品，或者要求从事某一行为等；也包括刑事判决，如判处罚金、没收财产，判处犯罪分子赔偿被害人的经济损失等；还包括行政判决，如行政机关应当归还罚款或者应当给付赔偿金等。裁定是人民法院为解决案件程序问题或者在案件执行过程中，就诉讼程序上的有关事项所作的判定。

立法解释中所说的“支付令、生效的调解书、仲裁裁决、公证债权文书”，是当事人据以申请法院执行或者人民法院据以采取执行措施的生效法律文书。在民事诉讼的督促程序中，人民法院根据债权人的申请，经审理后认为债权、债务关系明确、合法的，即可向债务人发出支付令。债务人自收到支付令之日起15日内不提出异议又不履行支付令的，支付令可以作为法院强制执行的根据。“生效的调解书”，是人民法院审结案件的一种方式，它是在人民法院的主持下达成的。民事调解书是双方当事人意思表示一致的产物，一般不发生执行问题。但在实践中，某些当事人达成调解协议后，不履行调解协议确定的法定义务。因此，当事人就可以以调解书作为执行依据，向法院申请执行。“仲裁裁决”，是仲裁机构依法作出的发生法律效力的裁决书。依据《仲裁法》的规定，仲裁实行一裁终局制度。由于仲裁机构不是国家的审判机关，对仲裁裁决没有强制执行权，因此，一方当事人不履行仲裁裁决的，对方当事人可以向有管辖权的人民法院申请执行。受申请的人民法院经审查，认为仲裁裁决符合民事诉讼法规定的，应当予以执行。“公证债权文书”，是公证机关作出的赋予强制执行效力的法律文书。公证机关是证明行为和具有法律意义的事实、文件的真实性、合法性的司法机构。当事人之间的借款合同、借据、欠条等经公证机关公证后，就赋予公证债权文书以强制执行的效力。但公证机关没有强制执行权，一方当事人不履行的，对方当事人可以向有管辖权的人民法院申请执行。受申请的人民法院经过审查，认为公证机关的公证债权文书符合民事诉讼法规定的，应当予以执行。

执行是国家机关运用国家强制力，采取强制措施，迫使义务人履行法律文书确定的义务的行为。人民法院为依法执行支付令、生效的调解书、仲裁裁决和公证债权文书等，往往涉及查询、冻结、划拨被执行人的存款，扣留、提取被执行人的收入，查封、扣押、冻结、拍卖、变卖被执行人的财产。根据民事诉讼法的有关规定，人民法院在采取上述强制措施时，应当作出裁定。根据本立法解释，这些裁定属于《刑法》第三百一十三条规定的人民法院“裁定”的一部分。

（二）明确了属于《刑法》第三百一十三条规定的“有能力执行而拒不执行，情节严重”的几种具体情形

“有能力执行”是构成犯罪的一个前提条件，它表现为根据查实的证据证明，负有执行人民法院判决、裁定义务的人有可供执行的财产或者具有履行特定行为义务的能力。立法解释所列举的以下几种具体情形都表明了行为人不仅“有能力执行而拒不执行”，而且“情节严重”：

被执行人隐藏、转移、故意毁损财产或者无偿转让财产、以明显不合理的低价转让财产，致使判决、裁定无法执行的

这是一种常见的拒不执行法院判决、裁定的行为。“隐藏、转移、故意毁损财产”的含义很容易理解，这里不再阐述，只讲一下该行为应当从何时算起以及如何理解“致使判决、裁定无法执行的”问题。

在起草过程中，有的提出应当在“被执行人”前加“在人民法院的判决、裁定生效后”，因为如果法院的判决、裁定还没有生效，而对方当事人又没有申请财产保全，被执行人有权处置其财产，不应作为犯罪。还有的建议应当明确“在进入执行程序后”，理由是：判决、裁定即便已经生效，如果当事人没有向法院提出申请，也不会进入执行程序，有的人还可能放弃要求执行的权利。只有进入执行程序后，被执行人有以上行为的，才应当追究刑事责任。考虑到立法解释已经明确“人民法院的判决、裁定，是指人民法院依法作出的具有执行内容并已发生法律效力的判决、裁定”，人民法院为依法执行支付令、生效的调解书、仲裁裁决、公证债权文书等再作裁定和“被执行人”的提法，已经清楚地表明该行为发生在执行阶段，因此，没有采纳上述意见。

草案在表述该种情形时，曾经写成“被执行人采取隐藏、转移、故意毁损财产或者其他恶意处分的手段，致使判决、裁定无法执行的”。在征求意见过程中，有的部门提出，“其他恶意处分的手段”含义不明确，执行中不好掌握，建议作明确规定。考虑到被执行人恶意处分财产的惯用手法是将财产转让给亲朋好友或者其他单位、个人，或者以很低的价格处理其财产，因此，

立法解释将该种情形修改为“被执行人隐藏、转移、故意毁损财产或者无偿转让财产、以明显不合理的低价转让财产，致使判决、裁定无法执行的”，作为犯罪行为之一。

应当指出的是，“致使法院的判决、裁定无法执行”是区分罪与非罪的界限，既包括由于被执行人的行为致使法院的判决、裁定最终根本无法执行的情况，也包括由于被执行人的行为，使法院的判决、裁定在执行中受到严重阻碍，只是在法院采取各种措施，排除阻碍后，才使法院的判决、裁定最终得以执行的情形。

担保人或者被执行人隐藏、转移、故意毁损或者转让已向人民法院提供担保的财产，致使判决、裁定无法执行的

在民事诉讼发生之前或者之后，有可能因一方当事人的故意或者客观原因，造成争议财物的转移或者灭失，如不及时采取相应的措施，就有可能导致无法弥补的损失，使法院的判决、裁定无法执行。因此，民事诉讼法规定，在案件受理前或者诉讼过程中，为了保证将来判决能够执行，或者为了避免利害关系人的合法权益受到难以弥补的损害，人民法院应当事人的申请，有权对一定的财物采取财产保全措施。对于起诉前人民法院根据利害关系人的申请，对被申请人的财产采取财产保全的，申请人必须提供数额相当的财产作为担保；对于人民法院在受理案件后，作出裁判前根据当事人的申请或者依职权，对相关财产采取诉讼保全措施的，可以责令申请人提供担保。人民法院对裁定采取财产保全的财产，可以采取查封、扣押、冻结财产，或者清点被保全的财产，责令被申请人保管等法律规定的措施。对清点过的财产，被申请人可以使用，但不得转移、转让、变卖、毁损和隐匿。考虑到提供财产保全的主体是担保人（包括财产保全的申请人、被申请人和提供担保的第三者）或者被执行人（主要是债务人），因此，该行为的主体是担保人或者被执行人。

协助执行义务人接到人民法院协助执行通知书后，拒不协助执行，致使判决、裁定无法执行的

在实践中，有的被执行人不按执行通知履行法律文书确定的义务，并隐瞒在银行的存款，使执行工作难以进行。根据民事诉讼法的规定，人民法院有权向银行、信用合作社和其他有储蓄业务的单位查询被执行人的存款情况。若被执行人有存款，人民法院应及时作出冻结、划拨存款的裁定，并向银行、

信用合作社和其他有储蓄业务的单位发出协助执行通知书；如果被执行人未按通知履行法律文书确定的义务，也没有储蓄存款，其他财产又不宜变卖，人民法院有权扣留、提取被执行人的收入，但应为被执行人及其所抚养的家属保留生活必需品。采取此项措施，必须得到被执行人劳动单位的协助。因此，人民法院决定扣留、提取被执行人的收入时，应当作出裁定，并发出协助执行通知书。这样，接到协助执行通知书的银行、信用合作社和其他有储蓄业务的单位，以及被执行人的所在单位，就成为协助执行义务人。协助执行义务人在接到法院协助执行通知书后，应立即采取措施。对于应当冻结被执行人存款的，应立即冻结，不准提取或者支付存款；应当划拨被执行人存款的，应把被执行人账户上的存款转移到申请执行人或者法院的账户上；应当扣留、提取被执行人的收入的，应将扣留、提取的被执行人的收入，转交申请执行人或者人民法院。协助执行义务人在接到人民法院协助执行通知书后，不履行协助义务，反而帮助被执行人转移、隐藏存款和被执行人个人收入，致使法院判决、裁定无法执行的，即构成犯罪。

被执行人、担保人、协助执行义务人与国家机关工作人员通谋，利用国家机关工作人员的职权妨害执行，致使判决、裁定无法执行的

执行工作涉及双方当事人利益的实现和得失。实践中，出于自己切身利益的考虑，一些被执行人、担保人、协助执行义务人不仅会想方设法采取一些手段不履行执行义务，而且还会在国家机关工作人员中为自己拒不执行法院判决、裁定寻找“保护伞”。有的与国家机关工作人员通谋，利用国家机关工作人员的职权或者影响给执行人员施加压力，设置障碍。一些国家机关工作人员，特别是有些地方的领导人，从狭隘的私利和地方保护主义出发，采取各种手段干扰、阻挠法院的执行工作：他们有的打电话、写条子威胁、利诱执行人员；有的调动、组织群众聚众哄闹、冲击执行现场，围困、扣押、殴打执行人员，毁损、抢夺执行案件材料、执行公务车辆和其他执行器械、执行人员服装及执行公务证件，致使判决、裁定无法执行，这种对抗人民法院执行工作的行为，严重妨碍了国家法律的执行，对法制的统一起了很大的破坏作用。为了纠正和遏制这种现象，立法解释明确将“被执行人、担保人、协助执行义务人与国家机关工作人员通谋，利用国家机关工作人员的职权妨害执行，致使判决、裁定无法执行的”行为，作为拒不执行判决、裁定罪的行为之一，目的在于严厉追究存在这种行为的被执行人、担保人、协助执行

义务人的刑事责任，排除干扰，使法院的判决、裁定得以执行。同时，为严厉惩处国家机关工作人员利用职权，妨碍执行判决、裁定的行为，立法解释又明确规定："国家机关工作人员有上述第四项行为的，以拒不执行判决、裁定罪的共犯追究刑事责任。国家机关工作人员收受贿赂或者滥用职权，有上述第四项行为的，同时又构成刑法第三百八十五条、第三百九十七条规定之罪的，依照处罚较重的规定定罪处罚。"

其他有能力执行而拒不执行，情节严重的情形

在草案审议过程中，有的部门提出，该项规定具体指什么情形不清楚，如果实践中出现新的情况，由法院对该项法律解释中的"其他有能力执行而拒不执行，情节严重的情形"是指什么再作司法解释，也不严肃。因此，建议删去该项。经研究后认为，立法解释规定的前四项情形主要是为解决欠债不还，针对财产方面拒不执行人民法院判决、裁定作出的解释。拒不执行人民法院判决、裁定的情形除涉及财产外，还包括拒不执行人民法院判决、裁定中规定应当履行的其他一些行为，如要求被执行人拆除违章建筑，迁出房屋或者退出土地，等等。如果删去解释第（五）项，对拒不履行这些行为的就难以追究刑事责任。因此，仍然保留了此项。

应当指出的是，虽然人民法院的判决、裁定包括民事、刑事、行政的判决、裁定，但立法解释所列举的四项具体情形仅是为了解决欠债不还，针对财产方面拒不执行人民法院判决、裁定的情形作出的解释，因而主要与执行民事判决、裁定有关，未涉及拒不执行刑事和行政判决、裁定的具体情形。因此，该立法解释所列举的情形并不适用拒不执行法院判决、裁定的所有情形。所以，立法解释说"下列情形属于刑法第三百一十三条规定的'有能力执行而拒不执行，情节严重'的情形"，而没有说"刑法第三百一十三条规定的'有能力执行而拒不执行，情节严重'，是指下列情形"。

在草案审议过程中，不少常委委员和有的部门指出，目前执行难的问题情况比较复杂，有被执行人、担保人和协助执行义务人拒绝执行法院判决、裁定的原因，也有的是法院本身搞地方保护，判决不公正，还有的是法院工作人员在执行中故意拖延执行、徇私枉法，建议对此种行为如何追究刑事责任作出相应的规定。法律委员会认为，对于法院工作人员在审判活动中枉法裁判的，可依照《刑法》第三百九十九条徇私枉法罪定罪处罚。立法解释对国家机关工作人员与被执行人通谋，利用职权妨害执行的行为已作了规定，

如果法院工作人员有上述行为，应当适用该规定予以追究。对于法院工作人员在执行工作中故意拖延执行或者枉法执行的刑事责任问题，法制工作委员会也与有关部门进行研究，准备对《刑法》第三百九十九条作出相应的修改补充。

当然，要从根本上解决欠债不还问题，刑法只是一种辅助手段，最主要的是要尽快建立、健全社会信用制度、财产申报制度、破产还债制度等一系列制度，提高全社会、全体公民诚信守约的法律意识，并变为自觉行动，唯有这样，社会主义市场经济秩序才有望真正建立起来。

（撰稿：黄太云）

2002年8月29日，第九届全国人大常委会第29次会议通过了《关于〈中华人民共和国刑法第三百一十三条〉的解释》（以下简称《刑法第三百一十三条解释》），对刑法第三百一十三条规定的“对人民法院已经生效的判决、裁定有能力执行而拒不执行，情节严重的”含义进行了解释。这是1997年刑法修改以来，全国人大常委会对刑法所作的第五个解释。为了深化对《刑法第三百一十三条解释》的理解，本文拟结合全国人大常委会制定这一解释的背景，就如何正确理解和适用《刑法第三百一十三条解释》谈几点认识。

一、关于解释的背景

对《刑法》第三百一十三条的解释，是全国人大常委会针对司法实践中存在的对《刑法》第三百一十三条的含义的理解上的不同认识作出的，目的是保证《刑法》第三百一十三条的正确适用，保障人民法院执行工作的顺利进行，解决“执行难”的问题。对此，全国人大常委会委员长会议在向常委会提出的关于对刑法第三百一十三条所作《刑法第三百一十三条解释》的议案和说明中明确提出，刑法实施以来，在司法实践中，对《刑法》第三百一十三条规定的“对人民法院的判决、裁定有能力执行而拒不执行，情节严重”的情节，如何认定有不同认识。最高人民法院建议对此作出解释，予以明确。全国人大常委会法制工作委员会关于《刑法第三百一十三条解释》（草案）的说明中进一步指出，司法实践中，对《刑法》第三百一十三条规定的“裁定”是否包括人民法院依法执行支付令、生效的调解、仲裁决定、公正债权文书等所作的裁定有不同认识，影响对拒不执行人民法院这些裁定的行为追究法律责任。同时，对有些国家机关工作人员搞部门和地方保护主义，利用职权严重干扰人民法院的执行工作，致使人民法院的判决、裁定不能执行的行为，也应当明确法律责任。

另外，对《刑法》第三百一十三条进行解释，也是为了促进通过法律手段解决当前经济生活中比较严重的欠债不还问题，是有利于推进建立社会信用制度的一项重要的法律举措。随着我国社会主义市场经济体制的确立和改革不断深化，社会信用越来越为人们所重视。经济生活中大量存在的市场主体行为失范和社会信用水平低下的现象，越来越不适应社会主义市场经济进一步发展的要求。社会信用水平低下的直接表现就是经济生活中欠债不还的现象较为普遍，大量的债务纠纷不能得到及时解决。虽然民法通则、合同法、民事诉讼法等许多法律对解决这一问题规定了明确具体的途径及解决这一问题所必需的法律措施和手段，为解决这一问题提供了必要的法律武器，但在现实生活中仍有很多案件即使经人民法院判决也执行不了。一些本来比较清楚的法律关系当中的债务人也乘机采用能拖就拖的方式，千方百计地设法拖延、逃避偿还债务。欠债不还得不到有效遏止和及时解决严重侵蚀社会信用，进而严重妨碍了经济正常流转和社会主义市场经济的健康发展。针对经济生活中出现的这一现象，有关工作机构经过认真研究，认为当前经济生活中欠债不还的情况很复杂。有的是当事人之间在债的履行过程中发生纠纷，有的是由于市场风险而丧失偿还能力，有的是有能力偿还而故意拖欠不还，还有的实际上是诈骗行为。因此，解决欠债不还问题，必须针对不同情况，采用不同的情况分别处理。对于因在债的履行过程中发生纠纷而影响债务偿还的，应由当事人通过协商或者仲裁、诉讼等方式，及时解决。对于以债权债务的形式诈骗他人财物的，应当严格按照刑法的有关规定追究刑事责任。对于有能力偿还而有意拖欠不还的，如果当事人提起诉讼的，人民法院或者仲裁机构应及时审理结案。在判决或者仲裁裁决生效后仍不积极执行的，人民法院应当坚决采取强制手段予以强制执行。对于实施转移、隐匿财产等行为，情节轻微的，以妨害诉讼行为予以罚款、拘留等制裁。对于情节严重，构成犯罪的，依照《刑法》第三百一十三条的规定，追究刑事责任。

二、《刑法第三百一十三条解释》的具体内容及其含义

《刑法第三百一十三条解释》共分三款，分别对《刑法》第三百一十三条规定的人民法院的判决、裁定的范围进行了界定；以列举的方式明确了有能力执行而拒不执行，情节严重的情形；明确了国家机关工作人员妨害人民法院执行工作的法律责任。

（一）关于人民法院判决、裁定的范围

《刑法第三百一十三条解释》第一款规定，刑法第三百一十三条规定的“人民法院的判决、裁定”，是指人民法院依法作出的具有执行内容并已发生法律效力的判决、裁定。人民法院为依法执行支付令、生效的调解书、仲裁裁决、公证债权文书等所作的裁定属于该条规定的裁定。根据《刑法》第三百一十三条和《刑法第三百一十三条解释》的规定，拒不执行判决、裁定罪中的判决、裁定应具备三个要件。

判决、裁定应当是依法作出的。以事实为根据，以法律为准绳是人民法院审判工作的基本准则。人民法院的判决、裁定必须是依照法律的规定作出的。这里所说的依法作出主要是指人民法院依照法律规定的程序和职权作出判决、裁定。

判决、裁定具有执行内容。所谓具有执行内容是指人民法院所作的判决、裁定中确定的当事人应当履行的义务具有可执行性。从执行义务的内容看，可以分为财产的执行和行为的执行。财产的执行如执行金钱，执行特定财物等。行为的执行可以分为积极行为的执行和消极行为的执行，前者要求义务人必须为一定行为，如赔礼道歉、消除影响、恢复原状、排除妨碍等；后者要求行为人不得为一定行为，如停止侵害。如果人民法院的判决、裁定并未设定具体的执行义务，则不存在执行的问题，也就不存在构成拒不执行判决、裁定罪的可能。如人民法院在宣告失踪、宣告死亡的案件，认定公民无民事行为能力或者限制行为能力的案件，确认财产无主的案件等确认之诉中，所作的判决、裁定就不具有执行内容。

判决、裁定应已经发生法律效力。判决、裁定是人民法院依法行使国家审判权，确定特定当事人权利义务的法律文书。尚未发生法律效力的判决和裁定不具备执行力，其所确立的当事人的权利、义务能否以国家强制力保障实现，尚处于一种不确定的状态，需要等待上级法院确认或者法定时效届满。对于尚未发生法律效力的判决、裁定，其义务人并无立即执行的义务，因此也不存在人民法院强制执行或者义务人拒不执行的问题。

需要说明的是，《刑法》第三百一十三条规定的判决、裁定包括人民法院在审判阶段所作的判决、裁定，在执行阶段为执行判决、裁定、调解书、支付令而作的裁定，以及为执行生效的仲裁裁决、公证债权文书等所作的裁定。此外，根据我国法律规定，强制执行权原则上集中由人民法院实施。因此，除少数行政机关有强制执行权外，当事人不自觉履行行政决定的，人民法院可以依申请依法进行审查，并裁定是否予以强制执行。人民法院裁定强制执行的，该裁定也属于《刑法》第三百一十三条规定的裁定。

（二）关于有能力执行而拒不执行，情节严重的具体情形

《刑法第三百一十三条解释》第二款规定，下列情形属于刑法第三百一十三条规定的“有能力执行而拒不执行，情节严重”的情形：(1) 被执行人隐藏、转移、故意毁损财产或者无偿转让财产、以明显不合理的低价转让财产，致使判决、裁定无法执行的；(2) 担保人或者被执行人隐藏、转移、故意毁损或者转让已向人民法院提供担保的财产，致使判决、裁定无法执行的；(3) 协助执行义务人接到人民法院协助执行通知书后，拒不协助执行，致使判决、裁定无法执行的；(4) 被执行人、担保人、协助执行义务人与国家机关工作人员通谋，利用国家机关工作人员的职权妨害执行，致使判决、裁定无法执行的；(5) 其他有能力执行而拒不执行，情节严重的。

从具体内容来看，《刑法第三百一十三条解释》第二款主要涉及以下几个重要问题。

1. 拒不执行判决、裁定罪的犯罪主体

根据《刑法第三百一十三条解释》的规定，拒不执行判决、裁定罪的犯罪主体包括被执行人、协助执行义务人、担保人。被执行人是指人民法院已经生效的判决书、裁定书所确定的，负有履行判决书、裁定书载明的义务的人员。被执行人一般是案件的当事人，此外，还包括一些虽然不是案件当事人，但在执行程序中被人民法院确定为被执行人，承担履行判决、裁定所确定的义务的人员。如作为案件当事人的法人分立、合并、终止后承担其权利义务的组织；案件当事人死亡后，继承其遗产的人；等等。协助执行义务人是指因各种原因，实际持有、管理、控制执行标的物，被人民法院通知协助人民法院执行已生效的判决、裁定的人员。担保人包括财产保全担保人和执行担保人。前者是指在人民法院采取财产保全措施时，财产保全的申请人或者被申请人，根据人民法院的要求提供的保证申请人或者被申请人在将来人民法院判决、裁定确定后，履行相应义务的人员。执行担保人是指在人民法院依法执行过程中，被执行人提供的保证被执行人在确定的期限履行判决、裁定确定的义务的人员。

关于拒不执行判决、裁定罪的犯罪主体的范围，司法实践中一直存在争

议。有的同志认为拒不执行判决、裁定罪的犯罪主体，应当仅限于案件当事人的范围。立法机关经过研究认为，拒不执行判决、裁定罪的犯罪主体，应当是负有执行判决、裁定的法定义务的人员。判决、裁定的执行，有时必须由当事人以外的他人予以协助方可完成。根据法律规定，这些人员有应人民法院要求提供相应协助的义务。对于有协助执行的能力而拒不提供协助，情节严重的，应当依照《刑法》第三百一十三条的规定追究责任。同样，根据法律规定，担保人也有义务按照担保的范围保证判决、裁定的执行，担保人隐藏、转移、故意毁损或者转让已向人民法院提供担保的财产，致使判决、裁定无法执行的，也应当以拒不执行判决、裁定罪追究责任。

2. 拒不执行判决、裁定的具体行为方式

根据《刑法第三百一十三条解释》的规定，被执行人、协助执行义务人、担保人等拒不执行判决、裁定的行为方式主要有：隐藏、转移财产；恶意处分财产；拒不履行协助执行的义务；与国家机关工作人员通谋，利用其职权妨害执行；其他有能力执行而拒不执行的行为。

（1）隐藏、转移财产

隐藏财产是指隐瞒、隐匿财产，或者虚构关于财产来源、去向的事实，意在使人民法院无法掌握其财产的真实数量或权属状况，从而逃避执行。行为人如果并无积极的藏匿、掩盖行为，只是不自觉履行义务，消极对待执行，在人民法院发现和执行其财产时，并不抗拒的，不属于隐藏财产。

转移财产既包括变换财产所处空间和位置，也包括以虚假的买卖、赠与等方式，制造财产权属已经转移的假象等，以逃避执行的行为。

（2）恶意处分财产

恶意处分财产是指行为人以妨害执行为目的，故意将自己所有的或者在自己管理、控制之中的财产加以物理毁损，使其灭失或者失去效用，或者故意以明显不合理的低价甚至无偿转让财产、挥霍财产，或者故意转让判决、裁定指向的特定物，以使判决、裁定无法执行的行为。《刑法第三百一十三条解释》关于恶意处分财产的规定未直接列举故意转让特定物和挥霍财产的情形，对于行为人故意转让特定物或者以挥霍财产的方式逃避执行，情节严重的，可以以《刑法第三百一十三条解释》第二款第（五）项规定的其他有能力执行而拒不执行处理。

故意毁损财产是指行为人明知财产权利已被人民法院生效的判决、裁定确定给他人的情况下，而有意加以损坏的行为。故意毁损既包括行为人以积极的行为方式对财产加以损坏，如捣毁、烧毁等。也包括行为人以消极的行为方式，对财产有意不尽保管、管理义务等造成财产损毁，如故意不加管理，任他人窃取、损坏，任其腐烂、变质等。对于行为人确实由于保管不善、疏忽等原因，致使财产毁损灭失的，或者财产的毁损灭失是由于不可抗力、意外事件造成的，不属于拒不执行判决、裁定行为。故意毁损财产一般是故意毁损在自己实际控制、管理之下的财产，但不排除行为人为了不使权利人得到该财产，而对处于或者交由、委托权利人或者权利人以外的人实际控制、管理之下的财产加以毁损的情形。

无偿转让财产是指行为人明知财产权利已被人民法院生效的判决、裁定确定给他人，而有意将该财产赠与其他人，逃避执行的行为。无偿转让财产与上述以赠与的形式转移财产的情形的区别是：在转移财产的情况下，行为人移转财产所有权的意思表示是虚假的，其目的是保有自己财产；在无偿转让财产的情况下，行为人移转财产所有权的意思表示是真实的，其目的是使判决、裁定确定的权利人的权利无法实现。

以明显不合理的低价转让财产，是指行为人以逃避执行为目的，故意将财产以远低于其实际价值的价格，卖给他人的行为。进入执行程序，被执行人应当自觉履行判决、裁定等确定的义务，不得任意转让财产。一般来说，被执行人为逃避执行而转让财产的行为应属无效，人民法院应追回被其转让的财产。对于故意与被执行人串通，协助被执行人逃避执行的，还可以追究其相应的法律责任。

需要说明的是，认定行为人是否具有恶意处分财产的行为时，应当坚持主客观相结合的原则，注意分析是否出于恶意。所谓恶意就是故意妨害执行，即明知自己的行为会妨害执行，而有意为之。一般来说，如果人民法院生效的判决、裁定的执行标的指向的是特定物的，行为人毁损、转让该特定物的行为应当认定为恶意处分。即使转让特定物的价格尚属正常，但是由于该特定物的转让导致人民法院判决、裁定无法执行的严重后果的发生，仍可以依照《刑法第三百一十三条解释》的规定处理。人民法院生效的判决、裁定不是指向特定物，行为人的财产总额基本上只足以甚至不足以用于履行判决、裁定所确定的义务，而行为人无偿转让或者以明显不合理的低价转让财产的，应认定为恶意处分。如果行为人出于管理、保值等需要，以合理价格转让财产的，或者行为人转让后所得的价款足以履行判决、裁定确定的义务的，对行为人的上述行为一般不应认定为恶意处分。

（3）协助执行义务人拒不履行协助执行义务。有的判决、裁定的内容，需要借助他人的行为才能够实现。比如冻结、划拨被执行人在银行的存款，需要银行的协助；对不动产、有价证券等进行过户登记，需要登记主管部门的协助。任何单位和个人对人民法院依法提出的协助执行的要求，有义务予以协助办理。与被执行人恶意串通，或无正当理由拒绝协助办理相应的执行事宜的，人民法院可以予以罚款、司法拘留等处罚；情节严重致使判决、裁定无法执行的，可以以拒不执行判决、裁定罪追究责任。

（4）与国家机关工作人员通谋，利用其职权妨害执行。这种行为也是实践中拒不执行判决、裁定较为常见的一种表现形式。

（5）其他有能力执行而拒不执行的行为。作出这一解释主要有两方面考虑：第一，实践中执行难的问题以财产案件最为突出，因此《刑法第三百一十三条解释》第二款列举的主要是拒不执行以财产为内容的判决、裁定的情形，对于执行标的为财产以外的其他内容的判决、裁定，由于判决、裁定的具体内容多样，行为人拒绝执行的情形也会比较复杂，《刑法第三百一十三条解释》无法一一详尽列举，从而有必要作出这一原则性规定。第二，即使就财产性案件而言，实践中逃避执行的行为的表现形式也是多种多样，《刑法第三百一十三条解释》的列举式规定难以穷尽这些行为。对在司法实践中遇到《刑法第三百一十三条解释》未明确列举的情形的，依此规定可以保证《刑法》第三百一十三条得以正确适用。

3. 如何理解致使“判决、裁定无法执行”

根据《刑法》第三百一十三条的规定，构成拒不执行判决、裁定罪的条件是“情节严重”，而《刑法第三百一十三条解释》规定的五种拒不执行判决、裁定的情形，除第五种外，均以致使判决、裁定无法执行作为构成犯罪的条件。《刑法第三百一十三条解释》规定的“致使判决、裁定无法执行”实际上是刑法规定的“情节严重”的具体化，是最常见的情节严重的一种表现形式。实施《刑法第三百一十三条解释》第二款第（一）至（四）项行为，并发生致使判决、裁定无法执行的结果的，就符合刑法规定的情节严重的条件。如果行为人实施上述行为，虽然未致使判决、裁定最终无法执行，但其手段、情节特别恶劣或者造成特别严重的后果，符合情节严重的条件的，应当按照《刑法第三百一十三条解释》第二款第（五）项的规定处理。

理解致使判决、裁定无法执行的含义，还需要进一步明确以下两个问题：第一，这里所说的致使判决裁定无法执行是仅指判决、裁定全部无法执行，还是也包括判决、裁定的部分无法执行；第二，是指永久性无法执行，还是指一定阶段内无法执行。关于第一个问题，致使判决、裁定无法执行，既包括行为人拒不执行的行为致使判决、裁定全部无法执行的情况，也包括致使判决、裁定部分无法执行的情况。即使行为人的行为只是致使判决、裁定部分无法执行，但部分无法执行本身达到情节严重程度的，也属于致使判决、裁定无法执行的一种情况。如致使判决、裁定大部分无法执行、无法执行的数额特别巨大的等。关于第二个问题，只要行为人隐藏、转移财产等行为，严重干扰人民法院正常的执行工作使之无法进行的，就可以认定为致使判决、裁定无法执行。即使人民法院最终通过各种途径找到被隐藏、转移的财产的，也不影响对其追究刑事责任。

需要指出的是，在实际发生的案件中，有的行为人隐藏、转移财产，即使被追究刑事责任也不愿意交出，对这些人员，除依法追究其刑事责任外，对于判决、裁定确定其应当履行的义务，仍应当予以执行。无论什么时候，一旦发现被其隐藏、转移的财产，随时可以强制执行。

（三）关于国家机关工作人员妨害执行的法律责任

《刑法第三百一十三条解释》第三款规定，国家机关工作人员有上述第（四）项行为的（即与被执行人、担保人、协助执行义务人通谋，利用国家工作人员的职权妨害执行），以拒不执行判决、裁定罪的共犯追究刑事责任。国家机关工作人员收受贿赂或者滥用职权，有上述第（四）项行为的，同时又构成刑法第三百八十五条、第三百九十七条规定之罪的，依照处罚较重的规定定罪处罚。这一规定明确了国家机关工作人员构成拒不执行判决、裁定罪共犯的情形，以及国家机关工作人员因收受贿赂、滥用职权而妨害执行，同时符合数个犯罪构成要件时的处断原则。实际上根据刑法关于共同犯罪的规定，任何人与被执行人、协助执行义务人、担保人通谋，妨害人民法院判决、裁定执行，情节严重的，都可以构成拒不执行判决、裁定罪的共犯。《刑法第三百一十三条解释》之所以专门对国家机关工作人员作出规定，是因为司法实践中很多被执行人为逃避执行，设法寻求地方或者主管部门的“保护”。而一些地方和部门的国家机关工作人员从局部利益出发，非法干扰、阻挠人民法院依法执行案件的现象比较严重。有的禁止人民法院执行所谓“挂牌保护”的企业，有的甚至还以地方政府的名义，专门制定、下发文件，限制人民法院执行案件的公务活动。这些国家机关工作人员中有相当一部分还是领导干部，这些利用职权干扰执行的行为，严重损害了人民法院的司法权威，给人民法院的执行工作带来很大困难。这些人员思想上普遍存在一种错误认识，认为自己的行为虽然违法，但出发点是为了本地区、本部门利益，因此性质不是很严重。这种错误认识在社会上也有一定市场。《刑法第三百一十三条解释》正是针对这种情况，明确了这种行为的犯罪性质，以支持人民法院依法排除干扰，加大执行工作的力度。

应该看到，在实际发生的案件中，也存在有些国家机关工作人员收受了被执行人的贿赂，而利用职权妨害人民法院执行判决、裁定的情况。在这种情况下，行为人的行为同时触犯了拒不执行判决、裁定罪和受贿罪两个罪名，属于牵连犯，应按照从一重罪处断的原则处理。另外，利用职权妨害执行也常常会发生同时构成滥用职权罪的情况，在这种情况下，由于行为人客观上实施了一个行为，这个行为同时具有妨害人民法院执行和滥用职权的性质，这种一行为触犯数个罪名的情况属于想象竞合犯，也应按照从一重罪处断的原则处理。

三、《刑法第三百一十三条解释》适用中应注意的几个问题

（一）正确处理刑法相关条文的关系

为保证人民法院判决、裁定的执行，除《刑法》第三百一十三条规定的拒不执行判决、裁定罪外，《刑法》第三百一十四条还规定，隐藏、转移、变卖、故意毁损已被司法机关查封、扣押、冻结的财产，情节严重的，处三年以下有期徒刑、拘役或者罚金。此外，与妨害人民法院执行工作相关的犯罪还有《刑法》第二百七十七条规定的妨害公务罪。司法实践中在具体认定时，要注意处理《刑法》第三百一十三条与这几个法律规定之间的关系。

与《刑法》第三百一十四条的关系。《刑法》第三百一十三条与第三百一十四条的立法目的都是保障人民法院判决、裁定得以及时执行。查封、扣押、冻结是人民法院在诉讼保全和强制执行时经常使用的措施，将人民法院已经采取了查封、扣押、冻结措施的财产隐藏、转移、变卖、故意毁损的行为，本身就是拒不执行判决、裁定的一种表现。因此，第三百一十三条与第三百一十四条在一定范围内属于一般规定与特别规定的关系，如果行为人隐

藏、转移、变卖、故意毁损已被人民法院查封、扣押、冻结措施的财产的，在法律适用上应优先适用特别规定，即第三百一十四条。应当注意的是，刑法第三百一十四条规定的司法机关查封、扣押、冻结的财产并不限于已被人民法院查封、扣押、冻结的财产，它还包括已被其他司法机关，如检察机关、侦查刑事案件的公安机关等依法查封、扣押、冻结的财产。如果行为人隐藏、转移、变卖、故意毁损上述财产，也应当予以追究。

与《刑法》第二百七十七条的关系。《刑法》第二百二十七条第一款规定，以暴力、威胁方法阻碍国家机关工作人员依法执行职务的，处三年以下有期徒刑、拘役、管制或者罚金。拒不执行判决、裁定罪本身也是阻碍人民法院依法执行职务的行为，具有妨害公务的性质。二者的区别：一是刑法对构成犯罪的行为方式有不同要求，刑法对妨害公务罪的行为方式有特殊要求，仅限于使用暴力、威胁的手段；后者没有限定具体的行为方式。二是对行为的危害性程度要求不同，前者并没有限定具体的危害后果；后者要求达到情节严重的，方构成犯罪。三是犯罪主体的范围不同，前者属于一般主体，任何人都可以构成；后者仅限于被执行人、协助执行义务人、担保人等负有特定义务的人员。在两个条文的具体适用上应注意：行为人以暴力、威胁手段妨碍人民法院执行判决、裁定，并致使判决、裁定无法执行，同时符合妨害公务罪和拒不执行判决、裁定罪的，应以妨害公务罪定罪处罚；行为人既有转移、隐藏财产等行为，致使判决、裁定无法执行，又对执行人员使用暴力、威胁手段的，应以拒不执行判决、裁定罪和妨害公务罪实行并罚。

（二）正确处理《刑法第三百一十三条解释》与最高人民法院有关解释的关系

为了适用刑法第三百一十三条的规定，最高人民法院于1998年4月8日通过了《关于审理拒不执行判决、裁定案件具体应用法律若干问题的解释》（已失效）。在《刑法第三百一十三条解释》通过以后，最高人民法院的解释的效力如何？从法律性质上看，《刑法第三百一十三条解释》是全国人大常委会对法律本意的解释，属于立法解释。对法律进行解释的权力是立法机关的专有职权，根据宪法规定，属于全国人大常委会。最高人民法院的解释则属于司法解释，其权限来源于全国人大常委会的授权。因此，最高人民法院的司法解释不得与法律以及立法解释相违背。《刑法第三百一十三条解释》通过以后，最高人民法院司法解释的效力，应视司法解释的具体内容而定。司法解释中与立法解释一致的部分，应属有效解释；与立法解释不一致的部分，应当属于无效解释。

（撰稿：郎胜、雷建斌）

2. 最高人民法院关于审理拒不执行判决、裁定刑事案件适用法律若干问题的解释（法释〔2015〕16号公布，法释〔2020〕21号修正，自2021年1月1日起施行）

为依法惩治拒不执行判决、裁定犯罪，确保人民法院判决、裁定依法执行，切实维护当事人合法权益，根据《中华人民共和国刑法》《中华人民共和国刑事诉讼法》《中华人民共和国民事诉讼法》等法律规定，就审理拒不执行判决、裁定刑事案件适用法律若干问题，解释如下：

第一条　被执行人、协助执行义务人、担保人等负有执行义务的人对人民法院的判决、裁定有能力执行而拒不执行，情节严重的，应当依照刑法第三百一十三条的规定，以拒不执行判决、裁定罪处罚。

第二条　负有执行义务的人有能力执行而实施下列行为之一的，应当认定为全国人民代表大会常务委员会关于刑法第三百一十三条的解释中规定的“其他有能力执行而拒不执行，情节严重的情形”：

（一）具有拒绝报告或者虚假报告财产情况、违反人民法院限制高消费及有关消费令等拒不执行行为，经采取罚款或者拘留等强制措施后仍拒不执行的；

（二）伪造、毁灭有关被执行人履行能力的重要证据，以暴力、威胁、贿买方法阻止他人作证或者指使、贿买、胁迫他人作伪证，妨碍人民法院查明被执行人财产情况，致使判决、裁定无法执行的；

（三）拒不交付法律文书指定交付的财物、票证或者拒不迁出房屋、退出土地，致使判决、裁定无法执行的；

（四）与他人串通，通过虚假诉讼、虚假仲裁、虚假和解等方式妨害执行，致使判决、裁定无法执行的；

（五）以暴力、威胁方法阻碍执行人员进入执行现场或者聚众哄闹、冲击执行现场，致使执行工作无法进行的；

（六）对执行人员进行侮辱、围攻、扣押、殴打，致使执行工作无法进行的；

（七）毁损、抢夺执行案件材料、执行公务车辆和其他执行器械、执行人员服装以及执行公务证件，致使执行工作无法进行的；

（八）拒不执行法院判决、裁定，致使债权人遭受重大损失的。

第三条 申请执行人有证据证明同时具有下列情形，人民法院认为符合刑事诉讼法第二百一十条第三项规定的，以自诉案件立案审理：

（一）负有执行义务的人拒不执行判决、裁定，侵犯了申请执行人的人身、财产权利，应当依法追究刑事责任的；

（二）申请执行人曾经提出控告，而公安机关或者人民检察院对负有执行义务的人不予追究刑事责任的。

第四条 本解释第三条规定的自诉案件，依照刑事诉讼法第二百一十二条的规定，自诉人在宣告判决前，可以同被告人自行和解或者撤回自诉。

第五条 拒不执行判决、裁定刑事案件，一般由执行法院所在地人民法院管辖。

第六条 拒不执行判决、裁定的被告人在一审宣告判决前，履行全部或部分执行义务的，可以酌情从宽处罚。

第七条 拒不执行支付赡养费、扶养费、抚育费、抚恤金、医疗费用、劳动报酬等判决、裁定的，可以酌情从重处罚。

第八条 本解释自发布之日起施行。此前发布的司法解释和规范性文件与本解释不一致的，以本解释为准。

权威解读

解读《最高人民法院关于审理拒不执行判决、裁定刑事案件适用法律若干问题的解释》①

2015年7月20日，最高人民法院公布了《关于审理拒不执行判决、裁定刑事案件适用法律若干问题的解释》（以下简称《拒不执行判决、裁定解释》）。为了在实施中准确、全面地理解《拒不执行判决、裁定解释》的主要内容，统一把握《拒不执行判决、裁定解释》的适用原则，现将《拒不执行判决、裁定解释》的起草背景、制定原则及主要内容的相关情况说明如下：

一、《拒不执行判决、裁定解释》的出台背景

拒不执行判决、裁定罪（以下简称拒执罪）规定于刑法“妨害社会管理

① 该解读系针对2015年司法解释所作解读，仅供读者参考。法释〔2020〕21号对解释进行了修正。因此，本解读文章的观点与修改后的司法解释有冲突的，以修改后的司法解释为准。

秩序罪”一章中，1979年刑法将拒执罪与妨害公务罪规定在同一条文，实践中作为自诉案件办理；1997年刑法将拒执罪单独规定，1998年最高人民法院、最高人民检察院、公安部、国家安全部、司法部、全国人大法工委发布《关于刑事诉讼法实施中若干问题的规定》（已失效，以下简称“六部委规定”）明确拒执罪案件为公诉案件。此后，全国人大常委会、“两院一部”分别以立法解释、联合通知的形式，对拒执罪的法律适用予以解释。但是，现有解释及规定并未完全涵盖实践中拒执罪的种种行为，拒执罪的法律适用问题亟待进一步细化和完善。

近年来，人民法院执行工作坚持“一性两化”的总体思路，不断加强执行工作的强制性、规范化和信息化，为从根本上解决执行难问题打开了新局面，其中严厉打击拒执罪是进一步加强执行工作强制性的一个重要抓手。随着执行工作的持续发展和不断深入，司法实践中办理拒不执行判决、裁定刑事案件时，在定罪量刑以及追诉程序上存在的争议问题愈加凸显，一定程度上阻碍了其强制性作用的发挥，需要及时予以解决。

党的十八届四中全会作出关于“切实解决执行难”“完善惩戒拒不执行生效裁判和决定等违法犯罪行为的法律规定”的重要决定后，最高人民法院院长周强作了“要集中打击拒执犯罪”的指示。2014年11月，最高人民法院联合最高人民检察院、公安部开展了集中打击拒不执行判决、裁定等犯罪行为的专项行动。为了使中央的重要决定真正落到实处，使专项行动能够顺利进行和达到预期效果，回应司法实践的关切，进一步明确拒不执行判决、裁定刑事案件法律适用问题，及时出台相关司法解释已经势在必行。

二、《拒不执行判决、裁定解释》出台的目的及原则

在前述背景和形势下，最高人民法院执行局深入调研，广泛征求意见，反复修改，起草了《拒不执行判决、裁定解释》初稿，并经最高人民法院审判委员会讨论通过。制定《拒不执行判决、裁定解释》的目的，主要解决拒执罪在定罪量刑以及追诉程序上存在的部分争议问题，进一步明确法律适用问题和统一执法尺度，满足审判、执行的司法实践需要，充分发挥拒执罪的强制性作用。

起草《拒不执行判决、裁定解释》过程中，最高人民法院注意把握了以下原则：

1. 确保《拒不执行判决、裁定解释》符合立法精神，充分考虑与现有的

立法解释相关规定和《刑法修正案（九）》的内容衔接。全国人大常委会于2002年针对拒执罪条款作了《关于〈中华人民共和国刑法〉第三百一十三条的解释》（以下简称2002年立法解释），《拒不执行判决、裁定解释》紧贴刑法法条以及2002年立法解释的规定，对相关问题作进一步解释，未作任何突破。《刑法修正案（九）》于2015年8月29日由全国人大常委会通过，自11月1日起施行，其第三十九条是对《刑法》第三百一十三条的修改，一是增加了量刑幅度，对情节特别严重的，处三年以上七年以下有期徒刑；二是明确了单位可以构成拒执罪。该条内容在之前公布的《刑法修正案（九）》的讨论草案中已有所规定，但鉴于《拒不执行判决、裁定解释》发布时《刑法修正案（九）》尚未正式出台，故在内容上未对“情节特别严重”及“单位犯罪”先行规定。

2. 确保《拒不执行判决、裁定解释》符合审判、执行工作实际，兼顾刑事审判及执行工作的规律和特点。拒执罪属于刑法规定的个罪，对该罪刑事案件的审理是刑事审判工作的一部分，但由于该罪的认定和追诉均与执行工作密切相关，且是执行工作强制性特点的重要体现。因此，《拒不执行判决、裁定解释》由最高人民法院执行局负责起草制定，从近年来执行工作实际出发，力求进一步满足执行工作实践的需要。

3. 确保《拒不执行判决、裁定解释》体现宽严相济刑事政策，明确对拒执罪从宽、从重的处罚情形。刑罚是保障公民合法权益的最后一道防线，《拒不执行判决、裁定解释》在强调法院执行工作强制性特点的同时，也注意保持了刑罚的谦抑性。比如，在解释“情节严重的情形”时，均设定了相应的入罪门槛，即“经采取罚款或者拘留等强制措施后……”“致使判决、裁定无法执行”“致使执行工作无法进行”等。在量刑方面则宽严相济，既规定了酌情从宽处罚情节，也规定了酌情从重处罚情节。

三、《拒不执行判决、裁定解释》的主要内容及重点问题

《拒不执行判决、裁定解释》全文共八条，既有对拒执罪定罪量刑的实体规定，也有对拒执罪刑事案件的追诉及管辖的程序规定。

实体方面，一是在2002年立法解释的基础上，进一步明确拒执罪“情节严重的情形”的具体表现，列举规定了三类共八项可以构成拒执罪的拒执行为。二是分别规定了量刑的酌情从宽情节和酌情从重处罚情节。

程序方面，一是规定了部分拒执罪案件可以按照自诉程序进行追诉。《拒

不执行判决、裁定解释》明确拒执罪案件符合《刑事诉讼法》第二百零四条规定条件的，人民法院可以按自诉案件立案受理；同时，按照《刑事诉讼法》第二百零六条的规定，自诉人在宣判前可以同被告人自行和解或者撤回自诉，从而把拒执罪案件的追诉程序由单一的公诉程序改为公诉与自诉程序并行。二是规定了对拒执罪案件的一般管辖原则，明确了一般情况下拒执罪案件由执行法院所在地法院审理。

《拒不执行判决、裁定解释》的八条规定中，需要重点把握的是第二条、第三条规定的内容，即拒执罪其他“情节严重的情形”的具体表现和拒执罪案件人民法院可以按自诉案件立案受理两个方面的问题。这两条规定的理解与适用问题将在后面作进一步解读。

四、关于拒执罪的主体范围

《拒不执行判决、裁定解释》第一条明确了拒执罪主体的适用范围，即拒执罪的主体为“被执行人、协助执行义务人、担保人等负有执行义务的人”。

对于此问题，我们先看一下现有法律法规的相关规定：(1)《刑法》第三百一十三条规定对人民法院的判决、裁定有能力执行而拒不执行，情节严重的，处三年以下有期徒刑、拘役或者罚金。该条文对构成拒执罪的具体主体范围未予明确。(2) 2002 年立法解释规定了情节严重的几种情形：“下列情形属于刑法第三百一十三条规定的‘有能力执行而拒不执行，情节严重’的情形：(一) 被执行人隐藏、转移、故意毁损财产或者无偿转让财产、以明显不合理的低价转让财产，致使判决、裁定无法执行的；(二) 担保人或者被执行人隐藏、转移、故意毁损或者转让已向人民法院提供担保的财产，致使判决、裁定无法执行的；(三) 协助执行义务人接到人民法院协助执行通知书后，拒不协助执行，致使判决、裁定无法执行的；(四) 被执行人、担保人、协助执行义务人与国家机关工作人员通谋，利用国家机关工作人员的职权妨害执行，致使判决、裁定无法执行的；(五) 其他有能力执行而拒不执行，情节严重的情形。”间接列举了被执行人、担保人、协助执行义务人均可以成为拒执罪主体，但仍缺乏统一的概括性表述。(3) 对于单位是否可以构成拒执罪的问题，《刑法修正案（九)》增加了单位犯罪的规定，但由于《拒不执行判决、裁定解释》先于《刑法修正案（九)》发布，在该修正案出台之前，不宜在《拒不执行判决、裁定解释》中规定单位犯罪。

因此，《拒不执行判决、裁定解释》将“被执行人、协助执行义务人、担保人”等可以构成拒执罪主体的人进行定义，概括表述为“负有执行义务的人”，以涵盖被执行人、协助执行义务人、担保人及其他犯罪主体，便于《拒不执行判决、裁定解释》的主体定位及日后与其他法律法规的衔接。《拒不执行判决、裁定解释》第一条没有规定更多新的内容，主要起到承上启下的作用。

五、关于拒执罪行为的具体表现

《拒不执行判决、裁定解释》第二条对拒执行为“情节严重的情形”作了进一步规范。如前所述，2002 年立法解释列举规定了“有能力执行而拒不执行，情节严重”的四种具体情形，但实践中司法机关仍会对一些行为是否属于拒执罪而发生争议，公安、检察机关经常以无明确标准为由而不予追诉，审判部门有时会因掌握不同标准而对已经起诉的被告人宣告无罪。《拒不执行判决、裁定解释》在征求意见时，全国人大法工委认为应当在原有立法解释的基础上再进行解释，原已明确的情形可以不再列举。2002 年立法解释第（五）项“其他有能力执行而拒不执行，情节严重的情形”为兜底条款，为进一步解释提供了空间。

因此，《拒不执行判决、裁定解释》第二条在现有法律法规的基础上，结合执行工作的司法实践，对拒执罪行为的具体表现作了进一步规定。除 2002 年立法解释中规定的四种具体情形外，又列举了三类八项情形可以构成拒执罪。第一类为“经采取罚款或者拘留等强制措施后仍拒不执行的”情形，比如，具有拒绝报告或者虚假报告财产情况、违反限制高消费令等拒执行为，被采取民事强制措施后仍拒不执行的，属情节严重情形；还有通过虚假诉讼等方式妨害执行，致使判决、裁定无法执行的情形为近年多发的拒执行为，应严厉打击。第二类为“致使人民法院判决、裁定无法执行的或者致使执行工作无法进行的”情形，比如，以暴力、威胁方法阻碍执行人员进入执行现场或者聚众哄闹、冲击执行现场，对执行人员进行侮辱、围攻、扣押、殴打等致使执行工作无法进行的行为，多是发生在法官眼皮底下的拒执行为，且具有一定的暴力性，极大地侵害了司法的公信力，阻碍了人民法院的执行工作，应严厉打击。第三类为“致使债权人遭受重大损失的”情形。严重的社会危害性是犯罪行为的基本特征，负有执行义务的人有能力执行而不执行，从而导致债权人合法权益遭受重大损失的，应予以刑罚处罚。

《拒不执行判决、裁定解释》第二条在适用中应注意以下问题：（1）原有规定的“情节严重情形”仍然适用。比如，2002年立法解释规定的“隐藏、转移、故意毁损财产或者无偿转让财产、以明显不合理的低价转让财产”的情形仍属于情节严重情形之一。(2) 对第三类“致使债权人遭受重大损失的”情形，其中“重大损失”的认定应从严掌握。(3) 第（五）至（七）项拒执行为，按照2007年“两院一部”发布的《关于依法严肃查处拒不执行判决、裁定和暴力抗拒法院执行犯罪行为有关问题的通知》（以下简称2007年“两院一部”通知）的规定，一律以妨害公务罪处罚，有过于“一刀切”之嫌，按照刑法理论的相关原理，负有执行义务的人实施了上述拒执行为之一的，以拒执罪处罚为宜。如果具体案件中存在与其他犯罪行为的竞合、牵连等情形，以及负有执行义务的人以外的其他人实施规定的相关行为构成共犯的，由法官根据具体情况依法处理。

六、关于拒执罪案件的公诉转自诉程序

《拒不执行判决、裁定解释》第三条规定了拒执罪案件的相关追诉程序。关于拒执罪案件的追诉程序，刑事诉讼法没有明确的具体规定。1979年《刑法》将拒执罪与妨害公务罪规定在同一条文中，实践中作为自诉案件办理；1997年《刑法》将拒执罪单独规定，1998年“六部委规定”中规定，“刑事诉讼法第一百七十条第二项规定由人民法院直接受理的‘被害人有证据证明的轻微刑事案件’是指下列被害人有证据证明的刑事案件……伪证罪、拒不执行判决裁定罪由公安机关立案侦查”，也就是明确了拒执罪案件属于公诉案件，只能适用公诉程序。2012年《刑事诉讼法》修改后，“六部委规定”对拒执罪案件是否属于公诉案件则没有进行规定，实践中仍坚持公诉程序的做法。

可以看出，拒执罪案件的追诉程序有一个从自诉程序到公诉程序的实践演变过程，应该说无论是作为自诉案件处理还是作为公诉案件处理，都在当时的历史条件下发挥了积极的作用，但同时，实行单一的追诉程序或多或少存在一定的弊端。尤其是近年来，随着执行工作的深入发展，规定拒执罪案件只能进行公诉，由于公、检、法机关在具体案件上对证据的把握、犯罪构成的认识不尽一致，沟通协调机制尚需进一步完善等原因，导致一些拒执犯罪未能得到追诉，使刑法设置的这一罪名没有发挥应有的威慑作用。为了解决实践中存在的上述问题，结合刑事诉讼法的相关规定，《拒不执行判决、裁定解释》第三条规定了部分拒执罪案件可以按照自诉程序进行追诉，明确拒执罪案件可采取公诉与自诉并行的方式。

2012年《刑事诉讼法》第二百零四条是对刑事案件公诉转自诉程序的规定，该条规定：“自诉案件包括下列案件：（一）告诉才处理的案件；（二）被害人有证据证明的轻微刑事案件；（三）被害人有证据证明对被告人侵犯自己人身、财产权利的行为应当依法追究刑事责任，而公安机关或者人民检察院不予追究被告人刑事责任的案件。”《最高人民法院关于适用〈中华人民共和国刑事诉讼法〉的解释》第一条亦有相关规定：人民法院直接受理的自诉案件包括：……（三）被害人有证据证明对被告人侵犯自己人身、财产权利的行为应当依法追究刑事责任，且有证据证明曾经提出控告，而公安机关或者人民检察院不予追究被告人刑事责任的案件。此项制度是为了解决实践中存在的有案不立、有罪不究、被害人告状无门的问题，确立的独特的诉讼制度。虽然由于被害人举证能力有限，对公安、检察机关的制约力也很薄弱等原因受到诸多诟病，但在现实条件下，却可以为拒执罪案件的追诉程序多提供一个途径，为拒执罪案件被害人多提供一个救济选择，恰与目前执行工作的实践需求相契合。因此，《拒不执行判决、裁定解释》明确如果拒执罪案件符合了上述规定的条件，那么就应该可以由申请执行人向法院直接起诉，法院应当按照自诉案件受理。

《拒不执行判决、裁定解释》第三条对可以自诉的拒执罪案件作了较为原则的规定，具体在实施过程中应注意如下问题：（1）具有下列情形之一的，属于刑事诉讼法第二百零四条第（三）项规定的“不予追究被告人刑事责任”的情形：①公安、检察机关作出《不予立案通知书》或者《不起诉决定书》的；②申请执行人向公安、检察机关报案，公安、检察机关不予接收材料、不予答复的。（2）人民法院立案部门对申请执行人提交的证据进行核实后，对于符合立案条件的拒执罪自诉案件，应当及时予以立案。（3）拒执罪自诉案件立案或者审判过程中，自诉人要求复制已由执行机关收集和固定，证明其人身、财产权利受到侵犯的证据，执行机关应当允许并及时提供；立案、刑事审判部门需要执行机关提供相应证据的，执行机关应当及时移送相关证据。（4）为确保拒执罪案件审理程序规范、法律适用统一，在受诉法院内部，应指定一个刑事审判庭统一负责对拒执罪公诉或自诉案件的审理工作。

七、关于拒执罪自诉案件的和解与撤诉

《拒不执行判决、裁定解释》第四条规定了拒执罪案件自诉人可以和解与撤诉。此条主要是指引性规定，强调要注意2012年《刑事诉讼法》第二百零六条相关规定的适用。2012年《刑事诉讼法》第二百零六条第一款规定："人民法院对自诉案件，可以进行调解；自诉人在宣告判决前，可以同被告人自行和解或者撤回自诉。本法第二百零四条第三项规定的案件不适用调解。"对《拒不执行判决、裁定解释》第四条的理解，应当注意以下问题。

拒执罪自诉案件不适用调解。在一般的自诉案件中，被害人的自诉权在本质上是法律赋予公民个人的私权利，在很大程度上为被害人个人主观愿望所支配，被害人在自诉程序中具有较大的自主性，主要表现在：可以接受法院调解，可以与对方当事人和解，也可以自行撤诉。但由于公诉转自诉案件具有一定的特殊性，被害人本身基于公安、检察机关不予处理的情形下才向法院告诉，法院受理后应积极地予以审查处理，作出法律评判，而不必再进行调解。因此，按照2012年《刑事诉讼法》第二百零六条第一款的规定，拒执罪自诉案件不适用调解。

拒执罪自诉案件自诉人可以同被告人自行和解。和解的时间点为宣告判决前，且要求双方完全自愿进行。拒执罪其实是悬在被执行人头上的一把利剑，更多的是起到威慑和强制执行的作用，如果在拒执罪自诉案件审理过程中，被执行人能够愿意履行执行义务，并得到申请执行人的同意，双方达成和解，或者自诉人因和解而撤诉，人民法院应予以认可。

拒执罪自诉案件自诉人可以撤诉。拒执罪自诉案件中，自诉人自愿申请撤诉的，需要经过人民法院的审查同意；对于经审查后，缺乏罪证的自诉案件，如果自诉人提不出补充证据，应当说服自诉人撤回自诉，或者裁定驳回；自诉人经两次依法传唤，无正当理由拒不到庭的，或者未经法庭许可中途退庭的，按撤诉处理。

八、关于拒执罪案件的管辖原则

《拒不执行判决、裁定解释》第五条规定了拒执罪案件管辖的一般原则，即一般由执行法院所地人民法院审理。按照刑事诉讼法及其解释的相关规定，刑事案件由犯罪地法院管辖，犯罪地包括犯罪行为发生地及犯罪结果发生地，而拒执犯罪行为的主要结果就是致使判决、裁定无法执行，所以，执行法院所在地可以纳入犯罪结果地范围，由执行法院所在地法院管辖合乎法律规定。

但根据2007年的联合"两院一部"通知的规定，拒执罪案件由犯罪行为发生地司法机关管辖，而实践中执行法院以外的其他法院对拒执行为的惩处往往缺乏积极性，不利于相关证据的收集和固定，不利于对拒执犯罪的追诉和打击。此项规定目前看来有些失之过窄，已不太适应司法实践的需要，在征求意见过程中，多数法院要求进一步明确拒执罪案件可以由执行法院管辖的问题。因此，《拒不执行判决、裁定解释》第五条将执行法院所在地法院管辖作为拒执罪案件管辖的一般原则进一步明确；同时考虑到拒执罪案件审判的级别管辖问题，执行法院与审理拒执罪的法院会出现不一致情况，则条文表述为“一般由执行法院所在地人民法院审理”。

《拒不执行判决、裁定解释》第五条在适用时应当注意以下问题：(1)《拒不执行判决、裁定解释》规定的由执行法院所在地人民法院管辖为一般管辖原则，不得突破级别管辖的规定，如果由其他有管辖权的法院进行审理更为适宜，或者发生管辖争议的，按刑事诉讼法的相关规定处理。(2) 人民法院应与当地公安、检察机关做好沟通和衔接，避免出现侦查、公诉与审判管辖相冲突的现象。

九、关于拒执罪的量刑情节

《拒不执行判决、裁定解释》第六条、第七条规定了拒执罪的量刑情节。其中，第六条规定了拒不执行判决、裁定的被告人在一审宣告判决前，履行全部或部分执行义务的，可以酌情从宽处罚。主要是为了在打击和惩罚拒执犯罪的同时，鼓励被告人积极履行判决、裁定确定的法律义务，使执行案件得到实际执行。适用此条应注意以下两点：(1) 予以从轻的期限为“一审宣告判决前”，即在一审宣告判决前，负有执行义务的人履行执行义务的，均有机会在量刑上获得从宽处罚。(2) 履行全部或部分执行义务的，均可以从宽处罚，至于从宽的幅度，由刑事法官根据其履行义务的份额、案件具体情节等综合考量，酌情予以从轻或者免除处罚。

第七条规定了拒执罪量刑的酌情从重处罚情节。首先，此条规定的案件类型属于《民事诉讼法》第一百零六条规定的先予执行的案件，“人民法院对下列案件，根据当事人的申请，可以裁定先予执行：（一）追索赡养费、扶养费、抚育费、抚恤金、医疗费用的；（二）追索劳动报酬的”。其次，这些案件亦属于涉民生执行案件。申请执行人多为弱势群体，近年来全国法院进行的涉民生执行案件集中清理专项活动，收到了良好的社会效果。因此，根据相关民事法律规定，结合执行工作实践经验的总结，规定在上述案件的执行中被执行人拒不执行行为构成犯罪的，可以酌情从重处罚。

十、关于《拒不执行判决、裁定解释》的效力衔接

《拒不执行判决、裁定解释》第八条规定了《拒不执行判决、裁定解释》生效时间及效力衔接问题。《拒不执行判决、裁定解释》在起草、论证过程中，充分考虑了与此前发布的立法解释、司法解释及其他规范性文件的相互衔接。对立法解释原有的相关规定没有进行重复规定，只是在原有规定的基础上作了进一步细化，原有规定依然适用；对于司法解释及其他规范性文件原有的相关规定与《拒不执行判决、裁定解释》不一致的，以《拒不执行判决、裁定解释》为准。具体来说，不一致的内容主要有以下三个方面：

关于《拒不执行判决、裁定解释》第二条第（五）至（七）项拒执行为的定性。按照2007年"两院一部"通知的规定，一律以妨害公务罪处罚，《拒不执行判决、裁定解释》则规定负有执行义务的人实施了上述行为之一，以拒执罪处罚。如果具体案件中存在与其他犯罪行为的竞合、牵连等情形，以及负有执行义务的人以外的其他人实施规定的相关行为构成共犯的，由法官根据具体情况依法处理。

关于拒执罪案件的追诉程序。按照1998年"六部委规定"，拒执罪案件为公诉案件，只能公诉追诉；《拒不执行判决、裁定解释》则规定符合2012年《刑事诉讼法》第二百零四条规定条件的部分拒执罪案件可以按照自诉案件处理，明确拒执罪案件的追诉程序为公诉、自诉并行。

关于拒执罪案件的管辖。按照2007年"两院一部"通知的规定，拒执罪案件由犯罪行为发生地法院管辖；《拒不执行判决、裁定解释》则规定一般情况下由执行法院所在地法院审理。

十一、其他需要说明的问题

关于拒执罪的条文适用，还存在其他一些问题需要进一步明确和细化，由于争议较大或者意见还不够成熟，并未在《拒不执行判决、裁定解释》中加以规定。但对这些问题进行一定的解释，有利于对拒执罪案件的统一处理，也有利于对《拒不执行判决、裁定解释》的进一步理解，故在此一并作相应说明，供实践中参考适用。

关于"判决、裁定"的范围问题。2002年立法解释规定，《刑法》第三百一十三条规定的"人民法院的判决、裁定"，是指人民法院依法作出的具有执行内容并已发生法律效力的判决、裁定。人民法院为依法执行支付令、生效的调解书、仲裁裁决、公证债权文书等所作的裁定属于该条规定的裁定。

对于该解释的理解应当注意以下问题：

（1）关于调解书是否属于“判决、裁定”的范围问题。我们认为，人民法院主持下作出的调解书本身不能作为拒执罪的行为对象，应该严格按照上述立法解释的规定理解，只有人民法院为依法执行生效的调解书所作的裁定才属于条文规定的“裁定”。“人民法院依法作出的具有执行内容并已发生法律效力的判决、裁定”，是否包括人民法院作出的保全裁定、先予执行裁定以及为依法执行行政处理决定或者行政处罚决定等所作的裁定问题。实践中，由于拒不执行保全裁定、先予执行裁定的行为多发生在诉讼程序而非执行程序中，相关法律对此类裁定能否作为拒执罪对象均未明确规定，能否对该裁定的拒执行为以拒执罪追诉，许多法院要求予以明确。我们认为，设置诉讼保全、先予执行制度本身就是为了保障判决、裁定的顺利执行，生效的诉讼保全、先予执行裁定属于具有执行内容并已发生法律效力的裁定，将拒不执行此类裁定的犯罪行为纳入打击范围，符合立法精神和执行工作实际。但对于“为依法执行行政处理决定或者行政处罚决定等所作的裁定”，则应根据相关规定，慎重适用。

（2）关于“有能力执行而拒不执行”的界定问题。《刑法》第三百一十三条规定了“有能力执行而拒不执行”，其中何谓“有能力执行”并不明确，实践中对有部分履行能力的是否属于“有能力执行”，拒执犯罪行为对象是否包括行为的执行以及不作为能否构成拒执罪等问题均有争议。我们认为，拒执罪客观行为既包括对财产执行的拒执行为，也包括对行为执行的拒执行为。在对财产的执行中，“有能力执行”是指有可供执行的财产，包括有可供全部执行的财产，也包括有可供部分执行的财产；“拒不执行”行为，包括主动的对抗执行行为，也包括拒绝履行的不作为。

（3）关于罪数的认定原则问题。《拒不执行判决、裁定解释》第二条规定的行为，还可能同时构成侮辱、诽谤、故意伤害等侵害人身权利的犯罪，以及妨害公务罪，抢夺、毁灭国家机关公文、证件，寻衅滋事等妨害社会管理秩序的犯罪，实践中应如何把握罪数的认定原则，在征求意见过程中，全国人大法工委、最高人民检察院以及部分高级人民法院，均希望在《拒不执行判决、裁定解释》中加以明确。《拒不执行判决、裁定解释》曾考虑规定：“负有执行义务的人有本解释第二条规定行为之一，同时又构成其他犯罪的，依照处罚较重的规定处罚。”但鉴于罪数问题涉及刑法理论中的法条竞合、想象竞合、牵连犯等诸多复杂概念，实践中应由刑事法官视案件具体情况具体分析，为稳妥起见，《拒不执行判决、裁定解释》对此问题未作规定。

(4) 关于拒执罪共犯的认定问题。《拒不执行判决、裁定解释》在起草过程中，对于拒执罪犯罪主体以外的其他人实施第二条规定的行为，符合共犯要件的，曾考虑规定："其他人与负有执行义务的人通谋，共同实施本解释第二条规定的行为，以拒不执行判决、裁定罪共犯追究刑事责任；但其他人的行为同时又构成其他犯罪的，依照处罚较重的规定定罪处罚。"但鉴于共犯问题属于刑事审判过程中具体的实体认定问题，且为实践中的复杂、疑难问题，对此问题把握不准，故未在《拒不执行判决、裁定解释》中加以规定。

（撰稿：刘贵祥、刘慧卓）

3. **最高人民法院、最高人民检察院、公安部关于依法严肃查处拒不执行判决、裁定和暴力抗拒法院执行犯罪行为有关问题的通知**（法发〔2007〕29号，自2007年8月30日起施行）

各省、自治区、直辖市高级人民法院、人民检察院、公安厅（局），新疆维吾尔自治区高级人民法院生产建设兵团分院，新疆生产建设兵团人民检察院、公安局：

近年来，在人民法院强制执行生效法律文书过程中，一些地方单位、企业和个人拒不执行或以暴力手段抗拒人民法院执行的事件时有发生且呈逐年上升的势头。这种违法犯罪行为性质恶劣，社会危害大，严重影响了法律的尊严和执法机关的权威，已经引起了党中央的高度重视。中央政法委在《关于切实解决人民法院执行难问题的通知》（政法〔2005〕52号文件）中，特别提出公、检、法机关应当统一执法思想，加强协作配合，完善法律制度，依法严厉打击暴力抗拒法院执行的犯罪行为。为贯彻中央政法委指示精神，加大对拒不执行判决、裁定和暴力抗拒执行犯罪行为的惩处力度，依据《中华人民共和国刑法》、《中华人民共和国刑事诉讼法》、全国人大常委会《关于〈中华人民共和国刑法〉第三百一十三条的解释》等规定，现就有关问题通知如下：

一、对下列拒不执行判决、裁定的行为，依照刑法第三百一十三条的规定，以拒不执行判决、裁定罪论处。

（一）被执行人隐藏、转移、故意毁损财产或者无偿转让财产、以明显不合理的低价转让财产，致使判决、裁定无法执行的；

（二）担保人或者被执行人隐藏、转移、故意毁损或者转让已向人民法院提供担保的财产，致使判决、裁定无法执行的；

（三）协助执行义务人接到人民法院协助执行通知书后，拒不协助执行，致使判决、裁定无法执行的；

（四）被执行人、担保人、协助执行义务人与国家机关工作人员通谋，利用国家机关工作人员的职权妨害执行，致使判决、裁定无法执行的；

（五）其他有能力执行而拒不执行，情节严重的情形。

二、对下列暴力抗拒执行的行为，依照刑法第二百七十七条的规定，以妨害公务罪论处。

（一）聚众哄闹、冲击执行现场，围困、扣押、殴打执行人员，致使执行工作无法进行的；

（二）毁损、抢夺执行案件材料、执行公务车辆和其他执行器械、执行人员服装以及执行公务证件，造成严重后果的；

（三）其他以暴力、威胁方法妨害或者抗拒执行，致使执行工作无法进行的。

三、负有执行人民法院判决、裁定义务的单位直接负责的主管人员和其他直接责任人员，为了本单位的利益实施本《通知》第一条、第二条所列行为之一的，对该主管人员和其他直接责任人员，依照刑法第三百一十三条和第二百七十七条的规定，分别以拒不执行判决、裁定罪和妨害公务罪论处。

四、国家机关工作人员有本《通知》第一条第四项行为的，以拒不执行判决、裁定罪的共犯追究刑事责任。

国家机关工作人员收受贿赂或者滥用职权，有本《通知》第一条第四项行为的，同时又构成刑法第三百八十五条、第三百九十七条规定罪的，依照处罚较重的规定定罪处罚。

五、拒不执行判决、裁定案件由犯罪行为发生地的公安机关、人民检察院、人民法院管辖。如果由犯罪嫌疑人、被告人居住地的人民法院管辖更为适宜的，可以由犯罪嫌疑人、被告人居住地的公安机关、人民检察院、人民法院管辖。

六、以暴力、威胁方法妨害或者抗拒执行的，公安机关接到报警后，应当立即出警，依法处置。

七、人民法院在执行判决、裁定过程中，对拒不执行判决、裁定情节严重的人，可以先行司法拘留；拒不执行判决、裁定的行为人涉嫌犯罪的，应当将案件依法移送有管辖权的公安机关立案侦查。

八、人民法院、人民检察院和公安机关在办理拒不执行判决、裁定和妨害公务案件过程中，应当密切配合、加强协作。对于人民法院移送的涉嫌拒不执行判决、裁定罪和妨害公务罪的案件，公安机关应当及时立案侦查，检察机关应当及时提起公诉，人民法院应当及时审判。

在办理拒不执行判决、裁定和妨害公务案件过程中，应当根据案件的具体情况，正确区分罪与非罪的界限，认真贯彻"宽严相济"的刑事政策。

九、人民法院认为公安机关应当立案侦查而不立案侦查的，可提请人民检察院予以监督。人民检察院认为需要立案侦查的，应当要求公安机关说明不立案的理由。人民检察院认为公安机关不立案理由不能成立的，应当通知公安机关立案，公安机关接到通知后应当立案。

十、公安机关侦查终结后移送人民检察院审查起诉的拒不执行判决、裁定和妨害公务案件，人民检察院决定不起诉，公安机关认为不起诉决定有错误的，可以要求复议；如果意见不被接受，可以向上一级人民检察院提请复核。

十一、公安司法人员在办理拒不执行判决、裁定和妨害公务案件中，消极履行法定职责，造成严重后果的，应当依法依纪追究直接责任人责任直至追究刑事责任。

十二、本通知自印发之日起执行，执行中遇到的情况和问题，请分别报告最高人民法院、最高人民检察院、公安部。

（三）典型或常见问题的审理思路

1. 拒不履行生效调解书，将银行存款转移至案外人名下，致使案件无法执行的如何定性[①]？

本书观点：经人民法院主持达成的调解协议具有与生效判决、裁定同等的效力，生效调解书也属于拒不执行判决、裁定罪中的"判决、裁定"范畴。行为人在调解书生效后，将其130余万元银行存款转至案外人账户，致使生效调解书无法履行，已经构成了拒不执行判决、裁定罪。考虑到案发后其能

---

① 观点来源：最高人民法院公布五起打击拒不执行涉民生案件典型案例（2015年2月15日）。

主动投案并积极履行义务，依照宽严相济的刑事政策，可以得到从轻处罚。

2. 如何理解拒不执行判决、裁定罪中的“致使判决、裁定无法执行”[①]**？**

本书观点：不论被执行人实施何种逃避或者抗拒执行的行为，一旦出现“致使判决、裁定无法执行”的状态时，便可认定为“情节严重”，追究其刑事责任。“致使判决、裁定无法执行”是指债务人逃避或者抗拒执行的行为造成人民法院执行机构无法运用法律规定的执行措施，或者虽运用了法律规定的各种执行措施，但仍无法执行的情形。拒不执行判决、裁定罪所侵犯的法益主要是司法秩序和司法权威，故应当从影响人民法院执行工作的角度来理解“致使判决、裁定无法执行”，而不能从债权人是否最终实现债权角度来分析。对于债务人逃避或者抗拒执行的行为导致人民法院执行机构通过法定执行措施无法继续执行或者根本无法运用法定执行措施时，即使债权人通过再次起诉等途径最终实现了债权，也仍应认定出现了“致使判决、裁定无法执行”的结果，可以追究债务人的刑事责任。

关于“有能力执行”应当从以下几个方面来理解和把握：

（1）认定“有能力执行”的时间从判决、裁定生效时起算，不限于执行期间或刑事案件审理期间。“有能力执行”的时间起算节点应为判决、裁定发生法律效力时。主要理由在于：判决、裁定生效时，双方当事人的权利义务关系才得以明确，被执行人的法定义务才得以确立。在判决、裁定未生效的情况下，双方当事人的权利义务尚未明确，判决、裁定处于不确定的状态，判决、裁定尚未开始执行。宣告裁判结果说对行为人“有能力执行”的时间节点认定过于提前，忽视了拒不执行判决、裁定罪侵犯的客体是人民法院的生效判决、裁定，判决、裁定宣告不等同于生效，判决、裁定未生效，也就谈不上被侵犯。犯罪客体未受侵犯，自然不能成立犯罪。判决、裁定生效时，行为人的法定义务就已经确立，应当自觉、及时履行判决、裁定所要求的内容。只要行为人收到了人民法院的判决、裁定，就应当认定其知晓了判决、裁定的内容，执行案件是否立案、执行文书是否送达并不影响判决、裁定确定的义务。判决、裁定生效后行为人便产生了执行判决、裁定的义务，此时实施隐藏、转移财产等行为，必然妨碍了判决、裁定的执行，妨害了司法。

---

① 观点来源：《中国刑事审判指导案例（妨害社会管理秩序罪）》，法律出版社2009年版，第111-114页：马某英、杨某全拒不执行判决、裁定案。《刑事审判参考》1204号指导案例，龙某某拒不执行判决、裁定案。

自判决、裁定生效至被指控犯拒不执行判决、裁定罪的刑事案件立案审理期间，行为人在任何时间点有履行生效判决、裁定能力的，均可以认定“有能力执行”，而非限于执行期间或刑事案件审理期间，这样理解既符合法律规定，也利于打击拒不执行判决、裁定的犯罪行为。

（2）“有能力执行”是客观事实，不以行为人的主观认识为要件，且不受执行情况的制约。“有能力执行”应是一种客观事实，行为人主观上认为其不具有执行能力的不影响认定。认定行为人“有能力执行”应当综合全部案情加以判断，要考虑行为人自身的收入、支出情况等。对给付的执行义务，则要考虑行为人实施给付行为的能力及现实的可能性等。需要指出的是，认定行为人是否“有能力执行”不应受执行情况的影响。拒不执行判决、裁定案件中，尤其是自诉程序中，执行机构可能出具执行终结裁定书，以被执行人名下无可供执行的财产为由，裁定终结本次执行程序。对此，我们认为，执行终结裁定书通常是以被执行人名下无“显性”财产为根据的，如名下存款、不动产等，而刑事程序中行为人是否“有能力执行”不仅要考虑行为人“显性”财产，而且要考虑其“隐性”财产，需要依据综合情节认定行为人是否“有能力执行”。举例而言，行为人名下无存款、无不动产或高额动产，但确实存在高消费、高支出的，仍可认定其“有能力执行”。简言之，除了行为人及其家庭生活必需外，如果行为人有非必要性支出的，即使名下无财产，仍可视情形认定其“有能力执行”。

（3）“有能力执行”包括部分执行能力。在对财产的执行中，“有能力执行”是指有可供执行的财产，既包括有可供全部执行的财产，也包括可供部分执行的财产。即使行为人没有能力一次性全部履行执行义务，但有能力分次履行、部分履行执行义务的，可以认定行为人“有能力执行”。这样理解是为了防止行为人以不能全部履行义务为由，拒不履行法定义务。当然，在执行只具备部分执行能力的被告人时，需要在实现债权和尊重人权之间、在执行目的和执行手段之间、在债权人与债务人法律地位之间找到一个最佳的平衡点。简言之，在财产给付中，行为人能够通过自己的行为获得生活来源并能够维持一般人的生活水平的，就能分批给付小额财产，具有了部分履行的能力，如系低保人员、家庭严重困难、失业无收入来源等则除外。

（四）疑难、复杂问题的参考性解答

为逃避执行，在民事赔偿义务确定前转移、隐匿财产等，并指使他人作伪证，致使人民法院判决长期无法执行的行为应如何定性？

本书观点：（1）定妨害作证罪，帮助毁灭、伪造证据罪的主体不适格。妨害作证罪和帮助毁灭、伪造证据罪都是发生在诉讼过程中的行为，侵犯的客体是司法机关的诉讼活动。司法机关的诉讼活动，主要包括公安机关对刑事案件的侦查活动、检察机关对刑事案件的侦查、起诉活动，审判机关对刑事、民事、行政等案件的审判活动[①]。执行程序不属于审判程序。广义而言，执行活动也属于诉讼活动，民事诉讼法专门用第三编规定了“执行程序”，包括第十九章“一般规定”，第二十章“执行的申请和移送”，第二十一章“执行措施”，第二十二章“执行中止和终结”。但是，刑法规定的妨害作证罪、帮助毁灭、伪造证据罪以及伪证罪等以证据为对象的犯罪，都是发生在诉讼过程中，就人民法院而言，都是发生在审判程序中。即案件由人民法院立案后，进入审判程序至法院作出生效裁判前。在民事案件中，法院立案前的行为，一般不作为妨碍诉讼的行为来认定，但如果其行为的后果持续到审判程序中，妨害人民法院作出正确裁判的，则仍然应当作为妨害诉讼的行为来认定。如原告在起诉前，就以暴力、贿买等方法阻止证人作证，案件进入审判程序后，相关证人由于原告的上述行为而不敢、不愿作证的，可以认定为妨害诉讼的行为。法院作出生效裁判后，进入执行阶段。在执行阶段，当事人提供的证据，由于缺少开庭审理对证据的质证，因而该证据不能成为上述罪名的犯罪对象。

（2）隐藏、转移财产等行为延续至民事裁判生效后，属于执行阶段中的拒不执行判决、裁定行为，应以拒不执行判决、裁定罪论处。

拒不执行判决、裁定罪从时间上看，构成该罪的行为要件应当是从裁判生效后开始计算，但在民事裁判生效前，甚至在进入民事诉讼程序前，转移、隐匿财产等行为是否构成拒不执行判决、裁定罪？我们认为，只要转移、隐匿财产等行为状态持续至民事裁判生效后，情节严重的，即可构成拒不执行判决、裁定罪。

---

① 张述元主编：《刑法条文理解适用与司法实务全书》，中国法制出版社 2018 年版，第 3425 页。

第一，拒不执行判决、裁定罪的本意是处罚有能力执行而拒不执行的执行义务人。《最高人民法院关于审理拒不执行判决、裁定刑事案件适用法律若干问题的解释》（以下简称《司法解释》）第一条明确规定，负有执行义务的人对人民法院的判决、裁定有能力执行而拒不执行，情节严重的，应当以拒不执行判决、裁定罪处罚。行为人有执行能力，却游说他人帮助其伪造高额债务并转移涉案房产，相关行为状态一直持续至民事判决生效后的执行阶段，且二人在尚未开始民事赔偿诉讼前即实施转移、隐匿财产等行为，以此对抗法院执行，较一般拒执行为的主观恶性更大。

第二，“有执行能力”的时间应从法院判决、裁定生效后起算。法院判决、裁定生效后，义务人即应当按照裁判确定的内容实施给付义务或者履行行为，该阶段可以认为是自然履行阶段。执行程序是裁判生效后，由申请执行人向人民法院申请强制执行，人民法院受理、立案后才正式进入执行程序，人民法院执行机构根据生效裁判强制义务人履行义务。从我国《刑法》第三百一十三条及相关司法解释可以看出，拒不执行判决、裁定罪维护的是生效裁判所代表的权威性，确保司法秩序的正常运行。执行义务人在收到人民法院送达的判决、裁定后，就应当知晓自己权利义务的状态。在判决、裁定生效后，无论是否进入执行程序或者是否收到执行通知书，均应当按照判决、裁定确定的义务执行。

第三，行为人的行为属于“有能力执行而拒不执行，情节严重”的行为。《全国人民代表大会常务委员会关于〈中华人民共和国刑法〉第三百一十三条的解释》规定了“有能力执行而拒不执行，情节严重”的几种情形，其中规定了“其他有能力执行而拒不执行，情节严重的情形”。为此，《司法解释》第二条第（二）项将“伪造、毁灭有关被执行人履行能力的重要证据，以暴力、威胁、贿买方法阻止他人作证或者指使、贿买、胁迫他人作伪证，妨碍人民法院查明被执行人财产情况，致使判决、裁定无法执行的”规定为“其他有能力执行而拒不执行，情节严重的情形”。行为人通过指使他人做伪证，隐匿财产的行为状态持续至执行阶段，导致人民法院无法查明二人的财产情况，致使相关民事赔偿判决无法执行。我们认为，行为人为了逃避执行，在民事履行义务确定前转移、隐匿财产，且行为状态持续至执行阶段，致使法院判决、裁定无法执行，该行为不仅仅是隐匿财产的行为的持续，更是执行阶段拒绝执行生效裁判的表现，应以拒不执行判决、裁定罪定罪处罚。

十三、非法处置查封、扣押、冻结的财产罪

（一）刑法规定

第三百一十四条 隐藏、转移、变卖、故意毁损已被司法机关查封、扣押、冻结的财产，情节严重的，处三年以下有期徒刑、拘役或者罚金。

（二）典型或常见问题的审理思路

1. 明知房产被依法查封而隐瞒事实将房产卖与他人并收取预付款的行为如何定性①？

本书观点：行为人明知自己的房屋已被法院依法查封，仍擅自将被查封的房屋转卖给他人，情节严重，其行为已构成非法处置查封的财产罪，依法应予惩处。从行为人有联系贷款业务，意图用佣金冲抵欠债，达到解封房屋之行为看，其有一定的履约行为；从行为人另外有投资及拥有其他房屋的产权和租赁权等情况看，其亦有一定的履约能力；从房屋买卖合同的履行情况看，买方的损失亦可以通过其他途径得到救济且已经予以解决，故行为人将已被法院查封的房屋出卖给他人，并收取钱款的行为，不符合合同诈骗罪的构成要件。行为人明知是被司法机关查封的房屋，仍决意实施非法处置查封财产的行为，情节严重，其行为符合非法处置查封的财产罪的构成要件。

2. 窃取本人被司法机关扣押财物的行为如何处理？②

本书观点：定性的焦点在于行为人是否具有非法占有的目的。如果有证据证明行为人窃取人民法院扣押的财物后，有向人民法院提出索赔的目的，或者已经获得赔偿的情况，则应当以盗窃罪定罪处刑；反之，如果没有非法占有目的，把自己所有而被司法机关扣押的财产擅自拿走，则不能以盗窃罪处理。

司法机关查封、扣押、冻结财产的活动是司法机关在诉讼过程中，为了保证诉讼的正常进行，对有关的财产采取的诉讼保全措施或强制执行措施。如果在司法机关对有关财产进行查封、扣押、冻结以后，隐藏、转移、变卖、

---

① 观点来源：最高人民法院刑事审判第一、二、三、四、五庭编：《刑事审判参考》（总第54期），法律出版社2020年版，第83－90页。

② 观点来源：《刑事审判参考》第404号陆某忠、刘某非法处置扣押的财产案。

毁损这些财产的，不仅严重破坏国家司法机关的正常诉讼活动，而且可能导致司法机关的裁判无法得到执行，造成国家、集体或者公民个人财产受损，严重损害司法的权威和尊严，因此刑法规定对于情节严重的应当予以刑罚处罚。对此类行为的惩治，刑法规定了两个相应罪名：一是《刑法》第三百一十四条规定的非法处置查封、扣押、冻结的财产罪；二是《刑法》第三百一十三条规定的拒不执行判决、裁定罪。而拒不执行判决、裁定罪要求的拒不执行的客观行为，就包含以隐藏、转移、变卖、毁损将要被执行的财产的方法抗拒法院裁判执行的行为。这里将要被执行的财产包括已经和尚未被司法机关查封、扣押、冻结的财产。对此，最高人民法院在《关于审理拒不执行判决、裁定案件具体应用法律若干问题的解释》（已失效）中规定："负有执行人民法院判决、裁定义务的人具有下列情形之一的，应当认定为拒不执行人民法院判决、裁定的行为'情节严重'：（一）在人民法院发出执行通知以后，隐藏、转移、变卖、毁损已被依法查封、扣押或者已被清点并责令其保管的财产，转移已被冻结的财产，致使判决、裁定无法执行的……"据此，当行为人实施隐藏、转移、变卖、毁损已被司法机关查封、扣押、冻结的财产的行为时，非法处置查封、扣押、冻结的财产罪和拒不执行判决、裁定罪会发生一定的竞合关系。非法处置查封、扣押、冻结的财产罪和拒不执行判决、裁定罪在构成要件上的区别：首先，在客观行为表现上，前罪行为只限于非法隐藏、转移、变卖、故意毁损已被司法机关查封、扣押、冻结的财产，而后罪则不限于此类行为，包括任何有能力而拒不执行的行为。其次，在犯罪主体上，前罪是一般主体，而后罪是特殊主体，即负有执行法院判决、裁定义务的人。再次，在行为发生时段上，前罪可以发生在整个诉讼过程中，而后罪则只能发生在法院的判决、裁定进入执行程序之后。最后，在犯罪故意上，前罪不要求特殊目的，而后罪则具有拒不执行法院裁判的目的。

根据以上两罪的区别，我们认为，司法实践中对于非法处置被司法机关查封、扣押、冻结的财产的行为定性应当区分以下几种情况：如果非法隐藏、转移、变卖、故意毁损已被司法机关查封、扣押、冻结的财产的行为发生在诉讼保全程序中，而没有进入执行程序，那么应当以非法处置查封、扣押、冻结的财产罪定罪；如果此种行为发生在执行程序中，但行为人并不是负有执行法院判决、裁定义务的人，亦应以非法处置查封、扣押、冻结的财产罪定罪；如果在执行程序中负有执行生效裁判义务的人实施了此种行为，但并没有拒不执行法院生效裁判目的的，也应当以非法处置查封、扣押、冻结的财产罪定罪；如果在执行程序中负有执行生效裁判义务的人实施了此种行为，且具有拒不执行法院生效裁判的目的，因为该行为系作为拒不执行法院裁判的手段实施的，两罪法定刑相同，以拒不执行判决、裁定罪定罪更为适当。

3. **被执行人擅自转卖已查封的财产，导致判决无法执行，进入刑事追责程序后仍拒不履行的如何定性？①**

本书观点：行为人起初因拒不执行法院判决，被司法拘留15日，仍不悔改，在其财产已经被执行法院依法查封的情况下，擅自将财产变卖，将所得款项大部分隐匿、转移，造成生效判决无法执行，其被移送侦查起诉，进入刑事追责程序后，仍拒不履行生效判决确定的义务，情节严重，构成非法处置查封财产罪。

十四、破坏监管秩序罪

（一）刑法规定

第三百一十五条 依法被关押的罪犯，有下列破坏监管秩序行为之一，情节严重的，处三年以下有期徒刑：

（一）殴打监管人员的；

（二）组织其他被监管人破坏监管秩序的；

（三）聚众闹事，扰乱正常监管秩序的；

（四）殴打、体罚或者指使他人殴打、体罚其他被监管人的。

（二）典型或常见问题的审理思路

依法被刑事拘留、逮捕的犯罪嫌疑人能否成为本罪的主体？②

本书观点：根据《刑法》第三百一十五条的规定，只有依法被关押的罪犯才能构成破坏监管秩序罪的主体。依照《刑事诉讼法》的有关规定，罪犯是指经人民法院依法判决有罪的人。《刑事诉讼法》第十二条特别规定："未经人民法院依法判决，对任何人都不得确定有罪。"可见，犯罪嫌疑人、被告

① 观点来源：最高人民法院发布10起人民法院依法惩处拒执罪典型案例（2015年7月21日）。

② 观点来源：《人民司法》2001年第3期司法信箱。

人在经法院判决有罪以前，还不属于罪犯。陈某因抢劫犯罪嫌疑被依法逮捕，尚未经法院审判，故其不属于依法被关押的罪犯，不构成破坏监管秩序罪的主体。即使此后陈某被法院判决有罪，也不能对其不具备罪犯身份时实施的破坏监管秩序的行为，以破坏监管秩序罪定罪处罚。

（三）疑难、复杂问题的参考性解答

聚众扰乱社会秩序罪与本罪如何区别？

本书观点：两者的区别主要表现在：（1）犯罪客体不同。前者侵犯的是社会秩序，是指工作、生产、营业和教学、科研秩序；后者仅指劳改机关的监管秩序。显然，两者存在种属关系。（2）犯罪地点不同。前者指工作、生产、营业和教学、科研场所及周围，后者限于专门性或临时性劳改的劳改场所。（3）犯罪行为方式不同。前者只能是聚众的形式，后者既可以是聚众的形式，也可以是单独的形式。（4）犯罪行为种类不同。前者泛指聚众扰乱社会秩序的行为，后者只限于《刑法》第三百一十五条规定的四种行为。显然，组织其他被监管人破坏监管秩序和“聚众闹事，扰乱正常监管秩序”的行为，属于一行为触犯数法条的法条竞合情形。就此而言，破坏监管秩序罪是特别法，聚众扰乱社会秩序罪是普通法。因此，按照特别法优于普通法的原则，宜定破坏监管秩序罪。（5）犯罪主体不同。前者是一般主体，即达到刑事责任年龄，具备刑事责任能力的自然人均可构成本罪，后者是特殊主体，仅限于依法被关押的罪犯。

十五、脱逃罪，劫夺被押解人员罪

（一）刑法规定

第三百一十六条　依法被关押的罪犯、被告人、犯罪嫌疑人脱逃的，处五年以下有期徒刑或者拘役。

劫夺押解途中的罪犯、被告人、犯罪嫌疑人的，处三年以上七年以下有期徒刑；情节严重的，处七年以上有期徒刑。

（二）典型或常见问题的审理思路

无罪被错捕羁押的人伙同他人共同脱逃是否构成脱逃罪？①

本书观点：尚未经人民法院审判定罪而被司法机关依法关押的犯罪嫌疑人脱逃的，也构成脱逃罪。行为人脱逃的前因确实是被司法机关无罪错捕，长期关押，但司法机关对其逮捕、关押是司法机关依法定程序进行的。行为人为首组织脱逃，造成11名人犯脱逃，给社会治安带来重大隐患，事实上司法机关也确实花费了大量人力、物力和精力追捕这些逃犯，其行为既对抗法律、破坏了看守所的监管秩序，又给社会治安带来了重大隐患，具有严重的社会危害性，也符合犯罪的基本特征。

（三）疑难、复杂问题的参考性解答

1. 如何区分脱逃罪的既遂与未遂？

本书观点：在司法实践中，对于脱逃罪既遂与未遂的标准，应当以监管所包括的两个基本因素确定：特定的监管场所和特定的监管人员控制，如果仅是脱离监管场所，没有脱离监管人员的控制，不能构成既遂，只有在既脱离了监管场所，又脱离了监管人员的控制时，才构成犯罪既遂。因为脱逃人的根本目的在于脱离监管机关的监督以非法获得人身自由。所以，区分脱逃罪既、未遂时应以构成该罪的基本特征为依据，区别不同情况对待：

（1）只是逃出了监管场所，没有最终摆脱监管人员的控制，其脱逃目的并没有实现，不能认定为既遂；（2）摆脱了监管人员的控制，但没有逃出监管场所，行为人取得的人身自由可能只是短暂的，也不能认定为既遂；（3）行为人既逃离了监管人员的控制，也逃出了监管场所，这时，行为人事实上已获得了非法人身自由，即使以后被抓获，犯罪业已既遂；（4）押解途中行为人脱逃既、未遂的认定，也要看其是否逃离监管场所（此时表现为囚车或押解人指定范围等），并摆脱了监管人员的控制（如逃出监管人监控之外或躲藏起来没被发现）。

2. 如何理解"劫夺押解途中的罪犯、被告人、犯罪嫌疑人"？

本书观点：劫夺押解途中的罪犯、犯罪嫌疑人、被告人的行为，具体包

---

① 观点来源：最高人民法院刑事审判第一、二、三、四、五庭编：《刑事审判参考》（总第14期），法律出版社2001年版，第36－41页。

括以下三个方面的内容：

（1）必须有劫夺的行为。行为人劫夺被押解人员行为的方式，具体可以包括以下几种：第一，采用趁押解人员不备的方式夺取被押解人员。行为人往往可能采取某些行为吸引司法工作人员的注意，然后，趁司法工作人员不备，实施将罪犯、被告人、犯罪嫌疑人摆脱司法工作人员羁押监禁状态的行为。第二，采用暴力或威胁的方法夺取被押解人员。刑法在规定本罪罪状时，使用了“劫夺”一词。而“劫夺”中的“劫”字，在法律语言中就是使用暴力、威胁或者其他方法强行劫取的意思。因此，劫夺被押解人员罪客观方面“劫夺”的行为方式中，当然地包括暴力的行为方式。所谓“暴力”的方式，就是指对司法工作人员不法行使强烈的有形力，使司法工作人员不得不放弃对罪犯、被告人、犯罪嫌疑人的羁押监管。暴力不仅包括直接施加于司法工作人员人身的暴力，也包括针对与其有关的工具、物体间接施加的暴力。例如，打砸司法工作人员押解被押解人使用的交通工具，朝其脚下猛掷石块等。除暴力的行为方式之外，威胁也是本罪客观方面一种重要的行为方式。所谓“威胁”是指以使司法工作人员产生畏惧心理不依法执行押解任务为目的，以恶害相通告，迫使其放弃对罪犯、被告人、犯罪嫌疑人的羁押监管。威胁的内容、性质、通告的方法没有限制。

另外，除趁司法工作人员不备与暴力、威胁的行为方式外，本罪劫夺行为的实施，还可能是暴力、威胁之外的其他方法。这主要是指一些使押解人员不能还击或不知还击的强制手段。最典型的是采取药物、酒精使被害人暂时丧失自由意志，然后劫夺罪犯、被告人、犯罪嫌疑人。但是，如果行为人未采取劫夺手段，而是采取秘密的方法单纯放走被押解人使之逃走的，不能构成本罪客观方面所要求的劫夺。

（2）劫夺的对象必须是罪犯、被告人、犯罪嫌疑人。构成劫夺被押解人员罪，行为人客观方面劫夺的必须是罪犯、被告人、犯罪嫌疑人。如果劫夺的是被行政拘留的人等则不成立本罪，但可能构成他罪。如果劫夺的是被非法带走的人，不成立犯罪。另外，如果行为人劫夺的是未经司法机关采取正式的立案手续并使用强制措施而抓捕的人员，也不能成立本罪客观方面所要求的劫夺。

（3）劫夺行为必须发生在押解途中。劫夺被押解人员罪的犯罪行为，只能发生在押解途中。所谓“押解途中”，是指有关部门将罪犯、被告人、犯罪嫌疑人从一地押送到另一地的路途中。如果劫夺行为发生在监狱、劳改场所、看守所或人民检察院、人民法院等关押场所，则不能成立本罪。

3. **如何区分劫夺被押解人员罪与聚众持械劫狱罪？**

本书观点：两罪有相似之处，如二者都是故意犯罪，都具有使劫夺者逃避羁押、刑罚处罚的目的，客观上都实施劫夺行为。因此，在实践中两罪容易发生混淆，但两罪也存在以下区别：

（1）主体方面不同。尽管二者都是一般主体，但劫夺被押解人员罪既可以是单个人实施，也可以是两人或聚众共同实施，而聚众持械劫狱罪只能是聚众实施，即必须达到三人以上。也就是说，从共同犯罪的角度讲，前者是任意共同犯罪，而后者则是必要共同犯罪。

（2）客观方面的行为方式不同。聚众持械劫狱罪客观行为方面必须以“持械”的手段进行，而劫夺被押解人员罪则没有这一限制，既可以以持械的方式进行，也可以以威胁、乘人不备、欺骗或其他方式进行。

（3）行为地点和劫夺对象不同，劫夺被押解人员罪劫夺的只能是押解途中的罪犯、被告人、犯罪嫌疑人，而聚众持械劫狱罪只能是劫夺狱中的被监押人。当然，对这里的“狱”字应作广义理解，既包括监狱，也包括少管所、拘役所、看守所、执行死刑的现场、罪犯在外劳动或活动的场所等。

十六、组织越狱罪，暴动越狱罪，聚众持械劫狱罪

（一）刑法规定

第三百一十七条　组织越狱的首要分子和积极参加的，处五年以上有期徒刑；其他参加的，处五年以下有期徒刑或者拘役。

暴动越狱或者聚众持械劫狱的首要分子和积极参加的，处十年以上有期徒刑或者无期徒刑；情节特别严重的，处死刑；其他参加的，处三年以上十年以下有期徒刑。

（二）典型或常见问题的审理思路

单独持械将被羁押的犯罪嫌疑人劫出的行为，如何定罪处罚？①

本书观点：行为人采用破坏监管设施的手段将他人从看守所劫出的行为，带有劫夺在押犯的性质，从表面上看，符合聚众持械劫狱罪的构成特征。但是，聚众持械劫狱罪侵犯的客体是司法机关对在押犯的司法监管活动，其犯罪对象只能是被依法关押的罪犯、被告人、犯罪嫌疑人，该罪在客观上表现为聚众持械使用暴力，劫夺在押犯的行为。"聚众"须在三人以上。也就是说，聚众持械劫狱罪是共同犯罪，并且是必要的共同犯罪。聚众持械劫狱罪的犯罪主体一般是狱外人员，但当狱外人员与在押犯通谋并以狱外人员的聚众持械劫狱行为为主要手段将在押犯从羁押场所劫出时，在押犯亦可成为聚众持械劫狱罪的共犯。该罪在主观上是直接故意，即明知是在押犯而聚众持械将其从羁押场所劫走，故意使其逃离司法监管。间接故意、过失，均不构成本罪。如果行为人与他人就"劫狱"不存在事前共谋，他人仅是随同行为人一起逃离看守所，既未采用暴力手段危及监管人员的人身安全，也未破坏监管设施，则不存在事中形成"劫狱"的故意。"劫狱"行为实质上是行为人一人完成的。根据罪刑法定原则，缺乏"聚众"这一聚众持械劫狱罪的必要构成要件，不能以聚众持械劫狱罪定罪处罚。

行为人将他人从看守所劫出的行为，实质上是一种劫夺行为，《刑法》第三百一十六条第二款规定的劫夺被押解人员罪虽可由单个人构成，但本罪的劫夺对象只能是押解途中的罪犯、被告人或犯罪嫌疑人。如果被劫之人是被关押在看守所的犯罪嫌疑人，不是被押解途中的犯罪嫌疑人，也不能以劫夺被押解人员罪定罪处罚。

作为被依法关押的犯罪嫌疑人，在行为人的策划、安排和直接劫夺下，从看守所逃离，严重侵犯了司法监管秩序，其行为已构成脱逃罪。那么，如何认定行为人的行为性质呢？我们认为，《刑法》第三百一十六条第一款的规定是针对脱逃罪的单独犯罪而言的。根据《刑法》第二十五条第一款规定，共同犯罪是指二人以上共同故意犯罪，刑法分则除对必要共同犯罪作了明确

---

① 观点来源：《刑事审判参考》第76号指导案例，魏某香、王某责、郑某德故意杀人、抢劫、脱逃、窝藏案。

规定外，对于既可由一人单独完成，也可由二人以上共同实施的非必要共同犯罪，没有分别作出规定。实际上，由于非必要共同犯罪的主体十分复杂，刑法立法不可能也无必要对非必要共同犯罪的主体都作出详细规定。脱逃罪是非必要的共同犯罪，既可单独构成，也可由二人以上共同故意实施；既可以由被羁押的人共同实施，也可以由被羁押的人与羁押场所以外的人共同实施，如被关押的罪犯、被告人、犯罪嫌疑人的家属与在押人员周密部署、策划，利用探监之机，帮助在押人员脱逃的，就构成脱逃罪的共犯。

行为人明知他人是犯罪的人而提供财物、隐藏处所，帮助其逃匿的行为，又构成窝藏罪。行为人基于使他人逃避刑罚处罚的目的，实施了两个犯罪行为：破坏监管设施、冒充警察，将在押犯罪嫌疑人从看守所劫出；提供钱财、交通工具和隐藏场所等，帮助他人逃匿。触犯了两个罪名：脱逃罪和窝藏罪。但是，将他人从看守所劫出的行为是实现其帮助他人逃匿的手段。这种情形在刑法理论上被称为牵连犯。对于牵连犯，除刑法分则对其定罪处刑有特别规定外，司法实践中一般实行“择一重罪从重处断”的处罚原则，不实行数罪并罚。据此，对行为人应以窝藏罪定罪。

（三）疑难、复杂问题的参考性解答

1. 如何区分组织越狱罪与脱逃罪？

本书观点：这两种犯罪在客观上都实施了脱离监管场所的行为，组织越狱行为从广义上说也是一种脱逃行为，但两者有区别，表现在：脱逃罪既可以单个人实施，也可以数人共同实施，在数人共同实施时，属于普通共同犯罪，不属于聚众犯罪；而组织越狱罪只能由多人聚众实施，在聚众实施的过程中有明显的首要分子，有明确的分工，有严密的组织。

2. 如何区分组织越狱罪与暴动越狱罪？

本书观点：两者的区别主要表现在：（1）犯罪手段不同，后者只能是暴力手段，前者既可以是暴力手段，也可以采取秘密脱逃等非暴力手段。（2）犯罪主体不完全相同，尽管两者都是指依法被关押的犯罪嫌疑人、被告人、罪犯，但是，后者的参与者规模大、人数多，而前者并没有特别限制，其最低要求3人以上。可见，《刑法》第三百一十七条第一款与第二款存在法条竞合关系，第一款是普通法条，第二款是特别法条，依照竞合原则，应优先适用暴动越狱罪定罪量刑。

第三节　妨害国（边）境管理罪

（一）刑法规定

组织他人偷越国（边）境罪

第三百一十八条　组织他人偷越国（边）境的，处二年以上七年以下有期徒刑，并处罚金；有下列情形之一的，处七年以上有期徒刑或者无期徒刑，并处罚金或者没收财产：

（一）组织他人偷越国（边）境集团的首要分子；

（二）多次组织他人偷越国（边）境或者组织他人偷越国（边）境人数众多的；

（三）造成被组织人重伤、死亡的；

（四）剥夺或者限制被组织人人身自由的；

（五）以暴力、威胁方法抗拒检查的；

（六）违法所得数额巨大的；

（七）有其他特别严重情节的。

犯前款罪，对被组织人有杀害、伤害、强奸、拐卖等犯罪行为，或者对检查人员有杀害、伤害等犯罪行为的，依照数罪并罚的规定处罚。

骗取出境证件罪

第三百一十九条　以劳务输出、经贸往来或者其他名义，弄虚作假，骗取护照、签证等出境证件，为组织他人偷越国（边）境使用的，处三年以下有期徒刑，并处罚金；情节严重的，处三年以上十年以下有期徒刑，并处罚金。

单位犯前款罪的，对单位判处罚金，并对其直接负责的主管人员和其他直接责任人员，依照前款的规定处罚。

提供伪造、变造的出入境证件罪

第三百二十条　为他人提供伪造、变造的护照、签证等出入境证件，或者出售护照、签证等出入境证件的，处五年以下有期徒刑，并处罚金；情节严重的，处五年以上有期徒刑，并处罚金。

出售出入境证件罪

第三百二十条 为他人提供伪造、变造的护照、签证等出入境证件，或者出售护照、签证等出入境证件的，处五年以下有期徒刑，并处罚金；情节严重的，处五年以上有期徒刑，并处罚金。

运送他人偷越国（边）境罪

第三百二十一条 运送他人偷越国（边）境的，处五年以下有期徒刑、拘役或者管制，并处罚金；有下列情形之一的，处五年以上十年以下有期徒刑，并处罚金：

（一）多次实施运送行为或者运送人数众多的；

（二）所使用的船只、车辆等交通工具不具备必要的安全条件，足以造成严重后果的；

（三）违法所得数额巨大的；

（四）有其他特别严重情节的。

在运送他人偷越国（边）境中造成被运送人重伤、死亡，或者以暴力、威胁方法抗拒检查的，处七年以上有期徒刑，并处罚金。

犯前两款罪，对被运送人有杀害、伤害、强奸、拐卖等犯罪行为，或者对检查人员有杀害、伤害等犯罪行为的，依照数罪并罚的规定处罚。

偷越国（边）境罪

第三百二十二条 违反国（边）境管理法规，偷越国（边）境，情节严重的，处一年以下有期徒刑、拘役或者管制，并处罚金；为参加恐怖活动组织、接受恐怖活动培训或者实施恐怖活动，偷越国（边）境的，处一年以上三年以下有期徒刑，并处罚金[①]。

破坏界碑、界桩罪

第三百二十三条 故意破坏国家边境的界碑、界桩或者永久性测量标志的，处三年以下有期徒刑或者拘役。

破坏永久性测量标志罪

第三百二十三条 故意破坏国家边境的界碑、界桩或者永久性测量标志的，处三年以下有期徒刑或者拘役。

---

① 《刑法修正案（九）》对本罪作了修改，对为参加恐怖活动组织、接受恐怖活动培训或者实施恐怖活动，偷越国（边）境的，提高了法定刑。

（二）司法解释、司法文件及其权威解读

最高人民法院、最高人民检察院关于办理妨害国（边）境管理刑事案件应用法律若干问题的解释（法释〔2012〕17号，自2012年12月20日起施行）

为依法惩处妨害国（边）境管理犯罪活动，维护国（边）境管理秩序，根据《中华人民共和国刑法》《中华人民共和国刑事诉讼法》的有关规定，现就办理这类案件应用法律的若干问题解释如下：

第一条 领导、策划、指挥他人偷越国（边）境或者在首要分子指挥下，实施拉拢、引诱、介绍他人偷越国（边）境等行为的，应当认定为刑法第三百一十八条规定的“组织他人偷越国（边）境”。

组织他人偷越国（边）境人数在十人以上的，应当认定为刑法第三百一十八条第一款第（二）项规定的“人数众多”；违法所得数额在二十万元以上的，应当认定为刑法第三百一十八条第一款第（六）项规定的“违法所得数额巨大”。

以组织他人偷越国（边）境为目的，招募、拉拢、引诱、介绍、培训偷越国（边）境人员，策划、安排偷越国（边）境行为，在他人偷越国（边）境之前或者偷越国（边）境过程中被查获的，应当以组织他人偷越国（边）境罪（未遂）论处；具有刑法第三百一十八条第一款规定的情形之一的，应当在相应的法定刑幅度基础上，结合未遂犯的处罚原则量刑。

第二条 为组织他人偷越国（边）境，编造出境事由、身份信息或者相关的境外关系证明的，应当认定为刑法第三百一十九条第一款规定的“弄虚作假”。

刑法第三百一十九条第一款规定的“出境证件”，包括护照或者代替护照使用的国际旅行证件，中华人民共和国海员证，中华人民共和国出入境通行证，中华人民共和国旅行证，中国公民往来香港、澳门、台湾地区证件，边境地区出入境通行证，签证、签注，出国（境）证明、名单，以及其他出境时需要查验的资料。

具有下列情形之一的，应当认定为刑法第三百一十九条第一款规定的“情节严重”：

（一）骗取出境证件五份以上的；

（二）非法收取费用三十万元以上的；

（三）明知是国家规定的不准出境的人员而为其骗取出境证件的；

（四）其他情节严重的情形。

第三条 刑法第三百二十条规定的“出入境证件”，包括本解释第二条第二款所列的证件以及其他入境时需要查验的资料。

具有下列情形之一的，应当认定为刑法第三百二十条规定的“情节严重”：

（一）为他人提供伪造、变造的出入境证件或者出售出入境证件五份以上的；

（二）非法收取费用三十万元以上的；

（三）明知是国家规定的不准出入境的人员而为其提供伪造、变造的出入境证件或者向其出售出入境证件的；

（四）其他情节严重的情形。

第四条 运送他人偷越国（边）境人数在十人以上的，应当认定为刑法第三百二十一条第一款第（一）项规定的“人数众多”；违法所得数额在二十万元以上的，应当认定为刑法第三百二十一条第一款第（三）项规定的“违法所得数额巨大”。

第五条 偷越国（边）境，具有下列情形之一的，应当认定为刑法第三百二十二条规定的“情节严重”：

（一）在境外实施损害国家利益行为的；

（二）偷越国（边）境三次以上或者三人以上结伙偷越国（边）境的；

（三）拉拢、引诱他人一起偷越国（边）境的；

（四）勾结境外组织、人员偷越国（边）境的；

（五）因偷越国（边）境被行政处罚后一年内又偷越国（边）境的；

（六）其他情节严重的情形。

第六条 具有下列情形之一的，应当认定为刑法第六章第三节规定的“偷越国（边）境”行为：

（一）没有出入境证件出入国（边）境或者逃避接受边防检查的；

（二）使用伪造、变造、无效的出入境证件出入国（边）境的；

（三）使用他人出入境证件出入国（边）境的；

（四）使用以虚假的出入境事由、隐瞒真实身份、冒用他人身份证件等方式骗取的出入境证件出入国（边）境的；

（五）采用其他方式非法出入国（边）境的。

第七条　以单位名义或者单位形式组织他人偷越国（边）境、为他人提供伪造、变造的出入境证件或者运送他人偷越国（边）境的，应当依照刑法第三百一十八条、第三百二十条、第三百二十一条的规定追究直接负责的主管人员和其他直接责任人员的刑事责任。

第八条　实施组织他人偷越国（边）境犯罪，同时构成骗取出境证件罪、提供伪造、变造的出入境证件罪、出售出入境证件罪、运送他人偷越国（边）境罪的，依照处罚较重的规定定罪处罚。

第九条　对跨地区实施的不同妨害国（边）境管理犯罪，符合并案处理要求，有关地方公安机关依照法律和相关规定一并立案侦查，需要提请批准逮捕、移送审查起诉、提起公诉的，由该公安机关所在地的同级人民检察院、人民法院依法受理。

第十条　本解释发布实施后，《最高人民法院关于审理组织、运送他人偷越国（边）境等刑事案件适用法律若干问题的解释》（法释〔2002〕3号）不再适用。

权威解读

解读《最高人民法院、最高人民检察院关于办理妨害国（边）境管理刑事案件应用法律若干问题的解释》

2012年12月19日，最高人民法院、最高人民检察院联合公布了《关于办理妨害国（边）境管理刑事案件应用法律若干问题的解释》（以下简称《妨害国（边）境管理解释》），自12月20日起施行。《妨害国（边）境管理解释》针对依法打击妨害国（边）境管理犯罪中遇到的法律适用问题，进一步明确了妨害国（边）境管理犯罪的具体认定问题及定罪量刑标准。这是最高人民法院、最高人民检察院服务党和国家工作大局，维护国家主权、安全和利益，促进对外开放和经济社会发展的重要举措。为便于深入理解和掌握《妨害国（边）境管理解释》的基本精神和主要内容，现就《妨害国（边）境管理解释》的有关问题解读如下：

一、制定《妨害国（边）境管理解释》的背景及过程

1997年《刑法》关于妨害国（边）境管理罪的相关规定和2002年《最高人民法院关于审理组织、运送他人偷越国（边）境等刑事案件适用法律若

干问题的解释》（已失效，以下简称《2002年解释》）施行以来，为打击妨害国（边）境管理违法犯罪活动，保障国家对国（边）境的正常管理秩序，维护国家形象和声誉，提供了有力的依据。但是，随着我国经济社会的快速发展和对外交往的不断深入，出入境人员和交通工具“大进大出、快进快出”的局面日益凸显，妨害国（边）境管理犯罪活动也呈活跃和多发态势。福建、浙江、广东等东南沿海非法移民传统高发地区偷越国（边）境人数持续居高不下，东北三省及中西部内陆省份也有增长之势，并呈现出集团化、国际化、网络化、智能化等特点，作案手法变化多样，作案分工越来越细。一些妨害国（边）境管理的犯罪活动不仅对我国的国际形象和外交大局造成负面影响，而且危及我国国家安全和社会稳定，有必要加大刑事打击力度。从司法实践的情况来看，有关司法机关在案件定性、案件管辖、出入境证件范围界定等问题上往往存在分歧，在一定程度上影响了对妨害国（边）境管理犯罪案件的处理。鉴于此，为适应形势发展需要，有必要研究制定新的司法解释解决有关法律适用问题。

2010年1月，公安部向最高人民法院、最高人民检察院发函，就妨害国（边）境管理犯罪的适用法律问题制定司法解释。2010年4月起，“两高”共同启动司法解释的制定工作，开展调研和召开座谈会，广泛征求和听取了有关地区公安、检察、法院等有关部门的意见，共同研究起草了“两高”《关于办理妨害国（边）境管理刑事案件应用法律若干问题的解释（稿）》。2011年9月，“两高”、公安部在京联合召开了专家论证会，听取了专家学者的意见。同时，“两高”还就该解释分别书面征求了全国法院系统、检察院系统及全国人大常委会法工委等单位的意见。

经综合各方面的意见，多次研究修改，2012年8月20日由最高人民法院审判委员会第1553次会议、2012年11月19日由最高人民检察院第十一届检察委员会第82次会议分别审议通过了该解释。

二、《妨害国（边）境管理解释》的主要内容及说明

《妨害国（边）境管理解释》共十条。第一条明确了组织他人偷越国（边）境罪“组织他人偷越国（边）境”“人数众多”“违法所得数额巨大”以及既遂未遂的认定问题。第二条明确了骗取出境证件罪“弄虚作假”“情节严重”的认定标准以及“出境证件”的范围。第三条明确了提供伪造、变造的出入境证件罪和出售出入境证件罪“情节严重”的认定标准以及“出入境

证件”的范围。第四条明确了运送他人偷越国（边）境罪“人数众多”“违法所得数额巨大”的认定标准。第五条明确了偷越国（边）境罪的定罪量刑标准。第六条明确了《刑法》第六章第三节“偷越国（边）境”的认定问题。第七条明确了以单位名义或者单位形式实施妨害国（边）境管理行为的处理问题。第八条明确了妨害国（边）境犯罪涉及的罪数问题。第九条明确了妨害国（边）境犯罪案件的管辖权问题。第十条是关于《妨害国（边）境管理解释》的效力规定。

（一）关于组织他人偷越国（边）境罪中的“组织他人”

1.“组织他人”偷越国（边）境”“人数众多”“违法所得数额巨大”以及既遂未遂的认定问题

《妨害国（边）境管理解释》第一条共分三款。根据《刑法》第三百一十八条的规定，组织他人偷越国（边）境罪是行为犯，一经实施即构成犯罪。《妨害国（边）境管理解释》第一条第一款明确了“组织他人偷越国（边）境”的认定标准，沿用了《2002年解释》第一条的内容，即领导、策划、指挥他人偷越国（边）境或者在首要分子指挥下，实施拉拢、引诱、介绍他人偷越国（边）境等行为的，应当认定为“组织他人偷越国（边）境”。司法实践中，实施组织偷越国（边）境犯罪活动的绝大多数是犯罪集团，这里按照犯罪分子在犯罪集团中所起的不同作用，分两个层次进行界定：第一层是对领导、策划、指挥他人偷越国（边）境的规定为“组织”行为，这也是司法实践中最为典型的“组织”行为；第二层是领导、策划、指挥者之外的其他人员，在首要分子指挥下，实施拉拢、引诱、介绍他人偷越国（边）境等行为的，也属于“组织”行为。

根据《刑法》第三百一十八条的规定，对于组织他人偷越国（边）境集团的首要分子；多次组织他人偷越国（边）境或者组织他人偷越国（边）境人数众多的；造成被组织人重伤、死亡的；剥夺或者限制被组织人人身自由的；以暴力、威胁方法抗拒检查的；违法所得数额巨大的；有其他特别严重情节的，处七年以上有期徒刑或者无期徒刑，并处罚金或者没收财产。

《妨害国（边）境管理解释》第一条第二款明确了组织他人偷越国（边）境“人数众多”“违法所得数额巨大”的认定标准。本款中关于“人数众多”的认定标准，沿用了《2002年解释》第二条的内容，即组织他人偷越国（边）境人数在十人以上的，应当认定“人数众多”。主要考虑到刑法分则规定的“多人、多次”，一般掌握在三人或三次以上，“人数众多”掌握在“多人、多次”的三倍左右比较适宜。本款还规定违法所得数额在二十万元以上的，应当认定为“违法所得数额巨大”，这是根据目前司法实践中相关案件涉案数额的平均数估算，并在征求有关部门意见的基础上确定的。

《妨害国（边）境管理解释》第一条第三款明确了组织他人偷越国（边）境罪的既遂未遂认定标准问题，规定：“以组织他人偷越国（边）境为目的，招募、拉拢、引诱、介绍、培训偷越国（边）境人员，策划、安排偷越国（边）境行为，在他人偷越国（边）境之前或者偷越国（边）境过程中被查获的，应当以组织他人偷越国（边）境罪（未遂）论处；具有刑法第三百一十八条第一款规定的情形之一的，应当在相应的法定刑幅度基础上，结合未遂犯的处罚原则量刑。”实践中经常出现犯罪集团在实施了为偷越国（边）境人员骗取出境证件、进行培训等行为后，在被组织人员尚未出境或者即将出境时即被公安人员查获的情形。一些地方司法机关对此类案件处理有不同认识。有一种意见认为，偷越国（边）境人员并未出境，“组织”行为就无从谈起，故不构成组织他人偷越国（边）境罪。司法实践中在已掌握有关团伙或个人组织偷越国（边）境犯罪事实及相关证据的情况下，公安机关部署大量警力对犯罪嫌疑人实施监控，待偷越国（边）境人员通过边境检查时实施抓捕。上述意见往往使公安机关办案陷于被动，既浪费大量司法资源，也不利于及时、有效地查处犯罪。因此，有必要对此问题予以明确。

经研究认为，只有被组织偷越国（边）境人员通过边境检查后才能认定为犯罪的观点，明显不妥。根据刑法规定和刑法理论，只要行为人已着手实施组织偷越国（边）境行为，即使被组织者尚未越过国（边）境，业已构成组织他人偷越国（边）境罪，只是此种情形下，究竟是犯罪既遂还是犯罪未遂，需要进一步研究。对此，有两种不同意见：一种意见认为，应认定为组织偷越国（边）境罪既遂，理由是：组织他人偷越国（边）境罪是行为犯，只要完成“组织”行为，不论被组织者是否成功越过国（边）境，均已构成既遂。另一种意见认为，应认定为组织偷越国（边）境罪未遂，理由是：只有被组织者成功越过国（边）境，才对国（边）境管理秩序构成实际妨害，才能认定为犯罪既遂。组织他人后，他人尚未偷越国（边）境的，应以组织偷越国（边）境罪未遂论处为宜，既符合通行的犯罪构成理论，也符合罪刑相适应原则。经研究，采纳后一种意见。

（二）关于骗取出境证件罪“弄虚作假”“情节严重”的认定标准以及“出境证件”的范围

《妨害国（边）境管理解释》第二条共分三款。根据《刑法》第三百一十九条的规定，骗取出境证件罪是指以劳务输出、经贸往来或者其他名义，弄虚作假，骗取护照、签证等出境证件，为组织他人偷越国（边）境使用的行为。《妨害国（边）境管理解释》第二条第一款规定了骗取出境证件罪“弄虚作假”的行为方式。实践中“弄虚作假”主要表现为编造出境事由，或者编造身份信息，或者编造相关的境外关系证明，并以此向出入境管理机关骗取合法的出境证件的行为。因此，本款将“为组织他人偷越国（边）境，编造出境事由、身份信息或者相关的境外关系证明”明确为骗取出境证件罪的“弄虚作假”。

《妨害国（边）境管理解释》第二条第二款规定了骗取出境证件罪中“出境证件”的范围。2002 年公安部《出境入境边防检查行政处罚实施办法》中将“出境入境证件”规定为“护照或代替护照使用的国际旅行证件、签证、签注、出国（境）证明、名单，以及其他出境、入境时需要查验的资料”。本款在这一规定基础上将“出境证件”进一步细化，规定为“护照或者代替护照使用的国际旅行证件，中华人民共和国海员证，中华人民共和国出入境通行证，中华人民共和国旅行证，中国公民往来香港、澳门、台湾地区证件，边境地区出入境通行证，签证、签注，出国（境）证明、名单，以及其他出境时需要查验的资料”。这样规定便于公安边检人员在具体执法时掌握，同时避免公、检、法机关在办案中发生分歧。

根据《刑法》第三百一十九条的规定，骗取出境证件，情节严重的，处三年以上十年以下有期徒刑，并处罚金。《妨害国（边）境管理解释》第二条第三款规定了骗取出境证件罪“情节严重”的认定标准。其中，第（一）项、第（二）项、第（四）项沿用《2002 年解释》的规定，即骗取出境证件五份以上的，或者非法收取费用三十万元以上的，或者其他情节严重的情形。第（三）项“明知是国家规定的不准出境的人员而为其骗取出境证件的”，具体是指明知是《中华人民共和国出境入境管理法》（2012 年 6 月 30 日通过，自 2013 年 7 月 1 日起施行，以下称《出境入境管理法》）第十二条所规定的不准出境的人员而为其骗取出境证件的行为。根据《出境入境管理法》第十二条的规定，中国公民有下列情形之一的，不准出境：（一）未持有效出境入境证件或者拒绝、逃避接受边防检查的；（二）被判处刑罚尚未执行完毕或者属于刑事案件被告人、犯罪嫌疑人的；（三）有未了结的民事案件，人民法院决定不准出境的；（四）因妨害国（边）境管理受到刑事处罚或者因非法出境、非法居留、非法就业被其他国家或者地区遣返，未满不准出境规定年限的；（五）可能危害国家安全和利益，国务院有关主管部门决定不准出境的；（六）法律、行政法规规定不准出境的其他情形。《妨害国（边）境管理解释》第二条第三款第（三）项具体表述为"国家规定的不准出境的人员"，本项规定旨在从一定程度上遏制贪官等涉案人员外逃的现象。

（三）关于提供伪造、变造的出入境证件罪和出售出入境证件罪"情节严重"的认定标准以及"出入境证件"的范围

《妨害国（边）境管理解释》第三条共分两款。根据《刑法》第三百二十条的规定，提供伪造、变造的出入境证件罪、出售出入境证件罪是指为他人提供伪造、变造的护照、签证等出入境证件，或者出售护照、签证等出入境证件的行为。《妨害国（边）境管理解释》第三条第一款规定了提供伪造、变造的出入境证件罪和出售出入境证件罪中"出入境证件"的范围，包括《妨害国（边）境管理解释》第二条规定的骗取出境证件罪中"出境证件"的范围，以及其他入境时需要查验的资料。

根据《刑法》第三百二十条的规定，提供伪造、变造的出入境证件或者出售出入境证件，情节严重的，处五年以上有期徒刑，并处罚金。《妨害国（边）境管理解释》第三条第二款规定了提供伪造、变造的出入境证件罪和出售出入境证件罪"情节严重"的认定标准。其中，第（一）项、第（二）项、第（四）项沿用了《2002年解释》的规定，即为他人提供伪造、变造的出入境证件或者出售出入境证件五份以上的，或者非法收取费用三十万元以上的，或者其他情节严重的情形。同时，增加了第（三）项"明知是国家规定的不准出入境的人员而为其提供伪造、变造的出入境证件或者向其出售出入境证件的"情形，旨在从一定程度上遏制贪官等涉案人员外逃的现象。

（四）关于运送他人偷越国（边）境罪"人数众多""违法所得数额巨大"的认定标准

根据《刑法》第三百二十一条的规定，运送他人偷越国（边）境罪是行为犯，一经实施即构成犯罪。对于多次实施运送行为或者运送人数众多的；所使用的船只、车辆等交通工具不具备必要的安全条件，足以造成严重后果

的；违法所得数额巨大的；有其他特别严重情节的；处五年以上十年以下有期徒刑，并处罚金。《妨害国（边）境管理解释》第四条明确了运送他人偷越国（边）境“人数众多”“违法所得数额巨大”的认定标准，规定运送他人偷越国（边）境人数在十人以上的，应当认定为“人数众多”；违法所得数额在二十万元以上的，应当认定为“违法所得数额巨大”。上述数额数量标准是根据目前司法实践中相关案件涉案数额数量的平均数估算的，并保持大体平衡。例如，实践中偷越国（边）境案件因目的地不同而收费不一，从几千元到几十万元不等，平均一个人二万元左右，违法所得数额二十万元大致相当于运送十人偷越国（边）境。

（五）关于偷越国（边）境罪的定罪量刑标准

根据《刑法》第三百二十二条的规定，违反国（边）境管理法规，偷越国（边）境，情节严重的，构成偷越国（边）境罪。《妨害国（边）境管理解释》第五条列举了六种“情节严重”的情形。其中，第（一）项“在境外实施损害国家利益行为的”，第（二）项中的“偷越国（边）境三次以上的”，第（三）项“拉拢、引诱他人一起偷越国（边）境的”，第（五）项“因偷越国（边）境被行政处罚后一年内又偷越国（边）境的”，第（六）项“其他情节严重的情形”均沿用了《2002年解释》的规定。此外，第（二）项中“三人以上结伙偷越国（边）境”和第（四）项“勾结境外组织、人员偷越国（边）境”的规定，是根据有关部门的意见新增加的内容，主要是针对结伙非法出境或者偷越国（边）境参加危害国家安全活动的人员，解决目前对阻截此类非法出境人员难以打击处理的问题。

研究起草过程中，还有意见认为偷越国（边）境行为包括偷越出境和偷越入境的行为，对偷越出境后再偷越入境的，偷越次数应计算为二次，建议在《妨害国（边）境管理解释》中明确偷越国（边）境行为次数认定标准。经研究认为，该问题比较复杂，偷越国（边）境的人员可能有边民、我国公民、外国人还包括无国籍人，应当区分情况予以处理，做到合情合理合法，不宜一概而论，《解释》中没有作统一明确规定。

（六）关于《刑法》第六章第三节“偷越国（边）境”的认定问题

《刑法》第六章第三节“妨害国（边）境管理罪”中各相关罪名都涉及“偷越国（边）境”的理解和认定问题。《妨害国（边）境管理解释》第六条明确了刑法第六章第三节“偷越国（边）境”的认定问题。传统意义上的

"偷越国（边）境"是指使用伪造、变造的假证件在设关处越境，或者在不设关处秘密越境。本条第（一）项至第（三）项规定的没有出入境证件出入国（边）境或者逃避接受边防检查，使用伪造、变造、无效的出入境证件出入国（边）境，使用他人出入境证件出入国（边）境的情形，即属于传统形式的"偷越国（边）境"。

但是，目前越来越多的情况则是"骗证出境"，即隐瞒真实的出入境意图，编造出入境事由，骗取合法的出入境证件出境，例如，以旅游、考察等名义，弄虚作假，骗取出入境证件后非法滞留国外打工或者以第二国为中转，前往第三国。对骗证出境是否属于偷越国（边）境，存在不同认识。有意见认为，2009 年《中华人民共和国公民出境入境管理法》（以下简称《出境入境管理法》）第九条规定："有下列情形之一的，边防检查机关有权阻止出境，并依法处理：（一）持用无效出境证件的；（二）持用他人出境证件的；（三）持用伪造或者涂改的出境证件的。"据此，只有属于以上三种情形或者无证出入国（边）境的，才属于偷越国（边）境，对骗证出境的，由于相关证件真实有效，系有权机关核发的，不能认定偷越国（边）境。还有意见认为，行为人持合法证件出境，并没有实施偷越国（边）境的行为，其取道第二国，前往第三国，妨害了第二国、第三国的国（边）境管理秩序，并没有妨害我国的国（边）境管理秩序。因此，不应对此类行为追究刑事责任。经研究认为，对骗证出境的应认定为"偷越国（边）境"。主要考虑：一是从目前司法实践看，采用无证或者使用伪造、变造、无效的证件出入国（边）境的已极为少见，更多的是骗证出境。对此类行为若不认定偷越国（边）境，不利于维护国（边）境管理秩序，也无法满足司法实践的需要。二是骗取的证件尽管形式合法，但实质与伪造、变造、无效的证件无异，行为人持骗取的证件出入境，同样规避了有关机关的监管，扰乱了国（边）境管理秩序，损害了我国的国际形象。三是根据《刑法》第三百一十九条规定，以劳务输出、经贸往来或者其他名义，弄虚作假，骗取护照、签证等出境证件，为组织他人偷越国（边）境使用的，构成骗取出境证件罪。本罪以"为组织他人偷越国（边）境使用"为构成要件。据此，骗证出境的显然也应属于偷越国（边）境。否则，该罪在任何情况下都不能成立，《刑法》第三百一十九条就成了空文。四是根据《出境入境管理法》第七十一条的规定，持用伪造、变造、骗取的出境入境证件出境入境的，处一千元以上五千元以下罚款；情节严重的，处五日以上十日以下拘留，可以并处二千元以上一万元以下罚款。据此，使用骗取的出入境证件出境入境的，与持有伪造、变造的出入境证件出境入境一样，都属于偷越国（边）境的违法行为，将骗证出境认定为“偷越国（边）境”，符合相关行政法律法规的规定，也符合当前实际情况。因此，本条第（四）项规定，使用以虚假的出入境事由、隐瞒真实身份、冒用他人身份证件等方式骗取的出入境证件出入国（边）境的，也属于“偷越国（边）境”。

（七）关于以单位名义或者单位形式实施妨害国（边）境管理行为的处理问题

《妨害国（边）境管理解释》第七条明确了以单位名义或者单位形式实施妨害国（边）境管理的行为，应当追究直接负责的主管人员和其他直接责任人员的刑事责任。

《刑法》第三百一十八条、第三百二十条、第三百二十一条规定的妨害国（边）境管理犯罪是自然人犯罪。但在司法实践中，不少妨害国（边）境管理犯罪往往是由一些中介机构、旅行社等以单位名义或者单位形式组织实施的，相关司法机关查处这类案件后，往往难以处理。因此，《妨害国（边）境管理解释》专设一条予以规定，主要考虑：一是对以单位名义或者形式实施妨害国（边）境管理犯罪追究直接负责的主管人员和其他直接责任人员的刑事责任，是司法实践的现实需要。实践中组织偷越国（边）境罪、提供伪造、变造的出入境证件罪、出售出入境证件罪和运送他人偷越国（边）境罪等案件不少是一些中介机构所为，这些公司并不是为了进行违法犯罪而设立，设立后也不是以实施犯罪为主要活动。如果司法解释不作出明确规定，司法机关对此种行为则难以追究刑事责任，导致实践中不少妨害国（边）境管理的行为无法得到有效惩治。二是对以单位名义或者形式实施犯罪的案件追究直接负责的主管人员和其他直接责任人员的刑事责任，在“两高”已有的司法解释中有先例可循，这样规定符合刑法的立法本意。例如，2011年《最高人民法院、最高人民检察院关于办理危害计算机信息系统安全刑事案件应用法律若干问题的解释》第八条就有规定。

（八）关于妨害国（边）境犯罪涉及的罪数问题

《妨害国（边）境管理解释》第八条明确了实施妨害国（边）境管理犯罪的牵连、竞合处断原则。行为人实施组织他人偷越国（边）境犯罪，可能同时构成骗取出境证件罪、提供伪造、变造的出入境证件罪、出售出入境证件罪、运送他人偷越国（边）境罪等其他犯罪，依照“从一重处断原则”处理。

（九）关于妨害国（边）境犯罪案件的管辖权问题

《妨害国（边）境管理解释》第九条明确了办理妨害国（边）境管理犯罪案件的管辖权问题。司法实践中，公、检、法机关对妨害国（边）境管理犯罪案件的管辖问题经常发生分歧，一些案件被分案起诉、分案审理或者数次移交，直接导致办案成本上升，也影响打击效果。因此，《妨害国（边）境管理解释》参照2006年《最高人民法院、最高人民检察院关于办理与盗窃、抢劫、诈骗、抢夺机动车相关刑事案件具体应用法律若干问题的解释》第五条的规定，对管辖问题予以明确，即对跨地区实施的不同妨害国（边）境管理犯罪，符合并案处理要求，有关地方公安机关依照法律和相关规定一并立案侦查，需要提请批准逮捕、移送审查起诉、提起公诉的，由该公安机关所在地的同级人民检察院、人民法院依法受理。

（十）关于《妨害国（边）境管理解释》的效力规定

《妨害国（边）境管理解释》第十条是关于本解释的效力规定。由于本解释的内容已完全涵盖《2002年解释》，因此，本解释公布施行后，《2002年解释》不再适用。

（撰稿：陈国庆、韩耀元、吴峤滨）

（三）典型或常见问题的审理思路

1. 以旅游名义骗取出境证件，非法组织他人出境劳务的应如何定性？[①]

本书观点：（1）不具备合法出境资格，而以骗得的合法出境证件出境，属于偷越国境行为。何谓“偷越”国（边）境，实践中有多种不同观点，如有的认为“偷越”是指未经办理有关出入国（边）境证件和手续在未设关口处秘密越境的行为；也有的认为“偷越”不仅指在未设关口处秘密越境，还包括使用伪造、变造或其他欺骗手段在关口处蒙混出入境。上述观点均是对“偷越”国（边）境表现形式的概括，二者虽有不同，但实质上二者都认为“偷越”是指直接以非法的形式出入境。据此，如若行为人不是秘密越境或蒙

① 观点来源：《刑事审判参考》第304号指导案例，顾某均、王某忠组织他人偷越国境案。

混出入境，而是隐瞒真实的非法意图，骗得合法的出入境证件，再以所谓的“合法”形式出入境，则不构成“偷越”国（边）境。我们认为，上述观点有失偏颇。“偷越”的实质在于该行为侵犯了国家国（边）境管理秩序。例如，行为人“骗证出境”，本质上不具备合法出境资格，不能出境，但为达到出境目的，隐瞒真实意图，骗取出境证件出境。此时，行为人出境证件的取得是非法的，出境资格是虚假的，行为人借此出境，无异于以欺骗手段越境，该越境行为当然侵犯了国家国（边）境管理秩序，属非法越境。该种非法越境行为虽与前述两种直接越境行为在直观表现上有所不同，但两者实质相同，即行为人均不具备合法的出境资格，其行为均侵犯了我国国（边）境管理秩序。

当前，在利益的驱使下，越来越多的人向往出境打工，他们多以旅游、考察等名义，弄虚作假，骗取出境证件后出境，非法滞留国外打工。该类行为不仅造成了极坏的国际影响，而且严重破坏了我国国（边）境管理秩序，应予惩戒。若仅因其形式“合法”，而将其排除在“偷越”之外，显然不妥。据此，我们认为，“偷越”应指不具备合法出入境资格而出入境，侵犯我国国（边）境管理秩序的行为。“偷越”的方法和手段亦多种多样，既有不在规定的口岸、关卡偷越国（边）境，或以假证件或其他蒙骗手段在关口蒙混出入境的，也有骗取出境证件，以所谓的“合法”的形式“非法”越境的。

（2）以旅游名义骗取出境证件，非法组织他人出境劳务，构成组织他人偷越国（边）境罪。根据刑法及相关司法解释的规定，组织他人偷越国（边）境罪是指违反国（边）境管理法规，采取煽动、拉拢、诱使、串联等方式，有计划地策划、指挥他人偷越国（边）境的行为。骗取出境证件罪，是指以劳务输出、经贸往来或者其他名义，弄虚作假，骗取护照、签证等出境证件，为组织他人偷越国（边）境使用的行为。可见，作为不同的犯罪，组织他人偷越国（边）境罪与骗取出境证件罪有着明显不同。然而，由于骗取出境证件罪的成立以行为人具有“为组织他人偷越国（边）境罪使用”的目的为必要，现实中骗取出境证件与组织他人偷越国（边）境往往密切交织在一起，因此，正确把握两罪的关系，对区别此罪与彼罪，一罪与数罪，显得尤为重要。

对两罪的关系，学界有不同的观点。有观点认为，骗取出境证件罪是组织他人偷越国（边）境罪的一种特殊形式。“骗取出境证件罪实质上是组织他人偷越国（边）境行为的一种特情况，只是由于这种犯罪日益猖獗，法律才将它规定为独立的犯罪”，“骗取出境证件罪在客观方面表现为，弄虚作假，以劳务输出、经贸往来或者其他名义，骗取护照、签证等出境证件，以‘合法’的形式组织他人偷越国（边）境”。有观点认为，组织他人偷越国（边）境罪的犯罪方法是多种多样的，骗取出境证件只是其中的一种犯罪方法，两者存在手段行为与目的行为的关系。行为人弄虚作假，骗取出境证件，组织他人偷越国（边）境，同时构成骗取出境证件罪与组织他人偷越国（边）境罪，由于二者为手段行为与目的行为的关系，成立刑法上的牵连犯，应从一重罪处罚。还有观点认为，骗取出境证件后又组织他人偷越国（边）境的，骗取行为实为组织他人偷越国（边）境的犯罪预备行为，两者为吸收关系，根据“高度行为吸收低度行为”的原则，应以组织他人偷越国（边）境罪定罪处罚。

我们认为，组织他人偷越国（边）境罪与骗取出境证件罪是不同的罪名，二者在犯罪构成上有着明显的区别，不存在普通与特殊的关系。因为，从立法角度上看，罪与罪之间普通与特殊的关系，体现为一个法条所包含的构成要件在范围上为另一个法条的要件所包括。而组织他人偷越国（边）境罪与骗取出境证件罪在犯罪构成上有着明显不同：首先，侵犯的直接客体不同。两罪侵犯的同类客体虽均为我国国（边）境管理，但就直接客体而言，组织偷越国（边）境罪侵犯的是国家对出入国（边）境的正常管理秩序；骗取出境证件罪侵犯的是国家对出境证件的管理制度。其次，犯罪客观方面不同。组织他人偷越国（边）境罪客观方面表现为采取煽动、拉拢、诱使、串联等方式，有计划地策划、指挥他人偷越国（边）境；骗取出境证件罪则表现为以劳务输出、经贸往来或者其他名义，弄虚作假，骗取护照、签证等出境证件的行为。最后，犯罪主体不同。前罪为自然人犯罪，而后罪则自然人和单位均可构成。另外，两罪的主观方面亦有不同。即两罪虽均为故意犯罪，但构成骗取出境证件罪，行为人主观上还须具有为组织他人偷越国（边）境使用的目的，若行为人为其他目的骗取出境证件，则不成立骗取出境证件罪。因此，虽然实践中“骗取出境证件”可成为组织他人偷越国（边）境的方法之一，但就构成要件而言，组织他人偷越国（边）境罪与骗取出境证件罪不存在包含与被包含的关系。所以，二者不具有普通与特殊的关系，骗取出境证件罪并非为组织他人偷越国（边）境罪的特殊形式。行为人骗取出境证件后又组织他人偷越国（边）境的，不能仅以骗取出境证件罪定罪。此种情况下，骗取出境证件的行为，构成骗取出境证件罪；而利用骗得的证件组织他人偷越国（边）境的，同时又触犯组织他人偷越国（边）境罪。那么，两罪关系如何呢？成立牵连犯还是吸收犯？我们更赞同前一种观点。因为，根据刑法的规定，组织他人偷越国（边）境是行为人骗取出境证件的目的，当骗取出境证件后，行为人又实际组织他人偷越国（边）境，则组织他人偷越的行为是实现其骗取出境证件之目的行为，“骗证”与组织他人“偷越”的行为间显然是手段行为与目的行为的关系。因此，虽然从犯罪的发展阶段看，骗取出境证件为组织他人偷越国（边）境的预备行为，但由于两者间手段与目的的关系，使之更符合牵连犯的特征，因此，应根据牵连犯“从一重罪处罚”的原则，以组织他人偷越国（边）境罪论。

2. 被组织者在偷越国境线过程中被抓获的，能否认定组织者组织他人偷越国境犯罪未遂？①

本书观点：《妨害国（边）境管理解释》第一条第三款规定：“以组织他人偷越国（边）境为目的，招募、拉拢、引诱、介绍、培训偷越国（边）境人员，策划、安排偷越国（边）境行为，在他人偷越国（边）境之前或者偷越国（边）境过程中被查获的，应当以组织他人偷越国（边）境罪（未遂）论处；具有刑法第三百一十八条第一款规定的情形之一的，应当在相应的法定刑幅度基础上，结合未遂犯的处罚原则量刑。”根据该条规定，组织他人偷越国（边）境的组织行为并非一经实施就认定为既遂。如果被组织者在偷越国境之前或者偷越国境过程中被查获的，应当认定组织者组织他人偷越国境罪未遂。“偷越国（边）境过程中”是指被组织者虽已经越过国（边）境，但尚未完成偷越行为，依然在偷越过程中。该过程在时间上具有持续性，即是持续不间断的；在空间上具有区域性，即虽已划界线，但还设置了一个整体管理的区域，是偷越国境不可绕道的部分。行为人组织他人偷越国境，从在外国境内组织人员，到被组织者越境，再到界碑附近上车，最后在车开到边境巡逻道路段时被查获。被组织者的偷越行为在时间上具有接续性，在空间上具有连接性，即被组织者依然在边境管理区域内，属于“偷越国（边）境过程中”。被组织者在此期间被查获，应当认定组织者组织他人偷越国境罪

① 观点来源：《刑事审判参考》2013 年第 4 集（总第 93 期），农某兴组织他人偷越国境案。

未遂。

3. 如何区分组织他人偷越边境罪与运送他人偷越边境罪以及如何认定运送他人偷越边境罪既未遂形态？[①]

本书观点：区分组织他人偷越边境罪与运送他人偷越边境罪的关键在于判断行为是否具有组织性。根据《妨害国（边）境管理解释》第一条的规定，组织他人偷越边境罪的“组织”行为，主要有两种方式：一是领导、策划、指挥他人偷越边境的行为；二是在首要分子指挥下，实施拉拢、引诱、介绍他人偷越边境等行为。由于组织他人偷越边境犯罪环节较多，参与人员情况复杂，对于拉拢、引诱、介绍三种方式以外的其他协助行为，一般不宜认定为“组织”行为。明知他人组织他人偷越边境，而参与购买、联系、安排船只、汽车等交通工具，提供运输服务，将非法出境人员送至离境口岸、指引路线，甚至是积极对偷渡人员进行英语培训以应付通关的需要，转交与出境人员身份不符的虚假证件，安排食宿、送取机票等行为，均是为组织他人偷越边境提供帮助，且由于主观目的及行为缺乏组织性，不能认定为组织他人偷越边境罪的共同犯罪，而应认定为运送他人偷越边境罪。

《妨害国（边）境管理解释》明确规定只有发生了将被组织的偷渡者实际运出入边境的危害后果才能构成组织他人偷越边境罪的既遂。而运送他人偷越边境犯是组织他人偷越边境犯的环节之一，从刑法规定的量刑幅度也可看出运送他人偷越边境罪的社会危害性低于组织他人偷越边境罪，根据举重以明轻的解释原理，亦应以运送的偷渡人员是否越过边境线作为区分运送他人偷越边境罪既未遂的认定标准。

（四）疑难、复杂问题的参考性解答

1. 如何区分提供伪造、变造的出入境证件罪与骗取出境证件罪？

本书观点：两者都属于妨害国（边）境的犯罪，犯罪对象都涉及出境证件，其区别有以下两点：

（1）犯罪对象不同。提供伪造、变造的出入境证件罪对象是伪造、变造的出入境证件，骗取出境证件罪的对象是出境证件。作为提供伪造、变造的

---

① 观点来源：《刑事审判参考》第100期，凌某勇组织他人偷越边境、韦某其等运送他人偷越边境案。

出入境证件罪犯罪对象的证件既有出境证件，也有入境证件，且证件本身并不是真实、合法、有效的，而是伪造、变造的；而作为骗取出境证件罪犯罪对象的证件则只是出境证件，且证件本身是真实、合法、有效的。

（2）行为特征不同。提供伪造、变造的出入境证件罪特征是“向他人提供”，至于行为人如何弄到伪造、变造的出入境证件的，与定罪无关；而骗取出境证件罪的行为特征是“骗取”，只有行为人弄虚作假，骗取出境证件的，才构成犯罪。

2. 如何区分提供伪造、变造的出入境证件罪与伪造、变造、买卖国家机关公文、证件、印章罪？

本书观点：两罪具有十分密切的关系，两罪的犯罪主体都是一般主体，犯罪对象都是证件，且该证件均系伪造、变造而来，从犯罪构成来看，两罪的区别主要体现在以下几个方面：

（1）犯罪客体不同。提供伪造、变造的出入境证件罪侵犯的同类客体是国家对国（边）境的正常管理秩序，直接客体是国家对出入境证件的管理活动；而伪造、变造证件罪侵犯的同类客体则是正常的公共秩序，直接客体是国家机关正常的管理活动和信誉。

（2）犯罪客观方面不同。提供伪造、变造的出入境证件罪表现为，行为人将伪造、变造的出入境证件有偿或者无偿地提供给他人的行为；而伪造、变造证件罪则表现为无权制作证件者制造假的证件，或者采用涂改、擦销、拼接等方法，对真实的证件进行改制，改变其真实内容的行为。

（3）犯罪对象的范围不同。提供伪造、变造的出入境证件罪的犯罪对象仅限于护照、签证等出入境证件；而伪造、变造证件罪的犯罪对象则除出入境证件外，还包括所有用以证明身份和权利义务关系或者其他有关事实的凭证。

（4）犯罪主观方面不同。尽管两罪均出自直接故意，但故意的内容不同。提供伪造、变造的出入境证件罪的行为人在主观方面是一种明知是伪造、变造的出入境证件而仍然提供给他人的心理态度；而伪造、变造证件罪的行为人在主观上则表现为一种明知证件不得伪造、变造，而仍然实施的心理态度。

如果行为人先伪造、变造出入境证件，然后将其提供给他人，对此应按牵连犯的处理原则从一重定罪处罚，以提供伪造、变造的出入境证件罪从重处罚。

3. 如何区分出售出入境证件罪与提供伪造、变造的出入境证件罪？

本书观点：两罪在犯罪构成上有不少共同点，如犯罪行为的实施，都破坏国家出入境证件的管理秩序；犯罪对象都包括护照、签证等出入境证件，两者的主要区别是：

（1）犯罪客观方面的表现形式不同。出售出入境证件罪在客观方面表现为，违反出入境证件管理法规的规定，出售出入境证件的行为；而提供伪造、变造的出入境证件罪在客观上则表现为，将伪造、变造的出入境证件提供给他人的行为。出售行为显然是有偿的；而提供行为既可以是有偿的，也可以是无偿的。

（2）犯罪对象不同。两罪的犯罪对象尽管都是出入境证件，但出售出入境证件罪的犯罪对象是真实有效的出入境证件；而提供伪造、变造的出入境证件罪的犯罪对象则是伪造、变造的出境证件。如果行为人出售虚假的出入境证件，则应以提供伪造、变造的出入境证件罪论处，而不能以出售出入境证件罪论处。

（3）犯罪目的不同。由于犯罪目的不是提供伪造、变造的出入证件罪的必备构成要件，因而提供伪造、变造的出入境证件罪的成立，无须行为人具有某种特殊的目的；而出售出入境证件罪的成立则要求行为人在主观上必须具有营利的目的。否则，不能成立该罪。

第四节　妨害文物管理罪

（一）刑法规定

故意损毁文件罪

第三百二十四条第一款　故意损毁国家保护的珍贵文物或者被确定为全国重点文物保护单位、省级文物保护单位的文物的，处三年以下有期徒刑或者拘役，并处或者单处罚金；情节严重的，处三年以上十年以下有期徒刑，并处罚金。

故意损毁名胜古迹罪

第三百二十四条第二款　故意损毁国家保护的名胜古迹，情节严重的，处五年以下有期徒刑或者拘役，并处或者单处罚金。

过失损毁文物罪

第三百二十四条第三款　过失损毁国家保护的珍贵文物或者被确定为全国重点文物保护单位、省级文物保护单位的文物，造成严重后果的，处三年以下有期徒刑或者拘役。

非法向外国人出售、赠送珍贵文物罪

第三百二十五条　违反文物保护法规，将收藏的国家禁止出口的珍贵文物私自出售或者私自赠送给外国人的，处五年以下有期徒刑或者拘役，可以并处罚金。

单位犯前款罪的，对单位判处罚金，并对其直接负责的主管人员和其他直接责任人员，依照前款的规定处罚。

倒卖文物罪

第三百二十六条　以牟利为目的，倒卖国家禁止经营的文物，情节严重的，处五年以下有期徒刑或者拘役，并处罚金；情节特别严重的，处五年以上十年以下有期徒刑，并处罚金。

单位犯前款罪的，对单位判处罚金，并对其直接负责的主管人员和其他直接责任人员，依照前款的规定处罚。

非法出售、私赠文物藏品罪

第三百二十七条　违反文物保护法规，国有博物馆、图书馆等单位将国家保护的文物藏品出售或者私自送给非国有单位或者个人的，对单位判处罚金，并对其直接负责的主管人员和其他直接责任人员，处三年以下有期徒刑或者拘役。

盗掘古文化遗址、古墓葬罪

第三百二十八条第一款　盗掘具有历史、艺术、科学价值的古文化遗址、古墓葬的，处三年以上十年以下有期徒刑，并处罚金；情节较轻的，处三年以下有期徒刑、拘役或者管制，并处罚金；有下列情形之一的，处十年以上有期徒刑或者无期徒刑，并处罚金或者没收财产：

（一）盗掘确定为全国重点文物保护单位和省级文物保护单位的古文化遗址、古墓葬的；

（二）盗掘古文化遗址、古墓葬集团的首要分子；

（三）多次盗掘古文化遗址、古墓葬的；

（四）盗掘古文化遗址、古墓葬，并盗窃珍贵文物或者造成珍贵文物严重破坏的。

盗掘古人类化石、古脊椎动物化石罪

第三百二十八条第二款　盗掘国家保护的具有科学价值的古人类化石和古脊椎动物化石的，依照前款的规定处罚。

抢夺、窃取国有档案罪

第三百二十九条第一款　抢夺、窃取国家所有的档案的，处五年以下有期徒刑或者拘役。

擅自出卖、转让国有档案罪

第三百二十九条第二款　违反档案法的规定，擅自出卖、转让国家所有的档案，情节严重的，处三年以下有期徒刑或者拘役。

（二）司法解释、司法文件及其权威解读

1. **全国人民代表大会常务委员会关于《中华人民共和国刑法》有关文物的规定适用于具有科学价值的古脊椎动物化石、古人类化石的解释**（2005年12月29日发布实施）

全国人民代表大会常务委员会根据司法实践中遇到的情况，讨论了关于走私、盗窃、损毁、倒卖或者非法转让具有科学价值的古脊椎动物化石、古人类化石的行为适用刑法有关规定的问题，解释如下：

刑法有关文物的规定，适用于具有科学价值的古脊椎动物化石、古人类化石。

现予公告。

权威解读

解读《全国人民代表大会常务委员会关于〈中华人民共和国刑法〉有关文物的规定适用于具有科学价值的古脊椎动物化石、古人类化石的解释》

近年来，一些地方出现了走私、盗窃、损毁、倒卖、非法转让具有科学价值的古脊椎动物化石、古人类化石的严重违法行为，司法机关对于这些行为是否应当适用刑法有关文物犯罪的规定，出现了不同认识。

一种意见认为，化石和文物是性质概念不同的两种物品。化石是在地质年代中经过自然界的作用，保存于地层中的古生物遗体、遗物和他们的生活遗迹，具有一定的科学价值。而文物是存在于社会上或埋藏在地下的、与人

的活动密切相关的历史文化遗物，除具有科学价值外还有一定的历史、文化和艺术价值。我国《文物保护法》第二条以列举的方式对文物的概念进行了界定，其中不包括化石。虽然该条在第三款同时规定，“具有科学价值的古脊椎动物化石和古人类化石同文物一样受国家保护”，但这恰恰说明，化石和文物在法律概念上是不同的。另外，从刑法的规定来看，国家对文物的保护范围比较广泛，保护制度也比较严格，罪名也比较多样，如有故意损毁文物罪、倒卖文物罪、盗掘古文化遗址、古墓葬罪、走私文物罪等。而对古生物化石的保护范围比较窄，只限于古脊椎动物化石和古人类化石，仅规定了一个罪名“盗掘古人类化石、古脊椎动物化石罪”，大量常见的妨碍古人类化石、古脊椎动物化石管理的行为没有规定为犯罪。因此，根据罪刑法定原则对走私、盗窃、损毁、倒卖、非法转让具有科学价值的古脊椎动物化石、古人类化石的行为，难以适用刑法追究刑事责任。

另一种意见认为，文物包括“化石”。理由是，《文物保护法》第二条第三款规定，“具有科学价值的古脊椎动物化石和古人类化石同文物一样受国家保护”，说明国家对文物和古脊椎动物化石、古人类化石的保护是同等的，而且这种保护应当包括刑法的保护。

由于在司法实践中出现了分歧意见，最高人民法院和有关部门建议全国人大常委会作出解释，予以明确。根据《立法法》（已被修改，现为2015修正第四十七条）第四十四条的规定，受委员长会议的委托，全国人大常委会法制工作委员会征求了有关部门和专家的意见，又会同有关方面认真研究了这个问题，认为：《文物保护法》第二条第三款中明确规定，“具有科学价值的古脊椎动物化石和古人类化石同文物一样受国家保护”；我国加入的有关国际公约中对于文物的定义，也是包括化石在内的。因此，对走私、盗窃、损毁、倒卖、非法转让具有科学价值的古脊椎动物化石、古人类化石的行为应当适用刑法有关规定。法工委在此基础上拟定了法律解释草案，提交第十届全国人大常委会第十九次会议审议。委员们认为，这个法律解释草案符合1997年修改刑法时的立法原意，也有利于统一执法。常委会审议后于2005年12月29日通过了这个法律解释。

《全国人民代表大会常务委员会关于〈中华人民共和国刑法〉有关文物的规定适用于具有科学价值的古脊椎动物化石、古人类化石的解释》如下：

“全国人民代表大会常务委员会根据司法实践中遇到的情况，讨论了关于走私、盗窃、损毁、倒卖或者非法转让具有科学价值的古脊椎动物化石、古人类化石的行为适用刑法有关规定的问题，解释如下：

刑法有关文物的规定，适用于具有科学价值的古脊椎动物化石、古人类化石。”

在常委会审议过程中，有些常委会组成人员提出，刑法有关文物的规定，还应适用于具有科学价值的无脊椎动物化石、植物化石等其他古生物化石以及动物标本、矿物标本、陨石、自然遗产、基因资源等。法律委员会（现为宪法和法律委员会）经有关部门认真研究认为：上述标本、资源都很重要，需要切实加以保护。但是，这次对刑法有关文物规定的适用解释，是根据文物保护法关于“具有科学价值的古脊椎动物化石和古人类化石同文物一样受国家保护”的规定作出的。至于古脊椎动物化石和古人类化石以外的其他古生物化石、标本、资源的保护范围、方式和力度是否都按文物办理，还需要进一步研究，待条件成熟时再作规定为宜。

还有些常委会组成人员认为，如何认定古脊椎动物化石、古人类化石是否具有科学价值，难以把握，有的建议界定为“具有重要科学价值的”，有的建议界定为“国家保护的具有科学价值的”，有的建议界定为“具有历史、文化和科学价值的”。法律委员会（现为宪法和法律委员会）经会同有关部门研究认为，认定受保护的古脊椎动物化石和古人类化石的问题，还是采取文物保护法关于“具有科学价值的”界定为妥，具体名录应由国务院有关部门制定并公布。

这个法律解释明确了对走私、盗窃、故意损毁、非法向外国人出售或者赠送、倒卖、非法出售或者私赠、盗掘具有科学价值的古脊椎动物化石、古人类化石，或者失职造成具有科学价值的古脊椎动物化石、古人类化石损毁、流失等犯罪行为的刑法适用问题，涉及《刑法》第一百五十一条、第二百六十四条、第三百二十四条、第三百二十五条、第三百二十六条、第三百二十七条、第三百二十八条、第四百一十九条8个条文。

笔者认为，这个法律解释就其内容而言，与以往所作的法律解释有较大不同。它是对刑法条文没作明确规定的行为通过法律解释的方式规定了如何适用刑法，而解释所依据的法律规定却在文物保护法中。正如法律委员会（现为宪法和法律委员会）在向常委会作对该草案的审议结果报告中所说：“这次对刑法有关文物规定的适用解释，是根据文物保护法关于‘具有科学价值的古脊椎动物化石和古人类化石同文物一样受国家保护’的规定作出的。”文物保护法中规定的同等保护原则能否自然运用到刑法中恐怕还值得进一步研究探讨。如果不考虑对已经发生的案件的处理问题，笔者认为，从长远来看，对司法实践中遇到的此类新情况用修正案的方式予以修改或补充刑法，对于完善法制的效果恐怕会更好一些。

（撰稿：黄太云）

2. 最高人民法院、最高人民检察院关于办理妨害文物管理等刑事案件适用法律若干问题的解释（法释〔2015〕23号，自2016年1月1日起施行）

为依法惩治文物犯罪，保护文物，根据《中华人民共和国刑法》《中华人民共和国刑事诉讼法》《中华人民共和国文物保护法》的有关规定，现就办理此类刑事案件适用法律的若干问题解释如下：

第一条 刑法第一百五十一条规定的“国家禁止出口的文物”，依照《中华人民共和国文物保护法》规定的“国家禁止出境的文物”的范围认定。

走私国家禁止出口的二级文物的，应当依照刑法第一百五十一条第二款的规定，以走私文物罪处五年以上十年以下有期徒刑，并处罚金；走私国家禁止出口的一级文物的，应当认定为刑法第一百五十一条第二款规定的“情节特别严重”；走私国家禁止出口的三级文物的，应当认定为刑法第一百五十一条第二款规定的“情节较轻”。

走私国家禁止出口的文物，无法确定文物等级，或者按照文物等级定罪量刑明显过轻或者过重的，可以按照走私的文物价值定罪量刑。走私的文物价值在二十万元以上不满一百万元的，应当依照刑法第一百五十一条第二款的规定，以走私文物罪处五年以上十年以下有期徒刑，并处罚金；文物价值在一百万元以上的，应当定为刑法第一百五十一条第二款规定的“情节特别严重”；文物价值在五万元以上不满二十万元的，应当认定为刑法第一百五十一条第二款规定的“情节较轻”。

第二条 盗窃一般文物、三级文物、二级以上文物的，应当分别认定为刑法第二百六十四条规定的“数额较大”“数额巨大”“数额特别巨大”。

盗窃文物，无法确定文物等级，或者按照文物等级定罪量刑明显过轻或者过重的，按照盗窃的文物价值定罪量刑。

第三条 全国重点文物保护单位、省级文物保护单位的本体，应当认定为刑法第三百二十四条第一款规定的“被确定为全国重点文物保护单位、省级文物保护单位的文物”。

故意损毁国家保护的珍贵文物或者被确定为全国重点文物保护单位、省级文物保护单位的文物，具有下列情形之一的，应当认定为刑法第三百二十四条第一款规定的“情节严重”：

（一）造成五件以上三级文物损毁的；

（二）造成二级以上文物损毁的；

（三）致使全国重点文物保护单位、省级文物保护单位的本体严重损毁或者灭失的；

（四）多次损毁或者损毁多处全国重点文物保护单位、省级文物保护单位的本体的；

（五）其他情节严重的情形。

实施前款规定的行为，拒不执行国家行政主管部门作出的停止侵害文物的行政决定或者命令的，酌情从重处罚。

第四条 风景名胜区的核心景区以及未被确定为全国重点文物保护单位、省级文物保护单位的古文化遗址、古墓葬、古建筑、石窟寺、石刻、壁画、近代现代重要史迹和代表性建筑等不可移动文物的本体，应当认定为刑法第三百二十四条第二款规定的“国家保护的名胜古迹”。

故意损毁国家保护的名胜古迹，具有下列情形之一的，应当认定为刑法第三百二十四条第二款规定的“情节严重”：

（一）致使名胜古迹严重损毁或者灭失的；

（二）多次损毁或者损毁多处名胜古迹的；

（三）其他情节严重的情形。

实施前款规定的行为，拒不执行国家行政主管部门作出的停止侵害文物的行政决定或者命令的，酌情从重处罚。

故意损毁风景名胜区内被确定为全国重点文物保护单位、省级文物保护单位的文物的，依照刑法第三百二十四条第一款和本解释第三条的规定定罪量刑。

第五条 过失损毁国家保护的珍贵文物或者被确定为全国重点文物保护单位、省级文物保护单位的文物，具有本解释第三条第二款第一项至第三项规定情形之一的，应当认定为刑法第三百二十四条第三款规定的“造成严重后果”。

第六条　出售或者为出售而收购、运输、储存《中华人民共和国文物保护法》规定的“国家禁止买卖的文物”的，应当认定为刑法第三百二十六条规定的“倒卖国家禁止经营的文物”。

倒卖国家禁止经营的文物，具有下列情形之一的，应当认定为刑法第三百二十六条规定的“情节严重”：

（一）倒卖三级文物的；

（二）交易数额在五万元以上的；

（三）其他情节严重的情形。

实施前款规定的行为，具有下列情形之一的，应当认定为刑法第三百二十六条规定的“情节特别严重”：

（一）倒卖二级以上文物的；

（二）倒卖三级文物五件以上的；

（三）交易数额在二十五万元以上的；

（四）其他情节特别严重的情形。

第七条　国有博物馆、图书馆以及其他国有单位，违反文物保护法规，将收藏或者管理的国家保护的文物藏品出售或者私自送给非国有单位或者个人的，依照刑法第三百二十七条的规定，以非法出售、私赠文物藏品罪追究刑事责任。

第八条　刑法第三百二十八条第一款规定的“古文化遗址、古墓葬”包括水下古文化遗址、古墓葬。“古文化遗址、古墓葬”不以公布为不可移动文物的古文化遗址、古墓葬为限。

实施盗掘行为，已损害古文化遗址、古墓葬的历史、艺术、科学价值的，应当认定为盗掘古文化遗址、古墓葬罪既遂。

采用破坏性手段盗窃古文化遗址、古墓葬以外的古建筑、石窟寺、石刻、壁画、近代现代重要史迹和代表性建筑等其他不可移动文物的，依照刑法第二百六十四条的规定，以盗窃罪追究刑事责任。

第九条　明知是盗窃文物、盗掘古文化遗址、古墓葬等犯罪所获取的三级以上文物，而予以窝藏、转移、收购、加工、代为销售或者以其他方法掩饰、隐瞒的，依照刑法第三百一十二条的规定，以掩饰、隐瞒犯罪所得罪追究刑事责任。

实施前款规定的行为，事先通谋的，以共同犯罪论处。

第十条 国家机关工作人员严重不负责任，造成珍贵文物损毁或者流失，具有下列情形之一的，应当认定为刑法第四百一十九条规定的“后果严重”：

（一）导致二级以上文物或者五件以上三级文物损毁或者流失的；

（二）导致国重点文物保护单位、省级文物保护单位的本体严重损毁或者灭失的；

（三）其他后果严重的情形。

第十一条 单位实施走私文物、倒卖文物等行为，构成犯罪的，依照本解释规定的相应自然人犯罪的定罪量刑标准，对直接负责的主管人员和其他直接责任人员定罪处罚，并对单位判处罚金。

公司、企业、事业单位、机关、团体等单位实施盗窃文物，故意损毁文物、名胜古迹，过失损毁文物，盗掘古文化遗址、古墓葬等行为的，依照本解释规定的相应定罪量刑标准、追究组织者、策划者、实施者的刑事责任。

第十二条 针对不可移动文物整体实施走私、盗窃、倒卖等行为的，根据所属不可移动文物的等级，依照本解释第一条、第二条、第六条的规定定罪量刑：

（一）尚未被确定为文物保护单位的不可移动文物，适用一般文物的定罪量刑标准；

（二）市、县级文物保护单位，适用三级文物的定罪量刑标准；

（三）全国重点文物保护单位、省级文物保护单位，适用二级以上文物的定罪量刑标准。

针对不可移动文物中的建筑构件、壁画、雕塑、石刻等实施走私、盗窃、倒卖等行为的，根据建筑构件、壁画、雕塑、石刻等文物本身的等级或者价值，依照本解释第一条、第二条、第六条的规定定罪量刑。建筑构件、壁画、雕塑、石刻等所属不可移动文物的等级，应当作为量刑情节予以考虑。

第十三条 案件涉及不同等级的文物的，按照高级别文物的量刑幅度量刑；有多件同级文物的，五件同级文物视为一件高一级文物，但是价值明显不相当的除外。

第十四条 依照文物价值定罪量刑的，根据涉案文物的有效价格证明认定文物价值；无有效价格证明，或者根据价格证明认定明显不合理的，根据销赃数额认定，或者结合本解释第十五条规定的鉴定意见、报告认定。

第十五条 在行为人实施有关行为前，文物行政部门已对涉案文物及其等级作出认定的，可以直接对有关案件事实作出认定。

对案件涉及的有关文物鉴定、价值认定等专门性问题难以确定的，由司法鉴定机构出具鉴定意见，或者由国务院文物行政部门指定的机构出具报告。其中，对于文物价值，也可以由有关价格认证机构作出价格认证并出具报告。

第十六条　实施本解释第一条、第二条、第六条至第九条规定的行为，虽已达到应当追究刑事责任的标准，但行为人系初犯，积极退回或者协助追回文物，未造成文物损毁，并确有悔罪表现的，可以认定为犯罪情节轻微，不起诉或者免予刑事处罚。

实施本解释第三条至第五条规定的行为，虽已达到应当追究刑事责任的标准，但行为人系初犯，积极赔偿损失，并确有悔罪表现的，可以认定为犯罪情节轻微，不起诉或者免予刑事处罚。

第十七条　走私、盗窃、损毁、倒卖、盗掘或者非法转让具有科学价值的古脊椎动物化石、古人类化石的，依照刑法和本解释的有关规定定罪量刑。

第十八条　本解释自2016年1月1日起施行。本解释公布施行后，《最高人民法院、最高人民检察院关于办理盗窃、盗掘、非法经营和走私文物的案件具体应用法律的若干问题的解释》（法（研）发〔1987〕32号）同时废止；之前发布的司法解释与本解释不一致的，以本解释为准。

权威解读

解读《关于办理妨害文物管理等刑事案件适用法律若干问题的解释》

为依法惩治文物犯罪，保护文物，最高人民法院、最高人民检察院联合发布了《关于办理妨害文物管理等刑事案件适用法律若干问题的解释》（法释〔2015〕23号，以下简称《文物解释》），自2016年1月1日起施行。为便于司法实践中正确理解和适用，现就《文物解释》的制定背景、起草中的主要考虑、主要内容等问题介绍如下。

一、《文物解释》的制定背景

文物是重要的文化遗产，是人类创造力和智慧的见证，是国家和民族历史发展的见证。我国是历史悠久的文明古国，拥有极为丰富的文物资源。然而，受暴利驱动，走私、盗窃、损毁、倒卖、盗掘等各类文物犯罪案件时有发生，严重影响文物安全，使我国历史文化遗产遭到无法估量的损失。

人民法院历来重视对文物的司法保护。1987年，最高人民法院会同最高人民检察院制定出台《关于办理盗窃、盗掘、非法经营和走私文物的案件具体应用法律的若干问题的解释》（已失效，法（研）发〔1987〕32号，以下简称《1987年解释》），对于打击和震慑文物犯罪，保障国家文物安全奠定了重要基础。各级人民法院充分发挥审判职能作用，依法惩治各类文物犯罪。近3年（2012年至2014年），人民法院审理盗掘古文化遗址、古墓葬刑事案件1347件，故意毁损文物刑事案件25件，倒卖文物刑事案件75件。

《1987年解释》实施以来，我国有关文物犯罪的法律规定发生了较大变化。1997刑法除在分则第六章第四节"妨害文物管理罪"对文物犯罪作了集中规定外，走私文物罪，盗窃罪，掩饰、隐瞒犯罪所得罪，失职造成珍贵文物损毁、流失罪等也是办理文物犯罪案件可能适用的罪名。相较于1979年刑法，1997年刑法对不少文物犯罪的构成要件和定罪量刑标准作了修改，故《1987年解释》对有关犯罪定罪量刑具体认定标准的规定需要作相应调整。特别是根据2005年《全国人大常委会关于司法鉴定管理问题的决定》（已被修改），《1987年解释》所规定的由文物鉴定委员会对涉案文物出具的意见已不属于鉴定意见，在证据资格方面存在瑕疵，而当前具有资质的文物司法鉴定机构又非常欠缺，文物犯罪专门性问题的认定时常困扰办案实践，亟须研究解决。此外，当前文物犯罪活动仍较为猖獗，且随着技术的不断发展，呈现出职业化、集团化特征日趋明显，作案手段日益智能化、专业化，地下文物交易活跃、行为隐蔽等新特点，应予依法惩治，以加大对文物的司法保护力度。

根据现行法律规定，针对当前文物犯罪的形势特点，最高人民法院会同最高人民检察院在深入调研的基础上，对办理文物犯罪案件迫切需要解决的法律适用问题进行了认真梳理，经广泛征求意见并反复研究论证，起草了《文物解释》。2015年10月12日最高人民法院审判委员会第1663次会议、2015年11月18日最高人民检察院第十二届检察委员会第43次会议审议通过了《文物解释》。

二、《文物解释》起草中的主要考虑

为确保《文物解释》的内容科学合理，能够适应形势发展、满足司法实践需要，在起草过程中，着重注意把握了以下几点：

一是依法严惩文物犯罪，切实加大对文物的司法保护力度。文物不可再生，其蕴含的历史、艺术、科学价值，无法以经济价值衡量。因此，对文物犯罪要坚持从严惩治的立场。充分发挥刑法的功能，以最大限度地维护历史文化遗产安全，是《文物解释》起草过程中的主要考虑之一。

二是坚持全面保护原则，依法惩治各类文物犯罪。文物的范围较为广泛，根据不同的标准可以划分不同的类别。为了全面加强对文物的保护，《文物解释》将国有文物与非国有文物、可移动文物与不可移动文物、文物与化石均纳入保护范围。例如，《文物解释》对盗窃文物的定罪量刑统一标准，不再区分国有馆藏文物和其他文物；在规定针对可移动文物犯罪的定罪量刑标准的同时，专门设置了针对不可移动文物犯罪的相应标准；规定针对具有科学价值的古脊椎动物化石、古人类化石的犯罪，适用文物犯罪的有关定罪量刑标准。

三是贯彻认罪认罚从宽制度，最大限度地发挥刑法的教育功能。为贯彻落实《中共中央关于全面推进依法治国若干重大问题的决定》提出的“完善刑事诉讼中认罪认罚从宽制度”，《文物解释》对实施相关文物犯罪情节轻微的情形规定可以不起诉或者免予刑事处罚，以促使行为人在实施文物犯罪后及时采取措施，积极退回或者协助追回文物，或者积极赔偿损失，充分发挥刑法的威慑和教育功能。

三、《文物解释》的主要内容

《文物解释》共18个条文，主要规定了以下八个方面的问题：

（一）走私文物罪的定罪量刑标准

《文物解释》第一条对走私文物罪的对象和定罪量刑标准作了明确。根据《刑法》第一百五十一条的规定，走私文物罪的对象为“国家禁止出口的文物”。而文物保护法只有“国家禁止出境的文物”的概念，没有“国家禁止出口的文物”的概念。据向国家文物局了解，“国家禁止出口的文物”与“国家规定禁止出境的文物”为不同法律表述之差别，其语义相同。国家文物局专门发布了《文物出境审核标准》，对哪些文物禁止出境作了明确。目前，全国设立了19个文物进出境审核机构，对所涉文物是否允许出境进行鉴别。因此，《文物解释》第一条第一款规定，刑法第一百五十一条规定的“国家禁止出口的文物”，依照文物保护法规定的“国家禁止出境的文物”的范围认定。

关于走私文物罪的定罪量刑标准，《文物解释》在2014年《最高人民法院、最高人民检察院关于办理走私刑事案件适用法律若干问题的解释》第八条规定的基础上，对走私文物罪的定罪量刑确立了新的规则，即以走私文物的等级作为主要标准、以走私文物的价值作为辅助标准。根据文物保护法的规定，可移动文物分为珍贵文物和一般文物；珍贵文物分为一级文物、二级文物、三级文物。按照《文物保护法》第三十六条第一款的规定，博物馆、图书馆和其他文物收藏单位收购的文物，必须区分等级，设置藏品档案。据此，一般而言，国有文物（特别是国有馆藏文物）是有文物等级的。根据已开展的馆藏珍贵文物数据调查，国有馆藏珍贵文物166万余件，其中一级文物48006件，二级文物224249件，三级文物1388020件；而对于少数尚未作文物等级认定的文物，也可以在案发后认定文物等级。而就非国有文物（包括非国有馆藏文物和民间收藏文物）而言，有些非国有馆藏文物（如民营博物馆馆藏文物）也对藏品进行等级认定，具有相应的等级。因此《文物解释》第一条第二款根据走私文物的等级，确定了相应的定罪量刑标准："走私国家禁止出口的二级文物的，应当依照刑法第一百五十一条第二款的规定，以走私文物罪处五年以上十年以下有期徒刑，并处罚金；走私国家禁止出口的一级文物的，应当认定为刑法第一百五十一条第二款规定的'情节特别严重'；走私国家禁止出口的三级文物的，应当认定为刑法第一百五十一条第二款规定的是'情节较轻'。"

实践中，走私文物案件存在两种情形无法或者不宜按照文物等级定罪量刑：其一，不少走私出境的文物（特别是出土文物）在案发前并未确定文物等级，案发后文物未能追回，无法确定文物等级。其二，由于文物等级确定主要考虑历史、艺术、文化价值，故一些经济价值大的文物等级可能不高（如古玉器）或者虽属文物但存量众多、文物价值不大（如古钱币），如按文物等级定罪量刑可能导致明显过轻或者过重。因此，《文物解释》第一条第三款根据走私的文物价值，确定了相应的定罪量刑标准，即走私国家禁止出口的文物，无法确定文物等级，或者按照文物等级定罪量刑明显过轻或者过重的，可以按照走私的文物价值定罪量刑。具体而言，走私的文物价值在二十万元以上不满一百万元的，应当依照《刑法》第一百五十一条第二款的规定，以走私文物罪处五年以上十年以下有期徒刑，并处罚金；文物价值在一百万元以上的，应当认定为《刑法》第一百五十一条第二款规定的"情节特别严重"；文物价值在五万元以上不满二十万元的，应当认定为《刑法》第一百五十一条第二款规定的"情节较轻"。需要注意的是，根据《文物解释》第一条第三款的规定，当既有文物等级标准又有文物价值标准时，并非简单地一律根据处罚重的或者处罚轻的标准定罪量刑，而是在根据文物等级定罪量刑确实畸轻畸重时，赋予法官一定的自由裁量权，由其根据全案情节，准确判断犯罪行为的社会危害性，转而适用文物价值标准，以确保罚当其罪，取得更好的裁判效果。

（二）盗窃文物犯罪的定罪量刑标准

2013 年《最高人民法院、最高人民检察院关于办理盗窃刑事案件适用法律若干问题的解释》（以下简称《盗窃罪解释》）第九条第一款规定："盗窃国有馆藏一般文物、三级文物、二级以上文物的，应当分别认定为刑法第二百六十四条规定的'数额较大'、'数额巨大'、'数额特别巨大'。"该款规定针对的是国有馆藏文物，未对盗窃其他国有文物和非国有文物依据文物等级明确定罪量刑标准，有必要作进一步完善。在此基础上，《文物解释》第二条对盗窃文物的定罪量刑标准确立了新的规则，即以被盗文物的等级作为主要标准、以被盗文物的价值作为辅助标准。具体而言，盗窃一般文物、三级文物、二级以上文物的，应当分别认定为《刑法》第二百六十四条规定的"数额较大""数额巨大""数额特别巨大"。盗窃文物，无法确定文物等级，或者按照文物等级定罪量刑明显过轻或者过重的，按照盗窃的文物价值定罪量刑。同理，在办理盗窃文物犯罪案件时，既有文物等级标准又有文物价值标准的，要综合全案情况妥当确定应当适用的标准，确保罪责刑相适应。

（三）损毁文物犯罪的定罪量刑标准

损毁文物犯罪主要是指《刑法》第三百二十四条规定的故意损毁文物罪、故意损毁名胜古迹罪和过失损毁文物罪。《文物解释》第三条至第五条对该三种犯罪的定罪量刑标准作了明确规定。对此，需要说明以下几点：

一是"被确定为全国重点文物保护单位、省级文物保护系位的文物"的认定。根据《刑法》第三百二十四条第一款的规定，故意损毁文物罪的对象为"国家保护的珍贵文物或者被确定为全国重点文物保护单位、省级文物保护单位的文物"，即包括可移动文物中的一、二、三级文物和不可移动文物中的全国重点文物保护单位、省级文物保护单位。经过第三次全国文物普查，我国境内登记的不可移动文物共766722处，其中全国重点文物保护单位4296处。需要说明的是，对于故意损毁珍贵文物，实践中不存在争议。但是，对于故意损毁"被确定为全国重点文物保护单位、省级文物保护单位的文物"的具体含义，则存在不同认识。《文物保护法实施条例》第九条第一款规定：

“文物保护单位的保护范围，是指对文物保护单位本体及周围一定范围实施重点保护的区域。”因此，究竟是文物保护单位的保护范围都可以成为故意损毁文物罪的对象，还是限于文物保护单位本体，需要作出明确。经研究认为，《刑法》第三百二十四条第一款的表述是“被确定为全国重点文物保护单位、省级文物保护单位的文物”，明显未将文物保护单位本体周围一定范围实施重点保护的区域规定在内，故《文物解释》第三条第一款将“被确定为全国重点文物保护单位、省级文物保护单位的文物”明确为全国重点文物保护单位、省级文物保护单位的本体，而不包括周边的保护范围。顺带需要提及的是，基于切实维护文物安全和顺利办理相关案件的需要，文物行政部门宜明确包括全国重点文物保护单位、省级文物保护单位在内的不可移动文物的本体构成，并通过政府信息公开渠道向社会公布。

二是“国家保护的名胜古迹”的认定。根据《刑法》第三百二十四条第二款的规定，故意损毁名胜古迹罪的对象为“国家保护的名胜古迹”。《文物解释》第四条第一款将故意损毁文物罪的对象以外的不可移动文物（市、县级文物保护单位及未被确定为文物保护单位的不可移动文物）理解为“古迹”，将风景名胜区理解为“名胜”。主要考虑如下：（1）上述解释符合我国法律和国际通用概念。文物保护法虽未使用“古迹”的概念，但其对“不可移动文物”的规定，基本等同于“古迹”的概念。而国际上通常使用“古迹”的概念，如《国际古迹遗址理事会章程》《国际古迹保护与修复宪章》等，均将“古迹”定义为历史建筑和遗址。综上，可以将不可移动文物理解为“古迹”。由于刑法已将全国重点文物保护单位、省级文物保护单位纳入故意损毁文物罪的保护范围，故故意损毁名胜古迹罪中的“古迹”应当是指全国重点文物保护单位、省级文物保护单位的文物以外的不可移动文物。（2）上述解释符合司法实践的一贯理解。《1987年解释》将名胜古迹界定为“古墓葬、古遗址、古建筑、古石刻、革命遗址、革命纪念建筑物、风景名胜区等”，即包括不可移动文物和风景名胜区，而司法实践中一直按此界定把握。（3）上述解释同立法工作机关相关著作的观点一致。如全国人大常委会法工委刑法室的著述认为：“名胜古迹是指可供人游览的著名风景区以及虽未被人民政府核定公布为文物保护单位但也具有一定历史意义的古建筑、雕塑、石刻等历史陈迹。”需要说明的是，基于与故意损毁文物罪的对象界定相同的考虑，《文物解释》将故意损毁名胜古迹罪的对象明确为风景名胜区的核心景区、不可移动文物的本体，而不包括周边的保护范围。

三是损毁文物犯罪的定罪量刑标准。根据司法实践的情况，《文物解释》第三条至第五条以损毁文物的级别、数量、损毁的次数、程度等对损毁文物犯罪的定罪量刑标准作了明确。从司法实践来看，行为人故意损毁文物，拒不执行国家行政主管部门作出的停止侵害文物的行政决定或者命令的，主观恶性和社会危害性相对更大，应当从重惩处。因此，《文物解释》第三条第三款、第四条第三款规定对于此种情形酌情从重处罚。此外，从实践来看，有的全国重点文物保护单位、省级文物保护单位位于风景名胜区内，对其进行故意损毁的行为实际构成《刑法》第三百二十四条第一款规定的故意损毁文物罪。为避免实践中发生争议，《文物解释》第四条第四款对此作了明确。

（四）非法转让文物犯罪的有关问题

非法转让文物犯罪主要是指《刑法》第三百二十五条规定的非法向外国人出售、赠送珍贵文物罪，第三百二十六条规定的倒卖文物罪和第三百二十七条规定的非法出售、私赠文物藏品罪。此外，《刑法》第三百一十二条规定的掩饰、隐瞒犯罪所得罪也是非法转让文物犯罪可能适用的罪名。

根据司法实践的情况，《文物解释》第六条、第七条、第九条主要针对倒卖文物，非法出售、私赠文物藏品，掩饰、隐瞒文物犯罪所得文物的有关问题作了明确：

一是“倒卖国家禁止经营的文物”的认定。根据《刑法》第三百二十六条第一款的规定，以牟利为目的，倒卖国家禁止经营的文物，情节严重的，构成倒卖文物罪。《文物解释》第六条第一款规定了“倒卖国家禁止经营的文物”的含义。关于“倒卖”的含义，目前存在不同认识：有观点认为，倒卖必须同时具备收购和转手倒卖行为；也有观点认为，对于倒卖应从整体上理解，以出售为目的，收购、运输、转手卖出等行为，均构成倒卖。《文物解释》采纳了第二种观点，将“倒卖”界定为出售或者为出售而收购、运输、储存的行为。主要考虑如下：(1) 就体系解释的角度而言，刑法中规定的其他倒卖行为，如倒卖车票、船票罪，无论是出售，还是为出售而收购、运输、储存的行为，均可以认定为“倒卖”。因此，对于倒卖文物，也不应作过于狭窄的理解。(2) 从司法实践来看，要求倒卖同时具备收购和转手倒卖行为，则对于收购阶段即案发的行为无法认定为“倒卖”，不利于对此类行为的打击。此外，关于“国家禁止经营的文物”的范围，《文物解释》第六条第一款规定依照文物保护法规定的“国家禁止买卖的文物”的范围确定。对此，《文物保护法》第五十一条对禁止公民、法人和其他组织买卖的文物范围作了明确。

二是倒卖文物罪的定罪量刑标准。《文物解释》第六条第二款按照文物的等级不同，以及交易数额（收购或者出售额），对倒卖各等级文物构成“情节严重”的标准作了明确。有关标准的确定，主要考虑了与走私文物罪定罪量刑标准的协调。第三款对“情节特别严重”的标准作了明确，将倒卖二级以上文物的情形直接认定为“情节特别严重”；其他情形下，“情节严重”与“情节特别严重”之间为5倍的倍数关系。需要注意的是，对于倒卖一般文物的，不依据数量认定构成倒卖文物罪，除非具有交易数额在5万元以上的情形。

三是非法出售、私赠文物藏品罪的有关问题。根据《刑法》第三百二十七条的规定，非法出售、私赠文物藏品罪的主体为“国有博物馆、图书馆等单位”。从实践来看，有些国有公司购买文物后，出售或者私自送给非国有单位或者个人。因此，《文物解释》第七条明确《刑法》第三百二十七条规定的“国有博物馆、图书馆等单位”包括其他国有单位（即国有公司、企业、事业单位、机关、团体）。此外，一些执法机关所管理的涉案文物也属于“国家保护的文物藏品”，将其出售或者私自赠送给非国有单位或者个人的，也应当构成非法出售、私赠文物藏品罪。故而，《文物解释》第七条将犯罪对象规定为“收藏或者管理的国家保护的文物藏品”。

四是掩饰、隐瞒文物犯罪所得文物的定性。从司法实践来看，文物犯罪形成了利益链条，后续的窝藏、转移、收购、加工、代为销售等环节成为此类犯罪蔓延的重要原因。为有效惩治此类犯罪，保护国家文物资源，《文物解释》第九条专门规定，明知是盗窃文物、盗掘古文化遗址、古墓葬等犯罪所获取的三级以上文物，而予以窝藏、转移、收购、加工、代为销售或者以其他方法掩饰、隐瞒的，依照刑法第三百一十二条的规定，以掩饰、隐瞒犯罪所得罪追究刑事责任。实施前款规定的行为，事先通谋的，以共同犯罪论处。

（五）盗掘古文化遗址、古墓葬罪的有关问题

盗掘古遗址、古墓葬是文物犯罪中的主要类型。2012年至2014年，全国法院审理盗掘古文化遗址、古墓葬刑事案件约占全部文物犯罪案件的90%。而且，此类犯罪对文物破坏性极强，社会影响极为恶劣。为统一法律适用，

更为有力地惩治盗掘古文化遗址、古墓葬罪，《文物解释》第八条对有关问题作了明确：

一是“古文化遗址、古墓葬”的范围。其一，明确“古文化遗址、古墓葬”包括水下古文化遗址、古墓葬。司法实践中对于私自挖掘地下文物的行为认定为“盗掘”不存在疑义，但是对于盗掘内水、领海中的水下古文化遗址、古墓葬的定性，存在较大的认识分歧。特别是我国南海管辖海域内，水下文物遗存丰富。当前，盗捞南海水下文物较为猖獗。为强化对水下文物的特别保护，《文物解释》第八条第一款明确“古文化遗址、古墓葬”包括水下古文化遗址、古墓葬。其二，明确“古文化遗址、古墓葬”不以公布为不可移动文物的古文化遗址、古墓葬为限。实践中，一些被盗掘的古文化遗址、古墓葬并非文物保护单位，甚至尚未被公布为不可移动文物（行为人先于文物考古工作者发现该古文化遗址、古墓葬）。例如，长沙汉王陵系列盗掘案，被盗的古墓群在被盗掘前，尚未公布为文物保护单位，从被盗出的文物资源分析，认定是汉代王陵墓群，后相继被公布为省级文物保护单位、全国重点文物保护单位。为避免争议，《文物解释》第八条第一款专门作了规定。

二是“古文化遗址、古墓葬”不包括古建筑、石窟寺、石刻、壁画、近代现代重要史迹和代表性建筑等其他不可移动文物。实践中，对于“古文化遗址”的范围存在不同认识，有意见认为应作广义上的理解，将古建筑、石窟寺、石刻等包括在内，故对于将上述不可移动文物的一部分从其整体中挖掘、凿割下来的行为，应当认定为盗掘古文化遗址。经研究认为，对于古文化遗址、古墓葬不宜作上述广义理解。主要考虑如下：（1）《文物保护法》第三条明确将“古文化遗址、古墓葬”与“古建筑、石窟寺、石刻、壁画、近代现代重要史迹和代表性建筑等不可移动文物”并列，不宜再将古建筑、石窟寺、石刻、壁画、近代现代重要史迹和代表性建筑等纳入“古文化遗址、古墓葬”的范围。（2）采用破坏性手段盗窃古建筑、石窟寺、石刻、壁画、近代现代重要史迹和代表性建筑等其他不可移动文物，实质上是盗窃不可移动文物的行为，没有必要认定为盗掘古文化遗址。因此，《文物解释》第八条第三款明确规定：“采用破坏性手段盗窃古文化遗址、古墓葬以外的古建筑、石窟寺、石刻、壁画、近代现代重要史迹和代表性建筑等其他不可移动文物的，依照刑法第二百六十四条的规定，以盗窃罪追究刑事责任。”而且，对于盗窃不可移动文物整体或者可移动部分的定罪量刑问题，《文物解释》第十二条作了专门规定。

三是盗掘古文化遗址、古墓葬罪既遂的认定标准。实践中，对本罪的既遂标准存在争议。有观点主张以盗取到文物为既遂标准，对盗掘行为未实际盗取到文物的，应当认定为未遂。经研究认为，刑法设立盗掘古文化遗址、古墓葬罪，主要是为了保护古文化遗址、古墓葬的历史、艺术、科学价值。只要盗掘行为已涉及古文化遗址、古墓葬的文化层，损害了古文化遗址、古墓葬的历史、艺术、科学价值，即使未盗取到文物的，也应当认定为既遂。因此，《文物解释》第八条第二款作了专门规定。

（六）失职造成珍贵文物损毁、流失罪的定罪量刑标准

根据《刑法》第四百一十九条的规定，失职造成珍贵文物损毁或者流失，后果严重的，构成失职造成珍贵文物损毁、流失罪。《文物解释》第十条对“后果严重”的具体情形作出明确。需要说明的是，2006 年《最高人民检察院关于渎职侵权犯罪案件立案标准的规定》将失职造成珍贵文物损毁、流失罪的入罪标准之一规定为“导致国家一、二、三级珍贵文物损毁或者流失的”。而根据《刑法》第四百一十九条的规定，失职造成珍贵文物损毁、流失罪的入罪要件为“造成珍贵文物损毁或者流失，后果严重”。因此，“导致国家一、二、三级珍贵文物损毁或者流失”实际只是重复了“造成珍贵文物损毁或者流失”的规定，并未对“后果严重”作出解释。因此，《文物解释》第十条第（一）项规定“导致二级以上文物或者五件以上三级文物损毁或者流失的”才认定为造成珍贵文物损毁或者流失“后果严重”，构成失职造成珍贵文物损毁、流失罪。

（七）文物犯罪专门性问题的认定

《文物解释》第十五条对文物犯罪专门性问题的认定作了规定：

一是明确了依照文物认定决定认定案件事实的规则。《文物解释》第十五第一款规定，在行为人实施有关行为前，文物行政部门已作出文物认定（认定是否属于文物）和定级（将可移动文物确定为一级文物、二级文物、三级文物、一般文物；将不可移动文物确定为全国重点文物保护单位，省级文物保护单位，市、县级文物保护单位）的，可以直接对有关案件事实作出认定。

二是规定了文物专门性问题的鉴定和检验规则。对于文物专门性问题，如涉案的文物是否属于文物以及等级认定、价值认定、损害程度评估等，应当由司法鉴定机构出具鉴定意见。但是，目前具有文物司法鉴定资质的机构

极少，难以满足办案实践需求。鉴于此，《文物解释》第十五第二款借鉴以往司法解释的规定，确立了“鉴定与检验两条腿走路”原则，即对案件涉及的有关文物鉴定、价值认定等专门性问题难以确定的，由司法鉴定机构出具鉴定意见，或者由国务院文物行政部门指定的机构出具报告。其中，对于文物价值，也可以由有关价格认证机构作出价格认证并出具报告。

（八）文物犯罪的其他问题

根据司法实践的情况，《文物解释》还对文物犯罪的其他问题作了明确：

一是单位实施有关文物犯罪的处理。《文物解释》第十一条对单位实施有关文物犯罪的处理作了明确。第一款规定单位实施相关文物犯罪的，适用自然人犯罪的定罪量刑标准。而根据有关立法解释的规定，公司、企业、事业单位、机关、团体等单位实施刑法规定的危害社会的行为，刑法分则和其他法律未规定追究单位的刑事责任的，对组织、策划、实施该危害社会行为的人依法追究刑事责任。据此，第二款进一步明确，公司、企业、事业单位、机关、团体等单位实施盗窃文物，故意损毁文物、名胜古迹，过失损毁文物，盗掘古文化遗址、古墓葬等行为的，依照本解释规定的相应定罪量刑标准，追究组织者、策划者、实施者的刑事责任。

二是针对不可移动文物犯罪的定罪量刑标准。《文物解释》第十二条对针对不可移动文物实施走私、盗窃、倒卖行为的定罪量刑标准作了明确。具体而言：

第一款针对不可移动文物整体实施走私、盗窃、倒卖行为的定罪量刑标准作了规定。一些核定公布为文物保护单位或者尚未核定公布为文物保护单位的不可移动文物的单体文物，如石碑、石刻、经幢、石塔等，完全可以成为走私、盗窃、倒卖的对象。为统一司法适用，《文物解释》规定针对不可移动文物整体实施走私、盗窃、倒卖等行为的，根据所属不可移动文物的等级定罪量刑：尚未被确定为文物保护单位的不可移动文物，适用一般文物的定罪量刑标准；市、县级文物保护单位，适用三级文物的定罪量刑标准；全国重点文物保护单位、省级文物保护单位，适用二级以上文物的定罪量刑标准。

第二款针对不可移动文物的可移动部分实施走私、盗窃、倒卖行为的定罪量刑标准作了规定。绝大多数不可移动文物难以整体成为走私、盗窃、倒卖的对象。但是，从实践来看，不可移动文物的可移动部分，如建筑构件、壁画、雕塑、石刻等，完全可以成为走私、盗窃、倒卖的对象。而这些可移动部分依附于不可移动文物整体价值存在的，一般不予单独定级。因违法犯罪行为使其脱离不可移动文物，其不可移动文物的整体价值必然会受到影响。而脱离不可移动文物成为独立物存在的建筑构件、雕塑、壁画、碑刻等，依然具有历史、艺术或科学价值，则可以作为可移动文物对其认定等级。这是对这类文物涉案后进行认定的通常做法。因此，《文物解释》规定走私、盗窃、倒卖不可移动文物的可移动部分的，可以依照有关走私、盗窃、倒卖可移动文物的规定定罪量刑，并专门规定所属的不可移动文物等级（全国重点文物保护单位，省级文物保护单位，市、县级文物保护单位）应当作为量刑情节予以考虑。

三是不同等级文物的折算规则。《文物解释》第十三条完善了《盗窃罪解释》第九条第二款“盗窃多件不同等级国有馆藏文物的，三件同级文物可以视为一件高一级文物”的规定。一方面，将多件同级文物折算为高一级文物的标准由“三件”提升为“五件”，以更符合不同等级文物之间的实际价值差别。另一方面，从实践来看，个别情形下，可能存在五件同级文物的价值与一件高一级文物的价值明显不相当的情形，如五枚铜钱（一般文物）的价值明显与一件三级文物不相当。为此，专门规定了“但是价值明显不相当的除外”的规定，以便司法实践中根据具体案情裁量处理。

四是文物价值认定规则。《文物解释》第十四条对走私、盗窃的文物数额的认定规则作了明确。具体而言，对于涉案文物有有效价格证明（如购买文物不久即被盗），则直接依据价格证明认定数额；如果无法或者不宜依据价格证明认定盗窃数额，但能查清销赃数额的，可以按照销赃数额认定；无法查清销赃数额或者不宜按照销赃数额认定（如销赃数额过低）的，则可以依照《文物解释》的规定出具鉴定意见或者由有关部门出具报告。

五是不起诉或者免予刑事处罚的情形。为了贯彻落实“完善刑事诉讼中认罪认罚从宽制度”，考虑到司法实践中的复杂情况，《文物解释》第十六条对实施相关文物犯罪（失职造成珍贵文物损毁、流失罪除外）情节轻微的情形规定可以不起诉或者免予刑事处罚。具体限定为如下条件：（1）行为人系初犯，认罪认罚，确有悔改表现；（2）达到入罪标准，不包括情节或者结果加重情形；（3）未造成实际损失或者积极挽回损失，如未造成文物损毁，或者积极赔偿损毁文物的。

六是化石犯罪的定罪量刑标准问题。《刑法》第三百二十八条第二款和有关立法解释规定，刑法有关文物的规定，适用于具有科学价值的古脊椎动物化石、古人类化石。据此，《文物解释》第十七条进一步明确，走私、盗窃、损毁、倒卖、盗掘或者非法转让具有科学价值的古脊椎动物化石、古人类化石的，依照刑法和本解释的有关规定定罪量刑。

七是《文物解释》的时间效力问题。《文物解释》自2016年1月1日起施行。《文物解释》公布施行后，《1987年解释》同时废止；之前发布的司法解释与《文物解释》不一致的，以《文物解释》为准。需要注意的是，根据"举重以明轻"的法理，之前发布的规范性文件与《文物解释》不一致的，也应当以《文物解释》为准。

（撰稿：喻海松）

（三）典型或常见问题的审理思路

1. 如何认定盗掘古墓葬罪中的既遂和多次盗掘？①

本书观点：（1）根据相关司法解释的规定，实施盗掘行为，已损害古文化遗址、古墓葬的历史、艺术、科学价值的，应当认定为盗掘古文化遗址、古墓葬罪既遂。盗掘古墓葬罪属于以完成一定的行为作为构成犯罪的行为犯，只要被告人有盗掘古墓葬的主观故意，客观上实施了一定的盗掘行为，就可认定既遂。刑法规定成立该罪并不以实际盗得文物为构成要件，仅要求主观上为故意，客观上实施了盗掘具有历史、艺术、科学价值的古文化遗址、古墓葬的行为即可。这是因为，刑法设置该罪旨在保护在历史、艺术、科学等方面都具有很高的文物价值的古墓葬及其内部文物，但以目前的科技水平，对多数文物最好的保护方法仍是埋藏在地下，一旦挖掘出土，就可能对其造成不可逆转的破坏或毁坏，甚至迫使国家不得不对其进行抢救性的挖掘，其损失很可能是无法估量的，更遑论那些非法私自采取破坏性手段的盗掘行为了。为此，出于严厉打击此类犯罪的需要，刑法降低构成犯罪的门槛，将其规定为行为犯是符合国家严格保护文物政策的。

盗掘古墓葬罪作为行为犯，其既遂是以一定行为的实施为标准，但一般来说，盗掘古墓葬行为在实践中会有一个实行过程，我们不能认为一着手实施即可构成犯罪，应当结合承担刑事责任所要求行为的社会危害程度进行具

---

① 观点来源：《刑事审判参考》第485号指导案例，孙某平等盗掘古墓葬案。

体分析，严格把握盗掘行为是否达到符合刑法规定的界限，如果盗掘行为刚刚开始，并未触及墓室或未对该墓葬的历史、艺术、科学价值造成一定影响的，可以不以犯罪论处。

（2）如何认定被告人盗掘古墓葬的次数？何为“多次”盗掘？目前刑法尚无对该问题的明确规定。从司法实务中的通常理解来讲，刑法条款中的“多次”一般来讲是3次，从一般意义上来理解，结合刑法其他罪名对多次认定的惯行标准，可以将3次以上盗掘古墓葬的行为认定为多次盗掘。何为刑法意义上的“次”？关于这一问题，我们认为，可参照《最高人民法院关于审理抢劫、抢夺刑事案件适用法律若干问题的意见》对于“多次”与“一次”抢劫的认定问题的明确解释：“对于多次的认定，应以行为人实施的每一次抢劫行为均已构成犯罪为前提，综合考虑犯罪故意的产生、犯罪行为实施的时间、地点等因素，客观分析、认定。对于行为人基于一个犯意实施犯罪的，如在同一地点同时对在场的多人实施抢劫的；或基于同一犯意在同一地点实施连续抢劫犯罪的，如在同一地点连续地对途经此地的多人进行抢劫的；或在一次犯罪中对一栋居民楼房中的几户居民连续实施入户抢劫的，一般应认定为一次犯罪本案中，被告人基于一个犯罪故意，针对同一古墓葬，分次实施盗掘行为，还是应认定一次犯罪。即对于针对同一古墓葬的分次挖掘，不能简单地以多次重复的机械动作和行为作为次数的标准，而应以盗掘不同的古墓葬为标准，否则在间隔时间、参与人员等方面亦很难把握。

2. 构成盗掘古墓葬罪是否要求行为人明知所盗掘古墓葬具有的历史、艺术、科学价值？[①]

本书观点：盗掘古墓葬罪要求行为人应当明知所盗掘的是古墓葬，但不要求行为人确切认识到所盗掘古墓葬的历史、艺术、科学价值。

盗掘古墓葬罪是指违反文物保护法规，私自挖掘具有历史、艺术、科学价值的古墓葬的行为。盗掘古墓葬罪在主观方面表现为故意，如果是出于过失行为挖掘了古墓葬，如建筑施工作业中误挖到古墓葬，则不成立本罪。对于本罪犯罪故意的明知内容的界定，有两种不同观点：一种观点认为，行为人只要明知其盗掘的是古墓葬即可；另一种观点认为，行为人须明知其盗掘的是具有历史、艺术、科学价值的古墓葬。

---

① 观点来源：《刑事审判参考》第560号指导案例，卞某军等盗掘古墓葬案。

我们赞成前一种观点，即行为人只要明知其盗掘的是古墓葬即可，主要考虑是：首先，盗掘古墓葬罪的行为人一般不可能确切明知所盗掘古墓葬的历史、艺术、科学价值。由于古墓葬往往被掩埋于地下，其历史、艺术、科学价值的鉴定，需要由专业人员借助专门设备作出。即使是专业人员，在古墓葬被完全发掘、其中文物被出土前，也很难对其相关价值作出准确评估。司法实践中的盗掘者绝大多数是没有受过专门培训的非专业人员，他们所具有的认知能力和技术装备一般不足以使其确切判断所盗掘古墓葬的历史、艺术、科学价值。据此，在盗掘之前就要求行为人确切明知所盗掘古墓葬的历史、艺术、科学价值既不可能也不合理。其次，从司法操作的角度讲，如果在诉讼中必须证明行为人明知其所盗掘的是具有历史、艺术、科学价值的古墓葬，难度较大，不利于对盗掘古墓葬行为的惩治。最后，随着社会文明的发展和文物基本常识的普及，当前社会一般人对于古墓葬属于受国家保护、禁止私自挖掘的常识应当均有所明知，也即只要行为人明知其盗掘的属于古墓葬，那么就具备了主观违法性认识要件，且从实际情况看，绝大多数盗掘古墓葬的行为人并不是本着对古墓葬历史、艺术、科学价值的追求而实施盗掘行为的，他们关心的主要是文物的经济价值，即他们可能对古墓葬的历史、艺术、科学价值不甚了解，但一般都认识到古墓葬里“有值钱的东西”。因此，只要行为人明知其盗掘的是古墓葬，就足以反映其应受惩罚的主观恶性。

基于以上考虑，我们认为，构成《刑法》第三百二十八条规定的盗掘墓葬罪，古墓葬的历史、艺术、科学价值，不属于行为人必须主观认知的内容。只要行为人明知盗掘的对象是古墓葬，即使对该古墓葬的历史、艺术、科学价值没有充分认识，且事实上盗掘了具有历史、艺术、科学价值的古墓葬，就可认定本罪。

3. 盗掘古墓葬石像生的如何定罪?①

本书观点：行为人未直接挖掘古墓葬的墓室，而是以非法占有为目的，偷挖古墓葬墓室以外墓道上的石马，是否能够认定为“盗掘古墓葬”行为?石像生又称石像、石俑、翁仲，指的是用巨石琢成的仿动物或人物的石像，石像生实际已经成为古墓葬不可分割的一部分，古墓葬由地上遗迹和地下遗迹组成，古墓葬的墓室、葬具、随葬品，壁画、神道、石像生、碑刻、地面

① 观点来源：《刑事审判参考》（总第53期），韩某、胡某俊盗掘古墓葬案。

建筑等形成一个有机整体，离开了其中任何一部分，古墓葬都是不完整的。因此，上述各部分都应当成为盗掘古墓葬罪所要保护的对象。石像生是古墓葬的重要组成部分，具有重要的历史、艺术、科学价值。本案被告人偷挖石马的行为属于秘密实施的使得古墓葬的附属物离开原处的行为，符合“盗掘”古墓葬的行为特征。

4. 窃取国有档案与非法获取国家秘密行为竞合应如何处理？①

本书观点：行为人为了陷害本单位领导，窃取国有档案，非法获取国家秘密，其行为竞合了窃取国有档案罪与非法获取国家秘密罪，根据“依照处罚较重的规定定罪处罚”的规定，对其行为以窃取国有档案罪论处，而不是非法获取国家秘密罪。另，因其陷害行为尚未达到情节严重，不另定罪。

（四）疑难、复杂问题的参考性解答

1. 故意损毁文物同时又故意损毁名胜古迹的行为如何处罚？

本书观点：故意损毁名胜古迹罪与故意损毁文物罪同属于妨害文物管理罪，两者具有许多相似之处，如两者在行为方式上都采取“损毁”的方法，在主观方面都是出于故意，犯罪主体都是一般主体。两者的主要区别在于犯罪对象不同，故意损毁名胜古迹罪的犯罪对象是名胜古迹，而故意损毁文物罪的犯罪对象自然是文物。然而在实践中，名胜古迹往往与文物混淆在一起，难以完全分清，这主要是因为在一些名胜古迹中夹杂着许多文物，文物成为这些名胜古迹的一个重要组成部分。当行为人实施“毁损”行为时，其毁损的对象可能既是名胜古迹，同时又有文物，文物与名胜古迹同时遭到损坏。这种情况下，如果行为人在故意损毁名胜古迹的同时又故意损毁文物，该文物与所处的名胜古迹是一个有机联系、不可分割的整体，行为人故意损毁名胜古迹和故意损毁文物的行为属于同时实施的一行为，是一行为同时触犯了数罪名，应当按照想象竞合犯的处罚原则从一重罪处罚。如果行为人在同一名胜古迹中，既故意损毁了该名胜古迹，同时又故意损毁了名胜古迹中的文物，行为人实施的不是同一行为，而是分别实施的两个行为，名胜古迹与其中文物共同构成一个整体的国家名胜古迹保护区。由于行为人故意损毁名胜

---

① 观点来源：《最高人民法院公报》2002 年第 3 期，新疆维吾尔自治区哈密市人民检察院诉兰某仕、李某斌窃取国有档案案。

古迹和故意损毁文物之间存在相互牵连的关系，对该行为应当按照牵连犯的处罚原则，从一重罪处罚。如果行为人分别在同一名胜古迹中实施两个行为，一个是故意损毁名胜古迹的行为，另一个是故意损毁文物的行为，被损毁的名胜古迹和被损毁的文物都是相对的独立物。该文物虽然处于名胜古迹区域内，但该文物单独属于国家重点保护的文物。对于这种行为，应当分别按照故意损毁名胜古迹罪和故意损毁文物罪定罪量刑，实行数罪并罚。

2. **倒卖文物罪与走私文物罪如何区分?**

本书观点：走私文物罪，是指违反海关法规，逃避海关监管，非法携带、运输、邮寄国家禁止出口的文物出入国（边）境的行为。倒卖文物罪与走私文物罪在犯罪主体、犯罪的客观方面都有相同之处。两者之间的主要区别是：

（1）侵犯的客体不同。倒卖文物罪侵犯的客体是国家的文物管理制度；走私文物罪侵犯的客体是国家的对外贸易管制。

（2）贩卖的范围不同。倒卖文物罪一般是指在国内非法出售文物；而走私文物罪是指将国内文物非法出口。

（3）主观方面要求不同。倒卖文物罪的构成必须是“以牟利为目的”；而走私文物罪的构成不要求行为人主观上具有特定的犯罪目的。

（4）处罚程度不同。刑法对走私文物罪的处罚比对倒卖文物罪的处罚要重，刑法规定走私文物罪最高法定刑为无期徒刑，而倒卖文物罪的最高法定刑为 10 年有期徒刑。

对于将文物在国内出售而运往国外的行为，如果行为人在国内非法贩卖国家禁止经营的文物，买方与卖方均协商在国内成交，双方在国内成交并货款两清，行为人与收买文物的人也没有事前关于运送走私的约定，虽然事后买方将文物走私出境，但与倒卖文物者无关，对于倒卖文物的行为人应当以倒卖文物罪处罚。如果行为人虽然是在国内非法贩卖国家禁止经营的文物，但行为人事前与购买人约定，要协助买方将文物偷运出境。由于行为人意志以外的原因，没能将文物运送出境即被查获归案。对于这种情况，行为既触犯了倒卖文物罪，同时又触犯了走私文物罪，倒卖文物行为与走私文物行为之间具有牵连关系，按照牵连犯的处罚原则从一重罪处罚，应当以走私文物罪（未遂）定罪处罚。如果行为人在出卖同一批文物过程中，既有在国内倒卖文物的行为，又有将文物走私出境的行为，应当将倒卖文物的行为与走私文物的行为，分别按照《刑法》第一百五十一条和第三百二十六条的规定定罪量刑，实行数罪并罚。

3. 非法出售、私赠文物藏品罪与倒卖文物罪如何区分？

两罪在犯罪对象和犯罪客观方面有相同或相近之处。两者的主要区别是：

（1）犯罪对象不同。倒卖文物罪的犯罪对象是国家禁止经营的文物，包括国有博物馆等单位收藏的珍贵文物和社会上流散的珍贵文物及其他国家禁止经营的文物；非法出售、私赠文物藏品罪的犯罪对象只限于国有博物馆、图书馆等单位收藏的珍贵文物。

（2）犯罪主体不同。倒卖文物罪的主体是一般主体，包括单位和个人；非法出售、私赠文物藏品罪的主体是特殊主体，只限于国有博物馆、图书馆等国有单位。

（3）主观方面不同。倒卖文物罪的行为人在主观上表现为故意，且具有非法牟利的目的；而非法出售、私赠文物藏品罪的行为人在主观上虽然也是故意，但不具有牟利的目的。

第五节　危害公共卫生罪

一、妨害传染病防治罪

（一）刑法规定

第三百三十条[①]　违反传染病防治法的规定，有下列情形之一，引起甲类

---

① 本条系根据《刑法修正案（十一）》第三十七条规定而修正。原条文内容为：

“违反传染病防治法的规定，有下列情形之一，引起甲类传染病传播或者有传播严重危险的，处三年以下有期徒刑或者拘役；后果特别严重的，处三年以上七年以下有期徒刑：

（一）供水单位供应的饮用水不符合国家规定的卫生标准的；

（二）拒绝按照卫生防疫机构提出的卫生要求，对传染病病原体污染的污水、污物、粪便进行消毒处理的；

（三）准许或者纵容传染病病人、病原携带者和疑似传染病病人从事国务院卫生行政部门规定禁止从事的易使该传染病扩散的工作的；

（四）拒绝执行卫生防疫机构依照传染病防治法提出的预防、控制措施的。

单位犯前款罪的，对单位判处罚金，并对其直接负责的主管人员和其他直接责任人员，依照前款的规定处罚。

甲类传染病的范围，依照《中华人民共和国传染病防治法》和国务院有关规定确定。”

传染病以及依法确定采取甲类传染病预防、控制措施的传染病传播或者有传播严重危险的，处三年以下有期徒刑或者拘役；后果特别严重的，处三年以上七年以下有期徒刑：

（一）供水单位供应的饮用水不符合国家规定的卫生标准的；

（二）拒绝按照疾病预防控制机构提出的卫生要求，对传染病病原体污染的污水、污物、场所和物品进行消毒处理的；

（三）准许或者纵容传染病病人、病原携带者和疑似传染病病人从事国务院卫生行政部门规定禁止从事的易使该传染病扩散的工作的；

（四）出售、运输疫区中被传染病病原体污染或者可能被传染病病原体污染的物品，未进行消毒处理的；

（五）拒绝执行县级以上人民政府、疾病预防控制机构依照传染病防治法提出的预防、控制措施的。

单位犯前款罪的，对单位判处罚金，并对其直接负责的主管人员和其他直接责任人员，依照前款的规定处罚。

甲类传染病的范围，依照《中华人民共和国传染病防治法》和国务院有关规定确定。

（二）司法解释、司法文件及其权威解读

1. **最高人民法院、最高人民检察院关于办理妨害预防、控制突发传染病疫情等灾害的刑事案件具体应用法律若干问题的解释**（法释〔2003〕8号，自2003年5月15日起施行）

为依法惩治妨害预防、控制突发传染病疫情等灾害的犯罪活动，保障预防、控制突发传染病疫情等灾害工作的顺利进行，切实维护人民群众的身体健康和生命安全，根据《中华人民共和国刑法》等有关法律规定，现就办理相关刑事案件具体应用法律的若干问题解释如下：

第一条　故意传播突发传染病病原体，危害公共安全的，依照刑法第一百一十四条、第一百一十五条第一款的规定，按照以危险方法危害公共安全罪定罪处罚。

患有突发传染病或者疑似突发传染病而拒绝接受检疫、强制隔离或者治疗，过失造成传染病传播，情节严重，危害公共安全的，依照刑法第一百一十五条第二款的规定，按照过失以危险方法危害公共安全罪定罪处罚。

第二条 在预防、控制突发传染病疫情等灾害期间，生产、销售伪劣的防治、防护产品、物资，或者生产、销售用于防治传染病的假药、劣药，构成犯罪的，分别依照刑法第一百四十条、第一百四十一条、第一百四十二条的规定，以生产、销售伪劣产品罪，生产、销售假药罪或者生产、销售劣药罪定罪，依法从重处罚。

第三条 在预防、控制突发传染病疫情等灾害期间，生产用于防治传染病的不符合保障人体健康的国家标准、行业标准的医疗器械、医用卫生材料，或者销售明知是用于防治传染病的不符合保障人体健康的国家标准、行业标准的医疗器械、医用卫生材料，不具有防护、救治功能，足以严重危害人体健康的，依照刑法第一百四十五条的规定，以生产、销售不符合标准的医用器材罪定罪，依法从重处罚。

医疗机构或者个人，知道或者应当知道系前款规定的不符合保障人体健康的国家标准、行业标准的医疗器械、医用卫生材料而购买并有偿使用的，以销售不符合标准的医用器材罪定罪，依法从重处罚。

第四条 国有公司、企业、事业单位的工作人员，在预防、控制突发传染病疫情等灾害的工作中，由于严重不负责任或者滥用职权，造成国有公司、企业破产或者严重损失，致使国家利益遭受重大损失的，依照刑法第一百六十八条的规定，以国有公司、企业、事业单位人员失职罪或者国有公司、企业、事业单位人员滥用职权罪定罪处罚。

第五条 广告主、广告经营者、广告发布者违反国家规定，假借预防、控制突发传染病疫情等灾害的名义，利用广告对所推销的商品或者服务作虚假宣传，致使多人上当受骗，违法所得数额较大或者有其他严重情节的，依照刑法第二百二十二条的规定，以虚假广告罪定罪处罚。

第六条 违反国家在预防、控制突发传染病疫情等灾害期间有关市场经营、价格管理等规定，哄抬物价、牟取暴利，严重扰乱市场秩序，违法所得数额较大或者有其他严重情节的，依照刑法第二百二十五条第（四）项的规定，以非法经营罪定罪，依法从重处罚。

第七条 在预防、控制突发传染病疫情等灾害期间，假借研制、生产或者销售用于预防、控制突发传染病疫情等灾害用品的名义，诈骗公私财物数额较大的，依照刑法有关诈骗罪的规定定罪，依法从重处罚。

第八条 以暴力、威胁方法阻碍国家机关工作人员、红十字会工作人员依法履行为防治突发传染病疫情等灾害而采取的防疫、检疫、强制隔离、隔离治疗等预防、控制措施的，依照刑法第二百七十七条第一款、第三款的规定，以妨害公务罪定罪处罚。

第九条　在预防、控制突发传染病疫情等灾害期间，聚众“打砸抢”，致人伤残、死亡的，依照刑法第二百八十九条、第二百三十四条、第二百三十二条的规定，以故意伤害罪或者故意杀人罪定罪，依法从重处罚。对毁坏或者抢走公私财物的首要分子，依照刑法第二百八十九条、第二百六十三条的规定，以抢劫罪定罪，依法从重处罚。

第十条　编造与突发传染病疫情等灾害有关的恐怖信息，或者明知是编造的此类恐怖信息而故意传播，严重扰乱社会秩序的，依照刑法第二百九十一条之一的规定，以编造、故意传播虚假恐怖信息罪定罪处罚。

利用突发传染病疫情等灾害，制造、传播谣言，煽动分裂国家、破坏国家统一，或者煽动颠覆国家政权、推翻社会主义制度的，依照刑法第一百零三条第二款、第一百零五条第二款的规定，以煽动分裂国家罪或者煽动颠覆国家政权罪定罪处罚。

第十一条　在预防、控制突发传染病疫情等灾害期间，强拿硬要或者任意损毁、占用公私财物情节严重，或者在公共场所起哄闹事，造成公共场所秩序严重混乱的，依照刑法第二百九十三条的规定，以寻衅滋事罪定罪，依法从重处罚。

第十二条　未取得医师执业资格非法行医，具有造成突发传染病病人、病原携带者、疑似突发传染病病人贻误诊治或者造成交叉感染等严重情节的，依照刑法第三百三十六条第一款的规定，以非法行医罪定罪，依法从重处罚。

第十三条　违反传染病防治法等国家有关规定，向土地、水体、大气排放、倾倒或者处置含传染病病原体的废物、有毒物质或者其他危险废物，造成突发传染病传播等重大环境污染事故，致使公私财产遭受重大损失或者人身伤亡的严重后果的，依照刑法第三百三十八条的规定，以重大环境污染事故罪定罪处罚。

第十四条　贪污、侵占用于预防、控制突发传染病疫情等灾害的款物或者挪用归个人使用，构成犯罪的，分别依照刑法第三百八十二条、第三百八十三条、第二百七十一条、第三百八十四条、第二百七十二条的规定，以贪污罪、职务侵占罪、挪用公款罪、挪用资金罪定罪，依法从重处罚。

挪用用于预防、控制突发传染病疫情等灾害的救灾、优抚、救济等款物，构成犯罪的，对直接责任人员，依照刑法第二百七十三条的规定，以挪用特定款物罪定罪处罚。

第十五条 在预防、控制突发传染病疫情等灾害的工作中，负有组织、协调、指挥、灾害调查、控制、医疗救治、信息传递、交通运输、物资保障等职责的国家机关工作人员，滥用职权或者玩忽职守，致使公共财产、国家和人民利益遭受重大损失的，依照刑法第三百九十七条的规定，以滥用职权罪或者玩忽职守罪定罪处罚。

第十六条 在预防、控制突发传染病疫情等灾害期间，从事传染病防治的政府卫生行政部门的工作人员，或者在受政府卫生行政部门委托代表政府卫生行政部门行使职权的组织中从事公务的人员，或者虽未列入政府卫生行政部门人员编制但在政府卫生行政部门从事公务的人员，在代表政府卫生行政部门行使职权时，严重不负责任，导致传染病传播或者流行，情节严重的，依照刑法第四百零九条的规定，以传染病防治失职罪定罪处罚。

在国家对突发传染病疫情等灾害采取预防、控制措施后，具有下列情形之一的，属于刑法第四百零九条规定的“情节严重”：

（一）对发生突发传染病疫情等灾害的地区或者突发传染病病人、病原携带者、疑似突发传染病病人，未按照预防、控制突发传染病疫情等灾害工作规范的要求做好防疫、检疫、隔离、防护、救治等工作，或者采取的预防、控制措施不当，造成传染范围扩大或者疫情、灾情加重的；

（二）隐瞒、缓报、谎报或者授意、指使、强令他人隐瞒、缓报、谎报疫情、灾情，造成传染范围扩大或者疫情、灾情加重的；

（三）拒不执行突发传染病疫情等灾害应急处理指挥机构的决定、命令，造成传染范围扩大或者疫情、灾情加重的；

（四）具有其他严重情节的。

第十七条 人民法院、人民检察院办理有关妨害预防、控制突发传染病疫情等灾害的刑事案件，对于有自首、立功等悔罪表现的，依法从轻、减轻、免除处罚或者依法作出不起诉决定。

第十八条 本解释所称“突发传染病疫情等灾害”，是指突然发生，造成或者可能造成社会公众健康严重损害的重大传染病疫情、群体性不明原因疾病以及其他严重影响公众健康的灾害。

权威解读

解读《最高人民法院、最高人民检察院关于办理妨害预防、控制突发传染病疫情等灾害的刑事案件具体应用法律若干问题的解释》

为依法惩治妨害预防、控制突发传染病疫情等灾害的犯罪活动，保障预防、控制突发传染病疫情等灾害工作的顺利进行，切实维护人民群众的身体健康和生命安全，最高人民法院和最高人民检察院于2003年5月14日联合发布了《关于办理妨害预防、控制突发传染病疫情等灾害的刑事案件具体应用法律若干问题的解释》（以下简称《妨害预防、控制突发传染病疫情解释》），为依法惩治传染病疫情等灾害防治期间发生的各种犯罪活动，提供了明确的法律适用依据。《妨害预防、控制突发传染病疫情解释》自5月15日起实施，正确理解和执行这件司法解释，应当重点把握以下几个问题：

一、制定司法解释的背景

制定司法解释，是依法惩治突发传染病疫情等灾害预防、控制期间出现的各种犯罪活动的需要。因“非典”疫情发展引发的社会治安问题和涉及稳定的不确定因素有所增加。一些别有用心、唯恐天下不乱者通过互联网等渠道编造、散布谣言和虚假恐怖信息，蛊惑人心，攻击社会主义制度，危害社会稳定。一度流传北京、太原等市要“封城”的谣言，对群众造成了一定程度的心理恐慌。据有关部门统计，4月以来，北京、广东、河北等17个省市公安机关依法查处借“非典”问题利用互联网、手机短信制造传播“非典”谣言案件107起，依法刑事拘留12人，治安拘留33人。此外，一些不法商贩乘机哄抬物价或制售假冒伪劣产品，生产、销售假药、劣药或者不符合标准的医用器材、防护用品等，非法经营牟取暴利，破坏社会主义市场经济秩序，损害人民群众的生命健康。如何正确适用法律惩处上述犯罪活动，事关传染病防治工作的顺利进行，事关人民群众的生命财产安全，事关社会的安宁与稳定。

制定司法解释，为我国防治传染病工作相关法律、法规的实施提供有力的司法保障。全国人大常委会于1989年2月21日制定《传染病防治法》，同年9月1日施行。该法一共规定了35种法定传染病，并将其分为甲、乙、丙三类。其中甲类传染病只有2种，包括鼠疫和霍乱。根据传染病防治法的规定，国务院可以根据情况，增加或者减少甲类传染病病种，并予公布；国务院卫生行政部门可以根据情况，增加或者减少乙类、丙类传染病病种，并予公布。我国卫生部于2003年4月11日发布《关于将传染性非典型肺炎（严重急性呼吸道综合征）列入法定管理传染病的通知》，通知指出：根据国务院会议精神，为加强传染性非典型肺炎（严重急性呼吸道综合征）防治工作，经研究，决定将其列入《传染病防治法》法定传染病进行管理。并强调，“对传染性非典型肺炎（严重急性呼吸道综合征）诊断病例和疑似病例要隔离治疗，对其接触者要开展流行病学调查和密切观察，必要时可依法采取强制控制措施”“传染性非典型肺炎（严重急性呼吸道综合征）有较强的传染性，其控制措施可按照《传染病防治法》第二十四条第一款第（一）项执行”。

为了有效预防、及时控制和消除突发公共卫生事件的危害，保障公众身体健康与生命安全，维护正常的社会秩序，国务院于2003年5月9日公布了《突发公共卫生事件应急条例》，特别是对有关政府及其部门对突发事件隐瞒、缓报、谎报和对上级部门的调查不予配合或者阻碍、干涉的，以及拒不履行职责、玩忽职守、失职、渎职等行为，规定了严格的法律责任。其中，有7个条文明确规定对渎职行为“构成犯罪的，依法追究刑事责任”的内容。

通过制定司法解释，明确法律适用的具体标准，可以更加有效地保障法律、法规的实施，充分实现立法目的，切实保证传染病防治工作的顺利开展。

制定司法解释，解决惩治传染病防治期间犯罪活动遇到的刑法适用疑难问题。比较突出的问题是，我国《刑法》第三百三十条规定了妨害传染病防治罪，但构成犯罪必须是引起甲类传染病的传播或者有传播的严重危险。换言之，如果没有引起甲类传染病的传播或者有传播的严重危险，则不能以妨害传染病防治罪定罪处罚。因此，对当前已经发生的一些“非典”病人逃避治疗、强制隔离等措施而造成传染病传播等行为，有的尽管情节恶劣，造成十分严重的后果，但无法适用这一条文进行处罚。一些法律学者也对相关法律适用问题提出意见，较有代表性的如人大法学院王作富教授认为，“抗击非典，三个刑法问题待解决”，即非典是否该列为甲类传染病？这是认定某些犯罪的前提。故意传播非典应否定罪？编造、故意传播与非典有关的虚假信息，是否适用《刑法修正案（三）》第八条？等等。

二、司法解释的主要内容

（一）关于妨害传染病防治行为的法律适用问题

因国务院没有将“非典”明确列入甲类传染病的范围，所以《刑法》第三百三十条妨害传染病防治罪在防治“非典”的过程中尚难适用。为了正确适用法律，《妨害预防、控制突发传染病疫情解释》在三个条文中作出了相应规定：

《妨害预防、控制突发传染病疫情解释》第一条第二款“患有突发传染病或者疑似突发传染病而拒绝接受检疫、强制隔离或者治疗，过失造成传染病传播，情节严重，危害公共安全的，依照刑法第一百一十五条第二款的规定，按照过失以危险方法危害公共安全罪定罪处罚”的规定，重点解决了对拒绝执行卫生防疫机构依照传染病防治法提出的预防、控制措施而过失造成传染病传播，危害公共安全行为的定罪问题。实践中，已经发生了“非典”患者在治疗期间，因对隔离治疗措施、治疗条件等不满或者其他原因，如对病情比较恐惧想回家、担心生意受影响等，而擅自脱离隔离，导致传染病在社会健康人群中传播，造成群众恐慌、有关部门难以实施有效的防控措施的问题，对公共安全的危害较大。按照解释的规定，对这种行为定罪处罚要把握三个条件：一是行为人患有突发传染病或者疑似突发传染病；二是拒绝接受检疫、强制隔离或者治疗；三是过失造成传染病传播，情节严重，危害公共安全。即行为人在主观方面对造成传染病传播的结果表现为过失，而且应当具有情节严重、危害公共安全的后果才能被追究刑事责任。如果行为人故意传播传染病，危害公共安全的，则应按该条第一款的规定，按照以危险方法危害公共安全罪定罪处罚。

《妨害预防、控制突发传染病疫情解释》第八条规定：“以暴力、威胁方法阻碍国家机关工作人员、红十字会工作人员依法履行为防治突发传染病疫情等灾害而采取的防疫、检疫、强制隔离、隔离治疗等预防、控制措施的，依照刑法第二百七十七条第一款、第三款的规定，以妨害公务罪定罪处罚。”在论证过程中，考虑到目前在“非典”防治期间执行强制隔离措施的除卫生行政部门、公安机关等人员外，还有医院的医务人员等，曾有一种意见认为，应当将本条被侵犯、妨害的行为对象主体扩大至卫生监督执法人员和医疗卫生人员。

经研究，按照1992年5月11日卫生部制定的《卫生监督员管理办法》的规定，卫生监督员是指依照法律、法规聘任的在法定监督范围内进行卫生监督的食品卫生监督员、传染病管理监督员、药品监督员等不同类别的监督员。卫生监督的重点是保障各种社会活动中正常的卫生秩序，预防和控制疾病的发生和流行，保护公民的健康权益。卫生监管的范围包括卫生许可管理，对各级各类卫生机构、个体诊所和采供血机构的监管以及卫生专业人员的执业许可和健康许可。参照《全国人大常委会关于〈中华人民共和国刑法〉第九章渎职罪主体适用问题的解释》的规定，“在依照法律、法规规定行使国家行政管理职权的组织中从事公务的人员”属于国家机关工作人员，因此，履行卫生监督职责的工作人员也属于国家机关工作人员。对于妨害卫生监督执法人员依法执行职务的，按照妨害公务罪定罪处罚是有法律依据的。此外，由于医疗机构属于事业单位，医疗卫生人员属于事业单位的人员，不宜作为妨害公务罪被侵犯、妨害的行为对象主体，但是由于许多医疗卫生人员同时也是红十字会成员，如果遇到暴力抗拒执行职务时，仍然可以妨害公务罪追究行为人的刑事责任。

《妨害预防、控制突发传染病疫情解释》第十三条规定：“违反传染病防治法等国家有关规定，向土地、水体、大气排放、倾倒或者处置含传染病病原体的废物、有毒物质或者其他危险废物，造成突发传染病传播等重大环境污染事故，致使公私财产遭受重大损失或者人身伤亡的严重后果的，依照刑法第三百三十八条的规定，以重大环境污染事故罪定罪处罚。”违反传染病防治法处置含传染病病原体废物的行为，属于妨害传染病防治的行为，又因该行为的结果造成重大环境污染事故，构成了重大环境污染事故罪。因此，对这种行为以重大环境污染事故罪定罪是适当的，也在一定程度上解决了《刑法》第三百三十条无法适用的问题。

（二）关于借“非典”防治之机，制售伪劣产品，损害消费者利益，特别是制售劣质口罩、防护用品等医用卫生材料，严重损害医务人员和人民群众身体健康行为的法律适用问题

《妨害预防、控制突发传染病疫情解释》第二条规定：“在预防、控制突发传染病疫情等灾害期间，生产、销售伪劣的防治、防护产品、物资，或者生产、销售用于防治传染病的假药、劣药，构成犯罪的，分别依照刑法第一百四十条、第一百四十一条、第一百四十二条的规定，以生产、销售伪劣产品罪，生产、销售假药罪或者生产、销售劣药罪定罪，依法从重处罚。”因“两高”在2001年4月5日联合发布的《关于办理生产、销售伪劣商品刑事案件具体应用法律若干问题的解释》中，对生产、销售伪劣产品及生产、销售假药行为的定罪量刑标准已作出规定，《妨害预防、控制突发传染病疫情解释》中没有再规定具体标准，只是提出了对特定时期的特定犯罪行为依法从

重处罚的原则。

《妨害预防、控制突发传染病疫情解释》第三条第一款明确规定："在预防、控制突发传染病疫情等灾害期间，生产用于防治传染病的不符合保障人体健康的国家标准、行业标准的医疗器械、医用卫生材料，或者销售明知是用于防治传染病的不符合保障人体健康的国家标准、行业标准的医疗器械、医用卫生材料，不具有防护、救治功能，足以严重危害人体健康的，依照刑法第一百四十五条的规定，以生产、销售不符合标准的医用器材罪定罪，依法从重处罚。"这一规定，对于依法严惩当前较多发生的制售不具有传染病防护、救治功能的医疗器械、医用卫生材料行为，提出了明确的法律适用标准和依法从重处罚原则。

《妨害预防、控制突发传染病疫情解释》第三条第二款规定："医疗机构或者个人，知道或者应当知道系前款规定的不符合保障人体健康的国家标准、行业标准的医疗器械、医用卫生材料而购买并有偿使用的，以销售不符合标准的医用器材罪定罪，依法从重处罚。"在论证过程中，曾有一种意见认为，对这种行为应当按照以危险方法危害公共安全罪定罪处罚。理由有二：(1) 医疗机构或者医疗人员的职责是治病救人，不同于一般的销售机构或者人员，适用《刑法》第一百四十五条犯罪主体不符合；(2) 医疗机构或者医疗人员购买不符合保障人体健康的国家标准、行业标准的医疗器械、医用卫生材料，涉及有可能在该医疗机构就诊的不特定患者的身体健康和生命安全，危害的是公共安全。尤其是在传染病防治期间，对公共安全造成的危害就更为严重。《妨害预防、控制突发传染病疫情解释》没有采纳上述意见主要有两点考虑：首先，从事经营性服务的医疗机构或者个人，其购买、使用医用器材的行为也是一种经营行为。道理在于医疗机构或者个人向患者收取的医疗服务费用，也包含了医疗器械本身的费用，从这一角度讲，与销售医用器材的行为无异。如果其明知是不符合标准的医用器材而购买、使用，那么，其主观上就具有销售不符合标准的医用器材的故意，在客观上对人体健康造成严重危害时，完全符合《刑法》第一百四十五条规定的销售不符合标准的医用器材罪的构成要件，并不存在主体不符合的问题，应当以销售不符合标准的医用器材罪定罪处罚。其次，产品质量法有类似规定。《产品质量法》第六十二条规定："服务业的经营者将本法第四十九条至第五十二条规定禁止销售的产品用于经营性服务的，责令停止使用；对知道或者应当知道所使用的产品属于本法规定禁止销售的产品的，按照违法使用的产品（包括已使用和尚未使用的产品）的货值金额，依照本法对销售者的处罚规定处罚。”因此，对这种行为以销售不符合标准的医用器材罪定罪处罚更为恰当。

（三）关于对预防、控制突发传染病疫情等灾害期间的造谣惑众、破坏传染病防治工作秩序行为的法律适用问题

《妨害预防、控制突发传染病疫情解释》第十条第一款规定：“编造与突发传染病疫情等灾害有关的恐怖信息，或者明知是编造的此类恐怖信息而故意传播，严重扰乱社会秩序的，依照刑法第二百九十条之一的规定，以编造、故意传播虚假恐怖信息罪定罪处罚。”上述行为在当前防治“非典”期间较为突出，行为人多是通过互联网或者利用手机短信息传播谣言，由于受众较多，对社会稳定的影响较大。需要注意的问题是，所谓“恐怖信息”，是指《刑法》第二百九十一条之一规定的爆炸威胁、生化威胁、放射威胁等恐怖信息。所谓“严重扰乱社会秩序”，主要是指造成公众的心理恐慌，影响正常的生产、工作、教学、生活秩序等情形。

（四）关于传染病防治期间违反国家有关市场经营、价格管理等规定，严重扰乱市场秩序；利用虚假广告坑害消费者等行为的法律适用问题

1.《妨害预防、控制突发传染病疫情解释》第六条规定：“违反国家在预防、控制突发传染病疫情等灾害期间有关市场经营、价格管理等规定，哄抬物价、牟取暴利，严重扰乱市场秩序，违法所得数额较大或者有其他严重情节的，依照刑法第二百二十五条第（四）项的规定，以非法经营罪定罪，依法从重处罚。”为维护正常的价格秩序，国家发展和改革委员会要求，各级价格主管部门要加大行政执法力度，严肃查处经营者哄抬价格、牟取暴利行为。并明确提出需要严肃查处的行为主要包括：一是捏造、散布涨价信息，大幅度提高价格的；二是生产成本或进货成本没有发生明显变化，以牟取暴利为目的，大幅度提高价格的；三是在一些地区或行业率先大幅度提高价格的；四是囤积居奇，导致商品供不应求而出现价格大幅度上涨的。打击的重点是造谣惑众、带头涨价，情节恶劣的极少数违法经营者。司法实践中，应当根据《突发公共卫生事件应急条例》第五十二条的规定，结合行政执法部门查处的扰乱市场秩序的突出问题，按照《妨害预防、控制突发传染病疫情解释》规定的定罪标准确定法律适用问题。

2.《妨害预防、控制突发传染病疫情解释》第五条明确规定了虚假广告

罪的定罪标准，着重对刑法第二百二十二条规定的“情节严重”进行了解释，即：“广告主、广告经营者、广告发布者违反国家规定，假借预防、控制突发传染病疫情等灾害的名义，利用广告对所推销的商品或者服务作虚假宣传，致使多人上当受骗，违法所得数额较大或者有其他严重情节的，依照刑法第二百二十二条的规定，以虚假广告罪定罪处罚。”这里强调的“多人上当受骗”，是指为数众多的人员，不应简单地理解为3人以上；“违法所得数额较大”的具体数额标准，应当结合案件的具体情况进行分析、认定，但标准也不宜太低，以突出打击重点，合理控制追究刑事责任的范围。

（五）关于在传染病防治期间侵犯公私财产、严重扰乱社会秩序行为的法律适用问题

《妨害预防、控制突发传染病疫情解释》第七条、第九条、第十一条分别对在预防、控制突发传染病疫情等灾害期间实施的诈骗、“打砸抢”、寻衅滋事等行为的法律适用问题作出了规定。其中，第十一条有关寻衅滋事罪的规定，主要是针对目前发生的谎称“非典”患者，强拿硬要公私财物、扰乱社会秩序等行为作出的，依法对这种行为从重处罚，对于维护社会秩序具有十分重要的作用。

（六）关于传染病防治期间有关人员渎职行为的法律适用问题

1.《妨害预防、控制突发传染病疫情解释》第四条和第十五条分别就国有公司、企业、事业单位的工作人员和负有组织、协调、指挥、灾害调查、控制、医疗救治、信息传递、交通运输、物资保障等职责的国家机关工作人员，在预防、控制突发传染病疫情等灾害的工作中，由于严重不负责任或者滥用职权，致使国家利益遭受重大损失行为的法律适用问题作了明确规定。

2.《妨害预防、控制突发传染病疫情解释》重点规定了《刑法》第四百零九条传染病防治失职罪的适用问题。首先，《妨害预防、控制突发传染病疫情解释》第十六条第一款的规定，解决了传染病防治失职罪的犯罪主体范围问题。条文的内容按照《全国人大常委会关于〈中华人民共和国刑法〉第九章渎职罪主体适用问题的解释》的规定拟就。

其次，该条第二款规定了传染病防治失职行为“情节严重”的四种情形：(1) 对发生突发传染病疫情等灾害的地区或者突发传染病病人、病原携带者、疑似突发传染病病人，未按照预防、控制突发传染病疫情等灾害工作规范的要求做好防疫、检疫、隔离、防护、救治等工作，或者采取的预防、控制措

施不当，造成传染范围扩大或者疫情、灾情加重的；（2）隐瞒、缓报、谎报或者授意、指使、强令他人隐瞒、缓报、谎报疫情、灾情，造成传染范围扩大或者疫情、灾情加重的；（3）拒不执行突发传染病疫情等灾害应急处理指挥机构的决定、命令，造成传染范围扩大或者疫情、灾情加重的；（4）具有其他严重情节的。

最后，第二款的规定同时还明确了政策界限，即对于在国家对突发传染病疫情等灾害采取预防、控制措施后，具有上述四种情形之一的，才可以追究卫生行政部门工作人员渎职行为的刑事责任，以避免因国家应对突发事件工作机制不完善而不当追究有关工作人员刑事责任的问题，防止可能出现的消极影响。

（七）严格依法办案、准确执行刑事政策

《妨害预防、控制突发传染病疫情解释》针对发生在预防、控制突发传染病疫情等灾害期间的犯罪活动的特殊性，为正确适用法律、依法严惩犯罪活动，较多地规定了对相关犯罪行为依法从重处罚的内容，以司法解释的形式将司法实践中应当予以考虑的酌定从重处罚的情形确定下来，属于司法解释的内容，并没有改变刑法的处罚原则。《妨害预防、控制突发传染病疫情解释》中特别强调了“依法”二字，目的在于切实防止为了体现从严、从重处罚精神，而忽视案件的具体情况一味从重的问题。“依法从重处罚”，是指在具体犯罪行为应当适用的法定刑幅度内从重处罚，而不能变相地提高量刑幅度搞加重处罚。为此，《妨害预防、控制突发传染病疫情解释》还在第十七条特别规定，“人民法院、人民检察院办理有关妨害预防、控制突发传染病疫情等灾害的刑事案件，对于有自首、立功等悔罪表现的，依法从轻、减轻、免除处罚或者依法作出不起诉决定”，这既是刑法明确规定的刑罚适用原则，也是一项重要的刑事政策，只有真正做到严之有理、严之有据、宽严相济，才能在特定时期充分发挥刑罚的功能，切实维护社会稳定。

此外，《妨害预防、控制突发传染病疫情解释》是在“非典”防治期间制定公布的，但是应当注意，根据《妨害预防、控制突发传染病疫情解释》第十八条的规定，此件司法解释也将为其他可能突然发生，造成或者可能造成社会公众健康严重损害的重大传染病疫情、群体性不明原因疾病以及其他严重影响公众健康的灾害的防治工作，提供有力的司法保障。

（撰稿：孙军工）

2. 最高人民法院、最高人民检察院、公安部、司法部关于依法惩治妨害新型冠状病毒感染肺炎疫情防控违法犯罪的意见（法发〔2020〕7号，自2020年2月6日起施行）

为依法惩治妨害新型冠状病毒感染肺炎疫情防控违法犯罪行为，保障人民群众生命安全和身体健康，保障社会安定有序，保障疫情防控工作顺利开展，根据有关法律、司法解释的规定，制定本意见。

一、提高政治站位，充分认识疫情防控时期维护社会大局稳定的重大意义

各级人民法院、人民检察院、公安机关、司法行政机关要切实把思想和行动统一到习近平总书记关于新型冠状病毒感染肺炎疫情防控工作的系列重要指示精神上来，坚决贯彻落实党中央决策部署、中央应对新型冠状病毒感染肺炎疫情工作领导小组工作安排，按照中央政法委要求，增强“四个意识”、坚定“四个自信”、做到“两个维护”，始终将人民群众的生命安全和身体健康放在第一位，坚决把疫情防控作为当前压倒一切的头等大事来抓，用足用好法律规定，依法及时、从严惩治妨害疫情防控的各类违法犯罪，为坚决打赢疫情防控阻击战提供有力法治保障。

二、准确适用法律，依法严惩妨害疫情防控的各类违法犯罪

（一）依法严惩抗拒疫情防控措施犯罪。故意传播新型冠状病毒感染肺炎病原体，具有下列情形之一，危害公共安全的，依照刑法第一百一十四条、第一百一十五条第一款的规定，以以危险方法危害公共安全罪定罪处罚：

1. 已经确诊的新型冠状病毒感染肺炎病人、病原携带者，拒绝隔离治疗或者隔离期未满擅自脱离隔离治疗，并进入公共场所或者公共交通工具的；

2. 新型冠状病毒感染肺炎疑似病人拒绝隔离治疗或者隔离期未满擅自脱离隔离治疗，并进入公共场所或者公共交通工具，造成新型冠状病毒传播的。

其他拒绝执行卫生防疫机构依照传染病防治法提出的防控措施，引起新型冠状病毒传播或者有传播严重危险的，依照刑法第三百三十条的规定，以妨害传染病防治罪定罪处罚。

以暴力、威胁方法阻碍国家机关工作人员（含在依照法律、法规规定行使国家有关疫情防控行政管理职权的组织中从事公务的人员，在受国家机关委托代表国家机关行使疫情防控职权的组织中从事公务的人员，虽未列入国家机关人员编制但在国家机关中从事疫情防控公务的人员）依法履行为防控

疫情而采取的防疫、检疫、强制隔离、隔离治疗等措施的，依照刑法第二百七十七条第一款、第三款的规定，以妨害公务罪定罪处罚。暴力袭击正在依法执行职务的人民警察的，以妨害公务罪定罪，从重处罚。

（二）依法严惩暴力伤医犯罪。在疫情防控期间，故意伤害医务人员造成轻伤以上的严重后果，或者对医务人员实施撕扯防护装备、吐口水等行为，致使医务人员感染新型冠状病毒的，依照刑法第二百三十四条的规定，以故意伤害罪定罪处罚。

随意殴打医务人员，情节恶劣的，依照刑法第二百九十三条的规定，以寻衅滋事罪定罪处罚。

采取暴力或者其他方法公然侮辱、恐吓医务人员，符合刑法第二百四十六条、第二百九十三条规定的，以侮辱罪或者寻衅滋事罪定罪处罚。

以不准离开工作场所等方式非法限制医务人员人身自由，符合刑法第二百三十八条规定的，以非法拘禁罪定罪处罚。

（三）依法严惩制假售假犯罪。在疫情防控期间，生产、销售伪劣的防治、防护产品、物资，或者生产、销售用于防治新型冠状病毒感染肺炎的假药、劣药，符合刑法第一百四十条、第一百四十一条、第一百四十二条规定的，以生产、销售伪劣产品罪，生产、销售假药罪或者生产、销售劣药罪定罪处罚。

在疫情防控期间，生产不符合保障人体健康的国家标准、行业标准的医用口罩、护目镜、防护服等医用器材，或者销售明知是不符合标准的医用器材，足以严重危害人体健康的，依照刑法第一百四十五条的规定，以生产、销售不符合标准的医用器材罪定罪处罚。

（四）依法严惩哄抬物价犯罪。在疫情防控期间，违反国家有关市场经营、价格管理等规定，囤积居奇，哄抬疫情防控急需的口罩、护目镜、防护服、消毒液等防护用品、药品或者其他涉及民生的物品价格，牟取暴利，违法所得数额较大或者有其他严重情节，严重扰乱市场秩序的，依照刑法第二百二十五条第四项的规定，以非法经营罪定罪处罚。

（五）依法严惩诈骗、聚众哄抢犯罪。在疫情防控期间，假借研制、生产或者销售用于疫情防控的物品的名义骗取公私财物，或者捏造事实骗取公众捐赠款物，数额较大的，依照刑法第二百六十六条的规定，以诈骗罪定罪处罚。

在疫情防控期间，违反国家规定，假借疫情防控的名义，利用广告对所推销的商品或者服务作虚假宣传，致使多人上当受骗，违法所得数额较大或者有其他严重情节的，依照刑法第二百二十二条的规定，以虚假广告罪定罪处罚。

在疫情防控期间，聚众哄抢公私财物特别是疫情防控和保障物资，数额较大或者有其他严重情节的，对首要分子和积极参加者，依照刑法第二百六十八条的规定，以聚众哄抢罪定罪处罚。

（六）依法严惩造谣传谣犯罪。编造虚假的疫情信息，在信息网络或者其他媒体上传播，或者明知是虚假疫情信息，故意在信息网络或者其他媒体上传播，严重扰乱社会秩序的，依照刑法第二百九十一条之一第二款的规定，以编造、故意传播虚假信息罪定罪处罚。

编造虚假信息，或者明知是编造的虚假信息，在信息网络上散布，或者组织、指使人员在信息网络上散布，起哄闹事，造成公共秩序严重混乱的，依照刑法第二百九十三条第一款第四项的规定，以寻衅滋事罪定罪处罚。

利用新型冠状病毒感染肺炎疫情，制造、传播谣言，煽动分裂国家、破坏国家统一，或者煽动颠覆国家政权、推翻社会主义制度的，依照刑法第一百零三条第二款、第一百零五条第二款的规定，以煽动分裂国家罪或者煽动颠覆国家政权罪定罪处罚。

网络服务提供者不履行法律、行政法规规定的信息网络安全管理义务，经监管部门责令采取改正措施而拒不改正，致使虚假疫情信息或者其他违法信息大量传播的，依照刑法第二百八十六条之一的规定，以拒不履行信息网络安全管理义务罪定罪处罚。

对虚假疫情信息案件，要依法、精准、恰当处置。对恶意编造虚假疫情信息，制造社会恐慌，挑动社会情绪，扰乱公共秩序，特别是恶意攻击党和政府，借机煽动颠覆国家政权、推翻社会主义制度的，要依法严惩。对于因轻信而传播虚假信息，危害不大的，不以犯罪论处。

（七）依法严惩疫情防控失职渎职、贪污挪用犯罪。在疫情防控工作中，负有组织、协调、指挥、灾害调查、控制、医疗救治、信息传递、交通运输、物资保障等职责的国家机关工作人员，滥用职权或者玩忽职守，致使公共财产、国家和人民利益遭受重大损失的，依照刑法第三百九十七条的规定，以滥用职权罪或者玩忽职守罪定罪处罚。

卫生行政部门的工作人员严重不负责任，不履行或者不认真履行防治监管职责，导致新型冠状病毒感染肺炎传播或者流行，情节严重的，依照刑法第四百零九条的规定，以传染病防治失职罪定罪处罚。

从事实验、保藏、携带、运输传染病菌种、毒种的人员，违反国务院卫生行政部门的有关规定，造成新型冠状病毒毒种扩散，后果严重的，依照刑法第三百三十一条的规定，以传染病毒种扩散罪定罪处罚。

国家工作人员，受委托管理国有财产的人员，公司、企业或者其他单位的人员，利用职务便利，侵吞、截留或者以其他手段非法占有用于防控新型冠状病毒感染肺炎的款物，或者挪用上述款物归个人使用，符合刑法第三百八十二条、第三百八十三条、第二百七十一条、第三百八十四条、第二百七十二条规定的，以贪污罪、职务侵占罪、挪用公款罪、挪用资金罪定罪处罚。挪用用于防控新型冠状病毒感染肺炎的救灾、优抚、救济等款物，符合刑法第二百七十三条规定的，对直接责任人员，以挪用特定款物罪定罪处罚。

（八）依法严惩破坏交通设施犯罪。在疫情防控期间，破坏轨道、桥梁、隧道、公路、机场、航道、灯塔、标志或者进行其他破坏活动，足以使火车、汽车、电车、船只、航空器发生倾覆、毁坏危险的，依照刑法第一百一十七条、第一百一十九条第一款的规定，以破坏交通设施罪定罪处罚。

办理破坏交通设施案件，要区分具体情况，依法审慎处理。对于为了防止疫情蔓延，未经批准擅自封路阻碍交通，未造成严重后果的，一般不以犯罪论处，由主管部门予以纠正。

（九）依法严惩破坏野生动物资源犯罪。非法猎捕、杀害国家重点保护的珍贵、濒危野生动物的，或者非法收购、运输、出售国家重点保护的珍贵、濒危野生动物及其制品的，依照刑法第三百四十一条第一款的规定，以非法猎捕、杀害珍贵、濒危野生动物罪或者非法收购、运输、出售珍贵、濒危野生动物、珍贵、濒危野生动物制品罪定罪处罚。

违反狩猎法规，在禁猎区、禁猎期或者使用禁用的工具、方法进行狩猎，破坏野生动物资源，情节严重的，依照刑法第三百四十一条第二款的规定，以非法狩猎罪定罪处罚。

违反国家规定，非法经营非国家重点保护野生动物及其制品（包括开办交易场所、进行网络销售、加工食品出售等），扰乱市场秩序，情节严重的，依照刑法第二百二十五条第四项的规定，以非法经营罪定罪处罚。

知道或者应当知道是国家重点保护的珍贵、濒危野生动物及其制品，为食用或者其他目的而非法购买，符合刑法第三百四十一条第一款规定的，以非法收购珍贵、濒危野生动物、珍贵、濒危野生动物制品罪定罪处罚。

知道或者应当知道是非法狩猎的野生动物而购买，符合刑法第三百一十二条规定的，以掩饰、隐瞒犯罪所得罪定罪处罚。

（十）依法严惩妨害疫情防控的违法行为。实施上述（一）至（九）规定的行为，不构成犯罪的，由公安机关根据治安管理处罚法有关虚构事实扰乱公共秩序，扰乱单位秩序、公共场所秩序、寻衅滋事，拒不执行紧急状态下的决定、命令，阻碍执行职务，冲闯警戒带、警戒区，殴打他人，故意伤害，侮辱他人，诈骗，在铁路沿线非法挖掘坑穴、采石取沙，盗窃、损毁路面公共设施，损毁铁路设施设备，故意损毁财物、哄抢公私财物等规定，予以治安管理处罚，或者由有关部门予以其他行政处罚。

对于在疫情防控期间实施有关违法犯罪的，要作为从重情节予以考量，依法体现从严的政策要求，有力惩治震慑违法犯罪，维护法律权威，维护社会秩序，维护人民群众生命安全和身体健康。

三、健全完善工作机制，保障办案效果和安全

（一）及时查处案件。公安机关对于妨害新型冠状病毒感染肺炎疫情防控的案件，要依法及时立案查处，全面收集固定证据。对于拒绝隔离治疗或者隔离期未满擅自脱离隔离治疗的人员，公安机关要依法协助医疗机构和有关部门采取强制隔离治疗措施。要严格规范公正文明执法。

（二）强化沟通协调。人民法院、人民检察院、公安机关、司法行政机关要加强沟通协调，确保案件顺利侦查、起诉、审判、交付执行。对重大、敏感、复杂案件，公安机关要及时听取人民检察院的意见建议。对社会影响大、舆论关注度高的重大案件，要加强组织领导，按照依法处置、舆论引导、社会面管控“三同步”要求，及时向社会通报案件进展情况，澄清事实真相，做好舆论引导工作。

（三）保障诉讼权利。要依法保障犯罪嫌疑人、被告人的各项诉讼权利特别是辩护权。要按照刑事案件律师辩护全覆盖的要求，积极组织律师为没有委托辩护人的被告人依法提供辩护或者法律帮助。各级司法行政机关要加强对律师辩护代理工作的指导监督，引导广大律师依法依规履行辩护代理职责，切实维护犯罪嫌疑人、被告人的合法权益，保障法律正确实施。

（四）加强宣传教育。人民法院、人民检察院、公安机关、司法行政机关要认真落实“谁执法谁普法”责任制，结合案件办理深入细致开展法治宣传教育工作。要选取典型案例，以案释法，加大警示教育，震慑违法犯罪分子，充分展示坚决依法严惩此类违法犯罪、维护人民群众生命安全和身体健康的决心。要引导广大群众遵纪守法，不信谣、不传谣，依法支持和配合疫情防控工作，为疫情防控工作的顺利开展营造良好的法治和社会环境。

（五）注重办案安全。在疫情防控期间，办理妨害新型冠状病毒感染肺炎疫情防控案件，办案人员要注重自身安全，提升防范意识，增强在履行接处警、抓捕、羁押、讯问、审判、执行等职能时的自我保护能力和防范能力。除依法必须当面接触的情形外，可以尽量采取书面审查方式，必要时，可以采取视频等方式讯问犯罪嫌疑人、询问被害人、证人、听取辩护律师意见。人民法院在疫情防控期间审理相关案件的，在坚持依法公开审理的同时，要最大限度减少人员聚集，切实维护诉讼参与人、旁听群众、法院干警的安全和健康。

（三）典型或常见问题的审理思路

1. 隐瞒武汉旅居史致多人被隔离观察的行为如何定性？①

本书观点：行为人违反传染病防治法规定，在国家卫生健康委员会宣布对新冠肺炎采取甲类传染病预防、控制措施后，明知应当报告武汉旅居史，却故意隐瞒，拒绝配合医护人员采取防治措施，造成新型冠状病毒传播的严重危险，致37人被隔离观察，其行为构成妨害传染病防治罪，应依法惩处。

2. 境外回国隐瞒出境史且不执行隔离规定，致多人被隔离的行为应如何定性？②

本书观点：行为人违反传染病防治法的规定，拒绝执行卫生防疫机构依照传染病防治法提出的预防、控制措施，引起新型冠状病毒传播的严重危险，其行为构成妨害传染病防治罪。行为人在全球疫情蔓延的形势下，出国旅游返回后故意隐瞒出入境情况，不执行隔离规定，多次出入公共场所，造成43

① 观点来源：最高人民法院发布第一批依法惩处妨害疫情防控犯罪典型案例，田某某妨害传染病防治案。

② 观点来源：最高人民法院发布第三批依法惩处妨害疫情防控犯罪典型案例，郭某某妨害传染病防治案。

名密切接触者被集中隔离，单位所在办公大楼被封闭 7 天，社会危害严重，影响恶劣，应依法从严惩处。

3. **武汉来京人员不执行居家隔离规定出入公共场所，致多人被隔离的行为定性？**①

本书观点：行为人在新冠肺炎疫情暴发后，武汉实施封城管控前，从武汉绕道长沙抵京，不执行如实报告和居家隔离规定，往返北京市多个地区，引起新型冠状病毒传播的严重危险，致 20 多人被隔离观察，其行为构成妨害传染病防治罪，应依法惩处。

4. **确诊患者不如实告知活动轨迹，致多人未被及时隔离的行为应如何定性？**②

本书观点：行为人被确诊感染新冠肺炎后，不执行卫生防疫机构依照传染病防治法提出的预防、控制规定，故意隐瞒自己的活动轨迹，引起新型冠状病毒传播的严重危险，其行为构成妨害传染病防治罪，应依法惩处。

5. **村卫生室负责人违规收治发热病人，致多人被隔离的行为应如何定性？**③

本书观点：行为人作为村卫生室负责人，明知新冠肺炎疫情期间村卫生室严禁对未经预检分诊的发热病人进行诊疗，仍违规收治发热病人，并瞒报收治情况，引起新型冠状病毒传播的严重危险，其行为构成妨害传染病防治罪，应依法惩处。

（四）疑难、复杂问题的参考性解答

1. **如何区分本罪与以其他危险方法危害公共安全罪？**

本书观点：（1）主体方面，本罪的主体可以是单位或者个人，而以其他危险方法危害公共安全罪则只能由个人构成。

（2）客体方面，本罪侵犯的是国家的传染病防治秩序，而以其他危险方法危害公共安全罪侵害的是不特定多数人的公共安全。

---

① 观点来源：最高人民法院发布第三批依法惩处妨害疫情防控犯罪典型案例，常某妨害传染病防治案。

② 观点来源：最高人民法院发布第三批依法惩处妨害疫情防控犯罪典型案例，王某某妨害传染病防治案。

③ 观点来源：最高人民法院发布第三批依法惩处妨害疫情防控犯罪典型案例，吴某某妨害传染病防治案。

（3）主观方面，本罪行为人对于甲类传染病传播或者传播的严重危险这两方面的危害结果的发生是出于过失的心理状态，如果行为人出于报复社会或其他动机，希望或者放任甲类传染病传播的，则构成以其他危险方法危害公共安全罪。

（4）客观方面，本罪要求行为人实施了《刑法》第三百三十条第一款规定的四种行为之一，并且引起了甲类传染病的传播或者有严重传播危险。而以其他危险方法危害公共安全罪则只要求行为达到了足以危害公共安全的程度，对行为的具体表现形式没有要求。

实践中，要注意区分出于过于自信过失的妨害传染病防治罪和出于放任危害结果发生间接故意的以其他危险方法危害公共安全罪，二者行为人都预见到行为可能引起甲类传染病的传播或者有传播的严重危险，而且都不是积极追求、希望危害结果的发生，区分的关键在于：前者“预见”到结果发生的可能性，后者是“明知”结果发生的可能性；前者主观上希望危害结果不发生，结果的发生违背行为人的意志，后者对危害结果的发生是放任，结果的发生也不违背其主观意志。

2. 国家对乙类传染病依法确定采取甲类传染病预谋、控制措施的，行为人实施相关行为，引起该乙类传染病传播或者有传播严重危险的，能否以妨害传染病防治罪定罪处罚？

本书观点：应当以实施妨害传染病防治罪定罪处罚。主要理由：在《刑法修正案（十一）》实施之前，最高人民法院、最高人民检察院、公安部、司法部《关于依法惩治妨害新型冠状病毒感染肺炎疫情防控违法犯罪的意见》就明确提出，故意传播新型冠状病毒感染肺炎病原体，危害公共安全的，依照刑法第一百一十四条、第一百一十五条第一款的规定，以以危险方法危害公共安全罪定罪处罚。其他拒绝执行卫生防疫机构依照传染病防治法提出的防控措施，引起新型冠状病毒传播或者有传播严重危险的，依照刑法第三百三十条的规定，以妨害传染病防治罪定罪处罚。刑法修正案在妨害传染病防治罪的犯罪构成要件中，将“引起甲类传染病的传染病传播或者有传播严重危险的”修改为“引起甲类传染病以及依法确定采取甲类传染病预防、控制措施的传染病传播或者有传播严重危险的”，从立法上肯定了上述“两高”“两部”的有关规定。

二、传染病菌种、毒种扩散罪

（一）刑法规定

第三百三十一条　从事实验、保藏、携带、运输传染病菌种、毒种的人员，违反国务院卫生行政部门的有关规定，造成传染病菌种、毒种扩散，后果严重的，处三年以下有期徒刑或者拘役；后果特别严重的，处三年以上七年以下有期徒刑。

（二）疑难、复杂问题的参考性解答

如何区分本罪与过失投放危险物质罪？

本书观点：（1）主体方面，本罪是特殊主体，即从事实验、保藏、携带、运输传染病菌种、毒种的人员。而过失投放危险物质罪的主体是一般主体。从事实验、保藏、携带、运输传染病菌种、毒种人员之外的人，过失造成传染病菌种、毒种扩散后果严重的，应依照过失投放危险物质罪追究刑事责任。

（2）客体方面，本罪侵犯的是国家对传染病菌种、毒种的管理制度和不特定多数人的生命健康权利。而过失投放危险物质罪侵犯的是不特定多数人的公共安全。

（3）客观方面，本罪要求行为人实施违反国务院卫生行政部门的有关规定，造成传染病菌种、毒种扩散，后果严重的行为，这种危害行为往往与工作活动密不可分，是违反操作规程或者管理规定的工作行为，行为的对象是传染病菌种、毒种。而过失投放危险物质罪表现为过失投放毒害性、放射性、腐蚀性、传染病病原体等物质，危害公共安全的行为。

同时，本罪与过失投放危险物质罪之间存在竞合关系。实验、保藏、携带、运输传染病菌种、毒种的人员，违反国务院卫生行政部门的有关规定，将传染病菌种、毒种的废弃物随意抛弃，造成传染病菌种、毒种扩散后果严重的，同时构成传染病菌种、毒种扩散罪和过失投放危险物质罪。鉴于传染病菌种、毒种扩散罪为特别法，过失投放危险物质罪为普通法，应按照传染病菌种、毒种扩散罪论处。

三、妨害国境卫生检疫罪

（一）刑法规定

第三百三十二条 违反国境卫生检疫规定，引起检疫传染病传播或者有传播严重危险的，处三年以下有期徒刑或者拘役，并处或者单处罚金。

单位犯前款罪的，对单位判处罚金，并对其直接负责的主管人员和其他直接责任人员，依照前款的规定处罚。

（二）司法解释、司法文件

最高人民法院、最高人民检察院、公安部、司法部、海关总署《关于进一步加强国境卫生检疫工作依法惩治妨害国境卫生检疫违法犯罪的意见》（署法发〔2020〕50号，自2020年3月13日起施行）

为进一步加强国境卫生检疫工作，依法惩治妨害国境卫生检疫违法犯罪行为，维护公共卫生安全，保障人民群众生命安全和身体健康，根据有关法律、司法解释的规定，制定本意见。

一、充分认识国境卫生检疫对于维护公共卫生安全的重要意义

国境卫生检疫对防止传染病传入传出国境，保障人民群众生命安全和身体健康，维护公共卫生安全和社会安定有序发挥着重要作用。党中央、国务院高度重视国境卫生检疫工作，特别是新冠肺炎疫情发生以来，习近平总书记对强化公共卫生法治保障、改革完善疾病预防控制体系、健全防治结合、联防联控、群防群治工作机制作出一系列重要指示批示。各级人民法院、人民检察院、公安机关、司法行政机关、海关要切实提高政治站位，把思想和行动统一到习近平总书记重要指示批示精神上来，坚决贯彻落实党中央决策部署，增强“四个意识”、坚定“四个自信”、做到“两个维护”；从贯彻落实总体国家安全观、推动构建人类命运共同体的高度，始终将人民群众的生命安全和身体健康放在第一位，切实提升国境卫生检疫行政执法和司法办案水平。特别是面对当前新冠肺炎疫情在境外呈现扩散态势、通过口岸向境内蔓延扩散风险加剧的严峻形势，要依法及时、从严惩治妨害国境卫生检疫的各类违法犯罪行为，切实筑牢国境卫生检疫防线，坚决遏制疫情通过口岸传播扩散，为维护公共卫生安全提供有力的法治保障。

二、依法惩治妨害国境卫生检疫的违法犯罪行为

为加强国境卫生检疫工作，防止传染病传入传出国境，保护人民群众健康安全，刑法、国境卫生检疫法对妨害国境卫生检疫违法犯罪行为及其处罚作出规定。人民法院、人民检察院、公安机关、海关在办理妨害国境卫生检疫案件时，应当准确理解和严格适用刑法、国境卫生检疫法等有关规定，依法惩治相关违法犯罪行为。

（一）进一步加强国境卫生检疫行政执法。海关要在各口岸加强国境卫生检疫工作宣传，引导出入境人员以及接受检疫监管的单位和人员严格遵守国境卫生检疫法等法律法规的规定，配合和接受海关国境卫生检疫。同时，要加大国境卫生检疫行政执法力度，对于违反国境卫生检疫法及其实施细则，尚不构成犯罪的行为，依法给予行政处罚。

（二）依法惩治妨害国境卫生检疫犯罪。根据刑法第三百三十二条规定，违反国境卫生检疫规定，实施下列行为之一的，属于妨害国境卫生检疫行为：

1. 检疫传染病染疫人或者染疫嫌疑人拒绝执行海关依照国境卫生检疫法等法律法规提出的健康申报、体温监测、医学巡查、流行病学调查、医学排查、采样等卫生检疫措施，或者隔离、留验、就地诊验、转诊等卫生处理措施的；

2. 检疫传染病染疫人或者染疫嫌疑人采取不如实填报健康申明卡等方式隐瞒疫情，或者伪造、涂改检疫单、证等方式伪造情节的；

3. 知道或者应当知道实施审批管理的微生物、人体组织、生物制品、血液及其制品等特殊物品可能造成检疫传染病传播，未经审批仍逃避检疫，携运、寄递出入境的；

4. 出入境交通工具上发现有检疫传染病染疫人或者染疫嫌疑人，交通工具负责人拒绝接受卫生检疫或者拒不接受卫生处理的；

5. 来自检疫传染病流行国家、地区的出入境交通工具上出现非意外伤害死亡且死因不明的人员，交通工具负责人故意隐瞒情况的；

6. 其他拒绝执行海关依照国境卫生检疫法等法律法规提出的检疫措施的。

实施上述行为，引起鼠疫、霍乱、黄热病以及新冠肺炎等国务院确定和公布的其他检疫传染病传播或者有传播严重危险的，依照刑法第三百三十二条的规定，以妨害国境卫生检疫罪定罪处罚。

对于单位实施妨害国境卫生检疫行为，引起鼠疫、霍乱、黄热病以及新

冠肺炎等国务院确定和公布的其他检疫传染病传播或者有传播严重危险的，应当对单位判处罚金，并对其直接负责的主管人员和其他直接责任人员定罪处罚。

三、健全完善工作机制，保障依法科学有序防控

（一）做好行刑衔接。海关要严把口岸疫情防控第一关，严厉追究违反国境卫生检疫规定的行政法律责任，完善执法办案流程，坚持严格执法和依法办案。做好行政执法和刑事司法的衔接，对符合国境卫生检疫监管领域刑事案件立案追诉标准的案件，要依照有关规定，及时办理移送公安机关的相关手续，不得以行政处罚代替刑事处罚。

（二）加快案件侦办。公安机关对于妨害国境卫生检疫犯罪案件，要依法及时立案查处，全面收集固定证据。对新冠肺炎疫情防控期间发生的妨害国境卫生检疫犯罪，要快侦快破，并及时予以曝光，形成强大震慑。

（三）强化检察职能。人民检察院要加强对妨害国境卫生检疫犯罪案件的立案监督，发现应当立案而不立案的，应当要求公安机关说明理由，认为理由不成立的，应当依法通知公安机关立案。对于妨害国境卫生检疫犯罪案件，人民检察院可以对案件性质、收集证据和适用法律等向公安机关提出意见建议。对于符合逮捕、起诉条件的涉嫌妨害国境卫生检疫罪的犯罪嫌疑人，应当及时批准逮捕、提起公诉。发挥检察建议的作用，促进疫情防控体系化治理。

（四）加强沟通协调。人民法院、人民检察院、公安机关、司法行政机关、海关要加强沟通协调，畅通联系渠道，建立常态化合作机制。既要严格履行法定职责，各司其职，各负其责，又要相互配合，相互协作，实现资源共享和优势互补，形成依法惩治妨害国境卫生检疫违法犯罪的合力。对社会影响大、舆论关注度高的重大案件，要按照依法处置、舆论引导、社会面管控“三同步”要求，及时澄清事实真相，做好舆论引导和舆情应对工作。

（五）坚持过罚相当。进一步规范国境卫生检疫执法活动，切实做到严格规范公正文明执法。注重把握宽严相济政策：对于行政违法行为，要根据违法行为的危害程度和悔过态度，综合确定处罚种类和幅度。对于涉嫌犯罪的，要重点打击情节恶劣、后果严重的犯罪行为；对于情节轻微且真诚悔改的，依法予以从宽处理。

（六）维护公平正义。人民法院、人民检察院、公安机关要依法保障犯罪

嫌疑人、被告人的各项诉讼权利特别是辩护权，切实维护当事人合法权益，维护法律正确实施。司法行政机关要加强对律师辩护代理工作的指导监督，促进律师依法依规执业。人民法院、人民检察院、公安机关、司法行政机关、海关要认真落实“谁执法谁普法”责任制，选取典型案例，开展以案释法，加大警示教育，震慑不法分子，释放正能量，为疫情防控营造良好的法治和社会环境。

（三）疑难、复杂问题的参考性解答

1. 司法适用中如何认定引起新冠肺炎疫情传播或者有传播严重危险？

本书观点：根据《刑法》第三百三十二条的规定，妨害国境卫生检疫罪的入罪要件为“引起检疫传染病传播或者有传播严重危险”，并非所有妨害国境卫生检疫行为都构成犯罪，需要进一步判断是否造成检疫传染病传播或者有传播严重危险。只有实施妨害国境卫生检疫行为，引起新冠肺炎传播或者有传播严重危险的，才构成妨害国境卫生检疫罪。司法适用中，对于这一入罪要件应当准确把握，以对相关案件作出审慎、恰当的处理：

第一，准确把握犯罪主体范围。妨害国境卫生检疫罪的主体是检疫传染病染疫人、染疫嫌疑人以及其他特定主体。根据《国境卫生检疫法实施细则》的规定，“染疫人”是指正在患检疫传染病的人，或者经卫生检疫机关初步诊断，认为已经感染检疫传染病或者已经处于检疫传染病潜伏期的人。“染疫嫌疑人”是指接触过检疫传染病的感染环境，并且可能传播检疫传染病的人。其他特定主体是指检疫传染病染疫人、染疫嫌疑人以外需要接受海关依照国境卫生检疫法等法律法规进行检疫的人员。司法适用中要特别注意妨害国境卫生检疫罪中“引起检疫传染病传播或者有传播严重危险”的入罪要件，如果行为人虽有妨害国境卫生检疫的行为，但综合全案事实，认定其不可能引起新冠肺炎传播或者有传播严重危险的，不符合妨害国境卫生检疫罪的入罪要件，可由行政机关给予行政处罚；如果触犯妨害公务等其他罪名的，可以按其他罪名处理。

第二，“引起新型冠状病毒传播”是指造成他人被确诊为新冠肺炎病人、病原携带者的情形。传播的对象，既可以是出入境交通工具的同乘人员，也可以是其他接触人员。以染疫人、染疫嫌疑人“引起新型冠状病毒传播”为例，实践中要注意结合案件具体情况，如染疫人、染疫嫌疑人与被感染者是

否有密切接触，被感染者的感染时间是否在与染疫人、染疫嫌疑人接触之后，被感染者是否接触过其他新冠肺炎病人、病原携带者等因素，综合认定因果关系。如果综合案件证据情况，无法确定他人是被染疫人、染疫嫌疑人感染的，依法则不应认定属于“引起新型冠状病毒传播”的情形。

第三，“引起新型冠状病毒传播严重危险”是指虽未造成他人被确诊为新冠肺炎病人、病原携带者，但引发了传播的严重危险。对于此类情形，入罪应当限制在“严重”危险的情形，而且这种危险应当是现实、具体、明确的危险。实践中，对于“传播严重危险”的判断，同样应当坚持综合考量原则。仍以染疫人、染疫嫌疑人“引起新型冠状病毒传播严重危险”为例，实践中需要重点审查行为人是否采取特定防护措施，被诊断为染疫嫌疑人的人数及范围，被采取就地诊验、留验和隔离的人数及范围等，作出妥当认定。

2. **本罪与妨害传染病防治罪的区分**

本书观点：妨害传染病防治罪与妨害国境卫生检疫罪有所区别。一是《刑法》第三百三十条规定的妨害传染病防治罪针对的是违反《传染病防治法》《突发事件应对法》《突发公共卫生事件应急条例》等规定，拒绝执行卫生防疫机构依照传染病防治法提出的防控措施的行为，适用于在我国境内的卫生防控防治环境。《刑法》第三百三十二条规定的妨害国境卫生检疫罪针对的是违反《国境卫生检疫法》及其实施细则等规定，拒绝执行国境卫生检疫机关依照国境卫生检疫法提出的检疫措施的行为，适用于在出入我国国境时的卫生防控防疫环节。二是妨害传染病防治罪中的“甲类传染病”为甲类传染病或者按照甲类传染病管理的传染病，妨害国境卫生检疫罪中的“检疫传染病”为鼠疫、霍乱、黄热病以及国务院确定和公布的其他传染病。

经国务院批准，国家卫生健康委员会发布2020年第1号公告，将新冠肺炎纳入《传染病防治法》规定的乙类传染病，并采取甲类传染病的预防、控制措施，并将新冠肺炎纳入《国境卫生检疫法》规定的检疫传染病管理。因此，入境人员妨害新冠肺炎防控的，可能在不同时间段分别涉及妨害传染病防治罪、妨害国境卫生检疫罪。行为人在入境时拒绝执行国境卫生检疫机关的检疫措施，引起新冠肺炎传播或者有传播严重危险的，构成妨害国境卫生检疫罪。行为人在入境后拒绝执行卫生防疫机构的防控措施，引起新型冠状病毒传播或者有传播严重危险的，构成妨害传染病防治罪。如果行为人既有拒绝执行国境卫生检疫机关检疫措施的行为，又有在入境后拒绝执行卫生防疫机构防控措施的行为，同时构成妨害传染病防治罪和妨害国境卫生检疫罪的，一般应当依照处罚较重的规定定罪处罚。

四、非法组织卖血罪，强迫卖血罪

（一）刑法规定

第三百三十三条　非法组织他人出卖血液的，处五年以下有期徒刑，并处罚金；以暴力、威胁方法强迫他人出卖血液的，处五年以上十年以下有期徒刑，并处罚金。

有前款行为，对他人造成伤害的，依照本法第二百三十四条的规定定罪处罚。

（二）典型或常见问题的审理思路

1. 如何认定非法组织卖血罪的共同犯罪?

本书观点：非法组织卖血罪的客观方面表现为违反国家有关规定，组织他人出卖血液的行为。具体来讲，就是在组织他人卖血过程中实施了策划、指挥、领导的行为。实践中，这种“组织”行为往往表现为动员、串联、拉拢、雇佣、招募等形式。例如，行为人伙同他人分工合作，长期盘踞在某医院内非法组织卖血，所得赃款统一管理并逐级分赃。其中，有的行为人介绍线下多人参与组织卖血活动并抽头牟利；有的行为人主要负责收钱、管账；有的行为人负责监督内部成员，防止私自挣钱；有的行为人主要负责在医院找客源、谈价钱；有的行为人主要负责根据客户要求对外招募卖血人员，其行为均已构成非法组织卖血罪。值得注意的是，本罪的行为对象是自愿卖血者，如果卖血者不是自愿的，则不构成本罪。

2. 强迫卖血过程中造成他人伤害、实施非法拘禁行为应如何定性?

本书观点：根据《刑法》第三百三十三条第二款的规定，以暴力、威胁方法强迫他人出卖血液，对他人造成伤害的，依照《刑法》第二百三十四条规定的故意伤害罪定罪处罚。由于《刑法》第二百三十四条规定了故意伤害致人轻伤、故意伤害致人重伤、故意伤害致人死亡或者以特别残忍手段致人重伤造成严重残疾三种情况，故意伤害致人轻伤的法定最高刑只有3年有期徒刑，故意伤害致人重伤（其中不包括以特别残忍手段致人残疾的）的法定最高刑是10年有期徒刑，法定最低刑是3年有期徒刑；而强迫卖血罪的法定最高刑是10年有期徒刑，法定最低刑是5年有期徒刑，显然不仅重于故意轻伤的法定刑，也重于故意重伤（不包括以特别残忍手段致人残疾的）的法定刑。按照从一重罪处罚的原则，应当以强迫卖血罪定罪处罚。只有当实施的暴力方法致人死亡或者造成严重残疾，其法定刑重于强迫卖血罪的法定刑时，才应当按故意伤害罪定罪处罚。

强迫卖血罪中的暴力方法，包括对他人实施非法拘禁，使他人丧失人身自由，以迫使他人卖血的行为。行为人的行为同时触犯强迫卖血罪和非法拘禁罪两个罪名，应按处理牵连犯的原则，从一重罪处罚。由于非法拘禁罪的法定刑轻于强迫卖血罪，所以应当以强迫卖血罪论处。

五、非法采集、供应血液、制作、供应血液制品罪，采集、供应血液、制作、供应血液制品事故罪

（一）刑法规定

第三百三十四条 非法采集、供应血液或者制作、供应血液制品，不符合国家规定的标准，足以危害人体健康的，处五年以下有期徒刑或者拘役，并处罚金；对人体健康造成严重危害的，处五年以上十年以下有期徒刑，并处罚金；造成特别严重后果的，处十年以上有期徒刑或者无期徒刑，并处罚金或者没收财产。

经国家主管部门批准采集、供应血液或者制作、供应血液制品的部门，不依照规定进行检测或者违背其他操作规定，造成危害他人身体健康后果的，对单位判处罚金，并对其直接负责的主管人员和其他直接责任人员，处五年以下有期徒刑或者拘役。

（二）司法解释、司法文件及其权威解读

最高人民法院、最高人民检察院关于办理非法采供血液等刑事案件具体应用法律若干问题的解释（法释〔2008〕12号，自2008年9月23日起施行）

为保障公民的身体健康和生命安全，依法惩处非法采供血液等犯罪，根据刑法有关规定，现对办理此类刑事案件具体应用法律的若干问题解释如下：

第一条　对未经国家主管部门批准或者超过批准的业务范围，采集、供应血液或者制作、供应血液制品的，应认定为刑法第三百三十四条第一款规定的“非法采集、供应血液或者制作、供应血液制品”。

第二条　对非法采集、供应血液或者制作、供应血液制品，具有下列情形之一的，应认定为刑法第三百三十四条第一款规定的“不符合国家规定的标准，足以危害人体健康”，处五年以下有期徒刑或者拘役，并处罚金：

（一）采集、供应的血液含有艾滋病病毒、乙型肝炎病毒、丙型肝炎病毒、梅毒螺旋体等病原微生物的；

（二）制作、供应的血液制品含有艾滋病病毒、乙型肝炎病毒、丙型肝炎病毒、梅毒螺旋体等病原微生物，或者将含有上述病原微生物的血液用于制作血液制品的；

（三）使用不符合国家规定的药品、诊断试剂、卫生器材，或者重复使用一次性采血器材采集血液，造成传染病传播危险的；

（四）违反规定对献血者、供血浆者超量、频繁采集血液、血浆，足以危害人体健康的；

（五）其他不符合国家有关采集、供应血液或者制作、供应血液制品的规定标准，足以危害人体健康的。

第三条　对非法采集、供应血液或者制作、供应血液制品，具有下列情形之一的，应认定为刑法第三百三十四条第一款规定的“对人体健康造成严重危害”，处五年以上十年以下有期徒刑，并处罚金：

（一）造成献血者、供血浆者、受血者感染乙型肝炎病毒、丙型肝炎病毒、梅毒螺旋体或者其他经血液传播的病原微生物的；

（二）造成献血者、供血浆者、受血者重度贫血、造血功能障碍或者其他器官组织损伤导致功能障碍等身体严重危害的；

（三）对人体健康造成其他严重危害的。

第四条　对非法采集、供应血液或者制作、供应血液制品，具有下列情形之一的，应认定为刑法第三百三十四条第一款规定的“造成特别严重后果”，处十年以上有期徒刑或者无期徒刑，并处罚金或者没收财产：

（一）因血液传播疾病导致人员死亡或者感染艾滋病病毒的；

（二）造成五人以上感染乙型肝炎病毒、丙型肝炎病毒、梅毒螺旋体或者其他经血液传播的病原微生物的；

（三）造成五人以上重度贫血、造血功能障碍或者其他器官组织损伤导致功能障碍等身体严重危害的；

（四）造成其他特别严重后果的。

第五条 对经国家主管部门批准采集、供应血液或者制作、供应血液制品的部门，具有下列情形之一的，应认定为刑法第三百三十四条第二款规定的“不依照规定进行检测或者违背其他操作规定”：

（一）血站未用两个企业生产的试剂对艾滋病病毒抗体、乙型肝炎病毒表面抗原、丙型肝炎病毒抗体、梅毒抗体进行两次检测的；

（二）单采血浆站不依照规定对艾滋病病毒抗体、乙型肝炎病毒表面抗原、丙型肝炎病毒抗体、梅毒抗体进行检测的；

（三）血液制品生产企业在投料生产前未用主管部门批准和检定合格的试剂进行复检的；

（四）血站、单采血浆站和血液制品生产企业使用的诊断试剂没有生产单位名称、生产批准文号或者经检定不合格的；

（五）采供血机构在采集检验标本、采集血液和成分血分离时，使用没有生产单位名称、生产批准文号或者超过有效期的一次性注射器等采血器材的；

（六）不依照国家规定的标准和要求包装、储存、运输血液、原料血浆的；

（七）对国家规定检测项目结果呈阳性的血液未及时按照规定予以清除的；

（八）不具备相应资格的医务人员进行采血、检验操作的；

（九）对献血者、供血浆者超量、频繁采集血液、血浆的；

（十）采供血机构采集血液、血浆前，未对献血者或供血浆者进行身份识别，采集冒名顶替者、健康检查不合格者血液、血浆的；

（十一）血站擅自采集原料血浆，单采血浆站擅自采集临床用血或者向医疗机构供应原料血浆的；

（十二）重复使用一次性采血器材的；

（十三）其他不依照规定进行检测或者违背操作规定的。

第六条 对经国家主管部门批准采集、供应血液或者制作、供应血液制品的部门，不依照规定进行检测或者违背其他操作规定，具有下列情形之一的，应认定为刑法第三百三十四条第二款规定的“造成危害他人身体健康后果”，对单位判处罚金，并对其直接负责的主管人员和其他直接责任人员，处五年以下有期徒刑或者拘役：

（一）造成献血者、供血浆者、受血者感染艾滋病病毒、乙型肝炎病毒、丙型肝炎病毒、梅毒螺旋体或者其他经血液传播的病原微生物的；

（二）造成献血者、供血浆者、受血者重度贫血、造血功能障碍或者其他器官组织损伤导致功能障碍等身体严重危害的；

（三）造成其他危害他人身体健康后果的。

第七条　经国家主管部门批准的采供血机构和血液制品生产经营单位，应认定为刑法第三百三十四条第二款规定的“经国家主管部门批准采集、供应血液或者制作、供应血液制品的部门”。

第八条　本解释所称“血液”，是指全血、成分血和特殊血液成分。

本解释所称“血液制品”，是指各种人血浆蛋白制品。

本解释所称“采供血机构”，包括血液中心、中心血站、中心血库、脐带血造血干细胞库和国家卫生行政主管部门根据医学发展需要批准、设置的其他类型血库、单采血浆站。

权威解读

解读最高人民法院、最高人民检察院《关于办理非法采供血液等刑事案件具体应用法律若干问题的解释》

最高人民法院、最高人民检察院《关于办理非法采供血液等刑事案件具体应用法律若干问题的解释》（以下简称《非法采供血液解释》）已经公布并自2008年9月23日起施行。《非法采供血液解释》对于依法惩处非法采供血液等犯罪活动，保障人民群众身体健康和生命安全，具有重要意义。为准确理解和适用该《非法采供血液解释》，现对《非法采供血液解释》的起草情况和相关内容作一些解读和说明。

一、《非法采供血液解释》的起草背景

采集、供应血液和制作、供应血液制品不仅关系到人民群众身体健康和生命安全，而且关系到经济发展和社会稳定。据报道，2005年我国经输血感染艾滋病的人数已达7万人，在一些地区，通过血液感染艾滋病的患者已经进入高发期和死亡高峰。由于一些地区管理不善，不法分子非法采供血液犯罪活动蔓延，血源性传播疾病问题突出。另外，我国是一个患肝炎病人群较多的大国，肝炎患者参与献血，致使血源性疾病传播更加突出。

但从司法统计看，这类案件被追究刑事责任的则非常少见。例如，2002年全国法院审理的非法采供血刑事案件只有1起，2003年没有，2004年也只有1起，2005年9起，2006年3起。而同期被行政机关查处的非法采供血行政违法案件达几千起，导致进入司法程序的该类案件少而又少的原因之一，就是缺乏具体的定罪量刑标准，罪与非罪的界限难以掌握。因此，无论从保护人民群众的健康和生命安全考虑，还是从打击相关犯罪的需要看，制定关于办理非法采供血刑事案件的司法解释十分必要。

为解决司法实践中对依法惩处非法采供血液等犯罪的定罪量刑标准、罪与非罪界限不明确的问题，“两高”研究室将起草关于办理非法采供血液等刑事案件具体应用法律若干问题的解释纳入了工作计划。2004年年底，“两高”研究室会同卫生部有关司局在北京召开了由卫生部、国家食品药品监督局、中国输血协会以及北京、天津、陕西、湖南、浙江等省市卫生厅（局）派员和部分医学专家参加的座谈会，专题研讨非法采供血液、单采血浆整治活动中存在的法律适用问题。在此次研讨会的基础上，拟出了《非法采供血液解释》初稿。此后，“两高”研究室在调查研究和广泛征求意见基础上，对《非法采供血液解释》稿进行了数次修改。2005年10月，将征求意见稿送请全国人大常委会法工委刑法室、最高人民检察院研究室、公安部法制局、卫生部政法司、监督司征求意见，并征求了全国各高级人民法院的意见。2006年9月，在全面研究、合理采纳各方提出的意见后，修改出了《非法采供血液解释》送审稿提交讨论。2008年2月18日最高人民法院审判委员会第1444次会议讨论通过，2008年5月8日由最高人民检察院第十一届检察委员会第1次会议通过，自2008年9月23日起实施。

二、主要内容

（一）关于“非法采集、供应血液或者制作、供应血液制品，不符合国家规定的标准，足以危害人体健康”行为的理解

《刑法》第三百三十四条第一款规定的“非法采集、供应血液或者制作、供应血液制品，不符合国家规定的标准，足以危害人体健康”的行为是非法采集、供应血液、制作、供应血液制品罪的客观表现，对此，《非法采供血液解释》第一条和第二条分别对之进行了解释。

《非法采供血液解释》第一条规定：“对未经国家主管部门批准或者超过批准的业务范围，采集、供应血液或者制作、供应血液制品的，应认定为刑

法第三百三十四条第一款规定的‘非法采集、供应血液或者制作、供应血液制品’。”该条有两层意思：首先，行为人非法采集、供应血液、制作、供应血液制品未经国家主管部门批准，不具有采集供应血液、制作供应血液制品的资格。例如，未经批准，擅自设立采血点、血站，违法采集、供应血液的行为，违反了《献血法》第八条关于“设立血站向公民采集血液，必须经国务院卫生行政部门或者省、自治区、直辖市人民政府卫生行政部门批准”的规定，同时也违反了《血站管理办法》第四条、第十一条的规定。行为人未经批准，擅自设立单采血浆站或者血液制品生产企业的行为，违反了《血液制品管理条例》第二章的相关规定。其次，超过国家有关主管部门批准的范围，采集供应血液或者制作供应血液制品的行为也属于“非法采集、供应血液或者制作、供应血液制品”。

“不符合国家规定的标准，足以危害人体健康”是指非法采集、供应的血液或者制作、供应的血液制品不符合国家规定的质量标准，或者在采供血液、制供血液制品的过程中违反国家规定的操作规程，致使血液或者血液制品一旦被使用，使用者就有可能感染疾病，供血者的身体健康可能遭受严重侵害。关于什么情形属于“不符合国家规定的标准，足以危害人体健康”，《非法采供血液解释》第二条作了规定。对第二条的理解可以分为以下两个层次：一是血液或者血液制品含有经血液途径传播的病原微生物，导致受血者或者血液制品的使用者的身体健康可能受到严重侵害的情形，即《非法采供血液解释》第二条第（一）项、第（二）项的规定：“采集、供应的血液含有艾滋病病毒、乙型肝炎病毒、丙型肝炎病毒、梅毒螺旋体等病原微生物的；制作、供应的血液制品含有艾滋病病毒、乙型肝炎病毒、丙型肝炎病毒、梅毒螺旋体等病原微生物，或者将含有上述病原微生物的血液用于制作血液制品的。”二是行为人在采集、供应血液或者制作、供应血液制品的活动中违反国家规定的操作规程的标准，有可能造成传染病传播危险或者导致可能危害人体健康的情形，即《非法采供血液解释》第二条第（三）项、第（四）项、第（五）项的规定：“（三）使用不符合国家规定的药品、诊断试剂、卫生器材，或者重复使用一次性采血器材采集血液，造成传染病传播危险的；（四）违反规定对献血者、供血浆者超量、频繁采集血液、血浆，足以危害人体健康的；（五）其他不符合国家有关采集、供应血液或者制作、供应血液制品的规定标准，足以危害人体健康的。”

（二）关于“对人体造成严重危害”的情形

“对人体健康造成严重危害”，是指不符合国家规定的卫生标准的血液、血液制品，在医疗应用中让受血者或者血液制品的使用者感染严重疾病的情形，例如因输血感染乙型肝炎病毒等。《非法采供血液解释》第三条列举了三种情形，即“(一）造成献血者、供血浆者、受血者感染乙型肝炎病毒、丙型肝炎病毒、梅毒螺旋体或者其他经血液传播的病原微生物的；(二）造成献血者、供血浆者、受血者重度贫血、造血功能障碍或者其他器官组织损伤导致功能障碍等身体严重危害的；(三）对人体健康造成其他严重危害的。”目前医学证明，通过血液传播的病原微生物包括：艾滋病病毒、乙肝、丙肝病毒和梅毒螺旋体四种，上述第（一）项只规定了后三种，关于造成人员感染艾滋病病毒的情况，因其后果和死亡相当，故将其规定在了第四条“造成特别严重后果”情形中。对于规定“其他经血液传播的病原微生物的”情形，主要是考虑到随着医学的发展，将来可能还会发现新类型病原微生物的情况。关于上述第（二）项中规定的功能障碍和严重损伤导致功能障碍的标准参照卫生部 2002 年 7 月《医疗事故分级标准（试行)》的有关规定执行。

（三）关于“造成特别严重后果”的情形

“造成特别严重后果”是指非法采集、供应的血液或者制作、供应的血液制品，由于不符合国家规定的标准，受血者或者使用血液制品者使用后造成死亡、感染艾滋病病毒或者致使多人感染严重的血源性传染病等情形。《解释》第四条列举了四种情形，即“（一）因血液传播疾病导致人员死亡或者感染艾滋病病毒的；(二）造成五人以上感染乙型肝炎病毒、丙型肝炎病毒、梅毒螺旋体或者其他经血液传播的病原微生物的；(三）造成五人以上重度贫血、造血功能障碍或者其他器官组织损伤导致功能障碍等身体严重危害的；(四）造成其他特别严重后果的。”因刑法第三百三十四条第一款第三个量刑档次的规定是结果加重犯，所以，解释的规定主要从结果或者后果方面考虑，第（一）项指死亡或者感染艾滋病病毒的后果，第（二）项和第（三）项主要考虑对多人造成的严重危害人体健康的情形。

（四）关于《刑法》第三百三十四条第二款中“不依照规定进行检测或者违背其他操作规定”“造成危害他人身体健康后果”的问题

《刑法》第三百三十四条第二款是关于采集、供应血液、制作、供应血液制品事故罪的规定，主要指经国家主管部门批准采集、供应血液或者制作、供应血液制品的单位，不依照规定进行检测或者违背其他操作规定，造成危害他人身体健康后果的行为，该罪是单位过失犯罪。该罪名是1997年修订刑法时新增罪名，主要针对血液及血液制品各个环节的违规操作，导致出现了危害人体健康的情况。因为血液和血液制品是不同于其他药品的特殊药品，从采集到使用的每个环节都有严格的操作规程，以确保献血者、受血者和使用血液制品者的人身安全。目前有关采集、供应血液、制作、供应血液制品方面的法律法规主要是《献血法》《血液制品管理条例》《血站管理办法》《药品管理法》《药品管理法实施条例》《血站基本标准》《血站质量管理规范》《血站实验室质量管理规范》《单采血浆站基本标准》等。

采集、供应血液、制作、供应血液制品罪的客观方面表现为不依照规定进行检测或者违背其他操作规定，造成危害他人身体健康后果的行为。"不依照规定进行检测"是指采供血和制作、供应血液的单位不按照法律法规规定的检测程序进行检测。"其他操作规定"应指血液业务活动中检测之外的有关规定，例如，血液的储存、保管、血液制品的制作等。"不依照规定进行检测"和"违背其他操作规定"在内容上有区别也有联系，《非法采供血液解释》最初是分别进行规定的，后来在讨论过程中认为，有的内容可以说是不依照规定进行检测，例如血站血液的检测，血液制品企业对原料的检测等，但有些内容很难区分是"检测"还是"其他规定"，例如献血法规定的对献血者的身体检查，采供血机构在检测时没有按照规定适用合格试剂等，故将上述两个方面放在一个条文中解释为宜，即《非法采供血液解释》第五条对"不依照规定进行检测或者违背其他操作规定"规定的十三种情形。

《非法采供血液解释》第六条明确了"造成危害他人身体健康后果"的情形，即："（一）造成献血者、供血浆者、受血者感染艾滋病病毒、乙型肝炎病毒、丙型肝炎毒、梅毒螺旋体或者其他经血液传播的病原微生物的；（二）造成献血者、供血浆者、受血者重度贫血、造血功能障碍或者其他器官组织损伤导致功能障碍等身体严重危害的；（三）造成其他危害他人身体健康后果的。"

依照刑法的规定，《非法采供血液解释》对采集、供应血液、制作、供应血液制品事故罪的主体进行了规定，即刑法第三百三十四条第二款规定的"经国家主管部门批准采集、供应血液或者制作、供应血液制品的部门"是指经国家主管部门批准的采供血机构和血液制品生产经营单位。对于采供血机构都包括哪些部门，为避免司法实践中对此问题的理解不一，《非法采供血液解释》第八条第三款进行了规定，包括血液中心、中心血站、中心血库、脐带血造血干细胞库和国家卫生行政主管部门根据医学发展需要批准、设置的其他类型血库、单采血浆站。

（撰稿：李晓）

（三）疑难、复杂问题的参考性解答

如何认定非法采集、供应血液、制作、供应血液制品罪的客观行为？

本书观点：本罪的客观方面表现为非法采集、供应血液或者制作、供应血液制品，不符合国家规定的标准，足以危害人体健康的行为。所谓“非法采集、供应血液或者制作、供应血液制品”，根据《非法采供血液解释》第一条的规定，是指未经国家主管部门批准或者超过批准的业务范围，采集、供应血液或者制作、供应血液制品的。实践中包括非法私设血站采集、供应血液或者私设单采血站采集单采血浆，私设血液制品单位经营血液制品等。

本罪属危险犯，只要实施了不符合国家规定的标准，足以危害人体健康的行为，不要求造成实际的危害结果即构成本罪。《非法采供血液解释》第二条列举了“不符合国家规定的标准，足以危害人体健康”的几种情形，包括：采集、供应的血液含有艾滋病病毒、乙型肝炎病毒、丙型肝炎病毒、梅毒螺旋体等病原微生物的；制作、供应的血液制品含有艾滋病病毒、乙型肝炎病毒、丙型肝炎病毒、梅毒螺旋体等病原微生物，或者将含有上述病原微生物的血液用于制作血液制品的；使用不符合国家规定的药品、诊断试剂、卫生器材，或者重复使用一次性采血器材采集血液，造成传染病传播危险的；违反规定对献血者、供血浆者超量、频繁采集血液、血浆，足以危害人体健康的；其他不符合国家有关采集、供应血液或者制作、供应血液制品的规定标准，足以危害人体健康的。

六、非法采集人类遗传资源、走私人类遗传资源材料罪

（一）刑法规定

第三百三十四条之一　违反国家有关规定，非法采集我国人类遗传资源或者非法运送、邮寄、携带我国人类遗传资源材料出境，危害公众健康或者

社会公共利益，情节严重的，处三年以下有期徒刑、拘役或者管制，并处或者单处罚金；情节特别严重的，处三年以上七年以下有期徒刑，并处罚金。

（二）疑难、复杂问题的参考性解答

如何正确理解和掌握非法采集人类遗传资源、走私人类遗传资源材料罪的构成要件？

本书观点：

（1）犯罪主体为一般主体。

（2）主观方面为故意，过失不构成本罪。

（3）客观方面为违反国家对我国人类遗传资源管理规定，实施了相应的行为，危害公众健康或者社会公共利益，情节严重的。

其中，非法采集我国人类遗传资源罪指行为人实施了非法采集我国人类遗传资源的行为；非法运送、邮寄、携带我国人类遗传资源材料出境指行为人实施了非法运送、邮寄、携带我国人类遗传资源材料出境的行为。

实践中需要明确，如果行为人实施了采集他国人类遗传资源的行为，则不构成非法采集我国人类遗传资源罪；如果行为人运送、邮寄、携带我国人类遗传资源材料入境的行为，则不构成非法运送、邮寄、携带我国人类遗传资源材料出境罪。

构成本罪，须情节严重。如何理解情节严重，目前尚无相应的司法解释。实践中，对以下情形，应当认定为情节严重：①多次实施上述行为的；②实施上述行为影响恶劣的；③已经明显危害公众健康或者社会公共利益的；④危及我国国家人口安全的；⑤实施上述行为被行政处罚或者被判处刑罚后又实施上述行为的；⑥其他情节严重的情形。

本条规定，情节特别严重的，系法定加重处罚情节。认定情节特别严重，必须在情节严重的基础上予以确定，而不能在情节严重的情形之外再另行确定情节特别严重的情形。

（4）本罪侵犯的客体，是国家对公共卫生的管理制度，某些情形下，还侵犯我国国家人口安全。

七、医疗事故罪

（一）刑法规定

第三百三十五条 医务人员由于严重不负责任，造成就诊人死亡或者严重损害就诊人身体健康的，处三年以下有期徒刑或者拘役。

（二）典型或常见问题的审理思路

1. 具有执业资格的医生根据民间验方、偏方制成药物诊疗，造成就诊人死亡的行为如何定性？①

本书观点：具有执业资格的医生在诊疗过程中，出于医治病患的目的，根据民间验方、偏方制成药物，用于诊疗的行为一般不构成生产、销售假药罪。

2001年2月修订的《药品管理法》（已被修改，现为2019年修订条文第九十八条）第四十八条对假药的认定规定了八种情形："有下列情形之一的，为假药：（一）药品所含成分与国家药品标准规定的成分不符的；（二）以非药品冒充药品或者以他种药品冒充此种药品的。有下列情形之一的药品，按假药论处：（一）国务院药品监督管理部门规定禁止使用的；（二）依照本法必须批准而未经批准生产、进口，或者依照本法必须检验而未经检验即销售的；（三）变质的；（四）被污染的；（五）使用依照本法必须取得批准文号而未取得批准文号的原料药生产的；（六）所标明的适症或者功能主治超出规定范围的。"针对个体诊所的药品经销权和处方权，国家也有专门的规定。根据2001年1月国务院体改办、国家计委、国家经贸委、卫生部、国家药品监管局、国家工商局《关于整顿和规范药品市场的意见》及2002年《药品管理法实施条例》《药品管理法》等规定，行为人给被害人所用的胶囊未经任何药监机构检验、批准或审定，其药方也不是指定医药机构所给予，更谈不上符合国家标准，因此，认定其所用药物为假药是没有问题的。行为人制造并出售给患者药物的目的是通过诊疗活动赚钱营利，表明其是一种自产自销行为，实际其与购药患者之间已形成一种生产、销售者与消费者之间的关系。从这

① 观点来源：《刑事审判参考》第429号指导案例，孟某超医疗事故案。

一角度看，这一行为属于生产、销售行为。但是，这种生产、销售行为与《刑法》第一百四十一条规定的生产、销售假药罪中的“生产、销售”行为在法律内涵上不能等同。生产、销售假药罪被规定在《刑法》破坏社会主义市场经济秩序罪一章中，从立法意旨出发，该章所涉的生产和销售都应属于市场行为，即这种行为应该是一种以市场流通为基础，以实现利润为目标，建立在一定供求关系上的经济活动。因为只有处于一定市场经济秩序之中的经济行为，才可能违反正常市场经济活动的基本规则，构成对公平竞争、公平交易、诚实守信的市场经济秩序的侵害。生产、销售假药系以低廉的成本获取高额的利润，或者破坏真药厂商的信誉，危害消费者的权益。行为人在自己的诊所里按照自己的配方把一些中药配制成胶囊出售给特定的患者治病，虽然这些胶囊也“生产并销售”给了患者，但毕竟只是在一个非常小的特定范围内针对前来就诊的个别患者进行的，开出药品是用于诊疗，不是单纯地向社会公开销售行为，其“生产、销售”的数量、规模和范围都远未达到进入药品市场流通领域的程度，还不足以“破坏社会主义市场经济秩序”，因此，其行为尚不属于生产、销售假药罪中的“生产、销售”行为。

生产、销售假药罪作为一种故意犯罪，行为人主观上必须明知是假药而故意生产、销售才构成本罪。如果行为人不知道或主观上没有意识到自己生产、销售的药品是假药，则阻却犯罪故意。在我国，民间验方、偏方、土方是一种流传于民间的药方或治疗方法，它往往具有较为久远的历史传承和较广泛的群众基础，是人们对日常诊疗实践活动中的经验的总结，具有针对性和实用性较强、成本较低、简便易学等特点，且大多确有一定疗效，有的甚至还具有一些独到的效果，这也是其生生不息流传至今的原因。但是，由于其来自民间，多为师徒间口口相传，一般都未经科学实验和鉴定，可靠程度不高，效用参差不齐，比较容易产生副作用，严重的还有可能危及患者的健康甚至生命。因此，对于这类药方或治疗方法，应由国家主管部门运用科学的方法对其进行深入的发掘、整理、校勘、鉴定，经过长期中医临床应用后开发中药现代制剂产品，充分、合法地发挥作用。就我国的现状而言，这类药方或治疗方法在民间还具有一定的存在基础，很多人还会出于各种原因在未经任何科学验证和有关机构认可的情况下信任、使用或向他人传授这类东西，使它在相当广泛的领域里传播、应用，并占有一定的市场，特别是在广大的农村和缺医少药的贫困地区，这种情况更为普遍。很多人，无论是行医者还是患者，都没有把这类偏方、验方视为假药。对这样一个复杂的社会问题，不能简单地随意动用刑罚手段予以制裁，否则容易导致打击面过大，有违刑法的谦抑精神。行为人虽然在未按有关规定获得批准的情况下生产、销售该药，但其主观上并不认为其生产、销售的是假药，且始终坚信该药不会对被害人造成伤害。在处理此类应用民间药方、偏方治病致人伤亡的案件时，对于被告人的主观心态的认定，应当严格把握。法律不强人所难，在有证据表明行为人确实存在合理相信民间药方、偏方的疗效情况下，要充分考虑到行为人对民间验方、偏方过于信任和依赖的心理，一般不应认定被告人存在生产、销售假药的主观故意。

具有执业资格的医生在诊疗过程中，出于医治病患的目的，使用民间验方、偏方致人伤亡的行为，符合《刑法》第三百三十五条规定的可以医疗事故罪定罪处罚。医疗事故犯罪不仅会严重损害就诊人的身体健康甚至造成就诊人死亡，而且直接侵害公共卫生秩序，破坏了医疗管理制度，因此，刑法将医疗事故罪归入妨害社会管理秩序罪一章。行为人作为一名医师，在其合法诊疗过程中，没有经过国家卫生行政部门批准私自配制药品用于诊疗，严重违反医疗规章，造成就诊患者死亡的后果，正是侵犯了刑法所保护的这两个客体。医疗事故罪属于过失犯罪，这种过失当然也包括疏忽大意和过于自信的过失两种。医务人员应当预见到自己违反规章制度或诊疗护理常规的行为，可能造成就诊人死亡或严重损害就诊人身体健康的后果，但由于疏忽大意而没有预见到，以致这种结果发生，属疏忽大意的过失；医务人员已经预见到自己违反规章制度或诊疗护理常规的行为，有造成就诊人死亡或严重损害就诊人身体健康的可能，但基于对自身技术水平或其他客观条件的信赖而轻信能够避免，以致这种结果发生，属过于自信的过失。行为人作为具备专业医疗知识和经验的专业医务人员，在用药过程中，并不是一开始就让被害人服用了大量药物，而是逐步加大用药剂量，说明其对该药的毒副作用是有一定了解的，他也明知该药是其自制药物，并不符合国家的有关规定，但他在经过长期的临床使用及被害人本人的小剂量试用后，均未见到明显的不良反应，且确有一定疗效，遂对此放松了警惕，轻信该药不会对被害人造成伤害，进而加大剂量给被害人服用，最终导致其死亡，这种心态应属于过于自信的过失。

医疗事故罪在客观方面表现为医护人员在合法、正常的诊疗护理过程当中因严重不负责任，造成就诊人死亡或严重损害就诊人身体健康的行为。要符合这一要件，必须同时具备两个方面：首先，上述严重不负责任的行为必须发生在合法、正常的诊疗护理过程当中，其行为必须发生在有关部门对医务人员的职务授权范围内；其次，这种严重不负责任的行为，与就诊人死亡或身体健康被严重损害的结果之间，必须具有刑法意义上的因果关系。行为人作为取得执业资格的注册个体医师，按照注册的执业地点、执业类别、执业范围执业，从事相应的医疗业务，并在此过程中，违反医疗规章制度，没有经过国家卫生行政部门批准私自配制药品用于诊疗，是严重不负责任的表现，造成就诊人死亡，在客观方面也完全符合医疗事故罪的特征。

需要指出的是，司法实践中对于这类利用民间验方、偏方实施诊疗致人伤亡的行为，在定性时要严格把握，应对主体资格、主观心态、因果关系和行为发生的客观环境等具体条件进行严格审查，只有在有限的范围内，针对特定的病症个体，采用未经有关机构认可和授权使用的偏方、验方，致就诊人伤亡的情形，才可以定医疗事故罪。如果主体资格不符，则可以非法行医罪追究刑事责任。如果是利用未经有关机构认可和授权的民间验方、偏方制成药物，大规模生产，或者公开在药店、医疗机构等医药市场上向不特定的患者或公众大范围销售，足以严重危害人体健康的，则应以生产、销售假药罪定罪处罚。

2. **在未领取《医疗机构执业许可证》的乡村卫生室工作的乡村医生行医致人死亡的应如何定性?**[①]

本书观点：首先，行为人主观上不具有非法行医的故意。非法行医罪要求行为人对非法行医行为的心理态度是直接故意，即明知自己未取得医生执业资格，而仍实施非法行医行为。而行为人本人在村卫生室工作了近30年，在此期间一直从事医疗、保健、预防等工作，曾取得《乡村保健医生资格证书》，一直作为乡村医生行医。考虑到乡村卫生室从事诊疗服务的历史延续性以及乡村医生行医资格无法律明文规定的特殊性，可以认定行为人主观上不具备非法行医的故意，对其行为以不定非法行医罪为宜。

其次，行为人不符合医疗事故罪的主体身份。医疗事故罪的主体是特殊主体，即医务人员。所谓医务人员，是指有合法执业资格的医疗工作者，即

---

① 观点来源：《刑事审判参考》第262号指导案例，王某兰过失致人死亡案。

其行医具有合法性。医务工作，是一项专业性、技术性极强的工作。为确保人民的生命、健康安全，国家对医务人员的任职资格作了严格规定。根据1999年5月1日实施的《执业医师法》（已被修改）的规定，在我国从事医师执业工作，必须具备两个基本条件：第一是取得医师资格；第二是进行注册，领取医师执业证书。未经医师注册取得执业证书，不得从事医师执业活动。行为人未取得医师资格，亦未进行注册，取得医师执业证书，其虽取得《乡村保健医生资格证书》，但该证书载明“本证书是医疗技术水平的证明，不得凭此证流动行医和个体开业”。因此，行为人行医不具有合法性，不符合医疗事故罪的主体特征，不应以医疗事故罪追究其刑事责任。

第三，行为人的行为符合过失致人死亡罪的主、客观构成要件，应定过失致人死亡罪。过失致人死亡罪，是指行为人由于过失而致人死亡的行为，其主观方面只能由过失构成，包括疏忽大意的过失和过于自信的过失。行为人作为行医近30年的乡村医生，已经预见其行为可能发生死亡的后果，却轻信能够避免，以致发生了被害人青霉素过敏性休克死亡的后果，依法构成过失致人死亡罪。

（三）疑难、复杂问题的参考性解答

1. 医疗事故罪主体应如何界定？

本书观点：医疗事故罪的主体是特殊主体，即医务人员。医务人员是指经过考核和卫生行政机关批准或承认取得相应资格的各级、各类卫生技术人员。我国医务人员按其业务性质分为四类：（1）医疗防疫人员。包括从事中医、西医、卫生防疫、寄生虫、地方病防治、工业卫生、妇幼保健等医疗防疫工作的人员。（2）药剂人员。包括从事中药、西药配剂、发放等工作的各级工作人员。（3）护理人员。（4）其他技术人员。包括从事检验、理疗、病理、口腔技工、同位素、放射、营养、生物制品生产等各项医疗技术工作的人员。

上述各类卫生技术人员可以作为构成医疗事故罪的主体。详而言之，不仅公立医院、卫生院、疗养院、门诊部、诊所以及急救站等医疗机构的上述各类技术人员可构成本罪的主体，同样，只要拥有合法行医资格或执照个体开业的医务人员也可构成本罪的主体。

然而，目前司法实践难以认定的主要是各级各类医疗机构中的其他工作

人员，如党政干部、后勤服务人员，这些人能否成为医疗事故罪的主体。卫生部曾在 1988 年下发《关于〈医疗事故处理办法〉若干问题的说明》（已失效）中明确指出："因诊疗护理工作是群体性的活动，构成医疗事故的行为人，还应包括从事医疗管理、后勤服务等人员"，基于该说明，即便是 2002 年 9 月 1 日施行《医疗事故处理条例》以后，实践中对于医疗单位中因非医务人员的过失对患者造成严重后果的基本上都是作为医疗事故处理。因此，在法学界有人持"共同目标论"，即就各个医疗机构内部而言，所有工作人员是一个统一体，具有共同治病救人的目标，并相互配合支持不可或缺，故对医务人员作广义解释将医疗机构中的其他工作人员，如党政干部、后勤服务人员也包括其中。从民事责任的承担上分析，在医患双方形成的民事法律关系中，医疗单位作为一方当事人，对所属工作人员在执行职务中所造成的不良后果应当承担赔偿责任，其赔偿的标准应当依据过失行为对受害人所造成的实际损害程度而定，至于损害后果是由医疗单位中的什么人具体造成的，或者说他究竟是否具备医务人员身份对于医疗单位的赔偿责任并没有任何实质影响。这种在医疗意义上的界定，完全符合民法法理要求。但是，在涉及追究刑事责任的情况下，将上述医疗机构中的其他工作人员解释为医务人员，则有违医疗事故罪的立法主旨。

我们认为，在现行刑法中对医疗事故罪的刑罚规定要轻于其他责任事故罪的规定，其原因主要在于诊疗护理工作对象是活的肌体，而且该工作是人道主义的救死扶伤行为。这种行为本身即带有一定的创伤性，各个病人及各种病症的特点各有不同，使医务活动具有难以预测的风险。简而言之，诊疗护理工作具有特殊性，由此能享受这种所谓刑事立法上宽宥的主体理当是与诊疗护理工作的特殊性有密切关系的人员。在医疗机构中，虽然机构所有人员相互支持配合要实现相同的终极目标，即防病治病、救死扶伤，保障人民的生命安全和身体健康，但是，党政、财会、后勤等工作人员是通过管理、服务等行为，服务于医疗机构的医疗、教学、科研、疾病预防等活动。这些管理和服务职责与卫生技术人员直接负有保障病患生命安全和身体健康的诊疗护理义务明显不同。其工作的技术性、风险性更不能同日而语。如果这些人员因过失行为造成医疗事故，完全可能构成其他重于本罪的过失犯罪。所以，他们不应享受立法上的这种特殊对待。

我们认为，医疗事故罪的主体应严格限定于医务人员，而不包括并不直接从事诊疗护理工作的非医务人员。尽管某些由医疗单位的非医务人员所引起的事故也可称为医疗事故，并由医疗单位对外承担民事赔偿责任。但是，在涉及刑事责任的追究时，则对非医务人员可视行为人的具体身份分别定罪。如后勤各工种擅自脱岗造成突然的停电停水等事故严重影响手术，以致延误病人治疗造成严重后果的情况，由于这些人员的非诊疗护理行为造成的责任事故，同其他类型的责任事故并没有根本性的区别，故应定为重大责任事故罪。

至于对医疗单位的行政管理人员因失职造成事故的如何定性处理，则是一个颇值得研究的问题。因为现行刑法已将玩忽职守罪的主体由原来的国家工作人员修改为国家机关工作人员，而医院不是国家机关，故不能再以玩忽职守罪定罪处罚。据此，有学者指出刑法关于玩忽职守罪主体范围的界定是存在缺陷的，并建议在通过修改法律的方式解决上述问题之前，可由最高司法机关作出相应的司法解释，以规范像医院这样的事业单位中的行政管理人员的渎职责任问题。但是，在尚无相关司法解释的情况下，透过管理人员行为的渎职性质，直接着眼于过失造成他人人身伤亡的后果进行构成要件分析，对这种医疗单位行政管理人员瞎指挥、乱干预医疗行为造成就诊人死亡或者重伤的，可以分别定过失致人死亡罪或过失致人重伤罪。需要说明的是对于那些既属党政管理人员又属卫生技术人员，即所谓“双肩挑”干部，例如，医院业务副院长在履行与诊疗护理工作有直接关系的职责中，因失职导致严重结果的，则可以成为医疗事故罪的主体。

2. **医疗事故罪与非罪如何认定？**

本书观点：应把医疗事故罪与一般医疗事故区别开来。构成医疗事故罪必须属于严重医疗事故，即一、二级医疗事故。如果虽然行为人在主观上有过失，客观上有违法、违规行为，也发生了一定的损害结果，但是这种损害结果较为轻微，未达到致就诊人死亡、重度和中度残疾或者严重功能障碍的程度，则不能构成医疗事故罪。

把医疗事故犯罪与医疗过程中发生的意外事故区别开来。后者是指在诊疗护理工作中，由于病情或者病人的体质特殊而发生了医务人员难以预料和防范的不良后果，导致病人死亡、残废或者功能障碍。由于对这种严重后果的发生医务人员主观上没有过失，行为人也没有违法、违规的行为，不良后果的发生是行为人无法预见和无法避免的，因而不构成医疗事故罪。

把医疗事故与医疗技术事故区别开来。后者是指医务人员因医疗技术水平不高、缺乏经验等造成的事故。医疗技术事故不是因为医务人员责任心不强、违反规章制度造成的，行为人主观上没有过失，因而这种因技术水平不高等原因造成事故的，不构成医疗事故罪。

八、非法行医罪，非法进行节育手术罪

（一）刑法规定

第三百三十六条　未取得医生执业资格的人非法行医，情节严重的，处三年以下有期徒刑、拘役或者管制，并处或者单处罚金；严重损害就诊人身体健康的，处三年以上十年以下有期徒刑，并处罚金；造成就诊人死亡的，处十年以上有期徒刑，并处罚金。

未取得医生执业资格的人擅自为他人进行节育复通手术、假节育手术、终止妊娠手术或者摘取宫内节育器，情节严重的，处三年以下有期徒刑、拘役或者管制，并处或者单处罚金；严重损害就诊人身体健康的，处三年以上十年以下有期徒刑，并处罚金；造成就诊人死亡的，处十年以上有期徒刑，并处罚金。

（二）司法解释、司法文件及其权威解读

最高人民法院关于审理非法行医刑事案件具体应用法律若干问题的解释（法释〔2008〕5 号公布，法释〔2016〕27 号修正，自 2016 年 12 月 20 日起施行）

为依法惩处非法行医犯罪，保障公民身体健康和生命安全，根据刑法的有关规定，现对审理非法行医刑事案件具体应用法律的若干问题解释如下：

第一条　具有下列情形之一的，应认定为刑法第三百三十六条第一款规定的“未取得医生执业资格的人非法行医”：

（一）未取得或者以非法手段取得医师资格从事医疗活动的；

（二）被依法吊销医师执业证书期间从事医疗活动的；

（三）未取得乡村医生执业证书，从事乡村医疗活动的；

（四）家庭接生员实施家庭接生以外的医疗行为的。

第二条　具有下列情形之一的，应认定为刑法第三百三十六条第一款规定的“情节严重”：

（一）造成就诊人轻度残疾、器官组织损伤导致一般功能障碍的；

（二）造成甲类传染病传播、流行或者有传播、流行危险的；

（三）使用假药、劣药或不符合国家规定标准的卫生材料、医疗器械，足以严重危害人体健康的；

（四）非法行医被卫生行政部门行政处罚两次以后，再次非法行医的；

（五）其他情节严重的情形。

第三条 具有下列情形之一的，应认定为刑法第三百三十六条第一款规定的“严重损害就诊人身体健康”：

（一）造成就诊人中度以上残疾、器官组织损伤导致严重功能障碍的；

（二）造成三名以上就诊人轻度残疾、器官组织损伤导致一般功能障碍的。

第四条 非法行医行为系造成就诊人死亡的直接、主要原因的，应认定为刑法第三百三十六条第一款规定的“造成就诊人死亡”。

非法行医行为并非造成就诊人死亡的直接、主要原因的，可不认定为刑法第三百三十六条第一款规定的“造成就诊人死亡”。但是，根据案件情况，可以认定为刑法第三百三十六条第一款规定的“情节严重”。

第五条 实施非法行医犯罪，同时构成生产、销售假药罪，生产、销售劣药罪，诈骗罪等其他犯罪的，依照刑法处罚较重的规定定罪处罚。

第六条 本解释所称“医疗活动”“医疗行为”，参照《医疗机构管理条例实施细则》中的“诊疗活动”“医疗美容”认定。

本解释所称“轻度残疾、器官组织损伤导致一般功能障碍”“中度以上残疾、器官组织损伤导致严重功能障碍”，参照《医疗事故分级标准（试行）》认定。

权威解读

解读《关于审理非法行医刑事案件具体应用法律若干问题的解释》

2008 年 4 月 28 日，最高人民法院审判委员会第 1446 次会议讨论通过了《最高人民法院关于审理非法行医刑事案件具体应用法律若干问题的解释》（法释〔2008〕5 号，以下简称《非法行医解释》，已被修改），自 2008 年 5 月 9 日起施行。《非法行医解释》对于打击非法行医犯罪活动，保障人民群众身体健康和生命安全，具有十分重要的意义。现对该《非法行医解释》的起草背景和主要内容作简要说明。

一、《非法行医解释》的起草背景

非法行医现象在一些地方特别是农村、城乡接合部大量存在，严重扰乱了医疗服务市场秩序和社会治安，危害人民群众的身体健康和生命安全。2004年4月，卫生行政部门在全国开展了严厉打击非法行医的专项整治活动，查处了7万多起案件，取缔了5万多家非法行医网点。但是，实践中非法行医和医疗服务市场问题依然十分严峻。一些黑诊所和假医游医屡禁不止，无证行医现象在一些地方尤其是农村和城乡接合部仍然大量存在，并逐步向城市社区蔓延；有的医疗机构受经济利益驱动，聘请非卫生技术人员行医，出租、承包科室，这类非法行医行为对广大患者具有更大的欺骗性；"地下性病诊所"和一些未经审批擅自从事性病诊疗等非法活动猖獗，成为社会关注的热点问题。2005年3月30日，国务院发布关于开展打击商业欺诈专项行动的通知（国办发〔2005〕21号，已失效），把在全国范围内深入开展打击非法行医专项行动作为其中一项重要内容。

针对实践中争议较大的非法行医罪的主体和罪与非罪的标准问题，以及《刑法》第三百三十六条第一款非法行医罪的规定和执业医师法关于非法行医违法行为的规定实践中如何适用的问题，最高法院研究室将起草关于审理非法行医刑事案件的司法解释列为工作计划。立项以后，在卫生行政部门的支持下，召开了由卫生部、国家食品药品监督局、输血协会和部分省市医学专家参加的专题研讨会，工作人员并赴陕西、内蒙古、河南等地进行实地调研，结合当地实际发生的非法行医案例，就非法行医罪的主体，非法行医罪与非罪的界限等问题听取有关部门的意见并进行研讨。经多次讨论和修改后，将《非法行医解释》征求意见稿送请全国人大常委会法工委刑法室、最高人民检察院研究室、公安部法制局、卫生部政法司、监督司征求意见，同时征求了全国各高级人民法院的意见。2008年4月28日，最高人民法院审判委员会讨论通过。

二、关于非法行医罪的主体问题

在《非法行医解释》的起草过程中，如何认定非法行医罪的主体一直是个争议比较大的问题。主要有以下几种意见：第一种意见认为，1997年刑法修订时新增加的非法行医罪，主要针对社会上一些根本没有医学专门知识，打着治病救人的幌子，骗取钱财，损害人民群众生命健康的野大夫、江湖郎中。第二种意见认为，根据1998年6月26日第九届全国人大常委会第三次会议通过并于1999年5月1日实施的《执业医师法》（已被修改）的规定，非法行医罪的主体应当是未取得医生执业资格的人。取得医生执业资格包括医生资格和执业资格，只有医师资格，没有执业资格，也能构成本罪主体。第三种意见认为，即便取得医师执业资格，但违反执业医师法的规定，超执业地点、执业类别、执业范围行医的，也应当按照非法行医罪处理。

经过认真研究立法本意，多方征求卫生行政和司法实践部门的意见，并结合这类违法犯罪活动的实际情况，对于非法行医罪主体的认定，主要考虑了以下几个方面的因素：既要严厉打击严重危害人民群众生命健康的非法行医行为，又要考虑到目前医疗网点不能满足人民群众需要的现实情况，尤其是广大农村和城乡接合部的医疗卫生状况。既不能打击面过宽，又不能轻纵罪犯；既不能仅限于无医疗教育背景的人，也不能对于执业医师超范围、类别、地点的诊疗活动，一律按照非法行医来定罪，要严格区分刑法意义上的非法行医犯罪和行政法规的非法行医行为。

综合考虑《刑法》《执业医师法》《医疗机构管理条例》《乡村医生从业管理条例》和《母婴保健法》的规定，《非法行医解释》第一条对刑法第三百三十六条第一款“未取得医生执业资格的人非法行医”列举了五种情形。

第一种情形是“未取得或者以非法手段取得医师资格从事医疗活动的”，通过医师资格考试，取得了执业医师资格或者执业助理医师资格，即视为取得医师资格。对取得医师资格但尚未进行医师注册取得执业证书的人从事诊疗活动，可以进行行政处罚，不宜一律按照非法行医罪处理。同时规定了以非法手段取得医师资格的人，等同于未取得医生执业资格的人，主要指以伪造、欺骗、行贿等手段取得资格证书的行为。

第二种情形是针对个人未取得《医疗机构执业许可证》开办医疗机构的行为。个人开办私立医院或者私立诊所，按照《医疗机构管理条例》的有关规定，取得《医疗机构执业许可证》后，方能开展诊疗活动。该项规定主要打击一些非法诊所，如“地下性病诊所”等。因为根据《刑法》第三百三十六条第一款的规定，单位不能成为非法行医罪的主体。

第三种情形是针对受到吊销医师执业证书行政处罚的人。依据《执业医师法》的有关规定，被吊销医师执业证书的人，等同于未取得医师执业资格的人，非法行医的，可以构成非法行医罪的主体。这种情况与一般的有医师资格没有进行执业注册的情况有本质区别，根据《执业医师法》第三十七条的规定，具有下列行为之一，情节严重的，可以吊销执业证书，即：“（一）违反卫生行政规章制度或者技术操作规范，造成严重后果的；（二）由于不负责任延误急危患者的抢救和诊治，造成严重后果的；（三）造成医疗责任事故的；（四）未经亲自诊查、调查，签署诊断、治疗、流行病学等证明文件或者有关出生、死亡等证明文件的；（五）隐匿、伪造或者擅自销毁医学文书及有关资料的；（六）使用未经批准使用的药品、消毒药剂和医疗器械的；（七）不按照规定使用麻醉药品、医疗用毒性药品、精神药品和放射性药品的；（八）未经患者或者其家属同意，对患者进行实验性临床医疗的；（九）泄露患者隐私，造成严重后果的；（十）利用职务之便，索取、非法收受患者财物或者牟取其他不正当利益的；（十一）发生自然灾害、传染病流行、突发重大伤亡事故以及其他严重威胁人民生命健康的紧急情况时，不服从卫生行政部门调遣的；（十二）发生医疗事故或者发现传染病疫情，患者涉嫌伤害事件或者非正常死亡，不按照规定报告的”。被吊销医师执业证书满两年以后，才可以向县级以上人民政府卫生行政部门申请注册。

第四种情形是依据《乡村医生从业管理条例》的规定，对尚未取得执业医师资格，经注册在农村医疗机构从事预防、保健和一般医疗服务的乡村医生作出的规定。目前我国有乡村医生90多万人，大多工作在乡村医疗卫生机构，在为广大农民提供预防、保健和一般医疗服务方面发挥着重要作用。但是，这些乡村医生的学历和业务水平参差不齐，如果强制他们也要取得执业医师资格，恐怕不太现实，考虑到农村广大人民群众的医疗卫生状况，有必要把乡村医生的规定单独列出来，对虽未取得执业医师资格，但根据国务院《乡村医生从业管理条例》的规定，经县级卫生行政管理部门注册后，在乡村医疗机构从事一般医疗服务的，不能按照非法行医处理。

第五种情形是针对母婴保健法规定的家庭接生人员的规定。依照法律规定，取得家庭接生员资格的人，除从事家庭接生外未取得从事其他行医行为的资格，这些人员如果从事接生以外的行医活动，情节严重，可按非法行医罪追究责任。

需要指出的是，对于违反执业医师法的规定，超过注册的执业地点、执业类型、执业范围从事诊疗活动的，目前不宜作为刑事犯罪处理。

三、关于“情节严重”的问题

非法行医罪侵犯的是复杂客体，即国家对医疗机构和医务从业人员的管理秩序和就诊人的身体健康、生命安全。《刑法》第三百三十六条第一款规定了非法行医，情节严重才构成犯罪。情节是否严重，是罪与非罪的重要标准。如何判定其非法行医属于“情节严重”，《非法行医解释》第二条从后果、对公共卫生的危害程度和行为人的主观恶性等方面加以考虑，对“情节严重”的情形进行了规定。即：“具有下列情形之一的，应认定为刑法第三百三十六条第一款规定的‘情节严重’：(一) 造成就诊人轻度残疾、器官组织损伤导致一般功能障碍的；(二) 造成甲类传染病传播、流行或者有传播、流行危险的；(三) 使用假药、劣药或不符合国家规定标准的卫生材料、医疗器械，足以严重危害人体健康的；(四) 非法行医被卫生行政部门行政处罚两次以后，再次非法行医的；(五) 其他情节严重的情形。”

第（一）项关于造成就诊人轻度残疾、器官组织损伤导致一般功能障碍的情形，这是从非法行医造成的严重后果考虑的。该项参照的是国务院《医疗事故处理条例》的规定，相当于三级医疗事故。判断标准依照卫生部《医疗事故分级标准（试行)》认定，三级医疗事故分为甲、乙、丙、丁、戊五个等级，共135种情形。

第（二）项关于造成甲类传染病传播、流行或者有传播、流行危险的情形，甲类传染病是指《传染病防治法》第三条规定的鼠疫和霍乱。

第（三）项是指非法行医行为人和非法诊所受经济利益的驱动，使用危害人体健康的假药、劣药，或者使用无生产批号、无地址、无检测等地下工厂生产的不符合国家标准的卫生材料、医疗器械等，危害公共卫生安全、人体生命健康的行为。

第（四）项是指非法行医被行政处罚两次以后再次非法行医的情形。讨论中该项规定的争议较大，一种意见认为，近年来的司法解释基本不再作出这样的规定，因为违法行为已经被行政处罚过，不能因为第三次违法就上升为刑事处罚，有重复评价的嫌疑；另一种意见认为，非法行医屡教不改的社会危害性较大，屡禁不止是非法行医现象蔓延的根源，有必要对这种情形加以规定。考虑到非法行医行为人在两次被行政处罚以后，明知非法行医的行为扰乱了国家对医疗服务市场和医务人员的管理秩序，仍然无视人民群众的生命权、健康权，受利益的驱动再次非法行医的，说明其主观恶性很大，社会危害性也大，这种行为应当视为“情节严重”。经研究，《非法行医解释》采纳了后一种意见。

四、关于“严重损害就诊人身体健康”问题

《刑法》第三百三十六条第一款规定，非法行医，严重损害就诊人身体健康的，处三年以上十年以下有期徒刑，并处罚金。如何认定“严重损害就诊人身体健康”，《非法行医解释》第三条规定：“具有下列情形之一的，应认定为刑法第三百三十六条第一款规定的‘严重损害就诊人身体健康’：（一）造成就诊人中度以上残疾、器官组织损伤导致严重功能障碍的；（二）造成三名以上就诊人轻度残疾、器官组织损伤导致一般功能障碍的。”上述第（一）项“造成就诊人中度以上残疾、器官组织损伤导致严重功能障碍的”规定，参照卫生部《医疗事故分级标准（试行）》认定，相当于二级医疗事故。第（二）项相当于三个以上三级医疗事故。

关于非法行医造成的损害就诊人身体健康的后果按照什么标准认定的问题。在《非法行医解释》的起草过程中，曾有不同意见。一种意见认为，非法行医因其行为的违法性，行为人对就诊人的行为是一种伤害行为，而不是医疗行为，因此，造成的危害后果应当按照1990年的《人体重伤鉴定标准》（已失效）来界定。另一种意见认为，行医行为和伤害行为明显不同，重伤标准不能涵盖所有损害健康的情形。《非法行医解释》采纳了后一种意见，主要理由如下：

非法行医罪客观方面的核心表现是“非法行医”，也就是一个不合格的主体在实施医疗诊疗活动，行为人的目的是将“行医”作为其职业反复实施，因此行为人对就诊人实施的是诊疗行为而不是伤害行为。

《刑法》第三百三十五条医疗事故罪和第三百三十六条非法行医罪的后果之一均为“严重损害就诊人身体健康”，因此，不能将两罪后果的判断标准完全割裂开，医疗事故罪“严重损害就诊人身体健康”的判断标准是造成医疗事故，而非法行医罪“严重损害就诊人身体健康”则是造成重伤，显然不符合立法原意。

人体重伤鉴定标准主要针对外力伤害，并不能全面反映医疗活动中对人体健康所造成的损害程度，例如一些智能障碍、功能损害等，无法用重伤标准来衡量。

据卫生行政部门有关资料表明，《医疗事故分级标准（试行）》在起草过程中，已经参照了人体重伤鉴定标准、人体轻伤鉴定标准、交通事故伤残标准、职工工伤标准等，对应伤残等级一至十级，涵盖了上述标准的内容，是目前最全面和权威的一个标准。因此，参照《医疗事故分级标准（试行）》认定损害就诊人身体健康更为科学。

因非法行医行为与严重损害就诊人身体健康的损害结果之间因果关系的判断，需要医学专业知识和专业技能。而司法实践中，非法行医的案件，法院一般是委托医学机构作出鉴定，适用医疗事故分级标准，实践中不存在操作层面的障碍。

五、关于实施非法行医犯罪同时构成其他犯罪的处理原则

《非法行医解释》第五条规定："实施非法行医犯罪，同时构成生产、销售假药罪，生产、销售劣药罪，诈骗罪等其他犯罪的，依照刑法处罚较重的规定定罪处罚。"行为人在非法行医过程中，自己制作或者销售假药、劣药，或者以行医为名，诈骗就诊人钱财，同时构成生产、销售假药罪，生产、销售劣药罪或者诈骗罪的，按照刑法关于处理牵连犯的处罚原则，以处罚较重的犯罪论处。

（撰稿：李晓）

（三）典型或常见问题的审理思路

1. 患者"自愿"求医，能否阻却非法行医罪的成立？[①]

本书观点：在非法行医案件中，患者有可能是误认为行为人取得了医生执业资格而求医，也可能是明知对方没有医生执业资格而求医。在患者自愿、主动求医的情况下，能否阻却行为人非法行医罪的构成？这涉及被害人承诺问题。

刑法理论一般认为，被害人的承诺，符合一定条件的，可阻却犯罪的成立。总体而言，只有在以违反被害人意志为前提的犯罪（如强奸罪、非法侵入住宅罪等罪）中，被害人的承诺才可能排除犯罪性；而在其他一些不以违反被害人意志为成立条件的犯罪（如拐卖妇女、儿童罪）中，被害人的承诺并不能排除行为人的犯罪性。具体而言，被害人的承诺只有齐备以下条件时，才能阻却犯罪的成立：第一，承诺只能是对自己具有处分权限的利益承诺他人侵害；第二，承诺者必须具有承诺能力；第三，承诺必须基于承诺者的真实意志；第四，事实上必须存在承诺；第五，基于承诺所实施的侵害行为不

---

① 观点来源：《刑事审判参考》第316号指导案例，周某某非法行医案。

得超过承诺者的处分权限，也不能违反法律秩序。

据此，在非法行医案件中，即使行为人非法行医时得到患者的承诺，也不能阻却其犯罪的成立，这是因为：第一，非法行医属于危害公共卫生的犯罪，侵害的是社会法益；任何人对社会法益都没有承诺权限，故患者的承诺是无效的。第二，对治疗行为的承诺，只能是一种具体的承诺，而且这种承诺只是对医疗行为本身的承诺，不包括对不当医疗行为致死致伤结果的承诺。在行为人非法行医的情况下，患者只是承诺行为人为其治疗，这是一种抽象的承诺。在被害人并不了解非法行医者的具体治疗方案的情况下，非法行医者的具体治疗行为并没有得到承诺。患者求医当然是希望医治疾病，因此不可能承诺对自己造成伤亡。所以，非法行医者致患者伤亡的行为，也不可能因为被害人承诺而阻却犯罪的成立。第三，在许多情况下，患者是因为不了解非法行医者的内情才去求医的，即非法行医者或者谎称自己具有医生执业资格，或者谎称自己具有高明的医术，使患者信以为真，从而在不了解真相的情况下向非法行医人求医。这显然不能认为是患者的真实意志，即患者在了解真相的情况下将不会向其求医。由于患者求医是基于误解，因而其承诺也是无效的。第四，非法行医行为违反了法律秩序，即使非法行医行为取得了患者的同意，也是法律所禁止的。

由此可见，在非法行医案件中，如果行为人隐瞒其未取得医生执业资格的事实，致使被害人错误作出同意其对自己实施医疗行为的“承诺”的，则因该项“承诺”并非出自被害人的真实意志，故而不能构成可以排除行为人犯罪性的承诺；即便在行为人已告知被害人其未取得医生执业资格的事实，被害人仍然同意或者请求其为自己医疗的情况下，由于被害人的同意或者请求（承诺）仅是对医疗行为本身的抽象承诺，并不包括对非法医疗行为可能引致的伤亡结果的承诺，也不能构成可以排除行为人犯罪性的承诺；甚至，在行为人已告知被告人其未取得医生执业资格的事实，被害人仍然同意或者请求其为自己医疗，并明确表示自愿承担医疗“风险”的情况下，由于被害人对公共卫生这一社会法益并无承诺权限，其承诺仍然是无效的，仍然不能因此排除行为人非法行医行为的犯罪性。

2. 产妇在分娩过程中因并发症死亡，非法行医人对产妇的死亡后果是否应当承担刑事责任？[①]

本书观点：对此，一种观点认为，由于医院的鉴定结论不能采信，无证据证明产妇在分娩过程中并发羊水栓塞系行为人非法行医引发，行为人对此无法预见，属于意外事件，产妇和胎儿的死亡与行为人的非法行医行为间不具有因果关系，行为人对此不应当承担刑事责任，只能判处被告人三年以下有期徒刑或其他更轻刑种；另一种观点认为，《刑法》第三百三十六条对严重损害就诊人健康以及造成其死亡的规定，属于刑法理论上的"结果加重犯"。只要行为人在实施基本犯罪时对加重结果"有过失"或者"能预见"，就应对加重结果负刑事责任。行为人非法行医多年，其行为已构成非法行医罪。根据刑法的规定，行为人的非法行医行为造成就诊人死亡的依法应当判处十年以上有期徒刑。因此，被害人及胎儿的死亡后果是否与行为人的非法行医行为具有因果关系，直接关系到对行为人的量刑。行为人长期非法行医，具有一定的医学知识，应当预见到产妇在分娩过程中随时可能发生各种分娩并发症，其明知一旦产妇在分娩过程中发生并发症，凭借自己的医疗设施、医疗技术难以实施救助，但为了追求非法利益，对产妇存在的危险存在侥幸心理，其主观上对产妇死亡结果的发生存在过于自信的过失，故其应当对产妇的死亡结果承担刑事责任，依法应当判处十年以上有期徒刑。

我们同意第二种意见。如何判断加重结果与基本犯罪的因果关系，通行观点是"过失说"，其包括三层含义：（1）客观上要求基本犯罪必须具有引起加重结果发生的内在危险性，立法者将这类犯罪发生"结果加重"的情况规定为较重的法定刑。（2）要求行为人对发生"结果加重"情况在主观上具有过失，即行为人应当预见其基本犯罪行为具有加重后果发生的危险性，但主观上因疏忽大意没有预见或者虽然预见却轻信可以避免，仍然故意实施该基本犯罪行为，违反了对发生加重结果的注意义务，对加重结果的发生具有过失。诚然，实施了某种基本犯罪行为，并不等于在任何情况下都会引起加重结果的发生。有时加重结果的发生并不是因基本犯罪引起，而是介入了某种偶然性的因素所引起，行为人对于偶然因素当然不应承担责任。只有行为人故意实施了某种基本犯罪，而该基本犯罪合乎逻辑地引起了法定的加重结

---

① 观点来源：《刑事审判参考》第421号指导案例，贺某华非法行医案。

果的发生，就可以认定行为人违反了客观注意义务，对加重结果的发生具有过失。（3）结果加重犯的过失有其特殊性。因为行为人实施的基本犯罪行为本身具有内在地引起加重后果发生的高度危险性，但行为人仍然故意实施。通常在人们的生活经验范围内，发生加重结果的危险性较大的情况下，行为人违反注意义务的程度要比一般的过失行为违反注意义务的程度更加严重，是一种重的过失。

行为人在没有行医资格的前提下，故意长期非法行医，其行为已经构成非法行医的基本犯罪。具有一般社会阅历和生活常识的成年人，即使没有医学知识都能预见，产妇在分娩过程中可能会发生各种紧急情况，一旦发生，必须及时实施正确、有效的抢救，否则，产妇及胎儿的生命都将面临极大的危险。而行为人非法行医多年，具有一定的医学知识，对产妇在分娩过程中可能出现的各种风险比常人更能清楚地预见。但其出于追求非法利益的目的，存在侥幸能够避免的心理，在缺乏抢救设备、缺乏抢救措施的情况下仍然为其接生，违反了其实施基本犯罪行为时对其行为所带来的危险性的注意义务，主观上对产妇死亡的结果存在过于自信的过失；同时，客观上，由于已有的医疗技术水平不高、医疗设施缺乏，致使产妇出现并发症时无力及时采取正确、有效的抢救措施；在产妇出现并发症时又因害怕承担责任，不及时将产妇转送至正规医院进行抢救，延误了产妇的抢救时机，致使产妇在尚未送进医院抢救时即已死亡。羊水栓塞本来就是一种死亡率较高的分娩并发症，当产妇发生该症状时，因行为人浅陋的医疗技术和医疗设施以及延误抢救时间，致使产妇不可能获得及时有效的抢救，产妇的死亡就成了一种内在性引发的必然结果，其非法行医的行为与产妇的死亡结果当然具有刑法上的因果关系。综上分析，行为人对产妇的死亡在主观上具有过失，客观上造成了产妇死亡的结果，其非法行医行为与产妇的死亡结果间具有因果关系，故其对产妇的死亡应当承担相应的刑事责任。

3. **如何认定非法进行节育手术“严重损害就诊人身体健康”？**①

本书观点：刑法关于非法行医罪、非法进行节育手术罪的规定，除了在客观行为方面有区别外，在犯罪主体、犯罪后果、法定刑幅度等方面均完全相同。实际上，非法进行节育手术的行为，广义上也是一种非法行医的行为，

---

① 观点来源：《刑事审判参考》（总第82期），徐某涵非法进行节育手术案。

只是为了突出保障计划生育政策的执行，刑法专门设立非法进行节育手术罪。就罪质而言，非法行医罪与非法进行节育手术罪之间是一般与特殊的关系。特殊法有特别规定的，依特殊法；没有特别规定的，依一般法。基于这一原理，由于法律、司法解释没有对非法进行节育手术罪作出特别解释，对该罪中“严重损害就诊人身体健康”的认定标准应当参照非法行医罪的相关认定标准。此外，从系统解释角度分析，同一部刑法、同一个刑法条文、同样的用语，在没有特别规定的情况下，其内涵、外延应该是一致的。

关于“严重损害就诊人身体健康”的含义，《非法行医解释》第三条规定，“具有下列情形之一的，应认定为刑法第三百三十六条第一款规定的‘严重损害就诊人身体健康’：（一）造成就诊人中度以上残疾、器官组织损伤导致严重功能障碍的；（二）造成三名以上就诊人轻度残疾、器官组织损伤导致一般功能障碍的”。《非法行医解释》第六条还规定：“本解释所称‘轻度残疾、器官组织损伤导致一般功能障碍’‘中度以上残疾、器官组织损伤导致严重功能障碍’，参照卫生部《医疗事故分级标准（试行）》认定。”

需要说明的是，根据《最高人民检察院、公安部关于公安机关管辖的刑事案件立案追诉标准的规定（一）》第五十六条第二款的规定，“严重损害就诊人身体健康”是指造成就诊人严重残疾、重伤、感染艾滋病、病毒性肝炎等难以治愈的疾病或者其他严重损害就诊人身体健康的后果。这一规定与《非法行医解释》存在一定的冲突。然而，我们认为，这种冲突并不在实质上影响法院对非法进行节育手术案件中“严重损害就诊人身体健康”的认定，主要理由如下：（1）两者解释的目的不同。《最高人民检察院、公安部关于公安机关管辖的刑事案件立案追诉标准的规定（一）》所列举的严重残疾、重伤、感染艾滋病、病毒性肝炎等难以治愈的疾病或者其他严重损害就诊人身体健康的后果，是指应予立案追诉的几种情形；而《非法行医解释》第三条对“严重损害就诊人身体健康”的规定是审判时确定量刑情节和量刑幅度的具体法律依据。（2）“重伤”的表述过于笼统，新的伤残认定标准已没有这种表述。如卫生部《医疗事故分级标准（试行）》中没有以重伤、轻伤来区分医疗事故等级，而是列举了残疾、器官组织损伤、功能障碍等具体损害健康的情形。《非法行医解释》融入了这一最新研究成果，更接近于这一科学分类。（3）《最高人民检察院、公安部关于公安机关管辖的刑事案件立案追诉标准的规定（一）》将“重伤”与“艾滋病、病毒性肝炎”规定在同一种情形中，在内在逻辑上要求三者具有同质性或相当性，这一同质性或相当性具体体现在“难以治愈的疾病”上。基于这一分析，我们认为，此处的“重伤”应当是能够导致“难以治愈的疾病”的“重伤”，而不是指所有的“重伤”。

综上，根据《非法行医解释》来认定非法行医罪“严重损害就诊人身体健康”的标准更为适宜。

不能简单地将“致人重伤”完全等同于“严重损害就诊人身体健康”。关于非法行医造成的“损害就诊人身体健康”的后果按照什么标准认定的问题，在司法实践中有不同认识。一种意见认为，非法行医造成的危害后果应当按照《人体重伤鉴定标准》（已失效）来界定。另一种意见认为，行医行为和伤害行为明显不同，重伤标准不能涵盖所有损害健康的情形。《非法行医解释》采纳了后一种意见，主要理由如下：（1）非法行医罪客观方面的核心是非法行医，行为人对就诊人实施的是诊疗行为而不是伤害行为。（2）医疗事故罪和非法行医罪的后果之一均为“严重损害就诊人身体健康”，因此不能将两罪后果的判断标准完全割裂开。如果医疗事故罪“严重损害就诊人身体健康”的标准是造成医疗事故，而非法行医罪“严重损害就诊人身体健康”是造成重伤，则显然不符合立法原意。（3）《人体重伤鉴定标准》主要针对外力伤害，并不能全面反映医疗活动中对人体健康所造成的损害程度。例如，一些智能障碍、功能损害等，无法用重伤标准来衡量。（4）据卫生行政部门有关资料表明，《医疗事故分级标准（试行）》在起草过程中，已经参照了《人体重伤鉴定标准》、《人体轻伤鉴定标准（试行）》（已失效）、《交通事故伤残等级标准》、职工工伤标准等，对应伤残等级一至十级，涵盖了上述标准的内容，是目前最全面和权威的一个标准，参照《医疗事故分级标准（试行）》认定损害就诊人身体健康更为科学。因此，“重伤”与“严重损害就诊人身体健康”是损害后果的两个不同认定标准。刑法已明确将“严重损害就诊人身体健康”规定为医疗事故罪、非法行医罪和非法进行节育手术罪的损害后果之一，而非“重伤”。

另外，从罪刑相适应原则的视角分析。故意伤害致人重伤的，处三年以上十年以下有期徒刑；非法进行节育手术，严重损害就诊人身体健康的，处三年以上十年以下有期徒刑，并处罚金。比较两罪的刑罚可以发现，若将“重伤”等同于“严重损害就诊人身体健康”认定，则会出现相同的犯罪后果，故意伤害罪的刑罚反而轻于非法进行节育手术罪，这显然不合理，不符合罪刑相适应原则。因为故意伤害犯罪的行为人实施的是故意加害行为，对造成被害人损害后果主观上是故意；而非法进行节育手术犯罪的行为人实施的是诊疗行为，对造成被害人损害后果主观上是过失。比较两罪的客观行为、主观心态、社会危害性，故意伤害罪要重于非法进行节育手术罪。如果将“重伤”等同于“严重损害就诊人身体健康”，则会导致故意伤害罪刑罚轻于非法进行节育手术罪，使罪刑不相适应。

需要强调的是，《非法行医解释》规定的“造成三名以上就诊人轻度残疾、器官组织损伤导致一般功能障碍”中，三人伤残不能等同于三处伤残认定。在伤残等级中，十级伤残是最低一级，属于“轻微功能障碍”的伤残，不能将一名就诊人的三处十级伤残累加升格为“器官组织损伤导致严重功能障碍”，从而认定为严重损害身体健康。本案中被害人何某的三处十级伤残不能视为“器官组织损伤导致严重功能障碍”。

（四）疑难、复杂问题的参考性解答

关于非法行医罪的主体认定范围

（1）关于非法行医罪犯罪主体的概念①

1998年6月26日第九届全国人民代表大会常务委员会第三次会议通过《执业医师法》（已被修改），根据该法规定，医师是取得执业医师资格，经注册在医疗、预防、保健机构中执业的医学专业人员。医师分为执业医师和执业助理医师，《刑法》中的“医生执业资格的人”应当是按照《执业医师法》的规定，取得执业医师资格并经卫生行政部门注册的医学专业人员。

（2）关于《执业医师法》颁布以前医师资格认定问题

《执业医师法》第四十三条规定：“本法颁布之日前按照国家有关规定取得医学专业技术职称和医学专业技术职务的人员，由所在机构报请县级以上人民政府卫生行政部门认定，取得相应的医师资格。”

卫生部、人事部下发了《具有医学专业技术职务任职资格人员认定医师资格及执业注册办法》。目前各级卫生行政部门正在对《执业医师法》颁布之前，按照国家有关规定已取得医学专业技术职务任职资格的人员认定医师资格，并为仍在医疗、预防、保健机构执业的医师办理执业注册。

---

① 《卫生部关于对非法行医罪犯罪条件征询意见函的复函》（2001年8月8日）。

（3）关于在“未被批准行医的场所”行医问题

具有医生执业资格的人在“未被批准行医的场所”行医属非法行医。其中，“未被批准行医的场所”是指没有卫生行政部门核发的《医疗机构执业许可证》的场所。但是，下列情况不属于非法行医：随急救车出诊或随采血车出车采血的；对病人实施现场急救的；经医疗、预防、保健机构批准的家庭病床、卫生支农、出诊、承担政府交办的任务和卫生行政部门批准的义诊等。

（4）关于乡村医生及家庭接生员的问题

《执业医师法》规定，不具备《执业医师法》规定的执业医师资格或者执业助理医师资格的乡村医生，由国务院另行制定管理办法。经过卫生行政部门审核的乡村医生应当在注册地村卫生室执业。除第三条所列情况外，其他凡超出其申请执业地点的，应视为非法行医。

根据《母婴保健法》的规定“不能住院分娩的孕妇应当经过培训合格的接生人员实行消毒接生”“从事家庭接生的人员，必须经过县级以上地方人民政府卫生行政部门的考核，并取得相应的合格证书”。取得合法资格的家庭接生人员为不能住院分娩的孕妇接生，不属于非法行医。

本书观点：《刑法》第三百三十六条将非法行医罪的犯罪主体限定为“未取得医生执业资格的人”。《最高人民法院关于审理非法行医刑事案件具体应用法律若干问题的解释》第一条规定“未取得医生执业资格的人非法行医”是指以下四种情形：（1）未取得或者以非法手段取得医师资格从事医疗活动的；（2）被依法吊销医师执业证书期间从事医疗活动的；（3）未取得乡村医生执业证书，从事乡村医疗活动的；（4）家庭接生员实施家庭接生以外的医疗行为的。

目前实践中对如何理解“医生执业资格”的含义有四种不同见解：第一种观点认为，“医生执业资格”就是执业医师法中的“执业医师资格”，只要具有执业医师资格行医的，就不属于非法行医罪的主体；第二种观点认为，仅取得“执业医师资格”还不够，如果没有到卫生行政部门注册，未取得卫生行政部门颁发的“医师执业证书”而从事诊疗活动，就属于刑法所规定的非法行医；第三种观点认为，“医生执业资格”不仅要求行医人员必须具有卫生行政部门颁发的“医师执业证书”，而且其执业的医疗机构还必须具有《医疗机构执业许可证》，缺任何一个要件，都属于非法行医；第四种观点除同意上述第二、三种观点外，还认为医务人员在正常的工作之外，擅自从事医疗活动，如医务人员擅自离开其所在的医疗机构进行非法手术，或者超越执业许可证规定的业务范围进行诊疗活动，也属于非法行医。

我们认为，要正确把握“非法行医罪”的主体要件，首先应了解刑法增设非法行医罪的立法本意。非法行医罪是1997年刑法修订时新增加的一个罪，主要是针对社会上一些根本不具有医学专门知识，在社会上打着治病救人的幌子，骗取钱财，坑害人民的生命健康的行为。由于这种行为首先危害的是社会上不特定众多患者的生命健康，而不是单纯违反医疗管理秩序，因此，刑法把它归入危害公共卫生的犯罪。社会上一些没有基本医疗常识的人，打着所谓“名医”“神医”“专治某病”的旗号，或走街串巷，或私设诊所，利用一些地方缺医少药的实际状况或者病人病急乱投医，以及愚昧、贪图便宜、讳疾忌医等心理，开展所谓诊疗活动，大肆骗取钱财，致使不少病人受骗上当，耽误了最佳治疗时间，病情加重甚至无法救治而死亡，或者留下终身残疾；有的行为人由于无医疗常识、设备简陋或者无必要的应急抢救措施，导致就诊人死亡或者身体健康受到严重损害。对于这些医术一窍不通还到处行医，危害人民群众身体健康的行为，由于1979年刑法没有作出明确规定，司法机关在认定性质以及处罚上比较混乱。其中，对于无医疗常识，纯粹以骗取钱财为目的的，多以诈骗罪论处；对于非法行医造成就诊人死亡或者重伤的，多按过失杀人罪、过失重伤罪追究刑事责任。鉴于非法行医的严重危害性，为适应司法实践需要，1997年修订刑法时增设了非法行医罪。非法行医罪所针对的不在于如何行医，而在于谁在行医。

《刑法》第三百三十六条中的“医生执业资格”与执业医师法中的“执业医师资格”（包括执业医师资格或者执业助理医师资格）是什么关系？从立法本意上讲，医生执业资格和执业医师资格并无本质不同，只不过是表述不同而已，目的都在于确定为患者行医看病的人应当具有国家认可的专业医学知识和技术，从而保护人民群众的身体健康。《刑法》第三百三十六条所惩罚的对象仅是未取得执业医师资格而从事非法行医的人；而1998年颁布的《执业医师法》（已被修改）则要求医师须经注册，进而行医的前提条件是必须取得执业医师资格，两者的目的是一致的。从增设非法行医罪的立法本意上讲，凡具有执业医师资格的人，就不属于《刑法》第三百三十六条第一款规定的非法行医罪的主体范围。

如果我们再从国家设立执业医师资格考试的目的和取得执业医师资格的

方式和意义上作进一步分析，就会对正确理解和适用刑法的规定更有帮助。由于医疗是一种专业性很强的行业，医生肩负着治病救人、救死扶伤、保护人民生命健康的重大职责。国家对从事医疗职业的制定了严格的资格准入制度。所谓执业资格，是指独立开业或者从事某项专业技术工作所应具有的学识、技术和能力。取得执业资格则是国家对一个人拥有的专业学识、技术和能力的确认，它与该人目前是否从事与其取得的资格的工作无关，也不会以该人目前是否从事与资格有关的工作来决定是否授予或者保留其资格。当然，一个人一旦拥有执业资格，也不会轻易被取消。我国执业医师法针对我国医务人员队伍的现状，对取得执业医师资格实行老人老办法、新人新办法：对于执业医师法颁布之日（1998 年 6 月 26 日）以前曾经取得医学专业技术职称和医学专业技术职务的人员，不论其当时是否正在从事医疗、预防、保健工作，由卫生行政部门审查认定后，不用经过医师资格考试，便可授予医师资格（包括执业医师资格和执业助理医师资格）。对于执业医师法颁布以前没有取得过医学专业技术职称和医学专业技术职务的人员，在执业医师法颁布之后，必须参加医师资格考试，合格后方能取得执业医师资格。

根据卫生部《医师资格考试暂行办法》的规定，医师资格考试分为执业医师资格和执业助理医师资格考试，目的是评价申请医师资格考试者是否具备执业所必需的专业知识和技能。考试方式分为实践技能考试和医学综合考试。医师资格考试成绩合格，取得医师资格（包括执业医师资格和执业助理医师资格），即表明国家承认其具有法律规定的从事医疗工作或开业所必需的医学知识、技术和能力。根据《执业医师法》的规定，凡具有执业医师资格的人，除法律规定的特殊情形外，只要向所在地县级以上人民政府卫生行政部门提出注册申请，受理申请的卫生行政部门应当自收到申请之日起 30 日内准予注册并发给由国务院卫生行政部门统一印制的医师执业证书。从法律规定我们不难看出，从取得执业医师资格到实际执业，只需履行注册手续，这纯属是一个行政管理手段。

有的人提出，根据《执业医师法》的规定，国家实行医师执业注册制度。取得执业医师资格的，可以向所在地县级以上人民政府卫生行政部门申请注册；医师经注册后，可以在医疗、预防、保健机构中按照注册的执业地点、执业类别、执业范围执业，从事相应的医疗、预防、保健业务，上述事项变更的，应当到准予注册的卫生行政部门办理变更注册手续；未经医师注册取得执业证书，不得从事医师执业活动；申请个体行医的执业医师，须经注册后在医疗、预防、保健机构中执业满 5 年，并按照国家有关规定办理审批手续；未经批准，不得行医。既然如此，行医人如果违反上述规定，难道不是“非法行医”？如果情节严重，难道不应定罪？这种观点虽有一定道理，但不完全正确。

众所周知，在我国，当我们说一个行为“非法”时，它包含了两种可能性：可能构成行政违法，也可能构成刑事违法，即犯罪。“非法行医”，如果仅从这四个字的字面含义去分析，同样也包括上述两种情况。我们在分析是否构成犯罪时，应当仔细分析、甄别具体的非法行医行为是属于行政违法还是构成了刑事违法，这也是区分罪与非罪的关键所在。不应当简单地认为，凡属于行政违法行为，情节严重的，都构成犯罪。在我国刑法的规定中，构成犯罪的行为，在范围上要比构成行政违法的行为小得多。例如，公司法规定设立公司要登记的重要事项包括：公司名称、住所、法定代表人、注册资本、企业类型、经营范围、营业期限、有限责任公司股东或者股份有限公司发起人的姓名或者名称，并规定：对办理公司登记时虚报注册资本、提交虚假证明文件或者采取其他欺诈手段隐瞒重要事实取得公司登记的，处以罚款；情节严重的，撤销公司登记；构成犯罪的，依法追究刑事责任。但刑法在公司进行虚假登记的众多重要事项中，只对虚报注册行为规定了犯罪，定罪处罚的范围明显比行政处罚小了许多。又如刑法将非法吸收公众存款罪规定为“非法吸收公众存款和变相吸收公众存款，扰乱金融秩序”的行为。广义的非法吸收公众存款包括两种情况：一是行为人不具有吸收存款主体资格而吸收公众存款破坏金融秩序的行为；二是行为人具有吸收存款的主体资格，但吸收公众存款采取的方法是违法的。如有的银行为争揽储户，违反中国人民银行关于利率的规定，采用擅自提高存款利率的方式吸收存款，破坏了国家的利率政策，扰乱了金融秩序。对后一种情况，《商业银行法》第七十五条规定了行政处罚，一般不作为犯罪处理。但对前一种情况，如果扰乱了金融秩序，就要作为犯罪处理。这也说明对于一个被称为“非法”的行为，行政处罚的范围与定罪处罚的范围有很大不同。

我国有 14 亿多人口，平均近千人才有一名医生。在缺医少药的广大农村地区，医疗保健人员更是缺乏，要找一名受过正规医学教育的医师很困难。在这种现实状况下，如果在对待非法行医问题上，将根本不具备医学知识，未取得执业医师资格的人的非法行医，与具有执业医师资格，即具有国家认可的医学知识和技术的人违反有关医政管理规定为人看病等同起来，甚至将其与具有医师执业证书的人超出执业地点、执业类别、执业范围为患者看病，都视为细法上的“非法行医”予以打击，不仅是十分有害的，也是不切实际的。这样做的结果，不仅会使许多医师受到刑罚处罚，而且会使本已不堪重负的医疗保健网运行更加困难。试想一下，又有多少医师在执业过程中没有遇到超越其执业地点、执业类别、执业范围来找他求医问药的患者呢？对非法行医要从法律规定的立法本意出发，作具体分析，不能望文生义，机械硬套。否则，即便是医科大学的毕业生，进行诊疗活动，都有可能被认定为非法行医罪。实践中此类例子并非少见。韦某毕业于白求恩医科大学，还未取得执业医师资格，分配到北戴河某医院门诊任见习医生，其负责治疗的病人在诊疗过程中死亡，公安机关以非法行医罪立案侦查。由于对此案意见不一，河北省人大 2002 年 6 月就此案向全国人大常委会法工委提出对“刑法第三百三十六条非法行医的含义”的法律询问，法工委明确答复：“根据执业医师法的规定，高等学校医学专业本科毕业的人，应当在执业医师的指导下在医疗单位试用 1 年，才能参加国家统一考试取得执业医师资格。医科大学本科毕业，分配到医院担任见习医生，在试用期内从事相应的医疗活动，不属于非法行医。”

《执业医师法》第三十九条规定：“未经批准擅自开办医疗机构行医或者非医师行医的，由县级以上人民政府卫生行政部门予以取缔，没收其违法所得及其药品、器械，并处十万元以下的罚款；对医师吊销其执业证书；给患者造成损害的，依法承担赔偿责任；构成犯罪的，依法追究刑事责任。”有的同志认为这一规定与刑法有关非法行医罪的规定显然是衔接的，以此认为刑法的非法行医罪就是指未经批准擅自开办医疗机构行医或者非医师行医。这种观点不完全正确。《执业医师法》第三十九条对未经批准擅自开办医疗机构行医或者非医师行医的法律责任规定了行政责任、民事责任和刑事责任。作为对执业医师进行管理的行政法律，对违反行政管理行为的行政处罚作出相对具体的规定，而对民事责任和刑事责任的追究由于超出卫生行政部门的职能范围，规定得比较原则，是可以理解的。那么，同样是未经批准擅自开办医疗机构行医或者非医师行医的行为，给予行政处罚还是追究刑事责任的主要界限应当如何掌握？我们认为，还是应当从刑法增设非法行医罪的立法本意出发，关键看行为人是否取得“执业医师资格”。已经具有执业医师资格的人，未经批准擅自开办医疗机构行医的，或者未向卫生行政部门注册，未领取“医师执业证书”或者“医疗机构执业许可证”就进行行医活动，只是违反了执业医师法对医师执业活动行政管理的规定，虽然从广义上讲属于非法行医，但行为性质仅属于行政违法，应当给予行政处罚；如果行为人未取得“执业医师资格”并具有上述行为，且情节严重，达到刑法调整的程度，就可以非法行医罪定罪处罚。但不论哪种情况，给患者造成损害的，都要依法承担赔偿责任。

九、非法植入基因编辑、克隆胚胎罪

（一）刑法规定

第三百三十六条之一 将基因编辑、克隆的人类胚胎植入人体或者动物体内，或者将基因编辑、克隆的动物胚胎植入人体内，情节严重的，处三年以下有期徒刑或者拘役，并处罚金；情节特别严重的，处三年以上七年以下有期徒刑，并处罚金。

（二）疑难、复杂问题的参考性解答

如何正确理解和掌握非法植入基因编辑、克隆胚胎罪的构成要件？

本书观点：（1）两罪的主体均为一般主体。此类犯罪对工具、资金、技术要求很高，单个个体往往很难具备相应条件实施犯罪，因此该罪的主体除了自然人，还应该包括单位。

（2）主观方面均为故意，且只能是直接故意，但不要求主观上具有非法牟利的目的。过失不构成本罪。

（3）客观方面为违反国家对基因编辑、克隆胚胎管理规定，实施了将基因编辑、克隆的人类胚胎植入人体或者动物体内，或者将基因编辑、克隆的动物胚胎植入人体内的行为，情节严重的。

构成本罪，须情节严重。如何理解情节严重，目前尚无相应的司法解释。司法机关在办理此类案件时，应当综合案件的事实、性质、情节和对社会的危害程度作出准确判断。实践中，对以下情形，应当认定为情节严重：①多次实施上述行为的；②实施上述行为影响恶劣的；③已经明显危害公众健康

或者社会公共利益的；④危及我国国家人口安全的；⑤实施上述行为被行政处罚或者被判处刑罚后又实施上述行为的；⑥其他情节严重的情形。

（4）本罪侵犯的客体，是国家人类遗传资源安全，某些情形下，还侵犯我国国家人口安全。

十、妨害动植物防疫、检疫罪

（一）刑法规定

第三百三十七条　违反有关动植物防疫、检疫的国家规定，引起重大动植物疫情的，或者有引起重大动植物疫情危险，情节严重的，处三年以下有期徒刑或者拘役，并处或者单处罚金。

单位犯前款罪的，对单位判处罚金，并对其直接负责的主管人员和其他直接责任人员，依照前款的规定处罚。①

（二）典型或常见问题的审理思路

从疫区调运感染重大植物疫情的松木原木的行为应如何定性？②

本书观点：行为人在明知松木为疫木的情况下，收购了600余根松木，将其收购的部分松木加工成木桩，夹杂在其他果木木桩中分两次销售给他人。经威海出入境检验检疫局检验检疫技术中心检验，该批松木含有松材线虫，确定为疫木，有引起重大植物疫情的危险。松材线虫病又称松树萎蔫病，是一种从国外传入的松树流行病，是由一种体长不到一毫米、肉眼无法识别的松材线虫侵染松树引发的。松材线虫病是松树毁灭性病害，被称为松树“癌症”，松树一旦感染松材线虫病，最快40天即可枯死，松林从发病到毁灭需要3年至5年时间，是当前我国森林生态安全的头号威胁。行为人为了谋取利益从疫区调运感染重大植物疫情的松木原木，违反有关动植物防疫、检疫的国家规定，有引起重大植物疫情危险，情节严重，其行为已构成妨害动植

---

① 《刑法修正案（七）》对本条罪状作了修改，罪名也相应地由原来的“逃避动植物检疫罪”改为“妨害动植物防疫、检疫罪”。刑法原第三百三十七条第一款为：“违反进出境动植物检疫法的规定，逃避动植物检疫，引起重大动植物疫情的，处三年以下有期徒刑或者拘役，并处或者单处罚金。”

② 观点来源：网络报道《荣成法院宣判首起妨害动植物防疫、检疫罪》，肖某妨害动植物防疫、检疫罪。

物防疫、检疫罪。

（三）疑难、复杂问题的参考性解答

1. 如何划分罪与非罪的界限？

本书观点：构成本罪，除了要有违反有关动植物防疫、检疫的国家规定的行为外，还必须引起重大动植物疫情的发生或者有引起重大动植物疫情危险且情节严重。如果行为人虽然有逃避动植物检疫等行为，但没有引起重大动植物疫情，或者虽有引起重大动植物疫情危险但情节轻微的则不构成犯罪。

2. 如何区分本罪与妨害国境卫生检疫罪？

本书观点：二者的区别在于：（1）违反的法律不同。前者违反的是动植物防疫、检疫的国家规定；后者违反的是国境卫生检疫法。（2）检疫的对象不同。前者的检疫对象主要是动植物、动植物产品及其装载容器、包装物，来自动植物检疫区的运输工具，不包括人；后者的检疫对象包括人身及其所带物品，但不包括动植物及其产品。（3）引起的疫情种类不同。前者引起的疫情主要是动植物疫情，如口蹄疾、焦虫病、猪丹毒；后者引起的疫情是人体传染病，如鼠疫、霍乱、天花、黄热病等。（4）构成犯罪的结果要件不同。前者必须已经引起重大动植物疫情的结果，或者有引起重大动植物疫情的危险且情节严重，才构成犯罪；后者只要有引起检疫传染病传播的严重危险，就构成犯罪。

第六节　破坏环境资源保护罪

一、污染环境罪

（一）刑法规定

第三百三十八条　违反国家规定，排放、倾倒或者处置有放射性的废物、含传染病病原体的废物、有毒物质或者其他有害物质，严重污染环境的，处三年以下有期徒刑或者拘役，并处或者单处罚金；情节严重的，处三年以上七年以下有期徒刑，并处罚金；有下列情形之一的，处七年以上有期徒刑，

并处罚金：

（一）在饮用水水源保护区、自然保护地核心保护区等依法确定的重点保护区域排放、倾倒、处置有放射性的废物、含传染病病原体的废物、有毒物质，情节特别严重的；

（二）向国家确定的重要江河、湖泊水域排放、倾倒、处置有放射性的废物、含传染病病原体的废物、有毒物质，情节特别严重的；

（三）致使大量永久基本农田基本功能丧失或者遭受永久性破坏的；

（四）致使多人重伤、严重疾病，或者致人严重残疾、死亡的。

有前款行为，同时构成其他犯罪的，依照处罚较重的规定定罪处罚。

第三百四十六条　单位犯本节第三百三十八条至第三百四十五条规定之罪的，对单位判处罚金，并对其直接负责的主管人员和其他直接责任人员，依照本节各该条的规定处罚。①

（二）司法解释、司法文件及其权威解读

1. 最高人民法院、最高人民检察院关于办理环境污染刑事案件适用法律若干问题的解释（法释〔2016〕29号，自2017年1月1日起施行）

为依法惩治有关环境污染犯罪，根据《中华人民共和国刑法》《中华人民共和国刑事诉讼法》的有关规定，现就办理此类刑事案件适用法律的若干问题解释如下：

第一条　实施刑法第三百三十八条规定的行为，具有下列情形之一的，应当认定为“严重污染环境”：

（一）在饮用水水源一级保护区、自然保护区核心区排放、倾倒、处置有放射性的废物、含传染病病原体的废物、有毒物质的；

---

① 本罪是1997年刑法增设的罪名，原罪名为重大环境污染事故罪。1997年《刑法》原条文为：“违反国家规定，向土地、水体、大气排放、倾倒或者处置有放射性的废物、含传染病病原体的废物、有毒物质或者其他危险废物，造成重大环境污染事故，致使公私财产遭受重大损失或者人身伤亡的严重后果的，处三年以下有期徒刑或者拘役，并处或者单处罚金；后果特别严重的，处三年以上七年以下有期徒刑，并处罚金。”

经过两次修改。《刑法修正案（八）》将犯罪构成条件作了调整，因而罪名也相应作了修改。根据《刑法修正案（八）》修改，条文修改为：“违反国家规定，排放、倾倒或者处置有放射性的废物、含传染病病原体的废物、有毒物质或者其他有害物质，严重污染环境的，处三年以下有期徒刑或者拘役，并处或者单处罚金；后果特别严重的，处三年以上七年以下有期徒刑，并处罚金。”《刑法修正案（十一）》又经修改，成为现条文。

（二）非法排放、倾倒、处置危险废物三吨以上的；

（三）排放、倾倒、处置含铅、汞、镉、铬、砷、铊、锑的污染物，超过国家或者地方污染物排放标准三倍以上的；

（四）排放、倾倒、处置含镍、铜、锌、银、钒、锰、钴的污染物，超过国家或者地方污染物排放标准十倍以上的；

（五）通过暗管、渗井、渗坑、裂隙、溶洞、灌注等逃避监管的方式排放、倾倒、处置有放射性的废物、含传染病病原体的废物、有毒物质的；

（六）二年内曾因违反国家规定，排放、倾倒、处置有放射性的废物、含传染病病原体的废物、有毒物质受过两次以上行政处罚，又实施前列行为的；

（七）重点排污单位篡改、伪造自动监测数据或者干扰自动监测设施，排放化学需氧量、氨氮、二氧化硫、氮氧化物等污染物的；

（八）违法减少防治污染设施运行支出一百万元以上的；

（九）违法所得或者致使公私财产损失三十万元以上的；

（十）造成生态环境严重损害的；

（十一）致使乡镇以上集中式饮用水水源取水中断十二小时以上的；

（十二）致使基本农田、防护林地、特种用途林地五亩以上，其他农用地十亩以上，其他土地二十亩以上基本功能丧失或者遭受永久性破坏的；

（十三）致使森林或者其他林木死亡五十立方米以上，或者幼树死亡二千五百株以上的；

（十四）致使疏散、转移群众五千人以上的；

（十五）致使三十人以上中毒的；

（十六）致使三人以上轻伤、轻度残疾或者器官组织损伤导致一般功能障碍的；

（十七）致使一人以上重伤、中度残疾或者器官组织损伤导致严重功能障碍的；

（十八）其他严重污染环境的情形。

第二条 实施刑法第三百三十九条、第四百零八条规定的行为，致使公私财产损失三十万元以上，或者具有本解释第一条第十项至第十七项规定情形之一的，应当认定为“致使公私财产遭受重大损失或者严重危害人体健康”或者“致使公私财产遭受重大损失或者造成人身伤亡的严重后果”。

第三条 实施刑法第三百三十八条、第三百三十九条规定的行为，具有下列情形之一的，应当认定为“后果特别严重”：

（一）致使县级以上城区集中式饮用水水源取水中断十二小时以上的；

（二）非法排放、倾倒、处置危险废物一百吨以上的；

（三）致使基本农田、防护林地、特种用途林地十五亩以上，其他农用地三十亩以上，其他土地六十亩以上基本功能丧失或者遭受永久性破坏的；

（四）致使森林或者其他林木死亡一百五十立方米以上，或者幼树死亡七千五百株以上的；

（五）致使公私财产损失一百万元以上的；

（六）造成生态环境特别严重损害的；

（七）致使疏散、转移群众一万五千人以上的；

（八）致使一百人以上中毒的；

（九）致使十人以上轻伤、轻度残疾或者器官组织损伤导致一般功能障碍的；

（十）致使三人以上重伤、中度残疾或者器官组织损伤导致严重功能障碍的；

（十一）致使一人以上重伤、中度残疾或者器官组织损伤导致严重功能障碍，并致使五人以上轻伤、轻度残疾或者器官组织损伤导致一般功能障碍的；

（十二）致使一人以上死亡或者重度残疾的；

（十三）其他后果特别严重的情形。

第四条　实施刑法第三百三十八条、第三百三十九条规定的犯罪行为，具有下列情形之一的，应当从重处罚：

（一）阻挠环境监督检查或者突发环境事件调查，尚不构成妨害公务等犯罪的；

（二）在医院、学校、居民区等人口集中地区及其附近，违反国家规定排放、倾倒、处置有放射性的废物、含传染病病原体的废物、有毒物质或者其他有害物质的；

（三）在重污染天气预警期间、突发环境事件处置期间或者被责令限期整改期间，违反国家规定排放、倾倒、处置有放射性的废物、含传染病病原体的废物、有毒物质或者其他有害物质的；

（四）具有危险废物经营许可证的企业违反国家规定排放、倾倒、处置有放射性的废物、含传染病病原体的废物、有毒物质或者其他有害物质的。

第五条 实施刑法第三百三十八条、第三百三十九条规定的行为，刚达到应当追究刑事责任的标准，但行为人及时采取措施，防止损失扩大、消除污染，全部赔偿损失，积极修复生态环境，且系初犯，确有悔罪表现的，可以认定为情节轻微，不起诉或者免予刑事处罚；确有必要判处刑罚的，应当从宽处罚。

第六条 无危险废物经营许可证从事收集、贮存、利用、处置危险废物经营活动，严重污染环境的，按照污染环境罪定罪处罚；同时构成非法经营罪的，依照处罚较重的规定定罪处罚。

实施前款规定的行为，不具有超标排放污染物、非法倾倒污染物或者其他违法造成环境污染的情形的，可以认定为非法经营情节显著轻微危害不大，不认为是犯罪；构成生产、销售伪劣产品等其他犯罪的，以其他犯罪论处。

第七条 明知他人无危险废物经营许可证，向其提供或者委托其收集、贮存、利用、处置危险废物，严重污染环境的，以共同犯罪论处。

第八条 违反国家规定，排放、倾倒、处置含有毒害性、放射性、传染病病原体等物质的污染物，同时构成污染环境罪、非法处置进口的固体废物罪、投放危险物质罪等犯罪的，依照处罚较重的规定定罪处罚。

第九条 环境影响评价机构或其人员，故意提供虚假环境影响评价文件，情节严重的，或者严重不负责任，出具的环境影响评价文件存在重大失实，造成严重后果的，应当依照刑法第二百二十九条、第二百三十一条的规定，以提供虚假证明文件罪或者出具证明文件重大失实罪定罪处罚。

第十条 违反国家规定，针对环境质量监测系统实施下列行为，或者强令、指使、授意他人实施下列行为的，应当依照刑法第二百八十六条的规定，以破坏计算机信息系统罪论处：

（一）修改参数或者监测数据的；

（二）干扰采样，致使监测数据严重失真的；

（三）其他破坏环境质量监测系统的行为。

重点排污单位篡改、伪造自动监测数据或者干扰自动监测设施，排放化学需氧量、氨氮、二氧化硫、氮氧化物等污染物，同时构成污染环境罪和破坏计算机信息系统罪的，依照处罚较重的规定定罪处罚。

从事环境监测设施维护、运营的人员实施或者参与实施篡改、伪造自动监测数据、干扰自动监测设施、破坏环境质量监测系统等行为的，应当从重处罚。

第十一条　单位实施本解释规定的犯罪的，依照本解释规定的定罪量刑标准，对直接负责的主管人员和其他直接责任人员定罪处罚，并对单位判处罚金。

第十二条　环境保护主管部门及其所属监测机构在行政执法过程中收集的监测数据，在刑事诉讼中可以作为证据使用。

公安机关单独或者会同环境保护主管部门，提取污染物样品进行检测获取的数据，在刑事诉讼中可以作为证据使用。

第十三条　对国家危险废物名录所列的废物，可以依据涉案物质的来源、产生过程、被告人供述、证人证言以及经批准或者备案的环境影响评价文件等证据，结合环境保护主管部门、公安机关等出具的书面意见作出认定。

对于危险废物的数量，可以综合被告人供述，涉案企业的生产工艺、物耗、能耗情况，以及经批准或者备案的环境影响评价文件等证据作出认定。

第十四条　对案件所涉的环境污染专门性问题难以确定的，依据司法鉴定机构出具的鉴定意见，或者国务院环境保护主管部门、公安部门指定的机构出具的报告，结合其他证据作出认定。

第十五条　下列物质应当认定为刑法第三百三十八条规定的“有毒物质”：

（一）危险废物，是指列入国家危险废物名录，或者根据国家规定的危险废物鉴别标准和鉴别方法认定的，具有危险特性的废物；

（二）《关于持久性有机污染物的斯德哥尔摩公约》附件所列物质；

（三）含重金属的污染物；

（四）其他具有毒性，可能污染环境的物质。

第十六条　无危险废物经营许可证，以营利为目的，从危险废物中提取物质作为原材料或者燃料，并具有超标排放污染物、非法倾倒污染物或者其他违法造成环境污染的情形的行为，应当认定为“非法处置危险废物”。

第十七条　本解释所称“二年内”，以第一次违法行为受到行政处罚的生效之日与又实施相应行为之日的时间间隔计算确定。

本解释所称“重点排污单位”，是指设区的市级以上人民政府环境保护主管部门依法确定的应当安装、使用污染物排放自动监测设备的重点监控企业及其他单位。

本解释所称“违法所得”，是指实施刑法第三百三十八条、第三百三十九条规定的行为所得和可得的全部违法收入。

本解释所称“公私财产损失”，包括实施刑法第三百三十八条、第三百三十九条规定的行为直接造成财产损毁、减少的实际价值，为防止污染扩大、消除污染而采取必要合理措施所产生的费用，以及处置突发环境事件的应急监测费用。

本解释所称“生态环境损害”，包括生态环境修复费用，生态环境修复期间服务功能的损失和生态环境功能永久性损害造成的损失，以及其他必要合理费用。

本解释所称“无危险废物经营许可证”，是指未取得危险废物经营许可证，或者超出危险废物经营许可证的经营范围。

第十八条 本解释自2017年1月1日起施行。本解释施行后，《最高人民法院、最高人民检察院关于办理环境污染刑事案件适用法律若干问题的解释》（法释〔2013〕15号）同时废止；之前发布的司法解释与本解释不一致的，以本解释为准。

权威解读

解读《最高人民法院、最高人民检察院关于办理环境污染刑事案件适用法律若干问题的解释》

日前，最高人民法院、最高人民检察院发布《关于办理环境污染刑事案件适用法律若干问题的解释》（法释〔2016〕29号，以下简称《环境污染解释》），自2017年1月1日起施行。这是1997年刑法施行以来最高司法机关就环境污染犯罪第三次出台专门司法解释，充分体现了最高司法机关对环境保护的高度重视，对于进一步提升依法惩治环境污染犯罪的成效，加大环境司法保护力度，有效保护生态环境，推进美丽中国建设，必将发挥重要作用。为便于司法实践中正确理解和适用，现就《环境污染解释》的制定背景、起草中的主要考虑和主要内容介绍如下。

一、《环境污染解释》的制定背景与经过

为依法惩治有关环境污染犯罪，2013年6月，最高人民法院会同最高人民检察院，联合发布了《关于办理环境污染刑事案件适用法律若干问题的解释》（已失效，法释〔2013〕15号，以下简称《2013年解释》），对环境污染犯罪的定罪量刑标准和有关法律适用问题作了明确。《2013年解释》，施行以来，各级公检法机关和环保部门依法查处环境污染犯罪，加大惩治力度，取得了良好效果。2013 年 7 月至 2016 年 10 月，全国法院新收污染环境、非法处置进口的固体废物、环境监管失职刑事案件 4636 件，审结 4250 件，生效判决人数 6439 人；年均收案 1400 余件，生效判决人数 1900 余人。相较于过去年均二三十件的案件量，污染环境刑事案件量增长十分明显。这对于强化环境司法保护，推进生态文明建设，发挥了十分重要的作用。

与此同时，近年来环境污染犯罪又出现了一些新的情况和问题，如危险废物犯罪呈现出产业化迹象，大气污染犯罪打击困难，篡改、伪造自动监测数据和破坏环境质量监测系统的刑事规制存在争议，等等。为有效解决实际问题，进一步加大对生态环境的司法保护力度，最高人民法院会同最高人民检察院，在公安部、环保部等有关部门大力支持下，经深入调查研究、广泛征求意见，起草了《环境污染解释》，对《2013 年解释》作了全面修改和完善。2016 年 11 月 7 日最高人民法院审判委员会第 1698 次会议、2016 年 12 月 8 日最高人民检察院第十二届检察委员会第 58 次会议审议通过了《环境污染解释》。

二、《环境污染解释》的主要内容

《环境污染解释》结合当前环境污染犯罪的特点和司法实践反映的问题，依照刑法、刑事诉讼法的规定，对相关犯罪定罪量刑标准的具体把握等问题作了全面、系统的规定。《环境污染解释》共十八个条文，大致可以归纳为如下十个方面的问题：

（一）污染环境罪的定罪量刑标准

污染环境罪是环境污染犯罪的基本罪名，入罪要件为“严重污染环境”。《2013 年解释》规定了认定“严重污染环境”的十四项具体情形。《环境污染解释》第一条予以吸收，并根据司法实践情况作出完善，形成了十八项标准。限于篇幅，在此仅对新增标准和司法适用中有争议的问题加以阐释：

1. 危险废物污染环境构成“严重污染环境”的情形。《环境污染解释》第一条第（二）项吸收《2013 年解释》的规定，将“非法排放、倾倒、处置危险废物三吨以上”作为认定“严重污染环境”的情形之一。对于非法排放、倾倒危险废物的认定，实践中未见争议。但是，对于非法处置危险废物的认定，争议较大。非法处置危险废物以未取得经营许可证为前提，但是否以违法造成环境污染为要件，则存在不同认识。经研究认为，污染环境罪保护的是环境法益。如果未取得经营许可证处置危险废物，在处置过程中没有违法造成环境污染的，不应以污染环境罪论处。此外，对于无资质处置危险废物，没有违法造成环境污染，不构成污染环境罪的情形，是否可以非法经营罪论处，实践中亦存在不同认识。有些地方持肯定态度，但这会导致定罪量刑严重失衡：无资质处置危险废物，违法造成环境污染的，以污染环境罪最高只能处七年有期徒刑；未违法造成环境污染的，以非法经营罪最高可以处十五年有期徒刑。鉴此，为准确、统一适用法律，《环境污染解释》第六条专门规定："无危险废物经营许可证从事收集、贮存、利用、处置危险废物经营活动，严重污染环境的，按照污染环境罪定罪处罚；同时构成非法经营罪的，依照处罚较重的规定定罪处罚。""实施前款规定的行为，不具有超标排放污染物、非法倾倒污染物或者其他违法造成环境污染的情形的，可以认定为非法经营情节显著轻微危害不大，不认为是犯罪；构成生产、销售伪劣产品等其他犯罪的，以其他犯罪论处。"申言之，《环境污染解释》坚持环境法益的实质考量：一方面，确立无危险废物经营许可证从事收集、贮存、利用、处置危险废物经营活动的入罪以违法造成环境污染为实质要件，未违法造成环境污染的，可以认定为情节显著轻微危害不大，不认为是犯罪（当然，构成生产、销售伪劣产品等其他犯罪的，可以其他犯罪论处）；另一方面，针对当前危险废物污染环境犯罪的严峻形势，加大对此类行为的刑事惩处力度，允许适用非法经营罪，对同时符合污染环境罪和非法经营罪的情形"择一重罪处断"。

需要注意的是，对于"违法造成环境污染"要件的判断应当采取相对宽泛的标准，即不要求一定达到《环境污染解释》第一条其他项规定的"严重污染环境"的具体情形。例如，未按照规定安装特定污染防治设施，处置过程中超过标准排放污染物（虽然未达到超过特定标准三倍以上），或者将处置剩余的污染物违反规定倾倒的，可以认定为具备"违法造成环境污染"的要件，以污染环境罪论处；相反，如果在处置危险废物的过程中采取了特定的污染防治措施，未违法造成环境污染的，通常情况下应当认定为情节显著轻微危害不大，不认为是犯罪。

司法实践中，对于非法处置危险废物的认定，特别是处置危险废物与利用危险废物之间的关系，存在较大认识分歧。经研究认为，利用本身也是一种处置行为，但核心在于判断是否违法造成环境污染。为统一认识，《环境污染解释》第十六条专门规定："无危险废物经营许可证，以营利为目的，从危险废物中提取物质作为原材料或者燃料，并具有超标排放污染物、非法倾倒污染物或者其他违法造成环境污染的情形的行为，应当认定为'非法处置危险废物'。"

对于行为人非法排放、倾倒、处置危险废物的数量，除了当场查获的外，还可以依据其他证据材料予以综合认定。为了加大对危险废物产生企业的规制力度，《环境污染解释》专门确立了对危险废物数量的认定规则，第十三条第二款规定："对于危险废物的数量，可以综合被告人供述，涉案企业的生产工艺、物耗、能耗情况，以及经批准或者备案的环境影响评价文件等证据作出认定。"

2. 排放重金属污染物超标构成"严重污染环境"的情形。关于《2013 年解释》第一条第（三）项规定，"非法排放含重金属、持久性有机污染物等严重危害环境、损害人体健康的污染物超过国家污染物排放标准或者省、自治区、直辖市人民政府根据法律授权制定的污染物排放标准三倍以上的"。适用中的主要问题是该项规定中重金属的范围具体如何把握。《环境污染解释》起草过程中，对这一问题作了反复论证。2011 年 2 月，国务院正式批复《重金属污染综合防治"十二五"规划》，确定了"十二五"期间重点防控的重金属污染物是铅（PB）、汞（HG）、镉（CD）、铬（CR）和类金属砷（AS）等，兼顾镍（NI）、铜（CU）、锌（ZN）、银（AG）、钒（V）、锰（MN）、钴（CO）、铊（TL）、锑（SB）等其他重金属污染物。《重金属污染综合防治"十二五"规划》主要是根据我国重金属污染的严重程度确定了重点防控的重金属污染物范围，同时，其他重金属污染物对环境和人体也能造成严重伤害，故需要兼顾防控。因此，将兼顾防控的重金属均纳入刑事规制范围，是必然选择。但是，上述重金属在毒害性程度方面存在明显差异，特别是铜、锌、银的危害性明显低于其他重金属。如对重点防范的重金属和兼顾防范的重金属在污染物超标标准上不做区分，明显不妥。经广泛听取意见，鉴于各类重金属在毒害性程度方面存在现实差异，经从环境学和环境医学角度综合考量，《环境污染解释》第一条第（三）项、第（四）项明确，"排放、倾倒、处置含铅、汞、镉、铬、砷、铊、锑的污染物，超过国家或者地方污染物排放标准三倍以上"，或者"排放、倾倒、处置含镍、铜、锌、银、钒、锰、钴的污染物，超过国家或者地方污染物排放标准十倍以上的"，应当认定为"严重污染环境”。

关于超过污染物排放标准的具体倍数认定，有不同看法。以超标三倍为例，究竟是指污染物浓度为排放标准的三倍还是四倍以上，存在不同认识。经研究认为，超标三倍是指污染物排放标准×3 以上的浓度，如标准为 1 的，超过 3 即为超标。但是，对于处于临界点的案件宜慎重处理。其中，对于情节显著轻微社会危害不大的，可以适用《刑法》第十三条但书的规定出罪。

3. 隐蔽排污构成“严重污染环境”的情形。修改后《环境保护法》第四十二条第四款规定：“严禁通过暗管、渗井、渗坑、灌注或者篡改、伪造监测数据，或者不正常运行防治污染设施等逃避监管的方式违法排放污染物。”与此相衔接，《环境污染解释》第一条第（五）项吸收《2013 年解释》的相关规定并作适当完善，将“通过暗管、渗井、渗坑、裂隙、溶洞、灌注等逃避监管的方式排放、倾倒、处置有放射性的废物、含传染病病原体的废物、有毒物质的”规定为“严重污染环境”的情形之一。

4. 多次污染环境构成“严重污染环境”的情形。《环境污染解释》第一条第（六）项沿用《2013 年解释》的相关规定，将“二年内曾因违反国家规定，排放、倾倒、处置有放射性的废物、含传染病病原体的废物、有毒物质受过两次以上行政处罚，又实施前列行为”作为认定“严重污染环境”的情形之一。《环境污染解释》第十七条第一款进一步规定：“本解释所称‘二年内’，以第一次违法行为受到行政处罚的生效之日与又实施相应行为之日的时间间隔计算确定。”需要注意的是，“两次以上行政处罚”包括但不限于环境保护主管部门的行政处罚，如水行政主管部门依据《水污染防治法》作出的行政处罚，甚至是公安机关作出的行政处罚，均可涵括在内。

5. 篡改、伪造自动监测数据排污构成“严重污染环境”的情形。篡改、伪造自动监测数据或者干扰自动监测设施，通常是重点排污单位非法排污的常见手法。为有效防范规模以上企业的污染环境行为，实现行政处罚与刑事追究之间的有序衔接，《环境污染解释》第一条第（七）项规定，“重点排污单位篡改、伪造自动监测数据或者干扰自动监测设施，排放化学需氧量、氨氮、二氧化硫、氮氧化物等污染物的”，应当认定为“严重污染环境”。这一新增规定，对于有效防范和依法惩治大气污染犯罪这一社会各界高度关注的顽疾具有重要意义。需要注意的是，其一，当前自动监测设施主要监测化学需氧量、氨氮、二氧化硫、氮氧化物，而这些物质并不必然属于“有毒物质”，故该项并未要求排放有毒物质；其二，考虑到未来自动监测设施监测的污染物范围可能会拓展，故该项的表述为“化学需氧量、氨氮、二氧化硫、氮氧化物等污染物”，以为未来的发展留有适当空间；其三，该项只是要求“篡改、伪造自动监测数据或者干扰自动监测设施”的同时“排放化学需氧量、氨氮、二氧化硫、氮氧化物等污染物”，即行为人篡改、伪造自动监测数据或者干扰自动监测设施的同时还在排放上述污染物即可，但并未要求超标排放。

此外，为便于司法适用，《环境污染解释》第十七条第二款专门规定：“本解释所称‘重点排污单位’，是指设区的市级以上人民政府环境保护主管部门依法确定的应当安装、使用污染物排放自动监测设备的重点监控企业及其他单位。”可见，重点监控企业属于重点排污单位的主要组成部分，具体包括国家重点监控企业、省级重点监控企业和市级重点监控企业。

6. 减少支出、违法所得构成“严重污染环境”的情形。《环境污染解释》第一条将“违法减少防治污染设施运行支出一百万元以上的”“违法所得三十万元以上的”增加规定为“严重污染环境”的情形。实施环境污染犯罪的单位和个人多是为了谋取不法利益，增设以上两项规定，让行为人得不偿失，可以更有针对性地惩治和预防犯罪。

为有效防范污染，《环境保护法》要求建设对环境有影响的一切建设项目须执行“三同时”制度，第四十一条规定：“建设项目中防治污染的设施，应当与主体工程同时设计、同时施工、同时投产使用。防治污染的设施应当符合经批准的环境影响评价文件的要求，不得擅自拆除或者闲置。”从实践来看，有些企业虽然建有污染防治设施，但为减少运行成本，闲置、拆除污染防治设施或者使污染防治设施不正常运行的情况时有发生。经研究认为，擅自拆除或者闲置防治污染设施，或者通过不正常运行防治污染设施等逃避监管的方式违法排放污染物，社会危害性严重，也反映出行为人的主观恶性较大，对于情节严重的确有刑事规制的必要。而从实践来看，此类行为虽然不能直接获取收入，但能减少相应支出，且在一些案件中相对可操作。基于此，与《环境保护法》的相关规定相衔接，《环境污染解释》第一条第八项将“违法减少防治污染设施运行支出一百万元以上”规定为“严重污染环境”的具体情形之一。司法适用中需要注意的是，此处特指“违法减少”的支出，如果排污单位提供技术革新等合法途径减少污染防治设施运行支出，符合清洁生产、循环经济的要求，应予鼓励。

为进一步增强司法适用可操作性，《环境污染解释》第一条第九项将“违法所得三十万元以上”增列为“严重污染环境”的情形之一。这主要是考虑到实践中实施污染环境行为，除了客观上造成公私财产损失外，行为人主要是为了牟利，而这通常表现为违法所得，而且，违法所得的计算在某些案件中更具可操作性。此外，《环境污染解释》第十七条第三款进一步规定：“本解释所称‘违法所得’，是指实施刑法第三百三十八条、第三百三十九条规定的行为所得和可得的全部违法收入。”

7. 造成生态环境损害构成“严重污染环境”的情形。中共中央、国务院《生态文明体制改革总体方案》提出：“严格实行生态环境损害赔偿制度。强化生产者环境保护法律责任，大幅度提高违法成本。”“对造成生态环境损害的，以损害程度等因素依法确定赔偿额度；对造成严重后果的，依法追究刑事责任。”根据这一要求，《环境污染解释》明确将“造成生态环境严重损害”规定为“严重污染环境”的情形之一。《环境污染解释》第十七条第五款进一步规定：“本解释所称‘生态环境损害’，包括生态环境修复费用，生态环境修复期间服务功能的损失和生态环境功能永久性损害造成的损失，以及其他必要合理费用。”因此，实践中可以根据上述界定，准确判断污染环境行为造成生态环境损害的程度，对于达到严重损害程度的应当认定为“严重污染环境”。

在此基础上，《环境污染解释》第三条还对污染环境罪的结果加重情节“后果特别严重”的认定标准作了相应完善，增加规定“非法排放、倾倒、处置危险废物一百吨以上”“造成生态环境特别严重损害”的，应当认定为“后果特别严重”，处三年以上七年以下有期徒刑，并处罚金。

（二）其他环境污染犯罪的定罪量刑标准

除污染环境罪外，环境污染犯罪还涉及非法处置进口的固体废物罪、擅自进口固体废物罪、环境监管失职罪等罪名。为统一法律适用，《环境污染解释》第二条、第三条对上述罪名所涉及的“致使公私财产遭受重大损失或者严重危害人体健康”“致使公私财产遭受重大损失或者造成人身伤亡的严重后果”“后果特别严重”等定罪量刑标准作了明确。与《2013年解释》相比，相关标准更加明确具体，可操作性更强，体现了从严惩治环境污染犯罪的精神。

（三）环境污染犯罪惩治的宽严相济

根据宽严相济刑事政策的基本要求，《环境污染解释》在依法设定环境污染犯罪定罪量刑标准的同时，还根据宽严相济刑事政策的要求专门设置了从重处罚情节和从宽处罚情节，以最大限度地发挥刑法对于环境污染犯罪的惩罚、威慑、教育功能，有效减少和预防此类犯罪的发生，发挥刑法在推进生态文明建设方面的积极作用。

《环境污染解释》第四条规定，实施环境污染犯罪，具有下列情形之一的，应当从重处罚：(1) 阻挠环境监督检查或者突发环境事件调查，尚不构成妨害公务等犯罪的。需要注意的是，对于环境保护工作负有监督管理职责的部门包括但不限于环境保护主管部门，其他行政管理部门也可能依法对特定领域的环境污染负有监督管理职责，如水污染的监督检查可以由水行政主管部门实施。(2) 在医院、学校、居民区等人口集中地区及其附近，违反国家规定排放、倾倒、处置有放射性的废物、含传染病病原体的废物、有毒物质或者其他有害物质的。适用中需要注意的是，对于“在医院、学校、居民区等人口集中地区及其附近”的认定，宜根据具体情况把握，特别是对于人口集中地区附近的认定，应当根据人口集中地区的大小、人数以及距离等判断，以排放、倾倒、处置污染物能否直接影响人口集中地区作为标准。(3) 在重污染天气预警期间、突发环境事件处置期间或者被责令限期整改期间，违反国家规定排放、倾倒、处置有放射性的废物、含传染病病原体的废物、有毒物质或者其他有害物质的。《大气污染防治法》第九十三条第一款规定“国家建立重污染天气监测预警体系”，并进一步规定了重污染天气预警期间的应急措施。在重污染天气预警期间，违反国家规定排放、倾倒、处置有放射性的废物、含传染病病原体的废物、有毒物质或者其他有害物质的，社会危害性更大。基于此，《环境污染解释》专门明确对上述情形应当从重处罚。(4) 具有危险废物经营许可证的企业违反国家规定排放、倾倒、处置有放射性的废物、含传染病病原体的废物、有毒物质或者其他有害物质的。从实践来看，危险废物处置企业污染环境犯罪案件显现。当前，个别具有危险废物处置资质的企业唯利是图，为赚取正规处置和非正规处置间的巨额利差，将本应自行处置的危险废物转包给无处理资质的单位和个人，造成巨大环境安全隐患。较之于无资质企业和个人非法处置危险废物的行为，此类行为的社会危害性更为突出，应当从重处罚。

为贯彻落实“完善刑事诉讼中认罪认罚从宽制度”，考虑到司法实践中的复杂情况，《环境污染解释》第五条规定：“实施刑法第三百三十八条、第三百三十九条规定的行为，刚达到应当追究刑事责任的标准，但行为人及时采取措施，防止损失扩大、消除污染，全部赔偿损失，积极修复生态环境，且系初犯，确有悔罪表现的，可以认定为情节轻微，不起诉或者免予刑事处罚；确有必要判处刑罚的，应当从宽处罚。”应当指出的是，上述规定的目的在于促使行为人在实施环境污染犯罪后及时采取措施，减少、弥补损害，充分发挥刑法的威慑和教育功能。

（四）环境污染共同犯罪的处理规则

实践中，一些单位和个人非法排放、倾倒、处置危险废物，以降低生产成本、牟取不法利益。而且，行为人分工明确，相互配合，呈现出明显的产业化迹象，甚至形成了“一条龙”作业。对于此类犯罪，不仅要依法惩治直接污染环境的行为人，更要打源头、追幕后，依法追究危险废物提供者的刑事责任。为此，《环境污染解释》第七条重申了对环境污染犯罪的共同犯罪处理规则，规定：“明知他人无危险废物经营许可证，向其提供或者委托其收集、贮存、利用、处置危险废物，严重污染环境的，以共同犯罪论处。”需要注意的是，考虑到此种情形可能构成非法经营罪的共同犯罪，故未再限制为“以污染环境罪的共同犯罪论处”。

（五）环境污染犯罪竞合的处理原则

环境污染犯罪行为可能同时触犯多个罪名，如违规排放、倾倒、处置含有毒害性、放射性、传染病病原体等物质的污染物，可能同时触犯污染环境罪与投放危险物质罪。为进一步加大对环境污染相关犯罪的惩治力度，《环境污染解释》第八条明确规定了“从一重罪处断原则”，即排放、倾倒、处置含有毒害性、放射性、传染病病原体等物质的污染物，同时触犯数个罪名的，择一重罪处断。

（六）环境污染关联犯罪的法律适用

除环境污染犯罪外，《环境污染解释》还对环境影响评价领域可能涉及的提供虚假证明文件罪、出具证明文件重大失实罪，破坏国家环境质量监测系统可能涉及的破坏计算机信息系统罪等关联犯罪的法律适用问题作了规定。

1. 环境影响评价领域所涉犯罪的适用。环境影响评价对于预防因规划和建设项目实施后对环境造成不良影响，促进经济、社会和环境的协调发展，具有关键作用。但是，实践中环境影响评价造假或者严重失实的现象时有发生。为从源头上有效预防环境污染犯罪，《环境污染解释》第九条规定："环境影响评价机构或其人员，故意提供虚假环境影响评价文件，情节严重的，或者严重不负责任，出具的环境影响评价文件存在重大失实，造成严重后果的，应当依照刑法第二百二十九条、第二百三十一条的规定，以提供虚假证明文件罪或者出具证明文件重大失实罪定罪处罚。"需要注意的是，由于目前环境影响登记表审批改为备案，只有环境影响报告书和报告表需要审批，故此处的"环境影响评价文件"通常是指环境影响报告书、报告表。

2. 破坏国家环境质量监测系统所涉犯罪的适用。环境监测数据是环境决策的重要基础。个别地方破坏环境质量监测系统，影响监测系统正常运行，欺骗公众，影响政府公信力，甚至误导环境决策，危害严重。根据《最高人民法院、最高人民检察院关于办理危害计算机信息系统安全刑事案件应用法律若干问题的解释》（以下简称《危害计算机信息系统安全犯罪解释》）第十一条的规定，计算机信息系统是指具备自动处理数据功能的系统，包括计算机、网络设备、通信设备、自动化控制设备等。据此，国家环境质量监测系统亦属于计算机信息系统的范畴，对其进行破坏的行为可能构成破坏计算机信息系统罪。经研究认为，对于采用物理方式妨害自动监控系统采样、稀释采集的污染物样品等行为，实际上是对计算机信息系统功能进行干扰，造成计算机不能正常运行，符合《刑法》第二百八十六条第一款的规定；而对于采用无形方式删除、修改、增加计算机信息系统中存储、处理或者传输的数据和应用程序的，符合《刑法》第二百八十六条第二款的规定。总之，对于上述两种行为，造成严重后果的，均可以破坏计算机信息系统罪论处。故而，《环境污染解释》第十条第一款规定："违反国家规定，针对环境质量监测系统实施下列行为，或者强令、指使、授意他人实施下列行为的，应当依照刑法第二百八十六条的规定，以破坏计算机信息系统罪论处：（一）修改参数或者监测数据的；（二）干扰采样，致使监测数据严重失真的；（三）其他破坏环境质量监测系统的行为。"需要注意的是，《环境污染解释》对破坏环境质量监测系统的定罪量刑作了专门规定，按照司法解释适用时间效力的规定，对于此类行为原则上应当适用《环境污染解释》，而非适用《危害计算机信息系统安全犯罪解释》。

重点排污单位篡改、伪造自动监测数据，排放污染物的行为，可能同时构成污染环境罪和破坏计算机信息系统罪。因此，《环境污染解释》第十条第二款明确："重点排污单位篡改、伪造自动监测数据或者干扰自动监测设施，排放化学需氧量、氨氮、二氧化硫、氮氧化物等污染物，同时构成污染环境罪和破坏计算机信息系统罪的，依照处罚较重的规定定罪处罚。"

此外，根据《环境污染解释》第十条第三款的规定，从事环境监测设施维护、运营的人员实施或者参与实施篡改、伪造自动监测数据、干扰自动监测设施、破坏环境质量监测系统等行为的，应当从重处罚。

（七）单位实施环境污染相关犯罪的定罪量刑标准

单位实施环境污染相关犯罪，往往具有更大的社会危害性，应当从严惩治。《环境污染解释》第十一条明确规定，对于单位实施环境污染相关犯罪的，适用与个人犯罪相同的定罪量刑标准。

（八）环境污染犯罪相关术语的界定

环境污染刑事案件专业性较强，涉及专门术语多。为统一相关案件的办理，《环境污染解释》对相关术语作了明确界定。

1. 关于"有毒物质"的界定。《2013 年解释》第十条对"有毒物质"专门作了界定。考虑到有关规范性文件的调整，《环境污染解释》对"有毒物质"的规定作出修改，删去"剧毒化学品、列入重点环境管理危险化学品名录的化学品，以及含有上述化学品的物质"的表述，第十五条规定："下列物质应当认定为刑法第三百三十八条规定的'有毒物质'：（一）危险废物，是指列入国家危险废物名录，或者根据国家规定的危险废物鉴别标准和鉴别方法认定的，具有危险特性的废物；（二）《关于持久性有机污染物的斯德哥尔摩公约》附件所列物质；（三）含重金属的污染物；（四）其他具有毒性，可能污染环境的物质。"实际上，根据《国家危险废物名录（2016 版）》（已失效）的规定，废弃危险化学品（包括剧毒化学品、重点环境管理危险化学品）均属于危险废物，可以直接根据《环境污染解释》第十五条第一项认定为"有毒物质"。

2. 关于"公私财产损失"的计算。对于环境监测费用是否可以纳入"公私财产损失"的计算范围，存在较大争议。《2013 年解释》对此未作明确。而实践中已有对现场监测所产生的费用应否纳入"公私财产损失"计算范围存在争议的案件。《环境污染解释》起草过程中，经慎重研究认为，"公私财产损失"不包括日常环境监测费用，但因所涉行为导致的各类环境应急措施和应急处置费用（包括应急监测费用）可以列为“为防止污染扩大、消除污染而采取必要合理措施所产生的费用”。为消除司法实践中的争议，《环境污染解释》第十七条第四款明确“公私财产损失”包括处置突发环境事件的应急监测费用。

（九）监测数据的证据资格

为确保相关监测数据客观、准确，确保相关案件公正处理，《2013 年解释》第十一条第二款专门规定：“县级以上环境保护部门及其所属监测机构出具的监测数据，经省级以上环境保护部门认可的，可以作为证据使用。”这实际上是在“经省级以上环境保护部门认可”的前提下赋予县级以上环境保护主管部门及其所属监测机构出具的监测数据的刑事证据资格。应当指出的是，《2013 年解释》设定监测数据认可程序的现实情况是，当时办理环境污染刑事案件尚处于起步阶段，各地缺乏成熟经验。因此，“经省级以上环境保护部门认可”的程序设置，对于确保监测数据的准确，提升环境污染刑事案件的质量，确保此类案件办理的“不偏不倚”，发挥了重要的作用。当然，随着环境污染刑事案件办理的逐渐增多，监测数据认可程序不能完全适应办案实际需求的现象也开始显现。实践中，省级环境保护主管部门的认可通常只能进行形式审查，还可能导致程序冗杂、效率低下，不利于环境污染刑事案件的及时办理。基于此，根据《刑事诉讼法》（已被修改，现为第五十四条第二款）第五十二条第二款“行政机关在行政执法和查办案件过程中收集的物证、书证、视听资料、电子数据等证据材料，在刑事诉讼中可以作为证据使用”的规定，《环境污染解释》第十二条第一款取消了环境监测数据的认可程序，明确规定：“环境保护主管部门及其所属监测机构在行政执法过程中收集的监测数据，在刑事诉讼中可以作为证据使用。”据此，环境保护主管部门及其所属监测机构在行政执法和查办案件过程中收集的监测数据具有刑事证据资格，不需要再经过省级以上环境保护主管部门的认可。实践中需要注意的是，第三方监测机构虽然不属于环境保护主管部门所属的监测机构，但只要是在环境保护主管部门或者所属监测机构的主持下从事相关监测活动或者提供技术支持，以环境保护主管部门或者所属监测机构名义作出的监测报告，也应当认为符合《环境污染解释》第十二条第一款的规定，在刑事诉讼中可以作为证据使用。

《2013 年解释》施行期间，对于公安机关在刑事立案后或者初查过程中提取污染物样品进行检测获取的数据，是否需要经过省级以上环境保护主管部门认可，才能作为刑事证据使用，实践中争议较大。经研究认为，根据刑事诉讼法和相关规定，公安机关作为刑事侦查机关，享有当然的刑事证据收集权力，其收集的证据作为刑事证据使用无须经过行政认可等其他程序。而且，近年来，公安机关办理环境污染刑事案件的取证能力大幅提升，能够满足有关技术规范的要求。基于此，《环境污染解释》第十二条第二款规定："公安机关单独或者会同环境保护主管部门，提取污染物样品进行检测获取的数据，在刑事诉讼中可以作为证据使用。"有必要强调的是，与环境保护主管部门获取监测数据适用行政执法的相关规定不同，无论是刑事立案后，还是初查过程中，公安机关获取检测数据都属于刑事侦查活动，应当适用刑事诉讼法的相关规范。当下较为适宜的方式是公安机关与环境保护主管部门执法联动，以充分利用公安机关控制现场的能力和环境保护主管部门的技术优势，确保相关证据的准确性。

（十）环境污染专门性问题的认定

鉴定难是困扰环境污染刑事案件办理的突出难题。《2013年解释》确立了鉴定与检验"两条腿走路"的原则，第十一条第一款规定："对案件所涉的环境污染专门性问题难以确定的，由司法鉴定机构出具鉴定意见，或者由国务院环境保护部门指定的机构出具检验报告。"从《2013年解释》实施情况来看，鉴定机构和环境保护部指定的检验机构仍然偏少，难以满足实际办案所需。为此，《环境污染解释》第十四条增加规定公安部亦可指定出具检验报告的机构，即规定："对案件所涉的环境污染专门性问题难以确定的，依据司法鉴定机构出具的鉴定意见，或者国务院环境保护主管部门、公安部门指定的机构出具的报告，结合其他证据作出认定。"

（撰稿：周加海、喻海松）

2. **最高人民法院、最高人民检察院、公安部、司法部、生态环境部《关于办理环境污染刑事案件有关问题座谈会纪要》**（2019年2月20日发布实施）

最高人民法院、最高人民检察院、公安部、司法部、生态环境部印发《关于办理环境污染刑事案件有关问题座谈会纪要》的通知

各省、自治区、直辖市高级人民法院、人民检察院、公安厅（局）、司法厅（局）、生态环境厅（局），解放军军事法院、解放军军事检察院，新疆维

吾尔自治区高级人民法院生产建设兵团分院，新疆生产建设兵团人民检察院、公安局、司法局、环境保护局：

为深入学习贯彻习近平生态文明思想，认真落实党中央重大决策部署和全国人大常委会决议要求，全力参与和服务保障打好污染防治攻坚战，推进生态文明建设，形成各部门依法惩治环境污染犯罪的合力，2018 年 12 月，最高人民法院、最高人民检察院、公安部、司法部、生态环境部在北京联合召开座谈会。会议交流了当前办理环境污染刑事案件的工作情况，分析了遇到的突出困难和问题，研究了解决措施，对办理环境污染刑事案件中的有关问题形成了统一认识。现将会议纪要印发，请认真组织学习，并在工作中遵照执行。执行中遇到的重大问题，请及时向最高人民法院、最高人民检察院、公安部、司法部、生态环境部请示报告。

最高人民法院　最高人民检察院　公安部　司法部　生态环境部

2019 年 2 月 20 日

2018 年 6 月 16 日，中共中央、国务院发布《关于全面加强生态环境保护坚决打好污染防治攻坚战的意见》。7 月 10 日，全国人民代表大会常务委员会通过了《关于全面加强生态环境保护依法推动打好污染防治攻坚战的决议》。为深入学习贯彻习近平生态文明思想，认真落实党中央重大决策部署和全国人大常委会决议要求，全力参与和服务保障打好污染防治攻坚战，推进生态文明建设，形成各部门依法惩治环境污染犯罪的合力，2018 年 12 月，最高人民法院、最高人民检察院、公安部、司法部、生态环境部在北京联合召开座谈会。会议交流了当前办理环境污染刑事案件的工作情况，分析了遇到的突出困难和问题，研究了解决措施。会议对办理环境污染刑事案件中的有关问题形成了统一认识。纪要如下：

一

会议指出，2018 年 5 月 18 日至 19 日，全国生态环境保护大会在北京胜利召开，习近平总书记出席会议并发表重要讲话，着眼人民福祉和民族未来，从党和国家事业发展全局出发，全面总结党的十八大以来我国生态文明建设和生态环境保护工作取得的历史性成就、发生的历史性变革，深刻阐述加强生态文明建设的重大意义，明确提出加强生态文明建设必须坚持的重要原则，对加强生态环境保护、打好污染防治攻坚战作出了全面部署。这次大会最大的亮点，就是确立了习近平生态文明思想。习近平生态文明思想站在坚持和发展中国特色社会主义、实现中华民族伟大复兴中国梦的战略高度，把生态文明建设摆在治国理政的突出位置，作为统筹推进“五位一体”总体布局和协调推进“四个全面”战略布局的重要内容，深刻回答了为什么建设生态文明、建设什么样的生态文明、怎样建设生态文明的重大理论和实践问题，是习近平新时代中国特色社会主义思想的重要组成部分。各部门要认真学习、深刻领会、全面贯彻习近平生态文明思想，将其作为生态环境行政执法和司法办案的行动指南和根本遵循，为守护绿水青山蓝天、建设美丽中国提供有力保障。

会议强调，打好防范化解重大风险、精准脱贫、污染防治的攻坚战，是以习近平同志为核心的党中央深刻分析国际国内形势，着眼党和国家事业发展全局作出的重大战略部署，对于夺取全面建成小康社会伟大胜利、开启全面建设社会主义现代化强国新征程具有重大的现实意义和深远的历史意义。服从服务党和国家工作大局，充分发挥职能作用，努力为打好打赢三大攻坚战提供优质法治环境和司法保障，是当前和今后一个时期人民法院、人民检察院、公安机关、司法行政机关、生态环境部门的重点任务。

会议指出，2018 年 12 月 19 日至 21 日召开的中央经济工作会议要求，打好污染防治攻坚战，要坚守阵地、巩固成果，聚焦做好打赢蓝天保卫战等工作，加大工作和投入力度，同时要统筹兼顾，避免处置措施简单粗暴。各部门要认真领会会议精神，紧密结合实际，强化政治意识、大局意识和责任担当，以加大办理环境污染刑事案件工作力度作为切入点和着力点，主动调整工作思路，积极谋划工作举措，既要全面履职、积极作为，又要综合施策、精准发力，保障污染防治攻坚战顺利推进。

二

会议要求，各部门要正确理解和准确适用刑法和《最高人民法院、最高人民检察院关于办理环境污染刑事案件适用法律若干问题的解释》（法释〔2016〕29 号，以下简称《环境解释》）的规定，坚持最严格的环保司法制度、最严密的环保法治理念，统一执法司法尺度，加大对环境污染犯罪的惩治力度。

1. 关于单位犯罪的认定

会议针对一些地方存在追究自然人犯罪多，追究单位犯罪少，单位犯罪认定难的情况和问题进行了讨论。会议认为，办理环境污染犯罪案件，认定单位犯罪时，应当依法合理把握追究刑事责任的范围，贯彻宽严相济刑事政策，重点打击出资者、经营者和主要获利者，既要防止不当缩小追究刑事责任的人员范围，又要防止打击面过大。

为了单位利益，实施环境污染行为，并具有下列情形之一的，应当认定为单位犯罪：（1）经单位决策机构按照决策程序决定的；（2）经单位实际控制人、主要负责人或者授权的分管负责人决定、同意的；（3）单位实际控制人、主要负责人或者授权的分管负责人得知单位成员个人实施环境污染犯罪行为，并未加以制止或者及时采取措施，而是予以追认、纵容或者默许的；（4）使用单位营业执照、合同书、公章、印鉴等对外开展活动，并调用单位车辆、船舶、生产设备、原辅材料等实施环境污染犯罪行为的。

单位犯罪中的“直接负责的主管人员”，一般是指对单位犯罪起决定、批准、组织、策划、指挥、授意、纵容等作用的主管人员，包括单位实际控制人、主要负责人或者授权的分管负责人、高级管理人员等；“其他直接责任人员”，一般是指在直接负责的主管人员的指挥、授意下积极参与实施单位犯罪或者对具体实施单位犯罪起较大作用的人员。

对于应当认定为单位犯罪的环境污染犯罪案件，公安机关未作为单位犯罪移送审查起诉的，人民检察院应当退回公安机关补充侦查。对于应当认定为单位犯罪的环境污染犯罪案件，人民检察院只作为自然人犯罪起诉的，人民法院应当建议人民检察院对犯罪单位补充起诉。

2. 关于犯罪未遂的认定

会议针对当前办理环境污染犯罪案件中，能否认定污染环境罪（未遂）的问题进行了讨论。会议认为，当前环境执法工作形势比较严峻，一些行为人拒不配合执法检查、接受检查时弄虚作假、故意逃避法律追究的情形时有发生，因此对于行为人已经着手实施非法排放、倾倒、处置有毒有害污染物的行为，由于有关部门查处或者其他意志以外的原因未得逞的情形，可以污染环境罪（未遂）追究刑事责任。

3. 关于主观过错的认定

会议针对当前办理环境污染犯罪案件中，如何准确认定犯罪嫌疑人、被告人主观过错的问题进行了讨论。会议认为，判断犯罪嫌疑人、被告人是否具有环境污染犯罪的故意，应当依据犯罪嫌疑人、被告人的任职情况、职业经历、专业背景、培训经历、本人因同类行为受到行政处罚或者刑事追究情况以及污染物种类、污染方式、资金流向等证据，结合其供述，进行综合分析判断。

实践中，具有下列情形之一，犯罪嫌疑人、被告人不能作出合理解释的，可以认定其故意实施环境污染犯罪，但有证据证明确系不知情的除外：（1）企业没有依法通过环境影响评价，或者未依法取得排污许可证，排放污染物，或者已经通过环境影响评价并且防治污染设施验收合格后，擅自更改工艺流程、原辅材料，导致产生新的污染物质的；（2）不使用验收合格的防治污染设施或者不按规范要求使用的；（3）防治污染设施发生故障，发现后不及时排除，继续生产放任污染物排放的；（4）生态环境部门责令限制生产、停产整治或者予以行政处罚后，继续生产放任污染物排放的；（5）将危险废物委托第三方处置，没有尽到查验经营许可的义务，或者委托处置费用明显低于市场价格或者处置成本的；（6）通过暗管、渗井、渗坑、裂隙、溶洞、灌注等逃避监管的方式排放污染物的；（7）通过篡改、伪造监测数据的方式排放污染物的；（8）其他足以认定的情形。

4. 关于生态环境损害标准的认定

会议针对如何适用《环境解释》第一条、第三条规定的“造成生态环境严重损害的”“造成生态环境特别严重损害的”定罪量刑标准进行了讨论。会议指出，生态环境损害赔偿制度是生态文明制度体系的重要组成部分。党中央、国务院高度重视生态环境损害赔偿工作，党的十八届三中全会明确提出对造成生态环境损害的责任者严格实行赔偿制度。2015 年，中央办公厅、国务院办公厅印发《生态环境损害赔偿制度改革试点方案》（中办发〔2015〕57 号），在吉林等 7 个省市部署开展改革试点，取得明显成效。2017 年，中央办公厅、国务院办公厅印发《生态环境损害赔偿制度改革方案》（中办发〔2017〕68 号），在全国范围内试行生态环境损害赔偿制度。

会议指出，《环境解释》将造成生态环境损害规定为污染环境罪的定罪量刑标准之一，是为了与生态环境损害赔偿制度实现衔接配套，考虑到该制度尚在试行过程中，《环境解释》作了较原则的规定。司法实践中，一些省市结合本地区工作实际制定了具体标准。会议认为，在生态环境损害赔偿制度试行阶段，全国各省（自治区、直辖市）可以结合本地实际情况，因地制宜，因时制宜，根据案件具体情况准确认定“造成生态环境严重损害”和“造成生态环境特别严重损害”。

5. 关于非法经营罪的适用

会议针对如何把握非法经营罪与污染环境罪的关系以及如何具体适用非法经营罪的问题进行了讨论。会议强调，要高度重视非法经营危险废物案件的办理，坚持全链条、全环节、全流程对非法排放、倾倒、处置、经营危险废物的产业链进行刑事打击，查清犯罪网络，深挖犯罪源头，斩断利益链条，不断挤压和铲除此类犯罪滋生蔓延的空间。

会议认为，准确理解和适用《环境解释》第六条的规定应当注意把握两个原则：一要坚持实质判断原则，对行为人非法经营危险废物行为的社会危害性作实质性判断。比如，一些单位或者个人虽未依法取得危险废物经营许可证，但其收集、贮存、利用、处置危险废物经营活动，没有超标排放污染物、非法倾倒污染物或者其他违法造成环境污染情形的，则不宜以非法经营罪论处。二要坚持综合判断原则，对行为人非法经营危险废物行为根据其在犯罪链条中的地位、作用综合判断其社会危害性。比如，有证据证明单位或者个人的无证经营危险废物行为属于危险废物非法经营产业链的一部分，并且已经形成了分工负责、利益均沾、相对固定的犯罪链条，如果行为人或者与其联系紧密的上游或者下游环节具有排放、倾倒、处置危险废物违法造成环境污染的情形，且交易价格明显异常的，对行为人可以根据案件具体情况在污染环境罪和非法经营罪中，择一重罪处断。

6. 关于投放危险物质罪的适用

会议强调，目前我国一些地方环境违法犯罪活动高发多发，刑事处罚威慑力不强的问题仍然突出，现阶段在办理环境污染犯罪案件时必须坚决贯彻落实中央领导同志关于重典治理污染的指示精神，把刑法和《环境解释》的规定用足用好，形成对环境污染违法犯罪的强大震慑。

会议认为，司法实践中对环境污染行为适用投放危险物质罪追究刑事责任时，应当重点审查判断行为人的主观恶性、污染行为恶劣程度、污染物的毒害性危险性、污染持续时间、污染结果是否可逆、是否对公共安全造成现实、具体、明确的危险或者危害等各方面因素。对于行为人明知其排放、倾倒、处置的污染物含有毒害性、放射性、传染病病原体等危险物质，仍实施环境污染行为放任其危害公共安全，造成重大人员伤亡、重大公私财产损失等严重后果，以污染环境罪论处明显不足以罚当其罪的，按投放危险物质罪定罪量刑。实践中，此类情形主要是向饮用水水源保护区，饮用水供水单位取水口和出水口，南水北调水库、干渠、涵洞等配套工程，重要渔业水体以及自然保护区核心区等特殊保护区域，排放、倾倒、处置毒害性极强的污染物，危害公共安全并造成严重后果的情形。

7. 关于涉大气污染环境犯罪的处理

会议针对涉大气污染环境犯罪的打击处理问题进行了讨论。会议强调，打赢蓝天保卫战是打好污染防治攻坚战的重中之重。各级人民法院、人民检察院、公安机关、生态环境部门要认真分析研究全国人大常委会大气污染防治法执法检查发现的问题和提出的建议，不断加大对涉大气污染环境犯罪的打击力度，毫不动摇地以法律武器治理污染，用法治力量保卫蓝天，推动解决人民群众关注的突出大气环境问题。

会议认为，司法实践中打击涉大气污染环境犯罪，要抓住关键问题，紧盯薄弱环节，突出打击重点。对重污染天气预警期间，违反国家规定，超标排放二氧化硫、氮氧化物，受过行政处罚后又实施上述行为或者具有其他严重情节的，可以适用《环境解释》第一条第十八项规定的“其他严重污染环境的情形”追究刑事责任。

8. 关于非法排放、倾倒、处置行为的认定

会议针对如何准确认定环境污染犯罪中非法排放、倾倒、处置行为进行了讨论。会议认为，司法实践中认定非法排放、倾倒、处置行为时，应当根据《固体废物污染环境防治法》和《环境解释》的有关规定精神，从其行为方式是否违反国家规定或者行业操作规范、污染物是否与外环境接触、是否造成环境污染的危险或者危害等方面进行综合分析判断。对名为运输、贮存、利用，实为排放、倾倒、处置的行为应当认定为非法排放、倾倒、处置行为，可以依法追究刑事责任。比如，未采取相应防范措施将没有利用价值的危险废物长期贮存、搁置，放任危险废物或者其有毒有害成分大量扬散、流失、泄漏、挥发，污染环境的。

9. 关于有害物质的认定

会议针对如何准确认定刑法第三百三十八条规定的“其他有害物质”的问题进行了讨论。会议认为，办理非法排放、倾倒、处置其他有害物质的案件，应当坚持主客观相一致原则，从行为人的主观恶性、污染行为恶劣程度、有害物质危险性毒害性等方面进行综合分析判断，准确认定其行为的社会危害性。实践中，常见的有害物质主要有：工业危险废物以外的其他工业固体

废物；未经处理的生活垃圾；有害大气污染物、受控消耗臭氧层物质和有害水污染物；在利用和处置过程中必然产生有毒有害物质的其他物质；国务院生态环境保护主管部门会同国务院卫生主管部门公布的有毒有害污染物名录中的有关物质等。

10. 关于从重处罚情形的认定

会议强调，要坚决贯彻党中央推动长江经济带发展的重大决策，为长江经济带共抓大保护、不搞大开发提供有力的司法保障。实践中，对于发生在长江经济带十一省（直辖市）的下列环境污染犯罪行为，可以从重处罚：(1) 跨省（直辖市）排放、倾倒、处置有放射性的废物、含传染病病原体的废物、有毒物质或者其他有害物质的；(2) 向国家确定的重要江河、湖泊或者其他跨省（直辖市）江河、湖泊排放、倾倒、处置有放射性的废物、含传染病病原体的废物、有毒物质或者其他有害物质的。

11. 关于严格适用不起诉、缓刑、免予刑事处罚

会议针对当前办理环境污染犯罪案件中如何严格适用不起诉、缓刑、免予刑事处罚的问题进行了讨论。会议强调，环境污染犯罪案件的刑罚适用直接关系加强生态环境保护打好污染防治攻坚战的实际效果。各级人民法院、人民检察院要深刻认识环境污染犯罪的严重社会危害性，正确贯彻宽严相济刑事政策，充分发挥刑罚的惩治和预防功能。要在全面把握犯罪事实和量刑情节的基础上严格依照刑法和刑事诉讼法规定的条件适用不起诉、缓刑、免予刑事处罚，既要考虑从宽情节，又要考虑从严情节；既要做到刑罚与犯罪相当，又要做到刑罚执行方式与犯罪相当，切实避免不起诉、缓刑、免予刑事处罚不当适用造成的消极影响。

会议认为，具有下列情形之一的，一般不适用不起诉、缓刑或者免予刑事处罚：(1) 不如实供述罪行的；(2) 属于共同犯罪中情节严重的主犯的；(3) 犯有数个环境污染犯罪依法实行并罚或者以一罪处理的；(4) 曾因环境污染违法犯罪行为受过行政处罚或者刑事处罚的；(5) 其他不宜适用不起诉、缓刑、免予刑事处罚的情形。

会议要求，人民法院审理环境污染犯罪案件拟适用缓刑或者免予刑事处罚的，应当分析案发前后的社会影响和反映，注意听取控辩双方提出的意见。对于情节恶劣、社会反映强烈的环境污染犯罪，不得适用缓刑、免予刑事处罚。人民法院对判处缓刑的被告人，一般应当同时宣告禁止令，禁止其在缓

刑考验期内从事与排污或者处置危险废物有关的经营活动。生态环境部门根据禁止令，对上述人员担任实际控制人、主要负责人或者高级管理人员的单位，依法不得发放排污许可证或者危险废物经营许可证。

三

会议要求，各部门要认真执行《环境解释》和原环境保护部、公安部、最高人民检察院《环境保护行政执法与刑事司法衔接工作办法》（环环监〔2017〕17号）的有关规定，进一步理顺部门职责，畅通衔接渠道，建立健全环境行政执法与刑事司法衔接的长效工作机制。

12. 关于管辖的问题

会议针对环境污染犯罪案件的管辖问题进行了讨论。会议认为，实践中一些环境污染犯罪案件属于典型的跨区域刑事案件，容易存在管辖不明或者有争议的情况，各级人民法院、人民检察院、公安机关要加强沟通协调，共同研究解决。

会议提出，跨区域环境污染犯罪案件由犯罪地的公安机关管辖。如果由犯罪嫌疑人居住地的公安机关管辖更为适宜的，可以由犯罪嫌疑人居住地的公安机关管辖。犯罪地包括环境污染行为发生地和结果发生地。“环境污染行为发生地”包括环境污染行为的实施地以及预备地、开始地、途经地、结束地以及排放、倾倒污染物的车船停靠地、始发地、途经地、到达地等地点；环境污染行为有连续、持续或者继续状态的，相关地方都属于环境污染行为发生地。“环境污染结果发生地”包括污染物排放地、倾倒地、堆放地、污染发生地等。

多个公安机关都有权立案侦查的，由最初受理的或者主要犯罪地的公安机关立案侦查，管辖有争议的，按照有利于查清犯罪事实、有利于诉讼的原则，由共同的上级公安机关协调确定的公安机关立案侦查，需要提请批准逮捕、移送审查起诉、提起公诉的，由该公安机关所在地的人民检察院、人民法院受理。

13. 关于危险废物的认定

会议针对危险废物如何认定以及是否需要鉴定的问题进行了讨论。会议认为，根据《环境解释》的规定精神，对于列入《国家危险废物名录》的，如果来源和相应特征明确，司法人员根据自身专业技术知识和工作经验认定难度不大的，司法机关可以依据名录直接认定。对于来源和相应特征不明确的，由生态环境部门、公安机关等出具书面意见，司法机关可以依据涉案物质的来源、产生过程、被告人供述、证人证言以及经批准或者备案的环境影响评价文件等证据，结合上述书面意见作出是否属于危险废物的认定。对于需要生态环境部门、公安机关等出具书面认定意见的，区分下列情况分别处理：（1）对已确认固体废物产生单位，且产废单位环评文件中明确为危险废物的，根据产废单位建设项目环评文件和审批、验收意见、案件笔录等材料，可对照《国家危险废物名录》等出具认定意见。（2）对已确认固体废物产生单位，但产废单位环评文件中未明确为危险废物的，应进一步分析废物产生工艺，对照判断其是否列入《国家危险废物名录》。列入名录的可以直接出具认定意见；未列入名录的，应根据原辅材料、产生工艺等进一步分析其是否具有危险特性，不可能具有危险特性的，不属于危险废物；可能具有危险特性的，抽取典型样品进行检测，并根据典型样品检测指标浓度，对照《危险废物鉴别标准》（GB 5085.1 –7）出具认定意见。（3）对固体废物产生单位无法确定的，应抽取典型样品进行检测，根据典型样品检测指标浓度，对照《危险废物鉴别标准》（GB 5085.1 –7）出具认定意见。对确需进一步委托有相关资质的检测鉴定机构进行检测鉴定的，生态环境部门或者公安机关按照有关规定开展检测鉴定工作。

14. 关于鉴定的问题

会议指出，针对当前办理环境污染犯罪案件中存在的司法鉴定有关问题，司法部将会同生态环境部，加快准入一批诉讼急需、社会关注的环境损害司法鉴定机构，加快对环境损害司法鉴定相关技术规范和标准的制定、修改和认定工作，规范鉴定程序，指导各地司法行政机关会同价格主管部门制定出台环境损害司法鉴定收费标准，加强与办案机关的沟通衔接，更好地满足办案机关需求。

会议要求，司法部应当根据《关于严格准入严格监管提高司法鉴定质量和公信力的意见》（司发〔2017〕11 号）的要求，会同生态环境部加强对环境损害司法鉴定机构的事中事后监管，加强司法鉴定社会信用体系建设，建立黑名单制度，完善退出机制，及时向社会公开违法违规的环境损害司法鉴定机构和鉴定人行政处罚、行业惩戒等监管信息，对弄虚作假造成环境损害鉴定评估结论严重失实或者违规收取高额费用、情节严重的，依法撤销登记。鼓励有关单位和个人向司法部、生态环境部举报环境损害司法鉴定机构的违法违规行为。

会议认为，根据《环境解释》的规定精神，对涉及案件定罪量刑的核心或者关键专门性问题难以确定的，由司法鉴定机构出具鉴定意见。实践中，这类核心或者关键专门性问题主要是案件具体适用的定罪量刑标准涉及的专门性问题，比如公私财产损失数额、超过排放标准倍数、污染物性质判断等。对案件的其他非核心或者关键专门性问题，或者可鉴定也可不鉴定的专门性问题，一般不委托鉴定。比如，适用《环境解释》第一条第二项“非法排放、倾倒、处置危险废物三吨以上”的规定对当事人追究刑事责任的，除可能适用公私财产损失第二档定罪量刑标准的以外，则不应再对公私财产损失数额或者超过排放标准倍数进行鉴定。涉及案件定罪量刑的核心或者关键专门性问题难以鉴定或者鉴定费用明显过高的，司法机关可以结合案件其他证据，并参考生态环境部门意见、专家意见等作出认定。

15. 关于监测数据的证据资格问题

会议针对实践中地方生态环境部门及其所属监测机构委托第三方监测机构出具报告的证据资格问题进行了讨论。会议认为，地方生态环境部门及其所属监测机构委托第三方监测机构出具的监测报告，地方生态环境部门及其所属监测机构在行政执法过程中予以采用的，其实质属于《环境解释》第十二条规定的“环境保护主管部门及其所属监测机构在行政执法过程中收集的监测数据”，在刑事诉讼中可以作为证据使用。

权威解读

解读《关于办理环境污染刑事案件有关问题座谈会纪要》

日前，最高人民法院、最高人民检察院、公安部、司法部、生态环境部联合印发《关于办理环境污染刑事案件有关问题座谈会纪要》（以下简称《环境污染纪要》）。这是习近平生态文明思想确立以来，“两高三部”第一次就办理环境污染刑事案件有关问题联合出台专门文件。为便于司法实践中正确理解和适用，现就《环境污染纪要》的制定背景与经过、起草中的主要考虑和主要内容介绍如下。

一、《环境污染纪要》的制定背景与经过

2018 年 5 月 18 日至 19 日，全国生态环境保护大会在北京胜利召开，习近平总书记出席会议并发表重要讲话，着眼人民福祉和民族未来，从党和国家事业发展全局出发，全面总结党的十八大以来我国生态文明建设和生态环境保护工作取得的历史性成就、发生的历史性变革，深刻阐述加强生态文明建设的重大意义，明确提出加强生态文明建设必须坚持的重要原则，对加强生态环境保护、打好污染防治攻坚战作出了全面部署。这次大会最大的亮点，就是确立了习近平生态文明思想。习近平生态文明思想站在坚持和发展中国特色社会主义、实现中华民族伟大复兴中国梦的战略高度，把生态文明建设摆在治国理政的突出位置，作为统筹推进“五位一体”总体布局和协调推进“四个全面”战略布局的重要内容，深刻回答了为什么建设生态文明、建设什么样的生态文明、怎样建设生态文明的重大理论和实践问题，是习近平新时代中国特色社会主义思想的重要组成部分。

1997 年刑法施行以来，最高人民法院单独或者会同最高人民检察院，就环境污染犯罪先后 3 次出台专门司法解释，充分体现了最高司法机关对环境保护的高度重视。特别是最高人民法院、最高人民检察院《关于办理环境污染刑事案件适用法律若干问题的解释》（法释〔2016〕29 号，以下简称《环境污染解释》）自 2017 年 1 月 1 日施行以来，各级公检法机关和环保部门依法查处环境污染犯罪，进一步加大惩治力度，取得了良好效果。以污染环境罪为例，人民法院审理的刑事案件量持续增长，年均超过 2000 件。据统计，2017 年、2018 年人民法院新收污染环境刑事案件 2344 件、2409 件，审结 2258 件、2204 件。与此同时，在环境污染犯罪的惩治向纵深推进过程中，司法实践中也出现了一些新的情况和问题，如追究自然人犯罪多单位犯罪少，非法经营罪的适用标准不统一，危险废物如何认定以及是否需要鉴定存在不同认识，司法鉴定收费过高亟须规范，等等。有效解决办理环境污染刑事案件中的有关难题，进一步统一法律适用标准，是充分发挥生态环境行政执法和司法办案的职能作用，为守护绿水青山蓝天、建设美丽中国提供有力保障的前提和基础。

2018 年 6 月 16 日，中共中央、国务院下发《关于全面加强生态环境保护坚决打好污染防治攻坚战的意见》。同年 7 月 10 日，全国人民代表大会常务委员会通过了《关于全面加强生态环境保护依法推动打好污染防治攻坚战的决议》。为深入学习贯彻习近平生态文明思想，认真落实党中央重大决策部署和全国人大常委会决议要求，全力参与和服务保障打好污染防治攻坚战，推进生态文明建设，形成各部门依法惩治环境污染犯罪的合力，2018 年 12 月，最高人民法院、最高人民检察院、公安部、司法部、生态环境部在北京联合召开座谈会。会议交流了当前办理环境污染刑事案件的工作情况，分析了遇到的突出困难和问题，研究了解决措施。会议对办理环境污染相关案件中的有关问题达成统一认识，形成《环境污染纪要》，于2019年2月以“两高三部”名义正式对外发布。

二、《环境污染纪要》起草中的主要考虑

为确保《环境污染纪要》的内容科学合理，能够适应形势发展、满足司法实践需要，在起草过程中，着重注意把握了以下几点：

一是坚持以习近平生态文明思想为根本遵循。习近平生态文明思想内涵十分丰富，用最严格的制度保护生态环境的严密法治观是其重要组成部分。习近平总书记指出，只有实行最严格的制度、最严密的法治，才能为生态文明建设提供可靠保障。这也是研究起草《环境污染纪要》的指导思想。针对当前一些地方环境违法犯罪活动高发多发，刑事处罚威慑力不强的问题，《环境污染纪要》突出了从严惩治环境污染犯罪的精神，要求坚持最严格的环保司法制度、最严密的环保法治理念，统一执法司法尺度，加大对环境污染犯罪的惩治力度。

二是贯彻体现宽严相济刑事政策。《环境污染纪要》根据实践情况，要求正确贯彻宽严相济刑事政策，充分发挥刑罚的惩治和预防功能。特别是，在刑罚适用方面，要全面把握犯罪事实和量刑情节，既要考虑从宽情节，又要考虑从严情节，严格依照刑法和刑事诉讼法规定的条件适用刑罚，确保罪责刑相适应。

三是切实解决办案实际中的难题。针对当前办理环境污染刑事案件中的重点难点问题，特别是对单位犯罪的认定、非法经营罪的适用、涉大气污染环境犯罪的处理、司法鉴定等近年来地方执法司法机关反映比较集中的具体问题，《环境污染纪要》作出明确规定，以有效解决此类犯罪取证难、鉴定难、认定难等实际问题。

三、《环境污染纪要》的主要内容

《环境污染纪要》根据当前办理环境污染刑事案件的工作情况，依照刑法、刑事诉讼法的规定，对办案过程中遇到的突出问题作了具体规定。大体而言，《环境污染纪要》的相关规定可以归纳为如下15个方面的问题：

（一）关于单位犯罪的认定

当前，一些地方办理环境污染犯罪案件，存在追究自然人犯罪多，追究单位犯罪少，单位犯罪认定难的问题。对此，《环境污染纪要》作了专门规定。

一是依法合理把握追究刑事责任的范围。《环境污染纪要》要求在办理单位环境污染刑事案件时贯彻宽严相济刑事政策的要求，依法合理把握追究刑事责任的范围，“重点打击出资者、经营者和主要获利者，既要防止不当缩小追究刑事责任的人员范围，又要防止打击面过大”。特别是，要合理把握单位犯罪中直接负责的主管人员和其他直接责任人员的范围。根据《环境污染纪要》的规定，单位犯罪中的直接负责的主管人员，一般是指对单位犯罪起决定、批准、组织、策划、指挥、授意、纵容等作用的主管人员，包括单位实际控制人、主要负责人或者授权的分管负责人、高级管理人员等；其他直接责任人员，一般是指在直接负责的主管人员的指挥、授意下积极参与实施单位犯罪或者对具体实施单位犯罪起较大作用的人员。

二是单位犯罪的认定情形。根据《环境污染纪要》的规定，为了单位利益，实施环境污染行为，并具有下列情形之一的，应当认定为单位犯罪：(1) 经单位决策机构按照决策程序决定的；(2) 经单位实际控制人、主要负责人或者授权的分管负责人决定、同意的；(3) 单位实际控制人、主要负责人或者授权的分管负责人得知单位成员个人实施环境污染犯罪行为，并未加以制止或者及时采取措施，而是予以追认、纵容或者默许的；(4) 使用单位营业执照、合同书、公章、印鉴等对外开展活动，并调用单位车辆、船舶、生产设备、原辅材料等实施环境污染犯罪行为的。

三是单位犯罪的补充起诉机制。《环境污染纪要》规定：“对于应当认定为单位犯罪的环境污染犯罪案件，公安机关未作为单位犯罪移送审查起诉的，人民检察院应当退回公安机关补充侦查。对于应当认定为单位犯罪的环境污染犯罪案件，人民检察院只作为自然人犯罪起诉的，人民法院应当建议人民检察院对犯罪单位补充起诉。”需要注意的是，根据最高人民法院《关于适用〈中华人民共和国刑事诉讼法〉的解释》（法释〔2012〕21号，已失效）第二百八十三条的规定，在建议人民检察院对犯罪单位补充起诉的情形下，如果人民检察院仍以自然人犯罪起诉的，人民法院应当依法审理，按照单位犯罪中的直接负责的主管人员或者其他直接责任人员追究刑事责任，并援引刑法分则关于追究单位犯罪中直接负责的主管人员和其他直接责任人员刑事责任的条款。

（二）关于犯罪未遂的认定

司法实践中，对于污染环境未遂的认定和处理，存在不同认识。对此，《环境污染纪要》规定：“对于行为人已经着手实施非法排放、倾倒、处置有毒有害污染物的行为，由于有关部门查处或者其他意志以外的原因未得逞的情形，可以污染环境罪（未遂）追究刑事责任。”司法适用中，需要注意的是：(1) 对于犯罪未遂的认定，以行为人着手实施非法排放、倾倒、处置有毒有害污染物的行为为前提，故应当准确判断“着手”。对于排放、倾倒危险废物“着手”的判断，通常不存在问题。相比之下，处置危险废物“着手”的判断较为复杂，须妥当把握。(2) 根据《刑法》第二十三条第二款的规定，对于未遂犯，可以比照既遂犯从轻或者减轻处罚。(3) 实践中存在部分既遂、部分未遂的情形，参照以往司法解释的规定，对此不宜将数量简单相加，可以分别评价既遂情节和未遂情节，在认定全案既遂的前提下，在处罚较重的法定刑幅度内酌情从重处罚。例如，行为人用罐车装有10吨的危险废物并开往某河流旁倾倒，在倾倒完1吨时被环保执法人员及时制止，对于此案可以依法认定行为人非法倾倒危险废物既遂1吨，未遂9吨，依照上述规则作出处理。

（三）关于主观过错的认定

司法实践中，对于环境污染犯罪特别是污染环境罪的主观罪过形式，存在不同认识。鉴于司法实践中环境污染犯罪的主观罪过形式通常表现为故意，故《环境污染纪要》对判断行为人是否具有环境污染犯罪的故意作出专门规定。

一是综合分析判断规则。《环境污染纪要》规定：“判断犯罪嫌疑人、被告人是否具有环境污染犯罪的故意，应当依据犯罪嫌疑人、被告人的任职情况、职业经历、专业背景、培训经历、本人因同类行为受到行政处罚或刑事追究情况以及污染物种类、污染方式、资金流向等证据，结合其供述，进行综合分析判断。”

二是主观故意推定规则。根据《环境污染纪要》的规定，具有下列情形之一，犯罪嫌疑人、被告人不能作出合理解释的，可以认定其故意实施环境污染犯罪，但有证据证明确系不知情的除外：(1) 企业没有依法通过环境影响评价，或者未依法取得排污许可证，排放污染物，或者已经通过环境影响评价并且防治污染设施验收合格后，擅自更改工艺流程、原辅材料，导致产生新的污染物质的；(2) 不使用验收合格的防治污染设施或者不按规范要求使用的；(3) 防治污染设施发生故障，发现后不及时排除，继续生产放任污染物排放的；(4) 生态环境部门责令限制生产、停产整治或者予以行政处罚后，继续生产放任污染物排放的；(5) 将危险废物委托第三方处置，没有尽到查验经营许可的义务，或者委托处置费用明显低于市场价格或者处置成本的；(6) 通过暗管、渗井、渗坑、裂隙、溶洞、灌注等逃避监管的方式排放污染物的；(7) 通过篡改、伪造监测数据的方式排放污染物的；(8) 其他足以认定的情形。

（四）关于生态环境损害标准的认定

生态环境损害赔偿制度是生态文明制度体系的重要组成部分。党的十八届三中全会明确提出对造成生态环境损害的责任者严格实行赔偿制度。2015年，中央办公厅、国务院办公厅印发《生态环境损害赔偿制度改革试点方案》（中办发〔2015〕57号，已失效），在吉林等7个省市部署开展改革试点，取得明显成效。2017年，中央办公厅、国务院办公厅印发《生态环境损害赔偿制度改革方案》（中办发〔2017〕68号），在全国范围内试行生态环境损害赔偿制度。《生态文明体制改革总体方案》提出："严格实行生态环境损害赔偿制度。强化生产者环境保护法律责任，大幅度提高违法成本。""对造成生态环境损害的，以损害程度等因素依法确定赔偿额度；对造成严重后果的，依法追究刑事责任。"根据这一要求，《环境污染解释》将生态环境损害因素纳入考量范围，第一条第（十）项将"造成生态环境严重损害"规定为严重污染环境的情形，第三条第（六）项将"造成生态环境特别严重损害"规定为后果特别严重的情形。

需要注意的是，《环境污染解释》将造成生态环境损害规定为污染环境罪的定罪量刑标准之一，是为了与生态环境损害赔偿制度实现衔接配套。考虑到该制度尚在试行过程中，《环境污染解释》作了较原则的规定。司法实践中，一些省市结合本地区工作实际制定了具体标准。《环境污染纪要》规定："在生态环境损害赔偿制度试行阶段，全国各省（自治区、直辖市）可以结合本地实际情况，因地制宜，因时制宜，根据案件具体情况准确认定'造成生态环境严重损害'和'造成生态环境特别严重损害'。"《环境污染解释》第十七条第五款规定："本解释所称'生态环境损害'，包括生态环境修复费用，生态环境修复期间服务功能的损失和生态环境功能永久性损害造成的损失，以及其他必要合理费用。”因此，实践中可以根据上述界定，结合本地实际情况，准确判断污染环境行为造成生态环境损害的程度，准确认定是否达到造成生态环境严重损害和造成生态环境特别严重损害。

（五）关于非法经营罪的适用

《环境污染解释》第六条规定：“无危险废物经营许可证从事收集、贮存、利用、处置危险废物经营活动，严重污染环境的，按照污染环境罪定罪处罚；同时构成非法经营罪的，依照处罚较重的规定定罪处罚。”“实施前款规定的行为，不具有超标排放污染物、非法倾倒污染物或者其他违法造成环境污染的情形的，可以认定为非法经营情节显著轻微危害不大，不认为是犯罪；构成生产、销售伪劣产品等其他犯罪的，以其他犯罪论处。”《环境污染纪要》要求坚持全链条、全环节、全流程对非法排放、倾倒、处置、经营危险废物的产业链进行刑事打击，查清犯罪网络，深挖犯罪源头，斩断利益链条，不断挤压和铲除此类犯罪滋生蔓延的空间。特别是，针对《环境污染解释》第六条规定的准确理解和适用，《环境污染纪要》要求注意把握两项原则。

一是坚持实质判断原则，对行为人非法经营危险废物行为的社会危害性作实质性判断。《环境污染解释》第六条确立了无危险废物经营许可证从事收集、贮存、利用、处置危险废物经营活动的入罪以违法造成环境污染为实质要件，未违法造成环境污染的，通常可以认定为情节显著轻微危害不大，不认为是犯罪。比如，一些单位或者个人虽未依法取得危险废物经营许可证，但其收集、贮存、利用、处置危险废物经营活动，没有违法造成环境污染情形的，则不宜以非法经营罪论处，也不宜以污染环境罪论处。需要注意的是，对于违法造成环境污染要件的判断应当采取相对宽泛的标准，即不要求一定达到《环境污染解释》第一条第（二）项以外其他项规定的严重污染环境的具体情形。例如，未按照规定安装特定污染防治设施，处置过程中超过标准排放污染物（虽然未达到超过特定标准3倍以上），或者将处置剩余的污染物违反规定倾倒的，可以认定为具备违法造成环境污染的要件。

二要坚持综合判断原则，对行为人非法经营危险废物行为根据其在犯罪链条中的地位、作用综合判断其社会危害性。比如，有证据证明单位或者个人的无证经营危险废物行为属于危险废物非法经营产业链的一部分，并且已经形成了分工负责、利益均沾、相对固定的犯罪链条，如果行为人或者与其联系紧密的上游或者下游环节具有排放、倾倒、处置危险废物违法造成环境污染的情形，且交易价格明显异常的，对行为人可以根据案件具体情况，在污染环境罪和非法经营罪中择一重罪处断。

（六）关于投放危险物质罪的适用

违规排放、倾倒或者处置有放射性的废物、含传染病病原体的废物、有毒物质，不仅严重污染环境，还可能危害公共安全，此时污染环境罪就可能与投放危险物质罪竞合，宜择一重罪处断。因此，《环境污染解释》第八条规定："违反国家规定，排放、倾倒、处置含有毒害性、放射性、传染病病原体等物质的污染物，同时构成污染环境罪、非法处置进口的固体废物罪、投放危险物质罪等犯罪的，依照处罚较重的规定定罪处罚。"在此基础上，《环境污染纪要》对投放危险物质罪的适用作了专门规定。

一是用足用好刑法和《环境污染解释》的规定。目前，我国一些地方环境违法犯罪活动高发多发，刑事处罚威慑力不强的问题仍然突出。因此，《环境污染纪要》要求，现阶段在办理环境污染犯罪案件时必须坚决贯彻落实中央领导同志关于重典治理污染的指示精神，把刑法和《环境污染解释》的规定用足用好，形成对环境污染违法犯罪的强大震慑。

二是准确适用投放危险物质罪。司法适用中，对污染环境的行为应当原则上适用污染环境罪，适用投放危险物质罪的，应当特别慎重，准确查明主客观方面的情况。《环境污染纪要》规定："司法实践中对环境污染行为适用投放危险物质罪追究刑事责任时，应当重点审查判断行为人的主观恶性、污染行为恶劣程度、污染物的毒害性危险性、污染持续时间、污染结果是否可逆、是否对公共安全造成现实、具体、明确的危险或者危害等各方面因素。"而且，对污染环境行为适用投放危险物质罪，主要是基于罪责刑相适应的考虑，对此应当特别注意把握。基于此，《环境污染纪要》专门规定，对于行为人明知其排放、倾倒、处置的污染物含有毒害性、放射性、传染病病原体等危险物质，仍实施环境污染行为放任其危害公共安全，造成重大人员伤亡、重大公私财产损失等严重后果，以污染环境罪论处明显不足以罚当其罪的，可以依照《环境污染解释》第八条的规定，以投放危险物质罪定罪量刑。具体而言，实践中此类情形主要是向饮用水水源保护区，饮用水供水单位取水口和出水口，南水北调水库、干渠、涵洞等配套工程，重要渔业水体以及自然保护区核心区等特殊保护区域，排放、倾倒、处置毒害性极强的污染物，危害公共安全并造成严重后果的情形。

（七）关于涉大气污染环境犯罪的处理

大气污染是人民群众感受最为直接、反应最为强烈的环境问题。但是，由于大气污染物流动性大、稀释速度快等原因，提取固定证据困难，给查处此类犯罪带来较大实际困难。基于此，《环境污染纪要》要求抓住关键问题，紧盯薄弱环节，突出打击重点，推动解决人民群众关注的突出大气环境问题。《大气污染防治法》第九十三条第一款规定："国家建立重污染天气监测预警体系。"第九十六条第一款规定："县级以上地方人民政府应当依据重污染天气的预警等级，及时启动应急预案，根据应急需要可以采取责令有关企业停产或者限产、限制部分机动车行驶、禁止燃放烟花爆竹、停止工地土石方作业和建筑物拆除施工、停止露天烧烤、停止幼儿园和学校组织的户外活动、组织开展人工影响天气作业等应急措施。"可见，在重污染天气预警期间，违反国家规定，超标排放二氧化硫、氮氧化物，社会危害性更大。为切实加大对涉大气污染环境犯罪的打击力度，《环境污染纪要》规定，受过行政处罚后又实施上述行为或者具有其他严重情节的，可以适用《环境污染解释》第一条第（十八）项规定的其他严重污染环境的情形追究刑事责任。司法适用中需要妥当把握《环境污染纪要》上述规定与《环境污染解释》第四条第（三）项规定的"在重污染天气预警期间、突发环境事件处置期间或者被责令限期整改期间，违反国家规定排放、倾倒、处置有放射性的废物、含传染病病原体的废物、有毒物质或者其他有害物质"这一从重处罚情节的关系，对于对重污染天气预警期间，违规超标排放二氧化硫、氮氧化物，受过行政处罚后又实施上述行为或者具有其他严重情节的，如果根据《环境污染纪要》的规定适用《环境污染解释》第一条第（十八）项规定的其他严重污染环境的情形追究刑事责任的，不能再适用《环境污染解释》第四条第（三）项的规定从重处罚，以避免重复评价。

（八）关于非法排放、倾倒、处置行为的认定

根据《刑法》第三百三十八条的规定，污染环境罪的客观方面限于排放、倾倒、处置3种行为方式。司法实践中，一方面，要严格遵循罪刑法定原则的要求，避免将非法运输、贮存等其他行为不当以污染环境罪追究刑事责任；另一方面，也要准确认定非法排放、倾倒、处置行为，特别是防止名为运输、贮存，实为排放、倾倒、处置的行为逃脱刑事法律制裁。基于此，《环境污染纪要》要求根据《固体废物污染环境防治法》和《环境污染解释》的有关规

定精神准确认定非法排放、倾倒、处置行为，特别是“应当从其行为方式是否违反国家规定或者行业操作规范、污染物是否与外环境接触、是否造成环境污染的危险或者危害等方面进行综合分析判断。对名为运输、贮存、利用，实为排放、倾倒、处置的行为应当认定为非法排放、倾倒、处置行为，可以依法追究刑事责任。比如，未采取相应防范措施将没有利用价值的危险废物长期贮存、搁置，或者放任危险废物或者其有毒有害成分大量扬散、流失、泄漏、挥发，污染环境的。”

（九）关于有害物质的认定

根据《刑法》第三百三十八条的规定，构成污染环境罪，排放、倾倒或者处置的须为“有放射性废物、含传染病病原体的废物、有毒物质或者其他有害物质”。鉴于其他有害物质的范围十分宽泛，交由司法实践裁量把握可以更好地适应具体案件的复杂情况，《环境污染解释》未作明确界定。根据当前司法适用中的具体情况，《环境污染纪要》对如何准确认定《刑法》第三百三十八条规定的其他有害物质作了专门规定。

一是坚持主客观相一致原则。《环境污染纪要》规定：“办理非法排放、倾倒、处置其他有害物质的案件，应当坚持主客观相一致原则，从行为人的主观恶性、污染行为恶劣程度、有害物质危险性毒害性等方面进行综合分析判断，准确认定其行为的社会危害性。”

二是把握常见的有害物质形式。根据《环境污染纪要》的规定，实践中常见的有害物质主要有：工业危险废物以外的其他工业固体废物；未经处理的生活垃圾；有害大气污染物、受控消耗臭氧层物质和有害水污染物；在利用和处置过程中必然产生有毒有害物质的其他物质；国务院生态环境保护主管部门会同国务院卫生主管部门公布的有毒有害污染物名录中的有关物质等。

（十）关于从重处罚情形的认定

长江是中华民族的母亲河，也是中华民族发展的重要支撑。推动长江经济带发展是党中央作出的重大决策，是关系国家发展全局的重大战略。服务长江生态高水平保护和经济社会高质量发展，为长江经济带共抓大保护、不搞大开发提供有力保障，是司法等有关部门肩负的重大政治责任、社会责任和法律责任。为充分发挥刑法的威慑功能，体现宽严相济刑事政策依法从“严”的政策要求，《环境污染纪要》明确对于发生在长江经济带十一省（直辖市）的下列环境污染犯罪行为，可以从重处罚：（1）跨省（直辖市）排放、倾倒、处置有放射性的废物、含传染病病原体的废物、有毒物质或者其他有害物质的；（2）向国家确定的重要江河、湖泊或者其他跨省（直辖市）江河、湖泊排放、倾倒、处置有放射性的废物、含传染病病原体的废物、有毒物质或者其他有害物质的。

（十一）关于严格适用不起诉、缓刑、免予刑事处罚

环境污染刑事案件的刑罚适用直接关系加强生态环境保护打好污染防治攻坚战的实际效果。从近年来环境污染刑事案件的刑罚适用情况来看，各级人民法院、人民检察院准确把握宽严相济刑事政策的要求，准确适用刑罚，严格适用不起诉、缓刑、免予刑事处罚。特别是，准确依法适用缓刑，环境污染犯罪的缓刑适用率与全部刑事案件的缓刑适用率基本持平。为更好地体现宽严相济刑事政策的要求，《环境污染纪要》对环境污染犯罪案件的刑罚适用，特别是不起诉、缓刑、免予刑事处罚的适用作出专门规定。

一是依法适用刑罚。《环境污染纪要》规定："要在全面把握犯罪事实和量刑情节的基础上严格依照刑法和刑事诉讼法规定的条件适用不起诉、缓刑、免予刑事处罚，既要考虑从宽情节，又要考虑从严情节；既要做到刑罚与犯罪相当，又要做到刑罚执行方式与犯罪相当，切实避免不起诉、缓刑、免予刑事处罚不当适用造成的消极影响。"

二是明确一般不适用不起诉、缓刑或者免予刑事处罚的情形。根据《环境污染纪要》的规定，具有下列情形之一的，一般不适用不起诉、缓刑或者免予刑事处罚：（1）不如实供述罪行的；（2）属于共同犯罪中情节严重的主犯的；（3）犯有数个环境污染犯罪依法实行并罚或者以一罪处理的；（4）曾因环境污染违法犯罪行为受过行政处罚或者刑事处罚的；（5）其他不宜适用不起诉、缓刑、免予刑事处罚的情形。

三是严格适用不起诉、缓刑或者免予刑事处罚。根据《环境污染纪要》的规定，人民法院审理环境污染刑事案件拟适用缓刑或者免予刑事处罚的，应当分析案发前后的社会影响和反映，注意听取控辩双方提出的意见。对于情节恶劣、社会反映强烈的环境污染犯罪，不得适用缓刑、免予刑事处罚。人民法院对判处缓刑的被告人，一般应当同时宣告禁止令，禁止其在缓刑考验期内从事与排污或者处置危险废物有关的经营活动。生态环境部门根据禁止令，对上述人员担任实际控制人、主要负责人或者高级管理人员的单位，依法不得发放排污许可证或者危险废物经营许可证。

（十二）关于管辖的问题

实践中，一些环境污染犯罪案件属于典型的跨区域刑事案件，容易存在管辖不明或者有争议的情况。基于此，《环境污染纪要》专门对环境污染犯罪案件的管辖问题作出专门规定。

一是跨区域环境污染犯罪案件管辖地。《环境污染纪要》规定："跨区域环境污染案件由犯罪地的公安机关管辖。如果由犯罪嫌疑人居住地的公安机关管辖更为适宜的，可以由犯罪嫌疑人居住地的公安机关管辖。犯罪地包括环境污染行为发生地和结果发生地。'环境污染行为发生地'包括环境污染行为的实施地以及预备地、开始地、途经地、结束地以及倾倒、排放污染物的车船停靠地、始发地、途经地、到达地等地点；环境污染行为有连续、持续或者继续状态的，相关地方都属于环境污染行为发生地。'环境污染结果发生地'包括污染物排放地、倾倒地、堆放地、污染发生地等。"

二是管辖争议的处理。《环境污染纪要》规定："多个公安机关都有权立案侦查的，由最初受理的或者主要犯罪地的公安机关立案侦查，管辖有争议的，按照有利于查清犯罪事实、有利于诉讼的原则，由共同的上级公安机关协调确定的公安机关立案侦查，需要提请批准逮捕、移送审查起诉、提起公诉的，由该公安机关所在地的人民检察院、人民法院受理。"

（十三）关于危险废物的认定

根据《环境污染解释》第十五条第（一）项的规定，危险废物是指列入国家危险废物名录，或者根据国家规定的危险废物鉴别标准和鉴别方法认定的，具有危险特性的废物。《环境污染解释》第十三条规定："对国家危险废物名录所列的废物，可以依据涉案物质的来源、产生过程、被告人供述、证人证言以及经批准或者备案的环境影响评价文件等证据，结合环境保护主管部门、公安机关等出具的书面意见作出认定。"具体适用中，对危险废物如何认定以及是否需要鉴定，仍存在不同认识。为统一司法适用，《环境污染纪要》对此规定区分情况作出处理。

一是对于列入《国家危险废物名录》的，如果来源和相应特征明确，司法人员根据自身专业技术知识和工作经验认定难度不大的，司法机关可以依据名录直接认定。《国家危险废物名录》对于废物类别、行业来源（危险废物的产生源）、废物代码、危险特性（指腐蚀性、毒性、易燃性、反应性和感染性）均有明确描述，特别是对废物系在何生产阶段产生均有叙述。因此，实践中，如果根据涉案物品来源和相应特征可以认定确系列入名录的危险废物的，可以依据名录直接认定为危险废物。

二是对于来源和相应特征不明确的，由生态环境部门、公安机关等出具书面意见，司法机关可以依据涉案物质的来源、产生过程、被告人供述、证人证言以及经批准或者备案的环境影响评价文件等证据，结合上述书面意见作出是否属于危险废物的认定。根据《环境污染解释》第十三条的规定，此种情形下应当由生态环境部门、公安机关等对涉案物品是否系危险废物出具书面意见。具体而言，对于需要生态环境部门、公安机关等出具书面认定意见的，区分下列情况分别处理：

1. 对已确认固体废物产生单位，且产废单位环评文件中明确为危险废物的，根据产废单位建设项目环评文件和审批、验收意见、案件笔录等材料，可对照《国家危险废物名录》等出具认定意见。

2. 对已确认固体废物产生单位，但产废单位环评文件中未明确为危险废物的，应进一步分析废物产生工艺，对照判断其是否列入《国家危险废物名录》。列入名录的可直接出具认定意见；未列入名录的，应根据原辅材料、产生工艺等进一步分析其是否具有危险特性，不可能具有危险特性的，不属于危险废物；可能具有危险特性的，抽取典型样品进行检测，并根据典型样品检测指标浓度，对照《危险废物鉴别标准》（GB 5085.1－7）出具认定意见。

3. 对固体废物产生单位无法确定的，应抽取典型样品进行检测，根据典型样品检测指标浓度，对照《危险废物鉴别标准》（GB 5085.1－7）出具认定意见。对确需进一步委托有相关资质的检测鉴定机构进行检测鉴定的，生态环境部门或者公安机关按照有关规定开展检测鉴定工作。

（十四）关于鉴定的问题

鉴定难是困扰环境污染刑事案件办理的难题之一。为解决这一实际困难，《环境污染解释》第十四条规定：“对案件所涉的环境污染专门性问题难以确定的，依据司法鉴定机构出具的鉴定意见，或者国务院环境保护主管部门、公安部门指定的机构出具的报告，结合其他证据作出认定。”据此，对环境污染专门性问题确立了鉴定与检验“两条腿走路”的原则。在此基础上，《环境污染纪要》针对环境污染犯罪案件的司法鉴定问题作出进一步规定。

一是规范环境损害司法鉴定工作。2016 年 1 月，最高人民法院、最高人民检察院、司法部和环境保护部就环境损害司法鉴定实行统一登记管理和规范环境损害司法鉴定工作作出明确规定。司法部会同生态环境部，依法准入了一批诉讼急需、社会关注的环境损害司法鉴定机构。截至 2019 年 1 月底，全国经省级司法行政机关审核登记的环境损害司法鉴定机构达 109 家，鉴定人 2000 余名，基本实现省域全覆盖，环境损害司法鉴定的供给能力大大提升，为打击环境违法犯罪提供了有力支撑。顺带提及的是，环境保护部依据《环境污染解释》规定，于 2014 年 1 月、2016 年 2 月分两批指定推荐的 29 家环境损害鉴定评估推荐机构（第一批 12 家机构，协作单位 7 家；第二批 17 家机构，协作单位 2 家），目前大多数已审核登记成为环境损害司法鉴定机构。《环境污染纪要》要求进一步规范环境损害司法鉴定工作，加快准入一批诉讼急需、社会关注的环境损害司法鉴定机构，加快对环境损害司法鉴定相关技术规范和标准的制定、修改和认定工作，规范鉴定程序，指导各地司法行政机关会同价格主管部门制定出台环境损害司法鉴定收费标准，加强与办案机关的沟通衔接，更好地满足办案机关需求。

二是强化对环境损害司法鉴定机构的监管。《环境污染纪要》要求司法部会同生态环境部，加强对环境损害司法鉴定机构的事中事后监管，加强司法鉴定社会信用体系建设，建立黑名单制度，完善退出机制，及时向社会公开违法违规的环境损害司法鉴定机构和鉴定人行政处罚、行业惩戒等监管信息，对弄虚作假造成环境损害鉴定评估结论严重失实或者违规收取高额费用、情节严重的，依法撤销登记。鼓励有关单位和个人向司法部、生态环境部举报环境损害司法鉴定机构的违法违规行为。

三是妥当把握司法鉴定的范围。根据《环境污染解释》和《环境污染纪要》的规定，司法鉴定限于涉及案件定罪量刑的核心或关键专门性问题难以确定的情形。实践中，这类核心或关键专门性问题主要是案件具体适用的定罪量刑标准涉及的专门性问题，比如公私财产损失的数额、超过排放标准的倍数、污染物性质判断等。对案件的其他非核心或关键专门性问题，或者可鉴定也可不鉴定的专门性问题，一般不委托鉴定。比如，适用《环境污染解释》第一条第（三）项“非法排放、倾倒、处置危险废物三吨以上”的规定对当事人追究刑事责任的，除可能适用公私财产损失第二档定罪量刑标准的以外，则不应再对公私财产损失数额或者超过排放标准倍数进行鉴定。涉及案件定罪量刑的核心或关键专门性问题难以鉴定或者鉴定费用明显过高的，司法机关可以结合案件其他证据，并参考生态环境部门意见、专家意见等作出认定。

（十五）关于监测数据的证据资格问题

《环境污染解释》第十二条第一款规定："环境保护主管部门及其所属监测机构在行政执法过程中收集的监测数据，在刑事诉讼中可以作为证据使用。"据此，环境保护主管部门及其所属监测机构在行政执法和查办案件过程中收集的监测数据具有刑事证据资格。但是，对于地方生态环境部门及其所属监测机构委托第三方检测机构出具报告的证据资格问题，实践中存在不同认识。为统一司法适用，《环境污染纪要》明确，地方生态环境部门及其所属监测机构委托第三方检测机构出具的监测报告，地方生态环境部门及其所属监测机构在行政执法过程中予以采纳的，其实质属于《环境污染解释》第十二条第一款规定的"环境保护主管部门及其所属监测机构在行政执法过程中收集的监测数据"，在刑事诉讼中可以作为证据使用。

（三）典型或常见问题的审理思路

1. 行为人擅自向河中倾倒大量煤焦油分离液的行为如何定性?①

本书观点：（1）煤焦油分离液属于"有毒物质"。污染环境罪所针对的对象包括"有放射性的废物、含传染病病原体的废物、有毒物质或者其他有害物质"。其中，"有放射性的废物"主要指放射性核素含量超过国家规定限值的固体、液体和气体废弃物；"含传染病病原体的废物"是指含有传染病病菌的废弃物。实践中可以根据放射性污染防治法、传染病防治法的规定对两类物质进行认定。而对于"有毒物质"的范围，最高人民法院、最高人民检察院于2013年联合出台的《关于办理环境污染刑事案件适用法律若干问题的解释》（已失效，以下简称2013年《环境污染解释》）第十条进行了明确规定。具体包括：①危险废物；②剧毒化学品、列入重点环境管理危险化学品名录的化学品，以及含有上述化学品的物质；③含有铅、汞、镉、铬等重金属的物质；④《关于持久性有机污染物的斯德哥尔摩公约》附件所列物质；⑤其他具有毒性，可能污染环境的物质。其中第（一）项的"危险废物"，具体包括列入《国家危险废物名录》的废物，以及根据国家规定的危险废物鉴别标准和鉴别方法认定的具有危险特性的废物。值得注意的是，《刑法修正

① 观点来源：《刑事审判参考》第970号指导案例，王某峰、马某勇污染环境案。

案（八）》对《刑法》第三百三十八条的一处重要修改是将有关污染物的兜底规定“其他危险废物”修改为“其他有害物质”。“其他有害物质”涵盖了“有放射性的废物、含传染病病原体的废物、有毒物质”以外包括生活垃圾在内的一切对人体健康或者其他生物机能产生不良影响的普通废物和危险废物。煤焦油分离废液，含有大量的挥发酚和油类物质，以及大量的氨氮、硫氰化物、氰化物、各种单环或者多环芳香族化合物和杂环有机化合物，属于较难处理的工业废水，系《国家危险废物名录》中“HW11 精（蒸）馏残渣”一类，即属于有毒物质。

（2）行为人倾倒煤焦油分离液造成的后果属于“严重污染环境”。2013年《环境污染解释》第一条就“严重污染环境”的认定标准界定了 14 种情形，实现了“结果犯”向“情节犯”甚至是“行为犯”的转变，其中第一至五种情形均是对特定行为或者特定情节的规定。《环境污染解释》第九条关于“公私财产损失”的计算标准沿用了最高人民法院于 2006 年出台的《关于审理环境污染刑事案件具体应用法律若干问题的解释》（已失效）的规定，包括“污染环境行为直接造成财产损毁、减少的实际价值，以及为防止污染扩大、消除污染而采取必要合理措施所产生的费用”。行为人将煤焦油分离废液共计 30.24 吨倾倒入河中，致使水体大面积被污染，远超过倾倒危险废物“三吨以上”的入罪标准。同时，相关环保部门为防止污染扩大、消除污染，对该污染事件进行了筑坝拦截、调水稀释、活性炭吸附、污水处理、污泥清淤、干化焚烧等相应处置，处置费用共计 60 万余元。该费用均应当计入污染行为造成的公私财产损失，故行为造成的财产损失也超过了“三十万元以上”的数额要求。

2. 间接授意能否构成污染环境罪的共同犯罪？[①]

本书观点：间接授意构成污染环境罪的共同犯罪。共同犯罪在主观上要求有共同的故意，各行为人有相同的犯罪故意并且有意思联络。意思联络是指各行为人都能认识到自己的行为不是孤立无援，而是与他人主观上彼此联络，认识到整个犯罪活动具有内部一致性。所以不论是明示的直接授意，还是默许、暗示的间接授意，只要各行为人形成了上述意思联络，即是共同的故意。行为人通过暗示、默许对他人进行间接授意，二人形成了故意犯罪的

---

① 观点来源：屈某、彭某污染环境案，载《人民法院报》2016 年 6 月 9 日。

意思联络。意思联络并不要求其预见因果关系的一切细节，只要预见到共同行为会产生某种或一定的结果即可。所以，虽然行为人并不能预见他人何时何地通过何种方式处理废水，只要行为人能够预见或应当预见他人会非法处理废水从而对环境造成破坏，二人即形成意思联络，构成污染环境罪的共同犯罪。

认定共同犯罪符合污染环境罪从传统人类中心到生态中心转变的立法本意。修改之前的重大环境污染事故罪条文表述为“致使公私财产遭受重大损失或者人身伤亡的严重后果的”，保护的是人身财产，这是传统的人类中心主义刑法观。传统的人类中心主义把人类视为价值判断的唯一主体，其他存在的物具有的仅仅是工具价值，只需判断它能否满足和实现人的需要和利益。修改后的污染环境罪条文表述为“严重污染环境的”，保护的是生态环境本身，这就突破了我国传统法益保护的色彩，注重生态环境法益的保护，实现了从人类中心主义转为生态中心主义的刑罚观。这种刑罚观的转变要求在司法中严格适用污染环境罪，准确认定共同犯罪，严惩污染环境的行为，依法将直接行为人背后的直接或间接的授意指使人入罪，加大打击力度，使从事有关污染物产出、运输、处理等各行各业的从业人员都能够认识到污染环境行为带来的罪责后果，充分发挥刑法最后手段性的功能，树立严格依规处理污染物的意识，为生态环境发展保驾护航。

（四）疑难、复杂问题的参考性解答

1. 关于本罪中“危险废物”如何认定？

本书观点：《固体废物污染环境防治法》第一百二十四条第（六）项规定，危险废物，是指列入国家危险废物名录或者根据国家规定的危险废物鉴别标准和鉴别方法认定的具有危险特性的固体废物。依据《危险废物鉴别标准通则》（部分失效，GB 5058.7 2007）鉴别程序规定，凡列入《国家危险废物名录》的，属于危险废物，不需要进行危险特性鉴别（感染性废物根据《国家危险废物名录》鉴别）；未列入《国家危险废物名录》的，应按照第4.3条的规定进行危险特性鉴别。依据GB 5058.1—GB 5058.6鉴别标准进行鉴别，凡具有腐蚀性、毒性、易燃性、反应性等一种或一种以上危险特性的，属于危险废物。对未列入《国家危险废物名录》或根据危险废物鉴别标准无法鉴别，但可能对人体健康或生态环境造成有害影响的固体废物，由国务院

环境保护行政主管部门组织专家认定。据此，司法实践中，对于《国家危险废物名录》范围内的危险废物，司法机关应查明相关废物的来源和生产工艺，对照《国家危险废物名录》直接认定是否属于危险废物，无须进行危险特性鉴别，也不需进行司法鉴定。当然，对于来源不清、是否在名录范围内存有争议的废物，可以通过鉴定等途径予以确认。应尽量避免只要涉及环境案件，就严重依赖司法鉴定的情形。

2. **污染环境罪是故意犯罪还是过失犯罪?**

本书观点：关于污染环境罪是故意犯罪还是过失犯罪，学术界存在重大分歧。一种观点认为，污染环境罪是过失犯罪，其中，有专家认为行为人对违反国家环境保护法规，排放、倾倒或者处置有害物质是明知的，但由此造成的严重后果不是行为人所希望的；有专家认为行为人应当预见自己排放、倾倒或者处置有害物质的行为可能造成严重污染环境的后果，因为疏忽大意没有预见，或者已经预见而轻信能够避免。另一种观点认为，污染环境罪是故意犯罪。

我们认为，污染环境罪是故意犯罪。一是依据刑法的责任主义原则，应当妥当地确定刑法分则条文所规定的具体犯罪的责任形式。如果分则条文中没有处罚过失的文理根据，就只能将该犯罪确定为故意犯罪。二是按照“举轻以明重”的法律解释理论，任何过失犯罪都必须有与之相对应的故意犯罪存在，但如果将污染环境罪定性为过失犯罪，却无法从刑法中找到与之相对应的故意犯罪，必将造成法律解释的悖论，并形成立法上的漏洞。因此，依据《刑法修正案（八)》和最高人民法院、最高人民检察院《关于办理环境污染刑事案件适用法律若干问题的解释》，应将污染环境罪认定为故意犯罪。

3. **本罪是行为犯还是结果犯?**

本书观点：就污染环境行为对环境法益本身的危害而言，污染环境罪既包括行为犯也包括结果犯；但就对人的生命、身体、健康等法益的危害而言，污染环境罪只能是结果犯。

首先，《环境污染解释》规定的前 8 种情形，并不只是单纯地实施了行为，而是同时造成了污染环境的结果。例如，在饮用水水源一级保护区、自然保护区核心区排放、倾倒、处置有放射性的废物、含传染病病原体的废物、有毒物质的，本身就是对环境的严重污染；同样，非法排放、倾倒、处置危险废物 3 吨以上的，以及第（三）项、第（四）项规定的情形，也是严重污染了环境；如此等等。只不过，这些结果是与行为同时发生的，所以，这种情形的污染环境罪是行为犯。第（五）项与第（七）项、第（八）项规定的情形，不只是对行为的要求，同时也是对结果的推定。例如，“通过暗管、渗井、渗坑、裂隙、溶洞、灌注等逃避监管的方式排放、倾倒、处置有放射性的废物、含传染病病原体的废物、有毒物质的”，以及“重点排污单位篡改、伪造自动监测数据或者干扰自动监测设施，排放化学需氧量、氨氮、二氧化硫、氮氧化物等污染物的”，可以推定行为人非法排放、倾倒、处置的有害物质较多；同样，“违法减少防治污染设施运行支出一百万元以上”，实际上是对严重污染环境结果的一种推定。亦即，既然行为人违法减少防治污染设施运行支出较多，就表明行为人非法排放、倾倒、处置的有害物质较多，因而对环境的污染就更严重。显然，这些情形也属于行为犯。

其次，《环境污染解释》第一条规定的第（十）项、第（十二）项、第（十三）项情形，其结果也表现为对环境的破坏，但其实属于结果犯。亦即，“造成生态环境严重损害”，“致使基本农田、防护林地、特种用途林地五亩以上，其他农用地十亩以上，其他土地二十亩以上基本功能丧失或者遭受永久性破坏”，以及“致使森林或者其他林木死亡五十立方米以上，或者幼树死亡二千五百株以上”，虽然都是对生态环境的损害，但是，这种结果是否由行为人非法排放、倾倒、处置有害物质的行为所引起，则需要进行因果关系与结果归属的判断。例如，倘若幼树死亡二千五百株以上是病虫所致，而病虫害的形成与行为人非法排放、倾倒、处置有害物质的行为没有任何关系，就不能认为该行为造成了幼树死亡的结果。

再次，《环境污染解释》第一条规定的第（九）项、第（十一）项以及第（十四）项至第（十七）项情形，是对人类中心法益的侵害，都属于结果犯。其中，第（九）项情形中的“违法所得三十万元以上”，表面上并没有直接对公共财产造成损害，实际上却可以推定是通过损害公共财产等获得利益。第（十一）项“致使乡镇以上集中式饮用水水源取水中断十二小时以上”，第（十四）项“致使疏散、转移群众五千人以上”，显然是指由于环境的污染导致对人民群众日常生活安宁的侵害结果；第（十五）项至第（十七）项“致使三十人以上中毒”“致使三人以上轻伤、轻度残疾或者器官组织损伤导致一般功能障碍”，以及“致使一人以上重伤、中度残疾或者器官组织损伤导致严重功能障碍”，明显是对人类的健康造成的侵害结果。在上述场合，都需要进行因果关系与结果归属的判断。

最后，由于《环境污染解释》第一条规定的前17种情形都属于“严重污染环境”的情形，其中既包括对环境本身的污染达到严重程度，也包括对人类中心法益的侵害达到了一定程度，所以，不排除最后一种“其他严重污染环境的情形”，包括虽然对生态学的法益的侵害或者对人类中心法益的侵害分别都没有达到司法解释所要求的程度，但对二者的侵害综合起来达到了严重污染环境的程度的情形。

《环境污染解释》所规定的“后果特别严重”的13种情形，则既有行为犯也有结果犯。其中有的针对环境的行为犯，如第（二）项规定的“非法排放、倾倒、处置危险废物一百吨以上的”；有的是针对环境本身的结果犯，如第（三）项规定的“致使基本农田、防护林地、特种用途林地十五亩以上，其他农用地三十亩以上，其他土地六十亩以上基本功能丧失或者遭受永久性破坏的”，第（四）项规定的“致使森林或者其他林木死亡一百五十立方米以上，或者幼树死亡七千五百株以上的”，第（六）项规定的“造成生态环境特别严重损害的”；有的则是针对人类中心法益的结果犯，如第（八）项规定的“致使一百人以上中毒的”，第（九）项规定的“致使十人以上轻伤、轻度残疾或者器官组织损伤导致一般功能障碍的”，第（十二）项规定的“致使一人以上死亡或者重度残疾的”；等等。

一个行为是行为犯还是结果犯，取决于如何理解犯罪的保护法益。污染环境的行为，相对于严重污染环境的结果来说，完全可能是行为犯，即只要实施了非法排放、倾倒、处置危险废物的行为，污染环境的结果就会同时发生。但是，污染环境的行为是否对人类中心法益造成了结果，则需要进一步判断因果关系与结果归属。所以，由于对污染环境罪的保护法益采取了生态学的人类中心的法益论，而其中事实上包含了两种法益，所以，相对于不同的法益而言，一个行为完全可能既是行为犯也是结果犯。一个行为直接造成水、土地污染时，不一定直接破坏野生生物。所以，行为人将三吨有毒物质非法倾倒在土地上时，就直接对土地造成了污染，这是行为犯。但是，土地上五千棵幼树的死亡是不是由该行为造成，则需要进行因果关系与结果归属的判断。如果得出肯定结论，相对于幼树的死亡而言，就成为结果犯。再如，行为人向河流非法倾倒三吨有毒物质，导致河流污染，这是行为犯，此时的行为与结果同时发生。但是，河流中的水生物的死亡是否由有毒物质造成，则需要进行因果关系与结果归属的判断。就水生物的死亡而言，则成为结果犯。

由此看来，司法解释并不是将逻辑上无法共存的犯罪类型强行使之共存，而是由于环境犯罪的保护法益的特殊性，使行为犯与结果犯可以共存。又由于环境本身的复杂性，使得一个行为既可能是行为犯也可能是结果犯。

4. 不可避免的超标排污行为能否认定为犯罪？

本书观点：“法律不能强人所难”，污染环境罪是故意犯罪，要求行为人在主观上具有故意这一罪过形式。而从污染物的排放实践来看，受技术条件和各种因素限制，确实存在行为人意志无法左右的超标排污行为。对此种情形，应当根据刑法规定和刑法理论，实事求是地处理，即使超过污染物排放标准三倍以上，也不能认定为犯罪。具体而言，主要有如下两种情形：（1）防治污染设施以及其他生产设备的安装、调试期间发生的超标排放情形。从实践看，防治污染设施以及其他生产设备的安装和调试是一个渐进的过程。在这个过程的实验阶段，由于设备尚未正常运转，可能会排放污染物超过标准，后来会逐渐达到达标排放的阶段。根据前述分析，对于此种人力无法抗拒的超标排污行为，不能按照犯罪处理。（2）基于同样的道理，由于防治污染设施以及其他生产设备发生故障，在故障发生后、发现前这段时间内的超标排放也是人力所不能抗拒的，不能认定为犯罪。但是，如果行为人明知防治污染设施以及其他生产设备发生故障，而故意或者违反有关规定未及时采取措施，则可能构成污染环境罪或者其他相应犯罪。

5. 危险废物和非危险废物混合物的数量应如何认定？

本书观点：对于一般案件涉及的危险废物的数量，可以直接予以认定，并无太大困难。但是，据实践反映，有些行为人非法排放、倾倒、处置的并非单纯的危险废物，如将危险废物与非危险废物混合后进行非法排放、倾倒、处置，甚至不排除个别行为人基于逃避法律追究的目的实施了上述混合行为。例如，行为人将2吨危险废物与8吨非危险废物混合后并将其非法倾倒，如何认定行为人倾倒的危险废物的数量则有不同认识：第一种观点认为，为加大对此类行为的惩治力度，应当依据混合物的数量直接认定危险废物的数量，即认定行为人非法倾倒10吨危险废物；第二种观点认为，从有利于被告人的原则出发，由于2吨危险废物和8吨非危险废物混合，则原来的2吨危险废物不复存在，则不能直接依据倾倒危险废物的数量认定被告人构成污染环境罪；

第三种观点则认为，仍然应当认定非法倾倒 2 吨危险废物。我们认为，上述三种观点均有不妥之处：将危险废物和非危险废物混合后，有的混合物中危险废物浓度高（如将 99 吨危险废物和 1 吨非危险废物混合），有的混合物中危险废物浓度低（如将 1 吨危险废物与 99 吨非危险废物混合），如按照第一种观点一律按照混合物数量直接认定危险废物数量，明显存在不合理之处，如果依据第二种观点则无疑是放纵犯罪，而第三种观点在实践中较难操作，因为在危险废物和非危险废物混合后，判断出混合物中危险废物的量并非易事。实际上，《国家危险废物名录》第四条规定："危险废物与其他物质混合后的固体废物，以及危险废物利用处置后的固体废物的属性判定，按照国家规定的危险废物鉴别标准执行。"据此，对于危险废物和非危险废物的混合物需要根据国家危险废物鉴别标准和鉴别方法进行鉴别，如果仍然具有危险特性的，则应当将混合物全部认定为危险物，如果混合物已不具有危险特性的，则不能再认定为危险废物。

6. 如何区分本罪与妨害传染病防治罪？

本书观点：参照 2003 年 5 月 14 日公布的《最高人民法院、最高人民检察院关于办理妨害预防、控制突发传染病疫情等灾害的刑事案件具体应用法律若干问题的解释》第十三条的规定，"违反传染病防治法等国家有关规定，向土地、水体、大气排放、倾倒或者处置含传染病病原体的废物、有毒物质或者其他危险废物，造成突发传染病传播等重大环境污染事故，致使公私财产遭受重大损失或者人身伤亡的严重后果的，依照刑法第三百三十八条的规定，以重大环境污染事故罪定罪处罚。"违反传染病防治法处置含传染病病原体、废物的行为，属于妨害传染病防治的行为，又因该行为的结果造成严重环境污染，构成污染环境罪。由于污染环境罪规定了罚金刑，刑罚比《刑法》第三百三十条规定的妨害传染病防治罪重，因此应以污染环境罪定罪处罚。

7. 如何正确理解《刑法修正案（十一）》对本罪的修改？

本书观点：《刑法修正案（十一）》对本罪的修改，主要体现在三个方面：

第一，原条文法定加重情节为"后果严重"的，修改后法定加重情节为"情节严重的"。这一修改，扩充了法定加重情节的内容。情节严重不仅包括"后果严重"，还包括那些后果并不那么严重，但综合整个犯罪的主观、客观因素，可以认定为"情节严重"的情形。如：（1）多次实施污染环境犯罪行为的；（2）在饮用水水源保护区、自然保护地核心保护区等依法确定的重点保护区域排放、倾倒、处置有放射性的废物、含传染病病原体的废物、有毒物质，尚未达到情节特别严重的；（3）向国家确定的重要江河、湖泊水域排放、倾倒、处置有放射性的废物、含传染病病原体的废物、有毒物质，尚未达到情节特别严重的；（4）致使少量永久基本农田基本功能丧失或者遭受永久性破坏的；（5）致使他人重伤、患严重疾病的；（6）后果情节严重的。

第二，法定刑设置上在原条文规定的“三年以下有期徒刑或者拘役，并处或者单处罚金”“情节严重的，处三年以上七年以下有期徒刑，并处罚金”之外，又增加了“处七年以上有期徒刑，并处罚金”的罪刑单位，具体情形为：

（1）在饮用水水源保护区、自然保护地核心保护区等依法确定的重点保护区域排放、倾倒、处置有放射性的废物、含传染病病原体的废物、有毒物质，情节特别严重的；

（2）向国家确定的重要江河、湖泊水域排放、倾倒、处置有放射性的废物、含传染病病原体的废物、有毒物质，情节特别严重的；

（3）致使大量永久基本农田基本功能丧失或者遭受永久性破坏的；

（4）致使多人重伤、严重疾病，或者致人严重残疾、死亡的。

上列情形中的“情节特别严重”，应当根据综合整个犯罪的主观、客观因素予以确定，如“排放、倾倒、处置”的次数、数量、危害后果及社会影响恶劣程度等。

第三，增加了污染环境犯罪同时构成其他犯罪的，依照处罚较重的规定定罪处罚的规定。

二、非法处置进口的固体废物罪，擅自进口固体废物罪

（一）刑法规定

第三百三十九条 违反国家规定，将境外的固体废物进境倾倒、堆放、处置的，处五年以下有期徒刑或者拘役，并处罚金；造成重大环境污染事故，致使公私财产遭受重大损失或者严重危害人体健康的，处五年以上十年以下有期徒刑，并处罚金；后果特别严重的，处十年以上有期徒刑，并处罚金。

未经国务院有关主管部门许可，擅自进口固体废物用作原料，造成重大

环境污染事故，致使公私财产遭受重大损失或者严重危害人体健康的，处五年以下有期徒刑或者拘役，并处罚金；后果特别严重的，处五年以上十年以下有期徒刑，并处罚金。

以原料利用为名，进口不能用作原料的固体废物、液态废物和气态废物的，依照本法第一百五十二条第二款、第三款的规定定罪处罚。

（二）疑难、复杂问题的参考性解答

1. 如何区分非法处置进口的固体废物罪与走私废物罪？

本书观点：两者的主要区别是：

（1）侵犯的客体不同。非法处置进口的固体废物罪侵犯的客体是国家有关固体废物污染防治的管理活动和管理制度，由妨害社会管理秩序罪加以规定；而走私废物罪侵犯的客体是国家的对外贸易管理制度，属于破坏社会主义市场经济秩序罪的范围。

（2）犯罪对象有区别。非法处置进口的固体废物罪的犯罪对象是指依法可以进口或限制进口的固体废物；而走私废物罪的犯罪对象是废物，除了固体废物外，还包括液态废物、气态废物等其他废物，同时也不受是否属于国家禁止进口或限制进口的废物的限制。

（3）客观表现形式不同。非法处置进口的固体废物罪在客观方面表现为违反国家规定，将境外的固体废物进境倾倒、堆放、处置的行为；而走私废物罪在客观方面则表现为违反海关法规，逃避海关监管、检查，将境外固体废物运输进境的行为。

2. 如何区分擅自进口固体废物罪与走私废物罪？

本书观点：前者擅自进口的固体废物，可以用作原料，尚有利用价值，并未逃避海关监管，而是照章纳税，只是进口的固体废物应经国务院有关主管部门批准而未报经批准；而后者走私的固体废物、液态废物、气态废物不仅根本不能用作原料，而且根本未获批准进口，入境时，还逃避海关监管，将这些废物走私入境。前者必须造成重大环境污染事故，致使公私财产遭受重大损失或严重危害人体健康的才构成犯罪；后者只要达到一定数量就可以追究刑事责任。

三、非法捕捞水产品罪

（一）刑法规定

第三百四十条　违反保护水产资源法规，在禁渔区、禁渔期或者使用禁用的工具、方法捕捞水产品，情节严重的，处三年以下有期徒刑、拘役、管制或者罚金。

（二）典型或常见问题的审理思路

非法捕捞水产品罪中“情节严重”的司法认定?

本书观点：根据《刑法》第三百四十条的规定，成立非法捕捞水产品罪必须达到“情节严重”的程度。最高人民法院、最高人民检察院《野生动物资源解释》第三条第一款规定，在内陆水域，违反保护水产资源法规，在禁渔区、禁渔期或者使用禁用的工具、方法捕捞水产品，具有下列情形之一的，应当认定为刑法第三百四十条规定的“情节严重”，以非法捕捞水产品罪定罪处罚：（一）非法捕捞水产品五百公斤以上或者价值一万元以上的；（二）非法捕捞有重要经济价值的水生动物苗种、怀卵亲体或者在水产种质资源保护区内捕捞水产品五十公斤以上或者价值一千元以上的；（三）在禁渔区使用电鱼、毒鱼、炸鱼等严重破坏渔业资源的禁用方法或者禁用工具捕捞的；（四）在禁渔期使用电鱼、毒鱼、炸鱼等严重破坏渔业资源的禁用方法或者禁用工具捕捞的；（五）其他情节严重的情形。同时，根据本条第三款规定，实施第一款规定的行为，根据渔获物的数量、价值和捕捞方法、工具等，认为对水生生物资源危害明显较轻的，综合考虑行为人自愿接受行政处罚、积极修复生态环境等情节，可以认定为犯罪情节轻微，不起诉或者免予刑事处罚；情节显著轻微危害不大的，不作为犯罪处理。

四、危害珍贵、濒危野生动物罪

（一）刑法规定

第三百四十一条第一款　非法猎捕、杀害国家重点保护的珍贵、濒危野生动物的，或者非法收购、运输、出售国家重点保护的珍贵、濒危野生动物及其制品的，处五年以下有期徒刑或者拘役，并处罚金；情节严重的，处五年以上十年以下有期徒刑，并处罚金；情节特别严重的，处十年以上有期徒刑，并处罚金或者没收财产。

（二）司法解释、司法文件

1. 全国人民代表大会常务委员会关于《中华人民共和国发布实施刑法》第三百四十一条、第三百一十二条的解释（2014 年 4 月 24 日发布实施）

全国人民代表大会常务委员会根据司法实践中遇到的情况，讨论了刑法第三百四十一条第一款规定的非法收购国家重点保护的珍贵、濒危野生动物及其制品的含义和收购刑法第三百四十一条第二款规定的非法狩猎的野生动物如何适用刑法有关规定的问题，解释如下：

知道或者应当知道是国家重点保护的珍贵、濒危野生动物及其制品，为食用或者其他目的而非法购买的，属于刑法第三百四十一条第一款规定的非法收购国家重点保护的珍贵、濒危野生动物及其制品的行为。

知道或者应当知道是刑法第三百四十一条第二款规定的非法狩猎的野生动物而购买的，属于刑法第三百一十二条第一款规定的明知是犯罪所得而收购的行为。

2. 最高人民法院、最高人民检察院关于办理破坏野生动物资源刑事案件适用法律若干问题的解释（法释〔2022〕12 号，自 2022 年 4 月 9 日起施行）

为依法惩治破坏野生动物资源犯罪，保护生态环境，维护生物多样性和生态平衡，根据《中华人民共和国刑法》《中华人民共和国刑事诉讼法》《中华人民共和国野生动物保护法》等法律的有关规定，现就办理此类刑事案件适用法律的若干问题解释如下：

第一条　具有下列情形之一的，应当认定为刑法第一百五十一条第二款规定的走私国家禁止进出口的珍贵动物及其制品：

（一）未经批准擅自进出口列入经国家濒危物种进出口管理机构公布的《濒危野生动植物种国际贸易公约》附录一、附录二的野生动物及其制品；

（二）未经批准擅自出口列入《国家重点保护野生动物名录》的野生动物及其制品。

第二条　走私国家禁止进出口的珍贵动物及其制品，价值二十万元以上不满二百万元的，应当依照刑法第一百五十一条第二款的规定，以走私珍贵动物、珍贵动物制品罪处五年以上十年以下有期徒刑，并处罚金；价值二百万元以上的，应当认定为“情节特别严重”，处十年以上有期徒刑或者无期徒刑，并处没收财产；价值二万元以上不满二十万元的，应当认定为“情节较轻”，处五年以下有期徒刑，并处罚金。

实施前款规定的行为，具有下列情形之一的，从重处罚：

（一）属于犯罪集团的首要分子的；

（二）为逃避监管，使用特种交通工具实施的；

（三）二年内曾因破坏野生动物资源受过行政处罚的。

实施第一款规定的行为，不具有第二款规定的情形，且未造成动物死亡或者动物、动物制品无法追回，行为人全部退赃退赔，确有悔罪表现的，按照下列规定处理：

（一）珍贵动物及其制品价值二百万元以上的，可以处五年以上十年以下有期徒刑，并处罚金；

（二）珍贵动物及其制品价值二十万元以上不满二百万元的，可以认定为“情节较轻”，处五年以下有期徒刑，并处罚金；

（三）珍贵动物及其制品价值二万元以上不满二十万元的，可以认定为犯罪情节轻微，不起诉或者免予刑事处罚；情节显著轻微危害不大的，不作为犯罪处理。

第三条 在内陆水域，违反保护水产资源法规，在禁渔区、禁渔期或者使用禁用的工具、方法捕捞水产品，具有下列情形之一的，应当认定为刑法第三百四十条规定的“情节严重”，以非法捕捞水产品罪定罪处罚：

（一）非法捕捞水产品五百公斤以上或者价值一万元以上的；

（二）非法捕捞有重要经济价值的水生动物苗种、怀卵亲体或者在水产种质资源保护区内捕捞水产品五十公斤以上或者价值一千元以上的；

（三）在禁渔区使用电鱼、毒鱼、炸鱼等严重破坏渔业资源的禁用方法或者禁用工具捕捞的；

（四）在禁渔期使用电鱼、毒鱼、炸鱼等严重破坏渔业资源的禁用方法或者禁用工具捕捞的；

（五）其他情节严重的情形。

实施前款规定的行为，具有下列情形之一的，从重处罚：

（一）暴力抗拒、阻碍国家机关工作人员依法履行职务，尚未构成妨害公务罪、袭警罪的；

（二）二年内曾因破坏野生动物资源受过行政处罚的；

（三）对水生生物资源或者水域生态造成严重损害的；

（四）纠集多条船只非法捕捞的；

（五）以非法捕捞为业的。

实施第一款规定的行为，根据渔获物的数量、价值和捕捞方法、工具等，认为对水生生物资源危害明显较轻的，综合考虑行为人自愿接受行政处罚、积极修复生态环境等情节，可以认定为犯罪情节轻微，不起诉或者免予刑事处罚；情节显著轻微危害不大的，不作为犯罪处理。

第四条　刑法第三百四十一条第一款规定的"国家重点保护的珍贵、濒危野生动物"包括：

（一）列入《国家重点保护野生动物名录》的野生动物；

（二）经国务院野生动物保护主管部门核准按照国家重点保护的野生动物管理的野生动物。

第五条　刑法第三百四十一条第一款规定的"收购"包括以营利、自用等为目的的购买行为；"运输"包括采用携带、邮寄、利用他人、使用交通工具等方法进行运送的行为；"出售"包括出卖和以营利为目的的加工利用行为。

刑法第三百四十一条第三款规定的"收购""运输""出售"，是指以食用为目的，实施前款规定的相应行为。

第六条　非法猎捕、杀害国家重点保护的珍贵、濒危野生动物，或者非法收购、运输、出售国家重点保护的珍贵、濒危野生动物及其制品，价值二万元以上不满二十万元的，应当依照刑法第三百四十一条第一款的规定，以危害珍贵、濒危野生动物罪处五年以下有期徒刑或者拘役，并处罚金；价值二十万元以上不满二百万元的，应当认定为"情节严重"，处五年以上十年以下有期徒刑，并处罚金；价值二百万元以上的，应当认定为"情节特别严重"，处十年以上有期徒刑，并处罚金或者没收财产。

实施前款规定的行为，具有下列情形之一的，从重处罚：

（一）属于犯罪集团的首要分子的；

（二）为逃避监管，使用特种交通工具实施的；

（三）严重影响野生动物科研工作的；

（四）二年内曾因破坏野生动物资源受过行政处罚的。

实施第一款规定的行为，不具有第二款规定的情形，且未造成动物死亡或者动物、动物制品无法追回，行为人全部退赃退赔，确有悔罪表现的，按照下列规定处理：

（一）珍贵、濒危野生动物及其制品价值二百万元以上的，可以认定为“情节严重”，处五年以上十年以下有期徒刑，并处罚金；

（二）珍贵、濒危野生动物及其制品价值二十万元以上不满二百万元的，可以处五年以下有期徒刑或者拘役，并处罚金；

（三）珍贵、濒危野生动物及其制品价值二万元以上不满二十万元的，可以认定为犯罪情节轻微，不起诉或者免予刑事处罚；情节显著轻微危害不大的，不作为犯罪处理。

第七条 违反狩猎法规，在禁猎区、禁猎期或者使用禁用的工具、方法进行狩猎，破坏野生动物资源，具有下列情形之一的，应当认定为刑法第三百四十一条第二款规定的“情节严重”，以非法狩猎罪定罪处罚：

（一）非法猎捕野生动物价值一万元以上的；

（二）在禁猎区使用禁用的工具或者方法狩猎的；

（三）在禁猎期使用禁用的工具或者方法狩猎的；

（四）其他情节严重的情形。

实施前款规定的行为，具有下列情形之一的，从重处罚：

（一）暴力抗拒、阻碍国家机关工作人员依法履行职务，尚未构成妨害公务罪、袭警罪的；

（二）对野生动物资源或者栖息地生态造成严重损害的；

（三）二年内曾因破坏野生动物资源受过行政处罚的。

实施第一款规定的行为，根据猎获物的数量、价值和狩猎方法、工具等，认为对野生动物资源危害明显较轻的，综合考虑猎捕的动机、目的、行为人自愿接受行政处罚、积极修复生态环境等情节，可以认定为犯罪情节轻微，不起诉或者免予刑事处罚；情节显著轻微危害不大的，不作为犯罪处理。

第八条 违反野生动物保护管理法规，以食用为目的，非法猎捕、收购、运输、出售刑法第三百四十一条第一款规定以外的在野外环境自然生长繁殖的陆生野生动物，具有下列情形之一的，应当认定为刑法第三百四十一条第三款规定的“情节严重”，以非法猎捕、收购、运输、出售陆生野生动物罪定罪处罚：

（一）非法猎捕、收购、运输、出售有重要生态、科学、社会价值的陆生野生动物或者地方重点保护陆生野生动物价值一万元以上的；

（二）非法猎捕、收购、运输、出售第一项规定以外的其他陆生野生动物价值五万元以上的；

（三）其他情节严重的情形。

实施前款规定的行为，同时构成非法狩猎罪的，应当依照刑法第三百四十一条第三款的规定，以非法猎捕陆生野生动物罪定罪处罚。

第九条　明知是非法捕捞犯罪所得的水产品、非法狩猎犯罪所得的猎获物而收购、贩卖或者以其他方法掩饰、隐瞒，符合刑法第三百一十二条规定的，以掩饰、隐瞒犯罪所得罪定罪处罚。

第十条　负有野生动物保护和进出口监督管理职责的国家机关工作人员，滥用职权或者玩忽职守，致使公共财产、国家和人民利益遭受重大损失的，应当依照刑法第三百九十七条的规定，以滥用职权罪或者玩忽职守罪追究刑事责任。

负有查禁破坏野生动物资源犯罪活动职责的国家机关工作人员，向犯罪分子通风报信、提供便利，帮助犯罪分子逃避处罚的，应当依照刑法第四百一十七条的规定，以帮助犯罪分子逃避处罚罪追究刑事责任。

第十一条　对于“以食用为目的”，应当综合涉案动物及其制品的特征，被查获的地点，加工、包装情况，以及可以证明来源、用途的标识、证明等证据作出认定。

实施本解释规定的相关行为，具有下列情形之一的，可以认定为“以食用为目的”：

（一）将相关野生动物及其制品在餐饮单位、饮食摊点、超市等场所作为食品销售或者运往上述场所的；

（二）通过包装、说明书、广告等介绍相关野生动物及其制品的食用价值或者方法的；

（三）其他足以认定以食用为目的的情形。

第十二条　二次以上实施本解释规定的行为构成犯罪，依法应当追诉的，或者二年内实施本解释规定的行为未经处理的，数量、数额累计计算。

第十三条　实施本解释规定的相关行为，在认定是否构成犯罪以及裁量刑罚时，应当考虑涉案动物是否系人工繁育、物种的濒危程度、野外存活状况、人工繁育情况、是否列入人工繁育国家重点保护野生动物名录，行为手段、对野生动物资源的损害程度，以及对野生动物及其制品的认知程度等情节，综合评估社会危害性，准确认定是否构成犯罪，妥当裁量刑罚，确保罪责刑相适应；根据本解释的规定定罪量刑明显过重的，可以根据案件的事实、情节和社会危害程度，依法作出妥当处理。

涉案动物系人工繁育，具有下列情形之一的，对所涉案件一般不作为犯罪处理；需要追究刑事责任的，应当依法从宽处理：

（一）列入人工繁育国家重点保护野生动物名录的；

（二）人工繁育技术成熟、已成规模，作为宠物买卖、运输的。

第十四条 对于实施本解释规定的相关行为被不起诉或者免予刑事处罚的行为人，依法应当给予行政处罚、政务处分或者其他处分的，依法移送有关主管机关处理。

第十五条 对于涉案动物及其制品的价值，应当根据下列方法确定：

（一）对于国家禁止进出口的珍贵动物及其制品、国家重点保护的珍贵、濒危野生动物及其制品的价值，根据国务院野生动物保护主管部门制定的评估标准和方法核算；

（二）对于有重要生态、科学、社会价值的陆生野生动物、地方重点保护野生动物、其他野生动物及其制品的价值，根据销赃数额认定；无销赃数额、销赃数额难以查证或者根据销赃数额认定明显偏低的，根据市场价格核算，必要时，也可以参照相关评估标准和方法核算。

第十六条 根据本解释第十五条规定难以确定涉案动物及其制品价值的，依据司法鉴定机构出具的鉴定意见，或者下列机构出具的报告，结合其他证据作出认定：

（一）价格认证机构出具的报告；

（二）国务院野生动物保护主管部门、国家濒危物种进出口管理机构或者海关总署等指定的机构出具的报告；

（三）地、市级以上人民政府野生动物保护主管部门、国家濒危物种进出口管理机构的派出机构或者直属海关等出具的报告。

第十七条 对于涉案动物的种属类别、是否系人工繁育，非法捕捞、狩猎的工具、方法，以及对野生动物资源的损害程度等专门性问题，可以由野生动物保护主管部门、侦查机关依据现场勘验、检查笔录等出具认定意见；难以确定的，依据司法鉴定机构出具的鉴定意见、本解释第十六条所列机构出具的报告，被告人及其辩护人提供的证据材料，结合其他证据材料综合审查，依法作出认定。

第十八条　餐饮公司、渔业公司等单位实施破坏野生动物资源犯罪的，依照本解释规定的相应自然人犯罪的定罪量刑标准，对直接负责的主管人员和其他直接责任人员定罪处罚，并对单位判处罚金。

第十九条　在海洋水域，非法捕捞水产品，非法采捕珊瑚、砗磲或者其他珍贵、濒危水生野生动物，或者非法收购、运输、出售珊瑚、砗磲或者其他珍贵、濒危水生野生动物及其制品的，定罪量刑标准适用《最高人民法院关于审理发生在我国管辖海域相关案件若干问题的规定（二）》（法释〔2016〕17 号）的相关规定。

第二十条　本解释自 2022 年 4 月 9 日起施行。本解释公布施行后，《最高人民法院关于审理破坏野生动物资源刑事案件具体应用法律若干问题的解释》（法释〔2000〕37 号）同时废止；之前发布的司法解释与本解释不一致的，以本解释为准。

3. **最高人民法院、最高人民检察院、国家林业局、公安部、海关总署关于破坏野生动物资源刑事案件中涉及的 CITES 附录Ⅰ和附录Ⅱ所列陆生野生动物制品价值核定问题的通知**（林濒发〔2012〕239 号，自 2012 年 9 月 17 日施行）

各省、自治区、直辖市高级人民法院、人民检察院、林业厅（局）、公安厅（局），解放军军事法院，解放军军事检察院，新疆维吾尔自治区高级人民法院生产建设兵团分院，新疆生产建设兵团人民检察院、林业局、公安局，海关总署广东分署，各直属海关：

我国是《濒危野生动植物种国际贸易公约》（CITES）缔约国，非原产我国的 CITES 附录Ⅰ和附录Ⅱ所列陆生野生动物已依法被分别核准为国家一级、二级保护野生动物。近年来，各地严格按照 CITES 和我国野生动物保护法律法规的规定，查获了大量非法收购、运输、出售和走私 CITES 附录Ⅰ、附录Ⅱ所列陆生野生动物及其制品案件。为确保依法办理上述案件，依据《陆生野生动物保护实施条例》第二十四条、《最高人民法院关于审理走私刑事案件具体应用法律若干问题的解释》（法释〔2000〕30 号）第四条，以及《最高人民法院关于审理破坏野生动物资源刑事案件具体应用法律若干问题的解释》（法释〔2000〕37 号）第十条和第十一条的有关规定，结合《林业部关于在野生动物案件中如何确定国家重点保护野生动物及其产品价值标准的通知》（林策通字〔1996〕8 号），现将破坏野生动物资源案件中涉及的 CITES 附录Ⅰ和附录Ⅱ所列陆生野生动物制品的价值标准规定如下：

一、CITES 附录Ⅰ、附录Ⅱ所列陆生野生动物制品的价值，参照与其同属的国家重点保护陆生野生动物的同类制品价值标准核定；没有与其同属的国家重点保护陆生野生动物的，参照与其同科的国家重点保护陆生野生动物的同类制品价值标准核定；没有与其同科的国家重点保护陆生野生动物的，参照与其同目的国家重点保护陆生野生动物的同类制品价值标准核定；没有与其同目的国家重点保护陆生野生动物的，参照与其同纲或者同门的国家重点保护陆生野生动物的同类制品价值标准核定。

二、同属、同科、同目、同纲或者同门中，如果存在多种不同保护级别的国家重点保护陆生野生动物的，应当参照该分类单元中相同保护级别的国家重点保护陆生野生动物的同类制品价值标准核定；如果存在多种相同保护级别的国家重点保护陆生野生动物的，应当参照该分类单元中价值标准最低的国家重点保护陆生野生动物的同类制品价值标准核定；如果 CITES 附录Ⅰ和附录Ⅱ所列陆生野生动物所处分类单元有多种国家重点保护陆生野生动物，但保护级别不同的，应当参照该分类单元中价值标准最低的国家重点保护陆生野生动物的同类制品价值标准核定；如果仅有一种国家重点保护陆生野生动物的，应当参照该种国家重点保护陆生野生动物的同类制品价值标准核定。

三、同一案件中缴获的同一动物个体的不同部分的价值总和，不得超过该种动物个体的价值。

四、核定价值低于非法贸易实际交易价格的，以非法贸易实际交易价格认定。

五、犀牛角、象牙等野生动物制品的价值，继续依照《国家林业局关于发布破坏野生动物资源刑事案中涉及走私的象牙及其制品价值标准的通知》（林濒发〔2001〕234 号），以及《国家林业局关于发布破坏野生动物资源刑事案件中涉及犀牛角价值标准的通知》（林护发〔2002〕130 号）的规定核定。

人民法院、人民检察院、公安、海关等办案单位可以依据上述价值标准，核定破坏野生动物资源刑事案件中涉及的 CITES 附录Ⅰ和附录Ⅱ所列陆生野生动物制品的价值。核定有困难的，县级以上林业主管部门、国家濒危物种进出口管理机构或其指定的鉴定单位应该协助。

4. 最高人民法院、最高人民检察院、公安部、司法部关于依法惩治非法野生动物交易犯罪的指导意见（公通字〔2020〕19号，自2020年12月18日起施行）

为依法惩治非法野生动物交易犯罪，革除滥食野生动物的陋习，有效防范重大公共卫生风险，切实保障人民群众生命健康安全，根据有关法律、司法解释的规定，结合侦查、起诉、审判实践，制定本意见。

一、依法严厉打击非法猎捕、杀害野生动物的犯罪行为，从源头上防控非法野生动物交易。

非法猎捕、杀害国家重点保护的珍贵、濒危野生动物，符合刑法第三百四十一条第一款规定的，以非法猎捕、杀害珍贵、濒危野生动物罪定罪处罚。

违反狩猎法规，在禁猎区、禁猎期或者使用禁用的工具、方法进行狩猎，破坏野生动物资源，情节严重，符合刑法第三百四十一条第二款规定的，以非法狩猎罪定罪处罚。

违反保护水产资源法规，在禁渔区、禁渔期或者使用禁用的工具、方法捕捞水产品，情节严重，符合刑法第三百四十条规定的，以非法捕捞水产品罪定罪处罚。

二、依法严厉打击非法收购、运输、出售、进出口野生动物及其制品的犯罪行为，切断非法野生动物交易的利益链条。

非法收购、运输、出售国家重点保护的珍贵、濒危野生动物及其制品，符合刑法第三百四十一条第一款规定的，以非法收购、运输、出售珍贵、濒危野生动物、珍贵、濒危野生动物制品罪定罪处罚。

走私国家禁止进出口的珍贵动物及其制品，符合刑法第一百五十一条第二款规定的，以走私珍贵动物、珍贵动物制品罪定罪处罚。

三、依法严厉打击以食用或者其他目的的非法购买野生动物的犯罪行为，坚决革除滥食野生动物的陋习。

知道或者应当知道是国家重点保护的珍贵、濒危野生动物及其制品，为食用或者其他目的而非法购买，符合刑法第三百四十一条第一款规定的，以非法收购珍贵、濒危野生动物、珍贵、濒危野生动物制品罪定罪处罚。

四、二次以上实施本意见第一条至第三条规定的行为构成犯罪，依法应当追诉的，或者二年内二次以上实施本意见第一条至第三条规定的行为未经处理的，数量、数额累计计算。

五、明知他人实施非法野生动物交易行为，有下列情形之一的，以共同犯罪论处：

（一）提供贷款、资金、账号、车辆、设备、技术、许可证件的；

（二）提供生产、经营场所或者运输、仓储、保管、快递、邮寄、网络信息交互等便利条件或者其他服务的；

（三）提供广告宣传等帮助行为的。

六、对涉案野生动物及其制品价值，可以根据国务院野生动物保护主管部门制定的价值评估标准和方法核算。对野生动物制品，根据实际情况予以核算，但核算总额不能超过该种野生动物的整体价值。具有特殊利用价值或者导致动物死亡的主要部分，核算方法不明确的，其价值标准最高可以按照该种动物整体价值标准的80%予以折算，其他部分价值标准最高可以按整体价值标准的20%予以折算，但是按照上述方法核算的价值明显不当的，应当根据实际情况妥当予以核算。核算价值低于实际交易价格的，以实际交易价格认定。

根据前款规定难以确定涉案野生动物及其制品价值的，依据下列机构出具的报告，结合其他证据作出认定：

（一）价格认证机构出具的报告；

（二）国务院野生动物保护主管部门、国家濒危物种进出口管理机构、海关总署等指定的机构出具的报告；

（三）地、市级以上人民政府野生动物保护主管部门、国家濒危物种进出口管理机构的派出机构、直属海关等出具的报告。

七、对野生动物及其制品种属类别，非法捕捞、狩猎的工具、方法，以及对野生动物资源的损害程度、食用涉案野生动物对人体健康的危害程度等专门性问题，可以由野生动物保护主管部门、侦查机关或者有专门知识的人依据现场勘验、检查笔录等出具认定意见。难以确定的，依据司法鉴定机构出具的鉴定意见，或者本意见第六条第二款所列机构出具的报告，结合其他证据作出认定。

八、办理非法野生动物交易案件中，行政执法部门依法收集的物证、书证、视听资料、电子数据等证据材料，在刑事诉讼中可以作为证据使用。

对不易保管的涉案野生动物及其制品，在做好拍摄、提取检材或者制作足以反映原物形态特征或者内容的照片、录像等取证工作后，可以移交野生动物保护主管部门及其指定的机构依法处置。对存在或者可能存在疫病的野生动物及其制品，应立即通知野生动物保护主管部门依法处置。

九、实施本意见规定的行为，在认定是否构成犯罪以及裁量刑罚时，应当考虑涉案动物是否系人工繁育、物种的濒危程度、野外存活状况、人工繁育情况、是否列入国务院野生动物保护主管部门制定的人工繁育国家重点保护野生动物名录，以及行为手段、对野生动物资源的损害程度、食用涉案野生动物对人体健康的危害程度等情节，综合评估社会危害性，确保罪责刑相适应。相关定罪量刑标准明显不适宜的，可以根据案件的事实、情节和社会危害程度，依法作出妥当处理。

十、本意见自下发之日起施行。

（三）典型或常见问题的审理思路

购买麝香的行为应如何定性?①

本书观点：麝是我国一级保护动物，也是世界濒危物种之一，麝香是一种极其稀缺的名贵药材。随着麝香市场价格日益昂贵，不法分子为获取暴利不断猎杀野生麝，我国的麝和天然麝香资源已处于极为严重稀缺的状态。行为人明知麝香为珍贵、濒危野生动物制品而予以购买交易的行为已触犯我国刑法，构成非法收购、运输、出售珍贵、濒危野生动物制品罪。

五、非法狩猎罪

（一）刑法规定

第三百四十一条第二款　违反狩猎法规，在禁猎区、禁猎期或者使用禁用的工具、方法进行狩猎，破坏野生动物资源，情节严重的，处三年以下有期徒刑、拘役、管制或者罚金。

---

①　观点来源：尼玛某吉非法收购、运输、出售珍贵、濒危野生动物制品案，载中国法院网2017年12月5日。

（二）典型或常见问题的审理思路

私拉电网非法狩猎并危及公共安全的，应当如何处理？[①]

本书观点：行为人的行为不构成过失以危险方法危害公共安全罪。过失以危险方法危害公共安全罪，是指以失火、过失决水、爆炸、投放危险物质以外的其他危险方法，过失危害公共安全，致人重伤、死亡或者使公私财产遭受重大损失的行为。本罪是结果犯，因此，构成过失以危险方法危害公共安全罪客观上必须以发生危害公共安全的严重后果为前提，即必须发生致人重伤、死亡或者使公私财产遭受重大损失的严重后果，且该危害公共安全的严重后果与行为人的过失危险行为有因果关系。行为人在林场私设电网捕猎野生动物的行为虽已危及公共安全，但仅造成一人轻微伤，未达到过失以危险方法危害公共安全罪所要求的致人重伤、死亡的入罪标准。

行为人的行为构成非法狩猎罪。理由如下：

（1）行为人对自己私拉电网狩猎行为的违法性是明知的。行为人狩猎的区域是林区，根据《森林法》（已被修改）第二十五条的规定，林区内列为国家保护的野生动物，禁止猎捕。不得非法狩猎的观念在当地村民间已经普及，行为人在庭审中也承认知道国家禁止在当地狩猎的规定。因此，具备非法狩猎罪的主观要件。

（2）行为人私设电网捕杀野生动物符合非法狩猎罪的犯罪对象特征。非法狩猎罪侵害的客体是国家保护野生动物资源管理秩序，犯罪对象是处于禁猎区或者禁猎期的珍禽、珍兽或者其他野生动物。根据野生动物资源的珍贵程度，有关动物保护法规将野生动物分为三类，并分别规定了批准捕猎的权限。第一类包括金丝猴、大熊猫、虎、亚洲象、野牛、梅花鹿等三十八种和亚种，严禁猎捕，如需猎捕，必须经国家林业主管部门的批准；第二类包括蜂猴、百合、大小天鹅、鸳鸯等六十五种和亚种，禁止猎捕，如需猎捕，必须经省、自治区、直辖市林业主管部门的批准，并报国家林业主管部门备案。第三类包括金鸡、穿山甲等四十七种和亚种，由省、自治区、直辖市根据资源情况，确定禁猎或者严格控制猎捕量。在把握本罪的犯罪对象时要注意以下三点：一是本罪的犯罪对象不包括国家重点保护的珍贵、濒危野生动物，

---

① 观点来源：《刑事审判参考》第603号指导案例，曾某义、陈某容非法狩猎案。

即《国家重点保护野生动物名录》中列明的国家一、二级保护野生动物和《濒危野生动植物种国际贸易公约》附录一、附录二中的野生动物以及驯养繁殖的上述物种。如果行为人捕猎的是上述动物，则属于非法猎捕珍贵、濒危野生动物罪的犯罪对象。二是如果狩猎者猎捕的动物不是野生动物，并且不属于《濒危野生动植物种国际贸易公约》附录一、附录二中野生动物的驯养繁殖物种的，不属于非法狩猎罪的犯罪对象。三是如果狩猎者取得狩猎证，在非禁猎区、非禁猎期，采用法律规定的捕猎手段捕获的不属于珍贵、濒危野生动物的，也不属于非法狩猎罪的犯罪对象。行为人狩猎捕获的野猪等野生动物既不属于《国家重点保护野生动物名录》中列明的国家一、二级保护野生动物，也不属于《濒危野生动植物种国际贸易公约》附录一、附录二的野生动物的驯养繁殖物种，因此其猎捕的对象符合非法狩猎罪的犯罪对象特征。

（3）行为符合非法狩猎罪的客观要件。本罪的客观特征具体表现在三个方面：一是必须以违反狩猎法规的禁止性规定为前提。《野生动物保护法》第二十二条规定，猎捕非国家重点保护野生动物的，必须取得狩猎证，并且服从猎捕量限额管理。二是行为人在禁猎区、禁猎期，或者以禁用的工具、方法进行狩猎。所谓“禁用的工具、方法”，根据《陆生野生动物保护实施条例》第十八条的规定，是指使用军用武器、汽枪、毒药、炸药、地枪、排铳、非人为直接操作并危害人畜安全的狩猎装置、夜间照明行猎、歼灭性围猎、火攻、烟熏以及县级以上各级人民政府或者其野生动物行政主管部门规定禁止使用的其他狩猎工具和方法狩猎。三是非法狩猎行为必须达到情节严重。根据最高人民法院、最高人民检察院《野生动物资源解释》第七条第一款规定，违反狩猎法规，在禁猎区、禁猎期或者使用禁用的工具、方法进行狩猎，破坏野生动物资源，具有下列情形之一的，应当认定为刑法第三百四十一条第二款规定的“情节严重”，以非法狩猎罪定罪处罚：（一）非法猎捕野生动物价值一万元以上的；（二）在禁猎区使用禁用的工具或者方法狩猎的；（三）在禁猎期使用禁用的工具或者方法狩猎的；（四）其他情节严重的情形。同时，根据该条第三款规定，实施第一款规定的行为，根据猎获物的数量、价值和狩猎方法、工具等，认为对野生动物资源危害明显较轻的，综合考虑猎捕的动机、目的、行为人自愿接受行政处罚、积极修复生态环境等情节，可以认定为犯罪情节轻微，不起诉或者免予刑事处罚；情节显著轻微危害不大的，不作为犯罪处理。

以私设电网的方法猎捕野生动物，并致人重伤、死亡或者使公私财产遭受重大损失的，同时触犯了非法狩猎罪和过失以危险方法危害公共安全罪的，应当按照想象竞合犯的处理原则，择一重罪处理。根据《刑法》第一百一十五条第二款和第三百四十一条第二款的规定，犯过失以危险方法危害公共安全罪，处三年以上七年以下有期徒刑；情节较轻的，处三年以下有期徒刑或者拘役。犯非法狩猎罪，处三年以下有期徒刑、拘役、管制或者罚金。比较两罪的法定刑，显然过失以危险方法危害公共安全罪要重于非法狩猎罪。因此，当行为人同时触犯过失以危险方法危害公共安全罪和非法狩猎罪两个罪名时，应以过失以危险方法危害公共安全罪追究其刑事责任。同时，可将非法狩猎行为作为量刑情节予以考虑。

（三）疑难、复杂问题的参考性解答

非法捕杀野生动物并出售的罪数如何认定？

本书观点：（1）非法猎捕、杀害珍贵、濒危野生动物后又非法出售的，非法出售系事后不可罚行为。不另认定为非法出售珍贵、濒危野生动物、珍贵、濒危野生动物制品罪。从横向看，行为人非法杀害珍贵、濒危野生动物后又非法出售，其行为系复数行为，性质为事后不可罚行为。刑法中所说的事后不可罚行为（共罚的事后行为），通常是指行为人实施某一犯罪后，继而实施另一独立的不同的犯罪行为，基于事前行为（主行为）与事后行为（辅行为）之间的关联关系，对其实施的事后行为，不再单独予以定罪处罚。通常认为，只有在后行为是对前行为造成的状态的利用行为，可被前行为的构成要件内容所包括评价时，才不再单独处罚。行为人首先非法杀害珍贵、濒危野生动物，然后非法出售珍贵、濒危野生动物，前后两种行为的犯罪对象均为珍贵、濒危的野生动物；行为主体均是同一人；侵害的法益均是国家对野生动物资源的保护管理制度；行为人杀害珍贵、濒危野生动物的行为虽然已经实施完毕，但赃物的占有状态仍然持续；虽然非法杀害珍贵、濒危野生动物罪与非法出售珍贵、濒危野生动物、珍贵、濒危野生动物制品罪的法定刑相同，但一般认为，对前罪的量刑一般应当重于后罪。因此，行为人非法出售珍贵、濒危野生动物的行为系事后不可罚行为。究其不可罚的原因，主要有如下几点：一是没有侵害新的法益。行为人杀害与出售的对象均是捕杀的珍贵、濒危野生动物及其他“三有保护”野生动物，行为主体一致，侵害

的都是国家对野生动物资源的保护管理制度。其非法出售珍贵、濒危野生动物实际上是对非法捕杀珍贵、濒危野生动物行为完成之后的利用处分行为，是对同一对象、同一法益的二次侵害，没有侵害新的法益。非法出售珍贵、濒危野生动物的行为可以视为非法杀害、猎捕行为的从行为，被非法猎捕、杀害行为吸收。当然，吸收前提是这两种行为的犯罪主体、犯罪对象必须同一，如果捕杀行为的主体与出售行为主体不一，或者捕杀与出售的珍贵、濒危野生动物并非同一批犯罪赃物，对行为人非法出售行为的处罚就不能被非法猎捕、杀害行为吸收。二是缺乏期待可能性。期待可能性的理论认为，如果不能期待行为人实施其他适法行为，就不能对其进行法的非难，因而不存在刑法上的责任。行为人基于非法获利的目的，捕杀珍贵、濒危野生动物之后，自然会为实现非法获利目的将捕杀的野生动物予以出售，刑罚缺乏期待其作出将捕杀的珍贵、濒危野生动物上交有关部门的合法补救行为的可能性，对其不另以非法出售珍贵、濒危的野生动物、珍贵、濒危野生动物制品罪定罪处罚是恰当的。

（2）基于概括故意的连续数个犯罪行为同时触犯非法猎捕、杀害珍贵、濒危野生动物罪和非法狩猎罪，参照连续犯，对犯罪对象分别累加后择一重罪从重处罚。从纵向看，行为人的行为也系复数行为。行为人基于概括的犯罪故意（毒杀包括珍贵、濒危野生动物在内的野生动物），连续 6 次实施投毒杀害野生动物的行为，其狩猎行为系在禁猎期间，在国家级自然保护期使用禁用的方法猎捕野生候鸟，性质为非法狩猎罪的连续犯。但是由于在其中 2 次投毒中，犯罪对象中有珍贵、濒危野生动物，同时触犯了非法杀害珍贵、濒危的野生动物罪，并非连续犯所要求的同一罪名。因此，对行为人连续多次非法狩猎的行为，是以一罪处罚还是数罪并罚，值得研究。对此，第一种观点认为，应当将所有 6 次猎捕行为视为一次行为，将猎获的野生动物累计后按想象竞合犯处理。第二种观点认为，应当对其中 4 次猎捕一般野生动物的行为以非法狩猎罪的连续犯定罪量刑，对其中 2 次猎捕珍贵、濒危野生动物的行为以非法杀害珍贵、濒危野生动物罪的连续犯定罪量刑，然后将二罪数罪并罚。第三种观点认为，对其中 4 次猎捕一般野生动物的行为以非法狩猎罪的连续犯定罪量刑，对其中 2 次猎捕珍贵、濒危野生动物的行为以非法杀害珍贵、濒危野生动物罪的连续犯定罪量刑，然后从一重以非法杀害珍贵、濒危野生动物罪论处，同时将非法猎捕一般野生动物的行为作为从重量刑因素考虑。我们赞同第三种观点。

第一，行为人的行为系具有实质竞合的行为复数。刑法中典型的一罪，是一个行为对应一个规范构成要件的单纯的一对一对应情况。一个行为对应数个规范以及数个关联行为对应一个或数个规范，就会形成竞合关系，与数个无关联行为对应数个规范的典型数罪关系对应。竞合关系又分为实质竞合和想象竞合，一个行为符合数个规范是想象竞合；复数行为之间存在特定关联关系，而使数个行为或数个罪名可能最终被一并处罚宣判为一罪的情况就是实质竞合，如连续犯、牵连犯。因此，行为单复数的判断是竞合关系的前提问题；行为是单数还是复数是想象竞合与实质竞合的区分关键；复数行为之间是否存在特定关系，是判断是否成立实质竞合的标准。行为单复数的判定应该基于自然的观察，从社会的一般观念上作出判断，而不是以犯罪构成要件为出发点判断，只有当从自然意义上无法判断行为的单复数，才需要借助犯罪构成要件进行判断。从行为人实施犯罪行为的主观方面看，其在整个犯罪过程中系概括的犯意，犯罪故意和目的是同一且稳定的，即猎捕野生动物，一般野生动物或珍贵、濒危野生动物均在其犯意范围内。从客观方面看，行为人的数次投毒捕杀野生动物行为具有独立性，时间上具有连续性，犯罪方法也具有同一性，均使用投毒这一非法方法。这种行为模式类似于多次盗窃的连续犯，系基于一个概括的犯意，反复实施了多个相同或类似的具有连续性的行为。从自然意义上，很明显可以得出行为人的行为系行为复数的结论。

第二，由于典型的连续犯一般要求数个行为触犯同一罪名，而行为人有两次捕杀的野生动物中有国家规定的珍贵、濒危野生动物，同时触犯了非法狩猎罪与非法杀害珍贵、濒危的野生动物罪，同典型的连续犯还是存在一定区别。但是，不可否认，行为人连续6次猎捕行为有着实质竞合的性质，将6次捕杀野生动物的行为视为一个整体行为，对涉及不同野生动物的行为分别按照连续犯累加，然后择一重罪处理，与行为人的主观犯意更为贴近。反之，若因概括犯意下猎捕到不同野生动物触犯数个罪名而数罪并罚，不仅与实质竞合犯以一罪处断的原则相悖，而且强行割裂了行为人主观犯意及行为后果，将一个整体行为分裂为两部分数罪并罚，有重复评价之嫌。行为人基于一个概括的故意实施了多次非法狩猎罪的连续犯行为，2次非法杀害珍贵、濒危野生动物罪的连续犯行为，对所有行为视为一个整体行为，择一重罪以非法杀害珍贵、濒危野生动物罪从重处罚。

六、非法猎捕、收购、运输、出售陆生野生动物罪

（一）刑法规定

第三百四十一条　非法猎捕、杀害国家重点保护的珍贵、濒危野生动物的，或者非法收购、运输、出售国家重点保护的珍贵、濒危野生动物及其制品的，处五年以下有期徒刑或者拘役，并处罚金；情节严重的，处五年以上十年以下有期徒刑，并处罚金；情节特别严重的，处十年以上有期徒刑，并处罚金或者没收财产。

违反狩猎法规，在禁猎区、禁猎期或者使用禁用的工具、方法进行狩猎，破坏野生动物资源，情节严重的，处三年以下有期徒刑、拘役、管制或者罚金。

违反野生动物保护管理法规，以食用为目的非法猎捕、收购、运输、出售第一款规定以外的在野外环境自然生长繁殖的陆生野生动物，情节严重的，依照前款的规定处罚。①

（二）疑难、复杂问题的参考性解答

如何正确理解和适用非法猎捕、收购、运输、出售陆生野生动物罪的构成要件?

本书观点：本罪系《刑法修正案（十一）》新增加的犯罪。从立法宗旨看，本款的规定系为了与全国人大常委会关于全面禁食野生动物的决定相衔接，将以食用为目的非法猎捕、收购、运输、出售除珍贵、濒危野生动物以外的在野外环境自然生长繁殖的陆生野生动物，情节严重的行为增加规定为犯罪，从源头上控制重大公共卫生风险的发生。

（1）本因的主体为一般犯罪主体。

（2）本罪的主观方面为故意，且必须以食用为目的，包括供自己食用和供他人食用。司法实践中，更多的是提供给酒店、饭店等经营者，供食客食用。如果不是自己实施非法猎捕、收购、运输、出售行为，而仅仅食用了上述行为人提供的陆生野生动物，则不构成本罪。如果不是以食用为目的，而

---

① 本款系根据《刑法修正案（十一）》第四十一条的规定而增加。1997 年刑法无本款规定。

是以科学研究、供动物园参观使用等为目的，亦不构成本罪。

（3）本罪的客观方面，一是违反野生动物保护管理法规，二是非法猎捕、收购、运输、出售《刑法》第三百四十一条第一款规定以外的在野外环境自然生长繁殖的陆生野生动物，三是情节严重。如果非法猎捕、收购、运输、出售的是《刑法》第三百四十一条第一款规定的国家重点保护的珍贵、濒危野生动物的，则应当以非法猎捕、杀害珍贵、濒危野生动物罪定罪处罚。如何认定情节严重，目前尚无相应的司法解释。实践中，对以下情形，应当认定为情节严重：①多次实施上述行为的；②实施上述行为影响恶劣的；③已经明显危害公众健康或者社会公共利益的；④导致重大公共卫生风险发生的；⑤实施上述行为被行政处罚或者被判处刑罚后又实施上述行为的；⑥其他情节严重的情形。

（4）本罪侵犯的客观是环境资源保护制度，有时亦侵犯了国家公共卫生的管理制度。本款的立法目的不是保护野生动物本身，而是防止引发公共卫生方面的危险，这与前两款规定的立法目的有所不同。

七、非法占用农用地罪

（一）刑法规定

第三百四十二条　违反土地管理法规，非法占用耕地、林地等农用地，改变被占用土地用途，数量较大，造成耕地、林地等农用地大量毁坏的，处五年以下有期徒刑或者拘役，并处或者单处罚金。

（二）司法解释、司法文件及其权威解读

1. 全国人民代表大会常务委员会关于《中华人民共和国刑法》第二百二十八条、第三百四十二条、第四百一十条的解释（2001年8月31日发布实施，2009年8月27日修正）

全国人民代表大会常务委员会讨论了刑法第二百二十八条、第三百四十二条、第四百一十条规定的“违反土地管理法规”和第四百一十条规定的“非法批准征用、占用土地”的含义问题，解释如下：

刑法第二百二十八条、第三百四十二条、第四百一十条规定的“违反土地管理法规”，是指违反土地管理法、森林法、草原法等法律以及有关行政法

规中关于土地管理的规定。

刑法第四百一十条规定的“非法批准征用、占用土地”，是指非法批准征用、占用耕地、林地等农用地以及其他土地。

现予公告。

权威解读

解读《中华人民共和国刑法修正案（二）》和《全国人民代表大会常务委员会关于〈中华人民共和国刑法〉第二百二十八条、第三百四十二条、第四百一十条的解释》（节录）

2001 年 8 月 31 日，九届全国人大常委会第二十三次会议审议通过的《中华人民共和国刑法修正案（二）》（以下简称《修正案（二）》）和《全国人民代表大会常务委员会关于〈中华人民共和国刑法〉第二百二十八条、第三百四十二条、第四百一十条的解释》（以下简称《关于第二百二十八条、第三百四十二条、第四百一十条解释》），对于惩治破坏森林资源的犯罪，保护生态环境，具有重要意义。

现将《修正案（二）》及《关于第二百二十八条、第三百四十二条、第四百一十条解释》简要介绍如下：

三、关于立法解释

《刑法》第四百一十条规定：“国家机关工作人员徇私舞弊，违反土地管理法规，滥用职权，非法批准征收、征用、占用土地，或者非法低价出让国有土地使用权，情节严重的，处三年以下有期徒刑或者拘役；致使国家或者集体利益遭受特别重大损失的，处三年以上七年以下有期徒刑。”国务院法制办、国家林业局提出，由于对《刑法》第四百一十条规定的“土地管理法规”和“非法批准征用、占用土地”的含义理解不一致，实践中对一些非法批准征用、占用林地构成犯罪的行为没有适用《刑法》第四百一十条追究刑事责任。为了解决实践中存在的问题，建议立法机关通过法律解释，对《刑法》第四百一十条中的相关规定进一步明确含义。根据以上意见，法律委员会（现为宪法和法律委员会）认为，《刑法》第四百一十条的规定已包括了非法批准征用、占用林地的情况，可以根据《立法法》的有关规定，采用法律解释的方式对该条的含义进一步予以明确，以利于对这类犯罪的打击。同时，考虑到除《刑法》第四百一十条外，《刑法》第二百二十八条、第三百四十二条也规定了“违反土地管理法规”，其含义与《刑法》第四百一十条是相同的，也应一并明确。因此，法律委员会建议全国人大常委会对刑法的上述规定作如下解释："刑法第二百二十八条、第三百四十二条、第四百一十条规定的'违反土地管理法规'，是指违反土地管理法、森林法、草原法等法律以及有关行政法规中关于土地管理的规定"。"刑法第四百一十条规定的'非法批准征收、征用、占用土地'，是指非法批准征收、征用、占用耕地、林地等农用地以及其他土地。"

应当指出的是，该立法解释的内容是以现有的法律规定为依据的。立法解释中"土地管理法规"的含义是广义的，它不仅是指土地管理法中有关耕地的管理规定，而且还包括森林法、草原法及行政法规中有关林地、草原的管理规定以及行政法规中关于土地管理的规定；"非法批准征用、占用土地"，是指国家机关工作人员违反土地管理法、森林法、草原法等法律以及有关行政法规中规定的关于占用、征用土地的严格审批程序，滥用职权批准占用或者征用耕地、林地、草原等农用地以及其他土地的行为。

（撰稿：黄太云）

2. **最高人民法院关于审理破坏土地资源刑事案件具体应用法律若干问题的解释**（法释〔2000〕14号，自2000年6月22日起施行）

为依法惩处破坏土地资源犯罪活动，根据刑法的有关规定，现就审理这类案件具体应用法律的若干问题解释如下：

第一条 以牟利为目的，违反土地管理法规，非法转让、倒卖土地使用权，具有下列情形之一的，属于非法转让、倒卖土地使用权"情节严重"，依照刑法第二百二十八条的规定，以非法转让、倒卖土地使用权罪定罪处罚：

（一）非法转让、倒卖基本农田五亩以上的；

（二）非法转让、倒卖基本农田以外的耕地十亩以上的；

（三）非法转让、倒卖其他土地二十亩以上的；

（四）非法获利五十万元以上的；

（五）非法转让、倒卖土地接近上述数量标准并具有其他恶劣情节的，如曾因非法转让、倒卖土地使用权受过行政处罚或者造成严重后果等。

第二条 实施第一条规定的行为，具有下列情形之一的，属于非法转让、倒卖土地使用权"情节特别严重"：

（一）非法转让、倒卖基本农田十亩以上的；

（二）非法转让、倒卖基本农田以外的耕地二十亩以上的；

（三）非法转让、倒卖其他土地四十亩以上的；

（四）非法获利一百万元以上的；

（五）非法转让、倒卖土地接近上述数量标准并具有其他恶劣情节，如造成严重后果等。

第三条　违反土地管理法规，非法占用耕地改作他用，数量较大，造成耕地大量毁坏的，依照刑法第三百四十二条的规定，以非法占用耕地罪定罪处罚：

（一）非法占用耕地“数量较大”，是指非法占用基本农田五亩以上或者非法占用基本农田以外的耕地十亩以上。

（二）非法占用耕地“造成耕地大量毁坏”，是指行为人非法占用耕地建窑、建坟、建房、挖沙、采石、采矿、取土、堆放固体废弃物或者进行其他非农业建设，造成基本农田五亩以上或者基本农田以外的耕地十亩以上种植条件严重毁坏或者严重污染。

第四条　国家机关工作人员徇私舞弊，违反土地管理法规，滥用职权，非法批准征用、占用土地，具有下列情形之一的，属于非法批准征用、占用土地“情节严重”，依照刑法第四百一十条的规定，以非法批准征用、占用土地罪定罪处罚：

（一）非法批准征用、占用基本农田十亩以上的；

（二）非法批准征用、占用基本农田以外的耕地三十亩以上的；

（三）非法批准征用、占用其他土地五十亩以上的；

（四）虽未达到上述数量标准，但非法批准征用、占用土地造成直接经济损失三十万元以上；造成耕地大量毁坏等恶劣情节的。

第五条　实施第四条规定的行为，具有下列情形之一的，属于非法批准征用、占用土地“致使国家或者集体利益遭受特别重大损失”：

（一）非法批准征用、占用基本农田二十亩以上的；

（二）非法批准征用、占用基本农田以外的耕地六十亩以上的；

（三）非法批准征用、占用其他土地一百亩以上的；

（四）非法批准征用、占用土地，造成基本农田五亩以上，其他耕地十亩以上严重毁坏的；

（五）非法批准征用、占用土地造成直接经济损失五十万元以上等恶劣情节的。

第六条　国家机关工作人员徇私舞弊，违反土地管理法规，非法低价出让国有土地使用权，具有下列情形之一的，属于“情节严重”，依照刑法第四百一十条的规定，以非法低价出让国有土地使用权罪定罪处罚：

（一）出让国有土地使用权面积在三十亩以上，并且出让价额低于国家规定的最低价额标准的百分之六十的；

（二）造成国有土地资产流失价额在三十万元以上的。

第七条 实施第六条规定的行为，具有下列情形之一的，属于非法低价出让国有土地使用权，“致使国家和集体利益遭受特别重大损失”：

（一）非法低价出让国有土地使用权面积在六十亩以上，并且出让价额低于国家规定的最低价额标准的百分之四十的；

（二）造成国有土地资产流失价额在五十万元以上的。

第八条 单位犯非法转让、倒卖土地使用权罪、非法占有耕地罪的定罪量刑标准，依照本解释第一条、第二条、第三条的规定执行。

第九条 多次实施本解释规定的行为依法应当追诉的，或者一年内多次实施本解释规定的行为未经处理的，按照累计的数量、数额处罚。

权威解读

解读《关于审理破坏土地资源刑事案件具体应用法律若干问题的解释》（节录）

当前，非法转让、倒卖土地使用权，非法占用耕地，非法批准征用、占用土地和非法低价出让国有土地使用权等破坏土地资源的现象十分严重。《刑法》第二百二十八条、第三百四十二条、第四百一十条分别对非法转让、倒卖土地使用权，非法占用耕地，非法批准征用、占用土地和非法低价出让国有土地使用权四种破坏土地资源的犯罪行为规定了刑事责任。但刑法修订实施以来，有一些涉嫌土地犯罪的案件移送司法机关后，因缺乏具体的定罪处罚标准而难以追究刑事责任。为此，最高人民法院于2000年6月22日颁行了《关于审理破坏土地资源刑事案件具体应用法律若干问题的解释》（以下简称《破坏土地资源解释》），对上述四种破坏土地资源犯罪定罪处罚的具体标准，作出明确规定。

二、关于非法占用耕地罪的定罪处罚标准

非法占用耕地改作他用，“数量较大”和“造成耕地大量毁坏”是认定构成非法占用耕地罪的必要条件，对此，《破坏土地资源解释》作了具体规定。其中“数量较大”的标准，既体现严格保护耕地、严厉制裁违法犯罪行为的原则，又注意刑事制裁面不宜过宽。据国土资源部对湖南、福建两省部分县市的抽样调查，1997 年、1998 年两年上述地区共发生非法占用基本农田案件 6412 件，其中非法占用 5 亩以下的 6341 件，约占 98%，5 亩以上的 37 件，约占 2%；非法占用基本农田以外的耕地案件 1010 件，其中，非法占用 10 亩以下的 1004 件，约占 98%，10 亩以上的 6 件，约占 2%。同时，《破坏土地资源解释》对非法占用耕地“造成耕地大量毁坏”也作了具体规定，即“是指行为人非法占用耕地建窑、建坟、建房、挖沙、采石采矿、取土、堆放固体废弃物或者进行其他非农业建设，造成基本农田五亩以上或者基本农田以外的耕地十亩以上种植条件严重毁坏或者严重污染”。

（撰稿：熊选国）

3. **最高人民法院关于审理破坏林地资源刑事案件具体应用法律若干问题的解释**（法释〔2005〕15 号，自 2005 年 12 月 30 日起施行）

为依法惩治破坏林地资源犯罪活动，根据《中华人民共和国刑法》、《中华人民共和国刑法修正案（二）》及全国人民代表大会常务委员会《关于〈中华人民共和国刑法〉第二百二十八条、第三百四十二条、第四百一十条的解释》的有关规定，现就人民法院审理这类刑事案件具体应用法律的若干问题解释如下：

第一条 违反土地管理法规，非法占用林地，改变被占用林地用途，在非法占用的林地上实施建窑、建坟、建房、挖沙、采石、采矿、取土、种植农作物、堆放或排泄废弃物等行为或者进行其他非林业生产、建设，造成林地的原有植被或林业种植条件严重毁坏或者严重污染，并具有下列情形之一的，属于《刑法修正案（二）》规定的“数量较大，造成林地大量毁坏”，应当以非法占用农用地罪判处五年以下有期徒刑或者拘役，并处或者单处罚金：

（一）非法占用并毁坏防护林地、特种用途林地数量分别或者合计达到五亩以上；

（二）非法占用并毁坏其他林地数量达到十亩以上；

（三）非法占用并毁坏本条第（一）项、第（二）项规定的林地，数量分别达到相应规定的数量标准的百分之五十以上；

（四）非法占用并毁坏本条第（一）项、第（二）项规定的林地，其中一项数量达到相应规定的数量标准的百分之五十以上，且两项数量合计达到该项规定的数量标准。

第二条 国家机关工作人员徇私舞弊，违反土地管理法规，滥用职权，非法批准征用、占用林地，具有下列情形之一的，属于刑法第四百一十条规定的“情节严重”，应当以非法批准征用、占用土地罪判处三年以下有期徒刑或者拘役：

（一）非法批准征用、占用防护林地、特种用途林地数量分别或者合计达到十亩以上；

（二）非法批准征用、占用其他林地数量达到二十亩以上；

（三）非法批准征用、占用林地造成直接经济损失数额达到三十万元以上，或者造成本条第（一）项规定的林地数量分别或者合计达到五亩以上或者本条第（二）项规定的林地数量达到十亩以上毁坏。

第三条 实施本解释第二条规定的行为，具有下列情形之一的，属于刑法第四百一十条规定的“致使国家或者集体利益遭受特别重大损失”，应当以非法批准征用、占用土地罪判处三年以上七年以下有期徒刑：

（一）非法批准征用、占用防护林地、特种用途林地数量分别或者合计达到二十亩以上；

（二）非法批准征用、占用其他林地数量达到四十亩以上；

（三）非法批准征用、占用林地造成直接经济损失数额达到六十万元以上，或者造成本条第（一）项规定的林地数量分别或者合计达到十亩以上或者本条第（二）项规定的林地数量达到二十亩以上毁坏。

第四条 国家机关工作人员徇私舞弊，违反土地管理法规，非法低价出让国有林地使用权，具有下列情形之一的，属于刑法第四百一十条规定的“情节严重”，应当以非法低价出让国有土地使用权罪判处三年以下有期徒刑或者拘役：

（一）林地数量合计达到三十亩以上，并且出让价额低于国家规定的最低价额标准的百分之六十；

（二）造成国有资产流失价额达到三十万元以上。

第五条 实施本解释第四条规定的行为，造成国有资产流失价额达到六十万元以上的，属于刑法第四百一十条规定的“致使国家和集体利益遭受特别重大损失”，应当以非法低价出让国有土地使用权罪判处三年以上七年以下有期徒刑。

第六条 单位实施破坏林地资源犯罪的，依照本解释规定的相关定罪量刑标准执行。

第七条　多次实施本解释规定的行为依法应当追诉且未经处理的，应当按照累计的数量、数额处罚。

权威解读

解读《关于审理破坏林地资源刑事案件具体应用法律若干问题的解释》

《最高人民法院关于审理破坏林地资源刑事案件具体应用法律若干问题的解释》（法释〔2005〕15号，以下简称《破坏林地资源解释》）已于2005年12月26日发布，并于2005年12月30日起施行。这一司法解释，为司法机关办理有关破坏林地资源刑事案件如何具体适用法律和定罪量刑提供了明确的法律依据，必将对这类犯罪起到惩治和威慑的积极作用。现就这一司法解释的有关理解与适用问题作一简要的阐释。

一、制定《破坏林地资源解释》的背景和必要性

近些年来，随着我国经济建设的迅速发展，有关林地资源的保护和管理方面出现了一些新情况和新问题，特别是破坏林地资源的违法犯罪行为越来越严重。为此，2001年8月31日第九届全国人大常委会第二十三次会议通过了《刑法修正案（二）》和《关于〈中华人民共和国刑法〉第二百二十八条、第三百四十二条、第四百一十条的解释》，特别增加了林地与耕地并列规定在刑法条文中及对有关涉及林地的刑法条文进行了立法解释，从而进一步加大了对林地资源的刑事保护力度。

目前破坏林地资源的违法犯罪案件日趋严重，林地资源损失巨大。2004年4月，国家林业局在全国范围内组织开展了为期4个月的非法占用林地清理整顿大检查，共清查出自2000年1月《森林法实施条例》（已被修改）颁行以来，违法占用林地的各类建设项目9687个，违法占用林地面积达1.3万公顷。另据有关资料表明，我国每年林地损失高达3000多万亩，其中700多万亩属永久性丧失。一些地方已经陷入了越穷越（开）垦，越（开）垦越穷的恶性循环状况。有的地方将从根本上失去森林资源再生的可能，有的地方甚至森林植被遭到彻底破坏，生态环境恶化而丧失人类基本的生存条件。

自全国人大常委会《刑法修正案（二）》颁布后，一些地方人民法院先后就审理破坏林地资源刑事案件的有关法律适用问题请示我院，国家林业局也多次提请我院就破坏林地资源行为的定罪量刑标准问题制定有关司法解释。司法实践中，因缺乏有关定罪量刑标准而影响审理破坏林地资源刑事案件的

情形时有出现。

因此，制定该《破坏林地资源解释》是审判工作的客观需要，也符合国家进一步加强对林地资源刑事保护力度的基本方针。

二、关于对破坏防护林地、特种用途林地与其他林地规定不同的定罪量刑标准问题

《破坏林地资源解释》第一条对非法占用林地并毁坏的行为，规定了明确具体的定罪量刑标准。对非法占用并毁坏防护林地、特种用途林地与其他林地规定了不同的定罪量刑标准。其主要考虑是，《森林法》按照培育、保护和利用森林资源的主导目的，将森林划分为防护林、用材林、经济林、薪炭林和特种用途林五种。其中，防护林对于改善生态环境，减少自然灾害、减轻自然灾害所造成的危害，促进经济、社会的可持续发展，具有十分重要的意义。特种用途林，或者对国防建设具有重要意义；或者具有重要的历史纪念意义和科研价值；或者在维护生物多样性、维护生态平衡方面具有特殊的功能和作用。由于防护林和特种用途林是以发挥生态效益和社会效益为主的林种，在林业分类经营中被纳入生态公益范畴进行管护，实行与商品林不同的管理措施。特别是在占用林地须由国务院主管部门审核的数量标准上，防护林地和特种用途林地比其他林地具有更高的标准。据第五次全国森林资源清查统计，除台湾地区、香港与澳门特别行政区及西藏控制线外，全国林业用地总面积为25 704.73万公顷，其中有林地为15 363.23万公顷。在有林地中，防护林地为2138.47万公顷，占有林地的13.92%，占林地总面积的8.32%；特种用途林地为396.80万公顷，占有林地的2.58%，占林地总面积的1.54%。

由此可见，防护林地和特种用途林地不仅具有有别于其他林地的特殊意义和功能，而且在我国林地总面积中所占比例也非常小，应当给予特别的保护，实行相对比较低的定罪量刑标准。因此，《破坏林地资源解释》第一条规定，非法占用并毁坏防护林地、特种用途林地的定罪数量标准为5亩，其他林地的定罪数量标准则为10亩。

三、关于破坏不同种类林地的数量达到不同比例的定罪量刑标准的规定问题

在司法实践中，行为人同时非法占用并毁坏不同种类的林地（如防护林地和其他林地）的情形时有出现。由于《破坏林地资源解释》对不同种类的林地规定了不同的定罪量刑数量标准，因此，就产生了行为人非法占用并毁坏不同种类的林地，但每一种林地的数量均未达到相应规定的定罪量刑数量

标准应如何处理的问题。对此，考虑到这种情形同样对林地资源具有严重的破坏性，必须给予惩治；而司法实践中，行为人往往会采取这类犯罪手法以规避刑事责任的追究。因此，有必要在《破坏林地资源解释》中区分不同情形加以具体规定，以充分体现司法解释的严谨性和增强刑法打击这类犯罪的力度。

对此，《破坏林地资源解释》第一条第（三）项和第（四）项分别不同情形规定了相应的定罪量刑标准。一是行为人同时非法占用并毁坏两种不同种类的林地（如防护林地和其他林地），其数量只要分别达到了相应规定的定罪量刑数量标准（如5亩和10亩）的50%以上（即2.5亩和5亩）的，即构成犯罪，应当追究行为人的刑事责任。二是行为人同时非法占用并毁坏两种不同种类的林地，只有其中一种林地的数量达到了50%以上（如防护林地4亩或者其他林地8亩），但两种不同种类的林地数量合计已经达到50%以上的该种林地的定罪数量标准（如防护林地4亩和其他林地1亩，合计5亩林地，达到了防护林地5亩的定罪数量标准；防护林地2亩和其他林地8亩，合计10亩林地，达到了其他林地10亩的定罪数量标准）的，即构成犯罪，应当追究行为人的刑事责任。

四、关于如何界定“造成林地大量毁坏”问题

根据实践中发生的“造成林地大量毁坏”的具体情形，我们研究认为，就林地和土地在受到毁坏这方面而言，两者之间虽然具有较大的相同性，但林地又确实具有其特殊性，如果不加以区别，就不能切实地保护林地资源。对此，关于“造成林地大量毁坏”的界定表述，应当把林地上的植被和种植条件是否被严重破坏作为林地是否被毁坏的标准。这主要考虑到：保护林地，其根本目的不仅仅是取得经济利益，而是维护人类赖以生存的自然环境的生态平衡以及发挥生态效益和促进经济、社会的可持续性发展。因此，林地的保护有别于耕地的保护，不能把“种植条件是否被严重毁坏”作为是否造成林地毁坏的唯一标准。而是应当综合充分考虑林地及依托于林地生存的森林、野生动物和微生物的生境质素、物种种类及数量、可逆转性、生态联系、潜在价值等影响环境的各种因素，特别是要考虑到林地上的植被一旦被破坏，其在涵养水源、保持水土、净化大气、维护生态平衡等方面的功能就会减弱甚至彻底丧失，而且难以恢复或者根本无法恢复，即使恢复起来也要付出高昂代价。特别是一些生态脆弱地区，损失一亩林地将使几十亩耕地受到风沙、水蚀、洪涝等灾害的威胁；一些大江大河源头、高山陡坡地区的森林资源一

旦遭受严重破坏后，水土流失更为严重，山体滑坡、泥石流等自然灾害将频繁发生，直接威胁到当地人民群众的生命财产安全。因此，即使是在林地上开垦种植农作物，虽然可能没有破坏林地的种植条件，但同样会使林地上的原有植被遭受严重破坏，进而引发上述自然灾害和社会危害的发生。所以，《破坏林地资源解释》在参考了2000年最高人民法院制定的《关于审理破坏土地资源刑事案件具体应用法律若干问题的解释》（以下简称《破坏土地资源解释》）中对“造成耕地大量毁坏”的界定表述，并结合了林地存在的特殊性，对“造成林地大量毁坏”的界定具体表述为，“违反土地管理法规，非法占用林地，改变被占用林地用途，在非法占用的林地上实施建窑、建坟、建房、挖沙、采石、采矿、取土、种植农作物、堆放或排泄废弃物等行为或者进行其他非林业生产、建设，造成林地的原有植被或林业种植条件严重毁坏或者严重污染，并具有下列情形之一的，属于《刑法修正案（二）》规定的‘数量较大，造成林地大量毁坏’”。

五、关于非法批准征用、占用林地犯罪的定罪量刑标准问题

对于非法批准征用、占用林地的行为，《破坏林地资源解释》第二条和第三条通过分别就《刑法》第四百一十条规定的“情节严重”和“致使国家或者集体利益遭受特别重大损失”作出解释性的具体规定，明确了这一犯罪的定罪量刑标准。值得注意的是，《破坏林地资源解释》对非法批准征用、占用林地的犯罪所规定的定罪量刑标准，与《破坏土地资源解释》中对非法批准征用、占用土地犯罪所规定的定罪量刑标准是有所不同的。

一是非法批准征用、占用其他林地的定罪量刑标准不同。《破坏林地资源解释》第二条第（二）项和第三条第（二）项分别规定，非法批准征用、占用其他林地数量达到20亩以上和40亩以上即构成犯罪，不同于《破坏土地资源解释》相关规定的30亩以上和60亩以上。这是因为，《破坏林地资源解释》把防护林地和特种用途林地与基本农田相对应，把其他林地与基本农田以外的耕地相对应。防护林地、特种用途林地与其他林地之间保持两倍的比例关系，不同量刑档次的数量标准亦保持为两倍的比例关系。其实，《破坏土地资源解释》的第一条、第二条和第三条规定中，基本农田与耕地之间以及不同量刑档次的数量标准之间也是同样的比例关系。就《破坏林地资源解释》的具体内容而言，这样规定才能不失平衡，体现了相对的科学性、合理性和一致性。

二是将造成非法批准征用、占用林地并毁坏作为成立这种犯罪的定罪量

刑标准之一，并明确具体化。《破坏林地资源解释》第二条第（三）项和第三条第（三）项分别规定，造成非法批准征用、占用的防护林地、特种用途林地毁坏的数量分别或者合计达到5亩以上和10亩以上，造成非法批准征用、占用其他林地毁坏的数量达到10亩以上和20亩以上，应分别按“情节严重”或“致使国家或集体利益遭受特别重大损失”量刑。这样明确规定，使《刑法》第四百一十条规定的“情节严重”和“致使国家或者集体利益遭受特别重大损失”在破坏林地资源犯罪方面更加具体化，有利于司法实践的可操作性。

三是《破坏林地资源解释》对非法批准征用、占用林地造成直接经济损失数额的定罪量刑标准分别规定为30万元以上和60万元以上，这也与《破坏土地资源解释》的相关规定有所不同。根据有关部门提供的资料，有关一般林地的市场最低价格为2万元（无林地）到2.5万元（有林地），与一般土地的市场最低价格2万元差异不大。而20亩和40亩林地与非法批准征用、占用林地造成直接经济损失30万元和60万元的数额更为接近、合理。这也是《破坏林地资源解释》作这样规定所考虑的主要因素之一。

六、关于非法低价出让国有林地使用权犯罪的定罪量刑标准问题

对于非法低价出让国有林地使用权的行为，《破坏林地资源解释》第四条和第五条通过分别就《刑法》第四百一十条规定的“情节严重”和“致使国家或者集体利益遭受特别重大损失”作出解释性的具体规定，明确了这一犯罪的定罪量刑标准。同样需要注意的是，《破坏林地资源解释》对这一犯罪所作的定罪量刑标准与《破坏土地资源解释》规定的相关定罪量刑标准也有所不同。除了第四条规定的定罪标准与《破坏土地资源解释》规定的相同外，第五条规定的量刑标准只有一个，即“造成国有资产流失价额达到六十万元以上”。这样规定，主要是考虑到，所规定的六十万元的数额标准，足以认定为属于“致使国家或者集体利益遭受特别重大损失”，以及应当保持不同量刑档次之间的一定比例关系。

在《破坏林地资源解释》的讨论、研究过程中，有人提出了刑法第四百一十条规定中的“国有土地使用权”是否包括“国有林地使用权”的问题，理由是有关立法解释并没有对此作出具体解释。如果从《全国人民代表大会常务委员会关于〈中华人民共和国刑法〉第二百二十八条、第三百四十二条、第四百一十条的解释》的具体内容来看，应当说，这一问题的提出是不无道

理的。因为，该立法解释并没有对“国有土地使用权”进行具体解释。这一问题事关重大。因为它涉及对非法低价出让国有林地使用权的行为能否认定为犯罪，并依照《刑法》第四百一十条定罪量刑的问题。不过，根据该立法解释对刑法第四百一十条所作立法性解释的本意，特别是经过专门征求全国人大常委会有关立法部门的意见，《破坏林地资源解释》依照“国有土地使用权”应当包括“国有林地使用权”的立法本意，作出了有关司法解释性规定。

七、关于“林地”概念的界定问题

关于“林地”的概念，无论是在有关法律、法规中，还是在有关林业行业及其主管部门的规章、条例中，应当说，目前并没有一个完整、统一的规定或者权威性的表述。在司法实践中，由于对林地的界定时常发生争议，在一定程度上影响了对有关违法犯罪案件的及时查处，而人民法院在审理这类刑事案件时有时也难以作出明确判断。因此，各地法院和林业主管部门提出对“林地”概念应当作出司法解释性界定。但我们经过研究后认为，在目前有关法律、法规，特别是行政主管部门以及林业行业都没有一个统一明确的“林地”概念的情形下，在司法解释中不宜对“林地”的概念作出一致性的界定。

笔者认为，尽快对“林地”概念加以明确界定是非常有必要的，因为可切实解决司法实践中存在的实际问题。结合有关法律、法规的规定以及实践情况，下面提出的“林地”概念可供参考：“林地，是指已依法取得林地权属证书或者县级以上人民政府已规划为林业用地的土地，以及郁闭度0.2以上的乔木林地和竹林地、灌木林地、疏森地、采伐迹地、火烧迹地、未成林造林地、苗圃地等。”这一林地概念的提出，一是根据《森林法》第十四条第一款和第十五条第一款规定：“森林资源属于国家所有，由法律规定属于集体所有的除外。”“林地和林地上的森林、林木的所有权、使用权，由不动产登记机构统一登记造册，核发证书。”这一规定，应当说是从林地的所有权和使用权方面，对林地作了法律属性上的界定，即以是否取得林地权属证书作为界定林地的依据。二是根据《森林法实施条例》第二条第四款的规定，即“林地，包括郁闭度0.2以上的乔木林地以及竹林地、灌木林地、疏林地、采伐迹地、火烧迹地、未成林造林地、苗圃地和县级以上人民政府规划的宜林地。”这一规定，应当说主要是从林地的自然特征方面，对林地作了自然属性上的界定。“县级以上人民政府规划的宜林地”应当属于法律属性上的界定。

以上两者的结合，全面地涵盖了林地概念应有的内涵与外延，对林地概念作出了比较完整的界定。

关于上述林地概念中有关“郁闭度”的含义，根据《森林采伐更新管理办法》和国家林业局《森林资源规划设计调查主要技术规定》，其是指树冠相互靠接的程度，以树冠的林地投影面积与林地总面积之比，用十分法表示。

（撰稿：马东）

4. 最高人民法院关于审理破坏草原资源刑事案件应用法律若干问题的解释（法释〔2012〕15号，自2012年11月22日起施行）

为依法惩处破坏草原资源犯罪活动，依照《中华人民共和国刑法》的有关规定，现就审理此类刑事案件应用法律的若干问题解释如下：

第一条　违反草原法等土地管理法规，非法占用草原，改变被占用草原用途，数量较大，造成草原大量毁坏的，依照刑法第三百四十二条的规定，以非法占用农用地罪定罪处罚。

第二条　非法占用草原，改变被占用草原用途，数量在二十亩以上的，或者曾因非法占用草原受过行政处罚，在三年内又非法占用草原，改变被占用草原用途，数量在十亩以上的，应当认定为刑法第三百四十二条规定的“数量较大”。

非法占用草原，改变被占用草原用途，数量较大，具有下列情形之一的，应当认定为刑法第三百四十二条规定的“造成耕地、林地等农用地大量毁坏”：

（一）开垦草原种植粮食作物、经济作物、林木的；

（二）在草原上建窑、建房、修路、挖砂、采石、采矿、取土、剥取草皮的；

（三）在草原上堆放或者排放废弃物，造成草原的原有植被严重毁坏或者严重污染的；

（四）违反草原保护、建设、利用规划种植牧草和饲料作物，造成草原沙化或者水土严重流失的；

（五）其他造成草原严重毁坏的情形。

第三条　国家机关工作人员徇私舞弊，违反草原法等土地管理法规，具有下列情形之一的，应当认定为刑法第四百一十条规定的“情节严重”：

（一）非法批准征收、征用、占用草原四十亩以上的；

（二）非法批准征收、征用、占用草原，造成二十亩以上草原被毁坏的；

（三）非法批准征收、征用、占用草原，造成直接经济损失三十万元以上，或者具有其他恶劣情节的。

具有下列情形之一，应当认定为刑法第四百一十条规定的“致使国家或者集体利益遭受特别重大损失”：

（一）非法批准征收、征用、占用草原八十亩以上的；

（二）非法批准征收、征用、占用草原，造成四十亩以上草原被毁坏的；

（三）非法批准征收、征用、占用草原，造成直接经济损失六十万元以上，或者具有其他特别恶劣情节的。

第四条 以暴力、威胁方法阻碍草原监督检查人员依法执行职务，构成犯罪的，依照刑法第二百七十七条的规定，以妨害公务罪追究刑事责任。

煽动群众暴力抗拒草原法律、行政法规实施，构成犯罪的，依照刑法第二百七十八条的规定，以煽动暴力抗拒法律实施罪追究刑事责任。

第五条 单位实施刑法第三百四十二条规定的行为，对单位判处罚金，并对其直接负责的主管人员和其他直接责任人员，依照本解释规定的定罪量刑标准定罪处罚。

第六条 多次实施破坏草原资源的违法犯罪行为，未经处理，应当依法追究刑事责任的，按照累计的数量、数额定罪处罚。

第七条 本解释所称“草原”，是指天然草原和人工草地，天然草原包括草地、草山和草坡，人工草地包括改良草地和退耕还草地，不包括城镇草地。

权威解读

解读《关于审理破坏草原资源刑事案件应用法律若干问题的解释》

为大力推进生态文明建设，保护草原资源，依法惩治破坏草原资源犯罪活动，2012年10月22日最高人民法院审判委员会第1558次会议讨论通过了《最高人民法院关于审理破坏草原资源刑事案件应用法律若干问题的解释》（以下简称《破坏草原资源解释》）。现对《破坏草原资源解释》的出台背景、主要内容作简要介绍和说明。

一、《破坏草原资源解释》的出台背景

草原与耕地、森林一样，既是我国重要的自然资源，也是重要的生态屏障。据统计，我国草原面积3.928亿公顷，占国土面积的40.9%，作为我国面积最大的陆地生态系统，其生态地位十分重要。

我国对草原资源、草原生态的保护十分重视。一是党和国家将环境保护作为基本国策，大力推进生态文明建设。党的十八大报告明确指出，大力推进生态文明建设，是关系人民福祉、关乎民族未来的长远大计。面对资源约束趋紧、环境污染严重、生态系统退化的严峻形势，必须树立尊重自然、顺应自然、保护自然的生态文明理念，把生态文明建设放在突出地位，融入经济建设、政治建设、文化建设、社会建设各方面和全过程，努力建设美丽中国，实现中华民族永续发展。二是制定了草原保护的法律法规体系。其中包括草原法、土地管理法等法律。为依法惩治非法占用草原的犯罪行为，切实保护草原资源，全国人民代表大会常务委员会2001年8月31日通过的《刑法修正案（二）》将1997年《刑法》第三百四十二条的犯罪对象从"耕地"扩大为"耕地、林地等农用地"，同日通过的《全国人大常委会关于〈中华人民共和国刑法〉第二百二十八条、第三百四十二条、第四百一十条的解释》规定，《刑法》第三百四十二条中"违反土地管理法规"，是指违反土地管理法、森林法、草原法等法律以及有关行政法规中关于土地管理的规定。明确了非法占用草原行为应当依照刑法第三百四十二条规定的非法占用农用罪追究刑事责任。三是建立了草原生态保护补助奖励机制。2011年，国务院印发了《关于促进牧区又好又快发展的若干意见》，召开了全国牧区工作会议。草原的生态、经济和社会功能受到空前关注，草原的战略地位得到显著提升，"生产生态有机结合、生态优先"的草原工作方针也更加明确，标志着草原生态保护建设迈入了新的阶段。

但是，由于受利益驱动以及对非法开垦草原追究刑事责任没有明确的定罪量刑标准等原因，破坏草原资源现象相当突出，草原生态逐年恶化。其中，垦草种粮的案件居草原违法案件的前列。2009年，仅内蒙古开垦草原种粮的案件就有947起。与此同时，由于草原蕴藏着丰富的煤炭、钢铁、石油、天然气以及稀土等矿藏，在行业需求与丰厚利益的驱动下，未经依法批准征占用草原进行各类工商业开发的问题也日趋严重。

实践中，由于我国刑法相关条文缺乏明确具体的定罪量刑标准，司法操作性较差，各地在执法和司法实践中对非法占用草原能否追究行为人刑事责任问题时常产生争议，影响了对犯罪的惩治以及对草原资源的有效保护。根据农业部关于商请制定《破坏草原资源解释》的建议，最高人民法院于2010年5月启动了《破坏草原资源解释》的制定工作。随后，赴内蒙古等地就破坏草原资源问题进行了充分调研并广泛听取了多方面的意见，分别召开了十多次座谈会进行专门研讨。经多次修改《破坏草原资源解释》稿，并征求了全国人大常委会法工委、最高人民检察院、公安部、农业部以及各高级人民法院等多方意见和专家学者意见，最后经最高人民法院审判委员会讨论通过。

二、《破坏草原资源解释》出台的重要意义

草原作为我国面积最大的陆地生态系统，生态地位十分重要。草原既是主要江河的发源地和水源涵养地，又是防治水土流失和荒漠化的主战场；既是应对气候变化的重要“碳库”，又是保护生物多样性的重要“基因库”。由于受气候变化和人为不合理利用等因素影响，目前我国天然草原退化严重，草原生态服务功能降低，江河上游水土流失加剧，北方沙尘浮尘灾害频繁，严重威胁国家生态安全。

依法加强草原生态保护建设，是维护国家生态安全的重要举措，是推进生态文明建设的重要内容。草原司法解释的出台，为依法打击各种破坏草原资源和生态环境的违法犯罪行为，提供了强有力的法律武器，对加强草原生态保护建设，维护国家生态安全，促进生态文明建设具有十分重要的意义。

三、《破坏草原资源解释》的主要内容

《破坏草原资源解释》共7个条文，主要规定了非法占用草原行为的定性问题；《刑法》第三百四十二条规定的“数量较大”“造成耕地、林地等农用地大量毁坏”的认定标准；非法批准征收、征用、占用草原行为的定罪量刑标准；阻碍草原监督检查人员依法执行职务、煽动群众暴力抗拒法律实施的处理；单位非法占用草原的定罪量刑标准等问题。

（一）非法占用草原行为的定性

针对司法实践中存在的对非法占用草原的行为能否追究刑事责任的认识模糊问题，《破坏草原资源解释》第一条明确规定：“违反草原法等土地管理法规，非法占用草原，改变被占用草原用途，数量较大，造成草原大量毁坏的，依照刑法第三百四十二条的规定，以非法占用农用地罪定罪处罚。”

（二）非法占用草原行为的定罪量刑标准

《破坏草原资源解释》第二条主要规定了《刑法》第三百四十二条规定的“数量较大”和“造成耕地、林地等农用地大量毁坏”的情形。非法占用草原“数量较大”的标准一般为“二十亩以上”；曾因非法占用草原受过行政处罚，在3年内又非法占用草原的，则为“十亩以上”。

将非法占用草原20亩作为定罪标准，主要有以下两点考虑：第一，统计数据表明，2008年至2009年，内蒙古、新疆、黑龙江等10个省区（草原面积占全国草原总面积的80%）非法开垦草原10亩以下的案件占非法占用草原案件总数的65.6%，开垦10亩以上的占34.4%，开垦20亩以上的占15.2%。考虑到实践中非法占用草原主要表现为非法开垦草原种植粮食或者其他经济作物，行为人实施此类行为往往是基于经济、生活等方面的利益需求，入罪门槛不宜定得太低，将20亩规定为非法占用草原“数量较大”的一般认定标准，意味着有15.2%的开垦草原违法案件应当追究刑事责任，从打击力度和范围来看，相对比较适宜。第二，为贯彻宽严相济政策精神，体现主客观相统一原则，加大对屡犯不改非法占用草原者的惩治力度，特别规定：曾因非法占用草原受过行政处罚，在3年内又非法占用草原，改变被占用草原用途，数量在10亩以上，即属“数量较大”。

关于数量标准问题。2000年6月，最高人民法院发布了《破坏林地资源解释》，将非法占用耕地“数量较大”规定为基本农田5亩以上，基本农田以外的耕地10亩以上；2005年12月，最高人民法院发布了《破坏土地资源解释》，将非法占用林地“数量较大”规定为防护林等特种用途林地5亩以上，其他林地10亩以上。《破坏草原资源解释》规定非法占用草原20亩以上的，属于“数量较大”。关于《破坏土地资源解释》《破坏林地资源解释》和《破坏草原资源解释》数量标准不一致的问题，主要考虑是：非法占用草原与非法占用耕地、林地的方式、目的、危害后果等有所不同，对三者不能设定相同的“数量较大”标准。首先，非法占用草原主要表现为非法开垦草原种植粮食和经济作物，行为人往往有生活方面的需求；而非法占用耕地、林地则多是用于建造商品房，是为了谋取巨额利润，二者主观恶性有一定差别。其次，经调研了解，非法开垦草原相对容易，一旦实施往往开垦的面积比较大，如将非法占用草原“数量较大”的标准亦规定为5亩、10亩，将意味着有大量非法开垦草原案件要作为犯罪行为处理（据统计，非法开垦草原10亩以上的案件要占全部非法开垦草原案件的34.4%以上），可能存在打击面过宽的问题。最后，虽然草原法规定了基本草原的概念，但调研发现，全国大部分地区并没有开展划分基本草原的工作。因此，无法像破坏土地、林地资源解释那样，根据草原等级分设不同的入罪数量标准。

对于初次非法占用草原与曾因非法占用草原受过行政处罚3年内又非法

占用草原，二者所反映出的行为人主观恶性和人身危险性程度存在明显差异，为其确定不同的入罪数量标准，并不违反法律规定，同时也更符合宽严相济刑事政策和主客观相统一的刑法原理。

关于造成草原“大量毁坏”的认定标准。根据《刑法》第三百四十二条的规定，非法占用草原，构成非法占用农用地罪，不仅以“改变被占用土地用途，数量较大”为条件，还需造成草原大量“毁坏”。对草原“毁坏”的认定标准，《破坏草原资源解释》区分了两种不同情形：

第一，对于非法开垦草原种植粮食作物、经济作物、林木，或者在非法占用的草原上建窑、建房、修路、挖砂、采石、采矿、取土、剥取草皮的，采取“改变用途即毁坏”的认定标准，即只要在非法占用的草原上实施以上行为的，即应认定已对草原造成毁坏。这是因为，草原与耕地、林地不同，草原生态十分脆弱，一旦改变其用途，用于种粮、采矿等非草原建设，即会造成草原严重毁坏。以非法开垦草原为例，草原被开垦后，即便在降水条件好的地区，植被恢复也需要10年以上时间，且要花费上百倍于开垦草原的成本。考虑到草原的特殊性，结合司法实践，采取“改变用途即毁坏”的原则，改变被占用草原用途即意味着已对草原造成毁坏。

第二，对于在非法占用的草原上堆放或者排放废弃物，或者违反草原保护、建设、利用规划种植牧草和饲料作物的，分别以“造成草原的原有植被严重毁坏或者严重污染”或者“造成草原沙化或者水土严重流失”作为造成草原“毁坏”的认定标准。

关于非法占用草原，改变被占用草原用途后“造成耕地、林地等农用地大量毁坏”的情形问题。调研过程中，不少地方反映，对于非法占用农用地案件，在审查是否改变了被占用土地用途之外，还要求判断是否已造成土地“毁坏”，实际操作很难。《破坏土地资源解释》和《破坏林地资源解释》将“毁坏”分别解释为造成耕地“种植条件严重毁坏或者严重污染”和“造成林地的原有植被或林业种植条件严重毁坏或者严重污染”，十分模糊，往往给案件处理带来困难。将“违反草原保护、建设、利用规划种植牧草和饲料作物”亦规定为改变被占用草原用途，造成草原大量毁坏的一种表现形式，主要考虑是：在草原上种植牧草或饲料作物须具备一定的水热和土壤条件。各级人民政府在编制草原保护建设利用规划时，都会根据当地不同的水热及土壤条件，规划适宜和不适宜进行人工草地建设的区域。如违反当地草原保护建设利用规划的要求，忽视降雨量、地下水资源及土壤类型等因素，随意翻耕草原原生植被种植牧草或饲料作物，很容易造成土壤沙化，或者因过度抽取地下水造成地下水位下降，引发更大范围的草原退化。

对在非法占用的草原上堆放或者排放废弃物，或者违反草原保护、建设、利用规划种植牧草和饲料作物的，之所以分别将“造成草原的原有植被严重毁坏或者严重污染”或者“造成草原沙化或者水土严重流失”作为造成草原“毁坏”的认定标准，主要考虑是：在草原上短时间堆放、排放废弃物，或者所堆放、排放的废弃物危害并不严重，并不会对草原造成毁坏；违反规划在草原上种植牧草和饲料作物，对草原的破坏程度相对于非法开垦草原种粮、采矿等要小，故有必要对该两种非法占用草原，造成草原“毁坏”的情形作出特别规定。

（三）国家机关工作人员非法批准征用、征收、占用草原行为的定罪量刑标准

《刑法》第四百一十条规定的非法批准征用、占用土地罪，是指国家机关工作人员徇私舞弊，违反土地管理法、森林法、草原法等法律以及有关行政法规中关于土地管理的规定，滥用职权，非法批准征收、征用、占用耕地、林地、草原等农用地以及其他土地，情节严重的行为。《破坏草原资源解释》针对实践中存在的国家机关工作人员违反草原法的规定，无权批准征收、征用、占用草原而批准，超越批准权限批准征收、征用、占用草原，不按照草原保护、建设、利用总体规划的用途批准占用草原，或者违反法律规定的程序批准占用草原的行为，规定了下列情形为“情节严重”：“（一）非法批准征收、征用、占用草原四十亩以上的；（二）非法批准征收、征用、占用草原，造成二十亩以上草原被毁坏的；（三）非法批准征收、征用、占用草原，造成直接经济损失三十万元以上，或者具有其他恶劣情节的。”规定具有下列情形之一，应当认定为《刑法》第四百一十条规定的“致使国家或者集体利益遭受特别重大损失”：“（一）非法批准征收、征用、占用草原八十亩以上的；（二）非法批准征收、征用、占用草原，造成四十亩以上草原被毁坏的；（三）非法批准征收、征用、占用草原，造成直接经济损失六十万元以上，或者具有其他特别恶劣情节的。”

（四）明确抗拒草原执法的定性问题

针对草原面积大，草原执法人员人数少，执法装备差，履行职责时经常

遇到暴力抗拒执法，甚至执法人员人身安全受到严重威胁和危害的情况，《破坏草原资源解释》明确规定：以暴力、威胁方法阻碍草原监督检查人员依法执行职务，构成犯罪的，依照刑法第二百七十七条的规定，以妨害公务罪追究刑事责任。煽动群众暴力抗拒草原法律、行政法规实施，构成犯罪的，依照刑法第二百七十八条的规定，以煽动暴力抗拒法律实施罪追究刑事责任。该规定将为有效惩治和预防各种暴力妨碍执法人员依法履行职务的行为，强化教育、威慑、警示效果，起到了一定的作用。

此外，对于单位犯罪的处罚问题，《破坏草原资源解释》还规定：单位实施刑法第三百四十二条规定的行为，对单位判处罚金，并对其直接负责的主管人员和其他直接责任人员，依照本解释规定的定罪量刑标准定罪处罚。

依法加强草原生态保护建设，是维护国家生态安全的重要举措，是推进生态文明建设的重要内容。最高人民法院出台这个司法解释，为依法打击各种破坏草原资源和生态环境的违法犯罪行为，提供了有力武器。人民法院将进一步充分发挥审判职能作用，为大力推进生态文明建设提供有力的司法保障。

（撰稿：李晓）

（三）典型或常见问题的审理思路

非法占用园地、改变园地用途的能否以非法占用农用地罪定罪处罚？[①]

本书观点：非法占用园地，擅自改变土地用途，数量较大的构成非法占用农用地罪。根据《刑法》第三百四十二条的规定，违反土地管理法规，非法占用耕地改作他用，数量较大，造成耕地大量毁坏的行为构成非法占用耕地罪，这对于当时保护基本农田，使有限耕地不被大量毁坏起到了一定的遏制作用。但随着我国经济的发展，各地出现了毁林开发以及一些大量毁坏草地、园地、养殖水面等其他农用地，非法采砂、采矿、办工业项目等严重破坏生态环境的行为，《刑法》第三百四十二条的规定已经不能适应新情况下惩治犯罪的需要。基于此，2001 年全国人大常委会第 23 次会议通过了《刑法修正案（二）》，将刑法原第三百四十二条修订为："违反土地管理法规，非法

① 观点来源：《刑事审判参考》第 445 号指导案例，廖某良等非法占用农用地、非法转让土地使用权案。

占用耕地、林地等农用地，改变被占用土地用途，数量较大，造成耕地、林地等农用地大量毁坏的，处五年以下有期徒刑或者拘役，并处或者单处罚金。”据此，2002 年《最高人民法院、最高人民检察院关于执行〈中华人民共和国刑法〉确定罪名的补充规定》中将《刑法》第三百四十二条的罪名修订为非法占用农用地罪。可见，修订后的非法占用农用地罪与 1997 年刑法规定的非法占用耕地罪的区别就在于将犯罪对象由原来的耕地扩大到农用地。对于农用地的理解，根据 2004 年《土地管理法》第四条的规定，农用地是指直接用于农业生产的土地，包括耕地、林地、草地、农田水利用地、养殖水面等。因此，作为非法占用农用地的犯罪对象，农用地并非仅指耕地和林地两种，根据上述法律的规定，“农用地”还应包括草地、农田水利地、养殖水面等其他用于农业生产的土地。因此，受到非法占用的园地作为农业生产用地应当能够成为《刑法》第三百四十二条的犯罪对象。

非法占用农用地罪客观表现为违反土地管理法规，非法占用耕地、林地等农用地，改变被占用土地用途，数量较大，造成耕地、林地等农用地大量毁坏的行为。“非法占用耕地、林地等农用地”是指违法土地利用总体规划，未经批准擅自占用耕地、林地等农用地，或者采取欺骗手段骗取审批手续等行为；“改变被占用土地用途”是指改变土地利用总体规划规定的农用地的原用途，如占用耕地建设度假村，开垦林地、草地种植庄稼，占用林地挖掘鱼塘养鱼、养虾等；“造成耕地、林地等农用地大量毁坏”是指非法占用农用地后非法改变农用地用途，致使耕地、林地等农用地原有的农用条件遭到严重破坏，原有的农用地效用功能丧失，无法或者短期内难以恢复原有功能等情形。非法占用农用地的行为，必须达到“数量较大”的才构成犯罪。对于本罪中的“数量较大”，《破坏土地资源解释》将破坏耕地的有关数量标准予以了明确，规定非法占用耕地“数量较大”，是指非法占用基本农田 5 亩以上或者非法占用基本农田以外的耕地 10 亩以上；非法占用耕地“造成耕地大量毁坏”，是指行为人非法占用耕地建窑、建坟、建房、挖砂、采石、采矿、取土、堆放固体废弃物或者进行其他非农业建设，造成基本农田 5 亩以上或者基本农田以外的耕地 10 亩以上种植条件严重毁坏或者严重污染。《破坏林地资源解释》第一条规定，违反土地管理法规，非法占用林地，改变被占用林地用途，在非法占用的林地上实施建窑、建坟、建房、挖沙、采石、采矿、取土、种植农作物、堆放或排泄废弃物等行为或者进行其他非林业生产、建设，造成林地的原有植被或林业种植条件严重毁坏或者严重污染，并具有下列情形之一的，属于“数量较大，造成林地大量毁坏”：（1）非法占用并毁坏防护林地、特种用途林地数量分别或者合计达到五亩以上；（2）非法占用并毁坏其他林地数量达到十亩以上；（3）非法占用并毁坏本条第（一）项、第（二）项规定的林地，数量分别达到相应规定的数量标准的百分之五十以上；（4）非法占用并毁坏本条第（一）项、第（二）项规定的林地，其中一项数量达到相应规定的数量标准的百分之五十以上，且两项数量合计达到该项规定的数量标准。

八、破坏自然保护地罪

（一）刑法规定

第三百四十二条之一　违反自然保护地管理法规，在国家公园、国家级自然保护区进行开垦、开发活动或者修建建筑物，造成严重后果或者有其他恶劣情节的，处五年以下有期徒刑或者拘役，并处或者单处罚金。

有前款行为，同时构成其他犯罪的，依照处罚较重的规定定罪处罚。

（二）疑难、复杂问题的参考性解答

如何正确理解和适用破坏自然保护地罪的构成要件？

本罪系《刑法修正案（十一）》新增加的犯罪。从立法宗旨看，本款规定系针对现实中一些地方在国家公园、国家级自然保护区进行开垦、开发活动或者修建建筑物，严重破坏了国家对国家公园、国家级自然保护区的保护制度，造成了很坏的社会影响，有的甚至造成了严重后果或者有其他恶劣情节而制定。根据中办、国办印发的《关于建立以国家公园为主体的自然保护地体系的指导意见》（自2019年6月26日起施行）和生态环境部印发的《自然保护地生态环境监管工作暂行办法》（环生态〔2020〕72号）的规定，国家公园、国家级自然保护区属于自然保护地，且国家公园是自然保护地体系的主体。

（1）本罪的主体为一般犯罪主体。

（2）本罪的主观方面为故意。

（3）本罪的客观方面，一是违反自然保护地管理法规，二是在国家公园、

国家级自然保护区进行开垦、开发活动或者修建建筑物，三是造成严重后果或者有其他恶劣情节。如何认定情节严重，目前尚无相应的司法解释。实践中，对以下情形，应当认定为后果严重或者具有恶劣情节：①多次实施上述行为的；②实施上述行为影响恶劣的；③已经明显危害社会公共利益的；④对国家公园、国家级自然保护区造成难以恢复的破坏的；⑤其他恶劣情节的情形。

（4）本罪侵犯的对象是环境资源保护制度，有时亦侵犯了国家公共卫生的管理制度。

本条第二款规定："有前款行为，同时构成其他犯罪的，依照处罚较重的规定定罪处罚。"例如，行为人在国家公园、国家级自然保护区进行开垦、活动或者修建建筑物的过程中，因非法占用林地等农用地，可能同时构成第三百四十二条规定的"非法占用农用地罪"；行为人也可能在国家公园、国家级自然保护区进行开垦、开发活动或者修建建筑物的过程中，因未取得采矿许可证擅自采矿，可能同时构成第三百四十三条规定的"非法采矿罪"；行为人还可能在国家公园、国家级自然保护区进行开垦、开发活动或者修建建筑物的过程中，因非法采伐、毁坏珍贵树木或者国家重点保护的其他植物，同时构成第三百四十四条规定的"危害国家重点保护植物罪"；行为人也可能在国家公园、国家级自然保护区进行开垦、开发活动或者修建建筑物的过程中，因盗伐森林或者其他林木，同时构成第三百四十五条规定的盗伐林木罪。

根据《刑法》第三百四十六条的规定，单位犯第三百四十二条之一规定的破坏国家公园、自然保护区罪的，应当实行双罚制，即对该单位判处罚金，同时还应对其直接负责的主管人员和其他直接责任人员，依照该条的规定处罚。

九、非法采矿罪，破坏性采矿罪

（一）刑法规定

第三百四十三条　违反矿产资源法的规定，未取得采矿许可证擅自采矿，擅自进入国家规划矿区、对国民经济具有重要价值的矿区和他人矿区范围采矿，或者擅自开采国家规定实行保护性开采的特定矿种，情节严重的，处三年以下有期徒刑、拘役或者管制，并处或者单处罚金；情节特别严重的，处三年以上七年以下有期徒刑，并处罚金。①

违反矿产资源法的规定，采取破坏性的开采方法开采矿产资源，造成矿产资源严重破坏的，处五年以下有期徒刑或者拘役，并处罚金。

（二）司法解释、司法文件及其权威解读

1. 最高人民法院、最高人民检察院关于办理非法采矿、破坏性采矿刑事案件适用法律若干问题的解释（法释〔2016〕25号，自2016年12月1日起施行）

为依法惩处非法采矿、破坏性采矿犯罪活动，根据《中华人民共和国刑法》《中华人民共和国刑事诉讼法》的有关规定，现就办理此类刑事案件适用法律的若干问题解释如下：

第一条 违反《中华人民共和国矿产资源法》《中华人民共和国水法》等法律、行政法规有关矿产资源开发、利用、保护和管理的规定的，应当认定为刑法第三百四十三条规定的“违反矿产资源法的规定”。

第二条 具有下列情形之一的，应当认定为刑法第三百四十三条第一款规定的“未取得采矿许可证”：

（一）无许可证的；

（二）许可证被注销、吊销、撤销的；

（三）超越许可证规定的矿区范围或者开采范围的；

（四）超出许可证规定的矿种的（共生、伴生矿种除外）；

（五）其他未取得许可证的情形。

第三条 实施非法采矿行为，具有下列情形之一的，应当认定为刑法第三百四十三条第一款规定的“情节严重”：

（一）开采的矿产品价值或者造成矿产资源破坏的价值在十万元至三十万元以上的；

（二）在国家规划矿区、对国民经济具有重要价值的矿区采矿，开采国家

---

① 本罪是1997年刑法增设的罪名，《刑法修正案（八）》对罪状作了修改。《刑法》原第三百四十三条第一款为：“违反矿产资源法的规定，未取得采矿许可证擅自采矿的，擅自进入国家规划矿区、对国民经济具有重要价值的矿区和他人矿区范围采矿的，擅自开采国家规定实行保护性开采的特定矿种，经责令停止开采后拒不停止开采，造成矿产资源破坏的，处三年以下有期徒刑、拘役或者管制，并处或者单处罚金；造成矿产资源严重破坏的，处三年以上七年以下有期徒刑，并处罚金。”

规定实行保护性开采的特定矿种，或者在禁采区、禁采期内采矿，开采的矿产品价值或者造成矿产资源破坏的价值在五万元至十五万元以上的；

（三）二年内曾因非法采矿受过两次以上行政处罚，又实施非法采矿行为的；

（四）造成生态环境严重损害的；

（五）其他情节严重的情形。

实施非法采矿行为，具有下列情形之一的，应当认定为刑法第三百四十三条第一款规定的“情节特别严重”：

（一）数额达到前款第一项、第二项规定标准五倍以上的；

（二）造成生态环境特别严重损害的；

（三）其他情节特别严重的情形。

第四条　在河道管理范围内采砂，具有下列情形之一，符合刑法第三百四十三条第一款和本解释第二条、第三条规定的，以非法采矿罪定罪处罚：

（一）依据相关规定应当办理河道采砂许可证，未取得河道采砂许可证的；

（二）依据相关规定应当办理河道采砂许可证和采矿许可证，既未取得河道采砂许可证，又未取得采矿许可证的。

实施前款规定行为，虽不具有本解释第三条第一款规定的情形，但严重影响河势稳定，危害防洪安全的，应当认定为刑法第三百四十三条第一款规定的“情节严重”。

第五条　未取得海砂开采海域使用权证，且未取得采矿许可证，采挖海砂，符合刑法第三百四十三条第一款和本解释第二条、第三条规定的，以非法采矿罪定罪处罚。

实施前款规定行为，虽不具有本解释第三条第一款规定的情形，但造成海岸线严重破坏的，应当认定为刑法第三百四十三条第一款规定的“情节严重”。

第六条　造成矿产资源破坏的价值在五十万元至一百万元以上，或者造成国家规划矿区、对国民经济具有重要价值的矿区和国家规定实行保护性开采的特定矿种资源破坏的价值在二十五万元至五十万元以上的，应当认定为刑法第三百四十三条第二款规定的“造成矿产资源严重破坏”。

第七条　明知是犯罪所得的矿产品及其产生的收益，而予以窝藏、转移、收购、代为销售或者以其他方法掩饰、隐瞒的，依照刑法第三百一十二条的规定，以掩饰、隐瞒犯罪所得、犯罪所得收益罪定罪处罚。

实施前款规定的犯罪行为，事前通谋的，以共同犯罪论处。

第八条 多次非法采矿、破坏性采矿构成犯罪，依法应当追诉的，或者二年内多次非法采矿、破坏性采矿未经处理的，价值数额累计计算。

第九条 单位犯刑法第三百四十三条规定之罪的，依照本解释规定的相应自然人犯罪的定罪量刑标准，对直接负责的主管人员和其他直接责任人员定罪处罚，并对单位判处罚金。

第十条 实施非法采矿犯罪，不属于“情节特别严重”，或者实施破坏性采矿犯罪，行为人系初犯，全部退赃退赔，积极修复环境，并确有悔改表现的，可以认定为犯罪情节轻微，不起诉或者免予刑事处罚。

第十一条 对受雇佣为非法采矿、破坏性采矿犯罪提供劳务的人员，除参与利润分成或者领取高额固定工资的以外，一般不以犯罪论处，但曾因非法采矿、破坏性采矿受过处罚的除外。

第十二条 对非法采矿、破坏性采矿犯罪的违法所得及其收益，应当依法追缴或者责令退赔。

对用于非法采矿、破坏性采矿犯罪的专门工具和供犯罪所用的本人财物，应当依法没收。

第十三条 非法开采的矿产品价值，根据销赃数额认定；无销赃数额，销赃数额难以查证，或者根据销赃数额认定明显不合理的，根据矿产品价格和数量认定。

矿产品价值难以确定的，依据下列机构出具的报告，结合其他证据作出认定：

（一）价格认证机构出具的报告；

（二）省级以上人民政府国土资源、水行政、海洋等主管部门出具的报告；

（三）国务院水行政主管部门在国家确定的重要江河、湖泊设立的流域管理机构出具的报告。

第十四条 对案件所涉的有关专门性问题难以确定的，依据下列机构出具的鉴定意见或者报告，结合其他证据作出认定：

（一）司法鉴定机构就生态环境损害出具的鉴定意见；

（二）省级以上人民政府国土资源主管部门就造成矿产资源破坏的价值、是否属于破坏性开采方法出具的报告；

（三）省级以上人民政府水行政主管部门或者国务院水行政主管部门在国家确定的重要江河、湖泊设立的流域管理机构就是否危害防洪安全出具的报告；

（四）省级以上人民政府海洋主管部门就是否造成海岸线严重破坏出具的报告。

第十五条　各省、自治区、直辖市高级人民法院、人民检察院，可以根据本地区实际情况，在本解释第三条、第六条规定的数额幅度内，确定本地区执行的具体数额标准，报最高人民法院、最高人民检察院备案。

第十六条　本解释自2016年12月1日起施行。本解释施行后，《最高人民法院关于审理非法采矿、破坏性采矿刑事案件具体应用法律若干问题的解释》（法释〔2003〕9号）同时废止。

权威解读

解读《关于办理非法采矿、破坏性采矿刑事案件适用法律若干问题的解释》

最高人民法院、最高人民检察院发布《关于办理非法采矿、破坏性采矿刑事案件适用法律若干问题的解释》（法释〔2016〕25号，以下简称《非法采矿、破坏性采矿解释》），自2016年12月1日起施行。这是1997年刑法施行以来最高司法机关就矿产资源犯罪再次发布专门司法解释，体现了对矿产资源司法保护的高度重视，对于依法惩治矿产资源犯罪，进一步加大对矿产资源的司法保护，必将发挥重要作用。为便于司法实践中正确理解和适用，现就《非法采矿、破坏性采矿解释》的制定背景与经过、起草中的主要考虑和主要内容介绍如下。

一、《非法采矿、破坏性采矿解释》的制定背景与经过

1997年刑法规定了非法采矿罪和破坏性采矿罪。第三百四十三条规定："违反矿产资源法的规定，未取得采矿许可证擅自采矿的，擅自进入国家规划矿区、对国民经济具有重要价值的矿区和他人矿区范围采矿的，擅自开采国家规定实行保护性开采的特定矿种，经责令停止开采后拒不停止开采，造成矿产资源破坏的，处三年以下有期徒刑、拘役或者管制，并处或者单处罚金；造成矿产资源严重破坏的，处三年以上七年以下有期徒刑，并处罚金。""违

反矿产资源法的规定，采取破坏性的开采方法开采矿产资源，造成矿产资源严重破坏的，处五年以下有期徒刑或者拘役，并处罚金。”2003 年 5 月 16 日，最高人民法院审判委员会第 1270 次会议审议通过的《关于审理非法采矿、破坏性采矿刑事案件具体应用法律若干问题的解释》（法释〔2003〕9 号，已失效，以下简称《2003 年解释》），主要对非法采矿和破坏性采矿行为的认定、造成矿产资源破坏的认定和鉴定等问题作了明确规定，进一步加大了对矿产资源的刑事司法保护力度。

为了加大对非法采矿犯罪活动的惩治力度，《刑法修正案（八）》进一步完善了非法采矿罪的规定，将“经责令停止开采后拒不停止开采，造成矿产资源破坏”的要件修改为“情节严重”，降低了入罪门槛；将升档处罚情节由“造成矿产资源严重破坏”修改为“情节特别严重”。据此，构成非法采矿罪不再要求经责令停止开采后拒不停止开采，而只要求实施非法采矿行为，达到情节严重的程度。《刑法修正案（八）》施行后，司法实践对于情节严重、情节特别严重的具体情形认识不一，影响了相关案件的办理。

根据国土资源部的建议，最高人民法院会同最高人民检察院，依据法律修改情况，以《2003 年解释》为基础，结合当前实践，启动了新的司法解释起草工作。起草过程中，水利部及有关部门也反映了非法采砂违法犯罪的有关问题，建议通过《非法采矿、破坏性采矿解释》规定对非法采砂行为适用非法采矿罪，并明确定罪量刑标准和相关法律适用问题。在深入调研的基础上，经反复研究讨论形成了征求意见稿，分别征求了最高人民检察院、公安部、国土资源部、水利部、国家海洋局等中央有关单位的意见，并征求了最高人民法院有关审判庭和各高级人民法院的意见。2016 年 3 月，最高人民法院研究室会同有关部门召开专家论证会，分别邀请刑法专家和矿产资源、水利专家对解释稿进行论证研讨。此后，根据专家论证会作了修改完善，形成新的征求意见稿，征求了全国人大常委会法工委意见，并根据法工委意见进一步征求了国务院法制办的意见。2016 年 9 月 26 日最高人民法院审判委员会第 1694 次会议、2016 年 11 月 4 日最高人民检察院第十二届检察委员会第 57 次会议审议通过了《非法采矿、破坏性采矿解释》。

二、《非法采矿、破坏性采矿解释》起草中的主要考虑

为确保《非法采矿、破坏性采矿解释》的内容科学合理，能够适应形势发展、满足实践需要，在起草过程中，着重注意把握了以下几点：

一是从严惩治矿产资源犯罪。矿产资源属于不可再生资源，处于持续递减的消耗之中。非法采矿、破坏性采矿行为对矿产资源的破坏具有不可逆性，故而，对矿产资源犯罪刑事政策的基本取向应当是从严惩治。基于此，《非法采矿、破坏性采矿解释》未因经济社会发展水平提高而大幅提升矿产资源犯罪的定罪量刑标准，以确保刑事惩治力度不减。当然，这并非意味着对矿产资源犯罪一律从重，仍然应当区分情况，突出惩治重点，体现宽严相济，充分发挥刑法的威慑和教育功能，以更为有效地保护矿产资源和生态环境。

二是注重对生态环境的保护。中共中央、国务院《生态文明体制改革总体方案》提出："严格实行生态环境损害赔偿制度。强化生产者环境保护法律责任，大幅度提高违法成本。""对造成生态环境损害的，以损害程度等因素依法确定赔偿额度；对造成严重后果的，依法追究刑事责任。"按照这一要求，《非法采矿、破坏性采矿解释》将生态环境损害因素纳入考量范围，根据造成生态环境损害的程度，针对非法采矿罪设置了定罪量刑标准。

三是明确非法采砂犯罪的法律适用。实践中非法采砂对环境的危害日益严重，在刑法未针对非法采砂规定专门罪名的前提下，适用非法采矿罪对非法采砂行为进行规制，成为当下的选择。基于此，《非法采矿、破坏性采矿解释》明确对非法采砂行为适用非法采矿罪，加大了对水资源的刑事司法保护力度。

三、《非法采矿、破坏性采矿解释》的主要内容

《非法采矿、破坏性采矿解释》根据法律规定和立法精神，结合近年来办理矿产资源犯罪案件的实际问题，对矿产资源犯罪的定罪量刑标准及有关法律适用问题作了全面、系统的规定。《非法采矿、破坏性采矿解释》共16个条文，大致可以归纳为如下八个方面的问题：

（一）"违反矿产资源法的规定"的含义

根据《刑法》第三百四十三条的规定，非法采矿罪、破坏性采矿罪的前提是"违反矿产资源法的规定"。经研究认为，为避免法律适用漏洞，对于"违反矿产资源法的规定"，不宜限缩为违反矿产资源法的规定，而应当包括违反水法等其他法律、法规中关于矿产资源开发、利用、保护和管理的规定的情形。基于此，《非法采矿、破坏性采矿解释》第一条明确规定："违反《中华人民共和国矿产资源法》《中华人民共和国水法》等法律、行政法规有关矿产资源开发、利用、保护和管理的规定的，应当认定为刑法第三百四十

三条规定的‘违反矿产资源法的规定’。”

（二）“未取得采矿许可证”的认定

对于《刑法》第三百四十三条第一款关于非法采矿罪客观行为方式的表述，从语言逻辑角度加以细究，“未取得采矿许可证”之后跟着三个“擅自……”的表述。而无论是“擅自采矿”，还是“擅自进入国家规划矿区、对国民经济具有重要价值的矿区和他人矿区范围采矿”，抑或“擅自开采国家规定实行保护性开采的特定矿种”，均应以未取得采矿许可证为前提。基于此，《非法采矿、破坏性采矿解释》第二条在《2003年解释》第二条规定的基础上，对未取得采矿许可证的具体情形作了明确，即“具有下列情形之一的，应当认定为刑法第三百四十三条第一款规定的‘未取得采矿许可证’：（一）无许可证的；（二）许可证被注销、吊销、撤销的；（三）超越许可证规定的矿区范围或者开采范围的；（四）超出许可证规定的矿种的（共生、伴生矿种除外）；（五）其他未取得许可证的情形。”其中，第（二）项“许可证被注销、吊销、撤销的”规定，系根据《矿产资源法》第四十七条“违法颁发的勘查许可证、采矿许可证、采砂许可证，上级人民政府地质矿产主管部门有权予以撤销”的规定，增加了撤销的情形；第（三）项“超越许可证规定的矿区范围或者开采范围的”规定，系根据非法采砂犯罪的情形增加了开采范围的表述。

实践中，一些矿山企业在被责令停产停业期间仍然擅自采矿的情况较为普遍，且往往是引发矿难的重大隐患。最高人民法院、最高人民检察院《关于办理危害矿山生产安全刑事案件具体应用法律若干问题的解释》（已失效）第八条第一款规定：“在采矿许可证被依法暂扣期间擅自开采的，视为刑法第三百四十三条第一款规定的‘未取得采矿许可证擅自采矿’。”《非法采矿、破坏性采矿解释》起草过程中，拟将上述规定吸收为认定未取得采矿许可证的情形，并考虑到可能因程序性瑕疵而被暂扣许可证，故限定为“因存在重大安全隐患而被暂扣许可证期间开采矿产资源的”情形。专家论证过程中，有意见提出，上述规定虽然具有实践合理性，但从法理层面而言不妥。主要表现为：（1）采矿许可证被暂扣的情形，不同于行为人自始未取得采矿许可证的情形，行为人实际上属于采矿权人，将此种情形下开采矿产资源的行为认定为未取得采矿许可证，恐有不妥。（2）从规范的保护目的而言，因存在重大安全隐患而暂扣许可证，所保护的是安全生产，而非法采矿罪保护的是矿产资源。因此，对于违反因存在重大安全隐患而被暂扣许可证期间不得开采矿产资源的规定，擅自开采矿产资源的，适用非法采矿罪的规定，不符合规范的保护目的。(3) 因存在重大安全隐患而被暂扣采矿许可证期间开采矿产资源的，否定适用非法采矿罪，但构成其他犯罪的，可以按照其他犯罪处理，并不存在法律适用的漏洞。经研究认为，上述意见确有道理，予以采纳。

《非法采矿、破坏性采矿解释》起草过程中，对于采矿许可证到期后继续开采矿产资源的情形，是否认定为未取得采矿许可证，存在不同认识。经研究认为，实践中采矿许可证到期后继续开采矿产资源的情形十分复杂，一律认定为未取得采矿许可证恐有不妥。而且，对于其中情节严重的，可以吊销许可证，对于此后采矿的行为可以认定为《非法采矿、破坏性采矿解释》第二条第（二）项规定的情形。因此，未将此种情形明确列为未取得采矿许可证的情形。此外，对于非法转让采矿权的，可以根据矿产资源法的相关规定吊销采矿许可证，进而将此后采砂的行为认定为《非法采矿、破坏性采矿解释》第二条第（二）项规定的情形。

（三）非法采矿罪的定罪量刑标准

《刑法修正案（八）》对非法采矿罪作了重大完善，将入罪门槛由“造成矿产资源破坏”修改为“情节严重”，从而将非法采矿罪由结果犯调整为情节犯。根据法律修改的精神，不宜再将情节严重限制在造成实害后果的情形。基于此，在《2003年解释》规定的基础上，《非法采矿、破坏性采矿解释》第三条明确了情节严重的具体情形。

1. 开采的矿产品价值或者造成矿产资源破坏的价值在十万元至三十万元以上的。开采的矿产品价值是衡量非法采矿行为社会危害性的基础因素，也是认定非法采矿情节严重的基本标准。据统计，从2003年至2015年，我国煤、铁、金、银、铜、铅、锌、铝、锡等主要矿产品的市场价格平均上涨将近一倍。因此，经综合考虑矿产品价格上涨因素，将非法采矿罪的入罪标准设定为“开采的矿产品价值在十万元至三十万元以上”。

2. 在国家规划矿区、对国民经济具有重要价值的矿区采矿，开采国家规定实行保护性开采的特定矿种，矿产品价值或者造成矿产资源破坏的价值在五万元至十五万元以上的。该项标准体现了对“两矿区一矿种”的特殊保护。《矿产资源保护法》第十七条规定：“国家对国家规划矿区、对国民经济具有重要价值的矿区和国家规定实行保护性开采的特定矿种，实行有计划的开采；

未经国务院有关主管部门批准，任何单位和个人不得开采。”根据《矿产资源法》实施细则第六条的规定，对“两矿区一矿种”的范围应作如下把握：(1) 国家规划矿区，是指国家根据建设规划和矿产资源规划，为建设大、中型矿山划定的矿产资源分布区域。(2) 对国民经济具有重要价值的矿区，是指国家根据国民经济发展需要划定的，尚未列入国家建设规划的，储量大、质量好、具有开发前景的矿产资源保护区域。(3) 国家规定实行保护性开采的特定矿种，是指国务院根据国民经济建设和高科技发展的需要，以及资源稀缺、贵重程度确定的，由国务院有关主管部门按照国家计划批准开采的矿种。根据有关规定，具体包括黄金、钨、锡、锑、离子型稀土。

3. 二年内曾因非法采矿受过两次以上行政处罚，又实施非法采矿行为的。一方面，实践中出现“蚂蚁搬家”式的非法采矿行为，在被查获后行为人往往否认在被抓前存在开采行为，而被查获的矿产品达不到入罪标准。而且，此种情形的矿产品交易往往采取现金交易的方式，收集交易单据等其他证据也十分困难。因此，对于此种行为，只能予以行政处罚，对屡罚屡犯者难以起到效果。另一方面，实践中一些犯罪分子是长期从事非法采矿的惯犯，特别是其中有一些在受过多次行政处罚甚至刑事处罚后还屡教不改，继续进行非法采矿，应加大对该类人员的打击力度，以起到震慑效果。因此，以因非法采矿受过的刑事处罚次数作为考量情节，将多次实施者认定为情节严重，纳入刑事处罚范围。需要注意的是，借鉴最高人民法院、最高人民检察院《关于办理走私刑事案件适用法律若干问题的解释》第十七条“刑法第一百五十三条第一款规定的‘一年内曾因走私被给予二次行政处罚后又走私’中的‘一年内’，以因走私第一次受到行政处罚的生效之日与‘又走私’行为实施之日的时间间隔计算确定”的规定，“二年内”宜以第一次违法行为受到行政处罚的生效之日与又实施相应行为之日的时间间隔计算确定。此外，“两次以上行政处罚”，包括但不限于国土资源主管部门的行政处罚，只要是有关部门依法对非法采矿行为给予的行政处罚即可。

4. 造成生态环境严重损害的。《非法采矿、破坏性采矿解释》第三条将环境价值明确纳入判断情节严重的考量因素。实践中应当根据造成生态环境损害的程度判断是否达到情节严重的标准，对于达到严重损害程度的应当以非法采矿罪定罪处罚。

5. 其他情节严重的情形。《非法采矿、破坏性采矿解释》第三条第一款第（五）项为兜底项，需要由司法实践根据具体情况裁量适用。司法适用中，既要敢于根据具体案情适用兜底项，同时也要持慎重态度，考虑与前述具体情形之间的相当性。

此外，《非法采矿、破坏性采矿解释》第三条第二款明确了情节特别严重的认定标准。通常情况下，情节特别严重和情节严重之间为五倍的倍数关系。造成生态环境特别严重损害的，也可以认定为情节特别严重。

（四）破坏性采矿罪的定罪量刑

1．“采取破坏性的开采方法开采矿产资源”的认定。《2003 年解释》第四条规定：“刑法第三百四十三条第二款规定的破坏性采矿罪中‘采取破坏性的开采方法开采矿产资源’，是指行为人违反地质矿产主管部门审查批准的矿产资源开发利用方案开采矿产资源，并造成矿产资源严重破坏的行为。”《2003 年解释》以违反矿产资源开发利用方案作为认定破坏性的开采方法的依据，有其合理性。但是，从司法适用的情况来看，也存在不足之处：其一，现行法律并未规定“矿产资源开发利用方案”，只有矿产资源开采登记管理办法第五条规定采矿权申请人申请办理采矿许可证中提及“矿产资源开发利用方案”。而矿产资源开采登记管理办法属于行政法规，效力位阶不如法律。其二，在开采过程中，受制于地质等因素影响，采矿权人可能违反矿产资源开发利用方案，但未必会造成矿产资源严重破坏，故以矿产资源开发利用方案作为认定破坏性的开采方法的依据，可能存在不妥。《非法采矿、破坏性采矿解释》起草过程中，有意见提出，有关法律明确提及“矿山设计”，如《矿产资源法》第十五条规定：“设立矿山企业，必须符合国家规定的资质条件，并依照法律和国家有关规定，由审批机关对其矿区范围、矿山设计或者开采方案、生产技术条件、安全措施和环境保护措施等进行审查；审查合格的，方予批准。”《煤炭法》（已被修改）第十八条规定，开办煤矿企业，应当有符合煤矿安全生产和环境保护要求的矿山设计。因此，建议以违反矿山设计作为认定破坏性的开采方法的依据。但是，对此也存在不同认识。而且，从技术层面而言，对于破坏性的开采方法的认定，可能会随着技术的发展而不断完善。经慎重研究，《非法采矿、破坏性采矿解释》暂不对“采取破坏性的开采方法开采矿产资源”的认定标准作出明确。但是，考虑到其认定的专业性较强，为确保相关案件依法得到稳妥、正确处理，《非法采矿、破坏性采矿解释》第十四条仍对其认定程序作出明确，即对是否属于破坏性的开采方法难以确定的，依据省级以上人民政府国土资源主管部门出具的报告，结合其他证据作出认定。

2. 破坏性采矿罪的定罪量刑。根据《刑法》第三百四十三条第二款的规定，非法采矿罪只设有一个法定刑档次，即造成矿产资源严重破坏的，处五年以下有期徒刑或者拘役，并处罚金。在适当考虑矿产品价格上涨因素的基础上，《非法采矿、破坏性采矿解释》对入罪标准作了适当提升，同时突出了对“两矿区一矿种”的特殊保护，在第六条规定：“造成矿产资源破坏的价值在五十万元至一百万元以上，或者造成国家规划矿区、对国民经济具有重要价值的矿区和国家规定实行保护性开采的特定矿种资源破坏的价值在二十五万元至五十万元以上的，应当认定为刑法第三百四十三条第二款规定的‘造成矿产资源严重破坏’。”

（五）非法采砂犯罪的法律适用

对于非法采砂行为的定性，司法实践中存在较大的认识分歧。而且，地方法院曾就非法采砂行为的定性问题请示最高人民法院。为统一法律适用，有必要通过司法解释对河道非法采砂和非法采挖海砂的定性作出明确。经反复征求意见和慎重研究，《非法采矿、破坏性采矿解释》明确对非法采砂行为适用非法采矿罪，并对定罪量刑标准及有关法律适用问题作了规定。

1. 非法采矿罪行为的定性。《矿产资源法实施细则》第二条第一款规定：“矿产资源是指由地质作用形成的，具有利用价值的，呈固态、液态、气态的自然资源。”砂属于矿产资源，可以成为非法采矿罪的对象。例如，河（江）砂属河流相沉积天然石英砂，主要化学成分为二氧化硅，经长期地质作用形成。矿产资源分类细目将河（江）砂归属到非金属矿产天然石英砂中。可见，砂受矿产资源法的调整，可以成为非法采矿罪的对象。而且，《水法》第三十九条第一款规定“国家实行河道采砂许可制度”。《河道管理条例》第二十五条规定，在河道管理范围内进行采砂活动，必须报经河道主管机关批准，涉及其他部门的，由河道管理机关会同有关部门批准。因此，对于未取得许可证非法采砂的行为，实质上是未取得采矿许可证擅自采矿，应当适用非法采矿罪。

2. “未取得采矿许可证”的认定。从实践来看，对非法采砂适用非法采矿罪，可能适用的客观行为方式主要为未取得采矿许可证擅自采矿。为避免法律适用的漏洞，《非法采矿、破坏性采矿解释》第四条第一款、第五条第一款对刑法第三百四十三条第一款规定的采矿许可证作扩大解释，将开采河砂需要申请的采矿许可证、河道采砂许可证和开采海砂需要申请的采矿许可证、海砂开采海域使用权证均涵括在内。

《水法》第三十九条第一款规定："国家实行河道采砂许可制度。河道采砂许可制度实施办法，由国务院规定。"目前，国务院尚未对河道采砂许可制度实施办法作出统一规定，仅通过长江河道采砂管理条例明确了长江宜宾以下干流河道内从事开采砂石的许可办法。《长江河道采砂管理条例》第九条第一款、第二款规定："国家对长江采砂实行采砂许可制度。""河道采砂许可证由沿江省、直辖市人民政府水行政主管部门审批发放；属于省际边界重点河段的，经有关省、直辖市人民政府水行政主管部门签署意见后，由长江水利委员会审批发放；涉及航道的，审批发放前应当征求长江航务管理局和长江海事机构的意见。省际边界重点河段的范围由国务院水行政主管部门划定。"据此，长江干流河道采砂实行"一证"，即长江河道采砂许可证由长江水利委员会和沿江省、直辖市人民政府水行政主管部门审批发放（省际边界重点河段由长江水利委员会发放）。

近年来，为扭转河道采砂秩序混乱、非法采砂活动猖獗的现象，在国务院对河道采砂许可制度实施办法作出具体规定前，各地理顺管理体制，加强河道采砂管理工作。经对省级地方性法规、政府规章及规范性文件的梳理，河道采砂许可情况如下：（1）由水行政主管部门发放采砂许可证。对此有的通过省级地方性法规作出规定，有的通过省级政府规章作出规定，还有的通过规范性文件作出规定。（2）发放采砂许可证和采矿许可证。开采海砂需要取得海砂开采海域使用权证（由海洋主管部门发放）和采矿许可证（由国土资源主管部门发放）。《海域使用管理法》第三条第二款规定："单位和个人使用海域，必须依法取得海域使用权。"《矿产资源开采登记管理办法》第三条第一款明确规定，开采领海及中国管辖的其他海域的矿产资源，由国务院地质矿产主管部门审批登记，颁发采矿许可证。因此，开采海砂的，除了申请海砂开采海域使用权证外，还应向国土资源部申请采矿许可证。

如前所述，《非法采矿、破坏性采矿解释》将刑法第三百四十三条规定的采矿许可证扩大解释为除采矿许可证外，还涵括采砂许可证、海砂开采海域使用权证等开采河砂、海砂所应取得的许可证。由之带来的问题是，如何准确认定未取得采矿许可证擅自采矿？对于实行"一证"管理的区域，这一问题并不存在。但是，对于实行“两证”管理的区域，由于两证之间没有先后之分，取得其中一个证并非申领另一个证的前置程序，且实践中经常会出现取得其中一个证但无法取得另一个证的情形。例如，行为人已经申领了海域开采使用权证，并缴纳了海域使用金，但是行为人继而向有关部门申领采矿许可证，未被批准。经研究认为，这一现象与现行的采砂管理体制不无关系，如果统一许可证发放或者明确两证之间的衔接关系，完全可以避免上述现象。此种情况下对行为人开采海砂的行为以非法采矿罪追究刑事责任，并不合适。总之，不应由行为人承担由于现行采砂管理体制带来的不利后果，上述情形不宜认定为刑法第三百四十三条第一款规定的“未取得采矿许可证擅自采矿”，不应以非法采矿罪论处。

基于上述考虑，《非法采矿、破坏性采矿解释》第四条第一款规定：“在河道管理范围内采砂，具有下列情形之一，符合刑法第三百四十三条第一款和本解释第二条、第三条规定的，以非法采矿罪定罪处罚：（一）依据相关规定应当办理河道采砂许可证，未取得河道采砂许可证的；（二）依据相关规定应当办理河道采砂许可证和采矿许可证，既未取得河道采砂许可证，又未取得采矿许可证的。”第五条第一款规定：“未取得海砂开采海域使用权证，且未取得采矿许可证，采挖海砂，符合刑法第三百四十三条第一款和本解释第二条、第三条规定的，以非法采矿罪定罪处罚。”申言之，对于实行一证管理的区域，以是否取得该许可证作为认定非法采矿的标准；对于实行两证管理的区域，只要取得一个许可证的，即不能认定为非法采矿，不宜以非法采矿罪论处。

需要注意的是，由于《非法采矿、破坏性采矿解释》第二条对未取得采矿许可证作了明确，故第四条第一款、第五条第一款明确对于采砂领域未取得采矿许可证擅自采矿的认定要适用第二条的规定。对此司法实务中要注意把握。例如，在实行一证管理的区域，虽然取得了河道采砂许可证，但是许可证被注销、吊销、撤销后继续采砂的，符合《非法采矿、破坏性采矿解释》第二条第（二）项、第（三）项的规定，也应当认定为“未取得采矿许可证擅自采矿”。

3. 非法采砂犯罪的定罪量刑标准。非法采砂是非法采矿的类型之一，自然应当适用非法采矿罪的定罪量刑标准。故而，《非法采矿、破坏性采矿解释》第四条第一款、第五条第一款明确规定，对非法采砂的定罪量刑适用第三条关于非法采矿罪的定罪量刑标准。此外，非法采砂行为具有特殊性。对在河道管理范围内非法采砂行为予以刑事规制，除了其对砂资源的破坏外，更为重要的是非法采砂行为对河势稳定和防洪安全的危害。严格规范河砂开采的目的，不仅仅是维护其经济价值，更重要的是维护防洪安全和生态安全等公共利益。因此，不应单纯以矿产品价值作为非法采砂的入罪标准，还应当同时考虑非法采砂行为对防洪安全的危害。为了有效防范非法采砂对防洪安全的危害，应当实现刑法防线的适度前移，在非法采砂行为影响河势稳定，危害防洪安全，但尚未达到危害公共安全程度时加以规制。基于上述考虑，《非法采矿、破坏性采矿解释》第四条第二款规定："实施前款规定行为，虽不具有本解释第三条第一款规定的情形，但严重影响河势稳定，危害防洪安全的，应当认定为刑法第三百四十三条第一款规定的'情节严重'。"

同理，非法采挖海砂不仅破坏矿产资源，还可能严重破坏海岸线。特别是在入海口、滨海湿地、海岛、红树林、珊瑚礁、濒危海洋栖息地等典型、敏感海域开采海砂，极易造成海岸线改变。基于对海岸线和海洋生态环境的特殊保护，《非法采矿、破坏性采矿解释》第五条第二款规定："实施前款规定行为，虽不具有本解释第三条第一款规定的情形，但造成海岸线严重破坏的，应当认定为刑法第三百四十三条第一款规定的'情节严重'。"

（六）矿产资源犯罪所得之物与所用之物的处理

为了规范矿产资源犯罪所得之物、所用之物的处理，《非法采矿、破坏性采矿解释》第十二条规定："对非法采矿、破坏性采矿犯罪的违法所得及其收益，应当依法追缴或者责令退赔。""对用于非法采矿、破坏性采矿犯罪的专门工具和供犯罪所用的本人财物，应当依法没收。"

（七）矿产资源犯罪专门性问题的认定

办理非法采矿刑事案件，通常涉及非法开采的矿产品价值计算等专门性问题。《非法采矿、破坏性采矿解释》第十三条、第十四条通过总结司法经验，对相关专门性问题认定规则作了明确。具体而言：

1. 非法开采的矿产品价值的认定规则。根据《非法采矿、破坏性采矿解释》第十三条的规定，非法开采的矿产品价值，根据销赃数额认定；无销赃数额，销赃数额难以查证，或者根据销赃数额认定明显不合理的，根据矿产品价格和数量认定。矿产品价值难以确定的，依据下列机构出具的报告，结合其他证据作出认定：（1）价格认证机构出具的报告；（2）省级以上人民政府国土资源、水行政、海洋等主管部门出具的报告；（3）国务院水行政主管部门在国家确定的重要江河、湖泊设立的流域管理机构出具的报告。

2. 其他专门性问题的认定规则。根据《非法采矿、破坏性采矿解释》第十四条的规定，对案件所涉的有关专门性问题难以确定的，依据下列机构出具的鉴定意见或者报告，结合其他证据作出认定：（1）司法鉴定机构就生态环境损害出具的鉴定意见；（2）省级以上人民政府国土资源主管部门就造成矿产资源破坏的价值、是否属于破坏性开采方法出具的报告；（3）省级以上人民政府水行政主管部门或者国务院水行政主管部门在国家确定的重要江河、湖泊设立的流域管理机构就是否危害防洪安全出具的报告；（4）省级以上人民政府海洋主管部门就是否造成海岸线严重破坏出具的报告。

（八）矿产资源犯罪的其他问题

根据司法实践的情况，《非法采矿、破坏性采矿解释》还对矿产资源犯罪的其他问题作了明确：

1. 掩饰、隐瞒犯罪所得的矿产品及其收益的处理。从司法实践来看，矿产资源犯罪形成了利益链条，后续的窝藏、转移、收购、代为销售等环节成了此类犯罪蔓延的重要原因。为有效惩治此类犯罪，保护国家矿产资源，《非法采矿、破坏性采矿解释》第七条规定："明知是犯罪所得的矿产品及其产生的收益，而予以窝藏、转移、收购、代为销售或者以其他方法掩饰、隐瞒的，依照刑法第三百一十二条的规定，以掩饰、隐瞒犯罪所得、犯罪所得收益罪定罪处罚。""实施前款规定的犯罪行为，事前通谋的，以共同犯罪论处。"

司法适用中需要注意的是，《非法采矿、破坏性采矿解释》对掩饰、隐瞒犯罪所得的矿产品及其产生的收益行为未单独规定定罪量刑标准，故应当适用最高人民法院《关于审理掩饰、隐瞒犯罪所得、犯罪所得收益刑事案件适用法律若干问题的解释》（法释〔2015〕11号，已被修改，以下简称《掩饰、隐瞒犯罪所得、犯罪所得收益解释》）的规定。对此，有两个问题需要特别注意：（1）《掩饰、隐瞒犯罪所得、犯罪所得收益解释》第八条第一款规定："认定掩饰、隐瞒犯罪所得、犯罪所得收益罪，以上游犯罪事实成立为前提。"据此，对于掩饰、隐瞒犯罪所得的矿产品及其产生收益行为的入罪以非法采矿、破坏性采矿行为构成犯罪为前提。对于上游行为未达到入罪标准的，即使后续的掩饰、隐瞒行为达到入罪标准，也不能认定为犯罪。（2）对于掩饰、隐瞒犯罪所得的矿产品及其产生的收益行为的量刑，特别是升档量刑，应当注意与作为上游犯罪的非法采矿罪、破坏性采矿罪的量刑平衡。

2. 多次实施矿产资源违法犯罪的价值数额累计。《非法采矿、破坏性采矿解释》第八条对矿产资源犯罪的价值数额累计规则作了明确，规定："多次非法采矿、破坏性采矿构成犯罪，依法应当追诉的，或者二年内多次非法采矿、破坏性采矿未经处理的，价值数额累计计算。"根据这一规定，对于矿产资源犯罪的价值数额累计应当区分情况处理：（1）二年内多次非法采矿或者破坏性采矿未经处理的，价值数额累计计算。对于实施非法采矿、破坏性采矿违法行为，每次均未达到定罪量刑标准，如果未经处理的，应当以二年为限进行累计计算，如果累计数额构成犯罪的，则应当依法定罪处罚。（2）多次非法采矿或者破坏性采矿构成犯罪，依法应当追诉的，价值数额累计计算。申言之，此种情形的数额累计不受二年的限制，而应当适用犯罪追诉期限的规定。

3. 单位实施矿产资源犯罪的处理。为了统一裁判尺度，《非法采矿、破坏性采矿解释》第九条对单位矿产资源犯罪的定罪量刑标准作了明确。基于严厉处罚矿产资源犯罪、切实保护矿产资源的考虑，《非法采矿、破坏性采矿解释》规定对单位实施非法采矿罪、破坏性采矿罪，与自然人犯罪适用统一的定罪量刑标准。

4. 矿产资源犯罪惩治的宽严相济。根据宽严相济刑事政策的要求，《非法采矿、破坏性采矿解释》根据矿产资源犯罪的具体情况，实行区别对待，突出惩治重点。其中，第十条规定："实施非法采矿犯罪，不属于'情节特别严重'，或者实施破坏性采矿犯罪，行为人系初犯，全部退赃退赔，积极修复环境，并确有悔改表现的，可以认定为犯罪情节轻微，不起诉或者免予刑事处罚。"第十一条规定："对受雇佣为非法采矿、破坏性采矿犯罪提供劳务的人员，除参与利润分成或者领取高额固定工资的以外，一般不以犯罪论处，但曾因非法采矿、破坏性采矿受过处罚的除外。"该两条规定可谓办理矿产资源犯罪案件贯彻宽严相济刑事政策的直接体现，司法适用中应当注意妥善把握。

（撰稿：喻海松）

2. 最高人民法院、最高人民检察院关于办理盗窃油气、破坏油气设备等刑事案件具体应用法律若干问题的解释（法释〔2007〕3号，自2007年1月19日起施行）（节录）

第六条 违反矿产资源法的规定，非法开采或者破坏性开采石油、天然气资源的，依照刑法第三百四十三条以及《最高人民法院关于审理非法采矿、破坏性采矿刑事案件具体应用法律若干问题的解释》的规定追究刑事责任。

3. 最高人民法院印发《关于进一步加强危害生产安全刑事案件审判工作的意见》的通知（法发〔2011〕20号，2011年12月30日发布）（节录）

违反安全生产管理规定，非法采矿、破坏性采矿或排放、倾倒、处置有害物质严重污染环境，造成重大伤亡事故或者其他严重后果，同时构成危害生产安全犯罪和破坏环境资源保护犯罪的，依照数罪并罚的规定处罚。

（三）疑难、复杂问题的参考性解答

如何理解本罪的情节严重和情节特别严重？

本书观点：非法采矿罪是《刑法修正案（八）》新修订的罪名，修改的内容主要有两点：其一，删除了“经责令停止开采后拒不停止开采”，不再把受到行政责令后拒不停止作为构成非法采矿罪的前置条件，减少入罪障碍、降低入罪门槛；其二，将“造成矿产资源破坏”和“造成矿产资源严重破坏”分别改为“情节严重”和“情节特别严重”，取消了入罪的硬性规定，赋予司法机关更大的自由裁量权。对于何谓情节严重和情节特别严重，目前尚无明确的法律规定和司法解释。《2003年解释》对非法采矿罪的行为方式以及造成矿产资源破坏的标准予以明确。该解释第三条规定：非法采矿造成矿产资源破坏的价值，数额在5万元以上的，属于刑法第三百四十三条第一款规定的造成矿产资源破坏；数额在30万元以上的，属于刑法第三百四十三条第一款规定的“造成矿产资源严重破坏”。这一司法解释虽是根据《刑法修正案（八）》之前的规定作出的，但对如何理解情节严重和情节特别严重提供了必要的参考。此外，“还应结合非法采矿的获利数额、持续时间长短、是否在受到行政责令后拒不停止开采等”，确定其他属于情节严重和情节特别严重的情形。

如何认定本罪的非法获利和造成矿产资源破坏的价值。《关于进一步加强危害生产安全刑事案件审判工作的意见》对本罪情节严重和情节特别严重的

情形作出了较为明确的规定，但在司法实践中还须对该规定中的非法获利和造成矿产资源破坏的价值进一步厘定。根据《关于进一步加强危害生产安全刑事案件审判工作的意见》规定，本罪的情节严重认定标准分为数额标准和情节标准。数额标准主要是结合造成矿产资源破坏和非法获利的数额；情节标准主要是指受到行政责令后拒不停止开采的、因非法采矿受过行政处罚又非法采矿的，以及情节严重的其他情形。相比较而言，情节标准较数额标准更易操作。因此，要准确认定本罪的情节严重，主要是分析本罪中的非法获利和造成矿产资源破坏的价值。

（1）非法获利。我国矿产资源的开发、利用须经国家相关部门的审批，未经审批不得开采。非法开采矿产并进行销售，其销售所获得的收益即销售总额应根据非法开采的矿石的总量乘以每吨矿石的价格来计算，其中分为非法开采所获利润数额和非法开采过程中产生的成本。毋庸置疑，非法开采所获利润数额因系违法所得的利益，理应属于本罪非法获利的一部分。犯罪成本，是指行为人在犯罪过程中直接投入的物力、人力。就非法采矿案件而言，犯罪成本主要表现为雇用他人工作的工资、购买采矿机器设备的费用以及运输矿石产生的支出等。犯罪分子在实施非法采矿犯罪时，自愿负担相关非法开采的成本，明知自己的行为属于违法犯罪并继续实施，如果将上述犯罪成本在销售总额中予以剔除，不仅违背了以犯罪行为时的客观危险性判处刑罚的基本原则，也会导致不恰当地缩小国家资源被侵害的范围，出现罚不当罪的结果。因此，在未经审批的情形下，非法开采矿产并进行销售，系违法犯罪行为，非法采矿过程中产生的费用系犯罪成本，不能剔除。故所涉矿产的销售总额即为本罪的非法获利。

（2）造成矿产资源破坏的价值。正如本罪的非法获利，本罪中造成矿产资源破坏的价值也关系到本罪的定罪与量刑，但不同的是，造成矿产资源破坏的价值有明确的法律定义和法律程序。根据2005年8月31日国土资源部颁布的《非法采矿、破坏性采矿造成矿产资源破坏价值鉴定程序的规定》的规定：非法采矿破坏的矿产资源价值，包括采出的矿产品价值和按照科学合理的开采方法应该采出但因矿床破坏已难以采出的矿产资源折算的价值。国土资源主管部门在查处矿产资源违法案件中，对非法采矿、破坏性采矿涉嫌犯罪，需要对造成矿产资源破坏的价值进行鉴定的，或者省级以上人民政府国土资源主管部门根据公安、司法机关的请求进行上述鉴定的，适用本规定。

再根据《非法采矿、破坏性采矿解释》第六条的规定：破坏性的开采方法以及造成矿产资源破坏或严重破坏的数额，由省级以上地质矿产主管部门出具鉴定结论，经查证属实后予以认定。因此，本罪中的造成矿产资源破坏的价值数额应当包括两部分：一部分是采出的矿产品的价值，即非法采矿已经采出的矿产资源数额；另一部分是用科学合理方法应采出而因非法采矿破坏无法采出的矿产资源数额。当然，无论是哪部分的价值数额，都应当按照相关法律规定，由省级以上地质矿产主管部门出具鉴定意见，经查证属实后予以认定。

在理解和认定本罪情节严重和情节特别严重的基础上，在个案中的具体适用上相对比较简单。但值得一提的是，在个案的适用中有两种情形需要进一步明确。一是个案中只存在上述情节严重多种情节中的一种。我们认为，上述多种情节系选择性定罪量刑标准，在个案的适用上只要其一情节符合上述规定，即可进行定罪量刑。二是个案中存在上述情节严重多种情节中两种或者两种以上的情节。在这种情形下，应当从一重情节来定罪量刑，其他情节在这一重情节的基础上作为其他量刑情节考虑。

十、危害国家重点保护植物罪

（一）刑法规定

第三百四十四条 违反国家规定，非法采伐、毁坏珍贵树木或者国家重点保护的其他植物的，或者非法收购、运输、加工、出售珍贵树木或者国家重点保护的其他植物及其制品的，处三年以下有期徒刑、拘役或者管制，并处罚金；情节严重的，处三年以上七年以下有期徒刑，并处罚金。

（二）司法解释、司法文件及其权威解读

1. **最高人民法院关于审理破坏森林资源刑事案件具体应用法律若干问题的解释**（法释〔2000〕36 号，自 2000 年 12 月 11 日起施行）

为依法惩处破坏森林资源的犯罪活动，根据刑法的有关规定，现就审理这类案件具体应用法律的若干问题解释如下：

第一条 刑法第三百四十四条规定的“珍贵树木”，包括由省级以上林业主管部门或者其他部门确定的具有重大历史纪念意义、科学研究价值或者年代久远的古树名木，国家禁止、限制出口的珍贵树木以及列入国家重点保护

野生植物名录的树木。

第二条　具有下列情形之一的，属于非法采伐、毁坏珍贵树木行为“情节严重”：

（一）非法采伐珍贵树木二株以上或者毁坏珍贵树木致使珍贵树木死亡三株以上的；

（二）非法采伐珍贵树木二立方米以上的；

（三）为首组织、策划、指挥非法采伐或者毁坏珍贵树木的；

（四）其他情节严重的情形。

第三条　以非法占有为目的，具有下列情形之一，数量较大的，依照刑法第三百四十五条第一款的规定，以盗伐林木罪定罪处罚：

（一）擅自砍伐国家、集体、他人所有或者他人承包经营管理的森林或者其他林木的；

（二）擅自砍伐本单位或者本人承包经营管理的森林或者其他林木的；

（三）在林木采伐许可证规定的地点以外采伐国家、集体、他人所有或者他人承包经营管理的森林或者其他林木的。

第四条　盗伐林木“数量较大”，以二至五立方米或者幼树一百至二百株为起点；盗伐林木“数量巨大”，以二十至五十立方米或者幼树一千至二千株为起点；盗伐林木“数量特别巨大”，以一百至二百立方米或者幼树五千至一万株为起点。

第五条　违反森林法的规定，具有下列情形之一，数量较大的，依照刑法第三百四十五条第二款的规定，以滥伐林木罪定罪处罚：

（一）未经林业行政主管部门及法律规定的其他主管部门批准并核发林木采伐许可证，或者虽持有林木采伐许可证，但违反林木采伐许可证规定的时间、数量、树种或者方式，任意采伐本单位所有或者本人所有的森林或者其他林木的；

（二）超过林木采伐许可证规定的数量采伐他人所有的森林或者其他林木的。

林木权属争议一方在林木权属确权之前，擅自砍伐森林或者其他林木，数量较大的，以滥伐林木罪论处。

第六条　滥伐林木“数量较大”，以十至二十立方米或者幼树五百至一千株为起点；滥伐林木“数量巨大”，以五十至一百立方米或者幼树二千五百至五千株为起点。

第七条 对于一年内多次盗伐、滥伐少量林木未经处罚的，累计其盗伐、滥伐林木的数量，构成犯罪的，依法追究刑事责任。

第八条 盗伐、滥伐珍贵树木，同时触犯刑法第三百四十四条、第三百四十五条规定的，依照处罚较重的规定定罪处罚。

第九条 将国家、集体、他人所有并已经伐倒的树木窃为己有，以及偷砍他人房前屋后、自留地种植的零星树木，数额较大的，依照刑法第二百六十四条的规定，以盗窃罪定罪处罚。

第十条 刑法第三百四十五条规定的“非法收购明知是盗伐、滥伐的林木”中的“明知”，是指知道或者应当知道。具有下列情形之一的，可以视为应当知道，但是有证据证明确属被蒙骗的除外：

（一）在非法的木材交易场所或者销售单位收购木材的；

（二）收购以明显低于市场价格出售的木材的；

（三）收购违反规定出售的木材的。

第十一条 具有下列情形之一的，属于在林区非法收购盗伐、滥伐的林木“情节严重”：

（一）非法收购盗伐、滥伐的林木二十立方米以上或者幼树一千株以上的；

（二）非法收购盗伐、滥伐的珍贵树木二立方米以上或者五株以上的；

（三）其他情节严重的情形。

具有下列情形之一的，属于在林区非法收购盗伐、滥伐的林木“情节特别严重”：

（一）非法收购盗伐、滥伐的林木一百立方米以上或者幼树五千株以上的；

（二）非法收购盗伐、滥伐的珍贵树木五立方米以上或者十株以上的；

（三）其他情节特别严重的情形。

第十二条 林业主管部门的工作人员违反森林法的规定，超过批准的年采伐限额发放林木采伐许可证或者违反规定滥发林木采伐许可证，具有下列情形之一的，属于刑法第四百零七条规定的“情节严重，致使森林遭受严重破坏”，以违法发放林木采伐许可证罪定罪处罚：

（一）发放林木采伐许可证允许采伐数量累计超过批准的年采伐限额，导致林木被采伐数量在十立方米以上的；

（二）滥发林木采伐许可证，导致林木被滥伐二十立方米以上的；

（三）滥发林木采伐许可证，导致珍贵树木被滥伐的；

（四）批准采伐国家禁止采伐的林木，情节恶劣的；

（五）其他情节严重的情形。

第十三条　对于伪造、变造、买卖林木采伐许可证、木材运输证件，森林、林木、林地权属证书，占用或者征用林地审核同意书、育林基金等缴费收据以及其他国家机关批准的林业证件构成犯罪的，依照刑法第二百八十条第一款的规定，以伪造、变造、买卖国家机关文、证件罪定罪处罚。

对于买卖允许进出口证明书等经营许可证明，同时触犯刑法第二百二十五条、第二百八十条规定之罪的，依照处罚较重的规定定罪处罚。

第十四条　聚众哄抢林木五立方米以上的，属于聚众哄抢“数额较大”；聚众哄抢林木二十立方米以上的，属于聚众哄抢“数额巨大”，对首要分子和积极参加的，依照刑法第二百六十八条的规定，以聚众哄抢罪定罪处罚。

第十五条　非法实施采种、采脂、挖笋、掘根、剥树皮等行为，牟取经济利益数额较大的，依照刑法第二百六十四条的规定，以盗窃罪定罪处罚。同时构成其他犯罪的，依照处罚较重的规定定罪处罚。

第十六条　单位犯刑法第三百四十四条、第三百四十五条规定之罪，定罪量刑标准按照本解释的规定执行。

第十七条　本解释规定的林木数量以立木蓄积计算，计算方法为：原木材积除以该树种的出材率。

本解释所称“幼树”，是指胸径五厘米以下的树木。

滥伐林木的数量，应在伐区调查设计允许的误差额以上计算。

第十八条　盗伐、滥伐以生产竹材为主要目的的竹林的定罪量刑问题，有关省、自治区、直辖市高级人民法院可以参照上述规定的精神，规定本地区的具体标准，并报最高人民法院备案。

第十九条　各省、自治区、直辖市高级人民法院可以根据本地区的实际情况，在本解释第四条、第六条规定的数量幅度内，确定本地区执行的具体数量标准，并报最高人民法院备案。

权威解读

解读《关于审理破坏森林资源刑事案件具体应用法律若干问题的解释》

为依法惩处破坏森林资源的犯罪活动，根据刑法有关规定，最高人民法院于2000年11月22日发布了《关于审理破坏森林资源刑事案件具体应用法律若干问题的解释》（以下简称《破坏森林资源解释》）。这部司法解释的出台，对于保障法律的正确实施，有力打击盗伐、滥伐等破坏森林资源的犯罪活动，将起到十分重要的指导作用。《破坏森林资源解释》涉及的问题较多，特别应当把握好以下几个问题：

一、关于“珍贵树木”的界定问题

修订后的刑法加大了对非法采伐、毁坏珍贵树木行为的打击力度，专门规定了非法采伐、毁坏珍贵树木罪。准确界定“珍贵树木”的范围，对于实现立法目的具有重要作用。从字面上理解，珍贵树木主要是指树种珍稀的树木。从林业主管部门对树木实施的分类管理来看，有些虽不属树种珍稀的树木，但因其成活的年份较长、年代久远，也将其列为珍贵树木的范畴予以重点保护；有些树木虽不珍稀，但因其具有重大历史纪念意义，如国家领导人亲手种植的树木、外国领导人种植的友谊树、在革命遗址生长的树木等而被列入珍贵树木的范围，有的甚至被文物主管部门界定为文物。因此，《破坏森林资源解释》第一条规定，珍贵树木包括由省级以上林业主管部门或者其他部门确定的具有重大历史纪念意义、科学研究价值或者年代久远的古树名木，国家禁止、限制出口的珍贵树木以及列入国家重点保护野生植物名录的树木。“国家禁止、限制出口的珍贵树木”和“列入国家重点保护野生植物名录的树木”在语义上有交叉，但不能相互包容。有些国家禁止、限制出口的珍贵树木，如辽东栎、蒙古栎、糖椴等，并未列入国家重点保护野生植物名录。因此，《破坏森林资源解释》将两者一并纳入了“珍贵树木”的范围。

二、关于盗伐林木罪和滥伐林木罪的认定问题

实践中，因盗伐与滥伐行为的界限不清，导致定性不准、量刑失衡的案件不少，在一定程度上影响了对这类犯罪行为的打击力度。最高人民法院和最高人民检察院于1987年9月5日发布的《关于办理盗伐、滥伐林木案件应用法律的几个问题的解释》（已失效，以下简称1987年“两高”解释）中，关于“以非法占有为目的，违反林业行政主管部门及法律规定的其他主管部门核发的采伐许可证的规定，采伐国家、集体及他人自留山上的或他人经营管理的森林或其他林木，情节严重的，亦应定为盗伐林木罪”的规定，在司法实践中存有异议。特别是对违反林木采伐许可证规定的地点、数量采伐他

人所有的森林或者其他林木行为如何定性问题，争议较大。一种意见认为应当坚持这一规定，一是操作简便，不会产生分歧；二是由于盗伐林木罪的法定刑重于滥伐林木罪，对这种行为一律以盗伐林木罪定罪处罚，可以加大对破坏森林资源行为的打击力度。

诚然，1987 年“两高”解释以是否侵犯他人林木所有权作为区分两罪的界限，有一定道理，《破坏森林资源解释》也基本采纳了这一观点，但不能将其作为唯一标准。把握盗伐与滥伐行为的界限，关键在于准确理解以下几个方面的内容：

（一）盗伐林木罪与盗窃罪的行为特征一致，都是以非法占有为目的，秘密窃取公私财物，侵犯他人财产所有权的行为，只是犯罪对象的差别而已。因此，《破坏森林资源解释》第三条规定：以非法占有为目的，具有“擅自砍伐国家、集体、他人所有或者他人承包经营管理的森林或者其他林木”“擅自砍伐本单位或者本人承包经营管理的森林或者其他林木”等情形之一，数量较大的，依照刑法第三百四十五条第一款的规定，以盗伐林木罪定罪处罚。

（二）滥伐林木罪主要是违反森林保护法律、法规的规定，超过准采限额采伐他人所有的林木或者随意采伐自己所有的林木的行为。超过准采限额采伐的情形，虽然也属于对他人林木所有权的侵犯，但因其属于持有采伐许可证而超限额采伐，就其侵犯的直接客体而言，更主要地表现为对林业资源管理秩序的破坏。为此，《破坏森林资源解释》第五条第（一）项规定：违反森林法的规定，未经林业行政主管部门及法律规定的其他主管部门批准并核发林木采伐许可证，或者虽持有林木采伐许可证，但违反林木采伐许可证规定的时间、数量、树种或者方式，任意采伐本单位所有或者本人所有的森林或者其他林木，数量较大的，依照刑法第三百四十五条第二款的规定，以滥伐林木罪定罪处罚。

（三）《刑法》第三百四十五条第二款规定的滥伐林木罪，是指违反森林法的规定，滥伐林木数量较大的行为。滥伐行为应当理解为违反准采规定采伐树木的行为，当然包括违反林木采伐许可证规定的地点、数量采伐他人所有的森林或者其他林木等行为。单纯根据是否采伐他人树木，而一律以盗伐林木罪定罪，显然与立法本意不完全一致。虽然也将主观内容界定为“以非法占有为目的”，但是滥伐他人林木行为也不能绝对排除这一主观内容。因此，必须结合具体事实分别予以认定。从实践中处理的大多数案件情况看，对于超过林木采伐许可证规定的数量采伐他人所有的森林或者其他林木的行为，应当认定为滥伐行为：首先，相对于采伐许可证指定的地点来说，行为人持有依法取得的林木采伐许可证；其次，他人所有的森林或者其他林木是可以依法采伐的；最后，行为人在采伐许可证指定的地点实施了超量采伐行为。而对于在林木采伐许可证规定的地点以外采伐他人所有的森林或者其他林木的，则应当认定为盗伐行为：首先，在采伐许可证规定的地点以外的任何地方，行为人没有取得采伐许可；其次，他人的森林或者其他林木可能是不准采伐的；最后，行为人在采伐许可证规定地点以外的其他地方实施了侵犯他人林木所有权的采伐行为。

（四）《破坏森林资源解释》参照1987年“两高”解释的有关内容规定，对于林木权属不清发生确权争议，在确权以前发生的擅自砍伐森林或者其他林木，数量较大的行为，以滥伐林木罪定罪处罚。

三、关于盗伐林木罪与滥伐林木罪的数量认定标准问题

1987年“两高”解释按照林区和非林区的划分，分别确定了盗伐、滥伐的数量标准。实践中，有关部门对此提出异议：不仅森林法中没有林区、非林区的概念，而且实践中也很难作出这种划分。由于对林区、非林区难以作出准确的界定，导致一些案件无法及时处理。从保护森林资源的角度考虑，取消林区、非林区的划分，确定一个统一的定罪量刑标准，保证执法的统一性，更能收到良好的社会效果。对于地区差异问题，可以在司法解释中规定相应的数量幅度，由各省自行制定具体执行标准，同样可以满足各地打击破坏森林资源犯罪不同程度的需要。《破坏森林资源解释》采纳了这一意见，并基本沿用了原解释规定的在林区盗伐、滥伐的数量标准，个别数据略有调整。

四、关于《刑法》第三百四十五条规定的“明知”的认定问题

《刑法》第三百四十五条第三款规定的非法收购盗伐、滥伐的林木罪强调，以牟利为目的，在林区非法收购明知是盗伐、滥伐的林木，情节严重的才能定罪。“明知”是认定罪与非罪的关键。《破坏森林资源解释》中规定，“明知”是指知道或者应当知道。具有“在非法的木材交易场所或者销售单位收购木材”“收购以明显低于市场价格出售的木材”“收购违反规定出售的木材”等情形之一的，可以视为应当知道，但是有证据证明确属被蒙骗的除外，主要是从行为人的经验、常识等角度，对其主观内容进行判断。

五、关于证件犯罪的有关问题

实践中，林业主管部门发放的各种证件较多，涉及此类证件的犯罪活动也不少。经对有关证件进行分类，《破坏森林资源解释》第十三条分两款作出了规定："对于伪造、变造、买卖林木采伐许可证、木材运输证件，森林、林木、林地权属证书，占用或者征用林地审核同意书、育林基金等缴费收据以及其他国家机关批准的林业证件构成犯罪的，依照刑法第二百八十条第一款的规定，以伪造、变造、买卖国家机关公文、证件罪定罪处罚。""对于买卖允许进出口证明书等经营许可证明，同时触犯刑法第二百二十五条、第二百八十条规定之罪的，依照处罚较重的规定定罪处罚。"

六、关于对采种、采脂等毁坏树木行为如何定性问题

实践中，行为人使用采种、采脂、挖笋、掘根、剥树皮等方法，毁坏树木行为较为常见，偷剥杜仲树树皮作药材最具代表性。为此，《破坏森林资源解释》第十五条规定，"非法实施采种、采脂、挖笋、掘根、剥树皮等行为，牟取经济利益数额较大的，依照刑法第二百六十四条的规定，以盗窃罪定罪处罚。同时构成其他犯罪的，依照处罚较重的规定定罪处罚"。所谓"同时构成其他犯罪"，是指构成《刑法》第三百四十四条规定的"非法毁坏珍贵树木罪"等。

（撰稿：孙军工）

2. **最高人民法院、最高人民检察院关于适用《中华人民共和国刑法》第三百四十四条有关问题的批复**（法释〔2020〕2号，自2020年3月21日起施行）

各省、自治区、直辖市高级人民法院、人民检察院，解放军军事法院、军事检察院，新疆维吾尔自治区高级人民法院生产建设兵团分院、新疆生产建设兵团人民检察院：

近来，部分省、自治区、直辖市高级人民法院、人民检察院请示适用刑法第三百四十四条的有关问题。经研究，批复如下：

一、古树名木以及列入《国家重点保护野生植物名录》的野生植物，属于刑法第三百四十四条规定的"珍贵树木或者国家重点保护的其他植物"。

二、根据《中华人民共和国野生植物保护条例》的规定，野生植物限于原生地天然生长的植物。人工培育的植物，除古树名木外，不属于刑法第三百四十四条规定的"珍贵树木或者国家重点保护的其他植物"。非法采伐、毁

坏或者非法收购、运输人工培育的植物（古树名木除外），构成盗伐林木罪、滥伐林木罪、非法收购、运输盗伐、滥伐的林木罪等犯罪的，依照相关规定追究刑事责任。

三、对于非法移栽珍贵树木或者国家重点保护的其他植物，依法应当追究刑事责任的，依照刑法第三百四十四条的规定，以非法采伐国家重点保护植物罪定罪处罚。

鉴于移栽在社会危害程度上与砍伐存在一定差异，对非法移栽珍贵树木或者国家重点保护的其他植物的行为，在认定是否构成犯罪以及裁量刑罚时，应当考虑植物的珍贵程度、移栽目的、移栽手段、移栽数量、对生态环境的损害程度等情节，综合评估社会危害性，确保罪责刑相适应。

四、本批复自2020年3月21日起施行，之前发布的司法解释与本批复不一致的，以本批复为准。

十一、非法引进、释放、丢弃外来入侵物种罪

（一）刑法规定

第三百四十四条之一 违反国家规定，非法引进、释放或者丢弃外来入侵物种，情节严重的，处三年以下有期徒刑或者拘役，并处或者单处罚金。

（二）疑难、复杂问题的参考性解答

如何正确理解和适用非法引进、释放、丢弃外来入侵物种罪的构成要件？

本书观点：本罪系《刑法修正案（十一）》新增加的犯罪。近年来，外来入侵物种带来严重的生态环境影响，引起专家学者和管理部门的高度关注，应予高度警惕并严重管控。我国先后批准加入了《生物多样性公约》及其生物安全议定书。2020年10月17日又通过了《生物安全法》。该法第六十条第三款规定："任何单位和个人未经批准，不得擅自引进、释放或者丢弃外来物种。"第八十一条针对未经批准，擅自引进、擅自释放或者丢弃外来物种的行为，规定了最高25万元的罚款。由于外来入侵物种对国家生物安全的特殊危害性，在实施行政监管的同时，还须明确刑事处罚。为此，《刑法修正案（十一）》对此做了针对性的规定。

（1）本罪的主体为一般犯罪主体。

（2）本罪的主观方面为故意。

（3）本罪的客观方面，一是违反国家规定。如违反《生物安全法》的规定，二是非法引进、释放或者丢弃外来入侵物种。如果经批准，用于科学研究或者有关展览而引进外来物种的，则不构成本罪。三是情节严重。如何认定情节严重，目前尚无相应的司法解释。实践中，对以下情形，应当认定为情节严重：①多次实施上述行为的；②实施上述行为影响恶劣的；③已经明显危害国家生物安全或者社会公共利益的；④实施上述行为被行政处罚或者被判处刑罚后又实施上述行为的；⑤其他情节严重的情形。

（4）本罪侵犯的客体是环境资源保护制度和国家生物安全管理制度。

根据《刑法》第三百四十六条的规定，单位犯第三百四十四条之一规定的非法引进、释放、丢弃外来物种罪的，应当实行双罚制，即对该单位判处罚金，同时还应对其直接负责的主管人员和其他直接责任人员，依照该条的规定处罚。

十二、盗伐林木罪，滥伐林木罪，非法收购、运输盗伐、滥伐的林木罪

（一）刑法规定

第三百四十五条　盗伐森林或者其他林木，数量较大的，处三年以下有期徒刑、拘役或者管制，并处或者单处罚金；数量巨大的，处三年以上七年以下有期徒刑，并处罚金；数量特别巨大的，处七年以上有期徒刑，并处罚金。

违反森林法的规定，滥伐森林或者其他林木，数量较大的，处三年以下有期徒刑、拘役或者管制，并处或者单处罚金；数量巨大的，处三年以上七年以下有期徒刑，并处罚金。

非法收购、运输明知是盗伐、滥伐的林木，情节严重的，处三年以下有期徒刑、拘役或者管制，并处或者单处罚金；情节特别严重的，处三年以上七年以下有期徒刑，并处罚金。

盗伐、滥伐国家级自然保护区内的森林或者其他林木的，从重处罚。

（二）司法解释、司法文件及其权威解读

最高人民法院关于在林木采伐许可证规定的地点以外采伐本单位或者本人所有的森林或者其他林木的行为如何适用法律问题的批复（法释〔2004〕3号，自2004年4月1日起施行）

各省、自治区、直辖市高级人民法院，解放军军事法院，新疆维吾尔自治区高级人民法院生产建设兵团分院：

最近，有的法院反映，关于在林木采伐许可证规定的地点以外采伐本单位或者本人所有的森林或者其他林木的行为适用法律问题不明确。经研究，批复如下：

违反森林法的规定，在林木采伐许可证规定的地点以外，采伐本单位或者本人所有的森林或者其他林木的，除农村居民采伐自留地和房前屋后个人所有的零星林木以外，属于《最高人民法院关于审理破坏森林资源刑事案件具体应用法律若干问题的解释》第五条第一款第（一）项"未经林业行政主管部门及法律规定的其他主管部门批准并核发林木采伐许可证"规定的情形，数量较大的，应当依照刑法第三百四十五条第二款的规定，以滥伐林木罪定罪处罚。

此复

权威解读

解读《关于在林木采伐许可证规定的地点以外采伐本单位或者本人所有的森林或者其他林木的行为适用法律问题的批复》

2004年3月23日，最高人民法院审判委员会第1312次会议讨论通过了《关于在林木采伐许可证规定的地点以外采伐本单位或者本人所有的森林或者其他林木的行为适用法律问题的批复》（法释〔2004〕3号，以下简称《规定地点以外采伐批复》）。《规定地点以外采伐批复》对在林木采伐许可证规定的地点以外采伐本单位或者本人所有的森林或者其他林木的行为的定性问题作出了明确批复。

一、问题的由来

2000年11月17日，最高人民法院审判委员会第1141次会议通过了《最高人民法院关于审理破坏森林资源刑事案件具体应用法律若干问题的解释》（法释〔2000〕36号，以下简称《破坏森林资源解释》）。《破坏森林资源解释》对盗伐林木罪和滥伐林木罪的认定及数量认定标准等问题作了规定，其

中第五条规定了对滥伐林木罪认定的具体情形。

《破坏森林资源解释》第五条第一款第（一）项规定，“未经林业行政主管部门及法律规定的其他主管部门批准并核发林木采伐许可证，或者虽持有林木采伐许可证，但违反林木采伐许可证规定的时间、数量、树种或者方式，任意采伐本单位所有或者本人所有的森林或者其他林木的”，数量较大的，以滥伐林木罪定罪处罚。

按照上述规定，持有林木采伐许可证，但在林木采伐许可证规定的地点以外，采伐本单位或者本人所有的森林或者其他林木的行为，数量较大的，是否能以滥伐林木罪定罪处罚？对此，司法实践存在分歧意见。

一种观点认为，按照上述规定，持有林木采伐许可证，但在林木采伐许可证规定的地点以外，采伐本单位或者本人所有的森林或者其他林木的行为，不能以滥伐林木罪定罪处罚。其理由主要是上述规定中列举了“违反林木采伐许可证规定的时间、数量、树种或者方式”，而没有明确列举“地点”。另一种观点认为，虽然持有林木采伐许可证，但在林木采伐许可证规定的地点以外，采伐本单位或者本人所有的森林或者其他林木的行为，属于无证采伐，数量较大的，应当以滥伐林木罪定罪处罚。

二、《规定地点以外采伐批复》的内容及理由

《规定地点以外采伐批复》明确规定，违反森林法的规定，在林木采伐许可证规定的地点以外，采伐本单位或者本人所有的森林或者其他林木的，除农村居民采伐自留地和房前屋后个人所有的零星林木以外，属于《破坏森林资源解释》第五条第一款第（一）项“未经林业行政主管部门及法律规定的其他主管部门批准并核发林木采伐许可证”规定的情形，数量较大的，应当依照刑法第三百四十五条第二款的规定，以滥伐林木罪定罪处罚。

关于这个问题，有人认为是《破坏森林资源解释》的疏漏，其实不然。制定《破坏森林资源解释》时对此问题是有所考虑的，此种情形同样属于无证采伐，符合司法解释第五条第一款第（一）项“未经林业行政主管部门及法律规定的其他主管部门批准并核发林木采伐许可证”的规定，理由如下：

《刑法》第三百四十五条第二款规定，违反森林法的规定，滥伐森林或者其他林木，数量较大的，以滥伐林木罪定罪处罚。《森林法》第五十六条规定：“采伐林地上的林木应当申请采伐许可证，并按照采伐许可证的规定进行采伐。”从上述规定可以看出，森林法要求严格按照林木采伐许可证的规定进行采伐。

林木采伐许可证对采伐人、采伐地点、面积、树种、方式、强度都有明确限定。尤其是对采伐地点，更是作了具体的界定，包括在哪个林场、分场、林班、小班或哪个乡镇、村、屯、地块，以及东南西北四至的地点都作了明确规定。未按林木采伐许可证规定的时间、数量、树种、方式尤其是地点进行采伐的，都违反了森林法的规定。因此，虽持有林木采伐许可证，但未按林木采伐许可证批准的地点采伐本单位所有或本人所有的森林或者其他林木的，显然违反了森林法的规定。

国家林业局针对北京市林业局的请示于2003年3月7日作出的林函策字〔2003〕17号《关于在林木采伐许可证规定的地点以外采伐林木行为定性的复函》中也明确指出：持有林木采伐许可证但未按林木采伐许可证批准的地点采伐森林或者其他林木的，属于无证采伐。其中，在林木采伐许可证规定的地点以外采伐国家、集体、他人所有或者他人承包经营管理的森林或者其他林木的，应当定性为盗伐林木行为；在林木采伐许可证规定的地点以外采伐本单位所有或者本人所有的森林或者其他林木的，应当定性为滥伐林木行为。

因此，《规定地点以外采伐批复》中明确规定，在林木采伐许可证规定的地点以外，对本单位或者本人所有的森林或林木无权采伐而进行采伐的，除农村居民采伐自留地和房前屋后个人所有的零星林木以外，属于无证采伐；数量较大的，应当以滥伐林木罪定罪处罚。之所以规定农村居民采伐自留地和房前屋后个人所有的零星林木除外，是因为《森林法》第三十二条中有明确的例外规定。

（撰稿：李洪江）

（三）典型或常见问题的审理思路

1. 以出售为目的，盗挖价值数额较大的行道树的行为，如何定性？①

本书观点：（1）城市道路两旁的行道树不是区分盗伐林木罪和盗窃罪的构成要件要素。盗伐林木罪，是指盗伐森林或者其他林木，数量较大的行为。城市道路两旁栽植的成行的香樟树是行道树。有观点认为，盗伐林木罪中的林木仅包括森林法规定的防护林、用材林、经济林、薪炭林、特种用途林等林区中的大片林木，城市行道树是绿化树木，不属于盗伐林木罪状中的“森

① 观点来源：《刑事审判参考》（总第86期）第785号指导案例，李某盗伐林木案。

林树木”，也不属于盗伐林木罪状中的“其他林木”。我们认为，城市道路两旁的行道树属于盗伐林木罪状中“其他林木”的范畴。2000 年 1 月国务院制定施行的《森林法实施条例》第二条第三款明确规定，林木包括树木和竹子。可见，相关森林法律法规中“林木”的外延比较广泛。行道树是专门种植于道旁的树木。1987 年 9 月 5 日，最高人民法院、最高人民检察院发布的《关于办理盗伐、滥伐林木案件应用法律的几个问题的解释》对林区和非林区规定了不同的入罪林木数量，对非林区林木规定了较林区林木低的入罪门槛，城乡道旁等非林区的行道树、他人自留山上的成片林木可以成为盗伐、滥伐的犯罪对象。虽然该解释已被废止，但其对盗伐、滥伐犯罪对象范围的规定依然值得借鉴、参考。城市行道树作为城市绿化有机组成部分，同时受到相关法律法规的保护。《城市绿化条例》第二十条第二款规定：“砍伐城市树木，必须经城市人民政府城市绿化行政主管部门批准，并按照国家有关规定补植树木或者采取其他补救措施。”该条例第二十六条第（二）项进一步明确，违反本条例规定，砍伐城市树木，构成犯罪的，依法追究刑事责任。该项规定为对擅自修剪或者砍伐城市树木行为追究刑事责任提供了行政法上的指引。

由上述规范可知，行道树属于“其他林木”的范畴，可以成为盗伐林木犯罪的对象，因此，仅从行道树的角度，不能认定本案不构成盗伐林木罪。

（2）行为人的行为属于“盗挖”，而非“盗伐”，不构成盗伐林木罪。实践中，针对树木的窃取行为一般有三种情形：一是将栽于土地上的活体树木砍下后占为己有；二是将他人已经伐倒的树木，或将已经采挖离地的活体树木直接窃为己有；三是将栽于土地上的活体树木挖出后占为己有，保持树木的活体性。第一种情形是典型的“盗伐”，除了盗伐自留地的零星树木，都属于盗伐林木罪调整的范围。第二种情形《最高人民法院关于审理破坏森林资源刑事案件具体应用法律若干问题的解释》第九条已作明确规定，以盗窃罪定罪处罚。第三种情形与前两者不同，系“盗挖”。被告人李某为了达到转手香樟树获利的目的，让人盗挖后出售，属于第三种情形——“盗挖”。“盗伐”与“盗挖”存在明显的区别：一是行为方式不同。“伐”是用刀、斧、锯等把东西断开。伐木，就是用锯、斧等工具把树木弄断。实施“伐”的行为后，树木主干与其赖以生存的根部分离，根部留存于土中。而“挖”则是用工具或手从物体的表面向里用力，取出其一部分其中包藏的东西的意思。挖木，就是用锄、铲、锹等工具把树木及其树根的主要部分从泥土中取出，将树整体与泥土分离。二是行为后果不同。“伐”后树木必然死亡，而“挖”的目的是移走栽种的树木。因此，国家林业局2003年下发的《关于规范树木采挖管理有关问题的通知》（已失效，以下简称《采挖管理通知》）特别强调林业主管部门在核发许可证的同时“应当对批准的采挖作业进行监督管理，并主动提供有关技术服务，以提高采挖树木的成活率”。三是行为本质不同。“伐”的行为直接导致活立木的死亡，行为实施当场就对森林资源和生态环境造成破坏。而“挖”的行为虽然也可能由于采挖水平、后期环境、养护技术等因素最终导致树木死亡，造成与“伐”的行为类似的后果，但这种结果是非典型的，而且随着科技的迅猛发展，机械制造、林木养护水平日益提升，这种结果出现得越来越少，所以“伐”与“挖”对林木资源和生态环境造成的影响存在本质的区别。《采挖管理通知》第八条规定：“未经批准擅自采挖、运输、收购采挖树木，或者因采挖树木造成林地、植被破坏的，要依照法律法规关于林木采伐、林地管理、木材运输和收购的规定进行处罚。”有观点认为，既然该规定已经将采挖树木与采伐树木纳入相同的行政管理序列，那么盗伐林木的罪状就应当涵盖盗挖行为。我们认为，这种观点不妥。该规定是为了严格规范现实生活中日益增多的，但森林法等法律法规又未涉及的采挖林木行为，但对乱采乱挖行为的行政处罚则必须由法律、行政法规予以规定，不能由国家林业局通过下发通知的形式予以确定。在刑事法律领域，语义的相对确定性是法律可预测性的客观要求。盗伐林木罪所确定的核心行为“伐”，即便是基于社会发展需要对“伐”作适度扩张性解释，也无法将“挖”的行为囊括进来。况且，正是由于采挖行为与采伐行为是本质上不同的两类行为，行政管理机关才有必要专门制定规定进行政策调整。

（3）盗挖行为侵犯的客体主要是财产权利和环境资源。森林和其他林木等活立木能调节气候、净化空气、防风降噪，为人类提供优美的生存环境。盗伐林木罪被列在刑法妨害社会管理秩序章中的“破坏环境资源保护”一节，是鉴于活体树木对人类的特殊贡献，国家给予的特别保护。盗伐行为造成的破坏不可逆转、无法恢复，所以其最终必然破坏生态环境。而本案被告人的盗挖行为虽然未经绿化行政主管部门审批，在一定程度上违反了有关城市绿化管理制度，但毕竟未终结树木生命，尚未对生态环境造成无法挽救的后果，因此其行为危害最主要体现在侵害了树木所有人的财产所有权。随着社会经济发展和人民生活水平的不断提高，人们对生态环境日益重视，花木价格在绿化热潮中逐年攀升。活体树的价值不能再简单地以立木材积数量来衡量，树木的珍贵程度和效用、绿化工程的特殊要求、树木的生熟等因素更多地被纳入考虑范围。而一些不法分子正是看中了活体树木本身的经济价值，而不是作为木材所体现的价值，实施违法犯罪活动。行为人主观上追求的和行为最终实现的都是活体树木的经济价值，而非立木材积的经济价值，其行为危害主要体现在对树木所有权人的财产所有权的侵害，应以盗窃罪定罪处罚。

2. 盗伐栅栏外的衍生幼树如何定性?[①]

本书观点：行为人盗伐衍生幼树的行为是否构成犯罪，以及构成何罪，有三种不同的观点：第一种观点认为不构成犯罪。因为栅栏外的幼树系栅栏内的树木衍生出来的，栅栏外土地权属归当地村集体所有，所以这些衍生幼树可视为无主物。依照民法相关规定，适用于先占。第二种观点认为构成盗窃罪，犯罪对象是幼苗，不是“盗伐林木罪”中的森林、成片的林木以及其他林木，因此不构成盗伐林木罪，而构成盗窃罪。第三种观点认为构成盗伐林木罪。幼树属于“其他林木”的范畴，符合盗伐林木罪的犯罪构成要件。我们赞同第三种观点，理由如下：

（1）行为人的行为应构成犯罪。我国现行立法虽然对先占未作明确规定，但在实践中通常认为先占物必须是“无主物、动产、在先占人支配之下”等特征。栅栏外的幼树不适用于拾得遗失物、添附、不当得利等合法占有的规定，栅栏外幼树的所有权可推定属于路桥建设投资公司所有，行为人将其非法占为己有，应当受到法律的制裁。

（2）行为人的行为应构成盗伐林木罪，而不是盗窃罪。盗伐林木罪中的林木不一定必须是森林或成片的林木，也可以是其他林木。幼树属于滥伐林木罪中其他林木的范畴。本罪侵犯的客体是国家对森林资源的管理活动和林木的所有权。犯罪对象是《森林法》规定的森林及其他林木，包括防护林、用材林、经济林、薪炭林、特种用途林等。而火炬树幼树就属于特种用途林的范畴；本罪在客观方面表现为违反保护森林法规，盗伐国家、集体和个人所有的森林及其他林木，数量巨大的行为。具体表现为，以非法占有为目的，擅自盗伐国家、集体所有的林木的；决定盗伐的性质，在于行为人以非法占有为目的，侵犯了国家、集体或个人对林木的所有权。在主观要件上，被告

---

① 观点来源：（2009）新密邢初字第294号，张某安盗伐林木案。

人明知林木不归其本人或者本单位所有，而以非法占有为目的，故意实施盗伐行为。综上，行为人以非法占有为目的，幼树也属于盗伐林木罪中林木的范畴，应认定为盗伐林木罪。

（四）疑难、复杂问题的参考性解答

1. 滥伐林木罪中的林木是否构成违法所得？

本书观点：对于滥伐林木罪中的林木是否构成违法所得，应当从案涉林木的权属特性、违法所得的法律界定、罪罚的立法建构三方面进行辨别。

（1）行为人所有的林木，不因违法采伐导致权属变更。《民法典》第一百二十五条规定："土地承包经营权人依法对其承包经营的耕地、林地、草地等享有占有、使用和收益的权利。"《森林法》第十七条规定，集体所有和国家所有依法由农民集体使用的林地（以下简称集体林地）实行承包经营的，承包方享有林地承包经营权和承包林地上的林木所有权，合同另有约定的从其约定。因此，行为人通过承包经营林地对林木享有所有权。而根据《森林法》第五十六条第一款采伐林木必须申请采伐许可证，否则属于违法采伐行为。但这一行为是否会导致林木所有权变更，犯罪行为人所有的林木是否不再属于合法财产，应当从两个方面来判断：一方面，林木脱离承包地并不属于所有权变更的法定情形。承包经营的林木所有权变更应当符合物权变动的法定条件，而根据《民法典》第二百一十四条、第二百二十四条的规定，不动产物权的设立、变更、转让和消灭，以登记为生效要件，动产物权的设立、变更、转让和消灭，以交付作为生效要件。林木在未砍伐之前，作为土地附着物，属于不动产，其所有权转移自然应当以登记为前提；但林木被砍伐后，由于脱离土地成为独立个体，则属于动产，此时要以交付为前提变更所有权。因此，林木脱离土地并不必然导致所有权变更，而是应当以交付完成所有权转移。另一方面，违法采伐的林木转让是否导致林木所有权变更？刑事立法将滥伐林木、购买滥伐林木作为犯罪行为，目的在于禁止滥伐林木，以便更好地保护环境资源。确定违法采伐林木的买卖行为是否有效，应该看交易行为是否符合合同法律规范的相关规定。《民法典》第一百五十三条、第一百五十四条规定，违反法律、行政法规的强制性规定的民事法律行为无效。行为人与相对人恶意串通，损害他人合法权益的民事法律行为无效。由于滥伐林木行为违反法律规定，且出卖人及购买人均明知违法采伐林木的情况下，符合无效合同的法定情形。同时，根据《民法典》第一百五十七条的规定，民事法律行为无效、被撤销或者确定不发生效力后，行为人因该行为取得的财产，应当予以返还。由于买卖合同不发生效力，则被采伐的林木所有权不发生转移，仍应属于原林木所有人的合法财产。

（2）滥伐的林木不具有因违法行为获取收益的特征。何谓违法所得？刑法中的违法所得，应是获得利益，即因违法而得到的利益。因此，犯罪行为人的违法所得，实际上应为从犯罪行为取得之物、犯罪行为产生之物或其转化物、替代物等而获得的收益。

由此，违法所得的认定应当具备三个条件：一是违法行为与所得利益存在因果联系，即犯罪行为与犯罪结果之间的因果关系同样适用于违法行为与违法所得。二是违法所得必须是行为人触犯我国现行刑法所获取的收益。三是违法所得的范围应限定在物质性利益区间内。所以，在界定违法所得的范围时，在以“不让任何人从犯罪中受益”标准的前提下，应严格区分违法所得和合法财产的界限，注意保护犯罪行为人的合法财产。

行为人未获采伐许可证而被采伐的林木，虽然与滥伐林木犯罪行为具有内在、必然联系，亦属于物质性财物，但并非属于滥伐行为人或是买卖滥伐林木行为人所获取的收益，因此，不应认定为违法所得。同时，滥伐林木罪是一种行为罚，是针对滥伐林木行为的刑事处罚，由于违法采伐行为并不影响林木的原所有权属性，从而应当认定为行为人的个人合法财产。参照《刑法》第六十四条“对被害人的合法财产，应当及时返还”的规定，应将滥伐的林木返还给林木所有人。

（3）滥伐林木罪的罪罚建构未认定滥伐林木为违法所得。首先，从具体的法条构成来看，《刑法》第三百四十五条规定了滥伐林木罪与盗伐林木罪的罪罚构成。滥伐林木罪分为数量较大、数量巨大两个量刑档次，而盗伐林木罪则分为数量较大、数量巨大、数量特别巨大三个量刑档次，从而在刑罚设定上滥伐林木罪的刑罚相对弱于盗伐林木罪。同时，由于两者皆为违反森林法规定的犯罪，依据《森林法》（已被修改）第三十九条规定，对于盗伐的林木，除依法赔偿损失，并由林业主管部门责令补种树木外，还应没收盗伐的林木或者变卖所得，并处罚款；而滥伐的林木，仅为林业主管部门责令补种树木，并处罚款。可见，森林法对盗伐林木设定了没收盗伐的林木或者变卖所得，对滥伐林木却没有作出相同的规定。根据立法所呈现出的价值趋向，对滥伐的林木不应设定为违法所得。

其次，从侵犯的客体来看，滥伐林木行为主要为林木所有权人或是被林木所有权人允许的他人违反森林保护法律、法规的规定，做出了超过林木采伐许可证范围或是没有采伐许可证而采伐林木的行为，其侵犯的客体为林业资源管理秩序。盗伐林木行为则应当理解为以非法占有为目的，侵犯国家、集体或他人林木所有权的行为，在侵犯林业资源管理秩序的同时，还侵犯了他人的合法财产。从侵犯客体的角度区分，针对滥伐林木行为的刑罚主要是要求恢复林业资源管理秩序，而对盗伐林木行为的刑罚除要求恢复林业资源管理秩序外，还要求退出不当得利。因此，滥伐林木行为中的林木作为行为人在违法行为做出前即已享有所有权的林木，自然不应认定为违法所得。

最后，《刑法》第六十四条规定，“犯罪分子违法所得的一切财物，应当予以追缴或者责令退赔”。追缴和责令退赔为对犯罪分子违法所得处置的程序性强制措施，不是刑罚方法，不具有刑事惩罚性。如果对滥伐林木罪的林木进行追缴或责令退赔，则侵犯了林木所有人的合法权益。同时，也让追缴和责令退赔成了一种刑罚手段，明显不符合程序性措施的特征。

总体而言，在违法采伐行为未导致林木所有权变更的前提下，不能认定滥伐的林木系行为人因违法行为所获取的收益，不具备刑法中违法所得的条件。

2. **如何划清盗伐林木罪与滥伐林木罪的界限？**

本书观点：两罪属于同类性质的犯罪，在犯罪构成的形式上也有许多相似之处，主要区别在于：

（1）犯罪对象的属性有区别。盗伐林木的对象是盗伐人既无所有权也无采伐权的森林和其他林木；而滥伐林木的对象是滥伐人具有所有权或者采伐权的森林和其他林木。擅自砍伐属于国家、集体和他人自留山上的或他人经营管理的森林或者其他林木，或本人或他人依法承包经营管理的国家、集体所有的林木的，应定盗伐林木罪；如果砍伐的林木权属为自有林木，即属本单位所有或管理的林木，如属于集体所有的林木、国家所有但由某国营林场管理的林木，以及本人所有的自留山上的林木，则构成滥伐林木罪。

（2）违法前提不同。盗伐林木行为以侵犯他人财产所有权以及违反森林法规为前提，是没有采伐许可证的盗窃行为，而滥伐林木行为仅以违反森林法规为前提，客观行为包括有采伐许可证而不按照其规定要求的采伐行为，以及无证任意采伐具有所有权的森林或其他林木的行为。

3

刑法办案思路与疑难释解

XINGFA BANAN SILU YU YINAN SHIJIE

第四卷

主　编◎胡云腾
副主编◎周　峰

中国法制出版社
CHINA LEGAL PUBLISHING HOUSE

总目录

·第一卷·

刑法总则

·第二卷·

刑法分则

·第三卷·

·第四卷·

·第五卷·

·第六卷·

分目录

（第四卷）

第四章　侵犯公民人身权利、民主权利罪

一、故意杀人罪

（一）刑法规定

第二百三十二条　故意杀人的，处死刑、无期徒刑或者十年以上有期徒刑；情节较轻的，处三年以上十年以下有期徒刑。

（二）司法解释、司法文件

1. 最高人民法院关于全国法院维护农村稳定刑事审判工作座谈会纪要（法〔1999〕217号，自1999年10月27日起施行）（节录）

二、会议在认真学习《决定》和“上海会议”文件的基础上，结合执行刑法、刑事诉讼法的审判实践，对审理农村中犯罪案件、农民犯罪案件中的一些重要问题进行了研究、讨论。一致认为，对于故意杀人、故意伤害、抢劫、强奸、绑架等严重危害农村社会治安的暴力犯罪以及带有黑社会性质的团伙犯罪，一定要继续坚持从重从快严厉打击的方针。要根据当地社会治安的特点，将经常性“严打”和集中打击、专项斗争结合起来，始终保持“严打”的高压态势，有效地遏制严重刑事犯罪活动蔓延的势头，尽一切努力维护好农村社会治安的稳定。同时，对正确适用法律，处理好农村常见多发案件，全面、正确掌握党的刑事政策，取得了一致意见：

（一）关于故意杀人、故意伤害案件

要准确把握故意杀人犯罪适用死刑的标准。对故意杀人犯罪是否判处死刑，不仅要看是否造成了被害人死亡结果，还要综合考虑案件的全部情况。对于因婚姻家庭、邻里纠纷等民间矛盾激化引发的故意杀人犯罪，适用死刑一定要十分慎重，应当与发生在社会上的严重危害社会治安的其他故意杀人

犯罪案件有所区别。对于被害人一方有明显过错或对矛盾激化负有直接责任，或者被告人有法定从轻处罚情节的，一般不应判处死刑立即执行。

要注意严格区分故意杀人罪与故意伤害罪的界限。在直接故意杀人与间接故意杀人案件中，犯罪人的主观恶性程度是不同的，在处刑上也应有所区别。间接故意杀人与故意伤害致人死亡，虽然都造成了死亡后果，但行为人故意的性质和内容是截然不同的。不注意区分犯罪的性质和故意的内容，只要有死亡后果就判处死刑的做法是错误的，这在今后的工作中，应当予以纠正。对于故意伤害致人死亡，手段特别残忍，情节特别恶劣的，才可以判处死刑。

2. **最高人民法院关于贯彻宽严相济刑事政策的若干意见**（法发〔2010〕9号，自2010年2月8日起施行）（节录）

二、准确把握和正确适用依法从“严”的政策要求

7. 贯彻宽严相济刑事政策，必须毫不动摇地坚持依法严惩严重刑事犯罪的方针。对于危害国家安全犯罪、恐怖组织犯罪、邪教组织犯罪、黑社会性质组织犯罪、恶势力犯罪、故意危害公共安全犯罪等严重危害国家政权稳固和社会治安的犯罪，故意杀人、故意伤害致人死亡、强奸、绑架、拐卖妇女儿童、抢劫、重大抢夺、重大盗窃等严重暴力犯罪和严重影响人民群众安全感的犯罪，走私、贩卖、运输、制造毒品等毒害人民健康的犯罪，要作为严惩的重点，依法从重处罚。尤其对于极端仇视国家和社会，以不特定人为侵害对象，所犯罪行特别严重的犯罪分子，该重判的要坚决依法重判，该判处死刑的要坚决依法判处死刑。

四、准确把握和正确适用宽严“相济”的政策要求

34、对于因犯故意杀人、爆炸、抢劫、强奸、绑架等暴力犯罪，致人死亡或严重残疾而被判处死刑缓期二年执行或无期徒刑的罪犯，要严格控制减刑的频度和每次减刑的幅度，要保证其相对较长的实际服刑期限，维护公平正义，确保改造效果。

五、完善贯彻宽严相济刑事政策的工作机制

43、对减刑、假释案件，要采取开庭审理与书面审理相结合的方式。对于职务犯罪案件，尤其是原为县处级以上领导干部罪犯的减刑、假释案件，要一律开庭审理。对于故意杀人、抢劫、故意伤害等严重危害社会治安的暴力犯罪分子，有组织犯罪案件中的首要分子和其他主犯以及其他重大、有影

响案件罪犯的减刑、假释，原则上也要开庭审理。书面审理的案件，拟裁定减刑、假释的，要在羁押场所公示拟减刑、假释人员名单，接受其他在押罪犯的广泛监督。

3. **在审理故意杀人、伤害及黑社会性质组织犯罪案件中切实贯彻宽严相济刑事政策**（自2010年4月14日起施行）（节录）

2010年2月8日印发的《最高人民法院关于贯彻宽严相济刑事政策的若干意见》（以下简称《意见》），对于有效打击犯罪，增强人民群众安全感，减少社会对立面，促进社会和谐稳定，维护国家长治久安具有重要意义，是人民法院刑事审判工作的重要指南。现结合审判实践，就故意杀人、伤害及黑社会性质组织犯罪案件审判中如何贯彻《意见》的精神作简要阐释。

一、在三类案件中贯彻宽严相济刑事政策的总体要求

在故意杀人、伤害及黑社会性质组织犯罪案件的审判中贯彻宽严相济刑事政策，要落实《意见》第一条规定：根据犯罪的具体情况，实行区别对待，做到该宽则宽，当严则严，宽严相济，罚当其罪。落实这个总体要求，要注意把握以下几点：

1. 正确把握宽与严的对象。故意杀人和故意伤害犯罪的发案率高，社会危害大，是各级法院刑事审判工作的重点。黑社会性质组织犯罪在我国自二十世纪八十年代末出现以来，长时间保持快速发展势头，严厉打击黑社会性质组织犯罪，是法院刑事审判在当前乃至今后相当长一段时期内的重要任务。因此，对这三类犯罪总体上应坚持从严惩处的方针。但是在具体案件的处理上，也要分别案件的性质、情节和行为人的主观恶性、人身危险性等情况，把握宽严的范围。在确定从宽与从严的对象时，还应当注意审时度势，对经济社会的发展和治安形势的变化作出准确判断，为构建社会主义和谐社会的目标服务。

2. 坚持严格依法办案。三类案件的审判中，无论是从宽还是从严，都必须严格依照法律规定进行，做到宽严有据，罚当其罪，不能为追求打击效果，突破法律界限。比如在黑社会性质组织犯罪的审理中，黑社会性质组织的认定必须符合法律和立法解释规定的标准，既不能降格处理，也不能拔高认定。

3. 注重法律效果与社会效果的统一。严格依法办案，确保良好法律效果的同时，还应当充分考虑案件的处理是否有利于赢得人民群众的支持和社会稳定，是否有利于瓦解犯罪，化解矛盾，是否有利于罪犯的教育改造和回归

社会，是否有利于减少社会对抗，促进社会和谐，争取更好的社会效果。比如在刑罚执行过程中，对于故意杀人、伤害犯罪及黑社会性质组织犯罪的领导者、组织者和骨干成员就应当从严掌握减刑、假释的适用，其他主观恶性不深、人身危险性不大的罪犯则可以从宽把握。

二、故意杀人、伤害案件审判中宽严相济的把握

1. 注意区分两类不同性质的案件。故意杀人、故意伤害侵犯的是人的生命和身体健康，社会危害大，直接影响到人民群众的安全感，《意见》第七条将故意杀人、故意伤害致人死亡犯罪作为严惩的重点是十分必要的。但是，实践中的故意杀人、伤害案件复杂多样，处理时要注意分别案件的不同性质，做到区别对待。

实践中，故意杀人、伤害案件从性质上通常可分为两类：一类是严重危害社会治安、严重影响人民群众安全感的案件，如极端仇视国家和社会，以不特定人为行凶对象的；一类是因婚姻家庭、邻里纠纷等民间矛盾激化引发的案件。对于前者应当作为严惩的重点，依法判处被告人重刑直至判处死刑。对于后者处理时应注意体现从严的精神，在判处重刑尤其是适用死刑时应特别慎重，除犯罪情节特别恶劣、犯罪后果特别严重、人身危险性极大的被告人外，一般不应当判处死刑。对于被害人在起因上存在过错，或者是被告人案发后积极赔偿，真诚悔罪，取得被害人或其家属谅解的，应依法从宽处罚，对同时有法定从轻、减轻处罚情节的，应考虑在无期徒刑以下裁量刑罚。同时应重视此类案件中的附带民事调解工作，努力化解双方矛盾，实现积极的“案结事了”，增进社会和谐，达成法律效果与社会效果的有机统一。《意见》第二十三条是对此审判经验的总结。

此外，实践中一些致人死亡的犯罪是故意杀人还是故意伤害往往难以区分，在认定时除从作案工具、打击的部位、力度等方面进行判断外，也要注意考虑犯罪的起因等因素。对于民间纠纷引发的案件，如果难以区分是故意杀人还是故意伤害时，一般可考虑定故意伤害罪。

2. 充分考虑各种犯罪情节。犯罪情节包括犯罪的动机、手段、对象、场所及造成的后果等，不同的犯罪情节反映不同的社会危害性。犯罪情节多属酌定量刑情节，法律往往未作明确的规定，但犯罪情节是适用刑罚的基础，是具体案件决定从严或从宽处罚的基本依据，需要在案件审理中进行仔细甄别，以准确判断犯罪的社会危害性。有的案件犯罪动机特别卑劣，比如为了

铲除政治对手而雇凶杀人的，也有一些人犯罪是出于义愤，甚至是“大义灭亲”“为民除害”的动机杀人。有的案件犯罪手段特别残忍，比如采取放火、泼硫酸等方法把人活活烧死的故意杀人行为。犯罪后果也可以分为一般、严重和特别严重几档。在实际中一般认为故意杀人、故意伤害一人死亡的为后果严重，致二人以上死亡的为犯罪后果特别严重。特定的犯罪对象和场所也反映社会危害性的不同，如针对妇女、儿童等弱势群体或在公共场所实施的杀人、伤害，就具有较大的社会危害性。以上犯罪动机卑劣，或者犯罪手段残忍，或者犯罪后果严重，或者针对妇女、儿童等弱势群体作案等情节恶劣的，又无其他法定或酌定从轻情节应当依法从重判处。如果犯罪情节一般，被告人真诚悔罪，或有立功、自首等法定从轻情节的，一般应考虑从宽处罚。

实践中，故意杀人、伤害案件的被告人既有法定或酌定的从宽情节，又有法定或酌定从严情节的情形比较常见，此时，就应当根据《意见》第二十八条，在全面考察犯罪的事实、性质、情节和对社会危害程度的基础上，结合被告人的主观恶性、人身危险性、社会治安状况等因素，综合作出分析判断。

3. 充分考虑主观恶性和人身危险性。《意见》第十条、第十六条明确了被告人的主观恶性和人身危险性是从严和从宽的重要依据，在适用刑罚时必须充分考虑。主观恶性是被告人对自己行为及社会危害性所抱的心理态度，在一定程度上反映了被告人的改造可能性。一般来说，经过精心策划的、有长时间计划的杀人、伤害，显示被告人的主观恶性深；激情犯罪，临时起意的犯罪，因被害人的过错行为引发的犯罪，显示的主观恶性较小。对主观恶性深的被告人要从严惩处，主观恶性较小的被告人则可考虑适用较轻的刑罚。

人身危险性即再犯可能性，可从被告人有无前科、平时表现及悔罪情况等方面综合判断。人身危险性大的被告人，要依法从重处罚。如累犯中前罪系暴力犯罪，或者曾因暴力犯罪被判重刑后又犯故意杀人、故意伤害致人死亡的；平时横行乡里，寻衅滋事杀人、伤害致人死亡的，应依法从重判处。人身危险性小的被告人，应依法体现从宽精神。如被告人平时表现较好，激情犯罪，系初犯、偶犯的；被告人杀人或伤人后有抢救被害人行为的，在量刑时应该酌情予以从宽处罚。

未成年人及老年人的故意杀人、伤害犯罪与一般人犯罪相比，主观恶性和人身危险性等方面有一定特殊性，在处理时应当依据《意见》的第二十条、

第二十一条考虑从宽。对犯故意杀人、伤害罪的未成年人，要坚持“教育为主，惩罚为辅”的原则和“教育、感化、挽救”的方针进行处罚。对于情节较轻、后果不重的伤害案件，可以依法适用缓刑、或者判处管制、单处罚金等非监禁刑。对于情节严重的未成年人，也应当从轻或减轻处罚。对于已满十四周岁不满十六周岁的未成年人，一般不判处无期徒刑。对于七十周岁以上的老年人犯故意杀人、伤害罪的，由于其已没有再犯罪的可能，在综合考虑其犯罪情节和主观恶性、人身危险性的基础上，一般也应酌情从宽处罚。

4. 严格控制和慎重适用死刑。故意杀人和故意伤害犯罪在判处死刑的案件中所占比例最高，审判中要按照《意见》第二十九条的规定，准确理解和严格执行“保留死刑，严格控制和慎重适用死刑”的死刑政策，坚持统一的死刑适用标准，确保死刑只适用于极少数罪行极其严重的犯罪分子；坚持严格的证据标准，确保把每一起判处死刑的案件都办成铁案。对于罪行极其严重，但只要有法定、酌定从轻情节，依法可不立即执行的，就不应当判处死刑立即执行。

对于自首的故意杀人、故意伤害致人死亡的被告人，除犯罪情节特别恶劣，犯罪后果特别严重的，一般不应考虑判处死刑立即执行。对亲属送被告人归案或协助抓获被告人的，也应视为自首，原则上应当从宽处罚。对具有立功表现的故意杀人、故意伤害致死的被告人，一般也应当体现从宽，可考虑不判处死刑立即执行。但如果犯罪情节特别恶劣，犯罪后果特别严重的，即使有立功情节，也可以不予从轻处罚。

共同犯罪中，多名被告人共同致死一名被害人的，原则上只判处一人死刑。处理时，根据案件的事实和证据能分清主从犯的，都应当认定主从犯；有多名主犯的，应当在主犯中进一步区分出罪行最为严重者和较为严重者，不能以分不清主次为由，简单地一律判处死刑。

4. 最高人民法院、最高人民检察院、公安部、司法部关于依法办理家庭暴力犯罪案件的意见（法发〔2015〕4号，自2015年3月2日起施行）（节录）

三、定罪处罚

16. 依法准确定罪处罚。对故意杀人、故意伤害、强奸、猥亵儿童、非法拘禁、侮辱、暴力干涉婚姻自由、虐待、遗弃等侵害公民人身权利的家庭暴力犯罪，应当根据犯罪的事实、犯罪的性质、情节和对社会的危害程度，严格依照刑法的有关规定判处。对于同一行为同时触犯多个罪名的，依照处罚较重的规定定罪处罚。

17. 准确区分虐待犯罪致人重伤、死亡与故意伤害、故意杀人犯罪致人重伤、死亡的界限，要根据被告人的主观故意、所实施的暴力手段与方式、是否立即或者直接造成被害人伤亡后果等进行综合判断。对于被告人主观上不具有侵害被害人健康或者剥夺被害人生命的故意，而是出于追求被害人肉体和精神上的痛苦，长期或者多次实施虐待行为，逐渐造成被害人身体损害，过失导致被害人重伤或者死亡的；或者因虐待致使被害人不堪忍受而自残、自杀，导致重伤或者死亡的，属于刑法第二百六十条第二款规定的虐待“致使被害人重伤、死亡”，应当以虐待罪定罪处罚。对于被告人虽然实施家庭暴力呈现出经常性、持续性、反复性的特点，但其主观上具有希望或者放任被害人重伤或者死亡的故意，持凶器实施暴力，暴力手段残忍，暴力程度较强，直接或者立即造成被害人重伤或者死亡的，应当以故意伤害罪或者故意杀人罪定罪处罚。

准确区分遗弃罪与故意杀人罪的界限，要根据被告人的主观故意、所实施行为的时间与地点、是否立即造成被害人死亡，以及被害人对被告人的依赖程度等进行综合判断。对于只是为了逃避扶养义务，并不希望或者放任被害人死亡，将生活不能自理的被害人弃置在福利院、医院、派出所等单位或者广场、车站等行人较多的场所，希望被害人得到他人救助的，一般以遗弃罪定罪处罚。对于希望或者放任被害人死亡，不履行必要的扶养义务，致使被害人因缺乏生活照料而死亡，或者将生活不能自理的被害人带至荒山野岭等人迹罕至的场所扔弃，使被害人难以得到他人救助的，应当以故意杀人罪定罪处罚。

20. 充分考虑案件中的防卫因素和过错责任。对于长期遭受家庭暴力后，在激愤、恐惧状态下为了防止再次遭受家庭暴力，或者为了摆脱家庭暴力而故意杀害、伤害施暴人，被告人的行为具有防卫因素，施暴人在案件起因上具有明显过错或者直接责任的，可以酌情从宽处罚。对于因遭受严重家庭暴力，身体、精神受到重大损害而故意杀害施暴人；或者因不堪忍受长期家庭暴力而故意杀害施暴人，犯罪情节不是特别恶劣，手段不是特别残忍的，可以认定为刑法第二百三十二条规定的故意杀人“情节较轻”。在服刑期间确有悔改表现的，可以根据其家庭情况，依法放宽减刑的幅度，缩短减刑的起始时间与间隔时间；符合假释条件的，应当假释。被杀害施暴人的近亲属表示谅解的，在量刑、减刑、假释时应当予以充分考虑。

（三）典型或常见问题的审理思路

1. 寻衅滋事致人死亡的行为应如何定性？①

根据《刑法》规定，在聚众斗殴过程中致人死亡的，转化为故意杀人罪，但是在寻衅滋事过程中致人死亡的，能否转化为故意杀人罪缺乏明确规定。2013 年 7 月 22 日施行的《最高人民法院、最高人民检察院关于办理寻衅滋事刑事案件适用法律若干问题的解释》明确规定：实施寻衅滋事行为，同时符合寻衅滋事罪和故意杀人罪、故意伤害罪、故意毁坏财物罪、敲诈勒索罪、抢夺罪、抢劫罪等罪的构成要件的，依照处罚较重的犯罪定罪处罚。因此，寻衅滋事过程中致人死亡符合故意杀人罪构成要件的应以故意杀人罪论处。

2. 散布邪教迷信邪说，指使或胁迫他人自杀的行为如何定性？

邪教组织成员以宣扬邪教为由故意杀人的应认定故意杀人罪②。对于散布邪教邪说，指使或胁迫其成员或者其他人员自杀、自伤的行为，2017 年 2 月起施行的《最高人民法院、最高人民检察院关于办理组织、利用邪教组织破坏法律实施等刑事案件适用法律若干问题的解释》规定，组织、利用邪教组织，制造、散布迷信邪说，组织、策划、煽动、胁迫、教唆、帮助其成员或者他人实施自杀、自伤的，依照刑法第二百三十二条、第二百三十四条的规定，以故意杀人罪或者故意伤害罪定罪处罚。

3. 在安全事故中，责任人员故意阻挠抢救致人死亡的应如何定性？

在矿山、煤矿等安全生产事故中，存在企业主或者安全责任人为逃避责任而消极应对事故抢险，导致人员伤亡的情形，为此，《最高人民法院、最高人民检察院关于办理危害生产安全刑事案件适用法律若干问题的解释》（自 2015 年 12 月 16 日起施行）明确规定，在安全事故发生后，直接负责的主管人员和其他直接责任人员故意阻挠开展抢救，导致人员死亡或者重伤，或者为了逃避法律追究，对被害人进行隐藏、遗弃，致使被害人因无法得到救助而死亡或者重度残疾的，分别依照《刑法》第二百三十二条、第二百三十四

---

① 案例来源：《刑事审判参考》第 1026 号指导案例，肖某故意伤害案。

② 案例来源：山东省烟台市中级人民法院（2014）烟刑一初字第 48 号张帆、张立冬故意杀人、利用邪教组织破坏法律实施，张某、张某联故意杀人案。

条的规定，以故意杀人罪或者故意伤害罪定罪处罚。

4. 吸毒致精神失常而故意杀人的应如何定性?①

我国《刑法》虽未对吸毒致幻犯罪的刑事责任作出规定，但明确规定醉酒的人犯罪应当负刑事责任。醉酒之人，在醉酒前应当预见或者已经预见自己醉酒后可能实施危害社会的行为，因此醉酒的人主观上具有罪过。如果从轻、减轻或者免除醉酒之人的刑事责任，就会给犯罪分子轻松逃避法律制裁的借口，因此《刑法》作出上述规定。同理，吸毒的人吸毒是自觉自愿的，其主动服食毒品的行为造成吸毒人神志异常进而实施杀人，故而吸毒者因吸毒导致精神异常并实施杀人行为的应当依照故意杀人罪承担刑事责任。

5. "见死不救"致人死亡的应如何定性?②

通常情况下，"见死不救"只是道德谴责的对象，但是当"见死"者负有法律上防止他人死亡的义务时，有能力防止他人死亡结果的发生，却不采取措施防止他人死亡结果的发生，以致他人死亡的，应当承担刑事责任，其实质就是刑法理论上的不作为故意杀人犯罪。在"见死不救"的不作为犯罪中，死亡结果必须是行为人的先行行为引起的，并且该死亡结果与先行行为之间具有刑法上的因果关系。这是追究"见死不救"者刑事责任的客观基础。"见死不救"者对死亡结果的发生，在过错形式上应该是故意的，即明知其不履行救助义务可能发生他人死亡结果，且有能力履行救助义务而不履行，致使危害结果发生。在不作为犯罪中，不作为者对危害结果的过错形式只能是间接故意。如果过错形式是直接故意的，就不存在不作为的问题，即行为人明知自己不履行特定义务可能或必然发生危害社会的结果，并且希望该结果的发生，从而利用客观上存在的自然力或其他人为因素，实现危害结果发生的目的。这与通常所说的"见死不救"概念不相符，通常指的是对可能死亡之人不实施救助，而不是指利用危险状态的客观条件致他人于死地。

6. 预谋并实施抢劫及杀人灭口的应如何定性?③

《最高人民法院关于抢劫过程中故意杀人案件如何定罪问题的批复》明确规定：行为人实施抢劫后，为灭口而故意杀人的，以抢劫罪和故意杀人罪定罪，实行数罪并罚。杀人灭口的故意既可产生在实施抢劫之后，也可产生在

---

① 案例来源：《刑事审判指导案例》第431号指导案例，彭某故意杀人案。

② 案例来源：《刑事审判参考》第1285号指导案例，陈某红故意杀人案。

③ 案例来源：《刑事审判指导案例》第506号指导案例，赵某波、赵某故意杀人、抢劫案。

预谋阶段，只要在抢劫行为完成后又为了灭口而实施杀人行为的，就应当数罪并罚。

7. 交通肇事后遗弃被害人致其死亡的行为应如何定性?①

《最高人民法院关于审理交通肇事刑事案件具体应用法律若干问题的解释》第六条规定："行为人在交通肇事后为逃避法律追究，将被害人带离事故现场后隐藏或者遗弃，致使被害人无法得到救助而死亡或者严重残疾的，应当分别依照《刑法》第二百三十二条、第二百三十四条第二款的规定，以故意杀人罪或者故意伤害罪定罪处罚。"

8. 盗窃、毁坏窨井盖致人死亡的行为应如何定性?②

近年来，盗窃、毁坏窨井盖致车毁人亡的事故时有发生，为维护"脚底下的安全"，最高人民法院、最高人民检察院、公安部出台了《关于办理涉窨井盖相关刑事案件的指导意见》（自2020年3月16日起施行），该意见根据窨井盖的位置、是否明知偷盗毁坏行为会导致他人死亡等情形规定了不同的罪责：危及公共安全的，依照危害公共安全相关犯罪定罪处罚；对于不涉及公共安全的窨井盖，明知偷盗行为会造成伤亡结果仍盗窃、毁坏，致人重伤或者死亡的，分别以故意伤害罪、故意杀人罪定罪处罚；等等。

9. 家暴受害人故意杀害施暴者的量刑考量③

根据《最高人民法院、最高人民检察院、公安部、司法部关于依法办理家庭暴力犯罪案件的意见》的规定，对于因遭受严重家庭暴力，身体、精神受到重大损害而故意杀害施暴人；或者因不堪忍受长期家庭暴力而故意杀害施暴人，犯罪情节不是特别恶劣，手段不是特别残忍的，可以认定为《刑法》第二百三十二条规定的故意杀人"情节较轻"。对于遭受家庭暴力的受害人"以暴制暴"故意杀害施暴人的，施暴人因出于主观上的故意或过失侵犯了被告人的合法权益，施暴行为对诱发被告人的犯意、激发被告人实施犯罪具有直接或间接作用，量刑时要综合考虑被害人在案发前实施家暴的情节，对被告人量刑体现宽严相济的刑事政策。

---

① 案例来源：《刑事审判参考》第914号指导案例，张某明故意杀人案。

② 案例来源：检察机关办理涉窨井盖刑事犯罪典型案例（2020年4月22日）。

③ 案例来源：最高人民法院公布四起侵犯妇女儿童权益犯罪典型案例（2016年3月8日）。

10. 暴力杀医案件的处理原则①

《最高人民法院、最高人民检察院、公安部、司法部、国家卫生和计划生育委员会关于依法惩处涉医违法犯罪维护正常医疗秩序的意见》明确规定对涉医违法犯罪行为，要依法严肃追究、坚决打击。公安机关要加大对暴力杀医、伤医、扰乱医疗秩序等违法犯罪活动的查处力度，接到报警后应当及时出警、快速处置，需要追究刑事责任的，及时立案侦查，全面、客观地收集、调取证据，确保侦查质量。人民检察院应当及时依法批捕、起诉，对于重大涉医犯罪案件要加强法律监督，必要时可以对收集证据、适用法律提出意见。人民法院应当加快审理进度，在全面查明案件事实的基础上依法准确定罪量刑，对于犯罪手段残忍、主观恶性深、人身危险性大的被告人或者社会影响恶劣的涉医犯罪行为，要依法从严惩处。对于故意杀害医务人员，构成故意杀人罪的，依照刑法的有关规定定罪处罚。

11. 如何处理因恋爱矛盾激化引发的故意杀人犯罪?②

为了正确贯彻我国严格控制和慎重适用死刑的政策，把握好死刑适用标准，最高人民法院在《全国法院维护农村稳定刑事审判工作座谈会纪要》（以下简称《纪要》）中指出："对于因婚姻家庭、邻里纠纷等民间矛盾激化引发的故意杀人犯罪，适用死刑一定要十分慎重，应当与发生在社会上的严重危害社会治安的其他故意杀人犯罪案件有所区别。对于被害人一方有明显过错或对矛盾激化负有直接责任，或者被告人有法定从轻处罚情节的，一般不应判处死刑立即执行。"可以看出，正确理解《纪要》中的"民间矛盾"，是把握此类故意杀人案件中死刑适用标准的基础和前提。这里的民间矛盾，是指公民个人之间在日常生产、生活中，对生活琐事、债权债务、相邻关系等民事关系或民事交往中发生的纠纷，因处理不当而引发的矛盾，具有以下三个特点：一是矛盾主体相对固定，一般仅限于具有特定民事关系或民事交往的双方之间，如婚姻家庭纠纷一般只发生在有婚姻家庭关系的成员之间；邻里纠纷一般只发生在土地、房屋有相邻关系的公民之间；债务纠纷一般只发生在有债权债务关系的主体之间；其他民事纠纷也是基于在有民事关系或民事交往的主体之间，因此，因民间矛盾引发的故意杀人案件中，被告人与被害

① 案例来源：检察机关依法惩处涉医违法犯罪典型案例（2015 年 6 月 23 日）。

② 观点来源：《刑事审判参考》第 474 号指导案例，吴某故意杀人案。

人之间，一般都相互认识。二是矛盾的引发原因复杂琐碎，有的是矛盾主体在共同生活中因生活习惯、情感表达方式、为人处世方式等有差异而引起；有的是因矛盾主体之间互有成见，相互攀比、诋毁等；有的是因债权、债务纠纷处理不明；有的是因田间地角纠纷或相邻关系处理不当等。总之，日常生产、生活中的诸多琐碎事情均可能成为引发民间矛盾的原因之一。三是从矛盾产生到激化有较长时间的积累演变过程。民间矛盾在生产、生活中比比皆是，但大多数矛盾，都会随着时间的推移、空间的转移或矛盾主体之间的相互协商、谅解，从而使矛盾淡化或根除，只有极少部分的民间矛盾，因矛盾主体之间互不妥协让步，经长时间积累演变，矛盾越发激烈、突出，最终激化，导致矛盾主体一方甚至双方采用暴力手段予以解决，从而引发故意杀人等刑事犯罪案件。由于民间矛盾引发的刑事犯罪案件具有上述特点，一旦解决不好，往往涉及当事人双方家庭关系的稳定与否，甚至引发新的刑事犯罪案件，因此，《纪要》特别强调，对于这类案件，要特别注意把握好死刑的适用标准，以维护社会基本秩序的稳定。然而，社会生活现象繁杂多样，法律规定不可能包罗万象，《纪要》不能将所有的民间矛盾一一列举，故采取不完全列举方式，将实践中比较常见的因“婚姻家庭、邻里纠纷”矛盾引发的故意杀人犯罪案件予以特别列举，如此规定，并不意味对于其他“民间矛盾”引发的故意杀人案件，在适用死刑时就可以放宽标准，我们认为，对应因“民间矛盾”引发的故意杀人案件，都应当将其与发生在社会上的严重危害社会治安的其他恶性故意杀人犯罪案件予以区分，适用死刑一定要十分慎重。

对因恋爱矛盾激化引发的故意杀人案件，可以参照因婚姻家庭矛盾激化引发的故意杀人案件予以处理。所谓恋爱矛盾，是指恋人之间因情感、经济等问题在恋爱过程中引发的矛盾。恋爱矛盾不同于婚姻家庭矛盾，在形式上，当事人双方没有进行婚姻登记，亦没有对外以夫妻名义共同生活，既不具备合法婚姻的形式要件，也不具备事实婚姻的形式要件。在法律性质上，当事人双方无法定的权利和义务，关系不如婚姻家庭密切和稳定。在矛盾主体上，婚姻家庭矛盾的主体比恋爱矛盾主体宽泛，其既可以发生在夫妻之间，也可以发生在家庭成员中的其他主体之间，如父母子女、兄弟姐妹、共同生活的其他家庭成员之间，而恋爱矛盾的主体，一般仅限于有恋爱关系的恋人之间。但是，恋爱矛盾与婚姻家庭矛盾在本质上有诸多共同之处：一是矛盾双方主体固定。恋爱矛盾的双方主体固定在恋爱关系相对稳定的恋人之间；婚姻家庭矛盾的主体一般固定在婚姻家庭生活中共同生活、居住的成员间。因为矛盾双方主体固定，因此而引发的刑事案件的危害后果相对固定在一定范围内，即在恋爱双方或婚姻家庭成员间，其社会危害性与其他案件具有区别。二是矛盾双方主体间都存在感情基础。无论是婚姻家庭矛盾，还是恋爱矛盾，当事人之间往往都存在一定的感情基础，由此引发刑事案件后，行为人往往会因感情因素产生较强烈的自责或悔过心理，故其主观恶性相对其他罪犯要小一些。三是产生矛盾的原因和过程类似。无论是婚姻家庭矛盾还是恋爱矛盾，都是矛盾双方当事人在共同生活或日常交往中，因情感、经济以及其他生活琐事等问题而导致，此类矛盾一般不会因简单的某时某事引发，而往往是因双方当事人对矛盾的处理方式不当，日积月累，最后导致到矛盾无法调和之时，行为人走向极端，采用暴力等非法手段来处理，引发刑事犯罪案件。四是矛盾双方的过错责任区分有一定难度。无论是婚姻家庭矛盾还是恋爱矛盾引发的案件，矛盾双方当事人往往对案件的引发和激化都有一定责任，积怨较深，也相互认识不到本人在矛盾中的过错责任，而把过错责任归结到对方的不当行为上。对于此类案件产生的根本原因和过错责任，较难绝对归结到行为人或被害人其中一人身上。由此可以看出，恋爱关系可以看作婚姻家庭关系的延伸。当前，随着我国婚姻家庭观念的改变，恋人之间未领取结婚证而同居的现象较为普遍，当事人双方除了未到民政部门办理结婚手续外，在其他诸如情感、经济、社会交往等问题上与婚姻家庭成员间的类似问题并无本质区别。此类恋爱关系若稳定健康发展，一般就成为组成婚姻家庭的前期过程。对于这种类型的恋爱关系，可以视作准婚姻家庭关系。据此，就矛盾的性质而言，恋爱矛盾引发的本质接近于婚姻家庭矛盾，对因此而激化引发的故意杀人案件，可参照因婚姻家庭矛盾引发的故意杀人案件来处理。

结合《纪要》的相关规定和司法经验，对于因恋爱矛盾引发的故意杀人案件适用死刑，主要有以下两个方面：

一是产生矛盾的原因是否可以归责于被害人，即被害人一方是否有明显过错或对矛盾激化负有直接责任。

所谓“明显过错”，是指从法律规定、道德要求上综合考量，矛盾的产生系被害人一方有违法行为或违背社会伦理道德、善良风俗的行为。如被害人以维系恋爱关系为由长期索要行为人钱财；或在分手之后长期骚扰、纠缠行为人；对行为人隐瞒真相，同时与其他异性发生性关系等。不过，在被害人虽然与行为人确立恋爱关系，但仍然与其他异性有性关系或恋爱关系而引发矛盾后，是否可以归责于被害人的问题上，要注意与婚姻中“第三者”插足而引发矛盾的情况相区分。婚姻法规定，夫妻之间有相互忠诚的义务，不允许配偶一方在婚姻关系存续期间与他人通奸，故被害人有通奸行为而引发矛盾的，可归责于被害人，应当认定被害人对案件发生有明显过错；而恋爱关系中，当事人双方都有自由选择的权利，若被害人因爱上他人而向行为人提出分手的，一般不属于有明显过错。

所谓“对矛盾激化负有直接责任”，是指被害人一方在矛盾的产生之初并无明显过错，但是在处理矛盾的过程中，采取不恰当的方式方法，直接激化、加剧了矛盾，刺激了行为人的犯罪心理，如被害人在争执过程中图一时口舌之快，言语上辱骂、挑拨、刺激行为人；不是努力修复已产生的矛盾，而是借题发挥，故意夸大、渲染对方的不足之处，进一步加深感情裂痕，导致感情破裂而激发行为人的犯罪冲动等。通常，此类案件，无论是发生在婚姻家庭中还是恋爱关系中，很难查清引发矛盾的根本原因，其矛盾常常是因生活琐事或言语不和、价值观念不同、为人处世态度不同等所致，双方当事人对案件起因都无明显过错或者都有一定过错，但在矛盾发生后，由于被害人对矛盾处理的方式不当而激怒行为人，从而引发故意杀人案件。此种情况，虽然不能认定被害人对案件发生有明显过错，但应当认定其对矛盾激化负有直接责任。

二是行为人是否具有法定或酌定从轻处罚的情节。

因恋爱矛盾激化引发的故意杀人案件，其社会危害性与那些严重危害社会治安的其他故意杀人案件具有区别，因此，处理此类案件时，在死刑适用标准上要更加严格。若行为人在案发后，确有法定或酌定从轻、减轻情节的，要尽可能依法、全面、综合地考虑相关情节，少用、慎用死刑。除了法律规定的自首、立功等法定从轻、减轻情节外，以下情节，也是考量此类案件是否适用死刑的重要因素：一是行为人的一贯表现。行为人在平时是否遵纪守法，是否有违法前科，在日常生活中的行为方式是否平和等，可以考量行为人主观恶性的大小。二是行为人行为时的主观故意内容。一般情况下，直接故意杀人的恶性要大于间接故意杀人，预谋杀人的恶性大于激情杀人，报复杀人的主观恶性通常大于殉情杀人。三是行为人的行为方式。杀人手段是否残忍，杀人后是否有毁尸、碎尸等令人发指的情节等。四是行为人的悔罪表现。在实施故意杀人行为后，行为人认罪，其本人或其亲属积极赔偿被害人损失，或者以其他方式弥补其罪行给被害人带来的损失、减轻被害方的痛苦，降低其犯罪行为造成的危害后果的，可以认定其有悔罪表现。若取得了被害方谅解的，可以对行为人从轻处罚。

12. 雇凶杀人案件中如何确定雇凶者与受雇者的罪责?[①]

雇凶犯罪是共同犯罪的一种形式，也是教唆犯罪的一种特殊形式。确定雇凶者与受雇者的罪责大小，是正确量刑的前提，而根据雇凶者和受雇者各自在共同犯罪中的地位和作用来确定罪责是基本原则。雇凶者和受雇者所处的地位和所起的作用，应当根据雇凶者雇用他人实施犯罪的目的和意图、希望达到的结果、是否直接实施犯罪行为以及参与实施犯罪的程度，受雇者实施犯罪行为的手段、情节以及犯罪实际造成的危害后果等综合考虑决定，不能片面判断。从审判实际来看，雇凶犯罪不外乎有两种形式：一是“只动口不动手”的情形，二是“既动口又动手”的情形。一般而言，对于“只动口不动手”的雇凶者，虽然从直接造成危害结果角度考虑，其作用一般比实施犯罪行为的受雇者要小，但作为这一罪行的始作俑者，是引发整个犯罪的根源和幕后主使，从这一角度来看，其主观恶性要比实行犯更大，地位作用也比受雇者更重要，因此，并不能因为“只动口不动手”而减轻雇凶者的罪责；对于“既动口又动手”的雇凶者，其既是犯意提起者，又是行为实施者，一般而言，其罪责显然要比受雇者重。

关于雇凶犯罪中实行过限的问题，对于“只动口不动手”的雇凶犯罪和“既动口又动手”的雇凶犯罪，都是因为雇凶者的授意所引起的，均可涵盖在雇凶者的授意范围之内。考察受雇者的实行行为是否明显超出了雇凶者的授意范围，要考察雇凶者的授意范围，既包括犯意，就是实行何种性质的犯罪，也包括结果，就是雇凶者希望达到的结果。如果受雇者的实行行为明显超出了雇凶者的犯意或者希望达到的结果，那么其行为就属于实行过限行为，否则，就不属于实行过限行为。就“既动口又动手”的雇凶犯罪而言，要看雇凶者在当场发现（即明知）受雇者将要或正在实施超出其犯意的实行行为时，是否有制止的意思表示和行为。如果有，那么受雇者实行的超出原犯意或希望达到的结果的行为就是实行过限行为，否则，雇凶者就是对受雇者实行行

① 观点来源：《刑事审判参考》第555号指导案例，胡某、胡某飞、童某峰故意杀人案。

为的默认，受雇者的实行行为就不属于过限行为。对于实行行为没有过限的，由雇凶者与受雇者共同对危害结果承担责任；对于实行行为过限的，雇凶者只对其授意范围（教唆故意）内的危害结果承担刑事责任，实行过限行为造成的危害结果由受雇者承担责任。但是，对于授意范围（教唆内容）不明确、比较含糊的雇凶犯罪，尤其是雇凶伤害案件中，对于“搞定”“教训一顿”“摆平”“整他一顿”等模糊授意语言，在不同的场合、不同的语言环境下，可以有不同的理解，容易产生分歧，要准确判定受雇者的实行行为是否过限存在一定难度。对于这种概括性的授意，实际的危害后果完全取决于实行行为的具体实施状况，致人轻伤、重伤甚至死亡的结果都可能发生，都是因为雇凶者的授意所引起的，均可涵盖在雇凶者的授意范围之内。因此，在这种情况下，除非受雇者的实行行为明显超出雇凶者的授意范围或希望达到的结果的，才能认定为实行行为过限，如雇凶者在授意时明确要求“不能使用器械，不能打被害人要害部位，不能打死人”，而受雇者持械不计后果，打击被害人要害部位致人死亡的，可以认定为实行行为过限，否则，一般不宜认定为实行行为过限。当然，对于认定雇凶者明显出于某种犯意有困难或有重大分歧的，应当按照有利于被告的原则予以认定。

13. 故意杀人案件中如何认定被害人过错？①

刑法意义上的被害人过错，是指被害人出于故意，实施违背社会伦理或违反法律的行为，侵犯了被告人的合法权利或者正当利益，引发被告人实施犯罪或者激化加害行为危害程度的情形。《全国法院维护农村稳定刑事审判工作座谈会纪要》（以下简称《纪要》）规定，对故意杀人犯罪是否判处死刑，不仅要看是否造成了被害人死亡的结果，还要综合考虑案件的全部情况……对于被害人一方有明显过错或对矛盾激化负有直接责任，或者被告人有法定从轻处罚情节的，一般不应判处死刑立即执行。《纪要》第一次明确将被害人过错引入刑事量刑体系，这样规定主要是考虑对于故意杀人、故意伤害等互动性非常明显的刑事案件，被害人对案件引发或矛盾激化具有明显过错的，被告人的主观恶性相对较小，从而影响量刑，尤其是在可能适用死刑的案件中。

被害人过错需要具备的条件主要有：（1）过错方系被害人，被告人的犯

① 案例来源：《刑事审判参考》第556号指导案例，刘某利故意杀人案。

罪行为针对的必须是有过错行为的被害人。（2）被害人必须出于故意，由于被害人过错通常出现在互动性明显的故意杀人、故意伤害等犯罪中，单纯的过失行为或者不可归咎于被害人的其他行为，不能认定为被害人过错。（3）被害人需实施了较为严重的违背社会伦理或违反法律的行为。过错的字面含义就包含否定评价的内容，被害人过错从性质上说就是违反法律或违背道德的行为，但是并非所有的过错都能为刑法所评价，只有达到一定的严重程度才有可能被纳入刑法评价体系，才可能成为酌定量刑情节。《纪要》明确规定被害人须有“明显过错”，至于是否明显，通常应以社会一般人的认识判断为标准。（4）被害人的过错行为须侵犯了被告人的合法权利或者正当利益。“合法权利”是法律明确规定予以保护的利益，“正当利益”一般是指法律虽未明文规定，但根据社会伦理为公众赞许或认可的利益。被害人的不法或不当行为如果侵犯了被告人的合法权利或正当利益，被告人因此对被害人实施犯罪行为的，被告人应受谴责的程度相对减轻。（5）被害人的过错行为须引起被告人实施了犯罪行为或者激化了加害行为的危害程度。被害人的过错行为既可能引发刑事犯罪发生，也可能在犯罪中激化矛盾，致使被告人提升加害程度。这里，被害人的过错行为与被告人的犯罪行为必须具备引起与被引起的因果联系，而诸如被害人疏于防范、误入犯罪圈套等行为，不属于刑法意义上的被害人过错。

确认被害人过错时，不仅要分析是否具备以上五点，还应当全面考察案件的来龙去脉、发案背景，具体情况具体分析，不可简单套用。如果刑事犯罪的被害人故意侵犯被告人的生命权、健康权等权利，该行为引发了犯罪或加重犯罪侵害程度的，通常应当遵照《纪要》的规定将被害人过错作为酌定量刑情节，综合分析被告人的主观恶性和人身危险性进行量刑。但是，若被害人的上述行为由于被告人的先行侵犯行为所引起，其行为属于“以不法制不法”的，就不能简单认定为过错行为。如群殴事件中，双方均有不法行为，任何一方都存在成为加害人或被害人的可能，不能简单地以最终结果来认定被害人或加害人，也不能因此而认定被害人在案件起因上具有过错。当然，如果加害人的先行不法或不良行为已经中止，如群殴的一方已放弃继续斗殴，准备离开或被迫离开时，另一方仍无理纠缠，继续实施侵害行为的，离开者在无奈情况下实施了加害行为，此时可以考虑认定被害人存在过错。

（四）疑难、复杂问题的参考性解答

1. 如何认定故意杀人罪与非罪的区分？

对于故意杀人的罪与非罪，司法实践中，要注意不以犯罪处理的以下情形：（1）故意杀人罪的犯罪对象是人，但是指他人，杀害自己的行为不能认定为犯罪，因此二人以上相互约定共同自杀的相约自杀行为，其中没有强制或者诱骗因素，不具备故意杀人罪的特征，其中一人自杀身亡，其他人自杀未得逞的，未得逞的一方不能作为犯罪处理。（2）因正当行为或者依法执行死刑命令的行为剥夺他人生命的，不能认定是犯罪。

2. 如何正确区分直接故意杀人与间接故意杀人？

二者的共同点是都明知自己的行为会发生他人死亡的结果。不同点有二：（1）直接故意杀人有明确的杀人目的，对其行为会引起被害人死亡的结果，抱着希望的态度；而间接故意杀人，对被害人是死是活，并不积极追求，而是听之任之，采取放任的态度。（2）直接故意杀人有未遂，间接故意杀人则不存在未遂问题，正如过失犯罪不存在未遂一样。

3. 帮助他人自杀的“安乐死”行为的认定和处罚

“安乐死”的法律责任问题应当通过立法来解决。在立法未予解决之前，这种行为在性质上属于剥夺他人生命权利的行为，符合故意杀人罪的特征，应认定构成故意杀人罪，原则上应追究行为人的刑事责任，但量刑时可从轻、减轻或者免除处罚。

4. 自杀与“逼人自杀”“诱骗他人自杀”行为的区分

自杀是自己剥夺自己生命的行为，法律没有规定自杀人的刑事责任。但是，以下两种情况的自杀行为，应分不同情况处理：（1）认定故意杀人罪要坚持主客观相一致的原则，不能只看行为后果，要根据行为人主观上是否具有杀人的故意来认定。如果行为人主观上没有杀人故意，只是在客观上实施了某些刑法分则规定的犯罪行为，如暴力干涉婚姻自由、强奸、虐待等，引起被害人自杀的，不应认定为故意杀人罪，可以根据刑法分则的有关规定，以该犯罪行为定罪，将致人死亡这一后果作为各该罪量刑情节，依法予以处罚。（2）如果行为人主观上确有杀人故意，并凭借权势或者采取暴力、威吓等卑劣手段逼人自杀，或者利用封建迷信手段诱骗他人自杀的，则应认定故意杀人罪。这种情况实际上是“借刀杀人”，即借被害人之手达到杀害被害人的目的。

5. “大义灭亲”的法律责任

我国法律不承认“家法”，司法权一律由国家的司法机关行使。自己的亲属如果有违法犯罪行为，应当向公安、司法机关和有关单位检举，由国家司法机关依法处理。法律不允许任何人以任何理由私自处死他人，包括处理有违法犯罪行为的自己的亲属。为了维护法律的严肃性和法制的统一，对于这种“大义灭亲”的行为，应按故意杀人罪追究刑事责任，但量刑时可以从轻或者减轻处罚。

6. 故意杀人罪与抢劫罪的区分

《最高人民法院关于抢劫过程中故意杀人案件如何定罪问题的批复》明确了故意杀人罪与抢劫罪的区分：（1）行为人为劫取财物而预谋故意杀人，或者在劫取财物过程中，为制服被害人反抗而故意杀人的，以抢劫罪定罪处罚。（2）行为人实施抢劫后，为灭口而故意杀人的，以抢劫罪和故意杀人罪定罪，实行数罪并罚。即故意杀人是抢劫的手段行为时，以抢劫罪定罪处罚，故意杀人和抢劫是两个故意支配下实施的两个独立行为时，定故意杀人罪和抢劫罪，实施数罪并罚。

7. 故意杀人罪与放火、爆炸罪等危害公共安全犯罪的区分

放火罪、爆炸罪、投放危险物质罪等罪行的基本特征是危害公共安全，即侵犯不特定多数人的生命、健康和财产安全。如果上述放火、爆炸、投放危险物质等危害公共的行为针对的是特定人的生命，而没有危及公共安全的，应当以故意杀人罪定罪处罚。

8. 已满十四周岁不满十六周岁的人承担刑事责任范围问题

根据《全国人民代表大会常务委员会法制工作委员会关于已满十四周岁不满十六周岁的人承担刑事责任范围问题的答复意见》，《刑法》第十七条第二款规定的八种犯罪，是指具体犯罪行为而不是具体罪名。对于《刑法》第十七条中规定的“犯故意杀人、故意伤害致人重伤或者死亡”，是指只要故意实施了杀人、伤害行为并且造成了致人重伤、死亡后果的，都应负刑事责任。而不是指只有犯故意杀人罪、故意伤害罪的，才负刑事责任，绑架撕票的，不负刑事责任。对司法实践中出现的已满十四周岁不满十六周岁的人绑架人质后杀害被绑架人、拐卖妇女、儿童而故意造成被拐卖妇女、儿童重伤或死亡的行为，依据刑法是应当追究其刑事责任的。

根据《最高人民法院关于审理未成年人刑事案件具体应用法律若干问题的解释》第十条的规定，已满十四周岁不满十六周岁的人盗窃、诈骗、抢夺他人财物，为窝藏赃物、抗拒抓捕或者毁灭罪证，当场使用暴力，故意伤害致人重伤或者死亡，或者故意杀人的，应当分别以故意伤害罪或者故意杀人罪定罪处罚。

9. 已满十二周岁不满十四周岁的人承担刑事责任问题

《刑法修正案（十一）》增加了在特定情形下，经特别程序，对已满十二周岁不满十四周岁的人追究刑事责任的规定。关于本款规定的是具体犯罪行为还是罪名的问题，在新的司法解释出台之前，我们认为，根据本款出台的社会背景和讨论稿的修改情况，应该参照《全国人民代表大会常务委员会法制工作委员会关于已满十四周岁不满十六周岁的人承担刑事责任范围问题的答复意见》的规定，即只要故意实施了杀人、伤害行为并且造成了致人死亡或者以特别残忍手段致人重伤造成严重残疾，情节恶劣的，并经法定程序核准追诉的，都应负刑事责任。相较于已满十四周岁不满十六周岁的人承担刑事责任的范围，本款作出了四个限定：第一限定了罪行种类，只规定了犯故意杀人、故意伤害罪；第二限定了致使重伤的犯罪手段和后果，只有实施故意杀人、故意伤害行为，是以特别残忍手段致人重伤或者造成严重残疾的，才能考虑追诉；第三限定情节恶劣，只有实施上述行为情节恶劣的，才能考虑追诉；第四增加程序性的限定，须经最高人民检察院核准追诉，如此规定既体现了对未成年人犯罪的严惩态度，也注重了对未成年人的保护。

（五）量刑指导或参考

依照《刑法》第二百三十二条规定，犯故意杀人罪的，处死刑、无期徒刑或者十年以上有期徒刑；情节较轻的，处三年以上十年以下有期徒刑。

司法机关在对本罪量刑时，需要注意以下问题：

1. 故意杀人是非法剥夺他人生命的严重犯罪

在法定刑顺序上，是由重到轻排列，而不是由轻到重排列。但故意杀人的情况很复杂，因此，《刑法》规定了两种不同情节的法定刑，要正确理解和适用。“情节较轻”，司法实践中一般是指防卫过当致人死亡的；出于义愤杀人的；因受被害人的长期迫害而杀人的；溺婴的等情形。

2. 严格掌握故意杀人罪死刑适用标准

《刑法》第四十八条对死刑适用标准作出明确规定："死刑只适用于罪行极其严重的犯罪分子。"故意杀人历来是打击的重点，对这种犯罪原则上应依法从严惩处。但是，"保留死刑，严格控制和慎重适用死刑"是我国一贯的刑事政策，必须保证这一重要刑事政策适用的连续性和稳定性，要以最严格的标准和最审慎的态度，确保死刑只适用于极少数罪行极其严重的犯罪分子，保证更有利、更准确地依法惩治严重刑事犯罪。对于故意杀人犯罪案件是否适用死刑，要综合分析，区别对待，依法慎重决定。

（1）注意区分案件性质。对下列严重危害社会治安和严重影响人民群众安全感的犯罪，应当体现从严惩处的原则，依法判处被告人重刑直至死刑立即执行。如：暴力恐怖犯罪、黑社会性质组织犯罪、恶势力犯罪以及其他严重暴力犯罪中故意杀人的首要分子；雇凶杀人的；冒充军警、执法人员杀人等。但是，对于其中具有法定从轻处罚情节的，也要注意依法从宽处罚。

对于因婚姻家庭、邻里纠纷以及山林、水流、田地纠纷等民间矛盾激化引发的故意杀人案件，在适用死刑时要特别慎重。如：被害人一方有明显过错或者对矛盾激化负有直接责任的；被告人有法定从轻处罚情节的；被告人积极赔偿被害人经济损失、真诚悔罪的；被害方谅解的等，除犯罪情节特别恶劣、犯罪后果特别严重、人身危险性极大的被告人外，一般可考虑不判处死刑立即执行。

（2）注重区分犯罪情节。对于犯罪情节特别恶劣，又无从轻处罚情节的被告人，可以依法判处死刑立即执行。如：暴力抗法而杀害执法人员的；以特别残忍的手段杀人的；持枪杀人的；实施其他犯罪后杀人灭口的；杀人后为掩盖罪行或者出于其他卑劣动机分尸、碎尸、焚尸灭迹的等。

（3）注重区分犯罪后果。故意杀人罪的直接后果主要是致人死亡，但也要考虑对社会治安的影响等其他后果。对于被害人有明显过错，或者有其他从轻情节可以对被告人从宽处罚的，即使造成了死亡的后果，一般也可不判处死刑立即执行。故意杀人未遂的，一般不判处被告人死刑。对于防卫过当致人死亡的，应当减轻或者免除处罚。虽不构成正当防卫，但带有防卫性质的故意杀人，即使造成了被害人死亡的结果，也不判处被告人死刑。

（4）注重区分被告人的主观恶性及其人身危险性。要从被告人的犯罪动机、犯罪预谋、犯罪过程中的具体情节以及被害人的过错等方面综合判断被告人的主观恶性。在直接故意杀人与间接故意杀人案件中，被告人的主观恶性程度是不同的，在处刑上也应有所区别。

对于犯罪动机卑劣而预谋杀人的，或者性情残暴动辄肆意杀人的被告人，可以依法判处死刑立即执行。对于坦白主要犯罪事实并对定案证据的收集有重要作用的；犯罪后自动归案但尚不构成自首的；被告人亲属协助司法机关抓获被告人后，被告人对自己的罪行供认不讳的；被告人及其亲属积极赔偿被害方经济损失并取得被害方谅解的；刚满十八周岁或已满七十周岁以上的人犯罪且情节不是特别恶劣的等，一般可不判处死刑立即执行。

要从被告人有无前科及平时表现、犯罪后的悔罪情况等方面综合判断被告人的人身危险性。对于累犯中前罪系暴力犯罪，或者曾因暴力犯罪被判重刑后又犯故意杀人罪的；杀人后毫无悔罪表现的等，如果没有法定从轻处罚情节，一般可依法判处死刑立即执行。对于犯罪后积极抢救被害人、减轻危害后果或者防止危害后果扩大的；虽具有累犯等法定从重处罚情节，但前罪较轻，或者同时具有自首等法定、酌定从轻情节，经综合考虑不是必须判处死刑立即执行的等，一般可不判处被告人死刑立即执行。

3. 从严掌握故意杀人案件共同犯罪的死刑适用

对于故意杀人共同犯罪案件的死刑适用，总的要求是充分考虑各被告人在共同犯罪中的地位和作用、犯罪后果、被告人的主观恶性和人身危险性等情况，正确认定各被告人的罪责并适用刑罚。一案中有多名主犯的，要在主犯中区分出罪责最为严重者和较为严重者。

（1）对于共同致一人死亡，依法应当判处被告人死刑立即执行的，原则上只判处一名被告人死刑立即执行。罪行极其严重的主犯因有立功、自首等法定从轻处罚情节而依法不判处死刑立即执行的，也不能对罪行相对较轻的主犯判处死刑立即执行。

（2）对于被告人地位、作用相当，罪责相对分散，或者罪责确实难以分清的，一般不判处被告人死刑立即执行。确需判处被告人死刑立即执行的，要充分考虑被告人在主观恶性和人身危险性等方面的不同，审慎决定。

（3）对于家庭成员共同犯罪案件，适用死刑要特别慎重，应尽量避免判处同一家庭两名以上成员死刑立即执行。

（4）对于有同案犯在逃的案件，要分清罪责，慎重决定对在案的被告人判处死刑立即执行。

（5）雇凶犯罪作为一种共同犯罪，其社会危害性比一般共同犯罪更大，应当依法从严惩处。雇凶者作为犯罪的“造意者”，其对案件的发生负有直接和更主要的责任，只有依法严惩雇凶者，才能有效遏制犯罪。但在具体量刑时，也要根据案件的不同情况，区别对待。

对于雇凶者与受雇者共同直接实施故意杀人犯罪行为的，应认定雇凶者为罪行最严重的主犯；雇凶者没有直接实施故意杀人犯罪行为，但参与了共同犯罪的策划，实施了具体组织、指挥行为的，对雇凶者也应认定为罪行最严重的主犯；雇凶者只是笼统提出犯意，没有实施具体组织、指挥行为，积极实施犯罪行为的受雇者可认定为罪行最严重的主犯；雇凶者雇用未成年人实施故意杀人犯罪的，雇凶者为罪行最严重的主犯；对于多名受雇者地位、作用相当，责任相对分散，或者责任难以分清的，雇凶者应对全案负责，应认定雇凶者为罪行最严重的主犯。

受雇者明显超出雇凶者授意范围，实施故意杀人犯罪，因行为过限，造成更严重危害后果的，应当以实际实施的行为承担刑事责任。

对于雇凶杀人只致一人死亡的案件，一般不宜同时判处雇凶者与受雇者死刑立即执行。对于案情特别重大，后果特别严重，确需判处两名以上被告人死刑立即执行的，要严格区分多名受雇者的地位、作用，根据其罪责和犯罪情节，一般可对雇凶者和其中罪行最严重的受雇者判处死刑立即执行。

4. 正确处理故意杀人案件被告人有自首、立功情节的死刑适用

（1）自首和立功是刑法明确规定的、司法实践中适用较多的两种法定从轻或者减轻处罚情节。对于具备这两种情节之一的，一般都应依法从轻处罚。对于具有自首、立功情节，同时又有累犯、前科等法定、酌定从重处罚情节的，要综合分析从重因素和从轻因素哪方面更突出一些，依法体现宽严相济的基本刑事政策。

（2）对于被告人未自首，但被告人亲属协助抓获被告人，或者提供被告人犯罪的主要证据对定案起到重要作用等情况的，应作为酌定从宽情节，予以充分考虑。

（3）对于具有犯罪后果特别严重、犯罪动机特别卑劣或者被告人为规避法律而自首等情形的，对被告人是否从轻处罚，要从严掌握。

（4）对于罪该判处死刑的被告人具有立功表现的，是否从轻处罚，应当以该立功是否足以抵罪为标准。被告人确有重大立功表现的，一般应当考虑从轻处罚；被告人有一般立功表现，经综合考虑足以从轻的，也可以考虑对被告人从轻处罚；被告人亲属为使被告人得到从轻处罚，检举、揭发他人犯罪或者协助司法机关抓捕其他犯罪嫌疑人的，虽不能视为被告人立功，也可以作为酌情从宽情节考虑。对于黑社会性质组织犯罪的首要分子、犯罪集团的首要分子、毒品犯罪的上线等，犯罪主体的特殊性决定了其有可能掌握他人较多的犯罪线索，即使其检举揭发与其犯罪有关联的人或者事构成重大立功的，从轻处罚也要从严掌握。如果被告人罪行极其严重，只有一般立功表现，经综合考虑不足以从轻的，可不予从轻处罚。

5. 正确把握故意杀人案件民事赔偿与死刑适用的关系

根据司法实践经验，处理这类案件应注意以下问题：

（1）对于因婚姻家庭、邻里纠纷等民间矛盾激化引发、侵害对象特定的故意杀人案件，如果被告人积极履行赔偿义务，获得被害方的谅解或者没有强烈社会反响的，可以依法从宽判处。对于那些严重危害社会治安的故意杀人案件，被告人积极赔偿，得到被害方谅解的，依法从宽判处应当特别慎重。

（2）要特别重视对故意杀人死刑案件的民事调解工作。一审、二审法院要进一步加大调解力度，尽可能地促使当事人在一审达成调解协议。一审调解不成的，二审法院仍然要做更多更细致的工作，将调解工作贯穿案件审理始终，避免因民事部分没有妥善处理而影响量刑。对于依法可以不判处被告人死刑的案件，要最大限度地促成双方当事人达成赔偿协议，取得被害方谅解。对于具有法定从轻情节，被害人有明显过错等依法不应当判处被告人死刑的案件，也不能因为被害方不接受赔偿或者达不成调解协议而判处被告人死刑。对于因具有赔偿等情节而不判处死刑的，应当在裁判文书中充分阐明法院裁判（如被告人积极认罪、真诚悔罪、获得被害方谅解等），争取更好的社会效果。

（3）要注意依法保护被害方的合法权益。被告人的犯罪行为造成被害人经济损失的，要依法判决被告人承担民事赔偿责任，不能因为判处被告人死刑而该赔的不赔。对于那些因被告人没有赔偿能力而得不到赔偿的，要通过国家救助制度，解决被害方因被告人的犯罪行为造成的暂时的生活、医疗困难，安抚被害人及其亲属，促进社会和谐。

6. 贯彻人权保障原则，树立人权保障观念

2004 年 3 月，宪法修正案第一次将“国家尊重和保障人权”载入宪法，这对在刑事立法和刑事司法中正确理解和适用法律具有特别重大的意义。我国是具有5000年历史的国家，受传统法律文化的影响，“杀人偿命”这种原始报应观念在我国根深蒂固。我们应当从贯彻宽严相济的基本刑事政策，“保留死刑，严格控制和慎重适用死刑”的刑事政策和人权保障原则的高度，理性地、全面地看待死刑问题。生命权是公民的基本人权。死刑是剥夺犯罪分子生命的最严厉的刑罚方法。人死不能再生。人民法院对死刑的适用必须慎之又慎。对于故意杀人的犯罪分子一定要依法严惩，该判处死刑的坚决判处死刑，但必须坚持刑法规定的死刑适用标准和死刑的刑事政策。司法实践证明，死刑对震慑和预防犯罪有一定功能，但绝不是治理犯罪的万能工具。预防和减少犯罪的发生，最根本的还要靠社会经济的发展，靠社会治安的综合治理。

7. 1997年12月23日**最高人民法院通过的《关于对故意伤害、盗窃等严重破坏社会秩序的犯罪分子能否附加剥夺政治权利问题的批复》对本罪附加刑适用作出如下规定：根据《刑法》第五十六条规定，对于故意杀人、强奸、放火、爆炸、投毒、抢劫等严重破坏社会秩序的犯罪分子，可以附加剥夺政治权利。**

二、过失致人死亡罪

（一）刑法规定

第二百三十三条　过失致人死亡的，处三年以上七年以下有期徒刑；情节较轻的，处三年以下有期徒刑。本法另有规定的，依照规定。

（二）疑难、复杂问题的参考性解答

1. 如何区分疏忽大意的过失致人死亡与意外事件?①

意外事件与疏忽大意的过失有相似之处，表现在行为人事实上都没有预见到自己行为的危害结果，客观上又都发生了危害结果。但是，在意外事件中，行为人是不应当预见、不能够预见危害结果的发生，而疏忽大意的过失的行为人是应当预见、能够预见危害结果的发生，只是由于疏忽大意才没有

① 案例来源：《刑事审判指导案例》第346号指导案例，朱某平过失致人死亡案。

预见。因此，二者区分的关键是判断行为人是否应当预见、能够预见。

预见能力因人而异，有高低大小之分，需要进行具体的判断：（1）判断的基础，应当把行为人的智能水平、行为本身的危险性和行为时的客观环境结合起来。（2）判断的方法，要坚持从客观到主观，把对一般人的注意义务与具体行为人的智能水平结合起来。（3）判断的标准，应当在考察一般人的预见能力基础上充分考虑行为人的具体智能情况。详言之，首先，考察行为人所属的一般人能否预见结果的发生；其次，再考虑行为人的智能水平是高于一般人还是低于一般人。如果一般人能够预见，但行为人智能水平低，则不宜认定过失；如果行为人的智能水平不低于一般人，则可以认定过失；如果一般人不能预见，而行为人的智能水平明显高于一般人，则可以认定为过失。

2. 如何区分过于自信的过失致人死亡与间接故意杀人？①

在司法实践中，过于自信的过失致人死亡同间接故意杀人有时难以区分。它们的共同点是：都预见到自己的行为可能发生被害人死亡的结果，并且都不希望这种结果的发生。区分两者的关键，在于查明行为人对死亡结果的发生是轻信可以避免，还是抱着放任的态度。当然，轻信也应当有根据。因此，应当围绕行为人的预见能力和对死亡结果发生所持的心理态度，进行深入调查和全面分析研究以作出正确判断。

3. 过失导致高物坠落致人死亡的行为应如何定性？

《最高人民法院关于依法妥善审理高空抛物、坠物案件的意见》明确规定，过失导致物品从高空坠落，致人死亡、重伤，符合《刑法》第二百三十三条、第二百三十五条规定的，依照过失致人死亡罪、过失致人重伤罪定罪处罚。

4. 过失致人死亡罪与故意杀人罪的区分②

这两种犯罪在客观上都造成了被害人死亡的结果，但在主观方面的内容却完全不同：故意杀人，是行为人明知自己的行为会发生非法剥夺他人生命的结果，并且希望或者放任这种结果的发生；而过失致人死亡，行为人则对造成他人死亡的结果，既不希望其发生，也不采取听之任之的放任态度。这

---

① 案例来源：《刑事审判指导案例》第 370 号指导案例，李某、王某兵过失致人死亡案。

② 案例来源：《刑事审判参考》第 996 号指导案例，肖某过失致人死亡案。

是两者的根本区别。

5. **量刑规范**

依照《刑法》第二百三十三条规定，犯过失致人死亡罪的，处三年以上七年以下有期徒刑；情节较轻的，处三年以下有期徒刑。司法机关应当注意，本罪虽然是过失犯罪，但造成被害人死亡的严重后果，在法定刑顺序上，仍采用故意杀人罪的立法例，同样是由重到轻排列。

三、故意伤害罪

（一）刑法规定

第二百三十四条　故意伤害他人身体的，处三年以下有期徒刑、拘役或者管制。

犯前款罪，致人重伤的，处三年以上十年以下有期徒刑；致人死亡或者以特别残忍手段致人重伤造成严重残疾的，处十年以上有期徒刑、无期徒刑或者死刑。本法另有规定的，依照规定。

（二）司法解释、司法文件及其权威解读

1. 最高人民法院关于全国法院维护农村稳定刑事审判工作座谈会纪要（法〔1999〕217号，自1999年10月27日起施行）（节录）

二、会议在认真学习《决定》和“上海会议”文件的基础上，结合执行刑法、刑事诉讼法的审判实践，对审理农村中犯罪案件、农民犯罪案件中的一些重要问题进行了研究、讨论。一致认为，对于故意杀人、故意伤害、抢劫、强奸、绑架等严重危害农村社会治安的暴力犯罪以及带有黑社会性质的团伙犯罪，一定要继续坚持从重从快严厉打击的方针。要根据当地社会治安的特点，将经常性“严打”和集中打击、专项斗争结合起来，始终保持“严打”的高压态势，有效地遏制严重刑事犯罪活动蔓延的势头，尽一切努力维护好农村社会治安的稳定。同时，对正确适用法律，处理好农村常见多发案件，全面、正确掌握党的刑事政策，取得了一致意见：

（一）关于故意杀人、故意伤害案件

要准确把握故意杀人犯罪适用死刑的标准。对故意杀人犯罪是否判处死刑，不仅要看是否造成了被害人死亡结果，还要综合考虑案件的全部情况。

对于因婚姻家庭、邻里纠纷等民间矛盾激化引发的故意杀人犯罪，适用死刑一定要十分慎重，应当与发生在社会上的严重危害社会治安的其他故意杀人犯罪案件有所区别。对于被害人一方有明显过错或对矛盾激化负有直接责任，或者被告人有法定从轻处罚情节的，一般不应判处死刑立即执行。

要注意严格区分故意杀人罪与故意伤害罪的界限。在直接故意杀人与间接故意杀人案件中，犯罪人的主观恶性程度是不同的，在处刑上也应有所区别。间接故意杀人与故意伤害致人死亡，虽然都造成了死亡后果，但行为人故意的性质和内容是截然不同的。不注意区分犯罪的性质和故意的内容，只要有死亡后果就判处死刑的做法是错误的，这在今后的工作中，应当予以纠正。对于故意伤害致人死亡，手段特别残忍，情节特别恶劣的，才可以判处死刑。

2. **最高人民法院关于贯彻宽严相济刑事政策的若干意见**（法发〔2010〕9号，自2010年2月8日起施行）（节录）

二、准确把握和正确适用依法从“严”的政策要求

7. 贯彻宽严相济刑事政策，必须毫不动摇地坚持依法严惩严重刑事犯罪的方针。对于危害国家安全犯罪、恐怖组织犯罪、邪教组织犯罪、黑社会性质组织犯罪、恶势力犯罪、故意危害公共安全犯罪等严重危害国家政权稳固和社会治安的犯罪，故意杀人、故意伤害致人死亡、强奸、绑架、拐卖妇女儿童、抢劫、重大抢夺、重大盗窃等严重暴力犯罪和严重影响人民群众安全感的犯罪，走私、贩卖、运输、制造毒品等毒害人民健康的犯罪，要作为严惩的重点，依法从重处罚。尤其对于极端仇视国家和社会，以不特定人为侵害对象，所犯罪行特别严重的犯罪分子，该重判的要坚决依法重判，该判处死刑的要坚决依法判处死刑。

四、准确把握和正确适用宽严“相济”的政策要求

34. 对于因犯故意杀人、爆炸、抢劫、强奸、绑架等暴力犯罪，致人死亡或严重残疾而被判处死刑缓期二年执行或无期徒刑的罪犯，要严格控制减刑的频度和每次减刑的幅度，要保证其相对较长的实际服刑期限，维护公平正义，确保改造效果。

五、完善贯彻宽严相济刑事政策的工作机制

43. 对减刑、假释案件，要采取开庭审理与书面审理相结合的方式。对于职务犯罪案件，尤其是原为县处级以上领导干部罪犯的减刑、假释案件，要

一律开庭审理。对于故意杀人、抢劫、故意伤害等严重危害社会治安的暴力犯罪分子，有组织犯罪案件中的首要分子和其他主犯以及其他重大、有影响案件罪犯的减刑、假释，原则上也要开庭审理。书面审理的案件，拟裁定减刑、假释的，要在羁押场所公示拟减刑、假释人员名单，接受其他在押罪犯的广泛监督。

3. **最高人民法院、最高人民检察院、公安部、司法部关于依法办理家庭暴力犯罪案件的意见**（法发〔2015〕4号，自2015年3月2日起施行）（节录）

三、定罪处罚

16. 依法准确定罪处罚。对故意杀人、故意伤害、强奸、猥亵儿童、非法拘禁、侮辱、暴力干涉婚姻自由、虐待、遗弃等侵害公民人身权利的家庭暴力犯罪，应当根据犯罪的事实、犯罪的性质、情节和对社会的危害程度，严格依照刑法的有关规定判处。对于同一行为同时触犯多个罪名的，依照处罚较重的规定定罪处罚。

17. 准确区分虐待犯罪致人重伤、死亡与故意伤害、故意杀人犯罪致人重伤、死亡的界限，要根据被告人的主观故意、所实施的暴力手段与方式、是否立即或者直接造成被害人伤亡后果等进行综合判断。对于被告人主观上不具有侵害被害人健康或者剥夺被害人生命的故意，而是出于追求被害人肉体和精神上的痛苦，长期或者多次实施虐待行为，逐渐造成被害人身体损害，过失导致被害人重伤或者死亡的；或者因虐待致使被害人不堪忍受而自残、自杀，导致重伤或者死亡的，属于刑法第二百六十条第二款规定的虐待“致使被害人重伤、死亡”，应当以虐待罪定罪处罚。对于被告人虽然实施家庭暴力呈现出经常性、持续性、反复性的特点，但其主观上具有希望或者放任被害人重伤或者死亡的故意，持凶器实施暴力，暴力手段残忍，暴力程度较强，直接或者立即造成被害人重伤或者死亡的，应当以故意伤害罪或者故意杀人罪定罪处罚。

20. 充分考虑案件中的防卫因素和过错责任。对于长期遭受家庭暴力后，在激愤、恐惧状态下为了防止再次遭受家庭暴力，或者为了摆脱家庭暴力而故意杀害、伤害施暴人，被告人的行为具有防卫因素，施暴人在案件起因上具有明显过错或者直接责任的，可以酌情从宽处罚。

4. **最高人民检察院关于强迫借贷行为适用法律问题的批复**（自2014年4月17日起施行）

广东省人民检察院：

你院《关于强迫借贷案件法律适用的请示》（粤检发研字〔2014〕9号）收悉。经研究，批复如下：

以暴力、胁迫手段强迫他人借贷，属于刑法第二百二十六条第二项规定的“强迫他人提供或者接受服务”，情节严重的，以强迫交易罪追究刑事责任；同时构成故意伤害罪等其他犯罪的，依照处罚较重的规定定罪处罚。以非法占有为目的，以借贷为名采用暴力、胁迫手段获取他人财物，符合刑法第二百六十三条或者第二百七十四条规定的，以抢劫罪或者敲诈勒索罪追究刑事责任。

5. **在审理故意杀人、伤害及黑社会性质组织犯罪案件中切实贯彻宽严相济刑事政策**（自2010年4月14日施行）（节录）

2010年2月8日印发的《最高人民法院关于贯彻宽严相济刑事政策的若干意见》（以下简称《意见》），对于有效打击犯罪，增强人民群众安全感，减少社会对立面，促进社会和谐稳定，维护国家长治久安具有重要意义，是人民法院刑事审判工作的重要指南。现结合审判实践，就故意杀人、伤害及黑社会性质组织犯罪案件审判中如何贯彻《意见》的精神作简要阐释。

一、在三类案件中贯彻宽严相济刑事政策的总体要求

在故意杀人、伤害及黑社会性质组织犯罪案件的审判中贯彻宽严相济刑事政策，要落实《意见》第一条规定：根据犯罪的具体情况，实行区别对待，做到该宽则宽，当严则严，宽严相济，罚当其罪。落实这个总体要求，要注意把握以下几点：

1. 正确把握宽与严的对象。故意杀人和故意伤害犯罪的发案率高，社会危害大，是各级法院刑事审判工作的重点。黑社会性质组织犯罪在我国自二十世纪八十年代末出现以来，长时间保持快速发展势头，严厉打击黑社会性质组织犯罪，是法院刑事审判在当前乃至今后相当长一段时期内的重要任务。因此，对这三类犯罪总体上应坚持从严惩处的方针。但是在具体案件的处理上，也要分别案件的性质、情节和行为人的主观恶性、人身危险性等情况，把握宽严的范围。在确定从宽与从严的对象时，还应当注意审时度势，对经济社会的发展和治安形势的变化作出准确判断，为构建社会主义和谐社会的

目标服务。

2. 坚持严格依法办案。三类案件的审判中，无论是从宽还是从严，都必须严格依照法律规定进行，做到宽严有据，罚当其罪，不能为追求打击效果，突破法律界限。比如在黑社会性质组织犯罪的审理中，黑社会性质组织的认定必须符合法律和立法解释规定的标准，既不能降格处理，也不能拔高认定。

3. 注重法律效果与社会效果的统一。严格依法办案，确保良好法律效果的同时，还应当充分考虑案件的处理是否有利于赢得人民群众的支持和社会稳定，是否有利于瓦解犯罪，化解矛盾，是否有利于罪犯的教育改造和回归社会，是否有利于减少社会对抗，促进社会和谐，争取更好的社会效果。比如在刑罚执行过程中，对于故意杀人、伤害犯罪及黑社会性质组织犯罪的领导者、组织者和骨干成员就应当从严掌握减刑、假释的适用，其他主观恶性不深、人身危险性不大的罪犯则可以从宽把握。

二、故意杀人、伤害案件审判中宽严相济的把握

1. 注意区分两类不同性质的案件。故意杀人、故意伤害侵犯的是人的生命和身体健康，社会危害大，直接影响到人民群众的安全感，《意见》第七条将故意杀人、故意伤害致人死亡犯罪作为严惩的重点是十分必要的。但是，实践中的故意杀人、伤害案件复杂多样，处理时要注意分别案件的不同性质，做到区别对待。

实践中，故意杀人、伤害案件从性质上通常可分为两类：一类是严重危害社会治安、严重影响人民群众安全感的案件，如极端仇视国家和社会，以不特定人为行凶对象的；一类是因婚姻家庭、邻里纠纷等民间矛盾激化引发的案件。对于前者应当作为严惩的重点，依法判处被告人重刑直至判处死刑。对于后者处理时应注意体现从严的精神，在判处重刑尤其是适用死刑时应特别慎重，除犯罪情节特别恶劣、犯罪后果特别严重、人身危险性极大的被告人外，一般不应当判处死刑。对于被害人在起因上存在过错，或者是被告人案发后积极赔偿，真诚悔罪，取得被害人或其家属谅解的，应依法从宽处罚，对同时有法定从轻、减轻处罚情节的，应考虑在无期徒刑以下裁量刑罚。同时应重视此类案件中的附带民事调解工作，努力化解双方矛盾，实现积极的“案结事了”，增进社会和谐，达成法律效果与社会效果的有机统一。《意见》第二十三条是对此审判经验的总结。

此外，实践中一些致人死亡的犯罪是故意杀人还是故意伤害往往难以区

分，在认定时除从作案工具、打击的部位、力度等方面进行判断外，也要注意考虑犯罪的起因等因素。对于民间纠纷引发的案件，如果难以区分是故意杀人还是故意伤害时，一般可考虑定故意伤害罪。

2. 充分考虑各种犯罪情节。犯罪情节包括犯罪的动机、手段、对象、场所及造成的后果等，不同的犯罪情节反映不同的社会危害性。犯罪情节多属酌定量刑情节，法律往往未作明确的规定，但犯罪情节是适用刑罚的基础，是具体案件决定从严或从宽处罚的基本依据，需要在案件审理中进行仔细甄别，以准确判断犯罪的社会危害性。有的案件犯罪动机特别卑劣，比如为了铲除政治对手而雇凶杀人的，也有一些人犯罪是出于义愤，甚至是“大义灭亲”、“为民除害”的动机杀人。有的案件犯罪手段特别残忍，比如采取放火、泼硫酸等方法把人活活烧死的故意杀人行为。犯罪后果也可以分为一般、严重和特别严重几档。在实际中一般认为故意杀人、故意伤害一人死亡的为后果严重，致二人以上死亡的为犯罪后果特别严重。特定的犯罪对象和场所也反映社会危害性的不同，如针对妇女、儿童等弱势群体或在公共场所实施的杀人、伤害，就具有较大的社会危害性。以上犯罪动机卑劣，或者犯罪手段残忍，或者犯罪后果严重，或者针对妇女、儿童等弱势群体作案等情节恶劣的，又无其他法定或酌定从轻情节应当依法从重判处。如果犯罪情节一般，被告人真诚悔罪，或有立功、自首等法定从轻情节的，一般应考虑从宽处罚。

实践中，故意杀人、伤害案件的被告人既有法定或酌定的从宽情节，又有法定或酌定从严情节的情形比较常见，此时，就应当根据《意见》第二十八条，在全面考察犯罪的事实、性质、情节和对社会危害程度的基础上，结合被告人的主观恶性、人身危险性、社会治安状况等因素，综合作出分析判断。

3. 充分考虑主观恶性和人身危险性。《意见》第十条、第十六条明确了被告人的主观恶性和人身危险性是从严和从宽的重要依据，在适用刑罚时必须充分考虑。主观恶性是被告人对自己行为及社会危害性所抱的心理态度，在一定程度上反映了被告人的改造可能性。一般来说，经过精心策划的、有长时间计划的杀人、伤害，显示被告人的主观恶性深；激情犯罪，临时起意的犯罪，因被害人的过错行为引发的犯罪，显示的主观恶性较小。对主观恶性深的被告人要从严惩处，主观恶性较小的被告人则可考虑适用较轻的刑罚。

人身危险性即再犯可能性，可从被告人有无前科、平时表现及悔罪情况等方面综合判断。人身危险性大的被告人，要依法从重处罚。如累犯中前罪系暴力犯罪，或者曾因暴力犯罪被判重刑后又犯故意杀人、故意伤害致人死亡的；平时横行乡里，寻衅滋事杀人、伤害致人死亡的，应依法从重判处。人身危险性小的被告人，应依法体现从宽精神。如被告人平时表现较好，激情犯罪，系初犯、偶犯的；被告人杀人或伤人后有抢救被害人行为的，在量刑时应该酌情予以从宽处罚。

未成年人及老年人的故意杀人、伤害犯罪与一般人犯罪相比，主观恶性和人身危险性等方面有一定特殊性，在处理时应当依据《意见》的第二十条、第二十一条考虑从宽。对犯故意杀人、伤害罪的未成年人，要坚持“教育为主，惩罚为辅”的原则和“教育、感化、挽救”的方针进行处罚。对于情节较轻、后果不重的伤害案件，可以依法适用缓刑、或者判处管制、单处罚金等非监禁刑。对于情节严重的未成年人，也应当从轻或减轻处罚。对于已满十四周岁不满十六周岁的未成年人，一般不判处无期徒刑。对于七十周岁以上的老年人犯故意杀人、伤害罪的，由于其已没有再犯罪的可能，在综合考虑其犯罪情节和主观恶性、人身危险性的基础上，一般也应酌情从宽处罚。

4. 严格控制和慎重适用死刑。故意杀人和故意伤害犯罪在判处死刑的案件中所占比例最高，审判中要按照《意见》第二十九条的规定，准确理解和严格执行“保留死刑，严格控制和慎重适用死刑”的死刑政策，坚持统一的死刑适用标准，确保死刑只适用于极少数罪行极其严重的犯罪分子；坚持严格的证据标准，确保把每一起判处死刑的案件都办成铁案。对于罪行极其严重，但只要有法定、酌定从轻情节，依法可不立即执行的，就不应当判处死刑立即执行。

对于自首的故意杀人、故意伤害致人死亡的被告人，除犯罪情节特别恶劣，犯罪后果特别严重的，一般不应考虑判处死刑立即执行。对亲属送被告人归案或协助抓获被告人的，也应视为自首，原则上应当从宽处罚。对具有立功表现的故意杀人、故意伤害致死的被告人，一般也应当体现从宽，可考虑不判处死刑立即执行。但如果犯罪情节特别恶劣，犯罪后果特别严重的，即使有立功情节，也可以不予从轻处罚。

共同犯罪中，多名被告人共同致死一名被害人的，原则上只判处一人死刑。处理时，根据案件的事实和证据能分清主从犯的，都应当认定主从犯；有多名主犯的，应当在主犯中进一步区分出罪行最为严重者和较为严重者，不能以分不清主次为由，简单地一律判处死刑。

（三）典型或常见问题的审理思路

1. 暴力抗税致人重伤的行为应如何定性？

暴力抗税由于行为超限或者行为人故意，常常有致人受伤或者死亡的情形发生。2002 年 11 月 7 日施行的《最高人民法院关于审理偷税抗税刑事案件具体应用法律若干问题的解释》明确规定，实施抗税行为致人重伤、死亡，构成故意伤害罪、故意杀人罪的，分别依照《刑法》第二百三十四条第二款、第二百三十二条的规定定罪处罚。与纳税人或者扣缴义务人共同实施抗税行为的，以抗税罪的共犯依法处罚。

2. 暴力恐怖和宗教极端分子以“异教徒”等为由随意殴打他人的行为应如何定性？

对于宗教极端分子以“异教徒”等为由随意殴打他人的行为应认定寻衅滋事、故意伤害还是妨害公务，《最高人民法院、最高人民检察院、公安部关于办理暴力恐怖和宗教极端刑事案件适用法律若干问题的意见》（自 2014 年 9 月 9 日起施行）明确规定：以“异教徒”“宗教叛徒”等为由，随意殴打、追逐、拦截、辱骂他人，扰乱社会秩序，情节恶劣的，以寻衅滋事罪定罪处罚。实施前款行为，同时又构成故意伤害罪、妨害公务罪等其他犯罪的，依照处罚较重的规定定罪处罚。

3. 明知有艾滋病，通过卖淫等行为与他人发生性关系致其感染艾滋病的行为应如何定性？①

在医学上艾滋病尚无有效治愈方法，行为人明知自己有艾滋病，通过卖淫、嫖娼等与他人发生性关系，其间不做防护致对方感染艾滋病的行为严重损害被害人身体康健，对此，《最高人民法院、最高人民检察院、公安部、司法部关于依法严厉打击传播艾滋病病毒等违法犯罪行为的指导意见》规定：明知自己感染艾滋病病毒或者患有艾滋病而卖淫、嫖娼或者故意不采取防范措施与他人发生性关系，致人感染艾滋病病毒的，依照《刑法》第二百三十四条第二款的规定，以故意伤害罪定罪处罚；故意采取针刺等方法，致人感染艾滋病病毒的，依照《刑法》第二百三十四条第二款的规定，以故意伤害

---

① 案例来源：《刑事审判参考》第 1274 号指导案例，周某武故意伤害案。

罪定罪处罚；未致人感染艾滋病病毒，但造成他人身体轻伤以上伤害的，依照《刑法》第二百三十四条的规定，以故意伤害罪定罪处罚；明知他人感染艾滋病病毒或者患有艾滋病而隐瞒情况，介绍与其他人发生性关系，致人感染艾滋病病毒的，以故意伤害罪的共犯论处。但是，告知对方自己感染艾滋病病毒或者患有艾滋病，或者对方明知他人感染艾滋病病毒或者患有艾滋病，双方仍自愿发生性关系的，不作为犯罪处理。

4. 在疫情防控期间，故意向医护或防控人员传染病毒致其感染的行为应如何定性？

根据相关司法解释，暴力伤医行为应依照故意伤害罪定罪处罚。当前处于新冠肺炎疫情防控期间，为依法惩治妨害疫情防控违法犯罪，最高人民法院、最高人民检察院、公安部、司法部出台了《关于依法惩治妨害新型冠状病毒感染肺炎疫情防控违法犯罪的意见》（自2020年2月6日起施行），该意见明确规定：在疫情防控期间，故意伤害医务人员造成轻伤以上的严重后果，或者对医务人员实施撕扯防护装备、吐口水等行为，致使医务人员感染新型冠状病毒的，依照《刑法》第二百三十四条的规定，以故意伤害罪定罪处罚。

5. 灾害期间，聚众“打砸抢”致人伤残的行为应如何处理？

《刑法》第二百八十九条明确规定，聚众“打砸抢”致人伤残、死亡的，依照第二百三十四条、第二百三十二条的规定定罪处罚。对于灾害期间，聚众“打砸抢”致人伤残、死亡的行为应如何处理，《最高人民法院、最高人民检察院关于办理妨害预防、控制突发传染病疫情等灾害的刑事案件具体应用法律若干问题的解释》（自2003年5月15日起施行）明确规定：在预防、控制突发传染病疫情等灾害期间，聚众“打砸抢”，致人伤残、死亡的，依照《刑法》第二百八十九条、第二百三十四条、第二百三十二条的规定，以故意伤害罪或者故意杀人罪定罪，依法从重处罚。

6. 见义勇为致人伤亡的行为应如何定性？①

对于此类行为判断是否构成故意伤害罪，不仅要看有无伤害后果产生，还要考察行为人有无伤害故意，及行为与后果之间是否存在因果关系。如果见义勇为者追赶期间，被追赶者自行选择危险逃避方式，最终因该行为导致危害结果发生的，因见义勇为行为与危害结果发生缺乏刑法上的因果关系，

---

① 案例来源：《刑事审判指导案例》第400号指导案例，张某军故意伤害案。

不能认定见义勇为者构成故意伤害罪。

7. 被害人系特殊体质，因轻伤害行为导致重伤或死亡结果的行为应如何处理？[①]

此种情形中，对于行为人实施了故意伤害行为，但该行为不足以导致被害人重伤或者死亡的结果，因为被害人本身具有疾病而导致结果发生的，要注意考察伤害行为与死亡结果之间是否具有因果关系。如果伤害行为仅是死亡诱因的，行为人不应对被害人的死亡结果承担全部责任。在这种特殊情况下，如果被告人不具备法定减轻处罚情节，可以适用《刑法》第六十三条第二款的规定，在法定刑以下判处刑罚。

8. 以非暴力行为致人精神分裂的行为应如何定性？[②]

通常的故意伤害行为主要是以作为的暴力行为造成，但是以恐吓等非暴力方式致被害人精神分裂的，虽然该损伤不符合《人体重伤鉴定标准》中的器质性精神障碍，但该行为同样造成了被害人的重伤害，应按照故意伤害（重伤）定罪处罚。

9. 强迫他人吸毒致人伤残的行为应如何定性？[③]

如果以强迫他人吸毒行为作为实现致人伤残目的的手段，应当根据牵连犯理论，以故意杀人或者故意伤害罪定罪。如果为强迫他人吸食毒品，采取暴力手段致人轻伤的，因暴力手段没有超出“强迫”行为的范围，按照强迫他人吸毒罪从重处罚；如果强迫的暴力手段致人重伤或者死亡，应按照故意杀人罪或者故意伤害罪从重处罚。行为人强迫他人吸毒后，由于剂量过大致使被害人重伤或死亡的，因对重伤或死亡结果系过失心态，应构成过失致人死亡罪或过失致人重伤罪与强迫他人吸毒罪的想象竞合，从一重处罚。

10. 如何理解本罪中的“以特别残忍手段”？[④]

全国人大常委会法制工作委员会刑法室编著的《中华人民共和国刑法释义》对“特别残忍手段”的释义是：采用毁容、挖人眼睛、砍掉双脚等特别残忍的行为。实践中，行为人基于冷酷坚决的犯意，给被害人的肉体和精神

---

① 案例来源：《刑事审判指导案例》第389号指导案例，洪某宁故意伤害案。

② 观点来源：陈兴良：《口授刑法学》（第2版）（下册）中国人民大学出版社，第86页。

③ 观点来源：周强、李少平、南英、张述元、刘学文、胡云腾主编：《中华人民共和国刑法案典》（下），人民法院出版社，第1975页。

④ 观点来源：《刑事审判参考》第1022号指导案例，尹某书故意杀人案。

造成特别严重的痛苦、折磨、恐惧的，可视为特别残忍手段。例如，使用焚烧、冷冻、泼洒强酸碱等强腐蚀物品的；砍下被害人四肢或者挑断被害人筋脉的；以挖眼睛、割耳鼻等手段毁损被害人容颜的；砍击、刺扎被害人生殖部位的；用尖刀等利器捅刺被害人要害部位数十刀，或者用铁锤、砖块等钝器反复击打被害人要害部位的；活埋被害人的；长时间暴力折磨被害人肉体或精神的；等等，“特别残忍手段”都应当是给被害人肉体上带来极大痛苦、公众心理上难以接受的作案手段。

（四）疑难、复杂问题的参考性解答

1. 故意伤害罪与非罪的认定

确定故意伤害罪与非罪，主要是划清故意伤害与一般打架斗殴造成轻微伤害的界限。伤害，是指造成人身器质性的或者功能性的损害。打架斗殴，只是造成人体的痛苦，并不损伤人身健康或者伤害情节显著轻微，属于侵犯人身权利的一般违法行为，可视情况按治安管理处罚法的有关规定，给予治安处罚。

2. 故意重伤与故意杀人未遂的区分

区分两者关键在于查明主观故意的内容。故意重伤，是行为人只想重伤他人的身体，使其健康受到严重损害，并无剥夺他人生命的目的；而故意杀人未遂和既遂一样，都预见到自己的行为会剥夺他人的生命，并且希望这种结果的发生。杀人未遂，只是由于行为人意志以外的原因而没有造成被害人死亡结果的发生。因此，两者的犯罪性质完全不同。

3. 故意伤害致死与直接故意杀人的区分

故意伤害致死，是犯罪分子只有伤害故意，致人死亡系过失所致。在这种情况下，行为人应当对超出他伤害故意的死亡后果承担相应的责任。故意伤害致死与直接故意杀人的共同点是：客观上都实施了针对被害人身体健康的危害行为，造成了被害人死亡的后果，主观上都有犯罪故意。但两者故意的内容不同：前者是伤害故意，后者是杀人故意。因此，分清这两种犯罪，关键在于查明行为人是否具有非法剥夺他人生命的故意。在此基础上，根据不同情况分别处理：

（1）明显具有杀人故意，实施了杀人行为，造成死亡结果的，应按故意杀人定罪。其中，杀人未遂，只造成伤害结果的，按故意杀人的未遂犯处罚。

（2）明显只有伤害故意，实施了伤害行为，造成伤害结果的，应按故意伤害定罪。其中，致人死亡的，按故意伤害罪（致人死亡）处罚。

（3）凡因打架斗殴或者群众之间因民事纠纷引起械斗而致人死亡的，除行为人有明显的杀人故意，应按故意杀人定罪外，一般可按故意伤害罪（致人死亡）处罚。因为打架斗殴双方都是出于主动，而且处于互殴的运动状态，一时情急、失手，就可能造成对方死亡。

（4）对有些案情复杂，是故意杀人还是故意伤害致死一时难以区分，内部分歧意见很大的，为了慎重起见，可以按故意伤害罪（致人死亡）论处。

4. 故意伤害致死与间接故意杀人的区分

两者的区别主要在于故意的内容不同。间接故意杀人，是明知自己的行为会造成他人死亡的结果，并且放任这种结果的发生；而故意伤害致人死亡，故意的内容只是损害他人身体健康，对死亡结果的发生既不希望，也不放任，而是一种过失的心理状态。对于无故寻衅，动辄用刀子捅人的突发性案件，如何认定其犯罪性质，在刑法学界和司法实践中都有不同的看法。我们认为，凡突然持械行凶的，虽然并不像预谋杀人那样有明显的杀人目的，但其特点是不计后果，不顾被害人死活。在这种情况下，一般可按其实际造成的结果定罪。如果被害人没有死亡，可按故意伤害论处；如果被害人死亡，则可按间接故意杀人论处。因为，不论犯罪行为在客观上造成的是死亡的结果还是伤害的结果，都在行为人的犯意之内。这样，就把行为人主观上对会发生的后果的放任，同客观上造成的实际后果统一了起来，体现了在认定犯罪上主客观相一致的原则。如果间接故意杀人和故意伤害致死的界限确实难以分清的，可按故意伤害致死认定。

5. 故意伤害致死与过失致人死亡的区分

司法实践中，两者有时也容易混淆。因为两者在客观方面都造成被害人死亡的结果；主观方面都没有杀人的动机和目的，也不希望或者放任死亡结果的发生，在致人死亡后果上均属过失。但根本区别在于：故意伤害致死虽然无杀人的故意，但有伤害的故意；而过失致人死亡既无杀人的故意，也无伤害的故意。因此，区别故意伤害致死与过失致人死亡，关键是要查明行为人有无伤害的故意。

6. 判断故意伤害罪与故意杀人罪区分的具体因素

区分故意杀人罪与故意伤害罪的重点，是查明故意的内容以确定行为的性质。司法实践中，应结合具体案情，从犯罪的起因，使用的犯罪工具，打击的部位，打击的力度，犯罪的时间、地点、环境，行为人对被害人是否有抢救的意愿或者行为，有无预谋犯罪，以及行为人与被害人之间的关系等方面加以综合分析、判断。

（五）量刑指导或参考

依照《刑法》第二百三十四条规定，犯故意伤害罪的，处三年以下有期徒刑、拘役或者管制；致人重伤的，处三年以上十年以下有期徒刑；致人死亡或者以特别残忍手段致人重伤造成严重残疾的，处十年以上有期徒刑、无期徒刑或者死刑。

司法机关在适用时，应当注意以下问题：

第一，《刑法》第二百三十四条第一款是关于故意伤害他人身体致人轻伤的处刑规定，应当区分不同情况，妥善处理：

（1）对伤情程度介于轻、重伤边缘的案件，在处罚时要慎重。轻伤中伤情重的，可按《刑法》第二百三十四条第一款的规定从重处罚；重伤中伤情轻的，可按同条第二款的规定从轻处罚。

（2）犯故意伤害罪情节轻微，不需要判处刑罚的，依照《刑法》第三十七条的规定，可以免予刑事处罚；需要赔偿损失或者作其他处理的，按该条的规定办理。

第二，本条第二款是关于故意伤害他人身体致人重伤或者死亡的处刑规定，应当正确理解和适用：

（1）按照第二款的规定，故意伤害致人重伤的，一般应当处三年以上十年以下有期徒刑；只有具有致人死亡或者以特别残忍手段致人重伤造成严重残疾的严重后果的，才应当处十年以上有期徒刑、无期徒刑或者死刑。所谓特别残忍手段，是指采取朝人面部泼镪水、用刀划破面部等方法严重毁人容貌，挖人眼睛，砍掉手脚、剜掉髌骨等特别残忍手段，造成他人严重残疾的行为，不是指一般重伤。“要准确把握致人重伤造成‘严重残疾’的标准”，可以参照2014年9月3日国家人力资源和社会保障部颁布的《职工工伤与职业病致残等级》（GB/T16180－2014），“严重残疾”，是指被害人身体器官大部缺损、器官明显畸形、身体器官有中等功能障碍、造成严重并发症等情形之一的。残疾程度可分为一般残疾（十级至七级）、严重残疾（六级至三级）、特别严重残疾（二级至一级），六级以上视为“严重残疾”。在有关司法解释出台以前，可统一参照上述鉴定标准确定残疾等级。

（2）严格掌握故意伤害罪死刑适用的标准。按照本条第二款的规定，故意伤害致人死亡或者以特别残忍的手段致人重伤造成严重残疾的，法定最高刑为死刑。相对于故意杀人犯罪而言，故意伤害犯罪的社会危害性和被告人的主观恶性程度不同，适用死刑应当比故意杀人犯罪更加慎重，标准更加严格。首先，故意伤害罪和故意杀人罪虽然法定最高刑都有死刑，但在犯罪性质上是不同的：一个是损害他人身体健康的犯罪，一个是剥夺他人生命的犯罪。其次，犯罪性质上的这种区别，反映在法定刑的排列上，故意杀人罪所处刑罚是由重到轻排列，故意伤害罪所处刑罚则是由轻到重排列。再次，在法定刑的形式上，采用的是相对确定的法定刑，即处十年以上有期徒刑、无期徒刑或者死刑，而不是绝对确定的法定刑。最后，致人死亡或者致人重伤造成严重残疾的原因和具体情节比较复杂，彼此有时差别很大。最高人民法院《全国法院维护农村稳定刑事审判工作座谈会纪要》指出，故意伤害致人死亡和间接故意杀人，虽然都造成了死亡的后果，“但行为人故意的性质和内容是截然不同的。不注意区分犯罪的性质和故意的内容，只要有死亡后果就判处死刑的做法是错误的，这在今后的工作中，应当予以纠正”。

对故意伤害致人死亡的被告人决定是否适用死刑立即执行时，要将严重危害社会治安的案件与民间纠纷引发的案件进行区分；将手段特别残忍、情节特别恶劣的与手段、情节一般的进行区分；将预谋犯罪与激情犯罪进行区分；等等。

对于下列故意伤害致人死亡的被告人，如果没有从轻情节，可以适用死刑立即执行。如暴力恐怖犯罪、黑社会性质组织犯罪、恶势力犯罪以及其他严重暴力犯罪中故意伤害他人的首要分子；起组织、策划作用或者为主实施伤害行为罪行最严重的主犯；聚众“打砸抢”伤害致人死亡的首要分子；动机卑劣而预谋伤害致人死亡的；等等。

对于故意伤害致人死亡的被告人，如果具有下列情形，一般不判处死刑立即执行。如因婚姻家庭、邻里纠纷以及山林、水流、田地纠纷等民间矛盾激化引发的；被害人有过错，或者对引发案件负有直接责任的；犯罪手段、情节一般的；被告人犯罪后积极救治被害人，或者积极赔偿被害方经济损失并真诚悔罪的；被告人作案时刚满十八周岁或者已满七十五周岁[①]，且情节不是特别恶劣的；其他经综合考虑所有量刑情节可不判处死刑立即执行的；等等。

以特别残忍手段致人重伤造成严重残疾的故意伤害案件，适用死刑时应当更加严格把握，并不是只要达到“严重残疾”的程度就必须判处被告人死刑，还要根据致人“严重残疾”的具体情况，综合考虑犯罪情节和危害后果来决定刑罚。故意伤害致人重伤造成严重残疾，只有犯罪手段特别残忍，后果特别严重的，才能考虑适用死刑（包括死缓）。[②]

对于以特别残忍手段造成被害人重伤致特别严重残疾的被告人，可以适用死刑立即执行。但对于那些使用硫酸等化学物质严重毁容，或者采取砍掉手脚等极其残忍手段致使被害人承受极度肉体、精神痛苦的，虽未达到特别严重残疾的程度，但犯罪情节特别恶劣，造成被害人四级以上严重残疾程度的，也可以适用死刑立即执行。

（3）关于故意伤害共同犯罪的死刑适用、故意伤害案件被告人有自首、立功情节的死刑适用、正确把握故意伤害案件民事赔偿与死刑适用的关系、贯彻人权保障原则等问题，可以参照故意杀人罪中相关问题的阐述。

（4）正确理解《刑法》第二百三十四条第二款的立法精神。1996 年在修订 1979 年《刑法》时，为了减少死刑的罪种，最高人民法院刑法修改小组和许多学者主张不再保留故意伤害罪的死刑，主要考虑如果故意伤害罪有了死刑，在量刑上就很难与故意杀人罪相区别，势必会扩大死刑的适用范围。所以在全国人大常委会法制工作委员会起草的刑法修正案（征求意见稿）中，曾一度取消了故意伤害罪的死刑。后来，有的部门和学者认为，如果取消故意伤害罪的死刑，当遇到社会上时有发生的用镪水严重毁人容貌、挖掉双眼、砍断手脚等致人重伤造成严重残疾的案件，如果不杀，群众很难接受。立法机关最终采纳了这一意见，因而在《刑法》第二百三十四条第二款作了明确规定，意图从立法上严格限制故意伤害罪死刑的适用。

第三，《刑法》第二百三十四条第二款规定：“本法另有规定的，依照规定。”这是指为实施其他犯罪伤害他人，而刑法分则其他条文中专门规定有

---

① 《刑法修正案（八）》第三条（《刑法》第四十九条第二款）规定：“审判的时候已满七十五周岁的人，不适用死刑，但以特别残忍手段致人死亡的除外。”

② 载《最高人民法院公报》（2011 年卷），人民法院出版社 2012 年版，第 8 页。

“致人重伤的”，根据特别规定优于一般规定的原则，应当依照该条文的专门规定定罪处刑，不再适用本条第二款的一般规定。例如，放火、决水、爆炸、投放危险物质致人重伤的，按《刑法》第一百一十五条第一款定罪处刑；强奸妇女或者奸淫幼女致人重伤的，按《刑法》第二百三十六条第三款定罪处刑；非法拘禁致人重伤的，按《刑法》第二百三十八条第二款定罪处刑；抢劫致人重伤的，按《刑法》第二百六十三条定罪处刑；等等。

第四，对严重破坏社会秩序的故意伤害犯罪，犯罪分子主观恶性较深、犯罪情节恶劣、罪行严重的，可以依法附加剥夺政治权利。但根据最高人民法院的解释，“除刑法规定‘应当’附加剥夺政治权利外，对未成年罪犯一般不判处附加剥夺政治权利”。

第五，依法妥善处理损害赔偿问题。在故意伤害案件的刑事诉讼过程中，被害人要求被告人赔偿因故意伤害犯罪造成的物质损失（即经济损失）时，人民法院应当根据新《刑事诉讼法》的规定按照刑事附带民事诉讼处理。

第六，规范化量刑。最高人民法院《关于常见犯罪的量刑指导意见》（自2017年4月1日起施行）对故意伤害罪的量刑作了如下规定：

（1）构成故意伤害罪的，可以根据下列不同情形在相应的幅度内确定量刑起点：

①故意伤害致一人轻伤的，可以在二年以下有期徒刑、拘役幅度内确定量刑起点。

②故意伤害致一人重伤的，可以在三年至五年有期徒刑幅度内确定量刑起点。

③以特别残忍手段故意伤害致一人重伤，造成六级严重残疾的，可以在十年至十三年有期徒刑幅度内确定量刑起点。依法应当判处无期徒刑以上刑罚的除外。

（2）在量刑起点的基础上，可以根据伤害后果、伤残等级、手段残忍程度等其他影响犯罪构成的犯罪事实增加刑罚量，确定基准刑。

故意伤害致人轻伤的，伤残程度可在确定量刑起点时考虑，或者作为调节基准刑的量刑情节。

四、组织出卖人体器官罪

（一）刑法规定

第二百三十四条之一[①]　组织他人出卖人体器官的，处五年以下有期徒刑，并处罚金；情节严重的，处五年以上有期徒刑，并处罚金或者没收财产。

未经本人同意摘取其器官，或者摘取不满十八周岁的人的器官，或者强迫、欺骗他人捐献器官的，依照本法第二百三十四条、第二百三十二条的规定定罪处罚。

违背本人生前意愿摘取其尸体器官，或者本人生前未表示同意，违反国家规定，违背其近亲属意愿摘取其尸体器官的，依照本法第三百零二条的规定定罪处罚。

（二）司法解释、司法文件及权威解读

权威解读

解读《刑法修正案（八）》（节录）

（三）新增“组织出卖人体器官罪”

器官移植是疾病治疗的一种手段。由于我国当前还没有完善的器官捐献体系，一些不法之徒利用我国人体器官移植需求量大，而自愿捐献人体器官人数稀少的境况，干起了人体器官买卖的罪恶勾当，巨大的人体器官移植市场催生出了活体器官买卖的“繁荣地下黑市”。一些人体器官买卖的组织者或采用欺骗、利诱等手段，或利用他人家境贫困、急需用钱的窘况，在全国范围内招募器官供体，一旦将活供体骗到住处，便派人统一看管，没收身份证和手机，切断一切对外联系，采取欺骗、洗脑、强制等手段圈养“供体”，有的对反悔者采用非法剥夺人身自由，以强迫手段逼迫活供体出卖器官，所得钱财除少部分给器官出卖者外，大部分钱落入自己腰包。还有的不法分子与医院等医疗机构的不法医生勾结，未经本人同意，就摘取其器官，有的违背死者生前遗愿或者其近亲属的意愿，摘取死者尸体器官。目前在有的地方，买卖人体器官活动已经从零散型向组织型发展，由早期“供体”与“受体”

---

① 根据2011年2月25日发布的《刑法修正案（八）》第三十七条增加。

直接联系交易，发展为以“黑中介”面目出现的组织者控制整个人体器官的供给市场。

组织他人出卖人体器官，未经本人同意摘取其人体器官或者强迫、欺骗他人捐献器官的行为，是一种原始血腥的、反人道的行为，严重侵害了公民生命、健康权利，扰乱社会管理秩序，具有严重的反伦理性和社会危害性。

我国严禁人体器官买卖。2007年国务院颁布的《人体器官移植条例》明确规定：“任何组织或者个人不得以任何形式买卖人体器官，不得从事与买卖人体器官有关的活动。”

在近几年的人民代表大会期间，许多人民代表也纷纷提出立法建议，要求将买卖人体器官的犯罪行为规定为犯罪。为了适应打击这类犯罪活动，保护公民的生命健康，《刑法修正案（八）》在《刑法》第二百三十四条后增加一条，作为第二百三十四条之一：“组织他人出卖人体器官的，处五年以下有期徒刑，并处罚金；情节严重的，处五年以上有期徒刑，并处罚金或者没收财产。未经本人同意摘取其器官，或者摘取不满十八周岁的人的器官，或者强迫、欺骗他人捐献器官的，依照本法第二百三十四条、第二百三十二条的规定定罪处罚。违背本人生前意愿摘取其尸体器官，或者本人生前未表示同意，违反国家规定，违背其近亲属意愿摘取其尸体器官的，依照本法第三百零二条的规定定罪处罚。”

《刑法修正案（八）》新增本条主要规定了以下内容：

1. 新增了组织出卖人体器官罪

将他人人体器官作为买卖的对象，自己从中获利，这种赤裸裸的野蛮交易不仅毁掉了器官提供者的身体健康，也是一种反社会伦理行为。本条第一款规定中所谓的“组织他人出卖人体器官”，主要是指招募、供养器官提供者，撮合人体器官供需双方，并从出卖他人人体器官行为中获利的人。从目前办理的案件看，许多手中圈养有人体器官活“供体”的所谓黑中介，本身就是出卖他人人体器官的组织者，是本罪的打击重点。本款规定了两档刑：组织他人出卖人体器官的，处五年以下有期徒刑，并处罚金；情节严重的，处五年以上有期徒刑，并处罚金或者没收财产。

2. 明确规定对于非法摘取或者强迫、欺骗他人捐献人体器官的行为以故意伤害罪、故意杀人罪定罪处罚

人体器官对于维持人体的正常生理机能与维持身体健康具有极为重要的

作用。这里首先应当说明的是，本条所说的“摘取”，实际上是指违反国家规定，进行非医学治疗需要而切取、摘除人体器官的“非法摘取”，不包括医疗机构出于医学治疗的需要，切除疾病患者人体器官的“合法摘取”。

本条规定以故意伤害罪、故意杀人罪定罪处罚的非法摘取人体器官主要包括三种行为：(1) 未经本人同意摘取其器官的。国务院《人体器官移植条例》严禁未经公民本人同意摘取其活体器官，未经本人同意摘取其活体器官，包括在本人不明真相的情况下摘取其器官的，是对公民人身权利的赤裸裸的侵犯。(2) 摘取不满十八周岁的人的器官的。未成年人正处于身体发育成长旺盛时期，对事物的判断能力还不成熟。根据本条规定，无论本人是否同意，只要摘取未成年人的器官，就构成本罪，体现了对未成年人的特殊保护。(3) 强迫、欺骗他人捐献器官的。国务院颁布的《人体器官移植条例》规定，“人体器官捐献应当遵循自愿、无偿的原则”。“公民享有捐献或者不捐献其人体器官的权利；任何组织或者个人不得强迫、欺骗或者利诱他人捐献人体器官。”

无论是未经本人同意摘取其器官还是强迫、欺骗他人捐献器官，抑或摘取不满十八周岁的人的人体器官的，必然会“使人丧失听觉、视觉或者其他器官机能”，直接构成了《刑法》第九十五条规定的“重伤”标准。行为人明知摘取人体器官，必然会造成他人人体正常机能的衰竭和丧失，对人体健康造成严重损害，甚至有可能造成死亡，仍然为之，符合故意伤害罪或者故意杀人罪的构成要件，依此定罪处罚是完全应该的。从已发案例来看，从事非法摘取人体器官的犯罪主体主要是医生以及与其合谋从事上述行为的其他人员。

3. 明确规定将非法摘取尸体器官行为依照刑法第三百零二条的规定定罪处罚

本条所说“违反国家规定，违背其近亲属意愿摘取其尸体器官”，是指违反了国务院颁发的《人体器官移植条例》的规定，即“公民生前未表示不同意捐献其人体器官的，该公民死亡后，其配偶、成年子女、父母可以以书面形式共同表示同意捐献该公民人体器官的意愿”。对在生前没有留下捐献器官遗愿的死者，在没有其近亲属以书面形式共同表示同意摘取其器官的情况下，如果摘取其器官，违背了死者或者其近亲属的意愿，又对死者尸体的完整性造成了破坏，不仅是对死者的人格尊严的亵渎，也给死者近亲属带来很大痛苦和伤害，属于《刑法》规定的侮辱尸体行为，因此，本条规定依照《刑法》第三百零二条定罪处罚。

（撰稿：黄太云）

（三）典型或常见问题的审理思路

1. 如何认定组织出卖人体器官行为的既遂及情节严重?①

组织出卖人体器官罪属于典型的行为犯，不以犯罪结果的发生作为既未遂认定的要件。组织型犯罪的既未遂认定是以行为人的组织、策划或者指挥行为是否实施完成来作为界定标准的。同时，该罪实际侵犯了公民人身权利和国家医疗秩序双重客体，只要侵犯其一就可认定既遂。关于情节严重的认定，我们认为可以参照《最高人民法院关于审理非法行医刑事案件具体应用法律若干问题的解释》第二条规定的“情节严重”的认定标准，即造成被害人重伤、死亡的，应当属于情节严重。

2. 组织出卖人体器官行为是否包含“收买”行为?

本罪客观方面表现为行为人实施了“组织出卖行为。”目前，非法的人体器官移植已由早期“供体”与“受体”直接联系交易，发展到由“黑市中介”控制整个非法的人体器官市场的供应。这是因为组织出卖人体器官的行为需要多人参与才能完成。如，有的需要采取欺骗、利诱甚至强迫手段，寻找“捐献者”（供体）；有的要为捐献者提供生活起居、营养保障和医学检查；有的要联系需求方（受体）；有的怕“供体”反悔需派人监管、看管；等等。这就需要有人组织、指挥、协调。所谓组织行为，就是指以领导、策划、指挥、招募、雇用、控制他人出卖人体器官的行为。其次，行为人必须实施了“出卖行为”，即有出卖他人人体器官的行为。“他人”是指捐献者，实际上就是受害人。这种行为不仅违背了人体器官捐献坚持的自愿、无偿的原则，而且违反了人类基本的伦理道德，把人体器官变成“商品”，任意买卖，理所当然为法律所禁止。一般意义上，“出卖”包括出卖，也包括“收买”。但我们认为，在“组织出卖人体器官罪”中，对“出卖”一词不宜作广义的理解。按照立法精神，应当只包括出卖，不包括收买的行为。这是考虑到由于器官受体与供体数量相差悬殊，而受体又急需某一人体器官的移植，

① 案例来源：《刑事审判参考》第931号指导案例，王某涛等组织出卖人体器官案。

否则将危及健康甚至生命，因而不惜采取一切方法和手段，包括在黑市购买人体器官，以获得供体。如果将“出卖”一词作广义理解为包括收买行为，势必会扩大打击面。

3. 组织出卖人体器官案发后，同意出卖人体器官的“供体”能否提起附带民事诉讼索赔?①

审判实践中，此类案件中的出卖人体器官者在案发时有可能尚未得到“报酬”，在案件审理过程中，他们就会要求提起附带民事诉讼，法院是否应当受理，在实践中存在不同认识。我们认为，从法理上说，出卖人体器官者不论是出于何种原因，对行为的后果即身体上的伤害都应当是明知且自愿的，理应自行承担，对其提起的附带民事诉讼不应予以支持，这与《最高人民法院研究室关于对参加聚众斗殴受重伤或者死亡的人及其家属提出的民事赔偿请求能否予以支持问题的答复》（法研〔2004〕179 号）的立法精神相符，“聚众斗殴的参加者，无论是否首要分子，均明知自己的行为有可能产生伤害他人以及自己被他人的行为伤害的后果，其仍然参加聚众斗殴的，应当自行承担相应的刑事和民事责任”。从社会效果来看，如果准许供体提出刑事附带民事诉讼或支持其诉讼请求，无疑会使社会公众产生人体器官买卖合法化的错误认识，违反严令禁止人体器官买卖的立法精神。

4. 医护人员明知系非法摘取人体器官行为，为谋取不正当利益仍实施手术的行为应如何定性?②

在此类案件中，从对供体的检查到器官的配型以及活体器官摘除再到器官移植手术，所有的人体器官买卖中的重要环节没有医生的参与都没有办法进行，因此，严惩参与人体器官买卖的医疗机构或医生是减少人体器官买卖的关键环节。对于医务人员主观上明知系非泆摘取行为，为谋取不正当利益，而实施手术行为的，应与组织行为人构成共犯，以组织出卖人体器官罪定罪处罚。

5. 个人出卖自己人体器官的行应如何定性?③

① 观点来源：北京市第一中级人民法院（2014）一中刑终字第 2489 号郑某等组织出卖人体器官案。

② 观点来源：北京市第一中级人民法院（2014）一中刑终字第 2489 号郑某等组织出卖人体器官案。

③ 观点来源：周强、李少平、南英、张述元、刘学文、胡云腾主编：《中华人民共和国刑法案典》（中），人民法院出版社 2016 年版，第 1224 页。

将个人出卖自己器官的行为纳入刑法处罚的范围并不合理。因为个人对自己身体拥有完全的排他处分权，法律应该给予充分的尊重。从实际效果来看，此种行为毕竟是不利于己而有利于他人，并没有造成较大的社会危害性，所侵害的法益也只是人道主义的公序良俗原则。

法律规定未经本人同意不得私自摘取其器官，说明成年人对自身的器官是具有自主处分权的，虽然目前我们在实行器官捐赠时都是无偿的，但法律并未规定收取适当的营养费是违法的。从常理来看，捐献者本人的身体也会因为捐献器官而受到一定程度的损害，因此收取适当营养费也是合情合理的。但是如何认定是否在“合理”范围，应该就各地情形制定不同的标准。无偿原则并非绝对，如果过分地强调“无偿”，当器官捐献者在进行器官捐献之后身体健康出现问题时，其合法权益就得不到法律保障，这是很不公平的，而且其产生的社会影响将是巨大的，非常不利于鼓励潜在的器官捐献者捐献自己的器官。这种补偿制度，无疑是对无偿捐献者最大的尊重和保护，也是对潜在捐献者的一种激励，使他们在捐献自己器官的时候没有后顾之忧。

（四）疑难、复杂问题的参考性解答

1. 组织出卖人体器官罪与非罪的认定

违反国务院《人体器官移植条例》的行为，属违法行为，应按该条例规定的行政处罚或者行政处理手段来解决。

2. 违背意愿摘取器官的行为应如何定性？

《刑法》第二百三十四条之一第二款规定：未经本人同意摘取其器官，或者摘取不满十八周岁的人的器官，或者强迫、欺骗他人捐献器官的，依照故意伤害罪、故意杀人罪的规定定罪处罚；第三款规定：违背本人生前意愿摘取其尸体器官，或者本人生前未表示同意，违反国家规定，违背其近亲属意愿摘取其尸体器官的，依照《刑法》第三百零二条的盗窃、侮辱尸体罪定罪处罚。

违背他人意愿摘取器官是对器官提供者自主决定权的侵犯，这种自主决定权包括提供者的知情同意权、拒绝权、临时放弃权等。由于提供者并未同意摘取自己的器官或者同意无效，所以这种摘取行为侵害了提供者的身体健康权甚或生命权。对此，要注意如下几点：

（1）只有完全行为能力人才可以作出自主决定。无行为能力人、限制行

为能力人无权决定，其监护人、法定代理人也无权代理处分。

（2）不满十八周岁者的处分行为是无效的，未成年人由于心智发育并不完全，他可能并不理解器官摘除的真正后果，因此摘取不满十八周岁的人的器官，即便未成年人同意，这种同意也是无效的，摘取行为构成故意伤害罪或故意杀人罪。同样，未成年人的监护人、法定代理人的代理处分行为也是无效的。

（3）强迫、欺骗他人捐献器官的行为不能认定本罪。强迫是指使用暴力、胁迫或其他方法足以压制一般人的反抗，使他人器官被迫摘除，如采用麻醉手段摘除他人器官。欺骗是指虚构事实、隐瞒真相，使他人陷入认识错误，进而处分自己的器官，这种处分行为是无效的，比如医师不履行告知义务，谎称器官病变需要摘除。对上述行为不能再认定为组织出卖人体器官罪，应根据具体情况分别认定为故意伤害罪或者故意杀人罪。违背他人意愿摘取器官是构成故意杀人罪还是故意伤害罪，关键看摘取人是否具有剥夺他人生命的故意。如果摘除他人的重要器官足以导致他人死亡，则一般应认定为故意杀人罪，如摘除他人的心脏、全部的肝脏等，再如行为人摘取他人器官后将其抛弃在隐蔽地带使他人无法发现，或者摘取器官后未进行有效的医疗处理，也可构成故意杀人罪。

（4）对于非法摘取死者器官的行为，若受害者本人生前明确表示拒绝捐献器官，而其他人在其死后将其尸体器官摘取的，成立盗窃尸体罪。若死者本人生前未明示是否愿意捐献器官的，近亲属有权决定是否捐献死者器官，倘若近亲属也未曾表示是否捐献器官，摘取死者器官的行为就侵犯了遗属的尊严，亦构成盗窃尸体罪。

（五）量刑指导或参考

依照《刑法》第二百三十四条之一规定，犯组织他人出卖人体器官罪的，处五年以下有期徒刑，并处罚金；情节严重的，处五年以上有期徒刑，并处罚金或者没收财产。

司法机关在适用时，应当注意以下问题：

“情节严重”是本罪的加重处罚情节。所谓情节严重，司法实践中，一般是指多次（三次以上）组织他人出卖人体器官的；组织多人（三人以上）出卖人体器官的；组织他人出卖人体器官获利数额较大的；组织出卖人体器官造成严重后果的；等等。

《刑法修正案（八）》出台前，司法实践中对组织他人出卖人体器官的行为，大多按非法经营罪来处理。但两罪在法律上存在重大差别。《刑法》第二百二十五条规定了四种非法经营的行为，前三种显然不适用，只能适用第（四）项“其他严重扰乱市场秩序的非法经营行为”。组织出卖他人人体器官的行为一般虽具有营利的目的，但这种行为侵犯的客体是他人的人身健康和生命的权利，而不是市场经营秩序，按非法经营罪处理实际上是在法律缺失的情况下不得已而为之。《刑法修正案（八）》颁布后，根据罪刑法定原则，就不能再按非法经营罪来定罪处罚了。

五、过失致人重伤罪

（一）刑法规定

第二百三十五条 过失伤害他人致人重伤的，处三年以下有期徒刑或者拘役。本法另有规定的，依照规定。

（二）疑难、复杂问题的参考性解答

1. 过失致人重伤罪与非罪的界限

区分过失致人重伤罪与意外事件，一是要查明行为人主观上有无罪过。这是问题的关键所在；二是在确认行为人的过失行为已造成重伤结果的情况下，还要进一步查明行为人的过失行为与重伤结果之间有无刑法上的因果关系。如果经过调查，根据行为人的认识能力，行为时的具体时间、地点和条件，证明致人重伤是由于行为人不能预见的原因引起的，则属于刑法上的意外事件，行为人不负刑事责任。

2. 过失致人重伤罪与故意伤害罪的区分

过失致人重伤罪与故意伤害罪在侵犯的客体和客观方面的表现都是相同的。区别主要有两点：（1）罪过的形式不同。一个是过失，一个是故意，这是最本质的区别。（2）对行为结果的要求不同。故意伤害罪，不论行为的结果是轻伤还是重伤，都构成犯罪；而过失致人重伤罪，法律不仅要求行为必须造成了实际的伤害结果，而且这种伤害只有达到重伤的程度才构成犯罪，如果过失致人轻伤，则不构成犯罪，只承担民事赔偿责任。

3. 过失致人重伤罪与过失致人死亡罪的区分

过失致人重伤罪与过失致人死亡罪的区别主要在于过失行为所造成的结果不同。前者是致人重伤，后者是致人死亡，所以，法定刑的轻重也不相同。

4. 过失致高物坠落造成他人重伤的行为如何定性?[①]

高空抛物、高空坠物等行为严重危害人民群众生命财产安全，为此，最高人民法院出台了《关于依法妥善审理高空抛物、坠物案件的意见》，规定要准确认定高空坠物犯罪。过失导致物品从高空坠落，致人死亡、重伤，符合《刑法》第二百三十三条、第二百三十五条规定的，依照过失致人死亡罪、过失致人重伤罪定罪处罚。在生产、作业中违反有关安全管理规定，从高空坠落物品发生重大伤亡事故或者造成其他严重后果的，依照《刑法》第一百三十四条第一款的规定，以重大责任事故罪定罪处罚。

六、强奸罪

（一）刑法规定

第二百三十六条[②] 以暴力、胁迫或者其他手段强奸妇女的，处三年以上十年以下有期徒刑。

奸淫不满十四周岁的幼女的，以强奸论，从重处罚。

强奸妇女、奸淫幼女，有下列情形之一的，处十年以上有期徒刑、无期徒刑或者死刑：

（一）强奸妇女、奸淫幼女情节恶劣的；

（二）强奸妇女、奸淫幼女多人的；

（三）在公共场所当众强奸妇女、奸淫幼女的；

（四）二人以上轮奸的；

---

① 案例来源：四川省乐山市市中区人民法院（2016）川1102刑初295号代某某过失致人重伤案。

② 根据2020年12月26日公布的《刑法修正案（十一）》修正。

1997年《刑法》第二百三十六条规定：“以暴力、胁迫或者其他手段强奸妇女的，处三年以上十年以下有期徒刑。奸淫不满十四周岁的幼女的，以强奸论，从重处罚。强奸妇女、奸淫幼女，有下列情形之一的，处十年以上有期徒刑、无期徒刑或者死刑：（一）强奸妇女、奸淫幼女情节恶劣的；（二）强奸妇女、奸淫幼女多人的；（三）在公共场所当众强奸妇女的；（四）二人以上轮奸的；（五）致使被害人重伤、死亡或者造成其他严重后果的。”

（五）奸淫不满十周岁的幼女或者造成幼女伤害的；

（六）致使被害人重伤、死亡或者造成其他严重后果的。

（二）司法解释、司法文件及其权威解读

1. 最高人民法院、最高人民检察院、公安部、司法部关于依法惩治性侵害未成年人犯罪的意见（法发〔2013〕12号，2013年10月23日）

为依法惩治性侵害未成年人犯罪，保护未成年人合法权益，根据刑法、刑事诉讼法和未成年人保护法等法律和司法解释的规定，结合司法实践经验，制定本意见。

一、基本要求

1. 本意见所称性侵害未成年人犯罪，包括刑法第二百三十六条、第二百三十七条、第三百五十八条、第三百五十九条、第三百六十条第二款规定的针对未成年人实施的强奸罪，强制猥亵、侮辱妇女罪，猥亵儿童罪，组织卖淫罪，强迫卖淫罪，引诱、容留、介绍卖淫罪，引诱幼女卖淫罪，嫖宿幼女罪等。

2. 对于性侵害未成年人犯罪，应当依法从严惩治。

3. 办理性侵害未成年人犯罪案件，应当充分考虑未成年被害人身心发育尚未成熟、易受伤害等特点，贯彻特殊、优先保护原则，切实保障未成年人的合法权益。

4. 对于未成年人实施性侵害未成年人犯罪的，应当坚持双向保护原则，在依法保护未成年被害人的合法权益时，也要依法保护未成年犯罪嫌疑人、未成年被告人的合法权益。

5. 办理性侵害未成年人犯罪案件，对于涉及未成年被害人、未成年犯罪嫌疑人和未成年被告人的身份信息及可能推断出其身份信息的资料和涉及性侵害的细节等内容，审判人员、检察人员、侦查人员、律师及其他诉讼参与人应当予以保密。

对外公开的诉讼文书，不得披露未成年被害人的身份信息及可能推断出其身份信息的其他资料，对性侵害的事实注意以适当的方式叙述。

6. 性侵害未成年人犯罪案件，应当由熟悉未成年人身心特点的审判人员、检察人员、侦查人员办理，未成年被害人系女性的，应当有女性工作人员参与。

人民法院、人民检察院、公安机关设有办理未成年人刑事案件专门工作机构或者专门工作小组的，可以优先由专门工作机构或者专门工作小组办理性侵害未成年人犯罪案件。

7. 各级人民法院、人民检察院、公安机关和司法行政机关应当加强与民政、教育、妇联、共青团等部门及未成年人保护组织的联系和协作，共同做好性侵害未成年人犯罪预防和未成年被害人的心理安抚、疏导工作，从有利于未成年人身心健康的角度，对其给予必要的帮助。

8. 上级人民法院、人民检察院、公安机关和司法行政机关应当加强对下指导和业务培训。各级人民法院、人民检察院、公安机关和司法行政机关要增强对未成年人予以特殊、优先保护的司法理念，完善工作机制，提高办案能力和水平。

二、办案程序要求

9. 对未成年人负有监护、教育、训练、救助、看护、医疗等特殊职责的人员（以下简称负有特殊职责的人员）以及其他公民和单位，发现未成年人受到性侵害的，有权利也有义务向公安机关、人民检察院、人民法院报案或者举报。

10. 公安机关接到未成年人被性侵害的报案、控告、举报，应当及时受理，迅速进行审查。经审查，符合立案条件的，应当立即立案侦查。

公安机关发现可能有未成年人被性侵害或者接报相关线索的，无论案件是否属于本单位管辖，都应当及时采取制止违法犯罪行为、保护被害人、保护现场等紧急措施，必要时，应当通报有关部门对被害人予以临时安置、救助。

11. 人民检察院认为公安机关应当立案侦查而不立案侦查的，或者被害人及其法定代理人、对未成年人负有特殊职责的人员据此向人民检察院提出异议的，人民检察院应当要求公安机关说明不立案的理由。人民检察院认为不立案理由不成立的，应当通知公安机关立案，公安机关接到通知后应当立案。

12. 公安机关侦查未成年人被性侵害案件，应当依照法定程序，及时、全面收集固定证据。及时对性侵害犯罪现场进行勘查，对未成年被害人、犯罪嫌疑人进行人身检查，提取体液、毛发、被害人和犯罪嫌疑人指甲内的残留物等生物样本，指纹、足迹、鞋印等痕迹，衣物、纽扣等物品；及时提取住宿登记表等书证，现场监控录像等视频资料；及时收集被害人陈述、证人证言和犯罪嫌疑人供述等证据。

13. 办案人员到未成年被害人及其亲属、未成年证人所在学校、单位、居住地调查取证的，应当避免驾驶警车、穿着制服或者采取其他可能暴露被害人身份、影响被害人名誉、隐私的方式。

14. 询问未成年被害人，审判人员、检察人员、侦查人员和律师应当坚持不伤害原则，选择未成年人住所或者其他让未成年人心理上感到安全的场所进行，并通知其法定代理人到场。无法通知、法定代理人不能到场或者法定代理人是性侵害犯罪嫌疑人、被告人的，也可以通知未成年被害人的其他成年亲属或者所在学校、居住地基层组织、未成年人保护组织的代表等有关人员到场，并将相关情况记录在案。

询问未成年被害人，应当考虑其身心特点，采取和缓的方式进行。对与性侵害犯罪有关的事实应当进行全面询问，以一次询问为原则，尽可能避免反复询问。

15. 人民法院、人民检察院办理性侵害未成年人案件，应当及时告知未成年被害人及其法定代理人或者近亲属有权委托诉讼代理人，并告知其如果经济困难，可以向法律援助机构申请法律援助。对需要申请法律援助的，应当帮助其申请法律援助。法律援助机构应当及时指派熟悉未成年人身心特点的律师为其提供法律帮助。

16. 人民法院、人民检察院、公安机关办理性侵害未成年人犯罪案件，除有碍案件办理的情形外，应当将案件进展情况、案件处理结果及时告知被害人及其法定代理人，并对有关情况予以说明。

17. 人民法院确定性侵害未成年人犯罪案件开庭日期后，应当将开庭的时间、地点通知未成年被害人及其法定代理人。未成年被害人的法定代理人可以陪同或者代表未成年被害人参加法庭审理，陈述意见，法定代理人是性侵害犯罪被告人的除外。

18. 人民法院开庭审理性侵害未成年人犯罪案件，未成年被害人、证人确有必要出庭的，应当根据案件情况采取不暴露外貌、真实声音等保护措施。有条件的，可以采取视频等方式播放未成年人的陈述、证言，播放视频亦应采取保护措施。

三、准确适用法律

19. 知道或者应当知道对方是不满十四周岁的幼女，而实施奸淫等性侵害行为的，应当认定行为人“明知”对方是幼女。

对于不满十二周岁的被害人实施奸淫等性侵害行为的，应当认定行为人“明知”对方是幼女。

对于已满十二周岁不满十四周岁的被害人，从其身体发育状况、言谈举止、衣着特征、生活作息规律等观察可能是幼女，而实施奸淫等性侵害行为的，应当认定行为人“明知”对方是幼女。

20. 以金钱财物等方式引诱幼女与自己发生性关系的；知道或者应当知道幼女被他人强迫卖淫而仍与其发生性关系的，均以强奸罪论处。

21. 对幼女负有特殊职责的人员与幼女发生性关系的，以强奸罪论处。

对已满十四周岁的未成年女性负有特殊职责的人员，利用其优势地位或者被害人孤立无援的境地，迫使未成年被害人就范，而与其发生性关系的，以强奸罪定罪处罚。

22. 实施猥亵儿童犯罪，造成儿童轻伤以上后果，同时符合刑法第二百三十四条或者第二百三十二条的规定，构成故意伤害罪、故意杀人罪的，依照处罚较重的规定定罪处罚。

对已满十四周岁的未成年男性实施猥亵，造成被害人轻伤以上后果，符合刑法第二百三十四条或者第二百三十二条规定的，以故意伤害罪或者故意杀人罪定罪处罚。

23. 在校园、游泳馆、儿童游乐场等公共场所对未成年人实施强奸、猥亵犯罪，只要有其他多人在场，不论在场人员是否实际看到，均可以依照刑法第二百三十六条第三款、第二百三十七条的规定，认定为在公共场所“当众”强奸妇女，强制猥亵、侮辱妇女，猥亵儿童。

24. 介绍、帮助他人奸淫幼女、猥亵儿童的，以强奸罪、猥亵儿童罪的共犯论处。

25. 针对未成年人实施强奸、猥亵犯罪的，应当从重处罚，具有下列情形之一的，更要依法从严惩处：

（1）对未成年人负有特殊职责的人员、与未成年人有共同家庭生活关系的人员、国家工作人员或者冒充国家工作人员，实施强奸、猥亵犯罪的；

（2）进入未成年人住所、学生集体宿舍实施强奸、猥亵犯罪的；

（3）采取暴力、胁迫、麻醉等强制手段实施奸淫幼女、猥亵儿童犯罪的；

（4）对不满十二周岁的儿童、农村留守儿童、严重残疾或者精神智力发育迟滞的未成年人，实施强奸、猥亵犯罪的；

（5）猥亵多名未成年人，或者多次实施强奸、猥亵犯罪的；

（6）造成未成年被害人轻伤、怀孕、感染性病等后果的；

（7）有强奸、猥亵犯罪前科劣迹的。

26. 组织、强迫、引诱、容留、介绍未成年人卖淫构成犯罪的，应当从重处罚。强迫幼女卖淫、引诱幼女卖淫的，应当分别按照刑法第三百五十八条第一款第（二）项、第三百五十九条第二款的规定定罪处罚。

对未成年人负有特殊职责的人员、与未成年人有共同家庭生活关系的人员、国家工作人员，实施组织、强迫、引诱、容留、介绍未成年人卖淫等性侵害犯罪的，更要依法从严惩处。

27. 已满十四周岁不满十六周岁的人偶尔与幼女发生性关系，情节轻微、未造成严重后果的，不认为是犯罪。

四、其他事项

28. 对于强奸未成年人的成年犯罪分子判处刑罚时，一般不适用缓刑。

对于性侵害未成年人的犯罪分子确定是否适用缓刑，人民法院、人民检察院可以委托犯罪分子居住地的社区矫正机构，就对其宣告缓刑对所居住社区是否有重大不良影响进行调查。受委托的社区矫正机构应当及时组织调查，在规定的期限内将调查评估意见提交委托机关。

对于判处刑罚同时宣告缓刑的，可以根据犯罪情况，同时宣告禁止令，禁止犯罪分子在缓刑考验期内从事与未成年人有关的工作、活动，禁止其进入中小学校区、幼儿园园区及其他未成年人集中的场所，确因本人就学、居住等原因，经执行机关批准的除外。

29. 外国人在我国领域内实施强奸、猥亵未成年人等犯罪的，应当依法判处，在判处刑罚时，可以独立适用或者附加适用驱逐出境。对于尚不构成犯罪但构成违反治安管理行为的，或者因实施性侵害未成年人犯罪不适宜在中国境内继续停留居留的，公安机关可以依法适用限期出境或者驱逐出境。

30. 对于判决已生效的强奸、猥亵未成年人犯罪案件，人民法院在依法保护被害人隐私的前提下，可以在互联网公布相关裁判文书，未成年人犯罪的除外。

31. 对于未成年人因被性侵害而造成的人身损害，为进行康复治疗所支付的医疗费、护理费、交通费、误工费等合理费用，未成年被害人及其法定代理人、近亲属提出赔偿请求的，人民法院依法予以支持。

32. 未成年人在幼儿园、学校或者其他教育机构学习、生活期间被性侵害而造成人身损害，被害人及其法定代理人、近亲属据此向人民法院起诉要求上述单位承担赔偿责任的，人民法院依法予以支持。

33. 未成年人受到监护人性侵害，其他具有监护资格的人员、民政部门等有关单位和组织向人民法院提出申请，要求撤销监护人资格，另行指定监护人的，人民法院依法予以支持。

34. 对未成年被害人因性侵害犯罪而造成人身损害，不能及时获得有效赔偿，生活困难的，各级人民法院、人民检察院、公安机关可会同有关部门，优先考虑予以司法救助。

权威解读

解读《依法惩治性侵害未成年人犯罪意见》

2013年10月23日，最高人民法院、最高人民检察院、公安部、司法部联合发布了《依法惩治性侵害未成年人犯罪的意见》（法发〔2013〕12号，以下简称《意见》），就办理性侵害未成年人犯罪案件提出了总体要求，并就法律适用和政策把握中的突出问题提出了具体意见。这对于依法惩治性侵害未成年人犯罪，加大对未成年人合法权益的司法保护力度，具有重要的指导意义。为便于正确理解和适用本《意见》，现就《意见》的制定背景和过程、制定原则及主要内容予以说明。

一、制定《意见》的背景和过程

未成年人是祖国的未来、民族的希望。据统计，截至2012年年底，我国十八岁以下的未成年人有3亿多，其中十四岁以下的儿童有2亿多。依法保护未成年人特别是儿童健康安全成长，免受违法犯罪侵害，涉及亿万家庭的幸福和谐，事关社会稳定和国家未来发展。改革开放以来，我国保护未成年人权益的法律体系日臻健全，司法保护力度不断增强，未成年人权益保护工作取得积极进展。但是，未成年人身心发育尚不成熟，易受犯罪侵害，特别是遭受性侵害现象突出，这也是当前世界各国共同面临的严峻问题。在我国，近年来，对未成年人实施奸淫、猥亵，诱骗、组织、强迫未成年少女卖淫等违法犯罪活动时有发生，虽然在整个刑事犯罪案件中所占比例不高，但是这些犯罪给未成年人身心健康造成严重伤害，在社会上造成极为恶劣的影响，人民群众反映十分强烈。

2013年年初，最高人民法院就侵犯未成年人权益犯罪，重点是性侵害未成年人犯罪，成立调研课题组，向全国各级法院征集近年来审结的性侵害未成年人犯罪典型案例300多件及调研报告数十篇，先后在江苏、浙江、福建、青海、吉林、北京等地进行专题调研，召开研讨会，听取全国人大法工委、最高人民检察院、公安部、司法部、民政部、共青团中央、全国妇联、部分省市法院、检察机关、公安机关及有关未成年人保护组织的意见，全面收集了解情况，包括其他国家和地区惩治性侵害犯罪及保护未成年人权益的有益经验和举措，对法律政策适用等方面存在的问题进行了系统梳理。经与最高人民检察院、公安部、司法部共同深入研究，于8月中旬起草了《意见》初稿。后将《意见》提交专家论证讨论，并多次征求中央各政法部门的意见，根据反馈意见，几经综合研究，反复修改，形成了《意见》（送审稿），分别经过最高人民法院、最高人民检察院、公安部、司法部相关工作程序，通过了《意见》。

二、制定《意见》的基本原则

总体而言，《意见》的制定贯彻了如下两项基本原则：

1. 突出体现对性侵害犯罪分子的依法严惩。《意见》强化了公安机关及时立案和收集、固定证据职责，重点明确了奸淫幼女等性侵害犯罪的认定原则；对于形式上存在一定金钱财物往来，但本质上为奸淫幼女的行为，明确要求以强奸罪定罪处罚；对于承担教育、监护等特殊职责的人员强奸、猥亵未成年人，进入未成年人住所、学生集体宿舍实施强奸、猥亵，奸淫、猥亵农村留守儿童，以及有性犯罪前科劣迹的行为人再次实施性侵害等严重情形，规定更要从严惩处；对于强奸未成年人的成年犯罪分子，要求一般不得适用缓刑。意见为保护未成年人权益架起一道不容任何不法犯罪分子触碰、逾越的高压线。

2. 突出体现对未成年被害人的特殊、优先保护。《意见》共34条，用近一半的篇幅，从办案工作要求、避免对被害人造成“二次伤害”、为被害人提供法律援助、加大民事赔偿和司法救助力度等10余个方面，为未成年被害人提供最大限度的司法关怀与呵护。

三、对《意见》主要内容的说明

《意见》分四个部分共34条，着重从依法严惩性侵害犯罪、加大对未成年被害人的保护力度两个主要方面，提出了具体意见。

（一）关于立案

实践中，不报案或者报案不及时是导致性侵害未成年人犯罪案件难以及早进入司法程序的主要原因之一。因此，根据刑事诉讼法关于普通公民和单位报案、举报的有关规定，《意见》第九条明确，对未成年人负有监护、教育、训练、救助、看护、医疗等特殊职责的人员（以下简称负有特殊职责的人员）以及其他公民和单位，发现未成年人受到性侵害的，有权利也有义务向有关机关报案或者举报。该条规定旨在突出与未成年人接触密切的人员与机构发现性侵害事实的报案义务，以使此类案件尽早进入司法程序。《意见》没有规定不报案的法律后果，但对于教师、监护人等负有特殊职责的人员或单位应报案而不报案，造成严重后果的，依据相关行政、民事等法律法规，仍有可能承担相应的行政责任和民事赔偿责任，《意见》的规定具有重要宣传导向作用。

立案是启动刑事诉讼程序的首要环节，立案条件掌握的宽与严，直接关系到性侵害未成年人的犯罪能否及时进行有效惩治。根据《刑事诉讼法》的规定，公安机关立案的条件是“发现有犯罪事实、需要追究刑事责任”，但实践中对于如何把握“发现有犯罪事实”这个条件，易产生不同认识。性侵害未成年人犯罪案件，犯罪方式大多隐蔽，以犯罪嫌疑人、被告人供述与被害人陈述即“一对一”证据居多，未成年被害人由于年幼，有时不敢报案或者无法报案，且一些案件报案不及时，部分证据灭失，对于是否符合立案条件，可能会出现争议。考虑此种情况，《意见》在第九条至第十一条着重明确了侦查立案问题，目的就是使性侵害未成年人的罪行在第一时间内得到制止和揭露，避免给未成年被害人造成更大的伤害。

《意见》第十条进一步重申和强调了公安机关接到相关报案、控告、举报及时审查、立案的职责，特别是明确规定，公安机关发现可能有未成年人被性侵害或者接报相关线索的，无论对案件是否有管辖权，都应当及时采取制止违法犯罪行为、保护被害人、保护现场等紧急措施，必要时，应当通报有关部门，如民政部门，对未成年被害人予以临时安置、救助。在我国，当前对未成年被害人尚缺少系统的临时庇护、救助机制的情况下，此规定对于解决那些监护人不明确或者直接受到监护人性侵害、不宜继续留在监护人身边的被害人的临时救助等问题，具有现实意义。为防止有案不立现象发生，《意见》第十一条进一步强调了检察机关对公安机关的立案监督职责。其中，除

《刑事诉讼法》第一百一十一条规定的被害人有权申请检察机关进行立案监督外，首次明确了被害人的法定代理人及负有特殊职责的人员也有权申请检察机关进行立案监督，这既符合《刑事诉讼法》规定立案监督制度的立法精神，也有利于加大对未成年被害人的保护力度。

需要指出的是，在调研过程中，有意见提出，考虑遭受性侵害关系未成年被害人及其亲属名誉隐私，从情理分析，如相关人员主动报案、控告，那么存在犯罪事实的可能性就很大，不能对刑事诉讼法规定的“有犯罪事实发生”的立案条件做过于苛刻的理解，要求必须达到证据确实、充分，才予立案，建议对此类报案、举报、控告，一经提出，公安机关应当立即立案。经研究，考虑到性侵害案件报案、举报、控告情形的复杂性，并与刑事诉讼法的规定保持一致，最终未采纳该种意见。但在办案实践中，对于未成年被害人或者其法定代理人等关系密切人员就未成年人遭到性侵害报案、控告的，公安机关不宜仅以只有被害人陈述，其他证据不足为由不予立案，而应当迅速受理，对有关线索进行初查，调取补充证据，及时决定是否立案，杜绝“不破不立”现象发生。

（二）关于奸淫幼女等性侵害犯罪中主观明知的认定

奸淫幼女、引诱幼女卖淫、嫖宿幼女等性侵害犯罪，是否以行为人明知被害人系幼女为构成犯罪的必要要件，各国规定存在差异。总体而言，英美法系国家针对此类犯罪大多规定了严格责任，即行为人不得以不知被害人系幼女作为无罪的抗辩事由，或者在少数情况下，只有其误认幼女年龄存在真实的、合理的理由时，才可以作为抗辩事由。大陆法系国家，大多排斥严格责任的存在，“明知”被害人系幼女，一般是构成相应性侵害犯罪的明示或默示要件，例如，俄罗斯刑法典即以明示的方式将明知幼女的年龄作为奸淫幼女犯罪的必要要件，但对于认定可构成明知的条件，掌握上一般相对比较宽松。

我国刑法实践及理论通说均坚持罪过责任原则，认为奸淫幼女等性侵害犯罪，“明知”被害人年龄是默示的犯罪构成必要要件。在司法实践中，相关规范性文件亦坚持此种立场。例如，2001 年《最高人民检察院关于构成嫖宿幼女罪主观上是否需要具备明知要件的解释》规定：“行为人知道被害人是或者可能是不满十四周岁幼女而嫖宿的……以嫖宿幼女罪追究刑事责任。”这一解释表明，嫖宿幼女构成犯罪，需以“明知”为前提。

需要指出的是，对幼女进行特殊保护是世界各国的基本共识。以强奸罪为例，根据我国《刑法》规定和司法实践，奸淫不满十四周岁的幼女构成强奸罪，不要求采取强制手段实施，而对于使用暴力、胁迫或者其他强制手段与不满十四周岁的幼女发生性关系的，无论是否“明知”被害人为幼女，都要以强奸罪论处。实践中，有些犯罪嫌疑人、被告人未使用暴力、胁迫或者其他强制手段与幼女发生性关系，而以各种理由辩解是与幼女正常交往，不明知被害人是幼女，给审查认定案件事实造成一定困难。因此，必须明确，只有在采取非强制手段与幼女发生性关系的案件中，如何认定“是否明知被害人为幼女”才会成为需要解决的问题。

《意见》第十九条第一款首先明确，知道或者应当知道对方是不满十四周岁的幼女，而实施奸淫等性侵害行为的，应当认定行为人“明知”对方是幼女，这是认定奸淫幼女等性侵害犯罪主观明知问题的总原则。此外，该条第二款、第三款以幼女年龄是否达到十二周岁为标准，对如何认定“明知”分别予以指导和规范。

其中，第二款规定，对于不满十二周岁的被害人实施奸淫等性侵害行为的，应当认定行为人“明知”对方是幼女。也就是说，即使被害人身体发育、言谈举止等呈早熟特征，行为人亦辩称其误认被害人已满十四周岁，也不应采信其辩解。如此规定主要考虑：经过对大量审结案例进行统计分析，并广泛征求各方意见，十二周岁以下幼女基本都处在接受小学教育阶段，社会关系简单，外在幼女特征相对较为明显；即使极个别幼女身体发育早于同龄人，但一般人从其言谈举止、生活作息规律等其他方面通常也足以观察其可能是幼女，而且从对幼女进行特殊保护的立场考虑，也不应存在争议。故《意见》将对不满十二周岁的被害人实施奸淫等性侵害行为，规定为“应当”认定行为人“明知”对方是幼女。

考虑到已满十二周岁不满十四周岁年龄段的幼女，其身心发育特点与已满十四周岁的未成年少女较为接近，《意见》第十九条第三款规定，从被害人身体发育状况、言谈举止、衣着特征、生活作息规律等观察可能是幼女，而实施奸淫等性侵害行为的，也应当认定行为人“明知”对方是幼女。需要指出的是，《意见》虽然区分幼女是否已满十二周岁，对明知问题予以分别规定，但绝不是厚此薄彼，弱化对已满十二周岁幼女的保护力度。第二款、第三款两款均属于对“明知”认定问题的规范指引，不同的是，第二款属于绝对确定的指引，第三款属于相对确定的指引。主要是考虑到司法实践情况的复杂性，不排除存在一般人、行为人根本不可能判断出接近十二周岁至十四周岁年龄段中的某些被害人是否是幼女的特殊情形存在。换言之，对于已满十二周岁的幼女实施奸淫等性侵害行为的，如无极其特殊的例外情况，一般均应当认定行为人明知被害人是幼女。这里的极其特殊的例外情况，具体可从以下三个方面把握：

一是必须确有证据或者合理依据证明行为人根本不可能知道被害人是幼女；二是行为人已经足够谨慎行事，仍然对幼女年龄产生了误认，即使其他正常人处在行为人的场合，也难以避免这种错误判断；三是客观上被害人身体发育状况、言谈举止、衣着、生活作息规律等特征确实明显更像已满十四周岁。例如，与发育较早、貌似成人、虚报年龄的已满十二周岁不满十四周岁的幼女，在谈恋爱和正常交往过程中，双方自愿发生了性行为，确有证据证实行为人不可能知道对方是幼女的，才可以采纳其不明知的辩解，但应特别严格掌握。相反，如果行为人采取引诱、欺骗等方式，或者根本不考虑被害人是否是幼女，而甘冒风险对被害人进行奸淫等性侵害的，一般都应当认定行为人明知被害人是幼女，以实现对幼女的特殊保护，堵塞惩治犯罪的漏洞。

另外需要指出的是，对于已满十四周岁不满十六周岁的男少年与幼女在正常恋爱交往过程中自愿发生性关系的，如果行为人提出不明知被害人系幼女的辩解，是否采纳其辩解，固然应考虑青少年认知、辨识能力有别于成年人的一面，但同样也应当严格把握，一般不宜以行为人不明知幼女年龄为由，认定其不构成犯罪，对于确属情节轻微，未造成严重后果的，可根据《意见》第二十七条的规定，从政策把握的角度做非罪化处理。

（三）关于形似钱色交易而实为奸淫幼女行为的性质认定

根据我国《刑法》规定，幼女可以自愿作出性承诺的法定年龄界限为十四周岁。也就是说，与不满十四周岁的幼女发生性关系，即使幼女“自愿”，《刑法》也否定其“自愿”的效力，不免除行为人与幼女发生性关系所应当承担的罪责，行为人为此支付金钱财物亦不例外。1991 年全国人大常委会通过《关于严禁卖淫嫖娼的决定》（部分失效），在决定第五条第二款规定：“嫖宿不满十四周岁的幼女的，依照刑法关于强奸罪的规定处罚。”1997 年《刑法》修改时，分别在第二百三十六条第二款规定，“奸淫不满十四周岁的幼女的，以强奸论，从重处罚”；在第三百六十条第二款规定，“嫖宿不满十四周岁的幼女的，处五年以上有期徒刑，并处罚金”。由此，与不满十四周岁的幼女发生性关系，在现行法律框架下，存在既可定强奸罪也可定嫖宿幼女罪的问题，区分的标准，根据刑法理论和实务部门的主流观点，即被害幼女是否已主动自愿从事卖淫活动：是，则构成嫖宿幼女罪；不是，则构成强奸罪。

在起草意见过程中，课题组对各级法院近几年来审结的嫖宿幼女犯罪案件进行了初步统计分析。从数据来看，每年此类案件数量不大，即数十件，判处五年以上有期徒刑的重刑率在60%以上，法院适用法律总体上是准确和得当的。但考虑此类犯罪发生的隐蔽性，是否有些案件未暴露、未进入司法程序，尚无数据资料证实。课题组广泛听取了团委、妇联和有关部门的意见，普遍反映在既定法律规范框架下，有必要明确嫖宿幼女罪与强奸罪的界限，以指导执法和司法机关准确适用法律，同时回应社会公众所担忧的有些行为人可能以嫖宿为借口逃避承担强奸罪罪责的可能，并震慑性侵害幼女的不法犯罪分子。

根据广泛调研论证，不能以是否给付金钱财物作为区分嫖宿幼女罪与强奸罪的界限。实践中，一些性侵害幼女的行为只是形式上具有钱色交易的外衣，其实质仍是一种奸淫行为，对此类行为的法律评价必须透过现象看清其奸淫幼女的行为本质。鉴于此，《意见》第二十条规定：“以金钱财物等方式引诱幼女与自己发生性关系的；知道或者应当知道幼女被他人强迫卖淫而仍与其发生性关系的，均以强奸罪论处。”在前一种情形中，金钱财物等方式的引诱只是行为人达到奸淫幼女目的的手段，应当认定行为人具有奸淫幼女的故意；在后一种情形中，行为人实际利用了他人的强迫行为所造成的被害幼女非自愿状态而进行奸淫，均与嫖宿幼女罪的本质有异。《意见》针对上述两种情形，明确以强奸罪论处，有利于避免产生不必要的争议。

（四）关于负有特殊职责的人员性侵害未成年人行为性质的认定

监护人、教师、医生、保姆等人员或者与幼女相熟，或者具有了解幼女真实年龄的条件，同时对幼女又负有不同于普通公民的特殊职责，对于此类人员与幼女发生性关系，即使其提出未采取暴力、胁迫等非法手段，主观上不明知被害人为幼女的辩解，司法机关也不应采纳，概因此种情形属于不证自明的事实。有鉴于此，《意见》第二十一条第一款作出了特别规定。

我国《刑法》对不满十四周岁的幼女确立了特殊保护原则。实践中，已满十四周岁的未成年少女虽然比幼女的认知、判断能力有所增强，但其身心发育尚未完全成熟，在日常生活、学习和物质条件方面对监护人、教师等负有特殊职责的人员，存在一定的服从、依赖关系，容易在非自愿状态下受到性侵害。有时行为人对此类被害人实施相对于成年被害人而言可能仅是轻微程度的胁迫，即可使未成年被害人不敢反抗、不能反抗，进而达到奸淫目的，对于此类行为，能否认定为强奸罪，实践中存在不同认识。参考最高人民法院、最高人民检察院、公安部1984年发布的《关于当前办理强奸案件中具体应用法律的若干问题的解答》（已失效）的指导精神及相关规定，《意见》第二十一条第二款进一步明确，“对已满十四周岁的未成年女性负有特殊职责的人员，利用其优势地位或者被害人孤立无援的境地，迫使未成年被害人就范，而与其发生性关系的，以强奸罪定罪处罚”。考察域外立法，德国、意大利、俄罗斯、英国、美国以及我国台湾地区均有类似的规定，均体现了对该年龄段未成年少女进行特殊保护的司法理念。

在适用该第二款时应当注意：对于强制手段和程度的认定，应充分考虑未成年被害人身心脆弱，及与特殊职责人员之间存在特殊关系，易受伤害等情况，与针对成年人实施的强制性侵害行为有所区分。其中，所谓“利用优势地位”进行奸淫，是指行为人与未成年被害人之间具有监护、教育、训练、看护、救助、医疗等特殊关系，且行为人故意利用这种特殊关系，以使未成年被害人的生活条件、受教育或训练的机会、接受救助或医疗等方面可能受到影响的方式，对被害人施加压力，使其不得不容忍行为人对其进行奸淫。例如，养（生）父以虐待、克扣生活费迫使养（生）女容忍其奸淫。所谓利用未成年人“孤立无援的境地”进行奸淫，是指由于各种原因，未成年被害人处于不得不依赖于上述特殊职责人员的资助、抚育、照顾和救助等状况，而行为人有意利用此种状况，迫使被害人容忍其奸淫行为。例如，对处于身患严重疾病、流落街头需要接受救助等境地的未成年被害人进行奸淫。

（五）关于“在公共场所当众实施强奸、猥亵、侮辱”加重处罚情节的认定

我国《刑法》规定，猥亵儿童的，在五年以下有期徒刑或者拘役的量刑幅度内从重处罚，聚众或者在公共场所当众实施的，在五年以上有期徒刑的量刑幅度内从重处罚。奸淫幼女，在不具有刑法规定的法定加重情节的情况

下，以强奸罪在三年以上十年以下有期徒刑的量刑幅度内从重处罚，在公共场所当众实施的，应处十年以上有期徒刑、无期徒刑或者死刑。是否认定为在公共场所当众实施性侵害犯罪，关系到加重处罚情节的适用，影响重大。公共场所当众实施性侵害犯罪，仅从文义来理解，一般是指在车站、码头、街道及其他不特定人员可以随意进出、使用的场所，当着其他在场人员的面实施性侵害，但这属于对“公共场所”和“当众”的最狭义理解。

调研发现，在一些校园性侵害案件中，个别小学教师在教室内有诸多学生在场的情况下借职务之便，以辅导功课、安排任务等名义，将其中部分年幼学生叫到教室某个角落，利用讲台、课桌等物体遮挡，对被害人进行猥亵甚至奸淫，罪行令人发指。对于“教室”这一既供多数人使用但同时又相对封闭的特殊场所，可否理解为“公共场所”，以及是否要求其他在场人员实际看到猥亵、奸淫行为，才能认定为“在公共场所当众猥亵、强奸”，实践中存在一定争议。根据教室（校园）的“涉众性”和“供多数人使用”的功能特征，以及“公共场所”“当众”概念在广义上理解可能包括的含义，并考虑此类犯罪的严重社会危害性，《意见》第二十三条对“公共场所”和“当众”的含义进行了明确，规定在校园、游泳馆、儿童游乐场等公共场所对未成年人实施强奸、猥亵犯罪，只要有其他多人在场，不论在场人员是否实际看到，均可以认定为在公共场所“当众”强奸妇女，强制猥亵、侮辱妇女，猥亵儿童。在适用该条规定时应注意：认定为“当众”实施性侵害犯罪虽不要求其他在场的多人实际看到，但基于“当众”概念的一般含义及具有“当众”情节处罚的严厉性，从空间上来讲，其他在场的多人一般要在行为人实施犯罪地点视力所及的范围之内，也就是说，性侵害行为处于其他在场人员随时可能发现、可以发现的状态。

（六）关于七种从重从严处罚情节的认定

我国《刑法》第二百三十六条、第二百三十七条明确规定，奸淫幼女，猥亵儿童的，从重处罚，对于强奸已满十四周岁未成年少女的，人民法院在审判实践中一般也酌定从重处罚。《意见》第二十五条从特殊身份犯罪主体、特定犯罪场所、危害性大的犯罪手段及行为、特别弱势犯罪对象、相对严重犯罪后果、被告人有性侵前科劣迹等方面，对一些酌定从严处罚情节，通过规范性文件的形式首次予以明确，以指导各级司法机关在办理性侵害未成年人犯罪案件，选择从重处罚时，更加体现依法严惩。例如，奸淫幼女一人一次，根据《刑法》规定，应在三年以上十年以下有期徒刑幅度内从重处罚，如果根据量刑规范化意见，可能判处四年或者五年有期徒刑，那么，对于具有《意见》第二十五条所列情形之一，如进入学生集体宿舍强奸的，则可判处高于四年或五年有期徒刑的刑罚，也就是在从重的基础上更加体现从严惩处。

1. 监护人、教师、教练、救助人、保姆、医生等对未成年人负有特殊职责的人员，与未成年人有共同家庭生活关系的人员，例如随单身或离异母亲生活的未成年人，其母亲的同居男友对其实施性侵害犯罪，严重挑战社会伦理道德底线；同时，该类人员具有接触未成年人的便利条件，实施性侵害行为更为隐蔽，一般人难以发现，持续时间通常更长，未成年被害人更难以抗拒和向有关部门揭露，社会危害更大。因此，应当依法严惩。国家工作人员理应做模范守法的典范和保护未成年人的表率，而极少数国家工作人员性侵害未成年人，与普通公民实施性侵害相比，社会影响更为恶劣，也应当依法严惩。冒充国家工作人员强奸、猥亵未成年人，易在社会造成不良影响，亦应严惩。

2. 未成年人的住所、学生集体宿舍，是未成年人生活起居的主要场所，也是未成年人最应感到心理安全的场所。进入上述场所实施强奸、猥亵犯罪，严重冲击被害人的心理安全感，甚至在一定范围内造成社会恐慌，危害性大，应当严惩。从其他国家和地区立法例来看，如我国台湾地区所谓“刑法”规定，违反被害人意愿性交者，构成普通强制性交罪，处三年以上十年以下有期徒刑，侵入住宅或有人居住的建筑物、船舰或隐匿其内实施的，构成加重强制性交罪，处七年以上有期徒刑，亦体现出对在特殊场所实施性侵害犯罪的严惩。

3. 《意见》规定，对不满十二周岁的儿童、农村留守儿童、严重残疾或者精神智力发育迟滞的未成年人，实施强奸、猥亵，从严惩处，是考虑到上述被害人均属于弱势人群中的底层，更易受犯罪侵害，且危害后果更严重。需要指出的是，被害人特别年幼，在从重程度的把握上可酌情予以考虑。

4. 奸淫幼女、猥亵儿童，构成犯罪，不要求采取暴力、胁迫、麻醉等强制手段实施，但如行为人采取上述强制手段的，对被害人伤害更大，故应从严惩处。

5. 根据《刑法》第二百三十六条第三款的规定，强奸妇女、奸淫幼女多人的，属加重处罚情节。对同一名被害人多次强奸或者奸淫的，如何体现“从严”惩处，实践中存在争议。起草《意见》过程中，有意见提出，可将其解释为该条第三款规定的“强奸妇女、奸淫幼女情节恶劣”，从而适用加重处罚条款。从《刑法》条文来看，未将强奸、奸淫“多次”与“多人”并列规定，说明立法乃有意有所区别，即前者系针对同一名被害人实施，侵害客体单一，强奸、奸淫3次以上的社会危害性尚达不到应判处十年以上有期徒刑的严重程度。故《意见》将多次强奸明确为从重处罚情节，针对未成年人实施的，量刑时进一步体现从严。另外，《刑法》第二百三十七条仅规定了“聚众或者在公共场所当众”实施猥亵、侮辱的加重处罚情节，对于量刑时应予考虑的从重处罚情节未作规定。故《意见》结合司法实践经验，将猥亵多人、多次猥亵这两种多发、常见同时也是危害性更大的情形，明确为从重处罚情节。

6. 造成未成年被害人轻伤、怀孕、感染性病，不属于《刑法》第二百三十六条第三款第（五）项规定的“其他严重后果”加重处罚情节，但因对未成年被害人身心伤害大，故量刑时也要体现从严。其中，对造成未成年人怀孕，是否规定为加重处罚情节，起草《意见》阶段，存在不同意见。调研发现，各地法院理解掌握标准不一。经反复研究，强奸造成未成年人怀孕，会给被害人造成很大身心创伤，但怀孕系强奸的附随后果，且发现怀孕的阶段及采取干预措施的不同，对被害人身心伤害大小存在很大差异，如将怀孕解释为“其他严重后果”，未免失之于绝对，与《刑法》所列举的应当判处十年以上有期徒刑的五种法定情形的严重性程度有别。故将造成未成年被害人怀孕这一情节本身作为从重处罚情节掌握，更妥当一些。但也不排除多次造成未成年被害人怀孕、流产，或者同时具有“特殊职责人员采取强制手段实施”等其他从重处罚情节的，在综合考虑的基础上认定为《刑法》第二百三十六条第三款第（一）项规定的“强奸妇女、奸淫幼女情节恶劣的”，从而加重处罚。

7. 有强奸、猥亵犯罪前科劣迹，又实施强奸、猥亵未成年人犯罪，前后两种行为均属性侵害不法犯罪，反映行为人主观恶性深、人身危险性大，应当从严惩处。

需要指出的是，调研过程中，有意见提出，建议列举具体情形，将《刑法》第二百三十六条第三款第（一）项规定的“强奸妇女、奸淫幼女情节恶劣的”予以明确化。考虑到司法实践的复杂性，未采纳该种意见。鉴于《意见》第二十五条从犯罪主体、犯罪对象、犯罪地点、犯罪手段、犯罪后果等诸多方面对强奸未成年人犯罪的从重处罚情节作了明确，实践中，可以综合考虑上述所列某几项情形，认定强奸行为是否属于“情节恶劣”。

（七）关于组织、强迫未成年人卖淫等犯罪的从重从严处罚

针对组织、强迫、引诱、容留、介绍未成年人少女卖淫等犯罪，《意见》第二十六条要求从重处罚。也就是说，只要被组织、强迫、引诱、容留、介绍的对象中包括未成年人的，都要从重处罚。强迫幼女卖淫的，则要按照《刑法》第三百五十八条的规定，对行为人以强迫卖淫罪，判处十年以上有期徒刑或者无期徒刑，并处罚金或者没收财产，情节特别严重的，判处无期徒刑，直至判处死刑，并处没收财产；引诱幼女卖淫的，根据《刑法》第三百五十九条第二款的规定，判处五年以上有期徒刑，并处罚金。负有特殊职责的人员、与未成年人有共同家庭生活关系的人员、国家工作人员实施组织、强迫、引诱、容留、介绍未成年人卖淫、嫖宿幼女等性侵害犯罪的，更要依法从严惩处，理由不再赘述。

（八）关于依法从严控制缓刑适用

强奸未成年人社会危害性大，为体现对此类犯罪的依法严惩，并有效预防犯罪，同时考虑对符合缓刑适用条件的未成年犯罪分子依法从宽，更好进行挽救、教育、改造，《意见》第二十八条要求，对此类案件的成年犯罪分子，一般不适用缓刑。鉴于不同性质的性侵害犯罪危害性大小存在差异，故《意见》只对强奸未成年人犯罪作了规定，但限制适用缓刑这一精神对于组织、强迫未成年人卖淫，严重的猥亵儿童等性侵害犯罪，同样是适用的。

需要指出的是，对强奸未成年人的成年犯罪分子一般不适用缓刑，是总体要求，但并不绝对排除适用缓刑的可能。例如，对于自动中止强奸行为，地位、作用明显较小的从犯等具有法定从轻、减轻处罚情节，判处拘役、三年以下有期徒刑，同时符合刑法规定的“犯罪情节较轻、有悔罪表现、没有再犯罪危险，宣告缓刑对所居住的社区没有重大不良影响”等条件的，在总体上从严把握的前提下，也可以适用缓刑，以体现罪刑相适应。

对于认定是否符合缓刑适用条件，《意见》规定了社区矫正机构调查的前置程序，并规定宣告缓刑的同时视情对犯罪人宣告禁止令，体现了从严适用缓刑和对特定犯罪人群加强特殊预防的精神。

（九）关于未成年人实施性侵害未成年人案件的政策把握

鉴于当前部分性侵害未成年人违法犯罪呈现低龄化特点，《意见》第四条规定，对于未成年人实施性侵害未成年人犯罪的，应当坚持双向保护原则，在依法保护未成年被害人的合法权益时，也要依法保护未成年犯罪嫌疑人、未成年被告人的合法权益。另外，《意见》第二十七条规定，已满十四周岁不满十六周岁的人偶尔与幼女发生性关系，情节轻微、未造成严重后果的，不认为是犯罪。该条系对2006年《最高人民法院关于审理未成年人刑事案件具体应用法律若干问题的解释》相关规定的重申，主要考虑，《意见》强调依法从严惩处性侵害未成年人犯罪，但不能忽视对未成年被告人所具有的法定、酌定从宽情节的应有考量，尤其是对于已满十四周岁不满十六周岁的男少年，与年龄相当的幼女在正常交往、恋爱过程中自愿发生性关系，情节轻微、未造成严重后果的，不宜作为犯罪处理。此处表述虽是“偶尔”发生性关系，但主要是为了与此前司法解释的规定保持一致，实践中并不能简单以次数论，双方是否自愿、情节是否轻微、是否造成严重后果，是罪与非罪的关键，应严格把握。需要指出的是，对情节轻微及后果严重性的判断，应综合考虑行为人与幼女是否存在正常交往、恋爱关系，及对于幼女的身心影响等因素予以认定；对于行为人采取利诱、欺骗等卑劣方式与幼女发生性关系的，一般不宜认定为“情节轻微”。

上述规定亦是对我国司法机关处理青少年之间自愿发生性关系问题一贯所采取的刑事政策的延续。例如，最高人民法院1957年在《1955年以来奸淫幼女案件检查总结》中曾明确指出，至于个别幼女虽未满十四周岁，但身心发育早熟，确系自愿与人发生性行为的，法院对被告人酌情从轻或减轻处理。如果男方年龄也很小，双方确系在恋爱中自愿发生性行为的，则不追究刑事责任。此后多项司法解释或者司法政策文件亦一直采取这一立场，即在处理青少年与幼女自愿发生性关系问题上，坚持适度介入、慎重干预的刑事政策。

从域外立法来看，对发生在未成年人之间的性侵害案件，处理上也大多采取相对较为宽松的政策。例如，意大利刑法规定：除采取暴力、胁迫等强制手段外，未成年人同不满十三周岁的未成年人发生性关系的，如果相互间的年龄差距不超过三年，不予处罚。美国一些司法管区将未成年被告人与未成年被害人的年龄差距大小，作为认定被告人构成不同严重等级性侵害犯罪的考量因素。这些对我们处理此类未成年人性侵害未成年人犯罪案件，把握是否属于“情节轻微”，具有参考价值。

（十）关于对未成年被害人的民事赔偿和司法救助

《意见》构建三重保护网络，确保未成年被害人得到必要的经济赔偿和救助：

一是明确了被告人应当承担的民事赔偿责任范围。《意见》第三十一条规定，对于未成年人因被性侵害而造成的人身损害，为进行康复治疗所支付的医疗费、护理费、交通费、误工费等合理费用，未成年被害人及其法定代理人、近亲属提出赔偿请求的，人民法院依法予以支持。其中，康复治疗费用包括进行身体医治和精神诊治所支出的费用。性侵害未成年人犯罪，对被害人最大的伤害往往是精神和心理上的伤害，被害人到医院进行精神康复治疗所支付的医疗费，不同于精神抚慰金，该部分医疗费用，被害人提出赔偿请求并提供相应证据的，如医院病历、收费凭证等，人民法院依法予以支持。

二是明确了相关机构的赔偿责任。考虑到有些性侵害案件发生在校园或者幼儿辅导培训机构，为了保障被害人损失得到有效弥补，《意见》第三十二条规定，未成年人在幼儿园、学校或者其他教育机构学习、生活期间被性侵害而造成人身损害，被害人及其法定代理人、近亲属据此向人民法院起诉要求上述单位承担赔偿责任的，人民法院依法予以支持。其中，涉及两种情况：其一是未成年人遭到上述单位工作人员性侵害；其二是遭到上述单位以外的人员性侵害。原《侵权责任法》根据上述不同情形，就相关单位是否尽到教育、管理职责规定了不同的举证责任，及不同性质的赔偿责任，人民法院审理案件时，应注意准确区分和适用。此外，《意见》通过对上述单位民事赔偿责任的归责，也可在一定程度上督促相关单位对未成年人履行好教育、管理职责，预防、减少性侵害事件的发生。

三是明确了对未成年被害人优先予以司法救助。《意见》第三十四条要求对未成年被害人因性侵害犯罪而造成人身损害，不能及时获得有效赔偿，生活困难的，优先予以司法救助，进一步体现了对未成年被害人的特殊经济救助。

需要附带指出的是，根据《意见》的规定，未成年人受到监护人性侵害，其他具有监护资格的人员和单位向法院提出申请，要求撤销监护人资格，另行指定监护人的，法院应当在刑事案件审结后，根据《民事诉讼法》所规定的特别程序审理撤销、变更监护资格诉讼请求。

（十一）关于未成年被害人隐私权利保护和裁判文书网上公布

《意见》对于办理性侵害未成年人犯罪案件的隐私保护问题作了规定。对外公开的诉讼文书，不得披露未成年被害人的身份信息及可能推断出其身份信息的其他资料，对性侵害的事实注意以适当的方式叙述。其中，需要特别强调的是裁判文书的撰写。调研中发现，有些性侵害案件的裁判文书，在犯罪事实表述、证人证言、被害人陈述、被告人供述的援引、列举方面，不问是否确有必要，事无巨细，记载了大量性侵害的细节，有损裁判文书的严肃性，且公开后，给未成年被害人造成一定伤害，影响被害人及其家庭的正常生活，产生了不良社会影响，应当切实引起注意，并加以改进。

为震慑性侵害犯罪分子，并确保公众对身边潜在的具有性侵害劣迹人员的知情权，加强犯罪特殊预防，当前世界主要国家和地区，如美国、英国、日本和我国香港地区、台湾地区均通过法案或者单行法律法规，确立了对具有性侵前科的罪犯进行信息登记、公告、追踪识别等制度。

调研过程中，曾有意见提出创设类似性侵罪犯信息公告制度，但考虑《意见》系指导办案的规范性文件，而公告性侵害罪犯信息涉及对公民权利的限制及公告后对特殊人员的监督管理等一系列问题，故未作规定。但根据有关方面建议，《意见》规定在确保被害人隐私的前提下，人民法院可以在互联网公布已审结生效的强奸、猥亵未成年人犯罪案件的裁判文书。在适用时应当注意，必须确保被害人隐私不被泄露，公布裁判文书前，应当对被害人姓名、住址、就学、工作场所等信息及可能推断出其真实身份的其他信息进行相应技术处理；如果进行技术处理仍无法确保被害人隐私不被泄露，或者确有其他不宜公布的特殊情形的，就不应当公布裁判文书。对于未成年人实施性侵害的案件的裁判文书，从最大限度教育、挽救未成年犯罪人的角度考虑，依法不予公布。

（十二）关于未成年被害人诉讼参与权利的保障

《意见》强化了司法机关对案件处理进展的告知义务及人民法院、人民检察院帮助未成年被害人申请法律援助的义务。

《最高人民法院关于适用〈中华人民共和国刑事诉讼法〉的解释》（以下简称《刑事诉讼法解释》）第一百八十六条第三款规定："不公开审理的案件，任何人不得旁听，但法律另有规定的除外。"性侵害未成年人犯罪案件，因涉及被害人隐私，属于不公开审理的范围，实践中，对于未成年被害人及其法定代理人未提起附带民事诉讼，其近亲属或者法定代理人是否可以参加法庭审理，存在不同认识。

《刑事诉讼法》第一百八十二条第三款规定，人民法院应当通知开庭的对象包括人民检察院、当事人、辩护人、诉讼代理人、证人、鉴定人和翻译人员。法定代理人既不属于当事人，也非诉讼代理人，故对法定代理人出庭问题，认识不一。但《刑事诉讼法》第二百七十条规定，对于未成年人刑事案件，在讯问和审判时，应当通知未成年被告人的法定代理人到场；询问未成年被害人、证人，适用该规定。另外，《刑事诉讼法解释》在公诉案件一审程序进一步明确、细化了通知被害人的法定代理人出庭及参与法庭调查等问题。故《意见》规定，法定代理人可以在被害人不愿或者因其他原因不能出庭时，代表被害人出庭陈述意见，从而保障未成年被害人的意愿在司法审判中得到充分的尊重和表达。人民法院在办理此类案件时，应当切实保护未成年被害人及其法定代理人参与诉讼尤其是参加法庭审理的权利。

另外，需要附带指出和强调的是，虽然《刑事诉讼法》第一百九十六条未规定判决书的送达范围包括法定代理人，但《刑事诉讼法解释》第二百四十七条规定，判决书应当送达法定代理人。人民法院在审理性侵害未成年人犯罪案件时，对此应予重视。

（撰稿：周峰、薛淑兰、赵俊甫、肖凤）

2. 最高人民法院研究室关于同一被害人在同一晚上分别被多个互不通谋的人在不同地点强奸可否并案审理问题的电话答复（1990年5月26日）

广东省高级人民法院：

你院请示：一被害人在同一个晚上分别被3个互不通谋的犯罪分子在不同地点和时间实施了强奸。公安机关同时侦破，检察院以一个案件起诉，法院是作一案审理还是分案审理？

经研究，我们认为，根据上述情况，这3个被告人的行为不属于共同犯罪，而是各个被告人分别实施的各自独立的犯罪，因此，应分案审理，不宜并案审理。

（三）典型或常见问题的审理思路

1. 强迫他人性交、猥亵供其观看的行为应如何定性?①

共同犯罪的实行犯有两种表现形式，一种是行为人自己执行实行犯罪构成客观要件的直接实行犯，一种是利用他人作为犯罪工具实行犯罪行为的间接实行犯。行为人为追求精神刺激，以他人为犯罪工具，强迫他人与被害人发生性关系或者猥亵他人的，属于间接正犯，应认定强奸罪和强制猥亵罪。

2. 行为人利用妇女熟睡之际欲实施奸淫，因被妇女制止而放弃的行为应如何认定?②

强奸罪是指使用暴力、胁迫或者其他手段，违背妇女意愿，强行与妇女发生性关系的行为。这里的“暴力”是指使用有形力压制被害人的反抗，使其不能反抗或者不敢反抗；“胁迫”是指以使用上述暴力手段或者精神胁迫等威吓被害人，使其不敢反抗或者不能反抗；“其他手段”包括给妇女打麻药、利用妇女熟睡或者利用妇女错误认识等。行为人利用妇女熟睡之际欲实施奸淫，但在被害人制止后即主动停止，反映出行为人主观恶性不深，人身危险性不大，而该行为也没有给被害人造成身体上的损伤的，对此可依照《刑法》第十三条但书规定的“情节显著轻微危害不大”，不作为犯罪处理。

3. 强奸导致被害人自杀的行为属于“强奸致人死亡”还是“因强奸造成其他严重后果”?③

《刑法》第二百六十三条第三款第（五）项规定的“致使被害人受伤、死亡”是指强奸行为导致被害人的性器官严重损伤，或者造成其他严重伤害，甚至当场死亡或者经治疗无效死亡等情形。所规定的“造成其他严重后果的”包括因强奸妇女或奸淫幼女引起被害人自杀或者精神失常，以及因强奸行为导致被害人怀孕分娩或堕胎等其他严重危害被害妇女或幼女身心健康的严重后果等情形。

4. 认定轮奸是否要求行为人均强奸既遂?④

轮奸本身不是罪名，而是强奸罪的加重处罚情节之一。轮奸是一种典型

---

① 案例来源：《刑事审判指导案例》第 495 号指导案例，谭某财、罗某东强奸、抢劫、盗窃案。

② 案例来源：吉林省高级人民法院（2009）吉刑再终字第 11 号胡某某被控强奸案。

③ 案例来源：《刑事审判指导案例》第 228 号指导案例，曹某宝强奸案。

④ 案例来源：《刑事审判指导案例》第 281 号指导案例，唐某海、杨某强奸案。

的共同犯罪行为，只要行为人均具有轮奸的共同故意，并基于该共同故意实施了共同轮奸行为（不要求是相同轮奸行为），就可以成立强奸罪，因此，强奸罪的轮奸情节不要求轮奸行为人均奸淫完成。这是基于共同犯罪处罚原则得出的结论。但是，在具体量刑时，考虑到部分行为人未完成奸淫，可根据犯罪情节依法给予从宽处罚，做到罪责刑相适应。

5. 在离婚诉讼期间，丈夫强行与妻子发生性关系的行为应如何定性？①

我国婚姻法规定，夫妻之间负有同居义务，因此司法实践中，一般不把丈夫作为强奸罪的主体。但是，夫妻同居义务是从自愿结婚行为推定出来的伦理义务，不是法律规定的强制性义务，如果不区别具体情况，对于所有的婚内强奸行为一概不以犯罪论处也是不科学的。例如，在婚姻关系非正常存续期间，如离婚诉讼期间，婚姻关系已进入法定的解除程序，虽然婚姻关系仍然存在，但已不能再推定女方对性行为是一种同意的承诺，也就没有理由从婚姻关系出发否定强奸罪的成立。

6. 伙同不满 14 周岁未成年人实施轮奸的应如何定性？②

所谓轮奸，是指两个以上的行为人基于共同认识，在一段时间内，先后连续、轮流地对同一名妇女（或幼女）实施奸淫的行为。立法规定轮奸这一量刑情节，表明立法者认为轮奸比单独实施的强奸犯罪更为严重，对被害人的危害更大。认定轮奸，首先是看两个以上的行为人是否具有在同一段时间内，对同一妇女（或幼女），先后连续、轮流地实施了奸淫行为，并不要求实施轮奸的人之间必须构成强奸共同犯罪。换言之，轮奸仅是一项共同的事实行为，只要行为人具有奸淫的共同认识，并在共同认识的支配下实施了轮流奸淫行为即可，而与是否符合共同犯罪并无必然关系。对于同伙不满 14 周岁，依法不负刑事责任，但所实施的奸淫行为仍是客观存在，故同伙不满 14 周岁不能阻却行为人不构成轮奸。若坚持“轮奸”的行为人必须构成强奸共同犯罪（共同实行犯），参与轮奸的人都必须具备犯罪主体的一般要件，否则就不认定为轮奸，显然既不利于打击犯罪分子，也不能有力地保护被害人的合法权益，有违立法本意。

---

① 观点来源：《刑事审判指导案例》第 51 号指导案例，王某明强奸案。

② 观点来源：《刑事审判指导案例》第 280 号指导案例，李某强奸案。

7. 对轮奸幼女的行为能否同时适用对轮奸加重处罚和奸淫幼女从重处罚情节?[①]

轮奸是强奸罪的情节加重犯，奸淫对象为幼女是强奸罪的法定从重处罚情节。《刑法》第二百三十六条第三款规定的加重情节，系从犯罪情节、犯罪后果角度，基于罪刑相适应原则所作的一种规定；而该条第二款规定的从重处罚情节，系从犯罪对象角度，为了体现对幼女的特殊保护所作的一种规定。上述两款规定并行不悖，同时适用并非对犯罪分子所犯罪行的重复评价，而是罪刑均衡原则的本质要求。如对轮奸幼女的犯罪分子只适用加重构成条款，而不适用从重处罚条款，势必造成轮奸幼女和轮奸妇女承担同等刑罚的后果。这样的处罚后果既违反罪刑相适应原则，也未体现刑法对幼女的特殊保护。

8. 教师奸淫二名幼女，并且分别奸淫多次，能否认定“情节恶劣”?[②]

《刑法》第二百三十六条第三款第（一）项规定，奸淫幼女“情节恶劣”的，处十年以上有期徒刑、无期徒刑或者死刑。《最高人民法院、最高人民检察院、公安部、司法部关于依法惩治性侵害未成年人犯罪的意见》第二十五条规定了针对未成年人实施强奸、猥亵犯罪“更要依法从严惩处”的七种情形。实践中，奸淫幼女具有从严惩处情形，社会危害性与《刑法》第二百三十六条第三款第（二）项至第（四）项相当的，可以认为属于该款第（一）项规定的“情节恶劣”。例如，该款第（二）项规定的“奸淫幼女多人”，一般是指奸淫幼女三人以上。但是行为人具备教师的特殊身份，奸淫二名幼女，且分别奸淫多次，其危害性并不低于奸淫幼女三人以上的行为，据此可以认定符合“情节恶劣”的规定。

9. 如何认定“在公共场所当众强奸妇女、奸淫幼女”?[③]

《最高人民法院、最高人民检察院、公安部、司法部关于依法惩治性侵害未成年人犯罪的意见》第二十三条对“公共场所当众”作出了规定，即在“校园、游泳馆、儿童游乐场等公共场所”对未成年人实施强奸、猥亵犯罪，可以认定为在“公共场所当众”实施犯罪。适用这一规定，是否属于“当众”实施犯罪至为关键。对在规定列举之外的场所实施强奸、猥亵未成年人

---

① 观点来源：《刑事审判参考》第 843 号指导案例，王某等强奸、寻衅滋事、故意伤害、抢劫案。

② 观点来源：检察院指导案例（2018 年 7 月 27 日）（检例第 42 号）齐某强奸、猥亵儿童案。

③ 案例来源：最高人民检察院指导性案例（检例第 42 号）齐某强奸、猥亵儿童案。

犯罪的，只要场所具有相对公开性，且有其他多人在场，有被他人感知可能的，就可以认定为在“公共场所当众”犯罪。最高人民法院判决表明，学校中的教室、集体宿舍、公共厕所、集体洗澡间等，是不特定未成年人活动的场所，在这些场所实施强奸、猥亵未成年人犯罪的，应当认定为在“公共场所当众”实施犯罪。《刑法修正案（十一）》明确了在公共场所当众奸淫幼女的是法定加重处罚情节，填补了漏洞，严密了法网，更好体现了对幼女的特殊保护原则。

10. 强奸双性人的犯罪行为应如何认定？[①]

《刑法》所保护的利益来源于社会生活，刑法学上妇女的核心概念与生物学上的妇女核心概念存在交叉关系。通常情况下，生物学上的妇女就是刑法学上的妇女。刑法上所认定的妇女是以生物学上的女性为基准，但更多的是因为女性所处的社会关系中的弱势地位而特地设置相应刑法规定来保护女性。对于个别 DNA 检测为男性，但具有明显女性生理特征，且社会关系一直为女性的人员，不能因其 DNA 鉴定结论而否定其女性心理特征和女性社会关系，对于此种人员实施强奸行为的，应认定强奸罪。

11. 介绍他人与智障女或幼女发生性关系是否构成强奸罪共犯？

对于将智障女或者幼女“介绍”给他人做“老婆”的，他人强行与智障女或者幼女发生性关系的行为构成强奸罪。行为人的“介绍”行为对上述强奸行为起到关键、重要的作用，该介绍行为系强奸罪的教唆共同犯罪，系犯罪造意者，不宜区分主从犯，如此处罚才符合刑法罪行相适应原则。

（四）疑难、复杂问题的参考性解答

1. 认定罪与非罪

司法实践中，要注意不以犯罪处理的以下情形：

（1）要把强奸与通奸区别开来。通奸，是指有配偶的男女双方之间或者已有配偶的一方与他人之间，自愿发生不正当两性关系的行为。这种行为是不道德的，但同强奸罪有本质的区别，因为它没有违背妇女的意志。在司法实践中，有的妇女与人通奸，一旦翻脸，关系恶化，或者事情暴露后，怕丢

---

① 观点来源：梅贤明、张太洲、李炳南：《强奸双性人的犯罪形态如何认定》，来源《人民法院报》（2004 年 10 月 30 日）。

面子，或者为了推卸责任，嫁祸于人，便谎称是“强奸”。因此，处理时要特别谨慎。一是对于半推半就情况下发生的两性关系，要对双方平时的关系如何，性行为是在什么环境和什么情况下发生的，事情发生后女方的态度怎样，在什么情况下告发的等事实和情节，认真审查清楚，进行全面分析，以判明是否确实违背了妇女的意志，然后再确定案件的性质。如果没有证据证明确实违背妇女意志的，一般不宜按强奸罪论处；如果确实违背妇女意志的，则应以强奸罪论处。二是要注意案件性质的变化。如果第一次发生性行为，女方不同意，但事后并未告发，后来女方又多次自愿与男方发生性行为，有的还发展成恋爱关系或者通奸关系的，由于妇女的意志发生了变化，案件的性质也相应发生了变化，一般不宜以强奸罪论处。三是男女双方原来虽有通奸关系，但是女方由于某种原因已不同意继续保持不正当的两性关系，坚决拒绝男方的纠缠。在这种情况下，如果男方使用暴力或者败坏名誉等胁迫手段，强行与女方发生性行为的，则应以强奸罪论处。四是行为人强奸妇女后，以此为把柄挟制被害妇女，或者利用各种手段对被害妇女实施精神上的威胁，迫使其继续忍辱屈从的，仍应以强奸罪论处。

（2）要把利用特定关系和职权强奸妇女同基于互相利用发生性行为区别开来。对利用教养关系、从属关系，或者利用职权与妇女发生性行为的，不能一概视为强奸，要作具体分析。如果行为人利用其与被害妇女之间的特定关系，如养父或者生父以打骂、虐待、克扣生活费或者断绝生活供给，迫使养女或者生女容忍其奸淫的；或者行为人利用职权，乘人之危，逼迫从奸的，都属于违背妇女意志，构成强奸罪。如果行为人利用招工、分房等职权相引诱、讲条件，女方为了牟取私利，不惜以肉体相许，而与其发生性行为的，实质上是互相利用，各有所图，不应定为强奸罪。

2. 如何认定与女精神病患者发生性交行为的性质?

刑法对如何处理强奸精神病人的问题没有明文规定，在司法实践中认识也有分歧。我们认为，处理这类案件，女方是否确系精神病患者以及病情的轻重，行为人是否明知女方是精神病患者，是两个关键性的事实。因此，司法机关首先要对被害人进行司法精神病学鉴定，并通过法庭调查、辩论、质证，在查清事实的基础上，区别不同情况，认定案件的性质：

（1）行为人明知（包括明知必然和明知可能）妇女是不能正确表达自己意志的精神病患者而与之发生性行为的，不论行为人采取什么手段，被害人是否同意，有无反抗，均应视为违背妇女意志，以强奸罪论处。

（2）行为人与患有间歇性精神病的妇女在妇女未发病期间发生的性行为，妇女本人同意的，不构成强奸罪。

（3）行为人与尚未完全丧失辨认或者控制自己行为能力的精神病妇女，或者精神病已基本痊愈的妇女，在女方自愿情况下发生性行为的，不能以强奸罪论处。

（4）行为人确实不知道妇女是青春型精神病患者（俗称“花疯子”），将女方的挑逗、追逐等病态反应，误认为是作风、品质不好，在女方的勾引下与之发生性行为的，一般不宜以强奸罪论处。

3. 如何正确认定与女痴呆症患者发生性交行为的性质？

“痴呆”，即精神发育不全（又称智力发育不全），属于精神疾病的一种。我国对精神发育不全患者，按照智能障碍的严重程度，大体分为三类，即白痴，为重度智能缺损；痴愚，为中度智能缺损；愚鲁（鲁钝），为轻度智能缺损。前两类的共同特征是：不能正确表达意志，不能明辨是非，甚至生活不能自理。后一类（愚鲁）的特征是：理解、推理和判断事物的能力较差，不善于辨别是非，但有一定的意志能力，能自理生活，从事简单的劳动。

司法机关处理这类案件，首先要对被害人进行司法精神病学鉴定，并进行审核和调查，以确认被害人是否精神发育不全以及精神发育不全的程度，以便区别不同情况，正确认定案件性质：

（1）行为人明知妇女是不能真正表达自己意志的痴呆症患者（白痴或者痴愚），而非法与其发生性行为的，不论行为人采取什么手段，被害人是否同意，均视为违背妇女意志，应以强奸罪论处。

（2）行为人与轻度女痴呆症患者（愚鲁）谈恋爱期间，在女方自愿情况下发生性行为的，不应以犯罪论处。

（3）行为人确实不知道妇女是程度较轻的痴呆症患者，并在女方主动要求下与之发生性行为的，一般也不宜以犯罪论处。

4. 如何理解轮奸不是单一的罪名？

《刑法》第二百三十六条第三款第四项将“二人以上轮奸的”，作为强奸罪情节严重的情形之一，处十年以上有期徒刑、无期徒刑或者死刑。这说明，轮奸妇女和幼女属加重（结果加重）处罚的情节，而不是一个单一的罪名。在刑法学界，有一种观点认为，轮奸“有其独立的特征或特殊的构成要件，另立罪名比较合适”。这是不正确的。轮奸除其社会危害性比单独实施的强奸犯罪要大以外，其本身并不具有强奸罪构成要件以外的“特殊的构成要件”。因此，罪名仍应定为强奸罪，而不能定为“轮奸妇女罪”“轮奸幼女罪”或者“轮奸罪”。

5. 如何正确认定本罪的罪数问题？

先将被害妇女杀死，然后奸尸的，应按故意杀人罪处理；奸尸行为只能作为量刑时考虑的一个情节，不能定为故意杀人和强奸两个罪。强奸罪侵犯的客体是妇女的性的不可侵犯的权利。奸尸时，被害妇女已经死亡，客观上已不存在这样的侵害。

6. 司法实践中对“强奸”男人的行为如何定性？①

若对象是不满十四周岁的男童的，则应以《刑法》第二百三十七条第三款的猥亵儿童罪论处。但若对象是已满十四周岁的男性，《刑法修正案（九）》通过修改第二百三十七条的规定，将“强制猥亵、侮辱妇女罪”修正为“强制猥亵、侮辱罪”，适度填补了这个空白，即对于强奸已满十四周岁以上男人的行为，原则上可以“强制猥亵、侮辱罪”论处。

7. 引诱幼女卖淫罪与强奸罪的界限②

实践中，行为人指使中间人以金钱财物利诱的方式物色幼女，由中间人说服幼女同意与其发生性关系，而后向中间人或幼女给付金钱财物的，中间人的行为从表面看似乎符合引诱幼女卖淫罪的外在特征，但引诱幼女卖淫罪是指通过物质或其他利益诱惑、欺骗等方式，使原无卖淫意图的幼女产生与不特定人员进行性交易行为的意图。中间人受某一特定行为人之约，为其物色此前从未从事卖淫活动的幼女供行为人奸淫，该幼女主观上亦无以与不特定人员发生性行为换取报酬之意图的，对中间人的行为，显然非引诱幼女卖淫罪所能评价。另外，根据《依法惩治性侵害未成年人犯罪意见》对“以金钱财物等方式引诱幼女与自己发生性关系以强奸罪论处”的规定，此种情形下，对与幼女发生性关系的行为人既然以强奸罪论处，那么就说明不认同此类行为属于嫖宿。从而，依据该政策精神，对中间人就应当以强奸罪的共犯

---

① 观点来源：周强、李少平、南英、张述元、刘学文、胡云腾：《中华人民共和国刑法案典》（中），人民法院出版 2020 年版，第 1246 页。

② 观点来源：黄尔梅：《性侵害未成年人犯罪司法政策案例指导与理解适用》，人民法院出版社 2014 年版，第 212－214 页。

论处。《依法惩治性侵害未成年人犯罪意见》第二十四条规定，介绍、帮助他人奸淫幼女的，以强奸罪的共犯论处，前后两条款体现的政策精神是一致的。

对中间人介绍、帮助奸淫幼女的问题予以明确，具有重要意义。《刑法》规定已满十四周岁不满十六周岁的人只对强奸、故意杀人等八种犯罪承担刑事责任，对引诱幼女卖淫的行为则不承担刑事责任。而实践中，行为人为达到奸淫幼女的私欲，以提供金钱、玩乐等为诱饵，唆使中间人包括一些十四五岁的中学生引诱女同学与行为人发生性关系的犯罪案件时有发生，还有些被害幼女在与行为人发生性关系后，又在行为人的威逼利诱下，诱使其他同学与行为人发生性关系，给诸多幼女身心健康造成严重伤害，社会影响恶劣。如果将类似中间人的行为性质认定为引诱幼女卖淫，那么，中间人年龄不满十六周岁的，就不承担引诱幼女卖淫罪的刑事责任；反之，如果认定为强奸罪的共犯，则应当追究刑事责任。但是，必须考虑，如果涉案中间人系已满十四周岁不满十六周岁的未成年人，特别是在校学生，那么，是否认定为强奸罪的共犯就要坚持慎重原则。如果没有采取暴力、胁迫等强制手段，由于涉世不深，法律意识淡薄而被一些意图奸淫幼女的行为人利用，进而帮助行为人引诱其他幼女与行为人发生性关系，中间人所起作用较次要、情节轻微的，从最大限度贯彻对未成年人犯罪“教育为主，惩罚为辅”的刑事政策出发，就不宜作为犯罪处理。当然，如果涉案的中间人多次帮助行为人引诱幼女或引诱多名幼女与行为人发生性关系，以及具有其他严重情节的，就应当以强奸罪的共犯追究其刑事责任，在量刑时依法予以从轻或者减轻处罚。

8. 在不同地点强奸也不能绝对排除构成轮奸的可能①

司法实践中，共同犯罪人基于共同强奸同一被害人的故意，在多个地点分别实施强奸的情况的确存在，因此，在同一地点强奸并非认定构成轮奸的必要条件，在不同地点强奸也不能绝对排除构成轮奸的可能。这就要求从时间和空间的角度，考察各共同犯罪人的行为之间是否具有接续性、相互补充或者相互协助。只要各共同犯罪人具有轮流奸淫同一妇女的共同故意，对该妇女进行不间断的控制，即使二人或者多人前后实施奸淫的时间间隔相对较长，甚至不在同一地点实施奸淫行为，其犯罪的社会危害性、主观恶性、人

---

① 观点来源：陈兴良：《口授刑法学（第二版）（下册）》，中国人民大学出版社 2017 年版，第 165 页。

身危险性与被害人在同一地点、同一时间段受到多人强奸的犯罪情形是相当的，被害人所遭受的痛苦和恐惧亦是相当的，故应视为与在同一地点轮奸情形无异。

9. 重婚罪与强奸罪的界限①

实践中，有的男性本来已有妻子，但却利用某种关系，采用暴力、胁迫等手段，长期与其他女性保持性关系，对外也毫不顾忌以夫妻关系自居，而女方却由于各种原因不得不屈从。对于这类案件，应按强奸罪论处，不应定为重婚罪。

10. 正确理解“奸淫不满十周岁的幼女或者造成幼女伤害的”

《刑法修正案（十一）》在强奸罪的法定加重处罚情节中增设了专门针对奸淫幼女的加重情节，根据该规定，奸淫不满十周岁的幼女，或者奸淫幼女造成幼女伤害的，都应当判处十年以上有期徒刑、无期徒刑或者死刑。实务中，要明确以下两点：

（1）奸淫不满十周岁的幼女，犯罪对象是不满十周岁的幼女，这个年龄段的女孩社会关系简单，外在幼女特征明显，即使极个别幼女身体发育早于同龄人，但一般人从其言谈举止、生活作息等方面也足以判定其可能是幼女，因此根据《依法惩治性侵害未成年人犯罪意见》，对不满十周岁幼女实施奸淫的，应当认定行为人“明知”对方是幼女。

（2）奸淫幼女造成幼女伤害，是指奸淫不满十四周岁的幼女并造成幼女轻伤以上伤害的。伤害分为轻微伤、轻伤和重伤，在新的司法解释出台之前，我们认为这里的伤害应该指轻伤以上伤害。第二百三十六条第三款第六项规定强奸致使被害人重伤以上的要判处十年以上有期徒刑、无期徒刑或者死刑，根据同质性解释原则并基于幼女保护的优先和特殊原则，对幼女奸淫造成其轻伤以上的判处十年以上有期徒刑较为合适。

（五）量刑指导或参考

依照《刑法》第二百三十六条第一款、第二款规定，犯强奸罪的，处三年以上十年以下有期徒刑。奸淫不满十四周岁的幼女的，以强奸论，从重处罚。

---

① 观点来源：张军：《刑法（分则）及配套规定新释新解（第3版）（上）》，人民法院出版社2013年版，第992页。

依照第三款规定，强奸妇女、奸淫幼女，有下列情形之一的，处十年以上有期徒刑、无期徒刑或者死刑：（1）强奸妇女、奸淫幼女情节恶劣的；（2）强奸妇女、奸淫幼女多人的；（3）在公共场所当众强奸妇女、奸淫幼女的；（4）二人以上轮奸的；（5）奸淫不满十周岁的幼女或者造成幼女伤害的；（6）致使被害人重伤、死亡或者造成其他严重后果的。

司法机关在适用时，应当注意以下问题：

1. 正确理解和适用《刑法》第二百三十六条第一款的规定。使用暴力是强奸犯罪的基本特征之一。如果行为人在强奸过程中对被害妇女只有一般殴打、卡脖子等行为，不具有《刑法》第二百三十六条第三款规定的情形的，应当按第一款的规定处刑。

2. 行为人既实施了强奸妇女行为又实施了奸淫幼女行为的，应当依照《刑法》第二百三十六条的规定，以强奸罪，从重处罚，不实行数罪并罚。

3. 正确理解和适用《刑法》第二百三十六条第三款的规定。行为人具有《刑法》第二百三十六条第三款规定的情形之一的，应当处十年以上有期徒刑、无期徒刑或者死刑。“强奸妇女多人”，是指强奸妇女三人以上（含三人）。“轮奸”，是指二人以上，在一段时间对同一妇女强行奸淫的行为。“致使被害人重伤、死亡”，是指在强奸妇女过程中，因使用暴力而直接导致被害人性器官严重损伤，或者造成其他严重伤害，甚至当场死亡或者经治疗无效而死亡。在这种情况下，只能认定强奸罪，按《刑法》第二百三十六条第三款的规定处罚，而不能定为强奸罪和故意杀人罪或者故意伤害罪。既然强奸罪的构成以使用暴力或者胁迫为客观要件，那么，在实施强奸过程中，就可能会给被害妇女造成伤害或者死亡的后果，它已包括在强奸犯罪行为之中。但是，如果行为人出于报复、灭口、逃跑等动机，在实施强奸行为以后，又将被害妇女伤害或者杀害的，则应分别定为强奸罪、故意伤害罪或者故意杀人罪，按数罪并罚原则处罚。因为，在这种情况下，行为人主观方面不仅有强奸的故意，而且有伤害或者杀人的故意；客观方面不仅有强奸的行为，而且有伤害或者杀人的行为。这与在强奸过程中直接导致被害妇女伤害或者死亡，在主客观方面都是不一样的。

4. 严格掌握强奸罪死刑适用标准。“保留死刑，严格控制和慎重适用死刑”是我国一贯的刑事政策，必须保证这一重要刑事政策适用的连续性和稳定性，要以最严格的标准和最审慎的态度，确保死刑只适用于极少数罪行极其严重的犯罪分子，保证更有利、更准确地依法惩治严重刑事犯罪。《刑法》第二百三十六条第三款规定了六种可以适用死刑的加重情节或结果。通过对已经生效案件的总结，我们发现强奸案件的死刑主要适用于该款第六项“致使被害人重伤、死亡或者造成其他严重后果”之情形。对于以暴力手段或程度相当的非暴力手段造成被害人死亡，或造成被害人重伤导致严重残疾，或造成其他严重后果并且情节特别恶劣的强奸案件，可以考虑适用死刑。而对于不符合第六项规定情形的其他强奸案件是否适用死刑，则要以该款第二项“强奸妇女、奸淫幼女多人”为基准，结合该款第一项、第四项、第五项，进行“数量加情节”的综合分析，全面考察被告人的犯罪次数、犯罪手段、犯罪对象、犯罪情节以及被告人的主观恶性、人身危险性等因素，兼顾案件处理的法律效果和社会效果，综合评判，慎重适用。

5. 1997 年 12 月 31 日《最高人民法院关于对故意伤害、盗窃等严重破坏社会秩序的犯罪分子能否附加剥夺政治权利问题的批复》对本罪附加刑适用作出如下规定：“根据刑法第五十六条规定，对于故意杀人、强奸、放火、爆炸、投毒、抢劫等严重破坏社会秩序的犯罪分子，可以附加剥夺政治权利。”

6. 规范化量刑。《量刑指导意见（2017）》对强奸罪的规定是：

（1）构成强奸罪的，可以根据下列不同情形在相应的幅度内确定量刑起点：

①强奸妇女一人的，可以在三年至六年有期徒刑幅度内确定量刑起点。

奸淫幼女一人的，可以在四年至七年有期徒刑幅度内确定量刑起点。

②有下列情形之一的，可以在十年至十三年有期徒刑幅度内确定量刑起点：强奸妇女、奸淫幼女情节恶劣的；强奸妇女、奸淫幼女三人的；在公共场所当众强奸妇女的；二人以上轮奸妇女的；强奸致被害人重伤或者造成其他严重后果的。依法应当判处无期徒刑以上刑罚的除外。

（2）在量刑起点的基础上，可以根据强奸妇女、奸淫幼女情节恶劣程度、强奸人数、致人伤害后果等其他影响犯罪构成的犯罪事实增加刑罚量，确定基准刑。

强奸多人多次的，以强奸人数作为增加刑罚量的事实，强奸次数作为调节基准刑的量刑情节。

上述量刑指导意见是在《刑法修正案（十一）》公布之前的规范性文件。《刑法修正案（十一）》在法定加重处罚情节中增加了两项规定，第一是在公共场所当众奸淫幼女的，第二是奸淫不满十周岁的幼女或者造成幼女伤害的。根据立法体例和加重情节的具体内容，我们认为对于新增加的两项加重处罚情节仍然可以适用现有规定，即在十年至十三年有期徒刑幅度内确定量刑起点。

七、负有照护职责人员性侵罪

（一）刑法规定

第二百三十六条之一[①] 对已满十四周岁不满十六周岁的未成年女性负有监护、收养、看护、教育、医疗等特殊职责的人员，与该未成年女性发生性关系的，处三年以下有期徒刑；情节恶劣的，处三年以上十年以下有期徒刑。

有前款行为，同时又构成本法第二百三十六条规定之罪的，依照处罚较重的规定定罪处罚。

（二）司法解释、司法文件及其权威解读

1. **最高人民法院、最高人民检察院、公安部、司法部关于依法惩治性侵害未成年人犯罪的意见**（法发〔2013〕12 号，自 2013 年 10 月 23 日起施行）（节录）

21. 对幼女负有特殊职责的人员与幼女发生性关系的，以强奸罪论处。

对已满十四周岁的未成年女性负有特殊职责的人员，利用其优势地位或者被害人孤立无援的境地，迫使未成年被害人就范，而与其发生性关系的，以强奸罪定罪处罚。

权威解读

解读《最高人民法院、最高人民检察院、公安部、司法部关于依法惩治性侵害未成年人犯罪的意见》（节录）

（四）关于负有特殊职责的人员性侵害未成年人行为性质的认定

监护人、教师、医生、保姆等人员或者与幼女相熟，或者具有了解幼女真实年龄的条件，同时对幼女又负有不同于普通公民的特殊职责，对于此类人员与幼女发生性关系，即使其提出未采取暴力、胁迫等非法手段，主观上

① 根据 2020 年 12 月 26 日公布的《刑法修正案（十一）》第二十七条增加。

不明知被害人为幼女的辩解，司法机关也不应采纳，概因此种情形属于不证自明的事实。有鉴于此，《最高人民法院、最高人民检察院、公安部、司法部关于依法惩治性侵害未成年人犯罪的意见》（以下简称《依法惩治性侵害未成年人犯罪意见》）第二十一条第一款作出了特别规定。

我国《刑法》对不满十四周岁的幼女确立了特殊保护原则。实践中，已满十四周岁的未成年少女虽然比幼女的认知、判断能力有所增强，但其身心发育尚未完全成熟，在日常生活、学习和物质条件方面对监护人、教师等负有特殊职责的人员，存在一定的服从、依赖关系，容易在非自愿状态下受到性侵害。有时行为人对此类被害人实施相对于成年被害人而言可能仅是轻微程度的胁迫，即可使未成年被害人不敢反抗、不能反抗，进而达到奸淫目的，对于此类行为，能否认定为强奸罪，实践中存在不同认识。参考最高人民法院、最高人民检察院、公安部 1984 年发布的《关于当前办理强奸案件中具体应用法律的若干问题的解答》（现已失效）的指导精神及相关规定，《依法惩治性侵害未成年人犯罪意见》第二十一条第二款进一步明确，“对已满十四周岁的未成年女性负有特殊职责的人员，利用其优势地位或者被害人孤立无援的境地，迫使未成年被害人就范，而与其发生性关系的，以强奸罪定罪处罚”。德国、意大利、俄罗斯、英国、美国以及我国台湾地区均有类似的规定，均体现了对该年龄段未成年少女进行特殊保护的司法理念。

在适用该第二款时应当注意：对于强制手段和程度的认定，应充分考虑未成年被害人身心脆弱，及与特殊职责人员之间存在特殊关系，易受伤害等情况，与针对成年人实施的强制性侵害行为有所区分。其中，所谓“利用优势地位”进行奸淫，是指行为人与未成年被害人之间具有监护、教育、训练、看护、救助、医疗等特殊关系，且行为人故意利用这种特殊关系，以使未成年被害人的生活条件、受教育或训练的机会、接受救助或医疗等方面可能受到影响的方式，对被害人施加压力，使其不得不容忍行为人对其进行奸淫。例如，养（生）父以虐待、克扣生活费迫使养（生）女容忍其奸淫。所谓利用未成年人“孤立无援的境地”进行奸淫，是指由于各种原因，未成年被害人处于不得不依赖于上述特殊职责人员的资助、抚育、照顾和救助等状况，而行为人有意利用此种状况，迫使被害人容忍其奸淫行为。例如，对处于身患严重疾病、流落街头需要接受救助等境地的未成年被害人进行奸淫。

（撰稿：周峰、薛淑兰、赵俊甫、肖凤）

2. 最高人民法院、最高人民检察院、公安部、民政部关于依法处理监护人侵害未成年人权益行为若干问题的意见（法发〔2014〕24号，自2015年1月1日起施行）

为切实维护未成年人合法权益，加强未成年人行政保护和司法保护工作，确保未成年人得到妥善监护照料，根据民法通则、民事诉讼法、未成年人保护法等法律规定，现就处理监护人侵害未成年人权益行为（以下简称监护侵害行为）的有关工作制定本意见。

一、一般规定

1. 本意见所称监护侵害行为，是指父母或者其他监护人（以下简称监护人）性侵害、出卖、遗弃、虐待、暴力伤害未成年人，教唆、利用未成年人实施违法犯罪行为，胁迫、诱骗、利用未成年人乞讨，以及不履行监护职责严重危害未成年人身心健康等行为。

2. 处理监护侵害行为，应当遵循未成年人最大利益原则，充分考虑未成年人身心特点和人格尊严，给予未成年人特殊、优先保护。

3. 对于监护侵害行为，任何组织和个人都有权劝阻、制止或者举报。

公安机关应当采取措施，及时制止在工作中发现以及单位、个人举报的监护侵害行为，情况紧急时将未成年人带离监护人。

民政部门应当设立未成年人救助保护机构（包括救助管理站、未成年人救助保护中心），对因受到监护侵害进入机构的未成年人承担临时监护责任，必要时向人民法院申请撤销监护人资格。

人民法院应当依法受理人身安全保护裁定申请和撤销监护人资格案件并作出裁判。

人民检察院对公安机关、人民法院处理监护侵害行为的工作依法实行法律监督。

人民法院、人民检察院、公安机关设有办理未成年人案件专门工作机构的，应当优先由专门工作机构办理监护侵害案件。

4. 人民法院、人民检察院、公安机关、民政部门应当充分履行职责，加强指导和培训，提高保护未成年人的能力和水平；加强沟通协作，建立信息共享机制，实现未成年人行政保护和司法保护的有效衔接。

5. 人民法院、人民检察院、公安机关、民政部门应当加强与妇儿工委、教育部门、卫生部门、共青团、妇联、关工委、未成年人住所地村（居）民委员会等的联系和协作，积极引导、鼓励、支持法律服务机构、社会工作服务机构、公益慈善组织和志愿者等社会力量，共同做好受监护侵害的未成年人的保护工作。

二、报告和处置

6. 学校、医院、村（居）民委员会、社会工作服务机构等单位及其工作人员，发现未成年人受到监护侵害的，应当及时向公安机关报案或者举报。

其他单位及其工作人员、个人发现未成年人受到监护侵害的，也应当及时向公安机关报案或者举报。

7. 公安机关接到涉及监护侵害行为的报案、举报后，应当立即出警处置，制止正在发生的侵害行为并迅速进行调查。符合刑事立案条件的，应当立即立案侦查。

8. 公安机关在办理监护侵害案件时，应当依照法定程序，及时、全面收集固定证据，保证办案质量。

询问未成年人，应当考虑未成年人的身心特点，采取和缓的方式进行，防止造成进一步伤害。

未成年人有其他监护人的，应当通知其他监护人到场。其他监护人无法通知或者未能到场的，可以通知未成年人的其他成年亲属、所在学校、村（居）民委员会、未成年人保护组织的代表以及专业社会工作者等到场。

9. 监护人的监护侵害行为构成违反治安管理行为的，公安机关应当依法给予治安管理处罚，但情节特别轻微不予治安管理处罚的，应当给予批评教育并通报当地村（居）民委员会；构成犯罪的，依法追究刑事责任。

10. 对于疑似患有精神障碍的监护人，已实施危害未成年人安全的行为或者有危害未成年人安全危险的，其近亲属、所在单位、当地公安机关应当立即采取措施予以制止，并将其送往医疗机构进行精神障碍诊断。

11. 公安机关在出警过程中，发现未成年人身体受到严重伤害、面临严重人身安全威胁或者处于无人照料等危险状态的，应当将其带离实施监护侵害行为的监护人，就近护送至其监护人、亲属、村（居）民委员会或者未成年人救助保护机构，并办理书面交接手续。未成年人有表达能力的，应当就护送地点征求未成年人意见。

负责接收未成年人的单位和人员（以下简称临时照料人）应当对未成年人予以临时紧急庇护和短期生活照料，保护未成年人的人身安全，不得侵害未成年人合法权益。

公安机关应当书面告知临时照料人有权依法向人民法院申请人身安全保护裁定和撤销监护人资格。

12. 对身体受到严重伤害需要医疗的未成年人，公安机关应当先行送医救治，同时通知其他有监护资格的亲属照料，或者通知当地未成年人救助保护机构开展后续救助工作。

监护人应当依法承担医疗救治费用。其他亲属和未成年人救助保护机构等垫付医疗救治费用的，有权向监护人追偿。

13. 公安机关将受监护侵害的未成年人护送至未成年人救助保护机构的，应当在五个工作日内提供案件侦办查处情况说明。

14. 监护侵害行为可能构成虐待罪的，公安机关应当告知未成年人及其近亲属有权告诉或者代为告诉，并通报所在地同级人民检察院。

未成年人及其近亲属没有告诉的，由人民检察院起诉。

三、临时安置和人身安全保护裁定

15. 未成年人救助保护机构应当接收公安机关护送来的受监护侵害的未成年人，履行临时监护责任。

未成年人救助保护机构履行临时监护责任一般不超过一年。

16. 未成年人救助保护机构可以采取家庭寄养、自愿助养、机构代养或者委托政府指定的寄宿学校安置等方式，对未成年人进行临时照料，并为未成年人提供心理疏导、情感抚慰等服务。

未成年人因临时监护需要转学、异地入学接受义务教育的，教育行政部门应当予以保障。

17. 未成年人的其他监护人、近亲属要求照料未成年人的，经公安机关或者村（居）民委员会确认其身份后，未成年人救助保护机构可以将未成年人交由其照料，终止临时监护。

关系密切的其他亲属、朋友要求照料未成年人的，经未成年人父、母所在单位或者村（居）民委员会同意，未成年人救助保护机构可以将未成年人交由其照料，终止临时监护。

未成年人救助保护机构将未成年人送交亲友临时照料的，应当办理书面交接手续，并书面告知临时照料人有权依法向人民法院申请人身安全保护裁定和撤销监护人资格。

18. 未成年人救助保护机构可以组织社会工作服务机构等社会力量，对监护人开展监护指导、心理疏导等教育辅导工作，并对未成年人的家庭基本情况、监护情况、监护人悔过情况、未成年人身心健康状况以及未成年人意愿等进行调查评估。监护人接受教育辅导及后续表现情况应当作为调查评估报告的重要内容。

有关单位和个人应当配合调查评估工作的开展。

19. 未成年人救助保护机构应当与公安机关、村（居）民委员会、学校以及未成年人亲属等进行会商，根据案件侦办查处情况说明、调查评估报告和监护人接受教育辅导等情况，并征求有表达能力的未成年人意见，形成会商结论。

经会商认为本意见第 11 条第 1 款规定的危险状态已消除，监护人能够正确履行监护职责的，未成年人救助保护机构应当及时通知监护人领回未成年人。监护人应当在三日内领回未成年人并办理书面交接手续。会商形成结论前，未成年人救助保护机构不得将未成年人交由监护人领回。

经会商认为监护侵害行为属于本意见第 35 条规定情形的，未成年人救助保护机构应当向人民法院申请撤销监护人资格。

20. 未成年人救助保护机构通知监护人领回未成年人的，应当将相关情况通报未成年人所在学校、辖区公安派出所、村（居）民委员会，并告知其对通报内容负有保密义务。

21. 监护人领回未成年人的，未成年人救助保护机构应当指导村（居）民委员会对监护人的监护情况进行随访，开展教育辅导工作。

未成年人救助保护机构也可以组织社会工作服务机构等社会力量，开展前款工作。

22. 未成年人救助保护机构或者其他临时照料人可以根据需要，在诉讼前向未成年人住所地、监护人住所地或者侵害行为地人民法院申请人身安全保护裁定。

未成年人救助保护机构或者其他临时照料人也可以在诉讼中向人民法院申请人身安全保护裁定。

23. 人民法院接受人身安全保护裁定申请后，应当按照民事诉讼法第一百条、第一百零一条、第一百零二条的规定作出裁定。经审查认为存在侵害未成年人人身安全危险的，应当作出人身安全保护裁定。

人民法院接受诉讼前人身安全保护裁定申请后，应当在四十八小时内作出裁定。接受诉讼中人身安全保护裁定申请，情况紧急的，也应当在四十八小时内作出裁定。人身安全保护裁定应当立即执行。

24. 人身安全保护裁定可以包括下列内容中的一项或者多项：

（一）禁止被申请人暴力伤害、威胁未成年人及其临时照料人；

（二）禁止被申请人跟踪、骚扰、接触未成年人及其临时照料人；

（三）责令被申请人迁出未成年人住所；

（四）保护未成年人及其临时照料人人身安全的其他措施。

25. 被申请人拒不履行人身安全保护裁定，危及未成年人及其临时照料人人身安全或者扰乱未成年人救助保护机构工作秩序的，未成年人、未成年人救助保护机构或者其他临时照料人有权向公安机关报告，由公安机关依法处理。

被申请人有其他拒不履行人身安全保护裁定行为的，未成年人、未成年人救助保护机构或者其他临时照料人有权向人民法院报告，人民法院根据民事诉讼法第一百一十一条、第一百一十五条、第一百一十六条的规定，视情节轻重处以罚款、拘留；构成犯罪的，依法追究刑事责任。

26. 当事人对人身安全保护裁定不服的，可以申请复议一次。复议期间不停止裁定的执行。

四、申请撤销监护人资格诉讼

27. 下列单位和人员（以下简称有关单位和人员）有权向人民法院申请撤销监护人资格：

（一）未成年人的其他监护人，祖父母、外祖父母、兄、姐，关系密切的其他亲属、朋友；

（二）未成年人住所地的村（居）民委员会，未成年人父、母所在单位；

（三）民政部门及其设立的未成年人救助保护机构；

（四）共青团、妇联、关工委、学校等团体和单位。

申请撤销监护人资格，一般由前款中负责临时照料未成年人的单位和人员提出，也可以由前款中其他单位和人员提出。

28. 有关单位和人员向人民法院申请撤销监护人资格的，应当提交相关证据。

有包含未成年人基本情况、监护存在问题、监护人悔过情况、监护人接受教育辅导情况、未成年人身心健康状况以及未成年人意愿等内容的调查评估报告的，应当一并提交。

29. 有关单位和人员向公安机关、人民检察院申请出具相关案件证明材料的，公安机关、人民检察院应当提供证明案件事实的基本材料或者书面说明。

30. 监护人因监护侵害行为被提起公诉的案件，人民检察院应当书面告知未成年人及其临时照料人有权依法申请撤销监护人资格。

对于监护侵害行为符合本意见第35条规定情形而相关单位和人员没有提起诉讼的，人民检察院应当书面建议当地民政部门或者未成年人救助保护机构向人民法院申请撤销监护人资格。

31. 申请撤销监护人资格案件，由未成人住所地、监护人住所地或者侵害行为地基层人民法院管辖。

人民法院受理撤销监护人资格案件，不收取诉讼费用。

五、撤销监护人资格案件审理和判后安置

32. 人民法院审理撤销监护人资格案件，比照民事诉讼法规定的特别程序进行，在一个月内审理结案。有特殊情况需要延长的，由本院院长批准。

33. 人民法院应当全面审查调查评估报告等证据材料，听取被申请人、有表达能力的未成年人以及村（居）民委员会、学校、邻居等的意见。

34. 人民法院根据案件需要可以聘请适当的社会人士对未成年人进行社会观护，并可以引入心理疏导和测评机制，组织专业社会工作者、儿童心理问题专家等专业人员参与诉讼，为未成年人和被申请人提供心理辅导和测评服务。

35. 被申请人有下列情形之一的，人民法院可以判决撤销其监护人资格：

（一）性侵害、出卖、遗弃、虐待、暴力伤害未成年人，严重损害未成年人身心健康的；

（二）将未成年人置于无人监管和照看的状态，导致未成年人面临死亡或者严重伤害危险，经教育不改的；

（三）拒不履行监护职责长达六个月以上，导致未成年人流离失所或者生活无着的；

（四）有吸毒、赌博、长期酗酒等恶习无法正确履行监护职责或者因服刑等原因无法履行监护职责，且拒绝将监护职责部分或者全部委托给他人，致使未成年人处于困境或者危险状态的；

（五）胁迫、诱骗、利用未成年人乞讨，经公安机关和未成年人救助保护机构等部门三次以上批评教育拒不改正，严重影响未成年人正常生活和学习的；

（六）教唆、利用未成年人实施违法犯罪行为，情节恶劣的；

（七）有其他严重侵害未成年人合法权益行为的。

36. 判决撤销监护人资格，未成年人有其他监护人的，应当由其他监护人承担监护职责。其他监护人应当采取措施避免未成年人继续受到侵害。

没有其他监护人的，人民法院根据最有利于未成年人的原则，在民法通则第十六条第二款、第四款规定的人员和单位中指定监护人。指定个人担任监护人的，应当综合考虑其意愿、品行、身体状况、经济条件、与未成年人的生活情感联系以及有表达能力的未成年人的意愿等。

没有合适人员和其他单位担任监护人的，人民法院应当指定民政部门担任监护人，由其所属儿童福利机构收留抚养。

37. 判决不撤销监护人资格的，人民法院可以根据需要走访未成年人及其家庭，也可以向当地民政部门、辖区公安派出所、村（居）民委员会、共青团、妇联、未成年人所在学校、监护人所在单位等发出司法建议，加强对未成年人的保护和对监护人的监督指导。

38. 被撤销监护人资格的侵害人，自监护人资格被撤销之日起三个月至一年内，可以书面向人民法院申请恢复监护人资格，并应当提交相关证据。

人民法院应当将前款内容书面告知侵害人和其他监护人、指定监护人。

39. 人民法院审理申请恢复监护人资格案件，按照变更监护关系的案件审理程序进行。

人民法院应当征求未成年人现任监护人和有表达能力的未成年人的意见，并可以委托申请人住所地的未成年人救助保护机构或者其他未成年人保护组织，对申请人监护意愿、悔改表现、监护能力、身心状况、工作生活情况等进行调查，形成调查评估报告。

申请人正在服刑或者接受社区矫正的，人民法院应当征求刑罚执行机关或者社区矫正机构的意见。

40. 人民法院经审理认为申请人确有悔改表现并且适宜担任监护人的，可以判决恢复其监护人资格，原指定监护人的监护人资格终止。

申请人具有下列情形之一的，一般不得判决恢复其监护人资格：

（一）性侵害、出卖未成年人的；

（二）虐待、遗弃未成年人六个月以上、多次遗弃未成年人，并且造成重伤以上严重后果的；

（三）因监护侵害行为被判处五年有期徒刑以上刑罚的。

41. 撤销监护人资格诉讼终结后六个月内，未成年人及其现任监护人可以向人民法院申请人身安全保护裁定。

42. 被撤销监护人资格的父、母应当继续负担未成年人的抚养费用和因监护侵害行为产生的各项费用。相关单位和人员起诉的，人民法院应予支持。

43. 民政部门应当根据有关规定，将符合条件的受监护侵害的未成年人纳入社会救助和相关保障范围。

44. 民政部门担任监护人的，承担抚养职责的儿童福利机构可以送养未成年人。

送养未成年人应当在人民法院作出撤销监护人资格判决一年后进行。侵害人有本意见第 40 条第 2 款规定情形的，不受一年后送养的限制。

（三）疑难、复杂问题的参考性解答

1. 如何正确理解和适用负有照护职责人员性侵罪的定罪量刑规定？

本罪名系根据《刑法修正案（十一）》第二十七条新增设。根据《刑法》规定，奸淫不满十四周岁的幼女构成强奸罪，不论幼女是否表示同意。而对于已满十四周岁不满十六周岁的未成年女性，其虽在认知、判断能力上有所增强，但身心发育尚未完全成熟，在日常生活、学习和物质方面对监护人、教师等负有特殊职责的人员存在一定的服从、依赖关系，容易在非完全自愿状态下受到性侵害。为加强对此类社会关系的调整，保护未成年女性，最高人民法院、最高人民检察院、公安部、司法部于 2013 年 10 月 23 日发布了《依法惩治性侵害未成年人犯罪意见》（法发〔2013〕12 号）。该意见第二十一条第二款规定，对已满十四周岁的未成年女性负有特殊职责的人员，利用其优势地位或者被害人孤立无援的境地，迫使未成年被害人就范，而与其发生性关系的，以强奸罪定罪处罚。《刑法修正案（十一）》公布后，自 2021 年 3 月 1 日起，该意见关于罪名的认定，因与《刑法修正案（十一）》规定相冲突而不再适用。司法实践中，对于自 2021 年 3 月 1 日起发生的特殊职责人员奸淫未成年女性行为，一律应根据本条款定罪处罚。

（1）本罪的犯罪主体为特殊主体，是对未成年女性负有监护、收养、看护、教育、医疗等特殊职责的人员，实践中可以是监护人、教师、医生、保姆等人员。上述人员基于其特殊职责有接触未成年女性的便利条件，而未成年女性对此类人员又有一定的依赖、服从关系，因此法律对此类人员提出特殊要求。

（2）本罪的主观方面是故意。

（3）本罪的客观方面表现为负有照护职责人员与不满十四周岁已满十六周岁的未成年女性发生性关系的行为，不论该女性是否表示同意。《依法惩治性侵害未成年人犯罪意见》将特殊职责人员与未成年女性发生性关系的行为方式限定为利用行为人的优势地位或者被害人孤立无援的境地实施奸淫，如此规定的举证责任过于严苛，实践中也不乏存在未成年女性为得到更好的照料、偏爱而主动提出发生性关系的案件，为更好规范特殊职责人员履职尽责并保护未成年女性受教育权、被抚养权等权益，《刑法修正案（十一）》未作出类似限制，即特殊职责人员与未成年女性发生性关系的，就可以认定本罪。犯罪对象是已满十四周岁不满十六周岁的未成年女性，特殊职责人员与已满十六周岁的女性自愿发生性关系的，不构成本罪。因此特殊职责人员对未成年女性年龄是否明知对确定罪与非罪具有重要作用。实践中，特殊职责人员或者与被害人相熟，或者基于其特殊职责具有了解被害人真实年龄的条件，通常行为人应是“明知”，但如果行为人确实不知对方已满十四周岁不满十六周岁，双方自愿发生性关系，未造成严重后果，情节显著轻微的，不认为是犯罪。

（4）本罪的客体是复杂客体，既侵犯了未成年女性的身心健康，同时侵犯了特殊职责人员的职责义务。

（5）犯负有照护职责人员性侵罪“情节恶劣”，主要是指奸淫未成年女性多人或者多次的、二人以上轮奸的、在公共场所当众奸淫的、造成未成年女性伤害、怀孕或者其他严重后果的、奸淫手段恶劣或者有其他恶劣情节的等。

2. 正确理解和适用本条第二款规定

《刑法》第二百三十六条之一第二款规定，有前款行为，同时又构成本法第二百三十六条规定之罪的，依照处罚较重的规定定罪处罚，实务中需注意以下几点：

（1）负有照护职责人员基于一个犯罪故意奸淫未成年女性，其行为既符合本罪的犯罪构成，又符合强奸罪的犯罪构成，属于法条竞合，根据本款规定，应从一重罪处罚，不实行数罪并罚。

（2）负有照护职责人员基于两种犯罪故意奸淫同一未成年女性，部分行为符合本罪的犯罪构成，部分行为符合强奸罪的犯罪构成，应当数罪并罚。

（3）负有照护职责人员奸淫不同的未成年女性，部分行为符合本罪的犯罪构成，部分行为符合强奸罪的犯罪构成，应当数罪并罚。

八、强制猥亵、侮辱罪

（一）刑法规定

第二百三十七条[①] 以暴力、胁迫或者其他方法强制猥亵他人或者侮辱妇女的，处五年以下有期徒刑或者拘役。

聚众或者在公共场所当众犯前款罪的，或者有其他恶劣情节的，处五年以上有期徒刑。

（二）司法解释、司法文件及其权威解读

权威解读

解读《刑法修正案（九）》立法背景

针对近年来猥亵他人不法行为的实际情况，为进一步加强对公民人身权利的保护，《刑法修正案（九）》对本罪做了二处修改完善：

一是将猥亵妇女改为猥亵他人。本条原第一款规定，以暴力、胁迫或者其他方法强制猥亵妇女或者侮辱妇女的，处五年以下有期徒刑或者拘役。该款着重强调了《刑法》对妇女这一群体的特殊保护。妇女、儿童虽是猥亵行为的主要受害群体，但实践中猥亵男性的情况也屡有发生，猥亵十四周岁以上男性的行为如何适用《刑法》并不明确，对此，社会有关方面多次建议和呼吁，要求扩大猥亵罪适用范围，包括猥亵十四周岁以上男性的行为，以同等保护男性的人身权利。因此，《刑法修正案（九）》将第一款罪状中的“猥

---

① 根据2015年8月29日公布的《刑法修正案（九）》第十三条修正。原条文为“以暴力、胁迫或者其他方法强制猥亵妇女或者侮辱妇女的，处五年以下有期徒刑或者拘役。聚众或者在公共场所当众犯前款罪的，处五年以上有期徒刑。”

亵妇女”修改为“猥亵他人”，使该条保护的对象由妇女扩大到了年满十四周岁的男性。

二是增加规定了加重处罚情形，加大了对猥亵犯罪的惩治力度。实践中，仅对“聚众”或者在“公共场所当众”两种情况加重处罚已不能适应当前惩治、遏制猥亵犯罪的实际需要。例如，近来曝光的教师猥亵多名学生以及多次猥亵学生，造成严重后果，社会影响恶劣等情形，仅按第一款规定处以五年以下有期徒刑或者拘役，难以做到罪刑相适应。对此，各方面强烈建议加大对情节恶劣的猥亵犯罪的惩治力度。为此，立法机关经广泛听取意见，反复研究论证，在《刑法修正案（九)》第二款规定的基础上，增加了“有其他恶劣情节的”加重处罚的规定。

本条原第三款在《刑法修正案（九)》中并未修改，但由于第二款增加规定了猥亵的“其他恶劣情节”，因此，猥亵儿童具有上述情节的，也应依照第二款的规定从重处罚。这也体现了《刑法》对儿童人身权利的特殊保护。①

（撰稿：王爱立等）

2. **最高人民法院、最高人民检察院、公安部、司法部关于依法惩治性侵害未成年人犯罪的意见**（法发〔2013〕12号，自2013年10月23日起施行）(节录)

一、基本要求

1. 本意见所称性侵害未成年人犯罪，包括刑法第二百三十六条、第二百三十七条、第三百五十八条、第三百五十九条、第三百六十条第二款规定的针对未成年人实施的强奸罪，强制猥亵、侮辱妇女罪，猥亵儿童罪，组织卖淫罪，强迫卖淫罪，引诱、容留、介绍卖淫罪，引诱幼女卖淫罪，嫖宿幼女罪等。

……

三、准确适用法律

……

22. ……对已满十四周岁的未成年男性实施猥亵，造成被害人轻伤以上后果，符合刑法第二百三十四条或者第二百三十二条规定的，以故意伤害罪或者故意杀人罪定罪处罚。

---

① 全国人大常委会法制工作委员会刑法室：《中华人民共和国刑法解读（第四版)》，中国法制出版社2015年版，第535页。

23. 在校园、游泳馆、儿童游乐场等公共场所对未成年人实施强奸、猥亵犯罪，只要有其他多人在场，不论在场人员是否实际看到，均可以依照刑法第二百三十六条第三款、第二百三十七条的规定，认定为在公共场所“当众”强奸妇女，强制猥亵、侮辱妇女，猥亵儿童。

……

25. 针对未成年人实施强奸、猥亵犯罪的，应当从重处罚，具有下列情形之一的，更要依法从严惩处：

（1）对未成年人负有特殊职责的人员、与未成年人有共同家庭生活关系的人员、国家工作人员或者冒充国家工作人员，实施强奸、猥亵犯罪的；

（2）进入未成年人住所、学生集体宿舍实施强奸、猥亵犯罪的；

（3）采取暴力、胁迫、麻醉等强制手段实施奸淫幼女、猥亵儿童犯罪的；

（4）对不满十二周岁的儿童、农村留守儿童、严重残疾或者精神智力发育迟滞的未成年人，实施强奸、猥亵犯罪的；

（5）猥亵多名未成年人，或者多次实施强奸、猥亵犯罪的；

（6）造成未成年被害人轻伤、怀孕、感染性病等后果的；

（7）有强奸、猥亵犯罪前科劣迹的。

……

四、其他事项

28. 对于强奸未成年人的成年犯罪分子判处刑罚时，一般不适用缓刑。

对于性侵害未成年人的犯罪分子确定是否适用缓刑，人民法院、人民检察院可以委托犯罪分子居住地的社区矫正机构，就对其宣告缓刑对所居住社区是否有重大不良影响进行调查。受委托的社区矫正机构应当及时组织调查，在规定的期限内将调查评估意见提交委托机关。

对于判处刑罚同时宣告缓刑的，可以根据犯罪情况，同时宣告禁止令，禁止犯罪分子在缓刑考验期内从事与未成年人有关的工作、活动，禁止其进入中小学校区、幼儿园园区及其他未成年人集中的场所，确因本人就学、居住等原因，经执行机关批准的除外。

29. 外国人在我国领域内实施强奸、猥亵未成年人等犯罪的，应当依法判处，在判处刑罚时，可以独立适用或者附加适用驱逐出境。对于尚不构成犯罪但构成违反治安管理行为的，或者因实施性侵害未成年人犯罪不适宜在中国境内继续停留居留的，公安机关可以依法适用限期出境或者驱逐出境。

30. 对于判决已生效的强奸、猥亵未成年人犯罪案件，人民法院在依法保护被害人隐私的前提下，可以在互联网公布相关裁判文书，未成年人犯罪的除外。

31. 对于未成年人因被性侵害而造成的人身损害，为进行康复治疗所支付的医疗费、护理费、交通费、误工费等合理费用，未成年被害人及其法定代理人、近亲属提出赔偿请求的，人民法院依法予以支持。

32. 未成年人在幼儿园、学校或者其他教育机构学习、生活期间被性侵害而造成人身损害，被害人及其法定代理人、近亲属据此向人民法院起诉要求上述单位承担赔偿责任的，人民法院依法予以支持。

33. 未成年人受到监护人性侵害，其他具有监护资格的人员、民政部门等有关单位和组织向人民法院提出申请，要求撤销监护人资格，另行指定监护人的，人民法院依法予以支持。

34. 对未成年被害人因性侵害犯罪而造成人身损害，不能及时获得有效赔偿，生活困难的，各级人民法院、人民检察院、公安机关可会同有关部门，优先考虑予以司法救助。

（三）典型或常见问题的审理思路

1. 强制猥亵男性的行为应如何定性？①

多年来，我国刑法一直注重对妇女、儿童性权利的保障，但对十四周岁以上男性性权利的保障有所忽略。同时，整个社会对男性预防性侵害的教育也相对缺乏，容易使男性欠缺自我性保护的意识，也使得性侵男性的犯罪不容易被发现。2015 年 11 月 1 日施行的《刑法修正案（九）》第十三条，将《刑法》原第二百三十七条关于强制猥亵、侮辱妇女罪的相关规定修改为“以暴力、胁迫或者其他方法强制猥亵他人或者侮辱妇女的，处五年以下有期徒刑或者拘役”，扩大了强制猥亵的犯罪对象，将男性成年人及未成年人均涵盖在内。这意味着，凡是违背他人意志，实施强制猥亵行为的，不论猥亵的对象是女性还是男性，不论是未成年人还是成年人，均构成犯罪。

① 案例来源：最高人民法院发布依法惩治侵害未成年人犯罪的典型案例（2017 年 6 月 1 日），被告人潘某峰强制猥亵案。

2. 认定强制猥亵、侮辱罪是否要求行为人必须具有满足性欲或者有损他人人格的目的?[①]

虽然绝大多数强制猥亵案的行为人都具有满足性欲的内心倾向，但是，无论行为人是否具有上述倾向都不影响其行为对被害人性自主权的侵害。如果行为人不具有满足性欲的倾向，就不将其行为认定为强制猥亵、侮辱罪，或者如果行为人具有这种倾向，即使其所实施的行为并不具有强制性，也将其行为认定为强制猥亵、侮辱罪的话，就会不当地缩小或者扩大处罚范围。据此，我们认为，强制猥亵、侮辱罪的成立不需要行为人具有满足自己性欲或有损他人人格的目的。

3. 公然强行扒露妇女衣服实施猥亵的行为应如何定性?[②]

当行为人采用公然强行扒妇女的衣服、对妇女身体进行某些动作性猥亵、侮辱时，对行为人是定侮辱罪还是强制猥亵、侮辱妇女罪，容易发生混淆。区别两者的关键在于行为人的主观目的和动机。侮辱罪中的侮辱妇女，行为人的目的在于败坏妇女的名誉，贬低其人格，动机多出于私愤报复、发泄不满，这一点与侮辱其他人（男性）、其他侮辱行为（如以言语进行侮辱）没有什么区别；而猥亵、侮辱妇女行为，行为人一般在于寻求下流无耻的精神刺激，满足畸形性欲。另外，在有些场合，侮辱妇女罪行为人侮辱的对象即妇女具有不特定性，而侮辱罪的对象只能是特定的。

4. 强迫妇女口交的行为应如何定性?[③]

根据法律规定，行为人是否实施了强行与妇女性交的行为是区分强制猥亵罪与强奸罪的明显特征。强奸罪的强制性交是指性器官的接触，而强迫妇女口交的行为不宜认定为强奸行为，应认定为强制猥亵罪。

（四）疑难、复杂问题的参考性解答

1. 如何正确认定强制猥亵、侮辱罪的客观方面?

本罪客观方面表现为使用暴力、胁迫或者其他方法，强制猥亵他人或者

---

① 案例来源：云南省沾益县人民法院审理的保某某强制猥亵案。

② 观点来源：周强、李少平、南英、张述元、刘学文、胡云腾：《中华人民共和国刑法案典（中）》，人民法院出版社 2020 年版，第 1322 页。

③ 案例来源：吉林省公主岭市（2016）吉 0381 刑初 601 号被告人于某强制猥亵案，载中国裁判文书网。

侮辱妇女的行为。“暴力”，是指对被害人进行殴打、伤害等危及被害人人身安全和人身自由，使被害人不能反抗的行为。“胁迫”，是指对被害人进行威胁、恐吓等精神上的强制，以杀害被害人、揭发隐私、毁坏名誉、加害亲属等相威胁，利用职权、从属关系、教养关系和他人孤立无援的境地相胁迫等手段，使被害人不敢反抗的行为。“其他方法”，是指除暴力、胁迫以外的使被害人不知抗拒、无法抗拒的行为，如利用他人患病、熟睡或者假借看病、醉酒、麻醉后进行猥亵、侮辱等。“强制猥亵他人”，是指违背他人意愿，以抠摸、搂抱、鸡奸、手淫等淫秽下流手段，猥亵他人的行为。“强制侮辱妇女”，是指故意向妇女显露生殖器或者用生殖器顶擦妇女身体，追逐、堵截妇女，偷剪妇女发辫、衣服，向妇女身上泼洒腐蚀物、涂抹污物等手段，侮辱妇女的行为。按照法律规定，行为人只要具有强制猥亵他人或者侮辱妇女其中一种行为就构成本罪；具有两种行为的仍为一罪，不实行并罚。

2. 强制猥亵、侮辱罪与强奸罪的区分

二者区分关键在于查明行为人主观上是否具有奸淫的目的，客观上是否实施了奸淫行为。

3. 强制猥亵、侮辱罪与侮辱罪的区分[①]

以妇女为强制猥亵、侮辱对象的行为与侮辱罪很相似，两者都可以采取暴力、胁迫或其他方法，区别在于：（1）对象情况不同。强制猥亵、侮辱罪的对象虽然包括已满十四周岁的妇女，但一般是以不特定的妇女为对象；而侮辱罪中侮辱妇女的行为，是针对特定的对象实施的。（2）目的动机不同，强制猥亵、侮辱罪中对妇女进行的侮辱行为，一般是出于闹事取乐，寻求精神刺激尤其是性刺激等动机；而侮辱罪中对妇女进行的侮辱，一般是出于个人恩怨、嫉妒或报复，目的是贬损特定妇女的人格和名誉。如果同一行为既构成强制猥亵、侮辱罪又构成侮辱罪的，应择一重罪即强制猥亵、侮辱罪论处。

4. 强制猥亵、侮辱罪中加重处罚情节的认定[②]

《刑法》第二百三十七条第二款是对猥亵犯罪加重处罚情形的规定。强制猥亵、侮辱他人是对被害人的人格、尊严等人身权利的严重侵害，而聚众或

---

① 观点来源：周强、李少平、南英、张述元、刘学文、胡云腾：《中华人民共和国刑法案典（中）》，人民法院出版社 2020 年版，第 1246 页。

② 观点来源：全国人大常委会法制工作委员会刑法室：《刑法修正案（九）最新问答》，法律出版社 2015 年版，第 40－41 页。

者在公共场所实施强制猥亵、侮辱的行为，以及多次实施等“情节恶劣的行为”，对被害人造成的伤害更大，社会影响更恶劣，应当予以严惩。《刑法修正案（九）》还增加了“有其他恶劣情节的”加重处罚的规定。“其他恶劣情节”，主要是指对多人实施猥亵、侮辱行为的，多次实施猥亵、侮辱行为的，造成被害人伤亡等严重后果的，以及手段特别恶劣的等。根据修正后的规定，聚众或者在公共场所当众强制猥亵、侮辱或者猥亵儿童的，或者有其他恶劣情节的，处五年以上有期徒刑。

九、猥亵儿童罪

（一）刑法规定

第二百三十七条[①]　以暴力、胁迫或者其他方法强制猥亵他人或者侮辱妇女的，处五年以下有期徒刑或者拘役。

聚众或者在公共场所当众犯前款罪的，或者有其他恶劣情节的，处五年以上有期徒刑。

猥亵儿童的，处五年以下有期徒刑；有下列情形之一的，处五年以上有期徒刑：

（一）猥亵儿童多人或者多次的；

（二）聚众猥亵儿童的，或者在公共场所当众猥亵儿童，情节恶劣的；

（三）造成儿童伤害或者其他严重后果的；

（四）猥亵手段恶劣或者有其他恶劣情节的。

（二）司法解释、司法文件

最高人民法院、最高人民检察院、公安部、司法部关于依法惩治性侵害未成年人犯罪的意见（法发〔2013〕12 号，自 2013 年 10 月 23 日起施行）（节录）

三、准确适用法律

……

---

① 本条第三款根据 2020 年 12 月 26 日公布的《刑法修正案（十一）》第二十八条修正，原条文为“猥亵儿童的，依照前两款的规定从重处罚”。

22. 实施猥亵儿童犯罪，造成儿童轻伤以上后果，同时符合刑法第二百三十四条或者第二百三十二条的规定，构成故意伤害罪、故意杀人罪的，依照处罚较重的规定定罪处罚。

……

23. 在校园、游泳馆、儿童游乐场等公共场所对未成年人实施强奸、猥亵犯罪，只要有其他多人在场，不论在场人员是否实际看到，均可以依照刑法第二百三十六条第三款、第二百三十七条的规定，认定为在公共场所"当众"强奸妇女，强制猥亵、侮辱妇女，猥亵儿童。

24. 介绍、帮助他人奸淫幼女、猥亵儿童的，以强奸罪、猥亵儿童罪的共犯论处。

25. 针对未成年人实施强奸、猥亵犯罪的，应当从重处罚，具有下列情形之一的，更要依法从严惩处：

（1）对未成年人负有特殊职责的人员、与未成年人有共同家庭生活关系的人员、国家工作人员或者冒充国家工作人员，实施强奸、猥亵犯罪的；

（2）进入未成年人住所、学生集体宿舍实施强奸、猥亵犯罪的；

（3）采取暴力、胁迫、麻醉等强制手段实施奸淫幼女、猥亵儿童犯罪的；

（4）对不满十二周岁的儿童、农村留守儿童、严重残疾或者精神智力发育迟滞的未成年人，实施强奸、猥亵犯罪的；

（5）猥亵多名未成年人，或者多次实施强奸、猥亵犯罪的；

（6）造成未成年被害人轻伤、怀孕、感染性病等后果的；

（7）有强奸、猥亵犯罪前科劣迹的。

（三）典型或常见问题的审理思路

1. 如何认定在公共场所当众猥亵？①

根据最高人民法院、最高人民检察院、公安部、司法部联合发布的《依法惩治性侵害未成年人犯罪意见》，"在校园、游泳馆、儿童游乐场等公共场所对未成年人实施强奸、猥亵犯罪，只要有其他多人在场，不论在场人员是否实际看到，均可以依照刑法第二百三十六条第三款、第二百三十七条的规定，认定为在公共场所'当众'强奸妇女，强制猥亵、侮辱妇女，猥亵儿

① 案例来源：最高人民法院公布三起性侵犯儿童犯罪典型案例（2014年1月4日）。

童”。

2. 正确理解猥亵儿童的加重处罚情节[①]

《刑法修正案（九）》出台以前，猥亵儿童罪的加重处罚情节仅有聚众猥亵和在公共场所当众猥亵，对于猥亵多人、多次或者造成严重后果的，因法律没有明确规定而无法适用加重处罚条款。《刑法修正案（九）》扩大了加重处罚情节的范围，增加了“其他恶劣情节”的兜底性条款，据此，猥亵多人、多次或者造成严重后果的情形也可以加重处罚。《刑法修正案（十一）》对本条罪状进行修改，通过列举规定了加重处罚情节，包括：猥亵儿童多人或者多次的，聚众猥亵儿童或者在公共场所当众猥亵儿童情节恶劣的，造成儿童伤害或者其他严重后果的，猥亵手段恶劣或者其他恶劣情节的。

3. 通过网络强迫未成年人自行实施猥亵行为应如何定性?[②]

常见的猥亵儿童行为均是行为人与被害人有直接的身体接触，那么没有身体接触的情况下能否构成本罪，这就涉及本案客观方面的认定。关于猥亵儿童罪中的猥亵行为，通常表现为以下情形：（1）直接对儿童实施猥亵行为；（2）让儿童对行为人或者他人实施猥亵行为；（3）强迫儿童自行实施猥亵行为等。司法实践中，猥亵儿童的方法通常表现为抠摸、搂抱、鸡奸、口淫、手淫等，但并不要求行为人与被害儿童间必须有直接的身体接触或处于同一个可接触空间内。例如，在同一空间（比如在某一房间内）让儿童对他人实施摸弄生殖器等猥亵行为，或者让儿童自行实施手淫等猥亵行为，即行为人与被害儿童之间不存在直接的身体接触。据此，行为人通过网络（如QQ聊天、视频、微信等）这种能大大拉近彼此间时空距离的方式强迫被害儿童自行实施猥亵行为，因其采取的亦是抠摸、搂抱、鸡奸、口淫、手淫等下流淫秽方法（只是由被害儿童自行实施而已，即借助被害儿童的手实施该淫秽行为），亦属于强迫儿童自行实施猥亵行为。也就是说，猥亵儿童行为亦可表现为通过网络强迫被害儿童自行实施猥亵行为。

① 案例来源：最高人民法院通报14起未成年人审判典型案例（2014年11月24日）。

② 观点来源：广西壮族自治区南宁市中级人民法院（2015）南市刑一终字第93号张某龙猥亵儿童案，载中国裁判文书网。

（四）疑难、复杂问题的参考性解答

1. 猥亵儿童罪与奸淫幼女行为的区别

两者关键的区别在于查明行为人主观上是否具有奸淫的目的，客观上是否实施了奸淫的行为。如果出于奸淫的目的对不满十四周岁的幼女实施猥亵的，成立奸淫幼女的强奸罪（可能是未遂）而不再定本罪。但如果出于奸淫目的而对不满十四周岁的幼童实施猥亵的或者奸淫不满十四周岁的男童的，则成立本罪。

2. 猥亵儿童罪与强制猥亵罪的区别

两者的共同点都是实施了猥亵行为，不同点在于：一是强制性要求不同。猥亵儿童不要求强制性，强制猥亵要求必须采用暴力、胁迫或者其他方法，强制性是题中之义。二是行为对象不同。猥亵儿童的对象是儿童，即不满十四周岁的幼童。强制猥亵行为的对象是已满十四周岁的人，包括男人和女人。三是处罚基准点不同。因猥亵儿童与奸淫幼女均是对幼儿身心的损害，因此法律规定了更为严格的刑事责任，均予以从重处罚。

3. 注意区分猥亵儿童罪与一般亲昵儿童的行为

两者区分的关键是行为人的主观意图不同，基于该意图实施的行为也有所区别。猥亵儿童罪是基于下流淫欲，对被害儿童性器官或者敏感部位实施的抠摸、搂抱或鸡奸、让儿童为其口淫、手淫等行为，该行为一般是不为普通民众所接受的。

十、非法拘禁罪

（一）刑法规定

第二百三十八条　非法拘禁他人或者以其他方法非法剥夺他人人身自由的，处三年以下有期徒刑、拘役、管制或者剥夺政治权利。具有殴打、侮辱情节的，从重处罚。

犯前款罪，致人重伤的，处三年以上十年以下有期徒刑；致人死亡的，处十年以上有期徒刑。使用暴力致人伤残、死亡的，依照本法第二百三十四条、第二百三十二条的规定定罪处罚。

为索取债务非法扣押、拘禁他人的，依照前两款的规定处罚。

国家机关工作人员利用职权犯前三款罪的，依照前三款的规定从重处罚。

（二）司法解释、司法文件及其权威解读

1. 最高人民法院关于对为索取法律不予保护的债务非法拘禁他人行为如何定罪问题的解释（法释〔2000〕19号，自2000年7月19日起施行）

为了正确适用刑法，现就为索取高利贷、赌债等法律不予保护的债务，非法拘禁他人行为如何定罪问题解释如下：

行为人为索取高利贷、赌债等法律不予保护的债务，非法扣押、拘禁他人的，依照刑法第二百三十八条的规定定罪处罚。

权威解读

解读《最高人民法院关于对为索取法律不予保护的债务非法拘禁他人行为如何定罪问题的解释》

司法实践中，对《刑法》第二百三十八条第三款规定的“债务”有不同理解，对为索取不受法律保护的债务而非法拘禁他人的行为如何定罪问题也有不同看法：一种意见认为，《刑法》第二百三十八条第三款规定的“债务”，仅指合法债务，不应当包括法律不予保护的债务，更不包括赌债、高利贷等所谓“恶债”；为索取法律不予保护的债务而将债务人关押，扣作人质，符合绑架罪构成要件的，可以定绑架罪。另一种意见认为，《刑法》第二百三十八条第三款规定的“债务”，既包括合法债务，也包括法律不予保护的债务，为索取法律不予保护的债务而非法拘禁他人的，应当根据《刑法》第二百三十八条第三款的规定认定为非法拘禁罪。

为正确适用《刑法》，最高人民法院于2000年7月13日作出《关于对为索取法律不予保护的债务非法拘禁他人行为如何定罪问题的解释》，规定：“行为人为索取高利贷、赌债等法律不予保护的债务，非法扣押、拘禁他人的，依照刑法第二百三十八条规定的非法拘禁罪定罪处罚。”主要理由有：一是司法实践中，为索取法律不予保护的债务而非法拘禁他人，比较常见的是“债主”通过非法拘禁欠其赌债或高利贷的人，追索赌债或者高利贷的情况。二是虽然《刑法》第二百三十八条第三款并未规定“债务”也包括法律不予保护的债务，但考虑到为讨还赌债、高利贷等法律不予保护的债务而扣押、拘禁他人的，其行为特征与《刑法》第二百三十八条第三款的规定相似，同样侵犯了公民的人身权利，危害了社会安定。因合法债务非法拘禁他人的，

尚且要追究刑事责任，为讨还赌债、高利贷等法律不予保护的债务而扣押、拘禁他人构成犯罪的，更应当追究刑事责任。三是行为人的主观目的是将赌债、高利贷索回，也是“事出有因”，与出于勒索财物目的绑架他人有所不同，被拘禁的对象也是欠有国家法律不予保护的赌债、高利贷等债务的人，从行为特征分析，更符合非法拘禁罪的特征。四是绑架罪的法定最低刑是十年有期徒刑，如果将这种情况认定为绑架罪，势必会造成罪刑不相适应。

在司法实践中应当注意，行为人为索取明显超出债务数额的财物而非法扣押、拘禁他人的，因其行为已带有“借机勒索”的性质，可以依照《刑法》第二百三十九条第一款规定的绑架罪定罪处罚。

（撰稿：李兵）

2. **最高人民检察院关于渎职侵权犯罪案件立案标准的规定**（高检发释字〔2006〕2 号，自 2006 年 7 月 26 日起施行）（节录）

二、国家机关工作人员利用职权实施的侵犯公民人身权利、民主权利犯罪案件

（一）国家机关工作人员利用职权实施的非法拘禁案（第二百三十八条）

非法拘禁罪是指以拘禁或者其他方法非法剥夺他人人身自由的行为。

国家机关工作人员利用职权非法拘禁，涉嫌下列情形之一的，应予立案：

1. 非法剥夺他人人身自由 24 小时以上的；

2. 非法剥夺他人人身自由，并使用械具或者捆绑等恶劣手段，或者实施殴打、侮辱、虐待行为的；

3. 非法拘禁，造成被拘禁人轻伤、重伤、死亡的；

4. 非法拘禁，情节严重，导致被拘禁人自杀、自残造成重伤、死亡，或者精神失常的；

5. 非法拘禁 3 人次以上的；

6. 司法工作人员对明知是没有违法犯罪事实的人而非法拘禁的；

7. 其他非法拘禁应予追究刑事责任的情形。

……

三、附则

（一）本规定中每个罪案名称后所注明的法律条款系《中华人民共和国刑法》的有关条款。

（二）本规定所称“以上”包括本数；有关犯罪数额“不满”，是指已达

到该数额百分之八十以上的。

（三）本规定中的“国家机关工作人员”，是指在国家机关中从事公务的人员，包括在各级国家权力机关、行政机关、司法机关和军事机关中从事公务的人员。在依照法律、法规规定行使国家行政管理职权的组织中从事公务的人员，或者在受国家机关委托代表国家行使职权的组织中从事公务的人员，或者虽未列入国家机关人员编制但在国家机关中从事公务的人员，在代表国家机关行使职权时，视为国家机关工作人员。在乡（镇）以上中国共产党机关、人民政协机关中从事公务的人员，视为国家机关工作人员。

……

（六）本规定自公布之日起施行。本规定发布前有关人民检察院直接受理立案侦查的国家机关工作人员渎职和利用职权实施的侵犯公民人身权利、民主权利犯罪案件的立案标准，与本规定有重复或者不一致的，适用本规定。

对于本规定施行前发生的国家机关工作人员渎职和利用职权实施的侵犯公民人身权利、民主权利犯罪案件，按照《最高人民法院、最高人民检察院关于适用刑事司法解释时间效力问题的规定》办理。

3. 最高人民检察院关于严肃查处非法拘禁人大代表犯罪案件的紧急通知
(2000 年 2 月 23 日)

各省、自治区、直辖市人民检察院，军事检察院：

近年来，全国各级检察机关依法查办了一批国家机关工作人员非法拘禁人大代表的犯罪案件，对保护人大代表的人身权利、民主权利，保障人大代表依法履行职责，发挥了重要作用。但是，此类案件仍然不断发生，有的非法拘禁人大代表的案件情节严重，影响恶劣。对此，各级检察机关必须予以高度重视，采取坚决有效措施，切实加大查办非法拘禁人大代表犯罪案件的力度。

一、要充分认识查办非法拘禁人大代表犯罪案件的重要性。我国各级人民代表大会代表是依照法律选举产生的国家权力机关组成人员，代表人民的利益和意志，依照宪法和法律赋予的各项职权参加行使国家权力。我国法律明确规定，县级以上的各级人民代表大会代表，非经本级人民代表大会主席团许可，不受逮捕或者刑事审判；如果因为是现行犯被拘留，执行拘留的机关应当立即向该级人民代表大会主席团或者其常务委员会报告；对县级以上的各级人民代表大会代表采取法律规定的其他限制人身自由的措施，应当经该级人民代表大会主席团或者其常务委员会许可。县级以下的人民代表大会代表被逮捕、受到刑事审判，或者被采取法律规定的其他限制人身自由的措施，执行机关应当立即报告该级人民代表大会。各级检察机关要充分认识，保护各级人民代表大会代表的合法权利，捍卫法律的尊严，是法律赋予检察机关的重要职责，是加强我国社会主义民主法制建设的需要，是实践依法治国，建设社会主义法治国家的必然要求。各级检察机关务必把这项工作摆上重要位置，抓紧抓好。

二、要切实加大非法拘禁人大代表犯罪案件的查处力度。坚决查办非法拘留、逮捕，或者其他严重限制人大代表人身自由的犯罪案件，特别是对那些长时间、多人次非法拘禁人大代表的案件，对那些非法拘禁情节恶劣、后果严重、社会影响极坏的案件，要及时发现，及时查处，发现一件、查处一件，不管涉及到谁，都要一查到底，决不姑息。对压案不查、瞒案不报的，要坚决追究有关人员的责任。

三、查办非法拘禁人大代表的犯罪案件过程中，要注意对人大代表的司法保护。一旦发现有非法拘禁人大代表的案件，要先依法释放，再行查处；凡人大代表向检察机关的投诉，都要认真受理，及时查办；要采取措施，依法保护被非法拘禁的人大代表的人身安全；案件的查处进展情况要及时向人大常委会通报，征询意见。

四、查办非法拘禁人大代表的犯罪案件要紧紧依靠党的领导和人大的支持。非法拘禁人大代表是国家机关工作人员实施的一种侵权型职务犯罪，查处干扰多，阻力大，调查取证困难，各级检察机关要积极争取党委的领导和人大的支持，主动汇报工作，必要时可提请党委和人大出面做好协调工作，确保查处工作依法顺利进行。

五、严格依法办事，正确区分罪与非罪界限，坚持办案程序、办案规范和办案纪律要求。同时要有针对性地加强宣传和预防工作，积极探索杜绝发生非法拘禁人大代表案件的措施与途径。

六、要加强领导，各级检察院检察长要高度重视非法拘禁人大代表犯罪案件的查处工作，直接抓，亲自抓，做好指挥、协调工作，对办案中遇到的问题及时研究解决。上级检察院要加强督办、指导，支持下级检察院的查办工作，遇有干扰多、阻力大的案件，上级检察院要提上来办。各地检察机关发现和查办非法拘禁人大代表犯罪案件的情况要及时层报最高人民检察院。

（三）典型或常见问题的审理思路

1. 为寻找他人而挟持人质的行为应认定绑架罪还是非法拘禁罪？①

《刑法》第二百三十八条规定，非法拘禁他人或者以其他方法非法剥夺他人人身自由的行为构成非法拘禁罪。《刑法》第二百三十九条规定，以勒索财物为目的绑架他人，或者绑架他人作为人质的，构成绑架罪。虽然二者均有控制他人的人身自由以达到一定目的的共同性，但是从二者的法定刑设置可以看出，绑架罪的社会危害性明显大于非法拘禁罪，因此一般认为绑架的目的是勒索巨额赎金或者提出重大不法要求。对于因婚恋纠纷、家庭纠纷等引发，为寻找他人而使用暴力、言语威胁限制他人人身自由，暴力行为有所节制的，因事出有因，不能认定为重大不法要求。因此，从刑法谦抑性角度出发，对此类行为认定非法拘禁罪更为妥当。

2. 传销组织控制传销人员人身自由的行为如何定性？②

《刑法》第二百三十八条对非法拘禁罪的主观目的未予规定，即只要实施了非法拘禁的行为，不论出于何种动机，均构成非法拘禁罪，动机对于量刑可能会产生影响。同时，根据《最高人民法院、最高人民检察院、公安部关于办理组织领导传销活动刑事案件适用法律若干问题的意见》，犯组织、领导传销活动罪，并实施故意伤害、非法拘禁、敲诈勒索、妨害公务、聚众扰乱社会秩序、聚众冲击国家机关、聚众扰乱公共场所秩序、交通秩序等行为，构成犯罪的，依照数罪并罚的规定处罚。因此，组织传销人员非法控制成员人身自由的行为，符合非法拘禁罪的认定条件。

3. 为逼还贷款非法关押借款人以外的第三人的行为应如何定性？③

司法实践中，索债型非法拘禁的债权人通常为达到要回欠款的目的，会直接非法扣押、拘禁债务人本人，但也不排除将债务人的亲属或者与债务人

---

① 案例来源：最高人民法院公报案例，摘自最高人民法院刑事审判第一、二、三、四、五庭：《中国刑事审判指导案例（侵犯公民人身权利、民主权利罪）》，法律出版社2009年版，第444－446页，胡某杰、邓某才非法拘禁案。

② 案例来源：最高人民法院公布通过网络实施的侵犯妇女未成年人等犯罪典型案例（2014年10月21日）。

③ 案例来源：最高人民法院公报案例，选自最高人民法院刑事审判第一、二、三、四、五庭：《中国刑事审判指导案例（侵犯公民人身权利、民主权利罪）》，法律出版社2009年版，第435－437页，辜某平非法拘禁案。

有密切关系的人扣留作为人质以逼迫债务人偿还债务的情况。《刑法》第二百三十八条的规定并未限定“他人”的范围，也未对拘禁的主观目的作出限制，故只要实施了非法扣押、拘留的行为就可以认定非法拘禁罪。当然，如果为了索要巨额赎金或者实现重大不法要求而扣押人质的，则应认定绑架罪。

4. 非法拘禁致人死亡的应如何认定？①

《刑法》第二百三十八条第二款规定的非法拘禁致人死亡，是指非法拘禁行为本身致被害人死亡，行为人对死亡结果只能出于过失，而不能出于故意。该条款同时规定，在非法拘禁过程中，使用暴力致人死亡的，则构成转化犯，依照《刑法》第二百三十二条的规定，以故意杀人罪定罪处罚。此处所谓暴力，应当是指超出非法拘禁范围的暴力，同时，行为人对死亡结果是出于故意。

5. “索财型”绑架罪与“索债型”非法拘禁罪的区分②

“索财型”绑架罪与“索债型”非法拘禁罪都实施了剥夺他人的人身自由并向他人索要财物的行为，但两罪主要有以下三方面区别：一是行为人非法限制他人人身自由的主观目的不同。绑架罪以勒索财物为目的，对财物无因而索；索要债务的非法拘禁行为事出有因。二是行为人侵犯的客体不同。“索财型”绑架罪侵犯的是复杂客体，即他人的人身权利和财产权利；“索债型”非法拘禁罪侵犯的客体是简单客体，即他人的人身权利。三是危险性不同。绑架罪需采取暴力、胁迫等犯罪方法，对被害人的健康、生命有较大的危害；非法拘禁在实施扣押、拘禁他人的过程中也可能出现捆绑、推搡、殴打等行为，但更多的是侵害他人的人身自由，而非生命健康。

6. 以“软暴力”非法拘禁索取债务的行为应如何定性？

根据《最高人民法院、最高人民检察院、公安部、司法部关于办理实施“软暴力”的刑事案件若干问题的意见》规定，“软暴力”是指行为人为谋取不法利益或形成非法影响，对他人或者在有关场所进行滋扰、纠缠、哄闹、聚众造势等，足以使他人产生恐惧、恐慌进而形成心理强制，或者足以影响、限制人身自由、危及人身财产安全，影响正常生活、工作、生产、经营的违

---

① 案例来源：朱和庆、刘静坤：《犯意不同型共同犯罪的定罪量刑》，载《人民司法案例》2010年12期，刘建华、龚福勤绑架杀人案，第4－7页。

② 观点来源：全国人大常委会法工委刑法室：《〈中华人民共和国刑法〉释义及实用指南》，中国民主法制出版社2016年版，第454页。

法犯罪手段。对于以“软暴力”非法拘禁他人的，第六条规定“有组织地多次短时间非法拘禁他人的，应当认定为《刑法》第二百三十八条规定的‘以其他方法非法剥夺他人人身自由’。非法拘禁他人三次以上、每次持续时间在四小时以上，或者非法拘禁他人累计时间在十二小时以上的，应当以非法拘禁罪定罪处罚。”

（四）疑难、复杂问题的参考性解答

1. 非法拘禁罪的行为方式①

非法拘禁的行为方式不限于有形的、物理的强制方法，也存在无形的、心理上的方法，比如胁迫被害人，利用其害怕心理或羞耻心理而不敢逃跑，或者欺骗被害人，利用其错误心理而不去逃跑的行为，都可能构成非法拘禁罪。非法剥夺他人人身自由的行为大多表现为作为，但也可以以不作为的方式实施。行为人的先前行为产生了释放他人的作为义务而不为的，构成非法拘禁罪。比如，司法工作人员对于被错误拘留或者逮捕的人，在发现不应当拘留或逮捕时，仍然不予释放的。

2. 非法拘禁罪一罪与数罪的区分

如果在非法拘禁过程中，故意使用暴力致人伤残或者死亡的，则应依照《刑法》的有关规定实行数罪并罚。如果非法拘禁的行为同其他犯罪行为之间存在牵连关系，如用非法拘禁的方法故意使被害人冻饿而死，就同时触犯了非法拘禁和故意杀人两个罪名，则应当按照处理牵连犯的原则，择一重罪处罚，不必实行并罚。

3. 犯罪形态

本罪在犯罪形态上属持续犯，追诉时效从行为实施终了之日起计算。尚在追诉时效之内的“人次”应累计计算。

4. 规范化量刑

《量刑指导意见（试行）》对非法拘禁罪的规定是：

（1）构成非法禁罪的，根据下列情形在相应的幅度内确定量刑起点：

①犯罪情节一般的，在一年以下有期徒刑、拘役幅度内确定量刑起点。

---

① 观点来源：李永升：《刑事案例诉辩审评——绑架罪非法拘禁罪》，中国检察院出版社 2014 年版。

②致一人重伤的，在三年至五年有期徒刑幅度内确定量刑起点。

③致一人死亡的，在十年至十三年有期徒刑幅度内确定量刑起点。

（2）在量刑起点的基础上，根据非法拘禁人数、拘禁时间、致人伤亡后果等其他影响犯罪构成的犯罪事实增加刑罚量，确定基准刑。

非法拘禁多人多次的，以非法拘禁人数作为增加刑罚量的事实，非法拘禁次数作为调节基准刑的量刑情节。

（3）有下列情节之一的，可以增加基准刑的10% -20%：

①具有殴打、侮辱情节的；

②国家机关工作人员利用职权非法扣押、拘禁他人的。

十一、绑架罪

（一）刑法规定

第二百三十九条[①] 以勒索财物为目的绑架他人的，或者绑架他人作为人质的，处十年以上有期徒刑或者无期徒刑，并处罚金或者没收财产；情节较轻的，处五年以上十年以下有期徒刑，并处罚金。

犯前款罪，杀害被绑架人的，或者故意伤害被绑架人，致人重伤、死亡的，处无期徒刑或者死刑，并处没收财产。

以勒索财物为目的偷盗婴幼儿的，依照前两款的规定处罚。

---

① 本条经2009年2月28日《刑法修正案（七）》第六条修正，经2015年8月29日《刑法修正案（九）》第十四条修正。

1997年《刑法》第二百三十九条规定："以勒索财物为目的绑架他人的，或者绑架他人作为人质的，处十年以上有期徒刑或者无期徒刑，并处罚金或者没收财产；致使被绑架人死亡或者杀害被绑架人的，处死刑，并处没收财产。以勒索财物为目的偷盗婴幼儿的，依照前款的规定处罚。"

《刑法修正案（七）》第六条修正为："以勒索财物为目的绑架他人的，或者绑架他人作为人质的，处十年以上有期徒刑或者无期徒刑，并处罚金或者没收财产；情节较轻的，处五年以上十年以下有期徒刑，并处罚金。犯前款罪，致使被绑架人死亡或者杀害被绑架人的，处死刑，并处没收财产。以勒索财物为目的偷盗婴幼儿的，依照前两款的规定处罚。"

（二）司法解释、司法文件及其权威解读

权威解读

1. 解读《刑法修正案（七）》（节录）

六、对《刑法》第二百三十九条绑架罪进行了修改，将起点刑降低到五年有期徒刑。1997 年《刑法》第二百三十九条第一款规定："以勒索财物为目的绑架他人的，或者绑架他人作为人质的，处十年以上有期徒刑或者无期徒刑，并处罚金或者没收财产；致使被绑架人死亡或者杀害被绑架人的，处死刑，并处没收财产。"对此，公安部提出，近年来，绑架犯罪活动发生了很大变化，无论是犯罪形式还是犯罪的危害程度都呈现出多种形态。过去，绑架行为人一般都是些亡命之徒，现在有些案件是好逸恶劳之徒实施的恶性不大、勒索小额财物的行为。过去，使用暴力是绑架的主要手段，现在也已经分化。相对于变化了的客观环境，绑架罪过高的法定刑起点显得罪刑不相适应。同时，绑架罪法定刑的层次性不足，对实践中出现的多种常见的并有明显差异的情况没有体现出区别对待，如绑架过程中有无使用暴力，有无实施多次绑架或者一次绑架多人的情形，是否有致使被绑架人重伤或者死亡的后果，勒索金额大小等情节，目前绑架罪的刑罚档次设置难以适应犯罪复杂的情况。建议对绑架他人后没有对人质进行人身伤害，又主动释放的，规定较轻刑罚。有些部门和专家提出，"致使被绑架人死亡或者杀害被绑架人的，处死刑"的规定，过于绝对，在实际生活中，"致使被绑架人死亡"的情况比较复杂：有的被绑架人由于受惊吓，心脏病发作死亡；有的人嘴被封，呼吸困难死亡；有的人试图翻窗跳楼逃跑时摔死等。行为人对死亡的后果在主观上可能是间接故意，也可能是过失，不加区分地与直接"撕票"杀害被绑架人的情形一样对待，一律处死刑，不合理，建议修改为"杀害被绑架人或者致使被绑架人死亡的，处无期徒刑或者死刑。"在草案审议修改的过程中，对于增加一档刑："情节较轻的，处三年以上十年以下有期徒刑"的方案，有些委员认为，根据司法实践的需要，对绑架罪增加一档较轻刑罚有利于做到罪刑相适应，是必要的。但将最低刑规定为三年有期徒刑，实践中就有可能适用缓刑。在当前绑架犯罪多发，严重影响人民群众安全感的情况下，对绑架罪适用缓刑，群众可能难以接受，社会效果也不好，建议将最低刑规定为五年有期徒刑较为合适，常委会采纳了这个意见。《刑法修正案（七）》第六条对

绑架罪刑罚增加了一档刑："情节较轻的，处五年以上十年以下有期徒刑，并处罚金。"这样规定，体现了宽严相济的刑事政策。

（撰稿：黄太云）

2. 解读《刑法修正案（九）》立法背景

本条原第二款规定"犯前款罪，致使被绑架人死亡或者杀害被绑架人的，处死刑，并处没收财产"。即只要出现被绑架人死亡结果，或者具有杀害被绑架人行为的，均适用死刑。这一规定，虽体现了从严惩处精神，但由于实践中绑架的情况复杂，绝对刑罚在适用时缺少选择，有时难以体现罪刑相适应。例如，有的被绑架人由于受惊吓，心脏病发作死亡；有的人被置于车辆的后备箱中，呼吸不畅死亡；有的人试图翻窗跳楼逃跑时意外摔死，跳河溺死等。这些情况下，行为人对被绑架人的死亡结果是过失的，与直接故意杀害被绑架人的，在主观恶性上差异很大，一律处以死刑，难以适应案件的不同情况，做到罪刑相适应。另外，行为人故意伤害被绑架人，以特别残忍的手段致被绑架人重伤或造成残疾的，由于没有杀害被绑架人的故意，也未造成被绑架人死亡，所以只能适用绑架罪的第一款处刑，最高只能判处无期徒刑。考虑到这类行为对被绑架人的人身危害极其严重，社会危害极大，且故意伤害罪也规定有死刑，对这类行为造成特别严重后果的，也应可以判处死刑。对此，有关方面尤其是司法机关多次提出修改完善建议。综上，《刑法修正案（九）》将此款修改为"犯前款罪，杀害被绑架人的，或者故意伤害被绑架人，致人重伤、死亡的，处无期徒刑或者死刑，并处没收财产。"

（撰稿：王爱立等）①

1. 最高人民法院关于对在绑架过程中以暴力、胁迫等手段当场劫取被害人财物的行为如何适用法律问题的答复（法函〔2001〕68号，自2001年11月8日起施行）

福建省高级人民法院：

你院闽高法〔2001〕128号《关于在绑架过程中实施暴力或以暴力相威胁当场劫取被害人财物的行为如何适用法律问题的请示》收悉。经研究，答复如下：

① 全国人大常委会法制工作委员会刑法室：《中华人民共和国刑法解读（第四版）》，中国法制出版社2015年版，第541页。

行为人在绑架过程中，又以暴力、胁迫等手段当场劫取被害人财物，构成犯罪的，择一重罪处罚。

2. 全国人民代表大会常务委员会法制工作委员会关于已满十四周岁不满十六周岁的人承担刑事责任范围问题的答复意见（法工委复字〔2002〕12号，自2002年7月24日起施行）

最高人民检察院：

关于你单位4月8日来函收悉，经研究，现答复如下：

刑法第十七条第二款规定的八种犯罪，是指具体犯罪行为而不是具体罪名。对于刑法第十七条中规定的“犯故意杀人、故意伤害致人重伤或者死亡”，是指只要故意实施了杀人、伤害行为并且造成了致人重伤、死亡后果的，都应负刑事责任。而不是指只有犯故意杀人罪、故意伤害罪的，才负刑事责任，绑架撕票的，不负刑事责任。对司法实践中出现的已满十四周岁不满十六周岁的人绑架人质后杀害被绑架人、拐卖妇女、儿童而故意造成被拐卖妇女、儿童重伤或死亡的行为，依据刑法是应当追究其刑事责任的。

（三）典型或常见问题的审理思路

1. 绑架他人后自动放弃的如何认定既未遂?①

绑架罪的既遂，以行为人是否将被害人劫持并实际控制为标准。行为人只要实施了绑架他人的行为，就构成绑架罪的既遂。如果由于被害人的反抗或者他人及时进行解救等客观方面的原因，使绑架目的没有得逞，因而未能实际控制被害人的，则构成绑架罪的未遂。绑架并实际控制被害人的，虽自动放弃继续犯罪，但绑架罪已经既遂。

2. 绑架杀人未遂是否属于“杀害被绑架人”的情形?②

根据法律规定，绑架并杀害被绑架人的，应当判处无期徒刑或者死刑，这里的“杀害”只需要行为人有杀人的故意及行为，并不要求“杀死”的后果。被绑架人基于各种原因最终生还的，不影响“杀害”行为的认定。

在绑架过程中实施“撕票”行为，可能出现造成被绑架人死亡、重伤、

---

① 案例来源：最高人民法院刑事审判第一、二、三、四、五庭：《中国刑事审判指导案例（侵犯公民人身权利、民主权利罪）》，法律出版社2009年版，第481－484页，第496号俞某刚绑架案。

② 案例来源：最高人民法院刑事审判第一、二、三、四、五庭：《中国刑事审判指导案例（侵犯公民人身权利、民主权利罪）》，法律出版社2009年版，第478－480页，第299号王某平绑架案。

轻伤以及未造成伤害等多种情形，司法实践中要根据具体情况区分情节对待：

（1）在绑架过程中实施了杀害被绑架人的行为，致被绑架人死亡的，这就是绑架罪中典型的“撕票”。绑架罪以追求非法利益为目的，直接严重侵害公民的人身权利，而且往往杀害被绑架人或者以杀害被绑架人相威胁，社会影响极其恶劣，社会危害性极大，对此类“撕票”行为必须依法予以严惩。因此，对绑架中杀害被绑架人，致被绑架人死亡的，一般应按照《刑法》第二百三十九条第二款的规定，处死刑。

（2）行为人在绑架过程中以特别残忍手段致人重伤造成严重残疾的，可以适用死刑。这是考虑在绑架中故意杀害被绑架人，其罪行程度要比单纯的故意伤害行为严重，按照《刑法》第二百三十四条第二款规定，故意重伤致人死亡或者以特别严重手段致人重伤造成严重残疾的，都可以判处死刑。

（3）在绑架过程中实施了杀害被绑架人的行为，但未造成被绑架人死亡后果的，依照《刑法》第二百三十九条第二款的规定，可以处无期徒刑或者死刑，如仅造成被绑架人普通重伤、轻伤或者未造成伤害后果的，一般可考虑处无期徒刑。①

3. 为索财而杀人并勒索其亲属的行为应如何定性？②

对于以勒索财物为目的绑架行为，行为人可能会在控制被害人之后直接杀害被害人，然后向被害人的近亲属或其他人勒索财物。此种情况下，行为人的行为可能同时符合绑架罪和故意杀人罪的犯罪构成要件。对此种行为应如何认定，需要考察行为人的主观犯意和客观行为。

对于杀人索财型绑架罪，行为人可能在绑架他人后勒索财物前或者勒索财物过程中杀害被绑架人，也可能在绑架他人并成功勒索财物后或者勒索财物未逞的情况下杀害被绑架人。无论属于上述何种情况，行为人杀害被绑架人都是为了减少被绑架人的存活状态导致犯罪行为暴露的可能性，也即行为人杀害被绑架人是服务于勒索财物的目的，而不是单纯地杀害被害人。因此，行为人是在概括的犯意支配下实施上述连续的行为，即通常所谓的“先撕票后索财”，对此种行为应认定为绑架罪，按照杀害被绑架人的情形量刑。如果行为人是基于故意杀害被害人的目的实施杀人行为，然后起意向被害人的近

---

① 观点来源：最高人民法院研究室、最高人民法院刑法修改工作小组：《〈刑法修正案（九）〉条文及配套司法解释理解与适用》，人民法院出版社 2015 年版，第 163 – 166 页。

② 案例来源：人民法院报案例（2011 年 2 月 22 日），徐某有绑架案。

亲属或其他人勒索财物，此种情况下，因行为人基于不同的犯意实施了不同的行为，侵害了不同的法益，应分别构成故意杀人罪和敲诈勒索罪，并应数罪并罚。

4. 勒索钱财数额明显超出债务数额的应如何定性?①

根据法律规定，为索取债务限制他人人身自由的行为应认定为非法拘禁罪。但是行为人索取的财物数额明显大于实际存在的债务时，索债行为性质就会变化。对行为性质的认定要看超过数额的大小。如果数额太大，则表明此时行为人的主观意图、行为动机已发生了根本性的转化，从最初的、纯粹的追索债务变成了既要追债又想勒索他人财物，已同时触犯索债型非法拘禁罪和绑架罪，应从一重罪处罚，以绑架罪定罪量刑。反之，如果数额相差不大，说明行为人也许只是对债务范围、数目理解、认定上存在误解、异议，其主观方面并无实质性的改变，故仍应认定为索债型非法拘禁罪。关于“明显超出”建议以数额达到巨大标准来认定，具体可参照犯罪所在地盗窃数额巨大的标准。

5. 关于绑架罪的死刑适用问题

绑架罪的死刑适用问题可以参照故意杀人、故意伤害罪中死刑适用标准，根据绑架罪的有关规定，杀害被绑架人或者以特别残忍手段致被绑架人重伤造成特别严重残疾的，可以依法考虑适用死刑。对于其他绑架行为是否适用死刑，要综合考虑案件性质、犯罪起因、动机、目的、手段等情节，以及犯罪后果、被告人的主观恶性和人身危险性等因素全面分析，综合判断。

（四）疑难、复杂问题的参考性解答

1. 绑架罪与非法拘禁罪的区分

二者的区别主要有：第一，犯罪目的不同。前者以勒索财物为目的，后者以逼索债务为目的，以扣押“人质”作为讨还债务的手段。第二，犯罪对象不同。前者被绑架的人自身完全无过错，而后者被绑架的“人质”大多自身有过错（如欠债不还），甚至有诈骗等违法犯罪行为，也有的纯属无辜。因此，《刑法》第二百三十八条第三款明确规定，“为索取债务非法扣押、拘禁

---

① 观点来源：福建省泉州市丰泽区人民法院（2009）丰刑初字第319号赵某游等绑架案，载中国裁判文书网。

他人的”，依照非法拘禁罪的规定处罚。

2. 绑架罪与抢劫罪的区别

两者的共同点在于均有采取暴力、胁迫手段获取财物的行为方式和行为目的，不同点主要在于：第一，法律保护的侧重点不同。绑架罪规定在侵犯公民人身权利、民主权利罪中，法律更多关注的是对被绑架人人身安全的侵犯；抢劫罪规定在侵犯财产罪中，法律更多关注的是对财产权利的侵犯。第二，主观方面不完全相同。绑架罪可能出于勒索他人财物的动机，也可能出于其他非经济目的等重大不法要求；抢劫罪一般是出于非法占有他人财物的故意。第三，行为手段不完全相同。绑架罪以杀害、伤害被绑架人等方式向被绑架人的亲属、单位或者其他组织索要赎金或者实现不法要求，获取财物一般不具有“当场性”；抢劫罪通常是在同一时间、地点实施暴力等手段劫取财物，获取财物一般是“当场的”。

当绑架行为与抢劫行为的实施过程存在重合时，根据最高人民法院《两抢意见》，绑架过程中又当场劫取被害人随身携带财物的，同时触犯绑架罪和抢劫罪两罪名，应择一重罪定罪处罚。

3. 绑架罪与敲诈勒索罪的区分①

以威胁方法实施绑架罪与敲诈勒索罪常易混淆，二者的区别是：第一，犯罪侵犯的对象不同。敲诈勒索罪实施威胁的对象和取得财物的对象是同一个，而绑架罪实施威胁绑架的对象和取得财物的对象是分别不同的人。第二，客体要件表现不同。敲诈勒索罪威胁的内容如系暴力，行为人声称是将来实施，而绑架暴力内容的威胁，则是当时、当场已经实施的。第三，敲诈勒索罪行为人并不掳走被害人予以隐藏控制，而绑架罪则要将被害人掳走加以隐藏、控制。

此外，如果行为人以并不存在的绑架行为欺骗威吓某人不是当场交付财物的，既不应以敲诈勒索定罪，也不能以绑架定罪，而应以诈骗罪论处。如欺骗威吓某人当场交出财物，而威吓是以暴力侵害人身为内容的，则应以抢劫罪论处；如威吓是以揭露隐私等为内容的，则应以敲诈勒索罪论处。

---

① 观点来源：张军：《刑法（分则）及配套规定新释新解（第3版）（上）》，人民法院出版社2010年版，第899页。

4. 如何正确认定偷盗婴幼儿的犯罪性质？

对于偷盗婴幼儿的案件，应当按偷盗婴幼儿的目的不同，分别定罪。根据《刑法》第二百三十九条第二款的规定，以勒索财物为目的的偷盗婴幼儿的，应当以绑架罪定罪，并依照《刑法》第二百三十九条第一款的规定处罚；根据《刑法》第二百四十条第一款第六项的规定，以出卖为目的，偷盗婴幼儿的，则应当以拐卖儿童罪定罪，并依照《刑法》第二百四十条第一款的规定处罚；如果出于收养、抚养等目的偷盗婴幼儿的，则成立《刑法》第二百六十二条的拐骗儿童罪；如果出于索要债务的目的偷盗婴幼儿的，则成立《刑法》第二百三十八条的非法拘禁罪。

5. 如何正确掌握本罪的既遂标准？

绑架罪的既遂，应以行为人是否将被害人劫持并实际控制为标准。即行为人只要实施了绑架他人的行为，就构成绑架罪的既遂，而不是以勒索的财物是否到手或者其他目的是否达到为标准。如果由于被害人的反抗或者他人及时进行解救等客观方面的原因，使绑架没有得逞，因而未能实际控制被害人的，则构成绑架罪的未遂。

十二、拐卖妇女、儿童罪

（一）刑法规定

第二百四十条 拐卖妇女、儿童的，处五年以上十年以下有期徒刑，并处罚金；有下列情形之一的，处十年以上有期徒刑或者无期徒刑，并处罚金或者没收财产；情节特别严重的，处死刑，并处没收财产：

（一）拐卖妇女、儿童集团的首要分子；

（二）拐卖妇女、儿童三人以上的；

（三）奸淫被拐卖的妇女的；

（四）诱骗、强迫被拐卖的妇女卖淫或者将被拐卖的妇女卖给他人迫使其卖淫的；

（五）以出卖为目的，使用暴力、胁迫或者麻醉方法绑架妇女、儿童的；

（六）以出卖为目的，偷盗婴幼儿的；

（七）造成被拐卖的妇女、儿童或者其亲属重伤、死亡或者其他严重后果的；

（八）将妇女、儿童卖往境外的。

拐卖妇女、儿童是指以出卖为目的，有拐骗、绑架、收买、贩卖、接送、中转妇女、儿童的行为之一的。

（二）司法解释、司法文件及其权威解读

1. 最高人民法院关于审理拐卖妇女案件适用法律有关问题的解释（法释〔2000〕1号，自2000年1月25日起施行）

为依法惩治拐卖妇女的犯罪行为，根据刑法和刑事诉讼法的有关规定，现就审理拐卖妇女案件具体适用法律的有关问题解释如下：

第一条 刑法第二百四十条规定的拐卖妇女罪中的“妇女”，既包括具有中国国籍的妇女，也包括具有外国国籍和无国籍的妇女。被拐卖的外国妇女没有身份证明的，不影响对犯罪分子的定罪处罚。

第二条 外国人或者无国籍人拐卖外国妇女到我国境内被查获的，应当根据刑法第六条的规定，适用我国刑法定罪处罚。

第三条 对于外国籍被告人身份无法查明或者其国籍国拒绝提供有关身份证明，人民检察院根据刑事诉讼法第一百二十八条第二款的规定起诉的案件，人民法院应当依法受理。

权威解读

解读《最高人民法院关于审理拐卖妇女案件适用法律有关问题的解释》

为依法惩治拐卖妇女的犯罪行为，根据《刑法》和《刑事诉讼法》的有关规定，最高人民法院于2000年1月3日公布了《关于审理拐卖妇女案件适用法律有关问题的解释》（以下简称《拐卖妇女解释》），对“妇女”的范围、外国人犯罪、案件受理等问题作了明确规定。

关于“妇女”的范围。《刑法》第二百四十条规定的拐卖妇女罪，打击的是侵犯妇女人身自由权利的犯罪行为，也就是说，不论被拐卖的妇女是中国人还是外国人，只要是在我国境内实施这种犯罪，就应当依法惩处。因此，《拐卖妇女解释》第一条规定，“刑法第二百四十条规定的拐卖妇女罪中的‘妇女’，既包括具有中国国籍的妇女，也包括具有外国国籍和无国籍的妇女”，并且特别指出，“被拐卖的外国妇女没有身份证明的，不影响对犯罪分子的定罪处罚”。

关于外国人犯罪问题。《刑法》第六条第三款规定，犯罪的行为或者结果

一项发生在我国领域内的，就认为是在我国领域内犯罪，适用我国《刑法》定罪处罚，对于“外国人或者无国籍人拐卖外国妇女到我国境内被查获的”，属于犯罪结果发生在我国领域内，“应当根据刑法第六条的规定，适用我国刑法定罪处罚”。

关于外国籍被告人身份无法查明的案件受理问题。司法实践中，有的外国籍被告人拐卖外国妇女到我国境内被查获，但是其身份无法查明或者其国籍所属国拒绝提供有关身份证明，影响了司法机关对这类犯罪行为的及时惩处。1996年刑事诉讼法第一百二十八条第二款规定，犯罪嫌疑人不讲真实姓名、住址，身份不明的，只要犯罪事实清楚，证明确实充分，侦查机关可以按照其自报的姓名移送人民检察院审查起诉。参照这一内容，《拐卖妇女解释》第三条规定，对于“人民检察院根据刑事诉讼法第一百二十八条第二款的规定起诉的案件，人民法院应当依法受理”。

（撰稿：孙军工）

2. **最高人民法院关于审理拐卖妇女儿童犯罪案件具体应用法律若干问题的解释**（法释〔2016〕28号，自2017年1月1日起施行）

为依法惩治拐卖妇女、儿童犯罪，切实保障妇女、儿童的合法权益，维护家庭和谐与社会稳定，根据刑法有关规定，结合司法实践，现就审理此类案件具体应用法律的若干问题解释如下：

第一条 对婴幼儿采取欺骗、利诱等手段使其脱离监护人或者看护人的，视为刑法第二百四十条第一款第（六）项规定的“偷盗婴幼儿”。

第二条 医疗机构、社会福利机构等单位的工作人员以非法获利为目的，将所诊疗、护理、抚养的儿童出卖给他人的，以拐卖儿童罪论处。

第三条 以介绍婚姻为名，采取非法扣押身份证件、限制人身自由等方式，或者利用妇女人地生疏、语言不通、孤立无援等境况，违背妇女意志，将其出卖给他人的，应当以拐卖妇女罪追究刑事责任。

以介绍婚姻为名，与被介绍妇女串通骗取他人钱财，数额较大的，应当以诈骗罪追究刑事责任。

第四条 在国家机关工作人员排查来历不明儿童或者进行解救时，将所收买的儿童藏匿、转移或者实施其他妨碍解救行为，经说服教育仍不配合的，属于刑法第二百四十一条第六款规定的“阻碍对其进行解救”。

第五条 收买被拐卖的妇女，业已形成稳定的婚姻家庭关系，解救时被买妇女自愿继续留在当地共同生活的，可以视为“按照被买妇女的意愿，不阻碍其返回原居住地”。

第六条 收买被拐卖的妇女、儿童后又组织、强迫卖淫或者组织乞讨、进行违反治安管理活动等构成其他犯罪的，依照数罪并罚的规定处罚。

第七条 收买被拐卖的妇女、儿童，又以暴力、威胁方法阻碍国家机关工作人员解救被收买的妇女、儿童，或者聚众阻碍国家机关工作人员解救被收买的妇女、儿童，构成妨害公务罪、聚众阻碍解救被收买的妇女、儿童罪的，依照数罪并罚的规定处罚。

第八条 出于结婚目的收买被拐卖的妇女，或者出于抚养目的收买被拐卖的儿童，涉及多名家庭成员、亲友参与的，对其中起主要作用的人员应当依法追究刑事责任。

第九条 刑法第二百四十条、第二百四十一条规定的儿童，是指不满十四周岁的人。其中，不满一周岁的为婴儿，一周岁以上不满六周岁的为幼儿。

第十条 本解释自2017年1月1日起施行。

权威解读

解读《最高人民法院关于审理拐卖妇女儿童犯罪案件具体应用法律若干问题的解释》

《最高人民法院关于审理拐卖妇女儿童犯罪案件具体应用法律若干问题的解释》（以下简称《拐卖妇女儿童解释》，法释〔2016〕28号）于2016年11月14日经最高人民法院审判委员会第1699次会议审议通过，自2017年1月1日起正式施行。为便于准确理解和适用，现就《拐卖妇女儿童解释》的出台背景、制定原则及主要内容进行说明。

一、《拐卖妇女儿童解释》的出台背景

拐卖妇女、儿童严重侵犯妇女、儿童人身权利，造成许多家庭骨肉分离，甚至家破人亡，严重影响社会和谐稳定，一直以来都是各级司法机关惩治的重点。2010年最高人民法院牵头起草并会同最高人民检察院、公安部、司法部发布《依法惩治拐卖妇女儿童犯罪意见》（法发〔2010〕7号），明确了“公安机关接到儿童及不满十八周岁少女失踪报案必须立即立为刑事案件”“以非法获利为目的出卖亲生子女以拐卖妇女、儿童罪论处”等制度和原则。

近年来，随着持续依法严惩及综合治理措施的落实，此类犯罪高发态势逐渐得以遏止。2016年，全国法院审结拐卖妇女、儿童犯罪案件751件、判处刑罚 1273 人，与近年来审结案件数量较多年份相比（2012 年全国法院审结 1918 件、判处刑罚 2801 人，2013 年审结 1131 件、判处刑罚 1978 人），下降幅度明显。但是，司法实践中在涉及罪与非罪、罪重与罪轻情节的理解适用方面，仍然存在一些争议，随着拐卖犯罪形势的变化，也出现了一些新情况和新问题，亟须明确。

例如，什么是偷盗婴幼儿出卖？如何区分正常的婚姻介绍与打着介绍婚姻旗号拐卖妇女犯罪的界限？实践中认识不一。此外，《刑法修正案（九）》对收买被拐卖的妇女、儿童罪作了重大修正，体现了对收买被拐卖的妇女、儿童行为加大惩治力度的精神，修正后的《刑法》自 2015 年 11 月 1 日起施行，如何准确适用相关条款，也面临新的问题。

鉴于上述情况和问题，最高人民法院于 2015 年成立课题组，赴拐卖犯罪高发地区进行专项调研，广泛听取基层法院、检察机关、公安机关及妇联组织的意见，掌握了大量第一手资料，起草了《拐卖妇女儿童解释》初稿。经多次召开专家和司法实务部门代表参加的论证座谈会，并征求全国人大法工委、最高人民检察院、公安部等部门的意见，对《拐卖妇女儿童解释》初稿进行反复修改论证，于 2016 年 11 月 14 日提交最高人民法院审判委员会讨论通过，并于 12 月 21 日正式公布。

二、制定《拐卖妇女儿童解释》遵循的指导原则

一是坚持依法从严惩治，切实保障妇女、儿童合法权益。拐卖妇女、儿童犯罪严重侵犯基本人权，社会危害性大。《拐卖妇女儿童解释》通过明确“偷盗婴幼儿”“阻碍解救”等法律概念的含义，区分拐卖妇女与介绍婚姻罪与非罪界限，列举数罪并罚情形，体现了对拐卖妇女、儿童犯罪依法从严惩治的精神。

二是坚持区别对待，切实维护家庭和谐与社会稳定。《拐卖妇女儿童解释》既体现有罪必罚，又根据罪刑相适应刑法基本原则和宽严相济刑事政策，做到罚当其罪，体现政策，区别对待，以分化瓦解犯罪，减少社会对立面。

三、《拐卖妇女儿童解释》涉及的主要问题

《拐卖妇女儿童解释》共十条，主要从拐卖妇女、儿童及收买被拐卖的妇女、儿童犯罪法定加重、从轻处罚情节的界定，罪与非罪、一罪与数罪的区分，以及收买被拐卖妇女、儿童犯罪案件的刑事政策把握问题等几个方面作了规定。

1. 关于偷盗婴幼儿的界定

不满一周岁的人为婴儿，一周岁以上不满六周岁的为幼儿。我国《刑法》中使用“偷盗婴幼儿”概念的法条共有两处：其一，第二百三十九条第三款规定，以勒索财物为目的偷盗婴幼儿的，依照绑架罪的规定处罚。其二，第二百四十条规定，拐卖妇女、儿童的，处五年以上十年以下有期徒刑，并处罚金；具有“以出卖为目的，偷盗婴幼儿”等情节的，处十年以上有期徒刑或无期徒刑，并处罚金或者没收财产；情节特别严重的，处死刑，并处没收财产。两者的区别是主观目的不同。就拐卖儿童罪而言，如何准确理解“偷盗婴幼儿”，关系到法定加重处罚情节的适用，有必要予以明确。

实践中，趁婴幼儿熟睡无人察觉，将婴幼儿抱走，属于典型的偷盗婴幼儿。但对行为人以出卖为目的，采取给付玩具、外出游玩等哄骗、利诱手段拐走婴幼儿的行为，是认定为一般情节的拐卖儿童，还是认定为加重情节的偷盗婴幼儿拐卖，则存在较大争议。否定的观点认为，刑法中偷盗的本质特征是秘密性，偷盗婴幼儿指趁婴幼儿熟睡以及监护人、看护人不注意，秘密窃取婴幼儿；以欺骗、利诱等手段拐走婴幼儿的行为属于拐骗。肯定的观点认为，偷盗一般是在财产犯罪意义上使用，指以暴力、胁迫或者麻醉以外的平和方法取得对财物的控制；以欺骗、利诱等手段拐走婴幼儿，与秘密窃取婴幼儿无本质区别，应将欺骗、利诱等手段理解为偷盗的表现形式。

《拐卖妇女儿童解释》第一条采纳了肯定的观点，明确规定：“对婴幼儿采取欺骗、利诱等手段使其脱离监护人或者看护人的，视为刑法第二百四十条第一款第（六）项规定的‘偷盗婴幼儿’。”之所以作出该解释，主要是考虑，作为不满六周岁的婴幼儿，其缺少应有的辨别是非和自我防护能力，可以将其视为监护人、看护人绝对支配、保护下的无独立意志的个体，应予特殊保护。从规范的意义上讲，采取欺骗、利诱等手段使婴幼儿脱离监护、看护，可视为针对监护人、看护人的偷盗，该情形与利用监护人、看护人疏于防范抱走熟睡的婴幼儿相比，两种行为类型具有共同特质，对婴幼儿及其家庭的社会危害也相当，应予同等法律评价，以体现对婴幼儿的特殊保护。

《拐卖妇女儿童解释》第一条系针对婴幼儿采取欺骗、利诱手段使其脱离监护、看护所作的规定。《拐卖妇女儿童解释》起草过程中，一种意见认为，无须限定欺骗、利诱手段是否针对婴幼儿实施。例如，对婴幼儿的父母或者其他看护人虚构事实、隐瞒真相加以欺骗，将婴幼儿带走后加以出卖的，也应认定为偷盗婴幼儿出卖。经反复研究，《拐卖妇女儿童解释》最终未采纳该意见，主要是考虑：《刑法》对偷盗婴幼儿出卖加重刑罚的一个重要原因是，在监护人或者看护人不知情的情况下，秘密将婴幼儿拐走，与欺骗监护人或者看护人使其“自愿”让行为人带走婴幼儿相比，前者查找解救婴幼儿的难度更大，社会危害性通常也大于后者。

2. 关于拐卖妇女犯罪与介绍婚姻索取钱财的区分

拐卖妇女一般表现为将被拐妇女卖给他人迫使结婚，或者将被拐妇女卖给他人迫使卖淫。通常认为，介绍婚姻索取钱财，虽然行为人也有获利行为，但其是在明知男女双方自愿及地位平等的基础上，为促成婚姻的缔结而居间介绍、联系。而在将被拐妇女卖与他人为妻的犯罪中，行为人出于牟利动机，通常违背妇女意志或者至少是不考虑妇女真实意愿，将妇女卖给他人，并常伴有暴力、胁迫等行为。对行为人将妇女卖与他人为妻过程中，没有实施明显的暴力、胁迫等行为的，与确属介绍婚姻并索取（或者收受）钱财的行为，如何区分，涉及罪与非罪，在性质认定问题上易发生混淆，有必要予以明确。

实践中，有些不法分子以介绍婚姻的名义将妇女拐带至异地，采取扣押身份证件、限制人身自由等方式迫使妇女同意与他人结婚（包括共同生活但未办理法定婚姻登记手续的情形），向他人索要或者收取钱财；也有些人为向他人索取所谓“婚姻介绍费”，利用妇女特别是外籍妇女人地生疏、语言不通，对行为人有经济、人身依赖关系，或者因没有合法出入境、居留签证担心被遣返等脆弱境况，仅以轻微言语威胁或者欺骗等方式，即可达到使妇女同意与他人结婚的目的。对类似行为，因与采取暴力等强迫手段明显的拐卖犯罪有所不同，是认定为介绍婚姻过程中发生的民事纠纷，还是认定为拐卖妇女犯罪，存在争议。

《拐卖妇女儿童解释》第三条第一款规定：“以介绍婚姻为名，采取非法扣押身份证件、限制人身自由等方式，或者利用妇女人地生疏、语言不通、孤立无援等境况，违背妇女意志，将其出卖给他人的，应当以拐卖妇女罪追究刑事责任。”该条款旨在明确，只要是违背妇女意志（如果妇女属无责任能力人，不能正确理解介绍婚姻行为性质，也属违背妇女意志），将妇女出卖给他人的，就构成拐卖妇女罪。在适用该条款时应注意准确判断是否违背妇女意志。

实践中行为方式各异，情形复杂，特别是对于妇女处于孤立无援等脆弱境况，行为人实施“介绍婚姻”行为并索要他人（通常是男方）数额较大钱财的，被害妇女可能会作出表面“同意”的意思表示。对类似案件，要综合考察被害妇女的陈述、证人证言等证据，结合常理常情，分析行为人是否有意利用被害人的脆弱境况，使被害人不得不屈从行为人的要求，而“同意”与他人结婚；对行为人而言，是基于男女双方自愿及地位平等，为促成婚姻的缔结而居间介绍、联系，还是明知妇女非自愿但仍将妇女作为非法获利的筹码，也影响对其行为性质罪与非罪的认定。

对妇女本有结婚意愿，在中介人员介绍、撮合下与男方见面、相识后，因对男方条件不满，而不愿与男方结婚或者生活，行为人以已经支付了女方及其近亲属彩礼、支出了办理签证手续费用等为由，威胁妇女被迫同意，行为人在事前或事后索取、收受钱财的，也属违背妇女意志将其卖给他人，构成拐卖妇女罪。总之，在办理相关案件时，要注意认真甄别因介绍婚姻引发的民事纠纷与拐卖妇女犯罪的界限，做到不枉不纵。

《拐卖妇女儿童解释》起草过程中，有意见认为，对介绍婚姻行为判断构成拐卖妇女罪不要求必须违背妇女意志，妇女自愿被卖给他人为妻的，出卖人也构成拐卖妇女罪。根据《刑法》第二百四十条第二款的规定，拐卖妇女是指以出卖为目的，有拐骗、绑架、收买、贩卖、接送、中转妇女的行为之一的行为。《刑法》从主观目的与客观行为类型相结合的角度，对拐卖妇女罪进行了界定，条文本身似未要求违背妇女意志。但究其实质，刑法所列上述六种行为方式中，拐骗、绑架、收买、贩卖系拐卖的核心行为，接送、中转服务、受制于前述四种行为。

前述四种行为方式中，对妇女实施“拐骗”“绑架”显然违背了妇女意志；实施“收买”“贩卖”时，被买卖的妇女处于任人摆布、没有自主性的境地，例如，收买通常是向对妇女有控制权的人进行收买，而贩卖也是将自己购买从而拥有形式上控制权的妇女转卖出去，该两种行为方式本质上也属违背妇女意志。

我国已加入的《联合国打击跨国有组织犯罪公约关于预防禁止和惩治贩运人口特别是妇女和儿童行为的补充议定书》对人口贩运罪行（注：人口贩运罪行范围更宽，包括我国的拐卖妇女、儿童罪，强迫劳动罪，强迫卖淫罪等）所作界定亦体现了将违背妇女意志作为构成犯罪必备要素的立场。该公约第三条规定：

（a）“人口贩运”系指为剥削目的而通过暴力威胁或使用暴力手段，或通过其他形式的胁迫，通过诱拐、欺诈、欺骗、滥用权力或滥用脆弱境况，或通过授受酬金或利益取得对另一人有控制权的某人的同意等手段招募、运送、转移、窝藏或接收人员。剥削应至少包括利用他人卖淫进行剥削或其他形式的性剥削、强迫劳动或服务、奴役或类似奴役的做法、劳役或切除器官。

（b）如果已使用本条（a）项所述任何手段，则人口贩运活动被害人对（a）项所述的预谋进行的剥削所表示的同意并不相干。

公约（a）（b）两项分别从正反两方面揭示，如果对被害人使用了暴力、胁迫、诱拐、欺诈、滥用权力或者滥用脆弱境况等手段（对不满18周岁的被害人进行贩运不要求涉及上述手段），则即使被害人同意，也不影响犯罪认定。概因上述手段本身即属违背被害人意志，被害人所作同意属无效同意，不阻却犯罪成立。

换言之，如果未采取上述手段，则被害人同意可以阻却犯罪成立。在涉及介绍婚姻索取或收受钱财的案件中，因介绍人显然具有获利行为，如果不考察是否违背妇女意志，对介绍人均以拐卖妇女犯罪论处，就会混淆罪与非罪的界限，导致不当扩大刑事处罚范围。当然，在判断是否违背妇女意志问题上，也要注意对那些暴力、胁迫程度不明显，但同样属于违背妇女意志的拐卖行为的审查。

《拐卖妇女儿童解释》第三条第二款规定：“以介绍婚姻为名，与被介绍妇女串通骗取他人钱财，数额较大的，应当以诈骗罪追究刑事责任。”该款所涉情形，法律适用方面本无争议，但鉴于实践中介绍人伙同被介绍的妇女以结婚为名骗取他人“彩礼”“介绍费”的案件也时有发生，为提醒司法人员准确甄别此罪与彼罪，故《拐卖妇女儿童解释》特作提示性规定。

3. 关于收买被拐卖的妇女、儿童罪法定量刑情节的适用

《刑法修正案（九）》对收买被拐卖的妇女、儿童罪进行了修改，将《刑法》原规定“收买被拐卖的妇女、儿童，按照被买妇女的意愿，不阻碍其返回原居住地的，对被买儿童没有虐待行为，不阻碍对其进行解救的，可以不追究刑事责任”，修改为“收买被拐卖的妇女、儿童，对被买儿童没有虐待行为，不阻碍对其进行解救的，可以从轻处罚；按照被买妇女的意愿，不阻碍其返回原居住地的，可以从轻或者减轻处罚”，《刑法》修正体现了对收买人加大惩治力度的导向。

对收买被拐卖的儿童犯罪，《拐卖妇女儿童解释》第四条将实践中较为常见的藏匿、转移所收买的儿童，经说服教育仍不配合等行为解释为“阻碍解救”，有利于加大惩治力度，也有利于敦促收买人配合公安司法机关及时解救被拐儿童。

《拐卖妇女儿童解释》第五条规定，“收买被拐卖的妇女，业已形成稳定的婚姻家庭关系，解救时被买妇女自愿继续留在当地共同生活的，可以视为‘按照被买妇女的意愿，不阻碍其返回原居住地’”。该条旨在稳定业已形成的婚姻家庭关系。《刑法》修改后，原则上都要追究收买人刑事责任，这是前提。但收买被拐卖的妇女不同于收购赃物，前者会形成新的婚姻家庭关系，既要依法惩治犯罪，又要尊重被拐妇女真实意愿，最大限度避免对其造成新的伤害，故有必要区别对待，对确属情节较轻的收买被拐卖妇女行为，依法从宽处罚。

1992年最高人民法院、最高人民检察院《关于执行〈全国人民代表大会常务委员会关于严惩拐卖、绑架妇女、儿童的犯罪分子的决定〉的若干问题的解答》（现已失效）规定：“被买妇女与收买人已成婚，并愿意留在当地共同生活的，对收买人可以视为‘按照被买妇女的意愿，不阻碍其返回原居住地’，不追究刑事责任。”该解答虽然由于《刑法》修改等原因已废止，但其所体现的慎重处理此类案件的精神仍有一定参考价值。《拐卖妇女儿童解释》第五条规定具有所列情形的可以从宽处罚，兼顾了法律与情理、历史与现实的平衡。

4. 关于多名家庭成员、亲友参与收买被拐卖的妇女、儿童犯罪的刑事政策把握问题

《拐卖妇女儿童解释》第八条规定：“出于结婚目的收买被拐卖的妇女，或者出于抚养目的收买被拐卖的儿童，涉及多名家庭成员、亲友参与的，对其中起主要作用的人员应当依法追究刑事责任。”规定该条主要是考虑，“买人为妻”“买人为子”一般会涉及多名家庭成员、亲友参与，加大对收买人打击力度，势必导致收买人的众多亲友被作为“共犯”处理。刑法惩治的重点是在收买犯罪中起主要作用的人员，对其中情节轻微的共同参与人员，宜从刑事政策把握的角度排除在处罚范围之外，避免打击面过宽及影响社会稳定。

需要指出的是，根据《拐卖妇女儿童解释》第八条的规定，可以不追究刑事责任的对象是在收买犯罪中起次要作用的参与人员。如果行为人在收买

被拐卖妇女、儿童的环节虽不起主要作用，但积极参与殴打、拘禁被拐卖的妇女、儿童，甚至实施或者协助实施强奸、摧残等严重损害被拐卖的妇女、儿童身心健康行为的，亦应依法追究刑事责任，构成数罪的，还应依法予以并罚，切实保障妇女、儿童合法权益不受侵犯。

此外，《拐卖妇女儿童解释》对实践中发生的医疗机构、社会福利机构等单位的工作人员将所诊疗、护理、抚养的儿童出卖给他人的行为，明确规定以拐卖儿童罪论处。对收买被拐卖的妇女、儿童后又实施组织、强迫卖淫、组织乞讨等行为的数罪并罚问题均作了明确规定。

（撰稿：杜国强、冉容、赵俊甫）

3. **全国人民代表大会常务委员会关于严惩拐卖、绑架妇女、儿童的犯罪分子的决定**（自1991年9月4日起施行，2009年8月27日修正）

为了严惩拐卖、绑架妇女、儿童的犯罪分子，保护妇女、儿童的人身安全，维护社会治安秩序，对刑法有关规定作如下补充修改：

一、拐卖妇女、儿童的，处五年以上十年以下有期徒刑，并处一万元以下罚金；有下列情形之一的，处十年以上有期徒刑或者无期徒刑，并处一万元以下罚金或者没收财产；情节特别严重的，处死刑，并处没收财产：

（一）拐卖妇女、儿童集团的首要分子；

（二）拐卖妇女、儿童三人以上的；

（三）奸淫被拐卖的妇女的；

（四）诱骗、强迫被拐卖的妇女卖淫或者将被拐卖的妇女卖给他人迫使其卖淫的；

（五）造成被拐卖的妇女、儿童或者其亲属重伤、死亡或者其他严重后果的；

（六）将妇女、儿童卖往境外的。

拐卖妇女、儿童是指以出卖为目的，有拐骗、收买、贩卖、接送、中转妇女、儿童的行为之一的。

二、以出卖为目的，使用暴力、胁迫或者麻醉方法绑架妇女、儿童的，处十年以上有期徒刑或者无期徒刑，并处一万元以下罚金或者没收财产；情节特别严重的，处死刑，并处没收财产。

以出卖或者勒索财物为目的，偷盗婴幼儿的，依照本条第一款的规定处罚。

以勒索财物为目的绑架他人的，依照本条第一款的规定处罚。

三、严禁收买被拐卖、绑架的妇女、儿童。收买被拐卖、绑架的妇女、儿童的，处三年以下有期徒刑、拘役或者管制。

收买被拐卖、绑架的妇女，强行与其发生性关系的，依照刑法关于强奸罪的规定处罚。

收买被拐卖、绑架的妇女、儿童，非法剥夺、限制其人身自由或者有伤害、侮辱、虐待等犯罪行为的，依照刑法的有关规定处罚。

收买被拐卖、绑架的妇女、儿童，并有本条第二款、第三款规定的犯罪行为的，依照刑法关于数罪并罚的规定处罚。

收买被拐卖、绑架的妇女、儿童又出卖的，依照本决定第一条的规定处罚。

收买被拐卖、绑架的妇女、儿童，按照被买妇女的意愿，不阻碍其返回原居住地的，对被买儿童没有虐待行为，不阻碍对其进行解救的，可以不追究刑事责任。

四、任何个人或者组织不得阻碍对被拐卖、绑架的妇女、儿童的解救，并不得向被拐卖、绑架的妇女、儿童及其家属或者解救人索要收买妇女、儿童的费用和生活费用；对已经索取的收买妇女、儿童的费用和生活费用，予以追回。

以暴力、威胁方法阻碍国家工作人员解救被收买的妇女、儿童的，依照刑法第一百五十七条的规定处罚；协助转移、隐藏或者以其他方法阻碍国家工作人员解救被收买的妇女、儿童，未使用暴力、威胁方法的，依照治安管理处罚法的规定处罚。

聚众阻碍国家工作人员解救被收买的妇女、儿童的首要分子，处五年以下有期徒刑或者拘役；其他参与者，依照本条第二款的规定处罚。

五、各级人民政府对被拐卖、绑架的妇女、儿童负有解救职责，解救工作由公安机关会同有关部门负责执行。负有解救职责的国家工作人员接到被拐卖、绑架的妇女、儿童及其家属的解救要求或者接到其他人的举报，而对被拐卖、绑架的妇女、儿童不进行解救，造成严重后果的，依照刑法第一百八十七条的规定处罚；情节较轻的，予以行政处分。

负有解救职责的国家工作人员利用职务阻碍解救的，处二年以上七年以下有期徒刑；情节较轻的，处二年以下有期徒刑或者拘役。

六、拐卖、绑架妇女、儿童的非法所得予以没收。

罚没收入一律上缴国库。

七、本决定自公布之日起施行。

4. 最高人民检察院、公安部、司法部关于依法惩治拐卖妇女儿童犯罪的意见（法发〔2010〕7号，自2010年3月15日起施行）

为加大对妇女、儿童合法权益的司法保护力度，贯彻落实《中国反对拐卖妇女儿童行动计划（2008—2012）》，根据刑法、刑事诉讼法等相关法律及司法解释的规定，最高人民法院、最高人民检察院、公安部、司法部就依法惩治拐卖妇女、儿童犯罪提出如下意见：

一、总体要求

1. 依法加大打击力度，确保社会和谐稳定。自1991年全国范围内开展打击拐卖妇女、儿童犯罪专项行动以来，侦破并依法处理了一大批拐卖妇女、儿童犯罪案件，犯罪分子受到依法严惩。2008年，全国法院共审结拐卖妇女、儿童犯罪案件1353件，比2007年上升9.91%；判决发生法律效力的犯罪分子2161人，同比增长11.05%，其中，被判处五年以上有期徒刑、无期徒刑至死刑的1319人，同比增长10.1%，重刑率为61.04%，高出同期全部刑事案件重刑率45.27个百分点。2009年，全国法院共审结拐卖妇女、儿童犯罪案件1636件，比2008年上升20.9%；判决发生法律效力的犯罪分子2413人，同比增长11.7%，其中被判处五年以上有期徒刑、无期徒刑至死刑的1475人，同比增长11.83%。

但是，必须清醒地认识到，由于种种原因，近年来，拐卖妇女、儿童犯罪在部分地区有所上升的势头仍未得到有效遏制。此类犯罪严重侵犯被拐卖妇女、儿童的人身权利，致使许多家庭骨肉分离，甚至家破人亡，严重危害社会和谐稳定。人民法院、人民检察院、公安机关、司法行政机关应当从维护人民群众切身利益、确保社会和谐稳定的大局出发，进一步依法加大打击力度，坚决有效遏制拐卖妇女、儿童犯罪的上升势头。

2. 注重协作配合，形成有效合力。人民法院、人民检察院、公安机关应当各司其职，各负其责，相互支持，相互配合，共同提高案件办理的质量与效率，保证办案的法律效果与社会效果的统一；司法行政机关应当切实做好有关案件的法律援助工作，维护当事人的合法权益。各地司法机关要统一思想认识，进一步加强涉案地域协调和部门配合，努力形成依法严惩拐卖妇女、儿童犯罪的整体合力。

3. 正确贯彻政策，保证办案效果。拐卖妇女、儿童犯罪往往涉及多人、多个环节，要根据宽严相济刑事政策和罪责刑相适应的刑法基本原则，综合考虑犯罪分子在共同犯罪中的地位、作用及人身危险性的大小，依法准确量刑。对于犯罪集团的首要分子、组织策划者、多次参与者、拐卖多人者或者具有累犯等从严、从重处罚情节的，必须重点打击，坚决依法严惩。对于罪行严重，依法应当判处重刑乃至死刑的，坚决依法判处。要注重铲除"买方市场"，从源头上遏制拐卖妇女、儿童犯罪。对于收买被拐卖的妇女、儿童，依法应当追究刑事责任的，坚决依法追究。同时，对于具有从宽处罚情节的，要在综合考虑犯罪事实、性质、情节和危害程度的基础上，依法从宽，体现政策，以分化瓦解犯罪，鼓励犯罪人悔过自新。

二、管辖

4. 拐卖妇女、儿童犯罪案件依法由犯罪地的司法机关管辖。拐卖妇女、儿童犯罪的犯罪地包括拐出地、中转地、拐入地以及拐卖活动的途经地。如果由犯罪嫌疑人、被告人居住地的司法机关管辖更为适宜的，可以由犯罪嫌疑人、被告人居住地的司法机关管辖。

5. 几个地区的司法机关都有权管辖的，一般由最先受理的司法机关管辖。犯罪嫌疑人、被告人或者被拐卖的妇女、儿童人数较多，涉及多个犯罪地的，可以移送主要犯罪地或者主要犯罪嫌疑人、被告人居住地的司法机关管辖。

6. 相对固定的多名犯罪嫌疑人、被告人分别在拐出地、中转地、拐入地实施某一环节的犯罪行为，犯罪所跨地域较广，全案集中管辖有困难的，可以由拐出地、中转地、拐入地的司法机关对不同犯罪分子分别实施的拐出、中转和拐入犯罪行为分别管辖。

7. 对管辖权发生争议的，争议各方应当本着有利于迅速查清犯罪事实，及时解救被拐卖的妇女、儿童，以及便于起诉、审判的原则，在法定期间内尽快协商解决；协商不成的，报请共同的上级机关确定管辖。

正在侦查中的案件发生管辖权争议的，在上级机关作出管辖决定前，受案机关不得停止侦查工作。

三、立案

8. 具有下列情形之一，经审查，符合管辖规定的，公安机关应当立即以刑事案件立案，迅速开展侦查工作：

（1）接到拐卖妇女、儿童的报案、控告、举报的；

（2）接到儿童失踪或者已满十四周岁不满十八周岁的妇女失踪报案的；

（3）接到已满十八周岁的妇女失踪，可能被拐卖的报案的；

（4）发现流浪、乞讨的儿童可能系被拐卖的；

（5）发现有收买被拐卖妇女、儿童行为，依法应当追究刑事责任的；

（6）表明可能有拐卖妇女、儿童犯罪事实发生的其他情形的。

9. 公安机关在工作中发现犯罪嫌疑人或者被拐卖的妇女、儿童，不论案件是否属于自己管辖，都应当首先采取紧急措施。经审查，属于自己管辖的，依法立案侦查；不属于自己管辖的，及时移送有管辖权的公安机关处理。

10. 人民检察院要加强对拐卖妇女、儿童犯罪案件的立案监督，确保有案必立、有案必查。

四、证据

11. 公安机关应当依照法定程序，全面收集能够证实犯罪嫌疑人有罪或者无罪、犯罪情节轻重的各种证据。

要特别重视收集、固定买卖妇女、儿童犯罪行为交易环节中钱款的存取证明、犯罪嫌疑人的通话清单、乘坐交通工具往来有关地方的票证、被拐卖儿童的 DNA 鉴定结论、有关监控录像、电子信息等客观性证据。

取证工作应当及时，防止时过境迁，难以弥补。

12. 公安机关应当高度重视并进一步加强 DNA 数据库的建设和完善，对失踪儿童的父母，或者疑似被拐卖的儿童，应当及时采集血样进行检验，通过全国 DNA 数据库，为查获犯罪，帮助被拐卖的儿童及时回归家庭提供科学依据。

13. 拐卖妇女、儿童犯罪所涉地区的办案单位应当加强协作配合。需要到异地调查取证的，相关司法机关应当密切配合；需要进一步补充查证的，应当积极支持。

五、定性

14. 犯罪嫌疑人、被告人参与拐卖妇女、儿童犯罪活动的多个环节，只有部分环节的犯罪事实查证清楚、证据确实、充分的，可以对该环节的犯罪事实依法予以认定。

15. 以出卖为目的强抢儿童，或者捡拾儿童后予以出卖，符合刑法第二百四十条第二款规定的，应当以拐卖儿童罪论处。

以抚养为目的偷盗婴幼儿或者拐骗儿童，之后予以出卖的，以拐卖儿童罪论处。

16. 以非法获利为目的，出卖亲生子女的，应当以拐卖妇女、儿童罪论处。

17. 要严格区分借送养之名出卖亲生子女与民间送养行为的界限。区分的关键在于行为人是否具有非法获利的目的。应当通过审查将子女“送”人的背景和原因、有无收取钱财及收取钱财的多少、对方是否具有抚养目的及有无抚养能力等事实，综合判断行为人是否具有非法获利的目的。

具有下列情形之一的，可以认定属于出卖亲生子女，应当以拐卖妇女、儿童罪论处：

（1）将生育作为非法获利手段，生育后即出卖子女的；

（2）明知对方不具有抚养目的，或者根本不考虑对方是否具有抚养目的，为收取钱财将子女“送”给他人的；

（3）为收取明显不属于“营养费”、“感谢费”的巨额钱财将子女“送”给他人的；

（4）其他足以反映行为人具有非法获利目的的“送养”行为的。

不是出于非法获利目的，而是迫于生活困难，或者受重男轻女思想影响，私自将没有独立生活能力的子女送给他人抚养，包括收取少量“营养费”、“感谢费”的，属于民间送养行为，不能以拐卖妇女、儿童罪论处。对私自送养导致子女身心健康受到严重损害，或者具有其他恶劣情节，符合遗弃罪特征的，可以遗弃罪论处；情节显著轻微危害不大的，可由公安机关依法予以行政处罚。

18. 将妇女拐卖给有关场所，致使被拐卖的妇女被迫卖淫或者从事其他色情服务的，以拐卖妇女罪论处。

有关场所的经营管理人员事前与拐卖妇女的犯罪人通谋的，对该经营管理人员以拐卖妇女罪的共犯论处；同时构成拐卖妇女罪和组织卖淫罪的，择一重罪论处。

19. 医疗机构、社会福利机构等单位的工作人员以非法获利为目的，将所诊疗、护理、抚养的儿童贩卖给他人的，以拐卖儿童罪论处。

20. 明知是被拐卖的妇女、儿童而收买，具有下列情形之一的，以收买被拐卖的妇女、儿童罪论处；同时构成其他犯罪的，依照数罪并罚的规定处罚：

（1）收买被拐卖的妇女后，违背被收买妇女的意愿，阻碍其返回原居住地的；

（2）阻碍对被收买妇女、儿童进行解救的；

（3）非法剥夺、限制被收买妇女、儿童的人身自由，情节严重，或者对被收买妇女、儿童有强奸、伤害、侮辱、虐待等行为的；

（4）所收买的妇女、儿童被解救后又再次收买，或者收买多名被拐卖的妇女、儿童的；

（5）组织、诱骗、强迫被收买的妇女、儿童从事乞讨、苦役，或者盗窃、传销、卖淫等违法犯罪活动的；

（6）造成被收买妇女、儿童或者其亲属重伤、死亡以及其他严重后果的；

（7）具有其他严重情节的。

被追诉前主动向公安机关报案或者向有关单位反映，愿意让被收买妇女返回原居住地，或者将被收买儿童送回其家庭，或者将被收买妇女、儿童交给公安、民政、妇联等机关、组织，没有其他严重情节的，可以不追究刑事责任。

六、共同犯罪

21. 明知他人拐卖妇女、儿童，仍然向其提供被拐卖妇女、儿童的健康证明、出生证明或者其他帮助的，以拐卖妇女、儿童罪的共犯论处。

明知他人收买被拐卖的妇女、儿童，仍然向其提供被收买妇女、儿童的户籍证明、出生证明或者其他帮助的，以收买被拐卖的妇女、儿童罪的共犯论处，但是，收买人未被追究刑事责任的除外。

认定是否“明知”，应当根据证人证言、犯罪嫌疑人、被告人及其同案人供述和辩解，结合提供帮助的人次，以及是否明显违反相关规章制度、工作流程等，予以综合判断。

22. 明知他人系拐卖儿童的“人贩子”，仍然利用从事诊疗、福利救助等工作的便利或者了解被拐卖方情况的条件，居间介绍的，以拐卖儿童罪的共犯论处。

23. 对于拐卖妇女、儿童犯罪的共犯，应当根据各被告人在共同犯罪中的分工、地位、作用，参与拐卖的人数、次数，以及分赃数额等，准确区分主从犯。

对于组织、领导、指挥拐卖妇女、儿童的某一个或者某几个犯罪环节，或者积极参与实施拐骗、绑架、收买、贩卖、接送、中转妇女、儿童等犯罪行为，起主要作用的，应当认定为主犯。

对于仅提供被拐卖妇女、儿童信息或者相关证明文件，或者进行居间介绍，起辅助或者次要作用，没有获利或者获利较少的，一般可认定为从犯。

对于各被告人在共同犯罪中的地位、作用区别不明显的，可以不区分主从犯。

七、一罪与数罪

24. 拐卖妇女、儿童，又奸淫被拐卖的妇女、儿童，或者诱骗、强迫被拐卖的妇女、儿童卖淫的，以拐卖妇女、儿童罪处罚。

25. 拐卖妇女、儿童，又对被拐卖的妇女、儿童实施故意杀害、伤害、猥亵、侮辱等行为，构成其他犯罪的，依照数罪并罚的规定处罚。

26. 拐卖妇女、儿童或者收买被拐卖的妇女、儿童，又组织、教唆被拐卖、收买的妇女、儿童进行犯罪的，以拐卖妇女、儿童罪或者收买被拐卖的妇女、儿童罪与其所组织、教唆的罪数罪并罚。

27. 拐卖妇女、儿童或者收买被拐卖的妇女、儿童，又组织、教唆被拐卖、收买的未成年妇女、儿童进行盗窃、诈骗、抢夺、敲诈勒索等违反治安管理活动的，以拐卖妇女、儿童罪或者收买被拐卖的妇女、儿童罪与组织未成年人进行违反治安管理活动罪数罪并罚。

八、刑罚适用

28. 对于拐卖妇女、儿童犯罪集团的首要分子，情节严重的主犯，累犯，偷盗婴幼儿、强抢儿童情节严重，将妇女、儿童卖往境外情节严重，拐卖妇女、儿童多人多次、造成伤亡后果，或者具有其他严重情节的，依法从重处罚；情节特别严重的，依法判处死刑。

拐卖妇女、儿童，并对被拐卖的妇女、儿童实施故意杀害、伤害、猥亵、侮辱等行为，数罪并罚决定执行的刑罚应当依法体现从严。

29. 对于拐卖妇女、儿童的犯罪分子，应当注重依法适用财产刑，并切实加大执行力度，以强化刑罚的特殊预防与一般预防效果。

30. 犯收买被拐卖的妇女、儿童罪，对被收买妇女、儿童实施违法犯罪活动或者将其作为牟利工具的，处罚时应当依法体现从严。

收买被拐卖的妇女、儿童，对被收买妇女、儿童没有实施摧残、虐待行为或者与其已形成稳定的婚姻家庭关系，但仍应依法追究刑事责任的，一般应当从轻处罚；符合缓刑条件的，可以依法适用缓刑。

收买被拐卖的妇女、儿童，犯罪情节轻微的，可以依法免予刑事处罚。

31. 多名家庭成员或者亲友共同参与出卖亲生子女，或者“买人为妻”、“买人为子”构成收买被拐卖的妇女、儿童罪的，一般应当在综合考察犯意提起、各行为人在犯罪中所起作用等情节的基础上，依法追究其中罪责最重者的刑事责任。对于其他情节显著轻微危害不大，不认为是犯罪的，依法不追究刑事责任；必要时可以由公安机关予以行政处罚。

32. 具有从犯、自首、立功等法定从宽处罚情节的，依法从轻、减轻或者免除处罚。

对被拐卖的妇女、儿童没有实施摧残、虐待等违法犯罪行为，或者能够协助解救被拐卖的妇女、儿童，或者具有其他酌定从宽处罚情节的，可以依法酌情从轻处罚。

33. 同时具有从严和从宽处罚情节的，要在综合考察拐卖妇女、儿童的手段、拐卖妇女、儿童或者收买被拐卖妇女、儿童的人次、危害后果以及被告人主观恶性、人身危险性等因素的基础上，结合当地此类犯罪发案情况和社会治安状况，决定对被告人总体从严或者从宽处罚。

九、涉外犯罪

34. 要进一步加大对跨国、跨境拐卖妇女、儿童犯罪的打击力度。加强双边或者多边“反拐”国际交流与合作，加强对被跨国、跨境拐卖的妇女、儿童的救助工作。依照我国缔结或者参加的国际条约的规定，积极行使所享有的权利，履行所承担的义务，及时请求或者提供各项司法协助，有效遏制跨国、跨境拐卖妇女、儿童犯罪。

权威解读

解读《最高人民法院、最高人民检察院、公安部、司法部关于依法惩治拐卖妇女儿童犯罪的意见》

2010 年 3 月 15 日，最高人民法院、最高人民检察院、公安部、司法部联合发布了《关于依法惩治拐卖妇女儿童犯罪的意见》（以下简称《依法惩治拐卖妇女儿童犯罪意见》，法发〔2010〕7 号），就办理拐卖妇女、儿童犯罪案件提出了总体要求，并对案件管辖、立案、证据收集和法律适用中的突出问题提出了具体意见。这对于依法惩治拐卖妇女、儿童犯罪，加大对妇女、儿童合法权益的司法保护力度，具有重要的指导意义。为便于正确理解和适用《依法惩治拐卖妇女儿童犯罪意见》，现就《依法惩治拐卖妇女儿童犯罪意见》的制定背景和过程、制定原则及主要内容予以说明。

一、制定《依法惩治拐卖妇女儿童犯罪意见》的背景和过程

拐卖妇女、儿童是严重侵犯妇女、儿童人身权利的恶性犯罪，致使许多家庭骨肉分离，甚至家破人亡，严重危害社会和谐稳定，一直以来都是各级司法机关惩治的重点。近年来，该类犯罪在部分地区呈上升势头，形势严峻。同时，司法实践中围绕管辖、立案、证据收集，一些特殊拐卖行为的定性，对“买方市场”如何打击，如何加大对严重拐卖妇女、儿童犯罪分子的惩治力度等问题，还存在一定争议，亟待规范。

2009年年初，最高人民法院成立调研组，与最高人民检察院、公安部、司法部共同派员先后赴河南、广东、安徽、贵州等多个省市调研，掌握了大量第一手资料。调研组还通过召开座谈会等多种形式，认真听取全国人大法工委、高检、公安部、司法部、全国妇联及部分省、市级司法机关等单位的意见，经反复论证、修改，起草了《依法惩治拐卖妇女儿童犯罪意见》。

二、制定《依法惩治拐卖妇女儿童犯罪意见》的基本原则

《依法惩治拐卖妇女儿童犯罪意见》的制定贯彻了如下基本原则：

1. 严密刑事法网，加大惩治犯罪力度，强化对被害人合法权益的保护。《依法惩治拐卖妇女儿童犯罪意见》侧重使管辖、立案、证据收集和定罪量刑等多个环节形成整体合力，加大对该类犯罪的侦破和惩治力度。例如，在管辖问题上，《依法惩治拐卖妇女儿童犯罪意见》通过对“犯罪地”的界定及优先管辖等原则的明确，进一步堵塞管辖漏洞。又如，在立案问题上，《依法惩治拐卖妇女儿童犯罪意见》明确规定凡接报儿童或不满十八周岁妇女失踪的，应立即立为刑事案件开展侦查和解救工作。类似规定，加大了惩治犯罪力度，强化了对妇女、儿童合法权益的保护。

2. 坚持宽严相济的刑事政策，立足现实，切实维护社会和谐稳定。一方面，对于具有从严处罚情节的拐卖妇女、儿童的犯罪分子，《依法惩治拐卖妇女儿童犯罪意见》要求依法从重处罚，以遏制此类犯罪上升势头。另一方面，对于出卖亲生子女或者收买被拐卖的妇女、儿童“为妻”“为子”等行为，要区别对待，既强调有罪必罚，又要贯彻好刑事政策，做到罚当其罪，切实防止打击面过宽，以维护家庭及社会的和谐稳定；对于具有从宽处罚情节的犯罪分子，《依法惩治拐卖妇女儿童犯罪意见》要求依法从宽，体现政策，以

分化瓦解犯罪，鼓励犯罪人悔过自新，减少社会对立面。

三、对《依法惩治拐卖妇女儿童犯罪意见》主要内容的说明

《依法惩治拐卖妇女儿童犯罪意见》分九个部分共三十四条。第一部分共三条，在分析拐卖妇女儿童犯罪形势的基础上，对依法惩治该类犯罪提出了总体要求。第二部分至第九部分共八个部分三十一条，分别从管辖、立案、证据收集、定性、共同犯罪、一罪与数罪、刑罚适用和涉外犯罪等八个方面，提出了具体适用意见。

（一）关于管辖问题

关于犯罪地的界定。拐卖妇女、儿童犯罪属于行为犯，就地域管辖而言，一般应由犯罪地的司法机关管辖。《依法惩治拐卖妇女儿童犯罪意见》第四条通过解释“犯罪地”的形式，规定该类犯罪的犯罪地包括拐出地、中转地、拐入地以及拐卖活动的途经地，以此严密法网，使涉案地区均有权管辖。

关于优先管辖及其例外。拐卖妇女、儿童犯罪案件通常是两个以上地区都有权管辖，为避免一些地区和机关不愿管辖、不积极管辖的情况出现，《依法惩治拐卖妇女儿童犯罪意见》第五条根据《刑事诉讼法》确立的地域管辖、优先管辖等原则，进一步明确，如果几个地区的司法机关都有权管辖的，一般由最先受理的司法机关管辖；如果主要犯罪地或者主要犯罪嫌疑人、被告人居住地的司法机关管辖更为适宜的，也可以由其管辖。

关于集中与分散管辖相结合。为便于起诉、审判，做到同罪同判，确保量刑平衡，同一拐卖妇女、儿童犯罪案件一般应集中由某一地管辖。但因案件涉及地域、人员均较多，如果集中管辖确有困难的，也可以由拐出地、中转地、拐入地分别管辖。这样更有利于及时侦查、起诉和审判，并节约司法资源。因此，《依法惩治拐卖妇女儿童犯罪意见》第六条对该情况作了特殊规定。

关于管辖争议及其解决。为及时侦破案件，早日解救被拐卖的妇女、儿童，《依法惩治拐卖妇女儿童犯罪意见》第七条要求，正在侦查中的案件发生管辖权争议的，在上级机关作出管辖决定前，受案机关不得停止侦查工作。

（二）关于儿童或不满十八周岁妇女失踪等案件的立案问题

立案是开展侦查、追逃和解救被拐卖妇女、儿童的基础。经验表明，儿童失踪、妇女被拐的最初几小时是查找失踪儿童、被拐妇女和发现犯罪线索的黄金时期，及时立案对于打击拐卖犯罪极其重要。但是，鉴于拐卖妇女、

儿童犯罪案件的特殊性，各办案部门对立案标准的掌握上不尽一致。

为了震慑犯罪和对妇女、儿童权益进行及时保护，《依法惩治拐卖妇女儿童犯罪意见》第八条明确列举六种情形作为立案侦查的参考标准。为了体现对儿童和不满十八周岁妇女的特殊保护，其中第二种情形规定，只要有儿童或已满十四周岁不满十八周岁的妇女失踪报案的，就应当立即立为刑事案件。之所以如此规定，主要是考虑到：儿童或不满十八周岁的妇女自我保护意识和能力相对较弱，在其失踪报案之初甚至报案后相当长一段时间内，往往没有目击证人或其他证据证实被害人是被人拐走还是自行走失，是否不久就能返回家庭。在我国目前寻找失踪妇女、儿童的机制尚不健全的条件下，立为刑事案件对综合运用技侦等措施以查找、解救被拐卖的妇女、儿童具有重要现实意义。而且，立案只是启动刑事侦查程序以进一步查证犯罪事实的第一道环节，能否立案的证据要求不宜过高。对于实践中，有人报案称儿童或不满十八周岁的妇女失踪，就不能排除其被拐卖的嫌疑，报案人陈述本身就是表明有犯罪事实发生的证据之一。

此外，部分人对收买拐卖、妇女儿童的社会危害性重视不足，对有群众举报或其他线索表明他人有收买被拐卖的妇女、儿童重大犯罪嫌疑的，没有以刑事案件立案。《依法惩治拐卖妇女儿童犯罪意见》强调，发现有收买被拐卖妇女、儿童行为，如果依法应当追究刑事责任的，公安机关必须立案侦查。

（三）关于仅查清拐卖妇女、儿童部分环节犯罪事实的处理

拐卖妇女、儿童犯罪往往涉案环节多，有些拐卖妇女、儿童犯罪集团，网络庞大、人员众多，除部分犯罪集团核心成员组织、领导、指挥、参与了全部或多个环节的犯罪行为外，其他成员只是在某一环节上实施相对固定的犯罪行为，对于只有部分环节或部分人的犯罪事实清楚，证据确实、充分的，在司法实践中应如何处理，存在一定争议。例如，有充分证据证明行为人实施了接送或中转被拐卖儿童的行为，但是被拐儿童未能得到解救，来源地或去向地不明，如何认定行为性质存在争议。为有效打击此类犯罪，根据《刑法》第二百四十条的规定，《依法惩治拐卖妇女儿童犯罪意见》在第十四条进一步明确，凡是以出卖为目的，对妇女、儿童实施拐骗、绑架、收买、贩卖、接送、中转等行为之一的，或者明知他人在拐卖妇女、儿童，而参与上述某一犯罪环节的，即构成拐卖妇女、儿童罪，其他环节的事实不清的，不影响对已经查清的环节的犯罪事实的认定。

（四）关于强抢或捡拾儿童予以出卖行为的性质认定

近年来，强抢或捡拾儿童予以出卖的案件屡有发生，对于该类行为如何定性，认识上存在一定分歧。从《刑法》第二百四十条的立法原意分析，只要行为人具有出卖目的，至于其采取何种方式取得儿童，均不影响对其行为性质的认定。因此，《依法惩治拐卖妇女儿童犯罪意见》第十五条规定，以出卖为目的强抢儿童，或者捡拾儿童后予以出卖的，应当以拐卖儿童罪定罪处罚。

（五）关于出卖亲生子女行为的性质认定

近年来，在部分地区，“人贩子”从贪图钱财的部分父母手中收买其亲生婴幼儿予以贩卖的情况屡有发生，甚至有一些父母将生育作为非法获利手段，生育子女后即出卖，不仅严重侵犯婴幼儿的人身权益，而且败坏社会道德，进一步助长了拐卖儿童犯罪的泛滥。对出卖亲生子女的行为如何定性，此前出台的规范性司法文件已有涉及，但是实践中仍存在较大争议，既有以无罪论处的，也有以遗弃罪或拐卖妇女、儿童罪定罪处罚的，因此亟待规范。

从《刑法》第二百四十条的规定来看，拐卖妇女、儿童罪究其本质，惩治的是那些将人作为商品买卖，严重侵犯他人人身自由和独立人格尊严的社会危害行为。任何人的人身自由和人格尊严都不容侵犯，虽然父母对亲生子女（未成年子女）享有监护权，但是，子女与父母在法律上同为独立的个体，即使是父母也不能侵犯子女的人身自由和人格尊严。父母为非法获利，将子女作为商品出卖收取钱财，与其他人将其子女拐走出卖，对被拐子女的人身权利侵害并无本质不同，完全符合拐卖妇女、儿童罪的构成要件特征。至于对出卖亲生子女的父母以遗弃罪论处的观点，考虑到遗弃罪是不作为犯罪，侵犯的是被害人受抚养的权利，将亲生子女出卖固然使父母得以逃避抚养义务，但其危害性却不仅仅是子女得不到亲生父母的抚养，而是子女沦落为任人买卖的商品。因此，《依法惩治拐卖妇女儿童犯罪意见》第十六条规定该类行为应当以拐卖妇女、儿童罪论处。但是，父母出卖亲生子女的行为同其他拐卖犯罪相比，具有一定的特殊性，《依法惩治拐卖妇女儿童犯罪意见》要求处理此类案件必须慎重。既要依法惩治那些借送养之名出卖亲生子女的拐卖犯罪行为，又要防止不分性质差异，将只要送子女给他人并收取钱财的行为都认定为拐卖犯罪予以打击。

《依法惩治拐卖妇女儿童犯罪意见》提出，是否具有非法获利目的是区分罪与非罪的关键。所谓非法获利，就是把子女当作商品，把收取的钱财作为出卖子女的对价。实践中，可以通过审查将子女“送”人的背景和原因、有无收取钱财及收取钱财的多少、对方是否具有抚养目的及有无抚养能力等事实，综合判断行为人是否具有非法获利的目的。根据司法实践经验，《依法惩治拐卖妇女儿童犯罪意见》中具体列举了四种情形，作为认定行为人是否具有非法获利目的的参考。

第一种情形是为出卖而生育，其非法获利目的最为明显。

第二种情形是明知对方不具有抚养目的，或者根本不考虑对方是否具有抚养目的，为收取钱财将子女“送”给他人的。“明知”包括“知道”和“应当知道”。实践中，如果是送养的，一般情况下，家庭可能因遭遇重大变故等原因导致经济异常困难，或者存在其他特殊困难，如未婚先育等，在这种背景下，父母首先考虑的是子女以后的生活、教育成长等因素，往往会对收养方是否有抚养目的和抚养能力进行斟酌考量，对方给不给抚养费、给多少抚养费，父母不会特别在意。反之，如果行为人明知对方不具有抚养目的，例如，知道或应当知道对方是“人贩子”，还将子女“送给”对方，并收取钱财；或者出于偿还赌债、追求挥霍享乐生活等卑劣动机，根本不考虑对方是否具有抚养目的，而将子女“送”人并收取钱财的，可以认定行为人具有非法获利目的，以拐卖犯罪论处。

第三种情形是为收取明显不属于“营养费”“感谢费”的巨额钱财将子女“送”给他人，对该种情形适用时应注意：一方面，要考虑收取钱财的数额是否明显超出了抚养养育成本或“感谢费”的范围。另一方面，不能唯数额论，数额大的，未必都能认定行为人具有非法获利目的，例如，收养人经济状况较好，主动支付了数额较大的“感谢费”。而收取钱财数额小的，也未必不能认定具有非法获利目的，例如，父母为了偿还赌债，以极低“价格”将子女“送”人，或者父母为卖子女积极讨价还价，但最终只收取到少量钱财，也能反映出行为人具有非法获利目的。

其他情形反映行为人具有非法获利目的的，由司法人员根据案件实际情况综合判断。例如，行为人将两名以上亲生子女都以所谓“送养”的名义出卖，也能在一定程度上反映其具有非法获利目的。

总之，实践中一定要结合各种因素综合判断行为人是否具有非法获利目的。如果认定非法获利目的的证据存疑的，就应当本着有利于被告人的原则，根据案件具体情况，或者认定为遗弃罪，或者做无罪处理。

（六）关于收买被拐卖的妇女、儿童行为的定罪与处罚

近年来，收买被拐卖的妇女、儿童活动猖獗，但实际被追究刑事责任的不多，在部分群众中造成“拐卖有罪、收买无罪”的错觉，在一定程度上助长了拐卖妇女、儿童犯罪的蔓延，甚至还有一些犯罪分子为组织、强迫妇女、儿童乞讨、偷盗、从事色情服务等违法犯罪活动而收买被拐卖的妇女、儿童，严重危害妇女、儿童的身心健康，人民群众强烈要求加大对该类犯罪行为的惩处。

考虑到在我国，出于“非法结婚”“非法收养”动机收买妇女、儿童的占较高比例，同时，为了减少解救阻力，保护被拐妇女、儿童的合法权益，《刑法》第二百四十一条第六款规定了两种不追究刑事责任的情形。实践中对该规定的理解与适用存在一定误解，导致对收买行为打击不力。探寻立法原意，《刑法》第二百四十一条第六款属于授权性条款，并非所有不阻碍返回原住地、不虐待和不阻碍解救的，都不能追究刑事责任，根据案件具体情况，对于具有相关恶劣情节，社会危害性较大的收买行为人，追究其刑事责任并不违背立法精神。因此，为了有效惩治收买犯罪，并合理确定惩治范围，《依法惩治拐卖妇女儿童犯罪意见》第二十条根据《刑法》第二百四十一条的规定，借鉴司法实践经验，列举了七种情形，作为是否追究行为人收买犯罪刑事责任的参考，其中部分情形如果还构成其他犯罪的，对收买行为人应当数罪并罚：

（1）本条第一项、第二项之情形，属于对《刑法》第二百四十一条第六款规定的不追究刑事责任情形从正面所作的解释，具有第一项、第二项规定之情形的，完全符合追究刑事责任的条件。

（2）本条第三项是非法剥夺、限制被收买妇女、儿童的人身自由，情节严重，或者对被收买妇女、儿童有强奸、伤害、侮辱、虐待等行为；第五项是组织、诱骗、强迫被收买的妇女、儿童从事乞讨、苦役，或者盗窃、传销、卖淫等违法犯罪活动。在上述两项情形中，因为行为人严重侵犯被害人的合法权益，即使其事后不阻碍解救，也应该追究其收买行为的刑事责任，同时，因上述情形构成数罪的，还应当依法数罪并罚。其中，第三项规定，非法剥夺、限制被收买人的人身自由，情节严重的，才追究其收买行为的刑事责任，之所以如此规定，主要是考虑到收买妇女、儿童的，难免会有限制其人身自由的行为，若不问情节轻重一律追究，势必导致对收买行为处罚过宽。

（3）本条第四项之情形中，所收买的妇女、儿童被解救后又再次收买的，或者收买多名被拐卖的妇女、儿童，反映收买人严重藐视法律，主观恶性较

深，社会危害性较大，均应依法追究其刑事责任。

(4) 本条第六项之情形中，导致被收买的妇女、儿童或其亲属自杀的或者因未尽足够注意义务等原因致被收买妇女、儿童受重伤或死亡的，该严重后果与收买者的收买行为有一定关系，对收买者应当追究刑事责任。

(5) 本条第七项规定的其他恶劣情节，属于兜底条款，在情节恶劣程度上应相当于本条所列举的其他六项情形。例如，知道或应当知道儿童是被"人贩子"偷盗、强抢、拐骗来的，仍然向"人贩子"收买该儿童，这种情形与那些向"人贩子"收买被亲生父母"自愿"出卖的儿童相比，前者的主观恶性和社会危害性显然大得多，应当依法追究收买行为人的刑事责任。

关于收买被拐卖的妇女、儿童犯罪的刑罚适用，《依法惩治拐卖妇女儿童犯罪意见》总的指导思想是有罪必罚，但应区分不同情况，准确量刑：对被收买的妇女、儿童实施违法犯罪活动或者将其作为牟利工具的，处罚时应当依法体现从严，突出刑罚的惩戒功能；其他情节较轻的，依法从轻处罚，情节轻微的，可以依法免予刑事处罚，以突出刑罚的教育、挽救功能。

（七）关于提供出生证明、健康证明等帮助行为的性质认定

近年来，"人贩子"或"收买人"为顺利卖出被拐卖的妇女、儿童，或掩饰收买犯罪事实，大多会通过各种关系开具户口证明、健康证明或儿童的出生证明。对该类行为如何定性，认识上存在一定分歧。根据《刑法》关于共同犯罪的规定和理论，《依法惩治拐卖妇女儿童犯罪意见》第二十一条规定，如果明知他人在进行拐卖或收买妇女、儿童犯罪，仍向"人贩子""收买人"提供上述证件或帮助的，构成拐卖妇女、儿童罪或收买被拐卖的妇女、儿童罪的共犯。《依法惩治拐卖妇女儿童犯罪意见》就此所作的规定，对于斩断拐卖犯罪链条具有重要意义。

实践中，"人贩子"通过医院等单位收买遗弃婴幼儿的情况亦时有发生。对于一些人利用从事诊疗、福利救助等工作的便利或者了解情况的条件，在"人贩子"和准备遗弃婴幼儿的父母之间居间介绍，促成买卖婴幼儿的，应当以拐卖儿童罪的共犯论处。但如果只是在"收养人"和准备遗弃婴幼儿的父母之间居间介绍，没有非法获利目的，未收取钱财或仅收取一定"感谢费"，情节显著轻微的，一般不作为犯罪处理。

（八）关于拐卖妇女、儿童罪的刑罚适用

为加大对拐卖妇女、儿童犯罪分子的刑事处罚力度，《依法惩治拐卖妇女

儿童犯罪意见》第二十八条根据《刑法》第二百四十条规定的八种法定加重处罚情节，结合当前拐卖妇女、儿童犯罪的形势，强调对首要分子，情节严重的主犯，累犯，偷盗婴幼儿、强抢儿童情节严重的，将妇女、儿童卖往境外情节严重的，拐卖妇女、儿童多人多次、造成伤亡后果的，或者具有其他严重情节的，依法从重处罚；情节特别严重的，依法判处死刑。《依法惩治拐卖妇女儿童犯罪意见》第二十八条还规定，在拐卖妇女、儿童过程中，对被拐卖的妇女、儿童实施故意杀害、伤害、猥亵、侮辱等行为的，在数罪并罚决定执行的刑罚时应当依法体现从严，以加大对严重拐卖犯罪的惩治力度。

同时，《依法惩治拐卖妇女儿童犯罪意见》坚持区别对待原则，对具有法定或酌定从宽处罚情节的被告人，规定可以从轻、减轻或者免除处罚。

（九）关于多名家庭成员或亲友共同参与出卖亲生子女或收买被拐卖妇女、儿童的刑罚适用。出卖亲生子女的，或者收买妇女、儿童为“妻”“子”需要追究刑事责任的，与其他拐卖、收买犯罪相比，危害后果相对小一些。因此，《依法惩治拐卖妇女儿童犯罪意见》第三十一条规定，对该类案件，如果涉及家庭成员或亲友较多的，要注意区别对待，切实防止打击面过大，以维护社会和谐稳定。一般应当在综合考察犯意提起、各行为人在犯罪中所起作用等情节的基础上，依法追究其中罪责较重者的刑事责任。对于其他情节显著轻微危害不大，不认为是犯罪的，依法不追究刑事责任；必要时可以由公安机关予以行政处罚，通过行政处罚措施对违法分子进行惩戒、教育。

（撰稿：周峰、薛淑兰、赵俊甫）

5. 最高人民法院、最高人民检察院、公安部、民政部、司法部、中华全国妇女联合会关于打击拐卖妇女儿童犯罪有关问题的通知（公通字〔2000〕26号，自2000年3月20日起施行）

各省、自治区、直辖市高级人民法院，人民检察院，公安厅、局，民政厅、局，司法厅、局，妇联：

近年来，一些地方拐卖妇女、儿童犯罪活动猖獗，并呈发展蔓延之势，犯罪团伙组织日趋严密，犯罪手段更加隐蔽、狡猾、残忍，盗抢儿童、强迫被拐卖的妇女卖淫的案件突出，因拐卖妇女、儿童引起的伤害、杀人、强奸等恶性案件逐年增多，危害日益严重。拐卖妇女、儿童犯罪严重侵犯被拐卖的妇女、儿童的人身权利，致使许多家庭骨肉分离、家破人亡，并由此引发一系列社会问题，直接影响社会稳定。为有效遏制此类犯罪的上升势头，切实保护妇女、儿童的合法权益，维护社会稳定，今年上半年将在全国范围内开展“打击人贩子、解救被拐卖妇女儿童”专项斗争（以下简称“打拐”专项斗争）。为搞好这次“打拐”专项斗争，依法惩处拐卖妇女、儿童的犯罪分子，解救被拐卖的妇女、儿童，现就有关问题通知如下：

一、切实提高对开展“打拐”专项斗争重要性的认识，加强组织领导和协作配合。开展“打拐”专项斗争，是贯彻全心全意为人民服务的宗旨，保护公民合法权益，解除人民群众疾苦的一项“民心工程”、“爱心工程”。做好这项工作，有利于提高党和政府在人民群众中的威信，树立良好的形象。各级政法机关及有关部门和组织一定要充分认识拐卖妇女、儿童犯罪的严重性和危害性，充分认识开展“打拐”专项斗争的重大意义，将这项工作作为维护社会稳定的大事来抓。有关部门和组织要高度重视，切实加强组织领导，充分发挥本部门的职能作用，协同作战，坚决杜绝地方保护主义。公安机关、人民检察院、人民法院要依法及时侦查、逮捕、起诉、审判拐卖妇女、儿童的犯罪分子，解救被拐卖的妇女、儿童；司法行政机关要做好宣传教育、协查、收监和法律援助工作；民政部门要做好对被拐卖妇女和儿童的救济工作，及查找不到父母的儿童的收养工作；妇联等组织要维护妇女、儿童的合法权益，协助有关部门做好宣传、解救、安置工作。各有关部门、组织应当加强联系和沟通，相互支持，密切配合，共同做好打击人贩子、解救被拐卖的妇女儿童的各项工作，确保“打拐”专项斗争取得预期效果。

二、大力敦促犯罪分子投案自首，坦白交待罪行，揭发犯罪，争取从宽处理。要采取多种形式，广泛宣传刑法关于自首、立功等从宽处理的刑事政策。各地还可选择一些因主动投案自首或者有立功表现而给予从轻、减轻、免除处罚的典型案件，公开宣传报道，敦促在逃的犯罪分子尽快投案自首，坦白交待罪行，检举、揭发他人的犯罪行为，提供破案线索，争取从宽处理。要做好对犯罪分子家属、亲友的政策宣传工作，动员他们规劝、陪同有拐卖妇女、儿童犯罪行为的亲友投案自首，或者将犯罪嫌疑人送往司法机关投案。对窝藏、包庇犯罪分子、阻碍解救、妨害公务，构成犯罪的，要依法追究刑事责任。监狱、看守所等监管部门要对在押人员加大宣传攻势，鼓励坦白、检举、揭发拐卖妇女、儿童犯罪行为。对于投案自首、坦白交待罪行、有立功表现的犯罪嫌疑人、被告人，司法机关应当切实落实刑事政策，依法从轻、减轻处罚。对于自首的犯罪分子，犯罪较轻的，可以免除处罚；对有重大立功表现的犯罪分子，可以减轻或者免除处罚；对犯罪后自首又有重大立功表现的，应当减轻或者免除处罚。

三、深入开展法制宣传教育，广泛发动群众参与“打拐”专项斗争，防止发生阻碍解救事件。各级公安机关和司法行政机关要组织专门班子，制定宣传计划，充分利用广播、电视、报刊、网络等媒体和“148”法律服务热线等渠道，结合打击人贩子、处理买主、解救被拐卖的妇女、儿童的典型案例，大张旗鼓地开展宣传教育活动。要大力宣传党和政府打击拐卖妇女、儿童犯罪的态度和决心，宣传拐卖妇女、儿童犯罪的严重危害，宣传国家禁止买卖妇女、儿童和惩处人贩子、买主的法律规定，宣传“打拐”专项斗争中涌现出的不怕牺牲、不辞劳苦打击人贩子、解救被拐卖的妇女、儿童的英雄模范事迹，形成宣传攻势，提高广大人民群众的法制观念，教育群众自觉守法。特别是在拐卖妇女、儿童以及收买被拐卖的妇女、儿童情况较严重的地区，要深入村村户户进行法制宣传教育，真正做到家喻户晓、人人皆知。要以案说法，使广大干部和群众能够认识到拐卖妇女、儿童，收买被拐卖的妇女、儿童，阻碍解救被拐卖的妇女、儿童都是违法犯罪行为，要受到法律制裁。在不通广播、电视的贫困、边远地区，要采取印发宣传材料、召开座谈会等多种形式进行宣传。

要广泛发动社会各界以及基层干部、群众，积极投入“打拐”专项斗争，主动配合、协助有关部门做好解救被拐卖妇女、儿童的工作，号召群众检举、揭发拐卖、收买妇女、儿童的犯罪行为，自觉同拐卖妇女、儿童犯罪活动作斗争。各地公安机关要设立“打拐”热线电话，接受群众举报，对提供重要犯罪线索、协助抓获重大犯罪嫌疑人的人员，要给予奖励。

四、正确适用法律，依法严厉打击拐卖妇女、儿童的犯罪活动。这次“打拐”专项斗争的重点是打击拐卖妇女、儿童的人贩子。凡是拐卖妇女、儿童的，不论是哪个环节，只要是以出卖为目的，有拐骗、绑架、收买、贩卖、接送、中转、窝藏妇女、儿童的行为之一的，不论拐卖人数多少，是否获利，均应以拐卖妇女、儿童罪追究刑事责任。对收买被拐卖的妇女、儿童的，以及阻碍解救被拐卖的妇女、儿童构成犯罪的，也要依法惩处。出卖亲生子女的，由公安机关依法没收非法所得，并处以罚款；以营利为目的，出卖不满十四周岁子女，情节恶劣的，借收养名义拐卖儿童的，以及出卖捡拾的儿童的，均应以拐卖儿童罪追究刑事责任。出卖十四周岁以上女性亲属或者其他不满十四周岁亲属的，以拐卖妇女、儿童罪追究刑事责任。

办案中，要正确区分罪与非罪、罪与罪的界限，特别是拐卖妇女罪与介绍婚姻收取钱物行为、拐卖儿童罪与收养中介行为、拐卖儿童罪与拐骗儿童罪，以及绑架儿童罪与拐卖儿童罪的界限，防止扩大打击面或者放纵犯罪。

五、各级政法机关和有关部门应当密切配合，形成合力，共同打好“打拐”专项斗争。公安机关应当组织专门力量，扎扎实实地做好侦查工作，全力侦破拐卖妇女、儿童犯罪案件，抓捕犯罪嫌疑人，并切实做好证据的收集工作，为起诉和审判打下坚实基础；人民检察院对公安机关提请逮捕和移送审查起诉的犯罪嫌疑人，应当依法及时批捕和提起公诉；人民法院对人民检察院提起公诉的案件，应当依法及时审判；监狱应当做好对罪犯收监执行和在押、在逃罪犯的协查工作。民政部门、妇联在工作中发现犯罪线索或者犯罪嫌疑人的，应当及时移交司法机关依法处理。

各级政法机关要全力以赴，提高办案效率，加快办案进度，力争在“打拐”专项斗争中逮捕一批、起诉一批、审判一批拐卖妇女、儿童的犯罪嫌疑人和被告人，震慑犯罪。人民检察院对公安机关侦查终结、移送审查起诉的案件，人民法院对人民检察院提起公诉的案件，应当坚持基本事实清楚，基本证据确凿的原则，及时起诉、审判，防止久拖不决。同时要严格遵守法律规定的诉讼程序和时限要求，依法办案，严禁刑讯逼供，防止滥用强制措施、超期羁押。

拐入地、拐出地或中转地公安机关立案侦查的拐卖妇女、儿童案件，应当向同级人民检察院提请批准逮捕、移送审查起诉。对于有多次倒卖情形的拐卖妇女、儿童案件，无论行为人是第几道贩子，只要其犯罪行为已经查证属实的，就应当及时起诉、审判。对于其他犯罪线索，公安机关应当组织力量继续进行侦查。对同案犯在逃的，已抓获的犯罪嫌疑人、被告人的犯罪事实已经查清，并有确实、充分证据的，应当及时起诉、审判。一人犯数罪的，对其中主要罪行或某一罪行事实清楚，证据确实充分，而其他罪行一时难以查清的，可先对其已查清的主要罪行或某一罪行作出处理。

六、切实做好解救和善后安置工作，保护被拐卖妇女、儿童的合法权益。解救被拐卖的妇女、儿童，是人民政府和政法机关的重要职责。公安、司法行政、民政、妇联等有关部门和组织要明确责任，各司其职，相互配合，通力合作。解救工作要充分依靠当地党委、政府的支持，做好对基层干部和群众的说服教育工作，注意方式、方法，慎用警械、武器，避免激化矛盾，防止出现围攻执法人员、聚众阻碍解救等突发事件。

对于被拐卖的未成年女性、现役军人配偶、遭受摧残虐待、被强迫卖淫或者从事其他色情服务的妇女，以及本人要求解救的妇女，要立即解救。对于自愿继续留在现住地生活的成年女性，应尊重本人意愿，愿在现住地结婚且符合法定结婚条件的，应当依法办理结婚登记手续。被拐卖妇女与买主所生子女的抚养问题，可由双方协商解决或由人民法院裁决。对于遭受摧残虐待的、被强迫乞讨或从事违法犯罪活动的，以及本人要求解救的被拐卖儿童，应当立即解救。对于解救的被拐卖儿童，由其父母或者其他监护人户口所在地公安机关负责接回。

公安、民政、妇联等有关部门和组织应当密切配合，做好被解救妇女、儿童的善后安置工作。任何单位和个人不得歧视被拐卖的妇女、儿童。对被解救回的未成年人，其父母及其他监护人应当接收并认真履行抚养义务。拒绝接收，拒不履行抚养义务，构成犯罪的，以遗弃罪追究刑事责任。

七、进一步开展综合治理，预防拐卖妇女、儿童犯罪发生。各级政法机关和有关部门要通过“打拐”专项斗争，及时发现问题，总结经验教训，动员全社会的力量，开展群防群治，长抓不懈，从根本上预防拐卖妇女、儿童犯罪的发生。公安、民政等有关部门要严格执行户口管理、暂住人口、流动人口登记、婚姻登记、收养登记等各项法律、法规和规章制度、堵塞漏洞。妇联等组织要积极维护妇女、儿童的合法权益，对妇女进行宣传教育，帮助她们提高自身素质，不断增强防拐防骗意识和自我保护能力。

各地接到本通知后，应当立即部署贯彻执行。执行中遇到的问题，请及时分别报告最高人民法院、最高人民检察院、公安部、民政部、司法部、全国妇联。

6. 最高人民法院关于全国法院维护农村稳定刑事审判工作座谈会纪要（法〔1999〕217 号，自 1999 年 10 月 27 日起施行）（节录）

二、……（六）关于拐卖妇女、儿童犯罪案件

要从严惩处拐卖妇女、儿童犯罪团伙的首要分子和以拐卖妇女、儿童为常业的“人贩子”。

要严格把握此类案件罪与非罪的界限。对于买卖至亲的案件，要区别对待：以贩卖牟利为目的“收养”子女的，应以拐卖儿童罪处理；对那些迫于

生活困难、受重男轻女思想影响而出卖亲生子女或收养子女的，可不作为犯罪处理；对于出卖子女确属情节恶劣的，可按遗弃罪处罚；对于那些确属介绍婚姻，且被介绍的男女双方相互了解对方的基本情况，或者确属介绍收养，并经被收养人父母同意的，尽管介绍的人数较多，从中收取财物较多，也不应作犯罪处理。

7. **最高人民法院关于贯彻宽严相济刑事政策的若干意见**（法发〔2010〕9号，自2010年2月8日起施行）（节录）

二、准确把握和正确适用依法从“严”的政策要求

……

7. 贯彻宽严相济刑事政策，必须毫不动摇地坚持依法严惩严重刑事犯罪的方针。对于危害国家安全犯罪、恐怖组织犯罪、邪教组织犯罪、黑社会性质组织犯罪、恶势力犯罪、故意危害公共安全犯罪等严重危害国家政权稳固和社会治安的犯罪，故意杀人、故意伤害致人死亡、强奸、绑架、拐卖妇女儿童、抢劫、重大抢夺、重大盗窃等严重暴力犯罪和严重影响人民群众安全感的犯罪，走私、贩卖、运输、制造毒品等毒害人民健康的犯罪，要作为严惩的重点，依法从重处罚。尤其对于极端仇视国家和社会，以不特定人为侵害对象，所犯罪行特别严重的犯罪分子，该重判的要坚决依法重判，该判处死刑的要坚决依法判处死刑。

8. **最高人民检察院法律政策研究室关于以出卖为目的的倒卖外国妇女的行为是否构成拐卖妇女罪的答复**（〔1998〕高检研发第21号，1998年12月24日）

吉林省人民检察院研究室：

你院吉检发研字〔1998〕4号《关于以出卖为目的倒卖外国妇女的行为是否构成拐卖妇女罪的请示》收悉。经研究，现答复如下：

刑法第二百四十条明确规定：“拐卖妇女、儿童是以出卖为目的，有拐骗、绑架、收买、贩卖、接送、中转妇女、儿童的行为之一的。”其中作为“收买”对象的妇女、儿童并不要求必须是“被拐骗、绑架的妇女、儿童”。因此，以出卖为目的，收买、贩卖外国妇女，从中牟取非法利益的，应以拐卖妇女罪追究刑事责任。但确属为他人介绍婚姻收取介绍费，而非以出卖为目的的，不能追究刑事责任。

9. 公安部关于打击拐卖妇女儿童犯罪适用法律和政策有关问题的意见

（公通字〔2000〕25 号，自 2000 年 3 月 24 日起施行）

一、关于立案、管辖问题

（一）对发现的拐卖妇女、儿童案件，拐出地（即妇女、儿童被拐骗地）、拐入地或者中转地公安机关应当立案管辖。两个以上公安机关都有管辖权的，由最先立案的公安机关侦查。必要时，可以由主要犯罪地或者主要犯罪嫌疑人居住地公安机关管辖。有关公安机关不得相互推诿。对管辖有争议的案件，应报请争议双方共同的上一级公安机关指定管辖。

铁路、交通、民航公安机关按照《公安机关办理刑事案件程序规定》第 20 条的规定立案侦查拐卖妇女、儿童案件。在运输途中查获的拐卖妇女、儿童案件，可以直接移送拐出地公安机关处理。

（二）对于公民报案、控告、举报的与拐卖妇女、儿童有关的犯罪嫌疑人、犯罪线索或者材料，扭送的犯罪嫌疑人，或者犯罪嫌疑人自首的，公安机关都应当接受。对于接受的案件或者发现的犯罪线索，应当迅速进行审查。对于需要采取解救被拐卖的妇女、儿童等紧急措施的，应当先采取紧急措施。

（三）经过审查，认为有犯罪事实，需要追究刑事责任的，应当区别情况，作出如下处理：

1. 属于本公安机关管辖的案件，应当及时立案侦查。

2. 属于其他公安机关管辖的案件，应当在二十四小时内移送有管辖权的公安机关办理。

3. 不属于公安机关管辖的案件，如属于人民检察院管辖的不解救被拐卖、绑架妇女、儿童案和阻碍解救被拐卖、绑架妇女、儿童案等，属于人民法院管辖的重婚案等，应当及时将案件材料和有关证据送交有管辖权的人民检察院、人民法院，并告知报案人、控告人、举报人到人民检察院、人民法院报案、控告、举报或者起诉。

二、关于拐卖妇女、儿童犯罪

（一）要正确认定拐卖妇女、儿童罪。凡是拐卖妇女、儿童的，不论是哪个环节，只要是以出卖为目的，有拐骗、绑架、收买、贩卖、接送、中转妇女、儿童的行为之一的，均以拐卖妇女、儿童罪立案侦查。

（二）在办理拐卖妇女、儿童案件中，不论拐卖人数多少，是否获利，只要实施拐卖妇女、儿童行为的，均应当以拐卖妇女、儿童罪立案侦查。

（三）明知是拐卖妇女、儿童的犯罪分子而事先通谋，为其拐卖行为提供资助或者其他便利条件的，应当以拐卖妇女、儿童罪的共犯立案侦查。

（四）对拐卖过程中奸淫被拐卖妇女的；诱骗、强迫被拐卖的妇女卖淫或者将被拐卖的妇女卖给他人迫使其卖淫的；以出卖为目的使用暴力、胁迫、麻醉等方法绑架妇女、儿童的；以出卖为目的，偷盗婴幼儿的；造成被拐卖的妇女、儿童或者其亲属重伤、死亡或者其他严重后果的，均以拐卖妇女、儿童罪立案侦查。

（五）教唆他人实施拐卖妇女、儿童犯罪的，以拐卖妇女、儿童罪的共犯立案侦查。向他人传授拐卖妇女、儿童的犯罪方法的，以传授犯罪方法罪立案侦查。明知是拐卖妇女、儿童的犯罪分子，而在其实施犯罪后为其提供隐藏处所、财物，帮助其逃匿或者作假证明包庇的，以窝藏、包庇罪立案侦查。

（六）出卖亲生子女的，由公安机关依法没收非法所得，并处以罚款；以营利为目的，出卖不满十四周岁子女，情节恶劣的，以拐卖儿童罪立案侦查。

（七）出卖十四周岁以上女性亲属或者其他不满十四周岁亲属的，以拐卖妇女、儿童罪立案侦查。

（八）借收养名义拐卖儿童的，出卖捡拾的儿童的，均以拐卖儿童罪立案侦查。

（九）以勒索财物为目的，偷盗婴幼儿的，以绑架罪立案侦查。

（十）犯组织他人偷越国（边）境罪，对被组织的妇女、儿童有拐卖犯罪行为的，以组织他人偷越国（边）境罪和拐卖妇女、儿童罪立案侦查。

（十一）非以出卖为目的，拐骗不满十四周岁的未成年人脱离家庭或者监护人的，以拐骗儿童罪立案侦查。

（十二）教唆被拐卖、拐骗、收买的未成年人实施盗窃、诈骗等犯罪行为的，应当以盗窃罪、诈骗罪等犯罪的共犯立案侦查。

办案中，要正确区分罪与非罪、罪与罪的界限，特别是拐卖妇女罪与介绍婚姻收取钱物行为、拐卖儿童罪与收养中介行为、拐卖儿童罪与拐骗儿童罪，以及绑架儿童罪与拐卖儿童罪的界限，防止扩大打击面或者放纵犯罪。

三、关于收买被拐卖的妇女、儿童犯罪

（一）收买被拐卖的妇女、儿童的，以收买被拐卖的妇女、儿童罪立案侦查。

（二）收买被拐卖的妇女、儿童，并有下列犯罪行为的，同时以收买被拐卖的妇女、儿童罪和下列罪名立案侦查：

1. 违背被拐卖妇女的意志，强行与其发生性关系的，以强奸罪立案侦查。

2. 明知收买的妇女是精神病患者（间歇性精神病患者在发病期间）或者痴呆者（程度严重的）而与其发生性关系的，以强奸罪立案侦查。

3. 与收买的不满十四周岁的幼女发生性关系的，不论被害人是否同意，均以奸淫幼女罪立案侦查。

4. 非法剥夺、限制被拐卖的妇女、儿童人身自由的，或者对其实施伤害、侮辱、猥亵等犯罪行为的，以非法拘禁罪，或者伤害罪、侮辱罪、强制猥亵妇女罪、猥亵儿童罪等犯罪立案侦查。

5. 明知被拐卖的妇女是现役军人的妻子而与之同居或者结婚的，以破坏军婚罪立案侦查。

（三）收买被拐卖的妇女、儿童后又出卖的，以拐卖妇女、儿童罪立案侦查。

（四）凡是帮助买主实施强奸、伤害、非法拘禁被拐卖的妇女、儿童等犯罪行为的，应当分别以强奸罪、伤害罪、非法拘禁罪等犯罪的共犯立案侦查。

（五）收买被拐卖的妇女、儿童，按照被买妇女的意愿，不阻碍其返回原居住地的，对被买儿童没有虐待行为，不阻碍对其进行解救的，可以不追究刑事责任。

四、关于自首和立功

（一）要采取多种形式，广泛宣传刑法关于自首、立功等从宽处理的刑事政策。各地可选择一些因主动投案自首或者有立功表现而给予从轻、减轻、免除处罚的典型案件，公开宣传报道，敦促在逃的犯罪分子尽快投案自首，坦白交待罪行，检举、揭发他人的犯罪行为，提供破案线索，争取立功表现。

（二）要做好对犯罪分子家属、亲友的政策宣传工作，动员他们规劝、陪同有拐卖妇女、儿童犯罪行为的亲友投案自首，或者将犯罪嫌疑人送往司法机关投案。对窝藏、包庇犯罪分子、阻碍解救、妨害公务，构成犯罪的，要依法追究刑事责任。

（三）对于投案自首、坦白交待罪行、有立功表现的犯罪嫌疑人，公安机关在移送人民检察院审查起诉时应当依法提出从轻、减轻、免除处罚的意见。

五、关于解救工作

（一）解救妇女、儿童工作由拐入地公安机关负责。对于拐出地公安机关主动派工作组到拐入地进行解救的，也要以拐入地公安机关为主开展工作。对解救的被拐卖妇女，由其户口所在地公安机关负责接回；对解救的被拐卖儿童，由其父母或者其他监护人户口所在地公安机关负责接回。拐出地、拐入地、中转地公安机关应当积极协作配合，坚决杜绝地方保护主义。

（二）要充分依靠当地党委、政府的支持，做好对基层干部和群众的法制宣传和说服教育工作，注意方式、方法，慎用警械、武器，避免激化矛盾，防止出现围攻执法人员、聚众阻碍解救等突发事件。

以暴力、威胁方法阻碍国家机关工作人员解救被收买的妇女、儿童的，以妨害公务罪立案侦查。对聚众阻碍国家机关工作人员解救被收买的妇女、儿童的首要分子，以聚众阻碍解救被收买的妇女、儿童罪立案侦查。其他使用暴力、威胁方法的参与者，以妨害公务罪立案侦查。阻碍解救被收买的妇女、儿童，没有使用暴力、威胁方法的，依照《中华人民共和国治安管理处罚条例》的有关规定处罚。

（三）对于被拐卖的未成年女性、现役军人配偶、受到买主摧残虐待的、被强迫卖淫或从事其他色情服务的妇女，以及本人要求解救的妇女，要立即解救。

对于自愿继续留在现住地生活的成年女性，应当尊重本人意愿，愿在现住地结婚且符合法定结婚条件的，应当依法办理结婚登记手续。被拐卖妇女与买主所生子女的抚养问题，可由双方协商解决或者由人民法院裁决。

（四）对于遭受摧残虐待的、被强迫乞讨或从事违法犯罪活动的，以及本人要求解救的被拐卖儿童，应当立即解救。

对于被解救的儿童，暂时无法查明其父母或者其他监护人的，依法交由民政部门收容抚养。

对于被解救的儿童，如买主对该儿童既没有虐待行为又不阻碍解救，其父母又自愿送养，双方符合收养和送养条件的，可依法办理收养手续。

（五）任何个人或者组织不得向被拐卖的妇女、儿童及其家属索要收买妇女、儿童的费用和生活费用；已经索取的，应当予以返还。

（六）被解救的妇女、儿童户口所在地公安机关应当协助民政等有关部门妥善安置其生产和生活。

六、关于不解救或者阻碍解救被拐卖的妇女、儿童等渎职犯罪

对被拐卖的妇女、儿童负有解救职责的国家机关工作人员不履行解救职

责，或者袒护、纵容甚至支持买卖妇女、儿童，为买卖妇女、儿童人员通风报信，或者以其他方法阻碍解救工作的，要依法处理：

（一）对被拐卖的妇女、儿童负有解救职责的公安、司法等国家机关工作人员接到被拐卖的妇女、儿童及其家属的解救要求或者接到其他人的举报，而对被拐卖的妇女、儿童不进行解救的，要交由其主管部门进行党纪、政纪、警纪处分；构成犯罪的，应当以不解救被拐卖妇女、儿童罪移送人民检察院追究刑事责任。

（二）对被拐卖的妇女、儿童负有解救职责的公安、司法等国家机关工作人员利用职务阻碍解救被拐卖的妇女、儿童，构成犯罪的，应当以阻碍解救被拐卖妇女、儿童罪移送人民检察院追究刑事责任。

（三）行政执法人员徇私情、私利，伪造材料，隐瞒情况，弄虚作假，对依法应当移交司法机关追究刑事责任的拐卖妇女、儿童犯罪案件不移交司法机关处理，构成犯罪的，以徇私舞弊不移交刑事案件罪移送人民检察院追究刑事责任。

（四）有查禁拐卖妇女、儿童犯罪活动职责的国家机关工作人员，向拐卖妇女、儿童的犯罪分子通风报信、提供便利，帮助犯罪分子逃避处罚，构成犯罪的，以帮助犯罪分子逃避处罚罪移送人民检察院追究刑事责任。

七、关于严格执法、文明办案

（一）各级公安机关必须严格依照《刑法》《刑事诉讼法》和《公安机关办理刑事案件程序规定》以及其他有关规定，严格执法，文明办案，防止滥用强制措施、超期羁押，严禁刑讯逼供和以威胁、引诱、欺骗以及其他非法的方法收集证据。

（二）依法保障律师在侦查阶段参与刑事诉讼活动，保障犯罪嫌疑人聘请律师提供法律帮助的权利。对于律师提出会见犯罪嫌疑人的，公安机关应当依法及时安排会见，不得借故阻碍、拖延。

（三）对犯罪分子违法所得的一切财物及其产生的孳息，应当依法追缴。对依法扣押的犯罪工具及犯罪嫌疑人的财物及其孳息，应当妥为保管，不得挪用、毁损和自行处理。对作为证据使用的实物，应当随案移送；对不宜移送的，应当将其清单、照片或者其他证明文件随案移送，待人民法院作出生效判决后，由扣押的公安机关按照人民法院的通知，上缴国库或者返还受害人。

（四）认真做好办案协作工作。需要异地公安机关协助调查、执行强制措施的，要及时向有关地区公安机关提出协作请求。接受请求的公安机关应当及时予以协作配合，并尽快回复。对不履行办案协作职责造成严重后果的，对直接负责的主管人员和其他直接责任人员，应当给予行政处分；构成犯罪的，依法追究刑事责任。对在逃的拐卖妇女、儿童的犯罪分子，有关公安机关应密切配合，及时通缉，追捕归案。

八、关于办理涉外案件

（一）外国人或者无国籍人拐卖外国妇女、儿童到我国境内被查获的，应当适用我国刑法，以拐卖妇女、儿童罪立案侦查。

（二）拐卖妇女犯罪中的“妇女”，既包括具有中国国籍的妇女，也包括具有外国国籍和无国籍的妇女。被拐卖的外国妇女没有身份证明的，不影响对犯罪分子的立案侦查。

（三）对外国人依法作出取保候审、监视居住决定或者执行拘留、逮捕后，由有关省、自治区、直辖市公安厅、局在规定的期限内，将外国人的有关情况、涉嫌犯罪的主要事实、已采取的强制措施及其法律依据，通知该外国人所属国家的驻华使、领馆，同时报告公安部。

（四）对于外国籍犯罪嫌疑人身份无法查明或者其国籍国拒绝提供有关身份证明的，也可以按其自报的姓名依法提请人民检察院批准逮捕、移送审查起诉。

（五）对非法入出我国国境、非法居留的外国人，应当依照《中华人民共和国外国人入境出境管理法》及其实施细则进行处罚；情节严重，构成犯罪的，依法追究刑事责任。

九、关于法制宣传工作

各地公安机关要与司法行政、宣传、广播电视、民政、妇联、共青团等有关部门和组织密切配合，利用广播、电视、报刊、网络等媒体，结合打击人贩子、处理买主、解救被拐卖的妇女、儿童的典型案例，大张旗鼓地开展法制宣传教育活动。要大力宣传党和政府打击拐卖妇女、儿童犯罪的态度和决心，宣传拐卖妇女、儿童犯罪的严重危害，宣传国家禁止买卖妇女、儿童和惩处人贩子、买主的法律规定，宣传专项斗争中涌现出的不怕牺牲、不辞劳苦打击人贩子、解救被拐卖的妇女、儿童的英雄模范事迹，形成宣传攻势，提高广大人民群众的法制观念，教育群众自觉守法。特别是在拐卖妇女、儿童以及收买被拐卖的妇女、儿童情况较严重的地区，要深入村村户户进行法制宣传教育，真正做到家喻户晓、人人皆知。要以案说法，使广大干部和群众能够认识到拐卖妇女、儿童，收买被拐卖的妇女、儿童，阻碍解救被拐卖的妇女、儿童都是违法犯罪行为，都要受到法律制裁。在不通广播、电视的贫困、边远地区，要采取印发宣传材料、召开座谈会等多种形式进行宣传。

要广泛发动社会各界以及基层干部、群众，积极投入“打拐”专项斗争，主动配合、协助有关部门做好解救被拐卖妇女、儿童的工作，号召群众检举、揭发拐卖、收买妇女、儿童的犯罪行为，自觉同拐卖妇女、儿童犯罪活动作斗争。各地公安机关要设立“打拐”热线电话，接受群众举报，对提供重要犯罪线索、协助抓获重大犯罪嫌疑人的人员，要给予奖励。

10. **全国人大常委会法制工作委员会关于已满十四周岁不满十六周岁的人承担刑事责任范围问题的答复意见**（法工委复字〔2002〕12号，自2002年7月24日起施行）

最高人民检察院：

关于你单位4月8日来函收悉，经研究，现答复如下：

刑法第十七条第二款规定的八种犯罪，是指具体犯罪行为而不是具体罪名。对于刑法第十七条中规定的“犯故意杀人、故意伤害致人重伤或者死亡”，是指只要故意实施了杀人、伤害行为并且造成了致人重伤、死亡后果的，都应负刑事责任。而不是指只有犯故意杀人罪、故意伤害罪的，才负刑事责任，绑架撕票的，不负刑事责任。对司法实践中出现的已满十四周岁不满十六周岁的人绑架人质后杀害被绑架人、拐卖妇女、儿童而故意造成被拐卖妇女、儿童重伤或死亡的行为，依据刑法是应当追究其刑事责任的。

（三）典型或常见问题的审理思路

1. 拐卖两性人的行为应如何定性？[①]

拐卖妇女罪的犯罪对象是妇女，两性人是指由于胚胎畸形发育而形成的具有男性和女性两种生殖器官的人。如果明知是两性人进行贩卖的，不能构成拐卖妇女罪；如果误将两性人视为妇女进行贩卖的，属于刑法理论上的对象不能犯未遂，应以拐卖妇女罪（未遂）追究行为人的刑事责任。

---

① 案例来源：最高人民法院刑事审判第一、二、三、四、五庭：《中国刑事审判指导案例（侵犯公民人身权利、民主权利罪）》，法律出版社2009年版，第485－487页，第77号张某林拐卖妇女案。

2. 应收买的被拐卖妇女的要求将其转卖他人的行为应如何认定?①

根据《刑法》第二百四十一条第五款的规定，收买被拐卖的妇女、儿童又出卖的，以拐卖妇女罪定罪处罚。司法实践中，有些被害人因害怕无法向家人交代而恳请收买人再次将其转卖。对于此种情况，虽有被害人承诺，但是人不能作为商品出卖，拐卖行为本身违背公序良俗，被害人承诺也并非其自主自愿的选择，故该被害人同意并不能阻却该行为的违法性，对此种行为仍应以拐卖妇女罪定罪处罚。

3. 以获利为目的出卖亲生子女的行为应如何定性?②

对于父母将子女私自送给他人收取钱财的案件，如果行为人具有非法获利的目的，就应该以拐卖儿童罪论处。

4. 拐卖外国籍妇女的行为应如何定性?③

拐卖妇女罪的犯罪对象是妇女，并没有对妇女的国籍提出要求，拐卖本国妇女、外国妇女和无国籍妇女的均构成本罪。近年来，新闻媒体多次报道越南新娘、朝鲜新娘嫁入我国，对于存在拐卖行为的，应当坚决从严打击。

5. 为无民事行为能力妇女“介绍对象”收取费用的行为应如何认定?④

经妇女同意为其介绍对象，并收取少量介绍费用的，不成立拐卖妇女罪。如果被“介绍对象”的是无民事行为能力的妇女，非法定监护人以“介绍对象”为名收取费用的行为，符合拐卖妇女罪的构成要件。

6. 为拐卖妇女而故意杀人的行为应如何定性?⑤

《刑法》第二百四十条第一款第七项规定的“造成被拐卖的妇女、儿童或者其亲属重伤、死亡或者其他严重后果的”，系该罪的加重处罚情节。此处的“重伤、死亡或者其他严重后果”是指拐卖妇女的暴力行为直接或间接导致危害结果，如由于犯罪分子捆绑、堵口鼻、殴打、虐待等，使被拐卖者重伤或

---

① 案例来源：最高人民法院刑事审判第一、二、三、四、五庭：《中国刑事审判指导案例（侵犯公民人身权利、民主权利罪）》，法律出版社2009年版，第490－491页，第299号李某祥拐卖妇女案。

② 案例来源：最高人民法院发布惩治拐卖妇女儿童犯罪典型案例（2015年2月27日）。

③ 案例来源：最高人民法院发布4起侵犯妇女儿童权益犯罪典型案例（2016年3月8日）。

④ 案例来源：最高人民法院刑事审判第一、二、三、四、五庭：《刑事审判参考》（总第87集），法律出版社2013年版，第21－26页，刘某祝拐卖妇女案。

⑤ 案例来源：最高人民法院刑事审判第一、二、三、四、五庭：《刑事审判参考》（总第63集），审判实务释疑，法律出版社，第74页。

死亡，由于犯罪分子的拐卖行为或者侮辱、殴打等行为引起被拐卖者或者其亲属自杀、精神失常或者其他严重后果。而为拐卖故意杀人的行为不符合本项规定，故意杀人行为和拐卖妇女行为不成立牵连关系，两行为分别构成故意杀人罪和拐卖妇女罪，应当数罪并罚。

7. 拐卖妇女、儿童罪的死刑适用①

对于拐卖妇女、儿童犯罪，我国司法机关历来坚持从严惩治的方针，其中，偷盗、强抢、拐骗儿童予以出卖，造成许多家庭骨肉分离，对被拐儿童及其家庭造成巨大精神伤害与痛苦，在社会上易引发恐慌情绪，危害极大，更是从严惩治的重点。司法实践中，许多行为人拐卖或拐骗数十名儿童，许多儿童被拐十多年后才得以解救；众多家长为寻找被拐儿童耗费大量时间、金钱和精力，甚至有亲属因伤心过度等去世。对于此类案件，可以综合考虑适用死刑。

（四）疑难、复杂问题的参考性解答

1. 拐卖妇女罪与非罪的认定

司法实践中，要注意区分以下两种情形：

（1）借介绍婚姻索取钱财的违法行为，不成立拐卖妇女罪。受妇女本人或者他人之托，把妇女带到外地为其介绍婚姻，借以索取财物的，属于违法行为，不构成犯罪。这种行为与拐卖妇女的犯罪行为，虽然都具有牟利的目的，但是，牟利的内容、方法、手段及其产生的后果都是不同的。前者“介绍婚姻”，妇女是自愿的，没有违背妇女的意志，行为人也没有采取欺骗或者胁迫手段；后者是行为人以欺骗、利诱或者胁迫手段实施拐骗、贩卖行为，完全违背妇女的意志。

（2）区分妇女自愿外流与拐卖妇女罪。有的妇女因自然灾害等原因，外流到他乡，与他人结婚。征得妇女同意，即使收受了对方的财物，也不能认定拐卖妇女罪。可见，查明行为是否违背妇女意志、有无诱骗手段，是区分拐卖妇女、儿童罪与非罪的客观标志。

2. 拐卖妇女罪与诈骗罪如何区分？

这两种犯罪尽管都具有图财的目的，手段也都是骗，但各自所侵犯的客

---

① 案例来源：最高人民法院发布惩治拐卖妇女儿童犯罪典型案例（2015 年 2 月 27 日）。

体不同。前者是侵犯人身权利的犯罪，后者是侵犯财产的犯罪。在一般情况下，这两种犯罪是容易区别的。但在贩卖妇女与骗取他人钱财的犯罪行为同时出现、互相交错的情况下，就要透过现象，揭示犯罪的实质，正确认定犯罪性质。凡以贩卖为名，骗财为实的，应认定为诈骗罪。对于妇女被拐骗后，在犯罪分子的胁迫或者利诱下共同进行诈骗的，应酌情减轻或者免除处罚。

3. 借送养之名出卖亲生子女与民间送养行为如何区分？

按照2010年3月15日《依法惩治拐卖妇女儿童犯罪意见》，区分两者的关键在于行为人是否具有非法获利的目的。应当通过审查将子女“送”人的背景和原因、有无收取钱财及收取钱财的多少、对方是否具有抚养目的及有无抚养能力等事实，综合判断行为人是否具有非法获利的目的。具有下列情形之一的，可以认定属于出卖亲生子女，应当以拐卖妇女、儿童罪论处：（1）将生育作为非法获利手段，生育后即出卖子女的；（2）明知对方不具有抚养目的，或者根本不考虑对方是否具有抚养目的，为收取钱财将子女“送”给他人的；（3）为收取明显不属于“营养费”“感谢费”的巨额钱财将子女“送”给他人的；（4）其他足以反映行为人具有非法获利目的的“送养”行为的。

不是出于非法获利目的，而是迫于生活困难，或者受重男轻女思想影响，私自将没有独立生活能力的子女送给他人抚养，包括收取少量“营养费”“感谢费”的，属于民间送养行为，不能以拐卖妇女、儿童罪论处。对私自送养导致子女身心健康受到严重伤害，或者具有其他恶劣情节，符合遗弃罪特征的，可以遗弃罪论处；情节显著轻微危害不大的，可由公安机关依法予以行政处罚。

4. 构成拐卖妇女、儿童罪有哪些特殊情形？

司法实践中存在一些本罪的特殊情形：

（1）以出卖为目的强抢儿童，或者捡拾儿童后予以出卖，符合《刑法》第二百四十条第二款规定的，应当以拐卖儿童罪论处。

（2）以抚养为目的偷盗婴幼儿或者拐骗儿童，之后予以出卖的，以拐卖儿童罪论处。以非法获利为目的，出卖亲生子女的，应当以拐卖妇女、儿童罪论处。

（3）将妇女拐卖给有关场所，致使被拐卖的妇女被迫卖淫或者从事其他色情服务的，以拐卖妇女罪论处。有关场所的经营管理人员事前与拐卖妇女的犯罪人通谋的，对该经营管理人员以拐卖妇女罪的共犯论处；同时构成拐卖妇女罪和组织卖淫罪，择一重罪论处。

（4）医疗机构、社会福利机构等单位的工作人员以非法获利为目的，将所诊疗、护理、抚养的儿童贩卖给他人的，以拐卖儿童罪论处。

（5）《刑法》第二百四十一条第五款规定，收买被拐卖的妇女、儿童又出卖的，依照拐卖妇女、儿童罪处罚。

5. 如何认定本罪的罪数问题？

（1）行为人在拐卖妇女（包括幼女）过程中又奸淫被害人的，应按拐卖妇女罪从重处罚，不实行数罪并罚。《刑法》第二百四十条第一款第三项规定的“奸淫被拐卖的妇女的”，是指拐卖妇女的犯罪分子在拐卖过程中，与被害妇女发生性关系的行为。不论行为人对被害妇女是否使用了暴力或者胁迫手段，也不论被害妇女是否有反抗行为，都应将奸淫被拐卖妇女的行为作为拐卖妇女罪的情节从重处罚，既不能定强奸罪，也不能定强奸、拐卖妇女两个罪，实行并罚。对被拐卖的妇女、儿童故意杀害、伤害的，则应当按拐卖妇女、儿童罪与故意杀人罪或者故意伤害罪并罚。

（2）拐卖妇女、儿童，又对被拐卖的妇女、儿童实施故意杀害、伤害、猥亵、侮辱等行为，构成其他犯罪的，依照数罪并罚的规定处罚。

（3）拐卖妇女、儿童或者收买被拐卖的妇女、儿童，又组织、教唆被拐卖、收买的妇女、儿童进行犯罪的，以拐卖妇女、儿童罪或者收买被拐卖的妇女、儿童罪与其所组织、教唆的犯罪数罪并罚。

（4）拐卖妇女、儿童或者收买被拐卖的妇女、儿童，又组织、教唆被拐卖、收买的未成年妇女、儿童进行盗窃、诈骗、抢夺、敲诈勒索等违反治安管理活动的，以拐卖妇女、儿童罪或者收买被拐卖的妇女、儿童罪与组织未成年人进行违反治安管理活动罪数罪并罚。

6. 如何认定本案的共同犯罪问题？

拐卖妇女、儿童犯罪多为共同犯罪，要根据共同犯罪理论，结合案件具体情况，正确加以认定。按照《依法惩治拐卖妇女儿童犯罪意见》：

（1）明知他人拐卖妇女、儿童，仍然向其提供被拐卖妇女、儿童的健康证明、出生证明或者其他帮助的，以拐卖妇女、儿童罪的共犯论处。明知他人收买被拐卖的妇女、儿童，仍然向其提供被收买妇女、儿童的户籍证明、出生证明或者其他帮助的，以收买被拐买的妇女、儿童罪的共犯论处；但是，收买人未被追究刑事责任的除外。认定是否“明知”，应当根据证人证言，犯罪嫌疑人、被告人及其同案人供述和辩解，结合提供帮助的人次，以及是否明显违反相关规章制度、工作流程等，予以综合判断。

（2）明知他人系拐卖儿童的“人贩子”，仍然利用从事诊疗、福利救助等工作的便利或者了解被拐卖方情况的条件，居间介绍的，以拐卖儿童罪的共犯论处。

（3）对于拐卖妇女、儿童犯罪的共犯，应当根据各被告人在共同犯罪中的分工、地位、作用，参与拐卖的人数、次数，以及分赃数额等，准确区分主从犯。对于组织、领导、指挥拐卖妇女、儿童的某一个或者某几个犯罪环节，或者积极参与实施拐骗、绑架、收买、贩卖、接送、中转妇女、儿童等犯罪行为，起主要作用的，应当认定为主犯。对于仅提供被拐卖妇女儿童信息或者相关证明文件，或者进行居间介绍，起辅助或者次要作用，没有获利或者获利较少的，一般可认定为从犯。对于各被告人在共同犯罪中的地位、作用区别不明显的，也可以不区分主从犯。

7. 如何判断本罪的既遂标准？

判断拐卖妇女、儿童罪的既未遂，应以行为人是否基于出卖的主观故意，实施了拐骗、绑架、收买、贩卖、接送、中转妇女、儿童其中一种行为为标准，而不以被拐卖的妇女、儿童已经出卖为标准。

8. 如何处理本罪的涉外犯罪问题？

本罪适用属地管辖原则。本罪的犯罪对象妇女、儿童既包括本国的妇女、儿童，也包括外国籍和无国籍的妇女、儿童。目前，拐卖外国妇女、儿童的案件呈上升的趋势，应进一步加大对跨国、跨境拐卖妇女、儿童犯罪的惩治力度。加强双边或者多边“反拐”国际交流与合作，加强对被跨国、跨境拐卖的妇女、儿童的救助工作。依照我国缔结或者参加的国际条约的规定，积极行使所享有的权利，履行所承担的义务，及时请求或者提供各项司法协助，有效遏制跨国、跨境拐卖妇女、儿童犯罪。被拐卖的外国妇女没有身份证明的，不影响对犯罪分子的定罪处罚。

外国人或者无国籍人拐卖外国妇女到我国境内被查获的，应当根据《刑法》第六条的规定，适用我国《刑法》定罪处罚。

9. 如何认定拐卖妇女、儿童中的“三人以上”？①

这里所说的“三人以上”，是指犯罪分子直接参与拐卖的人数（包括本数在内）。“拐卖妇女、儿童三人以上”既包括以出卖为目的拐骗妇女、儿童三人以上，也包括在拐卖妇女、儿童犯罪活动中中转、接送、收买、贩卖妇女、儿童三人以上；既包括在一次犯罪活动中拐卖妇女、儿童三人以上，也包括多次进行拐卖活动，累计拐卖妇女、儿童三人以上。需要特别注意的是，对于拐卖妇女、儿童集团的首要分子应依照本款第一项的规定处理，对于拐卖集团中的其他成员，则不应以整个犯罪集团拐卖的人数当作该犯罪分子拐卖的人数，而应以其直接参与拐卖的妇女、儿童的人数作为处罚的根据。

（五）量刑指导或参考

依照《刑法》第二百四十条第一款规定，犯拐卖妇女、儿童罪的，处五年以上十年以下有期徒刑，并处罚金；有下列情形之一的，处十年以上有期徒刑或者无期徒刑，并处罚金或者没收财产；情节特别严重的，处死刑，并处没收财产：（1）拐卖妇女、儿童集团的首要分子；（2）拐卖妇女、儿童三人以上的；（3）奸淫被拐卖的妇女的；（4）诱骗、强迫被拐卖的妇女卖淫或者将被拐卖的妇女卖给他人迫使其卖淫的；（5）以出卖为目的，使用暴力、胁迫或者麻醉方法绑架妇女、儿童的；（6）以出卖为目的，偷盗婴幼儿的；（7）造成被拐卖的妇女、儿童或者其亲属重伤、死亡或者其他严重后果的；（8）将妇女、儿童卖往境外的。

司法机关在适用时，应当注意以下问题：

1. 正确理解《刑法》第二百四十条第一款第七项规定的情节。“造成被拐卖的妇女、儿童或者其亲属重伤、死亡或者其他严重后果的”，是指由于犯罪分子拐卖妇女、儿童的行为，直接、间接造成被拐卖的妇女、儿童或者其亲属重伤、死亡或者其他严重后果的。例如，由于犯罪分子采取拘禁、捆绑、虐待等手段，致使被害人重伤、死亡或者造成其他严重后果的；由于犯罪分子的拐卖行为和拐卖中的侮辱、殴打等行为引起被害人或者其亲属自杀、精神失常或者其他严重后果的等。

2. 把握打击的重点。对于拐卖妇女、儿童犯罪集团的首要分子，情节严

---

① 观点来源：郎胜：《中华人民共和国刑法释义（第5版）》，法律出版社2011年版，第430页。

重的主犯、累犯，偷盗婴幼儿、强抢儿童情节严重，将妇女、儿童卖往境外情节严重，拐卖妇女、儿童多人多次，造成伤亡后果，或者具有其他严重情节的，依法从重处罚，情节特别严重的，依法判处死刑。

3. 严格掌握适用死刑的条件。《刑法》第二百四十条第一款规定，拐卖妇女、儿童，情节特别严重的，处死刑，并处没收财产。法律没有具体规定“情节特别严重”的行为。从立法原意看，是指《刑法》第二百四十条第一款所列八种情形中特别严重的情节。司法机关在具体执行中，不应在这八种情形之外扩大范围。同时，由于对拐卖妇女、儿童情节特别严重的行为，立法上采用的是绝对确定的法定刑，而且是处死刑，因此，司法机关在适用“情节特别严重”处罚时，应当采取十分慎重的态度，严格掌握适用死刑的条件。

4. 正确贯彻刑事政策和刑法的基本原则，保证办案效果。拐卖妇女、儿童犯罪往往涉及多人、多个环节，要根据宽严相济刑事政策和罪责刑相适应的刑法基本原则，综合考虑犯罪分子在共同犯罪中的地位、作用及人身危险性的大小，依法准确量刑。对于犯罪集团的首要分子、组织策划者、多次参与者、拐卖多人者或者具有累犯等从严、从重处罚情节的，必须重点打击，坚决依法严惩。对于罪行严重，依法应当判处重刑乃至死刑的，坚决依法判处。

拐卖妇女、儿童，并对被拐卖的妇女、儿童实施故意杀害、伤害、猥亵、侮辱等行为，数罪并罚决定执行的刑罚应当依法体现从严。

5. 注意体现政策，做到区别对待。《依法惩治拐卖妇女儿童犯罪意见》规定：

（1）多名家庭成员或者亲友共同参与出卖亲生子女，或者“买人为妻”“买人为子”构成收买被拐卖的妇女、儿童罪的，一般应当在综合考察犯意提起、各行为人在犯罪中所起作用等情节的基础上，依法追究其中罪责较重者的刑事责任。对于其他情节显著轻微危害不大，不认为是犯罪的，依法不追究刑事责任；必要时可以由公安机关予以行政处罚。

（2）具有从犯、自首、立功等法定从宽处罚情节的，依法从轻、减轻或者免除处罚。对被拐卖的妇女、儿童没有实施摧残、虐待等违法犯罪行为，或者能够协助解救被拐卖的妇女、儿童，或者具有其他酌定从宽处罚情节的，可以依法酌情从轻处罚。

（3）同时具有从严和从宽处罚情节的，要在综合考察拐卖妇女、儿童的手段，拐卖妇女、儿童或者收买被拐卖妇女、儿童的人次、危害后果以及被告人主观恶性、人身危险性等因素的基础上，结合当地此类犯罪发案情况和社会治安状况，决定对被告人总体从严或者从宽处罚。

6. 对于拐卖妇女、儿童的犯罪分子，应当注重依法适用财产刑，并切实加大执行力度，以强化刑罚的特殊预防与一般预防效果。

十三、收买被拐卖的妇女、儿童罪

（一）刑法规定

第二百四十一条[①] 收买被拐卖的妇女、儿童的，处三年以下有期徒刑、拘役或者管制。

收买被拐卖的妇女，强行与其发生性关系的，依照本法第二百三十六条的规定定罪处罚。

收买被拐卖的妇女、儿童，非法剥夺、限制其人身自由或者有伤害、侮辱等犯罪行为的，依照本法的有关规定定罪处罚。

收买被拐卖的妇女、儿童，并有第二款、第三款规定的犯罪行为的，依照数罪并罚的规定处罚。

收买被拐卖的妇女、儿童又出卖的，依照本法第二百四十条的规定定罪处罚。

收买被拐卖的妇女、儿童，对被买儿童没有虐待行为，不阻碍对其进行解救的，可以从轻处罚；按照被买妇女的意愿，不阻碍其返回原居住地的，可以从轻或者减轻处罚。

（二）司法解释、司法文件及其权威解读

权威解读

解读《刑法修正案（九）》立法背景

近些年来，打击拐卖妇女、儿童犯罪的形势依然严峻，有关方面提出，

① 本条第六款根据2015年8月29日公布《刑法修正案（九）》第十五条修正。1997年条文为“收买被拐卖的妇女、儿童，按照被买妇女的意愿，不阻碍其返回原居住地的，对被买儿童没有虐待行为，不阻碍对其进行解救的，可以不追究刑事责任”。

收买妇女、儿童的买方市场存在，是这类犯罪屡禁不止的原因之一，强烈呼吁加大对收买妇女、儿童犯罪的惩治。立法机关经研究认为，买卖人口的行为是现代文明法治社会所不能容许的，目前解救妇女儿童的执法条件、执法环境也有很大改善，同时考虑到妇女和儿童的自我保护能力不同，应予区别对待，加重对儿童保护，因此《刑法修正案（九）》删去了“可以不追究刑事责任”的规定，对收买被拐卖妇女、儿童的行为一律定罪处刑，将第二百四十一条第六款修改为：“收买被拐卖的妇女、儿童，对被买儿童没有虐待行为，不阻碍对其进行解救的，可以从轻处罚；按照被买妇女的意愿，不阻碍其返回原居住地的，可以从轻或者减轻处罚。”①

（撰稿：王爱立等）

1. **最高人民检察院、公安部、司法部关于依法惩治拐卖妇女儿童犯罪的意见**（法发〔2010〕7号，自2010年3月15日起施行）（节录）

为加大对妇女、儿童合法权益的司法保护力度，贯彻落实《中国反对拐卖妇女儿童行动计划（2008－2012）》，根据刑法、刑事诉讼法等相关法律及司法解释的规定，最高人民法院、最高人民检察院、公安部、司法部就依法惩治拐卖妇女、儿童犯罪提出如下意见：

一、总体要求

1. 依法加大打击力度，确保社会和谐稳定。自1991年全国范围内开展打击拐卖妇女、儿童犯罪专项行动以来，侦破并依法处理了一大批拐卖妇女、儿童犯罪案件，犯罪分子受到依法严惩。2008年，全国法院共审结拐卖妇女、儿童犯罪案件1353件，比2007年上升9.91%；判决发生法律效力的犯罪分子2161人，同比增长11.05%，其中，被判处五年以上有期徒刑、无期徒刑至死刑的1319人，同比增长10.1%，重刑率为61.04%，高出同期全部刑事案件重刑率45.27个百分点。2009年，全国法院共审结拐卖妇女、儿童犯罪案件1636件，比2008年上升20.9%；判决发生法律效力的犯罪分子2413人，同比增长11.7%，其中被判处五年以上有期徒刑、无期徒刑至死刑的1475人，同比增长11.83%。

但是，必须清醒地认识到，由于种种原因，近年来，拐卖妇女、儿童犯

---

① 全国人大常委会法制工作委员会刑法室：《中华人民共和国刑法解读（第四版）》，中国法制出版社2005年版，第549页。

罪在部分地区有所上升的势头仍未得到有效遏制。此类犯罪严重侵犯被拐卖妇女、儿童的人身权利，致使许多家庭骨肉分离，甚至家破人亡，严重危害社会和谐稳定。人民法院、人民检察院、公安机关、司法行政机关应当从维护人民群众切身利益、确保社会和谐稳定的大局出发，进一步依法加大打击力度，坚决有效遏制拐卖妇女、儿童犯罪的上升势头。

2. 注重协作配合，形成有效合力。人民法院、人民检察院、公安机关应当各司其职，各负其责，相互支持，相互配合，共同提高案件办理的质量与效率，保证办案的法律效果与社会效果的统一；司法行政机关应当切实做好有关案件的法律援助工作，维护当事人的合法权益。各地司法机关要统一思想认识，进一步加强涉案地域协调和部门配合，努力形成依法严惩拐卖妇女、儿童犯罪的整体合力。

3. 正确贯彻政策，保证办案效果。……要注重铲除"买方市场"，从源头上遏制拐卖妇女、儿童犯罪。对于收买被拐卖的妇女、儿童，依法应当追究刑事责任的，坚决依法追究。同时，对于具有从宽处罚情节的，要在综合考虑犯罪事实、性质、情节和危害程度的基础上，依法从宽，体现政策，以分化瓦解犯罪，鼓励犯罪人悔过自新。

……

五、定性

……

20. 明知是被拐卖的妇女、儿童而收买，具有下列情形之一的，以收买被拐卖的妇女、儿童罪论处；同时构成其他犯罪的，依照数罪并罚的规定处罚：

（1）收买被拐卖的妇女后，违背被收买妇女的意愿，阻碍其返回原居住地的；

（2）阻碍对被收买妇女、儿童进行解救的；

（3）非法剥夺、限制被收买妇女、儿童的人身自由，情节严重，或者对被收买妇女、儿童有强奸、伤害、侮辱、虐待等行为的；

（4）所收买的妇女、儿童被解救后又再次收买，或者收买多名被拐卖的妇女、儿童的；

（5）组织、诱骗、强迫被收买的妇女、儿童从事乞讨、苦役，或者盗窃、传销、卖淫等违法犯罪活动的；

（6）造成被收买妇女、儿童或者其亲属重伤、死亡以及其他严重后果的；

（7）具有其他严重情节的。

被追诉前主动向公安机关报案或者向有关单位反映，愿意让被收买妇女返回原居住地，或者将被收买儿童送回其家庭，或者将被收买妇女、儿童交给公安、民政、妇联等机关、组织，没有其他严重情节的，可以不追究刑事责任。

六、共同犯罪

21. 明知他人收买被拐卖的妇女、儿童，仍然向其提供被收买妇女、儿童的户籍证明、出生证明或者其他帮助的，以收买被拐卖的妇女、儿童罪的共犯论处。

……但是，收买人未被追究刑事责任的除外。

认定是否“明知”，应当根据证人证言、犯罪嫌疑人、被告人及其同案人供述和辩解，结合提供帮助的人次，以及是否明显违反相关规章制度、工作流程等，予以综合判断。

……

七、一罪与数罪

……

26. 拐卖妇女、儿童或者收买被拐卖的妇女、儿童，又组织、教唆被拐卖、收买的妇女、儿童进行犯罪的，以拐卖妇女、儿童罪或者收买被拐卖的妇女、儿童罪与其所组织、教唆的罪数罪并罚。

27. 拐卖妇女、儿童或者收买被拐卖的妇女、儿童，又组织、教唆被拐卖、收买的未成年妇女、儿童进行盗窃、诈骗、抢夺、敲诈勒索等违反治安管理活动的，以拐卖妇女、儿童罪或者收买被拐卖的妇女、儿童罪与组织未成年人进行违反治安管理活动罪数罪并罚。

八、刑罚适用

……

30. 犯收买被拐卖的妇女、儿童罪，对被收买妇女、儿童实施违法犯罪活动或者将其作为牟利工具的，处罚时应当依法体现从严。

收买被拐卖的妇女、儿童，对被收买妇女、儿童没有实施摧残、虐待行为或者与其已形成稳定的婚姻家庭关系，但仍应依法追究刑事责任的，一般应当从轻处罚；符合缓刑条件的，可以依法适用缓刑。

收买被拐卖的妇女、儿童，犯罪情节轻微的，可以依法免予刑事处罚。

31. 多名家庭成员或者亲友共同参与出卖亲生子女，或者“买人为妻”、“买人为子”构成收买被拐卖的妇女、儿童罪的，一般应当在综合考察犯意提起、各行为人在犯罪中所起作用等情节的基础上，依法追究其中罪责较重者的刑事责任。对于其他情节显著轻微危害不大，不认为是犯罪的，依法不追究刑事责任；必要时可以由公安机关予以行政处罚。

32. 具有从犯、自首、立功等法定从宽处罚情节的，依法从轻、减轻或者免除处罚。

对被拐卖的妇女、儿童没有实施摧残、虐待等违法犯罪行为，或者能够协助解救被拐卖的妇女、儿童，或者具有其他酌定从宽处罚情节的，可以依法酌情从轻处罚。

33. 同时具有从严和从宽处罚情节的，要在综合考察拐卖妇女、儿童的手段、拐卖妇女、儿童或者收买被拐卖妇女、儿童的人次、危害后果以及被告人主观恶性、人身危险性等因素的基础上，结合当地此类犯罪发案情况和社会治安状况，决定对被告人总体从严或者从宽处罚。

2. **最高人民法院、最高人民检察院、公安部、民政部、司法部、中华全国妇女联合会关于打击拐卖妇女儿童犯罪有关问题的通知**（公通字〔2000〕26号，自2000年3月20日起施行）（节录）

六、切实做好解救和善后安置工作，保护被拐卖妇女、儿童的合法权益。解救被拐卖的妇女、儿童，是人民政府和政法机关的重要职责。公安、司法行政、民政、妇联等有关部门和组织要明确责任，各司其职，相互配合，通力合作。解救工作要充分依靠当地党委、政府的支持，做好对基层干部和群众的说服教育工作，注意方式、方法，慎用警械、武器，避免激化矛盾，防止出现围攻执法人员、聚众阻碍解救等突发事件。

对于被拐卖的未成年女性、现役军人配偶、遭受摧残虐待、被强迫卖淫或者从事其他色情服务的妇女，以及本人要求解救的妇女，要立即解救。对于自愿继续留在现住地生活的成年女性，应尊重本人意愿，愿在现住地结婚且符合法定结婚条件的，应当依法办理结婚登记手续。被拐卖妇女与买主所生子女的抚养问题，可由双方协商解决或由人民法院裁决。对于遭受摧残虐待的、被强迫乞讨或从事违法犯罪活动的，以及本人要求解救的被拐卖儿童，应当立即解救。对于解救的被拐卖儿童，由其父母或者其他监护人户口所在地公安机关负责接回。

公安、民政、妇联等有关部门和组织应当密切配合，做好被解救妇女、儿童的善后安置工作。任何单位和个人不得歧视被拐卖的妇女、儿童。对被解救回的未成年人，其父母及其他监护人应当接收并认真履行抚养义务。拒绝接收，拒不履行抚养义务，构成犯罪的，以遗弃罪追究刑事责任。

3. **最高人民法院关于审理拐卖妇女儿童犯罪案件具体应用法律若干问题的解释**（法释〔2016〕28号，自2017年1月1日起施行）（节录）

为依法惩治拐卖妇女、儿童犯罪，切实保障妇女、儿童的合法权益，维护家庭和谐与社会稳定，根据刑法有关规定，结合司法实践，现就审理此类案件具体应用法律的若干问题解释如下：

……

第四条 在国家机关工作人员排查来历不明儿童或者进行解救时，将所收买的儿童藏匿、转移或者实施其他妨碍解救行为，经说服教育仍不配合的，属于刑法第二百四十一条第六款规定的“阻碍对其进行解救”。

第五条 收买被拐卖的妇女，业已形成稳定的婚姻家庭关系，解救时被买妇女自愿继续留在当地共同生活的，可以视为“按照被买妇女的意愿，不阻碍其返回原居住地”。

第六条 收买被拐卖的妇女、儿童后又组织、强迫卖淫或者组织乞讨、进行违反治安管理活动等构成其他犯罪的，依照数罪并罚的规定处罚。

第七条 收买被拐卖的妇女、儿童，又以暴力、威胁方法阻碍国家机关工作人员解救被收买的妇女、儿童，或者聚众阻碍国家机关工作人员解救被收买的妇女、儿童，构成妨害公务罪、聚众阻碍解救被收买的妇女、儿童罪的，依照数罪并罚的规定处罚。

第八条 出于结婚目的收买被拐卖的妇女，或者出于抚养目的收买被拐卖的儿童，涉及多名家庭成员、亲友参与的，对其中起主要作用的人员应当依法追究刑事责任。

第九条 刑法第二百四十条、第二百四十一条规定的儿童，是指不满十四周岁的人。其中，不满一周岁的为婴儿，一周岁以上不满六周岁的为幼儿。

（三）典型或常见问题的审理思路

1. 收买被拐卖的妇女并形成稳定的婚姻关系的应如何定性？①

根据《刑法修正案（九）》的规定，明知是被拐卖的妇女而予以收买，其行为已构成收买被拐卖的妇女罪。行为人收买被拐卖妇女后没有实施摧残、虐待行为并与之形成稳定家庭关系的，一般应当从轻或者减轻处罚；符合非监禁刑适用条件的，可以依法适用非监禁刑。②

2. 收买被拐卖妇女的罪数问题③

（1）司法实践中，收买者对于被收买的妇女、儿童往往实施其他犯罪，如对被收买的妇女、儿童限制人身自由，进行伤害、强奸、威胁等行为。根据本条第二款、第三款、第四款的规定，收买被拐卖的妇女、儿童，并有强行与被害妇女发生性关系，或者非法剥夺、限制人身自由，或者伤害、侮辱等犯罪行为的，则应当定收买被拐卖的妇女、儿童罪和强奸罪，或者非法拘禁罪、故意伤害罪、侮辱罪，实行并罚。

（2）收买被拐卖的妇女，又将其绑架勒索其家人钱财的，应当以收买被拐卖的妇女罪和绑架罪，实行并罚。

（3）按照《依法惩治拐卖妇女儿童犯罪意见》规定，收买被拐卖的妇女、儿童，又组织、教唆被拐卖、收买的妇女、儿童进行犯罪的，以收买被拐卖的妇女、儿童罪与其所组织、教唆的罪数罪并罚。

收买被拐卖的妇女、儿童，又组织、教唆被拐卖、收买的未成年妇女、儿童进行盗窃、诈骗、抢夺、敲诈勒索等违反治安管理活动的，以收买被拐卖的妇女、儿童罪与组织未成年人进行违反治安管理活动罪数罪并罚。

（4）按照《全国人民代表大会常务委员会法制工作委员会关于已满十四周岁不满十六周岁的人承担刑事责任范围问题的答复意见》，已满十四周岁不满十六周岁的人不成立本罪主体，但是强奸被拐卖的妇女、儿童或者故意造成被拐卖的妇女、儿童重伤、死亡的，则构成强奸罪，故意伤害罪和故意杀人罪。

---

① 案例来源：最高人民法院关于拐卖妇女儿童犯罪案件的三起典型案例（2011年3月24日）。

② 观点来源：最高人民法院研究室、最高人民法院刑法修改工作小组：《〈刑法修正案（九）〉条文及配套司法解释理解与适用》，人民法院出版社2015年版，第175页。

③ 案例来源：最高人民法院发布惩治拐卖妇女儿童犯罪典型案例（2015年2月27日）。

（四）疑难、复杂问题的参考性解答

1. 如何区分收买被拐卖妇女、儿童罪与拐卖妇女、儿童罪？

拐卖妇女、儿童罪的行为方式中有收买行为，该种收买行为与本罪收买行为的不同之处在于：一是主观目的不同。前者的目的是出卖，后者不具有出卖目的。如果以出卖为目的收买的，则成立拐卖妇女、儿童罪。二是犯罪对象不同。前者的对象是妇女、儿童，不限定必须是被贩卖的妇女、儿童，而后者的对象仅是被贩卖的妇女、儿童，且行为人明知收买的是被贩卖的妇女、儿童。收买他人亲生子女的，不成立本罪；如果收买者尽到一切注意义务仍无法得知收买的是被贩卖的妇女、儿童的，同样不成立本罪。根据本条第五款规定，行为人不是以出卖为目的，收买被拐卖的妇女、儿童后，出于其他原因，又将妇女、儿童出卖的，则应以拐卖妇女、儿童罪论处。

2. 如何认定本罪的共同犯罪问题？

收买被拐卖的妇女、儿童犯罪涉及共同犯罪的，根据共同犯罪理论，结合案件具体情况，按照《依法惩治拐卖妇女儿童犯罪意见》规定，正确加以认定：

（1）明知他人收买被拐卖的妇女、儿童，仍然向其提供被收买妇女、儿童的户籍证明、出生证明或者其他帮助的，以收买被拐买的妇女、儿童罪的共犯论处；但是，收买人未被追究刑事责任的除外。认定是否“明知”，应当根据证人证言、犯罪嫌疑人、被告人及其同案人供述和辩解，结合提供帮助的人次，以及是否明显违反相关规章制度、工作流程等，予以综合判断。

（2）共同参与了收买被拐卖的妇女、儿童犯罪行为的（如有些收买行为是全体家庭成员或者亲友共同商量决定的等），一般应当在综合考察犯意提起、各行为人在犯罪中所起作用等情节的基础上，依法追究其中罪责较重者的刑事责任。对于其他情节显著轻微危害不大，不认为是犯罪的，依法不追究刑事责任；必要时可以由公安机关予以行政处罚。

十四、聚众阻碍解救被收买的妇女、儿童罪

（一）刑法规定

第二百四十二条 以暴力、威胁方法阻碍国家机关工作人员解救被收买

的妇女、儿童的，依照本法第二百七十七条的规定定罪处罚。

聚众阻碍国家机关工作人员解救被收买的妇女、儿童的首要分子，处五年以下有期徒刑或者拘役；其他参与者使用暴力、威胁方法的，依照前款的规定处罚。

（二）疑难、复杂问题的参考性解答

1. 本罪与妨害公务罪的区分

《刑法》第二百七十七条规定的妨害公务罪，是指以暴力、威胁的方法，阻碍国家机关工作人员、人大代表、红十字会工作人员依法执行职务、履行职责的行为，或者故意阻碍国家安全机关、公安机关依法执行国家安全工作任务，造成严重后果的行为。

聚众阻碍解救被收买的妇女、儿童罪与妨害公务罪在犯罪对象和行为方式上存在一定重合，两者的区别主要在于：第一，犯罪对象不完全相同。本罪的犯罪对象是解救被收买的妇女、儿童的国家机关工作人员，范围较特定；妨害公务罪的对象范围更普遍，可以是任何国家机关执行公务的人员。第二，行为方式不完全相同。本罪表现为聚众阻碍，至于是否使用暴力在所不问；妨害公务罪一般是使用暴力、胁迫等手段，如果阻碍国家安全机关、公安机关依法执行国家安全工作任务，造成严重后果的，未使用暴力、胁迫方法的，也成立妨害公务罪。第三，处罚的对象不同。本罪处罚的是聚众的首要分子，非首要分子不成立本罪，但是使用暴力、威胁方法阻碍的，成立妨害公务罪。妨害公务罪则未进行限制。第四，主观故意不同。本罪的主观故意是阻碍解救被收买的妇女、儿童，侧重的是保护被拐卖的妇女、儿童的人身自由和人格尊严；妨害公务罪只要求明知是国家机关工作人员在执行公务即可，侧重保护的是国家机关、人民代表大会和红十字会的公务活动。

2. 本罪与不解救被拐卖、绑架妇女、儿童罪的区分

《刑法》第四百一十六条规定的不解救被拐卖、绑架妇女、儿童罪，是指对被拐卖、绑架的妇女、儿童负有解救职责的国家机关工作人员，接到被拐卖、绑架的妇女、儿童及其家属的解救要求或者接到其他人的举报，而对被拐卖、绑架的妇女、儿童不进行解救，造成严重后果的行为。

聚众阻碍解救被拐卖的妇女、儿童罪与不解救被拐卖、绑架的妇女、儿童罪的区别在于：第一，两者侵犯的客体不同。本罪侵犯的是被拐卖妇女、

儿童的人身自由和人格尊严，以及国家机关工作人员的正常公务活动；不解救被拐卖、绑架的妇女、儿童罪侵犯的是国家对被拐卖、绑架妇女、儿童的正常解救活动。第二，两者的行为方式不同。本罪以积极的作为方式体现，即聚众阻碍；不解救被拐卖、绑架的妇女、儿童罪是以不作为的方式体现，即接到被拐卖、绑架的妇女、儿童及其亲属的解救要求或者接到他人的举报，应当进行解救而不进行解救，造成严重后果的行为。第三，犯罪主体不同。本罪是聚众的首要分子；不解救被拐卖、绑架的妇女、儿童罪的主体是负有解救职责的国家机关工作人员。第四，犯罪主观故意不同。本罪是由直接故意构成；不解救被拐卖、绑架的妇女、儿童罪的主观方面司法实践中多为间接故意。

3. **本罪与非罪的界限**①

行为人是否构成聚众阻碍解救被收买的妇女、儿童罪，主要应从犯罪构成要件上加以区分和认定。

（1）本罪侵犯的对象是特定的，即负有解救职责的国家机关工作人员，既包括司法工作人员、各级行政机关人员以及其他负责解救工作的人员，也包括受解救机关委托协助执行解救公务的人员。对上述人员依法执行解救活动进行聚众阻碍的构成本罪，对上述人员以外的其他人员或者非执行解救公务的国家机关工作人员实施聚众阻碍解救行为的，则不构成本罪。如果国家机关工作人员在执行解救活动中，超越解救职责范围，或滥用解救职责遭到群众阻碍的，阻碍者亦不构成本罪。

（2）客观上行为人必须以聚众方式实施阻碍行为，这是决定其构成本罪的关键性条件。如果行为人纠集多人，但未能实施阻碍解救行为的，或者虽有阻碍解救的行为，却不是以聚众方式实施的，均不以本罪论。如果解救工作尚未开始或者已经结束，行为人聚众对解救人员实施侵害行为的，应以相应的犯罪论处，而不构成本罪。

（3）行为人主观上是否明知侵犯的对象是正在解救被收买的妇女、儿童的国家机关工作人员，也是能否构成本罪的决定因素。如果行为人主观上没有聚众的故意，即使客观上造成了众人参与的后果，也不能以本罪论。

---

① 观点来源：周强、李少平、南英、张述元、刘学文、胡云腾：《中华人民共和国刑法案典》（中），人民法院出版社2020年版，第1296页。

（4）行为人必须是本案的首要分子，本条只限于对首要分子按本罪处理，具有排他性，即除首要分子以外，其他参与者不构成本罪。

十五、诬告陷害罪

（一）刑法规定

第二百四十三条　捏造事实诬告陷害他人，意图使他人受刑事追究，情节严重的，处三年以下有期徒刑、拘役或者管制；造成严重后果的，处三年以上十年以下有期徒刑。

国家机关工作人员犯前款罪的，从重处罚。

不是有意诬陷，而是错告，或者检举失实的，不适用前两款的规定。

（二）典型或常见问题的审理思路

1. 诬告他人是犯罪同伙的行为应如何定性?[①]

司法实践中，存在为了报复他人而在刑事诉讼中诬陷他人是犯罪同伙的情形，此种行为若达到情节严重，则符合诬告陷害罪的犯罪构成，成立诬告陷害罪。所谓情节严重，实践中主要是指捏造的犯罪事实情节严重，诬陷手段恶劣，严重影响了司法机关的正常活动或者在社会上造成了恶劣影响等情形。

2. 夸大他人犯罪情节的行为应如何认定?[②]

诬告陷害罪的立法主旨在于禁止捏造事实诬告他人，以保证公民不被错误地追究刑事责任，同时维护司法机关的正常秩序。在他人的行为已经构成犯罪的情况下，被害人夸大他人犯罪造成的损失，这种行为会使原犯罪嫌疑人被追究刑事责任的根据由轻罪转变为重罪，使其遭受的刑事处罚超出原本应承担的刑事责任限度。这同样是对他人人身权利的严重侵犯。此外，夸大犯罪情节的行为无疑干扰了司法机关对原犯罪嫌疑人的正确处理，容易造成错案，也影响到司法机关的正常工作秩序。因此，客观上夸大犯罪造成的损

---

① 案例来源：海南省海口市振东区人民法院（2001）振刑初字第243号陈某抢劫、诬告陷害案，载中国裁判文书网。

② 观点来源：周强、李少平、南英、张述元、刘学文、胡云腾：《中华人民共和国刑法案典》（中），人民法院出版社2020年版，第1298页。

失，捏造部分犯罪事实，主观上意图使他人受到更重的刑事责任追究，这种行为同样符合诬告陷害罪的构成要件，成立诬告陷害罪。

（三）疑难、复杂问题的参考性解答

1. 诬告陷害罪与非罪的认定

要注意不以犯罪处理的以下情形：

（1）诬告与错告的界限

《刑法》第二百四十三条第三款规定："不是有意诬陷，而是错告，或者检举失实的，不适用前两款的规定。"我国《宪法》规定，中华人民共和国公民对于任何国家机关和国家工作人员的违法失职行为，有向有关国家机关提出申诉、控告或者检举的权利，但是不得捏造或者歪曲事实进行诬告陷害。这就把诬告与错告在性质上清楚地区别开来了。诬告与错告，在主观方面有着质的不同：前者是故意捏造事实，作虚假告发，属于犯罪行为；后者则是由于情况不明，或者认识片面而在控告、检举中发生差错。由此可见，是否具有诬陷的故意，是区分诬告与错告的最基本标志。

（2）诬告陷害犯罪与一般诬告陷害行为的界限

两者的相似点是，都具有捏造事实、诬陷好人的特征。但是，从诬陷的内容和目的上看又各不相同，要认真加以区别。一般诬陷行为捏造的事实，仅限于犯错误的事实，其目的只是使他人受到某种行政纪律处分。因此，从性质上讲，一个是犯罪，一个是违法。对一般诬陷行为，可根据不同情节和后果，分别给予批评教育或者党纪政纪处分。

2. 如何区分诬告陷害罪与诽谤罪?

《刑法》第二百四十六条规定，捏造事实诽谤他人，情节严重的，构成诽谤罪。诬告陷害罪与诽谤罪在客观方面都有捏造事实的行为，两者的区别主要在于：第一，主观目的不同。诬告陷害罪的目的是使他人受刑事处罚；诽谤罪的目的是贬低他人人格，破坏他人名誉。第二，捏造事实的内容不同。诬告陷害罪捏造的是他人的犯罪事实；诽谤罪捏造的事实不局限于犯罪事实，只要足以损害他人人格、名誉即可。第三，行为方式不同。诬告陷害罪要有向公安、司法机关或者有关国家机关告发的行为；诽谤罪只要公开扩散即可。第四，诬告陷害罪属于国家公诉案件；诽谤罪属于自诉案件，但是严重危害社会秩序和国家利益的除外。

3. **如何区分诬告陷害罪与报复陷害罪?**

《刑法》第二百五十四条规定，国家机关工作人员滥用职权、假公济私，对控告人、申诉人、批评人、举报人实行报复陷害的，构成报复陷害罪。两者的区别比较明显：第一，犯罪对象不同。诬告陷害罪的犯罪对象是除自己以外的自然人，没有限定具体身份；报复陷害罪的犯罪对象仅限于控告人、申诉人、批评人和举报人等特殊群体。第二，行为方式不同。诬告陷害罪表现为捏造犯罪事实并予以告发；报复陷害罪则是滥用职权、假公济私进行报复陷害。第三，犯罪主体不同。诬告陷害罪的主体是一般主体，年满十六周岁具有刑事责任能力的人均可成立该罪。国家机关工作人员实施本罪的，从重处罚。报复陷害罪的主体仅限于国家机关工作人员。第四，犯罪目的不同。诬告陷害罪的目的是使他人受刑事追究，报复陷害罪的目的是他人受到陷害。

如果司法工作人员捏造事实对控告人、申诉人、批评人、举报人进行陷害的，其行为属于诬告陷害罪和报复陷害罪的想象竞合，应当以较重的诬告陷害罪定罪。

4. **如何区分诬告陷害罪与伪证罪?**

《刑法》第三百零五条规定，在刑事诉讼中，证人、鉴定人、记录人、翻译人对与案件有重要关系的情节，故意作虚假证明、鉴定、记录、翻译，意图陷害他人或者隐匿罪证的，构成伪证罪。诬告陷害罪与伪证罪均有提供虚假事实陷害他人使其遭受刑事追究的意图，区别主要在于：第一，犯罪主体不同。诬告陷害罪是一般主体，伪证罪的主体只限于刑事诉讼活动中的证人、鉴定人、记录人和翻译人等特殊主体。第二，存在的时空范围不同。诬告陷害罪通常发生在刑事诉讼活动之前，其目的是引发刑事诉讼活动，以对被诬陷人追究刑事责任。伪证罪发生在刑事诉讼活动中，证人、鉴定人、记录人和翻译人参与的刑事诉讼环节。第三，接受告发的机关不同。诬告陷害罪的告发单位只要足以引起刑事追究即可；伪证罪则是正在参与刑事诉讼的主体机关。第四，主观目的不完全相同。诬告陷害罪的目的是使他人受到刑事追究，伪证罪的目的是陷害他人，使他人受到刑事追究，或者隐匿罪证包庇罪犯。第五，行为方式不同。诬告陷害罪是捏造事实予以告发，伪证罪是证人、鉴定人、记录人和翻译人在其参与刑事诉讼的环节，对与案件有重要关系的情节作虚假行为。

十六、强迫劳动罪

（一）刑法规定

第二百四十四条[①] 以暴力、威胁或者限制人身自由的方法强迫他人劳动的，处三年以下有期徒刑或者拘役，并处罚金；情节严重的，处三年以上十年以下有期徒刑，并处罚金。

明知他人实施前款行为，为其招募、运送人员或者有其他协助强迫他人劳动行为的，依照前款的规定处罚。

单位犯前两款罪的，对单位判处罚金，并对其直接负责的主管人员和其他直接责任人员，依照第一款的规定处罚。

（二）权威解读

解读《刑法修正案（八）》（节录）

七、加大对于弱势群体的刑法保护

（一）将“强迫职工劳动罪”修改为“强迫劳动罪”

强迫劳动是一种赤裸裸的侵犯劳动者基本人权的犯罪行为，它剥夺了劳动者自由选择工作的权利，限制甚至剥夺劳动者的人身自由，把劳动者当作“奴隶”，强迫、奴役他们长时间从事高强度劳动，不仅给劳动者身体健康带来伤害，还给劳动者精神上造成严重损害。近些年来，一些在黑砖窑、黑煤窑和企业里发生的骇人听闻的强迫劳动事件再一次引起了全社会对劳动者基本人权状况的关注。

我国政府一直态度鲜明地反对强迫劳动行为，1997年《刑法》规定了强迫职工劳动罪。《刑法》第二百四十四条规定：“用人单位违反劳动管理法规，以限制人身自由方法强迫职工劳动，情节严重的，对直接责任人员，处三年以下有期徒刑或者拘役，并处或者单处罚金。”

在立法调查中，行政执法部门、法律专家和律师反映，《刑法》第二百四十四条的规定在执行中遇到了以下问题：

---

① 根据2011年2月25日公布的《刑法修正案（八）》第三十八条修正。1997年条文为“用人单位违反劳动管理法规，以限制人身自由方法强迫职工劳动，情节严重的，对直接责任人员，处三年以下有期徒刑或者拘役，并处或者单处罚金”。

1. 犯罪主体的范围不清楚

法律规定本罪的犯罪主体是“用人单位”，前提是“违反劳动管理法规”。“用人单位”是我国劳动法中特有的概念。根据劳动法的相关定义，与劳动者建立劳动关系的才称得上“用人单位”。在司法实践中，常常遇到用人单位或者雇主不具有合法的经营主体资格（如无证、无照经营）的非法招工、用工行为，通常都不与劳动者签订劳动合同，没有与劳动者建立劳动关系，其所实施的强迫劳动行为因为不符合本罪的犯罪主体身份，无法受到应有的惩处。

2. 本罪是单位犯罪还是自然人犯罪一直争论不休

实践中有的人认为，从《刑法》第二百四十四条的规定看，“用人单位违反劳动管理法规，以限制人身自由方法强迫职工劳动，情节严重的”，就构成犯罪。根据罪刑法定原则，强迫职工劳动罪的主体应该是用人单位。当自然人“以限制人身自由方法强迫职工劳动”，但没有触犯其他罪名的情况下，最终只能作无罪处理，也影响了对强迫劳动犯罪的打击。发生在山西黑煤窑的强迫农民工劳动的案件，很少是以强迫职工劳动罪追究刑事责任的，大多以其他罪定罪处罚。

3. 刑罚太轻

原条文规定构成犯罪的，“处三年以下有期徒刑或者拘役，并处或者单处罚金”，刑罚过于轻缓，没有体现罚当其罪。

有些部门提出，近年来，社会上出现了专门为强迫劳动场所招募、接送、转运人员的组织和个人。他们用暴力威胁、诱骗等手段为强迫劳动场所招募、接送人员，自己从中牟利。他们向强迫劳动场所每招募、运送一名工人，就可以从雇主那里拿到几百元、上千元不等的被称为“人头费”“介绍费”“招募费”或者“运送费”的酬劳，虽然这些人并不参与在场所里发生的强迫他人劳动犯罪，但正是由于这些人的招募、接送行为，使源源不断的劳动者落入被强迫劳动的悲惨境地，法律应当追究这些人的刑事责任。

2009年12月26日，第十一届全国人大常委会第十二次会议决定，我国加入《联合国打击跨国有组织犯罪公约关于预防、禁止和惩治贩运人口特别是妇女和儿童行为的补充议定书》（以下简称《补充议定书》），该议定书要求缔约国采取必要的立法和其他措施，将以强迫劳动、奴役、劳役为目的而通过暴力、威胁或者其他形式的胁迫、招募、运送、转移、窝藏或接收人员的行为规定为刑事犯罪。

近年来，一些全国人大代表、执法机关和社会公众强烈呼吁对相关立法进行修改，以严厉打击强迫他人劳动犯罪。一些人大代表、专家学者多次建议在《刑法》中设立强迫劳动罪、奴役罪。

针对实践中出现的新情况，根据保护公民权利和履行联合国《补充议定书》的缔约国义务，严厉打击这类践踏劳动者人权的犯罪行为的需要，立法机关在深入研究的基础上，对相关条文进行了修改完善。《刑法修正案（八）》将第二百四十四条修改为："以暴力、威胁或者限制人身自由的方法强迫他人劳动的，处三年以下有期徒刑或者拘役，并处罚金；情节严重的，处三年以上十年以下有期徒刑，并处罚金。明知他人实施前款行为，为其招募、运送人员或者有其他协助强迫他人劳动行为的，依照前款的规定处罚。单位犯前两款罪的，对单位判处罚金，并对其直接负责的主管人员和其他直接责任人员，依照第一款的规定处罚。"

《刑法修正案（八）》对《刑法》第二百四十四条作了如下修改：

1. 将强迫劳动罪的犯罪主体由"用人单位"扩大为一般主体，将强迫劳动对象由"职工"修改为"他人"

不论单位或者个人，不论是否与劳动者建立劳动关系，凡是有强迫他人劳动行为的，都可以成为本罪的犯罪主体。

2. 增列了构成强迫劳动罪的犯罪手段和行为，并提高了强迫劳动罪的法定刑

在犯罪手段上，将"暴力、威胁"这两种最为常见的强迫他人劳动的犯罪手段列举出来，并在第二款中将行为人"明知他人实施前款行为，为其招募、运送人员或者有其他协助强迫他人劳动行为的"作为构成"强迫劳动罪"的具体行为，便于更有力地打击此类犯罪。

所谓"暴力"，是指犯罪分子直接对劳动者实施殴打、伤害等危及其人身安全的行为，使其不能反抗、逃跑。"威胁"是指犯罪分子对劳动者施以恫吓，进行精神强制，使其不敢反抗、逃跑。"限制人身自由的方法"则是指以限制离厂、不让回家，甚至雇用打手看管等方法非法限制劳动者的人身自由，强迫其劳动。所谓"明知他人实施前款行为"，是指行为人对其所招募、接送的人员要被送往强迫劳动的场所是心知肚明的。当然，是否明知，不能光听犯罪嫌疑人自己的辩解，而要结合其他证据综合判断。所谓"招募"，是指通

过所谓“合法”或非法途径，面向特定或者不特定的群体招雇、征招、招聘、募集人员的行为。实践中犯罪分子往往利用被害人求职心切，以合法就业岗位、优厚待遇等手段诱骗外出打工者上钩。“运送”，是指用各种交通工具运输人员。“其他协助强迫他人劳动行为”，是指除招募、运送人员外，为强迫劳动的人转移、窝藏或接收人员等行为。上述协助强迫他人劳动的行为，助长了强迫劳动犯罪，严重侵犯公民的人身权利和社会秩序，应当予以刑事处罚，我国加入的国际公约也要求将这种行为规定为犯罪。根据第二款规定，明知他人实施本条第一款规定的强迫劳动行为，为其招募、运送人员的或者有其他协助强迫他人劳动行为的，依照本条第一款的规定处罚，即处三年以下有期徒刑或者拘役，并处罚金；情节严重的，处三年以上十年以下有期徒刑，并处罚金。

在刑罚方面，与原条文规定相比，取消了第一档刑中单处罚金的规定并增加了第二档刑，将本罪最高刑由原来的“三年有期徒刑”提高到“十年有期徒刑”，体现了对强迫劳动犯罪严厉打击的立法精神。所谓“情节严重”，通常是指强迫多人劳动、长时间强迫他人进行重体力劳动或者以非人道手段对待被强迫劳动者，或者为强迫劳动场所招募、运送多人等情形，具体标准应由司法机关根据实际情况通过司法解释确定。应当指出的是，实践中如果犯罪分子在强迫他人劳动的过程中使用暴力，致使被害人伤残、死亡的，应当根据本法的有关规定，以强迫他人劳动罪、故意伤害罪或故意杀人罪数罪并罚。

3. 增加了单位犯强迫劳动罪的处罚规定

根据本款规定，单位犯本条第一款、第二款规定的犯罪的，对单位判处罚金，并对其直接负责的主管人员和其他直接责任人员，依照本条第一款的规定处罚，即处三年以下有期徒刑或者拘役，并处罚金；情节严重的，处三年以上十年以下有期徒刑，并处罚金。

（撰稿：黄太云）

（三）疑难、复杂问题的参考性解答

1. 本罪的犯罪形态是“行为犯”还是“结果犯”？

按照《刑法》原第二百四十四条的规定，强迫职工劳动的行为，只有达到“情节严重”的程度才构成犯罪。《刑法修正案（八）》降低了入罪门槛，

删除了“情节严重”的规定，因而本罪在犯罪形态上属于“行为犯”。但并非只要具有强迫劳动的行为就构成犯罪。根据《刑法》总则第十三条“但书”的规定，综合全案考虑，如果认定强迫劳动的行为“情节显著轻微危害不大，不认为是犯罪”的，也可以不入罪。

2. 在强迫劳动过程中，限制他人人身自由、故意杀害或伤害劳动者的行为应如何处理？

因强迫他人劳动构成本罪，在实施强迫他人劳动过程中，又有非法拘禁、故意伤害、故意杀人等行为，并构成犯罪的，则应当实行数罪并罚。

3. 如何理解强迫劳动罪的加重处罚情节？①

本罪的“情节严重”，一般是指长时间强迫他人劳动，强迫多人无偿劳动，多次强迫他人劳动，强迫未成年人、智障人员劳动，劳动环境十分危险，劳动条件十分恶劣，强迫职工劳动经责令改正仍继续强迫职工劳动，因强迫劳动给他人身心健康造成严重危害，造成恶劣社会影响等情形。②

十七、雇用童工从事危重劳动罪

（一）刑法规定

第二百四十四条之一③　违反劳动管理法规，雇用未满十六周岁的未成年人从事超强度体力劳动的，或者从事高空、井下作业的，或者在爆炸性、易燃性、放射性、毒害性等危险环境下从事劳动，情节严重的，对直接责任人员，处三年以下有期徒刑或者拘役，并处罚金；情节特别严重的，处三年以上七年以下有期徒刑，并处罚金。

有前款行为，造成事故，又构成其他犯罪的，依照数罪并罚的规定处罚。

---

① 案例来源：最高人民法院刑事审判第一、二、三、四、五庭：《刑事审判参考》（总第92集），法律出版社2014年版，第75-80页，朱某等强迫劳动案。最高人民法院公布八起侵害未成年人合法权益典型案例（2015年9月1日）。

② 观点来源：张军：《〈刑法修正案（八）条文及配套司法解释理解与适用〉》，人民法院出版社2011年版，第262页。

③ 根据2002年12月28日公布的《刑法修正案（四）》第四条增加。

（二）权威解读

解读《刑法修正案（四）》（节录）

四、增加规定非法雇用童工罪

为保护未成年人的身心健康，我国法律严禁用人单位或者个人雇用未满十六周岁的未成年人。《劳动法》规定："禁止用人单位招用未满十六周岁的未成年人。"《未成年人保护法》规定："任何组织和个人不得招用未满十六周岁的未成年人，国家另有规定的除外。"国务院《禁止使用童工规定》规定，国家机关、社会团体、企业事业单位、民办非企业单位或者个体工商户均不得招用不满十六周岁的未成年人。全国人大常委会在批准联合国《准予就业最低年龄公约》时作出如下声明："在中华人民共和国领土内及中华人民共和国注册的运输工具上就业或者工作的最低年龄为十六周岁。"

近几年，有些企业或者个人为谋取非法利益，雇用不满十六周岁的未成年人从事劳动的违法行为比较突出。有的企业甚至雇用未成年工从事超强度体力劳动，或者从事高空、井下作业，或者在易燃、易爆、剧毒和放射性等危险环境下从事劳动，严重危害未成年人的身心健康，有的甚至造成未成年工的死亡，社会危害性严重。为保护未成年人的合法权益，惩治危害未成年人身心健康的行为，修正案规定在《刑法》第二百四十四条后增加一条，作为第二百四十四条之一："违反劳动管理法规，雇用未满十六周岁的未成年人从事超强度体力劳动的，或者从事高空、井下作业的，或者在爆炸性、易燃性、放射性、毒害性等危险环境下从事劳动，情节严重的，对直接责任人员，处三年以下有期徒刑或者拘役，并处罚金；情节特别严重的，处三年以上七年以下有期徒刑，并处罚金。有前款行为，造成事故，又构成其他犯罪的，依照数罪并罚的规定处罚。"

处理该类犯罪案件在犯罪构成上应当注意把握以下几点：

1. 用人单位或者个人具有雇用未满十六周岁的未成年人，谋取非法利益的故意。正如向全国人大常委会所作的《关于〈中华人民共和国刑法修正案（四）（草案）〉的说明》中所指出的，一些企业或个人大量雇用未成年工，有的甚至专门雇用未成年工，其目的是谋取非法利益。修正案用了"雇用"一词而非"使用"一词。就是要强调，雇用者与被雇用的未成年工之间要形成比较固定的劳动关系。这与学生在假期进行勤工俭学，参加一些有偿劳动，或者由于家庭经济比较困难，缺乏劳动力，出于养家糊口的需要，以及出于本人或者家长的意愿或者请求，未成年人利用节假日到一些用人单位参加劳动获取报酬，甚至要求用人单位正式招用，用人单位与被雇用者所形成的劳动关系的目的是完全不同的。在这些情况下，对用人单位或雇用者不应作为犯罪处理。另外，根据国务院《禁止使用童工规定》，“学校、其他教育机构以及职业培训机构按照国家有关规定组织不满十六周岁的未成年人进行不影响其人身安全和身心健康的教育实践劳动、职业技能培训劳动，不属于使用童工。”

2. 雇用者具有让未满十六周岁的未成年人从事超强度体力劳动的，或者从事高空、井下作业的，或者在危险环境下从事劳动的行为。这是修正案列举的雇用者构成犯罪的三种具体情形。所谓“超强度体力劳动”，是指国务院2002年9月颁布的《禁止使用童工规定》第十一条中所说的“国家规定的第四级体力劳动强度的劳动”。根据国家《体力劳动强度分级》的规定，第四级体力劳动，是指“8小时工作日平均耗能值为11304.4千焦耳/人，劳动时间率为77%，即净劳动时间为370分钟，相当于‘很重’强度劳动”。很显然，从事超强度的体力劳动对正在长身体的未成年人身心健康的正常发展是十分不利的。所谓在“危险环境”下，是指修正案所说的“在爆炸性、易燃性、放射性、毒害性”等环境下。在这样的环境条件下，危险大，对人体健康危害性大，事故发生率高，很容易造成人员伤亡。雇用者是否实施了让未满十六周岁的未成年人从事超强度体力劳动，或者从事高空、井下作业，或者在上述危险环境下从事劳动，是区别罪与非罪的一个重要特征。尽管雇用者雇用了未满十六周岁的未成年人，但让其从事的是一般体力劳动或者让其在安全的环境中工作，不构成本罪；尽管雇用者让被雇用者从事了修正案所列举的劳动，但被雇用者已年满十六周岁的，也不构成本罪。

3. 雇用者实施上述行为，只有达到“情节严重”的程度，才构成犯罪。在修正案审议过程中，一种意见提出，修正案中所规定的雇用未满十六周岁的未成年人在爆炸性、易燃性、放射性、毒害性等危险环境下从事劳动本身，就构成犯罪，建议删去“情节严重”的限制。考虑到雇用未满十六周岁的未成年工现象在一些经济落后地区、贫困地区还不是个别现象，由于种种原因，政府劳动部门查处起来难度很大，如果打击面太宽，即使案件到了法院，实践中也可能无法处理。因此，修正案规定，“情节严重”才构成犯罪。所谓

“情节严重”，一般是指明知未满十六周岁的未成年人仍然雇用；雇用未成年工人数多；工作环境十分危险；工作条件十分恶劣；给未成年人身心健康造成严重危害的等。

对于文艺、体育单位招用未满十六周岁的未成年人专业文艺工作者、运动员问题，《劳动法》和国务院《禁止使用童工规定》对此已有明确的规定，与修正案本条所要解决的问题截然不同。因此，修正案对此问题未提及。

（撰稿：黄太云）

（三）疑难、复杂问题的参考性解答

1. 成立本罪是否需要有书面的劳动合同?

本罪中的“雇用”，一般是指行为人和童工之间形成一定的劳动关系，不仅包括支付货币作为报酬，也可以使用其他物质利益作为报酬（如包吃包住）。雇用关系的形成并不要求双方有明确的书面合同，只要形成事实上的劳动关系即可。成立本罪的前提条件是“违反劳动管理法规”。所谓违反劳动管理法规，是指违反具有法典意义的劳动法、劳动行政法规。劳动法是国家制定的调整劳动关系以及与劳动关系密切联系的一些关系的法律规范，还包括为调整劳动关系以及与劳动关系密切联系的一些关系而制定的单行劳动法规等。

2. 司法实践中如何掌握本罪与非罪的界限?

司法实践中使用童工的情况比较复杂，存在出于家庭困难、养家糊口的需要，经本人或者家长自愿而从事劳动的情形，因此立法过程中，立法机关根据有关部门的建议，对本罪增加了“违反劳动管理法规”和“情节严重”的限制性条件，并对本罪罪状的表述采取了列举的方式，体现了慎重的立法精神。在司法实践中处理这类案件同样应当采取慎重的态度，根据案件具体情况，严格区分罪与非罪、违法与犯罪的界限。参照《最高人民检察院、公安部关于公安机关管辖的刑事案件立案追诉标准的规定（一）》第三十二条，违反劳动管理法规，雇用未满十六周岁的未成年人从事国家规定的第四级体力劳动强度的劳动，或者从事高空、井下劳动，或者在爆炸性、易燃性、放射性、毒害性等危险环境下从事劳动，涉嫌下列情形之一的，应予立案追诉：（1）造成未满十六周岁的未成年人伤亡或者对其身体健康造成严重危害的；（2）雇用未满十六周岁的未成年人三人以上的；（3）以强迫、欺骗等手段雇用未满十六周岁的未成年人从事危重劳动的；（4）其他情节严重的情形。对情节不严重、不构成犯罪的违法行为，可由劳动行政部门给予行政处理或者行政处罚。

3. 如何区分雇用童工从事危重劳动罪与强迫劳动罪？

两罪均违反了劳动管理法规，区别主要在于：第一，犯罪对象不同。前者的犯罪对象是童工，即不满十六周岁的未成年人；后者的对象没有特殊限制。第二，犯罪手段不同。前者是与童工形成雇用关系，通常以支付报酬的方式让童工从事一定劳动；后者采取的是暴力、胁迫或者限制人身自由的方式，以及明知他人强迫劳动，而为其招募、运送人员或有其他协助行为。第三，从事的劳动不完全相同。前者从事的劳动具有特殊性，具体是超强度体力劳动、高空井下作业、易燃性、爆炸性、放射性、毒害性等危险环境下作业；后者对从事的劳动没有特别限制。第四，入罪情节不同。前者要求情节严重的构成犯罪，后者在入罪条件上没有情节要求。第五，犯罪主体不同。前者是自然人，单位实施相关行为的仅处罚直接负责的主管人员和其他直接责任人员；后者是自然人和单位，单位犯罪的对单位判处罚金，并对直接负责的主管人员和其他直接责任人员进行处罚。

4. 雇用童工从事危重劳动罪的罪数认定

（1）根据《刑法》第二百四十四条之一第二款的规定，因雇用童工从事危重劳动构成本罪，在从业过程中造成事故并构成其他犯罪的，应当实行数罪并罚。这里的其他犯罪主要是指《刑法》第一百三十四条、第一百三十五条等有关安全生产事故方面的犯罪。（2）如果雇用童工期间，采用暴力、胁迫或者限制人身自由等方法强迫童工劳动，强迫行为可能构成故意伤害、故意杀人、强迫劳动等犯罪，进而与雇用童工从事危重劳动罪形成牵连关系，则应从一重处罚。

十八、非法搜查罪

（一）刑法规定

第二百四十五条　非法搜查他人身体、住宅，或者非法侵入他人住宅的，处三年以下有期徒刑或者拘役。

司法工作人员滥用职权，犯前款罪的，从重处罚。

（二）司法解释、司法文件

最高人民检察院关于渎职侵权犯罪案件立案标准的规定（高检发释字〔2006〕2号，自2006年7月26日起施行）（节录）

二、国家机关工作人员利用职权实施的侵犯公民人身权利、民主权利犯罪案件

……

（二）国家机关工作人员利用职权实施的非法搜查案（第二百四十五条）

非法搜查罪是指非法搜查他人身体、住宅的行为。

国家机关工作人员利用职权非法搜查，涉嫌下列情形之一的，应予立案：

1. 非法搜查他人身体、住宅，并实施殴打、侮辱等行为的；

2. 非法搜查，情节严重，导致被搜查人或者其近亲属自杀、自残造成重伤、死亡，或者精神失常的；

3. 非法搜查，造成财物严重损坏的；

4. 非法搜查3人（户）次以上的；

5. 司法工作人员对明知是与涉嫌犯罪无关的人身、住宅非法搜查的；

6. 其他非法搜查应予追究刑事责任的情形。

……

三、附则

（一）本规定中每个罪案名称后所注明的法律条款系《中华人民共和国刑法》的有关条款。

（二）本规定所称“以上”包括本数；有关犯罪数额“不满”，是指已达到该数额百分之八十以上的。

（三）本规定中的“国家机关工作人员”，是指在国家机关中从事公务的人员，包括在各级国家权力机关、行政机关、司法机关和军事机关中从事公务的人员。在依照法律、法规规定行使国家行政管理职权的组织中从事公务的人员，或者在受国家机关委托代表国家行使职权的组织中从事公务的人员，或者虽未列入国家机关人员编制但在国家机关中从事公务的人员，在代表国家机关行使职权时，视为国家机关工作人员。在乡（镇）以上中国共产党机关、人民政协机关中从事公务的人员，视为国家机关工作人员。

（三）疑难、复杂问题的参考性解答

1. 如何理解非法搜查的“非法”?

《刑事诉讼法》对“搜查”有专门规定，如必须向被搜查人出示搜查证；搜查时应当有被搜查人或者他的家属，邻居或者其他见证人在场；搜查妇女的身体，应当由女工作人员进行等。非法搜查他人身体、住宅的行为包括两种情形：一种是无权进行搜查的机关、单位、团体的工作人员或者个人，非法地对他人的身体或者住宅进行搜查；另一种是有权进行搜查的国家机关工作人员滥用职权，擅自决定非法对他人的人身、住宅进行搜查，或者搜查违反法律规定的程序。犯罪对象仅限于他人的人身和住宅。行为人只要实施了非法对他人的人身或者住宅进行搜查其中一种行为，就构成本罪；具有两种行为的，仍为一罪，不实行并罚。

2. 如何界定本罪中的“住宅”?

可以参照最高人民法院有关“入户抢劫”的解释，非法搜查他人的“住宅”，是指非法进入他人生活的与外界相对隔离的住所，包括封闭的院落、牧民的帐篷、渔民作为家庭生活场所的渔船、歌厅业主的住处、为生活租用的房屋等。

3. 对于合法搜查中的错误行为应如何认定?

侦查人员在合法搜查过程中没有严格依照《刑事诉讼法》的规定程序进行搜查的，例如没有出示搜查证、没有邀请见证人等行为，属于合法搜查中的错误行为，不能认定为非法搜查罪。

4. 如何区分本罪与以非法搜查为手段的其他犯罪?①

如果非法搜查不是目的，而是实施其他犯罪的手段行为，如抢劫时搜身、盗窃时在住宅内翻找财物等行为，应以目的行为吸收手段行为，从一重处罚，通常是按照目的行为定罪，如定抢劫罪、盗窃罪。如果后者尚未构成犯罪，如非法搜查后窃取少量财物，尚未达到盗窃罪的定罪标准的，则可以非法搜查罪定罪处罚，而把盗窃行为作为一个量刑情节予以考虑。

---

① 案例来源：甘肃省民乐县人民法院（2012）民刑初字第13号张某某非法搜查案，载中国裁判文书网。

5. **非法搜查罪的罪数形态**

实施非法搜查犯罪行为，往往伴随其他非法犯罪行为，如对被搜查人进行殴打、侮辱，因搜查而毁坏他人财物等。如果符合牵连犯、吸收犯或者想象竞合犯的，按照相关处罚原则处理；其他基于两种犯意实施两种犯罪行为的，如非法搜查又实施强奸、猥亵的，非法搜查又实施盗窃的，则应当对行为人实行数罪并罚。

十九、非法侵入住宅罪

（一）刑法规定

第二百四十五条　非法搜查他人身体、住宅，或者非法侵入他人住宅的，处三年以下有期徒刑或者拘役。

司法工作人员滥用职权，犯前款罪的，从重处罚。

（二）疑难、复杂问题的参考性解答

1. **如何区分本罪与以非法侵入住宅为手段的其他犯罪？**①

非法侵入他人住宅，严重侵害被害人住宅的居住安宁和隐私权的，可以非法侵入住宅罪定罪处罚。如果非法侵入住宅不是目的，而是实施其他犯罪的手段行为，如入户抢劫、入户盗窃、入户强奸等，应以目的行为吸收手段行为从一重处罚，通常按照目的行为定罪，如定抢劫罪、盗窃罪、强奸罪。

2. **未经允许进入亲属住宅的能否认定本罪？**②

非法侵入住宅罪，是指非法侵入他人住宅的行为，只要行为人不是单独或者共同在住宅内居住，不论住宅内的主人是亲属还是陌生人，未经允许进入并造成严重后果的，均应认定为非法侵入住宅罪。

3. **司法实践中使用"软暴力"非法进入或者滞留他人住宅的行为应如何认定？**

司法实践中存在为索取债务或者实现非法利益，对他人住宅进行长时期

---

① 案例来源：最高人民法院刑事审判第一、二、三、四、五庭：《刑事审判参考》（总第66集），法律出版社，第48－53页，第526号毛某、徐某非法侵入住宅案。

② 案例来源：江苏省南京市玄武区人民法院刑事判决书（1992）刑字第67号谢某康非法侵入住宅案，载中国裁判文书网。

滋扰或滞留等行为，根据《最高人民法院、最高人民检察院、公安部、司法部关于办理实施“软暴力”的刑事案件若干问题的意见》规定，以“软暴力”手段非法进入或者滞留他人住宅的，应当认定为本条规定的“非法侵入他人住宅”，同时符合其他构成要件的，应当以非法侵入住宅罪定罪处罚。

4. 本罪属于作为犯罪还是不作为犯罪？

非法侵入住宅罪根据进入住宅是否经由主人同意或法律授权，其犯罪形态有以下两种：

第一，作为形态，即未经法律授权或者住宅主人允许而进入住宅的，该犯罪是行为犯，只要侵入他人住宅即构成本罪，侵入时间的长短可作为量刑情节考虑。

第二，不作为形态，即有权进入住宅后，经住宅主人要求退出而拒不退出的，这是继续犯，此时需要给行为人一定的时间退出住宅。如果行为人持续在住宅内滞留而拒不退出的，才能构成本罪。这里的“要求退出”，应当是明示的；若仅以暗示的方式要求退出，行为人没有退出的，不构成拒不退出，也就不能构成本罪。

5. 非法侵入住宅罪与非法搜查罪的区分

两者都侵犯了他人的人身安全和隐私权，区别主要在于：第一，犯罪对象不同。非法侵入住宅罪的对象是他人的住宅；非法搜查罪的对象是他人的人身和住宅。第二，非法侵入住宅罪的犯罪形态有作为形式和不作为形式（经主人要求拒不退出），非法搜查罪只能是作为形式。

6. 非法侵入住宅罪与侮辱罪的区分①

非法侵入住宅罪与侮辱罪一般不宜混淆，但是以侵入住宅停放尸体的行为意图侮辱他人的，则涉及两罪的区分。司法实践中，有些法院将抬尸侵入他人住宅摆放的行为认定为侮辱罪。侮辱罪是指以暴力或者其他方法公然侮辱他人，情节严重的行为，其目的是贬低他人人格、破坏他人名誉，如果不具有上述主观目的，则不能成立侮辱罪。因停尸行为严重侵犯了住宅的安宁，符合非法侵入住宅罪的构成要件，可以非法侵入住宅罪定罪。

7. 如何理解本罪中的“住宅”？

对本罪中的“住宅”界定，可以参照最高人民法院有关“入户抢劫”的

---

① 案例来源：河南省郸城县人民法院（2002）郸刑初字第36号顾某军非法侵入住宅案。

解释，非法侵入他人的“住宅”，是指非法进入他人生活的与外界相对隔离的住所，包括封闭的院落、牧民的帐篷、渔民作为家庭生活场所的渔船、歌厅业主的住处、为生活租用的房屋等。这里的“住宅”是指他人的住宅，即行为人不在住宅内单独或者共同居住或生活。如果将住宅出租的，住宅的所有权虽未发生改变，但居住权和使用权已经移交，住宅主人未经居住者和使用者的允许而进入住宅的，同样构成本罪。根据法律规定，这里的“住宅”既可以是有人居住的“住宅”，也应当包括无人居住的“住宅”。

非法侵入商场柜台、机关办公场所等地，不能构成非法侵入住宅罪，非法侵入这些地方如果构成其他犯罪，可按其他犯罪定罪处罚，如寻衅滋事罪、聚众扰乱公共场所秩序罪。

二十、侮辱罪

（一）刑法规定

第二百四十六条① 以暴力或者其他方法公然侮辱他人或者捏造事实诽谤他人，情节严重的，处三年以下有期徒刑、拘役、管制或者剥夺政治权利。

前款罪，告诉的才处理，但是严重危害社会秩序和国家利益的除外。

通过信息网络实施第一款规定的行为，被害人向人民法院告诉，但提供证据确有困难的，人民法院可以要求公安机关提供协助。

（二）司法解释、司法文件及其权威解读

权威解读

解读《刑法修正案（九）》立法背景

2015年8月，《刑法修正案（九）》增加了第三款，规定：“通过信息网络实施第一款规定的行为，被害人向人民法院告诉，但提供证据确有困难的，人民法院可以要求公安机关提供协助。”这样修改，主要是针对在网络上侮辱、诽谤他人犯罪的新情况、新特点，适应惩治这类犯罪的实际需要。近年来，随着信息网络技术的普及和发展，通过信息网络实施侮辱、诽谤犯罪的行为增多，与传统的侮辱、诽谤犯罪有所不同，这种新形式的侮辱、诽谤传

---

① 本条第三款根据2015年8月29日公布的《刑法修正案（九）》第十六条增加。

播快、涉众广、危害大，而且往往具有一定的隐蔽性，行为人通过网络化名、假名发布侮辱、诽谤信息，被害人由于难以确认犯罪嫌疑人的真实身份，固定相应的证据，其通过法律途径维护自己的权益，追究行为人的责任较为困难。为了维护被害人权益，维护正常的网络秩序，惩治通过信息网络实施的侮辱、诽谤行为，《刑法修正案（九）》增加了第三款的规定。

（撰稿：王爱立等）①

1. **全国人民代表大会常务委员会关于维护互联网安全的决定**（自2000年12月28日起施行，2009年8月27日作出部分修改）（节录）

我国的互联网，在国家大力倡导和积极推动下，在经济建设和各项事业中得到日益广泛的应用，使人们的生产、工作、学习和生活方式已经开始并将继续发生深刻的变化，对于加快我国国民经济、科学技术的发展和社会服务信息化进程具有重要作用。同时，如何保障互联网的运行安全和信息安全问题已经引起全社会的普遍关注。为了兴利除弊，促进我国互联网的健康发展，维护国家安全和社会公共利益，保护个人、法人和其他组织的合法权益，特作如下决定：

……

四、为了保护个人、法人和其他组织的人身、财产等合法权利，对有下列行为之一，构成犯罪的，依照刑法有关规定追究刑事责任：

（一）利用互联网侮辱他人或者捏造事实诽谤他人；

（二）非法截获、篡改、删除他人电子邮件或者其他数据资料，侵犯公民通信自由和通信秘密；

（三）利用互联网进行盗窃、诈骗、敲诈勒索。

权威解读

解读《全国人民代表大会常务委员会关于维护互联网安全的决定》（节录）

四、关于利用互联网侵犯公民人身、财产等合法权益的犯罪行为的法律适用问题

该决定第四条列举了以下三种具体的犯罪行为：

---

① 全国人大常委会法制工作委员会刑法室：《中华人民共和国刑法解读（第四版）》，中国法制出版社2005年版，第564页。

1. “利用互联网侮辱他人或者捏造事实诽谤他人”，这主要是指利用互联网散布诋毁他人人格、破坏他人名誉的言论、文字、图画或者无中生有、凭空捏造虚假的事实，公然损害他人人格和名誉的行为。实践中表现为行为人在自设的网站、个人主页中对某一特定的人进行侮辱、诽谤或者向其他特定的或不特定的人的电子信箱中发送侮辱、诽谤某一特定人内容的电子邮件。利用互联网侮辱、诽谤他人，情节严重，构成犯罪的，可依照刑法第二百四十六条规定的侮辱罪或者诽谤罪定罪处罚。

（撰稿：黄太云）

2. **公安部关于严格依法办理侮辱诽谤案件的通知**（自2009年4月3日起施行）

各省、自治区、直辖市公安厅、局，新疆生产建设兵团公安局：

多年来，各级公安机关依照《刑法》、《治安管理处罚法》的有关规定，查处了一批侮辱、诽谤案件，为保护公民的人格尊严和名誉，维护社会治安秩序作出了贡献。但是，少数地方公安机关在办理侮辱、诽谤案件过程中，不能严格、准确依法办案，引起了新闻媒体和社会各界的广泛关注，产生了不良的社会影响，损害了公安机关形象和执法公信力。为严格依法办理侮辱、诽谤案件，规范执法行为，提高办案质量，保护公民合法权益，现就有关问题通知如下：

一、切实提高对严格依法办理侮辱、诽谤案件重要意义的认识。一些地方公安机关不能正确办理侮辱、诽谤案件，直接原因是对有关法律理解不当、定性不准，深层次的原因是对新形势下人民内部矛盾缺乏清醒的认识。各级公安机关要清醒地认识到，随着国家民主法制建设的不断推进，人民群众的法制意识和政治参与意识不断增强，一些群众从不同角度提出批评、建议，是行使民主权利的表现。部分群众对一些社会消极现象发牢骚、吐怨气，甚至发表一些偏激言论，在所难免。如果将群众的批评、牢骚以及一些偏激言论视作侮辱、诽谤，使用刑罚或治安处罚的方式解决，不仅于法无据，而且可能激化矛盾，甚至被别有用心的人利用，借机攻击我国的社会制度和司法制度，影响党和政府的形象。各级公安机关要从维护社会和谐稳定的大局出发，深刻认识严格准确、依法办理好侮辱、诽谤案件的重要意义，始终坚持党的事业至上、人民利益至上、宪法法律至上，按照“最大限度地增加和谐因素，最大限度地减少不和谐因素”的要求，切实做到严格、公正、文明执法，努力化解矛盾，避免因执法不当而引发新的不安定因素。

二、准确把握侮辱、诽谤公诉案件的管辖范围及基本要件。根据《刑法》第二百四十六条的规定，侮辱、诽谤案件一般属于自诉案件，应当由公民个人自行向人民法院提起诉讼，只有在侮辱、诽谤行为“严重危害社会秩序和国家利益”时，公安机关才能按照公诉程序立案侦查。公安机关在依照公诉程序办理侮辱、诽谤刑事案件时，必须准确把握犯罪构成要件。对于不具备“严重危害社会秩序和国家利益”这一基本要件的，公安机关不得作为公诉案件管辖。对于具有下列情形之一的侮辱、诽谤行为，应当认定为“严重危害社会秩序和国家利益”，以侮辱罪、诽谤罪立案侦查，作为公诉案件办理：（一）因侮辱、诽谤行为导致群体性事件，严重影响社会秩序的；（二）因侮辱、诽谤外交使节、来访的外国国家元首、政府首脑等人员，造成恶劣国际影响的；（三）因侮辱、诽谤行为给国家利益造成严重危害的其他情形。公安机关在接到公民对侮辱、诽谤行为的报案、控告或者举报后，首先要认真审查，判明是否属于公安机关管辖。对于符合上述情形，但通过公诉可能对国家利益和国家形象造成更大损害的，可以通过其他方式予以处理。对于经过审查认为不属于上述情形但涉嫌犯罪的侮辱、诽谤案件，公安机关应当问明情况，制作笔录，并将案件材料移交有管辖权的人民法院，同时向当事人说明此类案件依照法律规定属于自诉案件，不属公安机关管辖，告知其到人民法院自行提起诉讼。公安机关在立案前的审查过程中，不得对有关人员和财产采取强制性措施。对于不构成犯罪但违反《治安管理处罚法》的，要通过治安调解，最大限度地化解矛盾和纠纷；对于调解不成的，应依法给予治安管理处罚。公安机关在办理侮辱、诽谤案件时，要深入细致，辨法析理，努力争取让违法犯罪行为人和被侵害人心悦诚服地接受处理结果，化消极因素为积极因素，取得法律效果和社会效果的统一。

三、切实加强对办理侮辱、诽谤案件的执法监督。对于侮辱、诽谤案件，公安机关经过审查，认为具有严重危害社会秩序和国家利益的情形，需要追究刑事责任的，应当报经上一级公安机关同意后立案侦查；立案后需要采取强制措施的，应当在采取强制措施前报经上一级公安机关同意。对于可能引起较大社会影响的侮辱、诽谤治安案件，在作出行政拘留处罚决定前，应当报经上一级公安机关同意。对于不按照规定报告上级公安机关，或者不服从上级公安机关命令，违反规定对应当自诉的和不构成犯罪的侮辱、诽谤案件立案侦查的，要严肃追究有关责任人员和主管人员的相应责任。

四、高度重视办理侮辱、诽谤案件的舆论引导。公安机关办理侮辱、诽谤案件，在准确把握法律界限，严格依法办案的同时，要保持高度的政治敏感性。对可能引起社会炒作的，要提前做好应对准备。舆论引导要注意把握好时机，信息发布要做到准确、权威，避免引发不安定因素，影响案件正确处理。

各地接到本通知后，要认真贯彻落实，并立即向党委、政府汇报，争取党委、政府的理解和支持。执行中遇到的问题，请及时报部。

（三）疑难、复杂问题的参考性解答

1. 如何正确认定侮辱罪的客观要件?

本罪客观方面表现为以暴力或者其他方法公然侮辱他人的行为。

首先，要有侮辱他人的行为。侮辱的方式很多，主要有三种：（1）暴力行为侮辱。即对被害人施以暴力或者以暴力相威胁，使其人格、名誉受到损害。这里讲的暴力，仅指作为侮辱的手段而言。如强行剪掉别人头发，强行往别人身上涂抹粪便等。如果行为人有伤害他人身体健康的故意，则应以故意伤害罪论处。（2）言语侮辱。即以言语对被害人进行嘲笑、辱骂。如口头散布他人的生活隐私、生理缺陷等。（3）文字侮辱。即以文字、漫画等形式对被害人进行侮辱。目前，在网络上公然发表对他人不利的言论，情节严重的，也属于文字侮辱。① 其次，侮辱他人的行为必须是公然进行的，是在不特定多数人面前进行的，但被害人不一定在场。侮辱行为不要求发生在公共场合，只要不特定多数人可能知悉，即使事实上没有知悉的，也不影响本罪的成立。如果仅是针对被害人进行侮辱，没有第三人在场，第三人也不可能知悉的，则不成立本罪。最后，侮辱还必须是针对特定的人实施的，不论是否当着被害人的面。特定的人可以是一个人，也可以是几个人，但必须是具体的。具体并不要求点名道姓，只要通过一定的描述或者指证，使了解情况的人一看就知道是针对某人的，就应视为有特定对象的侮辱。本罪的犯罪对象只能是自然人，侮辱法人以及其他团体、组织，不构成本罪。死者不能成为

---

① 案例来源：最高人民法院刑事审判第一、二、三、四、五庭：《刑事审判参考》（总第101集），法律出版社2015年版，第84-89页，第1046号蔡某青侮辱案。

本罪的对象，但是表面是侮辱死者，实际上是侮辱死者亲属的，也可以成立本罪。

2. 司法实践中要注意区分合法行为与侮辱行为[①]

实践中，正常合法的舆论监督、举报行为和善意的批评行为，都会有一些内容涉及被监督对象、举报对象、批评对象的错误或工作失误，可能对其在生活和工作中的评价造成一定不良影响。但是，上述合法行为是遵循一定的法律、法规或者组织内部规定实施的，行为人主观上没有贬低人格、破坏声誉的目的，也不存在过错，不能认定本罪。

3. 注意区分民事侵权侮辱行为与侮辱罪

民事侵权侮辱行为与侮辱罪虽然都有一定的侮辱行为，但两者的区别主要在于：第一，行为对象不完全相同。侮辱罪的对象仅限于自然人，但民事侵权侮辱行为的对象可能是法人，侮辱法人名誉的不能成立侮辱罪。第二，行为的危害程度不同。侮辱罪的危害程度需达到“情节严重”，而民事侵权侮辱行为仅限于“造成一定影响”。第三，行为人主观过错要求不同。侮辱罪的行为人主观上必须具有直接故意，且有贬低他人人格、破坏他人声誉的目的；而民事侵权侮辱行为人主观上可以是故意，也可以是过失。只要行为人有过错，客观上造成对他人人格、声誉的损害后果，就应承担侵权行为责任。

4. 如何理解本罪的“情节严重”？[②]

按照《刑法》规定，侮辱行为达到“情节严重”的程度，才构成犯罪。所谓情节严重，一般是指手段恶劣、后果严重的情形。例如，强令被害人当众爬过自己胯下或者做其他严重有损人格的侮辱动作；当众向被害人身上泼粪便；多次用极为低级下流的言辞进行羞辱，致使被害人受到严重刺激而精神失常或者自杀等。

5. 在出版物中公然侮辱他人的行为应如何认定？

根据《最高人民法院关于审理非法出版物刑事案件具体应用法律若干问题的解释》的规定，在出版物中公然侮辱他人或者捏造事实诽谤他人，情节严重的，依照本条规定，分别以侮辱罪或者诽谤罪定罪处罚。

---

① 案例来源：湖南省怀化市中级人民法院（2013）怀中刑一终字第37号蒋某某被诉侮辱、诽谤案，载中国裁判文书网。

② 参见重庆市第一中级人民法院（2012）渝一中法刑终字第00006号胡某某侮辱案，载中国裁判文书网。

6. 采用暴力或者其他方法公然侮辱医护人员的行为应如何认定?

根据《最高人民法院、最高人民检察院、公安部、司法部关于依法惩治妨害新型冠状病毒感染肺炎疫情防控违法犯罪的意见》的规定，采取暴力或者其他方法公然侮辱、恐吓医务人员，符合《刑法》第二百四十六条、第二百九十三条规定的，以侮辱罪或者寻衅滋事罪定罪处罚。

7. 侮辱罪的罪数问题

侮辱罪可以以暴力方法实施，这里的暴力仅限于为使他人人格尊严和名誉受到损害而采取的强制手段，不包括对犯罪对象的伤害和杀害行为。如果行为人在侮辱他人过程中故意伤害或者杀害被害人的，则应当以故意伤害罪、故意杀人罪定罪处罚，不再认定侮辱罪。

二十一、诽谤罪

（一）刑法规定

第二百四十六条[①]　以暴力或者其他方法公然侮辱他人或者捏造事实诽谤他人，情节严重的，处三年以下有期徒刑、拘役、管制或者剥夺政治权利。

前款罪，告诉的才处理，但是严重危害社会秩序和国家利益的除外。

通过信息网络实施第一款规定的行为，被害人向人民法院告诉，但提供证据确有困难的，人民法院可以要求公安机关提供协助。

（二）司法解释、司法文件及其权威解读

1. 最高人民法院、最高人民检察院关于办理利用信息网络实施诽谤等刑事案件适用法律若干问题的解释（法释〔2013〕21号，自2013年9月10日起施行）（节录）

为保护公民、法人和其他组织的合法权益，维护社会秩序，根据《中华人民共和国刑法》《全国人民代表大会常务委员会关于维护互联网安全的决定》等规定，对办理利用信息网络实施诽谤、寻衅滋事、敲诈勒索、非法经营等刑事案件适用法律的若干问题解释如下：

第一条　具有下列情形之一的，应当认定为刑法第二百四十六条第一款

---

① 本条第三款根据2015年8月29日《刑法修正案（九）》第十六条增加。

规定的“捏造事实诽谤他人”：

（一）捏造损害他人名誉的事实，在信息网络上散布，或者组织、指使人员在信息网络上散布的；

（二）将信息网络上涉及他人的原始信息内容篡改为损害他人名誉的事实，在信息网络上散布，或者组织、指使人员在信息网络上散布的；

明知是捏造的损害他人名誉的事实，在信息网络上散布，情节恶劣的，以“捏造事实诽谤他人”论。

第二条 利用信息网络诽谤他人，具有下列情形之一的，应当认定为刑法第二百四十六条第一款规定的“情节严重”：

（一）同一诽谤信息实际被点击、浏览次数达到五千次以上，或者被转发次数达到五百次以上的；

（二）造成被害人或者其近亲属精神失常、自残、自杀等严重后果的；

（三）二年内曾因诽谤受过行政处罚，又诽谤他人的；

（四）其他情节严重的情形。

第三条 利用信息网络诽谤他人，具有下列情形之一的，应当认定为刑法第二百四十六条第二款规定的“严重危害社会秩序和国家利益”：

（一）引发群体性事件的；

（二）引发公共秩序混乱的；

（三）引发民族、宗教冲突的；

（四）诽谤多人，造成恶劣社会影响的；

（五）损害国家形象，严重危害国家利益的；

（六）造成恶劣国际影响的；

（七）其他严重危害社会秩序和国家利益的情形。

第四条 一年内多次实施利用信息网络诽谤他人行为未经处理，诽谤信息实际被点击、浏览、转发次数累计计算构成犯罪的，应当依法定罪处罚。

……

第八条 明知他人利用信息网络实施诽谤、寻衅滋事、敲诈勒索、非法经营等犯罪，为其提供资金、场所、技术支持等帮助的，以共同犯罪论处。

第九条 利用信息网络实施诽谤、寻衅滋事、敲诈勒索、非法经营犯罪，同时又构成刑法第二百二十一条规定的损害商业信誉、商品声誉罪，第二百七十八条规定的煽动暴力抗拒法律实施罪，第二百九十一条之一规定的编造、故意传播虚假恐怖信息罪等犯罪的，依照处罚较重的规定定罪处罚。

第十条　本解释所称信息网络，包括以计算机、电视机、固定电话机、移动电话机等电子设备为终端的计算机互联网、广播电视网、固定通信网、移动通信网等信息网络，以及向公众开放的局域网络。

权威解读

解读《最高人民法院、最高人民检察院关于办理利用信息网络实施诽谤等刑事案件适用法律若干问题的解释》（节录）

为保护公民、法人和其他组织的合法权益，维护社会秩序，最高人民法院、最高人民检察院于2013年9月6日联合发布了法释〔2013〕21号《关于办理利用信息网络实施诽谤等刑事案件适用法律若干问题的解释》（以下简称《信息网络诽谤解释》）。《信息网络诽谤解释》明确规定了利用信息网络实施诽谤、寻衅滋事、敲诈勒索、非法经营犯罪的认定及处罚问题，对依法准确惩治此类犯罪，提供了较为明确的司法解释依据。为便于司法实践中正确理解与适用，现就《信息网络诽谤解释》的制定背景、起草过程中的主要考虑、主要内容等问题介绍如下。

一、《信息网络诽谤解释》的制定背景

随着信息技术的快速发展，以互联网为主体包括通信网、广播电视传输覆盖网在内的信息网络日益普及，并呈现出“三网合一”的趋势。截至2013年6月，我国网民已达5.91亿，手机网民已达4.64亿。信息网络的普及，不仅促进了经济社会快速、平稳发展，也方便了人们的工作、学习和生活，还推动了人民群众依法积极行使表达权和监督权。然而与此同时，一些不法分子将信息网络作为一种新的犯罪平台，恣意实施诽谤、寻衅滋事、敲诈勒索、非法经营等违法犯罪活动。有人在信息网络上捏造事实恶意诽谤他人，损害他人名誉；有人利用社会敏感热点问题，炮制谣言，误导民众，造成公共秩序混乱，甚至引发群体性事件；有人以在信息网络上发布、删除负面信息相要挟，索取被害人或者被害单位财物，聚敛钱财；还有一些专门从事造谣、炒作、删帖等活动的所谓“网络公关公司”及“网络推手”，违反国家规定，以营利为目的，有偿提供删帖、发帖等服务，牟取巨额非法利益。上述违法犯罪活动侵犯了公民的名誉权、财产权等合法权益，破坏了社会公共秩序和市场管理秩序。广大人民群众深受其害，社会各界对此反映强烈，要求依法惩治利用信息网络实施的各类违法犯罪活动。

近年来，国家为加强信息网络管理，规范信息网络秩序，相继出台了一系列法律法规，如《全国人民代表大会常务委员会关于维护互联网安全的决定》《国务院互联网信息服务管理办法》等，对促进信息网络健康发展起到了积极作用。但利用信息网络实施的诽谤、寻衅滋事、敲诈勒索、非法经营等犯罪，是伴随着信息网络的飞速发展而出现的新情况、新问题。虽然《刑法》对采用传统手段实施的上述犯罪早已作出了规定，但对于利用信息网络实施的上述犯罪，尚缺乏有针对性的、明确的、具体的规定，因此在司法实践中存在法律适用不够明确的问题。

为确保法律适用统一，依法惩治、有效防范利用信息网络实施的诽谤等犯罪，最高人民法院会同最高人民检察院对当前群众反应比较强烈的利用信息网络实施的诽谤、寻衅滋事、敲诈勒索、非法经营犯罪的法律适用问题进行了深入调研，广泛征求立法机关、行政机关和专家学者等社会各方面的意见，起草了《信息网络诽谤解释》。2013年9月5日最高人民法院审判委员会第1589次会议、2013年9月2日最高人民检察院第十二届检察委员会第9次会议分别审议通过了《信息网络诽谤解释》。

二、《信息网络诽谤解释》起草过程中的主要考虑

为确保《信息网络诽谤解释》符合刑法规定精神，体现信息网络特点，适应司法实践需要，在起草《信息网络诽谤解释》过程中，注重把握以下几项原则：

第一，立足保护公民合法权益，维护社会秩序。利用信息网络实施的诽谤、寻衅滋事、敲诈勒索、非法经营等犯罪，有的侵害了公民的名誉权、财产权，有的扰乱了公共秩序和市场管理秩序。网络造谣、传谣活动也妨碍了网民从信息网络上获取真实信息。《信息网络诽谤解释》通过依法惩治利用信息网络实施的诽谤、敲诈勒索等犯罪，为受害者伸张正义，恢复名誉，保护公民财产权利不受侵犯。同时，网络秩序是现实社会公共秩序的延伸，以法治思维和法治方式规制网络行为，是维护健康、有序的网络秩序的现实需要。《信息网络诽谤解释》顺应了新时期广大人民群众对依法惩治信息网络犯罪、规范信息网络秩序的普遍期待和迫切要求，严密了刑事法网，依法打击此类犯罪行为，有助于维护社会公共秩序，为广大人民群众创造良好的社会环境。

第二，坚持罪刑法定原则，依法科学解释。利用信息网络实施的诽谤等犯罪，只是诽谤罪等传统犯罪在信息时代的新型表现形式，有现实的社会危

害性。《信息网络诽谤解释》严格依照刑法规定的诽谤罪、寻衅滋事罪、敲诈勒索罪、非法经营罪的犯罪构成要件，针对网络犯罪的行为特征和实际危害，明确了定罪量刑的具体标准。同时，《信息网络诽谤解释》对相关犯罪“情节严重”的认定标准、共同犯罪的认定标准等也作出明确规定。为依法惩治上述犯罪提供了明确的司法解释依据，有助于统一司法标准，规范司法行为，确保严格依法办案。

第三，明确法律界限，保障公民依法行使表达权和监督权。广大网民通过网络表达意见、关注社会问题、进行舆论监督，是公民行使言论自由权利、参与国家政治生活的重要方式。公民依法在信息网络上发表言论，始终受到我国法律的保护。国家通过网络上的各种信息和评论，能够了解社会情况和群众对公共事务的意见和建议。但网民在行使表达权的同时，不能触及法律底线。任何一个国家的法律都不会允许有诽谤他人的所谓“言论自由”。出台《信息网络诽谤解释》不是为了“管制”网络言论。《信息网络诽谤解释》厘清了在信息网络上发表言论的法律边界，也严格区分了恶意造谣、恶意传谣行为与不明真相发帖、转帖行为之间的界限，有助于确保公众依法、充分行使宪法赋予的表达权和监督权，最大限度地保护公众的言论自由。

第四，注重教育引导，推动信息网络健康发展。《信息网络诽谤解释》同时还具有教育、引导作用，有助于促使广大网民自觉规范上网言行，营造健康、积极的网络环境，实现良好的社会效果。同时，《信息网络诽谤解释》立足当前实际，依法打击公众反映强烈的利用信息网络实施的相关犯罪，有助于促进相关部门加强对信息网络的日常管理，完善网络违法犯罪防范机制，推动信息网络健康、有序发展。

三、《信息网络诽谤解释》的主要内容

《信息网络诽谤解释》共十个条文，主要包括以下六个方面的内容：(1) 利用信息网络实施诽谤犯罪的行为方式、入罪标准、适用公诉程序的条件；(2) 利用信息网络实施寻衅滋事犯罪的行为方式及具体认定；(3) 利用信息网络实施敲诈勒索犯罪的行为方式及具体认定；(4) 利用信息网络实施非法经营犯罪的行为方式及数额标准；(5) 所涉共同犯罪和犯罪竞合的处理；(6) 对信息网络的含义进行了明确界定，包括以计算机、电视机、固定电话机、移动电话机等电子设备为终端的计算机互联网、广播电视网、固定通信网、移动通信网等信息网络，以及向公众开放的局域网络。

（一）利用信息网络实施诽谤犯罪的认定

《信息网络诽谤解释》第一条至第四条分别规定了利用信息网络实施诽谤犯罪“捏造事实诽谤他人”的行为方式，“情节严重”的入罪标准，“严重危害社会秩序和国家利益”时适用公诉程序的条件，以及诽谤信息数量的累计计算等问题。

1. “捏造事实诽谤他人”的认定

《信息网络诽谤解释》第一条对《刑法》第二百四十六条中的“捏造事实诽谤他人”作出了具体规定，主要包括三种行为方式：

一是“捏造并散布”。即《信息网络诽谤解释》第一款第一项规定的“捏造损害他人名誉的事实，在信息网络上散布，或者组织、指使人员在信息网络上散布的”。这是最为典型的网络诽谤行为方式，具体是指行为人捏造损害他人名誉的事实后，由本人在信息网络上散布，或者行为人捏造损害他人名誉的事实后，组织、指使人员在信息网络上散布。后者也包括行为人捏造损害他人名誉的事实后，支付报酬雇用人员在信息网络上散布。

二是“篡改并散布”。即《信息网络诽谤解释》第一款第二项规定的“将信息网络上涉及他人的原始信息内容篡改为损害他人名誉的事实，在信息网络上散布，或者组织、指使人员在信息网络上散布的”。该项规定主要针对“歪曲捏造”的情形。“篡改”是指“用作伪的手段改动或曲解”，也就是“实质性修改”，即故意改变事实。如网络上出现一个原始帖子，称“某人在某酒店与异性友人共进晚餐”。原帖内容可能是真实的，或者即使失真，也达不到“损害名誉”的程度。行为人为达到诽谤他人的目的，借题发挥，恶意地将原帖内容歪曲修改为“某人与其情妇在某酒店开房过夜”。这就是典型的“篡改”，且“篡改”后的内容已经损害了他人的名誉。实践中除“歪曲捏造”外，还存在故意放大、渲染等情形。对此除非达到“实质性修改”的程度，否则一般不能认定为“篡改”。

三是“明知是捏造而散布”。即《信息网络诽谤解释》第二款规定的“明知是捏造的损害他人名誉的事实，在信息网络上散布，情节恶劣的，以‘捏造事实诽谤他人’论”。本条前款两项规定是针对造谣者，本款规定针对恶意传谣者。需要强调的是，如果行为人不明知是他人捏造的虚假事实而在信息网络上发布、转发的，即使对被害人的名誉造成了一定的损害，按照主客观相一致的原则，也不构成诽谤罪。实践中要严格区分构成犯罪的恶意诽谤行为和普通网民在不明真相情况下进行的发帖、转帖行为。适用本款规定应注意把握以下问题：

关于“明知”的认定。“明知”在刑法上包括两种情形：一是“知道”，即有证据证明行为人知道特定的事实，例如，行为人及其“上家”均承认行为人明确知道在信息网络上散布的信息系“上家”捏造的损害他人名誉的事实。二是“应当知道”，即行为人虽否认自己知道在信息网络上散布的信息系捏造的损害他人名誉的事实，但基于相关证据，能够推定行为人知道该情况，且行为人对此不能作出合理解释。实践中，认定行为人“应当知道”要依法有据，不能主观指证，必须依据相关证据材料综合判断。在认定“应当知道”时应当特别慎重，要将恶意传谣者与不明真相的无恶意传谣者区别开来。实践中如果把握不准或有争议的，应当本着“就低不就高”“有利行为人”的原则，不认定为“应当知道”。

关于“情节恶劣”的认定。本款不仅要求行为人“明知”是捏造的损害他人名誉的事实，而且要求达到“情节恶劣”的程度，才能以“捏造事实诽谤他人”论。主要考虑是，对于恶意传谣者与造谣者也要区别对待。恶意传谣者不是捏造事实诽谤他人的“源头”，判定其行为性质，也应当注意考察具体情节的恶劣程度。需要说明的是，“情节恶劣”不同于诽谤罪入罪标准的“情节严重”，它指的是恶意传谣者“明知是捏造的事实而在信息网络上传播”行为的恶劣程度，如行为人的动机卑劣、散布的诽谤信息内容恶毒，或者行为人长期诽谤他人等。

2. “情节严重”的认定

根据《刑法》第二百四十六条第一款的规定，行为人捏造事实诽谤他人，必须达到“情节严重”的程度，依法才构成诽谤罪。《信息网络诽谤解释》第二条采取列举的方式，明确了认定网络诽谤犯罪“情节严重”的具体标准，规定了较为严格的入罪门槛。

一是数量标准。《信息网络诽谤解释》第二条第一项规定，“同一诽谤信息实际被点击、浏览次数达到五千次以上，或者被转发次数达到五百次以上的”，应当认定为诽谤行为“情节严重”。如果一个捏造的损害他人名誉的信息被众多人点击、浏览而知晓，就说明被害人的名誉受到严重损害，具有现实的社会危害性。《信息网络诽谤解释》将被点击、浏览次数确定为“五千次”，是依据实证调研的结果，也参考了有关司法解释的先例。将被转发次数确定为“五百次”，与被点击、浏览次数保持一比十的关系，是根据网络传播规律，听取了专业部门意见，进行了技术论证，严格审慎确定的。

需要注意的是，《信息网络诽谤解释》规定的上述数量标准，是指同一诽谤信息“实际”被点击、浏览或者被转发次数。这就意味着，在计算具体数量时，应当扣除被害人自己点击、浏览或者转发的次数，也应当扣除网站管理人员为维护网站而点击等的次数。此外，还应扣除其他故意虚增而点击等情况导致统计失真的次数。

二是危害后果标准。《信息网络诽谤解释》第二条第二项规定，“造成被害人或者其近亲属精神失常、自残、自杀等严重后果的”，应当认定为诽谤行为“情节严重”。如果网络诽谤行为在现实生活中已经造成上述后果，显然具有现实的社会危害性，构成了犯罪。此种情形就不问诽谤信息实际被点击、浏览或者被转发次数，应当认定为“情节严重”。

三是主观恶性标准。《信息网络诽谤解释》第二条第三项规定，“二年内曾因诽谤受过行政处罚，又诽谤他人的”，应当认定为诽谤行为“情节严重”。体现了刑法对行为人主观恶性、人身危险性的重视和评价。对于这种屡教不改，反复恶意诽谤他人的行为人，不论诽谤信息被点击、浏览、转发的次数，也不论是否造成被害人或者近亲属精神失常、自残、自杀等后果，也应当认定为“情节严重”。

3. “严重危害社会秩序和国家利益”的认定

根据《刑法》第二百四十六条第二款的规定，诽谤罪除“严重危害社会秩序和国家利益的”情形外，属于“告诉才处理”的案件。对于“严重危害社会秩序和国家利益”的诽谤案件，应由公安机关立案侦查，人民检察院提起公诉。为了明确网络诽谤刑事案件适用公诉程序的条件，《信息网络诽谤解释》第三条列举了“严重危害社会秩序和国家利益”的七种情形，既充分尊重当事人的处分权，依法保护被害人的合法权益，也有助于惩治严重危害社会秩序和国家利益的诽谤犯罪。

关于“引发群体性事件的”情形。行为人捏造事实诽谤他人，进而引发了群体性事件，显然属于已经对社会秩序造成了实际的危害。关于“引发公共秩序混乱的”情形，这主要是指妨害国家的公共管理活动，引发生产秩序、生活秩序、学习秩序、工作秩序等公共秩序的混乱。关于“引发民族、宗教冲突的”情形。民族、宗教问题关系到国家统一、社会稳定、经济社会发展，属于非常重要的国家利益。如果行为人实施诽谤犯罪涉及民族、宗教问题，进而引发民族、宗教冲突，破坏民族团结、宗教政策的，属于对国家利益造成了严重危害。关于“诽谤多人，造成恶劣社会影响的”情形。这主要是考虑到，行为人不间断地恶意诽谤多人，不仅侵犯了各个被害人的名誉权，实际上也已经严重危害了社会秩序。如果对此也适用自诉程序，需要多个被害人分别提起自诉且需要并案处理，不利于切实保护被害人的合法权益。关于“损害国家形象，严重危害国家利益的”情形，行为人通过诽谤特定的对象，抹黑我国的政治制度，损害我国的国家形象，涉及国家利益，社会危害性大。关于“造成恶劣国际影响的”情形。这主要是指诽谤外国元首和政府首脑等，引发外事交涉、外交抗议等情形。

广大网民利用信息网络进行“网络反腐”，对反腐倡廉工作发挥了积极的作用。一些腐败案件最先就是在网络上曝光，引起有关部门的高度重视，随后得到了及时的处理。对于广大网民通过信息网络检举、揭发他人违法违纪行为的，有关部门应当认真对待，负责任地核实，及时公布调查结果。即使检举、揭发的部分内容失实，只要不是故意捏造事实诽谤他人的，或者不属明知是捏造的损害他人名誉的事实而在信息网络上散布的，就不应以诽谤罪追究刑事责任。但是，对于那些打着“网络反腐”的幌子，恶意捏造事实诽谤他人的行为，尤其是有组织地大肆诽谤他人的行为，事实清楚，证据确实、充分，构成犯罪的，就应依法追究刑事责任。司法机关要严格依法办案，严格入罪标准，防止误伤那些积极进行舆论监督，但部分举报内容失实的举报者。

……

（五）共同犯罪的认定和犯罪竞合的处理

1. 共同犯罪的认定

利用信息网络实施诽谤等犯罪，行为人在实践中可能面临资金、场所、技术等方面的困难，进而寻求他人的帮助，从而涉及共同犯罪问题。《信息网络诽谤解释》第八条规定：“明知他人利用信息网络实施诽谤、寻衅滋事、敲诈勒索、非法经营等犯罪，为其提供资金、场所、技术支持等帮助的，以共同犯罪论处。”实践中对于共同犯罪的认定，必须以行为人明知他人利用信息网络实施诽谤、寻衅滋事、敲诈勒索、非法经营等犯罪为前提。如果不明知他人利用信息网络实施相关犯罪活动，即使客观上提供了资金、场所、技术等帮助，也不能认定为共同犯罪。

2. 犯罪竞合的处理

利用信息网络实施诽谤、寻衅滋事、敲诈勒索、非法经营犯罪，可能同时构成《刑法》第二百二十一条规定的损害商业信誉、商品声誉罪，第二百七十八条规定的煽动暴力抗拒法律实施罪，第二百九十一条之一规定的编造、故意传播虚假恐怖信息罪等犯罪。针对司法实践的具体情况，《信息网络诽谤解释》第九条规定，对于上述情形依照处罚较重的规定定罪处罚。

（撰稿：最高人民法院刑事审判第三庭）

2. **公安部关于严格依法办理侮辱诽谤案件的通知**（自2009年4月3日起施行）

各省、自治区、直辖市公安厅、局，新疆生产建设兵团公安局：

多年来，各级公安机关依照《刑法》、《治安管理处罚法》的有关规定，查处了一批侮辱、诽谤案件，为保护公民的人格尊严和名誉，维护社会治安秩序作出了贡献。但是，少数地方公安机关在办理侮辱、诽谤案件过程中，不能严格、准确依法办案，引起了新闻媒体和社会各界的广泛关注，产生了不良的社会影响，损害了公安机关形象和执法公信力。为严格依法办理侮辱、诽谤案件，规范执法行为，提高办案质量，保护公民合法权益，现就有关问题通知如下：

一、切实提高对严格依法办理侮辱、诽谤案件重要意义的认识。一些地方公安机关不能正确办理侮辱、诽谤案件，直接原因是对有关法律理解不当、定性不准，深层次的原因是对新形势下人民内部矛盾缺乏清醒的认识。各级公安机关要清醒地认识到，随着国家民主法制建设的不断推进，人民群众的法制意识和政治参与意识不断增强，一些群众从不同角度提出批评、建议，是行使民主权利的表现。部分群众对一些社会消极现象发牢骚、吐怨气，甚至发表一些偏激言论，在所难免。如果将群众的批评、牢骚以及一些偏激言论视作侮辱、诽谤，使用刑罚或治安处罚的方式解决，不仅于法无据，而且可能激化矛盾，甚至被别有用心的人利用，借机攻击我国的社会制度和司法制度，影响党和政府的形象。各级公安机关要从维护社会和谐稳定的大局出发，深刻认识严格准确、依法办理好侮辱、诽谤案件的重要意义，始终坚持党的事业至上、人民利益至上、宪法法律至上，按照“最大限度地增加和谐因素，最大限度地减少不和谐因素”的要求，切实做到严格、公正、文明执法，努力化解矛盾，避免因执法不当而引发新的不安定因素。

二、准确把握侮辱、诽谤公诉案件的管辖范围及基本要件。根据《刑法》第二百四十六条的规定，侮辱、诽谤案件一般属于自诉案件，应当由公民个人自行向人民法院提起诉讼，只有在侮辱、诽谤行为"严重危害社会秩序和国家利益"时，公安机关才能按照公诉程序立案侦查。公安机关在依照公诉程序办理侮辱、诽谤刑事案件时，必须准确把握犯罪构成要件。对于不具备"严重危害社会秩序和国家利益"这一基本要件的，公安机关不得作为公诉案件管辖。对于具有下列情形之一的侮辱、诽谤行为，应当认定为"严重危害社会秩序和国家利益"，以侮辱罪、诽谤罪立案侦查，作为公诉案件办理：（一）因侮辱、诽谤行为导致群体性事件，严重影响社会秩序的；（二）因侮辱、诽谤外交使节、来访的外国国家元首、政府首脑等人员，造成恶劣国际影响的；（三）因侮辱、诽谤行为给国家利益造成严重危害的其他情形。公安机关在接到公民对侮辱、诽谤行为的报案、控告或者举报后，首先要认真审查，判明是否属于公安机关管辖。对于符合上述情形，但通过公诉可能对国家利益和国家形象造成更大损害的，可以通过其他方式予以处理。对于经过审查认为不属于上述情形但涉嫌犯罪的侮辱、诽谤案件，公安机关应当问明情况，制作笔录，并将案件材料移交有管辖权的人民法院，同时向当事人说明此类案件依照法律规定属于自诉案件，不属公安机关管辖，告知其到人民法院自行提起诉讼。公安机关在立案前的审查过程中，不得对有关人员和财产采取强制性措施。对于不构成犯罪但违反《治安管理处罚法》的，要通过治安调解，最大限度地化解矛盾和纠纷；对于调解不成的，应依法给予治安管理处罚。公安机关在办理侮辱、诽谤案件时，要深入细致，辨法析理，努力争取让违法犯罪行为人和被侵害人心悦诚服地接受处理结果，化消极因素为积极因素，取得法律效果和社会效果的统一。

三、切实加强对办理侮辱、诽谤案件的执法监督。对于侮辱、诽谤案件，公安机关经过审查，认为具有严重危害社会秩序和国家利益的情形，需要追究刑事责任的，应当报经上一级公安机关同意后立案侦查；立案后需要采取强制措施的，应当在采取强制措施前报经上一级公安机关同意。对于可能引起较大社会影响的侮辱、诽谤治安案件，在作出行政拘留处罚决定前，应当报经上一级公安机关同意。对于不按照规定报告上级公安机关，或者不服从上级公安机关命令，违反规定对应当自诉的和不构成犯罪的侮辱、诽谤案件立案侦查的，要严肃追究有关责任人员和主管人员的相应责任。

四、高度重视办理侮辱、诽谤案件的舆论引导。公安机关办理侮辱、诽谤案件，在准确把握法律界限，严格依法办案的同时，要保持高度的政治敏感性。对可能引起社会炒作的，要提前做好应对准备。舆论引导要注意把握好时机，信息发布要做到准确、权威，避免引发不安定因素，影响案件正确处理。

各地接到本通知后，要认真贯彻落实，并立即向党委、政府汇报，争取党委、政府的理解和支持。执行中遇到的问题，请及时报部。

（三）疑难、复杂问题的参考性解答

1. 正确理解与适用诽谤罪的客观行为

本罪客观方面表现为捏造并散布某种虚构的事实，足以损害他人人格、名誉的行为。首先，要有捏造某种事实的行为。也就是说，诽谤他人的内容完全是捏造和虚构的。如果散布的不是凭空捏造的而是客观存在的事实，即使有损他人的人格、名誉，也不构成本罪。其次，要有散布捏造事实的行为。所谓散布，就是扩散。散布的方式基本上有两种：一种是言语。即故意捏造事实，并散布足以损害他人人格、名誉的言论。另一种是文字。即用图画、报刊、书信等方法，故意捏造事实并散布足以损害他人人格和名誉的行为。最后，诽谤必须是针对特定的人进行的，但不一定要指名道姓，只要从诽谤的内容中知道被害人是谁，就可以构成诽谤罪。如果行为人散布的事实没有特定的对象，不可能损害他人的人格、名誉，就不能以诽谤罪论处。如果散布虚假的事实，但并不可能损害他人的人格、名誉，或无损于他人的人格、名誉，则不构成诽谤罪。

诽谤行为须达到“情节严重”的程度，才能构成犯罪。所谓情节严重①，司法实践中一般是指手段十分恶劣的；引起被害人精神失常或者自杀等严重后果的；在社会上造成很坏影响的等。

2. 如何区分侮辱罪与诽谤罪？

这两种犯罪侵犯的客体相同，都是损害他人的人格和名誉，主观上都有侵害他人人格和损害他人名誉的目的。不同之处主要在于：第一，行为方式

---

① 案例来源：山东省淄博市张店区人民法院（2000）张刑自初字第70号李某某诽谤案，载中国裁判文书网。

不完全相同。诽谤罪必须是捏造虚构的事实并有意加以散布；侮辱罪不一定用捏造事实的方式进行，如果公然散布的是真实的事实，如将他人偷情的事实公之于众，造成行为对象名誉和人格受损，情节严重的，可以构成侮辱罪。第二，手段方式不完全相同。诽谤罪不存在暴力手段，通常是以文字、图画等方式公然散布；侮辱罪存在以暴力手段进行侮辱的，如强行脱去衣物等。第三，是否当面不完全相同。诽谤罪通常是当众或者向第三者散布的；侮辱罪往往是当着被害人的面进行的。

3. 如何区分诽谤罪与诬告陷害罪？

这两种犯罪都是针对特定对象，采用捏造事实的手段实施的犯罪行为。它们的区别主要在于：第一，所捏造的事实内容不同。诬告陷害罪捏造的是犯罪的事实；诽谤罪捏造的是足以损害他人人格、名誉的事实。第二，从行为方式看，诬告陷害罪是向政府机关和有关部门告发；诽谤罪则是当众或者向第三者散布。第三，在主观方面，诬告陷害罪是意图使他人受刑事追究；诽谤罪则是意图损害他人的人格、名誉。第四，从追诉方式来看，诬告陷害罪是公诉案件，诽谤罪通常是自诉案件，除非严重危害社会秩序和影响国家利益。

4. 以诽谤行为敲诈钱财的行为应如何认定？①

诽谤罪与敲诈勒索罪通常不易混淆，前者侵犯的是他人的人格和名誉，后者侵犯的是他人的财产所有权。但是当行为人以诽谤他人的方式勒索财物时，就涉及两个罪名的区分，根据牵连犯理论，应当从一重处罚。诽谤罪与敲诈勒索罪的法定刑一样，如此就要根据行为人的主观意图来定罪。

二十二、刑讯逼供罪

（一）刑法规定

第二百四十七条　司法工作人员对犯罪嫌疑人、被告人实行刑讯逼供或者使用暴力逼取证人证言的，处三年以下有期徒刑或者拘役。致人伤残、死亡的，依照本法第二百三十四条、第二百三十二条的规定定罪从重处罚。

---

① 案例来源：甘肃省张掖市甘州区人民法院（2013）甘刑初字第360号石某某敲诈勒索案，载中国裁判文书网。

（二）司法解释、司法文件

最高人民检察院关于渎职侵权犯罪案件立案标准的规定（高检发释字〔2006〕2号，自2006年7月26日起施行）（节录）

二、国家机关工作人员利用职权实施的侵犯公民人身权利、民主权利犯罪案件

……

（三）刑讯逼供案（第二百四十七条）

刑讯逼供罪是指司法工作人员对犯罪嫌疑人、被告人使用肉刑或者变相肉刑逼取口供的行为。

涉嫌下列情形之一的，应予立案：

1. 以殴打、捆绑、违法使用械具等恶劣手段逼取口供的；

2. 以较长时间冻、饿、晒、烤等手段逼取口供，严重损害犯罪嫌疑人、被告人身体健康的；

3. 刑讯逼供造成犯罪嫌疑人、被告人轻伤、重伤、死亡的；

4. 刑讯逼供，情节严重，导致犯罪嫌疑人、被告人自杀、自残造成重伤、死亡，或者精神失常的；

5. 刑讯逼供，造成错案的；

6. 刑讯逼供3人次以上的；

7. 纵容、授意、指使、强迫他人刑讯逼供，具有上述情形之一的；

8. 其他刑讯逼供应予追究刑事责任的情形。

……

三、附则

（一）本规定中每个罪案名称后所注明的法律条款系《中华人民共和国刑法》的有关条款。

（二）本规定所称“以上”包括本数；有关犯罪数额“不满”，是指已达到该数额百分之八十以上的。

（三）本规定中的“国家机关工作人员”，是指在国家机关中从事公务的人员，包括在各级国家权力机关、行政机关、司法机关和军事机关中从事公务的人员。在依照法律、法规规定行使国家行政管理职权的组织中从事公务的人员，或者在受国家机关委托代表国家行使职权的组织中从事公务的人员，

或者虽未列入国家机关人员编制但在国家机关中从事公务的人员，在代表国家机关行使职权时，视为国家机关工作人员。在乡（镇）以上中国共产党机关、人民政协机关中从事公务的人员，视为国家机关工作人员。

（三）疑难、复杂问题的参考性解答

1. 正确认定本罪的客观要件

本罪客观方面表现为对犯罪嫌疑人、被告人使用肉刑或者变相肉刑逼取口供的行为。“使用肉刑”，是指对犯罪嫌疑人、被告人采取捆绑、吊打、非法使用刑具等恶劣手段逼取口供的行为；“变相肉刑”，是指对犯罪嫌疑人、被告人采取长时间的晒、冻、饿、烤等手段，或者不让休息的“车轮战”“疲劳战”的审讯方法，使之遭受肉体痛苦和精神折磨逼取口供的行为。在司法实践中，“使用肉刑”和“变相肉刑”这两种方法经常交错使用，以更有效地达到逼取口供的目的。“逼取口供”，是指强迫犯罪嫌疑人、被告人作出某种供述，可以是口头供述也可以是书面陈述。这里的“口供”并不限于有罪供述。没有使用肉刑或者变相肉刑逼取口供的引供、诱供、指供等，不能成立本罪；使用肉刑或者变相肉刑但没有逼取口供的行为，也不能成立本罪。

2. 关于本罪的主体认定①

根据《刑法》第二百四十七条规定，刑讯逼供罪的主体是司法工作人员，依照《刑法》第九十四条的解释，司法工作人员是指有侦查、检察、审判、监管职责的工作人员，通常包括公安机关和国家安全机关的侦查人员，检察机关的检察人员、法院的审判人员和监狱的监管人员。在上述司法机关中被聘用的合同制工作人员，如果在刑事诉讼活动中承担了相应的司法职能，也可以成为本罪的主体。如果司法工作人员指使非司法工作人员实施刑讯逼供行为的，根据《渎职侵权立案标准》的规定，“纵容、授意、指使、强迫他人刑讯逼供”，具有“以殴打、捆绑、违法使用械具等恶劣手段逼取口供的”，检察机关应予追诉。

3. 本罪与故意伤害罪的区分

刑讯逼供行为往往给被害人的身体造成某种损害，严重的还可能致人伤

---

① 案例来源：河南省邓州市人民法院（2010）邓刑初字第 492 号刘某某刑讯逼供案，河南省汝南县人民法院（2009）汝刑初字第 94 号赵某某刑讯逼供案，载中国裁判文书网。

残甚至死亡，与故意伤害罪的结果具有一定的相似性。两者的区别主要在于：第一，犯罪目的不同。刑讯逼供罪的目的是逼取犯罪嫌疑人、被告人的口供；故意伤害罪的目的是故意伤害他人的身体健康。第二，犯罪对象不同。刑讯逼供罪的犯罪对象是犯罪嫌疑人、被告人等特定对象；故意伤害罪的犯罪对象不特定。第三，犯罪主体不同。刑讯逼供罪的犯罪主体是司法工作人员，故意伤害罪的主体不特定。第四，是否为职务行为不同。刑讯逼供罪是行为人在行使职权的过程中实施的，故意伤害罪没有特殊规定。《刑法》第二百四十七条规定，刑讯逼供，致人伤残、死亡的，依照《刑法》第二百三十四条、第二百三十二条的故意伤害罪或故意杀人罪定罪，从重处罚。

4. 正确区分本罪与非法拘禁罪

刑讯逼供罪与非法拘禁罪都限制了他人人身自由，侵犯了公民的人身权利，两者的区别主要在于：第一，犯罪对象不同。前者的犯罪对象是特定的，即进入刑事诉讼视野的犯罪嫌疑人和被告人；后者的对象不特定。第二，行为方式不同。前者表现为使用肉刑或者变相肉刑逼取口供的行为；后者是通过非法居留、禁闭或者其他方法限制人身自由的行为。第三，侵犯的客体不同。前者侵犯的是复杂客体，既侵犯了公民的人身权利，也侵犯了司法机关的正常活动；后者则只是侵犯了公民的人身自由。第四，犯罪目的不同。前者有逼取口供的目的，后者没有特殊要求。第五，犯罪主体不同。前者为特殊主体，即司法工作人员，后者是一般主体。司法工作人员以非法拘禁的方式刑讯逼供的，应当以刑讯逼供罪定罪处罚，非法拘禁作为量刑情节予以考虑。非司法工作人员非法拘禁刑讯逼供的，应当以非法拘禁罪定罪处罚。如果没有使用暴力致人重伤、死亡的，依照非法拘禁罪的结果加重情节处罚；使用暴力致人伤残、死亡的，依照《刑法》第二百三十四条、第二百三十二条以故意伤害罪或者故意杀人罪定罪处罚。

（四）量刑指导或参考

依照《刑法》第二百四十七条规定，犯刑讯逼供罪的，处三年以下有期徒刑或者拘役。致人伤残、死亡的，依照《刑法》第二百三十四条、第二百三十二条的故意伤害罪、故意杀人罪定罪从重处罚。

司法机关在适用时，应当注意以下问题：

1. 刑讯逼供致人轻伤的，依照《刑法》第二百四十七条规定的刑讯逼供罪的法定刑处罚。

2. 刑讯逼供致人伤残，即致人重伤、残疾的，则应当依照《刑法》第二百三十四条规定的故意伤害罪定罪，并按照第二款致人重伤或者以特别残忍手段致人重伤造成严重残疾的法定刑从重处罚。这是因为，刑讯逼供罪的量刑幅度与一般故意伤害罪（即轻伤）基本一样；如果造成致人重伤、残疾的严重后果，仍按《刑法》第二百四十七条处刑，显然失之过轻，所以法律规定应按故意伤害从重处罚。需要指出的是，本罪中的“伤残”比《刑法》第二百三十四条第二款中的“严重残疾”范围要宽，如果适用该条款处罚，必须同时具备“手段特别残忍”和“致人重伤造成严重残疾”两个条件。如果情节特别严重的，也可以适用死刑。

3. 刑讯逼供致人死亡的，应分析行为人对于死亡的心理态度。① 如果对死亡结果是过失的心理态度，应依照《刑法》第二百三十四条第二款规定的故意伤害（致人死亡）罪定罪处罚；如果是希望或者放任的心理态度，则应当依照《刑法》第二百三十二条规定的故意杀人罪进行处罚。

二十三、暴力取证罪

（一）刑法规定

第二百四十七条 司法工作人员对犯罪嫌疑人、被告人实行刑讯逼供或者使用暴力逼取证人证言的，处三年以下有期徒刑或者拘役。致人伤残、死亡的，依照本法第二百三十四条、第二百三十二条的规定定罪从重处罚。

（二）司法解释、司法文件

最高人民检察院关于渎职侵权犯罪案件立案标准的规定（高检发释字〔2006〕2号，自2006年7月26日起施行）（节录）

二、国家机关工作人员利用职权实施的侵犯公民人身权利、民主权利犯罪案件

……

① 案例来源：青海省海东地区中级人民法院（2007）东刑初字第11号史某等故意伤害、刑讯逼供案，载中国裁判文书网。

（四）暴力取证案（第二百四十七条）

暴力取证罪是指司法工作人员以暴力逼取证人证言的行为。

涉嫌下列情形之一的，应予立案：

1. 以殴打、捆绑、违法使用械具等恶劣手段逼取证人证言的；

2. 暴力取证造成证人轻伤、重伤、死亡的；

3. 暴力取证，情节严重，导致证人自杀、自残造成重伤、死亡，或者精神失常的；

4. 暴力取证，造成错案的；

5. 暴力取证3人次以上的；

6. 纵容、授意、指使、强迫他人暴力取证，具有上述情形之一的；

7. 其他暴力取证应予追究刑事责任的情形。

……

三、附则

（一）本规定中每个罪案名称后所注明的法律条款系《中华人民共和国刑法》的有关条款。

（二）本规定所称“以上”包括本数；有关犯罪数额“不满”，是指已达到该数额百分之八十以上的。

（三）本规定中的“国家机关工作人员”，是指在国家机关中从事公务的人员，包括在各级国家权力机关、行政机关、司法机关和军事机关中从事公务的人员。在依照法律、法规规定行使国家行政管理职权的组织中从事公务的人员，或者在受国家机关委托代表国家行使职权的组织中从事公务的人员，或者虽未列入国家机关人员编制但在国家机关中从事公务的人员，在代表国家机关行使职权时，视为国家机关工作人员。在乡（镇）以上中国共产党机关、人民政协机关中从事公务的人员，视为国家机关工作人员。

（三）疑难、复杂问题的参考性解答

1. 如何理解本罪的客观要件？

本罪客观方面表现为对证人使用暴力手段逼取证人证言的行为。根据《渎职侵权立案标准》，本罪中的“暴力”是狭义的“暴力”，即使用具有一定强度的有形力针对被害人的人身健康，如殴打、捆绑、吊悬等手段和方法。如果不是针对被害人的人身，而是对其进行精神上的强制、胁迫、恫吓或者

采用虐待或变相肉刑的方式逼取证言的，都不是本罪中的“暴力”。关于暴力的程度，根据《刑法》第二百四十七条的规定，构成本罪的是造成被害人轻伤以下的暴力。如果造成被害人伤残、死亡的，则应当依照故意伤害罪、故意杀人罪定罪。至于使用暴力是否逼取到证言，证人是否证实犯罪事实，或者有无做出施暴者期望得到的证言，不影响本罪的成立。

2. 如何区分暴力取证罪与刑讯逼供罪？

暴力取证罪与刑讯逼供罪都侵犯了公民的人身权利和国家司法机关的正常活动，主体都是司法工作人员，客观方面有使用暴力手段的可能。两者的区别主要在于：第一，犯罪对象不同。前者的犯罪对象是刑事诉讼中的证人，后者则是犯罪嫌疑人和被告人。第二，犯罪手段不完全相同。前者表现为使用暴力的方法逼取证言，后者则表现为使用肉刑或者变相肉刑的方法逼取口供。第三，故意的内容不同。前者具有逼取适合需要的证人证言的目的，后者则具有逼取犯罪嫌疑人、被告人口供的目的。

3. 如何区分暴力取证罪与妨害作证罪？

《刑法》第三百零七条第一款规定，以暴力、胁迫、贿买等方法阻止证人作证或者指使他人作伪证的，构成妨害作证罪。暴力取证罪与妨害作证罪的犯罪对象均是证人，行为方式都有暴力，主观方面都有获取一定证言的目的。两者的区别主要在于：第一，行为方式不同。前者的手段行为仅限于暴力，以精神胁迫或者变相肉刑的方式逼取证言的不构成本罪。后者的行为方式可以是暴力、胁迫、贿买等多种方法。第二，主观目的不完全相同。前者具有逼取证人作证的目的，证人是否作证，是否做出暴力者想要的证言，不影响本罪成立。后者的目的是阻止证人作证或者指使他人作伪证，意图影响司法公正。第三，侵犯的法益不同。前者侵犯的是证人的人身权利和司法机关的正常活动。后者侵犯的是司法活动的客观公正性。第四，犯罪主体不同。前者的主体是司法工作人员，后者的主体则没有限定。

4. 如何区分暴力取证罪与伪证罪？

《刑法》第三百零五条规定，在刑事诉讼中，证人、鉴定人、记录人、翻译人对与案件有重要关系的情节，故意作虚假证明、鉴定、记录、翻译，意图陷害他人或者隐匿罪证的，构成伪证罪。暴力取证罪与伪证罪一般情况不易混淆，但是当使用暴力逼取证人提供伪证从而影响司法公正时，就需要对二者进行区分。二者的区别主要在于：第一，犯罪主体不同。前者的主体是司法工作人员，包括侦查、检察、审判和监管人员。后者的主体是刑事诉讼中的证人、鉴定人、翻译人、记录人等特殊群体。第二，行为方式不同。前者是对证人使用暴力逼取证言，是否得到证言、证言是否真实不影响本罪成立。后者是作虚假的证明、鉴定、记录、翻译。第三，犯罪对象不同。前者是证人，通常理解为刑事诉讼中的证人。后者是与案件有重要关系的情节。第四，主观意图不同。前者目的是获取证言，后者是陷害他人或者隐匿罪证。

5. 使用暴力逼迫证人在证言上签字的行为应如何认定?①

暴力取证罪中通常的取证行为是逼迫证人从不作证到作证，或者从作出不利的证言到作出有利的证言等方式。根据《刑事诉讼法》的规定，一份证人证言材料，必须要有相应的证人签名或者按手印的确认方为完整的、有效的证言。如果证人拒不签名按印，该证人证言可能因程序瑕疵而无效。因此暴力逼迫证人在询问笔录上签名按手印的行为与暴力获取证言的性质是相同的，对于暴力逼迫证人签名捺印的行为应以暴力取证罪定罪。

（四）量刑指导或参考

司法机关在适用时，应当注意以下问题：

1. 暴力取证致人轻伤的，依照《刑法》第二百四十七条规定的暴力取证罪的法定刑处罚。

2. 暴力取证致人伤残，即致人重伤、残疾的，则应当依照《刑法》第二百三十四条规定的故意伤害罪定罪，并按照第二款致人重伤或者以特别残忍手段致人重伤造成严重残疾的法定刑从重处罚。这是因为，暴力取证罪的量刑幅度与一般故意伤害罪（即轻伤）基本一样；如果造成致人重伤、残疾的严重后果，仍按《刑法》第二百四十七条处刑，显然失之过轻，所以法律规定应按故意重伤从重处罚。

3. 暴力取证致人死亡的，应分析行为人对于死亡的心理态度。如果对死亡结果是过失心理态度，应依照《刑法》第二百三十四条第二款规定的故意伤害（致人死亡）罪定罪处罚；如果是希望或者放任的心理态度，则应当依照《刑法》第二百三十二条规定的故意杀人罪定罪，并在法定刑的幅度内从重处罚。

---

① 案例来源：最高人民法院刑事审判第一、二、三、四、五庭：《中国刑事审判指导案例（侵犯公民人身权利、民主权利罪）》，法律出版社 2009 年版，第 492－494 页，第 158 号周某忠暴力取证案。

二十四、虐待被监管人罪

（一）刑法规定

第二百四十八条　监狱、拘留所、看守所等监管机构的监管人员对被监管人进行殴打或者体罚虐待，情节严重的，处三年以下有期徒刑或者拘役；情节特别严重的，处三年以上十年以下有期徒刑。致人伤残、死亡的，依照本法第二百三十四条、第二百三十二条的规定定罪从重处罚。

监管人员指使被监管人殴打或者体罚虐待其他被监管人的，依照前款的规定处罚。

（二）司法解释、司法文件

1. **最高人民检察院关于强制隔离戒毒所工作人员能否成为虐待被监管人罪主体问题的批复**（高检发释字〔2015〕2号，自2015年2月15日起施行）

河北省人民检察院：

你院冀检呈字〔2014〕46号《关于强制隔离戒毒所工作人员能否成为刑法第二百四十八条虐待被监管人罪主体的请示》收悉。经研究，批复如下：

根据有关法律规定，强制隔离戒毒所是对符合特定条件的吸毒成瘾人员限制人身自由，进行强制隔离戒毒的监管机构，其履行监管职责的工作人员属于刑法第二百四十八条规定的监管人员。

对于强制隔离戒毒所监管人员殴打或者体罚虐待戒毒人员，或者指使戒毒人员殴打、体罚虐待其他戒毒人员，情节严重的，应当适用刑法第二百四十八条的规定，以虐待被监管人罪追究刑事责任；造成戒毒人员伤残、死亡后果的，应当依照刑法第二百三十四条、第二百三十二条的规定，以故意伤害罪、故意杀人罪从重处罚。

此复。

2. **最高人民检察院关于渎职侵权犯罪案件立案标准的规定**（高检发释字〔2006〕2号，自2006年7月26日起施行）（节录）

二、国家机关工作人员利用职权实施的侵犯公民人身权利、民主权利犯罪案件

……

（五）虐待被监管人案（第二百四十八条）

虐待被监管人罪是指监狱、拘留所、看守所、拘役所、劳教所等监管机构的监管人员对被监管人进行殴打或者体罚虐待，情节严重的行为。

涉嫌下列情形之一的，应予立案：

1. 以殴打、捆绑、违法使用械具等恶劣手段虐待被监管人的；

2. 以较长时间冻、饿、晒、烤等手段虐待被监管人，严重损害其身体健康的；

3. 虐待造成被监管人轻伤、重伤、死亡的；

4. 虐待被监管人，情节严重，导致被监管人自杀、自残造成重伤、死亡，或者精神失常的；

5. 殴打或者体罚虐待3人次以上的；

6. 指使被监管人殴打、体罚虐待其他被监管人，具有上述情形之一的；

7. 其他情节严重的情形。

……

三、附则

（一）本规定中每个罪案名称后所注明的法律条款系《中华人民共和国刑法》的有关条款。

（二）本规定所称“以上”包括本数；有关犯罪数额“不满”，是指已达到该数额百分之八十以上的。

（三）本规定中的“国家机关工作人员”，是指在国家机关中从事公务的人员，包括在各级国家权力机关、行政机关、司法机关和军事机关中从事公务的人员。在依照法律、法规规定行使国家行政管理职权的组织中从事公务的人员，或者在受国家机关委托代表国家行使职权的组织中从事公务的人员，或者虽未列入国家机关人员编制但在国家机关中从事公务的人员，在代表国家机关行使职权时，视为国家机关工作人员。在乡（镇）以上中国共产党机关、人民政协机关中从事公务的人员，视为国家机关工作人员。

（三）疑难、复杂问题的参考性解答

1. 正确理解本罪的客观要件

本罪客观方面表现为违反国家监管法规，对被监管人进行殴打或体罚虐待，或者指使被监管人殴打、体罚虐待其他被监管人的行为。监管，是指国家监管机关根据监管法规，对被监管人实行教育和改造的监禁和管理，是国

家司法管理活动的重要组成部分。监管法规主要是指《监狱法》及其他法律、条例中有关监管的规定。违反国家监管法规，是指违反监狱法和其他有关的监管规定。“殴打”，是指造成被监管人肉体上的暂时痛苦的行为。“体罚虐待”，是指对被监管人实行肉体上的摧残和精神上的折磨，如捆绑、滥用戒具、任意禁闭、冻饿、罚跪、强迫从事长时间超负荷体力劳动、凌辱人格等。行为人直接殴打、体罚虐待行为，或者利用被监管人殴打、体罚虐待其他被监管人的，均可以成立本罪。行为人默许被监管人殴打、体罚虐待其他被监管人的，亦应视为“指使被监管人殴打或体罚虐待其他被监管人”的行为。对被监管的女性实施性虐待，同时触犯强奸犯、强制猥亵罪的，属于想象竞合犯，应从一重处罚。《监狱法》第三条规定，监狱对罪犯实行惩罚和改造相结合、教育和劳动相结合的原则，将罪犯改造成为守法公民。第十四条明确规定，监狱的人民警察不得体罚、虐待罪犯；侮辱罪犯的人格；殴打或者纵容他人殴打罪犯。应当指出，违反国家监管法规，是构成本罪在客观方面必须具备的前提条件。因为，监管人员对被监管人依法进行监管，包括对违反监管法规的被监管人使用戒具或者禁闭，是依法执行职务的正常行为，不属体罚虐待的行为。[①]《监狱法》第四十五条规定，罪犯有脱逃、使用暴力或者其他危险行为需要采取防范措施的，可以使用戒具。第五十八条规定，罪犯有聚众哄闹监狱，扰乱正常秩序；辱骂或者殴打人民警察；欺压其他罪犯等破坏监管秩序情形的，可以给予警告、记过或者禁闭。

按照《刑法》规定，体罚虐待被监管人的行为，除需符合本罪构成要件外，还必须达到“情节严重”的程度，才构成犯罪。所谓情节严重，司法实践中一般是指一贯体罚虐待被监管人，屡教不改的；体罚虐待被监管人多人、多次，影响很坏的；指使、纵容“牢头狱霸”体罚虐待其他被监管人的；因体罚虐待致使被监管人精神失常或者造成重伤的严重后果的；手段恶劣，采用酷刑摧残身体、野蛮凌辱的等。对于情节一般的殴打、体罚，如监管人员一时感情用事，对被监管人扇几个耳光、踹一脚，并未造成严重后果的，可以给予批评教育或者由主管部门给予行政处分，而不作为犯罪处理。《监狱法》第十四条第二款规定，监狱的人民警察有第一款所列九种行为（包括体

---

① 案例来源：河南省南阳市中级人民法院（2010）南刑二终字第198号何某某被控虐待被监管人案，载中国裁判文书网。

罚、虐待罪犯），尚未构成犯罪的，应当予以行政处分。

2. 如何区分虐待被监管人罪与刑讯逼供罪？

虐待被监管人罪与刑讯逼供罪在犯罪构成上较为相似，两者均侵犯了他人的人身权利和司法机关的正常活动，客观方面均实施了殴打或者其他使他人感受到肉体痛苦、精神痛苦的方法，主观方面均为故意，如果造成被害人伤残、死亡的，均以故意伤害罪、故意杀人罪定罪从重处罚。两者的区别主要在于：第一，犯罪对象不同。前者的犯罪对象是被监管人员，除犯罪嫌疑人、被告人，还包括罪犯、被行政拘留人员等其他依法被监管人员；后者的犯罪对象是犯罪嫌疑人、被告人。第二，具体行为方式不同。前者是直接实施殴打、体罚虐待或者指使被监管人殴打、体罚虐待的方式；后者是使用肉刑或者变相肉刑。第三，主观故意内容不同。前者是基于各种动机而体罚虐待被监管人，后者只是为了取得犯罪嫌疑人或者被告人的口供。第四，主体范围不完全相同。前者的主体范围小，一般是司法工作人员中的监管人员，后者则是司法工作人员。

3. 如何区分虐待被监管人罪与破坏监管秩序罪？

《刑法》第三百一十五条规定，依法被关押的罪犯，有殴打监管人员，组织其他被监管人员破坏监管秩序，聚众闹事、扰乱正常监管秩序，殴打、体罚或者指使他人殴打、体罚其他被监管人的破坏监管秩序行为之一，情节严重的，构成破坏监管秩序罪。虐待被监管人罪与破坏监管秩序罪一般不易混淆，但是监管人员指使被监管人体罚、虐待其他被监管人时，实施体罚、虐待的被监管人是构成虐待被监管人罪还是破坏监管秩序罪则需要讨论。我们认为，《刑法》第二百四十八条之所以规定第二款，是为了堵塞监管人员逃避法律制裁的漏洞，此时，受指使实施体罚、虐待的被监管人员实际为监管人员实施犯罪的工具，监管人员和实施体罚、虐待的被监管人员成立共同犯罪，前者为正犯，后者为共犯，均应以虐待被监管人罪定罪处罚。需要指出的是，由于前者与后者之间存在监管与被监管的关系，对受监管人员指使而实施体罚、虐待的被监管人员不应轻易认定为犯罪。

（四）量刑指导与参考

司法机关在适用时，应当注意以下问题：

1. 虐待被监管人致人轻伤的，依照《刑法》第二百四十八条规定的虐待被监管人罪的法定刑处罚。

2. 虐待被监管人致人伤残，即致人重伤、残疾的，则应当依照《刑法》第二百三十四条规定的故意伤害罪定罪，并按照第二款的规定从重处罚。

3. 虐待被监管人致人死亡，如果对死亡结果是过失的，应当依照《刑法》第二百三十四条第二款规定的故意伤害致人死亡的规定从重处罚。如果对死亡结果是故意的，应当依照《刑法》第二百三十二条规定的故意杀人罪定罪从重处罚。[①] 如果在虐待被监管人过程中，又产生杀人故意杀害被监管人员的，则以虐待被监管人罪与故意杀人罪定罪，实行数罪并罚。

二十五、煽动民族仇恨、民族歧视罪

（一）刑法规定

第二百四十九条　煽动民族仇恨、民族歧视，情节严重的，处三年以下有期徒刑、拘役、管制或者剥夺政治权利；情节特别严重的，处三年以上十年以下有期徒刑。

（二）司法解释、司法文件

最高人民法院、最高人民检察院、公安部、司法部关于办理恐怖活动和极端主义犯罪案件适用法律若干问题的意见（高检会〔2018〕1 号，自 2018 年 3 月 16 日起施行）

为了依法惩治恐怖活动和极端主义犯罪，维护国家安全、社会稳定，保障人民群众生命财产安全，根据《中华人民共和国刑法》《中华人民共和国刑事诉讼法》《中华人民共和国反恐怖主义法》等法律规定，结合司法实践，制定本意见。

一、准确认定犯罪

（一）具有下列情形之一的，应当认定为刑法第一百二十条规定的“组织、领导恐怖活动组织”，以组织、领导恐怖组织罪定罪处罚：

1. 发起、建立恐怖活动组织的；

---

① 案例来源：广西壮族自治区高级人民法院（2010）桂刑三终字第 10 号王某安被控虐待被监管人罪，载中国裁判文书网。

2. 恐怖活动组织成立后，对组织及其日常运行负责决策、指挥、管理的；

3. 恐怖活动组织成立后，组织、策划、指挥该组织成员进行恐怖活动的；

4. 其他组织、领导恐怖活动组织的情形。

具有下列情形之一的，应当认定为刑法第一百二十条规定的“积极参加”，以参加恐怖组织罪定罪处罚：

1. 纠集他人共同参加恐怖活动组织的；

2. 多次参加恐怖活动组织的；

3. 曾因参加恐怖活动组织、实施恐怖活动被追究刑事责任或者二年内受过行政处罚，又参加恐怖活动组织的；

4. 在恐怖活动组织中实施恐怖活动且作用突出的；

5. 在恐怖活动组织中积极协助组织、领导者实施组织、领导行为的；

6. 其他积极参加恐怖活动组织的情形。

参加恐怖活动组织，但不具有前两款规定情形的，应当认定为刑法第一百二十条规定的“其他参加”，以参加恐怖组织罪定罪处罚。

犯刑法第一百二十条规定的犯罪，又实施杀人、放火、爆炸、绑架、抢劫等犯罪的，依照数罪并罚的规定定罪处罚。

（二）具有下列情形之一的，依照刑法第一百二十条之一的规定，以帮助恐怖活动罪定罪处罚：

1. 以募捐、变卖房产、转移资金等方式为恐怖活动组织、实施恐怖活动的个人、恐怖活动培训筹集、提供经费，或者提供器材、设备、交通工具、武器装备等物资，或者提供其他物质便利的；

2. 以宣传、招收、介绍、输送等方式为恐怖活动组织、实施恐怖活动、恐怖活动培训招募人员的；

3. 以帮助非法出入境，或者为非法出入境提供中介服务、中转运送、停留住宿、伪造身份证明材料等便利，或者充当向导、帮助探查偷越国（边）境路线等方式，为恐怖活动组织、实施恐怖活动、恐怖活动培训运送人员的；

4. 其他资助恐怖活动组织、实施恐怖活动的个人、恐怖活动培训，或者为恐怖活动组织、实施恐怖活动、恐怖活动培训招募、运送人员的情形。

实施恐怖活动的个人，包括已经实施恐怖活动的个人，也包括准备实施、正在实施恐怖活动的个人。包括在我国领域内实施恐怖活动的个人，也包括在我国领域外实施恐怖活动的个人。包括我国公民，也包括外国公民和无国籍人。

帮助恐怖活动罪的主观故意，应当根据案件具体情况，结合行为人的具体行为、认知能力、一贯表现和职业等综合认定。

明知是恐怖活动犯罪所得及其产生的收益，为掩饰、隐瞒其来源和性质，而提供资金账户，协助将财产转换为现金、金融票据、有价证券，通过转账或者其他结算方式协助资金转移，协助将资金汇往境外的，以洗钱罪定罪处罚。事先通谋的，以相关恐怖活动犯罪的共同犯罪论处。

（三）具有下列情形之一的，依照刑法第一百二十条之二的规定，以准备实施恐怖活动罪定罪处罚：

1. 为实施恐怖活动制造、购买、储存、运输凶器，易燃易爆、易制爆品，腐蚀性、放射性、传染性、毒害性物品等危险物品，或者其他工具的；

2. 以当面传授、开办培训班、组建训练营、开办论坛、组织收听收看音频视频资料等方式，或者利用网站、网页、论坛、博客、微博客、网盘、即时通信、通讯群组、聊天室等网络平台、网络应用服务组织恐怖活动培训的，或者积极参加恐怖活动心理体能培训，传授、学习犯罪技能方法或者进行恐怖活动训练的；

3. 为实施恐怖活动，通过拨打电话、发送短信、电子邮件等方式，或者利用网站、网页、论坛、博客、微博客、网盘、即时通信、通讯群组、聊天室等网络平台、网络应用服务与境外恐怖活动组织、人员联络的；

4. 为实施恐怖活动出入境或者组织、策划、煽动、拉拢他人出入境的；

5. 为实施恐怖活动进行策划或者其他准备的情形。

（四）实施下列行为之一，宣扬恐怖主义、极端主义或者煽动实施恐怖活动的，依照刑法第一百二十条之三的规定，以宣扬恐怖主义、极端主义、煽动实施恐怖活动罪定罪处罚：

1. 编写、出版、印刷、复制、发行、散发、播放载有宣扬恐怖主义、极端主义内容的图书、报刊、文稿、图片或者音频视频资料的；

2. 设计、生产、制作、销售、租赁、运输、托运、寄递、散发、展示带有宣扬恐怖主义、极端主义内容的标识、标志、服饰、旗帜、徽章、器物、纪念品等物品的；

3. 利用网站、网页、论坛、博客、微博客、网盘、即时通信、通讯群组、聊天室等网络平台、网络应用服务等登载、张贴、复制、发送、播放、演示载有恐怖主义、极端主义内容的图书、报刊、文稿、图片或者音频视频资料的；

4. 网站、网页、论坛、博客、微博客、网盘、即时通信、通讯群组，聊天室等网络平台、网络应用服务的建立、开办、经营、管理者，明知他人利用网络平台、网络应用服务散布、宣扬恐怖主义、极端主义内容，经相关行政主管部门处罚后仍允许或者放任他人发布的；

5. 利用教经、讲经、解经、学经、婚礼、葬礼、纪念、聚会和文体活动等宣扬恐怖主义、极端主义、煽动实施恐怖活动的；

6. 其他宣扬恐怖主义、极端主义、煽动实施恐怖活动的行为。

（五）利用极端主义，实施下列行为之一的，依照刑法第一百二十条之四的规定，以利用极端主义破坏法律实施罪定罪处罚：

1. 煽动、胁迫群众以宗教仪式取代结婚、离婚登记，或者干涉婚姻自由的；

2. 煽动、胁迫群众破坏国家法律确立的司法制度实施的；

3. 煽动、胁迫群众干涉未成年人接受义务教育，或者破坏学校教育制度、国家教育考试制度等国家法律规定的教育制度的；

4. 煽动、胁迫群众抵制人民政府依法管理，或者阻碍国家机关工作人员依法执行职务的；

5. 煽动、胁迫群众损毁居民身份证、居民户口簿等国家法定证件以及人民币的；

6. 煽动、胁迫群众驱赶其他民族、有其他信仰的人员离开居住地，或者干涉他人生活和生产经营的；

7. 其他煽动、胁迫群众破坏国家法律制度实施的行为。

（六）具有下列情形之一的，依照刑法第一百二十条之五的规定，以强制穿戴宣扬恐怖主义、极端主义服饰、标志罪定罪处罚：

1. 以暴力、胁迫等方式强制他人在公共场所穿着、佩戴宣扬恐怖主义、极端主义服饰的；

2. 以暴力、胁迫等方式强制他人在公共场所穿着、佩戴含有恐怖主义、极端主义的文字、符号、图形、口号、徽章的服饰、标志的；

3. 其他强制他人穿戴宣扬恐怖主义、极端主义服饰、标志的情形。

（七）明知是载有宣扬恐怖主义、极端主义内容的图书、报刊、文稿、图片、音频视频资料、服饰、标志或者其他物品而非法持有，达到下列数量标准之一的，依照刑法第一百二十条之六的规定，以非法持有宣扬恐怖主义、极端主义物品罪定罪处罚：

1. 图书、刊物二十册以上，或者电子图书、刊物五册以上的；

2. 报纸一百份（张）以上，或者电子报纸二十份（张）以上的；

3. 文稿、图片一百篇（张）以上，或者电子文稿、图片二十篇（张）以上，或者电子文档五十万字符以上的；

4. 录音带、录像带等音像制品二十个以上，或者电子音频视频资料五个以上，或者电子音频视频资料二十分钟以上的；

5. 服饰、标志二十件以上的。

非法持有宣扬恐怖主义、极端主义的物品，虽未达到前款规定的数量标准，但具有多次持有，持有多类物品，造成严重后果或者恶劣社会影响，曾因实施恐怖活动、极端主义违法犯罪被追究刑事责任或者二年内受过行政处罚等情形之一的，也可以定罪处罚。

多次非法持有宣扬恐怖主义、极端主义的物品，未经处理的，数量应当累计计算。非法持有宣扬恐怖主义、极端主义的物品，涉及不同种类或者形式的，可以根据本条规定的不同数量标准的相应比例折算后累计计算。

非法持有宣扬恐怖主义、极端主义物品罪主观故意中的“明知”，应当根据案件具体情况，以行为人实施的客观行为为基础，结合其一贯表现，具体行为、程度、手段、事后态度，以及年龄、认知和受教育程度、所从事的职业等综合审查判断。

具有下列情形之一，行为人不能做出合理解释的，可以认定其“明知”，但有证据证明确属被蒙骗的除外：

1. 曾因实施恐怖活动、极端主义违法犯罪被追究刑事责任，或者二年内受过行政处罚，或者被责令改正后又实施的；

2. 在执法人员检查时，有逃跑、丢弃携带物品或者逃避、抗拒检查等行为，在其携带、藏匿或者丢弃的物品中查获宣扬恐怖主义、极端主义的物品的；

3. 采用伪装、隐匿、暗语、手势、代号等隐蔽方式制作、散发、持有宣扬恐怖主义、极端主义的物品的；

4. 以虚假身份、地址或者其他虚假方式办理托运，寄递手续，在托运、寄递的物品中查获宣扬恐怖主义、极端主义的物品的；

5. 有其他证据足以证明行为人应当知道的情形。

（八）犯刑法第一百二十条规定的犯罪，同时构成刑法第一百二十条之一至之六规定的犯罪的，依照处罚较重的规定定罪处罚。

犯刑法第一百二十条之一至之六规定的犯罪，同时构成其他犯罪的，依照处罚较重的规定定罪处罚。

（九）恐怖主义、极端主义，恐怖活动，恐怖活动组织，根据《中华人民共和国反恐怖主义法》等法律法规认定。

二、正确适用程序

（一）组织、领导、参加恐怖组织罪，帮助恐怖活动罪，准备实施恐怖活动罪，宣扬恐怖主义、煽动实施恐怖活动罪，强制穿戴宣扬恐怖主义服饰、标志罪，非法持有宣扬恐怖主义物品罪的第一审刑事案件由中级人民法院管辖；宣扬极端主义罪，利用极端主义破坏法律实施罪，强制穿戴宣扬极端主义服饰、标志罪，非法持有宣扬极端主义物品罪的第一审刑事案件由基层人民法院管辖。高级人民法院可以根据级别管辖的规定，结合本地区社会治安状况、案件数量等情况，决定实行相对集中管辖，指定辖区内特定的中级人民法院集中审理恐怖活动和极端主义犯罪第一审刑事案件，或者指定辖区内特定的基层人民法院集中审理极端主义犯罪第一审刑事案件，并将指定法院名单报最高人民法院备案。

（二）国家反恐怖主义工作领导机构对恐怖活动组织和恐怖活动人员作出认定并予以公告的，人民法院可以在办案中根据公告直接认定。国家反恐怖主义工作领导机构没有公告的，人民法院应当严格依照《中华人民共和国反恐怖主义法》有关恐怖活动组织和恐怖活动人员的定义认定，必要时，可以商地市级以上公安机关出具意见作为参考。

（三）宣扬恐怖主义、极端主义的图书、音频视频资料，服饰、标志或者其他物品的认定，应当根据《中华人民共和国反恐怖主义法》有关恐怖主义、极端主义的规定，从其记载的内容、外观特征等分析判断。公安机关应当对涉案物品全面审查并逐一标注或者摘录，提出审读意见，与扣押、移交物品清单及涉案物品原件一并移送人民检察院审查。人民检察院、人民法院可以结合在案证据、案件情况、办案经验等综合审查判断。

（四）恐怖活动和极端主义犯罪案件初查过程中收集提取的电子数据，以及通过网络在线提取的电子数据，可以作为证据使用。对于原始存储介质位于境外或者远程计算机信息系统上的恐怖活动和极端主义犯罪电子数据，可以通过网络在线提取。必要时，可以对远程计算机信息系统进行网络远程勘验。立案后，经设区的市一级以上公安机关负责人批准，可以采取技术侦查措施。对于恐怖活动和极端主义犯罪电子数据量大或者提取时间长等需要冻结的，经县级以上公安机关负责人或者检察长批准，可以进行冻结。对于电子数据涉及的专门性问题难以确定的，由具备资格的司法鉴定机构出具鉴定意见，或者由公安部指定的机构出具报告。

三、完善工作机制

（一）人民法院、人民检察院和公安机关办理恐怖活动和极端主义犯罪案件，应当互相配合，互相制约，确保法律有效执行。对于主要犯罪事实、关键证据和法律适用等可能产生分歧或者重大、疑难、复杂的恐怖活动和极端主义犯罪案件，公安机关商请听取有管辖权的人民检察院意见和建议的，人民检察院可以提出意见和建议。

（二）恐怖活动和极端主义犯罪案件一般由犯罪地公安机关管辖，犯罪嫌疑人居住地公安机关管辖更为适宜的，也可以由犯罪嫌疑人居住地公安机关管辖。移送案件应当一案一卷，将案件卷宗、提取物证和扣押物品等全部随案移交。移送案件的公安机关应当指派专人配合接收案件的公安机关开展后续案件办理工作。

（三）人民法院、人民检察院和公安机关办理恐怖活动和极端主义犯罪案件，应当坚持对涉案人员区别对待，实行教育转化。对被教唆、胁迫、引诱参与恐怖活动、极端主义活动，或者参与恐怖活动、极端主义活动情节轻微，尚不构成犯罪的人员，公安机关应当组织有关部门、村民委员会、居民委员会、所在单位、就读学校、家庭和监护人对其进行帮教。对被判处有期徒刑以上刑罚的恐怖活动罪犯和极端主义罪犯，服刑地的中级人民法院应当根据其社会危险性评估结果和安置教育建议，在其刑满释放前作出是否安置教育的决定。人民检察院依法对安置教育进行监督，对于实施安置教育过程中存在违法行为的，应当及时提出纠正意见或者检察建议。

（三）疑难、复杂问题的参考性解答

1. 正确理解本罪的客观要件

本罪客观方面表现为以各种蛊惑人心的方法，公开煽动民族仇恨、民族歧视的行为。煽动民族仇恨，是指以激起民族之间的仇恨为目的，利用各民族的来源、历史和风俗习惯的不同，煽起民族之间的相互敌对、仇恨，损害民族平等地位的行为。煽动民族歧视，是指以激起民族之间的歧视为目的，利用各民族的来源、历史和风俗习惯的不同，煽起民族之间的相互排斥、限制，损害民族平等地位的行为。公开煽动是指针对不特定多数人实施的行为①，形式可以是各种各样的，如书写、张贴、散发标语、传单，印刷、出版、散发非法刊物，录制、播放录音、录像，发表演讲、呼喊口号等。本罪属于行为犯。行为人只要实施了煽动民族仇恨、民族歧视的行为，情节严重的，就构成本罪，至于被煽动者是否进行了破坏民族团结的行为，不影响本罪的成立。

按照法律规定，煽动民族仇恨、民族歧视的行为，必须达到“情节严重”的程度，才构成犯罪。所谓情节严重，司法实践中一般是指使用侮辱、造谣等手段进行煽动的；多次进行煽动，屡教不改的；造成严重后果或者影响恶劣的等。如果情节较轻，属于违法行为，不构成犯罪，不应追究行为人的刑事责任；对于不明真相的参与者，一般也不应当以犯罪论处，必要时可以根据《治安管理处罚法》第四十七条的规定，处以十日以上十五日以下拘留，可以并处一千元以下罚款。

2. 如何区分煽动民族仇恨、民族歧视罪与煽动分裂国家罪、煽动颠覆国家政权罪?

根据《刑法》第一百零三条第二款的规定，煽动分裂国家罪，是指进行宣传煽动分裂国家、破坏国家统一的行为。根据《刑法》第一百零五条第二款的规定，煽动颠覆国家政权罪，是指以造谣、诽谤或者其他方式煽动颠覆国家政权、推翻社会主义制度的行为。本罪与后两种犯罪在客观方面都采用了煽动的方法，但有重要区别。一是侵犯的客体不同。前者侵犯的是各民族

---

① 案例来源：北京市石景山区人民法院（2004）石刑初字第81号孙某河煽动民族仇恨、民族歧视案，载中国裁判文书网。

的团结，后者侵犯的是国家的安全。二是主观方面的内容不同。前者具有破坏民族团结的目的，后者则具有分裂国家或者颠覆国家政权的目的。三是犯罪主体不完全相同。这三种犯罪都属一般主体，但后两种犯罪的主体可以是窃据党政军大权的野心家、阴谋家或者是反动的民族分裂主义者以及敌对政治势力的代表人物。

3. 如何区分本罪与以煽动民族仇恨、民族歧视为手段的其他犯罪？①

如果煽动民族仇恨、民族歧视不是目的，而是实施其他犯罪的手段行为，如通过煽动民族仇恨、民族歧视，组织、领导黑社会性质组织，教唆他人实施故意杀人、放火、爆炸等危害公共安全的犯罪，应以目的行为吸收手段行为，从一重处罚，通常是按照目的行为定罪，如定组织、领导、参加黑社会性质组织罪、故意杀人罪、放火罪、爆炸罪等。

（四）量刑指导及参考

司法机关在适用时，应当注意以下问题：

1. 煽动民族仇恨、民族歧视，情节一般的，一般不作为犯罪处理，可依照《治安管理处罚法》的相关规定，处十日以上十五日以下拘留，可以并处一千元以下罚款。

2. 煽动民族仇恨、民族歧视，情节严重的，处三年以下有期徒刑、拘役、管制或者剥夺政治权利。

3. 煽动民族仇恨、民族歧视，情节特别严重的，处三年以上十年以下有期徒刑。“情节特别严重”一般是指煽动手段特别恶劣，长期进行煽动，引起民族纠纷、冲突或民族地区骚乱后果特别严重或者影响特别恶劣等。

二十六、出版歧视、侮辱少数民族作品罪

（一）刑法规定

第二百五十条　在出版物中刊载歧视、侮辱少数民族的内容，情节恶劣，造成严重后果的，对直接责任人员，处三年以下有期徒刑、拘役或者管制。

---

① 案例来源：最高人民法院某布地巴斯依提·喀地尔组织、领导恐怖组织罪、放火罪、故意杀人罪。

（二）司法解释、司法文件

中共中央宣传部、中共中央统战部等关于对涉及伊斯兰教的出版物加强管理的通知（自1993年10月19日起施行）

一个时期以来，一些出版单位陆续发表和出版了一批有关伊斯兰教的文章和图书。其中不少是有价值的，对宣传马克思主义宗教观和党的宗教政策，对引导读者正确认识宗教问题、了解宗教知识起到了积极作用。但是在这类出版物的出版过程中也存在着一些问题。有些单位或个人违反国家的有关规定，未经同意擅自翻印并向社会公开发行宣传有关伊斯兰教教义的各类经书、典籍；极少数出版单位甚至违反党和国家的民族宗教政策，出版、发表歪曲、辱骂、诬蔑伊斯兰教的图书和文章，无视少数民族风俗习惯，严重伤害了信教群众的宗教感情，引起了他们的不满，损害了社会的安定团结。

正确对待和处理民族、宗教问题，是我国社会主义建设事业中一个重要课题，是建设有中国特色社会主义的一个重要内容。认真贯彻党和国家的民族、宗教政策，维护宪法确定的公民宗教信仰自由的权利，尊重少数民族的风俗习惯，加强对信教群众和宗教界人士的爱国主义教育，对于维护社会稳定、增进民族团结、促进祖国统一、加快社会主义现代化建设，都有着不容忽视的重要意义。为了加强对涉及伊斯兰教的出版物的管理，根据《中共中央、国务院关于进一步做好宗教工作若干问题的通知》（中发〔1991〕6号）的精神，现就有关事项通知如下：

一、所有的出版单位都必须切实贯彻执行党的民族宗教政策，维护宪法确定的公民宗教信仰自由的权利，维护民族团结和社会安定，不得在出版物中有违背党和国家的政策、法律、损害公民宗教信仰自由的权利，伤害信教群众的宗教感情和少数民族的风俗习惯的内容。

二、供伊斯兰教内部使用的经书、典籍和阐释伊斯兰教经典、教义、教规等印制品，由伊斯兰教团体根据需要提出申请，须经省、自治区、直辖市以上人民政府宗教事务部门审批，并报同级政府新闻出版局备案、办理内部准印手续；同时，这类出版物只能在经政府批准开放的清真寺内发放、流通。若数量较大，须报经国务院宗教事务局审批，并报新闻出版署备案。非宗教团体、个人一律不得印制、出版、发行。违反上述规定，按非法出版活动处理。

为研究我国古代文化和开展对外文化交流的特殊需要而正式出版有关伊斯兰教的经书或典籍，需经新闻出版署会商国务院宗教事务局审批，并指定有关专业出版社安排出版。

三、凡涉及研究和评价伊斯兰教的出版物（包括消息和文章），要坚持马克思主义的宗教观，以党和国家的有关宗教政策和法律为准绳。对伊斯兰教的历史、人物、事件、教义、教规以及对经书、典籍等进行专业学术研究，考证的图书、工具书，属于学术著作，由各地人民出版社及中央有关的社会科学专业出版社安排出版；对于这一类的学术文章，中央有关社会科学专业期刊可以发表。但这类图书和文章中凡涉及敏感问题（如论及现行宗教政策、外交政策和涉及少数民族宗教信仰、禁忌、风俗习惯等问题），出版单位须报请上级主管部门审核批准。必要时应征询省级以上伊斯兰教协会或省以上人民政府宗教事务部门的意见。

四、对以伊斯兰教的经书、典籍或教义、教规等为基础进行加工、编写的通俗读物，或以所谓传闻、轶事为根据而编撰的有关宗教和少数民族风俗习惯的通俗读物，特别是海外的此类出版物（包括音像制品），原则上不得安排出版。如确有需要安排公开出版的，要着重考虑书稿内容是否有利于贯彻党和国家的宗教政策、民族政策，并经省级政府宗教事务部门和新闻出版局审核同意（中央单位的出版社须经主管单位审核同意）后，报新闻出版署审批。有关伊斯兰教的连环画、画册（像）不得安排出版。

五、非国家定点的书刊印刷企业一律不得承接印制任何有关伊斯兰教的出版物。

六、任何发行单位不得发行非正式出版单位出版的有关伊斯兰教的书、报、刊及音像制品。凡正式出版单位出版的有关伊斯兰教的出版物，应严格按照规定的发行方式、发行对象办理。

七、上述有关伊斯兰教的图书、音像制品一律不得协作出版或代印（复录）、代发。

八、凡违反上述有关规定的出版单位，由省级新闻出版局或新闻出版署分别给予行政处罚；对违反上述规定，造成出版物内容违背党的民族宗教政策并在社会上产生严重不良影响的出版单位，新闻出版署可给予停业整顿直至撤销登记的处罚；触犯法律的，交由司法部门追究法律责任。

（三）疑难、复杂问题的参考性解答

1. 正确理解本罪的客观要件

本罪客观方面表现为在出版物中刊载歧视、侮辱少数民族的内容的行为。“出版物”，是指编印的报纸、杂志、图书、画册和制作的音像制品、影视作品和电子出版物等。“刊载”，是指在出版物中登载、转载。“歧视、侮辱少数民族”，是指针对少数民族的来源、历史、风俗习惯等，对少数民族进行贬低、讥讽、蔑视、羞辱等。出版歧视、侮辱少数民族某个特定人物的作品，因犯罪对象非针对少数民族整体，不符合本罪。构成其他犯罪的，如侮辱罪、诽谤罪，则以其他犯罪定罪处罚。

按照法律规定，出版歧视、侮辱少数民族作品的行为，必须是情节恶劣，并造成严重后果的，才构成犯罪。所谓情节恶劣，司法实践中一般是指刊载的内容严重歪曲历史，甚至制造谣言的；或者十分污秽、卑鄙、恶毒，严重伤害少数民族群众的感情和自尊心的；发行数量大，影响范围广的；多次刊载，屡教不改的等情形。所谓造成严重后果，主要是指造成恶劣的政治影响，引起民族纠纷、民族骚乱等后果。

2. 出版歧视、侮辱少数民族作品罪与侮辱罪的区分

这两种犯罪在犯罪手段上有相似之处，且都属故意犯罪，区别主要在于：第一，犯罪客体不同。前者侵犯的是我国各民族平等、团结、互助的关系和少数民族的权利；后者侵犯的是他人的人身权利。第二，客观方面不同。前者是在出版物中刊载歧视、侮辱少数民族的内容，情节恶劣，造成严重后果的行为。后者是使用暴力或者其他方法，公然贬低他人人格、破坏他人名誉，情节严重的行为。第三，犯罪对象不同。前者为不特定的少数民族，后者为特定的公民个人。第四，犯罪主体不同。前者的主体可以是个人，也可以是单位，单位犯罪的对直接责任人员进行定罪处罚。后者的主体是自然人。第五，主观方面不同。前者由故意构成，包括直接故意和间接故意。后者只能由直接故意构成，其主观上具有贬低他人人格、破坏他人名誉的目的。

3. 出版歧视、侮辱少数民族作品罪与煽动民族仇恨、民族歧视罪的区分

煽动民族仇恨、民族歧视可以通过出版歧视、侮辱少数民族的作品来实现，两者的区别主要在于：第一，犯罪客观方面不完全相同。煽动民族仇恨、民族歧视罪可以通过多种方式实施，包括出版歧视、侮辱少数民族作品。第

二，犯罪主体不同。前者的主体可以是单位也可以是自然人，后者的主体只能是自然人。第三，犯罪目的不同。前者一般是出于民族偏见、取笑或者猎奇的目的，后者则是出于激起民族之间的仇恨、歧视的目的。如果以出版歧视、侮辱少数民族作品实现煽动民族仇恨、民族歧视的目的，犯罪主体是自然人的，应当以煽动民族仇恨、民族歧视罪定罪处罚；犯罪主体是单位的，对直接责任人员可以出版歧视、侮辱少数民族作品罪定罪处罚。

二十七、非法剥夺公民宗教信仰自由罪

（一）刑法规定

第二百五十一条　国家机关工作人员非法剥夺公民的宗教信仰自由和侵犯少数民族风俗习惯，情节严重的，处二年以下有期徒刑或者拘役。

（二）司法解释、司法文件

1. **全国人民代表大会常务委员会关于取缔邪教组织、防范和惩治邪教活动的决定**（自 1999 年 10 月 30 日起施行）

为了维护社会稳定，保护人民利益，保障改革开放和社会主义现代化建设的顺利进行，必须取缔邪教组织、防范和惩治邪教活动。根据宪法和有关法律，特作如下决定：

一、坚决依法取缔邪教组织，严厉惩治邪教组织的各种犯罪活动。邪教组织冒用宗教、气功或者其他名义，采用各种手段扰乱社会秩序，危害人民群众生命财产安全和经济发展，必须依法取缔，坚决惩治。人民法院、人民检察院和公安、国家安全、司法行政机关要各司其职，共同做好这项工作。对组织和利用邪教组织破坏国家法律、行政法规实施，聚众闹事，扰乱社会秩序，以迷信邪说蒙骗他人，致人死亡，或者奸淫妇女、诈骗财物等犯罪活动，依法予以严惩。

二、坚持教育与惩罚相结合，团结、教育绝大多数被蒙骗的群众，依法严惩极少数犯罪分子。在依法处理邪教组织的工作中，要把不明真相参与邪教活动的人同组织和利用邪教组织进行非法活动、蓄意破坏社会稳定的犯罪分子区别开来。对受蒙骗的群众不予追究。对构成犯罪的组织者、策划者、指挥者和骨干分子，坚决依法追究刑事责任；对于自首或者有立功表现的，

可以依法从轻、减轻或者免除处罚。

三、在全体公民中深入持久地开展宪法和法律的宣传教育，普及科学文化知识。依法取缔邪教组织，惩治邪教活动，有利于保护正常的宗教活动和公民的宗教信仰自由。要使广大人民群众充分认识邪教组织严重危害人类、危害社会的实质，自觉反对和抵制邪教组织的影响，进一步增强法制观念，遵守国家法律。

四、防范和惩治邪教活动，要动员和组织全社会的力量，进行综合治理。各级人民政府和司法机关应当认真落实责任制，把严防邪教组织的滋生和蔓延，防范和惩治邪教活动作为一项重要任务长期坚持下去，维护社会稳定。

2. **最高人民检察院关于人民检察院直接受理的侵犯公民民主权利人身权利和渎职案件立案标准的规定**（〔89〕高检发〔法〕字第41号，自1989年11月30日起施行）（节录）（已失效，本书收录仅供参考）

八、非法剥夺公民宗教信仰自由和侵犯少数民族风俗习惯案（刑法第一百四十七条）

国家工作人员非法剥夺他人正当的宗教信仰自由，或以强制手段非法干涉、破坏少数民族的风俗习惯，具有下列情形之一的，应予立案：

1. 采取强制手段，干涉他人正当的宗教活动或者强迫教徒退教、强迫公民信教或信某一教派，情节恶劣，后果严重，影响很坏的；

2. 非法封闭或捣毁合法宗教场所及其他宗教设施的；

3. 强迫少数民族改变风俗习惯或非法干涉、破坏少数民族风俗习惯，引起民族纠纷的；

4. 非法剥夺他人宗教信仰自由和侵犯少数民族风俗习惯，造成其他严重后果的。

（三）疑难、复杂问题的参考性解答

1. 正确理解本罪的客观要件

本罪客观方面表现为非法剥夺公民宗教信仰自由的行为。“非法剥夺”，是指以强制等方法剥夺他人宗教信仰自由的行为。剥夺的方法可以是多种多样的，如非法干涉公民正常的宗教活动；强迫教徒退教或者改变信仰；强迫公民信教或者信仰同一宗教的某一教派；非法封闭或者捣毁合法的宗教场所、设施等。

按照法律规定，非法剥夺公民宗教信仰自由的行为，必须达到“情节严重”的程度，才构成犯罪。所谓情节严重，司法实践中一般是指非法剥夺公民宗教信仰自由手段恶劣，后果严重，政治影响很坏的情形等。

2. 正确认定本罪需要厘清的几个概念

（1）要区分正当的宗教信仰与封建迷信。宗教是社会意识形态的一种表现，我国《宪法》规定公民有宗教信仰自由，国家法律也保障公民的宗教信仰自由。封建迷信是利用人们的无知，通过装神弄鬼、画符念咒等骗术实施的骗人行为。取缔封建迷信的行为不属于侵犯宗教信仰自由的行为。

（2）要区分正常的宗教活动与利用宗教从事非法活动。《宪法》第三十六条第三款规定：“国家保护正常的宗教活动。任何人不得利用宗教进行破坏社会秩序、损害公民身体健康、妨碍国家教育制度的活动。”所谓正常的宗教活动，是指有公开的合法组织和正式的教义，按照一定教规，在宗教场所内进行的宗教活动。因此，宗教信仰自由必须以不危害国家利益和不违反国家法律为前提。在司法实践中，要注意划清宗教信仰问题与政治信仰问题的界限，正常的宗教活动与利用宗教进行破坏活动的界限，宗教活动与封建迷信的界限，宗教团体与反动会道门（如一贯道）的界限。如果利用宗教信仰自由从事违法犯罪活动，则不受国家法律保护。

（3）要正确区分本罪与一般违法行为。如果国家机关工作人员由于工作方法简单粗暴或者政策水平有限，对正当的宗教活动进行一定的干涉，侵犯了公民的宗教信仰自由的，因行为人主观上不具有非法剥夺他人宗教信仰自由的目的，则不能以本罪论处。

3. 如何正确区分本罪与煽动民族仇恨、民族歧视罪?

非法剥夺公民宗教信仰自由可以成为煽动民族仇恨、民族歧视的一种手段，两者主观方面都是故意。区别主要在于：第一，侵犯的客体不同。前者侵犯的是公民宗教信仰自由的权利，后者侵犯的是中华民族的团结，各民族之间平等、互助的关系。第二，客观方面的表现不同。前者是以强制等手段非法剥夺公民宗教信仰自由的行为。后者是以各种蛊惑人心的方法，公开煽动民族仇恨、民族歧视的行为。第三，犯罪主体不同。前者是国家机关工作人员，是特殊主体。后者是一般主体。第四，主观方面不同。前者是故意，明知侵犯了公民的宗教信仰自由而为之。后者由直接故意构成，并具有破坏民族团结的目的，间接故意和过失均不构成该罪。

二十八、侵犯少数民族风俗习惯罪

（一）刑法规定

第二百五十一条　国家机关工作人员非法剥夺公民的宗教信仰自由和侵犯少数民族风俗习惯，情节严重的，处二年以下有期徒刑或者拘役。

（二）司法解释、司法文件及其权威解读

1. **中共中央宣传部、中共中央统战部等关于对涉及伊斯兰教的出版物加强管理的通知**（自1993年10月19日起施行）

一个时期以来，一些出版单位陆续发表和出版了一批有关伊斯兰教的文章和图书。其中不少是有价值的，对宣传马克思主义宗教观和党的宗教政策，对引导读者正确认识宗教问题、了解宗教知识起到了积极作用。但是在这类出版物的出版过程中也存在着一些问题。有些单位或个人违反国家的有关规定，未经同意擅自翻印并向社会公开发行宣传有关伊斯兰教教义的各类经书、典籍；极少数出版单位甚至违反党和国家的民族宗教政策，出版、发表歪曲、辱骂、诬蔑伊斯兰教的图书和文章，无视少数民族风俗习惯，严重伤害了信教群众的宗教感情，引起了他们的不满，损害了社会的安定团结。

正确对待和处理民族、宗教问题，是我国社会主义建设事业中一个重要课题，是建设有中国特色社会主义的一个重要内容。认真贯彻党和国家的民族、宗教政策，维护宪法确定的公民宗教信仰自由的权利，尊重少数民族的风俗习惯，加强对信教群众和宗教界人士的爱国主义教育，对于维护社会稳定、增进民族团结、促进祖国统一、加快社会主义现代化建设，都有着不容忽视的重要意义。为了加强对涉及伊斯兰教的出版物的管理，根据《中共中央、国务院关于进一步做好宗教工作若干问题的通知》（中发〔1991〕6号）的精神，现就有关事项通知如下：

一、所有的出版单位都必须切实贯彻执行党的民族宗教政策，维护宪法确定的公民宗教信仰自由的权利，维护民族团结和社会安定，不得在出版物中有违背党和国家的政策、法律、损害公民宗教信仰自由的权利，伤害信教群众的宗教感情和少数民族的风俗习惯的内容。

二、供伊斯兰教内部使用的经书、典籍和阐释伊斯兰教经典、教义、教

规等印制品，由伊斯兰教团体根据需要提出申请，须经省、自治区、直辖市以上人民政府宗教事务部门审批，并报同级政府新闻出版局备案、办理内部准印手续；同时，这类出版物只能在经政府批准开放的清真寺内发放、流通。若数量较大，须报经国务院宗教事务局审批，并报新闻出版署备案。非宗教团体、个人一律不得印制、出版、发行。违反上述规定，按非法出版活动处理。

为研究我国古代文化和开展对外文化交流的特殊需要而正式出版有关伊斯兰教的经书或典籍，需经新闻出版署会商国务院宗教事务局审批，并指定有关专业出版社安排出版。

三、凡涉及研究和评价伊斯兰教的出版物（包括消息和文章），要坚持马克思主义的宗教观，以党和国家的有关宗教政策和法律为准绳。对伊斯兰教的历史、人物、事件、教义、教规以及对经书、典籍等进行专业学术研究，考证的图书、工具书，属于学术著作，由各地人民出版社及中央有关的社会科学专业出版社安排出版；对于这一类的学术文章，中央有关社会科学专业期刊可以发表。但这类图书和文章中凡涉及敏感问题（如论及现行宗教政策、外交政策和涉及少数民族宗教信仰、禁忌、风俗习惯等问题），出版单位须报请上级主管部门审核批准。必要时应征询省级以上伊斯兰教协会或省以上人民政府宗教事务部门的意见。

四、对以伊斯兰教的经书、典籍或教义、教规等为基础进行加工、编写的通俗读物，或以所谓传闻、轶事为根据而编撰的有关宗教和少数民族风俗习惯的通俗读物，特别是海外的此类出版物（包括音像制品），原则上不得安排出版。如确有需要安排公开出版的，要着重考虑书稿内容是否有利于贯彻党和国家的宗教政策、民族政策，并经省级政府宗教事务部门和新闻出版局审核同意（中央单位的出版社须经主管单位审核同意）后，报新闻出版署审批。有关伊斯兰教的连环画、画册（像）不得安排出版。

五、非国家定点的书刊印刷企业一律不得承接印制任何有关伊斯兰教的出版物。

六、任何发行单位不得发行非正式出版单位出版的有关伊斯兰教的书、报、刊及音像制品。凡正式出版单位出版的有关伊斯兰教的出版物，应严格按照规定的发行方式、发行对象办理。

七、上述有关伊斯兰教的图书、音像制品一律不得协作出版或代印（复录）、代发。

八、凡违反上述有关规定的出版单位，由省级新闻出版局或新闻出版署分别给予行政处罚；对违反上述规定，造成出版物内容违背党的民族宗教政策并在社会上产生严重不良影响的出版单位，新闻出版署可给予停业整顿直至撤销登记的处罚；触犯法律的，交由司法部门追究法律责任。

2. 最高人民检察院关于人民检察院直接受理的侵犯公民民主权利人身权利和渎职案件立案标准的规定（〔89〕高检发〔法〕字第41号，自1989年11月30日起施行）（节录）（已失效，本书收录仅供参考）

八、非法剥夺公民宗教信仰自由和侵犯少数民族风俗习惯案（刑法第一百四十七条）

国家工作人员非法剥夺他人正当的宗教信仰自由，或以强制手段非法干涉、破坏少数民族的风俗习惯，具有下列情形之一的，应予立案：

1. 采取强制手段，干涉他人正当的宗教活动或者强迫教徒退教、强迫公民信教或信某一教派，情节恶劣，后果严重，影响很坏的；

2. 非法封闭或捣毁合法宗教场所及其他宗教设施的；

3. 强迫少数民族改变风俗习惯或非法干涉、破坏少数民族风俗习惯，引起民族纠纷的；

4. 非法剥夺他人宗教信仰自由和侵犯少数民族风俗习惯，造成其他严重后果的。

（三）疑难、复杂问题的参考性解答

1. 正确认识本罪的客观要件

本罪客观方面表现为以强制手段，非法干涉、破坏少数民族风俗习惯或者迫使少数民族改变风俗习惯的行为。强制手段可以是暴力的，也可以是非暴力的（如精神上的胁迫）。这种行为一般表现为两种形式：一种是以强制手段干涉、破坏少数民族公民按照自己的风俗习惯举行的正当活动，另一种是以强制手段改变少数民族的风俗习惯。

需要强调的是，第一，侵犯少数民族风俗习惯的客观行为必须具有强制性，如果是以宣传教育、说服劝导的方法，促使少数民族自愿放弃或改革一些落后的风俗习惯的，不能构成本罪。第二，侵犯少数民族风俗习惯的行为，必须具有非法性。如果对少数民族风俗习惯的干涉是有合法依据的，则不成

立本罪。第三，侵犯的是少数民族的风俗习惯，如果侵犯的是少数民族个别人的习惯或者是汉民族的风俗习惯的，也不成立本罪。

按照法律规定，侵犯少数民族风俗习惯的行为，必须达到“情节严重”的程度，才构成犯罪。所谓情节严重，司法实践中一般是指侵犯少数民族风俗习惯手段恶劣，后果严重，影响很坏的情形等。

2. 本罪与一般违法行为的区别

如果国家机关工作人员由于工作方法简单粗暴或者政策水平有限，对少数民族的风俗习惯缺乏了解，致使处理具体问题时引起一些少数民族群众的不满，因行为人主观上不具有侵犯少数民族风俗习惯的目的，不能成立本罪，可以酌情给予行政处罚或者进行批评教育。

3. 本罪与煽动民族仇恨、民族歧视罪的区别

两罪都侵犯了我国民族之间的平等、团结、互助的关系，主观方面都是故意，而且侵犯少数民族风俗习惯的行为可以成为煽动民族仇恨、民族歧视的方式。两者的区别主要在于：第一，犯罪主体不同。前者的犯罪主体是国家机关工作人员，后者的犯罪主体是自然人。第二，行为方式不同。前者是以强制手段，非法干涉、破坏少数民族风俗习惯或者迫使少数民族改变风俗习惯的行为。后者是以各种蛊惑人心的方法，公开煽动民族仇恨、民族歧视的行为。第三，犯罪对象不同。前者的犯罪对象是少数民族的风俗习惯，侵犯汉民族风俗习惯的不成立本罪。后者的犯罪对象不具有特定性，煽动汉民族对少数民族歧视、仇恨，或者煽动少数民族歧视、仇恨汉民族，均可构成犯罪。

4. 本罪与非法剥夺公民宗教信仰自由罪的区别

少数民族的宗教信仰也可纳入广义的“风俗习惯”中，非法剥夺的行为也属于侵犯的一种表现，主观方面均为故意。两者的区别在于：第一，犯罪客体不同。前者侵犯的是少数民族保持自己风俗习惯自由的权利，后者侵犯的是公民宗教信仰自由的权利。第二，犯罪对象不同。前者侵犯的是少数民族的风俗习惯，侵犯汉民族风俗习惯的不成立本罪。后者的犯罪对象是公民。第三，具体行为方式不同。前者以强制手段，非法干涉、破坏少数民族风俗习惯或者迫使少数民族改变风俗习惯的行为。后者以强制等方法非法剥夺公民宗教信仰自由的行为。

二十九、侵犯通信自由罪

（一）刑法规定

第二百五十二条 隐匿、毁弃或者非法开拆他人信件，侵犯公民通信自由权利，情节严重的，处一年以下有期徒刑或者拘役。

（二）司法解释、司法文件及其权威解读

1. **人民检察院直接受理的侵犯公民民主权利人身权利和渎职案件立案标准的规定**（〔89〕高检发〔法〕字第41号，自1989年11月30日起施行）（节录）（已失效，本书收录仅供参考）

十、侵犯公民通信自由案（刑法第一百四十九条）

隐匿、毁弃或者非法开拆他人信件，侵犯公民通信自由权利，具有下列情形之一的，应予立案：

1. 隐匿、毁弃或者非法开拆他人信件，次数较多或数量较大的；

2. 隐匿、毁弃或者非法开拆他人信件，致使他人工作、生活受到严重妨害或身体、精神受到严重损害的；

3. 非法开拆他人信件、涂改信中内容，或者张扬他人隐私、侮辱他人人格、破坏他人名誉的；

4. 隐匿、毁弃或者非法开拆他人信件，造成其他严重后果的。

2. **最高人民检察院关于非邮电工作人员非法开拆他人信件并从中窃取财物案件定性问题的批复**（高检法发字〔1989〕第02号，自1989年9月15日起施行）（已失效，本书收录仅供参考）

广东省人民检察院：

你院粤检法字〔1989〕64号文《关于对非邮电工作人员私拆他人信件窃取财物案件定性和处理意见的请示》收悉，经研究并商最高人民法院同意，现批复如下：

一、非邮电工作人员非法开拆他人信件，侵犯公民通信自由权利，情节严重，并从中窃取少量财物，或者窃取汇款、汇款支票，骗取汇兑款数额不大的，依照刑法关于侵犯公民通信自由罪的规定，从重处罚。

二、非邮电工作人员非法开拆他人信件，侵犯公民通信自由权利，情节

严重，并从中窃取财物数额较大的，应按照重罪吸收轻罪的原则，依照刑法关于盗窃罪的规定从重处罚。

三、非邮电工作人员非法开拆他人信件，侵犯公民通信自由权利，情节严重，并从中窃取汇票或汇款支票，冒名骗取汇兑款数额较大的，应依照刑法关于侵犯公民通信自由罪和诈骗罪的规定，依法实行数罪并罚。

（三）疑难、复杂问题的参考性解答

1. 正确理解本罪的客观要件

本罪客观方面表现为隐匿、毁弃或者非法开拆他人信件的行为。“隐匿”，是指将他人投寄的信件秘密地隐藏起来，使收件人无法查收的行为。“毁弃”，是指将他人投寄的信件撕毁、烧毁、丢弃，使收件人无法查收的行为。“非法开拆”，是指违反国家有关规定，未经投寄人或者收件人同意，私自开拆他人信件的行为。非法开拆他人信件，拆信人并不阅看信件内容，使他人的信件内容被公开暴露的，也是侵犯公民通信秘密的行为。这些行为必须具有非法性。侦查人员经公安机关、国家安全机关或者人民检察院批准依法扣押、检查犯罪嫌疑人、被告人的信件的行为，是合法行为，不构成犯罪。如果个别司法人员假公济私，以国家机关的名义或工作需要，利用职务便利扣押、检查他人信件，情节严重的，应认定为侵犯通信自由罪。行为人只要实施了隐匿、毁弃、非法开拆他人信件其中一种行为就构成本罪；实施了两种或者两种以上行为的，仍定一罪，不实行并罚。

按照法律规定，侵犯通信自由的行为，必须达到“情节严重”的程度，才构成犯罪。所谓情节严重，司法实践中一般是指多次、经常实施隐匿、毁弃、非法开拆他人信件的；隐匿、毁弃、非法开拆他人信件数量较大的；造成的后果严重的情形等。①

2. 正确区分本罪与盗窃、抢夺、毁灭国家机关公文罪

《刑法》第二百八十条规定，盗窃、抢夺、毁灭国家机关的公文、证件、印章的，构成盗窃、抢夺、毁灭国家机关公文印章罪。如果行为人基于个人目的，隐匿、毁弃、非法开拆他人信件，其内容是国家机关公文的，按照特别法优于一般法的原则，对该行为应当以盗窃、抢夺、毁灭国家机关公文罪

---

① 案例来源：江西省全南县人民法院审理被告人刘某清侵犯通信自由案。

定罪处罚。

三十、私自开拆、隐匿、毁弃邮件、电报罪

（一）刑法规定

第二百五十三条 邮政工作人员私自开拆或者隐匿、毁弃邮件、电报的，处二年以下有期徒刑或者拘役。

犯前款罪而窃取财物的，依照本法第二百六十四条的规定定罪从重处罚。

（二）司法解释、司法文件及其权威解读

1. **人民检察院直接受理的侵犯公民民主权利人身权利和渎职案件立案标准的规定**（〔89〕高检发〔法〕字第41号，自1989年11月30日起施行）（节录）（已失效，本书收录仅供参考）

十六、妨害邮电通讯案（刑法第一百九十一条）

邮电工作人员利用职务上的便利，私自开拆或者隐匿、毁弃他人邮件、电报、具有下列情形之一的，应予立案：

1. 私拆或者隐匿、毁弃邮件、电报、次数较多或数量较大的；

2. 私拆或者隐匿、毁弃邮件、从中窃取财物的；

3. 私拆或者隐匿、毁弃邮件、电报，给国家、集体利益以及公民合法权益造成严重后果的；

4. 私拆或者隐匿、毁弃邮件、电报，造成其他危害后果的。

关于《人民检察院直接受理的侵犯公民民主权利人身权利和渎职案件立案标准的规定》中一些问题的说明

……

九、刑法第一百九十一条所说的“邮件”，是指邮电部门传递过程中的函件（包括信函、明信片、印刷品、盲人读物四种）和包件，传递中的报刊杂志和汇票也视为“邮件”。

2. **最高人民法院、最高人民检察院、公安部、邮电部关于加强查处破坏邮政通信案件工作的通知**（〔1983〕邮政联字934号，自1983年11月17日起施行）

各省、市、自治区高级人民法院、人民检察院、公安厅（局）、邮电管理局：

近几年来，特别是党的十一届三中全会以来，我国邮政事业有了很大发展，国内国际的邮政通信业务量有较大幅度的上升。各级公、检、法机关和邮电部门，为确保邮政通信安全，相互密切配合，做了大量的工作。但是，当前邮政通信遭受破坏的情况仍相当严重，尤其是邮电工作人员利用职务之便，私拆、隐匿、毁弃邮件、电报，盗窃包裹，贪污汇兑款、报刊款、营收款等违法犯罪案件不断发生，破坏了邮电工作的正常进行，侵犯了公民的通信自由，使国家和人民的财产遭受重大损失，甚至在国际上造成不良政治影响，严重损害了人民邮电信誉。造成这种情况的主要原因是：在一些邮电职工中十年内乱的流毒没有肃清，加上受到资本主义腐朽思想的影响和侵蚀；同时，不少单位政治思想工作薄弱，企业管理不善，制度松弛，缺乏严密的业务检查和必要的安全防范措施；对有些违法犯罪分子，该处分的没有处分，该追究刑事责任的没有追究刑事责任，处理不严，打击不力。

为了确保国内国际邮政通信的安全，除各级邮电部门必须坚持“人民邮电为人民”的方向，采取有力措施，加强企业管理，不断提高通信质量外，各级公、检、法机关和邮电部门，一定要认真地贯彻中共中央关于严厉打击刑事犯罪和严重经济犯罪活动的指示精神，加强查处破坏邮政通信案件的工作，对破坏邮政通信的犯罪活动予以严厉打击。为此，特作如下通知：

一、关于案件的报告和处理问题

凡邮电工作人员利用职务之便有下列违法犯罪行为的，均应及时报告上级邮电保卫部门；其中已构成犯罪，依法应当追究刑事责任的，同时报告当地人民检察机关：

1. 私拆、隐匿、毁弃邮件、电报，或者从邮件中窃取现金、外币、票证、物品、各种业务合同，以及隐匿、毁弃用户报刊数量较多的。

2. 贪污、冒领用户汇兑款、报刊款和贪污汇兑资金、邮电营收款的。

凡邮电局、所被盗窃，邮件、现金被抢劫，收寄或利用邮运工具夹运走私品、易燃易爆等禁寄物品因而造成严重后果的案件，应及时报告上级邮电保卫部门，并同时报告当地公安机关。

对于破坏邮政通信的案件应当抓紧破案。一般案件，邮电保卫部门应在公安或检察机关的指导下及时追查破案。没有保卫组织的单位，由本单位领导负责组织力量追查，必要时上级邮电部门参加指导。属于公安或检察机关立案侦查的案件，邮电部门要积极配合。跨省（市、区）的案件，以发案所在地为主，由有关省（市、区）邮电部门协同公安或检察机关破案。

邮电工作人员破坏邮政通信的案件，情节恶劣、后果严重、已经构成犯罪的，由司法机关依法追究刑事责任，从严惩处；情节显著轻微、危害不大，不需要追究刑事责任的，由邮电主管部门予以行政处分，或者由公安机关依照《治安管理处罚条例》有关条款予以处罚。对于包庇纵容犯罪的有关人员，必须严肃处理；属于触犯《刑法》的，要依法追究刑事责任。

二、关于查处破坏邮政通信案件工作中需要注意的几个问题

1. 私拆、隐匿、毁弃邮件、电报等破坏邮政通信的案件，是违法犯罪行为。因此，对这种案件的定性、处理或量刑，必须重视对邮政通信的破坏所造成的社会危害后果，不能仅以数量多少处理。

2. 邮电工作人员利用职务上的便利，从邮件中窃取财物，情节恶劣、后果严重的，应依照《刑法》第一百九十一条第二款的规定从重处罚。

3. 邮电工作人员由于玩忽职守，致使公共财产、国家和人民利益遭受重大损失的，应依照《刑法》第一百八十七条的规定予以处罚。

4. 应由犯罪分子退赔的财物，必须限期退赔。其中属于用户的，由邮电部门负责归还用户，并将归还的收据作为证据入卷存档；除此之外，按照有关规定上缴国库。

各级公、检、法机关和邮电部门，要密切配合，通力协作，并结合本地区的实际情况，制订具体措施。要贯彻“综合治理”的方针，既要依法严厉打击犯罪活动，又要加强安全防范措施并对邮电职工加强遵纪守法教育，预防新的犯罪。要注意调查研究，总结经验，把查处破坏邮政通信案件的工作切实抓好，严厉打击违法犯罪活动，确保邮政通信安全，为社会主义现代化建设的顺利进行作出应有的贡献。

（三）典型或常见问题的审理思路

货运服务公司的工作人员私自开拆邮件窃取财物的行为能否依据《刑法》第二百五十三条认定为盗窃罪从重处罚？①

《刑法》第二百五十三条规定的主体具有特殊性，是指邮政工作人员，包

---

① 案例来源：最高人民法院公报案例：李某职务侵占案，载《最高人民法院公报》2009 年第 8 期，第 44－48 页。

括国家邮政事业部门的营业员、发行员、分拣员、投递员、接发员、押运员，以及受邮政部门委托的代办员、分邮员。根据《邮政法》的规定，经营快递业务，应当依照规定向邮政管理部门取得快递业务经营许可，且《邮政法》针对邮政企业和邮政人员规定的部分权利、义务也适用于快递企业和快递人员，那么快递人员、物流公司人员是否能够等同邮政工作人员？快递人员、物流人员私自开拆、隐匿、毁弃邮件、电报并进行盗窃的，能否认定盗窃罪？我们认为不可以。《刑法》第二百五十三条明确规定了本罪主体，并对实施的犯罪行为作出特殊规定，该条规定的盗窃罪的法定刑要高于职务侵占罪，体现了立法主体对于此类主体实施此类行为的严惩态度。因此，本条系特殊规定，对主体范围不能采用类推和扩大解释，否则有违罪刑法定原则。对于物流公司人员私自开拆邮件窃取财物的，因主体是物流公司人员，非邮政工作人员，其在承运货物过程中利用职务便利窃取财物，符合职务侵占罪的构成要件，应当以职务侵占罪定罪处罚。

（四）疑难、复杂问题的参考性解答

1. 正确认定本罪的客观要件

本罪客观方面表现为利用职务上的便利，私自开拆或者隐匿、毁弃他人邮件、电报的行为。“利用职务上的便利”，是指邮政工作人员利用营业、分拣、接发、押运、投递等职务所赋予的职务条件，进行违反职责的犯罪活动。本罪的犯罪对象是邮件和电报。“邮件”，是指通过邮政企业寄递的信件（信函、明信片）、印刷品、邮包、报刊、汇款通知等。“电报”，是指明码电报、密码电报，也包括传真。私拆、隐匿、毁弃是实施妨害邮电通讯行为的三种方式。“私拆”，是指传递中的邮件、电报，未经寄件人或者收件人同意而擅自予以开拆。“隐匿”，是指将邮件、电报非法截留、收藏而不向收件人递交。“毁弃”，是指将邮件、电报撕毁、湮灭、抛弃，致使收件人无法查收。按照法律规定，行为人只要实施了私拆、隐匿、毁弃邮件、电报其中一种行为，就构成本罪；实施两种或者两种以上行为的，也只定一罪，不实行并罚，但量刑时可作参考。

2. 正确区分合法扣押行为与犯罪行为

根据《刑事诉讼法》的规定，侦查人员认为需要扣押犯罪嫌疑人的邮件、电报的时候，经公安机关或者人民检察院批准，即可通知邮电机关将有关的

邮件、电报检交扣押。因此，邮政工作人员根据这一条款的规定，按照公安机关或者检察机关的通知，将犯罪嫌疑人的邮件、电报予以检交扣押，属于执行职务的合法行为。这同利用职务上的便利，非法开拆他人邮件、电报的行为，性质完全不同。

3. **正确区分罪与非罪**

（1）邮政工作人员，因疏忽大意的过失行为而误拆、遗失邮件、包裹的，不构成本罪。情节不严重的，可由主管机关给予批评教育或者行政处分。如果使公共财产、国家和人民利益造成重大损失的，可以玩忽职守罪论处。

（2）从司法实践看，私自开拆、隐匿、毁弃邮件、电报的行为，如果情节轻微、危害不大，没有造成严重后果的，属于一般违法行为，可由有关主管部门酌情给予行政纪律处分，不宜作为犯罪处理。

4. **正确区分本罪与侵犯通信自由罪**

两者都侵犯了公民的通信自由，犯罪手段、犯罪对象和主观方面均有相同之处。两者的区别主要在于：第一，犯罪对象不完全相同。前者为邮件、电报。“邮件”，是指通过邮政企业寄递的信件、印刷品、邮包、汇款通知、报刊等，范围比信件要广；后者限于公民的信件。第二，犯罪的客观方面不完全相同。前者必须以利用职务上的便利为要件；后者则与行为人的职务无关。第三，犯罪主体不同。前者为特殊主体，即邮政工作人员；后者为一般主体。第四，构成犯罪的要求不同。前者不以情节严重为构成要件；后者则必须是情节严重的才构成犯罪。

三十一、侵犯公民个人信息罪

（一）刑法规定

第二百五十三条之一[①] 违反国家有关规定，向他人出售或者提供公民个

① 本条由2009年2月28日公布的《刑法修正案（七）》第七条增加，由2015年8月29日公布的《刑法修正案（九）》第十七条修正。《刑法修正案（七）》第七条的规定是：“国家机关或者金融、电信、交通、教育、医疗等单位的工作人员，违反国家规定，将本单位在履行职责或者提供服务过程中获得的公民个人信息，出售或者非法提供给他人，情节严重的，处三年以下有期徒刑或者拘役，并处或者单处罚金。窃取或者以其他方法非法获取上述信息，情节严重的，依照前款的规定处罚。单位犯前两款罪的，对单位判处罚金，并对其直接负责的主管人员和其他直接责任人员，依照各该款的规定处罚。”

人信息，情节严重的，处三年以下有期徒刑或者拘役，并处或者单处罚金；情节特别严重的，处三年以上七年以下有期徒刑，并处罚金。

违反国家有关规定，将在履行职责或者提供服务过程中获得的公民个人信息，出售或者提供给他人的，依照前款的规定从重处罚。

窃取或者以其他方法非法获取公民个人信息的，依照第一款的规定处罚。

单位犯前三款罪的，对单位判处罚金，并对其直接负责的主管人员和其他直接责任人员，依照各该款的规定处罚。

（二）司法解释、司法文件及其权威解读

权威解读

1. 解读《刑法修正案（七）》（节录）

七、增加了“出售或非法提供公民个人信息罪”和“非法获取公民个人信息罪”

近年来，无论是行使社会管理职权的政府部门或者被授权，或者受委托行使一定行政职能的组织，还是金融、电信、交通、医疗等社会公共服务领域为社会大众提供服务的单位在履行职责过程中，收集了大量的公民个人信息。这些信息为提高行政管理和公共服务的质量和效率提供了便利。由于信息技术的不断发展，批量处理和传递个人信息会越来越容易，个人信息遭到不当收集、恶意使用、篡改的隐患也就会随之出现。近年来，随着网络和电信业等技术的不断发展，公民个人信息的安全性越来越成为一个全社会关注的问题。一些组织或者个人，违反职业道德和保密义务，将公民个人信息资料出售牟利或者泄露给他人，获取非法利益。如个人在办理购房、购车、住院手续之后，相关信息就被相关机构或其工作人员卖给房屋中介、保险公司、母婴用品企业、广告公司等。在网络上出售全国股民资料（姓名、联系电话）、商务人士信息、房主信息、车主名录（包括车主姓名、联系电话、车型、车牌号码、家庭住址、发动机号和邮编等信息）、电信用户信息、患者信息等资料，上网点击随处可见。某股民名单网站介绍写着：“专业提供2007年最新中国股民名单，名单系从证券公司内部获取的高度保密文件。”点击进入其中的“上海股民名单”，页面显示30万条股民名单的报价为人民币1500元。社会上出现了一些专门收买、窃取或者以其他手段非法获取公民个人信息的“专业户”或专门机构，一条信息费用根据来源渠道、用途不同，价格

从几角钱到几元钱不等。信息泄露交易呈现专业化、行业化特点。

公民个人信息的广为泄露，扰乱他人的正常生活，侵害公民合法权益的事件时有发生，对公民的人身、财产安全、个人隐私以及正常的工作、生活构成了严重威胁。这不仅提出了一个公民隐私权的保护问题，而且还涉及了一个目前引起国内和国外刑事立法高度关注的热点问题，即刑法应当如何保护公民身份信息的安全和公民身份管理秩序，进而运用刑罚控制和打击利用公民身份信息进行的犯罪。网络时代的到来，互联网和网上银行、网上购物、网上证券交易的普及，如果公民个人信息的大量非法泄露，将会使利用公民个人信息实施诈骗、洗钱、盗窃、腐败等犯罪更加容易。因此，它不仅侵犯公民的人身权利，而且也威胁到社会管理秩序、经济秩序和公民个人财产安全甚至公共安全。

（一）出售或者非法提供公民个人信息罪

《刑法修正案（七）》第七条规定，在《刑法》第二百五十三条后增加一条，作为第二百五十三条之一，其中第一款规定："国家机关或者金融、电信、交通、教育、医疗等单位的工作人员，违反国家规定，将本单位在履行职责或者提供服务过程中获得的公民个人信息，出售或者非法提供给他人，情节严重的，处三年以下有期徒刑或者拘役，并处或者单处罚金。"

出售或者非法提供公民个人信息罪有以下特征：

1. 犯罪主体是特殊主体，即国家机关或者金融、电信、交通、教育、医疗等单位的工作人员。因为国家机关负有公共管理职能，金融、电信、交通、教育、医疗等单位肩负着为社会和大众提供公共服务的职责，在这些机关或单位工作的人员，可以很容易地接触到大量公民个人信息。这里的"国家机关"，是指国家权力机关、行政机关、司法机关和军事机关。本款所说的"金融"，是指从事金融活动的机构或金融部门。一般是指各种银行，如中国人民银行、政策性银行和商业银行。金融机构还包括保险公司、信托投资公司、证券机构、财务公司、信用合作组织等其他金融机构。这里的"电信"，是指电信部门和电信营业机构。"交通"，是指从事旅客和货物等运输部门，如铁路运输、公路运输、水路运输以及航空运输等部门。"教育"，是指各级各类学校或培训机构，包括民办和公办的教育机构。"医疗"，是指依据《医疗机构管理条例》和《医疗机构管理条例实施细则》的规定，经登记取得《医疗机构执业许可证》的机构，如各级各类医院、保健院、卫生院、门诊部、急救中心等诊疗机构。

在草案征求意见过程中，有的意见提出应将该罪的犯罪主体扩大到“任何单位和个人”。考虑到本条主要是对在履行职责或提供公共服务过程中利用某种程度的“公权力”采集到的公民个人信息的国家机关或者单位，违反法律规定的保密义务应负刑事责任的规定，这些保密义务在《刑事诉讼法》《邮政法》《律师法》《居民身份证法》《反洗钱法》《劳动争议仲裁法》《行政许可法》《公证法》《人民银行法》《银行业监督法》《保险法》《电信条例》等法律、行政法规中都已作规定，不宜将公民个人信息的刑事保护范围扩大到没有利用“公权力”采集的一切单位和个人。因此，这个意见没有被采纳。

2. 行为人实施了将本单位在履行职责或者提供服务过程中获得的公民个人信息，出售或者非法提供给他人的行为。这里的“公民个人信息”包括：姓名、职业、职务、年龄、婚姻状况、学历、专业资格、工作经历、家庭住址、电话号码、信用卡号码、指纹、网上登录账号和密码等能够识别公民个人身份的信息。应当注意的是，这个信息是单位在履行职责或者提供服务过程中获得的信息，也就是说，利用“公权力”或者提供公共服务过程中依法获得的信息。如购买飞机票必须提供本人的身份证号码和在银行等金融机构办理金融业务时必须提供个人的身份证号码等情况。“出售”，是指将自己掌握的公民信息卖给他人，自己从中牟利的行为。“非法提供”，是指不应将自己掌握的公民信息提供给他人而予以提供的行为。这里的“他人”，包括单位和个人。

3. 行为必须是“情节严重”的，才构成犯罪。本罪主要针对负有保密义务的单位和个人违反对公民个人信息的保密义务，或者以非法手段获取公民个人信息，破坏公民个人信息的安全性的犯罪。因此一般来讲，违反了对个别公民个人信息的保密义务，不构成犯罪。“情节严重”，一般是指出售公民个人信息获利较大，出售或者非法提供多人信息，多次出售或者非法提供公民个人信息，以及公民个人信息被非法提供、出售给他人后，给公民造成了经济上的损失，或者严重影响到公民个人的正常生活，或者被用于进行违法犯罪活动等情形。

（二）非法获取公民个人信息罪

出售或者非法提供公民个人信息的活动之所以越来越猖獗，一个十分重要的原因就在于有一个庞大的需求市场。一些公司、个人出于谋利等目的，以窃取、收买等方法大肆收集公民个人信息，对公民个人信息泄露起到了推波助澜的作用，有严重的社会危害性。因此，《刑法修正案（七）》第七条在第二百五十三条之一第二款规定："窃取或者以其他方法非法获取上述信息，情节严重的，依照前款的规定处罚。"

鉴于单位在出售或者非法提供或者非法获取公民个人信息方面的问题也比较严重，《刑法修正案（七）》第七条在第二百五十三条之一第三款规定："单位犯前两款罪的，对单位判处罚金，并对其直接负责的主管人员和其他直接责任人员，依照各该款的规定处罚。"本款对单位犯罪规定了双重处罚原则，即对单位判处罚金，罚金的具体数额法律未作规定，可由司法机关根据犯罪情节决定；在对单位判处罚金的同时，单位直接负责的主管人员和其他直接责任人员，分别按照第一款或第二款自然人的犯罪处罚，即对直接负责的主管人员和其他直接责任人员，应当处三年以下有期徒刑或者拘役，并处或者单处罚金。

（撰稿：黄太云）

2. 解读《刑法修正案（九）》的立法背景

近年来，出售、非法提供和非法获取公民个人信息的犯罪出现了一些新情况。随着信息网络的进一步普及发展，侵害公民个人信息的违法犯罪越发突出，通过网络出售、非法提供和非法获取公民个人信息的行为增多。2012年以来，公安部门在全国先后开展数次打击侵害公民个人信息犯罪专项行动，破获一大批出售、非法提供和非法获取公民个人信息的案件，查获被盗取的各类公民个人信息数十亿条，涉及金融、电信、公安、交通、教育、医疗、国土、工商、房产、物业、保险、快递等部门和行业。这类违法犯罪使公民权利遭受侵害，社会管理难度升级，同时容易引发其他严重的犯罪行为，加大对这些行为的惩处力度已经成为社会的一致要求与共识。有关方面提出，根据《刑法修正案（七）》的规定只能打击金融、电信等单位工作人员出售、非法提供公民个人信息的犯罪行为，而对于一般主体违背公民个人意愿，出售、非法提供其个人信息的，难以依法惩治。还有意见提出，倒卖公民个人信息犯罪是网络犯罪的上游环节，现有规定无法打击倒卖行为。建议修改本条规定，以加强对公民个人信息的保护，切断出售、非法提供公民个人信息的黑色产业链，从源头上打击利用公民个人信息实施的其他侵害公民权益的违法犯罪行为。为了进一步加强对公民个人信息的保护，《刑法修正案

（九）》根据实践需要和有关方面的意见对本条作了修改，主要是：1. 增加一款作为第一款，规定一般主体违规向他人出售、非法提供公民个人信息的犯罪。2. 将原第一款改作第二款，扩大犯罪主体的范围，将“违反国家规定”修改为“违反国家有关规定”，同时规定了从重处罚的原则。3. 将原第二款移作第三款。4. 将原第三款移作第四款。

（撰稿：王爱立等）①

1. **最高人民法院、最高人民检察院、公安部关于依法惩处侵害公民个人信息犯罪活动的通知**（公通字〔2013〕12号，自2013年4月23日起施行）

各省、自治区、直辖市高级人民法院，人民检察院，公安厅、局，新疆维吾尔自治区高级人民法院生产建设兵团分院，新疆生产建设兵团人民检察院、公安局：

近年来，随着我国经济快速发展和信息网络的广泛普及，侵害公民个人信息的违法犯罪日益突出，互联网上非法买卖公民个人信息泛滥，由此滋生的电信诈骗、网络诈骗、敲诈勒索、绑架和非法讨债等犯罪屡打不绝，社会危害严重，群众反响强烈。为有效遏制、惩治侵害公民个人信息犯罪，切实保障广大人民群众的个人信息安全和合法权益，促进社会协调发展，维护社会稳定，现就有关事项通知如下：

一、切实提高认识，坚决打击侵害公民个人信息犯罪活动。当前，一些犯罪分子为追求不法利益，利用互联网大肆倒卖公民个人信息，已逐渐形成庞大“地下产业”和黑色利益链。买卖的公民个人信息包括户籍、银行、电信开户资料等，涉及公民个人生活的方方面面。部分国家机关和金融、电信、交通、教育、医疗以及物业公司、房产中介、保险、快递等企事业单位的一些工作人员，将在履行职责或者提供服务过程中获取的公民个人信息出售、非法提供给他人。获取信息的中间商在互联网上建立数据平台，大肆出售信息谋取暴利。非法调查公司根据这些信息从事非法讨债、诈骗和敲诈勒索等违法犯罪活动。此类犯罪不仅危害公民的信息安全，而且极易引发多种犯罪，成为电信诈骗、网络诈骗以及滋扰型“软暴力”等信息犯罪的根源，甚至与绑架、敲诈勒索、暴力追债等犯罪活动相结合，影响人们群众的安全感，威

---

① 全国人大常委会法制工作委员会刑法室编著：《中华人民共和国刑法解读（第四版）》，中国法制出版社2005年版，第581－582页。

胁社会和谐稳定。各级公安机关、人民检察院、人民法院务必清醒认识此类犯罪的严重危害，以对党和人民高度负责的精神，统一思想，提高认识，精心组织，周密部署，依法惩处侵害公民个人信息犯罪活动。

二、正确适用法律，实现法律效果与社会效果的有机统一。侵害公民个人信息犯罪是新型犯罪，各级公安机关、人民检察院、人民法院要从切实保护公民个人信息安全和维护社会和谐稳定的高度，借鉴以往的成功判例，综合考虑出售、非法提供或非法获取个人信息的次数、数量、手段和牟利数额、造成的损害后果等因素，依法加大打击力度，确保取得良好的法律效果和社会效果。出售、非法提供公民个人信息罪的犯罪主体，除国家机关或金融、电信、交通、医疗单位的工作人员之外，还包括在履行职责或者提供服务过程中获得公民个人信息的商业、房地产业等服务业中其他企事业单位的工作人员。公民个人信息包括公民的姓名、年龄、有效证件号码、婚姻状况、工作单位、学历、履历、家庭住址、电话号码等能够识别公民个人身份或者涉及公民个人隐私的信息、数据资料。对于在履行职责或者提供服务过程中，将获得的公民个人信息出售或者非法提供给他人，被他人用以实施犯罪，造成受害人人身伤害或者死亡，或者造成重大经济损失、恶劣社会影响的，或者出售、非法提供公民个人信息数量较大，或者违法所得数额较大的，均应当依法以非法出售、非法提供公民个人信息罪追究刑事责任。对于窃取或者以购买等方法非法获取公民个人信息数量较大，或者违法所得数额较大，或者造成其他严重后果的，应当依法以非法获取公民个人信息罪追究刑事责任。对使用非法获取的个人信息，实施其他犯罪行为，构成数罪的，应当依法予以并罚。单位实施侵害公民个人信息罪的，应当追究直接负责的主管人员和其他直接责任人员的刑事责任。要依法加大对财产刑的适用力度，剥夺犯罪分子非法获利和再次犯罪的资本。

三、加强协作配合，确保执法司法及时高效。侵害公民个人信息犯罪网络覆盖面大，关系错综复杂。犯罪行为发生地、犯罪结果发生地、犯罪分子所在地等往往不在一地。同时，由于犯罪行为大多依托互联网、移动电子设备，通过即时通讯工具、电子邮件等多种方式实施，调查取证难度很大。各级公安机关、人民检察院、人民法院要在分工负责、依法高效履行职责的基础上，进一步加强沟通协调，通力配合，密切协作，保证立案、侦查、批捕、审查起诉、审判等各个环节顺利进行。对查获的及时立案侦查，及时移送审查起诉。对于几个公安机关都有权管辖的案件，由最初受理的公安机关管辖。必要时，可以由主要犯罪地的公安机关管辖。对管辖不明确或者有争议的刑事案件，可以由公安机关协商。协商不成的，由共同上级公安机关指定管辖。对于指定管辖的案件，需要逮捕犯罪嫌疑人的，由被指定管辖的公安机关提请同级人民检察院审查批准；需要提起公诉的，由该公安机关移送同级人民检察院审查决定；认为应当由上级人民检察院或者同级其他人民检察院起诉的，应当将案件移交有管辖权的人民检察院；人民检察院认为需要依照刑事诉讼法的规定指定审判管辖的，应当协商同级人民法院办理指定管辖有关事宜。在办理侵害公民个人信息犯罪案件的过程中，对于疑难、复杂案件，人民检察院可以适时派员会同公安机关共同就证据收集等方面进行研究和沟通协调。人民检察院对于公安机关提请批准逮捕、移送审查起诉的相关案件，符合批捕、起诉条件的，要依法尽快予以批捕、起诉；对于确需补充侦查的，要制作具体、详细的补充侦查提纲。人民法院要加强审判力量，准确定性，依法快审快结。

四、推进综合治理，建立防范、打击长效工作机制。预防和打击侵害公民个人信息犯罪是一项艰巨任务，必须标本兼治，积极探索和构建防范、打击的长效工作机制。各地公安机关、人民检察院、人民法院在依法惩处此类犯罪的同时，要积极参与综合治理，注意发现保护公民个人信息工作中的疏漏和隐患，及时通报相关部门，提醒和督促有关部门和单位加强监管、完善制度。要充分利用报纸、广播、电视、网络等多种媒体平台，大力宣传党和国家打击此类犯罪的决心和力度，宣传相关的政策和法律法规，提醒和教育广大群众运用法律保障和维护自身合法权益，提高自我防范的意识和能力。

各地接此通知后，请迅速传达至各级人民法院、人民检察院、公安机关。执行中遇到的问题，请及时报最高人民法院、最高人民检察院、公安部。

2. 最高人民法院、最高人民检察院关于办理侵犯公民个人信息刑事案件适用法律若干问题的解释（法释〔2017〕10号，自2017年6月1日起施行）

为依法惩治侵犯公民个人信息犯罪活动，保护公民个人信息安全和合法权益，根据《中华人民共和国刑法》《中华人民共和国刑事诉讼法》的有关规定，现就办理此类刑事案件适用法律的若干问题解释如下：

第一条 刑法第二百五十三条之一规定的“公民个人信息”，是指以电子或者其他方式记录的能够单独或者与其他信息结合识别特定自然人身份或者反映特定自然人活动情况的各种信息，包括姓名、身份证件号码、通信通讯联系方式、住址、账号密码、财产状况、行踪轨迹等。

第二条 违反法律、行政法规、部门规章有关公民个人信息保护的规定的，应当认定为刑法第二百五十三条之一规定的“违反国家有关规定”。

第三条 向特定人提供公民个人信息，以及通过信息网络或者其他途径发布公民个人信息的，应当认定为刑法第二百五十三条之一规定的“提供公民个人信息”。

未经被收集者同意，将合法收集的公民个人信息向他人提供的，属于刑法第二百五十三条之一规定的“提供公民个人信息”，但是经过处理无法识别特定个人且不能复原的除外。

第四条 违反国家有关规定，通过购买、收受、交换等方式获取公民个人信息，或者在履行职责、提供服务过程中收集公民个人信息的，属于刑法第二百五十三条之一第三款规定的“以其他方法非法获取公民个人信息”。

第五条 非法获取、出售或者提供公民个人信息，具有下列情形之一的，应当认定为刑法第二百五十三条之一规定的“情节严重”：

（一）出售或者提供行踪轨迹信息，被他人用于犯罪的；

（二）知道或者应当知道他人利用公民个人信息实施犯罪，向其出售或者提供的；

（三）非法获取、出售或者提供行踪轨迹信息、通信内容、征信信息、财产信息五十条以上的；

（四）非法获取、出售或者提供住宿信息、通信记录、健康生理信息、交易信息等其他可能影响人身、财产安全的公民个人信息五百条以上的；

（五）非法获取、出售或者提供第三项、第四项规定以外的公民个人信息五千条以上的；

（六）数量未达到第三项至第五项规定标准，但是按相应比例合计达到有关数量标准的；

（七）违法所得五千元以上的；

（八）将在履行职责或者提供服务过程中获得的公民个人信息出售或者提供给他人，数量或者数额达到第三项至第七项规定标准一半以上的；

（九）曾因侵犯公民个人信息受过刑事处罚或者二年内受过行政处罚，又非法获取、出售或者提供公民个人信息的；

（十）其他情节严重的情形。

实施前款规定的行为，具有下列情形之一的，应当认定为刑法第二百五十三条之一第一款规定的“情节特别严重”：

（一）造成被害人死亡、重伤、精神失常或者被绑架等严重后果的；

（二）造成重大经济损失或者恶劣社会影响的；

（三）数量或者数额达到前款第三项至第八项规定标准十倍以上的；

（四）其他情节特别严重的情形。

第六条　为合法经营活动而非法购买、收受本解释第五条第一款第三项、第四项规定以外的公民个人信息，具有下列情形之一的，应当认定为刑法第二百五十三条之一规定的“情节严重”：

（一）利用非法购买、收受的公民个人信息获利五万元以上的；

（二）曾因侵犯公民个人信息受过刑事处罚或者二年内受过行政处罚，又非法购买、收受公民个人信息的；

（三）其他情节严重的情形。

实施前款规定的行为，将购买、收受的公民个人信息非法出售或者提供的，定罪量刑标准适用本解释第五条的规定。

第七条　单位犯刑法第二百五十三条之一规定之罪的，依照本解释规定的相应自然人犯罪的定罪量刑标准，对直接负责的主管人员和其他直接责任人员定罪处罚，并对单位判处罚金。

第八条　设立用于实施非法获取、出售或者提供公民个人信息违法犯罪活动的网站、通讯群组，情节严重的，应当依照刑法第二百八十七条之一的规定，以非法利用信息网络罪定罪处罚；同时构成侵犯公民个人信息罪的，依照侵犯公民个人信息罪定罪处罚。

第九条　网络服务提供者拒不履行法律、行政法规规定的信息网络安全管理义务，经监管部门责令采取改正措施而拒不改正，致使用户的公民个人信息泄露，造成严重后果的，应当依照刑法第二百八十六条之一的规定，以拒不履行信息网络安全管理义务罪定罪处罚。

第十条　实施侵犯公民个人信息犯罪，不属于“情节特别严重”，行为人系初犯，全部退赃，并确有悔罪表现的，可以认定为情节轻微，不起诉或者免予刑事处罚；确有必要判处刑罚的，应当从宽处罚。

第十一条　非法获取公民个人信息后又出售或者提供的，公民个人信息的条数不重复计算。

向不同单位或者个人分别出售、提供同一公民个人信息的，公民个人信息的条数累计计算。

对批量公民个人信息的条数，根据查获的数量直接认定，但是有证据证明信息不真实或者重复的除外。

第十二条 对于侵犯公民个人信息犯罪，应当综合考虑犯罪的危害程度、犯罪的违法所得数额以及被告人的前科情况、认罪悔罪态度等，依法判处罚金。罚金数额一般在违法所得的一倍以上五倍以下。

第十三条 本解释自2017年6月1日起施行。

权威解读

解读《最高人民法院、最高人民检察院关于办理侵犯公民个人信息刑事案件适用法律若干问题的解释》

日前，最高人民法院、最高人民检察院发布《关于办理侵犯公民个人信息刑事案件适用法律若干问题的解释》（以下简称《侵犯公民个人信息解释》，法释〔2017〕10号），自2017年6月1日起施行。《侵犯公民个人信息解释》的公布施行，对于强化公民个人信息的刑事保护，维护个人信息安全和其他合法权益，必将发挥重要作用。为便于司法实践中正确理解和适用，现就《侵犯公民个人信息解释》的制定背景、起草中的主要考虑和主要内容介绍如下。

一、《侵犯公民个人信息解释》的制定背景与经过

随着信息化建设的推进，信息资源成为重要的生产要素和社会财富。而在各类信息中，个人信息的价值日益凸显，成为数字经济最重要的元素之一。与之同时，个人信息泄露问题严重，个人信息安全成为一个全社会高度关注的问题。为保护公民个人信息，2009年2月28日起施行的《刑法修正案（七）》增设了《刑法》第二百五十三条之一，规定了出售、非法提供公民个人信息罪和非法获取公民个人信息罪。《刑法修正案（七）》施行以来，各级公检法机关正确适用法律，准确认定事实，坚决依法惩处侵犯公民个人信息犯罪活动。2009年2月至2015年10月，全国法院新收出售、非法提供公民个人信息、非法获取公民个人信息刑事案件988起，审结969起，生效判决人数1415人。其中，新收出售、非法提供公民个人信息刑事案件101件，审结98件，生效判决人数142人；新收非法获取公民个人信息刑事案件887件，

审结 871 件，生效判决人数 1273 人。

近年来，侵犯公民个人信息犯罪仍处于高发态势，不仅严重危害公民个人信息安全，而且与电信网络诈骗等犯罪存在密切关联，甚至与绑架、敲诈勒索等犯罪活动相结合，社会危害日益突出。为切实加大对公民个人信息的刑法保护力度，《刑法修正案（九）》对《刑法》第二百五十三条之一作出修改完善：一是扩大犯罪主体的范围，规定任何单位和个人违反国家有关规定，获取、出售或者提供公民个人信息，情节严重的，都构成犯罪；二是明确规定将在履行职责或者提供服务过程中获得的公民个人信息，出售或者提供给他人的，从重处罚；三是提升法定刑配置水平，增加规定“处三年以上七年以下有期徒刑，并处罚金”。修改后，“出售、非法提供公民个人信息罪”和“非法获取公民个人信息罪”被整合为“侵犯公民个人信息罪”。《刑法修正案（九）》施行以来，各级公检法机关依据修改后刑法的规定，继续保持对侵犯公民个人信息犯罪的高压态势，实现案件量显著增长。2015 年 11 月至 2016 年 12 月，全国法院新收侵犯公民个人信息刑事案件（含出售、非法提供公民个人信息、非法获取公民个人信息刑事案件）495 件，审结 464 件，生效判决人数 697 人。

与此同时，司法实践反映，侵犯公民个人信息罪的具体定罪量刑标准尚不明确，一些法律适用问题存在争议，需要通过司法解释作出规定。为确保法律准确、统一适用，依法严厉惩治、有效防范侵犯公民个人信息犯罪，最高人民法院会同最高人民检察院，在公安部等有关部门的大力支持下，经深入调查研究、广泛征求意见，起草了《侵犯公民个人信息解释》。2017 年 3 月 20 日最高人民法院审判委员会第 1712 次会议、2017 年 4 月 26 日最高人民检察院第十二届检察委员会第 63 次会议审议通过了《侵犯公民个人信息解释》。

二、《侵犯公民个人信息解释》起草中的主要原则

为确保《侵犯公民个人信息解释》的内容科学合理，能够适应形势发展、满足实践需要，在起草过程中，着重注意把握了以下几点：

第一，贯彻刑法修改精神，强化对公民个人信息的刑法保护。当前，侵犯公民个人信息犯罪呈高发多发态势，涉及的个人信息数量越来越大、类型越来越多。特别是，不少涉案公民个人信息事关他人财产乃至人身安全，如行踪轨迹、财产信息等敏感信息。基于当前侵犯公民个人信息犯罪的态势，根据修法精神，《侵犯公民个人信息解释》相关条文彰显了对侵犯公民个人信

息犯罪的严惩立场，以加强对公民个人信息的刑法保护，有效维护公民的人身、财产安全和生活安宁。

第二，坚持问题导向，有效解决司法实务问题。从调研情况来看，对侵犯公民个人信息犯罪尚存在不少争议问题，亟须通过司法解释加以明确。例如，“公民个人信息”的内涵与外延，“出售或者提供公民个人信息”“非法获取公民个人信息”的理解，“情节严重”“情节特别严重”的把握等。基于此，《侵犯公民个人信息解释》相关条文以办理侵犯公民个人信息刑事案件存在的问题为基础，结合司法实际，作了明确规定。

第三，坚持安全与发展并重，兼顾个人信息保护与大数据发展的需要。在全球信息化快速发展的大背景下，大数据已成为国家重要的基础性战略资源，正引领新一轮科技创新。在大数据和云计算时代，包括个人信息在内的数据，只有充分地流动、共享、交易，才能实现集聚与规模效应，最大限度地发挥价值。但是，在数据流动、交易过程中如何保护公民个人信息的安全，避免个人信息扩散失控，也是必须面对的问题。实际上，公民个人信息的保护与大数据发展和信息社会的建设并不矛盾，二者之间的平衡点就在现行法律框架。质言之，大数据的发展应依法进行，信息社会须建立在依法保护个人信息的基础上，只有包括个人信息在内的数据在法律保护下安全迅速地收集和流通，才能真正推动我国信息产业的发展。因此，《侵犯公民个人信息解释》在刑法和网络安全法确立的框架范围内，兼顾公民个人信息保护与大数据产业发展的关系，确保在公民个人信息安全的前提下为大数据发展和信息化建设提供有力刑事司法保护。

三、《侵犯公民个人信息解释》的主要内容

《侵犯公民个人信息解释》结合当前侵犯公民个人信息犯罪的特点和司法实践反映的问题，依照刑法、刑事诉讼法的规定，对侵犯公民个人信息罪的定罪量刑标准和相关法律适用问题作了全面、系统的规定。《侵犯公民个人信息解释》共十三个条文，大致可以归纳为如下十个方面的问题：

（一）“公民个人信息”的范围

目前，我国关于个人信息的界定，最为权威的当属网络安全法的规定。《网络安全法》第七十六条第五项规定：“个人信息，是指以电子或者其他方式记录的能够单独或者与其他信息结合识别自然人个人身份的各种信息，包括但不限于自然人的姓名、出生日期、身份证件号码、个人生物识别信息、住址、电话号码等。”经研究认为，《网络安全法》将“个人信息”界定为“能够识别自然人个人身份的各种信息”，显然使用的是广义的“身份识别信息”的概念，即既包括狭义的身份识别信息（能够识别出特定自然人身份的信息），也包括体现特定自然人活动情况的信息。例如，从实践来看，行踪轨迹信息系事关人身安全的高度敏感信息，无疑应纳入法律保护范围，且应当重点保护。但是，行踪轨迹信息明显难以纳入狭义的“身份识别信息”的范畴。如果认为《网络安全法》将此类信息排除在“个人信息”的范围外，恐难以为一般人所认同，也不符合保护公民个人信息的立法精神。合理的解释应当是，《网络安全法》是广义上使用“身份识别信息”这一概念，亦即也包括个人活动情况信息在内。基于此，《侵犯公民个人信息解释》第一条在上述规定的基础上，进一步明确“公民个人信息”包括身份识别信息和活动情况信息，规定：“刑法第二百五十三条之一规定的‘公民个人信息’，是指以电子或者其他方式记录的能够单独或者与其他信息结合识别特定自然人身份或者反映特定自然人活动情况的各种信息，包括姓名、身份证件号码、通信通讯联系方式、住址、账号密码、财产状况、行踪轨迹等。”

此外，根据《侵犯公民个人信息解释》第一条的规定，关于“公民个人信息”的外延，有以下几个具体问题值得注意：(1)“公民个人信息”，既包括中国公民的个人信息，也包括外国公民和其他无国籍人的个人信息。(2) 公民个人信息须与特定自然人关联。这是公民个人信息所具有的关键属性。因此，经过处理无法识别特定个人且不能复原的信息，虽然也可能反映自然人活动情况，但与特定自然人无直接关联，不能纳入公民个人信息的范畴。对于与特定自然人关联，可以是识别特定自然人身份，也可以是反映特定自然人活动情况。需要注意的是，无论是识别特定自然人身份，还是反映特定自然人活动情况，都应当是能够单独或者与其他信息结合所具有的功能。例如，身份证号与公民个人身份一一对应，可以单独识别公民个人身份；而工作单位、家庭住址等无法单独识别公民个人身份，需要同其他信息结合才能识别公民个人身份。但是，上述两类信息无疑都属于公民个人信息的范畴。(3) 与特定自然人关联的账号密码属于“公民个人信息”。对于“账号密码”能否纳入“公民个人信息”的范围，存在不同认识。经研究认为，当前账号密码往往绑定身份证号、手机号码等特定信息，即使未绑定，非法获取账号密码后往往也会引发侵犯财产甚至人身的违法犯罪。因此，《侵犯公民个人信息解释》第一条明确将“账号密码”列为“公民个人信息”的范围。

（二）“违反国家有关规定”的认定

《刑法修正案（九）》将侵犯公民个人信息罪的前提要件由“违反国家规定”修改为“违反国家有关规定”。根据修法精神，《侵犯公民个人信息解释》第二条规定：“违反法律、行政法规、部门规章有关公民个人信息保护的规定的，应当认定为刑法第二百五十三条之一规定的‘违反国家有关规定’。”具体而言，该条将“国家有关规定”明确限于法律、行政法规、部门规章等国家层面的规定，不包括地方性法规等非国家层面的规定。

（三）非法“提供公民个人信息”的认定

根据《刑法》第二百五十三条之一第一款、第二款的规定，违反国家有关规定，向他人非法出售或者提供公民个人信息，是侵犯公民个人信息罪的客观行为方式之一。从司法适用的角度，以下两个问题值得关注：

1. “提供”的认定

向特定人提供公民个人信息，属于“提供”公民个人信息，对此不存在疑义。但是，对于通过信息网络或者其他途径发布公民个人信息，是否属于“提供公民个人信息”，存在不同认识。经研究认为，通过信息网络或者其他途径发布公民个人信息，实际是向不特定多数人提供公民个人信息，向特定人提供公民个人信息的行为属于“提供”，基于“举轻明重”的法理，前者更应当认定为“提供”。基于此，《侵犯公民个人信息解释》第三条第一款规定：“向特定人提供公民个人信息，以及通过信息网络或者其他途径发布公民个人信息的，应当认定为刑法第二百五十三条之一规定的‘提供公民个人信息’。”

2. 合法收集公民个人信息后非法提供的认定

基于大数据发展的现实需要，《网络安全法》在法律层面为个人信息交易和流动留有一定空间，第四十四条规定任何个人和组织“不得非法出售或者非法向他人提供个人信息”，即不仅允许合法提供公民个人信息，而且为合法出售公民个人信息留有空间。而且，《网络安全法》第四十二条第一款进一步明确了合法提供公民个人信息的情形，规定：“网络运营者不得泄露、篡改、毁损其收集的个人信息；未经被收集者同意，不得向他人提供个人信息。但是，经过处理无法识别特定个人且不能复原的除外。”据此，经得被收集者同意，以及匿名化处理（剔除个人关联），是合法提供公民个人信息的两种情形，不能纳入刑事规制范围。基于此，《侵犯公民个人信息解释》第三条第二款规定："未经被收集者同意，将合法收集的公民个人信息向他人提供的，属于刑法第二百五十三条之一规定的'提供公民个人信息'，但是经过处理无法识别特定个人且不能复原的除外。"当然，这里只是明确此种情形属于"提供公民个人信息"，是否构成侵犯公民个人信息罪，还需要根据"违反国家有关规定"等要件作进一步判断。

（四）"非法获取公民个人信息"的认定

根据《刑法》第二百五十三条之一第三款的规定，窃取或者以其他方法非法获取公民个人信息是侵犯公民个人信息罪的客观行为方式之一。具体而言，以下几个问题值得关注：

1. 购买公民个人信息的处理

从实践来看，非法获取公民个人信息的方式主要表现为购买、收受、交换和侵入计算机信息系统或者采用其他技术手段。对于"购买公民个人信息"是否属于"以其他方法非法获取公民个人信息"，存在不同认识。有意见认为，"其他方法"应当限于与"窃取"危害性相当的方式（如抢夺），不宜将"购买"包括在内。经研究认为，其一，《刑法》第二百五十三条之一第三款并未明确排除"购买"方法，且非法购买公民个人信息当然属于非法获取公民个人信息的情形。其二，从实践来看，当前非法获取公民个人信息的方式主要表现为非法购买，如排除此种方式，则会大幅限缩侵犯公民个人信息罪的适用范围。其三，不少侵犯公民个人信息犯罪案件，购买往往是后续出售、提供的前端环节，没有购买就没有后续的出售、提供。基于上述考虑，《侵犯公民个人信息解释》第四条明确规定："违反国家有关规定，通过购买、收受、交换等方式获取公民个人信息，或者在履行职责、提供服务过程中收集公民个人信息的，属于刑法第二百五十三条之一第三款规定的'以其他方法非法获取公民个人信息'。"

2. 获取公民个人信息行为"非法"的判断

对于获取公民个人信息，《刑法》第二百五十三条之一第三款将罪状直接表述为"非法获取"。基于体系解释的原理，对此处的"非法"，应当以是否违反国家有关规定作为判断标准。

3. 非法收集公民个人信息的处理

《网络安全法》第四十一条规定："网络运营者收集、使用个人信息，应当遵循合法、正当、必要的原则，公开收集、使用规则，明示收集、使用信息的目的、方式和范围，并经被收集者同意。网络运营者不得收集与其提供的服务无关的个人信息，不得违反法律、行政法规的规定和双方的约定收集、使用个人信息，并应当依照法律、行政法规的规定和与用户的约定，处理其保存的个人信息。”违反上述规定，未经他人同意收集公民个人信息，或者收集与提供的服务无关的公民个人信息的，应当认定为“非法获取公民个人信息”。以此为基础，《侵犯公民个人信息解释》第四条专门明确：“违反国家有关规定……在履行职责、提供服务过程中收集公民个人信息的，属于刑法第二百五十三条之一第三款规定的‘以其他方法非法获取公民个人信息’。”

（五）侵犯公民个人信息罪的定罪量刑标准

根据《刑法》第二百五十三条之一的规定，非法获取、出售或者提供公民个人信息，情节严重的，处三年以下有期徒刑或者拘役，并处或者单处罚金；情节特别严重的，处三年以上七年以下有期徒刑，并处罚金。可见，侵犯公民个人信息罪系情节犯，定罪量刑标准为“情节严重”“情节特别严重”。对于这一概括性的定罪量刑情节，宜根据司法实践的情况从犯罪的客体、客观方面、主体、主观方面等多个角度加以考察。经充分调研，《侵犯公民个人信息解释》第五条规定了“情节严重”“情节特别严重”的认定标准。

1.“情节严重”的认定标准

《侵犯公民个人信息解释》第五条第一款从以下几个方面对侵犯公民个人信息罪的入罪标准“情节严重”作了明确：

一是信息类型和数量。公民个人信息的类型繁多，行踪轨迹信息、通信内容、征信信息、财产信息、住宿信息、交易信息等公民个人敏感信息涉及人身安全和财产安全，被非法获取、出售或者提供后极易引发绑架、诈骗、敲诈勒索等关联犯罪，具有更大的社会危害性。因此，基于不同类型公民个人信息的重要程度，《侵犯公民个人信息解释》分别设置了“五十条以上”“五百条以上”“五千条以上”的入罪标准，以实现罪责刑相适应。具体而言：

（1）非法获取、出售或者提供行踪轨迹信息、通信内容、征信信息、财产信息五十条以上的。行踪轨迹信息、通信内容、征信信息、财产信息与人身安全、财产安全直接相关，系高度敏感信息，《侵犯公民个人信息解释》第五条第一款第三项将入罪标准设置为“五十条以上”。需要注意的是，鉴于本项规定的入罪标准门槛较低，故此处严格限缩所涉公民个人信息的类型，仅限于行踪轨迹信息、通信内容、征信信息、财产信息四类，不允许司法适用中再通过等外解释予以扩大。对于行踪轨迹信息、通信内容、征信信息，司法实践中在认定上不存在争议。对于财产信息，可以根据案件具体情况把握：既包括银行账户、第三方支付结算账户、证券期货等金融服务账户的身份认证信息（一组确认用户操作权限的数据，包括账号、口令、密码、数字证书等），也包括存款、房产等财产状况信息。

（2）非法获取、出售或者提供住宿信息、通信记录、健康生理信息、交易信息等其他可能影响人身、财产安全的公民个人信息五百条以上的。上述公民个人信息虽然在重要程度上弱于行踪轨迹信息、通信内容、征信信息、财产信息，但也与人身安全、财产安全直接相关，往往被用于“精准”诈骗等违法犯罪活动。基于此，《侵犯公民个人信息解释》第五条第一款第四项将入罪标准设置为“五百条以上”。需要注意的是，本项规定有“其他可能影响人身、财产安全的公民个人信息”的表述，司法实践中可以根据具体情况作等外解释，但应当确保所适用的公民个人信息涉及人身、财产安全，且与“住宿信息、通信记录、健康生理信息、交易信息”在重要程度上具有相当性。

（3）非法获取、出售或者提供一般公民个人信息五千条以上的。从实践来看，除前述公民个人敏感信息外，出售、提供公民个人信息往往数量较大，动辄数万条甚至数十万条，在不少案件中甚至将公民个人信息编辑为电子文档后按兆出售。因此，不少地方对出售、提供公民个人信息的入罪掌握在数量五千条以上，基本上可以满足严厉打击此类犯罪的需要，且给行政处罚留有一定空间。基于此，《侵犯公民个人信息解释》第五条第一款第五项将非法获取、出售或者提供公民个人信息五千条以上的规定为“情节严重”。

此外，鉴于实践中存在混杂公民个人信息的情形，《侵犯公民个人信息解释》第五条第一款第六项将“数量未达到第三项至第五项规定标准，但是按相应比例合计达到有关数量标准的”情形规定为“情节严重”。

二是违法所得数额。出售或者非法提供公民个人信息往往是为了牟利，故应当以违法所得作为认定“情节严重”的情形之一。从司法实践来看，一般公民个人信息的价格相对较低，甚至不会按条计价；而公民个人敏感信息价格通常较高，为按条计价，特别是行踪轨迹信息，可以说是最为昂贵的信息类型。考虑到各项规定之间的均衡，《侵犯公民个人信息解释》第五条第一款第七项将违法所得五千元以上的规定为“情节严重”。

三是信息用途。通常而言，非法获取公民个人信息，绝不仅是为了占有，而是有特定用途，甚至用于违法犯罪。可以说，非法获取、出售或者提供公民个人信息，不仅严重危害公民的信息安全，而且可能引发进一步犯罪。因此，此类行为引发的后果的严重程度，是认定“情节严重”与否的重要标准。被非法获取、出售或者提供的公民个人信息，用途存在不同，对权利人的侵害程度也会存在差异。如果涉案的公民个人信息被用于实施其他犯罪活动，使权利人的人身、财产安全陷入高风险状态或者造成实质危害的，对此应当直接认定为“情节严重”或者“情节特别严重”，以刑事手段加以规制；而如果涉案公民个人信息未被用于犯罪活动，则社会危害性相对较小，不宜直接以此作为刑事规制的依据。基于此，《侵犯公民个人信息解释》第五条第一款第二项将“知道或者应当知道他人利用公民个人信息实施犯罪，向其出售或者提供的”规定为“情节严重”。从司法实践来看，行踪轨迹信息是最为敏感的公民个人信息。出售或者提供该类信息，行为人主观上对可能被用于犯罪存在概括认识，《侵犯公民个人信息解释》第五条第一款第一项直接将“出售或者提供行踪轨迹信息，被他人用于犯罪的”规定为“情节严重”，无须再具体判断主观上是否知道或者应当知道涉案信息被用于犯罪。

四是主体身份。公民个人信息泄露案件不少系内部人员作案，诸多公民个人信息买卖案件也可以见到“内鬼”参与的“影子”。这是侵犯公民个人信息违法犯罪泛滥的重要原因所在。由于上述情形往往发生在公民个人信息交易的最初阶段，涉案信息的数量往往较少、价格相对低廉。此种情形下，如果不设置特殊标准，往往难以对此类源头行为予以刑事惩治。基于此，为贯彻落实《刑法》第二百五十三条之一第二款“违反国家有关规定，将在履行职责或者提供服务过程中获得的公民个人信息，出售或者提供给他人的，依照前款的规定从重处罚”的规定，《侵犯公民个人信息解释》第五条第一款第八项对将在履行职责或者提供服务过程中获得的公民个人信息出售或者提供给他人的情形认定为“情节严重”设置了特殊标准，规定此种情形下出售或者提供公民个人信息，认定“情节严重”的数量、数额标准减半计算。当然，对于此种情形，不宜再根据《刑法》第二百五十三条之一第二款的规定从重处罚，以免重复评价。

五是主观恶性。曾因侵犯公民个人信息受过刑事处罚或者二年内受过行政处罚，又非法获取、出售或者提供公民个人信息的，行为人屡罚屡犯，主观恶性大。故而，《侵犯公民个人信息解释》第五条第一款第九项将此种情形规定为“情节严重”。

2. “情节特别严重”的认定标准

《侵犯公民个人信息解释》第五条第二款主要从两个角度规定了“情节特别严重”的情形：一是数量数额标准。基于司法实践中侵犯公民个人信息犯罪涉案的公民个人信息数量悬殊，跨度从几千条到几十万条（甚至更大数量），将“情节特别严重”和“情节严重”之间的数量数额标准设置为十倍而非五倍的倍数关系。二是严重后果。从实践来看，非法获取、出售或者提供公民个人信息，对于个人而言，可能造成人身伤亡、经济损失等后果；对于社会而言，可能引发社会恐慌，造成恶劣社会影响。基于此，将“造成被害人死亡、重伤、精神失常或者被绑架等严重后果的”“造成重大经济损失或者恶劣社会影响的”规定为“情节特别严重”。

3. 为合法经营活动购买、收受公民个人信息定罪量刑的特殊标准

从实践来看，购买、收受公民个人信息从事广告推销等活动的情形较为普遍。为了秉持刑法的谦抑性，体现宽严相济，《侵犯公民个人信息解释》第六条第一款规定：“为合法经营活动而非法购买、收受本解释第五条第一款第三项、第四项规定以外的公民个人信息，具有下列情形之一的，应当认定为刑法第二百五十三条之一规定的‘情节严重’：（一）利用非法购买、收受的公民个人信息获利五万元以上的；（二）曾因侵犯公民个人信息受过刑事处罚或者二年内受过行政处罚，又非法购买、收受公民个人信息的；（三）其他情节严重的情形。”这是《侵犯公民个人信息解释》针对为合法经营活动而购买、收受公民个人信息的行为设置的专门的定罪量刑标准。而且，考虑到此类行为社会危害性不大，即使构成犯罪，通常也不需要升档量刑，故只规定了“情节严重”的具体情形。

需要注意的是，适用该定罪量刑标准须满足三个条件：一是为了合法经营活动，对此可以综合全案证据认定，但主要应当由被告方提供相关证据；二是限于普通公民个人信息，即不包括可能影响人身、财产安全的敏感信息；三是信息没有再流出扩散，即行为方式限于购买、收受。根据《侵犯公民个人信息解释》第六条第二款的规定，如果将购买、收受的公民个人信息非法

出售或者提供的，定罪量刑标准应当适用《侵犯公民个人信息解释》第五条的规定。对此应当注意的是，为了合法经营活动交换公民个人信息的，由于在获取信息的同时造成了信息扩散，不符合前述三个要件，定罪量刑标准亦应适用《侵犯公民个人信息解释》第五条的规定。

4. 侵犯公民个人信息单位犯罪的定罪量刑标准

根据《刑法》第二百五十三条之一第四款的规定，单位可以成为侵犯公民个人信息罪的主体。为切实加大对单位侵犯公民个人信息犯罪的惩治力度，《侵犯公民个人信息解释》第七条明确了单位实施侵犯公民个人信息犯罪的，适用自然人犯罪的定罪量刑标准，规定："单位犯刑法第二百五十三条之一规定之罪的，依照本解释规定的相应自然人犯罪的定罪量刑标准，对直接负责的主管人员和其他直接责任人员定罪处罚，并对单位判处罚金。"

（六）侵犯公民个人信息罪的认罪认罚从宽处理

为贯彻落实认罪认罚从宽制度，充分发挥刑法的教育和威慑功能，《侵犯公民个人信息解释》第十条专门规定："实施侵犯公民个人信息犯罪，不属于'情节特别严重'，行为人系初犯，全部退赃，并确有悔罪表现的，可以认定为情节轻微，不起诉或者免予刑事处罚；确有必要判处刑罚的，应当从宽处罚。"可见，该条只适用于侵犯公民个人信息犯罪的基本情节，构成"情节特别严重"的，不能再适用本条规定从宽处罚。

（七）设立网站、通讯群组侵犯公民个人信息行为的定性

实践中，一些行为人通过建立网站供他人进行公民个人信息交换、买卖等活动，以非法牟利。此类网站存储、流转公民个人信息量巨大，但网站建立者、直接负责的管理者未直接接触公民个人信息，不少情形下难以按照侵犯公民个人信息罪定罪处罚。根据《刑法》第二百八十七条之一的规定，设立用于实施违法犯罪活动的网站、通讯群组，情节严重的，构成非法利用信息网络罪。经研究认为，供他人实施非法获取、出售或者提供公民个人信息违法犯罪活动的网站、通讯群组实际上属于"用于实施违法犯罪活动的网站、通讯群组"。因此，《侵犯公民个人信息解释》第八条规定："设立用于实施非法获取、出售或者提供公民个人信息违法犯罪活动的网站、通讯群组，情节严重的，应当依照刑法第二百八十七条之一的规定，以非法利用信息网络罪定罪处罚；同时构成侵犯公民个人信息罪的，依照侵犯公民个人信息罪定罪处罚。"

（八）拒不履行公民个人信息安全管理义务行为的处理

当前，一些单位因为履行职责或者提供服务的需要，掌握着海量公民个人信息，这些信息一旦泄露将造成恶劣社会影响和严重危害后果。实际上，侵犯公民个人信息违法犯罪的猖獗，与有关单位保护公民个人信息工作存在疏漏有一定关联，相关管理机制有进一步完善的空间。这一问题在互联网时代更为突出。为了促进网络运营者采取切实有效的措施加强对公民个人信息的保护，《网络安全法》明确了网络信息安全的责任主体，确立了“谁收集，谁负责”的原则，将收集和使用个人信息的网络运营者，设定为个人信息保护的责任主体。其中，第四十条明确规定：“网络运营者应当对其收集的用户信息严格保密，并建立健全用户信息保护制度。”与之相衔接，《刑法修正案（九）》设立了拒不履行信息网络安全管理义务罪，规定网络服务提供者不履行法律、行政法规规定的信息网络安全管理义务，经监管部门责令采取改正措施而拒不改正，致使用户信息泄露，造成严重后果的，处三年以下有期徒刑、拘役或者管制，并处或者单处罚金。因此，对于网络服务提供者未切实落实个人信息保护措施，符合《刑法》第二百八十六条之一规定的，可能构成拒不履行信息网络安全管理义务罪。据此，《侵犯公民个人信息解释》第九条规定：“网络服务提供者拒不履行法律、行政法规规定的信息网络安全管理义务，经监管部门责令采取改正措施而拒不改正，致使用户的公民个人信息泄露，造成严重后果的，应当依照刑法第二百八十六条之一的规定，以拒不履行信息网络安全管理义务罪定罪处罚。”

（九）涉案公民个人信息的数量计算规则

针对公民个人信息数量“计算难”的实际问题，《侵犯公民个人信息解释》第十一条专门规定了数量计算规则。具体而言：

1. 公民个人信息的条数计算

关于公民个人信息的条数计算，如同一条信息中涉及多个个人信息的，如家庭住址、银行卡信息、电话号码，实践中往往认定为一条公民个人信息。对此问题，实践中并无太大争议，故未作专门规定。对于实践中存在的针对同一对象非法获取公民信息后又出售或者提供的情形，则明显不宜先计算非法获取的公民个人信息数量，再计算出售或者提供的公民个人信息数量，故《侵犯公民个人信息解释》第十一条第一款规定：“非法获取公民个人信息后又出售或者提供的，公民个人信息的条数不重复计算。”此外，考虑到公民个人信息可能被重复出售或者提供，其社会危害性明显不同于向他人出售或者提供一次的情形，故而，《侵犯公民个人信息解释》第十一条第二款规定："向不同单位或者个人分别出售、提供同一公民个人信息的，公民个人信息的条数累计计算。"

2. 批量公民个人信息的数量认定规则

从实践来看，除公民个人敏感信息外，涉案的公民个人信息动辄上万条甚至数十万条。此类案件中，不排除少数情况下存在信息重复，如针对同一对象并存"姓名+住址""姓名+电话号码""姓名+身份证号"等数条信息，但要求做到完全去重较为困难。此外，对于信息的真实性也难以一一核实。个别案件中，要求办案机关电话联系权利人核实公民个人信息的做法，明显不合适。基于此，《侵犯公民个人信息解释》第十一条第三款规定："对批量公民个人信息的条数，根据查获的数量直接认定，但是有证据证明信息不真实或者重复的除外。"

（十）侵犯公民个人信息犯罪的罚金刑适用规则

侵犯公民个人信息犯罪具有明显的牟利性，行为人实施该类犯罪主要是为了牟取非法利益。因此，有必要加大财产刑的适用力度，让行为人在经济上得不偿失，进而剥夺其再次实施此类犯罪的经济能力。基于此，《侵犯公民个人信息解释》第十二条规定："对于侵犯公民个人信息犯罪，应当综合考虑犯罪的危害程度、犯罪的违法所得数额以及被告人的前科情况、认罪悔罪态度等，依法判处罚金。罚金数额一般在违法所得的一倍以上五倍以下。"

3. 检察机关办理侵犯公民个人信息案件指引（高检发侦监字〔2018〕13号，自2018年11月9日起施行）

根据《中华人民共和国刑法》第二百五十三条之一的规定，侵犯公民个人信息罪是指违反国家有关规定，向他人出售、提供公民个人信息，或者通过窃取等方法非法获取公民个人信息，情节严重的行为。结合《最高人民法院、最高人民检察院关于办理侵犯公民个人信息刑事案件适用法律若干问题的解释》（法释〔2017〕10号）（以下简称《解释》），办理侵犯公民个人信息案件，应当特别注意以下问题：一是对"公民个人信息"的审查认定；二是对"违反国家有关规定"的审查认定；三是对"非法获取"的审查认定；四是对"情节严重"和"情节特别严重"的审查认定；五是对关联犯罪的审查认定。

一、审查证据的基本要求

（一）审查逮捕

1. 有证据证明发生了侵犯公民个人信息犯罪事实

（1）证明侵犯公民个人信息案件发生

主要证据包括：报案登记、受案登记、立案决定书、破案经过、证人证言、被害人陈述、犯罪嫌疑人供述和辩解以及证人、被害人提供的短信、微信或 QQ 截图等电子数据。

（2）证明被侵犯对象系公民个人信息

主要证据包括：扣押物品清单、勘验检查笔录、电子数据、司法鉴定意见及公民信息查询结果说明、被害人陈述、被害人提供的原始信息资料和对比资料等。

2. 有证据证明侵犯公民个人信息行为是犯罪嫌疑人实施的

（1）证明违反国家有关规定的证据：犯罪嫌疑人关于所从事的职业的供述、其所在公司的工商注册资料、公司出具的犯罪嫌疑人职责范围说明、劳动合同、保密协议及公司领导、同事关于犯罪嫌疑人职责范围的证言等。

（2）证明出售、提供行为的证据：远程勘验笔录及 QQ、微信等即时通讯工具聊天记录、论坛、贴吧、电子邮件、手机短信记录等电子数据，证明犯罪嫌疑人通过上述途径向他人出售、提供、交换公民个人信息的情况。公民个人信息贩卖者、提供者、担保交易人及购买者、收受者的证言或供述，相关银行账户明细、第三方支付平台账户明细，证明出售公民个人信息违法所得情况。此外，如果犯罪嫌疑人系通过信息网络发布方式提供公民个人信息，证明该行为的证据还包括远程勘验笔录、扣押笔录、扣押物品清单、对手机、电脑存储介质、云盘、FTP 等的司法鉴定意见等。

（3）证明犯罪嫌疑人或公民个人信息购买者、收受者控制涉案信息的证据：搜查笔录、扣押笔录、扣押物品清单，对手机、电脑存储介质等的司法鉴定意见等，证实储存有公民个人信息的电脑、手机、U 盘或者移动硬盘、云盘、FTP 等介质与犯罪嫌疑人或公民个人信息购买者、收受者的关系。犯罪嫌疑人供述、辨认笔录及证人证言等，证实犯罪嫌疑人或公民个人信息购买者、收受者所有或实际控制、使用涉案存储介质。

（4）证明涉案公民个人信息真实性的证据：被害人陈述、被害人提供的原始信息资料、公安机关或相关单位出具的涉案公民个人信息与权威数据库内信息同一性的比对说明。针对批量的涉案公民个人信息的真实性问题，根据《解释》精神，可以根据查获的数量直接认定，但有证据证明信息不真实或重复的除外。

（5）证明违反国家规定，通过窃取、购买、收受、交换等方式非法获取公民个人信息的证据：主要证据与上述以出售、提供方式侵犯公民个人信息行为的证据基本相同。针对窃取的方式如通过技术手段非法获取公民个人信息的行为，需证明犯罪嫌疑人实施上述行为，除被害人陈述、犯罪嫌疑人供述和辩解外，还包括侦查机关从被害公司数据库中发现入侵电脑 IP 地址情况、从犯罪嫌疑人电脑中提取的侵入被害公司数据的痕迹等现场勘验检查笔录，以及涉案程序（木马）的司法鉴定意见等。

3. 有证据证明犯罪嫌疑人具有侵犯公民个人信息的主观故意

（1）证明犯罪嫌疑人明知没有获取、提供公民个人信息的法律依据或资格，主要证据包括：犯罪嫌疑人的身份证明、犯罪嫌疑人关于所从事职业的供述、其所在公司的工商资料和营业范围、公司关于犯罪嫌疑人的职责范围说明、公司主要负责人的证人证言等。

（2）证明犯罪嫌疑人积极实施窃取、出售、提供、购买、交换、收受公民个人信息的行为，主要证据除了证人证言、犯罪嫌疑人供述和辩解外，还包括远程勘验笔录、手机短信记录、即时通讯工具聊天记录、电子数据司法鉴定意见、银行账户明细、第三方支付平台账户明细等。

4. 有证据证明“情节严重”或“情节特别严重”

（1）公民个人信息购买者或收受者的证言或供述。

（2）公民个人信息购买、收受公司工作人员利用公民个人信息进行电话或短信推销、商务调查等经营性活动后出具的证言或供述。

（3）公民个人信息购买者或者收受者利用所获信息从事违法犯罪活动后出具的证言或供述。

（4）远程勘验笔录、电子数据司法鉴定意见书、最高人民检察院或公安部指定的机构对电子数据涉及的专门性问题出具的报告、公民个人信息资料等。证明犯罪嫌疑人通过即时通讯工具、电子邮箱、论坛、贴吧、手机等向他人出售、提供、购买、交换、收受公民个人信息的情况。

（5）银行账户明细、第三方支付平台账户明细。

（6）死亡证明、伤情鉴定意见、医院诊断记录、经济损失鉴定意见、相关案件起诉书、判决书等。

（二）审查起诉

除审查逮捕阶段证据审查基本要求之外，对侵犯公民个人信息案件的审查起诉工作还应坚持“犯罪事实清楚，证据确实、充分”的标准，保证定罪量刑的事实都有证据证明；据以定案的证据均经法定程序查证属实；综合全案证据，对所认定的事实已排除合理怀疑。

1. 有确实充分的证据证明发生了侵犯公民个人信息犯罪事实。该证据与审查逮捕的证据类型相同。

2. 有确实充分的证据证明侵犯公民个人信息行为是犯罪嫌疑人实施的

（1）对于证明犯罪行为是犯罪嫌疑人实施的证据审查，需要结合《解释》精神，准确把握对“违反国家有关规定”“出售、提供行为”“窃取或以其他方法”的认定。

（2）对证明违反国家有关规定的证据审查，需要明确国家有关规定的具体内容，违反法律、行政法规、部门规章有关公民个人信息保护规定的，应当认定为刑法第二百五十三条之一规定的“违反国家有关规定”。

（3）对证明出售、提供行为的证据审查，应当明确“出售、提供”包括在履职或提供服务的过程中将合法持有的公民个人信息出售或者提供给他人的行为：向特定人提供、通过信息网络或者其他途径发布公民个人信息、未经被收集者同意，将合法收集的公民个人信息（经过处理无法识别特定个人且不能复原的除外）向他人提供的，均属于刑法第二百五十三条之一规定的“提供公民个人信息”。应当全面审查犯罪嫌疑人所出售提供公民个人信息的来源、途经与去向，对相关供述、物证、书证、证人证言、被害人陈述、电子数据等证据种类进行综合审查，针对使用信息网络进行犯罪活动的，需要结合专业知识，根据证明该行为的远程勘验笔录、扣押笔录、扣押物品清单、电子存储介质、网络存储介质等的司法鉴定意见进行审查。

（4）对证明通过窃取或以其他非法方法获取公民个人信息等方式非法获取公民个人信息的证据审查，应当明确“以其他方法获取公民个人信息”包括购买、收受、交换等方式获取公民个人信息，或者在履行职责、提供服务过程中收集公民个人信息的行为。

针对窃取行为，如通过信息网络窃取公民个人信息，则应当结合犯罪嫌疑人供述、证人证言、被害人陈述，着重审查证明犯罪嫌疑人侵入信息网络、数据库时的IP地址、MAC地址、侵入工具、侵入痕迹等内容的现场勘验检查笔录以及涉案程序（木马）的司法鉴定意见等。

针对购买、收受、交换行为，应当全面审查购买、收受、交换公民个人信息的来源、途经、去向，结合犯罪嫌疑人供述和辩解、辨认笔录、证人证言等证据，对搜查笔录、扣押笔录、扣押物品清单、涉案电子存储介质等司法鉴定意见进行审查，明确上述证据同犯罪嫌疑人或公民个人信息购买、收受、交换者之间的关系。

针对履行职责、提供服务过程中收集公民个人信息的行为，应当审查证明犯罪嫌疑人所从事职业及其所负职责的证据，结合法律、行政法规、部门规章等国家有关公民个人信息保护的规定，明确犯罪嫌疑人的行为属于违反国家有关规定，以其他方法非法获取公民个人信息的行为。

（5）对证明涉案公民个人信息真实性证据的审查，应当着重审查被害人陈述、被害人提供的原始信息资料、公安机关或其他相关单位出具的涉案公民个人信息与权威数据库内信息同一性的对比说明。对批量的涉案公民个人信息的真实性问题，根据《解释》精神，可以根据查获的数量直接认定，但有证据证明信息不真实或重复的除外。

3. 有确实充分的证据证明犯罪嫌疑人具有侵犯公民个人信息的主观故意

（1）对证明犯罪嫌疑人主观故意的证据审查，应当综合审查犯罪嫌疑人的身份证明、犯罪嫌疑人关于所从事职业的供述、其所在公司的工商资料和营业范围、公司关于犯罪嫌疑人的职责范围说明、公司主要负责人的证人证言等，结合国家公民个人信息保护的相关规定，夯实犯罪嫌疑人在实施犯罪时的主观明知。

（2）对证明犯罪嫌疑人积极实施窃取或者以其他方法非法获取公民个人信息行为的证据审查，应当结合犯罪嫌疑人供述、证人证言，着重审查远程勘验笔录、手机短信记录、即时通讯工具聊天记录、电子数据司法鉴定意见、银行账户明细、第三方支付平台账户明细等，明确犯罪嫌疑人在实施犯罪时的积极作为。

4. 有确实充分的证据证明“情节严重”或“情节特别严重”。该证据与审查逮捕的证据类型相同。

二、需要特别注意的问题

在侵犯公民个人信息案件审查逮捕、审查起诉中，要根据相关法律、司法解释等规定，结合在案证据，重点注意以下问题：

（一）对“公民个人信息”的审查认定

根据《解释》的规定，公民个人信息是指以电子或者其他方式记录的能够单独或者与其他信息结合识别特定自然人身份或者反映特定自然人活动情况的各种信息，包括姓名、身份证件号码、通信通讯联系方式、住址、账号密码、财产状况、行踪轨迹等。经过处理无法识别特定自然人且不能复原的信息，虽然也可能反映自然人活动情况，但与特定自然人无直接关联，不属于公民个人信息的范畴。

对于企业工商登记等信息中所包含的手机、电话号码等信息，应当明确该号码的用途。对由公司购买、使用的手机、电话号码等信息，不属于个人信息的范畴，从而严格区分“手机、电话号码等由公司购买，归公司使用”与“公司经办人在工商登记等活动中登记个人电话、手机号码”两种不同情形。

（二）对“违反国家有关规定”的审查认定

《中华人民共和国刑法修正案（九）》将原第二百五十三条之一的“违反国家规定”修改为“违反国家有关规定”，后者的范围明显更广。根据刑法第九十六条的规定，“国家规定”仅限于全国人大及其常委会制定的法律和决定，国务院制定的行政法规、规定的行政措施、发布的决定和命令。而“国家有关规定”还包括部门规章，这些规定散见于金融、电信、交通、教育、医疗、统计、邮政等领域的法律、行政法规或部门规章中。

（三）对“非法获取”的审查认定

在窃取或者以其他方法非法获取公民个人信息的行为中，需要着重把握“其他方法”的范围问题。“其他方法”，是指“窃取”以外，与窃取行为具有同等危害性的方法，其中，购买是最常见的非法获取手段。侵犯公民个人信息犯罪作为电信网络诈骗的上游犯罪，诈骗分子往往先通过网络向他人购买公民个人信息，然后自己直接用于诈骗或转发给其他同伙用于诈骗，诈骗分子购买公民个人信息的行为属于非法获取行为，其同伙接收公民个人信息的行为明显也属于非法获取行为。同时，一些房产中介、物业管理公司、保险公司、担保公司的业务员往往与同行通过QQ、微信群互相交换各自掌握的客户信息，这种交换行为也属于非法获取行为。此外，行为人在履行职责、提供服务过程中，违反国家有关规定，未经他人同意收集公民个人信息，或者收集与提供的服务无关的公民个人信息的，也属于非法获取公民个人信息的行为。

（四）对“情节严重”和“情节特别严重”的审查认定

1. 关于“情节严重”的具体认定标准，根据《解释》第五条第一款的规定，主要涉及五个方面：

（1）信息类型和数量。①行踪轨迹信息、通信内容、征信信息、财产信息，此类信息与公民人身、财产安全直接相关，数量标准为五十条以上，且仅限于上述四类信息，不允许扩大范围。对于财产信息，既包括银行、第三方支付平台、证券期货等金融服务账户的身份认证信息（一组确认用户操作权限的数据，包括账号、口令、密码、数字证书等），也包括存款、房产、车辆等财产状况信息。②住宿信息、通信记录、健康生理信息、交易信息等可能影响公民人身、财产安全的信息，数量标准为五百条以上，此类信息也与人身、财产安全直接相关，但重要程度要弱于行踪轨迹信息、通信内容、征信信息、财产信息。对“其他可能影响人身、财产安全的公民个人信息”的把握，应当确保所适用的公民个人信息涉及人身、财产安全，且与“住宿信息、通信记录、健康生理信息、交易信息”在重要程度上具有相当性。③除上述两类信息以外的其他公民个人信息，数量标准为五千条以上。

（2）违法所得数额。对于违法所得，可直接以犯罪嫌疑人出售公民个人信息的收入予以认定，不必扣减其购买信息的犯罪成本。同时，在审查认定违法所得数额过程中，应当以查获的银行交易记录、第三方支付平台交易记录、聊天记录、犯罪嫌疑人供述、证人证言综合予以认定，对于犯罪嫌疑人无法说明合法来源的用于专门实施侵犯公民个人信息犯罪的银行账户或第三方支付平台账户内资金收入，可综合全案证据认定为违法所得。

（3）信息用途。公民个人信息被他人用于违法犯罪活动的，不要求他人的行为必须构成犯罪，只要行为人明知他人非法获取公民个人信息用于违法犯罪活动即可。

（4）主体身份。如果行为人系将在履行职责或者提供服务过程中获得的公民个人信息出售或者提供给他人的，涉案信息数量、违法所得数额只要达到一般主体的一半，即可认为“情节严重”。

（5）主观恶性。曾因侵犯公民个人信息受过刑事处罚或者二年内受过行政处罚，又非法获取、出售或者提供公民个人信息的，即可认为“情节严重”。

2. 关于“情节特别严重”的认定标准，根据《解释》，主要分为两类：一是信息数量、违法所得数额标准。二是信息用途引发的严重后果，其中造成人身伤亡、经济损失、恶劣社会影响等后果，需要审查认定侵犯公民个人信息的行为与严重后果间存在因果关系。

对于涉案公民个人信息数量的认定，根据《解释》第十一条，非法获取公民个人信息后又出售或者提供的，公民个人信息的条数不重复计算；向不同单位或者个人分别出售、提供同一公民个人信息的，公民个人信息的条数累计计算；对批量出售、提供公民个人信息的条数，根据查获的数量直接认定，但是有证据证明信息不真实或者重复的除外。在实践中，如犯罪嫌疑人多次获取同一条公民个人信息，一般认定为一条，不重复累计；但获取的该公民个人信息内容发生了变化的除外。

对于涉案公民个人信息的数量、社会危害性等因素的审查，应当结合刑法第二百五十三条和《解释》的规定进行综合审查。涉案公民个人信息数量极少，但造成被害人死亡等严重后果的，应审查犯罪嫌疑人行为与该后果之间的因果关系，符合条件的，可以认定为实施《解释》第五条第一款第十项“其他情节严重的情形”的行为，造成被害人死亡等严重后果，从而认定为“情节特别严重”。如涉案公民个人信息数量较多，但犯罪嫌疑人仅仅获取而未向他人出售或提供，则可以在认定相关犯罪事实的基础上，审查该行为是否符合《解释》第五条第一款第三、四、五、六、九项及第二款第三项的情形，符合条件的，可以分别认定为“情节严重”“情节特别严重”。

此外，针对为合法经营活动而购买、收受公民个人信息的行为，在适用《解释》第六条的定罪量刑标准时须满足三个条件：一是为了合法经营活动，对此可以综合全案证据认定，但主要应当由犯罪嫌疑人一方提供相关证据；二是限于普通公民个人信息，即不包括可能影响人身、财产安全的敏感信息；三是信息没有再流出扩散，即行为方式限于购买、收受。如果将购买、收受的公民个人信息非法出售或者提供的，定罪量刑标准应当适用《解释》第五条的规定。

（五）对关联犯罪的审查认定

对于侵犯公民个人信息犯罪与电信网络诈骗犯罪相交织的案件，应严格按照《最高人民法院、最高人民检察院、公安部关于办理电信网络诈骗等刑事案件适用法律若干问题的意见》（法发〔2016〕32 号）的规定进行审查认定，即通过认真审查非法获取、出售、提供公民个人信息的犯罪嫌疑人对电信网络诈骗犯罪的参与程度，结合能够证实其认知能力的学历文化、聊天记录、通话频率、获取固定报酬还是参与电信网络诈骗犯罪分成等证据，分析判断其是否属于诈骗共同犯罪、是否应该数罪并罚。

根据《解释》第八条的规定，设立用于实施出售、提供或者非法获取公民个人信息违法犯罪活动的网站、通讯群组，情节严重的，应当依照刑法第二百八十七条之一的规定，以非法利用信息网络罪定罪；同时构成侵犯公民个人信息罪的，应当认定为侵犯公民个人信息罪。

对于违反国家有关规定，采用技术手段非法侵入合法存储公民个人信息的单位数据库窃取公民个人信息的行为，也符合刑法第二百八十五条第二款非法获取计算机信息系统数据罪的客观特征，同时触犯侵犯公民个人信息罪和非法获取计算机信息系统数据罪的，应择一重罪论处。

此外，针对公安民警在履行职责过程中，违反国家有关规定，查询、提供公民个人信息的情形，应当认定为“违反国家有关规定，将在履行职责或者提供服务过程中以其他方法非法获取或提供公民个人信息”。但同时，应当审查犯罪嫌疑人除该行为之外有无其他行为侵害其他法益，从而对可能存在的其他犯罪予以准确认定。

三、社会危险性及羁押必要性审查

（一）审查逮捕

1. 犯罪动机：一是出售牟利；二是用于经营活动；三是用于违法犯罪活动。犯罪动机表明犯罪嫌疑人主观恶性，也能证明犯罪嫌疑人是否可能实施新的犯罪。

2. 犯罪情节。犯罪嫌疑人的行为直接反映其人身危险性。具有下列情节的侵犯公民个人信息犯罪，能够证实犯罪嫌疑人主观恶性和人身危险性较大，实施新的犯罪的可能性也较大，可以认为具有较大的社会危险性：一是犯罪持续时间较长、多次实施侵犯公民个人信息犯罪的；二是被侵犯的公民个人信息数量或违法所得巨大的；三是利用公民个人信息进行违法犯罪活动的；四是犯罪手段行为本身具有违法性或者破坏性，即犯罪手段恶劣的，如骗取、窃取公民个人信息，采取胁迫、植入木马程序侵入他人计算机系统等方式非法获取信息。

犯罪嫌疑人实施侵犯公民个人信息犯罪，不属于“情节特别严重”，系初犯，全部退赃，并确有悔罪表现的，可以认定社会危险性较小，没有逮捕必要。

（二）审查起诉

在审查起诉阶段，要结合侦查阶段取得的事实证据，进一步引导侦查机关加大捕后侦查力度，及时审查新证据。在羁押期限届满前对全案进行综合审查，对于未达到逮捕证明标准的，撤销原逮捕决定。

经羁押必要性审查，发现犯罪嫌疑人具有下列情形之一的，应当向办案机关提出释放或者变更强制措施的建议：

1. 案件证据发生重大变化，没有证据证明有犯罪事实或者犯罪行为系犯罪嫌疑人、被告人所为的。

2. 案件事实或者情节发生变化，犯罪嫌疑人、被告人可能被判处拘役、管制、独立适用附加刑、免予刑事处罚或者判决无罪的。

3. 继续羁押犯罪嫌疑人、被告人，羁押期限将超过依法可能判处的刑期的。

4. 案件事实基本查清，证据已经收集固定，符合取保候审或者监视居住条件的。

经羁押必要性审查，发现犯罪嫌疑人、被告人具有下列情形之一，且具有悔罪表现，不予羁押不致发生社会危险性的，可以向办案机关提出释放或者变更强制措施的建议：

1. 预备犯或者中止犯；共同犯罪中的从犯或者胁从犯。

2. 主观恶性较小的初犯。

3. 系未成年人或者年满七十五周岁的人。

4. 与被害方依法自愿达成和解协议，且已经履行或者提供担保的。

5. 患有严重疾病、生活不能自理的。

6. 系怀孕或者正在哺乳自己婴儿的妇女。

7. 系生活不能自理的人的唯一扶养人。

8. 可能被判处一年以下有期徒刑或者宣告缓刑的。

9. 其他不需要继续羁押犯罪嫌疑人、被告人的情形。

（三）疑难、复杂问题的参考性解答

1. 正确区分本罪与合法获取、提供公民个人信息的行为

根据《刑法》第二百五十三条之一的规定，构成本罪的前提，是窃取或者非法获取公民个人信息，或者违反国家有关规定而出售或者提供公民个人信息。依照国家相关法律规定，一些单位及其工作人员在履行职责或者提供服务的过程中，能够获得公民个人信息，对于合法获取公民个人信息的行为不能认定犯罪，合法获取公民个人信息的单位和个人均有职责和义务对公民个人信息进行保密。在上述单位供职但不接触、管理客户信息、客户资料的人员，以窃取或者其他方法非法获取公民个人信息的，可以构成非法获取公民个人信息罪；其他单位和人员以窃取或者其他非法方法获取公民个人信息的，也可以成立本罪。如果是依照相关规定应当提供公民个人信息的行为，不能认定本罪。如《刑事诉讼法》第五十四条第一款规定："人民法院、人民检察院和公安机关有权向有关单位和个人收集、调取证据。有关单位和个人应当如实提供证据。"因此，人民法院、人民检察院和公安机关基于办理刑事案件的需要向证人调取证据时，证人将自己知道的有关刑事案件的公民的个人信息提供给相关单位的，不能认定本罪。

2. 正确区分本罪与他罪

（1）本罪与窃取、收买、非法提供信用卡信息罪

《刑法》第一百七十七条之一第二款规定：窃取、收买或者非法提供他人信用卡信息资料的，依照前款规定处罚。第三款规定：银行或者其他金融机构的工作人员利用职务上的便利，犯第二款罪的，从重处罚。

本罪与窃取、收买、非法提供信用卡信息罪在犯罪对象和客观方面均有重合。如果行为人窃取、收买或者非法提供的是他人信用卡信息资料，则该行为符合上述两个罪名的犯罪构成要件，属于想象竞合犯，应当从一重处罚。从法定刑来看，《刑法》第一百七十七条的规定重于第二百五十三条的规定，应当以窃取、收买、非法提供信用卡信息罪定罪处罚。但是，窃取、收买、非法提供信用卡信息罪的主体只能是自然人，如果单位实施本罪的，对单位及其主管人员和其他直接责任人员则应当以本罪定罪处罚。

（2）本罪与为境外窃取、刺探、收买、非法提供国家机密、情报罪、故意泄露国家秘密罪、非法获取国家秘密罪

根据《刑法》第一百一十一条规定，为境外的机构、组织、人员窃取、刺探、收买、非法提供国家秘密或者情报的，构成为境外窃取、刺探、收买、非法提供国家秘密、情报罪。

根据《刑法》第三百九十八条规定，国家机关工作人员违反保守国家秘密法的规定，故意泄露国家秘密，情节严重的，构成故意泄露国家秘密罪。非国家机关工作人员犯前款罪的，依照前款的规定酌情处罚。

根据《刑法》第二百八十二条第一款规定，以窃取、刺探、收买方法，非法获取国家秘密的，构成非法获取国家秘密罪。

本罪与上述三个罪名通常不易混淆，但是如果窃取、非法获取、出售、非法提供的公民个人信息中包含国家秘密的，则涉及此罪与彼罪的区分。当行为人对国家秘密有认识，仍向境外组织、机构、人员窃取、刺探、收买、出售、非法提供的，按照想象竞合犯的处罚原则从一重处罚，应当以《刑法》第一百一十一条的规定定罪处罚。当行为人对国家秘密有认识，出售、非法提供给境内组织、机构、个人的，其行为同时触犯本罪与故意泄露国家秘密罪，按照想象竞合犯的处罚原则，应当以故意泄露国家秘密罪定罪处罚。如果行为人对公民个人信息中包含的国家秘密不知道也不可能知道的，则只能以本罪定罪处罚。如果行为人明知窃取、刺探、收买的是国家秘密，则以非法获取国家秘密罪定罪处罚；如果行为人不知道是国家秘密，也不可能知道是国家秘密的，则以本罪定罪处罚。另外，非法获取国家秘密罪的主体只能是自然人，如果单位在非法获取个人信息的过程中获取国家秘密的，则应当依照本罪处罚。

3. 本罪与盗窃罪的区分

本罪中窃取、非法获取公民个人信息的行为与盗窃罪在主观方面和犯罪手段方面相似，区别主要在于：第一，侵犯的客体不同。前者侵犯的是公民个人信息安全和自由，后者侵犯的是公私财物的所有权。第二，犯罪对象不同。前者的犯罪对象是公民个人信息，后者的犯罪对象是公私财物。第三，客观方面的表现不完全相同。前者的犯罪手段除窃取外，还有其他非法方法，如欺骗、收买、强取等，后者则只有窃取的方法。

4. 要注意本罪的罪数问题

（1）以非法方法获取公民个人信息，如果非法方法又构成其他犯罪的，如《刑法》第二百五十二条规定的侵犯通信自由罪，第二百五十三条规定的私自开拆、隐匿、毁弃邮件、电报罪，第二百八十四条规定的非法使用窃听、窃照专用器材罪，第二百八十五条规定的非法侵入计算机信息系统罪，则符合手段行为与目的行为的牵连犯，依照牵连犯处罚原则从一重处罚，法律另有规定的除外。

（2）非法获取公民个人信息，利用公民个人信息实施其他犯罪行为，构成犯罪的，应当数罪并罚。如非法调查公司获取公民个人信息，利用相关信息进行诈骗犯罪的，应当以非法获取公民个人信息罪和诈骗罪，实行数罪并罚。

三十二、报复陷害罪

（一）刑法规定

第二百五十四条 国家机关工作人员滥用职权、假公济私，对控告人、申诉人、批评人、举报人实行报复陷害的，处二年以下有期徒刑或者拘役；情节严重的，处二年以上七年以下有期徒刑。

（二）司法解释、司法文件

最高人民检察院关于渎职侵权犯罪案件立案标准的规定（高检发释字〔2006〕2号，自2006年7月26日起施行）（节录）

二、国家机关工作人员利用职权实施的侵犯公民人身权利、民主权利犯罪案件

……

（六）报复陷害案（第二百五十四条）

报复陷害罪是指国家机关工作人员滥用职权、假公济私，对控告人、申诉人、批评人、举报人实行报复陷害的行为。

涉嫌下列情形之一的，应予立案：

1. 报复陷害，情节严重，导致控告人、申诉人、批评人、举报人或者其近亲属自杀、自残造成重伤、死亡，或者精神失常的；

2. 致使控告人、申诉人、批评人、举报人或者其近亲属的其他合法权利

受到严重损害的；

3. 其他报复陷害应予追究刑事责任的情形。

……

三、附则

（一）本规定中每个罪案名称后所注明的法律条款系《中华人民共和国刑法》的有关条款。

（二）本规定所称“以上”包括本数；有关犯罪数额“不满”，是指已达到该数额百分之八十以上的。

（三）本规定中的“国家机关工作人员”，是指在国家机关中从事公务的人员，包括在各级国家权力机关、行政机关、司法机关和军事机关中从事公务的人员。在依照法律、法规规定行使国家行政管理职权的组织中从事公务的人员，或者在受国家机关委托代表国家行使职权的组织中从事公务的人员，或者虽未列入国家机关人员编制但在国家机关中从事公务的人员，在代表国家机关行使职权时，视为国家机关工作人员。在乡（镇）以上中国共产党机关、人民政协机关中从事公务的人员，视为国家机关工作人员。

（三）疑难、复杂问题的参考性解答

1. 正确区分本罪的罪与非罪

（1）工作中的错误行为与本罪。国家机关工作人员如果没有报复陷害的目的，而是由于政策水平不高，工作方式简单粗暴，对控告人、申诉人、批评人、举报人处理不当，致使其遭受损失的，属于工作上的错误行为，不构成犯罪。

（2）一般打击报复行为与本罪。《刑法》第二百五十四条虽然没有提到“情节严重”，但是根据《刑法》第十三条“但书”的规定，情节显著轻微，危害不大的，不作为犯罪处理。有的国家机关工作人员虽滥用职权、假公济私，对上述四种人实行打击报复，但情节显著轻微，危害不大的，属于一般违法行为，可予以批评教育，或者建议有关单位给予相应的行政纪律处分，但不构成犯罪。

2. 如何区分本罪与诬告陷害罪？

这两种犯罪都侵犯了公民的人身权利、民主权利和国家机关的正常活动，主观上都具有陷害他人的故意。两者的区别主要在于：第一，犯罪主体不同。

前者由国家机关工作人员构成，后者则可以是达到刑事责任年龄的任何公民。第二，犯罪目的不同。前者以报复陷害他人为目的，后者则是意图使他人受刑事处分。第三，犯罪手段不同。前者实施犯罪必须以利用职务、滥用职权为先决条件，后者并不要求必须利用职权。第四，陷害的对象不同。前者的受害人只限于控告人、申诉人、批评人、举报人这四种人；后者的受害人可以是任何公民，包括罪犯。

如果国家机关工作人员滥用职权、假公济私，捏造事实对控告人、申诉人、批评人、举报人进行陷害，其行为属于诬告陷害罪和报复陷害罪的想象竞合，应当以较重的诬告陷害罪定罪。

3. 如何区分本罪与打击报复证人罪？

根据《刑法》第三百零八条规定，对证人进行打击报复的，构成打击报复证人罪。本罪与打击报复证人罪都侵犯了国家机关的正常活动，主观方面均有报复的意图，客观上有报复的行为方式。两者的区别主要在于：第一，犯罪主体不同。前者的主体是国家机关工作人员，后者是一般主体。第二，犯罪对象不同。前者仅限于控告人、申诉人、批评人、举报人这四种人，后者的对象仅限于证人。第三，主观方面不同。前者是出于报复陷害的目的，后者是出于打击报复证人的目的。第四，客观方面不同。前者是滥用职权、假公济私进行报复陷害，后者是对证人进行打击报复，并不要求利用职权。

4. 正确区分本罪与滥用职权罪

根据《刑法》第三百九十七条第一款规定，国家机关工作人员滥用职权，致使公共财产、国家和人民利益遭受重大损失的，构成滥用职权罪。本罪与滥用职权罪都存在滥用职权，两者的区别主要在于：第一，侵犯的客体不同。前者是复杂客体，既侵犯了公民的人身权利、民主权利，也妨碍了国家机关的正常管理活动；后者侵犯的是国家机关的正常管理活动。第二，客观方面不同。前者是滥用职权、假公济私，对控告人、申诉人、批评人、举报人进行报复陷害的行为；后者是滥用职权，导致公共财产、国家和人民利益遭受重大损失的行为。第三，主观方面不同。前者主观上由直接故意构成，并具有报复陷害的目的；后者主观上由故意构成，既可以是直接故意，也可以是间接故意，即明知滥用职权的行为会造成公共财产、国家和人民的利益遭受重大损失的结果，而希望或者放任这种结果的发生。

5. 报复陷害罪的罪数问题

国家机关工作人员进行报复陷害的过程中，往往伴随着其他对公民人身权利的侵犯，存在一个行为触犯多个罪名的问题，如报复陷害罪与非法拘禁罪，报复陷害罪与虐待被监管人罪等。对于此类情况，应当按照想象竞合犯的处断原则，从一重罪处罚。

行为人在实施打击报复过程中，基于其他的主观故意又实施了其他侵害被害人的犯罪行为，上述行为均分别构成犯罪的，应当依法实行数罪并罚。

三十三、打击报复会计、统计人员罪

（一）刑法规定

第二百五十五条　公司、企业、事业单位、机关、团体的领导人，对依法履行职责、抵制违反会计法、统计法行为的会计、统计人员实行打击报复，情节恶劣的，处三年以下有期徒刑或者拘役。

（二）疑难、复杂问题的参考性解答

1. 如何理解本罪的客观要件？

本罪客观方面表现为对依法履行职责、抵制违反会计法、统计法行为的会计、统计人员实行打击报复的行为。

违反会计法的行为，主要是指伪造、变造、故意毁灭会计凭证、会计账簿、会计报表和其他会计资料；利用虚假的会计凭证、会计账簿、会计报表和其他会计资料偷税或者损害国家利益、社会利益；对不真实、不合法的原始凭证予以受理；对违反国家统一的财政制度、财务制度规定的收支不向上级主管单位行政领导提出书面报告等行为。违反统计法的行为，主要是指虚报、瞒报统计资料；伪造、篡改统计资料；拒报或者屡次拒报统计资料等行为。为了保障会计人员、统计人员依法行使职权，法律规定各地方、各部门、各单位的行政领导人领导会计机构、会计人员执行会计法，保障会计人员的职权不受侵犯，任何人不得对会计人员打击报复；统计机构和统计人员依照统计法的规定独立行使统计调查、统计报告、统计监督的职权，不受侵犯。统计人员有权要求有关单位和人员依照国家规定，提供资料；检查统计资料的准确性，要求改正不确实的统计资料；揭发和检举统计调查工作中的违反

国家法律和破坏国家计划的行为。对于违反会计法、统计法的行为，会计人员、统计人员有权利也有义务依法进行抵制。因抵制而对会计人员、统计人员打击报复的手段是多种多样的，如调动工作、撤换职务、强行辞退，克扣工资、奖金等。法律只要求行为人具有对依法履行职责、抵制违反会计法、统计法行为的会计人员或者统计人员其中一种行为就构成本罪；具有两种行为的也不实行并罚，量刑时可作参考。

公司、企业、事业单位、机关、团体的领导人如果没有打击报复的目的，而是由于政策水平不高，工作方式简单粗暴，对未按照其要求进行工作的会计、统计人员处理不当，致使其遭受一定损失的，因不具有主观故意，故不能认定为犯罪。按照法律规定，打击报复会计、统计人员罪，还必须是“情节恶劣的”，才构成犯罪。所谓情节恶劣，司法实践中，一般是指打击报复手段恶劣的；对多人进行打击报复的；屡教不改，多次进行打击报复的；打击报复致使会计、统计人员不敢依法履行职责的；打击报复致使会计、统计人员精神失常，造成严重后果的等情形。

2. **如何正确区分本罪与报复陷害罪？**

两罪主观方面都具有报复的目的，客观方面都采用了报复的手段，区别主要在于：第一，犯罪主体不同。前者是公司、企业、事业单位、机关、团体的领导人，其中既有国家机关工作人员，也有非国家机关工作人员；后者是国家机关工作人员，不受是否为“领导人”的限制。第二，犯罪对象不同。前者是依法履行职责、抵制违反会计法、统计法的会计人员和统计人员；后者是控告人、申诉人、批评人、举报人。第三，是否利用职权不同。前者通常情况下是相关领导人利用了职权进行打击报复，但《刑法》条文并没有明确规定，即不利用职权进行打击报复的，也可以成立本罪。后者则必须是滥用职权、假公济私，如果实施了打击报复的行为但没有滥用职权，则不成立报复陷害罪。

3. **如何正确区分本罪与打击报复证人罪？**

根据《刑法》第三百零八条规定，对证人进行打击报复的，构成打击报复证人罪。

两者主观上都具有打击报复的意图，客观上都采取了报复的手段，区别主要在于：第一，犯罪客体不同。前者是复杂客体，既侵犯了公民的人身权利，也破坏了国家的会计、统计制度；后者侵犯的是司法机关的正常活动。

第二，犯罪主体不同。前者是公司、企业、事业单位、机关、团体的领导人，后者是一般主体。第三，犯罪对象不同。前者是依法履行职责、抵制违反会计法、统计法的会计人员和统计人员，后者是诉讼法中的证人。第四，是否利用职权不同。前者通常是相关主体利用职权实施的打击报复行为，后者对此并无特殊规定。

三十四、破坏选举罪

（一）刑法规定

第二百五十六条　在选举各级人民代表大会代表和国家机关领导人员时，以暴力、威胁、欺骗、贿赂、伪造选举文件、虚报选举票数等手段破坏选举或者妨害选民和代表自由行使选举权和被选举权，情节严重的，处三年以下有期徒刑、拘役或者剥夺政治权利。

（二）司法解释、司法文件

最高人民检察院关于渎职侵权犯罪案件立案标准的规定（高检发释字〔2006〕2号，自2006年7月26日起施行）（节录）

二、国家机关工作人员利用职权实施的侵犯公民人身权利、民主权利犯罪案件

……

（七）国家机关工作人员利用职权实施的破坏选举案（第二百五十六条）

破坏选举罪是指在选举各级人民代表大会代表和国家机关领导人员时，以暴力、威胁、欺骗、贿赂、伪造选举文件、虚报选举票数或者编造选举结果等手段破坏选举或者妨害选民和代表自由行使选举权和被选举权，情节严重的行为。

国家机关工作人员利用职权破坏选举，涉嫌下列情形之一的，应予立案：

1. 以暴力、威胁、欺骗、贿赂等手段，妨害选民、各级人民代表大会代表自由行使选举权和被选举权，致使选举无法正常进行，或者选举无效，或者选举结果不真实的；

2. 以暴力破坏选举场所或者选举设备，致使选举无法正常进行的；

3. 伪造选民证、选票等选举文件，虚报选举票数，产生不真实的选举结

果或者强行宣布合法选举无效、非法选举有效的；

4. 聚众冲击选举场所或者故意扰乱选举场所秩序，使选举工作无法进行的；

5. 其他情节严重的情形。

三、附则

（一）本规定中每个罪案名称后所注明的法律条款系《中华人民共和国刑法》的有关条款。

……

（三）本规定中的“国家机关工作人员”，是指在国家机关中从事公务的人员，包括在各级国家权力机关、行政机关、司法机关和军事机关中从事公务的人员。在依照法律、法规规定行使国家行政管理职权的组织中从事公务的人员，或者在受国家机关委托代表国家行使职权的组织中从事公务的人员，或者虽未列入国家机关人员编制但在国家机关中从事公务的人员，在代表国家机关行使职权时，视为国家机关工作人员。在乡（镇）以上中国共产党机关、人民政协机关中从事公务的人员，视为国家机关工作人员。

（三）疑难、复杂问题的参考性解答

1. 如何正确理解本罪的客观要件?

本罪客观方面表现为在选举各级人民代表大会代表和国家机关领导人员时，以暴力、威胁、欺骗、贿赂、伪造选举文件、虚报选举票数等手段，破坏选举或者妨害选民和代表自由行使选举权和被选举权的行为。

首先，破坏选举的活动必须是依法选举各级人民代表大会代表和国家机关领导人员的选举活动，包括选民登记、提出候选人、投票选举、补选、罢免等整个选举活动。其次，破坏选举的手段必须是暴力、威胁、欺骗、贿赂、伪造选举文件、虚报选举票数等。“暴力”，是指对选民、各级人民代表大会代表、候选人、选举工作人员等进行殴打、捆绑等人身伤害，或者以暴力破坏选举场所，使选举工作无法进行。“威胁”，是指以杀害、伤害、破坏名誉、毁坏财产等进行要挟，迫使选民、各级人民代表大会代表、候选人、选举工作人员不能自由行使选举权和被选举权，或者在选举工作中不能正常履行职责。“欺骗”，是指编造严重不符合事实的情况或者捏造对选举有重大影响的事实，并加以散布、宣传，扰乱正常的选举活动。“贿赂”，是指用金钱或者

其他物质利益收买选民、人民代表、候选人、选举工作人员，使他们违反自己的真实意愿参加选举或者在选举工作中进行舞弊活动。“伪造选举文件”，是指伪造选民证、选票等文件。“虚报选举票数”，是指选举工作人员对统计出来的选票数、赞成票数、反对票数进行虚报、假报（多报或少报）。按照法律规定，行为人只要实施了上述行为中的一种行为，就构成本罪；实施两种或者两种以上的行为，也不实行数罪并罚。最后，破坏选举的行为必须造成了破坏选举的正常进行或者妨害选民和代表自由行使选举权和被选举权的后果。

按照法律规定，破坏选举的行为，必须达到“情节严重”的程度，才构成犯罪。所谓情节严重，司法实践中一般是指破坏选举手段恶劣，后果严重或者造成很坏社会影响等情形。[①] 对于破坏选举或者妨害选民和代表自由行使选举权和被选举权的行为，如果情节不严重的，属一般违法行为，应当依照《全国人民代表大会和地方各级人民代表大会选举法》第五十八条第二款的规定，给予必要的行政处分，或者依照《治安管理处罚法》第二十三条的规定，给予治安管理处罚。

2. 认定本罪需要注意的几个问题

（1）正常的反映意见、申诉行为。《全国人民代表大会和地方各级人民代表大会选举法》第二十八条规定：“对于公布的选民名单有不同意见的，可以在选民名单公布之日起五日内向选举委员会提出申诉。选举委员会对申诉意见，应在三日内作出处理决定。申诉人如果对处理决定不服，可以在选举日的五日以前向人民法院起诉，人民法院应在选举日以前作出判决。人民法院的判决为最后决定。”在选举中，选民和代表有权对被提名、推荐的候选人发表意见和看法，在选举小组讨论上有权提出批评和异议，这是正当行使选举权的行为，不能将此种申诉行为认为是破坏选举的行为。

（2）本罪有特定的作案时间，即选举各级人民代表大会代表和国家机关领导人员时，如果不是在此时间内进行破坏行为的，不能成立本罪。如果不是针对上述人员进行的破坏选举活动，如团体的选举、公司的选举的，同样不能成立本罪。

---

① 案例来源：湖南省靖州苗族侗族自治县人民法院（2013）靖刑初字第 29 号姚某某破坏选举案，载中国裁判文书网。

（3）村民委员会是村民自我管理、自我教育、自我服务的基层群众性自治组织，既不属于我国的一级由人民代表选举组成的权力机关，也不属于国家行政机关。村民委员会成员不属于国家机关领导人员或人民代表大会代表。因此破坏村民委员会选举的行为，不能成立本罪，构成其他犯罪的，可以其他犯罪定罪。

三十五、暴力干涉婚姻自由罪

（一）刑法规定

第二百五十七条 以暴力干涉他人婚姻自由的，处二年以下有期徒刑或者拘役。

犯前款罪，致使被害人死亡的，处二年以上七年以下有期徒刑。

第一款罪，告诉的才处理。

（二）疑难、复杂问题的参考性解答

1. 正确理解本罪的客观要件

本罪客观方面表现为暴力干涉他人婚姻自由的行为。所谓暴力，是指用捆绑、殴打、禁闭、强抢等对人身实施打击和强制的行为。暴力干涉他人婚姻自由的主要表现形式有：强迫对方与自己结婚；强迫被干涉者与他人结婚或者不准被干涉者与他人结婚；强迫被干涉者与他人离婚或者不准被干涉者与他人离婚；强迫对方与自己离婚。如果行为人未使用暴力，如赶出家门、中断供给、断绝关系或者以自杀相威胁等干涉他人的婚姻自由的，不构成犯罪；行为人以暴力相威胁进行干涉的行为，也不成立本罪。

由于干涉婚姻自由的案件情况比较复杂，司法机关在处理具体案件时，应当根据立法的基本精神，深入调查研究，对暴力干涉作全面的理解，不能只从形式上看有了暴力行为就认定是犯罪，而应当把暴力手段的具体性质和危害程度，以及其他情况结合起来考虑。如果暴力行为对被干涉者的人身侵害程度显著轻微，或者暴力手段不足以使被干涉者争取婚姻自由的斗争受到严重挫折，或者是对被干涉者的结婚、离婚自由威胁不大的，一般不宜作为犯罪处理。特别是要查明暴力行为与危害结果之间是否存在刑法上的因果关系，以便实事求是地作出正确的结论。

2. 如何正确认定本罪的罪数问题？

（1）以暴力手段干涉婚姻自由，暴力手段又构成其他犯罪的，如非法拘禁罪、故意伤害罪，应当按照牵连犯的处断原则从一重处罚。

（2）在暴力干涉婚姻自由的过程中，基于其他目的实施的暴力行为，触犯其他罪名的，则应当数罪并罚。

（3）本条第二款规定“暴力干涉婚姻自由致人死亡的”是指暴力干涉婚姻自由过失致人死亡，或者导致被害人自杀身亡的。如果以故意杀人的手段来干涉婚姻自由，故意杀人的暴力程度已经超出本罪的“暴力”程度，构成独立的犯罪，应当以故意杀人罪定罪处罚。[①] 如果行为人除故意杀人行为之外，还实施了其他暴力干涉婚姻自由行为的，则应当实行数罪并罚。

3. 抢婚案件应如何处理？

对于抢婚案件，应具体分析区别处理：

（1）某些少数民族有抢婚的风俗，这是结婚的一种方式，因不具有社会危害性，不能成立本罪。

（2）如果因对方拒绝求婚，而纠集众人强行将对方劫持到家中，强迫对方结婚的，则应当认定本罪。如果暴力手段构成非法拘禁罪的，则从一重处罚。

（3）如果因女方拒绝求婚，而将对方劫持到自己家中，强行与之发生性关系，欲造成既成事实的，则构成强奸罪。

4. 本罪处理中需要注意的程序问题

按照本条第三款的规定，对于以暴力干涉他人婚姻自由，没有引起被害人死亡的则“告诉的才处理”。根据《刑法》第九十八条的规定，如果被害人因受强制、威吓无法告诉的，人民检察院和被害人的近亲属也可以告诉。被干涉者提出了控告，但随后又提出撤诉的，应当准予撤销。

三十六、重婚罪

（一）刑法规定

第二百五十八条　有配偶而重婚的，或者明知他人有配偶而与之结婚的，

---

① 案例来源：福建省高级人民法院（2010）闽刑终字第577号陈某某故意杀人案，载中国裁判文书网。

处二年以下有期徒刑或者拘役。

（二）典型或常见问题的审理思路

1. 恶意申请宣告配偶死亡，后与他人结婚的行为应如何认定？①

重婚罪，是指自己有配偶而与他人结婚，或者明知他人有配偶而与之结婚的行为。行为人明知其配偶没有死亡却恶意申请宣告其死亡，因系欺诈行为而属无效，故法院基于其欺诈行为所作出的宣告死亡裁定亦属无效，也即行为人与“被宣告死亡”的配偶的婚姻仍然有效。行为人之后与他人结婚的行为，符合重婚罪的构成要件，应当以重婚罪定罪处罚。

2. 明知他人有配偶与之结婚的案件中被告人是谁？②

重婚罪，是指自己有配偶而与他人结婚，或者明知他人有配偶而与之结婚的行为。犯罪主体主要是两类人，一类是自己有配偶而与他人结婚的人，另一类是明知他人有配偶而与之结婚的人。因此，有配偶者与他人结婚的符合本罪构成要件，明知他人有配偶与之结婚的也符合本罪构成要件，故对重婚的双方均应以重婚罪定罪处罚。

3. 如何认定重婚罪中的事实重婚？③

重婚罪是男女一方或者双方已有配偶的人之间非法建立夫妻关系的行为。司法实践中，对于登记结婚的容易认定，对于事实重婚的则需要注意与通奸、非法同居、临时姘居进行区分。

通奸是指男女双方或者一方已有配偶的人之间暗中发生不正当两性关系的行为。这种行为违反社会道德，但根据刑法规定不构成本罪。根据婚姻法的有关规定，有配偶者与他人同居是指有配偶者与婚外异性，不以夫妻名义，持续、稳定地共同居住。如果男女双方虽然同居，但不是“持续、稳定地共同居住”，而是随时可以自由拆散的，则只是临时姘居关系，是单纯的非法同居，不能认为是重婚。在现实生活中，有的虽未登记结婚或者举行结婚仪式，

---

① 案例来源：最高人民法院刑事审判第一、二、三、四、五庭：《中国刑事审判指导案例（侵犯公民人身权利、民主权利罪）》，法律出版社 2009 年版，第 501 – 503 页，第 419 号指导案例王某重婚案。

② 案例来源：甘肃省天祝藏族自治县人民法院（2013）天刑初字第 45 号徐某某重婚案，载中国裁判文书网。

③ 案例来源：上海市第二中级人民法院（2015）沪二中刑终字第 1254 号蔡某某被诉重婚案，载中国裁判文书网。

但两人确是以夫妻关系共同生活，即以夫妻关系相对待，群众也公认的，则应认为是事实上的重婚。因此，行为人以夫妻之名公开同居生活的，才能认定为事实重婚。

（三）疑难、复杂问题的参考性解答

1. 司法实践中处理本罪要注意掌握政策

法院处理重婚案件总的政策精神是：1950 年《婚姻法》颁布以前的重婚，一般不再追究；1950 年《婚姻法》实施以后的重婚，必须坚持一夫一妻制的原则，区别不同情况，严肃处理。

在处理具体案件时，既要维护法律的严肃性，又要从实际出发，根据婚姻基础、婚后感情好坏、重婚的原因、重婚时间长短、有无子女和子女利益等情况全面加以考虑，依法处理：

（1）对于那些因喜新厌旧、玩弄异性、好逸恶劳、贪图享受、骗取财物或者“传宗接代”想法而重婚的，除解除其非法婚姻关系外，还应依法追究其刑事责任。

（2）对于有些农村妇女因严重自然灾害、生活困难等原因，外出与他人重婚或者同居的，应向其严肃指出，重婚是违法犯罪行为，但一般可不以重婚罪论处。

（3）对有的妇女由于反抗包办、买卖婚姻；或者一贯受虐待，没有建立夫妻感情，坚决要求离婚，不但得不到支持，反而遭受迫害，而与他人重婚的，也不应以重婚罪论处。

2. 对特殊原因形成的涉台婚姻关系不以重婚对待

如上所述，我国法律严格禁止重婚、纳妾的行为。但涉台婚姻案件有其特殊性。夫妻双方分离后未办理离婚手续又分别在我国台湾地区或大陆再婚或者与他人以夫妻名义长期共同生活，形成事实上的夫妻关系的，应当根据婚姻法确立的“一夫一妻”的原则，将原婚姻关系视为已经消灭，维持后来的婚姻关系。早在 1988 年，最高人民法院原副院长马原在最高人民法院举行的首次新闻发布会上就明确指出：“对这种由于特殊原因形成的婚姻关系，我们不以重婚对待。当事人不告诉，人民法院不主动干预；如果其中一方当事人提出与其配偶离婚的，人民法院应当按照离婚案件受理。”

3. 本罪审理时要注意的程序问题

（1）重婚罪是公诉案件。根据《最高人民法院关于适用〈中华人民共和国刑事诉讼法〉的解释》第一条的规定，被害人有证据证明的重婚案件，人民检察院没有提起公诉的，被害人可以直接向法院提起诉讼，法院应当受理。

（2）确定重婚罪的同时要解除非法婚姻关系。法院对构成重婚罪的被告人，在依法追究其刑事责任的同时，对犯重婚罪而形成的非法婚姻关系，应当宣告予以解除。

三十七、破坏军婚罪

（一）刑法规定

第二百五十九条 明知是现役军人的配偶而与之同居或者结婚的，处三年以下有期徒刑或者拘役。

利用职权、从属关系，以胁迫手段奸淫现役军人的妻子的，依照本法第二百三十六条的规定定罪处罚。

（二）疑难、复杂问题的参考性解答

1. 认定本罪要正确理解其客观要件

本罪客观方面表现为与现役军人的配偶同居或者结婚的行为。

所谓现役军人的“配偶”，是指与现役军人已经结婚，包括已在政府登记结婚尚未同居的人，而不包括与军人仅有“婚约”关系的“未婚妻”或者“未婚夫”以及有恋爱关系的人。

所谓与现役军人的配偶“同居”①，是指“有配偶者与婚外异性不以夫妻名义，持续、稳定地共同生活”。这种关系以不正当的两性关系为基础，还往往有经济上和其他生活方面的特殊关系，因而不同于一般的通奸关系。

所谓与现役军人的配偶“结婚”，是指与军人配偶采取欺骗手段正式向政府登记结婚，或者虽然没有履行结婚登记，但以夫妻名义共同生活的事实婚姻行为。

---

① 案例来源：浙江省金华市中级人民法院（1999）金中刑终字第145号夏某胤破坏军婚案，载中国裁判文书网。

2. **司法实践中需要注意的几个问题**

（1）依照《刑法》第二百五十九条第二款的规定，行为人利用职权、从属关系，以胁迫手段奸淫现役军人的妻子的，应当依照《刑法》第二百三十六条规定的强奸罪定罪处罚。这是1997年《刑法》对破坏军婚罪所作的重要补充规定，体现了国家对现役军人婚姻关系的特殊法律保护，对于稳定军心，巩固国防，树立良好的社会风气，有十分重要的意义。构成本款规定的强奸罪，必须具备以下三个条件：①行为人必须是利用职权、从属关系。如企事业单位领导利用其负责人事调动、工资分配的权力，利用上下级领导与被领导之间的关系等。②必须使用了胁迫手段。所谓胁迫，是指行为人对现役军人的妻子进行威胁、恫吓，迫使其同意与自己发生两性关系，如以辞退、开除、揭发现役军人妻子的隐私相威胁，利用现役军人的妻子孤立无援的环境相胁迫等。③奸淫的对象只能是现役军人的妻子。

（2）相较于《刑法》第二百五十八条规定的重婚罪，破坏军婚罪对于与现役军人的配偶同居的事实也认定为犯罪行为，体现了对军婚的特殊保护。

（3）破坏军婚罪的犯罪主体只能是明知是现役军人的配偶而与之同居或者结婚的人，如果不知道对方是现役军人的配偶或者受欺骗不知道对方结婚的，不能认定为本罪。

（4）根据《刑法》第二百五十九条规定，现役军人的配偶与他人同居或者结婚的，不能成立破坏军婚罪。但是该行为符合《刑法》第二百五十八条重婚罪的，可以重婚罪定罪处罚。

三十八、虐待罪

（一）刑法规定

第二百六十条[①] 虐待家庭成员，情节恶劣的，处二年以下有期徒刑、拘役或者管制。

犯前款罪，致使被害人重伤、死亡的，处二年以上七年以下有期徒刑。

第一款罪，告诉的才处理，但被害人没有能力告诉，或者因受到强制、

---

① 本条第三款根据2015年8月29日公布的《刑法修正案（九）》第十八条修正。1997年本条第三款的内容是：“第一款罪，告诉的才处理。”

威吓无法告诉的除外。

（二）法律、司法解释、司法文件及其权威解读

1. 最高人民法院、最高人民检察院、公安部、司法部关于依法办理家庭暴力犯罪案件的意见（法发〔2015〕4号，自2015年3月2日起施行）

发生在家庭成员之间，以及具有监护、扶养、寄养、同居等关系的共同生活人员之间的家庭暴力犯罪，严重侵害公民人身权利，破坏家庭关系，影响社会和谐稳定。人民法院、人民检察院、公安机关、司法行政机关应当严格履行职责，充分运用法律，积极预防和有效惩治各种家庭暴力犯罪，切实保障人权，维护社会秩序。为此，根据刑法、刑事诉讼法、婚姻法、未成年人保护法、老年人权益保障法、妇女权益保障法等法律，结合司法实践经验，制定本意见。

一、基本原则

1. 依法及时、有效干预。针对家庭暴力持续反复发生，不断恶化升级的特点，人民法院、人民检察院、公安机关、司法行政机关对已发现的家庭暴力，应当依法采取及时、有效的措施，进行妥善处理，不能以家庭暴力发生在家庭成员之间，或者属于家务事为由而置之不理，互相推诿。

2. 保护被害人安全和隐私。办理家庭暴力犯罪案件，应当首先保护被害人的安全。通过对被害人进行紧急救治、临时安置，以及对施暴人采取刑事强制措施、判处刑罚、宣告禁止令等措施，制止家庭暴力并防止再次发生，消除家庭暴力的现实侵害和潜在危险。对与案件有关的个人隐私，应当保密，但法律有特别规定的除外。

3. 尊重被害人意愿。办理家庭暴力犯罪案件，既要严格依法进行，也要尊重被害人的意愿。在立案、采取刑事强制措施、提起公诉、判处刑罚、减刑、假释时，应当充分听取被害人意见，在法律规定的范围内作出合情、合理的处理。对法律规定可以调解、和解的案件，应当在当事人双方自愿的基础上进行调解、和解。

4. 对未成年人、老年人、残疾人、孕妇、哺乳期妇女、重病患者特殊保护。办理家庭暴力犯罪案件，应当根据法律规定和案件情况，通过代为告诉、法律援助等措施，加大对未成年人、老年人、残疾人、孕妇、哺乳期妇女、重病患者的司法保护力度，切实保障他们的合法权益。

二、案件受理

5. 积极报案、控告和举报。依照刑事诉讼法第一百零八条第一款"任何单位和个人发现有犯罪事实或者犯罪嫌疑人，有权利也有义务向公安机关、人民检察院或者人民法院报案或者举报"的规定，家庭暴力被害人及其亲属、朋友、邻居、同事，以及村（居）委会、人民调解委员会、妇联、共青团、残联、医院、学校、幼儿园等单位、组织，发现家庭暴力，有权利也有义务及时向公安机关、人民检察院、人民法院报案、控告或者举报。

公安机关、人民检察院、人民法院对于报案人、控告人和举报人不愿意公开自己的姓名和报案、控告、举报行为的，应当为其保守秘密，保护报案人、控告人和举报人的安全。

6. 迅速审查、立案和转处。公安机关、人民检察院、人民法院接到家庭暴力的报案、控告或者举报后，应当立即问明案件的初步情况，制作笔录，迅速进行审查，按照刑事诉讼法关于立案的规定，根据自己的管辖范围，决定是否立案。对于符合立案条件的，要及时立案。对于可能构成犯罪但不属于自己管辖的，应当移送主管机关处理，并且通知报案人、控告人或者举报人；对于不属于自己管辖而又必须采取紧急措施的，应当先采取紧急措施，然后移送主管机关。

经审查，对于家庭暴力行为尚未构成犯罪，但属于违反治安管理行为的，应当将案件移送公安机关，依照治安管理处罚法的规定进行处理，同时告知被害人可以向人民调解委员会提出申请，或者向人民法院提起民事诉讼，要求施暴人承担停止侵害、赔礼道歉、赔偿损失等民事责任。

7. 注意发现犯罪案件。公安机关在处理人身伤害、虐待、遗弃等行政案件过程中，人民法院在审理婚姻家庭、继承、侵权责任纠纷等民事案件过程中，应当注意发现可能涉及的家庭暴力犯罪。一旦发现家庭暴力犯罪线索，公安机关应当将案件转为刑事案件办理，人民法院应当将案件移送公安机关；属于自诉案件的，公安机关、人民法院应当告知被害人提起自诉。

8. 尊重被害人的程序选择权。对于被害人有证据证明的轻微家庭暴力犯罪案件，在立案审查时，应当尊重被害人选择公诉或者自诉的权利。被害人要求公安机关处理的，公安机关应当依法立案、侦查。在侦查过程中，被害人不再要求公安机关处理或者要求转为自诉案件的，应当告知被害人向公安机关提交书面申请。经审查确系被害人自愿提出的，公安机关应当依法撤销案件。被害人就这类案件向人民法院提起自诉的，人民法院应当依法受理。

9. 通过代为告诉充分保障被害人自诉权。对于家庭暴力犯罪自诉案件，被害人无法告诉或者不能亲自告诉的，其法定代理人、近亲属可以告诉或者代为告诉；被害人是无行为能力人、限制行为能力人，其法定代理人、近亲属没有告诉或者代为告诉的，人民检察院可以告诉；侮辱、暴力干涉婚姻自由等告诉才处理的案件，被害人因受强制、威吓无法告诉的，人民检察院也可以告诉。人民法院对告诉或者代为告诉的，应当依法受理。

10. 切实加强立案监督。人民检察院要切实加强对家庭暴力犯罪案件的立案监督，发现公安机关应当立案而不立案的，或者被害人及其法定代理人、近亲属，有关单位、组织就公安机关不予立案向人民检察院提出异议的，人民检察院应当要求公安机关说明不立案的理由。人民检察院认为不立案理由不成立的，应当通知公安机关立案，公安机关接到通知后应当立案；认为不立案理由成立的，应当将理由告知提出异议的被害人及其法定代理人、近亲属或者有关单位、组织。

11. 及时、全面收集证据。公安机关在办理家庭暴力案件时，要充分、全面地收集、固定证据，除了收集现场的物证、被害人陈述、证人证言等证据外，还应当注意及时向村（居）委会、人民调解委员会、妇联、共青团、残联、医院、学校、幼儿园等单位、组织的工作人员，以及被害人的亲属、邻居等收集涉及家庭暴力的处理记录、病历、照片、视频等证据。

12. 妥善救治、安置被害人。人民法院、人民检察院、公安机关等负有保护公民人身安全职责的单位和组织，对因家庭暴力受到严重伤害需要紧急救治的被害人，应当立即协助联系医疗机构救治；对面临家庭暴力严重威胁，或者处于无人照料等危险状态，需要临时安置的被害人或者相关未成年人，应当通知并协助有关部门进行安置。

13. 依法采取强制措施。人民法院、人民检察院、公安机关对实施家庭暴力的犯罪嫌疑人、被告人，符合拘留、逮捕条件的，可以依法拘留、逮捕；没有采取拘留、逮捕措施的，应当通过走访、打电话等方式与被害人或者其法定代理人、近亲属联系，了解被害人的人身安全状况。对于犯罪嫌疑人、被告人再次实施家庭暴力的，应当根据情况，依法采取必要的强制措施。

人民法院、人民检察院、公安机关决定对实施家庭暴力的犯罪嫌疑人、被告人取保候审的，为了确保被害人及其子女和特定亲属的安全，可以依照刑事诉讼法第六十九条第二款的规定，责令犯罪嫌疑人、被告人不得再次实施家庭暴力；不得侵扰被害人的生活、工作、学习；不得进行酗酒、赌博等活动；经被害人申请且有必要的，责令不得接近被害人及其未成年子女。

14. 加强自诉案件举证指导。家庭暴力犯罪案件具有案发周期较长、证据难以保存，被害人处于相对弱势、举证能力有限，相关事实难以认定等特点。有些特点在自诉案件中表现得更为突出。因此，人民法院在审理家庭暴力自诉案件时，对于因当事人举证能力不足等原因，难以达到法律规定的证据要求的，应当及时对当事人进行举证指导，告知需要收集的证据及收集证据的方法。对于因客观原因不能取得的证据，当事人申请人民法院调取的，人民法院应当认真审查，认为确有必要的，应当调取。

15. 加大对被害人的法律援助力度。人民检察院自收到移送审查起诉的案件材料之日起三日内，人民法院自受理案件之日起三日内，应当告知被害人及其法定代理人或者近亲属有权委托诉讼代理人，如果经济困难，可以向法律援助机构申请法律援助；对于被害人是未成年人、老年人、重病患者或者残疾人等，因经济困难没有委托诉讼代理人的，人民检察院、人民法院应当帮助其申请法律援助。

法律援助机构应当依法为符合条件的被害人提供法律援助，指派熟悉反家庭暴力法律法规的律师办理案件。

三、定罪处罚

16. 依法准确定罪处罚。对故意杀人、故意伤害、强奸、猥亵儿童、非法拘禁、侮辱、暴力干涉婚姻自由、虐待、遗弃等侵害公民人身权利的家庭暴力犯罪，应当根据犯罪的事实、犯罪的性质、情节和对社会的危害程度，严格依照刑法的有关规定判处。对于同一行为同时触犯多个罪名的，依照处罚较重的规定定罪处罚。

17. 依法惩处虐待犯罪。采取殴打、冻饿、强迫过度劳动、限制人身自由、恐吓、侮辱、谩骂等手段，对家庭成员的身体和精神进行摧残、折磨，是实践中较为多发的虐待性质的家庭暴力。根据司法实践，具有虐待持续时间较长、次数较多；虐待手段残忍；虐待造成被害人轻微伤或者患较严重疾病；对未成年人、老年人、残疾人、孕妇、哺乳期妇女、重病患者实施较为严重的虐待行为等情形，属于刑法第二百六十条第一款规定的虐待“情节恶劣”，应当依法以虐待罪定罪处罚。

准确区分虐待犯罪致人重伤、死亡与故意伤害、故意杀人犯罪致人重伤、死亡的界限，要根据被告人的主观故意、所实施的暴力手段与方式、是否立即或者直接造成被害人伤亡后果等进行综合判断。对于被告人主观上不具有侵害被害人健康或者剥夺被害人生命的故意，而是出于追求被害人肉体和精神上的痛苦，长期或者多次实施虐待行为，逐渐造成被害人身体损害，过失导致被害人重伤或者死亡的；或者因虐待致使被害人不堪忍受而自残、自杀，导致重伤或者死亡的，属于刑法第二百六十条第二款规定的虐待“致使被害人重伤、死亡”，应当以虐待罪定罪处罚。对于被告人虽然实施家庭暴力呈现出经常性、持续性、反复性的特点，但其主观上具有希望或者放任被害人重伤或者死亡的故意，持凶器实施暴力，暴力手段残忍，暴力程度较强，直接或者立即造成被害人重伤或者死亡的，应当以故意伤害罪或者故意杀人罪定罪处罚。

18. 切实贯彻宽严相济刑事政策。对于实施家庭暴力构成犯罪的，应当根据罪刑法定、罪刑相适应原则，兼顾维护家庭稳定、尊重被害人意愿等因素综合考虑，宽严并用，区别对待。根据司法实践，对于实施家庭暴力手段残忍或者造成严重后果；出于恶意侵占财产等卑劣动机实施家庭暴力；因酗酒、吸毒、赌博等恶习而长期或者多次实施家庭暴力；曾因实施家庭暴力受到刑事处罚、行政处罚；或者具有其他恶劣情形的，可以酌情从重处罚。对于实施家庭暴力犯罪情节较轻，或者被告人真诚悔罪，获得被害人谅解，从轻处罚有利于被扶养人的，可以酌情从轻处罚；对于情节轻微不需要判处刑罚的，人民检察院可以不起诉，人民法院可以判处免予刑事处罚。

对于实施家庭暴力情节显著轻微危害不大不构成犯罪的，应当撤销案件、不起诉，或者宣告无罪。

人民法院、人民检察院、公安机关应当充分运用训诫，责令施暴人保证不再实施家庭暴力，或者向被害人赔礼道歉、赔偿损失等非刑罚处罚措施，加强对施暴人的教育与惩戒。

19. 准确认定对家庭暴力的正当防卫。为了使本人或者他人的人身权利免受不法侵害，对正在进行的家庭暴力采取制止行为，只要符合刑法规定的条件，就应当依法认定为正当防卫，不负刑事责任。防卫行为造成施暴人重伤、死亡，且明显超过必要限度，属于防卫过当，应当负刑事责任，但是应当减轻或者免除处罚。

认定防卫行为是否“明显超过必要限度”，应当以足以制止并使防卫人免受家庭暴力不法侵害的需要为标准，根据施暴人正在实施家庭暴力的严重程度、手段的残忍程度，防卫人所处的环境、面临的危险程度、采取的制止暴力的手段、造成施暴人重大损害的程度，以及既往家庭暴力的严重程度等进行综合判断。

20. 充分考虑案件中的防卫因素和过错责任。对于长期遭受家庭暴力后，在激愤、恐惧状态下为了防止再次遭受家庭暴力，或者为了摆脱家庭暴力而故意杀害、伤害施暴人，被告人的行为具有防卫因素，施暴人在案件起因上具有明显过错或者直接责任的，可以酌情从宽处罚。对于因遭受严重家庭暴力，身体、精神受到重大损害而故意杀害施暴人；或者因不堪忍受长期家庭暴力而故意杀害施暴人，犯罪情节不是特别恶劣，手段不是特别残忍的，可以认定为刑法第二百三十二条规定的故意杀人“情节较轻”。在服刑期间确有悔改表现的，可以根据其家庭情况，依法放宽减刑的幅度，缩短减刑的起始时间与间隔时间；符合假释条件的，应当假释。被杀害施暴人的近亲属表示谅解的，在量刑、减刑、假释时应当予以充分考虑。

四、其他措施

21. 充分运用禁止令措施。人民法院对实施家庭暴力构成犯罪被判处管制或者宣告缓刑的犯罪分子，为了确保被害人及其子女和特定亲属的人身安全，可以依照刑法第三十八条第二款、第七十二条第二款的规定，同时禁止犯罪分子再次实施家庭暴力，侵扰被害人的生活、工作、学习，进行酗酒、赌博等活动；经被害人申请且有必要的，禁止接近被害人及其未成年子女。

22. 告知申请撤销施暴人的监护资格。人民法院、人民检察院、公安机关对于监护人实施家庭暴力，严重侵害被监护人合法权益的，在必要时可以告知被监护人及其他有监护资格的人员、单位，向人民法院提出申请，要求撤销监护人资格，依法另行指定监护人。

23. 充分运用人身安全保护措施。人民法院为了保护被害人的人身安全，避免其再次受到家庭暴力的侵害，可以根据申请，依照民事诉讼法等法律的相关规定，作出禁止施暴人再次实施家庭暴力、禁止接近被害人、迁出被害人的住所等内容的裁定。对于施暴人违反裁定的行为，如对被害人进行威胁、恐吓、殴打、伤害、杀害，或者未经被害人同意拒不迁出住所的，人民法院可以根据情节轻重予以罚款、拘留；构成犯罪的，应当依法追究刑事责任。

24. 充分运用社区矫正措施。社区矫正机构对因实施家庭暴力构成犯罪被判处管制、宣告缓刑、假释或者暂予监外执行的犯罪分子，应当依法开展家庭暴力行为矫治，通过制定有针对性的监管、教育和帮助措施，矫正犯罪分子的施暴心理和行为恶习。

25. 加强反家庭暴力宣传教育。人民法院、人民检察院、公安机关、司法行政机关应当结合本部门工作职责，通过以案说法、社区普法、针对重点对象法制教育等多种形式，开展反家庭暴力宣传教育活动，有效预防家庭暴力，促进平等、和睦、文明的家庭关系，维护社会和谐、稳定。

权威解读

解读《最高人民法院、最高人民检察院、公安部、司法部关于依法办理家庭暴力犯罪案件的意见》（节录）

为了预防和惩治家庭暴力犯罪，加强对家庭暴力被害人的司法保护，最高人民法院、最高人民检察院、公安部、司法部于2015年3月2日共同发布了《关于依法办理家庭暴力犯罪案件的意见》（以下简称《家庭暴力意见》，法发〔2015〕4号）。《家庭暴力意见》是我国第一个全面的反家庭暴力刑事司法指导性文件，对于公正、高效、规范地办理家庭暴力犯罪案件，保护公民合法权利，促进平等、和睦、文明的家庭关系，维护社会和谐、稳定，具有积极意义。

一、出台《家庭暴力意见》的背景和过程

近年来，我国家庭暴力时有发生，引起媒体广泛报道，成为社会关注的热点问题。一些严重侵害人身权利的家庭暴力犯罪更是令人触目惊心，如浙江金华一母亲灌汽油将4岁儿子烧伤致死，江苏南京一母亲将两个女儿活活饿死，广东惠州一名5岁女童遭父母虐待致死等案件，引起了全社会的震惊与愤怒。加大对家庭暴力的司法干预力度，依法预防和惩治家庭暴力犯罪，最大限度地减少家庭暴力的发生，已经成为社会共识。但当前我国司法干预家庭暴力的法律制度尚不完善。虽然《婚姻法》《未成年人保护法》《老年人权益保障法》《妇女权益保障法》等都有禁止家庭暴力的原则性规定，但司法实践中，还缺乏系统的、可操作的规范性文件，司法机关难以针对家庭暴力犯罪案件的特点作出有效应对，被害人的合法权益难以得到及时保护。对此，社会各界反映强烈。全国人大代表、政协委员多次提交议案、提案，建议加强、完善反家庭暴力的立法、司法工作。

最高人民法院高度重视对家庭暴力的司法应对。周强院长多次批示，要求人民法院深入调研，充分运用法律武器，切实保护家庭暴力被害人的合法权益。为此，最高人民法院专门成立了课题组，通过深入实地调研、征集典型案例、确立改革试点法院、开展入户调查和网络调查、访谈家庭暴力犯罪服刑人员等，总结归纳出反家庭暴力刑事司法实践还存在犯罪事实难以发现、刑事立案难以启动、定罪标准不够明确等突出问题。针对这些问题，经与最高人民检察院、公安部、司法部共同深入研究，根据《刑法》《刑事诉讼法》等法律的相关规定，结合司法实践经验，起草了《家庭暴力意见》，又先后征求全国人大法工委、全国妇联、部分高级人民法院、律师、专家学者的意见和建议，召开专门论证会、座谈会20余次，反复修改后，由最高人民法院、最高人民检察院、公安部、司法部会签下发。

二、对《家庭暴力意见》主要内容的说明

《家庭暴力意见》共25条，包括办理家庭暴力犯罪案件的基本原则、案件受理、定罪处罚以及其他措施四个部分。

（一）确立基本原则，明确办案导向

与其他暴力犯罪相比，家庭暴力犯罪具有一定的特殊性和复杂性。办理家庭暴力犯罪案件，涉及公权干预与私权自治的界限把握以及个人利益、家庭利益和国家利益之间的平衡，政策性强，处理难度大。为集中体现《家庭暴力意见》的指导思想和基本精神，彰明办案宗旨，明确办案导向，指导规则适用，《家庭暴力意见》第一部分确立了办理家庭暴力犯罪案件的四项原则。

《家庭暴力意见》第一条规定了“依法及时、有效干预”原则。家庭暴力一般表现为强势一方对弱势一方的侵害，难以在家庭内部得到平等、有效的解决。基于家庭暴力的严重危害以及政府应当承担的人权保障职责，人民法院、人民检察院、公安机关、司法行政机关对家庭暴力应当进行干预。课题组进行的问卷调查结果显示，90%的被调查者认为司法应当干预家庭暴力。所以，“依法及时、有效干预”原则既是明确表达公权力应当干预家庭暴力的基本立场，也是对人民群众呼声的积极回应。贯彻该项原则需要注意以下三点：一是依法干预。不论是办案机关还是办案人员，都要改变“家庭暴力属家务事，公权力不宜介入”的观念，依照法律规定的职责和权限，适时介入并妥善处理家庭暴力案件，不得以家庭暴力发生在家庭成员之间，或者以属于家务事为由而置之不理、互相推诿。二是及时干预。对已发现的家庭暴力，在可以干预的情况下应当尽早干预，防止家庭暴力反复发生、恶化升级。三是有效干预。应当采取有效措施制止家庭暴力，使被害人从家庭暴力的危险中真正解脱出来。

《家庭暴力意见》第二条规定了“保护被害人安全和隐私”原则。家庭暴力犯罪直接侵害家庭成员人身权利，保护被害人安全是办案首要目标。贯彻该项原则需要注意以下三点：一是对正在发生或者持续发生的家庭暴力犯罪必须及时制止，通过采取拘留、逮捕等强制措施，以及判处刑罚、宣告禁止令等方式，剥夺施暴人再次实施家庭暴力的能力和条件，防止家庭暴力再次发生，使被害人免于家庭暴力的现实侵害和潜在危险。二是对被害人应当给予及时、周到的救治、庇护和法律援助，如协助联系医院或者庇护机构，帮助被害人获得法律援助等，使被害人的人身安全和其他合法权益能够得到有力保障。三是对个人隐私应当保密。办理家庭暴力犯罪案件，往往涉及家庭成员隐私。根据《刑事诉讼法》的规定，不论是对被害人隐私，还是对施暴人或者其他家庭成员的隐私，均应保密。

《家庭暴力意见》第三条规定了“尊重被害人意愿”原则。课题组进行的问卷调查结果显示，68.29%的被调查者认为，假若施暴人依法应当被逮捕、判刑，而施暴人是家庭主要经济来源，被害人请求不要将施暴人关押服刑的，则不要将施暴人逮捕、判刑。这说明大部分的被调查者认为，办理家庭暴力犯罪案件应当尊重被害人的意愿。从促进家庭和谐、维系家庭关系来说，被害人的意愿可能更符合家庭的实际情况，更有利于解决家庭成员之间的矛盾；从刑事司法的目标来说，要尽可能地做到法、理、情的统一。因此，《家庭暴力意见》第三条提出了“尊重被害人意愿”原则。贯彻该项原则需要注意以下两点：一是在作出对施暴人、被害人的利益具有重大影响的处理决定时，如立案、采取强制措施、提起公诉、判处刑罚、减刑、假释时，应当充分听取被害人的意见；被害人希望调解、和解的案件，一般应当进行调解、和解。二是尊重被害人意愿不是绝对的，存在两方面的限制：其一，被害人意愿必须是真实的意思表示。对成年人来说，应当是在完全自愿而非受到强制、恐吓或者经济控制的情况下作出的；对不具备完全行为能力的未成年人、精神病人来说，应当从最有利于被害人利益的角度作出决定。其二，尊重被害人意愿必须在法律规定的范围内，而不得违反、突破法律的规定，如丈夫长期虐待妻子造成重伤的，即使被害人不愿意报案，公安机关也应当依法立案侦查。

《家庭暴力意见》第四条规定了“特殊保护”原则。家庭中的未成年人、老年人、残疾人、孕妇、哺乳期妇女、重病患者等，与其他家庭成员相比，处于弱势地位，缺乏自我保护能力，更容易遭受家庭暴力的侵害，难以通过自己的力量获得法律保护。因此，《家庭暴力意见》第四条提出对这些特殊人群实行“特殊保护”原则。贯彻该项原则需要注意：对未成年人实施特殊保护是未成年人保护法的明确规定；对老年人、残疾人、孕妇、哺乳期妇女、重病患者实施特殊保护是根据被害人的具体情况，由《家庭暴力意见》首次提出的办案指导性原则。办案过程中，对于被害人属于上述特殊群体的，应当进行适当的利益倾斜，通过代为告诉、提供更全面的法律援助等措施来保护他们的合法权益。

需要强调的是，上述四项原则作为《家庭暴力意见》的重要内容，不仅是对办理家庭暴力犯罪案件提出的一般要求，也是对办案机关、办案人员司法自由裁量权的指引和限制。办理家庭暴力犯罪案件首先应当依照法律规定。当法律规定存在较大的自由裁量空间，或者是存在冲突或漏洞时，则应当根据上述原则作出合理的裁量、选择或弥补。同时，四项原则之间并非总是处于相融相洽的状态。例如，被害人面临家庭暴力危险却又不希望公安机关介入时，“保护被害人安全”原则与“尊重被害人意愿”原则将不能同时适用，也不存在某项原则绝对优先适用的问题。在这种情况下，应当将上述原则所体现的需要着重考虑的多种利益和价值与具体案情相结合，经综合评估、权衡后审慎处理。

（二）明确程序规定，加强司法干预

为充分发挥司法程序对家庭暴力犯罪案件的干预和矛盾化解功能，确保案件能够进入司法程序，得到及时、公正处理，《家庭暴力意见》第二部分就家庭暴力犯罪案件的发现与受理，证据收集与强制措施，以及诉讼过程中的被害人保护作了具体规定。

1. 积极拓宽犯罪事实发现渠道

家庭暴力犯罪发生在家庭内部，外人难以知晓；被害人或其近亲属、邻居、同事即使知道，受“家丑不可外扬”“疏不间亲”等观念影响，也不敢或不想报案，导致司法机关难以及时发现家庭暴力犯罪事实。要加强对家庭暴力的司法干预，就必须拓宽发现家庭暴力犯罪事实的渠道。

《家庭暴力意见》第五条规定鼓励人民群众积极向司法机关反映家庭暴力犯罪线索，重申《刑事诉讼法》第一百零八条第一款（现第一百一十条第一款）的规定，强调任何单位和个人，包括家庭暴力被害人及其亲属、朋友、邻居、同事，以及村（居）委会、人民调解委员会、妇联、共青团、残联、医院、学校、幼儿园等单位、组织，都有权利也有义务就家庭暴力向司法机关报案、控告或者举报，从而使司法机关得以及时发现家庭暴力犯罪案件。适用该条规定需要注意以下三点：一是对家庭暴力进行报案、控告或者举报，既是单位、个人的权利也是义务，这种权利和义务来源于《刑事诉讼法》的既有规定而非《家庭暴力意见》的创设。《家庭暴力意见》予以重申，主要是向全社会起到宣示和导向作用。二是对于报案、控告、举报的内容，不要求必须“构成犯罪”，只要与家庭暴力相关，基于一般公民的判断有可能构成犯罪即可。三是进行报案、控告、举报的主要是被害人及其近亲属、邻居、熟人等，基于人之常情，为了避免施暴人可能实施的打击报复，根据《刑事诉讼法》第一百零九条（现第一百一十一条）的规定，司法机关对报案人、控告人、举报人负有保密义务和安全保护义务。对于报案人、控告人、举报人不愿意公开自己的姓名以及报案、控告、举报行为的，司法机关应当保守秘密，不得向外界公开；对于已经或者可能遭到施暴人打击报复的报案人、控告人、举报人，司法机关应当采取措施保护他们的安全，以打消报案人、控告人、举报人的后顾之忧。

《家庭暴力意见》第七条要求公安机关、人民法院在工作中主动发现家庭暴力犯罪线索。实践中，一些家庭暴力已经构成犯罪，但有的被害人以为属于违反治安管理行为，要求公安机关对施暴人给予行政处罚；有的直接向人民法院提起民事诉讼，要求施暴人承担民事责任，这些均导致案件没有进入刑事司法程序，施暴人未受到应有的处罚。故《家庭暴力意见》第七条要求，公安机关在处理家庭中发生的人身伤害、虐待、遗弃等治安行政案件，人民法院在审理婚姻家庭、继承、侵权责任纠纷等民事案件时，应当密切注意这些案件是否涉及家庭暴力犯罪，一旦发现犯罪线索的，如果属于公诉案件，公安机关应当将治安案件转为刑事案件办理，人民法院应当将案件移送公安机关立案侦查；如果属于自诉案件，公安机关、人民法院应当告知被害人提起自诉。

2. 迅速立案

立案是刑事诉讼程序启动的重要环节。调研发现，司法机关发现家庭暴力犯罪事实但不予立案的情况比较多见，究其原因，既有观念上的，认为家庭暴力属于家务事，司法机关应当少干预、不干预；也有制度上的，如虐待罪、遗弃罪的入罪标准不够明确，导致不敢轻易立案；还有受客观条件限制的，如自诉案件被害人往往不知道或者没有能力向人民法院提起自诉。为了解决立案中存在的上述问题，《家庭暴力意见》第六条、第八条、第九条、第十条作了规定。

《家庭暴力意见》第六条明确了公安机关、人民检察院、人民法院接到家庭暴力报案、控告、举报后的审查、立案与转处工作，提出了具体的工作要求：一是迅速审查。公检法三机关接到报案、控告、举报后，不论是否属于犯罪案件，均应当立即问明案件的初步情况，制作笔录，按照刑事诉讼法关于立案的规定，审查是否达到立案条件，决定是否立案。二是接报单位负责。公检法不论哪家机关接报后，都应当受理。经审查，符合立案条件的应当立案；不符合立案条件的应当根据案件情况分别处理。对于可能构成犯罪但不属于自己管辖的，应当移送主管机关，如人民检察院将接报的公诉案件移送公安机关，公安机关将接报的自诉案件移送人民法院；对于不属于自己管辖而又必须采取紧急措施的，应当先采取紧急措施，然后移送主管机关；对于未构成犯罪但属于违反治安管理行为的，应当移送公安机关，依照治安管理处罚法的规定处理，同时应当告知被害人可以向人民调解委员会提出申请，或者向人民法院提起民事诉讼，要求施暴人承担停止侵害、赔礼道歉、赔偿损失等民事责任。换言之，对于没有构成犯罪的家庭暴力行为，可以同时追究施暴人的行政责任与民事责任。总之，不能让家庭暴力被害人投诉无门。

《家庭暴力意见》第八条明确了公安机关、人民法院对有证据证明的轻微家庭暴力犯罪案件的受理与立案程序。适用该条规定需要注意以下三点：一是有证据证明的轻微家庭暴力犯罪案件，是指《刑事诉讼法》第二百零四条第二项以及《最高人民法院关于适用〈中华人民共和国刑事诉讼法〉的解释》（以下简称《刑事诉讼法解释》）第一条第一款第二项规定的案件，实践中涉及的主要有故意伤害案（《刑法》第二百三十四条第一款）、非法拘禁案（《刑法》第二百三十八条第一款）、遗弃案（《刑法》第二百六十一条）等。二是对这一类案件，被害人依法享有程序选择权，既可以要求公安机关处理，也可以直接向人民法院提起自诉。无论他们选择哪一种程序，公安机关、人民法院收到后均应当受理。三是如果公安机关已经立案，在侦查过程中，被害人不再要求公安机关处理或者要求转为自诉案件的，公安机关应当告知被害人提交书面申请并进行审查，确系被害人自愿提出的，公安机关应当撤销案件，被害人可以转而向人民法院提起自诉。同理，如果人民法院已经立案，在审理过程中，被害人不再要求继续审理的，可以申请撤诉并转而要求公安机关立案侦查。因自诉人申请撤诉在《刑事诉讼法解释》中已有比较明确的规定，《家庭暴力意见》未再重复。

《家庭暴力意见》第九条明确了人民检察院的代为告诉职责。在轻伤害、侮辱、虐待、遗弃等家庭暴力自诉案件中，被害人如果是未成年人、老年人、重病患者等，客观上不具有或者缺乏告诉能力。为了保障这些被害人向人民法院提起诉讼的权利，《家庭暴力意见》根据刑法第九十八条、《刑事诉讼法解释》第二百六十条第一款的规定和精神，规定被害人的法定代理人、近亲属可以告诉或者代为告诉，人民检察院在特定情形下也可以告诉。适用该条规定需要注意以下三点：一是被害人无法告诉或者不能亲自告诉的情形，是指《刑事诉讼法解释》第二百六十条第一款（现第三百一十七条第一款）规定的“被害人死亡、丧失行为能力或者因受强制、威吓等无法告诉，或者是限制行为能力人以及因年老、患病、盲、聋、哑等不能亲自告诉”。在上述情形下，被害人的法定代理人、近亲属可以告诉或者代为告诉。二是考虑到在父母对未成年子女实施家庭暴力的情况下，施暴人就是被害人的法定代理人，其他近亲属无法越过施暴人代为告诉，因此很有必要通过公权力强制介入的方式来保障未成年人子女的合法权益，故《家庭暴力意见》第九条首次提出，对于被害人是无行为能力人、限制行为能力人，其法定代理人、近亲属没有告诉或者代为告诉的，人民检察院可以告诉。三是根据《刑法》第九十八条的规定，对于侮辱、暴力干涉婚姻自由等告诉才处理的案件，被害人因受强制、威吓无法告诉的，人民检察院也可以告诉。需要强调的是，此种情形下被害人不限于无行为能力人、限制行为能力人，只要是受强制、威吓无法告诉的，人民检察院均可以告诉。

《家庭暴力意见》第十条强调了人民检察院对公安机关的立案监督职责，防止有案不立。其中，除了重申《刑事诉讼法》第一百一十一条（现第一百一十三条）规定的被害人有权申请人民检察院进行立案监督外，还明确了被害人的法定代理人、近亲属，有关单位、组织也有权申请人民检察院进行立案监督。这既符合《刑事诉讼法》规定立案监督制度的立法精神，也有利于加大对被害人的保护力度。

3. 全面收集证据

证据是认定家庭暴力犯罪事实的依据和基础。考虑到家庭暴力犯罪案件一般具有案发周期较长，证据难以保存，被害人与施暴人共同生活、处于相对弱势地位、举证能力有限的特点，《家庭暴力意见》第十一条、第十四条分别就家庭暴力公诉、自诉案件的证据收集提出了指导意见。

《家庭暴力意见》第十一条强调了公安机关应及时、充分、全面收集证据的要求。除了收集现场的物证、被害人陈述、证人证言外，还应当及时向村（居）委会、人民调解委员会、妇联、共青团、残联、医院、学校、幼儿园等单位、组织的工作人员，以及被害人的亲属、邻居等收集涉及家庭暴力的处理记录、病历、照片、视频等证据；不仅要收集关于家庭暴力犯罪行为及危害结果的证据，还要收集关于案发起因、当事人有无过错，尤其是家庭暴力历史情况的证据，以完整反映家庭暴力事实的发展经过，为下一步的起诉和审判工作奠定坚实基础。因此，有关单位、组织以及个人在发现家庭暴力或者处理家事纠纷时，要注意及时收集、获取、保存相关证据，适时提交司法机关，支持配合司法机关的调取证据工作。

《家庭暴力意见》第十四条强调了人民法院对自诉人进行举证指导的职责，要求特别注意自诉人举证能力不足的情况，及时进行举证指导，告知自诉人需要提交哪些证据、如何收集证据。对于因客观原因不能取得的证据，自诉人申请人民法院调取的，人民法院应当认真审查，必要时依法调取相关证据。当然，基于自诉案件中自诉人、被告人的平等地位，从程序公正的角度出发，对于被告人因客观原因申请人民法院调取证据的，人民法院在必要时也应当调取。

4. 强化刑事强制措施

刑事强制措施是防止家庭暴力再次发生，保护被害人的人身安全，保障诉讼顺利进行的必要手段。《家庭暴力意见》第十三条明确了办理家庭暴力犯罪案件采取强制措施的具体要求。适用该条规定需要注意以下三点：一是虽然家庭暴力犯罪发生在家庭成员之间，但为了确保被害人不再遭受侵害，对符合拘留、逮捕条件的犯罪嫌疑人、被告人，可以依法拘留、逮捕。二是如果对上述犯罪嫌疑人、被告人没有采取拘留、逮捕措施，公安机关、人民检察院、人民法院应当通过及时回访、打电话等方式，了解被害人的人身安全状况，一旦发现被害人再次或者可能再次遭受家庭暴力的，应当立即采取必要的强制措施，如将施暴人拘留或者逮捕，剥夺其继续实施家庭暴力的条件。这一措施是根据家庭暴力反复发生、不断恶化升级的特点，同时适当借鉴国外对家庭暴力案件重复出警的做法而做出的有针对性的应对。三是对于没有达到拘留、逮捕条件的，视情况可以决定取保候审、监视居住。对取保候审的犯罪嫌疑人、被告人，可以依照《刑事诉讼法》第六十九条第二款（现第七十一条第二款）的规定，责令其不得再次实施家庭暴力，不得侵扰被害人的生活、工作、学习，不得进行酗酒、赌博等活动；经被害人申请且有必要的，责令其不得接近被害人及其未成年子女。这样既对犯罪嫌疑人、被告人采取了禁止性措施，使其不敢再次实施家庭暴力，又不需要剥夺、限制其人身自由，有利于家庭关系的修复，还有利于节约司法资源。需要强调的是，附带于取保候审措施的禁止性规定，有效期不得长于取保候审期间；如果被害人申请撤销“不得接近被害人及其未成年子女”的禁止性规定的，应当尊重被害人意愿，予以撤销。

5. 加强对被害人的救治、安置和法律援助

人身安全是基本人权。为了保护被害人的人身安全和其他合法权益，《家庭暴力意见》第十二条、第十五条分别就加强诉讼过程中的被害人保护提出了指导性意见。

《家庭暴力意见》第十二条要求，人民法院、人民检察院、公安机关等负有保护公民人身安全职责的单位和组织，对因家庭暴力受到严重伤害需要紧急救治的被害人，应当立即协助联系医疗机构救治；对面临家庭暴力严重威胁或者处于无人照料等危险状态，需要临时安置的被害人或者相关未成年人，应当通知并协助有关部门，如庇护所、儿童福利机构、民政部门进行安置。这一保护措施对于使被害人、未成年人脱离施暴人的控制，避免再次遭受家庭暴力，具有重要意义。

《家庭暴力意见》第十五条要求，人民检察院、人民法院应当告知被害人有权委托诉讼代理人，如果经济困难，有权申请法律援助。法律援助机构应当为符合条件的被害人提供法律援助，指派熟悉反家庭暴力法律法规的律师办理案件。在上述规定的基础上，《家庭暴力意见》第十五条还首次明确，人民检察院、人民法院对于被害人是未成年人、老年人、重病患者或者残疾人等，因经济困难没有委托诉讼代理人的，应当主动帮助其申请法律援助，如

直接向法律援助机构发出《提供法律援助通知书》，以帮助被害人获得法律援助。

（三）准确适用法律，依法惩处家暴犯罪

为准确适用法律，依法惩处家庭暴力犯罪，《家庭暴力意见》第三部分就家庭暴力犯罪案件定罪的一般要求，常见的虐待、遗弃犯罪的入罪与认定标准，如何认定对家庭暴力的正当防卫以及贯彻宽严相济刑事政策方面作了规定。

1. 明确定罪的一般要求

《家庭暴力意见》第十六条明确提出，严重的家庭暴力行为可能构成故意杀人、故意伤害、强奸、猥亵儿童、非法拘禁、侮辱、暴力干涉婚姻自由、虐待、遗弃等犯罪。要严格依照刑法规定，认定家庭暴力行为是否已经构成犯罪、构成何种犯罪，对于同一家庭暴力行为同时触犯多个罪名的，应当依照处罚较重的规定定罪处罚。如遗弃致人死亡的，同时构成遗弃罪与过失致人死亡罪；以非法拘禁手段暴力干涉婚姻自由的，同时构成非法拘禁罪与暴力干涉婚姻自由罪，均应择一重罪论处。

2. 明确虐待罪入罪与认定标准

采取殴打、冻饿、强迫过度劳动、限制人身自由、恐吓、侮辱、谩骂等手段，对家庭成员的身体和精神进行摧残、折磨，是实践中较为多发的虐待性质的家庭暴力。依照刑法规定，虐待罪以虐待行为"情节恶劣"为入罪要件，但因为"情节恶劣"的具体标准不够明确，导致司法实践中对虐待罪的立案、定罪存在一定困难。《家庭暴力意见》第十七条结合司法实践经验，对虐待行为"情节恶劣"的情形进行了细化，规定以下四种情形可以认定为"情节恶劣"，以虐待罪定罪处罚：第一，虐待持续时间较长、次数较多的。起草过程中有意见提出，应当对虐待持续时间和次数进一步明确。但考虑到生活中虐待情形多种多样，有的持续时间长但次数并不多，有的持续时间短但次数却很频繁，不宜对时间和次数作绝对化规定，故最终没有采纳该种意见，只是将虐待时间和次数明确提出来作为入罪考量因素之一。但是应当指出，虐待时间和次数是反映虐待严重程度的重要体现，对于长达半年的隔三差五的虐待行为，显然应当认定为"情节恶劣"。第二，虐待手段残忍的。调研发现，生活中将被害人吊起来毒打，或者是采取针扎、烟头烫、开水浇等残忍手段实施虐待的并不少见。这类虐待行为严重背离亲情伦理，往往造成极其恶劣的社会影响，应当依法惩处。第三，虐待造成被害人轻微伤或者患较严重疾病的。调研发现，一些虐待行为造成了被害人轻微伤，因未达到轻伤程度，无法以故意伤害罪论处，也没有以虐待罪处罚。事实上，依照《人体损伤程度鉴定标准》，虐待即使是造成轻微伤程度的损害后果，如外伤后听力减退、眼球损伤影响视力、肋软骨骨折、外伤性先兆流产等，危害也并非不严重，具有犯罪化处理的必要。同时，考虑到虐待罪的法定刑比故意伤害罪要低，以“轻微伤”作为入罪标准，与故意伤害罪以“轻伤”作为入罪标准，两罪的危害后果与法定刑设置能够大致匹配，合理衔接。至于虐待造成被害人“患较严重的疾病”的规定，同样是基于从严处理该类虐待行为的需要。如长期逼迫被害人住在潮湿场所，造成被害人患严重风湿疾病、行走困难的。“较严重疾病”属于开放性用语，外延比较广泛，难以一一列举，具体认定时，一般可以从是否对被害人身体外观或器官功能造成较大影响，是否反复发作难以治愈，是否对生命健康具有较大危险，是否需要立即住院治疗等方面进行把握。第四，对未成年人、老年人、残疾人、孕妇、哺乳期妇女、重病患者实施较为严重的虐待行为的。认定“较为严重的虐待行为”，仍然需要从虐待的情节、手段、后果等方面综合判断，适当低于对其他家庭成员实施虐待构成犯罪的程度要求，这也是对未成年人等群体进行特殊保护原则的体现。

实践中，虐待犯罪致人重伤、死亡与故意伤害、故意杀人犯罪致人重伤、死亡容易产生混淆。为了实现准确定罪、罪刑相适应，《家庭暴力意见》第十七条还对相关犯罪的主、客观方面进行了细致辨析，明确对于主观上追求被害人肉体和精神上的痛苦，长期、多次实施虐待逐渐造成被害人身体损害，过失导致重伤、死亡；或者致使被害人因不堪忍受虐待而自残、自杀，导致重伤、死亡的，应当以虐待罪定罪处罚。对于希望或者放任被害人重伤、死亡，持凶器实施暴力，暴力手段残忍，暴力程度较强，直接或者立即造成被害人重伤或者死亡的，应当以故意伤害罪或者故意杀人罪定罪处罚。

根据《家庭暴力意见》第十七条的规定，在具体适用虐待罪时还需要注意以下两点：第一，多数情形下的虐待表现出经常性、一贯性的特征，《最高人民法院关于适用〈中华人民共和国婚姻法〉若干问题的解释（一）》（现已失效，相关规定见《最高人民法院关于适用〈中华人民共和国民法典〉婚姻家庭编的解释（一）》）第一条也规定“持续性、经常性的家庭暴力，构成虐待”，但虐待并不限于经常性、一贯性的行为。如虐待手段残忍，或者虐待造成被害人轻微伤的，即使只实施了一次虐待，也有可能构成虐待罪。换言之，虐待罪不以虐待行为的经常性、一贯性为入罪要件。第二，应当准确区分虐待犯罪与因教育方法简单粗暴而打骂、体罚子女行为的界限。一般可以从起因上是否为了教育子女，主观上是出于虐待还是体罚的故意，手段上是否明显超过正常管教、约束的限度，后果上是否造成较为严重的身体损害等方面进行判断。

……

4. 准确认定对家庭暴力的正当防卫

家庭暴力是对家庭成员人身权利的不法侵害。为了使被害人的人身安全得到及时保护，基于“正义不能向不正义让步”的基本理念，《家庭暴力意见》第十九条明确要求，行为人对正在实施的家庭暴力采取制止行为，只要符合正当防卫的条件，就应当依法认定为正当防卫。《家庭暴力意见》第十九条还进一步明确了防卫过当的认定标准。根据《刑法》第二十条第二款的规定，防卫过当是指防卫行为“明显超过必要限度造成重大损害”。据此，《家庭暴力意见》规定，防卫行为造成施暴人重伤、死亡，并且明显超过必要限度的，属于防卫过当。换言之，防卫行为造成施暴人轻伤以下损害的，不属于刑法意义上的“重大损害”，不构成防卫过当。关于“明显超过必要限度”的认定标准，第十九条亦作了规定，应当以足以制止并使防卫人免受家庭暴力不法侵害的需要为标准，根据施暴人正在实施家庭暴力的严重程度、手段的残忍程度，防卫人所处的环境、面临的危险程度、采取的制止暴力的手段、造成施暴人重大损害的程度，以及既往家庭暴力的严重程度等进行综合判断。

起草过程中有意见提出，鉴于家庭暴力具有持续反复发生，不断恶化升级的特点，而且家庭暴力被害人在体力等方面往往处于弱势，不得不在家庭暴力实施之时放弃防卫，转而选择在某一次家庭暴力行为已经停止，新的家庭暴力行为还没有实施之际，趁施暴人不备或者处于困倦状态时突然反击，将施暴人致伤、致残甚至致死，以此剥夺施暴人继续侵害的能力，保全自己的人身安全，只要没有超过正当防卫的必要限度，也应当认定为正当防卫。对于该种意见，我们认为，澳大利亚等国确有相关判例认定上述情形属于正当防卫，但我国《刑法》关于正当防卫的时间要件非常明确，必须针对正在进行的不法侵害，而上述情形毕竟是在家庭暴力间歇期间实施，超出了《刑法》关于正当防卫的时间要求，而且实务中认定“家庭暴力必然将要发生”

确实存在较大难度，故最终没有采纳该种意见，而是将上述情形作为重要的酌定从宽处罚情节。

5. 切实贯彻宽严相济刑事政策

《家庭暴力意见》第十八条、第二十条全面规定了对家庭暴力犯罪案件，以及由家庭暴力引发的杀害、伤害施暴人案件的处罚，明确了从严、从宽处罚两方面的要求以及具体把握的情形。

第一，宽严相济是我国基本刑事政策，办理家庭暴力犯罪案件也要切实贯彻这一政策，既不能为了惩处家庭暴力犯罪而一律从严，也不能以这类案件属于婚姻、家庭、恋爱纠纷引发而一律从宽，应当宽严并重、宽严并用、区别对待、平衡处罚。《家庭暴力意见》第十八条要求，对于下列情形应当从严把握：(1) 实施家庭暴力手段残忍或者造成严重后果的，如持锐器捅刺被害人数十刀，或者采取泼硫酸的手段致使被害人毁容的。(2) 出于恶意侵占财产等卑劣动机实施家庭暴力的，如为了霸占父母财产而实施家庭暴力，逼迫父母交出财产的。(3) 因酗酒、吸毒、赌博等恶习而实施家庭暴力的，多数具有长期性、反复性，对被害人及家庭造成的伤害往往更大，危害后果也更加严重。(4) 曾因实施家庭暴力受到刑事处罚、行政处罚或者具有其他恶劣情形的。其中，“其他恶劣情形”一般指对多名家庭成员实施家庭暴力、实施家庭暴力引起较大民愤或者造成较大社会影响等。这类情形所指的施暴人主观恶性深，人身危险性大，应当从严惩处。对于属于上述四种情形之一的案件，可以酌情从重处罚，该重判的要依法重判，该判处死刑的要依法判处死刑，以达到从严惩处和震慑犯罪分子，有效遏制家庭暴力犯罪的目的。对于下列情形则应当从宽把握：(1) 实施家庭暴力犯罪情节较轻，或者被告人真诚悔罪，获得被害人谅解，从轻处罚有利于被扶养人的，可以酌情从轻处罚；(2) 犯罪情节轻微不需要判处刑罚的，可以不起诉或者免予刑事处罚；(3) 情节显著轻微危害不大不构成犯罪的，应当不追究刑事责任。对于上述“犯罪情节较轻”“犯罪情节轻微”“情节显著轻微危害不大不构成犯罪”的具体认定，应当根据所涉罪名的入罪标准，综合犯罪的事实，犯罪的性质、动机、目的、情节、手段、后果，以及被害人的主观恶性、人身危险性大小、有无悔改表现等方面进行把握。

第二，为了加强对施暴人的教育与惩戒，做到惩处与教育相结合，《家庭暴力意见》第十八条进一步提出，除了运用刑罚这一最严厉的惩罚措施外，司法机关还应当充分运用非刑罚处罚措施，如训诫，责令施暴人保证不再实施家庭暴力，或者向被害人赔礼道歉、赔偿损失等，督促其悔过自新。

第三，实践中因家庭暴力引发的杀害、伤害施暴人构成犯罪的案件比较常见，人民群众对这类案件的被告人普遍抱有同情心理，希望司法机关从宽处理。调研发现，虽然这类案件判刑时大部分都有从宽，但在从宽情节的具体认定以及从宽的幅度方面，各地判罚还不一致。《家庭暴力意见》第二十条对这类案件的处罚提出了指导性意见。

一是应当充分考虑案件中的防卫因素和施暴人的过错责任。只要符合正当防卫条件的，就应当认定为正当防卫，依法不负刑事责任；属于防卫过当的，应当依法减轻或者免除处罚。对于长期遭受家庭暴力后，在激愤、恐惧状态下为了防止再次遭受家庭暴力，或者为了摆脱家庭暴力而故意杀害、伤害施暴人的，虽然不能认定为正当防卫，但是被告人从长期遭受家庭暴力的痛苦经历中，知道自己将来仍然面临着难以避免的家庭暴力，遂对施暴人实施杀害、伤害行为，施暴人在案件起因上具有明显过错或者直接责任，故对这类案件可以酌情从宽处罚。这一量刑政策，与《宽严相济意见》第二十二条的规定是一致的。

二是对于因遭受严重家庭暴力，身体、精神受到重大损害而故意杀害施暴人；或者因不堪忍受长期家庭暴力而故意杀害施暴人，犯罪情节不是特别恶劣，手段不是特别残忍的，可以认定为故意杀人“情节较轻”，在三年以上十年以下有期徒刑的法定刑幅度内判处刑罚。需要特别注意的是，上述可以认定为故意杀人“情节较轻”的包括两种不同情形：一种情形要求被告人遭受严重的家庭暴力且身体、精神受到重大损害，但对其杀害、伤害施暴人的犯罪情节、手段没有特别要求；另一种情形要求被告人长期遭受家庭暴力，且杀害、伤害施暴人的犯罪情节不是特别恶劣，手段不是特别残忍。

三是对于因家庭暴力引发的杀害、伤害施暴人而被判刑的犯罪分子，在服刑期间认罪服法，遵守监规，积极参加学习、劳动，确有悔改表现的，应当依法予以减刑，减刑的幅度可以适当放宽，减刑的起始时间、间隔时间可以相应缩短。符合假释条件的应当假释。

四是如果被杀害施暴人的近亲属表示谅解的，在量刑、减刑、假释时应当予以充分考虑。调研发现，一些受虐妇女因杀害施暴的丈夫而被判刑，被杀害施暴人的父母既对被告人心存怜悯，又希望被告人能够早日服刑完毕回到家中照顾老人小孩，因此表示谅解，请求司法机关对被告人从宽处罚。一般来说，这类案件的被告人主观恶性不大，再犯可能性极小，被害人近亲属又同意谅解，对被告人量刑、减刑、假释时完全可以较大幅度地从宽处理，以有效化解社会矛盾，促进社会和谐。

需要强调的是，《家庭暴力意见》对于因家庭暴力引发的杀害、伤害施暴人的案件，虽然总体上要求从宽处罚，但绝不是鼓励家庭暴力被害人以暴制暴。“绝不能以犯罪来制止犯罪”，被害人一定要通过正当的法律途径维护自己的合法权益，避免自陷囹圄。

（四）完善司法保护，积极预防家暴行为

为了建立起全面、系统的反家庭暴力司法应对机制，《家庭暴力意见》第四部分就加强反家庭暴力司法保护衔接以及预防措施作了规定。

1. 加强反家庭暴力刑事、行政、民事保护的衔接

运用法律武器反对家庭暴力，需要民事、行政、刑事保护相互衔接，形成保护链条，才能有效预防和惩治各种形式的家庭暴力。为此，《家庭暴力意见》第二十二条、第二十三条从两方面提出了要求：一是人民法院、人民检察院、公安机关对于监护人实施家庭暴力，严重侵犯被监护人合法权益的，在必要时可以告知被监护人及其他有监护资格的人员、单位，申请人民法院撤销监护人资格，依法另行指定监护人。其中，具有监护资格的人员、单位的范围，撤销监护权人资格的条件以及申请撤销监护人资格的程序等，可以根据《最高人民法院、最高人民检察院、公安部、民政部关于依法处理监护人侵害未成年人权益行为若干问题的意见》的相关规定予以确定。二是要求人民法院对于施暴人违反人身安全保护裁定的，可以根据情节轻重予以罚款、拘留；构成犯罪的，依法追究刑事责任。起草过程中有意见提出，对于施暴人违反人身安全保护裁定，情节严重的，应当明确规定以“拒不执行裁定罪”论处。这种意见有利于为人身安全保护裁定的遵照执行提供强有力的保障。但是也有不同意见认为，拒不执行裁定罪在实践中适用较少，一旦规定，执行效果可能不佳，而且考虑到拒不执行人身安全保护裁定情节严重的行为，也有可能构成比“拒不执行裁定罪”更重的罪名，如故意杀人罪、强奸罪等，应当择一重罪论处，故最终没有规定对拒不执行人身安全保护裁定情节严重的行为以拒不执行裁定罪论处。

2. 加强对家庭暴力犯罪的预防

为了加强对家庭暴力犯罪的预防，《家庭暴力意见》第二十一条、第二十四条、第二十五条分别规定了对施暴人宣告禁止令、开展社区矫正以及反家庭暴力宣传教育措施。第二十一条要求，人民法院对实施家庭暴力被判处管制或宣告缓刑的犯罪分子，可以同时宣告禁止令，禁止其再次实施家庭暴力，侵扰被害人的生活、工作、学习，进行酗酒、赌博等活动；经被害人申请且有必要的，禁止接近被害人及其未成年子女。第二十四条要求，社区矫正机构对实施家庭暴力被判处管制、宣告缓刑、假释或者暂予监外执行的犯罪分子开展行为矫治，使施暴人在有针对性的监督管理、教育矫正、社会适应性帮扶的共同作用下，更快地矫正施暴心理和行为恶习，更好地融入社会。第二十五条要求，人民法院、人民检察院、公安机关、司法行政机关应当结合各自的工作职责、工作内容，通过以案说法、社区普法、针对重点对象进行法律教育等多种形式，开展反家庭暴力宣传、教育活动，充分发挥法律的威慑、教育和指引功能，减少家庭暴力的发生。

（撰稿：杨万明、薛淑兰、唐俊杰）

2. **中华人民共和国反家庭暴力法**（自 2016 年 3 月 1 日起施行）

第一章　总则

第一条　为了预防和制止家庭暴力，保护家庭成员的合法权益，维护平等、和睦、文明的家庭关系，促进家庭和谐、社会稳定，制定本法。

第二条　本法所称家庭暴力，是指家庭成员之间以殴打、捆绑、残害、限制人身自由以及经常性谩骂、恐吓等方式实施的身体、精神等侵害行为。

第三条　家庭成员之间应当互相帮助，互相关爱，和睦相处，履行家庭义务。

反家庭暴力是国家、社会和每个家庭的共同责任。

国家禁止任何形式的家庭暴力。

第四条　县级以上人民政府负责妇女儿童工作的机构，负责组织、协调、指导、督促有关部门做好反家庭暴力工作。

县级以上人民政府有关部门、司法机关、人民团体、社会组织、居民委员会、村民委员会、企业事业单位，应当依照本法和有关法律规定，做好反家庭暴力工作。

各级人民政府应当对反家庭暴力工作给予必要的经费保障。

第五条 反家庭暴力工作遵循预防为主，教育、矫治与惩处相结合原则。

反家庭暴力工作应当尊重受害人真实意愿，保护当事人隐私。

未成年人、老年人、残疾人、孕期和哺乳期的妇女、重病患者遭受家庭暴力的，应当给予特殊保护。

第二章 家庭暴力的预防

第六条 国家开展家庭美德宣传教育，普及反家庭暴力知识，增强公民反家庭暴力意识。

工会、共产主义青年团、妇女联合会、残疾人联合会应当在各自工作范围内，组织开展家庭美德和反家庭暴力宣传教育。

广播、电视、报刊、网络等应当开展家庭美德和反家庭暴力宣传。

学校、幼儿园应当开展家庭美德和反家庭暴力教育。

第七条 县级以上人民政府有关部门、司法机关、妇女联合会应当将预防和制止家庭暴力纳入业务培训和统计工作。

医疗机构应当做好家庭暴力受害人的诊疗记录。

第八条 乡镇人民政府、街道办事处应当组织开展家庭暴力预防工作，居民委员会、村民委员会、社会工作服务机构应当予以配合协助。

第九条 各级人民政府应当支持社会工作服务机构等社会组织开展心理健康咨询、家庭关系指导、家庭暴力预防知识教育等服务。

第十条 人民调解组织应当依法调解家庭纠纷，预防和减少家庭暴力的发生。

第十一条 用人单位发现本单位人员有家庭暴力情况的，应当给予批评教育，并做好家庭矛盾的调解、化解工作。

第十二条 未成年人的监护人应当以文明的方式进行家庭教育，依法履行监护和教育职责，不得实施家庭暴力。

第三章 家庭暴力的处置

第十三条 家庭暴力受害人及其法定代理人、近亲属可以向加害人或者受害人所在单位、居民委员会、村民委员会、妇女联合会等单位投诉、反映或者求助。有关单位接到家庭暴力投诉、反映或者求助后，应当给予帮助、处理。

家庭暴力受害人及其法定代理人、近亲属也可以向公安机关报案或者依法向人民法院起诉。

单位、个人发现正在发生的家庭暴力行为，有权及时劝阻。

第十四条　学校、幼儿园、医疗机构、居民委员会、村民委员会、社会工作服务机构、救助管理机构、福利机构及其工作人员在工作中发现无民事行为能力人、限制民事行为能力人遭受或者疑似遭受家庭暴力的，应当及时向公安机关报案。公安机关应当对报案人的信息予以保密。

第十五条　公安机关接到家庭暴力报案后应当及时出警，制止家庭暴力，按照有关规定调查取证，协助受害人就医、鉴定伤情。

无民事行为能力人、限制民事行为能力人因家庭暴力身体受到严重伤害、面临人身安全威胁或者处于无人照料等危险状态的，公安机关应当通知并协助民政部门将其安置到临时庇护场所、救助管理机构或者福利机构。

第十六条　家庭暴力情节较轻，依法不给予治安管理处罚的，由公安机关对加害人给予批评教育或者出具告诫书。

告诫书应当包括加害人的身份信息、家庭暴力的事实陈述、禁止加害人实施家庭暴力等内容。

第十七条　公安机关应当将告诫书送交加害人、受害人，并通知居民委员会、村民委员会。

居民委员会、村民委员会、公安派出所应当对收到告诫书的加害人、受害人进行查访，监督加害人不再实施家庭暴力。

第十八条　县级或者设区的市级人民政府可以单独或者依托救助管理机构设立临时庇护场所，为家庭暴力受害人提供临时生活帮助。

第十九条　法律援助机构应当依法为家庭暴力受害人提供法律援助。

人民法院应当依法对家庭暴力受害人缓收、减收或者免收诉讼费用。

第二十条　人民法院审理涉及家庭暴力的案件，可以根据公安机关出警记录、告诫书、伤情鉴定意见等证据，认定家庭暴力事实。

第二十一条　监护人实施家庭暴力严重侵害被监护人合法权益的，人民法院可以根据被监护人的近亲属、居民委员会、村民委员会、县级人民政府民政部门等有关人员或者单位的申请，依法撤销其监护人资格，另行指定监护人。

被撤销监护人资格的加害人，应当继续负担相应的赡养、扶养、抚养费用。

第二十二条　工会、共产主义青年团、妇女联合会、残疾人联合会、居民委员会、村民委员会等应当对实施家庭暴力的加害人进行法治教育，必要时可以对加害人、受害人进行心理辅导。

第四章 人身安全保护令

第二十三条 当事人因遭受家庭暴力或者面临家庭暴力的现实危险，向人民法院申请人身安全保护令的，人民法院应当受理。

当事人是无民事行为能力人、限制民事行为能力人，或者因受到强制、威吓等原因无法申请人身安全保护令的，其近亲属、公安机关、妇女联合会、居民委员会、村民委员会、救助管理机构可以代为申请。

第二十四条 申请人身安全保护令应当以书面方式提出；书面申请确有困难的，可以口头申请，由人民法院记入笔录。

第二十五条 人身安全保护令案件由申请人或者被申请人居住地、家庭暴力发生地的基层人民法院管辖。

第二十六条 人身安全保护令由人民法院以裁定形式作出。

第二十七条 作出人身安全保护令，应当具备下列条件：

（一）有明确的被申请人；

（二）有具体的请求；

（三）有遭受家庭暴力或者面临家庭暴力现实危险的情形。

第二十八条 人民法院受理申请后，应当在七十二小时内作出人身安全保护令或者驳回申请；情况紧急的，应当在二十四小时内作出。

第二十九条 人身安全保护令可以包括下列措施：

（一）禁止被申请人实施家庭暴力；

（二）禁止被申请人骚扰、跟踪、接触申请人及其相关近亲属；

（三）责令被申请人迁出申请人住所；

（四）保护申请人人身安全的其他措施。

第三十条 人身安全保护令的有效期不超过六个月，自作出之日起生效。人身安全保护令失效前，人民法院可以根据申请人的申请撤销、变更或者延长。

第三十一条 申请人对驳回申请不服或者被申请人对人身安全保护令不服的，可以自裁定生效之日起五日内向作出裁定的人民法院申请复议一次。人民法院依法作出人身安全保护令的，复议期间不停止人身安全保护令的执行。

第三十二条　人民法院作出人身安全保护令后，应当送达申请人、被申请人、公安机关以及居民委员会、村民委员会等有关组织。人身安全保护令由人民法院执行，公安机关以及居民委员会、村民委员会等应当协助执行。

第五章　法律责任

第三十三条　加害人实施家庭暴力，构成违反治安管理行为的，依法给予治安管理处罚；构成犯罪的，依法追究刑事责任。

第三十四条　被申请人违反人身安全保护令，构成犯罪的，依法追究刑事责任；尚不构成犯罪的，人民法院应当给予训诫，可以根据情节轻重处以一千元以下罚款、十五日以下拘留。

第三十五条　学校、幼儿园、医疗机构、居民委员会、村民委员会、社会工作服务机构、救助管理机构、福利机构及其工作人员未依照本法第十四条规定向公安机关报案，造成严重后果的，由上级主管部门或者本单位对直接负责的主管人员和其他直接责任人员依法给予处分。

第三十六条　负有反家庭暴力职责的国家工作人员玩忽职守、滥用职权、徇私舞弊的，依法给予处分；构成犯罪的，依法追究刑事责任。

第六章　附则

第三十七条　家庭成员以外共同生活的人之间实施的暴力行为，参照本法规定执行。

第三十八条　本法自2016年3月1日起施行。

（三）典型或常见问题的审理思路

1. 如何确定本罪中的“家庭成员”?①

虐待罪是指对共同生活的家庭成员进行虐待的行为。这里所说的“家庭成员”，是指在同一家庭中共同生活的成员，如夫妻、父母、子女、兄弟、姐妹等。根据我国有关法律的规定，家庭成员关系主要有四种情形：一是由婚姻关系形成的家庭成员关系；二是由血缘关系形成的家庭成员关系，既包括直系血亲也包括旁系血亲；三是由收养关系而形成的家庭成员关系，即养父母和养子女之间的关系；四是由其他关系所产生的家庭成员关系，如同居关

① 案例来源：最高人民法院发布涉及家庭暴力犯罪典型案例（2015年3月4日）朱某某虐待案。

系、对孤寡老人的自愿赡养关系等。非家庭成员间的虐待行为，不构成本罪。

2. 如何正确区分虐待罪与故意伤害罪、故意杀人罪?[①]

虐待行为通常是长期性、持续性的伤害行为，被害人在被虐待过程中会受伤甚至死亡。《刑法》第二百六十条第二款规定了虐待致人重伤、死亡的情节及法律后果。虐待行为对被害人的肉体和精神造成折磨摧残，该手段行为和行为后果与故意伤害罪、故意杀人罪存在重合，区别主要在于：第一，主观故意内容不同。虐待罪的故意内容，是使被虐待者肉体上、精神上受摧残和折磨，行为人并不想直接造成被害人伤害或者死亡的结果；被害人所以致伤、致死，是由于长期受虐待的结果。如果行为人在虐待过程中又故意对被害人加以伤害或者杀害的，那就不仅构成了虐待罪，而且构成了故意伤害罪或者故意杀人罪。第二，手段行为特点不同。从犯罪形态看，虐待行为属连续犯罪，具有经常性、一贯性，这是引起被害人致伤、致死的原因，一次虐待行为不足以构成虐待罪，更不足以造成被害人伤害、死亡结果的发生；而故意伤害罪、故意杀人罪一次行为即可构成。第三，行为人与被害人之间的关系不同。虐待罪的行为人与被害人之间要具有一定的亲缘关系，不具有亲缘关系的人实施虐待行为的，不能成立虐待罪。故意伤害罪、故意杀人罪则没有限定。

（四）疑难、复杂问题的参考性解答

1. 如何正确认定本罪的客观要件?

本罪客观方面表现为各种虐待的行为。虐待的表现形式有很多：有的是肉体折磨，如捆绑、殴打、冻饿等；有的是精神摧残，如侮辱、讽刺、限制行动自由等。所谓家庭暴力，是指行为人以殴打、捆绑、残害、强行限制人身自由或者其他手段，给其家庭成员的身体、精神等方面造成一定伤害后果的行为。但虐待行为通常是经常的、一贯的，并且情节恶劣，才能构成犯罪。持续性、经常性的家庭暴力，构成虐待。因此，不能把家庭成员之间偶尔发生打架、吵骂的行为视为虐待。

根据法律规定，虐待行为必须达到“情节恶劣”的程度才构成犯罪。所

---

① 案例来源：最高人民法院公布五起依法惩治侵犯儿童权益犯罪典型案例（2014 年 5 月 28 日）王某某故意伤害、虐待案。

谓情节恶劣，司法实践中一般是指虐待手段凶狠残忍的；对年老、年幼、患重病或者残废而不能独立生活的人实行虐待的；虐待动机卑鄙的；长期进行虐待的；先后虐待多人的；虐待造成被害人轻微伤或者患较严重疾病等情形。

认定本罪要注意区分一般家庭纠纷、一般虐待行为。虐待行为是经常给共同生活的家庭成员造成肉体上或者精神上痛苦的行为，必须是经常的、一贯的，并且情节恶劣，才能构成犯罪。司法实践中，判断情节恶劣，主要可以从虐待对象、虐待动机、虐待手段、虐待行为持续时间、虐待频率和造成的后果几个方面来考察。家庭成员之间偶尔发生打架、吵骂的行为，是一般的家庭纠纷，不能作为虐待处理。对于虐待行为情节不恶劣、后果不严重的，应当采用批评教育的方式解决。尤其是父母对子女教育方法不当，简单粗暴，甚至打骂，但其主观上不是有意识地对子女进行摧残、折磨，所以不能视为虐待而追究其刑事责任。但如果被虐待人要求处理的，可以依照《治安管理处罚法》第四十五条的规定，给予治安处罚，即处五日以下拘留或者警告。

2. 如何正确适用“告诉才处理”的原则?

由于虐待罪是在家庭成员间发生的，虐待者与被虐待者之间有亲属关系，又是生活在同一个家庭中，被虐待者在经济上需要依靠虐待者；或者家庭其他成员中还有老幼需要虐待者扶养。在这种情况下，被虐待者往往只要求虐待者改正错误，使自己的处境得到适当改善，并不希望对被虐待者判刑。因此，《刑法》第二百六十条第三款规定，构成虐待罪而没有致人重伤、死亡的，“告诉的才处理”。这就是说，只有被害人向司法机关控告的，才予以处理；控告后要求撤诉的，也应予准许。虐待致被害人重伤、死亡的，不在此限。但是，对于被害人没有能力告诉，或者因受到强制、威吓无法告诉的，自诉案件则转为公诉案件，由检察机关提起公诉。《刑法修正案（九）》规定了“告诉才处理”的例外情形，旨在对有告诉意愿，但没有能力或条件告诉的人，予以特殊保护。需要指出的是，本款规定的例外情形，与《刑法》第九十八条规定的“代为告诉”不同。本款规定的例外情形下，虐待案件由自诉案件转为公诉案件；《刑法》第九十八条规定的仍然是自诉案件，只是在被害人无法告诉的，由人民检察院或近亲属代为告诉，被害人仍然可以撤诉。

三十九、虐待被监护、看护人罪

（一）刑法规定

第二百六十条之一[①] 对未成年人、老年人、患病的人、残疾人等负有监护、看护职责的人虐待被监护、看护的人，情节恶劣的，处三年以下有期徒刑或者拘役。

单位犯前款罪的，对单位判处罚金，并对其直接负责的主管人员和其他直接责任人员，依照前款的规定处罚。

有第一款行为，同时构成其他犯罪的，依照处罚较重的规定定罪处罚。

（二）司法解释、司法文件及其权威解读

权威解读

解读《刑法修正案（九）》立法背景

本条是2015年8月《刑法修正案（九）》新增加的条文。我国1997年《刑法》第二百六十条规定了家庭成员之间的虐待犯罪，此外还规定了虐待被监管人罪、虐待部属罪、虐待俘虏罪等特殊虐待情形的犯罪，对于其他虐待行为没有规定具体的罪名。司法实践中对于虐待家庭成员以外的人如何处理，做法与认识不一，对于造成被害人伤害、死亡等结果的，一般以故意伤害、故意杀人或者过失致人重伤、过失致人死亡等罪名处理；对于情节较轻的，有的以寻衅滋事、侮辱等罪名处理，有的则不作为犯罪处理。近年来，负有监护、看护职责的人虐待被监护、看护的幼儿、老人的案件多发，引起社会广泛关注，如媒体报道的养老院工作人员虐待老人事件、幼儿园老师虐待幼儿事件等。一些全国人大代表和有关方面多次强烈呼吁对这类行为运用刑法进行规制，以切实加强对弱势群体人身权利的保护。在广泛征求各方面意见的基础上，《刑法修正案（九）》增加了关于负有监护、看护职责的人虐待被监护、看护人的犯罪。

（撰稿：王爱立等）[②]

---

① 根据2015年8月29日公布的《刑法修正案（九）》第十九条增加。

② 全国人大常委会法制工作委员会刑法室：《中华人民共和国刑法解读（第四版）》，中国法制出版社2005年版，第599－600页。

（三）疑难、复杂问题的参考性解答

1. 如何正确理解本罪的客观要件？

本罪客观方面表现为各种虐待的行为。虐待的方式是很多的：有的是肉体折磨，如捆绑、殴打、冻饿等；有的是精神摧残，如侮辱、讽刺、限制行动自由等。虐待行为必须是经常的、一贯的，并且情节恶劣，才能构成犯罪。偶尔一次的打骂、冻饿，不能作为犯罪处理。犯罪对象是需要看护、监护的人，如未成年人、老年人、残疾人、患病的人等。

根据法律规定，虐待被监护、看护人行为必须达到“情节恶劣”的程度才构成犯罪。所谓情节恶劣，司法实践中一般是指虐待手段凶狠残忍的；虐待动机卑鄙的；长期进行虐待的；先后虐待多人的等情形。

司法实践中，判断情节恶劣，主要可以从虐待对象、虐待动机、虐待手段、虐待时间、虐待次数、虐待后果等方面进行考察。如果看护、监护人在照看过程中流露一些不满情绪，对于监护、看护人的轻微批评或者抱怨，不能作为本罪处理。对于虐待行为情节不恶劣、后果不严重的，应当采用批评教育的方式解决，违反《治安管理处罚法》的，可以依照《治安管理处罚法》进行处罚。

2. 正确理解本条第三款的规定

本条第三款规定：“有第一款行为，同时构成其他犯罪的，依照处罚较重的规定定罪处罚。”行为人实施虐待行为，往往导致被害人重伤、死亡的后果，按照本款的规定，应当按照过失致人重伤罪、过失致人死亡罪定罪处罚。如果行为人在实施虐待行为过程中，有意图地实施故意伤害、故意杀人行为的，应当根据情况以故意伤害罪、故意杀人罪定罪处罚，或与本罪数罪并罚。

3. 在体育运动中，负有看护、监护职责的人组织未成年人、残疾人非法使用兴奋剂的行为应如何处理？

根据《最高人民法院关于审理走私、非法经营、非法使用兴奋剂刑事案件适用法律若干问题的解释》的规定，对未成年人、残疾人负有监护、看护职责的人组织未成年人、残疾人在体育运动中非法使用兴奋剂，具有下列情形之一的，应当认定为本罪中的“情节恶劣”，以虐待被监护、看护人罪定罪处罚：（1）强迫未成年人、残疾人使用的；（2）引诱、欺骗未成年人、残疾人长期使用的；（3）其他严重损害未成年人、残疾人身心健康的情形。

四十、遗弃罪

（一）刑法规定

第二百六十一条 对于年老、年幼、患病或者其他没有独立生活能力的人，负有扶养义务而拒绝扶养，情节恶劣的，处五年以下有期徒刑、拘役或者管制。

（二）司法解释、司法文件及其权威解读

最高人民法院、最高人民检察院、公安部、司法部关于依法办理家庭暴力犯罪案件的意见（法发〔2015〕4号，自2015年3月2日起施行）

发生在家庭成员之间，以及具有监护、扶养、寄养、同居等关系的共同生活人员之间的家庭暴力犯罪，严重侵害公民人身权利，破坏家庭关系，影响社会和谐稳定。人民法院、人民检察院、公安机关、司法行政机关应当严格履行职责，充分运用法律，积极预防和有效惩治各种家庭暴力犯罪，切实保障人权，维护社会秩序。为此，根据刑法、刑事诉讼法、婚姻法、未成年人保护法、老年人权益保障法、妇女权益保障法等法律，结合司法实践经验，制定本意见。

一、基本原则

1. 依法及时、有效干预。针对家庭暴力持续反复发生，不断恶化升级的特点，人民法院、人民检察院、公安机关、司法行政机关对已发现的家庭暴力，应当依法采取及时、有效的措施，进行妥善处理，不能以家庭暴力发生在家庭成员之间，或者属于家务事为由而置之不理，互相推诿。

2. 保护被害人安全和隐私。办理家庭暴力犯罪案件，应当首先保护被害人的安全。通过对被害人进行紧急救治、临时安置，以及对施暴人采取刑事强制措施、判处刑罚、宣告禁止令等措施，制止家庭暴力并防止再次发生，消除家庭暴力的现实侵害和潜在危险。对与案件有关的个人隐私，应当保密，但法律有特别规定的除外。

3. 尊重被害人意愿。办理家庭暴力犯罪案件，既要严格依法进行，也要尊重被害人的意愿。在立案、采取刑事强制措施、提起公诉、判处刑罚、减刑、假释时，应当充分听取被害人意见，在法律规定的范围内作出合情、合

理的处理。对法律规定可以调解、和解的案件，应当在当事人双方自愿的基础上进行调解、和解。

4. 对未成年人、老年人、残疾人、孕妇、哺乳期妇女、重病患者特殊保护。办理家庭暴力犯罪案件，应当根据法律规定和案件情况，通过代为告诉、法律援助等措施，加大对未成年人、老年人、残疾人、孕妇、哺乳期妇女、重病患者的司法保护力度，切实保障他们的合法权益。

二、案件受理

5. 积极报案、控告和举报。依照刑事诉讼法第一百零八条第一款“任何单位和个人发现有犯罪事实或者犯罪嫌疑人，有权利也有义务向公安机关、人民检察院或者人民法院报案或者举报”的规定，家庭暴力被害人及其亲属、朋友、邻居、同事，以及村（居）委会、人民调解委员会、妇联、共青团、残联、医院、学校、幼儿园等单位、组织，发现家庭暴力，有权利也有义务及时向公安机关、人民检察院、人民法院报案、控告或者举报。

公安机关、人民检察院、人民法院对于报案人、控告人和举报人不愿意公开自己的姓名和报案、控告、举报行为的，应当为其保守秘密，保护报案人、控告人和举报人的安全。

6. 迅速审查、立案和转处。公安机关、人民检察院、人民法院接到家庭暴力的报案、控告或者举报后，应当立即问明案件的初步情况，制作笔录，迅速进行审查，按照刑事诉讼法关于立案的规定，根据自己的管辖范围，决定是否立案。对于符合立案条件的，要及时立案。对于可能构成犯罪但不属于自己管辖的，应当移送主管机关处理，并且通知报案人、控告人或者举报人；对于不属于自己管辖而又必须采取紧急措施的，应当先采取紧急措施，然后移送主管机关。

经审查，对于家庭暴力行为尚未构成犯罪，但属于违反治安管理行为的，应当将案件移送公安机关，依照治安管理处罚法的规定进行处理，同时告知被害人可以向人民调解委员会提出申请，或者向人民法院提起民事诉讼，要求施暴人承担停止侵害、赔礼道歉、赔偿损失等民事责任。

7. 注意发现犯罪案件。公安机关在处理人身伤害、虐待、遗弃等行政案件过程中，人民法院在审理婚姻家庭、继承、侵权责任纠纷等民事案件过程中，应当注意发现可能涉及的家庭暴力犯罪。一旦发现家庭暴力犯罪线索，公安机关应当将案件转为刑事案件办理，人民法院应当将案件移送公安机关；

属于自诉案件的，公安机关、人民法院应当告知被害人提起自诉。

8. 尊重被害人的程序选择权。对于被害人有证据证明的轻微家庭暴力犯罪案件，在立案审查时，应当尊重被害人选择公诉或者自诉的权利。被害人要求公安机关处理的，公安机关应当依法立案、侦查。在侦查过程中，被害人不再要求公安机关处理或者要求转为自诉案件的，应当告知被害人向公安机关提交书面申请。经审查确系被害人自愿提出的，公安机关应当依法撤销案件。被害人就这类案件向人民法院提起自诉的，人民法院应当依法受理。

9. 通过代为告诉充分保障被害人自诉权。对于家庭暴力犯罪自诉案件，被害人无法告诉或者不能亲自告诉的，其法定代理人、近亲属可以告诉或者代为告诉；被害人是无行为能力人、限制行为能力人，其法定代理人、近亲属没有告诉或者代为告诉的，人民检察院可以告诉；侮辱、暴力干涉婚姻自由等告诉才处理的案件，被害人因受强制、威吓无法告诉的，人民检察院也可以告诉。人民法院对告诉或者代为告诉的，应当依法受理。

10. 切实加强立案监督。人民检察院要切实加强对家庭暴力犯罪案件的立案监督，发现公安机关应当立案而不立案的，或者被害人及其法定代理人、近亲属，有关单位、组织就公安机关不予立案向人民检察院提出异议的，人民检察院应当要求公安机关说明不立案的理由。人民检察院认为不立案理由不成立的，应当通知公安机关立案，公安机关接到通知后应当立案；认为不立案理由成立的，应当将理由告知提出异议的被害人及其法定代理人、近亲属或者有关单位、组织。

11. 及时、全面收集证据。公安机关在办理家庭暴力案件时，要充分、全面地收集、固定证据，除了收集现场的物证、被害人陈述、证人证言等证据外，还应当注意及时向村（居）委会、人民调解委员会、妇联、共青团、残联、医院、学校、幼儿园等单位、组织的工作人员，以及被害人的亲属、邻居等收集涉及家庭暴力的处理记录、病历、照片、视频等证据。

12. 妥善救治、安置被害人。人民法院、人民检察院、公安机关等负有保护公民人身安全职责的单位和组织，对因家庭暴力受到严重伤害需要紧急救治的被害人，应当立即协助联系医疗机构救治；对面临家庭暴力严重威胁，或者处于无人照料等危险状态，需要临时安置的被害人或者相关未成年人，应当通知并协助有关部门进行安置。

13. 依法采取强制措施。人民法院、人民检察院、公安机关对实施家庭暴力的犯罪嫌疑人、被告人，符合拘留、逮捕条件的，可以依法拘留、逮捕；没有采取拘留、逮捕措施的，应当通过走访、打电话等方式与被害人或者其法定代理人、近亲属联系，了解被害人的人身安全状况。对于犯罪嫌疑人、被告人再次实施家庭暴力的，应当根据情况，依法采取必要的强制措施。

人民法院、人民检察院、公安机关决定对实施家庭暴力的犯罪嫌疑人、被告人取保候审的，为了确保被害人及其子女和特定亲属的安全，可以依照刑事诉讼法第六十九条第二款的规定，责令犯罪嫌疑人、被告人不得再次实施家庭暴力；不得侵扰被害人的生活、工作、学习；不得进行酗酒、赌博等活动；经被害人申请且有必要的，责令不得接近被害人及其未成年子女。

14. 加强自诉案件举证指导。家庭暴力犯罪案件具有案发周期较长、证据难以保存，被害人处于相对弱势、举证能力有限，相关事实难以认定等特点。有些特点在自诉案件中表现得更为突出。因此，人民法院在审理家庭暴力自诉案件时，对于因当事人举证能力不足等原因，难以达到法律规定的证据要求的，应当及时对当事人进行举证指导，告知需要收集的证据及收集证据的方法。对于因客观原因不能取得的证据，当事人申请人民法院调取的，人民法院应当认真审查，认为确有必要的，应当调取。

15. 加大对被害人的法律援助力度。人民检察院自收到移送审查起诉的案件材料之日起三日内，人民法院自受理案件之日起三日内，应当告知被害人及其法定代理人或者近亲属有权委托诉讼代理人，如果经济困难，可以向法律援助机构申请法律援助；对于被害人是未成年人、老年人、重病患者或者残疾人等，因经济困难没有委托诉讼代理人的，人民检察院、人民法院应当帮助其申请法律援助。

法律援助机构应当依法为符合条件的被害人提供法律援助，指派熟悉反家庭暴力法律法规的律师办理案件。

三、定罪处罚

16. 依法准确定罪处罚。对故意杀人、故意伤害、强奸、猥亵儿童、非法拘禁、侮辱、暴力干涉婚姻自由、虐待、遗弃等侵害公民人身权利的家庭暴力犯罪，应当根据犯罪的事实、犯罪的性质、情节和对社会的危害程度，严格依照刑法的有关规定判处。对于同一行为同时触犯多个罪名的，依照处罚较重的规定定罪处罚。

17. 依法惩处遗弃犯罪。负有扶养义务且有扶养能力的人，拒绝扶养年幼、年老、患病或者其他没有独立生活能力的家庭成员，是危害严重的遗弃性质的家庭暴力。根据司法实践，具有对被害人长期不予照顾、不提供生活来源；驱赶、逼迫被害人离家，致使被害人流离失所或者生存困难；遗弃患严重疾病或者生活不能自理的被害人；遗弃致使被害人身体严重损害或者造成其他严重后果等情形，属于刑法第二百六十一条规定的遗弃“情节恶劣”，应当依法以遗弃罪定罪处罚。

准确区分遗弃罪与故意杀人罪的界限，要根据被告人的主观故意、所实施行为的时间与地点、是否立即造成被害人死亡，以及被害人对被告人的依赖程度等进行综合判断。对于只是为了逃避扶养义务，并不希望或者放任被害人死亡，将生活不能自理的被害人弃置在福利院、医院、派出所等单位或者广场、车站等行人较多的场所，希望被害人得到他人救助的，一般以遗弃罪定罪处罚。对于希望或者放任被害人死亡，不履行必要的扶养义务，致使被害人因缺乏生活照料而死亡，或者将生活不能自理的被害人带至荒山野岭等人迹罕至的场所扔弃，使被害人难以得到他人救助的，应当以故意杀人罪定罪处罚。

18. 切实贯彻宽严相济刑事政策。对于实施家庭暴力构成犯罪的，应当根据罪刑法定、罪刑相适应原则，兼顾维护家庭稳定、尊重被害人意愿等因素综合考虑，宽严并用，区别对待。根据司法实践，对于实施家庭暴力手段残忍或者造成严重后果；出于恶意侵占财产等卑劣动机实施家庭暴力；因酗酒、吸毒、赌博等恶习而长期或者多次实施家庭暴力；曾因实施家庭暴力受到刑事处罚、行政处罚；或者具有其他恶劣情形的，可以酌情从重处罚。对于实施家庭暴力犯罪情节较轻，或者被告人真诚悔罪，获得被害人谅解，从轻处罚有利于被扶养人的，可以酌情从轻处罚；对于情节轻微不需要判处刑罚的，人民检察院可以不起诉，人民法院可以判处免予刑事处罚。

对于实施家庭暴力情节显著轻微危害不大不构成犯罪的，应当撤销案件、不起诉，或者宣告无罪。

人民法院、人民检察院、公安机关应当充分运用训诫，责令施暴人保证不再实施家庭暴力，或者向被害人赔礼道歉、赔偿损失等非刑罚处罚措施，加强对施暴人的教育与惩戒。

19. 准确认定对家庭暴力的正当防卫。为了使本人或者他人的人身权利免受不法侵害，对正在进行的家庭暴力采取制止行为，只要符合刑法规定的条件，就应当依法认定为正当防卫，不负刑事责任。防卫行为造成施暴人重伤、死亡，且明显超过必要限度，属于防卫过当，应当负刑事责任，但是应当减轻或者免除处罚。

认定防卫行为是否“明显超过必要限度”，应当以足以制止并使防卫人免受家庭暴力不法侵害的需要为标准，根据施暴人正在实施家庭暴力的严重程度、手段的残忍程度，防卫人所处的环境、面临的危险程度、采取的制止暴力的手段、造成施暴人重大损害的程度，以及既往家庭暴力的严重程度等进行综合判断。

20. 充分考虑案件中的防卫因素和过错责任。对于长期遭受家庭暴力后，在激愤、恐惧状态下为了防止再次遭受家庭暴力，或者为了摆脱家庭暴力而故意杀害、伤害施暴人，被告人的行为具有防卫因素，施暴人在案件起因上具有明显过错或者直接责任的，可以酌情从宽处罚。对于因遭受严重家庭暴力，身体、精神受到重大损害而故意杀害施暴人；或者因不堪忍受长期家庭暴力而故意杀害施暴人，犯罪情节不是特别恶劣，手段不是特别残忍的，可以认定为刑法第二百三十二条规定的故意杀人“情节较轻”。在服刑期间确有悔改表现的，可以根据其家庭情况，依法放宽减刑的幅度，缩短减刑的起始时间与间隔时间；符合假释条件的，应当假释。被杀害施暴人的近亲属表示谅解的，在量刑、减刑、假释时应当予以充分考虑。

四、其他措施

21. 充分运用禁止令措施。人民法院对实施家庭暴力构成犯罪被判处管制或者宣告缓刑的犯罪分子，为了确保被害人及其子女和特定亲属的人身安全，可以依照刑法第三十八条第二款、第七十二条第二款的规定，同时禁止犯罪分子再次实施家庭暴力，侵扰被害人的生活、工作、学习，进行酗酒、赌博等活动；经被害人申请且有必要的，禁止接近被害人及其未成年子女。

22. 告知申请撤销施暴人的监护资格。人民法院、人民检察院、公安机关对于监护人实施家庭暴力，严重侵害被监护人合法权益的，在必要时可以告知被监护人及其他有监护资格的人员、单位，向人民法院提出申请，要求撤销监护人资格，依法另行指定监护人。

23. 充分运用人身安全保护措施。人民法院为了保护被害人的人身安全，避免其再次受到家庭暴力的侵害，可以根据申请，依照民事诉讼法等法律的相关规定，作出禁止施暴人再次实施家庭暴力、禁止接近被害人、迁出被害人的住所等内容的裁定。对于施暴人违反裁定的行为，如对被害人进行威胁、恐吓、殴打、伤害、杀害，或者未经被害人同意拒不迁出住所的，人民法院可以根据情节轻重予以罚款、拘留；构成犯罪的，应当依法追究刑事责任。

24. 充分运用社区矫正措施。社区矫正机构对因实施家庭暴力构成犯罪被判处管制、宣告缓刑、假释或者暂予监外执行的犯罪分子，应当依法开展家庭暴力行为矫治，通过制定有针对性的监管、教育和帮助措施，矫正犯罪分子的施暴心理和行为恶习。

25. 加强反家庭暴力宣传教育。人民法院、人民检察院、公安机关、司法行政机关应当结合本部门工作职责，通过以案说法、社区普法、针对重点对象法制教育等多种形式，开展反家庭暴力宣传教育活动，有效预防家庭暴力，促进平等、和睦、文明的家庭关系，维护社会和谐、稳定。

权威解读

解读《家庭暴力意见》

（三）准确适用法律，依法惩处家暴犯罪

……

3. 明确遗弃罪入罪与认定标准

负有扶养义务且有扶养能力的人，拒绝扶养年幼、年老、患病或者其他没有独立生活能力的家庭成员，是危害严重的遗弃性质的家庭暴力。基于与虐待罪相同的考虑，《家庭暴力意见》第十七条对遗弃罪所要求的“情节恶劣”也进行了细化，规定以下四种情形可以认定为“情节恶劣”，以遗弃罪定罪处罚：第一，对被害人长期不予照顾、不提供生活来源的。表现为采取不作为方式遗弃家庭成员，如一些单亲父母不愿意抚养子女，便将子女推给其他亲属，自己长期不管不问，对子女不进行任何的生活照料。第二，驱赶、逼迫被害人离家，致使被害人流离失所或者生存困难的。表现为采取作为方式遗弃家庭成员，如一些子女将年迈体弱的父母赶出家门，致使父母露宿街头，靠捡拾垃圾和他人救济为生。第三，遗弃患严重疾病或者生活不能自理的被害人。这类情形是针对遗弃对象作出的规定。患严重疾病或者生活不能自理的被害人，对扶养人的依赖程度更高，一旦被遗弃，将面临生命健康的重大危险，故对这类情形有必要定罪处罚。第四，遗弃致使被害人身体遭受严重损害或者造成其他严重后果。这类情形是针对遗弃后果作出的规定，其中“身体遭受严重损害或者造成其他严重后果”，一般指造成被害人轻伤以上，患严重疾病，或者被饿死、冻伤等情形。

实践中，遗弃罪与故意杀人罪容易产生混淆。《家庭暴力意见》第十七条对这两类犯罪的主、客观方面也进行了细致辨析，明确对于只是为了逃避扶养义务，但并不希望或者放任被害人死亡，将生活不能自理的被害人弃置在福利院、医院、派出所等单位或者广场、车站等行人较多的场所，希望被害人被他人发现并获得救助的，一般以遗弃罪定罪处罚；对于主观上希望或者放任被害人死亡，不履行必要的扶养义务，造成被害人因缺乏生活照料而死亡，或者是将生活不能自理的被害人带至人迹罕至、难以获得救助的场所扔弃的，如将年幼的子女长时间锁在家中致使孩子被饿死，或者将行动艰难的老人带至荒山野岭致使其被饿死、冻死的，应当以故意杀人罪定罪处罚。

根据《家庭暴力意见》第十七条的规定，在具体适用遗弃罪时应当特别注意，本罪只适用于负有扶养义务，具有扶养能力却拒不扶养的人。对于负有扶养义务，但客观上确实不具有扶养能力的人，不能以本罪论处。

（三）典型或常见问题的审理思路

1. 精神病福利院工作人员能否成为本罪的主体?①

判断精神病福利院工作人员能否成为本罪主体，主要考察是否具有法律规定的“扶养义务”。扶养义务，主要来自法律的规定，有的也来自道德、职责和业务上的要求。比如，实行全托制的幼儿园、精神病医院以及人民政府为给社会上那些年老、年幼或身有残疾的“三无”人员提供生活、治疗等救助而专门设立的诸如福利院等机构，这些机构的人员出于职业道德和职责的要求，他们必须履行救助职责；如果他们有条件和能力履行这种救助职责而拒绝履行，应认为是遗弃行为，情节恶劣的，其直接负责的主管人员或其直接责任人就应被追究遗弃罪刑事责任。

2. 如何正确区分遗弃罪与故意杀人罪?②

遗弃罪与故意杀人罪通常不易混淆，但是当遗弃行为导致被害人死亡时，

---

① 观点来源：最高人民法院中国应用法学研究所：《人民法院案例选》（总第47辑，2004年刑事专辑），王某民、刘某新等人遗弃其所在精神病福利院的病人，人民法院出版社2004年版，第277－284页。

② 案例来源：最高人民法院发布涉家庭暴力犯罪典型案例（2015年3月4日）邓某故意杀人案。

就需要对二者进行区分。根据2015年《家庭暴力意见》的规定，准确区分二者，要根据被告人的主观故意、所实施行为的时间与地点、是否立即造成被害人死亡，以及被害人对被告人的依赖程度等进行综合判断。对于只是为了逃避扶养义务，并不希望或者放任被害人死亡，将生活不能自理的被害人弃置在福利院、医院、派出所等单位或者广场、车站等行人较多的场所，希望被害人得到他人救助的，一般以遗弃罪定罪处罚。对于希望或者放任被害人死亡，不履行必要的扶养义务，致使被害人因缺乏生活照料而死亡，或者将生活不能自理的被害人带至荒山野岭等人迹罕至的场所扔弃，使被害人难以得到他人救助的，应当以故意杀人罪定罪处罚。

3. 出卖亲生子女的行为应认定遗弃罪还是拐卖儿童罪？①

区分二者的关键是看行为人主观上是以出卖为目的还是不承担扶养义务，具体而言，行为人若具有非法获利的目的出卖亲生子女的，应以拐卖儿童罪论处；否则对于出卖亲生子女的，应适用《刑法》第二百六十一条，按遗弃罪定罪处罚。此外，根据1998年修改的《收养法》（现已失效）第三十一条第二款的规定，遗弃婴儿的，由公安部门处以罚款；构成犯罪的，依法追究刑事责任。因此，遗弃婴儿的行为构成犯罪的，应按遗弃罪定罪处罚。根据该法第三十一条第三款的规定，出卖亲生子女的，由公安部门没收非法所得，并处以罚款；构成犯罪的，依法追究刑事责任。

（四）疑难、复杂问题的参考性解答

1. 如何理解本罪的客观要件？

本罪客观方面表现为对没有独立生活能力或者不能独立生活的家庭成员，有扶养义务而拒绝扶养的行为。这种行为的表现形式是不作为。被遗弃的必须是年老、年幼、患病或者其他没有独立生活能力或者不能独立生活的人。这些人的情况虽然各不相同，但共同的特点是没有独立生活的能力，如果没有其他人的扶养，就无法生活下去。因此，对于具有独立生活能力的人不予扶养的，不能以遗弃罪论处；否则，就会养成一些人的寄生依赖思想，对社会没有好处。

---

① 案例来源：最高人民法院通报14起未成年人审判典型案例（2014年11月24日）王某某、杨某某遗弃案。

根据法律规定，遗弃行为必须达到“情节恶劣”的程度，才构成犯罪。所谓情节恶劣，司法实践中一般是指由于遗弃而使被害人走投无路，被迫自杀的；被害人因生活无着流离失所的；在遗弃中又有打骂、虐待行为的；遗弃的动机极其卑鄙的；被告人屡教不改的等情形。

在司法实践中，要注意区分本罪与一般遗弃行为。一般遗弃行为是指情节并不恶劣，后果也不严重的行为，虽不构成犯罪，不能追究行为人的刑事责任，但也是违法的、不道德的，应给予批评教育或者行政纪律处分。遗弃没有独立生活能力的被扶养人的，可以依照《治安管理处罚法》第四十五条的规定，给予治安处罚，即处五日以下拘留或者警告。

2. **如何区分遗弃罪与虐待罪?**

两者主观方面都是故意，通常都发生在家庭成员之间，区别主要在于：第一，犯罪主体不同。前者是法律上负有扶养义务的人，后者可以是任何家庭成员。第二，犯罪对象不完全相同。前者只限于年老、年幼、患病或者不能独立生活的人，后者可以是任何家庭成员。第三，客观方面的表现不同。前者主要是不作为，即有扶养义务而拒绝扶养；后者主要表现是作为，即以打骂、冻饿、禁闭、强迫从事过度劳动等各种方法，从肉体上和精神上进行摧残迫害的行为。第四，主观内容不同。前者是拒绝履行法律规定的扶养义务，后者则是给被害人制造精神或肉体上的痛苦。

司法机关在适用时，应当注意遗弃罪是公诉案件，但是根据《最高人民法院关于适用〈中华人民共和国刑事诉讼法〉的解释》第一条的规定，对于检察院没有提起公诉，被害人有证据证明的轻微遗弃案件，被害人向人民法院提起诉讼的，人民法院应当受理。对于其中证据不足、可以由公安机关受理，或者被告人可能被判处三年有期徒刑以上刑罚的，应当告知被害人向公安机关报案，或者移送公安机关立案侦查。

四十一、拐骗儿童罪

（一）刑法规定

第二百六十二条　拐骗不满十四周岁的未成年人，脱离家庭或者监护人的，处五年以下有期徒刑或者拘役。

（二）典型或常见问题的审理思路

1. 以收养为目的，使用暴力抢走婴儿的行为如何定罪?[①]

拐骗儿童罪，是指用蒙骗、利诱或者其他方法，使不满十四周岁的未成年人脱离家庭或者监护人的行为。虽然罪名中有“骗”字，但并不排斥使用暴力、胁迫等强制性手段。只要行为人主观上具有使不满十四周岁的未成年人脱离其家庭或监护人的故意，客观上实施了上述行为，就符合拐骗儿童罪的犯罪构成要件，应以拐骗儿童罪定罪处罚。

2. 采取欺骗方式使儿童脱离家庭以供役使的行为如何定性?[②]

拐骗儿童罪是侵犯公民人身权利的犯罪，《刑法》没有明确规定构成该罪需要具备特别目的要件，但是理论界通说认为，行为人实施拐骗行为主观上一般具有收养或者役使的目的，以此区别于以勒索财物为目的的绑架和以出卖为目的的拐卖儿童罪。

3. 如何判断拐骗儿童罪的既遂问题?[③]

根据《刑法》规定，拐骗儿童罪是行为犯，行为人只要实施了拐骗行为，使不满十四周岁的未成年人脱离其家庭或者监护人，即构成既遂。

（三）疑难、复杂问题的参考性解答

1. 正确理解本罪的客观要件

本罪客观方面表现为采用蒙骗、利诱或者其他方法，使儿童脱离家庭或者监护人的行为。

“家庭”，是指儿童与其父母（包括生父母、养父母、继父母）或者其他亲属共同生活的处所。“监护人”，是指依法对儿童的人身、财产和其他合法权益负有监督和保护责任的人。司法实践中，使儿童脱离家庭或者监护人的方式有三种：一是以食品、玩具、娱乐等为诱饵，进行哄骗、诱惑，直接将儿童拐走。二是对家长或者监护人进行蒙骗而将儿童拐走。常见的是以当保

---

① 案例来源：广东省汕头市龙湖区人民法院（2012）汕龙法刑初字第250号，赖某水拐骗儿童案。

② 观点来源：最高人民法院刑事审判第一、二、三、四、五庭：《刑事审判参考》总第98集，法律出版社2014年版，第131－136页，第999号任某文拐骗儿童案。

③ 案例来源：广东省汕头市潮南区人民法院（2013）汕南法刑初字第81号，雷某拐骗儿童案。

姆为名，待取得主人信任后，趁机将婴幼儿拐走；或者冒充儿童的亲属，从幼儿园、托儿所将儿童骗走等。三是以偷盗手段，将婴幼儿抱走。但不论采用哪种拐骗手段，只要使儿童脱离了家庭或者监护人，就构成本罪。

2. **正确认定本罪与拐卖儿童罪的区分**

拐卖儿童罪，是指以出卖为目的，拐骗、绑架、收买、贩卖、接送或者中转儿童的行为。本罪与拐卖儿童罪的犯罪对象都是不满十四周岁的儿童，客观上都使用了欺骗的手段。两者的区别主要在于：第一，侵犯的客体不同。前者侵犯的主要是他人的家庭关系，后者侵犯的则是公民的人身自由权利。第二，主观目的不同。前者大多是为了收养，后者则是为了贩卖。拐骗儿童后产生出卖意图的，应当以拐骗儿童罪和拐卖儿童罪，实行数罪并罚。

3. **正确区分本罪与绑架罪**

绑架罪，是指以勒索财物为目的绑架他人，或者绑架他人作为人质的行为。《刑法》第二百三十九条第三款规定，以勒索财物为目的偷盗婴幼儿的，以绑架罪定罪处罚。本罪与绑架罪的区别主要在于：第一，侵犯的客体不同。前者侵犯的主要是他人的家庭关系，后者侵犯的是公民的人身自由权利和财产权利。第二，犯罪目的不同。前者大多是为了收养，后者则是为了勒索财物。第三，犯罪手段不同。前者是拐骗，后者则对婴幼儿使用了偷盗的方法，实质是一种绑架行为。拐骗儿童后产生绑架勒索意图的，应当以拐骗儿童罪和绑架罪，实行数罪并罚。

四十二、组织残疾人、儿童乞讨罪

（一）刑法规定

第二百六十二条之一[①]　以暴力、胁迫手段组织残疾人或者不满十四周岁的未成年人乞讨的，处三年以下有期徒刑或者拘役，并处罚金；情节严重的，处三年以上七年以下有期徒刑，并处罚金。

---

①　根据2006年6月29日公布的《刑法修正案（六）》第十七条增加。

（二）司法解释、司法文件及其权威解读

权威解读

解读《刑法修正案（六）》（节录）

二、……（十六）将以暴力、威胁手段组织残疾人、未成年人乞讨的行为增加规定为犯罪

此前，我国《刑法》中没有规定与乞讨有关的犯罪。公安部提出，近些年来，在一些经济较发达的大中城市，流浪乞讨人员急剧增多，出现了一些新情况。一些流浪乞讨人员形成帮派团伙，为骗取同情，聚敛钱财，组织、胁迫、诱骗、收买、利用未成年人、残疾人乞讨、骗讨，自己从中牟利，严重扰乱城市社会秩序，成为影响社会治安的新隐患。应当予以严厉打击。

立法机关经过认真研究认为，流浪乞讨是一个世界性的社会问题，有其历史的、经济的、社会的等诸方面原因。我国正处于经济转轨、社会转型的特殊历史时期，乞讨问题难以避免，应当妥善处理流浪乞讨问题：对生活无着的人员应当提供及时救助；对以反复纠缠、强行讨要或者以其他方式滋扰他人的方式乞讨，或者胁迫、诱骗或者利用他人乞讨的，应当依照《治安管理处罚法》的规定，给予治安管理处罚；考虑到残疾人由于有生理缺陷或障碍，自我保护能力较弱；未成年人由于心智发育不健全，认识社会事物和辨别是非的能力有限，在受到侵害时往往不敢反抗，人身自由、人格尊严极易受到侵犯，应当给予特别保护。因此，对用暴力、胁迫手段组织残疾人、儿童乞讨等严重侵犯他人人身自由的行为，情节严重的，应当追究刑事责任。

（撰稿：黄太云）

（三）典型或常见问题的审理思路

如何认定组织儿童乞讨罪中的“暴力、胁迫”行为？①

根据《刑法》规定，组织儿童乞讨罪的行为方式仅限于暴力、胁迫手段，诱骗或者利用儿童乞讨的只能依据《治安管理处罚法》的相关规定进行处罚。我国《刑法》分则多处使用“暴力”的表述，一般是指造成被害人生理或者

---

① 观点来源：最高人民法院刑事审判第一、二、三、四、五庭：《刑事审判参考》总第98集，法律出版社2015年版，第141－149页，第1001号翟某峰、魏某英组织儿童乞讨案。

心理上的强制状态的有形强制力或者武力，“胁迫”常与“暴力”同时使用，一般是指以将要实施暴力或者其他恶害为内容使被害人受到精神强制的行为。当前，被不法分子操纵的乞讨儿童特别是病残儿童，被不法分子带到陌生地区，脱离了家庭或者监护人的保护，加之生活难以自理，行为人往往不需要实施明显的暴力、胁迫手段，或者只要实施轻微的暴力、胁迫行为，就可以轻易控制这些儿童。因此在认定是否构成组织儿童乞讨罪的“暴力、胁迫”时，应当充分考虑儿童身心脆弱、易受伤害等特点，程度标准不宜要求过高，无须达到足以压制儿童反抗的程度，只要在常人看来，足以使儿童产生恐惧心理即满足入罪条件。

（四）疑难、复杂问题的参考性解答

1. 正确认定本罪的客观要件

本罪客观方面表现为以暴力、胁迫手段，组织残疾人或者不满十四周岁的未成年人进行乞讨的行为。

“暴力”，是指对被组织的乞讨人员进行殴打、捆绑、拘禁等危害人身安全和限制人身自由的行为。“胁迫”，是指对被组织的乞讨人员进行威胁、恫吓的行为。威胁可以是口头的，也可以是举动。如通过扬言进行报复、揭发隐私、毁坏财产、破坏名誉、手持凶器威吓等方式要挟，以达到精神上强制的目的。“组织”，是指通过招募、雇用、强迫、引诱、拐骗、容留等方法，将流浪在社会上的残疾人、儿童组织起来，在公共场所进行乞讨。“招募”，是指在社会上物色对象，网罗、招收残疾人、儿童；“雇用”，是指用金钱收罗残疾人、儿童从事乞讨活动；“强迫”，是指对本不想乞讨的残疾人、儿童，用精神威胁、肉体折磨等方法，逼使其从事乞讨活动；“引诱”，是指用诱惑的方法，促使残疾人、儿童进行乞讨；“拐骗”，是指用蒙骗、哄骗、引诱等方法，使男女儿童脱离家庭或者监护人的行为；“容留”，是指为流浪在社会上的残疾人、儿童提供聚居的场所。应当强调指出的是，采用暴力、胁迫手段违背残疾人、儿童的意志，组织残疾人、儿童进行乞讨，是构成本罪在客观方面两个必备的条件，必须同时具备，缺一不可。如果行为人对残疾人或者儿童没有采用暴力、胁迫的手段，而是采用诱骗等其他方法，组织残疾人、儿童乞讨，则不构成本罪；如果行为人虽对残疾人、儿童采用了暴力、胁迫的手段，迫使其乞讨，但针对的是特定的个人，而不是组织多人，即不是控

制残疾人、儿童多人进行乞讨，也不构成本罪。

“情节严重”，是本罪的加重处罚情节，司法实践中，一般是指多次（三次以上）组织残疾人、儿童进行乞讨的；组织众多残疾人、儿童进行乞讨，严重扰乱社会治安的；屡教不改，长时间组织残疾人、儿童进行乞讨，在社会上造成恶劣影响的等情形。

2. 本罪的罪数问题

如果行为人在以暴力、胁迫手段组织残疾人、儿童乞讨过程中，实施了非法拘禁、故意伤害、拐骗、拐卖、猥亵儿童的行为，构成犯罪的，则应当实行数罪并罚。

3. 本罪属选择性罪名（对象选择）

行为人只要实施了以暴力、胁迫手段组织残疾人或者儿童进行乞讨其中一种行为，就构成本罪；既组织残疾人，又组织儿童乞讨的，仍为一罪，不实行并罚，量刑时可作参考。

四十三、组织未成年人进行违反治安管理活动罪

（一）刑法规定

第二百六十二条之二[①]　组织未成年人进行盗窃、诈骗、抢夺、敲诈勒索等违反治安管理活动的，处三年以下有期徒刑或者拘役，并处罚金；情节严重的，处三年以上七年以下有期徒刑，并处罚金。

（二）司法解释、司法文件及其权威解读

解读《刑法修正案（七）》（节录）

八、增加了“组织未成年人进行违法犯罪活动罪”

近年来，社会上一些不法分子利欲熏心，往往利用未成年人生理、心理的不成熟或因某种原因造成的精神上的空虚、物质上的缺乏等弱点，组织其从事一些牟利性的违法活动。目前，组织、诱骗、胁迫未成年人进行违反治安管理活动的现象在全国一些大中城市比较突出。主要表现形式有：一些不法分子通过组织、诱骗辍学未成年人、在校学生或者社会流浪少年，成立帮

① 根据2009年2月28日公布的《刑法修正案（七）》第八条增加。

派团伙，以为他们提供食宿为诱饵，组织、诱骗、胁迫未成年人对中小学在校学生实施敲诈勒索、抢夺、故意伤害等不法侵害，或者在大型商贸区域、繁华地带，实施盗窃、扒窃、抢夺、敲诈勒索等违反治安管理活动，并把所有违法所得都上交给这些幕后成年组织者。在一些这样的团伙中，每个人分工明确，配合密切。有专管内勤的“管家”，有负责培训的“教练”，有负责“公关”的“外联”，有负责惩罚的“打手”。一般每人每天都会被分配一定量的任务，超额完成，会受到“表扬”；没有完成，会受到相应“处罚”。处罚的方式，可能会是挨一顿饿，也可能是招来一顿打。由于参加团伙的未成年人的生活自理能力很差，也缺乏必要的生存技能，因此，对团伙能够提供基本的食宿产生了依赖心理，一些未成年人即使受到体罚，也愿意继续留下来。由于未成年人从事的这些违反治安管理活动大都未构成犯罪，对幕后组织者追究刑事责任也遇到困难。

这种组织未成年人进行违法活动的情况，严重危害社会治安秩序和学校的正常教学秩序，性质恶劣，影响很坏，不仅剥夺了未成年人的受教育权、健康权，而且会诱使他们逐步走上犯罪道路，毁掉一生，对未成年人的健康成长十分不利，对国家、对家庭都会造成不良的影响。我国《刑法修正案(六)》已在《刑法》第二百六十二条之一中将“以暴力、胁迫手段，组织残疾人或者不满十四周岁的未成年人乞讨”的行为规定为犯罪。为了打击这类行为，更好地维护社会治安秩序，保护公民的合法财产不受侵犯，保护未成年人的合法权益，《刑法修正案（七)》第八条规定，在《刑法》第二百六十二条之后增加一条，作为第二百六十二条之二：“组织未成年人进行盗窃、诈骗、抢夺、敲诈勒索等违反治安管理活动的，处三年以下有期徒刑或者拘役，并处罚金；情节严重的，处三年以上七年以下有期徒刑，并处罚金。”本条所说的“未成年人”，是指未满十八周岁的公民，既包括普通的未成年人，也包括身心残疾的未成年人。

（撰稿：黄太云）

（三）典型或常见问题的审理思路

控制未成年人在娱乐场所从事营利性陪侍的行为应如何处理？①

《刑法》第二百六十二条之二规定组织未成年人进行盗窃、诈骗、抢夺、敲诈勒索等违反治安管理活动的认定为组织未成年人进行违反治安管理活动罪。司法实践中，对于控制未成年人在娱乐场所从事营利性陪侍的行为是按照非法拘禁罪、强迫劳动罪还是组织未成年人进行违反治安管理活动罪处理存在争议。我们认为，认定为组织未成年人进行违反治安管理活动罪更为合适。首先，违反治安管理活动主要评价的是被组织者所从事行为的行政违法性。从《刑法》条文的表述来看，明显不排斥将其他种类的违反治安管理活动行为纳入《刑法》第二百六十六条之二规定的违反治安管理活动行为的范围。其次，如何确定“违反治安管理活动”的范围。除《治安管理处罚法》第三章规定的四类行政违法行为（分别为扰乱公共秩序，妨害公共安全，侵犯人身权利、财产权利，妨害社会管理）外，《治安管理处罚法》未规定的，但与《治安管理处罚法》中规定的违法行为同质的违反治安管理的活动也应属于“违反治安管理活动”的行为。对于在娱乐场所从事营利性陪侍而言，《娱乐场所管理条例》第十四条将其与吸贩毒品、卖淫嫖娼、赌博等行为并列，一并予以禁止，并规定了相应的罚则，可见在娱乐场所从事营利性陪侍属于违反治安管理活动的行为，将此类行为纳入《刑法》第二百六十六条之二规定的违反治安管理活动行为的范畴，并无不当。

（四）疑难、复杂问题的参考性解答

1. 如何认定本罪的客观要件？

本罪客观方面表现为组织未成年人进行盗窃、诈骗、抢夺、敲诈勒索等违反治安管理活动的行为。

首先，必须实施了“组织行为”。但本罪的组织行为，不是《刑法》第二十六条第三款规定的犯罪集团中起组织、领导作用的行为和《刑法》第二百九十条、第二百九十一条规定的聚众扰乱社会秩序和公共场所秩序的首要

---

① 案例来源：浙江省温州市中级人民法院（2015）浙温刑终字第889号，赵某毛等组织未成年人进行违反治安管理活动案。

分子起组织、策划、指挥作用的行为，而是单独构成犯罪的一种实行行为。司法实践中，通常表现为行为人实施了组织、策划和指挥未成年人进行违反治安管理活动的行为。其次，被组织的对象必须是未成年人，包括身体残疾和智力发育不正常的未成年人。最后，必须是组织未成年人进行了违反治安管理活动。按照《治安管理处罚法》的规定，所谓违反治安管理活动，是指进行了扰乱公共秩序，妨害公共安全，侵犯人身权利、财产权利，妨害社会管理等活动，依照《刑法》尚不够刑事处罚的行为。《刑法修正案（七）》列举了盗窃、诈骗、抢夺、敲诈勒索四种常见的典型的违反治安管理的行为，但并未穷尽，因而加了一个“等”字，说明在适用范围上并不限于以上四种行为。

根据法律规定，本罪属于行为犯，只要行为人实施了组织未成年人进行盗窃、诈骗、抢夺、敲诈勒索等违反治安管理活动的行为，就构成犯罪，不需要其他情节和要件。但是，根据《刑法》第十三条的规定，如果认定行为人“情节显著轻微危害不大的”，则不构成犯罪。司法实践中，通常考察组织的手段、对象人数、进行违法活动的次数、数额及其他情节等，来判断情节是否显著轻微。此外，本罪在客观方面要求行为人具有组织未成年人进行违反治安管理活动的“组织行为”，不具备这种组织行为的不构成犯罪。一般只要组织三名以上未成年人进行违反治安管理活动，就构成本罪。

本条规定的“情节严重”是加重处罚情节，司法实践中，一般是指多次、大量组织未成年人进行违反治安管理活动，给社会造成恶劣影响的；长期以暴力、胁迫等手段组织未成年人进行违反治安管理活动，给未成年人的身心健康造成严重危害的；因组织未成年人进行违反治安管理活动给当地社会治安秩序造成严重后果等情形。

2. 如何认定本罪的罪数问题？

对于行为人组织未成年人进行乞讨，又组织未成年人进行盗窃等违反治安管理活动的，是否构成数罪问题，我们认为，如果是同一个组织行为，属于想象竞合犯，应当按照处罚较重的一个罪处罚，不实行数罪并罚，否则违反了不得对同一行为进行重复评价的原则。如果行为人先后分别组织不同未成年人进行乞讨或者进行违反治安管理活动，事实上存在两个独立的组织行为的，则构成数罪，应当实行并罚。

3. 如何区分本罪与非法拘禁、故意伤害、拐骗儿童等相关犯罪？

行为人通过暴力、胁迫、诱骗、教唆等手段，在组织未成年人实施违反治安管理活动过程中，会对这些未成年人进行非法拘禁、故意伤害等行为，我们认为，这些行为属“同一组织行为”，如果尚不构成犯罪，可按组织未成年人进行违反治安管理活动罪处理；如果已构成犯罪，则属想象的数罪，不是实际的数罪，不适用数罪并罚原则，而应当按照想象竞合犯，从一重罪处断，即按其中法定刑最重的一个罪处罚。

4. 如何区分本罪与盗窃、诈骗、抢夺、敲诈勒索等罪？

本罪的适用应排除间接正犯与教唆犯的情形，即组织未成年人实施的盗窃、诈骗、抢夺、敲诈勒索等活动本身并不符合盗窃罪、诈骗罪、抢夺罪、敲诈勒索罪的犯罪构成，仅为“违反治安管理活动的行为”。如果所组织实施的盗窃等行为已经符合盗窃等犯罪构成，则对组织者不能以本罪论处，而应以间接正犯或者教唆犯原理来处理。具体而言：若所利用的未成年人未满十六周岁，则所利用的未成年人实为其盗窃、诈骗、抢夺、敲诈勒索等犯罪行为的工具，依间接正犯原理，对组织者直接认定为具体的盗窃罪、抢夺罪等；若所利用的未成年人已满十六周岁，则所利用的未成年人本人也应对盗窃、抢夺等承担刑事责任，此时组织者实属教唆犯，且为教唆未成年人犯罪，应从重处罚。

第五章　侵犯财产罪

一、抢劫罪

（一）刑法规定

第二百六十三条　以暴力、胁迫或者其他方法抢劫公私财物的，处三年以上十年以下有期徒刑，并处罚金；有下列情形之一的，处十年以上有期徒刑、无期徒刑或者死刑，并处罚金或者没收财产：

（一）入户抢劫的；

（二）在公共交通工具上抢劫的；

（三）抢劫银行或者其他金融机构的；

（四）多次抢劫或者抢劫数额巨大的；

（五）抢劫致人重伤、死亡的；

（六）冒充军警人员抢劫的；

（七）持枪抢劫的；

（八）抢劫军用物资或者抢险、救灾、救济物资的。

第二百六十七条第二款　携带凶器抢夺的，依照本法第二百六十三条的规定定罪处罚。

第二百六十九条　犯盗窃、诈骗、抢夺罪，为窝藏赃物、抗拒抓捕或者毁灭罪证而当场使用暴力或者以暴力相威胁的，依照本法第二百六十三条的规定定罪处罚。

第二百八十九条　聚众“打砸抢”，致人伤残、死亡的，依照本法第二百三十四条、第二百三十二条的规定定罪处罚。毁坏或者抢走公私财物的，除判令退赔外，对首要分子，依照本法第二百六十三条的规定定罪处罚。

（二）司法解释、司法文件及其权威解读

1. 最高人民法院关于审理抢劫刑事案件适用法律若干问题的指导意见（法发〔2016〕2号，自2016年1月6日起施行）

抢劫犯罪是多发性的侵犯财产和侵犯公民人身权利的犯罪。1997年刑法修订后，最高人民法院先后发布了《关于审理抢劫案件具体应用法律若干问题的解释》（以下简称《抢劫解释》）和《关于审理抢劫、抢夺刑事案件适用法律问题的意见》（以下简称《两抢意见》），对抢劫案件的法律适用作出了规范，发挥了重要的指导作用。但是，抢劫犯罪案件的情况越来越复杂，各级法院在审判过程中不断遇到新情况、新问题。为统一适用法律，根据刑法和司法解释的规定，结合近年来人民法院审理抢劫案件的经验，现对审理抢劫犯罪案件中较为突出的几个法律适用问题和刑事政策把握问题提出如下指导意见：

一、关于审理抢劫刑事案件的基本要求

坚持贯彻宽严相济刑事政策。对于多次结伙抢劫，针对农村留守妇女、儿童及老人等弱势群体实施抢劫，在抢劫中实施强奸等暴力犯罪的，要在法律规定的量刑幅度内从重判处。

对于罪行严重或者具有累犯情节的抢劫犯罪分子，减刑、假释时应当从严掌握，严格控制减刑的幅度和频度。对因家庭成员就医等特定原因初次实施抢劫，主观恶性和犯罪情节相对较轻的，要与多次抢劫以及为了挥霍、赌博、吸毒等实施抢劫的案件在量刑上有所区分。对于犯罪情节较轻，或者具有法定、酌定从轻、减轻处罚情节的，坚持依法从宽处理。

确保案件审判质量。审理抢劫刑事案件，要严格遵守证据裁判原则，确保事实清楚，证据确实、充分。特别是对因抢劫可能判处死刑的案件，更要切实贯彻执行刑事诉讼法及相关司法解释、司法文件，严格依法审查判断和运用证据，坚决防止冤错案件的发生。

对抢劫刑事案件适用死刑，应当坚持“保留死刑，严格控制和慎重适用死刑”的刑事政策，以最严格的标准和最审慎的态度，确保死刑只适用于极少数罪行极其严重的犯罪分子。对被判处死刑缓期二年执行的抢劫犯罪分子，根据犯罪情节等情况，可以同时决定对其限制减刑。

二、关于抢劫犯罪部分加重处罚情节的认定

1. 认定“入户抢劫”，要注重审查行为人“入户”的目的，将“入户抢劫”与“在户内抢劫”区别开来。以侵害户内人员的人身、财产为目的，入户后实施抢劫，包括入户实施盗窃、诈骗等犯罪而转化为抢劫的，应当认定为“入户抢劫”。因访友办事等原因经户内人员允许入户后，临时起意实施抢劫，或者临时起意实施盗窃、诈骗等犯罪而转化为抢劫的，不应认定为“入户抢劫”。

对于部分时间从事经营、部分时间用于生活起居的场所，行为人在非营业时间强行入内抢劫或者以购物等为名骗开房门入内抢劫的，应认定为“入户抢劫”。对于部分用于经营、部分用于生活且之间有明确隔离的场所，行为人进入生活场所实施抢劫的，应认定为“入户抢劫”；如场所之间没有明确隔离，行为人在营业时间入内实施抢劫的，不认定为“入户抢劫”，但在非营业时间入内实施抢劫的，应认定为“入户抢劫”。

2. “公共交通工具”，包括从事旅客运输的各种公共汽车，大、中型出租车，火车，地铁，轻轨，轮船，飞机等，不含小型出租车。对于虽不具有商业营运执照，但实际从事旅客运输的大、中型交通工具，可认定为“公共交通工具”。接送职工的单位班车、接送师生的校车等大、中型交通工具，视为“公共交通工具”。

“在公共交通工具上抢劫”，既包括在处于运营状态的公共交通工具上对旅客及司售、乘务人员实施抢劫，也包括拦截运营途中的公共交通工具对旅客及司售、乘务人员实施抢劫，但不包括在未运营的公共交通工具上针对司售、乘务人员实施抢劫。以暴力、胁迫或者麻醉等手段对公共交通工具上的特定人员实施抢劫的，一般应认定为“在公共交通工具上抢劫”。

3. 认定“抢劫数额巨大”，参照各地认定盗窃罪数额巨大的标准执行。抢劫数额以实际抢劫到的财物数额为依据。对以数额巨大的财物为明确目标，由于意志以外的原因，未能抢到财物或实际抢得的财物数额不大的，应同时认定“抢劫数额巨大”和犯罪未遂的情节，根据刑法有关规定，结合未遂犯的处理原则量刑。

根据《两抢意见》第六条第一款规定，抢劫信用卡后使用、消费的，以行为人实际使用、消费的数额为抢劫数额。由于行为人意志以外的原因无法实际使用、消费的部分，虽不计入抢劫数额，但应作为量刑情节考虑。通过银行转账或者电子支付、手机银行等支付平台获取抢劫财物的，以行为人实际获取的财物为抢劫数额。

4. 认定“冒充军警人员抢劫”，要注重对行为人是否穿着军警制服、携带枪支、是否出示军警证件等情节进行综合审查，判断是否足以使他人误以为是军警人员。对于行为人仅穿着类似军警的服装或仅以言语宣称系军警人员但未携带枪支、也未出示军警证件而实施抢劫的，要结合抢劫地点、时间、暴力或威胁的具体情形，依照常人判断标准，确定是否认定为“冒充军警人员抢劫”。

军警人员利用自身的真实身份实施抢劫的，不认定为“冒充军警人员抢劫”，应依法从重处罚。

三、关于转化型抢劫犯罪的认定

根据刑法第二百六十九条的规定，“犯盗窃、诈骗、抢夺罪，为窝藏赃物、抗拒抓捕或者毁灭罪证而当场使用暴力或者以暴力相威胁的”，依照抢劫罪定罪处罚。“犯盗窃、诈骗、抢夺罪”，主要是指行为人已经着手实施盗窃、诈骗、抢夺行为，一般不考察盗窃、诈骗、抢夺行为是否既遂。但是所涉财物数额明显低于“数额较大”的标准，又不具有《两抢意见》第五条所列五种情节之一的，不构成抢劫罪。“当场”是指在盗窃、诈骗、抢夺的现场以及行为人刚离开现场即被他人发现并抓捕的情形。

对于以摆脱的方式逃脱抓捕，暴力强度较小，未造成轻伤以上后果的，可不认定为“使用暴力”，不以抢劫罪论处。

入户或者在公共交通工具上盗窃、诈骗、抢夺后，为了窝藏赃物、抗拒抓捕或者毁灭罪证，在户内或者公共交通工具上当场使用暴力或者以暴力相威胁的，构成“入户抢劫”或者“在公共交通工具上抢劫”。

两人以上共同实施盗窃、诈骗、抢夺犯罪，其中部分行为人为窝藏赃物、抗拒抓捕或者毁灭罪证而当场使用暴力或者以暴力相威胁的，对于其余行为人是否以抢劫罪共犯论处，主要看其对实施暴力或者以暴力相威胁的行为人是否形成共同犯意、提供帮助。基于一定意思联络，对实施暴力或者以暴力相威胁的行为人提供帮助或实际成为帮凶的，可以抢劫共犯论处。

四、具有法定八种加重处罚情节的刑罚适用

1. 根据刑法第二百六十三条的规定，具有“抢劫致人重伤、死亡”等八种法定加重处罚情节的，处十年以上有期徒刑、无期徒刑或者死刑，并处罚金或者没收财产。应当根据抢劫的次数及数额、抢劫对人身的损害、对社会治安的危害等情况，结合被告人的主观恶性及人身危险程度，并根据量刑规范化的有关规定，确定具体的刑罚。判处无期徒刑以上刑罚的，一般应并处没收财产。

2. 具有下列情形之一的，可以判处无期徒刑以上刑罚：

（1）抢劫致三人以上重伤，或者致人重伤造成严重残疾的；

（2）在抢劫过程中故意杀害他人，或者故意伤害他人，致人死亡的；

（3）具有除“抢劫致人重伤、死亡”外的两种以上加重处罚情节，或者抢劫次数特别多、抢劫数额特别巨大的。

3. 为劫取财物而预谋故意杀人，或者在劫取财物过程中为制服被害人反抗、抗拒抓捕而杀害被害人，且被告人无法定从宽处罚情节的，可依法判处死刑立即执行。对具有自首、立功等法定从轻处罚情节的，判处死刑立即执行应当慎重。对于采取故意杀人以外的其他手段实施抢劫并致人死亡的案件，要从犯罪的动机、预谋、实行行为等方面分析被告人主观恶性的大小，并从有无前科及平时表现、认罪悔罪情况等方面判断被告人的人身危险程度，不能不加区别，仅以出现被害人死亡的后果，一律判处死刑立即执行。

4. 抢劫致人重伤案件适用死刑，应当更加慎重、更加严格，除非具有采取极其残忍的手段造成被害人严重残疾等特别恶劣的情节或者造成特别严重后果的，一般不判处死刑立即执行。

5. 具有刑法第二百六十三条规定的“抢劫致人重伤、死亡”以外其他七种加重处罚情节，且犯罪情节特别恶劣、危害后果特别严重的，可依法判处死刑立即执行。认定“情节特别恶劣、危害后果特别严重”，应当从严掌握，适用死刑必须非常慎重、非常严格。

五、抢劫共同犯罪的刑罚适用

1. 审理抢劫共同犯罪案件，应当充分考虑共同犯罪的情节及后果、共同犯罪人在抢劫中的作用以及被告人的主观恶性、人身危险性等情节，做到准确认定主从犯，分清罪责，以责定刑，罚当其罪。一案中有两名以上主犯的，要从犯罪提意、预谋、准备、行为实施、赃物处理等方面区分出罪责最大者和较大者；有两名以上从犯的，要在从犯中区分出罪责相对更轻者和较轻者。对从犯的处罚，要根据案件的具体事实、从犯的罪责，确定从轻还是减轻处罚。对具有自首、立功或者未成年人且初次抢劫等情节的从犯，可以依法免除处罚。

2. 对于共同抢劫致一人死亡的案件，依法应当判处死刑的，除犯罪手段特别残忍、情节及后果特别严重、社会影响特别恶劣、严重危害社会治安的外，一般只对共同抢劫犯罪中作用最突出、罪行最严重的那名主犯判处死刑立即执行。罪行最严重的主犯如因系未成年人而不适用死刑，或者因具有自首、立功等法定从宽处罚情节而不判处死刑立即执行的，不能不加区别地对其他主犯判处死刑立即执行。

3. 在抢劫共同犯罪案件中，有同案犯在逃的，应当根据现有证据尽量分清在押犯与在逃犯的罪责，对在押犯应按其罪责处刑。罪责确实难以分清，或者不排除在押犯的罪责可能轻于在逃犯的，对在押犯适用刑罚应当留有余地，判处死刑立即执行要格外慎重。

六、累犯等情节的适用

根据刑法第六十五条第一款的规定，对累犯应当从重处罚。抢劫犯罪被告人具有累犯情节的，适用刑罚时要综合考虑犯罪的情节和后果，所犯前后罪的性质、间隔时间及判刑轻重等情况，决定从重处罚的力度。对于前罪系抢劫等严重暴力犯罪的累犯，应当依法加大从重处罚的力度。对于虽不构成累犯，但具有抢劫犯罪前科的，一般不适用减轻处罚和缓刑。对于可能判处死刑的罪犯具有累犯情节的也应慎重，不能只要是累犯就一律判处死刑立即执行；被告人同时具有累犯和法定从宽处罚情节的，判处死刑立即执行应当综合考虑，从严掌握。

七、关于抢劫案件附带民事赔偿的处理原则

要妥善处理抢劫案件附带民事赔偿工作。审理抢劫刑事案件，一般情况下人民法院不主动开展附带民事调解工作。但是，对于犯罪情节不是特别恶劣或者被害方生活、医疗陷入困境，被告人与被害方自行达成民事赔偿和解协议的，民事赔偿情况可作为评价被告人悔罪态度的依据之一，在量刑上酌情予以考虑。

权威解读

《最高人民法院关于审理抢劫刑事案件适用法律若干问题的指导意见》的理解适用

抢劫犯罪是多发性的侵犯财产和侵犯公民人身权利的犯罪。1997 年《刑法》修订后，最高人民法院先后发布了《抢劫解释》和《两抢意见》，对抢劫案件的法律适用作出了规范，发挥了重要的指导作用。但是，抢劫犯罪案件的情况越来越复杂，各级法院在审判过程中不断遇到新情况、新问题。为统一适用法律，根据《刑法》和司法解释的规定，结合近年来人民法院审理抢劫案件的经验，最高人民法院于2016年1月6日印发了《关于审理抢劫刑事案件适用法律若干问题的指导意见》（以下简称《抢劫意见》)。为便于正确理解和适用本《抢劫意见》，现就《抢劫意见》的主要内容予以说明。

一、关于审理抢劫刑事案件的基本要求

《抢劫意见》根据刑法的基本原则和我国基本刑事政策，在总结司法实践的基础上，首次在司法文件的层面对审理抢劫刑事案件提出了几点宏观上的政策性要求。主要体现在：

1. 坚持贯彻宽严相济刑事政策。《抢劫意见》没有泛泛而谈宽严相济刑事政策，而是具体地提出了几条可操作性极强的要求。(1) 从严方面：对于多次结伙抢劫，针对农村留守妇女、儿童及老人等弱势群体实施抢劫，在抢劫中实施强奸等暴力犯罪的，要在法律规定的量刑幅度内从重判处。(2) 从宽方面：对为家庭成员就医等特定原因初次实施抢劫，主观恶性和犯罪情节相对较轻的，要与多次抢劫以及为了挥霍、赌博、吸毒等实施抢劫的案件在量刑上有所区分。对于犯罪情节较轻，或者具有法定、酌定从轻、减轻处罚情节的，坚持依法从宽处理。

2. 确保案件审判质量。《抢劫意见》重申了证据裁判原则，要求审理抢劫刑事案件，特别是因抢劫可能判处死刑的案件，要切实贯彻执行刑事诉讼法及相关司法解释、司法文件，严格依法审查判断和运用证据，坚决防止冤错案件的发生。

3. 继续坚持“保留死刑，严格控制和慎重适用死刑”的刑事政策。《抢劫意见》要求，审理抢劫刑事案件，应当以最严格的标准和最审慎的态度，确保死刑只适用于极少数罪行极其严重的抢劫犯罪分子。对被判处死刑缓期二年执行的抢劫犯罪分子，根据犯罪情节等情况，可以同时决定对其限制减刑。

二、关于抢劫犯罪部分加重处罚情节的认定

（一）关于入户抢劫

关于“入户”中“户”的概念，早在1999年10月27日的《全国法院维护农村稳定刑事审判工作座谈会纪要》中就有规定。该纪要称，“入户盗窃”中的“户”，是指家庭及其成员与外界相对隔离的生活场所，包括封闭的院落、为家庭生活租用的房屋、牧民的帐篷以及渔民作为家庭生活场所的渔船等。集生活、经营于一体的处所，在经营时间内一般不视为“户”。在有关审理抢劫刑事案件的司法解释和规范性文件中，《抢劫解释》和《两抢意见》均对入户抢劫有过规定。其中，《抢劫解释》第一条规定，“入户抢劫”，是指为实施抢劫行为而进入他人生活的与外界相对隔离的住所，包括封闭的院落、牧民的帐篷、渔民作为家庭生活场所的渔船、为生活租用的房屋等进行抢劫的行为。司法实践中，对“户”的范围、“入户”目的与“入户抢劫”的关系以及“入户盗窃”后转化为“入户抢劫”的认定，遇到了新情况、新问题，且存在争议，《两抢意见》基于这些情况，明确了“认定入户抢劫”应当注意的三个问题：一是“户”的范围。“户”在这里是指住所，其特征表现为供他人家庭生活和与外界相对隔离两个方面，前者为功能特征，后者为场所特征。一般情况下，集体宿舍、旅店宾馆、临时搭建工棚等不应认定为“户”，但在特定情况下，如果确实具有上述两个特征的，也可以认定为“户”。二是“入户”目的的非法性。进入他人住所须以实施抢劫等犯罪为目的。抢劫行为虽然发生在户内，但行为人不以实施抢劫等犯罪为目的进入他人住所，而是在户内临时起意实施抢劫的，不属于“入户抢劫”。三是暴力或者暴力胁迫行为必须发生在户内。入户实施盗窃被发现，行为人为窝藏赃物、抗拒抓捕或者毁灭罪证而当场使用暴力或者以暴力相威胁的，如果暴力或者暴力胁迫行为发生在户内，可以认定为“入户抢劫”；如果发生在户外，不能认定为“入户抢劫”。

经过多年的司法实践，围绕“入户抢劫”有两个问题比较突出，一是对于入户目的的非法性存有争议，即入户抢劫中的入户，如何理解，是否一定要以抢劫等犯罪为目的入户？二是对于“前店后宅”或者“店宅共用”营业外时间用于家居生活的场所可否认定为“户”？

针对第一个问题，《抢劫意见》规定，认定“入户抢劫”，要注重审查行为人“入户”的目的，将“入户抢劫”与“在户内抢劫”区别开来。以侵害户内人员的人身、财产为目的，入户后实施抢劫，包括入户实施盗窃、诈骗等犯罪而转化为抢劫的，应当认定为“入户抢劫”。因访友办事等原因经户内人员允许入户后，临时起意实施抢劫，或者临时起意实施盗窃、诈骗等犯罪而转化为抢劫的，不应认定为“入户抢劫”。这一规定，改变了《两抢意见》将“入户抢劫”中的“入户”限定于抢劫等犯罪目的的规定，扩大为“以侵害户内人员的人身、财产为目的”。换言之，即使不以犯罪为目的，而只是出于一般违法目的，只要是“以侵害户内人员的人身、财产为目的”而入户，而后实施抢劫的，均可认定为“入户抢劫”。这样规定，有利于更有力地保护公民的住宅安全，更严厉地打击入户抢劫犯罪。

针对第二个问题，即“前店后宅”或者“店宅共用”的情况下，如何认定是否“户”的问题。《抢劫意见》规定，对于部分时间从事经营、部分时间用于生活起居的场所，行为人在非营业时间强行入内抢劫或者以购物等为名骗开房门入内抢劫的，应认定为“入户抢劫”。对于部分用于经营、部分用于生活且之间有明确隔离的场所，行为人进入生活场所实施抢劫的，应认定为“入户抢劫”；如场所之间没有明确隔离，行为人在营业时间入内实施抢劫的，不认定为“入户抢劫”，但在非营业时间入内实施抢劫的，应认定为“入户抢劫”。司法实践中，各地法院基本上是按照这一原则认定“前店后宅”或者“店宅共用”是否属于“户”的性质的。《抢劫意见》只是在总结司法实践经验的基础上，以规范性文件的形式确认，以便各级法院审理此类案件时有据可依。

（二）关于在公共交通工具上抢劫

《抢劫解释》和《两抢意见》均对“在公共交通工具上抢劫”有过规定。其中，《抢劫解释》第二条规定，“在公共交通工具上抢劫”，既包括在从事旅客运输的各种公共汽车，大、中型出租车，火车，船只，飞机等正在运营中的机动公共交通工具上对旅客、司售、乘务人员实施的抢劫，也包括对运行途中的机动公共交通工具加以拦截后，对公共交通工具上的人员实施的抢劫。《两抢意见》明确了公共交通工具的最基本特征，即“公共交通工具承载的旅客具有不特定多数人的特点，”并补充规定，在未运营中的大、中型公共交通工具上针对司售、乘务人员抢劫的，或者在小型出租车上抢劫的，不属于“在公共交通工具上抢劫。”

《抢劫意见》在梳理《抢劫解释》和《两抢意见》的基础上，将两类情形下的大、中型交通工具纳入“公共交通工具”范围，以更大程度地保护不特定多数人乘车时的人身财产安全。一是对于虽不具有商业营运执照，但实际从事旅客运输的大、中型交通工具，可认定为“公共交通工具”。这样规定主要是考虑到，运输运营者的无证运营行为虽然违法，但乘客的人身财产安全仍然应该受到充分保护，针对不特定多数人的抢劫犯罪行为仍然应该依法受到惩罚。二是接送职工的单位班车、接送师生的校车等大、中型交通工具，视为“公共交通工具”。司法实践中，对此类交通工具是否属于“公共交通工具”存在争议，主要原因是这些班车、校车不具有营业特征。经研究认为，这些班车、校车虽然不向社会开放，但车上人员仍然属于乘客的性质，车辆仍然属于运送旅客的车辆；乘坐人员虽然相对固定，但仍然具有不特定多数人的特征。特别是接送师生的校车，车上人身财产安全必须得到最大限度保护的观念，已经广泛地被全社会认同。

《抢劫意见》还规定，以暴力、胁迫或者麻醉等手段对公共交通工具上的特定人员实施抢劫的，一般应认定为“在公共交通工具上抢劫”。这样规定，主要是考虑到，虽然其抢劫的具体对象是特定的，但抢劫的地点位于公共交通工具上，其对不特定多数人的人身、财产的危害性依然存在，并且该抢劫犯罪行为对处于运输状态的公共交通工具带来的危害是现实的，极易危害到公共安全。

（三）关于抢劫数额的认定

关于抢劫数额巨大的认定问题，《抢劫解释》第四条规定，“抢劫数额巨大”的认定标准，参照各地确定的盗窃罪数额巨大的认定标准执行。《指导意见》在此基础上，又补充规定：抢劫数额以实际抢劫到的财物数额为依据。对以数额巨大的财物为明确目标，由于意志以外的原因，未能抢到财物或实际抢得的财物数额不大的，应同时认定“抢劫数额巨大”和犯罪未遂的情节，根据《刑法》有关规定，结合未遂犯的处理原则量刑。这样规定，既体现了抢劫数额是重要量刑情节，但不是唯一情节的原则，又体现了定罪量刑必须主客观相结合的原则，从而解决了司法解释中出现的以数额巨大的财物为抢劫目标但实际未能抢劫到巨大数额财物的抢劫案件，一律以实际抢劫到的财物为数额依据的可能轻纵犯罪的做法。

关于抢劫信用卡的犯罪数额计算，《两抢意见》针对抢劫信用卡如何计算抢劫数额问题，专门作了规定，即：抢劫信用卡后使用、消费的，以其实际使用、消费的数额为抢劫数额；抢劫信用卡后未实际使用、消费的，不计数额，根据情节轻重量刑。《抢劫意见》补充规定，由于行为人意志以外的原因无法实际使用、消费的部分，虽不计入抢劫数额，但应作为量刑情节考虑。这一规定，使得抢劫信用卡犯罪的惩处体系更加完备。即根据三种不同情况分别作不同的处理。一是卡内余额全部被消费、使用的，以其实际消费、使用金额为抢劫数额；二是卡内余额部分消费和使用的，对未消费、使用部分不计入抢劫数额，作为量刑情节考虑；三是抢劫信用卡后未消费和使用的，不计数额，根据情节轻重量刑。

由于银行业的繁荣、快速发展以及互联网的普及，银行转账或者电子支付、手机银行等支付平台完全可能成为抢劫犯罪分子获取抢劫财物的手段，针对这一新情况，《抢劫意见》规定，通过银行转账或者电子支付、手机银行等支付平台获取抢劫财物的，以行为人实际获取的财物为抢劫数额。

（四）关于“冒充军警人员抢劫”

《抢劫解释》和《两抢意见》均未对“冒充军警人员抢劫”作出过规定。司法实践中，冒充军警人员抢劫的案件却时有发生，如何认定行为人的行为是否属于“冒充军警人员抢劫”，各地做法不统一，理论界也未能达成一致的学识观点。有的采取严格说，即只要行为人宣称自己是军警人员而实施抢劫的，一律认定为“冒充军警人员抢劫”。有的采取被害人感受说，即是否认定为“冒充军警人员抢劫”，以被害人是否充分地感受到行为人实施抢劫时的身份是军警人员为标准。经过充分调研和几上几下地讨论，《抢劫意见》规定了一个比较客观、可操作性较强的综合判断标准、常人判断标准，即认定“冒充军警人员抢劫”，要注重对行为人是否穿着军警制服、携带枪支、是否出示军警证件等情节进行综合审查，判断是否足以使他人误以为是军警人员。对于行为人仅穿着类似军警的服装或仅以言语宣称系军警人员但未携带枪支、也未出示军警证件而实施抢劫的，要结合抢劫地点、时间、暴力或威胁的具体情形，依照常人判断标准，确定是否认定为“冒充军警人员抢劫”。

一些学者提出，既然“冒充军警人员抢劫”作为法定加重处罚情节，真正的军警人员实施抢劫更要作为法定加重处罚情节。针对这一争议，《抢劫意见》依照《刑法》条文的本质含义，规定军警人员利用自身的真实身份实施抢劫的，不认定为“冒充军警人员抢劫”，应依法从重处罚。

三、关于转化型抢劫犯罪的认定

《刑法》第二百六十九条规定，“犯盗窃、诈骗、抢夺罪，为窝藏赃物、抗拒抓捕或者毁灭罪证而当场使用暴力或者以暴力相威胁的”，依照抢劫罪定罪处罚。但是，理论界和司法实务部门对如何认定“转化型抢劫”存在一定争议和不同做法。为此，《两抢意见》第五条规定，行为人实施盗窃、诈骗、抢夺行为，未达到“数额较大”，为窝藏赃物、抗拒抓捕或者毁灭罪证当场使用暴力或者以暴力相威胁，情节较轻、危害不大的，一般不以犯罪论处；但具有下列情节之一的，可依照《刑法》第二百六十九条的规定，以抢劫罪定罪处罚：(1) 盗窃、诈骗、抢夺接近“数额较大”标准的；(2) 入户或在公共交通工具上盗窃、诈骗、抢夺后在户外或交通工具外实施上述行为的；(3) 使用暴力致人轻微伤以上后果的；(4) 使用凶器或以凶器相威胁的；(5) 具有其他严重情节的。

《抢劫意见》在总结《两抢意见》实施多年来的经验，在《两抢意见》规定“犯盗窃、诈骗、抢夺罪”一般应达到“数额较大”的基础上，又从四个方面作了补充规定。

1. “犯盗窃、诈骗、抢夺罪”是否必须既遂？《抢劫意见》规定：“犯盗窃、诈骗、抢夺罪”，主要是指行为人已经着手实施盗窃、诈骗、抢夺行为，一般不考察盗窃、诈骗、抢夺行为是否既遂。但是所涉财物数额明显低于“数额较大”的标准，又不具有《两抢意见》第五条所列五种情节之一的，不构成抢劫罪。“当场”是指在盗窃、诈骗、抢夺的现场以及行为人刚离开现场即被他人发现并抓捕的情形。

2. “犯盗窃、诈骗、抢夺罪”后，暴力程度不明显的摆脱行为如何处理？比较一致的意见是，不能一律认定为转化抢劫，而应该以行为人摆脱时是否造成伤害后果为认定依据。但依照何种伤害后果为依据，存在争论。第一种意见认为，只要造成轻微伤以上后果，就应认定为构成转化型抢劫。第二种意见认为，暴力程度不明显的摆脱行为，不是典型的使用暴力或者以暴力相威胁行为，典型的暴力或者以暴力相威胁行为是指，行为人对被害人或者抓捕人故意实施殴打、伤害等危及人体健康或者生命安全的行为，或者以实施这种暴力相威胁。《抢劫意见》采纳了第二种意见，以将摆脱行为与主动采取暴力或暴力相威胁的行为区别开来，并对暴力程度不明显的摆脱行为提高入罪门槛，即以造成轻伤以上后果为依据。据此，《抢劫意见》规定，对于以摆脱的方式逃脱抓捕，暴力强度较小，未造成轻伤以上后果的，可不认定为“使用暴力”，不以抢劫罪论处。

3. 入户或者在公共交通工具上“犯盗窃、诈骗、抢夺罪”的转化条件是什么？《抢劫意见》规定，入户或者在公共交通工具上盗窃、诈骗、抢夺后，为了窝藏赃物、抗拒抓捕或者毁灭罪证，在户内或者公共交通工具上当场使用暴力或者以暴力相威胁的，构成“入户抢劫”或者“在公共交通工具上抢劫”。这一规定，突出了暴力行为的当场性。也就是说，即使在户内或者在公共交通工具上“犯盗窃、诈骗、抢夺罪”，但是如果已经离开户内或公共交通工具的情况下实施暴力，就不能认定为“入户抢劫”或者“在公共交通工具上抢劫”。

4. 两人以上共同实施盗窃、诈骗、抢夺犯罪的转化条件是什么？《抢劫意见》规定，两人以上共同实施盗窃、诈骗、抢夺犯罪，其中部分行为人为窝藏赃物、抗拒抓捕或者毁灭罪证而当场使用暴力或者以暴力相威胁的，对于其余行为人是否以抢劫罪共犯论处，主要看其对实施暴力或者以暴力相威胁的行为人是否形成共同犯意、提供帮助。基于一定意思联络，对实施暴力或者以暴力相威胁的行为人提供帮助或实际成为帮凶的，可以抢劫共犯论处。这样规定，一是强调共同犯罪转化的，须以行为人的共同转化意愿为前提；二是避免了客观归罪，即一人使用暴力，其他共同盗窃、诈骗、抢夺行为人未必一律转化为抢劫。

四、具有法定八种加重处罚情节的刑罚适用

根据《刑法》第二百六十三条的规定，具有“抢劫致人重伤、死亡”等八种法定加重处罚情节的，处十年以上有期徒刑、无期徒刑或者死刑，并处罚金或者没收财产。这个量刑幅度非常大，如何把握，特别是如何把握无期徒刑、死刑和适用条件，实践中存在一定困惑，而且法官的自由裁量权较大，缺少一定的制约性规定。为此，《抢劫意见》规定了无期徒刑适用条件和死刑适用条件，可操作性非常强。至于不符合判处无期徒刑以上刑罚的案件，则由法官根据量刑规范性的有关规定依法判处即可。据此，《抢劫意见》从量刑原则、无期徒刑以上刑罚的适用条件、死刑适用等三个方面作了详细而又严格的规定。

1. 此类案件的量刑原则。《抢劫意见》要求，对具有“抢劫致人重伤、死亡”等八种法定加重处罚情节的，应当根据抢劫的次数及数额、抢劫对人身的损害、对社会治安的危害等情况，结合被告人的主观恶性及人身危险程度，并根据量刑规范化的有关规定，确定具体的刑罚。判处无期徒刑以上刑罚的，一般应并处没收财产。

2. 判处无期徒刑以上刑罚的适用条件。《抢劫意见》依照罪责刑相适应的原则，在刑法规定的量刑框架内，参照量刑规范化的方法，根据“严格控制仅具有一种法定加重情节的无期徒刑以上刑罚适用”的思路，细化了判处无期徒刑以上刑罚的适用条件，从而防止了量刑上的随意性。《抢劫意见》规定：具有下列情形之一的，可以判处无期徒刑以上刑罚：（1）抢劫致三人以上重伤，或者致人重伤造成严重残疾的；（2）在抢劫过程中故意杀害他人，或者故意伤害他人，致人死亡的；（3）具有除“抢劫致人重伤、死亡”外的两种以上加重处罚情节，或者抢劫次数特别多、抢劫数额特别巨大的。需要说明的是，刑法条文和以往的司法解释、规范性司法文件均未出现过“抢劫次数特别多”“抢劫数额特别巨大”的用词。我们认为，“抢劫数额特别巨大”，可以参考盗窃罪数额巨大的认定标准来确定。而抢劫次数特别多，则没有参考依据，可根据具体案件的具体情况确定。但是，有一点是明确的，次数特别多，指的是非常多而不是一般多，比如几十次。各地在如何认定抢劫数额特别巨大、抢劫次数特别多的问题上，可加强总结，待条件成熟时，可由最高人民法院统一规定具体认定标准。

3. 适用死刑的条件。抢劫罪如何适用死刑，一直是有争议的。但是，司法实践中已经形成比较成熟的做法是，在一般情况下，“没有人命就不判死刑”。我们认为，这一经验值得总结，但是不能反过来说，有人命就必须判处死刑。在广泛征求意见，充分总结经验的基础上，《抢劫意见》对抢劫案件的死刑适用提出了非常严格的标准。其主要内容体现在三个方面：（1）具有抢劫致人死亡情节为抢劫案件适用死刑的重点，但并非凡是具有致人死亡的一律判处死刑。《抢劫意见》规定，为劫取财物而预谋故意杀人，或者在劫取财物过程中为制服被害人反抗、抗拒抓捕而杀害被害人，且被告人无法定从宽处罚情节的，可依法判处死刑立即执行。对具有自首、立功等法定从轻处罚情节的，判处死刑立即执行应当慎重。对于采取故意杀人以外的其他手段实施抢劫并致人死亡的案件，要从犯罪的动机、预谋、实行行为等方面分析被告人主观恶性的大小，并从有无前科及平时表现、认罪悔罪情况等方面判断被告人的人身危险程度，不能不加区别，仅以出现被害人死亡的后果，一律判处死刑立即执行。（2）对具有抢劫致人重伤情节的案件适用死刑，除非有特殊情节，否则一般不适用死刑。《抢劫意见》规定，抢劫致人重伤案件适用死刑，应当更加慎重、更加严格，除非具有采取极其残忍的手段造成被害人严重残疾等特别恶劣的情节或者造成特别严重后果的，一般不判处死刑立即执行。司法实务中，要避免简单以重伤人数决定是否适用死刑的做法，坚持以“具有采取极其残忍的手段造成被害人严重残疾等特别恶劣的情节或者造成特别严重后果”为抢劫致人重伤案件适用死刑的条件。（3）对不具有“抢劫致人重伤、死亡”情节的抢劫案件，一般排除死刑适用。不能简单以法定加重处罚情节的种数或者抢劫数额、抢劫次数作为适用死刑的条件。据此，《抢劫意见》规定，具有《刑法》第二百六十三条规定的“抢劫致人重伤、死亡”以外其他七种加重处罚情节，且犯罪情节特别恶劣、危害后果特别严重的，可依法判处死刑立即执行。认定“情节特别恶劣、危害后果特别严重”，应当从严掌握，适用死刑必须非常慎重、非常严格。

五、抢劫共同犯罪的刑罚适用

《抢劫解释》和《两抢意见》均未对抢劫共同犯罪如何适用刑罚作出规定。考虑到司法实践中，共同抢劫犯罪的案件数量非常多，新情况、新问题也不少，为进一步加强对这方面的审判指导，同时也可供审理其他案件的共同犯罪借鉴，《抢劫意见》根据刑法关于共同犯罪的有关规定，结合司法实践经验，在主从犯的区分，对同是主犯及同是从犯的罪责区分、刑罚适用以及共同抢劫只致一人死亡的死刑适用作了详细的规定。

1. 主从犯的区分。《抢劫意见》指出，审理抢劫共同犯罪案件，应当充分考虑共同犯罪的情节及后果、共同犯罪人在抢劫中的作用以及被告人的主观恶性、人身危险性等情节，做到准确认定主从犯，分清罪责，以责定刑，罚当其罪。实务中，审判人员要依照刑法关于主从犯的规定，依照《抢劫意见》提供的方法论，准确区分主从犯。

另外，《抢劫意见》还对共同犯罪中有同案犯在逃时如何区分罪责及如何量刑作了规定，指出：应当根据现有证据尽量分清在押犯与在逃犯的罪责，对在押犯应按其罪责处刑。罪责确实难以分清，或者不排除在押犯的罪责可能轻于在逃犯的，对在押犯适用刑罚应当留有余地，判处死刑立即执行要格外慎重。

2. 对同是主犯及同是从犯的罪责区分、刑罚适用。《抢劫意见》针对抢劫案件常常出现一案有两名以上主犯或者从犯，而实务中不太注意再作细分罪责的实际情况，规定了如何更加细分罪责的内容。一案中有两名以上主犯的，要从犯罪提意、预谋、准备、行为实施、赃物处理等方面区分出罪责最大者和较大者。对于一案有两名以上从犯的，要在从犯中区分出罪责相对更轻者和较轻者。

对于从犯的处罚，《刑法》第二十七条规定，应当从轻、减轻或者免除处罚，但是，《抢劫意见》根据抢劫犯罪侵犯人身、财产，社会危害相对与其他侵财型案件更大的实际情况，要求根据案件的具体事实、从犯的罪责，确定从轻还是减轻处罚。也就是说，对抢劫案件的从犯，一般情况下不适用免除处罚。只有具有自首、立功或者未成年人且初次抢劫等情节的从犯，才可以依法免除处罚。这样规定，更加限缩了法官自由裁量权的空间，特别是避免了法官随意对抢劫犯罪从犯适用免除处罚的可能。

3. 共同致一人死亡案件如何适用死刑?《抢劫意见》确立了一般只判处一名主犯死刑的原则，即除犯罪手段特别残忍、情节及后果特别严重、社会影响特别恶劣、严重危害社会治安的外，一般只对共同抢劫犯罪中作用最突出、罪行最严重的那名主犯判处死刑立即执行。罪行最严重的主犯如因系未成年人而不适用死刑，或者因具有自首、立功等法定从宽处罚情节而不判处死刑立即执行的，不能不加区别地对其他主犯判处死刑立即执行。

六、关于累犯等情节的适用

根据《刑法》第六十五条第一款的规定，对累犯应当从重处罚。但是，如何从重，从重的力度如何掌握?在实务中，有时有一定的随意性。针对抢劫犯罪的具体情况，《抢劫意见》对累犯的从重处罚，制定了三个适用原则。

1. 综合考虑原则。抢劫犯罪被告人具有累犯情节的，适用刑罚时要综合考虑犯罪的情节和后果，所犯前后罪的性质、间隔时间及判刑轻重等情况，决定从重处罚的力度。

2. 考察前罪犯罪性质原则。对于前罪系抢劫等严重暴力犯罪的累犯，应当依法加大从重处罚的力度。对于虽不构成累犯，但具有抢劫犯罪前科的，一般不适用减轻处罚和缓刑。

3. 累犯对死刑适用的作用有限原则。对于可能判处死刑的罪犯具有累犯情节的也应慎重，不能只要是累犯就一律判处死刑立即执行；被告人同时具有累犯和法定从宽处罚情节的，判处死刑立即执行应当综合考虑，从严掌握。

七、关于抢劫案件附带民事赔偿的处理原则

抢劫案件的被告人积极赔偿并获得被害人或其家属谅解的，能否在量刑上有所体现。这是司法实践中争议比较多的一个问题。对此，主要从三个方面考虑。1. 坚持将抢劫犯罪的民事赔偿区别于其他刑事案件民事赔偿原则。抢劫犯罪一般是对社会上不特定人员的犯罪，犯罪性质严重，社会危害性大，民事赔偿对于量刑所起的作用应当有别于其他刑事案件，尤其应当有别于因民间纠纷引发的刑事案件。2. 坚持人民法院一般不主动做调解工作原则。这是由抢劫犯罪的性质和社会危害性所决定的，也体现法院审理抢劫案件始终保持严厉打击的高压态势。当然，也不反对被告人与被害方自动达成民事赔偿协议。3. 坚持民事赔偿对量刑的影响有限原则。虽然说具体到每个抢劫案件，还是有特定的被害人的。对这些具体案件特定被害人，能否及时进行救治、经济损失能否得到必要补偿、精神伤害能否得到抚慰，都是有意义的。而被告人的民事赔偿情况，确实也能反映出被告人主观恶性和人身危险程度的高低，体现出其认罪、悔罪态度，故在特定条件下，亦可作为量刑考虑情节。但是，在最终决定从轻与否以及从轻处罚的力度时，不能脱离被告人的犯罪事实、犯罪性质、犯罪情节、犯罪后果以及对裁判的预判和评价。特别是对罪行极其严重、社会危害极大的案件，不能简单地依据被告人的民事赔偿情况或者被害人及其亲属对被告人的谅解决定量刑的轻重，更不能因此而决定是否判处死刑，要杜绝“花钱买命”的现象。根据以上理由，《抢劫意见》规定，要妥善处理抢劫案件附带民事赔偿工作。审理抢劫刑事案件，一般情况下人民法院不主动开展附带民事调解工作。但是，对于犯罪情节不是特别恶劣或者被害方生活、医疗陷入困境，被告人与被害方自行达成民事赔偿和解协议的，民事赔偿情况可作为评价被告人悔罪态度的依据之一，在量刑上酌情予以考虑。

（撰稿：陆建红、杨华、潘洁）

2. **最高人民法院关于审理抢劫案件具体应用法律若干问题的解释**（法释〔2000〕35 号，自 2000 年 11 月 28 日起施行）

为依法惩处抢劫犯罪活动，根据刑法的有关规定，现就审理抢劫案件具体应用法律的若干问题解释如下：

第一条 刑法第二百六十三条第（一）项规定的“入户抢劫”，是指为实施抢劫行为而进入他人生活的与外界相对隔离的住所，包括封闭的院落、牧民的帐篷、渔民作为家庭生活场所的渔船、为生活租用的房屋等进行抢劫的行为。

对于入户盗窃，因被发现而当场使用暴力或者以暴力相威胁的行为，应当认定为入户抢劫。

第二条 刑法第二百六十三条第（二）项规定的“在公共交通工具上抢劫”，既包括在从事旅客运输的各种公共汽车，大、中型出租车，火车，船只，飞机等正在运营中的机动公共交通工具上对旅客、司售、乘务人员实施的抢劫，也包括对运行途中的机动公共交通工具加以拦截后，对公共交通工具上的人员实施的抢劫。

第三条 刑法第二百六十三条第（三）项规定的“抢劫银行或者其他金融机构”，是指抢劫银行或者其他金融机构的经营资金、有价证券和客户的资金等。

抢劫正在使用中的银行或者其他金融机构的运钞车的，视为“抢劫银行或者其他金融机构”。

第四条 刑法第二百六十三条第（四）项规定的“抢劫数额巨大”的认定标准，参照各地确定的盗窃罪数额巨大的认定标准执行。

第五条 刑法第二百六十三条第（七）项规定的“持枪抢劫”，是指行为人使用枪支或者向被害人显示持有、佩带的枪支进行抢劫的行为。“枪支”的概念和范围，适用《中华人民共和国枪支管理法》的规定。

第六条 刑法第二百六十七条第二款规定的“携带凶器抢夺”，是指行为人随身携带枪支、爆炸物、管制刀具等国家禁止个人携带的器械进行抢夺或者为了实施犯罪而携带其他器械进行抢夺的行为。

权威解读

《最高人民法院关于审理抢劫案件具体应用法律若干问题的解释》的理解与适用

为依法惩处抢劫犯罪活动，最高人民法院于2000年11月22日制定了《关于审理抢劫案件具体应用法律若干问题的解释》（以下简称《抢劫解释》），对依法正确适用《刑法》，打击抢劫犯罪将发挥重要的作用。运用好这部司法解释，应当着重把握以下几个问题：

一、关于“入户抢劫”的认定问题

准确把握这一问题的关键在于对“户”的理解。《刑法》第二百六十三条对“入户抢劫”应当判处十年以上有期徒刑、无期徒刑或者死刑的规定，充分体现了对公民住所及人身、财产安全的特殊保护。实践中，这一规定的总体执行情况是好的，但是也存在因为对“户”的理解不一致，导致量刑失衡的问题。例如，有的将“户”仅仅理解为“公民的家庭住所”；有的认为“户”仅指居住的房屋不包括院落，等等。为此，《抢劫解释》第一条第一款规定，“入户抢劫”，是指为实施抢劫行为而进入他人生活的与外界相对隔离的住所，包括封闭的院落、牧民的帐篷、渔民作为家庭生活场所的渔船、为生活租用的房屋等进行抢劫的行为。认定公民住所问题，在实践中可能存在这样一种情形，即白天利用住所从事商品零售等经营活动，晚上做生活起居之用。根据解释的规定，如果犯罪分子在白天进入上述场所进行抢劫，由于在营业时间该场所是开放的，而不是私闭的生活空间，因此不能认定为“入户抢劫”。如果犯罪分子在夜晚或者其他停止营业的时间进入该住所行抢，则应当认定为“入户抢劫”。

此外，实践中也曾发生因入户盗窃被发现，而当场使用暴力或者以暴力相威胁的行为如何定性问题的争议。从这种行为的特征上分析，虽然行为人入户的初始目的是盗窃，但在被发觉之后实施暴力或者以暴力相威胁的行为时，其主观目的已经发生转化，符合《刑法》第二百六十九条关于盗窃犯罪转化为抢劫犯罪的条件，应当认定为“入户抢劫”。《抢劫解释》第一条第二款对此作了规定。

二、关于“在公共交通工具上抢劫”的认定问题

实践中争议的焦点问题是小型出租汽车能否视为公共交通工具：一种意见认为，对于在小型出租汽车上实施的抢劫行为，应当认定为在公共交通工具上抢劫，处十年以上有期徒刑、无期徒刑或者死刑。主要理由是：小型出租汽车虽然载客量较小，但同样是向不特定的个人或者多人提供交通运输服务，具有同其他大、中型公共交通工具一样的特征。因此，对抢劫小型出租汽车的行为理应予以同等的法律制裁。而且，抢劫小型出租汽车的行为较为常见，社会危害性较大，有依法严惩的必要。此外，汽车载客量的大小不应成为公共交通工具的判断标准，在特定的时段（如夜间）有些公共汽车的载客量也很小，如果发生抢劫行为，也不能据此认为不是在公共交通工具上抢劫。另一种意见认为，不应将发生在小型出租汽车上的抢劫行为认定为在公共交通工具上抢劫。主要理由是：《刑法》第二百六十三条第二项关于“在公共交通工具上抢劫”判处重刑的立法目的，主要是打击车匪路霸欺压旅客、抢劫财物，扰乱运输秩序的犯罪活动，以保护旅客在旅途中的财产和人身安全。从车匪路霸实施犯罪活动的特点看，一般集中在火车、长途汽车、旅游出租汽车、轮船等大、中型公共交通工具上，而且侵犯的是不特定多数旅客的财产安全，社会影响十分恶劣。小型出租汽车虽然从功能上讲属于公共交通工具，实践中在小型出租汽车上发生的抢劫案件也不少，但是排除抢劫汽车本身这类案件，在小型出租汽车上发生的抢劫案件多是抢劫司机个人的财

物，数额一般不大，受害人的范围较窄。换句话说，仅因在小型出租汽车上抢劫特定受害对象（司机）的较少财物就被判处重刑，显然违背“罪责刑相适应原则”，也不完全符合《刑法》关于“在公共交通工具上抢劫”的立法本意。因此，不宜将在小型出租汽车上抢劫的行为认定为“在公共交通工具上抢劫”。不按照这种情形予以认定，并不是说在小型出租汽车上实施的抢劫行为不能判处重刑。对于抢劫汽车的，可以依照抢劫数额巨大的规定予以处罚；对于因抢劫致司机重伤、死亡的等，都可以依照《刑法》第二百六十三条的规定，判处十年以上有期徒刑、无期徒刑或者死刑。《抢劫解释》采纳了第二种意见是适宜的。

《抢劫解释》第二条还规定，“对运行途中的机动公共交通工具加以拦截后，对公共交通工具上的人员实施的抢劫”，也要认定为“在公共交通工具上抢劫”。需要注意的是，这里提到的“公共交通工具”的范围，与本条解释前半部分关于公共交通工具的规定是一致的，即不能将小型出租汽车包括进来。

三、关于“持枪抢劫”的认定问题

《抢劫解释》第五条规定，“持枪抢劫”，是指行为人使用枪支或者向被害人显示持有、佩带的枪支进行抢劫的行为。其中“向被害人显示持有、佩带的枪支”进行抢劫的行为，虽然在客观危害上要小于实际使用枪支进行抢劫的行为，但是对被害人起到的精神威胁、恐吓作用是相当大的，社会影响同样十分恶劣。将这种行为认定为“持枪抢劫”，符合《刑法》第二百六十三条第七项的立法本意。

实践中争议的另一个问题是对枪支的理解，即对于使用假枪、玩具枪进行抢劫的能否认定为“持枪抢劫”。有种意见认为，无论行为人使用真枪还是假枪，被害人在紧急情况下不可能对枪支的真伪作出合理判断，所受到的精神威胁是一样的。因此，应当将使用假枪进行抢劫的行为认定为“持枪抢劫”。但是，“持枪抢劫”的最大危害（特别是潜在的危害）在于，被害人在不交出财物的情况下，有可能受到人身伤害，而这种伤害极有可能是致命的。《刑法》有关“持枪抢劫”的规定正是出于依法严惩这种危害十分严重的行为作出的。由此可以看出，行为人使用假枪进行抢劫，在客观上不可能借助“枪支”的功能给被害人施加伤害，这种“持枪抢劫”的危害性要远远小于使用真枪。因此，《抢劫解释》第五条规定，持枪抢劫中“枪支”的概念和范围，适用《枪支管理法》的规定。

四、关于“携带凶器抢夺”的认定问题

《刑法》第二百六十七条第二款关于“携带凶器抢夺的依照抢劫罪定罪处罚”的规定中，“携带凶器抢夺”的立法本意，应当理解为为了实施抢夺而携带凶器。为此，《抢劫解释》第六条将“携带凶器抢夺”行为界定为两种情形：一是行为人随身携带枪支、爆炸物、管制刀具等国家禁止个人携带的器械进行抢夺的行为。携带国家禁止个人携带的器械本身就是一种违法行为，在一定程度上也可以反映出行为人的犯罪倾向。携带这些器械实施抢夺行为的，应当认定为“携带凶器抢夺”，以抢劫罪定罪。二是行为人为了实施犯罪而携带其他器械进行抢夺的行为。实践中确实存在携带并非国家管制的其他器械（如砖头、菜刀等）进行抢夺的行为，对这种行为的认定不能一概而论，而应当从行为人携带器械的主观目的方面进行分析。只有对行为人为了实施犯罪而携带其他器械进行抢夺的行为，才能认定为抢劫罪。因为在这种情况下，这些器械本身虽然不能反映出违法性，但实施犯罪的意图反映了其“凶器”的本性。即使最终未能使用，也符合《刑法》规定的“携带凶器抢夺”的特征。但是，如果行为人携带其他器械的本意不是为了实施犯罪，也并未借助（如显示、使用）所携带的器械进行抢夺的，只能依照抢夺罪的有关规定定罪处罚。

（撰稿：孙军工）

3. 最高人民法院关于审理抢劫、抢夺刑事案件适用法律若干问题的意见

（法发〔2005〕8号，自2005年7月16日起施行）

抢劫、抢夺是多发性的侵犯财产犯罪。1997年刑法修订后，为了更好地指导审判工作，最高人民法院先后发布了《关于审理抢劫案件具体应用法律若干问题的解释》（以下简称《抢劫解释》）和《关于审理抢夺刑事案件具体应用法律若干问题的解释》（以下简称《抢夺解释》）。但是，抢劫、抢夺犯罪案件的情况比较复杂，各地法院在审判过程中仍然遇到了不少新情况、新问题。为准确、统一适用法律，现对审理抢劫、抢夺犯罪案件中较为突出的几个法律适用问题，提出意见如下：

一、关于“入户抢劫”的认定

根据《抢劫解释》第一条规定，认定“入户抢劫”时，应当注意以下三个问题：一是“户”的范围。“户”在这里是指住所，其特征表现为供他人家庭生活和与外界相对隔离两个方面，前者为功能特征，后者为场所特征。

一般情况下，集体宿舍、旅店宾馆、临时搭建工棚等不应认定为“户”，但在特定情况下，如果确实具有上述两个特征的，也可以认定为“户”。二是“入户”目的的非法性。进入他人住所须以实施抢劫等犯罪为目的。抢劫行为虽然发生在户内，但行为人不以实施抢劫等犯罪为目的进入他人住所，而是在户内临时起意实施抢劫的，不属于“入户抢劫”。三是暴力或者暴力胁迫行为必须发生在户内。入户实施盗窃被发现，行为人为窝藏赃物、抗拒抓捕或者毁灭罪证而当场使用暴力或者以暴力相威胁的，如果暴力或者暴力胁迫行为发生在户内，可以认定为“入户抢劫”；如果发生在户外，不能认定为“入户抢劫”。

二、关于“在公共交通工具上抢劫”的认定

公共交通工具承载的旅客具有不特定多数人的特点。根据《抢劫解释》第二条规定，“在公共交通工具上抢劫”主要是指在从事旅客运输的各种公共汽车、大、中型出租车、火车、船只、飞机等正在运营中的机动公共交通工具上对旅客、司售、乘务人员实施的抢劫。在未运营中的大、中型公共交通工具上针对司售、乘务人员抢劫的，或者在小型出租车上抢劫的，不属于“在公共交通工具上抢劫”。

三、关于“多次抢劫”的认定

刑法第二百六十三条第（四）项中的“多次抢劫”是指抢劫三次以上。

对于“多次”的认定，应以行为人实施的每一次抢劫行为均已构成犯罪为前提，综合考虑犯罪故意的产生、犯罪行为实施的时间、地点等因素，客观分析、认定。对于行为人基于一个犯意实施犯罪的，如在同一地点同时对在场的多人实施抢劫的；或基于同一犯意在同一地点实施连续抢劫犯罪的，如在同一地点连续地对途经此地的多人进行抢劫的；或在一次犯罪中对一栋居民楼房中的几户居民连续实施入户抢劫的，一般应认定为一次犯罪。

四、关于“携带凶器抢夺”的认定

《抢劫解释》第六条规定，“携带凶器抢夺”，是指行为人随身携带枪支、爆炸物、管制刀具等国家禁止个人携带的器械进行抢夺或者为了实施犯罪而携带其他器械进行抢夺的行为。行为人随身携带国家禁止个人携带的器械以外的其他器械抢夺，但有证据证明该器械确实不是为了实施犯罪准备的，不以抢劫罪定罪；行为人将随身携带凶器有意加以显示、能为被害人察觉到的，直接适用刑法第二百六十三条的规定定罪处罚；行为人携带凶器抢夺后，在逃跑过程中为窝藏赃物、抗拒抓捕或者毁灭罪证而当场使用暴力或者以暴力相威胁的，适用刑法第二百六十七条第二款的规定定罪处罚。

五、关于转化抢劫的认定

行为人实施盗窃、诈骗、抢夺行为，未达到“数额较大”，为窝藏赃物、抗拒抓捕或者毁灭罪证当场使用暴力或者以暴力相威胁，情节较轻、危害不大的，一般不以犯罪论处；但具有下列情节之一的，可依照刑法第二百六十九条的规定，以抢劫罪定罪处罚；

（1）盗窃、诈骗、抢夺接近“数额较大”标准的；

（2）入户或在公共交通工具上盗窃、诈骗、抢夺后在户外或交通工具外实施上述行为的；

（3）使用暴力致人轻微伤以上后果的；

（4）使用凶器或以凶器相威胁的；

（5）具有其他严重情节的。

六、关于抢劫犯罪数额的计算

抢劫信用卡后使用、消费的，其实际使用、消费的数额为抢劫数额；抢劫信用卡后未实际使用、消费的，不计数额，根据情节轻重量刑。所抢信用卡数额巨大，但未实际使用、消费或者实际使用、消费的数额未达到巨大标准的，不适用“抢劫数额巨大”的法定刑。

为抢劫其他财物，劫取机动车辆当作犯罪工具或者逃跑工具使用的，被劫取机动车辆的价值计入抢劫数额；为实施抢劫以外的其他犯罪劫取机动车辆的，以抢劫罪和实施的其他犯罪实行数罪并罚。

抢劫存折、机动车辆的数额计算，参照执行《关于审理盗窃案件具体应用法律若干问题的解释》的相关规定。

七、关于抢劫特定财物行为的定性

以毒品、假币、淫秽物品等违禁品为对象，实施抢劫的，以抢劫罪定罪；抢劫的违禁品数量作为量刑情节予以考虑。抢劫违禁品后又以违禁品实施其他犯罪的，应以抢劫罪与具体实施的其他犯罪实行数罪并罚。

抢劫赌资、犯罪所得的赃款赃物的，以抢劫罪定罪，但行为人仅以其所输赌资或所赢赌债为抢劫对象，一般不以抢劫罪定罪处罚。构成其他犯罪的，依照刑法的相关规定处罚。

为个人使用，以暴力、胁迫等手段取得家庭成员或近亲属财产的，一般不以抢劫罪定罪处罚，构成其他犯罪的，依照刑法的相关规定处理；教唆或者伙同他人采取暴力、胁迫等手段劫取家庭成员或近亲属财产的，可以抢劫罪定罪处罚。

八、关于抢劫罪数的认定

行为人实施伤害、强奸等犯罪行为，在被害人未失去知觉，利用被害人不能反抗、不敢反抗的处境，临时起意劫取他人财物的，应以此前所实施的具体犯罪与抢劫罪实行数罪并罚；在被害人失去知觉或者没有发觉的情形下，以及实施故意杀人犯罪行为之后，临时起意拿走他人财物的，应以此前所实施的具体犯罪与盗窃罪实行数罪并罚。

九、关于抢劫罪与相似犯罪的界限

1. 冒充正在执行公务的人民警察、联防人员，以抓卖淫嫖娼、赌博等违法行为为名非法占有财物的行为定性

行为人冒充正在执行公务的人民警察“抓赌”、“抓嫖”，没收赌资或者罚款的行为，构成犯罪的，以招摇撞骗罪从重处罚；在实施上述行为中使用暴力或者暴力威胁的，以抢劫罪定罪处罚。行为人冒充治安联防队员“抓赌”、“抓嫖”、没收赌资或者罚款的行为，构成犯罪的，以敲诈勒索罪定罪处罚；在实施上述行为中使用暴力或者暴力威胁的，以抢劫罪定罪处罚。

2. 以暴力、胁迫手段索取超出正常交易价钱、费用的钱财的行为定性

从事正常商品买卖、交易或者劳动服务的人，以暴力、胁迫手段迫使他人交出与合理价钱、费用相差不大钱物，情节严重的，以强迫交易罪定罪处罚；以非法占有为目的，以买卖、交易、服务为幌子采用暴力、胁迫手段迫使他人交出与合理价钱、费用相差悬殊的钱物的，以抢劫罪定罪处刑。在具体认定时，既要考虑超出合理价钱、费用的绝对数额，还要考虑超出合理价钱、费用的比例，加以综合判断。

3. 抢劫罪与绑架罪的界限

绑架罪是侵害他人人身自由权利的犯罪，其与抢劫罪的区别在于：第一，主观方面不尽相同。抢劫罪中，行为人一般出于非法占有他人财物的故意实施抢劫行为，绑架罪中，行为人既可能为勒索他人财物而实施绑架行为，也可能出于其它非经济目的实施绑架行为；第二，行为手段不尽相同。抢劫罪表现为行为人劫取财物一般应在同一时间、同一地点，具有“当场性”；绑架罪表现为行为人以杀害、伤害等方式向被绑架人的亲属或其他人或单位发出威胁，索取赎金或提出其他非法要求，劫取财物一般不具有“当场性”。

绑架过程中又当场劫取被害人随身携带财物的，同时触犯绑架罪和抢劫罪两罪名，应择一重罪定罪处罚。

4. 抢劫罪与寻衅滋事罪的界限

寻衅滋事罪是严重扰乱社会秩序的犯罪，行为人实施寻衅滋事的行为时，客观上也可能表现为强拿硬要公私财物的特征。这种强拿硬要的行为与抢劫罪的区别在于：前者行为人主观上还具有逞强好胜和通过强拿硬要来填补其精神空虚等目的，后者行为人一般只具有非法占有他人财物的目的；前者行为人客观上一般不以严重侵犯他人人身权利的方法强拿硬要财物，而后者行为人则以暴力、胁迫等方式作为劫取他人财物的手段。司法实践中，对于未成年人使用或威胁使用轻微暴力强抢少量财物的行为，一般不宜以抢劫罪定罪处罚。其行为符合寻衅滋事罪特征的，可以寻衅滋事罪定罪处罚。

5. 抢劫罪与故意伤害罪的界限

行为人为索取债务，使用暴力、暴力威胁等手段的，一般不以抢劫罪定罪处罚。构成故意伤害等其他犯罪的，依照刑法第二百三十四条等规定处罚。

十、抢劫罪的既遂、未遂的认定

抢劫罪侵犯的是复杂客体，既侵犯财产权利又侵犯人身权利，具备劫取财物或者造成他人轻伤以上后果两者之一的，均属抢劫既遂；既未劫取财物，又未造成他人人身伤害后果的，属抢劫未遂。据此，刑法第二百六十三条规定的八种处罚情节中除“抢劫致人重伤、死亡的”这一结果加重情节之外，其余七种处罚情节同样存在既遂、未遂问题，其中属抢劫未遂的，应当根据刑法关于加重情节的法定刑规定，结合未遂犯的处理原则量刑。

十一、驾驶机动车、非机动车夺取他人财物行为的定性

对于驾驶机动车、非机动车（以下简称“驾驶车辆”）夺取他人财物的，一般以抢夺罪从重处罚。但具有下列情形之一，应当以抢劫罪定罪处罚：

（1）驾驶车辆，逼挤、撞击或强行逼倒他人以排除他人反抗，乘机夺取财物的；

（2）驾驶车辆强抢财物时，因被害人不放手而采取强拉硬拽方法劫取财物的；

（3）行为人明知其驾驶车辆强行夺取他人财物的手段会造成他人伤亡的后果，仍然强行夺取并放任造成财物持有人轻伤以上后果的。

权威解读

《最高人民法院关于审理抢劫、抢夺刑事案件适用法律若干问题的意见》的解读与评析

1997 年《刑法》修订后，最高人民法院陆续出台了有关抢劫罪的司法解释，对于指导审判实践发挥了很大的作用。但是，由于司法实践中不断出现新情况、新问题，司法实务界对刑法及司法解释相应条款的理解和适用上产生歧义，出现了适用法律的不统一，导致定性不当和量刑失衡，有碍司法公正。鉴于此，最高人民法院在充分调查研究、广泛听取各方面意见的基础上，制定了《关于审理抢劫、抢夺刑事案件适用法律若干问题的意见》（以下简称《两抢意见》）。该意见主要解决了司法实践中几个带有普遍性的问题：一是关于抢劫罪的八种加重处罚情节的认定，特别是入户抢劫、在公共交通工具上抢劫、携带凶器抢劫的认定问题；二是关于转化抢劫的条件、特别是转化为具有加重情节抢劫的条件等问题；三是对于实践中存在的一些具有抢劫对象和特殊方法的问题，如抢劫毒品等非法物品以及飞车行抢等问题作出了规定；四是对于司法实践中容易与抢劫罪混淆的犯罪的界限作出了规定，如抢劫罪与绑架罪、敲诈勒索罪、寻衅滋事罪等。《两抢意见》的出台，对于正确适用法律审理抢劫、抢夺刑事案件将起到积极的作用。本文拟结合对《两抢意见》的理解就司法实践中几个争议较大的问题谈一些看法：

一、关于“入户抢劫”的认定

司法实践中，对于“入户抢劫”主要存在三个问题：第一个问题是关于“户”的范围应如何界定。《刑法》实施后，有些地方将《刑法》第二百六十三条中“户”等同于“室”，将“入户抢劫”等同于“入室抢劫”，导致对“户”的范围作扩大理解，不适当地加重被告人的刑罚。最高人民法院于 2000 年 11 月 28 日出台了《抢劫解释》，其中第一条将“户”界定为“供他人生活和与外界相对隔离”，从而将营业场所或对公众开放的其他室内场所排除在“户”的范围之外。但司法实践中对于单位集体宿舍、宾馆客房、临时搭建的工棚等是否属于“户”的范围仍存在分歧。我们认为，刑法规定“入户抢劫”打击的重点是严重危害公民家庭生活安全的抢劫犯罪，目的在于维护“家庭”这一社会生活中最为重要的法益。家庭生活一般是指具有血缘或拟制关系的亲属组成的家庭成员相对固定地居住在一起，其特点有二：一是居住成员间具有亲属关系；二是居住的成员比较固定，既可能是多个成员，

也可能是一人独居。虽然单位集体宿舍、宾馆客房、临时搭建的工棚等场所具有供他人生活并与外界相对隔离的特征，但其居住的成员一般无亲属关系，且有一定的流动性，不具备家庭生活的基本特征，不属于“户”。为了进一步明确“户”的内涵，《两抢意见》将“户”的特征界定为“供他人家庭生活”和“与外界相对隔离”。据此，一般情况下对于集体宿舍、旅店宾馆、临时搭建的工棚等不具备家庭生活功能的场所不宜认定为“户”；对于特殊情况下具备上述两个特征的，可以认定为“户”。对于乡村中的“独门独院”才的院落，因其符合供家庭生活使用和与外界相对隔离的特征，应认定为“户”的组成部分，行为人侵入独院中实施抢劫的，属于“入户抢劫”。对于商住两用的房屋性质，应根据行为人实施抢劫时该房屋所处的状态确定其是否属于“户”。一般说来，当处于营业状态时，不应视为“户”，当夜间已处于关门歇业、休息的状态时，就属于“户”。此时，行为人以购物为名骗开房门入室抢劫，属于“入户抢劫”。

第二个问题是关于“入户”目的的非法性。一种意见认为，入户目的非法性表述过于宽泛，应直接表述为“为了实施抢劫”。另一种意见认为：从刑法及司法解释的规定看，“入户”并不要求目的非法，且审判实践中对于“临时起意”难以把握，证据上难以认定，因此，不应将入户目的非法性作为认定“入户抢劫”的要件。我们认为：规定入户的非法目的主要是解决“入户抢劫”与“在户内抢劫”的区别问题。行为人以实施抢劫等犯罪为目的，非法侵入他人住所实施抢劫行为，其主观恶性及客观危害显然大于在户内临时起意抢劫的行为。不顾及这种差别，将在户内抢劫也视为入户抢劫定罪处罚，不适当地扩大了打击面，也违背刑法罪刑相一致的基本原则。为了突出打击的重点，有必要将入户目的的非法性作为认定入户抢劫的必要条件。《两抢意见》规定，抢劫行为虽然发生在户内，但行为人不以实施抢劫等犯罪为目的进入他人住所，而是临时起意实施抢劫的，不属于“入户抢劫”。关于入户目的非法性的表述，《两抢意见》采用了“以实施抢劫等犯罪”的字样，一方面限制了非法性目的的范围，即只能是为了实施抢劫等犯罪目的，对于行为人为实施其他犯罪如杀人、伤害等犯罪目的侵入他人住所的，或为了实施违法行为侵入他人住所的，如卖淫、赌博等活动的，均不符合“入户目的非法性”的要件；另一方面入户目的又不能只限于为了实施抢劫犯罪，还应包括为了实施盗窃、诈骗、抢夺而入户，为了窝藏赃物、抗拒抓捕或者毁灭罪证当场使用暴力或者以暴力相威胁的情形。

第三个问题是暴力或暴力胁迫行为必须发生在户内。暴力或暴力胁迫行为是指抢劫的实行行为。有的情况下行为人是在户外实施暴力，比如扔石头或施加语言威胁，逼迫受害人交出财物的，虽然也对户内的受害人直接产生了遭受暴力侵害的现实危险，但还不属于发生在户内的狭小空间中的、难以躲避的侵害，毕竟行为人尚未侵入户内，不宜认定为暴力发生于户内；反之，对于行为人非法侵入他人户内实施抢劫，受害人逃出户外，其暴力行为延伸至户外的，暴力行为仍发生于户内。对于行为人入户盗窃被发现，行为人为窝藏赃物、抗拒抓捕或者毁灭罪证而在户外实施暴力的，应以抢劫罪定罪处罚；在户内当场使用暴力或者以暴力相威胁的，应认定为“入户抢劫”。

二、关于“在公共交通工具上抢劫”的认定

审判实践中，对于“公共交通工具”范围认识上基本是统一的。但有两个问题需要澄清。一是对于未处于运营状态中的公共交通工具上的司售、乘务人员实施抢劫是否属于在公共交通工具上抢劫；二是对于行为人在交通工具上以麻醉方式抢劫特定旅客的是否应认定为在公共交通工具上抢劫。

对于第一个问题，我们认为，公共交通工具承载的旅客具有不特定多数的特点。这是指该交通工具在行使公共交通的功能时，也就是在运营时才具备的特征。在未运营时就不具备这种特征，对于未处于运营状态中的公共交通工具上的司售、乘务人员实施抢劫不属于在公共交通工具上抢劫。

对于第二个问题，实践中存在不同的认识。有一种观点认为：不宜认定为在交通工具上抢劫。理由是：在交通工具上抢劫除了具有针对不特定多数人实施抢劫的特征外，还应具有“公然性”特征，即行为人无视其行为是否被其他人察觉的情形下，无视公交工具中的他人的存在、公然以暴力或胁迫方法劫财。在公共交通工具上以麻醉的方式抢劫特定旅客的，行为人的主观故意内容与在公交工具上抢劫有所不同，不具有无视他人存在的心里，不具有公然性特征，与在交通工具上公然抢劫他人财物相比，危害性较小，依照罪刑相适应的原则，对行为人不应适用加重处罚条款。我们认为，根据刑法的规定，“在公共交通工具上抢劫”的本质特征就是行为人在特定交通工具内针对不确定的多数人实施抢劫。公共交通工具对于社会公共秩序具有重要意义，刑法给予突出保护也是应该的。一般说来，行为人只要主观上具有在运营中的公交工具上抢劫的故意，客观上实施了暴力劫财的行为，无论其具体的抢劫手段是公开的还是秘密的，无论其行为是否被他人察觉，均可构成在交通工具上抢劫。将“公然性”作为在公共交通工具上抢劫的特征不能涵盖此类犯罪的本质特征，也与立法意图不完全吻合。因此，对于行为人在交通工具上以麻醉方式抢劫特定旅客，符合在公共交通工具上抢劫特征的，一般应认定为在公共交通工具上抢劫。

三、关于“多次抢劫”的认定

多次抢劫是《刑法》规定的抢劫罪的八种加重情节之一。立法者认为，出于非法占有他人财物的目的，一而再、再而三地以暴力或暴力相威胁的方法劫取公私财物，显示了行为人具有较深的主观恶性和社会危害，理应承担加重的刑罚。司法实践中要注意的是要准确把握“多次”的概念。一是关于确定基本含义。虽然司法实践中有些地方将多次解释为四次、五次等，但我们认为，“多次”既要反映社会生活中一般人的认识观念，也要与刑法其他条文中“多次”的含义保持一致，因此，我们仍定为三次。二是怎样把握“一次”的概念。首先，每一次抢劫行为均应已构成犯罪，对于行为人虽然实施抢劫，但其行为不构成犯罪的，不能计算为一次抢劫。其次，对于抢劫中的连续犯，虽然连续实施了抢劫行为，亦应计算为“一次”。对于行为人基于一个概括的故意，连续抢劫同一地点的多人的财物或在同一地点连续实施抢劫犯罪的，属于连续犯，均可作为一次抢劫；对于行为人主观上出于遇到合适的机会就抢劫的心理实施抢劫或抢劫后又产生再次抢劫的故意的，虽然从行为的时间、地点看似乎具有某种连续性，但其不属于“基于一个概括的故意”，不能视为一次抢劫。

四、关于携带凶器抢夺的认定

《刑法》第二百六十七条第二款规定，携带凶器抢夺的，依照抢劫罪定罪处罚。这是《刑法》的特别规定。立法者认为，携带凶器抢夺，表明行为人具有以暴力或以暴力相威胁劫取他人财物的心理准备和主观故意，并已实施了暴力的预备行为，严重危及他人的人身安全，具有比抢夺罪更大的社会危害性，因此，应以抢劫罪定罪处罚。依照《两抢解释》第六条的规定，携带凶器抢夺是指携带枪支、爆炸物、管制刀具等国家禁止个人携带的器械进行抢夺或者为了实施犯罪而携带其他器械进行抢夺的行为。司法实践中，对于行为人为了实施犯罪而携带其他器械进行抢夺的行为应如何认定争议较大。对此，要注意把握以下几个问题：一是对于携带非国家禁止个人携带的管制性器械抢夺他人财物的，认定为携带凶器抢夺，以抢劫罪定罪处罚，需符合本罪的构成要件，即行为人主观上具有携带非管制性器械非法占有公私财物的故意，客观上实施了携带凶器抢夺公私财物的行为。因此，依照《两抢意见》的规定，对于有证据证明行为人携带的非管制性器械不是为了实施犯罪准备的，不属于携带凶器抢夺，不应以抢劫罪定罪处罚。二是要注意携带凶器抢夺与抢劫罪在法律适用上的区别。行为人是否故意显示凶器是区别抢劫罪与携带凶器抢夺的关键。对于行为人将随身携带的凶器有意加以显示、能为被害人察觉到的，表明其主观上具有以暴力相威胁劫取他人财物的故意，客观上实施了以暴力相威胁劫取他人财物的行为，符合抢劫罪的特征，应直接以抢劫罪定罪处罚。三是注意携带凶器抢夺与转化抢劫的区别。刑法对于携带凶器抢夺是以抢劫罪评价的。因此，对于行为人携带凶器抢夺后，在逃跑过程中为窝藏赃物、抗拒抓捕或者毁灭罪证而使用暴力或者以暴力相威胁的，应适用《刑法》第二百六十七条第二款的规定，以抢劫罪定罪处罚。

五、关于“转化抢劫”的认定

司法实践中，对于“转化抢劫”的认定已形成了一定的共识：行为人实施盗窃、诈骗、抢夺行为，未达到“数额较大”，为窝藏赃物、抗拒抓捕或者毁灭罪证当场使用暴力或者以暴力相威胁，情节较轻、危害不大的，一般不以犯罪论处；但是，转化型抢劫犯罪的构成不以行为人的前期行为构成犯罪为必要条件。对于具有下列情节之一的，可依照《刑法》第二百六十九条的规定，以抢劫罪定罪处罚，比如盗窃、诈骗、抢夺接近“数额较大”标准的；入户或在公共交通工具上盗窃、诈骗、抢夺后在户外或交通工具外实施上述行为的；使用暴力致人轻微伤以上后果的；在公共场所使用凶器或以凶器相威胁的等。实践中分歧较大的是对于行为人“入户”或“在公共交通工具上”实施盗窃、诈骗、抢夺他人财物，尚未构成犯罪，为窝藏赃物、抗拒抓捕或者毁灭罪证当场实施轻微暴力或者以暴力相威胁，既未劫得财物，也未导致他人伤害后果的，应如何处罚？我们认为，应以“入户抢劫”或在“公共交通工具上抢劫”定罪处罚。理由是：第一，符合犯罪构成的基本理论。以“入户抢劫”为例，理论上行为人入户盗窃、抢夺、诈骗被发现后实施暴力即可转化为抢劫，并不以犯罪数额大小为必要条件。“入户”或在“公共交通工具上”实施暴力也不是转化抢劫的必备要件，不存在将“入户”或在“公共交通工具上”既作为定罪要素又作为加重处罚要素重复评价的问题。第二，符合司法解释的规定。《抢劫解释》第一条第二款规定，“对于入户盗窃，因被发现而当场使用暴力或者以暴力相威胁的行为，应当认定为入户抢劫”。据此，行为人入户盗窃、抢夺、诈骗，无论是否已得逞，也无论其实施暴力或者以暴力相威胁是为了劫取财物还是为了窝藏赃物、抗拒抓捕或者毁灭罪证，都应认定为“入户抢劫”。同理，在公共交通工具上实施此类行为也应认定为“在公共交通工具上抢劫”。第三，可以做到罪刑均衡。实践中，对于行为人“入户”或在“公共交通工具上”实施转化抢劫，一般应认定为“入户抢劫”或“在公共交通工具上抢劫”，判处十年以上刑罚。对于未劫得财物，也未致人轻伤以上伤害的，属犯罪未遂，可以从轻、减轻处罚；对于劫得少量财物，但未致人轻伤以上伤害的，如在十年以上量刑确属畸重，又无其他从轻、减轻情节，可适用《刑法》第六十三条第二款的规定处罚，一般不会出现量刑严重失衡的情况。

六、关于抢劫犯罪数额的计算

对于抢劫信用卡犯罪需要注意把握以下几个问题：

第一，抢劫信用卡构成抢劫罪不以使用、消费为前提条件。抢劫罪侵犯双重客体，既侵害公私财产权益，又侵害公民人身权益。因此，抢劫罪与盗窃罪、诈骗罪等其他侵犯财产犯罪不同，抢劫对象价值的大小，一般不影响抢劫罪的构成及既遂形态。信用卡作为一种有价证券可以成为抢劫罪的对象，抢劫信用卡后是否使用、消费不影响抢劫罪的成立。第二，抢劫信用卡使用、消费的数额应作为量刑的情节予以考虑，而无须另定他罪实行数罪并罚。司法实践中，对于抢劫信用卡后使用、消费的行为应如何定性存有争议。我们认为，行为人使用暴力或暴力胁迫的方法抢劫他人信用卡使用、消费的，其使用、消费信用卡的数额可以作为抢劫犯罪的数额，其行为可以纳入抢劫罪的评价范围，不再另行以他罪评价。如果数罪并罚，将不适当地加重处罚，导致量刑失衡。第三，抢劫信用卡的犯罪数额应以行为人实际使用、消费的数额计算。一般说来，信用卡具有消费支付、信用贷款、转账结算、存取现金等功能，但又不完全等同于财物本身。行为人只有在知晓密码或使用身份证等证明文件的情形下，信用卡的上述功能才能够实现，信用卡的经济价值才能体现。因此，行为人非法占有了他人的信用卡，并不意味着其已实际非法占有了信用卡中的全部钱款。由于抢劫罪的数额对于量刑影响较大，对于抢劫信用卡的数额计算应具体分析，才能做到罪刑相适应。根据《两抢意见》

第六条第一款的规定，抢劫信用卡后使用、消费的，其实际使用、消费的数额为抢劫数额。对于所抢信用卡数额巨大，但未实际使用、消费或者实际使用、消费数额未达到巨大标准的，无论是因被害人采取挂失等方法使得行为人无法使用、消费还是因其他原因，都不适用“抢劫数额巨大”的法定刑。

对于抢劫存折、机动车辆的数额计算也应坚持具体问题具体分析的原则，可以具体参照《最高人民法院关于审理盗窃案件具体应用法律若干问题的解释》① 第五条第二项的相关规定予以计算。对于抢劫活期存折、已到期的定期存折，因其不需要任何证明既可提取，与直接占有他人财物没有很大区别，可按照票面数额计算；对于抢劫未到期的存折的，则应按照实际兑现的数额认定。

对于劫取机动车辆当作犯罪工具或者逃跑工具使用的行为如何定性，是司法实践中有争议的问题。我们认为，对这种行为应以抢劫罪定罪处罚。理由是：第一，符合抢劫罪的构成要件。行为人以暴力或胁迫的方法劫取机动车辆的行为并不是出于法律意义上的“使用”目的，而是将其作为实施其他犯罪的工具非法占有，一般用后即予毁弃，基本上不存在返还的情形，本质上具有非法占有的目的，客观上侵害了他人的人身、财产权益，符合抢劫罪的特征。第二，符合相关司法解释的规定。依照《最高人民法院关于审理盗窃案件具体应用法律若干问题的解释》② 第十二条第二项的规定，对于为了盗窃其他财物或实施其他犯罪盗窃机动车辆的行为应以盗窃罪定罪处罚或以盗窃罪与所犯之罪实行数罪并罚。据此，《两抢意见》第六条第二款规定：“为抢劫其他财物，劫取机动车辆当作犯罪工具或者逃跑工具使用的，被劫取机动车辆的价值计入抢劫数额；为实施抢劫以外的其他犯罪劫取机动车辆的，以抢劫罪和实施的其他犯罪实行数罪并罚。”

---

① 该解释现已失效，被《最高人民法院、最高人民检察院关于办理盗窃刑事案件适用法律若干问题的解释》（法释〔2013〕8号）替代。其第五条规定：“盗窃有价支付凭证、有价证券、有价票证的，按照下列方法认定盗窃数额：（一）盗窃不记名、不挂失的有价支付凭证、有价证券、有价票证的，应当按票面数额和盗窃时应得的孳息、奖金或者奖品等可得收益一并计算盗窃数额；（二）盗窃记名的有价支付凭证、有价证券、有价票证，已经兑现的，按照兑现部分的财物价值计算盗窃数额；没有兑现，但失主无法通过挂失、补领、补办手续等方式避免损失的，按照给失主造成的实际损失计算盗窃数额。”

② 该解释现已失效，被《最高人民法院、最高人民检察院关于办理盗窃刑事案件适用法律若干问题的解释》（法释〔2013〕8号）替代。其第十条第一项规定：“偷开机动车，导致车辆丢失的，以盗窃罪定罪处罚。”

七、关于抢劫特定财物行为的定性

司法实践中，对于法律禁止私人持有、占有的物品能否成为抢劫罪的对象有一定的争议。有的观点认为，对于法律禁止普通公民拥有的物品，公民不拥有所有权。违禁品既然是法律所禁止的东西，当然也就不具有财物性，不属于“他人财物”的范畴，不能成为抢劫罪的对象。我们认为，抢劫罪的对象并不仅仅是指他人的合法财产，他人违法持有的、占有的、在法律意义上属于国家所有的违禁品，本质上仍然属于“他人财物”的范畴，也应属于抢劫罪的对象。应该注意的是，抢劫罪中的“他人财物”是相对于行为人而言的，且范围不限于具体的个人物品，也包括单位、集体和国家的物品。无论行为人是否明知该物品的所有权属关系，只要其主观上明知该物品不属于自己所有或合法持有，以暴力或暴力威胁的方法非法占有，就符合抢劫罪的特征。事实上，我国《刑法》已明确对于抢劫违禁物的行为予以定罪处罚，如《刑法》第一百二十七条将抢劫枪支、弹药等行为规定为抢劫枪支弹药罪。《最高人民法院关于审理毒品犯罪案件工作座谈会纪要》对抢劫毒品的定性作出了相关的解释，应比照执行。当然，由于违禁品不具有合法的流通性，不易认定其具有经济价值，对于行为人以抢劫罪定罪，难以认定具体的抢劫数额，一般也不应适用抢劫数额特别巨大的条款。但是，行为人抢劫违禁品的数量在一定程度上反映了其主观恶性的深浅以及客观危害的大小，可以作为量刑情节加以考虑。

关于抢劫赌资、赃物的认定需要注意两个问题：一是根据《两抢意见》第七条第二款的规定，对于抢劫赌资、犯罪所得的赃款赃物的，应以抢劫罪定罪处罚。有观点认为：对于赌资、赃物等物品，因为其来源具有不法性或犯罪性，属于不受法律保护的物品，不能成为抢劫罪的对象，否则就是保护了从事违法、犯罪活动的人的权益。我们认为，只要不是属于行为人合法所有、持有的财产，行为人通过暴力或暴力威胁的手段而获取的，就有可能构成抢劫罪。赌资和赃物属于“持有或占有的来源具有违法或犯罪性”的财物，但法律并不因此就允许其他行为人以严重危害社会的方法任意地占有该财物。虽然赌资和赃物在法律意义上不属于被抢劫人所拥有，其所有权应属于国家或其合法所有人。但所有权权属的改变应当依照一定法定程序进行。在这种既有状态未改变之前，任何个人在没有法律依据的情况下无权擅自改变。行为人以暴力、威胁方式改变赌资和赃物等的权属状态，严重侵害了他人人身、财产权益，仍然符合抢劫罪的本质特征，因此，赌资、赃物可以成为抢劫罪的犯罪对象。二是根据《两抢意见》的规定，“行为人仅以其所输赌资或所赢赌债为抢劫对象的，一般不以抢劫罪定罪处罚。构成其他犯罪的，依照刑法的相关规定处罚”。我们认为，赌博活动是一种违法活动，赌博参与者的赌资依法应予没收，在法律意义上属于国家所有。但是对于仅以所输赌资或所赢赌债为抢劫对象的，行为人主观上对于所输赌资或所赢赌债的性质毕竟不像抢劫罪中对于“他人财物”的性质那样认识得清晰和明确，其主观故意的内容与抢劫“他人财物”有所不同，综合考虑其主观故意和客观危害性，一般可不以抢劫罪定罪处罚。当然，在此过程中，对他人构成人身伤害或非法拘禁等其他犯罪的，可以依照故意伤害罪或非法拘禁罪等罪名定罪处罚。

根据《两抢意见》第七条第三款的规定：“为个人使用，以暴力、胁迫等手段取得家庭成员或近亲属财产的，一般不以抢劫罪定罪处罚，构成其他犯罪的，依照刑法的相关规定处理。教唆或者伙同他人采取暴力、胁迫等手段劫取家庭成员或近亲属财产的，可以抢劫罪定罪处罚。”

这样规定的理由是：首先，家庭和近亲属间的财产关系附属于血亲关系，家庭成员和近亲属对于家庭财产享有一定的共同管理、使用的权利。其性质与抢劫罪中“他人财物”有一定的区别。其次，从刑事政策上考虑，一般说来，家庭成员或近亲属间的财产秩序由家庭内部维持，更有利于社会秩序的稳定。最后，符合相关司法解释的精神。《最高人民法院关于审理盗窃案件具体应用法律若干问题的解释》① 第一条第四项规定：“偷拿自己家的财物或者近亲属的财物，一般可不按犯罪处理；对确有追究刑事责任必要的，处罚时也应与在社会上作案的有所区别。”参照上述规定，对于出于个人使用的目的，以暴力、胁迫等手段取得家庭成员或近亲属财产的，一般可不以抢劫罪定罪处罚。但是如果构成伤害、非法拘禁等侵害人身权益的犯罪的，则不因其只有亲属关系而阻却刑事责任，应以相应的罪名定罪处罚。如果行为人教唆或者伙同他人采取暴力、胁迫等手段劫取家庭成员或近亲属财产的，其社会危害性明显增大，可以抢劫罪定罪处罚。

---

① 该解释现已失效，被《最高人民法院、最高人民检察院关于办理盗窃刑事案件适用法律若干问题的解释》（法释〔2013〕8号）替代。其第十条第一项规定：“偷开机动车，导致车辆丢失的，以盗窃罪定罪处罚。”

八、关于抢劫罪与相关犯罪的界限

（一）关于冒充正在执行公务的人民警察、联防人员，以抓卖淫嫖娼、赌博等违法行为为名，非法占有财物的行为定性

《两抢意见》第九条规定："行为人冒充正在执行公务的人民警察'抓赌'、'抓嫖'，没收赌资或者罚款的行为，以招摇撞骗罪从重处罚；在实施上述行为中使用暴力或者暴力威胁的，以抢劫罪定罪处罚。行为人冒充治安联防队员'抓赌'、'抓嫖'、没收赌资或者罚款的行为，构成犯罪的，以敲诈勒索罪定罪处罚；在实施上述行为中使用暴力或者暴力威胁的，以抢劫罪定罪处罚。"不同的观点认为，此类行为符合抢劫罪中"以当场实施暴力相威胁"的特征，应以抢劫罪定罪处罚。我们认为，对于行为人冒充正在执行公务的人民警察、联防人员，以抓卖淫嫖娼、赌博等违法行为为名，非法占有财物的，如果没有使用暴力或者暴力威胁的，不宜以抢劫罪定罪处罚；如果使用暴力或者暴力威胁的，应以抢劫罪定罪处罚。理由是：第一，行为人冒充正在执行公务的人民警察、联防人员，"抓赌"、"抓嫖"、没收赌资或者罚款不符合抢劫罪中"以当场实施暴力相威胁"的特征。抢劫罪"以当场实施暴力相威胁"中的暴力使得行为人产生如果不交出财物，人身安全就会受到侵害的认识，人民警察、联防人员在履行职务的时候虽然拥有合法实施一定程度暴力的权力，但这种暴力是使当事人服从治安管理的辅助手段，并非非法占有他人财物的手段，对违法者予以罚没财物的处罚需依照法定程序进行。行为人冒充人民警察、治安联防人员等身份，在于借助执法机关的惩处违法行为的职权，使那些有违法行为的受害人产生错误认识，"自愿服从"地交出财物。在这种情况下，受害人交出财物，主要是基于对自己行为违法性的认识及免于承受更严重的法律后果和个人名誉、事业前途等损失，一般不是因为存在当场危及人身安全情况。这与抢劫罪中受害人慑于现实的人身侵害危险而不得不交付财物是有本质区别的。因此，当受害人是"自愿服从"地交付财物时，并不符合抢劫罪中的"以当场实施暴力相威胁"的特征；但如果受害人当场拒交罚没款时，行为人当场实施暴力或以暴力相威胁的方法，迫使其交付财物，这种暴力或暴力威胁就转化为非法占有的手段，应以抢劫罪定罪处罚。第二，行为人冒充正在执行公务的人民警察，"抓赌"、"抓嫖"、没收赌资或者罚款符合招摇撞骗罪的特征。人民警察属于国家机关工作人员，行为人冒充人民警察符合招摇撞骗罪的主体要件。行为人出于谋取非法利益

的目的，冒充人民警察，利用公安机关工作人员身份和查处违法犯罪行为的职权，使违法行为人产生错误认识，“自愿服从”地交出财物，损害了国家机关的声誉与正常活动，符合招摇撞骗罪构成要件，应以招摇撞骗罪定罪处罚。第三，行为人冒充治安联防人员，“抓赌”、“抓嫖”、没收赌资或者罚款符合敲诈勒索罪的特征。联防人员一般不属于国家机关工作人员，行为人冒充治安联防人员不符合招摇撞骗罪的主体要件。客观上，行为人取得财物的关键手段既不是以当场实施暴力相威胁，也不是利用冒充国家机关工作人员招摇撞骗，而是利用受害人因违法而惧怕被追究法律责任或个人名誉、事业、前途遭受损害进行要挟，使其不得已而交出财物，符合敲诈勒索的特征。主观上，行为人具有非法占有他人财物的故意。同此，对行为人以敲诈勒索罪定罪处罚是适当的。

（二）关于抢劫罪与绑架罪的界限

关于行为人使用暴力、胁迫手段抢劫被绑架人随身携带财物行为的定罪问题，司法实践中经常发生两种情况：一种情况是行为人因抢劫未达到目的而又劫持被害人，勒索被害人及其亲友的财物。因行为人先后产生两个犯罪故意，实施了使用暴力劫财和劫持或拘禁被害人、勒索被害人或其亲友的财物等两个犯罪行为，对其分别认定为抢劫罪和绑架罪，实行数罪并罚，没有争议。另一种情况是行为人在绑架过程中劫取被绑架人随身携带的钱物。对这种行为如何定性存在分歧。有一种观点认为，行为人以勒索财物或满足其他不法要求为目的，绑架他人的行为构成绑架罪。在绑架过程中实施劫财行为，就是在暴力、胁迫持续状态中当场劫取被绑架人随身携带的财物，属于以暴力或以暴力相威胁的方法劫取他人财物，符合抢劫罪的构成要件，应以绑架罪和抢劫罪实行并罚。我们认为，这种情况不宜以抢劫罪和绑架罪实行数罪并罚，应分别情况，以绑架罪或抢劫罪中的一个重罪定罪处罚。理由是：绑架罪是继续犯，行为人为非法占有他人财物而以暴力、胁迫劫持被绑架人的行为是一个持续过程，从而使被绑架人处于持续性的精神和身体强制的状态中。暴力劫持或拘禁被绑架人构成绑架罪的客观要件。如果把实质上的一个暴力劫持或拘禁行为既用作绑架罪的构成要付，又重复用作抢劫罪当场劫取他人财物的客观要件，有违“禁止重复评价”原则。在构成要件发生竞合的情况下，择一重罪处罚是适当的。

（三）抢劫罪与寻衅滋事罪的界限

司法实践中，抢劫罪与寻衅滋事罪中的强拿硬要行为较容易混淆。主要在于行为人实施寻衅滋事的行为时，客观上也可能表现为强拿硬要公私财物的特征，导致对他人的人身权利和公私财产权利的侵害；主观上行为人也具有非法占有他人财物的故意。这与抢劫罪中以暴力或暴力相威胁的方法非法占有他人财物的特征较为相似。但两罪仍有本质区别，应当按照两罪的构成要件，遵循主客观相一致的原则，正确把握行为的特征，准确界定两罪的界限。《两抢意见》第九条对这两种行为从主、客观两方面做了区分：寻衅滋事中，行为人主观上还具有逞强好胜和通过强拿硬要来填补其精神空虚等目的，抢劫罪中，行为人一般只具有非法占有他人财物的目的；前者行为人客观上一般不以严重侵犯他人人身权利的方法强拿硬要财物，而后者行为人则以暴力、胁迫等方式作为劫取他人财物的手段。实践中需要注意的另一个问题是：对于未成年人以轻微暴力或以实施暴力相威胁的方法强抢少量财物的行为，实践中认识不一。有的观点认为，这种行为符合抢劫罪的构成要件，应以抢劫罪定罪处罚。我们认为：从犯罪构成要件上看，中、小学生特别是未成年人的人格发育尚不成熟，对自身行为性质的认识和自我约束能力较之成年人有差别，特别是其往往出于逞强好胜和通过强拿硬要来显示“威风”和“强大”，这种行为对社会秩序的侵害大于对他人财产权益的侵害，因而更符合寻衅滋事罪的特征。从对未成年人教育、挽救为主的刑事政策角度考虑，以寻衅滋事罪定罪处罚也是适当的。按照《两抢意见》第九条的规定，对于未成年人使用或威胁使用轻微暴力强抢少量财物的行为，一般不宜以抢劫罪定罪处罚，其行为符合寻衅滋事罪特征的，可以寻衅滋事罪定罪处罚。

（四）抢劫罪与故意伤害罪的界限

司法实践中，对于债权人为讨还债务，采取胁迫或者暴力手段，当场强行占有债务人财物的行为如何定性，存有争议。由于债权人是当场实施暴力或以暴力相威胁，并当场获取了债务人的财物，其行为特征与抢劫罪在客观方面具有一定的相似性。但是，两者具有本质的区别。抢劫罪的行为人主观上具有非法占有他人财物的目的，客观上实施了以暴力或胁迫的手段当场非法占有该财物的行为，侵害的是双重客体，既侵害他人财产权利，也侵害他人人身权利。只有具备上述主、客观要件，同时侵犯了他人财产权利和人身权利的，才能以抢劫罪定罪处罚。需要强调的是，抢劫罪属于侵犯财产罪，其主观上具有的非法占有目的，不仅是指行为人意图占有财物所采取的手段是非法的，更重要的是行为人与财物之间的占有关系本身就是非法的，即没有任何法律依据地将属于他人合法所有或者持有的财物占为已有。因借贷或者其他财产纠纷，债权人为了讨还债务，采取暴力或以暴力相威胁的方法，强行占有债务人的财物，用以抵偿债务的，与刑法规定的抢劫罪在性质上是不同的。从民事上讲，合法的债权债务关系是受法律保护的。债务人不履行债务，本身存在一定的过错，债权人采取暴力或以暴力相威胁的手段索要债务，虽然手段不合法，但毕竟是为了实现自己的债权或者为了挽回因债务人的违约行为而造成的损失，主观上不具有在没有任何法律依据的情况下将属于他人合法所有或者持有的财物占为已有的犯意，也就是不具有非法占有的目的。客观上，一般也不会造成债务人债务以外的财产损失。依照主客观相一致的原则，对此类行为不应以抢劫罪定罪处罚，一般也不应以其他侵犯财产类犯罪定罪处罚。如果债权人在讨债过程中所采取的暴力或者其他手段，侵害了公民的人身权利，导致对方人身伤害、死亡或者其他严重后果，构成犯罪的，应分别以故意伤害罪、故意杀人罪等侵犯公民人身权利罪定罪处罚。对于情节显著轻微危害不大的，一般不以犯罪论处。

九、关于驾驶机动车、非机动车夺取他人财物行为的定性

《最高人民法院关于审理抢夺案件具体应用法律若干问题的解释》对于在抢夺过程中过失造成被害人重伤、死亡，构成过失致人重伤罪、过失致人死亡罪等犯罪的情形作出了明确的规定。但是，司法实践中经常发生行为人在抢夺过程中出于放任故意导致他人伤亡的，司法解释并未明确规定。司法实践中争议较大。我们认为：有些情形下，行为人强抢他人财物的行为符合抢劫罪的特征。比如：驾驶车辆，逼挤、撞击或强行逼倒他人以排除他人反抗，乘机夺取财物的；或驾驶车辆强抢财物时，因被害人不放手而采取强拉硬拽方法劫取财物的；或行为人明知其驾驶车辆强行夺取他人财物的手段会造成他人伤亡的后果，仍然强行夺取并放任造成财物特有人轻伤以上后果的。在上述实施抢夺的情形中，行为人明知其强行夺取他人财物的手段会造成他人身体伤害的后果，仍然实施抢夺并造成财物持有人轻伤以上后果的，这种暴力并不是抢夺罪中外对他人财物而实施的暴力，而是同时针对受害人人身安全的、足以抑制对方反抗的暴力，已成为劫取他人财物的手段。因此，其行为符合抢劫罪的特征，应以抢劫罪定罪处罚。如果行为人以抢夺财物为目的，

实施夺取他人财物的行为，构成抢夺罪，同时因过失造成被害人重伤、死亡等后果，构成过失致人重伤罪、过失致人死亡罪的，依照处罚较重的规定定罪处罚。

（撰稿：顾保华）

4. **最高人民法院关于抢劫过程中故意杀人案件如何定罪问题的批复**（法释〔2001〕16号，自2001年5月26日起施行）

上海市高级人民法院：

你院沪高法〔2000〕117号《关于抢劫过程中故意杀人案件定性问题的请示》收悉。经研究，答复如下：

行为人为劫取财物而预谋故意杀人，或者在劫取财物过程中，为制服被害人反抗而故意杀人的，以抢劫罪定罪处罚。

行为人实施抢劫后，为灭口而故意杀人的，以抢劫罪和故意杀人罪定罪，实行数罪并罚。

权威解读

《最高人民法院关于抢劫过程中故意杀人案件如何定罪问题的批复》的理解和适用

2001年5月23日，最高人民法院发布了《关于抢劫过程中故意杀人案件如何定罪问题的批复》（以下简称《抢劫中故意杀人定罪批复》）的及时发布，对于司法机关准确适用法律，有效惩治犯罪，具有重要的指导意义。根据《抢劫中故意杀人定罪批复》的规定，结合司法实践，现作如下探讨。

一、关于罪名确定问题

关于抢劫过程中故意杀人行为的定性问题，在理论界长期存在争论，在司法实践中处理也不一致，主要有三种意见：一是定抢劫罪；二是定故意杀人罪；三是定抢劫罪和故意杀人罪，实行数罪并罚。三种意见争执的焦点，在于抢劫的手段是否包括故意杀人。第一种意见认为，《刑法》第二百六十三条规定的抢劫罪中的暴力手段，不仅包括殴打、伤害、捆绑等，还应包括故意杀人。对于行为人抢劫而预谋故意杀人或者在抢劫过程中为制服被害人反抗而故意杀人的行为，均应认定为抢劫罪。第二种、第三种意见认为，抢劫罪中的暴力手段不包括故意杀人，对于为抢劫而预谋故意杀人或者在抢劫过程中为制服被害人反抗而故意杀人的行为，应当认定为故意杀人罪，或者以故意杀人罪和抢劫罪实行数罪并罚。

笔者同意第一种意见，主要理由如下：

1. 从犯罪构成看，为抢劫而预谋故意杀人或者在抢劫过程中为制服被害人反抗而故意杀人的行为，完全符合刑法规定的抢劫罪的犯罪构成。犯罪构成，是指我国《刑法》规定的，决定某一行为的社会危害性及其程度而为该行为构成犯罪所必需的一切主观要件和客观要件的有机统一。行为人为抢劫而达到劫取财物的目的的心理状态。杀人并不是犯罪人的根本目的，其根本目的在于劫取财物。犯罪的客观要件表现为，行为人通过杀人而劫取财物的行为。杀人只是手段行为，劫取财物才是目的行为，杀人不过是服务于劫取财物目的的行为的一种手段。因此，主观要件和客观要件的有机统一，决定了为抢劫而预谋故意杀人或者在抢劫过程中为制服被害人反抗而故意杀人的行为，完全符合抢劫罪的犯罪构成，应该属于统一的抢劫犯罪。

2. 从《刑法》规定看，将为抢劫而预谋故意杀人或者在抢劫过程中为制服被害人反抗而故意杀人的行为解释为构成抢劫罪，符合立法本意。从国外立法实践看，为抢劫而预谋故意杀人或者在抢劫过程中为制服被害人反抗而故意杀人的行为，在不同国家有不规定。有些国家刑法在规定“抢劫致人死亡”的同时，又专列一条或者一款，规定抢劫杀人罪。此时，由于为抢劫而杀人的行为已经从抢劫行为中分离出去，所以“抢劫致人死亡”只应包括过失致人死亡，抢劫的暴力手段不包括故意杀人。保加利亚和德国刑法典的规定均是如此。但是，在另外一些国家，在抢劫罪之外没有专款或者专条规定抢劫杀人罪，理论上和判例上均认为抢劫手段中的暴力包括故意杀人，抢劫致人死亡的结果不仅包括过失致人死亡，而且包括故意杀人致人死亡。日本刑法典的规定即是如此。我国《刑法》即采用后一立法例。而且在我国《刑法》中，“致人重伤、死亡”有的仅指过失，如《刑法》第二百三十三条和第二百三十五条的规定，有的则包括故意杀人、重伤的情形，如《刑法》第一百一十五条的规定，从《刑法》第二百六十三条的规定看，既然有抢劫过程中故意杀人的行为，“致人重伤、死亡”包括故意杀人、故意伤害等行为，更符合立法原意。

3. 从依法严厉打击犯罪的需要看，将为抢劫而预谋故意杀人或者在抢劫过程中为制服被害人反抗而故意杀人的行为解释为抢劫罪，不会有轻纵罪犯的嫌疑。《刑法》第二百六十三条的规定表明，对于情节严重的抢劫犯，最高刑可以判处死刑，并处罚金或者没收财产。而《刑法》第二百三十二条规定的故意杀人罪的法定最高刑只是死刑，并无并处罚金或者没收财产的规定。将为抢劫而预谋故意杀人或者在抢劫过程中为制服被害人反抗而故意杀人的行为以抢劫罪定罪处罚，完全能够做到罪刑相适应，依法严厉打击此类犯罪。

4. 将这种情形定抢劫罪与杀人罪，实行数罪并罚，则杀人行为既是故意杀人罪的构成要件，又成为抢劫罪的构成要件，不符合犯罪构成原理。

综上所述，笔者认为，对于行为人为抢劫而预谋故意杀人或者在抢劫过程中为制服被害人反抗而故意杀人的行为，均应认定为抢劫罪一罪，而不能认定为故意杀人罪，或者以故意杀人罪和抢劫罪实行数罪并罚。

二、关于以抢劫罪定罪处罚的情形

《抢劫中故意杀人定罪批复》规定以抢劫罪定罪处罚的情形包括两种：一是为劫取财物而预谋故意杀人，二是在劫取过程中，为制服被害人反抗而故意杀人。

笔者理解：1. 抢劫罪中暴力手段包括故意杀人，因此，为劫取财物而故意杀人死亡的，以及在劫取财物过程中，为制服被害人反抗而当场故意杀人的，都应以抢劫犯罪处罚。2. 为抢劫而故意杀人或者在抢劫过程中故意杀人的情形比较复杂，在许多情况下难以区分是直接故意杀人还是间接故意杀人，是间接故意杀人还是故意伤害致死，是致死财物所有人还是其他在场人，在这些情形下都有死亡结果的发生；而“致人死亡”根据《刑法》第二百六十三条的规定，只是抢劫罪的一种加重处罚情节。因此，《抢劫中故意杀人定罪批复》这样规定更符合立法原意，也便于司法实践操作。

有人提出，以杀害其他人为手段，威胁被害人，劫取财物的行为，应该以故意杀人罪和抢劫罪实行数罪并罚。1. 抢劫罪中的暴力手段包括故意杀人，这已如前阐述。因此，“以杀害其他人为手段，威胁被害人”的行为，只是为“劫取财物”目的行为服务的手段行为属于统一的抢劫犯罪。2. 刑法规定的抢劫罪的客体属于复杂客体，除主要客体即公私财物所有权之外，还有次要客体即人身权利。行为人“以杀害其他人为手段，威胁被害人，劫取财物的行为”，虽然侵犯了其他人的人身权利以及财物所有人的财产权利，但均属于对统一的抢劫罪的客体的侵犯，对其应该以单独的抢劫罪定罪处罚。3. 被侵犯人身权利的其他人以及被侵犯财产权利的财物的所有人，均是抢劫罪的受害人，而且在很多情况下很难分清哪一种人遭受的侵害更重，例如老板的钱由保镖保管，犯罪人打死老板，威胁保镖，从保镖手中抢走了钱；或者犯罪人打死保镖，威胁老板，从保镖手中抢走了钱。所以，为避免陷入此类毫无意义的纷争，便于司法实践操作，《抢劫中故意杀人定罪批复》规定以抢劫罪定罪处罚的情形已经包括“以杀害其他人为手段，威胁被害人，劫取财物的行为”。

三、以抢劫罪和故意杀人罪实行数罪并罚的情形

《抢劫中故意杀人定罪批复》规定：“行为人实施抢劫后，为灭口而故意杀人的，以抢劫罪和故意杀人罪定罪，实行数罪并罚。”

笔者理解：1. 行为人实施抢劫后，为灭口而当场故意杀害被害人或者其他人的，行为人具有明确的杀人行为，完全符合故意杀人罪的犯罪构成，应该以故意杀人罪定罪。2. 行为人实施抢劫的行为构成抢劫罪，抢劫后为灭口而故意杀害被害人或者其他人的行为构成故意杀人罪，根据《刑法》第六十九条的规定，对此两罪应当实行数罪并罚。

四、关于故意杀人后乘机窃取被害人财物行为的定性问题

司法实践中，对于故意杀人后见财起意，乘机窃取被害人财物的行为，一般按照故意杀人罪和盗窃罪定罪，实行数罪并罚。《抢劫中故意杀人定罪批复》对此没有规定。但是，在司法实践中对该问题也存在困惑。有少数人认为，故意杀人后见财起意，乘机窃取被害人财物的行为，属于故意杀人行为的后续行为，不单独构成犯罪，应该以故意杀人罪定罪，从重处罚。也有个别人认为，对此应该以故意杀人罪和抢劫罪实行数罪并罚。

笔者认为：1. 故意杀人后见财起意，乘机窃取被害人财物的行为，独立于先前的故意杀人行为，两者之间在性质上没有从属关系，是两种性质不同的行为。2. 该行为符合“秘密窃取他人财物”的特征，在数额较大或者具有其他严重情节，构成犯罪时，应该以盗窃罪定罪处罚。3. 该行为不属于抢劫行为。抢劫是以暴力、胁迫或者其他方法抢劫公私财物的行为。构成抢劫罪的前提，是对受害人实施了暴力等强迫行为，迫使受害人交出财物，或者强行从受害人手中抢走财物。而行为人故意杀人后见财起意，乘机窃取被害人财物时，已经不存在行为人可以对其施加暴力等强制行为的对象，也不需要强行抢走财物。因此，对于行为人故意杀人后见财起意，乘机窃取被害人财物的行为，不能认定为抢劫罪。4. 行为人故意杀人构成故意杀人罪，事后乘机窃取被害人财物的行为构成盗窃罪，根据《刑法》第六十九条的规定，对此两罪应当实行数罪并罚。

（撰稿：祝二军）

（三）典型、常见问题的审理思路

1. 出租车驾驶员在正常营运过程中，为牟取非法利益，采用暴力、威胁手段，强行向乘客索取与合理价格相差悬殊的高额出租车服务费行为，构成抢劫罪还是强迫交易罪?[①]

出租车驾驶员在正常营运过程中，为牟取非法利益，采用暴力、威胁手段，强行向乘客索取与合理价格相差悬殊的高额出租车服务费的行为，情节严重的，其行为构成《刑法》第二百二十六条规定的强迫交易罪，不应以抢劫罪定罪处罚。理由如下：

抢劫罪的犯罪主体是年满十四周岁并具有刑事责任能力的自然人；犯罪侵犯的客体是公私财物所有权和公民人身权利，侵犯的对象是国家、集体、个人所有的各种财物和他人人身；犯罪主观方面表现为直接故意，并具有将公私财物非法占有的目的；犯罪客观方面表现为对公私财物的所有者、保管者或者守护者当场使用暴力、胁迫或者其他对人身实施强制的方法，立即抢走财物或者迫使被害人立即交出财物。

《刑法》第二百二十六条规定："以暴力、威胁手段强买强卖商品、强迫他人提供服务或者强迫他人接受服务，情节严重的，处三年以下有期徒刑或者拘役，并处或者单处罚金。"这是《刑法》规定的强迫交易罪。本罪的犯罪主体除自然人外，还包括单位；犯罪侵犯的客体是交易相对方的合法权益和商品交易市场秩序；犯罪主观方面表现为直接故意，目的是在不合理的价格或不正当的方式下进行交易；犯罪客观方面表现为向交易相对方施以暴力、威胁手段，强迫交易相对方买卖商品、提供或者接受服务，情节严重的行为。

二罪比较，犯罪的前提条件不同，犯罪侵犯的客体不同，犯罪目的不同，犯罪的客观方面也有所不同。抢劫罪无须任何前提条件，而强迫交易罪则必须在行为人与被害人之间存在一笔交易；抢劫罪侵犯的客体是公私财物所有权和公民人身权利，强迫交易罪侵犯的客体是交易相对方的合法权益和商品交易市场秩序；抢劫罪的目的是将公私财物非法占有，强迫交易罪的目的是在不合理的价格或不正当的方式下进行交易；二罪客观方面虽然都有暴力、

---

① 观点来源：《最高人民法院公报》2006 年第 4 期，第 38－41 页，被告人朱某伟、雷某平抢劫案。

胁迫内容，但由于犯罪侵犯的客体不同，决定了抢劫罪使用的暴力、胁迫手段，一般都足以危及被害人的身体健康或生命安全，其强度要大于强迫交易罪使用的暴力、威胁手段。

出租车驾驶员与乘客即被害人之间，建立了服务与接受服务的交易关系，也因为存在这种关系才相遇在一起。出租车驾驶员从事营运业务过程中，即为乘客提供服务的过程中，使用暴力和威胁手段，强行从乘客身上搜取钱财。从表象上看，出租车驾驶员使用的这些手段与抢劫无异。但是，出租车驾驶员实施的暴力和威胁行为，其强度不足以危及被害人的身体健康或生命安全。结合出租车驾驶员使用证照真实、齐全的车辆作案，作案后将乘客送抵目的地，到目的地后给乘客退还一部分钱财等情节分析，出租车驾驶员不是以非法占有公私财物为目的，而是要以不合理的价格完成交易。因此，出租车驾驶员的行为，不符合抢劫罪构成要件，而是强迫交易。朱某伟、雷某平身为出租车驾驶员，为牟取非法利益而无视国法，在出租车正常营运过程中违背被害人意志，单独或伙同采取暴力、威胁手段，强行索取与合理价格相差悬殊的高额出租车服务费，严重侵犯了交易对方的合法权益及出租车市场交易秩序，强迫交易情节严重，其行为触犯《刑法》第二百二十六条的规定，构成强迫交易罪。

2. **入户盗窃，因被发现而当场使用暴力或者以暴力相威胁的行为，是否为“入户抢劫”？**[①]

对于入户盗窃，因被发现而当场使用暴力或者以暴力相威胁的行为，应当认定为“入户抢劫”。

3. **对在抢劫过程中杀人（致人死亡）的案件应如何定罪处刑？**[②]

在抢劫过程中致人死亡，包括故意伤害致人死亡的以及为抢财物不顾他人死活间接故意杀人、直接故意杀人致人死亡的，都是抢劫暴力犯罪的一种结果，是抢劫罪的组成部分。对在抢劫财物过程中致人死亡的案件，只定一个抢劫罪，符合抢劫罪的犯罪构成和基本特征。如果对此类行为定抢劫罪、

---

① 观点来源：最高人民检察院第五批指导性案例（2014 年 9 月 16 日）（检例第 17 号），陈某昌抢劫、盗窃，付某强盗窃案。

② 观点来源：最高人民法院刑事审判第一、二、三、四、五庭：《中国刑事审判指导案例（侵犯财产罪）》，法律出版社 2012 年版，第 1 -3 页，案例六：罗某祥抢劫、故意杀人、脱逃（未遂）案。

杀人罪两个罪，其杀人行为实际是实施抢劫行为的使用暴力部分。单独定罪，抢劫罪的犯罪构成已不完全；抢劫行为如果仅只抢得少量财物，又很难判处重刑。这样一来，“图财害命”这种抢劫杀人犯罪的本质特征就不能通过正确的定罪量刑得到揭示。这种既不符合法律规定，也不符合司法实际的分别定罪处刑的方法显然是不可取的。因此，凡在实施抢劫财物行为过程中，因使用暴力，如殴打、伤害、捆绑、禁闭等行为而致人死亡的，或者直接使用暴力将人杀死的，应定抢劫罪一罪。

4. 抢劫过程中挟持并威胁被害人让事后交出钱财的行为如何定罪处罚?①

分歧意见：第一种意见认为，构成抢劫罪。

第二种意见认为，行为人主观上以勒索财物为目的，客观上实施了暴力绑架他人的行为，故其行为构成绑架罪。

第三种意见认为，构成抢劫罪和敲诈勒索罪。其当场抢走被害人财物的行为构成抢劫罪；其威胁被害人事后再交出钱财的行为属敲诈勒索罪。

本书观点：同意第三种意见。

理由是：（1）行为人对被害人实施了暴力，将其劫持，抢走其随身携带的财产而后又将其放掉，从其行为特征看，主要目的是得到被害人的财产，虽然对其人身自由有一定时间的直接控制，但也是为了达到顺利实施抢劫的目的，符合抢劫罪特征。因此，对行为人抢走被害人随身携带财物的行为应认定为抢劫罪。（2）行为人在抢劫过程中，又威胁被害人事后再交出钱财的行为，因不是当场实施的，而是要求被害人事后送钱，不符合抢劫罪的概念特征；同时，因被告人在抢劫后，已将被害人放掉，而不是对其进行直接的人身控制，使其失去行动自由，而是以非法占有为目的对被害人实施威胁，对其实行精神强制，使其产生恐惧、害怕心理，不得已而交出其个人财物，符合敲诈勒索罪的构成特征。

---

① 观点来源：最高人民法院刑事审判第一、二、三、四、五庭：《中国刑事审判指导案例（侵犯财产罪）》，法律出版社2012年版，第34－36页，周某平、卫某林、吴某、刘某志抢劫、敲诈勒索案。

5. 行为人盗窃后为抗拒抓捕而当场使用暴力致抓捕人死亡的行为，是否认定为抢劫致人死亡？[①]

（1）关于转化型抢劫罪的构成要件。《刑法》第二百六十九条规定：“犯盗窃、诈骗、抢夺罪，为窝藏赃物、抗拒抓捕或者毁灭罪证而当场使用暴力或者以暴力相威胁的”，依照抢劫罪定罪处罚。这是刑法关于盗窃、诈骗、抢夺罪转化为抢劫罪的规定。具体地说，转化型抢劫罪必须同时具备以下三个条件：①行为人的最初犯意是实施盗窃、诈骗或者抢夺犯罪，并且具体实施了盗窃、诈骗或者抢夺财物的行为。②行为人因在盗窃、诈骗或者抢夺公私财物过程中被发现而当场使用暴力或以暴力相威胁。③行为人使用暴力或以暴力相威胁的目的是窝藏赃物、抗拒抓捕或者毁灭罪证。本案被告人王某清在盗窃他人财物被发现后，以暴力抗拒抓捕，致一人死亡，两人受伤，其行为完全符合《刑法》第二百六十九条关于盗窃罪转化为抢劫罪的构成要件，应以抢劫罪定罪处罚。至于其是否知道“抓捕人是警察”不影响抢劫罪的成立。

（2）行为人盗窃后为抗拒抓捕而当场使用暴力致抓捕人死亡的行为，应当认定为抢劫致人死亡。为抗拒抓捕而当场使用暴力或者以暴力相威胁，是盗窃罪转化为抢劫罪的条件，在盗窃罪转化为抢劫罪之后，盗窃的财物数额、对象和使用暴力的程度和后果，均应成为抢劫罪的量刑情节。也就是说，盗窃财物后为抗拒抓捕而当场使用暴力致抓捕人死亡的行为，应当认定为《刑法》第二百六十三条规定的抢劫致人死亡，并应对被告人在“十年以上有期徒刑、无期徒刑或者死刑，并处罚金或者没收财产”的档次和幅度内量刑。

6. 在运行公共交通工具上盗窃未遂的情况下，为抗拒抓捕而当场使用暴力能否认定为“在公共交通工具上抢劫”？[②]

（1）盗窃未遂的情况下，为抗拒抓捕而当场使用暴力，构成抢劫罪。转化型抢劫犯罪，主要是指行为人已经着手实施盗窃、诈骗、抢夺行为，一般不考察盗窃、诈骗、抢夺行为是否既遂。行为人在运行中的公共交通工具上盗窃，被发现后为抗拒抓捕又持凶器行凶，不仅侵犯了公民的财产权利、人

---

① 观点来源：最高人民法院刑事审判第一、二、三、四、五庭：《中国刑事审判指导案例（侵犯财产罪）》，法律出版社 2012 年版，第 40－43 页，王某清等为抗拒抓捕杀害警察案。

② 观点来源：最高人民法院刑事审判第一、二、三、四、五庭：《中国刑事审判指导案例（侵犯财产罪）》，法律出版社 2012 年版，第 123－125 页，穆某军抢劫案。

身权利，还严重扰乱了社会治安，使广大旅客对乘火车旅行产生极大的不安全感，行为本身足以反映了其社会危害性程度。如果要求以成立盗窃罪作为构成抢劫罪的前提条件，则由于盗窃罪以盗窃数额作为定罪量刑的主要依据，而本案没有盗窃到具体财物，盗窃数额无法确定，对抓捕人的伤害也没有达到构成故意伤害罪的程度，那么本案就难以按照犯罪处理。这显然与本案的社会危害性程度及法律规定不相符合。（2）在公共交通工具上盗窃，为抗拒抓捕而当场使用暴力，转化为抢劫罪后，应当认定为“在公共交通工具上抢劫”。根据《刑法》第二百六十九条的规定，盗窃转化为抢劫的关键在于行为人在实施盗窃行为过程中，为窝藏赃物、抗拒抓捕或者毁灭罪证当场使用暴力或者以暴力相威胁。是否在公共交通工具上盗窃，不是转化型抢劫罪的成立条件。对于“在公共交通工具上”盗窃，为窝藏赃物、抗拒抓捕或者毁灭罪证并“在公共交通工具上”当场使用暴力的，认定为“在公共交通工具上抢劫”，既没有违背抢劫加重犯的构成理论，也没有违反“禁止重复评价”原则。同时，由于公共交通工具是绝大多数公民的主要出行方式，也是国家鼓励的出行方式，在公共交通工具上盗窃，并为窝藏赃物、抗拒抓捕或者毁灭罪证当场使用暴力或者以暴力相威胁的，不仅使公民对乘公共交通工具出行产生极大的不安全感，还易引起社会的恐慌心理，具有严重的社会危害性，对该行为认定为“在公共交通工具上抢劫”，也符合罪刑相适应原则。

7. 如何认定抢劫致人死亡？①

分歧意见：第一种意见认为，被害人的死亡结果必须是抢劫行为直接造成的，才能认定抢劫致人死亡。

第二种意见认为，只要被害人的死亡与抢劫行为具有紧密、不中断的因果联系即可认定为抢劫致人死亡。

本书观点：同意第二种意见。理由如下：

（1）正确界定抢劫行为与抢劫对象死亡结果之间的关系是认定抢劫致人死亡的关键。通说认为，抢劫行为必须与被害人死亡结果之间具备因果关系不中断的条件下，即肯定抢劫对象的死亡与抢劫犯罪行为人的行为有刑法上的因果关系情况下，才能认定抢劫致人死亡情节成立。刑法意义上的因果关

---

① 观点来源：最高人民法院刑事审判第一、二、三、四、五庭：《中国刑事审判指导案例（侵犯财产罪）》，法律出版社2012年版，第190－193页，王某全抢劫案。

系，既要考虑行为与结果之间本身具有引起与被引起的原因关系（条件关系），又要考虑设立此项犯罪的立法初衷。在抢劫致人死亡中，抢劫行为与被害人死亡结果之间的因果关系具有特殊性。这种因果关系不限于直接、必然因果关系，也包括间接、偶然因果关系。抢劫致人死亡中的“致”，是招致、引起（后果）的含义，没有局限于直接造成，因此抢劫致人死亡，既可以解释为抢劫行为造成被害人死亡，也可以解释为因抢劫而招致被害人死亡。在抢劫中杀害被害人或过失致人死亡，抢劫行为与死亡结果之间具有直接、必然因果关系，毫无疑问应当认定抢劫致人死亡；在抢劫过程中，虽然并非抢劫行为直接导致被害人死亡，被害人死亡由多种因素造成，但抢劫行为是引起被害人死亡的主要原因，或者抢劫行为与死亡结果仅仅存在偶然因果关系，只要因果关系没有中断，仍然可以认定为抢劫致人死亡。反之，如果抢劫行为发生之后，由于其他因素的介入，严重导致被害人死亡，即抢劫行为与死亡结果的因果关系中断，则不应认定抢劫致人死亡。

（2）正确界定抢劫行为人对被害人死亡结果的罪过范围，是认定抢劫致人死亡的重要因素。抢劫致人死亡的主观心态不但包括故意而且包括过失。因此，只要有被害人死亡的后果出现，不论行为人主观是故意还是过失，均可以认定。根据2001年5月23日最高人民法院发布的《抢劫中故意杀人定罪批复》，在抢劫之前和抢劫过程中故意杀人的，以抢劫一罪认定，适用“抢劫致人死亡”的法定条款。对于抢劫行为过失致使被害人死亡的，由于抢劫的手段行为不能排除被害人死亡的后果，客观上又实现了获取财物的目的，根据罪刑法定原则，此种行为当然符合“抢劫致人死亡”的评价范围，应当依法予以适用。

8. 驾车行抢致人死亡的行为如何定性?[①]

分歧意见：第一种意见认为应定抢夺罪，且抢夺致人死亡属于“其他特别严重情节”，应对行为人以抢夺罪从重处罚。

第二种意见认为应定过失致人死亡罪。行为人以非法占有他人财物为目的实施抢夺行为，过失导致被害人死亡，由于抢取财物数额未达到最高人民法院抢夺罪的定罪标准，因此构成过失致人死亡罪。

---

① 观点来源：最高人民法院刑事审判第一、二、三、四、五庭：《中国刑事审判指导案例（侵犯财产罪）》，法律出版社2012年版，第129－133页，王某军、张某勇抢劫、盗窃案。

第三种意见认为应定故意杀人罪。行为人主观上能够预见到飞车行抢可能导致被害人伤亡的后果，对被害人的死亡二被告人是出于间接故意，且二被告人抢夺的数额较小不能构成抢夺罪，因此其行为应以故意杀人罪论处。

第四种意见认为应定抢劫罪。行为人明知双方都处于运动状态下实施强行劫取他人财物会造成被害人人身伤亡的后果，仍以非法占有财物为目的，实施该行为，其强力虽然是直接作用于被抢夺的财物，但不能说该强力没有对被害人的人身发生作用，其行为属于"其他方法抢劫公私财物"，侵犯的是公民人身权利和财产权利双重客体，故应按抢劫罪予以认定。

本书观点："飞车行抢"刑事案件，是行为人驾驶机动车辆（主要是摩托车）抢取财物刑事案件的通俗说法。对此类案件的定性，应该结合行为人的作案手段、作案环境、作案对象等情况具体分析行为人的主观罪过，分别定性。如果行为人对于伤亡后果的主观罪过是故意（包括直接故意和间接故意），应以抢劫罪定罪处罚。如果行为人对于伤亡后果的主观罪过是过失，以抢夺罪定罪处罚。如果过失造成了被害人重伤或者死亡，可以根据《刑法》第二百三十五条或者第二百三十三条的规定，分别以过失致人重伤罪或者过失致人死亡罪定罪处罚。

9. **以暴力、胁迫手段强迫他人借贷的，如何定性？**[①]

以暴力、胁迫手段强迫他人借贷，属于《刑法》第二百二十六条第二项规定的"强迫他人提供或者接受服务"，情节严重的，以强迫交易罪追究刑事责任；同时构成故意伤害罪等其他犯罪的，依照处罚较重的规定定罪处罚。以非法占有为目的，以借贷为名采用暴力、胁迫手段获取他人财物，符合《刑法》第二百六十三条或者第二百七十四条规定的，以抢劫罪或者敲诈勒索罪追究刑事责任。

10. **非法占有强迫他人卖血所得款物的，如何定性？**[②]

被告人以非法占有为目的，强迫被害人卖血后占有卖血所得款物的行为，构成抢劫罪；其间实施的非法剥夺被害人人身自由的行为，应作为抢劫罪从重处罚的情节予以考虑。

---

① 观点来源：《最高人民检察院关于强迫借贷行为适用法律问题的批复》（自2014年4月17日起施行）。

② 观点来源：《最高人民法院研究室关于对非法占有强迫他人卖血所得款物案件如何定性问题的意见函》（1995年10月23日）。

11. 飞车抢夺行为以抢劫罪定罪处罚的条件[①]

驾驶机动车、非机动车夺取他人财物，具有下列情形之一的，应当以抢劫罪定罪处罚：1. 夺取他人财物时因被害人不放手而强行夺取的；2. 驾驶车辆逼挤、撞击或者强行逼倒他人夺取财物的；3. 明知会致人伤亡仍然强行夺取并放任造成财物持有人轻伤以上后果的。

12. 被告人以殴打、捆绑、禁闭为手段，迫使被害人直接交出现金的行为，如何定性？[②]

根据《刑法》第二百六十三条的规定，被告人以殴打、捆绑、禁闭为手段非法拘禁被害人，并迫使被害人直接交出现金的行为，应按抢劫罪论处。

13. 如何认定抢劫犯罪的未遂？抢夺不成使用暴力劫得财物是认定为"转化型抢劫"，还是直接认定抢劫？[③]

（1）行为人劫得财物后为脱身而扔弃所劫财物的行为，应当认定为抢劫既遂。

根据《刑法》第二十三条第一款的规定，已经着手实行犯罪，由于犯罪分子意志以外的原因而未得逞的，是犯罪未遂。抢劫犯罪有没有未遂？如何判定抢劫的未遂？这在司法实践中是有争议的。第一种观点认为，没抢到钱就是未遂。第二种观点认为，抢劫罪侵犯的是复杂客体，既侵犯财产权利又侵犯人身权利，因此，不能单纯地以是否抢到钱为标准来判断抢劫罪的既遂、未遂问题。

本书支持第二种观点。因为如果行为人没有抢到钱，但却致被害人重伤或者死亡，定未遂，明显不符合情理，也不符合法理。《两抢意见》第十条明确规定，抢劫行为具备劫取财物或者造成他人轻伤以上后果两者之一的，均属抢劫既遂。而抢劫未遂的唯一条件就是：既未劫取财物，又未造成他人轻伤以上伤害后果的。

司法实践中，对是否造成他人轻伤以上伤害后果的认定，基本不成问题，主要依据伤情鉴定结论即可。但对于如何认定未劫取财物却容易出现认定不

---

① 观点来源：《最高人民法院、最高人民检察院关于办理抢夺刑事案件适用法律若干问题的解释》第六条。

② 观点来源：《最高人民法院公报》2005 年第 2 期，第 34 - 37 页，杨某营等人抢劫、绑架、寻衅滋事案。

③ 观点来源：张述元主编，最高人民法院刑四庭编著：《办理抢劫刑事案件指导全书》，法律出版社 2018 年版，第 311 - 314 页，周某伟抢劫案。

准确的现象。行为人采用暴力手段抢得财物后，被害人对该财物已经脱离了实际控制，而行为人却实际控制了该财物。此时又发生了周围群众对行为人进行抓捕的事实。由于抓捕因素的介入，使得对本案是既遂还是未遂的判断出现了分歧意见。因此，正确认定抓捕这一介入因素的性质，是本案认定为既遂还是未遂的关键。本书认为，群众抓捕发生的时间很重要。如果行为人尚未抢得被害人的财物，在抢的过程中，群众进行抓捕行为，被告人因抓捕事实的发生，选择了逃离而不再抢财物，那么，可以认定抢劫行为属于行为未终了的未遂。但是，群众抓捕发生在行为已经劫得了财物，也就是说行为人抢劫既遂在前，群众抓捕在后。因此，不能将行为人为了逃脱而扔弃已劫得的财物的行为认定为未劫得财物，而应当认定为行为人对所劫得财物的一种处置。

（2）抢夺不成继而使用暴力劫得财物的行为，应当直接认定为抢劫罪，直接适用《刑法》第二百六十三条规定定罪处罚。

对此问题，有两种意见。一种意见认为，应当认定抢夺后使用暴力因而转化为抢劫，另一种意见认为应当直接认定为抢劫，并直接适用《刑法》第二百六十三条规定定罪处罚，而不必也不能适用《刑法》第二百六十九条的规定，以转化型抢劫处理。

本书认为，《刑法》第二百六十九条的规定："犯盗窃、诈骗、抢夺罪，为窝藏赃物、抗拒抓捕或者毁灭罪证而当场使用暴力或者以暴力相威胁的，依照本法第二百六十三条的规定定罪处罚。"这就是《刑法》关于转化型抢劫的规定。据此可知，转化型抢劫是指行为人已经实行抢夺行为的情况下，为窝藏赃物、抗拒抓捕或者毁灭罪证而当场使用暴力或者以暴力相威胁。在转化型抢劫罪认定中，行为人的主观目的很重要，即使用暴力或者以暴力相威胁的目的是什么。行为人虽然已经实施了抢夺行为，但其之后的暴力行为并不是为了窝藏赃物、抗拒抓捕或者毁灭罪证，而是为了抢得被害人的财物。因此，其使用暴力的主观条件不符合转化型抢劫的主观要件。该暴力行为属于抢劫犯罪构成要件中的暴力手段，是抢劫犯罪客观方面的构成要件。在法律适用上，抢夺不成转而使用暴力抢劫，因而应当直接适用《刑法》第二百六十三条的规定，以抢劫罪定罪处罚，而不能先援引《刑法》第二百六十九条的规定认定转化型抢劫，继而适用《刑法》第二百六十三条规定以抢劫罪定罪处罚。至于行为人在以暴力抢劫之前的抢夺财物的行为，由于抢夺行为后来已经发展成为抢劫行为，因此，该抢夺行为已经被抢劫犯罪所吸收，不能另定抢夺罪实行数罪并罚。

14. 被告人以暴力手段实施抢劫，后又马上与被害人发生性关系，该暴力手段能否同时被评价为强奸犯罪的暴力手段？①

抢劫行为刚实施完毕，行为人又强行与被告人发生性关系的，应当认定为强奸行为，其抢劫时的暴力行为所形成的威慑力可以被评价为强奸犯罪的胁迫行为。

关于本案中被告人强行与被害人发生性关系，能否认定为其实施了强奸犯罪构成要件中的暴力或胁迫行为，存在不同意见。

第一种意见认为，被告人与被害人欲发生性关系并没有采取暴力行为，因而不构成强奸罪。理由是：不能将其之前抢劫行为的暴力手段作为强奸的暴力手段予以评价，否则有重复评价之嫌。

第二种意见认为，被告人的行为应当认定为强奸罪。理由如下：不能否认其在强行与被害人发生性关系之前的抢劫暴力行为在之后发生性关系中的作用。不能机械地认为只有被告人实施暴力、胁迫或者其他方法才是其强行发生性关系的行为。因为被告人在此之前实施抢劫犯罪时的一系列暴力行为，已经对被害人造成了巨大的精神恐惧。此时，被告人欲与被害人发生性关系，由于被害人基于相信被告人有继续实施暴力行为的能力和可能性的前提下，才任由被告人实施发生性关系的行为。也就是说，表面上，被告人的抢劫暴力行为已经暂告一段落，但是，暴力所形成的对被害人的威慑并未结束，甚至基于抢劫犯罪过程中被告人实施暴力的原因，被害人完全不能预料如果不任由被告人与其发生性关系，被告人是否还会实施暴力。因此，本质上，被告人是以抢劫行为对被害人造成的侵害和压制为胁迫而欲与被害人发生性关系，并且这种胁迫与被害人不得不任由被告人与其发生性关系之间存在事实上的因果关系，符合强奸罪中的“暴力、胁迫手段”的要求，构成强奸罪。强奸罪评价的是被告人另起强奸犯意之后的胁迫行为，而非单纯是之前的抢劫暴力行为，故不存在重复评价问题。

我们同意第二种意见。理由不再重复。

---

① 观点来源：张述元主编，最高人民法院刑四庭编著：《办理抢劫刑事案件指导全书》，法律出版社2018年版，第315－319页，林某抢劫案。

15. 持假手枪抢劫是否构成“持枪”抢劫?[①]

持假枪抢劫不构成“持枪抢劫”。

司法实践中，对于被告人持假手枪抢劫是否构成“持枪抢劫”有不同观点。一种观点认为，只要是持枪抢劫，不管是持假手枪还是真手枪，均能对被害人的精神起到威胁、恐吓的效果，故持假手枪抢劫也构成“持枪抢劫”。另一种观点认为，假手枪在客观上并不能对被害人造成实际伤害，故持假手枪抢劫不构成“持枪抢劫”。本书同意第二种观点，理由如下：

（1）符合相关法律和司法解释的规定。《抢劫解释》第五条规定，《刑法》第二百六十三条第七项规定的“持枪抢劫”，是指行为人使用枪支或者向被害人显示持有、佩带的枪支进行抢劫的行为。“枪支”的概念和范围，适用《枪支管理法》的规定。《枪支管理法》第四十六条规定，本法所称枪支，是指以火药或者压缩气体等为动力，利用管状器具发射金属弹丸或者其他物质，足以致人死亡或者丧失知觉的各种枪支。据此，司法实践中解释枪支的概念时，应以法律的明文规定为准，不得违背法律精神任意扩张解释。

（2）符合罪责刑相适应的原则。从行为人主观上看，持假枪抢劫的行为人主观上认识到自己所持的是假枪而非真枪，恶性要小于持真枪抢劫的行为人。持真枪实施抢劫的行为人，往往具有较大的主观恶性，希望或者放任他人生命安全遭受严重损害的危害后果发生，而持假枪实施抢劫的行为人，本身选择使用对人体安全不具有杀伤力的假枪，就说明其并没有致他人重伤、死亡的主观意图，而仅希望借助与真枪外形相似的假枪达到欺骗和恐吓被害人，以利于实现劫取他人财物的目的。此种主观心理状态与为达到劫取他人财物的目的、不惜使用枪支射杀他人的主观心态，具有极大区别。从客观危害上看，对于使用仿真枪或其他假枪等进行抢劫的，虽然客观上也能起到对被害人进行精神强制的作用，但仿真枪或其他假枪毕竟不是“真枪实弹”，行为人在客观上不可能借助枪支对被害人造成实际的人身伤害，其危害性要远远小于使用真枪。持假枪抢劫，对被害人和周围群众的生命安全并不构成现实的威胁，与普通抢劫并无不同。“持枪抢劫”作为抢劫罪加重处罚的一种严重情节，与“抢劫致人重伤、死亡”等情节同处一个量刑幅度，其本质应在

---

① 观点来源：张述元主编，最高人民法院刑四庭编著：《办理抢劫刑事案件指导全书》，法律出版社 2018 年版，第 320－322 页，唐某胜抢劫案。

于具有对被害人的生命、健康权益严重损害的可能性。而持假枪抢劫显然不会造成如此严重的客观危害后果，故不应认定为“持枪抢劫”。

因此，使用仿真枪或其他假枪抢劫的，不能适用“持枪抢劫”的规定。

16. 转化型抢劫是否存在未遂状态？①

转化型抢劫不存在未遂的犯罪形态。

理论界对转化型抢劫是否存在未遂形态一直争论不休。司法实践中，也存在转化型抢劫存在未遂形态的观点，其依据是《两抢意见》第十条的规定，“既未劫取财物，又未造成他人人身伤害后果的，属抢劫未遂”。我们认为，该规定只解决了一般抢劫犯罪的既未遂问题，并未解决转化型抢劫的既未遂问题。转化型抢劫罪是一种独立的犯罪形态，作为法律拟制的转化犯，其犯罪构成要件不同于一般抢劫罪，并不存在因犯罪分子意志以外的原因而未得逞的情形，只要发生转化即应为既遂，并不存在未遂形态。主要理由是：（1）从犯罪未遂形态的构成理论分析，转化型抢劫罪不应存在未遂形态。《刑法》第二十三条规定：“已经着手实行犯罪，由于犯罪分子意志以外的原因而未得逞的，是犯罪未遂。”这里的“未得逞”应理解为犯罪行为没有具备刑法分则条文规定的全部构成要件。结合《两抢意见》第十条规定，刑法对抢劫罪既遂的构成要件的规定为：抢劫罪的客体为复杂客体，即仅侵犯了公私财产的所有权，同时也侵犯了被害人的人身权利。《两抢意见》第十条只是对普通抢劫罪认定既遂、未遂提供了标准，并没有对转化型抢劫罪以何种标准确定既遂与未遂作出规定。转化型抢劫罪作为法律拟制的犯罪行为与抢劫罪是一般与特殊的关系，《刑法》及司法解释均没有规定转化型抢劫罪存在未遂形态，作为抢劫罪的特殊形式，法律只是对行为的性质作出规定，并没有对行为的结果作出要求，不能将第十条针对普通抢劫罪的未遂规定延伸做出适用转化型抢劫罪，也不能以此得出转化型抢劫存在未遂形态的结论。（2）从犯罪构成可知转化后的抢劫不存在未遂。根据《刑法》第二百六十九条的规定，认定转化的抢劫罪必须具备三个条件：第一，前提条件是必须实行盗窃、诈骗、抢夺行为，不论取得财物数额的大小，都存在转化为抢劫罪的可能；第二，行为人在实行盗窃、诈骗、抢夺行为后，还必须当场使用暴力或以暴力

---

① 观点来源：张述元主编，最高人民法院刑四庭编著：《办理抢劫刑事案件指导全书》，法律出版社 2018 年版，第 323－331 页，徐某荣抢劫案。

相威胁，强调“当场”性；第三，行为人使用暴力或者以暴力相威胁的目的是为窝藏赃物，抗拒抓捕或者毁灭罪证。“使用暴力或者以暴力相威胁”，其中的“暴力”，可以理解为足以抑制他人反抗，而并不要求实际上已经抑制了他人的反抗，同时转化的抢劫亦存在例外情形，即盗窃、诈骗、抢夺行为，虽然未达到财物“数额较大的标准”，但情节严重的，如盗窃、诈骗、抢夺接近“数额较大”标准的、入户或在公共交通工具上盗窃、诈骗、抢夺后在户外或交通工具外实施上述行为的、使用暴力致人轻微伤以上后果的、使用凶器相威胁的等情形，也以抢劫罪论处。这说明即使行为人的“暴力”程度未达到足以抑制他人反抗，也没有造成轻伤以上的伤害后果，也不论是否实际控制财物，并且这种暴力或以暴力相威胁的行为具有当场性，在转化动作完成的一瞬间即完成了转化型抢劫的构成要件，达到了既遂形态。行为的转化过程，只要求行为人具备犯前三罪的故意并着手实行了为窝藏赃物、抗拒抓捕、毁灭罪证使用暴力或以暴力相威胁的行为，即应视为其转化行为实行完毕，并不存在未遂形态。（3）不能从量刑的角度考虑认为转化型抢劫罪存在未遂形态。有一种观点认为：转化型抢劫较一开始就意图抢劫的标准抢劫犯罪而言，其主观恶性和人身危险程度较低，其处罚也应较有相同情节的标准抢劫犯罪为轻。所以将既未劫取财物，也未造成人身伤害后果的，应判定为转化型抢劫罪的未遂。我们认为，转化型抢劫罪是一种法律拟制化的罪名，是抢劫罪的一种特殊形式，应与一般抢劫有所区别。《两抢意见》已明确转化的抢劫要么就是抢劫既遂，要么就是“不认为是犯罪”这样两种结果。相应地，从量刑角度，如果认定为既遂，依法应处以三年以上有期徒刑，而“不认为是犯罪”则不需要科处刑罚。因此，不能因为从量刑考虑就要牵强地认为转化型抢劫存在未遂形态而从轻或减轻处罚，这有悖于罪刑相适应原则，有失法律的公正性。

17. 在公交车上盗窃被发现，下车后以暴力抗拒抓捕的，能否认定为抢劫？能否认定为在公共交通工具上抢劫？①

分歧意见：第一种意见认为，周某在公交车上盗窃，而下车后才用随身携带的折叠刀威胁并划伤被害人，不属于“当场使用暴力或者以暴力相威

---

① 观点来源：张述元主编，最高人民法院刑四庭编著：《办理抢劫刑事案件指导全书》，法律出版社 2018 年版，第 337－341 页，周某抢劫案。

胁”，不构成转化型抢劫。第二种意见认为，周某在公交车上盗窃时即被被害人发现，下车后在被被害人追捕过程中又持刀威胁并划伤被害人，仍属于“当场使用暴力或者以暴力相威胁”，其行为构成抢劫罪（转化型抢劫），但不认定为“在公共交通工具上抢劫”。

本书观点：同意第二种意见，理由如下：

（1）本案能够认定为转化型抢劫

①符合转化型抢劫的成立条件。我国《刑法》第二百六十九条规定：“犯盗窃、诈骗、抢夺罪，为窝藏赃物、抗拒抓捕或者毁灭罪证而当场使用暴力或者以暴力相威胁的，依照本法第二百六十三条的规定定罪处罚。”据此，转化型抢劫罪是指行为人先行实行盗窃、诈骗、抢夺行为，由于发生法定事由，行为性质发生了变化，最终以抢劫罪定罪处罚的情况。

其中“犯盗窃、诈骗、抢夺罪”，是指行为人有实施盗窃、诈骗、抢夺的故意，并已经着手实施，行为人的盗窃、诈骗、抢夺行为是否属于既遂，所盗窃、诈骗、抢夺的财物是否达到“数额较大”，不是“犯盗窃、诈骗、抢夺罪”的必备条件。本案中，被告人周某用剪刀把被害人付某某裤子左后边荷包剪坏，说明其已经着手实施盗窃，周某是否将裤包内现金人民币255元盗走，实际控制和占有这255元，即该盗窃行为是否既遂，不影响本条件的成立，盗窃数额没有达到“数额较大”的标准，也不影响本条件的成立。

“为窝藏赃物、抗拒抓捕或者毁灭罪证”，这是行为人构成转化型抢劫的主观条件。窝藏赃物、抗拒抓捕和毁灭罪证这三种情形，具备至少其中一种即可。所谓“窝藏赃物”，是指为保护已经到手的赃物不被追回，也即转移、隐匿盗窃、诈骗、抢夺所得到的公私财物的行为。所谓“抓捕”，既包括司法机关依法对犯罪分子采取的拘留、逮捕等强制措施，也包括公民（含被害人）的抓获、扭送等。所谓“毁灭罪证”，是指犯罪分子为逃避罪责，湮灭作案现场遗留的痕迹、物品以及销毁可以证明其罪行的各种证据，包括杀害被害人以灭口。如果行为人不是出于上述目的而实施暴力或以暴力相威胁行为，就不能按转化型抢劫罪论处。

“当场使用暴力或者以暴力相威胁。”《抢劫意见》规定，“当场”，是指在盗窃、诈骗、抢夺的现场以及行为人刚离开现场即被他人发现并抓捕的情形。认定“当场”，是认定转化型抢劫罪的一个根本性问题，界定“当场”既不能过于狭窄，如仅限于犯罪现场；也不能过于宽泛，如行为人离开现场一段时间和距离后才被发现就不宜认定为“当场”。认定“当场”应当允许时空上有一定的延展性，包括实施盗窃、诈骗、抢夺行为的现场，也包括行为人刚离开现场就被发觉而立即被追捕的场所。如果犯罪分子在逃离现场时被人发现，在受到追捕或者围堵的情况下使用暴力的，也应认定为当场使用暴力。行为人的盗窃现场虽然在公交车上，但其盗窃时已被发现，被害人的抓捕行为从公交车上一直延续至公交车下，周某在此过程中实施的暴力和以暴力相威胁行为应当属于前述转化型抢劫所要求的“当场”，应认定为“当场使用暴力或者以暴力相威胁”。

②符合司法解释的规定。《两抢意见》关于转化型抢劫的规定为：行为人实施盗窃、诈骗、抢夺行为，未达到“数额较大”，为窝藏赃物、抗拒抓捕或者毁灭罪证当场使用暴力或者以暴力相威胁，情节较轻、危害不大的，一般不以犯罪论处；但具有下列情节之一的，可依照《刑法》第二百六十九条的规定，以抢劫罪定罪处罚：（1）盗窃、诈骗、抢夺接近“数额较大”标准的；（2）入户或在公共交通工具上盗窃、诈骗、抢夺后在户外或交通工具外实施上述行为的；（3）使用暴力致人轻微伤以上后果的；（4）使用凶器或以凶器相威胁的；（5）具有其他严重情节的。盗窃行为发生在公共交通工具上，盗窃后在交通工具外使用暴力抗拒抓捕，即使盗窃数额未达到“数额较大”，也仍构成转化型抢劫。

（2）此种情形下不宜认定为“在公共交通工具上抢劫”

①违反“禁止重复评价”原则，亦违背抢劫加重犯的构成理论。如前所述，《两抢意见》规定，行为人实施盗窃、诈骗、抢夺行为，未达到“数额较大”，为窝藏赃物、抗拒抓捕或者毁灭罪证当场使用暴力或者以暴力相威胁，情节较轻、危害不大的，一般不以犯罪论处。之所以以抢劫罪论处，正是考虑了其在公共交通工具上盗窃这一情节，即在抢劫罪犯罪构成时已对其在公共交通工具上作案这一因素进行了评价，如果再认定行为人在公共交通工具上抢劫，就是对这一因素的重复评价，违反禁止重复评价的基本原则。同时，抢劫加重犯的构成是在构成抢劫罪的基础上还存在其他加重情节，行为人在公共交通工具上作案的因素作为其构成抢劫罪的因素进行了评价，则其抢劫罪没有其他加重处罚情节，因此认定周某“在公共交通工具上抢劫”也违反了抢劫加重犯的构成理论。

②不符合司法解释的规定。《抢劫意见》规定，入户或者在公共交通工具

上盗窃、诈骗、抢夺后，为了窝藏赃物、抗拒抓捕或者毁灭罪证，在户内或者公共交通工具上当场使用暴力或者以暴力相威胁的，构成“入户抢劫”或者“在公共交通工具上抢劫”。因此，只有在公共交通工具上当场使用暴力或以暴力相威胁的，才构成在公共交通工具上抢劫，本案中，周某是在下车以后使用暴力及以暴力相威胁，不能认定为“在公共交通工具上抢劫”。

19. 盗窃后持枪抗拒抓捕的行为是否应认定为“持枪抢劫”？①

盗窃后持枪抗拒抓捕的行为应认定为“持枪抢劫”。

《抢劫解释》第五条规定：“刑法第二百六十三条第（七）项规定的‘持枪抢劫’，是指行为人使用枪支或者向被害人显示持有、佩带的枪支进行抢劫的行为。”对盗窃后持枪抗拒抓捕的行为，应当依照《刑法》第二百六十九条之规定，以“当场使用暴力”论，认定为转化型抢劫，这一点是没有争议的。但是应否认定为“持枪抢劫”，理论界和司法实务中都有两种不同意见。第一种意见认为，不应认定为“持枪抢劫”，主要理由是：持枪行为是转化型抢劫成立的标志，即持枪行为已经在构成抢劫罪的过程中予以评价，如认定为持枪抢劫，则违反禁止重复评价原则。第二种意见认为应当依照《刑法》第二百六十三条第七项之规定，认定为持枪抢劫。我们同意第二种意见。主要理由是：

（1）符合刑法立法原意和罪刑相适应原则

对行为人行为的评价，要以法律规定为基础，结合行为人的主观恶性、人身危险性和其行为的社会危害性，进行充分考虑，实现罪责刑相适应。《刑法》第二百六十三条将“持枪抢劫”作为抢劫罪的加重处罚情节，原因是该行为侵犯了多重客体，既侵犯了他人的人身和生命安全，也侵犯了国家对枪支的正常管理秩序，尤其是枪支比刀具、棍棒等工具具有更大的威慑力和杀伤力，对他人的人身、生命安全危害更大，严重危及社会公共安全，故持枪抢劫犯罪行为人的主观恶性和人身危险性显然要大于普通的抢劫犯罪。在转化型抢劫犯罪中，尽管行为人之前并未使用枪支，但其为了窝藏赃物、抗拒抓捕、毁灭罪证而使用枪支，同样具有“持枪抢劫”所特有的危害性。行为人实施盗窃时携带国家明令管制的枪支、为抗拒抓捕而使用枪支，其社会危

① 观点来源：张述元主编，最高人民法院刑四庭编著：《办理抢劫刑事案件指导全书》，法律出版社2018年版，第341－348页，宁某抢劫案。

害性较普通盗窃后临时起意使用暴力抗拒抓捕更大，对公众的社会安全信赖感也会造成较大的伤害，如不以“持枪抢劫”论处，则无疑放纵了行为人对国家枪支管理正常秩序的侵犯，适用一般抢劫行为的法定刑也难以实现罪刑均衡。

同时，是否“持枪”（“入户”“在公共交通工具上”等）盗窃，不是转化型抢劫罪的成立条件。只要盗窃被发现后，为窝藏赃物、抗拒抓捕或者毁灭罪证并当场使用暴力的，就构成转化型抢劫罪，而持枪抗拒抓捕的，认定为“持枪抢劫”，并不违背抢劫加重犯的构成理论。

（2）符合司法解释的精神

《抢劫解释》第一条第二款规定，“对于入户盗窃，因被发现而当场使用暴力或者以暴力相威胁的行为，应当认定为入户抢劫”。据此，行为人入户盗窃、抢夺、诈骗，无论是否已得逞，也无论其实施暴力或者以暴力相威胁是为了劫取财物还是为了窝藏赃物、抗拒抓捕或者毁灭罪证，都应当认定为“入户抢劫”。《抢劫意见》也规定，入户或者在公共交通工具上盗窃、诈骗、抢夺后，为了窝藏赃物、抗拒抓捕或者毁灭罪证，在户内或者公共交通工具上当场使用暴力或者以暴力相威胁的，构成“入户抢劫”或者“在公共交通工具上抢劫”。

从这两个司法解释的精神来看，对于“入户盗窃”或者“在公共交通工具上盗窃”被发现后而当场使用暴力或者以暴力相威胁的行为，均认定为构成“入户抢劫”或者“在公共交通工具上抢劫”。“持枪抢劫”与“入户抢劫”或者“在公共交通工具上抢劫”均是《刑法》规定的加重处罚情节之一，三者的法律地位与法律效果相当，故上述司法解释的规定对“持枪抢劫”的认定是有参考意义的。参照这两个司法解释的精神，对“持枪”盗窃被发现后，持枪抗拒抓捕的行为也应认定为“持枪抢劫”。

（3）转化型抢劫犯罪各阶段的行为具有整体性，不能单独割裂开来

行为人事先携带枪支实施盗窃，被发现后为抗拒抓捕而使用枪支，其使用枪支的行为是与其先前盗窃行为相牵连的，使用枪支是其为抗拒抓捕而采用的手段，也是对其之前所实施的盗窃行为的延续，作为转化型抢劫犯罪的实行行为，该行为理所当然包含在抢劫行为的整体之中，并被已转化完成的抢劫罪所吸收。行为人盗窃时随身携带枪支，其主观目的显然已经概括地包含了确保顺利取得财物并逃离现场的意图，因此，虽然行为人只是在抗拒抓

捕时使用了枪支，但仍然应认定为“持枪抢劫”。

（4）认定为“持枪抢劫”不违反禁止重复评价原则

我国《刑法》并未明确规定禁止重复评价原则，但其精神也蕴含在罪刑法定原则和罪刑相适应原则之中，这一原则也是现代法治理念的体现。认定行为人的行为构成“持枪抢劫”是否违反禁止重复评价原则，关键是如何理解定罪情节与量刑情节的关系。

在刑法理论上，一般把基本犯罪构成事实称为定罪事实（也称为定罪情节），定罪事实（情节）以外的，与行为人或其犯罪行为密切相关的，表明行为社会危害性和行为人人身危险性，并决定是否适用刑罚或处刑轻重的各种具体事实情况，统称为量刑情节。定罪情节与量刑情节关系复杂，二者在功能上具有一定的交叉重合关系，即某一犯罪情节在某种情况下可能既是定罪情节也是量刑情节。如被告人盗窃的数额刚刚达到较大的标准，依法应当对被告人进行定罪处刑，在这种情节下，盗窃数额较大既是定罪情节又是量刑情节；又如《刑法》第二百三十七条第三款规定“猥亵儿童的，依照前两款的规定从重处罚”（猥亵儿童罪）。上述情况中，某些犯罪事实既是定罪情节，又是量刑情节，对其两次适用并不属于重复评价。对这些定罪情节与量刑情节有交叉或重合的情况，刑法评价时侧重点是不同的，作为定罪情节时，注重该事实的基本方面，着眼于事实是否满足具体犯罪的构成要件作为量刑情节时，注重该事实的特殊性，着眼于该事实的具体事实内容即细节情况。

作为定罪情节，对“持枪抗拒抓捕”评价的重点是行为人是否使用暴力；作为量刑情节，对“持枪抗拒抓捕”评价的重点是持枪行为本身，即行为人暴力的程度及其对国家枪支管理正常秩序的侵犯程度。故虽为同一事实，但作为定罪情节和量刑情节，评价的重点不一样，作为该事实起作用的具体部分而言，均只被评价一次，不存在重复评价问题。

20. 携带凶器抢夺被发现后，为抗拒抓捕当场使用暴力的应如何适用法律？[①]

分歧观点：第一种观点认为，该行为属于为抗拒抓捕而以暴力相威胁，构成转化型抢劫，应适用《刑法》第二百六十九条关于“犯盗窃、诈骗、抢

---

① 观点来源：张述元主编，最高人民法院刑四庭编著：《办理抢劫刑事案件指导全书》，法律出版社 2018 年版，第 354－356 页，周某政抢劫案。

夺罪，为窝藏赃物、抗拒抓捕或者毁灭罪证而当场使用暴力或者以暴力相威胁的，依照本法第二百六十三条的规定定罪处罚”的规定。

第二种观点认为，应适用《刑法》第二百六十七条第二款关于“携带凶器抢夺的，依照本法第二百六十三条的规定定罪处罚”的规定认定为抢劫罪。

本书观点：同意第二种观点，即此类行为应当适用《刑法》第二百六十七条第二款的规定，理由主要是：

（1）本案符合“携带凶器抢夺”的情形

“携带凶器抢夺”是从一般“抢夺”中剥离出来进行特别规定的一种法律拟制。其基础行为虽是抢夺，但是行为人携带凶器抢夺的行为本身包含了暴力、威胁方法夺取财物，不仅对财物而且对被害人的人身形成威胁，故法律将其拟制规定为抢劫罪。也就是说，携带凶器抢夺的行为，虽具有抢夺的表象，实为抢劫的本质，故以抢劫罪定罪处罚。需要注意的是，构成“携带凶器抢夺”的前提条件是，行为人仅携带了凶器而未显露或者使用凶器，如果行为人在抢夺过程中使用或者出示了凶器，如将随身携带的凶器有意加以显示、能为被害人察觉到的，此种情况下，行为人主观上已经具有以暴力相威胁劫取他人财物的故意，客观上也已经实施了以暴力相威胁劫取他人财物的行为，完全符合抢劫罪的特征，应直接适用《刑法》第二百六十三条，以抢劫罪定罪处罚。

（2）对于认定为“携带凶器抢夺”的行为不再适用转化型抢劫的规定

对于行为人携带凶器抢夺后，为了窝藏赃物、抗拒抓捕或者毁灭罪证，当场使用携带的凶器实施暴力或者以暴力相威胁的，该行为在本质上也符合转化型抢劫的规定，但是由于“携带凶器抢夺”本身已经被评价为抢劫罪，对于后续当场使用携带的凶器实施暴力或者以暴力相威胁的行为，就不存在转化抢劫的问题了。换个角度讲，成立转化型抢劫罪的前提条件是“犯盗窃、诈骗、抢夺罪”，既然《刑法》已经将“携带凶器抢夺”拟制为抢劫罪，则携带凶器抢夺行为不再是“犯抢夺罪”，而是犯抢劫罪，不存在转化抢劫的前提。这样理解与相关司法解释的规定也是一致的。最高人民法院《两抢意见》第四条规定，行为人携带凶器抢夺后，在逃跑过程中为窝藏赃物、抗拒抓捕或者毁灭罪证而当场使用暴力或者以暴力相威胁的，适用《刑法》第二百六十七条第二款的规定定罪处罚。

21. 如何界定“打砸抢”行为构成抢劫罪的条件?[①]

《刑法》第二百八十九条规定，聚众“打砸抢”，致人伤残、死亡的，依照本法第二百三十四条、第二百三十二条的规定定罪处罚。毁坏或者抢走公私财物的，除判令退赔外，对首要分子，依照本法第二百六十三条的规定定罪处罚。（1979 年《刑法》第一百三十七条第一款规定：严禁聚众“打砸抢”。因“打砸抢”致人伤残、死亡的，以伤害罪、杀人罪论处。毁坏或者抢走公私财物的，除判令退赔外，首要分子以抢劫罪论处。）这条规定明确了聚众“打砸抢”行为拟制为抢劫罪的情形。

“打砸抢”一词从其含义看，是指随意打人，砸坏东西，抢夺文件、物品，制造混乱的行为。对聚众“打砸抢”这种拟制型抢劫罪而言，其与一般抢劫罪在构成特征上既有相同之处，也存在差异。相同之处在于：两罪侵犯的都是复杂客体，既侵犯了他人人身安全，也侵犯了他人财产权；客观上都存在暴力行为，在聚众“打砸抢”这种拟制型抢劫罪中，行为人虽不一定直接对他人人身实施强制，但包含故意毁坏财物的“打砸抢”行为对于他人人身权利的威胁是显而易见的，如果缺乏这种侵害，就不应该成立拟制型抢劫罪，而应当依照《刑法》第二百七十五条规定的故意毁坏财物罪定罪处罚。不同之处在于：一般抢劫罪没有参加人数的要求，而聚众“打砸抢”，必须是聚众三人以上实施，一般是对首要分子定罪；一般抢劫罪中的暴力、胁迫行为针对被害人人身，而聚众“打砸抢”一般不直接对他人人身实施强制；一般抢劫罪要求行为人以非法占有为目的，而聚众“打砸抢”中，行为人主观上没有非法占有目的；客观行为上，聚众“打砸抢”一般以毁坏财物为主，如果行为人打砸抢时，目的就是抢走他人财物，则显然不属于本条规定的情形，而应直接引用《刑法》第二百六十三条规定，认定为抢劫罪。

在司法实践中，对聚众“打砸抢”行为以抢劫罪定罪处罚，一般必须具备以下条件：（1）行为人必须具有聚众打砸抢的行为。（2）行为人的主观故意内容是打砸抢，其犯罪目的并不是以非法占有为目的。（3）首要分子或者参与者实施了毁坏财物或者抢走财物的行为。首要分子一般是指在犯罪集团或聚众犯罪中起组织、策划、指挥作用的犯罪分子，对本罪而言，就是组织、

---

① 观点来源：张述元主编，最高人民法院刑四庭编著：《办理抢劫刑事案件指导全书》，法律出版社 2018 年版，第 357－360 页，张某甲抢劫案。

指挥、策划者，对整个犯罪过程的整体性、一致性起协调作用的行为人。(4) 处罚的对象是首要分子，而不是所有参与人员。(5) 以抢劫罪定罪处罚，必须援引本条后再转引《刑法》第二百六十三条，也就是说，并不是行为人的行为直接构成抢劫罪，而是法律拟制以抢劫罪定罪处罚。法院判决中，还必须判决退赔。这也是与一般抢劫犯罪案件不同的地方。

22. 被告人将未成年人作为人质，逼迫其亲属当场交付财物的行为如何定罪?①

分歧意见：第一种观点认为，被告人将未成年人作为人质，向在案发现场的未成年人亲属索要财物，其亲属当场给付财物，被告人当场获取财物。因被告人劫取财物系在同一时间、同一地点，具有抢劫罪“当场性”的特征，其行为构成抢劫罪。

第二种观点认为，被告人将小孩作为人质，逼迫人质以外的人交付财物，恰好人质的亲属带有现金，满足了被告人的要求，所以是“当场”交付财物。但行为手段是否具有“当场性”不是区分抢劫罪与绑架罪的标准，应以被告人胁迫的对象是被其控制而失去人身自由的人质还是人质之外的第三人来认定，如果是前者，就构成抢劫罪；如果是后者，则构成绑架罪。被告人以勒索财物为目的，将小孩作为人质，胁迫在场的人质亲属交付财物，人质的亲属为避免被告人对人质造成伤害而给付被告人财物，其行为应构成绑架罪。

本书观点：同意第一种观点。

根据我国《刑法》第二百三十九条之规定，绑架罪是指利用被绑架人的近亲属或者其他人对被绑架人安危的忧虑，以勒索财物或者满足其他不法要求为目的，使用暴力、胁迫或者麻醉方法劫持或以实力控制他人的行为。抢劫罪与绑架罪在犯罪手段、犯罪客体等方面都较为相似，两罪都侵犯了公民的人身、财产客体，都有暴力、胁迫等行为，在最高刑上都有死刑等。司法实践中，由于犯罪分子犯罪手法的变化，特别是在犯罪分子主观上抢劫、绑架的动机并不十分清晰的情况下，绑架罪与抢劫罪容易发生混淆。为此《两抢意见》规定：绑架罪是侵害他人人身自由权利的犯罪，其与抢劫罪的区别在于：第一，主观方面不尽相同。抢劫罪中，行为人一般出于非法占有他人

---

① 观点来源：张述元主编，最高人民法院刑四庭编著：《办理抢劫刑事案件指导全书》，法律出版社 2018 年版，第 372－378 页，马某某绑架案。

财物的故意实施抢劫行为。绑架罪中，行为人既可能为勒索他人财物而实施绑架行为，也可能出于其他非经济目的实施绑架行为。第二，行为手段不尽相同。抢劫罪表现为行为人劫取财物一般应在同一时间、同一地点，具有“当场性”。绑架罪表现为行为人以杀害、伤害等方式向被绑架人的亲属或其他人或单位发出威胁，索取赎金或提出其他非法要求，劫取财物一般不具有“当场性”。

根据《两抢意见》的上述规定，我们认为，区分抢劫罪与勒索财物型绑架罪的关键有五点：

第一，在犯罪客体上。虽然两罪侵犯的都是复杂客体，但从两罪分别位于刑法分则中侵犯公民人身权利罪与侵犯财产罪的章节中可以看出，抢劫罪是以财产客体为主、以生命、健康利益客体为辅；绑架罪是以生命、健康客体为主，以财产客体为辅，同时还有其他非财产客体如政治、军事等权益。两罪所针对的犯罪对象有重大区别。抢劫罪一般是当面向被害人提出劫财要求，针对的是被害人自身的财物，且当场获取财物，提出财物要求的对象是被害人本人，并不涉及其他被害人角色。如果行为人绑架他人是为了直接向被绑架人索取财物，则不构成绑架罪，而应认定为抢劫罪。而绑架罪索要财物的对象是被害人之外的第三人，范围往往是被害人的亲属、朋友等关系较为密切的人，利用的是第三人对被害人人身安危的担忧心理勒索其钱财。这是两罪区分的关键。

第二，在客观方面上。虽然两罪都有暴力行为和目的行为，但存在区别。从暴力行为上来看，绑架罪的暴力行为除了具有生命健康损害性，还需要具有强制性，要控制被害人的行动自由；而抢劫罪的暴力行为一般只有对生命健康的损害性。当然，这并不绝对。如实务中经常存在的绑架抢劫的情形。两罪均对被害人的人身自由与安全造成严重的危害，但对被害人人身自由的控制程度有所不同。绑架罪在客观方面须表现为采用强制手段控制被害人的人身，由于控制人身的目的在于向第三方强索财物，因而需要一定的时间长度。绑架犯罪不可能像抢劫犯罪那样具有实施暴力、强制手段的即时性特点，当然，这种时间长度也不必然要求达到若干小时、若干天的程度，参照人们对控制时间的通常判断为标准即可。抢劫罪客观上通常实施得较为迅即，犯罪分子往往乘被害人不备之际实施暴力、胁迫等强制行为排除被害人的反抗，目的在于迅速获得被害人携带的财物。

第三，在犯罪手段上。两罪不尽相同。抢劫罪是当场使用暴力、胁迫或者其他方法将财物劫走；绑架罪则以暴力、胁迫或者其他方法劫持他人，而后向被绑架人的亲属勒索财物或者向有关方面提出非法要求。两罪对被害人人身自由的控制程度不同。

第四，在主观方面上。两罪的主观方面内容不完全相同。抢劫罪以非法占有他人财物为目的，绑架罪有的以勒索财物为目的，有的以扣押人质或者满足非法要求为目的。

第五，在犯罪主体上。抢劫罪包括事后抢劫的主体要求是十四周岁以上具有刑事责任能力的自然人，而绑架罪的主体要求是十六周岁以上具有刑事责任能力的自然人。

一般而言，抢劫罪客观行为方式的特征在于抢劫行为的当场性和即时性。行为人须对财物的所有者或保管者当场使用暴力、胁迫或者其他对人身构成强制的方法，当场抢走财物或者迫使被害人立即交出财物。这种当场性也是抢劫罪区别于敲诈勒索罪和绑架罪的本质特征。在抢劫犯罪中，行为人应当是以立即实施暴力相威胁，迫使他人当场交出财物，因此有的学者就认为抢劫罪与绑架罪的行为方式没有本质区别，而抢劫罪与绑架犯罪的唯一区别在于，行为人取得财物行为的当场性，也就是抢劫罪是当场立即获得被害人的财物。我们认为，这种观点不妥，会不当地缩小抢劫罪的范围，同时也会使某些行为无法入罪。此处的“当场性”不可作过于狭窄的理解，暴力、胁迫或者其他方法与取得财物之间虽然间隔一定时间，也不属于同一具体场所的，仍有可能认定为当场取得财物。例如，当前财物电子化、凭证化成为经济社会的主流趋势，当犯罪分子以暴力、胁迫等强制手段为后盾，逼迫被害人将财物的电子化、凭证化载体带至特定场所，例如银行、网吧等，将财物予以货币化或将钱款通过网络转至犯罪分子控制的账户的，仍应认定为抢劫罪。实践中还有很多案件的受害人没有随身携带大量的款物，而行为人意图劫取数量较大的财物，会通过让被害人直接联系亲属这样一种方式来达到取财目的。被害人亲属交给被害人的财物本身也属于被害人本人所有，径直从被害人账户取走钱财或取走被害人间接控制的财物，都应该算作当场取财行为，均应认定为抢劫罪。

因此，绑架罪中存在以勒索财物为目的而绑架他人的情形，而抢劫罪中的暴力也可能形似绑架。在行为人绑架被害人后向他人当面索要财物的情形下，需要判断被害人与第三人当时所处的状态。如果被害人与第三人同行，或者同在一室，行为人突然将凶器对准被害人，迫使第三人交付财物的，宜认定为抢劫罪。因为此种情况下交付财物的虽为第三人，但其与被害人处于同一场合，不具备绑架罪所要求的“非当场性”“非当面性”。被实施暴力胁迫的人和交付财物的人空间距离很近，对于暴力胁迫和财物的交付之间应当作整体评价，更符合抢劫罪实施暴力胁迫后“当场”强取财物的构成要件特征。所以在抢劫罪中，被实施暴力胁迫的人和交付财物的人完全可以是不同的人，如在商场中持枪恐吓保安，命令收银员给钱，应当成立抢劫罪而非绑架罪。如果行为人使用暴力将甲带离现场，以实力支配了甲，将甲作为人质，向乙勒索财物的，则成立绑架罪。①

情景中，被告人的行为均不具备绑架罪的特征：（1）对未成年人的人身控制程度达不到绑架罪要求的程度；相反，其控制未成年人的手段符合抢劫罪的即时性特点，立即控制后当场获得钱财，随即放开。（2）被告人控制了未成年人后，向其亲属索要钱财，表面上看似乎符合绑架罪向第三人勒索钱财的行为特征，但实际上被控制的未成年人与其亲属一直同行，处在同一空间内，马某某没有将未成年人带离单独控制，不具备绑架罪所要求的“非当场性”“非当面性”，而恰恰符合抢劫罪“当场性”的特征。

23. 以暴力手段劫取借条行为的认定②

分歧意见：第一种意见认为，借条不属于财物，不能成为抢劫罪的犯罪对象，债务人对债权人采用暴力手段销毁或者强行索回借条的行为，属于民事债务关系中发生的侵权行为，应当以民事纠纷处理，不能认定为抢劫罪。

第二种意见认为，暴力劫取借条的行为构成抢劫罪，借条数额应认定为抢劫金额。

第三种意见认为，暴力劫取借条的行为构成抢劫罪，但借条数额不宜认定为抢劫金额。

本书观点：同意第三种意见。理由如下：

（1）暴力劫取借条的行为构成抢劫罪

抢劫罪是以非法占有为目的，对财物的所有人、保管人当场使用暴力、

---

① 张明楷：《刑法学》，法律出版社 2011 年版，第 859 页。

② 观点来源：张述元主编，最高人民法院刑四庭编著：《办理抢劫刑事案件指导全书》，法律出版社 2018 年版，第 408－413 页，李某抢劫案。

胁迫或其他方法强行将公私财物抢走的行为。被告人当场使用暴力，迫使被害人将借条交出，显然侵犯了被害人的人身权利，关键问题是：1. 借条是否属于财物？2. 能否认定被告人具有非法占有的目的？

我们认为，借条能够成为抢劫罪的犯罪对象，理由如下：

①《刑法》将抢劫罪的犯罪对象规定为财物，此处的“财物”应包括实体财物和财产性利益。《刑法》第九十二条规定：“本法所称公民私人所有的财产是指下列财产：（一）公民的合法收入、储蓄、房屋和其他生活资料；（二）依法归个人、家庭所有的生产资料；（三）个体户和私营企业的合法财产；（四）依法归个人所有的股份、股票、债券和其他财产。”根据《刑法》的上述规定，财产性利益能够成为刑法上的“财物”。借条作为一种纸属性的物品，其本身虽然属于财物，但价值低微可以忽略不计（特殊材质的借条除外）。借条之所以属于财物，在于其具有记录债权债务关系的功能，是债权凭证，即债权人凭借条享有财产性利益，债权人丧失借条就有可能丧失财产性利益。与《刑法》规定的作为财物的股票、债券相比，借条的丧失往往并不产生如股票、债券丧失所连带的直接的、现实的、必然的财产损害。但是，借条是债务人出具给债权人用以证明一定债务关系存在的凭证，它对债权人享有的财产请求权起到证明作用，债权人在没有其他证据证明此债权债务关系存在的情况下，便失去了向债务人主张其债权的证据和理由。在此情况下，对债权人来说，借条就相当于财产。如果借条灭失，债权人就不能持借条向债务人讨要借款，债务人将理所当然地以债权人不能提供凭据而拒绝还款，很可能导致债权人不能顺利实现对借条上所载债权的实现，从而也就侵犯了债权人的财产所有权。因此，借条属于财产性利益，能够成为抢劫罪的犯罪对象。

②司法解释亦作出了相关规定。《盗窃罪解释》第五条规定，记名的有价支付凭证、有价证券、有价票证等，可以成为盗窃的对象。该司法解释确定财产性利益属于盗窃罪中的“财物”，而抢劫罪与盗窃罪同属于侵财类犯罪，其中“财物”的概念应当共通。《抢劫解释》第三条第一款规定：“刑法第二百六十三条第（三）项规定的‘抢劫银行或者其他金融机构’，是指抢劫银行或者其他金融机构的经营资金、有价证券和客户的资金等。”该司法解释进一步明确了抢劫有价证券（财产性利益）可以构成抢劫罪。最高人民法院还曾针对下级法院的请示，以最高人民法院（2000）刑他字第 9 号批复答复：

被告人以暴力、胁迫手段强行夺回欠款凭证，并让债权人在被告人已写好的收条上签字以消灭债务的行为，符合抢劫罪的特征，应以抢劫罪定罪处罚。

需要注意的是，由于债权是对人权而非对世权，仅对债权人和债务人有直接法律效力。因此，在债权人和债务人之间，欠条代表了债权债务这一财产性利益，任何一方对欠条的侵犯都应被视为对财产性利益的侵犯，可构成财产犯罪。但对于债权人和债务人以外的第三人而言，欠条不能被视为财产性利益的表现形式，而其本身又不是财物，因此，对其的侵犯不能构成财产犯罪。

关于以暴力手段劫取借条的行为人能否认定其主观上具有抢劫罪所要求的非法占有的目的。我们认为，债务人劫取借条的行为表现了其非法占有债权人的财产权的明显意图。抢劫借条行为与一般抢劫犯罪的区别在于，抢劫借条行为人在实施犯罪以前对被害人的财产是合法占有，但二者本质上都是通过暴力或暴力胁迫手段实现非法占有的意图。债务人劫取借条的最终目的不是撕毁借条，而是通过使债权人持有的债权凭证灭失的手段达到消灭自己所负债务的目的。债权人拿着借条本可以通过诉讼等途径实现债权，是一笔可以兑现的财产，一旦这张借条灭失，债务人不用清偿债务的可能性非常大，债务人单方面强行免掉自己偿债义务的行为实际上使得债权人丧失了应得的财产，也就是非法占有了本属于债权人的财产。

综上，抢劫借条的行为是以非法占有为目的，客观上通过暴力或者以暴力相威胁的方式，剥夺了被害人的财产返还请求权，符合抢劫罪的犯罪构成要件，应当构成抢劫罪。

（2）劫取借条行为构成抢劫罪的既未遂认定

借条与一般财物不同，一般财物被劫取，被害人就彻底失去该财物的占有权、使用权和控制权，构成抢劫罪的既遂。借条作为债权凭证，其所记载的财产本身并不在受害人的实际占有和控制之下，借条灭失并不意味着债权债务关系的消灭，只是存在债权人无法证实债权债务关系的可能性，债权人也可能通过其他方式实现全部或者部分债权。根据民法的相关理论，债的消灭（终止）仅包括以下六种情况：①债的履行或清偿，即指债务人按照法律的规定或者合同的约定向债权人履行义务；②债的解除，即因一方当事人的意思表示或者双方的协议而终止债；③抵销，即当事人双方相互负有相同种类的给付，将两项债务相互冲抵，使其相互在对等额内消灭；④提存，即债务人在债务履行期届满时，将无法给付的标的物交提存机关，以消灭债务；⑤债务免除，即债权人抛弃债权，而使债务人的债务消灭；⑥混同，即债权与债务同归于一个民事主体，而使债的关系消灭。由上可见，行为人单方面劫取并销毁借条的行为并不能直接导致债权债务关系的消灭，即不一定导致他人的财产性权益受到实际损失，如果没有在劫取借条的过程中造成他人轻伤以上后果，则不能构成抢劫罪的既遂。只有在行为人劫取借条后，被害人因没有其他证据证实债权债务关系的存在，从而无法主张债权，导致债权不可能实现的情况下，劫取借条才构成抢劫罪的既遂。

（3）不宜直接将借条所载债务金额认定为抢劫数额

在劫取借条构成抢劫罪既遂的前提下，能否直接将借条记载的债务金额认定为抢劫数额呢？我们的意见是否定的。理由如下：

一般财物被劫取，被害人就彻底失去该财物的占有权、使用权和控制权，其损失由被劫之物的价值即可认定。但如前所述，借条属于债权凭证，借条灭失并不意味着债权债务关系的消灭，只是可能导致债权人无法证实债权债务关系的存在，而债权人实际所受到的财产损失不一定与借条所记载的金额相同，因此，不能简单地将借条所记载的金额认定为抢劫罪的数额。特别是在借条所记载的金额达到抢劫罪“数额巨大”标准的情况下，不能直接以借条记载的金额认定属于抢劫罪“数额巨大”，从而判处被告人十年有期徒刑以上的重刑。我们认为，此种情况下，应当以“实际损失标准”来认定抢劫数额，即以被害人所实际遭受的财产损失作为抢劫数额。“实际损失标准”是抢劫罪数额认定中的通常标准，相关司法解释已经予以确认。例如《两抢意见》规定，抢劫信用卡后使用、消费的，其实际使用、消费的数额为抢劫数额；抢劫信用卡后未实际使用、消费的，不计数额，根据情节轻重量刑。《抢劫意见》也规定，通过银行转账或者电子支付、手机银行等支付平台获取抢劫财物的，以行为人实际获取的财物为抢劫数额。在劫取借条构成抢劫罪既遂的情况下，应具体分析在借条被销毁的情况下，借条记载的债务金额对于被害人来说是全部不能证实还是部分不能证实，以被害人所实际遭受的债权数额作为抢劫数额。

24. 以嫖娼为名进入被害人租住房实施抢劫的行为能否认定为“入户抢劫”?①

分歧意见：第一种意见认为，被告人的抢劫行为不应认定为“入户抢劫”，而仅是一般抢劫。根据《两抢意见》第一条及《抢劫解释》第一条规定，“入户抢劫”中的“户”，应该是指他人用于生活的与外界相对隔离的场所，包括为生活租用的房屋。其特征表现为供他人家庭生活的功能特征和与外界相对隔离的场所特征。被害人租住房的功能性质已经被改变为违法犯罪场所即提供卖淫服务的场所，虽然具有“户”的场所特征，但该处所不能认定为“户”。对于卖淫场所，法律不应给予与一般公民住所同等的保护。

第二种意见认为，本案被告人的抢劫行为构成“入户抢劫”。被害人所租住房屋，具有“户”的场所特征是不言而喻的，而从“户”的功能特征看，虽然被害人的租住房是卖淫场所，但同时又是生活场所。不能因为被害人将租用房用于卖淫就一律否定该租用房具有“户”的功能特征。

我们同意第二种意见。主要理由如下：

(1) 被害人的租住房兼具卖淫场所和生活场所的特征，是否认定为“户”，应当考虑被告人实施抢劫行为时的具体情况而言。

关于“户”的概念，综观最高人民法院相关司法解释和规范性司法文件，《抢劫解释》对户的概念规定得应该是比较明确的。《两抢意见》则进一步解释和明确了“户”的范围，并明确了“户”的场所特征和功能特征。《抢劫意见》则根据司法实践的需要，对“前店后宅”或者“店宅共用”是否属于“户”从方法论上作了明确的认定规则。概括地说，《抢劫解释》解决了户的“概念”问题，《两抢意见》阐明了“户”的功能特征和场所特征，并以举例的方式，明确集体宿舍、旅店宾馆、临时搭建工棚在不具有户的功能特征和场所特征的情况下，应排除在“户”的范围之外。

根据以上规定，我们认为，要正确对待卖淫女的租住处。卖淫虽然是违法甚至犯罪（如传播性病罪）行为，但卖淫女的人身安全依然受到法律保护，其租住地仍然受到法律保护。当然，卖淫女利用租住处进行卖淫违法犯罪活动的，该租住地就要一分为二地对待。当该租住房被卖淫女用来卖淫时，该

---

① 观点来源：张述元主编，最高人民法院刑四庭编著：《办理抢劫刑事案件指导全书》，法律出版社 2018 年版，第 413－420 页，林某某、韩某抢劫案。

租住房就是违法犯罪地，在卖淫期间，或卖淫事实还未完成期间遭受抢劫，不应认定为“入户抢劫”，这是因为此时卖淫女的住所应视为卖淫场所，法律不应给予与一般公民住所同等的保护。但是，即使住宅常用于卖淫等违法犯罪活动，但在正常生活期间，行为人以入户抢劫的目的进入这些住宅抢劫，那么，仍然应当认定为“入户抢劫”。

（2）被告人进入被害人租住房的目的就是抢劫，而不是嫖娼。也就是说，其入户目的具有非法性且对户内人员的人身、财产具有侵害性。从其本质看，应当认定为以抢劫为目的进入他人生活的与外界相对隔离的住所。理由如下：

①被告人与被害人之间的性关系不是“卖淫嫖娼关系”，因而被告人进入被害人的租住处，实际上应认定为“未经被害人许可”。于被害人而言，其之所以让被告人进入其租住处，是认为被告人进入的目的是嫖娼。于被告人而言，其进入被害人租住处的目的很明确，就是抢劫。被告人与被害人的意愿不具有卖淫与嫖娼的对合关系之本质特征。因此，被告人是进入被害人的租住房，并不是进入卖淫场所。在被告人进入前，被害人的住所还属于其正常生活的场所。如果被告人进入时，被害人正在与他人发生卖淫嫖娼关系，那么，由于该场所是违法犯罪场所，不应以“户”论，进而被告人的抢劫行为就不能认定为“入户抢劫”。但是，如果被告人进入被害人租住房时，被害人均处于日常生活状态，则不能将被害人的租住房认定为卖淫的违法犯罪场所。

②被告人以抢劫犯罪目的进入被害人租住房，应当认定为“入户抢劫”。根据《抢劫解释》第一条规定，行为人为实施抢劫行为而进入他人生活的与外界相对隔离的住所进行抢劫的行为，应当认定为“入户抢劫”。根据《两抢意见》第一条的规定，认定“入户抢劫”时，应当注意“入户”目的的非法性。进入他人住所须以实施抢劫等犯罪为目的。抢劫行为虽然发生在户内，但行为人不是以实施抢劫等犯罪为目的进入他人住所，而是在户内临时起意实施抢劫的，不属于“入户抢劫”。被告人是以实施抢劫为目的，而不是以嫖娼为目的入户后临时起意实施抢劫，因而应当认定为“入户抢劫”。

25. 在公共交通工具上盗窃被发现后为抗拒抓捕而当场实施暴力的定性①

本书观点：

（1）行为人实施盗窃、诈骗、抢夺罪未遂，因采用暴力造成他人严重人身伤亡的，仍构成转化型抢劫罪。根据《刑法》第二百六十九条的规定："犯盗窃、诈骗、抢夺罪，为窝藏赃物、抗拒抓捕或者毁灭罪证而当场使用暴力或者以暴力相威胁的，依照本法第二百六十三条的规定定罪处罚。"学界及司法实践一般称之为转化型抢劫罪。转化型抢劫罪并不是一个独立的罪名，只是抢劫罪的一种特殊表现形式。而这种特殊的抢劫罪的犯罪构成须具备三个条件：第一，行为人实施的必须是盗窃、诈骗、抢夺三种行为，而不能是其他行为；第二，行为人实施盗窃、诈骗、抢夺行为后必须当场实施暴力或以暴力相威胁；第三，行为人当场实施暴力或以暴力相威胁的目的是窝藏赃物、抗拒抓捕或者毁灭罪证。对于第二个、第三个条件相对容易理解，司法实践中的难点在于对第一个条件即转化型抢劫是否必须以行为人构成盗窃、诈骗、抢夺罪为前提有不同认识：第一种观点认为，转化犯的基础行为应该是一种犯罪行为，且基础犯罪到转化犯罪是由轻罪向重罪转化。第二种观点认为，构成转化型抢劫罪虽以行为人实施盗窃、诈骗、抢夺犯罪为前提，但并不要求转化前的盗窃、诈骗、抢夺行为必须构成犯罪。我们同意第二种观点，理由如下：

一般情况下，转化型抢劫罪应以前一盗窃、诈骗、抢夺行为构成犯罪为前提，同时，对前一行为的评判，应该以前一盗窃、诈骗、抢夺行为的入罪数额起点为标准，而《刑法》第二百六十四条、第二百六十六条、第二百六十七条规定的盗窃、诈骗、抢夺罪均有"数额较大"这一限制条件（多次盗窃、入户盗窃、携带凶器盗窃、扒窃除外），故只要达到"数额较大"，就具备了转化的条件。同时，我们认为，如果先前实施的仅是小偷小摸行为，一般不能转化为抢劫罪，但如果暴力行为严重，甚至造成严重后果的，应当认为具备了转化的条件。这一观点也符合最高人民法院相关司法解释的精神。《两抢意见》第五条规定，行为人实施盗窃、诈骗、抢夺行为，未达到"数额较大"，为窝藏赃物、抗拒抓捕或者毁灭罪证当场使用暴力或者以暴力相威

---

① 观点来源：张述元主编，最高人民法院刑四庭编著：《办理抢劫刑事案件指导全书》，法律出版社2018年版，第432－437页，谢某毕抢劫案。

胁，情节较轻、危害不大的，一般不以犯罪论处；但具有下列情节之一的，可依照《刑法》第二百六十九条的规定，以抢劫罪定罪处罚：①盗窃、诈骗、抢夺接近“数额较大”标准的；②入户或在公共交通工具上盗窃、诈骗、抢夺后在户外或交通工具外实施上述行为的；③使用暴力致人轻微伤以上后果的；④使用凶器或以凶器相威胁的；⑤具有其他严重情节的。《抢劫意见》第三条规定，《刑法》第二百六十九条规定的“犯盗窃、诈骗、抢夺罪”，主要是指行为人已经着手实施盗窃、诈骗、抢夺行为，一般不考察盗窃、诈骗、抢夺行为是否既遂。但是所涉财物数额明显低于“数额较大”的标准，又不具有《两抢意见》第五条所列五种情节之一的，不构成抢劫罪。对于以摆脱的方式逃脱抓捕，暴力程度较小，未造成轻伤以上后果的，可不认定为“使用暴力”，不以抢劫罪论处。

根据上述司法解释，只要行为人在交通工具上着手实施了盗窃、诈骗、抢夺行为，不论其是否达到了“数额较大”的入罪标准，也不管其前罪是否已经既遂，如果其暴力或威胁行为危害程度相当严重，就可以构成转化型抢劫罪。

（2）在公共交通工具上盗窃被发现后，为抗拒抓捕当场使用暴力的，构成“在公共交通工具上抢劫”。学界及司法实践对于行为人入户或在公共交通工具上盗窃、诈骗、抢夺，因被发现而当场使用暴力或以暴力相威胁，是转化为抢劫罪还是转化为“入户抢劫”或“在公共交通工具上抢劫”是有争议的。我们认为转化型抢劫是可以构成加重处罚情节的，理由是：第一，符合犯罪构成的基本理论。在“户内”“公共交通工具上”盗窃、诈骗、抢夺，为窝藏赃物、抗拒抓捕或者毁灭罪证并在“户内”“公共交通工具上”当场使用暴力的，因行为人实施了当场使用暴力的行为而转化为抢劫罪，同时因为行为人实施暴力的场合为“户内”“公共交通工具上”，而认定为“入户抢劫”“在公共交通工具上抢劫”，既没有违背抢劫加重的构成理论，也没有违反“禁止重复评价”原则。第二，符合法条逻辑。根据《刑法》第二百六十九条之规定，对于转化型抢劫，“依照本法第二百六十三条的规定定罪处罚”。该法条逻辑思路体现为：符合《刑法》第二百六十九条规定—按照《刑法》第二百六十三条定罪处罚—根据《刑法》第二百六十三条规定—符合“入户抢劫”“在公共交通工具上抢劫”—按照《刑法》第二百六十三条“入户抢劫”“在公共交通工具上抢劫”加重法定刑处罚。可见，既然《刑法》第二百六十三条有“在公共交通工具上抢劫”要加重处罚之规定，那么在公共交通工具上盗窃、诈骗、抢夺，并当场在公共交通工具上使用暴力或以暴力相威胁，根据《刑法》第二百六十九条规定构成转化型抢劫罪，并依照《刑法》第二百六十三条规定定罪处罚，那么，也应同时适用《刑法》第二百六十三条之“在公共交通工具上抢劫”的加重处罚情节。第三，符合司法解释的精神。《抢劫解释》第一条第二款规定，“对于入户盗窃，因被发现而当场使用暴力或者以暴力相威胁的行为，应当认定为入户抢劫”。《抢劫意见》第三条第三款规定，入户或者在公共交通工具上盗窃、诈骗、抢夺后，为了窝藏赃物、抗拒抓捕或者毁灭罪证，在户内或者公共交通工具上当场使用暴力或者以暴力相威胁的，构成“入户抢劫”或者“在公共交通工具上抢劫”。当然，在此需明确的一点是，如果入户或在公共交通工具上盗窃被发现，行为人为窝藏赃物、抗拒抓捕或者毁灭罪证而在户外或公共交通工具外使用暴力或以暴力相威胁的，由于行为人使用暴力或暴力威胁的场所不在“户内”“公共交通工具上”，则不能认定为“入户抢劫”“在公共交通工具上抢劫”。

26. 在银行内持刀挟持客户向工作人员索要现金的行为如何定罪?①

本书观点：

（1）在银行内持刀挟持客户向工作人员索要现金的行为应构成抢劫罪

对此，司法实践中有两种观点。第一种观点认为，被告人以勒索财物为目的，将银行客户作为人质，胁迫在场的银行工作人员交付财物，银行工作人员为避免被告人对人质造成伤害而给付被告人财物，其行为应构成绑架罪。第二种观点认为，被告人将银行客户作为人质，向银行工作人员索要现金，银行工作人员当场给付现金，被告人当场获取财物。因被告人劫取财物系在同一时间、同一地点，具有抢劫罪“当场性”的特征，其行为构成抢劫罪。因为，被告人的抢劫目标是银行，当其持刀挟持银行内的客户时，目的是威胁银行工作人员交出现金。从银行工作人员的角度讲，其为了维护客户的生命安全不得不按万某道的要求交出财物，在这种特定的、封闭的空间内，暴力指向客户和指向其自己没有本质区别，所以被告人的行为形似绑架，实为抢劫。

---

① 观点来源：张述元主编，最高人民法院刑四庭编著：《办理抢劫刑事案件指导全书》，法律出版社2018年版，第438－442页，万某道抢劫案。

（2）被告人“抢劫银行或其他金融机构”的行为情节

被告人在银行的营业厅内实施抢劫，威逼工作人员从柜台内取出现金交给其，目标直指银行的经营资金，属于“抢劫银行”。

27. 抢劫既遂两次，未遂一次，是否应认定为“多次”？[①]

分歧意见：第一种意见认为，只有每次抢劫均达到既遂状态，三次以上方可认定为多次抢劫。第二种意见认为，立法规定多次抢劫，关注的是犯罪的次数，而不是犯罪的形态，故抢劫预备、未遂等均不影响多次抢劫的认定。第三种意见认为，抢劫未遂与否不影响“多次抢劫”的认定，但抢劫预备一般不宜计入抢劫次数。

本书观点：同意第三种意见，不能以既遂、未遂与否来认定是否构成“多次抢劫”，抢劫未遂与否不影响“多次抢劫”的成立，但抢劫预备一般不宜计入抢劫次数。理由是：

（1）多次抢劫的认定，有且仅有抢劫次数这一考虑因素。《两抢意见》规定，《刑法》第二百六十三条第四项中的“多次抢劫”是指抢劫三次以上。对于“多次”的认定，应以行为人实施的每一次抢劫行为均已构成犯罪为前提，综合考虑犯罪故意的产生、犯罪行为实施的时间、地点等因素，客观分析、认定。依照《两抢意见》，多次抢劫只需每次抢劫行为构成犯罪即可，无须犯罪达到既遂状态。

（2）《两抢意见》第十条规定：“抢劫罪侵犯的是复杂客体，既侵犯财产权利又侵犯人身权利，具备劫取财物或者造成他人轻伤以上后果两者之一的，均属抢劫既遂；既未劫取财物，又未造成他人人身伤害后果的，属抢劫未遂。据此，刑法第二百六十三条规定的八种处罚情节中除‘抢劫致人重伤、死亡的’这一结果加重情节之外，其余七种处罚情节同样存在既遂、未遂问题，其中属抢劫未遂的，应当根据刑法关于加重情节的法定刑规定，结合未遂犯的处理原则量刑。”即《两抢意见》承认了多次抢劫有未遂问题，反过来说，未遂也可以构成多次抢劫。

（3）从立法精神看，抢劫犯罪是一种常见的暴力型犯罪，严重威胁他人的生命、财产安全，是各国均严厉打击的犯罪类型。立法上未对多次抢劫作

---

① 观点来源：张述元主编，最高人民法院刑四庭编著：《办理抢劫刑事案件指导全书》，法律出版社2018年版，第442－447页，胡某、刘某抢劫案。

出既遂的要求，就是要从严惩处这种犯罪。“多次抢劫”之所以成为加重处罚情节，是因为行为人出于非法占有他人财物的目的，一而再、再而三地以暴力或者暴力相威胁的方法劫取财物，一方面体现行为人主观恶性大，另一方面也体现了更为严重的社会危害性，理应相应承担加重的刑罚。因此，“多次”属于一种加重处罚的考虑因素，即使抢劫未遂，也属于需要从严惩处的情形，这才符合立法目的，充分发挥刑法的威慑、禁止功能。

（4）“多次抢劫”以严惩惯犯为旨趣，对于多次抢劫预备行为，由于行为人尚未着手实行犯罪，惯犯特征并不明显，况且多次抢劫的起点刑为十年有期徒刑以上的重刑，故不宜将社会危害性并非十分严重的多次抢劫预备行为纳入其中。抢劫未遂行为则有所不同，行为人已将犯罪意志转化为实行行为，开始直接侵害犯罪客体，只是由于犯罪分子意志以外的原因才未能得逞，行为人的惯犯特性可谓已经充分显露；加之考虑构成“入户抢劫”和“在公共交通工具上抢劫”等相同的情节加重犯，均未要求抢劫行为达成既遂状态，故抢劫未遂与否不影响“多次抢劫”的成立。从司法实践情况看，抢劫未遂行为一般也被计入抢劫次数。

28. 多次抢劫中具有未遂情节的，应如何量刑？[①]

《两抢意见》第十条规定：“抢劫罪侵犯的是复杂客体，既侵犯财产权利又侵犯人身权利，具备劫取财物或者造成他人轻伤以上后果两者之一的，均属抢劫既遂；既未劫取财物，又未造成他人人身伤害后果的，属抢劫未遂。据此，刑法第二百六十三条规定的八种处罚情节中除‘抢劫致人重伤、死亡的’这一结果加重情节之外，其余七种处罚情节同样存在既遂、未遂问题，其中属抢劫未遂的，应当根据刑法关于加重情节的法定刑规定，结合未遂犯的处理原则量刑。”

最高人民法院《量刑指导意见（2017）》（现已失效，相关规定见《量刑指导意见（试行）》）对抢劫罪、未遂犯的量刑作了如下规定：“有下列情形之一的，可以在十年至十三年有期徒刑幅度内确定量刑起点：……抢劫三次或者抢劫数额达到巨大起点的……在量刑起点的基础上，可以根据抢劫情节严重程度、抢劫次数、数额、致人伤害后果等其他影响犯罪构成的犯罪事实

① 观点来源：张述元主编，最高人民法院刑四庭编著：《办理抢劫刑事案件指导全书》，法律出版社2018年版，第447－451页，张某抢劫案。

增加刑罚量，确定基准刑……对于未遂犯，综合考虑犯罪行为的实行程度、造成损害的大小、犯罪未得逞的原因等情况，可以比照既遂犯减少基准刑的50%以下。”

根据上述规定，对多次抢劫具有未遂情节的，也应当在十年有期徒刑以上刑罚确定基准刑后再根据未遂犯罪从轻或者减轻处罚。其量刑原则是：

（1）如果有三次以上既遂，再有未遂情况的，只能在十年有期徒刑以上的刑罚幅度内从轻处罚，不能减轻处罚为十年有期徒刑以下的刑罚。未遂处罚原则只适用于未遂的这次抢劫行为，而不适用于全案。如：某人抢劫五次，其中既遂四次，未遂一次，那么，在量刑时，即使不去考虑未遂的这次，也应判处十年有期徒刑以上的刑罚。这种情况全案以抢劫未遂来定罪处罚的话，将存在放纵犯罪的可能。多次抢劫需要从严惩处，这是法律对多次抢劫的整体评价，并非对每次抢劫行为单独评价后的简单相加。上述情况对被告人以抢劫未遂来定罪处罚，犯罪未遂的评价就会涵盖既遂部分，以偏概全，将会放纵了犯罪。故以其中一次（或几次）未遂为由将全案刑罚定为十年有期徒刑以下刑罚，属于量刑不当。

（2）只有既遂在三次以下，加上未遂才属于多次抢劫的情况下，才可以认定为“多次抢劫”未遂，量刑时可以考虑按照未遂犯处罚原则，将刑罚减轻处罚至十年有期徒刑以下。根据罪刑相适应原则，刑罚的轻重应当与被告人的人身危险性及行为的社会危害性相适应，而在既遂不到三次的情况下，考虑到未遂的社会危害性要小于既遂，如果其量刑与既遂三次以上相当，显然不合常理。故被告人三次抢劫均未遂，或三次抢劫中两次既遂、一次未遂，又或者两次未遂、一次既遂的，在认定构成“多次抢劫”的同时，可以按照未遂犯处罚原则，从轻或减轻处罚。

29. 抢劫信用卡的，如何认定具体抢劫数额？①

分歧观点：由于信用卡不同于传统意义上的财产，在行为人劫取信用卡后取款、消费的情况下，如何认定抢劫数额，在理论和实践中均存在一定争议。

第一种观点认为，应将卡内全部金额计入抢劫数额。

---

① 观点来源：张述元主编，最高人民法院刑四庭编著：《办理抢劫刑事案件指导全书》，法律出版社2018年版，第455－459页，胡某虎等抢劫案。

第二种观点认为，被告人抢劫了信用卡，即使掌握了被害人的信用卡密码，也不代表已经控制了该信用卡内的全部财产金额，只有使用不消费的部分计入抢劫数额，其余卡内金额不应计入抢劫数额。

本书观点：同意第二种观点，具体理由如下：

（1）以行为人实际获取的财物为抢劫数额，与信用卡的本质特征相符

在日常生活中，对于实物类的财产来说，控制该财产就是直接对财物本体进行控制，这种控制关系一般具有排他性，当一方将财物置于自己的实力支配之下时，另一方也就失去了对该财物的控制。但是，信用卡并非实物财产，而属于一种记载财物的金融凭证，信用卡与所记载的财物本身存在密切联系，但又与所记载的财物存在相对分离，信用卡本身被控制并不意味着信用卡内所记载的财物也完全被控制。在抢劫犯罪案件中，行为人劫取了信用卡，甚至获取了密码，均不等于行为人已经获取了信用卡上所记载的财物，被害人丧失了对信用卡本身的控制，也不意味着已经丧失了信用卡上所记载的财物。鉴于信用卡所具有的抽象财物与具体财物的双重属性，在抢劫信用卡类犯罪中，只有以行为人从信用卡中实际获取的财物数额，也即信用卡所有人受到的实际损失为抢劫数额的认定标准，才能完整、客观地体现抢劫信用卡行为的社会危害性。被害人信用卡内其余财物，既未取出也未被消费，均未被行为人实际占有，不能计入抢劫数额。

（2）以行为人实际获取的财物为抢劫数额，与相关的规定一致

关于抢劫信用卡的数额认定问题，《两抢意见》规定："抢劫信用卡后使用、消费的，其实际使用、消费的数额为抢劫数额；抢劫信用卡后未实际使用、消费的，不计数额，根据情节轻重量刑。"2016 年 1 月 6 日最高人民法院出台《抢劫意见》，更明确规定："通过银行转账或者电子支付、手机银行等支付平台获取抢劫财物的，以行为人实际获取的财物为抢劫数额。"

我们认为，上述两个司法解释性文件所体现的原则是一脉相承的。《两抢意见》虽未对劫取信用卡后以转账方式获取财物的数额计算作出明确规定，但所规定的内容确立了抢劫信用卡的数额计算基本标准应为"实际损失标准"，即以行为人实际使用、消费的信用卡数额作为抢劫数额，并特别强调，没有实际使用、消费的部分不能计入抢劫数额。而《抢劫意见》结合近年来电子银行业的快速发展以及互联网普及的新情况，对于通过银行转账或者电子支付、手机银行等支付平台抢劫财物的，明确以行为人实际获取的财物作

为抢劫数额，这一规定仍然坚持了“实际损失标准”，与《两抢意见》规定的原则相一致。

此外，需要注意的是，《两抢意见》对于抢劫信用卡后没有任何实际使用、消费的情形作了规定，即在这种情况下，对于所抢劫的信用卡不计数额，根据情节轻重量刑。而《抢劫意见》对于行为人抢劫信用卡后部分使用、消费，部分没有使用、消费的情形作了补充规定，即“由于行为人意志以外的原因无法实际使用、消费的部分，虽不计入抢劫数额，但应作为量刑情节考虑”。我们认为，此处的“由于行为人意志以外的原因”是指，行为人主观上有继续使用、消费信用卡的意愿，但由于账户冻结、密码输入错误被吞卡、取款或消费额度限制等客观方面原因导致未能继续使用、消费该信用卡，此时信用卡（主要是指借记卡）内的未使用、消费的部分虽然不能计入抢劫数额，但在量刑时应予以考虑。

30. 抢劫罪中的暴力行为是否包括故意杀人行为？[①]

抢劫罪中的暴力行为是否包括故意杀人行为，在理论上存在肯定与否定两种观点。

本书观点：抢劫罪的暴力包括杀人的手段。理由如下：

（1）在理论上，“抢劫致人死亡”包括故意杀人的情形完全符合我国的犯罪构成理论。从主观方面来看，无论行为人是为劫取财物而预谋故意杀人，还是为制服被害人反抗而故意杀人，行为人的犯罪目的或者说最终的犯罪目的只有一个，就是非法占有财物，故意杀人只是为占有财物创造条件；从客观方面来看，行为人实施了杀人和取财两个行为，其中杀人是手段行为，取财是目的行为，手段行为服务于目的行为，目的行为依赖手段行为得以实现，两者有机结合，密不可分。可见，无论是主观要件还是客观要件，“抢劫致人死亡”的行为是完全符合抢劫罪的犯罪构成的，故意杀人行为的主、客观方面均包含在抢劫罪的主客观要件之中。如果将该行为认定为抢劫罪和故意杀人罪，实行数罪并罚，则杀人行为既是故意杀人罪的构成要件，又是抢劫罪的构成要件，违背了对同一行为不得重复评价的原则。

（2）从立法本意上看，“抢劫致人死亡”的含义并不仅限于过失。参加

---

① 观点来源：张述元主编，最高人民法院刑四庭编著：《办理抢劫刑事案件指导全书》，法律出版社 2018 年版，第 460 – 465 页，周某喜抢劫案。

1979年《刑法》起草工作的高铭暄教授在解释1979年《刑法》中的抢劫罪“致人死亡”是否包括故意杀人时认为，应当包括抢劫财物当场使用暴力把人杀死或者用毒药把人毒死的情况，因为实践中杀人常常被用作抢劫财物的手段。[①] 1997年《刑法》对抢劫罪致人死亡并未作任何修改，因此，对其第二百六十三条中的抢劫致人死亡应理解为包括故意杀人。由于我国《刑法》并未把抢劫罪中的过失致人死亡与故意杀人分别规定，也未单独规定抢劫杀人罪，因此，将我国《刑法》第二百六十三条中的“抢劫致人死亡”理解为包括故意杀人，符合立法原意。

（3）我国《刑法》第二百六十三条规定的抢劫罪所采用的暴力手段并未排除故意杀人。暴力手段是抢劫罪的客观构成要件之一，是行为人对财物的所有人、管理人或其他有关人员的身体实行强制，旨在排除被害人反抗，以便取得被害人的财物。由于《刑法》并未对该暴力行为的程度作任何限制，因此，只要行为属于暴力的范畴，又是当场针对被害人人身实施并用以排除被害人反抗的，都应当属于抢劫罪的暴力行为，当然包括故意杀害被害人以排除其反抗的行为。可以这样定义：抢劫罪中暴力行为的内涵是侵犯公民人身自由权、健康权直至生命权的强暴行为，其外延包括从身体强制、捆绑、殴打、伤害直至杀害的一系列表现形式。只不过在抢劫罪基本构成中的暴力与加重构成中的暴力在程度上应有所区别，即基本构成中的暴力手段仅限于轻伤害，而加重构成中的暴力才包含故意杀人的内容。

（4）对抢劫致人死亡只定抢劫罪不会轻纵犯罪人。比较抢劫罪和故意杀人罪的法定刑不难发现：《刑法》第二百六十三条规定，对于抢劫致人死亡的，最高刑可以判处死刑，并处罚金或者没收财产。而且，在实践中，如果没有法定或酌定从轻情节，以故意杀人为手段进行抢劫的，一般都处以最高刑。而《刑法》第二百三十二条规定的故意杀人罪的法定最高刑也是死刑，且并未附加财产刑。因此，对于实施抢劫杀人的犯罪人以抢劫罪论处，完全可以做到罪责刑相适应，而不必有轻纵犯罪分子的顾虑。

综上，在抢劫过程中致人死亡，包括故意伤害致人死亡以及为抢财物不顾他人死活间接故意杀人、直接故意杀人致人死亡的，都是抢劫暴力犯罪的一种结果，是抢劫罪的组成部分。对在抢劫财物过程中致人死亡的案件，只

---

① 高铭暄：《中华人民共和国刑法的孕育和诞生》，法律出版社1981年版，第206页。

定一个抢劫罪，符合抢劫罪的犯罪构成和基本特征。这样，可以将抢劫杀人犯罪的本质特征通过正确定罪量刑得到揭示。因此，凡是在实施抢劫财物行为过程中，因使用暴力，如殴打、伤害、捆绑、禁闭等行为而致人死亡的，或者直接使用暴力将人杀死的，应定抢劫罪一罪。

31. 如何认定抢劫罪加重处罚情节之一“冒充军警人员抢劫”？“冒充”是否要求达到使人信以为真的程度？①

分歧意见：第一种意见认为，对于“冒充军警人员抢劫”的认定应从字面理解，只要具备以下两条件即可：一是行为人实施了抢劫犯罪行为；二是在抢劫犯罪中有冒充军警人员的意思表示。而无论冒充行为是否足以使被害人或其他人相信其是军警。

第二种意见认为，按照主客观相一致的原则，对于“冒充军警人员抢劫”的认定条件不应过于宽泛，而应以社会公众的一般认识为标准。

本书观点：同意第二种意见。《刑法》第二百六十三条规定了抢劫罪的八种加重处罚情形，其中包括“冒充军警人员抢劫”。法律条文对于如何冒充、冒充行为应达到哪种程度并未作出明确规定，但这并不意味着只要行为人有冒充军警的语言表示就一律认定为“冒充军警人员抢劫”，判处十年以上有期徒刑。我们认为，对于“冒充军警人员抢劫”的含义应当从严格意义上进行理解，作出一定程度的限缩解释，理由如下：

（1）符合刑法解释学的基本原理。从刑法解释学的角度看，对一个法条中并列规定的几项内容，应进行同类解释。《刑法》第二百六十三条规定的八种加重处罚情节，应认为它们在社会危害性上具有同质性。抢劫罪保护的是公私财产所有权和公民人身权双重客体，客体受到侵害的程度越深，行为人所应得到的惩罚也就越重。抢劫罪的八种加重处罚情节中，“抢劫致人重伤、死亡”和“抢劫数额巨大”直接体现出对客体侵害的严重程度，具有相当大的社会危害性，必须依法严惩。根据同类解释规则，其他六种加重情节的社会危害性也应与其大体相当。但现实中，其他六种加重情节的字面含义过于宽泛，有些行为虽表面上符合情节加重犯的构成要件，但社会危害性确实不大。因此，有必要进行限制解释，缩小其含义。比如，对“在公共交通工具

---

① 观点来源：张述元主编，最高人民法院刑四庭编著：《办理抢劫刑事案件指导全书》，法律出版社2018年版，第470－476页，何某良、郑某等抢劫、非法持有枪支、合同诈骗案。

上抢劫”，司法解释就设置了两个要件，一是要求是正在运营中的机动公共交通工具，二是要求针对旅客、司售、乘务人员实施的抢劫。同时，司法解释还将小型出租车排除在公共交通工具范围之外。

（2）符合立法目的。从立法目的来看，将“冒充军警人员抢劫”作为加重处罚情节，主要是考虑到这种行为严重损坏了军警的形象和声誉，出于对军警良好形象的维护而作出该项规定。但并非所有的冒充行为都能真正达到冒充效果，以致对军人和警察的形象造成损害，有时行为人的“拙劣演出”当场就被识破，被害人根本不相信行为人冒充的军警身份，更不用说通过“冒充”对被害人形成精神强制，行为人在冒充手段失败后，只能依靠暴力实现其犯罪目的。这种情形下，冒充行为在整个抢劫犯罪实施过程中没有起到任何促进作用，冒充行为并未造成军警形象、声誉的损害，如果都认定为“冒充军警人员抢劫”显然与立法本意不符。

（3）符合罪责刑相适应的刑法原则。《刑法》设定“冒充军警人员抢劫”这一法定加重处罚情节，并设置十年有期徒刑以上的重刑，表明该行为的社会危害性较普通抢劫犯罪更为严重。冒充军警人员抢劫的行为除了造成军警形象、声誉的损害外，也使得被害人在误认为对方是军警人员的情况下，降低防备意识，不敢反抗，或者失去了反抗的最佳时机，因而该种抢劫行为相较于普通抢劫表现出更大的社会危害性。如果被告人“冒充”军警人员的行为根本不会使人认为其是军警人员，那么这种抢劫行为与一般抢劫行为的社会危害性并无差别，再以“冒充军警人员抢劫”加重处罚，判处十年以上有期徒刑就使得量刑畸重，罪刑不相适应。

正是基于上述理由，2016 年 1 月 6 日公布的《抢劫意见》明确规定，认定“冒充军警人员抢劫”，要注重对行为人是否穿着军警制服、携带枪支、是否出示军警证件等情节进行综合审查，判断是否足以使他人误以为是军警人员。对于行为人仅穿着类似军警的服装或仅以言语宣称系军警人员但未携带枪支、也未出示军警证件而实施抢劫的，要结合抢劫地点、时间、暴力或威胁的具体情形，依照常人判断标准，确定是否认定为“冒充军警人员抢劫”。

上述规定为我们在司法实践中判断是否“冒充军警人员抢劫”提供了清晰而具体的标准，具体来讲包括以下三个条件：

（1）冒充军警的行为应具有一定的表现形式。主要包括行为人主动亮明自己的军警人员身份、出示军警证件、身着军警服装、携带警械、驾驶军警车辆等形式。但并非行为人只要具有上述表现形式就一定构成冒充军警人员抢劫，还需根据实际情况考量行为人的主观方面，如其并非出于抢劫的目的，则不宜认定为“冒充军警人员抢劫”，否则将会导致客观归罪。

（2）冒充军警的行为应达到使一般人能够相信其身份的程度。冒充军警抢劫与一般抢劫的差别在于前者同时还损害了军人警察的形象。若行为人仅用口头的方式冒充军警，且其“演技”拙劣、破绽百出，按照普通人的辨识能力可以识破，未能使一般人轻易相信，既没有构成一定的威胁程度，也没有损害军人警察的形象，其社会危害性与一般抢劫无异，此行为不宜认定为冒充军警人员抢劫，可作为酌定从重的情节为宜。

（3）冒充军警的行为不可简单地依据结果来认定。冒充行为存在被害人信与不信两种结果，虽然被害人是否相信对于冒充行为的认定具有一定影响，但并非只要被害人识破了行为人的假军警身份，就一概不认定为冒充军警人员抢劫。《抢劫意见》在此处使用的并非“被害人标准”，而是“常人标准”，假如行为人的伎俩高超，足以使一般人信以为真，而恰巧被具有军警专业知识的被害人轻易识破，虽然行为人冒充失败，但不可因此而不追究其责任，对此仍应认定为冒充军警人员抢劫加重处罚。

此外，行为人冒充军警人员抢劫时所持枪支如果不属于《枪支管理法》规定的枪支范围，而是利用假枪冒充军警人员的，不影响“冒充军警人员抢劫”的认定。但如果行为人持有真枪支冒充军警人员抢劫的，不能同时认定为“持枪抢劫”和“冒充军警人员抢劫”。因为此时行为人的持枪行为，是作为冒充军警人员行为的一个组成部分的，在认定其构成“冒充军警人员抢劫”时已进行了刑法意义上的评价，如果同时认定构成“持枪抢劫”则属于重复评价。

32. 持仿真枪抢劫是否属于“持枪抢劫”？[①]

持仿真枪抢劫是否属于“持枪抢劫”，在理论界存在两种不同观点。

第一种观点认为，持仿真枪抢劫的都应属于“持枪抢劫”，理由是在抢劫犯罪中，行为人持仿真枪实施犯罪，目的明显是希望被害人认为其所持的是真枪，给他人造成巨大恐慌，以更容易达到犯罪目的，故只要所持仿真枪足

---

① 观点来源：张述元主编，最高人民法院刑四庭编著：《办理抢劫刑事案件指导全书》，法律出版社 2018 年版，第 481－488 页，焦某抢劫案。

以让被害人误以为是真枪，无论是否具有较大杀伤力，都应当认定为“持枪抢劫”。

第二种观点认为，持仿真枪抢劫不属于“持枪抢劫”，理由是将“持枪抢劫”中的“枪支”由真枪延伸到仿真枪，不符合法律精神，仿真枪与真枪应当严格区分。

本书观点：同意第二种观点。有关部门曾就持仿真玩具枪实施抢劫犯罪能否认定为“持枪抢劫”问题征求最高人民法院研究室意见。经认真研究，最高人民法院研究室答复：持仿真玩具枪实施抢劫，不应认定为“持枪抢劫”。我们认为，主要理由包括以下几个方面：

（1）持仿真玩具枪实施抢劫在客观方面表现与“持枪抢劫”不同。“持枪抢劫”作为抢劫罪加重处罚的一种严重情节，与“抢劫致人重伤、死亡”等情节同处一个量刑幅度，其本质应在于具有对被害人的生命、健康权益造成严重损害的可能性。持仿真玩具枪抢劫显然不会造成如此严重的客观危害后果，不应认定为“持枪抢劫”。虽然在客观上持假枪抢劫也会同持真枪抢劫一样给被害人的心理造成压力，使被害人产生恐惧，易于抢劫犯罪得逞，但二者的客观危害并不相同。持真枪抢劫，在客观上有可能对被害人随时造成人身伤亡，将被害人置于现实的危险之中，因而具有严重的社会危害性，依法应予重罚。而持假枪抢劫并不具有这种严重的社会危害性，且当被害人识破犯罪人是持假枪抢劫或者在事后得知是用假枪抢劫时，其恐惧心理会因由枪支带来的现实危险的破灭而得以很快恢复，这也在一定程度上减弱了持假枪抢劫的社会危害性。实践中，一般都要求行为人抢劫作案时所持枪支必须经鉴定具有杀伤力，才能认定为“持枪抢劫”。仿真玩具枪作为一种玩具，显然不具有此种杀伤力。

（2）持仿真玩具枪实施抢劫的犯罪嫌疑人在主观方面表现与“持枪抢劫”不同。如果不考虑行为的客观表现，忽视行为人持假枪抢劫时的主观心理态度，对持假枪抢劫以“持枪抢劫”论，不但有悖立法原意，也不符合我国《刑法》主客观相一致的定罪原则。持真枪实施抢劫的犯罪嫌疑人，往往具有较大的主观恶性，希望或者放任他人生命安全遭受严重损害的危害后果发生，属于为达到劫取他人财物的目的，不惜使用枪支射杀他人的主观心态。持仿真玩具枪实施抢劫的犯罪嫌疑人，本身选择使用对人体安全不具有杀伤力的玩具枪，就说明其并没有致他人重伤、死亡的主观意图，而仅希望借助与真枪外形相似的玩具枪达到欺骗和恐吓被害人，以利于实现劫取他人财物的目的。此种主观心理状态与为达到劫取他人财物的目的、不惜使用枪支射杀他人的主观心态，具有极大区别。不能因为客观上被害人不易判断犯罪嫌疑人使用的是真枪还是仿真玩具枪，对被害人造成的恐吓效果相似，就不论主观心态的巨大差异而一概认定为“持枪抢劫”。

（3）按照《抢劫解释》的规定，“持枪抢劫”是指行为人使用枪支或者向被害人显示持有、佩带的枪支进行抢劫的行为。“枪支”的概念和范围，适用《枪支管理法》的规定。而《枪支管理法》则明确规定，枪支是指以火药或者压缩气体为动力，利用管状器具发射金属弹丸或者其他物质，足以致人伤亡或者丧失知觉的各种枪支。具体行为人所持的“枪支”是否属于法律意义上的枪支，应当符合公安机关制定的有关枪支管理法中规定的枪支范围，即符合公安部2010年印发的《公安机关涉案枪支弹药性能鉴定工作规定》之规定：“（一）凡是制式枪支、弹药，无论是否能够完成击发动作，一律认定为枪支、弹药。（二）凡是能发射制式弹药的非制式枪支（包括自制、改制枪支），一律认定为枪支。对能够装填制式弹药，但因缺少个别零件或锈蚀不能完成击发，经加装相关零件或除锈后能够发射制式弹药的非制式枪支，一律认定为枪支。（三）对不能发射制式弹药的非制式枪支，按照《枪支致伤力的法庭科学鉴定判据》（GA/T718－2007）的规定，当所发射弹丸的枪口比动能大于等于1.8焦耳/平方厘米时，一律认定为枪支。（四）对制式枪支、弹药专用散件（零部件），能够由制造厂家提供相关零部件图样（复印件）和件号的，一律认定为枪支、弹药散件（零部件）。（五）对非制式枪支、弹药散件（零部件），如具备与制式枪支、弹药专用散件（零部件）相同功能的，一律认定为枪支、弹药散件（零部件）。”对于仿真枪，公安部2008年公布的《仿真枪认定标准》第一条明确：“凡符合以下条件之一的，可以认定为仿真枪：1. 符合《中华人民共和国枪支管理法》规定的枪支构成要件，所发射金属弹丸或其他物质的枪口比动能小于1.8焦耳/平方厘米（不含本数）、大于0.16焦耳/平方厘米（不含本数）的；2. 具备枪支外形特征，并且具有与制式枪支材质和功能相似的枪管、枪机、机匣或者击发等机构之一的；3. 外形、颜色与制式枪支相同或者近似，并且外形长度尺寸介于相应制式枪支全枪长度尺寸的二分之一与一倍之间的。”从公安部的规定来看，严格意义上的“仿真枪”不属于枪支。制式枪支无论是否能发射弹药，均不属于仿真枪，一律认定为枪支；非制式枪支一旦枪口比动能大于1.8焦耳/平方厘米（含本数）的，一律认定为枪支，只有小于该数，才是仿真枪。

（4）从立法原意看，“持枪抢劫”需要加重处罚，还因为其包容了非法持有枪支危害公共安全的特性。司法实践中，持枪抢劫的，一般不会再认定被告人犯非法持有枪支罪，这是鉴于该罪已经被“持枪抢劫”所吸收。而非法持有枪支罪的枪支当然不能包括仿真枪等假枪，持仿真枪等假枪对公共安全的危害也要小得多。这也是一般人都能够认同的标准。

33. **抢劫预备行为是否应计入“多次抢劫”次数内？**[①]

分歧意见：第一种意见认为，抢劫预备，仍应计算抢劫次数。

第二种意见认为，抢劫预备，不应计入抢劫次数。

本书观点：同意第二种意见。理由如下：

刑罚的轻重应当与犯罪的社会危害性与犯罪人的人身危险性相适应。“多次抢劫”之所以成为加重处罚情节，是因为行为人出于非法占有他人财物的目的，一而再、再而三地使用暴力或者以暴力相威胁的方法劫取财物，显示了行为人具有较深的主观恶性和社会危害性，理应承担相应的加重刑罚。从注重行为的社会危险性、行为人的人身危险性又兼顾量刑的适当性角度来看，抢劫未遂应计入“多次抢劫”的次数，而抢劫预备和抢劫中止不宜计入“多次抢劫”的次数，即多次抢劫均属未遂的犯罪状态，也应认定为多次抢劫。对多次抢劫具有未遂情节的，也是在十年有期徒刑以上刑罚确定基准刑后再根据未遂犯罪从轻或者减轻处罚。而对于多次抢劫预备行为，由于行为人尚未着手实行属于犯罪构成要件的行为，行为的社会危害性极其有限，行为人的人身危险性也不明显，故不宜将其计入“多次抢劫”中。而犯罪中止行为，不论从社会危害性还是从人身危险性的角度看，都小于犯罪预备行为，刑法规定对于中止犯应当免除或者减轻处罚，而对于预备犯可以从轻、减轻或者免除处罚，故抢劫中止行为也不应计入“多次抢劫”的次数。

---

① 观点来源：张述元主编，最高人民法院刑四庭编著：《办理抢劫刑事案件指导全书》，法律出版社2018年版，第526－531页，于某成等抢劫案。

（四）疑难、复杂问题的参考性解答

1. 如何准确理解抢劫犯罪的暴力、胁迫或者其他方法？

“暴力”，是指行为人对被害人身体实施袭击或者使用其他强暴手段，如殴打、伤害、捆绑、禁闭等，足以危及被害人身体健康或者生命安全，致使被害人不能抗拒，被其当即抢走财物，或者被迫立即交出财物。这种暴力是行为人为了排除被害人的抵抗，从而可以抢掠财物而故意实施的。“胁迫”，是指行为人以立即实施暴力相威胁，实行精神强制，使被害人产生恐惧而不敢抗拒，被迫当场交出财物或者任其立即劫取财物。这种胁迫，一般是针对被害人的，有的也可以是针对在场的被害人亲属或者其他有关人员的。这种胁迫，通常是以明确的语言、示意或者动作进行威胁，其特点为：一是当面向被害人发出；二是以立即实施暴力相威胁；三是当场抢劫财物；四是如遇反抗，会立即转为暴力劫取财物。“其他方法”，是指除暴力或者胁迫方法外，对被害人采取诸如用酒灌醉、用药物麻醉、麻痹等方法，使被害人不知抗拒或者丧失反抗能力，而当场劫取其财物。认定犯罪行为是否构成了抢劫罪，应以行为人非法占有财物的当场是否实际使用了暴力、胁迫或者其他方法为标准。这是抢劫罪区别于本章中其他侵犯财产犯罪的本质特征。

2. 如何正确认定抢劫罪的既遂与未遂？

抢劫犯罪有没有未遂？如何判定抢劫的未遂？这在司法实践中是有争议的。第一种观点认为，没抢到钱就是未遂。第二种观点认为，抢劫罪侵犯的是复杂客体，既侵犯财产权利又侵犯人身权利，因此，不能单纯以是否抢到钱为标准来判断抢劫罪的既遂、未遂问题。

本书支持第二种观点。因为如果行为人没有抢到钱，但却致被害人重伤或者死亡，定未遂，明显不符合情理，也不符合法理。《两抢意见》明确规定，抢劫行为具备劫取财物或者造成他人轻伤以上后果两者之一的，均属抢劫既遂。而抢劫未遂的唯一条件就是：既未劫取财物，又未造成他人轻伤以上伤害后果的。

对抢劫未遂的犯罪如何追究刑事责任？这不能一概而论，要具体情况具体分析。实践中，大致有以下几种情况：

一是，一般的抢劫犯罪。依照《刑法》第二百六十三条的规定，其基准刑为三年以上十年以下有期徒刑，然后根据未遂犯罪处罚原则从轻或者减轻处罚。

二是，入户抢劫、在公共交通工具上抢劫、抢劫银行或者其他金融机构、冒充军警人员抢劫、持枪抢劫、抢劫军用物资或者抢险、救灾、救济物资的，其基准刑为十年有期徒刑以上刑罚。如果属于抢劫未遂的情况，在确定基准刑后，再根据未遂犯罪处罚原则从轻或者减轻处罚。

三是，多次抢劫的。行为人实施抢劫行为三次以上的，就属于多次抢劫。这里的三次，包括未遂的情况。即使多次抢劫均属未遂的犯罪状态，也应认定为多次抢劫。对多次抢劫具有未遂情节的，也是在十年有期徒刑以上刑罚确定基准刑后再根据未遂犯罪处罚原则从轻或者减轻处罚。这里要注意的是，如果有三次以上既遂，再有未遂情况的，只能在十年有期徒刑以上的刑罚幅度内从轻处罚，不能减轻处罚为十年有期徒刑以下的刑罚。未遂处罚原则只适用于未遂的这次抢劫行为，而不适用于全案。例如：某人抢劫五次，其中既遂四次，未遂一次，那么，在量刑时，即使不去考虑未遂的这次，也应判处十年有期徒刑以上的刑罚。如果以其中一次未遂为由将全案刑罚定为十年有期徒刑以下刑罚，就属于量刑不当。只有既遂在三次以下，加上未遂才属于多次抢劫的情况下，量刑时才可以考虑按照未遂犯罪处罚原则，将刑罚减轻处罚致十年有期徒刑以下。

四是，抢劫数额巨大。抢劫数额以实际抢劫到的财物数额为依据。对以数额巨大的财物为明确目标，由于意志以外的原因，未能抢到财物或实际抢得的财物数额不大的，应同时认定“抢劫数额巨大”和犯罪未遂的情节，根据刑法有关规定，结合未遂犯的处理原则量刑。

五是，抢劫致人重伤、死亡的，不存在未遂问题。《两抢意见》明确指出，《刑法》第二百六十三条规定的八种加重处罚情节中，除“抢劫致人重伤、死亡的”这一结果加重情节之外，其余七种加重处罚情节同样存在既遂、未遂问题。其中属于抢劫未遂的，应当根据刑法关于加重情节的法定刑规定，结合未遂犯的处罚原则量刑。

3. 如何正确认定抢劫犯罪的罪数？

（1）抢劫过程中故意杀人案件如何定罪？①

①行为人为劫取财物而预谋故意杀人，或者在劫取财物过程中，为制服

---

① 资料来源：《最高人民法院关于抢劫过程中故意杀人案件如何定罪问题的批复》（法释〔2001〕16号）。

被害人反抗而故意杀人的，以抢劫罪定罪处罚。②行为人实施抢劫后，为灭口而故意杀人的，以抢劫罪和故意杀人罪定罪，实行数罪并罚。③杀人后临时起意窃取被害人财物的，以故意杀人罪和盗窃罪定罪，实行数罪并罚。

（2）对于盗窃过程中为防止被害人发觉，而对被害人实施暴力的行为，应如何定罪处罚？

在盗窃过程中，非法占有公私财物之前，为防止被财物所有人或者保管人察觉，当场使用暴力或以暴力相威胁。一方面，由于盗窃行为未完成，行为人秘密窃取公私财物的目的尚未实现，属于盗窃未遂；另一方面，行为人使用暴力的动机既有抗拒抓捕的性质，也有排除妨害的性质。对于这种行为是直接适用《刑法》第二百六十三条以抢劫罪定罪处罚，还是适用《刑法》第二百六十三条的规定按转化型抢劫处理，还是认定为盗窃罪、故意杀人罪实行数罪并罚？

行为人在实施盗窃过程中被发现等情况的发生，完全属于意志以外的原因，行为人必然意识到其已不可能继续通过秘密窃取方法达到非法占有他人财物的目的，此时无论其选择逃跑还是改变犯罪手段以继续实现非法占有他人财物的目的，其实施的前期行为业已构成盗窃未遂。如果行为人为了排除被害人的反抗转而对被害人实施暴力或以暴力相威胁，从而达到非法强行占有他人财物的目的，则属于犯意转化，其后续行为完全符合《刑法》第二百六十三条典型的抢劫罪的构成要件，而不宜认定为转化的抢劫罪。因此，无须以盗窃罪（未遂）和抢劫罪实行数罪并罚，而应适用吸收犯的处罚原则，即既遂行为吸收未遂行为，重罪吸收轻罪，以抢劫罪定罪处罚。

（3）法定加重处罚情节又构成其他犯罪的，是否实行数罪并罚？

《刑法》第二百六十三条规定的八种法定加重处罚情节中，入户抢劫行为同时还构成非法侵入住宅罪，抢劫致人重伤、死亡的，可能还构成故意杀人罪、故意伤害罪、过失致人死亡罪、过失致人重伤罪，冒充军警人员抢劫的可能还构成招摇撞骗罪、冒充军人招摇撞骗罪，持枪抢劫的，可能还构成非法持有抢劫罪等，但这属于竞合犯，以抢劫罪吸收相关犯罪即可，不必另行定罪。

（4）故意伤害、强奸等暴力犯罪后又当场劫取被害人财物的，如何定罪？

行为人实施伤害、强奸等犯罪行为，在被害人不敢反抗、不能反抗的情况下，劫取或者索取被害人财物的，应当以故意伤害罪、强奸罪与抢劫罪实行数罪并罚。因为，被告人在实施伤害、强奸犯罪时的一系列暴力行为，已经对被害人造成了巨大的精神恐惧。此时，被告人向被害人索要财物，被害人是基于相信被告人有继续实施暴力行为的能力和可能性的前提下，才不得不交出财物。表面上，故意伤害、强奸犯罪的暴力行为已经结束，但是，暴力行为所形成的对被害人的威慑并未结束，甚至基于伤害、强奸犯罪过程中被告人实施暴力的原因，被害人完全不能预料如果不给予财物，被告人是否还会实施暴力。因此，本质上，行为人是以故意伤害、强奸行为对被害人造成的侵害和压制为胁迫，当场获取财物，并且这种当场胁迫行为与被害人被迫当场交出财物之间存在事实上的因果关系，符合抢劫罪“当场性”的要求，构成抢劫罪。抢劫罪评价的是被告人另起犯意之后的胁迫行为，而非之前的故意伤害、强奸暴力行为，故不存在重复评价的问题。

（5）转化型抢劫是否可构成加重处罚情节?

入户或者在公共交通工具上盗窃、诈骗、抢夺后，为了窝藏赃物、抗拒抓捕或者毁灭罪证，在户内和公共交通工具内当场使用暴力或者以暴力相威胁的，构成“入户抢劫”“在公共交通工具上抢劫”。理由如下：（1）符合犯罪构成的基本理论。是否在户内或者公共交通工具上盗窃，不是转化型抢劫罪的成立条件。对于在“户内”“公共交通工具上”盗窃，为窝藏赃物、抗拒抓捕或者毁灭罪证并在“户内”“公共交通工具上”当场使用暴力的，认定为“入户抢劫”“在公共交通工具上抢劫”，既没有违背抢劫加重犯的构成理论，也没有违反“禁止重复评价”原则。（2）符合司法解释的规定。《抢劫解释》第一条第二款规定，“对于入户盗窃，因被发现而当场使用暴力或者以暴力相威胁的行为，应当认定为入户抢劫”。据此，行为人入户盗窃、抢夺、诈骗，无论是否已得逞，也无论其实施暴力或者以暴力相威胁是为了劫取财物还是为了窝藏赃物、抗拒抓捕或者毁灭罪证，都应当认定为“入户抢劫”。《抢劫意见》也规定，入户或者在公共交通工具上盗窃、诈骗、抢夺后，为了窝藏赃物、抗拒抓捕或者毁灭罪证，在户内或者公共交通工具上当场使用暴力或者以暴力相威胁的，构成“入户抢劫”或者“在公共交通工具上抢劫”。

但是，如果行为人无加害他人的意图，暴力程度不大，只是为了挣脱抓捕而推推撞撞的，未造成致人轻微伤以上后果的，一般不宜认定为入户抢劫或者在公共交通工具上抢劫。如果使用暴力或者以暴力相威胁发生在户外和公共交通工具外的，不宜认定为入户抢劫和在公共交通工具上抢劫。

转化为抢劫罪之后，转化前犯罪行为的财物数额、对象和使用暴力的程度和后果，均应成为抢劫罪的量刑情节。如盗窃财物后为抗拒抓捕而当场使用暴力致抓捕人死亡的行为，应当认定为抢劫致人死亡。

（6）绑架过程中又当场劫取被害人随身携带财物的，如何定罪处罚？

绑架过程中又当场劫取被害人随身携带财物的，包括汽车、首饰、现金、信用卡等，此时，行为人的行为同时触犯绑架罪和抢劫罪两罪名。该如何处理？司法解释规定得比较原则，应择一重罪定罪处罚。司法实践中经常发生两种情况：

①一种情况是行为人因抢劫未达到目的而又劫持被害人，勒索被害人及其亲友的财物。因行为人先后产生两个犯罪故意，实施了使用暴力劫财和劫持或拘禁被害人、勒索被害人或其亲友的财物等两个犯罪行为，对其分别认定为抢劫罪和绑架罪，实行数罪并罚。

②另一种情况是行为人在绑架过程中劫取被绑架人随身携带的钱物。这种情况不宜以抢劫罪和绑架罪实行数罪并罚，应分别情况，以绑架罪或抢劫罪中的一个重罪定罪处罚。理由是：绑架罪是继续犯，行为人为非法占有他人财物而以暴力、胁迫劫持被绑架人的行为是一个持续过程，从而使被绑架人处于持续性的精神和身体强制的状态中。暴力劫持或拘禁被绑架人构成绑架罪的客观要件。如果把实质上的一个暴力劫持或拘禁行为既用作绑架罪的构成要件，又重复用作抢劫罪当场劫取他人财物的客观要件，有违“禁止重复评价”原则。在构成要件发生竞合的情况下，择一重罪处罚是适当的。

③如何确定抢劫罪、绑架罪何罪重，何罪轻？一般地说，罪重与罪轻的比较，应依照《刑法》规定的法定刑幅度，通过先比较法定最高刑，在法定最高刑相同的情况下再比较法定最低刑的方法予以确定。对抢劫罪与绑架罪而言，比较可从致人死亡和没有致人死亡两种情况入手。第一种情况，致人死亡的，《刑法》对绑架罪配置了绝对死刑条款，也就是说，绑架致人死亡或者杀害被绑架人的量刑，没有选择余地，只有死刑（当然也包括死缓），而抢劫罪致人死亡的，其法定最高刑为死刑，但还有无期徒刑、十年以上有期徒刑的刑罚选择。因此，在被害人死亡的情况下，绑架罪重于抢劫罪，因此，行为人在绑架过程中劫取被绑架人随身携带的钱物并致人死亡的，以绑架罪一罪从重处罚。第二种情况，没有致人死亡的。也分为两种情况。一是，如

果定抢劫罪，具有《刑法》第二百六十三条规定的八种加重情节的，法定最高刑为死刑，而绑架罪是无期徒刑，此时，应以抢劫罪定罪并从重处罚。二是，如果定抢劫罪，不具有八种法定加重情节的，最高刑为十年有期徒刑，而绑架罪的最高刑为无期徒刑，此时，应以绑架罪定罪处罚。

另外，《刑法修正案（七）》对绑架罪的法定刑进行了修改，增加了“情节较轻的，处五年以上十年以下有期徒刑，并处罚金”的内容。情节较轻主要是指绑架人质后没有对人质进行人身伤害又主动释放的；主观恶性不大、勒索小额财物的。在这种情况下的绑架，其法定刑为五年以上十年以下有期徒刑，此时行为人如果又当场劫取被绑架人随身携带的财物，所劫取财物数量与勒索财物数量相加达不到抢劫数额巨大的，抢劫罪的法定刑为三年以上十年以下有期徒刑。此时，应以绑架罪定罪处罚；所劫取财物数量与勒索财物数量相加达到抢劫数额巨大的，以抢劫罪处罚，法定刑为十年有期徒刑以上刑罚，此时，应以抢劫罪定罪处罚。

4. 转化型抢劫的前提行为即盗窃、诈骗、抢夺行为，不应包括预备行为

行为人具有实施盗窃、诈骗、抢夺犯罪的前提条件，这是构成转化型抢劫罪的先决条件。没有盗窃、诈骗、抢夺行为的发生，就谈不上犯罪的转化问题。因为《刑法》第二百六十九条规定的是“为窝藏赃物、抗拒抓捕或者毁灭罪证而当场使用暴力或者以暴力相威胁的，依照本法第二百六十三条的规定定罪处罚”，既然是在窝藏赃物、毁灭罪证、抗拒抓捕，就说明行为人已经着手实施上述犯罪行为。因此，《刑法》第二百六十九条中规定的转化型抢劫中的盗窃、诈骗、抢夺行为，不应包括预备行为，只有已经着手实施的行为才具备向抢劫罪转化的条件。

5. 如何正确认定“携带凶器抢夺”？

《刑法》第二百六十七条第二款规定，携带凶器抢夺的，依照本法第二百六十三条的规定定罪处罚。如何认定携带凶器抢夺，主要有几个争议：（1）凶器的范围如何确定？（2）携带凶器抢夺是否需要以出示凶器为必要条件？（3）携带并非国家禁止的器械，是否必须以用于抢夺犯罪为必要条件？

根据《刑法》第二百六十七条规定，携带凶器抢夺的，依照抢劫罪定罪处罚。《抢劫解释》规定，“携带凶器抢夺”是指行为人随身携带枪支、爆炸物、管制刀具等国家禁止个人携带的器械进行抢夺或者为了实施犯罪而携带其他器械进行抢夺的行为。《两抢意见》也对“携带凶器抢夺”问题作了解释：行为人随身携带国家禁止个人携带的器械以外的其他器械抢夺，但有证据证明该器械确实不是为了实施犯罪准备的，不以抢劫罪定罪；行为人将随身携带凶器有意加以显示、能为被害人察觉到的，直接适用《刑法》第二百六十三条的规定定罪处罚；行为人携带凶器抢夺后，在逃跑过程中为窝藏赃物、抗拒抓捕或者毁灭罪证而当场使用暴力或者以暴力相威胁的，适用《刑法》第二百六十七条第二款的规定定罪处罚。

"携带凶器抢夺"以抢劫罪定罪处罚，是《刑法》的一个特别规定。其立法本意，应当理解为为了实施抢夺而携带凶器。立法者认为，携带凶器抢夺，表明行为人具有以暴力或以暴力相威胁劫取他人财物的心理准备和主观故意，并已实施了暴力的预备行为，严重危及他人的人身安全，具有比抢夺罪更大的社会危害性，因此，应当以抢劫罪定罪处罚。

适用"携带凶器抢劫"条款时，应注意以下几点：

（1）行为人随身携带枪支、爆炸物、管制刀具等国家禁止个人携带的器械进行抢夺的行为，由于携带国家禁止个人携带的器械本身就是一种违法行为，在一定程度上也可以反映行为人的犯罪倾向，因此，携带这些器械实施抢夺行为的，应当认定为"携带凶器抢夺"，以抢劫罪定罪处罚。但是，如果携带枪支抢夺的，因是法定的以抢劫论，而本身行为不是典型的抢劫，因此，不再以持枪抢劫罪论。

（2）携带并非国家管制的其他器械（如砖头、菜刀等）进行抢夺的行为，对这种行为的认定不能一概而论，而应当从行为人携带器械的主观目的方面进行分析。只有对行为人为了实施犯罪而携带其他器械进行抢夺的行为，才能认定为抢劫罪。因为在这种情况下，这些器械本身虽然不能反映出违法性，但实施犯罪的意图反映了其"凶器"的本性。即使最终未能使用，也符合《刑法》规定的"携带凶器抢夺"的特征。但是，如果行为人携带其他器械的本意不是为了实施犯罪，也并未借助（如显示、使用）所携带的器械进行抢夺的，只能依照抢夺罪的有关规定定罪处罚。

（3）携带并非国家管制的其他器械，不以携带该器械为抢夺犯罪必要条件，只要行为人携带器械的目的是犯罪，如行凶、寻衅滋事等，而在此过程中实施抢夺行为的，就应以抢劫罪定罪处罚。如果有证据证明该器械确实不是为了实施犯罪准备的，如行为人为生活刚从商店购得菜刀，在回家路上临时起意实施抢夺犯罪的，则不以抢劫罪定罪。

（4）携带凶器抢夺是不以出示凶器为必要条件。如果行为人将随身携带凶器有意加以显示、能为被害人察觉到的，表明其主观上具有以暴力相威胁劫取他人财物的故意，客观上实施了以暴力相威胁劫取他人财物的行为，符合抢劫罪的特征，应直接适用《刑法》第二百六十三条的规定定罪处罚，不必先适用《刑法》第二百六十七条第二款后转用第二百六十三条。

（5）行为人携带凶器抢夺后，在逃跑过程中为窝藏赃物、抗拒抓捕或者毁灭罪证而当场使用暴力或者以暴力相威胁的，适用《刑法》第二百六十七条第二款的规定定罪处罚。

（6）关于凶器的范围。凡是随身携带枪支、爆炸物、管制刀具等国家禁止个人携带的器械的，一律认定为携带凶器。而除此之外，并非国家禁止个人携带的器械的，要从两方面分析。一是从主观方面进行分析，看行为人是否将所带器械用于实施犯罪；二是从客观方面进行分析，看该器械是否足以对公民人身造成危害，即是否会可能产生致人轻伤以上伤害或者致人死亡的结果。如菜刀、榔头、砖块等既可以是生活、生产工具，也可以是凶器，如果不是用于对人身攻击，则可能是生活用品、普通工具。而行为人为了怕被认出而使用的头套、手套等，因这些工具显然对人身不具有危险性，将这些工具视为凶器显然既不符合行为人的主观内容，也不符合客观实际。

6. 抢劫赌资、犯罪所得的赃款赃物的定性

根据《两抢意见》第七条第二款规定，抢劫赌资、犯罪所得的赃款赃物的，以抢劫罪定罪，但若行为人仅以其所输赌资或所赢赌债为抢劫对象，一般不以抢劫罪定罪处罚。构成其他犯罪的，依照刑法的相关规定处罚。《掩饰、隐瞒犯罪所得、犯罪所得收益解释》（法释〔2015〕11 号）第六条规定，对犯罪所得及其产生的收益实施盗窃、抢劫、诈骗、抢夺等行为，构成犯罪的，分别以盗窃罪、抢劫罪、诈骗罪、抢夺罪等定罪处罚。

实践中，有观点认为，对于赌资、赃物等物品，因为其来源具有不法性或犯罪性，属于不受法律保护的物品，不能成为抢劫罪的对象，否则就是保护了从事违法、犯罪活动的人的权益。

本书观点：只要不是属于行为人合法所有、持有的财产，行为人通过暴力或暴力威胁的手段而获得的，就有可能构成抢劫罪。赌资、赃物属于“持有或占有的来源具有不法性或犯罪性”的财物，但法律并不因此就允许其他行为人以严重危害社会的方法任意地占有该财物。虽然赌资、赃物在法律意义上不属于被抢劫人所拥有，其所有权应属于国家或其他合法所有人，但所有权权属的改变应当依照一定的法定程序进行。在这种既有状态未改变之前，任何人在没有法律依据的情况下无权擅自改变。行为人以暴力、威胁方式改变赌资和赃物等的权属状态，严重侵害了他人人身、财产权益，仍符合抢劫罪的本质特征。因此，赌资、赃物等物品，可以成为抢劫罪的对象。

赌博活动是一种违法活动，赌博参与者的赌资依法应予没收，在法律意义上属于国家所有。但是对于仅以所输赌资或所赢赌债为抢劫对象的，行为人主观上对于所输赌资或所赢赌债的性质毕竟不像抢劫罪中对于“他人财物”的性质那样认识得清晰和明确，一般可以不以抢劫罪定罪处罚。当然，在此过程中，对他人构成人身伤害或者非法拘禁等其他犯罪的，可以依照故意伤害罪或非法拘禁罪等罪名定罪处罚。

7. 如何认定掩饰、隐瞒犯罪所得行为人是否与抢劫犯罪分子通谋?

认定掩饰、隐瞒犯罪所得行为人是否与抢劫等上游犯罪分子通谋，一般从以下几个方面把握：（1）从主观上分析判断，一看其是否明知上游犯罪人实施犯罪行为。如果有证据证明掩饰、隐瞒行为实施人误认为上游犯罪所得是正常所得，那么，掩饰、隐瞒行为人虽然客观上起到了帮助上游犯罪人的后果，但因缺乏主观要件而不能对其定罪。二看明知上游犯罪人犯罪的时间，如果上游犯罪既遂后才知道上游犯罪行为的，自然不能认定为与上游犯罪人通谋，如果事先知道（包括事中知道）上游犯罪行为，且在客观上实施了协助上游犯罪人完成上游犯罪行为的，就可以认定为与上游犯罪人通谋。(2) 从客观上分析判断，即其实施的掩饰、隐瞒行为是在上游犯罪完成后还是在上游犯罪实施前或者实施过程中。如果掩饰、隐瞒行为是在上游犯罪完成后才介入的，则结合掩饰、隐瞒行为人主观上是否存在事先通谋问题进行综合判断。如果掩饰、隐瞒行为，在事先、事中就起到了对上游犯罪参与、配合、协助作用，那么，就可以认定其掩饰、隐瞒的故意产生于上游犯罪实施前或实施中。

司法实践中，经常碰到掩饰、隐瞒行为人事先并未与上游犯罪人通谋，而是在上游犯罪尚未完成时介入，但其并未直接参与上游犯罪，而是以掩饰、隐瞒的方式协助上游犯罪人完成犯罪的情况。这种情形下，亦应当以共同犯罪处理。

实践中需要注意的是，如果盗窃、抢劫、抢夺等犯罪，由于行为人未成年等原因而导致这些行为具有违法性，只是缺乏有责性，但掩饰、隐瞒行为人事先通谋、事中介入，则因其掩饰、隐瞒行为也具有违法性，因而与盗窃、抢劫、抢夺等犯罪行为人在违法层面成立共同犯罪，盗窃、抢劫、抢夺等犯罪行为人只是由于缺乏有责性而不可罚，但掩饰、隐瞒行为人如果具有责任，则依然成立共犯。

8. 对聚众以暴力手段抢走被依法扣押或查处财物的行为如何定性？

本书观点：应当根据情况分别认定。

（1）拒不执行法院判决、裁定罪。聚众以暴力手段抢走被依法扣押或查处财物的行为发生在审判执行程序中，被执行人拒绝执行法院已经发生法律效力的判决或裁定，故意阻挠法院执行，甚至将被执行的财物采用暴力手段夺回等，情节严重构成犯罪，一般应当按照《刑法》第三百一十三条规定以拒不执行判决、裁定罪处罚。这里抢夺或者抢走财物的行为是指被执行人抢走被司法机关依法查处或扣押的原被自己占有的财物，行为人主观上不具有非法占有他人财物的故意，因而不能以抢劫罪或抢夺罪处罚，应当认定为妨害司法的行为。行为人采用了暴力手段进行抢劫，但行为人主观上的目的是妨害法院依法执行判决，不是非法占有他人财物，所以应当定为拒不执行判决、裁定罪。

（2）妨害公务罪。如果聚众以暴力手段抢走被依法扣押或查处财物的行为发生在行政执法过程中，被执行人拒绝履行行政法律法规规定的行为，阻碍行政人员依法执行职务，采用暴力手段将被依法查处或者扣押的财物抢走，其主观目的是对行政执法部门的抵触和反抗，行为人主观上不具有非法占有他人财物的故意，而是为了夺回被行政执法机关依法查处原被自己占有的财物，因而不能以抢劫罪或抢夺罪处罚，应当依照《刑法》第二百七十七条规定的妨害公务罪处罚。原因在于行为人主观上是为了抢走自己被行政机关依法查处的财物，不是为了非法占有他人财物，不应当以财产犯罪论处。由于行为人采用的手段是暴力或者以暴力相威胁，行为的内容或最终目标是阻碍国家机关工作人员依法执行职务，并且该行为是发生在国家工作人员依法执行职务的过程中，所以应当以妨害公务罪处罚。

（3）抢劫罪或者聚众哄抢罪。如果聚众以暴力手段抢走被依法扣押或查处财物的行为虽然发生在司法执行或行政执法过程中，但抢夺或抢劫的行为人不是被执行人或者与被执行人无关，则必须根据具体情况来定。

如果行为人的目的是非法占有财物而采用暴力手段进行抢劫，应当以抢劫罪处罚；虽然没有采用暴力手段，但聚众将财物抢走，哄抢数额较大或者有其他严重情节的，应当以聚众哄抢罪处罚。

（4）数罪并罚的情形。在聚众以暴力手段抢走被依法扣押或查处财物的过程中，如果行为人又实施了故意伤害行为或故意毁坏财物的行为，情节严重构成犯罪的，应当分别对故意伤害行为或故意毁坏财物行为进行定罪量刑，与拒不执行判决、裁定罪或妨害公务罪实行数罪并罚。

9. 采用暴力手段销毁欠款凭证的行为可否定抢劫罪？

债务人为消灭债务，对债权人采用暴力、胁迫手段销毁或者强行索回欠款凭证的行为应当如何认定处罚，理论和实践中都有不同的看法。一种观点认为，债务人对债权人采用暴力手段销毁或者强行索回欠款凭证的行为，属于民事债务关系中发生的侵权行为，应当以民事纠纷处理；另一种观点认为，采用暴力手段销毁或者强行索回欠款凭证的行为，不仅侵犯了公民的财产权利，同时还侵犯了公民的人身权利，符合抢劫犯罪的构成特征，应当按照抢劫罪处罚；还有一种观点认为，用暴力或者胁迫手段销毁或者索回欠款凭证的行为，与明目张胆的抢劫行为应有所区别，可以按照抢夺罪处罚。

本书观点：采用暴力、胁迫手段销毁或者强行索回欠款凭证的行为，是债务人基于消灭债务所产生的非法动机，无论从民事或刑事的角度出发，都是违法的。对这种行为如何定性，应当根据案件的事实过程进行判断。

（1）对于行为人之间对债权债务关系本身就存在纠纷的情况，即使债务人采用了一些非法手段将原有欠款凭证销毁或者强行取回的行为，也不宜以刑事犯罪论处。当然，如果债务人在行为过程中采用暴力手段将对方伤害，构成故意伤害罪的，则另当别论。

（2）对于行为人之间的债权债务关系是清楚的，双方之间不存在纠纷问题，而是债务人出于非法占有的目的，企图采用暴力、胁迫手段将原有欠款凭证销毁或者强行取回，以达到消灭债务的行为，应当以抢劫罪论处。刑法中的抢劫罪所侵犯的客体，不是指某种实物性财产，而是包括公私财产的所有权。欠款凭证虽然只是一张纸，但所代表的是一定的财产，同时也是一定财产所有权的证明凭证，是债权人向债务人主张自己的财产权利的唯一凭证，丧失了这一凭证，就意味着债权人可能会丧失自己应当享有的财产权。因此，在债权债务关系上，欠款凭证就相当于凭证上所标明的财产额的价值。抢走了这种凭证，也就相当于抢走了等价值的财产。因此，以非法占有为目的，采用暴力、胁迫等手段将原有欠款凭证销毁或者强行取回、企图消灭债务的行为，应当以抢劫罪论处。

10. 对用拘禁他人的方法劫夺财物的行为如何定罪？

分歧意见：第一种意见认为应当定抢劫罪；第二种意见认为应当定抢夺罪；第三种意见认为应当定非法拘禁罪。

本书观点：同意第一种意见。理由如下：

（1）抢劫罪、抢夺罪属于《刑法》分则规定的侵犯财产罪，非法拘禁罪属于《刑法》分则规定的侵犯公民人身权利、民主权利罪。

（2）非法拘禁罪与抢劫罪、抢夺罪的主要区别如下：一是侵犯的客体不同，非法拘禁罪侵犯的客体主要是人身自由权利；而抢劫罪、抢夺罪侵犯的客体则主要是公民的财产权利，其中抢劫罪侵犯的客体还包括公民的人身权利。二是犯罪目的不同，非法拘禁罪的犯罪目的是在一定时间内限制或剥夺他人人身自由权；而抢劫罪、抢夺罪的主要目的在于非法占有公私财产。

（3）抢劫罪和抢夺罪既有联系又有区别。其相同点主要在于二者在主观方面都是以非法占有公私财物为目的，犯罪对象都是公私财产，主体都为一般主体。不同之处在于各自的犯罪手段、行为方式不同：抢劫罪的行为人主要是采用暴力、胁迫或者其他方法，使被害人失去反抗的能力而夺取财物或者迫使其交出财物，如通过将被害人灌醉酒或使用麻醉药等手段控制其反抗。认定抢劫罪的关键是看该手段是否已使被害人丧失了抗拒他人劫取自己财物的意志自由和行动自由。抢夺是趁他人不备而公然夺取他人财物，在抢夺的条件下，被害人没有失去行动自由和夺回自己财物的能力，只是因为犯罪行动迅速使被害人来不及夺回自己的财物。

从上述关于非法拘禁罪、抢劫罪、抢夺罪的构成分析看，以劫夺财物而强行将被害人关闭、扣留的行为，符合《刑法》第二百六十三条规定的以“其他方法抢劫公私财物”的行为，应当以抢劫罪定罪处罚。

（五）量刑指导和参考

依照《刑法》第二百六十三条规定，犯抢劫罪的，处三年以上十年以下有期徒刑，并处罚金；有下列情形之一的，处十年以上有期徒刑、无期徒刑或者死刑，并处罚金或者没收财产：（1）入户抢劫的；（2）在公共交通工具上抢劫的；（3）抢劫银行或者其他金融机构的；（4）多次抢劫或者抢劫数额巨大的；（5）抢劫致人重伤、死亡的；（6）冒充军警人员抢劫的；（7）持枪抢劫的；（8）抢劫军用物资或者抢险、救灾、救济物资的。

司法机关在适用本条规定处罚时，应当注意以下问题：

1. 注意财产刑的适用

根据《刑法》第二百六十三条的规定，从上述规定可以看出，法律对本罪的量刑规定了两个档次。在适用第一档刑罚即三年以上十年以下有期徒刑时，必须并处罚金；在适用第二档刑罚时，应当注意在判处主刑的同时，要么并处罚金，要么并处没收财产。根据《全国法院维护农村稳定刑事审判工作座谈会纪要》（法〔1999〕217号）规定，凡法律规定并处罚金或者没收财产的，均应当依法并处。被告人的执行能力不能作为是否判处财产刑的依据。确实无法执行或不能执行的，可以依法执行终结或者减免。对法律规定主刑有死刑、无期徒刑和有期徒刑，同时并处没收财产或罚金的，如决定判处死刑的，只能并处没收财产；判处无期徒刑的，可以并处没收财产，也可以并处罚金；判处有期徒刑的，只能并处罚金。《抢劫意见》则进一步明确规定，判处无期徒刑以上刑罚的，一般应并处没收财产。据此，抢劫犯罪财产刑的适用应当明确三点，一是判处有期徒刑的，应当而且只能并处适用罚金；二是判处死刑的，应当而且只能适用并处没收财产；三是判处无期徒刑的，一般应当并处没收财产。

2. 正确认定“入户抢劫”

（1）明确司法解释和司法文件对“入户抢劫”的相关规定

关于“入户”中“户”的概念，早在1999年10月27日的《全国法院维护农村稳定刑事审判工作座谈会纪要》中就有规定。该纪要称，“入户盗窃”中的“户”，是指家庭及其成员与外界相对隔离的生活场所，包括封闭的院落、为家庭生活租用的房屋、牧民的帐篷以及渔民作为家庭生活场所的渔船等。集生活、经营于一体的处所，在经营时间内一般不视为“户”。之后，《抢劫解释》《两抢意见》《抢劫意见》均对入户抢劫作了有关规定。

《抢劫解释》第一条规定，“入户抢劫”，是指为实施抢劫行为而进入他人生活的与外界相对隔离的住所，包括封闭的院落、牧民的帐篷、渔民作为家庭生活场所的渔船、为生活租用的房屋等进行抢劫的行为。对于入户盗窃，因被发现而当场使用暴力或者以暴力相威胁的行为，应当认定为入户抢劫。

司法实践中，对“户”的范围、“入户”目的与“入户抢劫”的关系以及“入户盗窃”后转化为“入户抢劫”的认定，遇到了新情况、新问题，且存在争议，《两抢意见》基于这些情况，明确了“认定入户抢劫”应当注意的三个问题：一是“户”的范围。“户”在这里是指住所，其特征表现为供他人家庭生活和与外界相对隔离两个方面，前者为功能特征，后者为场所特征。一般情况下，集体宿舍、旅店宾馆、临时搭建工棚等不应认定为“户”，但在特定情况下，如果确实具有上述两个特征的，也可以认定为“户”。二是“入户”目的的非法性。进入他人住所须以实施抢劫等犯罪为目的。抢劫行为虽然发生在户内，但行为人不以实施抢劫等犯罪为目的进入他人住所，而是在户内临时起意实施抢劫的，不属于“入户抢劫”。三是暴力或者暴力胁迫行为必须发生在户内。入户实施盗窃被发现，行为人为窝藏赃物、抗拒抓捕或者毁灭罪证而当场使用暴力或者以暴力相威胁的，如果暴力或者暴力胁迫行为发生在户内，可以认定为“入户抢劫”；如果发生在户外，不能认定为“入户抢劫”。

经过多年的司法实践，围绕“入户抢劫”有两个问题比较突出，一是对于入户目的的非法性存有争议，即入户抢劫中的入户，如何理解，是否一定要以抢劫等犯罪为目的入户？二是对于“前店后宅”或者“店宅共用”营业外时间用于家居生活的场所可否认定为“户”？针对第一个问题，《抢劫意见》规定，认定“入户抢劫”，要注重审查行为人“入户”的目的，将“入户抢劫”与“在户内抢劫”区别开来。以侵害户内人员的人身、财产为目的，入户后实施抢劫，包括入户实施盗窃、诈骗等犯罪而转化为抢劫的，应当认定为“入户抢劫”。因访友办事等原因经户内人员允许入户后，临时起意实施抢劫，或者临时起意实施盗窃、诈骗等犯罪而转化为抢劫的，不应认定为“入户抢劫”。针对第二个问题，即在“前店后宅”或者“店宅共用”的情况下，如何认定是否“户”的问题。《抢劫意见》规定，对于部分时间从事经营、部分时间用于生活起居的场所，行为人在非营业时间强行入内抢劫或者以购物等为名骗开房门入内抢劫的，应认定为“入户抢劫”。对于部分用于经营、部分用于生活且之间有明确隔离的场所，行为人进入生活场所实施抢劫的，应认定为“入户抢劫”；如场所之间没有明确隔离，行为人在营业时间入内实施抢劫的，不认定为“入户抢劫”，但在非营业时间入内实施抢劫的，应认定为“入户抢劫”。

（2）正确理顺司法解释、司法文件之间关于“入户抢劫”规定的关系，处理好此类案件的定性

①关于户的概念。《抢劫解释》对户的概念规定得应该是比较明确的。《两抢意见》只是进一步解释和明确了“户”的范围，《抢劫意见》则根据司法实践的需要，对“前店后宅”或者“店宅共用”是否属于“户”从方法论上作了明确的认定规则。概括地说，《抢劫解释》解决了户的“概念”问题，《两抢意见》阐明了“户”的功能特征和场所特征，并以举例的方式，明确集体宿舍、旅店宾馆、临时搭建工棚在不具有户的功能特征和场所特征的情况下，应排除在“户”的范围之外。《抢劫意见》则在总结司法实践经验的基础上，以规范性文件的形式确认司法实践中的做法，以便各级法院审理此类案件时有据可依。因此，三者之间的关系是递进式的补充和完善。

②关于“入户目的”。《抢劫解释》解释为为实施抢劫行为而“入户”，《两抢意见》则规定为以实施抢劫等犯罪为目的而“入户”，《抢劫意见》则将“入户”扩大为以侵害户内人员的人身、财产为目的。抢劫行为发生在户内，这一点，上述司法解释和司法文件的规定是一致的。但行为人入户时的主观内容，三者之间是递进式的补充和完善关系，特别是《抢劫意见》，从更加注重保护公民的人身安全和住宅安全出发，改变了《两抢意见》将“入户抢劫”中的“入户”限定于抢劫等犯罪目的的规定，扩大为“以侵害户内人员的人身、财产为目的”。换言之，即使不以犯罪为目的，而只是出于一般违法为目的，只要是“以侵害户内人员的人身、财产为目的”而入户，而后实施抢劫的，均可认定为入户抢劫。这样规定，有利于更有力地保护公民的住宅安全，更严厉地打击入户抢劫犯罪。

③关于在户内盗窃转化为抢劫的问题。《抢劫解释》规定，对于入户盗窃，因被发现而当场使用暴力或者以暴力相威胁的应当认定为入户抢劫。这从根本上解决了学界关于仅转化为抢劫还是转化为入户抢劫的争议，也满足了司法实践中存在的困惑。但对于入户盗窃转化为入户抢劫的暴力发生在何地没有作明确规定。《两抢意见》明确规定，暴力或者暴力胁迫行为必须发生在户内。入户实施盗窃被发现，行为人为窝藏赃物、抗拒抓捕或者毁灭罪证而当场使用暴力或者以暴力相威胁的，如果暴力或者暴力胁迫行为发生在户内，可以认定为“入户抢劫”；如果发生在户外，不能认定为“入户抢劫”。

（3）司法实践中应该注意的问题

①正确理解“户”的范围。对“入户”不能仅理解为进入住宅房间或者室内。对于抢劫独门独院居民住宅的，只要行为人进入了住宅院内，也应视为“入户抢劫”。

应当把握“户”的典型性特征，只有实际封闭的、用作家庭成员日常生活、居住的场所，才能认定为“户”。在“户”有些抢劫行为发生的场所特征模棱两可、户的特征并不典型，如侵入户主尚未入住、正在装修的私人住宅，固定值班人员长期居住的单位门卫室，以及即将或正在关门的前店后宅式房屋等场所抢劫装修工人、值班人员或商铺店主的财物，对于此类非典型或有争议的“入户”劫财行为，一般不宜认定入户抢劫。

②注意区分入户的非法性和侵害性。入户进行非法活动，临时起意在户内抢劫的，并非都认定为“入户抢劫”。如经“户”内人员同意，“入户”卖淫嫖娼、赌博，临时起意抢劫的，不能认定为“入户抢劫”。只有以侵害户内人员的人身、财产为目的，入户后实施抢劫，包括入户实施盗窃、诈骗等犯罪而转化为抢劫的，才应当认定为“入户抢劫”。

行为人虽然经过主人同意进入，但在主人要求其退出时，拒不退出，并临时起意抢劫的，应当认定为“入户抢劫”。

③正确理解和掌握入户盗窃转化为抢劫的暴力发生场所。《抢劫解释》明确了使用暴力或者以暴力相威胁必须是“当场的”，《两抢意见》明确规定，暴力或者暴力胁迫行为必须发生在户内，如果发生在户外，不能认定为“入户抢劫”。但是司法实践中，不能简单把户内和户外人为地割裂开来。行为人非法侵入他人户内实施抢劫，包括在户内盗窃、诈骗而转化为抢劫，受害人逃出户外，行为人为窝藏赃物、抗拒抓捕或者毁灭罪证而在户外继续实施暴力的，应认定为户外暴力行为是户内的延伸，因此，仍然应认定为“入户抢劫”。

④关于在居民住户中对第三人实施抢劫的问题如何认定？有观点认为，在一般情况下，对在居民住户中的特定第三人实施抢劫的行为，一般不认为是“入户抢劫”。我们认为只要是入户，且被抢之人是经户内人员同意入户的，那么，行为人对户内之人实施抢劫就应当认定为入户抢劫。刑法关于入户抢劫的规定，主要在于保护公民的人身安全和住宅安全，而没有限制被抢对象。如同在公共交通工具上抢劫，对无票乘车者实施抢劫的，也应当认定

为“在公共交通工具上抢劫”。当然，如果户内没有人员，而其他人员入户实施违法犯罪活动，如入户盗窃，行为人入户对盗窃者实施抢劫的，则因该盗窃者没有入户的正当性理由而不受“户”的保护，因而不能认定为“入户抢劫”。

3. 正确认定“在公共交通工具上抢劫”

（1）明确司法解释和司法文件对“在公共交通工具上抢劫”的相关规定

关于“在公共交通工具上抢劫”，《抢劫解释》《两抢意见》《抢劫意见》均有规定。《抢劫解释》第二条规定，《刑法》第二百六十三条第二项规定的“在公共交通工具上抢劫”，既包括在从事旅客运输的各种公共汽车，大、中型出租车，火车，船只，飞机等正在运营中的机动公共交通工具上对旅客、司售、乘务人员实施的抢劫，也包括对运行途中的机动公共交通工具加以拦截后，对公共交通工具上的人员实施的抢劫。《两抢意见》则对未运营中的大、中型公共交通工具上针对司售、乘务人员抢劫，或者在小型出租车上抢劫是否属于“在公共交通工具上抢劫”作了明确的补充规定，认为在未运营中的大、中型公共交通工具上针对司售、乘务人员抢劫的，或者在小型出租车上抢劫的，不属于“在公共交通工具上抢劫”。而《抢劫意见》明确了公共交通工具的最基本特征，即“公共交通工具承载的旅客具有不特定多数人的特点”，并且在前两者基础上又补充了如下内容：一是扩大了公共交通工具的范围，将地铁、轻轨纳入了公共交通工具的范围，以便于将其与一般意义上的火车相区别，解决司法实践中因此而存在的困惑。二是将不具有营运执照但实际从事旅客运输的大、中型交通工具纳入了公共交通工具的范围。这样规定，主要考虑到，运输运营者的无证运营行为虽然违法，但乘客的人身财产安全仍然应该受到充分保护，针对不特定多数人的抢劫犯罪行为仍然应该依法受到惩罚。三是规定接送职工的单位班车、接送师生的校车等大、中型交通工具，视为“公共交通工具”。司法实践中，对此类交通工具是否属于“公共交通工具”存在争议，主要原因是这些班车、校车不具有营业特征。经研究认为，这些班车、校车虽然不向社会开放，但车上人员仍然属于乘客的性质，车辆仍然属于运送旅客的车辆；乘坐人员虽然相对固定，但仍然具有不特定多数人的特征。特别是接送师生的校车，车上人身财产安全必须得到最大限度保护的观念，已经广泛地被全社会认同。四是明确规定，以暴力、胁迫或者麻醉等手段对公共交通工具上的特定人员实施抢劫的，一般应认定为“在公共交通工具上抢劫”。实践中，此类抢劫是否属于在公共交通工具上抢劫是有争议的。《抢劫意见》作此规定，主要是考虑到，虽然其抢劫的具体对象是特定的，但抢劫的地点位于公共交通工具上，其对不特定多数人的人身、财产的危害性依然存在，并且该抢劫犯罪行为对处于运输状态的公共交通工具带来的危害是现实的，极易危害到公共安全。

（2）关于小型出租车是否属于公共交通工具的问题[①]

在司法实践中，存在争论较大的问题，是针对小型出租汽车的人员进行的抢劫是否应当适用本项规定。实践中存在不同的意见：一种意见认为，出租车属于用于公共交通的工具，如果在出租车上实施抢劫行为，对公共安全具有严重的危害性，应当适用《刑法》第二百六十三条第二项加重处罚；另一种意见认为，出租车不属于《刑法》第二百六十三条第二项规定的“公共交通工具”，因此在出租车上实施的抢劫行为，应按普通抢劫罪定性，不应该适用加重条款处罚。我们认为，按理而言，小型出租汽车虽然载客量较小，但同样是向不特定的个人或者多人提供交通运输服务，具有与其他大中型公共交通工具同样的特征和功能。汽车载客量的大小不应成为是否属于公共交通工具的判断标准。但是，如果我们从立法本意方面进行考察，《刑法》规定本项的立法目的，主要是为了严厉打击“车匪路霸”欺辱旅客、抢劫财物，严重扰乱运输秩序的犯罪活动，以保护旅客旅途中的人身和财产安全。从“车匪路霸”实施犯罪的一般特点来看，主要是集中在火车、长途公共汽车、旅游出租汽车、轮船等旅客众多的大中型公共交通工具上，而且侵犯的是不特定的多数旅客的人身、财产安全，社会影响十分恶劣。实践中在小型出租汽车上发生的抢劫案件虽然也不少，但如果排除抢劫出租汽车本身这类案件，大多是抢劫出租汽车司机个人的财物，价值数额一般不大，受害人范围较窄，不符合“在公共交通工具上抢劫”的立法本意。因此，对在小型出租汽车上的抢劫行为不能认定为“在公共交通工具上抢劫”。当然，不适用本项规定，

① 2000年11月28日，最高人民法院刑二庭召开审判长会议，对在小型出租汽车上抢劫是否属于“在公共交通工具上抢劫”的问题进行了研究，纪要如下：实践中发生在小型出租汽车上的抢劫犯罪案件，大多是犯罪分子以租乘为名，骗司机将出租车开到偏僻无人的地方后，针对司机行抢，或者同时抢劫司机驾驶的出租汽车。这种抢劫犯罪不是针对众多乘客实施的，因此，不同于威胁众多乘客人身、财产安全的“在公共交通工具上抢劫”犯罪案件，故不能根据刑法第二百六十三条第二项规定，认定为“在公共交通工具上抢劫”。参见：最高人民法院刑事审判第一、二、三、四、五庭：《中国刑事审判指导案例（侵犯财产罪）》，法律出版社2012年版，第681页。

并不是就完全排除了对在小型出租汽车上实施的抢劫行为判处重刑的可能。对于抢劫小型出租汽车的，可以依照抢劫数额巨大的规定论处；对于抢劫致司机重伤、死亡等的，完全可以依照立法本意的相关规定，判处十年以上有期徒刑、无期徒刑或者死刑。

（3）认定“在公共交通工具上抢劫”时应注意的问题

认定“在公共交通工具上抢劫”时，应当注意以下四个问题：一是“公共交通工具”的范围，既不能扩大，也不能缩小，应严格按照《抢劫解释》《两抢意见》《抢劫意见》掌握。二是“公共交通工具”必须处于正在运营中的状态。在未运营中的大、中型公共交通工具上针对司售、乘务人员抢劫的，不能认定为“在公共交通工具上抢劫”。三是正确理解“公共交通工具”具有从事旅客运输的功能特征。是否具有营运执照、车辆所有者是否赚取利润等都不是认定“公共交通工具”的依据。因此，在不具有商业营运执照但实际从事旅客运输功能的大、中型交通工具上实施抢劫的，在单位内部班车、校车等非商业营运的车辆上实施抢劫的，均应认定为“在公共交通工具上抢劫”。四是对抢劫对象的把握，不能局限于乘客，而应包括“公共交通工具”上的所有人员。只要是在运营状态下的公共交通工具上，无论是针对特定人员还是针对不特定人员，都应认定为“在公共交通工具上抢劫”。

对于在飞行中的航空器上使用暴力实施抢劫犯罪，同时危及公共安全的，属于观念上的竞合现象，应该根据“从一重罪处断”的处理原则定罪量刑。

4. 正确认定“抢劫银行或者其他金融机构”

（1）“银行或者其他金融机构”的范围

“银行”，既包括国家银行，也包括民营银行和外国在我国境内设立的银行。“其他金融机构”，是指银行以外的依法从事货币资金的融通和信用的机构，如证券公司、保险公司、信托投资公司、金融租赁公司、企业集团财务公司等。

（2）“抢劫银行或者其他金融机构”的概念

根据《抢劫解释》第三条规定，“抢劫银行或者其他金融机构”，是指抢劫银行或者其他金融机构的经营资金、有价证券和客户的资金等。抢劫正在使用中的银行或者其他金融机构的运钞车的，视为“抢劫银行或者其他金融机构”。

实践中，要注意将在银行内抢劫和抢劫银行区分开来。不是所有发生在银行内的抢劫都能认定为抢劫银行的。对正在银行或者其他金融机构等待办理业务的客户实施抢劫的，不属于“抢劫银行或者其他金融机构”，但如果客户的现金已经（或者正在）递交银行或者其他金融机构的工作人员，以抢劫银行或者其他金融机构论。

另外，如果抢劫的运钞车，不是在运钞的使用过程中，行为人目的也不是抢劫运钞车中的经营资金等，而仅仅是抢劫运钞车本身，即抢劫车辆之外并无抢劫经营资金等目的的，不宜认定为抢劫金融机构。

5. 正确认定“多次抢劫”

（1）“多次抢劫”的含义

“多次抢劫”之所以成为加重处罚情节，是因为行为人出于非法占有他人财物的目的，一而再、再而三地以暴力或者暴力相威胁的方法劫取财物，显示了行为人具有较深的主观恶性和社会危害，理应相应承办加重的刑罚。“多次”起点的确定，既要反映社会生活中一般人的认识观念，也要与刑法其他条文中的多次的含义保持连贯性、一致性。因此，《两抢意见》规定，“多次抢劫”，是指抢劫三次以上。根据刑法的体系解释，即《刑法》第九十九条的规定，刑法所称以上、以下、以内，包括本数。因此，抢劫多次指抢劫三次以上，包括抢劫三次。

（2）“多次抢劫”的认定

根据《两抢意见》第三条的规定，对于“多次抢劫”的认定，应以行为人实施的每一次抢劫行为均已构成犯罪为前提，综合考虑犯罪故意的产生、犯罪行为实施的时间、地点等因素，客观分析、认定。对于行为人基于一个犯意实施犯罪的，如在同一地点同时对在场的多人实施抢劫的；或基于同一犯意在同一地点实施连续抢劫犯罪的，如在同一地点连续地对途经此地的多人进行抢劫的；或在一次犯罪中对一栋居民楼房中的几户居民连续实施入户抢劫的，应从犯罪故意的单复数、犯罪时间的连续性和地点的相近性三个因素综合判断，一般应认定为一次犯罪。

（3）多次抢劫预备、未遂行为，能否成立“多次抢劫”？

从司法实践情况看，抢劫未遂行为一般也被计入抢劫次数。主要理由在于，“多次抢劫”以严惩惯犯为旨趣，对于多次抢劫预备行为，由于行为人尚未着手实行犯罪，惯犯特征并不明显，况且多次抢劫的起点刑为十年有期徒刑以上的重刑，故不宜将社会危害性并非十分严重的多次抢劫预备行为纳入其中。抢劫未遂行为则有所不同，行为人已将犯罪意志转化为实行行为，开始直接侵害犯罪客体，只是由于犯罪分子意志以外的原因才未能得逞，行为人的惯犯特性可谓已经充分显露；加之考虑构成“入户抢劫”和“在公共交通工具上抢劫”等相同的情节加重犯，均未要求抢劫行为达成既遂状态，因此，目前实践中的做法也未见不妥。

6. 正确认定“抢劫数额巨大”

（1）“抢劫数额巨大”的起点

根据《抢劫解释》第四条规定，“抢劫数额巨大”的认定标准，可以参照各地确定的盗窃数额巨大的标准来认定。根据《盗窃罪解释》（法释〔2013〕8号）第一条规定，“数额巨大”的起点为三万元至十万元以上，具体标准由各省、自治区、直辖市高级人民法院、人民检察院根据本地区经济发展状况，并考虑社会治安状况，在三万元至十万元的数额幅度内，确定本地区执行的具体数额标准，报最高人民法院、最高人民检察院批准。

（2）关于抢劫犯罪数额的计算问题

①抢劫数额的计算依据。根据《抢劫意见》规定，抢劫数额以实际抢劫到的财物数额为依据。

②抢劫数额巨大的未遂问题。司法实践中表明，行为人以数额巨大的财物为抢劫目标但实际未能抢劫到巨大数额财物的抢劫案件，法院基本一律以实际抢劫到的财物为数额依据，而不考虑行为人主观故意的内容，因而有可能轻纵犯罪。为此，《抢劫意见》规定：对以数额巨大的财物为明确目标，由于意志以外的原因，未能抢到财物或实际抢得的财物数额不大的，应同时认定“抢劫数额巨大”和犯罪未遂的情节，根据《刑法》有关规定，结合未遂犯的处理原则量刑。这样规定，既体现了抢劫数额是重要量刑情节，但不是唯一情节的原则，又体现了定罪量刑必须主客观相结合的原则，从而解决了司法实践中出现的以数额巨大的财物为抢劫目标但实际未能抢劫到巨大数额财物的抢劫案件，一律以实际抢劫到的财物为数额依据的可能轻纵犯罪的做法。

③抢劫信用卡数额的确定。根据《两抢意见》，抢劫信用卡后使用、消费的，其实际使用、消费的数额为抢劫数额；抢劫信用卡后未实际使用、消费的，不计数额，根据情节轻重量刑。所抢信用卡数额巨大，但未实际使用、消费或者实际使用、消费的数额未达到巨大标准的，不适用“抢劫数额巨大”

的法定刑。《抢劫意见》在此基础上，针对未使用、消费部分，《抢劫意见》补充规定，由于行为人意志以外的原因无法实际使用、消费的部分，虽不计入抢劫数额，但应作为量刑情节考虑。这一规定，使得抢劫信用卡犯罪的惩处体系更加完备。即根据三种不同情况分别作不同处理。一是卡内余额全部被消费、使用的，以其消费、使用金额为抢劫数额；二是卡内余额部分消费和使用的，对未消费、使用部分不计入抢劫数额，作为量刑情节考虑；三是抢劫信用卡后未消费和使用的，不计数额，根据情节轻重量刑。

另外，抢劫信用卡构成抢劫犯罪不以使用、消费为前提条件。因为抢劫罪侵犯双重客体，既侵害公私财产权益，又侵害公民人身权益，因此，抢劫对象价值的大小，一般不影响抢劫罪的构成及既遂形态。

抢劫信用卡使用、消费的，对其使用、消费行为不另定其他犯罪。原因是由于行为人使用、消费信用卡的数额作为抢劫犯罪的数额，其使用、消费信用卡的行为可纳入抢劫罪的评价范围，不再另行以他罪评价。

④由于银行业的繁荣、快速发展以及互联网的普及，银行转账或者电子支付、手机银行等支付平台完全可能成为抢劫犯罪分子获取抢劫财物的手段，针对这一新情况，《抢劫意见》规定：通过银行转账或者电子支付、手机银行等支付平台获取抢劫财物的，以行为人实际获取的财物为抢劫数额。

⑤劫取机动车辆作为犯罪工具或者逃跑的如何处理？《两抢意见》规定，为抢劫其他财物，劫取机动车辆当作犯罪工具或者逃跑工具使用的，被劫取机动车辆的价值计入抢劫数额；为实施抢劫以外的其他犯罪劫取机动车辆的，以抢劫罪和实施的其他犯罪实行数罪并罚。

司法实践中，行为人为抢劫其他财物，劫取非机动车如电动自行车、自行车当作犯罪工具或者逃跑工具使用的，被劫取非机动车的价值计入抢劫数额；为实施抢劫以外的其他犯罪劫取非机动车的，以抢劫罪和实施的其他犯罪实行数罪并罚。

⑥抢劫存折、机动车辆的数额计算，参照执行《盗窃罪解释》（法释〔2013〕8号）的相关规定。

⑦抢劫违禁品如何计算数额？《两抢意见》规定：以毒品、假币、淫秽物品等违禁品为对象，实施抢劫的，以抢劫罪定罪；抢劫的违禁品数量作为量刑情节予以考虑。抢劫违禁品后又以违禁品实施其他犯罪的，应以抢劫罪与具体实施的其他犯罪实行数罪并罚。对此规定的理解，其一，违禁品可以成

为抢劫罪的犯罪对象。司法实践中，对于毒品、假币、淫秽物品等法律禁止私人持有、占有的物品能否成为抢劫犯罪的对象有一定的争议。有的观点认为，对于法律禁止普通公民拥有的物品，公民不拥有所有权。违禁品既然是法律所禁止的东西，当然也就不具有财物性，不属于“他人财物”的范畴，不能成为抢劫罪的对象。本书认为，抢劫罪的对象并不仅是指他人的合法财产，他人违法持有、占有的、在法律意义上属于国家所有的违禁品，本质上仍然属于“他人财物”的范畴，也应属于抢劫罪的对象。应该注意的是，抢劫罪中的“他人财物”是相对于行为人而言的，且范围不限于具体的个人物品，也包括单位、集体和国家的物品。无论行为人是否明知该物品的所有权属关系，只要其主观上明知该物品不属于自己所有或不是合法持有，以暴力或暴力威胁的方法非法占有，就符合抢劫罪的特征。《全国部分法院审理毒品犯罪案件工作座谈会纪要》（大连会议纪要）对抢劫毒品的行为明确规定以抢劫罪定罪，但不计犯罪数额，根据情节轻重予以定罪量刑。其二，抢劫违禁品的量刑以情节为依据，不以数额为依据。由于违禁品不具有合法的流通性，不易认定其具有经济价值，对于行为人以抢劫罪定罪，难以认定具体的抢劫数额，因此，一般不应适用“抢劫数额巨大”的条款。但是，行为人抢劫违禁品的数量在一定程度上反映了其主观恶性的深浅以及客观危害性的大小，因此，抢劫的违禁品数量作为量刑情节予以考虑。抢劫违禁品后又以违禁品实施其他犯罪的，如贩卖毒品、出售假币、贩卖淫秽物品牟利的，应以抢劫罪与具体实施的其他犯罪实行数罪并罚。

⑧抢劫珍贵文物的如何计算抢劫数额？对此，关于抢劫方面的司法解释、规范性文件都没有涉及。《盗窃罪解释》（法释〔2013〕8 号）第九条规定：“盗窃国有馆藏一般文物、三级文物、二级以上文物的，应当分别认定为刑法第二百六十四条规定的‘数额较大’、‘数额巨大’、‘数额特别巨大’。盗窃多件不同等级国有馆藏文物的，三件同级文物可以视为一件高一级文物。盗窃民间收藏的文物的，根据本解释第四条第一款第一项的规定认定盗窃数额。”第四条第一项规定：“被盗财物有有效价格证明的，根据有效价格证明认定；无有效价格证明，或者根据价格证明认定盗窃数额明显不合理的，应当按照有关规定委托估价机构估价。”因此，抢劫珍贵文物的，应当参照盗窃文物的计算方法确定抢劫数额。

7. 正确认定“抢劫致人重伤、死亡”

（1）关于“抢劫致人重伤、死亡”的概念

“抢劫致人重伤、死亡”是指行为人实施抢劫时，因其抢劫行为致被害人重伤、死亡的。

（2）关于“抢劫致人重伤、死亡”的主观内容

既包括故意伤害、杀害被害人，又包括过失伤害、杀害被害人。法律之所以规定致人重伤、死亡，而没有规定伤害、杀害被害人，就是因为本条款规定的是结果加重犯罪，故意必须符合结果加重犯的条件。结果加重犯罪，是指法律规定的一个犯罪行为（基本犯罪），由于发生了严重结果而加重其法定刑的情况。通说认为，结果加重犯中，行为人对结果的产生包括故意和过失的内容。就故意方面，既包括直接故意，也包括间接故意。也就是说，抢劫过程中致人重伤、死亡，包括故意伤害致人重伤、死亡，也包括为抢财物不顾他人死活间接故意杀人，还包括直接故意杀人致人死亡。因为主观内容不管是直接故意、间接故意还是过失，但造成重伤、死亡的结果，都是抢劫暴力犯罪的一种结果，是抢劫罪的组成部分。另外，从抢劫的暴力行为的程度分析，是为排除妨碍，针对的是他人的身体，即健康或生命权利，这在抢劫犯罪的实施过程中是很难区分层次的；就行为性质而言，一般亦难以区分是直接故意杀人，还是间接故意杀人；是间接故意杀人，还是故意伤害致人死亡；是直接对财物所有人还是对其他在场人行凶，只有当实际危害结果发生以后，才能确定其暴力所造成的危害程度，即致人轻伤、重伤抑或死亡。而致人重伤或死亡的危害后果。如，在实施抢劫财物行为过程中，因使用暴力，如殴打、伤害、捆绑、禁闭等而致人重伤的，应当认定为抢劫致人重伤，致人死亡的，应当认定为抢劫致人死亡。

（3）关于“抢劫致人重伤、死亡”结果发生的时间范围

2001 年 5 月的《抢劫中故意杀人定罪批复》指出：行为人为劫取财物而预谋故意杀人或者在劫取财物过程中，为制服被害人反抗而故意杀人的，以抢劫罪定罪处罚。对于在实施抢劫后，为逃避罪责杀人灭口，又将被害人杀害的，则应当分别定故意杀人和抢劫两个罪，实行并罚。

该批复解决了抢劫致人死亡的时间范围和定罪问题。①凡是在劫取财物过程中，为制服被害人反抗而故意杀人的，均以抢劫罪定罪处罚。对在抢劫财物过程中致人死亡的案件，只定一个抢劫罪，符合抢劫罪的犯罪构成和基

本特征。如果对此类行为定抢劫罪、杀人罪两个罪，其杀人行为实际是实施抢劫行为的使用暴力部分。单独定罪，抢劫罪的犯罪构成已不完全；抢劫行为如果仅只抢得少量财物，又很难判处重刑。这样一来，“图财害命”这种抢劫杀人犯罪的本质特征就不能通过正确的定罪量刑得到揭示。这种既不符合法律规定，也不符合司法实际的分别定罪处刑的方法显然是不可取的。因此，凡是在实施抢劫财物行为过程中，因使用暴力，如殴打、伤害、捆绑、禁闭等行为而致人死亡的，或者直接使用暴力将人杀死的，应定抢劫罪一罪。②在劫取财物前杀人的，如果其故意内容就是为了杀害被害人而劫取财物的，则应定抢劫一罪。如果行为人不是为了劫取财物，而是因其他原因杀害被害人，杀人行为实施终了后，行为人临时起意取走被害人财物的，则应定故意杀人罪、盗窃罪，实行数罪并罚。③劫取财物后杀人，如果在劫取财物前就有杀人预谋，只是劫取财物后才实施杀人行为的，则仍然应该只定抢劫罪一罪。如果劫取财物前并无杀人预谋，但劫取财物后为灭口而故意杀人的，则以抢劫罪和故意杀人罪定罪，实行数罪并罚。

（4）正确界定抢劫行为与抢劫对象死亡结果之间的因果关系

①通说观点。对于不是典型的对被害人实施伤害、杀害行为，但被害人死亡的，如果认定抢劫行为与抢劫对象重伤、死亡后果之间的因果关系？通说认为，抢劫行为必须与被害人死亡结果之间具备因果关系不中断的条件下，即肯定抢劫对象的死亡与抢劫犯罪行为人的行为有刑法上的因果关系情况下，才能认定抢劫致人死亡情节成立。本书同意通说观点。这是认定抢劫致人死亡的关键。刑法意义上的因果关系，既要考虑行为与结果之间本身具有的引起与被引起的原因关系（条件关系），又要考虑设立此项犯罪的立法初衷。在抢劫致人死亡中，抢劫行为与被害人死亡结果之间的因果关系具有特殊性。这种因果关系不限于直接、必然因果关系，也包括间接、偶然因果关系。②正确理解抢劫致人死亡中的“致”。这里的“致”是招致、引起（后果）的含义，没有局限于直接造成。因此抢劫致人死亡，既可以解释为抢劫行为造成被害人死亡，也可以解释为因抢劫而招致被害人死亡。③抢劫行为必须与“死亡”之间存在不中断的直接因果关系。在抢劫中杀害被害人或过失致人死亡，抢劫行为与死亡结果之间具有直接、必然因果关系，毫无疑问应当认定抢劫致人死亡。在抢劫过程中，虽然并非抢劫行为直接导致被害人死亡，被害人死亡由多种因素造成，但抢劫行为是引起被害人死亡的主要原因，或

者抢劫行为与死亡结果仅仅存在偶然因果关系，只要因果关系没有中断，仍然可以认定为抢劫致人死亡。反之，如果抢劫行为发生之后，由于其他因素的介入，严重导致被害人死亡，即抢劫行为与死亡结果的因果关系中断，则不应认定抢劫致人死亡。如被害人被抢劫后，离开现场，在回家路上因车祸而死亡，或者被害人回家后认为被抢劫而自杀的，都因因果关系的中断，而不能认定为抢劫致人死亡。相反，如果在抢劫过程中，被害人为逃避抢劫在逃跑过程中跌下河流而淹死或者穿过马路被车轧死的，则应当认定为抢劫致人死亡。

（5）关于转化型抢劫而致人重伤、死亡的定罪

为抗拒抓捕而当场使用暴力或者以暴力相威胁，是盗窃罪转化为抢劫罪的条件，在盗窃罪、诈骗罪、抢夺罪转化为抢劫罪之后，盗窃的财物数额、对象和使用暴力的程度和后果，均应成为抢劫罪的量刑情节。也就是说，为抗拒抓捕而当场使用暴力致抓捕人重伤、死亡的行为，应当认定为《刑法》第二百六十三条规定的抢劫致人重伤、死亡。

8. 正确认定“冒充军警人员抢劫”

《抢劫解释》和《两抢意见》均未对“冒充军警人员抢劫”作出过规定。司法实践中，冒充军警人员抢劫的案件却时有发生，如何认定行为人的行为是否属于“冒充军警人员抢劫”，各地做法不统一，理论界也未能达成一致的学识观点。有的采取严格说，即只要行为人宣称自己是军警人员而实施抢劫的，一律认定为“冒充军警人员抢劫”。有的采取被害人感受说，即是否认定为“冒充军警人员抢劫”，以被害人是否充分地感受到行为人实施抢劫时的身份是军警人员为标准。《抢劫意见》规定了一个比较客观、可操作性较强的综合判断标准、常人判断标准，即认定“冒充军警人员抢劫”，要注重对行为人是否穿着军警制服、携带枪支、是否出示军警证件等情节进行综合审查，判断是否足以使他人误以为是军警人员。对于行为人仅穿着类似军警的服装或仅以言语宣称系军警人员但未携带枪支、也未出示军警证件而实施抢劫的，要结合抢劫地点、时间、暴力或威胁的具体情形，依照常人判断标准，确定是否认定为“冒充军警人员抢劫”。

行为人冒充军警人员抢劫时所持枪支如果不属于枪支管理法规定的枪支范围，而是利用假枪冒充军警人员的，不影响“冒充军警人员抢劫”的认定。如果持有真枪支冒充军警人员抢劫的，不能同时认定为“持枪抢劫”和“冒

充军警人员抢劫”。因为此时行为人的持枪行为，是作为冒充军警人员行为的一个组成部分的。

对于军人冒充警察或者警察冒充军人的，应当认定为“冒充军警人员抢劫”。

一些学者提出，既然“冒充军警人员抢劫”作为法定加重处罚情节，真正的军警人员实施抢劫更要作为法定加重处罚情节。针对这一争议，《抢劫意见》依照《刑法》条文的本质含义，规定军警人员利用自身的真实身份实施抢劫的，不认定为“冒充军警人员抢劫”，应依法从重处罚。

“军警人员”，是指现役军人、武装警察、公安和国家安全机关的公安民警，以及人民法院、人民检察院、监狱等部门的司法警察，不包括其他执法人员或者司法人员。

9. 正确认定“持枪抢劫”

“持枪抢劫”，是指行为人使用枪支或者向被害人显示持有、佩带的枪支进行抢劫的行为。①关于持枪。持枪包括使用枪支和向被害人显示持有、佩带的枪支两种情况。使用枪支指在抢劫时用枪支制服被害人，不一定要开枪。这里的携带，应当是显性携带。只要行为人抢劫时携带枪支，无论行为人是否实际使用了枪支，均应当认定为持枪抢劫。向被害人显示持有、佩带的枪支进行抢劫的行为，虽然在客观危害上要小于实际使用枪支进行抢劫的行为，但是对被害人起到的精神威胁、恐吓作用是相当大的，社会影响同样十分恶劣，因此，应当列入“持枪抢劫”的范围。如果行为人并未实际持有枪支，而是口头上表示有枪，或者虽然随身藏有枪支，但未持在手中，也未向被害人显示的，均不能认定符合这一情形。②关于携带枪支进行抢夺的定性。根据《刑法》第二百六十七条第二款规定，携带凶器抢夺的，依照《刑法》第二百六十三条的规定定罪处罚。因此，携带枪支进行抢夺，并显示枪支，在此情形下，携带枪支抢夺应当以抢劫罪定罪处罚。但是，不能再将此情形再认定为“持枪抢劫”。如果向被害人显示持有、佩带的枪支进行抢夺的，则认定为“持枪抢劫”。③关于枪支的范围。行为人所持有的枪支，应当是属于枪支管理法规定的枪支范围。对于使用仿真枪支进行抢劫的，虽然仿真枪支在客观上起到了对被害人进行精神强制的作用，但仿真枪支毕竟不是“真枪实弹”，行为人在客观上不可能借助枪支对被害人造成实际的人身伤害，其危害性要远远小于使用真枪。因此，不能适用本项情形规定。同理，行为人使用已经不具有射发子弹功能的废弃枪支进行抢劫的，也不能适用本情形。

10. 正确认定“抢劫军用物资或者抢险、救灾、救济物资”

（1）关于“军用物资”。①这里的“军用物资”不同于枪支、弹药、爆炸物。抢劫弹药枪支、弹药、爆炸物的，依照《刑法》第一百二十七条第二款规定，以抢劫枪支、弹药、爆炸物定罪处罚。②这里的“军用物资”，是指除武器装备以外的，供军事上使用的其他物品，如军用被服、粮秣、油料、建筑材料、药品等，包括正在使用的和储存备用的军事物资。③这里的“军用物资”不包括已确定报废的军事物资，因为已报废的军事物资不能直接形成部队的战斗力。④这里的“军用物资”不包括公安警察的警用物资，但是武警部队的警用物资除外，因为武警部队在我国属于军队性质。

（2）“抢险、救灾、救济物资”，是指抢险、救灾、救济用途已经明确的物资，包括正处于保管、运输或者使用中的。如果是抢劫曾经用于抢险、救灾、救济方面工作，但已不再属于这种特定性质的物资，则不能认定符合本项情形。

（3）对于抢劫军用物资或者抢险、救灾、救济物资的行为，必须查明行为人是否明知而实施；如果行为人事前或者事中并不知道其所抢劫的物资属于这种特定性质的，也不能适用本项情形的规定。但是，如果误将军用物资当作抢险、救灾、救济物资或者误将抢险、救灾、救济物资当成军用物资抢劫，仍然适用“抢劫军用物资或者抢险、救灾、救济物资”的规定。

11. 注重法律和司法解释、司法文件对抢劫犯罪从重处罚特别规定的运用

虽然《刑法》本身只规定了八种加重处罚情节，未对从重处罚作特别规定。但由于抢劫犯罪危害的严重性，在一些特定情形下，有关法律、司法解释、司法文件还是对抢劫犯罪的从重处罚作了特别规定，司法实践中应当严格遵循。

（1）《铁路法》第六十五条第一款规定，在列车内，抢劫旅客财物，伤害旅客的，依照刑法有关规定从重处罚。

（2）《抢劫意见》第一条规定，对于多次结伙抢劫，针对农村留守妇女、儿童及老人等弱势群体实施抢劫，在抢劫中实施强奸等暴力犯罪的，要在法律规定的量刑幅度内从重判处。

（3）《抢劫意见》第二条规定，军警人员利用自身的真实身份实施抢劫的，不认定为“冒充军警人员抢劫”，应依法从重处罚。

（4）《妨害预防、控制突发传染病疫情解释》第九条规定："在预防、控制突发传染病疫情等灾害期间，聚众'打砸抢'，致人伤残、死亡的，依照刑法第二百八十九条、第二百三十四条、第二百三十二条的规定，以故意伤害罪或者故意杀人罪定罪，依法从重处罚。对毁坏或者抢走公私财物的首要分子，依照刑法第二百八十九条、第二百六十三条的规定，以抢劫罪定罪，依法从重处罚。"

12. 累犯等情节的适用

根据《刑法》第六十五条第一款的规定，对累犯应当从重处罚。但是，如何从重，从重的力度如何掌握，在实务中有一定的随意性。针对抢劫犯罪的具体情况，《抢劫意见》对累犯的从重处罚，制定了三个适用原则。

（1）综合考虑原则。抢劫犯罪被告人具有累犯情节的，适用刑罚时要综合考虑犯罪的情节和后果，所犯前后罪的性质、间隔时间及判刑轻重等情况，决定从重处罚的力度。

（2）考察前罪犯罪性质原则。对于前罪系抢劫等严重暴力犯罪的累犯，应当依法加大从重处罚的力度。对于虽不构成累犯，但具有抢劫犯罪前科的，一般不适用减轻处罚和缓刑。

（3）累犯对死刑适用的作用有限原则。对于可能判处死刑的罪犯具有累犯情节的也应慎重，不能只要是累犯就一律判处死刑立即执行；被告人同时具有累犯和法定从宽处罚情节的，判处死刑立即执行应当综合考虑，从严掌握。

13. 正确处理共同犯罪案件

司法实践中，共同抢劫犯罪的案件数量非常多，新情况、新问题也不少，为进一步加强对这方面的审判指导，同时也可供审理其他案件的共同犯罪借鉴，《抢劫意见》根据刑法关于共同犯罪的有关规定，结合司法实践经验，在主从犯的区分，对同是主犯及同是从犯的罪责区分、刑罚适用以及共同抢劫只致一人死亡的死刑适用作了详细的规定。

（1）主从犯的区分。《抢劫意见》指出，审理抢劫共同犯罪案件，应当充分考虑共同犯罪的情节及后果、共同犯罪人在抢劫中的作用以及被告人的主观恶性、人身危险性等情节，做到准确认定主从犯，分清罪责，以责定刑，罚当其罪。实务中，审判人员要依照刑法关于主从犯的规定，依照《抢劫意见》提供的方法论，准确区分主从犯。

另外，《抢劫意见》还根据共同犯罪中有同案在逃犯时如何区分罪责及如何量刑作了规定，指出：应当根据现有证据尽量分清在押犯与在逃犯的罪责，对在押犯应按其罪责处刑。罪责确实难以分清，或者不排除在押犯的罪责可能轻于在逃犯的，对在押犯适用刑罚应当留有余地，判处死刑立即执行要格外慎重。

（2）对同是主犯及同是从犯的罪责区分、刑罚适用。《抢劫意见》针对抢劫案件常常出现一案有两名以上主犯或者从犯，而实务中不太注意再作细分罪责的实际情况，规定了如何更加细分罪责的内容。一案中有两名以上主犯的，要从犯罪提意、预谋、准备、行为实施、赃物处理等方面区分出罪责最大者和较大者。对于一案有两名以上从犯的，要在从犯中区分出罪责相对更轻者和较轻者。

对于从犯的处罚，《刑法》第二十七条规定，应当从轻、减轻或者免除处罚，但是，《抢劫意见》根据抢劫犯罪侵犯人身、财产，社会危害相对于其他侵财型案件更大的实际情况，要求根据案件的具体事实、从犯的罪责，确定从轻还是减轻处罚。也就是说，对抢劫案件的从犯，一般情况下不适用免除处罚。只有具有自首、立功或者未成年人且初次抢劫等情节的从犯，才可以依法免除处罚。这样规定更加限缩了法官自由裁量权的空间，特别是避免了法官随意对抢劫犯罪从犯适用免除处罚的可能性。

（3）共同致一人死亡案件如何适用死刑？《抢劫意见》确立了一般只判处一名主犯死刑的原则，即除犯罪手段特别残忍、情节及后果特别严重、社会影响特别恶劣、严重危害社会治安的外，一般只对共同抢劫犯罪中作用最突出、罪行最严重的那名主犯判处死刑立即执行。罪行最严重的主犯如因系未成年人而不适用死刑，或者因具有自首、立功等法定从宽处罚情节而不判处死刑立即执行的，不能不加区别地对其他主犯判处死刑立即执行。

14. 正确理解和适用抢劫案件附带民事赔偿的处理原则

抢劫案件的被告人积极赔偿并获得被害人或其家属谅解的，能否在量刑上有所体现。这是司法实践中争议比较多的一个问题。对此，主要从三个方面考虑：（1）坚持将抢劫犯罪的民事赔偿区别于其他刑事案件民事赔偿原则。抢劫犯罪一般是对社会上不特定人员的犯罪，犯罪性质严重，社会危害性大，民事赔偿对于量刑所起的作用应当有别于其他刑事案件，尤其应当有别于因民间纠纷引发的刑事案件。（2）坚持人民法院一般不主动做调解工作原则。

这是由抢劫犯罪的性质和社会危害性所决定的，也体现法院审理抢劫案件始终保持严厉打击的高压态势。当然，也不反对被告人与被害方自动达成民事赔偿协议。(3) 坚持民事赔偿对量刑的影响有限原则。虽然说具体到每个抢劫案件，还是有特定的被害人的。对这些具体案件特定被害人，能否及时进行救治、经济损失能否得到必要补偿、精神伤害能否得到抚慰，都是有意义的。而被告人的民事赔偿情况，确实也能反映出被告人主观恶性和人身危险程度的高低，体现出其认罪、悔罪态度，故在特定条件下，亦可作为量刑考虑情节。但是，在最终决定从轻与否以及从轻处罚的力度时，不能脱离被告人的犯罪事实、犯罪性质、犯罪情节、犯罪后果以及对裁判的预判和评价。特别是对罪行极其严重、社会危害极大的案件，不能简单地依据被告人的民事赔偿情况或者被害人及其亲属对被告人的谅解决定量刑的轻重，更不能因此而决定是否判处死刑，要杜绝“花钱买命”的现象。根据以上理由，《抢劫意见》规定：要妥善处理抢劫案件附带民事赔偿工作。审理抢劫刑事案件，一般情况下人民法院不主动开展附带民事调解工作。但是，对于犯罪情节不是特别恶劣或者被害方生活、医疗陷入困境，被告人与被害方自行达成民事赔偿和解协议的，民事赔偿情况可作为评价被告人悔罪态度的依据之一，在量刑上酌情予以考虑。

15. **关于量刑规范化问题**

《量刑指导意见（试行)》对抢劫罪的量刑作了如下规定：

(1) 构成抢劫罪的，根据下列情形在相应的幅度内确定量刑起点：

①抢劫一次的，在三年至六年有期徒刑幅度内确定量刑起点。

②有下列情形之一的，在十年至十三年有期徒刑幅度内确定量刑起点；入户抢劫的；在公共交通工具上抢劫的；抢劫银行或者其他金融机构的；抢劫三次或者抢劫数额达到巨大起点的；抢劫致一人重伤的；冒充军警人员抢劫的：持枪抢劫的；抢劫军用物资或者抢险、救灾、救济物资的。依法应当判处有期徒刑以上刑罚的除外。

(2) 在量刑起点的基础上，根据抢劫情节严重程度、抢劫次数、数额、致人伤害后果等其他影响犯罪构成的犯罪事实增加刑罚量，确定基准刑。

(3) 实践中需要注意的是：其一，对于同时具有《刑法》第二百六十三条规定的八种加重处罚情形中两种以上情形的，一般以危害较重的一种作为基本犯罪构成事实，其他情形作为增加刑罚量的事实，在量刑起点的基础上增加刑罚量确定基准刑。例如，对于多次抢劫、致一人重伤、抢劫数额巨大的案件，一般以危害较重的抢劫致人重伤的情形作为基本犯罪构成事实，用来确定量刑起点，多次抢劫、抢劫数额巨大的事实，作为增加刑罚量的事实，在量刑起点的基础上增加刑罚量，确定基准刑。其二，对于具有八种加重处罚情形的，量刑时要特别注重定性分析，综合全案犯罪事实和情节，依法应当判处无期徒刑以上刑罚的，可依法直接判处，不再适用《量刑指导意见（试行）》。

16. 关于抢劫案件的无期徒刑、死刑适用问题

抢劫是严重侵犯公民人身权利和财产权利，严重危害社会治安的犯罪。对抢劫刑事案件适用死刑，应当继续贯彻执行“保留死刑，严格控制和慎重适用死刑”的刑事政策，对于手段极其残忍，情节、后果极其严重的抢劫犯罪分子，要依法严惩。在决定适用死刑时，要综合考虑抢劫犯罪的动机、目的、手段、后果以及被告人的主观恶性、人身危险性等因素，并结合考虑案发当地的治安状况及犯罪行为对人民群众安全感的影响，确保刑事判决实现法律效果和社会效果的统一；同时，必须以最严格的标准和最审慎的态度，确保死刑只适用于极少数罪行极其严重的抢劫犯罪分子。对被判处死刑缓期二年执行的抢劫犯罪分子，根据罪犯等情况，可以同时决定对其限制判刑。一直以来，死刑问题都是相当敏感的。《抢劫意见》第一次以公开文件的形式，对抢劫犯罪如何适用无期徒刑以上刑罚和适用死刑的范围作了严格限定。

（1）明确判处无期徒刑以上刑罚的适用范围。《刑法》第二百六十三条规定具有八种情形之一的，量刑幅度为十年以上有期徒刑、无期徒刑或者死刑，跨度很大，法官自由裁量的空间也较大。法定刑的可选择性和法官较大的自由裁量权是一柄双刃剑，运用得当，可以限制和减少死刑的适用；运用失当，也可以扩大死刑的适用。从这个角度讲，应当注意慎用死刑。为此，《抢劫意见》依照罪责刑相适应的原则，在刑法规定的量刑框架内，参照量刑规范化的方法，根据“严格控制仅具有一种法定加重情节的无期徒刑以上刑罚适用”的思路，细化了判处无期徒刑以上刑罚的适用条件，从而防止了量刑上的随意性。《抢劫意见》规定：具有下列情形之一的，可以判处无期徒刑以上刑罚：①抢劫致三人以上重伤，或者致人重伤造成严重残疾的：②在抢劫过程中故意杀害他人，或者故意伤害他人，致人死亡的；③具有除“抢劫致人重伤、死亡”外的两种以上加重处罚情节，或者抢劫次数特别多、抢劫数额特别巨大的。

根据《抢劫意见》规定，除以上三种情形外，均不能判处无期徒刑以上刑罚，更不能判处死刑。明确地说，即仅具有入户抢劫，或者在公共交通工具上抢劫，或者抢劫银行或者其他金融机构，或者冒充军警人员抢劫，或者持枪抢劫，或者抢劫军用物资或者抢险、救灾、救济物资中的一种情节的，《抢劫意见》是排除适用无期徒刑以上刑罚的。

需要说明的是，刑法条文和以往的司法解释、规范性司法文件均未出现过“抢劫次数特别多”“抢劫数额特别巨大”的用词。我们认为，“抢劫数额特别巨大”，可以参考盗窃罪数额巨大的认定标准来确定。而抢劫次数特别多，则没有参考依据，可根据具体案件的具体情况确定。但是，有一点是明确的，次数特别多，指的是非常多而不是一般多，比如几十次。各地在如何认定抢劫数额特别巨大、抢劫次数特别多的问题上，可加强总结，待条件成熟时，可由最高人民法院统一规定具体认定标准。

（2）严格限制死刑适用范围。抢劫罪如何适用死刑，一直是有争议的。但是，司法实践中已经形成比较成熟的做法，在一般情况下，“没有人命就不判死刑”。我们认为，这一经验值得总结，但是不能反过来说，有人命就必须判处死刑。在广泛征求意见，充分总结经验的基础上，《抢劫意见》对抢劫案件的死刑适用提出了非常严格的标准。其主要内容体现在三个方面：①具有抢劫致人死亡情节为抢劫案件适用死刑的重点，但并非凡是具有致人死亡的一律判处死刑。《抢劫意见》规定，为劫取财物而预谋故意杀人，或者在劫取财物过程中为制服被害人反抗、抗拒抓捕而杀害被害人，且被告人无法定从宽处罚情节的，可依法判处死刑立即执行。对具有自首、立功等法定从轻处罚情节的，判处死刑立即执行应当慎重。对于采取故意杀人以外的其他手段实施抢劫并致人死亡的案件，要从犯罪的动机、预谋、实行行为等方面分析被告人主观恶性的大小，并从有无前科及平时表现、认罪悔罪情况等方面判断被告人的人身危险程度，不能不加区别，仅以出现被害人死亡的后果，一律判处死刑立即执行。②对具有抢劫致人重伤情节的案件适用死刑，除非有特殊情节，否则一般不适用死刑。《抢劫意见》规定，抢劫致人重伤案件适用死刑，应当更加慎重、更加严格，除非具有采取极其残忍的手段造成被害人严重残疾等特别恶劣的情节或者造成特别严重后果的，一般不判处死刑立即执行。司法实务中，要避免简单以重伤人数决定是否适用死刑的做法，坚持以“具有采取极其残忍的手段造成被害人严重残疾等特别恶劣的情节或者造成特别严重后果”为抢劫致人重伤案件适用死刑的条件。③对不具有“抢劫致人重伤、死亡”情节的抢劫案件，一般排除死刑适用。不能简单以法定加重处罚情节的种数或者抢劫数额、抢劫次数作为适用死刑的条件。据此，《抢劫意见》规定，具有《刑法》第二百六十三条规定的“抢劫致人重伤、死亡”以外其他七种加重处罚情节，且犯罪情节特别恶劣、危害后果特别严重的，可依法判处死刑立即执行。认定“情节特别恶劣、危害后果特别严重”，应当从严掌握，适用死刑必须非常慎重、非常严格。要根据抢劫的次数及数额、抢劫对人身的损害、对公共安全的危害等情况，结合被告人的主观恶性及人身危险程度综合考虑。仅具有规定的七种加重处罚情节之一的，认定为“情节特别恶劣、危害后果特别严重”要特别慎重。即使具有多个加重处罚情节的，也不能不加区别，一律判处死刑立即执行。

二、盗窃罪

（一）刑法规定

第二百六十四条[①] 盗窃公私财物，数额较大的，或者多次盗窃、入户盗窃、携带凶器盗窃、扒窃的，处三年以下有期徒刑、拘役或者管制，并处或者单处罚金；数额巨大或者有其他严重情节的，处三年以上十年以下有期徒刑，并处罚金；数额特别巨大或者有其他特别严重情节的，处十年以上有期徒刑或者无期徒刑，并处罚金或者没收财产。

第二百六十五条 以牟利为目的，盗接他人通信线路、复制他人电信码号或者明知是盗接、复制的电信设备、设施而使用的，依照本法第二百六十四条的规定定罪处罚。

第一百九十六条第三款 盗窃信用卡并使用的，依照本法第二百六十四条的规定定罪处罚。

---

① 本条经2011年2月25日《刑法修正案（八）》第三十九条修正。

1997年《刑法》第二百六十四条规定：“盗窃公私财物，数额较大或者多次盗窃的，处三年以下有期徒刑、拘役或者管制，并处或者单处罚金；数额巨大或者有其他严重情节的，处三年以上十年以下有期徒刑，并处罚金；数额特别巨大或者有其他特别严重情节的，处十年以上有期徒刑或者无期徒刑，并处罚金或者没收财产；有下列情形之一的，处无期徒刑或者死刑，并处没收财产：（一）盗窃金融机构，数额特别巨大的；（二）盗窃珍贵文物，情节严重的。”

第二百一十条第一款　盗窃增值税专用发票或者可以用于骗取出口退税、抵扣税款的其他发票的，依照本法第二百六十四条的规定定罪处罚。

第二百五十三条　邮政工作人员私自开拆或者隐匿、毁弃邮件、电报的，处二年以下有期徒刑或者拘役。

犯前款罪而窃取财物的，依照本法第二百六十四条的规定定罪从重处罚。

第二百八十七条　利用计算机实施金融诈骗、盗窃、贪污、挪用公款、窃取国家秘密或者其他犯罪的，依照本法有关规定定罪处罚。

（二）司法解释、司法文件及其权威解读

1. 最高人民法院、最高人民检察院关于办理盗窃刑事案件适用法律若干问题的解释（法释〔2013〕8号，自2013年4月4日起施行）

为依法惩治盗窃犯罪活动，保护公私财产，根据《中华人民共和国刑法》、《中华人民共和国刑事诉讼法》的有关规定，现就办理盗窃刑事案件适用法律的若干问题解释如下：

第一条　盗窃公私财物价值一千元至三千元以上、三万元至十万元以上、三十万元至五十万元以上的，应当分别认定为刑法第二百六十四条规定的“数额较大”、“数额巨大”、“数额特别巨大”。

各省、自治区、直辖市高级人民法院、人民检察院可以根据本地区经济发展状况，并考虑社会治安状况，在前款规定的数额幅度内，确定本地区执行的具体数额标准，报最高人民法院、最高人民检察院批准。

在跨地区运行的公共交通工具上盗窃，盗窃地点无法查证的，盗窃数额是否达到“数额较大”、“数额巨大”、“数额特别巨大”，应当根据受理案件所在地省、自治区、直辖市高级人民法院、人民检察院确定的有关数额标准认定。

盗窃毒品等违禁品，应当按照盗窃罪处理的，根据情节轻重量刑。

第二条　盗窃公私财物，具有下列情形之一的，“数额较大”的标准可以按照前条规定标准的百分之五十确定：

（一）曾因盗窃受过刑事处罚的；

（二）一年内曾因盗窃受过行政处罚的；

（三）组织、控制未成年人盗窃的；

（四）自然灾害、事故灾害、社会安全事件等突发事件期间，在事件发生

地盗窃的；

（五）盗窃残疾人、孤寡老人、丧失劳动能力人的财物的；

（六）在医院盗窃病人或者其亲友财物的；

（七）盗窃救灾、抢险、防汛、优抚、扶贫、移民、救济款物的；

（八）因盗窃造成严重后果的。

第三条 二年内盗窃三次以上的，应当认定为“多次盗窃”。

非法进入供他人家庭生活，与外界相对隔离的住所盗窃的，应当认定为“入户盗窃”。

携带枪支、爆炸物、管制刀具等国家禁止个人携带的器械盗窃，或者为了实施违法犯罪携带其他足以危害他人人身安全的器械盗窃的，应当认定为“携带凶器盗窃”。

在公共场所或者公共交通工具上盗窃他人随身携带的财物的，应当认定为“扒窃”。

第四条 盗窃的数额，按照下列方法认定：

（一）被盗财物有有效价格证明的，根据有效价格证明认定；无有效价格证明，或者根据价格证明认定盗窃数额明显不合理的，应当按照有关规定委托估价机构估价；

（二）盗窃外币的，按照盗窃时中国外汇交易中心或者中国人民银行授权机构公布的人民币对该货币的中间价折合成人民币计算；中国外汇交易中心或者中国人民银行授权机构未公布汇率中间价的外币，按照盗窃时境内银行人民币对该货币的中间价折算成人民币，或者该货币在境内银行、国际外汇市场对美元汇率，与人民币对美元汇率中间价进行套算；

（三）盗窃电力、燃气、自来水等财物，盗窃数量能够查实的，按照查实的数量计算盗窃数额；盗窃数量无法查实的，以盗窃前六个月月均正常用量减去盗窃后计量仪表显示的月均用量推算盗窃数额；盗窃前正常使用不足六个月的，按照正常使用期间的月均用量减去盗窃后计量仪表显示的月均用量推算盗窃数额；

（四）明知是盗接他人通信线路、复制他人电信码号的电信设备、设施而使用的，按照合法用户为其支付的费用认定盗窃数额；无法直接确认的，以合法用户的电信设备、设施被盗接、复制后的月缴费额减去被盗接、复制前六个月的月均电话费推算盗窃数额；合法用户使用电信设备、设施不足六个月的，按照实际使用的月均电话费推算盗窃数额；

（五）盗接他人通信线路、复制他人电信码号出售的，按照销赃数额认定盗窃数额。

盗窃行为给失主造成的损失大于盗窃数额的，损失数额可以作为量刑情节考虑。

第五条　盗窃有价支付凭证、有价证券、有价票证的，按照下列方法认定盗窃数额：

（一）盗窃不记名、不挂失的有价支付凭证、有价证券、有价票证的，应当按票面数额和盗窃时应得的孳息、奖金或者奖品等可得收益一并计算盗窃数额；

（二）盗窃记名的有价支付凭证、有价证券、有价票证，已经兑现的，按照兑现部分的财物价值计算盗窃数额；没有兑现，但失主无法通过挂失、补领、补办手续等方式避免损失的，按照给失主造成的实际损失计算盗窃数额。

第六条　盗窃公私财物，具有本解释第二条第三项至第八项规定情形之一，或者入户盗窃、携带凶器盗窃，数额达到本解释第一条规定的“数额巨大”、“数额特别巨大”百分之五十的，可以分别认定为刑法第二百六十四条规定的“其他严重情节”或者“其他特别严重情节”。

第七条　盗窃公私财物数额较大，行为人认罪、悔罪，退赃、退赔，且具有下列情形之一，情节轻微的，可以不起诉或者免予刑事处罚；必要时，由有关部门予以行政处罚：

（一）具有法定从宽处罚情节的；

（二）没有参与分赃或者获赃较少且不是主犯的；

（三）被害人谅解的；

（四）其他情节轻微、危害不大的。

第八条　偷拿家庭成员或者近亲属的财物，获得谅解的，一般可不认为是犯罪；追究刑事责任的，应当酌情从宽。

第九条　盗窃国有馆藏一般文物、三级文物、二级以上文物的，应当分别认定为刑法第二百六十四条规定的“数额较大”、“数额巨大”、“数额特别巨大”。

盗窃多件不同等级国有馆藏文物的，三件同级文物可以视为一件高一级文物。

盗窃民间收藏的文物的，根据本解释第四条第一款第一项的规定认定盗窃数额。

第十条 偷开他人机动车的，按照下列规定处理：

（一）偷开机动车，导致车辆丢失的，以盗窃罪定罪处罚；

（二）为盗窃其他财物，偷开机动车作为犯罪工具使用后非法占有车辆，或者将车辆遗弃导致丢失的，被盗车辆的价值计入盗窃数额；

（三）为实施其他犯罪，偷开机动车作为犯罪工具使用后非法占有车辆，或者将车辆遗弃导致丢失的，以盗窃罪和其他犯罪数罪并罚；将车辆送回未造成丢失的，按照其所实施的其他犯罪从重处罚。

第十一条 盗窃公私财物并造成财物损毁的，按照下列规定处理：

（一）采用破坏性手段盗窃公私财物，造成其他财物损毁的，以盗窃罪从重处罚；同时构成盗窃罪和其他犯罪的，择一重罪从重处罚；

（二）实施盗窃犯罪后，为掩盖罪行或者报复等，故意毁坏其他财物构成犯罪的，以盗窃罪和构成的其他犯罪数罪并罚；

（三）盗窃行为未构成犯罪，但损毁财物构成其他犯罪的，以其他犯罪定罪处罚。

第十二条 盗窃未遂，具有下列情形之一的，应当依法追究刑事责任：

（一）以数额巨大的财物为盗窃目标的；

（二）以珍贵文物为盗窃目标的；

（三）其他情节严重的情形。

盗窃既有既遂，又有未遂，分别达到不同量刑幅度的，依照处罚较重的规定处罚；达到同一量刑幅度的，以盗窃罪既遂处罚。

第十三条 单位组织、指使盗窃，符合刑法第二百六十四条及本解释有关规定的，以盗窃罪追究组织者、指使者、直接实施者的刑事责任。

第十四条 因犯盗窃罪，依法判处罚金刑的，应当在一千元以上盗窃数额的二倍以下判处罚金；没有盗窃数额或者盗窃数额无法计算的，应当在一千元以上十万元以下判处罚金。

第十五条 本解释发布实施后，《最高人民法院关于审理盗窃案件具体应用法律若干问题的解释》（法释〔1998〕4号）同时废止；之前发布的司法解释和规范性文件与本解释不一致的，以本解释为准。

权威解读

解读《最高人民法院、最高人民检察院关于办理盗窃刑事案件适用法律若干问题的解释》

为依法惩治盗窃犯罪，保护公私财产，最高人民法院、最高人民检察院制定了《关于办理盗窃刑事案件适用法律若干问题的解释》（以下简称《盗窃罪解释》）。《盗窃罪解释》于2013年3月8日由最高人民法院审判委员会第1571次会议、2013年3月18日由最高人民检察院第十二届检察委员会第1次会议讨论通过，自2013年4月4日施行。现对《盗窃罪解释》的出台背景及主要内容介绍如下。

一、《盗窃罪解释》的出台背景及制定过程

盗窃罪是最为常见多发的一类犯罪，历年来，在人民法院审理的各类刑事案件中，数量一直居首位。1997年《刑法》修改后，为准确适用法律，最高人民法院及时制定了《关于审理盗窃案件具体应用法律若干问题的解释》（法释〔1998〕4号，以下简称《98年盗窃罪解释》），明确了盗窃犯罪的具体定罪量刑标准，对盗窃案件审理中的疑难、复杂、争议问题作了相应规定，对于规范法律适用，依法惩治盗窃犯罪，发挥了重要作用。

《98年盗窃罪解释》施行至今的十余年间，我国经济社会发展迅速，盗窃犯罪案件的办理出现了一些新的情况和问题，鉴此，2009年，最高人民法院着手研究起草新的盗窃罪司法解释。后因在解释制定过程中，《刑法修正案（八）》对盗窃罪的规定作了重大修改，将入罪条件由原来规定的“数额较大或者多次盗窃”修改为“数额较大的，或者多次盗窃、入户盗窃、携带凶器盗窃、扒窃”，而各方面对有关问题的认识存在较大分歧，为充分把握实践情况，解释制定工作暂时停止。

经过一段时间司法实践经验的积累，“两高”决定联合起草新的盗窃罪司法解释，并很快形成了征求意见稿。其后，经召开专家论证会讨论，征求全国人大常委会法工委、公安部、司法部等部门，“两高”各有关业务庭、厅、室及各省、自治区、直辖市高级人民法院、人民检察院的意见，对解释稿作了多次修改完善。2013年3月8日、3月18日，最高人民法院审判委员会、最高人民检察院检察委员会分别讨论通过了《盗窃罪解释》。

二、《盗窃罪解释》主要内容及理解适用

《盗窃罪解释》根据修改后的刑法规定，结合审判实践，分为十五个条文，对办理盗窃刑事案件中适用法律的普遍性问题作出了具体规定。

（一）关于盗窃犯罪“数额较大”“数额巨大”“数额特别巨大”的认定标准

《盗窃罪解释》第一条、第二条在综合考虑近年来我国经济社会发展状况和社会治安状况基础上，立足于更好体现宽严相济刑事政策精神，对盗窃犯罪“数额较大”“数额巨大”“数额特别巨大”的认定标准作出了新的规定。

1. 关于盗窃“数额较大”“数额巨大”“数额特别巨大”的一般认定标准。《盗窃罪解释》第一条第一款、第二款规定，盗窃公私财物价值一千元至三千元以上、三万元至十万元以上、三十万元至五十万元以上的，应当分别认定为《刑法》第二百六十四条规定的“数额较大”“数额巨大”“数额特别巨大”。各省、自治区、直辖市高级人民法院、人民检察院可以根据本地区经济发展状况，并考虑社会治安状况，在本解释规定的数额幅度内，确定本地区执行的具体数额标准，报最高人民法院、最高人民检察院批准。

与《98 年盗窃罪解释》相比，《盗窃罪解释》对“数额较大”的认定标准作了大幅调整，即由五百元至二千元提高至一千元至三千元，同时对“数额巨大”“数额特别巨大”的标准作了较大幅度的提高。这主要是考虑：其一，盗窃犯罪是侵财型犯罪，其定罪量刑标准应当与经济社会发展状况相适应。而据统计，1997 年全国城镇居民人均可支配收入 5160 元，农村居民人均纯收入 2090 元；2012 年全国城镇居民人均可支配收入 23903 元，农村居民人均纯收入 7724 元，分别比 1997 年增长 4.6 倍和 3.7 倍。其二，近年出台的有关财产犯罪的司法解释均对有关数额认定标准作了相应调整。如 2011 年“两高”《诈骗罪解释》将诈骗“数额较大”“数额巨大”“数额特别巨大”的认定标准分别由原来规定的二千元以上、三万元以上、二十万元以上调整为三千元至一万元以上、三万元至十万元以上、五十万元以上。对盗窃罪数额标准的确定，应当与类似犯罪相协调。其三，对盗窃罪数额标准的设定，要综合考虑经济社会发展状况和社会治安状况。当前，盗窃罪仍处于高发态势，为有效维护人民群众的安全感，对入罪数额标准不宜作大幅提高。而适应近年来我国经济快速发展的实际，适当提高盗窃“数额巨大”“数额特别巨大”的认定标准，并拉大幅度空间，则有利于更好体现罪责刑相适应原则，更好适应各地经济发展不平衡的实际。

2. 关于盗窃“数额较大”认定标准的特别规定。《盗窃罪解释》第二条规定，盗窃公私财物，具有下列情形之一的，“数额较大”的标准可以按照

《盗窃罪解释》第一条规定标准的百分之五十确定："（一）曾因盗窃受过刑事处罚的；（二）一年内曾因盗窃受过行政处罚的；（三）组织、控制未成年人盗窃的；（四）自然灾害、事故灾害、社会安全事件等突发事件期间，在事件发生地盗窃的；（五）盗窃残疾人、孤寡老人、丧失劳动能力人的财物的；（六）在医院盗窃病人或者其亲友财物的；（七）盗窃救灾、抢险、防汛、优抚、扶贫、移民、救济款物的；（八）因盗窃造成严重后果的。"

规定本条主要是考虑：对于盗窃犯罪而言，盗窃数额固然是影响定罪量刑的重要情节，但除此之外，行为人的一贯表现、犯罪方式、盗窃对象等也是影响社会危害性的重要因素。在综合考虑有关情节基础上，对盗窃"数额较大"的标准作出特别规定，可以避免"唯数额论"的不足，更好贯彻罪责刑相适应刑法基本原则和主客观相统一刑法原理。关于本条，需特别说明以下几点：

（1）本条第一项和第二项是根据实践中盗窃违法犯罪分子不少有前科的实际，为强化对此类屡教不改者的惩治效果而设置的。起草过程中，对于该两项规定，曾有不同认识。有意见提出，其存在双重评价问题；特别是对曾因盗窃受过刑事处罚同时又符合累犯成立条件的行为人，如一方面降低入罪数额门槛，另一方面又按照累犯从重处罚，有双重从重之嫌。经研究认为，本条是对盗窃"数额较大"所作的特别规定；根据本条，盗窃数额达到《解释》第一条规定标准的百分之五十，并具有相应情形的，即属于法律规定的"数额较大"。换言之，本条是在法律规定的框架内，对盗窃"数额较大"的具体认定标准所作的解释。故对根据本条已构成盗窃罪的行为人，如同时符合累犯成立条件的，依法从重处罚，并不存在双重从重问题。对此，有关部门，包括立法机关，都不持异议。当然，由于已将累犯作为定罪情节考虑，体现了对累犯从严惩处的立法精神，因此，在具体量刑时，要掌握好从重处罚的幅度，不宜增加过多的刑罚量，以实现罪行相适应。

（2）关于本条第一项"曾因盗窃受过刑事处罚的"规定中"盗窃"的理解。有意见提出，此处的"盗窃"，应理解为符合盗窃罪构成要件的行为，即不仅包括以盗窃罪定罪处罚的行为，也包括因法条竞合等关系虽以其他罪名（如破坏电力设备罪等）定罪处罚，但同时符合盗窃罪构成要件的行为。经进一步研究，对该项规定中"盗窃"，应理解为仅指盗窃罪。主要考虑：其一，对《盗窃罪解释》中"盗窃"的一词，应尽可能作同一解释，否则容易造成理解适用上的困惑、混乱。其二，设置本条第一项和第二项的目的在于严惩盗窃惯犯，其数额标准仅为第一条规定标准的一半，故宜适当控制其适用范围。其三，理解为符合盗窃罪构成要件的行为，从实现罪刑均衡的角度有一定道理，但符合盗窃罪构成要件的行为包括盗窃特殊物品、因盗窃又构成其他重罪、以盗窃方式实施其他犯罪、盗窃后转化抢劫等多种情形，范围很大，审查判断难度大，且容易引发争议。

（3）本条第三项是针对组织、控制未成年人盗窃案件多发、社会危害性更为严重的实际设置的。起草过程中，有意见提出，本项规定不妥，因其与《刑法》第二百六十二条之二关于组织未成年人进行违反治安管理活动罪的规定存在竞合。经研究认为，《刑法》第二百六十二条之二的规定主要是规制组织未成年人进行违反治安管理活动的行为，而本项规定则是组织、控制未成年人实施盗窃犯罪的处理问题；根据罪责刑相适应原则，显然不可能得出这样的结论，即组织未成年人盗窃的，在任何情况下，均只能以组织未成年人进行违反治安管理活动罪论处，最高只能判七年有期徒刑；规定本项主要是为了明确，当组织、控制未成年人实施盗窃，依法应以盗窃罪论处时，可以降低定罪量刑的数额标准，即提高定罪量刑的法定刑幅度。

3. 关于在跨地区运行的公共交通工具上盗窃数额标准的适用。考虑到在公共交通工具上盗窃，有时难以查明盗窃地点，而根据《盗窃罪解释》规定，针对不同地区所适用的盗窃数额标准可能并不一致，为解决法律适用问题，《盗窃罪解释》第一条第三款特别规定，在跨地区运行的公共交通工具上盗窃，盗窃地点无法查证的，盗窃数额是否达到“数额较大”“数额巨大”“数额特别巨大”，应当根据受理案件所在地省、自治区、直辖市高级人民法院、人民检察院确定的有关数额标准认定。适用本款时应当注意：

（1）本款规定的跨地区运行的公共交通工具，包括火车、汽车、船只、航空器等各类交通工具。由于本款已包含在火车上盗窃数额标准确定的情形，《盗窃罪解释》施行后，最高人民法院、最高人民检察院、公安部于1999年2月4日发布《关于铁路运输过程中盗窃罪数额认定标准问题的规定》（公发〔1999〕4号）不再适用。本款规定的跨地区，主要是指跨省、自治区、直辖市；个别省、自治区针对本省、自治区内不同市、州经济发展状况差异较大的实际，设置了有区别的盗窃数额标准的，则跨地区也包括跨市、州。

（2）对在跨地区运行的公共交通工具上盗窃的，如盗窃地点能够查明，仍应根据盗窃地有关高级人民法院、人民检察院确定的数额标准认定，只有盗窃地点无法查证的，才适用本款。

(3) 对在跨地区运行的公共交通工具上盗窃，盗窃地点无法查证的案件，应当先根据《刑事诉讼法》及有关司法解释的规定，确定案件管辖，之后根据本款，确定应当适用的盗窃数额标准。

(4) 如是在铁路运输中盗窃的案件，本款所规定的“受理案件所在地省、自治区、直辖市高级人民法院、人民检察院”应当是指对受理案件的铁路运输检察院、铁路运输法院具有领导或者指导职能的省、自治区、直辖市高级人民法院、人民检察院。如此把握主要考虑：铁路运输法院的设置与行政区划不完全一致。某基层铁路运输法院设在甲省，但其上级法院即铁路运输中级法院可能设在乙省。如基层铁路运输法院按照甲省确定的数额标准作出判决后，被告人上诉或者检察机关抗诉，就需按照乙省的标准改判，这将人为地影响判决的稳定性。

(二) 关于“多次盗窃”“入户盗窃”“携带凶器盗窃”“扒窃”的认定

《98年盗窃罪解释》第四条曾规定：“对于一年内入户盗窃或者在公共场所扒窃三次以上的，应当认定为‘多次盗窃’。”《刑法修正案(八)》将“入户盗窃”“携带凶器盗窃”“扒窃”增加规定为盗窃罪的入罪条件之后，上述规定需作相应修正；同时，实践中，对“入户盗窃”“携带凶器盗窃”“扒窃”的具体认定也存在不同认识。鉴于此，《盗窃罪解释》第三条对相关问题作出了专门明确。

1. 关于“多次盗窃”的认定。根据《刑法修正案(八)》的规定，结合司法实践情况，《盗窃罪解释》第三条第一款对“多次盗窃”作出了新的解释，规定“二年内盗窃三次以上，应当认定为‘多次盗窃’”。

2. 关于“入户盗窃”的认定。《盗窃罪解释》第三条第二款规定：“非法进入供他人家庭生活，与外界相对隔离的住所盗窃的，应当认定为‘入户盗窃’。”这一规定与最高人民法院《两抢意见》(法发〔2005〕8号)的有关内容基本一致。适用中应注意：其一，必须是非法入户后实施盗窃的，才能认定为“入户盗窃”；如是经被害人允许入户，其后见财起意，实施盗窃的，不属“入户盗窃”。其二，某一处所是否属于“户”，应结合具体情况作出认定。他人单独生活居住的居所，属于“户”；集体宿舍、旅店宾馆、工棚等，不属于户，但如其中的一个或者几个房间被确定为供他人家庭生活所用的居室，实际上具有住室的性质，且与外界相对隔离，就可以认定为“户”。

3. 关于“携带凶器盗窃”的认定。《盗窃罪解释》第三条第三款规定：“携带枪支、爆炸物、管制刀具等国家禁止个人携带的器械盗窃，或者为了实施违法犯罪携带其他足以危害他人人身安全的器械盗窃的，应当认定为‘携带凶器盗窃’。”这一规定同样借鉴了《两抢意见》的有关内容。适用中需注意：其一，对于携带国家禁止个人携带的器械以外的其他器械盗窃的，应当根据行为人携带该器械的目的、该器械的通常用途等判断其是否具有足以危害他人人身安全的危险性，认定是否属于“携带凶器盗窃”。如携带镊子、刀片等盗窃工具，或者随身携带有挂在钥匙圈上的小水果刀等，或者下班途中携带装有钳子、扳手等的工具箱进行盗窃的，不宜认定为“携带凶器盗窃”；符合扒窃特征的，可以按扒窃论处；行为人使用所携带的器械对他人进行威胁、伤害的，可以按转化型抢劫论处。其二，“携带凶器盗窃”应理解为实施盗窃行为时随身携带了凶器。虽然准备了凶器，但实施盗窃时并未将凶器带在身边，如将凶器留在停放在路边的车里，人离车寻找目标，实施盗窃、抗拒抓捕时均不能随手触及凶器，不足以危害他人人身安全的，不宜认定为“携带凶器盗窃”。至于携带的凶器是否在盗窃时对外显露，不影响行为的认定。

4. 关于“扒窃”的认定。《刑法修正案（八）》将“扒窃”与“多次盗窃”“入户盗窃”“携带凶器盗窃”并列规定为盗窃罪的入罪条件之一。根据体系解释原理，“扒窃”的不法程度、危害程度应当与“多次盗窃”“入户盗窃”“携带凶器盗窃”基本相当。据此，《盗窃罪解释》第三条第四款规定：“在公共场所或者公共交通工具上盗窃他人随身携带的财物的，应当认定为‘扒窃’。”即一方面对扒窃加以场所的限制，要求必须是在公共场所或者公共交通工具上盗窃，另一方面加以对象的限制，要求必须是盗窃他人随身携带的财物。

对于如何具体理解《盗窃罪解释》规定的“随身携带的财物”，尚存在不同认识。对于被害人携带，但不是随身携带，而是放在触手难及地方的财物，如乘坐公共交通工具时放置在行李架上的财物，不应认定为“随身携带”，对此不存在争议。对于虽已离身，但被害人放置在自己身旁、触手可及的财物，如放置在座椅旁、车筐内等的财物，应否认定为“随身携带”，尚存在较大认识分歧。

我们经研究认为，扒窃行为中“随身携带的财物”，应当限缩解释为未离身的财物，即被害人的身体与财物有接触，如装在衣服口袋内的手机、钱包，手提、肩背的包，坐躺、倚靠着的行李等。这样把握主要考虑：其一，能够恰当反映扒窃相对于普通盗窃更为严重的危害性。如被害人通过身体任何部位与财物的接触，直接占有和控制着财物，则意味着行为人通常不可能直接将整个财物偷走，而必须贴近被害人，采取掏兜、割包等手段偷走衣服和包内的财物。行为人实施这种扒窃行为，一方面显示其胆子更大，从而具有更大的主观恶性；另一方面，由于容易被人及时发觉，也易发生行为人侵害他人人身安全的严重后果，对这类行为，不论盗窃数额多少都予以定罪处罚具有合理性；反之，如财物已离身，脱离了被害人的直接占有和控制，行为人乘机窃取，相对也不容易被人及时发觉，因而引发犯罪分子制止被害人反抗从而危害其人身安全的概率就会大大降低，对窃取这类财物的，就不宜认定为"扒窃"，而应按普通盗窃处理。其二，符合立法本意。全国人大常务委员会法制工作委员会刑法室编写的《中华人民共和国刑法修正案（八）条文说明、立法理由及相关规定》一书指出："扒窃行为往往采取掏兜、割包等手法，严重侵犯公民财产和人身安全，扰乱公共场所秩序。且技术性强，多为屡抓屡放的惯犯，应当予以严厉打击。"其三，符合社会公众的一般认识。根据《现代汉语词典》的定义，"扒窃"是指"从别人身上偷窃财物"。综上，无论从立法精神还是从社会公众的一般认识看，均应当将"扒窃"解释为盗窃与被害人身体有接触，能够为被害人直接占有和控制的财物较为合理、妥当。是否贴近人身，是否同时会危及他人的人身安全应当是区别"扒窃"与普通盗窃的关键所在。

（三）关于盗窃数额的认定方法

《盗窃罪解释》第四条对盗窃数额的认定方法作出了规定，除此之外，第五条、第六条还分别对盗窃有价支付凭证、有价证券、有价票证，盗窃文物的数额认定作出了特别规定。

1. 关于盗窃数额的认定方法。《98 年盗窃罪解释》曾根据财物性质的不同，如流通领域的商品、生产领域的产品、生产资料、生活资料、农副产品、金银珠宝、文物、邮票、纪念币、残次品、半成品等，对盗窃财物的数额认定作出十分全面、具体的规定。经研究，该解释中不少规定已不适应目前经济社会发展实际，有的则难以操作，例如，对于该解释规定的"黄金、白银按国家定价计算""不属于馆藏三级以上的一般文物，包括古玩、古书画等，按国有文物商店的一般零售价计算，或者按国家文物主管部门核定的价格计算”“邮票、纪念币等收藏品、纪念品，按国家有关部门核定的价格计算”等内容，在征求意见中，国家价格认证主管部门明确提出，这些物品均不在政府定价之列，相关部门无权也未曾公布过“核定价格”。又如，该解释规定“流通领域的商品，按市场零售价的中间价格计算；属于国家定价的……”“农副产品，按农贸市场同类产品的中等价格计算”“废品，按物资回收利用部门的收购价格计算”等，而据国家价格认证主管部门介绍，目前我国90%以上商品的价格已经实行市场调节，各种商品市场条件多种多样，价格形成机制各有不同，对价格准确性、合理性认定的专业要求很高。故对有关被盗财物，如无有效证明确认其价值的，由司法人员根据市场中间价格作出认定，实际无法操作，只能交由专业机构估价，之后由司法人员根据估价意见，结合其他证据作出认定。鉴此，《盗窃罪解释》第四条对《98年盗窃罪解释》的有关规定作了较大幅度的修改。该条第四条第一款第一项首先规定了被盗财物数额认定的一般方法，明确对于被盗财物有有效价格证明的，根据有效价格证明认定；无有效价格证明或者根据价格证明认定盗窃数额明显不合理的，应当按照有关规定委托估价机构估价。其后，第二项至第五项对盗窃外币、电力、燃气、自来水，盗接他人通信线路、复制他人电信码号使用或者出售的，规定了专门的数额认定方法。

需要说明的是，《98年盗窃罪解释》曾规定，销赃数额高于按解释计算的盗窃数额的，盗窃数额按销赃数额计算。《盗窃罪解释》没有沿用这一规定。主要考虑：销赃数额高于实际盗窃数额的，被害人所遭受的损害并没有增加，以销赃数额作为盗窃数额，进而决定对行为人的定罪量刑，有失妥当。

2. 关于盗窃有价支付凭证、有价证券、有价票证（以下简称“有价票证”）的数额认定。《盗窃罪解释》第五条设两项分别对盗窃不记名、不挂失有价票证和盗窃记名有价票证的数额认定作出了规定。需要说明的是：

（1）对于盗窃不记名、不挂失的有价票证的，《98年盗窃罪解释》规定按票面数额和“案发时”应得的孳息、奖金或者奖品等可得收益一并计算盗窃数额。征求意见中，有部门提出该规定与其他财产犯罪、职务犯罪的数额认定方法不一致，应改为“盗窃时”。经研究，采纳了这一意见。

（2）《98年盗窃罪解释》规定，记名的有价支付凭证、有价证券、有价票证，如果票面价值已定并能即时兑现的，如活期存折、已到期的定期存折和已填上金额的支票，以及不需要证明手续即可提取货物的提货单等，按票面数额和案发时应得的利息或者可提货物的价值计算。如果票面价值未定，但已经兑现的，按实际兑现的财物价值计算。尚未兑现的，可作为定罪量刑的情节。不能即时兑现的记名有价支付凭证、有价证券、有价票证或者能即时兑现的有价支付凭证、有价证券、有价票证已被销毁、丢弃，而失主可以通过挂失、补领、补办手续等方式避免实际损失的，票面数额不作为定罪量刑的标准，但可作为定罪量刑的情节。经研究认为，这一规定过于繁琐；有的还存在不尽合理之处，如对于即时兑现的有价票证的，若行为人并未将其销毁、丢失，则即使未实际兑现，根据上述规定，也要以票面数额确定盗窃数额。鉴此，《盗窃罪解释》第五条第二项对上述规定作了修改，明确盗窃记名有价票证的，无论能否即时兑现，一律按行为人实际兑现的数额或者给失主造成的实际损失认定盗窃数额。

3. 关于盗窃文物的数额认定。《盗窃罪解释》第九条借鉴《98 年盗窃罪解释》的有关规定，明确并完善了盗窃文物行为的定罪量刑标准。需说明以下两点：

（1）鉴于当前文物市场活跃、文物价值不断提升的实际，为加大对文物的保护力度，《盗窃罪解释》第九条第一款提高了盗窃国有馆藏文物的定罪处罚标准，规定盗窃国有馆藏一般文物的，就应认定为盗窃财物“数额较大”；盗窃国有馆藏三级文物、二级以上文物的，应认定为“数额巨大”“数额特别巨大”。盗窃国有非馆藏文物的，也可按此标准定罪处罚。

（2）《98 年盗窃罪解释》第九条第二款规定：“一案中盗窃三级以上不同等级文物的，按照所盗文物中高级别文物的量刑幅度处罚。”有意见提出，这一规定不够清晰，如盗窃一般文物三件的，能否折算为一件三级文物？经研究认为，这应当是可以的，故《盗窃罪解释》第九条第二款对有关表述作了完善，明确“盗窃多件不同等级国有馆藏文物的，三件同级文物可以视为一件高一级文物”。

4. 关于盗窃发票的定罪量刑标准。《98 年盗窃罪解释》第十一条对盗窃增值税专用发票或者可以用于骗取出口退税、抵扣税款的其他发票的行为，明确了定罪量刑标准。《盗窃罪解释》起草过程中，经向国家有关部门了解，当前，税务系统正在推行“金税”工程。所谓“金税”工程，即对增值税专用发票和其他具有出口退税、抵扣税款功能发票的使用，除要求纸质发票外，还需与税务系统内部核发的电子发票配合使用，两者相一致，发票的功能才能实现。目前，“金税”工程已覆盖增值税专用发票及公路、内河运输发票等多票种，对于已推行“金税”工程的票种，单纯盗窃纸质发票的行为已无实际意义。鉴此，《盗窃罪解释》未再对盗窃增值税专用发票和其他具有出口退税、抵扣税款功能发票的定罪量刑标准作出专门规定。实践中遇有相关案件，如确有社会危害性，需予定罪处罚的，可参考《98年盗窃罪解释》第十一条的规定。

（四）关于“其他严重情节”“其他特别严重情节”的认定

《盗窃罪解释》第六条规定，盗窃公私财物，具有“组织、控制未成年人盗窃”“自然灾害、事故灾害、社会安全事件等突发事件期间，在事件发生地盗窃”等第二条第三项至第八项规定情形之一，或者属于“入户盗窃”“携带凶器盗窃”，数额达到本解释第一条规定的“数额巨大”“数额特别巨大”百分之五十的，可以分别认定为刑法第二百六十四条规定的“其他严重情节”“其他特别严重情节”。关于本条，实践中需注意的是：

1. 关于提档量刑的数额标准。《盗窃罪解释》第六条将《98年盗窃罪解释》规定的提档处罚的前提由“盗窃数额达到‘数额较大’或者‘数额巨大’的起点”修改为“数额达到本解释第一条规定的‘数额巨大’、‘数额特别巨大’的百分之五十”，这主要是考虑：盗窃罪属于财产犯罪，盗窃数额是反映、决定此类犯罪社会危害程度的基本因素，规定盗窃数额达到“较大”“巨大”的起点标准，具有特定情形，即可提档处罚，过于严厉，与罪刑相适应原则不尽一致。

2. 关于加重情节的设定。《98年盗窃罪解释》曾规定，对于“犯罪集团的首要分子或者共同犯罪中情节严重的主犯”“盗窃金融机构的”“流窜作案危害严重的”“累犯”，应当提档量刑。《盗窃罪解释》未再继续沿用，主要考虑：其一，1997年《刑法》已删除了主犯从重处罚的规定，再保留对首要分子、主犯可加重法定刑的规定，没有法律依据。其二，盗窃金融机构的社会危害性不一定重于其他盗窃犯罪。其三，随着经济社会发展，人口流动频繁，实践中多数盗窃犯罪由外地人员实施，再保留“流窜作案”的规定，将导致不少案件都要提档量刑，不符合罪责刑相适应原则。其四，根据《刑法》规定，累犯只能从重处罚，将累犯规定为加重法定刑的一种情形，缺乏依据。

《盗窃罪解释》制定过程中，有意见提出，“多次盗窃”“扒窃”亦应规定为提档处罚的情形。我们经研究认为，与“入户盗窃”“携带凶器盗窃”

相比，“多次盗窃”“扒窃”对公民人身的现实危险性相对要低一些，根据罪责刑相适应原则，应当有所区别，故未采纳该意见。

（五）盗窃情节轻微可不起诉或者免除处罚的认定

盗窃犯罪案件数量庞大，情形复杂，为贯彻体现宽严相济刑事政策，《盗窃罪解释》第七条规定：“盗窃公私财物数额较大，行为人认罪、悔罪，退赃、退赔，且具有下列情形之一，情节轻微的，可以不起诉或者免予刑事处罚；必要时，由有关部门予以行政处罚：（一）具有法定从宽处罚情节的；（二）没有参与分赃或者获赃较少且不是主犯的；（三）被害人谅解的；（四）其他轻微情节、危害不大的。”

既具有《盗窃罪解释》第七条规定的情形，又同时具有《盗窃罪解释》第二条规定的情形的，还能否适用第七条的规定，不起诉或者免予刑事处罚？对此《盗窃罪解释》未作明确的、一刀切的规定。这主要是考虑到司法实践中的复杂情况。一般来说，如行为人同时具有《盗窃罪解释》第二条规定的八种情形之一的，由于其盗窃情节相对严重，即使其符合《盗窃罪解释》第七条的规定，也不宜不起诉或者免予刑事处罚。但特殊情况下，如确因生活无着盗窃残疾人的少量财物，被害人表示谅解，并要求司法机关不追诉，或者未成年人盗窃少量救灾物资的，则也可以适用《盗窃罪解释》第七条的规定，作特殊处理。

（六）关于盗窃未遂的处理

《盗窃罪解释》第十二条第一款吸收《98 年盗窃罪解释》第一条第二项的规定，明确“盗窃未遂，具有下列情形之一的，应当依法追究刑事责任：（一）以数额巨大的财物为盗窃目标的；（二）以珍贵文物为盗窃目标的；（三）其他情节严重的情形”。关于盗窃未遂，目前在理论上和实践中对一些问题还存在不同认识，需要进一步研究。

1. 是否对所有盗窃未遂均应追究刑事责任？起草过程中，曾有意见提出，根据刑法规定，对于盗窃未遂的，依法都应追究刑事责任，只是可以从轻、减轻处罚，仅规定对三种情形的盗窃未遂应当追究刑事责任没有法律依据。经研究认为，《盗窃罪解释》第十二条第一款的规定并无不妥：如行为人仅以数额较大的财物为盗窃目标，最终未能得逞，通常可以认为其行为属于《刑法》第十三条后半段规定的“情节显著轻微危害不大”，依法不应作为犯罪处理，可由有关部门给予行政处罚，一律追究刑事责任不符合宽严相济刑事政策；如综合全案，认为情节严重的，例如盗窃数额已接近数额巨大，且行为人在两年前又曾因盗窃受过行政处罚的，完全可以根据《盗窃罪解释》第十二条第一款第三项的规定追究刑事责任。

2. 盗窃罪是行为犯还是结果犯？在《刑法修正案（八）》将“入户盗窃”“携带凶器盗窃”“扒窃”增加规定为盗窃罪的入罪条件之后，有观点认为，盗窃罪的形态已由结果犯转化为行为犯，换言之，对多次盗窃、入户盗窃、携带凶器盗窃、扒窃，只要行为已实施完毕，不论是否实际窃得财物、造成被害人财产损失，均应以盗窃罪既遂论处。这一认识值得商榷：

（1）关于犯罪既遂的认定标准，理论上、实践中一般采用的是“犯罪构成要件齐备说”。而判断某一要素是否为某种犯罪的构成要件、判断行为人的行为是否已具备了某种犯罪的全部构成要件，不能仅以刑法分则的条文规定为依据，还应综合考虑该种犯罪的性质以及社会公众的一般认识。以故意杀人罪为例，若仅从《刑法》第二百三十二条规定看，“故意杀人的，处……”，似乎该罪是行为犯，只要着手实施杀人行为，不论有无致人死亡，都已构成故意杀人既遂。然而，理论上、实践中没有争议地认为，故意杀人罪是结果犯；致人死亡的结果是该罪的不成文构成要件要素；只有造成致人死亡结果的，才能认定故意杀人既遂。又如抢劫罪，若仅从《刑法》第二百六十三条规定看，似乎该罪也是行为犯，只要以暴力、胁迫或者其他方法抢劫的，不论有无造成他人人身伤害、财产损失的后果，都已构成抢劫既遂，但《两抢意见》明确指出：“既未劫取财物，又未造成他人人身伤害后果的，属抢劫未遂。”类似地，对盗窃罪的构成要件要素，也不能仅从修正后《刑法》第二百六十四条的规定作出分析；盗窃罪系财产犯罪，根据传统认识、社会一般观念，应当将造成他人财产损失补充解释为该罪的构成要件要素；对实施盗窃行为但没有实际造成他人财产损失的，不应认定为盗窃既遂，只能认定为盗窃未遂。否则，难以为社会公众所理解、认同，也难以体现、贯彻罪责刑相适应的刑法基本原则。

（2）1997年修订《刑法》时，实际已对盗窃罪入罪条件有过修改，即将“多次盗窃”补充规定为该罪的入罪条件之一。但《刑法》作出上述修改后，理论上、实践中并未因此认为盗窃罪的性质已发生变化；对于多次盗窃但未实际造成他人财产损失的，也应认定盗窃既遂，而是仍然认为，盗窃罪属于结果犯；只有实际造成被害人财产损失的才能认定盗窃既遂。《刑法修正案

（八）》进一步将“入户盗窃”“携带凶器盗窃”“扒窃”增加规定为盗窃罪的入罪条件之后，也应坚持同样立场。即对多次盗窃、入户盗窃、携带凶器盗窃或者扒窃，未使被害人失去对财物的控制的，应当认定为盗窃未遂。

3. 对多次盗窃、入户盗窃、携带凶器盗窃或者扒窃未遂的，应否一律追究刑事责任？《盗窃罪解释》起草过程中，有观点提出，对上述四类特殊盗窃的未遂，应当一律追究刑事责任。经研究认为，此意见也过于绝对，也不符合《刑法》的相关规定，不符合宽严相济刑事政策。对多次盗窃、入户盗窃、携带凶器盗窃或者扒窃未遂，仍应依据《盗窃罪解释》第十二条第一款的规定，决定应否追究刑事责任；重点是要适用好《盗窃罪解释》第十二条第一款第三项的规定。如行为人深夜通过翻窗、撬锁方式潜入他人住所盗窃的，即便未窃取到财物，也可认定其属于《盗窃罪解释》第十二条第一款第三项规定的“其他情节严重的情形”，以盗窃未遂追究其刑事责任；反之，如确因饥饿等原因，扒窃少量财物，结果又未遂的，不追究刑事责任，由公安机关予以行政处罚，则更符合宽严相济刑事责任。

4. 如何确定盗窃未遂的基准刑？对以数额巨大的财物为目标的盗窃未遂，是应以行为人意图盗窃的目标财物的价值作为确定其基准刑的依据，还是一律以数额较大作为确定基准刑的依据？经研究认为，应当根据目标财物价值作为确定基准刑的依据，在此基础上，依照《刑法》总则有关犯罪未遂的处罚规定，从轻或者减轻处罚。否则，势必存在不当的双重从宽问题。

（七）关于对单位组织、指使盗窃的处理

《刑法》分则只针对部分犯罪规定了单位犯罪主体，从实践看，有些犯罪，如盗窃罪等，尽管《刑法》分则没有规定单位犯罪主体，但实际上有些是由单位组织、指使实施的。以往很长一段时间，对此类案件，能否直接以相关罪名追究单位中直接责任人员个人的刑事责任，存在很大争议。一种观点认为，上述行为实质是单位犯罪，而《刑法》分则又未针对有关犯罪规定单位主体，如追究单位中直接责任人员个人的刑事责任，有违罪刑法定原则。另一种观点则认为，上述案件中有关直接责任人员的行为已符合有关犯罪的构成要件，追究其刑事责任于法有据；由于《刑法》分则未将单位规定为犯罪主体，依法不能追究单位的刑事责任，但追究直接责任人员个人的责任并不违反罪刑法定原则。

从近期制定的司法解释看，越来越多地采纳了后一种意见。如 2011 年

“两高”发布的《危害计算机信息系统安全解释》第八条规定：“以单位名义或者单位形式实施危害计算机信息系统安全犯罪，达到本解释规定的定罪量刑标准的，应当依照刑法第二百八十五条、第二百八十六条的规定追究直接负责的主管人员和其他直接责任人员的刑事责任。”2012年“两高”发布的《妨害国（边）境管理解释》第七条也作了类似规定。《盗窃罪解释》第十三条也沿袭了这一立场，明确“单位组织、指使盗窃，符合刑法第二百六十四条及本解释有关规定的，以盗窃罪追究组织者、指使者、直接实施者的刑事责任”。

需要说明的是，2014年4月24日第十二届全国人大常委会第八次会议通过的《关于〈中华人民共和国刑法〉第三十条的解释》已就单位实施《刑法》分则未规定追究单位主体的各类犯罪的责任追究问题作出一体解释，规定：“公司、企业、事业单位、机关、团体等单位实施刑法规定的危害社会的行为，刑法分则和其他法律未规定追究单位的刑事责任的，对组织、策划、实施该危害社会行为的人依法追究刑事责任。”《盗窃罪解释》第十三条规定与立法解释精神完全一致。

实践中需注意：尽管根据《盗窃罪解释》，可追究组织者、指使者、直接实施者的刑事责任，但还当注意区分不同情况，贯彻体现宽严相济刑事政策。应当重点惩治组织者、指使者，积极主动的实施者。对囿于情势被迫、被动参与的，一般不宜追究其刑事责任；有多人参与组织、策划、实施，而行为人所处地位、所起作用又有明显差异的，则应依法区分主、从犯。

三、其他问题

关于《盗窃罪解释》的制定和适用，还有以下两个问题需作进一步说明，在实践中需正确把握。

（一）关于盗窃情节显著轻微危害不大的处理

《盗窃罪解释》起草过程中，有意见提出，根据刑法规定，应当在《盗窃罪解释》中明确，“多次盗窃”“入户盗窃”“携带凶器盗窃”“扒窃”的，无论被盗财物数额多少、情节如何，应当一律追究刑事责任。经研究，没有采纳这一意见。对多次盗窃、入户盗窃、携带凶器盗窃、扒窃，如综合全案情节，认为情节显著轻微、危害不大的，仍应按照《刑法》第十三条后半段的规定，依法不认为是犯罪。主要考虑：其一，实践中，有的盗窃个案，如确因饥饿难忍扒窃他人几十元钱，或者乘邻居外出入户盗窃一壶菜油等，可以依照《刑法》第十三条后半段的规定不认定为犯罪，必要时交公安机关予以行政处罚，既于法有据，也能使相关案件处理取得更好的社会效果。其二，如认为对入户盗窃、扒窃等不问数额或者情节，一律需予入罪，势必会导致因盗窃被定罪判刑的人数激增，公检法机关、刑罚执行机关乃至整个社会能否承受，是必须严肃思考的现实问题。其三，从实践看，入户盗窃、扒窃是盗窃的两种主要行为方式，如对入户盗窃、扒窃一律入罪，则意味着，对盗窃行为将基本无治安处罚的余地，这不符合宽严相济刑事政策精神，也不符合我国长期以来严格区分违法与犯罪的传统。其四，对情节显著轻微、危害不大的盗窃行为，特别是初犯、偶犯，一律入罪后，如判处短期自由刑，难免带来交叉感染、难以保障好的改造效果；即使只判处非监禁刑，诉讼效益、诉讼效果也难以体现和保障。

（二）关于盗窃虚拟财产的处理

《盗窃罪解释》起草过程中，有意见提出，应当在《盗窃罪解释》中明确，对盗窃游戏币等虚拟财产的，以盗窃罪定罪处罚。经研究认为，此意见不妥。对于盗窃虚拟财产的行为，如确需刑法规制，可以按照非法获取计算机信息系统数据等计算机犯罪定罪处罚，不应按盗窃罪处理。主要考虑：其一，虚拟财产与金钱财物等有形财产、电力燃气等无形财产存在明显差别，将其解释为盗窃罪的犯罪对象公私财物，超出了司法解释的权限。其二，虚拟财产的法律属性是计算机信息系统数据，对于非法获取计算机信息系统数据的行为当然可以适用非法获取计算机信息系统罪定罪量刑。其三，对盗窃网络虚拟财产的行为适用盗窃罪会带来一系列棘手问题，特别是盗窃数额的认定，目前缺乏能够被普遍接受的计算方式。而《危害计算机信息系统安全解释》对非法获取计算机信息系统数据罪明确了具体定罪量刑标准，适用该罪名可以罚当其罪，实现罪责刑相适应。其四，从境外刑事立法和司法来看，鲜有将盗窃网络虚拟财产的行为以盗窃罪论处。特别值得关注的是，我国台湾地区 1997 年修改“刑法”时，在第三百二十三条将“电磁记录”增设为动产的范围，对窃取电磁记录的行为适用盗窃罪，但是 2003 年修正“刑法”时，将“电磁记录”又从动产的范围内删除，实际上是否定了 1997 年的“刑法”修正，对窃取电磁记录的行为规定适用专门的获取计算机信息系统数据等计算机犯罪来处理。其背后的理论和实践根基，概因将虚拟财产归入传统意义上的财物存在问题。

（撰稿：胡云腾、周加海、周海洋）

2. **最高人民法院、最高人民检察院关于办理与盗窃、抢劫、诈骗、抢夺机动车相关刑事案件具体应用法律若干问题的解释**（法释〔2007〕11号，自2007年5月11日起施行）

为依法惩治与盗窃、抢劫、诈骗、抢夺机动车相关的犯罪活动，根据刑法、刑事诉讼法等有关法律的规定，现对办理这类案件具体应用法律的若干问题解释如下：

第一条 明知是盗窃、抢劫、诈骗、抢夺的机动车，实施下列行为之一的，依照刑法第三百一十二条的规定，以掩饰、隐瞒犯罪所得、犯罪所得收益罪定罪，处三年以下有期徒刑、拘役或者管制，并处或者单处罚金：

（一）买卖、介绍买卖、典当、拍卖、抵押或者用其抵债的；

（二）拆解、拼装或者组装的；

（三）修改发动机号、车辆识别代号的；

（四）更改车身颜色或者车辆外形的；

（五）提供或者出售机动车来历凭证、整车合格证、号牌以及有关机动车的其他证明和凭证的；

（六）提供或者出售伪造、变造的机动车来历凭证、整车合格证、号牌以及有关机动车的其他证明和凭证的。

实施第一款规定的行为涉及盗窃、抢劫、诈骗、抢夺的机动车五辆以上或者价值总额达到五十万元以上的，属于刑法第三百一十二条规定的“情节严重”，处三年以上七年以下有期徒刑，并处罚金。

第二条 伪造、变造、买卖机动车行驶证、登记证书，累计三本以上的，依照刑法第二百八十条第一款的规定，以伪造、变造、买卖国家机关证件罪定罪，处三年以下有期徒刑、拘役、管制或者剥夺政治权利。

伪造、变造、买卖机动车行驶证、登记证书，累计达到第一款规定数量标准五倍以上的，属于刑法第二百八十条第一款规定中的“情节严重”，处三年以上十年以下有期徒刑。

第三条 国家机关工作人员滥用职权，有下列情形之一，致使盗窃、抢劫、诈骗、抢夺的机动车被办理登记手续，数量达到三辆以上或者价值总额达到三十万元以上的，依照刑法第三百九十七条第一款的规定，以滥用职权罪定罪，处三年以下有期徒刑或者拘役：

（一）明知是登记手续不全或者不符合规定的机动车而办理登记手续的；

（二）指使他人为明知是登记手续不全或者不符合规定的机动车办理登记手续的；

（三）违规或者指使他人违规更改、调换车辆档案的；

（四）其他滥用职权的行为。

国家机关工作人员疏于审查或者审查不严，致使盗窃、抢劫、诈骗、抢夺的机动车被办理登记手续，数量达到五辆以上或者价值总额达到五十万元以上的，依照刑法第三百九十七条第一款的规定，以玩忽职守罪定罪，处三年以下有期徒刑或者拘役。

国家机关工作人员实施前两款规定的行为，致使盗窃、抢劫、诈骗、抢夺的机动车被办理登记手续，分别达到前两款规定数量、数额标准五倍以上的，或者明知是盗窃、抢劫、诈骗、抢夺的机动车而办理登记手续的，属于刑法第三百九十七条第一款规定的“情节特别严重”，处三年以上七年以下有期徒刑。

国家机关工作人员徇私舞弊，实施上述行为，构成犯罪的，依照刑法第三百九十七条第二款的规定定罪处罚。

第四条　实施本解释第一条、第二条、第三条第一款或者第三款规定的行为，事前与盗窃、抢劫、诈骗、抢夺机动车的犯罪分子通谋的，以盗窃罪、抢劫罪、诈骗罪、抢夺罪的共犯论处。

第五条　对跨地区实施的涉及同一机动车的盗窃、抢劫、诈骗、抢夺以及掩饰、隐瞒犯罪所得、犯罪所得收益行为，有关公安机关可以依照法律和有关规定一并立案侦查，需要提请批准逮捕、移送审查起诉、提起公诉的，由该公安机关所在地的同级人民检察院、人民法院受理。

第六条　行为人实施本解释第一条、第三条第三款规定的行为，涉及的机动车有下列情形之一的，应当认定行为人主观上属于上述条款所称“明知”：

（一）没有合法有效的来历凭证；

（二）发动机号、车辆识别代号有明显更改痕迹，没有合法证明的。

权威解读

解读《最高人民法院、最高人民检察院关于办理与盗窃、抢劫、诈骗、抢夺机动车相关刑事案件具体应用法律若干问题的解释》

一、问题的提出

《最高人民法院、最高人民检察院关于办理与盗窃、抢劫、诈骗、抢夺机动车相关刑事案件具体应用法律若干问题的解释》（以下简称《盗窃、抢劫、诈骗、抢夺机动车解释》）针对当前盗抢机动车（包括盗窃、抢劫、诈骗、抢夺机动车，下同）及其相关犯罪的新形势、新特点以及司法机关在适用法律方面存在的突出问题，予以了明确规定。

二、理解与适用

（一）关于隐瞒、掩饰盗抢机动车的犯罪

本解释第一条解决了实践中比较常见又容易引起争议的几种掩饰、隐瞒被盗抢机动车行为的法律适用问题。这些行为包括：（1）买卖、介绍买卖、典当、拍卖、抵押或者用其抵债的；（2）拆解、拼装或者组装的；（3）修改发动机号、车辆识别代号的；（4）更改车身颜色或者车辆外形的；（5）提供或者出售机动车来历凭证、整车合格证、号牌以及有关机动车的其他证明和凭证的；（6）提供或者出售伪造、变造的机动车来历凭证、整车合格证、号牌以及有关机动车的其他证明和凭证的。

其中，第一项中的“买卖”被盗抢的机动车，既包括购买行为，也包括出卖行为，还包括既购买又出卖的行为。有时候被盗抢的机动车经历了多次买卖，但是，只要是被盗抢的机动车，无论被买卖多少次，行为人均涉嫌构成犯罪。从买卖被盗抢的机动车的目的看，有些是为了自用，有些是为了营利，但是，无论目的如何，只要有买卖被盗抢的机动车的行为，行为人均涉嫌构成犯罪。非法买卖被盗抢的机动车的行为在实践中大量发生，特别是在农村地区和城市周边地区发生的几率更大。“典当”，包括行为人将被盗抢的机动车交给典当公司用于典当的行为，也包括典当公司接受被盗抢的机动车的行为。“拍卖”，包括行为人将被盗抢的机动车交付拍卖公司的行为，也包括拍卖公司接受被盗抢的机动车进行拍卖的行为。“抵押”，包括将被盗抢的机动车交付抵押和接受抵押的行为。“用其抵债”，包括将被盗抢的机动车交付用于抵偿债务和接受其抵偿债务的行为。

对于第一条中的六类行为，本解释规定应当依照《刑法》第三百一十二条的规定，以掩饰、隐瞒犯罪所得、犯罪所得收益罪定罪，处三年以下有期徒刑、拘役或者管制，并处或者单处罚金。涉及被盗抢的机动车五辆以上或者价值总额达到五十万元以上的，属于《刑法》第三百一十二条规定的“情节严重”，处三年以上七年以下有期徒刑，并处罚金。

需要注意的是，对于第一条中列举的之类行为，并不是一定构成犯罪，也并不是一定要追究刑事责任。从犯罪构成讲，实施了这六类行为的任何一种，只是具备了构成犯罪的客观方面的要件，行为人还必须同时具备主观方面的要件，才能构成犯罪。主观方面的要件，就是行为人必须明知是被盗抢的机动车。判断行为人是否明知是被盗抢的机动车，标准有两条，即本解释第六条规定的两种情形：没有合法有效的来历凭证；发动机号、车辆识别代号有明显更改痕迹，没有合法证明的。

第一种情形中，“没有合法有效的来历凭证”，根据公安部《机动车登记规定》第三十八条第八项的规定，是指没有以下几个方面的来历凭证：(1) 在国内购买的机动车，其来历凭证是全国统一的机动车销售发票或者旧机动车交易发票。在国外购买的机动车，其来历凭证是该车销售单位开具的销售发票及其翻译文本。(2) 法院调解、裁定或者判决转移的机动车，其来历凭证是人民法院出具的已经生效的调解书、裁定书或者判决书以及相应的协助执行通知书。(3) 仲裁机构仲裁裁决的机动车，其来历凭证是仲裁裁决书和法院出具的协助执行通知书。(4) 继承、赠予、中奖和协议抵偿债务的机动车，其来历凭证是继承、赠予、中奖和协议抵偿债务的相关文书和公证机关出具的公证书。(5) 资产重组或者资产整体买卖中包含的机动车，其来历凭证是资产主管部门的批准文件。(6) 国家机关统一采购并调拨到下属单位未注册登记的机动车，其来历凭证是全国统一的机动车销售发票和该部门出具的调拨证明。(7) 国家机关已注册登记并调拨到下属单位的机动车，其来历凭证是该部门出具的调拨证明。(8) 经公安机关破案发还的被盗抢且已向原机动车所有人理赔完毕的机动车，其来历凭证是保险公司出具的《权益转让证明书》。(9) 更换发动机、车身、车架的来历凭证，是销售单位开具的发票或者修理单位开具的发票。

第二种情形中，本解释规定了“发动机号、车辆识别代号有明显更改痕迹，没有合法证明的”的情形。其中有“明显”二字，是因为在现有技术条件下，伪造、变造发动机号、车辆识别代号的技术有些相当高超，除非专业人员并且使用专门的技术手段，一般人员用肉眼难以进行有效的识别。如果不加以“明显”的限制，就会增加一般人员的责任要求，也与实际情况不符。

本解释之所以将这两种情形作为判断行为人是否明智的标准，主要是考虑到有关行为人在进行相关行为时，依法都负有义务和责任审查机动车手续是否齐全、合法，这是行为人进行相关行为的基本法律义务。行为人如果违背第六条规定的这两种情形，没有进行审查或者没有进行有效审查，那么，就应当认定行为人主观上属于“明知”。

（二）关于机动车证件的犯罪

机动车在交易过程中，涉及各种不同的证件，包括机动车来历凭证、整车合格证、号牌、行驶证、登记证书以及有关机动车的其他证明和凭证。从证件属性来看，有关机动车的证明和凭证中，只有行驶证、登记证书属于国家机关证件的范畴，其他证明和凭证则不属于国家机关证件的范围。从《刑法》规定来看，伪造、变造、买卖国家机关证件罪的法定最高刑是十年有期徒刑，掩饰、隐瞒犯罪所得法定最高刑是七年有期徒刑，前者明显比后者重。因此，本解释将涉及机动车证件的犯罪进行了区分，将提供或者出售机动车来历凭证、整车合格证、号牌以及有关机动车的其他证明和凭证的行为，以及提供或者出售伪造、变造的机动车来历凭证、整车合格证、号牌以及有关机动车的其他证明和凭证的行为，作为掩饰、隐瞒犯罪所得罪追究刑事责任，而将伪造、变造、买卖行驶证、登记证的行为，作为伪造、变造、买卖国家机关证件罪追究刑事责任。同时，考虑到《刑法》第二百八十一条、第三百七十五条第二款分别将非法生产警车号牌、军车号牌的行为规定为犯罪，而没有将非法生产一般车辆号牌的行为规定为犯罪，因此，本解释没有将伪造、变造机动车号牌等其他证件的行为解释为犯罪，而仅将非法提供或者出售机动车其他证件的行为解释为依照掩饰、隐瞒犯罪所得罪追究刑事责任。至于伪造、变造、买卖驾驶证的行为，当然应当依照伪造、变造、买卖国家机关证件罪追究刑事责任，但驾驶证不是与机动车相关的证件，因此，在本解释中没有规定。

具体来说，伪造、变造、买卖机动车行驶证、登记证书，累计三本以上的，依照《刑法》第二百八十条第一款的规定，以伪造、变造、买卖国家机关证件罪定罪，处三年以下有期徒刑、拘役、管制或者剥夺政治权利。伪造、变造、买卖机动车行驶证、登记证书，累计达到第一款规定数量标准五倍以上的，属于《刑法》第二百八十条第一款规定中的“情节严重”，处三年以上十年以下有期徒刑。其中，行为人伪造或者变造行驶证、登记证书后又进行买卖的，根据禁止重复评价原则，证书数量不应累积计算，但可以作为从重量刑情节考虑。如果行为人既有伪造或者变造行驶证、登记证书的行为，又有买卖他人伪造、变造的行驶证、登记证书的行为，证书的数量就应当累积计算。

（三）关于车管所国家机关工作人员的犯罪问题

机动车登记，是机动车交易流程的最后一个环节，是国家对涉及机动车事项进行管理的重要标志，同时是机动车权属产生法律效力的最重要凭证。在我国目前管理体制下，各级公安机关交通管理部门的车辆管理所负责这方面的工作。实践中，一些地方的车辆管理相当混乱，违法登记现象时有发生，给国家和人民利益造成了相当严重的后果，甚至在一定程度上助长了盗抢机动车犯罪的发生。有鉴于此，本解释对于车管所等国家机关工作人员实施的犯罪活动的法律适用问题，也一并进行了解释。

本解释第三条第一款解释了车管所等国家机关工作人员实施的滥用职权犯罪。这些人员主观方面属于故意，起码是间接故意。这些人员具有下列情形之一，致使盗窃、抢劫、诈骗、抢夺的机动车被办理登记手续，数量达到三辆以上或者价值总额达到三十万元以上的，就应当依照《刑法》第三百九十七条第一款的规定，以滥用职权罪定罪，处三年以下有期徒刑或者拘役：明知是登记手续不全或者不符合规定的机动车而办理登记手续的；指使他人为明知是登记手续不全或者不符合规定的机动车办理登记手续的；违规或者指使他人违规更改、调换车辆档案的；其他滥用职权的行为。

第二款规定了车管所等国家机关工作人员的玩忽职守犯罪。在此人员主观方面是过失，其疏于审查或者审查不严，致使盗窃、抢劫、诈骗、抢夺的机动车被办理登记手续，数量达到五辆以上或者价值总额达到五十万元以上的，应当依照《刑法》第三百九十七条第一款的规定，以玩忽职守罪定罪，处三年以下有期徒刑或者拘役。

第三款规定了车管所等国家机关工作人员滥用职权或者玩忽职守“情节特别严重”的认定和处罚标准。国家机关工作人员实施前两款规定的行为，致使盗窃、抢劫、诈骗、抢夺的机动车被办理登记手续，分别达到前两款规定数量、数额标准五倍以上的，或者明知是盗窃、抢劫、诈骗、抢夺的机动车而办理登记手续的，属于《刑法》第三百九十七条第一款规定的“情节特别严重”，处三年以上七年以下有期徒刑。

需要注意的是，第三款中规定车管所等国家机关工作人员“明知是盗窃、抢劫、诈骗、抢夺的机动车而办理登记手续的”，直接就属于《刑法》第三百九十七条第一款规定的“情节特别严重”，处三年以上七年以下有期徒刑。这种情形是车管所等国家机关工作人员与盗抢机动车的犯罪分子没有事前通谋的情况下的定罪处罚问题。如果事前与盗抢机动车的犯罪分子通谋的，就应当按照盗抢犯罪的共犯论处。

（四）关于盗抢机动车共犯

从盗抢机动车的犯罪过程看，犯罪分子往往针对“市场”需求或者“客户”提出的车型、款式、颜色等要求，寻找目标车辆实施盗窃，得手后由专人付钱接车，然后运至不法机动车修理点锉改发动机号、车辆识别号，喷漆美容翻新，改装或者拆成零部件，再由专人负责伪造合格证、发票等全套手续，最后通过地下销售网络出手。各个作案环节由专门的犯罪团伙配合，各个犯罪团伙之间互无隶属关系，只靠金钱维持。

对此，如果证明犯罪分子相互之间存在犯意联络，存在共同故意，根据《刑法》的规定，对各行为人以盗窃、抢劫、诈骗、抢夺等共犯论处没有问题。但是，实践中往往找不到存在共同故意的证据，致使许多销赃犯罪分子即使销售了几十部甚至上百部机动车，获取的不法利益甚至比犯罪分子获取的高得多，也只能以掩饰、隐瞒犯罪所得、犯罪所得收益罪追究刑事责任，刑罚量明显偏低。这种状况既造成刑罚的不平衡，损害法律权威，也难以有效切断销赃环节，难以有力遏制这类犯罪。

共犯问题是法律适用的难点。在起草过程中，有人曾经提出，从同一个或者同一伙犯罪分子处获取被盗窃、抢劫、诈骗、抢夺的机动车三次以上，相互之间形成相对固定的盗销渠道的，可以盗窃共同犯罪论处。在讨论中，多数人对此表示反对，认为这是客观归罪，明显违背《刑法》第三百一十二条关于掩饰、隐瞒犯罪所得、犯罪所得收益罪的规定，因此，这个意见也没有被采纳。

根据《刑法》的规定以及刑法理论，行为人只在事前通谋的情况下，才构成共同犯罪。可以说，事前通谋是行为人成立共同犯罪的充分必要条件。据此，本解释第四条对共犯问题进行了完善。实施本解释规定的掩饰、隐瞒被盗抢的机动车、伪造、变造、买卖机动车行驶证、登记证书，滥用职权、玩忽职守的行为，只要事前与盗抢机动车的犯罪分子通谋，就以共同犯罪论处。

（五）关于跨地区犯罪的管辖

按照《刑事诉讼法》及有关司法解释的规定，每一个犯罪行为，都有一个对应的法院管辖。犯罪行为不同，管辖的法院也不同。就有关机动车的犯罪来说，盗抢机动车的行为与掩饰、隐瞒被盗抢机动车的行为如果不属于共同犯罪，就应该分案由不同的人民法院管辖。

目前来看，这种规定在办理盗抢机动车的实践中造成了很大的弊端。实践中，涉及同一机动车的犯罪行为往往异地进行，而且往往涉及不同的犯罪分子。例如，盗窃在A地，锉改号码在B地，销赃在C地，运输行为更是跨越A、B、C三地，而且经常遇到被盗抢的同一辆机动车辗转几个省、甚至十几个省的案件。依照法律，涉及的公安机关均有管辖权。这就造成有管辖权的公安机关因同辆机动车而发生交叉，以至于可能造成追赃困难、缉捕犯罪嫌疑人困难等问题，迫切需要完善涉及机动车犯罪的管辖机制。

本解释第五条对此进行了明确解释。对跨地区实施的涉及同一机动车的盗窃、抢劫、诈骗、抢夺以及掩饰、隐瞒犯罪所得、犯罪所得收益行为，有关公安机关可以依照法律和有关规定一并立案侦查，需要提请批准逮捕、移送审查起诉、提起公诉的，由该公安机关所在地的同级检察院、法院受理。

（撰稿：祝二军）

（三）典型或常见问题的审理思路

1. 网络虚拟财产能否成为盗窃罪的对象？①

盗窃罪的对象是有财产性价值之物，该物对于所有人、占有人，具有金钱交换价值。Q币和游戏点卡，是以电磁记录为载体表现出来的网络虚拟财产，系被害人通过支付现实货币购买来的，目的是在市场上再次售出，以获取财产收益。所以该网络虚拟财产的价值可以衡量，具有财产属性，应当与现实财产一样给予平等法律保护。行为人通过互联网共同秘密窃取他人的Q币和游戏点卡，数额巨大，使得他人丧失了对这些财产的占有、使用、处分和收益等财产权利，其行为已构成盗窃罪。

2. 以欺骗与秘密窃取交织的手段侵财的行为如何定罪？②

诈骗罪与盗窃罪都是以非法占有为目的侵犯财产的犯罪，两罪的主要区别在行为特征上。诈骗罪是行为人使用虚构事实或隐瞒真相的诈欺方法，使

---

① 资料来源：最高人民法院刑事审判第一、二、三、四、五庭：《刑事审判参考》（总第53集），法律出版社2007年版，第42－49页。

② 资料来源：最高人民法院刑事审判第一、二、三、四、五庭：《中国刑事审判指导案例（侵犯财产罪）》，法律出版社2009年版，第599－601页。

财物的所有者、保管者或者经手者产生认识错误，从而“自愿”将财物交与行为人。盗窃罪是行为人采取自认为不为财物的所有者、保管者或经手者发觉的方法，秘密将财物取走。在交互使用欺骗与窃取手段的侵财案件中，认定行为的性质是盗窃还是诈骗，关键看行为人获取财物时起决定性作用的手段是窃取还是欺骗。若采用虚构和蒙骗手段直接取得他人财物的，应认定为诈骗罪；若采用秘密窃取手段直接取得他人财物的，则应认定为盗窃罪。

3. 在餐厅等公共场所将他人暂时放置的财物秘密取走的行为，认定为盗窃罪还是侵占罪？①

餐厅等公共经营场所，系有专人经营管理，具有空间上的封闭性和使用上的独占性的场所，与广场、道路等公共场所有所区别。客人暂放在公共经营场所内的财物也应归经营者暂时保管及控制。行为人对其他客人暂放在公共经营场所内的财物无权保管或控制。故其拿走其他客人暂时放置的财物，并非属于拾得他人遗忘物。据此，行为人主观上具有非法占有他人财物的目的，客观上采取的是窃取手段，其行为构成盗窃罪而非侵占罪。

4. 如何认定区分盗窃罪与职务侵占罪？②

盗窃罪与职务侵占罪两者在主体范围上是不同的。在司法实践中，对于公司、企业或者其他单位的工作人员侵占本单位财物数额较大的行为，究竟是盗窃罪还是职务侵占罪，应根据行为人是否利用职务上的便利来认定。所谓职务上的便利就是自己职务范围内的主管、管理单位财物的便利或因执行职务而经手公司、企业财物的便利。盗窃单位的财物并未利用其职务之便的，构成盗窃罪。

5. 如何把握亲属间盗窃案件的处罚标准？③

数额是盗窃罪定罪量刑的主要依据，但并非唯一依据。对于亲属间盗窃的案件，因犯罪对象具有特殊性，在定罪量刑时应综合考虑盗窃的次数、与被盗亲属关系远近、给被盗亲属造成的损失及案发后的反应等情况，决定是否以及如何处罚。行为人与被害人系亲属的，因关系密切，感情较好，犯罪

---

① 资料来源：最高人民法院刑事审判第一、二、三、四、五庭：《中国刑事审判指导案例（侵犯财产罪）》，法律出版社 2009 年版，第 521－523 页。

② 资料来源：天津经济技术开发区人民法院（2008）开刑初字第 76 号（2008 年 7 月 1 日）。

③ 资料来源：最高人民法院刑事审判第一、二、三、四、五庭：《刑事审判参考》（总第 73 集），法律出版社 2010 年版，第 44－51 页。

对象的特殊性十分明显，在处理时应当区别于其他盗窃犯罪。特别是被害人对被告人表示谅解时，更要体现从宽处理的政策。这样，既符合宽严相济刑事政策等的要求，也有利于修复亲属间的关系，取得更好的裁判效果。

6. 不具有法定减轻处罚情节的盗窃罪如何量刑？[①]

《刑法》第二百六十四条规定，盗窃公私财物，数额特别巨大或者有其他特别严重情节的，处十年以上有期徒刑或者无期徒刑，并处罚金或者没收财产。但我国《刑法》总则第六十三条第二款规定，不具有法定减轻处罚情节的，如果有特殊情况，也可以在法定刑以下判处刑罚。这一规定实质上是考虑到虽不具备法定减轻处罚情节，但如果社会危害程度不大的也可以减轻处罚。

7. 使用预设计算机程序并植入的方法，秘密窃取他人网上银行账户内巨额钱款的，如何定性？通过开设虚假的网络店铺和利用伪造的购物链接骗取他人数额较大的货款的，如何定性？[②]

行为人利用信息网络，诱骗他人点击虚假链接而实际通过预先植入的计算机程序窃取财物构成犯罪的，以盗窃罪定罪处罚；虚构可供交易的商品或者服务，欺骗他人点击付款链接而骗取财物构成犯罪的，以诈骗罪定罪处罚。

8. 盗窃罪的既未遂及与相关罪的区别[③]

盗窃罪的既未遂标准，向来众说纷纭，大致有接触说、转移说、隐匿说、损失说、失控说、控制说、失控加控制说等诸多观点，表明这一问题具有相当的复杂性，这里不一一赘说。最具代表性、最流行、最为大家所接受的主要是失控说和控制说。失控说基于法益保护的角度认为，应以财物的所有人或保管人是否丧失对财物的占有权即控制为标准，凡是盗窃行为已使财物所有人或保管人实际丧失了对财物的控制的，即为盗窃既遂；而财物尚未脱离所有人或保管人的控制的，为盗窃未遂。控制说站在犯罪是否得逞的立场认为，盗窃犯已实际控制财物的为既遂；盗窃犯未实际控制财物的为未遂。由于物主丧失占有或控制并不一定等于盗窃犯实际占有或控制，故二说在某些

---

① 资料来源：许某案，见（2007）穗中法刑二初字第196号、（2008）穗中法刑二重字第2号。

② 资料来源：《最高人民法院关于发布第七批指导性案例的通知》（法〔2014〕161号）（2014年6月26日发布）（指导案例27号）。

③ 观点来源：最高人民法院刑事审判第一、二庭：《从一起个案看盗窃罪的既未遂及与相关罪的区别》，《刑事审判参考》2005年第5集（总第46集），法律出版社2006年版，第162－168页。

案件适用上会导致不同的认定结果。应当说，二说各有千秋，不过，控制说基本上是通说，也更符合我国《刑法》关于犯罪既遂的一般规定。

明确了认定盗窃罪的既遂未遂标准是控制说，并不意味着就搞定了一切问题。实际上，由于盗窃对象的不同，盗窃行为使用的手段不同，以及盗窃时的环境及条件的不同，在面对千差万别的具体盗窃行为时，判断所谓取得“实际控制”仍是个极为复杂棘手的问题。总结司法实践，结合社会一般经验和常识，一般有以下几种考虑因素及判断类型：其一应考虑被害人对物的控制权范围的问题。例如盗窃工厂的财物，工厂的权利范围就是整个厂区，在工厂内盗窃工人的财物，工人的权利范围就是本人的衣柜、工具箱等。一般情况而言，盗窃分子将财产盗离被害人权利范围，也就标志着控制并非法占有了财物，构成盗窃既遂。但是，由于控制范围的复杂性，也就决定了盗窃既遂与未遂的复杂性，实践中应加以区别对待。至于在无人监控或无特定控制区的室外，将财物移离原处即为既遂。其二应考虑被盗对象的特点。被盗财物的性质、重量、体积、形状等不同，盗窃分子行窃时控制其财产的难易程度就会不同，因而认定既遂与未遂的标准也可能不同。例如窃取货币，一般只要窃离原处，即为既遂，而其他财产，则要脱离一定控制范围，才属既遂。一般来讲，如果是不能随身携带之物，应以窃出控制范围外为既遂，如果是轻便容易随身携带之物，应以将财物移离原处隐藏于身或随身携带的包内为既遂。体积小、重量轻可随身携带的财物，只要窃离原地或携带身上，即可认定既遂。如果行为人将车间或办公室贵重轻便之物放到自己的包内，或隐藏于室内或室外他人不知之处，使原财产所有人失去控制而置于自己控制之下，盗窃分子已经实际上对该财产享有支配权、处分权，即构成既遂。而对于体积大或沉重之物，只有将其移离于原物的有效控制区外，盗窃分子才能实际控制而成为既遂。

常见的类型有：

（1）扒窃的既未遂。一般认为，只要行为人把被盗财物从原人的衣袋或提包中窃取出来，就意味着原控制人对财物的控制丧失，同时盗窃行为人获得对所窃财物的控制，为既遂。反之，如果扒窃者着手犯罪后没能达到这种程度，还没有把财物从控制人的衣袋或提包中拿出来就被抓住，则属于未能获得对财物的控制，系未遂。

（2）入户盗窃的既未遂。由于物主对户内财物具有实际的控制权，一般认为只有盗窃行为人将所窃财物带出户外，方成立既遂。在财物被带出屋外之前，很难说盗窃行为人已经排除了被害人的控制而取得自己对被盗财物的控制。当然这也存在例外：如是货币到手即为既遂；如果是雇用工作因其有权利自由出入主人的房间，所以工人乘主人不备，窃取财物置于自己支配之下，虽然没有将财物带出屋外，同样可以成立盗窃既遂。另外，还要根据房屋的具体情况判断何谓屋外，如果是城市的公共楼房，屋内自然是指自家所能控制的门内，而门外的楼道自然不属其可控制的范围，因此这种房间的屋外自然是指门外。而在广大农村，每户住宅除了有房屋以外，往往还有一个自家的小院，这个小院也是主人的控制范围，这种情况下，盗窃行为人如果只是把财物窃到房屋外，还没有出小院的范围时，一般也不能认为盗窃行为人已经取得了实际控制，所以带有院子的房屋的“屋外”，一般应指院子的外边。

（3）店中盗窃的既未遂。商店在正常营业的情况下，其门口是允许任何人自由出入的，故商店对财物的合法控制范围不能以门口为标准。柜台销售的，物主对财物的合法控制范围以柜台为限，只要行为人一将财物窃出柜台即标志着行为人控制了所窃财物而成立盗窃既遂。超市型的商店，顾客可以在超市允许的范围内随便拿取商品，但是这个区域都有一个警戒线，行为人一旦把财物窃出这个警戒线，就可以认定行为人已经控制了所窃取的财物，成立盗窃既遂，无须带出商店的门口。但是如果是商店的非营业时间，则商店对其财物的控制范围就为整个商店的区域，这种情况下，盗窃行为人只有把财物带出商店，才标志着行为人已经实际控制了所窃财物而构成既遂。

（4）企事业单位等有人管理区域内的盗窃既未遂。从原则上讲，盗窃行为人避开管理人的警戒，把所盗财物带出被管理人有权利控制区域即为既遂。但是因为警戒管理有严有松，这当然会影响到盗窃的既未遂，并且被盗对象的形状有大有小，这也同样会影响到既遂未遂的时间。例如，盗窃人在一家工厂里盗窃工厂的财物，如果财物体积小，便于藏在身上，一般来讲当行为人将财物藏在身上时就已经盗窃既遂。但是这还要根据工厂的警戒和管理的具体状况而定，如果工厂的性质比较特殊，出入门口都要经过严格检查，这种情况下，盗窃行为人在工厂内窃取的财物虽然已藏于身上，但是在没出门口之前，仍不能认为已经取得实际控制。另外，即便是工厂的门口并非严格检查，比如搜身，但是如果行为人盗窃的是体积较大无法藏于身上的财物，那么这种无法藏身的财物仍然是门口检查的范围，未出厂之前仍不能认定既遂。类似的盗窃还有很多，例如发生在博物馆、展览馆内的盗窃。所以判断从被人管理的区域内盗窃财物的既遂与未遂，必须把盗窃对象的性质与该区域的管理控制程度结合起来具体分析，才能得到正确的结论。

（5）有价证券盗窃的既未遂。有价证券一般可分为两种，第一种是不记名或不挂失的有价证券，如国库券、无记名股票等。其特点是义务人只对证券持有人负责给付义务，也就是“认券不认人”。这种证券其实可以视为货币，窃取了证券，也应意味着非法占有了证据上所记载的一定数额的财产，所以盗窃不记名、不挂失的有价证券的既遂未遂标准与盗窃货币类似，到手即为既遂。第二种是记名或可挂失的有价证券，如记名银行存单、汇款单、本票、支票等，其特点是义务人根据证券向证券指定的人负责给付金钱的义务，也就是“既认券又认人”。盗窃行为人盗窃得到这种有价证券后，并不意味着已经获得了对证券所记载财产的完全控制。如果行为人要进一步非法占有证券所记载的财产，就必须以权利人的身份去取财物。所以盗窃行为人盗得记名、可挂失的有价证券后，在冒名领取时被发觉或在行为人冒领以前义务人挂失或在窃得有价证券后马上被人抓获等原因，导致行为人没能最终控制证券中记载的钱财，就属于因意志以外的原因而未能具备盗窃罪既遂的全部要件，应构成盗窃罪未遂；如果盗窃行为人窃得记名、可挂失的有价证券后，顺利地支取了证券中记载的财物则构成盗窃罪既遂。

（6）盗窃运输中货物的既未遂。在运输工具如铁路、汽车上作案的，一般应以货物脱离运输工具时作为既遂。如汽车在行驶途中，盗窃人扒车行窃，只要将货物卸下车，即为盗窃既遂。在停留的运输工具内行窃，如有人监视、警戒的，脱离了监视、警戒区才能控制财产，因而应以盗窃分子将财产窃离监视、警戒区为既遂；没有监视、警戒的，以窃离运输工具为既遂，至于控制时间长短不是影响盗窃既未遂的因素。例如盗窃分子进入商店盗窃，则走出店门即被店主发现，就擒，人赃俱获。按控制说，控制时间无长短要求，盗窃分子盗窃财物已经走出店外，理应既遂。

盗窃罪与抢夺罪的最本质区别就在于取得他人财物的行为是秘密窃取的还是公然夺取的。盗窃罪的隐蔽性与抢夺罪的公然性所针对的对象自然是相对于物主而言的。如在公共场所扒窃，虽然周围的人都看到行为人的盗窃行为，但只是不被财物所有人发觉就行。这时行为人构成的是盗窃罪而非抢夺罪。相反，如果行为人尾随被害人到一条无人的小巷，当着被害人的面抢了财物就逃，行为人构成的是抢夺罪。

9. 窃取他人挖掘机电脑主板后向被害人索取钱财的行为如何定罪处罚？①

分歧意见：一种意见认为，应以敲诈勒索罪定罪处罚。行为人的主观目的是敲诈钱财，而不是盗窃，其从挖掘机上取走电脑主板后藏之于附近，索得钱财后将藏匿地点告知被害人，表明其对电脑主板没有非法占有的故意；窃取电脑主板行为只是一种手段行为，敲诈勒索被害人钱财才是目的行为，因此，对行为人应当以敲诈勒索罪定罪处罚。

另一种意见认为，应以盗窃罪定罪处罚。行为人主观上最终目的虽然是敲诈钱财，但采用窃取挖掘机电脑主板的方法，实施敲诈勒索犯罪，其手段行为又构成了盗窃罪，属于刑法理论上的牵连犯罪，即一个行为的手段行为与目的行为分别构成盗窃罪和敲诈勒索罪，应当从一重罪判处。

本书观点：同意第二种意见，行为人共同窃取挖掘机电脑主板后向被害人索取钱财的行为，其手段行为构成盗窃罪，目的行为构成敲诈勒索罪，分别触犯了不同的罪名，应以牵连犯罪论，在处罚上择一重罪即盗窃罪处罚。理由如下：

（1）被告人张某群、张某银共同犯罪行为中的手段行为即窃取电脑主板的行为符合盗窃罪的构罪要件。盗窃罪是指以非法占有为目的，秘密窃取公私财物，数额较大或多次盗窃的行为。盗窃罪与其他侵犯财产犯罪一样，都强调主观上必须具有非法占有的目的。行为人盗窃电脑主板的，虽然并不是要非法占为己有，事实上也没有实际使用，目的是敲诈钱财，只是将电脑主板窃取后予以藏匿，并没有予以销赃或者送予他人，且离开现场时，都是放置于挖掘机附近，存放方位便于被害人寻找。在这种情况下，能否认定行为人具有非法占有目的，是认定行为人的手段行为是否构成盗窃罪的关键。我们认为，在认定行为人是否具有非法占有目的时，不能简单地看行为人是否将窃取的财物自用或者送予他人使用，而应当根据案件具体情况综合分析。从表面上看，行为人窃取电主脑板后既没有自用，也没有送予他人使用，而是用作敲诈勒索犯罪的一种工具，但通过分析行为人的动机、行为特征、财

---

① 观点来源：最高人民法院刑事审判第一、二、三、四、五庭：《刑事审判参考》2007 年第 1 集（总第 54 集），法律出版社 2007 年版，第 35－41 页，张某群、张某银盗窃案。

物所有权的转移状况，应当认定其具有“非法占有的目的”：第一，行为人作案手段的秘密性。行为人采取秘密手段，用钥匙套撬开挖掘机门窃取电脑主板，其手段的秘密性符合盗窃罪的行为特征。第二，被害人对财物的失控性。被害人通过将挖掘机停放在建筑工地及用钥匙锁门的方式实现对挖掘机及其零部件进行控制，行为人用钥匙开门的方法，秘密窃取挖掘机的电脑主板，使被害人已失去对电脑主板的控制，电脑主板的所有权已经发生转移。被害人为了重新取得电脑主板的所有权，并从经济价值衡量的角度，愿意汇钱满足行为人的要求，使行为人实现了非法占有钱财的动机。第三，行为人对财物的实际控制性。行为人从挖掘机上取下电脑主板并带离挖掘机后，就实际控制了电脑主板，虽然未将电脑主板带走，这只是其对盗窃物品的处置。第四，行为人非法占有他人钱财的动机。行为人窃取并实际控制电脑主板，据此向被害人索得钱财，正说明了其对窃取电脑主板后要达到的非法占有他人钱财的动机。综上分析，行为人采用秘密手段窃取并实际控制了电脑主板，使电脑主板的所有权发生了转移，盗窃行为已经实施完成，其行为符合盗窃罪的构罪要件。

（2）行为人秘密窃取电脑主板后向被害人索取钱财的犯罪行为属于牵连犯罪。牵连犯罪是指行为人为了一个犯罪目的实施了某一犯罪行为，而其犯罪所用的方法（或者手段）行为又触犯了其他罪名；或者为了达到某一犯罪目的，在实施某一犯罪行为时，其犯罪结果又触犯了其他罪名。牵连犯必须具有两个以上、相对独立且均符合相关罪名构罪要件的行为，换言之，行为人只有实施了数个相对独立并完全具备犯罪构成要件的危害社会行为，才可能构成牵连犯。牵连犯罪必须具有：1. 行为的牵连，即方法（或手段）行为和目的行为之间有牵连，方法行为只有通过目的行为作为中介才能为犯罪目的实现提供帮助，二者互为依赖，当构成方法牵连时，方法行为是结果行为的条件；当构成结果牵连时，目的行为是方法行为的条件。2. 主观意图的牵连，行为人的数个犯罪行为是围绕一个犯罪目的而实施，行为人自觉认识到这些犯罪行为之间所存在的方法与目的、原因与结果的密切关系，并主观上意图借助这些密切关系来达到犯罪的目的。

行为人为了敲诈挖掘机主的钱财，先盗窃挖掘机上的电脑主板，然后将电脑主板藏在附近草丛中、坟墓旁等地，并将写有自己手机号码的字条特意留在挖掘机内，待被害人主动打电话与其进行联系后，再以汇款入指定账户才将电脑主板归还相要挟，向被害人索取钱财。被害人考虑重新配置新的电脑主板的价格远高于被敲诈勒索的现金和为了减少停工损失，按照被告人的要求，将被勒索的款项汇入指定账户，被告人确认款项到账后，即电话告诉被害人藏匿电脑主板地点，让被害人自行找回。上述行为，属于手段行为与目的行为分别触犯不同罪名的情况，其手段行为构成盗窃罪，其目的行为构成敲诈勒索罪。被告人实施盗窃行为是为实施敲诈勒索行为提供帮助和创造条件，盗窃行为和敲诈勒索行为都是围绕一个最终犯罪目的——勒索钱财，因而手段行为和目的行为之间具有牵连关系；而且被告人对两个犯罪行为之间的牵连关系有明确的认知，其实施盗窃行为时明知其目的不是盗窃电脑主板而是敲诈勒索以非法获取钱财。

（3）对牵连犯罪，除法律明文规定外，其定罪处罚原则是从一重罪处罚。对牵连犯罪如何处罚，我国《刑法》中并未作出明确的统一规定，但对某些牵连犯罪的处罚作了不同的规定。1. 分则条文规定对牵连犯罪从一重罪处罚。如《刑法》第三百九十九条第四款规定“司法工作人员收受贿赂，有前三款行为的，同时又构成本法第三百八十五条规定之罪的，依照处罚较重的规定定罪处罚”。2. 分则条文规定对牵连犯从一重罪并从重处罚。如《刑法》第一百七十一条第三款规定“伪造货币并出售或者运输伪造的货币的，依照本法第一百七十条（伪造货币罪）的规定定罪从重处罚”。3. 分则条文对牵连犯规定独立的法定刑。如《刑法》第一百九十三条规定使用虚假的证明文件或以其他方法诈骗贷款的，处十年以上有期徒刑或者无期徒刑。4. 分则某些条文对牵连犯规定数罪并罚。如《刑法》第一百五十七条第二款规定“以暴力、威胁方法抗拒缉私的，以走私罪和本法第二百七十七条规定的阻碍国家机关工作人员依法执行职务罪，依照数罪并罚的规定处罚”，第一百九十八条规定，投保人、被保险人故意造成财产损失的保险事故或投保人、受益人故意造成被保险人死亡、伤残或者疾病，骗取保险金，同时构成其他犯罪的，依照数罪并罚的规定处罚。我们认为，除法律明文规定外，在司法实践中，对牵连犯罪应当实行从一重罪处断的处罚方法。其原因在于牵连犯罪的行为人追求的犯罪目的只有一个，与同时追求两个以上犯罪目的的数罪比较起来，社会危害性相对比较小，法律并不认为牵连犯罪中数个犯罪行为具有各自独立的意义。因此，除法律有特别规定外，对牵连犯不适用数罪并罚的原则，只从一重罪处断，即按其中最重的罪名来定罪处罚，这是符合立法精神的。

如何判断牵连犯罪中此罪与彼罪的轻重呢？一般情况下可以从看法定刑的轻重来区分此罪与彼罪的轻重，主要的依据是比较法定的最高刑和法定的最低刑，以及法律规定的附加刑；在法定刑幅度相同的情况下，则应根据各罪实际应判处的刑罚来确定此罪与彼罪的轻重。

首先，从法定刑上来比较，根据《刑法》第二百六十四条、第二百七十四条的规定，盗窃罪的法定刑为无期徒刑、有期徒刑、拘役或者管制，并处或者单处罚金，而敲诈勒索罪的法定刑是十年以下有期徒刑、拘役或者管制。由此可知，盗窃罪的最高绝对法定刑高于敲诈勒索罪的最高绝对法定刑，那么，盗窃罪的罪质就要重于敲诈勒索罪的罪质。其次，从《刑法》条文上可以看出，对盗窃罪规定了并处附加财产刑，而对敲诈勒索罪没有规定附加财产刑，这也说明对盗窃罪的处罚要重于对敲诈勒索罪的处罚。

所以，盗窃罪的罪质比敲诈勒索罪的罪质重，适用盗窃罪处罚比适用敲诈勒索罪处罚重。因此，对行为人窃取电脑主板后向被害人索取钱财的行为，应当以盗窃罪来定罪处罚。

10. 利用工作便利条件将本单位财物窃为己有的，构成盗窃罪还是职务侵占罪？[①]

根据《刑法》第二百七十一条关于职务侵占罪的规定，所谓“利用职务上的便利”，是指行为人在实施犯罪时，利用自身的职权，或者利用自身因执行职务而获取的主管、管理、经手本单位财物的便利条件。这里的“主管”，是指行为人在一定范围内拥有调配、处理本单位财产的权力；“管理”，是指行为人对本单位财物直接负有保管、处理、使用的职责，亦即对本单位财产具有一定的处分权；“经手”，是指行为人虽然不负有主管或者管理本单位财物的职责，但因工作需要而在特定的时间、空间内实际控制本单位的财物。因此，构成职务侵占罪，就必然要求行为人在非法占有本单位财产时，以其本人职务范围内的权限、职责为基础，利用其对本单位财产具有一定的主管、管理或者经手的职责，在实际支配、控制、处置本单位财物时实施非法占有行为。如果行为人仅是在自身工作中易于接触他人主管、管理、经手的本单位财物，或者熟悉作案环境，而利用上述工作中形成的便利条件秘密窃取本

① 观点来源：《最高人民法院公报》2008 年第 11 期（总第 145 期），河南省郑州市金本区人民检察院诉杨某成盗窃案。另见最高人民法院刑事审判第一庭、第二庭：《刑事审判参考》2001 年第 10 集（总第 21 集），法律出版社 2001 年版，第 28 - 31 页，康某东盗窃案。

单位的财产，则不属于“利用职务上的便利”，而只是利用“工作上的便利”，应依照《刑法》第二百六十四条的规定，以盗窃罪定罪处罚。

从立法本意看，1995年《全国人大常委会关于惩治违反公司法的犯罪的决定》（现已失效）第十条曾将利用“职务上的便利”与“工作上的便利”并列，表明两者含义有所不同，但都是构成职务侵占罪的条件。但在1997年修订《刑法》时，删除了“利用工作上的便利”的规定，将职务侵占罪限定为只是利用“职务上的便利”实施的犯罪。这种修改绝非为文字表述的简洁性而作的考虑。利用“职务上的便利”与利用“工作上的便利”有着本质上的差别。

11. 以盗窃与诈骗相互交织的手段非法占有他人财物的行为应如何定性?①

在交互使用欺骗与窃取手段的案件中，认定行为的性质是盗窃还是诈骗，关键是看行为人获取财物时起决定性作用的手段是窃取还是欺骗。若采用“虚构和蒙骗”的直接手段公开获取公私财物的，应认定诈骗罪；若采用“秘密窃取”为直接手段获取公私财物的，应认定盗窃罪。行为人先采用虚构事实的方法欺骗他人拿出财物，后又乘机采用调包的手段窃取该财物，欺骗行为与盗窃行为联结，但其非法取得财物的主要方式是秘密窃取，蒙蔽他人的行为并不直接获得所要非法占有的财物，而只是为实现盗窃创造条件，故其行为不应认定为诈骗罪。

（1）从行为人方面来看，判断其交互采用欺骗与秘密窃取的手段非法占有他人财物的行为性质，其客观标准是行为人取得他人财物控制权的决定性手段为秘密取得还是公开取得。

诈骗罪与盗窃罪都属于侵犯财产的犯罪，都以非法占有为目的。从犯罪构成来说，两罪的差别显而易见，在行为特征上具有本质区别。诈骗罪是行为人使用虚构事实或者隐瞒真相等诈欺方法，使财物的所有者、保管者或者经手者发生错误认识，从而“自愿”将财物交予行为人；盗窃罪在客观上表现为行为人采取自认为不为财物的所有者、保管者或经手者发觉的方法，秘密将财物取走。因此，在实践中，区分盗窃罪与诈骗罪一般不难。但是，犯

---

① 观点来源：最高人民法院刑事审判第一、二、三、四、五庭：《刑事审判参考》2008年第3集（总第62集），法律出版社2008年版，第44-48页，朱某盗窃案。

罪行为人为达到非法占有他人财物的目的，往往会采取多种手段和方法，连续实施多个行为，交互采用欺骗与秘密窃取的手段。对此类行为的性质，则容易产生分歧，需要从行为本质上予以把握。

诈骗罪与盗窃罪均是以特定手段侵犯财产所有权的犯罪。区别两罪的主要界限就是非法获取财物的手段。在交互使用欺骗与窃取手段的案件中，认定行为的性质是盗窃还是诈骗，关键是看行为人获取财物时起决定性作用的手段是窃取还是欺骗。若采用“虚构和蒙骗”的直接手段公开获取公私财物的，应认定诈骗罪；若采用“秘密窃取”为直接手段获取公私财物的，应认定盗窃罪。

行为人“施法驱鬼”诱使被害人将财物作为道具交给被告人，属于欺诈的性质，但被告人并不能依靠该欺诈行为直接取得财物的控制权，而只是为其实施秘密窃取行为创造条件，其对财物的暂时持有并没有改变法律意义上的财物控制权，行为人“施法驱鬼”时，被害人仍然没有失去财物占有权，随时可以让被告人停止施法交还财物。因此，通过欺诈取得对财物的暂时持有，不是被告人的目的行为，而只是其实现占有财物目的的辅助手段行为。其次，相对于前述欺诈行为而言，行为人“调包”行为属于秘密窃取的性质。其秘密性体现在：①主观认识上的秘密性，即该调包手法，被告人在主观上不想让被害人知道；②手段上的秘密性，即该调包手段不为被害人所知；③结果上的秘密性，即调包后被害人并不知财物控制权实际已经转移。正是“调包”这一秘密手法，使得本案财物控制权从被害人手上转移到被告人手上，因而行为人最终通过调包手法取得财物控制权的行为符合盗窃罪的行为特征。

（2）从被害人方面来看，被害人是否具有处分财物的意识和行为，是区分交互采用欺骗和秘密窃取手段行为性质的重要方面。

首先，诈骗罪是一种交互型犯罪，被害人是否具有处分财物的意识，对成立该罪具有重要意义，这也是区分被诈骗还是被盗窃的主观标准。处分意识具有三个特征：（1）处分对象明确性，即被害人基于此错误认识产生处分特定财物的意思；（2）处分外在形式自愿性，即被害人在错误认识的指导下“自觉自愿”地处分特定财物；（3）处分结果明晰性，即被害人明确知道处分特定财物就是通过“给付对价”等形式转移财物控制权。而在盗窃罪中，被害人既没有处分财物的意识，也没有处分财物的行为。

其次，被害人是否具有处分财物的行为，是区分其被诈骗还是被盗窃的客观标准。诈骗犯罪的财物是被害人在处分财物意识支配下自愿交付的，被害人暂时交付财物的目的是让被告人利用财物“施法驱鬼”，形式上财物不在被害人手中，但仍在被害人法律意义上的控制范围内。因此，暂时交付财物而没有转移财物控制权的，不能认定为处分财物。被害人将财物暂时交付被告人，不仅主观上认为还在其控制范围内，而且客观上也仍然行使着对财物的控制权。对被害人来说，被告人取走财物，其当时不知情、事后才知道，在这种情况下，被害人对于其财物控制权被转移至被告人是不自愿的，因而更符合盗窃罪秘密窃取的特征。

12. **保姆盗窃主人人民币与首饰等小件物品后藏于衣帽间及保姆房间的行为属于盗窃既遂还是盗窃未遂?**①

对于保姆盗窃主人财物的行为是否属于犯罪既遂争议较大，有三种不同意见：

第一种意见认为，鉴于本案犯罪对象系人民币与首饰等小件物品，掩藏后不易被察觉，故当保姆取得并实际掌控财物之时，财物即已失去主人的控制并置于保姆的控制之下，之后即使没有离开盗窃场所，也应认定为盗窃既遂。

第二种意见认为，应视藏匿位置区别对待。保姆的房间属于个人空间，具有独立使用权，藏于此处的现金和首饰，由于已处于其实际控制之下，系盗窃既遂；而衣帽间属于主人房屋的一部分，主人对藏于其中的首饰具有排他性控制权，系盗窃未遂。

第三种意见认为，主人对房屋内的全部物品均具有独立控制权，无论是置于保姆房还是衣帽间，均在主人的控制范围之内，应认定为盗窃未遂。

本书观点：(1) 主人对房屋内的财物是否具有绝对的控制力?

区分盗窃罪的既遂未遂时点，国内外刑法理论争议较大，主要有接触说、转移说、控制说、失控说、失控+控制说等。我们认为，正确区分盗窃罪的既遂与未遂，应立足于犯罪构成要件，即行为人的行为是否已经充足了盗窃罪的全部犯罪构成要件。对于盗窃罪这种典型的窃取型财产犯罪，当行为人

---

① 观点来源：最高人民法院刑事审判第一、二、三、四、五庭：《刑事审判参考》2009 年第 3 集（总第 68 集），法律出版社 2009 年版，第 19–25 页，林某盗窃案。

通过秘密窃取的手段实现了非法占有财物的主观目的时，就认定为盗窃既遂。这种既遂实际上也就是行为人犯罪目的的实现，即非法占有的实现。因此，行为人非法占有他人财物应是盗窃罪既遂与未遂的区分标准，对此应当坚持主客观相一致的判断标准，其中占有的内容、方式、程度是准确判断的关键所在。

刑法上的占有，不同于民法上的占有权，仅指行为人对财物的事实上的支配和控制，这种支配具有排他性，尤其是排除了被害人对财物的事实上的占有可能，从而使行为人实现了对财物的实际上的控制。这种事实上的可支配或者可控制能力，在出现以下两种情况时较难判断：一是行为人与被害人之间存在特殊关系，比如上下级或者雇主与雇员的关系；二是特定场所。在后者情形下，除行为人直接接触并占有财物之外，多数情况下行为人首先将财物置放于一定可控制范围之内，然后才将财物转移实现占有目的，因此如何界定合理的、适当的可控制范围，成为实践中认定的难点。本案所涉的保姆在主人家中盗窃主人物品即是上述两种情况交叉的典型。

通常认为，有特定范围的场所，物主的控制能力及于该场所内任何地方，里面的任何财物都处于其实际控制之下，物主对这些财物享有事实上的控制权。我们通常所说的主人对屋内物品的占有便是典型例证，但现实情况是纷繁复杂的。主人对房屋内财物在多大程度上享有事实上的控制力，尚需结合具体情况进行分析。随着现代社会发展，房屋的功能、结构以及居住人口和规模等都发生着变化，除传统意义上的普通居民住宅之外，还有像单元套房、豪华别墅等结构较复杂、功能较多的住所；居住人群中，除家人外还可能会有客人、保姆等不同身份的人。房屋规模不同，居住人口不同，尤其是对于那些较大规模的房屋，主人对家中财物虽然具有法律上的所有权和控制力，但事实上控制力所能及的范围却是有限的，如行为人将财物藏于屋中某个秘处，可以随时待主人不备将财物带出，此时就很难讲主人对该财物仍享有绝对的控制力了。据此，我们认为，主人对屋内财物的合理控制范围，仍需要依据社会一般观念，并结合财物的性质、形状、运送难度、社会习惯等因素综合判断。对此，可主要围绕两个方面进行：第一，被害人是否已经失去了对财物的控制。这是行为人实际控制被害人财物的前提。可借助财物的形状、性质、被藏匿位置等分析被害人查找到财物的难易程度，从而判断被害人是否仍然享有控制权。如果财物被藏匿得极其隐蔽，或是被害人根本想不到的地方，或是被害人很难查找的地方，即可认为被害人事实上已经失去了对财物的控制。比如把被害人的戒指藏匿于卫生间的垃圾桶或者墙壁上的一个小洞，相反，如果藏于电视柜或者衣柜抽屉里，则是基于一般人在通常情况下都会翻找且很容易找到的地方，此时就可理解为被害人并没有丧失对财物的占有。第二，行为人能够对财物进行事实上的控制。在这里，行为人对窃取财物的处理方式，也即藏匿方式，必须足以确保（行为人）占有，始得成立犯罪既遂。也就是说，行为人占有必须具备一定的要求、条件，只有当这种占有已经达到充分、及时的程度才可以认为行为人已经排他性地控制了该财物。换言之，被害人失去了对财物的控制并不直接导致行为人控制该财物，行为人控制财物需要满足一定的条件，这个条件是保证或者确保占有的有效性，即最终确保行为人非法占有目的的顺利实现。至于何为充分、及时地占有，需要结合具体案件进行分析。一种较为简便易行的判断方法是行为人是否很容易地实现对财物的控制。举例说明，行为人将窃得的戒指等小件物品放到一个废弃的花盆中，主人已明示要将花盆扔掉，此时行为人可以公然将财物通过花盆运送于房屋之外而不被任何人怀疑或察觉。综上，房屋的主人在多大范围内、多大程度上对被他人偷窃并藏匿于屋内的财物享有支配和控制力，需要结合案情做具体分析，不可一概而论。

（2）保姆盗窃主人财物后藏于衣帽间及保姆房间属于盗窃既遂还是未遂？

保姆房间确实不同于房屋中的其他地方，具有一定的私密性，在一定程度上可以说是对主人房屋占有力的一种限制。但保姆房间毕竟是房屋的组成部分之一，保姆对该房间的有限的使用权不同于承租人的独立的占有权。结合本案的具体情况，我们认为，对藏于保姆房间的财物也应认定为盗窃未遂。理由如下：

第一，从是否可以排除主人找寻可能性分析，主人并未完全丧失对财物的控制。首先，保姆将窃取的财物放在了保姆房间的写字台抽屉里，而没有放置于其他隐蔽场所或者一般人很难查找到的地方。其次，保姆并没有对这些财物做精心的掩饰、藏匿或者采取任何其他的防范措施。或许保姆自以为保姆房间就是她的私人空间，主人不会随便翻她的东西，但是她应当预见并且已经预见到，如果主人房间内丢失了任何东西，保姆都会被怀疑并进而主人会在整个房屋内的任何可想象的地方查找，包括保姆房间。最后，由于保姆房间空间小、家具简单、物品少，客观上直接翻查是很容易找到的。事实上，被害人就是首先找到了保姆房间的现金和首饰。

第二，保姆对财物的控制需达到充分、及时，方可实现非法占有。首先，保姆需克服房屋内现实条件的制约，如被害人和其他保姆的监督。其次，被盗财物放置的位置应尽最隐蔽，不易被察觉，即便是被放在保姆房间，也应该是位于一个常人不会找到的隐蔽角落。同时，保姆还必须将财物藏于不易被其他保姆发现的地方，因为一旦有其他保姆发现就会将事实告诉主人，在私人住所这样的封闭场所，主人仍然在事实上控制着财物，保姆是无法随意或者轻易将财物拿走的。最后，也是最为重要的一点，被盗财物放置的位置应当利于转移，并最终实现对财物的转移占有。行为人对财物的控制最终要体现在现实的可支配上。由于财物仍处于支某的住所内，支某对房屋的所有权部分地限制了保姆的控制力，因为保姆尚未将所盗财物转移出主人家，保姆的占有始终处于一种不确定的、无法随意控制和支配的状态下。而盗窃罪需要两个行为即窃取行为和占有行为（有时候会发生两个行为的重合）方可完全实现，窃取后的转移占有是使占有现实化的必要条件。

第三，保姆对财物的控制具有临时性，并未实现有效占有。一方面，保姆主观上并不认为此时的财物已经属于自己所有。这种心理状态说明保姆充分意识到了财物仍然是在主人的房间，并没有脱离主人的控制，一旦主人发现财物丢失并查找，其盗窃行为很容易暴露；另一方面，保姆对财物的掌控时间非常短暂，也可间接说明其尚无法实现对财物的非法占有。

13. 偷配私营单位保险柜钥匙秘密取走柜内资金后，留言表明日后归还，但作案后潜逃，其行为是否构成犯罪?[①]

行为人盗走单位巨额钱财，事后表明真实身份的行为不属于民间借贷，而是构成盗窃罪的犯罪行为。

（1）行为人盗走单位巨额钱财，事后表明真实身份的行为不属于民间借贷，而是犯罪行为。

行为人私自秘密取走现金后，采用留言的方式表明身份，并称会连本带利归还该现金的行为不符合民间借贷行为的实质特征，已经构成犯罪，其具体理由如下：

---

① 观点来源：最高人民法院刑事审判第一、二、三、四、五庭：《刑事审判参考》2008 年第 5 集（总第 64 集），法律出版社 2009 年版，第 36－44 页，范某盗窃案。

民间借贷属于借款合同，根据最高人民法院 1999 年 2 月 13 日实施的《关于如何确认公民与企业之间借贷行为效力问题的批复》（现已失效）的规定，公民与企业之间的借贷属于民间借贷，必须双方当事人意思表示真实方可认定有效。即在借贷合同订立过程中，双方当事人对借款事项有准确的认识，对借款的后果有清醒的预期，并在此基础上达成借款的合意，出借方对款项行使处分权，自愿将款项借给借款方。行为人在未征得现金所有人同意的情况下，采用秘密窃取的手段私自取走现金，尽管其事后留言表明身份并表示将归还，但其行为纯属单方行为，其在作案前和作案过程中，现金所有人并不知情，双方未进行任何借款磋商，现金被行为人拿走并非被害人真实自愿的意思表示。故此，行为人的行为不具备民间借贷合同的基本特征，不能认定其行为属于民间借贷行为。

评价一行为是否构成犯罪，需要考察该行为是否在客观上已使我国《刑法》所保护的法益遭受到实际的侵害。《刑法》关于侵犯财产类犯罪的规定，主旨是保护公私财物的合法所有权及其他合法占有状态。

行为人该款项没有合法的所有权，其偷拿行为直接使单位实际丧失了对该款项的合法所有权，并间接侵犯了公司职工的工资利益，已经侵害了《刑法》所保护的公私财物所有权，具有明显的社会危害性。

（2）行为人的行为符合盗窃罪的构成要件，应以盗窃罪定罪处罚。

偷配单位保险柜钥匙秘密取走柜内的资金后，留言表明日后归还的行为究竟构成何罪，也存在不同意见：第一种意见认为，行为人作案当时即写下留言，表明身份，在作案后当月即还清绝大部分赃款，不具有非法占有目的，也不属于秘密窃取，其行为构成挪用资金罪；第二种意见认为，行为人利用职务上的便利，窃取工资款，其行为构成职务侵占罪；第三种意见认为，行为人以非法占有为目的，秘密窃取并非其管理工资款的行为构成盗窃罪。

我们认为，要准确界定本案被告人范某的行为构成何罪，必须结合三个罪的构成要件来进行分析。

第一，行为人的行为不构成挪用资金罪。挪用资金罪与盗窃罪在构成要件上的区别主要表现在：一是犯罪主体不同。挪用资金罪构成主体是特殊主体，即行为人必须是非国有公司、企业或者其他单位的非国家工作人员；而盗窃罪的主体则是一般主体。二是犯罪对象不同。挪用资金罪的犯罪对象必须是本单位的资金；盗窃罪的犯罪对象为他人财物，而不局限于本单位的资金。行为人所在公司系私有公司，其取走的是所在单位的资金，因而，在犯罪主体、犯罪对象上，其行为同时符合了挪用资金罪和盗窃罪两个罪的构成要件，故要界定其行为究竟构成何罪，还得进一步从犯罪的主观故意和客观表现予以区分。

在主观故意方面，挪用资金罪中行为人的主观目的是暂时取得本单位资金的使用权，通常情况下行为人会考虑挪用资金的保值、增值问题，以备将来归还；而盗窃罪的行为人因其主观上是想占有他人的财物，并无归还意图。因此，行为人在行为时是否有准备以后归还资金的意图，是二罪在主观故意上的根本区别。行为人虽然在作案后写字条，表明以后将归还取走的资金，但其作案后携款潜逃，没有采取任何使资金保值增值的措施。这一情节，足以说明行为人行为目的中并无归还意图，其行为不符合挪用资金罪的主观构成要件。在客观方面，挪用资金罪的行为人必须是利用职务上的便利对本单位的资金予以挪用，而盗窃罪的行为人则均是采取秘密手段，在财物所有人或保管人不知情的情况下将财物予以占有、转移。因此，是否利用职务之便是二罪在客观表现上的根本区别。所谓"利用职务上的便利"，是指行为人利用其职责范围内的主管、管理、经手公共财物的便利条件；而主管、管理、经手公共财物，都是由行为人所担负的职责所产生。如果行为人利用与自己职责、职权无直接关系或者说不是以职责为基础的便利条件，如仅因为在某单位工作而熟悉作案环境、凭借系工作人员的身份而易于进入他人保管公共财物的场所、较易接近作案目标或者因为工作关系熟悉本单位其他人员的职务行为的操作规程等便利条件侵占本单位公共财物，就不属于"利用职务上的便利"，由此实施的犯罪，应当根据行为人侵占财物的具体手段性质来确定罪名。行为人并没有主管、管理、经手现金的职责和权力，因此，其只是利用了其熟悉作案环境和作案时机，便于接触作案目标的便利条件，不属于"利用职务上的便利"。另外，行为人在行为过程中采取的偷配钥匙、趁财务室无人之机取走现金的一系列行为，均是在力图避免资金所有人或保管人发现的情况下所为，因此，其作案手段具有高度的秘密性，故此，其行为不符合挪用资金罪的客观构成要件。

第二，该行为不构成职务侵占罪。职务侵占罪与盗窃罪在构成要件上的主要区别在于，职务侵占罪中，行为人非法占有本单位财物的行为必须是利用了其职务上的便利，且在占有过程中，不要求其作案手段具有秘密性，即行为人既可以利用职务之便采用他人不易发觉的隐秘手段占有本单位财物，也可以是利用职务之便公然占有本单位的财物。而盗窃罪的客观表现必须是采用秘密手段窃取财物。至于如何界定行为人利用职务之便的行为，前文已作详尽阐述，在此不再赘述。行为人采取私配钥匙、秘密窃取单位资金的行为不属于“利用职务上的便利”，故其行为不符合职务侵占罪的客观构成要件，其行为不能认定为职务侵占罪。

第三，行为人的行为构成盗窃罪。首先，其具有非法占有目的。范某秘密取得现金后将赃款带离该公司时，即已完全排除了权利人对该笔资金的支配，实现了非法占有目的。其次，行为人采取了秘密窃取的作案手段。范某采取的私自偷配钥匙一把，并趁公司午休无人注意之机，进入财务室，打开壁橱，取走现金后又将壁橱锁好的一系列行为，均是在该资金所有人即私企老板和保管人未察觉的情况下所为，因此，该行为符合盗窃罪中“秘密”窃取的行为特征。其事后留下字条表明作案人身份并声称会连本带利归还给被害人的行为，只能使被害人“事后”知情，而不影响其作案时“秘密”窃取事实的成立。最后，该行为已经构成盗窃罪既遂，且数额特别巨大。行为人作案后携款潜逃，已经使所在单位丧失了对款项的控制，其行为构成盗窃既遂。

13. **在盗窃实行犯不知情的情况下，与销赃人事先约定、事后出资收购赃物的行为是否构成盗窃共犯？**①

在刑法理论上，对于与盗窃实行犯事先进行通谋，事后予以销赃成立盗窃共犯的依据在于，一方面销赃犯与实行犯在主观上形成了共同犯罪的故意；另一方面在于销赃犯的行为对于实行犯决意、实施犯罪起到了鼓励、支持的帮助作用，因此，符合共同犯罪的构成要件，属于共同犯罪中的帮助犯，应当以共犯论处。对于本案中被告人陈某灵向销赃犯王某环收购余某贵等人的所盗赃物的行为，是否构成盗窃共犯，应当从上述共同犯罪的构成要件角度来分析。

（1）在盗窃行为实施前，行为人没有与盗窃实行犯有共同盗窃的通谋。在认定销赃行为人与盗窃实行犯是否有事前通谋时，需要特别注意以下三点：

---

① 观点来源：最高人民法院刑事审判第一、二、三、四、五庭：《刑事审判参考》2008 年第 2 集（总第 61 集），法律出版社 2008 年版，第 28－35 页，马某、陈某灵等盗窃、隐瞒犯罪所得案。

一是事前通谋的时点仅限于犯罪既遂之前，销赃行为人必须在盗窃犯罪未完成之前与盗窃实行犯存在意思联络，在盗窃犯罪既遂之后才进行意思联络的，不属于事前通谋；二是销赃行为人仅知道盗窃实行犯可能要去实施盗窃，但在盗窃前未与盗窃实行犯形成意思联络，在盗窃完成后才与盗窃实行犯共谋实施销赃等行为的，不属于事前通谋；三是只要销赃行为人在盗窃前向盗窃实行犯承诺，盗窃完成后为实行犯收购、销售盗窃所得的赃物，就可认定双方存在事前通谋，不要求销赃行为人对盗窃犯罪的时间、地点、方法、对象、目标等具体情节都参与共谋或全面了解。

（2）行为人收购赃物的行为对盗窃没有起到鼓励、支持作用。要成立共同犯罪中的帮助犯，必须具备两个客观要件，一是实施了帮助行为，这是成立帮助犯的实质要求；二是必须在实行犯犯罪前或犯罪时提供了帮助，这是成立帮助犯的时限要求。所谓帮助行为，是指对实行犯的犯罪行为予以物质或精神支持，使实行犯的犯罪行为或犯罪目的更容易实现的行为。帮助行为有两种：一是心理帮助，又称精神帮助，主要指对实行犯的行为进行激励、助言、约定事后帮助逃跑等，使实行犯的犯罪决意得到强化或使实行犯在作案过程中的心理安全感增强等；二是物理帮助，主要指为实行犯提供犯罪工具、创造犯罪条件等。需要注意的是，帮助行为必须是在实行犯犯罪前或犯罪中实施。如果实行犯的犯罪已经实施完毕，危害结果已经发生，则不存在帮助问题。

14. 入户盗窃摩托车钥匙，其后利用车钥匙在“户”外窃取摩托车的行为，是否属于“入户盗窃”？①

分歧观点：第一种观点认为，该行为不构成盗窃罪。理由是行为人的前后行为有明显间隔，应属两次行为。其入户行窃窃得财物价值极其低廉，应根据《刑法》第十三条的规定，不以犯罪论。后在“户”外窃取摩托车的行为，因价值达不到“数额较大”的标准，亦不构成盗窃罪。入户行为，可认定为非法侵入住宅罪。

第二种观点认为，该行为构成盗窃罪。理由是“入户盗窃”无犯罪数额要求，故不应仅从财物价值考量，而应从社会危害性角度分析。巫某某“入

---

① 观点来源：最高人民法院刑事审判第一、二、三、四、五庭：《刑事审判参考》第108集，法律出版社2017年版，巫某某盗窃案。

户”窃得的车钥匙价值极其低廉，但其后又利用钥匙再次实施了窃取摩托车行为，虽仍不构成“数额较大”，却证明了前次“入户”盗窃行为的社会危害性之大，应认定为盗窃罪。

第三种观点认为，该行为构成盗窃罪。理由是巫某某“入户盗窃”钥匙的目的是盗窃“户”外的摩托车，两者系一行为的两个阶段。车钥匙作为控制和使用摩托车的载体，“入户盗窃”车钥匙的行为在整个盗窃行为中起决定性作用，故行为人在户外窃取摩托车的价值应计入“入户盗窃”数额，整体行为属“入户盗窃”。

本书观点：同意第三种观点。理由如下：

（1）“入户盗窃”作为入罪标准，并非仅由犯罪对象的客观价值决定。

前两种观点在“入户盗窃”的入罪标准上存在分歧。《刑法修正案（八）》在《刑法》第二百六十四条原有规定上增加了“入户盗窃”“携带凶器盗窃”“扒窃”三种情节，与“多次盗窃”和“数额较大”并列，作为盗窃罪的五种入罪情节。从立法目的上看，随着我国社会经济的发展，盗窃犯罪手段日益多样，一些盗窃行为虽然达不到数额较大的标准，但其社会危害性很大，如果拘泥于传统的“数额”或者“次数”标准，便不能有效预防、打击此类违法犯罪行为。[①] 故为严密法网，加强对人民群众住宅及人身安全的保护，对“入户盗窃”等类型盗窃的认定没有规定起点数额。因此，理论上只要存在入户窃取财物的行为，不论财物数额大小，都应被评价为“入户盗窃”。不过，为避免扩大刑事打击范围，实践中还应结合规定，对“入户盗窃”情节显著轻微危害不大的，不以犯罪论，这里的“情节”，自然也包括犯罪数额，所以，在入户盗窃数额较小的情况下，是否入罪存在争议。

同时，《盗窃罪解释》第十二条以部分列举的方式对盗窃未遂的打击范围进行了限定：（1）以数额巨大的财物为盗窃目标的；（2）以珍贵文物为盗窃目标的；（3）其他情节严重的情形。前两项规定都着重于盗窃物品的价值，第三项属于兜底条款。这就在实践中产生了入户盗窃未遂是否应予入罪的争议。如前所述，《刑法》之所以未对“入户盗窃”犯罪数额有要求，是因为“入户盗窃”同时侵犯了住宅安宁权和财产权，不论既未遂，入户盗窃行为均

---

① 张军：《〈刑法修正案（八）〉条文及配套司法解释理解与适用》，人民法院出版社 2011 年版，第 266 页。

已侵犯了住宅安宁权，其既遂、未遂的社会危害性差距并不如“数额较大”类盗窃罪大，这在入户窃取廉价财物与其未遂相较时尤为明显。因此，在“入户盗窃”已经成为入罪情节的情况下，不能因为前述《盗窃罪解释》列明的两项均以盗窃价值为参考，就对“入户盗窃”未遂一律不予入罪，而应将“入户盗窃”未遂认定为“其他情节严重的情形”，结合《刑法》第十三条之规定，原则上予以入罪考量。浙江省2015年出台的《关于办理盗窃刑事案件的若干意见》就明确：入户盗窃、携带凶器盗窃、扒窃未遂的，应当依法追究刑事责任但根据案件具体情况，盗窃情节显著轻微危害不大的，可不认为是犯罪。全国人大常务委员会法制工作委员会作出《关于对最高人民法院办公厅〈关于被告人何珍才盗窃案征求意见的函〉的意见》（法工办发（2012）251号）指出：“刑法修正案（八）增加入户盗窃、携带凶器盗窃、扒窃等三类特定的盗窃犯罪，是考虑到这三类盗窃行为本身的社会危害性较大，构成犯罪不受‘数额较大’的限制。在司法实践中，对于入户盗窃被当场抓获的，在量刑上应根据个案的实际社会危害去掌握，不宜一律以未遂从轻处罚。”同时，因“入户盗窃”已被明确为盗窃罪的入罪情节，其未遂形态以盗窃未遂入罪处理，可以理顺罪名关系，一般情况下也不宜再沿用之前的司法惯例，以非法侵入住宅罪论处了。

综上，“入户盗窃”数额较小和未遂的入罪与否都受制于“情节显著轻微危害不大”这一条件，我们认为，实践中可以从人身危险性、犯罪行为方式、后果等方面把握适用标准。对于人身危险性较大的惯犯，以及采用深夜翻窗、撬门等方式潜入住宅或者携带凶器等手段入户、入户窃取孤寡老人等特定人员财物、窃取救灾救济款等特定财物、造成其他严重后果等情形的，即使窃得数额较小或未遂，应作入罪处理。相反，对于因饥饿难忍等原因入户盗窃或窃取少量财物救急的、进入忘记锁门的院内窃取少量瓜果蔬菜等物品或盗窃未遂的、窃取少量财物后主动予以补偿并得到谅解等后果较轻的情况，可以考虑作出罪处理。

综上，行为人见他人房门未锁而入户行窃，虽在户内仅窃得价值低廉的摩托车钥匙和起子，但基于以下原因，不能认定为情节显著轻微：①钥匙的价格远远低于其实际能够发动的摩托车的使用价值；②行为人窃取钥匙意在盗窃摩托车，且其后确实用入户窃得的摩托车钥匙窃取摩托车。而第一种观点忽视上述情节，仅以户内窃得物品客观价值少而认定其属于情节显著轻微危害不大，不构成盗窃罪，有失偏颇。

（2）利用“入户盗窃”的车钥匙盗窃“户”外摩托车的行为是一次盗窃行为。

前两种观点以行为人先后在“户”内外实施具有时间间隔的行为为由，认为巫某某分别完成了两次盗窃行为，进而对二行为分别评价，不妥。我们认为，行为人的行为应认定为一次盗窃行为。

刑法意义上的一行为，应是符合具体犯罪构成要件的一系列动作表示，需要结合各行为要素综合评判。

①时间。一行为的时间通常是连贯的，但在行为需分步完成时，会存在时间间隔。此时，区分行为单复数的关键是，分步行为中每步的具体行为目标可能不同，但最终指向对象是统一的，且只有行为对象才符合刑法规范的要求，进而满足构成要件要求，而多次行为中每个行为都能分别满足构成要件要求。但是，如分步行为确已被客观事实所阻断，则不宜再以一行为论处。

②地点。地点是一次行为所能影响到的与外界相对隔离，并被视为利益一体的空间，如一户人家的不同房间等。不同人家的住宅，即使具有毗邻性，也不能成为一次盗窃行为的地点。在开放空间中，应从行为影响范围和完成度角度考量，如在某一片田地连续盗窃，因行为连续尚未完成，可评价认定为一行为。但如果行为进行了明显的空间转移，则不宜认定为一行为。

③对象。对象是符合构成要件要求的法益体现，分步行为中每个动作指向的目标则未必符合。一个侵害行为的影响范围可及于多个对象的，不论对象多寡仍为一行为，如一个公交车上实施威胁后连续抢劫多人的仍为一次抢劫行为。如针对不同对象时，不得不重复之前已经作出的着手、实施、完成过程，即使对象具有集中性，也不宜被认定为一行为，如在公交车上扒窃多人，应属多次盗窃。

④犯罪意图。在连续犯、牵连犯等主观上存在统一或概括故意的场合，区分行为单复要考量具体行为是否单独能够符合构成要件，如果分别符合，那么即使在罪数上是一罪，在次数上仍属数行为。在主观上具有单独实施部分行为的明确故意场合，犯意对行为完成程度具有影响，如果根据行为人犯意实施的某行为已结束，后续行为属另起犯意，那么即使前后行为存在联系，甚至可以涵盖在一构成要件内，也不宜一并认定为一行为。

综上，首先，行为人的前后行为虽存在明显间隔，但其犯罪意图中盗窃的目的是明确的，即窃取户外的摩托车，盗窃车钥匙在其认知上只是行为的一部分而非一个独立或完整形态。其次，前后行为虽有时间间隔，却始终未被客观事实所阻断，如“入户”行为被发现后摩托车防护措施出现变化，或放置位置有重大变动等。行为人试开摩托车后暂时离开的行为，非被迫因客观行为而中断，而系其为安全起见所做出的分步实施行为。因此，不能仅因前后行为存在间隔即认为系两次行为。最后，从行为对象角度来看，前后行为具有统一性。行为人盗窃车钥匙也并非为了车钥匙自身微薄的客观价值，而是为了实现车钥匙与摩托车之间的特定联系所体现的使用价值，盗窃车钥匙的行为无法独立符合完整构成要件，进而被评价为单独的盗窃行为。总之，应从前后行为的整体性角度分析是否为一行为，而非仅从车钥匙的客观价值角度评价“入户”行为的构成要件符合性。这类似于《盗窃罪解释》第五条规定的在盗窃记名的有价权利凭证的案件中，以兑现数额计算犯罪数额的认定方法，即立足于最终对象财物价值，而非权利凭证自身的客观价值。

（3）利用“入户盗窃”车钥匙在“户”外窃取摩托车的行为应认定为“入户盗窃”。

司法实践中有观点认为，“入户盗窃”的客观行为，应当是行为人以盗窃为目的入户，并在户内获取财物的行为。我们认为，行为人所实施的分步在户内外完成的盗窃行为，也属于“入户盗窃”。

首先，作为盗窃对象的“财物”概念，其内涵已经发生变化，凡是具有一定客观价值或使用价值的财物，原则上都可以成为财产犯罪的行为对象，如信用卡、存折、钥匙等物品。与客观价值的客观性和普遍认同不同，使用价值只有在使用中才能体现，静态的使用价值，如未使用的信用卡等，尚不足以使物品直接成为“财物”。而物品的使用过程又多表现为对其他关联财物的占有和控制，所以正是物品经使用后所达到的占有关联财物的结果，实现了其使用价值，进而才使其成为“财物”。此时，具有使用价值的物品和关联财物共同构成了一个整体性的财产权益。权利人通过直接占有财物体现所有权时，财物和财产权的存在空间是一致的，而通过控制具有使用价值的物品占有关联财物时（形式占有），财物和部分财产权益可能会存在地点分离。

其次，客观行为要结合需要保护的法益才能判断“入户盗窃”保护的法益是住宅安宁权及住宅内的财产权，因此，只要行为已同时侵犯了两种法益，就应当符合“入户盗窃”的客观行为要求。而现实中，财物本身是否在

"户"内与权利人是否在"户"内具有财产权并非完全重合，如权利人通过占有"户"内的有价支付凭证等物品，进而可以对别处的关联财物实现控制。

既然财物可以通过形式占有实现控制，那么窃取"户"内形式占有载体的行为就已经侵犯了权利人对关联财物的控制。无论实际在何处获取关联财物，对财产权的侵犯在"入户盗窃"时已经发生。这也契合了对窃取支付凭证而未使用的行为认定为犯罪未遂，而非犯罪预备的司法实践。

再次，从司法效果来看。"入户盗窃"和"数额较大"类盗窃的构成要件不同，如果坚持"入户盗窃"需在户内获取财物的标准，如本案的情形，就会出现要么类似前两种观点那样强行割裂一行为、分开评价的情况，要么因"户"外财物价值不足，不以盗窃罪论的情况。这些做法或不符合客观事实，或徒增法律漏洞，达不到良好的司法效果。

最后，实践中也要注意，并非所有与别处财物具有联系的物品都是形式占有的载体，需综合考量以下因素：（1）联系的直接性。载体的使用价值应当直接体现出财产性，反之不然。例如，身份证件如果可以直接领取财物，应属于载体，如尚需要其他行为配合才能与财物取得直接联系，则不宜认定。（2）联系的必要性。在如记名有价支付凭证、证券等与关联财物具有唯一联系的场合，即使后续获取关联财物仍需实施复杂的行为，因凭证是最终获取财物的必需途径，应视为载体。（3）联系的效用性。在获取财物未必一定要通过载体的场合，如窃取户外的车辆并非一定要获取车钥匙等，需要考量联系的效用性。就社会认知而言，车辆之所以能够安心放置在"户"外公共场所，是因为可以解锁并驱动车辆的钥匙已经被权利人安全控制在"户"内，一旦获取钥匙，就意味着可以相对轻易地在"户"外实现对车辆的控制，即整体行为中，获取钥匙的行为较启动车辆的行为更为重要，据此，车钥匙应视为载体。

15. 反复将同一物品出卖给他人后又偷回的行为如何定性及犯罪数额的认定?[①]

问题：三人经事先预谋，将一捆价值人民币2000元（为案发后相关估价机构的鉴定价格）的铜丝以1500元的价格卖给废品收购人。待废品收购人收

---

① 观点来源：最高人民法院刑事审判第一、二、三、四、五庭：《刑事审判参考》2013年第3集（总第92集），法律出版社2014年版，第223-226页，《反复将同一物品出卖给他人后又偷回的行为如何定性及犯罪数额的认定》。

好铜丝并付款后，其中二人通过与废品收购人聊天吸引废品收购人的注意力，另一人则乘机将该捆铜丝偷回。得手后三人立即逃离。三人以这种方式将同一捆铜丝反复出卖给10名不同的废品收购人，每次交易后均偷回铜丝，共计得款15000元。如何认定本案三行为人的性质以及犯罪数额?

解答：

（1）三行为人的行为应当认定为盗窃罪而不是诈骗罪。

本案三行为人在与被害人进行交易时隐瞒真实目的，具有一定的欺骗性，对于铜丝的对价1500元，被害人是基于交易的意思自愿交付的，而对于铜丝的被盗，被害人当时并不知情。对于这种存在“骗售”和“盗取”两个环节的行为如何定性，大致存在两种意见：一种意见认为构成诈骗罪。理由是三行为人经事先预谋，通过虚假交易骗得他人财物，铜丝只是用于诈骗的道具，并非真正的交易标的。另一种意见认为构成盗窃罪。理由是交易完成后，铜丝的占有就转移给废品收购人。行为人采用秘密手段取得他人占有的财物，应当认定为盗窃行为。

我们认为，非法获利是财产型犯罪的最终目的，对于同时存在“骗售”和“盗取”多环节的行为，需要进一步辨析究竟哪一行为是实现“非法获利”的关键行为。对于虽然有“骗”的成分，但在他人不知情的情况下利用秘密窃取而实现财物转移占有的情形下，“盗取”是对实现非法获利具有决定性影响的行为，故整体行为应当认定为盗窃罪。反之，对于虽然有“偷”的成分，但实际是因他人产生错误认识后进而实现财物占有转移情形，整体行为应当认定为诈骗罪。本案中的“骗售”实际是为后续的“盗取”做铺垫，“盗取”对于实现非法获利具有决定性作用，故反复多次将同一物品出卖给他人后又偷回的行为应当认定为盗窃罪。

（2）本案的犯罪数额应当认定为20000元。

关于本案盗窃数额的认定，也存在分歧。第一种意见认为盗窃数额为2000元，即第一捆铜丝的价值；第二种意见认为盗窃数额为15000元，即10次交易的价格总和；第三种意见认为盗窃数额应当为20000元，即10捆铜丝的总价值。

我们同意第三种观点。具体理由如下：

首先，本案三行为人多次盗窃同一物品，虽然犯罪对象是同一捆铜丝，但却是针对不同的被害人实施的，导致多名被害人遭受财产损失，即其实施的每次盗窃行为均有独立的被害人，且从中获取独立的非法利益，故只有将盗窃数额累计计算，才能全面评估其盗窃行为的整体危害后果，从而准确判定其所应承担的刑事责任。多次盗窃同一物品的案件中盗窃数额是否累计计算，不能一概而论，应当结合具体案情加以判断。如数次盗窃行为均造成独立损害，并给行为人带来独立非法利益的，应当累计计算多次盗窃的数额，本案即属于这种情形。如数次盗窃行为服务于同一个犯罪目的，针对同一被害人，且数次被盗的被害人实质上仅遭受一次财产损失的，行为人获得的非法利益与一次所获无异，该情形下盗窃数额不应累计计算。例如，行为人盗走他人的汽车后将车停放于停车场，失主使用定位技术找到该车并开走，后行为人再次盗走该车，此时应当以一辆汽车认定行为人的盗窃数额。

其次，在确定了本案应当累计计算每次盗窃的数额后，接下来的问题是如何认定每次盗窃的数额。是以 1500 元的铜丝交易价格还是以 2000 元的铜丝实际价值认定每次盗窃的数额，也存在一定的分歧。我们认为，根据最高人民法院、最高人民检察院 2013 年联合出台的《盗窃罪解释》第四条的规定，被盗财物有有效价格证明的，根据有效价格证明认定盗窃数额；无有效价格证明，或者根据价格证明认定盗窃数额明显不合理的，应当按照有关规定委托估价机构估价。本案的犯罪对象为回收利用的物资无有效价格证明，双方的交易又具有一定欺骗性，应当根据市场交易情况评估其价值，故委托有关评估机构鉴定，按照评估机构鉴定的铜丝的市场价值 2000 元认定每次盗窃的数额是正确的。以 1500 元的交易价格认定盗窃数额在表面上看具有一定合理性，因为行为人从每次犯罪行为中实际获利 1500 元，被害人直接损失的也是 1500 元价款。但是，值得注意的是，该铜丝的市场价值为 2000 元，被害人虽然付出了 1500 元，但其购买了铜丝后即取得了 2000 元的财产利益，该财产利益因之后的盗窃行为受损，同时行为人却因之后的盗窃行为获得 2000 元的财产利益，故盗窃数额应当认定为 2000 元。这与行为人盗窃财物后以低价销赃导致犯罪实际收益与犯罪数额存在差异的情形道理是相同的。以 1500 元来认定每次犯罪数额的意见，实质上是将交易行为定性为诈骗，认为被害人基于错误认识交付了 1500 元货款，忽略了盗窃行为的独立性和对实现犯罪目的的决定性作用。

16. **以勒索钱财为目的的盗窃机动车号牌行为如何定性？**[①]

（1）机动车号牌不属于盗窃国家机关证件罪中的国家机关证件。机动车号牌是否属于《刑法》第二百八十条规定的行为对象，是本案中对二被告人准确定罪的一个必须厘清的问题，经研究，我们认为，机动车号牌不属于《刑法》第二百八十条规定的盗窃国家机关证件罪中的国家机关证件，其主要理由在于：

首先，从文义解释角度来看，国家机关证件是由国家机关制作颁发的用以证明身份、权利义务关系或者有关事实的规范性凭证，通常具有制作主体特定、用途明确、形式规范等特征，主要包括证件、证书等，如常见的护照、机动车行驶证均具有此特征。机动车在交易过程中，涉及各种不同的证件，包括机动车来历凭证、整车合格证、号牌、行驶证、登记证书以及有关机动车的其他证明和凭证。从证件属性来看，有关机动车的证明和凭证中，只有行驶证、登记证书属于国家机关证件的范畴，其他证明和凭证不属于国家机关证件的范畴。机动车号牌虽由公安机关交通管理部门统一制发，但只是中英文和数字的组合，并不加盖主管机关的印章，仅起到机动车上路行驶的有效识别载体的作用，不具有国家机关证件通常具备的上述特征。特别是根据公安部修订发布的《机动车登记规定》，自2008年10月1日起机动车所有人可以通过计算机自动选取或者按机动车号牌标准规定自行编排的方式获取机动车号牌号码，进一步强化了机动车号牌的个性色彩。因此，从一般属性来看，机动车号牌只是一种标志，而非国家机关证件。

其次，从体系解释出发，在《刑法》分则体例安排上，《刑法》分则第二百八十一条、第三百七十五条中分别规定了对非法生产、买卖人民警察车辆号牌、武装部队车辆号牌等专用标志，情节严重的行为，予以定罪处罚。从上述规定可以看出，《刑法》将人民警察车辆号牌、武装部队车辆号牌归为专用标志，而非国家机关证件，因此，将除上述特殊车辆号牌外的一般的机动车号牌解释为国家机关证件有悖于刑法体系解释的原理。或许有人认为，《刑法》第三百七十五条规定了伪造、变造、买卖或者盗窃、抢夺武装部队公文、证件、印章罪及非法生产、买卖武装部队制式服装、车辆号牌罪，可那

---

① 观点来源：最高人民法院刑事审判第一、二、三、四、五庭：《刑事审判参考》2009年第5集（总第70集），法律出版社2010年版，第54－59页，杨某慧、马某明盗窃案。

是立法者为了对武装部队类的机动车号牌予以特别保护才作此规定，因而并不妨害将一般的机动车号牌认定为国家机关证件。很显然这种理解并不合理，从这两个条文本身来看，前款规定的入罪标准显然宽于后款要求的入罪标准，后款仅对情节严重的情形予以刑罚制裁，而前款却将情节严重情形作为法定刑升格的条件，这是因为，从一般观念来看，武装部队公文、证件显然较武装部队车辆号牌更为重要，更值得《刑法》保护，以之为对象的犯罪社会危害更大。因而如果将普通的机动车号牌解释为国家机关证件，不仅会造成概念上的混乱，也严重背离了刑法体系解释的基本原理。而且，无论《刑法》第二百八十一条还是第三百七十五条都只规定非法生产、买卖人民警察车辆号牌、武装部队车辆号牌等专用标志，情节严重的予以定罪处罚，并未将盗窃、抢夺上述专用标志定罪处罚，如果将盗窃机动车号牌即以盗窃国家机关证件予以定罪处罚，甚至可以情节严重升格法定刑幅度予以处罚，显然严重背离了罪刑法定原则。特别值得一提的是，立法者也已注意到盗窃、抢夺武装部队车辆号牌具有较为严重的社会危害性，故而在《刑法修正案（七）》中增加规定了盗窃、抢夺武装部队车辆号牌等专用标志的犯罪，但这仍然是将机动车号牌限定在专用标志的范畴内处理这一问题。

最后，从司法解释沿革的一致性来看，1998 年 5 月 8 日最高人民法院、最高人民检察院、公安部、国家工商行政管理局联合发布的《关于依法查处盗窃、抢劫机动车案件的规定》第七条规定伪造、变造、买卖机动车号牌及机动车入户、过户、验证的有关证明文件的依照《刑法》第二百八十条第一款的规定处罚，该条文正是司法实践中个别司法机关将盗窃机动车号牌以盗窃国家机关证件定罪的所谓法律依据。单就该条文来说，它也仅明确了在盗、抢机动车犯罪中伪造、变造、买卖机动车号牌的以伪造、变造、买卖国家机关证件定罪处罚，但不能就此当然地对盗窃、抢夺机动车号牌的行为以盗窃、抢夺国家机关证件罪予以定罪处罚，更不能以此当然地推定机动车号牌即为国家机关证件。不能忽略的是，最高人民法院、最高人民检察院也已注意到了这一问题，自 2007 年 5 月 11 日起施行的《盗窃、抢劫、诈骗、抢夺机动车解释》第二条第一款仅规定了伪造、变造、买卖机动车行驶证、登记证书累计三本以上的，依照《刑法》第二百八十条第一款的规定予以定罪，应当说这不是司法解释的疏漏，而是特意为之，目的就是将机动车号牌排除在国家机关证件范畴之外。该司法解释与前述 1998 年的规范性文件都是就盗、抢机动车等相关犯罪问题作出的规定，但从法律效力的一般原则来看，后法优于前法，故上述司法解释应优先适用，机动车号牌不属于《刑法》第二百八十条规定的国家机关证件。

从上述分析来看，盗窃机动车号牌的行为虽具有较大的社会危害性，值得动用刑罚处罚，但以盗窃国家机关证件罪在现行法律规定下予以定罪，法律依据不足。

（2）以敲诈钱财为目的盗窃机动车号牌的行为可视具体情形处以敲诈勒索罪或盗窃罪。行为人盗窃他人机动车号牌是为了以此向有关号牌所有人勒索钱财，因为单纯盗窃机动车牌照对其而言并不具有实质性的意义，机动车号牌本身没有什么经济价值，其盗窃机动车牌照系为了向号牌所有人实施敲诈勒索的行为，以达到非法获取钱财的目的。因此，盗窃机动车号牌的行为属于手段行为，勒索钱财行为属于目的行为，所以将盗窃行为认定为与勒索行为具有牵连关系比较妥当。对于牵连犯，一般应择一重罪进行定罪处罚。如果行为人敲诈得手后归还所窃取的车牌，并达到追诉标准的，以敲诈勒索罪予以定罪是无异议的。如果行为人未能敲诈到钱财并且将车牌随意丢弃的，在此情况下可以盗窃罪予以定罪。或许有人会认为，行为人主观上仅有敲诈勒索的目的，并没有非法占有的目的，处以盗窃罪似乎比较牵强。其实，盗窃的经典表述是以和平手段永久剥夺他人对财物的所有或占有。因此，如果行为人在未能敲诈得手的情况下，将车牌任意丢弃，主观上虽然没有实现非法取财的目的，但其主观上对于造成他人财产损失是故意的，客观上亦造成了被害人为补办车牌带来的利益损失，具有一定的社会危害性，故以盗窃罪予以处罚符合刑法原理。在此涉及的一个问题是盗窃数额如何认定，因为《刑法》规定一般盗窃行为达到数额较大的才构成犯罪。盗窃罪属于侵财犯罪，其盗窃财产的数额一般就是被害人的财产损失数额。机动车牌照本身不能买卖，不具有经济价值，但其具有使用价值，所有人需支付相应办理牌照的费用才能获取，从这个意义上讲，被害人因盗窃所遭受的经济损失就是需支付补办牌照的费用，虽然此部分费用被告人并未获取，但确属被害人遭受的经济损失，由于侵财犯罪中有些情况下犯罪人非法获财情况与被害人损失情况并不一致，但并不妨碍将其未实际获取的部分认定为犯罪数额，因此以被害人补办车牌所需的费用作为盗窃数额符合侵财犯罪的本质原理。《盗窃罪解释》（法释〔2013〕8 号）第十条第一项规定，偷开机动车，导致车辆丢失的，以盗窃罪定罪处罚。据此，举重以明轻，对盗窃机动车车牌处以盗窃罪也是有法律依据的。如果行为人既有敲诈得手钱财又有任意丢弃车牌行为的，可视具体情形处断为一罪或数罪并罚，此处不再赘述。

综上，行为人以勒索钱财为目的多次盗窃他人机动车号牌，未来得及向有关号牌所有人勒索钱财即被抓，虽未实现勒索钱财的目的，但其盗窃行为已经既遂，因此对其二人以盗窃罪进行定罪处罚是正确的。

17. **事先承诺收购指定的特殊产品并在事后低价收购的行为如何定性?**①

明知财物系上游犯罪人犯罪所得，事前承诺收购，事后在上游犯罪现场收购赃物的，可以认定为与上游犯罪人通谋犯罪。

掩饰、隐瞒犯罪所得、犯罪所得收益的行为是事后的帮助行为，“犯罪所得及其产生的收益”中的“犯罪”是指既遂犯罪。对于事前与盗窃、抢劫、抢夺等犯罪分子通谋，实施掩饰、隐瞒犯罪所得、犯罪所得收益行为的，主观上明知盗窃、抢劫、抢夺等犯罪内容、危害后果而与其通谋，形成共同的犯罪故意，客观上对盗窃、抢劫、抢夺等犯罪分子实施犯罪予以配合，应当以共同犯罪论处。此时，其掩饰、隐瞒行为就成了盗窃、抢劫、抢夺等犯罪的共同犯罪行为的组成部分。当然，在共同犯罪中的地位、作用可以根据其实际所处的地位、作用认定。

这方面的立法例有不少，如《刑法》第三百一十条第二款规定，犯窝藏、包庇罪，事前通谋的，以共同犯罪论处。《盗窃、抢劫、诈骗、抢夺机动车解释》第四条明确规定，事前与盗窃、抢劫、诈骗、抢夺机动车的犯罪分子通谋的，以盗窃罪、抢劫罪、诈骗罪、抢夺罪的共犯论处。《最高人民法院、最高人民检察院关于办理盗窃油气、破坏油气设备等刑事案件具体应用法律若干问题的解释》第五条规定，明知是盗窃犯罪所得的油气或者油气设备，而予以窝藏、转移、收购、加工、代为销售或者以其他方法掩饰、隐瞒的，依照《刑法》第三百一十二条的规定定罪处罚。实施前述犯罪行为，事前通谋的，以盗窃罪的共犯定罪处罚。《掩饰、隐瞒犯罪所得、犯罪所得收益解释》在总结立法和司法解释经验的基础上，也作了类似的规定。其第五条规定：“事前与盗窃、抢劫、诈骗、抢夺等犯罪分子通谋，掩饰、隐瞒犯罪所得及其

---

① 观点来源：最高人民法院刑事审判第一、二、三、四、五庭：《刑事审判参考》总第104集，法律出版社2016年版，第57-60页，孙某凯、刘某、朱某盗窃案。

产生的收益的，以盗窃、抢劫、诈骗、抢夺等犯罪的共犯论处。”

结合法理和司法实践，认定掩饰、隐瞒犯罪所得行为人是否与盗窃、抢劫、诈骗、抢夺等上游犯罪分子通谋，一般从以下几个方面把握：（1）从主观上分析判断，一看其是否明知上游犯罪人实施犯罪行为。如果有证据证明掩饰、隐瞒行为人误认为上游犯罪所得是正常所得，那么，掩饰、隐瞒行为人虽然客观上起到了帮助上游犯罪人的作用，但因缺乏主观要件而不能对其定罪。二看其是否明知上游犯罪人犯罪的时间。如果上游犯罪既遂后才知道上游犯罪行为的，自然不能认定为与上游犯罪人通谋，如果事先知道（包括事中知道）上游犯罪行为，且在客观上实施了协助上游犯罪人完成犯罪的行为的，就可以认定为与上游犯罪人通谋。（2）从客观上分析判断，即其实施的掩饰、隐瞒行为是在上游犯罪完成后还是在上游犯罪实施前或者实施过程中。如果掩饰、隐瞒行为是在上游犯罪完成后才介入的，需要结合掩饰、隐瞒行为人主观是否存在事先通谋故意进行综合判断。如果掩饰、隐瞒行为在事先、事中就起到了对上游犯罪参与、配合、协助的作用，那么，就可以认定其掩饰、隐瞒的故意产生于上游犯罪实施前或实施中。

（四）疑难、复杂问题的参考性解答

1. 盗窃罪构罪要件的客观方面是否必须达到数额较大？

盗窃罪构罪要件中，其客观方面包括两个方面，一是表现为秘密窃取公私财物的行为。对此，无论法律规定还是司法实践，均无变化。这也是盗窃罪区别于其他侵犯财产罪的主要标志。二是表现为数额 + 情节的限制要件。也就是说，并非一定要达到数额较大的情况下，才构成盗窃罪。《刑法修正案（八）》总结了司法实践经验，对《刑法》第二百六十四条盗窃罪的罪状作了修改，在原规定的“盗窃公私财物，数额较大或者多次盗窃的”基础上，补充了“入户盗窃、携带凶器盗窃、扒窃的”几种盗窃方式。从这一法律规定可以看出，盗窃公私财物数额较大是盗窃行为构成犯罪的基本要件。但对于一些特定的盗窃行为，即使达不到数额较大的条件，由于其行为本身的社会危害性，也构成盗窃罪。具体地说，盗窃行为具有如下情形之一的，即可认为符合盗窃罪构成的客观要件：

（1）达到数额较大。根据最高人民法院、最高人民检察院于 2013 年 4 月 2 日公布的《盗窃罪解释》第一条规定，认定盗窃“数额较大”的起点为

1000元至3000元以上；“数额巨大”的起点为3万元至10万元以上；“数额特别巨大”的起点为30万元至50万元以上。各省、自治区、直辖市高级人民法院、人民检察院可根据本地区经济发展状况，并考虑社会治安状况，在上述规定的数额幅度内，确定本地区执行的“数额较大”“数额巨大”“数额特别巨大”的具体数额标准，报最高人民法院、最高人民检察院批准。在跨地区运行的公共交通工具上盗窃，盗窃地点无法查证的，盗窃数额是否达到“数额较大”“数额巨大”“数额特别巨大”，应当根据受理案件所在地省、自治区、直辖市高级人民法院、人民检察院确定的有关数额标准认定。根据《盗窃罪解释》第二条规定，盗窃公私财物，具有下列情形之一的，“数额较大”的标准可以按照《盗窃罪解释》第一条规定标准的百分之五十确定：（1）曾因盗窃受过刑事处罚的；（2）一年内曾因盗窃受过行政处罚的；（3）组织、控制未成年人盗窃的；（4）自然灾害、事故灾害、社会安全事件等突发事件期间，在事件发生地盗窃的；（5）盗窃残疾人、孤寡老人、丧失劳动能力人的财物的；（6）在医院盗窃病人或者其亲友财物的；（7）盗窃救灾、抢险、防汛、优抚、扶贫、移民、救济款物的；（8）因盗窃造成严重后果的。

（2）多次盗窃。根据《盗窃罪解释》第三条第一款规定，二年内盗窃三次以上的，应当认定为“多次盗窃”。

（3）入户盗窃。根据《盗窃罪解释》第三条第二款规定，非法进入供他人家庭生活，与外界相对隔离的住所盗窃的，应当认定为“入户盗窃”。

（4）携带凶器盗窃。根据《盗窃罪解释》第三条第三款规定，携带枪支、爆炸物、管制刀具等国家禁止个人携带的器械盗窃，或者为了实施违法犯罪携带其他足以危害他人人身安全的器械盗窃的，应当认定为“携带凶器盗窃”。

（5）扒窃。根据《盗窃罪解释》第三条第四款规定，在公共场所或者公共交通工具上盗窃他人随身携带的财物的，应当认定为“扒窃”。

2. 盗窃数额达到较大标准的，是否存在不追究刑事责任的情形？

盗窃数额达到较大标准，但如果属于以下情形之一的，可不以犯罪处理：

（1）盗窃数额虽达到数额较大标准，但具有特定情节的。根据《盗窃罪解释》第七条规定，盗窃公私财物数额较大，行为人认罪、悔罪，退赃、退赔，且具有下列情形之一，情节轻微的，可以不起诉或者免予刑事处罚：具有法定从宽处罚情节的；没有参与分赃或者获赃较少且不是主犯的；被害人谅解的；其他情节轻微、危害不大的。

（2）偷拿家庭成员或者近亲属财物的。根据《盗窃罪解释》第八条规定，偷拿家庭成员或者近亲属的财物，获得谅解的，一般可不认为是犯罪；追究刑事责任的，应当酌情从宽。

（3）未成年人盗窃具有法定情形的。根据《未成年人犯罪解释》（法释〔2006〕1号）第九条第一款规定，已满十六周岁不满十八周岁的人实施盗窃行为未超过三次，盗窃数额虽已达到“数额较大”标准，但案发后能如实供述全部盗窃事实并积极退赃，且具有下列情形之一的，可以认定为“情节显著轻微危害不大”，不认为是犯罪：①系又聋又哑的人或者盲人；②在共同盗窃中起次要或者辅助作用，或者被胁迫；③具有其他轻微情节的。该条第二款规定，已满十六周岁不满十八周岁的人盗窃未遂或者中止的，可不认为是犯罪。

（4）为游乐，偶尔偷开汽车，情节轻微的。行为人偷开汽车的，情况比较复杂，不宜一律以盗窃罪定罪处罚。《盗窃罪解释》第十条第三项规定：为实施其他犯罪，偷开机动车作为犯罪工具使用后非法占有车辆，或者将车辆遗弃导致丢失的，以盗窃罪和其他犯罪数罪并罚；将车辆送回未造成丢失的，按照其所实施的其他犯罪从重处罚。司法实践中，对偷开汽车，以非法占有为目的，变卖或者留用的，应定为盗窃罪，为进行其他犯罪活动，偷开汽车当犯罪工具使用的，可以按其实施的犯罪从重处罚；在偷开汽车中因过失撞死、撞伤他人或者撞坏了车辆，又构成其他罪的，应按交通肇事罪与他罪并罚；为游乐，多次偷开汽车，并将汽车遗弃，严重扰乱工作、生产秩序，造成严重损失的，可以按扰乱社会秩序罪论处。为游乐，偶尔偷开汽车，情节轻微的，可以不认为是犯罪，应当责令赔偿损失。

3. 盗窃未遂的，能否追究刑事责任？

盗窃犯罪是数额犯，也是结果犯，因此，在一般情况下，未窃得财物的，不以犯罪处理，也不存在盗窃未遂的问题。但是，在下列情况下，就存在盗窃既遂、未遂的认定问题。

（1）以数额巨大、特别巨大财物为盗窃目标，由于意志以外原因未窃得财物的。在这种情况下，应当根据《刑法》关于盗窃数额巨大的量刑规定和犯罪未遂的处理原则，以盗窃罪（未遂）从轻、减轻或者免予处罚。正因为如此，《盗窃罪解释》第十二条规定，盗窃未遂，具有下列情形之一的，应当依法追究刑事责任：①以数额巨大的财物为盗窃目标的；②以珍贵文物为盗窃目标的；③其他情节严重的情形。盗窃既有既遂，又有未遂，分别达到不同量刑幅度的，依照处罚较重的规定处罚；达到同一量刑幅度的，以盗窃罪既遂处罚。

（2）入户盗窃、携带凶器盗窃、扒窃等特定盗窃犯罪是否存在犯罪未遂的问题。《刑法修正案（八）》规定，这三种盗窃行为，不论数额多少，均可以作为盗窃罪定罪处罚。但在新的司法实践中，有的行为人在实施这三种盗窃行为时，在未窃得财物时即被抓获，是否能够认定为盗窃未遂？根据全国人民代表大会常务委员会法制工作委员会法工办发〔2012〕251号《对最高人民法院办公厅〈关于被告人何珍才盗窃案征求意见的函〉的意见》：刑法修正案（八）增加入户盗窃、携带凶器盗窃、扒窃等三类特定的盗窃犯罪，是考虑到这三类盗窃行为本身的社会危害性较大，构成犯罪不受“数额较大”的限制。在司法实践中，对于入户盗窃被当场抓获的，在量刑上应根据个案的实际社会危害去掌握，不宜一律以未遂从轻处罚。换句话说，只要行为人实施了入户盗窃、携带凶器盗窃、扒窃的行为，即使因为被抓获而实际未窃得财物，一般也不以盗窃未遂处理。

4. 《刑法》对哪些特定形式犯罪以盗窃罪论处？如何理解这些规定？

《刑法》第二百六十五条关于“以牟利为目的，盗接他人通信线路、复制他人电信码号或者明知是盗接、复制的电信设备、设施而使用的，依照本法第二百六十四条的规定定罪处罚”的规定，并不是对盗窃罪的概念及其犯罪构成的修订，而是将这一特定形式的犯罪规定按盗窃罪论处。这一特定形式的犯罪，在客观方面表现为具有盗接他人通信线路、复制他人电信码号或者明知是盗接、复制的电信设备、设施而使用的行为。（1）具体表现形式：①偷接他人电话线路，即非法与他人电话线路相连接，无偿偷打电话，损害他人利益；②盗用他人移动电话码号，进行非法并机；③明知自己正在使用的电话或者移动电话，是盗接在他人电话线路上或者是复制了他人的移动电话码号的伪机而继续使用。（2）适用这一条规定时应当注意：①牟利是指行为人的主观目的，至于客观上是否牟得利益，不影响犯罪的成立；②主观上必须是明知，即是直接故意实施的，如果行为人不是明知而使用的，则不能认定构成盗窃罪；③根据“依照本法第二百六十四条的规定定罪处罚”的规定，并非行为人只要实施了本条规定的行为即构成犯罪，而应当以其行为所具有的社会危害性达到了《刑法》第二百六十四条所规定的相当程度为犯罪构成的必备要件。类似的条文还有：《刑法》第一百九十六条第三款规定，盗窃信用卡并使用的，依照本法第二百六十四条的规定定罪处罚。第二百一十条第一款规定，盗窃增值税专用发票或者可以用于骗取出口退税、抵扣税款的其他发票的，依照本法第二百六十四条的规定定罪处罚。第二百五十三条规定，邮政工作人员私自开拆或者隐匿、毁弃邮件、电报，窃取财物的，依照本法第二百六十四条的规定定罪从重处罚。第二百八十七条规定，利用计算机实施金融诈骗、盗窃、贪污、挪用公款、窃取国家秘密或者其他犯罪的，依照本法有关规定定罪处罚。

5. 盗窃公私财物的行为，同时触犯《刑法》分则其他条文规定的，如何处理?

这实际上涉及此罪与彼罪、一罪与数罪的问题。如何定罪，定一罪还是数罪，要根据不同的情况，作不同的处理。

（1）盗窃广播电视设施、公用电信设施价值数额不大的，但是危害公共安全已构成破坏广播电视设施、公用电信设施罪的，应当依照《刑法》第一百二十四条的规定定罪处罚；构成两种犯罪的，应当择一重罪处罚。

（2）盗窃使用中的电力设备，同时构成盗窃罪和破坏电力设备罪的，择一重罪处罚。

（3）为盗窃其他财物，偷开机动车作为犯罪工具使用后非法占有车辆，或者将车辆遗弃导致丢失的，被盗车辆的价值计入盗窃数额；为实施其他犯罪，偷开机动车作为犯罪工具使用后非法占有车辆，或者将车辆遗弃导致丢失的，以盗窃罪和其他犯罪数罪并罚；将车辆送回未造成丢失的，按照其所实施的其他犯罪从重处罚。

（4）采用破坏性手段盗窃公私财物，造成其他财物损毁的，以盗窃罪从重处罚；同时构成盗窃罪和其他犯罪的，择一重罪从重处罚；实施盗窃犯罪后，为掩盖罪行或者报复等，故意毁坏其他财物构成犯罪的，以盗窃罪和构成的其他犯罪数罪并罚；盗窃行为未构成犯罪，但损毁财物构成其他犯罪的，以其他犯罪定罪处罚。

（5）以盗窃交通设施的方法破坏交通设施的。其盗窃的是正在使用中的关系到交通运输安全的交通设施，不仅侵犯了财产关系，而且严重危害了交通运输的安全。因此，应当以破坏交通设施罪定罪处罚；而盗窃罪所窃取的只是一般的公私财物，包括尚未投入使用的交通设施，但这种盗窃行为并不影响交通运输的安全，它所侵犯的客体只是公私财产关系。因此，应当以盗窃罪定罪处罚。

（6）盗窃技术成果等商业秘密构成犯罪的，按照《刑法》第二百一十九条规定的侵犯商业秘密罪定罪处罚。

（7）破坏森林资源的行为可否按盗窃罪论处？2000 年 11 月 17 日最高人民法院通过的《关于审理破坏森林资源刑事案件具体应用法律若干问题的解释》对破坏森林资源以盗窃罪论处进行了规定。根据该解释第九条、第十五条的规定，将国家、集体、他人所有并已经伐倒的树木窃为己有，以及偷砍他人房前屋后、自留地种植的零星树木，数额较大的，依照《刑法》第二百六十四条的规定，以盗窃罪定罪处罚；非法实施采种、采脂、挖笋、掘根、剥树皮等行为，牟取经济利益数额较大的，依照《刑法》第二百六十四条的规定，以盗窃罪定罪处罚，同时构成其他犯罪的，依照处罚较重的规定定罪处罚。

（8）注意区别盗窃罪与职务侵占罪、贪污罪。盗窃罪与职务侵占罪、贪污罪，在主体范围上是不同的。在司法实践中，对于机关、事业单位、公司、企业或者其他单位的工作人员侵占本单位财物数额较大的行为，究竟是盗窃罪还是职务侵占罪，应根据行为人是否利用了职务上的便利来认定。所谓职务上的便利就是自己职务范围内的主管、管理单位财物的便利或因执行职务而经手公司、企业财物的便利。由于贪污罪、职务侵占罪的行为方式包括“窃取”的方式，因而在司法实践中容易与盗窃罪产生混淆。特别是有关国家工作人员与无身份者利用秘密窃取的方式共同攫取公有财产时，盗窃罪与贪污罪、职务侵占罪的界限就更容易混淆。根据《刑法》第三百八十二条规定，与国家工作人员或者受国家机关、国有公司、企业、事业单位、人民团体委托管理、经营国有财产的人员相勾结，伙同贪污的，以共犯论处。2000 年 6 月 30 日最高人民法院发布的《贪污、职务侵占案件解释》对贪污、职务侵占共同犯罪如何定罪处罚作了如下规定：①行为人与国家工作人员勾结，利用国家工作人员的职务便利，共同侵吞、窃取、骗取或者以其他手段非法占有公共财物的，以贪污罪共犯论处。②行为人与公司、企业或者其他单位的人员勾结，利用公司、企业或者其他单位人员的职务便利，共同将该单位财物非法占为己有，数额较大的，以职务侵占罪共犯论处。③公司、企业或者其他单位中，不具有国家工作人员身份的人与国家工作人员勾结，分别利用各自的职务便利，共同将本单位财物非法占为己有的，按照主犯的犯罪性质定罪。

（9）注意盗窃罪与侵占罪的区别。《刑法》第二百七十条第一款规定，将代为保管的他人财物非法占为己有，数额较大，拒不退还的，处二年以下有期徒刑、拘役或者罚金；数额巨大或者有其他严重情节的，处二年以上五年以下有期徒刑，并处罚金。该条第二款规定，将他人的遗忘物或者埋藏物非法占为己有，数额较大，拒不交出的，依照前款的规定处罚。据此，盗窃罪与侵占罪的区别主要有两点。一是犯罪对象不同。侵占罪的对象是行为人代为保管的财物，也就是说被害人是自愿将财物交由行为人保管，侵占行为人是在自己已经控制了财物的情况下，又非法占有该财物，而盗窃罪的失主是不愿意将财物交给行为人的。二是犯罪成立时间不同。盗窃罪自取得财物时犯罪即已成立，而侵占罪则不能以取得财物为犯罪成立时间，须取得财物后拒不能退还或者拒不交出的，才成立犯罪。涉及侵占罪与盗窃罪的界限的另一种情况是，受托保管他人已加封的财物，行为人拆封后将其中的全部或部分财物非法占为己有的，这种情况如何定性？我们认为，应当把加封的财物看作一个整体，因此，行为人将财物整体或其一部分内容非法据为己有，都是侵占。

（10）《刑法》另有规定的，应当依照规定执行。

①根据《刑法》第一百九十六条第三款的规定，对于“盗窃信用卡并使用的”，应当以盗窃罪论处；②根据《刑法》第二百一十条第一款的规定，对于“盗窃增值税专用发票或者可以用于骗取出口退税、抵扣税款的其他发票的”，应当以盗窃罪论处。③根据《刑法》第二百五十三条规定，邮政工作人员私自开拆或者隐匿、毁弃邮件、电报，而窃取财物的，应当以盗窃罪定罪，从重处罚。④根据《刑法》第二百八十七条利用计算机实施盗窃的，应当以盗窃罪定罪处罚。

6. 如何确定盗窃数额？

根据《盗窃罪解释》第四条规定，盗窃的数额，按照下列方法认定：（1）被盗财物有有效价格证明的，根据有效价格证明认定；无有效价格证明，或者根据价格证明认定盗窃数额明显不合理的，应当按照有关规定委托估价机构估价；（2）盗窃外币的，按照盗窃时中国外汇交易中心或者中国人民银行授权机构公布的人民币对该货币的中间价折合成人民币计算；中国外汇交易中心或者中国人民银行授权机构未公布汇率中间价的外币，按照盗窃时境内银行人民币对该货币的中间价折算成人民币，或者该货币在境内银行、国际外汇市场对美元汇率，与人民币对美元汇率中间价进行套算；（3）盗窃电力、燃气、自来水等财物，盗窃数量能够查实的，按照查实的数量计算盗窃数额；盗窃数量无法查实的，以盗窃前六个月月均正常用量减去盗窃后计量仪表显示的月均用量推算盗窃数额；盗窃前正常使用不足六个月的，按照正常使用期间的月均用量减去盗窃后计量仪表显示的月均用量推算盗窃数额；（4）明知是盗接他人通信线路、复制他人电信码号的电信设备、设施而使用的，按照合法用户为其支付的费用认定盗窃数额；无法直接确认的，以合法用户的电信设备、设施被盗接、复制后的月缴费额减去被盗接、复制前六个月的月均电话费推算盗窃数额；合法用户使用电信设备、设施不足六个月的，按照实际使用的月均电话费推算盗窃数额；（5）盗接他人通信线路、复制他人电信码号出售的，按照销赃数额认定盗窃数额。盗窃行为给失主造成的损失大于盗窃数额的，损失数额可以作为量刑情节考虑。

根据《盗窃罪解释》第五条规定，盗窃有价支付凭证、有价证券、有价票证的，按照下列方法认定盗窃数额：（1）盗窃不记名、不挂失的有价支付凭证、有价证券、有价票证的，应当按票面数额和盗窃时应得的孳息、奖金或者奖品等可得收益一并计算盗窃数额；（2）盗窃记名的有价支付凭证、有价证券、有价票证，已经兑现的，按照兑现部分的财物价值计算盗窃数额；没有兑现，但失主无法通过挂失、补领、补办手续等方式避免损失的，按照给失主造成的实际损失计算盗窃数额。

关于盗窃文物，虽然《盗窃罪解释》第九条有规定，但是，自2016年1月1日起施行的《文物解释》又专门作了特别规定，因此，其数额计算应当依照该《文物解释》的相关规定处理。（1）《文物解释》第二条规定，盗窃一般文物、三级文物、二级以上文物的，应当分别认定为《刑法》第二百六十四条规定的“数额较大”“数额巨大”“数额特别巨大”。盗窃文物，无法确定文物等级，或者按照文物等级定罪量刑明显过轻或者过重的，按照盗窃的文物价值定罪量刑。（2）《文物解释》第八条第三款规定，采用破坏性手段盗窃古文化遗址、古墓葬以外的古建筑、石窟寺、石刻、壁画、近代现代重要史迹和代表性建筑等其他不可移动文物的，依照《刑法》第二百六十四条的规定，以盗窃罪追究刑事责任。(3)《文物解释》第十二条第一款规定，针对不可移动文物整体实施走私、盗窃、倒卖等行为的，根据所属不可移动文物的等级，依照相应的规定定罪量刑：①尚未被确定为文物保护单位的不可移动文物，适用一般文物的定罪量刑标准；②市、县级文物保护单位，适用三级文物的定罪量刑标准；③全国重点文物保护单位、省级文物保护单位，适用二级以上文物的定罪量刑标准。(4)《文物解释》第十二条第二款规定，针对不可移动文物中的建筑构件、壁画、雕塑、石刻等实施走私、盗窃、倒卖等行为的，根据建筑构件、壁画、雕塑、石刻等文物本身的等级或者价值，依照相应的规定定罪量刑。建筑构件、壁画、雕塑、石刻等所属不可移动文物的等级，应当作为量刑情节予以考虑。(5)《文物解释》第十三条规定，案件涉及不同等级的文物的，按照高级别文物的量刑幅度量刑；有多件同级文物的，五件同级文物视为一件高一级文物，但是价值明显不相当的除外。《盗窃罪解释》规定三件同级文物视为一件高一级文物。因此，应当以《文物解释》为准。(6)《文物解释》第十四条规定，依照文物价值定罪量刑的，根据涉案文物的有效价格证明认定文物价值；无有效价格证明，或者根据价格证明认定明显不合理的，根据销赃数额认定，或者结合本解释第十五条规定的鉴定意见、报告认定。(7)《文物解释》第十七条规定，走私、盗窃、损毁、倒卖、盗掘或者非法转让具有科学价值的古脊椎动物化石、古人类化石的，依照《刑法》和《文物解释》的有关规定定罪量刑。

根据《全国人民代表大会常务委员会关于〈中华人民共和国刑法〉有关文物的规定适用于具有科学价值的古脊椎动物化石、古人类化石的解释》，《刑法》有关文物的规定，适用于具有科学价值的古脊椎动物化石、古人类化石。①

司法实践中，对行为人主观上想盗窃的数额与实际所窃得财物的数额有差异的如何认定？(1) 如果行为人主观上具有盗窃他人财物的故意，客观上实施盗窃他人财物的行为，而盗窃实际所得财物小于或大于盗窃目的或盗窃

① 2005年12月29日第十届全国人民代表大会常务委员会第十九次会议通过《全国人民代表大会常务委员会关于〈中华人民共和国刑法〉有关文物的规定适用于具有科学价值的古脊椎动物化石、古人类化石的解释》："全国人民代表大会常务委员会根据司法实践中遇到的情况，讨论了关于走私、盗窃、损毁、倒卖或者非法转让具有科学价值的古脊椎动物化石、古人类化石的行为适用刑法有关规定的问题，解释如下：刑法有关文物的规定，适用于具有科学价值的古脊椎动物化石、古人类化石。"

行为所指向的盗窃对象的数额，应当以盗窃实际所得数额来认定。（2）如果行为人主观上具有盗窃数额较大财物的故意，客观上实施了窃取财物的行为，但由于行为人意志以外的原因，致使原有盗窃目的或盗窃行为没有达到，所得财物数额较小，一般可以认定为“情节显著轻微危害不大”，不以盗窃罪论处。（3）如果行为人主观上具有盗窃数额巨大或者特别巨大财物的故意，客观上实施了窃取财物的行为，但由于行为人意志以外的原因，致使原有盗窃目的或盗窃行为没有达到，所得财物数额较小而又不属于“情节显著轻微危害不大”，应当构成盗窃罪，根据主观故意内容和未遂情节进行综合考虑量刑。（4）如果行为人主观上具有盗窃的故意，但对于盗窃的数额多少没有具体指向，而是随意窃取，如实践中的小偷小摸惯窃行为，行为人在客观上实施了窃取财物的行为，但行为人实际上窃得的财物或者实际盗取的财物数额较小，达不到构成盗窃罪的犯罪标准，不应当认定为犯罪，一般应当按照《治安管理处罚法》的规定处理。

在不同地区盗窃的，如何确定盗窃数额的量刑标准？在我国，由于各地经济发展水平不平衡，最高司法机关在统一规定盗窃犯罪定罪数额标准的同时，又授权各省、自治区、直辖市司法机关根据本地区经济发展状况，并考虑社会治安状况，确定本地区执行的盗窃罪数额标准。由于不同的地区经济发展状况不同，构成盗窃罪的最低数额标准就会存在差异。行为人在同一数额标准地区实施多次盗窃行为，对认定盗窃数额的标准不存在问题。但如果行为人在不同数额标准地区实施多次盗窃行为时，如何掌握定罪数额标准，在司法实践中就难以把握。根据有关司法解释以及审判实践中的具体做法，对在不同数额标准地区实施多次盗窃行为，其定罪量刑的数额标准应当遵循以下原则：（1）犯罪地与审判地不一致时，应当按照犯罪地的数额标准定罪。因为犯罪的本质特征是行为的社会危害性，衡量行为的社会危害性不能脱离特定的犯罪环境。（2）在不同数额标准地区多次实施盗窃行为，应采取就高不就低的原则，即只能按照高标准地区的数额标准。如累计数额达到低标准地区数额标准，但未达到高标准地区数额标准，应当认为没有达到某一数额标准。虽然达到低标准地区数额巨大（特别巨大）的标准，但未达到高标准地区数额巨大（特别巨大）的标准，而只达到高标准地区数额较大（巨大）的标准，应当认定达到数额较大（巨大）的标准。同时都达到高、低地区数额特别巨大标准时，也应当按高标准地区数额标准确定。（3）在犯罪发生地进行审判的，同时行为人在其他标准地区多次实施盗窃行为，无论审判地是低标准地区还是高标准地区，均应按照审判地标准确定盗窃数额是否达到数额较大、数额巨大、数额特别巨大。

根据《审理毒品犯罪纪要》〔法（2008）324 号〕的规定，盗窃毒品的，应当以盗窃罪定罪，但不计犯罪数额，根据情节轻重予以定罪量刑。盗窃毒品后又实施其他毒品犯罪的，对盗窃罪和所犯的具体毒品犯罪分别定罪，依法数罪并罚。

7. 盗窃罪“其他严重情节”“其他特别严重情节”的认定

根据《盗窃罪解释》第六条的规定，盗窃公私财物，具有本解释第二条第三项至第八项规定情形之一，或者入户盗窃、携带凶器盗窃，数额达到本解释第一条规定的“数额巨大”“数额特别巨大”百分之五十的，可以分别认定为《刑法》第二百六十四条规定的“其他严重情节”或者“其他特别严重情节”。该解释关于“其他严重情节”或者“其他特别严重情节”的规定，相比于《最高人民法院关于审理盗窃案件具体应用法律若干问题的解释》①（现已失效，以下简称前解释）而言，要求更加严格，认定“其他严重情节”或者“其他特别严重情节”的门槛更高了。一是数额要求提高，从“前解释”规定的达到“数额较大”或者“数额巨大”的起点提高为达到“数额巨大”“数额特别巨大”百分之五十的。二是情节有变化。“前解释”规定达到数额要求后，应当具备下列情形之一：（1）犯罪集团的首要分子或者共同犯罪中情节严重的主犯；（2）盗窃金融机构的；（3）流窜作案危害严重的；（4）累犯；（5）导致被害人死亡、精神失常或者其他严重后果的；（6）盗窃救灾、抢险、防汛、优抚、扶贫、移民、救济、医疗款物，造成严重后果的；（7）盗窃生产资料，严重影响生产的；（8）造成其他重大损失的。而《盗窃罪解释》则调整了相关情节的规定，即应当具有本解释第二条第三项至第八项规定情形之一（即组织、控制未成年人盗窃的；自然灾害、事故灾害、社会安全事件等突发事件期间，在事件发生地盗窃的；盗窃残疾人、孤寡老人、

---

① 《最高人民法院关于审理盗窃案件具体应用法律若干问题的解释》第六条第三项规定，盗窃数额达到“数额较大”或者“数额巨大”的起点，并具有下列情形之一的，可以分别认定为“其他严重情节”或者“其他特别严重情节”：1. 犯罪集团的首要分子或者共同犯罪中情节严重的主犯；2. 盗窃金融机构的；3. 流窜作案危害严重的；4. 累犯；5. 导致被害人死亡、精神失常或者其他严重后果的；6. 盗窃救灾、抢险、防汛、优抚、扶贫、移民、救济、医疗款物，造成严重后果的；7. 盗窃生产资料，严重影响生产的；8. 造成其他重大损失的。

丧失劳动能力人的财物的；在医院盗窃病人或者其亲友财物的；盗窃救灾、抢险、防汛、优抚、扶贫、移民、救济款物的；因盗窃造成严重后果的），或者入户盗窃、携带凶器盗窃的。

8. “多次盗窃”、入户盗窃、携带凶器盗窃、扒窃行为的界定

所谓“多次盗窃”，是指行为人的盗窃数额虽未达到较大起点，但是由于行为人一贯或多次实施盗窃、屡教不改的行为；是构成盗窃罪的一个重要标准。根据《盗窃罪解释》第三条第一款的规定，二年内盗窃三次以上的，应当认定为“多次盗窃”。实践中，要注意，有小偷小摸恶习，多次偷拿公私财物，情节显著轻微的，不以多次盗窃论。由此可见，“多次盗窃”的含义是特定的，它受三个方面的限制：（1）时间的限制，即在一年内进行总体计算次数；（2）次数的限制，即必须达到三次以上；（3）排除性限制，即将经常发生、危害性不大、情节显著轻微的小偷小摸行为排除在外。可见，对“多次盗窃”的法律范围在适用时必须严格遵守，不能作出任意性的解释。

根据《盗窃罪解释》第三条第二款规定，非法进入供他人家庭生活，与外界相对隔离的住所盗窃的，应当认定为“入户盗窃”。因此，入户盗窃，是指为实施盗窃而进入他人生活的与外界相对隔离的住所，包括封闭的院落、牧民的帐篷、渔民作为家庭生活场所的渔船、为生活而租用的房屋等进行盗窃的行为。认定“入户”要注意以下几点：一是“户”应理解为居民住所。其特征表现为供他人家庭生活和与外界相对隔离两个方面，前者为功能特征，后者为场所特征，但不包括其他场所，如单位的办公楼、学校、公共娱乐场所、集体宿舍、旅店宾馆、临时搭建的工棚等。二是对“入户”不能仅理解为进入住宅房间或者室内，对于进入独门独院居民住宅盗窃的，只要行为人进入了住宅院内，也应视为“入户盗窃”。进入他人家庭居所盗窃，影响群众最基本的安全感，而且这类案件的案犯大都会撬门破窗等手段，多属于惯犯或职业犯，因此应当严厉打击。

根据《盗窃罪解释》第三条第三款规定，携带枪支、爆炸物、管制刀具等国家禁止个人携带的器械盗窃，或者为了实施违法犯罪携带其他足以危害他人人身安全的器械盗窃的，应当认定为“携带凶器盗窃”。携带凶器盗窃，不仅侵犯了公私财物的所有权，而且对被害人的人身也构成了潜在威胁。行为人携带凶器盗窃，往往有恃无恐，一旦被发现或者被抓捕时，则使用凶器进行反抗。这种行为以暴力为后盾，不仅侵犯他人的财产，而且对他人的人身形成严重威胁，应当予以刑事处罚。需要特别指出的是，《刑法》在盗窃罪里规定的“携带凶器盗窃”，是指行为人携带凶器进行盗窃而未使用的情况，如果行为人在携带凶器盗窃时，为窝藏赃物、抗拒抓捕或者毁灭罪证而当场使用凶器施暴或者威胁的，根据《刑法》第二百六十九条的规定，应当以抢劫罪定罪处罚。

根据《盗窃罪解释》第三条第四款规定，在公共场所或者公共交通工具上盗窃他人随身携带的财物的，应当认定为“扒窃”。扒窃行为直接接触公民人身，往往发生在大庭广众之下，严重影响群众的安全感，社会危害性很大，必须以盗窃罪定罪处罚。

9. 单位盗窃如何适用法律问题？

对单位盗窃能否定罪处罚，刑法学界和司法实务部门有两种不同观点。一种观点认为，单位有关人员为谋取本单位利益组织实施盗窃行为，情节严重的，应当依照《刑法》第二百六十四条规定以盗窃罪追究直接责任人员刑事责任。另一种观点认为，根据罪刑法定原则，对于单位组织实施的盗窃行为不能追究单位或者其主管人员、直接责任人员的刑事责任。

根据《全国人民代表大会常务委员会关于〈中华人民共和国刑法〉第三十条的解释》，公司、企业、事业单位、机关、团体等单位实施刑法规定的危害社会的行为，刑法分则和其他法律规定未规定追究单位的刑事责任的，对组织、策划、实施该危害社会行为的人依法追究刑事责任。①

根据《文物解释》第十一条第二款规定，公司、企业、事业单位、机关、团体等单位实施盗窃文物，故意损毁文物、名胜古迹，过失损毁文物，盗掘古文化遗址、古墓葬等行为的，依照本解释规定的相应定罪量刑标准，追究组织者、策划者、实施者的刑事责任。

10. 如何处理网络盗窃案件？

在网络环境下，虚拟空间里的行为是否是刑法意义上的行为，虚拟空间里的财产是否是刑法意义上的财产，能否成为侵犯财产罪的犯罪对象；网络

---

① 2014年4月24日第十二届全国人民代表大会常务委员会第八次会议通过《全国人民代表大会常务委员会关于〈中华人民共和国刑法〉第三十条的解释》：“全国人民代表大会常务委员根据司法实践中遇到的情况，讨论了刑法第三十条的含义及公司、企业、事业单位、机关、团体等单位实施刑法规定的危害社会的行为，法律未规定追究单位的刑事责任的，如何适用刑法有关规定的问题，解释如下：公司、企业、事业单位、机关、团体等单位实施刑法规定的危害社会的行为，刑法分则和其他法律规定未规定追究单位的刑事责任的，对组织、策划、实施该危害社会行为的人依法追究刑事责任。”

盗窃中电子证据的效力如何认定；网络盗窃的数额如何认定，这些实体和程序问题，在法学界和司法实务部门都有争议。在这种情况下，人民法院处理网络盗窃案件，应当持十分慎重的态度，并注意不断总结审判经验，既要坚持犯罪构成，又要考虑网络犯罪的特点。我们的具体意见是：

（1）关于网络虚拟财产的刑法保护问题。随着我国经济建设和网络建设的飞速发展，网络盗窃等犯罪将呈增长态势。“网络虚拟财产”，一般是指网民、游戏玩家在网络游戏账号中积累的“货币”“装备”“宠物”等“财产”。这些所谓的装备以及如腾讯 Q 币、新浪 U 币等虚拟货币，实际上是以特定形式表现出来的一组数据，这些数据一旦脱离特定的网络游戏环境，将失去其意义。但它是游戏玩家投入了时间、金钱、精力积累取得的，故在某种程度上被认为是一种劳动所得。特别对玩家来说，它具有使用价值，且可以转让。因此，它还具有交换价值，能够体现为现实中的一定财产价值。所以虚拟财产具备了商品的一般属性，寻求法律保护是合理的。2000 年 12 月 28 日发布的《全国人民代表大会常务委员会关于维护互联网安全的决定》第四条就明确规定：“为了保护个人、法人和其他组织的人身、财产等合法权利，对有下列行为之一，构成犯罪的，依照刑法有关规定追究刑事责任：……（三）利用互联网进行盗窃、诈骗、敲诈勒索。”行为人通过用木马程序或者远程控制的方式盗取玩家账号、密码，利用系统漏洞，在本机植入木马或者远程控制工具进行盗号活动，在网吧等公共上网场所直接窥探他人的游戏账号、密码，利用“外挂”传播木马程序，窃取对方游戏账号、密码并非法利用；欺诈销售网络游戏装备等手段，对刑法所保护的客体造成危害构成犯罪的，如使被害人（公民、法人和其他组织）的实际财产或者财产利益受到侵害的，应当受到刑罚处罚。

（2）关于虚拟财产数额计算问题。这是目前司法实践中最为棘手的一个问题。虚拟财产应当估价。实践中已有的虚拟财产价值计算方法主要有以下几种：①根据被害人投入游戏的实际费用计算被盗虚拟财产价值。按此计算方法，如果盗窃相同物品，不同案件之间必将出现巨大差别，有损法律公正。②以行业交易惯例所定价格具体确定虚拟财产价值。这种玩家之间的离线交易具有明显的无序性和不稳定性特征，交易价格可变性很大，从而导致价格与价值背离，亦不足取。③以网络游戏开发商直接销售虚拟财产时的自定价格作为确定被盗虚拟财产的价值依据。这种以游戏开发商所确定的价格作为虚拟财产的价值确定标准亦欠妥当，但可以作为认定被盗虚拟财产价值的参考因素。④通过社会必要劳动时间计算被盗虚拟财产价值。这种计算方法以得到政府相关部门的支持、认同为必要，而且能否及时出台是个问题。综上，由于网络虚拟财产估价的复杂性，目前在司法实践中还是只能由法官根据个案的具体情况，结合有关法律和司法解释规定进行合理的认定。即秘密窃取网络环境中的虚拟财产，根据法律和司法解释的规定，构成盗窃罪的，应当按虚拟财产在现实生活中对应的实际财产遭受损失的数额确定盗窃数额。虚拟财产在现实生活中对应的财产数额，可以参考该虚拟财产在现实生活中的实际交易价格来确定。

11. 行为人乘坐出租车时，发现前旅客丢失于车后座的手机，遂将手机藏匿于口袋内据为己有。下车后，行为人通过更改该手机的支付宝密码的方式，将支付宝绑定的银行卡内人民币15000元转入自己的支付宝中，随即又转入自己的储蓄卡内予用消费。行为人的行为如何定性?

分歧观点：

第一种观点认为，行为人的行为构成侵占罪和信用卡诈骗罪。出租车司机并不知道后座上有他人遗忘的手机，自然谈不上控制了该手机。因此，行为人拿走的仅仅是失控的遗忘物，而非窃取了他人控制之下的财物，其前行为构成侵占罪。由于，其后行为就属于“冒用他人信用卡”，应定为信用卡诈骗罪。

第二种观点认为，行为人的行为构成盗窃罪。

本书观点：同意第二种观点。前后行为均构成盗窃罪。

（1）关于前行为。这里存在一个占有的转化问题。被害人虽然丢失了手机，但是知道手机丢在了出租车上，属于“遗忘物”。由于出租车的经营空间较小，经营场所相对封闭、人流量不大，尽管手机脱离了所有人的占有，但是此时出租车驾驶员无论主观上是否知道，客观上已对该手机有了事实上的暂时占有关系，有保管的义务。正是基于这种暂时的占有关系，如果出租车司机将手机拿走拒不交还，是侵占行为。作为暂时占有关系之外的第三人即后乘客，发现该手机之后应清楚知道该手机是前面乘客遗忘的，其偷偷将手机拿走，侵害了暂时占有关系，是盗窃行为。

（2）关于后行为。被害人可以对银行卡有效管理的方法就在于设置的密码以及对银行卡的控制。当行为人更改了支付宝的密码后，取得了对银行卡的实际控制，在被害人采取应急措施之前，可以对银行卡内的资金予取予求。此时，绑定的银行卡内的资金对于行为人来说就像一个“钱袋子”，银行卡的相关属性被无限弱化，仅仅是一个象征的程序。也就是说，对后行为的定性过程中，银行卡只是被害人财产的一种承载物，不能因为银行卡的出现而适用《刑法》第一百九十六条第三款“盗窃信用卡并适用”的规定，应直接适用《刑法》第二百六十四条。

综上，行为人的前行为和后行为都是盗窃行为，构成盗窃罪。

（五）量刑指导与参考

1. 规范化量刑。《量刑指导意见（试行）》对盗窃罪的量刑作了如下规定：（1）构成盗窃罪的，根据下列不同情形在相应的幅度内确定量刑起点：①达到数额较大起点的，两年内三次盗窃的，入户盗窃的，携带凶器盗窃的，或者扒窃的，可以在一年以下有期徒刑、拘役幅度内确定量刑起点。②达到数额巨大起点或者有其他严重情节的，在三年到四年有期徒刑幅度内确定量刑起点。③达到数额特别巨大起点或者有其他特别严重情节的，在十年至十二年有期徒刑幅度内确定量刑起点。依法应当判处无期徒刑的除外。（2）在量刑起点的基础上，根据盗窃数额、次数、手段等其他影响犯罪构成的犯罪事实增加刑罚量，确定基准刑。多次盗窃，数额达到较大以上的，以盗窃数额确定量刑起点，盗窃次数可以作为调节基准刑的量刑情节；数额未达到较大的，以盗窃次数确定量刑起点，超过三次的次数作为增加刑罚量的事实。

2. 司法机关对盗窃犯罪量刑时，还应当注意以下问题：

（1）要注重财产刑的判处。根据《盗窃罪解释》第十四条规定，因犯盗窃罪，依法判处罚金刑的，应当在1000元以上盗窃数额的二倍以下判处罚金；没有盗窃数额或者盗窃数额无法计算的，应当在1000元以上10万元以下判处罚金。

（2）正确适用附加剥夺政治权利问题。1997年12月23日最高人民法院通过的《关于对故意伤害、盗窃等严重破坏社会秩序的犯罪分子能否附加剥夺政治权利问题的批复》对盗窃犯可否附加剥夺政治权利作了如下规定：根据《刑法》第五十六条规定，对于故意杀人、强奸、放火、爆炸、投毒、抢劫等严重破坏社会秩序的犯罪分子，可以附加剥夺政治权利。对故意伤害、盗窃等其他严重破坏社会秩序的犯罪，犯罪分子主观恶性较深、犯罪情节恶劣、罪行严重的，也可以依法附加剥夺政治权利。

（3）正确处理盗接他人通信线路和非法复制移动电话码号案件。由于以牟利为目的，盗接他人通信线路、复制他人电信码号出售或者明知是盗接、复制的电信设备、设施而使用的这种犯罪行为有其特殊性，所以，在依照《刑法》第二百六十四条规定具体量刑时，应当以行为人的犯罪行为使被害人遭受的直接实际损失数额大小来对应不同档次的量刑幅度。比如，行为人盗接他人通信线路的行为，使被害人的电话费用实际损失数额达到了较大，就应当在“三年以下有期徒刑、拘役或者管制，并处或者单处罚金”这一量刑幅度内，正确裁量刑罚；其他依此类推。

（4）正确处理盗窃油气案件。根据《最高人民法院、最高人民检察院关于办理盗窃油气、破坏油气设备等刑事案件具体应用法律若干问题的解释》，盗窃油气或者正在使用中的油气设备，构成犯罪，但未危害公共安全的，依照《刑法》第二百六十四条的规定，以盗窃罪定罪处罚；盗窃油气，数额巨大但尚未运离现场的，以盗窃未遂定罪处罚；为他人盗窃油气而偷开油气井、油气管道等油气设备阀门排放油气或者提供其他帮助的，以盗窃罪的共犯定罪处罚。盗窃油气同时构成盗窃罪和破坏易燃易爆设备罪的，依照《刑法》处罚较重的规定定罪处罚。

（5）根据《盗窃、抢劫、诈骗、抢夺机动车解释》第四条的规定，实施本解释第一条、第二条、第三条第一款或者第三款规定的行为，事前与盗窃机动车辆的犯罪分子通谋的，以盗窃罪的共犯论处。

（6）根据《全国法院维护农村稳定刑事审判工作座谈会纪要》（法〔1999〕217号）规定，对盗窃集团的首要分子、盗窃惯犯、累犯、盗窃活动造成特别严重后果的，要依法从严惩处。对于盗窃牛、马、骡、拖拉机等生产经营工具或者生产资料的，应当依法从重处罚。对盗窃犯罪的初犯、未成年犯，或者确因生活困难而实施盗窃犯罪，或积极退赃、赔偿损失的，应当注意体现政策，酌情从轻处罚。其中，具备判处管制、单处罚金或者宣告缓刑条件的，应区分不同情况尽可能适用管制、罚金或者缓刑。

三、诈骗罪

（一）刑法规定

第二百六十六条　诈骗公私财物，数额较大的，处三年以下有期徒刑、拘役或者管制，并处或者单处罚金；数额巨大或者有其他严重情节的，处三年以上十年以下有期徒刑，并处罚金；数额特别巨大或者有其他特别严重情节的，处十年以上有期徒刑或者无期徒刑，并处罚金或者没收财产。本法另有规定的，依照规定。

第三百条　组织、利用会道门、邪教组织或者利用迷信破坏国家法律、行政法规实施的，处三年以上七年以下有期徒刑，并处罚金；情节特别严重的，处七年以上有期徒刑或者无期徒刑，并处罚金或者没收财产；情节较轻的，处三年以下有期徒刑、拘役、管制或者剥夺政治权利，并处或者单处罚金。

组织、利用会道门、邪教组织或者利用迷信蒙骗他人，致人重伤、死亡的，依照前款的规定处罚。

犯第一款罪又有奸淫妇女、诈骗财物等犯罪行为的，依照数罪并罚的规定处罚。

（二）立法解释、司法解释及其权威解读

1. 全国人民代表大会常务委员会关于《中华人民共和国刑法》第二百六十六条的解释（2014年4月24日第十二届全国人民代表大会常务委员会第八次会议通过）

全国人民代表大会常务委员会根据司法实践中遇到的情况，讨论了刑法第二百六十六条的含义及骗取养老、医疗、工伤、失业、生育等社会保险金或者其他社会保障待遇的行为如何适用刑法有关规定的问题，解释如下：

以欺诈、伪造证明材料或者其他手段骗取养老、医疗、工伤、失业、生育等社会保险金或者其他社会保障待遇的，属于刑法第二百六十六条规定的诈骗公私财物的行为。

权威解读

全国人大常委会作出这一法律解释的背景是：近年来，骗取养老、医疗、工伤、失业、生育等社会保险金或者其他社会保障待遇的情况时有发生，有的地方甚至出现有组织地骗取社会保险金或者其他社会保险待遇的行为。司法实践中对于这类违法犯罪行为如何适用法律认识不一致，有的按诈骗罪追究刑事责任，有的给予行政处分，有的在追回社会保险金或者待遇后不予处理。社会保险资金的安全，关系到全体人民福祉和社会和谐稳定。社会保险

法在法律责任一章中对以欺诈、伪造证明材料或者其他手段骗取社会保险金或者其他社会保险待遇的行为规定了行政处罚的同时，规定构成犯罪的，依法追究刑事责任。全国人大常委会经研究认为，上述行为，从性质上讲，与《刑法》规定的诈骗公私财物的行为是相同的，具有较大的社会危害性，对于构成犯罪的，应当依法追究刑事责任。为明确对骗取社会保险金或者其他社会保险待遇行为的法律适用，2014 年 4 月 24 日第十二届全国人民代表大会常务委员会第八次会议通过了关于本条的解释，即行为人以欺诈、伪造证明材料或者其他手段骗取养老、医疗、工伤、失业、生育等社会保险金或者其他社会保障待遇的，属于《刑法》第二百六十六条规定的诈骗公私财物的行为。①

2. **最高人民法院、最高人民检察院关于办理诈骗刑事案件具体应用法律若干问题的解释**（法释〔2011〕7 号，自 2011 年 4 月 8 日起施行）

为依法惩治诈骗犯罪活动，保护公私财产所有权，根据刑法、刑事诉讼法有关规定，结合司法实践的需要，现就办理诈骗刑事案件具体应用法律的若干问题解释如下：

第一条 诈骗公私财物价值三千元至一万元以上、三万元至十万元以上、五十万元以上的，应当分别认定为刑法第二百六十六条规定的“数额较大”、“数额巨大”、“数额特别巨大”。

各省、自治区、直辖市高级人民法院、人民检察院可以结合本地区经济社会发展状况，在前款规定的数额幅度内，共同研究确定本地区执行的具体数额标准，报最高人民法院、最高人民检察院备案。

第二条 诈骗公私财物达到本解释第一条规定的数额标准，具有下列情形之一的，可以依照刑法第二百六十六条的规定酌情从严惩处：

（一）通过发送短信、拨打电话或者利用互联网、广播电视、报刊杂志等发布虚假信息，对不特定多数人实施诈骗的；

（二）诈骗救灾、抢险、防汛、优抚、扶贫、移民、救济、医疗款物的；

（三）以赈灾募捐名义实施诈骗的；

（四）诈骗残疾人、老年人或者丧失劳动能力人的财物的；

---

① 王受方主编，全国人大常委会法制工作委员会刑法室编著：《中华人民共和国刑法解读（第四版）》，中国法制出版社 2015 年版，第 619 页。

（五）造成被害人自杀、精神失常或者其他严重后果的。

诈骗数额接近本解释第一条规定的“数额巨大”、“数额特别巨大”的标准，并具有前款规定的情形之一或者属于诈骗集团首要分子的，应当分别认定为刑法第二百六十六条规定的“其他严重情节”、“其他特别严重情节”。

第三条　诈骗公私财物虽已达到本解释第一条规定的“数额较大”的标准，但具有下列情形之一，且行为人认罪、悔罪的，可以根据刑法第三十七条、刑事诉讼法第一百四十二条的规定不起诉或者免予刑事处罚：

（一）具有法定从宽处罚情节的；

（二）一审宣判前全部退赃、退赔的；

（三）没有参与分赃或者获赃较少且不是主犯的；

（四）被害人谅解的；

（五）其他情节轻微、危害不大的。

第四条　诈骗近亲属的财物，近亲属谅解的，一般可不按犯罪处理。

诈骗近亲属的财物，确有追究刑事责任必要的，具体处理也应酌情从宽。

第五条　诈骗未遂，以数额巨大的财物为诈骗目标的，或者具有其他严重情节的，应当定罪处罚。

利用发送短信、拨打电话、互联网等电信技术手段对不特定多数人实施诈骗，诈骗数额难以查证，但具有下列情形之一的，应当认定为刑法第二百六十六条规定的“其他严重情节”，以诈骗罪（未遂）定罪处罚：

（一）发送诈骗信息五千条以上的；

（二）拨打诈骗电话五百人次以上的；

（三）诈骗手段恶劣、危害严重的。

实施前款规定行为，数量达到前款第（一）、（二）项规定标准十倍以上的，或者诈骗手段特别恶劣、危害特别严重的，应当认定为刑法第二百六十六条规定的“其他特别严重情节”，以诈骗罪（未遂）定罪处罚。

第六条　诈骗既有既遂，又有未遂，分别达到不同量刑幅度的，依照处罚较重的规定处罚；达到同一量刑幅度的，以诈骗罪既遂处罚。

第七条　明知他人实施诈骗犯罪，为其提供信用卡、手机卡、通讯工具、通讯传输通道、网络技术支持、费用结算等帮助的，以共同犯罪论处。

第八条　冒充国家机关工作人员进行诈骗，同时构成诈骗罪和招摇撞骗罪的，依照处罚较重的规定定罪处罚。

第九条 案发后查封、扣押、冻结在案的诈骗财物及其孳息，权属明确的，应当发还被害人；权属不明确的，可按被骗款物占查封、扣押、冻结在案的财物及其孳息总额的比例发还被害人，但已获退赔的应予扣除。

第十条 行为人已将诈骗财物用于清偿债务或者转让给他人，具有下列情形之一的，应当依法追缴：

（一）对方明知是诈骗财物而收取的；

（二）对方无偿取得诈骗财物的；

（三）对方以明显低于市场的价格取得诈骗财物的；

（四）对方取得诈骗财物系源于非法债务或者违法犯罪活动的。

他人善意取得诈骗财物的，不予追缴。

第十一条 以前发布的司法解释与本解释不一致的，以本解释为准。

权威解读

解读《最高人民法院、最高人民检察院关于办理诈骗刑事案件具体应用法律若干问题的解释》

一、问题的提出

最高人民法院、最高人民检察院公布的《关于办理诈骗刑事案件具体应用法律若干问题的解释》（以下简称《诈骗罪解释》），自2011年4月8日起施行。

1996年最高人民法院制定了《关于审理诈骗案件具体应用法律的若干问题的解释》（以下简称《96年诈骗解释》）。1997年《刑法》对诈骗类犯罪作出了重大修改，将合同诈骗从普通诈骗中分离出去，另立罪名，同时对八种金融诈骗罪设专节作出了集中规定。考虑到《96年诈骗解释》虽然出台在先，但基本上能适应1997年《刑法》修订后打击诈骗犯罪的需要，此后最高人民法院未就许骗罪制定新的司法解释，司法机关办理诈骗案件一直是参照适用《96年诈骗解释》。

十多年来，我国经济社会快速发展，刑事政策重大调整，诈骗犯罪案件的处理难以适应新的形势要求。

最高人民法院、最高人民检察院于2008年启动了该司法解释起草工作。2010年我们在研究各地指导性文件及北京市高级人民法院司法解释建议稿的基础上，结合调研掌握的情况，起草了解释初稿，并在法院、检察院系统广泛征求意见后，形成了征求意见稿。其后，就修改后的征求意见稿再次征求了相关单位和部门的意见，并根据反馈情况修改出送审稿。2010 年 11 月 24 日最高人民检察院第十一届检察委员会第 49 次会议、2011 年 2 月 21 日最高人民法院审判委员会第 1512 次会议通过了《诈骗罪解释》。

二、理解

起草《诈骗罪解释》之初，我们曾将合同诈骗罪、金融诈骗犯罪亦纳入《诈骗罪解释》范围，在征求意见和研究过程中，一些部门提出了不同意见。我们经研究认为，将合同诈骗罪和金融诈犯罪纳入《诈骗罪解释》的时机尚不成熟，故《诈骗罪解释》仅针对《刑法》第二百六十六条规定的诈罪作出规定。

（一）重新界定了诈骗罪定罪量刑的数额标准

根据经济社会发展的实际和现阶段诈骗犯罪的发案形势，《诈骗罪解释》第一条对《96 年诈骗解释》规定的诈骗罪定罪量刑数额标准作出了必要调整。一是将最低入罪门槛由原来的 2000 元提高为 3000 元。尽管从理论上讲，诈骗罪定罪量刑的数额标准应当随着经济社会的发展作相应提高，但当前诈骗犯罪依然多发，人民群众反映强烈，故综合各方意见，对诈骗罪的最低入罪标准仅进行了微幅调整。二是拉大了诈骗罪数额较大、数额巨大的起点幅度范围，规定诈骗 3000 元至 1 万元以上的为数额较大，3 万元至 10 万元以上的为数额巨大，并授权各地结合本地区经济社会发展状况，具体确定本地区执行的数额标准。三是将诈骗数额特别巨大的认定标准调整为 50 万元。对数额特别巨大的认定标准沿用了《96 年诈骗解释》，对此未规定授权幅度的解释方法，以保障严重诈骗犯罪的量刑均衡，同时与信用卡诈骗罪等诈骗类犯罪数额特别巨大的认定标准之间保持必要的协调。

（二）明确了可予从严惩处的诈骗犯罪的具体情形

《诈骗罪解释》第二条根据当前诈骗犯罪的发案特点，从作案手段、骗取财物性质、行骗时机、行骗对象、危害后果等方面规定了可以酌情从严惩处的诈骗犯罪情形，并明确了诈骗情节严重、情节特别严重的认定标准。

该条第一款规定，诈骗公私财物达到《诈骗罪解释》第一条规定的数额标准，具有下列情形之一的，可以酌情从严惩处：（1）通过发送短信、拨打电话或者利用互联网、广播电视、报刊杂志等发布虚假信息，对不特定多数人实施诈骗的。这是针对此类新型诈骗犯罪活动比较猖獗的实际，体现严惩精神。(2）诈骗救灾、抢险、防汛、优抚、扶贫、移民、救济、医疗款物的。

该项规定吸收了《96年诈骗解释》第一条第三款第四项规定的内容，同时参照《刑法》第三百八十四条第二款关于挪用特定款物的规定，增加了诈骗扶贫、移民款物的情形。(3) 以赈灾募捐名义实施诈骗的。在突发灾害事故期间，以赈灾募捐为名实施诈骗，反映出行为人更深的主观恶性，对赈灾救济、恢复重建工作的正常开展也有很大影响，故有必要从严惩处。(4) 诈骗残疾人、老年人或者丧失劳动能力人的财物的。(5) 造成被害人自杀、精神失常或者其他严重后果的。

第二款规定，诈骗数额接近数巨大、数额特别巨大，并具有上述从严惩处情形，或者属于诈骗犯罪集团首要分子的，应当分别定为诈骗情节严重，情节特别严重，在上一个法定刑幅度内量刑。这主要是吸收了《96年诈骗解释》第一条第三款的有关规定，同时根据近年来诈骗犯罪特点和审判实践经验后进行的修改和完善。《96年诈骗解释》第一条第三款规定的在上一个法定刑幅度内量刑的以下情节，本条未再规定：(1)“共同诈骗犯罪中情节严重的主犯”。这主要是考虑到根据1997年《刑法》的规定，对于主犯，如果是组织、领导犯罪集团的首要分子，应当按照集团所犯的全都罪行处罚；对于其他主犯，应当按照其所参与的或者组织、指挥的全部犯罪处罚。主犯甚至已不是一个从重处罚情节，再将以上情形规定为在上一个法定刑幅度内量刑的情节，缺乏依据。(2)“惯犯或者流窜作案危害严重的”。这主要是考虑到《刑法》已取消了诈骗惯犯的规定，流窜作案的含义较为模糊，不易把握，而且随着改革开放的深入，人员流动日益频繁，异地作案相当普遍，再将流窜作案规定为在上一个法定刑幅度内量刑的情节，会使不少案件都符合这一条件。(3)“挥霍诈骗的财物，致使诈骗的财物无法返还的”和“使用诈骗的财物进行违法犯罪活动的”。这主要是考虑到征求意见中，不少地方反映，挥霍诈骗财物是诈骗犯罪的常态，将其规定为在上一个法定刑幅度内量刑的情节过于严厉，将使用诈骗的财物进行违法犯罪活动规定为在上一个法定刑幅度内量刑的情节，会混淆一罪和数罪的区分，且可能出现重复评价、双重从重问题。(4)“曾因诈骗受过刑事处罚的”。这主要是考虑到按照《刑法》的规定，对于累犯也只能从重处罚，将其规定为在上一个法定幅度内量刑的情节，缺乏法律依据。

另外，吸收有关方面的意见，借鉴最高人民法院2002年《抢夺解释》[①]第四条的规定，以诈骗数额接近数额巨大、数额特别巨大的标准（实践中一般掌握为达到80%）作为在上一个法定刑幅度内量刑的前提条件。

（三）明确了可予从宽处罚的诈骗犯罪的具体情形

《诈骗罪解释》第三条、第四条结合近年来审判实践经验，借鉴最高人民法院《关于审理盗窃案件具体应用法律若干问题的解释》[②]（以下简称《98年盗窃罪解释》）《抢夺解释》的有关规定，从“宽”的一面体现和贯彻了宽严相济刑事政策。《诈骗罪解释》第三条规定，诈骗公私财物虽已达到本解释第一条规定的数额较大的标准，但具有下列情形之一，且行为人认罪、悔罪的，可以不起诉或者免予刑事处罚：(1)具有法定从宽处罚情节的。如不满十八周岁的人作案的，行为人犯罪后有自首、立功表现的，在共同犯罪中属从犯、胁从犯的；(2)一审宣判前全部退赃、退赔的。原解释稿未对退赃、退赔的时间作出限制。征求意见过程中，有地方提出如对退赃、退赔时间不作出限定，势必会出现一审已判刑，二审期间被告人退赃、退赔还要改判免刑的问题，从而影响判决的严肃性和稳定性。我们经研究认为，本条所针对的是达到数额较大的诈骗犯罪，被告人一般均有退赃条件或退赔能力，将其退赃、退赔的时间限定在一审判决前，可以更好地维护被害人的权益，也有利于维护裁判的稳定性，故采纳了这一意见。(3)没有参与分赃或者获赃较少且不是主犯的。这是从行为人在共同犯罪中所处地位、所起作用角度作出的规定。(4)被害人谅解的。将被害人谅解规定为从宽处罚情节，有利于化解社会矛盾，促进社会和谐。(5)其他情节轻微、危害不大的。对此应注意三点：其一，本条的适用以行为人犯罪后有认罪、悔罪表现为前提。否则，即使行为人具有法定从宽处罚情节等情形，亦不能适用本条。其二，在诈骗数额方面，根据本条规定，“已达到本解释第一条规定的‘数额较大’的标准”，即已达到数额较大、未达到数额巨大的，均可适用本条，而不必限定在刚刚达到或略微超过数额较大标准的范围，这主要是为了最大限度体现宽严相济刑事政策。其三，符合本条规定情形的，宜由检察机关在审查起诉阶段依法作出不起诉决定，以保障案件得到及时处理，节约司法资源，促进社会矛盾的尽早化解。

---

① 现已失效，请读者注意依照现行有效的司法解释理解。

② 现已失效，请读者注意依照现行有效的司法解释理解。

《诈骗罪解释》第四条明确了诈骗近亲属案件的从宽处理原则，规定诈骗近亲属的财物，近亲属谅解的，一般可不按犯罪处理。诈骗近亲属的财物，确有追究刑事责任必要的，具体处理也应酌情从宽。这一规定主要是考虑到诈骗近亲属财物的案件在社会危害性方面与诈骗其他单位或者个人财物的案件有所不同，对这类案件的处理体现区别对待政策，既符合量刑的一般原则，也有利于维护家度和社会关系的稳定。

（四）明确了电信诈骗的定罪量刑标准

电信诈骗作为一种新型诈骗方法，通常以集团化、专业化方式作案，查处难、取证难，其运作模式主要是：诈骗集团的首要分子在幕后组织操纵整个犯罪实施，雇用人员为诈骗窝点搭设网络平台，提供服务器及改号服务；雇用人员负责发送诈骗信息，拨打诈骗电话并接听回拨电话；雇用人员赴各城市转款、提现，将赃款转至多个不同账户，最后通过地下钱庄转移。诈骗信息、诈骗电话的内容主要涉及中奖、购车退税、电话欠费、信用卡消费、灾区募捐、网络购物、股票走势预测、彩票中奖、冒充熟人、绑架勒索等。电信诈骗利用电信、网络技术等高科技手段面向不特定多数人实施，犯罪分子往往利用改号技术冒用国家机关、公共服务机构的电话号码行骗，事先会精心设计骗局，行骗过程中根本不与被骗对象接触，一旦得手，便会在极短时间内迅速转移赃款，因此容易使被害人上当受骗，且案发后难以侦破，难以追回被骗款项。

为有效惩治和预防电信诈骗犯罪，《诈骗罪解释》一方面将电信诈骗规定为可予酌情从严惩处的情节之一，另一方面针对电信诈骗查处难、取证难，诈骗数额往往难以查清的实际，在第五条第二款专门明确，利用发送短信、拨打电话、互联网等电信技术手段对不特定多数人实施诈骗，诈骗数额难以查证，但发送诈骗信息5000条以上的，拨打诈骗电话500人次以上的，或者诈骗手段恶劣、危害严重的，应当认定为《刑法》第二百六十六条规定的“其他严重情节”，以诈骗罪（未遂）定罪处罚。同时，《诈骗罪解释》第五条第三款进一步明确，实施前款规定行为，发送诈骗信息5万条以上的，拨打诈骗电话5000人次以上的，或者诈骗手段特别恶劣、危害特别严重的，应当认定为《刑法》第二百六十六条规定的“其他特别严重情节”，以诈骗罪（未遂）定罪处罚。作出上述规定，主要考虑：(1) 本条规定具有法律和法理依据。根据《刑法》的规定，结合相关刑法理论，尽管诈骗财物数较大是诈骗罪的构成条件之一，但诈骗罪的成立并不以行为人实际骗取的财物达到数额较大标准为必要，其只是认定诈骗罪既遂的必要条件；实际骗取财物虽未达到数额较大，但如以数额巨大的财物为诈骗目标，或者具有其他严重情节的，完全可以也应当以诈骗罪（未遂）追究行为人的刑事责任。(2) 符合有效惩治和防范电信诈骗犯罪的实践需要。本条规定可按所发信息、所拨打电话的数量、犯罪手段、危害等来认定和处罚电信诈骗犯罪，可以有效破解此类犯罪侦查取证中存在的实际困难，同时也可以有效震慑犯罪分子，充分发挥刑罚预防功能。(3) 相关标准的设置有相应的实证依据。据公安部门的同志介绍，从全国范围来看，群发 1 万条短信，平均实际诈骗得手的大概三四起。据此，将发送诈骗信息 5000 条以上的或者拨打诈骗电话 500 人次以上的规定为诈骗罪的"其他严重情节"，并依法认定未遂，是符合此类犯罪发案特点和规律的。

（五）明确了诈骗既有既遂又有未遂的处罚原则

《诈骗罪解释》第六条参照"两高"《关于办理非法生产、销售烟草专卖品等刑事案件具体应用法律若干问题的解释》（以下简称《烟草解释》）第二条第二款关于生产、销售伪劣烟草专卖品，"销售金额和未销售货值金额分别达到不同的法定刑幅度或者均达到同一法定刑幅度的，在处罚较重的法定刑幅度内酌情从重处罚"的规定，明确"诈骗既有既遂，又有未遂，分别达到不同量刑幅度的，依照处罚较重的规定处罚；达到同一量刑幅度的，以诈骗既遂处罚"。

对本条规定所涉及的问题，在调研及征求意见过程中，存在较大分歧：第一种意见认为，对于诈骗既有既遂又有未遂的，应当全案以既遂认定，并根据既遂和未遂累计数额确定应适用的法定幅度，之后考虑部分未遂，酌情从轻处罚。第二种意见认为，应当根据既遂和未遂的累计数额确定应适用的法定幅度，之后根据既遂和未遂部分的轻重情况，依法从轻或者减轻处罚。第三种意见认为，应当根据既遂数额适用相应的法定刑幅度，并考虑未遂数额酌情从重处罚。

我们经研究认为，上述三种意见均有欠妥之处。其一，诈骗既遂与未遂在性质和社会危害程度上明显不同，不考虑二者差异，将既遂和未遂数额累计，并将累计数额一体认定为行为人的犯罪数额，有所不妥。在此点上，以上第一种、第二种意见存在类似缺陷。其二，若按第一种意见，还存在量刑失重问题。例如，诈骗既遂只有5000元，未遂100万元，若按第一种意见，即要认定行为的诈骗数额为100.5万元，且只能在十年以上量刑，无疑失之严苛，不符合罪责刑相适应原则。其三，若按第二种意见，还存在失之模糊、难以实际操作的题。按第二种意见，对诈骗既遂又有未遂案件的处理，实际要比较既遂部分和未遂部分的轻重，但究竟如何比较，该意见来作交代；而且，因全案已认定既遂，如再按未遂犯处罚原则对行为人从轻或者减轻处罚，显然没有法律依据。其四，若按第三种意见，则会导致量刑失轻问题。例如，诈骗既遂5000元、未遂100万元，若按第三种意见，只能在三年以下量刑。而如果行为人只是诈骗未遂100万元，没有既遂数额，依法则要在十年以上量刑，之后从轻或者减轻处。考虑到《刑法修正案（八）》已明确不得跨档减刑，上述案件一般要在三至十年幅度内量刑，两相比较，显然有失均衡。

有鉴于此，经反复研究，最终决定作出《诈骗罪解释》第六条的规定。对此类案件，首先要分别根据行为人的既遂数额和未遂数额判定其各自所对应的法定刑幅度，未遂部分还需同时考虑可以从轻或者减轻处罚：之后根据比较结果，如果既遂部分所对应的量刑幅度较重，或者既、未遂所对应的量刑幅度相同的，以既遂部分所对应的量刑幅度为基础酌情从重处罚；反之，如未遂部分对应的量刑幅度较重的，则以该量刑幅度为基础，酌情从重处罚。

（六）明确了诈骗共同犯罪的处理原则

实践中，有的掌握网络技术、设备、资源的团伙，为牟取非法利益，专门为电信犯罪分子搭建网络电话诈骗平台，提供改号、群呼群拨、网络电话落地对接及运行维护等技术服务，为诈骗分子行骗提供技术支持。还有地下钱庄打着资金管理服务的招牌，专门为诈骗窝点提供转移赃款、提取赃款服务，使得被害人被骗取的汇款在短时间内被分转到不同的账户，并在不同的地方迅速提取。这些行为是电信诈骗的重要一环，也是电信诈骗猖獗、难以有效查处的重要原因。为有效斩断电信诈骗犯罪的利益链条，《诈骗罪解释》第七条专门规定，明知他人实施诈骗犯罪，为其提供信用卡、手机卡、通讯工具、通讯传输通道、网络技术支持、费用结算等帮助的，以共同犯罪论处。

（七）明确了冒充国家机关工作人员进行诈骗的定罪处罚

《诈骗罪解释》第八条规定了诈骗罪与招摇撞骗罪竞合的处理原则。实践中，有些犯罪人冒充国家机关工作人员进行诈骗，且诈骗财物的数额特别巨大，如仍按照招摇撞骗罪定罪量刑（最高法定刑为十年有期徒刑），显然不符合罪责刑相适应的刑法基本原则，此种情形实质属于诈骗罪与招摇撞骗罪的竞合，故应依照处罚较重的规定定罪处罚。

（八）明确了案发后查封、扣押、冻结在案的诈骗财物及其孳息的处理

《诈骗罪解释》第九条规定的是被骗财物及其孳息的发还问题。对于权属不明确的在案财物，根据《96 年诈骗解释》第十条的规定："可按被害人被骗款物占扣押、冻结在案的财物及其孳息总额的比例发还被害人。"调研过程中，有地方提出，实践中有些被害人在行为人的诈骗款物被查封、扣押、冻结前，已从行为人处追回了部分款物，此时如仍按上述原则发还被骗款物，将有损其他被害人的权益。经研究，本解释第九条采纳了上述意见，规定：案发后查封、扣押、冻结在案的诈骗财物及其孳息，权属明确的，应当发还被害人；权属不明确的，可按被骗款物占查封、扣押、冻结在案的财物及其孳息总额的比例发还被害人，但已获退赔的应予扣除。

《96 年诈骗解释》第十条曾规定："如果能够确定扣押、冻结在案的财物及其孳息不属于已查明的被害人所有，但又无法发还未查明被害人的，应当依法上缴国库。"为最大限度保障被害人合法权益，同时考虑到实践中几乎所有的诈骗犯罪案件案发后查封、扣押、冻结在案的财物及其孳息均不足以退赔已查明的被害人，本解释没有沿用《96 年诈骗解释》的上述规定。《诈骗罪解释》施行后，对于查封、扣押、冻结在案的财物及其孳息，如不属于已查明的被害人所有，但又无法发还还未查明的被害人的，应当作为权属不明确的财物，按被骗款物占查封、扣押、冻结在案的财物及其孳息总额的比例发还已查明被害人，但已获退赔的应予扣除。

（九）明确了诈骗款物的依法追缴和善意取得问题

《诈骗罪解释》第十条基本沿用了《96 年诈骗解释》第十一条的规定，但根据物权法的有关规定有所完善。该条规定：行为人已将诈骗财物用于清偿债务或者转让给他人，具有下列情形之一的，应当依法追缴：(1) 对方明知是诈骗财物而收取的；(2) 对方无偿取得诈骗财物的：(3) 对方以明显低于市场的价格取得诈骗财物的；(4) 对方取得诈骗财物系源于非法债务或者违法犯罪活动的。他人善意取得诈骗财物的，即不属于上述应当依法追缴的情形的，不予追缴。

三、适用

1. 关于各地执行的具体数额标准的确定。为适应我国各地经济社会发展

不平衡的实际，《诈骗罪解释》第一条第二款授权各省、自治区、直辖市高级人民法院、人民检察院可以结合本地区经济社会发展状况，在前款规定的幅度内，共同研究确定本地区执行的具体数额标准。各地在依据本款研究确定有关数额标准时应注意：（1）相关数额标准的确定，不仅要考虑本地的经济发展水平，同时也要考虑本地的社会治安形势，特别是诈骗罪的发案态势。（2）如本地不同地区之间、城乡之间经济社会发展水平差异较大的，可区分不同地区、城乡设定不同标准。（3）为了更好体现和贯彻宽严相济刑事政策和主客观相统一的定罪量刑原则，在确定相应标准时，可按照“数额+情节”的原则，设定不同标准。如根据本地情况，将一般诈骗犯罪的数额较大标准设定为4000元，但是对同时具有《诈骗罪解释》第二条规定的酌情从严惩处情形之一的，可将数额较大的标准确定为3000元，当然，如按照这样的原则确定相应的数额标准，在处理具有《诈骗罪解释》第二条规定情形之一的诈骗案件时，就不能再按该条规定对行为人从严惩处，否则，势必存在双重评价的问题。

2.《诈骗罪解释》与《96年诈骗解释》的关系问题。《诈骗罪解释》第十一条规定，以前发布的司法解释与《诈骗罪解释》不一致的，以《诈骗罪解释》为准。对此，应当着重注意以下问题：（1）1997年《刑法》通过后，《诈骗罪解释》施行前实施的诈骗犯罪，应当适用《诈骗罪解释》的有关规定。这是因为：其一，《刑法》对诈骗罪作出了重大修改，在此之后，按照最高人民法院1997年3月25日《关于认真学习宣传贯彻修订的〈中华人民共和国刑法〉的通知》，《96年诈骗解释》实质上仅具有可参照执行的性质，《诈骗罪解释》生效后，自然应当适用《诈骗罪解释》。其二，由于近年来经济社会发展，《诈骗罪解释》对诈骗罪定罪量刑标准的设定总体要高于《96年诈骗解释》，适用《诈骗罪解释》对犯罪嫌疑人、被告人也有利，符合《刑法》第十二条的规定及《最高人民法院、最高人民检察院关于适用刑事司法解释时间效力问题的规定》的精神。（2）1997年《刑法》施行前，合同诈骗并未单立罪名，而是诈骗罪的一种，因此《96年诈骗解释》为二者规定了同样的定罪量刑具体标准。《诈骗罪解释》对诈骗罪定罪量刑标准作出新规定，而有关合同诈骗罪的定罪量刑标准尚无新的司法解释作出明确。考虑到诈骗罪与合同诈骗罪在性质、危害方面的类似性，对合同诈骗罪的定罪量刑如仍参照执行《96年诈骗解释》，势必会出现罪刑失衡问题。因此，《诈骗罪解释》出台后，对合同诈骗罪，其定罪量刑标准应参照《诈骗罪解释》的有关规定执行。

（撰稿：胡云腾、周加海、刘涛）

3. **最高人民法院、最高人民检察院、公安部关于办理电信网络诈骗等刑事案件适用法律若干问题的意见**（法发〔2016〕32号，自2016年12月20日起施行）

为依法惩治电信网络诈骗等犯罪活动，保护公民、法人和其他组织的合法权益，维护社会秩序，根据《中华人民共和国刑法》《中华人民共和国刑事诉讼法》等法律和有关司法解释的规定，结合工作实际，制定本意见。

一、总体要求

近年来，利用通讯工具、互联网等技术手段实施的电信网络诈骗犯罪活动持续高发，侵犯公民个人信息，扰乱无线电通讯管理秩序，掩饰、隐瞒犯罪所得、犯罪所得收益等上下游关联犯罪不断蔓延。此类犯罪严重侵害人民群众财产安全和其他合法权益，严重干扰电信网络秩序，严重破坏社会诚信，严重影响人民群众安全感和社会和谐稳定，社会危害性大，人民群众反映强烈。

人民法院、人民检察院、公安机关要针对电信网络诈骗等犯罪的特点，坚持全链条全方位打击，坚持依法从严从快惩处，坚持最大力度最大限度追赃挽损，进一步健全工作机制，加强协作配合，坚决有效遏制电信网络诈骗等犯罪活动，努力实现法律效果和社会效果的高度统一。

二、依法严惩电信网络诈骗犯罪

（一）根据《最高人民法院、最高人民检察院关于办理诈骗刑事案件具体应用法律若干问题的解释》第一条的规定，利用电信网络技术手段实施诈骗，诈骗公私财物价值三千元以上、三万元以上、五十万元以上的，应当分别认定为刑法第二百六十六条规定的"数额较大""数额巨大""数额特别巨大"。

二年内多次实施电信网络诈骗未经处理，诈骗数额累计计算构成犯罪的，应当依法定罪处罚。

（二）实施电信网络诈骗犯罪，达到相应数额标准，具有下列情形之一的，酌情从重处罚：

1. 造成被害人或其近亲属自杀、死亡或者精神失常等严重后果的；
2. 冒充司法机关等国家机关工作人员实施诈骗的；

3. 组织、指挥电信网络诈骗犯罪团伙的；

4. 在境外实施电信网络诈骗的；

5. 曾因电信网络诈骗犯罪受过刑事处罚或者二年内曾因电信网络诈骗受过行政处罚的；

6. 诈骗残疾人、老年人、未成年人、在校学生、丧失劳动能力人的财物，或者诈骗重病患者及其亲属财物的；

7. 诈骗救灾、抢险、防汛、优抚、扶贫、移民、救济、医疗等款物的；

8. 以赈灾、募捐等社会公益、慈善名义实施诈骗的；

9. 利用电话追呼系统等技术手段严重干扰公安机关等部门工作的；

10. 利用“钓鱼网站”链接、“木马”程序链接、网络渗透等隐蔽技术手段实施诈骗的。

（三）实施电信网络诈骗犯罪，诈骗数额接近“数额巨大”“数额特别巨大”的标准，具有前述第（二）条规定的情形之一的，应当分别认定为刑法第二百六十六条规定的“其他严重情节”“其他特别严重情节”。

上述规定的“接近”，一般应掌握在相应数额标准的百分之八十以上。

（四）实施电信网络诈骗犯罪，犯罪嫌疑人、被告人实际骗得财物的，以诈骗罪（既遂）定罪处罚。诈骗数额难以查证，但具有下列情形之一的，应当认定为刑法第二百六十六条规定的“其他严重情节”，以诈骗罪（未遂）定罪处罚：

1. 发送诈骗信息五千条以上的，或者拨打诈骗电话五百人次以上的；

2. 在互联网上发布诈骗信息，页面浏览量累计五千次以上的。

具有上述情形，数量达到相应标准十倍以上的，应当认定为刑法第二百六十六条规定的“其他特别严重情节”，以诈骗罪（未遂）定罪处罚。

上述“拨打诈骗电话”，包括拨出诈骗电话和接听被害人回拨电话。反复拨打、接听同一电话号码，以及反复向同一被害人发送诈骗信息的，拨打、接听电话次数、发送信息条数累计计算。

因犯罪嫌疑人、被告人故意隐匿、毁灭证据等原因，致拨打电话次数、发送信息条数的证据难以收集的，可以根据经查证属实的日拨打人次数、日发送信息条数，结合犯罪嫌疑人、被告人实施犯罪的时间、犯罪嫌疑人、被告人的供述等相关证据，综合予以认定。

（五）电信网络诈骗既有既遂，又有未遂，分别达到不同量刑幅度的，依照处罚较重的规定处罚；达到同一量刑幅度的，以诈骗罪既遂处罚。

（六）对实施电信网络诈骗犯罪的被告人裁量刑罚，在确定量刑起点、基准刑时，一般应就高选择。确定宣告刑时，应当综合全案事实情节，准确把握从重、从轻量刑情节的调节幅度，保证罪责刑相适应。

（七）对实施电信网络诈骗犯罪的被告人，应当严格控制适用缓刑的范围，严格掌握适用缓刑的条件。

（八）对实施电信网络诈骗犯罪的被告人，应当更加注重依法适用财产刑，加大经济上的惩罚力度，最大限度剥夺被告人再犯的能力。

三、全面惩处关联犯罪

（一）在实施电信网络诈骗活动中，非法使用“伪基站”“黑广播”，干扰无线电通讯秩序，符合刑法第二百八十八条规定的，以扰乱无线电通讯管理秩序罪追究刑事责任。同时构成诈骗罪的，依照处罚较重的规定定罪处罚。

（二）违反国家有关规定，向他人出售或者提供公民个人信息，窃取或者以其他方法非法获取公民个人信息，符合刑法第二百五十三条之一规定的，以侵犯公民个人信息罪追究刑事责任。

使用非法获取的公民个人信息，实施电信网络诈骗犯罪行为，构成数罪的，应当依法予以并罚。

（三）冒充国家机关工作人员实施电信网络诈骗犯罪，同时构成诈骗罪和招摇撞骗罪的，依照处罚较重的规定定罪处罚。

（四）非法持有他人信用卡，没有证据证明从事电信网络诈骗犯罪活动，符合刑法第一百七十七条之一第一款第（二）项规定的，以妨害信用卡管理罪追究刑事责任。

（五）明知是电信网络诈骗犯罪所得及其产生的收益，以下列方式之一予以转账、套现、取现的，依照刑法第三百一十二条第一款的规定，以掩饰、隐瞒犯罪所得、犯罪所得收益罪追究刑事责任。但有证据证明确实不知道的除外：

1. 通过使用销售点终端机具（POS 机）刷卡套现等非法途径，协助转换或者转移财物的；

2. 帮助他人将巨额现金散存于多个银行账户，或在不同银行账户之间频繁划转的；

3. 多次使用或者使用多个非本人身份证明开设的信用卡、资金支付结算账户或者多次采用遮蔽摄像头、伪装等异常手段，帮助他人转账、套现、取现的；

4. 为他人提供非本人身份证明开设的信用卡、资金支付结算账户后，又帮助他人转账、套现、取现的；

5. 以明显异于市场的价格，通过手机充值、交易游戏点卡等方式套现的。

实施上述行为，事前通谋的，以共同犯罪论处。

实施上述行为，电信网络诈骗犯罪嫌疑人尚未到案或案件尚未依法裁判，但现有证据足以证明该犯罪行为确实存在的，不影响掩饰、隐瞒犯罪所得、犯罪所得收益罪的认定。

实施上述行为，同时构成其他犯罪的，依照处罚较重的规定定罪处罚。法律和司法解释另有规定的除外。

（六）网络服务提供者不履行法律、行政法规规定的信息网络安全管理义务，经监管部门责令采取改正措施而拒不改正，致使诈骗信息大量传播，或者用户信息泄露造成严重后果的，依照刑法第二百八十六条之一的规定，以拒不履行信息网络安全管理义务罪追究刑事责任。同时构成诈骗罪的，依照处罚较重的规定定罪处罚。

（七）实施刑法第二百八十七条之一、第二百八十七条之二规定之行为，构成非法利用信息网络罪、帮助信息网络犯罪活动罪，同时构成诈骗罪的，依照处罚较重的规定定罪处罚。

（八）金融机构、网络服务提供者、电信业务经营者等在经营活动中，违反国家有关规定，被电信网络诈骗犯罪分子利用，使他人遭受财产损失的，依法承担相应责任。构成犯罪的，依法追究刑事责任。

四、准确认定共同犯罪与主观故意

（一）三人以上为实施电信网络诈骗犯罪而组成的较为固定的犯罪组织，应依法认定为诈骗犯罪集团。对组织、领导犯罪集团的首要分子，按照集团所犯的全部罪行处罚。对犯罪集团中组织、指挥、策划者和骨干分子依法从严惩处。

对犯罪集团中起次要、辅助作用的从犯，特别是在规定期限内投案自首、积极协助抓获主犯、积极协助追赃的，依法从轻或减轻处罚。

对犯罪集团首要分子以外的主犯，应当按照其所参与的或者组织、指挥的全部犯罪处罚。全部犯罪包括能够查明具体诈骗数额的事实和能够查明发送诈骗信息条数、拨打诈骗电话人次数、诈骗信息网页浏览次数的事实。

（二）多人共同实施电信网络诈骗，犯罪嫌疑人、被告人应对其参与期间该诈骗团伙实施的全部诈骗行为承担责任。在其所参与的犯罪环节中起主要作用的，可以认定为主犯；起次要作用的，可以认定为从犯。

上述规定的“参与期间”，从犯罪嫌疑人、被告人着手实施诈骗行为开始起算。

（三）明知他人实施电信网络诈骗犯罪，具有下列情形之一的，以共同犯罪论处，但法律和司法解释另有规定的除外：

1. 提供信用卡、资金支付结算账户、手机卡、通讯工具的；

2. 非法获取、出售、提供公民个人信息的；

3. 制作、销售、提供“木马”程序和“钓鱼软件”等恶意程序的；

4. 提供“伪基站”设备或相关服务的；

5. 提供互联网接入、服务器托管、网络存储、通讯传输等技术支持，或者提供支付结算等帮助的；

6. 在提供改号软件、通话线路等技术服务时，发现主叫号码被修改为国内党政机关、司法机关、公共服务部门号码，或者境外用户改为境内号码，仍提供服务的；

7. 提供资金、场所、交通、生活保障等帮助的；

8. 帮助转移诈骗犯罪所得及其产生的收益，套现、取现的。

上述规定的“明知他人实施电信网络诈骗犯罪”，应当结合被告人的认知能力，既往经历，行为次数和手段，与他人关系，获利情况，是否曾因电信网络诈骗受过处罚，是否故意规避调查等主客观因素进行综合分析认定。

（四）负责招募他人实施电信网络诈骗犯罪活动，或者制作、提供诈骗方案、术语清单、语音包、信息等的，以诈骗共同犯罪论处。

（五）部分犯罪嫌疑人在逃，但不影响对已到案共同犯罪嫌疑人、被告人的犯罪事实认定的，可以依法先行追究已到案共同犯罪嫌疑人、被告人的刑事责任。

五、依法确定案件管辖

（一）电信网络诈骗犯罪案件一般由犯罪地公安机关立案侦查，如果由犯罪嫌疑人居住地公安机关立案侦查更为适宜的，可以由犯罪嫌疑人居住地公安机关立案侦查。犯罪地包括犯罪行为发生地和犯罪结果发生地。

“犯罪行为发生地”包括用于电信网络诈骗犯罪的网站服务器所在地，网站建立者、管理者所在地，被侵害的计算机信息系统或其管理者所在地，犯罪嫌疑人、被害人使用的计算机信息系统所在地，诈骗电话、短信息、电子邮件等的拨打地、发送地、到达地、接受地，以及诈骗行为持续发生的实施地、预备地、开始地、途经地、结束地。

“犯罪结果发生地”包括被害人被骗时所在地，以及诈骗所得财物的实际取得地、藏匿地、转移地、使用地、销售地等。

（二）电信网络诈骗最初发现地公安机关侦办的案件，诈骗数额当时未达到“数额较大”标准，但后续累计达到“数额较大”标准，可由最初发现地公安机关立案侦查。

（三）具有下列情形之一的，有关公安机关可以在其职责范围内并案侦查：

1. 一人犯数罪的；

2. 共同犯罪的；

3. 共同犯罪的犯罪嫌疑人还实施其他犯罪的；

4. 多个犯罪嫌疑人实施的犯罪存在直接关联，并案处理有利于查明案件事实的。

（四）对因网络交易、技术支持、资金支付结算等关系形成多层级链条、跨区域的电信网络诈骗等犯罪案件，可由共同上级公安机关按照有利于查清犯罪事实、有利于诉讼的原则，指定有关公安机关立案侦查。

（五）多个公安机关都有权立案侦查的电信网络诈骗等犯罪案件，由最初受理的公安机关或者主要犯罪地公安机关立案侦查。有争议的，按照有利于查清犯罪事实、有利于诉讼的原则，协商解决。经协商无法达成一致的，由共同上级公安机关指定有关公安机关立案侦查。

（六）在境外实施的电信网络诈骗等犯罪案件，可由公安部按照有利于查清犯罪事实、有利于诉讼的原则，指定有关公安机关立案侦查。

（七）公安机关立案、并案侦查，或因有争议，由共同上级公安机关指定立案侦查的案件，需要提请批准逮捕、移送审查起诉、提起公诉的，由该公安机关所在地的人民检察院、人民法院受理。

对重大疑难复杂案件和境外案件，公安机关应在指定立案侦查前，向同级人民检察院、人民法院通报。

（八）已确定管辖的电信诈骗共同犯罪案件，在逃的犯罪嫌疑人归案后，一般由原管辖的公安机关、人民检察院、人民法院管辖。

六、证据的收集和审查判断

（一）办理电信网络诈骗案件，确因被害人人数众多等客观条件的限制，无法逐一收集被害人陈述的，可以结合已收集的被害人陈述，以及经查证属实的银行账户交易记录、第三方支付结算账户交易记录、通话记录、电子数据等证据，综合认定被害人人数及诈骗资金数额等犯罪事实。

（二）公安机关采取技术侦查措施收集的案件证明材料，作为证据使用的，应当随案移送批准采取技术侦查措施的法律文书和所收集的证据材料，并对其来源等作出书面说明。

（三）依照国际条约、刑事司法协助、互助协议或平等互助原则，请求证据材料所在地司法机关收集，或通过国际警务合作机制、国际刑警组织启动合作取证程序收集的境外证据材料，经查证属实，可以作为定案的依据。公安机关应对其来源、提取人、提取时间或者提供人、提供时间以及保管移交的过程等作出说明。

对其他来自境外的证据材料，应当对其来源、提供人、提供时间以及提取人、提取时间进行审查。能够证明案件事实且符合刑事诉讼法规定的，可以作为证据使用。

七、涉案财物的处理

（一）公安机关侦办电信网络诈骗案件，应当随案移送涉案赃款赃物，并附清单。人民检察院提起公诉时，应一并移交受理案件的人民法院，同时就涉案赃款赃物的处理提出意见。

（二）涉案银行账户或者涉案第三方支付账户内的款项，对权属明确的被害人的合法财产，应当及时返还。确因客观原因无法查实全部被害人，但有证据证明该账户系用于电信网络诈骗犯罪，且被告人无法说明款项合法来源的，根据刑法第六十四条的规定，应认定为违法所得，予以追缴。

（三）被告人已将诈骗财物用于清偿债务或者转让给他人，具有下列情形之一的，应当依法追缴：

1. 对方明知是诈骗财物而收取的；
2. 对方无偿取得诈骗财物的；
3. 对方以明显低于市场的价格取得诈骗财物的；

4. 对方取得诈骗财物系源于非法债务或者违法犯罪活动的。

他人善意取得诈骗财物的，不予追缴。

权威解读

解读《最高人民法院、最高人民检察院、公安部关于办理电信网络诈骗等刑事案件适用法律若干问题的意见》（以下简称《电信网络诈骗意见》）

一、《电信网络诈骗意见》的制定背景

近年来，利用通讯工具，互联网等技术手段实施的电信网络诈骗犯罪活动持续高发。一些不法分子结成团伙，设置窝点，精心设计通过拨打网络改号电话，使用“伪基站”设备群发手机短信、网上发布诈骗信息等方式，跨区域甚至跨境大肆实施诈骗活动。电信网络诈骗犯罪是一种远程非接触性犯罪，技术含量高，时空跨度大，涉及人数多，且手段隐蔽，花样翻新，较传统诈骗犯罪欺骗性更强，普通群众防不胜防。诈骗一旦得逞，往往给被骗群众造成巨大财产损失，甚至引发次生危害后果。2016 年以来，陆续发生了几起在校学生被骗走学费而导致猝死或自杀的案件，影响极为恶劣。围绕电信网络诈骗犯罪，还发展形成了一系列灰色产业链，如非法使用“伪基站”“黑广播”设备、非法获取、出售、提供公民个人信息、帮助转移诈骗赃款等上下游关联违法犯罪，并不断蔓延。电信网络诈骗等犯罪严重侵犯群众财产安全和其他合法权益，严重干扰正常的电信网络秩序，严重破坏社会诚信，严重影响社会和谐稳定，实属一大社会公害。

中央高度重视打击防范电信网络诈骗违法犯罪活动，要求惩防并举，重拳出击，深入开展打击治理专项行动，坚决有效遏制此类犯罪活动。近年来，各地各部门侦查打击、重点整治、防范治理三管齐下，取得显著成效。2016 年 1 月至 11 月，全国共破获各类电信网络诈骗案件 9.3 万起，查处违法犯罪人员 2 万人，同比均成倍增长，并打掉一批境外犯罪窝点。同年 10 月，最高人民法院、最高人民检察院、公安部、工业和信息化部、中国人民银行、中国银行业监督管理委员会联合发布《关于防范和打击电信网络诈骗犯罪的通告》，提出了一系列源头防范的举措，明确了从严从快打击的方针，并责令犯罪分子在规定期限内投案自首。该通告的发布，起到了教育群众、震慑犯罪的作用，社会反响热烈。

我们也应看到，电信网络诈骗犯罪与传统诈骗犯罪相比，在各方面均呈现出新的犯罪特征，对政法机关依法打击此类犯罪，提出严峻的挑战和更高的要求。特别是在司法实践中，面临一些新的突出的法律适用问题，亟须加以解决。为进一步明确法律标准，统一执法尺度，更及时、更准确、更严厉地惩治此类犯罪，2016年下半年，最高人民法院、最高人民检察院、公安部针对新型犯罪特点，结合实际情况，坚持问题导向，深入调查研究，广泛征求意见，反复研究论证，不断修改完善，依照《刑法》和相关司法解释的规定，联合制定出台了《电信网络诈骗意见》。《电信网络诈骗意见》顺应人民群众的普遍期待，适应新形势下的斗争需要，提出更为明确具体的适用法律依据。我们深信，《电信网络诈骗意见》的制定出台，对于政法机关更加有力、准确、有效地打击电信网络诈骗犯罪，必将发挥重要的作用。

二、《电信网络诈骗意见》的主要内容

《电信网络诈骗意见》共七个部分、三十六条。分别规定了总体要求、依法严惩电信网络诈骗犯罪、全面惩处关联犯罪、准确认定共同犯罪与主观故意、依法确定案件管辖、证据的收集和审查判断、涉案财物的处理等内容。这些内容归纳起来，主要体现了四个方面的原则性要求。

（一）坚持依法从严惩处

这是《意见》的关键和核心。电信网络诈骗犯罪社会危害性大，人民群众反映强烈，必须坚决依法予以严惩。

第一，根据“两高”《诈骗罪解释》的规定，诈骗财物价值3000元至1万元以上、3万元至10万元以上、55万元以上的，应分别认定为诈骗“数额较大”“数额巨大”和“数额特别巨大”，各地可在此幅度内确定具体数额标准。《电信网络诈骗意见》针对电信网络诈骗犯罪的性质和特点，实行全国统一数额标准和数额幅度底线标准。《电信网络诈骗意见》规定，电信网络诈骗物价值3000元以上、3万元以上，应当分别认定为《刑法》第二百六十六条规定的“数额较大”“数额巨大”。这样规定，一方面是对电信网络诈骗犯罪体现从严惩处的精神；另一方面也是考虑到，电信网络诈骗突破了传统犯罪空间范畴，基本属于跨区域犯罪，地域化色彩相对淡化，不宜再由各地自行确定具体数额标准。

第二，《电信网络诈骗意见》将《诈骗罪解释》的相关内容进一步具体化，规定电信网络犯罪数额达到相应标准后，具有十项情形之一的，予以从重处罚。包括造或严重后果的，如诈骗致人自杀、死亡或者精神失常；犯罪手段恶劣的，如利用“钓鱼网站”“木马”程序链接等进行诈骗的；以社会弱势群体为诈骗对象的，如诈骗残疾人、老年人、学生、重病患者等；诈骗特定款物的，如诈骗扶贫、救济、优抚款物；犯罪分子主观恶性较深的，如有诈骗前科又诈骗的；等等，应该特别指出，一些犯罪分子肆无忌惮，冒充司法机关等国家机关工作人员诈骗，不仅容易使人上当进而骗得巨额钱财，而且严重损害国家机关的形象和权威，必须严厉惩处。

第三，诈骗罪属于应当依照《量刑指导意见》审理的案件。《电信网络诈骗意见》遵循量刑规范化基本要求，规定人民法院适用量刑规范化审理此类案件，在确定量刑起点、基准刑时，一般应就高选择；在确定宣告刑时，应当综合全案事实情节，准确把握从重、从轻量刑情节的调节幅度，保证罪责刑相适应。

第四，电信网络诈骗犯罪具有一定的智能化和专业化色彩，有的犯罪分子长期从事这类活动，有的在受过打击处理后，仍不收手，继续实施电信网络诈骗犯罪，且手法更隐蔽，反侦查能力更强，传染面更大。为严厉打击此类犯罪分子，《电信网络诈骗意见》专门规定，对电信网络诈骗案件的被告人，要严格控制适用缓刑的范围，严格掌握适用缓刑的条件。

第五，不法分子使用现代化智能通讯工具从事电信网络诈骗犯罪，侦查工作难度大，证据收集难度也很大。特别是涉及诈骗数额方面，有时难以全部查清。《电信网络诈骗意见》充分考虑这一情况，采取数额标准和数量标准并行。既可根据犯罪分子的数额，也可根据其实际拨打诈骗电话、发送诈骗信息的数量来定罪量刑，确保更准确、全面、客观地反映犯罪分子的罪行，进而体现罪责刑相适应。为此，《电信网络诈骗意见》规定，诈骗数额虽难以查证，但查明发送诈骗信息5000条以上、打电话500人次以上的，应当认定为“其他严重情节”，以诈骗罪（未遂）定罪处罚。对于犯罪分子有意毁灭或者隐匿罪证而致难以直接认定的，《电信网络诈骗意见》进一步规定，可以根据查证属实的日拨打人次数、日发送信息条数、结合被告人实施犯罪的时间、被告人的供述等相关证据，综合予以认定。

第六，《电信网络诈骗意见》充分考虑犯罪嫌疑人、被告人在共同犯罪中的地位作用，充分考虑犯罪嫌疑人、被告人的主观性和人身危险性，突出打击重点，确保打击效果，《电信网络诈骗意见》重申了刑法原则，规定对于诈骗犯罪集团的首要分子，按照集团所犯全部罪行处罚，对于其余主犯，按照其所参与或者组织、指挥的全部犯罪处罚。另外，为贯彻宽严相济刑事政策，体现严中有宽，宽以济严的要求，《电信网络诈骗意见》规定，对于诈骗犯罪集团的从犯，如果在规定期限内投案自首，积极协助抓获主犯，积极协助追赃的，司法机关就会兑现政策，依法从宽处罚。

（二）坚持依法全面惩处

电信网络诈骗一般都是多人共同犯罪，分工较细，环节较多，流程较长，形成较为完整的犯罪链条。通常又衍生侵犯公民个人信息，扰乱无线电通讯管理秩序，隐瞒犯罪所得、犯罪所得收益等上下游关联犯罪，形成以诈骗为中心的系列犯罪产业链。对电信网络诈骗犯罪进行有效打击，必须斩断其犯罪链条，综合惩治，确保全方位打击，不留死角。

第一，《电信网络诈骗意见》规定了扰乱无线电通讯管理秩序罪，侵犯公民个人信息罪，妨害信用卡管理罪，掩饰、隐瞒犯罪所得、犯罪所得收益罪，拒不履行信息网络安全管理义务罪，非法利用信息网络罪，帮助信息网络犯罪活动罪等各种电信网络诈骗上下游关联犯罪的处理原则，如使用非法获取的公民个人信息实施电信网络诈骗，构成犯罪的，依法进行数罪并罚。从这方面继续加强国家对公民个人信息安全的保护，严惩公然利用公民个人信息实施的犯罪活动。

第二，电信网络诈骗犯罪分子为实现非法占有他人财物的目的，常常依靠下家为其转账、套现、取现，对此也必须坚决予以惩处。《电信网络诈骗意见》规定，为电信网络诈骗犯罪分子骗得的赃款进行转账、套现、取现的行为，应当以掩饰、隐瞒犯罪所得、犯罪所得收益罪追究刑事责任。如果有事先通谋，则以诈骗共同犯罪论处。另外，针对司法实线中存在一些实施转账、套现、取现行为的下家往往先于诈骗上家到案的情况，《电信网络诈骗意见》规定，即便电信网络诈骗犯罪嫌疑人尚未到案或案件尚未裁判，但现有证据足以证明行为人有转账、套现、取现犯罪事实的，不影响掩饰、隐瞒犯罪所得、犯罪所得收益罪的认定。

第三，实践中，还存在一些为电信网络诈骗犯罪提供犯罪工具、设备和技术支持等情况，均应依法惩处。《电信网络诈骗意见》明确规定，明知他人实施电信网络诈骗犯罪，而为他人提供公民个人信息、提供银行卡或手机卡、提供“伪基站”设备、提供互联网接入或者支付结算、提供场所或者交通等帮助行为的，以诈骗罪共同犯罪论处。

第四，实践中有一些不法分子，虽然本人没有到诈骗窝点参与实施具体的诈骗行为，但其为诈骗犯罪分子撰写并提供诈骗“剧本”等，或者负责在社会上引诱、招募人员并向诈骗集团或团伙输送，本人从中牟取非法利益。这些行为都是电信诈骗犯罪活动不可或缺的内容，危害甚大。《电信网络诈骗意见》对此明确规定，以诈骗共同犯罪论处。

第五，针对司法实践中存在电信网络诈骗团伙成员到案时间先后不一的情况，《电信网络诈骗意见》规定，部分犯罪嫌疑人在逃，但不影响对已到案共同犯罪嫌疑人、被告人的犯罪事实认定的，可以依法先行追究已到案共同犯罪嫌疑人、被告人的刑事责任。以提高办案效率，实现司法公正，确保打击效果。

（三）坚持全力追赃挽损

政法机关肩负惩罚犯罪，保护人民的神圣职责。电信网络诈骗犯罪，直接侵害群众的财产权等合法权益，特别是一些普通群众的生活费、治病钱、学费等被骗走，导致这些群众的生活更加困难，精神受到打击，造成严重物质和精神损害。政法机关在依法严惩犯罪分子并加大财产刑处罚力度的同时，应尽最大力量挽回被害群众的经济损失，切实维护人民群众利益。《电信网络诈骗意见》就此问题也专门作出规定。

第一，加大财产刑适用力度。《电信网络诈骗意见》提出明确要求，对实施电信网络诈骗犯罪的被告人，应当更加注重依法适用罚金、没收财产等财产刑，加大经济上的惩罚力度，最大限度削弱犯罪分子的经济实力，最大限度剥夺犯罪分子再犯的能力。

第二，依法追缴涉案账户内违法资金。为最大限度追赃挽损，弥补被害群众的经济损失，同时防止犯罪分子虽受到刑事处罚，但却得到经济上的实惠，《电信网络诈骗意见》规定，对查获的涉案银行账户内权属明确的被害人的合法财产，应当及时返还；确因客观原因无法查实全部被害人，但有证据证明该账户系用于电信网络诈骗犯罪，且被告人无法说明款项合法来源的，根据《刑法》第六十四条的规定，应认定为违法所得，予以追缴。

第三，依法追缴已被转移的赃款。诈骗犯罪分子作案后，会采用各种方式、手段来转移、隐匿赃款，企图对犯罪所得进行“洗白”，坐享其成。对此，《电信网络诈骗意见》明确规定，被告人已将诈骗财物用于清偿债务或者转让给他人，但他人明知是诈骗财物而收取，或者他人无偿取得诈骗财物，或者他人以明显低于市场的价格取得诈骗财物，或者他人取得诈骗财物系源于非法债务或者违法犯罪活动的，司法机关将一律依法追缴。

（四）坚持依法准确惩处

对电信诈骗犯罪依法严惩，必须严格证明标准，遵循法定程序，正确适用法律，才能实现司法公正，实现法律效果和社会效果的高度统一。《电信网络诈骗意见》对涉及管辖、共同犯罪和主观故意的认定、证据收集和审查判断等方面存在的突出问题作出规定，确保对电信网络诈骗犯罪准确惩处。

第一，电信网络诈骗案件一般属于跨地域、跨境案件，甚至诈骗团伙实施的同一桩诈骗案，可能存在各个犯罪环节分布在不同地方的情况。为解决实践中出现的新问题，在坚持《刑事诉讼法》规定的管辖原则的前提下，有必要就电信网络诈骗案件的管辖问题作出针对性的规定。《电信网络诈骗意见》结合此类案件的特点，对电信网络诈骗犯罪的“犯罪行为发生地”“犯罪结果发生地”作出较为全面的列举式的规定，以方便执法办案。如规定诈骗电话、信息、电子邮件等的拨打地、发送地、到达地、接受地，均属于“犯罪行为发生地”。同时，《电信网络诈骗意见》本着有利于查清犯罪事实，有利于诉讼的原则，对于公安机关并案侦查、指定立案侦查等也予以明确。为促进案件办理衔接顺畅、运转高效，《电信网络诈骗意见》还规定，公安机关立案侦查、并案侦查、指定立案侦查的案件，由该公安机关所在地的人民检察院、人民法院受理。公安机关指定立案侦查的大要案和境外案件，应事先向同级人民检察院、人民法院通报。

第二，电信网络诈骗犯罪集团、犯罪团伙成员主观故意内容的认定，是司法实践中的难点。为明晰法律界限，方便司法机关操作，《电信网络诈骗意见》提出了认定“明知”的标准，即综合判断标准，应当结合被告人的认知能力、既往经历、行为次数、手段特征、与他人关系、获利情况、前科情况、接受调查的态度等各方面主客观因素，综合分析判断。

第三，考虑到电信网络诈骗案件被害人数众多且难以一一取证的实际情况，《电信网络诈骗意见》规定，确因被害人人数众多等客观条件的限制，无法逐一收集被害人陈述的，可以结合已收集的被害人陈述，以及经查证属实的银行账户交易记录、第三方支付结算账户交易记录、通话记录、电子数据等证据，综合认定被害人人数及诈骗资金数额等犯罪事实。

4. 最高人民法院指导案件27号：臧进泉等盗窃、诈骗案（最高人民法院审判委员会讨论通过，2014年6月26日发布）

关键词：刑事　盗窃　诈骗　利用信息网络

裁判要点

行为人利用信息网络，诱骗他人点击虚假链接而实际通过预先植入的计算机程序窃取财物构成犯罪的，以盗窃罪定罪处罚；虚构可供交易的商品或者服务，欺骗他人点击付款链接而骗取财物构成犯罪的，以诈骗罪定罪处罚。

相关法条

《中华人民共和国刑法》第二百六十四条、第二百六十六条

基本案情

一、盗窃事实

2010年6月1日，被告人郑必玲骗取被害人金某195元后，获悉金某的建设银行网银账户内有305000余元存款且无每日支付限额，遂电话告知被告人臧进泉，预谋合伙作案。臧进泉赶至网吧后，以尚未看到金某付款成功的记录为由，发送给金某一个交易金额标注为1元而实际植入了支付305000元的计算机程序的虚假链接，谎称金某点击该1元支付链接后，其即可查看到付款成功的记录。金某在诱导下点击了该虚假链接，其建设银行网银账户中的305000元随即通过臧进泉预设的计算机程序，经上海快钱信息服务有限公司的平台支付到臧进泉提前在福州海都阳光信息科技有限公司注册的“kissal23”账户中。臧进泉使用其中的116863元购买大量游戏点卡，并在“小泉先生哦”的淘宝网店上出售套现。案发后，公安机关追回赃款187126.31元发还被害人。

二、诈骗事实

2010年5月至6月间，被告人臧进泉、郑必玲、刘涛分别以虚假身份开设无货可供的淘宝网店铺，并以低价吸引买家。三被告人事先在网游网站注册一账户，并对该账户预设充值程序，充值金额为买家欲支付的金额，后将该充值程序代码植入到一个虚假淘宝网链接中。与买家商谈好商品价格后，三被告人各自以方便买家购物为由，将该虚假淘宝网链接通过阿里旺旺聊天工具发送给买家。买家误以为是淘宝网链接而点击该链接进行购物、付款，并认为所付货款会汇入支付宝公司为担保交易而设立的公用账户，但该货款实际通过预设程序转入网游网站在支付宝公司的私人账户，再转入被告人事

先在网游网站注册的充值账户中。三被告人获取买家货款后，在网游网站购买游戏点卡、腾讯Q币等，然后将其按事先约定统一放在臧进泉的“小泉先生哦”的淘宝网店铺上出售套现，所得款均汇入臧进泉的工商银行卡中，由臧进泉按照获利额以约定方式分配。

被告人臧进泉、郑必玲、刘涛经预谋后，先后到江苏省苏州市、无锡市、昆山市等地网吧采用上述手段作案。臧进泉诈骗22000元，获利5000余元，郑必玲诈骗获利5000余元，刘涛诈骗获利12000余元。

裁判结果

浙江省杭州市中级人民法院于2011年6月1日作出（2011）浙杭刑初字第91号刑事判决：一、被告人臧进泉犯盗窃罪，判处有期徒刑十三年，剥夺政治权利一年，并处罚金人民币三万元；犯诈骗罪，判处有期徒刑二年，并处罚金人民币五千元，决定执行有期徒刑十四年六个月，剥夺政治权利一年，并处罚金人民币三万五千元。二、被告人郑必玲犯盗窃罪，判处有期徒刑十年，剥夺政治权利一年，并处罚金人民币一万元；犯诈骗罪，判处有期徒刑六个月，并处罚金人民币二千元，决定执行有期徒刑十年三个月，剥夺政治权利一年，并处罚金人民币一万二千元。三、被告人刘涛犯诈骗罪，判处有期徒刑一年六个月，并处罚金人民币五千元。宣判后，臧进泉提出上诉。浙江省高级人民法院于2011年8月9日作出（2011）浙刑三终字第132号刑事裁定，驳回上诉，维持原判。

裁判理由

法院生效裁判认为：盗窃是指以非法占有为目的，秘密窃取公私财物的行为；诈骗是指以非法占有为目的，采用虚构事实或者隐瞒真相的方法，骗取公私财物的行为。对既采取秘密窃取手段又采取欺骗手段非法占有财物行为的定性，应从行为人采取主要手段和被害人有无处分财物意识方面区分盗窃与诈骗。如果行为人获取财物时起决定性作用的手段是秘密窃取，诈骗行为只是为盗窃创造条件或作掩护，被害人也没有“自愿”交付财物的，就应当认定为盗窃；如果行为人获取财物时起决定性作用的手段是诈骗，被害人基于错误认识而“自愿”交付财物，盗窃行为只是辅助手段的，就应当认定为诈骗。在信息网络情形下，行为人利用信息网络，诱骗他人点击虚假链接而实际上通过预先植入的计算机程序窃取他人财物构成犯罪的，应当以盗窃罪定罪处罚；行为人虚构可供交易的商品或者服务，欺骗他人为支付货款点击付款链接而获取财物构成犯罪的，应当以诈骗罪定罪处罚。本案中，被告人臧进泉、郑必玲使用预设计算机程序并植入的方法，秘密窃取他人网上银行账户内巨额钱款，其行为均已构成盗窃罪。臧进泉、郑必玲和被告人刘涛以非法占有为目的，通过开设虚假的网络店铺和利用伪造的购物链接骗取他人数额较大的货款，其行为均已构成诈骗罪。对臧进泉、郑必玲所犯数罪，应依法并罚。

关于被告人臧进泉及其辩护人所提非法获取被害人金某的网银账户内305000元的行为，不构成盗窃罪而是诈骗罪的辩解与辩护意见，经查，臧进泉和被告人郑必玲在得知金某网银账户内有款后，即产生了通过植入计算机程序非法占有目的；随后在网络聊天中诱导金某同意支付1元钱，而实际上制作了一个表面付款"1元"却支付305000元的假淘宝网链接，致使金某点击后，其网银账户内305000元即被非法转移到臧进泉的注册账户中，对此金某既不知情，也非自愿。可见，臧进泉、郑必玲获取财物时起决定性作用的手段是秘密窃取，诱骗被害人点击"1元"的虚假链接系实施盗窃的辅助手段，只是为盗窃创造条件或作掩护，被害人也没有"自愿"交付巨额财物，获取银行存款实际上是通过隐藏的事先植入的计算机程序来窃取的，符合盗窃罪的犯罪构成要件，依照刑法第二百六十四条、第二百八十七条的规定，应当以盗窃罪定罪处罚。故臧进泉及其辩护人所提上述辩解和辩护意见与事实和法律规定不符，不予采纳。

权威解读

指导案例27号《臧进泉等盗窃、诈骗案》的理解与参照——利用信息网络进行盗窃与诈骗的区分

2014年6月23日，最高人民法院发布了指导案例27号《臧进泉等盗窃、诈骗案》。为了正确理解和准确参照适用该指导性案例，现对其推选经过、裁判要点、需要说明的问题等有关情况予以解释、论证和说明。

一、推选经过及指导意义

2013年5月，浙江省杭州市中级人民法院将该案例作为参考性案例向浙江省高级人民法院报送。同年8月6日，经浙江省高级人民法院审委会讨论通过后作为指导性案例向最高人民法院推荐。2014年5月27日，最高人民法院审判委员会经讨论认为，该案例具有指导意义，同意将其确定为指导案例发布。同年6月23日，最高人民法院以法〔2014〕161号文件将该案例作为

第七批指导案例予以公开发布。

近年来，随着信息网络迅速发展，利用信息网络实施的犯罪随之蔓延，网络钓鱼类案件呈现出多发态势，造成严重社会危害。网络犯罪是传统犯罪在信息网络上的新型表现形式，虽然二者没有本质上的差异，但是网络犯罪具有其自身的特点：一是跨地域针对不特定多数人实施诈骗、敲诈勒索等犯罪活动，以积少成多的方式牟取暴利；二是利用网络技术，借助网络隐蔽实施，技术性和隐蔽性较强；三是犯罪手段复杂多样，往往盗窃、诈骗等行为交织，给案件准确定性带来一定难度。该指导案例同时说明了两种典型的网络犯罪手段，应分别以盗窃罪和诈骗罪定罪处罚。这对于解决盗窃与诈骗行为交织案件的定性，统一裁判标准，依法惩治相关网络犯罪，具有较强指导意义。同时，发布该指导案例，对于网络购物有警示作用，能够提醒网民意识到网络交易和支付平台存在的安全威胁，在网络购物、网络支付中保持警觉，注意辨别，审慎付款，避免上当受骗，也有利于促使相关网络支付平台经营管理者加强技术监管，健全管理制度，防范和减少网络犯罪的发生。

二、裁判要点的理解与说明

指导案例27号旨在为准确划分网络条件下盗窃与诈骗的界限提供指导，其裁判要点确认：行为人利用信息网络，诱骗他人点击虚假链接而实际通过预先植入的计算机程序窃取财物构成犯罪的，以盗窃罪定罪处罚；虚构可供交易的商品或者服务，欺骗他人点击付款链接而骗取财物构成犯罪的，以诈骗罪定罪处罚。该指导案例主要依据我国《刑法》第二百六十四条、第二百六十六条、第二百八十七条的规定，同时结合刑法理论，从被害人有无处分财物意识和财物转移占有的主要手段的角度区分了盗窃罪和诈骗罪。下面围绕裁判要点中有关盗窃与诈骗的区分问题进行论证和说明。

（一）盗窃与诈骗的理论区分

近年来，利用信息网络实施盗窃、诈骗等行为交织的侵犯财产犯罪比较突出，客观表现为行为人有的在实施诱骗过程中加入秘密窃取行为，有的在行窃后跟进实施骗取行为，有的交错实施窃取、骗取行为。对此是认定为盗窃还是诈骗？二者究竟应当如何区分呢？

对于这一问题，我国《刑法》和司法解释没有明确规定，司法实践中存在争议。从国外刑法理论来看，刑法理论的通说与审判实践都将处分行为作为诈骗罪的构成要件（以既遂为模式）。处分行为存在与否，成为区分诈骗罪与盗窃罪的关键。[①] 由于诈骗中转移财产占有的行为就是处分行为，是只要有客观的转移占有事实就够了（处分意识不要说），还是必须意识到转移占有（处分意识必要说）呢？对此有两种截然相反的观点。处分意识必要说认为，处分行为不仅要求受骗者客观上有处分财产的行为，而且要求主观上有处分财产的意识（意思）。例如，韩国大法院的判例指出："诈骗罪是欺骗他人，使他人陷入错误，引起错误者的处分行为，以便取得财物或者财产上利益的犯罪。这里的处分行为意味着财产的处分行为，处分行为要求被害人主观上的处分意思和处分意思支配下的客观行为。"[②] 日本判例和刑法理论通说也采取处分意识必要说。处分意识不要说认为，只要客观上有处分行为即可，不以处分意识为必要。这是德国的通说，日本也有不少学者主张该说。例如，平野龙一指出："诈骗罪以基于错误的'交付'即处分行为为必要。处分行为、交付行为不以意思表示为必要，事实行为即可……而且也包含没有意识到交付的内容的情况（所谓无意识的交付）。"[③]

我国刑法理论主流观点认为，盗窃是指以非法占有为目的，秘密窃取公私财物的行为，是违背被害人意志取得财物；诈骗是指以非法占有为目的，采用虚构事实或者隐瞒真相的方法，骗取公私财物的行为，是基于被害人有瑕疵的意志而取得财物。诈骗（既遂）在客观上表现为一个特定行为发展过程，即行为人实施欺骗行为—被害人产生或者维持认识错误—被害人基于认识错误处分财物—行为人或者第三者获得财物。从被害人一方来看，盗窃与诈骗区分的关键在于被害人是否基于认识错误自愿处分（交付）财物。[④] 至于处分意思的内容，在德、日等大陆法系国家，有的学者主张严格限定，即处分者除了有把财产的占有转移给对方的认识之外，还必须对处分的内容（包括处分的对象、数量、价值等）有全面的认识。也有学者主张，处分意思的内容应放宽认定至少被骗者只是对处分财物的价值有误认时，应该认定为有处分意思，肯定处分行为成立。按照这种观点，只要被骗者对财物或利益的外形有转移的意思与认识，就具备了处分意思的内容。我国刑法学者认为，只要被骗者认识到自己的行为是把某种财产转移给对方占有，而根据自己的

① 张明楷：《外国刑法纲要（第二版）》，清华大学出版社 2007 年版，第 582 页。
② ［韩］吴昌植编译：《韩国侵犯财产罪判例》，清华大学出版社 2004 年版，第 112 页。
③ ［日］平野龙一：《刑法概说》，东京大学出版社 1977 年版，第 214 页。
④ 张明楷：《如何区分盗窃罪与诈骗罪》，载《人民法院报》2003 年 8 月 22 日第 3 版。

自由意思作出此种决定，就应该认为具备了处分的意思内容。至于处分财产的性质、数量、质量、价值等，则不一定要求其有全面、正确的认识。①

我们认为，处分意识必要说值得肯定，它抓住了诈骗的本质特征，符合主客观相统一原则的要求，有利于把诈骗与其他侵犯财产犯罪区别开来，也是我国刑法理论界多数人的观点。诈骗罪中的处分意识与民法上的处分意识存在明显差别，只要对所要处分财物的外形和范围有概括认识，据此可以确定所要处分财物的范围并能排除其他财物即可。至于处分意识的有无，应当结合被骗者的年龄、精神状态、知识状况、处分权限以及被骗时的主客观情形，进行综合分析判断。对于行为人采用调包或其他隐蔽方法，被害人没有认识到交出的是自己控制下的财物，或者被害人虽然外形上将财物暂时转移给行为人，如允许试驾车辆、试穿衣服，但根据社会一般观念，该财物仍然由被害人占有时，行为人通过进一步违法行为占有该财物的，均不能认定被害人有处分财物的意识。

（二）区分盗窃与诈骗的具体标准

我们赞同我国刑法理论界前述通说观点，并认为对既采取秘密窃取手段，又采取欺骗手段非法占有财物行为的定性，可以在被害人有无处分财物意识的基础上再从行为人占有财物时采取的主要手段上，区分盗窃与诈骗。如果行为人占有财物时起决定性作用的手段是秘密窃取，通过秘密窃取直接取得财物，诈骗行为只是为盗窃创造条件或作掩护，被害人也没有自愿交付财物的，就应当认定为盗窃；如果行为人占有财物时起决定性作用的手段是诈骗，被害人基于错误认识而自愿交付财物，通过被害人的交付间接取得财物，盗窃行为只是辅助手段的，就应当认定为诈骗。在信息网络情形下，行为人利用信息网络，诱骗他人点击虚假链接而实际上通过预先植入的计算机程序窃取他人财物构成犯罪的，应当以盗窃罪定罪处罚；行为人虚构可供交易的商品或者服务，欺骗他人为支付货款点击付款链接而获取财物构成犯罪的，应当以诈骗罪定罪处罚。主要理由如下：

第一，符合《刑法》有关财产犯罪的规定精神。我国《刑法》第一百九十六条第三款规定，盗窃信用卡并使用的，以盗窃罪定罪处罚。这一规定说明，对于盗窃信用卡并冒用的行为，以占有财物的决定性手段即盗窃定罪，

---

① 高铭暄、马克昌:《中国刑法解释（下卷）》，中国社会科学出版社2005年版，第1842页。

后续的冒用行为只是先行盗窃行为的延续，后续的骗取财物能否得逞，只是可能影响盗窃罪既未遂的认定。《刑法》第二百八十七条规定，利用计算机实施金融诈骗、盗窃、贪污、挪用公款、窃取国家秘密或者其他犯罪的，依照本法有关规定定罪处罚。这说明利用计算机信息网络手段，实施诈骗、盗窃犯罪的，应当以非法占有财物的决定性手段即盗窃、诈骗定罪。

第二，整合了我国刑法理论中的合理观点。处分财物意思的有无，是区分盗窃与诈骗的通说。还有观点认为，区分盗窃与诈骗的关键在于，对行为人非法占有财物起主要作用的手段是什么？如果起主要作用的手段是欺骗，就应定诈骗罪；如果起主要作用的手段是秘密窃取，就应定盗窃罪。[①] 以非法占有财物时起主要作用的手段定罪，符合我国《刑法》根据犯罪构成主要特征定罪的统一要求，因为被害人处分（交付）财物意识的有无，实际上也从另一方面说明了财物转移占有时的手段。

第三，符合矛盾特殊性原理要求。唯物辩证法认为，矛盾有主要方面和次要方面，矛盾的主要方面对事物的发展起支配和决定性作用，事物的性质主要是由矛盾的主要方面决定的。对既采取秘密窃取手段又采取欺骗手段非法占有财物的，以行为人占有财物时采取的主要手段定性，符合事物性质由矛盾的主要方面决定的唯物辩证法原理。

在本指导案例中，被告人臧进泉及其辩护人提出非法获取被害人金某的网上银行账户内30.5万元的行为，不构成盗窃罪而是诈骗罪。法院经审理查明，臧进泉和同案被告人郑必玲在得知金某网银账户内有钱款后，即产生了通过植入计算机程序秘密占有的目的；随后在网络聊天中诱导金某同意支付1元钱，而实际上制作了一个表面付款1元却实际支付30.5万元的假淘宝网链接，致使金某点击后，其网银账户内30.5万元即被非法转移到臧进泉的注册账户中。对此，被害人金某根本不知情，更谈不上自愿。可见，臧进泉、郑必玲获取财物时起决定性作用的手段是秘密窃取，诱骗被害人点击“1元”的虚假链接系实施盗窃的辅助手段，只是为盗窃创造条件和作掩护，被害人也没有自愿交付巨额财物的意思，获取银行存款实际上是通过隐藏的事先植入的计算机程序来秘密窃取的。这符合盗窃罪的犯罪构成要件，依照《刑法》第二百六十四条、第二百八十七条的规定，应当以盗窃罪定罪处罚。故臧进

① 高铭暄、马克昌主编：《刑法学（下编）》，中国法制出版社1999年版，第908页。

泉及其辩护人所提上述辩解和辩护意见与事实和法律规定不符，不予采纳。此外，臧进泉、郑必玲和同案被告人刘涛以非法占有为目的，通过开设虚假的网络店铺和利用伪造的购物链接，骗取他人支付数额较大的货款，其行为均已构成诈骗罪。对臧进泉、郑必玲所犯数罪，应依法并罚。

三、需要说明的问题

（一）网络犯罪数额的认定

为了进一步规范网络犯罪案件刑事诉讼程序，有效惩治网络犯罪，最高人民法院、最高人民检察院、公安部于2014年5月联合发布了《关于办理网络犯罪案件适用刑事诉讼程序若干问题的意见》。该意见对网络犯罪案件的范围、管辖、初查、跨地域取证、电子数据的取证与审查以及涉众型网络犯罪案件的证明规则等进行了规定。对于涉众型网络犯罪案件的证明规则，该意见指出："对针对或者组织、教唆、帮助不特定多数人实施的网络犯罪案件，确因客观条件限制无法逐一收集相关言词证据的，可以根据记录被害人数、被侵害的计算机信息系统数量、涉案资金数额等犯罪事实的电子数据、书证等证据材料，在慎重审查被告人及其辩护人所提辩解、辩护意见的基础上，综合全案证据材料，对相关犯罪事实作出认定。"适用这一特殊证明规则，需要注意以下三点：（1）适用范围为针对或者组织、教唆、帮助不特定多数人实施的网络犯罪案件，即涉众型网络犯罪案件，对于一般的网络犯罪案件不能适用。（2）有电子数据、书证等证据材料记录被害人数、被侵害的计算机信息系统数量、涉案资金数额等犯罪事实，即对于基本犯罪事实已有证据证明，如通过诈骗网站后台获得被诈骗的受害人数，通过银行资金流水记录获取网络盗窃金额。然而，由于客观条件限制无法逐一收集相关的言词证据，如电信诈骗中犯罪嫌疑人的银行账号中往往有成千上万笔汇款记录，无法一一找到被害人并做笔录。（3）在慎重审查被告人及其辩护人所提辩解、辩护意见的基础上，综合全案证据材料，对相关犯罪事实作出认定。如果犯罪嫌疑人提出涉嫌诈骗的账户里有合法收入并提供证据，经查证属实或不能排除相关财产系合法收入的合理怀疑的，则不能认定该笔犯罪事实。①

尽管本指导案例中的案件诉讼时前述意见还没有出台，但是司法机关根

---

① 喻海松：《〈关于办理网络犯罪案件适用刑事诉讼程序若干问题的意见〉的理解与适用》，载《人民司法·应用》2014年第17期。

据以往司法实践经验认定诈骗数额的方法，与前述意见是一致的。被告人臧进泉等人利用网络诈骗，由于被害人人数较多且在外地，每笔数额又不大，公安机关侦查时虽然没有对被害人逐一调查核实诈骗数额，但是认定的诈骗数额，有被告人同期银行账户出入款数额明细电子数据记录、淘宝网络公司和支付宝公司相关书证以及部分被害人陈述等证据，并与被告人及同案被告人的供述相互印证。

（二）网络服务提供者的责任

虽然本案例中没有涉及网络服务提供者责任，但是网络犯罪的实施离不开网络，网络服务提供者是否应当承担责任呢？根据法律和有关司法解释规定，只有网络服务提供者明知他人利用网络实施犯罪的，才承担刑事责任。根据最高人民法院、最高人民检察院《诈骗罪解释》第七条和《敲诈勒索解释》第七条的规定，明知他人实施诈骗或者敲诈勒索犯罪，为其提供信用卡、手机卡、通讯工具、通讯传输通道、网络技术支持、费用结算等帮助的，以共同犯罪论处。参照该司法解释和共同犯罪理论，明知他人实施盗窃犯罪，为其提供网络技术支持帮助的，也同样构成盗窃共同犯罪。网络服务提供者如果不明知他人利用网络实施犯罪，则不构成共同犯罪。至于民事责任，根据我国《民法典》的有关规定处理。

（三）典型或常见问题审理思路

1. 如何区分诈骗犯罪与民事经济纠纷？[①]

民事经济纠纷与诈骗罪最大的区别在于：1. 是否虚构事实；2. 是否有非法占有的目的。本案被告人梁某成以非法占有为目的虚构事实，构成诈骗罪，其与被害人之间不是民事经济关系。

2. 以虚构收取彩礼钱的婚嫁风俗为由向男方骗取数额较大的礼金，诈骗成功后立即消失或者断绝联系的行为如何处理？[②]

这一类型的案件主要发生在农村地区，诈骗对象多为外地人，通过所谓“熟人”介绍进行诈骗，多是以虚构收取彩礼钱的婚嫁风俗为由向男方骗取数

① 观点来源：2015 年 12 月 4 日最高人民法院公布 11 起诈骗犯罪典型案例的第四个案例，梁某成诈骗案。

② 观点来源：2015 年 12 月 4 日最高人民法院公布 11 起诈骗犯罪典型案例的第八个案例，黄某梅诈骗案。

额较大的礼金，诈骗成功后立即消失或者断绝联系。行为人以和被害人结婚为由，向被害人索要聘礼，数额较大或巨大，导致被骗者人财两空，经济陷入困难，心理受到极大伤害，其行为构成诈骗罪。

3. 如何区分诈骗罪与敲诈勒索罪?①

诈骗罪与敲诈勒索罪虽然在客观上都表现为被害人主动将财物交付给犯罪人。但诈骗罪是被害人基于认识错误自愿交付财物，而敲诈勒索罪是被害人基于恐惧心理被迫交付财物。可见两者交付财物的原因是不同的。如果被害人交付财产是基于误解，没有受到精神上的强制，是自愿交付财物的，则行骗人的行为构成诈骗罪。

4. 利用手机群发诈骗短信，后为逃避侦查丢弃银行卡而未取出卡内他人所汇款项，是否属诈骗未遂?②

诈骗罪的犯罪既遂标准应采取“控制”说。行为人因丢弃银行卡而无法取得被害人汇出的钱款，因此，被害人对财物的失控不等于行为人掌控、占有了该财物，故不宜认定行为人对该银行卡上的钱款属于诈骗既遂。同时，行为人为逃避侦查而丢弃了银行卡，形式上虽是自动丢弃，主观上属于被动放弃。行为人虽丢弃了银行卡，但并未自动有效地防止犯罪结果的发生。如认定其行为是犯罪中止，则忽略了其行为造成被害人对财物失控这一后果。同时，对行为人的行为认定犯罪未遂更为准确，也有利于在量刑时更好体现罪刑相适应原则。

5. 多次冒充国家机关工作人员骗取财物与其他非法利益的如何定罪?③

行为人冒充国家机关工作人员，骗得他人信任后，骗取他人钱财以及其他非法利益，其行为已构成招摇撞骗罪，该行为又触犯了《刑法》关于诈骗罪的规定，应从一重罪处罚。理由是：诈骗罪与招摇撞骗罪在犯罪手段上都是骗，但两者侵犯的直接客体不同，具体行为特征亦不同。招摇撞骗罪必须是以冒充国家机关工作人员身份来行骗，而诈骗罪无此限制，可以是采用任何虚构事实或隐瞒真相的方式来实施。行为人多次冒充国家机关工作人员

---

① 观点来源：《中国刑事审判指导案例》（危害国家安全罪·危害公共安全罪·侵犯财产罪·危害国防利益罪），法律出版社2009年版，第636-639页，李某等诈骗案。

② 观点来源：最高人民法院刑事审判第一、二、三、四、五庭：《刑事审判参考》（总第76集），法律出版社2011年版，第43-49页，詹某忠等诈骗案。

③ 观点来源：最高人民法院刑事审判第一、二、三、四、五庭：《中国刑事审判指导案例（侵犯财产罪）》，法律出版社2009年版，第627-630页，李某招摇撞骗、诈骗案。

既骗财又骗其他利益如骗色的，属于刑法理论中的想象竞合，应从一重罪处罚。

6. 利用自己准备的隐形眼镜及透视扑克牌等特定赌具控制赌博输赢的行为的定性①

分歧意见：第一种意见认为，该行为构成赌博罪。理由如下：一是，1991年3月12日，最高人民法院研究室在《关于设置圈套诱骗他人参赌获取钱财的案件应如何定罪问题的电话答复》（现已失效）中指出："对于行为人以营利为目的，设置圈套，诱骗他人参赌的行为，需要追究刑事责任的，应以赌博罪论处。"二是，1995年11月6日，最高人民法院在《关于对设置圈套诱骗他人参赌又向索还钱财的受骗者施以暴力威胁的行为应如何定罪问题的批复》中指出："行为人设置圈套诱骗他人参赌获取钱财，属赌博行为，构成犯罪的，应以赌博罪定罪处罚。"利用自己准备的隐形眼镜及透视扑克牌等特定赌具控制赌博输赢的行为，符合前述文件中规定的情形，应当认定为赌博罪。

第二种意见认为，利用自己准备的隐形眼镜及透视扑克牌等特定赌具控制赌博输赢的行为，属于以非法占有为目的，在赌博过程中，通过使用透视扑克牌和特制隐形眼镜实施诈赌，骗取他人财物的行为，该行为构成诈骗罪。

本书观点：同意第二种意见，认为行为人利用隐形眼镜及透视扑克牌诈赌，骗取他人钱财，数额较大，其行为已构成诈骗罪。具体理由如下：

利用自己准备的隐形眼镜及透视扑克牌等特定赌具控制赌博输赢的行为，不属于前述文件中规定的情形，而符合诈骗罪的犯罪构成要件。诈骗是指行为人以非法占有为目的，采用虚构事实或隐瞒真相的方式，骗取他人财物的行为。其实质在于被害人基于行为人的欺诈行为产生错误认识，进而"自愿"处分财物，行为人能够基本控制和掌握整个诈骗过程。而赌博是就偶然的输赢以财物进行赌事或者博戏的行为，其输赢带有相当大的不确定性和偶然性，是行为人所不能掌控的。赌博活动有时也掺杂了一些欺诈行为，特别是在利用赌博骗取钱财的犯罪案件中，赌博行为与欺诈行为交织在一起，导致定性

---

① 观点来源：最高人民法院刑事审判第一、二、三、四、五庭：《刑事审判参考》（总第90集），法律出版社2013年版，第80－84页，史某某诈骗案。

困难。前述文件明确规定了对于设置圈套诱骗他人参赌获取钱财的案件应当以赌博罪定罪处罚，但是其规定并不包括所有在赌博过程中采用欺诈手段骗取他人钱财的行为，对于此类行为，应当结合赌博罪和诈骗罪的基本特征，根据欺诈行为在整个犯罪过程中的地位和作用进行分析，不能简单机械地套用。

司法实践中，根据欺诈行为在犯罪过程中的地位和作用不同，可以将利用赌博骗取钱财的犯罪行为分为圈套型赌博犯罪和赌博型诈骗犯罪。圈套型赌博犯罪，即前述文件中规定的犯罪类型，是指通过采用设置圈套的方式诱骗他人参赌的犯罪，行为人实施犯罪的目的在于通过赌博进行营利，虽然行为人在赌博过程中采用了一些欺诈的行为，但是该欺诈行为是为了诱骗他人参赌，保证赌博的顺利进行而实施的，赌博的输赢主要还是靠行为人掌握的娴熟的赌博技巧，并且结合运气来完成的，行为人并不能必然地控制赌博输赢，对于此种类型的犯罪行为应当以赌博罪定罪处罚；而赌博型诈骗犯罪又称为"诈赌"犯罪，其与圈套型赌博犯罪相同之处在于行为人在赌博过程中也采用了欺诈的手段，但是二者有着本质的区别，在赌博型诈骗犯罪中，行为人在主观上是以非法占有为目的的，客观上采用了欺诈的手段弄虚作假，支配、控制赌局的输赢，单方面确定赌博胜败的结果，使被害人基于错误认识，误认为自己运气不佳而"自愿"交付财物给行为人，此种行为属于以赌博之名，行诈骗之实的行为，实质上符合诈骗罪的构成要件。

7. 行为人利用信息网络，诱骗他人点击虚假链接而实际通过预先植入的计算机程序窃取财物的，如何定罪处罚？虚构可供交易的商品或者服务，欺骗他人点击付款链接而骗取财物构成犯罪的，如何定罪处罚？[①]

行为人利用信息网络，诱骗他人点击虚假链接而实际通过预先植入的计算机程序窃取财物构成犯罪的，以盗窃罪定罪处罚；虚构可供交易的商品或者服务，欺骗他人点击付款链接而骗取财物构成犯罪的，以诈骗罪定罪处罚。

盗窃是指以非法占有为目的，秘密窃取公私财物的行为；诈骗是指以非法占有为目的，采用虚构事实或者隐瞒真相的方法，骗取公私财物的行为。

---

① 观点来源：《最高人民法院关于发布第七批指导性案例的通知》（法〔2014〕161号）（指导案例27号）（最高人民法院审判委员会讨论通过2014年6月23日发布），臧某泉等盗窃、诈骗案。

对既采取秘密窃取手段，又采取欺骗手段非法占有财物行为的定性，应从行为人采取主要手段和被害人有无处分财物意识方面区分盗窃与诈骗。如果行为人获取财物时起决定性作用的手段是秘密窃取，诈骗行为只是为盗窃创造条件或作掩护，被害人也没有“自愿”交付财物的，就应当认定为盗窃；如果行为人获取财物时起决定性作用的手段是诈骗，被害人基于错误认识而“自愿”交付财物，盗窃行为只是辅助手段的，就应当认定为诈骗。在信息网络情形下，行为人利用信息网络，诱骗他人点击虚假链接而实际上通过预先植入的计算机程序窃取他人财物构成犯罪的，应当以盗窃罪定罪处罚；行为人虚构可供交易的商品或者服务，欺骗他人为支付货款点击付款链接而获取财物构成犯罪的，应当以诈骗罪定罪处罚。

8. 以虚假、冒用的身份证件办理入网手续并使用移动电话，造成电信资费损失数额较大的，如何定罪处罚？

对此，最高人民法院《扰乱电信市场管理秩序解释》（法释〔2000〕12号，2000年5月24日起施行）第九条明确规定：“以虚假、冒用的身份证件办理入网手续并使用移动电话，造成电信资费损失数额较大的，依照刑法第二百六十六条的规定，以诈骗罪定罪处罚。”

9. 在预防、控制突发传染病疫情等灾害期间，假借研制、生产或者销售用于预防、控制突发传染病疫情等灾害用品的名义，诈骗公私财物数额较大的，如何定罪处罚？

对此，《妨害预防、控制突发传染病疫情解释》（法释〔2003〕8号）第七条明确规定：“在预防、控制突发传染病疫情等灾害期间，假借研制、生产或者销售用于预防、控制突发传染病疫情等灾害用品的名义，诈骗公私财物数额较大的，依照刑法有关诈骗罪的规定定罪，依法从重处罚。”

10. 利用“伪基站”设备实施诈骗等其他犯罪行为，如何定罪处罚？[①]

对此，《最高人民法院、最高人民检察院、公安部、国家安全部关于依法办理非法生产销售使用“伪基站”设备案件的意见》（公通字〔2014〕13号）规定，除法律、司法解释另有规定外，利用“伪基站”设备实施诈骗等其他犯罪行为，同时构成破坏公用电信设施罪的，依照处罚较重的规定追究

---

① 观点来源：《高人民法院、最高人民检察院、公安部、国家安全部关于依法办理非法生产销售使用“伪基站”设备案件的意见》（公通字〔2014〕13号）。

刑事责任。

11. 在具体认定诈骗犯罪数额时，案发前已被追回的被骗款项是否应当扣除?①

分歧意见：第一种意见认为，可把案发前被追回的款项予以扣除，但被扣除数额在量刑时应酌情考虑。

第二种意见认为，案发前被追回的款项应计算在诈骗犯罪的数额内，但量刑时应酌情予以从轻处罚。

本书观点：同意第一种意见。在具体认定诈骗犯罪数额时，应把案发前已被追回的被骗款额扣除，按最后实际诈骗所得数额计算。但在处罚时，对于这种情况应当作为从重情节予以考虑。

12. 将已经仪器识别为不中奖的彩票出售的行为如何定性?②

行为人采用欺骗方法使发行彩票的工作人员回收已被识别为不中奖的彩票，数额较大的，应当依照《刑法》第二百六十六条的规定，以诈骗罪追究刑事责任；行为人与发行彩票的工作人员共谋，发行彩票的工作人员明知是已被识别为不中奖的彩票而回收并向社会公众出售，且数额较大的，对行为人和发行彩票的工作人员，应当以共同犯罪依照《刑法》第二百六十六条的规定追究刑事责任；尚不构成犯罪的，依照《治安管理处罚条例》第二十三条的有关规定予以处罚。

13. 行为人在明知自己控制的为虚拟现货交易平台，通过虚构事实、隐瞒真相的方式骗取客户资金占为己有的，能否认定为诈骗罪?③

行为人在明知自己控制的为虚拟现货交易平台，通过虚构事实、隐瞒真相的方式骗取客户资金占为己有的，应认定为诈骗罪。

---

① 观点来源：《最高人民法院研究室关于申付强诈骗案如何认定诈骗数额问题的电话答复》(1991 年 4 月 23 日)。

② 观点来源：《公安部法制局对〈关于对将已经仪器识别为不中奖的彩票出售的行为如何定性处理的请示〉的答复》(公法〔2000〕83 号)。

③ 观点来源：《最高人民法院公报》2016 年第 2 期（总第 232 期），江苏省扬州市宝应县人民检察院诉刘某义等诈骗案。

14. 设置圈套诱人参赌，以打假的方式“赢取”他人钱财行为如何定罪?[①]

行为人出于非法占有他人财产的目的，采取虚构事实、隐瞒真相、设置圈套的方法诱使他人参加赌博，并以欺诈手段控制赌局的输赢结果，从而骗取他人财物，数额较大的，构成诈骗罪，应当依照《刑法》第二百六十六条的规定定罪处罚。

15. 利用警察身份使用假罚款收据处罚车辆并占有罚款的行为是否成诈骗罪?[②]

行为人以非法占有为目的，结伙利用其警察身份，趁夜晚乡村路段，使用假罚款收据私自对过往车辆进行处罚，其行为私系以虚构事实、隐瞒真相的方法欺骗财物所有人，使财物所有人产生“他们在履行公务”的错觉后自动将财产交给他们，构成诈骗罪，而非贪污罪。诈骗数额以其收到并着手用于犯罪的那部分假收据为准，其他假收据，系行为人实施诈骗犯罪所作的预备，应作为量刑情节予以考虑。

16. 虚构“医院、专家、神药”，假冒病患、导医、药品发放员等身份，骗取被害人财物的，如何定罪处罚?[③]

出于非法占有他人财物的目的，以虚构“医院、专家、神药”，假冒病患、导医、药品发放员等身份，骗取被害人财物的行为，既非行医，也非售药，其所实施的“看病、卖药”等行为，均为实施诈骗犯罪行为的欺骗手段，故构成诈骗罪，而非非法行医罪，生产、销售假药罪或生产、销售劣药罪。根据《刑法》第三百三十六条、第一百四十一条、第一百四十二条的规定，非法行医罪是指未取得医生执业资格的人非法行医，情节严重的行为。生产、销售假药罪是指生产、销售假药，足以严重危害人体健康的行为。生产、销售劣药罪是指生产、销售劣药，对人体健康造成严重危害的行为。

---

① 观点来源：《最高人民法院公报》2007 年第 8 期（总第 130 期），四川省泸县人民检察院诉黄某、袁某军等诈骗案。

② 观点来源：《最高人民法院公报》2003 年第 5 期（总第 85 期），登封市人民检察院诉姚某建等人诈骗、伪造国家机关印章案。

③ 观点来源：《最高人民法院公报》2012 年第 12 期（总第 194 期），上海市虹口区人民检察院诉陈某金、余某觉等诈骗案。

17. 利用异地刷卡消费反馈时差，要求银行工作人员将款项存入指定贷记卡，当同伙在异地将该贷记卡上的款项刷卡消费完毕，又谎称存款出错，要求撤销该项存款的行为，如何定罪?①

对行为人的行为应当认定为诈骗罪而不是盗窃罪，更不应认定为信用卡诈骗罪和贷款诈骗罪。

近年来，我国银行卡产业发展迅速，交易规模持续增长，目前我国已成为世界上持卡人数最多、业务增长最快、发展潜力最大的国家之一。同时，随着信用卡业务发展和经营环境的变化，信用卡风险问题日益突出，与信用卡有关的诈骗、盗窃等犯罪发案率较高，其中相当一部分犯罪与利用 POS 机刷卡套现有关。由于犯罪分子作案手段多样化，犯罪行为在形式上可能同时触犯多个罪名，故准确定罪成为实践中的突出问题。

行为人利用异地 POS 机刷卡消费反馈到银行电脑有一至二分钟延迟这一漏洞，故意隐瞒存入贷记卡中的资金已被消费的真相，要求银行工作人员办理冲正业务，骗取资金。从行为人的作案手段看，涉及的罪名主要是诈骗罪、盗窃罪、信用卡诈骗罪和贷款诈骗罪。其中，最重要的是如何区分盗窃罪与诈骗罪。我们认为，对行为人的行为应当认定为诈骗罪而不是盗窃罪，更不应认定为信用卡诈骗罪和贷款诈骗罪。具体分析如下：

（1）行为人的行为完全符合诈骗罪的构成特征

我国《刑法》没有对诈骗罪的行为模式作出具体规定。理论上通常认为，诈骗罪的基本模式是行为人以非法占有为目的，采取虚构事实或者隐瞒真相的方法实施欺诈行为，使对方产生认识错误，对方基于该认识错误交付财物，进而造成损失。据此，判断一行为是否构成诈骗罪，客观上要看行为人是否实施了欺诈行为给被害人造成经济损失，主观上要看行为人是否具有非法占有目的。

行为人利用异地刷卡消费反馈到银行电脑有一至二分钟时间延迟的漏洞，隐瞒其存入他人名下的钱已被同伙在异地刷卡取走的真相，让银行营业员将钱转存入他人的另一个银行卡账户内，随后迅速把这些钱取走。该犯罪行为包含了前后两个紧密相关的环节。行为人往银行卡中存钱后通知同伙在异地

---

① 观点来源：最高人民法院刑事审判第一、二、三、四、五庭：《刑事审判参考》2010 年第 5 集（总第 76 集），法律出版社 2011 年版，第 50－59 页，张某军等诈骗案。

刷卡消费，因卡内已实际存入现金，该刷卡消费行为具有正当性，也不会给银行造成损失，故独立地看，不具有违法性。但是，当行为人在其同伙完成刷卡消费行为后，要求营业员办理存款冲正业务，将客观上已经被消费的钱存入另一个银行卡账户，实际上是将银行的自有资金存入了行为人指定的账户中，由此给银行造成损失。显然，正是行为人实施了隐瞒真相的诈骗行为，导致银行营业员陷入认识错误，认为行为人的钱没有被转移，进而实施财物处分行为，将本属于银行的钱存入了行为人指定的另一银行卡账户，直接造成银行的损失。故这种作案过程完全符合诈骗罪的客观特征。

从主观方面看，行为人具有非法占有目的。如果持卡人确实急需资金而采取这种骗取银行资金打算日后归还银行欠款的做法，则其付出的代价太大，手续费甚至超过了民间高利贷的利息，极不合常理，且采取欺骗手段获取银行的资金也不是正常地向银行申请贷款或者利用信用卡透支的行为，故不能认定持卡人具有还款意图。实际上，这种骗取银行资金的做法，原本就是行为人与持卡人共同预谋的结果，让持卡人出具还款保证书也不能否定行为人与持卡人具有共同的非法占有目的。由此可见，行为人的行为完全符合诈骗罪主客观两方面的构成特征，应当认定为诈骗罪。

（2）行为人的行为不构成盗窃罪

诈骗罪与盗窃罪的区分一般情况下并不很困难，因为实践中盗窃者多采取秘密窃取的方式取得财物，与诈骗罪的界限较为明晰。但是，当行为人实施的行为交织着骗取和窃取两种手段时，诈骗罪与盗窃罪的界分就会变得十分微妙，常常引起很大争议。通常认为，诈骗罪与盗窃罪均以和平手段取得他人财物，但前者是基于受骗人有瑕疵的意思而取得财物，后者是违背被害人的意思而取得财物，故区别二者的关键要看是否存在因陷入认识错误后将财物交付行为人这一财物处分行为。有此财物处分行为的，认定为诈骗罪；无此财物处分行为的，不能认定为诈骗罪，通常构成盗窃罪。

认定为诈骗罪还是盗窃罪，关键就是看是否存在被害人因受欺骗陷入认识错误后主动交付财物的行为。有观点认为，银行营业员在按照行为人的要求将已经被刷卡套现的钱再次存入另一个银行卡账户时，并没有认识到是将银行的钱交付给行为人，这与通常诈骗案件中受骗人均认识到是将自己所有或者合法占有的财物交付给行骗人的情况不同，故不宜认定营业员有财物处分行为，进而对行为人的行为应认定为盗窃罪。这种见解有一定的合理性。

不过，尽管绝大多数情况下受骗人因受骗而交付财物时均认识到所交付的是自己所有或者合法占有的财物，但当行骗人欺骗的内容就是使受骗人认识不到所交付的是本属于其自己所有或者合法占有的财物时，则没有必要要求受骗人必须认识到交付给行骗人的财物原本属于自己所有或者合法占有。例如，甲看见乙在马路上捡到一个钱包，谎称是自己刚丢的，乙便误认为钱包是甲的，将钱包交给甲，甲的行为显然是诈骗，但乙可能并未认识到钱包是其合法占有的。实际上，虽然刑法理论的通说认为诈骗罪中的财物交付行为要求受骗人有交付意思，但对于交付意思的具体内容有很大争议。因而，在以财物交付行为的有无作为区别诈骗罪与盗窃罪的基本视角时，不能机械理解交付行为本身，还要注重对行为人取得财物的主要手段的整体考察。如果行为人主要是以欺骗手段取得财物的，则应当认定构成诈骗罪；反之，行为人虽然使用了一定欺骗手段，但受骗人并没有交付财物，行为人主要是以秘密窃取方式取得财物的，则不应认定为诈骗罪，而应认定为盗窃罪。行为人欺骗的内容就是使银行营业员认识不到钱已经被刷卡取走的事实，从而使营业员将本属于银行所有的钱存入行为人提供的另一个银行卡账户内，营业员客观上实施了财物交付行为，行为人取得财物的主要手段是诈骗而非窃取，故应当认定为诈骗罪而不是盗窃罪。

(3）该行为不构成信用卡诈骗罪和贷款诈骗罪

首先，该行为不构成信用卡诈骗罪。行为人作案时利用了他人的信用卡账户，并持卡取走了从银行骗取的钱，诈骗行为与信用卡有密切关系。但是，根据《刑法》第一百九十六条的规定，构成信用卡诈骗罪仅限于四种情形：使用伪造的信用卡或者以虚假的身份证明骗领的信用卡骗取财物；使用作废的信用卡骗取财物；冒用他人信用卡骗取财物；恶意透支。显然，行为人的行为不符合前两种情形。尽管行为人取钱时所持银行卡系他人所有，但这种使用事先得到了持卡人的同意或者授权，故不属于“冒用他人信用卡”。至于恶意透支，由于行为人所实施的原本不是透支行为，故不存在进一步评价是否属于恶意透支行为的余地。行为人从银行骗得资金后，通过自动取款机或者银行柜台将钱取出，是其犯罪行为的自然延续部分，理论上称为不可罚的事后行为，不用再单独评价是否构成犯罪。

其次，该行为不构成贷款诈骗罪。构成贷款诈骗罪的前提是，行为人采取了《刑法》第一百九十三条规定的欺诈手段骗取金融机构的“贷款”，如果骗取的不是“贷款”，则没有认定为贷款诈骗罪的余地。所谓“贷款”，是指银行或者其他金融机构作为贷款人向借款人提供的并按约定的利率和期限还本付息的货币资金。行为人虽然采取了欺骗手段获得银行的资金，但所实施的行为完全不具备申领贷款程序的任何特征，银行营业员也根本没有认识到所实施的是向客户提供贷款的行为，故行为人的行为与贷款诈骗罪相距甚远，不应认定构成该罪。

综上，该行为涉及多个相关罪名之间的区别，准确定罪的关键是细致把握不同犯罪构成之间的核心区别，并实现评价的完整性。特别是在诈骗罪与盗窃罪的区别方面，主要问题是对财物交付行为的认定。既要防止先入为主，以经验束缚认识，不能因多数受骗人交付财物时能够认识到所交付的是自己所有或者合法占有的财物，就否认缺乏这种认识的情形一定不构成诈骗罪；也要尽可能避免裁判结论明显违背公众的惯常认识，从而影响裁判的公信力。

18. 设置圈套控制赌博输赢并从中获取钱财的行为，如何定性？①

设置圈套控制赌博输赢并从中获取钱财的行为应当定性为诈骗。理由如下：

（1）从法理分析，设置圈套控制赌博输赢并从中获取钱财的行为符合诈骗的特征设置圈套诱骗他人参赌的行为是构成诈骗罪还是赌博罪，关键在于赌博圈套中的欺骗程度。如果行为人仅采取了较为轻微的欺骗行为，赌博输赢主要是依靠各自运气、技术，即赌博各方均不能控制、主导赌博输赢结果，则其行为仍然符合赌博特征，因为赌博在本质上是一种射幸行为，其结果具有偶然性；如果行为人在赌博过程中采取作弊手段控制赌博输赢，则赌博成了掩盖事实的手段，该行为本质上符合诈骗的特征。行为人完全控制了赌博输赢结果，被害人以为是在赌博，实际上行为人是在骗取钱财。

从具体犯罪构成要件分析，行为人在主观上得知被害人有赌博的意思后，即产生了与他人合作通过在赌博机上做手脚的方式骗取钱财的犯意，并付诸行动，可见行为人具有非法占有被害人钱财的犯罪目的，符合诈骗罪主观特征。客观上，行为人一方面在赌博机上做手脚，另一方面让同案犯假扮赌客

---

① 观点来源：最高人民法院刑事审判第一、二、三、四、五庭：《刑事审判参考》2013 年第 1 集（总第 90 集），法律出版社 2013 年版，第 75－79 页，王某柳、黄某峰等诈骗案。

以骗取被害人的信任，从而使被害人误认为自己是在正常赌博中因为运气不好而“输钱”。因此，所谓的赌博只是行为人行骗的形式，是以赌博为名行欺骗之实，符合诈骗罪的客观特征。

关于赌博罪中的欺骗行为与诈骗罪中的欺骗行为的区分，有观点认为，赌博罪中往往也伴有欺骗活动，但这种欺骗与诈骗罪中的欺骗不同。赌博罪中的欺骗是制造虚假事实，引诱他人参加赌博，但是赌博是依偶然决定输赢，其目的是营利，而不是非法占有。但是以赌博为名，在赌博中弄虚作假、暗中串通，操纵赌博输赢并以此占有被害人财物的，则成立诈骗罪。该观点获取了理论界和实务界的普遍认同。因此，由于赌博输赢完全控制在行为人手中，行为人是以赌博为名，操作赌博输赢并以此非法占有被害人财物，在数额较大的情况下，其行为构成诈骗罪。当然，在数额认定上，应当以实际损失数额为准，而不能以输赢总额为依据。

（2）正确理解最高人民法院及相关部门作出答复、批复的背景

关于“设置圈套诱骗他人参赌”的行为定性，1991 年《最高人民法院研究室关于设置圈套诱骗他人参赌获取钱财的案件如何定罪问题的电话答复》（现已失效）指出：“对于行为人以营利为目的，设置圈套，诱骗他人参赌的行为，需要追究刑事责任的，应以赌博罪论处。”1995 年《最高人民法院关于对设置圈套诱骗他人参赌又向索还钱财的受骗者施以暴力或暴力威胁的行为应如何定罪问题的批复》规定：“行为人设置圈套诱骗他人参赌获取钱财，属赌博行为，构成犯罪的，应当以赌博罪定罪处罚。”对于设置圈套诱骗他人参赌的行为，实践中理解不一：一种意见认为，上述两个文件中设置圈套诱骗他人参赌的行为是指行为人设置圈套诱骗他人“参加赌博”，而具体赌博行为与平常、无异；另一种意见认为，上述两个文件中设置圈套诱骗他人参赌的行为不仅包括前种意见所指的行为，还包括行为人在具体赌博中使用欺骗手段控制赌博输赢。

我们认为，对上述两个文件中设置圈套诱骗他人参赌的行为，应当结合文件出台的背景及相关高院请示的具体案件内容来理解。

《最高人民法院研究室关于设置圈套诱骗他人参赌获取钱财的案件如何定罪问题的电话答复》是针对《四川省高级人民法院关于设置圈套诱骗他人参赌获取钱财的案件如何定罪的请示》作出的，该请示主要针对的是在公共汽车、火车等公共场所公开结伙进行的猜红、蓝铅笔现象。设赌者以猜中者赢，

猜不中者为输诱骗他人参赌，由于涉赌人在红、蓝铅笔上做手脚，设机关，以致猜红变蓝，猜蓝变红，参赌者有输无赢，设赌者包赢不输。设赌者为骗取参赌者的信任，还常以同伙参赌“赢钱”为诱饵，诱使他人就范。最高人民法院研究室当时主要考虑到此类行为发生在公共汽车站、火车站等公共场所，犯罪分子设局诱骗的对象是不特定的被害人，主要侵害的是社会管理秩序，且犯罪分子主要采用赌博形式赢钱，虽然存在一定欺诈手段，但十赌九骗，赌博中采用一些欺骗手段也很正常，因此，认为此种行为应当定性为赌博罪。两文件一致。我们认为，两个文件针对的都是发生在公共场所，即被害对象为不特定被害人的情形，这种情形下行为主要妨害的是社会管理秩序，因此，两个文件将这种情形下的行为明确认定为赌博罪有其合理性。行为人在宾馆客房内设置赌局欺骗他人钱财的作案地点具有不公开性，其欺骗对象具有特定性，因此，不能适用两个文件的规定。现《最高人民法院研究室关于设置圈套诱骗他人参赌获取钱财的案件如何定罪问题的电话答复》已被废止，另据了解，最高人民法院研究室已就《最高人民法院关于对设置圈套诱骗他人参赌又向索还钱财的受骗者施以暴力或暴力威胁的行为应如何定罪问题的批复》规定的合理性开展了专项调研，拟对文件规定的内容进行修正，即对以控制输赢的方式诱骗他人参赌的行为，不管是否发生在公共场所，均以诈骗罪定性。

（3）赃款处理

“设置圈套诱骗他人参赌”行为的定性，之所以存在诈骗罪与赌博罪的分歧，有很大一方面原因是对此类案件赃款的处理存在一定的问题。因为如果将此类案件定性为诈骗罪，则与被告人相对的一方应当认定为被害人，即被告人通过赌博欺诈获取的钱财（即赃款）应当发还被害人，然而此类案件中的被害人实际也是赌博参与人，赃款发还赌博参与人，势必造成对赌博行为打击不力的问题。为解决这一问题，有观点建议，应当在发还赌博赃款时，同时启动行政处罚程序，即对赌博参与人的赌博行为作出行政处罚，没收该赃款；但也有观点主张，对于此类案件宜定性为赌博罪，这样赌博参与人的赌资应当予以扣押没收，如此便不存在赃款发还或者通过行政处罚程序没收问题。

对于此类案件中的赃款，我们认为，应当区别不同情况进行处理：第一种情况，如果被害人本来不具有赌博的意思，而是基于行为人的欺骗而产生赌博意愿，并陷入赌博陷阱，从而被骗钱财的，因被害人不具有通过赌博进行营利的目的，对其合法财产权益应予保护，故对于扣押或者退缴的赃款应当发还被害人，或者责令被告人退赔被害人经济损失。第二种情况，如果被害人本身也是参赌人员，由于其具有通过赌博进行营利的目的，其本身积极参与赌博行为，因此，其所输钱款属于赌资，对于该赌资的处理问题，可以借鉴抢劫赌资案件的处理方法进行处理，对于赌资无须通过行政处罚程序予以没收，而可直接在刑事程序中予以追缴没收。

19. **故意制造“交通事故”骗取赔偿款行为的定性?**①

分歧观点：对故意制造“交通事故”骗取赔偿款行为如何定性，有四种意见：

第一种观点认为，犯罪行为人故意制造交通事故从而获取赔偿，有明显的非法占有的目的，其利用享有的路权优先原则故意碰擦被害人变道车辆，且造成系被害人的过错所引起的交通事故的假象，并以此要挟，致使被害人迫于无奈而交付赔款，故犯罪行为人是以非法占有为目的，采用要挟的方法迫使被害人交付钱款，应以敲诈勒索罪论处。

第二种观点认为，犯罪行为人故意制造交通事故的动机是从获取的赔款中牟取差额。客观上，其在交通要道上实施了用自己车辆碰擦不特定变道车辆的危险方法，足以危及公共安全。这种方法一经实施就可能造成特定或不特定的多数人的伤亡或重大公私财产的损失。因此，犯罪行为人的行为构成以危险方法危害公共安全罪。

第三种观点认为，犯罪行为人故意制造交通事故，却对被害人和公安交警部门隐瞒该事故是其故意制造的真相，致使公安交警部门将该事故按照过失造成的交通事故并按照有关的处理交通事故的法规进行调处，被害人因此支付给犯罪行为人车辆修理费。犯罪行为人采用隐瞒真相的方法，骗取被害人的钱款，其行为符合诈骗罪的构成要件，构成诈骗罪。

第四种观点认为，应认定为“诉讼诈骗”。所谓的“诉讼诈骗”是指行为人以提起民事诉讼为手段，或以虚假之陈述，或提出伪造的证据，或串通证人提出伪造的证据，使法院作出错误的判决，而达到其不法诈财之目的，

---

① 观点来源：最高人民法院刑事审判第一庭、刑二庭：《刑事审判参考》2002 年第 6 集（总第 20 集），法律出版社 2002 年版，第 25－32 页，李某华、潘某庆、潘某军诈骗案。

从而强制处分被害人的财产。犯罪行为人故意制造交通事故致使公安交警部门受骗，从而认定被害人应承担全部责任。虽然被害人与犯罪行为人都达成调解协议，但是这种调解是在公安部门认定被害人承担全部责任的前提下，带有强制性的“调解”，并且有的被害人还同时被公安交警部门处以罚款、参加学习班等，故被害人是不自愿将赔款支付给犯罪行为人的，而自愿将赔款交付犯罪行为人又是诈骗罪客观方面的特征之一。因此，该行为有类似于“诉讼诈骗”的情况，而对“诉讼诈骗”，我国《刑法》没有规定为犯罪，故行为人的行为不构成犯罪。

本书观点：故意制造“交通事故”骗取赔偿款行为，符合诈骗罪的构成要件，应当以诈骗罪追究刑事责任。理由如下：

（1）交通事故是何种性质行为造成的？道路交通事故，是指车辆驾驶人员、行人、乘车人以及其他在道路上进行与交通有关活动的人员，因违反《道路交通管理条例》和其他道路交通管理法规、规章的行为，过失造成人身伤亡或者财产损失的事故。由此可见，属于道路交通管理法规、规章所调整的道路交通事故必须是行为人的过失行为。而犯罪行为人驾驶车辆趁前方车辆变道时，采用不减速或加速行驶的方法故意碰擦前方车辆，制造“交通事故”，其主观上并非出于过失。因此，这样的“交通事故”本不应该按道路管理法规、规章来调整。其次，从犯罪行为人的主观方面看，犯罪行为人利用《道路交通管理条例》第七条第一款规定的“车辆、行人必须各行其道。借道通行的车辆或行人，应当让其在本道内行驶的车辆或行人优先通行”，根据这一路权优先原则，故意制造“交通事故”从而获取赔款并从中牟利。因此，犯罪行为人具有非法占有他人财产的主观目的。最后，从犯罪行为人实施的行为看，在正常驾车行驶中，驾驶员只要注意与前后车辆保持一定的车距并在警示标志许可的情况下就可以变道。而犯罪行为人利用晚间道路上来往人员稀少，事发后难以找到目击证人，在看见前方车辆欲变道时而故意不减速或加速，造成是前方车辆违反交通法规变道中碰擦车辆的局面，并隐瞒事故是其故意制造的真相，致使公安交警部门在现场勘察中只能凭借现场状况认定被害人违章变道因而承担全部责任。因此，犯罪行为人不仅有非法占有他人财产的故意，而且，还有隐瞒真相骗取他人财产的行为。犯罪行为人欺骗了对方驾驶员，还欺骗了公安交警部门，致使公安交警部门将故意制造的事故按照过失造成的交通事故对待，并按交通事故处理的正常程序进行调解，被害人在公安交警部门主持下，接受了调解并支付赔款，而犯罪行为人以此骗取了对方财产。根据主客观相一致原则，犯罪行为人的行为符合诈骗罪的构成要件。

（2）关于犯罪行为人的行为是否构成敲诈勒索罪，我们认为，犯罪行为人取得的赔偿都是通过公安交警部门调处的，犯罪行为人没有采用威胁或要挟的手段，迫使被害人交付钱款。如果本案认定为敲诈勒索，那么公安交警部门在本案中处于什么位置，难道是敲诈勒索帮助犯、被利用的工具？显然从法理上和情理上都难以说通。故犯罪行为人的行为不符合敲诈勒索罪的构成要件。

（3）关于犯罪行为人的行为是否构成以危险方法危害公共安全罪，我们认为，犯罪行为人实施犯罪所选择的碰擦对象，表面上看是不特定的，实质上，犯罪行为人是专门选择外地来沪的正在变道的货车，其碰擦对象是相对特定的；又从其碰擦所造成的后果看，由于碰擦是犯罪行为人故意制造的，其控制和掌握了碰擦可能会造成的后果。所以造成损坏的是其自己驾驶的车辆，并没有造成对方车辆的损坏。另外，犯罪行为人也没有危害公共安全的故意，故其行为不构成以危险方法危害公共安全罪。

（4）关于犯罪行为人的行为是否属于“诉讼诈骗”，我们认为，犯罪行为人与被害人在公安交警部门主持下进行调解并达成协议，从形式上看，还是符合自愿将钱款交付犯罪行为人这一诈骗构成要件特征。至于有的被害人当时确实是不自愿接受调解或给付钱款，在公安交警部门的强制力下无奈接受调解并支付赔款，即使出现了“诉讼诈骗”的情况，是否还能以诈骗罪定罪？我们认为，仍应构成我国《刑法》第二百六十六条规定的诈骗罪。理由如下：首先，在诈骗案件中，可区分直接诈骗和间接诈骗两种情况。直接诈骗系犯罪行为人对被害人虚构事实或隐瞒真相直接实施诈骗，被害人因被蒙蔽而自愿处分自己的财产。在间接诈骗中，犯罪行为人是对财物管理者和国家机关虚构事实或隐瞒真相，而上述人员和国家机关被犯罪行为人所蒙蔽，而错误处分自己管理的被害人财产或依职权强制处分被害人的财产，而此时对被害人来说实际上是不自愿地将财产交付给了犯罪行为人。如司法实践中，犯罪行为人捡到信用卡，冒充信用卡主人身份到银行取款，银行被骗错误地处分了信用卡主人的钱款，这时被害人其实就是不自愿地将钱款交付给了犯罪行为人。其次，从间接诈骗（包括诉讼诈骗）案件来看，犯罪行为人主观上有诈骗的故意，客观上有诈骗的行为，其主客观要件已被我国《刑法》第二百六十六条所包容。所以，我们认为被害人是否自愿处分自己的财产并不影响诈骗犯罪的构成。故犯罪行为人的行为即使属于“诉讼诈骗”，也应根据《刑法》第二百六十六条定罪处罚。

20. 猜配捡拾存折密码非法提取他人存款行为，如何定性？①

猜配捡拾存折密码非法提取他人存款行为属于冒用骗取，应以诈骗罪定罪处罚。理由如下：

（1）捡拾他人遗失的存折提取存款的行为不属于侵占行为，不应以侵占罪定罪处罚。首先，侵占行为的本质特征在于将合法持有的财物非法占为己有，其犯罪对象当属已被行为人合法持有的他人所有的财产。非法占有的对象与合法持有的对象应当是同一的，至少是可以直接置换的。由于存折所有人在存折上设有取款密码，遗失存折并不意味着失去了对存款的控制和支配，行为拾得存折并没有取得对存折项下钱款的合法持有权。因此，不存在侵占的对象。当然，如果存折的所有人将存折、取款密码及取款所需的其他相关文件一并交付给他人，或者他人捡拾的存折系未设密码的活期存折，说明此时存折所载款项已完全置于持有人的控制下，持有人也随时可依据存折提款，那么行为人的取款行为应当认定为侵占。其次，存折系遗失物而非遗忘物，行为的行为不属于《刑法》第二百七十二条第二款规定的将他人的遗忘物非法占为己有。

（2）猜中他人存折密码非法提取存款的行为属于冒用骗取，而非“秘密窃取”，应以诈骗罪定罪处罚。盗窃他人存折并支取存款的行为，应当以盗窃罪定罪处罚，但捡拾行为不能认定为盗取。行为人利用手中持有的他人存折，通过猜配取款密码非法支取他人存款，其中，既有冒用他人名义骗取银行信任的因素，又有在他人不知情的情况下盗配取款密码进而提取存款的秘密因素。那么，究竟应当认定为盗窃行为还是诈骗行为？这里涉及盗窃与诈骗客观方面特征的区分理解问题。

首先，在某种意义上，秘密窃取和虚构隐瞒骗取中均具有财物所有人、保管人“不知情”的特征，但两者含义并不相同。秘密窃取中的“不知情”，

---

① 观点来源：最高人民法院刑事审判第一庭、刑二庭：《刑事审判参考》2003 年第 4 集（总第 33 集），法律出版社 2003 年版，第 41 – 45 页，程某诈骗案。

指的是财物所有人、保管人对于行为人的客观行为了无察觉（至少行为人主观上是这么认为的），在整个窃取行为过程中自然也就不存在财物所有人、保管人的参与、配合问题，与此不同，虚构隐瞒骗取中的“不知情”，指的是财物所有人、保管人基于错误认识而不知真情，属于对行为性质的不知情，财物所有人、保管人在诈骗行为过程中是直接参与的。

其次，在财物的转移取得方面，窃取是在财物所有人、保管人无意识的情况下由行为人的单方行为完成的，而骗取则是财物所有人、保管人在错误认识的支配下，信假为真，有意识地处分（交付）的结果。

最后，作为财产犯罪，对于财产所有权的侵害是其本质，财物的取得行为才是赖以定性的基本构成行为。猜配他人取款密码，将他人持有的不为他人所知的密码予以破解，可以视为是一种无形偷盗行为，但猜中密码并不意味着取得了他人存款，只是进一步取得他人存款的手段行为，且密码本身并无价值，因而不具有独立的法律意义。在行为人取得他人的存款之前，存款完全置于银行的控制、支配之下，行为人支取他人存款，是凭借银行的信任通过银行的交付得以实现的，银行对于存款的交付，银行是有明确认识的。由于银行的信任是基于一种错误的判断，而这正是行为隐瞒真相冒用他人名义以致银行不明真相误认为其具有取款合法资格的结果，此类行为属于典型的冒用诈骗行为。

综上，行为人通过猜配取款密码非法提取他人存款的行为属于诈骗行为，对其行为应当以诈骗罪定罪处罚。

21. 银行出纳员用自制“高额利率订单”，对外虚构单位内部有高额利率存款的事实，将吸存的亲朋好友的现金占为己有的行为如何定性?①

银行出纳员用自制“高额利率订单”，对外虚构单位内部有高额利率存款的事实，将吸存的亲朋好友的现金占为己有的行为，不构成非法吸收公众存款罪、贪污罪和金融凭证诈骗罪，而构成诈骗罪。

（1）该行为是否构成非法吸收公众存款罪？根据《刑法》第一百七十六条的规定，非法吸收公众存款罪是指违反国家金融管理规定，非法吸收公众存款或者变相吸收公众存款，扰乱金融秩序的行为。非法吸收公众存款，是

---

① 观点来源：最高人民法院刑事审判第一庭、刑二庭：《刑事审判参考》2004 年第 3 集（总第 38 集），法律出版社 2004 年版，第 122－126 页，田某平诈骗案。

指未经中国人民银行批准，向社会不特定对象吸收资金，出具凭证，承诺在一定期限内还本付息的活动；变相吸收公众存款，是指未经中国人民银行批准，不以吸收公众存款的名义，向社会不特定对象吸收资金，但承诺履行的义务与吸收公众存款性质相同的活动。这就为准确认定本罪的客观方面提供了规范性的依据。根据上述解释，符合本罪的客观行为，其中必须具备的一个核心要件就是“向社会不特定对象吸收资金”。行为人吸收资金的对象，涉及人数十一人，固然众多，但均是其亲朋好友，是向特定的多数人吸收资金，而不是“向社会不特定对象吸收资金”，不属于吸收或变相吸收公众存款，因此，不符合非法吸收公众存款罪客观方面的要件，不构成非法吸收公众存款罪。

（2）该行为是否构成贪污罪？根据《刑法》第三百八十二条的规定，贪污罪是指国家工作人员或者受国家机关、国有公司、企业、事业单位、人民团体委托管理、经营国有财产的人员，利用职务上的便利，侵吞、窃取、骗取或者以其他手段非法占有公共财物或者国有财物的行为。贪污罪侵犯的对象必须是公共财物或国有财物，根据《刑法》第九十一条的规定，所谓公共财产，是指国有财产；劳动群众集体所有的财产；用于扶贫和其他公益事业的社会捐助或者专项基金的财产以及在国家机关、国有公司、企业、集体企业和人民团体管理使用或者运输中的私人财产。原则上，储户存入国有商业银行的资金，肯定属于在国有企业管理使用中的私人财产，当以公共财产论，但行为人所吸收的资金，并非个人储蓄存款，因为行为人单位实际上并没有开展所谓的高额利率存款的业务，该项业务纯属行为人虚构。行为人吸收的资金也没有进入其单位的资金账户，而是落入行为人的口袋。故行为人亲朋好友交给行为人的现金是不可能转化为个人储蓄存款的，即不属于公共财物。贪污罪在客观上表现为行为人利用职务上的便利，以侵吞、窃取、骗取或者以其他手段非法占有公共财物的行为。“利用职务上的便利”，是指行为人利用本人职务范围内主管、支配和具体负责经营公共财物所形成的便利条件，以行使职务的名义、借口和便利，不为人知地或者“名正言顺”地将公共财物非法占为己有。行为人的职务是银行出纳员，向储户吸纳存款的业务并非其职权范围，况且其所在银行并未开展高额利率存款业务，“高额利率定单”完全是其自造的。根据银行内部储蓄规定，存单须有出纳、会计共同审核盖章并加盖银行储蓄专用章后方能生效。出纳只负责保管本人印鉴和银行储蓄专用章，并不负责保管其他工作人员的印鉴。“高额利率定单”上的公、私章均是行为人在同班人员疏忽大意完全不知情的情况下利用工作上的便利条件偷盖的，使定单看起来像银行的存单，让亲朋好友误以为是银行存单。可见，行为人的行为不是利用职务上的便利条件，而是利用工作上的便利条件，也不符合贪污罪的客观要件。综上，行为人的行为所侵犯的财产性质及其手段均不符合贪污罪的构成要件，不能定贪污罪。

（3）该行为是否构成金融凭证诈骗罪？根据《刑法》第一百九十四条第二款规定，金融凭证诈骗罪是指使用伪造、变造的委托收款凭证、汇款凭证、银行存单等其他银行结算凭证，骗取他人财物，数额较大的行为。行为人的行为是否构成此罪，关键看其使用的“高额利率定单”是否为伪造、变造的银行结算凭证。从银行结算凭证的范围来看，“高额利率定单”肯定不属于委托收款凭证、汇款凭证，那么是否属于银行存单呢？“银行存单”是银行凭以办理收付次数比较少、具有固定性的储蓄业务。它是由储户向银行交存款项，办理开户，银行签发载有户名、账号、存款金额、存期、存入日、到期日、利率等内容的凭证，凭以办理存款的存取。存款到期后，银行有到期绝对付款的责任，可以挂失。因此，银行存单是一种重要的信用和结算凭证。所谓的“高额利率定单”虽然盖有银行的公章和会计、出纳的私章，但因是行为人私自制作的虚假单据，银行并不存在这样的定单格式，故此定单不属于伪造或变造的银行存单，更谈不上使用伪造、变造的银行存单问题。所以，该行为也不构成金融凭证诈骗罪。

（4）该行为是否构成诈骗罪？诈骗罪是指以非法占有为目的，用虚构事实或隐瞒真相的方法，骗取公私财产数额较大的行为。此罪最主要的特征是主观上出于故意，且具有非法占有公私财物的目的。客观上表现为行为人实施了诈骗的行为，即以虚构事实或隐瞒真相的欺骗方法，使公私财物的所有人、管理人产生错觉，信以为真，“自愿”把财物交出。至于诈骗的财物是归自己挥霍享用，还是转归第三人，都不影响本罪的成立。分析行为人在主观上是否具有非法占有他人财物的故意，除了其个人供述，还要结合其行为来看。银行出纳员的工资就不可能使其将取得的亲朋好友的大量资金还上。行为人明知这种情况，却仍向多人推荐“高额利率定单”，取得了巨额资金，而且这些资金除还债外，主要都被用于购买、装修房屋、购买汽车等高消费上，可见，其主观占有的目的十分明显。在客观上，行为人实施了诈骗的行为。

其分别向众多的亲朋好友虚构了银行内部有高额利率存款的事实，使亲朋好友信以为真，主动把现金交给其以取得高额利率的回报。其自制虚假的“高额利率定单”，偷盖储蓄业务专用章和同班人员印鉴等行为，是为了让亲朋好友相信银行确有高额利率存款的事实，以达到取得亲朋好友资金的目的，这些都是骗取财物所采取的手段，完全符合诈骗罪的客观要件构成。因此，该行为符合诈骗罪的主客观构成要件。

22. 骗购电信卡贩卖给他人使用造成电信资费巨大损失的行为如何定性?①

骗购电信卡转卖他人使用造成电信资费巨大损失的行为，构成诈骗罪。

《扰乱电信市场管理秩序解释》第九条规定：“以虚假、冒用的身份证件办理入网手续并使用移动电话，造成电信资费损失数额较大的……以诈骗罪定罪处罚。”应当说，从这一规定的条文释义来看，“以虚假、冒用的身份证件办理入网手续”的人与“使用移动电话，造成电信资费损失”的人一般属于同一人。使用虚假身份证件骗购移动电话SIM卡的是行为人，而使用移动电话，造成电信资费损失的却是他人。那么，此种情形是否也该是《扰乱电信市场管理秩序解释》第九条的应有之义呢？易言之，对此种情形能否直接适用《扰乱电信市场管理秩序解释》第九条呢？这是本案定性的关键。我们认为，上述问题的回答应当是肯定的。《刑法》第二百六十六条规定的诈骗罪，是指以非法占有为目的，使用虚构事实或者隐瞒真相的方法，骗取公私财物的行为。其主要特征是：行为人主观上只能是故意，且具有不法占有公私财物的目的；客观上采用了虚构事实或隐瞒真相的方法，使财物所有人、管理人或持有人陷于错误认识，从而“自愿”将财物交给自己的行为。这里所说的“自愿”，当然绝非被骗人的真实本意，只是基于对真实情况不了解，为诈骗人所制造的假象迷惑、蒙蔽所致。至于行为人骗取财物后，是自己使用、消费还是转送他人使用、消费，均不影响诈骗罪的成立。“以虚假、冒用的身份证件办理入网手续并使用移动电话，造成电信资费损失数额较大的”行为，之所以按诈骗罪论处，就在于该行为符合《刑法》第二百六十六条诈骗罪的本质特征。表现在其主观上是基于故意，且以逃交电信资费为目的，

① 观点来源：最高人民法院刑事审判第一庭、刑二庭：《刑事审判参考》2002年第1集（总第24集），法律出版社2002年版，第72－78页，王某诈骗案。

而逃交电信资费的实质就是不法占有他人财物；客观上是采用提交虚假、冒用的身份证件的方法，使他人陷于错误认识，从而骗得他人“自愿”为己办妥移动电话入网手续或交付 SIM 卡（进而为本人或他人使用该移动电话，实现逃交电信资费的目的做好准备）。而这又是虚构事实或隐瞒真相，使财物所有人、管理人或持有人陷于错误认识，从而“自愿”将财物交出的一种特别方式。应当指出的是，以逃交电信资费为目的在移动电话办理、使用中的诈骗行为，与通常的诈骗行为在形式上还是有所区别的。主要表现在：后者，被骗人向诈骗人直接交付的就是“财物”本身，诈骗人骗得的就是现金或是其他实实在在的物，此时诈骗行为即告完成。而前者，被骗人所做的只是为诈骗人办妥入网手续或者表现为交付 SIM 卡。办妥入网手续或者交付 SIM 卡，不等于“财物”交付，因为诈骗人如不进而“使用”该移动电话，逃交电信资费的目的尚无法实现。或者说，如果诈骗人未使用该移动电话，实际逃交电信资费，其还不能构成诈骗罪的既遂，甚至可能尚无充分证据证明行为人是以逃交电信资费为目的，实施了应予刑事处罚的诈骗行为。因此，“使用移动电话，造成电信资费损失数额较大”同样是行为人构成诈骗罪不可或缺的要件。尽管如此，行为人在逃交电信资费的目的支配下，当其以虚假、冒用的身份证件办理入网手续后，究竟以何种方式使用该移动电话或处置该 SIM 卡，并造成电信资费损失，并不影响该类型诈骗罪的成立。

因为，在这种情况下，办妥入网手续或者交付 SIM 卡，虽不是典型的“财物”交付，但行为人据此已可以随意支配和使用，故仍可视为“财物”已交付，至于是诈骗人自己使用、无偿交给他人使用，还是有偿转卖给他人使用则在所不问。行为人主观上具有逃交电信资费的目的，这一点可以从其行为中得以证实。行为人预谋实施骗购移动电话 SIM 卡后，其若想进而实现非法占有公私财物的目的，途径无外乎有三：一是自己直接使用，逃交被发现停机前最大限额的电信资费；二是无偿赠送亲友等人使用，允许亲友逃交被发现停机前最大限额的电信资费；三是加价转卖他人，自己赚取差价现利，容许他人逃交被发现停机前最大限额的电信资费。

按前两种情况，行为人具有逃交电信资费的目的或非法占有公私财物的目的毋庸置疑，其构成诈骗罪也是理所当然。即便是第三种情况行为人赚得的差价现利，本质上仍然是逃交电信资费的所得。其主观上仍具有逃交电信资费的目的或非法占有公私财物的目的。行为人使用虚假的身份证复印件骗购移动电话SIM卡，十分清楚他人使用后必然会逃交电信资费，也可以说他人使用后逃交电信资费亦是其追求的目的，或者说包含在其目的之中。因为只有如此，他人才可能愿意高价购买其转卖的SIM卡，其也才可能将骗购来的SIM卡高价转卖他人，从中牟取现利。综上行为人使用虚假的身份证复印件骗购移动电话SIM卡，在明知他人使用后会逃交电信资费的情况下，为牟取现利，仍将骗购的SIM卡高价转卖他人，致使他人使用后造成电信资费损失数额特别巨大，其行为符合《扰乱电信市场管理秩序解释》第九条和《刑法》第二百六十六条规定的诈骗罪的构成。此外，行为人转卖SIM卡从中谋取现利的行为并不构成非法经营罪，因为该罪的范围只限于违反国家规定，扰乱市场秩序，情节严重的非法经营行为。所谓经营行为，除该条第一项和第二项和已有司法解释明确规定的范围外，应限于与国家行政许可经营制度相关的工商营业行为。行为人转卖SIM卡从中谋取现利的行为，显然不属于这种情况，不能定非法经营罪。

23. 为获取回扣费以虚假身份证件办理入网手续并使用移动电话拨打国际声讯台造成电信资费损失的行为应如何定罪量刑？①

电信业中的新类型犯罪也随之产生，常见的有两种类型：一种为盗窃型犯罪，即非法复制电信码号并出售、使用的犯罪；另一种为诈骗型犯罪，即持虚假身份证购买手机卡并连续拨打，逃避话费缴纳或获取回扣的犯罪。对于上述犯罪的处理在理论和司法实践中均存在一些争议，就本案而言，涉及以下几个问题：

（1）定性问题。有观点认为该行为不构成犯罪，也有观点认为应以故意毁坏财物罪定性，还有人认为对该行为应以合同诈骗罪定性。

我们认为，所谓故意毁坏财物罪是指故意毁灭或者损坏公私财物，数额较大或者有其他严重情节的行为。此类犯罪与诈骗罪不同在于，故意毁坏财物罪一方面使公私财物受到损失，另一方面犯罪人没有将财物占为已有或转归第三者所有的目的，即其本人或者第三者并未得到任何物质上的利益。故意毁坏财物罪属毁坏型财产犯罪，而诈骗罪属取得型财产犯罪。为获取回扣费以虚假身份证件办理入网手续并使用移动电话拨打国际声讯台造成电信资

---

① 观点来源：最高人民法院刑事审判第一庭、刑二庭：《刑事审判参考》2002年第31集（总第24集），法律出版社2002年版，第72-78页，刘某芳案。

费损失的行为，很明显以非法占有为目的，故对该行为不应以故意毁坏财物罪定性。

合同诈骗罪系从普通诈骗罪中分离出来的，它与普通诈骗罪为法条竞合关系，前者为特别法，后者为普通法。特别法优于普通法的适用。任何购买、使用手机卡的行为实际上都是与电信部门发生了用户购买和使用卡、支付话费，电信部门提供通讯服务的合同关系，该合同不是即时结清合同，而是需要双方在较长时间内履行的合同。行为人持假身份证购买手机卡并使用实质为虚构主体（假身份证所代表的人）利用合同（与电信部门的购买和使用卡、支付话费合同）骗取对方当事人（电信部门）财物（话费服务）。但从合同诈骗罪立法原意来看，该罪所指合同应为书面的、典型的经济合同。购买、使用移动电话卡并不一定有书面合同，故一般习惯上不将购买、使用手机卡作为合同关系看待。并且普通诈骗罪与合同诈骗罪的法定刑相同，故司法实践中对利用手机卡进行诈骗按照普通诈骗罪处理是妥当的。

（2）诈骗对象问题。我国刑法理论通常认为诈骗的犯罪对象为公私财物，但何为公私财物有不同认识。从民法角度讲，所谓物是指存在于人身之外、为人力所能支配而且能够满足人类的某种需要的物质实体和自然力。其特征为客观物质性、能为人力支配、能满足人们的物质和精神需要。民法上的物与刑法中财产犯罪对象的财物不尽相同。我们认为，准确界定诈骗犯罪的对象应从其本质入手，即本质上侵犯了财产所有权。对财物的理解无疑应作广义上的理解，“财物”既包括物，也包括财，即财产、财产收益。有形体或无形体的固体、液体、气体、电气、核能等是财物，信用卡、工资卡、债券、股票、认股权证、投资基金券，车票、船票、邮票、税票等有价支付凭证、有价证券、有价票证等代表一定财产权利以及财产利益的凭证也是财物。只要是财物，具有财物的属性，就可能成为诈骗犯罪的对象。

普通诈骗罪诈骗对象一般为有一定的固定的经济价值的物，而本案中诈骗行为人骗取的实际上是一种服务即通讯服务，这种服务同样蕴含着财产价值，其对价即为话费（通常用户与电信部门按“先使用，后付费”的方式结算话费）。诈骗行为人间接取得财产性利益即应当付出而没有付出，对于诈骗人来说已经非法占有了受害人财产。因此，采用虚假的身份证购买手机卡并连续拨打使用，其犯罪对象是一种服务，即支付一定对价才能取得的服务，这种服务实质也可纳入财物的范畴。

（3）诈骗数额问题。诈骗数额对定罪量刑意义重大，其认定一向是司法实践的难点问题。对于诈骗数额在刑法理论上有：①诈骗所得数额说，即以行为人通过实施诈骗犯罪行为而实际获得的财产价值的货币金额，既包括非法收入也包括非法不支出；②损失数额说，也称为侵害说，即行为人通过实施诈骗而给受害方造成的经济损失数额，经济损失有直接损失与间接损失之分，多数人认为仅指直接损失；③诈骗指向数额说，也有人称之为主观说，即行为人在实施诈骗行为时所追求的目标数额；④交付说，即认为诈骗数额是被害方由于受骗而实际交付的财物数额；还有一种观点为双重标准说，即认为在诈骗既遂的情况下，诈骗数额应按交付数额认定，在诈骗未遂的情况下按行为人主观意图诈骗的数额认定。

我们倾向于根据不同情况采用不同标准。诈骗未遂时，一般以行为人犯罪指向的数额，即其意图诈骗的数额认定；诈骗既遂时，以所得数额为诈骗数额。如果受害人损失数额或交付数额高于诈骗犯罪行为人所得，而这一差额又归因于犯罪行为人一方行为则诈骗数额应以损失数额或交付数额认定。

为获取回扣费以虚假身份证件办理入网手续并使用移动电话拨打国际声讯台造成电信资费损失的行为，其诈骗数额如何认定？我们认为，该行为的犯罪对象为通讯服务，在一般情况下，购买、使用手机后都要按规定缴纳费用。行为利用虚构的主体（假身份）购买手机卡，逃避电话话费缴纳义务，实质上非法占有了电信部门的财产，诈骗行为在拨打后就已完成，属犯罪既遂。产生的巨额话费是受害人电信部门本应收到而损失的数额，诈骗行为人应当支出话费而没有支出，应视为得到，因此，损失数额与诈骗所得数额是一致的。行为人由此获得多少“回扣”已不在犯罪构成考察范围内，也不影响定罪量刑。该行为有点类似于破坏性盗窃，尽管行为人给受害人造成的损失特别巨大，但其非法所得相对不大。

（4）犯罪形态问题。普通诈骗罪中犯罪行为人非法占有一般是直接取得作为犯罪对象的财物。受害人对其财物丧失控制，财物的占有从受害人手中转移到行为人手中，行为人即完成了诈骗行为。但为获取回扣费以虚假身份证件办理入网手续并使用移动电话拨打国际声讯台造成电信资费损失的行为，并非一次性直接占有他人财物，而是通过使用手机，享受服务，在消费中占有他人财产，并根据使用次数和由此产生的话费金额最终确定其非法占有财产数额的大小。行为人每一次拨打行为都是占有电信部门话费的过程。因此应将行为人整个行为过程作为一个行为看待，以累计话费为诈骗数额。

24. 将租赁来的汽车典当不予退还的行为是否构成诈骗罪？[①]

将租赁来的汽车典当不予退还的行为，构成诈骗罪。

诈骗罪是指以非法占有为目的，采用虚构事实或者隐瞒真相的方法，骗取数额较大的公私财物的行为。因此，该行为是否构成诈骗罪，应当从本罪的犯罪构成要件来予以分析。

从表面看，行为人租赁汽车是以真实的身份，只是在当车过程中，伪造了汽车所有人的身份证明和轿车手续等文件，故有意见认为其行为难以反映出其主观具有非法占有的故意——因其以真实身份租车，未使用欺骗手段，汽车出租方并未被骗；而对典当行一方来讲，行为人虽然在当车时使用了假的手续，但是把汽车押在典当行，并且到期赎回，似乎也没有非法占有典当行财产的故意。但是认真分析，我们会发现该行为完全符合诈骗犯罪的构成特征：1. 行为人主观上具有直接占有他人财物的故意。租车行为只是赋予了租车方对租赁汽车的使用权，并没有赋予其处分和利用该车收益的权利。而行为人在租第一辆汽车时，未提供任何财产担保，将汽车租出之后并未使用，而是在明知自己没有经济能力将车赎回的情况下，冒充出租人的名义，直接将汽车予以典当，并将典当款与他人瓜分，其租车使用是假，以租车为名占有该车典当款是真。2. 行为人客观上采用了隐瞒真相、虚构事实的欺诈手段。行为人以“租车使用”的虚假名义，取得被害人同意，将汽车租出后，根本未予使用，而是直接将汽车予以典当；在典当时，又找人伪造汽车出租人的身份证明及相关手续，而后以这些伪造材料骗取典当行的信任，使典当行误认为将汽车典当是汽车所有人的真实意思表示，从而将汽车的价值转化为现金后，直接占有了该现金。可见，行为人在租车、当车时均采用了隐瞒真相、虚构事实等诈骗手段。至于其租车时使用真实姓名的原因，则是其利用与被害人相识的便利条件，将诈骗对象锁定在熟人间，以真实姓名租车，更容易赢得被害人的信任，使其在不提供财产担保的情况下，顺利将汽车租出。从这个角度分析，行为人以真实姓名租车，只是为了使其诈骗行为更具有隐蔽

---

① 最高人民法院刑事审判第一、二、三、四、五庭：《刑事审判参考》2008 年第 3 集（总第 62 集），法律出版社 2008 年版，第 54 – 58 页，余某华诈骗案。

性，使诈骗行为顺利得逞。因此，该行为符合以诈骗罪的客观特征。

25. 窃取并变造已付讫的国库券再骗兑的行为如何定罪?①

窃取并变造已付讫的国库券再骗兑的行为，构成诈骗罪。

（1）盖有付讫章的国库券不再具有有价证券的特征。

所谓有价证券，泛指表示一定面额财产的证券，如汇票、支票、股票、公债券、国库券、提单等。其特征为：（1）表示财产权，证券上记载是权利人或执票人财产权的内容；（2）证券券面所表示的权利与证券不可分离，权利的行使和转移，以背书或交付证券为条件。有价证券还可以分为记名有价证券和无记名有价证券。第一，虽然有价证券券面所表示的权利与证券不可分离，但是权利的行使与转移，是以背书或交付证券为条件的，也就是说，执票人一旦向银行交付国库券，银行据券兑付后，该国库券所表示的有价证券属性即行消灭，剩下的只不过是盖有付讫章的一张废券。因此付讫二字不仅表明有价证券所表现的权利已被执票人实现，而且也表明此券已丧失了它的原有有价属性，即可兑付性。第二，确定国库券在盖了付讫章后是否仍有有价属性，不应以是否造成损失为标准。就其基本含义而言，损失是指财产利益的减少或者灭失。已付讫的国库券丢失、被盗，国家、银行的财产实际没有丢失、被盗。银行的损失实际是一种内部核销凭证不存在而无法予以核销的损失，充其量只是银行账面上的损失，国家并未有实际财产的损失。

（2）行为将盗窃的国库券变造后再骗兑的行为属于诈骗犯罪变造后再骗兑人民币 8.16 万元，其行为已构成诈骗罪。

行为人将银行盖有付讫章的国库券，从银行金库内盗出后，用化学药剂清洗掉券面上的付讫二字，再持经变造了的国库券在数家储蓄所、信用社共兑得现金 8.16 万元人民币。其实质是将盗得的已失效（作废）有价证券进行变造，使其与尚未兑付的国库券在形式上完全相同，以此隐瞒事实真相的方法，欺骗兑付银行，诈骗银行兑付款。这一行为，完全符合诈骗罪的特征。

---

① 最高人民法院刑事审判第一庭：《刑事审判参考》2000 年第 1 集（总第 6 集），法律出版社 2000 年版，第 30－34 页，章某诈骗案。

26. 冒充国家机关工作人员进行诈骗，同时构成诈骗罪和招摇撞骗罪的，该如何定罪处罚？①

冒充国家机关工作人员进行诈骗，同时构成诈骗罪和招摇撞骗罪的，择一重罪处罚。

（1）法条竞合及其法律适用原则

法条竞合，又有称法规竞合、法律竞合、规范竞合，是指一个犯罪行为，同时符合数个法条规定的数个犯罪构成，但从法条之间的逻辑关系看，只能适用其中一个法条，而当然排除适用其他法条的情形。法条竞合是一个客观存在的法律现象，其不只是刑法理论上的一个概念，而且有其刑事立法依据。例如，《刑法》第二百三十五条规定："过失伤害他人致人重伤的，处三年以下有期徒刑或者拘役。本法另有规定的，依照规定。"该规定表明，如果某种行为虽然符合过失致人重伤罪的构成要件，但又符合其他法条规定的犯罪构成要件的，则应依其他法条论处，不再适用《刑法》第二百三十五条。这不仅肯定了法条竞合的存在，而且肯定了法条竞合时只能适用其中一个法条。

对于法条竞合，既可以从静态方面加以研究，即分析哪些《刑法》分则条文之间存在竞合关系；也可以从动态方面研究，即在具体案件中实际分析行为人的行为是否属于同时触犯数个存在竞合关系的法条，并进而决定案件的法律适用（在此意义上，亦不妨将法条竞合称为"法条竞合犯"）。从静态方面看，法条竞合的基本特征在于数个刑法分则条文的竞合性；从动态方面看，法条竞合具有如下主要特征：其一，行为人基于一个罪过实施了一个犯罪行为。其二，行为人的一个犯罪行为同时触犯了数个《刑法》分则条文。该数个《刑法》分则条文，既可以为同一法律所规定，如现行《刑法》第二百六十四条（盗窃罪）和第一百二十七条（盗窃枪支、弹药、爆炸物罪）；也可以为不同法律所规定，如1979年《刑法》第一百八十六条（泄露国家机密罪）和《军人违反职责罪条例》第四条第一款。其三，行为人一行为同时触犯的数个《刑法》分则条文，所规定的必须是性质不同的犯罪构成（即罪名相异）。同种犯罪的未完成形态与完成形态之间不存在所谓法条竞合关系，同种犯罪的实行犯与教唆犯、组织犯、帮助犯之间，结果加重犯与基本犯之

---

① 观点来源：最高人民法院刑事审判第一庭、刑二庭：《刑事审判参考》2003年第5集（总第34集），法律出版社2004年版，第34－42页，梁某珍诈骗案。

间，实害犯与行为犯、危险犯之间，也无所谓法条竞合问题。认为同种犯罪的不同形态、构成之间亦存在法条竞合的观点，既混淆了法条竞合与犯罪停止形态、共同犯罪形态以及犯罪基本构成和加重构成等刑法范畴之间的界限，又没有实际意义，并不科学。其四，行为人一行为同时触犯的数个性质相异的《刑法》分则条文，在逻辑上存在竞合关系。

具体何谓法条之间的“竞合”关系，或者说法条竞合可以表现为哪些形态，这在刑法理论上一直存在争论。对此，我们的基本观点是：①法条竞合中数法条之间的竞合关系，不仅可以表现为包容竞合（即数法条所规定的犯罪构成要件在外延上存在包容与被包容的关系），也可以表现为交叉竞合（即数法条所规定的犯罪构成要件在外延上存在部分交叉、重叠关系）；交叉竞合客观存在，如《刑法》第二百五十四条（报复陷害罪）与第二百五十五条（打击、报复会计、统计人员罪）之间、第二百六十六条（诈骗罪）与第二百七十九条（招摇撞骗罪）之间、第二百七十五条（故意毁坏财物罪）与第二百七十六条（破坏生产经营罪）之间以及第二百七十五条（故意毁坏财物罪）与第二百九十九条（侮辱国旗、国徽罪）之间等，均存在交叉关系；否认交叉竞合的存在，不符合立法实际；将交叉竞合排除在法条竞合之外，一方面势必将导致此类法律现象在理论研究上无所归属，另一方面也不利于相关案件的正确处理。②有学者提出，法条竞合包括独立竞合（指一个罪名概念的外延为另一个罪名概念的外延的一部分，而犯罪行为正适合于这一部分的情形）、包容竞合（指一个罪名概念的外延是另一个罪名概念的外延的一部分，但犯罪构成的内容已超出外延窄的罪名概念的情形）、交叉竞合（指两个罪名概念之间各有一部分外延相互重合）和偏一竞合（指两个法条交叉重合，但犯罪已经超出重合范围的情形）四种形态。此种观点是否能否更为科学准确地反映法条之间的竞合关系，并为我国的立法与司法实践所运用，尚有待进一步研究和实践。

法条竞合的法律适用原则，是法条竞合理论与实践的最为重要的问题。由于法条竞合是因一个犯罪行为同时符合数个刑法条文所引起的法律现象，因此，其法律适用的一个总的原则是对行为人只能选择适用竞合数法条中的一个法条进行定罪量刑，而不能重复适用数法条，不能实行数罪并罚。对此，不存在任何疑义。但是，究竟应当以什么样的标准来具体确定竞合数法条的选用呢？这在理论上尚有颇多争议，在实践中也多有困惑。基于我国刑法立法现状，结合我们关于法条竞合形态的基本观点，我们认为，在法条竞合情形下，应当按以下原则选择适用法律：

首先，《刑法》对竞合法条的法律适用已作明确规定的，应当按照《刑法》规定。例如，《刑法》第一百四十九条第二款规定，“生产、销售本节第一百四十一条至一百四十八条所列产品，构成各该条规定的犯罪，同时又构成本节第一百四十条规定之罪的，依照处罚较重的规定定罪处罚”；再如，《刑法》第二百三十三条（过失致人死亡罪）后半段、第二百三十四条（故意伤害罪）第二款后半段、第二百三十五条（过失致人重伤罪）后半段、第二百六十六条（诈骗罪）后半段以及第三百九十七条（玩忽职守罪、滥用职权罪）第一款后半段均规定有“本法另有规定的，依照规定”，在办理相关案件时，应当按照上述有关《刑法》条文的明确规定选择所应适用的法律。

其次，对《刑法》未明确规定法律适用原则的竞合法条，通常情况下应当按照特殊法优于普通法的原则选择适用法律，在例外情况下，如果按照特殊法优于普通法的原则适用法律将导致罪刑明显有失均衡，则应当按照重法优于轻法原则选择适用法律。对此，需要明确以下两个问题：

①在刑法理论上，有观点认为，将重法优于轻法作为法条竞合的补充法律适用原则，违背了立法原意，背离了罪刑法定原则，是应当被反对的。因为立法之所以在普通法条之外又另立特别法条，就是要运用该特别法条对某些特定的社会关系给予特殊保护，申言之，在此种情形下，只有适用特别法条方切合立法意旨，方符合罪刑法定原则的精神；相比于罪责刑相适应原则而言，罪刑法定原则处于更高层次，不能以牺牲罪刑法定原则为代价追求罪责刑相适应的效果；有的特殊法条规定的刑罚偏轻，不能适应惩治犯罪的需要，应当通过修改完善法律的途径来解决，而不应以刑法解释来“弥补”，否则便会混淆立法权与司法权的界限。

我们认为上述观点值得商榷。应当说，在法条竞合的一般情况下，特别是在《刑法》已对法条竞合的法律适用作出明确规定的情况下，依照《刑法》规定选择适用特别法，无疑是正确的，也是必需的。然而，当《刑法》对竞合法条的法律适用未作明文规定时，主张无论何种情形，即便在适用特别法对行为人定罪量刑将导致罪刑明显有失均衡时，也必须一律坚持特别法优于普通法的原则，否则就“背离了立法原意”，则未免过于绝对。因为《刑法》未对这部分竞合法条的法律适用作出明确规定，原因比较复杂，并非是立法者的疏忽，也不是因为立法者认为不需作出规定而只需按特别法优于普通法原则选择适用法律即可。在我们看来，对那些《刑法》并未明确规定其法律适用原则的法条竞合，实际上大多蕴含着这样一种立法技术和思想：立法者有意给司法者留了裁量空间，即由司法者根据案件的具体事实和刑法基本原则决定法条选择适用的原则。其中，如按照特别法优于普通法原则选择适用特别法，并不存在罪刑明显失衡问题，则适用特别法，这样可以更为准确地反映案件的性质和行为人的行为特征；而如果适用特别法将导致罪刑明显失衡时，则按照重法优于轻法原则选择适用重法，从而避免最终的定罪量刑结论与罪责刑相适应之刑法基本原则相冲突。显然，在此种情形下，并不存在违背罪刑法定原则的问题。因为，第一，《刑法》并未明文规定必须适用特别法；第二，在法条竞合的情况下，行为人的行为同样符合普通法、重法规定之罪的构成；第三，这样处理也符合立法者的立法意旨。

②需要特别指出的是，在数法条交叉竞合时，仍存在特别法与普通法之别，因此，对交叉竞合，原则上仍应首先考虑适用特别法优于普通法原则，只有在按该原则定罪量刑将明显有违罪责刑相适应原则时，才应考虑适用重法优于轻法原则。以《刑法》第二百七十五条（故意毁坏财物罪）与第二百七十六条（破坏生产经营罪）为例。如果行为人故意毁坏的是用于生产经营的机器设备，且行为人毁坏这些财物是为了泄愤报复的，则相对于一般的故意毁坏财物罪行而言，其显然更为特殊，因此，应当认为第二百七十五条规定属于普通法条，第二百七十六条规定属于特殊法条；在二者交叉竞合的范围内，应当适用第二百七十六条规定而不是第二百七十五条规定。

（2）《刑法》第二百六十六条（诈骗罪）与第二百七十九条（招摇撞骗罪）规定的选择适用

招摇撞骗罪与诈骗罪在构成要件上的区别并不难辨明，此处不拟对之展开论述。此处所欲着重探讨的是《刑法》第二百六十六条（诈骗罪）与第二百七十九条（招摇撞骗罪）规定的选择适用问题。上述已提及，该两法条之间存在交叉竞合关系；而第二百六十六条后半段又明确规定有“本法另有规定的，依照规定”，据此，当行为人的行为同时符合该两法条规定的犯罪构成时，应当一律适用第二百七十九条规定，以招摇撞骗罪追究其刑事责任。过去乃至现在一直有一种观点认为，在招摇撞骗人骗取数额较大的财物的情况下，招摇撞骗罪与诈骗罪之间存在法条竞合关系，应按照重法优于轻法的原则适用法条。这种观点似乎未能注意到《刑法》第二百六十六条后半段所明确规定的特别法优于普通法原则。

但是，能否认为无论行为人招摇撞骗了多少财物都符合招摇撞骗罪的构成要件，进而依照《刑法》第二百六十六条后半段的规定，均只能适用《刑法》第二百七十九条规定，对其以招摇撞骗罪论处呢？显然不能。否则，便会导致罪刑明显有失均衡——骗取同样数额的财物，行为人以一般方式行骗的，最高处无期徒刑，而行为人以冒充国家机关工作人员身份这一性质更为恶劣、危害更为严重的方式行骗的，反倒最高只能处十年有期徒刑。那么究竟应当如何厘定招摇撞骗罪的构成要件，如何评价以冒充国家机关工作人员身份的方式骗取财物的行为？有些学者提出，"冒充国家机关工作人员招摇撞骗，原则上不包括骗取财物的现象，即使认为可以包括骗取财物，但也不包括骗取数额巨大财物的情况"。上述学者的思路是正确的，但其结论似有待推敲。在我们看来，即便是冒充国家机关工作人员骗取数额巨大的财物，也宜认为符合招摇撞骗罪的构成条件，进而依照《刑法》第二百六十六条后半段所确立的特别法优于普通法原则，仍宜以招摇撞骗罪追究行为人的刑事责任；只有在冒充国家机关工作人员骗取数额特别巨大的财物的情况下，方宜认为此种行为已超出《刑法》第二百七十九条规定的招摇撞骗罪所能评价的范围，而只符合《刑法》第二百六十六条规定的诈骗罪的构成要件。主要理由是，在行为人冒充国家机关工作人员骗取财物，数额并非特别巨大的情况下，适用《刑法》第二百七十九条规定，以"情节严重"的招摇撞骗罪追究其刑事责任，并不存在罪刑明显失衡的问题（目前虽尚无关于招摇撞骗"情节严重"的司法解释，但通过比较招摇撞骗罪与诈骗罪，应当可以确认，招摇撞骗数额巨大公私财物的，属于招摇撞骗"情节严重"范畴。而招摇撞骗"情节严重"的法定刑是三年以上十年以下有期徒刑，诈骗"数额巨大"的法定刑是三年以上十年以下有期徒刑，并处罚金，二者区别仅在于是否并处罚金），且如此处理，更能全面地反映行为人行为的性质、特点。

上述分析论证进一步说明，对立法者在立法时的"无心之失"，是可以而且应当通过适当的刑法解释方式进行弥补：立法者在诈骗罪之外又专门设立招摇撞骗罪，似乎意味着对所有以冒充国家机关工作人员身份骗取财物的行为都应当以招摇撞骗罪论处，但立法者恐怕没有考虑到，以冒充国家机关工作人员身份方式行骗的所骗取的对象有可能是数额特别巨大的财物，而一旦出现这样的情况，如果严格遵循其表述欠妥的立法本意，并适用《刑法》第二百六十六条后半段规定，就会出现罪刑明显失衡现象，这显然不是立法者愿意看到的，不能体现其内心真意；通过对《刑法》第二百七十九条规定的招摇撞骗罪的构成要件作如上的适当解释，避免明显违背罪责刑相适应之刑法基本原则的定罪量刑结论，应当是恰当地反映了立法者的本来意思。

27. **抢走财物后哄骗被害人不追赶的行为如何定性？**[①]

应以诈骗罪定罪处罚。行为人非法占有他人财物的手段具有复合性：一方面其通过乘人不备的方式将被害人的财物非法占有；另一方面其在非法获取财物前隐瞒真相，又虚构事实，在犯罪过程中采用了欺骗手段。正是这种犯罪手段的复合性，导致了对定性问题的不同认识。

28. **行为人使用伪造原机主的身份证等手段，将原机主手机号码过户至自己名下，而后以本人名义将号码卖给他人获取钱财的行为应该如何定性？**[②]

分歧意见：第一种意见认为，应定盗窃罪。主要理由在于，目前移动电话虽然已经没有入网费，但实际上好的号码因为有一定的市场需求，可以作为一种特殊的商品在特定的场合交易，机主能够据此获取经济利益。因此移动电话号码实际具有一定的价值，可以认为是一种虚拟的有价物，能够作为盗窃罪的犯罪对象。至于盗窃数额的认定，盗接他人通信线路、复制他人电信号码，销赃数额高于电话初装费、移动电话入网费的，盗窃数额以销赃数额计算。由于手机号码的具体价值无法确认盗窃数额可以销赃数额即非法转让获取的钱财数额来认定。将手机号码卖给他人获取钱财，是盗窃后的销赃行为，并非诈骗行为，不应重复评价，应以盗窃罪一罪论处。

第二种意见认为，应定诈骗罪。主要理由在于，目前移动电话已没有入网费，因此手机号码本身不具有价值，不能成为盗窃罪的对象。虽然行为人利用伪造的身份证将他人手机号码过户至自己名下，但是上述号码实际并未脱离原机主的控制，原机主发现后可以随时到移动营业厅将号码取回，且没有任何障碍，因此行为人对他人手机号码并没有实际取得占有，其行为不构成盗窃罪。行为人将不属于自己所有的手机号码以自己的名义卖给他人获取

---

① 最高人民法院刑事审判第一庭、第二庭：《刑事审判参考》2001 年第 12 集（总第 23 集），法律出版社 2001 年版，第 34 - 37 页，何某明诈骗案。

② 观点来源：最高人民法院刑事审判第一、二、三、四、五庭：《刑事审判参考》2009 年第 6 集（总第 71 集），法律出版社 2010 年版，第 81 - 85 页，王某、方某民诈骗案。

钱财的行为构成了诈骗罪。

本书观点：同意第二种意见，认为该行为应以诈骗罪定罪处罚，理由如下：

（1）单纯的手机号码没有价值，因而没有财物属性

盗窃罪属于侵财犯罪，其犯罪对象是财物，财物是有价值的，是能够使实施盗窃的行为人获得利益而使原所有人受到财产损失的有体物或无体物。虽然我国《刑法》第二百六十五条规定，以牟利为目的，盗接他人通信线路、复制他人电信码号或者明知是盗接、复制的电信设备、设施而使用的，依照盗窃罪的规定定罪处罚，但该条规定主要适用于两种情况：

一是使被害人产生初装费、入网费损失的。盗接他人通信线路、复制他人电信码号的行为按照当地邮电部门规定的电话初装费、移动电话入网费计算盗窃数额，只有在销赃数额高于电话初装费、移动电话入网费的，才按销赃数额计算。由此可见，"盗接他人通信线路、复制他人电信码号"的行为以盗窃罪定罪处罚是因为行为人的行为导致逃避缴纳邮电部门的电话初装费、移动电话入网费，从而使自己获利并给邮电部门造成损失。这种情况定盗窃罪是以电话初装费、移动电话入网费的存在为前提，且行为人盗窃侵害的对象不是电信码号本身，而是电信码号所承载的入网费用。但在移动电话已经取消入网费的前提下，手机号码本身只是一种通讯代码，不具有价值，不具备财物的属性。行为人取得手机号码后，不会由于逃避应当缴纳的入网费从而带来收益，原所有人失去号码后再次办理新号时，也不会因缴纳入网费而产生财产上的损失，所以单纯非法过户他人手机号码不构成盗窃罪。

二是被害人产生话费损失的。明知是盗接他人通信线路、复制他人电信码号的电信设备、设施而使用的，盗窃数额按合法用户为其支付的电话费计算。这种情形之所以以盗窃罪定罪，是因为行为人盗接他人通信线路、使用复制的电信码号后产生的电话费由合法用户支付，从而导致行为人不交话费而获利，使他人受到话费损失，因此这里盗窃罪侵害的对象是他人的电信资费而不是号码本身。因为单纯复制号码本身并不能造成他人财产损失，也不能使自己获利，只有通过使用这些号码，才能造成他人电信资费的损失从而获利，电信码号只是作为电信资费的载体存在的。行为人非法将他人手机号码过户出售后，由于原号码所有者不能继续正常使用该号码，故及时到移动公司查询导致案发，从行为人手中购买有关手机号码的人尚未使用该手机号

码，因此并未给原号码所有者造成话费损失，所以也不符合此种以盗窃罪定罪处罚的情形。

（2）手机号码非法过户后进行转让才是实现获利的关键

盗窃罪只要将财物秘密窃取后就实现了财产利益，所窃取的财物可以自己使用，也可以给他人使用，并且这种使用完全具备经济学意义上的使用价值的特征。这体现在，行为人不必付出经济成本就可以使用所窃取的财物，而这一经济成本原来是应该付出的；或者行为人窃取财物后予以销赃，从而得到了经济利益。但行为人非法过户手机号码后没有自己使用，而是通过转让才获得了经济利益，也即行为人实现获利的关键在于将非法过户的他人手机号码出售的行为。行为人非法转让他人手机号码获得利益的第一阶段是将他人名下的手机号码非法过户到自己名下，第二阶段是以本人名义将非法过户的手机号码转让给他人获利。上述两个阶段的行为是一个完整不可分割的整体，行为人将号码过户的目的在于转让获利，转让才是整个行为的关键，故不能将号码过户行为与转让行为割裂开来单独在刑法上进行评价。因此，行为人的非法过户行为与转让行为之间的关系和盗窃犯罪中的窃取行为与销赃行为之间的关系具有实质性的不同。区分侵财犯罪的本质在于侵财的手段，以秘密窃取的手段实现侵财的是盗窃，以欺骗手段实现侵财的是诈骗。由于手机号码自身没有价值，因此一般非法过户的行为不构成盗窃罪；从被害人确定的角度看，原手机号码所有者没有因此受到财产损害，真正受到财产损害的是出钱购买这些手机号码的人，而其财产受到侵害的关键在于行为人隐瞒了这些手机号码属于非法过户的事实，故本案属于以骗侵财，不符合盗窃罪的构成要件。

（3）非法过户手机号码并转让获利的行为符合诈骗罪的犯罪构成

诈骗罪的犯罪构成有四个要素：行为人的欺诈行为——被害人产生错误认识——被害人基于错误认识而交付（或处分）财产——被害人遭受财产损害。行为人先利用伪造的身份证将他人手机号码过户到自己名下，然后隐瞒自己非该号码真正机主的真相，使被害人误以为该号码是行为人所有，产生错误认识，接着被害人基于这一错误认识购买该手机号码，使行为人获得财产利益，最后被害人发现手机号码因被真正机主取回而不能用，因此蒙受经济损失，整个过程符合诈骗罪的构成特征，行为人的行为完全符合上述要素，

综上，行为人通过伪造原机主身份证等手段将原机主手机号码过户到自

己名下，然后以本人名义将该号码卖给他人获取钱财，符合诈骗罪的构成要件，应以诈骗罪追究刑事责任。

29. 对假冒国际标准集装箱偷逃高速公路通行费的行为应当如何定性?[①]

使用假冒国际标准集装箱偷逃高速公路过路费的行为构成诈骗罪，而不构成合同诈骗罪。理由如下：

（1）该行为不符合合同诈骗罪的构成特征

合同诈骗也属于诈骗的一种，但合同诈骗罪与诈骗罪有所不同：合同诈骗罪是指以非法占有为目的，在签订、履行合同过程中，使用欺诈手段，骗取对方当事人财物，数额较大的行为。合同诈骗既侵犯公私财产所有权，又扰乱正常的市场交易秩序，而且后者是其本质特征，以此区别于只侵犯公私财产权益的普通诈骗罪。合同诈骗罪是为了规制发生在经济交往过程中的诈骗行为而规定的。按照《追诉标准（二）》的规定，在签订、履行合同过程中骗取对方当事人财物，数额在 2 万元以上的，应予追诉；而根据《诈骗罪解释》的规定，诈骗公私财物价值 3000 元至 1 万元以上的，即构成诈骗罪，由此可见，两罪的发生领域、社会危害性和规制的对象是不同的。

合同诈骗罪在客观方面表现为五种形式：以虚构的单位或冒用他人名义签订合同骗取对方当事人财物；以伪造、变造、作废的票据或者其他虚假的产权证明作为担保的；没有实际履行能力，以先履行小额合同或者部分履行合同的方法，诱骗对方当事人继续签订和履行合同的；收受对方当事人给付的货物、货款、预付款或者担保财产后逃匿的；以其他方法骗取对方当事人财物的。

使用假冒国际标准集装箱偷逃高速公路过路费的行为不属于上述表现形式：其车辆在高速公路上通行并交纳通行费，与浙江省某投资集团有限公司之间存在事实上的合同关系，但这属于民事法律关系范畴。该行为具有社会危害性并在刑法上有评价意义的部分是伪造、虚构符合当地政府规定的交纳优惠通行费的条件，从而达到减免通行费的目的，该行为与普通诈骗罪的客观表现并无不同，而与典型的合同诈骗罪明显有别。也就是说，实践中，具有一定合同形式的诈骗行为层出不穷，但不是只要与合同有一定关联，就必

---

① 观点来源：最高人民法院刑事审判第一、二、三、四、五庭：《刑事审判参考》总第 103 集，法律出版社 2016 年版，第 69－70 页，嵇某勇诈骗案。

须认定行为性质属于合同诈骗。行为人以欺骗手段获取优惠通行费率，直接侵害的是高速公路营运方的财产利益，与扰乱市场交易安全秩序关系不大。

（2）将本案认定为诈骗罪符合诈骗罪的本质特征

行为人是通过伪造事实，隐瞒真相的方式，使车辆符合减免通行费条件，从而侵害了公路营运方的财产所有权。因此，此类案件定性为诈骗罪符合诈骗罪的本质特征。

（四）疑难、复杂问题的参考性解答

1. 电信诈骗数额难以查证的，可否追究刑事责任？

电信诈骗犯罪涉及环节较多，侦破难度较大。抓获的犯罪分子有时只是实施了其中一个犯罪环节，诈骗的数额有时也很难认定。对此，法院将如何处理？

从公安机关近几年破获的多起境内外勾结的电信诈骗犯罪来看，其中的难点主要在于证据的认定方面，犯罪分子想尽办法钻法律的空子。因此在司法实践中严厉打击电信诈骗，就需要通过司法解释及时解决电信诈骗定罪量刑中遇到的新问题。为有效惩治和预防电信诈骗犯罪活动，《诈骗罪解释》在第五条第二款针对电信诈骗行为查处难、取证难，诈骗数往往难以查清的实际，根据《刑法》总则有关犯罪未遂的规定，专门划定了“硬杠杠”，进行了明确、具体的规定：利用发送短信、拨打电话、互联网等电信技术手段对不特定多数人实施诈骗，诈骗数额难以查证，但具有下列情形之一的，应当认定为《刑法》第二百六十六条规定的“其他严重情节”，以诈骗罪（未遂）定罪处罚：（1）发送诈骗信息5000条以上的；（2）拨打诈骗电话500人次以上的；（3）诈骗手段恶劣、危害严重的。这样规定，是因为发送诈骗信息的条数及拨打诈骗电话的次数，通过技术查手段可以查证，而且5000条、500人次的数量规定，也符合打击此类犯罪活动的现实需要。

为打击严重犯罪行为，该解释第五条第三款还规定，实施前款规定行为，数量达到前款第一项、第三项规定标准十倍以上的，或者诈骗手段特别恶劣、危害特别严重的，应当认定为《刑法》第二百六十六条规定的“其他特别严重情节”，以诈骗罪（未遂）定罪处罚。

2. 多次诈骗，但数额相加未达到较大的，能否定罪处罚？

多次诈骗，但数额相加未达到较大的，不能以诈骗罪定罪处罚。理由有

二：一是，《刑法》对诈骗罪的构罪条件以数额较大为唯一标准，因此，不论诈骗情节严重程度以及造成的危害后果有多重，只要数额没有达到较大的标准，都不能以诈骗罪论处。二是，《刑法》已经取消了惯骗罪，因此，不能再对虽有多次诈骗行为，但诈骗数额尚未达到较大的行为人，以诈骗罪定罪处罚。《刑法》中对多次盗窃、多次抢夺，虽然未达到数额较大，但可以盗窃罪、抢夺罪定罪处罚。但《刑法》关于诈骗罪的定罪标准，没有次数标准。因此，司法实践中，应当严格贯彻罪刑法定原则。

3. 诈骗罪与金融诈骗罪竞合的如何处理？

基于对象和犯罪手段的特殊性，1997 年《刑法》修改时，将利用信用卡、信用证等进行诈骗的行为分离出来，并置于《刑法》分则第三章“破坏社会主义市场经济秩序罪”中的第五节“金融诈骗罪”一节内。理论上一般认为金融诈骗罪与普通诈骗罪之间是法条竞合关系，是特别法条与普通法条的竞合，在法律适用上应当根据特别法优于普通法的原则。但是在行为人利用金融手段诈骗没有达到犯罪立案的标准但达到诈骗罪的犯罪数额时，应当如何处理？一种观点认为在这种情况下，虽然不能以金融诈骗罪追究刑事责任，但完全可以按普通诈骗罪处理。因为金融诈骗罪本质上属于诈骗罪。如果对这种情形不予追究，就违反了罪刑法定原则。

本书认为，《刑法》第二百六十六条规定“本法另有规定的，依照规定”表明诈骗罪与其他诈骗罪竞合的方法只能是特别法优于普通法，而不能是重罪优于轻罪。因此，对于这种情形只能做无罪处理。

4. 诈骗罪的犯罪数额如何确定？

一般来说，诈骗罪中的数额应是犯罪所得数额，即行为人通过实施诈骗行为而实际取得的财物数额。多数诈骗罪的案件中，犯罪人实际骗取的数额与被害人的损失数额是一致的。但在有的案件中，则两者可能并不一致。如在实践中，有的犯罪人以次品冒充真品将物品卖给被害人时，犯罪人需要交付次品，这样犯罪人骗取的数额与被害人的实际损失数额就不一致了。那么，在这种情况下，以哪种数额作为定罪数额呢？一种观点认为，诈骗罪的犯罪数额是指行为人骗取财物的数额，即不扣除犯罪成本。另一种观点则认为，诈骗罪的定罪数额应当是受害人的实际损失数额，即扣除犯罪成本。本书观点是：诈骗罪的犯罪数额应当以行为人实际骗取的数额作为定罪数额，而不能扣除犯罪成本。《诈骗罪解释》及《金融案件纪要》等司法解释均规定诈骗罪的犯罪数额以行为人实际骗取的数额计算。另外，要注意：①要将犯罪分子的犯罪成本与其诈骗后归还的款项区分开来。多次进行诈骗，并以后次诈骗财物归还前次诈骗财物的，计算诈骗数额时，应将已归还的数额扣除，按实际未归还的数额认定。②诈骗公私财物后所产生的孳息、收益等违法所得不应计入诈骗所得额之中。因为定罪量刑是以犯罪时的行为及结果为准，而孳息、收益等违法所得则是在行为人诈骗行为完成后产生的，属于事后的结果。③不应该将对行为人非法占有他人财物或者侵犯他人财产性利益之行为的惩罚性费用（如滞纳金、罚款、惩罚性赔偿金等）计算到犯罪数额中，因为这些费用本来就是对行为人之非法行为的否定性评价，与刑事法评价有平行关系，不宜再被刑事法评价。④在未遂数额与既遂数额并存的场合，两种数额不能简单相加或折算。《诈骗罪解释》第六条规定，诈骗既有既遂，又有未遂，分别达到不同量刑幅度的，依照处罚较重的规定处罚；达到同一量刑幅度的，以诈骗罪既遂处罚。这一解释对于诈骗罪中既遂与未遂并存时，基本上采用了择重规则来计算犯罪数额。

5. 财产性利益同样能否成为诈骗罪的犯罪对象？

财产性利益是指具有一定物质内容的、直接体现为某种经济利益的权利和利益。如养路费、通行费等各种规费属于一种财产性利益。财产性利益能否成为诈骗罪的对象？这在学界是有一定争议的，但多数学者认为诈骗罪的对象应该包括财产性利益。本书同意这一观点。理由如下：其一，虽然从形式上看，行为人诈骗的并非具体的财物本身，但财产性利益具有财产价值，甚至可以转化为现金或其他财物，因此这种行为其实质上也是对他人财产权的侵犯。如以欺骗的手段免除债务，与以诈骗的方法取得他人财物并无本质上的不同。其二，《刑法》规定诈骗罪的犯罪对象是财物。但是，从解释的角度看，财产性利益完全可以被解释为包含于财物之中。从内在逻辑看，诈骗财产性利益行为的危害性与诈骗他人财物的危害性相当，被害人同样会受到经济损失。从公民预期心理看，将财产性利益解释为财物的范围，不违背国民的预测可能性。

6. 如何理解《刑法》第二百六十六条规定的“本法另有规定的，依照规定”？

（1）《刑法》第二百六十六条规定的诈骗罪，属于普通诈骗犯罪。本条关于“本法另有规定的”，是指有关金融诈骗犯罪的规定。因此，对《刑法》

已经设立新的罪名的行为，就不能再按照本条规定的诈骗罪论处，即使诈骗罪的法定刑高于新设立的罪名的法定刑，也不能依照诈骗罪论处。因为《刑法》第二百六十六条规定“本法另有规定的，依照规定”表明诈骗罪与其他诈骗罪竞合的方法只能是特别法优于普通法，而不能是重罪优于轻罪。

（2）根据《刑法》第二百一十条第二款的规定，对于“使用欺骗手段骗取增值税专用发票或者可以用于骗取出口退税、抵扣税款的其他发票的”，应当以诈骗罪定罪处罚。

（3）根据《刑法》第三百条第三款的规定，对于组织和利用会道门、邪教组织或者利用迷信诈骗财物的，应当以诈骗罪定罪处罚。

7. 如何认定诈骗罪的非法占有目的？

（1）常见诈骗案件中的非法占有目的认定

判断诈骗案件被告人有无非法占有目的，一是要看被告人供述，二是要看被告人实施的客观行为。但被告人供述具有易变性，供述是否可信，仍要看供述与客观行为是否相符。因此，被告人有无非法占有目的，归根结底要根据其客观行为进行判断。

最典型的诈骗案件是针对陌生人的诈骗。二十世纪八九十年代常见的丢钱分钱、卖假“金元宝”、易拉罐中奖等街头诈骗，近年较为多发的电信网络诈骗，都是针对陌生人的诈骗。在这类案件中，被害人不知道犯罪分子的姓名、住址，犯罪分子一旦骗得被害人财物就逃之夭夭，切断与被害人的联系，非法占有目的非常明显。对这类案件的非法占有目的判断，在实践中不会产生争议。

在熟人之间也可能出现诈骗，较为常见的是以借贷为名实施的诈骗。在这类案件中，被告人取得“借款”的方式与民间借贷没有差别，但是，从被告人取得“借款”后的行为表现可以判断其非法占有目的。被告人或者居无定所，取得“借款”后即携款逃匿，躲避被害人催债；或者将“借款”转移、隐匿，拒不返还；或者将“借款”用于赌博、挥霍等，致使款项无法返还。

1996年发布的《最高人民法院关于审理诈骗案件具体应用法律的若干问题的解释》（现已失效）对合同诈骗案件中如何认定非法占有目的作了规定：“行为人具有下列情形之一的，应认定其行为属于以非法占有为目的，利用经济合同进行诈骗：（一）明知没有履行合同的能力或者有效的担保，采取下列欺骗手段与他人签订合同，骗取财物数额较大并造成较大损失的：1. 虚构主体；2. 冒用他人名义；3. 使用伪造、变造或者无效的单据、介绍信、印章或者其他证明文件的；4. 隐瞒真相，使用明知不能兑现的票据或者其他结算凭证作为合同履行担保的；5. 隐瞒真相，使用明知不符合担保条件的抵押物、债权文书等作为合同履行担保的；6. 使用其他欺骗手段使对方交付款、物的。（二）合同签订后携带对方当事人交付的货物、货款、预付款或者定金、保证金等担保合同履行的财产逃跑的；（三）挥霍对方当事人交付的货物、货款、预付款或者定金、保证金等担保合同履行的财产，致使上述款物无法返还的；（四）使用对方当事人交付的货物、货款、预付款或者定金、保证金等担保合同履行的财产进行违法犯罪活动，致使上述款物无法返还的；（五）隐匿合同货物、货款、预付款或者定金、保证金等担保合同履行的财产，拒不返还的；（六）合同签订后，以支付部分货款，开始履行合同为诱饵，骗取全部货物后，在合同规定的期限内或者双方另行约定的付款期限内，无正当理由拒不支付其余货款的。”这些规定详尽地列举了合同诈骗案件中常见的足以认定为具有非法占有目的的情形，对实践具有重要指导意义。

最高人民法院于2001年印发的《金融案件纪要》对金融诈骗案件中如何认定非法占有目的作了归纳总结：“根据司法实践，对于行为人通过诈骗的方法非法获取资金，造成数额较大资金不能归还，并具有下列情形之一的，可以认定为具有非法占有的目的：（1）明知没有归还能力而大量骗取资金的；（2）非法获取资金后逃跑的；（3）肆意挥霍骗取资金的；（4）使用骗取的资金进行违法犯罪活动的；（5）抽逃、转移资金、隐匿财产，以逃避返还资金的；（6）隐匿、销毁账目，或者搞假破产、假倒闭，以逃避返还资金的；（7）其他非法占有资金、拒不返还的行为。但是，在处理具体案件的时候，对于有证据证明行为人不具有非法占有目的的，不能单纯以财产不能归还就按金融诈骗罪处罚。”这虽然是针对金融诈骗罪的归纳，对于其他诈骗犯罪中非法占有目的的判断也有重要意义。

《最高人民法院关于审理非法集资刑事案件具体应用法律若干问题的解释》对集资诈骗案件中如何认定非法占有目的作了规定：“使用诈骗方法非法集资，具有下列情形之一的，可以认定为‘以非法占有为目的’：（一）集资后不用于生产经营活动或者用于生产经营活动与筹集资金规模明显不成比例，致使集资款不能返还的；（二）肆意挥霍集资款，致使集资款不能返还的；

（三）携带集资款逃匿的；（四）将集资款用于违法犯罪活动的；（五）抽逃、转移资金、隐匿财产，逃避返还资金的；（六）隐匿、销毁账目，或者搞假破产、假倒闭，逃避返还资金的；（七）拒不交代资金去向，逃避返还资金的；（八）其他可以认定非法占有目的的情形。"

从上述列举的情形看，认定诈骗案件被告人具有非法占有目的，不仅要求证明被告人有非法占有他人财物的行为，还要证明被告人有逃避返还骗取的财物的行为，即被告人为被害人追回被骗财物设置障碍，使得被害人无法通过民事救济途径追回被骗的财物。前述冒用他人名义、携款逃匿、挥霍骗取的资金等，都是逃避返还骗取的财物的行为表现。因此，非法占有并逃避返还骗取的财物，是认定诈骗案件非法占有目的的总标准。掌握了这一标准，就能对形形色色的案件中被告人有无非法占有目的作出正确判断。

（2）诈骗罪非法占有目的认定的若干争议问题解析

①明知经营亏损而借入资金能否认定为具有非法占有目的?

不能仅凭此就认定行为人具有非法占有的目的。其一，我们认为，在企业经营亏损的情况下借入资金，试图改善经营状况，获取更多的利润，扭亏增盈，是多数经营者的惯常思维。这种行为本身不具有任何犯罪意图，没有社会危害性可言。在经营亏损的情况下借入资金继续经营的情况在经济生活中非常普遍，其中也不乏成功的事例。其二，法律、司法解释没有规定这种情形可以认定为具有非法占有目的，显然不是立法者的疏漏，而是经过慎重考虑，认为不宜将这种行为入罪。将这种行为定性为诈骗，显然也不利于鼓励企业创业创新，对经济的发展不利。

当然，如果经营者在经营亏损的情况下借入资金并携款逃匿，或将款项隐匿、挥霍，则可以认定为诈骗。

②借后债还前债能否认定为具有非法占有目的?

应具体情况具体分析：

——在企业生产经营过程中出现资金周转困难，经营者采用借后债还前债的方式维持生产经营，则说明经营者仍在为偿还债务而努力，不能认定为具有非法占有目的。

——企业的生产经营状况已严重恶化，经营难以维持，明显无力清偿债务，经营者采用虚构投资项目等欺骗手段大量借入资金，用于归还以前所欠的债务，则属于“明知没有归还能力而大量骗取资金”的情形，可以认定为具有非法占有目的。

——民事纠纷的债务人因背负债务无力清偿而被催债或被法院强制执行，向亲友或放贷者借入资金用于清偿债务，未采用虚构借款用途等欺骗手段的，则出借方应当知道借出的资金可能无法收回，系出于帮助亲友或牟取高利的动机而自甘冒险，不能认定借款人诈骗。

③在交易过程中夸大其词甚至欺骗，抬高商品、服务的价格能否认定为具有非法占有目的？

我们认为，只要买方知道商店的地址，交易后商店仍正常营业，则买方可以存在重大误解或交易显失公平为由在法定期限内主张撤销买卖合同，要求对方返还价款。这种情形应认定为民事欺诈，不符合法律、司法解释规定的能够认定为“具有非法占有目的”的情形，不应认定为诈骗罪。

④在从事农业经营开发中弄虚作假领取国家农业补贴能否认定为具有非法占有目的？

随着国家对“三农”支持力度的加大，不少地方出现了骗取国家农业补贴的案件。对这类案件的处理，应当准确把握政策精神，严格区分诈骗犯罪与农业补贴申报中不规范操作行为的界限，避免刑事打击扩大化。既要规范国家支持农业资金的管理和使用，又要保护农业经营开发企业的合法权益，真正把国家的支农、惠农政策落到实处。

——不从事农业经营开发，或者所从事的农业经营开发项目不属于享受国家农业补贴的项目，而采用伪造材料的方法骗取国家农业补贴，达到定罪数额标准的，构成诈骗罪。

——从事可享受国家补贴的农业经营开发项目，但达不到政策规定的应享受补贴条件，而弄虚作假申领国家农业补贴，全部或主要用于农业经营开发的，属于农业补贴申报中的违规行为，不应当以诈骗罪定性。对违规获取的农业补贴，有关部门可予以收回，或责令经营者增加投入，达到享受补贴的条件。

——具备享受国家农业补贴的条件，但申报的材料中部分内容不实，获得国家农业补贴的，不构成诈骗罪。

在这类案件中，农业经营开发企业是否符合有关政策规定的享受补贴条件，应由执行政策的有关部门作出解释，不能由司法机关自行解释。

⑤一物二卖能否认定为具有非法占有目的？

一物二卖不能一律简单地认定为具有非法占有目的。如果一物二卖后，行为人将所得款项转移、隐匿、挥霍或携款潜逃，拒不返还的，则应认定为具有非法占有目的，构成诈骗。如果一物二卖后，行为人没有逃避承担民事责任的行为，则属于民事纠纷，不构成诈骗。

（3）诈骗罪非法占有目的认定应注意的几个问题

一是要准确把握法律和司法解释规定的精神。二是要用常人的思维判断诈骗罪的非法占有目的。特别是要防止把一些新型经济业态说成是新型诈骗。三是要明确，欺骗行为造成的损失能够通过民事途径进行救济的，不应认定为诈骗罪。因为，诈骗并不泛指一切采用欺骗手段取得财物的行为，只有达到一定严重程度、有较大社会危害的骗取财物行为，才构成诈骗。《刑法》之所以把诈骗行为规定为犯罪，是因为这种行为严重侵犯他人财产权益，犯罪分子骗取他人财产或者隐匿了身份、住址，或者没有留下被害人主张权利的证据，或者将骗取的财产挥霍、藏匿等，被害人无法通过正常的民事救济途径维护其权益，不采用刑事手段制裁不足以维护正常的社会秩序。也就是说，正是在民法不敷用的情况下，才产生了刑法。因此，构成诈骗罪的行为，应当是不能通过民事途径进行救济的行为。欺骗行为尚不严重，不影响被骗人通过民事途径进行救济的，不应认定为诈骗犯罪。在司法实践中，办案人员应当把被骗的财产损失能否通过民事救济途径予以挽回作为有无非法占有目的的重要判断标准。将能够通过民事途径救济的骗取财物行为排除在诈骗犯罪之外，也符合刑法的谦抑性原则。

（4）在罪与非罪界限不明的情况下应当坚持疑罪从无

诈骗案件的罪与非罪界限并非泾渭分明。实践中经常会遇到一些模棱两可、似是而非的案件。有些案件证据情况基本相同，但被告人的主观故意并不相同。例如，同样是在严重亏损的情况下借入资金用于生产经营，甲案的被告人打算归还借款，乙案的被告人并不打算归还借款，但两案的被告人在供述时都声称没有诈骗故意，这时就很难查清哪个案件的被告人有诈骗故意。有的案件罪与非罪的法律界限本身就不清楚。例如民间借贷和诈骗、合同诈骗和合同纠纷有时很难作出区分。有的案件中被告人的主观故意并非十分明晰，时而想骗，时而不想骗。于是，在罪与非罪之间就出现了一个模糊地带。对于这类罪与非罪界限不明的案件，应当坚持疑罪从无，作出有利于被告人的认定。

无罪推定、疑罪从无作为刑事诉讼法的基本原则，无疑应当适用于定罪证据不足的案件。但对于法律界限不明确的案件，能否适用疑罪从无的原则，则存有争议。根据《中共中央、国务院关于完善产权保护制度依法保护产权的意见》，对于法律界限不明的案件也应当适用疑罪从无的原则。该意见要求："充分考虑非公有制经济特点，严格区分经济纠纷与经济犯罪的界限、企业正当融资与非法集资的界限、民营企业参与国有企业兼并重组中涉及的经济纠纷与恶意侵占国有资产的界限，准确把握经济违法行为入刑标准，准确认定经济纠纷和经济犯罪的性质，防范刑事执法介入经济纠纷，防止选择性司法。对于法律界限不明、罪与非罪不清的，司法机关应严格遵循罪刑法定、疑罪从无、严禁有罪推定的原则，防止把经济纠纷当作犯罪处理。"

8. 借款时已欠下巨额债务，不具备偿还能力，却高息借款的行为是否构成诈骗罪?

分歧观点：第一种观点认为，只表明行为人在没有偿还能力的情况下，用欺诈的方法借钱，不等于为了非法占有，应按民事欺诈处理，其仅应当承担偿还借款的责任。

第二种观点认为，在此情况下行为人为了填补高利贷黑洞，隐瞒事实真相向他人借款，其明知该款客观上已无归还可能，因此，其骗钱还债的故意明显，符合诈骗罪基本特征。

本书观点：同意第二种观点。理由如下：

（1）诈骗罪是指以非法占有为目的，用虚构事实或者隐瞒真相的方法，骗取数额较大的公私财物的行为。民事欺诈行为则是指在民事活动中，一方当事人故意以不真实情况为真实的意思表示，使对方陷于错误认识，从而达到引起一定民事法律关系的不法行为。两者都采用欺骗方法，主要区别在于：一是民事欺诈行为的当事人采取欺骗方法，旨在诱使对方陷入认识错误并与其交易从而获取一定的经济利益，不具有非法占有公私财物的目的；而诈骗罪实施欺骗的目的是让对方陷于错误认识而处分财产，从而达到非法占有公私财物的目的。二是民事欺诈行为人在签订合同之后，总会以积极的态度创造条件履行合同；诈骗行为人根本无履行诚意或履行能力，即使有一点履行合同的行为，也是象征性"虚晃一枪"。三是民事欺诈行为人为了减轻责任可能进行一定程度的辩解，但不会逃避承担责任；而诈骗行为人则是要使自己逃避承担责任，使对方遭受损失。

（2）题例情景中，客观上，行为人通过自己的积极行为实施了诈骗行为。

因为其已欠下巨额债务，仍然高息借款，其目的不是通过双方履行借、还款合同，各自谋取一定的利益，而是只想让出借方单方履行给付借款义务，直接非法占有对方的款项，因此，行为人是通过欺骗手段获得了债权人的借款。主观方面，行为人具有非法占有他人财物的主观故意。其明知自己根本不可能再有能力履行借款合同，借钱的结果只能导致债权人财产损失，仍通过以高息为诱饵向多个债权人借得大笔款项。即使出具了借据，但借据只不过是幌子、道具，当然也不存在纠纷发生后，想方设法通过履行还款义务减轻自己的责任，使对方挽回所遭受的损失问题。因此，行为人非法占有他人财物的目的明显。

综上，行为人的行为符合诈骗罪的主客观要件，应以诈骗罪追究刑事责任。

（五）量刑指导与参考

依照《刑法》第二百六十六条规定，犯诈骗罪的，处三年以下有期徒刑、拘役或者管制，并处或者单处罚金；数额巨大或者有其他严重情节的，处三年以上十年以下有期徒刑，并处罚金；数额特别巨大或者有其他特别严重情节的，处十年以上有期徒刑或者无期徒刑，并处罚金或者没收财产。本法另有规定的，依照规定。

司法机关在适用本条规定处罚时，应当注意以下问题：

1. 关于“数额巨大”“数额特别巨大”的认定。根据《诈骗罪解释》第一条的规定，诈骗公私财物价值在3万元至10万元以上、50万元以上的，应当分别认定为《刑法》第二百六十六条规定的“数额巨大”“数额特别巨大”。各省、自治区、直辖市高级人民法院、人民检察院可以结合本地区经济社会发展状况，在前款规定的数额幅度内，共同研究确定本地区执行的具体数额标准，报最高人民法院、最高人民检察院备案。

2. 关于酌情从严惩处的规定和“其他严重情节”“其他特别严重情节”的认定。根据《诈骗罪解释》第二条的规定，诈骗公私财物达到本解释第一条规定的数额标准，具有下列情形之一的，可以依照《刑法》第二百六十六条的规定酌情从严惩处：（1）通过发送短信、拨打电话或者利用互联网、广播电视、报刊杂志等发布虚假信息，对不特定多数人实施诈骗的；（2）诈骗救灾、抢险、防汛、优抚、扶贫、移民、救济、医疗款物的；（3）以赈灾募捐名义实施诈骗的；（4）诈骗残疾人、老年人或者丧失劳动能力人的财物的；（5）造成被害人自杀、精神失常或者其他严重后果的。诈骗数额接近本解释第一条规定的“数额巨大”“数额特别巨大”的标准，并具有前款规定的情形之一或者属于诈骗集团首要分子的，应当分别认定为《刑法》第二百六十六条规定的“其他严重情节”“其他特别严重情节”。

3. 关于免予刑事处罚的规定和诈骗近亲属财物的处理。诈骗公私财物虽已达到《诈骗罪解释》第一条规定的“数额较大”的标准，但具有下列情形之一，且行为人认罪、悔罪的，可以根据《刑法》第三十七条、《刑事诉讼法》第一百七十三条的规定不起诉或者免予刑事处罚：（1）具有法定从宽处罚情节的；（2）一审宣判前全部退赃、退赔的；（3）没有参与分赃或者获赃较少且不是主犯的；（4）被害人谅解的；（5）其他情节轻微、危害不大的。诈骗近亲属的财物，近亲属谅解的，一般可不按犯罪处理。诈骗近亲属的财物，确有追究刑事责任必要的，具体处理也应酌情从宽。

4. 诈骗财物的依法追缴。行为人已将诈骗财物用于清偿债务或者转让给他人，具有下列情形之一的，应当依法追缴：（1）对方明知是诈骗财物而收取的；（2）对方无偿取得诈骗财物的；（3）对方以明显低于市场的价格取得诈骗财物的；（4）对方取得诈骗财物系源于非法债务或者违法犯罪活动的。他人善意取得诈骗财物的，不予追缴。

5. 规范化量刑。《量刑指导意见（试行）》对诈骗罪的量刑作了如下规定：（1）构成诈骗罪的，根据下列情形在相应的幅度内确定量刑起点：①达到数额较大起点的，在一年以下有期徒刑、拘役幅度内确定量刑起点。②达到数额巨大起点或者有其他严重情节的，在三年至四年有期徒刑幅度内确定量刑起点。③达到数额特别巨大起点或者有其他特别严重情节的，在十年至十二年有期徒刑幅度内确定量刑起点。依法应当判处无期徒刑的除外。（2）在量刑起点的基础上，根据诈骗数额等其他影响犯罪构成的犯罪事实增加刑罚量，确定基准刑。

四、抢夺罪

（一）刑法规定

第二百六十七条[①]　抢夺公私财物，数额较大的，或者多次抢夺的，处三年以下有期徒刑、拘役或者管制，并处或者单处罚金；数额巨大或者有其他严重情节的，处三年以上十年以下有期徒刑，并处罚金；数额特别巨大或者有其他特别严重情节的，处十年以上有期徒刑或者无期徒刑，并处罚金或者没收财产。

携带凶器抢夺的，依照本法第二百六十三条的规定定罪处罚。

（二）司法解释、司法文件及其权威解读

最高人民法院、最高人民检察院关于办理抢夺刑事案件适用法律若干问题的解释（法释〔2013〕25 号，自 2013 年 11 月 18 日起施行）

为依法惩治抢夺犯罪，保护公私财产，根据《中华人民共和国刑法》的有关规定，现就办理此类刑事案件适用法律的若干问题解释如下：

第一条　抢夺公私财物价值一千元至三千元以上、三万元至八万元以上、二十万元至四十万元以上的，应当分别认定为刑法第二百六十七条规定的“数额较大”、“数额巨大”、“数额特别巨大”。

各省、自治区、直辖市高级人民法院、人民检察院可以根据本地区经济发展状况，并考虑社会治安状况，在前款规定的数额幅度内，确定本地区执行的具体数额标准，报最高人民法院、最高人民检察院批准。

第二条　抢夺公私财物，具有下列情形之一的，“数额较大”的标准按照前条规定标准的百分之五十确定：

（一）曾因抢劫、抢夺或者聚众哄抢受过刑事处罚的；

（二）一年内曾因抢夺或者哄抢受过行政处罚的；

---

① 本条经 2015 年 8 月 29 日《刑法修正案（九）》第二十条修正。1997 年《刑法》第二百六十七条规定：“抢夺公私财物，数额较大的，处三年以下有期徒刑、拘役或者管制，并处或者单处罚金；数额巨大或者有其他严重情节的，处三年以上十年以下有期徒刑，并处罚金；数额特别巨大或者有其他特别严重情节的，处十年以上有期徒刑或者无期徒刑，并处罚金或者没收财产。携带凶器抢夺的，依照本法第二百六十三条的规定定罪处罚。”

（三）一年内抢夺三次以上的；

（四）驾驶机动车、非机动车抢夺的；

（五）组织、控制未成年人抢夺的；

（六）抢夺老年人、未成年人、孕妇、携带婴幼儿的人、残疾人、丧失劳动能力人的财物的；

（七）在医院抢夺病人或者其亲友财物的；

（八）抢夺救灾、抢险、防汛、优抚、扶贫、移民、救济款物的；

（九）自然灾害、事故灾害、社会安全事件等突发事件期间，在事件发生地抢夺的；

（十）导致他人轻伤或者精神失常等严重后果的。

第三条 抢夺公私财物，具有下列情形之一的，应当认定为刑法第二百六十七条规定的“其他严重情节”：

（一）导致他人重伤的；

（二）导致他人自杀的；

（三）具有本解释第二条第三项至第十项规定的情形之一，数额达到本解释第一条规定的“数额巨大”百分之五十的。

第四条 抢夺公私财物，具有下列情形之一的，应当认定为刑法第二百六十七条规定的“其他特别严重情节”：

（一）导致他人死亡的；

（二）具有本解释第二条第三项至第十项规定的情形之一，数额达到本解释第一条规定的“数额特别巨大”百分之五十的。

第五条 抢夺公私财物数额较大，但未造成他人轻伤以上伤害，行为人系初犯，认罪、悔罪，退赃、退赔，且具有下列情形之一的，可以认定为犯罪情节轻微，不起诉或者免予刑事处罚；必要时，由有关部门依法予以行政处罚：

（一）具有法定从宽处罚情节的；

（二）没有参与分赃或者获赃较少，且不是主犯的；

（三）被害人谅解的；

（四）其他情节轻微、危害不大的。

第六条 驾驶机动车、非机动车夺取他人财物，具有下列情形之一的，应当以抢劫罪定罪处罚：

（一）夺取他人财物时因被害人不放手而强行夺取的；

（二）驾驶车辆逼挤、撞击或者强行逼倒他人夺取财物的；

（三）明知会致人伤亡仍然强行夺取并放任造成财物持有人轻伤以上后果的。

第七条 本解释公布施行后，《最高人民法院关于审理抢夺刑事案件具体应用法律若干问题的解释》（法释〔2002〕18号）同时废止；之前发布的司法解释和规范性文件与本解释不一致的，以本解释为准。

权威解读

解读《最高人民法院、最高人民检察院关于办理抢夺刑事案件适用法律若干问题的解释》

一、问题的提出

《最高人民法院、最高人民检察院关于办理抢夺刑事案件适用法律若干问题的解释》（以下简称《抢夺解释》）制定的背景主要有两个方面：一是打击抢夺犯罪的司法实际需要。抢夺犯罪是一种多发性侵财犯罪，社会危害大，一直属于司法机关严惩范围。《2002年抢夺解释》规定了抢夺罪定罪量刑数额标准，对于惩治此类犯罪发挥了重要作用。十多年来，随着经济社会发展，社会生活发生了重大变化，抢夺犯罪也出现了许多新的形式，司法机关办案中不断遇到新的法律适用问题，需要司法解释进一步明确以适应惩治抢夺犯罪的实际需要。二是与盗窃罪等侵财犯罪的定罪量刑标准保持协调。《2002年抢夺解释》规定的抢夺罪"数额较大""数额巨大""数额特别巨大"的认定标准与1998年3月17日颁布的《最高人民法院关于审理盗窃案件具体应用法律若干问题的解释》（以下简称《98年盗窃罪解释》）规定的盗窃罪数额标准一致，分别是500元至2000元以上、5000元至2万元以上、3万元至10万元以上。2013年4月《盗窃罪解释》调高了盗窃罪的数额认定标准，2013年4月《敲诈勒索解释》调高了敲诈勒索罪的入罪标准。如不及时修改抢夺罪的数额认定标准，就会出现抢夺罪与盗窃罪等侵犯财产犯罪的定罪量刑标准失衡，有悖于罪责刑相适应原则。因此，需要调整抢夺罪的定罪量刑标准，以保持抢夺罪与盗窃罪之间定罪量刑标准均衡。

为解决司法实践中出现的新问题，"两高"及时启动了《抢夺解释》制定工作。经多方面征求意见，反复研究修改，形成了《抢夺解释》，并经最高人民法院审理委员会、最高人民检察院检察委员会分别审议通过，自2013年

11月18日起施行。

《抢夺解释》共七条。着重对抢夺“数额较大”“数额巨大”“数额特别巨大”的认定标准作了调整；对几种情节严重的抢夺罪“数额较大”的认定标准作了特别规定。同时，明确了抢夺罪“其他严重情节”“其他特别严重情节”，驾驶车辆强行夺取财物的定性等问题。

二、理解与适用

（一）明确“数额较大”的认定标准

适当调整了抢夺罪定罪的数额起点一般标准。《抢夺解释》第一条第一款规定，抢夺公私财物价值一千元至三千元以上应当认定为《刑法》第二百六十七条规定的“数额较大”，与《2002年抢夺解释》的规定相比，数额标准有所提高，即由原来规定的500元至2000元提高至1000元至3000元。主要考虑：一是侵财犯罪数额标准的设定，首先要考虑社会治安状况和人民群众的安全感，鉴于“两抢一盗”犯罪历来是刑法打击重点，对抢夺罪认定的数额起点标准不宜调得过高，只作微幅调整。二是与近期出台的有关侵财犯罪的司法解释相协调，如诈骗罪、盗窃罪、敲诈勒索罪解释均对数额认定标准有所提高。考虑到各地经济发展状况和社会治安状况有所不同，《抢夺解释》第一条第二款规定，各省、自治区、直辖市高级人民法院、人民检察院可以根据本地区经济发展状况，并考虑社会治安状况，在前款规定的数额幅度内，确定本地区执行的具体数额标准，报最高人民法院、最高人民检察院批准。与《2002年抢夺解释》第六条的规定相比，将“备案”修改为“批准”，主要考虑到，为维护国家法制统一，司法解释权应该由“两高”行使，不宜将犯罪数额的解释权再授权地方司法机关。在解释公布施行后，各省高级人民法院、人民检察院应根据本款规定，结合本地实际，共同研究确定本地区办理抢夺刑事案件的具体数额标准，报送“两高”批准执行。

增加规定了抢夺“数额较大”的特别认定标准。针对实践中一些情节恶劣，社会危害性大，需要从严惩处的抢夺行为，《抢夺解释》第二条规定了特别入罪标准，即只要达到第一条规定的“数额较大”标准的百分之五十，又具有特定犯罪情形的，以抢夺罪追究刑事责任。第二条共列有十项情形：“（一）曾因抢劫、抢夺或者聚众哄抢受过刑事处罚的；（二）一年内曾因抢夺或者哄抢受过行政处罚的；（三）一年内抢夺三次以上的；（四）驾驶机动车、非机动车抢夺的；（五）组织、控制未成年人抢夺的；（六）抢夺老年人、未成年人、孕妇、携带婴幼儿的人、残疾人、丧失劳动能力人的财物的；（七）在医院抢夺病人或者其亲友财物的；（八）抢夺救灾、抢险、防汛、优抚、扶贫、移民、救济款物的；（九）自然灾害、事故灾害、社会安全事件等突发事件期间，在事件发生地抢夺的；（十）导致他人轻伤或者精神失常等严重后果的。"

第一项、第二项规定了抢夺数额较小但有犯罪前科或受过行政处罚的入罪情形。对于因为抢夺受过处罚再实施抢夺的，行为人屡教不改，主观恶性深，具有较大的人身危险性，对此类行为应当从严惩处。考虑到抢劫、哄抢与抢夺在行为方式上具有相似性，且行为人极易实施抢夺相似行为，《抢夺解释》第一项、第二项将实施抢劫、哄抢被处罚后又实施抢夺的也作为从严惩处的情形。第三项从抢夺的次数方面对需要严惩的抢夺行为予以规定，一年内抢夺三次以上，较通常情形下的抢夺行为社会危害性更大，需要从严惩处。需要说明的是，此项规定的"抢夺"，是指没有受到刑事处罚或者行政处罚的抢夺行为，如果一年内曾因抢夺受过刑事处罚或者行政处罚后再实施抢夺的，应该适用本条第一项、第二项的规定认定。第四项针对实践中驾驶机动车、非机动车抢夺的，由于抢夺行为对被害人造成潜在的人身威胁较大，采取此类特定抢夺方式抢夺的应该从严惩处。2005 年 6 月《两抢意见》第十一条规定驾驶车辆抢夺的应从重处罚，本项对该规定再次予以明确。第五项主要针对组织、控制未成年人抢夺案件社会危害性更为严重的实际情况作出规定。第六项主要从抢夺对象方面，加大对弱势群体人身、财产的保护角度作出规定，考虑到实践中的情况，将"携带婴幼儿的人"纳入特殊人群保护范围。第七项针对在医院抢夺就医人员的"救命钱"，行为人主观恶性相对更大，客观危害也更为严重的情况作出规定。适用该项规定应注意同时符合两个条件：一是地点条件，即只能是在医院这一特定场所内；二是受害对象只能是病人及其亲友。第八项考虑到抢夺救灾、抢险等属于特殊用途的救济款物，不仅是财产上的损失，还可能造成其他严重危害后果，此种情形需要从严打击。第九项主要考虑到在突发事件发生地实施抢夺犯罪，造成危害后果更为严重，明确在"突发事件期间"和"事件发生地"抢夺的应该从严惩处。认定这种情况，也要注意应同时具备两个条件：一是时间条件，即在"突发事件期间"；二是地点条件，即"事件发生地"。实践中，对于在突发事件期间抢夺但并非在突发事件发生地实施抢夺行为的，不属于第九项规定的情形。第十项明确了抢夺造成的其他严重后果应该从严处罚，导致他人轻伤或者精神失常，是指过失造成了被害人轻伤伤害或精神失常的后果。

（二）明确“数额巨大”“数额特别巨大”及“其他严重情节”“其他特别严重情节”的认定标准

《抢夺解释》第一条第一款规定，抢夺公私财物价值3万元至8万元以上的应该认定为《刑法》第二百六十七条规定的“数额巨大”，20万元至40万元以上的应认定为“数额特别巨大”。《抢夺解释》与《2002年抢夺解释》相比，对“数额巨大”“数额特别巨大”的认定标准均作了较大幅度的提高，主要考虑：一是拉大“数额巨大”“数额特别巨大”与“数额较大”之间的幅度，有利于更好地落实罪责刑相适应原则。二是与近期出台的有关侵财犯罪的司法解释提高的定罪量刑数额标准相协调。

《抢夺解释》第三条、第四条明确了抢夺罪“其他严重情节”“其他特别严重情节”。抢夺公私财物，导致他人重伤、自杀或者具有本解释第二条第三项至第十项规定的情形之一，数额达到本解释第一条规定的“数额巨大”百分之五十的，应当认定为抢夺罪“其他严重情节”；导致他人死亡或者具有本解释第二条第三项至第十项规定的情形之一，数额达到本解释第一条规定的“数额特别巨大”百分之五十的，应当认定为抢夺罪“其他特别严重情节”。

《抢夺解释》第三条、第四条是在《2002年抢夺解释》第四条、第五条规定的基础上进行的修改。《2002年抢夺解释》第五条规定：“实施抢夺公私财物行为，构成抢夺罪，同时造成被害人重伤、死亡等后果，构成过失致人重伤罪、过失致人死亡罪等犯罪的，依照处罚较重的规定定罪处罚。”实践中出现行为人抢夺“数额较大”，又致人重伤的，构成抢夺罪和过失致人重伤罪，但由于两罪法定刑均为三年有期徒刑以下，难以区分法定刑轻重，导致适用何种罪名出现困难。为了解决上述问题，《抢夺解释》规定，因抢夺致人重伤、死亡的，一律以抢夺罪论处，同时将抢夺致人重伤、死亡的情形采取列举的方式分别规定为“其他严重情节”“其他特别严重情节”，并在第三条“其他严重情节”增加了“导致他人自杀的”情形。一方面，解决了《2002年抢夺解释》第五条的问题；另一方面，加大对抢夺致人重伤、死亡的打击力度，更好地落实罪责刑相适应原则。

《抢夺解释》第三条第三项、第四条第二项结合抢夺犯罪情节和犯罪数额，分别规定具有第二条第三项至第十项规定的情形之一，抢夺公私财物数额达到抢夺“数额巨大”“数额特别巨大”标准的百分之五十的，应认定为“其他严重情节”“其他特别严重情节”。对于具有第二条第三项至第十项情形的，应予从严惩处，即使抢夺数额没有达到“数额巨大”“数额特别巨大”标准，但只要达到其百分之五十，也应与抢夺数额达到“数额巨大”“数额特别巨大”标准予以同等处罚。

（三）明确抢夺情节轻微可不起诉或者免予刑事处罚的情形

《抢夺解释》第五条借鉴了《盗窃罪解释》第七条、《敲诈勒索解释》第五条，规定抢夺公私财物数额较大，但未造成他人轻伤以上伤害，行为人系初犯，认罪、悔罪，退赃、退赔，且具有法定从宽处罚情节的，没有参与分赃或者获赃较少、且不是主犯的，被害人谅解的以及其他情节轻微、危害不大的，可以认定为犯罪情节轻微，不起诉或者免予刑事处罚；必要时，由有关部门依法予以行政处罚。

本条规定体现了宽严相济刑事政策从宽的一面，对于抢夺犯罪情节轻微的可以不起诉或者免予刑事处罚。司法实践中需要注意：

一是抢夺罪可认定为犯罪情节轻微的前提条件，除行为人认罪、悔罪，退赃、退赔外，还需要具备行为人属于初犯、没有造成被害人轻伤以上伤害的情形。

二是“可以不起诉或者免予刑事处罚”针对的是抢夺公私财物数额达到较大标准的行为，即已经构成抢夺犯罪的行为。对于抢夺公私财物数额达到“数额巨大”以上的，均不能适用不起诉或者免予刑事处罚。

三是对于不起诉或者免予刑事处罚的，必要时由有关部门予以行政处罚。如果根据治安管理处罚法的规定应当处罚的，由治安管理部门予以相应的治安处罚。

（四）明确驾驶车辆夺取财物的定性问题

对驾驶车辆抢夺行为如何定性一直是实践中存在的难题。一种意见认为，行为人利用快速行驶的车辆实施抢夺，除侵犯了被害人的财产权外，还必然威胁被害人的人身安全，侵害被害人人身权利，应以抢劫罪定罪处罚；另一种意见认为，驾驶车辆抢夺的对象是财物而不是被害人的人身，行为人不是故意对被害人人身使用暴力，应以抢夺罪从重处罚。经研究认为，一般情况下，驾驶车辆抢夺的，使用暴力针对的是被害人的财物，行为人没有对被害人的人身使用暴力的故意，对于实践中驾驶车辆抢夺过失造成被害人人身伤害的后果的，应该以抢夺罪从重处罚；对于驾驶车辆抢夺，因被害人保护财物而强行拖拽、威胁被害人的，此时行为方式和行为对象发生了转化，暴力不仅针对财物而且作用于被害人人身，行为性质也发生了转化，由抢夺转化为抢劫，应该以抢劫罪定罪处罚。

针对实践中的具体情况，《两抢意见》第十一条明确了驾驶车辆夺取他人财物应当以抢劫罪定罪处罚的三种情形。《抢夺解释》第六条吸收了该意见规定的应以抢劫罪论处的三种情形，并对相关文字表述作出修改，明确驾驶机动车、非机动车夺取他人财物，夺取他人财物时因被害人不放手而强行夺取的，驾驶车辆逼挤、撞击或者强行逼倒他人夺取财物的，或者明知会致人伤亡仍然强行夺取并放任造成财物持有人轻伤以上后果的，应当以抢劫罪定罪处罚。

需要注意的是，对于驾驶机动车夺取财物案件的定性，需要根据案件具体情况，区别适用《抢夺解释》第二条第四项和第六条的规定。一般情况下，驾驶机动车、非机动车抢夺案件，驾驶车辆抢夺应该作为抢夺罪从严惩处的情形，抢夺公私财物的数额只要达到《抢夺解释》第一条规定的“数额较大”标准的百分之五十，即以抢夺罪追究刑事责任。特殊情况下，具有《抢夺解释》第六条规定的三种情形之一的，以抢劫罪定罪处罚。

此外，《抢夺解释》第七条规定了解释的效力，明确废止了《2002年抢夺解释》。解释发布施行后，之前发布的司法解释和规范性文件与解释不一致的，以本解释为准。

（撰稿：陈国庆、韩耀元、宋丹）

（三）典型或常见问题的审理思路

1. 实施故意伤害行为，被害人逃离后，行为人临时起意取走被害人遗留在现场的财物，如何定性？①

分歧意见：第一种意见认为，行为人故意伤害被害人的行为是其实施抢劫犯罪的一个加重情节，其行为只构成抢劫罪。

第二种意见认为，行为人先出于报复目的，实施了故意伤害行为。后又萌发非法占有他人财物的故意，利用被害人被砍伤后不敢反抗、无法反抗的情形，当场劫取被害人的财物，系出于两个不同的犯罪故意，实施了两个不

① 观点来源：《刑事审判参考》2011年第2集（总第79集），郭某周故意伤害、抢夺案。

同的犯罪行为，故其行为分别构成故意伤害罪和抢劫罪。

第三种意见认为，郭某周是在砍伤被害人后临时起意非法占有被害人的摩托车，其在开走该车时，并未实施暴力或其他人身强制方法，因此这段行为只能认定为抢夺罪。其侵犯被害人人身权利的暴力行为已在故意伤害罪中作过评价，不能再在非法占有财物的行为中重复评价，故其行为分别构成故意伤害和抢夺罪。

本书观点：同意第三种意见。理由是：

（1）行为人持刀伤人，后又临时起意取财的行为构成两个犯罪。行为人是在持刀砍伤被害人后才临时起意非法占有被害人遗留在现场的摩托车，因而具有伤害他人身体和非法占有他人财物两个独立的犯意，并在这两个犯意的支配下分别实施了故意伤害行为和取走他人财物的行为，应认定为两个独立的犯罪行为。

（2）行为人故意伤害他人后，临时起意取走他人财物的行为，不能认定为抢劫罪。行为人前段故意伤害他人的行为构成故意伤害罪毋庸置疑，但其在被害人逃离后，临时起意取走被害人遗留在现场的财物的行为能否认定为抢劫罪。有观点认为，行为人郭某周在伤害被害人后，临时起意取走被害人遗留在现场的财物的行为，其先前对被害人的伤害行为已使被害人处于不敢反抗的处境，足以让受伤的被害人心理产生恐惧而不敢反抗。《两抢意见》第八条规定："行为人实施伤害、强奸等犯罪行为，在被害人未失去知觉，利用被害人不能反抗、不敢反抗的处境，临时起意劫取他人财物的，应以此前所实施的具体犯罪与抢劫罪实行数罪并罚；在被害人失去知觉或者没有发觉的情形下，以及实施故意杀人犯罪行为之后，临时起意拿走他人财物的，应以此前所实施的具体犯罪与盗窃罪实行数罪并罚。"行为人在被害人未失去知觉，利用被害人被伤害后不敢反抗、无法反抗的情形，临时起意取走被害人遗留在现场的财物，其行为分别构成故意伤害罪、抢劫罪，应以上述二罪并罚。我们认为，行为人的取财行为不能以抢劫罪论处。理由如下：第一，行为人的取财行为不属于"行为人实施伤害、强奸等犯罪行为，在被害人未失去知觉，利用被害人不能反抗、不敢反抗的处境，临时起意劫取他人财物"的情形。《抢夺意见》第八条规定的第一种情形，体现在以下四个方面：一是行为人在取走财物前实施了故意伤害或强奸等暴力行为。二是行为人取走财物属于临时起意。如果行为人是为劫取财物而实施暴力行为，则其实施的暴力行为只是劫财行为的一种手段，只以抢劫一罪处断。如果行为人在实施暴力行为前既有伤害、强奸等故意，又有占有被害人财物的故意，则应当认定其先前的暴力行为是其后夺取财物行为的辅助手段，应当以其实施的具体暴力行为犯罪和抢劫犯罪数罪并罚。三是在行为人取走被害人财物时，被害人有一定的知觉。如无知觉，则行为人临时起意的取财行为属于盗窃行为。四是行为人取走财物时，利用了先前的暴力行为对被害人的影响力，并使被害人处于不能反抗或不敢反抗的状态。其中第四个因素是关键因素。如果行为人实施暴力行为时或完毕后，由于时空转换或者救助机会出现等原因，被害人的人身危险已经解除，行为人的先行暴力行为对被害人的影响力已消失或中断，不会再使被害人不敢反抗或不能反抗后，行为人方临时起意将被害人财物取走的，其取财行为并不具有暴力性特征，故不能认定为抢劫行为。因为，此时被害人的人身安全已得到完全保障，行为人先前的暴力伤害行为已告中断，其对被害人的人身侵害在时间和空间上不具有延续性，其临时起意取走被害人遗留在现场财物的行为不具备有暴力取财的特征，不符合《两抢意见》第八条的规定，不能据此认定为抢劫罪。第二，行为人临时取走被害人遗留在现场财物的行为不属于“携带凶器抢夺”的情形。有观点认为，虽然行为人在取财时没有直接对被害人实施暴力，但其故意实施伤害的工具，如菜刀等，已对被害人形成威胁，依照《刑法》第二百六十七条第二款的规定，携带凶器抢夺的，依照抢劫罪定罪处罚。应当据此认定为抢劫罪。我们认为，这一观点有失偏颇。《抢劫解释》第六条规定：“刑法第二百六十七条第二款规定的‘携带凶器抢夺’，是指行为人随身携带枪支、爆炸物、管制刀具等国家禁止个人携带的器械进行抢夺或者为了实施犯罪而携带其他器械进行抢夺的行为。”对此，起草该解释的同志在《〈最高人民法院关于审理抢劫案件具体应用法律若干问题的解释〉的理解与适用》中进一步明确：“‘携带凶器抢夺’的立法本意，应当理解为为了实施抢夺而携带凶器。为此，《抢劫解释》第六条将‘携带凶器抢夺’行为界定为两种情形：一是行为人随身携带枪支、爆炸物、管制刀具等国家禁止个人携带的器械进行抢夺的行为。携带国家禁止个人携带的器械本身就是一种违法行为，在一定程度上也可以反映出行为人的犯罪倾向。携带这些器械实施抢夺行为的，应当认定为‘携带凶器抢夺’，以抢劫罪定罪。二是行为人为了实施犯罪而携带其他器械进行抢夺的行为。实践中确实存在携带并非国家管制的其他器械（如砖头、菜刀等）

进行抢夺的行为，对这种行为的认定不能一概而论，而应当从行为人携带器械的主观目的方面进行分析。只有对行为人为了实施犯罪而携带其他器械进行抢夺的行为，才能认定为抢劫罪。因为在这种情况下，这些器械本身虽然不能反映出违法性，但实施抢夺犯罪的意图反映了其‘凶器’的本性。即使最终未能使用，也符合刑法规定的‘携带凶器抢夺’的特征。但是，如果行为人携带其他器械的本意不是为了实施犯罪，只能依照抢夺罪的有关规定定罪处罚。”简言之，即携带凶器抢夺有两种情形：一是携带管制凶器进行抢夺；二是为了实施犯罪而携带其他非管制凶器抢夺。在后一种情形中，要求行为人携带凶器的目的必须是实施犯罪。很显然，行为人故意伤害被害人时，并没有非法占有的目的，非法占有的目的是临时起意产生的，其临时起意取走被害人遗留在现场财物的行为，不符合《刑法》第二百六十七条第二款及《抢劫解释》第六条规定的“携带凶器抢夺”的情形，亦不能据此认定为抢劫行为。

（3）行为人故意伤害他人后，临时起意取走他人财物的行为应认定为抢夺罪。抢夺罪，是指以非法占有为目的，当场夺取他人数额较大的财物的行为。该罪的客观方面具体表现为以下三种形式：一是乘人不备而夺取；二是在他人来不及夺回时（不问是否乘人不备）而夺取；三是制造他人不能夺回的机会而夺取。由此可见，“乘人不备”而夺取财物只是抢夺罪中的一种最常见的表现形式，但并不意味着它是抢夺罪的唯一表现形式，也不意味着它是抢夺罪的必要客观构成要件。长期以来，由于后两种情形在抢夺罪中不常见，以至于很多人忽略或者遗漏了这些情形，而将抢夺罪定义为：“以非法占有为目的，乘人不备，公然夺取数额较大的公私财物的行为。”该观点将“乘人不备”作为抢夺罪的一个必要客观构成要件。但是仔细分析，不难看出，“乘人不备”并不是抢夺罪的必要构成要件，而是抢夺罪的一种常见表现形式。比如，财物的所有人或保管人对行为人抢夺财物的意图已有所察觉、有所防备，行为人甚至也意识到这一点，但是行为人利用当时偏僻无人、治安秩序不好、无人敢出面干涉等情况，或者在财物的所有人或保管人因年老、患病、轻中度醉酒等原因而丧失或基本丧失保管财物能力但神志清醒等情况下．未使用暴力或者以暴力相威胁而公然夺走财物。在这些情况下夺取财物的行为明显不属于“乘人不备”，但行为人主观上具有非法占有他人财物的目的，客观上实施了公然夺取财物的行为，符合抢夺罪的主客观要件，应以抢夺罪论处。

因此，在办理案件时，应注意不要将常见"符合规范的常见事实"等同于"规范能够评价的全部事实"，不能将抢夺罪的客观构成要件等同于"乘人不备"这种犯罪表现形式。只要行为人以非法占有为目的，采取了公然夺取的手段，且夺取的财物达到抢夺罪的数额构成标准后，就可认定该行为构成抢夺罪。行为人在故意伤害被害人后，临时起意取走被害人遗留在现场财物的行为，虽不具有"乘人不备"这一要件，但其主观上有非法占有他人财物的目的，客观上实施的是利用被害人来不及夺回的情形而公然夺取财物，其行为完全符合抢夺罪的构成要件。因此，那种关于"行为人是在被害人不敢反抗的情形下公然抢夺财物，并非乘被害人不备的情形下抢夺财物，其行为不符合抢夺罪的构成要件，而符合抢劫罪的构成要件"的观点不能成立。

综上所述，行为人在故意伤害他人后，临时起意取走被害人遗留在现场财物的行为，既不符合《两抢意见》第八条规定的"行为人实施伤害、强奸等犯罪行为，在被害人未失去知觉，利用被害人不能反抗、不敢反抗的处境，临时起意劫取他人财物"的情形，也不符合《刑法》第二百六十七条第二款规定的"携带凶器抢夺"的情形，不能认定为抢劫罪；而符合抢夺罪中以非法占有为目的，在被害人来不及夺回时公然夺取被害人财物的情形，因此，应当认定该行为构成抢夺罪。

2. **抢夺本人因质押而被第三人保管的财物，如何定性？**①

分歧意见：第一种意见认为，抢夺本人因质押而被第三人保管财物的行为不构成抢夺罪。理由是：质押物的所有人即为行为人，行为人虽然实施了乘人不备，公然抢夺因质押而被第三人保管状态下的财物，但毕竟其抢走的是其名下所有的财物，不是他人的财物，因此，其行为主观上不具有非法占有他人财物的目的，根据罪刑法定原则，其行为不属于犯罪行为。

第二种意见认为，抢夺本人因质押而被第三人保管财物的行为构成抢夺罪。理由是：行为人抢走的系自己所有的财物，但该财物已经依法质押给他人，并处于他人合法监管的状态下。质言之，行为人所有的财物被质权人交付他人保管时起，该物的占有权已经从所有权人即行为人经质权人转移到了保管人，行为人乘保管人员不备，强行抢夺质押物的行为，符合抢夺罪的构

① 观点来源：《刑事审判参考》第95辑，第933号指导案例，李某波抢夺案。

成特征，如果数额达到较大以上，则应当以抢夺罪定性。

本书观点：同意第二种意见。

抢夺罪是指以非法占有为目的，乘人不备，公然夺取数额较大的公私财物的行为。这里的“非法占有”，从行为本质上理解，不限于非法占有他人财物一种情况，还包括通过非法手段，占有自己所有但处于他人合法监管状态下（即他人合法占有）的财物，从而使监管人（合法占有人）遭受财产损失。具体分析如下：

（1）强行占有已经质押给他人的财物属于非法占有不动产被质押后，其所有权不因质押而改变，但质物的占有权却由出质人转至质权人。质权人有将其合法取得的占有权转委托第三人代为行使，如委托第三人代为保管该质物。出质人在质押关系消灭前不能侵犯质权人、第三人的占有权，即不能强行改变占有状态，否则即便其取得质物的占有，也不能以其享有对质物的所有权而否定这种占有的非法性。在此种情况下，行为人对质押物的所有权是不完整的所有权，能享有质物的收益权等权利：但不能事实占有质物。无论是质押权人自己占有该质押物，还是质权人委托的第三人占有该质押物，都应当得到法律保护。如果行为人强行改变占有关系，必然会使自己受益，使质权人或者第三人遭受经济损失，故此种非法占有行为在法律上应当予以禁止，社会危害性较大的，应当纳入刑法规制范围。

（2）因行为人非法改变占有关系而实际遭受人身和经济损失的一方系此类行为的被害人。在财产犯罪案件中，有无被害人往往是认定犯罪是否成立的一个重要要件。特别是在三角债权关系中被害人的确定，往往对行为的定性起着决定性的影响。在侵犯财产犯罪中，一般而言，因行为人非法改变占有关系而实际遭受人身和经济损失的一方系被害人。根据相关规定，保管人在保管质押财产期间，应当对质押财产的毁损、灭失承担赔偿责任。如《民法典》第九百一十七条规定：“储存期内，因保管不善造成仓储物毁损、灭失的，保管人应当承担赔偿责任。因仓储物本身的自然性质、包装不符合约定或者超过有效储存期造成仓储物变质、损坏的，保管人不承担赔偿责任。”可见，保管质押物的保管人就是行为人犯罪行为的被害人。

（3）对抢夺本人因质押而被第三人保管财物的行为以抢夺罪论处符合刑法原理。无论是采取理论界的“所有权说”还是“占有权说”，都不能仅从表面上分析行为人的行为所针对的是被害人合法占有物还是所有物，而应当分析被告人的行为是否实际导致被害人遭受财产损害。显然，抢夺本人因质押而被第三人保管的财物行为，在行为的社会危害性上，与抢夺他人所有财物的行为无异，都会导致他人遭受财产损害，而且都有可能导致人身伤害后果。对这类行为如不通过刑法予以规制，必将导致对这类行为的放纵。这样的认定，符合社会公平正义观念，也不违背法律的规定。

基于上述分析，我们认为，抢夺本人因质押而被第三人保管财物的行为以抢夺罪论处符合刑法原理。

3. 行为人抢夺汽车后逃离，被害人立即利用 GPS 追踪、拦截至距案发现场十多公里之外的地方，行为人为抗拒抓捕而持枪进行威胁，是否属于转化抢劫中所要求的“当场”使用暴力或者以暴力相威胁？①

问题中的行为人的行为能否构成转化型抢劫罪，核心在于是否具备时空条件，也即是否满足“当场”的要求。根据《刑法》第二百六十九条的规定，犯盗窃、诈骗、抢夺罪，为窝藏赃物、抗拒抓捕或者毁灭罪证而当场使用暴力或者以暴力相威胁的，依照抢劫罪定罪处罚。理论界将这种行为称为转化型抢劫罪。根据该规定，构成转化型抢劫罪需要具备前提条件（犯盗窃、诈骗、抢夺罪）目的条件（为窝藏赃物、抗拒抓捕或者毁灭罪证）、手段条件（使用暴力或者以暴力相威胁）和时空条件（当场）。

关于如何理解《刑法》第二百六十九条中规定的“当场”，目前理论界和司法实践中主要有以下几种观点：

第一种观点认为，“当场”就是实施盗窃、诈骗、抢夺罪的现场。

第二种观点认为，“当场”是指与窝藏赃物、抗拒抓捕或者毁灭罪证有关的地方，而与盗窃、诈骗抢夺罪的案发时间、地点关系不大。从时间上看，可以是案发当时，也可以是案发后数天甚至数月之后。从地点上看，可以是盗窃、诈骗、抢夺罪的犯罪地，也可以是离开犯罪地的途中，还可以是犯罪分子的住所地。

第三种观点认为，“当场”既包括盗窃、诈骗、抢夺罪的现场，也包括以犯罪现场为中心与犯罪分子活动有关的一定空间范围，只要犯罪分子尚未摆脱监视者力所能及的范围，都属于“当场”。

第四种观点认为，“当场”是指盗窃、诈骗、抢夺罪的现场，在现场或者

① 观点来源：《刑事审判参考》第 110 辑，第 1201 号指导案例，李某豪抢劫案。

刚离开现场就被人及时发觉而立即追捕的过程中，也可视为现场的延伸。

本书观点：同意第四种观点。我们认为，上述第一种观点把“当场”理解为盗窃、诈骗、抢夺罪的现场，认识到了后行为与前行为的紧密联系，但是该观点对“当场”的理解过于机械。抢劫罪所保护的法益既包括财产权利，也包括人身权利。该观点忽视了转化型抢劫罪中侵犯财产权利向侵犯人身权利的转化，致使其对时空范围的界定过于狭窄，不符合转化型抢劫罪的客观实际，不利于对该类犯罪的有效打击。第二种观点对“当场”的理解又失之过宽，将“当场”视为可以完全脱离前行为的时空范围，完全忽视了前行为对该罪成立的前提意义，不符合立法原意，最终会造成司法实践中打击面过大。相比第二种观点，第三种观点注意到对“当场”的理解不能脱离与前行为的紧密联系，并试图修正前两种观点的偏颇之处，但是其界定标准过于模糊，对何谓“以犯罪现场为中心与犯罪分子活动有关”的空间范围，未能给出统一确定的标准，不利于实务操作。第四种观点避免了第一种观点的严苛、第二种观点的宽泛和第三种观点的抽象，相比较更为妥当，是目前为大多数人所接受的主张。根据有关刑法理论及实践掌握，准确理解这里的“当场”，应当综合考虑以下三个方面：

（1）时空的接续性。“当场”从字面上看，就是当时和现场，包含了时间和空间两方面的要素，是时间上连续性和空间上连接性的统一体，前后行为在时间和空间上应当紧密联系，不能间断或者完全脱离。具体来说，前后行为在空间上应当具有连接性，即暴力胁迫行为发生在盗窃、诈骗、抢夺行为现场或者与之紧密联系的场所；在时间上应具有连续性，即暴力、胁迫行为必须发生在盗窃、诈骗、抢夺行为之后，前后连续而未间断。只有在前行为与暴力胁迫之间存在不间断的时空联系时，才能转化为抢劫罪。如果两者之间在时空关系上发生了中断，则失去了转化的可能性，不能转化为抢劫罪。

一般来说，如果行为人作案后并未被及时发觉和追捕，而在其他时间或地点被发现、追捕的，应当认为不符合“当场”的条件，不能转化为抢劫罪。但是对“当场”的理解不能过于机械，不能要求前后行为在同一时间点、同一地点上完全重合，二者之间应当允许存在短时间、短距离的间隔。比如，行为人在超市内扒窃他人手机一部，三分钟后被害人发现被盗而在超市门口追赶上行为人，行为人为抗拒抓捕而实施暴力，在这种情况下，仍然应认为具有时间上的连续性和空间上的连接性。

（2）先后行为之间的关联性。前后行为除时空上的紧密联系外，还要求具有引起与被引起的关联性，即事后的暴力、胁迫行为是因为前面的盗窃、诈骗、抢夺等行为而引起的，如果不是因为盗窃等前行为导致行为人被追捕，而是因为其他事由，即使行为人也同样是因为窝藏赃物、抗拒抓捕或者毁灭罪证而使用暴力或者以暴力相威胁，其前行为也不能转化为抢劫罪。

（3）追捕事态的继续性。从犯罪过程上看，实施前行为（盗窃、诈骗、抢夺）——被发现——被追捕——实施暴力或者以暴力相威胁，是一个连贯的过程，追捕的事态是持续不间断的。只要行为人始终处于追捕人耳目所及的控制范围内，即使行为人逃脱时躲避藏匿，暂时脱离了追捕人的视线，但只要追捕行动未停止，并最终发现了行为人，整个追捕过程仍然具有继续性，行为人此时为抗拒抓捕等而使用暴力或者以暴力相威胁的，仍然属于“当场”的范围，依法构成转化型抢劫罪。如果行为人已成功脱逃，事后被他人发现而被追捕，或者因为其他犯罪行为被抓捕，即使当场使用暴力或者以暴力相威胁，该暴力行为相对于前行为而言不再是“当场”实施，已失去了转化的时空条件。持续不断的追捕过程既包括行为人尚未离开前行为现场或者刚离开现场就被人发觉并立即实施抓捕，也包括行为人作案后很快被发现并对其实施一定时间的监视后再实施抓捕。只要行为人始终处于追捕人的视线范围之内，不论持续多久，追捕的距离有多长，其使用暴力或者以暴力相威胁行为均属于“当场”实施。

问题提及的情况之特殊之处在于，被害方追赶抢夺行为人时，不是用肉眼直接观察到被告人，而是通过被抢车辆上的 GPS 导航定位对抢夺行为人进行追踪，且实施抢夺的地点距离抢夺行为人被截获的地点有十多公里之远。抢夺行为人被拦截后为抗拒抓捕而持枪威胁，这种情况能否认定为转化型抢劫罪中的“当场”？基于上述分析，只要抢夺行为人始终在其视线范围之内，追捕行为一直处于持续状态，那么就视为案发现场一直在延长截获被告人的地方就可以视为“当场”。被告人的行踪始终在其视线可及的范围内，是判断追捕行为是否持续的一个标准。掌握抢夺行为人行踪是实质要点，至于观察的方式，不能也没有必要局限于肉眼观察。随着经济社会的发展和科技水平的提高，除了最基本的肉眼观察外，也可以借助于各种仪器和设备进行观察，这是与客观社会生活现状相符的。就像追捕行为本身，没有必要限定于仅靠双腿追捕，借助于自行车、汽车及其他设备并不违背追捕行为的本质。因此，借助 GPS 来掌握抢夺行为人的行踪，完全可以视为抢夺行为人在追捕人的视线范围之内。可以看出，汽车被抢夺之后，被害方的追捕行为一直处在持续状态之中，抢夺行为人的行踪也始终在被害人一方的掌握之中。因此，虽然抢夺行为人抢夺地距离被截获地有十多公里之远，这段距离应该被视为抢夺现场的延长。在这种情况下，被告人被堵截拦停后持枪威胁被害方的追赶人员，属于"当场"以暴力相威胁，构成转化型抢劫罪法院判决的定性是准确的。

4. 行为人"飞车抢夺"不计后果，放任被害人伤亡结果发生的，造成被害人伤亡的，构成抢夺罪还是抢劫罪？①

行为人在抢夺过程中出于放任故意，实施暴力行为导致被害人轻伤以上后果的，如果这种暴力是同时针对受害人人身安全的、足以抑制受害人反抗的暴力，就属于劫取他人财物的手段，符合抢劫罪的特征，构成抢劫罪。

实践中，要注意正确认定行为人"明知会致人伤亡仍然强行夺取并放任造成财物持有人轻伤以上后果的"这一要件。可以根据以下因素来认定行为人是否"明知"：（1）行为人所驾驶车辆的速度。行驶中的车辆对被害人人身存在潜在的威胁，速度越快导致被害人伤亡的可能就越大。（2）被害人的状态。一般而言，被害人本人若驾驶车辆尤其是以较快的速度驾驶车辆，则飞车抢夺对其人身安全造成威胁的可能较之其步行或者静止要大。（3）被害人人身与财物的结合程度。行为人抢夺与被害人人身结合紧密的财物，如被害人佩戴的首饰、斜挎的包，则由于财物与被害人的依附性，使得飞车抢夺行为不仅指向财物而且威胁到被害人的人身安全，应当认定为抢劫。

5. 如何理解抢夺罪的客观要件？

本罪的客观方面包括两个方面，一是表现为乘人不备，公然夺取公私财物的行为。所谓公然夺取，是指行为人当着公私财物所有人、管理人或者其他人的面，乘其不防备，将公私财物夺了就跑，据为己有或者给第三人所有；也有的采取可以使被害人立即发现的方式，公开把财物抢走，但不使用暴力或者以暴力相威胁。这是抢夺罪区别于其他侵犯财产犯罪的本质特征。二是表现为"数额+情节"的限制要件。《刑法修正案（九）》总结了司法实践经验，对《刑法》第二百六十七条抢夺罪的罪状作了修改，在原规定的"抢夺公私财物，数额较大的"基础上，补充了"多次抢夺的"。抢夺公私财物数额

---

① 观点来源：《人民司法·案例》（总第 545 期），第 9－12 页，张某月、张某普抢劫案。

较大是抢夺行为构成犯罪的基本要件。如果抢夺的财物数额较小，一般应当依照治安管理处罚法的规定给予行政处罚。但对于一些特定的抢夺行为，即使达不到数额较大的条件，由于其行为本身的社会危害性，也构成抢夺罪。具体地说，抢夺行为具有如下情形之一的，即可认为符合抢夺罪构成的客观要件：

——达到数额较大。根据最高人民法院、最高人民检察院于2013年11月18日开始实施的《抢夺解释》第一条规定，认定抢夺“数额较大”的起点为1000元至3000元以上；“数额巨大”的起点为3万元至8万元以上；“数额特别巨大”的起点为20万元至40万元以上。各省、自治区、直辖市高级人民法院、人民检察院可根据本地区经济发展状况，并考虑社会治安状况，在上述规定的数额幅度内，确定本地区执行的“数额较大”“数额巨大”“数额特别巨大”的具体数额标准，报最高人民法院、最高人民检察院批准。根据法律规定，抢夺公私财物的行为，除需具备以上构成要件外，还必须达到“数额较大”的程度，才构成犯罪。

——达到数额较大标准的百分之五十，且具有法定情形的。根据《抢夺解释》第二条规定，抢夺公私财物，具有下列情形之一的，“数额较大”的标准按照前条规定标准的百分之五十确定：（1）曾因抢劫、抢夺或者聚众哄抢受过刑事处罚的；（2）一年内曾因抢夺或者哄抢受过行政处罚的；（3）一年内抢夺三次以上的；（4）驾驶机动车、非机动车抢夺的；（5）组织、控制未成年人抢夺的；（6）抢夺老年人、未成年人、孕妇、携带婴幼儿的人、残疾人、丧失劳动能力人的财物的；（7）在医院抢夺病人或者其亲友财物的；（8）抢夺救灾、抢险、防汛、优抚、扶贫、移民、救济款物的；（9）自然灾害、事故灾害、社会安全事件等突发事件期间，在事件发生地抢夺的；（10）导致他人轻伤或者精神失常等严重后果的。需要说明的是，根据《抢夺解释》规定，《刑法修正案（九）》新增加的关于“多次抢夺”的构成要件，《抢夺解释》中关于多次抢夺的规定与《刑法修正案（九）》冲突，因而应当以《刑法修正案（九）》为准。

——多次抢夺的。《盗窃罪解释》第三条第一款规定，二年内盗窃三次以上的，应当认定为“多次盗窃”。目前，关于抢夺犯罪中多次抢夺如何认定还没有规定，能否适用盗窃罪的有关解释，还待新的解释出台。但《抢夺解释》第二条第三项规定的一年内抢夺三次以上是肯定可以认定为多次抢夺的。多次盗窃的认定方法可以参照适用。

6. 如何正确理解《刑法》第二百六十七条第二款规定的“携带凶器抢夺的，依照本法第二百六十三条的规定定罪处罚”?

携带凶器并有意加以显示而进行抢夺的，应当依照《刑法》第二百六十三条规定的抢劫罪定罪处罚。根据《抢劫解释》第六条的规定，“携带凶器”，是指在实施抢夺行为时，随身携带枪支、爆炸物、管制刀具等国家禁止个人非法携带的器械进行抢夺或者为了实施犯罪而携带其他器械进行抢夺。《两抢意见》进一步指出：行为人随身携带国家禁止个人携带的器械以外的其他器械抢夺，但有证据证明该器械确实不是为了实施犯罪准备的，不以抢劫罪定罪；行为人将随身携带凶器有意加以显示、能为被害人察觉到的，直接适用《刑法》第二百六十三条的规定定罪处罚；行为人携带凶器抢夺后，在逃跑过程中为窝藏赃物、抗拒抓捕或者毁灭罪证而当场使用暴力或者以暴力相威胁的，适用《刑法》第二百六十七条第二款的规定定罪处罚。

7. 如何理解抢夺罪转化为抢劫罪的适用条件?

行为人实施盗窃、诈骗、抢夺行为，未达到“数额较大”，为窝藏赃物、抗拒抓捕或者毁灭罪证当场使用暴力或者以暴力相威胁，情节较轻、危害不大的，一般不以犯罪论处；但具有下列情节之一的，可依照《刑法》第二百六十九条的规定，以抢劫罪定罪处罚：（1）盗窃、诈骗、抢夺接近“数额较大”标准的；（2）入户或在公共交通工具上盗窃、诈骗、抢夺后在户外或交通工具外实施上述行为的；（3）使用暴力致人轻微伤以上后果的；（4）使用凶器或以凶器相威胁的；（5）具有其他严重情节的。

根据《刑法》第二百六十九条的规定，“犯盗窃、诈骗、抢夺罪，为窝藏赃物、抗拒抓捕或者毁灭罪证而当场使用暴力或者以暴力相威胁的”，依照抢劫罪定罪处罚。“犯盗窃、诈骗、抢夺罪”，主要是指行为人已经着手实施盗窃、诈骗、抢夺行为，一般不考察盗窃、诈骗、抢夺行为是否既遂。但是所涉财物数额明显低于“数额较大”的标准，又不具有《两抢意见》第五条所列五种情节之一的，不构成抢劫罪。“当场”是指在盗窃、诈骗、抢夺的现场以及行为人刚离开现场即被他人发现并抓捕的情形。

对于以摆脱的方式逃脱抓捕，暴力强度较小，未造成轻伤以上后果的，可不认定为“使用暴力”，不以抢劫罪论处。

入户或者在公共交通工具上盗窃、诈骗、抢夺后，为了窝藏赃物、抗拒抓捕或者毁灭罪证，在户内或者公共交通工具上当场使用暴力或者以暴力相威胁的，构成“入户抢劫”或者“在公共交通工具上抢劫”。

两人以上共同实施盗窃、诈骗、抢夺犯罪，其中部分行为人为窝藏赃物、抗拒抓捕或者毁灭罪证而当场使用暴力或者以暴力相威胁的，对于其余行为人是否以抢劫罪共犯论处，主要看其对实施暴力或者以暴力相威胁的行为人是否形成共同犯意、提供帮助。基于一定意思联络，对实施暴力或者以暴力相威胁的行为人提供帮助或实际成为帮凶的，可以抢劫共犯论处。

8. 未成年人实施抢夺行为后能否转化为抢劫犯罪?

《刑法》第十七条第二款规定，已满十四周岁不满十六周岁的人，犯故意杀人、故意伤害致人重伤或者死亡、强奸、抢劫、贩卖毒品、放火、爆炸、投放危险物质罪的，应当负刑事责任。据此规定，已满十四周岁不满十六周岁的人实施抢夺行为的，不负刑事责任。因此，已满十四周岁不满十六周岁的人实施抢夺行为的，不适用转化型抢劫的有关规定。已满十四周岁不满十六周岁的人抢夺他人财物，为窝藏赃物、抗拒抓捕或者毁灭罪证，当场使用暴力，故意伤害致人重伤或者死亡，或者故意杀人的，应当分别以故意伤害罪或者故意杀人罪定罪处罚。

已满十六周岁不满十八周岁的人犯抢夺罪，为窝藏赃物、抗拒抓捕或者毁灭罪证而当场使用暴力或者以暴力相威胁的，应当依照《刑法》第二百六十九条的规定定罪处罚；情节轻微的，可不以抢劫罪定罪处罚。

9. “加霸王油”的行为如何定性?①

分歧意见：所谓“加霸王油”是指加油后采取暴力或者以暴力相威胁等霸道手段以达到不付油费目的的俗称。“加霸王油”这种表述并不严谨，也非法律术语，与“碰瓷”一样，仅是一种形象表述。对“加霸王油”的行为如何定性，有三种意见：第一种意见认为构成盗窃罪；第二种意见认为构成诈骗罪；第三种意见认为构成抢夺罪。

本书观点：同意第三种意见。具体理由如下：

（1）“加霸王油”的行为不构成盗窃罪

关于盗窃罪的认定，理论界主要有两种观点：一种观点认为，盗窃是指

---

① 观点来源：最高人民法院刑事审判第一、二、三、四、五庭：《刑事审判参考》2013 年第 3 集（总第 92 集），法律出版社 2014 年版，第 81－85 页，李某峰抢劫、抢夺案。

秘密窃取公私财物的行为；另一种观点认为，盗窃行为并不局限于秘密窃取，公开窃取行为也可以构成盗窃罪。[①] 盗窃罪和抢夺罪的主要区别在于行为人是否具有不法暴力作用于被害人。按照这一观点行为人没有对加油站的员工使用不法暴力，其只是在加完油后乘人不备逃离现场，故其行为不应当认定为抢夺罪，而应当认定为盗窃罪。我们认为，后一种观点值得商榷。①从立法角度分析，“公开窃取”在我国《刑法》中并无存在的空间。虽然英美法系的英国、美国以及大陆法系的德国、法国、日本在理论上多认可“公然窃取”的存在，但那是因为上述国家在刑法中都没有将抢夺作为独立犯罪类型加以规定。[②] 如将未使用暴力的公然夺取行为归入盗窃罪的范畴，将使用暴力的抢夺行为纳入抢劫罪名下，从而使抢夺行为分别列入盗窃罪和抢劫罪。而我国《刑法》中存在抢夺罪的立法规定，公然夺取行为可以通过抢夺罪进行规制，故“公然窃取”没有存在的空间。②从刑法解释学分析，“公开窃取”逾越了刑法解释的边界。对刑法条文用语进行解释应当文理解释优先，只有文理解释的结论明显不合理或者产生难以调和的多种结论时，才需要进行论理解释。从文理解释角度出发，“公开窃取”超出了“盗窃”的文义范畴。我国《刑法》将“盗窃”的文义解释为“用不合法的手段秘密地取得”，“公开窃取”的观点与盗窃“秘密取得”的本义不符。③从司法实践分析，盗窃罪和抢夺罪区分的关键在于盗窃罪是秘密取得他人财物，抢夺罪是公然夺取他人财物。秘密性作为盗窃罪的必备要件，存在两个认定标准：一是客观标准，即盗窃行为在客观上具有不为他人发觉的可能性，这主要是针对被害人而言。行为人采取被害人及周围其他人都难以发觉的方式取得财物是秘密窃取，行为人采取被害人难以发觉而周围其他人能够发觉的方式取得财物也是秘密窃取。二是主观标准，盗窃行为人在主观上具有不为他人发觉的意思，即自认为其盗窃行为是秘密进行的。行为人采取自认为被害人不能发觉的方式取得财物，即使实际上被害人已经发觉，只要该行为客观上同时存在被害人难以发觉的可能性，该行为仍然不丧失秘密性。

综上，行为人在加油站为集装箱卡车加油后，为逃避支付油费，多次乘被害单位员工不备驾车驶离加油站，该行为在客观上不具有秘密性，能够为

---

① 参见张明楷：《刑法学（第 3 版）》，法律出版社 2007 年版，第 727 页。

② 何荣功：《也论盗窃与抢夺的界限——兼与张明楷教授商榷》，载《当代法学》2012 年第 4 期。

被害单位的员工即时发现，故不能被认定为盗窃罪。

（2）“加霸王油”的行为不构成诈骗罪

诈骗罪的行为过程一般包括：行为人虚构事实或者隐瞒真相——被害人陷于错误认识——被害人基于认识错误处分财物——行为人取得财物。有意见认为，“加霸王油”行为人虚构了付钱意思的事实或者隐瞒了不想付油钱的真相，使被害单位的员工陷入错误认识，将油交与其处分，其占有被害单位财物后逃离，其行为应当以诈骗罪追究刑事责任。我们认为，此种意见不能成立。

第一，在“加霸王油”情形下，行为人不存在虚构事实或者隐瞒真相的行为。行为人加油但不想付钱的意图是一种主观意识状态，那种认为这种加油不想付钱的意图属于事实或真相的观点是有失偏颇的。事实是指事情的真实情况，真相是指事物的真实面貌，它们都是事情或事物的客观存在状态。行为人加油但不想付钱的意图是一种主观意识活动，不属于事实或真相。

第二，在“加霸王油”情形下，被害单位的员工并未基于错误认识而处分财物。区分诈骗罪和其他侵财犯罪的重要标准是看“受骗人是否基于认识错误处分（交付）财产”①，而“交给”行为不能与“交付（处分）”行为混为一谈，“交出”并不等于失控。被害单位员工将油加入“加霸王油”行为人的油箱，并非基于认识错误而交付财物，只是依照惯例先加油再收款。从主观上看，被害人没有放弃财物的意思表示；从客观上看，虽然油已经在被告人的油箱，但如果行为人不支付对价，被害人可以随时追索并恢复对财物的直接控制，其并未丧失对财物的控制和支配力。

第三，在“加霸王油”情形下，被告人并未取得财物。刑法中的取得并不完全等同于民法中的占有。加油之后，根据民法上占有的观念，其已经占有了该财物，但从行使效力上看，其并未取得对该财物占有的绝对性和排他性。在行为人支付对价之前，被害单位仍然保持着对该财物的控制，因此不能认为行为人已经取得了财物。

基于上述三点，“加霸王油”行为人在加油站为卡车加油后，为逃避支付油费，多次乘被害单位财物管理人不备驾车驶离加油站的行为不符合诈骗罪的行为特征，其行为不构成诈骗罪。

---

① 张明楷：《如何区分盗窃罪与诈骗罪》，载《人民法院报》2003 年 8 月 22 日。

（3）"加霸王油"的行为构成抢夺罪

区分盗窃罪、诈骗罪、抢夺罪等侵财犯罪的关键在于非法改变财物合法占有状态行为的性质，而不在于之前手段行为的性质。"非法改变财物合法占有状态的行为"是直接侵害犯罪客体的危害行为，也是犯罪构成的核心要素，依此确定侵财犯罪的罪名有利于揭示犯罪的本质特征。"加霸王油"行为中，"非法改变财物合法占有状态的行为"不是被害单位为"加霸王油"行为人加油的行为，而是行为人乘被害单位员工不备驾车驶离加油站的行为。从刑法意义上讲，被害单位的员工为行为人加油的行为并未改变油品的合法占有状态，在行为人驾车驶离之后，被害单位才彻底丧失对油品的控制，行为人才完全取得对油品占有的绝对性和排他性。因此，应当以行为人乘被害单位员工不备驾车驶离加油站的行为作为认定其罪名的依据。

抢夺罪是指乘人不备、公然夺取公私财物的行为。公然夺取，是指行为人当着公私财物所有人、管理人或者其他人的面，乘人不防备，将公私财物据为己有或者给第三人所有；也有的采取可以使被害人立即发现的方式，公然把财物抢走，但不使用暴力或者以暴力相威胁。从客观方面看，"加霸王油"行为人采取了乘人不备、公然夺取被害单位财物的行为。行为人当着被害单位财物管理人的面，乘人不防备驾车逃跑，并将被害单位的财物据为己有，其间，并未使用暴力或者以暴力相威胁，完全符合公然夺取的特征，应以抢夺罪追究其刑事责任。

同时，值得注意的是，如果在加油站工作人员抓住驾驶室门或者座椅阻拦时，行为人继续加速行驶以迫使工作人员放手，甚至导致工作人员倒地受伤，此时行为人的行为性质发生了转化。根据《刑法》第二百六十九条的规定，犯盗窃、诈骗、抢夺罪，为窝藏赃物、抗拒抓捕或者毁灭罪证而当场使用暴力或者以暴力相威胁的，依照《刑法》第二百六十三条（抢劫罪）的规定定罪处罚。

（四）疑难、复杂问题的参考性解答

1. 抢夺是否有未遂的情况？一人实施数个抢夺行为，既有未遂，又有既遂的，如何量刑？

抢夺犯罪是数额犯，也是结果犯，因此，在一般情况下，未劫夺财物的，不以犯罪处理，也不存在抢夺未遂的问题。但是，以数额巨大、特别巨大财

物为抢夺目标，由于意志以外原因未窃得财物的。在这种情况下，应当根据刑法关于盗窃数额巨大的量刑规定和犯罪未遂的处理原则，以抢夺罪（未遂）从轻、减轻或者免予处罚。抢夺既有既遂，又有未遂，分别达到不同量刑幅度的，依照处罚较重的规定处罚；达到同一量刑幅度的，以抢夺罪既遂处罚。

2. 债权人抢夺债务人所持的第三人欠债务人款项欠条，且欠条表明的数额达到较大的行为是否构成抢夺罪？

分歧意见：第一种意见认为，构成抢夺罪。理由是该行为符合抢夺罪的构成要件：（1）主观方面，债权人具有实施抢夺行为的故意，并有非法占有他人欠条的行为；（2）客体方面，债权人抢夺债务人所持的第三人欠债务人款项欠条的行为侵犯了债务人财产的所有权，使债务人与第三人的债权有可能不能实现，并且数额较大；（3）客观方面，债权在抢夺债务欠条时，是乘人不备，公然夺取他人财物。虽然刑法对“欠条”是否为财物没有作出明确规定，但从理论上讲，“欠条”是一定财产利益的载体，具有财产性。因此，债权人抢夺债务人欠条的行为构成抢夺罪。

第二种意见认为，债权的行为不构成犯罪。理由是：债权人与债务人之间的法律关系是一种因合同而引起的债权债务关系。债权人抢走债务人的欠条，其主观目的是让债务人自动履行债务而产生精神上的压力，是实现债的一种自力救助行为，并没有给张某造成现实损失。只不过方式上过激，且没有及时向法院申请援助。债务人即使不履行债务，也可以要求债权人返还欠条，或通过法律途径行使返还请求权。

本书观点：同意第二种意见。第一种意见的不当之处在于忽视了债权人与债务人之间的法律关系的本质、纠纷的起因及债权的主观目的。债权人与债务人之间存在合法的债权债务关系，由于债务人不归还欠款，债权人将其欠条非法占有，以此要求债务人偿还欠款，其行为是一种不合法的私力救济行为，但并不触犯刑法关于抢夺罪的规定，债权人与债务人之间的纠纷为民事纠纷，债权人的行为不构成抢夺罪。

我国《刑法》除正当防卫和紧急避险外制度外，没有明确规定其他自力救济行为，民法上也没有自力救济行为的规定。但在理论和实践中，是承认自力救济制度的。所谓自力救济（又可称为私力救济），是在某一特定利益遭受侵害或与某一特定利益相联系的权利被侵犯之后，享有救济权的当事人在法律许可的范围内以自己或他人的力量实现对侵害的补偿并防止受到更大的损害。如现行《德国民法典》第二百二十九条规定："以自助为目的将物件押收、破坏或毁损者，或以自助为目的将逃亡嫌疑的债务人施以扣留者，或对于义务人应容忍的行为，因其抗拒而加以制止者，若不及请求国家机关援助，且非于当时为之，其请求不得实行或实行显有困难时，不为违法。"第二百三十条规定："自助不得超过排除危险所必要的程度。押收他人物件者，如非强制执行时，即应请求财产保全的暂先扣押。扣留债务人而尚未释放者，应向扣留地初级法院申请人身保金的暂先扣押，并应立即将债务人送交于法院。暂先扣押的申请如迟延或被驳回时，应立即返还所押收之物并释放被扣留之人。"前《德意志民主共和国民法典》第三百五十四条规定："公民为了保护或实行请求权或其他权利，在国家机关不能及时提供救助而本人如不立即干预，其请求权或其他权利的行使将会异常困难或者不可能时，有权立即采取必要的措施实行自救。自救不应超出避免危险的必要范围，自救不以非法论。"在英美法系，根据普通法上的损害赔偿留置权，土地占有人对闯入其土地造成损害的牲畜，有权予以当场留置以便请求赔偿。在美国，公民有拥有枪支的权利，对擅入他人住宅不听劝阻而被主人开枪打死，只能自认倒霉。这种自力救济权可以说已经达到极致。自力救济是公民自我保护、自我发展的不可或缺的权利，是人权在民法领域中的体现。由于我国民法对此没有规定，导致现实生活中自力救济行为失范，纠纷频发，因此，在以后的立法中，应当将这一制度予以完善，从而更好地规范市场主体的行为。

3. 事先没有预谋，明知他人实施抢夺行为却以轻微暴力方式将被害人绊倒，阻止被害人的追赶行为从而帮助抢夺行为人逃离现场的，如何定性?

分歧意见：第一种意见认为，构成抢劫罪。理由是：行为人明知他人实施了抢夺犯罪行为，在被追赶中，以轻微暴力方式阻止被害人追赶，实质上是为抢夺犯罪分子抗拒抓捕、窝藏赃物而当场使用暴力，构成转化型抢劫。

第二种意见认为，构成窝藏罪。理由是：主观上，行为人与抢夺行为人事先没有预谋，因而没有抢夺他人财物的共同故意，是行为人临时起意；客观上，抢夺是抢夺行为人一人实施的，行为人在抢夺行为人被追赶时用轻微暴力方式阻拦被害人，属抢夺犯罪完成以后帮助犯罪分子逃匿的行为。因此，应以窝藏罪定罪量刑。

第三种意见认为，张某的行为构成抢夺罪。

本书观点：同意第三种意见，认为行为人的轻微暴力行为构成抢夺罪的共犯。理由如下：

（1）行为人的行为不构成转化型抢劫罪。根据《刑法》第二百六十九条的规定，构成转化型抢劫罪，行为人必须是犯盗窃、诈骗、抢夺罪，为窝藏赃物、抗拒抓捕、毁灭罪证而当场使用暴力或者以暴力相威胁。行为人的暴力行为尽管在抢夺行为人实施抢夺行为之后，为了帮助其抗拒抓捕而实施了用轻微暴力行为的方式阻挡被害人夺回其财物的行为，但是，该种行为难以说是转化型抢劫罪中的“使用暴力或者以暴力相威胁”行为。因为，抢劫罪的暴力或者以暴力相威胁手段，必须达到使被害人或者有关人员不能反抗、不敢反抗的程度，行为人用轻微暴力方式阻拦被害人，将其绊倒的行为，显然没有达到这种程度。此外，行为人与抢夺行为人事先也未形成抢夺的共同故意，不能以先前抢夺行为人为依据来论述行为人构成转化型抢劫。

（2）行为人的行为不构成窝藏罪。所谓窝藏罪，是在他人犯罪结束之后，为他人提供隐藏处所、提供财物或者交通工具，指示脱逃路线或者脱逃方向，使犯人能够继续躲藏或者逃匿的行为。窝藏罪实际上是将在事后帮助犯罪的行为规定为独立犯罪的情况，应当是在他人的犯罪行为结束之后，才能实施。如果在他人实施犯罪的过程中，提供帮助的话，就不是构成窝藏罪，而应当和被帮助者一道构成共同犯罪。行为人将被害人绊倒的行为，是在抢夺行为人实施了抢夺他人财物行为被被害人发现，尚未实际控制所夺财物的当场所实施的，实际上是帮助抢夺行为人得以顺利完成抢夺的行为，而不是在抢夺行为人完成抢夺行为后，给抢夺行为人提供隐藏处所或财物的行为。

（3）行为人的行为构成抢夺罪的共犯。其实施的轻微暴力阻拦被害人，将被害人绊倒的行为是在抢夺行为人正在抢夺的过程中所实施的，客观上和抢夺行为人的夺取行为一道，共同形成了公然夺取他人财物的抢夺罪的实行行为。由于该行为具有帮助抢夺行为人夺取他人财物的行为得以完成的性质，因此，是抢夺行为的帮助犯。

当然，这里要注意一个问题，即行为人和抢夺行为人之间构成抢夺罪的共犯，其共同犯罪的主观意思如何认定？因为，两人并没有就抢夺他人财物的意思进行交流。抢夺行为人并不知道行为人有帮助他的行为，他们之间不存在共同的犯罪故意。关于这一点，我们认为，可以根据刑法理论中的片面共犯理论加以解决。所谓片面共犯，是指共同行为人中的一方有和他人共同实施犯罪的意思，并参与他人的犯罪行为，而他人并不知情，因而没有共同犯罪故意的情况。这种场合，不知情的他人不构成共同犯罪，仅就自己的行为负应有的刑事责任；而单方面地帮助他人的人即所谓片面共犯，按照共同犯罪的原理，成立共犯，应当承担刑事责任。因为，暗中故意帮助他人实施故意犯罪，被帮助者虽然不知情，但是，站在单方面为他人提供帮助的帮助者的立场来看，他不仅知道他人在实施犯罪行为，而且也知道自己在和他人一道实施犯罪，完全可以说具有和他人实施共同犯罪的故意。帮助者既具有共同犯罪的故意，又实施了帮助他人犯罪的行为，当然成立共犯，要承担共犯的刑事责任。当然，片面共犯的成立亦有范围限制，因为片面共同实行犯的情况非常罕见，所以一般只限于单方面地暗中帮助实行犯的帮助犯的情形。行为人与抢夺行为人虽然在事先没有就抢夺一事共谋，但是行为人在抢夺行为人实施抢夺行为的过程中，单方面地出于帮助抢夺行为人的故意，实施了使抢夺行为得以顺利完成的行为，完全符合上述片面共犯的成立要件。

4. 行为人抢得被害人装有银行卡、身份证的背包后，打电话给被害人谎称自己捡得背包，利用被害人急需身份证等物，要求被害人说出银行卡，否则不还背包，在被害人说出密码后利用银行卡取得钱款的行为，如何定性？简言之，抢夺他人存折后索取密码取款是敲诈勒索罪还是抢夺罪？

分歧意见：第一种意见认为，该行为应定敲诈勒索罪。

第二种意见认为，该行为应定抢夺罪。

本书观点：同意第二种观点。理由如下：

（1）本案不能定敲诈勒索罪。敲诈勒索罪要求行为人对被害人实施威胁或要挟的行为。所谓威胁或要挟的方法，指对公私财物的所有者、保管者给予精神上的强制，造成其心理上一定程度的恐惧，以致不敢反抗的方法；而上述被害人并未受到这种精神上的强制，其告知抢夺人密码的行为，主要是基于怕麻烦，其实被害人本可以先挂失身份证再补办，但这样做既浪费时间又手续繁杂。

敲诈勒索罪还要求迫使被害人交付数额较大的公私财物或提供数额较大的财产性利益。显然，被害人无奈告知存折密码同交付数额较大公私财物还是有一些区别的。抢夺行为人之所以能要挟被害人，源于其抢夺犯罪行为。

（2）综合本案被告人的整个犯罪过程和因果关系的逻辑结构，对行为人的犯罪行为应以抢夺罪定性。抢夺罪侵犯的对象一般是各种公私财物，也包括财产性利益。活期存折可成为抢夺罪侵害对象。不过值得注意的是，抢夺犯罪的数额不能根据活期存折上面的数额来认定，而只能根据行为人最终从金融机构取走的数额来认定。行为人如果仅仅实施抢夺行为存折，而不实施其后的索取密码、取钱等行为，由于抢夺数额无法确定，那么其抢夺行为未必达到犯罪的程度。但是，行为人以非法占有为目的，乘人不备，实施了公然夺取被害人财物的抢夺行为，占有了受害人的存折、身份证等物品：而后又向被害人索要存折密码，最后取走钱的行为，则构成了一个完整的抢夺行为，其先前的抢夺银行卡、身份证行为是前提，而后的索要密码、取钱等行为是将银行卡本身包含的价值转化为具体财物的过程，是抢夺罪的继续。

5. 假借打电话借得他人手机后突然携手机逃跑的行为是否构成抢夺罪？

分歧观点：第一种观点认为构成盗窃罪，手机在犯罪嫌疑人手中，并非被害人紧密占有的财物，犯罪嫌疑人携手机逃跑的行为并不属于当场公然夺取，没有致人伤亡的任何危险性，因此只能认定为盗窃。

第二种观点认为构成抢夺罪，犯罪嫌疑人“借得”被害人手机之后，被害人就在犯罪嫌疑人跟前，并没有丧失对手机的占有，犯罪嫌疑人取得手机之后在被害人面前逃跑，存在公然性，因此应认定为抢夺罪。

第三种观点认为构成诈骗罪，犯罪嫌疑人采取欺骗的手段，将被害人的手机骗到手中，之后潜逃，因此认定为诈骗罪。

本书观点：同意第二种观点。理由如下：

（1）犯罪嫌疑人的行为应认定为抢夺。如何认定行为人携手机逃跑的行为，应综合考虑案件中财物是否仍处于被害人的紧密占有状态、行为人采取的暴力行为是否针对财物、行为人是否制造了被害人不能夺回手机的机会。被害人将手机借给犯罪嫌疑人之后，仅是允许其在身边附近打电话，被害人始终在一旁等待嫌疑人使用完毕归还，即手机始终处于被害人的视线范围内，一直处于被害人的支配、控制之下，被害人的行为仅仅是导致财物占有的松弛，没有发生占有的转移；犯罪嫌疑人在被害人面前突然携手机逃跑的行为，使得被害人没有夺回手机的机会，系公然夺取公私财物的行为。因此行为人的行为应认定为抢夺。

（2）犯罪嫌疑人不构成盗窃罪和诈骗罪。根据《刑法》第二百六十七条，抢夺罪是抢夺公私财物，数额较大，或者多次抢夺的行为。该罪的犯罪客体是公私财物，而并没有对是否存在人身伤亡的可能性加以限定。认为行为人携手机逃跑的行为系盗窃的观点，过多强调了该罪是否存在人身伤亡的可能性，并不符合《刑法》的规定。

另外，行为人确实存在欺骗的行为，但是构成诈骗罪的前提是，被害人是否基于错误认识而处分财产。情景中，被害人仅是将手机借给犯罪嫌疑人，并没有处分手机的意思，所以并不存在处分行为，因此不应将其认定为诈骗罪。

6. 携带非管制刀具实施抢夺的司法认定

携带刀具实施抢夺，即使该刀具非属国家禁止个人携带的管制刀具，但如果有证据证明行为人事先携带的刀具是为了实施犯罪而准备的，应认定为携带凶器抢夺并按抢劫罪论处；如果在携带凶器实施抢夺的过程中，有意向被害人出示、显露、暗示自己携带的凶器，对被害人进行精神强制的，则应直接依照《刑法》第二百六十三条之规定，按抢劫罪论处。这里应当请注意以下几点：

（1）我国《刑法》第二百六十七条第二款关于“携带凶器抢夺”的规定是法律拟制，而非注意规定，由此对携带凶器抢夺构成抢劫罪与一般的抢劫罪在犯罪构成要件上应加以区分。所谓注意规定，是在刑法已有相关规定的前提下再行规定，以提示司法工作人员注意，防止其适用时忽略的规定。注意规定的设置，并不改变基本规定的内容，只是对相关规定内容的重申；即使没有注意规定，也应按相关规定处理。例如《刑法》第三百八十四条规定了挪用公款罪，《刑法》第一百八十五条第二款规定，国有金融机构的工作人员和国有金融机构委派到非国有机构从事公务的人员挪用本单位或者客户资金的，以挪用公款罪定罪处罚。《刑法》第一百八十五条第二款规定即是注意规定，该款规定的主体所实施的行为在完全符合《刑法》第三百八十四条所规定的挪用公款罪的构成要件时，才成立挪用公款罪。而法律拟制与注意规定不同，法律拟制则是在特殊情况下改变处罚方式的规定。换言之，即使某种行为原本不符合普通规定，但在特殊条件下也必须按普通规定论处。例如，《刑法》第二百六十九条转化抢劫的规定即为法律拟制，也就是说，即使行为人的行为与《刑法》第二百六十三条的规定不完全一致，也不能否认抢劫罪的成立。

（2）如果说《刑法》第二百六十七条第二款的规定属于注意规定，则意味着携带凶器抢夺的行为，还要同时符合《刑法》第二百六十三条关于抢劫罪的规定，即行为人必须要使用携带的凶器，实施暴力、胁迫或者其他方法，才能以抢劫罪论处；如果说《刑法》第二百六十七条第二款属于法律拟制，则意味着只要携带凶器抢夺，即使没有使用、出示或者显露，也应当以抢劫罪定罪处罚。

（3）《刑法》规定的“携带凶器进行抢夺”以抢劫罪定罪必须满足三个条件：一是行为人必须是实施了抢夺行为。二是行为人必须携带有凶器。三是行为人携带凶器是为了实施抢夺犯罪。

（4）如果行为人携带了凶器但是在抢夺过程中未使用或者未显露的，由于行为人主观方面并没有利用所携带凶器的意识，客观上也没有达到使被害人因为惧怕而不敢反抗或者无力反抗的程度，不能认定其构成抢劫罪。因此，“携带凶器进行抢夺”只是抢夺行为以抢劫罪定罪的一个前提条件而不是唯一条件。以抢劫罪定罪，除了“携带凶器”这一客观要件以外，还应当从行为人的主观要件入手。根据《两抢意见》“行为人随身携带国家禁止个人携带的器械以外的其他器械抢夺，但有证据证明该器械确实不是为了实施犯罪准备的，不以抢劫罪定罪”的规定，也就是说，“携带凶器进行抢夺”构成抢劫罪的主观要件是行为人携带凶器的目的是实施犯罪行为，如果没有这个要件，则不能以抢劫罪论处。

7. 已满十四周岁不满十六周岁的未成年人携带“凶器”抢夺如何定罪？

分歧意见：第一种意见认为应定抢劫罪，根据《刑法》第二百六十七条第二款的规定，携带凶器抢夺的，应定抢劫罪。

第二种意见认为应定抢夺罪，根据《两抢意见》的规定，行为人随身携带国家禁止个人携带的器械以外的其他器械抢夺，但有证据证明该器械确实不是为了实施犯罪准备的，不以抢劫罪定罪。

第三种意见认为，该行为不构成犯罪。

本书观点：同意第三种意见，理由如下：

（1）菜刀非国家禁止个人携带的器械，行为人“携带”菜刀并非为抢劫，而系一种巧合，且在抢劫时，其未向受害人显示该菜刀，“携带”菜刀与抢劫没有主客观的联系。根据《两抢意见》的规定，行为人随身携带国家禁止个人携带的器械以外的其他器械抢夺，但有证据证明该器械确实不是为了实施犯罪准备的，不以抢劫罪定罪。

（2）该行为不构成抢劫罪，根据《刑法》第十七条的规定，已满十六周岁的人犯罪，应当负刑事责任。已满十四周岁不满十六周岁的人，犯故意杀人、故意伤害致人重伤或者死亡、强奸、抢劫、贩卖毒品、放火、爆炸、投放危险物质罪的，应当负刑事责任。已满十四周岁不满十六周岁的未成年人，携带凶器抢夺，其本罪是抢夺罪，只有符合一定条件下，即携带管制刀具或者枪支进行抢夺，或者为犯罪而携带凶器的，才构成抢劫罪。而已满十四周岁不满十六周岁的未成年人实施抢夺行为是不以犯罪处理的，即其不具备犯罪构成要件中的主要要件，也不构成犯罪，不能对其定罪处罚。

（五）量刑指导或参考

依照《刑法》第二百六十七条规定，抢夺数额较大或者多次抢夺的，处三年以下有期徒刑、拘役或者管制，并处或者单处罚金；数额巨大或者有其他严重情节的，处三年以上十年以下有期徒刑，并处罚金；数额特别巨大或者有其他特别严重情节的，处十年以上有期徒刑或者无期徒刑，并处罚金或者没收财产。

依照本条第二款规定，携带凶器抢夺的，依照《刑法》第二百六十三条的规定定罪处罚。

司法机关在适用本条规定处罚时，应当注意以下问题：

1. 严格执行本罪的“数额巨大”“数额特别巨大”的标准。“数额巨大”“数额特别巨大”是本罪的加重处罚情节。按照《抢夺解释》第一条的规定：抢夺公私财物价值人民币 3 万元至 8 万元以上的，为“数额巨大”；抢夺公私财物价值人民币 20 万元至 40 万元以上的，为“数额特别巨大”。我国幅员辽阔，各省、自治区、直辖市之间，以及各省、自治区、直辖市内不同地区之间的经济发展状况、社会治安状况差异较大，对抢夺罪的数额标准也不应规定得绝对划一。为此，《抢夺解释》规定各省、自治区、直辖市高级人民法院、人民检察院可以在《抢夺解释》第一条规定的数额幅度内，分别确定本地区执行的具体数额标准，并报最高人民法院、最高人民检察院批准。

2. 掌握从轻处罚的情节。按照《抢夺解释》第五条规定，抢夺公私财物数额较大，但未造成他人轻伤以上伤害，行为人系初犯，认罪、悔罪，退赃、退赔，且具有下列情形之一的，可以认定为犯罪情节轻微，不起诉或者免予刑事处罚；必要时，由有关部门依法予以行政处罚：（1）具有法定从宽处罚情节的；（2）没有参与分赃或者获赃较少，且不是主犯的；（3）被害人谅解的；（4）其他情节轻微、危害不大的。这些抢夺行为已经构成犯罪，但行为体现的犯罪人的主观恶性相对较小，根据主客观相统一的刑罚适用原则，对这些社会危害性比较轻微的犯罪行为，可以认为不需要判处刑罚。如果情节显著轻微的，也可以不作犯罪处理。

3. 根据《盗窃、抢劫、诈骗、抢夺机动车解释》第四条的规定，实施本解释第一条、第二条、第三条第一款或者第三款规定的行为，事前与盗窃、抢劫、诈骗、抢夺机动车的犯罪分子通谋的，以盗窃罪、抢劫罪、诈骗罪、抢夺罪的共犯论处。该解释第一条规定：明知是盗窃、抢劫、诈骗、抢夺的机动车，实施下列行为之一的，依照《刑法》第三百一十二条的规定，以掩饰、隐瞒犯罪所得、犯罪所得收益罪定罪，处三年以下有期徒刑、拘役或者管制，并处或者单处罚金：（1）买卖、介绍买卖、典当、拍卖、抵押或者用其抵债的；（2）拆解、拼装或者组装的；（3）修改发动机号、车辆识别代号的；（4）更改车身颜色或者车辆外形的；（5）提供或者出售机动车来历凭证、整车合格证、号牌以及有机动车的其他证明和凭证的；（6）提供或者出售伪造、变造的机动车来历凭证、整车合格证、号牌以及有关机动车的其他证明和凭证的。该解释第二条规定：伪造、变造、买卖机动车行驶证、登记证书，累计三本以上的，依照《刑法》第二百八十条第一款的规定，以伪造、变造、买卖国家机关证件罪定罪，处三年以下有期徒刑、拘役、管制或者剥夺政治权利。伪造、变造、买卖机动车行驶证、登记证书，累计达到第一款规定数量标准五倍以上的，属于《刑法》第二百八十条第一款规定中的“情节严重”，处三年以上十年以下有期徒刑。该解释第三条第一款规定，国家机关工作人员滥用职权，有下列情形之一，致使盗窃、抢劫、诈骗、抢夺的机动车被办理登记手续，数量达到三辆以上或者价值总额达到三十万元以上的，依照《刑法》第三百九十七条第一款的规定，以滥用职权罪定罪，处三年以下有期徒刑或者拘役：（1）明知是登记手续不全或者不符合规定的机动车而办理登记手续的；（2）指使他人为明知是登记手续不全或者不符合规定的机动车办理登记手续的；（3）违规或者指使他人违规更改、调换车辆档案的；（4）其他滥用职权的行为。该解释第三条第三款规定，国家机关工作人员实施前两款规定的行为，致使盗窃、抢劫、诈骗、抢夺的机动车被办理登记手续，分别达到前两款规定数量、数额标准五倍以上的，或者明知是盗窃、抢劫、诈骗、抢夺的机动车而办理登记手续的，属于《刑法》第三百九十七条第一款规定的“情节特别严重”，处三年以上七年以下有期徒刑。

4. 关于驾驶机动车、非机动车抢夺犯罪的从重处罚。《两抢意见》规定，对于驾驶机动车、非机动车夺取他人财物的，一般以抢夺罪从重处罚。同时规定了应当以抢劫罪定罪处罚的情形。

5. 规范化量刑。《量刑指导意见（试行）》对抢夺罪的量刑作了如下规定：（1）构成抢夺罪的，根据下列不同情形在相应的幅度内确定量刑起点：①达到数额较大起点的，在一年以下有期徒刑、拘役幅度内确定量刑起点。②达到数额巨大起点或者有其他严重情节的，在三年至四年有期徒刑幅度内确定量刑起点。③达到数额特别巨大起点或者有其他特别严重情节的，在十年至十二年有期徒刑幅度内确定量刑起点。依法应当判处无期徒刑的除外。（2）在量刑起点的基础上，根据抢夺数额等其他影响犯罪构成的犯罪事实增加刑罚量，确定基准刑。

5. 抢夺罪中的"其他严重情节"与抢夺"数额巨大"并存或者"其他特别严重情节"与抢夺"数额特别巨大"并存时，或者具有多个"其他严重情节""其他特别严重情节"的，该如何量刑？在这种情况下，原则上应以"抢夺数额巨大""抢夺数额特别巨大"作为确定量刑基准的事实依据，"其他严重情节""其他特别严重情节"一般应用来增加刑罚量的依据。这主要是因为抢夺犯罪属于财产型犯罪，其社会危害性主要在犯罪数额上，犯罪数额是反映抢夺罪社会危害性的主要标尺之一。有意见提出，抢夺导致他人重伤、死亡的，其社会危害性重于犯罪数额，应当将"导致他人重伤""导致他人死亡"作为基本犯罪构成事实用来确定量刑起点。本书认为，根据《刑法》规定，抢夺罪"其他严重情节"中的"导致他人重伤"情节，"其他特别严重情节"中的"导致他人死亡情节"，应理解为过失致人重伤、过失致人死亡。行为人抢夺数额特别巨大，且导致被害人死亡的，构成抢夺罪（在第三个法定刑幅度内量刑）与过失致人死亡罪的想象竞合犯罪，应从一重罪论处。由于数额特别巨大的抢夺罪的法定刑重于过失致人死亡罪的法定刑，故应以抢夺罪定罪量刑。据此可以看出，数额特别巨大的抢夺罪的社会危害性一般要重于过失致人死亡罪，同理，数额巨大的抢夺罪的社会危害性一般也要重于过失致人重伤罪。以抢夺"数额巨大""数额特别巨大"作为确定量刑起点的事实依据较为合理。

五、聚众哄抢罪

（一）刑法规定

第二百六十八条 聚众哄抢公私财物，数额较大或者有其他严重情节的，对首要分子和积极参加的，处三年以下有期徒刑、拘役或者管制，并处罚金；数额巨大或者有其他特别严重情节的，处三年以上十年以下有期徒刑，并处罚金。

（二）典型或常见问题的审理思路

1. 聚众哄抢罪构成要件中“数额较大”或者有“其他严重”的标准如何掌握？

目前，最高司法机关尚没有专门就聚众哄抢罪构成要件中“数额较大”或者有“其他严重”的标准进行解释。仅有部分相关解释。如《最高人民法院关于审理破坏森林资源刑事案件具体应用法律若干问题的解释》（法释〔2000〕36号）第十四条规定，聚众哄抢林木五立方米以上的，属于聚众哄抢“数额较大”；聚众哄抢林木二十立方米以上的，属于聚众哄抢“数额巨大”，对首要分子和积极参加的，依照《刑法》第二百六十八条的规定，以聚众哄抢罪定罪处罚。

本书对“数额较大”“数额巨大”“其他严重情节”“其他特别严重情节”的理解如下：

（1）“数额较大”的起点一般参照盗窃罪、抢夺罪的数额。

（2）“其他严重情节”的认定，参照盗窃罪、抢夺罪的有关规定。如：①曾因聚众哄抢受过刑事处罚的；②一年内曾因哄抢受过行政处罚的；③一年内聚众哄抢三次以上的；④组织、控制未成年人哄抢的；⑤聚众哄抢救灾、抢险、防汛、优抚、扶贫、移民、救济款物的；⑥自然灾害、事故灾害、社会安全事件等突发事件期间，在事件发生地聚众哄抢的；⑦导致他人轻伤或者精神失常等严重后果的。

（3）“数额巨大”的起点一般参照盗窃罪、抢夺罪的数额。

（4）聚众哄抢，具有下列情形之一的，可以认定为“其他严重情节”。①导致他人重伤的；②导致他人自杀的；③具有其他严重情节，数额接近巨大的。

另外，有些省级高级人民法院对本辖区内发生的聚众哄抢罪构成要件中“数额较大”或者有“其他严重”的标准进行了规范，可供参考。

如上海市高级人民法院对本辖区内发生的聚众哄抢罪构成要件中“数额较大”的标准设定为数额在4000元以上。而“其他严重情节”，则指具有下列情形之一的：（1）组织30人以上参与哄抢的；（2）哄抢一般军用物资的；（3）哄抢一般文物的；（4）哄抢救灾、抢险、防汛、优抚、扶贫、移民、救济、医疗等款物的；（5）哄抢急需的生产资料的；（6）哄抢三次以上的。聚众哄抢数额在4万元以上的，属于“数额巨大”。具有下列情形之一的，属于有“其他特别严重情节”：（1）组织150人以上参与哄抢的；（2）哄抢重要军用物资的；（3）哄抢珍贵文物的；（4）哄抢救灾、抢险、防汛、优抚、扶贫、移民、救济、医疗等款物，造成严重后果的；（5）哄抢急需的生产资料，严重影响生产，或者导致公司、企业停业、停产的；（6）导致被害人精神失常、自杀的。

需要说明的是，有的行政法律也对哄抢犯罪的处罚进行了规定。如《铁路法》第六十四条第一款规定：“聚众哄抢铁路运输物资的，对首要分子和骨干分子依照刑法有关规定追究刑事责任。”第二款规定：“铁路职工与其他人员勾结犯前款罪的，从重处罚。”这些规定，在司法实务中理应遵照执行。

（三）疑难、复杂问题的参考性解答

1. 聚众哄抢行为为什么不以抢夺罪定罪处罚，而要专门设立聚众哄抢罪？

1979年《刑法》没有规定本罪。1997年《刑法》修订前，对聚众哄抢行为是以抢夺罪定罪处罚的。1990年9月7日颁布的《铁路法》第六十四条规定，对于“聚众哄抢铁路运输物资的”，以抢夺罪论处。《最高人民法院关于执行〈中华人民共和国铁路法〉中刑事罚则若干问题的解释》（法发〔1993〕28号）（现已失效）第四条规定，对聚众哄抢铁路运输物资的犯罪分子，如何追究刑事责任？《铁路法》[①] 第六十四条第一款规定：“聚众哄抢铁路运输物资的，对首要分子和骨干分子依照《刑法》第一百五十一条或者第一百五

① 《铁路法》于1990年9月7日第七届全国人民代表大会常务委员会第十五次会议通过，并于2009年8月27日第一次修正，2015年4月24日第二次修正。

十二条的规定追究刑事责任。”① 聚众哄抢铁路运输物资的，对首要分子和骨干分子应当以抢夺罪，依照《刑法》第一百五十一条或者第一百五十二条的规定追究刑事责任，一般应从重处罚。犯罪分子如果在哄抢铁路运输物资过程中使用暴力或者以暴力相威胁，或者为窝藏赃物、抗拒逮捕、毁灭罪证而当场使用暴力或者以暴力相威胁的，应当以抢劫罪论处，从重处罚。上述犯罪中的“首要分子”，是指在聚众哄抢铁路运输物资的犯罪中，起组织、策划、指挥作用的犯罪分子；“骨干分子”，是指在聚众哄抢铁路运输物资的犯罪中，除首要分子之外，其他起主要作用的犯罪分子，如带头哄抢铁路运输物资的，哄抢铁路运输物资数量较大的犯罪分子等。

1997 年《刑法》增设了聚众哄抢罪的罪名，之后，对聚众哄抢行为不再以抢夺罪或者抢劫罪论处。

2. 是否所有参与聚众哄抢的行为人均要依法追究刑事责任？

根据《刑法》第二百六十八条的规定，聚众哄抢罪的犯罪主体为哄抢公私财物的首要分子和积极参加者。“首要分子”，一般是指在聚众哄抢犯罪中起组织、策划、指挥等主要作用的犯罪分子；“积极参加的”，一般是指在聚众哄抢中表现积极，对造成哄抢公私财物的危害后果起骨干和带头作用，哄抢财物较多的犯罪分子。对多数的一般参与者，《刑法》没有将其作为犯罪主体规定，主要是考虑到他们是在不明真相的情况下参加的，或者是由于某种原因追随他人进行的。对这些一般参与人员可以通过行政处罚和思想教育解决。②

因此，本罪的认定应当注意两个方面，一是行为本身是否构成，即是否达到数额较大或者有其他严重情节的，哄抢行为情节一般，哄抢财物数额较小的，属于一般违法行为，不能以聚众哄抢罪论处；二是行为人是否为适格主体。法律规定对只对首要分子和积极参加者以犯罪处理，而对于一般参与者，不以犯罪处理。

---

① 1979 年《刑法》第一百五十一条规定，盗窃、诈骗、抢夺公私财物数额较大的，处五年以下有期徒刑、拘役或者管制。第一百五十二条规定，惯窃、惯骗或者盗窃、诈骗、抢夺公私财物数额巨大的，处五年以上十年以下有期徒刑；情节特别严重的，处十年以上有期徒刑或者无期徒刑，可以并处没收财产。

② 王爱立：《中华人民共和国刑法解读（第四版）》，中国法制出版社 2015 年版，第 624 页。

3. **如何区分聚众哄抢罪与抢劫罪的界限?**

（1）犯罪主体不同。前者是特殊主体；而后者是一般主体，已满十四周岁的人也可以成为抢劫罪的主体。（2）客观方面表现不同。前者是必要共犯，即三人以上才能实施，且实施过程中暴力特征不明显；而后者可以由单个人进行，且实施犯罪过程中大多数表现为暴力特征。两者最本质的区别在于：抢劫罪的手段行为表现为对财物的所有者、保管者或守护者当场使用暴力、胁迫或者其他方法，立即抢走财物或者迫使其交出财物的行为，其手段的基本特征表现为使财物的所有者、保管者、守护者不敢反抗，不能反抗或者不知反抗而获取财物；而聚众哄抢罪的客观方表现为利用“哄闹”“骚扰”，一哄而上地抢占财物。它与抢劫罪的本质区别在于其抢占行为的非暴力性。虽然在某些聚众哄抢犯罪活动中可能伴随着哄抢参与者企图排除公私财物所有者、守护者、保管者的制止而采用推搡等武力行为，但这种武力行为不是哄抢人所要采用的必要手段，只不过是在哄抢时希望借此获取财物。这与抢劫罪使用的暴力手段具有本质的区别：抢劫罪使用暴力手段的目的是明确的，有预谋的；而聚众哄抢行为的本质在于使公私财物的所有人、保管人、看护人手足无措、无法阻止，从而形成有利的哄抢局面趁机抢走财物，不像抢劫罪那样以暴力或者暴力相威胁为后盾而抢占财物。但是对于在聚众哄抢过程中公开使用暴力，企图排除财物所有人、保管人、守护人的反抗以强占财物的，并由于其暴力行为而促成大批公私财物被哄抢，对其中使用暴力手段的行为人应以抢劫罪追究刑事责任。

4. **如何区分聚众哄抢罪与抢夺罪的区别?**

（1）犯罪主体不同。前者是特殊主体，即只能由实施聚众哄抢犯罪行为的首要分子和积极参加者构成；而后者则是一般主体。（2）侵犯的客体不同。前者是复杂客体，不仅侵犯了公私财产所有权，而且妨害了社会管理秩序；而后者则是单一客体，只是侵犯了公私财产所有权。（3）客观方面不同。表现在三个方面。一是聚众哄抢罪必须要求是聚众进行哄抢，即在人数上有所限制，必须是三人以上实施，事实上往往会更多；而抢夺罪对人数没有限制，可以由一个人实施，也可以由多人共同实施。二是行为方式上，聚众哄抢原因是侧重于“哄”字，即以“哄”闹、“哄”吵为手段一哄而上进行抢占；而抢夺罪侧重于“夺”字，往往表现为公然夺取，一夺就跑，且通常表现为乘人不备。三是客观后果上，由于聚众哄抢罪参与人员众多，往往所抢得的财物数额巨大，所造成的损失严重，而抢夺罪则不一定具有此种后果。

5. 如何区分聚众哄抢罪与聚众“打砸抢”行为的区别？

1979年《刑法》中，聚众“打砸抢”本是一个独立的罪名，1997年修订《刑法》时取消的独立罪名的规定，但仍在第二百八十九条作了提示性规定：聚众“打砸抢”，致人伤残、死亡的，依照本法第二百三十四条、第二百三十二条规定处罚。毁坏或者抢走公私财物的，除判令退赔外，对首要分子，依照本法第二百六十三条的规定定罪处罚。因此，聚众“打砸抢”行为构成犯罪的，分别依照故意伤害罪、故意杀人罪、抢劫罪定罪处罚。聚众哄抢罪与聚众“打砸抢”行为，二者的共同点在于聚众众人，但聚众哄抢罪一般只是聚众多人抢夺公私财物，一般不使用暴力手段，即使使用轻微暴力手段，也不针对人身。但聚众“打砸抢”行为则是聚众多人又打又砸又抢，是一种破坏性更为强烈的严重犯罪，暴力色彩极为明显。

（四）量刑指导或参考

1. 严格执行本罪的处罚范围。按照刑法规定，本罪只处罚首要分子和积极参加者，对一般参加者不进行刑事处罚。我国刑法对聚众型犯罪有四种处罚方法，一是对所有的参加者都做入罪处理，但在量刑档次上作出轻重区分。例如《刑法》第一百零四条武装叛乱、暴乱罪规定：“组织、策划、实施武装叛乱或者武装暴乱的，对首要分子或者罪行重大的，处无期徒刑或者十年以上有期徒刑；对积极参加的，处三年以上十年以下有期徒刑；对其他参加的，处三年以下有期徒刑、拘役、管制或者剥夺政治权利。”在此，所有的聚众参与者都是犯罪主体。二是对部分参与者做入罪处理，并对入罪的参与者做量刑上的区分。例如《刑法》第二百九十条聚众扰乱社会秩序罪规定：“聚众扰乱社会秩序，情节严重，致使工作、生产、营业和教学、科研、医疗无法进行，造成严重损失的，对首要分子，处三年以上七年以下有期徒刑；对其他积极参加的，处三年以下有期徒刑、拘役、管制或者剥夺政治权利。”在此，仅有首要分子和积极参加者需要承担刑事责任，其他参与者不是犯罪主体。三是仅将首要分子做入罪处理，如《刑法》第二百九十一条聚众扰乱公共场所秩序、交通秩序罪规定：“聚众扰乱车站……情节严重的，对首要分子，处五年以下有期徒刑、拘役或者管制。”在此情况下，仅有首要分子是犯罪主体，其他参与者不属于犯罪主体。四是对部分参与者做入罪处理，但对入罪的参与者在量刑上不作区分，而是由司法人员根据犯罪分子在犯罪中所起的地位、作用和具体犯罪情节、后果进行处罚。聚众哄抢罪就属于第四种类型。

2. 聚众哄抢罪中的“其他严重情节”与聚众哄抢“数额较大”并存或者“其他特别严重情节”与聚众哄抢“数额巨大”并存时，或者具有多个“其他严重情节”“其他特别严重情节”的，该如何量刑？在这种情况下，原则上应以“聚众哄抢数额较大”“聚众哄抢数额巨大”作为确定量刑基准的事实依据，“其他严重情节”“其他特别严重情节”一般应用来增加刑罚量的依据。这主要是因为聚众哄抢犯罪属于财产型犯罪，其社会危害性主要在犯罪数额上，犯罪数额是反映聚众哄抢罪社会危害性的主要标尺之一。有意见提出，聚众哄抢导致他人重伤、死亡的，其社会危害性重于犯罪数额，应当将“导致他人重伤”“导致他人死亡”作为基本犯罪构成事实用来确定量刑起点。本书认为，根据《刑法》规定，聚众哄抢罪“其他严重情节”中的“导致他人重伤”情节，“其他特别严重情节”中的“导致他人死亡情节”，应理解为过失致人重伤、过失致人死亡。行为人聚众哄抢数额巨大，且导致被害人死亡的，构成聚众哄抢罪（在第二个法定刑幅度内量刑）与过失致人死亡罪的想象竞合犯罪，应从一重罪论处。由于数额巨大的聚众哄抢罪的法定刑重于过失致人死亡罪的法定刑，故应以聚众哄抢罪定罪量刑。据此可以看出，数额巨大的聚众哄抢罪的社会危害性一般要重于过失致人死亡罪，同理，数额较大的聚众哄抢罪的社会危害性一般也要重于过失致人重伤罪。以抢夺“数额较大”“数额巨大”作为确定量刑起点的事实依据较为合理。

3. 正确认定“其他严重情节”。这里的其他严重情节，不应仅理解为是首要分子和积极参加者人人行为具备某种严重情形，而应当理解为整个哄抢犯罪活动所具备或造成的其他严重情形。聚众哄抢的首要分子或者积极参加者可能并不具备某些严重情节，但是整个哄抢行为所造成的可能是极其严重的，如造成社会程序的大范围混乱。对于哄抢行为的整体后果，应当视为首要分子和积极参加者构成犯罪的“其他严重情节。”

4. 正确认定首要分子和积极参加者。聚众哄抢罪中对于首要分子的认定，应主要从其在整个哄抢活动中所起的作用出发。凡是有鼓励、煽动、组织、策划、指挥、倡议进行哄抢等行为的人员，可以认定为首要分子；没有上述行为，则一般不宜以首要分子论处。对于积极参加者，则要准确把握和理解“积极”二字，不能把所有参加行为均认定为积极参加。通常“积极”行为可以通过某些不同于多数一般、普通参加者的特征相对表现出来，如抢得财物较多、带头哄抢、想方设法消除哄抢的阻碍物（如砸门锁、捅开大门、推开阻拦人员）等。

5. 规范化量刑。《量刑指导意见（试行）》对聚众哄抢罪的量刑并未作出规定，这主要是由于此案案件在司法实践中的发案率不高，最高司法机关还未能总结出一套比较完整的量刑规范化方案，有待于在总结经验的基础上再作出详细的规定。在此之前，各高级法院可以根据各地的社会治安状况、经济发展状况等因素，制定适合本省、自治区、直辖市实际情况的量刑规范化标准。在有关规定出台前，司法人员应当根据犯罪的事实、犯罪的性质、情节和对于社会的危害程度，依照刑法和有关司法解释的规定判处刑罚。

六、侵占罪

（一）刑法规定

第二百七十条　将代为保管的他人财物非法占为已有，数额较大，拒不退还的，处二年以下有期徒刑、拘役或者罚金；数额巨大或者有其他严重情节的，处二年以上五年以下有期徒刑，并处罚金。

将他人的遗忘物或者埋藏物非法占为已有，数额较大，拒不交出的，依照前款的规定处罚。

本条罪，告诉的才处理。

（二）典型或常见问题的审理思路

1. 如何理解和认定侵占罪中“代为保管的他人财物”？[①]

委托物侵占罪的犯罪对象是“代为保管的他人财物”，故构成该罪要求被侵害的财物本由行为人占有，且行为人是受委托而占有该财物。如果行为人并未受委托而占有该财物，则缺少构成委托物侵占罪的前提条件。

---

① 观点来源：最高人民法院刑事审判第一、二、三、四、五庭：《刑事审判参考》（总第70集），法律出版社2010年版，第60－65页。

2. **雇员利用职务之便将个体工商户的财产非法占为己有的，构成侵占罪还是职务侵占罪?**①

侵占罪的主体是一般主体，职务侵占罪的主体则要求是“公司、企业或其他单位的人员”，因此，明确行为人的身份是区分两罪的关键。个体工商户系个人投资经营，以个人财产承担责任的特殊民事主体，不属于“公司、企业或其他单位”的范畴。因此，雇员利用职务之便将个体工商户的财产非法占为己有的，实际上是个体工商户的委托保管该批货物，其非法将货物占有己有的行为构成侵占罪而非职务侵占罪。

3. **侵占案是公诉案件还是自诉案件**②

侵占案属于告诉才处理的案件，不应作为公诉案件处理。(1) 依据我国《刑法》《刑事诉讼法》的规定，侵占案件是告诉才处理的案件，属于自诉案件。《刑法》第二百七十条第三款规定，侵占罪，告诉的才处理。《刑事诉讼法》将告诉才处理的案件划入自诉案件的范围。1998 年 9 月 8 日起施行、案发时有效的《最高人民法院关于执行〈中华人民共和国刑事诉讼法〉若干问题的解释》第一条第一项规定的“告诉才处理”的案件中就包括《刑法》第二百七十条规定的侵占案。2013 年 1 月 1 日起施行的《最高人民法院关于适用〈中华人民共和国刑事诉讼法〉若干问题的解释》第一条第一项，仍然将侵占案规定为“告诉才处理”的自诉案件。根据《刑事诉讼法》的规定，自诉案件由人民法院直接受理。(2) 将侵占案作为告诉才处理的案件审判，是维护法制严肃性的要求。(3) 侵占案依法告诉才处理，是尊重当事人诉权的表现，也有利于司法机关集中力量打击严重危害社会的犯罪分子。

(三) 疑难、复杂问题的参考性解答

1. **如何理解代为保管的他人财物或者是他人的遗忘物、埋藏物?**

(1)“他人”，是仅指自然人，抑或也包括单位？理论界有不同认识。我们认为，1997 年《刑法》之所以增设此罪名，就是意图涵盖司法实践中遇到的所有侵害公私财物的行为，理应包括单位在内。(2)“遗忘物”，是指本应

---

① 观点来源：最高人民法院刑事审判第一、二、三、四、五庭：《中国刑事审判指导案例（侵犯财产罪）》，法律出版社 2009 年版，第 665－666 页。

② 观点来源：最高人民法院刑事审判第一、二、三、四、五庭：《中国刑事审判指导案例（侵犯财产罪）》，法律出版社 2012 年版，第 468－470 页。

携带因遗忘而没有带走的财物。遗忘物不同于遗失物，前者一般是刚刚遗忘，随即想起的财物，遗忘者还记得财物被遗忘的具体地点与时间，拾得者一般也知道失主是谁。遗忘物与遗失物不同。遗失物一般为失主大意丢失的财物，一般失主不知道财物丢失的具体时间与地点，且失去财物的时间相对较长，拾得者一般也不知道失主具体是谁。虽然遗忘物的所有权可能是国家或者单位的，但遗忘者的遗忘行为却属于个人行为，遗忘者应当承担赔偿遗忘物的责任。（3）“埋藏物”，是指为隐藏而埋于地下的财物。一般而言，国家或者单位不存在埋藏物。虽然有些公共财物可能由于某种特殊原因需要埋于地下，但绝不是单纯为了隐藏，所以，这类财物不属于埋藏物。埋藏物不同于地下的文物。文物一般属于国家所有，文物不属于本罪侵犯的对象。

2. 如何理解侵占罪构成要件中的行为要件?

本罪客观方面表现为将他人委托自己代为保管的财物，或者拾得的他人的遗忘物，或者发掘出的他人的埋藏物非法占为己有，数额较大且拒不退还或者拒不交出的行为。具体地说，下列同时具备下列要件：

（1）将他人委托自己代为保管的财物或者他人的遗忘物或者埋藏物非法占为己有。不宜“将代为保管的他人财物”，仅作字面的理解，还应当包括司法实践中发生的代购物品、代售物品、代转财物或者代收财物等行为在内。这里所说的代为保管或者拾得遗忘物，必须是通过正当、善意、合法的手段，持有他人的财物的行为，这是构成本罪的重要前提，也是本罪区别于其他犯罪的重要特征。如果不是通过正当、善意、合法的手段持有该财物即持有财物具有非法性，则不可能构成本罪。

（2）数额较大。

（3）拒不退还或者拒不交出。

（4）财物所有人向法院提出控告。

3. 将他人委托自己代为保管的财物或者他人的遗忘物或者埋藏物非法占为己有后，财物所有人请求归还后即退还的，如何处理?

不能以侵占罪处理。当然，这里对退还的时间也是有要求的，不能太宽也不能太严，也没有财物所有人请求次数的限制。财物所有人无论是通过自己或者委托他人请求行为人退还，甚至通过报警的形式经过民警出面退还的，都不能认定为“拒不退还”的。财物所有人向法院提起诉讼的前提必须是行为人具有拒不退还的行为，不然，法院应裁定不予受理或者驳回起诉。在财物所有人起诉后，法院作出宣判前，如果行为人退还，起诉人愿意接受退还并撤回诉讼的，人民法院应当在查明撤诉行为确系自愿、合法的前提下，作出准予撤诉的裁定。在这种情况下，对行为人也不以犯罪处理。

4. 侵占遗失物的，能否构成侵占罪?

《刑法》只规定侵占遗忘物，而没有规定侵占遗失物。遗忘物不包括遗失物。《刑法》第二百七十条中的“遗忘物”与《民法典》规定的“遗失物”是有区别的。这里所指的“遗忘物”，主要是针对行为人合法占有的他人遗忘的财产，如他人存放在自己家中的钱财、他人委托代为保管的财物等，即行为人对这些财物的占有或持有不是非法的，是在合法占有或持有后才出现的他人遗忘的情况。而对他人“遗失物”的占有不存在合法的问题，因为《民法典》明确规定，拾得遗失物，当归还权利人。这说明“遗失物”的所有权不是拾得人所有，而是遗失人所有，拾得人占有遗失人的财物没有法律上的根据，是不合法的，这就将“遗失物”与《刑法》第二百七十条规定的“合法持有的他人遗忘物”明显区别开来。所以，《刑法》第二百七十条中的“遗忘物”不应当包括遗失物。按照民法通则的规定，拾得遗失物，应当归还失主，由民事法律关系来调整，而侵占遗忘物，则应当追究刑事责任。

5. 如何理解《刑法》第二百七十条规定的“拒不退还”“拒不交出”?

（1）如果当保管物的委托人、遗忘物的遗忘者、埋藏物的埋藏者或者他们的代理人、继承人向行为人明确提出交还主张，并且举有证据证明该财物属于其合法所有时，行为人无视证据，公然加以明确拒绝的，即应认定为“拒不退还”“拒不交出”的行为;

（2）如果行为人在财物所有人明确提出；交还主张时，虽承认了其主张并答应交还，但在其后又擅自处理了该财物，致使无法实际交还的，也应认定为属于“拒不退还”“拒不交出”的行为;

（3）如果行为人虽有非法侵占的行为，但最终还是退还或者交出了其侵占的财物，则不能视为“拒不退还”“拒不交出”;

（4）如果行为人在合法所有者明确提出交还主张之前，已经处理了该财物，事后也承认并答应赔偿的，则不能以犯罪论处。

6. 如何区分侵占罪与盗窃罪?

侵占罪与盗窃罪的区别，主要表现在以下几个方面：一是行为人非法占有的行为目的有区别。盗窃罪的非法占有目的发生于盗窃行为实施之前，即先有犯罪目的然后才采取盗窃行为；而侵占罪的非法占有目的一般发生在行为人首先取得对他人财产的合法占有行为后，再将原来的合法占有行为转化为非法占有行为。二是犯罪的行为方式不同。盗窃罪的行为人采取的是秘密窃取的方法，财物所有权人一般也不知道自己的财物被谁占有，没有要求非法占有人进行退还的前提条件；而侵占罪的行为人所采用的行为方式则是将原先已经合法持有的他人财物转变为非法占有，相对于盗窃罪来说，其行为方式较为缓和，且财物所有权人也知道自己财物的去向，具有索回财物的目标，据此，法律才规定侵占罪的行为人必须具有“拒不退还”这一情节时才构成犯罪。三是犯罪对象不同。盗窃罪侵犯的对象是不特定的，包括一切公私财物；而侵占罪的犯罪对象是特定的，即合法取得的代为保管的他人财物，包括动产和不动产。四是告诉的形式不同。盗窃罪属于国家必须依法予以追诉的案件，只要行为人实施了犯罪，无论是否有被害人或者相关人提起诉讼，司法机关都必须主动追究犯罪；而侵占罪则属于告诉才处理的犯罪，如果没有被害人或者被害单位的告诉，司法机关一般不主动追究犯罪。

需要说明的是，侵占罪的主观方面由直接故意构成，即明知自己占有的财物为他人合法所有，自己有义务将该财物交还他人，但故意拒不退还或者拒不交出。故意的内容是以非法占有为目的。“本罪最大的特点是‘变合法持有为非法所有……”①这是构成侵占罪的前提条件。“合法持有”，是指以合法的方式取得对他人财物暂时的占有权。

7. 拾得他人信用卡拒不归还的行为是否构成侵占罪？

拾得信用卡拒不退还，不构成侵占罪。如果冒用信用卡去取款、消费的，则构成信用卡诈骗罪。

从《刑法》的规定看，侵占罪有三种表现形式：（1）侵占代为保管的他人财物；（2）侵占他人遗忘物；（3）侵占他人埋藏物。所谓遗忘物，是指非出于占有人或所有人之本意，偶然失去其占有之动产。遗忘物中之“物”，一般是指可进行交易，价值和价格都明显之物。如果非法占有人不归还原所有人，就实际上取得了对这部分财产所有权的使用权、支配权和占有权，如果再拒不归还，就构成了侵占行为。但信用卡不是具有明显财产价值和价格的

---

① 参见高铭暄、马克昌：《刑法学（第二版）》，北京大学出版社、高等教育出版社 2005 年版，第 569 页。

遗忘物，因为虽然拾到了信用卡，但只要捡拾人不去查询或使用，信用卡的价值就不会实现，原持卡人也不会丧失对这部分财产的所有权。所以，信用卡不应当包括在侵占罪的“遗忘物”之中。同时，信用卡的原合法所有人还可以去发卡部门申请办理挂失。在经发卡机构确认后，即可使财产重新回到原持卡人手中，捡拾人即便是拒不退还该信用卡给原合法持有人，对原合法持有人的财产权益也不会构成威胁。

8. 侵占违禁品是否构成侵占罪?

对于侵占代为保管的他人所持有的违禁品，如毒品、枪支、弹药、走私物资等，如果行为人的代为保管行为已经构成《刑法》所规定的其他罪名，应当以触犯的具体罪名追究刑事责任。如侵占代为保管的枪支，其代为保管行为已经构成非法持有枪支罪，因而应当以非法持有枪支罪处罚。如果代为保管行为尚未构成其他犯罪，则应当将违禁品予以没收，而不应当以侵占罪追究刑事责任。虽然司法实践中，盗窃、抢劫违禁品如毒品的，可以以抢劫罪定罪处罚，但因为盗窃、抢劫案是公诉案件。而侵占案是自诉案件，必须有自诉人。而违禁品的持有人一般情况下不能成为违禁品的合法持有人，也就不能对违禁品主张所有权或者持有权，因而没有自诉权。依照《刑法》第六十四条关于“违禁品……应当予以没收”的规定，对此类违禁品，只能予以没收。

9. 侵占赃物是否构成侵占罪?

司法实践中经常遇到侵占犯罪所得的赃物或其他非法活动所得赃物如何定性的问题，是构成犯罪，还是不构成犯罪，其中涉及的主要问题就是赃物能否成为犯罪对象。而与犯罪对象相联系的主要是两个问题：一是赃物是否受法律保护；二是赃物是有主财产还是无主财产。首先，对于赃物是否受到刑法保护的问题，公民私人所有的财产是合法的不是非法的，是不可侵犯的，因为刑法对于非法所得财物的保护不是保护其非法行为，而是为了保护社会关系和社会秩序的稳定，保护所有社会财富免受非法侵犯。所以，赃物属于非法所得，这只是相对非法取得这些财产的人来说是非法的，但这些财物并非无主财产，还要由国家主管机关依法追缴，返还原主或者没收归公。而对赃物的真正所有权人即财产的原所有权人来说，这些物品的占有是合法的。刑法所要保护的并非赃物，而是赃物本身所隐含的合法性。因此，这些财物本来就是属于国家、集体和个人的合法所有财物，原所有人仍然对这些财物具有所有权。非法占有这些财物，实质上还是侵犯了国家、集体或者公民个人的合法财产所有权。所以，诸如抢劫赌场上的赌资、盗窃贪污所得的赃款，诈骗贩运中的走私货物等，同样构成侵犯财产罪。如果行为人将交付其保管的这些赃款赃物非法占为己有，数额较大，拒不退还的，仍构成侵占罪。对非法侵占赃物行为进行处罚时，应当注意两种情况：一是行为人明知是赃物而代为保管，并予以侵占而拒不退还时，行为人的代为保管行为构成掩饰、隐瞒犯罪所得罪，而拒不退还则构成侵占罪，应当择一重罪处罚，而掩饰、隐瞒犯罪所得罪是公诉案件，不必受侵占罪“告诉才处理”规定的限制。二是不知是赃物而代为保管，继而进行侵占拒不退还的，应当以侵占罪论处。

10. 故意拖欠他人应得款是否构成侵占罪？

故意拖欠他人所得款在实践中比较常见，有的属于借款债务纠纷，有的属于经济往来中所产生的债务纠纷。一般来说，因债权债务纠纷而出现的故意拖欠他人所得款情况，大多属于民事经济纠纷，不涉及刑事犯罪问题。只有少数确实是为达到非法占有的目的，采用不正当的手段将他人钱财占为己有的行为，并且达到了一定的数额标准，才能以犯罪论处。对于因借款行为而故意拖欠他人款项，由于债权债务关系明确，债权人与债务人之间对钱财的所有权关系不存在争议。如果债务人故意拖欠债权人款项，债权人可以通过向法院起诉，由法院查明事实后判决债务人偿还，债权人在债务人不自觉履行法院判决时还可以申请法院强制执行。因此，类似拖欠款项问题一般不会涉及刑事犯罪追究责任问题。对于经济往来中所产生的债务纠纷，情况就比较复杂。有的债权债务关系由经济合同作了规定，合同双方当事人按照经济合同执行，双方之间所发生的债务纠纷往往也是比较明确的。即使有争议的地方，也可以通过向法院起诉来判决解决。但在有的情况下，经济往来中的当事人各方可能对经济利益的分配不是十分明确，对经济往来中款项的支付不是十分清楚，可能会出现其中一方多占有他方的应得款项或者合法财产的情形。对于类似情况，如果情节严重，有的可能构成刑事犯罪。但也必须根据具体情况来定。如果在经济交往中一方当事人利用经济合同或其他形式，采用欺诈的手段骗取对方钱财，而主观上又具有非法占有的目的，则应当认定为诈骗行为，以合同诈骗罪或诈骗罪追究其刑事责任。如果在经营过程中，共同的经营人隐瞒了经营所得款项，将他人应得款项非法占为己有，情节严重的，应当以侵占罪论处。但是必须注意查明行为人主观上是否确实具有非法占有他人应得财物的目的。如果行为人明知他人应得财物属于他人依法享有的合法财产，而故意将他人钱财非法占为己有的，数额较大且拒不退还的，应当以侵占罪处罚。查清行为人的主观故意是认定本罪的关键。

11. 如何理解侵占罪构成要件中的“数额较大”“数额巨大”“有其他严重情节”？

本书观点：（1）“数额较大”的起点一般参照盗窃罪、抢夺罪的数额。

（2）“数额巨大”的起点一般参照盗窃罪、抢夺罪的数额。

（3）犯侵占罪，具有下列情形之一的，可以认定为“其他严重情节”：①导致他人重伤的；②导致他人自杀的；③具有其他严重情节，数额接近巨大的等。

（四）量刑指导或参考

依照《刑法》第二百七十条第一款规定，犯侵占罪的，处二年以下有期徒刑、拘役或者罚金；数额巨大或者有其他严重情节的，处二年以上五年以下有期徒刑，并处罚金。依照本条第二款规定，将他人的遗忘物或者埋藏物非法占为己有，数额较大，拒不交出的，依照前款的规定处罚。依照本条第三款规定，本条罪，告诉的才处理。

司法实践中，要注意以下几点：

1. 要注意本罪的罚金刑的运用问题。根据《刑法》第二百七十条第一款的规定，犯侵占罪的，处二年以下有期徒刑、拘役或者罚金。因此，根据犯罪事实、犯罪的性质、情节和对于社会的危害程度，判处刑罚，可以在二年以下有期徒刑、拘役或者罚金三种刑罚中选择一种，即罚金刑在行为属于基本犯罪构成的情况下只能单独适用，而不能作为附加刑适用。但是，根据《刑法》第二百七十条第二款的规定，侵占数额巨大或者有其他严重情节的，处二年以上五年以下有期徒刑，并处罚金。此时，罚金刑只能作为附加刑适用，并且应当并处罚金，而不是可以并处罚金。

2. 侵占罪中的“其他严重情节”与侵占“数额巨大”并存的，该如何量刑？在这种情况下，原则上应以侵占“数额巨大”作为确定量刑基准的事实依据，“其他严重情节”一般应用来增加刑罚量的依据。这主要是因为侵占犯罪属于财产型犯罪，其社会危害性主要在犯罪数额上，犯罪数额是反映侵占罪社会危害性的主要标尺之一。

3. 规范化量刑。《量刑指导意见（试行）》对侵占罪的量刑并未作出规定，这主要是由于此类案件在司法实践中的发案率不高，最高司法机关还未能总结出一套比较完整的量刑规范化方案，有待于在总结经验的基础上再作出详细的规定。在此之前，各高级法院可以根据各地的社会治安状况、经济发展状况等因素，制定适合本省、自治区、直辖市实际情况的量刑规范化标准。在有关规定出台前，司法人员应当根据犯罪的事实、犯罪的性质、情节和对于社会的危害程度，依照刑法和有关司法解释的规定判处刑罚。

七、职务侵占罪

（一）刑法规定

第二百七十一条[①] 公司、企业或者其他单位的工作人员，利用职务上的便利，将本单位财物非法占为己有，数额较大的，处三年以下有期徒刑或者拘役，并处罚金；数额巨大的，处三年以上十年以下有期徒刑，并处罚金；数额特别巨大的，处十年以上有期徒刑或者无期徒刑，并处罚金。

国有公司、企业或者其他国有单位中从事公务的人员和国有公司、企业或者其他国有单位委派到非国有公司、企业以及其他单位从事公务的人员有前款行为的，依照本法第三百八十二条、第三百八十三条的规定定罪处罚。

（二）司法解释、司法文件及其权威解读

1. **最高人民法院关于村民小组组长利用职务便利非法占有公共财物行为如何定性问题的批复**（法释〔1999〕12 号，自 1999 年 7 月 3 日起施行）

四川省高级人民法院：

你院川高法〔一九九八〕二百二十四号《关于村民小组组长利用职务便利侵吞公共财物如何定性的问题的请示》收悉。经研究，答复如下：

对村民小组组长利用职务上的便利，将村民小组集体财产非法占为己有，

---

① 本条经 2020 年 12 月 26 日《刑法修正案（十一）》进行修正。

1997 年《刑法》第二百七十一条规定：“公司、企业或者其他单位的人员，利用职务上的便利，将本单位财物非法占为己有，数额较大的，处五年以下有期徒刑或者拘役；数额巨大的，处五年以上有期徒刑，可以并处没收财产。国有公司、企业或者其他国有单位中从事公务的人员和国有公司、企业或者其他国有单位委派到非国有公司、企业以及其他单位从事公务的人员有前款行为的，依照本法第三百八十二条、第三百八十三条的规定定罪处罚。”

数额较大的行为，应当依照刑法第二百七十一条第一款的规定，以职务侵占罪定罪处罚。

权威解读

解读《最高人民法院关于村民小组组长利用职务便利非法占有公共财物行为如何定性问题的批复》

一、问题的提出

由于我国法律没有明确规定村民小组组长的法律地位，对村民小组组长利用职务上的便利，将本单位财物非法占为己有，数额较大的行为，能否适用《刑法》第二百七十一条第一款定罪处刑，实践中有争议。所以，《最高人民法院关于村民小组组长利用职务便利非法占有公共财物行为如何定性问题的批复》就是对四川省高级人民法院请示的答复。

二、理解与适用

受贿罪只能由国家工作人员构成，因村民小组组长不是国家工作人员，其利用职务便利索取他人财物或者非法收受他人财物的行为，不能以受贿罪追究其刑事责任。同理，村民小组组长不属于公司、企业工作人员，其利用职务便利索取他人财物或者非法收受他人财物的，也不能以《刑法》第一百六十三条第一款规定的公司、企业人员受贿罪，追究刑事责任。

本批复只是针对村民小组组长。他们中有的可能是村委会成员，但批复中很明确是村民小组组长利用职务便利实施犯罪行为，而不是利用村委会成员的职务便利。村发委员会成员利用职务上的便利，将本单位财物非法占为己有的行为如何处理的问题，将来司法解释还要作出规定。

（撰稿：孙军工）

2. **最高人民法院关于在国有资本控股、参股的股份有限公司中从事管理工作的人员利用职务便利非法占有本公司财物如何定罪问题的批复**（法释〔2001〕17 号，自 2001 年 5 月 26 日起施行）

重庆市高级人民法院：

你院渝高法明传〔2000〕38 号《关于在股份有限公司中从事管理工作的人员侵占本公司财物如何定性的请示》收悉。经研究，答复如下：

在国有资本控股、参股的股份有限公司中从事管理工作的人员，除受国家机关、国有公司、企业、事业单位委派从事公务的以外，不属于国家工作人员。对其利用职务上的便利，将本单位财物非法占为己有，数额较大的，应当依照刑法第二百七十一条第一款的规定，以职务侵占罪定罪处罚。

权威解读

解读《最高人民法院关于在国有资本控股、参股的股份有限公司中从事管理工作的人员利用职务便利非法占有本公司财物如何定罪问题的批复》

一、问题的提出

在国有资本控股、参股的股份有限公司中从事管理工作的人员，利用职务便利非法占有公司财物的行为如何定罪，在司法实践中争议比较大，处理也不尽一致。有人认为应定贪污罪，有人认为应定职务侵占罪。该问题不仅涉及对犯罪嫌疑人、被告人判处刑罚的轻重，而且涉及司法机关在受理案件时的分工，即是由检察机关以贪污罪直接受理（编者注：现行法律已改变由监察委员会受理），还是由公安机关以职务侵占罪直接立案侦查。《最高人民法院关于在国有资本控股、参股的股份有限公司中从事管理工作的人员利用职务便利非法占有本公司财物如何定罪问题的批复》的发布，对于准确适用法律，统一司法实践，具有重要的指导意义。

二、理解与适用

（一）关于股份有限公司的性质

根据《公司法》[①] 第三条第三款的规定，股份有限公司，其全部资本分为等额股份，股东以其所持有股份为限对公司承担责任，公司以其全部资产对公司的债务承担责任。我国《公司法》对股份有限的设立条件和设立形式作出了明确规定。其中，设立形式包括发起设立和募集设立两种。发起设立是指发起人认购公司的全部股份而设立；募集设立是指发起人认购公司股份的一部分，其余股份向社会募集。设立股份有限公司，应当有五人以上为发起人，其中至少有过半数的发起人在中国境内有住所。国有公司、国有企业改制为股份有限公司的，发起人可以少于五人，但必须采取募集设立的方式。因此，无论采取什么方式设立公司，无论发起人或者其他认股人的性质是国有、集体、私营、个人，甚至是外国公司、企业、其他组织、个人，公司一经设立，就具有完全的、独立的性质。该性质不同于任何发起人或者认股人，包括参股、认股、控股的国有公司、企业的性质。

---

① 本文援引的《公司法》，为1993年12月29日通过、2004年8月28日第二次修正的《公司法》。

（二）关于股份有限公司财物的性质

《公司法》第四条规定，公司股东作为出资者按投入公司的资本额享有所有者的资产受益、参与重大决策和选择管理者等权利。公司享有由股东投资形成的全部法人财产权，依法享有民事权利，承担民事责任。公司中的国有资产所有权属于国家。据此，公司财产在性质上属于法人财产。具体来说，公司成立后，当国家、集体、个人作为出资者将自己的财产交给公司并换回公司的股份后，只按其持有股份的多少享有资产受益、参与重大决策和选择管理者等股东权利；同时，公司在将股份交付股东后，就享有了对该项财产的占有、使用、收益、处分的权利，即法人财产权。因此，无论由谁作为出资者，即使是国家，甚至国家出资很多，国有资产占所有出资的比例很高，在其出资后，都将丧失对其出资的控制权，所有出资都将成为公司的法人财产，国有资产的所有权转变为股份有限公司的股权。换句话说，公司的法人财产不同于任何出资者的财产，公司法人财产的性质不由任何出资的性质所决定，属于独立的公司法人财产。

有人提出，可以股东在公司中持有股份的多少或者出资数量的大小来决定是否控股，进而决定公司的性质和公司的性质。我们认为，这是不科学的。因为股东对一个股份有限公司是否控股，关键看该公司具体的股权结构，有的公司股东占有50%以上的股份就能控股，但公众公司即市的股份有限公司可能只需要30%的股份就能控股，有的甚至只需要10%或不到10%的股份就可以控股。而且，即使是国有资产控股，也还有大量的非国有股份，以国有资产的控股来决定股份有限公司的国有性质以及公司财产的国有性质是不科学的。

（三）关于股份有限公司中从事管理工作的人员的性质

股份有限公司中从事管理工作的人员，可以从不同的角度来界定其性质。按照其是否由国有单位委派从事公务的标准，可以分为国有单位委派从事管理工作的人员和其他从事管理工作的人员。国有单位委派的人员，也即国家工作人员，根据《刑法》第九十三条第二款以及《刑法》第二百七十一条第二款的规定，是指国家机关、国有公司、企业、事业单位委派到国有资本参股、控股的股份有限公司从事公务的人员。这里的从事公务，是指代表国有委派单位在股份有限公司中从事组织、领导、监督、管理等工作。不是代表国有单位在股份有限公司中从事管理工作的人员，不属于国家工作人员。

（四）关于股份有限公司中从事管理工作的人员利用职务便利非法占有本公司财物行为的性质

《刑法》第二百七十一条规定，公司、企业或者其他单位的人员，利用职务上的便利，将本单位的财物非法占为己有，数额较大的，处五年以下有期徒刑或者拘役；数额巨大的，处五年以上有期徒刑，可以并处没收财产。国有公司、企业或者其他国有单位中从事公务的人员和国有公司、企业或者其他国有单位委派到非国有公司、企业以及其他单位从事公务的人员有前款行为的，依照本法第三百八十二条、第三百八十三条的规定定罪处罚。我们认为，股份有限公司仅仅属于公司的一种形式。其中，从事管理工作的人员，利用职务便利，非法占有本公司财物构成犯罪的行为，《刑法》第二百七十一条的规定，触犯的不外乎两个罪名，即《刑法》第二百七十一条第一款规定的职务侵占罪和《刑法》第三百八十二条规定的贪污罪。两罪区别的关键，在于主体的性质不同。因此，股份有限公司，无论该公司是由国有资本参股，还是控股，其中受国有单位委派从事管理工作的人员，利用职务便利，非法占有本公司财物，构成犯罪的，应根据《刑法》第二百七十一条第二款和《刑法》第三百八十二条的规定，以贪污罪定罪处罚；其他从事管理工作的人员，利用职务便利，非法占有本公司财物，构成犯罪的，则应根据《刑法》第二百七十一条第一款的规定，以职务侵占罪定罪处罚。

有人提出，如前所述，股份有限公司的财产属于独立的公司法人财产，不同于国家参股、控股的国有资产，因此，国有单位委派到股份有限公司中从事管理工作的人员，利用职务便利，非法占有的对象是股份有限公司的财物，而不是国有资产，因此，不应构成贪污罪，而只构成职务侵占罪。我们认为，虽然《刑法》第三百八十二条规定的贪污罪的对象必须是公共财产，单纯依照该条的规定，上述行为无疑不能构成贪污罪。但是，该条仅仅是贪污罪的一般规定，而《刑法》第二百七十一条第二款则属于贪污罪的特殊规定。根据特殊规定优于一般规定的《刑法》适用原则，对于国有单位委派到国有资本参股、控股的股份有限公司中从事管理工作的人员，利用职务便利，非法占有公司财物的行为，只能认定构成贪污罪。

（撰稿：祝二军　审稿：熊选国）

3. **最高人民法院、最高人民检察院关于办理贪污贿赂刑事案件适用法律若干问题的解释**（法释〔2016〕9号，自2016年4月18日起施行）（节录）

第一条　贪污或者受贿数额在三万元以上不满二十万元的，应当认定为刑法第三百八十三条第一款规定的“数额较大”，依法判处三年以下有期徒刑或者拘役，并处罚金。

贪污数额在一万元以上不满三万元，具有下列情形之一的，应当认定为刑法第三百八十三条第一款规定的“其他较重情节”，依法判处三年以下有期徒刑或者拘役，并处罚金：

（一）贪污救灾、抢险、防汛、优抚、扶贫、移民、救济、防疫、社会捐助等特定款物的；

（二）曾因贪污、受贿、挪用公款受过党纪、行政处分的；

（三）曾因故意犯罪受过刑事追究的；

（四）赃款赃物用于非法活动的；

（五）拒不交待赃款赃物去向或者拒不配合追缴工作，致使无法追缴的；

（六）造成恶劣影响或者其他严重后果的。

受贿数额在一万元以上不满三万元，具有前款第二项至第六项规定的情形之一，或者具有下列情形之一的，应当认定为刑法第三百八十三条第一款规定的“其他较重情节”，依法判处三年以下有期徒刑或者拘役，并处罚金：

（一）多次索贿的；

（二）为他人谋取不正当利益，致使公共财产、国家和人民利益遭受损失的；

（三）为他人谋取职务提拔、调整的。

第二条　贪污或者受贿数额在二十万元以上不满三百万元的，应当认定为刑法第三百八十三条第一款规定的“数额巨大”，依法判处三年以上十年以下有期徒刑，并处罚金或者没收财产。

贪污数额在十万元以上不满二十万元，具有本解释第一条第二款规定的情形之一的，应当认定为刑法第三百八十三条第一款规定的“其他严重情节”，依法判处三年以上十年以下有期徒刑，并处罚金或者没收财产。

受贿数额在十万元以上不满二十万元，具有本解释第一条第三款规定的情形之一的，应当认定为刑法第三百八十三条第一款规定的“其他严重情节”，依法判处三年以上十年以下有期徒刑，并处罚金或者没收财产。

第三条 贪污或者受贿数额在三百万元以上的，应当认定为刑法第三百八十三条第一款规定的“数额特别巨大”，依法判处十年以上有期徒刑、无期徒刑或者死刑，并处罚金或者没收财产。

贪污数额在一百五十万元以上不满三百万元，具有本解释第一条第二款规定的情形之一的，应当认定为刑法第三百八十三条第一款规定的“其他特别严重情节”，依法判处十年以上有期徒刑、无期徒刑或者死刑，并处罚金或者没收财产。

受贿数额在一百五十万元以上不满三百万元，具有本解释第一条第三款规定的情形之一的，应当认定为刑法第三百八十三条第一款规定的“其他特别严重情节”，依法判处十年以上有期徒刑、无期徒刑或者死刑，并处罚金或者没收财产。

……

第十一条 刑法第一百六十三条规定的非国家工作人员受贿罪、第二百七十一条规定的职务侵占罪中的“数额较大”“数额巨大”的数额起点，按照本解释关于受贿罪、贪污罪相对应的数额标准规定的二倍、五倍执行。

刑法第二百七十二条规定的挪用资金罪中的“数额较大”“数额巨大”以及“进行非法活动”情形的数额起点，按照本解释关于挪用公款罪“数额较大”“情节严重”以及“进行非法活动”的数额标准规定的二倍执行。

刑法第一百六十四条第一款规定的对非国家工作人员行贿罪中的“数额较大”“数额巨大”的数额起点，按照本解释第七条、第八条第一款关于行贿罪的数额标准规定的二倍执行。

（三）典型或常见问题的审理思路

1. 利用他人职务便利，共同侵占他人单位财物的定性①

职务侵占罪的主体不限于单位的正式员工，行为人即使是被害单位的临时工，其利用职务便利侵占本单位财物的行为同样构成职务侵占罪。而既非正式员工，亦非临时工的其他人员，如果与被害单位的员工勾结实施，将单位财物非法占有，其行为如何定性，主要看行为的最主要特征。利用被害单位的员工的职务便利，共同将被害单位的财物非法占为己有，依据相关司法

① 观点来源：上海市长宁区人民法院（2002）长刑初字第42号刑事判决。

解释的规定，应当以职务侵占罪共犯论处。

2. **被告人名义职务与实际职务不一致时如何判断其是否利用职务便利？**[①]

在办理职务侵占犯罪案件中判断行为人是否利用职务便利，应以其实际担任的职务为准。如果行为人利用其实际承担的职务便利，将本单位财物非法占为己有，数额较大的，应当以职务侵占罪追究其刑事责任。

3. **如何理解职务侵占罪中的“利用职务上的便利”？**[②]

所谓“利用职务上的便利”，是指行为人在实施犯罪时，利用自身的职权，或者利用自身因执行职务而获取的主管、管理、经手本单位财物的便利条件。例如：普通货物运输的承运人不仅负有将货物安全及时地送达目的地的职责，同时对该货物负有直接保管的义务。托运人对货物所采取的包装措施，虽然在一定程度上宣示了托运人不愿他人打开封存箱的意思，但主要作用在于防止货物散落。托运人办理托运时，就已整体地将保管、运输该批货物的义务交付给承运人，托运人在整个运输过程中客观上已无力控制、支配该批货物。涉案货物系承运公司运输、保管的财物，在运输过程中应视为该公司财物。公司保管、使用或者运输中的他人财产被公司员工侵占后，公司依法要对财产所有人承担民事责任，故公司员工的侵占行为，实际侵害的是所在公司的财产权利。因此，公司保管、使用或者运输中的他人财产也应视为公司财产。货运驾驶员受承运人（公司、企业）之委派，负责将货物安全运送到目的地，具有经手、管理、控制涉案货物的职务便利。在运输途中，货运驾驶员利用其运输、保管货物的职务便利窃取货物的行为，构成职务侵占罪。

4. **公司、企业或者其他单位中，不具有国家工作人员身份的人与国家工作人员勾结，分别利用各自的职务便利，共同将本单位财物非法占为己有的，如何定罪处罚？**

公司、企业或者其他单位中，不具有国家工作人员身份的人与国家工作人员勾结，分别利用各自的职务便利，共同将本单位财物非法占为己有的，按照主犯的犯罪性质定罪。

---

① 观点来源：最高人民法院刑事审判第一、二、三、四、五庭：《中国刑事审判指导案例（侵犯财产罪）》，法律出版社 2009 年版，第 674－677 页。

② 案例来源：《最高人民法院公报》2009 年第 8 期，第 44－48 页。

5. 公司股东之间或者被委托人采用非法手段侵占股权，是否涉嫌职务侵占罪?[①]

对于公司股东之间或者被委托人利用职务便利，非法占有公司股东股权的行为，如果能够认定行为人主观上具有非法占有他人财物的目的，则可对其利用职务便利，非法占有公司管理中的股东股权的行为以职务侵占罪论处。

6. 宗教活动场所工作人员能否构成职务侵占或挪用资金犯罪主体?[②]

根据《宗教事务条例》（国务院令第686号令）等有关规定，宗教活动场所属于《刑法》第二百七十一条和第二百七十二条所规定的“其他单位”的范围。宗教活动场所的财产属于公共财产或信教公民共有财产，受法律保护，任何组织和个人不得侵占、哄抢、私分和非法处分宗教团体、宗教活动场所的合法财产。宗教活动场所的管理人员利用职务之便，侵占或挪用宗教活动场所公共财产的，可以构成职务侵占罪或挪用资金罪。

7. 用工合同到期后没有续签合同的情况下，原单位工作人员仍在实际行使管理职责，是否符合职务侵占罪的主体要件?[③]

用工合同到期后没有续签合同的情况下，原单位工作人员仍在实际行使管理职责，符合职务侵占罪的主体要件。

8. 单位临时工利用职务上的便利非法占有本单位财物的行为，是否构成职务侵占罪?[④]

单位临时工利用职务上的便利非法占有本单位财物的行为，构成职务侵占罪。认定是否具有职务上的便利，不能以行为人是正式工、合同工还是临时工为划分标准，而应当从其所在的岗位和所担负的工作上看其有无主管、管理或者经手单位财物的职责。只要经公司、企业或者其他单位聘用，并赋予其主管、管理或者经手本单位财物的权力，无论是正式职工还是合同工或者临时工，都可以成为职务侵占罪的犯罪主体。

---

① 观点来源：《公安部经侦局关于对非法占有他人股权是否构成职务侵占罪问题的工作意见》（2005年6月24日）。

② 观点来源：《公安部经济犯罪侦查局关于宗教活动场所工作人员能否构成职务侵占或挪用资金犯罪主体的批复》（公经〔2004〕643号）。

③ 观点来源：最高人民法院刑事审判第一、二、三、四、五庭：《刑事审判参考》2008年第6集（总第65集），法律出版社2009年版，第38－44页，刘某职务侵占案。

④ 观点来源：最高人民法院刑事审判第一、二庭：《刑事审判参考》2003年第2集（总第31集），法律出版社2003年版，第51－56页，于某伟职务侵占案。

9. 以假充真侵占公园等场所的门票收入款的行为是否构成职务侵占罪?[①]

伪造公园等场所的门票，应当认定为有价票证。以非法占有为目的，利用职务上的便利出售伪造的公园门票行为，构成职务侵占罪。

以假的门票冒充真的门票向游客出售，客观上存在欺骗游客及倒卖伪造票证行为，但不应以诈骗罪和倒卖有价票证罪定罪处罚。行为人实施了以假充真、欺骗游客的行为，但其所意图占有的对象并非游客的财物，而是门票收入。同样的道理，倒卖伪造票证中的非法营利目的，应当是通过倒卖行为本身来达到的。欺骗游客、倒卖伪造票证只是行为人达到侵占所在单位门票收入的一种手段，一种具体的行为方式，意在通过这种“偷梁换柱”的方式来掩盖对单位票款的非法侵占。首先，行为人表面上所直接侵占的是游客的钱款，实质上属于所在单位应得的门票收入，应当认定为所在单位的财产；其次，行为人利用职务便利，将假票冒充真票出售给游客，对持假票的游客予以放行，进而将假门票的票款收入点为己有。行为人的上述行为完全符合职务侵占罪的构成特征，故构成职务侵占罪。

10. 利用职务便利盗卖单位游戏“武器装备”的行为是否构成职务侵占罪?[②]

行为人利用职务上的便利，在设定的游戏角色上，通过修改数据生成极品“武器、装备”出售给其他玩家进行获利的行为，构成职务侵占罪。

（1）虚拟财产可以成为《刑法》保护对象。“网络虚拟财产”一般指网民、游戏玩家在网络游戏中的账号积累的“装备”“货币”“宠物”等“财产”，已经具备了商品的一般属性，寻求法律保护是合理的。少数不法分子利用互联网进行盗窃、诈骗等侵犯网络虚拟财产的犯罪，给公私财产造成了很大的损失，这种犯罪手段往往较为隐蔽，不易查获，其社会危害性也较大，仅通过民事或者行政处罚手段尚难以遏制日益猖獗的犯罪活动，需要动用刑罚手段进行惩处。对此，2000 年 12 月 28 日《全国人大常委会关于维护互联网安全的决定》第四条就明确规定：“为了保护个人、法人和其他组织的人身、财产等合法权益，对行为之一，构成犯罪的，依照刑法有关规定追究刑

① 观点来源：最高人民法院刑事审判第一、二庭：《刑事审判参考》2002 年第 6 集（总第 29 集），法律出版社 2002 年版，第 17 - 24 页，董某、岑某等伪造有价票证、职务侵占案。

② 观点来源：最高人民法院刑事审判第一、二、三、四、五庭：《刑事审判参考》2007 年第 5 集（总第 58 集），法律出版社 2008 年版，第 48 - 51 页，金某、汤某职务侵占案。

事责任：（一）利用互联网侮辱他人或者捏造事实诽谤他人；（二）非法截获、篡改、删除他人电子邮件或者其他数据资料，侵犯公民通信自由和通信秘密；（三）利用互联网进行盗窃、诈骗、设施勒索。”

（2）利用职务便利盗卖游戏“武器、装备”的行为构成职务侵占罪。

11. 利用职务之便将依据有效合同取得的单位财物占为己有的，能否认定构成职务侵占罪？①

行为人利用职务之便将依据有效合同取得的单位财物占为己有的，应当认定构成职务侵占罪。

12. 对村基层组织人员协助人民政府从事“国有土地的经营和管理”的理解②

将集体土地出租给用地单位并收取租金，后该土地收归国有，村委将拥有使用权的该宗土地继续出租，并增收租金，其行为始终属于从事村务性质。被告人利用职务便利，将集体收取的土地租金非法占为已有，构成职务侵占罪。

根据2004年4月29日《全国人大常委会关于〈中华人民共和国刑法〉第九十三条第二款的解释》规定的公务内容，判定被告人是否属于“其他依照法律从事公务的人员”，最关键的一点在于其行为是否属于协助人民政府从事“国有土地的经营和管理”工作。被告人利用职务便利，将集体收取的土地租金非法占为已有的行为，不属于协助人民政府从事“国有土地的经营和管理”工作。（1）被告人系以村委的名义，而非政府的名义处理相关事务。所谓协助人民政府从事行政管理工作，是指以政府的名义参与组织、领导、监督、管理涉及人民利益和社会发展的相关国家事务和政府事务的活动。村民委员会、居民委员会是基层群众自治性组织，职责主要是管理村、居民点的集体事务，其本身并无行政管理权能。但由于该组织能起到国家与群众的纽带作用，便于协助行政机关传达、贯彻党和国家的方针政策，常代行部分行政管理事务，但这也仅是“协助”从事行政管理工作，因此，必须是以政府的名义。然而，基于租赁关系收取租金的行为，是以村委的名义，而不是

---

① 观点来源：最高人民法院刑事审判第一、二、三、四、五庭：《刑事审判参考》2008年第2集（总第61集），法律出版社2009年版，第36－43页，虞某强职务侵占案。

② 观点来源：最高人民法院刑事审判第一、二、三、四、五庭：《刑事审判参考》2010年第4集（总第75集），法律出版社2011年版，第87－93页，钱某元贪污、职务侵占案。

以政府的名义。（2）出租土地事务性质属于村务，而非公务。基层组织人员是否属于国家工作人员，以该成员是否具有依法从事公务这一本质特征来判决。如果其从事的仅是本集体组织的事务，不能以国家工作人员论。但若是其农桑行政机关委托，代替行政机关从事人一定的行政管理事务，系依法受委托从事公务的人员，应以国家工作人员论。而国家公务明显区别于集体组织事务。从本质看，从事公务是公共权力的直接运用。基于租赁关系收取租金的行为，始终属于从事村务性质。

13. 村民小组组长将集体土地征用补偿费据为己有行为的定性?[①]

村基层组织人员应当包括但又不限于村民委员会人员，村民小组组长如果从事特定公务，和村民委员会成员一样，属于“其他依照法律从事公务的人员”，在此之外，若协助人民政府从事的土地征收、征用补偿费用管理等行政管理工作已经结束，土地补偿费用已经拨付给村集体，那么，村民小组组长在管理村集体事务过程中侵吞集体财产的，因其行为不属于协助政府从事特定公务，故不构成贪污罪，而应构成职务侵占罪。

（1）村民小组组长在从事特定公务时，与村委员会成员一样，可以适用《全国人民代表大会常务委员会关于〈中华人民共和国刑法〉第九十三条第二款的解释》的相关规定，以国家工作人员论，但在处理集体自治事务时，则不能以国家工作人员论。

根据该解释规定，村民委员会等村基层组织人员在协助人民政府从事土地征收、征用补偿费用的管理等行政管理工作时，属于《刑法》第九十三条第二款规定的“其他依照法律从事公务的人”，以国家工作人员论。据此，对于属于村民委员会成员的村支书、村主任及其他村民委员会成员在从事土地征收、征用补偿费用等特定事项的管理工作时，可以国家工作人员论。但是，对于不属于村民委员会成员的村民小组组长能否根据该解释，以国家工作人员论，则存在争议。一种观点认为，该解释只适用于村民委员会层级，村民小组组长不属于此类人员范围。村民小组组长利用职务便利侵吞土地征收、征用补偿费的，只能构成职务侵占罪。另一种观点认为，村基层组织人员应当包括但又不限于村民委员会人员，村民小组组长如果从事特定公务，和村

---

① 观点来源：最高人民法院刑事审判第一、二、三、四、五庭：《刑事审判参考》（总第106集），法律出版社2017年版，第15－18页，赵某生、张某安职务侵占案。

民委员会成员一样，属于“其他依照法律从事公务的人员”，可以成为贪污罪的主体。本书赞同后一种观点，理由是：第一，村民小组由村民委员会根据需要设立，是村民委员会的下设组织，往往是协助人民政府完成特定公务活动的具体承担者。村民小组组长作为该下设组织的负责人，法律地位与村民委员会成员具有一致性。第二，村民小组组长通常执行的是村民委员会的决策，以村民委员会的名义进行工作，职责与村民委员会成员并无不同。第三，该解释规定的“村民委员会等基层组织人员”之“等”字可以将村民小组组长涵盖入内。第四，该解释仅强调对村民小组组长利用职务上的便利将村民小组集体财产非法占为己有的以职务侵占罪定罪处罚，并款规定村民小组组长利用职务上的便利将公共财产占为己有的如何定性。村民小组组长与村委会成员一样，如果从事特定公务，可以成为贪污罪的主体；进一步讲，如果村民小组组长利用职务便利，在协助人民政府处理特定公务时非法占有公共财产的，应当认定为贪污罪。尽管如此，对于村民小组组长利用职务便利，在处理集体自治范围内的事务中非法占有集体财产的情形，因不涉及特定公务，故不能认定为贪污罪，可以认定为职务侵占罪。

（2）村民委员会等村基层组织人员协助人民政府从事特定行政管理工作以及管理村集体事务的区分标准。

村民小组作为村民委员会的下设机构，既负责村民委员会交办的自治管理事务、生产经营活动，又经常具体负责完成村民委员会交办的某些行政管理事务。司法实践中，需要准确区分村民委员会等村基层组织人员协助政府从事的特定公务以及对村集体事务的管理。

村民委员会等村基层组织协助人民政府从事土地征收、征用补偿费用的管理等行政管理工作，具体主要是指协助政府开展核准、测算以及向土地征用受损方发放费用等管理活动。在协助政府从事此类行政管理工作过程中利用职务便利侵吞财物的方式主要有：在协助清点、丈量、测算、确认、统计土地、登记土地附着物时虚构补偿项目或多报土地面积、地上附着物数及青苗补偿亩数；在协助统计、助词、向上报送以及核实、发放补偿款时将政府拨付的补偿款不入村集体账目；征地时设立钟，用补偿款给村干部发放奖金，并以此名义套取补偿款等。如果村民小组组长在协助政府从事上述公务活动过程中，利用职务便利，弄虚作假、虚报冒领套取超额土地补偿款，则应构成贪污罪。

相比之下，如果村民委员会等村基层组织人员协助人民政府从事的土地征收、征用补偿费用管理等行政管理工作已经结束，土地补偿费已经拨付给村集体，那么，村民小组组长在管理村集体事务过程中侵吞集体财产的，因其行为不属于协助政府从事特定公务，故不构成贪污罪，而应构成职务侵占罪。

（3）贪污罪与职务侵占罪侵犯的法益不同，贪污罪侵犯的是公共财产所有权，而职务侵占罪侵犯的则是单位集体财产权，这是准确认定案件性质的关键。

（四）疑难、复杂问题的参考性解答

1. 能否说公司、企业或者其他单位的人员利用职务便利非法侵占本单位财物的，都以职务侵占罪定罪处罚？

不能。职务侵占罪的主体为特殊主体，即公司、企业或者其他单位的人员才能构成。有两类人员实施本条第一款行为的，依照贪污罪定罪处罚。一是国有公司、企业或者其他国有单位中从事公务的人员，二是国有公司、企业或者其他国有单位委派到非国有公司、企业以及其他单位从事公务的人员。

根据《最高人民法院关于在国有资本控股、参股的股份有限公司中从事管理工作的人员利用职务便利非法占有本公司财物如何定罪问题的批复》（法释〔2001〕17号）的规定，在国有资本控股、参股的股份有限公司中从事管理工作的人员，除受国家机关、国有公司、企业、事业单位委派从事公务的以外，不属于国家工作人员。对其利用职务上的便利，将本单位财物非法占为己有，数额较大的，应当依照《刑法》第二百七十一条第一款的规定，以职务侵占罪定罪处罚。

2. 职务侵占罪构成的客观要件是什么？

本罪的客观方面表现为利用职务上的便利，将本单位财物非法占为己有，数额较大的行为。利用职务上的便利是构成本罪的要件之一。所谓“利用职务上的便利”，一般是指行为人利用自己在本单位所具有的一定职务，如董事、监事、经理、会计等，并因这种职务所产生的方便条件，即管理、经手本单位财物的便利。对于不是利用职务上的便利，而是利用工作上的便利，侵占本单位财物的行为，不能认定构成本罪。侵占财物实质上就是将财物非法占为己有，实践中一般表现为侵吞、盗窃、骗取等非法手段。

根据法律规定，职务侵占的行为，除需符合以上构成要件外，还必须达到“数额较大”的程度，才构成犯罪。对于数额较大，最高人民法院1995年12月25日作出的《关于办理违反公司法受贿、侵占、挪用等刑事案件适用法律若干问题的解释》第二条第三款的规定加以认定，即侵占本单位财物在5000元至2万元以上的，属于“数额较大”。之后，1997年《刑法》修订后公布。但最高人民法院并未有新的司法机关替代。因此，司法实践中一直是参照适用的。后该解释于2013年1月8日开始被明确废止。[①] 废止的理由是依据已经废止，即《全国人民代表大会常务委员会关于惩治违反公司法的犯罪的决定》的内容已经被1997年《刑法》所替代。但是，由于一段时间并没有新的司法解释，该解释仍被参照价值。但是，2016年4月18日，《贪污贿赂解释》（法释〔2016〕9号）开始实施，该解释第十一条规定，《刑法》第二百七十一条规定的职务侵占罪中的“数额较大”“数额巨大”的数额起点，按照本解释关于受贿罪、贪污罪相对应的数额标准规定的二倍、五倍执行。该解释第一条第一款规定，贪污或者受贿数额在3万元以上不满20万元的，应当认定为《刑法》第三百八十三条第一款规定的“数额较大”；第二条第一款规定，贪污或者受贿数额在20万元以上不满300万元的，应当认定为《刑法》第三百八十三条第一款规定的“数额巨大”。据此，职务侵占罪的数额较大起点应为6万元，数额巨大的起点应为100万元。

3. 贪污罪的构成客观要件除贪污数额较大外，还有个构成客观要件“有其他严重情节”。那么，侵占罪如果未达到数额较大标准，而“有其他严重情节”的，能否认定构成侵占罪？

根据《刑法》第二百七十一条第一款的规定，职务侵占罪必须达到数额较大。这是区分职务侵占行为罪与非罪的唯一客观标准。凡是侵占财物未达到数额6万元的，一律不能以职务侵占罪定罪处罚。但是，不能反过来说，凡是侵占财物达到数额6万元的，一律以侵占罪定罪处罚。《刑法》第十三条的“但书”规定同样适用于侵占罪，即侵占财物达到数额较大，但情节显著轻微危害不大的，不认为是犯罪。如侵占财物虽已达到数额较大，但行为人认罪、悔罪，退赃、退赔，且具有下列情形之一，情节轻微的，也可以不作

---

① 该解释已被《最高人民法院关于废止1980年1月1日至1997年6月30日期间发布的部分司法解释和司法解释性质文件（第九批）的决定》（发布日期：2013年1月14日；实施日期：2013年1月18日）废止。

犯罪处理或者可以免予刑事处罚：具有法定从宽处罚情节的；没有参与分赃或者获赃较少且不是主犯的；被害单位表示谅解的；其他情节轻微、危害不大的。

4. **如何正确区分职务侵占罪与贪污罪？**

两者在犯罪构成要件中，主观上都体现为故意，都具有非法占有的目的，且都是利用职务之便。主要区分：

（1）犯罪主体不同。职务侵占罪的犯罪主体为公司、企业或者其他单位的人员，而贪污罪的主体是国家工作人员，受国家机关、国有公司、企业、事业单位、人民团体委托管理、经营国有财产的人员。国有公司、企业或者其他国有单位中从事公务的人员，以及国有公司、企业或者其他国有单位委派到非国有公司、企业以及其他单位从事公务的人员也属于国家工作人员。根据《刑法》第九十三条规定，国家工作人员，是指国家机关中从事公务的人员。国有公司、企业、事业单位、人民团体中从事公务的人员和国家机关、国有公司、企业、事业单位委派到非国有公司、企业、事业单位、社会团体从事公务的人员，以及其他依照法律从事公务的人员，以国家工作人员论。根据《最高人民法院关于在国有资本控股、参股的股份有限公司中从事管理工作的人员利用职务便利非法占有本公司财物如何定罪问题的批复》（法释〔2001〕17号，自2001年5月26日起施行）的规定，在国有资本控股、参股的股份有限公司中从事管理工作的人员，除受国家机关、国有公司、企业、事业单位委派从事公务的以外，不属于国家工作人员。对其利用职务上的便利，将本单位财物非法占为己有，数额较大的，应当依照《刑法》第二百七十一条第一款的规定，以职务侵占罪定罪处罚。

（2）犯罪所侵犯的客体不同。本罪侵犯的客体是公司、企业或者其他单位的财物所有权，侵犯的对象必须是行为人所在单位的合法财物。而贪污罪侵犯的客观是国有资产的所有权和国家公务的廉洁。

（3）职务的性质不同。职务侵占罪中的“职务”着重于业务活动的非个人性，即业务活动的单位性，而非国家性。非国有单位中的非国家派遣、委托的工作人员以及国有单位中的非国家工作人员、非国家委托的工作人员都不具有业务活动的国家属性。贪污罪中国家工作人员的职务活动往往具有国家公务的性质。

（4）对犯罪构成的数额要求不同。贪污罪一般以3万元为构成犯罪的起点，如果具有严重而职务侵占罪则以6万元为构成犯罪的起点。

5. 如何区分职务侵占罪与盗窃罪？

职务侵占罪与盗窃罪都是以非法占有为目的，而且在非法将财物占为己有的某些具体方法上可能有相同之处，特别是职务侵占罪往往使用盗窃的手段。但两者存在本质的区别：一是前者的主体必须是公司、企业或者其他单位的人员；而后者的主体则是一般主体。二是前者必须是利用职务上的便利；而后者则不是利用职务上的便利，这是两罪之间的最大区别。三是侵犯的对象的范围不同。前者侵占的财物必须是本单位的合法财物；而后者则可以是窃取本单位以外的财物。四是前者必须以数额较大为构成要件，而后者则不仅可以由数额较大构成，多次盗窃、入户盗窃、携带凶器盗窃、扒窃，均没有数额限制。

6. 对共同利用特定身份进行盗窃、侵占单位财物的行为如何处罚？

对于此类案件的定性，司法实务部门和理论界有不同的观点：一种观点认为，犯罪的性质是由主犯的犯罪特征所决定的。如果共同犯罪中主犯构成职务侵占罪，同案犯中不具有职务侵占罪主体身份的从犯，也应以职务罪的共犯论处；如果主犯构成盗窃罪，同案犯中的具有特定身份的人不论是否利用职务上的便利，也应以盗窃罪的共犯论处。另一种观点认为，犯罪性质应由特定身份者的行为所决定。具有特定身份的人利用职务上的便利窃取单位财物，应定职务侵占罪，其他无特定身份者的从犯也应按职务侵占罪的共犯论处。还有一种观点认为，特定身份者与无特定身份者共同盗窃单位财物，特定身份者利用了职务便利应定职务侵占罪；而无特定身份者由于没有这种特定职务便利，不应当定职务侵占罪，应定盗窃罪。

2000年6月30日最高人民法院发布的《贪污、职务侵占案件解释》对贪污、职务侵占共同犯罪如何定罪处罚作了如下规定：行为人与公司、企业或者其他单位的人员勾结，利用公司、企业或者其他单位人员的职务便利，共同将该单位财物非法占为己有，数额较大的，以职务侵占罪共犯论处。公司、企业或者其他单位中，不具有国家工作人员身份的人与国家工作人员勾结，分别利用各自的职务便利，共同将本单位财物非法占为己有的，按照主犯的犯罪性质定罪。

7. 单位值班巡逻人趁机盗走单位财物的行为如何定罪?

值班巡逻人趁机盗走仓库财物的行为到底是一般盗窃行为，还是贪污行为、职务侵占行为？司法实践中对此认识还不统一。如以下一案：某机械厂（国有企业）传达室保卫人员周某在值班夜巡时，发现本厂五金仓库既未关电，也没有锁门，知道是仓库的值班保管员林某在离岗时忘记了给仓库大门上锁和关灯。周某顿起盗窃的邪念，便推门进入仓库，用自行车分多次拖走电机、电线等物，价值5万余元。

对于本案的处理，主要有以下几种分歧意见：一种意见认为周某的行为构成职务侵占罪；另一种意见认为周某的行为应定贪污罪；还有一种意见认为周某的行为构成盗窃罪。

上述案例中涉及的主要问题是职务侵占罪、贪污罪和盗窃罪的界限。职务侵占罪是指公司、企业或者其他单位的人员利用职务上的便利，将本单位财物非法占为己有，数额较大的行为；贪污罪是指国家工作人员利用职务上的便利，侵吞、窃取、骗取或者以其他手段非法占有公共财物的行为；盗窃罪是指以非法占有为目的，秘密窃取公私财物，数额较大的行为。在职务侵占罪、贪污罪和盗窃罪三个罪名中，前两种犯罪的成立条件，都必须是行为人具有利用职务上的便利的条件，如果不具有利用职务上的便利这一条件，就不构成该罪。那么，巡逻人员趁保管值班人员职务过失没有锁门的机会，盗走仓库财物的行为是否存在利用职务上的便利呢?

所谓利用职务上的便利，应当是指行为人利用本人在本单位所担任的职务范围内的权力，即利用自己主管、管理、经手本单位财物的便利。而上述案件中的周某不是负责五金仓库保管的人员，而是负责对工厂安全进行巡逻的人员，对仓库财物的管理和支配显然不具有职务上的直接权力。因此，周某利用仓库保管人员忘记锁门之机，进入仓库，在深夜无人之际，暗中窃取公共财物，其行为性质属于盗窃，不是直接利用职务上的便利，符合盗窃罪的构成特征。由于周某盗窃数额较大，应当以盗窃罪处罚。

8. 职务侵占罪与侵占罪如何区分?

职务侵占罪和侵占罪的共同点在于两者都是以财物为对象的犯罪，都侵犯了他人财物的所有权，主观上都具有非法占有的目的，客观上都具有非法占有自己原本已经持有的他人财物的特点。但两者的区别是明显的：

（1）犯罪主体不同。职务侵占罪的犯罪主体只能是公司、企业或其他单位中主管、管理、经手本公司、企业或单位财物的人员；而侵占罪的主体是任何持有他人财物的人。

（2）犯罪对象不同。职务侵占罪的犯罪对象只能是行为人主管、管理、经手的本公司、企业或单位的财物；而侵占罪的犯罪对象包括范围较广，所有具有所有权关系的财产几乎都可以成为侵占罪的犯罪对象。

（3）客观表现形式不同。职务侵占罪的行为方式主要是利用主管、管理、经手的本公司、企业或单位财物的职务上的便利，将其数额较大的财物据为己有的行为，并且只要实施了非法占有即构成犯罪；而侵占罪在行为方式上表现为将数额较大的他人财物占为己有拒不退还或拒不交出的行为，并且拒不退还或拒不交出是犯罪成立的必要条件。

（五）量刑指导或参考

依照《刑法》第二百七十一条规定，犯职务侵占罪的，数额较大的，处三年以下有期徒刑或者拘役，并处罚金；数额巨大的，处三年以上十年以下有期徒刑，并处罚金；数额特别巨大的，处十年以上有期徒刑或者无期徒刑，并处罚金。

司法机关在适用本条规定处罚时，应当注意以下问题：

1. “数额巨大”“数额特别巨大”是本罪的加重处罚情节，也是唯一加重处罚的理由。如果职务侵占的数额未达到巨大或者特别巨大，其他情节再恶劣、后果再严重、社会危害再大，也不能对行为人加重处罚，而只能在法定刑幅度内从重处罚。

2. 根据《妨害预防、控制突发传染病疫情解释》，侵占用于预防、控制突发传染病疫情等灾害的款物，构成犯罪的，依照《刑法》第二百七十一条的规定，以职务侵占罪，从重处罚。

3. 规范化量刑。《量刑指导意见（2017）》（现已失效）对职务侵占罪的量刑作了如下规定：（1）构成职务侵占罪的，可以根据下列不同情形在相应的幅度内确定量刑起点：①达到数额较大起点的，可以在二年以下有期徒刑、拘役幅度内确定量刑起点。②达到数额巨大起点的，可以在五年至六年有期徒刑幅度内确定量刑起点。（2）在量刑起点的基础上，根据职务侵占数额等其他影响犯罪构成的犯罪事实增加刑罚量，确定基准刑。

但是，上述量刑指导意见是在《刑法修正案（十一）》公布之前的规范性文件。《刑法修正案（十一）》自2020年3月1日开始实施后，该罪的罪刑单位、刑罚幅度均有了较大的变化，因此，在具体适用时应当掌握以下几点：

（1）达到数额较大起点的，如何确定量刑起点，在新的司法解释和规范性文件出台前，也不再简单地在二年以下有期徒刑、拘役幅度内确定量刑起点。

（2）《刑法修正案（十一）》实施前，职务侵占罪并没有数额特别巨大的规定，如何确定？2016年4月18日，《贪污贿赂解释》（法释〔2016〕9号）开始实施，该解释第十一条规定，《刑法》第二百七十一条规定的职务侵占罪中的“数额较大”“数额巨大”的数额起点，按照本解释关于受贿罪、贪污罪相对应的数额标准规定的二倍、五倍执行。根据这一司法解释规定的精神，我们认为，在新的司法解释出台前，可以参照该解释中关于“数额巨大”的数额起点的确定方法确定“数额特别巨大”，即按照该关于受贿罪、贪污罪的“数额特别巨大”标准的五倍确定职务侵占罪“数额特别巨大”的数额起点。前述解释第三条第一款规定：贪污或者受贿数额在300万元以上的，应当认定为《刑法》第三百八十三条第一款规定的“数额特别巨大”。综上所述，因此，职务侵占罪的“数额较大”“数额巨大”“数额特别巨大”的数额起点，在新的司法解释出台前，可以分别确定为6万元、100万元、1500万元。

（3）注意《刑法修正案（十一）》对职务侵占罪的财产刑规定。在《刑法修正案（十一）》实施前，根据1997年《刑法》规定，职务侵占罪的财产刑不是罚金，而是没收财产，且没收财产的适用前提是职务侵占数额巨大。在职务侵占数额较大的情况下，不但不能并处没收财产刑，也不能并处罚金刑。《刑法修正案（十一）》实施后，职务侵占罪无论是“数额较大”还是“数额巨大”“数额特别巨大”，都应当并罚罚金，取消了并处没收财产的规定。

八、挪用资金罪

（一）刑法规定

第二百七十二条[①] 公司、企业或者其他单位的工作人员，利用职务上的便利，挪用本单位资金归个人使用或者借贷给他人，数额较大、超过三个月未还的，或者虽未超过三个月，但数额较大、进行营利活动的，或者进行非法活动的，处三年以下有期徒刑或者拘役；挪用本单位资金数额巨大的，处三年以上七年以下有期徒刑；数额特别巨大的，处七年以上有期徒刑。

国有公司、企业或者其他国有单位中从事公务的人员和国有公司、企业或者其他国有单位委派到非国有公司、企业以及其他单位从事公务的人员有前款行为的，依照本法第三百八十四条的规定定罪处罚。

有第一款行为，在提起公诉前将挪用的资金退还的，可以从轻或者减轻处罚。其中，犯罪较轻的，可以减轻或者免除处罚。

（二）司法解释、司法文件及其权威解读

1. **最高人民法院关于对受委托管理、经营国有财产人员挪用国有资金行为如何定罪问题的批复**（法释〔2000〕5号，自2000年2月24日起施行）

江苏省高级人民法院：

你院苏高法〔1999〕94号《关于受委托管理、经营国有财产的人员能否作为挪用公款罪主体问题的请示》收悉。经研究，答复如下：

对于受国家机关、国有公司、企业、事业单位、人民团体委托，管理、经营国有财产的非国家工作人员，利用职务上的便利，挪用国有资金归个人使用构成犯罪的，应当依照刑法第二百七十二条第一款的规定定罪处罚。

---

① 本条经2020年12月26日《刑法修正案（十一）》修正。

1997年《刑法》第二百七十二条规定："公司、企业或者其他单位的工作人员，利用职务上的便利，挪用本单位资金归个人使用或者借贷给他人，数额较大、超过三个月未还的，或者虽未超过三个月，但数额较大、进行营利活动的，或者进行非法活动的，处三年以下有期徒刑或者拘役；挪用本单位资金数额巨大的，或者数额较大不退还的，处三年以上十年以下有期徒刑。国有公司、企业或者其他国有单位中从事公务的人员和国有公司、企业或者其他国有单位委派到非国有公司、企业以及其他单位从事公务的人员有前款行为的，依照本法第三百八十四条的规定定罪处罚。"

权威解读

解读《最高人民法院关于对受委托管理、经营国有财产人员挪用国有资金行为如何定罪问题的批复》

一、问题的提出

最高人民法院于2000年2月16日公布了《关于对受委托管理、经营国有财产人员挪用国有资金行为如何定罪问题的批复》（以下简称《受委托管理、经营国有财产人员挪用国有资金批复》）。从本批复的内容看，所要解决的关键问题是受国家机关、国有公司、企业、事业单位、人民团体委托，管理、经营国有财产的非国家工作人员能否构成挪用公款罪主体。

二、理解与适用

实践部门对这一问题有不同认识：一种意见认为，对于受国家机关，国有公司、企业、事业单位、人民团体委托管理、经营国有财产的人员挪用国有资金构成犯罪的行为，应当以挪用公款罪定罪处罚。主要理由是：《刑法》第三百八十二条第二款的规定充分体现了强化保护国有财产的立法意图，这一立法意图透过《刑法》关于贪污罪主体的特殊规定可见一斑，即“受国家机关、国有公司、企业、事业单位、人民团体委托管理、经营国有财产的人员，利用职务上的便利，侵吞、窃取、骗取或者以其他手段非法占有国有财物的，以贪污论”。也就是说，根据《刑法》的规定，为了保护国有财产的安全，即使受委托管理、经营国有财产的人员不是国家工作人员也可以构成贪污罪，就挪用公款罪的社会危害而言，对国有财产的危害虽然小于贪污罪，但是毕竟侵犯了国有财产的使用权，也可能会造成十分严重的经济损失。因此，根据严格保护国有财产的需要，将《刑法》关于贪污罪犯罪主体的特殊规定理解为同样适用于挪用公款罪，也是符合立法意图的。反之，如果将受委托管理、经营国有财产的人员挪用公款的行为不认定为挪用公款罪，而定性为挪用资金罪，则不能充分体现对国有财产的保护，在司法实践中也容易引起混乱。例如，受委托管理、经营国有财产人员既有贪污公款的行为又有挪用公款的行为，如果对同一行为人依不同身份分别定贪污罪和挪用资金罪，则明显不合适。

另一种意见认为，《刑法》第三百八十四条规定的挪用公款罪的主体仅限于国家工作人员，根据《刑法》有关国家工作人员的规定，受国家机关，国有公司、企业、事业单位，人民团体委托管理、经营国有财产的人员，不属于国家工作人员。因此，根据罪刑法定原则的基本要求，对于其利用职务上的便利，挪用公款归个人使用构成犯罪的行为，应当依照《刑法》第二百七十二条第一款的规定，以挪用资金罪定罪处罚，不构成挪用公款罪。

本批复采纳了第二种意见。主要理由是：根据罪刑法定原则，受委托管理、经营国有财产的人员不是国家工作人员，其挪用公款的行为不能构成挪用公款罪。第一种意见从保护国有财产的角度考虑，参照《刑法》关于贪污罪主体范围的规定，将挪用公款罪的主体扩大理解为包括受委托管理、经营国有财产的人员，以体现对贪污和挪用行为依法严惩的态度。但是，从《刑法》的具体规定看，并不能简单地将二者等同起来。

我们认为，《刑法》关于贪污罪主体范围的规定比挪用公款罪的主体宽，但是从逻辑上看，《刑法》第三百八十二条第二款是将“受……委托管理、经营国有财产的人员”单列一款进行规定的，此类人员与国家工作人员显然是并列关系，不包含在国家工作人员之内。此外，考虑到贪污罪是对公共财物所有权的侵犯，其危害程度要远远大于挪用公款罪，对其从严惩处体现了从严治贪的立法意图。因此，对《刑法》没有将受委托管理、经营国有财产的人员明确规定为挪用公款罪的主体，不能简单过高为立法的疏漏。而且，如果将挪用公款罪的主体参照贪污罪的规定予以扩大的话，受贿罪的主体也会出现相应扩大的问题。

（撰稿：孙军工　审稿：熊选国）

2. **最高人民法院关于如何理解刑法第二百七十二条规定的“挪用本单位资金归个人使用或者借贷给他人”问题的批复**（法释〔2000〕22号，自2000年7月27日起施行）

新疆维吾尔自治区高级人民法院：

你院新高法〔1998〕193号《关于对刑法第二百七十二条“挪用本单位资金归个人使用或者借贷给他人”的规定应如何理解的请示》收悉。经研究，答复如下：

公司、企业或者其他单位的非国家工作人员，利用职务上的便利，挪用本单位资金归本人或者其他自然人使用，或者挪用人以个人名义将所挪用的资金借给其他自然人和单位，构成犯罪的，应当依照刑法第二百七十二条第一款的规定定罪处罚。

权威解读

解读《最高人民法院关于如何理解刑法第二百七十二条规定的“挪用本单位资金归个人使用或者借贷给他人”问题的批复》

一、问题的提出

为了正确理解和执行《刑法》第二百七十二条第一款的规定，最高人民法院于2000年7月20日作出了《最高人民法院关于如何理解刑法第二百七十二条规定的“挪用本单位资金归个人使用或者借贷给他人”问题的批复》。本批复对何种情况下属于“挪用本单位资金归个人使用”和“挪用本单位资金借贷给他人”分别作出解释。

二、理解与适用

根据本批复的规定，《刑法》第二百七十二条“挪用本单位资金归个人使用”，包括挪用资金归本人使用和挪用资金给其他自然人使用两种情况。上述规定在讨论中主要有两个问题：一是，《刑法》第二百七十二条规定的“个人”，除挪用人本人外，是否还可包括其他自然人，经征求立法机关的意见，本批复规定挪用本单位资金给其他自然人使用的，属于“归个人使用”。二是，《挪用公款解释》第一条第二款规定：“挪用公款给私有公司、私有企业使用的，属于挪用公款归个人使用。”挪用资金给私有公司、私有企业使用的，是否也应认定为“挪用资金归个人使用”？考虑到最高人民法院1999年6月作出的《单位犯罪案件解释》第一条，已明确将具有法人资格私有公司、私有企业作为单位，显然不属于《刑法》第二百七十二条规定的“个人”。因此，挪用资金给具有法人资格的私有公司、私有企业使用的，不应再认定为“挪用资金归个人使用”。

本批复将挪用本单位资金“借贷给他人”，解释为“挪用人以个人名义将所挪用的资金借给其他自然人和单位。”讨论中对于《刑法》第二百七十二条规定的“他人”是否包括“单位”的范围，有不同意见。根据本批复的规定，“他人”包括单位。主要考虑到，挪用人通常都是为了牟取私利或者是出于亲戚朋友关系，未经单位同意，以个人名义，将本单位资金借给其他单位使用，其行为实质上也是挪用人私自支配本单位资金，同样也侵犯了单位对资金的使用权。这种行为不同于经过单位决定，企业之间签订了借款合同的拆借资金行为。企业间资金拆借行为，虽然违反了财经制度，但不涉及侵犯单位资金使用权的问题。如果对以个人名义私自出借本单位资金行为按照企业间拆借行为进行处理，就会放纵犯罪。至于“单位”范围如何来认定，有的同志提出，应当将“国有→国有”和“非国有→国有”两种情况排除出去，理由：一是，根据挪用公款司法解释有关规定的精神，对于将国有单位公款挪给另一国有单位使用的，不以挪用公款罪追究刑事责任，那么同样情况下，非国家工作人员将国有单位公款挪用给另一国有单位使用的，也不应按照挪用资金罪定罪处罚。二是，其他所有制性质单位的资金挪给国有单位使用的，受害单位不是国有单位，可以按照企业间资金拆借行为处理，不必按照挪用资金罪定罪处罚。经研究认为，对于符合挪用资金罪构成要件的行为，应当以挪用资金罪追究刑事责任，不宜根据受害单位或者使用资金单位的所有制性质，确定是否追究刑事责任。一个国有单位资金挪给另一国有单位使用，行为人的挪用资金行为侵犯了本单位对资金的使用权，其行为给所在的国有单位造成的危害和损失，并不因为对方使用资金是国有单位而能避免。挪用非国有单位资金给国有单位使用不构成挪用资金罪的观点，不符合对市场经济主体平等保护宪法原则，从长远看，不利于我国市场经济的进一步发展，因此，本批复中规定的单位，包括国有和非国有单位。

（撰稿：李兵　审稿：熊选国）

3. **最高人民法院、最高人民检察院关于办理国家出资企业中职务犯罪案件具体应用法律若干问题的意见**（法发〔2010〕49号，2010年11月26日起实施）（节录）

一、关于国家出资企业工作人员在改制过程中隐匿公司、企业财产归个人持股的改制后公司、企业所有的行为的处理

国家工作人员或者受国家机关、国有公司、企业、事业单位、人民团体委托管理、经营国有财产的人员利用职务上的便利，在国家出资企业改制过程中故意通过低估资产、隐瞒债权、虚设债务、虚构产权交易等方式隐匿公司、企业财产，转为本人持有股份的改制后公司、企业所有，应当依法追究刑事责任的，依照刑法第三百八十二条、第三百八十三条的规定，以贪污罪定罪处罚。贪污数额一般应当以所隐匿财产全额计算；改制后公司、企业仍有国有股份的，按股份比例扣除归于国有的部分。

所隐匿财产在改制过程中已为行为人实际控制，或者国家出资企业改制已经完成的，以犯罪既遂处理。

第一款规定以外的人员实施该款行为的，依照刑法第二百七十一条的规定，以职务侵占罪定罪处罚；第一款规定以外的人员与第一款规定的人员共

同实施该款行为的，以贪污罪的共犯论处。

在企业改制过程中未采取低估资产、隐瞒债权、虚设债务、虚构产权交易等方式故意隐匿公司、企业财产的，一般不应当认定为贪污；造成国家资产重大损失，依法构成刑法第一百六十八条或者第一百六十九条规定的犯罪的，依照该规定定罪处罚。

……

三、关于国家出资企业工作人员使用改制公司、企业的资金担保个人贷款，用于购买改制公司、企业股份的行为的处理

国家出资企业的工作人员在公司、企业改制过程中为购买公司、企业股份，利用职务上的便利，将公司、企业的资金或者金融凭证、有价证券等用于个人贷款担保的，依照刑法第二百七十二条或者第三百八十四条的规定，以挪用资金罪或者挪用公款罪定罪处罚。

行为人在改制前的国家出资企业持有股份的，不影响挪用数额的认定，但量刑时应当酌情考虑。

经有关主管部门批准或者按照有关政策规定，国家出资企业的工作人员为购买改制公司、企业股份实施前款行为的，可以视具体情况不作为犯罪处理。

……

五、关于改制前后主体身份发生变化的犯罪的处理

国家工作人员在国家出资企业改制前利用职务上的便利实施犯罪，在其不再具有国家工作人员身份后又实施同种行为，依法构成不同犯罪的，应当分别定罪，实行数罪并罚。

国家工作人员利用职务上的便利，在国家出资企业改制过程中隐匿公司、企业财产，在其不再具有国家工作人员身份后将所隐匿财产据为己有的，依照刑法第三百八十二条、第三百八十三条的规定，以贪污罪定罪处罚。

国家工作人员在国家出资企业改制过程中利用职务上的便利为请托人谋取利益，事先约定在其不再具有国家工作人员身份后收受请托人财物，或者在身份变化前后连续收受请托人财物的，依照刑法第三百八十五条、第三百八十六条的规定，以受贿罪定罪处罚。

……

八、关于宽严相济刑事政策的具体贯彻

办理国家出资企业中的职务犯罪案件时，要综合考虑历史条件、企业发

展、职工就业、社会稳定等因素，注意具体情况具体分析，严格把握犯罪与一般违规行为的区分界限。对于主观恶意明显、社会危害严重、群众反映强烈的严重犯罪，要坚决依法从严惩处；对于特定历史条件下、为了顺利完成企业改制而实施的违反国家政策法律规定的行为，行为人无主观恶意或者主观恶意不明显，情节较轻，危害不大的，可以不作为犯罪处理。

对于国家出资企业中的职务犯罪，要加大经济上的惩罚力度，充分重视财产刑的适用和执行，最大限度地挽回国家和人民利益遭受的损失。不能退赃的，在决定刑罚时，应当作为重要情节予以考虑。

4. **最高人民检察院关于挪用尚未注册成立公司资金的行为适用法律问题的批复**（高检发研字〔2000〕19号，自2000年10月9日起施行）

江苏省人民检察院：

你院苏检发研字〔1999〕第8号《关于挪用尚未注册成立的公司资金能否构成挪用资金罪的请示》收悉。经研究，批复如下：

筹建公司的工作人员在公司登记注册前，利用职务上的便利，挪用准备设立的公司在银行开设的临时账户上的资金，归个人使用或者借贷给他人，数额较大、超过三个月未还的，或者虽未超过三个月，但数额较大、进行营利活动的，或者进行非法活动的，应当根据刑法第二百七十二条的规定，追究刑事责任。

5. **最高人民法院、最高人民检察院关于办理贪污贿赂刑事案件适用法律若干问题的解释**（法释〔2016〕9号，自2016年4月18日起施行）（节录）

第五条 挪用公款归个人使用，进行非法活动，数额在三万元以上的，应当依照刑法第三百八十四条的规定以挪用公款罪追究刑事责任；数额在三百万元以上的，应当认定为刑法第三百八十四条第一款规定的“数额巨大”。具有下列情形之一的，应当认定为刑法第三百八十四条第一款规定的“情节严重”：

（一）挪用公款数额在一百万元以上的；

（二）挪用救灾、抢险、防汛、优抚、扶贫、移民、救济特定款物，数额在五十万元以上不满一百万元的；

（三）挪用公款不退还，数额在五十万元以上不满一百万元的；

（四）其他严重的情节。

第六条 挪用公款归个人使用，进行营利活动或者超过三个月未还，数额在五万元以上的，应当认定为刑法第三百八十四条第一款规定的“数额较大”；数额在五百万元以上的，应当认定为刑法第三百八十四条第一款规定的“数额巨大”。

具有下列情形之一的，应当认定为刑法第三百八十四条第一款规定的“情节严重”：

（一）挪用公款数额在二百万元以上的；

（二）挪用救灾、抢险、防汛、优抚、扶贫、移民、救济特定款物，数额在一百万元以上不满二百万元的；

（三）挪用公款不退还，数额在一百万元以上不满二百万元的；

（四）其他严重的情节。

……

第十一条　刑法第一百六十三条规定的非国家工作人员受贿罪、第二百七十一条规定的职务侵占罪中的“数额较大”“数额巨大”的数额起点，按照本解释关于受贿罪、贪污罪相对应的数额标准规定的二倍、五倍执行。

刑法第二百七十二条规定的挪用资金罪中的“数额较大”“数额巨大”以及“进行非法活动”情形的数额起点，按照本解释关于挪用公款罪“数额较大”“情节严重”以及“进行非法活动”的数额标准规定的二倍执行。

刑法第一百六十四条第一款规定的对非国家工作人员行贿罪中的“数额较大”“数额巨大”的数额起点，按照本解释第七条、第八条第一款关于行贿罪的数额标准规定的二倍执行。

6. 全国人民代表大会常务委员会法制工作委员会刑法室关于挪用资金罪有关问题的答复（法工委刑发〔2004〕第28号，自2004年9月8日起施行）

公安部经济犯罪侦查局：

你局2004年7月19日（公经〔2004〕141号）来函收悉，经研究，答复如下：

刑法第二百七十二条规定的挪用资金罪中的“归个人使用”与刑法第三百八十四条规定的挪用公款罪中的“归个人使用”的含义基本相同。97年修改刑法时，针对当时挪用资金中比较突出的情况，在规定“归个人使用时”的同时，进一步明确了“借贷给他人”属于挪用资金罪的一种表现形式。

（三）典型或常见问题的审理思路

1.《刑法》第二百七十二条规定的挪用资金罪中的“归个人使用”与《刑法》第三百八十四条规定的挪用公款罪中的“归个人使用”的含义有何区别？[①]

《刑法》第二百七十二条规定的挪用资金罪中的“归个人使用”与《刑

① 观点来源：《公安部经济犯罪侦查局关于对挪用资金罪中“归个人使用”有关问题的批复》（公经〔2004〕1455号）。

法》第三百八十四条规定的挪用公款罪中的“归个人使用”的含义基本相同。在理解时，可以参照2002年4月28日第九届全国人民代表大会常务委员会第二十七次会议通过的《关于〈中华人民共和国刑法〉第三百八十四条第一款的解释》。

2. 在经济往来中所涉及的暂收、预收、暂存其他单位或个人的款项、物品，或者对方支付的货款、交付的货物等，能否视单位财物?①

对于在经济往来中所涉及的暂收、预收、暂存其他单位或个人的款项、物品，或者对方支付的货款、交付的货物等，如接收人已以单位名义履行接收手续的，所接收的财、物应视为该单位资产。

3. 对于挪用退休职工养老保险金的行为构成犯罪的，应以何罪定罪处罚?②

退休职工养老保险金不属于我国《刑法》中的救灾、抢险、防汛、优抚、扶贫、移民、救济等特定款物的任何一种。因此，对于挪用退休职工养老保险金的行为，构成犯罪时，不能以挪用特定款物罪追究刑事责任，而应当按照行为人身份的不同，分别以挪用资金罪或者挪用公款罪追究刑事责任。

4. 村民委员会成员利用职务上的便利，个人借用村集体资金或者将村集体资金借给他人使用的，能否以挪用资金罪追究刑事责任?③

（1）村民委员会成员不是刑法意义上的国家工作人员。根据村民委员会组织法的规定，村民委员会是村民自我管理、自我教育、自我服务的基层群众性自治组织，实行民主选举、民主决策、民主管理、民主监督。村民委员会办理本村的公共事务和公益事业，调解民间纠纷，协助维护社会治安，向人民政府反映村民的意见、要求和提出建议。村民委员会依照法律规定，管理本村属于村农民集体所有的土地和其他财产，教育村民合理利用自然资源，保护和改善生态环境。对于涉及村民利益的事项，如乡统筹的收缴方法，村提留的收缴及使用，村集体经济所得收益的使用，村办学校、村建道路等村公益事业的经费筹集方案，宅基地的使用方案等，必须提请村民会议讨论决

---

① 观点来源：《公安部经济犯罪侦查局关于对挪用资金罪有关问题请示的答复》（公经〔2002〕1604号）。

② 观点来源：《最高人民法院研究室关于挪用退休职工社会养老金行为如何适用法律问题的复函》（法研〔2004〕102号）。

③ 观点来源：最高人民法院刑事审判第一、二、三、四、五庭：《中国刑事审判指导案例（侵犯财产罪）》，法律出版社2012年版，第541－543页。

定，方可办理。乡、民族乡、镇的人民政府对村民委员会的工作给予指导、支持和帮助，但是不得干预依法属于村民自治范围内的事项。因此，从村民委员会的职能来看，村委员会成员从事的村自治范围内的管理村公共事务和公益事业工作，虽然属于公务，但不同于以国家或者政府名义实施的组织、领导、监督、管理与人民群众利益及社会的发展相关的各种国家事务和公共事务，不属于《刑法》第九十三条第二款规定的“依照法律从事公务”。从村民委员会成员的组成看，是由村民直接选举产生，并且村民委员会组织法明确规定：“任何组织或者个人不得指定、委派或者撤换村民委员会成员。”再从村民委员会成员的身份来看，主要是农民，也不脱离生产，不享有国家工作人员的待遇，不具有国家工作人员的权利，犯罪后按国家工作人员处理，权利义务不对等。因此，村民委员会成员不是刑法意义上的国家工作人员。(2）村民委员会成员只有在协助人民政府执行公务过程中利用职务上的便利实施犯罪行为的，才可以适用《刑法》关于国家工作人员的规定。根据《村民委员会组织法》第四条第二款的规定，村民委员会有协助乡、民族乡、镇的人民政府开展工作的职责。由于这部分工作，在性质上属于以政府名义参与组织、领导、监督、管理和人民群众利益以及社会的发展相关的国家事务和政府事务的活动，体现了国家对社会的组织、管理职能。因此，2000 年 4 月 29 日第九届全国人大常委会第十五次会议通过的《关于〈中华人民共和国刑法〉第九十三条第二款的解释》明确，村民委员会等村基层组织人员在协助人民政府从事公务时，利用职务上的便利，非法占有公共财物、挪用公款、索取他人财物或者非法收受他人财物，构成犯罪的，适用《刑法》第三百八十二条和第三百八十三条贪污罪、第三百八十四条挪用公款罪、第三百八十五条和第三百八十六条受贿罪的规定。立法解释并没有明确村民委员会等村基层组织人员属于国家工作人员，也没有肯定对村民委员会成员可以“以国家工作人员论”，只是明确了村民委员会等村基层组织人员在协助人民政府开展工作过程中，利用职务上的便利，实施犯罪行为的，可以适用刑法关于国家工作人员的条款。而本案中，被告人丁某某利用职务上的便利，挪用的对象是村宅基地出让金和村提留款，不是国有土地出让金或者土地征用补偿费，也不是救灾、抢险、防汛、优抚、移民、救济资金，社会捐助款，或者代征、代缴税款。虽然根据 1988 年《全国人民代表大会常务委员会关于惩治贪污罪贿赂罪的补充规定》第三条的规定，丁某某的行为已构成挪用公款罪，但

1997 年《刑法》对挪用公款罪的犯罪主体进行了修正，即仅限于国家工作人员，依照 1997 年《刑法》第十二条第一款的规定，对丁某某的行为不能再以挪用公款罪追究刑事责任。（3）村民委员会属于《刑法》第二百七十二条第一款规定的“其他单位”，村民委员会成员利用职务上的便利，挪用本单位资金归个人使用或者借贷给他人，构成犯罪的，应当适用《刑法》第二百七十二条第一款，以挪用资金罪追究刑事责任。《刑法》第二百七十二条第一款规定的“其他单位”，范围非常广，既包括非国有事业单位，也包括其他依法成立的非国有社会组织、群众团体。村民委员会作为村民自我管理、自我教育、自我服务的基层群众性的自治组织，是经县级人民政府批准设立、不需要登记的社会团体，当然属于《刑法》第二百七十二条第一款规定的“其他单位”。行为人利用职务上的便利，挪用本单位资金归个人使用或者借贷给他人，数额较大、进行营利活动，其行为完全符合挪用资金罪的构成要件，应当以挪用资金罪追究刑事责任。

5. 彩票销售人员不交纳投注金购买彩票并且事后无力偿付购买彩票款的行为如何处理？①

对于彩票销售人员不交纳投注金购买彩票并且事后无力偿付购买彩票款的行为，是否构成犯罪以及构成何罪，有五种不同意见。（1）构成贪污罪。（2）行为人利用其受委托销售彩票的工作之便，将代为保管物——彩票占为己有，数额巨大，根本无法退还，其行为构成侵占罪。（3）构成合同诈骗罪。（4）构成挪用资金罪。（5）本案是因承包引起的民事纠纷，行为人的行为不构成犯罪。

本书观点：行为人身为彩票机构的彩票销售人员，利用管理、经营福利彩票投注站的便利，违反规定，在没有交纳投注金的情况下，擅自打印并获取巨额彩票款，意欲中大奖，其行为属于利用职务上的便利，挪用本单位资金，进行营利活动，已构成挪用资金罪。理由如下：（1）福利彩票是国家为筹集社会福利事业发展资金，特许中国福利彩票发行中心垄断发行的有价凭证。受彩票发行机构委托，在彩票投注站代销彩票的非国家工作人员，如果以不交纳彩票投注金的方式，擅自打印并获取巨额彩票款，是侵犯彩票发行

---

① 观点来源：最高人民法院刑事审判第一、二、三、四、五庭：《中国刑事审判指导案例（侵犯财产罪）》，法律出版社 2012 年版，第 549－553 页，刘某某挪用资金案。

机构管理的社会公益性财产的行为。该行为具有严重的社会危害性，通过民事手段既不能维护正常的彩票发行秩序，也不足以遏制此类行为的发生，刑罚干预是必不可少的手段。（2）行为人主观上并不具有非法占有目的，其行为同样不构成侵占罪和合同诈骗罪。构成侵占罪或者合同诈骗罪，不仅要求行为人具有非法占有目的的行为，还应当是与职务无关的行为。对于利用职务便利实施的行为，不应当认定为侵占罪或者合同诈骗罪。行为人不交纳投注金而购买彩票的行为是其利用承包经营彩票投注站的职务便利实现的，对其行为不应当以侵占罪或者合同诈骗罪定罪处罚。（3）行为人作为受委托管理、经营国有财产的人员，利用承包经营福利彩票投注站、销售福利彩票的职务便利，不交纳投注金购买彩票的行为，与直接挪用福利彩票投注站的资金购买彩票，在性质上是相同的，可视为挪用本单位资金购买彩票，应当根据《刑法》第二百七十二条第一款规定的以挪用资金罪追究刑事责任。第一，行为人作为福利彩票投注站的承包经营人员，属于《刑法》第二百七十二条第一款规定的"其他单位的工作人员"，具有挪用资金罪的主体身份。第二，彩票销售人员利用职务上的便利，不交纳投注金购买彩票，类似于证券、期货公司工作人员利用职务上的便利，挪用本单位资金或者客户资金用于炒股、购买期货等高风险投资，属于《刑法》第二百七十二条第一款规定的"挪用本单位资金归个人使用"，事后无力偿付购买彩票款是挪用后不退还的具体表现。虽然与典型的挪用手段相比，有一定程度的差异，但与挪用本单位资金购买彩票在性质上是相同的，仍具备了挪用资金罪的本质特征，不影响挪用资金罪的认定。

6. 村民小组是否属于《刑法》第二百七十二条规定的"其他单位"?①

《刑法》第二百七十二条规定的"其他单位"，包括村民小组，村民小组组长可以成为挪用资金罪的犯罪主体。村民小组组长利用职务上的便利，挪用本单位资金归个人使用或者借贷给他人，数额较大，超过三个月未还的，或者虽未超过三个月，但数额较大，进行营利活动的，或者进行非法活动的，应当依照《刑法》第二百七十二条第一款的规定，以挪用资金罪定罪处罚。

---

① 观点来源：最高人民法院法院研究室《关于村民小组是否属于刑法第二百七十二条规定的"其他单位"问题的研究意见》，载张军主编、最高人民法院研究室编：《司法研究与指导》2012年第2辑，人民法院出版社2012年版，第160－162页。

7. 村民委员会人员利用职务便利借用村集体资金或者将村集体资金借给他人的行为构成何罪?[①]

村民委员会成员不是刑法意义上的国家工作人员。村民委员会成员只有在协助人民政府执行公务过程中利用职务上的便利实施犯罪行为的，才可以适用《刑法》关于国家工作人员的规定。村民委员会属于《刑法》第二百七十二条第一款规定的“其他单位”，村民委员会成员利用职务上的便利，挪用本单位资金归个人使用或者借贷给他人，构成犯罪的，应当以挪用资金罪定罪处罚。

（1）村民委员会成员不是刑法意义上的国家工作人员。因此，从村民委员会的职能来看，村民委员会成员从事的村自治范围内的管理村公共事务和公益事业工作，虽然属于公务，但不同于以国家或者政府名义实施的组织、领导、监督、管理与人民群众利益及社会的发展相关的各种国家事务和公共事务，不属于《刑法》第九十三条第二款规定的“依照法律从事公务”。从村民委员会成员的组成看，是由村民直接选举产生的，并且村民委员会组织法明确规定:“任何组织或者个人不得指定、委派或者撤换村民委员会成员。”再从村民委员会成员的身份来看，主要是农民，也不脱离生产，不享有国家工作人员的待遇，不具有国家工作人员的权利，犯罪后按国家工作人员处理，权利义务不对等。因此，村民委员会成员不是刑法意义上的国家工作人员。

（2）村民委员会成员只有在协助人民政府执行公务过程中利用职务上的便利实施犯罪行为的，才可以适用《刑法》关于国家工作人员的规定。立法解释并没有明确村民委员会等村基层组织人员属于国家工作人员，也没有肯定对村民委员会可以“以国家工作人员论”，只是明确了村民委员会等村基层组织人员在协助人民政府开展工作过程中，利用职务上的便利，实施犯罪行为的，可以适用《刑法》关于国家工作人员的条款。

（3）村民委员会属于《刑法》第二百七十二条第一款规定的“其他单位”，村民委员会成员利用职务上的便利，挪用本单位资金归个人使用或者借贷给他人，构成犯罪的，应当以挪用资金罪定罪处罚。

---

① 观点来源：最高人民法院刑事审判第一庭、第二庭：《刑事审判参考》2005年第1集（总第42集），法律出版社2005年版，第46－50页，丁某宇挪用资金案。

8. 村民委员会人员利用职务之便挪用款项的性质无法确定时，如何认定挪用行为的性质?[①]

村民委员会等村基层组织人员协助人民政府从事有关法律规定的行政管理工作，属于“其他依照法律从事公务的人员”，以国家工作人员论。无法区分被挪用的款项性质的，以挪用资金罪追究村民委员会等村基层组织人员的刑事责任。

（1）村民委员会等村基层组织人员协助人民政府从事有关法律规定的行政管理工作，属于“其他依照法律从事公务的人员”，以国家工作人员论。

可以看出，全国人大常委会的立法解释是从村基层组织人员所从事的工作性质角度来确定其主体性质的，村基层组织人员的职务行为可区分为两种：一是依法从事公务行为，二是村内自治管理服务行为。依法从事公务行为，就是全国人大常委会立法解释列举规定的七项具体职责内容，其实质均是村基层组织人员协助人民政府从事行政管理工作，属于从事公务，具有从事特定公务的职务便利，因此，村基层组织人员才能以国家工作人员论。村内自治管理服务行为，是指人大立法解释的七项事务之外的村内集体公益事业管理和集体公益服务等自治事项，如集体土地出租及租金管理，在农村村民居住区改水、改厕、修筑公用设施等纯粹属于村民自治范围内的与政府行政管理工作无关的集体公益性的服务活动，在这些村自治管理服务行为过程中发生的利用职务之便实施的犯罪，不具有行使公权的性质，利用的是村基层组织的职务便利，因此，村基层组织工作人员不能以国家工作人员论。

（2）无法区分被挪用的款项性质的，以挪用资金罪追究村民委员会等村基层组织人员的刑事责任。

根据《刑法》的规定，公款罪与挪用资金罪除犯罪主体上的区别外，在行为对象和行为特征上也存在明显不同：挪用公款罪的行为对象必须是公款，而挪用资金罪的行为对象则为公司、企业或其他单位的资金；挪用公款利用的是从事公务之便，而挪用资金利用的则是从事公司、企业或者其他单位的特定职务之便。根据全国人大常委会的立法解释，对于协助人民政府从事行政管理工作的七项事务，村基层组织人员以国家工作人员论，由于七项事务

---

① 观点来源：最高人民法院刑事审判第一、二、三、四、五庭：《刑事审判参考》2007 年第 4 集（总第 57 集），法律出版社 2007 年版，第 56－63 页，陈某林等挪用资金案。

中所涉及的款项为公款，利用的是从事公务之便，故村基层组织人员从事利用此职务之便挪用这些款项的构成挪用公款罪；如果村基层组织人员从事的并非上述立法解释规定的七项事务，而是村内自治管理服务工作，其所利用的是村内自治管理服务工作之便，故利用此职务之便挪用村集体资金的构成挪用资金罪。当然，在能够准确区分所挪用的款项来源，确定所利用的职务便利性质的情况下，按照上述原则定罪处罚是比较明确的，而在农村基层组织人员所挪用款项的具体性质以及利用何种职务之便无法查清的情况下，由于无法区分他们究竟是利用何种职务便利挪用何种款项，主体身份无法明确，因此，根据刑法的谦抑原则，应该从有利于被告人的角度出发，以刑罚较轻的罪名对被告人进行定罪处罚。

9. 无法查明企业经济性质时，企业负责人将企业资金转移个人账户进行股票交易的行为，能否认定为挪用资金罪？[①]

在无法查明企业经济性质时，对企业负责人将企业资金转移个人账户进行股票交易的行为，不应按《刑法》第二百七十二条第一款的规定认定为挪用资金罪。

在公司经济性质不明的情况下，无法认定作为企业负责人的行为人对企业资金享有什么权利。因此，尽管行为人转款炒股的事实清楚，证据确实，但还不能构成《刑法》第二百七十二条第一款规定的挪用资金罪。

（四）疑难、复杂问题的参考性解答

1. 哪些情形可以以挪用资金罪定罪处罚？

非国有公司、企业或者其他单位中的非国家工作人员，利用职务上的便利，挪用本单位资金，具有下列情形之一的，可以以挪用资金罪定罪处罚：

（1）归个人使用或者借贷给他人，数额较大，超过三个月未还的；

（2）归个人使用或者借贷给他人，虽然未超过三个月，但数额较大，进行营利活动的；

（3）归个人使用或者借贷给他人，进行非法活动的；

（4）挪用本单位资金数额巨大的；

---

① 观点来源：《最高人民法院公报》2004 年第 8 期（总第 94 期），晋中市人民检察院诉刘某平挪用资金案。

（5）挪用本单位资金数额特别巨大的。

根据最高人民法院2000年2月13日通过的《受委托管理、经营国有财产人员挪用国有资金批复》，“受国家机关、国有公司、企业、事业单位、人民团体委托，管理、经营国有财产的非国家工作人员”，也可以成为本罪的主体。非本单位的工作人员不能构成本罪的主体。国家工作人员以及依法以国家工作人员论的人员，如果实施了挪用本单位资金的行为，则应依照《刑法》第三百八十四条规定的“挪用公款罪”定罪处罚。

2. 如何正确理解和掌握挪用资金罪的客观要件？

客观方面表现为行为人实施了挪用本单位资金的行为，即行为人利用职务上的便利，擅自动用本单位资金归个人使用或者借贷给他人的行为。“挪用本单位资金”，是指公司、企业或者其他单位的工作人员利用其经手、主管本单位的资金的便利条件，私自将本单位的资金挪作自己使用或者借贷给其他人使用的行为。客观方面必须同时具备下列两个条件：

（1）必须是行为人利用职务之便。这主要是指行为人利用在本单位中所担任的职务上的便利，如经手、管理或者主管单位的资金等。如果行为人不是利用职务之便，而是利用秘密窃取的方法获取，即使事后归还，也是盗窃行为。

（2）必须是实施了法定的四种情形之一的行为。根据《刑法》第二百七十二条第二款规定的，客观方面包括以下四种情形：①归个人使用或者借贷给他人，数额较大，超过三个月未还的；②归个人使用或者借贷给他人，虽然未超过三个月，但数额较大，进行营利活动的；③归个人使用或者借贷给他人，进行非法活动的；④挪用本单位资金数额巨大的；⑤挪用本单位资金数额特别巨大的。

根据最高人民法院2000年6月30日通过的《关于如何理解刑法第二百七十二条规定的“挪用本单位资金归个人使用或者借贷给他人”问题的批复》指出：“公司、企业或者其他单位的非国家工作人员，利用职务上的便利，挪用本单位资金归本人或者其他自然人使用，或者挪用人以个人名义将所挪用的资金借给其他自然人和单位，构成犯罪的，应当依照刑法第二百七十二条第一款的规定定罪处罚。”因此，“挪用本单位资金归个人使用或者借贷给他人”，是指“挪用本单位资金归本人或者其他自然人使用，或者挪用人以个人名义将所挪用的资金借给其他自然人和单位”。这种挪用行为可分为三种情况：①挪用资金归个人使用或者借贷给他人，数额较大，超过三个月未还的。这种情况构成本罪必须同时具备三个条件：一是数额较大；二是挪用时间超过三个月；三是尚未归还。②挪用资金虽未超过三个月，但数额较大、进行营利活动的。在这种情况中，没有挪用时间长短的限制，但数额较大和进行营利活动则是必备要件。所谓“进行营利活动”，一般是指进行合法的营利活动，不包括非法的营利活动。无论是否归还，只要是挪用数额较大的资金进行了营利活动，就可构成本罪。如果发现时已归还，一般也不影响本罪的成立，只是在具体量刑时予以酌情考虑。③挪用资金用于进行非法活动的。包括挪用资金归个人或者他人进行非法活动的，如挪用资金进行走私、赌博、嫖娼等活动。这种情形没有还与不还的条件，只要是挪用资金用于进行非法活动的，即构成本罪。以上“超期未还型”“营利活动型”和“非法活动型”是构成本罪的三种不同情形，只要行为人利用职务之便，实施了上述三种情形之一的行为，即可构成挪用资金罪。

需要说明的是，根据《刑法》第二百七十二条第一款规定，挪用本单位资金数额巨大，作为法定加重处罚情节，在三年以上七年以下有期徒刑的幅度内判处刑罚；挪用本单位资金数额特别巨大，作为更重的法定加重处罚情节，在七年以下有期徒刑的幅度内判处刑罚。

根据1997年《刑法》第二百七十一条第一款规定，挪用本单位资金数额较大不退还的，与挪用本单位资金数额巨大一样，处三年以上十年以下有期徒刑。《刑法修正案（十一）》对此作了修改。一是删除了挪用本单位资金数额较大不退还的规定，主要原因是实践中对“不退还”难以认定，争议也较大。二是增加了挪用本单位资金“数额特别巨大的，处七年以上有期徒刑”的规定，与此对应，将挪用本单位资金数额巨大的量刑幅度由三年以上十年以下有期徒刑调整为三年以上七年以下有期徒刑。这一修改，加大了对挪用资金罪的打击力度。

如何确定挪用本单位资金数额特别巨大的起点，尚有待司法解释作明确规定。

3. 虽然具有挪用资金行为，但仍然不认定构成挪用资金罪的情形有哪些？

根据《贪污贿赂解释》第十一条第二款规定，挪用资金罪中的“数额较大”“数额巨大”以及“进行非法活动”情形的数额起点，按照该解释关于挪用公款罪“数额较大”“情节严重”以及“进行非法活动”的数额标准规定的二倍执行。根据《贪污贿赂解释》第五条规定，挪用公款归个人使用，进行非法活动，数额在 3 万元以上的，应当以挪用公款罪追究刑事责任；第六条规定，挪用公款归个人使用，进行营利活动或者超过三个月未还，数额在 5 万元以上的，应当认定为挪用公款数额较大。据此，挪用资金归个人使用，进行非法活动的数额起点为 6 万元，挪用资金归个人使用，进行营利活动或者超过三个月未还，数额较大的起点为 10 万元。

因此，虽然具有挪用资金行为，但下列情况下，仍然不构成挪用资金罪。(1) 挪用资金，未达到数额较大即 10 万元起点标准的。(2) 挪用资金进行营利活动，数额未达到较大标准即 10 万元的。(3) 挪用资金进行非法活动，数额未达到司法解释规定的 6 万元起点标准的。(4) 挪用资金虽然达到数额较大标准，但仅是归个人使用或者借贷给他人，没有进行非法活动，也没有进行营利活动，且在三个月内归还的。(5) 挪用资金不是归个人使用或者借贷给他人的，而是借给其他公司、企业或者其他单位，产生的利益归行为人所在公司、企业或者其他单位的。实践中需要注意的是，挪用资金借贷给私营企业，该如何处理？最高人民法院在《挪用公款解释》第一条第二款规定："挪用公款给私有公司、私有企业使用的，属于挪用公款归个人使用。"但是，随着民营经济的发展，私营企业已经不限于私有公司、私有企业，许多企业虽属民营，但已经是股份有限公司，有的甚至成了上市公司。因此，只有企业财产完全属于个人所有的私有企业、私有公司，才能视为个人。对那些企业、公司的董事长、总经理都无权随意处置财产的企业，即使是民营企业，也不能视作个人。

4. 如何正确区分挪用资金罪与挪用公款罪？

两罪的不同点在于：

(1) 主体不同。挪用公款的犯罪主体是国家工作人员，而挪用资金罪的犯罪主体是公司、企业或者其他单位的工作人员。

根据《刑法》第二百七十二条第二款的规定，国有公司、企业或者其他国有单位中从事公务的人员和国有公司、企业或者其他国有单位委派到非国有公司、企业以及其他单位从事公务的人员，利用职务上的便利挪用本单位资金的，则应当依照《刑法》第三百八十四条规定的挪用公款罪定罪处罚。

根据最高人民法院 2000 年 2 月 13 日通过的《受委托管理、经营国有财产人员挪用国有资金批复》的规定，“对于受国家机关、国有公司、企业、事业单位、人民团体委托，管理、经营国有财产的非国家工作人员，利用职务上的便利，挪用国有资金归个人使用构成犯罪的，应当依照刑法第二百七十二条第一款的规定定罪处罚”。

（2）犯罪客体、对象不同。挪用公款罪的客观是国有资产，犯罪对象既包括国有资产，也包括国有公司、企业或者其他国有单位委派到非国有公司、企业以及其他单位从事公务的人员利用职务上便利挪用的本单位资金。

5. 如何正确区分挪用资金罪与职务侵占罪？

职务侵占行为与挪用本单位资金的行为都以本单位的财物为对象，都是利用本人职务上的便利，主观上都具有故意，犯罪的主体都是公司、企业或其他单位的人员，因而具有许多相似之处。但二者仍然具有较大区别：

（1）犯罪对象不同。职务侵占罪的犯罪对象既包括资金又包括财物；而挪用资金罪仅指资金。

（2）客观表现形式不同。职务侵占罪表现为利用职务上的便利，采用侵吞、盗窃、骗取等手段非法占有本单位数额较大的财物的行为；而挪用资金罪则表现为利用职务上的便利，挪用本单位资金归个人使用或借贷给他人，数额较大、超过三个月未还的，或者虽未超过三个月，但数额较大、进行营利活动的，或者进行非法活动的行为。

（3）犯罪目的不同。前者是出于非法占有的目的，而后者仅出于挪用的目的。在以下情形下应当特别注重行为人主观目的的审查：①案发前未将挪用的单位资金归还，行为人辩称其只是为了挪用，并非不还的，如何处理？要看是否有证据证明行为人具有归还的主观意图。如果无任何证据证明行为人不是出于暂时挪用的目的而占有本单位资金，则应当认定行为人具有非法占有的目的，应以职务侵占罪论处。如果有证据证明行为人挪用本单位资金是出于暂时挪用的目的，但在案发时仍未归还，或者又挪作他用，拒不退还被挪用的本单位资金，但行为人并没有非法占有的目的，不应以职务侵占罪论处，而只能以挪用资金罪定罪处罚。这样处理，符合《刑法》第二百七十二条第一款关于“挪用本单位资金……数额较大不退还的，处三年以上十年以下有期徒刑”的规定。②如果行为人挪用资金时想归还，但在归还前产生了占为己有的意图，且实际上已经占有该资金的，如何处理？我们认为，这种情况符合转化犯的情形，客观上行为人利用职务行为实际控制了该财产，是一种特殊的占有形式；主观上行为人不想归还的目的确实已经转化为非法占有的目的。因此，应当以职务侵占罪处罚。

6. 对私营企业主挪用企业资金的行为如何定性?

对私营企业主挪用私营企业资金如何处理，理论上有不同的观点：一种观点认为，私营企业主挪用私营企业资金不能以挪用资金罪处罚；另一种观点认为，私营企业主挪用私营企业资金的行为与其他挪用资金犯罪一样具有社会危害性，应当以挪用资金罪处罚。

应当看私营企业的性质而定。根据《公司法》的有关规定，私营企业的组织形式有独资企业与合伙企业两种，独资企业是企业主一人投资、一人经营、独享收益的经济组织。在这类企业中，企业资产与企业主个人财产之间没有严格的界限，法人人格与企业主人格同一，企业不具有独立的团体意志，因此，对这类企业理所当然地应当认定为个人企业。合伙企业是指在中国境内设立的由各合伙人通过订立合伙协议，共同出资、合伙经营、共担风险、共享收益，并对合伙企业债务承担无限连带责任的营利性团体。合伙企业也不同于个人合伙，个人合伙是契约性的，而合伙企业中团体性占主导地位，在合伙企业成立后，企业已具备了相对独立的财产利益，合伙企业与其他企业一样享有法律赋予的各项权利并承担相应的义务。所以，对合伙企业的刑法地位应以单位进行认定。

由此可见，我国私营企业的刑法地位应当分为两种情形：一种是个人的形式，如独资企业，另一种是单位形式，如合伙企业、有限责任公司。在私营企业的上述两种组织形式中，由于独资企业在刑法地位上等同于个人，企业主对企业财产具有完全的支配权，企业主挪用企业资金等于挪用自己的资金，不存在构成犯罪的问题。但对于独资企业聘用的工作人员，如会计、出纳或者其他管理人员挪用企业资金，情节严重的仍然构成挪用资金罪。在合伙企业和公司中，由于其刑法地位等同于单位，企业董事、经理与企业一般职员一样同属于单位工作人员，无论是企业董事、经理或者其他管理人员，只要是挪用企业资金情节严重的，都应以挪用资金罪追究其刑事责任。

7. 行为人在其承包、租赁的企业中挪用资金的行为如何定性?

对于公司、企业或者其他单位以外的人员承包、租赁企业进行经营并挪用单位资金，是否构成挪用资金罪。我们认为，承包者、租赁者在承包、租赁企业之前虽然不属于公司、企业或者其他单位的职员，但是在承包、租赁之后，依据承包、租赁合同，他们享有对企业生产、经营活动的组织、领导、监督和管理的权力，在承包、租赁期间，当然属于法律拟定的该单位人员，只要他们在承包、租赁期间实施了挪用资金行为，又符合《刑法》规定的其他条件的，就应当以挪用资金罪处罚。

8. 股东挪用尚未注册公司资金归个人进行经营活动的行为能否认定为挪用资金罪?

股东挪用尚未注册公司资金的行为可以认定为挪用资金罪。理由如下：

（1）行为人挪用的资金属于未来公司的财产，而不是投资人的个人财产。根据公司法的有关规定，设立公司必须具备法定的股东人数、法定最低限额的注册资本、经营场所、章程、名称及组织机构等条件，否则不予登记。行为人为设立公司签订协议后，为使拟设立的公司达到公司法规定的条件，作了一些必要的工作，如租赁经营场所，设置相应的内设机构；为公司将来开展经营活动，向行政部门申请的立项获得了批准。同时，注册公司的部分资金已经到位，并在银行设立了临时账户。也正是上述的准备工作，使得行为人等投资人联结成一个整体，他们投入的财产不能简单地视为其个人财产，已经集合成一个整体，成为未来公司的财产。

（2）根据《刑法》第二百七十二条第一款“公司、企业或者其他单位的工作人员，利用职务上的便利，挪用本单位资金归个人使用或者借贷给他人，数额较大、超过三个月未还的，或者虽未超过三个月，但数额较大、进行营利活动的，或者进行非法活动的，处三年以下有期徒刑或者拘役”的规定，行为人作为股东，利用职务之便，挪用尚未注册公司较大数额的资金归个人进行经营活动，其行为符合挪用资金罪的构成要件。

（3）为了规范市场经济秩序及市场主体的行为，保障市场经济的健康运行，在司法实践中，对于类似具有社会危害性的行为，最高人民检察院于2000年10月答复江苏省人民检察院，对挪用尚未注册公司资金，数额较大、超过三个月未还的，或者虽未超过三个月，但数额较大、进行营利活动的，或者进行非法活动的，应当根据《刑法》第二百七十二条的规定，追究刑事责任。

（五）量刑指导或参考

依照《刑法》第二百七十二条规定，犯挪用资金罪的，处三年以下有期徒刑或者拘役；挪用本单位资金数额巨大的，处三年以上七年以下有期徒刑；数额特别巨大的，处七年以上有期徒刑。

司法机关在适用本条规定处罚时，应当注意以下问题：

1. 根据《妨害预防、控制突发传染病疫情解释》，挪用用于预防、控制突发传染病疫情等灾害的款物归个人使用，构成犯罪的，依照《刑法》第二百七十二条的规定，以挪用资金罪定罪，从重处罚。

2. 规范化量刑。《量刑指导意见（试行）》对挪用资金罪的量刑并未作出规定，这主要是由于此案件在司法实践中的发案率不高，最高司法机关还未能总结出一套比较完整的量刑规范化方案，有待于在总结经验的基础上再作出详细的规定。在此之前，各高级法院可以根据各地的社会治安状况、经济发展状况等因素，制定适合本省、自治区、直辖市实际情况的量刑规范化标准。在有关规定出台前，司法人员应当根据犯罪的事实、犯罪的性质、情节和对于社会的危害程度，依照刑法和有关司法解释的规定判处刑罚。

3. 挪用资金罪，由于刑法没有规定单处或者并处财产刑，因此，不能因该罪属于侵犯财产罪性质，就想当然地对被告附加适用财产刑。

4. 正确理解和适用《刑法》第二百七十二条第三款规定的减轻、从轻、免除处罚规定。该款规定：有第一款行为，在提起公诉前将挪用的资金退还的，可以从轻或者减轻处罚。其中，犯罪较轻的，可以减轻或者免除处罚。

该规定是《刑法修正案（十一）》增加的新规定，具有开创性，赋予了退赔退赃减轻处罚的量刑功能，并且契合了认罪认罚从宽制度。因为，在认罪认罚从宽制度中，对认罪认罚的要求较高，不仅认罪、认罚还要求积极退赃退赔。在该项制度推行之后，认罪认罚成为独立的量刑情节。但按照现行法律的规定，认罪认罚不能成为独立的减轻处罚情节，也就说，如果被告人没有其他减轻处罚情节，不能通过认罪认罚获得从宽处罚，只能在法定刑以上量刑。实践中，一些犯罪嫌疑人、被告人认罪认罚的动力不足，因为即使认罪认罚，量刑仍然很高。根据当前的情况，由于担心认罪认罚从宽力度过大，会诱使被追诉人违心认罪认罚，会影响司法公正，甚至会引发司法腐败，短期内认罪认罚不会成为减轻处罚情节。《刑法》分则中对具体罪名规定了退赔退赃可以减轻处罚，无疑为认罪认罚从宽制度打开了一扇窗。退赔退赃一方面是认罪认罚的内容之一，另一方面其所包含的减轻处罚功能能增加被追诉人认罪认罚的积极性。《刑法修正案（十一）》只是对个别罪名作出了退赔退赃可以减轻处罚的规定，但这种规定对今后的刑事立法具有深远的影响。赋予退赔退赃减轻处罚情节的功能，至于是否减轻处罚，交由司法机关裁判，做到原则性与灵活性相结合，能够更好地实现罪刑相适应。

司法实务中，适用本款规定，应当掌握以下几点：

（1）退还挪用资金的时间节点必须在提起公诉前。在提起公诉后判决作出前退还挪用资金的，当然也可以从宽处罚，但不能适用从宽处罚中的减轻处罚、免除处罚。

（2）退还挪用资金包括全部退还、大部分退还、少部分退还。适用减轻处罚的，必须具有全部退还的情形。如果只是部分退还的，不能适用减轻处罚，更不能适用免除处罚。

（3）犯挪用资金罪，不论数额较大还是数额巨大、数额特别巨大，只要退还的，都可以从轻处罚，其中，全部退还的，可以适用减轻处罚。但适用免除处罚的，必须是犯罪较轻的。所谓犯罪较轻，一般应指挪用资金数额较大、超过三个月未还的，或者虽未超过三个月，但数额较大、进行营利活动的，或者进行非法活动的。如果挪用资金数额巨大或者特别巨大的，一般不适用免除处罚。

九、挪用特定款物罪

（一）刑法规定

第二百七十三条 挪用用于救灾、抢险、防汛、优抚、扶贫、移民、救济款物，情节严重，致使国家和人民群众利益遭受重大损害的，对直接责任人员，处三年以下有期徒刑或者拘役；情节特别严重的，处三年以上七年以下有期徒刑。

（二）司法解释、司法文件

1. **最高人民法院、最高人民检察院关于办理妨害预防、控制突发传染病疫情等灾害的刑事案件具体应用法律若干问题的解释**（法释〔2003〕8号，自2003年5月15日起施行）（节录）

第十四条 贪污、侵占用于预防、控制突发传染病疫情等灾害的款物或者挪用归个人使用，构成犯罪的，分别依照刑法第三百八十二条、第三百八十三条、第二百七十一条、第三百八十四条、第二百七十二条的规定，以贪污罪、侵占罪、挪用公款罪、挪用资金罪定罪，依法从重处罚。

挪用用于预防、控制突发传染病疫情等灾害的救灾、优抚、救济等款物，构成犯罪的，对直接责任人员，依照刑法第二百七十三条的规定，以挪用特定款物罪定罪处罚。

……

第十七条　人民法院、人民检察院办理有关妨害预防、控制突发传染病疫情等灾害的刑事案件，对于有自首、立功等悔罪表现的，依法从轻、减轻、免除处罚或者依法作出不起诉决定。

第十八条　本解释所称“突发传染病疫情等灾害”，是指突然发生，造成或者可能造成社会公众健康严重损害的重大传染病疫情、群体性不明原因疾病以及其他严重影响公众健康的灾害。

2. **最高人民检察院关于挪用失业保险基金和下岗职工基本生活保障资金的行为适用法律问题的批复**（高检发释字〔2003〕1号，自2003年1月30日起施行）

辽宁省人民检察院：

你院辽检发研字〔2002〕9号《关于挪用职工失业保险金和下岗职工生活保障金是否属于挪用特定款物的请示》收悉。经研究，批复如下：

挪用失业保险基金和下岗职工基本生活保障资金属于挪用救济款物。挪用失业保险基金和下岗职工基本生活保障资金，情节严重，致使国家和人民群众利益遭受重大损害的，对直接责任人员，应当依照刑法第二百七十三条的规定，以挪用特定款物罪追究刑事责任；国家工作人员利用职务上的便利，挪用失业保险基金和下岗职工基本生活保障资金归个人使用，构成犯罪的，应当依照刑法第三百八十四条的规定，以挪用公款罪追究刑事责任。

（三）典型或常见问题的审理思路

1. 村民委员会主任能否成为挪用特定款物罪的犯罪主体？①

村民委员会主任可以成为挪用特定款物罪的犯罪主体。挪用特定款物罪

---

① 观点来源：（2014）阜刑二终字第13号被告人林某某贪污、挪用公款案刑事裁定书。

的犯罪主体是特殊主体，也即不是任何公民都可以成为本罪主体。根据《刑法》第二百七十三条规定，本罪的犯罪主体只能是对挪用行为负有责任的主管人员、直接实施挪用行为的人员。但并未规定直接责任人员所属单位的性质，也即国家机关、国有公司、国有企业、非国有公司、非国有企业、其他单位，只要经手、管理特定款物的单位，经手人、管理人如果实施将特定款物挪作其他公用的行为，都可成为挪用特定款物罪的犯罪主体。特定款物由村民委员会经手、管理的情况下，村民委员会主任负有管理、经手特定款物的职责，理应按照专款专物地用的原则，用好特定款物，但如果其实施了将特定款物挪作其他公用的行为，属于直接责任人员，对其行为应当按照挪用特定款物罪定罪处罚。

2. 挪用特定款物罪是否以将款物归个人使用为构罪要件?[①]

挪用特定款物罪的客观方面是直接责任人员将特定款物挪作其他的公用。该罪的犯罪构成要件不要求行为人将特定款物归个人使用或者借贷给他人。如果行为人将特定款物归个人使用或者借贷给他人，该行为构成挪用公款罪。而挪用公款罪的法定刑幅度比挪用特定款物罪重。根据刑法关于第三百八十四条第二款的规定，法律关于挪用公款罪的规定中特别强调，挪用特定款物归个人使用的，以挪用公款罪从重处罚。

3. 挪用退休职工社会养老金行为如何适用法律?[②]

退休职工养老保险金不属于我国《刑法》中的救灾、抢险、防汛、优抚、扶贫、移民、救济等特定款物的任何一种。因此，对于挪用退休职工养老保险金的行为，构成犯罪时，不能以挪用特定款物罪追究刑事责任，而应当按照行为人身份的不同，分别以挪用资金罪或者挪用公款罪追究刑事责任。

4. 挪用民族贸易和民族用品生产贷款利息补贴行为如何适用法律?[③]

中国人民银行给予中国农业银行发放民族贸易和民族用品生产贷款的利息补贴，不属于《刑法》第二百七十三条规定的特定款物。因此，对于挪用

---

① 观点来源：（2014）呼刑终字第37号被告人姜某某贪污、挪用特定款物案刑事判决。

② 观点来源：《最高人民法院研究室关于挪用退休职工社会养老金行为如何适用法律问题的复函》（法研〔2004〕102号）。

③ 观点来源：《最高人民法院研究室关于挪用民族贸易和民族用品生产贷款利息补贴行为如何定性问题的复函》（法研〔2003〕16号）。

民族贸易和民族用品生产贷款利息补贴的行为，构成犯罪时，不能以挪用特定款物罪追究刑事责任，而应当按照行为人身份的不同，分别以挪用资金罪或者挪用公款罪追究刑事责任。

（四）疑难、复杂问题的参考性解答

1. 挪用特定款物罪中的特定款物有哪些？

挪用特定款物罪是指违反国家规定的关于特定款物专用的财经管理制度，挪用有关用于救灾、抢险、防汛、优抚、扶贫、移民、救济的款物，情节严重，致使国家和人民群众利益遭受重大损害的行为。本罪在1979年《刑法》第一百二十六条作了规定，1997年《刑法》修订时，根据司法实践出现的新情况、新问题，对罪状作了修改，将挪用款物的对象增加规定了扶贫、移民款物，并将其从原破坏社会主义经济秩序罪移入侵犯财产罪。

本罪侵犯的客体是复杂客体，既侵犯了国家规定的关于特定款物专用的财经管理制度，又侵犯了公共财产的使用权。侵犯的对象，只能是专门用于救灾、抢险、防汛、优抚、扶贫、移民、救济的特定款物，其中扶贫和移民的特定款物是1997年《刑法》新增加的内容。上述特定款物，既包括用于上述用途的由国家预算安排的民政事业经费，也包括临时调拨的专项款物，还包括其他由国家、集体或者人民群众募捐的用于上述用途的特定款物等。根据国家的有关规定，救灾款应重点用于灾情严重地区自力无法克服生活困难的灾民，不得平均分配和发放。抢险、防汛款用于购买抢险、防汛的物资、通讯器材、设备和其他有关开支。优抚款主要用于烈属、军属、残废军人等的抚恤、生活补助，以及疗养、安置等。救济款主要用于农村中由集体供给、补助后生活仍有困难的五保户、贫困户的生活救济；城镇居民中无依无靠、无生活来源的孤老、残、幼和无固定职业、无固定收入的贫困户的生活救济；无依无靠、无生活来源的散居归侨、外侨以及其他人员的生活困难救济等。为了救灾、抢险、防汛、优抚、扶贫、移民、救济等方面的需要，国家临时调拨、募捐或者用上述专款购置的食品、被服、药品、器材设备以及其他物资，也属于作为本罪对象的特定专用物资。特定款物不得挪作他用，也不得混用。需要特别注意的是，挪用的对象必须是救灾、抢险、防汛、优抚、扶贫、移民、救济工作等七项款物，挪用其他款物的，即使是国家规定的特定专用款物，如教育经费、科研经费等，也不构成本罪。

所谓“救灾款物”，是指国家拨给遭受自然灾害地区的专项资金和物资。所谓“扶贫款物”是指用于扶贫的专项资金和物资。所谓“抢险款物”，是指国家拨给因自然灾害而出现危险情形需要抢救的专项资金和物资。所谓“防汛款物”是指国家拨给防备水灾和汛潮的专项资金和物资。所谓“优抚款物”，是指国家拨给用于优待和抚恤优抚对象的专项资金和物资。所谓“救济款物”，是指国家用于社会救济和自然灾害救济的专项资金和物资。所谓“移民款物”，是指国家拨付的用于移民安置的专项资金和物资。

2. 挪用特定款物罪构成数额标准如何确定？

挪用特定款物罪与其他财产犯罪在犯罪构成方面最大的区别是，该罪没有构成数额的规定。其构成犯罪的客观方面表现为擅自将特定用于有关救灾、抢险、防汛、优抚、扶贫、移民、救济等专项款物挪作他用，情节严重，致使国家和人民群众的利益遭受重大损害的行为。客观方面的表现包括下列内容：

具有挪用行为即擅自将特定用于救灾、抢险、防汛、优抚、扶贫、移民、救济等专项款物挪作他用。“挪用”，是指未经合法批准，行为人利用特定的职权，将自己经管的上述款物，非法调拨、使用于其他方面，如用于搞经济开发项目、炒房地产、购置小轿车等违反专款专用的行为。① 这里的挪用，仅指挪作其他公用，不包括归个人使用或者借贷给他人。挪用公款或者单位资金归个人使用或者借贷给他人的，以挪用公款罪或挪用资金罪从重处罚。

情节严重，致使国家和人民群众利益遭受重大损害。根据法律规定，挪用特定款物的行为，除需具备以上犯罪构成要件外，还必须是情节严重，给人民群众利益造成重大损害的，才构成犯罪。“情节严重”，司法实践中，一般是指挪用特定款物数额大，次数多，影响恶劣，挪用特别重要紧急款物等等。致使国家和人民群众利益遭受重大损害，包括挪用行为给抢险、救灾工作带来重大困难和损失，致使灾情扩大，给恢复生产和自救带来影响，造成

---

① 这方面有的有法规、规章明确规定。如 1962 年 3 月原内务部、财政部联合颁布的《抚恤、救济事业费管理使用办法》规定，对特定款物不得挪作他用。1984 年 7 月 6 日民政部、财政部发布的《民政事业费使用管理办法》（现已失效），对救灾、救济、优抚等费用的使用原则、使用范围、预算管理、财务管理、财务监督等方面重新作了规定。对特定款物的使用、发放，必须严格按照该管理办法进行，否则，挪用上述特定款物的，可能构成本罪。

群众逃荒、传染疾病、死亡等情形。“情节严重”和“重大损害”必须同时具备，才能构成本罪。之所以不仅要求“情节严重”，还要求有“重大损害”的结果才追究刑事责任，是由于本罪的挪用行为与贪污罪、挪用公款罪、盗窃罪、诈骗罪中获取财物行为的性质毕竟不同，行为人没有非法占有的目的。

因此，对于一般的挪用行为，不能按犯罪处理，可予以行政和纪律处罚。下列情形下不构成挪用特定款物罪：（1）挪用数额较小，情节显著轻微的；（2）虽然挪用本身情节严重，但尚未给国家和人民群众造成重大损失的；（3）仅造成重大损失，但并非挪用“情节严重”的。

司法实践中，还需要明确几类非典型的挪用特定款物的认定问题：

（1）关于特定款物之间互相调剂如何处理的问题。在特定款物管理、使用工作中，有时存在互相调剂使用的问题。如民政工作中，不但存在救灾费、救济费、抚恤费相互之间替代调剂的情况，而且存在国家特定款项与其他民政事业调剂使用的现象。这种调剂是否属于挪用性质，回答是肯定的。不但不能拿救灾、救济、抚恤款等特定款物去冲抵其他民政事业开支，而且也不能在特定款物之间随意进行调剂。上述调剂行为本质上都属于挪用行为，违反了国家关于上述款项“专款专用”的规定。但鉴于这种调剂行为是在民政事业费内部进行的调剂行为，具体情况较为复杂，对这些行为不以犯罪论处为妥。

（2）境外救灾捐赠资金物资使用中的挪用问题。自1980年起，我国对国际救灾援助政策发生变化，欢迎并接受国际社会向我灾区提供人道性质的援助。境外捐赠的救灾款物，无论通过何种途径，办理了何种接受手续，都属于国家所有的救灾特定款物，不得挪用。其用途由国家规定。来不及等待上级主管部门答复的，也应将款物按国内拨款的救灾款物使用范围使用。按照1991年10月15日民政部《关于安排使用境外捐赠资金有关事宜的通知》规定，如果境外捐赠资金已有明确意向，而这些资金使用意向与我国有关部门规定的资金用途不符时，可以与捐赠方协商解决。如捐赠方坚持某一使用意向，也可以允许。如一些外援捐赠后，执意要将其捐赠的款物用于某一特定项目，如修某段公路，建某所学校，在某地区设所医院等。这种情况下，如果政府方面协商后同意捐赠者的意愿，则其意愿成为法定特定用途，擅自改变上述特定用途，将受捐赠的款物挪作他用，是非法的挪用行为。但对境外捐赠的救灾资金，如果捐赠方无明确意向或其意向与我国有关部门关于救灾款物的使用规定相符合，行为人擅自改变救灾款的救灾扶贫用途，则其行为是挪用特定款物违法行为。如果情节严重，且致使国家和人民群众利益遭受重大损害的，可以挪用特定款物罪定罪处罚。

（3）关于长效、大件救灾物资的挪用问题。接受捐赠的各类汽车，无论何种车辆，灾情处理阶段过后，都可以归口当地民政部门作为工作车辆，用于非救灾用途的其他民政事业，不存在挪用问题，对于电动机、发电机等机电设备类，以及水上交通工具、排水设备等长效救灾物资，如果将这类物资不按规定回收，不作为救灾储备物资，而是改作其他公共用途，其性质属于挪用，但鉴于其行为特点，不宜作为挪用犯罪处理。

3. 如何正确区分挪用特定款物罪与挪用资金罪？

两罪的区别主要体现在：

（1）侵犯的对象不同。挪用特定款物罪犯罪对象是有关特定的用于救灾、抢险、防汛、优抚、扶贫、移民、救济的专项款物；挪用资金罪犯罪对象是本单位的资金。

（2）挪用的用途不同。挪用特定款物罪是挪用特定款物作其他公用，如果挪用特定款物归个人使用，应定挪用公款罪，从重处罚；后者是挪用后归自己或他人使用。

（3）犯罪的客观方面表现不同。挪用特定款物罪要求情节严重，致使国家和人民群众遭受重大损失，而挪用资金罪并不要求造成损失，只要数额达到较大即可。

4. 如何正确区分挪用特定款物罪与挪用公款罪的界限？

挪用公款罪是指国家工作人员利用职务上的便利，挪用公款归个人使用，进行非法活动，或者挪用公款数额较大，超过三个月未还的行为。挪用特定款物罪是指挪用救灾、抢险、防汛、优抚、扶贫、移民、救济款物，情节严重，致使国家和人民群众利益遭受重大损失的行为。两罪的共同特点都是客观行为上表现为“挪用”，但在其他方面仍有很多不同。

（1）犯罪主体不同。挪用公款的犯罪主体是特殊主体，指国家工作人员和以国家工作人员论的人员。挪用特定款物罪的主体是经手、管理特定款物的工作人员，也就是对特定款物有调拨、保管、分配、使用的直接责任人员。

（2）犯罪目的不同。挪用公款罪的目的是个人使用或者为他人进行非法活动、营利活动；挪用特定款物罪的目的是单位另行使用。将特定款物用于改建楼堂馆所等。如将特定款物归个人使用，按第三百八十四条第二款挪用公款罪从重处罚。

（3）犯罪客体和对象不同。挪用公款罪侵犯的客体是复杂客体，主要是国家工作人员的职务廉洁性，其次是侵犯了国家对公共财产的使用、处分权；挪用特定款物罪侵犯的客体是国家财经管理制度及国家对特定款物的管理权。挪用特定款物罪的犯罪对象是特定的，是用于救灾、抢险、防汛、扶贫、优抚、移民、救济的款物，这些特定款物必须专用，既可以是钱，也可以是物。而挪用公款罪的犯罪对象是公款，仅限于货币资金，既包括国家和劳动群众集体所有的货款资金，也包括由国家和集体管理使用，储存等私人所有的货币。不包括物资。从款的角度看，挪用公款罪的对象范围大于挪用特定款物罪。

（4）犯罪的客观方面不同。挪用公款罪表现为行为人利用职务上的便利，实施了挪用公款数额较大的行为；挪用特定款物罪表现为行为人将自己保管或经手的特定款物，未经批准，擅自调拨，用于其他方面。

（5）犯罪的刑罚不同。挪用公款罪处罚分为三个档次，犯本罪处五年以下有期徒刑；情节严重的，处五年以上有期徒刑；挪用公款数额巨大不退还的，处十年以上有期徒刑，或无期徒刑。挪用特定款物罪，必须是情节严重，致使国家和人民群众利益遭受重大损失的才构成犯罪，情节严重主要是数额较大，挪用特别重要紧急的上述款物，造成极坏的影响。对直接责任人员，处三年以下有期徒刑或者拘役，情节特别严重的，处三年以上七年以下有期徒刑。

5. 对挪用特定款物给外单位使用的行为如何定性？

根据《刑法》第三百八十四条第二款的规定：挪用用于救灾、抢险、防汛、优抚、扶贫、移民、救济款物归个人使用的，应以挪用公款罪从重处罚。从本规定中可以看出，有一部分挪用特定款物的用途，是将该款物用于其他公共事务，而不是归行为人个人使用。那么这里的其他公共事务，是仅指本单位内部的公共事务，还是也包括外单位的公共事务？也就是说，对挪用的特定款物是否仅限于本单位内部使用？对于挪用特定款物的用途不能仅限于本单位使用，同时也应包括给外单位使用的情形。如果行为人以个人名义或者私自以单位名义将特定款物挪给外单位使用的，不论使用特定款物的单位是私有单位或是国有、集体单位，均应认定是挪用特定款物归个人使用，以挪用公款罪定罪处罚。因为行为人以个人名义或者私自以单位名义将特定款物挪给外单位使用时，其行为性质已发生了变化，不是单位行为，而是个人行为，应当认为是行为人先将特定款物挪用归个人使用，然后由个人处分给外单位使用，因而应当认定是挪用特定款物归个人使用。

6. 单位可否成为挪用特定款物罪的犯罪主体？

单位是否可成为犯罪主体？《刑法》没有明文规定单位是挪用特定款物罪的犯罪主体，但表述犯罪主体时却用了单位犯罪条款中处罚自然人的表述方法，即对直接责任人员定罪处罚。因此，关于本罪的犯罪主体有两种观点，一种观点认为，本罪应当认定为自然人犯罪，而不应当认定为单位犯罪，只应对直接责任人员予以处罚，其中的直接责任人员不属于单位犯罪的被追诉主体[①]。另一种观点认为，挪用特定款物罪的挪用只限于由有关单位改变专用款物用途的情形[②]，即挪用特定款物罪体现的是“单位的意志”，是“为了单位的利益”。

按照刑法理论通行的观点，挪用特定款物罪的犯罪主体是经手用于救灾、抢险、防汛、优抚、扶贫、移民、救济款物的国家工作人员，从而排除了单位犯罪主体。主要理由就是单位作为犯罪主体必须是法律明文规定的。如果挪用特定款物行为确实是由单位作出的决定，根据《全国人民代表大会常务委员会关于〈中华人民共和国刑法〉第三十条的解释》，公司、企业、事业单位、机关、团体等单位实施刑法规定的危害社会的行为，刑法分则和其他法律未规定追究单位的刑事责任的，对组织、策划、实施该危害社会行为的人依法追究刑事责任。[③]

---

① 参见刘根菊、史立梅：《单位犯罪被追诉者之确定》，载《法学研究》1999 年第 6 期。

② 参见张明楷：《刑法学》，法律出版社 2011 年版，第 910 页。

③ 2014 年 4 月 24 日第十二届全国人民代表大会常务委员会第八次会议通过《全国人民代表大会常务委员会关于〈中华人民共和国刑法〉第三十条的解释》：“全国人民代表大会常务委员会根据司法实践中遇到的情况，讨论了刑法第三十条的含义及公司、企业、事业单位、机关、团体等单位实施刑法规定的危害社会的行为，法律未规定追究单位的刑事责任的，如何适用刑法有关规定的问题，解释如下：公司、企业、事业单位、机关、团体等单位实施刑法规定的危害社会的行为，刑法分则和其他法律未规定追究单位的刑事责任的，对组织、策划、实施该危害社会行为的人依法追究刑事责任。”

（五）量刑指导或参考

依照《刑法》第二百七十三条规定，犯挪用特定款物罪的，对直接责任人员，处三年以下有期徒刑或者拘役；情节特别严重的，处三年以上七年以下有期徒刑。

司法机关在适用本条规定处罚时，应当注意以下问题：

1. 正确认定挪用特定款物罪的情节严重，致使国家和人民群众利益遭受重大损失以及情节特别严重。司法实践中，情节严重，一般是指下列情形之一：（1）挪用特定款物数额大；（2）挪用特定款物次数多；（3）挪用特定款物影响恶劣；（4）挪用特定款物用于挥霍浪费和高消费开支的；（5）挪用特别重要紧急款物，如①挪用的抚恤事业费系残废抚恤费、烈军属生活补助费。②挪用的救济费系孤老残幼社会救济费、无生活来源的散居归侨、外侨及其他人员的生活困难补助费、儿童福利院经费。③挪用的救灾款是自然灾害救灾款。④挪用的是救灾物资，系食品、药品、医疗器械、生活必需品。⑤挪用外援款物的等。

造成“重大损害”一般是指严重影响当时当地的救灾、抢险、防汛、优抚、扶贫、移民救济工作，直接导致民政对象的人身伤亡、房屋倒塌、财产损失、牲畜伤亡，以及直接导致大面积粮田病虫害现象，救灾抢险工作不能及时进行而引发的其他直接物质损失。

情节特别严重，是相对于“情节严重，致使国家和人民群众利益遭受重大损害”而言的，并非仅仅相对于情节严重。是情节与危害后果的综合结果。如：（1）挪用特定款物数额特别巨大的；（2）挪用特定款物造成国家和人民群众直接经济损失数额特别巨大的；（3）挪用特定款物造成人民群众的生产、生活特别严重困难的；（4）挪用特定款物对国家声誉造成特别严重的损害，或者造成极其恶劣社会影响的；（5）其他致使国家和人民群众利益遭受特别重大损害的情形。

2. 根据《妨害预防、控制突发传染病疫情解释》，挪用用于预防、控制突发传染病疫情等灾害的救灾、优抚、救济等款物，构成犯罪的，对直接责任人员，依照《刑法》第二百七十三条的规定，以挪用特定款物罪定罪处罚。

3. 关于量刑规范化问题。《量刑指导意见（试行）》对挪用特定款物罪的量刑并未作出规定，这主要是由于此案件在司法实践中的发案率不高，最高司法机关还未能总结出一套比较完整的量刑规范化方案，有待于在总结经验的基础上再作出详细的规定。在此之前，各高级法院可以根据各地的社会治安状况、经济发展状况等因素，制定适合本省、自治区、直辖市实际情况的量刑规范化标准。在有关规定出台前，司法人员应当根据犯罪的事实、犯罪的性质、情节和对于社会的危害程度，依照《刑法》和有关司法解释的规定判处刑罚。

十、敲诈勒索罪

（一）刑法规定

第二百七十四条[①] 敲诈勒索公私财物，数额较大或者多次敲诈勒索的，处三年以下有期徒刑、拘役或者管制，并处或者单处罚金；数额巨大或者有其他严重情节的，处三年以上十年以下有期徒刑，并处罚金；数额特别巨大或者有其他特别严重情节的，处十年以上有期徒刑，并处罚金。

（二）司法解释、司法文件及其权威解读

最高人民法院、最高人民检察院关于办理敲诈勒索刑事案件适用法律若干问题的解释（法释〔2013〕10号，自2013年4月27日起施行）

为依法惩治敲诈勒索犯罪，保护公私财产权利，根据《中华人民共和国刑法》、《中华人民共和国刑事诉讼法》的有关规定，现就办理敲诈勒索刑事案件适用法律的若干问题解释如下：

第一条 敲诈勒索公私财物价值二千元至五千元以上、三万元至十万元以上、三十万元至五十万元以上的，应当分别认定为刑法第二百七十四条规定的“数额较大”、“数额巨大”、“数额特别巨大”。

各省、自治区、直辖市高级人民法院、人民检察院可以根据本地区经济发展状况和社会治安状况，在前款规定的数额幅度内，共同研究确定本地区执行的具体数额标准，报最高人民法院、最高人民检察院批准。

---

① 本条经2011年2月25日《刑法修正案（八）》第四十条修正。1997年《刑法》第二百七十四条规定：“敲诈勒索公私财物，数额较大的，处三年以下有期徒刑、拘役或者管制；数额巨大或者有其他严重情节的，处三年以上十年以下有期徒刑。”

第二条　敲诈勒索公私财物，具有下列情形之一的，“数额较大”的标准可以按照本解释第一条规定标准的百分之五十确定：

（一）曾因敲诈勒索受过刑事处罚的；

（二）一年内曾因敲诈勒索受过行政处罚的；

（三）对未成年人、残疾人、老年人或者丧失劳动能力人敲诈勒索的；

（四）以将要实施放火、爆炸等危害公共安全犯罪或者故意杀人、绑架等严重侵犯公民人身权利犯罪相威胁敲诈勒索的；

（五）以黑恶势力名义敲诈勒索的；

（六）利用或者冒充国家机关工作人员、军人、新闻工作者等特殊身份敲诈勒索的；

（七）造成其他严重后果的。

第三条　二年内敲诈勒索三次以上的，应当认定为刑法第二百七十四条规定的“多次敲诈勒索”。

第四条　敲诈勒索公私财物，具有本解释第二条第三项至第七项规定的情形之一，数额达到本解释第一条规定的“数额巨大”、“数额特别巨大”百分之八十的，可以分别认定为刑法第二百七十四条规定的“其他严重情节”、“其他特别严重情节”。

第五条　敲诈勒索数额较大，行为人认罪、悔罪，退赃、退赔，并具有下列情形之一的，可以认定为犯罪情节轻微，不起诉或者免予刑事处罚，由有关部门依法予以行政处罚：

（一）具有法定从宽处罚情节的；

（二）没有参与分赃或者获赃较少且不是主犯的；

（三）被害人谅解的；

（四）其他情节轻微、危害不大的。

第六条　敲诈勒索近亲属的财物，获得谅解的，一般不认为是犯罪；认定为犯罪的，应当酌情从宽处理。

被害人对敲诈勒索的发生存在过错的，根据被害人过错程度和案件其他情况，可以对行为人酌情从宽处理；情节显著轻微危害不大的，不认为是犯罪。

第七条　明知他人实施敲诈勒索犯罪，为其提供信用卡、手机卡、通讯工具、通讯传输通道、网络技术支持等帮助的，以共同犯罪论处。

第八条 对犯敲诈勒索罪的被告人，应当在二千元以上、敲诈勒索数额的二倍以下判处罚金；被告人没有获得财物的，应当在二千元以上十万元以下判处罚金。

第九条 本解释公布施行后，《最高人民法院关于敲诈勒索罪数额认定标准问题的规定》（法释〔2000〕11号）同时废止；此前发布的司法解释与本解释不一致的，以本解释为准。

权威解读

《最高人民法院、最高人民检察院关于办理敲诈勒索刑事案件适用法律若干问题的解释》的理解与适用

为依法惩治敲诈勒索犯罪活动，保护公私财产安全，2013年4月26日，最高人民法院、最高人民检察院发布了法释〔2013〕10号《关于办理敲诈勒索刑事案件适用法律若干问题的解释》（以下简称《敲诈勒索解释》），自2013年4月27日起施行。现对《敲诈勒索解释》制定背景、主要内容作一解读。

一、《敲诈勒索解释》的制定背景

敲诈勒索犯罪是常见多发的一类犯罪。近年来，敲诈勒索犯罪出现了一些新情况、新问题。一些黑恶势力将敲诈勒索作为攫取非法利益的惯用手段，涉案数额特别巨大，社会危害特别严重。鉴此，2011年2月通过的《刑法修正案（八）》对敲诈勒索罪作了重大修改：一是降低了入罪门槛，将“多次敲诈勒索”增加规定为该罪的入罪条件之一；二是增加了一档法定刑幅度，规定敲诈勒索“数额特别巨大或者有其他特别严重情节的，处十年以上有期徒刑”；三是在每一量刑档次都增加规定了罚金刑。为准确、统一适用法律，依法惩治敲诈勒索犯罪，“两高”经深入研究，广泛征求各方面意见，制定了《敲诈勒索解释》。

二、《敲诈勒索解释》的主要内容

《敲诈勒索解释》共九条，主要规定了以下内容：

（一）敲诈勒索“数额较大”“数额巨大”“数额特别巨大”的一般认定标准

《敲诈勒索解释》在综合考虑近年来我国经济社会发展状况和社会治安状况基础上，立足于更好体现宽严相济刑事政策精神，对敲诈勒索犯罪“数额较大”“数额巨大”“数额特别巨大”的认定标准作出了新的规定。《敲诈勒索解释》第一条规定，敲诈勒索公私财物价值2000元至5000元以上、3万元至10万元以上、30万元至50万元以上的，应当分别认定为《刑法》第二百

七十四条规定的“数额较大”“数额巨大”“数额特别巨大”。各省、自治区、直辖市高级人民法院、人民检察院可以根据本地区经济发展状况和社会治安状况，在前款规定的数额幅度内，共同研究确定本地区执行的具体数额标准，报最高人民法院、最高人民检察院批准。

与2000年5月最高人民法院《关于敲诈勒索罪数额认定标准问题的规定》(现已失效)相比,《敲诈勒索解释》对敲诈勒索“数额较大”“数额巨大”的认定标准均作了适当提高。确立以上数额标准，主要考虑:

1. 敲诈勒索罪属于侵财型犯罪，敲诈勒索财物的价值是反映、决定其社会危害程度的主要标准，因此，对敲诈勒索定罪量刑数额标准的设定应与经济社会发展状况保持一定的适应性。而据统计，1999年全国城镇居民人均可支配收入为5854.02元，2012年全国城镇居民人均可支配收入为24565元，比1999年增长了3.2倍。

2. 目前，敲诈勒索犯罪还处于多发态势。对其定罪量刑数额标准的设定不能片面、单纯考虑与经济发展“同步”提高，还要充分考虑社会治安状况和人民群众安全感。鉴此,《敲诈勒索解释》第一条对敲诈勒索“数额较大”的认定标准只作了微幅调整，同时，第二条还规定对具有严重情节的敲诈勒索行为,“数额较大”的标准可按第一条规定的百分之五十掌握。

3. 近年来出台的有关财产犯罪的司法解释对定罪量刑数额标准均有所调整。2011年3月“两高”《诈骗罪解释》规定的“数额较大”“数额巨大”、“数额特别巨大”标准分别是“三千元至一万以上”“三万元至十万元以上”“五十万元以上”。2013年4月“两高”《盗窃罪解释》规定的“数额较大”“数额巨大”“数额特别巨大”标准分别是“一千元至三千元以上”“三万元至十万元以上”“三十万元至五十万元以上”。鉴于敲诈勒索案件的被害人往往有报案、寻求救济的时机，具有“半自愿性”地交付财物的特征，其社会危害性总体上居于诈骗罪和盗窃罪之间。因此，确定该罪的入罪门槛略高于盗窃罪，但又略低于诈骗罪,“数额巨大”“数额特别巨大”的确定标准也基本遵循此原则。

(二)敲诈勒索“数额较大”的特别认定标准

《敲诈勒索解释》第二条规定，对于具有“曾因敲诈勒索受过刑事处罚”,“以黑恶势力名义敲诈勒索”等七种情形之一的,“数额较大”的标准可以按照第一条规定标准的百分之五十确定。本条是敲诈勒索“数额较大”

标准的特别规定，旨在避免“唯数额论”的不足，对社会危害性严重的敲诈勒索行为降低入罪门槛，有利于更好贯彻宽严相济刑事政策和罪责刑相适应原则。

1. 因敲诈勒索受过刑事处罚的。近年来，有敲诈勒索前科再犯罪的情况较为突出。此类屡教不改者，人身危险性较大，有必要适当降低入罪数额标准，将其纳入刑事处罚范围。

2. 一年内曾因敲诈勒索受过行政处罚的。本项规定的“一年内”，应当是从行政处罚执行完毕之日起计算，而不是从行政处罚决定之日起计算。否则，因敲诈勒索被劳动教养一年，解教后第二天实施敲诈勒索行为的，就不能对其从严惩处，显然有失妥当。

3. 对未成年人、残疾人、老年人或者丧失劳动能力人敲诈勒索的。适用本项规定，应坚持主客观相统一原则，以行为人明知盗窃对象是未成年人、残疾人、老年人或者丧失劳动能力人为条件。如以正常人的认知能力，无从知晓对方是上述特定人员的，不能适用本项规定。

4. 以将要实施放火、爆炸等危害公共安全犯罪或者故意杀人、绑架等严重侵犯公民人身权利犯罪相威胁敲诈勒索的。敲诈勒索犯罪，行为人常常以实施放火、爆炸、投放危险物质等相威胁，或者故意编造虚假恐怖信息，造成社会恐慌，危及公共安全；还有的犯罪分子给被害人投寄子弹、匕首等以杀害被害人相威胁，扬言要采取暴力、胁迫等方式掳走被害人以索取钱财，考虑到放火、爆炸、投放危险物质等与故意杀人、绑架均属于社会危害性严重的暴力犯罪，以实施以上严重暴力犯罪相威胁，易让被害人产生恐惧、畏惧心理，具有更为严重的社会危害性，应加大对此类行为的打击力度。

5. 以黑恶势力名义敲诈勒索的。依靠、凭借或者利用黑恶势力的非法控制力或者影响力，实施敲诈勒索行为，比如收取保护费的，严重扰乱了社会和经济秩序，影响了群众安全感，具有更为严重的社会危害性，应当从严惩处。“以黑恶势力名义”，包括确实是黑恶势力和冒充黑恶势力两种情况。

6. 利用或者冒充国家机关工作人员、军人、新闻工作者等特殊身份敲诈勒索的。此类敲诈勒索行为，更容易对被害人产生心理威慑，严重败坏党和政府等的形象和声誉，有必要予以严惩。对本项规定中的“等”，宜从严掌握，不能随意扩大解释。

7. 造成其他严重后果的。该项为兜底项，主要是指因敲诈勒索引起被害人自杀、伤残、精神失常等严重后果的情形。

需要特别指出的是，根据《敲诈勒索解释》第二条的规定，具有“曾因敲诈勒索受过刑事处罚”等七种情形之一的，只是“可以”而非“应当”降低入罪数额门槛。因此，如综合考虑全案情节，降低入罪数额门槛明显有失妥当的，也可例外地不适用本条规定。如冒充黑恶势力敲诈勒索，行为人只是随口一说，甚至带有玩笑色彩，明显不足信，对方也根本没有因此感到恐惧的，则不宜适用本条规定。

（三）“多次敲诈勒索”的认定

《敲诈勒索解释》第三条规定，二年内敲诈勒索三次以上的，应当认定为《刑法》第二百七十四条规定的“多次敲诈勒索”。

“多次敲诈勒索”，没有数额限制。只要实施了三次以上的敲诈勒索行为，不管敲诈勒索数额多少，依法都可以定罪处罚。但是，对于情节显著轻微、危害不大的，可以依照《刑法》第十三条的规定，不作为犯罪处理。

“多次敲诈勒索”是否要求每次敲诈勒索行为都是未经处理呢？对此存在不同认识。

第一种意见认为，只要在二年内实施三次敲诈勒索行为，即使每次的敲诈勒索行为已经被刑事处罚或者行政处罚，也成立多次敲诈勒索。

第二种意见认为，在二年内实施的三次敲诈勒索行为，必须是未经行政处罚和刑事处罚的。

第三种意见认为，三次敲诈勒索行为都应当是未经刑事处罚的行为，如只是受到行政处罚，则仍然可以成立多次敲诈勒索。

经研究，我们倾向于第三种观点，如敲诈勒索行为已经刑事处罚，显然不能再将其作为犯罪处理，否则有违一事不二罚原则；但如之前的行为已经行政处罚，则可计入多次敲诈勒索，主要考虑：如已受行政处罚的也不能计入，则从实践看，多次敲诈勒索将基本没有适用的可能；行政处罚与刑事处罚性质不同，对已受行政处罚的行为追究刑事责任的，行为人先前所受的行政处罚可在刑期、罚金中作相应抵扣，并不违反禁止重复评价原则。对此问题还可以进一步研究。

（四）敲诈勒索其他严重情节、其他特别严重情节的认定

《敲诈勒索解释》第四条规定，敲诈勒索公私财物，具有《敲诈勒索解

释》第二条第三项至第七项规定的情形之一，数额达到第一条规定的数额巨大、数额特别巨大百分之八十的，可以分别认定为敲诈勒索罪的其他严重情节、其他特别严重情节。

敲诈勒索罪属于侵财犯罪，敲诈勒索公私财物的价值多少是其社会危害性程度的主要体现，故参照《盗窃罪解释》《诈骗罪解释》的相关规定，以“数额+情节”的方式规定了其他严重情节、其他特别严重情节的具体情形。需要重点说明的是：

1. 敲诈勒索罪上档处罚的数额比例较高。盗窃罪和诈骗罪都是具备相应情形后，只要达到数额巨大、数额特别巨大百分之五十的，就可以分别认定为其他严重情节、其他特别严重情节，而敲诈勒索罪的标准是百分之八十，主要考虑：

（1）与盗窃罪、诈骗罪解释的相关规定不同，本解释第二条第三项至第七项规定的情形，基本上包括敲诈勒索的主要手段，从打早打小的角度，适当降低入罪标准确有必要，但若普遍上档处罚，打击过于严厉，不符合宽严相济刑事政策的要求。

（2）数额特别巨大或者有其他特别严重情节的，处十年以上有期徒刑，并处罚金的法定刑，是《刑法修正案（八）》增加的。此前，不管敲诈勒索数额多大，最高也只能判处十年有期徒刑。刑法修改后，如果其他特别严重情节的标准设置过低，将导致大量案件应当判处十年以上有期徒刑，从而大幅度提高敲诈勒索犯罪的刑罚，将导致量刑整体偏重，不利于罪犯悔改和犯罪预防。

2. 对于具有以黑恶势力名义敲诈勒索的等五种情形之一的，也并非一律上档处罚，而是应当综合考虑全案情节，如果上档处罚确实量刑畸重的，就不能上档处罚，以实现罪刑相当。敲诈勒索罪属于《量刑指导意见（试行）》规定的二十三个罪名之一，可以参照对全案情节量化的结果，决定是否上档处罚。

（五）敲诈勒索情节轻微可不起诉或者免除处罚的规定

为贯彻宽严相济刑事政策，规范、指导办案，《敲诈勒索解释》第五条规定，敲诈勒索数额较大，行为人认罪、悔罪，退赃、退赔，并具有法定从宽处罚情节、没有参与分赃或者获赃较少且不是主犯、被害人谅解等情形的，可以认定为犯罪情节轻微，不起诉或者免予刑事处罚，由有关部门依法予以行政处罚。

（六）敲诈勒索特殊情形的从宽处理

《敲诈勒索解释》第六条第一款规定，敲诈勒索近亲属的财物，获得谅解的，一般不认为是犯罪；认定为犯罪的，应当酌情从宽处理。司法实践中，对于敲诈勒索近亲属的财物，近亲属予以谅解的，根据个案情况，符合刑法第十三条规定的情节显著轻微危害不大条件的，可以不认为是犯罪：不符合刑法第十三条规定条件的，虽认定为犯罪，但应当酌情从宽处理。

《敲诈勒索解释》第六条第二款规定，被害人对敲诈勒索的发生存在过错的，根据被害人过错程度和案件其他情况，可以对行为人酌情从宽处理：情节显著轻微危害不大的，不认为是犯罪。司法实践中，有些敲诈勒索案件确因被害人过错引起，行为人以被害人过错相威胁或要挟实施敲诈勒索的，与其他敲诈勒索的主观恶性和客观危害程度有所区别，不宜机械根据数额、情节定罪处罚。具体案件的处理，应当根据过错责任的性质、过错与犯罪之间的关联度大小等因素，综合确定定罪量刑幅度。

需要特别强调的是，本条使用从宽处理而不是从轻处罚的表述，意味着不仅量刑上可以从轻处罚，在定罪（即法定刑幅度）的认定上也可以从宽处理，即使符合本解释规定的数额加重或者情节加重情形的，也可以根据本条规定不适用加重处罚。即：

（1）敲诈勒索数额达到本解释规定的数额较大标准的，可以认定为犯罪情节轻微，不作为犯罪处理；

（2）敲诈勒索数额、情节达到本解释规定的数额巨大或者有其他严重情节标准的，可以认定为数额较大；

（3）敲诈勒索数额、情节达到本解释规定的数额特别巨大或者有其他特别严重情节的，可以分别认定为数额巨大或者有其他严重情节。当然，适用本条规定应当严格限定条件、注重社会效果、实现罪刑相当。

（七）敲诈勒索共犯的认定

《敲诈勒索解释》第七条明确了敲诈勒索共同犯罪的认定，规定明知他人实施敲诈勒索犯罪，为其提供信用卡、手机卡、通讯工具、通讯传输通道、网络技术支持等帮助的，以共同犯罪论处。根据调研了解到的案件情况，近年来敲诈勒索团伙犯罪情况较突出，多是以亲戚、朋友、老乡关系等为纽带，纠集组成相对固定的团伙，收集信息、制作信件、拨打电话、开设账户、取款转款等环节分工明确。为有效打击敲诈勒索共同犯罪，本条借鉴《诈骗罪解释》第七条的内容作出了规定。

（八）敲诈勒索罪判处罚金刑的标准

《刑法修正案（八）》对敲诈勒索罪增加了罚金刑的规定，为了从经济上打击敲诈勒索犯罪，剥夺敲诈勒索行为人再犯资本，有必要明确敲诈勒索判处罚金的具体量刑标准。

《敲诈勒索解释》第八条主要根据2000年12月最高人民法院《财产刑规定》第二条的规定，并借鉴了《盗窃罪解释》第十五条的内容，明确以敲诈勒索入罪数额标准2000元为罚金起点，若敲诈勒索取得财物，在实际取得财物数额的二倍以下判处罚金；若未取得财物，在10万元以下判处罚金。

（九）其他问题

《敲诈勒索解释》起草过程中，主要还有两个问题：

1. 关于罪数问题。

有意见提出，建议明确规定实施敲诈勒索犯罪又构成其他犯罪的处理原则，即规定：实施敲诈勒索犯罪行为，同时又构成其他犯罪的，依照处罚较重的规定从重处罚。

主要考虑：行为人实施敲诈勒索犯罪，还可能涉嫌抢劫罪、非法获取公民个人信息罪、编造、故意传播虚假恐怖信息罪、寻衅滋事罪等犯罪，故有必要作出原则规定。

经研究，我们认为，司法实践中案件情况较为复杂，需要具体问题具体分析，如果实施敲诈勒索犯罪行为，同时该行为又构成其他犯罪的，依照处罚较重的规定从重处罚，应无异议；但如果在实施敲诈勒索犯罪过程中，又实施其他行为构成犯罪，如果不属于牵连犯、吸收犯等应当以一罪论处情形的，则应当数罪并罚。鉴于此问题在实践中并不突出，且适用中争议也不大，故《敲诈勒索解释》未作规定。

2. 关于敲诈勒索犯罪数额的认定问题。

在敲诈勒索案件中，被告人与被害人之间往往有一个讨价还价的过程。行为人的开价数额往往很高，但真正最后到手的通常要打折扣。是应以开价数额，还是以到手数额作为犯罪数额？

我们认为，应以行为人实际敲诈到的数额作为其犯罪数额，同时将开价数额作为量刑情节考虑。这样处理，更符合此类犯罪的自身特点——开价数额往往具有随意性，具有概括故意的性质；也更能体现罪责刑相适应原则——敲诈勒索是财产犯罪，其危害程度主要取决于实际给被害人造成了多大的财产损失，被告人的开价数额并非决定行为社会危害性的主要方面。如果经过讨价还价，行为人最后仍未实际敲诈到钱财的，宜以其最低的要价认定敲诈勒索未遂的数额。

（三）典型或常见问题的审理思路

1. 强迫借贷行为如何适用定性?[①]

以暴力、胁迫手段强迫他人借贷，属于《刑法》第二百二十六条第二项规定的“强迫他人提供或者接受服务”，情节严重的，以强迫交易罪追究刑事责任；同时构成故意伤害罪等其他犯罪的，依照处罚较重的规定定罪处罚。以非法占有为目的，以借贷为名采用暴力、胁迫手段获取他人财物，符合《刑法》第二百六十三条或者第二百七十四条规定的，以抢劫罪或者敲诈勒索罪追究刑事责任。

2. 冒充正在执行公务的人民警察、联防人员，以抓卖淫嫖娼、赌博等违法行为为名非法占有财物的行为如何定性?

行为人冒充正在执行公务的人民警察“抓赌”、“抓嫖”、没收赌资或者罚款的行为，构成犯罪的，以招摇撞骗罪从重处罚；在实施上述行为中使用暴力或者以暴力相威胁的，以抢劫罪定罪处罚。行为人冒充治安联防队员“抓赌”“抓嫖”没收赌资或者罚款的行为，构成犯罪的，以敲诈勒索罪定罪处罚；在实施上述行为中使用暴力或者以暴力相威胁的，以抢劫罪定罪处罚。

3. 杀人后，以被害人被绑架为名向其亲属勒索钱款的，应如何定罪?[②]

（1）行为人的杀人并非出于勒索财物的目的，其也没有实施使被害人失去人身自由的绑架行为。行为人在向被害人亲属勒索钱财时，被害人已死亡，不可能成为绑架罪的被绑架对象，故其杀人后勒索钱款的行为不构成绑架罪。（2）行为人的此行为亦不构成诈骗罪。诈骗罪在客观方面表现为采用虚构事实或隐瞒真相的欺骗方法，使财物所有人、保管人等产生错误认识，而由此

---

① 观点来源：《最高人民检察院关于强迫借贷行为适用法律问题的批复》（2014 年 4 月 17 日）。

② 观点来源：最高人民法院刑事审判第一、二、三、四、五庭：《中国刑事审判指导案例（侵犯财产罪）》，法律出版社 2012 年版，第 560 - 563 页，陈某某故意杀人、敲诈勒索案。

“自愿”交付财物。行为人以被害人被其绑架为名，向被害人亲属勒索钱款，虽然虚构了事实，但对被害人亲属主要实施的是一种精神强制行为，不符合诈骗罪的构成要件，故其行为亦不构成诈骗罪。（3）行为人主观上勒索财物的故意非常明显，客观上实施了虚构绑架事实、利用被害人亲属的心理压力勒索钱款的行为，符合敲诈勒索罪的构成要件，对此行为应认定为敲诈勒索罪。

4. 利用被害人年幼将其哄骗至外地继而敲诈其亲属钱财的，应如何定罪?①

区别勒索型绑架罪与诱拐型敲诈勒索罪，关键是看行为人是否真正绑架了被害人，即对被害人人身自由的剥夺是否达到严重的程度、是否严重危及被害人的人身安全。行为人将年幼的被害人带到外地，主要是利用被害人年龄较小、社会经验不足，对其哄骗所致，从未实施暴力或以暴力相威胁。在将被害人带至外地酒店后，行为人也未对被害人取强制手段限制其人身自由，故其行为不构成绑架罪。行为人主观上敲诈勒索财物的故意非常明显，客观上实施了利用被害人的安全来对被害人的父母进行恐吓，使其产生恐惧心理，试图敲诈8万元钱的行为，故对其行为应认定为敲诈勒索罪。

5. 先基于敲诈图财目的，在犯罪过程中，又产生了另一暴力图财的犯意，且先后实施了两个性质不同的犯罪行为，是否需要数罪并罚?

先基于一个图财目的，在犯罪过程中，又产生了另一暴力图财的犯意，先后实施了两个性质不同的犯罪行为，一为抢劫，二为敲诈勒索，且在抢劫行为实施完毕后，继续实施敲诈勒索的行为，两者之间不存在目的和行为的牵连关系，故应分别定罪，两罪并罚。理由是：（1）从犯罪动机而言，行为人是先后产生两个互不包容的犯罪故意。虽然两者都存在图财的动机，但敲诈行为是纯粹的图财犯意，而抢劫行为必以暴力为获取财物的手段，其不仅仅是图财，还可能直接威胁到公民的人身安全，有时会直接造成人身伤亡的结果，两者图财的内涵是不同的，已非一个单纯的犯罪动机或目的，相互之间难以包容和吸收。（2）从两种行为性质的轻重而言，抢劫犯罪重于敲诈勒索犯罪。劫财本身已包含了暴力和非法取财两个行为，其威胁内容的程度要

---

① 观点来源：最高人民法院刑事审判第一、二、三、四、五庭：《中国刑事审判指导案例（侵犯财产罪）》，法律出版社2012年版，第566－568页，张某某敲诈勒索案。

重于敲诈犯罪，与敲诈之间不存在对应的手段和目的的牵连。(3) 从两种行为实施的时间和地点而言，虽是在地点和同一时间段实施犯罪，但两种性质不同的行为先后实施，尚不成立手段和目的的牵连。行为人几乎是在同一时间段以敲诈起意，随着事态的发展，又产生了抢劫钱财的犯意，虽有交叉，但是两个性质不同的犯罪故意，于同一地点分别实施了两种犯罪，且抢劫行为实施完毕以后，另一敲诈勒索行为仍在继续实施，行为之间无法形成吸收关系。(4) 从数个犯罪行为的主客观方面是否一致予以考察判断。我们认为，是否成立牵连犯罪，不仅要手段和目的、原因与结果行为之间有牵连关系，而且行为人在犯罪的主客观方面亦须一致。

6. 拆迁户在已取得部分补偿款的情况下，以举报开发商违法行为为手段索取巨额补偿款是否构成敲诈勒索罪?[①]

分歧观点：第一种意见认为，拆迁户以举报开发商违法行为为手段索取巨额补偿款的行为构成敲诈勒索罪。主要理由：(1) 其举报开发商违法行为属于威胁、要挟的方法，据此索取财物属于强索财物；(2) 其拆迁费用已经得到补偿，再向开发商提出巨额费用，不属于合理范围，而是意图非法占有开发商的巨额财产。

第二种意见认为，拆迁户以举报开发商违法行为为手段索取巨额补偿款的行为不构成敲诈勒索罪，应该对其宣告无罪。主要理由：(1) 其提出索赔的数额虽然巨大，但是基于民事争议而提出，因而不能认定其具有非法占有之目的；(2) 其举报不属于敲诈勒索罪中“威胁、要挟”的手段，而是争取民事权利的一种方法。

本书观点：拆迁户以举报开发商违法行为为手段索取巨额补偿款的行为不构成敲诈勒索罪。理由：1. 拆迁户以举报开发商违法行为为手段索取巨额补偿款的行为不符合刑法关于敲诈勒索罪的主客观要件。拆迁户向开发商索赔补偿费的行为不属于非法占有的行为。首先，行为人对拆迁补偿费存在争议，其取得的补偿费并不排除还可以继续要求取得补偿费。其次，行为人可以依法向开发商提出重新索取拆迁补偿费的要求。行为人向开发商重新索赔拆迁补偿费用，并非法律禁止。而能否重新取得拆迁补偿费、可以重新取得

---

① 观点来源：最高人民法院刑事审判第一、二、三、四、五庭：《中国刑事审判指导案例（侵犯财产罪）》，法律出版社2012年版，第573－577页，夏某理等人被控敲诈勒索案。

多少拆迁补偿费，则应当依照有关法律规定或者由夏某理等人与开发商协商。最后，行为人重新索取拆迁补偿费用，不能认定为“以非法占有为目的。”争议双方对争议利益提出各自的主张，属于程序法许可的范畴。行为人重新索取拆迁补偿费，虽然数额巨大，但并非没有任何事实依据提出，争议的补偿费，并非明显地不属于行为人所有，而是处于不确定状态。对该利益，行为人予以索取，实际上是行使民事权利的一种方式，不属于“以非法占有为目的”。据此，不能认定行为人与开发商达成协议的新的补偿费就是非法所得的数额。2. 行为人的行为不符合敲诈勒索罪中“以威胁、要挟手段，强索公私财物”的客观要件。理由在于：（1）行为人最先向开发商提出索赔，是在行使正当权利。（2）开发商得到行为人举报的信息来源于开发商的不当打听及开发区工作人员的不当告知，而不是来源于行为人主动告知，更不是行为人附举报条件地向开发商提出索赔。开发商得到被举报的信息是由于受理举报机关的不当告知和开发商的不当主动打听。开发商出于了解行为人真实意思的目的，主动约见行为人。行为人在得到开发商约见后才将举报信、索赔材料交予开发商。也就是说，将举报信与索赔材料联系在一起是开发商主动行为的结果。开发商在地位上处于强势，如果认为行为人敲诈勒索，可以通过告发的方式，阻止行为索得钱财。但开发商为了自己的利益，积极主动，每次谈判，均是主动约见，并主动将被举报与被索赔捆绑在一起与行为人谈判。（3）行为人与开发商谈判是一个民事谈判过程，谈判的结果也不是敲诈勒索的结果。行为人签订承诺书，完全是出于民事谈判的结果，而开发商却是以制造行为敲诈勒索的证据为目的而签订承诺书的。（4）行为人事后的表现也体现了其索赔行为不符合敲诈勒索的特征。当行为人感到签下承诺书对己不利，要求退还已索得的钱款时，被开发商所拒绝。这也表明，行为人的初始索赔意图并不以举报为手段和条件。3. 对信访人的不当行为，不宜轻易地作犯罪处理。行为人向开发区信访局提交举报信，反映开发商在项目开发过程中存在的违规、违法行为，属于正常的信访行为。其后与开发商就索赔进行的谈判，也是开发商主动将信访材料与索赔捆绑处理的结果。将开发商与行为人达成的所谓“承诺”作为认定行为人构成敲诈勒索罪的主要依据，不仅不利于保护信访人的正当信访权利，也难以取得较好的社会效果。

7. 受雇用而绑架他人，与人质谈好“报酬”后将其释放，事后索要“报酬”的行为，如何定罪处罚？[①]

（1）主观上没有绑架的共同故意，客观上实施了帮助他人绑架人质的行为，应当以非法拘禁罪定罪处罚。帮助他人绑架人质的行为，是绑架被害人这一整体行为的组成部分，该行为，客观上帮助了绑架犯罪人的绑架犯罪。但是，两者的故意内容是不相同的。绑架犯罪行为人的故意内容是绑架，而帮助他人绑架人质的行为的故意内容则是非法拘禁。虽然释放人质是与人质谈判后达到“报酬”协议，但这正说明行为人没有绑架的共同主观故意。与人质达成“报酬”协议，不是绑架犯罪的内容和特征，因为绑架中的勒索财物不是向人质索要财物，而是向人质家属或者其他与人质有利害关系者勒索财物。（2）与人质谈好“报酬”后将人质释放，事后索要“报酬”的行为，应当以敲诈勒索罪定罪处罚。行为释放人质后，按照与人质约定的协议，向人质索要“报酬”的行为，符合敲诈勒索罪的构罪要件。理由在于：第一，“报酬”协议不合法因而无效。该协议是人质在失去人身自由的情况下被迫与行为人达成的，“报酬”是指行为人释放人质的“报酬”，而释放人质是行为终止犯罪行为的表现，也是行为人减少犯罪危害后果的表现，故不应当取得财物报酬。第二，释放人质后，行为人索要“报酬”，其实质是敲诈勒索，其手段是威胁，威胁的内容就是再次让被害人失去人身自由。（3）从被害人的角度看，其所受到的威胁是实实在在的。因为其先前被绑架过，如果不给予“报酬”，再次失去人身自由很可能成为现实。（4）行为人索要报酬的行为是独立的行为，而不是非法拘禁行为的组成部分。其非法拘禁行为自释放人质时即终止。而且，非法拘禁罪以被害人被限制人身自由为主要特征，而敲诈勒索则主要是威胁、要挟被害人。

8. 为勒索钱财故意编造爆炸威胁等虚假恐怖信息的，如何定性？[②]

为勒索钱财故意编造爆炸威胁等虚假恐怖信息，严重扰乱社会秩序，其行为已构成编造虚假恐怖信息罪。对于编造虚假恐怖信息造成有关部门实施

---

① 观点来源：最高人民法院刑事审判第一、二、三、四、五庭：《中国刑事审判指导案例（侵犯财产罪）》，法律出版社2012年版，第584－588页，李某、袁某京、胡某珍、东某绑架案，燕某峰、刘某、刘某荣、刘某非法拘禁、敲诈勒索案。

② 观点来源：2013年5月27日《最高人民检察院关于印发第三批指导性案例》（检例第11号），袁某彦编造虚假恐怖信息案。

人员疏散，引起公众极度恐慌的，或者致使相关单位无法正常营业，造成重大经济损失的，应当认定为“造成严重后果”。以编造虚假恐怖信息的方式，实施敲诈勒索等其他犯罪的，应当根据案件事实和证据情况，择一重罪处断。

（四）疑难、复杂问题的参考性解答

1. 行为人遭遇消费侵权后高额或“天价”索赔，是否构成敲诈勒索罪？

司法实践中，从侵权索赔、消费维权的受害者，到“涉嫌敲诈勒索”被刑拘、追逃的犯罪嫌疑人，似乎只有一步之遥——只要具备“天价索赔”情节就能性质突变、情势逆转，其实不然。

《刑法》第二百七十四条规定，敲诈勒索罪是指以非法占有为目的，对被害人使用威胁或要挟的方法，强行索要公私财物的行为。可见，维权索赔与敲诈勒索的界限就在于，主观上是否具有“非法占有”公私财物的故意，客观上是否实施了“威胁或要挟”的行为。

所谓“非法占有”，是指无事实依据，也无法律依据的纯粹“敲诈”占财行为。消费者遭遇消费侵权，有权提起索赔主张，就属于“事出有因”且依法有据，而非“非法占有”。

所谓“威胁或要挟”，必须情节严重，既要具有手段非法性，也要具有强制性，危及他人的人身权利或者其他权益，迫使对方不得不接受条件、交出财物。对于弱势群体消费者的“天价索赔”，商家完全可以拒绝，也可以协商解决，还可以建议消费者通过仲裁、诉讼等方式进行，并不受消费者控制，“天价索赔”本身并不等于敲诈勒索。至于消费者声称或已经向有关机关举报、控告，向社会、媒体曝光的行为，既是一种监督行为，也是一种维权手段，并不具有非法性和强制性，因而不属于敲诈勒索犯罪意义上的“威胁或要挟”。

行为人在自己的权益遭到侵犯后以曝光的方式索赔，并不是一种侵权行为，反而是一种维权行为，高额或“天价”索赔属于维权过度但不是敲诈勒索。可见，天价索赔只是“维权过度”的问题，媒体曝光也不等于“威胁或要挟”，本质上都属于消费维权范畴，并不触及刑法。

基于合法权益被侵犯的“天价索赔”，不等于敲诈勒索；“过度维权”行为也有民事法律规制，无须刑法规制，只有社会危害性足够严重才能动用刑

罚。动辄上刑入罪，有违刑法谦抑性原则，并非法律之幸、民生之福。而在过于强势的商家面前，消费者也只会望而生畏，选择“用脚投票”。

无论是商家还是消费者，真诚沟通、协商都是化解此类纠纷的基础，消费者需要理性维权、注重方式，商家也要大度认错、诚恳道歉，一些商家对消费者提出意见，居高临下、不愿认错的傲慢姿态，或许也是激起消费者天价赔偿的一个诱因。

2. **行为人与被害人有不正当男女关系，行为人以公开双方不正当关系为由索要数额较大财物是否构成敲诈勒索罪?**

分歧观点：第一种观点认为，对被害人及其亲属的身体、生命等进行威胁进而索取财物的行为，其威胁内容本身也是违反法律规定的。行为人与被害人有着情人关系，行为人基于这种特殊关系向被害人索要一些财物，并没有以伤害被害人及其亲属的身体、生命进行威胁，未严重到涉及犯罪范畴，因此其行为不构成敲诈勒索罪。

第二种观点认为，行为人在向被害人索要财物时，正是利用二人的不正当关系对被害人进行威胁，迫使被害人产生恐惧心理，本质上是一种敲诈勒索行为，如果勒索财物数额达到犯罪构成标准或者多次敲诈勒索的，构成敲诈勒索罪。

本书观点：同意第二种观点。理由如下：

首先，敲诈勒索罪是指以非法占有为目的，对被害人实施威胁或要挟的方法，强行索取公私财物，数额较大或多次强行索取的行为。本罪主观方面为直接故意，行为人主观上具有非法占有他人财物的犯罪故意，其侵犯的客体不仅包括公私财物的所有权，还包括他人的人身权利或者其他权益；本罪客观方面为行为人采用威胁、要挟、恫吓等手段，迫使被害人产生恐惧心理，为了保护自己更大的利益而被迫交出自己数额较大的财产。在具体案件中加害人实施威胁的内容表现出多种多样，其内容的实现也不要求自身行为是违法的，但威胁的目的和结果都是取得被害人财产。采用威胁或要挟的方法敲诈勒索财物，敲诈勒索行为与他人交付财物之间，也可以表现为不同的情况：一是行为人要求被害人必须在指定的时间和地点交付财物，否则会在日后将其威胁的内容付诸实现。二是行为人面对被害人，当场以实施暴力相威胁，要求其答应在规定的时间和地点交付财物。三是行为人以日后将要对被害人实施侵害行为相威胁，要求当场交付财物。这表明，对于敲诈勒索罪来说，行为人绝对不可能以当场实现威胁的内容相恐吓，当场非法占有他人财物，这也是本罪与抢劫罪的显著区别。

其次，一般的敲诈勒索罪，大多表现在对被害人及其亲属的身体、生命等进行威胁进而索取财物的行为，其威胁内容本身也是违反法律规定的。而情景中，行为人与被害人有着不正当男女关系，从表面上看，行为人基于这种特殊关系向被害人索要一些财物，并没有以伤害被害人及其亲属的身体、生命进行威胁，似乎未严重到涉及犯罪范畴。但我们进行深入分析，不难得知行为人在向被害人索要财物时，正是利用二人的不正当关系，以将二人关系公开（如将在一起的照片发布在网上和邮寄举报）等方式威胁被害人，迫使被害人产生恐惧心理，并勒索数额巨大的财物，危害后果严重，本质上是一种敲诈勒索行为。被害人为了保住名声和前途以及家庭不受影响，才向行为人支付财物。因此，行为人的行为符合敲诈勒索罪的构成要件。综上，行为人的行为符合敲诈勒索罪的犯罪构成要件，应以敲诈勒索罪追究其刑事责任。

3. **行为人利用碰瓷的方式实施敲诈勒索，被害人因嫌行为人要价太高而拒绝私了的处理方式，行为人因而放弃的，是敲诈勒索未遂还是中止？**

分歧观点：第一种观点认为，成立敲诈勒索罪未遂。理由是行为人犯罪未能得逞，其终止犯罪也并非出于悔罪目的，而是因为被害人所能承受的私了费不能达到其预期，使得其未能实际取得财物，应当认作行为人意志以外的原因。

第二种观点认为，成立敲诈勒索罪中止。

本书观点：同意第二种观点。理由如下：第一，不能将被害人拒绝交付私了费等同于行为人意志以外的原因。按照通说，对不属于犯罪人意志以外的原因而未着手实施犯罪或未得逞的，成立犯罪中止。但在司法实践中，完全不被外界事实触动而产生中止动机的情况，几乎是不可能的。由于被害人拒不接受私了的方式，致使行为人认为数额不能达到其最低要求，从而放弃继续实施犯罪，虽然是引起行为人中止犯罪的原因，但不能一概当作行为人意志以外的原因。如行为人欲拐卖妇女，但被害人苦苦挣扎和哀求，行为人虽然可以实施拐卖行为但自愿放弃，就应当认定具有中止的主动性。

第二，不能因为存在客观障碍就否认被告人中止的主动性。被害人拒绝私了的态度是行为人实施犯罪的客观障碍，行为人对此也有明确的认识，但关键在于该客观障碍是否足以阻止行为人继续实施犯罪。情景中，被害人并非完全拒绝交付私了费，其只是认为费用太高不能接受，此时的行为人客观上仍然可以继续实施犯罪并且既遂（即降低要价）。在有选择余地的情况下，行为人选择放弃犯罪，说明其已经彻底放弃此次犯罪的犯意。

第三，不能因为行为人放弃的动机不纯就否定其中止的主动性。有观点认为，行为人放弃犯罪并非是因为认识到自己的行为违法或者对被害人产生同情，而是因为私了费的数额没有谈拢，不能认为具有主动性。但中止的主动性不应以动机的性质为必要条件，否则就过于缩小中止的成立范围。情景中，行为人清楚被害人愿意接受私了费，问题的焦点也并非“有与无”，而是“多与少”，不存在致使行为人认为不可能既遂从而被迫停止犯罪的情况，犯罪目的仍然可以实现。因此行为人在知道可以既遂的情况不愿达到既遂，应当成立敲诈勒索罪的犯罪中止。

4. 轻微暴力下如何区分抢劫罪与敲诈勒索罪?

可以从以下四个方面进行区分。

一是从行为的暴力程度上来分析。首先，是否直接采用暴力手段并不能成为区别抢劫罪与敲诈勒索罪的标志。敲诈勒索罪是指以非法占有为目的，对被害人实施威胁或者要挟的方法，强索公私财物数额较大的行为；而抢劫罪是指当场采用暴力、以暴力相威胁或者其他使被害人不能反抗的强制方法强行劫取公私财物的行为。从上述概念可以得知两罪的客观方面均有威胁、胁迫的行为特点，只不过是抢劫罪的威胁、胁迫前加有定语“暴力”，而敲诈勒索罪的威胁则无任何限制性定语，因此，是否使用暴力并不是区别抢劫罪与敲诈勒索罪的标志。其次，行为的暴力程度不同。抢劫罪中的暴力强度达到足以抑制被害人使其不能反抗、不敢反抗的程度；敲诈勒索罪的暴力主要表现为一种精神上的强制，且是不足以抑制他人反抗的轻微暴力。实践中，如何认定“足以抑制被害人反抗”，一般应从暴力胁迫的手段、场所等因素，结合被害人的年龄、性别、体力等实际情况进行综合判断。在行为人当场实施暴力的情况下，如果足以抑制个案被害人的反抗，则应认定为抢劫，否则宜认定为敲诈勒索。

二是从侵害行为的目的对象上来分析。抢劫罪的目的对象只能是动产，且以被害人身上所有的财产数量为限；而敲诈勒索罪的目的对象可以是动产也可以是不动产，敲诈的数额并不以行为人身上所拥有的财物为限。

三是从被害人的意思自治程度上来分析。抢劫的被害人丧失了意思表示的自由，处于极度紧迫的危险状态，除当场交付财物外，没有选择的余地，否则其生命、人身当场会遭受侵害。而敲诈勒索的被害人没有完全丧失自由意志，还可以采取权宜之计，但由于精神上感到恐惧，有能力反抗而没有反抗，意思表示上存在瑕疵。

四是从行为人使用暴力或暴力相威胁手段与占有财物在时空上的关系来分析。具体言之，使用暴力、暴力威胁手段与占有财物是当场完成的，就是抢劫罪。如果这两者在不同时空完成，也即使用暴力、暴力威胁等手段和占有财物两者在时空上存在分离，行为人的行为则构成敲诈勒索罪。敲诈勒索罪的威胁不具有紧迫性，行为人往往扬言如不满足要求将把威胁内容变成现实，通常设定某种不利后果转为现实的时间间隔，一定程度上为被害人遭受物质上或精神上的伤害提供了缓冲的余地。

5. 设施勒索罪的客观要件是否以数额为唯一要件?

1997年《刑法》对敲诈勒索罪以“数额较大”为犯罪构成的必要要件。1997年《刑法》实施后，敲诈勒索犯罪方面出现了一些新的情况。一些地方的黑社会性质组织和恶势力团伙，把敲诈勒索行为作为他们称霸一方，欺压、残害群众的经常性手段。他们敲诈勒索的具体方法也多是以明确的暴力相威胁。这些犯罪行为严重侵犯了人民群众的人身财产权益，破坏了社会稳定。1997年《刑法》第二百七十四条的规定在一定程度上已不能完全适应打击现实中敲诈勒索犯罪的需要。一是单纯以数额为依据的入罪门槛不够科学。二是未规定财产刑，不能在经济上打击犯罪分子。三是敲诈勒索数额特别巨大或者情节特别严重的，最高十年有期徒刑的法定刑偏轻。有关部门和专家学者多次提出修改完善敲诈勒索罪的建议。[①] 因此，《刑法修正案（八）》第四十条对原条文又作了修改，增加了多次敲诈勒索构成犯罪的规定，增设了第三个量刑档次，增加规定了财产刑，但罪名未改。根据以往的司法解释，多次一般是指三次以上。但多少时间段内的三次以上可以认定为多次？以往一般是按照刑事追诉时效内计算次数。根据《敲诈勒索解释》第三条的规定，二年内敲诈勒索三次以上的，应当认定为《刑法》第二百七十四条规定的“多次敲诈勒索”。因此，司法实务中应当注意对于勒索财物数额虽未达到较

---

① 参见王爱立：《中华人民共和国刑法解读》，中国法制出版社2015年版，第632－633页。

大，但次数达到三次以上的行为，应当认定为构成敲诈勒索罪。

6. 哪些情况下，敲诈勒索行为可以不以敲诈勒索罪论处？

（1）一般敲诈勒索案件中，敲诈勒索数额较大是构成敲诈勒索罪的主要要件。因此，对于敲诈勒索数额没有达到较大标准，如果没有多次敲诈勒索的情节，也没有《敲诈勒索解释》第二条规定的依照数额较大百分之五十计算构成犯罪数额的七种情形的，一般不能以敲诈勒索罪论处。对勒索财物数额较小的行为，按照一般违法行为处理。

（2）敲诈勒索数额虽达到数额较大标准，但具有特定情节的。根据《敲诈勒索解释》第五条规定，敲诈勒索数额较大，行为人认罪、悔罪，退赃、退赔，且具有下列情形之一，可以认定为犯罪情节轻微，不起诉或者免予处罚，由有关部门依法予以行政处罚：一是具有法定从宽处罚情节的；二是没有参与分赃或者获赃较少且不是主犯的；三是被害人谅解的；四是其他情节轻微、危害不大的。

（3）敲诈勒索近亲属财物，获得谅解的。根据《敲诈勒索解释》第六条第一款规定，敲诈勒索近亲属财物，获得谅解的。一般不认为是犯罪；认定为犯罪的，应当酌情从宽。

（4）被害人对敲诈勒索的发生存在过错的，敲诈勒索情节显著轻微的。根据《敲诈勒索解释》第六条第二款规定，被害人过错程度和案件其他情况，可以对行为人酌情从宽处理；情节显著轻微危害不大的，不认为是犯罪。

（5）对在讨回合法债务的过程中，使用了带有某种威胁性的言辞、举动的行为，也不能以敲诈勒索罪论处。

7. 敲诈勒索罪是否存在未遂的情况？具体情形有哪些？

敲诈勒索犯罪是数额犯，也是结果犯，因此，在一般情况下，未敲诈勒索得到财物的，不以犯罪处理，也不存在敲诈勒索未遂的问题。但是，在下列情况下，就存在敲诈勒索既遂、未遂的认定问题。

（1）以数额巨大、特别巨大财物为敲诈勒索目标，由于意志以外原因未敲诈勒索得到财物的。在这种情况下，应当根据《刑法》关于敲诈勒索数额巨大、特别巨大的量刑规定和犯罪未遂的处理原则，以敲诈勒索罪（未遂）从轻、减轻或者免予处罚。敲诈勒索既有既遂，又有未遂，分别达到不同量刑幅度的，依照处罚较重的规定处罚；达到同一量刑幅度的，以盗窃罪既遂处罚。

（2）多次敲诈勒索是否存在犯罪未遂的问题。《刑法修正案（八）》将多次敲诈勒索增加规定为犯罪，体现了刑法对人民群众人身、财产案例的切实关注和严格保护，为打击敲诈勒索犯罪提供了更有力的法律武器。因此，有别于一般的敲诈勒索罪的是，多次敲诈勒索构成犯罪的社会危害性不仅体现在敲诈勒索对财物的侵犯上，而且还体现在多次敲诈勒索行为对社会秩序甚至对公民人身安全的侵害上。司法实践中，在《刑法修正案（八）》前，多次敲诈勒索行为，虽然严重危害到广大人民群众的财产安全，并对群众人身安全形成威胁，具有严重的社会危害性，但往往由于案犯一次作案案值达不到定罪标准无法对其定罪处罚，只能作治安处罚，打击力度不够，难以形成有效震慑，也影响了民警和群众与扒窃犯罪作斗争的积极性，导致案犯有恃无恐，屡打不绝。因此，《刑法修正案（八）》规定，多次敲诈勒索的，不论数额多少，均可以作为罪定罪处罚。因此，多次敲诈勒索的，一般不存在未遂问题，但其中的某次甚至其中的数次存在敲诈勒索未遂情节的，在量刑时应予考虑。

8. 如何区分敲诈勒索罪与诈骗罪的界限？

两者在主观上都是以非法占有为目的。区别是：（1）侵犯的客体不同。诈骗罪仅侵犯他人财产所有权，而敲诈勒索罪不仅侵犯他人财产所有权，还侵犯公民的人身安全。（2）客观方面不同。①诈骗罪是采用虚构事实或者隐瞒事实真相的欺骗方法，使受害人陷于错误，敲诈勒索罪的威胁手段是采用轻微的暴力或者非暴力，使受害人害怕。②诈骗罪中被害人交出财物是“自愿”的，而敲诈勒索罪中被害人交出财物是不自愿的、被迫的，如，根据最高人民法院《两抢意见》（2005 年 6 月 8 日发布，法发〔2005〕8 号）规定，行为人冒充治安联防队员“抓赌”、“抓嫖”、没收赌资或者罚款的行为，构成犯罪的，以敲诈勒索罪定罪处罚。其原因就在于赌博者、嫖娼者交出财物都是不自愿的、被迫的。③构成犯罪的后果要求不同。诈骗罪构成犯罪必须达到数额较大，而敲诈勒索罪除了数额较大外，多次敲诈勒索的也可以构成犯罪。

9. 如何区分本罪与组织未成年人进行违反治安管理活动罪的界限？

《刑法》第二百六十二条之二规定，组织未成年人进行盗窃、诈骗、抢夺、敲诈勒索等违反治安管理活动的，处三年以下有期徒刑或者拘役，并处罚金；情节严重的，处三年以上七年以下有期徒刑，并处罚金。

组织未成年人进行违反治安管理活动罪与敲诈勒索罪的区别在于：(1) 敲诈勒索罪是行为人自己实施敲诈勒索行为，而组织未成年人进行违反治安管理活动罪的行为人本身并没有实施敲诈勒索行为。(2) 构成敲诈勒索罪，必须达到数额较大或者多次敲诈勒索，但构成组织未成年人进行违反治安管理活动罪中的敲诈勒索，则不必达到数额较大或者多次敲诈勒索。(3) 敲诈勒索罪是行为本身已经构成犯罪，而组织未成年人进行违反治安管理活动罪中的敲诈勒索，未必构成犯罪或者敲诈勒索的具体实施人因年龄不满十六周岁而不成为犯罪主体。实践中应当注意，未成年人实施的敲诈勒索行为如果已经达到犯罪程度，如数额达到较大或者多次敲诈的，对已满十六周岁的未成年人，应当以敲诈勒索罪定罪并从轻或者减轻处罚，对组织者应当以敲诈勒索罪的共犯、主犯追究刑事责任，并根据利用未成年人实施犯罪的一般处罚原则从重处罚。

(五) 量刑指导或参考

依照《刑法》第二百七十四条规定，犯敲诈勒索罪的，处三年以下有期徒刑、拘役或者管制，并处或者单处罚金；数额巨大或者有其他严重情节的，处三年以上十年以下有期徒刑，并处罚金；数额特别巨大或者有其他特别严重情节的，处十年以上有期徒刑，并处罚金。

司法机关在适用本条规定处罚时，应当注意以下问题：

1. 正确认定“数额巨大”“数额特别巨大”

这是本罪的加重处罚情节。根据《敲诈勒索解释》的规定，“数额巨大”，以3万元至10万元为起点，“数额特别巨大”，以30万元至50万元为起点。各省、自治区、直辖市高级人民法院、人民检察院可以根据本地区实际情况，在上述数额幅度内，共同研究确定本地区执行的敲诈勒索罪“数额巨大”“数额特别巨大”的具体数额标准，报最高人民法院、最高人民检察院批准。

2. 正确认定“有其他严重情节”“有其他特别严重情节”

“其他严重情节”是指数额达到“数额巨大”百分之八十以上，并且具有以下情形之一的：(1) 对未成年人、残疾人、老年人或者丧失劳动能力人敲诈勒索的；(2) 以将要实施放火、爆炸等危害公共安全犯罪或者故意杀人、绑架等严重侵犯公民人身权利犯罪相威胁敲诈勒索的；（3）以黑恶势力名义敲诈勒索的；（4）利用或者冒充国家机关工作人员、军人、新闻工作者等特殊身份敲诈勒索的；（5）造成其他严重后果的。

“其他特别严重情节”是指数额达到“数额特别巨大”80%以上，并且具有以下情形之一的：（1）对未成年人、残疾人、老年人或者丧失劳动能力人敲诈勒索的；（2）以将要实施放火、爆炸等危害公共安全犯罪或者故意杀人、绑架等严重侵犯公民人身权利犯罪相威胁敲诈勒索的；（3）以黑恶势力名义敲诈勒索的；（4）利用或者冒充国家机关工作人员、军人、新闻工作者等特殊身份敲诈勒索的；（5）造成其他严重后果的。

根据以上规定，在司法实践中要注意：（1）“其他严重情节”“其他特别严重情节”依然有数额上的要求，即分别要达到“数额巨大”“数额特别巨大”的80%。如果数额未达到相应要求的，则不能认定为“其他严重情节”“其他特别严重情节”。（2）《敲诈勒索解释》第二条第七项规定的造成其他严重后果的，应当严格控制适用范围，不能随意认定。实践中，一般是指以下情形：①导致他人精神失常的；②导致他人重伤的；③导致他人自杀的；④具有其他严重情节的。有的地方以考虑犯罪分子是否是累犯或者惯犯，是否是共同犯罪的首要分子或者黑社会性质组织、恶势力团伙的组织领导者，敲诈勒索手段是否恶劣等情节为依据判断行为人敲诈勒索犯罪是否具有“其他严重情节”“其他特别严重情节”，虽然有一定的合理性，但与《敲诈勒索解释》的规定不符，因而是违背罪刑法定原则的。

3. 敲诈勒索罪中的“其他严重情节”与“数额巨大”并存或者“其他特别严重情节”与敲诈勒索“数额特别巨大”并存时，或者具有多个“其他严重情节”“其他特别严重情节”的，该如何量刑？

在这种情况下，原则上应以“敲诈勒索数额巨大”“敲诈勒索数额特别巨大”作为确定量刑基准的事实依据，“其他严重情节”“其他特别严重情节”一般应用来增加刑罚量的依据。这主要是因为敲诈勒索犯罪属于财产型犯罪，其社会危害性主要在犯罪数额上，犯罪数额是反映敲诈勒索罪社会危害性的主要标尺之一。

4. 规范化量刑。《量刑指导意见（试行）》对敲诈勒索罪的量刑作了如下规定：

（1）构成敲诈勒索罪的，根据下列情形在相应的幅度内确定量刑起点：

①达到数额较大起点的，或者两年内三次敲诈勒索的，在一年以下有期徒刑、拘役幅度内确定量刑起点。

②达到数额巨大起点或者有其他严重情节的，在三年至五年有期徒刑幅度内确定量刑起点。

③达到数额特别巨大起点或者有其他特别严重情节的，在十年至十二年有期徒刑幅度内确定量刑起点。

（2）在量刑起点的基础上，根据敲诈勒索数额、次数、犯罪情节严重程度等其他影响犯罪构成的犯罪事实增加刑罚量，确定基准刑。

多次敲诈勒索，数额达到较大以上的，以敲诈勒索数额确定量刑起点，敲诈勒索次数可以作为调节基准刑的量刑情节；数额未达到较大的，以敲诈勒索次数确定量刑起点，超过三次的次数作为增加刑罚量的事实。

十一、故意毁坏财物罪

（一）刑法规定

第二百七十五条　故意毁坏公私财物，数额较大或者有其他严重情节的，处三年以下有期徒刑、拘役或者罚金；数额巨大或者有其他特别严重情节的，处三年以上七年以下有期徒刑。

（二）司法解释、司法文件及其权威解读

1. 最高人民法院、最高人民检察院、公安部、司法部、国家卫生和计划生育委员会关于依法惩处涉医违法犯罪维护正常医疗秩序的意见（法发〔2014〕5号，自2014年4月22日起施行）

在医疗机构内殴打医务人员或者故意伤害医务人员身体、故意损毁公私财物，尚未造成严重后果的，分别依照治安管理处罚法第四十三条、第四十九条的规定处罚；故意杀害医务人员，或者故意伤害医务人员造成轻伤以上严重后果，或者随意殴打医务人员情节恶劣、任意损毁公私财物情节严重，构成故意杀人罪、故意伤害罪、故意毁坏财物罪、寻衅滋事罪的，依照刑法的有关规定定罪处罚。

2. **最高人民法院、最高人民检察院关于办理寻衅滋事刑事案件适用法律若干问题的解释**（法释〔2013〕18号，自2013年7月22日起施行）（节录）

第七条 实施寻衅滋事行为，同时符合寻衅滋事罪和故意杀人罪、故意伤害罪、故意毁坏财物罪、敲诈勒索罪、抢夺罪、抢劫罪等罪的构成要件的，依照处罚较重的犯罪定罪处罚。

3. **最高人民法院关于审理破坏广播电视设施等刑事案件具体应用法律若干问题的解释**（法释〔2011〕13号，自2011年6月13日起施行）（节录）

第六条 破坏正在使用的广播电视设施未危及公共安全，或者故意毁坏尚未投入使用的广播电视设施，造成财物损失数额较大或者有其他严重情节的，以故意毁坏财物罪定罪处罚。

4. **最高人民法院关于审理破坏公用电信设施刑事案件具体应用法律若干问题的解释**（法释〔2004〕21号，自2005年1月11日起施行）（节录）

第三条 故意破坏正在使用的公用电信设施尚未危害公共安全，或者故意毁坏尚未投入使用的公用电信设施，造成财物损失，构成犯罪的，依照刑法第二百七十五条规定，以故意毁坏财物罪定罪处罚。

盗窃公用电信设施价值数额不大，但是构成危害公共安全犯罪的，依照刑法第一百二十四条的规定定罪处罚；盗窃公用电信设施同时构成盗窃罪和破坏公用电信设施罪的，依照处罚较重的规定定罪处罚。

5. **最高人民法院、最高人民检察院关于办理盗窃刑事案件适用法律若干问题的解释**（法释〔2013〕8号，自2013年4月4日起施行）（节录）

第十一条 盗窃公私财物并造成财物损毁的，按照下列规定处理：

（一）采用破坏性手段盗窃公私财物，造成其他财物损毁的，以盗窃罪从重处罚；同时构成盗窃罪和其他犯罪的，择一重罪从重处罚；

（二）实施盗窃犯罪后，为掩盖罪行或者报复等，故意毁坏其他财物构成犯罪的，以盗窃罪和构成的其他犯罪数罪并罚；

（三）盗窃行为未构成犯罪，但损毁财物构成其他犯罪的，以其他犯罪定罪处罚。

（三）典型或常见问题的审理思路

1. 侵入他人股票交易账户采用高进低出手段造成他人资金损失数额巨大的行为，是否构成故意毁坏财物罪?①

侵入他人股票交易账户并修改密码，在他人股票交易账户内，采用高进低出股票交易的手段，造成他人资金损失数额巨大的行为，构成《刑法》第二百七十五条规定的故意毁坏财物罪。

（1）关于对侵入他人股票交易账户采用高进低出手段造成他人资金损失数额巨大的行为能否用刑法评价的问题

《刑法》第二条规定："中华人民共和国刑法的任务，是用刑罚同一切犯罪行为作斗争，以保卫国家安全，保卫人民民主专政的政权和社会主义制度，保护国有财产和劳动群众集体所有的财产，保护公民私人所有的财产，保护公民的人身权利、民主权利和其他权利，维护社会秩序、经济秩序，保障社会主义建设事业的顺利进行。"第十三条规定："一切危害国家主权、领土完整和安全，分裂国家、颠覆人民民主专政的政权和推翻社会主义制度，破坏社会秩序和经济秩序，侵犯国有财产或者劳动群众集体所有的财产，侵犯公民私人所有的财产，侵犯公民的人身权利、民主权利和其他权利，以及其他危害社会的行为，依照法律应当受到刑罚处罚的，都是犯罪，但是情节显著轻微危害不大的，不认为是犯罪。"第二百七十五条规定："故意毁坏公私财物，数额较大或者有其他严重情节的，处三年以下有期徒刑、拘役或者罚金；数额巨大或者有其他特别严重情节的，处三年以上七年以下有期徒刑。"行为人侵入他人股票交易账户采用高进低出手段造成他人资金损失数额巨大的行为，侵犯公民的私人财产所有权，扰乱社会经济秩序，社会危害性是明显的，依照《刑法》第二百七十五条的规定，已构成故意毁坏财物罪，应当受到刑罚处罚。

（2）关于股票所代表的财产权利能否作为故意毁坏财物罪的犯罪对象问题

故意毁坏财物罪，是指故意毁灭或者损坏公私财物，数额较大或者有其

① 观点来源：《最高人民法院公报》（2004年），第27－29页，上海市静安区人民检察院诉朱某勇故意毁坏财物案。

他情节严重的行为。法律规定故意毁坏公私财物罪，旨在通过保护公私财物，进而保护该财物权利主体的权益。刑法意义上的财物，既包括有体物，也包括无体物，只要它具有一定经济价值，能成为权利主体依法享有的权益，就可以成为故意毁坏财物罪的犯罪对象。电力、煤气等无形财产，已经被《刑法》分则和相关的司法解释明确规定为盗窃罪的犯罪对象。股票所代表的财产权利，也可以成为故意毁坏财物罪的犯罪对象。

（3）关于犯罪数额的计算问题

故意毁坏财物是否构成犯罪，数额多少是一个要件。股票不同于一般财物，既有即时行情、当日最高价、当日最低价，也有平均价、成效价、收盘价等，而且其价格呈不断波动状态。对以股票为犯罪对象的故意毁坏他人财物行为，如何计算损失数额，目前法律和司法解释都未明确规定。最高人民法院在《关于审理盗窃案件具体应用法律若干问题的解释》第五条[①]规定，盗窃股票的，数额“按被盗当日证券交易所公布的该种股票成交的平均价格计算”。故意毁坏财物罪与盗窃罪同为侵犯财产类的犯罪，因此应参照上述司法解释计算本案的犯罪数额。

（4）关于量刑问题

《刑法》第六十七条第一款规定：“犯罪以后自动投案，如实供述自己的罪行的，是自首。对于自首的犯罪分子，可以从轻或者减轻处罚。其中，犯罪较轻的，可以免除处罚。”侵入他人股票交易账户采用高进低出手段造成他人资金损失数额巨大的行为虽已构成故意毁坏财物罪，但如果在证券交易所工作人员发现后，行为人立即坦白并赔偿被害人全部经济损失，之后又随证券交易所工作人员归案，有自首情节的，可依法予以减轻处罚。根据朱某勇的犯罪情节和悔罪表现，依照《刑法》第七十二条第一款的规定，对其适用缓刑也确实不致再危害社会。

2. 公司员工为提升业绩，将公司牛奶倒掉和让邻居家喂猪，其行为如何定性?[②]

本问题的实质是如何区分非法“占有”与“毁坏”行为。刑法意义上的

① 指法释〔1998〕4号司法解释，现已失效。该解释第五条第二项第一目规定：股票按被盗当日证券交易所公布的该种股票成交的平均价格计算。

② 观点来源：最高人民法院刑事审判第一、二、三、四、五庭：《中国刑事审判指导案例（侵犯财产罪）》，法律出版社2012年版，第596－598页，孙某故意毁坏公私财物案。

“非法占有”行为与“非法毁坏”行为具有一定的相似性，客观上两者都非法排斥了权利人对财物的占有、使用、处分、收益的权利，侵害了他人财物的所有权。两者的根本区别在于行为人主观目的不同，前者以依照财物的本来用途利用和处分为目的，后者则以毁坏为目的。刑法意义上的“非法占有”不仅表现为行为人对他人财物在物理意义上的实际控制，通常也表现为行为人遵从财物的本来用途进行利用和处分，以实现财物的价值或取得相应的利益。所谓本来用途就是财物自身具有的价值和使用价值，不仅包括经济价值，还包括审美等其他价值。一般而言，非法占有人不会无故将占有的财物轻易毁弃。“非法毁坏”中，行为人出于毁坏财物的经济用途的目的实际控制他人财物后予以毁损或毁灭。虽然行为人也实际控制了他人财物，排除了权利人合法占有财物的可能性，但其控制该财物的目的并不是依照其本来的用途利用和处分，而是变更财物性质和价值或使其灭失，使人在事实上不能按照该物的本来用途使用和处分。行为人并未占有牛奶和遵从作为食品或商品的牛奶的本来用途加以利用或处分，既未供自己或他人饮用，也未变卖牛奶占有货款，而是让将牛奶倒掉和让邻居家喂猪，这与通常意义上的以实现财物的价值和使用价值为目的非法占有具有本质区别。其动机是为了讨好领导，为领导创造经营业绩，但其让他人将牛奶销毁却是一种毁弃行为，符合故意毁坏财物罪的特征。

行为人是否遵从财物的本来用途进行利用和处分，以实现财物的价值或取得相应的利益，是区分非法“占有”与“毁坏”的唯一标准。司法实践中，对于此类行为应区分不同的情况，依照主客观相一致的原则，客观分析、认定。对于有证据证明行为人以毁损或毁坏为目的而实施的非法取得他人财物的，符合故意毁坏财物罪构成要件的，无论其是否已实施了毁坏行为，都应以故意毁坏财物罪定罪处罚；对于行为人不以毁坏为目的实际控制了他人财物的，一般均可以认定其具有利用和处分财物的目的，符合职务侵占、贪污或盗窃、诈骗等犯罪构成要件的，应以相应的罪名定罪处罚。

3. 因对村委会协助法院执行不满，故意毁坏村委会财产的行为如何定性?[①]

人民法院强制执行时，被执行人所在的村委会有义务协助执行。行为人出于对协助人民法院完成执行工作的本村村委会不满，蓄意报复，故意毁坏村委会财产，情节严重的，其构成故意毁坏财物罪。

《民事诉讼法》规定，调解书和其他应当由人民法院执行的法律文书，当事人必须履行。一方拒绝履行的，对方当事人可以向人民法院申请执行。人民法院强制执行时，被执行人是公民的，其工作单位或者财产所在地的基层组织应当派人参加。人民法院依法决定在农村某一行政村对被告人的财产强制执行的，该村村委会有义务协助执行。行为人出于对协助人民法院完成执行工作的本村村委会不满，蓄意报复，故意毁坏村委会的财产，情节严重的，其行为已触犯《刑法》第二百七十五条的规定，构成故意毁坏财物罪。为维护法律尊严，确保人民法院的生效判决书、裁定书和调解书得到执行，保护协助人民法院完成执行工作的单位和公民的人身及财产权益不受侵犯，对故意毁坏村委会财产的行为，必须依法惩处。

4. 故意毁坏财物罪与放火罪的区别[②]

毁坏财物罪的方式是多种多样的，当然也包括纵火的方法。以放火等危险方法实施的危害公共安全罪，也往往会造成数额较大的公私财物的损失。但放火罪和故意毁坏财物罪毕竟是有区别的。放火罪属于危害公共安全的犯罪，侵犯的客体是公共安全，而故意毁坏财物罪，属于侵犯财产的犯罪，其侵犯的客体是公私财产。放火罪和故意毁坏财物罪的重要区别之一，就在于行为人的放火行为客观上是否足以危及公共安全。也就是说，如果行为人实施的放火的方法，本身没有危害公共安全，也不可能危及公共安全，就只能属于故意毁坏财物行为，反之，如果已危害或足以危害公共安全，就只能是放火罪。判断行为人的放火行为，是否足以危及公共安全，就要结合放火的地点以及放火时周围的具体环境等因素来分析。

---

① 观点来源：《最高人民法院公报》2000 年第 1 期（总第 63 期），河北省定州市人民检察院诉邹某保故意毁坏财产案。

② 观点来源：最高人民法院刑事审判第一庭、第二庭：《刑事审判参考》2002 年第 1 集（总第 24 集），法律出版社 2002 年版，第 1－8 页，王某生等放火案。

（四）疑难、复杂问题的参考性解答

1. 如何理解和适用故意毁坏财物罪的客观构罪要件？

根据《刑法》第二百七十五条的规定，故意毁坏公私财物，以数额较大或者有其他严重情节为构罪的客观要件。本罪在1979年《刑法》第一百五十六条中仅有“情节严重”这一客观要件，在司法实践中很难掌握和认定。1997年刑法修订时，根据司法实践情况对故意毁坏财物罪进行了修改补充，将原来规定的“情节严重”修改为“数额较大或者有其他严重情节”，同时增加了一档刑，提高了刑罚，以加大对毁坏公私财物犯罪的惩治力度。据此，我们理解，故意毁坏财物罪的客观要件包括两个方面：

（1）行为人必须实施了毁灭或者损坏财物的行为。毁灭，是指用焚烧、摔砸等方法使物品全部丧失其价值或使用价值；损坏，是指使物品部分丧失其价值或使用价值。毁坏公私财物的方法，有多种多样。但是，如果行为人使用放火、决水、投毒、爆炸等危险方法破坏公私财物，危害公共安全的，应当以危害公共安全罪中的有关犯罪论处。

（2）故意毁坏公私财物必须达到数额较大或有其他严重情节的才构成犯罪。何谓数额较大，何谓其他严重情节，目前没有司法解释。实践中掌握较难，各地不一。有的将毁坏公私财物千余元定罪科刑，有的数千元定罪科刑，有的数万元定罪科刑，还有的甚至数千元至数万元也未定罪科刑。我国幅员辽阔、经济发展参差不齐，但考虑其社会危害性可参照危害相近的犯罪确定数额较大。由于《追诉标准（一）》（公通字〔2008〕36号）第三十三条规定，故意毁坏公私财物，涉嫌下列情形之一的，应予立案追诉：①造成公私财物损失五千元以上的；②毁坏公私财物三次以上的；③纠集三人以上公然毁坏公私财物的；④其他情节严重的情形。目前可作审判工作中参照适用。其他情节严重的情形，在司法实践中，一般包括：①毁坏重要物品损失严重的；②毁坏手段特别恶劣的；③毁坏急需物品引起严重后果的；④动机卑鄙企图嫁祸于人的；⑤毁坏救灾、抢险、防汛、救济、优抚、国防、战时支前、中小学校、医院、鳏寡孤独财物的等。

司法实践中，要注意不以犯罪处理的以下情形：

（1）故意毁坏公私财物，情节较轻，仅属于一般违反治安管理的行为。数额较大是本罪的主要构成要件。因此，如果故意毁坏财物的数额较小，而犯罪情节也不严重，则不能构成本罪；如果数额已经达到了较大，即使犯罪情节不严重，也应当按本罪论处。在实际生活中，非法强拆、偷拆他人房屋、故意划损他人机动车辆的事件时有发生。从法理上而言，这类行为如果在价值数额上达到了《刑法》规定的“数额较大”标准，或者划损机动车辆数量较多，达到情节严重标准的，都应当以故意毁坏财物罪论处。

（2）毁坏私人财物达到数额较大，但尚未到数额巨大，案发后积极赔偿，被害人表示谅解的，可认定为《刑法》第十三条规定的“情节显著轻微危害不大”的情形，作无罪处理。

（3）过失毁坏公私财物，除《刑法》特别规定的如失火、决水、爆炸以及过失破坏交通工具、交通设备、易燃易爆设备、广播电视、电信设施等犯罪，需按有关条文追究刑事责任外，毁损一般财物的，不构成犯罪。造成损失的，可通过民事赔偿解决。

（4）毁坏下列状态下的财物，不构成毁坏财物罪。①自己所有的财物的。行为人对自己所有的财物有处置权。除非其毁坏的手段如放火触犯了其他犯罪，否则不以犯罪处理。②无主物和已放弃所有权的物品，由于不在我国民事法律保护的范围之内，因此对之加以毁坏不能视为违反刑法的规定。

2. 如何认定故意毁坏财物罪的既遂与未遂？

故意毁坏财物罪既遂与未遂的标准应是看行为人对财物是否造成了实际的损害，而且这种实际的损害是否达到了数额较大或情节严重的程度。如果行为人意图毁坏某一物品，但只是对该物品的皮毛造成了一点损害，并不影响该物品的价值和使用价值，应认定为故意毁坏财物罪未遂。犯罪既遂后把毁坏的财物修复的，可以作为量刑情节考虑，但不能改变犯罪的性质和犯罪既遂的形态。

3. 故意毁坏特定财物的行为如何定性？

要看特定财物所反映的客体是否仅限于财产所有权。如果仅限于财产所有权，那么行为人毁坏财物的行为就只能以毁坏财物罪定罪处罚。如果被毁坏的财物所反映的客体不仅限于财产所有权，而是更反映其他刑法所保护的客体的，那么，就要视毁坏财物行为所侵犯的客体情况决定行为的性质。

（1）故意毁坏财物罪与危害公共安全罪不同。毁坏财物罪与放火、决水、爆炸、破坏交通运输工具、破坏交通设备、破坏易燃易爆设备。破坏通讯设施等均有联系又有区别。他们的相似之处在于都实施了毁坏公私财物的行为。区别在于：一是主观要件不同，故意毁坏财物罪不论出于何动机目的，只能由故意构成，后者既可是故意，也可是过失。二是侵犯的对象不同，毁坏财物罪侵犯的对象仅限于财物，包括有形财物，也包括无形利益，而危害公共安全罪则既侵犯群众的人身，虽然大都不是直接以人身为目标，但其危害结果都是危害公共安全，进而可能使不特定的人的生命、健康受到损害。三是构成犯罪的要件不同，前者系后果罪且后果须达一定程度，而危害公共安全罪只要实施了危害公共安全的行为，便可构成犯罪。他们之间的最大区别在于是否危害或足以危害公共安全，即不特定多数人的生命、健康或公私财物的安全。

（2）同样，破坏武器装备、军事设施、军事通信罪，侵犯的是国防利益，因此，应按照相关罪名定罪处罚。

（3）根据《矿产资源法》第三十九条至第四十一条的规定，对于未经许可擅自采矿的；超越批准的矿区范围采矿的行为；以及拒不停止开采，造成矿产资源破坏的；破坏采矿、勘查设施的，应当按照《刑法》第三百四十三条第一款规定的非法采矿罪追究刑事责任，而不应当按照故意毁坏财物罪定罪处罚。

4. 如何区分寻衅滋事罪与故意毁坏财物罪?

寻衅滋事罪也可能表现为“任意损毁”公私财物。两者区别在于：（1）侵犯的客体不同。寻衅滋事罪侵犯的客体是社会公共秩序；而故意毁坏财物罪侵犯的是公私财产所有权；（2）犯罪的主观方面不同。寻衅滋事罪的行为人常常是出于卖弄淫威、逗乐开心、争强逞能、寻求刺激等变态心理而“任意损毁”公私财物，损毁财物不是其犯罪目的。犯罪行为通常没有确定的犯罪目标，表现在犯罪对象选择上的任意性。因此，即使行为人的行为只毁坏了价值较小的公私财物，但只要造成了严重的不良社会影响，也足以认定为寻衅滋事罪。而故意毁坏财物罪的目的就是损毁公私财物，犯罪行为通常是由某种现实原因造成的。行为人可能是出于对财物所有人的打击报复或嫉妒心理或其他类似有针对性的心理态度，使所有人的财产受到损失就是其犯罪目的。在这里犯罪的故意分成两个方面，一方面是针对特定所有人的财物犯罪的故意；另一方面是对财物进行毁坏的故意。且“数额较大或者有其他严重情节”才构成犯罪。当然，两者也可能发生竞合关系。如果行为人以任意损毁公私财物的方式实施寻衅滋事的犯重罪，其毁坏的公司财物价值巨大，就属于想象竞合。对此，应按处理想象竞合的原则从一重罪处断。

5. 故意毁坏财物罪与盗窃罪发生竞合与牵连时如何处理？

故意毁坏财物罪有时会与盗窃罪发生想象竞合的情况，即一个犯罪行为既触犯了盗窃罪，又触犯了故意毁坏财物罪，此时应按想象竞合犯从一重处断的原则处罚，由于盗窃罪的法定刑比故意毁坏财物罪的法定刑高，所以应定为盗窃罪。故意毁坏财物罪与盗窃罪还存在牵连的情况，如为盗窃而毁坏价值超过起点数额的被害人的门，这就涉及盗窃罪与故意毁坏财物罪的牵连问题。牵连犯的处罚原则也是从一罪处断，所以该行为应定为盗窃罪。《盗窃罪解释》第十一条规定，盗窃公私财物并造成财物损毁的，按照下列规定处理：（1）采用破坏性手段盗窃公私财物，造成其他财物损毁的，以盗窃罪从重处罚；同时构成盗窃罪和其他犯罪的，择一重罪从重处罚；（2）实施盗窃犯罪后，为掩盖罪行或者报复等，故意毁坏其他财物构成犯罪的，以盗窃罪和构成的其他犯罪数罪并罚；（3）盗窃行为未构成犯罪，但损毁财物构成其他犯罪的，以其他犯罪定罪处罚。

6. 如何区分故意毁坏财物罪与抢劫罪？

两者共性都是暴力，用公开手段，抢走或毁坏公私财物。区别在于：（1）目的不同。前者往往出于报复、泄愤、嫉妒、怀恨、栽赃、陷害或毁坏他人名誉、给他人造成负面影响或出于对工作、待遇不满等复杂动机目的，后者是以占有他人财物为目的。（2）侵犯的客体有区别。前者是单一客体而后者是复杂客体。（3）客观要件不同。前者是公开或秘密手段造成财物毁损的后果，而后者采取暴力、胁迫、欺骗、职务便利占有公私财物，同时也可能造成财物毁损或人身伤亡。需要注意的是，在抢劫过程中毁坏物品的，发生抢劫罪与故意毁坏财物罪的竞合与牵连。如抢劫过程中遇被害人将被抢的东西弄坏、抢劫银行过程中毁坏银行的监视器等也应按想象竞合犯与牵连犯的处罚原则从一罪处断，因为抢劫罪的法定刑比故意毁坏财物罪的法定刑高，所以应按抢劫罪定罪量刑。

7. 如何理解和认定故意毁坏财物罪中“财物”的概念？

“财物”，包括有形的或者无形的动产、不动产以及附属物，其中有形财产是指人的感官能够感觉到的实物。对故意毁坏财物罪中的“财物”能否包括无形财产的问题，目前立法和司法解释均没有明确规定。本书认为，本罪中的财物，应理解为包括各种形式的财物。这种广义的理解既符合法律对社会财产权保护的原则，又为不断出现的新类型财产权不受侵犯提供保障，且符合刑法原则和立法精神：(1) 随着现代科技的进步和发展，某些无形财产，如电力、煤气、股权等逐渐进入人们的普通生活，尤其是在股票及其代表的无形权利与有形财产具有可转让、继承、赠与、质押等相同特征的情况下，这些具有经济价值并为人们所支配和管理的财物应当纳入《刑法》保护的范畴。(2)《刑法》规定的故意毁坏财物罪，其侵犯的对象既可以是国家、集体所有的财物，也可以是个人所有的财物。《刑法》第九十二条明确规定，公民私人所有的财产，指下列财产：①公民的合法收入、储蓄、房屋和其他生活资料；②依法归个人、家庭所有的生产资料；③个体户和私营企业的合法财产；④依法归个人所有的股份、股票、债券和其他财产。因此，代表无形财产权的股票作为故意毁坏财物罪中的"财物"认定，于法有据。(3)《盗窃罪解释》(法释〔2013〕8 号)，已将电力、煤气、天然气等无形财产作为盗窃犯罪中的"财物"予以规定。

8. **如何认定故意毁坏财物罪中财物的价值?**

因此，正确认定被毁坏财物的价值，对认定行为是否构成犯罪，如果构成犯罪，在哪个罪刑单位量刑，都是有重要意义的。因为，故意毁坏财物是否构成犯罪，"数额较大"是主要要件。"其他严重情节"大多也是以数额为基础的，没有完全脱离数额的"其他严重"情节。

目前法律、司法解释均没有规定如何认定故意毁坏财物罪的财物计算方法。但是，《盗窃罪解释》第四条、第五条规定了盗窃数额的认定方法。

该解释第四条规定，盗窃的数额，按照下列方法认定：(1) 被盗财物有有效价格证明的，根据有效价格证明认定；无有效价格证明，或者根据价格证明认定盗窃数额明显不合理的，应当按照有关规定委托估价机构估价；(2) 盗窃外币的，按照盗窃时中国外汇交易中心或者中国人民银行授权机构公布的人民币对该货币的中间价折合成人民币计算；中国外汇交易中心或者中国人民银行授权机构未公布汇率中间价的外币，按照盗窃时境内银行人民币对该货币的中间价折算成人民币，或者该货币在境内银行、国际外汇市场对美元汇率，与人民币对美元汇率中间价进行套算；(3) 盗窃电力、燃气、自来水等财物，盗窃数量能够查实的，按照查实的数量计算盗窃数额；盗窃数量无法查实的，以盗窃前六个月月均正常用量减去盗窃后计量仪表显示的月均用量推算盗窃数额；盗窃前正常使用不足六个月的，按照正常使用期间的月均用量减去盗窃后计量仪表显示的月均用量推算盗窃数额；（4）明知是盗接他人通信线路、复制他人电信码号的电信设备、设施而使用的，按照合法用户为其支付的费用认定盗窃数额；无法直接确认的，以合法用户的电信设备、设施被盗接、复制后的月缴费额减去被盗接、复制前六个月的月均电话费推算盗窃数额；合法用户使用电信设备、设施不足六个月的，按照实际使用的月均电话费推算盗窃数额；（5）盗接他人通信线路、复制他人电信码号出售的，按照销赃数额认定盗窃数额。盗窃行为给失主造成的损失大于盗窃数额的，损失数额可以作为量刑情节考虑。

该解释第五条规定，盗窃有价支付凭证、有价证券、有价票证的，按照下列方法认定盗窃数额：（1）盗窃不记名、不挂失的有价支付凭证、有价证券、有价票证的，应当按票面数额和盗窃时应得的孳息、奖金或者奖品等可得收益一并计算盗窃数额；（2）盗窃记名的有价支付凭证、有价证券、有价票证，已经兑现的，按照兑现部分的财物价值计算盗窃数额；没有兑现，但失主无法通过挂失、补领、补办手续等方式避免损失的，按照给失主造成的实际损失计算盗窃数额。

故意毁坏财物罪与盗窃罪同为侵犯财产类的犯罪，因此应参照上述司法解释计算本案的犯罪数额。

司法实践中，还有采用低价方式抛售被害人股票的方式毁坏财物的行为，所毁坏财物的对象就是股票。而股票不同于一般财物，既有即时行情、当日最高价、当日最低价，也有平均价、成交价、收盘价等，而且其价格呈不断波动状态。对以股票为犯罪对象的故意毁坏他人财物行为，如何计算损失数额，目前法律和司法解释都未明确规定。已经失效的《最高人民法院关于审理盗窃案件具体应用法律若干问题的解释》① 第五条规定，盗窃股票的，数额“按被盗当日证券交易所公布的该种股票成交的平均价格计算。我们认为，该解释虽然因有新的解释而失效，但其计算股票价值的方法还是可以参照适用的。

---

① 指法释〔1998〕4 号司法解释，现已失效。该解释第五条第二项第一目规定：股票按被盗当日证券交易所公布的该种股票成交的平均价格计算。

（五）量刑指导或参考

依照《刑法》第二百七十五条规定，犯故意毁坏财物罪的，处三年以下有期徒刑、拘役或者罚金；数额巨大或者有其他特别严重情节的，处三年以上七年以下有期徒刑。

司法机关在适用本条规定处罚时，应当注意以下问题：

1. 正确认定数额巨大和其他特别严重情节

根据《刑法》第二百七十五条规定，故意毁坏财物数额巨大或者有其他特别严重情节是提高对行为人刑罚量的前提。如何认定，在相关司法解释出台前，可由各高院根据当地情况作出相应规定。如《河南省高级人民法院、河南省人民检察院、河南省公安厅关于刑法有关条款中犯罪数额、情节规定的座谈纪要》（豫高法〔2013〕336 号）规定，《刑法》第二百七十五条规定的故意毁坏财物罪，故意毁坏公私财物导致直接经济损失 5 万元以上的，属于“数额巨大”。具有下列情形之一的，属于“其他特别严重情节”：（1）毁坏公私财物十次以上的；（2）纠集三十人以上公然毁坏公私财物的；（3）其他情节特别严重的情形。

一般说来，特别严重情节。是指在“情节严重的”基础上，数额有较大上升的，或因毁坏公私财物造成严重后果的等，所谓造成严重后果是指影响到基本生活、生产、经营的正常进行或导致人员严重疾病死亡的。

另外，在地震、洪涝等灾区和战争状态下实施毁坏财物构成犯罪的行为，也应认定为其他特别严重情节的行为。

2. 故意毁坏财物罪中的“其他严重情节”与“数额较大”并存或者“其他特别严重情节”与“数额巨大”并存时，或者具有多个“其他严重情节”“其他特别严重情节”的，该如何量刑？

在这种情况下，原则上应以“数额较大”“数额巨大”作为确定量刑基准的事实依据，“其他严重情节”“其他特别严重情节”一般应用来增加刑罚量的依据。这主要是因为故意毁坏财物犯罪属于财产型犯罪，其社会危害性主要在犯罪数额上，犯罪数额是反映敲诈勒索罪社会危害性的主要标尺之一。

3. 要注意本罪的罚金刑的运用问题

根据《刑法》第二百七十五条的规定，犯故意毁坏财物罪的，处三年以下有期徒刑、拘役或者罚金。因此，根据犯罪事实、犯罪的性质、情节和对于社会的危害程度，判处刑罚，可以在二年以下有期徒刑、拘役或者罚金三种刑罚中选择一种，即罚金刑在行为属于基本犯罪构成的情况下只能单独适用，而不能作为附加刑附加适用。但是，故意毁坏财物数额巨大或者有其他特别严重情节的，处三年以上七年以下有期徒刑。没有财产刑。

4. 规范化量刑

《量刑指导意见（试行）》对故意毁坏罪的量刑并未作出规定，这主要是由于此类案件在司法实践中的发案率不高，最高司法机关还未能总结出一套比较完整的量刑规范化方案，有待于在总结经验的基础上再作出详细的规定。在此之前，各高级法院可以根据各地的社会治安状况、经济发展状况等因素，制定适合本省、自治区、直辖市实际情况的量刑规范化标准。在有关规定出台前，司法人员应当根据犯罪的事实、犯罪的性质、情节和对于社会的危害程度，依照《刑法》和有关司法解释的规定判处刑罚。

十二、破坏生产经营罪

（一）刑法规定

第二百七十六条 由于泄愤报复或者其他个人目的，毁坏机器设备、残害耕畜或者以其他方法破坏生产经营的，处三年以下有期徒刑、拘役或者管制；情节严重的，处三年以上七年以下有期徒刑。

（二）典型或常见问题的审理思路

1. 普通公司、企业或其他单位的工作人员，出于扩大销售业绩以助个人升职的目的擅自低于进价销售单位产品，造成单位损失的行为，是否构成犯罪？[①]

分歧观点：第一种观点：行为人的行为构成破坏生产经营罪。理由：（1）行为人出于个人升职的主观动机，为了一己私利不惜损害公司利益，符合刑法关于破坏生产经营罪必须具有的“其他个人目的”；（2）低价销售行为，属于客观上实施了低价销售公司产品等法律规定的其他方法，破坏了公司销售

---

① 观点来源：最高人民法院刑事审判第一、二、三、四、五庭：《刑事审判参考》第83集，法律出版社2012年版，第10－14页，刘某破坏生产经营案。

的正常经营活动，并给公司造成经济损失，对公司的生产经营活动产生影响；(3) 行为人在明知自己的行为会造成公司损失的情况下，仍采取放任态度，最终导致公司造成巨大损失，具有间接故意，而间接故意同样符合破坏生产经营罪的主观要件。

第二种观点：行为人的行为构成故意毁坏财物罪。行为人主观上明知自己没有经济能力填补低价销售的亏空，仍采用放任的心态，长期以低于公司规定的限价价格销售公司产品，最终导致公司造成巨大损失，公司产品价值受到了部分损失，其行为符合故意毁坏财物罪的全部要件。

第三种观点：行为人的行为不构成犯罪。行为人利用其销售员的职务便利，为了达到个人升职的目的，滥用公司赋予的权利，以低于公司规定的限价价格销售公司产品，系滥用职权的行为。既不符合破坏生产经营罪的构罪要件，也不符合故意毁坏财物罪的构罪要件。同时，由于行为人系公司、企业人员，非国家机关工作人员，缺乏滥用职权罪特殊主体身份的构成要件。该行为，虽然从其本质来说是一种背信职责的行为，但因行为人不具备、国有公司、企业、事业单位人员滥用职权罪、徇私舞弊低价折股、出售国有资产罪、背信损害上市公司利益罪的主体要件，故也不构成上述犯罪。根据《刑法》法无明文规定不为罪的原则，应认定低价销售公司产品的行为不构成犯罪。

普通公司、企业或其他单位的工作人员，出于扩大销售业绩以助个人升职的目的擅自低于进价销售单位产品的行为，致公司重大经济损失的事实清楚，证据确实、充分，其行为具有一定的社会危害性，但因该行为不符合破坏生产经营罪或者故意毁坏财物罪的构成要件，也不具备国有公司、企业、事业单位人员滥用职权罪、徇私舞弊低价折股、出售国有资产罪、背信损害上市公司利益罪的主体要件，应当认定为无罪。具体理由如下：

(1) 行为人的行为不构成破坏生产经营罪。理由是：第一，行为人的行为动机是“个人升职”，不具有可责性，更不具有刑法上的可罚性，因而与“泄愤报复”等恶意目的不具备同质性，不能解释为“其他个人目的”。第二，行为人低价销售公司产品的行为不属于“其他方法破坏生产经营”。刑法关于破坏生产经营罪的规定，侧重于对生产经营活动所赖以正常进行的生产资料、生产工具、机器设备及其他生产经营条件的保护，其规制对象是对生产经营条件进行破坏的行为。而低价销售公司产品的行为，不是对生产经营条件的破坏，而是对生产经营对象的处理，属于生产经营行为的一种方法。

（2）低价销售的行为不构成故意毁坏财物罪。理由是：第一，行为人没有使销售的公司产品自身价值和使用价值丧失、部分丧失等故意，即行为人主观上具有造成公司销售利润的降低甚至亏本等的故意，但该故意内容不符合故意毁坏财物罪所要求的毁损公私财物价值和使用价值的主观要件。第二，公司产品由行为人擅自低价销售后，公司确实受到损失，但被销售的公司产品自身价值和使用价值并没有因此丧失或者部分丧失，公司产品的价值和使用价值仍然得以体现。不能因为该公司遭受损失就否认该公司产品自身实际仍然存在价值和使用价值。事实上，公司产品也不会因为被贱卖而丧失其自身的价值和使用价值，这与通过焚烧、摔砸产品使其自身价值和使用价值在社会上完全丧失或部分丧失的毁坏财物行为有着本质区别。

（3）行为人不具备特殊主体资格，因而其行为不构成相似的职务犯罪。行为人为个人升职目的，滥用公司赋予销售员的权利，以低于公司规定的限价价格销售公司产品，系滥用职权的行为，但行为人是普通公司、企业或其他单位的工作人员，不具备《刑法》规定的职务类犯罪的特殊主体。我国《刑法》对擅自低价销售单位财产造成损失的行为，有第一百六十八条规定的国有公司、企业、事业单位人员滥用职权罪和第一百六十九条规定的徇私舞弊低价折股、出售国有资产罪，第一百六十九条之一规定的背信损害上市公司利益罪。上述犯罪的主体也都是特殊主体。其中，《刑法》第一百六十八条规定的国有公司、企业、事业单位人员滥用职权罪，其主体必须是国有公司、企业、事业单位的工作人员。《刑法》第一百六十九条规定的徇私舞弊低价折股、出售国有资产罪，其主体必须是国有公司、企业或者其上级主管部门直接负责的主管人员。《刑法》第一百六十九条之一规定的背信损害上市公司利益罪，其主体必须是上市公司的董事、监事、高级管理人员、控股股东或者实际控制人。行为人的行为属于“非公”人员擅自低价出售私企财产，根据罪刑法定原则，不符合《刑法》第一百六十八条、第一百六十九条和第一百六十九条之一的犯罪构成。

2 因债务纠纷非法进入他人施工工地攀爬塔吊，导致工地停工的行为如何定罪处罚?①

因债务纠纷，但为了索取债务，却采取了非法进入他人施工工地攀爬塔吊，破坏正常生产经营的方式，属于要挟行为，因而其犯罪目的属于《刑法》第二百七十六条规定的“其他个人目的”。行为人主观上明知其非法进入施工工地攀爬塔吊会破坏工地的正常生产经营，客观上仍然实施攀爬塔吊的行为，导致工地停工，并造成直接经济损失，其行为符合破坏生产经营罪的构成要件。

3. 行为人因不满发包公司未履行承诺，为取得工程承包采取用半挂车封堵发包公司生产区大门的方法阻碍致企业生产经营的行为如何定罪处罚?②

行为人因不满发包公司未履行承诺将部分工程承揽于他，为了达到个人目的，采取用半挂车封堵发包公司生产区大门的方法破坏该公司的生产经营，给该公司造成巨大经济损失，其行为已构成破坏生产经营罪。

4. 砍伐他人用于生产经营林木的行为如何定罪处罚?③

关于砍伐林木行为的定性，要看林木的性质、行为人的目的等主客观因素确定。被砍伐林木如果属于生产经营所用林木，如山茱萸、柿子树、核桃树、泡桐、香椿等，从其性质来说，不是一般财物，因此，被告人砍伐这些林木，认定为破坏生产经营罪，更符合行为的本质。

5. 行为人与被害方因民事纠纷产生矛盾，以毁坏机器设备的方法破坏生产经营行为的定罪处罚④

行为人与被害方因民事纠纷产生矛盾，在双方出现矛盾升级、争吵不断的情况下，出于泄愤报复或其他个人目的，实施了毁坏机器设备，从而破坏对方生产经营的行为。该行为符合破坏生产经营罪的主客观要件。

---

① 观点来源：浙江省宁波市中级人民法院（2016）浙02刑终36号刑事裁定，张某甲、徐某破坏生产经营案。

② 观点来源：山西省吕梁市中级人民法院（2016）晋11刑终10号刑事附带民事裁定，任某某破坏生产经营案。

③ 观点来源：河南省洛阳市中级人民法院（2015）洛刑一终字第216号刑事裁定，郝某甲破坏生产经营案。

④ 观点来源：广东省江门市中级人民法院（2016）粤07刑终72号刑事裁定，肖某明破坏生产经营案。

6. 为中大奖窃取摇奖专用彩球并改变其重量行为的定性①

分歧意见：行为人为中大奖窃取摇奖专用彩球并改变其重量行为的性质，如何定性，有以下三种意见：

第一种意见认为，应定诈骗罪。理由是：（1）行为人主观上具有非法获取体彩奖金的目的；（2）客观上改变球的重量，有虚构事实的诈骗行为。因此，其行为构成诈骗罪（未遂）。

第二种意见认为，该行为构成破坏生产经营罪。理由是：（1）行为人主观上具有非法获利的目的；（2）客观上实施了改变彩球重量的行为，导致不能正常开奖，使彩民对体彩摇奖的公正性产生了极大的怀疑，严重破坏了体育彩票经营秩序。

第三种意见认为，该行为既不构成诈骗罪，也不构成破坏生产经营罪。之所以不构成诈骗罪，是因为行为人并没有实施虚构事实或者隐瞒事实真相从而骗取公私财物的行为，因而不具备诈骗罪的构成要件。不构成破坏生产经营罪的理由是：（1）发行体育彩票是募集体育建设资金的公益活动，实质上是博彩业的一种，政府显然不能成为其经营主体，根据中国人民银行的有关批复规定，博彩发行是一种游戏，“统一玩法”，既不是生产活动，也不是经营活动，不能成为破坏生产经营罪的对象。（2）《刑法》第二百七十六条对破坏生产经营罪的目的和方法的规定虽然采用了列举和概括的方式，但在对“其他个人目的”和“其他方法”的理解上，不能忽视条文明确列举的目的和方法的导向意义而任意确定，否则即有扩大解释之嫌，违背罪刑法定原则。就本罪而言，“其他个人目的”应当与泄愤报复相类似；“其他方法”也应当与毁坏机器设备、残害耕畜相类似，以使生产经营不能进行下去。本案中，行为人的主观目的是中大奖和想试一下体彩是否有假，其目的和方法都不是要生产经营即摇奖活动不能进行下去，因而尽管其行为有社会危害性，但由于刑法没有明文规定为犯罪，因此，按照罪刑法定原则的要求，不能对这类行为予以定罪处罚。

行为人出于图财及其他个人目的，窃取中国电脑体育彩票摇奖专用彩球造假投入使用，对体育彩票发行、销售、摇奖等经营管理秩序造成严重破坏，

---

① 观点来源：最高人民法院刑事审判第一庭、第二庭：《刑事审判参考》总第 37 期，法律出版社 2004 年版，第 54－62 页，章某新破坏生产经营案。

情节严重，其行为构成破坏生产经营罪。（1）体彩发行销售可以成为破坏生产经营罪的犯罪对象。体育彩票虽然是募集体育事业和建设资金的公益活动，但根据国家有关规定，体育彩票的发行审批权集中在国务院，其销售管理由体育彩票管理中心负责。体育彩票销售总额为体育彩票资金，由奖金、公益金和发行成本三部分组成。其分配比例由国家体育总局规定并接受审计部门审计。发行体育彩票的目的是为加快体育事业的发展，弥补体育事业经费的不足。体育彩票通过体彩中心设立的销售点销售。从体育彩票发行销售过程来看，符合经营行为的一般特点。只不过这种经营行为具有特定目的，由政府严格审批，并由专门机构负责组织管理。同时，国家对体育彩票的发行收入征收企业所得税。（2）在一定情形下，非法获取财产利益的目的可以为破坏生产经营罪中的“其他个人目的”所包容。行为人破坏彩球的目的是获取大奖，这在主观上排除了其泄愤报复的目的，但不能因此而否定他具有其他个人目的，其非法获取财产利益的目的也泄愤报复目的均属于法律应作否定性评价的主观内容。（3）窃取体彩摇奖专用彩球改变其重量并投入使用的行为属于破坏生产经营罪中的“其他方法”。《刑法》第二百七十六条对破坏生产经营罪犯罪方法的规定也采用了列举与概括相结合的方式，即除毁坏机器设备、残害耕畜外，还包括其他方法。这里的其他方法，在解释上可以理解为除本条所列方法即毁坏机器设备、残害耕畜以外的破坏生产经营的其他任何方法。对生产经营的破坏，既可以是对生产经营的全过程进行破坏，也可以是对生产经营中的某一环节进行破坏。同时，生产经营遭到破坏，一方面可以表现为生产经营不能进行下去，被迫中断；另一方面还可以表现为生产经营虽然在进行，但不是按正常程序进行或者属于非正常进行。行为人窃取体彩摇奖专用彩球改变其重量并投入使用的行为，虽然并不是要中止摇奖活动——相反，其希望摇奖活动能够进行下去并摇出基于造假而产生他所希望的号码，但由于他对作为摇奖设备组成部分的彩球实施了破坏行为，扰乱了作为体彩发行销售环节之一的正常的摇奖活动，进而严重影响了体育彩票的发行销售，应当认为属于破坏生产经营罪中的“其他方法”。

7. 如何理解破坏生产经营罪的入罪门槛？

虽然《刑法》条文没有规定情节要件，但该罪并不是行为犯，而仍然有一定的情节要求。如造成一定的经济损失，造成恶劣的影响等，也就是说，并非破坏生产经营的行为不分情况一律构成犯罪。

行为人虽然实施了破坏生产经营的行为，如果不具有下列情节之一的，一般不以破坏生产经营罪追究刑事责任：

（1）造成公私财物损失5000元以上的；

（2）破坏生产经营三次以上的；

（3）纠集三人以上公然破坏生产经营的；

（4）其他破坏生产经营应予追究刑事责任的情形。

另外，如果行为人既非故意也非过失，而是由于设备条件或者技术水平的限制导致危害结果的发生，应当认定是技术事故，不能以破坏生产经营罪论处。

（三）疑难、复杂问题的参考性解答

1. 如何从学理上正确分析破坏生产经营罪的构成要件？

破坏生产经营罪是指行为人由于泄愤报复或其他个人目的，毁坏机器设备、残害耕畜或者以其他方法破坏生产经营。

（1）主体要件

本罪的犯罪主体为一般主体，即年满十六周岁且具有刑事责任能力的人。

（2）主观要件

本罪的主观方面由直接故意构成，并且具有泄愤报复或者其他个人目的。“泄愤报复”，是指由于嫉妒、奸情、私欲等得不到满足；或者受到组织、领导的批评而产生抵触情绪；或者对工作安排心怀不满等原因而寻求报复。此处的“其他个人目的”，必须与泄愤、报复的目的具有同质性，一般是指出于个人恩怨而产生的不正当的心理追求，如憎恨、厌恶、不满等。产生的原因多种多样，如因受到领导或他人的批评而产生不满；自己的要求没有得到满足而产生不满；与他人发生冲突而心生不满；厌烦工作而产生不满等。行为人只要出于泄愤、报复或与泄愤、报复具有同质性的其他个人目的，故意给生产经营造成较大破坏的，即构成本罪。

（3）客体要件

本罪侵犯的客体是国家、集体或者个人生产经营的正常活动和公私财产利益。包括在生产、流通、交换、分配各环节中各种正常的生产经营活动。侵犯的对象，一是生产，二是经营。就生产来说，该罪破坏的是与生产正常活动有着直接联系的，并且是正在使用的各种设备和工具。如果是毁坏闲置

不用的生产设备或者用具，或者是非生产性的设备和用具，均不构成本罪。所谓“经营”，是指维持一种营业状态。在我国经济改革早期，经济产业主要是农业（第一产业）和工业（第二产业），经济活动主要表现为生产活动。然而，随着经济改革的深入，第三产业如商业、服务业、金融业等蓬勃发展。这些产业活动已经无法用生产来形容，大多是一种营业活动。在解释破坏生产经营罪的“生产经营”时，不应抱守主观解释，而应坚持客观解释，对刑法进行当代的、合时宜的解释。因此，在市场经济发展的今天，经济活动不仅仅是指工农业生产，也包括许许多多的经营活动。顺应形势，本罪的生产经营，不是指生产性经营，而是既包括生产活动，也包括经营活动。

构成本罪中的生产经营，具有下列特征：（1）本罪的生产经营并不要求一定是营利性的生产经营，而只需要该生产经营活动具有经济利益性质即可。因为，在现代多元价值观社会条件下，有的生产经营并非以营利为目的，而是以公益为目的，但同样蕴含经济利益。如公立医院的业务活动，虽不以营利为目的，但是其业务本身能以经济价值来衡量，患者住院需要费用，政府经营医院需要核算成本，因此公立医院的业务活动蕴含经济利益，属于经营活动。破坏这种经营活动，也会构成破坏生产经营罪。（2）生产经营必须具有合法性。非法的生产经营活动由于不具有合法性，破坏这些经营活动，即使造成了重大经济损失，也不构成破坏生产经营罪。造成财物损失，具有社会危害性的，应当以其他犯罪处理，如毁坏财物罪。基于此，破坏生产经营罪保护的生产经营不能严重违背法秩序，不能有严重的反社会性，不能是严重犯罪活动。例如，非法制造毒品的地下工厂、非法制造枪支弹药的地下工厂、强迫儿童劳动的“黑煤窑”，由于严重违背法秩序，难以为社会所容忍，具有强烈的反社会性，均属于严重犯罪活动，不应受破坏生产经营罪的保护。

（4）客观要件

本罪在客观方面表现为毁坏机器设备、残害耕畜或者以其他方法破坏生产经营的行为。破坏的对象必须是用于生产经营活动和与生产经营活动有密切联系的生产资料、生产工具、生产对象和生产工艺等。破坏的方法是各种各样的，除了传统的破坏机器设备、残害耕畜、毁坏种子、禾苗、未成熟的果实、切断电源等方法外，还包括使用现代的破坏方法，如干扰生产控制系统的指令、讯号、向电脑释放病毒，改变科学配方或工艺流程，导致生产劣质产品或废品的行为。只要行为人故意实施的行为，足以使生产经营活动遭到干扰破坏，甚至无法进行，或者使已经进行的生产归于失败，即构成本罪。这里所说的“其他方法”，是指除本条所列方法以外的破坏生产经营的其他任何方法，如破坏锅炉、切断电源或者供料线；颠倒生产操作程序；破坏农业排灌设备；毁坏种子、禾苗等。

破坏生产经营罪的客观方面实际上还有个情节要件。虽然刑法条文没有规定情节要件，但该罪并不是行为犯，而仍然有一定的情节要求。如造成一定的经济损失，造成恶劣的影响等。

2. 如何区分破坏生产经营罪与重大责任事故罪？

如果行为人没有破坏生产经营的主观故意，而是由于过失导致重大事故的发生，造成严重后果的，应当依照《刑法》第一百三十四条关于重大责任事故罪的规定定罪处罚。两者的主要区别在于主观方面和侵犯客体不同。前者是出于故意，而后者则是基于过失；前者侵犯的是国家、集体或者个人生产经营的正常活动以及公私财产利益，而后者侵犯的则是厂矿、企业、事业单位的生产安全。

3. 如何区分破坏生产经营罪与放火罪、决水罪、爆炸罪、投放危险物质罪和以危险方法危害公共安全罪？

放火罪、决水罪、爆炸罪、投放危险物质罪和以危险方法危害公共安全罪的犯罪方法有可能被用于破坏生产经营，这样也就同时触犯了后几种罪名，属于牵连犯罪。由于后几种犯罪重于破坏生产经营罪，所以，一般应当以后几种罪论处。

4. 如何区分破坏生产经营罪与生产、销售伪劣农药、兽药、化肥、种子罪？

破坏生产经营罪与生产、销售伪劣农药、兽药、化肥、种子罪，虽然在危害结果、侵犯客体等方面有相似之处，但有原则区别：（1）犯罪目的不同。前者是为了泄愤报复或者其他个人目的；后者则是为了非法牟利。（2）犯罪手段不同。前者采取的是毁坏机器设备、残害牲畜或者其他方法；后者则是采取生产、销售伪劣农药、兽药、化肥、种子的方式。（3）犯罪客体不完全相同。虽然两者都破坏了生产，但前者还侵犯了公私财产所有权；后者则侵犯了国家对农用生产资料馈量的监督管理制度。

在司法实践中，经常出现有的行为人为了发泄私愤，采取使用伪劣农药、兽药、化肥、种子的方法破坏特定对象的生产经营，并且使生产遭受了损失，甚至是特别重大的损失。这种情况下由于其犯罪对象特定，犯罪目的特定，一般应定破坏生产经营罪。

5. **如何区分破坏生产经营罪与故意损坏财物罪？**

破坏生产经营罪与故意损坏财物罪在行为上有相似之处，因为行为人通过毁坏机器设备、残害耕畜破坏生产经营的同时，必然毁坏公私财物，尽管如此，两者仍有本质区别，应当注意区分：（1）主观的目的不同。本罪采用毁坏机器设备、残害耕畜等手段，虽然会造成财物的毁坏，但这不是行为人的目的，行为人的目的是通过上述手段来毁坏生产经营，进而达到自己泄愤报复或者其他个人的不法目的。毁坏机器设备、残害耕畜等仅仅是实现其目的的手段；而后罪其目的就是将公私财物加以毁坏，使其部分甚或全部丧失价值或使用价值。（2）所侵害的对象不同。本罪的对象是特定的财物，即与生活经营活动直接相关的已经投入使用的机器设备、服役期间的耕畜等。而正是通过这些直接关系到生产经营活动的财物的毁坏进而实现破坏生产经营的意图。倘若与生产经营无关，如在仓库中备用或闲置不用的财物，即使是机器设备，亦不能成为本罪对象，但可以构成故意破坏财物罪的对象，后者还包括生活资料。（3）直接客体不同。本罪所侵害的是国有的、集体的以及个人的生产经营工常活动；而后者则是公私财物的所有权。

破坏生产经营罪与故意毁坏财物罪的区分标准主要在于行为对象和犯罪目的不同。破坏生产经营罪的实行行为是毁坏机器设备、残害耕畜或者以其他方法破坏生产经营的行为，因此，本罪的行为对象是机器设备及耕畜等生产经营资料。目的是让生产经营无法正常进行。而故意毁坏财物罪的行为对象就是一般财物，既不是刑法特别条款规定的特定物，也不是用于生产经营的财物，其犯罪目的就是毁灭、损毁财物本身，让财物失去其使用价值。

实践中也完全可能存在二者竞合的情形。例如，行为人以毁坏财物的手段破坏他人的生产经营，给他人造成重大的经济损失。在这种情形下，行为人在客观上既有破坏生产经营的行为，又有毁坏财物的行为，在主观上对这些危害结果均持故意的态度，因此既构成破坏生产经营罪，也构成故意毁坏财物罪，属于想象竞合犯，应择一重罪处理。

6. 行为人认为与他人山地权属有争议，但不通过法律途径解决，而是组织村民大肆毁坏树苗的行为，如何定性？

行为人认为与他人山林权属有争议的，可通过法律途径如经基层组织调解、向人民法院提起诉讼等方式解决。但行为人出于个人目的，组织村民以毁坏树苗的方法破坏生产经营的行为，已构成破坏生产经营罪。行为人即便自己未直接参与毁坏树苗的行动，但起组织、策划作用，应当认定为共同犯罪的主犯，应依法按照其所组织的全部犯罪处罚。

（四）量刑指导或参考

依照《刑法》第二百七十六条规定，犯破坏生产经营罪的，处三年以下有期徒刑、拘役或者管制；情节严重的，处三年以上七年以下有期徒刑。

司法机关在适用本条规定处罚时，应当注意以下问题：

1. 正确认定本罪的“情节严重”

本罪的情节严重，一般是在前述立案标准上量的显著增加而显示出质的加重。目前，没有相应的司法解释，由法院根据案件的实际情况正确把握，但应把握量的显著增加而导致质的明显加重。有的高级人民法院制定了相应的详细标准。如《四川省高级人民法院关于刑法部分条款数额执行标准和情节认定标准的意见》（川高法〔2002〕105 号）规定，《刑法》第二百七十六条规定的“由于泄愤报复或者其他个人目的，毁坏机器设备、残害耕畜或者以其他方法破坏生产经营的”行为，造成直接财产损失在 5000 元以上的，应当定罪处罚。

“情节严重”，是指具有下列情形之一的：

（1）破坏生产经营造成直接财产损失 5 万元以上的；

（2）破坏重要机器设备造成严重后果的；

（3）犯罪动机、手段恶劣，造成极坏的社会影响的；

（4）造成生产、经营停顿，给生产、经营带来的间接经济损失重大的。

2. 规范化量刑

《量刑指导意见（试行）》对破坏生产经营罪的量刑并未有作出规定，这主要是由于此类案件在司法实践中的发案率不高，最高司法机关还未能总结出一套比较完整的量刑规范化方案，有待于在总结经验的基础上再作出详细的规定。在此之前，各高级法院可以根据各地的社会治安状况、经济发展状况等因素，制定适合本省、自治区、直辖市实际情况的量刑规范化标准。在有关规定出台前，司法人员应当根据犯罪的事实、犯罪的性质、情节和对于社会的危害程度，依照刑法和有关司法解释的规定判处刑罚。

十三、拒不支付劳动报酬罪

（一）刑法规定

第二百七十六条之一[①] 以转移财产、逃匿等方法逃避支付劳动者的劳动报酬或者有能力支付而不支付劳动者的劳动报酬，数额较大，经政府有关部门责令支付仍不支付的，处三年以下有期徒刑或者拘役，并处或者单处罚金；造成严重后果的，处三年以上七年以下有期徒刑，并处罚金。

单位犯前款罪的，对单位判处罚金，并对其直接负责的主管人员和其他直接责任人员，依照前款的规定处罚。

有前两款行为，尚未造成严重后果，在提起公诉前支付劳动者的劳动报酬，并依法承担相应赔偿责任的，可以减轻或者免除处罚。

（二）司法解释、司法文件及其权威解读

1. 最高人民法院关于审理拒不支付劳动报酬刑事案件适用法律若干问题的解释（法释〔2013〕3号，自2013年1月23日起施行）

为依法惩治拒不支付劳动报酬犯罪，维护劳动者的合法权益，根据《中华人民共和国刑法》有关规定，现就办理此类刑事案件适用法律的若干问题解释如下：

第一条 劳动者依照《中华人民共和国劳动法》和《中华人民共和国劳动合同法》等法律的规定应得的劳动报酬，包括工资、奖金、津贴、补贴、延长工作时间的工资报酬及特殊情况下支付的工资等，应当认定为刑法第二百七十六条之一第一款规定的“劳动者的劳动报酬”。

第二条 以逃避支付劳动者的劳动报酬为目的，具有下列情形之一的，应当认定为刑法第二百七十六条之一第一款规定的“以转移财产、逃匿等方

---

① 1979年《刑法》没有此规定，1997年《刑法》修订时也无此规定。本条由2011年2月25日《刑法修正案（八）》第四十一条增订。

法逃避支付劳动者的劳动报酬”：

（一）隐匿财产、恶意清偿、虚构债务、虚假破产、虚假倒闭或者以其他方法转移、处分财产的；

（二）逃跑、藏匿的；

（三）隐匿、销毁或者篡改账目、职工名册、工资支付记录、考勤记录等与劳动报酬相关的材料的；

（四）以其他方法逃避支付劳动报酬的。

第三条 具有下列情形之一的，应当认定为刑法第二百七十六条之一第一款规定的“数额较大”：

（一）拒不支付一名劳动者三个月以上的劳动报酬且数额在五千元至二万元以上的；

（二）拒不支付十名以上劳动者的劳动报酬且数额累计在三万元至十万元以上的。

各省、自治区、直辖市高级人民法院可以根据本地区经济社会发展状况，在前款规定的数额幅度内，研究确定本地区执行的具体数额标准，报最高人民法院备案。

第四条 经人力资源社会保障部门或者政府其他有关部门依法以限期整改指令书、行政处理决定书等文书责令支付劳动者的劳动报酬后，在指定的期限内仍不支付的，应当认定为刑法第二百七十六条之一第一款规定的“经政府有关部门责令支付仍不支付”，但有证据证明行为人有正当理由未知悉责令支付或者未及时支付劳动报酬的除外。

行为人逃匿，无法将责令支付文书送交其本人、同住成年家属或者所在单位负责收件的人的，如果有关部门已通过在行为人的住所地、生产经营场所等地张贴责令支付文书等方式责令支付，并采用拍照、录像等方式记录的，应当视为“经政府有关部门责令支付”。

第五条 拒不支付劳动者的劳动报酬，符合本解释第三条的规定，并具有下列情形之一的，应当认定为刑法第二百七十六条之一第一款规定的“造成严重后果”：

（一）造成劳动者或者其被赡养人、被扶养人、被抚养人的基本生活受到严重影响、重大疾病无法及时医治或者失学的；

（二）对要求支付劳动报酬的劳动者使用暴力或者进行暴力威胁的；

（三）造成其他严重后果的。

第六条　拒不支付劳动者的劳动报酬，尚未造成严重后果，在刑事立案前支付劳动者的劳动报酬，并依法承担相应赔偿责任的，可以认定为情节显著轻微危害不大，不认为是犯罪；在提起公诉前支付劳动者的劳动报酬，并依法承担相应赔偿责任的，可以减轻或者免除刑事处罚；在一审宣判前支付劳动者的劳动报酬，并依法承担相应赔偿责任的，可以从轻处罚。

对于免除刑事处罚的，可以根据案件的不同情况，予以训诫、责令具结悔过或者赔礼道歉。

拒不支付劳动者的劳动报酬，造成严重后果，但在宣判前支付劳动者的劳动报酬，并依法承担相应赔偿责任的，可以酌情从宽处罚。

第七条　不具备用工主体资格的单位或者个人，违法用工且拒不支付劳动者的劳动报酬，数额较大，经政府有关部门责令支付仍不支付的，应当依照刑法第二百七十六条之一的规定，以拒不支付劳动报酬罪追究刑事责任。

第八条　用人单位的实际控制人实施拒不支付劳动报酬行为，构成犯罪的，应当依照刑法第二百七十六条之一的规定追究刑事责任。

第九条　单位拒不支付劳动报酬，构成犯罪的，依照本解释规定的相应个人犯罪的定罪量刑标准，对直接负责的主管人员和其他直接责任人员定罪处罚，并对单位判处罚金。

权威解读

解读《最高人民法院关于审理拒不支付劳动报酬刑事案件适用法律若干问题的解释》

一、问题的提出

一段时间以来，部分地方用工单位拒不支付劳动者的劳动报酬的现象比较突出，广大劳动者，特别是农民工成为拒不支付劳动报酬行为的主要受害者。据人力资源和社会保障部提供的数据，2012 年，全国各级劳动保障监察机构共查处欠薪案件 21.8 万件，为 632.5 万劳动者追发工资等待遇 200.8 亿元。拒不支付劳动者的劳动报酬，不仅侵害了劳动者的合法权益，而且导致大量社会矛盾，甚至引发群体性事件，成为影响社会和谐稳定的重要隐患。2011 年 2 月 25 日《刑法修正案（八）》增设拒不支付劳动报酬罪，对以转移财产、逃匿等方法逃避支付劳动者的劳动报酬或者有能力支付而不支付劳动者的劳动报酬，数额较大，经政府有关部门责令支付仍不支付的，处三年以下有期徒刑或者拘役，并处或者单处罚金；造成严重后果的，处三年以上七年以下有期徒刑，并处罚金。单位犯罪的，对单位判处罚金，并对其直接负责的主管人员和其他直接责任人员，依照前述规定处罚。

然而，在办理拒不支付劳动报酬犯罪案件过程中，适用刑法相关规定遇到了一些问题，需要进一步明确：（1）有关用语的含义有待进一步界定，如《刑法》第二百七十六条之一规定的“劳动者的劳动报酬”“经政府有关部门责令支付仍不支付”等用语。（2）定罪量刑标准有待进一步明确，《刑法》第二百七十六条之一规定的“数额较大”“造成严重后果”缺乏明确标准，可操作性较弱。（3）其他法律适用疑难问题有待进一步统一认识，如拒不支付劳动报酬罪的从宽处理、违法用工且拒不支付劳动者的劳动报酬的定性、实际控制人拒不支付劳动报酬的定性等问题。为更好地贯彻执行拒不支付劳动报酬罪的有关规定，切实维护广大劳动者的合法权益，最高人民法院及时启动了《拒不支付劳动报酬刑事案件适用法律若干问题的解释》（以下简称《拒不支付劳动报酬解释》）的制定工作。经广泛征求、认真听取各方面意见，反复、深入调研论证，完成了起草工作。2013 年 1 月 14 日，最高人民法院审判委员会第 1567 次会议讨论通过了《拒不支付劳动报酬解释》。

二、《拒不支付劳动报酬解释》起草中遵循的主要原则

为确保《拒不支付劳动报酬解释》的内容科学合理，能够适应形势发展、满足司法实践需要，我们在起草过程中，着重注意把握了以下几点：

第一，依法严惩不支付劳动报酬犯罪，切实维护广大劳动者的合法权益。在刑法已增设了拒不支付劳动报酬罪的前提下，通过司法解释进一步明确相关定罪量刑标准，依法严惩拒不支付劳动报酬犯罪，充分发挥刑法的功能，以最大限度地维护广大劳动者的合法权益，是《拒不支付劳动报酬解释》起草过程中的主要考虑之一。基于此，我们立足于司法实践，对拒不支付劳动者劳动报酬罪设定了相对较低的入罪标准，以彰显对此类犯罪依法严惩的立场。

第二，坚持贯彻宽严相济刑事政策，最大限度地发挥刑法的威慑和教育功能。适用拒不支付劳动报酬罪最为主要的目的在于促使行为人积极履行支付劳动报酬的义务，以充分维护劳动者的合法权益。因此，《拒不支付劳动报

酬解释》根据宽严相济刑事政策的要求，对拒不支付劳动报酬通知的从宽处罚情形作了专门规定，以促使行为人支付劳动者的劳动报酬，并依法承担相应赔偿责任，最大限度地发挥刑法的威慑和教育功能。同时，《拒不支付劳动报酬解释》对于拒不支付劳动报酬罪的结果加重情节作了专条规定，严厉惩治拒不支付劳动报酬"造成严重后果"的情形，以体现依法从严的政策要求。

第三，全面解决司法适用中的疑难问题，增强司法解释的可操作性。《拒不支付劳动报酬解释》针对拒不支付劳动报酬罪所涉及的相关用语、定罪量刑标准、从宽处理等问题，进一步明确了相关刑事案件的法律适用标准，解决办理该类刑事案件所面临的法律适用疑难问题。特别是，《拒不支付劳动报酬解释》针对各地反映普遍的"经政府有关部门责令支付仍不支付"的认定标准，作出统一规定，彻底解决了这一困扰司法实践的突出问题。

三、《拒不支付劳动报酬解释》的主要内容

《拒不支付劳动报酬解释》共九个条文，大体而言，可以划分如下三大块内容：(1) 界定拒不支付劳动报酬罪的相关用语，如"劳动者的劳动报酬""以转移财产、逃匿等方法逃避支付劳动者的劳动报酬""经政府有关部门责令支付仍不支付"等的含义或认定标准；(2) 明确拒不支付劳动报酬罪的定罪量刑标准，对《刑法》第二百七十六条之一第一款规定的"数额较大""造成严重后果"的具体情形和单位拒不支付劳动报酬的定罪量刑标准作了规定；(3) 解决拒不支付劳动报酬罪的有关法律适用难题，对从宽处罚的具体情形、违法用工且拒不支付劳动者的劳动报酬的定性、实际控制人拒不支付劳动报酬的定性等作了明确规定。

（一）界定相关用语的含义和认定标准

1. "劳动者的劳动报酬"的含义

根据《刑法》第二百七十六条之一的规定，拒不支付劳动报酬罪的行为对象为"劳动者的劳动报酬"。因此，《拒不支付劳动报酬解释》第一条明确规定了拒不支付劳动报酬行为对象"劳动者的劳动报酬"的范围。

1995 年 8 月 4 日原劳动部《关于贯彻执行〈中华人民共和国劳动法〉若干问题的意见》对劳动法中的"工资"作了界定，即"劳动法中的'工资'是指用人单位依据国家有关规定或劳动合同的约定，以货币形式直接支付给本单位劳动者的劳动报酬，一般包括计时工资、计件工资、奖金、津贴和补贴、延长工作时间的工资报酬以及特殊情况下支付的工资等”。在参考这一界定的基础上，《拒不支付劳动报酬解释》第一条规定：“劳动者依照《中华人民共和国劳动法》和《中华人民共和国劳动合同法》等法律的规定应得的劳动报酬，包括工资、奖金、津贴、补贴、延长工作时间的工资报酬及特殊情况下支付的工资等，应当认定为刑法第二百七十六条之一第一款规定的‘劳动者的劳动报酬’。”

需要特别说明的是，《拒不支付劳动报酬解释》第一条将“劳动者的劳动报酬”限定为劳动报酬，未包括劳务报酬以及社会保障福利、劳动保护等方面的费用。主要考虑是：(1) 根据劳动法、劳动合同法等法律的规定，劳动报酬是基于用人单位和劳动者之间建立劳动关系所产生的工资收入；而劳务报酬并非基于劳动关系产生的，属于普通民事法律关系调整的范围。立法规定拒不支付劳动报酬罪，是为了强化对处于相对弱势地位的劳动者的保护，对平等民事主体之间的劳务报酬纠纷，应通过民事程序解决。(2) 构成拒不支付劳动报酬罪的前提条件是经政府有关部门责令支付仍不支付。根据《劳动保障监察条例》规定，通常情况下，只有形成劳动关系，劳动监察部门才有权进行责令支付。对于一般的劳务报酬，劳动监察部门无法进行责令支付，相应也不能纳入拒不支付劳动报酬罪之“劳动报酬”的范畴。(3) 从增设拒不支付劳动报酬罪的背景来看，本罪主要打击危及劳动者基本生活保障的行为，拒不支付社会保险福利、劳动保护等方面的费用尚不会危及劳动者的基本生活，故将此部分费用未纳入拒不支付劳动报酬的行为对象。

2. “以转移财产、逃匿等方法逃避支付劳动者的劳动报酬”的认定标准

根据《刑法》第二百七十六条之一第一款的规定，以转移财产、逃匿等方法逃避支付劳动者的劳动报酬系拒不支付劳动报酬罪的行为方式之一。《拒不支付劳动报酬解释》第二条对以“以转移财产、逃匿等方法逃避支付劳动者的劳动报酬”的认定标准作了进一步明确，规定：“以逃避支付劳动者的劳动报酬为目的，具有下列情形之一的，应当认定为刑法第二百七十六条之一第一款规定的‘以转移财产、逃匿等方法逃避支付劳动者的劳动报酬’：(一) 隐匿财产、恶意清偿、虚构债务、虚假破产、虚假倒闭或者以其他方法转移、处分财产的；(二) 逃跑、藏匿的；(三) 隐匿、销毁或者篡改账目、职工名册、工资支付记录、考勤记录等与劳动报酬相关的材料的；(四) 以其

他方法逃避支付劳动报酬的。”

需要注意的是，以转移财产方法逃避支付劳动者的劳动报酬的，行为人无疑具有支付能力。但是，对于以逃匿等方法逃避支付劳动者的劳动报酬，构成犯罪的，是否需要以行为人有支付能力为前提，在讨论中有不同意见：第一种意见认为，应当推定“以转移财产、逃匿等方法逃避支付劳动者的劳动报酬”的人具有支付能力，但有证据证明其确实不具有支付能力的除外。因此，应当在本条引言结尾处增加“但有证据证明被告人确实不具有支付能力的除外”的表述。第二种意见认为，对以逃匿方法逃避支付劳动报酬的，不论行为人有无支付能力，均应以拒不支付劳动报酬罪追究刑事责任。因此，不应在本条引言结尾处“但有证据证明被告人确实不具有支付能力的除外”的表述。经认真研究认为，与所并列的“有能力支付而不支付劳动者的劳动报酬”的表述不同，对于“以转移财产、逃匿等方法逃避支付劳动者的劳动报酬”，《刑法》第二百七十六条之一第一款并未将行为人需要有实际支付能力作为构成犯罪的条件。因此，对以逃匿方法逃避支付劳动者的劳动报酬的行为，构成犯罪的，不要求行为人具有支付能力。基于此，《拒不支付劳动报酬解释》第二条未规定“但有证据证明被告人确实不具有支付能力的除外”的表述。

3. “经政府有关部门责令支付仍不支付”的认定标准

根据《刑法》第二百七十六条之一第一款的规定，“经政府有关部门责令支付仍不支付”是构成拒不支付劳动报酬罪的要件之一。《拒不支付劳动报酬解释》第四条对“经政府有关部门责令支付仍不支付”的认定标准作了明确规定。

第一款规定责令支付主体包括但不限于人力资源社会保障部门。政府其他有关部门也可以在职权范围内进行责令支付。例如，对在建筑施工领域发生的拒不支付劳动报酬行为，建设行政主管部门可以进行责令支付，对在水利施工领域发生的拒不支付劳动报酬行为，水利行政主管部门可以进行责令支付。而根据《劳动保障监察条例》及 2004 年 12 月 31 日原劳动部《关于实施〈劳动保障监察条例〉若干规定》的规定，对于用人单位拒不支付劳动报酬的行为，人力资源和社会保障部门可以根据具体情形分别作出劳动保障监察期限整改指令书、劳动保障行政处理决定书等法律文书，故将上述法律文书均视为责令支付文书。通常情况下，在责令支付文书指令的期限内仍不支付的，应当认定为“经政府有关部门责令支付仍不支付”。但是，行为人因身患重病、自然灾害等正常理由未知悉责令支付，或者虽然知悉责令支付但在指定期限内无法及时支付劳动报酬的，不能认定为“经政府有关部门责令支付仍不支付”。

需要注意的是，工会是职工自愿结合的工人阶级的群众组织，不属于政府有关部门的范畴，不能成为责令支付的主体。此外，经人民法院判决和劳动争议仲裁裁决的不属于“经政府有关部门责令支付仍不支付”，不构成拒不支付劳动报酬罪，但可能构成拒不执行判决、裁定罪。

从司法实践来看，大多数拒不支付劳动报酬的案件以转移财产、逃匿等方法实施，容易引发群体性事件。根据广东、浙江等地的调研情况，在行为人以逃匿方法逃避支付劳动者的劳动报酬的情况下，政府有关部门如何责令支付并送达责令支付文书，困扰具体办案部门。各地普遍建议明确此种情形下“经政府有关部门责令支付仍不支付”的具体内涵，以便于司法实践操作。基于此，《拒不支付劳动报酬解释》第四条特别作出第二款规定，明确行为人逃匿，无法将责令支付文书送达其本人、同住成年家属或者所在单位负责收件的人的，如果有关部门已通过在行为人的住所地、生产经营场所等地张贴责令支付文书等方式责令支付，并采用拍照、录像等方式记录的，应当视为“经政府有关部门责令支付仍不支付”。

（二）明确相关定罪量刑标准

1.“数额较大”的认定

《拒不支付劳动报酬解释》第三条对《刑法》第二百七十六条之一第一款规定的“数额较大”的标准作了明确。关于拒不支付劳动报酬罪入罪标准的设置着重有三点考虑：（1）考虑到我国幅员辽阔，各地经济社会发展不平衡，特别设置了幅度标准，以便于各地在幅度范围内设置地方标准。（2）由于不同领域、不同行业的劳动者的劳动报酬差距悬殊，单纯以数额作为入罪标准，则意味着一些案件中，仅拖欠单个劳动者一月、半月甚至更短时间的劳动报酬就有可能构成犯罪，势必存在打击面过宽、刑法介入过度的问题。因此，对于拒不支付单个劳动者的劳动报酬“数额较大”的情形，采用“期限 + 数额”的模式。从实践来看，一些地区职工最低工资标准为1000多元，而职工平均工资一般要高于最低工资标准。经调研，5000元至2万元以上的标准大致相当于一般地区3个月的职工月工资标准。基于上述考虑，《拒不支付劳动报酬解释》第三条第一款第一项关于拒不支付单个劳动者的劳动报酬入罪，不仅要求数额在5000元至2万元以上，且要求拒不支付的是3个月以上的劳动报酬。（3）基于刑法谦抑性的考虑，对于拒不支付多个劳动者的劳动报酬构成犯罪的标准，采用"人数+数额"的模式。3万元至10万元以上的标准，大致相当于一般地区10个以上劳动者的劳动报酬。因此，《拒不支付劳动报酬解释》第三条第一款第二项规定拒不支付多个劳动者的劳动报酬入罪，不仅要求被拖欠的劳动者人数在10个以上，而且要求数额累计在3万元至10万元以上。

2. "造成严重后果"的情形

《拒不支付劳动报酬解释》第五条明确了《刑法》第二百七十六条之一第一款规定的"造成严重后果"的具体情形。需要说明的是，结果加重犯的成立以符合基本犯罪构成为前提，故《拒不支付劳动报酬解释》第五条特别规定，拒不支付劳动者的劳动报酬，符合《拒不支付劳动报酬解释》第三条的规定，并具有所列情形之一的，应当认定为拒不支付劳动报酬"造成严重后果"，应当在三年以上七年以下的法定刑幅度内量刑。

根据《拒不支付劳动报酬解释》第五条的规定，"造成严重后果"具体包括如下情形：（1）造成劳动者或者其被赡养人、被扶养人、被抚养人的基本生活受到严重影响、重大疾病无法及时医治或者失学的；（2）对要求支付劳动报酬的劳动者使用暴力或者进行暴力威胁的；（3）造成其他严重后果的。从司法实践来看，根据案件具体情况，造成劳动者或者其近亲属自杀、自残、精神严重失常等严重后果，引发劳动者实施犯罪或者严重扰乱社会秩序的违法行为，引发集体上访等群体性事件，严重影响社会秩序等情形，可以纳入兜底条款的范围。

3. 单位拒不支付劳动报酬的定罪量刑标准

根据《刑法》第二百七十六条之一第二款的规定，单位可以成为拒不支付劳动报酬罪的主体。为了体现对拒不支付劳动报酬犯罪的严惩立场，《拒不支付劳动报酬解释》第九条规定，单位拒不支付劳动报酬，构成犯罪的，依照《拒不支付劳动报酬解释》规定的相应个人犯罪的定罪量刑标准，对直接负责的主管人以及其他直接责任人员定罪处罚，并对单位判处罚金。

（三）解决有关法律适用难题

1. 拒不支付劳动报酬的从宽处罚

《刑法》第二百七十六条之一第三款规定，拒不支付劳动者的劳动报酬，尚未造成严重后果，在提起公诉前支付劳动者的劳动报酬，并依法承担相应赔偿责任的，可以减轻或者免除处罚。根据这一规定的精神，为了节约司法资源，最大限度地发挥刑法的威慑和教育功能，《拒不支付劳动报酬解释》第六条第一款专门规定在公安机关刑事立案前、提起公诉前、一审宣判前支付劳动者的劳动报酬，并承担相应赔偿责任所能适用的从宽处罚情形。具体而言，拒不支付劳动者的劳动报酬，尚未造成严重后果，在刑事立案前支付劳动者的劳动报酬，并依法承担相应赔偿责任的，可以认定为情节显著轻微危害不大，不认为是犯罪；在提起公诉前支付劳动者的劳动报酬，并依法承担相应赔偿责任的，可以减轻或者免除刑事处罚；在一审宣判前支付劳动者的劳动报酬，并依法承担相应赔偿责任的，可以从轻处罚。此外，《拒不支付劳动报酬解释》第六条第三款专门规定，拒不支付劳动者的劳动报酬，造成严重后果，但在宣判前支付劳动者的劳动报酬，并依法承担相应赔偿责任的，可以酌情从宽处罚，即在“处三年以上七年以下有期徒刑，并处罚金”的法定刑幅度内酌情从宽处罚。

同时，根据《刑法》第三十七条规定，《拒不支付劳动报酬解释》第六条第二款专门规定，对于免除刑事处罚的，可以根据案件的不同情况，予以训诫、责令具结悔过或者赔礼道歉。当然，实践中，有关部门还可以依法追究行政法律责任。

2. 违法用工且拒不支付劳动报酬的定性

《拒不支付劳动报酬解释》第一条将拒不支付劳动报酬罪的行为对象限定为劳动报酬，故拒不支付劳动报酬罪的行为人与受害人之间以存在劳动关系为前提条件。不具备用工主体资格的单位或者个人，违法用工且拒不支付劳动者的劳动报酬的，行为人与被害人之间并未建立起劳动关系。但是，如果将此种情形排除在拒不支付劳动报酬罪的调整范围之外，则会形成合法用工拒不支付劳动报酬构成犯罪，而非法用工拒不支付劳动报酬不构成犯罪的不合理现象。鉴此，《拒不支付劳动报酬解释》第七条专门规定：“不具备用工主体资格的单位或者个人，违法用工且拒不支付劳动者的劳动报酬，数额较大，经政府有关部门责令支付仍不支付的，应当依照刑法第二百七十六条之一的规定，以拒不支付劳动报酬罪追究刑事责任。”

此外，《劳动保障监察条例》第三十三条规定：“对无营业执照或者已被依法吊销营业执照，有劳动用工行为的，由劳动保障行政部门依照本条例实施劳动保障监察，并及时通报工商行政管理部门予以查处取缔。”根据该条规定，对于不具备用工主体资格的违法用工行为，人力资源和社会保障部门可以而且应当进行劳动保障监察，对未支付劳动报酬的应当责令其支付劳动报酬，故而，将此类情形纳入拒不支付劳动报酬罪的调整范围，在司法实践中也是可以操作的。

需要特别说明的是，在建筑施工领域，普遍存在工程总承包企业违法发包、分包给不具备用工主体资格的组织或者个人（小包工头）的现象，这也是农民工工资被拖欠的“重灾区”。国务院办公厅《关于切实解决企业拖欠农民工工资问题的紧急通知》（国办发明电〔2010〕4号）规定：“因工程总承包企业违反规定发包、分包给不具备用工主体资格的组织或个人，由工程总承包企业承担清偿被拖欠的农民工工资责任。”实践中经常发生的案件是，总承包企业已将工程款（工资是其中的一小部分）支付给小包工头，小包工头却未支付给农民工，甚至卷款潜逃。我们认为，此种情形下，可以依照国办发明电〔2010〕4号的相关规定，要求违反规定发包、分包的工程总承包企业支付劳动报酬。但是，如果工程总承包企业拒绝再将支付农民工劳动报酬的，由于其已经履行过支付劳动报酬的义务（只是由于小包工头非法扣留、挪用，甚至卷款潜逃），故不宜追究其拒不支付劳动报酬罪的刑事责任。需要注意的是，此种情形下，小包工头虽然不具备用工主体资格，但是政府有关部门仍然应当责令其支付劳动报酬，在政府有关部门责令支付后，小包工头仍然不支付的，应当依照《刑法》第二百七十六条之一第一款的规定，以拒不支付劳动报酬罪追究刑事责任。而且，即使工程总承包企业已再次支付农民工劳动报酬的，其在性质上属于垫付，并不影响对小包工头以拒不支付劳动报酬罪追究刑事责任。

3. 实际控制人拒不支付劳动报酬的定性

从司法实践来看，不少用人单位的实际控制人并未担任用人单位的法定代表人，而是在幕后控制、操纵企业。此种情形下，用人单位的实际控制人实施拒不支付劳动报酬行为，构成犯罪的，亦应适用拒不支付劳动报酬罪追究刑事责任。因此，《拒不支付劳动报酬解释》第八条专门规定："用人单位的实际控制人实施拒不支付劳动报酬行为，构成犯罪的，应当依照刑法第二百七十六条之一的规定追究刑事责任。"

四、《拒不支付劳动报酬解释》的时间效力

在司法适用中，需注意《拒不支付劳动报酬解释》的时间效力问题。拒不支付劳动报酬罪系《刑法修正案（八）》新增罪名，自2011年5月1日起施行。从司法实践来看，不少拒不支付劳动报酬的行为自2011年4月30日之前延续，在2011年5月1日后仍未支付劳动报酬。拒不支付劳动报酬系不作为犯罪，行为人在2011年5月1日仍不履行法定义务的，系在2011年5月1日后实施拒不支付劳动报酬的行为，经政府有关部门责令支付仍不支付的，应当适用《刑法修正案（八）》的相关规定。故而，2011年4月30日以前拒不支付劳动者的劳动报酬，2011年5月1日后经政府有关部门责令支付仍不支付的，应当适用《刑法》第二百七十六条之一的规定。

此外，《拒不支付劳动报酬解释》自2013年1月23起施行。考虑到《拒不支付劳动报酬解释》施行后，不少拒不支付劳动报酬犯罪案件尚未处理或者正在处理过程中，在此有必要明确上述案件是否可以适用《拒不支付劳动报酬解释》的问题。根据"两高"《关于适用刑事司法解释时间效力问题的规定》，对于2011年5月1日后、《拒不支付劳动报酬解释》施行前发生的行为，由于行为时没有相关司法解释，对于《拒不支付劳动报酬解释》施行后尚未处理或者正在处理的案件，应当依照《拒不支付劳动报酬解释》的规定办理。需要注意的是，对于《拒不支付劳动报酬解释》施行前已办结的案件，按照当时的法律，认定事实和适用法律没有错误的，不再变动。

（撰稿：喻海松）

2. **最高人民法院、最高人民检察院、人力资源和社会保障部、公安部关于加强涉嫌拒不支付劳动报酬犯罪案件查处衔接工作的通知**（人社部发〔2014〕100号，自2014年12月23日起施行）

各省、自治区、直辖市高级人民法院、人民检察院、人力资源社会保障厅（局）、公安厅（局），新疆维吾尔自治区高级人民法院生产建设兵团分院，新疆生产建设兵团人民检察院、人力资源社会保障局、公安局：

为贯彻执行《中华人民共和国刑法》和《最高人民法院关于审理拒不支付劳动报酬刑事案件适用法律若干问题的解释》（法释〔2013〕3 号）关于拒不支付劳动报酬罪的相关规定，进一步完善人力资源社会保障行政执法和刑事司法衔接制度，加大对拒不支付劳动报酬犯罪行为的打击力度，切实维护劳动者合法权益，根据《行政执法机关移送涉嫌犯罪案件的规定》（国务院 2001 年第 310 号令）及有关规定，现就进一步做好涉嫌拒不支付劳动报酬犯罪案件查处衔接工作通知如下：

一、切实加强涉嫌拒不支付劳动报酬违法犯罪案件查处工作

（一）由于行为人逃匿导致工资账册等证据材料无法调取或用人单位在规定的时间内未提供有关工资支付等相关证据材料的，人力资源社会保障部门应及时对劳动者进行调查询问并制作询问笔录，同时应积极收集可证明劳动用工、欠薪数额等事实的相关证据，依据劳动者提供的工资数额及其他有关证据认定事实。调查询问过程一般要录音录像。

（二）行为人拖欠劳动者劳动报酬后，人力资源社会保障部门通过书面、电话、短信等能够确认其收悉的方式，通知其在指定的时间内到指定的地点配合解决问题，但其在指定的时间内未到指定的地点配合解决问题或明确表示拒不支付劳动报酬的，视为刑法第二百七十六条之一第一款规定的"以逃匿方法逃避支付劳动者的劳动报酬"。但是，行为人有证据证明因自然灾害、突发重大疾病等非人力所能抗拒的原因造成其无法在指定的时间内到指定的地点配合解决问题的除外。

（三）企业将工程或业务分包、转包给不具备用工主体资格的单位或个人，该单位或个人违法招用劳动者不支付劳动报酬的，人力资源社会保障部门应向具备用工主体资格的企业下达限期整改指令书或行政处罚决定书，责令该企业限期支付劳动者劳动报酬。对于该企业有充足证据证明已向不具备用工主体资格的单位或个人支付了劳动者全部的劳动报酬，该单位或个人仍未向劳动者支付的，应向不具备用工主体资格的单位或个人下达限期整改指令书或行政处理决定书，并要求企业监督该单位或个人向劳动者发放到位。

（四）经人力资源社会保障部门调查核实，行为人拖欠劳动者劳动报酬事

实清楚、证据确凿、数额较大的，应及时下达责令支付文书。对于行为人逃匿，无法将责令支付文书送交其同住成年家属或所在单位负责收件人的，人力资源社会保障部门可以在行为人住所地、办公地、生产经营场所、建筑施工项目所在地等地张贴责令支付文书，并采用拍照、录像等方式予以记录，相关影像资料应当纳入案卷。

二、切实规范涉嫌拒不支付劳动报酬犯罪案件移送工作

（一）人力资源社会保障部门向公安机关移送涉嫌拒不支付劳动报酬犯罪案件应按照《行政执法机关移送涉嫌犯罪案件的规定》的要求，履行相关手续，并制作《涉嫌犯罪案件移送书》，在规定的期限内将案件移送公安机关。移送的案件卷宗中应当附有以下材料：

1. 涉嫌犯罪案件移送书；

2. 涉嫌拒不支付劳动报酬犯罪案件调查报告；

3. 涉嫌犯罪案件移送审批表；

4. 限期整改指令书或行政处理决定书等执法文书及送达证明材料；

5. 劳动者本人或劳动者委托代理人调查询问笔录；

6. 拖欠劳动者劳动报酬的单位或个人的基本信息；

7. 涉案的书证、物证等有关涉嫌拒不支付劳动报酬的证据材料。

人力资源社会保障部门向公安机关移送涉嫌犯罪案件应当移送与案件相关的全部材料，同时应将案件移送书及有关材料目录抄送同级人民检察院。在移送涉嫌犯罪案件时已经作出行政处罚决定的，应当将行政处罚决定书一并抄送公安机关、人民检察院。

（二）公安机关收到人力资源社会保障部门移送的涉嫌犯罪案件，应当在涉嫌犯罪案件移送书回执上签字，对移送材料不全的，可通报人力资源社会保障部门按上述规定补充移送。受理后认为不属于本机关管辖的，应当及时转送有管辖权的机关，并书面告知移送案件的人力资源社会保障部门。对受理的案件，公安机关应当及时审查，依法作出立案或者不予立案的决定，并书面通知人力资源社会保障部门，同时抄送人民检察院。公安机关立案后决定撤销案件的，应当书面通知人力资源社会保障部门，同时抄送人民检察院。公安机关作出不立案决定或者撤销案件的，应当同时将案卷材料退回人力资源社会保障部门，并书面说明理由。

（三）人力资源社会保障部门对于公安机关不接受移送的涉嫌犯罪案件或者已受理的案件未依法及时作出立案或不立案决定的，可以建议人民检察院依法进行立案监督。对公安机关受理后作出不予立案决定的，可在接到不予立案通知书后3日内向作出决定的公安机关提请复议，也可以建议人民检察院依法进行立案监督。

（四）人民检察院发现人力资源社会保障部门对应当移送公安机关的涉嫌拒不支付劳动报酬犯罪案件不移送或者逾期不移送的，应当督促移送。人力资源社会保障部门接到人民检察院提出移送涉嫌犯罪案件的书面意见后，应当及时移送案件。人民检察院发现相关部门拒不移送案件和拒不立案行为中存在职务犯罪线索的，应当认真审查，依法处理。

三、切实完善劳动保障监察行政执法与刑事司法衔接机制

（一）人力资源社会保障部门在依法查处涉嫌拒不支付劳动报酬犯罪案件过程中，对案情复杂、性质难以认定的案件可就犯罪标准、证据固定等问题向公安机关或人民检察院咨询；对跨区域犯罪、涉及人员众多、社会影响较大的案件，人力资源社会保障部门通报公安机关的，公安机关应依法及时处置。

（二）对于涉嫌拒不支付劳动报酬犯罪案件，公安机关、人民检察院、人民法院在侦查、审查起诉和审判期间提请人力资源社会保障部门协助的，人力资源社会保障部门应当予以配合。

（三）在办理拒不支付劳动报酬犯罪案件过程中，各级人民法院、人民检察院、人力资源社会保障部门、公安机关要加强联动配合，建立拒不支付劳动报酬犯罪案件移送的联席会议制度，定期互相通报案件办理情况，及时了解案件信息，研究解决查处拒不支付劳动报酬犯罪案件衔接工作中存在的问题，进一步完善监察行政执法与刑事司法衔接工作机制，切实发挥刑法打击拒不支付劳动报酬犯罪行为的有效作用。

3. **最高人民法院、最高人民检察院、人力资源和社会保障部、公安部关于加强对拒不支付劳动报酬案件查处工作的通知**（人社部发〔2012〕3号，自2012年1月14日起施行）

各省、自治区、直辖市高级人民法院、人民检察院、人力资源社会保障厅（局）、公安厅（局），新疆维吾尔自治区高级人民法院生产建设兵团分院，

新疆生产建设兵团人民检察院、人力资源社会保障局、公安局：

为贯彻执行《中华人民共和国刑法修正案（八）》关于拒不支付劳动报酬罪的规定，完善劳动保障监察执法与刑事司法衔接制度，加大对拒不支付劳动报酬、侵害劳动者权益行为的打击力度，切实维护劳动者合法权益和社会公平正义，根据《中华人民共和国刑法》、《中华人民共和国刑事诉讼法》、《行政执法机关移送涉嫌犯罪案件的规定》等法律法规的有关规定，现就进一步加强涉及拒不支付劳动报酬案件查处和司法移送工作通知如下：

一、统一思想认识，高度重视拒不支付劳动报酬案件依法查处和司法移送工作，严惩劳动保障领域违法犯罪行为

当前，个别企业和个人有的有能力支付而不支付劳动者劳动报酬，有的通过转移财产、逃匿等方法逃避支付劳动者的劳动报酬，致使一些劳动者生活陷入困境，甚至引发群体性事件，严重侵害了劳动者的合法权益，影响社会和谐稳定。依法惩治拒不支付劳动报酬违法犯罪行为，保护劳动者合法权益，对于化解社会矛盾，保障社会和谐稳定，促进公平正义具有重要作用。建立劳动保障监察执法与刑事司法衔接工作制度是依法履行职责、捍卫劳动者合法权益的重要保证，是依法严厉打击拒不支付劳动报酬违法犯罪行为的必然要求。各级人民法院、人民检察院、人力资源社会保障部门、公安机关要进一步统一思想，高度重视，充分认识此类违法犯罪活动的严重性、危害性，增强政治责任感，密切分工协作，依法移送和查处拒不支付劳动报酬涉嫌犯罪案件，及时查办一批典型案件，有力打击拒不支付劳动报酬的犯罪行为，维护法律权威，保障劳动者的合法权益，促进劳动关系和谐稳定与社会公平正义。

二、切实履行职责，依法查处拒不支付劳动报酬违法犯罪案件

人力资源社会保障部门、公安机关、人民检察院、人民法院要按照有关规定，认真做好拒不支付劳动报酬行为涉嫌犯罪案件的调查、移交、侦办、审查批捕、审查起诉和审判，尽可能提高办案效率，并及时将有关情况进行通报。

人力资源社会保障部门要依法对用人单位遵守劳动保障法律、法规和规章的情况进行监督检查，通过各种检查方式监督用人单位劳动报酬支付情况，依法受理拖欠劳动报酬的举报、投诉。经调查，对违法事实清楚、证据确凿

的，应当依法及时责令用人单位向劳动者支付劳动报酬。行为人逃匿的，人力资源社会保障部门可以在行为人住所地、办公地点、生产经营场所或者建筑施工项目所在地张贴责令支付的文书，或者采取将责令支付的文书送交其单位管理人员及近亲属等适当方式。对涉嫌犯罪的案件，应按照《行政执法机关移送涉嫌犯罪案件的规定》的要求，核实案情向本部门负责人报告并经同意后制作《涉嫌犯罪案件移送书》，在规定期限内将案件向同级公安机关移送，并抄送同级人民检察院备案。

公安机关对人力资源社会保障部门移送涉嫌犯罪的拒不支付劳动报酬案件，应依法及时审查决定是否立案。认为有犯罪事实，需要追究刑事责任的，依法立案，并及时查明犯罪事实，正确运用法律惩罚犯罪，保障劳动者的合法权益不受侵害。

人民检察院要依法及时做好此类案件的立案监督、审查批捕、审查起诉等检察工作，对工作中发现的职务犯罪线索应当认真审查，依法处理。

人民法院要依法及时受理、审理各类拖欠劳动报酬纠纷，对其中构成犯罪的，要坚决依法追究刑事责任。

公安机关、人民检察院、人民法院在案件审查过程中，可以告知劳动者有提起刑事附带民事诉讼的权利。

对不依法移送或者不依法办理涉嫌拒不支付劳动报酬犯罪案件的国家工作人员，要依法追究行政纪律责任；构成犯罪的，要依法追究刑事责任。

三、加强协调配合，做好拒不支付劳动报酬案件移送工作

人力资源社会保障部门向公安机关移送涉嫌犯罪案件，应当附有《涉嫌犯罪案件移送书》、涉嫌拒不支付劳动报酬犯罪案件调查报告、涉案的有关书证、物证及其他有关涉嫌犯罪的材料。在移送案件时已经作出行政处罚决定的，应当将行政处罚决定书一并抄送公安机关、人民检察院；未作出行政处罚决定的，原则上应当在公安机关决定不予立案或者撤销案件、人民检察院作出不起诉决定、人民法院作出无罪判决或者免予刑事处罚后，再决定是否给予行政处罚。

公安机关对人力资源社会保障部门移送的涉嫌拒不支付劳动报酬犯罪案件，应当予以受理，并在涉嫌犯罪案件移送书回执上签字。对于不属于本部门管辖的，应在受理后 24 小时内转送有管辖权的部门，并书面告知移送案件

的人力资源社会保障部门。

公安机关作出立案或者不立案决定，应当在作出决定之日起3日内书面告知移送案件的人力资源社会保障部门。决定不立案的，应当同时退回案卷材料，并书面说明不立案的理由。

人力资源社会保障部门对于公安机关不予立案的决定有异议的，可以自接到通知后3日内向作出不予立案的公安机关提出复议，也可以建议检察机关依法进行立案监督。

在涉案人员众多、涉嫌跨区域犯罪、社会影响较大或涉嫌犯罪行为人故意销毁会计账簿、转移财产、逃匿、暴力抗拒执法等紧急情形下，人力资源社会保障部门应当及时通报公安机关，公安机关应当依法及时处置。

上级人力资源社会保障部门和公安机关应当对下级人力资源社会保障部门和公安机关执行本通知的情况进行督促检查，定期抽查案件查办情况，及时纠正案件移送工作中的问题和错误。

四、建立沟通机制，确保劳动保障监察执法与刑事司法工作有效衔接

在办理拒不支付劳动报酬案件的过程中，各级人力资源社会保障部门和人民法院、人民检察院、公安机关要加强沟通协调、通力合作，形成打击合力。各级人力资源社会保障部门要与当地人民法院、人民检察院、公安机关建立拒不支付劳动报酬案件移送的联系机制，加强联动配合，确保工作衔接顺畅，案件查处及时有力。要定期组织召开联席会议，互通查处违法犯罪行为以及劳动保障监察执法与刑事司法衔接工作的有关情况，研究解决衔接工作中存在的问题，提出加强衔接工作的措施，切实打击拒不支付劳动报酬的犯罪行为。要健全信息通报制度，通过简报、会议、网络等多种形式实现信息共享，推动劳动保障监察执法与刑事司法衔接工作深入开展。

五、加大宣传力度，及时公布拒不支付劳动报酬案件查处结果

各地要通过广播、电视、报刊、网络等多种渠道向社会广泛宣传拒不支付劳动报酬违法犯罪行为的危害，大力宣传依法打击拒不支付劳动报酬违法犯罪行为的决心。要支持新闻媒体开展舆论监督，畅通信息交流渠道，认真调查处理新闻媒体报道的拒不支付劳动报酬行为，做好相关案件的宣传报道和舆论引导工作，并依法将查处的严重违法犯罪案件向社会公布，达到惩处违法犯罪行为、震慑犯罪分子的目的。

4. **最高人民法院指导案例28号：胡克金拒不支付劳动报酬案**（最高人民法院审判委员会讨论通过，2014年6月23日发布）

关键词

刑事　拒不支付劳动报酬罪　不具备用工主体资格的单位或者个人

裁判要点

1. 不具备用工主体资格的单位或者个人（包工头），违法用工且拒不支付劳动者报酬，数额较大，经政府有关部门责令支付仍不支付的，应当以拒不支付劳动报酬罪追究刑事责任。

2. 不具备用工主体资格的单位或者个人（包工头）拒不支付劳动报酬，即使其他单位或者个人在刑事立案前为其垫付了劳动报酬的，也不影响追究该用工单位或者个人（包工头）拒不支付劳动报酬罪的刑事责任。

相关法条

《中华人民共和国刑法》第二百七十六条之一第一款

基本案情

被告人胡克金于2010年12月分包了位于四川省双流县黄水镇的三盛翡俪山一期景观工程的部分施工工程，之后聘用多名民工入场施工。施工期间，胡克金累计收到发包人支付的工程款51万余元，已超过结算时确认的实际工程款。2011年6月5日工程完工后，胡克金以工程亏损为由拖欠李朝文等20余名民工工资12万余元。6月9日，双流县人力资源和社会保障局责令胡克金支付拖欠的民工工资，胡却于当晚订购机票并在次日早上乘飞机逃匿。6月30日，四川锦天下园林工程有限公司作为工程总承包商代胡克金垫付民工工资12万余元。7月4日，公安机关对胡克金拒不支付劳动报酬案立案侦查。7月12日，胡克金在浙江省慈溪市被抓获。

裁判结果

四川省双流县人民法院于2011年12月29日作出（2011）双流刑初字第544号刑事判决，认定被告人胡克金犯拒不支付劳动报酬罪，判处有期徒刑一年，并处罚金二万元。宣判后被告人未上诉，判决已发生法律效力。

裁判理由

法院生效裁判认为：被告人胡克金拒不支付20余名民工的劳动报酬达12万余元，数额较大，且在政府有关部门责令其支付后逃匿，其行为构成拒不支付劳动报酬罪。被告人胡克金虽然不具有合法的用工资格，又属没有相应建筑工程施工资质而承包建筑工程施工项目，且违法招用民工进行施工，上述情况不影响以拒不支付劳动报酬罪追究其刑事责任。本案中，胡克金逃匿后，工程总承包企业按照有关规定清偿了胡克金拖欠的民工工资，其清偿拖欠民工工资的行为属于为胡克金垫付，这一行为虽然消减了拖欠行为的社会危害性，但并不能免除胡克金应当支付劳动报酬的责任，因此，对胡克金仍应当以拒不支付劳动报酬罪追究刑事责任。鉴于胡克金系初犯、认罪态度好，依法作出如上判决。

权威解读

《胡克金拒不支付劳动报酬案》的理解与参照

2014年6月23日，最高人民法院发布了指导案例第28号《胡克金拒不支付劳动报酬案》。为了正确理解和准确参照适用该指导案例，现对其推选过程、裁判要点、需要说明的问题等情况予以解释、论证和说明。

一、推选过程及其意义

2012年年底，最高人民法院向全国各高级人民法院下发明传通知，征集有关拒不支付劳动报酬的案例。四川省成都市中级人民法院将胡克金拒不支付劳动报酬案向四川省高级人民法院推荐。2013年10月，四川省高级人民法院审判委员会经过讨论，决定向最高人民法院推荐该案例作为备选指导案例。2014年5月27日，最高人民法院审判委员会讨论研究认为，该案例符合最高人民法院《关于案例指导工作的规定》第二条的有关要求，具有指导意义，同意将该案例确定为指导案例。同年6月23日，最高人民法院以法〔2014〕161号文件，将该案例作为第七批指导案例予以发布。

该指导性案例涉及对《刑法修正案（八）》关于拒不支付劳动报酬罪规定和最高人民法院《拒不支付劳动报酬解释》第七条规定的理解和执行，针对建筑工程施工中不具备用工主体资格、违法用工的承包人拒不支付民工报酬的，能否以拒不支付劳动报酬罪定罪处罚等问题，作出了示范性裁判，有利于指导审判实践正确适用法律，加强对民工等弱势群体合法权益的保护，维护社会主义市场经济秩序，促进社会和谐稳定。

二、裁判要点理解与说明

该指导案例的裁判要点确认：1. 不具备用工主体资格的单位或个人（包

工头）拒不支付民工报酬的，属于《拒不支付劳动报酬解释》第七条规定的“不具备用工主体资格的单位或者个人，违法用工且拒不支付劳动者的劳动报酬”的情形，如果数额较大，经政府有关部门责令支付仍不支付的，应当依照刑法第二百七十六条之一的规定，以拒不支付劳动报酬罪追究刑事责任。

2. 不具备用工主体资格的单位或个人（包工头）拒不支付劳动报酬，即使其他单位或者个人于刑事立案前为其垫付了劳动报酬的，不影响对该单位或个人（包工头）以拒不支付劳动报酬罪追究刑事责任。

现对上述裁判要点的相关问题做如下说明：

（一）关于裁判要点第1点的说明

该条涉及《拒不支付劳动报酬解释》第七条的理解和适用。《拒不支付劳动报酬解释》第七条规定：“不具备用工主体资格的单位或者个人，违法用工且拒不支付劳动者的劳动报酬，数额较大，经政府有关部门责令支付仍不支付的，应当依照刑法第二百七十六条之一的规定，以拒不支付劳动报酬罪追究刑事责任。”这是《拒不支付劳动报酬解释》在第一条规定的基础上，结合司法实践遇到的具体问题，对应当依照《刑法》第二百七十六条之一追究刑事责任的犯罪主体，作出的一个特别规定。从当前全国法院审判拒不支付劳动报酬罪案件的总体情况看，实践中对用人单位拒不支付与之建立劳动关系的劳动者劳动报酬的情形，应以拒不支付劳动报酬罪追究刑事责任问题，不存在异议。但对如何正确适用《拒不支付劳动报酬解释》第七条，特别是对其中规定的“不具备用工主体资格的单位或者个人，违法用工”应当如何理解和把握方面，还不是十分明确。

本案例是《刑法修正案（八）》颁布实施以来，四川法院判决的首个拒不支付劳动报酬罪案例。虽然该案例的裁判是在《拒不支付劳动报酬解释》发布前作出的，但鉴于该案例对《拒不支付劳动报酬解释》第七条规定的情形作了具体诠释，审判该案件的法官对不具备用工主体资格的单位或者个人、违法用工等问题依法作出了正确的司法认定，最高人民法院仍将此案例作为指导案例予以公布，以指导类似案件的审判工作。

近年来，一些地方用工单位恶意拖欠劳动者工资的现象比较突出，大量务工人员工资被拖欠，严重侵犯了劳动者的合法权益，有的甚至引发群体性事件和诸多社会矛盾，成为影响社会稳定的重要隐患。特别是2008年以来，有的地方恶意欠薪案件呈上升趋势，占全部拖欠工资案件的5%—10%。当前处理恶意拖欠劳动者工资主要通过以下几种途径：一是与用人单位协商解决；二是由劳动争议处理机构调解；三是由劳动争议仲裁机构仲裁；四是向人民法院提起诉讼。以上四种处理途径虽然解决了部分的问题，但总的来看，还没完全遏制这种违法行为。鉴于上述情况，2011年2月25日，第十一届全国人大常委会第十九次会议审议通过了《刑法修正案（八）》，将一些社会危害严重、人民群众反映强烈、原来由行政管理手段或者民事手段调整的违法行为，规定为犯罪，增设了拒不支付劳动报酬罪，对以转移财产、逃匿等方法逃避支付劳动者的劳动报酬或者有能力支付而不支付劳动者的劳动报酬，数额较大，经政府有关部门责令支付仍不支付的，处三年以下有期徒刑或者拘役，并处或者单处罚金；造成严重后果的，处三年以上七年以下有期徒刑，并处罚金。单位犯罪的，对单位判处罚金，并对其直接负责的主管人员和其他直接责任人员，依照前述规定处罚。上述法律规定的出台，对依法打击恶意欠薪犯罪行为，加强民生保护、促进社会和谐稳定，发挥了积极作用。但在理解和执行刑法新增设的拒不支付劳动报酬罪的过程中，理论界和司法实务部门对该罪所涵盖的犯罪主体范围问题产生了较大分歧意见；特别是对恶意欠薪案件高发的建筑工程施工领域，拒不支付劳动报酬的用工主体能否按照该罪追究刑事责任，存在不同认识。据调查，当前恶意拖欠劳动者工资的案件有以下特点：（1）多发于建筑施工、加工制造、住宿和餐饮等劳动密集型行业的个体或中小企业。（2）被拖欠工资的对象主要是进城务工的农民工，属于弱势群体。（3）实践中，合法用工情况下发生拒不支付劳动者劳动报酬的相对较少。大约95%的拖欠劳动报酬案件，都发生在建筑工程施工领域。工程总承包企业违法发包、分包给不具备用工主体资格也不具备相应资质条件的单位或者个人（小包工头），这些小包工头拒不支付所招用民工工资的情况占相当比例。（4）恶意欠薪或欠薪逃匿案件情况复杂，处理难度大，一旦处理不当，易引发群体性事件，影响地方稳定。在上述情况下，有关承包工程的包工头拒不支付所招用民工工资能否入罪问题，已经成为困扰法律实施、切实有效打击恶意欠薪犯罪的一个难点。

法学理论界和司法实务部门对相关问题主要有三种观点：

第一种观点认为，只有属于劳动法和劳动合同法所规定的用人单位，拒不支付与之形成劳动关系的劳动者的劳动报酬的情形，才构成拒不支付劳动报酬罪①。为此，建筑工程施工领域小包工头承包工程后，招用民工进行施工，小包工头与其所招用的民工之间，如果建立劳动关系的，对恶意欠薪的小包工头可以拒不支付劳动报酬罪追究刑事责任。但如果小包工头与民工建立的是劳务关系，对小包工头拒不支付民工工资的，就不应当依照刑法第二百七十六条之一的规定追究刑事责任。

第二种观点认为，除了劳动关系中的用人单位之外，拒不支付劳动报酬罪也应当同等地适用于其他劳动用工关系中雇主的恶意欠薪行为。② 不论建筑工程施工领域小包工头与其招用的工人之间建立的是何种性质劳动用工关系，均应当比照劳动关系中用人单位来承担法律责任，包括刑事责任。主要理由：(1) 劳动报酬，顾名思义是劳动者付出体力或脑力劳动所得的对价。《刑法》第二百七十六条之一的规定并未明确拒不支付劳动报酬罪仅适用于《劳动法》《劳动合同法》规定的用人单位，拒不支付与之建立劳动关系的劳动者劳动报酬的情形，因此，不宜以《劳动法》和《劳动合同法》调整的范围来界定该条的劳动者和劳动报酬，从而推断出该条仅适用于双方建立了劳动关系情况下发生的恶意欠薪的结论。(2) 劳动者基于劳动关系能够获得劳动报酬，但是不能反过来说劳动者的劳动报酬只能从属于劳动关系，因为劳动关系仅是劳动用工关系的一种情形，劳动者基于劳务关系获得的同样是劳动报酬。建筑工程施工领域小包工头招用的民工，按照包工头指令从事建筑工程施工，获得的工资也是劳动报酬。这与劳动关系中劳动者获得的劳动报酬之间不存在本质上差异。(3) 虽然近年来，随着我国劳动用工制度的改革，在劳动关系领域里已实行全面的劳动合同制，但在《劳动法》和《劳动合同法》调整的劳动关系领域以外，仍存在各种形式的劳动用工。不论是劳动合同形式的用工关系还是其他形式，都是通过使用他人劳动，扩大雇主事业范围或者活动范围，用人单位和雇主因此获得利益。雇主作为接受劳动的受益者，也应承担对劳动者依照合同约定按时支付劳动报酬的义务。实践中，雇主出于最大限度实现自身利益并尽可能减轻己方负担、规避对劳动者责任的考虑，往

---

① 黄太云：《〈中华人民共和国刑法修正案（八）〉的理解与适用》，载《公检法办案指南》2011 年第 3 辑。

② 蒙娜：《拒不支付劳动报酬罪若干问题研究》，载《中国刑事杂志》2013 年第 3 期。

往更多选择不与招用的劳动者建立正式劳动关系，而采用其他用工关系，比如雇佣关系、劳务关系等。建筑工程施工领域这种情况尤为突出。一方面，这是建筑工程施工活动用工的临时性、阶段性特点和实际需要所决定的；另一方面，也是用工者出于减轻对工人所负责任的一种现实考量。这种情况下如果仅仅用劳动关系来限定《刑法》第二百七十六条之一的适用范围，会导致大量的在其他用工方式之下的劳动者合法权益无法得到法律所提供的充分保障和有效救济。(4) 实践中，在劳动者与用人单位或雇主之间发生纠纷，究竟是劳动纠纷抑或劳务纠纷、雇佣合同纠纷，在目前法律制度不够健全的情况下所作的区分判定，往往具有相对性、随意性和不确定性。可能对相同案件，因所处地区不同、法院不同或者不同法官之间认识上的差异，而得出不尽相同的结论。因此，若对拒不支付劳动报酬罪适用主体进行极其严格的限缩解释，不仅不利于保护法益，而且不利于拒不支付劳动报酬罪的司法统一适用，不利于维护法律的严肃性。(5) 依据《刑法》第二百七十六条之一的规定，只有满足拒不支付劳动报酬经政府有关部门责令支付仍不支付的，该行为才可能入罪。由于目前主要是劳动行政部门依法对欠薪者履行责令支付职责，因此在实践中很可能出现这样的情形，即对于一起恶意欠薪案件，如果劳动行政部门认为是劳动纠纷，而采取了责令支付行政措施的，用人单位或雇主就有可能最终成立拒不支付劳动报酬罪；而如果劳动行政部门不认为是劳动纠纷，以属于劳务纠纷为由不予采取责令支付措施的，行为人就不可能成立拒不支付劳动报酬罪。很显然，将某种行为能否入罪问题，在法律理论界和实务部门尚未厘清不同劳动用工的法律关系之间彼此界限的情况下，交由不属于法律专业机构的劳动行政主管部门判断，这种做法绝非妥当。[①] (6) 受历史和传统因素的影响，我国立法和法学界人为地将劳动用工关系区分为劳务关系和劳动关系，并将其纳入不同部门法调整的范畴，这不仅不利于我国统一劳动力市场的形成及相应交易规则的建立与完善，不利于消解民法与劳动法之间的矛盾，造成执法中的混乱，更不利于实现对社会上劳动者的平等保护。无论是劳动关系中的劳动者，还是其他劳动用工关系中的工人，

① 黄继坤：《论拒不支付劳动报酬罪的几个重要问题——对〈刑法修正案（八）〉的解读》，载《当代法学》2012 年第 3 期。

都应当平等地享有宪法赋予的劳动权利，亦应平等地得到法律的保护。[①] 如果对劳动关系中劳动者遭受恶意欠薪的，可以直至动用刑罚手段，追究用人单位的刑事责任，而对其他劳动用工关系中劳动者遭受恶意欠薪，却只能靠其自行提起民事诉讼追讨，势必造成我们国家对劳动者不予平等保护的局面，违背了在法律面前人人平等的宪法原则。综上六方面理由，主张把劳动关系之外的所有劳动用工关系当中的雇主恶意欠薪行为，都纳入《刑法》第二百七十六条之一适用范围。为此认为，建筑工程施工中的小包工头，不论其与民工建立的是劳动关系，抑或劳务关系、雇佣关系，均得纳入《刑法》第二百七十六条之一适用范围之中。

第三种观点认为，(1) 采取第一种观点界定该罪犯罪主体，固然有利于最大限度明确应予追诉犯罪的主体范围，便于司法实践操作，也符合刑法谦抑原则的要求，但该种意见对法律的理解过于机械，不能解决司法实践中遇到的复杂疑难情况。虽然立法机关对《刑法修正案（八）》条文内容的有关说明，比较明确地反映了增设该罪名时立法者的一些考虑和倾向性意见，即《劳动法》和《劳动合同法》规定的用人单位拒不支付劳动者劳动报酬的情形，应当属于适用拒不支付劳动报酬罪应予追究刑事责任的主要情形，但并不能由此推断出"只有在合法用工，且用人单位与劳动者建立了劳动关系的情况下，用人单位拒不支付劳动报酬的，才构成本罪"的结论。因为如果是属于形成了事实劳动关系，或者属于其他非法用工的，抑或是建立了其他类型劳动用工关系的情况，而一概将之排除在以拒不支付劳动报酬罪追究刑事责任之外，显然存在一个无法回避的法律逻辑悖论，"会形成合法用工拒不支付劳动报酬构成犯罪，而非法用工拒不支付劳动报酬不构成犯罪的不合理现象"。[②] (2) 如果采取第二种观点界定该罪的犯罪主体，能够使《刑法》该条规定在司法适用中更具灵活性，有利于应对当前我国劳动用工关系中客观存在的复杂局面，从而对劳动者合法权益保护面更宽、保护力度更大，实现公平正义。但该种意见对入罪范围界定失之过宽，毕竟当前我国劳动用工领域

---

① 高峰：《拒不支付劳动报酬刑法规制之价值与重构》，载《人民检察》2013 年 4 月（下半月）。

② 喻海松：《〈关于审理拒不支付劳动报酬刑事案件适用法律若干问题的解释〉的理解与适用》，载《人民司法·应用》2013 年第 7 期。

法律制度针对不同用工关系，在制度设计方面事实上存在区别对待，不能抛开这种差别现状另搞一套，否则会导致以追究刑事责任方式替代民事法律责任的结果，有悖刑法谦抑性要求，也不符合立法本意。尽管当前法学界从学理角度对“劳务关系”“雇佣关系”和“劳动关系”乃至彼此之间的区别、界限，已经开展了比较深入的研究探讨，但鉴于理论研究和司法实务部门对上述各类型劳动用工法律关系彼此的界限尚未达成比较一致看法，法律规则层面，目前除劳动关系外，法律尚缺乏对劳务、雇佣等民事法律关系比较系统、全面的规制。比如，《合同法》[①] 仅对承揽合同作了较详细规定，但并未对雇佣合同、劳务合同作出明确规定；《侵权责任法》[②] 使用了“个人劳务”概念，但未进一步对“劳务”定义进行界定。司法解释层面，《最高人民法院关于适用〈中华人民共和国民事诉讼法〉若干问题的意见》第四十五条使用了“雇主责任”提法，虽然“从程序意义上为雇主责任采取严格责任提供了依据”[③]，但并未对何谓雇佣关系等问题进行进一步阐释；在《关于审理人身损害赔偿案件适用法律若干问题的解释》中，最高人民法院对雇员“从事雇佣活动”“为他人无偿提供劳务的帮工人”等概念进行了初步区分，但也未提出有关“雇佣”“劳务”等概念之间界限的系统意见。（3）有鉴于此，对拒不支付劳动报酬罪的犯罪主体，既不宜机械套用《劳动法》和《劳动合同法》调整的劳动关系范围，确定拒不支付劳动报酬罪追诉主体范围，亦应回避将目前认识及法律规定均不甚明确的其他类劳动用工关系纳入刑法规制可能带来的过度扩大犯罪主体范围、打击面过宽等问题。应当遵循立法者本意和立法目的，兼顾刑法谦抑性原则的要求，结合当前我国恶意欠薪犯罪领域突出特点和打击犯罪需要作出具体分析。根据以上考虑，持第三种观点的同志建议，将属于非法用工的用人单位或雇主拒不支付劳动报酬情形，纳入追究刑事责任的范畴，较为妥当。[④]《拒不支付劳动报酬解释》第七条的规定，基本采纳了第三种观点所提主张，将不具备用工主体资格的单位或者个人、

---

① 现已失效，被《民法典》取代。

② 现已失效，被《民法典》取代。

③ 陈现杰：《解读〈最高人民法院关于审理人身损害赔偿案件适用法律若干问题的解释〉》，载《民事法官必备法律司法解释解读（修订版）（上册）》，人民法院出版社2011年出版，第108页。

④ 黄太云：《〈中华人民共和国刑法修正案（八）〉的理解与适用》，载《公检法办案指南》2011年第3辑。

违法用工又恶意欠薪的情形，明确纳入应当依照《刑法》第二百七十六条之一规定追究拒不支付劳动报酬罪刑事责任范围，回应了司法实践对此问题的争议和关切。

关于《拒不支付劳动报酬解释》第七条规定的违法用工概念的内涵和外延。如果仅就字面含义理解和文义角度解释，“违法用工”可以包括当前所有劳动用工中含有违法因素的用工行为，比如可能涉及用工主体不适格的情况；也可能是所招用的工人不符合法定条件，或者招用工人程序上涉嫌违法等情形，较为复杂。但结合《拒不支付劳动报酬解释》第七条规定作具体分析可以看出，该条的“违法用工”，应该主要指不具备用工主体资格的单位或者个人违反法律规定招用工人从事生产经营活动的情况，即用工主体违法、不适格的情况。从本案例的案情看，被告人胡克金作为自然人，先后共计招用上百名民工从事其所承包的建筑工程施工活动。鉴于建筑工程施工领域对有关建筑施工技术和安全方面的特殊要求，《建筑法》对从事建筑活动的主体，作出了资质方面的明确规定和特别限定。比如第十二条规定：“从事建筑活动的建筑施工企业、勘察单位、设计单位和工程监理单位，应当具备下列条件：（一）有符合国家规定的注册资本；（二）有与其从事的建筑活动相适应的具有法定执业资格的专业技术人员；（三）有从事相关建筑活动所应有的技术装备；（四）法律、行政法规规定的其他条件。”第十三条规定：“从事建筑活动的建筑施工企业、勘察单位、设计单位和工程监理单位，按照其拥有的注册资本、专业技术人员、技术装备和已完成的建筑工程业绩等资质条件，划分为不同的资质等级，经资质审查合格，取得相应等级的资质证书后，方可在其资质等级许可的范围内从事建筑活动。”第二十六条规定：“承包建筑工程的单位应当持有依法取得的资质证书，并在其资质等级许可的业务范围内承揽工程。禁止建筑施工企业超越本企业资质等级许可的业务范围或者以任何形式用其他建筑施工企业的名义承揽工程。禁止建筑施工企业以任何形式允许其他单位或者个人使用本企业的资质证书、营业执照，以本企业的名义承揽工程。”从上述建筑法的规定可以看出，作为从事建筑活动的主体应当是具有经过法定认证资质，经过工商注册登记的企业或者单位，自然人个人不允许成为从事建筑活动承揽工程的主体。本案例中被告人胡克金作为个人，不属于经过工商注册登记的施工单位，也不具备有关行政部门认可的相应资质。因此，胡克金不具备招用工人进行建筑施工活动的用工主体资格，其招用工人进行施工，属于《拒不支付劳动报酬解释》第七条规定的“不具备用工主体资格的单位或者个人”“违法用工”。这是该案例的裁判要点第1点所要明确的“不具备用工主体资格的单位或者个人，违法用工”在司法实践中的典型情形。

（二）关于裁判要点第2点的说明

裁判要点第2点涉及对《拒不支付劳动报酬解释》第六条的理解与适用。《拒不支付劳动报酬解释》第六条规定：“拒不支付劳动者的劳动报酬，尚未造成严重后果，在刑事立案前支付劳动者的劳动报酬，并依法承担相应赔偿责任的，可以认定为情节显著轻微危害不大，不认为是犯罪；在提起公诉前支付劳动者的劳动报酬，并依法承担相应赔偿责任的，可以减轻或者免除刑事处罚；在一审宣判前支付劳动者的劳动报酬，并依法承担相应赔偿责任的，可以从轻处罚。”这是《拒不支付劳动报酬解释》依据《刑法》第二百七十六条之一第三款规定的精神，为节约司法资源，最大限度地发挥刑法的威慑和教育功能，专门规定在公安机关刑事立案前、提起公诉前、一审宣判前支付劳动者的劳动报酬，并承担相应赔偿责任所能适用的从宽处罚情形。① 鉴于《国务院办公厅关于切实解决企业拖欠农民工工资问题的紧急通知》（国办发明电〔2010〕4号）规定：“因工程总承包企业违反规定发包、分包给不具备用工主体资格的组织或个人，由工程总承包企业承担清偿被拖欠农民工工资责任。”为此，实践中，建筑工程施工领域一旦发生拖欠工资的情况，工程总承包企业于刑事立案前、提起公诉前或者一审宣判前代承包人支付了劳动报酬的现象比较普遍，此种情况下如何对小包工头适用《拒不支付劳动报酬解释》第六条规定实践中亟待明确。对于工程总承包企业已经向分包人支付了民工工资，因而拒绝再次支付民工工资的，由于其已经履行过支付劳动报酬的义务（只是由于小包工头非法扣留、挪用，甚至卷款潜逃），故不宜追究其拒不支付劳动报酬罪的刑事责任。本案例的具体情况是，工程总承包企业在已经向分包人结清工程款的情况下，又于刑事立案前为胡克金垫付了劳动报

---

① 喻海松：《〈关于审理拒不支付劳动报酬刑事案件适用法律若干问题的解释〉的理解与适用》，载《人民司法·应用》2013年第7期。

酬。考虑到虽然本案在刑事立案前已经解决了欠薪问题，但这种情况，不能改变被告人胡克金存在恶意欠薪的主观故意以及其恶意欠薪的犯罪事实，工程总承包企业再次支付民工工资的，其在性质上属于为胡克金垫付，因此，不应影响对胡克金本人以拒不支付劳动报酬罪追究刑事责任。裁判要点第2点明确了此种情况下对恶意欠薪的包工头仍应当坚持刑事追诉的意见。

三、需要说明的问题

依据《刑法》第二百七十六条之一的规定，恶意欠薪行为必须经过政府有关部门责令支付仍不支付的，方可入罪。对此问题，《拒不支付劳动报酬解释》第四条规定："经人力资源社会保障部门或者政府其他有关部门依法以限期整改指令书、行政处理决定书等文书责令支付劳动者的劳动报酬后，在指定的期限内仍不支付的，应当认定为刑法第二百七十六条之一第一款规定的'经政府有关部门责令支付仍不支付'。"

对本案中劳动保障监察部门责令胡克金支付工人工资的做法，实践中有不同意见。

有一种意见认为，胡克金是小包工头，非属于用人单位，劳动保障监察部门无权责令其支付工资，小包工头不在其行政执行权限范围之内。鉴于《劳动保障监察条例》第三十三条规定："对无营业执照或者已被依法吊销营业执照，有劳动用工行为的，由劳动保障行政部门依照本条例实施劳动保障监察，并及时通报工商行政管理部门予以查处取缔。"劳动和社会保障部《关于实施〈劳动保障监察条例〉若干规定》第四十七条也规定："对无营业执照或者已被依法吊销营业执照，有劳动用工行为的，由劳动保障行政部门依照本规定实施劳动保障监察。"根据上述规定，对胡克金这类建筑工程施工中不具备用工主体资格的小包工头违法用工行为，可以认定属于无营业执照有劳动用工行为的一种情形，人力资源和社会保障部门可以而且应当进行劳动保障监察，对未支付劳动报酬的应当责令其支付劳动报酬。因此，将本案例中胡克金这类建筑工程施工中小包工头恶意欠薪情形纳入拒不支付劳动报酬罪的调整范围，在司法实践中具有可操作性，能够满足《刑法》第二百七十六条之一设定的恶意欠薪行为入罪应具备的这一条件。

（撰稿：李兵）

（三）典型或常见问题的审理思路

1. 建筑公司名下的项目负责人收到工程款后逃匿、拒不支付拖欠的工人工资的，是否构成拒不支付劳动报酬罪？①

建筑公司名下的项目负责人是工人工资的实际发放者。如果该项目负责人在收到工程款后逃匿、拒不支付拖欠的工人工资，数额较大，“经政府有关部门责令支付”仍不支付的，就构成拒不支付劳动报酬罪。政府有关部门责令支付文书不必直接送达该项目负责人，只要送达到涉案的建筑公司即可。建筑公司的项目负责人，因其逃匿行为导致建筑公司在收到责令改正决定书后无法找到项目负责人的，应视为该决定书已经对被告人王某生送达。当然，如果项目负责人自愿认罪，在提起公诉前支付劳动报酬，尚未造成严重后果的，则可以依照《刑法》第二百七十六条之一第三款之规定，减轻或者免除处罚。这对于依法惩治拒不支付劳动报酬犯罪，对于维护劳动者的合法权益，促进社会和谐稳定都将发挥重要作用。

2. 手机关机、改变联系方式能否认定为拒不支付劳动报酬罪构成要件中的“逃匿”？②

行为人在长期拖欠工人工资，数额、时长都达到拒不支付劳动报酬罪构成要件的要求时，如果行为人为逃避支付劳动报酬，而采取手机关机、改变联系方式，让劳动者无法联系至其本人时，行为人手机关机、改变联系方式的行为应当以“逃匿”论处。要从实质要件上理解逃匿一词的确切含义，而不能仅仅从字面上理解为逃匿就是行为人逃离工作者、居住地。如果经政府有关部门责令支付仍不支付（当然送达责令支付的文书必须符合法定要求）的，则可认定行为人的行为构成拒不支付劳动报酬罪。这样做，有利于在很大程度上完善劳动者权利保护体系。通过刑法的强力介入，打击恶意欠薪，震慑无良雇主，保护广大劳动者的合法权益不受侵犯，有助于维护市场经济健康有序运行，促进社会的和谐稳定。

---

① 观点来源：最高人民法院 2015 年 12 月 4 日公布的二起拖欠劳动报酬典型案例之一。

② 案例来源：最高人民法院 2014 年 7 月 24 日发布的八起典型案例之一。

（四）疑难、复杂问题的参考性解答

1. 单位能否成为拒不支付劳动报酬罪的犯罪主体？

本罪的犯罪主体为一般主体，即任何实施了拒不支付劳动者劳动报酬行为的自然人或者单位。因此，单位可以成为本罪的犯罪主体。而且，不仅具备合法经营资格的用人单位可以成为犯罪主体，不具备合法经营资格的用人单位亦可成为犯罪主体。司法实践中，有些单位和个人，虽然不具备用工主体资格，但却违法用工。在这种情况下，劳动者的劳动报酬也应当得到保护。

2. 如何正确理解拒不支付劳动报酬罪的客观行为要件？

本罪客观方面表现为行为人以转移财产、逃匿等方法，逃避支付劳动者的劳动报酬，或者有能力支付而不支付劳动者的劳动报酬，数额较大，并经政府有关部门责令支付仍不支付的行为。具体地说，客观方面由下列要件组成，而且必须齐全，缺一不可。

（1）以转移财产、逃匿等方法，逃避支付劳动者的劳动报酬，或者有能力支付而不支付劳动者的劳动报酬

——逃避支付劳动者的劳动报酬。“转移财产”和“逃匿”，是“逃避支付”最为常见的客观表现形式，但应当不限于这两种。“转移财产”，是指行为人将其财产隐藏，不为劳动者知晓；或者以恶意清偿等方式转移、处分财产；或者虚构债务、虚假破产、倒闭，造成无力支付劳动报酬的假象，以便向劳动者表明其无经济能力支付劳动报酬；“逃匿”，是指雇主故意避而不见索取劳动报酬的劳动者，甚至抛弃工厂、企业逃离当地，藏匿他处，以达到不支付劳动报酬的目的。具有下列情形之一的，应当认定为《刑法》第二百七十六条之一第一款规定的“以转移财产、逃匿等方法逃避支付劳动者的劳动报酬”：①隐匿财产、恶意清偿、虚构债务、虚假破产、虚假倒闭或者以其他方法转移、处分财产的；②逃跑、藏匿的；③隐匿、销毁或者篡改账目、职工名册、工资支付记录、考勤记录等与劳动报酬相关的材料的；④以其他方法逃避支付劳动报酬的。

——“有能力支付而不支付”。是指雇主本有经济能力而故意长期拖欠劳动者的劳动报酬。

（2）拒不支付的劳动报酬达到“数额较大”

具有下列情形之一的，应当认定为《刑法》第二百七十六条之一第一款规定的“数额较大”：①拒不支付一名劳动者三个月以上的劳动报酬且数额在5000元至2万元以上的；②拒不支付十名以上劳动者的劳动报酬且数额累计在3万元至10万元以上的。

（3）经政府有关部门责令支付仍不支付

我国《刑法》虽然规定了拒不支付劳动报酬罪，但追究行为人的刑事责任不是目的，促使行为人支付劳动报酬才是最终目的。因此，首先应当让现有的劳动争议解决机制充分发挥行政程序简便、快捷的长处和作用，使劳动者尽早拿到劳动报酬。我国《劳动法》《劳动合同法》以及《劳动保障监察条例》等都明确规定，对不支付劳动者报酬的行为，由政府有关部门责令其支付。因此，本罪的构成要件之一是“经政府有关部门责令支付仍不支付”。

虽经政府有关部门责令支付后，经过多长时间才属于“仍不支付”的情形？司法实践中，可能会出现经政府有关部门责令支付后，但在一定时间内行为人仍没有实际；履行支付或者仅支付一部分劳动报酬的情况。对此，一般应掌握在责令支付规定时间或者劳资双方约定时间期满后即可立案查处。

这里的政府有关部门，一般是指县级以上政府劳动行政部门，即劳动和社会保障部门。《劳动法》明确了劳动行政部门在劳动工作中的地位和职责，即国务院劳动行政部门主管全国的劳动工作，县级以上地方人民政府劳动行政部门主管本行政区域内的劳动工作。这里的“责令支付仍不支付”，是指经政府劳动部门责令支付一次仍没有支付的责令权。

3. 不支付劳动报酬的，是否都构成拒不支付劳动报酬罪？

不支付劳动报酬构成拒不支付劳动报酬罪的客观表现形式，但不能说，凡是不支付劳动报酬的，都构成拒不支付劳动报酬罪。对于以下不支付劳动报酬的情形不应认定为构成犯罪：

（1）行为人主观上没有恶意拖欠劳动报酬的故意，只是资金因为客观方面原因一时周转不灵，或者经营困难、企业濒临倒闭造成支付困难或者无法支付，没有存在有能力支付而不支付的。对于这种情形，无论拖欠的劳动报酬数额有多大，是否已经引发负面影响的“讨薪事件”“群体性事件”，都不能以本罪论处。

另外，行为人虽然实施了转移财产或者逃匿的行为，但支付了劳动者的劳动报酬的，不构成本罪。

行为人向劳动者支付了基本工资，但因合同内容不明确，在资金、津贴、补贴的支付方面产生纠纷的，不宜以本罪论处。如果法院裁判应当支付，行为人仍不支付的，宜认定为拒不执行判决、裁定罪。

（2）不支付的劳动报酬尚未达到“数额较大”的。对此，劳动者可以依照法定程序提起劳动仲裁或者民事诉讼，也不能以本罪论处。

（3）尚未经过“经政府有关部门责令支付”程序，或者“经政府有关部门责令支付”后在规定的时间内支付的，均不能以本罪论处。

（4）虽然拒不支付劳动者的劳动报酬，“经政府有关部门责令支付”仍不支付，也达到数额较大，但尚未造成严重后果，在刑事立案前支付劳动者的劳动报酬，并依法承担相应赔偿责任的，可以认定为情节显著轻微危害不大”，不认为是犯罪。

4. 怎样认定拒不支付劳动报酬罪构成要件中的“有支付能力而不支付”？

要审慎认定“有支付能力而不支付”。不能仅以劳资双方的一面之词加以简单认定，必要时，应当请有关审计、财会核算部门进行审查，根据其审查结论作出认定。

（五）量刑指导或参考

依照《刑法》第二百七十六条之一第一款规定，犯拒不支付劳动报酬罪的，处三年以下有期徒刑或者拘役，并处或者单处罚金；造成严重后果的，处三年以上七年以下有期徒刑，并处罚金。

依照本条第二款规定，单位犯本罪的，对单位判处罚金，并对其直接负责的主管人员和其他直接责任人员，依照前款的规定处罚。

依照本条第三款规定，有前两款行为，尚未造成严重后果，在提起公诉前支付劳动者的劳动报酬，并依法承担相应赔偿责任的，可以减轻或者免除处罚。

司法机关在适用本条规定处罚时，应注意以下问题：

1. 关于“造成严重后果的”认定。“造成严重后果”，是本罪的加重处罚情节。根据刑法原理，结果加重犯的成立以符合基本犯罪构成为前提。因此，认定“造成严重后果”，必须以行为人拒不支付劳动者劳动报酬的行为构成犯罪为前提。

2. 正确理解和适用刑法对本罪从宽处罚的规定。

（1）《刑法》第二百七十六条之一第三款规定，拒不支付劳动报酬的行为，尚未造成严重后果，在提起公诉前支付了劳动者的劳动报酬，并依法承担相应赔偿责任的，可以减轻或者免除处罚。

（2）在一审宣判前支付劳动者的劳动报酬，并依法承担相应赔偿责任的，可以从轻处罚。

（3）对于免除刑事处罚的，可以根据案件的不同情况，予以训诫、责令具结悔过或者赔礼道歉。

（4）拒不支付劳动者的劳动报酬，造成严重后果，但在宣判前支付了劳动者的劳动报酬，并依法承担相应赔偿责任的，可以酌情从宽处罚。

3. 单位拒不支付劳动报酬，构成犯罪的，对直接负责的主管人员和其他直接责任人员依照个人犯罪的定罪量刑标准，定罪处罚，并对单位判处罚金。

4. 规范化量刑。《量刑指导意见（试行）》对拒不支付劳动报酬罪的量刑并未作出规定，这主要是由于此类案件在司法实践中的发案率不高，最高司法机关还未能总结出一套比较完整的量刑规范化方案，有待于在总结经验的基础上再作出详细的规定。在此之前，各高级法院可以根据各地的社会治安状况、经济发展状况等因素，制定适合本省、自治区、直辖市实际情况的量刑规范化标准。在有关规定出台前，司法人员应当根据犯罪的事实、犯罪的性质、情节和对于社会的危害程度，依照《刑法》和有关司法解释的规定判处刑罚。

刑法办案思路与疑难释解

XINGFA BANAN SILU YU YINAN SHIJIE

第三卷

主　编◎胡云腾
副主编◎周　峰

中国法制出版社
CHINA LEGAL PUBLISHING HOUSE

总 目 录

·第一卷·

刑法总则

·第二卷·

刑法分则

·第三卷·

·第四卷·

·第五卷·

·第六卷·

分目录

（第三卷）

第三节　妨害对公司、企业的管理秩序罪

一、虚报注册资本罪

（一）刑法规定

第一百五十八条　申请公司登记使用虚假证明文件或者采取其他欺诈手段虚报注册资本，欺骗公司登记主管部门，取得公司登记，虚报注册资本数额巨大、后果严重或者有其他严重情节的，处三年以下有期徒刑或者拘役，并处或者单处虚报注册资本金额百分之一以上百分之五以下罚金。

单位犯前款罪的，对单位判处罚金，并对其直接负责的主管人员和其他直接责任人员，处三年以下有期徒刑或者拘役。

（二）司法解释、司法文件

1. 全国人民代表大会常务委员会关于《中华人民共和国刑法》第一百五十八条、第一百五十九条的解释（2014 年 4 月 24 日第十二届全国人民代表大会常务委员会第八次会议通过）

全国人民代表大会常务委员会讨论了公司法修改后刑法第一百五十八条、第一百五十九条对实行注册资本实缴登记制、认缴登记制的公司的适用范围问题，解释如下：

刑法第一百五十八条、第一百五十九条的规定，只适用于依法实行注册资本实缴登记制的公司。

2. 最高人民检察院、公安部关于严格依法办理虚报注册资本和虚假出资抽逃出资刑事案件的通知（公经〔2014〕247 号，自 2014 年 5 月 20 日起施行）

为了正确执行新修改的公司法和全国人大常委会立法解释，现就严格依法办理虚报注册资本和虚假出资、抽逃出资刑事案件的有关要求通知如下：

一、充分认识公司法修改对案件办理工作的影响。新修改的公司法主要涉及三个方面：一是将注册资本实缴登记制改为认缴登记制，除对公司注册资本实缴有另行规定的以外，取消了公司法定出资期限的规定，采取公司股

东（发起人）自主约定认缴出资额、出资方式、出资期限等并记载于公司章程的规定。二是放宽注册资本登记条件，除对公司注册资本最低限额有另行规定的以外，取消了公司最低注册资本限制、公司设立时股东（发起人）的首次出资比例以及货币出资比例限制。三是简化登记事项和登记文件，有限责任公司股东认缴出资额、公司实收资本不再作为登记事项，公司登记时不需要提交验资报告。全国人大常委会立法解释规定："刑法第一百五十八条、第一百五十九条的规定，只适用于依法实行注册资本实缴登记制的公司。"新修改的公司法和上述立法解释，必将对公安机关、检察机关办理虚报注册资本和虚假出资、抽逃出资刑事案件产生重大影响。各级公安机关、检察机关要充分认识新修改的公司法和全国人大常委会立法解释的重要意义，深刻领会其精神实质，力争在案件办理工作中准确适用，并及时了解掌握本地区虚报注册资本和虚假出资、抽逃出资案件新情况、新问题以及其他相关犯罪态势，进一步提高办理虚报注册资本和虚假出资、抽逃出资刑事案件的能力和水平。

二、严格把握罪与非罪的界限。根据新修改的公司法和全国人大常委会立法解释，自2014年3月1日起，除依法实行注册资本实缴登记制的公司（参见《国务院关于印发注册资本登记制度改革方案的通知》（国发〔2014〕7号）以外，对申请公司登记的单位和个人不得以虚报注册资本罪追究刑事责任；对公司股东、发起人不得以虚假出资、抽逃出资罪追究刑事责任。对依法实行注册资本实缴登记制的公司涉嫌虚报注册资本和虚假出资、抽逃出资犯罪的，各级公安机关、检察机关依照刑法和《立案追诉标准（二）》的相关规定追究刑事责任时，应当认真研究行为性质和危害后果，确保执法办案的法律效果和社会效果。

三、依法妥善处理跨时限案件。各级公安机关、检察机关对发生在2014年3月1日以前尚未处理或者正在处理的虚报注册资本和虚假出资、抽逃出资刑事案件，应当按照刑法第十二条规定的精神处理：除依法实行注册资本实缴登记制的公司以外，依照新修改的公司法不再符合犯罪构成要件的案件，公安机关已经立案侦查的，应当撤销案件；检察机关已经批准逮捕的，应当撤销批准逮捕决定，并监督公安机关撤销案件；检察机关审查起诉的，应当作出不起诉决定；检察机关已经起诉的，应当撤回起诉并作出不起诉决定；检察机关已经抗诉的，应当撤回抗诉。

四、进一步加强工作联系和沟通。各级公安机关、检察机关应当加强工作联系，对重大、疑难、复杂案件，主动征求意见，共同研究案件定性和法律适用等问题；应当加强与人民法院、工商行政管理等部门的工作联系，建立健全案件移送制度和有关工作协作制度，全面掌握公司注册资本制度改革后面临的经济犯罪态势；上级公安机关、检察机关应当加强对下级公安机关、检察机关的指导，确保虚报注册资本和虚假出资、抽逃出资案件得到依法妥善处理。

各地在执行中遇到的问题，请及时报告最高人民检察院和公安部。

3. 最高人民检察院、公安部关于公安机关管辖的刑事案件立案追诉标准的规定（二）（自2022年5月15日起施行）（节录）

第三条　［虚报注册资本案（刑法第一百五十八条）］申请公司登记使用虚假证明文件或者采取其他欺诈手段虚报注册资本，欺骗公司登记主管部门，取得公司登记，涉嫌下列情形之一的，应予立案追诉：

（一）法定注册资本最低限额在六百万元以下，虚报数额占其应缴出资数额百分之六十以上的；

（二）法定注册资本最低限额超过六百万元，虚报数额占其应缴出资数额百分之三十以上的；

（三）造成投资者或者其他债权人直接经济损失累计数额在五十万元以上的；

（四）虽未达到上述数额标准，但具有下列情形之一的：

1. 二年内因虚报注册资本受过二次以上行政处罚，又虚报注册资本的；

2. 向公司登记主管人员行贿的；

3. 为进行违法活动而注册的。

（五）其他后果严重或者有其他严重情节的情形。

本条只适用于依法实行注册资本实缴登记制的公司。

（三）典型或常见问题的审理思路

1. 构成虚报注册资本的行为方式中"使用虚假证明文件或者采用其他欺诈手段"的内涵[①]

虚报注册资本，即资本不实，表现为股东的实际出资与公司的注册资本

---

① 观点来源：最高人民法院刑事审判第一、二、三、四、五庭编：《中国刑事审判指导案例（侵犯财产罪）》，法律出版社2017年版，第95－99页。

不一致。人们通常所说的“皮包公司”“空壳公司”就是虚报注册资本的结果。根据《刑法》第一百五十八条的规定，只有“使用虚假证明文件或者采取其他欺诈手段”虚报注册资本的，才构成虚报注册资本罪。没有使用虚假证明文件或者采取其他欺诈手段”虚报注册资本，或者“使用虚假证明文件或者采取其他欺诈手段”不是为了虚报注册资本的，都不构成虚报注册资本罪。

这里的“证明文件”是指在申请公司登记时，申请人需向工商行政管理机关提交的证实注册资本真实性的文件。根据《市场主体登记管理条例》第十六条规定：“申请办理市场主体登记，应当提交下列材料：（一）申请书；（二）申请人资格文件、自然人身份证明；（三）住所或者主要经营场所相关文件；（四）公司、非公司企业法人、农民专业合作社（联合社）章程或者合伙企业合伙协议；（五）法律、行政法规和国务院市场监督管理部门规定提交的其他材料。国务院市场监督管理部门应当根据市场主体类型分别制定登记材料清单和文书格式样本，通过政府网站、登记机关服务窗口等向社会公开。登记机关能够通过政务信息共享平台获取的市场主体登记相关信息，不得要求申请人重复提供。

使用虚假“证明文件”并不是指上述全部文件，而是指其中的“资金信用证明、验资证明或者资金担保”“住所和经营场所使用证明”等这些能证实注册资本真实性的文件，一般是指验资、验证、评估等有关的文书、文字材料，如公司法规定，股东全部缴纳出资后，或发行股份的股款缴足后，必须经法定验资机构验资并出具证明文件；以实物、工业产权、非专利技术、土地使用权出资的，须经资产评估机构评估并出具证明文件。所谓“采取其他欺诈手段”，是指利用“使用虚假证明文件”以外的其他方法虚报注册资本。例如，隐瞒真相骗用其无支配权的资金进行虚报。使用这些欺诈手段必须是为了虚报注册资本，不是为了虚报注册资本而使用的欺诈手段，不构成本罪。

2. 虚报注册资本数额巨大、后果严重或者有其他严重情节，是虚报注册资本罪与非罪的界限

虚报注册资本罪是结果犯，即欺骗公司登记主管部门，已取得公司登记的，是虚报注册资本罪的必要条件。没有发生公司登记这一结果的，不构成虚报注册资本罪。取得公司登记的标志，便是工商管理部门核准并发给《企业法人营业执照》。在公司登记过程中使用虚假证明文件或者其他欺诈手段虚报注册资本，是为了欺骗公司登记主管部门，骗取公司登记。如果行为人使用虚假证明文件或者采用其他欺诈手段，虚报注册资本，但工商行政管理部门发觉而未受骗，工商行政管理部门没有批准公司登记，则不构成本罪。换言之，虚报注册资本罪不存在未遂这一犯罪形态。但是，虚报注册资本，欺骗公司登记主管部门，取得公司登记，并非就具备了构成虚报注册资本罪的全部要件。虚报注册资本罪是否成立，还需取决于是否同时具有虚报注册资本“数额巨大”“后果严重”或者“其他严重情节”之一的情形。

取得公司登记后，虚报注册资本数额巨大、后果严重或者有其他严重情节三种情形，只要行为人具备其中之一的，就构成犯罪。由于刑法和有关司法解释均未对虚报注册资本“数额巨大”“后果严重”以及“其他严重情节”作出具体规定，只能由人民法院根据案件的具体情况来认定。特别是对虚报注册资本“数额巨大”的认定，理论界和实务部门的认识均有分歧，主要有以下四种观点：第一种观点认为，应以虚报的注册资本绝对数计算，不应低于 100 万元；第二种观点认为，应以虚报的比例计算，虚报注册资本数额占注册资本的 20% 至 30% 为数额巨大；第三种观点认为，应分两种情况：一是看其虚报的比例，即虚报的数额超过其应出资数额一倍以上的便可认定为虚报注册资本数额巨大；二是看其绝对数额，即虚报注册资本数额超过 100 万元的，应认定为数额巨大；第四种观点认为，公司法根据公司的种类和经营范围分别规定了注册资本的最低限额（有限责任公司，以生产经营为主的和以商业批发为主的不得低于 50 万元，以商业零售为主的不得低于 30 万元，科技开发、咨询、服务性的不得低于 10 万元，特定行业的有限公司需高于以上底线的，由法律、行政法规另行规定，股份有限公司注册资本最低限额为 1000 万元，需高于 1000 万元的，由法律、行政法规另行规定），对于法律规定的注册资本最低限额较低的公司，可按最低限额的 1 倍至 2 倍作为数额巨大的起点，对于法律规定的注册资本最低限额很大的公司，可以 50 万元或者 100 万元作为数额巨大的起点。

虚报注册资本数额大并非社会危害性就大，如注册资本 5000 万元的公司，其在公司注册登记时，使用虚假证明文件虚报了 200 万元，但虚报数额只占其注册资本的 4%，一般不会对债权人的利益造成实际或者大的损害，可作为一般违法行为予以行政处罚，不一定非要通过刑法来调整。而虚报注册资本比例大，也不一定属于虚报注册资本“数额巨大”，如注册资本 10 万元的公司，即使其全部注册资本均为公司注册人采用欺诈手段虚报，也不宜认定为虚报注册资本“数额巨大”。因此，既不能仅根据虚报的绝对数额，也不能单纯以虚报的比例大，作为虚报注册资本“数额巨大”的起点。在司法解释没有对此作出明确规定以前，一般可以按虚报注册资本数额达注册资本的一定比例（如20%、30%或者更高些、更低些）以上，同时，结合虚报注册资本的绝对数额（如50万元、100万元或者更高些、更低些），作为虚报注册资本“数额巨大”的起点是适当的。只有虚报注册资本数额达到注册资本的一定比例并且虚报注册资本的绝对数额巨大的，才能认定为虚报注册资本“数额巨大”。这种标准虽然会导致无法追究一些虚报注册资本的比例很大或者比例很小但绝对数额很大的公司虚报注册资本行为的刑事责任，但是，首先，虚报注册资本的比例大、注册资本不大的公司本身不具有大额交易的能力，其在经济生活中给债权人造成的损害一般较小，如果此类公司进行了超过以其注册资本承担责任的大额交易，给债权人造成了经济损失，也并非单纯是虚报注册资本行为一方面的因素造成，债权人审查不严、交易不慎，也是有责任的。在有的情况下，这种损失和后果本身就包括在债权人预料的风险之中。而虚报注册资本的绝对数额大、虚报的比例很小的，如前所述，一般不会对债权人的利益造成实际或者大的损害，可不通过刑法来调整。其次，刑法对虚报注册资本行为，以“数额巨大”，而不是以“数额较大”，作为追究刑事责任的起点，也体现了对虚报注册资本数额不是巨大的违法行为不追究刑事责任的意图。再次，虚报注册资本“数额巨大”只是认定虚报注册资本罪的条件之一，对于虚报注册资本数额没有达到上述标准，但后果严重或者有其他严重情节的，仍应以虚报注册资本罪追究其刑事责任。最后，不追究刑事责任并非意味着行为人不负法律责任，根据《公司法》第一百九十八条的规定，对于虚报注册资本，不构成犯罪的，由工商行政管理部门对其处以罚款或者撤销公司登记，已足以起到依法予以制裁以维护交易安全的作用。

虚报注册资本“后果严重”，一般是指虚报注册资本行为给国家、社会、其他股东或债权人造成严重损失，或者造成恶劣影响等情形。虚报注册资本“有其他严重情节”，一般是指行为人多次虚报注册资本，或者行为人虚报注册资本、骗取公司登记后，利用成立的公司进行违法犯罪活动等。

3. 委托中介公司代办公司登记，约定由中介公司代为垫资，资金由中介公司实际控制，并于公司登记前取出的定性[①]

采用代垫资手段骗取公司登记的，应当认定为虚报注册资本罪。

近年来，随着社会主义市场经济快速发展，私营企业、合资公司等各种模式的经济载体发展迅猛，在公司设立过程中违反公司法规定进行融资、验资等投机取巧的行为时有发生。被告人在公司设立登记过程中，未交付货币，采用他人垫资的欺诈方式骗取验资证明，进而取得公司登记，后又抽逃出资的行为，严重扰乱了社会经济秩序，应当认定为虚报注册资本罪。

虚报注册资本罪侵犯的客体是工商行政管理登记制度，被告人需要有欺骗公司登记主管部门取得公司登记的主观故意。虚报注册资本案件中，行为人采取以无充有、以少充多的欺诈手段，使登记注册资本虚高于实际注入资本；而抽逃出资案件中，行为人抽逃的资金必须是公司登记成立之前行为人已经认缴的真实存在的资金，资金不管是自有的，还是借贷的，都必须是行为人享有控制权。虚报注册资本是公司整体行为，具有对外欺骗性，欺骗对象指向公司之外的登记管理部门；而虚假出资为公司发起人、股东的个人行为，具有对内欺骗性，即必须是部分发起人、股东对公司其他发起人、股东的欺骗。

从实质上理解，注册资本是指有限责任公司和股份有限公司的股东在公司登记机关登记的股东实际缴纳的出资总额。注册资本作为公司运营资本的一部分，不仅对股东权益起保障作用，同时也是公司承担风险、偿还债务的基本保证，是他人了解公司资信状况的重要窗口，直接关系到交易安全性以及债权人的利益。夸大或者虚构公司的注册资本会造成潜在的交易风险，影响正常的市场经济秩序。

4. 适用范围

本罪只适用于依法实行注册资本实缴登记制的公司。[②]

本罪侵犯的客体是国家对公司的登记管理制度。为便于国家对公司的管理，规范公司行为，约束、保障公司的经营活动，以适应市场经济的需要，

---

① 观点来源：最高人民法院刑事审判第一、二、三、四、五庭编：《中国刑事审判指导案例（侵犯财产罪）》第774号指导案例：卜某冰虚报注册资本案。

② 《全国人民代表大会常务委员会关于〈中华人民共和国刑法〉第一百五十八条、第一百五十九条的解释》（2014年4月24日第十二届全国人民代表大会常务委员会第八次会议通过）。

改变过去设立公司一律要经审批的计划经济的做法，1993 年 12 月 29 日，第八届全国人民代表大会常务委员会第五次会议通过的《公司法》[①] 中规定了公司登记制度。这里讲的公司，是指依法设立的有限责任公司和股份有限公司。根据 2005 年《公司法》的规定，设立有限责任公司和股份有限公司都有严格的法定条件，特别是关于注册资本的要求十分严格。“注册资本”，对于有限责任公司而言，是指在公司登记机关登记的全体股东认缴的出资额；[②] 对于股份有限公司而言，如系采取发起设立方式设立，是指在公司登记机关登记的全体发起人认购的股本总额；如系采取募集方式设立，则为公司登记机关登记的实收股本总额。[③] 注册资本既是公司经营资本的一部分，也是划分股东权益的标准之一，还是公司承担风险、偿还债务的基本保障。股东出资达到法定资本最低限额，是设立有限责任公司和股份有限公司的必备条件之一。一旦出资有假，就可能损害债权人的利益，进而扰乱市场秩序。因此，对虚报注册资本的行为，必须依法惩处。

（四）疑难、复杂问题的参考性解答

1. 本罪主体是否为特殊主体

犯罪主体为特殊主体，即必须是申请公司登记的个人或者单位。申请公司登记的个人，在有限责任公司中是指由全体股东指定的代表或者共同委托的代理人；在股份有限公司中，是指股份有限公司的董事长。根据 2005 年 8 月 1 日《最高人民法院关于如何认定国有控股、参股股份有限公司中的国有公司、企业人员的解释》，国有公司、企业委派到国有控股、参股公司从事公务的人员，以国有公司、企业人员论。申请公司登记的单位，是指申请设立有限责任公司和股份有限公司的机构或者部门。

2. 对犯罪客观要件的理解

客观方面表现为使用虚假证明文件或者采取其他欺诈手段虚报注册资本，欺骗公司登记主管部门，取得公司登记，虚报注册资本数额巨大、后果严重

---

① 《公司法》先后经 1999 年 12 月 25 日第九届全国人民代表大会常务委员会第十三次会议《关于修改〈中华人民共和国公司法〉的决定》第一次修正；2004 年 8 月 28 日第十届全国人民代表大会常务委员会第十一次会议《关于修改〈中华人民共和国公司法〉的决定》第二次修正；2005 年 10 月 27 日第十届全国人民代表大会常务委员会第十八次会议第三次修正。

② 《公司法》第二十六条。

③ 《公司法》第八十一条。

或者有其他严重情节的行为。“虚假证明文件”，是指依法设立的注册会计师事务所和审计师事务所对申请公司登记的单位或者个人提交的注册资本进行验证后，出具的不真实的验资报告、资产评估报告、验资证明等材料。“其他欺诈手段”，是指采取贿赂等非法手段收买有关部门的工作人员，恶意串通，虚报注册资本，或者采用其他隐瞒事实真相的方法，欺骗公司登记主管部门的行为。按照《公司法》的规定，股东出资达到法定资本最低限额是设立有限责任公司必须具备的条件之一。“虚报注册资本”，是指公司的实有资本没有达到其向公司登记主管部门申报的注册资本的数额。公司的实有资本虽已达到法定注册资本的最低限额，但与其申报的注册资本不符的，仍属虚报。需要注意的是，2005 年 10 月 27 日，第十届全国人民代表大会常务委员会第十八次会议修订的《公司法》第二十六条、第五十九条、第八十一条对公司设立条件作了重要修改：一是降低了公司法定注册资本金的最低限额；二是将注册资本的缴纳由原来的实缴制，即在申请公司登记时即需缴足认缴资本或者认购股本，改为实缴与认缴相结合，允许公司股东在公司申请登记之时只缴纳部分认购、认缴的出资，剩余部分在法定年限内缴足即可（一人有限责任公司除外）。司法实践中，要注意依照修订后公司法的规定，正确理解和把握“虚报注册资本”的含义。具体而言，由于现行公司法已不再要求在公司成立时即缴足出资，鉴于此，即使在申请公司登记时对股东认缴的资本或者认购的股本作了夸大，只要其首次出资额已达到法定标准，且后来在法定年限内又缴足申报的注册资本的剩余部分，就不能认定为是“虚报注册资本”。“欺骗公司登记主管部门”，根据公司法和公司登记管理条例的规定，是指欺骗工商行政管理机关。“取得公司登记”，是指经工商行政管理部门核准并发给企业法人营业执照。“虚报注册资本数额巨大”“后果严重或者有其他严重情节”，参见《最高人民检察院、公安部关于公安机关管辖的刑事案件立案追诉标准的规定（二）》（以下简称《立案追诉标准（二）》）第三条的规定。

3. 划清罪与非罪的界限

构成本罪必须同时具备两个条件：（1）行为人使用虚假证明文件或者采取其他欺诈手段虚报注册资本，欺骗公司登记主管部门，“取得公司登记”。如果在申请登记过程中，受理申请的工商部门没有予以登记的，不构成本罪。（2）行为人具有“虚报注册资本数额巨大、后果严重或者有其他严重情节”。

如果行为人虚报的注册资本数额不大，造成的后果不严重或者没有其他严重情节的，也不构成本罪，可以由工商行政管理部门视情节予以行政处罚。《立案追诉标准（二）》第三条规定："申请公司登记使用虚假证明文件或者采取其他欺诈手段虚报注册资本，欺骗公司登记主管部门，取得公司登记，涉嫌下列情形之一的，应予立案追诉：（一）超过法定出资期限，实缴注册资本不足法定注册资本最低限额，有限责任公司虚报数额在三十万元以上并占其应缴出资数额百分之六十以上的，股份有限公司虚报数额在三百万元以上并占其应缴出资数额百分之三十以上的；（二）超过法定出资期限，实缴注册资本达到法定注册资本最低限额，但仍虚报注册资本，有限责任公司虚报数额在一百万元以上并占其应缴出资数额百分之六十以上的，股份有限公司虚报数额在一千万元以上并占其应缴出资数额百分之三十以上的；（三）造成投资者或者其他债权人直接经济损失累计数额在十万元以上的；（四）虽未达到上述数额标准，但具有下列情形之一的：1. 两年内因虚报注册资本受过行政处罚二次以上，又虚报注册资本的；2. 向公司登记主管人员行贿的；3. 为进行违法活动而注册的。（五）其他后果严重或者有其他严重情节的情形。"

另外，需要指出的是，2013 年 12 月 28 日，全国人大常委会对公司法进行了修改，将一般公司的注册资本实缴登记制改为认缴登记制，取消注册资本最低限额制度和缴足出资的期限规定。2014 年 4 月 24 日通过的《全国人民代表大会常务委员会关于〈中华人民共和国刑法〉第一百五十八条、第一百五十九条的解释》规定，《刑法》第一百五十八条、第一百五十九条的规定，只适用于依法实行注册资本实缴登记制的公司。根据该立法解释，只有虚报注册资本取得依法应实行注册资本实缴登记制的公司的公司登记，才构成本罪。

4. 划清一罪与数罪的界限

如果行为人在虚报注册资本，取得公司登记后，又以虚报的注册资本作为资信保证进行其他犯罪活动的，例如进行贷款诈骗等，构成犯罪的，应当依法实行数罪并罚。

（五）量刑与情节

依照《刑法》第一百五十八条规定，犯虚报注册资本罪的，处三年以下有期徒刑或者拘役，并处或者单处虚报注册资本金额百分之一以上百分之五以下罚金。

单位犯本罪的，对单位判处罚金，并对其直接负责的主管人员和其他直接责任人员，处三年以下有期徒刑或者拘役。

二、虚假出资、抽逃出资罪

（一）刑法规定

第一百五十九条　公司发起人、股东违反公司法的规定未交付货币、实物或者未转移财产权，虚假出资，或者在公司成立后又抽逃其出资，数额巨大、后果严重或者有其他严重情节的，处五年以下有期徒刑或者拘役，并处或者单处虚假出资金额或者抽逃出资金额百分之二以上百分之十以下罚金。

单位犯前款罪的，对单位判处罚金，并对其直接负责的主管人员和其他直接责任人员，处五年以下有期徒刑或者拘役。

（二）司法解释、司法文件及其权威解读

1. **最高人民检察院、公安部关于公安机关管辖的刑事案件立案追诉标准的规定（二）**（自2022年5月15日起施行）（节录）

第四条　［虚假出资、抽逃出资案（刑法第一百五十九条）］公司发起人、股东违反公司法的规定未交付货币、实物或者未转移财产权，虚假出资，或者在公司成立后又抽逃其出资，涉嫌下列情形之一的，应予立案追诉：

（一）法定注册资本最低限额在六百万元以下，虚假出资、抽逃出资数额占其应缴出资数额百分之六十以上的；

（二）法定注册资本最低限额超过六百万元，虚假出资、抽逃出资数额占其应缴出资数额百分之三十以上的；

（三）造成公司、股东、债权人的直接经济损失累计数额在五十万元以上的；

（四）虽未达到上述数额标准，但具有下列情形之一的：

1. 致使公司资不抵债或者无法正常经营的；

2. 公司发起人、股东合谋虚假出资、抽逃出资的；

3. 二年内因虚假出资、抽逃出资受过二次以上行政处罚，又虚假出资、

抽逃出资的；

4. 利用虚假出资、抽逃出资所得资金进行违法活动的。

（五）其他后果严重或者有其他严重情节的情形。

本条只适用于依法实行注册资本实缴登记制的公司。

权威解读

《关于公安机关管辖的刑事案件立案追诉标准的规定（二）》的理解与适用

（一）关于第三条虚报注册资本案，第四条虚假出资、抽逃出资案

2005年10月，全国人大常委会对公司法进行了修订，对有限责任公司、股份有限公司注册资本最低限额、出资缴付期限等内容均作了重大修改，放宽了设立公司的注册资本缴纳的数额和时限，尤其是大幅下调了有限责任公司、股份有限公司注册资本的最低限额，立案追诉标准需要相应作出修改。

1. 关于第三条第（一）项的制定理由

第（一）项规定了“超过法定出资期限，实缴注册资本不足法定注册资本最低限额”时，虚报注册资本罪的立案追诉标准。

根据2005年《公司法》第二十六条、第八十一条的规定，有限责任公司（一人有限责任公司除外）、股份有限公司（发起设立方式）的首次出资额不得低于注册资本的20%，其余部分自公司成立之日起2年内缴足；其中，投资公司可在5年内缴足。有限责任公司、股份有限公司的注册资本最低限额分别为3万元、500万元。由此可见，行为人是否构成虚报注册资本在2年的出资期限内无法判断，只有超过法定出资期限后才能认定，也才属于刑事追究的范围，立案追诉标准中有必要对此予以明确，因此增加了“超过法定出资期限”的限制条件。

第（一）项中采取了数额加比例的立案追诉标准。在制定该标准的过程中，曾有两种意见：第一种意见建议采取单一数额标准，或者数额比例择一的标准，这样与2001年《追诉标准》相比，保持了内容上的稳定，对于那些数额较小但比例较高如100%虚报的行为有明显的规制作用。第二种意见建议采取数额加比例的标准，主要考虑是修订后的公司法大幅下调了公司注册资本的最低限额，有限责任公司的注册资本最低限额仅为3万元，单一数额或比例标准难以准确反映虚报注册资本行为的社会危害性，而数额加比例的标准能够有效控制刑事打击面，并为行政执法留下一定空间，有利于贯彻宽严相济刑事政策。

经研究，采纳了后一种意见。在具体数额、比例标准的确定时，注意与2001年《追诉标准》规定的标准保持协调。以有限责任公司为例，根据2001年《追诉标准》的规定，有限责任公司实缴注册资本不足法定注册资本最低限额，虚报数额占法定最低限额的60%的，应予追诉。根据旧公司法的规定，以生产经营为主的公司法定注册资本最低限额为50万元，追诉标准相应为虚报数额在30万元以上。因此，《立案追诉标准（二）》将有限责任公司的数额标准确定为30万元，比例标准确定为60%。而将股份有限公司数额标准确定为300万元，比例标准确定为30%也是基于相同方法。这样，与2001年《追诉标准》相比，在原有标准保持相对稳定的基础上略有提高，可以有效防止刑事打击面扩大的问题。

2. 关于第三条第（二）项的制定理由

第（二）项规定了“超过法定出资期限，实缴注册资本达到法定注册资本最低限额，但仍虚报注册资本”时的立案追诉标准。与第一项相同，第（二）项也增加了“超过法定出资期限”的限制条件，采取数额加比例的立案追诉标准。

在具体数额、比例标准的确定时，既注意与第（一）项的标准保持平衡，又注意与2001年《追诉标准》规定的标准保持协调。根据公司法的规定，有限责任公司、股份有限公司的注册资本最低限额分别为3万元、500万元。因此，“实缴注册资本达到法定注册资本最低限额，但仍虚报注册资本”行为的入罪门槛显然应适当高于“实缴注册资本不足法定注册资本最低限额”的虚报注册资本行为。数额标准沿用了2001年《追诉标准》规定中100万元、1000万元的标准，比例标准参照了第一项中60%、30%的标准，有效地避免了那些数额大但比例不高或比例高但数额不大的行为被纳入刑事打击的范围。特别是法律法规对特定行业的注册资本最低限额往往另有更高规定，如拍卖法规定，经营文物拍卖的拍卖公司的注册资本最低限额为1000万元；保险法规定，保险公司的注册资本最低限额为2亿元。对于这类注册资本最低限额要求较高的企业，如果采取单一数额或比例标准，或者数额加比例标准偏低，很容易达到立案追诉标准，现在的规定能够解决这一问题。

本条第（三）项、第（四）项大体沿用2001年《追诉标准》的规定，第（五）项是增加的兜底条款。

虚假出资、抽逃出资案第（一）项、第（二）项参照虚报注册资本案的标准拟定。根据虚假出资与抽逃出资行为的不同情况，虚假出资以“应缴出资数额”作为数额、比例计算的基数，抽逃出资以“实缴出资数额”作为数额、比例计算的基数。另外，由于公司法的出资期限主要是针对出资而言的，而对于抽逃出资的行为来说，其发生在公司成立之后的任何时间，并不受出资期限是否届满的影响。因此，本条第（二）项未限定“超过法定出资期限”的条件。

（撰稿：陈国庆、韩耀元、吴峤滨）

2. 最高人民检察院、公安部关于严格依法办理虚报注册资本和虚假出资抽逃出资刑事案件的通知（公经〔2014〕247号，自2014年5月20日起实施）

各省、自治区、直辖市人民检察院，公安厅、局，新疆生产建设兵团人民检察院、公安局：

2013年12月28日，第十二届全国人民代表大会常务委员会第六次会议通过了关于修改《中华人民共和国公司法》的决定，自2014年3月1日起施行。2014年4月24日，第十二届全国人民代表大会常务委员会第八次会议通过了《全国人大常委会关于刑法第一百五十八条、第一百五十九条的解释》。为了正确执行新修改的公司法和全国人大常委会立法解释，现就严格依法办理虚报注册资本和虚假出资、抽逃出资刑事案件的有关要求通知如下：

一、充分认识公司法修改对案件办理工作的影响。新修改的公司法主要涉及三个方面：一是将注册资本实缴登记制改为认缴登记制，除对公司注册资本实缴有另行规定的以外，取消了公司法定出资期限的规定，采取公司股东（发起人）自主约定认缴出资额、出资方式、出资期限等并记载于公司章程的规定。二是放宽注册资本登记条件，除对公司注册资本最低限额有另行规定的以外，取消了公司最低注册资本限制、公司设立时股东（发起人）的首次出资比例以及货币出资比例限制。三是简化登记事项和登记文件，有限责任公司股东认缴出资额、公司实收资本不再作为登记事项，公司登记时不需要提交验资报告。全国人大常委会立法解释规定：“刑法第一百五十八条、第一百五十九条的规定，只适用于依法实行注册资本实缴登记制的公司。”新修改的公司法和上述立法解释，必将对公安机关、检察机关办理虚报注册资本和虚假出资、抽逃出资刑事案件产生重大影响。各级公安机关、检察机关要充分认识新修改的公司法和全国人大常委会立法解释的重要意义，深刻领会其精神实质，力争在案件办理工作中准确适用，并及时了解掌握本地区虚报注册资本和虚假出资、抽逃出资案件新情况、新问题以及其他相关犯罪态势，进一步提高办理虚报注册资本和虚假出资、抽逃出资刑事案件的能力和水平。

二、严格把握罪与非罪的界限。根据新修改的公司法和全国人大常委会立法解释，自2014年3月1日起，除依法实行注册资本实缴登记制的公司（参见《国务院关于印发注册资本登记制度改革方案的通知》（国发〔2014〕7号））以外，对申请公司登记的单位和个人不得以虚报注册资本罪追究刑事责任；对公司股东、发起人不得以虚假出资、抽逃出资罪追究刑事责任。对依法实行注册资本实缴登记制的公司涉嫌虚报注册资本和虚假出资、抽逃出资犯罪的，各级公安机关、检察机关依照刑法和《立案追诉标准（二）》的相关规定追究刑事责任时，应当认真研究行为性质和危害后果，确保执法办案的法律效果和社会效果。

三、依法妥善处理跨时限案件。各级公安机关、检察机关对发生在2014年3月1日以前尚未处理或者正在处理的虚报注册资金和虚假出资、抽逃出资刑事案件，应当按照刑法第十二条规定的精神处理：除依法实行注册资本实缴登记制的公司以外，依照新修改的公司法不再符合犯罪构成要件的案件，公安机关已经立案侦查的，应当撤销案件；检察机关已经批准逮捕的，应当撤销批准逮捕决定，并监督公安机关撤销案件；检察机关审查起诉的，应当作出不起诉决定；检察机关已经起诉的，应当撤回起诉并作出不起诉决定；检察机关已经抗诉的，应当撤回抗诉。

四、进一步加强工作联系和沟通。各级公安机关、检察机关应当加强工作联系，对重大、疑难、复杂案件，主动征求意见，共同研究案件定性和法律适用等问题；应当加强与人民法院、工商行政管理等部门的工作联系，建立健全案件移送制度和有关工作协作制度，全面掌握公司注册资本制度改革后面临的经济犯罪态势；上级公安机关、检察机关应当加强对下级公安机关、检察机关的指导，确保虚报注册资本和虚假出资、抽逃出资案件得到依法妥善处理。

各地在执行中遇到的问题，请及时报告最高人民检察院和公安部。

3. **全国人民代表大会常务委员会关于《中华人民共和国刑法》第一百五十八条、第一百五十九条的解释**（2014年4月24日第十二届全国人民代表大会常务委员会第八次会议通过）

全国人民代表大会常务委员会讨论了公司法修改后刑法第一百五十八条、

第一百五十九条对实行注册资本实缴登记制、认缴登记制的公司的适用范围问题，解释如下：

刑法第一百五十八条、第一百五十九条的规定，只适用于依法实行注册资本实缴登记制的公司。

现予公告。

4. **最高人民检察院、公安部关于公安机关管辖的刑事案件立案追诉标准的规定（二）**（自2022年5月15日起施行）（节录）

第四条 ［虚假出资、抽逃出资案（刑法第一百五十九条）］公司发起人、股东违反公司法的规定未交付货币、实物或者未转移财产权，虚假出资，或者在公司成立后又抽逃其出资，涉嫌下列情形之一的，应予立案追诉：

（一）法定注册资本最低限额在六百万元以下，虚假出资、抽逃出资数额占其应缴出资数额百分之六十以上的；

（二）法定注册资本最低限额超过六百万元，虚假出资、抽逃出资数额占其应缴出资数额百分之三十以上的；

（三）造成公司、股东、债权人的直接经济损失累计数额在五十万元以上的；

（四）虽未达到上述数额标准，但具有下列情形之一的：

1. 致使公司资不抵债或者无法正常经营的；

2. 公司发起人、股东合谋虚假出资、抽逃出资的；

3. 二年内因虚假出资、抽逃出资受过二次以上行政处罚，又虚假出资、抽逃出资的；

4. 利用虚假出资、抽逃出资所得资金进行违法活动的。

（五）其他后果严重或者有其他严重情节的情形。

本条只适用于依法实行注册资本实缴登记制的公司。

（三）典型或常见问题的审理思路

1. 对本罪客观方面的理解

客观方面表现为违反《公司法》的规定，未交付货币、实物或者未转移财产权，虚假出资，或者在公司成立后又抽逃出资，数额巨大、后果严重或者有其他严重情节的行为。“违反公司法的规定”，是指违反了《公司法》对公司发起人、股东出资方式、出资义务的有关规定，如有限责任公司的股东应当缴纳足额章程中规定的其所认缴的出资额，其中对以货币出资的，股东应当将货币出资一次足额存入准备设立的有限责任公司在银行开设的临时账户；以实物、工业产权、非专利技术或者土地使用权出资的，应当依法办理其财产权的转移手续。“未交付货币”，是指未将货币足额存入准备设立的公司在银行开设的临时账户，或者根本就没有交付任何货币。“未交付实物”，是指没有实际交付作为出资的机器、设备、原材料、房屋等实物。“未转移财产权”，是指对作为出资的实物、工业产权、非专利技术、土地使用权没有办理财产权转移手续或者土地使用权转移手续。“虚假出资”，是指对以实物、工业产权、非专利技术或者土地使用权出资的，在评估作价时，故意高估或者低估作价，然后再作为出资等情形。“公司成立后又抽逃其出资”，是指为达到设立公司的目的，通过向其他企业借款或者向银行贷款等手段取得资金作为出资，待公司登记成立后，又抽回这些资金或者是在公司设立时，依法缴纳了自己的出资，当公司成立后，又将已投入的资金撤回等情形。

2. 认定虚假出资、抽逃出资罪应当注意划清罪与非罪的界限

公司发起人、股东实施了虚假出资、抽逃出资的行为，只有数额巨大、后果严重；或者有其他严重情节的，才构成本罪。如果行为人虽然未交付货币、实物或者未转移财产权，实施了虚假出资、抽逃出资的行为，但数额不大、后果不严重又不具有其他严重情节的，则属于违法行为，不构成犯罪，可以由工商行政管理部门视情节予以行政处罚。《立案追诉标准（二）》第四条规定：“公司发起人、股东违反公司法的规定未交付货币、实物或者未转移财产权，虚假出资，或者在公司成立后又抽逃其出资，涉嫌下列情形之一的，应予立案追诉：（一）超过法定出资期限，有限责任公司股东虚假出资数额在三十万元以上并占其应缴出资数额百分之六十以上的，股份有限公司发起人、股东虚假出资数额在三百万元以上并占其应缴出资数额百分之三十以上的；（二）有限责任公司股东抽逃出资数额在三十万元以上并占其实缴出资数额百分之六十以上的，股份有限公司发起人、股东抽逃出资数额在三百万元以上并占其实缴出资数额百分之三十以上的；（三）造成公司、股东、债权人的直接经济损失累计数额在十万元以上的；（四）虽未达到上述数额标准，但具有下列情形之一的：1. 致使公司资不抵债或者无法正常经营的；2. 公司发起人、股东合谋虚假出资、抽逃出资的；3. 两年内因虚假出资、抽逃出资受过行政处罚二次以上，又虚假出资、抽逃出资的；4. 利用虚假出资、抽逃出资所得资金进行违法活动的。（五）其他后果严重或者有其他严重情节的情形。

需要指出的是，根据全国人大常委会立法解释，本罪仅适用于依法实行注册资本实缴登记制的公司。

（四）量刑与情节

虚假出资、抽逃出资罪的刑事责任依照《刑法》第一百五十九条规定，犯虚假出资、抽逃出资罪的，处五年以下有期徒刑或者拘役，并处或者单处虚假出资金额或者抽逃出资金额百分之二以上百分之十以下罚金。

单位犯本罪的，对单位判处罚金，并对其直接负责的主管人员和其他直接责任人员，处五年以下有期徒刑或者拘役。

三、欺诈发行证券罪

（一）刑法规定

第一百六十条[①] 在招股说明书、认股书、公司、企业债券募集办法等发行文件中隐瞒重要事实或者编造重大虚假内容，发行股票或者公司、企业债券、存托凭证或者国务院依法认定的其他证券，数额巨大、后果严重或者有其他严重情节的，处五年以下有期徒刑或者拘役，并处或者单处罚金；数额特别巨大、后果特别严重或者有其他特别严重情节的，处五年以上有期徒刑，并处罚金。

控股股东、实际控制人组织、指使实施前款行为的，处五年以下有期徒刑或者拘役，并处或者单处非法募集资金金额百分之二十以上一倍以下罚金；数额特别巨大、后果特别严重或者有其他特别严重情节的，处五年以上有期徒刑，并处非法募集资金金额百分之二十以上一倍以下罚金。

单位犯前两款罪的，对单位判处非法募集资金金额百分之二十以上一倍

---

① 本条经2020年12月26日《刑法修正案（十一）》第八条修正，原条文为："在招股说明书、认股书、公司、企业债券募集办法中隐瞒重要事实或者编造重大虚假内容，发行股票或者公司、企业债券，数额巨大、后果严重或者有其他严重情节的，处五年以下有期徒刑或者拘役，并处或者单处非法募集资金金额百分之一以上百分之五以下罚金。单位犯前款罪的，对单位判处罚金，并对其直接负责的主管人员和其他直接责任人员，处五年以下有期徒刑或者拘役。"

以下罚金，并对其直接负责的主管人员和其他直接责任人员，依照第一款的规定处罚。

（二）司法解释、司法文件

最高人民检察院、公安部关于公安机关管辖的刑事案件立案追诉标准的规定（二）（自2022年5月15日起施行）（节录）

第五条　［欺诈发行证券案（刑法第一百六十条）］在招股说明书、认股书、公司、企业债券募集办法等发行文件中隐瞒重要事实或者编造重大虚假内容，发行股票或者公司、企业债券、存托凭证或者国务院依法认定的其他证券，涉嫌下列情形之一的，应予立案追诉：

（一）非法募集资金金额在一千万元以上的；

（二）虚增或者虚减资产达到当期资产总额百分之三十以上的；

（三）虚增或者虚减营业收入达到当期营业收入总额百分之三十以上的；

（四）虚增或者虚减利润达到当期利润总额百分之三十以上的；

（五）隐瞒或者编造的重大诉讼、仲裁、担保、关联交易或者其他重大事项所涉及的数额或者连续十二个月的累计数额达到最近一期披露的净资产百分之五十以上的；

（六）造成投资者直接经济损失数额累计在一百万元以上的；

（七）为欺诈发行证券而伪造、变造国家机关公文、有效证明文件或者相关凭证、单据的；

（八）为欺诈发行证券向负有金融监督管理职责的单位或者人员行贿的；

（九）募集的资金全部或者主要用于违法犯罪活动的；

（十）其他后果严重或者有其他严重情节的情形。

（三）典型或常见问题的审理思路

本罪客观方面表现为在招股说明书、认股书、公司、企业债券募集办法等发行文件中隐瞒重要事实或者编造重大虚假内容，发行股票或者公司、企业债券、存托凭证或者国务院依法认定的其他证券，数额巨大、后果严重或者有其他严重情节的行为，控股股东、实际控制人组织、指使实施前款行为的，也构成本罪。“等发行文件”，是指依照注册制发行上市时还需披露的发行保荐书、上市保荐书、审计报告等其他文件均涵盖在内，“存托凭证或者国务院依法认定的其他证券”，扩大处罚范围的同时设置了兜底条款，要求相关的证明文书必须是国家法律规定或者国务院依法认定的文书。“在招股说明书、认股书、公司、企业债券募集办法中隐瞒重要事实或者编造重大虚假内容”，是指违反公司法和有关法律、法规规定，制作的招股说明书、认股书、公司、企业债券募集办法的内容全部都是虚构的，或者对其中重要的事项和部分内容作虚假的陈述或者记载，或者对某些重要事实进行夸大或者隐瞒，或者故意遗漏有关重要事项等行为。

“发行股票或者公司、企业债券、存托凭证或者国务院依法认定的其他证券”，是指已经实际发行了股票或者公司、企业债券、存托凭证或者国务院依法认定的其他证券的行为。如果没有实际发行股票或者公司、企业债券、存托凭证或者国务院依法认定的其他证券，则不构成犯罪。“数额巨大”，应当以发行股票、债券的面值金额计算。“后果严重”，是指造成了投资者或者其他债权人的重大经济损失，严重影响了债权人、投资人的生产、经营活动等情形。“其他严重情节”，是指除数额巨大和后果严重以外的扰乱金融和社会管理秩序的其他情节。数额特别巨大、后果特别严重或者有其他特别严重情节的认定，应当比照“数额巨大、后果严重或者有其他严重情节”认定，具体仍需要由司法解释来确定。

（四）司法认定

认定欺诈发行证券罪应当注意划清罪与非罪的界限

（1）行为人实施了在招股说明书、认股书、公司、企业债券募集办法等发行文件中隐瞒重要事实或者编造重大虚假内容，还必须实际发行了股票或者公司、企业债券、存托凭证或者国务院依法认定的其他证券的行为，否则，也就不会对社会产生危害，因而不构成犯罪。

（2）构成本罪必须是欺诈发行股票或者公司、企业债券、存托凭证或者国务院依法认定的其他证券，数额巨大、后果严重或者有其他严重情节的行为。如果数额不大、后果不严重或者没有其他严重情节的，也不构成犯罪，可以由工商行政管理部门视情节给予行政处罚。按照《立案追诉标准（二）》第五条的规定：“在招股说明书、认股书、公司、企业债券募集办法等发行文件中隐瞒重要事实或者编造重大虚假内容，发行股票或者公司、企业债券、存托凭证或者国务院依法认定的其他证券，涉嫌下列情形之一的，应予立案追诉：（一）非法募集资金金额在一千万元以上的；（二）虚增或者虚减资产达到当期资产总额百分之三十以上的；（三）虚增或者虚减营业收入达到当期营业收入总额百分之三十以上的；（四）虚增或者虚减利润达到当期利润总额百分之三十以上的；（五）隐瞒或者编造的重大诉讼、仲裁、担保、关联交易或者其他重大事项所涉及的数额或者连续十二个月的累计数额达到最近一期披露的净资产百分之五十以上的；（六）造成投资者直接经济损失数额累计在一百万元以上的；（七）为欺诈发行证券而伪造、变造国家机关公文、有效证明文件或者相关凭证、单据的；（八）为欺诈发行证券向负有金融监督管理职责的单位或者人员行贿的；（九）募集的资金全部或者主要用于违法犯罪活动的；（十）其他后果严重或者有其他严重情节的情形。”

（3）犯罪主体

本罪的犯罪主体为自然人、单位，司法实践中主要指发行股票或者公司、企业债券、存托凭证或者国务院依法认定的其他证券公司的工作人员及出具上述证明文件的人员。

《刑法修正案（十一）》对本罪修正时增加公司、企业的控股股东、实际控制人作为组织者、指使者时的刑事责任，强化对控股股东、实际控制人等“关键少数人”的刑事责任追究。

四、违规披露、不披露重要信息罪

（一）刑法规定

第一百六十一条[①]　依法负有信息披露义务的公司、企业向股东和社会公众提供虚假的或者隐瞒重要事实的财务会计报告，或者对依法应当披露的其他重要信息不按照规定披露，严重损害股东或者其他人利益，或者有其他严

---

① 本条经2006年6月29日《刑法修正案（六）》第五条修正。《刑法》原第一百六十一条为：“公司向股东和社会公众提供虚假的或者隐瞒重要事实的财务会计报告，严重损害股东或者其他人利益的，对其直接负责的主管人员和其他直接责任人员，处三年以下有期徒刑或者拘役，并处或者单处二万元以上二十万元以下罚金。”经2020年12月26日《刑法修正案（十一）》第九条修正，《刑法》原第一百六十一条规定为，依法负有信息披露义务的公司、企业向股东和社会公众提供虚假的或者隐瞒重要事实的财务会计报告，或者对依法应当披露的其他重要信息不按照规定披露，严重损害股东或者其他人利益，或者有其他严重情节的，对其直接负责的主管人员和其他直接责任人员，处三年以下有期徒刑或者拘役，并处或者单处二万元以上二十万元以下罚金。

重情节的，对其直接负责的主管人员和其他直接责任人员，处五年以下有期徒刑或者拘役，并处或者单处罚金；情节特别严重的，处五年以上十年以下有期徒刑，并处罚金。

前款规定的公司、企业的控股股东、实际控制人实施或者组织、指使实施前款行为的，或者隐瞒相关事项导致前款规定的情形发生的，依照前款的规定处罚。

犯前款罪的控股股东、实际控制人是单位的，对单位判处罚金，并对其直接负责的主管人员和其他直接责任人员，依照第一款的规定处罚。

（二）司法解释、司法文件

最高人民检察院、公安部关于公安机关管辖的刑事案件立案追诉标准的规定（二）（自2022年5月15日起施行）（节录）

第六条 ［违规披露、不披露重要信息案（刑法第一百六十一条）］依法负有信息披露义务的公司、企业向股东和社会公众提供虚假的或者隐瞒重要事实的财务会计报告，或者对依法应当披露的其他重要信息不按照规定披露，涉嫌下列情形之一的，应予立案追诉：

（一）造成股东、债权人或者其他人直接经济损失数额累计在一百万元以上的；

（二）虚增或者虚减资产达到当期披露的资产总额百分之三十以上的；

（三）虚增或者虚减营业收入达到当期披露的营业收入总额百分之三十以上的；

（四）虚增或者虚减利润达到当期披露的利润总额百分之三十以上的；

（五）未按照规定披露的重大诉讼、仲裁、担保、关联交易或者其他重大事项所涉及的数额或者连续十二个月的累计数额达到最近一期披露的净资产百分之五十以上的；

（六）致使不符合发行条件的公司、企业骗取发行核准或者注册并且上市交易的；

（七）致使公司、企业发行的股票或者公司、企业债券、存托凭证或者国务院依法认定的其他证券被终止上市交易的；

（八）在公司财务会计报告中将亏损披露为盈利，或者将盈利披露为亏损的；

（九）多次提供虚假的或者隐瞒重要事实的财务会计报告，或者多次对依法应当披露的其他重要信息不按照规定披露的；

（十）其他严重损害股东、债权人或者其他人利益，或者有其他严重情节的情形。

（三）典型或常见问题的审理思路

本罪构成条件

违规披露、不披露重要信息罪，是指依法负有披露义务的公司、企业向股东和社会公众提供虚假的或者隐瞒重要事实的财务会计报告，或者对依法应当披露的其他重要信息不按照规定披露，严重损害股东或者其他人利益，或者有其他严重情节的行为。

信息披露作为规制证券市场的一项重要法律制度，自产生以来，在保护投资者，保证证券市场高效运营，促进国民经济健康发展方面起到了巨大的推动作用，成为政府干预证券市场，进行宏观调控的重要工具。如果公司、企业披露的财会报告以及其他重要信息有虚假记载、误导性陈述或者重大遗漏，或者该披露的不披露，不仅会使社会公众作出错误判断，从而导致其利益受损，甚至可能影响社会稳定；也会在一定程度上妨害国家经济决策的正确制定，影响国民经济的良性发展。因此，世界各国的证券法毫无例外地确立了信息披露制度。依法负有信息披露义务的公司、企业信息公布的不对称性、信息获取的高成本性、不完全性等这些证券市场的内在缺陷，加之投资者行为的差异，会加剧证券价格对其基础价值的背离，导致“泡沫经济”，而“泡沫”的破灭终将使社会生产力遭到严重破坏。美国证交会在经过调查后，曾作出过如下结论：联邦证券立法的全部构造中枢，在于企业内容的公开，利用其财务状况资料或其他资料，使投资者能作出明智判断，而且这是防止证券欺诈的最好方法。可见，信息披露制度的存在有其深厚的社会经济背景，是建立公平有序证券市场的内在要求。在我国企业制度改革向股份制迈进，大力发展证券市场的今天，加强法律对证券市场信息披露的管理，加强对信息披露行为的刑罚干预是完全必要的。

1997 年《刑法》施行后，原规定在实践运用中遇到了一些问题：一是犯罪主体仅限于上市公司，范围过窄；二是披露的对象仅限于财会报告，范围也过窄；三是行为方式仅限于提供虚假财会报告，未能将该披露不披露的行为纳入规制范围；四是结果要件“严重损害股东或者其他人利益”难以认定。[①] 为此，《刑法修正案（六）》第五条对本罪的罪状作了必要的调整，侵犯的客体就不单纯是国家对公司的财务管理制度，还应包括国家对公司的信息披露制度。《刑法修正案（十一）》第九条又增加了“公司、企业的控股股东、实际控制人实施或者组织、指使实施前款行为的，或者隐瞒相关事项导致前款规定的情形发生的”情形；同时增加了单位犯罪主体。

本罪犯罪主体为特殊主体，即只有依法负有信息披露义务的公司、企业才能成为本罪主体。“依法负有信息披露义务的公司、企业”，是指根据有关法律、法规的规定具有信息披露义务的股票发行人、上市公司，债券上市交易的公司、企业以及银行、基金管理人、基金托管人等公司、企业。公司、企业的控股股东、实际控制人实施或者组织、指使实施前款行为的，或者隐瞒相关事项导致前款规定的情形发生的则构成犯罪，同时增加了单位犯罪的规定。

客观方面表现为向股东和社会公众提供虚假的或者隐瞒重要事实的财务会计报告，或者对依法应当披露的其他重要信息不按照规定披露，严重损害股东或者其他人利益，或者有其他严重情节的行为；公司、企业的控股股东、实际控制人实施或者组织、指使实施前款行为的，或者隐瞒相关事项导致前款规定的情形发生的，亦构成该罪。“股东”，是指公司的出资人，既包括有限责任公司的股东，也包括股份有限公司的股东。“社会公众”，是指除股东以外的社会上的其他公民。“虚假的或者隐瞒重要事实的财务会计报告”，是指在财务会计报告中伪造、虚构并不存在的事实，如捏造某笔大宗交易或者隐匿、瞒报应该如实反映的重要事实，又如隐瞒公司亏损状况，以此欺骗股东或者社会公众的行为。“依法应当披露的其他重要信息”，是指在发行股票、公司、企业债券以及发售基金份额时依法应当公告的招股说明书、债券募集办法、财务会计报告以及基金招募说明书、基金合同、基金托管协议等。在证券、基金份额上市交易前依法应当公告的上市公告书及有关信息，如公司的实际控制人、基金资产净值、基金份额净值等，以及证券、基金份额上市交易后依法应当持续披露的年度报告、中期报告、临时报告以及其他依法应

① 黄太云：《立法解读：刑法修正案及刑法立法解释》，人民法院出版社 2006 年版，第 112－113 页。

当披露的重要信息。依法应当披露的其他重要信息的具体范围，应当依照公司法、证券法、证券投资基金法、银行业监督管理法等法律、行政法规的有关规定，以及国务院证券管理机构的有关规定作出认定。“不按照规定披露”，是指对依法应当披露的信息进行虚假记载，在信息披露中故意有重大遗漏、误导性陈述或者其他法律禁止的内容（如对证券投资业绩进行预测等）。“严重损害股东或者其他人利益”，主要是指使股东和社会公众的经济利益遭受严重损失。“其他严重情节”，是指多次进行虚假信息披露，多次对重要信息不予披露，对多项依法应当披露的重要信息进行虚假披露或者不予披露，因不依法披露信息造成严重后果等情形。

（四）疑难、复杂问题的参考性解答

认定违规披露、不披露重要信息罪应当注意划清罪与非罪的界限

违规披露、不披露重要信息，只有“严重损害股东或者其他人利益，或者有其他严重情节的”，才构成犯罪。

本罪是故意犯罪。如果是因为过失导致财会报告失真，或者依法应当披露的信息未按照规定披露的，不构成犯罪。按照《立案追诉标准（二）》第六条的规定，“依法负有信息披露义务的公司、企业向股东和社会公众提供虚假的或者隐瞒重要事实的财务会计报告，或者对依法应当披露的其他重要信息不按照规定披露，涉嫌下列情形之一的，应予立案追诉：（一）造成股东、债权人或者其他人直接经济损失数额累计在一百万元以上的；（二）虚增或者虚减资产达到当期披露的资产总额百分之三十以上的；（三）虚增或者虚减营业收入达到当期披露的营业收入总额百分之三十以上的；（四）虚增或者虚减利润达到当期披露的利润总额百分之三十以上的；（五）未按照规定披露的重大诉讼、仲裁、担保、关联交易或者其他重大事项所涉及的数额或者连续十二个月的累计数额达到最近一期披露的净资产百分之五十以上的；（六）致使不符合发行条件的公司、企业骗取发行核准或者注册并且上市交易的；（七）致使公司、企业发行的股票或者公司、企业债券、存托凭证或者国务院依法认定的其他证券被终止上市交易的；（八）在公司财务会计报告中将亏损披露为盈利，或者将盈利披露为亏损的；（九）多次提供虚假的或者隐瞒重要事实的财务会计报告，或者多次对依法应当披露的其他重要信息不按照规定披露的；（十）其他严重损害股东、债权人或者其他人利益，或者有其他严重

情节的情形。”

（五）量刑指导或参考

依照《刑法》第一百六十一条规定，犯违规披露、不披露重要信息罪的，对其直接负责的主管人员和其他直接责任人员，处五年以下有期徒刑或者拘役，并处或者单处罚金；情节特别严重的，处五年以上十年以下有期徒刑，并处罚金。前款规定的公司、企业的控股股东、实际控制人实施或者组织、指使实施前款行为的，或者隐瞒相关事项导致前款规定的情形发生的，依照前款的规定处罚。

犯前款罪的控股股东、实际控制人是单位的，对单位判处罚金，并对其直接负责的主管人员和其他直接责任人员，依照第一款的规定处罚。

本罪属于实行单罚制的单位犯罪，只处罚单位直接负责的主管人员和其他直接责任人员，不处罚单位，因而法律没有规定对公司、企业判处罚金。这主要是考虑到，公司、企业的违法犯罪行为已经严重损害了广大股东或者其他人的利益，如果对单位再处罚金，势必加重公司、企业的负担，更不利于保护股东或者其他人的合法权益。

五、妨害清算罪

（一）刑法规定

第一百六十二条 公司、企业进行清算时，隐匿财产，对资产负债表或者财产清单作虚伪记载或者在未清偿债务前分配公司、企业财产，严重损害债权人或者其他人利益的，对其直接负责的主管人员和其他直接责任人员，处五年以下有期徒刑或者拘役，并处或者单处二万元以上二十万元以下罚金。

（二）司法解释、司法文件

最高人民检察院、公安部关于公安机关管辖的刑事案件立案追诉标准的规定（二）（自2022年5月15日起施行）（节录）

第七条 ［妨害清算案（刑法第一百六十二条）］公司、企业进行清算时，隐匿财产，对资产负债表或者财产清单作虚伪记载或者在未清偿债务前分配公司、企业财产，涉嫌下列情形之一的，应予立案追诉：

（一）隐匿财产价值在五十万元以上的；

（二）对资产负债表或者财产清单作虚伪记载涉及金额在五十万元以上的；

（三）在未清偿债务前分配公司、企业财产价值在五十万元以上的；

（四）造成债权人或者其他人直接经济损失数额累计在十万元以上的；

（五）虽未达到上述数额标准，但应清偿的职工的工资、社会保险费用和法定补偿金得不到及时清偿，造成恶劣社会影响的；

（六）其他严重损害债权人或者其他人利益的情形。

（三）典型或常见问题的审理思路

妨害清算罪，是指公司、企业进行清算时，隐匿财产，对资产负债表或者财产清单作虚伪记载，或者在未清偿债务前分配公司、企业财产，严重损害债权人或者其他人利益的行为。

清算活动是公司、企业解散、分立、合并和破产过程中依法进行的一项重要工作，其目的是要清理、了结公司、企业债务，保护债权人利益，并在清偿债务的情况下分配公司、企业财产。依法做好清算工作，对维护正常、稳定的经济秩序十分重要。1979 年《刑法》没有妨害清算罪的规定。为了使清算活动有序进行，维护公司、企业、股东、债权人、债务人等各方面合法权益，1995 年 2 月 28 日《全国人民代表大会常务委员会关于惩治违反公司法的犯罪的决定》（已失效）将妨害清算的行为规定为犯罪，1997 年《刑法》修改时吸收改为具体规定。

1. 主体要件

本罪犯罪主体为特殊主体，一般情况下是进行清算的公司、企业汇款人。但如果是清算组成员与公司、企业勾结共同实施本条规定行为的，也可以构成共犯。

2. 客体要件

本罪侵犯的客体是国家对公司的破产清算制度。公司、企业清算是公司、企业因解散、分立、合并或者破产，依照法律规定清理公司、企业的债权、债务的活动。由于清算活动与公司、企业、股东及其他债权人、债务人有着直接的经济利益关系，因此，清算活动必须严格依照法定程序和条件进行。

3. 主观要件

主观方面由故意构成。过失不构成本罪。

4. 客观要件

客观方面表现为在公司、企业进行清算时，隐匿财产，对资产负债表或者财产清单作虚伪记载，或者在未清偿债务前分配公司、企业财产，严重损害债权人或者其他人利益的行为。“隐匿财产”，是指将公司、企业的财产予以转移、隐藏的行为。这里的财产既包括资金，也包括工具、设备等各种财物。“对资产负债表或者财产清单作虚伪记载”，是指公司、企业在制作资产负债表或者财产清单时，故意采取隐瞒或者欺骗等方法，对资产负债表或者财产清单进行虚报，以达到逃避公司、企业债务的目的。“在未清偿债务前分配公司、企业财产”，是指在清算过程中，违反法律规定，在清偿债务前，将公司、企业的财产予以分配。

（四）典型或常见问题的审理思路

擅自处理、转移公司的库存及代销物资，且拒绝移交分公司账簿的行为，不属妨害清算行为①

以分公司的名义，擅自处理、转移分公司的库存及代销物资，且拒绝移交分公司账簿的行为，不属妨害清算行为。妨害清算的具体行为方式有三种，即隐匿财产，对资产负债表或者财产清单作虚假记载及在公司、企业清偿债务前分配公司、企业财产。其中，隐匿财产，是指将公司、企业等单位的资金、工具、设备、产品、货物等各种财物予以转移、隐藏的行为；对资产负债表或者财产清单作虚假记载，是指在制作资产负债表或者财产清单时，故意采取隐瞒或者欺骗等方法，对资产负债表或财产清单进行虚报，以达到逃避公司、企业债务的目的，既包括采用少报、低报的手段，故意隐瞒或者缩小公司、企业的实际财产，也包括采取夸大的手段，多报公司、企业的实际资产，如对公司、企业的厂房、设备、产品的实际价值高估高报，用以抵销或偿还债务等；在清偿债务前分配公司、企业财产，是指违反法律规定，在依程序清偿债务之前，擅自分配公司、企业财产。擅自处置分公司财产，将分公司的库存物资以退货等形式转移，因属债权债务共同移转，公司财产并

① 案例来源：《刑事审判参考》第269号指导案例：沈某国等挪用资金、妨害清算案。

未因之受到损失，债权人及其他利害关系人的利益亦未因之受到损害，明显不属隐匿、分配公司财产行为；故意隐匿分公司财会账册、拒不交出的行为，与在依据法律规定应由清算组编制的资产负债表或者财产清单上作虚假记载毕竟不同，隐匿财会账册行为、拒不交出行为并无隐瞒公司实际财产之故意，亦未对公司财产构成实质损害，故三被告人的行为虽可能会在一定程度上对公司的清算造成妨碍，但不应认定为《刑法》第一百六十二条规定的妨害清算行为。

（五）量刑指导或参考

依照《刑法》第一百六十二条规定，犯妨害清算罪的，对其直接负责的主管人员和其他直接责任人员，处五年以下有期徒刑或者拘役，并处或者单处五万元以上二十万元以下罚金。

本罪属于实行单罚制的单位犯罪，只处罚单位直接负责的主管人员和其他直接责任人员，不处罚单位，因而法律没有规定对公司、企业判处罚金。

六、隐匿、故意销毁会计凭证、会计账簿、财务会计报告罪

（一）刑法规定

第一百六十二条之一[①] 隐匿或者故意销毁依法应当保存的会计凭证、会计账簿、财务会计报告，情节严重的，处五年以下有期徒刑或者拘役，并处或者单处二万元以上二十万元以下罚金。

单位犯前款罪的，对单位判处罚金，并对其直接负责的主管人员和其他直接责任人员，依照前款的规定处罚。

（二）司法解释、司法文件及其权威解读

最高人民检察院、公安部关于公安机关管辖的刑事案件立案追诉标准的规定（二）（自2022年5月15日起施行）（节录）

第八条 ［隐匿、故意销毁会计凭证、会计账簿、财务会计报告案（刑法第一百六十二条之一）］隐匿或者故意销毁依法应当保存的会计凭证、会计

---

① 本条由1999年12月25日《刑法修正案》第一条增订。

帐簿、财务会计报告，涉嫌下列情形之一的，应予立案追诉：

（一）隐匿、故意销毁的会计凭证、会计帐簿、财务会计报告涉及金额在五十万元以上的；

（二）依法应当向监察机关、司法机关、行政机关、有关主管部门等提供而隐匿、故意销毁或者拒不交出会计凭证、会计帐簿、财务会计报告的；

（三）其他情节严重的情形。

（三）典型或常见问题的审理思路

隐匿、故意销毁会计凭证、会计账簿、财务会计报告罪，是指隐匿或者故意销毁依法应当保存的会计凭证、会计账簿、财务会计报告，情节严重的行为。

隐匿、故意销毁会计凭证、会计账簿、财务会计报告罪的构成要件是：

1. 主体要件

犯罪主体为一般主体，包括自然人和单位。会计凭证、会计账簿、财务会计报告是会计核算的主要依据，但本罪的主体并不仅仅局限于财务会计工作人员。根据会计法的规定，任何单位和个人不得伪造、变造会计凭证、会计账簿及其他会计资料，不得提供虚假的财务会计报告。2002 年 1 月 14 日，全国人大常委会法制工作委员会在《关于对“隐匿、销毁会计凭证、会计账簿、财务会计报告构成犯罪的主体范围”问题的答复意见》中明确指出，根据全国人大常委会 1999 年 12 月 25 日《刑法修正案》第一条的规定，任何单位和个人在办理会计事务时对依法应当保存的会计凭证、会计账簿、财务会计报告，进行隐匿、销毁，情节严重，构成犯罪的，应当依法追究刑事责任。因此，所有依照会计法的规定办理会计事项的单位和个人，都可以构成本罪的主体。

2. 客体要件

本罪侵犯的客体是会计管理制度。犯罪对象是会计凭证、会计账簿、财务会计报告。依照会计法的规定，会计凭证、会计账簿、财务会计报告和其他会计资料，必须符合国家统一的会计制度的规定。任何单位和个人不得伪造、变造会计凭证、会计账簿及其他会计资料，不得提供虚假的财务会计报告。

3. 主观要件

主观方面由故意构成。司法实践中，行为人往往出于掩盖贪污、走私、偷税、骗取出口退税等犯罪行为，通过隐匿或者故意销毁会计凭证、会计账簿、财务会计报告等手段，毁灭罪证，以逃避刑法处罚。但不论出于何种目的，均不影响本罪的成立。

4. 客观要件

客观方面表现为隐匿或者故意销毁依法应当保存的会计凭证、会计账簿、财务会计报告，情节严重的行为。“隐匿”，包括转移、藏匿等行为。“故意销毁”，包括损坏、毁灭等行为。“会计凭证”，包括原始凭证和记账凭证。“会计账簿”，包括总账、明细账、日记账和其他辅助性账簿。会计账簿登记，必须以经过审核的会计凭证为依据，并符合有关法律、行政法规和国家统一的会计制度的规定。“财务会计报告”，由会计报表、会计报表附注和财务情况说明书组成。财务会计报告应当根据经过审核的会计账簿记录和有关资料编制，并符合会计法和国家统一的会计制度关于财务会计报告的编制要求、提供对象和提供期限的规定。

《刑法》第一百六十二条原来没有规定本罪。第九届全国人大常委会第十三次会议审议国务院提交的《关于惩治违反会计法犯罪的决定（草案）》时，认为现行刑法中没有将隐匿或者故意销毁依法应当保存的会计凭证、会计账簿、财务会计报告情节严重的行为，规定为犯罪的规定，因而决定用修正案的形式，将这种行为规定为犯罪。按照法律规定，隐匿、故意销毁会计凭证、会计账簿、财务会计报告的行为，除需具备以上构成要件外，还必须达到“情节严重”的程度，才构成犯罪。按照《立案追诉标准（二）》第八条的规定，隐匿或者故意销毁依法应当保存的会计凭证、会计账簿、财务会计报告，涉嫌下列情形之一的，应予立案追诉：（1）隐匿、故意销毁的会计凭证、会计账簿、财务会计报告涉及金额在五十万元以上的；（2）依法应当向监察机关、司法机关、行政机关、有关主管部门等提供而隐匿、故意销毁或者拒不交出会计凭证、会计帐簿、财务会计报告的；（3）其他情节严重的情形。

（四）疑难、复杂问题的参考性解答

划清本罪与妨害清算罪的界限

本罪与妨害清算罪同属于妨害对公司、企业的管理秩序犯罪，且本罪列为《刑法》第一百六十二条之一，表明两罪皆属于故意犯罪，而且在侵害客体上具有一致性。两罪的区别主要表现为三个方面：一是犯罪客观方面不同。前者表现为隐匿或者故意销毁依法应当保存的会计凭证、会计账簿、财务会计报告，情节严重的行为；后者表现为在公司、企业进行清算时，隐匿财产，对资产负债表或者财产清单作虚伪记载，或者在未清偿债务前分配公司、企业财产，严重损害债权人或其他人利益的行为。二是犯罪主体不同。前者的主体为一般主体，既包括自然人也包括单位，而后者的主体为特殊主体，即只有进行清算的公司、企业才能成为该罪的主体。三是犯罪对象不同。前者的对象是财务会计资料，包括会计凭证、会计账簿、会计报表和其他会计资料；后者的对象是公司、企业的财产。

（五）量刑指导或参考

依照《刑法》第一百六十二条之一第一款规定，犯隐匿、故意销毁会计凭证、会计账簿、财务会计报告罪的，处五年以下有期徒刑或者拘役，并处或者单处二万元以上二十万元以下罚金。

依照本条第二款规定，单位犯本罪的，实行“双罚制”，即对单位判处罚金，并对其直接负责的主管人员和其他直接责任人员，依照前款的规定处罚。

七、虚假破产罪

（一）刑法规定

第一百六十二条之二[①]　公司、企业通过隐匿财产、承担虚构的债务或者以其他方法转移、处分财产，实施虚假破产，严重损害债权人或者其他人利益的，对其直接负责的主管人员和其他直接责任人员，处五年以下有期徒刑或者拘役，并处或者单处二万元以上二十万元以下罚金。

（二）司法解释、司法文件及其权威解读

1. 新增加了“虚假破产罪”

《刑法》第一百六十二条规定了妨害清算罪，对公司、企业在进行清算时，隐匿财产、对资产负债表或者财产清单作虚伪记载或者在未清偿债务前

① 本条由2006年6月29日《刑法修正案（六）》第六条增订。

分配公司、企业财产，严重损害债权人或者其他人利益的行为，规定了刑事处罚。人民银行和公安机关提出，近年来，一些公司、企业在没有进入破产清算程序之前，就以隐匿财产、承担虚构的债务、非法转移、分配财产等方式造成资不抵债的假象，申请进入破产程序，以达到假破产真逃债的目的。这些行为违背社会诚信，不仅严重侵害债权人和其他人的利益，妨害公司、企业管理，而且破坏经济秩序，影响社会稳定，社会危害性严重，应当予以惩治。

针对以上问题，《刑法修正案（六）》第六条规定，在《刑法》第一百六十二条之一后增加一条，作为第一百六十二条之二："公司、企业通过隐匿财产、承担虚构的债务或者以其他方法转移、处分财产，实施虚假破产，严重损害债权人或者其他人利益的，对其直接负责的主管人员和其他直接责任人员，处五年以下有期徒刑或者拘役，并处或者单处二万元以上二十万元以下罚金。"

《刑法修正案（六）》对"虚假破产罪"的犯罪构成作了如下规定：(1) 本罪是单位故意犯罪，犯罪主体是具有实施虚假破产以达到破产逃债目的的公司、企业。(2) 行为人实施了"隐匿财产、承担虚构的债务或者以其他方法转移、处分财产，实施虚假破产"的行为。隐匿财产，是指将公司、企业的财产隐藏，或者对公司、企业的财产清单和资产负债表作虚假记载，或者采用少报、低报的手段，故意隐瞒、缩小公司、企业财产的实际数额。承担虚构的债务，是指夸大公司、企业的负债状况，目的是造成公司、企业资不抵债的假象。以其他方法转移、处分财产，是指在未清偿债务之前，将公司、企业财产无偿转让，以明显不合理的低价转让财产或者以明显高于市场的价格受让财产，对原来没有财产担保的债务提供财产担保、放弃债权，对公司、企业财产进行分配等情形。(3) 虚假破产实际上是一种破产欺诈行为，属于诈骗犯罪范畴，罪与非罪的界限要看其是否达到"严重损害债权人或者其他人利益"的程度。严重损害债权人的利益，主要是指通过虚假破产意图逃避偿还债权人的债务数额巨大等情形：严重损害其他人的利益，是指搞虚假破产造成公司、企业拖欠的职工工资、社会保险费和国家的税款得不到清偿，或者使公司、企业的其他股东的合法权益受到损害等情形。

在《刑法修正案（六）》起草过程中，有的意见提出，公司、企业通过隐匿财产、承担虚构的债务，或者以其他方法非法转移、处分财产，逃避债务，即使没有进入破产程序也是不允许的，应当对任何时候实施上述行为都规定为犯罪。但考虑到公司、企业如果只是拖欠他人债务没有偿还，属于民事上的债权债务关系，可通过民事诉讼解决。我国法律对欠债不还问题，规定了多种解决办法：如债权人可以向法院申请督促程序、财产保全措施、强制执行措施，法院还可以对妨害民事诉讼的人采取制裁措施等。我国已经签署的联合国《公民权利和政治权利国际公约》第十一条规定了禁止债务监禁原则，即“任何人不得仅仅由于无力履行约定义务而被监禁”。我国和世界上许多国家都没有将欠债不还规定为犯罪，但公司、企业如果未偿还他人债务又搞虚假破产就是一种欺诈行为，性质也发生了改变。一旦欺诈得手，所欠债务就会通过破产程序堂而皇之地一笔勾销，这会严重损害债权人和其他人的利益，破坏社会主义市场经济秩序，应当予以惩处。因此，《刑法修正案（六）》仍然将此条追究刑事责任的范围限定在搞虚假破产上。

笔者在这里想谈谈《刑法修正案（六）》新增本条与《刑法》第一百六十二条在适用范围上有何不同，《刑法》第一百六十二条妨害清算罪主要是针对公司、企业进入清算程序以后妨害清算的犯罪行为，即公司、企业因解散、分立、合并或者破产，依照法律规定在清理公司、企业债权债务的活动期间发生的隐匿财产、对资产负债表或者财产清单作虚伪记载或者在未清偿债务前分配公司、企业财产等犯罪行为，而《刑法修正案（六）》新增的《刑法》第一百六十二条之二主要是针对公司、企业在进入破产程序之前，通过隐匿财产、承担虚构的债务或者以其他方法转移、处分财产，实施虚假破产的犯罪行为。二者虽然在行为上有相似之处，但是否进入清算程序是区分二罪的关键。实施虚假破产的时间界限应当截止于公司、企业提出破产申请之日，或者因为公司、企业资不抵债，由债权人提出破产申请之日。根据《企业破产法（试行）》的有关规定，从提出破产申请之日起，在此之前一年之内有恶意处分公司、企业财产的行为无效。如果行为人实施本条规定行为，严重损害债权人和其他人的利益的，就构成“虚假破产罪”。[1]

---

① 吕途、杨贺男：《〈中华人民共和国刑法修正案（六）〉的理解与适用》（节录）中国法制出版社 2006 年版。

2. 最高人民检察院、公安部关于公安机关管辖的刑事案件立案追诉标准的规定（二）（自2022年5月15日起施行）（节录）

第九条 ［虚假破产案（刑法第一百六十二条之二）］公司、企业通过隐匿财产、承担虚构的债务或者以其他方法转移、处分财产，实施虚假破产，涉嫌下列情形之一的，应予立案追诉：

（一）隐匿财产价值在五十万元以上的；

（二）承担虚构的债务涉及金额在五十万元以上的；

（三）以其他方法转移、处分财产价值在五十万元以上的；

（四）造成债权人或者其他人直接经济损失数额累计在十万元以上的；

（五）虽未达到上述数额标准，但应清偿的职工的工资、社会保险费用和法定补偿金得不到及时清偿，造成恶劣社会影响的；

（六）其他严重损害债权人或者其他人利益的情形。

（三）典型或常见问题的审理思路

本罪构成

虚假破产罪，是指公司、企业通过隐匿财产、承担虚构的债务或者以其他方法转移、处分财产，实施虚假破产，严重损害债权人或者其他人利益的行为。

《刑法》第一百六十二条规定了妨害清算罪，对公司、企业在进行清算时，隐匿财产、对资产负债表或者财产清单作虚伪记载或者在未清偿债务前分配公司、企业财产，侵害债权人或者其他人利益的行为，规定了刑事处罚。但是，近年来，一些公司、企业在没有进入破产清算之前，就以隐匿财产、承担虚构债务、非法转移、处分财产等方式造成资不抵债的假象，申请进入破产程序，以达到假破产、真逃债的目的。这些行为不仅有损债权人和其他人的利益，危害国有资产安全，妨害对公司、企业的正常管理，而且扰乱市场经济秩序，影响社会稳定，社会危害性严重，应当予以惩治。为此，《刑法修正案（六）》增设了本罪。

虚假破产罪的构成要件是：

（1）主体要件。犯罪主体为特殊主体，即实施虚假破产的公司、企业。公司，是指依照公司法设立的有限责任公司和股份有限公司；企业，是指依法设立的从事生产经营的法人实体。

（2）客体要件。本罪侵犯的客体是公司、企业的破产管理制度。

（3）主观要件。主观方面由故意构成，通常具有逃债的目的。过失不构成本罪。

（4）客观要件。客观方面表现为公司、企业通过隐匿财产、承担虚构的债务或者以其他方法转移、处分财产，实施虚假破产，严重损害债权人或者其他人利益的行为。“隐匿财产”，是指将公司的财产隐藏，或者对公司、企业的财产清单和资产负债表作虚假记载，或者采用少报、低报的手段，故意隐瞒、缩小公司、企业财产的实际数额。“承担虚构的债务”，是指夸大公司、企业的负债状况，目的是造成公司资不抵债的假象。“以其他方法转移、处分财产”，是指在未清偿债务之前，将公司、企业财产无偿转让、以明显不合理的低价转让财产或者以明显高于市场的价格受让财产、对原来没有财产担保的债务提供财产担保、放弃债权、对公司财产非法进行分配等情形。根据2006年8月27日修订的《企业破产法》第三十三条第（二）项的规定，承认不真实债务的，也属实施虚假破产的行为之一。“实施虚假破产”，是虚假破产罪的核心构成要件。虚假破产实际上是一种破产欺诈行为，属于诈骗犯罪范畴。如果公司、企业虽有隐匿财产、承担虚构债务等逃避债务的行为，但并未实施虚假破产行为，且主观上也无实施虚假破产打算的，依法不构成犯罪。对公司、企业欠债不还的行为，可通过民事诉讼程序解决。

根据法律规定，虚假破产的行为，除需具备以上构成要件外，还必须达到“严重损害债权人或者其他人的利益”的程度，才构成犯罪。“严重损害债权人的利益”，是指通过虚假破产意图逃避偿还债权人的债务数额巨大等情形；“严重损害其他人的利益”，是指搞虚假破产造成公司、企业拖欠的职工工资、社会保险费和国家的税款得不到清偿，或者使公司、企业的其他股东的合法权益受到损害等情形。

（四）疑难、复杂问题的参考性解答

认定虚假破产罪要注意划清本罪与妨害清算罪的界限，妨害清算罪主要是针对公司、企业进入清算程序以后妨害清算的犯罪行为，即公司、企业因解散、分立、合并或者破产，依照法律规定在清理公司、企业债权债务的活动期间发生的隐匿财产、对资产负债表或者财产清单做虚伪记载或者在未清偿债务前分配公司、企业财产等犯罪行为。本罪主要是针对公司、企业在进

入破产程序之前，通过隐匿财产、承担虚构的债务，或者以其他方法转移、处分财产，实施虚假破产的犯罪行为。二者在行为上有相似之处，是否进入清算程序是区分两罪的关键。“实施虚假破产”的时间界限应当截止于公司、企业提出破产申请之日，或者因为公司、企业资不抵债，由债权人提出破产申请之日。根据企业破产法的有关规定，从提出破产申请之日起，在此之前一年之内恶意处分公司、企业财产的行为无效。如果行为人实施本条规定行为，严重损害债权人或者其他人的利益的，就构成虚假破产罪。

（五）量刑指导或参考

依照《刑法》第一百六十二条之二规定，犯虚假破产罪的，对其直接负责的主管人员和其他直接责任人员，处五年以下有期徒刑或者拘役，并处或者单处二万元以上二十万元以下罚金。

本罪属实行单罚制的单位犯罪，只处罚直接负责的主管人员和其他直接责任人员，不处罚单位，因而法律没有规定对公司、企业判处罚金。

八、非国家工作人员受贿罪

（一）刑法规定

第一百六十三条① 公司、企业或者其他单位的工作人员，利用职务上的便利，索取他人财物或者非法收受他人财物，为他人谋取利益，数额较大的，处三年以下有期徒刑或者拘役，并处罚金；数额巨大或者有其他严重情节的，处三年以上十年以下有期徒刑，并处罚金；数额特别巨大或者有其他特别严重情节的，处十年以上有期徒刑或者无期徒刑，并处罚金。

公司、企业或者其他单位的工作人员在经济往来中，利用职务上的便利，

① 本条经2006年6月29日《刑法修正案（六）》第七条、2020年12月26日《刑法修正案（十一）》第十条修正。《刑法》原第一百六十三条为：“公司、企业或者其他单位的工作人员利用职务上的便利，索取他人财物或者非法收受他人财物，为他人谋取利益，数额较大的，处五年以下有期徒刑或者拘役；数额巨大的，处五年以上有期徒刑，可以并处没收财产。公司、企业或者其他单位的工作人员在经济往来中，利用职务上的便利，违反国家规定，收受各种名义的回扣、手续费，归个人所有的，依照前款的规定处罚。国有公司、企业或者其他国有单位中从事公务的人员和国有公司、企业或者其他国有单位委派到非国有公司、企业以及其他单位从事公务的人员有前两款行为的，依照本法第三百八十五条、第三百八十六条的规定定罪处罚。”

违反国家规定，收受各种名义的回扣、手续费，归个人所有的，依照前款的规定处罚。

国有公司、企业或者其他国有单位中从事公务的人员和国有公司、企业或者其他国有单位委派到非国有公司、企业以及其他单位从事公务的人员有前两款行为的，依照本法第三百八十五条、第三百八十六条的规定定罪处罚。

（二）司法解释、司法文件及其权威解读

1. **最高人民法院、最高人民检察院关于办理贪污贿赂刑事案件适用法律若干问题的解释**（法释〔2016〕9号，自2016年4月18日起施行）（节录）

第一条 贪污或者受贿数额在三万元以上不满二十万元的，应当认定为刑法第三百八十三条第一款规定的“数额较大”，依法判处三年以下有期徒刑或者拘役，并处罚金。

第二条 贪污或者受贿数额在二十万元以上不满三百万元的，应当认定为刑法第三百八十三条第一款规定的“数额巨大”，依法判处三年以上十年以下有期徒刑，并处罚金或者没收财产。

第十一条 刑法第一百六十三条规定的非国家工作人员受贿罪、第二百七十一条规定的职务侵占罪中的“数额较大”“数额巨大”的数额起点，按照本解释关于受贿罪、贪污罪相对应的数额标准规定的二倍、五倍执行。

刑法第二百七十二条规定的挪用资金罪中的“数额较大”“数额巨大”以及“进行非法活动”情形的数额起点，按照本解释关于挪用公款罪“数额较大”“情节严重”以及“进行非法活动”的数额标准规定的二倍执行。

刑法第一百六十四条第一款规定的对非国家工作人员行贿罪中的“数额较大”“数额巨大”的数额起点，按照本解释第七条、第八条第一款关于行贿罪的数额标准规定的二倍执行。

第十二条 贿赂犯罪中的“财物”，包括货币、物品和财产性利益。财产性利益包括可以折算为货币的物质利益如房屋装修、债务免除等，以及需要支付货币的其他利益如会员服务、旅游等。后者的犯罪数额，以实际支付或者应当支付的数额计算。

2. 最高人民检察院、公安部关于公安机关管辖的刑事案件立案追诉标准的规定（二）（自2022年5月15日起施行）（节录）

第十条　［非国家工作人员受贿案（刑法第一百六十三条）］公司、企业或者其他单位的工作人员利用职务上的便利，索取他人财物或者非法收受他人财物，为他人谋取利益，或者在经济往来中，利用职务上的便利，违反国家规定，收受各种名义的回扣、手续费，归个人所有，数额在三万元以上的，应予立案追诉。

3. 关于办理商业贿赂刑事案件适用法律若干问题的意见（法发〔2008〕33号，2008年11月20日印发）

为依法惩治商业贿赂犯罪，根据刑法有关规定，结合办案工作实际，现就办理商业贿赂刑事案件适用法律的若干问题，提出如下意见：

一、商业贿赂犯罪涉及刑法规定的以下八种罪名：

（1）非国家工作人员受贿罪（刑法第一百六十三条）；

（2）对非国家工作人员行贿罪（刑法第一百六十四条）；

（3）受贿罪（刑法第三百八十五条）；

（4）单位受贿罪（刑法第三百八十七条）；

（5）行贿罪（刑法第三百八十九条）；

（6）对单位行贿罪（刑法第三百九十一条）；

（7）介绍贿赂罪（刑法第三百九十二条）；

（8）单位行贿罪（刑法第三百九十三条）。

二、刑法第一百六十三条、第一百六十四条规定的“其他单位”，既包括事业单位、社会团体、村民委员会、居民委员会、村民小组等常设性的组织，也包括为组织体育赛事、文艺演出或者其他正当活动而成立的组委会、筹委会、工程承包队等非常设性的组织。

三、刑法第一百六十三条、第一百六十四条规定的“公司、企业或者其他单位的工作人员”，包括国有公司、企业以及其他国有单位中的非国家工作人员。

四、医疗机构中的国家工作人员，在药品、医疗器械、医用卫生材料等医药产品采购活动中，利用职务上的便利，索取销售方财物，或者非法收受销售方财物，为销售方谋取利益，构成犯罪的，依照刑法第三百八十五条的规定，以受贿罪定罪处罚。

医疗机构中的非国家工作人员，有前款行为，数额较大的，依照刑法第一百六十三条的规定，以非国家工作人员受贿罪定罪处罚。

医疗机构中的医务人员，利用开处方的职务便利，以各种名义非法收受药品、医疗器械、医用卫生材料等医药产品销售方财物，为医药产品销售方谋取利益，数额较大的，依照刑法第一百六十三条的规定，以非国家工作人员受贿罪定罪处罚。

五、学校及其他教育机构中的国家工作人员，在教材、教具、校服或者其他物品的采购等活动中，利用职务上的便利，索取销售方财物，或者非法收受销售方财物，为销售方谋取利益，构成犯罪的，依照刑法第三百八十五条的规定，以受贿罪定罪处罚。

学校及其他教育机构中的非国家工作人员，有前款行为，数额较大的，依照刑法第一百六十三条的规定，以非国家工作人员受贿罪定罪处罚。

学校及其他教育机构中的教师，利用教学活动的职务便利，以各种名义非法收受教材、教具、校服或者其他物品销售方财物，为教材、教具、校服或者其他物品销售方谋取利益，数额较大的，依照刑法第一百六十三条的规定，以非国家工作人员受贿罪定罪处罚。

六、依法组建的评标委员会、竞争性谈判采购中谈判小组、询价采购中询价小组的组成人员，在招标、政府采购等事项的评标或者采购活动中，索取他人财物或者非法收受他人财物，为他人谋取利益，数额较大的，依照刑法第一百六十三条的规定，以非国家工作人员受贿罪定罪处罚。

依法组建的评标委员会、竞争性谈判采购中谈判小组、询价采购中询价小组中国家机关或者其他国有单位的代表有前款行为的，依照刑法第三百八十五条的规定，以受贿罪定罪处罚。

七、商业贿赂中的财物，既包括金钱和实物，也包括可以用金钱计算数额的财产性利益，如提供房屋装修、含有金额的会员卡、代币卡（券）、旅游费用等。具体数额以实际支付的资费为准。

八、收受银行卡的，不论受贿人是否实际取出或者消费，卡内的存款数额一般应全额认定为受贿数额。使用银行卡透支的，如果由给予银行卡的一方承担还款责任，透支数额也应当认定为受贿数额。

九、在行贿犯罪中，“谋取不正当利益”，是指行贿人谋取违反法律、法规、规章或者政策规定的利益，或者要求对方违反法律、法规、规章、政策、行业规范的规定提供帮助或者方便条件。

在招标投标、政府采购等商业活动中，违背公平原则，给予相关人员财物以谋取竞争优势的，属于“谋取不正当利益”。

十、办理商业贿赂犯罪案件，要注意区分贿赂与馈赠的界限。主要应当结合以下因素全面分析、综合判断：

（1）发生财物往来的背景，如双方是否存在亲友关系及历史上交往的情形和程度；

（2）往来财物的价值；

（3）财物往来的缘由、时机和方式，提供财物方对于接受方有无职务上的请托；

（4）接受方是否利用职务上的便利为提供方谋取利益。

十一、非国家工作人员与国家工作人员通谋，共同收受他人财物，构成共同犯罪的，根据双方利用职务便利的具体情形分别定罪追究刑事责任：

（1）利用国家工作人员的职务便利为他人谋取利益的，以受贿罪追究刑事责任。

（2）利用非国家工作人员的职务便利为他人谋取利益的，以非国家工作人员受贿罪追究刑事责任。

（3）分别利用各自的职务便利为他人谋取利益的，按照主犯的犯罪性质追究刑事责任，不能分清主从犯的，可以受贿罪追究刑事责任。

权威解读

《关于办理商业贿赂刑事案件适用法律若干问题的意见》的理解与适用

2008 年 11 月 20 日，最高人民法院、最高人民检察院联合发布了《关于办理商业贿赂刑事案件适用法律若干问题的意见》（以下简称《意见》），进一步明确了有关办理商业贿赂刑事案件的法律适用问题。这是依法惩治商业贿赂犯罪，维护市场经济公平竞争秩序，推进党风廉政建设和社会风气好转的重要举措，受到社会广泛关注。为便于理解和适用，现对《意见》的起草背景和主要内容作简要介绍和说明。

一、制定《意见》的背景及意义

近年来，商业贿赂在一些领域和行业滋生繁衍并有愈演愈烈之势，严重危害我国市场经济的健康发展，危害党风廉政建设和社会风气，引起党中央、国务院的高度重视。2005 年下半年，中央决定开展治理商业贿赂专项工作，并成立了专门的领导机构负责落实。2006年2月8日，中央办公厅、国务院办公厅印发了《关于开展治理商业贿赂专项工作的意见》，对组织开展治理商业贿赂专项工作进行安排和部署。做好这项工作，既是完善社会主义市场经济体制、维护市场经济公平竞争秩序的必然要求，也是预防与惩治腐败、推进党风廉政建设的重要内容，对于促进社会和谐稳定、实现经济社会又好又快发展具有十分重要的意义。

2006年6月29日，第十届全国人大常委会第二十二次会议通过了《刑法修正案（六）》，对《刑法》有关商业贿赂犯罪的条款作了补充修改和完善，为司法机关及时有效惩治此类犯罪提供了法律依据。但是，由于商业贿赂犯罪案件的特殊性和复杂性，司法机关在办案过程中仍然面临许多法律适用疑难问题，实践中因有关定罪量刑标准不明确而影响案件办理的情形也时有发生。为此，最高人民法院、最高人民检察院根据经济社会发展和司法实践的需要，结合治理商业贿赂专项工作的要求，在深入调研、广泛征求意见的基础上制定了该《意见》。

《意见》主要明确了七个方面的问题：一是明确了商业贿赂犯罪的范围；二是在明确《刑法》第一百六十三条、第一百六十四条规定的“其他单位”范围的同时，进一步明确了“公司、企业或者其他单位的工作人员”的认定；三是明确了医药购销、工程建设、政府采购等领域中商业贿赂犯罪的刑事责任，特别是对医生“开单提成”等群众反映强烈的贿赂行为的定性问题作出明确规定；四是明确了商业贿赂犯罪的犯罪对象及其数额的认定；五是明确了商业贿赂犯罪中不正当利益的认定；六是区分了商业贿赂犯罪罪与非罪的界限；七是明确了商业贿赂犯罪共同犯罪的处理依据。

二、关于商业贿赂犯罪的范围

治理商业贿赂专项工作开展之初，对商业贿赂犯罪的范围存在不同认识，在一定程度上影响了专项治理工作的开展及其效果。有的学者认为，商业贿赂犯罪仅指《刑法》第一百六十三条、第一百六十四条规定的非国家工作人员受贿罪、对非国家工作人员行贿罪①。理由是：我国历来重视对国家工作人员贿赂犯罪的打击而轻视对公司、企业人员贿赂犯罪的治理，引发这次商业

---

① 在2007年8月27日《最高人民法院、最高人民检察院关于执行〈中华人民共和国刑法〉确定罪名的补充规定（三）》通过前，该两条的罪名分别为“公司、企业人员受贿罪”“对公司、企业人员行贿罪”。

贿赂专项治理风暴的导火索即“德普回扣门”事件发生在公司、企业商业活动中，第八届全国人大常委会第十二次会议于1995年2月28日通过的《关于惩治违反公司法的犯罪的决定》（已废止）第九条对公司人员受贿犯罪作了规定，1996年1月24日《最高人民法院关于办理违反公司法受贿、侵占、挪用等刑事案件适用法律若干问题的解释》将该条罪名确定为商业受贿罪，因此，将商业贿赂犯罪限定在《刑法》第一百六十三条、第一百六十四条有充分的事实和法律根据。也有学者认为，上述理解过于偏狭，不利于专项治理工作的开展及目标的实现，商业贿赂犯罪既包括公司、企业或者其他单位人员即非国家工作人员实施的贿赂犯罪，也包括国家工作人员实施的贿赂犯罪。

经研究认为，商业贿赂犯罪并非刑法规定的独立罪名或类罪名，而是对与商业活动有关的贿赂犯罪的统称。商业活动既包括平等主体之间的商业交易活动，也包括行政管理人对相对人的商业管理活动。理解和认识我国的商业贿赂犯罪，必须立足于我国商业贿赂犯罪的现状、司法实践的客观需要及专项治理工作的目标要求。商业贿赂虽然发生在商业、贸易和投资等领域，但是与整个社会的现状，尤其是与政府部门的廉政程度紧密联系的。当前，商业贿赂犯罪有相当一部分发生在国家机关（国家工作人员）从事经济管理、经济性行政审批的活动中。因而，我国的商业贿赂犯罪首先突出表现为商业活动主体与国家工作人员利用职权的权钱交易上。从这一点来讲，治理商业贿赂的成败与否首先在于政府部门能否消除腐败，做到清正廉洁。换句话说，商业活动领域商业贿赂行为的普遍存在，与政府官员的腐败是紧密联系的。因此，党中央、国务院把在商业活动领域发生的国家工作人员利用职权参与或干预企业事业单位经营、谋取非法利益、索贿受贿的行为作为治理商业贿赂专项工作查处的重点，既符合实际，也更有利于从整体层面加强对商业贿赂的依法治理。由此可见，商业贿赂犯罪并不局限于《刑法》第一百六十三条、第一百六十四条规定的非国家工作人员贿赂犯罪，而是涉及《刑法》规定的全部八种贿赂犯罪。因此，《意见》第一条对此予以明确，有利于专项治理工作的深入开展及良好效果的实现。

三、关于《刑法》第一百六十三条、第一百六十四条规定的“公司、企业或者其他单位的工作人员”的认定

《刑法修正案（六）》将《刑法》第一百六十三条、第一百六十四条犯罪

的主体范围扩大到公司、企业以外的其他单位的工作人员，从而使“其他单位”的认定问题成为认定公司、企业以外的其他单位工作人员的基础性问题。我国民法通则没有对非法人组织作出系统的规定，只是规定了个体工商户、农村承包经营户、个人合伙以及企业之间不具有法人资格的联营组织体。1992 年《最高人民法院关于适用〈中华人民共和国民事诉讼法〉若干问题的意见》第四十条从诉讼主体的角度对不具备法人资格的其他组织进行了界定。根据该条规定，这些“其他组织”包括：(1) 依法登记领取营业执照的私营独资企业、合伙组织； (2) 依法登记领取营业执照的合伙型联营企业；(3) 依法登记领取我国营业执照的中外合作经营企业、外资企业；(4) 经民政部门批准登记领取社会团体登记证的社会团体；(5) 法人依法设立并领取营业执照的分支机构；(6) 中国人民银行、各专业银行设在各地的分支机构；(7) 中国人民保险公司设在各地的分支机构；(8) 经核准登记领取营业执照的乡镇、街道、村办企业；(9) 符合本条规定的其他组织。随着经济社会的发展，一些新兴的组织体也在不断涌现。从一般意义上讲，单位是相对于自然人的组织体，但并非所有的组织体都属于刑法中的单位。刑法中的单位，既有作为犯罪主体的犯罪单位，也有作为被害人的被害单位。从《刑法》第一百六十三条、第一百六十四条的规定来看，这里的“其他单位”，是被告人所在的单位，可以看作被害单位。单位犯罪的主体刑法有明确规定，作为被害人的单位则法无明文，对此有的学者认为二者范围相同，有的则认为前者小于后者。我们认为，二者在内涵和外延上不尽相同，作为被害人的单位，其成立条件、形式要件较之作为犯罪主体的单位更为宽松，因而范围也更为广泛。由于单位的形式多样，组织结构不尽相同，全面、准确抽象其一般性特征从而对“其他单位”作一般性定义存在一定困难，因而在《意见》起草过程中，吸收了有关部门的意见，只对没有争议达成共识的“其他单位”加以列举。从司法实践来看，《刑法》第一百六十三条、第一百六十四条中的“其他单位”，既包括事业单位、社会团体、村民委员会、居民委员会、村民小组等常设性的组织，也包括为组织体育赛事、文艺演出或者其他正当活动而成立的组委会、筹委会、工程承包队等临时性的组织。其他没有列举的临时性组织，如债权人会议、清算组等是否属于其他单位，需要在实践中具体把握。

应当注意的是，根据《最高人民法院关于审理单位犯罪案件具体应用法律有关问题的解释》第二条的规定，“个人为进行违法犯罪活动而设立的公司、企业、事业单位实施犯罪的，或者公司、企业、事业单位设立后，以实施犯罪为主要活动的，不以单位犯罪论处”的司法精神，《刑法》第一百六十三条、第一百六十四条中的单位即公司、企业或者其他单位不包括从事非正当活动的组织。此外，在具体认定中，由于单位的组织形式多样，对单位成立的要求不尽相同，那些完全具备单位的实质特征，只是由于没有依法登记或者没有经主管部门依法批准或备案，形式上存在瑕疵的，不影响对其属于“其他单位”的认定。

《刑法》第一百六十三条第三款规定：“国有公司、企业或者其他国有单位中从事公务的人员和国有公司、企业或者其他国有单位委派到非国有公司、企业以及其他单位从事公务的人员有前两款行为的，依照本法第三百八十五条、第三百八十六条的规定定罪处罚。”由此可知，国有公司、企业或者其他国有单位中的工作人员并非全都属于国家工作人员，他们虽然拥有一定的职务，具有职务上的便利，但所从事的事务并非全都属于公务，其职务便利有履行公务的职务便利和非履行公务的职务便利之分，因而就其主体身份而言，国有单位中还有一些工作人员属于非国家工作人员。《意见》第三条对此作了明确规定。从文义上讲，其他国有单位，包括国家机关、国有事业单位、国有社会团体等单位。

四、关于医疗机构中商业贿赂犯罪的认定

医疗卫生事业与人民群众切身利益密切相关。近几年来，社会上关于“看病难”“看病贵”的议论越来越多，人们对于发生在医疗卫生领域内的商业贿赂犯罪越来越关注。自 2006 年以来，各级监察机关、纠风办会同有关部门查处医药购销领域商业贿赂问题 2535 个，涉及金额 6.06 亿元。司法实践中，认定医疗机构中商业贿赂犯罪面临的疑难问题，主要是医生特别是国有医院的医生利用开处方的便利收取医药产品销售方回扣或者其他利益的行为的定性问题，即通常所说的“开单提成”的定性问题。

医生利用开处方的便利收受药品回扣由来已久，已经成为医药行业见惯不怪的行规，人人皆知的陋规，是医药购销领域商业贿赂的主要表现形式之一。应当说，医务人员“开单提成”这种现象在当前具有普遍性、群体性。在查处的一些案件中，有的是从院长到普通医生都涉及其中，有的科室是医师、护士全员参与或集体收受提成。如 2005 年江门市新会区医院 141 人主动交代收受提成，其中科主任、副主任23人，支部书记1人，医师117人，占医院医师总数的70%，时间从2000年到2005年，总计110万余元。又如河北顺平县人民医院2年多时间70多名医师收受7家药商提成20多万元，涉及医院全部有处方权的科室和90%以上有处方权的医生，药房司帮助药商统计处方也有劳务费。据不完全统计，2005年全国医务人员主动上交提成金额1050万余元，查处医药购销中的违法违纪案件216件，涉案金额约1100万元。这还不包括一些地方搞自查自纠中上缴的钱款。如江苏泰州市纪委在2004年年底2005年年初查处一起案件时，组织当地医疗机构自查自纠，1120多名医师，涉案金额256万余元，又上缴了800多万元。而且，医术越好、职称越高的医生，前来求诊问医的就越多，开出的处方就越多，收受的回扣数额就越大。一些医生在利益驱动下，不顾患者病情需要，乱开药，开贵药，多开药，这不仅严重扰乱了市场公平竞争秩序，而且加重了患者就医负担，有的甚至危及患者生命健康和安全，人民群众及社会各界对此反映强烈。随着治理商业贿赂专项工作的深入开展，如何依法惩治此类人员成为社会关心的热点问题。

《刑法修正案（六）》实施前，对收取药品回扣的医生，司法机关以受贿罪追究了一些国有医院医生的刑事责任，但是，多数此类案件，检察机关没有提起公诉，实践中一般作为不正之风按违纪行为处理。究其原因，一是刑事政策方面的考量。由于牵涉医务人员数量众多，如果都因此而被追究，医疗服务必定会受到一定程度的影响，担心可能会影响到医疗队伍的稳定性和医疗服务的开展。二是法律适用方面的困惑。主要是理论界和实务部门对于医生收取药品回扣的定性分歧较大，最为突出的，就是对国有医院的医生利用处方权收取药品回扣的行为，能否按受贿罪追究刑事责任。换言之，国有医院的医生开处方的行为是否属于从事公务，从而认定国有医院的医生是否属于国家工作人员，其利用开处方的便利收取药品回扣是否利用了职务上的便利。

对此，一种意见认为，临床医生不属于刑法规定的国家工作人员，医生处方行为是技术性的公共服务活动，而非职务性的公共管理活动，我国刑法也无关于医生利用处方权收受回扣构成犯罪的规定，因此，根据罪刑法定原则，不构成受贿罪。《刑法修正案（六）》实施后，由于医生的处方行为不具有职务性，因而不论医院的性质如何，医生“开单提成”的行为也不构成非国家工作人员受贿罪。

另一种意见则认为，医生开处方从表面上看是技术工作，但实质上是对药品的管理行为，因为医生不仅对药品的采购有建议权，而且对药品的使用有决定权，因此，对国有医院的医生应以受贿定罪，对非国有医院的医生则按非国家工作人员受贿罪处理。

《全国法院审理经济犯罪案件工作座谈会纪要》规定："从事公务，是指代表国家机关、国有公司、企业、事业单位、人民团体履行组织、领导、监督、管理等职责。公务主要表现为与职权相联系的公共事务以及监督、管理国有财产的职务活动。如国家机关工作人员依法履行职责，国有公司的董事、经理、监事、会计、出纳人员等管理、监督国有财产等活动，属于从事公务。那些不具备职权内容的劳务活动、技术服务工作，如售货员、售票员等所从事的工作，一般不认为是公务。"经研究认为，根据上述纪要对"从事公务"的规定，医生的处方行为虽然是一种职务行为，但不具有从事公务的性质，因而不符合受贿罪的主体特征，应当按非国家工作人员受贿论处。因此，《意见》第四条根据主体身份的不同，对在药品、医疗器械、医用卫生材料等医药产品购销领域中发生的商业贿赂犯罪行为分别作出规定，并且对医疗机构中的医务人员，利用开处方的职务便利，以各种名义非法收受药品、医疗器械、医用卫生材料等医药产品销售方财物，为医药产品销售方谋取利益，数额较大的行为的定性问题作出了明确规定。

应当注意的是，这里的处方行为，不包括科室主任等担任领导职务的人员在接受医药产品销售方请托向院里推荐或者建议采购该医药产品的行为。这种行为对国有医院的科室主任等担任领导职务的人员而言，属于从事公务的行为。对非国有医院而言，除认定为国家工作人员以外，均应按非国家工作人员受贿罪处理。

根据《医疗机构管理条例》《医疗机构基本标准（试行）》的规定，医疗机构包括医院、卫生院、疗养院、妇幼保健院、门诊部、诊所、卫生所（室）以及急救站、临床检验中心、护理院（站）等机构。医务人员的范围较广，包括医疗防疫人员、药剂人员、护理人员、其他技术人员，但在这里仅限于医疗机构中享有处方权的医务人员。

五、关于教育机构中商业贿赂犯罪的认定

教材、教具、校服或者教辅资料等其他物品，在各级教育机构中属于经常性的大宗采购物品，通常由教育机构中的特定部门或者有关负责人决定或者办理。由于巨大的市场和利润诱惑，上述物品的销售商为了能够顺利达成交易，常常以回扣、劳务费、奖励等名义给予相关人员以财物。

一般情况下，根据收受财物人员所在的学校和职责，可以较为顺利地解决其行为的定性问题：对具有采购职责的工作人员而言，在公立学校属于国家工作人员，在非公立学校除委派的以外属于非国家工作人员，分别按受贿罪和非国家工作人员受贿罪处理。存在问题的是，不具有采购职责的普通教师，在特定情形下参与或实际实施了帮助销售方销售的行为，如应销售方请托，指定学生购买某种教材或者教辅材料，或者向学校建议购买某种教材、教辅材料、教具或校服，因而收受销售方数额较大的财物。对这种行为能否追究刑事责任不无争议。

经研究认为，教学活动虽然不是从事公务的活动，却是教师的职务活动，其利用教学活动的职务便利，以各种名义非法收受教材、教具、校服或者其他物品销售方财物，为教材、教具、校服或者其他物品销售方谋取利益，数额较大的，不论是否公立学校，均应按非国家工作人员受贿处理。因此，《意见》第五条针对教育机构中在教材、教具、校服或者其他物品的采购等活动发生的商业贿赂犯罪，区分不同情形，分别作出规定。

六、关于工程建设、政府采购领域商业贿赂犯罪的认定

工程建设和政府采购是当前商业贿赂专项治理的重点领域。认定该领域内的商业贿赂犯罪，存在突出问题是如何认定评标委员会等组织的组成人员的身份，如何处理有关组成人员收受投标人或供应商财物并为其谋取利益的行为。

之所以成为问题，主要在于评标委员会等组织组成人员的特殊性，即其中包括并非招标人或采购人单位工作人员的专家成员。如根据《招标投标法》第三十七条的规定：评标由招标人依法组建的评标委员会负责。依法必须进行招标的项目，其评标委员会由招标人的代表和有关技术、经济等方面的专家组成，成员人数为5人以上单数，其中技术、经济等方面的专家不得少于成员总数的2/3。前款专家应当从事相关领域工作满8年并具有高级职称或者具有同等专业水平，由招标人从国务院有关部门或者省、自治区、直辖市人民政府有关部门提供的专家名册或者招标代理机构的专家库内的相关专业的专家名单中确定；一般招标项目可以采取随机抽取方式，特殊招标项目可以

由招标人直接确定。又如《政府采购法》规定，采用竞争性谈判方式采购的，应当成立谈判小组。谈判小组由采购人的代表和有关专家共3人以上的单数组成，其中专家的人数不得少于成员总数的2/3。采取询价方式采购的，应当成立询价小组。询价小组由采购人的代表和有关专家共3人以上的单数组成，其中专家的人数不得少于成员总数的2/3。在招投标和政府采购中，评标委员会等组织经过评标、谈判或者询价，确定或者推荐中标候选人和成交候选人，招标人根据评标委员会提出的书面评标报告和推荐的中标候选人确定中标人。招标人也可以授权评标委员会直接确定中标人。在政府采购中，公开招标应作为政府采购的主要采购方式。采用竞争性谈判、询价等他方式采购的，采购人根据相关竞争性谈判采购中谈判小组、询价采购中询价小组推荐的成交候选人确定成交供应商。因此，评标委员会、竞争性谈判采购中谈判小组、询价采购中询价小组等组织的组成人员负有重要职责，往往成为一些投标人拉拢腐蚀的对象。

关于评标委员会、竞争性谈判采购中谈判小组、询价采购中询价小组的组成人员，在招标、政府采购等事项的评标或者采购活动中，索取他人财物或者非法收受他人财物，为他人谋取利益，数额较大的行为如何处理，《意见》起草过程中存在较大争论。

一种意见认为，国有单位依法组建的专家评审委员会中的专家成员，在评审委员会中行使评审职责的过程中，属于在国有单位中从事公务的人员，应当认定为国家工作人员。理由是：第一，国有单位依法组建的评审委员会是国有单位针对特定事项依法成立的临时性机构，属于国有单位。第二，评审活动是国有单位管理活动的重要组成部分，属于公务活动。第三，评审专家，不论其原先身份如何，其在国有单位依法组建的评审委员会中的评审活动，属于在国有单位中从事公务活动，依法应当认定为国家工作人员。第四，行为人的身份认定与其履行职责的单位的性质密切相关，因单位性质差异导致身份差异的情形是客观存在的，符合法律规定。第五，专家成员的独立身份，一方面，是指其所参与的评审活动与其原所在单位无关，尽管其中有些专家成员是由其所在单位推荐的，在评审中，除了专家自己，不代表推荐单位和其他个人；另一方面，其独立身份也是相对于评审委员会中招标人或采购人代表而言的。不能以独立身份否定其国家工作人员身份。

另一种意见认为，应当区别评标委员会等组织中代表国有单位的采购人代表和随机抽取的专家两种成员的身份，对于代表国有单位的采购人代表受贿的，按照《刑法》第三百八十五条受贿罪的规定处理，对于非代表国有单位的评审专家受贿的，不论其本身身份如何，均按照第一百六十三条规定处理。理由是：第一，划分受贿罪和非国家工作人员受贿罪是以犯罪主体是否为国家工作人员为标准。依法组建的评标委员会、谈判小组、询价小组是由招标人或采购人代表及评标或采购专家组成的。其中，招标人或采购人代表是代表招标人或采购人参加评标或政府采购活动的，应按照其身份性质来区别定罪；以独立身份参加评标或政府采购活动的评标或采购专家，应以非国家工作人员受贿罪定罪。第二，按照组建评审委员会的单位的性质来界定评审人员身份性质的方法，存在不妥之处。如同一个专家，如果在参加国家机关组织的评审委员会和国家机关委托采购代理机构组织的评审委员会中均存在受贿行为，就有可能同时构成受贿罪和非国家工作人员受贿罪，而一个自然人不可能同时既是国家工作人员又是非国家工作人员。况且，无论是谁组织的评审委员会，实质上都是为同一个采购人进行评审的。第三，对非采购人代表中评审专家身份不再区分，主要是考虑纳入专家库管理的评审专家，是依据法律的授权，以个人身份而非职权为采购人提供决策依据的，这部分专家既有可能是其他单位包括国家机关的国家工作人员，也有可能是公司、企业或者其他单位工作人员，还有可能是其他身份，但均是以个人身份参加评审活动的，并不涉及职权等因素，统一按《刑法》第一百六十三条处理可以防止非代表国有单位的专家因身份不同而在定罪量刑中出现同罪不同罚的问题。

经研究，《意见》采纳了第二种意见，将评标委员会、竞争性谈判采购中谈判小组、询价采购中询价小组的组成人员区分为代表国有单位的组成人员和非代表国有单位的组成人员，前者应当认定为国家工作人员，构成犯罪的，按受贿罪定罪处罚；后者则属于非国家工作人员，构成犯罪的，按非国家工作人员受贿罪追究刑事责任。

七、关于贿赂的范围及其数额的认定

根据《刑法》的规定，贿赂的范围限于各种财物。随着经济社会的不断发展变化，贿赂的手法不断翻新。一些人为了规避法律，采用货币、物品之外的其他方式行贿受贿，如提供房屋装修、含有金额的会员卡、代币卡（券）、旅游服务等；又如，通过虚设债权、减免债务等方式增加对方的财产价值；再如，出资为对方解决升学、就业等困难。特别是近年来随着贿赂犯罪由权钱交易发展到权利交易、权色交易，用设立债权、无偿劳务、免费旅游等财物以外的财产性利益以及晋职招工、迁移户口、提供女色等非财产性利益进行贿赂的案件频繁发生。对这样一些案件特别是采用非财产性利益进行贿赂的案件能否认定为贿赂犯罪，理论上和实践中均存在不同认识。从我国加入的《联合国反腐败公约》的规定来看，贿赂可以是任何不正当好处，其字面含义明显要宽于刑法规定中的财物。我国有关法律也有类似规定。如《招标投标法》表述为“财物或者其他好处”，《反不正当竞争法》表述为“财物或者其他手段”，政府采购法表述为“贿赂或者获取其他不正当利益”。将贿赂范围局限于财物，已经不能适应当前打击各类贿赂犯罪的现实需要，因而有必要扩大其范围。这首先是一个立法问题。从司法层面来看，在原则上坚持贿赂为财物的同时，当前对于贿赂范围的理解和掌握实际上有一定程度的突破，部分可以直接物化的财产性利益如免费旅游、无偿劳务、债务免除、消费权证等有时也会视具体情况被认定为贿赂。至于非财产性利益如招工提干、调换工作、迁移户口、晋升职务等则一般不被视为贿赂。这种做法符合刑法解释的基本原理。因此，为适应新形势下惩治贿赂犯罪的客观需要，参酌我国加入的有关国际公约规定，综合考虑我国国情和司法操作的实效性，《意见》第七条将贿赂的范围由财物扩大至财产性利益。财产性利益的数额认定，以实际支付的资费为准。《意见》第八条还同时规定，收受银行卡的，不论受贿人是否实际取出或者消费，卡内的存款数额一般应全额认定为受贿数额。使用银行卡透支的，如果由给予银行卡的一方承担还款责任，透支数额也应当认定为受贿数额。

应当注意的是，对收受银行卡的，在具体认定受贿数额时要区别以下情形：

(1) 行贿人、受贿人对以送卡的方式行贿、受贿的意思明确（包括明示或暗示）、真实，且行贿人提供了完全充分的信息足以保证受贿人完全取出卡内存款或者消费的，不论受贿人是否实际取出或者消费，卡内的存款数额应全额认定为受贿数额。使用银行卡透支的，如果由给予银行卡的一方承担还款责任，透支数额也应当认定为受贿数额。

(2) 行贿人提供了完全充分的信息足以保证受贿人完全取出卡内存款或者消费的，由于银行方面的原因如技术故障导致受贿人暂时不能全额取出存款或者消费的，或者由于受贿人自身操作技术问题如记错密码、操作错误导致受贿人暂时不能全额取出存款或者消费的，或者由于认识错误如认为已经将卡内存款用完而没有完全取出或者消费的，未取出或者未消费的卡内存款余额应当认定为受贿数额。

（3）行贿人送卡后抽回存款或者以挂失等方式阻碍受贿人取款或者消费的，受贿数额以实际取款或者消费的数额计算。因行贿人的上述行为未能实际取款或者消费的，按受贿未遂论处。

八、关于行贿犯中“不正当利益”的认定

1999年最高人民法院、最高人民检察院在《关于在办理受贿犯罪大要案的同时要严肃查处严重行贿犯罪分子的通知》（以下简称《通知》）规定，对于为谋取不正当利益而行贿，构成行贿罪、向单位行贿罪、单位行贿罪的，必须依法追究刑事责任。《通知》规定，“谋取不正当利益”是指谋取违反法律、法规、国家政策和国务院各部门规章规定的利益，以及要求国家工作人员或者有关单位提供违反法律、法规、国家政策和国务院各部门规章规定的帮助或者方便条件。根据上述规定，《刑法》中的“不正当利益”包括两种情况：一是利益本身不符合法律、法规、国家政策和国务院各部门规章的规定，即利益本身不正当；二是提供不符合法律、法规、国家政策和国务院各部门规章规定的帮助或者方便条件，即国家工作人员为请托人谋取利益的手段不正当，益本身可能是正当的。这为司法实践正确认定“不正当利益”以打击行贿犯罪提供了依据。但是，由于社会背景的原因，该《通知》所规定的“不正当利益”的范围相对较窄，随着经济社会的发展，已不能全面反映有关领域中的实际情况，有些谋取与《通知》规定的利益本质相同，同样具有不正当性的利益的行为不能得到正确的认定与处理，实践中对此反映较为强烈。为适应惩治贿赂犯罪的客观需要，有必要对不正当利益的范围做适当的调整。

如何适当调整不正当利益的范围，《意见》起草过程中存在不同意见。一种意见认为，适当调整第二种不正当利益的认定范围，即除了提供不符合法律、法规、国家政策和国务院各部门规章规定的帮助或者方便条件外，还应当包括提供不符合行业规范或者单位制度规定的帮助或者方便条件。另一种意见认为，判断利益本身是否正当，或者国家工作人员为请托人谋取利益的手段是否正当，主要应当根据法律、法规、国家政策和国务院各部门规章，但在法律、法规、国家政策和国务院各部门规章没有规定或者规定不明确的情况下，“不正当利益”的判断可能要根据行业规范甚至是单位制度的规定，建议将行业规范、单位制度均适用于两种不正当利益的认定。对此有的学者则建议将单位制度删去，理由是单位各不相同，有关规定也不一致，同样的行为，有的单位作了规定，有的则没有规定，甚至有的规定背离政策、法律规定，在涉及犯罪认定的司法性规范中将层级如此之低、差别如此之大的单位制度作为认定不正当利益的根据是不妥当的。

经研究认为，在涉及罪与非罪的问题上，个人利益或者单位利益的确定，主要应当由国家法律、法规、规章或者政策来确认，谋取的利益本身是否正当，主要应当根据国家法律、法规、政策、规章的规定来判断。对于那些谋取的利益与《通知》规定的利益本不相同，同样具有不正当性的利益的认定，应当作出明确规定。从司法实践来看，适当调整不正当利益的范围，主要是适当调整第二种不正当利益的范围。因为这种利益，主要是从程序上进行判断的，在国家法律、法规、政策、规章没有规定或者规定不明确的情况下，根据法律授权或者依职责制定的行业规范，对行为人的某些行为作出规定，行为人如果违反行业规范的规定提供帮助或者方便条件，即应认定其为请托人谋取不正当利益。另外，《通知》中关于“国家政策和国务院各部门规章”的表述过窄，与实际情况和现实需要存在一定差距，不仅“国家政策和国务院各部门规章”应当成为评价利益是否正当的依据，而且一些地方政策和地方规章也应当成为评价利益是否正当的依据，况且国务院各部门规章与地方规章在立法法上属于同一层级的立法规范，因此，《意见》第九条第一款将其统一表述为“规章、政策”。

另外，针对不正当利益的特殊情形，结合司法实践和专项治理工作的实际需要，《意见》第九条第二款还特别增加规定，在招标投标、政府采购等商业活动中，违背公平原则，给予相关人员财物以谋取竞争优势的，属于“谋取不正当利益”。应当注意的是，本款“谋取不正当利益”的认定，应当严格限定在招标投标、政府采购等商业活动中，不能任意扩大其范围。

九、关于贿赂与亲友正当馈赠界限的认定

我国是一个人情社会，崇尚礼尚往来，法律并不禁止亲友之间的正当馈赠行为。然而，一些犯罪分子在实施贿赂犯罪的时候，借馈赠之名而行贿赂之实，并以馈赠正当为其行为辩解。为正确区分贿赂与亲友正当馈赠，划清罪与非罪的界限，《意见》主要从以下几个因素的结合上进行区分：（1）发生财物往来的背景，如双方是否存在亲友关系及历史上交往的情形和程度；（2）往来财物的价值大小；（3）财物往来的缘由、时机和方式，提供财物方对于接受方有无职务上的请托；（4）接受方是否利用职务上的便利为提供方谋取利益。

十、关于商业贿赂犯罪的共同犯罪的认定

司法实践中，商业贿赂犯罪常常以共同犯罪的形式出现，特别是非国家工作人员与国家工作人员通谋，共同收受他人财物的情形时有发生。对于商业贿赂犯罪共同犯罪的认定与处理，存在的主要问题是对非国家工作人员与国家工作人员通谋，分别利用各自的职务便利为他人谋取利益，共同收受他人财物的如何追究刑事责任。《意见》起草过程中，曾存在两种意见。

一种意见认为，分别利用各自的职务便利为他人谋取利益的，以受贿罪的共犯追究刑事责任。理由是：第一，按主犯的犯罪性质定罪，理论上和实践中均存在许多障碍。理论上，主犯与从犯的区分，反映的是同一犯罪活动中各被告人的地位和作用，它解决量刑问题，而不解决犯罪的性质问题，不是定罪的根据，根据主犯行为定罪，无法反映全案犯罪的基本特征。并且在实践中，有些共同犯罪人的地位、作用难以区分，在分别构成犯罪且都是主犯的情况下，按哪个主犯的性质定罪将会陷入左右为难的境地。第二，从司法实践来看，按主犯定罪的原则或精神也有一定突破。如2003年《全国法院审理经济犯罪案件工作座谈会纪要》规定，对于在公司、企业或者其他单位中，非国家工作人员与国家工作人员勾结，分别利用各自的职务便利，共同将本单位财物非法占有的，应当尽量区分主从犯，按照主犯的犯罪性质定罪。司法实践中，如果根据案件的实际情况，各共同犯罪人在共同犯罪中的地位、作用相当，难以区分主从犯的，可以贪污罪定罪处罚。虽然上述规定针对贪污和职务侵占，但其司法精神不言而喻。

另一种意见则认为，一律按受贿罪的共犯追究刑事责任突破了现行司法解释对类似情形规定的精神。如2000年7月8日起施行的《最高人民法院关于审理贪污、职务侵占案件如何认定共同犯罪几个问题的解释》第三条规定："公司、企业或者其他单位中，不具有国家工作人员身份的人与国家工作人员勾结，分别利用各自的职务便利，共同将本单位财物非法占为已有的，按照主犯的犯罪性质定罪。"虽然该解释针对贪污和职务侵占，但其司法精神不言而喻。与现行司法解释按主犯定罪的规定精神比较，二者容易形成内在冲突，损害司法解释的权威性。况且，《全国法院审理经济犯罪案件工作座谈会纪要》在原则上也是按照主犯的犯罪性质定罪。只是对难以区分主从犯的，才采用从重处断的原则以贪污罪定罪处罚。对贿赂犯罪的共同犯罪也完全可以采用这样的原则进行处理。

经研究，《意见》采纳了第二种意见，区分了商业贿赂犯罪共同犯罪的三种情形，根据双方利用职务便利的具体情形分别定罪追究刑事责任：一是利用国家工作人员的职务便利为他人谋取利益的，以受贿罪追究刑事责任。二是利用非国家工作人员的职务便利为他人谋取利益的，以非国家工作人员受贿罪追究刑事责任。三是分别利用各自的职务便利为他人谋取利益的，按照主犯的犯罪性质追究刑事责任，不能分清主从犯的，可以受贿罪追究刑事责任。

十一、适用《意见》必须坚持宽严相济的刑事政策

宽严相济是指导司法实践的基本刑事政策，正确运用这一政策，对于充分发挥刑罚“惩罚、预防、教育”功能，减少社会对立面，化消极因素为积极因素，构建和谐社会具有重要意义。由于商业贿赂滋生蔓延的原因比较复杂，既有经营思想上的偏差和监管不严的问题，也有法制不健全、惩治不力的问题，还有管理体制和运行机制中存在的弊端。因此，适用《意见》办理商业贿赂犯罪案件，必须坚持宽严相济的刑事政策，充分发挥刑罚功能。

一是突出打击重点。要坚决查处官商勾结搞权钱交易以及严重危害群众利益的商业贿赂犯罪，把打击锋芒指向重点领域、重点行业、重点人员的商业贿赂案件。所谓重点领域、重点行业商业贿赂案件，是指发生在工程建设、土地出让、产权交易、医药购销、政府采购以及资源开发和经销等领域的商业贿赂案件，以及发生在银行信贷、证券期货、商业保险、出版发行、体育、电信、电力、质检、环保等行业的商业贿赂案件。所谓重点人员商业贿赂案件，是指利用职权参与或干预企业事业单位经营活动，谋取非法利益，索贿受贿的国家工作人员商业贿赂犯罪案件，以及重大受贿案件的行贿人员商业贿赂犯罪案件。对涉案金额巨大、情节严重、性质恶劣、群众反映强烈的商业贿赂犯罪大要案件，尤应加大督办力度和惩处力度，确保治理商业贿赂专项工作取得切实有效的成果。

二是坚持区别对待。对性质恶劣、情节严重、涉案范围广、影响面大的商业贿赂犯罪案件，特别是对于顶风作案的，或者案发后隐瞒犯罪事实、毁灭证据、订立攻守同盟、负案潜逃等企图逃避法律追究的，要依法从严惩处。对在自查自纠中主动向单位、行业主管（监管）部门讲清问题、积极退赃的，或者检举、揭发他人犯罪行为，有自首、立功情节的，依法从轻、减轻或者免予处罚。对在行业、领域内带有一定普遍性、涉案人员众多的案件，要根据“惩处极少数，教育大多数”的要求，突出重点，区别对待，防止因打击面过宽导致不良的政治影响和社会效果。特别是对于普通医生的商业贿赂犯罪问题，更要注意运用多种手段治理应对，以缩小打击面，扩大教育面。对那些收受回扣数额大的；明知药品伪劣，但为收受回扣而要求医院予以采购的；为收受回扣而给病人大量开药或者使用不对症药品，造成严重后果的；收受回扣造成其他严重影响的等，依法追究刑事责任。在量刑时，既要考虑犯罪行为的性质、危害和情节，同时也要考虑当前社会现状，努力做到罪刑均衡。对收受回扣数额不大、情节一般，不是非定罪不可的，可在令其坦白交代、退出赃款的基础上，给予党纪政纪等处分。

（撰稿：逄锦温）

4. **最高人民检察院研究室关于中国农业发展银行及其分支机构的工作人员法律适用问题的答复**（2002年9月23日，〔2002〕高检研发第16号）

湖北省人民检察院研究室：

你院关于中国农业发展银行工作人员法律适用问题的请示（鄂检文〔2001〕50号）收悉。经研究，答复如下：

中国农业发展银行及其分支机构的工作人员严重不负责任或者滥用职权，构成犯罪的，应当依照刑法第一百六十八条的规定追究刑事责任。

此复。

5. **最高人民检察院关于《全国人民代表大会常务委员会关于〈中华人民共和国刑法〉第九十三条第二款的解释》的时间效力的批复**（2000年6月29日，高检发研字〔2000〕15号）

天津市人民检察院：

你院“关于《全国人民代表大会常务委员会关于〈中华人民共和国刑法〉第九十三条第二款的解释》的实施时间问题的请示”收悉。经研究，批复如下：

《全国人民代表大会常务委员会关于〈中华人民共和国刑法〉第九十三条第二款的解释》是对刑法第九十三条第二款关于“其他依照法律从事公务的人员”规定的进一步明确，并不是对刑法的修改。因此，该《解释》的效力适用于修订刑法的施行日期，其溯及力适用修订刑法第十二条的规定。

6. **最高人民法院关于国家工作人员在农村合作基金会兼职从事管理工作如何认定身份问题的答复**（2000年6月29日，法（研）明传〔2000〕12号）

四川省高级人民法院：

你院川高法〔2000〕105号《关于具有国家工作人员身份的人员在农村基金会兼职从事管理活动应如何认定犯罪主体身份问题的请示》收悉。经研究，答复如下：

国家工作人员自行到农村合作基金会兼职从事管理工作的，因其兼职工作与国家工作人员身份无关，应认定为农村合作基金会一般从业人员；国家机关、国有公司、企业、事业单位委派到农村合作基金会兼职从事管理工作的人员，以国家工作人员论。

7. **最高人民检察院关于佛教协会工作人员能否构成受贿罪或者公司、企业人员受贿主体问题的答复**（2003年1月13日，〔2003〕高检研发第2号）

浙江省人民检察院研究室：

你室《关于佛教协会工作人员能否构成受贿罪或公司、企业人员受贿罪主体的请示》（检研请〔2002〕9号）收悉。经研究，答复如下：

佛教协会属于社会团体，其工作人员除符合刑法第九十三条第二款的规定属于受委托从事公务的人员外，既不属于国家工作人员，也不属于公司、企业人员。根据刑法的规定，对非受委托从事公务的佛教协会的工作人员利用职务之便收受他人财物，为他人谋取利益的行为，不能按受贿罪或者公司、企业人员受贿罪追究刑事责任。

8. **最高人民检察院关于集体性质的乡镇卫生院院长利用职务之便收受他人财物的行为如何适用法律问题的答复**（2003年4月2日，〔2003〕高检研发第9号）

山东省人民检察院研究室：

你院《关于工人身份的乡镇卫生院院长利用职务之便收受贿赂如何适用法律问题的请示》（鲁检发研字〔2001〕第10号）收悉。经研究，答复如下：

经过乡镇政府或者主管行政机关任命的乡镇卫生院院长，在依法从事本区域卫生工作的管理与业务技术指导，承担医疗预防保健服务工作等公务活动时，属于刑法第九十三条第二款规定的其他依照法律从事公务的人员。对其利用职务上的便利，索取他人财物的，或者非法收受他人财物，为他人谋取利益的，应当依照刑法第三百八十五条、第三百八十六条的规定，以受贿罪追究刑事责任。

此复。

9. **最高人民法院研究室关于对行为人通过伪造国家机关公文、证件担任国家工作人员职务并利用职务上的便利侵占本单位财物、收受贿赂、挪用本单位资金等行为如何适用法律问题的答复**（2004年3月30日，法研〔2004〕38号）

北京市高级人民法院：

你院〔2004〕15号《关于通过伪造国家机关公文、证件担任国家工作人员职务后利用职务便利侵占本单位财物、收受贿赂、挪用本单位资金的行为如何定性的请示》收悉。经研究，答复如下：

行为人通过伪造国家机关公文、证件担任国家工作人员职务以后，又利用职务上的便利实施侵占本单位财物、收受贿赂、挪用本单位资金等行为，构成犯罪的，应当分别以伪造国家机关公文、证件罪和相应的贪污罪、受贿罪、挪用公款罪等追究刑事责任，实行数罪并罚。

10. **最高人民检察院法律政策研究室关于国家机关、国有公司、企业委派到非国有公司、企业从事公务但尚未依照规定程序获取该单位职务的人员是否适用刑法第九十三条第二款问题的答复**（2004年11月3日，〔2004〕高检研发第17号）

重庆市人民检察院法律政策研究室：

你院《关于受委派的国家工作人员未按法定程序取得非国有公司职务是否适用刑法第九十三条第二款以国家工作人员论的请示》（渝检（研）〔2003〕6号）收悉。经研究，答复如下：

对于国家机关、国有公司、企业委派到非国有公司、企业从事公务但尚未依照规定程序获取该单位职务的人员，涉嫌职务犯罪的，可以依照刑法第九十三条第二款关于“国家机关、国有公司、企业委派到非国有公司、企业、事业单位、社会团体从事公务的人员”，“以国家工作人员论”的规定追究刑事责任。

此复。

（三）典型或常见问题的审理思路

非国家工作人员受贿罪，是指公司、企业或者其他单位的工作人员利用职务上的便利，索取他人财物或者非法收受他人财物，为他人谋取利益，数额较大的行为。

本罪是从《全国人民代表大会常务委员会关于惩治违反公司法的犯罪的决定》第九条的规定吸收改为刑法的规定的，原罪名为“公司、企业人员受贿罪”。《刑法修正案（六）》《刑法修正案（十一）》先后对本罪的罪状作了修正，因而罪名也相应作了修改。

非国家工作人员受贿罪的构成要件是：

1. 主体要件

犯罪主体为特殊主体，即公司、企业或者其他单位的工作人员。

《刑法》原第一百六十三条的犯罪主体仅限于“公司、企业的工作人员”，范围较窄。随着反商业贿赂工作的深入开展，有关部门和司法机关提出，对公司、企业以外的其他单位的工作人员利用职务上的便利进行权钱交易、危害社会利益的行为，也应追究行为人的刑事责任。因此，将本罪的犯罪主体扩大到“其他单位的工作人员”。“其他单位”，既包括事业单位、社会团体、村民委员会、居民委员会、村民小组等常设性的组织，也包括为组织体育赛事、文艺演出或者其他正当活动而成立的组委会、筹委会、工程承包队等非常设性的组织。“其他单位的工作人员”，主要是指医院、医疗机构、学校及其他教育机构、科研院所、出版社、报社、印刷厂、社会团体，以及村委会、居委会等单位中的非国家工作人员。依法组建的评标委员会、竞争性谈判采购中谈判小组、询价采购中的询价小组的组成人员，在招标、政府采购等事项的评标或者采购活动中，索取他人财物或者非法收受他人财物，为他人谋取利益，数额较大的，以非国家工作人员受贿罪定罪处罚。需要注意的是，非国家工作人员受贿罪是职务犯罪，必须以“利用职务上的便利”为条件。因此，本罪的主体应当是在公司、企业或者其他单位中负有组织、领导、监督、管理职责的人员。如公司的董事、监事、经理及财务人员，企业的厂长、部门经理、车间主任及仓库管理员，事业单位的领导及部门负责人，以及村委会主任、村支书等村基层组织负责人员，等等。单纯提供劳务的人员，如生产流水线上的操作工人、售货员、售票员等，或者单纯提供技术服务的人员，不能成为本罪主体。

2. **客体要件**

本罪侵犯的客体是公司、企业或者其他单位的正常管理活动和社会主义市场经济公平竞争的交易秩序。犯罪对象为索取或者非法收受他人的“财物”，既包括金钱和实物，也包括可以用金钱计算数额的非财产性利益，如提供房屋装修、含有金额的会员卡、代币卡（券）、旅游费用等。具体数额以实际支付的资费为准。

目前，生产、经营领域的商业贿赂行为已严重干扰了正常的市场交易秩序。为此，《反不正当竞争法》明确规定：“经营者不得采用财物或者其他手段进行贿赂以销售或者购买商品。对方单位或者个人在账外暗中收受回扣的，以受贿论。”《刑法》第一百六十三条规定了公司、企业人员受贿罪。有关部门和司法机关提出，对公司、企业以外的单位的非国家工作人员利用职务便利进行“权钱交易”，危害社会利益的行为，例如，发生在药品、器械采购中的商业贿赂行为，数额较大的，也应追究刑事责任，因而《刑法修正案（六）》对本罪的罪状作了修改。

3. **主观要件**

主观方面由故意构成。过失不构成本罪。

4. **客观要件**

客观方面表现为利用职务上的便利，索取他人财物或者非法收受他人财物，为他人谋取利益，数额较大的行为。

“利用职务上的便利”，是指公司、企业或者其他单位的工作人员利用自己主管、经营或者参与公司、企业某项工作的便利条件。“索取他人财物”，是指公司、企业的工作人员以为他人谋取利益为条件，向他人索要财物的行为。“非法收受他人财物”，是指公司、企业的工作人员利用职务上的便利或者权力，接受他人主动给予的财物的行为。收受银行卡的，不论受贿人是否实际取出或者消费，卡内的存款数额一般应全额认定为受贿数额。如果由给予银行卡的一方承担还款责任，透支数额也应当认定为受贿数额。“这里的‘给予’应当是实际给付行为，即作为贿赂物的财物已经从行贿人手中转移到受贿人控制之下。”① “为他人谋取利益”，既包括正当的利益，也包括不正当的利益；既包括已经谋取到的利益，也包括正在谋取的利益。

（四）疑难、复杂问题的参考性解答

依照《刑法》原第一百六十三条第二款的规定，公司、企业或者其他单位的工作人员在经济往来中，违反国家规定，收受各种名义的回扣、手续费，归个人所有的，应当以非国家工作人员受贿罪定罪处罚。但对经济往来中违规收取回扣、手续费以受贿论的行为，是否必须是“利用职务上的便利”，没有作出规定；《刑法修正案（六）》第七条第二款在构成要件中增加了“利用职务上的便利”的条件。这是考虑到，《刑法》原条文规定不很清楚，应当予以明确。因此，今后审理“以受贿论”这类案件，要注意行为人是否利用了职务上的便利。

依照《刑法》第一百六十三条第三款的规定，国有公司、企业或者其他国有单位中从事公务的人员和国有公司、企业或者其他国有单位委派到非国有公司、企业以及其他单位从事公务的人员，包括依法组建的评标委员会、竞争性谈判采购中谈判小组、询价采购中询价小组中国家机关或者其他国有单位的代表，有前两款行为的，由于他们是刑法第九十三条第二款规定的“准”国家工作人员，因此，应当依照《刑法》第三百八十五条、第三百八十六条的规定，以受贿罪定罪处罚。

正确认定和处理共犯。非国家工作人员与国家工作人员通谋，共同收受他人财物，构成共同犯罪的，根据双方利用职务便利的具体情形，分别定罪追究刑事责任：（1）利用国家工作人员的职务便利为他人谋取利益的，以受贿罪追究刑事责任；（2）利用非国家工作人员的职务便利为他人谋取利益的，以非国家工作人员受贿罪追究刑事责任；（3）分别利用各自的职务便利为他人谋取利益的，按照主犯的犯罪性质追究刑事责任，分不清主从犯的，可以受贿罪追究刑事责任。②

---

① 郎胜主编：《中华人民共和国刑法释义》（第5版），法律出版社2012年版，第239页。

② 《最高人民法院、最高人民检察院关于办理商业贿赂刑事案件适用法律若干问题的意见》。

（五）量刑指导或参考

依照《刑法》第一百六十三条第一款规定，犯非国家工作人员受贿罪的，数额较大的，处三年以下有期徒刑或者拘役，并处罚金；数额巨大或者有其他严重情节的，处三年以上十年以下有期徒刑，并处罚金；数额特别巨大或者有其他特别严重情节的，处十年以上有期徒刑或者无期徒刑，并处罚金。

依照本条第二款规定，公司、企业或者其他单位的工作人员在经济往来中，利用职务上的便利，违反国家规定，收受各种名义的回扣、手续费，归个人所有的，依照前款的规定处罚。

司法机关在适用本条规定处罚时，应当注意以下问题：

1. 关于入罪的数额标准

根据2016年4月18日起实施的《最高人民法院、最高人民检察院关于办理贪污贿赂刑事案件适用法律若干问题的解释》（以下简称《贪污贿赂解释》）第十一条第一款的规定，非国家工作人员受贿罪中的“数额较大”的起点按照本解释关于受贿罪、贪污罪相对应的数额标准规定的二倍执行。《贪污贿赂解释》第一条第一款规定贪污罪、受贿罪的数额较大起点为3万元，非国家工作人员受贿罪的入刑数额起点应为6万元。如受贿未达到该数额标准的，应不构成本罪。

2. “数额巨大”的认定标准

依照《贪污贿赂解释》第十一条第一款的规定，非国家工作人员受贿罪中的“数额巨大”的起点按照本《贪污贿赂解释》关于受贿罪、贪污罪相对应的数额标准规定的五倍执行。该《贪污贿赂解释》第二条第一款规定贪污罪、受贿罪的数额巨大起点为20万元，因此，非国家工作人员受贿罪的数额巨大的起点应为100万元。

九、对非国家工作人员行贿罪

（一）刑法规定

第一百六十四条第一款① 为谋取不正当利益，给予公司、企业或者其他单位的工作人员以财物，数额较大的，处三年以下有期徒刑或者拘役，并处罚金；数额巨大的，处三年以上十年以下有期徒刑，并处罚金。

第一百六十四条第三款 单位犯前两款罪的，对单位判处罚金，并对其直接负责的主管人员和其他直接责任人员，依照第一款的规定处罚。

第一百六十四条第四款 行贿人在被追诉前主动交待行贿行为的，可以减轻处罚或者免除处罚。

（二）司法解释、司法文件及其权威解读

1. 最高人民检察院、公安部关于公安机关管辖的刑事案件立案追诉标准的规定（二）（自2022年5月15日起施行）（节录）

第十一条 ［对非国家工作人员行贿案（刑法第一百六十四条第一款）］为谋取不正当利益，给予公司、企业或者其他单位的工作人员以财物，个人行贿数额在三万元以上的，单位行贿数额在二十万元以上的，应予立案追诉。

2. 新增“对外国公职人员、国际公共组织官员行贿罪”

1997年《刑法》第一百六十三条中规定：“公司、企业的工作人员利用职务上的便利，索取他人财物或者非法收受他人财物，为他人谋取利益，数额较大的，处五年以下有期徒刑或者拘役；数额巨大的，处五年以上有期徒刑，可以并处没收财产。”第一百六十四条第一款规定：“为谋取不正当利益，给予公司、企业的工作人员以财物，数额较大的，处三年以下有期徒刑或者拘役；数额巨大的，处三年以上十年以下有期徒刑，并处罚金。”2006年6月

---

① 本款经2006年6月29日《刑法修正案（六）》第八条修正。

《刑法》原第一百六十四条第一款为：“为谋取不正当利益，给予公司、企业的工作人员以财物，数额较大的，处三年以下有期徒刑或者拘役；数额巨大的，处三年以上十年以下有期徒刑，并处罚金。”

2011年2月25日《刑法修正案（八）》进行第二次修正，2015年8月29日《刑法修正案（九）》进行第三次修正。

29 日第十届全国人大常委会第二十二次会议通过的《刑法修正案（六)》对《刑法》第一百六十三条规定的非国家工作人员受贿罪作了修正，增加了关于公司、企业以外的“其他单位”的非国家工作人员受贿犯罪的规定。考虑到行贿与受贿互为对向犯，与此对应，《刑法修正案（六)》对《刑法》第一百六十四条作了修正，将向公司、企业以外的“其他单位”的非国家工作人员行贿的行为也规定为犯罪。

有些部门提出，随着我国改革开放的进行，国际经济交往日益增多，在对外交往中如果出现贿赂外国公职人员或者国际公共组织官员以谋取不正当商业利益的情况，不仅违背公平竞争的市场规则，也影响到我国企业的声誉和商业信誉。《联合国反腐败公约》要求各缔约国应当采取必要的立法措施，将贿赂外国公职人员或者国际公共组织官员的行为规定为犯罪并追究刑事责任。2005 年 10 月 27 日，第十届全国人民代表大会常务委员会第十八次会议批准了《联合国反腐败公约》。我国作为《联合国反腐败公约》的缔约国，将贿赂外国公职人员或者国际公共组织官员的行为规定为犯罪并处罚，也是我国坚决履行反腐败公约的重要举措。

《刑法修正案（八)》将《刑法》第一百六十四条修改为：“为谋取不正当利益，给予公司、企业或者其他单位的工作人员以财物，数额较大的，处三年以下有期徒刑或者拘役；数额巨大的，处三年以上十年以下有期徒刑，并处罚金。为谋取不正当商业利益，给予外国公职人员或者国际公共组织官员以财物的，依照前款的规定处罚。单位犯前两款罪的，对单位判处罚金，并对其直接负责的主管人员和其他直接责任人员，依照第一款的规定处罚。行贿人在被追诉前主动交待行贿行为的，可以减轻处罚或者免除处罚。”

《刑法修正案（八)》对原条文的主要修正是，增加了“对外国公职人员、国际公共组织官员行贿罪”。构成本罪的条件主要有两个：

1. 行为人实施了“给予外国公职人员或者国际公共组织官员以财物”的行贿行为

这里所称“外国公职人员”，是指外国经任命或选举担任立法、行政、行政管理或者司法职务的人员，以及为外国国家及公共机构或者公营企业行使公共职能的人员；“国际公共组织官员”，是指国际公务员或者经国际组织授权代表该组织行事的人员。

2. 行为人行贿的目的是“为谋取不正当商业利益”

这是根据《联合国反腐败公约》的相关规定作出的限定。《联合国反腐败公约》第十六条规定：“各缔约国均应当采取必要的立法和其他措施，将下述故意实施的行为规定为犯罪：直接或间接向外国公职人员或者国际公共组织官员许诺给予、提议给予或者实际给予该公职人员本人或者其他人员或实体不正当好处，以使该公职人员或者该官员在执行公务时作为或者不作为，以便获得或者保留与进行国际商务有关的商业或者其他不正当好处。”条约中“与进行国际商务有关的商业或者其他不正当好处”的范围大于我国《刑法》中“不正当利益”，且不好掌握，根据我国《刑法》对于行贿目的的习惯表述，《刑法修正案（八）》表述为“为谋取不正当商业利益”。

本条还对单位犯本条规定之罪及其处罚作了规定。对单位犯罪采取了双罚制原则，即对单位判处罚金，并对其直接负责的主管人员和其他直接责任人员，依照本条第一款关于个人向公司、企业人员行贿的规定处罚。

《在刑法修正案（八）》草案修正过程中，有的观点提出，该条新增加的“给外国公职人员或者国际公共组织官员财物”与我国《刑法》规定的向国家工作人员行贿罪很相似，应当放在《刑法》第八章“贪污贿赂罪”一章中。但也有的观点认为，“外国公职人员或国际公共组织官员”不应等同于我国的“国家工作人员”，“为谋取不正当商业利益”向外国公职人员或者国际公共组织官员行贿，与公司企业在经济活动中“为谋取不正当利益”行贿目的更为相近，与向非国家工作人员行贿罪在一起规定更为合适，《刑法修正案（八）》采纳了后一种意见。

3. 最高人民法院、最高人民检察院关于办理贪污贿赂刑事案件适用法律若干问题的解释（法释〔2016〕9号，2016年4月18日公布施行）（节录）

第十一条　刑法第一百六十四条第一款规定的对非国家工作人员行贿罪中的“数额较大”“数额巨大”的数额起点，按照本解释第七条、第八条第一款关于行贿罪的数额标准规定的二倍执行。

第十二条　贿赂犯罪中的“财物”，包括货币、物品和财产性利益。财产性利益包括可以折算为货币的物质利益如房屋装修、债务免除等，以及需要支付货币的其他利益如会员服务、旅游等。后者的犯罪数额，以实际支付或者应当支付的数额计算。

第十三条　具有下列情形之一的，应当认定为“为他人谋取利益”，构成犯罪的，应当依照刑法关于受贿犯罪的规定定罪处罚：

（一）实际或者承诺为他人谋取利益的；

（二）明知他人有具体请托事项的；

（三）履职时未被请托，但事后基于该履职事由收受他人财物的。

国家工作人员索取、收受具有上下级关系的下属或者具有行政管理关系的被管理人员的财物价值三万元以上，可能影响职权行使的，视为承诺为他人谋取利益。

4. 公安部、最高人民法院、最高人民检察院关于办理商业贿赂刑事案件适用法律若干问题的意见（2008年11月20日，法发〔2008〕33号印发）

为依法惩治商业贿赂犯罪，根据刑法有关规定，结合办案工作实际，现就办理商业贿赂刑事案件适用法律的若干问题，提出如下意见：

一、商业贿赂犯罪涉及刑法规定的以下八种罪名：

（1）非国家工作人员受贿罪（刑法第一百六十三条）；

（2）对非国家工作人员行贿罪（刑法第一百六十四条）；

（3）受贿罪（刑法第三百八十五条）；

（4）单位受贿罪（刑法第三百八十七条）；

（5）行贿罪（刑法第三百八十九条）；

（6）对单位行贿罪（刑法第三百九十一条）；

（7）介绍贿赂罪（刑法第三百九十二条）；

（8）单位行贿罪（刑法第三百九十三条）。

二、刑法第一百六十三条、第一百六十四条规定的“其他单位”，既包括事业单位、社会团体、村民委员会、居民委员会、村民小组等常设性的组织，也包括为组织体育赛事、文艺演出或者其他正当活动而成立的组委会、筹委会、工程承包队等非常设性的组织。

三、刑法第一百六十三条、第一百六十四条规定的“公司、企业或者其他单位的工作人员”，包括国有公司、企业以及其他国有单位中的非国家工作人员。

……

十、办理商业贿赂犯罪案件，要注意区分贿赂与馈赠的界限。主要应当结合以下因素全面分析、综合判断：

（1）发生财物往来的背景，如双方是否存在亲友关系及历史上交往的情形和程度；

（2）往来财物的价值；

（3）财物往来的缘由、时机和方式，提供财物方对于接受方有无职务上的请托；

（4）接受方是否利用职务上的便利为提供方谋取利益。

十一、非国家工作人员与国家工作人员通谋，共同收受他人财物，构成共同犯罪的，根据双方利用职务便利的具体情形分别定罪追究刑事责任：

（1）利用国家工作人员的职务便利为他人谋取利益的，以受贿罪追究刑事责任。

（2）利用非国家工作人员的职务便利为他人谋取利益的，以非国家工作人员受贿罪追究刑事责任。

（3）分别利用各自的职务便利为他人谋取利益的，按照主犯的犯罪性质追究刑事责任，不能分清主从犯的，可以受贿罪追究刑事责任。

（三）典型或常见问题的审理思路

对非国家工作人员行贿罪，是指为谋取不正当利益，给予公司、企业或者其他单位的工作人员以财物，数额较大的行为。

1997年《刑法》对本罪作了规定，原罪名为“公司、企业人员行贿罪”，2006年6月29日通过的《刑法修正案（六）》对本罪的罪状作了修正，将向公司、企业以外的“其他单位”的非国家工作人员行贿的行为也规定为犯罪，因而罪名也相应作了修改。

对非国家工作人员行贿罪的构成要件是：

1. 主体要件

犯罪主体为一般主体。自然人和单位均可构成本罪的主体。需要注意的是，按照《刑法》原第一百六十四条的规定，行贿的对象为“公司、企业的工作人员”；为了惩治商业领域的贿赂行为，《刑法修正案（六）》将行贿对象扩大为“其他单位的工作人员”，如医院、医疗机构、学校、科研院所、出版社、报社、印刷厂、社会团体以及村委会、居委会等单位中的非国家工作人员。

2. 客体要件

本罪侵犯的客体是公司、企业或者其他单位的正常管理活动和社会主义公平竞争的交易秩序。犯罪对象为给予非国家工作人员的财物。为了惩治商业领域的贿赂行为，《刑法修正案（六）》第七条将《刑法》原第一百六十三条受贿罪的主体扩大到“其他单位的工作人员”。由于行贿与受贿互为对向犯，因而《刑法修正案（六）》第八条向公司、企业以外的“其他单位”的非国家工作人员行贿的行为也规定为犯罪。

3. **主观要件**

主观方面由故意构成，且必须具有为自己（本单位）或者他人谋取不正当利益的目的。“谋取不正当利益”，是指谋取违反法律、法规、规章或者政策规定的利益，或者要求对方提供违反法律、法规、规章、政策或者行业规范的规定提供帮助或者方便条件。另外，在招标投标、政府采购等商业活动中，违背公平原则，给予相关人员财物以谋取竞争优势的，也属于“谋取不正当利益”。

4. **客观要件**

客观方面表现为给予公司、企业或者其他单位的工作人员以数额较大的财物的行为。“财物”包括金钱和实物，也包括非财产性利益，如提供房屋装修、含有金额的会员卡、代币卡（券）、旅游费用等。具体数额以实际支付的资费为准。

依照法律规定，对非国家工作人员行贿的行为，除需具备以上构成要件外，还必须达到“数额较大”的程度，才构成犯罪。根据2016年4月18日起实施的《最高人民法院、最高人民检察院关于办理贪污贿赂刑事案件适用法律若干问题的解释》（以下简称解释）第十一条第三款的规定，对非国家工作人员行贿罪中的“数额较大”的起点按照本解释第七条第一款关于受行罪的数额标准规定的二倍执行。该解释第七条第一款规定行贿罪入罪的数额起点为3万元，因此，对非国家工作人员行贿罪的入刑数额起点应为6万元。

（四）疑难、复杂问题的参考性解答

1. **划清罪与非罪的界限**

构成本罪必须同时具备两个条件：首先，行为人主观上必须是为了谋取“不正当利益”。如果行为人不是为了谋取不正当利益，而是希望公司、企业、其他单位的工作人员提高工作效率、加快办事进度等，则不构成本罪。其次，行贿的财物数额必须达到“数额较大”的标准，才构成本罪。如果数额较小，

则属于一般违法行为，不构成犯罪。

2. 认定本罪必须以“为谋取不正当利益”为前提条件

在起草《刑法修正案（六）》的过程中，有的建议取消《刑法》第一百六十四条第一款的这一规定，认为行为人所送财物只要达到一定数额就构成行贿罪。立法机关没有采纳这一建议。这是考虑到，在我国大多数当事人送礼是不得已而为之，主观上并不是出于为谋取不正当利益。如果取消这一前提条件，势必扩大打击面。所以，我国《刑法》不仅在第一百六十四条第一款，而且在第三百八十九条规定的行贿罪、第三百九十一条规定的对单位行贿罪、第三百九十三条规定的单位行贿罪，都明确规定送财物的人要以“为谋取不正当利益”为前提条件。同时在第三百八十九条第三款规定，“因被勒索给予国家工作人员以财物，没有获得不正当利益的，不是行贿”。

（五）量刑指导或参考

依照《刑法》第一百六十四条第一款的规定，犯对非国家工作人员行贿罪的，处三年以下有期徒刑或者拘役；数额巨大的，处三年以上十年以下有期徒刑，并处罚金。

依照本条第三款规定，单位犯本罪的，对单位判处罚金，并对其直接负责的主管人员和其他直接责任人员，依照第一款的规定处罚。

依照本条第四款规定，行贿人在被追诉前主动交待行贿行为的，可以减轻处罚或者免除处罚。

本罪在量刑时，应当注意以下问题：

关于数额巨大的认定。根据解释第十一条第三款的规定，对非国家工作人员行贿罪中的“数额巨大”的起点按照本解释第八条第一款关于受行罪的数额标准规定的二倍执行。该解释第八条第一款规定了受贿罪“情节严重”的情形，其中第（一）项规定“行贿一百万元以上不满五百万元”，其他项分别为数额加情节或情节，而对非国家工作人员行贿罪的构成及处罚只有数额要求，因此，本罪数额巨大的起点应以第（一）项规定的数额为基础，按2倍执行，即本罪数额巨大的起点应为200万元。

正确理解和适用该条第四款关于行为人在被追诉前主动交代行贿行为的，可以减轻处罚或者免除处罚的规定。适用该款必须具备两个条件：（1）必须主动交代行贿行为，是指行贿人主动向司法机关或者其他有关部门如实交代行贿事实。因司法机关调查或者其他有关部门查询而不得不交代的，或者为了避重就轻不如实交代的，不属于“主动交代”。（2）交代的时间必须在被追诉之前。“在被追诉前”，是指在司法机关立案、开始侦查追究刑事责任之前。如果司法机关已经发现了行贿事实，并认为应当追究刑事责任而立案后，行贿人交代行贿行为的，不适用本款规定。

十、对外国公职人员、国际公共组织官员行贿罪

（一）刑法规定

第一百六十四条第二款 为谋取不正当商业利益，给予外国公职人员或者国际公共组织官员以财物的，依照前款的规定处罚。[①]

第一百六十四条第三款 单位犯前两款罪的，对单位判处罚金，并对其直接负责的主管人员和其他直接责任人员，依照第一款的规定处罚。

（二）司法解释、司法文件

最高人民检察院、公安部关于公安机关管辖的刑事案件立案追诉标准的规定（二）（自2022年5月15日起施行）（节录）

第十一条 ［对非国家工作人员行贿案（刑法第一百六十四条第一款）］为谋取不正当利益，给予公司、企业或者其他单位的工作人员以财物，个人行贿数额在三万元以上的，单位行贿数额在二十万元以上的，应予立案追诉。

（三）典型或常见问题的审理思路

对外国公职人员、国际公共组织官员行贿罪的构成要件是：

1. 主体要件

犯罪主体为一般主体。自然人和单位均可以构成本罪，而且无论是具有中国国籍的自然人或者单位，还是外国国籍的自然人或者单位，只要其实施对外国公职人员、国际公共组织官员行贿之行为，又在我国刑事管辖的范围内，均可以成为本罪的主体。

---

① 本款由2011年2月25日《刑法修正案（八）》第二十九条增订。

2. 客体要件

本罪侵犯的客体是公平竞争的社会主义市场经济秩序。随着经济全球化的飞速发展和我国在国际商业领域的地位和作用凸显，如果我国企业在国际商业活动中对外国公职人员、国际公共组织官员行贿，必然具有严重的社会危害性：（1）该行为为滋生其他犯罪提供土壤。诚实、守信是应当遵循的企业伦理道德，而贿赂行为则背弃了公平竞争的原则。长此以往，经营者将日益漠视伦理道德，为追求利润不择手段，从而实施制假、洗钱、走私等犯罪。（2）该行为影响我国企业在国际上的竞争力。在短期内，通过行贿可能会提供更加便利的条件，带来更多的利润，但长期看来，这种方式难以持久。（3）该行为最终扰乱我国的市场竞争秩序。在开放型经济中，一国国内市场与海外市场是紧密联系的，要保护国内市场竞争，就必须对经营者的海外贿赂行为予以规制；如果任由经营者通过贿赂手段在海外市场牟取暴利，对那些未实施此类行为的经营者来说，显然处于不利的竞争地位；如果任由经营者通过贿赂手段在海外市场牟取暴利，就会导致大量资本转入海外市场，影响国内的资本投入，从而直接冲击了国内资本市场竞争秩序。（4）该行为损害了我国企业在国际商业领域的形象和声誉。在国际商业活动中，一国的经营者往往代表本国的形象，在我国加入 WTO，更多参与国际政治、经济活动的情况下，此类行贿将引起国际舆论对我国法律制度、投资环境的负面评价，从而带来难以估量的直接损失。我国政府于 2003 年签署，2005 年经全国人大常委会批准的《联合国反腐败国际公约》（以下简称《公约》）第十六条“贿赂外国公职人员或者国际公共组织官员”中规定，各缔约国均应当采取必要的立法措施，将下述故意实施的行为规定为犯罪：直接或者间接向外国公职人员或者国际公共组织官员许诺给予、提议给予或者实际给予该公职人员本人或者其他人员或实体不正当好处，以使该公职人员或该官员在执行公务时作为或者不作为，以便获得或者保留与进行国际事务有关的商业或者其他不正当好处。显然，本条规定是我国为履行该国际公约在立法上采取的重要举措。

3. 主观要件

主观方面表现为故意，并且必须具有为谋取不正当商业利益的目的。谋取正当商业利益的，不构成本罪。按照《最高人民法院、最高人民检察院关于办理商业贿赂刑事案件适用法律若干问题的意见》，“谋取不正当利益”，是指行贿人谋取违反法律、法规、规章或者政策规定的利益，或者要求对方违反法律、法规、规章、政策、行业规范的规定提供帮助或者方便条件。

4. 客观要件

客观方面表现为给予外国公职人员或者国际公共组织官员以财物的行为。

根据《公约》第二条第（二）项的规定，“外国公职人员”，系指外国无论是经任命还是经选举而担任立法、行政、行政管理或者司法职务的任何人员，以及为外国，包括为公共机构或者公营企业行使公共职能的任何人员。外国不仅限于“国家”，还包括从国家到地方的各级政府及其各下属部门，有时也包括任何有组织的外国地区或实体，比如自治领土或独立关税地区。根据《公约》第二条第（三）项的规定，“国际公共组织官员”① 系指国际公务员或者经此种组织授权代表该组织行事的任何人员。国际公共组织官员主要包括两类：一是受国际组织聘用的国际公务员；二是虽没有受国际组织聘用，但受国际组织授权代表该组织行事的人员。“财物”，按照我国的解释，既包括金钱和实物，也包括可以用金钱计算数额的财产性利益，如提供房屋装修、含有金额的会员卡、代币卡（券）、旅游费用等，具体数额以实际支付的资费为准。② 但《公约》指的是“有关的商业或者其他不正当好处”，贿赂的范围比我国的“财物”要广，“系指各种资产，不论是物质的还是非物质的、动产不动产、有形的还是无形的，以及证明对这种资产的产权或者权益的法律文件或者文书。”③ 因此，在司法实践中，不宜将贿赂扩大到任何不正当好处。

（四）疑难、复杂问题的参考性解答

1. 认定本罪以“为谋取不正当商业利益”为前提条件

这些利益可能是应损失而未损失的，可能是不应得而获得的，也可能是应得而扩大的。例如，使资质欠缺的公司获得某国市场的准入资格，使国际公共组织违背标准进行认证，等等。如果行为人不是为了谋取不正当商业利

---

① 王志祥、郭理蓉等编：《〈联合国反腐败公约〉暨相关重要文献资料》，中国人民公安大学出版社2004年版，第5页、第12页。

② 《最高人民法院、最高人民检察院关于办理商业贿赂刑事案件适用法律若干问题的意见》第七条。

③ 王志祥、郭理蓉等编：《〈联合国反腐败公约〉暨相关重要文献资料》，中国人民公安大学出版社2004年版，第5页、第12页。

益，则不构成本罪。

2. **划清罪与非罪的界限**

《刑法》第一百六十四条第一款规定，给予非国家工作人员以财物，必须达到"数额较大"的程度，才构成犯罪。数额是否较大，是违法与犯罪的界限，《刑法》第一百六十四条第二款规定，给予外国公职人员或者国际公共组织官员以财物的，依照前款的规定处罚。据此，本罪数额较大按照对非国家工作人员行贿罪的数额执行。

（五）量刑指导或参考

依照《刑法》第一百六十四条第二款规定，犯对外国公职人员、国际公共组织官员行贿罪的，依照前款的规定处罚，即处三年以下有期徒刑或者拘役；数额巨大的，处三年以上十年以下有期徒刑，并处罚金。

依照本条第三款规定，单位犯本罪的，对单位判处罚金，并对其直接负责的主管人员和其他直接责任人员，依照第一款的规定处罚。

依照本条第四款规定，行贿人在被追诉前主动交代行贿行为的，可以减轻处罚或者免除处罚。

十一、非法经营同类营业罪

（一）刑法规定

第一百六十五条　国有公司、企业的董事、经理利用职务便利，自己经营或者为他人经营与其所任职公司、企业同类的营业，获取非法利益，数额巨大的，处三年以下有期徒刑或者拘役，并处或者单处罚金；数额特别巨大的，处三年以上七年以下有期徒刑，并处罚金。

（二）司法解释、司法文件

最高人民检察院、公安部关于公安机关管辖的刑事案件立案追诉标准的规定（二）①（公通字〔2010〕23号，自2010年5月7日起施行）（节录）

第十二条　［非法经营同类营业案（刑法第一百六十五条）］国有公

① 该规定已失效，本罪名已由国家监察委员会管辖，仅供参考。

司、企业的董事、经理利用职务便利，自己经营或者为他人经营与其所任职公司、企业同类的营业，获取非法利益，数额在十万元以上的，应予立案追诉。

（三）典型或常见问题的审理思路

非法经营同类营业罪，是指国有公司、企业的董事、经理利用职务便利，自己经营或者为他人经营与其所任职公司、企业同类的营业，获取非法利益，数额巨大的行为。本罪是 1997 年刑法增设的罪名，1979 年刑法和单行刑法均没有规定此罪名。

在司法实践中要把握该罪的犯罪构成。非法经营同类营业罪的构成要件是：

1. 主体要件

犯罪主体为特殊主体，即只有国有公司、企业的董事、经理才能构成本罪。

2. 客体要件

本罪侵犯的客体是国有公司、企业的利益。

3. 主观要件

主观方面由故意构成，并且必须具有获取非法利益的目的。过失不构成本罪。

4. 客观要件

客观方面表现为利用职务便利，自己经营或者为他人经营与其所任职公司、企业同类的营业，获取非法利益，数额巨大的行为。“利用职务便利”，是指行为人利用自己在国有公司、企业任董事、经理掌管材料、物资、市场、销售等便利条件。“自己经营”，主要是指以私人名义另行注册公司或者以亲友名义注册公司，或者是在他人经办的公司、企业中入股进行经营的行为。“经营与其所任职公司、企业同类的营业”，是指从事与其任职的国有公司、企业同种类的业务。行为人利用其在国有公司、企业任职所获得的经营方面的信息或者其他优势，使得自己经营的公司获利，损害国有公司、企业的利益。所谓数额巨大，“是指通过上述手段，转移利润或者转嫁损失，获取了大量利润，国有公司、企业由此造成重大损失”①。

依照法律规定，非法经营同类营业的行为，除需具备以上构成要件外，所获取的非法利益，必须达到“数额巨大”的程度，才构成犯罪。按照《立

① 郎胜主编：《中华人民共和国刑法释义》（第 5 版），法律出版社 2012 年版，第 241 页。

案追诉标准（二）》第十二条的规定，国有公司、企业的董事、经理利用职务便利，自己经营或者为他人经营与其所任职公司、企业同类营业，获取非法利益，数额在10万元以上的，应予立案追诉。

注意划清罪与非罪的界限。如果国有公司、企业的董事、经理非法经营同类业务，获取的非法利益在十万元以下，达不到“数额巨大”的，则属于一般违法行为，不构成犯罪。

（四）量刑指导或参考

依照《刑法》第一百六十五条规定，犯非法经营同类营业罪的，处三年以下有期徒刑或者拘役，并处或者单处罚金；数额特别巨大的，处三年以上七年以下有期徒刑，并处罚金。

十二、为亲友非法牟利罪

（一）刑法规定

第一百六十六条 国有公司、企业、事业单位的工作人员，利用职务便利，有下列情形之一，使国家利益遭受重大损失的，处三年以下有期徒刑或者拘役，并处或者单处罚金；致使国家利益遭受特别重大损失的，处三年以上七年以下有期徒刑，并处罚金：

（一）将本单位的盈利业务交由自己的亲友进行经营的；

（二）以明显高于市场的价格向自己的亲友经营管理的单位采购商品或者以明显低于市场的价格向自己的亲友经营管理的单位销售商品的；

（三）向自己的亲友经营管理的单位采购不合格商品的。

（二）司法解释、司法文件

最高人民检察院、公安部关于公安机关管辖的刑事案件立案追诉标准的规定（二）[①]（公通字〔2010〕23号，自2010年5月7日起施行）（节录）

第十三条 ［为亲友非法牟利案（刑法第一百六十六条）］国有公司、企业、事业单位的工作人员，利用职务便利，为亲友非法牟利，涉嫌下列情

① 该规定已失效，本罪名已由国家监察委员会管辖，仅供参考。

形之一的，应予立案追诉：

（一）造成国家直接经济损失数额在十万元以上的；

（二）使其亲友非法获利数额在二十万元以上的；

（三）造成有关单位破产，停业、停产六个月以上，或者被吊销许可证和营业执照、责令关闭、撤销、解散的；

（四）其他致使国家利益遭受重大损失的情形。

（三）典型或常见问题的审理思路

为亲友非法牟利罪，是指国有公司、企业、事业单位的工作人员，利用职务便利，实施法定的与职权有关的经营，使国家利益遭受重大损失的行为。本罪是 1997 年《刑法》增设的罪名，1979 年《刑法》和单行刑法均没有规定此罪名。

为亲友非法牟利罪的构成要件是：

1. 主体要件

犯罪主体为特殊主体，即只有国有公司、企业、事业单位的工作人员才能构成本罪的主体；不具有上述身份的人，不能构成本罪的主体。

2. 客体要件

本罪侵犯的客体是国家对国有公司、企业的监督管理制度和国有公司、企业、事业单位工作人员职务的廉洁性的监督。国有公司、企业、事业单位对国有资产负有经营、管理、保值增值的责任。如果这些单位的工作人员违背职责经营，势必干扰国家对国有公司、企业、事业单位的监督、管理，导致国有资产的流失。

3. 主观要件

主观方面由故意构成，过失不构成本罪。

4. 客观要件

客观方面表现为利用职务便利，损公肥私，实施法定的背职经营的行为。背职经营的行为有以下三种：（1）将本单位的盈利业务交由自己的亲友进行经营，指行为人利用自己决定、参与经贸项目、购销往来的工作便利，根据掌握的市场行情，将可以盈利的业务项目交给自己的亲友经营；（2）以明显高于市场的价格向自己的亲友经营管理的单位采购商品或者以明显低于市场的价格向自己的亲友经营管理的单位销售商品；（3）向自己的亲友经营管理的单位采购不合格商品。背职经营的行为，必须使国家利益遭受重大损失的，才能构成本罪。所谓使国家利益遭受重大损失，主要是指行为人转移国有公司、企业、事业单位的利润或者转嫁自己亲友经营的损失，数额巨大等情形。

依照法律规定，为亲友非法牟利的行为，除需具备以上构成要件外，还必须是"使国家利益遭受重大损失的"，才构成犯罪。按照《立案追诉标准（二）》第十三条的规定："国有公司、企业、事业单位的工作人员，利用职务便利，为亲友非法牟利，涉嫌下列情形之一的，应予立案追诉：（一）造成国家直接经济损失数额在十万元以上的；（二）使其亲友非法获利数额在二十万元以上的；（三）造成有关单位破产，停业、停产六个月以上，或者被吊销许可证和营业执照、责令关闭、撤销、解散的；（四）其他致使国家利益遭受重大损失的情形。"

（四）疑难、复杂问题的参考性解答

1. 划清罪与非罪的界限

行为人利用职务便利，为亲友非法牟利的行为，如果没有使国家利益遭受重大损失的，则属一般违法行为，不构成犯罪。如果行为人既没有利用职务便利为亲友非法牟利，更没有使国家利益遭受损失的，则根本不构成犯罪。

2. 本罪为选择性罪名

行为人只要实施了违背职责经营的一种行为，就构成本罪；实施了两种以上行为的，仍为一罪，不实行并罚，量刑时可作参考。

（五）量刑指导或参考

依照《刑法》第一百六十六条规定，犯为亲友非法牟利罪的，处三年以下有期徒刑或者拘役，并处或者单处罚金；致使国家利益遭受特别重大损失的，处三年以上七年以下有期徒刑，并处罚金。

十三、签订、履行合同失职被骗罪

（一）刑法规定

第一百六十七条　国有公司、企业、事业单位直接负责的主管人员，在

签订、履行合同过程中，因严重不负责任被诈骗，致使国家利益遭受重大损失的，处三年以下有期徒刑或者拘役；致使国家利益遭受特别重大损失的，处三年以上七年以下有期徒刑。

（二）司法解释、司法文件及其权威解读

1. **全国人民代表大会常务委员会关于惩治骗购外汇、逃汇和非法买卖外汇犯罪的决定**（第九届全国人民代表大会常务委员会第六次会议于1998年12月29日通过）（节录）

七、金融机构、从事对外贸易经营活动的公司、企业的工作人员严重不负责任，造成大量外汇被骗购或者逃汇，致使国家利益遭受重大损失的，依照刑法第一百六十七条的规定定罪处罚。

2. **最高人民检察院、公安部关于公安机关管辖的刑事案件立案追诉标准的规定（二）**[①]（公通字〔2010〕23号，自2010年5月7日起施行）（节录）

第十四条　［签订、履行合同失职被骗案（刑法第一百六十七条）］国有公司、企业、事业单位直接负责的主管人员，在签订、履行合同过程中，因严重不负责任被诈骗，涉嫌下列情形之一的，应予立案追诉：

（一）造成国家直接经济损失数额在五十万元以上的；

（二）造成有关单位破产，停业、停产六个月以上，或者被吊销许可证和营业执照、责令关闭、撤销、解散的；

（三）其他致使国家利益遭受重大损失的情形。

金融机构、从事对外贸易经营活动的公司、企业的工作人员严重不负责任，造成一百万美元以上外汇被骗购或者逃汇一千万美元以上的，应予立案追诉。

本条规定的“诈骗”，是指对方当事人的行为已经涉嫌诈骗犯罪，不以对方当事人已经被人民法院判决构成诈骗犯罪作为立案追诉的前提。

（三）典型或常见问题的审理思路

签订、履行合同失职被骗罪，是指国有公司、企业、事业单位直接负责的主管人员，在签订、履行合同过程中，因严重不负责任被诈骗，致使国家利益遭受重大损失的行为。

---

① 该规定已失效，本罪名已由国家监察委员会管辖，仅供参考。

本罪是1997年《刑法》增设的罪名，1979年《刑法》和单行刑法均没有规定此罪名。

签订、履行合同失职被骗罪的构成要件是：

1. 主体要件

犯罪主体为特殊主体，即只有国有公司、企业、事业单位直接负责的主管人员才能构成本罪。所谓直接负责的主管人员，是指对签订、履行合同起领导、决策、指挥作用的单位负责人。

2. 客体要件

本罪侵犯的客体是国有公司、企业、事业单位的正常经营活动。

3. 主观要件

主观方面由过失构成。故意不构成本罪。

4. 客观要件

客观方面表现为国有公司、企业、事业单位直接负责的主管人员，在签订、履行合同过程中，因严重不负责任被诈骗，致使国家利益遭受重大损失的行为。“严重不负责任”，主要是指行为人盲目轻信对方，不认真审查对方的合同主体资格、资信情况、履约能力、货源、合同标的的数量、质量等情况；有的贪图个人私利，在质量上舍优求劣，在价格上舍低求高，在路途上舍近求远；有的无视规章制度和工作纪律，擅自越权，签订或者履行合同；有的急于推销产品，上当受骗；有的不辨真假，盲目吸收投资，同假外商签订引资合作协议等；有的违反规定为他人签订合同提供担保，导致发生纠纷时承担保证责任。在签订、履行合同过程中，因严重不负责任被诈骗的行为，只有致使国家利益遭受重大损失的，才构成本罪。这种损失应当是指大量财物被骗无法追回、导致停产、濒临破产等情形。

（四）疑难、复杂问题的参考性解答

划清罪与非罪的界限

本罪为结果犯，关键在于由于单位负责人对工作严重不负责任，导致被诈骗，是否造成国家利益遭受重大损失的结果。如果没有造成重大损失的，则属于一般违法行为，不构成犯罪。《立案追诉标准（二）》第十四条第一款规定：“国有公司、企业、事业单位直接负责的主管人员，在签订、履行合同过程中，因严重不负责任被诈骗，涉嫌下列情形之一的，应予立案追诉：

（一）造成国家直接经济损失数额在五十万元以上的；（二）造成有关单位破产，停业、停产六个月以上，或者被吊销许可证和营业执照、责令关闭、撤销、解散的；（三）其他致使国家利益遭受重大损失的情形。”

根据《全国人民代表大会常务委员会关于惩治骗购外汇、逃汇和非法买卖外汇犯罪的决定》第七条的规定，金融机构、从事对外贸易经营活动的公司、企业的工作人员严重不负责任，造成大量外汇被骗购或者逃汇，致使国家利益遭受重大损失的，应当依照《刑法》第一百六十七条规定的签订、履行合同失职被骗罪定罪处罚。根据《立案追诉标准（二）》第十四条第二款的规定，金融机构、从事对外贸易经营活动的公司、企业的工作人员严重不负责任，造成一百万美元以上外汇被骗购或者逃汇一千万美元以上的，也应立案追诉。

（五）量刑指导或参考

依照《刑法》第一百六十七条规定，犯签订、履行合同失职被骗罪的，处三年以下有期徒刑或者拘役；致使国家利益遭受特别重大损失的，处三年以上七年以下有期徒刑。

十四、国有公司、企业、事业单位人员失职罪

（一）刑法规定

第一百六十八条[①] 国有公司、企业的工作人员，由于严重不负责任或者滥用职权，造成国有公司、企业破产或者严重损失，致使国家利益遭受重大损失的，处三年以下有期徒刑或者拘役；致使国家利益遭受特别重大损失的，处三年以上七年以下有期徒刑。

国有事业单位的工作人员有前款行为，致使国家利益遭受重大损失的，依照前款的规定处罚。

国有公司、企业、事业单位的工作人员，徇私舞弊，犯前两款罪的，依照第一款的规定从重处罚。

---

① 本条经1999年12月25日《刑法修正案》第二条修正。

《刑法》原第一百六十八条为：“国有公司、企业直接负责的主管人员，徇私舞弊，造成国有公司、企业破产或者严重亏损，致使国家利益遭受重大损失的，处三年以下有期徒刑或者拘役。”

（二）司法解释、司法文件及其权威解读

1. 最高人民检察院、公安部关于公安机关管辖的刑事案件立案追诉标准的规定（二）①（公通字〔2010〕23 号，自 2010 年 5 月 7 日起施行）（节录）

第十五条　［国有公司、企业、事业单位人员失职案（刑法第一百六十八条）］国有公司、企业、事业单位的工作人员，严重不负责任，涉嫌下列情形之一的，应予立案追诉：

（一）造成国家直接经济损失数额在五十万元以上的；

（二）造成有关单位破产，停业、停产一年以上，或者被吊销许可证和营业执照、责令关闭、撤销、解散的；

（三）其他致使国家利益遭受重大损失的情形。

2. 最高人民法院关于审理扰乱电信市场管理秩序案件具体应用法律若干问题的解释（法释〔2000〕12 号，自 2000 年 5 月 12 日起实施）

第六条　国有电信企业的工作人员，由于严重不负责任或者滥用职权，造成国有电信企业破产或者严重损失，致使国家利益遭受重大损失的，依照《刑法》第一百六十八条的规定定罪处罚。

3. 最高人民法院、最高人民检察院关于办理妨害预防、控制突发传染病疫情等灾害的刑事案件具体应用法律若干问题的解释（法释〔2003〕8 号，自 2003 年 5 月 15 日起实施）

第四条　国有公司、企业、事业单位的工作人员，在预防、控制突发传染病疫情等灾害的工作中，由于严重不负责任或者滥用职权，造成国有公司、企业破产或者严重损失，致使国家利益遭受重大损失的，依照刑法第一百六十八条的规定，以国有公司、企业、事业单位人员失职罪或者国有公司、企业、事业单位人员滥用职权罪定罪处罚。

4. 最高人民法院、最高人民检察院关于办理国家出资企业中职务犯罪案件具体应用法律若干问题的意见（法发〔2010〕49 号，自 2010 年 12 月 2 日起实施）（摘录）

四、关于国家工作人员在企业改制过程中的渎职行为的处理

国家出资企业中的国家工作人员在公司、企业改制或者国有资产处置过

---

① 该规定已失效，本罪名已由国家监察委员会管辖，仅供参考。

程中严重不负责任或者滥用职权，致使国家利益遭受重大损失的，依照刑法第一百六十八条的规定，以国有公司、企业人员失职罪或者国有公司、企业人员滥用职权罪定罪处罚。

国家出资企业中的国家工作人员在公司、企业改制或者国有资产处置过程中徇私舞弊，将国有资产低价折股或者低价出售给其本人未持有股份的公司、企业或者其他个人，致使国家利益遭受重大损失的，依照刑法第一百六十九条的规定，以徇私舞弊低价折股、出售国有资产罪定罪处罚。

国家出资企业中的国家工作人员在公司、企业改制或者国有资产处置过程中徇私舞弊，将国有资产低价折股或者低价出售给特定关系人持有股份或者本人实际控制的公司、企业，致使国家利益遭受重大损失的，依照刑法第三百八十二条、第三百八十三条的规定，以贪污罪定罪处罚。贪污数额以国有资产的损失数额计算。

国家出资企业中的国家工作人员因实施第一款、第二款行为收受贿赂，同时又构成刑法第三百八十五条规定之罪的，依照处罚较重的规定定罪处罚。

（三）典型或常见问题的审理思路

国有公司、企业、事业单位人员失职罪，是指国有公司、企业的工作人员，由于严重不负责任，造成国有公司、企业破产或者严重损失，致使国家利益遭受重大损失，或者国有事业单位的工作人员，由于严重不负责任，致使国家利益遭受重大损失的行为。

本罪是《刑法修正案》第二条在《刑法》第一百六十八条规定的徇私舞弊造成破产、亏损罪的基础上，修订后分立的罪名之一。

国有公司、企业、事业单位人员失职罪的构成要件是：

1. 主体要件

犯罪主体为特殊主体，即国有公司、企业、事业单位的工作人员。非国有公司、企业、事业单位的工作人员不构成本罪。

2. 客体要件

侵犯的客体是国家对国有公司、企业、事业单位的资产管理制度。国有公司、企业、事业单位在我国国民经济和社会发展中占有举足轻重的地位。国有经济的不断发展、壮大，为国家经济建设、社会进步和人民群众生活水平的提高做出了巨大贡献。但是一段时期以来，一些国有公司、企业、事业单位中国家工作人员因严重不负责任而导致国有资产大量流失，造成一些国有企业生产经营困难、出现亏损甚至破产，严重影响经济发展和社会政治稳定。

3. **主观要件**

主观方面由过失构成。

4. **客观要件**

客观方面表现为国有公司、企业的工作人员，由于严重不负责任，造成国有公司、企业破产或者严重损失，致使国家利益遭受重大损失，或者国有企业、事业单位的工作人员，由于严重不负责任，致使国家利益遭受重大损失的行为。"严重不负责任"，是指行为人不履行或者不正确履行其职责，致使国家利益遭受重大损失的行为。"职责"，是指法律、法规、规章对公司、企业、事业单位的工作人员给予明确规定的职责。"破产"，是指债务人资不抵债、无力清偿到期债务，人民法院根据债权人或者债务人的申请，由法定机构清算债务人的全部财产，将债务人的破产财产依法分配给债权人的特定程序。因此，破产是清偿到期债务的特殊手段，而债务人不能清偿到期债务的法定事实，是运用特殊手段的前提。其目的是达到公平清偿，以保护双方当事人的合法权益。按照法律规定，严重不负责任的行为，必须有法定危害结果的发生，即必须造成国有公司、企业破产或者严重损失，致使国家利益遭受重大损失，且破产或者损失结果的发生与严重不负责任的行为之间必须存在刑法上的直接因果关系，才能构成本罪。

（四）疑难、复杂问题的参考性解答

按照《立案追诉标准（二）》第十五条的规定，国有公司、企业、事业单位的工作人员，严重不负责任，涉嫌下列情形之一的，应予立案追诉：（1）造成国家直接经济损失数额在五十万元以上的；（2）造成有关单位破产，停业、停产一年以上，或者被吊销许可证和营业执照、责令关闭、撤销、解散的；（3）其他致使国家利益遭受重大损失的情形。国有公司、企业、事业单位的工作人员，虽有严重不负责任的行为，但如果没有造成国有公司、企业、事业单位停业、停产或者破产，没有造成国有公司、企业、事业单位严重损失或者恶劣影响，从而没有使国家利益遭受重大损失的，则不构成犯罪。

参照2002年9月23日《最高人民检察院研究室关于中国农业发展银行

及其分支机构的工作人员法律适用问题的答复》，中国农业发展银行及其分支机构的工作人员严重不负责任或者滥用职权，构成犯罪的，应当依照《刑法》第一百六十八条的规定追究刑事责任。

（四）量刑与情节

依照《刑法》第一百六十八条第一款、第二款规定，犯国有公司、企业、事业单位人员失职罪的，处三年以下有期徒刑或者拘役；致使国家利益遭受特别重大损失的，处三年以上七年以下有期徒刑。

依照本条第三款规定，国有公司、企业、事业单位的工作人员，徇私舞弊，犯本罪的，依照第一款的规定从重处罚。

司法机关在适用《刑法》第一百六十八条规定处罚时，应当注意：

该条第三款规定，国有公司、企业、事业单位的工作人员，徇私舞弊，犯前两款罪的，依照第一款的规定从重处罚。“徇私舞弊”是指行为人徇个人私情、私利的行为。由于这种行为置国家利益于不顾，主观恶性较大，所以要在第一款规定的法定刑的幅度内从重处罚。

十五、国有公司、企业、事业单位人员滥用职权罪

（一）刑法规定

第一百六十八条① 国有公司、企业的工作人员，由于严重不负责任或者滥用职权，造成国有公司、企业破产或者严重损失，致使国家利益遭受重大损失的，处三年以下有期徒刑或者拘役；致使国家利益遭受特别重大损失的，处三年以上七年以下有期徒刑。

国有事业单位的工作人员有前款行为，致使国家利益遭受重大损失的，依照前款的规定处罚。

国有公司、企业、事业单位的工作人员，徇私舞弊，犯前两款罪的，依照第一款的规定从重处罚。

---

① 本条经1999年12月25日《刑法修正案》第二条修正。

（二）司法解释、司法文件

1. **最高人民检察院、公安部关于公安机关管辖的刑事案件立案追诉标准的规定（二）**[①]（公通字〔2010〕23号，自2010年5月7日起施行）（节录）

第十六条　［国有公司、企业、事业单位人员滥用职权案（刑法第一百六十八条）］国有公司、企业、事业单位的工作人员，滥用职权，涉嫌下列情形之一的，应予立案追诉：

（一）造成国家直接经济损失数额在三十万元以上的；

（二）造成有关单位破产，停业、停产六个月以上，或者被吊销许可证和营业执照、责令关闭、撤销、解散的；

（三）其他致使国家利益遭受重大损失的情形。

2. **最高人民法院、最高人民检察院关于办理国家出资企业中职务犯罪案件具体应用法律若干问题的意见**（法发〔2010〕49号，自2010年12月2日起实施）（摘录）

四、关于国家工作人员在企业改制过程中的渎职行为的处理

国家出资企业中的国家工作人员在公司、企业改制或者国有资产处置过程中严重不负责任或者滥用职权，致使国家利益遭受重大损失的，依照刑法第一百六十八条的规定，以国有公司、企业人员失职罪或者国有公司、企业人员滥用职权罪定罪处罚。

国家出资企业中的国家工作人员在公司、企业改制或者国有资产处置过程中徇私舞弊，将国有资产低价折股或者低价出售给其本人未持有股份的公司、企业或者其他个人，致使国家利益遭受重大损失的，依照刑法第一百六十九条的规定，以徇私舞弊低价折股、出售国有资产罪定罪处罚。

国家出资企业中的国家工作人员在公司、企业改制或者国有资产处置过程中徇私舞弊，将国有资产低价折股或者低价出售给特定关系人持有股份或者本人实际控制的公司、企业，致使国家利益遭受重大损失的，依照刑法第三百八十二条、第三百八十三条的规定，以贪污罪定罪处罚。贪污数额以国有资产的损失数额计算。

国家出资企业中的国家工作人员因实施第一款、第二款行为收受贿赂，

---

① 该规定已失效，本罪名已由国家监察委员会管辖，仅供参考。

同时又构成刑法第三百八十五条规定之罪的，依照处罚较重的规定定罪处罚。

（三）典型或常见问题的审理思路

国有公司、企业、事业单位人员滥用职权罪，是指国有公司、企业的工作人员，因滥用职权造成国有公司、企业破产或者严重损失，致使国家利益遭受重大损失，或者国有事业单位的工作人员，因滥用职权致使国家利益遭受重大损失的行为。本罪是《刑法修正案》第二条在1997年《刑法》第一百六十八条规定的徇私舞弊造成破产、亏损罪的基础上，修订后分立的罪名之一。

国有公司、企业、事业单位人员滥用职权罪的构成要件是：

1. 主体要件

犯罪主体为特殊主体，即国有公司、企业、事业单位的工作人员。非国有公司、企业、事业单位的工作人员不构成本罪。

2. 客体要件

本罪侵犯的客体是国家对国有公司、企业、事业单位的资产管理制度。

国有公司、企业、事业单位在我国国民经济和社会发展中占有举足轻重的地位，国有经济的不断发展、壮大，为国家经济建设、社会进步和人民群众生活水平的提高作出了巨大贡献。但是一段时期以来，一些国有公司、企业、事业单位中国家工作人员因滥用职权而导致国有资产大量流失，造成一些国有企业生产经营困难、出现亏损甚至破产，严重影响经济发展和社会政治稳定。

3. 主观要件

主观方面一般由过失构成，但也不排除故意。这是因为：（1）根据《刑法》第十四条、第十五条的规定，在我国，判断罪过的形式是故意还是过失，应当以行为人对其所实施的行为会发生危害社会的结果所持的心理态度为标准。在我国的刑事立法中，结果犯一般都是过失犯罪。滥用职权行为本身往往是故意的，但对于危害社会结果的发生，即行为造成的严重后果，则往往持过失的心理态度。因此，《刑法修正案》规定，不论是严重不负责任还是滥用职权，都必须“造成国有公司、企业破产或者严重损失，致使国家利益遭受重大损失的”，才构成犯罪。（2）从处刑上看，国有公司、企业、事业单位人员失职罪与国有公司、企业、事业单位人员滥用职权罪均处三年以下有期徒刑或者拘役；致使国家利益遭受特别重大损失的，处三年以上七年以下有期徒刑。滥用职权一般表现为积极的作为，与严重不负责任的不作为相比，主观恶性更大，如果一为故意犯罪，一为过失犯罪，而处刑完全一样，显然违反了罪刑相适应的原则。

4. 客观要件

客观方面表现为国有公司、企业的工作人员因滥用职权，造成国有公司、企业破产或者严重损失，致使国家利益遭受重大损失，或者国有事业单位的工作人员因滥用职权，致使国家利益遭受重大损失的行为。

“滥用职权”，是指行为人超越职权或者不正当行使职权。“职权”，是指国有公司、企业、事业单位的工作人员在其职务范围内处理公务的职责和权力。按照法律规定，滥用职权的行为，必须造成国有公司、企业破产或者国有公司、企业、事业单位严重损失，致使国家利益遭受重大损失，且破产或者损失结果的发生与滥用职权的行为之间必须存在刑法上的直接因果关系，才能构成本罪。

（四）疑难、复杂问题的参考性解答

根据《立案追诉标准（二）》第十六条的规定，国有公司、企业、事业单位的工作人员，滥用职权，涉嫌下列情形之一的，应予立案追诉：（1）造成国家直接经济损失数额在三十万元以上的；（2）造成有关单位破产，停业、停产六个月以上，或者被吊销许可证和营业执照、责令关闭、撤销、解散的；（3）其他致使国家利益遭受重大损失的情形。国有公司、企业、事业单位的工作人员，虽有滥用职权的行为，但如果没有造成国有公司、企业、事业单位停业、停产或者破产，没有造成国有公司、企业、事业单位严重损失或者恶劣影响，从而没有使国家利益遭受重大损失的，不构成犯罪。

参照最高人民检察院研究室的答复，中国农业发展银行及其分支机构的工作人员滥用职权，构成犯罪的，应当依照《刑法》第一百六十八条的规定追究刑事责任。

（五）量刑指导或参考

依照《刑法》第一百六十八条第一款、第二款规定，犯国有公司、企业、

事业单位人员滥用职权罪的，处三年以下有期徒刑或者拘役；致使国家利益遭受特别重大损失的，处三年以上七年以下有期徒刑。

依照本条第三款规定，国有公司、企业、事业单位的工作人员，徇私舞弊，犯本罪的，依照第一款的规定从重处罚。

十六、徇私舞弊低价折股、出售国有资产罪

（一）刑法规定

第一百六十九条 国有公司、企业或者其上级主管部门直接负责的主管人员，徇私舞弊，将国有资产低价折股或者低价出售，致使国家利益遭受重大损失的，处三年以下有期徒刑或者拘役；致使国家利益遭受特别重大损失的，处三年以上七年以下有期徒刑。

（二）司法解释、司法文件

最高人民检察院、公安部关于公安机关管辖的刑事案件立案追诉标准的规定（二）[①]（公通字〔2010〕23号，自2010年5月7日起施行）（节录）

第十七条 ［徇私舞弊低价折股、出售国有资产案（刑法第一百六十九条）］国有公司、企业或者其上级主管部门直接负责的主管人员，徇私舞弊，将国有资产低价折股或者低价出售，涉嫌下列情形之一的，应予立案追诉：

（一）造成国家直接经济损失数额在三十万元以上的；

（二）造成有关单位破产，停业、停产六个月以上，或者被吊销许可证和营业执照、责令关闭、撤销、解散的；

（三）其他致使国家利益遭受重大损失的情形。

（三）典型或常见问题的审理思路

徇私舞弊低价折股、出售国有资产罪，是指国有公司、企业或者其上级主管部门直接负责的主管人员，徇私舞弊，将国有资产低价折股或者低价出售，致使国家利益遭受重大损失的行为。

本罪是1997年《刑法》增设的罪名，1979年《刑法》和单行刑法均没

① 该规定已失效，本罪名已由国家监察委员会管辖，仅供参考。

有规定此罪名。

徇私舞弊低价折股、出售国有资产罪的构成要件是：

1. **主体要件**

犯罪主体为特殊主体，即只有国有公司、企业或者其上级主管部门直接负责的主管人员才能构成本罪。

2. **客体要件**

本罪侵犯的客体是国家对国有资产的管理制度。

3. **主观要件**

主观方面由故意构成，过失不构成本罪。

4. **客观要件**

客观方面表现为国有公司、企业或者其上级主管部门直接负责的主管人员，徇私舞弊，将国有资产低价折股或者低价出售，致使国家利益遭受重大损失的行为。“徇私舞弊”，是指行为人徇个人私情、私利，置国家利益于不顾的行为。“国有资产”，是指国家通过各种形式对国有公司、企业进行投资和投资收益形成的财产，以及依据法律、行政法规认定的公司、企业的国有财产。“低价折股或者低价出售”，主要是指对国有资产不进行财产评估或者虽然进行了财产评估，但背离所评估资产的价值，低价折股或者低价出售的行为。徇私舞弊，将国有资产低价折股或者低价出售的行为，只有致使国家利益遭受重大损失的，才构成犯罪。“致使国家利益遭受重大损失”，司法实践中，一般是指造成国有公司、企业财产严重流失或者严重亏损，无法进行生产经营，濒临倒闭等情形。

（四）疑难、复杂问题的参考性解答

认定徇私舞弊低价折股、出售国有资产罪应注意划清罪与非罪的界限。按照《立案追诉标准（二）》[①] 第十七条的规定，国有公司、企业或者其上级主管部门直接负责的主管人员，徇私舞弊，将国有资产低价折股或者低价出售，涉嫌下列情形之一的，应予立案追诉：（1）造成国家直接经济损失数额在三十万元以上的；（2）造成有关单位破产，停业、停产六个月以上，或者被吊销许可证和营业执照、责令关闭、撤销、解散的；（3）其他致使国家利

① 该规定已失效，本罪名已由国家监察委员会管辖，仅供参考。

益遭受重大损失的情形。如果行为人由于过失将国有资产低价折股或者低价出售，致使国家利益遭受重大损失的，或者虽然是因为徇私舞弊致使国家利益受损，但损失不大的，不构成本罪。

（五）量刑指导或参考

依照《刑法》第一百六十九条规定，犯徇私舞弊低价折股、出售国有资产罪的，处三年以下有期徒刑或者拘役；致使国家利益遭受特别重大损失的，处三年以上七年以下有期徒刑。

十七、背信损害上市公司利益罪

（一）刑法规定

第一百六十九条之一[①] 上市公司的董事、监事、高级管理人员违背对公司的忠实义务，利用职务便利，操纵上市公司从事下列行为之一，致使上市公司利益遭受重大损失的，处三年以下有期徒刑或者拘役，并处或者单处罚金；致使上市公司利益遭受特别重大损失的，处三年以上七年以下有期徒刑，并处罚金：

（一）无偿向其他单位或者个人提供资金、商品、服务或者其他资产的；

（二）以明显不公平的条件，提供或者接受资金、商品、服务或者其他资产的；

（三）向明显不具有清偿能力的单位或者个人提供资金、商品、服务或者其他资产的；

（四）为明显不具有清偿能力的单位或者个人提供担保，或者无正当理由为其他单位或者个人提供担保的；

（五）无正当理由放弃债权、承担债务的；

（六）采用其他方式损害上市公司利益的。

上市公司的控股股东或者实际控制人，指使上市公司董事、监事、高级管理人员实施前款行为的，依照前款的规定处罚。

犯前款罪的上市公司的控股股东或者实际控制人是单位的，对单位判处

① 本条由2006年6月29日《刑法修正案（六）》第九条增订。

罚金，并对其直接负责的主管人员和其他直接责任人员，依照第一款的规定处罚。

（二）司法解释、司法文件

最高人民检察院、公安部关于公安机关管辖的刑事案件立案追诉标准的规定（二）[①]（自2022年5月15日起施行）（节录）

第十三条　［背信损害上市公司利益案（刑法第一百六十九条之一）］上市公司的董事、监事、高级管理人员违背对公司的忠实义务，利用职务便利，操纵上市公司从事损害上市公司利益的行为，以及上市公司的控股股东或者实际控制人，指使上市公司董事、监事、高级管理人员实施损害上市公司利益的行为，涉嫌下列情形之一的，应予立案追诉：

（一）无偿向其他单位或者个人提供资金、商品、服务或者其他资产，致使上市公司直接经济损失数额在一百五十万元以上的；

（二）以明显不公平的条件，提供或者接受资金、商品、服务或者其他资产，致使上市公司直接经济损失数额在一百五十万元以上的；

（三）向明显不具有清偿能力的单位或者个人提供资金、商品、服务或者其他资产，致使上市公司直接经济损失数额在一百五十万元以上的；

（四）为明显不具有清偿能力的单位或者个人提供担保，或者无正当理由为其他单位或者个人提供担保，致使上市公司直接经济损失数额在一百五十万元以上的；

（五）无正当理由放弃债权、承担债务，致使上市公司直接经济损失数额在一百五十万元以上的；

（六）致使公司、企业发行的股票或者公司、企业债券、存托凭证或者国务院依法认定的其他证券被终止上市交易的；

（七）其他致使上市公司利益遭受重大损失的情形。

（三）典型或常见问题的审理思路

背信损害上市公司利益罪，是指上市公司的董事、监事、高级管理人员违背对公司的忠实义务，利用职务便利，操纵上市公司进行不正当、不公平

---

① 该规定已失效，本罪名已由国家监察委员会管辖，仅供参考。

的关联交易等，致使上市公司利益遭受重大损失的行为。

本罪是《刑法修正案（六）》第九条增设的罪名。

背信损害上市公司利益罪的构成要件是：

1. **主体要件**

犯罪主体为特殊主体，仅限上市公司的董事、监事、高级管理人员、控股股东或者实际控制人。因此，这些特殊主体有一个共同的特点，就是对上市公司具有控制权或者重大影响力。上市公司的控股股东或者实际控制人是单位的，可以构成本罪。依照《公司法》第一百二十条的规定，“上市公司”，是指其股票在证券交易所上市交易的股份有限公司。依照《公司法》第二百一十七条的规定，“高级管理人员”，是指公司的经理、副经理、财务负责人，上市公司董事会秘书和公司章程规定的其他人员。“控股股东”，是指其出资额占有限责任公司资本总额50%以上或者其持有的股份占股份有限公司股本总额50%以上的股东；出资额或者持有股份的比例虽然不足50%，但依其出资额或者持有的股份所享有的表决权已足以对股东会、股东大会的决议产生重大影响的股东。“实际控制人”，是指虽不是公司的股东，但通过投资关系、协议或者其他安排，能够实际支配公司行为的人。

2. **客体要件**

本罪侵犯的客体是上市公司及其股东的合法权益和管理秩序。

《公司法》第一百四十七条第一款明确规定：“董事、监事、高级管理人员应当遵守法律、行政法规和公司章程，对公司负有忠实义务和勤勉义务。”然而，近年来，一些上市公司的董事、监事、高级管理人员不但不谨守对其公司的忠实义务，反而利用自身职务便利，以无偿占有或者明显不公平的条件，操纵公司进行不正当的关联交易等非法手段，肆意侵占上市公司资产；还有一些上市公司的控股股东或者实际控制人，指使上市公司董事、监事、高级管理人员实施上述行为。上市公司控股股东或者其实际控制人“掏空”上市公司，是中国经济体制转轨和证券市场建设发展过程中较为特殊的现象。涉及上市公司数量之多、占用资金数额之大、持续时间之长，在境外证券市场亦不多见。这种行为不仅严重损害了上市公司、中小股东和广大股民的合法权益，动摇了投资者的信心，而且扰乱了证券市场的管理秩序。《刑法》修正将其纳入刑事打击范围，提高违法行为人的违法成本，正当其时，必将有力遏制“掏空”现象蔓延。

3. **主观要件**

主观方面出于故意，过失不构成本罪。

4. **客观要件**

客观方面表现为上市公司的董事、监事、高级管理人员违背对公司的忠实义务，利用职务便利，操纵上市公司从事下列行为之一，或者上市公司的控股股东、实际控制人，指使上市公司董事、监事、高级管理人员实施下列行为之一，致使上市公司利益遭受重大损失的：（1）无偿向其他单位或者个人提供资金、商品、服务或者其他资产的；（2）以明显不公平的条件，提供或者接受资金、商品、服务或者其他资产的；（3）向明显不具有清偿能力的单位或者个人提供资金、商品、服务或者其他资产的；（4）为明显不具有清偿能力的单位或者个人提供担保，或者无正当理由为其他单位或者个人提供担保的；（5）无正当理由放弃债权、承担债务的；（6）采用其他方式损害上市公司利益的。近年来，上市公司的控股股东或者其实际控制人，滥用其控股或者控制地位，将上市公司作为自己融资的平台，占用上市公司资产现象越来越严重。

关于上述第（2）、（3）、（4）种情形的认定，存在判断时点把握的问题，亦即究竟是立足于行为当时，还是事后即审判时，来判断有关交易条件是否公平、有关单位或者个人是否具备清偿能力。

本书认为，根据主客观相一致的原理，应当以行为时为标准作出认定。以向有关单位提供商品为例，如果行为人在决定向有关单位提供商品时，单位有清偿能力，只是后因遭遇市场风险等原因导致其丧失清偿能力的，就不能追究行为人的刑事责任，否则便存在客观归罪问题。

需要强调的是，行为人违背了对公司的忠实义务，这是构成本罪的本质特征。《公司法》明确规定：董事、监事、高级管理人员、公司的控股股东、实际控制人应当遵守法律、行政法规和公司章程，对公司负有忠实义务和勤勉义务，不得利用其关联关系损害公司利益。司法实践中，大股东侵占上市公司资产的具体表现有：无偿或者以明显不合理的优惠条件，将上市公司的资金提供给其他单位或者个人；将上市公司的资金提供给明显不具有清偿能力的单位或者个人；以明显高于市场价格，为上市公司购买商品、服务或者其他资产；无偿或者以明显低于市场的价格，将上市公司商品、服务或者其他资产提供给其他单位或者个人，等等。这些侵害上市公司利益的行为，往往披着合同等合法形式的外衣，有的还按照公司章程的规定履行了全部程序，但其实质是上市公司的工作人员与上市公司控股股东、实际控制人内外勾结，非法转移上市公司资产，使上市公司资产质量恶化、经营能力削弱，严重损害上市公司及其投资者特别是社会公众投资者的合法权益，具有极其严重的社会危害性。

（四）疑难、复杂问题的参考性解答

1. 划清罪与非罪的界限

构成本罪，必须以“致使上市公司利益遭受重大损失”为条件。如果行为在客观上并未造成上述后果，不能以犯罪论处。例如，行为人虽有操纵上市公司向明显不具有清偿能力的单位提供担保的行为，但是，后来有关单位因经营得当，自己按期偿还了相关债务，未使上市公司的资产遭受实际损害的，就不能追究行为人的刑事责任。不能仅看是否给上市公司的利益造成重大损失，还要结合构成本罪的前提条件——是否“违背对公司的忠实义务”，去综合分析、判断。如果上市公司的董事、监事、高级管理人员基于对市场判断的错误，虽然给上市公司利益造成损害，也不能追究行为人的刑事责任。对于上市公司中并未实际参与某项损害公司利益的交易决策的董事、监事、高级管理人员，或者在决策中明确发表反对意见的人员，不能以犯罪论处；对于单纯附和有关决策意见的董事、股东等人员，除能证实与操纵者存在共同故意外，也不宜以犯罪论处。

但是，按照《立案追诉标准（二）》① 第十三条的规定，“上市公司的董事、监事、高级管理人员违背对公司的忠实义务，利用职务便利，操纵上市公司从事损害上市公司利益的行为，以及上市公司的控股股东或者实际控制人，指使上市公司董事、监事、高级管理人员实施损害上市公司利益的行为，涉嫌下列情形之一的，应予立案追诉：（一）无偿向其他单位或者个人提供资金、商品、服务或者其他资产，致使上市公司直接经济损失数额在一百五十万元以上的；（二）以明显不公平的条件，提供或者接受资金、商品、服务或者其他资产，致使上市公司直接经济损失数额在一百五十万元以上的；（三）向明显不具有清偿能力的单位或者个人提供资金、商品、服务或者其他

① 该规定已失效，本罪名已由国家监察委员会管辖，仅供参考。

资产，致使上市公司直接经济损失数额在一百五十万元以上的；（四）为明显不具有清偿能力的单位或者个人提供担保，或者无正当理由为其他单位或者个人提供担保，致使上市公司直接经济损失数额在一百五十万元以上的；（五）无正当理由放弃债权、承担债务，致使上市公司直接经济损失数额在一百五十万元以上的；（六）致使公司、企业发行的股票或者公司、企业债券、存托凭证或者国务院依法认定的其他证券被终止上市交易的；（七）其他致使上市公司利益遭受重大损失的情形。”

利用不正当关联交易侵占上市公司利益是我国上市公司目前面临的严重问题之一。但从公司运作角度讲，关联交易并非一无是处。我国法律、法规、规章和政策导向也并不禁止正当的关联交易。这样就有一个如何区分正当的关联交易与不正当关联交易之间的界限问题，这实际涉及如何准确把握罪与非罪的界限。由于具有关联关系的公司、企业与上市公司都是具有独立法人资格的市场主体，因此，判断一项关联交易是否正当，关键要看是否按照等价有偿的市场竞争原则进行，是否符合正常的或者公认的市场交易条件，以及在交易的决定过程中，上市公司的董事、监事、高级管理人员、控股股东和实际控制人是否利用了他们的控制权和重大影响力。虽然这种控制权和重大影响力的利用并不必然导致不正当关联交易的发生，但是，每一项侵害上市公司利益的关联交易背后，一定会发现非法利用对上市公司控制权和重大影响力的影子。因此，应当结合案件的具体情况具体分析，准确区分违法与犯罪。

2. 划清本罪与签订、履行合同失职被骗罪的界限

两罪的主要区别在于：（1）主体不同。前罪的主体是上市公司的董事、监事、高级管理人员、控股股东或者实际控制人，上市公司的控股股东或者实际控制人是单位的，也可成为该罪主体；后罪的主体则是国有公司、企业、事业单位直接负责的主管人员，单位不能成为该罪主体。（2）主观方面不同。前罪是故意犯罪，后罪则是过失犯罪。

3. 司法机关在适用《刑法》第一百六十九条之一规定处罚时，应当注意以下问题：

（1）依照该条第二款的规定，上市公司的控股股东或者实际控制人，指使上市公司董事、监事、高级管理人员实施前款行为的，依照前款的规定处罚。《刑法修正案（六）》第九条第二款之所以作出如此规定是考虑到：在现代公司制度中，公司制企业实行有限责任。由于所有权与经营权的部分相对分离，使控股股东、公司的实际控制人很容易利用其独特的控股地位，运用其权力，通过关联交易来转移资产、收益，侵占上市公司及其中小股东权益。现实情况表明，在很多情况下，上市公司的控股股东、实际控制人往往是掏空上市公司的真正指使者和实际受益者。

（2）依照该条第三款的规定，犯前款罪的上市公司的控股股东或者实际控制人是单位的，实行“双罚制”，即对单位判处罚金，并对其直接负责的主管人员和其他直接责任人员，依照第一款的规定处罚。

（3）单位是否可以构成共同犯罪，特别是构成一方是单位另一方是自然人的共同犯罪（即非纯粹单位共犯），涉及对共同犯罪的理解问题，刑法理论界和司法实务界长期以来对此存在激烈的争论。《刑法》第一百六十九条之一第三款的规定，实际上明确了作为上市公司控股股东或者实际控制人的单位（法人），可以与上市公司中的其他董事、监事、高级管理人员（自然人）构成共同犯罪。

（五）量刑指导或参考

依照《刑法》第一百六十九条之一第一款规定，犯背信损害上市公司利益罪的，处三年以下有期徒刑或者拘役，并处或者单处罚金；致使上市公司利益遭受特别重大损失的，处三年以上七年以下有期徒刑，并处罚金。

第四节　破坏金融管理秩序罪

一、伪造货币罪

（一）刑法规定

第一百七十条[①]　伪造货币的，处三年以上十年以下有期徒刑，并处罚

① 本条系根据2015年8月29日公布的《刑法修正案（九）》修正。原条文为：“伪造货币的，处三年以上十年以下有期徒刑，并处五万元以上五十万元以下罚金；有下列情形之一的，处十年以上有期徒刑、无期徒刑或者死刑，并处五万元以上五十万元以下罚金或者没收财产：（一）伪造货币集团的首要分子；（二）伪造货币数额特别巨大的；（三）有其他特别严重情节的。”

金；有下列情形之一的，处十年以上有期徒刑或者无期徒刑，并处罚金或者没收财产：

（一）伪造货币集团的首要分子；

（二）伪造货币数额特别巨大的；

（三）有其他特别严重情节的。

（二）司法解释、司法文件及其权威解读

1. **最高人民法院关于审理伪造货币等案件具体应用法律若干问题的解释**（法释〔2000〕26号，自2000年9月14日起施行）（节录）

为依法惩治伪造货币，出售、购买、运输假币等犯罪活动，根据刑法的有关规定，现就审理这类案件具体应用法律的若干问题解释如下：

第一条　伪造货币的总面额在二千元以上不满三万元或者币量在二百张（枚）以上不足三千张（枚）的，依照刑法第一百七十条的规定，处三年以上十年以下有期徒刑，并处五万元以上五十万元以下罚金。

伪造货币的总面额在三万元以上的，属于"伪造货币数额特别巨大"。

行为人制造货币版样或者与他人事前通谋，为他人伪造货币提供版样的，依照刑法第一百七十条的规定定罪处罚。

第七条　本解释所称"货币"是指可在国内市场流通或者兑换的人民币和境外货币。

货币面额应当以人民币计算，其他币种以案发时国家外汇管理机关公布的外汇牌价折算成人民币。

权威解读

解读《最高人民法院关于审理伪造货币等案件具体应用法律若干问题的解释》

一、问题的提出

货币的统一和稳定，直接关系到国民经济的发展和社会的安定。货币作为商品交换的媒介，其本身又是固定地充当一般等价物的特殊商品。自有货币流通以来，伪造货币等犯罪行为就一直是刑法打击的重点。为依法惩治伪造货币，出售、购买、运输假币等犯罪活动，最高人民法院于2000年9月8日公布了《关于审理伪造货币等案件具体应用法律若干问题的解释》（以下简称《解释》），对于准确适用刑法打击假币犯罪活动，将起到十分重要的作用。

二、理解与适用

（一）关于货币的范围

1979年《刑法》第一百二十二条规定：“伪造国家货币或者贩运伪造的国家货币的，处三年以上七年以下有期徒刑，可以并处罚金或者没收财产。犯前款罪的首要分子或者情节特别严重的，处七年以上有期徒刑或者无期徒刑，可以并处没收财产。”随着形势发展以及伪造国家货币等犯罪的变化，全国人大常委会于1995年6月30日通过了《关于惩治破坏金融管理秩序犯罪的决定》（以下简称《决定》）。在这部单行刑法中，对伪造货币，出售、购买、运输假币，持有、使用假币，变造货币等行为规定了相应的刑罚，而且，将1979年《刑法》中假币犯罪的犯罪对象“国家货币”扩大为“人民币和外币”，进一步加大了对假币犯罪的惩处力度。1997年《刑法》基本吸收了《决定》的上述规定，虽然没有对货币的范围进行更明确的说明，但仍然应当理解为“人民币和外币”。因此，《解释》第七条规定：“本解释所称‘货币’是指可在国内市场流通或者兑换的人民币和境外货币”，也包括各种纪念币，如国家为纪念某项重大活动而发行的纪念币、生肖纪念币等。

从司法实践的情况看，确有伪造已停止流通使用的人民币和根本不能流通的外币的案例，依照《解释》的规定对这种行为不能以伪造货币罪定罪处罚。伪造货币罪侵犯的客体是国家的金融管理制度，特别是货币发行和管理工作的秩序和公私财产的所有权。伪造已经停止流通的货币，犯罪人的目的往往是以此骗取钱财，而非通过对伪造的货币进行正常使用来获得利益（实际上也不可能通过这种方式获得利益），这种行为更主要的是侵犯了公私财产的所有权，不完全符合伪造货币罪的构成要件。对这种行为视情况以其他罪名定罪处罚更为合适。

《解释》在第七条第二款还规定：“货币的面额应当以人民币计算，其他币种以案发时国家外汇管理机关公布的外汇牌价折算成人民币。”关于其他外币的折算问题，《解释》强调以案发时的外汇牌价进行折算。实践中对此问题有不同认识，有种意见认为应当以行为时的外汇牌价进行折算。诚然，以行为时的外汇牌价进行折算可以相对准确地认定涉案假币的面额，尽量避免因行为时与案发时之间的时间差所可能导致的外汇牌价的差异而影响对犯罪数额的认定。但是，从实际情况看，以行为时的外汇牌价进行折算固然准确，但是往往由于各种原因难以对行为时做出准确的判定，进而给案件的查处带来影响，而根据案发时的外汇牌价进行折算则可以避免出现上述问题。根据国家的外汇政策分析，外汇牌价呈基本稳定的态势，行为时与案发时之间的时间差可能导致的外汇牌价的差异对认定犯罪数额的影响不大。因此，以案发时的外汇牌价进行折算是符合司法实践需要的。

（二）关于伪造货币罪的数额认定标准

《解释》第一条规定："伪造货币的总面额在二千元以上不满三万元或者币量在二百张（枚）以上不足三千张（枚）的，依照刑法第一百七十条的规定"以伪造货币罪定罪处罚。从《刑法》第一百七十条"伪造货币的，处三年以上十年以下有期徒刑"的字义来看，伪造货币罪是行为犯，行为人只要实施了伪造货币的行为就可以构成该罪。但是刑法分则规定的具体犯罪，都应受总则定罪处刑原则的规范。《刑法》第十三条规定，情节显著轻微危害不大的，不认为是犯罪。伪造货币罪同样存在这种情形，如果仅仅因为行为人伪造了一张或者几张面额不大的货币，就一律定罪处罚，显然不能准确地反映伪造货币罪的社会危害性。而且，从实际查处的伪造货币犯罪的情况看，普遍存在数额较大的特点。如果不依据实践需要，将伪造货币罪的数额认定标准规定得过于宽泛，则可能造成刑罚打击面过宽，甚至不严格执法的局面。因此，《解释》规定的伪造货币罪起刑点的数额认定标准是符合刑法的立法本意的。

此外，《解释》第一条第三款还针对近来司法实践中反映突出的伪造货币版样如何定罪的问题，特别规定："行为人制造货币版样或者与他人事前通谋，为他人伪造货币提供版样的，依照刑法第一百七十条的规定定罪处罚。"

（三）关于对行为人在购买、出售、运输假币的同时又实施了使用假币的行为如何定罪问题

《刑法》第一百七十一条规定了出售、购买、运输假币罪，第一百七十二条规定了持有、使用假币罪。对于行为人既有出售、购买、运输假币行为，又有使用假币行为的，是分别定罪实行数罪并罚，还是以一罪从重处罚，区别的关键在于涉案假币是否为同宗假币。对于购买、使用同宗假币的情形，《解释》第二条规定："行为人购买假币后使用，构成犯罪的，依照刑法第一百七十一条的规定，以购买假币罪定罪，从重处罚。"对于涉及不同宗假币的情形，《解释》规定："行为人出售、运输假币构成犯罪，同时有使用假币行为的，依照刑法第一百七十一条、第一百七十二条的规定，实行数罪并罚。"

《解释》的这一规定，与刑法第一百七十一条第三款“伪造货币并出售或者运输伪造的货币的，依照本法第一百七十条的规定定罪处罚”的原则是一致的，符合刑法罪数形态的理论。

（撰稿：孙军工）

2. 最高人民法院关于审理伪造货币等案件具体应用法律若干问题的解释（二）（法释〔2010〕14号，自2010年11月3日起施行）

为依法惩治伪造货币、变造货币等犯罪活动，根据刑法有关规定和近一个时期的司法实践，就审理此类刑事案件具体应用法律的若干问题解释如下：

第一条 仿照真货币的图案、形状、色彩等特征非法制造假币，冒充真币的行为，应当认定为刑法第一百七十条规定的“伪造货币”。

对真货币采用剪贴、挖补、揭层、涂改、移位、重印等方法加工处理，改变真币形态、价值的行为，应当认定为刑法第一百七十三条规定的“变造货币”。

第二条 同时采用伪造和变造手段，制造真伪拼凑货币的行为，依照刑法第一百七十条的规定，以伪造货币罪定罪处罚。

第三条 以正在流通的境外货币为对象的假币犯罪，依照刑法第一百七十条至第一百七十三条的规定定罪处罚。

假境外货币犯罪的数额，按照案发当日中国外汇交易中心或者中国人民银行授权机构公布的人民币对该货币的中间价折合成人民币计算。中国外汇交易中心或者中国人民银行授权机构未公布汇率中间价的境外货币，按照案发当日境内银行人民币对该货币的中间价折算成人民币，或者该货币在境内银行、国际外汇市场对美元汇率，与人民币对美元汇率中间价进行套算。

第四条 以中国人民银行发行的普通纪念币和贵金属纪念币为对象的假币犯罪，依照刑法第一百七十条至第一百七十三条的规定定罪处罚。

假普通纪念币犯罪的数额，以面额计算；假贵金属纪念币犯罪的数额，以贵金属纪念币的初始发售价格计算。

第五条 以使用为目的，伪造停止流通的货币，或者使用伪造的停止流通的货币的，依照刑法第二百六十六条的规定，以诈骗罪定罪处罚。

第六条 此前发布的司法解释与本解释不一致的，以本解释为准。

权威解读

解读《最高人民法院关于审理伪造货币等案件具体应用法律若干问题的解释（二）》

一、问题的提出

假币犯罪是严重危害国家货币信用、金融安全、市场经济秩序、群众切身利益和社会稳定的一类犯罪，历来是我国打击的重点。当前受多方面因素的影响，假币犯罪活动仍然持续高发，假币犯罪手段更趋隐蔽，犯罪对象更趋多样，且呈家族化、职业化、产业化发展趋势，查处难度明显增大，法律适用疑难问题明显增多。为有效遏制假币犯罪活动的蔓延，自2009年年初HD版假钞事件发生后，公安机关于2009年1月开始在全国开展了为期10个月声势浩大的打击假币犯罪“09”行动。在此期间，全国共破获假币犯罪案件3688起，抓获犯罪嫌疑人5974名，缴获假人民币11.65亿元，各项数据均在2008年全年3倍以上。同时，人民法院也加大了对假币犯罪的惩处力度，依法从严判处了一大批假币犯罪分子，2009年全国法院共受理各类假币犯罪案件1194件，较2008年上升了9.6%；结案1054件，其中被判处5年有期徒刑以上刑罚的重刑犯242人，较2008年上升了32%。最高人民法院也进一步加强了审理假币犯罪案件的宣传指导工作，于2009年7月选择了4件典型假币犯罪案件，通过中央各主要媒体向社会公布，并于2009年9月会同最高人民检察院、公安部联合发布了《关于严厉打击假币犯罪活动的通知》（以下简称《通知》）。《通知》要求公安司法机关高度认识假币犯罪的严重危害性，始终把反假币工作作为一项十分重要的任务抓紧抓好，并就假币犯罪案件中的地域管辖、刑罚适用、公安司法机关的协作配合等问题明确了具体处理意见。但是，对于实践中反映较为突出的一些其他法律适用问题，因涉及性质认定以及与既有司法解释相冲突等问题，未能在《通知》中明确。鉴于此，最高人民法院决定在《关于审理伪造货币等案件具体应用法律若干问题的解释》（以下简称《解释一》）的基础上，就假币犯罪案件的相关法律适用问题再次制定司法解释。

最高人民法院于2010年10月20日发布了《关于审理伪造货币等案件具体应用法律若干问题的解释（二）》（法释〔2010〕14号，以下简称《解释二》）规定的问题，有些是司法实践当中长期存在争议的问题，如伪造货币、变造货币行为的具体理解，伪造停止流通货币的司法定性等；有些是近年来出现的新情况、新问题，如制造真伪拼凑货币、制售假贵金属纪念币的司法处理等；有些是《解释一》规定中存在局限的问题，如伪造境内不可兑换的境外货币的司法处理等。对这些问题有针对性地进行梳理研究，明确其处理意见，并对《解释一》的相关规定进行必要的修改和完善，进一步严密法网，有利于消除各种歧见，增进法律适用的统一性和有效性；有利于打消司法疑虑，依法惩治新形势下各种新型假币犯罪；有利于从严打击假币犯罪，发挥刑事司法的震慑和预防作用。

二、理解与适用

（一）伪造货币、变造货币行为的具体认定

对于伪造货币和变造货币行为的认定问题，早在最高人民法院1994年发布的《关于办理伪造国家货币、贩运伪造的国家货币、走私伪造的货币犯罪具体应用法律的若干问题的解释》（已失效，以下简称1994年解释）中即有规定。根据该解释，伪造货币是指仿照国家货币的图案、形状、色彩等，使用各种方法，非法制造假货币，冒充国家货币的行为；变造货币是指对国家货币采用剪贴、挖补、揭层、涂改等方法加工处理，使国家货币改变形态、升值的行为。《解释二》对伪造货币和变造货币行为的理解重新予以规定，主要有三点考虑：一是1994年解释制定于1997年《刑法》修订之前，实践中对其适用效力存在不同意见；二是1994年解释确定的假币犯罪的对象范围已为1995年全国人大常委会《关于惩治破坏金融秩序犯罪的决定》和1997年修订刑法所修改；三是2003年发布的《中国人民银行假币收缴、鉴定管理办法》对变造货币定义进行了修改、补充和完善。

《解释二》第一条将伪造货币表述为仿照真货币的图案、形状、色彩等特征非法制造假币，冒充真币的行为；将变造货币表述为对真货币采用剪贴、挖补、揭层、涂改、移位、重印等方法加工处理，改变真币形态、价值的行为。较之于1994年解释，主要修改有三处：一是将国家货币修改为真货币；二是根据《中国人民银行假币收缴、鉴定管理办法》的相关规定对变造货币的行为方式予以进一步细化；三是将1994年解释第二款规定中的升值修改为改变价值。其中，将国家货币修改为真货币，主要是考虑到境内外货币同等保护的需要。

据此，在具体认定伪造货币行为时，应注意以下几个问题：

第一，伪造货币是否应以仿照真货币为前提条件？起草过程中有意见认为，不应将仿照真货币作为伪造货币的必要条件，制造生活中不存在的货币如一张面额为200元的人民币同样是伪造货币，没有货币发行权的人制造足以让人信以为真的货币，即应认定为伪造货币行为。而以仿造真币设限，会不当缩小伪造货币的范围，不利于对伪造货币犯罪的打击。《解释二》坚持伪造货币需以仿照真货币为前提条件，主要考虑是：从字面而言，“伪”相对于“真”而存在，在真实货币不存在的情况下，难言伪造货币；从行为实质而言，伪造货币罪不仅侵犯了货币发行权，同时还破坏了货币的公共信用和流通秩序，不以真实的货币为样本，仅凭行为人主观臆想而制造出来的“货币”(臆造币)，由于国家根本没有发行过这种货币，故不存在破坏货币的公共信用和流通秩序的可能；从行为方式而言，臆造币的使用与伪造币的使用方式有所不同，后者侧重于伪造币的正常使用，前者侧重于虚构事实，骗取他人钱财。所以，对于非法制造臆造币的行为，以诈骗罪处理更为妥当。

第二，如何把握伪造货币的外观特征？实践中，由于技术、设备、材料等主客观条件的差异，伪造币的逼真度参差不齐，有的足以乱真，甚至可通过普通验钞机具，有的则制作粗糙，质量低劣，与真币差别较大。起草过程中，对于成立伪造货币罪是否应以伪造币具有相当的逼真度为条件，形成了两种不同意见。肯定意见认为，伪造的货币必须在外形上与法定货币极为近似，使一般人依照通常收受货币的习惯不易辨别而当作真币，才能认定为伪造货币罪；否定意见认为，假币逼真度的高低不影响本罪的构成，只要行为人实施了伪造货币的行为，即可构成本罪，不要求假币与真币完全同一。经研究，能否成立伪造货币，关键在于是否仿照真币，只要在图案、形状、色彩等方面具备了真币的基本要素，即可成立伪造货币。至于实际伪造出来的假币的外观效果和逼真程度如何，不应成为伪造货币的定罪要件，既不能因为伪造货币尚未制成成品，也不能因为做工粗糙而否认行为人实施了或者正在实施伪造货币的行为，所以，《解释二》未对伪造币的外观特征进行限定。

第三，伪造货币是否应以冒充真币为要件？起草过程中有意见建议删去1994年解释规定的冒充国家货币这一要件。《解释二》对此要件予以保留，并将其修改为冒充真币，主要是出于以下两点考虑：首先，冒充真币是仿照真币这一前提条件的逻辑延伸，冒充真币与仿照真币共同构成伪造货币行为的两个方面。明确这一点，有助于进一步区分伪造货币与非法制造臆造币两者的界限。其次，冒充真币与伪造货币的主观目的特征直接相关。对于伪造货币的目的要件，理论上存在3种不同意见：第一种意见认为存在主观故意即可构成本罪，具体出于什么目的不影响本罪的认定；第二种意见根据早期《妨害国家货币治罪暂行条例》（已失效）的规定认为本罪应以营利为目的；第三种意见借鉴国外立法规定，认为本罪应以意图流通或者行使为目的。其中第三种意见处于通说地位，并为司法实践所长期采用。明确冒充真币的要件，实际上间接地说明了伪造货币应以意图流通或者行使为其目的要件。据此，伪造后不以真币使用为目的，为炫耀画技或者供鉴赏、教学、科研使用而不进入流通领域的，不属于伪造货币行为。

在具体认定变造货币行为时，需要注意以下两点：

第一，变造货币行为方式的理解。《解释二》列举了剪贴、挖补、揭层、涂改、移位、重印6种变造货币的行为方式。其中，剪贴变造又称拼凑变造，是指对真币进行裁剪后重新粘贴、通过增加货币张数实现增值的行为。根据3/4以上票面实物形态的残缺币可兑换全额、1/2以上票面实物形态的残缺币可兑换半额的残缺币兑换办法，实践中的拼凑变造主要表现为将真币裁剪下不多于1/4的票面，在确保其原有价值不变的基础上，对裁剪下的票面进行粘贴，故剪贴变造币通常由4个1/4或者5个1/5的票面组成。挖补变造是指对票面局部图案或者材料挖走后采取一定的方式进行补全的变造行为。比如，将票面上的光变油墨挖走后通过手写、印刷等方式重新补全。揭层变造主要是指对真币进行一定的处理之后一揭为二，再用白纸等方式进行粘贴的变造行为。涂改变造主要是指对同颜色、同图案、同票幅而面额不同的真币涂改其票面金额的变造行为。此外，实践中还存在涂改年号或者冠字号等的变造行为。比如，今年年初公安机关查获的冠字号码为ET30410601—ET30410700的100张第四套人民币（1980版）50元纸币变造币，即为第四套人民币（1990版）50元纸币涂改而成，正面冠字号码开头字母“E”和背面“1980”字样均有涂改痕迹。移位变造是指将真币的关键性部位移至其他票面的变造行为，相当于挖补变造的反向行为。重印变造是对真币局部或者全部图案通过化学手段等进行脱胎换骨，其纸张质地以及水印、安全线等主要防伪特征都是真的，但金额以至图案却是假的。重印变造主要发生在旧版美元上，因为不同面额美元钞票的规格、色调等非常相似。

第二，变造货币不以升值为条件。起草过程中在升值还是改变价值的问题上存在分歧。一种意见主张变造货币必须以升值为要件，其主要理由是：

用于取材的真币，在一部分被取走后，剩余的部分仍然是真币，按照《中国人民银行残缺、污损人民币兑换办法》，在现实中尚可能以全额、半额兑换，应属于被毁损的人民币，只有改变了形态并得以升值的部分才属于变造范畴。多数意见认为，变造货币不应以升值为条件，把50元变为10元同样是变造。经研究，实践中变造货币的情况较为复杂，除剪贴拼凑之外，还有挖补、涂改等方式，此类行为虽未必在面额上有所升值、张数上有所增加，但明显不属于毁损币，应当纳入变造货币范畴。而且，变造货币的行为特征在于改变真币形态，危害实质在于侵害货币的公共信用，多数变造货币行为固然是为了非法牟利，但不排除存在牟利之外的其他动机如报复社会等。主张升值论者的一个重要考虑是变造货币犯罪数额的准确计算问题。对此，主张改变价值论者同样不会对仅仅剪开但未粘贴拼凑形成完整货币的残损部分计入变造货币的数额；至于粘贴拼凑形成完整货币的，理应按其实际形成的变造币总数计算，而无减去用于取材的真币数量的道理，比如将4张100元的真币裁剪后重新组合粘贴成5张100元的变造币，变造币的数额应为500元而非实际升值的100元。综上，升值不仅没有必要，反而容易引起误解，故《解释二》将1994年解释规定中的升值修改为改变价值。

（二）制造真伪拼凑货币行为的性质认定

真伪拼凑货币是近年来新出现的一种假币形态，但呈迅速蔓延趋势。从发案情况看，真伪拼凑货币主要见于百元钞，制作手法则五花八门。比如，将人民币一揭为二，正面保留，背面粘贴上伪造币；将人民币约1/2处裁切掉，粘贴上对应伪造币；将人民币局部揭开，正面保留，背面从水印部位与人民大会堂主图景结合处揭去，粘贴上伪造币；挖去人民币光变油墨面额数字，粘贴上伪造的光变油墨面额数字；揭去正面头像部分，粘贴上伪造币；将人民币水印部位的1/4部分裁切掉，粘贴上相应伪造币，等等。真伪拼凑货币就其基本材料而言，亦真亦假，故有人称之为伪造货币、变造货币之外的第三种假币，即伪变造货币。我国《刑法》只规定了伪造假币和变造假币的犯罪，这就给此种行为的法律适用带来了难题。非法制造真伪拼凑货币究竟应以变造货币还是伪造货币处理，不仅直接关系到司法定性的准确与否，而且还关系到刑事打击的力度和有效性：从两个罪名的法定刑规定看，一个是死刑，一个是法定最高刑才10年有期徒刑，伪造货币罪的处罚远重于变造货币罪。

在以往的司法实践中，多数将制造真伪拼凑货币的行为认定为变造货币行为，《解释二》第二条规定此种行为以伪造货币罪定罪处罚，主要理由如下：

第一，真伪拼凑货币虽然存在局部变造，但并非完全取材于真币，在用材上与真币不具有同一性，真伪拼凑货币总体上属于伪造币。伪造行为的特征在于仿照真币，从无到有；变造行为特征在于以真币为基础改变其形态。伪造和变造两者的区分，关键在于把握两个同一：一是假币的用材与真币同一。变造货币的基本材料必须完全取自真币，这一点从以往的司法解释和《解释》关于“对国家货币……”“在真币的基础上”“对真币……加工处理”等表述以及所列举的6种具体变造手法可得以推断。二是假币的性质与真币同一。对真币形态的改变，必须确保不损害真币的同一性质。比如，将金属币溶解后制成其他货币外观，则属伪造而非变造。据此，真伪拼凑货币虽然存在局部变造，但总体言之，应当认定为伪造的货币，因为真伪拼凑货币既有真币的成分，也有伪造货币的成分，并非完全取材于真币，在用材上与真币不具有同一性。

第二，对制作真伪拼凑货币的行为按伪造货币处理符合立法本意。当前多数国家均将伪造货币和变造货币规定为一个犯罪，适用一个处罚标准。区分伪造货币和变造货币，规定两个罪名，适用不同的处罚标准，是我国刑事立法的一个特点。其立法背后的原因主要有两个：一是受行为方式的限制，变造货币的数量一般远远少于伪造货币的数量；二是在真币的基础上进行加工，行为人需事先投入一部分真币，变造货币所能牟取的非法利益要相对小于伪造货币。正因如此，对变造货币罪的刑罚规定要轻于伪造货币罪。而在真伪拼凑货币中，这两方面的情形均不复存在。首先，借助于伪造币，真伪拼凑货币批量制作成为可能，而且，由于难以辨认，特别是机具难以识别，真伪拼凑货币正日益成为假币犯罪分子的新宠；其次，一些真伪拼凑货币中真币比重极小，除了机具识别所需的少数关键部位之外，绝大部分系伪造的货币。所以，对此类行为以伪造货币罪从严打击，符合立法本意。

第三，即便认为真伪拼凑货币中确实存在变造行为，但因单一的变造行为明显不能全面评价真伪拼凑货币这种特殊犯罪，其中伪造行为需另行评价，故真伪拼凑货币犯罪同时触犯了伪造货币和变造货币两个罪名。根据想象竞合犯择一重罪处断的司法原则，制造真伪拼凑货币的行为也应当以伪造货币罪定罪处罚。

（三）伪造境内不可兑换的境外货币行为的性质认定及数额计算

《解释一》第七条第一款规定："本解释所称'货币'是指可在国内市场流通或者兑换的人民币和境外货币。"根据这一假币犯罪对象范围的界定，以往司法实践的一般做法是：伪造国内不可兑换的境外货币，如果伪造后使用的，按诈骗罪追究行为人的刑事责任；如果只是伪造尚未使用的，则不作为犯罪处理。随着假币犯罪活动的不断发展，《解释一》的这一规定已经难以满足打击假币犯罪的现实需要。集中体现在两个方面：一是单纯伪造不可兑换的境外货币，尚未实施诈骗财物活动的，难以依法追究刑事责任。当前国内可兑换的外币仅20余种，绝大多数外币属于国内不可兑换的货币。随着对外交往的日益发展，实践中伪造国内不可兑换的外币的活动屡有发生，而这些假外币在境内外国人聚居区或者通过跨境贩卖均能实现流通使用之目的。二是以诈骗罪追究伪造并使用假外币活动，难以做到罪刑均衡。一方面，诈骗罪的法定刑规定明显轻于伪造货币罪；另一方面，假外币的使用数额亦即诈骗数额难以充分查证。

应当说，上述问题早在《解释二》施行之初即已显现，最高人民法院也一直在根据个案具体情况对上述规定确定的假币对象范围进行调整。比如，考虑到台币尽管不能在全国范围内流通或兑换，但在境内一些地方实际已流通使用，最高人民法院在2001年发布的《全国法院审理金融犯罪案件工作座谈会纪要》中规定，"对于伪造台币的，应当以伪造货币罪定罪处罚；出售伪造的台币的，应当以出售假币罪定罪处罚"；又如，考虑到缅币在我国一些边境地区已经在事实上形成了有条件可兑换的局面，而且，将缅币视为边境地区可兑换外币也具有一定的法规依据，中国人民银行《关于调整外币现钞管理政策有关问题的通知》[①]（银发〔2002〕283号）第三条、国家外汇管理局《关于印发〈边境贸易外汇管理办法〉的通知》[②]（汇发〔2003〕113号）第四条、第十四条、第二十七条、第二十八条规定，缅甸货币在我国云南省等边境地区可以作为边境贸易的结算货币，我国边贸企业可以保留并存入其毗邻国家货币的边境贸易账户，也可以根据意愿卖给外汇指定银行；云南省等

---

① 该通知目前已失效。

② 该通知目前已失效。

边境地区的外汇指定银行，可以按规定加挂缅甸货币的汇价，办理其与人民币的兑换，并自行在规定的浮动范围内确定买卖差价。故此，由最高人民法院刑事审判庭编写的《刑事审判参考》（总第37集）中的一篇文章指出，“对于在中缅边境伪造边境地区可兑换的缅币的行为，可以伪造货币罪定罪处罚”。

上述调整部分解决了伪造境外货币行为的定罪处罚问题，但带有明显的局限性，实践中还是存在大量难以追究刑事责任的情形。鉴于此，《解释二》第三条第一款对《解释一》第七条第一款进行了修改，规定凡是现行流通的境外货币均属于假币犯罪的对象，而不论其境内是否可以兑换。这一修改的主要依据如下：

第一，相关立法未对假币犯罪的对象范围进行限制。我国刑事立法对假币犯罪的对象规定，经历了一个从人民币向本外币的发展过程。1979年《刑法》中的伪造国家货币罪，其犯罪对象仅限于人民币。随着我国改革开放的不断深入，与世界上其他国家和地区经贸往来的频繁，涉及国际核算货币的种类也越来越多，美元、英镑、日元、港币等境外货币已经越来越多地进入人们的生活。与此相对应，伪造外币的行为也时有发生。1995年全国人大常委会通过的《关于惩治破坏金融秩序犯罪的决定》对1979年《刑法》进行了修改，将伪造国家货币罪修改为伪造货币罪，并在第二十三条明确规定，伪造货币罪中的货币包括人民币和外币，首次明确了对外币予以同等保护。1997年《刑法》第一百七十条基本上吸收了《决定》第一条的内容。虽然1997年《刑法》未再明确规定伪造货币罪中的货币包括人民币和外币，但刑法并未废止《决定》第二十三条这一非刑事责任条款，而是在第四百五十二条第三款明确规定予以保留。在相关行政管理法规中的确存在一些将外币限定为国内可兑换的货币的规定，比如中国人民银行《假币收缴、鉴定管理办法》第三条即规定，“本办法所称货币是指人民币和外币……外币是指在我国境内（香港特别行政区、澳门特别行政区及台湾地区除外）可收兑的其他国家或地区的法定货币”。但是，应当注意到，这些法规是从银行或者其他金融机构所实际经营业务的角度作出的管理性规定。既然是不可收兑的，银行或者其他金融机构就不会有相应的业务，自然也就谈不上管理的问题。所以，以行政法规的限制性规定为依据对假币犯罪的对象范围设限并不可取：前者侧重的是业务监管；后者关注的应当是事实上是否存在不可兑换的外币犯罪活动，以及对此类活动以假币犯罪处理是否妥当和必要。

第二，对境外货币予以同等保护，符合当前各国刑事立法的发展方向，有利于国际合作共同打击假币犯罪。纵观各国刑法史，在外国货币的刑事保护方面经历了一个由国家主义向世界主义的发展过程，越来越多的国家正在摒弃过去的一贯做法，转而强调对外国货币的一体保护，对于罪名和法定刑规定也不再区分。此外，对外国货币予以同等保护，在相关国际公约文件中有着明确要求。1929年签署、1931年生效、由当时代表我国的中华民国国民政府参加缔约的《制止伪造货币国际公约》第四条规定："不论在哪国实施，《公约》第三条规定的各种（伪造货币的）行为均需视为犯罪。"第五条规定："对于第三条规定的行为，在处罚上不能因国内货币或者国外货币而有所区分；本条规定不得因法律或者条约上的对等待遇而变通适用。"在当前人民币区域化、国际化已经迈出实质性步伐的背景下，强调对外国货币的刑事保护尤为重要。

第三，对伪造他国流通使用但在我国境内不可兑换的外国货币的行为以货币犯罪处理，符合货币犯罪的基本构成。主张对此类行为以诈骗罪定罪处罚的主要理由是，伪造货币罪侵犯的客体是国家的金融管理制度，特别是货币的发行和管理秩序以及公私财产的所有权，而这种行为的目的往往是以此骗取钱财，而非通过对伪造的货币进行正常使用来获得利益，其主要侵犯的是公私财产所有权，故不完全符合伪造货币罪的构成要件。显然，这里是将境内不可兑换的货币与已经停止流通使用的人民币相提并论的，具有明显的时代局限性。首先，在我国《刑法》已经明确外币可以成为货币犯罪的对象的情况下，就不应再狭隘地将货币犯罪的侵害客体——国家货币管理秩序的理解囿于一国之内，将现行流通的外币一概纳入我国《刑法》的保护客体范畴，实属应有之义，故不存在客体上的问题；其次，如前所述，不可兑换的假外币在境内外国人聚居区或者通过走私出境进行流通使用已成客观事实，这与主要采取欺骗手段使用停止流通的人民币获取利益的情形存在明显不同；最后，尽管存在具体行为方式上的不同，但在伪造货币和诈骗两者的最终目的即非法占有他人财物这一点上并无不同，在理论上，将伪造货币并使用的行为理解为一种特殊的诈骗行为并无不当，但对以诈骗罪追究伪造、使用货币行为刑事责任的情形务必严格控制。只有对伪造在现实中确已退出流通领域、不再承担货币基本功能的货币，不再可能通过正常流通使用来获取利益的情形，才可以诈骗罪定罪处罚。而在我国境内是否可兑换，对此没有实质性的界定意义。区分两者的关键，不在于在我国境内是否可兑换，而在于其是否现行流通，包括在我国境内局部地区的事实流通以及在发行该货币的国家的合法流通。

由于《解释一》将货币犯罪中的货币限定为可在国内市场流通或者兑换的人民币和境外货币，伪造境内不可兑换的境外货币的行为不属于伪造货币犯罪，故《解释一》第七条第二款仅规定货币面额应当以人民币计算，其他币种以案发时国家外汇管理机关公布的外汇牌价折算成人民币，而未对国内不可兑换的境外货币的价格计算问题加以说明。为解决这一问题，同时考虑到《解释一》的规定也存在一些表述上的问题，故《解释二》第三条第二款对《解释一》第七条第二款的规定作了必要的修改和完善。在适用本款规定时，需要注意以下几点：

第一，境外假币犯罪的数额应当统一折算成人民币。坚持以人民币计算的原则，主要是为了统一计算标准，方便司法操作而作出的技术性规定。因为，司法解释不可能一一明确各种境外货币犯罪的数额标准，同时这样规定可以较好地解决兼有本外币的假币犯罪的数额认定问题。

第二，外汇价格的确定。(1) 国内有外汇价格的，以国内价格为准。目前国家发布汇率牌价的有美元、日元、欧元、港币、英镑5种，此外，一些商业银行会自行发布一些汇率，连同上述5种在内，现有牌价的境外货币共20余种。(2) 国内没有相应外汇价格的境外货币，通过国际外汇市场以美元为中介进行套算。国际外汇市场的汇率可以通过上网等途径24小时查询，故不存在操作上的问题。(3) 国家外汇管理局已经不再发布汇率，当前发布汇率的是中国外汇交易中心，故《解释二》作了相应修改。而关于中国人民银行授权机构的规定，主要是出于前瞻性的考虑，不排除将来中国人民银行有可能指定其他机构公布汇率。

第三，外汇价格的计算基准。对外汇应以行为当日还是案发当日的外汇价格折算，实践中存在不同意见。一种意见主张应当以行为当日的外汇价格进行折算，它可以相对准确地认定涉案假币的数额，避免因行为当日与案发当日之间的时间差可能导致的外汇价格的差异而影响犯罪数额认定上的准确性。经研究，以行为当日的外汇价格进行折算确实更为准确，但是考虑到实践中往往由于各种原因对行为当日难以作出准确判定，而且一些假币犯罪具有阶段性特征，同时考虑到通常情况下一段时期内外汇价格相对稳定，行为当日与案发当日之间的时间差可能导致的外汇牌价的差异对认定犯罪数额的影响一般不大，为方便实践操作，《解释二》采取了案发当日的计算基准。

（四）制售假纪念币行为的性质认定及数额计算

随着纪念币特别是贵金属纪念币热点项目不断增多，市场需求不断增大，国内钱币市场交易日益活跃，制造、销售假贵金属纪念币的犯罪活动日趋严重。从发案情况看，假贵金属纪念币的制售犯罪活动涉及的品种几乎涵括了近年来中国人民银行发行的所有贵金属纪念币。

对于制售普通纪念币行为应以假币犯罪处理实践中没有不同意见，但是假贵金属纪念币犯罪活动能否以货币犯罪处理存在严重分歧，即便主张以货币犯罪处理的论者也是顾虑重重。从调研情况看，主要表现在以下几个方面：(1) 贵金属纪念币不具有流通手段、价值尺度、支付手段等货币的基本功能，不具有一般意义上的货币流通性，不计入货币流通量，不能充当商品流通的中介。(2) 贵金属纪念币商品属性特征明显。贵金属纪念币具有价值和使用价值，其价值是凝结在贵金属纪念币中无差别的人类劳动，即设计、雕刻、铸造、发行等；使用价值是贵金属纪念币能满足人们收藏、纪念、投资等需求。其原值、面额、发售价格相分离，面额仅具象征性意义，不具有表示贵金属纪念币价值的实质性意义。(3) 制售以其实际价值为依托、不具有流通功能的贵金属纪念币，不会对国家的货币信用和金融秩序造成危害，其社会危害性主要体现在对国家纪念币专营秩序、有权发行人的知识产权以及买受人财产利益的侵害。(4) 货币流通不同于一般的商品流通，以纪念币同样可在国内市场流通为由认为纪念币同样属于货币的意见，难以令人信服。(5) 货币犯罪属于重罪，也是金融秩序犯罪中唯一的死刑罪名，对这类行为以货币犯罪处理，不符合有利于被告人这一司法解释原则，也不能体现罪刑相适应的要求。鉴于此，实践中的多数案件均以诈骗罪或者生产、销售伪劣产品罪定罪处罚，在犯罪数额的认定上，一般以实际诈骗的数额或者非法经营数额（包括实际销售金额以及货值金额）来计算。

经研究，尽管假贵金属纪念币不具有流通功能，但是对制售假贵金属纪念币的行为以假币犯罪处理，具有充分的法律和事实依据，前述顾虑主要源于对贵金属纪念币的片面理解。故《解释二》第四条第一款规定制售假纪念币行为应以假币犯罪定罪处罚，具体理由如下：

第一，贵金属纪念币作为国家货币具有法定性。贵金属纪念币属于国家货币体系的有机组成部分，《人民币管理条例》第十八条对此有着明确规定："中国人民银行可以根据需要发行纪念币。纪念币是具有特定主题的限量发行的人民币，包括普通纪念币和贵金属纪念币。"在法律上将贵金属纪念币规定为国家货币，也是当前国际通行的做法。比如，美国法律在对各种金币、银币以及纪念币的面额、重量、直径、成色、图案、文字标注等要素作出规范的同时，明确其属于货币类别。

第二，贵金属纪念币具备货币的基本要素和基本属性。根据《中国人民银行法》《人民币管理条例》以及《人民币、纪念币立项、设计、生产、发行暂行规定》等法律法规，纪念币由中国人民银行发行，纪念币的主题、面额、图案、材质、式样、规格、发行数量、发行时间等由中国人民银行确定，其中涉及重大政治、历史题材的，需报国务院批准。中国人民银行需将纪念币的主题、面额、图案、材质、式样、规格、发行数量、发行时间等予以公告。可见，纪念币发行要素规范，发售行为严肃，与其他形式的人民币并无两样。此外，从国际惯例看，贵金属纪念币没有流通性，但是具有法偿性，即货币发行机构对贵金属纪念币的面额负有法偿义务。我国法律对此没有专门规定，但基于《人民币管理条例》关于纪念币属于人民币这一规定，可以推断贵金属纪念币在我国同样具有法偿性。

第三，制售假贵金属币纪念的行为符合货币犯罪的侵害客体。货币犯罪的侵害客体包括国家货币的发行权和货币的公共信用两个方面。在货币的发行管理方面，贵金属纪念币的发行权专属于中国人民银行，故制售假贵金属纪念币的行为侵犯了国家货币发行权当无疑问。同时，不具有流通功能的贵金属纪念币同样侵害货币的公共信用：首先，理论上，贵金属纪念币的主要功能不在于流通，对货币流通不会构成实质影响，但是贵金属纪念币的法偿性决定了制售假贵金属纪念币同样可以侵害货币的公共信用乃至于国家信用；其次，事实上，贵金属纪念币以强大的国家信用为其背后支撑，假贵金属纪念币以伪劣的材质、粗糙的做工，以假乱真、以次充好，将不可避免地对贵金属纪念币的社会公共信用造成危害。

第四，制售假贵金属的行为具有多重社会危害性。除侵害国家的货币管理秩序之外，此类行为还扰乱了钱币市场秩序。此外，贵金属纪念币具有特定主题，其中一些涉及重大政治、历史题材，直接关系到我国的政治声誉；在对外方面，贵金属纪念币具有“国家名片”的作用，直接代表着国家形象；贵金属纪念币还承载了国家黄金储备的保值增值的职能。贵金属纪念币的货币和商品双重属性，决定了制售假贵金属纪念币的行为对于国家和社会的多方面危害。所以，以假币犯罪打击非法制售贵金属纪念币的行为，不存在罪刑失衡问题。

假贵金属纪念币犯罪的数额计算，是起草过程中又一个争议较大的问题，计有3种不同意见，分别是币面金额、初始发售价格和市场价格。《解释二》采取了初始发售价格的计算标准，主要理由如下：

第一，以面额计算与贵金属纪念币的实际价值明显不符。尽管《人民币管理条例》规定人民币依其面额支付以及《解释一》规定以面额计算犯罪数额，但是该规定明显不宜适用于贵金属纪念币。贵金属纪念币作为人民币的一个特殊种类，币面金额只是法定货币的象征性符号，不代表其实际价值，实际价值远高于面额。所以，以面额计算假贵金属纪念币犯罪的数额不符合客观实际，不仅不能做到依法有力地打击此类犯罪，还将直接导致大量犯罪活动因数额问题逃脱刑事追究。

第二，以初始发售价格计算符合贵金属纪念币的价格形成机制。贵金属纪念币的价值一般从3个层面来计量，分别是原值、面额和发售价格。其中，原值是指贵金属纪念币所含的贵金属的价值；面额是指贵金属纪念币币面上标示的货币价格；发售价格是指纪念币发售时的价格。3种计值方式既相互联系又相互独立。贵金属纪念币的商品属性决定了贵金属纪念币一般都是溢价发行（溢价额一般称为升水，即金属材质成本之外的加工费、管理费、利润等），贵金属纪念币的发售价格即据此以及项目题材、发行量、工艺技术、市场状况、历史价格情况、国际价格标准等因素制定，所以，发售价格较为全面地体现了贵金属纪念币的实际价值。

第三，以发售价格计算犯罪数额，通常能客观地反映此类犯罪活动的社会危害性，做到不枉不纵。首先，贵金属纪念币的发售价格事先公布，假币制售者对此有清楚的了解，可以说，发售价格也是假币制售者的预期价格。从实际情况看，在假贵金属纪念币的批发、分销环节确实可能存在价格明显低于官方发售价的情况（在其他货币犯罪中也存在此情形），但在最终零售环节，假币售价基本与发售价格相当，因为假币价格明显低于发售价格的容易引起怀疑。其次，部分热点项目如奥运币的市场销售价格确实会高于发售价格，但由于现在发行的贵金属纪念币的量都很大，多数贵金属纪念币的市场价格在很长一段时期内都能与发售价格保持大体相当，具体到假贵金属纪念币犯罪而言，其主要目的是尽快销售出去，实际销售价格一般不会高出发售价格太多。

第四，初始发售价格具有确定性和操作上的便利性。强调贵金属纪念币的商品属性的同时，不应忽视其货币属性。从货币角度看，其数额的认定应当具有相对的确定性和稳定性。在以面额计算明显不妥的情况下，退而求其次，选择具有同样确定性的发售价格作为计算依据，不失为一个相对合理的选择。贵金属纪念币发售价格由中国人民银行授权中国金币总公司统一制定。发售价格亦即市场指导价，在零售环节可能会有一定程度的浮动，但从目前价格管理上看，只许上浮不许下浮，所以，以发售价格作为犯罪数额的计算基准，一般不存在不利于被告人的情形。不可否认，随着时间的推移部分贵金属纪念币会不断升值，其市值可能会远远高于初始发售价，但由于国内钱币市场尚有待培育，对于伪造但尚未实际销售的贵金属纪念币的市场价格难以确定，目前也无这方面的评估机构，市场价格计算标准存在客观障碍。

此外，《解释二》规定假普通纪念币犯罪的数额以面额计算，主要有以下几点考虑：(1) 就发行而言，普通纪念币等值兑换；(2) 就流通性这一货币基本功能而言，普通纪念币与一般人民币完全一样；(3) 就市场行情而言，普通纪念币有涨有跌，以票面金额计算，可以确保普通纪念币作为人民币的严肃性和确定性；(4) 以面额计算假普通纪念币犯罪的数额，符合当前司法实践的通行做法。

（五）伪造或者使用伪造的停止流通货币的性质认定

已经停止流通的货币，不再具有货币属性，不再执行货币的任何功能。伪造已经停止流通的货币，犯罪人的目的往往是以此骗取钱财，而非通过对伪造的货币进行正常使用来获取利益，其主要侵犯的是公私财产的所有权而非货币的公共信用。此种行为在行为方式和侵害客体两个方面均与伪造货币罪的构成要件不符，但完全符合诈骗罪的构成要件，故《解释二》第五条规定以诈骗罪追究伪造或者使用伪造的停止流通货币行为的刑事责任。

在具体适用本条规定时，需要注意以下几点：

第一，只有以使用为目的的伪造停止流通币的行为才构成诈骗罪。使用目的是指意图流入市场，进而骗取他人财物。使用包括直接使用和间接使用，伪造停止流通币之后出售给他人使用的，应当认定为以使用为目的，即便他人明知系伪造的停止流通币。

第二，以使用为目的伪造停止流通币，尚未使用的，不影响诈骗罪的定罪。起草过程中有意见认为，伪造但未使用的行为，尚不具备诈骗罪的基本构成要件，此种行为应以诈骗预备处理。经研究，此种行为不宜按诈骗预备处理，可以视具体情况按诈骗未遂处理。首先，就伪造的危害性而言，并不亚于使用，对之以未遂处理，可以保持量刑的基本均衡；其次，实践中的假币犯罪多为团伙性犯罪，伪造、运输、使用各个环节紧密相连，将此类诈骗的着手前移至伪造环节，符合此类假币犯罪的特点。

第三，关于停止流通币的理解。起草过程中有意见提出，如果某一货币在决定停止流通后仍可在事实上流通或者依法兑换的，则应以假币犯罪而非诈骗罪定罪处罚。经研究，停止某一货币流通，由中国人民银行报经国务院批准后决定并向社会公告。在决定停止流通某一货币之前，通常会有一个5年以上的市场稀释期，在此期间，银行只收不付；在公告决定停止流通之后，通常会有一个半年期的兑换时间，自兑换期结束次日起停止流通。停止流通币不再具有货币的功能，不得进入流通领域，通常也不再兑换。在历次停止流通公告中，目前只有第二套纸分币在停止流通后仍可到指定机构进行兑换，其主要原因是该币市场保有量较大，短期内兑付有难度。所以，我国停止货币流通的程序严格、准备充分，停止流通币的性质清楚、内涵确定，对此类伪造、使用行为以诈骗罪定罪处罚，具有法律和事实依据。

（撰稿：刘为波）

3. 全国法院审理金融犯罪案件工作座谈会纪要（法〔2001〕8号，2001年1月21日发布实施）（节录）

（二）关于破坏金融管理秩序罪

2. 关于假币犯罪

假币犯罪的认定。假币犯罪是一种严重破坏金融管理秩序的犯罪。只要有证据证明行为人实施了出售、购买、运输、使用假币行为，且数额较大，就构成犯罪。伪造货币的，只要实施了伪造行为，不论是否完成全部印制工序，即构成伪造货币罪；对于尚未制造出成品，无法计算伪造、销售假币面额的，或者制造、销售用于伪造货币的版样的，不认定犯罪数额，依据犯罪情节决定刑罚。明知是伪造的货币而持有，数额较大，根据现有证据不能认定行为人是为了进行其他假币犯罪的，以持有假币罪定罪处罚；如果有证据证明其持有的假币已构成其他假币犯罪的，应当以其他假币犯罪定罪处罚。

假币犯罪罪名的确定。假币犯罪案件中犯罪分子实施数个相关行为的，在确定罪名时应把握以下原则：

（1）对同一宗假币实施了法律规定为选择性罪名的行为，应根据行为人所实施的数个行为，按相关罪名刑法规定的排列顺序并列确定罪名，数额不累计计算，不实行数罪并罚。

（2）对不同宗假币实施法律规定为选择性罪名的行为，并列确定罪名，数额按全部假币面额累计计算，不实行数罪并罚。

（3）对同一宗假币实施了刑法没有规定为选择性罪名的数个犯罪行为，择一重罪从重处罚。如伪造货币或者购买假币后使用的，以伪造货币罪或购买假币罪定罪，从重处罚。

（4）对不同宗假币实施了刑法没有规定为选择性罪名的数个犯罪行为，分别定罪，数罪并罚。

出售假币被查获部分的处理。在出售假币时被抓获的，除现场查获的假币应认定为出售假币的犯罪数额外，现场之外在行为人住所或者其他藏匿地查获的假币，亦应认定为出售假币的犯罪数额。但有证据证实后者是行为人有实施其他假币犯罪的除外。

制造或者出售伪造的台币行为的处理。对于伪造台币的，应当以伪造货币罪定罪处罚；出售伪造的台币的，应当以出售假币罪定罪处罚。

（三）典型或常见问题的审理思路

1. 罪与非罪的认定

《刑法》第一百七十条的罪状描述中没有规定构成伪造货币罪的数额标准，但这不等于行为人只要实施了本条规定的伪造货币的行为，就一律构成犯罪。因为我国刑法中的犯罪是社会危害性达到了一定程度的危害行为，《刑法》第十三条规定行为情节显著轻微，危害不大的，不认为是犯罪。伪造货币的行为，如果确实属于情节显著轻微、危害不大的，就不能以犯罪论处。根据《最高人民法院关于审理伪造货币等案件具体应用法律若干问题的解释》的规定，伪造货币的总面额在二千元以上不满三万元或者币量在二百张（枚）以上不足三千张（枚）的，依法《刑法》第一百九十七条规定的第一档量刑幅度追究刑事责任，即伪造货币罪的入罪标准为伪造货币的总面额达到二千元或币量达到二百张（枚）。

2. 既遂与未遂的区分

行为人从准备伪造货币到着手伪造货币，再到成功制造出假币，需要一个相当长的实施过程。只有制造出假币的，才构成本罪的既遂。行为人已着手伪造货币，但在制造出假币之前即被抓获的，属于伪造货币罪的未遂。对于某些情节显著轻微，危害不大的未遂犯，可不认为是犯罪。如虽有伪造货币的犯意和预谋，但实际上只是刚刚购买纸张、油墨等材料或印刷、复印机器时即被抓获的，一般可不作为犯罪处罚，按照《治安管理处罚法》的规定予以行政处罚即可。对于值得作为犯罪处罚的未遂犯，则应当根据刑法关于伪造货币罪的量刑规定和对未遂犯的处理原则，以伪造货币罪（未遂），根据伪造货币的情节，相应地从轻或者减轻处罚。《全国法院审理金融犯罪案件工作座谈会纪要》规定，对于尚未制造出成品，无法计算伪造假币面额的，或者仅制造出用于伪造货币的版样即被抓获的，不认定犯罪数额，依据犯罪情节决定刑罚。

3. 伪造货币罪的共犯问题

行为人与他人事前通谋共同伪造货币，根据分工，在犯罪中负责提供用于伪造货币的版样，采购印刷假币的机器、专用纸张、油墨等物或防伪技术的，属伪造货币罪的共犯。

4. 犯罪数额的计算

伪造的货币不论是在国内市场流通或者兑换的人民币或者是境外货币，货币面额一律以人民币计算。假贵金属纪念币犯罪的数额，以贵金属纪念币的初始发售价格计算。其他货币数额均以案发时国家外汇管理机关公布的外汇牌价折算成人民币。根据《最高人民法院关于审理伪造货币等案件具体应用法律若干问题的解释（二）》第三条第二款的规定，假境外货币犯罪的数额，按照案发当日中国外汇交易中心或者中国人民银行授权机构公布的人民币对该货币的中间价折合成人民币计算，中国外汇交易中心或中国人民银行授权机构未公布汇率中间价的境外货币，按照案发当日境内银行人民币对该货币的中间价折算成人民币，或者该货币在境内银行、国际外汇市场对美元汇率，与人民币对美元汇率中间价进行套算。

（四）量刑指导或参考

依照《刑法》第一百七十条规定，犯伪造货币罪的，处三年以上十年以下有期徒刑，并处罚金；有下列情形之一的，处十年以上有期徒刑或者无期徒刑，并处罚金或者没收财产：(1) 伪造货币集团的首要分子；(2) 伪造货币数额特别巨大的；(3) 有其他特别严重情节的。

关于伪造货币中的“其他特别严重情节”，司法实践中一般认为包括：以暴力抗拒检查、拘留、逮捕，情节严重的；金融、财政人员利用职务之便伪造货币的；属于累犯、惯犯的；伪造货币投放市场后，严重扰乱市场秩序的，等等，需在个案中严格把握。

二、出售、购买、运输假币罪

（一）刑法规定

第一百七十一条第一款 出售、购买伪造的货币或者明知是伪造的货币而运输，数额较大的，处三年以下有期徒刑或者拘役，并处二万元以上二十万元以下罚金；数额巨大的，处三年以上十年以下有期徒刑，并处五万元以上五十万元以下罚金；数额特别巨大的，处十年以上有期徒刑或者无期徒刑，并处五万元以上五十万元以下罚金或者没收财产。

第三款 伪造货币并出售或者运输伪造的货币的，依照本法第一百七十条的规定定罪从重处罚。

（二）司法解释、司法文件

最高人民法院关于审理伪造货币等案件具体应用法律若干问题的解释

（法释〔2000〕26号，自2000年9月14日起施行）（节录）

第二条 行为人购买假币后使用，构成犯罪的，依照刑法第一百七十一条的规定，以购买假币罪定罪，从重处罚。

行为人出售、运输假币构成犯罪，同时有使用假币行为的，依照刑法第一百七十一条、第一百七十二条的规定，实行数罪并罚。

第三条　出售、购买假币或者明知是假币而运输，总面额在四千元以上不满五万元的，属于“数额较大”；总面额在五万元以上不满二十万元的，属于“数额巨大”；总面额在二十万元以上的，属于“数额特别巨大”，依照刑法第一百七十一条第一款的规定定罪处罚。

（三）典型或常见问题的审理思路

1. 区分罪与非罪的界限

（1）行为人是否“明知”。如果行为人因为上当受骗或出于过失不知其所出售、购买或者运输的是伪造的货币，其行为不构成犯罪；（2）数额是否达到较大程度。如果行为人出售、购买或者运输伪造的货币数额未达到较大程度的，即使有其他严重情节也不能以犯罪论处。

2. 区分既遂与未遂的界限

本罪属于行为犯，并不要求有特定结果的发生，因而行为人只要将出售、购买或者运输之行为实施完毕，即可构成既遂。如在运输假币的路途中被抓获，应认定为运输假币罪既遂。由于本罪属选择性罪名，因而行为人只要将其中任何一种行为而不是三种行为实施完毕都可构成既遂。但出售、购买或者运输行为存在一个过程，因此存在行为人因意志以外的因素而未能把行为实施完毕的可能。如行为人在出售或购买伪造货币当中正讨价还价时被抓获的，属于犯罪未遂。因此，不能认为行为人一实施出售、购买或者运输伪造的货币的行为就都构成既遂。

3. 购买假币后持有、使用假币的行为应如何处罚①？

购买假币后并使用，本来是分成购买假币和持有、使用假币两个行为，但是购买假币就是为了使用，使用假币是购买假币当然的后续行为，是将行为人购买假币行为所获利益得以实现的行为，根据刑法理论事后行为不处罚的原则，仅定购买假币罪一罪就可以了。《最高人民法院关于审理伪造货币等案件具体应用法律若干问题的解释》第二条明确规定，“行为人购买假币后使用，构成犯罪的，依照刑法第一百七十一条的规定，以购买假币罪定罪，从

---

① 观点来源：最高人民法院刑事审判第一、二、三、四、五庭编：《刑事审判参考》（1999－2011分类集成），法律出版社2012年版，第135－137页。

重处罚”。对于行为人出售、运输假币构成犯罪，同时又有使用假币行为的，依照《刑法》第一百七十一条、第一百七十二条的规定，就要实行数罪并罚了，这是因为出售、运输假币的行为与行为人使用假币的行为之间并没有必然联系，是相对独立的。

4. 出售假币的数额应当如何认定？

行为人在出售假币时被抓获的，除现场查获的假币应认定为出售假币的数额外，现场之外在行为人住所或者其他藏匿地查获的假币，也应认定为出售假币的数额。

5. 选择性罪名的适用

按照刑法规定，出售、购买、运输假币罪是选择性罪名。司法实践中，查处的这类犯罪，常由一人或者数人在一次犯罪活动中同时实施完成以上出售、购买、运输假币的全部行为。对此，无论行为人实际实施的是以上全部三种行为，还是其中任意一种或者两种行为，均不实行数罪并罚，而只以其实际实施的行为确定罪名，定罪处罚。对不同宗假币实施法律规定为选择性罪名的行为，并列确定罪名，数额按全部假币面额累计计算，不实行数罪并罚。如行为人购买了一部分假币后，又受托替他人运输其他部分假币的行为，应累计其购买和替他人运输的假币数额，作为追究其购买、运输假币罪刑事责任的数额。

（四）疑难、复杂问题的参考性解答

1. 伪造货币后出售或运输伪造的货币的处罚

根据《刑法》第一百七十一条第三款规定，“伪造货币并出售或者运输伪造的货币的，依照本法第一百七十条的规定定罪从重处罚。”因此，伪造货币并出售或者运输同一宗伪造的货币的，只定伪造货币罪一个罪，在《刑法》第一百七十条的法定刑幅度内，从重处罚，不实行数罪并罚。对于伪造货币同时又另外购买、运输或者销售非自己伪造的货币的，则应当以伪造货币罪与出售、购买、运输假币罪，依法实行数罪并罚。

2. 本罪与走私假币罪的界限

本罪与走私假币罪的区别主要在于：（1）侵害的客体不同。前者侵犯的客体是国家的货币管理制度；后者既侵犯了国家海关管理制度，又侵犯了国家的货币管理制度。（2）客观方面也不同。前者表现为在国内出售、购买、

运输假币的行为；后者表现为违反海关法规、逃避海关监管，携带、运输、邮寄假币进出口的行为。

（五）量刑指导或参考

依照《刑法》第一百七十一条第一款规定，犯出售、购买、运输假币罪的，处三年以下有期徒刑或者拘役，并处二万元以上二十万元以下罚金；数额巨大的，处三年以上十年以下有期徒刑，并处五万元以上五十万元以下罚金；数额特别巨大的，处十年以上有期徒刑或者无期徒刑，并处五万元以上五十万元以下罚金或者没收财产。

司法机关在适用《刑法》第一百七十一条规定处罚时，应当注意“数额巨大”“数额特别巨大”两个加重处罚情节的把握。根据《最高人民法院关于审理伪造货币等案件具体应用法律若干问题的解释》第三条的规定，出售、购买假币或者明知是假币而运输，总面额在五万元以上不满二十万元的，属于“数额巨大”；总面额在二十万元以上的，属于“数额特别巨大”。

三、金融工作人员购买假币、以假币换取货币罪

（一）刑法规定

第一百七十一条第二款　银行或者其他金融机构的工作人员购买伪造的货币或者利用职务上的便利，以伪造的货币换取货币的，处三年以上十年以下有期徒刑，并处二万元以上二十万元以下罚金；数额巨大或者有其他严重情节的，处十年以上有期徒刑或者无期徒刑，并处二万元以上二十万元以下罚金或者没收财产；情节较轻的，处三年以下有期徒刑或者拘役，并处或者单处一万元以上十万元以下罚金。

（二）司法解释、司法文件及其权威解读

最高人民法院关于审理伪造货币等案件具体应用法律若干问题的解释

（法释〔2000〕26号，自2000年9月14日起施行）（节录）

第四条　银行或者其他金融机构的工作人员购买假币或者利用职务上的便利，以假币换取货币，总面额在四千元以上不满五万元或者币量在四百张（枚）以上不足五千张（枚）的，处三年以上十年以下有期徒刑，并处二万

元以上二十万元以下罚金；总面额在五万元以上或者币量在五千张（枚）以上或者有其他严重情节的，处十年以上有期徒刑或者无期徒刑，并处二万元以上二十万元以下罚金或者没收财产；总面额不满人民币四千元或者币量不足四百张（枚）或者具有其他情节较轻情形的，处三年以下有期徒刑或者拘役，并处或者单处一万元以上十万元以下罚金。

（三）典型或常见问题的审理思路

1. 本罪犯罪数额的起点

《刑法》第一百七十一条第二款的罪状表述中没有规定构成金融工作人员购买假币、以假币换取货币罪的数额起点，而且本罪的罪状表述中先规定了三年以上十年以下有期徒刑、十年以上有期徒刑或者无期徒刑两档量刑幅度，最后规定了“情节较轻的，处三年以下有期徒刑或者拘役”的第一档量刑幅度，立法本意在于凸显对金融工作人员购买假币、以假币换取真币罪这种特殊主体所实施的犯罪行为的从严惩处，但是并不能得出本罪无数额要求的结论。依照《刑法》总则第十三条的规定，行为“情节显著轻微危害不大的，不认为是犯罪”。设想如果金融工作人员本人或家属在经济生活交往中不慎收取了数百元的假币，为弥补损失，金融工作人员利用职务之便仅将数百元的假币换取真币，此种行为的社会危害性与购买假币后又以假币换取真币的行为当然不可同日而语，一律以犯罪处理追究刑事责任显得处罚过重，所以在司法实践中还是应当把握一个数额起点。考虑到《刑法》第一百七十一条第二款条文已明确规定了本罪“情节较轻”行为的处罚原则，2000 年《最高人民法院关于审理伪造货币等案件具体应用法律若干问题的解释》对本罪构成犯罪的数额起点采取了回避的态度，由司法机关具体掌握。实践中可参照 2010 年《最高人民检察院、公安部关于公安机关管辖的刑事案件立案追诉标准的规定（二）》第二十一条的规定，对于总面额达不到二千元或者币量达不到二百张（枚）的，不认为是犯罪。

2. 本罪选择性罪名如何适用

本罪属于选择性罪名。行为人同时实施前述两种行为的，应以金融工作人员购买假币、以假币换取货币罪追究刑事责任，不实行数罪并罚。但如果行为人购买的假币和利用职务之便以假币换取货币所使用的不是同一宗假币，则应当依法分别定罪，实行数罪并罚。

（四）量刑指导或参考

依照《刑法》第一百七十一条第二款规定，犯金融工作人员购买假币、以假币换取货币罪的，处三年以上十年以下有期徒刑，并处二万元以上二十万元以下罚金；数额巨大或者有其他严重情节的，处十年以上有期徒刑或者无期徒刑，并处二万元以上二十万元以下罚金或者没收财产；情节较轻的，处三年以下有期徒刑或者拘役，并处或者单处一万元以上十万元以下罚金。

司法机关在适用《刑法》第一百七十一条第二款规定处罚时，应当注意以下问题：

1. “数额巨大”的把握

根据《最高人民法院关于审理伪造货币等案件具体应用法律若干问题的解释》第四条的规定，银行或者其他金融机构的工作人员购买假币或者利用职务上的便利，以假币换取货币，总面额在四千元以上不满五万元或者币量在四百张（枚）以上不足五千张（枚）的，处三年以上十年以下有期徒刑，并处二万元以上二十万元以下罚金；总面额在五万元以上或者币量在五千张（枚）以上或者有其他严重情节的，处十年以上有期徒刑或者无期徒刑，并处二万元以上二十万元以下罚金或者没收财产；总面额不满人民币四千元或者币量不足四百张（枚）或者具有其他情节较轻情形的，处三年以下有期徒刑或者拘役，并处或者单处一万元以上十万元以下罚金。

2. “情节较轻”的把握

根据本罪的立案标准和《最高人民法院关于审理伪造货币等案件具体应用法律若干问题的解释》第四条的规定，银行或者其他金融机构的工作人员购买假币或者利用职务上的便利，以假币换取货币，总面额在二千元到四千元之间或币量在二百张（枚）到四百张（枚）之间的情形，应当适用“情节较轻”的法定刑幅度。另外，对于总面额刚刚达到四千元或币量刚超过四百张（枚），但行为人系初犯，且行为被及时发现，尚未造成假币通过银行窗口流入社会等严重后果的，也可以认为是“情节较轻”。

四、持有、使用假币罪

（一）刑法规定

第一百七十二条 明知是伪造的货币而持有、使用，数额较大的，处三年以下有期徒刑或者拘役，并处或者单处一万元以上十万元以下罚金；数额巨大的，处三年以上十年以下有期徒刑，并处二万元以上二十万元以下罚金；数额特别巨大的，处十年以上有期徒刑，并处五万元以上五十万元以下罚金或者没收财产。

（二）司法解释、司法文件及其权威解读

1. **最高人民法院关于审理伪造货币等案件具体应用法律若干问题的解释**（法释〔2000〕26号，自2000年9月14日起施行）（节录）

第五条 明知是假币而持有、使用，总面额在四千元以上不满五万元的，属于“数额较大”；总面额在五万元以上不满二十万元的，属于“数额巨大”；总面额在二十万元以上的，属于“数额特别巨大”，依照刑法第一百七十二条的规定定罪处罚。

2. **最高人民法院关于审理伪造货币等案件具体应用法律若干问题的解释（二）**（法释〔2010〕14号，自2010年11月3日起施行）（节录）

第五条 以使用为目的，伪造停止流通的货币，或者使用伪造的停止流通的货币的，依照刑法第二百六十六条的规定，以诈骗罪定罪处罚。

（三）典型或常见问题的审理思路

1. **认定持有、使用假币罪前，应尽量查证清楚假币的真正来源**

实践中，行为人持有或者使用的假币，其来源不外乎误收，而这种数量不会很大。对于没有达到数额较大不构成犯罪的，可视情况批评教育后没收假币，也可以由公安机关给予行政处罚。再就是走私、制造、购买而得，或者为他人运输等。显然，这几类犯罪的法定刑均较持有、使用假币罪重。为了不使犯罪分子规避法律，逃避应有的惩罚，应当在侦查、起诉和审判环节，尽量设法查证清楚涉案假币的真正来源。只有在有关证据确实无法获取的情况下，才能以本罪认定并处罚行为人。如果有证据证明其持有的假币已构成

其他假币犯罪的，应当以其他假币犯罪定罪处罚。

2. 盗窃假币后持有、使用行为的定性

明知是假币而盗窃的，因假币没有价值和使用价值，不是财物，故不应以盗窃罪处罚，应当根据案件具体情况，以持有、使用、走私、出售、运输假币罪追究其刑事责任；不知是假币而盗窃，窃得假币数额较大的，应当以盗窃罪（未遂）追究刑事责任。这种情况的盗窃未遂，属于刑法理论上的对象不能犯的未遂，具体处罚时应依法从轻或者减轻处罚。

3. 使用伪造的停止流通的货币的处理

按照《最高人民法院关于审理伪造货币等案件具体应用法律若干问题的解释（二）》第五条的规定，使用伪造的停止流通的货币的不构成本罪。符合诈骗罪构成要件的，以诈骗罪定罪处罚。

4. 如何定性以收藏为目的的持有假币？

以单纯收藏为目的而持有假币的行为，是否成立持有假币罪？或者说，应否将“以使用为目的”作为持有假币罪的主观要件？通说认为，由于刑法并没有要求出于使用目的而持有，假币应属于违禁品，禁止个人收藏，行为人收藏数额较大的假币也会破坏货币的公共信用，故只要明知是假币而持有并达到数额较大要求的，就应以持有假币罪论处，但量刑时可以酌情从轻处罚。

（四）量刑指导或参考

依照《刑法》第一百七十二条规定，犯持有、使用假币罪的，处三年以下有期徒刑或者拘役，并处或者单处一万元以上十万元以下罚金；数额巨大的，处三年以上十年以下有期徒刑，并处二万元以上二十万元以下罚金；数额特别巨大的，处十年以上有期徒刑，并处五万元以上五十万元以下罚金或者没收财产。

司法机关在适用本条规定处罚时，应当注意“数额巨大”“数额特别巨大”两个加重处罚情节的把握。根据《最高人民法院关于审理伪造货币等案件具体应用法律若干问题的解释》的规定，明知是假币而持有、使用，总面额在五万元以上不满二十万元的，属于“数额巨大”；总面额在二十万元以上的，属于“数额特别巨大”，依照《刑法》第一百七十二条的规定定罪处罚。

五、变造货币罪

（一）刑法规定

第一百七十三条 变造货币，数额较大的，处三年以下有期徒刑或者拘役，并处或者单处一万元以上十万元以下罚金；数额巨大的，处三年以上十年以下有期徒刑，并处二万元以上二十万元以下罚金。

（二）司法解释、司法文件

1. **最高人民法院关于审理伪造货币等案件具体应用法律若干问题的解释**（法释〔2000〕26号，自2000年9月14日起施行）（节录）

第六条 变造货币的总面额在二千元以上不满三万元的，属于“数额较大”；总面额在三万元以上的，属于“数额巨大”，依照刑法第一百七十三条的规定定罪处罚。

2. **最高人民法院关于审理伪造货币等案件具体应用法律若干问题的解释（二）**（法释〔2010〕14号，自2010年11月3日起施行）（节录）

第一条 仿照真货币的图案、形状、色彩等特征非法制造假币，冒充真币的行为，应当认定为刑法第一百七十条规定的“伪造货币”。

对真货币采用剪贴、挖补、揭层、涂改、移位、重印等方法加工处理，改变真币形态、价值的行为，应当认定为刑法第一百七十三条规定的“变造货币”。

第二条 同时采用伪造和变造手段，制造真伪拼凑货币的行为，依照刑法第一百七十条的规定，以伪造货币罪定罪处罚。

（三）典型或常见问题的审理思路

1. 罪与非罪的认定

对于本罪与非罪的认定，应注意变造货币与残缺、污损货币的区别。残缺、污损货币是指票面撕裂、损缺，或因自然磨损、侵蚀，外观、质地受损，颜色变化，图案不清晰，防伪特征受损，不宜再继续流通使用的货币。对于残缺、污损货币，公众可以向有人民币存取款业务的金融机构进行兑换。如果行为人使用残缺、污损货币，或者为了兑换、使用方便，进行必要的粘贴等行为，不属于变造货币。但是如果行为人对完整的货币或残缺、污损货币进行了变化改造，使其价值发生改变的，则属于拼凑变造，可以构成变造货币罪。行为人变造货币的数额不大的，如剪贴了几张小面额的货币等，不构成犯罪，可以由公安机关处罚。

2. **变造货币罪与伪造货币罪的界限**

这两种犯罪都以货币为犯罪对象，都要求制造加工后的伪币达到足以使一般人误以为真的程度。其最大的区别在于行为方式不同：伪造不以真币为改造对象，而是无中生有，仿照真货币的特征，利用各种手段，制造出足以使人误以为真的假货币；而变造则是在真币的基础上进行加工、改造，使面值、含量改变。对此，《最高人民法院关于审理伪造货币等案件具体应用法律若干问题的解释（二）》规定，仿照真货币的图案、形状、色彩等特征非法制造假币，冒充真币的行为，应当认定为《刑法》第一百七十条规定的“伪造货币”；对真货币采用剪贴、挖补、揭层、涂改、移位、重印等方法加工处理，改变真币形态、价值的行为，应当认定为《刑法》第一百七十三条规定的“变造货币”；如果同时采用伪造和变造手段，制造真伪拼凑货币的行为，以伪造货币罪定罪处罚。

3. **变造货币罪的罪数形态的认定**

从实践来看，由于行为人变造货币往往具有非法牟利的目的，因此，行为人变造货币以后，一般都会继续实施出售、使用、运输等行为。由于出售、使用、运输所变造的货币是变造货币罪的后续行为，应按照变造货币罪一罪定罪处罚。对于他人明知是变造的货币而继续使用且数额较大的行为该如何定性，实践中存在一定争议，因为刑法明确区分了“伪造”和“变造”，而且规定“使用伪造的货币”构成使用假币罪，根据罪刑法定原则，此类行为不能认定为使用假币罪，如果使用变造的货币骗取了数额较大的财物，符合诈骗罪构成要件的，以诈骗罪论处。

（四）量刑指导或参考

依照《刑法》第一百七十三条规定，犯变造货币罪的，处三年以下有期徒刑或者拘役，并处或者单处一万元以上十万元以下罚金；数额巨大的，处三年以上十年以下有期徒刑，并处二万元以上二十万元以下罚金。

司法机关在适用本条规定处罚时，应当注意以下问题：

该条规定的“数额巨大”是加重处罚情节。根据《最高人民法院关于审理伪造货币等案件具体应用法律若干问题的解释》的规定，变造货币的总面额在三万元以上的，属于“数额巨大”，依照《刑法》第一百七十三条的规定定罪处罚。

考虑到本罪须在真币上进行挖补、揭层、涂改等变造行为，因此，一般数量不会很大，成本较伪造货币罪更高，实践中也较易被识破。所以，本罪的刑罚明显轻于伪造货币罪。对于初犯、偶犯，犯罪情节较轻的，也可以单独适用罚金刑。

六、擅自设立金融机构罪

（一）刑法规定

第一百七十四条①**第一款** 未经国家有关主管部门批准，擅自设立商业银行、证券交易所、期货交易所、证券公司、期货经纪公司、保险公司或者其他金融机构的，处三年以下有期徒刑或者拘役，并处或者单处二万元以上二十万元以下罚金；情节严重的，处三年以上十年以下有期徒刑，并处五万元以上五十万元以下罚金。

第三款 单位犯前两款罪的，对单位判处罚金，并对其直接负责的主管人员和其他直接责任人员，依照第一款的规定处罚。

（二）典型或常见问题的审理思路

1. 合法的金融机构擅自设立分支机构的应如何定性

对于合法的金融机构擅自设立分支机构的，需要进行具体分析。如果该分支机构的设立需要国家有关主管部门批准，那么擅自设立该分支机构的，成立本罪；如果该分支机构的设立只需该金融机构内部批准，那么擅自设立该分支机构的，不成立本罪。

---

① 本条系根据1999年12月25日公布的《刑法修正案》第三条修正。1997年《刑法》第一百七十四条规定：“未经中国人民银行批准，擅自设立商业银行或者其他金融机构的，处三年以下有期徒刑或者拘役，并处或者单处二万元以上二十万元以下罚金；情节严重的，处三年以上十年以下有期徒刑，并处五万元以上五十万元以下罚金。伪造、变造、转让商业银行或者其他金融机构经营许可证的，依照前款的规定处罚。单位犯前两款罪的，对单位判处罚金，并对其直接负责的主管人员和其他直接责任人员，依照第一款的规定处罚。”

2. 擅自设立金融机构罪的既遂

擅自设立金融机构，不以开展相应的金融业务活动为前提，亦即，只要擅自设立了金融机构，就属于本罪的既遂。擅自设立金融机构的筹备组织，也属于擅自设立金融机构。

3. 擅自设立金融机构罪的罪数形态

行为人擅自设立金融机构的行为本身即构成擅自设立金融机构罪。如果又利用擅自设立的金融机构，进行了非法吸收公众存款的业务，或者进行集资诈骗，构成刑法规定的其他犯罪的，属于牵连犯，应当择一重罪定罪处罚。如果行为人擅自设立金融机构的目的既包括吸收公众存款，又从事其他金融活动，两者之间并非完全是手段行为与目的行为之间的关系，对此，应实行数罪并罚。如果行为人擅自设立金融机构时，并非为了吸收公众存款，而是为了从事其他金融活动，后来才从事吸收公众存款的活动，对此，不能按牵连犯定罪处罚，而应数罪并罚。

4. 擅自设立金融机构罪与非法吸收公众存款罪的关系

如果行为人擅自设立储蓄所的目的是吸收存款获得资金用于投资，而非以非法占有为目的诈骗钱财，其手段行为是擅自设立金融机构，目的行为是非法吸收公众存款，所以手段行为和目的行为之间构成牵连关系。根据刑法理论对牵连犯从一重罪处的处断规则，擅自设立金融机构罪和非法吸收公众存款罪的法定刑是完全一致的，在这种情况下，以擅自设立金融机构罪定罪处罚能够更完整地评价行为人行为的社会危害性，故应当以擅自设立金融机构罪追究刑事责任。

（三）量刑指导或参考

依照《刑法》第一百七十四条第一款规定，犯擅自设立金融机构罪的，处三年以下有期徒刑或者拘役，并处或者单处二万元以上二十万元以下罚金；情节严重的，处三年以上十年以下有期徒刑，并处五万元以上五十万元以下罚金。依照该条第三款的规定，单位犯本罪的，对单位判处罚金，并对其直接负责的主管人员和其他直接责任人员，依照第一款的规定处罚。

七、伪造、变造、转让金融机构经营许可证、批准文件罪

（一）刑法规定

第一百七十四条第二款[①] 伪造、变造、转让商业银行、证券交易所、期货交易所、证券公司、期货经纪公司、保险公司或者其他金融机构的经营许可证或者批准文件的，依照前款的规定处罚。

第三款 单位犯前两款罪的，对单位判处罚金，并对其直接负责的主管人员和其他直接责任人员，依照第一款的规定处罚。

（二）典型或常见问题的审理思路

1. 罪与非罪的认定

对于行为人伪造、变造或者转让金融机构经营许可证、批准文件，情节显著轻微，危害不大的，如由中国人民银行或其他国家有关主管部门制发的许可证、批准文件在经营中丢失或者损坏，行为人便伪造或者变造了同样的一份予以代替。这种以假充真的行为，不宜按犯罪处理。

2. 本罪的罪数形态问题

行为人伪造或者变造金融机构经营许可证、批准文件后，凭借伪造或者变造的许可证、批准文件又擅自设立金融机构的，虽然实施的是两个独立的行为，但由于只有一个目的，即擅自设立金融机构，伪造或者变造金融机构经营许可证、批准文件的行为只是实现其最终犯罪目的的手段，属于牵连犯罪。由于本罪与擅自设立金融机构罪的法定刑完全相同，应将处罚的重点放在目的行为上，即以擅自设立金融机构罪一罪定罪处罚。

（三）量刑指导或参考

依照《刑法》第一百七十四条第二款规定，犯伪造、变造、转让金融机构经营许可证、批准文件罪的，依照前款的规定处罚，即处三年以下有期徒刑或者拘役，并处或者单处二万元以上二十万元以下罚金；情节严重的，处

---

① 本条经1999年12月25日公布的《刑法修正案》第三条修正。1997年《刑法》第一百七十四条第二款规定：“伪造、变造、转让商业银行或者其他金融机构经营许可证的，依照前款的规定处罚。”

三年以上十年以下有期徒刑，并处五万元以上五十万元以下罚金。

司法机关在适用本条规定处罚时，应当注意“情节严重”的把握。“情节严重”是加重处罚情节，司法实践中，一般是指伪造、变造多张金融机构经营许可证、批准文件，或者造成严重后果的；或者转让金融机构经营许可证、批准文件造成严重后果的等情形。

八、高利转贷罪

（一）刑法规定

第一百七十五条 以转贷牟利为目的，套取金融机构信贷资金高利转贷他人，违法所得数额较大的，处三年以下有期徒刑或者拘役，并处违法所得一倍以上五倍以下罚金；数额巨大的，处三年以上七年以下有期徒刑，并处违法所得一倍以上五倍以下罚金。

单位犯前款罪的，对单位判处罚金，并对其直接负责的主管人员和其他直接责任人员，处三年以下有期徒刑或者拘役。

（二）司法解释、司法文件及其权威解读

1. **最高人民法院关于审理民间借贷案件适用法律若干问题的规定**（法释〔2015〕18号，2015年9月1日实施）

第一条 本规定所称的民间借贷，是指自然人、法人、其他组织之间及其相互之间进行资金融通的行为。

经金融监管部门批准设立的从事贷款业务的金融机构及其分支机构，因发放贷款等相关金融业务引发的纠纷，不适用本规定。

第三十条 出借人与借款人既约定了逾期利率，又约定了违约金或者其他费用，出借人可以选择主张逾期利息、违约金或者其他费用，也可以一并主张，但总计超过年利率24%的部分，人民法院不予支持。

2. **最高人民检察院、公安部关于公安机关管辖的刑事案件立案追诉标准的规定（二）**（公通字〔2010〕23号，2010年5月7日施行）（摘录）

第二十六条 ［高利转贷案（刑法第一百七十五条）］以转贷牟利为目的，套取金融机构信贷资金高利转贷他人，涉嫌下列情形之一的，应予立案追诉：

（一）高利转贷，违法所得数额在十万元以上的；

（二）虽未达到上述数额标准，但两年内因高利转贷受过行政处罚二次以上，又高利转贷的。

（三）典型或常见问题的审理思路

1. 罪与非罪的认定

构成本罪必须是以转贷牟利为目的，套取金融机构的信贷资金。如果行为人确因与他人签订了一份购销合同，急需一笔资金，从银行贷得此款后，因对方违约，不能供货，行为人所贷资金闲置。由于贷款付息必然造成损失，恰好有一企业急需贷款而银行认为其不符合条件不予借贷。于是，行为人以高出银行贷款利息的利率，将原贷闲置资金高利转贷他人。这种行为，由于行为人贷款当时不具有转贷牟利的目的，其高利转贷的行为不宜按本罪处理。

2. 高利转贷罪与贷款诈骗罪的界限

高利转贷罪与贷款诈骗罪的犯罪对象都是信贷资金，都使用了欺骗手段，这是两者的共同之处，其区别在于：（1）犯罪客体不同。高利转贷罪侵犯的是单一客体，即国家对金融信贷资金的管理秩序，但并未直接侵犯财产所有权；而贷款诈骗罪则不同，它侵犯的是复杂客体，不仅包括国家对金融机构贷款的管理秩序，而且包括金融机构的财产所有权。（2）客观特征不同。高利转贷罪在客观方面表现为套取金融机构信贷资金高利转贷他人，违法所得数额较大的行为；而贷款诈骗罪在客观方面则表现为使用虚假手段，骗取金融机构贷款，数额较大的行为。（3）犯罪主体不同。高利转贷罪的主体既包括自然人，也包括单位；而贷款诈骗罪的主体则仅指自然人。（4）主观特征不同。两罪都是直接故意犯罪，但高利转贷罪的行为人必须具有转贷牟利目的，而贷款诈骗罪的行为人则必须具有非法占有的目的。在司法实践中，有些行为人既具有非法占有的目的，同时又通过将所骗取的贷款高利贷款给他人，对这种情况应按贷款诈骗罪定罪处罚。

（四）疑难、复杂问题的参考性解答

1. 套取银行的承兑汇票是否属于套取银行信贷资金？如何认定高利转贷罪中的“高利”标准？①

高利转贷罪客观方面表现为套取金融机构信贷资金，高利转贷他人，违法所得数额较大的行为。凡是将金融机构贷款用于借贷牟取非法收入的行为，均属于套取金融机构信贷资金。虽然银行承兑汇票与银行贷款表现形式不同，借贷关系与票据关系在法律上也有不同之处，但银行承兑汇票是纳入信贷科目管理的，在银行内部的管理模式和性质上是相同的，银行承兑汇票贴现时使用的资金属于银行的信贷资金，票据贴现也是银行借出信贷资金的一种表现形式，因此套取银行承兑汇票然后转让他人进行贴现的实质上属于套取了银行的信贷资金。对于高利转贷罪的“高利”的认定，一般只要高出银行贷款利率即可，具体高出银行贷款利率多少，不影响本罪的成立。认定高利转贷罪时，应将重点放在违法所得上，这是能够真正反映其社会危害性的要件，对于利率标准的掌握不应过于苛严。也就是说，只要违法所得较大，且转贷利率高于银行贷款利率，就应认定为高利转贷罪。

2. 对于行为人在贷款使用过程中，将贷款余额高利转贷他人牟取非法利益的行为，应如何定性？②

定罪的关键在于行为人主观方面的故意内容为何。如果行为人确实将贷款余额高利转贷，在认定上还要结合主观方面分析有无套取信贷资金的行为。如果行为人在申请贷款时，对申请贷款的项目需要资金量有明确的认识，故意借机多报致使申请数额超过实际资金量，而又有将多余资金用于放贷意图的，则符合套取信贷资金的构成条件，是套取信贷资金行为。之后又高利转贷的，可以构成本罪。如果行为人在申请贷款时，按实际资金使用量如实申报的，取得贷款后，由于情况发生变化，实际使用资金额远远少于申请额，利用多余资金高利转贷的，由于不具有以转贷牟利的目的套取金融机构资金的主观意图，所以，虽是高利转贷行为，也不构成本罪，可以按一般金融违法行为处理。

---

① 观点来源：最高人民法院刑事审判第一、二、三、四、五庭编：《刑事审判参考》（1999－2011分类集成），法律出版社2012年版，第158－160页。

② 观点来源：《中华人民共和国刑法案典（中）》，人民法院出版社2016年版，第847页。

（五）量刑指导或参考

依照《刑法》第一百七十五条规定，犯高利转贷罪的，处三年以下有期徒刑或者拘役，并处违法所得一倍以上五倍以下罚金；数额巨大的，处三年以上七年以下有期徒刑，并处违法所得一倍以上五倍以下罚金。单位犯本罪的，对单位判处罚金，并对其直接负责的主管人员和其他直接责任人员，处三年以下有期徒刑或者拘役。

九、骗取贷款、票据承兑、金融票证罪

（一）刑法规定

第一百七十五条之一[①] 以欺骗手段取得银行或者其他金融机构贷款、票据承兑、信用证、保函等，给银行或者其他金融机构造成重大损失的，处三年以下有期徒刑或者拘役，并处或者单处罚金；给银行或者其他金融机构造成特别重大损失或者有其他特别严重情节的，处三年以上七年以下有期徒刑，并处罚金。

单位犯前款罪的，对单位判处罚金，并对其直接负责的主管人员和其他直接责任人员，依照前款的规定处罚。

（二）典型或常见问题的审理思路

1. 罪与非罪的认定

《刑法修正案（十一）》的修正去掉了本罪中关于“有其他严重情节”的规定，明确了本罪是结果犯，构成本罪，必须以“给银行或者其他金融机构

① 本条由2006年6月29日公布的《刑法修正案（六）》第十条增加，2020年12月26日通过的《刑法修正案（十一）》修正。

《刑法修正案（六）》第十条规定，在《刑法》第一百七十五条后增加一条，作为第一百七十五条之一：“以欺骗手段取得银行或者其他金融机构贷款、票据承兑、信用证、保函等，给银行或者其他金融机构造成重大损失或者有其他严重情节的，处三年以下有期徒刑或者拘役，并处或者单处罚金；给银行或者其他金融机构造成特别重大损失或者有其他特别严重情节的，处三年以上七年以下有期徒刑，并处罚金。”

“单位犯前款罪的，对单位判处罚金，并对其直接负责的主管人员和其他直接责任人员，依照前款的规定处罚。”

造成重大损失”为条件，如有关欺骗行为实际并未造成重大损失的，不构成犯罪。

2. 选择性罪名的适用

本罪属选择性罪名。行为人只要实施了骗取贷款、票据承兑、金融票证其中一种行为，就构成本罪；实施了两种以上的行为，仍为一罪，不实行并罚。

（三）疑难、复杂问题的参考性解答

注意本罪与《刑法》第一百九十三条贷款诈骗罪、第一百九十五条信用证诈骗罪的区别

本条所规定的骗取贷款罪，在构成要件上与《刑法》第一百九十三条的贷款诈骗罪、第一百九十五条信用证诈骗罪有很大的区别，构成本罪不要求行为人以“非法占有为目的”，降低了打击这类犯罪的门槛。需要注意的是，不能因此忽视对以非法占有为目的，诈骗银行或者其他金融机构贷款、信用证的行为的打击。对在司法实践中能够认定行为人以“非法占有为目的”的诈骗贷款、信用证的行为，应依照《刑法》第一百九十三条贷款诈骗罪、第一百九十五条信用证诈骗罪追究其刑事责任。且本罪与两罪在法定最高刑上也是不同的，贷款诈骗罪、信用证诈骗罪最高均可以判处无期徒刑，而骗取贷款罪最高法定刑仅为七年有期徒刑。

（四）量刑指导或参考

依照《刑法》第一百七十五条之一的规定，犯骗取贷款、票据承兑、金融票证罪的，处三年以下有期徒刑或者拘役，并处或者单处罚金；给银行或者其他金融机构造成特别重大损失或者有其他特别严重情节的，处三年以上七年以下有期徒刑，并处罚金。单位犯本罪的，对单位判处罚金，并对其直接负责的主管人员和其他直接责任人员，依照前款的规定处罚。

十、非法吸收公众存款罪

（一）刑法规定

第一百七十六条[①] 非法吸收公众存款或者变相吸收公众存款，扰乱金融秩序的，处三年以下有期徒刑或者拘役，并处或者单处罚金；数额巨大或者有其他严重情节的，处三年以上十年以下有期徒刑，并处罚金；数额特别巨大或者有其他特别严重情节的，处十年以上有期徒刑，并处罚金。

单位犯前款罪的，对单位判处罚金，并对其直接负责的主管人员和其他直接责任人员，依照前款的规定处罚。

有前两款行为，在提起公诉前积极退赃退赔，减少损害结果发生的，可以从轻或者减轻处罚。

（二）司法解释、司法文件及其权威解读

1. **最高人民法院关于审理非法集资刑事案件具体应用法律若干问题的解释**（法释〔2022〕5号，自2022年3月1日起施行）（节录）

为依法惩治非法吸收公众存款、集资诈骗等非法集资犯罪活动，根据刑法有关规定，现就审理此类刑事案件具体应用法律的若干问题解释如下：

第一条 违反国家金融管理法律规定，向社会公众（包括单位和个人）吸收资金的行为，同时具备下列四个条件的，除刑法另有规定的以外，应当认定为刑法第一百七十六条规定的“非法吸收公众存款或者变相吸收公众存款”：

（一）未经有关部门依法许可或者借用合法经营的形式吸收资金；

（二）通过网络、媒体、推介会、传单、手机信息等途径向社会公开宣传；

（三）承诺在一定期限内以货币、实物、股权等方式还本付息或者给付

---

① 本条经2020年12月26日《刑法修正案（十一）》进行修正。

1997年《刑法》第一百七十六条规定：“非法吸收公众存款或者变相吸收公众存款，扰乱金融秩序的，处三年以下有期徒刑或者拘役，并处或者单处二万元以上二十万元以下罚金；数额巨大或者有其他严重情节的，处三年以上十年以下有期徒刑，并处五万元以上五十万元以下罚金。单位犯前款罪的，对单位判处罚金，并对其直接负责的主管人员和其他直接责任人员，依照前款的规定处罚。”

回报；

（四）向社会公众即社会不特定对象吸收资金。

未向社会公开宣传，在亲友或者单位内部针对特定对象吸收资金的，不属于非法吸收或者变相吸收公众存款。

第二条　实施下列行为之一，符合本解释第一条第一款规定的条件的，应当依照刑法第一百七十六条的规定，以非法吸收公众存款罪定罪处罚：

（一）不具有房产销售的真实内容或者不以房产销售为主要目的，以返本销售、售后包租、约定回购、销售房产份额等方式非法吸收资金的；

（二）以转让林权并代为管护等方式非法吸收资金的；

（三）以代种植（养殖）、租种植（养殖）、联合种植（养殖）等方式非法吸收资金的；

（四）不具有销售商品、提供服务的真实内容或者不以销售商品、提供服务为主要目的，以商品回购、寄存代售等方式非法吸收资金的；

（五）不具有发行股票、债券的真实内容，以虚假转让股权、发售虚构债券等方式非法吸收资金的；

（六）不具有募集基金的真实内容，以假借境外基金、发售虚构基金等方式非法吸收资金的；

（七）不具有销售保险的真实内容，以假冒保险公司、伪造保险单据等方式非法吸收资金的；

（八）以网络借贷、投资入股、虚拟币交易等方式非法吸收资金的；

（九）以委托理财、融资租赁等方式非法吸收资金的；

（十）以提供“养老服务”、投资“养老项目”、销售“老年产品”等方式非法吸收资金的；

（十一）利用民间“会”“社”等组织非法吸收资金的

（十二）其他非法吸收资金的行为。

第三条　非法吸收或者变相吸收公众存款，具有下列情形之一的，应当依法追究刑事责任：

（一）非法吸收或者变相吸收公众存款数额在100万元以上的；

（二）非法吸收或者变相吸收公众存款对象150人以上的；

（三）非法吸收或者变相吸收公众存款，给存款人造成直接经济损失数额在50万元以上的。

非法吸收或者变相吸收公众存款数额在50万元以上或者给存款人造成直接经济损失数额在25万元以上，同时具有下列情节之一的，应当依法追究刑事责任：

（一）曾因非法集资受过刑事追究的；

（二）二年内曾因非法集资受过行政处罚的；

（三）造成恶劣社会影响或者其他严重后果的。

权威解读

解读《最高人民法院关于审理非法集资刑事案件具体应用法律若干问题的解释》

一、问题的提出

最高人民法院于2010年12月13日公布了《关于审理非法集资刑事案件具体应用法律若干问题的解释》(以下简称本解释)。

二、理解与适用

(一）关于非法集资的概念、特征要件和罪名适用

早在1996年制定的《最高人民法院关于审理诈骗案件具体应用法律若干问题的解释》(已失效）中就规定："'非法集资'是指法人、其他组织或者个人，未经有权机关批准，向社会公众募集资金的行为。"对此，实践中反映，将非法集资的定义落脚在"未经有权机关批准"，存在诸多局限性和不确定性，越来越难以满足新形势下对新型非法集资活动的打击需要。比如，"未经批准"仅适用于法律明确规定应当审批而未经审批的非法融资行为，包括合法借贷、私募基金等在内的合法融资活动无需有关部门批准；获经批准并不一概合法，违法批准、骗取批准的集资行为仍属于非法集资；对于法律已有明确禁止性规定的行为，没有必要考虑是否批准的问题；对于以生产经营、商品销售等形式进行非法集资的行为，是否批准不具有直接判断意义。为科学、准确定义非法集资，确保非法集资定义的包容性和确定性，更好地适应政策法律调整和对于新型非法集资活动的打击需要，本解释第一条第一款从法律要件和实体要件两个方面对非法集资进行了定义，即非法集资是"违反国家金融管理法律规定，向社会公众（包括单位和个人）吸收资金的行为"。需要强调的是，"批准标准"原本就是违法性判断的具体化规定，本解释重新确定"违法性标准"，更多体现的是一种判断标准的理性回归，以此厘清"违法性标准"和"批准标准"的位阶关系，说明未经批准只是违法性判断的一

个方面，违法性包括未经批准但不限于未经批准。

鉴于非法集资犯罪活动的复杂性，为便于实践把握，本解释对非法集资概念的特征要件予以具体细化，明确成立非法集资需同时具备非法性、公开性、利诱性、社会性四个特征：(1) 未经有关部门依法批准或者借用合法经营的形式吸收资金；(2) 通过媒体、推介会、传单、手机短信等途径向社会公开宣传；(3) 承诺在一定期限内以货币、实物、股权等方式还本付息或者给付回报；(4) 向社会公众即社会不特定对象吸收资金。较之于中国人民银行1999年下发的《关于取缔非法金融机构和非法金融业务活动中有关问题的通知》(以下简称《通知》)的相关规定，本解释作出了两处重大修改：一是根据前述关于非法集资定义的修改，将《通知》规定的“未经有关部门依法批准”和“以合法形式掩盖其非法集资的性质”两个要件合并为非法性要件。据此，认定是否非法集资不再要求同时具备“未经有关部门依法批准”和“以合法形式掩盖其非法集资的性质”两个要件。二是增加公开性要件。其主要考虑是，公开宣传与否，是区分非法集资与合法融资的关键所在，也是判断是否向社会公众吸收资金的重要依据。准确理解该四个特征要件，需注意以下几点：

第一，关于非法性特征。非法性特征是指违反国家金融管理法律规定吸收资金，具体表现为未经有关部门依法批准吸收资金和借用合法经营的形式吸收资金两种。其中，“国家金融管理法律规定”包含三个层面的内容：一是金融管理法律规定不是单指某一个具体的法律，而是一个法律体系；二是非法集资违反的是融资管理法律规定，而不能是其他法律规定；三是只有融资管理法律规定明确禁止的吸收资金行为才有违法性。“未经有关部门依法批准”主要表现为以下四种情形：一是未经有关部门批准；二是骗取批准欺诈发行；三是具有主体资格，但具体业务未经批准；四是具有主体资格，但经营行为违法。“借用合法经营的形式吸收资金”的具体表现形式多种多样，实践中应当注意结合本解释第二条以及中国人民银行《关于进一步打击非法集资等活动的通知》等关于非法集资行为方式的规定，根据非法集资的行为实质进行具体认定。

第二，关于公开性特征。公开性特征是指通过媒体、推介会、传单、手机短信等途径向社会公开宣传。首先，公开宣传是公开性的实质，而具体宣传途经可以多种多样。本解释仅列举了通过媒体、推介会、传单、手机短信几种公开宣传途径，主要是考虑到实践中这几个途径比较典型，但这只是例示性的规定，宣传途径并不以此为限，实践中常见的宣传途径还有标语、横幅、宣传册、宣传画、讲座、论坛、研讨会等形式。本解释起草过程中有意见提出，实践中还大量存在口口相传、以人传人的现象，有必要在本解释中特别指出。经研究，口口相传是否属于公开宣传，能否将口口相传的效果归责于集资人，需要根据主客观相一致的原则进行具体分析，区别对待，故本解释未对此专门作出规定。对于通过口口相传进行宣传的行为，实践中可以结合“集资人”对此是否知情、对此态度如何，有无具体参与、是否设法加以阻止等主客观因素，认定是否符合公开性特征要件。其次，公开宣传不限于虚假宣传。实践中的非法集资活动通常会以实体公司的名义进行虚假宣传，蒙骗群众。但是，非法集资的本质在于违反规定向社会公众吸收资金，即使未采取欺骗手段进行虚假宣传，但因其风险控制和承担能力有限，且缺乏有力的内外部监管，社会公众的利益难以得到切实保障，法律仍有干预之必要。故此，尽管非法集资往往都有欺骗性，但欺骗性不属于非法集资的必备要件。

第三，关于利诱性特征。利诱性特征是指集资人向集资群众承诺在一定期限内以货币、实物、股权等方式还本付息或者给付回报。利诱性特征包含有偿性和承诺性两个方面内容。首先，非法集资是有偿集资，对于非经济领域的公益性集资，不宜纳入非法集资的范畴；其次，非法集资具有承诺性，即不是现时给付回报，而是承诺将来给付回报。回报的方式，既包括固定回报，也包括非固定回报；给付回报的形式，除货币之外，还有实物、消费、股权等形式；具体给付回报名义，除了较为常见的利息、分红之外，还有所谓的“工资”“奖金”“销售提成”等。

第四，关于社会性特征。社会性特征是指向社会公众即社会不特定对象吸收资金。社会性是非法集资的本质特征，禁止非法集资的重要目的在于保护公众投资者的利益。社会性特征包含两个层面的内容。一是指向对象的广泛性；二是指向对象的不特定性。对于社会性特征的具体认定，除了结合上述公开性特征进行分析之外，还需要注意从以下两个方面进行具体判断：一是集资参与人的抗风险能力。生活中有很多种划分人群的标准，比如年龄、性别、职业、肤色、党派、宗教信仰等，但这些分类标准与非法集资中的社会公众的认定并无关系。法律干预非法集资的主要原因是社会公众缺乏投资知识，且难以承受损失风险。集资对象是否特定，应当以此为基础进行分析判断。二是集资行为的社会辐射力。对象是否特定，既要求集资人的主观意图是特定的，通常还要求其具体实施的行为是可控的。如果集资人所实施行为的辐射面连集资人自己都难以预料、控制，或者在蔓延至社会后听之任之，不设法加以阻止的，同样应当认定为向社会不特定对象进行非法集资。此外，本解释起草过程中有意见指出，一些集资行为的对象既有不特定的自然人，又有公司、企业等单位，"社会公众"是否包括公司、企业等单位，实践中存在理解分歧。经研究，这里的"社会公众"，不宜作为一个日常生活用语来理解。在法律上，自然人和单位均属于民商事行为的主体，具有平等的法律地位，单位同样可以成为非法集资的对象，以单位为对象的集资同样应当计入集资数额，故本解释明确，社会公众包括单位和个人。

同时，鉴于实践中对于非法集资犯罪如何具体适用罪名存在疑问，本解释规定："除刑法另有规定的以外，应当认定为刑法第一百七十六条规定的'非法吸收公众存款或者变相吸收公众存款'"。根据该规定并结合本解释第七条、第八条第二款规定以及实践做法，《刑法》中涉及非法集资犯罪的罪名共计七个，分别是《刑法》第一百六十条规定的欺诈发行股票、债券罪，第一百七十四条第一款规定的擅自设立金融机构罪，第一百七十六条规定的非法吸收公众存款罪，第一百七十九条规定的擅自发行股票、公司、企业债券罪，第一百九十二条规定的集资诈骗罪，第二百二十四条第一款规定的组织、领导传销活动罪以及《刑法》第二百二十五条规定的非法经营罪。其中，擅自设立金融机构（商业银行）可以视为非法集资的准备行为，或者说是广义上的非法集资行为；非法吸收公众存款，欺诈发行股票、债券，擅自发行股票、债券，组织、领导传销活动，非法证券、基金当中的非法经营五个罪名属于刑法上处理非法集资犯罪的主体罪名；在五个主体罪名中，非法吸收公众存款罪具有基础性意义，属于非法集资犯罪的一般法规定，其他四个罪名则属特别法规定；集资诈骗罪是非法集资犯罪的加重罪名。

（二）关于非法吸收公众存款的具体行为方式及其界定

发生在不同领域、不同行业的非法吸收公众存款特别是变相吸收公众存款行为手法隐蔽，各具特点，且涉及诸多专业性知识。为便于实践把握，经对各种多发易发的非法吸收公众存款行为进行甄别分类，并结合具体发生领域和行为特征，本解释第二条列举了十一种应以非法吸收公众存款罪定罪处罚的具体情形。准确理解和适用本条规定，需要注意以下几点：

1. 上述列举的诸种情形重在揭示非法吸收公众存款的行为方式，在表述上未必全面完整。实践当中，仍需根据本解释第一条关于非法集资的概念和四个特征要件进行具体认定。为此，本解释特别强调，“实施下列行为之一，符合本解释第一条第一款规定的条件的”，才应当依法以非法吸收公众存款罪定罪处罚。

2. 吸收公众存款行为属于融资行为。生产经营、商品交易活动也向社会公开出售商品获取资金，但购买者支付价款即可获得商品或者服务作为对价，《合同法》《产品质量法》以及《消费者权益保护法》对此即可提供充分保护。融投资行为则不同，资金提供者以获取未来收益为目的，并无实质意义的商品或者服务作为对价，加之信息不对称等因素，蕴藏着巨大的风险，所以法律从信息披露、准入条件、审批程序等方面规定了诸多监管措施。区分界定正常经营活动与变相吸收公众存款行为，必须由此入手，关键在于两个方面：一是有无真实的商品或者服务内容；二是是否以未来的回报为目的。基于此，本解释第二条第（五）项对“不具有销售商品、提供服务的真实内容或者不以销售商品、提供服务为主要目的”予以了特别强调。

3. 非法吸收公众存款罪属于破坏金融管理秩序罪，非法吸收公众存款罪的认定依据必须是融资管理法律规定，而不能是其他法律规定。对于其他法律规定的违反，在一定情况下对于判断是否违反融资管理规定具有一定的参考意义，但不能以对其他法律规定的违法性判断替代融资管理规定的违法性判断。以本解释第二条第（一）项规定为例，《商品房销售管理办法》规定，商品房预售实行预售许可制度；房地产开发企业不得采取返本销售或者变相返本销售的方式销售商品房，不得采取售后包租或者变相售后包租的方式销售未竣工商品房；商品住宅按套销售，不得分割拆零销售。但是，违反这些规定的房产销售行为并不直接意味着就是非法集资，只有实质上实施了向社会公众融资的行为，而又未依法履行相关融资法律程序的，才具有非法集资所要求的非法性。

4. 为了防止挂一漏万，本解释规定了一个兜底条款，即第二条第（十一）项关于“其他非法吸收资金的行为”的规定。需要强调的是，并非所有的融资行为均受融资管理法律规定调控，只有融资管理法律规定明确禁止的吸收资金行为才有违法性，实践中应注意避免不当地扩大理解。比如，民间借贷、私募基金等虽然也体现为吸收资金，并且往往也约定回报，但不属于公开地向社会公众吸收资金，因而并不违法。即便约定高额利息，也只是超出规定部分的利息不受法律保护而已，不能据此将之认定为非法集资。

（三）关于非法吸收公众存款罪的定罪量刑标准

针对实践中对于非法吸收公众存款罪的定罪和量刑情节认定标准掌握不统一的问题，本解释第三条区分个人犯罪和单位犯罪，分别从吸收公众存款数额、吸收公众存款的人数以及经济损失数额三个方面作出了具体规定。具体适用本条规定时，应当注意以下几个问题：

1. 关于区分个人犯罪和单位犯罪分别规定不同的定罪量刑标准。本解释起草过程中有意见提出，区分个人和单位规定不同的定罪量刑标准，未能体现法刑罚平等的精神，而且，是个人犯罪还是单位犯罪实践中往往很难区分，建议不作区分，实行统一的定罪量刑标准。经研究，实践中单位可能和实际吸收公众存款的数额远远高于个人，实行不同的定罪量刑标准更为符合客观实际，有利于体现刑法的谦抑性要求，也有利于确保实质平等。对于以单位名义实施的非法吸收公众存款犯罪行为，根据《最高人民法院关于审理单位犯罪案件具体应用法律有关问题的解释》规定：为违法犯罪活动而设立的单位实施犯罪；单位设立后以实施犯罪为主要活动以及盗用单位名义实施犯罪，违法所得由个人私分的，均应以个人犯罪处理，故不存在放纵罪犯的问题。

2. 关于非法吸收公众存款的数额计算。本解释规定："非法吸收或者变相吸收公众存款的数额，以行为人所吸收的资金全额计算。案发前后已归还的数额，可以作为量刑情节酌情考虑。"起草过程中有意见认为，将已归还资金在非法吸收公众存款的数额计算中予以扣除，更有利于控制刑事打击面和取得更好的社会效果。经研究，非法吸收公众存款不属于占有型犯罪，也不属于结果犯，将已归还数额计入犯罪数额可以更为全面客观地反映非法吸收公众存款的资金规模，更准确地判断其社会危害性的轻重程度。至于打击面的控制问题，可以通过本条第四款的规定来解决。此外，实践中还需注意，吸收公众存款的数额应为实际吸收的金额，约定的利息不应计入犯罪数额。比如，对于实际吸收资金 80 万元，约定利息 20 万元，登记吸收资金 100 万元的，应当实事求是地认定吸收存款 80 万元。

3. 关于人数的理解。在 2001 年《全国法院审理金融犯罪案件工作座谈会纪要》的规定中采用的计算依据是"户"。实践中普遍反映，"户"的概念不够明确也很难统计，为便于实践理解和操作，本解释现修改为"人"。需要注意的是，首先，“人”不同于“人次”，对于一人多次的情形不得重复计算；其次，实践中大量存在“人传人”等多层次的情形，对此，一般应当将不同层次的人累加计算。

4. 关于从宽处罚。考虑到我国融投资渠道的现状、中小企业和农村经济的发展需要以及社会稳定等多方面因素，为依法贯彻宽严相济刑事政策，确保刑事打击重点，本解释第三条第四款①规定：“非法吸收或者变相吸收公众存款，主要用于正常的生产经营活动，能够及时清退所吸收资金，可以免予刑事处罚；情节显著轻微的，不作为犯罪处理。”起草过程中有意见认为，应对免予刑事处罚的情形加以数额限制，对于数额巨大的，不得免予刑事处罚。经研究，非法吸收公众存款刑事案件有其特殊性：一是犯罪数额往往很大，如设定数额限制，本款规定在实践中将可能毫无意义；二是非法吸存犯罪的危害性主要体现在不能归还所吸收资金及由此引发的社会稳定问题，故未采纳。

（四）关于集资诈骗罪中“非法占有目的”要件的认定

非法占有目的是成立集资诈骗罪的法定要件，是区分集资诈骗罪与其他非法集资犯罪的关键所在，同时又是集资诈骗罪司法认定当中的难点。为此，本解释第四条在《最高人民法院关于审理诈骗案件具体应用法律的若干问题的解释》《全国法院审理金融犯罪案件工作座谈会纪要》等相关规定的基础上，结合当前审判工作实际规定了七种可以认定为“以非法占有为目的”的具体情形。适用本条规定时，应注意以下几个问题：

1. 非法占有目的的认定原则。认定是否具有非法占有为目的，应当坚持主客观相一致的原则，既要避免以诈骗方法的认定替代非法占有目的的认定，又要避免单纯根据损失结果客观归罪，同时也不能仅凭行为人自己的供述，而是应当根据案件具体情况具体分析。对于因经营不善、市场风险等意志以外的原因，造成较大数额的集资款不能返还的，不应当认定为集资诈骗罪；对于行为人使用诈骗方法非法集资，具有本解释规定情形之一，致使数额较大集资款不能返还或者逃避返还，即使行为人不予供认的，也可以认定为集资诈骗罪。

2. “明知没有归还能力”的理解。鉴于实践中反映《全国法院审理金融

---

① 新修正的解释中已无该款规定。

犯罪案件工作座谈会纪要》规定中的“明知没有归还能力”不易掌握，本解释第四要第（一）项将之修改规定为“集资后不用于生产经营活动或者用于生产经营活动与筹集资金规模明显不成比例”，故该项规定实际上是对“明知没有归还能力”的具体化。对于本项规定中的“生产经营活动与筹集资金规模明显不成比例”，起草过程中有意见指出该表述不够明确，操作上仍有困难，建议修改为“仅将少量资金（或者小部分资金）用于生产经营活动”。经研究，实践中的情况较为复杂，修改建议的表述较为具体，更为便于实践操作，但过于绝对；现在的表述稍显原则，但将集资规模与生产规模联系起来，通过比例关系进行分析判断更具科学性和包容性。此外，另有意见提出，将后期所集资金主要用于支付前期本金和高额回报的情形，可以直接推定为以非法占有为目的。经研究，“以新还旧”“以后还前”确实可以初步断定最终不具有归还能力，但其不具有归还能力的根本原因不在于是否支付本息，而是没有具体的生产经营活动，对此，完全可以适用本项规定认定为以非法占有为目的。同时，支付本息是非法集资的一个基本特征，从一定意义上说，按期支付本金和高额回报反而有可能说明行为人主观上没有非法占有目的，为了防止不必要的误解，故未采纳。

3. “肆意挥霍”的理解。首先，这里有一个“度”的把握问题。行为人将大部分资金用于投资或生产经营活动，而将少量资金用于个人消费或挥霍的，不应仅以此认定具有非法占有的目的。这也是本解释强调“肆意”二字的本意所在。其次，“挥霍”通常指的是消费性支出。实践中存在一些“挥霍性投资”的情形，对此需要具体情况具体分析。如行为人仅将投资行为作为对外宣传等行骗手段，投资行为纯属消耗性的，行为人也不指望从该投资行为获取收益的，可以视为“挥霍”。

4. “携带集资款逃匿”的理解。首先，逃匿包含逃跑和藏匿的双重含义。以往司法文件中均表述为“逃跑”，本解释现修改为“逃匿”，意在突出行为人逃避刑事追究的一面，避免不加区分地将各种逃跑的情形一概作集资诈骗处理。其次，逃匿必须与携款联系起来进行综合分析。逃匿可能出于躲债、筹资等多种原因，只有携款潜逃的，才足以说明行为人具有拒绝返还集资款的主观目的。

5. “将集资款用于违法犯罪活动”的理解。本解释起草过程中有意见指出，“用于违法犯罪活动”与非法占有目的没有必然联系，建议删去。经研究，将“用于违法犯罪活动”作为认定非法占有目的的一种情形，主要是基于政策考虑所作出的一种法律上的拟制，以体现从严打击的需要，故未采纳。此外，有意见建议增加从事高风险行业的情形，与用于违法犯罪活动一并规定。我们认为，风险高低取决于多方面因素，不易泛泛而谈，故未采纳。

6. “拒不交代资金去向”的理解。鉴于实践中行为人拒不交代资金去向的情形较为突出，此种情形已经明显反映出非法占有的主观故意，为了从严打击此类犯罪分子，尽可能地挽回集资群众的经济损失，故本解释增加规定了这一情形。

此外，考虑到非法集资犯罪活动往往时间较长，犯罪分子在非法集资之初不一定具有非法占有目的；非法集资犯罪活动参与实施人员众多，部分共犯不一定具有非法占有目的的犯意联络，为避免客观归罪，本解释第四条第三款明确：“集资诈骗罪中的非法占有目的，应当区分情形进行具体认定。行为人部分非法集资行为具有非法占有目的的，对该部分非法集资行为所涉集资款以集资诈骗罪定罪处罚；非法集资共同犯罪中部分行为人具有非法占有目的，其他行为人没有非法占有集资款的共同故意和行为的，对具有非法占有目的的行为人以集资诈骗罪定罪处罚。”据此，对于非法占有目的产生于非法集资过程当中的，应当只对非法占有目的支配下实施的非法集资犯罪以集资诈骗罪处理，对于之前实施的行为，应以其他非法集资犯罪处理，实行数罪并罚；对于共同非法集资犯罪案件，应当只对具有非法占有目的的犯罪人以集资诈骗罪处理；对于不具有非法占有目的犯意联络的犯罪人，应对其参与实施的全部事实以其他非法集资犯罪处理。

（五）关于集资诈骗罪的定罪量刑标准

为准确适用刑罚有效打击集资诈骗犯罪，本解释第五条区分个人犯罪和单位犯罪对集资诈骗罪中的“数额较大”“数额巨大”“数额特别巨大”三个量刑情节的数额标准分别作出了规定。对于数额较大的起点，本解释起草过程中存在两种不同意见：一种意见主张降低集资诈骗罪数额较大的起点标准，理由是：与其他诈骗的数额标准协调平衡；有利于司法机关及早介入，“打早打小”。另一种意见主张调高数额较大的起点标准，理由是：多数集资诈骗犯罪属于单位犯罪，有一定的生产经营规模；有利于重点打击严重犯罪，控制打击面。经研究，确定入罪门槛，既要考虑与其他诈骗犯罪的平衡，更要考虑与非诈骗类集资犯罪如非法吸存罪的内在平衡。鉴于当前集资诈骗案件动辄数百上千万元、数亿元的也不在少数这一实际情况，降低追诉标准所希望的“打早打小”的初衷能否如愿，会不会因标准降低而导致罪刑失衡，均不无疑问，同时考虑到上调的空间已经极为有限，故两种意见均未采纳。

同时，考虑到实践中在集资诈骗数额的具体认定上存在各种意见分歧，本解释明确：“集资诈骗的数额以行为人实际骗取的数额计算，案发前已归还的数额应予扣除。行为人为实施集资诈骗活动而支付的广告费、中介费、手续费、回扣，或者用于行贿、赠与等费用，不予扣除。行为人为实施集资诈骗活动而支付的利息，除本金未归还可予折抵本金以外，应当计入诈骗数额。”具体适用本规定，需注意以下两个问题：

第一，诈骗数额的理解。实践中在该问题上存在多种理解：一种意见认为诈骗数额是指犯罪行为获取的全部数额；另一种意见认为诈骗数额包括犯罪行为所指向的数额。我们认为，该两种意见均存在偏颇。集资诈骗罪属于目的犯，应当从非法占有目的实现的角度来认定诈骗数额。司法实践中，非法集资的规模或者非法集资的标的数额可以作为量刑情节适当予以考虑，但是，“诈骗数额”应以行为人实际骗取的数额计算。据此，集资诈骗犯罪当中已返还部分不应计入诈骗数额。

第二，利息的计算。本解释起草过程中对于计算诈骗数额时利息是否扣除及如何扣除存在不同意见。经研究，与返还本金不同，支付利息本质上属于对其实际骗取资金的处分，而且，利息是否计入诈骗数额还涉及赃款的认定、追缴以及其他受害人的公平受偿问题，故原则上应当计入诈骗数额。同时规定“本金未归还可予折抵本金”，主要是出于实践可操作性和避免矛盾激化的考虑。因为，集资诈骗案发后能够追回的案款毕竟有限，很难要求本金尚未得到偿付的集资群众先将利息退出后再按比例统一偿付。而且，实践中支付本金时往往已经扣除了利息部分，比如，名义上支付了100万元的本金，扣除高息20万元，仅实际支付80万元，对此实事求是地认定本金80万元也更为可取。

（六）关于擅自发行股票、公司、企业债券行为的具体理解

实践中对于《刑法》第一百七十九条规定的“擅自发行股票、公司、企业债券”的具体行为方式存在理解分歧，对于以转让股权等形式变相发行股票、债券是否属于擅自发行股票、债券行为以及应以何种罪名进行定罪处罚存在顾虑。经研究，《证券法》《国务院办公厅关于严厉打击非法发行股票和

非法经营证券业务有关问题的通知》等对此类行为的性质认定已有明确规定。比如，《证券法》第十条规定，公开发行证券必须符合法律、行政法规规定的条件，并依法报经国务院证券监督管理机构或者国务院授权的部门核准；未经依法核准任何单位和个人不得公开发行证券；向不特定对象发行证券或者向特定对象发行证券累计超过200人的属于公开发行。《国务院办公厅关于严厉打击非法发行股票和非法经营证券业务有关问题的通知》第三条进一步明确，向特定对象发行股票后股东累计不超过200人的为非公开发行，非公开发行股票及其股权转让，不得采用广告、公告、广播、电话、传真、信函、推介会、说明会、网络、短信、公开劝诱等公开方式或变相公开方式向社会公众发行；严禁任何公司股东自行或委托他人以公开方式向社会公众转让股票；向特定对象转让股票，未依法报经证监会核准的，转让后，公司股东累计不得超过200人。据此，本解释第十条规定，未经国家有关主管部门批准实施下述三种行为，均应认定为《刑法》第一百七十九条规定的擅自发行股票、公司、企业债券行为；构成犯罪的，以擅自发行股票、公司、企业债券罪定罪处罚：(1) 向社会不特定对象发行股票或者公司、企业债券；(2) 向社会不特定对象以转让股权等方式变相发行股票或者公司、企业债券；(3) 向特定对象发行、变相发行股票或者公司、企业债券累计超过200人的。

具体适用本条规定时，应注意与本解释第二条第（五）项规定的区分。两者的不同之处在于是否真实发行股票或者债券。本条规定仅适用于违法但真实发行股票、债券的情形，对于不具有发行股票、债券的真实内容，以虚假转让股权、发售虚构债券等方式非法吸收资金，构成犯罪的，应以非法吸收公众存款罪定罪处罚。

此外，本解释起草过程中还对中介机构非法经营证券业务的定性处理问题进行了研究，形成了以下倾向性意见：中介机构违反国家规定代理买卖非上市公司股票，情节严重的，依照《刑法》第二百二十五条的规定，以非法经营罪定罪处罚；非上市公司和中介机构共谋擅自发行股票，同时构成《刑法》第一百七十九条和第二百二十五条规定的犯罪的，以处罚较重的犯罪的共犯论处。鉴于该问题在讨论当中意见分歧较大，且不属于本解释重点解决问题，故未作出规定。司法实践中遇到此类问题，可以参照《最高人民法院、最高人民检察院、公安部、中国证券监督管理委员会关于整治非法证券活动有关问题的通知》的相关规定依法处理。

（七）关于非法擅自募集基金行为的定性处理

非法发售基金份额募集基金是当前非法集资的又一常见手段。对此，《证券投资基金法》第三十六条、第八十五条规定，基金管理人依照本法发售基金份额，募集基金，应当向国务院证券监督管理机构提交相关文件，并经国务院证券监督管理机构核准；未经国务院证券监督管理机构核准，擅自募集基金，构成犯罪的，依法追究刑事责任。据此，本解释第十一条明确规定："违反国家规定，未经依法核准擅自发行基金份额募集基金，情节严重的，依照刑法第二百二十五条的规定，以非法经营罪定罪处罚。"需要注意的是，根据相关法律规定，本条规定所称"基金"目前仅指证券投资基金（公募基金）。本解释未直接写明"证券投资基金"，主要是出于两方面考虑：一是本条规定明确了"违反国家规定"这一非法性要件，不会出现不当扩大打击面的问题；二是其他类别的基金目前没有法律规制，并不意味着将来不会立法规制，使用"基金"一词更具开放性和前瞻性。此外，适用本条规定时需注意与本解释第二条第（六）项规定的区分。对于不具有募集基金的真实内容，以假借境外基金、发售虚构基金等方式非法向社会公众吸收资金，构成犯罪的，应以非法吸收公众存款罪定罪处罚。

（八）关于非法集资活动当中虚假广告行为的性质认定和处罚标准

虚假广告在非法集资犯罪活动中起着重要的推波助澜作用。为使广大群众上当受骗，非法集资犯罪分子往往在社会宣传上不遗余力、不惜血本，通过媒体广告、明星代言、散发传单、内部刊物、口口相传、人物专访、举办研讨会、讲座、免费旅游、公益捐赠等各种或明或暗的方式，大肆宣传、虚张声势、制造假象。为依法打击非法集资犯罪背后的虚假广告行为，发挥刑事司法的教育和震慑作用，净化社会环境、营造良好的社会氛围，本解释第八条对非法集资犯罪活动中的虚假广告行为的定罪标准以及违法宣传当中的共犯处理作出了明确规定。

1. 关于虚假广告罪的定罪量刑标准。本解释第十二条第一款规定，广告经营者、广告发布者违反国家规定，利用广告为非法集资活动相关的商品或者服务作虚假宣传，具有下列情形之一的，依照《刑法》第二百二十二条的规定，以虚假广告罪定罪处罚：（1）违法所得数额在十万元以上的；（2）造成严重危害后果或者恶劣社会影响的；（3）二年内利用广告作虚假宣传，受过行政处罚二次以上的；（4）其他情节严重的情形。具体适用本款规定时，应注意以下几个问题：

第一，虚假广告罪犯罪主体的范围。本解释起草过程中有意见提出，虚假广告罪的主体除了广告经营者、广告发布者之外，还有广告主，不应将广告主排除出去；如广告主同时构成非法集资犯罪的，可根据牵连犯的处断原则处理。经研究，几乎所有的非法集资犯罪都存在虚假广告的问题，如将广告主即非法集资犯罪分子纳入虚假广告罪的犯罪主体，会给案件处理带来很大负担；规定非法集资犯罪分子构成虚假广告罪没有实质性意义，虚假广告罪只是一个2年刑期以下的轻罪，而非法集资犯罪的刑罚明显要重得多，为突出本款规定的政策意图和打击重点，故未采纳该意见。

第二，情节严重的认定。虚假广告罪是情节犯，只有情节严重的虚假广告行为才构成犯罪。对此，《最高人民检察院、公安部关于公安机关管辖的刑事案件立案追诉标准的规定（二）》（以下简称《追诉标准二》）第七十五条规定了六种情节严重的情形，分别是：（1）违法所得数额在十万元以上的；（2）给单个消费者造成直接经济损失数额在五万元以上的，或者给多个消费者造成直接经济损失数额累计在二十万元以上的；（3）假借预防、控制突发事件的名义，利用广告作虚假宣传，致使多人上当受骗，违法所得数额在3万元以上的；（4）虽未达到上述数额标准，但两年内因利用广告作虚假宣传，受过行政处罚二次以上，又利用广告作虚假宣传的；（5）造成人身伤残的；（6）其他情节严重的情形。本解释仅规定了四种情节严重的情形，尽管两者在表述上有一定的出入，但基本内容相同，之所以未完全沿用《追诉标准二》的表述，主要是出于下述考虑：（1）非法集资犯罪案件具有一定的特殊性，集中表现为入罪门槛较高，危害后果通常由多种因素综合导致，故对《追诉标准二》第（二）项、第（四）项、第（五）项规定的内容采取了较为模糊的表述方式，即造成严重危害后果或者恶劣社会影响，而情节的具体认定则留给司法机关根据个案情况进行综合判定，以免出现集资行为人依法不构成犯罪，而广告经营者、发布者却构成虚假广告罪的不合理现象。尽管如此，《追诉标准二》确立的认定思路应予坚持，在认定危害后果时应主要从经济损失和人身伤亡等方面去判断；在认定影响恶劣时应主要从特定环境、犯罪形势、集资规模等方面去判断。（2）虚假广告行为情节是否严重，行为人的违法所得数额和被害人经济损失数额固然是重要的判断方面，但必须注意到，虚假广告罪是情节犯而非结果犯，不能仅从危害结果来判断是否构成犯罪，故本解释保留了“其他情节严重的情形”这一兜底条款。对于该条款，实践中可以从虚假广告在媒体上发布所持续的时间，虚假广告在媒体播出的频率，虚假广告投放媒体的数量以及虚假广告内容的欺骗程度等方面进行判断。

此外，对于本解释第十二条第一款第（三）项关于“二年内利用广告作虚假宣传，受过行政处罚二次以上”的规定，本解释起草过程中有意见指出该项规定有违“一事不再理”的处理原则。经研究，犯罪情节包括客观行为和主观恶性两个方面的内容，该项规定的核心意思是根据以前的违法行为及处罚情况判断行为人的人身危险性和再犯可能性等，其处罚的对象是新发生的行为，而非对以前处罚的过的行为再次处罚，故该规定并不违反“一事不再理”原则。

2. 非法集资犯罪的共犯处理。本解释第十二条第二款规定，明知他人从事欺诈发行证券，非法吸收公众存款，擅自发行股票、公司、企业债券，集资诈骗或者组织、领导传销活动等集资犯罪活动，为其提供广告等宣传的，以相关犯罪的共犯论处。适用本款规定时，应注意与前述虚假广告罪的区分。具体言之，主要有以下三个方面：首先，明知内容不同。虚假集资广告犯罪中的明知，是指明知非法集资所依托的商品或者服务存在虚假信息；集资犯罪共犯的明知，是指明知他人正在实施集资犯罪活动。其次，宣传方式不同。虚假集资广告犯罪以违反广告法规定为前提，仅指通过商业广告进行虚假宣传的行为；集资犯罪的共犯的宣传方式则不受任何限制，既可以是商业广告，也可以是其他形式的广告，既可以是广告宣传，也可以是其他形式的宣传。最后，信息内容不同。虚假集资广告犯罪必须以信息虚假为前提；集资犯罪的共犯侧重于违法宣传，不以信息虚假为条件。

起草过程中有意见认为除了宣传类的共犯之外，实践中还有其他形式的共犯，建议在上述共犯规定之外，对集资犯罪的共犯问题作出一般性的规定。本解释未采纳该意见，主要有以下方面的考虑：（1）集资犯罪多以单位名义实施，参与人员众多，为贯彻宽严相济刑事政策，有必要严格控制打击面，本着严惩首恶、教育胁从的处理原则，对于积极参加人员的打击需要严格掌握，对外部帮助人员则一般不应追究；（2）实践中对于同一起集资犯罪案件往往区分犯罪人的主观方面、主体身份而适用不同的罪名，比如，区分是否具有非法占有目的而分别适用集资诈骗罪和非法吸收公众存款罪；（3）根据《刑法》和以往司法解释的规定，共犯行为主要表现为提供资金、场所等，而集资犯罪案件有其特殊性，被害人同时也是资金提供者，其中对于非法集资行为的性质存在主观认识的不乏其人，而且，被害人与行为人经常交错重叠，先是自己获利继而提供帮助的以及先是自己被骗继而去骗其他人的不在少数，此类人员通常不宜作为共犯处理。

最后，本解释起草过程中还讨论了广告代言人的刑事处罚问题。一种意见认为，从立法精神、实践需要以及国外做法来看，均应将广告代言人纳入虚假广告罪的犯罪主体范围。经研究，基于当前法律规定，将广告代言人解释为虚假广告罪的犯罪主体尚有立法障碍，理由如下：（1）对于虚假广告罪的犯罪主体，《刑法》采取的是列明式规定，仅限于广告主、广告经营者和广告发布者三者。（2）虚假广告罪属于行政犯，成立虚假广告罪应以行政违法为前提。《广告法》仅规定了社会团体或者其他组织在虚假广告中向消费者推荐商品或服务应承担民事连带责任。在行政违法尚不成立的前提下，直接将之作为刑事犯罪予以打击，不符合行政犯的一般理论。（3）即便通过司法解释将广告代言人纳入虚假广告罪的主体范围，还将面临诸多实践操作问题。比如，虚假广告罪为故意犯罪，要求行为人主观明知，对此，实践中主要是根据行为人的法定注意义务来进行判断或者推定。而对于广告代言人的注意义务的内容、范围和程度等，当前还没有相关行政管理法律规定，在行为人辩称自己不具有主观明知的情况下，司法机关将很难证明。当然，广告代言人不属于虚假广告罪的主体，并不意味着广告代言人在任何情况下均不构成犯罪，对于符合本解释第十二条第二款规定情形的，完全可以非法集资犯罪的共犯论处。

（撰稿：刘为波）

2. **最高人民法院关于非法集资刑事案件性质认定问题的通知**（法〔2011〕262号，自2011年8月18日起施行）

各省、自治区、直辖市高级人民法院，解放军军事法院，新疆维吾尔自治区高级人民法院生产建设兵团分院：

为依法、准确、及时审理非法集资刑事案件，现就非法集资性质认定的有关问题通知如下：

一、行政部门对于非法集资的性质认定，不是非法集资案件进入刑事程序的必经程序。行政部门未对非法集资作出性质认定的，不影响非法集资刑事案件的审判。

二、人民法院应当依照刑法和最高人民法院《关于审理非法集资刑事案件具体应用法律若干问题的解释》等有关规定认定案件事实的性质，并认定相关行为是否构成犯罪。

三、对于案情复杂、性质认定疑难的案件，人民法院可以在有关部门关于是否符合行业技术标准的行政认定意见的基础上，根据案件事实和法律规定作出性质认定。

四、非法集资刑事案件的审判工作涉及领域广、专业性强，人民法院在审理此类案件当中要注意加强与有关行政主（监）管部门以及公安机关、人民检察院的配合。审判工作中遇到重大问题难以解决的，请及时报告最高人民法院。

3. **最高人民法院、最高人民检察院、公安部关于办理非法集资刑事案件适用法律若干问题的意见**（公通字〔2014〕16号，自2014年3月25日起施行）（节录）

二、关于“向社会公开宣传”的认定问题

《最高人民法院关于审理非法集资刑事案件具体应用法律若干问题的解释》第一条第一款第二项中的“向社会公开宣传”，包括以各种途径向社会公众传播吸收资金的信息，以及明知吸收资金的信息向社会公众扩散而予以放任等情形。

三、关于“社会公众”的认定问题

下列情形不属于《最高人民法院关于审理非法集资刑事案件具体应用法律若干问题的解释》第一条第二款规定的“针对特定对象吸收资金”的行为，应当认定为向社会公众吸收资金：

（一）在向亲友或者单位内部人员吸收资金的过程中，明知亲友或者单位内部人员向不特定对象吸收资金而予以放任的；

（二）以吸收资金为目的，将社会人员吸收为单位内部人员，并向其吸收资金的。

4. **非法金融机构和非法金融业务取缔办法**（1998年6月30日国务院第5次常务会议通过，根据2011年1月8日《国务院关于废止和修改部分行政法规的决定》修订）（节录）

第四条　本办法所称非法金融业务活动，是指未经中国人民银行批准，擅自从事的下列活动：

（一）非法吸收公众存款或者变相吸收公众存款；

（二）未经依法批准，以任何名义向社会不特定对象进行的非法集资；

（三）非法发放贷款、办理结算、票据贴现、资金拆借、信托投资、金融租赁、融资担保、外汇买卖；

（四）中国人民银行认定的其他非法金融业务活动。

前款所称非法吸收公众存款，是指未经中国人民银行批准，向社会不特定对象吸收资金，出具凭证，承诺在一定期限内还本付息的活动；所称变相吸收公众存款，是指未经中国人民银行批准，不以吸收公众存款的名义，向社会不特定对象吸收资金，但承诺履行的义务与吸收公众存款性质相同的活动。

（三）典型或常见问题的审理思路

1. 罪与非罪的认定

《刑法》第一百七十六条没有规定非法吸收公众存款罪构成犯罪的吸收公众存款数额的起点，但并非只要吸收了公众存款，即使只有几千元、几万元人民币，也要定罪处刑。依照《刑法》第一百七十六条第一款的规定，非法吸收公众存款，只有达到“扰乱金融秩序”程度的，才构成犯罪。因此，一些银行或者金融机构本身具有吸收存款的业务，为了完成吸收存款的指标数额，私下提高存款的利率，即使吸收了较大数额的公众存款，也不宜按犯罪处理。其违法吸收存款的行为，可依商业银行法的规定予以行政处罚。根据原煤《非法集资解释》第三条的规定，非法吸收公众存款罪定罪的起点是，个人非法吸收或者变相吸收公众存款，数额在 20 万元以上的，单位非法吸收或者变相吸收公众存款，数额在 100 万元以上的；或者个人非法吸收或变相吸收公众存款对象 30 人以上的，单位非法吸收或变相吸收公众存款对象 150 人以上的；或者个人非法吸收或变相吸收公众存款，给存款人造成直接经济损失数额在 10 万元以上的，单位非法吸收或变相吸收公众存款，给存款人造成直接经济损失数额在 50 万元以上的；或者造成恶劣社会影响或其他严重后果的情形。

司法实践中，对于非法吸收公众存款罪与合法的民间借贷如何区分有一定争议。引发该问题争议的是 1999 年《最高人民法院关于如何确认公民与企业之间借贷行为效力问题的批复》（以下简称《公民与企业之间借贷行为效力问题批复》）中的规定，在该《批复》中指出，“公民与非金融企业之间的借贷属于民间借贷，只要双方当事人意思表示真实即可有效”。而非法吸收公众存款和变相吸收公众存款的行为从本质上看，即向社会不特定对象筹集资金并承诺在一定期间还本付息，这当然也属于一种“借贷”，而且该《批复》对于民间借贷行为并未限定范围，那么如何理解《公民与企业之间借贷行为效力问题批复》的规定对合法民间借贷与非法吸收公众存款进行区分呢？我们认为，刑法是规定犯罪及其刑事责任的法律规范，即刑法规定的是犯罪行为，而其他法律规定的都是一般违法行为。非法吸收公众存款罪，尽管也表现为一定民间借贷的特征，但因为其借贷的范围具有不特定的公众性且扰乱了国家金融秩序，所以具有民间借贷不会造成的严重社会危害性，这是两者的根本区别。如果民间借贷的对象范围满足前文所讲的两个条件即“非法性”和“广延性”，即未经有权机关批准和向社会不特定对象吸收资金，且借款利率高于法定利率，扰乱了国家金融秩序，则就超出了民间借贷的范畴，演化为非法吸收公众存款、而对于像“只向少数个人或者特定对象如仅限于本单位人员等吸收存款”的行为当然不是本罪中的非法吸收公众存款的行为，因为这种“民间借贷”不可能对国家金融秩序造成破坏。所以，《公民与企业之间借贷行为效力问题批复》中所讲的“民间借贷”只能是针对社会中少数个人或者特定对象之间的“借贷”行为，而对于“向社会不特定对象”吸收存款的行为当然不属于“民间借贷”。唯有如此，才能将非法吸收公众存款与合法的民间借贷区别开来。

2. 既遂与未遂的区分

非法吸收公众存款罪，只要吸收了公众存款，不论该存款是否已归还存款人，是否能归还存款人，以及约定的利息能否如数给付，均不影响本罪的既遂。如果非法吸收公众存款的计划已作出，宣传已进行，但吸收公众存款的行为还未到达实际收取存款的阶段，则构成本罪的未遂。如果吸收公众存款的总数额依计划、宣传本来就不大，未遂的，也可以情节显著轻微危害不大，不以犯罪论处。

（四）疑难、复杂问题的参考性解答

1. 区分非法吸收公众存款罪与集资诈骗罪的界限①

集资诈骗罪和非法吸收公众存款罪都以非法集资为外在的表现形式，但二者同时又存在根本的区别：第一，犯罪的目的不同。前者的犯罪目的是非法占有所募集的资金；而后者的犯罪目的则是企图通过吸收公众存款的方式，进行赢利，在主观上并不具有非法占有公众存款的目的。这是两罪最本质的区别。第二，犯罪行为的具体实施方法也有根本不同。前者的行为人必须使用诈骗的方法；而后者则不以行为人是否使用了诈骗方法作为构成犯罪的要件之一，尤其是在吸收存款或募集资金的目的行为上并没有遮掩赢利的意图。第三，侵犯的客体不同。前者侵犯的是复杂客体，不仅侵犯了国家的金融秩序，而且侵犯了出资人的财产所有权；后者侵犯的是单一客体，即国家的金融管理秩序，当然在有些情况下，非法吸收公众存款的行为人由于经营不善造成亏损，无法兑现其在吸收公众存款时的承诺，甚至给投资人、存款人造成了重大经济损失，但是，这种损失与行为人目的就是侵犯公私财物的所有权是不同的。

2. 如何认定“变相吸收公众存款”②？

以经过有关部门批准的正常销售行为为掩盖，为了解决经营资金的紧张问题，突出宣传销售对象保值增值的投资功能，采用随意调高价格，并向公众发布，将前期退单情况予以宣传等方式，造成销售对象可升值的假象，吸引公众购买，并且承诺逐年返利或到期按增值价格退单、兑付，这种向客户承诺履行的义务与吸收公众存款的性质相同，即都是承诺在一定期限内还本付息，从而达到吸收公众存款的目的，符合国务院《非法金融机构和非法金融业务活动取缔办法》规定的“变相吸收公众存款”的特征。

3. 对因受存款方的勒索而非法吸收存款者的定性与处理③

实践中，有的存款大户头常常以“搬走”存款要挟其入款行或其他金融机构，要求其尽快提高自己所存款项的存款利率；或者先行给付部分息差抑

① 观点来源：最高人民法院刑事审判第一、二、三、四、五庭编：《刑事审判参考》（1999－2011分类集成），法律出版社2012年版，第138－141页。

② 观点来源：最高人民法院刑事审判第一、二、三、四、五庭编：《刑事审判参考》（1999－2011分类集成），法律出版社2012年版，第135－137页。

③ 观点来源：《中华人民共和国刑法案典（中）》，人民法院出版社2016年版，第861页。

或提供若干台汽车或房屋使用权等。一些银行或其他金融机构特别是效益或“口碑”较差的银行，为了保住自己的存款额度，不得不就范。对于这种情形，立法上未作明文规定，在处理方式上，至少有以下三种方案可供选择：第一，双方均定罪且均定性为本罪，亦即双方构成共同非法吸收存款罪。此种犯罪的实质为有身份人实施本罪，因而对其中吸收存款人因其具有法定身份，应定性为主犯；而存款人因其无法定身份理应定性为从犯；第二，存款方定性为索贿罪、吸收存款方因为被索贿而“行贿”无罪；第三，双方均定罪，但将双方设定为对合犯，亦即双方虽仍属共犯，但不是构成同一罪种的共犯而是互为犯罪对象的会合共犯中的对向犯（又称对合犯）。此种会合共犯中，各方所触犯罪名往往不同。例如，在本罪的场合，吸收存款方犯了单位非法吸收公众存款罪；而索贿人则犯了单位（或个人）索贿罪。对此三种定性方式，我们认为按第三种方式定性较为合理合法。因为按第一种方式处理，首先不符合存款人的行为特征，事实是索贿存款人并没有任何帮助吸款人从事非法吸收存款的帮助行为；按第二种方式处理，若对因存款人索贿而非法吸收款的行为人不作犯罪处理，也不合乎刑事法律的基本理论。因为，非法吸收存款的实质在于以贿赂的方式不法吸收存款，而根据《刑法》第三百九十三条规定，因被勒索而被迫行贿者，只有在“没有获得不正当利益”的条件下，才不构成行贿罪。吸收存款人在受到勒索的情况下，为了获得存款，违反国家法律，以直接抬高或变相抬高央行法定利率的手法来获取大户存款，这种“利益”完全没有正当性可言，因而在此种场合，吸收存款人不能以受到“勒索”而作无罪辩护，充其量能据此对行为人作轻罪辩护而已。

（五）量刑指导或参考

依照《刑法》第一百七十六条规定，犯非法吸收公众存款罪的，处三年以下有期徒刑或者拘役，并处或者单处罚金；数额巨大或者有其他严重情节的，处三年以上十年以下有期徒刑，并处罚金；数额特别巨大或者有其他特别严重情节的，处十年以上有期徒刑，并处罚金。单位犯本罪的，对单位判处罚金，并对其直接负责的主管人员和其他直接责任人员，依照前款的规定处罚。行为人在提起公诉前积极退赃退赔，减少损害结果发生的，可以从轻或者减轻处罚。

司法机关在适用本条规定决定处罚时，应当注意以下问题：

1. 依照《刑法修正案（十一）》的修订，《刑法》第一百七十六条规定了两档加重处罚情节，即“数额巨大或者有其他严重情节的”“数额特别巨大或者有其他特别严重情节的”，比修订前增加了“数额特别巨大或者有其他特别严重情节的”这一内容，提高了法定最高刑，将本罪最高十年有期徒刑提高至十五年有期徒刑。原《非法集资解释》系按照修订前第一百七十六条的规定进行的配套解释，仅规定了“数额巨大或者有其他严重情节的”这一档加重情节的适用情形，即个人非法吸收或者变相吸收公众存款，数额在一百万元以上的，单位非法吸收或者变相吸收公众存款，数额在五百万元以上的；或者个人非法吸收或变相吸收公众存款对象一百人以上的，单位非法吸收或变相吸收公众存款对象五百人以上的；或者个人非法吸收或变相吸收公众存款，给存款人造成直接经济损失数额在五十万元以上的，单位非法吸收或变相吸收公众存款，给存款人造成直接经济损失数额在二百五十万元以上的；或者造成特别恶劣社会影响或其他特别严重后果的。该司法解释未对第二档情节设定上限，亦未对哪些情形属于第三档情节做出明确规定，显然已经无法适用于修订后的第一百七十六条规定，不久将在下一步的配套司法解释中予以相应修改和明确。

2. 《刑法修正案（十一）》调整了附加刑，取消了对罚金刑的数额限制，将本罪的限额罚金刑修改为不限额罚金刑，不对罚金数额做上、下限规定。

3. 《非法集资解释》规定，非法吸收或者变相吸收公众存款的数额，以行为人所吸收的资金全额计算。案发前后已归还的数额，可以作为量刑情节酌情考虑。根据新修订的《刑法》第一百七十六条第三款，犯本罪的，行为人在提起公诉前积极退赃退赔，减少损害结果发生的，可以从轻或者减轻处罚，确定了退赃退赔属本罪法定从轻减轻情节。非法吸收或者变相吸收公众存款，主要用于正常的生产经营活动，能够及时清退所吸收资金，可以免予刑事处罚；情节显著轻微的，不作为犯罪处理。

十一、伪造、变造金融票证罪

（一）刑法规定

第一百七十七条 有下列情形之一，伪造、变造金融票证的，处五年以下有期徒刑或者拘役，并处或者单处二万元以上二十万元以下罚金；情节严重的，处五年以上十年以下有期徒刑，并处五万元以上五十万元以下罚金；情节特别严重的，处十年以上有期徒刑或者无期徒刑，并处五万元以上五十万元以下罚金或者没收财产：

（一）伪造、变造汇票、本票、支票的；

（二）伪造、变造委托收款凭证、汇款凭证、银行存单等其他银行结算凭证的；

（三）伪造、变造信用证或者附随的单据、文件的；

（四）伪造信用卡的。

单位犯前款罪的，对单位判处罚金，并对其直接负责的主管人员和其他直接责任人员，依照前款的规定处罚。

（二）司法解释、司法文件及其权威解读

1. **最高人民法院、最高人民检察院关于办理妨害信用卡管理刑事案件具体应用法律若干问题的解释**（法释〔2018〕19号，自2018年12月1日起施行）（节录）

第一条　复制他人信用卡、将他人信用卡信息资料写入磁条介质、芯片或者以其他方法伪造信用卡一张以上的，应当认定为刑法第一百七十七条第一款第四项规定的“伪造信用卡”，以伪造金融票证罪定罪处罚。

伪造空白信用卡十张以上的，应当认定为刑法第一百七十七条第一款第四项规定的“伪造信用卡”，以伪造金融票证罪定罪处罚。

伪造信用卡，有下列情形之一的，应当认定为刑法第一百七十七条规定的“情节严重”：

（一）伪造信用卡五张以上不满二十五张的；

（二）伪造的信用卡内存款余额、透支额度单独或者合计数额在二十万元以上不满一百万元的；

（三）伪造空白信用卡五十张以上不满二百五十张的；

（四）其他情节严重的情形。

伪造信用卡，有下列情形之一的，应当认定为刑法第一百七十七条规定的“情节特别严重”：

（一）伪造信用卡二十五张以上的；

（二）伪造的信用卡内存款余额、透支额度单独或者合计数额在一百万元

以上的；

（三）伪造空白信用卡二百五十张以上的；

（四）其他情节特别严重的情形。

本条所称“信用卡内存款余额、透支额度”，以信用卡被伪造后发卡行记录的最高存款余额、可透支额度计算。

权威解读

解读《最高人民法院、最高人民检察院关于办理妨害信用卡管理刑事案件具体应用法律若干问题的解释》（节选）

《解释》的主要内容

伪造信用卡的认定及量刑标准。

《解释》第一条共分五款，解释了伪造金融票证罪中伪造信用卡的认定，伪造空白信用卡的认定，伪造信用卡情节严重、情节特别严重的认定标准，以及信用卡内存款余额、透支额度的认定方法。

该条第一款解释了应当认定为伪造信用卡的行为方式。随着信用卡科技含量的提高，境内外犯罪分子伪造信用卡的手段也在不断翻新。从司法实践反映的情况看，伪造信用卡的行为方式通常包括以下几种：一是复制他人信用卡，即将他人信用卡中的信息资料复制到伪造的信用卡中，制作所谓的“克隆卡”；二是将他人信用卡信息资料写入磁条介质、芯片，即将窃取、收买或者非法获取的他人信用卡信息资料写入伪造信用卡中的磁条介质、芯片；三是其他伪造方法，如在过期卡、作废卡、盗窃卡、丢失卡等信息完整的真实信用卡的基础上篡改关键信息，或者对非法获取的发卡银行的空白信用卡进行凸印、写磁制成信用卡等。由于《刑法》第一百七十七条第一款第（四）项对于伪造信用卡行为没有规定起刑点，且伪造信用卡可以通过多次写卡操作而形成不同信用卡，伪造1张信用卡即具有严重的社会危害性，故第一款未设定伪造信用卡的追诉起刑点，伪造信用卡1张以上即应构成犯罪。

第二款规定了伪造空白信用卡的处理。在征求意见过程中，有意见提出，就伪造信用卡的行为方式增加伪造空白信用卡的规定。刑法第一百七十七条之一妨害信用卡管理罪中，规定了明知是伪造的空白信用卡而持有、运输，数量较大的行为方式，主要是因为伪造的空白信用卡和真实的空白信用卡具有同样的功能，都可以当作信用卡磁条信息的载体。只要把个人信用卡磁条信息输入，就是一张可以使用的信用卡，而且持有、运输伪造的空白信用卡，往往就是伪造信用卡整个过程中的一个重要环节，社会危害性比较大。刑法将明知是伪造的空白信用卡而持有、运输，数量较大的行为规定为犯罪，但未对伪造空白信用卡的行为作出明确规定。目前，信用卡犯罪呈现出分工专业化、手段高智能化的特点，制作、运输、销售各环节相对独立，伪造空白信用卡是伪造信用卡犯罪链中的一环，犯罪分子常使用较为专业的成套制卡机器、设备及材料，大批量制造与真实信用卡的质地、模式、板块、图样相仿的空白信用卡。为了严密法网，避免实践中的法律适用困难，有必要将伪造空白信用卡列为伪造信用卡的行为方式之一。同时，考虑到伪造空白信用卡的社会危害性要略小于伪造信用卡，因此规定了10张的数量标准。由于伪造空白信用卡在实践中多呈规模化，将伪造空白信用卡的数量标准规定为10张，也更符合实际情况。

第三款规定了伪造信用卡情节严重的认定标准。主要从伪造信用卡数量和伪造的信用卡内金额进行认定，以伪造信用卡5张、空白信用卡50张或者伪造的信用卡内存款余额、透支额度单独或者合计数额达到20万元作为伪造信用卡情节严重的标准，同时以其他情节严重的情形作为兜底条款。其中，伪造信用卡、空白信用卡的数量标准以起刑点的5倍作为标准。数额标准考虑到信用卡分为借记卡和贷记卡，规定了存款余额、透支额度单独或者合计20万元以上不满100万元的标准。

第四款规定了伪造信用卡情节特别严重的认定标准。也是从伪造信用卡数量和伪造的信用卡内金额进行认定，以伪造信用卡25张、空白信用卡250张或者伪造的信用卡内存款余额、透支额度单独或者合计数额达到100万元作为伪造信用卡情节特别严重的标准。这里以情节严重的5倍作为情节特别严重的标准。

第五款规定了信用卡内存款余额、透支额度的认定方法。根据是否具有透支功能，信用卡分为借记卡和贷记卡，借记卡内记载有存款余额，贷记卡内记载有透支额度，伪造的信用卡内的存款余额、透支额度越高，则对发卡行和持卡人可能造成的经济损失就越大，社会危害性也就越大。同时，由于被伪造信用卡的持卡人或持伪卡的人可能取现或者消费，卡内存款余额、透支额度处于变动之中，为了从严惩处此类犯罪，《解释》规定以信用卡被伪造后发卡行记录的最高存款余额、可透支额度计算信用卡内存款余额、透支额度。

（撰稿：刘涛）

（三）典型或常见问题的审理思路

1. 伪造、变造金融票证罪的既遂

伪造、变造金融票证罪是行为犯，不要求发生使用该金融凭证并获利的犯罪结果，只要行为人将金融票证制造出来，就能认定伪造、变造金融票证的行为已完成，即构成犯罪既遂。所谓制造出来，是指从整体上符合金融票证的基本特征。

2. 伪造、变造金融票证罪的罪数形态问题

行为人盗窃了印鉴不全或者尚未签名的金融凭证，又伪造印鉴、签名后使用，其行为分别触犯了伪造、变造金融票证罪、盗窃罪和票据诈骗罪或者普通诈骗罪，属于牵连犯，应当以具体行为可能判处的刑罚较重的一个罪定罪处罚。如果是国家工作人员利用职务上的便利，在使用金融票证的过程中，采用伪造、变造的手法多报冒领，抵账侵吞单位财物，则应当以贪污罪定罪处罚。

（四）量刑指导或参考

依照《刑法》第一百七十七条规定，犯伪造、变造金融票证罪的，处五年以下有期徒刑或者拘役，并处或者单处二万元以上二十万元以下罚金；情节严重的，处五年以上十年以下有期徒刑，并处五万元以上五十万元以下罚金；情节特别严重的，处十年以上有期徒刑或者无期徒刑，并处五万元以上五十万元以下罚金或者没收财产。单位犯本罪的，对单位判处罚金，并对其直接负责的主管人员和其他直接责任人员，依照前款的规定处罚。

司法机关在适用《刑法》第一百七十七条之一第一款规定处罚时，应当注意《刑法》第一百七十七条中的“情节严重”“情节特别严重”是加重处罚情节。按照《信用卡司法解释》第一条的规定，伪造信用卡“情节严重”是指，伪造信用卡五张以上不满二十五张；或伪造的信用卡内存款余额、透支额度单独或者合计数额在二十万元以上不满一百万元；或伪造空白信用卡五十张以上不满二百五十张；以及其他情节严重的情形。伪造信用卡“情节特别严重”是指，伪造信用卡二十五张以上；或伪造的信用卡内存款余额、透支额度单独或者合计数额在一百万元以上；或伪造空白信用卡二百五十张以上；以及其他情节特别严重的情形。

十二、妨害信用卡管理罪

（一）刑法规定

第一百七十七条之一[①]**第一款**　有下列情形之一，妨害信用卡管理的，处三年以下有期徒刑或者拘役，并处或者单处一万元以上十万元以下罚金；数量巨大或者有其他严重情节的，处三年以上十年以下有期徒刑，并处二万元以上二十万元以下罚金：

（一）明知是伪造的信用卡而持有、运输的，或者明知是伪造的空白信用卡而持有、运输，数量较大的；

（二）非法持有他人信用卡，数量较大的；

（三）使用虚假的身份证明骗领信用卡的；

（四）出售、购买、为他人提供伪造的信用卡或者以虚假的身份证明骗领的信用卡的。

（二）司法解释、司法文件及其权威解读

最高人民法院、最高人民检察院关于办理妨害信用卡管理刑事案件具体应用法律若干问题的解释（法释〔2018〕19号，自2018年12月1日起施行）（节录）

第二条　明知是伪造的空白信用卡而持有、运输十张以上不满一百张的，应当认定为刑法第一百七十七条之一第一款第一项规定的“数量较大”；非法持有他人信用卡五张以上不满五十张的，应当认定为刑法第一百七十七条之一第一款第二项规定的“数量较大”。

有下列情形之一的，应当认定为刑法第一百七十七条之一第一款规定的“数量巨大”：

（一）明知是伪造的信用卡而持有、运输十张以上的；

（二）明知是伪造的空白信用卡而持有、运输一百张以上的；

（三）非法持有他人信用卡五十张以上的；

（四）使用虚假的身份证明骗领信用卡十张以上的；

---

① 本条系2005年2月28日公布的《刑法修正案（五）》第一条增加。

（五）出售、购买、为他人提供伪造的信用卡或者以虚假的身份证明骗领的信用卡十张以上的。

违背他人意愿，使用其居民身份证、军官证、士兵证、港澳居民往来内地通行证、台湾居民来往大陆通行证、护照等身份证明申领信用卡的，或者使用伪造、变造的身份证明申领信用卡的，应当认定为刑法第一百七十七条之一第一款第三项规定的“使用虚假的身份证明骗领信用卡”。

权威解读

解读《最高人民法院、最高人民检察院关于办理妨害信用卡管理刑事案件具体应用法律若干问题的解释》（节选）

妨害信用卡管理罪的定罪量刑标准。

《解释》第二条共分三款，前两款解释了妨害信用卡管理罪的两个量刑幅度的适用标准，第三款规定了使用虚假的身份证明骗领信用卡的认定方法。

第一款解释了妨害信用卡管理罪第一档量刑幅度中两个数量较大的规定。根据刑法第一百七十七条之一的规定，妨害信用卡管理罪有2种行为方式，其中，明知是伪造信用卡而持有、运输，使用虚假的身份证明骗领信用卡，出售、购买、为他人提供伪造的信用卡或者以虚假的身份证明骗领的信用卡等3种行为方式没有数量的要求，涉及1张信用卡即可构成犯罪。明知是伪造的空白信用卡而持有、运输或者非法持有他人信用卡的，则要求数量较大才构成本罪。因此，第一款对这两种行为方式分别规定了10张以上和5张以上的数量标准。

第二款解释了妨害信用卡管理罪第二档量刑幅度中数量巨大的适用标准。这里以第一档量刑幅度的10倍作为掌握的标准。

第三款解释了使用虚假的身份证明骗领信用卡的认定。使用虚假身份证明包括违背他人意愿使用他人身份证明和使用伪造、变造的身份证明两种情形。对于实践中多发的非法中介协助利用虚假资信证明申请信用卡的行为，申请人向银行申请信用卡时需要提交个人真实的身份证明和资信证明，两者既有联系又有区别：身份证明是用于证明申请人主体资格的身份信息，资信证明是用于证明申请人还款能力和还款意愿等信用程度的信息。资信证明不能解释为身份证明，对利用虚假资信证明申请信用卡的行为可以依照刑法的其他规定予以处理。因此，本款中列明的仅是申请人申请信用卡时需要出具的身份证明，如居民身份证、军官证、士兵证、港澳居民往来内地通行证、台湾居民来往大陆通行证、护照等，而不包括资信证明。

此外，本款还规定了违背他人意愿的限制性条件。这一规定主要基于以下考虑：一是实践中存在很多授权他人代为办理借记卡，贷记卡的情况。例如，有些学校、单位统一为学生，职工办理用于支付助学金，工资等资金的借记卡，有些公司经他人授权，为他人代办贷记卡申请手续等，这类情况显然不属于违背他人意愿。二是有些犯罪嫌疑人从农民手中大量收购身份证用于申领信用卡，辩称是经过他人同意，这类骗取他人同意的情形，虽然形式上取得了他人的“同意”，但实质上仍是违背他人意愿。因此，增加违背他人意愿的限制性条件，既可以防止不合理地扩大打击面，又更符合实际情况，便于操作。

（撰稿：刘涛）

（三）典型或常见问题的审理思路

1.《刑法》中关于信用卡含义的界定①

全国人民代表大会常务委员会根据司法实践中遇到的情况，讨论了刑法规定的“信用卡”的含义问题，解释如下：刑法规定的“信用卡”，是指由商业银行或者其他金融机构发行的具有消费支付、信用贷款、转账结算、存取现金等全部功能或者部分功能的电子支付卡。

2. 罪与非罪的认定

持有、运输伪造的空白信用卡，或者非法持有他人的信用卡，数量未达到“较大”标准的，不能以犯罪论处。按照《信用卡司法解释》第二条的规定，明知是伪造的空白信用卡而持有、运输十张以上不满一百张的，应当认定为“数量较大”；非法持有他人信用卡五张以上不满五十张的，应当认定为“数量较大”。因此，未达上述标准的，可不以犯罪论处。对于持有、运输伪造的信用卡，或者使用虚假的身份证明骗领信用卡，或者出售、购买、为他人提供伪造的信用卡或者以虚假的身份证明骗领信用卡的行为，《刑法》第一百七十七条之一虽未设定数量标准，但结合《刑法》总则第十三条的规定，如果是初次实施此类行为，数量不大，情节显著轻微的，也不宜作为犯罪处

① 观点来源：《全国人民代表大会常务委员会关于〈中华人民共和国刑法〉有关信用卡规定的解释》（2004 年 12 月 29 日通过）。

理，而可交由有关部门给予行政处罚或者批评教育。

3. 本罪与伪造金融票证罪的界限

本罪实质上是伪造信用卡犯罪和信用卡诈骗犯罪的中间环节。立法规定本罪，主旨在于更加有效地打击和防范信用卡诈骗犯罪。如果能够证实行为人所持有、运输、出售、为他人提供的伪造的信用卡是行为人自行或者伙同他人伪造的，则其行为属于伪造金融票证罪和妨害信用卡管理罪的牵连犯或者吸收犯，应以伪造金融票证罪论处。

（四）疑难、复杂问题的参考性解答

1. 行为人以虚假的身份证明骗领信用卡后正常使用的，是否构成妨害信用卡管理罪①

司法实践中，部分行为人以虚假的身份证明骗领信用卡后是为了实施诈骗犯罪，但也存在有的行为人因各种原因无法以自己的真实身份信息申领信用卡却又意图通过信用卡的透支功能来实现一定的经济利益，故采用以虚假的身份证明申领信用卡的情形。认定行为人使用虚假的身份证明骗领的信用卡的行为是否构成信用卡诈骗罪，应综合考察行为人主观上是否具有非法占有的目的，以及在客观上是否表现为使用了虚假的身份证明骗领的信用卡从事诈骗活动。如果行为人既没有非法占有的目的，也没有使用以虚假身份证明骗领的信用卡从事诈骗活动，其骗领信用卡的行为构成妨害信用卡管理罪。

2. 注意区分一罪和数罪②

本罪为选择性罪名，既包含妨害行为（持有、运输、出售、购买、非法提供、骗取）的选择，也包含了对象（伪造的信用卡、他人信用卡）的选择，行为人只要实施一种行为侵害一种对象即可成立本罪；如果行为人实施了两种行为，侵害两种对象时，仍为一罪，不实行并罚。另外，行为人伪造信用卡的犯罪过程中，或者使用伪造的信用卡实施犯罪过程中，必然存在持有伪造信用卡的状态。此时，不再定妨害信用卡管理罪，而应以信用卡诈骗罪，或者伪造金融票证罪论处。

---

① 观点来源：杭州市中级人民法院（2012）浙杭刑终字第511号刑事判决书（2012年7月6日）。

② 观点来源：《中华人民共和国刑法案典（中）》，人民法院出版社2016年版，第870页。

（五）量刑指导或参考

依照《刑法》第一百七十七条之一第一款规定，犯妨害信用卡管理罪的，处三年以下有期徒刑或者拘役，并处或者单处一万元以上十万元以下罚金；数量巨大或者有其他严重情节的，处三年以上十年以下有期徒刑，并处二万元以上二十万元以下罚金。

司法机关在适用《刑法》第一百七十七条之一第一款规定处罚时，应当注意“数量巨大”是本罪的加重处罚情节，包括：（1）明知是伪造的信用卡而持有、运输十张以上的；（2）明知是伪造的空白信用卡而持有、运输一百张以上的；（3）非法持有他人信用卡五十张以上的；（4）使用虚假的身份证明骗领信用卡十张以上的；（5）出售、购买、为他人提供伪造的信用卡或者以虚假的身份证明骗领的信用卡十张以上的。

十三、窃取、收买、非法提供信用卡信息罪

（一）刑法规定

第一百七十七条之一第二款　窃取、收买或者非法提供他人信用卡信息资料的，依照前款规定处罚。

银行或者其他金融机构的工作人员利用职务上的便利，犯第二款罪的，从重处罚。

（二）司法解释、司法文件及其权威解读

最高人民法院、最高人民检察院关于办理妨害信用卡管理刑事案件具体应用法律若干问题的解释（法释〔2018〕19号，自2018年12月1日起施行）（节录）

第三条　窃取、收买、非法提供他人信用卡信息资料，足以伪造可进行交易的信用卡，或者足以使他人以信用卡持卡人名义进行交易，涉及信用卡一张以上不满五张的，依照刑法第一百七十七条之一第二款的规定，以窃取、收买、非法提供信用卡信息罪定罪处罚；涉及信用卡五张以上的，应当认定为刑法第一百七十七条之一第一款规定的“数量巨大”。

权威解读

解读《最高人民法院、最高人民检察院关于办理妨害信用卡管理刑事案件具体应用法律若干问题的解释》（节选）

窃取、收买、非法提供信用卡信息罪的定罪量刑标准。

《解释》第三条共分两款，解释了窃取、收买、非法提供信用卡信息罪的两个量刑幅度的适用标准。非法获取他人信用卡信息资料是伪造信用卡的前提。有的犯罪分子为了伪造信用卡，窃取、收买他人的信用卡信息资料，有的犯罪分子则专门向伪造信用卡的人非法提供他人的信用卡信息资料。这种窃取、收买、非法提供他人信用卡信息的行为具有严重的社会危害性：它既是伪造信用卡的前提条件，也是伪造信用卡一系列活动的关键一环，大大助长了伪造信用卡的行为，使伪造行为本身更为便利。因此2005年《刑法修正案（五）》专门增加一条，将此种行为规定为犯罪。《解释》第三条也专门对此种行为的定罪量刑标准作出了规定。

该条的关键问题是信用卡信息的数量如何计算。信用卡信息资料是一组有关发卡行代码、持卡人账号、密码、校验码等内容的加密电子数据，通常由发卡行在发卡时使用专用设备写入信用卡的磁条或芯片中，作为POS机、ATM机等终端机具识别合法用户的依据。解释稿最初以信息资料的条数作为信用卡信息的计算标准。在征求意见过程中，有意见提出，应当考虑实践中涉及的并非均为信用卡完整信息，有时可能仅是信用卡部分信息，可从以下两个角度规定信用卡信息的数量：一是窃取、收买、非法提供信用卡完整信息资料的套数；二是信用卡主账号、个人标识代码等信息资料的条项数。后经研究，《解释》以足以伪造可进行交易的信用卡和足以使他人以信用卡持卡人名义进行交易两个角度来规定窃取、收买、非法提供信用卡信息罪的量刑标准。

为保证处罚这种行为的有效性，《解释》从以下两个方面对该罪的量刑标准进行了规定。

一方面，实践中不同信用卡交易方式所要求的信用卡信息资料的数量是不同的，难以明确界定各种信用卡业务所需要的信息资料的条项数。因此，司法解释从足以伪造可进行交易的信用卡和足以使他人以信用卡持卡人名义进行交易两个角度来界定窃取、收买、非法提供信用卡信息资料行为的危害程度。足以伪造可进行交易的信用卡的信息资料，是指进行有磁交易（如在

ATM 和 POS 终端机具上进行交易）时所需要的信用卡信息资料；足以使他人以信用卡持卡人名义进行交易的信息资料，是指进行无磁交易（如网上银行和电话支付等）时所需要的信用卡信息资料，例如不使用信用卡卡片，而使用他人信用卡信息，通过网上支付或者电话支付使用信用卡。

另一方面，行为人掌握涉及 1 张信用卡的信息资料后，只要将其写入信用卡内，即可用于提取现金或者刷卡消费，或者以信用卡持卡人名义进行无磁交易，其社会危害性与伪造 1 张信用卡相当。因此，将窃取、收买、非法提供他人信用卡信息资料，足以伪造可进行交易的信用卡，或者足以使他人以信用卡持卡人名义进行交易，涉及信用卡数量 1 张以上作为窃取、收买、非法提供信用卡信息罪的起刑点。同时，参照该解释第 1 条关于伪造信用卡的规定，将第二档量刑幅度掌握为第一档量刑幅度的 5 倍。

（撰稿：刘涛）

（三）典型或常见问题的审理思路

1. 罪与非罪的认定

本罪的犯罪对象是信用卡信息资料。如果行为人窃取、收买、非法提供的不是信用卡信息资料，而是申领人在申领信用卡时所留的其他信息资料，如电话号码、家庭住址、职业状况等，则属于民事侵权行为，不能以犯罪论处。按照《信用卡司法解释》第三条规定，窃取、收买、非法提供他人信用卡信息资料，足以伪造可进行交易的信用卡，或者足以使他人以信用卡持卡人名义进行交易，涉及信用卡 1 张以上不满 5 张的，以窃取、收买、非法提供信用卡信息罪定罪处罚。

2. 本罪与伪造、变造金融票证罪、信用卡诈骗罪的界限

根据行为人的行为所处阶段不同，本罪与伪造、变造金融票证罪、信用卡诈骗罪之间呈现出较为复杂的关系。如果是在窃取、收买、非法提供信用卡信息资料过程中或之后，并利用这些信息资料伪造信用卡之前被抓获的，则其行为属于窃取、收买、非法提供信用卡信息罪与伪造金融票证罪（预备）的想象竞合犯，根据从一重处断原则，应以窃取、收买、非法提供信用卡信息罪一罪论处；如果行为人是在信用卡诈骗之后被抓获的，而事后查明，其据以行骗的信用卡又是利用窃取来的他人信用卡信息资料伪造的，则其行为属于窃取、收买、非法提供信用卡信息罪、伪造金融票证罪和信用卡诈骗罪

三罪的牵连犯，根据从一重处断原则，应以信用卡诈骗罪一罪论处。

（四）疑难、复杂问题的参考性解答

注意对窃取的理解

这里的“窃取”，应作广义理解，即不仅包括采用偷窥等方式，在持卡人不知情的情况下秘密获取；也包括采用蒙蔽手段，让持卡人“自愿”透露有关信息资料。例如，在 ATM 机上安装吞卡装置，同时张贴假的客户求助电话，当客户信用卡被吞，拨打“求助”电话时，诱骗其说出有关信息资料；再如，通过群发手机短信“提示”持卡人曾在异地消费，要求核实，当持卡人回电提出质疑时，便设法套其说出信用卡账号、密码等信息资料。

（五）量刑指导或参考

依照《刑法》第一百七十七条之一第二款规定，犯窃取、收买、非法提供信用卡信息罪的，依照前款规定处罚，即处三年以下有期徒刑或者拘役，并处或者单处一万元以上十万元以下罚金；数量巨大或者有其他严重情节的，处三年以上十年以下有期徒刑，并处二万元以上二十万元以下罚金。

依照《刑法》第一百七十七条之一第三款的规定，银行或者其他金融机构的工作人员利用职务上的便利犯本罪的，从重处罚。

司法机关在适用《刑法》第一百七十七条之一第二款、第三款规定处罚时，应当注意以下问题：

1. 正确把握本罪的“数量巨大”情节

“数量巨大”是本罪的加重处罚情节。依照《信用卡司法解释》的规定，窃取、收买、非法提供他人信用卡信息资料，足以伪造可进行交易的信用卡，或者足以使他人以信用卡持卡人名义进行交易，涉及信用卡五张以上的，应该认定为“数量巨大”，判处三年以上十年以下有期徒刑，并处二万元以上二十万元以下罚金。

2. 正确把握本罪的从重处罚情节

《刑法》第一百七十七条之一第三款是本罪的从重处罚规定。适用该款规定，首先，行为人必须具有金融机构工作人员身份。特约商户的收银员利用职务便利实施本罪的，不能适用该款。其次，必须“利用职务上的便利”。行为人虽然具有金融机构工作人员身份，但其窃取、收买、非法提供信用卡信息资料的行为并未利用其职务便利的，作为普通主体犯罪依法处罚。

十四、伪造、变造国家有价证券罪

（一）刑法规定

第一百七十八条第一款　伪造、变造国库券或者国家发行的其他有价证券，数额较大的，处三年以下有期徒刑或者拘役，并处或者单处二万元以上二十万元以下罚金；数额巨大的，处三年以上十年以下有期徒刑，并处五万元以上五十万元以下罚金；数额特别巨大的，处十年以上有期徒刑或者无期徒刑，并处五万元以上五十万元以下罚金或者没收财产。

第三款　单位犯前两款罪的，对单位判处罚金，并对其直接负责的主管人员和其他直接责任人员，依照前两款的规定处罚。

（二）典型或常见问题的审理思路

罪与非罪的认定

依照《刑法》第一百七十八条第一款的规定，伪造、变造国家有价证券，未达到数额较大的，属一般违法行为，可以由有关部门给予行政处罚或者批评教育。

（三）疑难、复杂问题的参考性解答

伪造有价证券后又诈骗的行为应当如何处罚？

行为人伪造了国家发行的有价证券后，又使用该伪造的有价证券进行诈骗行为，同时构成《刑法》第一百七十八条的伪造国家有价证券罪与《刑法》第一百九十七条的有价证券诈骗罪，二者实属手段与目的的牵连犯关系，应择一重罪处罚。但从法条上看，两罪法定刑几乎完全一致，无法区分轻重，此时，应以目的行为即《刑法》第一百九十七条有价证券诈骗罪论处。

（四）量刑指导或参考

依照《刑法》第一百七十八条规定，犯伪造、变造国家有价证券罪的，处三年以下有期徒刑或者拘役，并处或者单处二万元以上二十万元以下罚金；数额巨大的，处三年以上十年以下有期徒刑，并处五万元以上五十万元以下

罚金；数额特别巨大的，处十年以上有期徒刑或者无期徒刑，并处五万元以上五十万元以下罚金或者没收财产。单位犯本罪的，对单位判处罚金，并对其直接负责的主管人员和其他直接责任人员，依照第一款的规定处罚。

十五、伪造、变造股票、公司、企业债券罪

（一）刑法规定

第一百七十八条第二款 伪造、变造股票或者公司、企业债券，数额较大的，处三年以下有期徒刑或者拘役，并处或者单处一万元以上十万元以下罚金；数额巨大的，处三年以上十年以下有期徒刑，并处二万元以上二十万元以下罚金。

第三款 单位犯前两款罪的，对单位判处罚金，并对其直接负责的主管人员和其他直接责任人员，依照前两款的规定处罚。

（二）典型或常见问题的审理思路

1. 罪与非罪的认定

伪造、变造股票、公司、企业债券的行为，如果数额不大的，属于一般违法行为，可由有关部门给予行政处罚或者批评教育。

2. 本罪与普通诈骗罪的界限

犯本罪，伪造、变造的必须是依法发行的股票和公司、企业债券。如果公司、企业未经法定程序报请国家有关主管部门批准即发行股票、债券，由于行为人伪造、变造的不是本罪规定的这一类依法发行的股票、债券，并未侵犯国家对股票、公司、企业债券的管理制度，只是侵犯了公司、企业的财产权，因此，不构成本罪。如果数额较大的，应当以普通诈骗罪论处。

（三）量刑指导或参考

依照《刑法》第一百七十八条的规定，犯伪造、变造股票、公司、企业债券罪的，处三年以下有期徒刑或者拘役，并处或者单处一万元以上十万元以下罚金；数额巨大的，处三年以上十年以下有期徒刑，并处二万元以上二十万元以下罚金。

十六、擅自发行股票、公司、企业债券罪

（一）刑法规定

第一百七十九条　未经国家有关主管部门批准，擅自发行股票或者公司、企业债券，数额巨大、后果严重或者有其他严重情节的，处五年以下有期徒刑或者拘役，并处或者单处非法募集资金金额百分之一以上百分之五以下罚金。

单位犯前款罪的，对单位判处罚金，并对其直接负责的主管人员和其他直接责任人员，处五年以下有期徒刑或者拘役。

（二）司法解释、司法文件及其权威解读

1. 最高人民法院关于审理非法集资刑事案件具体应用法律若干问题的解释（法释〔2022〕5号，自2022年3月1日起施行）（节录）

第十条　未经国家有关主管部门批准，向社会不特定对象发行、以转让股权等方式变相发行股票或者公司、企业债券，或者向特定对象发行、变相发行股票或者公司、企业债券累计超过200人的，应当认定为刑法第一百七十九条规定的“擅自发行股票或者公司、企业债券”。构成犯罪的，以擅自发行股票、公司、企业债券罪定罪处罚。

权威解读

解读《最高人民法院关于审理非法集资刑事案件具体应用法律若干问题的解释》（节选）

七、关于擅自发行股票、公司、企业债券行为的具体理解

实践中对于《刑法》第一百七十九条规定的“擅自发行股票、公司、企业债券”的具体行为方式存在理解分歧，对于以转让股权等形式变相发行股票、债券是否属于擅自发行股票、债券行为以及应以何种罪名进行定罪处罚存在顾虑。经研究，《证券法》《国务院办公厅关于严厉打击非法发行股票和非法经营证券业务有关问题的通知》等对此类行为的性质认定已有明确规定。比如，《证券法》第九条规定，公开发行证券必须符合法律、行政法规规定的条件，并依法报经国务院证券监督管理机构或者国务院授权的部门注册；未经依法注册，任何单位和个人不得公开发行证券。向不特定对象发行证券或

者向特定对象发行证券累计超过200人的属于公开发行。《国务院办公厅关于严厉打击非法发行股票和非法经营证券业务有关问题的通知》第三条进一步明确，向特定对象发行股票后股东累计不超过200人的为非公开发行，非公开发行股票及其股权转让，不得采用广告、公告、广播、电话、传真、信函、推介会、说明会、网络、短信、公开劝诱等公开方式或变相公开方式向社会公众发行；严禁任何公司股东自行或委托他人以公开方式向社会公众转让股票；向特定对象转让股票，未依法报经证监会核准的，转让后，公司股东累计不得超过200人。据此，《解释》第六条规定，未经国家有关主管部门批准实施下述三种行为，均应认定为《刑法》第一百七十九条规定的擅自发行股票、公司、企业债券行为；构成犯罪的，以擅自发行股票、公司、企业债券罪定罪处罚：（1）向社会不特定对象发行股票或者公司、企业债券；（2）向社会不特定对象以转让股权等方式变相发行股票或者公司、企业债券；（3）向特定对象发行、变相发行股票或者公司、企业债券累计超过200人的。

具体适用本条规定时，应注意与《解释》第二条第（五）项规定的区分。两者的不同之处在于是否真实发行股票或者债券。本条规定仅适用于违法但真实发行股票、债券的情形，对于不具有发行股票、债券的真实内容，以虚假转让股权、发售虚构债券等方式非法吸收资金，构成犯罪的，应以非法吸收公众存款罪定罪处罚。

此外，《解释》起草过程中还对中介机构非法经营证券业务的定性处理问题进行了研究，形成了以下倾向性意见：中介机构违反国家规定代理买卖非上市公司股票，情节严重的，依照《刑法》第二百二十五条的规定，以非法经营罪定罪处罚；非上市公司和中介机构共谋擅自发行股票，同时构成《刑法》第一百七十九条和第二百二十五条规定的犯罪的，以处罚较重的犯罪的共犯论处。鉴于该问题在讨论当中意见分歧较大，且不属于《解释》重点解决的问题，故未作规定。司法实践中遇到此类问题，可以参照《最高人民法院、最高人民检察院、公安部、中国证券监督管理委员会关于整治非法证券活动有关问题的通知》的相关规定依法处理。

（撰稿：刘为波）

（三）典型或常见问题的审理思路

1. 罪与非罪的认定

擅自发行股票、公司、企业债券，如果数额尚未达到巨大后果也不严重，或者不具有其他严重情节的，则属一般违法行为，不构成犯罪，可由有关部门给予行政处罚。根据《最高人民检察院、公安部关于公安机关管辖的刑事案件立案追诉标准的规定（二）》第二十九条的规定，未经国家有关主管部门批准，擅自发行股票或者公司、企业债券，涉嫌下列情形之一的，应予立案追诉：（一）非法募集资金金额在一百万元以上的；（二）造成投资者直接经济损失数额累计在五十万元以上的；（三）募集的资金全部或者主要用于违法犯罪活动的；（四）其他后果严重或者有其他严重情节的情形。此外，根据《非法集资解释》第十条的规定，未经国家有关主管部门批准，向社会不特定对象发行、以转让股权等方式变相发行股票或者公司、企业债券，或者向特定对象发行、变相发行股票或者公司、企业债券累计超过二百人的，应当认定为《刑法》第一百七十九条规定的“擅自发行股票、公司、企业债券”。构成犯罪的，以擅自发行股票、公司、企业债券罪定罪处罚。两者相比，在立案追诉标准上针对发行对象特定与不特定实行了不同的标准。从社会危害性程度看，针对不特定的对象，社会危害性显然较针对特定对象的要大，因而针对不特定对象的，需要有三十人购买即可成立犯罪；而针对特定对象的，则需累计达到二百人，才予以追诉，体现了社会危害性程度大小的区别。

2. 本罪与欺诈发行股票、债券罪的界限

擅自发行股票、公司、企业债券罪与欺诈发行股票、债券罪的犯罪对象都是股票或者债券，行为人都是通过发行股票或者公司、企业债券来筹集资金，在主观方面都是故意。两者的区别在于：第一，犯罪行为不同。擅自发行股票、公司、企业债券罪是行为人未经国家有关主管部门批准而擅自发行股票、债券；欺诈发行股票、债券罪是行为人在国家主管部门批准后，通过在招股说明书、认股书、公司企业债券募集办法中，隐瞒重要事实或者编造重大虚假内容的手段发行股票或者债券。第二，犯罪主体不同。擅自发行股票、公司、企业债券罪的主体是一般主体；欺诈发行股票、债券罪的主体是有权发行股票、债券的自然人、公司或者企业单位。

（四）量刑指导或参考

依照《刑法》第一百七十九条规定，犯擅自发行股票、公司、企业债券罪的，处五年以下有期徒刑或者拘役，并处或者单处非法募集资金金额百分之一以上百分之五以下罚金。单位犯本罪的，对单位判处罚金，并对其直接负责的主管人员和其他直接责任人员，处五年以下有期徒刑或者拘役。

十七、内幕交易、泄露内幕信息罪

（一）刑法规定

第一百八十条第一款① 证券、期货交易内幕信息的知情人员或者非法获取证券、期货交易内幕信息的人员，在涉及证券的发行，证券、期货交易或者其他对证券、期货交易价格有重大影响的信息尚未公开前，买入或者卖出该证券，或者从事与该内幕信息有关的期货交易，或者泄露该信息，或者明示、暗示他人从事上述交易活动，情节严重的，处五年以下有期徒刑或者拘役，并处或者单处违法所得一倍以上五倍以下罚金；情节特别严重的，处五年以上十年以下有期徒刑，并处违法所得一倍以上五倍以下罚金。

第二款 单位犯前款罪的，对单位判处罚金，并对其直接负责的主管人员和其他直接责任人员，处五年以下有期徒刑或者拘役。

第三款 内幕信息、知情人员的范围，依照法律、行政法规的规定确定。

---

① 本条经1999年12月25日公布的《刑法修正案》第四条、2009年2月28日公布的《刑法修正案（七）》第二条修正。1997年《刑法》第一百八十条规定："证券交易内幕信息的知情人员或者非法获取证券交易内幕信息的人员，在涉及证券的发行、交易或者其他对证券的价格有重大影响的信息尚未公开前，买入或者卖出该证券，或者泄露该信息，情节严重的，处五年以下有期徒刑或者拘役，并处或者单处违法所得一倍以上五倍以下罚金；情节特别严重的，处五年以上十年以下有期徒刑，并处违法所得一倍以上五倍以下罚金。单位犯前款罪的，对单位判处罚金，并对其直接负责的主管人员和其他直接责任人员，处五年以下有期徒刑或者拘役。内幕信息的范围，依照法律、行政法规的规定确定。知情人员的范围，依照法律、行政法规的规定确定。"

（二）司法解释、司法文件及其权威解读

1. 最高人民法院、最高人民检察院关于办理内幕交易、泄露内幕信息刑事案件具体应用法律若干问题的解释（法释〔2012〕6号，自2012年6月1日起施行）

为维护证券、期货市场管理秩序，依法惩治证券、期货犯罪，根据刑法有关规定，现就办理内幕交易、泄露内幕信息刑事案件具体应用法律的若干问题解释如下：

第一条 下列人员应当认定为刑法第一百八十条第一款规定的“证券、期货交易内幕信息的知情人员”：

（一）证券法第七十四条规定的人员；

（二）期货交易管理条例第八十五条第十二项规定的人员。

第二条 具有下列行为的人员应当认定为刑法第一百八十条第一款规定的“非法获取证券、期货交易内幕信息的人员”：

（一）利用窃取、骗取、套取、窃听、利诱、刺探或者私下交易等手段获取内幕信息的；

（二）内幕信息知情人员的近亲属或者其他与内幕信息知情人员关系密切的人员，在内幕信息敏感期内，从事或者明示、暗示他人从事，或者泄露内幕信息导致他人从事与该内幕信息有关的证券、期货交易，相关交易行为明显异常，且无正当理由或者正当信息来源的；

（三）在内幕信息敏感期内，与内幕信息知情人员联络、接触，从事或者明示、暗示他人从事，或者泄露内幕信息导致他人从事与该内幕信息有关的证券、期货交易，相关交易行为明显异常，且无正当理由或者正当信息来源的。

第三条 本解释第二条第二项、第三项规定的“相关交易行为明显异常”，要综合以下情形，从时间吻合程度、交易背离程度和利益关联程度等方面予以认定：

（一）开户、销户、激活资金账户或者指定交易（托管）、撤销指定交易（转托管）的时间与该内幕信息形成、变化、公开时间基本一致的；

（二）资金变化与该内幕信息形成、变化、公开时间基本一致的；

（三）买入或者卖出与内幕信息有关的证券、期货合约时间与内幕信息的

形成、变化和公开时间基本一致的；

（四）买入或者卖出与内幕信息有关的证券、期货合约时间与获悉内幕信息的时间基本一致的；

（五）买入或者卖出证券、期货合约行为明显与平时交易习惯不同的；

（六）买入或者卖出证券、期货合约行为，或者集中持有证券、期货合约行为与该证券、期货公开信息反映的基本面明显背离的；

（七）账户交易资金进出与该内幕信息知情人员或者非法获取人员有关联或者利害关系的；

（八）其他交易行为明显异常情形。

第四条 具有下列情形之一的，不属于刑法第一百八十条第一款规定的从事与内幕信息有关的证券、期货交易：

（一）持有或者通过协议、其他安排与他人共同持有上市公司百分之五以上股份的自然人、法人或者其他组织收购该上市公司股份的；

（二）按照事先订立的书面合同、指令、计划从事相关证券、期货交易的；

（三）依据已被他人披露的信息而交易的；

（四）交易具有其他正当理由或者正当信息来源的。

第五条 本解释所称“内幕信息敏感期”是指内幕信息自形成至公开的期间。

证券法第六十七条第二款所列“重大事件”的发生时间，第七十五条规定的“计划”、“方案”以及期货交易管理条例第八十五条第十一项规定的“政策”、“决定”等的形成时间，应当认定为内幕信息的形成之时。

影响内幕信息形成的动议、筹划、决策或者执行人员，其动议、筹划、决策或者执行初始时间，应当认定为内幕信息的形成之时。

内幕信息的公开，是指内幕信息在国务院证券、期货监督管理机构指定的报刊、网站等媒体披露。

第六条 在内幕信息敏感期内从事或者明示、暗示他人从事或者泄露内幕信息导致他人从事与该内幕信息有关的证券、期货交易，具有下列情形之一的，应当认定为刑法第一百八十条第一款规定的“情节严重”：

（一）证券交易成交额在五十万元以上的；

（二）期货交易占用保证金数额在三十万元以上的；

（三）获利或者避免损失数额在十五万元以上的；

（四）三次以上的；

（五）具有其他严重情节的。

第七条　在内幕信息敏感期内从事或者明示、暗示他人从事或者泄露内幕信息导致他人从事与该内幕信息有关的证券、期货交易，具有下列情形之一的，应当认定为刑法第一百八十条第一款规定的“情节特别严重”：

（一）证券交易成交额在二百五十万元以上的；

（二）期货交易占用保证金数额在一百五十万元以上的；

（三）获利或者避免损失数额在七十五万元以上的；

（四）具有其他特别严重情节的。

第八条　二次以上实施内幕交易或者泄露内幕信息行为，未经行政处理或者刑事处理的，应当对相关交易数额依法累计计算。

第九条　同一案件中，成交额、占用保证金额、获利或者避免损失额分别构成情节严重、情节特别严重的，按照处罚较重的数额定罪处罚。

构成共同犯罪的，按照共同犯罪行为人的成交总额、占用保证金总额、获利或者避免损失总额定罪处罚，但判处各被告人罚金的总额应掌握在获利或者避免损失总额的一倍以上五倍以下。

第十条　刑法第一百八十条第一款规定的“违法所得”，是指通过内幕交易行为所获利益或者避免的损失。

内幕信息的泄露人员或者内幕交易的明示、暗示人员未实际从事内幕交易的，其罚金数额按照因泄露而获悉内幕信息人员或者被明示、暗示人员从事内幕交易的违法所得计算。

第十一条　单位实施刑法第一百八十条第一款规定的行为，具有本解释第六条规定情形之一的，按照刑法第一百八十条第二款的规定定罪处罚。

权威解读

解读《最高人民法院、最高人民检察院关于办理内幕交易、泄露内幕信息刑事案件具体应用法律若干问题的解释》

一、《解释》的制定背景

近年来，随着我国证券、期货市场的飞速发展，内幕交易、泄露内幕信息犯罪案件呈逐年增多发展态势。截至2011年年底，全国法院审结内幕交易、泄露内幕信息犯罪案件20余件，其中2007年1件、2008年1件、2009

年4件、2010年5件，2011年11件。与普通犯罪相比，内幕交易、泄露内幕信息犯罪具有以下特征：一是社会危害大。证券、期货犯罪涉案金额大，社会影响面广，涉及投资者众多，严重危及资本市场运行安全和经济社会秩序。二是专业性强。资本市场关系复杂，技术手段先进，涉及证券、期货、法律、会计、计算机和网络通信技术等诸多领域，犯罪分子往往具有较深的专业背景，熟悉资本市场运行规则和信息技术，惯于利用规则和制度的漏洞逃避法律追究。三是查处难度大。证券、期货交易具有无纸化、信息化等特点，犯罪分子往往利用互联网、3G通信等先进技术传递信息和意图，加大了事后取证的难度，导致内幕交易、泄露内幕信息犯罪实发案件数量与查办案件数量存在较大落差。如2008年年初至2011年年底，证监会获取内幕交易线索的案件有426件，而真正立案调查的只有153件。2008年，公安机关查办的经济犯罪案件共8.35万件，但由证监会移送到公安机关的证券、期货犯罪案件仅10余件。鉴于上述情况，最高人民法院、最高人民检察院、公安部、证监会成立整治非法证券活动协调小组。2009年8月上旬，整治非法证券活动协调小组就设立打击证券、期货犯罪专题工作组，专门负责推进打击证券、期货犯罪专项工作达成共识，并明确了由最高人民法院牵头制定关于办理内幕交易、泄露内幕信息刑事案件司法解释的工作任务。

二、《解释》的起草过程

2009年8月下旬，为贯彻落实整治非法证券活动协调小组会议精神，最高人民法院会同最高人民检察院、公安部、证监会针对当前证券、期货犯罪的发展态势以及司法实践中反映比较突出的问题，进行了深入调研。在充分听取一线办案人员意见的基础上，通过召开专家座谈会、成果协调会和审稿会等多次会议论证，2009年12月最高人民法院起草了《关于办理内幕交易、泄露内幕信息刑事案件具体应用法律若干问题的解释（草稿）》（以下简称《草稿》），并将《草稿》及时送往全国人大常委会法工委、国务院法制办、最高人民检察院、公安部、证监会等相关部门以及北京、上海、江苏、广东、浙江、福建等证券、期货犯罪高发、频发的省（市）高级人民法院进一步征求意见。参考上述部门的意见，最高人民法院对《草稿》作出了全面修改、完善，并提交最高人民法院审判委员会第1529次会议、最高人民检察院第十一届检察委员会第72次会议审议通过。

三、《解释》的主要内容

《解释》旨在解决当前司法实践中争议较大、反映突出的法律适用问题，在内容上既充分吸收了中外法学理论研究成果，又合理借鉴了国外成功司法经验；既保证了合法性，又力求有所突破，准确把握内幕交易、泄露内幕信息犯罪的发展态势和规律。

（一）关于内幕信息的知情人员范围

内幕信息的知情人员，包括基于管理地位、监督地位、职业地位或者通过职务行为能够接触或者获得内幕信息的人员。关于内幕信息的知情人员范围，《解释》援引了《证券法》第七十四条、《期货交易管理条例》第八十五条第（十二）项的规定。

《证券法》第七十四条①规定："证券交易内幕信息的知情人包括：（一）发行人的董事、监事、高级管理人员；（二）持有公司百分之五以上股份的股东及其董事、监事、高级管理人员，公司的实际控制人及其董事、监事、高级管理人员；（三）发行人控股的公司及其董事、监事、高级管理人员；（四）由于所任公司职务可以获取公司有关内幕信息的人员；（五）证券监督管理机构工作人员以及由于法定职责对证券的发行、交易进行管理的其他人员；（六）保荐人、承销的证券公司、证券交易所、证券登记结算机构、证券服务机构的有关人员；（七）国务院证券监督管理机构规定的其他人。"

《期货交易管理条例》第八十一条第（十二）项规定："内幕信息的知情人员，是指由于其管理地位、监督地位或者职业地位，或者作为雇员、专业顾问履行职务，能够接触或者获得内幕信息的人员，包括：期货交易所的管理人员以及其他由于任职可获取内幕信息的从业人员，国务院期货监督管理机构和其他有关部门的工作人员以及国务院期货监督管理机构规定的其他人员。"

司法实践中，对内幕信息知情人员的认定，要注意对以下三个问题的把握：

1. 严格区分证券、期货监督管理机构的规定与证券、期货监督管理机构的认定

《证券法》第七十四条、《期货交易管理条例》第八十五条第（十二）项

---

① 《证券法》已修订，该条对应为新法第五十一条。

的兜底项均授予监督管理机构有权规定内幕信息的知情人员。在理解和适用这两条的兜底项时，要将监督管理机构对内幕信息的知情人员的规定与具体案件中监督管理机构对内幕信息的知情人员的认定区分开来。前者是一种抽象行政行为，具有部门规章的性质；而后者往往是应司法机关的请求，基于监督管理机构对专业知识、经验的把握而出具的一种意见材料，既不是抽象行政行为，也不是具体行政行为。证券、期货监督管理机构出具的认定意见，经司法机关审查，具有客观性、真实性和合法性的，可以作为定案的证据。

2. 发行人（上市公司）的控股股东、实际控制人控制的其他公司的董事、监事、高级管理人员不是法定的内幕信息知情人员

在《解释》起草过程中，有观点认为，上述人员可以通过发行人、上市公司的内部传阅文件获悉内幕信息，应当通过《解释》将上述人员明确为内幕信息的知情人员。后经征询有关部门，发行人（上市公司）的内部文件未必都传阅到其控股股东、实际控制人控制的其他公司的董事、监事、高级管理人员，而且这种可能性很大，因而《解释》未将上述人员明确规定为内幕信息的知情人员。

3. 内幕信息的知情人员不包括单位

对于内幕信息的知情人员，证券法与期货交易管理条例、刑法采用的表述不同。证券法表述的是“知情人”，而期货交易管理条例和刑法表述的均是“知情人员”。由于《证券法》第七十四条规定的内幕信息的知情人包括持有公司百分之五以上股份的股东（公司）、发行人控股的公司，有观点据此认为，《刑法》第一百八十条规定的“人员”，也应当包括单位，将“人员”仅解释为自然人，与单位可以成为内幕交易、泄露内幕信息罪主体的刑法规定相矛盾。

经研究认为，“人员”指的仅是自然人，而不包括单位，这是汉语中的通解。这样的理解并不与刑法关于单位犯内幕交易、泄露内幕信息罪的规定相违背，因为单位犯罪并非由单位具体实施，而是必须通过具体自然人实施。如果自然人是按照单位集体决议，为了单位利益而从事内幕交易，就可以认定单位犯内幕交易罪。同理，非法获取内幕信息的人员也仅指自然人，不包括单位。

（二）关于非法获取内幕信息的人员的范围

非法获取内幕信息的人员概括起来包括三类：一是非法手段型获取内幕

信息的人员，即获取信息的手段行为本身是非法的，如通过窃取、刺探手段获取内幕信息的；二是特定身份型获取内幕信息的人员，即获取信息的手段行为未必是非法的，但其作为特定身份的人员不应获取内幕信息，如内幕信息知情人员的配偶从知情人员处获取内幕信息；三是积极联系型获取内幕信息的人员，即主动联络、接触行为未必是非法的，但结合行为目的分析，行为人是从内幕信息的知情人员处获取不应该获取的内幕信息，因此获取行为是非法的。具体分述如下：

1. 关于非法手段型获取内幕信息的人员

《解释》第二条第（一）项对以非法手段获取内幕信息的人员进行了规定。在征求意见过程中，有观点提出，窃取、骗取、套取、窃听、利诱、刺探或者私下交易这些非法手段在含义上存在交叉、重复，不如从行为人有无内幕信息知情的权利角度认定获取内幕信息的行为是否非法，任何内幕信息知情人员以外的人获取内幕信息都属非法获取内幕信息，建议取消非法手段的规定。如果保留本项规定，建议增加被动获悉内幕信息而从事内幕交易的犯罪情形。

经研究认为，窃取、骗取、套取、窃听、利诱、刺探或者私下交易这些手段在含义上虽然不是彼此完全孤立的，但每种手段都具有明显的特色，将这些手段行为并列规定不至于造成混同。根据现有的刑法理论研究成果，在定罪过程中应当坚持主客观相统一原则。在这一原则主导下，要认定行为人是非法获取内幕信息，除了要求行为人在客观上有利用内幕信息从事证券、期货交易或者明示、暗示、泄露的行为表现，还要求行为人在获悉内幕信息时主观上明知是内幕信息。因此，从行为人有无内幕信息知情的权利角度认定是否非法获取内幕信息的观点难以在法理上经得住推敲。

2. 关于特定身份型非法获取内幕信息的人员

《解释》起草过程中，关于特定身份型非法获取内幕信息人员的范围，主要围绕以下两个问题展开分析讨论：

（1）能否将特定身份型非法获取内幕信息的人员范围扩展到内幕信息知情人员的配偶、父母、子女之外的其他近亲属。由于内幕信息知情人员的近亲属获取内幕信息具有特殊的便利条件，要加大对内幕信息的保密力度，除了加大内幕信息知情人员的保密义务，还应适度设置此类人员的保密义务，所以《解释》第二条第（二）项将该类人员规定为特定身份型非法获取内幕信息的人员。在起草初期，基于打击面的考虑，《解释》将特定身份型非法获取内幕信息的人员范围限定为内幕信息知情人员的配偶、父母、子女。后考虑到内幕信息知情人员的兄弟姐妹、(外) 祖父母、(外) 孙子女以及其他近亲属与内幕信息知情人员的配偶、父母、子女具有同等便利，如果仅将特定身份型非法获取内幕信息的人员范围限制为配偶、父母、子女，容易给内幕交易犯罪分子获取非常大的规避法律的空间。基于这一考虑，《解释》将特定身份型非法获取内幕信息的人员范围扩展到内幕信息知情人员的所有近亲属。

(2) 能否将特定身份型非法获取内幕信息的人员范围扩展到与内幕信息知情人员关系密切的人。肯定观点认为，内幕信息知情人员的情妇、情夫以及其他与其关系密切的人，就获取内幕信息而言，具有与内幕信息知情人员的近亲属同等的便利条件，应当设置此类人员的保密义务，将该类人员明确为非法获取内幕信息的人员。建议参照以下两种模式予以规定：一种模式参照《最高人民法院、最高人民检察院关于办理受贿刑事案件适用法律若干问题的意见》的规定，使用“特定关系人”的表述；另一种模式参照《刑法修正案（七)》“利用影响力受贿罪”的规定，使用“关系密切的人”的表述。否定观点认为，目前我国证券、期货市场处于起步发展阶段，法治理念和法律体系、制度尚不健全，如果将关系密切的人纳入非法获取内幕信息人员的范围，可能会造成打击面过大，在实践层面上也不易操作，搞不好会带来不好的社会效果。

《解释》采纳了前一种观点，具体理由如下：一是与内幕信息知情人员关系密切的人从事内幕交易或者泄露内幕信息的现象越来越普遍，需要在政策上加大打击力度。二是关系密切的人从内幕信息知情人员那里获取内幕信息，具有与近亲属一样的便利条件，而且由于其身份更具隐秘性，规避法律的空间甚至更大，所以有必要纳入刑法调整范围。三是在非法获取内幕信息人员的范围上，行政法与刑法没有本质区别，最高人民法院印发的《关于审理证券行政处罚案件证据若干问题的座谈会纪要》第五条采用了“内幕信息知情人员的配偶、父母、子女以及其他有密切关系的人”的规定，为加强行刑衔接，可以参照这一表述。四是就身份关系而论，与内幕信息知情人员关系密切的人从事内幕交易与《刑法》第三百八十八条之一规定的与国家工作人员关系密切的人利用影响力受贿，具有一定的相似性，在技术规范上援引《刑法》第三百八十八条之一的表述并无不妥。

3. 被动型获取内幕信息的人员能否认定为非法获取内幕信息的人员

这里，必须先明确两点：第一，此处被动型获取内幕信息的人员必须是非内幕信息知情人员的近亲属或者与其关系密切的人，如果是内幕信息知情人员的近亲属或者与其关系密切的人，则无论是主动还是被动获取，均属于非法获取内幕信息的人员；第二，被动型获悉内幕信息的人员主观上必须是明知，即必须明知是内幕信息知情人员泄露的内幕信息或者明知是他人非法获取的内幕信息。

以上述界定为前提，关于被动型获取内幕信息的人员应否认定为非法获取内幕信息的人员的讨论，理论界和实务界均未达成共识。

一种观点认为，刑法规定的内幕交易、泄露内幕信息罪的主体仅包括内幕信息的知情人员和非法获取内幕信息的人员两类。被动获悉内幕信息的人员对内幕信息不具有保密义务，其行为手段也不具有非法性，因此不能追究内幕交易、泄露内幕信息罪的刑事责任。

另一种观点认为，内幕交易、泄露内幕信息罪保护的法益是证券、期货交易的管理制度和投资者的合法权益，被动获悉内幕信息的人员应否认定为非法获取内幕信息的人员关键要看被动获悉内幕信息的人员是否具有利用内幕信息侵害这些法益的目的。应当借鉴一些境外的做法，对被动型获悉内幕信息的人员保留追究刑事责任的空间。如：美国是最早对内幕交易进行立法的国家，美国证券交易委员会制定的《14e－3号规则》规定："当任何人已采取主要步骤进行公开收购或收购已正式展开时，其他取得与该公开收购有关的重要消息，且明知或可知此消息未公开，并明知该消息来自公开收购人或目标公司或其职员、内部人、代表进行公开收购之人，不得买进或卖出该公司之股份。"英国对内幕交易的现行立法主要体现在《1993年刑事审判法》。《1993年刑事审判法》第五章第五十七条规定了内幕人的认定条件：一是消息本身属于内幕信息或行为人知道其属于内幕信息；二是行为人从内部渠道获取的信息，或者知道该信息来自内部。欧盟关于内幕交易和市场操纵（市场滥用）的2003/6号指令第四条明确，任何人如果知道或应当知道自己所掌握的信息是内幕信息，则不得从事与该内幕信息有关的证券、期货交易。日本将内幕交易罪的主体扩展到情报受领人，即包括从公司关系人处直接获悉的与上市公司内部业务相关的重要情报的人员。我国香港特别行政区对内幕交易罪主体范围规定与上述国家相似。

上述两种观点均有一定道理，但考虑到我国证券、期货市场尚处于起步发展阶段，被动型获悉内幕信息的人员从事内幕交易或者泄露内幕信息的情形又十分复杂，实践中难以准确把握，出于审慎起见，《解释》未将被动型获悉内幕信息的人员明确规定为非法获取内幕信息的人员。值得强调的是，如果被动获悉内幕信息的人员与传递信息的人员具有犯意联络，则可能构成内幕交易、泄露内幕信息罪的共犯。

（三）关于非法获取内幕信息的人员的认定

由于窃取、骗取、套取、窃听、利诱、刺探或者私下交易这些手段本身是非法的，所以对于非法手段型获取内幕信息人员的认定相对简单。在《解释》起草过程中，争议的焦点主要围绕特定身份型、积极联系型非法获取内幕信息人员的认定问题上。

鉴于有关内幕信息的知情人员与其近亲属或者关系密切的人之间信息交流的取证十分困难，《解释》曾借鉴最高人民法院、最高人民检察院、公安部联合制定的《办理毒品犯罪案件适用法律若干问题的意见》第二条的做法，规定内幕信息知情人员的近亲属或者与其关系密切的人在内幕信息敏感期内从事或者明示、暗示他人从事或者泄露内幕信息导致他人从事与该内幕信息有关的证券、期货交易的，必须对其明显异常交易或者泄露行为作出合理解释，不能作出合理解释的，应当认定为非法获取内幕信息的人员。后在征求意见过程中，有观点提出，上述规定是一种举证责任倒置，而举证责任倒置是无罪推定的例外，应当严格限制，且必须由法律明文规定。然而，多数观点认为，要求上述人员作出合理解释与举证责任倒置存在显著区别，认定上述人员非法获取内幕信息是基于敏感时期、敏感身份、敏感行为等基础事实所作的一种认定。换言之，根据这些基础事实就基本可以认定上述人员是非法获取内幕信息。“合理解释”本质上属于抗辩条款，发挥的是阻却犯罪事由的功能，体现的是有利被告人原则。

经多方分析论证，鉴于使用“合理解释”这样的措辞容易给人误导，《解释》规定，对特定身份型非法获取内幕信息人员的认定，先由司法机关认定相关交易行为是否明显异常；在确定这一前提下，司法机关必须进而认定相关明显异常交易有无正当理由或者正当信息来源。相关交易人员，明示、暗示人员或者泄露内幕信息人员可以就其行为有无正当理由或者正当信息来源提出抗辩；对无正当理由或者无正当信息来源的，应当认定行为人为非法获取内幕信息的人员。

《解释》对积极联系型获取内幕信息的人员的认定原理同上，在此不再赘述。

（四）相关交易行为明显异常的认定

1. 关于“相关交易行为”的理解

《解释》规定的“相关交易行为”，包括三类交易行为：第一类是指内幕信息的知情人员从事的与该内幕信息有关的证券、期货交易；第二类是指被明示、暗示的人员从事的与内幕信息有关的证券、期货交易；第三类是指非法获取内幕信息的人员从事的与内幕信息有关的证券、期货交易。

2. 关于“相关交易行为明显异常”的认定

实践中，对“相关交易行为明显异常”的认定主要综合从交易时间吻合程度、交易背景程度、利益关联程度三个方面进行把握。《解释》第三条吸收了这一做法，明确了从以下三个方面综合把握相关交易行为是否明显异常：

一是时间吻合程度。即从行为时间与内幕信息形成、变化、公开的时间吻合程度把握。所要比对的时间主要有以下三类：行为人开户、销户、激活资金账户或者指定交易（托管）、撤销指定交易（转托管）时间；资金变化时间；相关证券、期货合约买人或者卖出时间。

二是交易背离程度。即从交易行为与正常交易的背离程度把握。正常交易主要体现在以下两点：基于平时交易习惯而采取的交易行为；基于证券、期货公开信息反映的基本面而理应采取的交易行为。

三是利益关联程度。即从账户交易资金进出与该内幕信息的知情人员或者非法获取人员有无关联或者利害关系把握。

所谓综合把握，是指不能单纯从上述某一个方面认定交易是否明显异常，而必须综合三个方面进行全面分析、论证。考虑到实际情况错综复杂，许多情形难以预料，《解释》第三条第（八）项还规定了兜底项。

（五）关于内幕交易、泄露内幕信息犯罪阻却事由的理解

内幕交易的抗辩条款在西方发达国家和我国香港特别行政区被广泛应用。如：美国刑事审判对内幕交易抗辩条款有专章规定；香港“证券期货条例”也有专章规定。借鉴这些成熟资本市场国家和地区的做法，《解释》第四条采用“列举＋兜底”方式规定了四项内幕交易、泄露内幕信息犯罪的阻却事由。

1. 如何理解和适用《解释》第四条第（一）项的规定

（1）如何理解《证券法》第七十六条第二款的规定

《解释》第四条第（一）项规定的“持有或者通过协议、其他安排与他人共同持有公司百分之五以上股份的自然人、法人或者其他组织收购该上市公司股份的”援引了《证券法》第七十六条第二款前半部分的规定。有观点提出，《证券法》第七十六条第二款同时规定了“本法另有规定的，适用其规定”，因此只有在排除适用证券法其他相关规定的前提下，才可将“持有或者通过协议、其他安排与他人共同持有上市公司百分之五以上股份的自然人、法人或者其他组织收购该上市公司股份的”行为认定为内幕交易犯罪的阻却事由。经研究认为，上述观点是对《证券法》第七十六条第二款的误读。该款行为无需附加任何其他条件，就应当认定为内幕交易犯罪的阻却事由。《证券法》第七十六条第一款是禁止性规定，第二款相当于除外规定，第二款中的“本法另有规定”所明确的正是该类行为属于正当、合法交易。

（2）如何在实践中把握《解释》第四条第（一）项的适用条件

司法实践中，出现了不少以收购上市公司股份为由而实际从事内幕交易的案件，如何准确理解和适用《解释》第四条第（一）项，直接影响到罪与非罪的认定。

根据相关规定，上市公司百分之五以上股份的自然人、法人或者其他组织收购该上市公司股份的，必须向交易所报备，并在两天内不能再买卖该上市公司股票。如果拟收购百分之三十以上股份的，还必须发出要约公约，经证监会批准，才可以在不发出要约公约的条件下继续收购。上述信息无疑会严重影响到股票、期货的价格，对于收购人而言，属于强制披露的信息；对于收购人以外的人，属于禁止知悉的信息。由于收购信息与收购过程密不可分，为了鼓励、维护公司之间正常的收购，应当允许上市公司百分之五以上股份的自然人、法人或者其他组织，在该重大收购信息尚未公开前，利用该信息收购该上市公司股份。收购决议如果是经二个以上收购人商议通过的，收购行为被称为“一致行动”，收购人被称为“一致行动人”。

实践中，对《解释》第四条第（一）项的适用，要注意从以下三个方面严格把握：一是关于收购人的把握。如果是单独持有上市公司百分之五以上的股份，收购人仅限单独持有人。如果是共同持有上市公司百分之五以上的股份，则收购人仅限共同持有人。二是关于收购信息的把握。如果是单独持有，收购信息指的是单独持有人拟收购上市公司的信息。如果是共同持有，则收购信息指的是共同持有人之间达成的拟收购上市公司的信息。三是关于收购行为的把握。只有收购人利用收购信息收购上市公司股票、期货的，才能适用《解释》第四条第（一）项的规定。收购人以外或者收购人利用收购信息以外的信息的，不能适用该项规定。如B公司拟收购A上市公司，A上市公司百分之五以上的股东曹某获知此消息后，利用其控制的账户购入大量A上市公司股票。曹某与B公司显然不是一致行动，B公司拟收购A公司的信息属于曹某收购A公司股份信息之外的信息，因此曹某的行为不能适用《解释》第四条第（一）项的规定。

2. 如何理解按照事先订立的书面合同、指令、计划从事相关交易作为一种阻却事由

有观点认为，内幕交易人往往会制作虚假的书面合同、指令以及计划，用作规避内幕交易的事由，建议对《解释》中的该项内容不作规定。经研究认为，如果行为人按照事先订立的书面合同、指令、计划从事相关证券、期货交易，表明其完全是出于正当理由而从事交易。因此，从实体法的角度出发，按照事先订立的书面合同、指令、计划从事相关证券、期货交易，应当作为阻却内幕交易犯罪的事由。至于对《解释》该项规定可能引发大量制作虚假合同、指令、计划的担忧，实际涉及的是刑事证据的认定，属于另一层面的问题。基于上述考虑，《解释》保留了该项规定。

3. 如何理解依据已被他人披露的信息而交易作为一种阻却事由

《解释》第四条第（三）项规定的“他人披露”是指强制披露信息以外的其他人在国务院证券监管机构指定的报刊、媒体以外的报刊、媒体披露相关信息。《解释》第四条第（三）项规定的“依据已被他人披露的信息而交易”是指行为人之所以从事相关股票、期货交易是因为从非指定报刊、媒体获取了相关信息，换言之，是他人在非指定报刊、媒体披露的信息促使行为人从事相关股票、期货交易。广大股民对国务院证券监管机构指定的报刊、媒体披露的信息的信赖程度要远高于非指定报刊、媒体披露的信息。由于依据非指定报刊、媒体披露的信息从事股票、期货交易，实质上具有很大博弈的成分，所以即便从非指定报刊、媒体获悉的信息与后来指定报刊、媒体公布的内幕信息相同，行为人也可以基于这一事由主张自己的行为不构成犯罪。

值得强调的是，如果行为人在交易过程中同时从内幕信息的知情人员处

获取了内幕信息，且真正促使行为人从事相关证券、期货交易的是行为人对内幕信息知情人员泄露的信息的信赖，则不能适用《解释》第四条第（三）项的规定。

4. 兜底抗辩事由

实践中，不可否认存在行为人依据本人的知识、经验判断或者通过其他正当途径获悉内幕信息的事实，这些事实难以一一穷举，因此《解释》第四条第（四）项规定了兜底项。

（六）内幕信息敏感期的认定

1. 关于内幕信息敏感期的理解

根据《解释》第五条第一款的规定，“内幕信息敏感期”是指内幕信息自形成至公开的期间。在《解释》起草过程中，有观点认为，公开就是社会公众知悉的时刻，一旦公开，就谈不上敏感的问题，建议将“形成至公开的期间”修改为“形成至公开之前的期间”。经研究认为，《解释》第五条第一款“形成至公开的期间”的核心词汇是“期间”，公开只是一个点，公开之后，就不在此期限之内，因此“形成至公开的期间”的表述不至于造成混乱。“公开之前”表达的则是一个时段，“至公开之前”表述的期间模糊不定，在逻辑上欠缺严谨，故该意见未被采纳。

另有观点对本条规定的内幕信息敏感期的截止期提出异议，认为内幕信息公布后的较短时间内，内幕信息难以反馈到广大股民，内幕信息的部分影响力仍然存在，应当从实质影响力上把握内幕信息敏感期的截止期，建议将截止期延至内幕信息公布后的十二小时乃至二十四小时。由于刑法明文规定内幕交易、泄露内幕信息犯罪的时间点是内幕信息尚未公开前，从严格法律意义上讲，内幕信息公开了就不再是内幕信息，利用这些信息就不可能构成犯罪。再者，作为股民，应当对国务院证券监督管理机构指定报刊、媒体发布的信息在第一时间了解和掌握，不积极了解和掌握这些信息所造成的不利后果应当归结于本人的责任。对不具有第一时间了解和掌握信息条件的股民而言，其不利条件在其入市炒股时就应考虑在内，从这一角度而言，也就存在公不公平的问题。基于上述分析，《解释》明确规定内幕信息敏感期的截止期为内幕信息的公开。

2. 关于内幕信息公开的形式

内幕信息的公开是否必须通过国务院证券监管机构指定的报刊、媒体发布，实践中对这一问题存在不同认识。一种观点认为，内幕信息是否公开是以市场是否消化内幕信息作为认定标准的，不以在国务院证券监管机构指定的报刊、媒体发布为要件，在非指定报刊、媒体上发布也应视为内幕信息的公开。另一种观点认为，根据《证券法》第七十条的规定，内幕信息必须以在国务院证券监管机构指定的报刊、媒体发布的方式公开。

为使广大股民对非指定报刊、媒体披露的信息与指定报刊媒体公开的信息形成区别认识，保持对权威报刊、媒体发布内幕信息的信赖程度，《解释》第五条根据相关法律规定，明确内幕信息必须以在国务院证券监管机构指定的报刊、媒体发布的方式公开，强制披露信息人以外的人在非指定报刊、媒体披露内幕信息的，不能认定为内幕信息的公开。

3. 关于内幕信息形成之时的认定

在司法实践中，一般将《证券法》第六十七条第二款所列“重大事件”的发生时间，第七十五条规定的“计划”“方案”以及《期货交易管理条例》第八十五条第（十一）项规定的“政策”“决定”等的形成时间，认定为内幕信息的形成之时。

然而，随着证券、期货市场的飞速发展，上述认定模式越来越难从适应打击证券、期货市场犯罪的需要。如广东董某内幕交易案。董曾是影响“广发证券借壳延边公路”内幕信息形成的主要决策人，董指使他人买入相关证券的行为远在内幕信息正式形成之前，按照传统理解，董的大部分行为都不在内幕信息敏感期内，对于该部分行为不能认定为内幕交易、泄露内幕信息的行为；再如江苏刘某内幕交易、泄露内幕信息案。刘曾是南京市经委主任，是牵头重组某陶瓷股份有限公司并借壳上市的主要参与人员。在洽谈过程中，刘指使其妻陈某买入某陶瓷股票60余万股，折合430万元，最终获利700多万元。刘是在重组计划、方案正式形成之前指使其妻从事相关证券交易的，按照传统理解，该部分行为不能认定为内幕交易、泄露内幕信息的行为。然而，这部分行为的社会危害性和所体现的行为人的主观恶性比传统内幕交易、泄露内幕信息行为有过之而无不及。因此，对于能够影响内幕信息形成的动议、筹划、决策或者执行人员，应当区别于普通的内幕信息的知情人员，内幕信息的敏感期应当自其动议、筹划、决策或者执行初始时间开始起算。

（七）内幕交易、泄露内幕信息的定罪量刑标准

1. 单次证券交易成交额、期货交易占用保证金数额的认定

如何认定单次证券交易成交额、期货交易占用保证金数额，实践中存在不同看法。一种观点认为，应当根据不同情形，以单次买入金额或者卖出金额作为成交额（占用保证金数额）。在利空消息案件中，以单次买入金额作为成交额（占用保证金数额）；在利好消息案件中，以单次买出金额作为成交额。另一种观点认为，以初始买人金额作为成交额（占用保证金数额），既有利于被告人，也有利于证据收集，同时便于计算获利金额，应当以初始买人金额作为成交额（占用保证金数额）。

经研究认为，买入金额、卖出金额均能体现行为的社会危害程度。在有的案件中，买入金额最能准确体现行为的社会危害大小，而在有的案件中，卖出金额最能准确体现行为的社会危害大小。考虑到具体案件中情况比较复杂，《解释》对此未确立一个统一的原则。实践中，对于单次买入金额、卖出金额不同的，比较普遍的做法是按照“从一重处断”原则，即将数量大的认定为成交额（占用保证金数额）。

2. 获利或者避免损失数额的认定

如何认定获利或者避免损失数额，是按照实际所得还是按照账面所得，是司法实践中经常遇到的问题。一种观点主张，获利或者避免损失数额应当按照实际所得计算，不能按照账面所得进行计算。另一种观点主张，获利或者避免损失数额应当按照账面所得进行计算。

经调研，在有的案件中，股票仅卖出一部分；在有的案件中，行为人为逃避处罚通常选择卖亏；而在有的案件中，对未抛售的涉案股票可能需要进行应急处理，根据具体股市行情决定是否抛售。考虑到实际情况纷繁多变，《解释》未对获利或者避免损失数额的认定确立一个总的原则。实践中比较倾向的观点是，对已抛售的股票按照实际所得计算，对未抛售的股票按照账面所得计算，但对为逃避处罚而卖亏的股票，应当按照账面所得计算。对于涉案股票暂不宜抛售的，在认定获利或者避免损失数额时，应当按照查封股票账户时的账面所得计算，但在具体追缴财产或退赔财产时，可按最终实际所得认定获利或者避免损失数额计算。

3. 情节严重与情节特别严重的量比

在起草之初，基于证券、期货犯罪涉及的数额一般都偏高的考虑，又鉴

于其情节严重（起刑点标准）与最高人民检察院、公安部联合发布的相关立案追诉标准最好保持一致，《解释》曾单方面提高了情节特别严重的认定标准，将内幕交易、泄露内幕信息罪的情节严重和情节特别严重量化比例确定为1∶10。后在征求意见过程中，不少意见认为，通常司法解释对情节严重与情节特别严重的量化比例确定在1∶5至1∶4之间，建议本解释遵循常例。参考这一意见，《解释》将“情节严重”与“情节特别严重”的量比确定为1∶5。

（八）二次以上内幕交易或者泄露内幕信息相关交易数额的累计计算

1.“相关交易数额”的理解

《解释》第八条中的“相关交易数额”中的“相关交易”与《解释》第二条第（二）项、第（三）项规定的“相关交易”含义相同。“相关交易数额”，包括相关交易行为的成交额、占用保证金额、获利或者避免损失数额，不能仅理解为成交额。

2. 相关交易数额是否累计计算

实践中，对这一问题存在不同主张。一种观点认为，以初始成交额（占用保证金数额）、获利或者避免损失数额认定为行为人的犯罪数额，既有利于被告人，又有利于证据收集，还便于计算获利或者避免损失数额。如果进行累计计算，一旦涉案人员对证据进行了销毁，就难以准确计算相关交易数额总量。因此，应当以初始成交额（占用保证金数额）、获利或者避免数额作为最终的犯罪数额，反对将相关交易数额进行累计计算。另一种观点认为，证券、期货犯罪与其他挪用公款的职务犯罪不同，证券、期货犯罪主要体现在交易量的变化对市场秩序以及由此导致的对股民权益的侵害，应当对成交额（占用保证金数额）和获利或者避免损失数额进行累计计算。《解释》采纳了后一种观点。

3. 关于纳入累计的内幕交易行为的范围

《解释》第八条对内幕交易数额的累计计算仅作了原则性规定，即必须依法累计计算。对这一原则性规定，应理解为对内幕交易数额累计计算的限定，即单次内幕交易或者泄露内幕信息行为如不构成犯罪但超过行政处罚时效期限或者构成犯罪但超过追诉期限的，不在累计范围，但依照法律不受追诉期限限制的除外。

要准确认定累计数额，必须准确认定哪些行为能够作为累计对象。由于一般违法行为和犯罪行为的处罚时效不同，所以首先必须界分一般违法行为和犯罪行为。违法行为必须在行政处罚时效之内的限定旨在限制刑罚权的无限扩大，科学体现刑法的谦抑精神。行政违法行为，处罚时效一般为二年（逃税行为除外），对于已过处罚时效的一般违法行为，如果不能追究行政责任，那么无疑也不宜追究刑事责任，这应是社会主义法治精神的原则性要求。针对已经举报、行政执法机关或者司法机关已经立案，不受行政处罚时效期限或追诉期限限制的违法犯罪行为，行政处罚权或者刑罚权没有限制，因此，对这类内幕交易行为应当纳入累计范围。

（九）犯罪数额构成不同情节的处罚原则

《解释》第九条第一款对犯罪数额构成不同情节的犯罪规定了处罚原则。在内幕交易、泄露内幕信息案件中，只要成交额（期货案件为占用保证金额）、获利额其中之一达到入罪标准，就构成犯罪。从原理分析，社会危害性是定罪量刑最基本的依据，《解释》之所以将成交额、占用保证金额、获利额作为定罪依据，是因为这三者均能体现行为的社会危害程度。在有的案件中，交易数额（保证金额）最能准确体现行为的社会危害大小，而在有的案件中，获利或者避免损失数额最能准确体现行为的社会危害大小。理论界和实务界的主流观点均认为，同一行为成交额（占用保证金额）、获利或者避免损失数额构成不同情节的，应当按照“从一重处断”原则确定有关被告人的量刑幅度。

由于内幕交易、泄露内幕信息犯罪有情节严重和情节特别严重两个法定刑幅度，且情节严重、情节特别严重均是通过成交额（占用保证金额）、获利或者避免损失数额来体现的，所以三者不仅是区分罪与非罪的标准，还可能是区分此罪与彼罪的标准。如在牵连犯、想象竞合犯案件中，一般是按处罚较重的罪进行定罪处罚，这就要求准确找到能够体现最重罪行的犯罪数额。这一定罪逻辑，反过来表明，在同一案件中，如果犯罪数额构成不同情节的，一般按照处罚较重的数额确定量刑幅度。

基于上述分析和论证，《解释》第九条第一款规定：“同一案件中，成交额、占用保证金额、获利或者避免损失额分别构成情节严重、情节特别严重的，按照处罚较重的数额定罪处罚。”

（十）关于共犯情形罚金刑的适用

共同犯罪情形，是按照共同犯罪数额计算罚金，还是按照各自的犯罪数额计算罚金，在司法实践中不好把握，因此有必要予以明确。

一般情况下，定罪与量刑应坚持同一数额标准，但在共同犯罪案件中，特别是人数众多的共同犯罪案件中，这一原则应有所突破，否则必然导致罚金数额过大，而出现根本无法执行的情况。因此，《解释》第九条第二款借鉴最高人民法院、最高人民检察院、海关总署印发的《办理走私刑事案件适用法律若干问题的意见》第二十二条的规定，对共同犯罪的罚金刑适用在总额上作了如下限制：构成共同犯罪的，按照共同犯罪行为人的成交总额、占用保证金总额、获利或者避免损失总额定罪处罚，但判处各被告人罚金的总额应掌握在各被告人获利或者避免损失总额的一倍以上五倍以下。

（十一）违法所得数额的理解

“违法所得数额”通常被理解为“获利数额”，如1995年《最高人民法院关于审理生产、销售伪劣产品刑事案件如何认定“违法所得数额”的批复》将“违法所得数额”界定为“生产、销售伪劣产品获利的数额”。由于生产、销售行业的违法犯罪行为很少涉及损失避免的认定，所以将此处的“违法所得”理解为“获利数额”有其一定的合理性。然而，证券、期货交易是一种高风险的投资行业，获取内幕信息后，买入行为可能获取暴利，卖出行为可能避免损失，因此，行为人在内幕信息敏感期内卖出证券、期货所避免的损失应当认定为《刑法》第一百八十条第一款规定的“违法所得”。

（十二）泄露内幕信息人员、明示人员、暗示人员的罚金数额

1. 非共犯情形下泄露内幕信息人员、明示人员、暗示人员的罚金数额

《刑法》第一百八十条第一款对内幕交易、泄露内幕信息罪规定了并处或者单处违法所得一倍以上五倍以下罚金，然而，对于非共犯情形下的泄露内幕信息人员、明示人员、暗示人员，此处的“违法所得”是指从事内幕交易的违法所得还是指因泄露内幕信息或者明示、暗示行为而获取的报酬，该问题亟须明确。

有观点认为，非共犯情形下泄露内幕信息人员未参与内幕交易，也就未从交易行为中获取所得。由此而论，对于此类人员，违法所得只能是因其泄露、明示、暗示行为而获取的报酬，将此处的“违法所得”理解为内幕交易人员的违法所得，违背了刑法原意。另外，获取内幕信息人员可能自己未从事内幕交易但将内幕信息再泄露，甚至连锁泄露内幕信息两三次，根据所有人的内幕交易违法所得对泄露人员进行处罚，显失公平。经研究认为，《刑法》第一百八十条第一款规定的“违法所得”应是指内幕交易人员的违法所得。该条之所以未具体明确违法所得主体，从一个角度可以理解为是立法者的疏漏，但从另一个角度也可以理解为是一种立法技术，因此将此处的“违

法所得”理解为内幕交易人员的违法所得，并未违背立法原意。对于关系密切的泄露内幕信息、明示、暗示人员与内幕交易人员而言，可能根本不存在什么报酬，因此，针对泄露内幕信息、明示、暗示人员，将“违法所得”理解为泄露、明示、暗示行为的报酬，与立法原意不符。基于这一分析，《解释》第十条第二款规定：“内幕信息的泄露人员或者内幕交易的明示、暗示人员未实际从事内幕交易的，其罚金数额按照因泄露而获悉内幕信息人员或者被明示、暗示人员从事内幕交易的违法所得计算。”

2. 对二手以上的内幕信息传递行为是否追究刑事责任

一种观点认为，我国应当采取信息内容为主，传递身份为辅模式。对多级传递内幕信息行为的认定，主要看被传递人是否明知其接受的信息为内幕信息，其次考虑传递人与被传递人之间的关系。但从当前司法现状出发，对二手以上的内幕信息传递行为，原则上不应追究刑事责任，否则打击面过大。如在证券、期货市场比较发达的欧盟采取的是传递身份模式，对二手以下的传递者仅给予行政处罚，而日本对二手以下的传递者则不追究任何责任。

另一种观点认为，对于内幕交易、泄露内幕信息行为的认定，关键在于内幕信息传递人主观上是否明知。如果属于明知是内幕信息而予以传递的，即表明行为人在传递时具有主观恶性，属于恶意侵犯法益，无论是第几手传递内幕信息，都应当追究刑事责任。当前，世界各国对内幕信息多级传递行为的认定模式存在一定差别。我国当前证券、期货市场秩序较乱，应借鉴美国模式进行综合治理。美国采取的是信息内容模式，传递身份在所不问。2000 年，美国有个内幕交易案件，追究了内幕信息传递第六手的刑事责任。

经研究认为，并非所有存在二传、三传的案件都难以认定泄露内幕信息人员的责任，即便难以认定，在能够认定的限度内也应追究泄露内幕信息人员的责任。对于泄露内幕信息行为，即如二传、三传不是从内幕信息知情人员那里获悉信息，但如果泄露内幕信息人员知晓有二传、三传乃至之后的人在利用其泄露的内幕信息进行交易而不加制止或未有效制止，那么其就应当对这些从事内幕交易的行为承担责任。

（十三）关于无获利且未避免损失情形的罚金刑适用

在无违法所得的情况下，如何适用罚金刑，实践中存在分歧。

一种观点认为，应当处以罚金刑，具体适用时可以选择替代标准。理由是：首先，从刑罚设置原理分析，对经济犯罪处以财产刑是必要的；其次，从《刑法》条文的表述分析，“并处或者单处违法所得一倍以上五倍以下罚金”意味着必须处以罚金刑；最后，突破《刑法》规定，弥补立法漏洞的做法，在司法解释中已有先例可循。如生产、销售伪劣商品罪中的“销售金额”就是一适例。

另一种观点认为，并处罚金刑只是为了区别单处罚金刑，即在判处主刑的同时也可以判处罚金刑，但并非必须判处罚金刑，特别是在没有违法所得情形下。理由如下：首先，不处以罚金刑不等于不处罚，主刑的轻重仍然是罪刑均衡的主要参考指标；其次，《刑法》明文规定按照违法所得计算罚金，司法解释无权突破刑法对没有违法所得情形规定罚金计算标准；此外，在内幕交易、泄露内幕信息案件中，难以在违法所得之外找到计算罚金的替代标准，如果以交易额替代违法所得，那么将会大大加重内幕交易、泄露内幕信息行为人的财产刑。

《解释》对此未作明确。实践中，比较倾向的做法是对行为人判处一千元的罚金，即以罚金刑的下限作为判处行为人的罚金数额，如此解决了具体案件中无违法所得而无罚金参照标准与刑法规定的并处罚金而必须判处罚金之间的矛盾。

（十四）关于定罪量刑标准是否区分单位和个人主体

有观点认为，单位犯罪和个人犯罪在起诉标准和处刑上均应有所区别。而反对观点认为，2008 年《最高人民检察院、公安部关于经济犯罪案件追诉标准的补充规定》没有区分单位和个人两种主体，因此无需区别单位犯罪主体和个人犯罪主体。经研究认为，就本罪而言，《刑法》对单位犯罪规定了单独的法定刑，即便不对单位犯罪和个人犯罪的量刑标准加以区别，也可以追求两者之间的量刑平衡。因此，《解释》采纳了后一种观点。

（撰稿：刘晓虎）

（三）典型或常见问题的审理思路

1.“内幕信息”“知情人员”“非法获取证券、期货交易内幕信息的人员”的范围认定

“内幕信息”，是指为内幕人员所知悉的、尚未公开的并对证券的发行，证券、期货交易或者价格有重大影响的信息，其具体范围，根据法律、行政法规的规定确定。根据《证券法》第五十二条的规定，内幕信息是指证券交

易活动中，涉及公司的经营、财务或者对该公司证券的市场价格有重大影响的尚未公开的信息。《期货交易管理条例》第十五条对内幕信息的概念作了相类似的规定。根据上述规定，内幕信息具体包括：（1）《证券法》第八十条第二款所列重大事件；（2）公司分配股利或者增资的计划；（3）公司股权结构的重大变化；（4）公司债务担保的重大变更；（5）公司营业用主要资产的抵押、出售或者报废一次超过该资产的30%；（6）公司的董事、监事、高级管理人员的行为可能依法承担重大损害赔偿责任；（7）上市公司收购的有关方案；（8）国务院期货监督管理机构以及其他相关部门制定的对期货交易价格可能发生重大影响的政策；（9）期货交易所作出的可能对期货交易价格发生重大影响的决定；（10）期货交易所会员、客户的资金和交易动向；（11）国务院证券、期货监督管理机构认定的对证券、期货交易价格有显著影响的其他重要信息。

所谓“知情人员”，是指由于持有发行人的证券，或者在相关公司中担任董事、监事、高级管理人员，或者由于其会员地位、管理地位、监管地位，或者作为雇员、专业顾问履行职务，能够接触或者获得内幕信息的人员。《最高人民法院、最高人民检察院关于办理内幕交易、泄露内幕信息刑事案件具体应用法律若干问题的解释》（以下简称《内幕交易、泄露内幕信息解释》）第一条对“知情人员”作出了明确规定。

所谓“非法获取证券、期货交易内幕信息的人员”，是指内幕信息知情人员以外的，不是基于职务或者业务，而是通过偷听、监听、私下交易等非法手段获取证券、期货交易内幕信息的人员。《内幕交易、泄露内幕信息解释》第二条对“非法获取证券、期货交易内幕信息的人员”作出了明确规定。

2. 罪与非罪的认定

利用内幕交易、泄露内幕信息行为，必须达到“情节严重”的程度，才构成犯罪。达不到“情节严重”的程度，属于违法行为，由监管部门给予相应的行政处罚。根据《最高人民法院、最高人民检察院关于办理内幕交易、泄露内幕信息刑事案件具体应用法律若干问题的解释》（以下简称《内幕交易、泄露内幕信息解释》）第六条的规定，在内幕信息敏感期内从事或者明示、暗示他人从事或者泄露内幕信息导致他人从事与该内幕信息有关的证券、期货交易，具有下列情形之一的，应当认定为《刑法》第一百八十条第一款规定的“情节严重”：（1）证券交易成交额在五十万元以上的；（2）期货交易占用保证金数额在三十万元以上的；（3）获得或者避免损失数额在十五万元以上的；（4）三次以上的；（5）具有其他严重情节的。

3. 此罪与彼罪的界限

本罪是选择性罪名。行为人如果同时具有内幕交易和泄露内幕信息且情节严重的行为，只能以内幕交易、泄露内幕信息罪一罪处罚，不实行数罪并罚。行为人如果过失泄露内幕信息，不构成犯罪。但所涉内幕信息如果涉及国家秘密，且情节严重的，则应当以《刑法》第三百九十八条规定的过失泄露国家秘密罪定罪处罚。

（四）疑难、复杂问题的参考性解答

对本罪中违法所得的理解

本书观点：“违法所得”数额通常被理解为非法获利数额。然而，证券、期货交易是一种高风险的投资行业，获取内幕信息后，买入行为可能获取暴利，卖出行为可能避免损失，这样，行为人在内幕信息敏感期内卖出证券、期货所避免的损失也应当认定为“违法所得”。因此，《内幕交易、泄露内幕信息解释》第十条第一款规定：“刑法第一百八十条第一款规定的‘违法所得’，是指通过内幕交易行为所获利益或者避免的损失”。第二款规定“内幕信息的泄露人员或者内幕交易的明示、暗示人员未实际从事内幕交易的，其罚金数额按照因泄露而获悉内幕信息人员或者被明示、暗示人员从事内幕交易的违法所得计算”。还需要指出的是，行为人泄露内幕信息，对方给予的贿金或者其他好处，如果没有单独定罪，应当认定为依本罪规定判处罚金的“违法所得”数额。

（五）量刑指导或参考

依照《刑法》第一百八十条规定，犯内幕交易、泄露内幕信息罪的，处五年以下有期徒刑或者拘役，并处或者单处违法所得一倍以上五倍以下罚金；情节特别严重的，处五年以上十年以下有期徒刑，并处违法所得一倍以上五倍以下罚金。单位犯本罪的，对单位判处罚金，并对其直接负责的主管人员和其他直接责任人员，处五年以下有期徒刑或者拘役。

司法机关在适用上述规定处罚时，应当注意以下问题：

1. **“情节特别严重”的认定**

“情节特别严重”是本罪的加重处罚情节，依照《内幕交易、泄露内幕信息解释》第七条的规定，“情节特别严重”包括：（1）证券交易成交额在二百五十万元以上的；（2）期货交易占用保证金数额在一百五址万元以上的；（3）获利或者避免损失数额在七十五万元以上的；（4）具有其他特别严重情节的。

2. **相关交易数额的认定问题**

根据《内幕交易、泄露内幕信息解释》第八条、第九条规定：（1）二次以上实施内幕交易或者泄露内幕信息行为，未经行政处理或者刑事处理的，应当对相关交易数额依法累计计算。（2）同一案件中，成交额、占用保证金额、获利或者避免损失额分别构成情节严重、情节特别严重的，按照处罚较重的数额定罪处罚。构成共同犯罪的，按照共同犯罪行为人的成交总额、占用保险金总额、获利或者避免损失总额定罪处罚，但判处各被告人罚金的总额，应掌握在获利或者避免损失总额的一倍以上五倍以下。

十八、利用未公开信息交易罪

（一）刑法规定

第一百八十条第四款[①] 证券交易所、期货交易所、证券公司、期货经纪公司、基金管理公司、商业银行、保险公司等金融机构的从业人员以及有关监管部门或者行业协会的工作人员，利用因职务便利获取的内幕信息以外的其他未公开的信息，违反规定，从事与该信息相关的证券、期货交易活动，或者明示、暗示他人从事相关交易活动，情节严重的，依照第一款的规定处罚。

（二）典型或常见问题的审理思路

1. **本罪客观方面的表现**

本罪的客观方面主要表现为证券交易所、期货交易所、证券公司、期货经纪公司、基金管理公司、商业银行、保险公司等金融机构的从业人员以及有关监管部门或者行业协会的工作人员（以下简称金融机构从业人员），利用因职务便利获取的内幕信息以外的其他未公开的信息，违反规定，从事与该

---

① 本款由2009年2月28日公布的《刑法修正案（七）》第二条第二款增加。

信息相关的证券、期货交易活动，或者明示、暗示他人从事相关交易活动，情节严重的行为。第一，存在行为人利用未公开的信息从事相关交易的客观行为，既包括行为人违反规定自己直接利用该未公开的信息从事与该信息相关的证券、期货交易活动，也包括行为人明示、暗示他人从事相关交易活动（可谓“间接从事交易”）。明示、暗示的对象一般是与行为人有密切利害关系的人，如亲属、朋友等。上述行为便是业界一般称之为建立“老鼠仓”的行为，这种非法交易行为损害了不特定的社会公众投资者和股民的合法权益（如损害资产管理机构的客户的利益）。第二，行为人利用未公开信息进行相关交易的活动必须发生在涉及证券的发行、证券交易、期货交易或者其他对证券、期货价格有重大影响的内幕信息以外的信息尚未公开前，这是构成利用未公开信息交易罪所必须具备的时间要件。否则，若涉及证券的发行，证券、期货交易或者其他对证券、期货的价格有重大影响的内幕信息以外的其他信息已经公开，由于该信息已不再具有未公开性质，也就不存在利用未公开信息交易的问题，此时上述从业人员、工作人员即使买入或者卖出了该证券、进行了证券，期货交易也不构成该罪；即使将该信息告知别人，明示、暗示别人从事与该信息相关的交易也不构成符合该罪犯罪的客观方面的时间要素。第三，利用未公开信息进行相关交易的活动，必须达到情节严重的程度才能构成犯罪。所谓“情节严重”，主要是指以下几种情形：（1）证券交易成交额累计在五十万元以上的；（2）期货交易占用保证金数额累计在三十万元以上的；（3）获利或者避免损失数额累计在十五万元以上的；（4）多次利用内幕信息以外的其他未公开信息进行交易活动的；（5）其他情节严重的情形。

2. 本罪不以实际盈利或避免损失为成立条件

利用未公开信息进行交易往往能为行为人带来巨额利润或避免重大损失，但是，有必要明确的是，本罪的构成并不以行为人实际盈利或避免损失为要件。影响证券、期货市场价格的因素极为复杂，除了自身的原因外，还受大盘、政策、市场资金充裕程度等因素的影响。只要行为人利用未公开信息交易行为完成，且达到了规定的追诉标准，就应以利用未公开信息交易罪追究其刑事责任，而不论其是否实际盈利或避免损失。

（三）疑难、复杂问题的参考性解答

1. 对《刑法》第一百八十条第四款援引第一款量刑情节应当如何理解和把握①？

《刑法》第一百八十条第一款对内幕交易、泄露内幕信息罪规定为：“证券、期货交易内幕信息的知情人员或者非法获取证券、期货交易内幕信息的人员，在涉及证券的发行，证券、期货交易或者其他对证券、期货交易价格有重大影响的信息尚未公开前，买入或者卖出该证券，或者从事与该内幕信息有关的期货交易，或者泄露该信息，或者明示、暗示他人从事上述交易活动，情节严重的，处五年以下有期徒刑或者拘役，并处或者单处违法所得一倍以上五倍以下罚金；情节特别严重的，处五年以上十年以下有期徒刑，并处违法所得一倍以上五倍以下罚金。”第四款对利用未公开信息交易罪规定为：“证券交易所、期货交易所、证券公司、期货经济公司、基金管理公司、商业银行、保险公司等金融机构的从业人员以及有关监管部门或者行业协会的工作人员，利用因职务便利获取的内幕信息以外的其他未公开的信息，违反规定，从事与该信息相关的证券、期货交易活动，或者明示、暗示他人从事相关交易活动，情节严重的，依照第一款的规定处罚。”

对于第四款中“情节严重的，依照第一款的规定处罚”应如何理解，在司法实践中存在不同的认识。一种观点认为，第四款中只规定了“情节严重”的情形，而未规定“情节特别严重”的情形，因此，这里的“情节严重的，依照第一款的规定处罚”只能是依照第一款中“情节严重”的量刑档次予以处罚；另一种观点认为，第四款中的“情节严重”只是入罪条款，即达到了情节严重以上的情形，依据第一款的规定处罚。至于具体处罚，应看符合第一款中的“情节严重”还是“情节特别严重”的情形，分情况依法判处。情节严重的，“处五年以下有期徒刑”，情节特别严重的，“处五年以上十年以下有期徒刑”。

本书认为，《刑法》第一百八十条第四款援引法定刑的情形，应当是对第一款全部法定刑的引用，即利用未公开信息交易罪应有“情节严重”“情节特别严重”两种情形和两个量刑档次。这样理解的具体理由如下：

（1）符合《刑法》的立法目的。由于我国基金、证券、期货等领域中，

---

① 观点来源：《最高人民法院关于发布第13批指导性案例的通知》（法〔2016〕214号，2016年6月30日发布）。

利用未公开信息交易行为比较多发，行为人利用公众投入的巨额资金作后盾，以提前买入或者提前卖出的手段获得巨额非法利益，将风险与损失转嫁到其他投资者，不仅对其任职单位的财产利益造成损害，而且严重破坏了公开、公正、公平的证券市场原则，严重损害客户投资者或处于信息弱势的散户利益，严重损害金融行业信誉，影响投资者对金融机构的信任，进而对资产管理和基金、证券、期货市场的健康发展产生严重影响。为此，《刑法修正案（七）》新增利用未公开信息交易罪，并将该罪与内幕交易、泄露内幕信息罪规定在同一法条中，说明两罪的违法与责任程度相当。利用未公开信息交易罪也应当适用“情节特别严重”。

（2）符合法条的文意。首先，《刑法》第一百八十条第四款中的“情节严重”是入罪条款。《最高人民检察院、公安部关于公安机关管辖的刑事案件立案追诉标准的规定（二）》对利用未公开信息交易罪规定了追诉的情节标准，说明该罪需达到“情节严重”才能被追诉。利用未公开信息交易罪属情节犯，立法要明确其情节犯属性，就必须借助“情节严重”的表述，以避免“情节不严重”的行为入罪。其次，该款中“情节严重”并不兼具量刑条款的性质。刑法条文中大量存在“情节严重”兼具定罪条款及量刑条款性质的情形，但无一例外均在其后列明了具体的法定刑。《刑法》第一百八十条第四款中“情节严重”之后，并未列明具体的法定刑，而是参照内幕交易、泄露内幕信息罪的法定刑。因此，本款中的“情节严重”仅具有定罪条款的性质，而不具有量刑条款的性质。

（3）符合援引法定刑立法技术的理解。援引法定刑是指对某一犯罪并不规定独立的法定刑，而是援引其他犯罪的法定刑作为该犯罪的法定刑。《刑法》第一百八十条第四款援引法定刑的目的是避免法条文字表述重复，并不属于法律规定不明确的情形。

综上，《刑法》第一百八十条第四款虽然没有明确表述“情节特别严重”，但是根据本条款设立的立法目的、法条文意及立法技术，应当包含“情节特别严重”的情形和量刑档次。

2. 利用未公开信息交易罪“情节特别严重”的认定标准①

目前虽然没有关于利用未公开信息交易罪“情节特别严重”认定标准的

---

① 观点来源：《最高人民法院关于发布第13批指导性案例的通知》（法〔2016〕214号，2016年6月30日发布）。

专门规定，但鉴于刑法规定利用未公开信息交易罪是参照内幕交易、泄露内幕信息罪的规定处罚，《最高人民法院、最高人民检察院关于办理内幕交易、泄露内幕信息刑事案件具体应用法律若干问题的解释》将成交额二百五十万元以上、获利七十五万元以上等情形认定为内幕交易、泄露内幕信息罪“情节特别严重”的标准，利用未公开信息交易罪也应当遵循相同的标准。

（四）量刑指导或参考

依照《刑法》第一百八十条第四款规定，犯利用未公开信息交易罪，依照第一款的规定处罚，即处五年以下有期徒刑或者拘役，并处或者单处违法所得一倍以上五倍以下罚金；情节特别严重的，处五年以上十年以下有期徒刑，并处违法所得一倍以上五倍以下罚金。

十九、编造并传播证券、期货交易虚假信息罪

（一）刑法规定

第一百八十一条[①]**第一款**　编造并且传播影响证券、期货交易的虚假信息，扰乱证券、期货交易市场，造成严重后果的，处五年以下有期徒刑或者拘役，并处或者单处一万元以上十万元以下罚金。

第三款　单位犯前两款罪的，对单位判处罚金，并对其直接负责的主管人员和其他直接责任人员，处五年以下有期徒刑或者拘役。

（二）典型或常见问题的审理思路

1. 罪与非罪的认定

编造并传播证券、期货交易虚假信息，只有造成严重后果的才构成犯罪。依照法律规定，编造并传播影响证券、期货交易的虚假信息的行为，必须是“扰乱证券、期货交易市场，造成严重后果的”，才构成犯罪。主要指行为人

---

① 本条经1999年12月25日公布的《刑法修正案》第五条修正。

1997年《刑法》第一百八十一条第一款、第三款规定：“编造并且传播影响证券交易的虚假信息，扰乱证券交易市场，造成严重后果的，处五年以下有期徒刑或者拘役，并处或者单处一万元以上十万元以下罚金。单位犯前两款罪的，对单位判处罚金，并对其直接负责的主管人员和其他直接责任人员，处五年以下有期徒刑或者拘役。”

编造并传播的虚假信息导致股票、期货市场价格大幅波动，或者引起投资者心理恐慌，大量抛售股票、期货合约，引起股票、期货市场动荡，或者诱使股民、商家大量购入或者抛出某一只股票、期货合约，致使投资者利益遭受重大损失的情况，等等。

2. 仅编造或仅传播证券、期货交易虚假信息的行为能否构成本罪?

行为人必须既有编造证券、期货交易虚假信息的行为，同时又实施了散布自己编造的虚假信息的行为。如果仅有编造或仅有传播证券、期货交易虚假信息的，不构成本罪。至于数人的共同行为，有人负责编造虚假信息，有人分工组织向外散布、传播，虽然不是同一人同时实施编造并传播影响证券、期货交易虚假信息的行为，但作为数人或者一个单位中不同人员的分工，仍属同时实施了编造并传播影响证券、期货交易虚假信息的行为。

（三）量刑指导或参考

依照《刑法》第一百八十一条第一款、第三款的规定，犯编造并传播证券、期货交易虚假信息罪的，处五年以下有期徒刑或者拘役，并处或者单处一万元以上十万元以下罚金。单位犯本罪的，对单位判处罚金，并对其直接负责的主管人员和其他直接责任人员，处五年以下有期徒刑或者拘役。

二十、诱骗投资者买卖证券、期货合约罪

（一）刑法规定

第一百八十一条第二款[①] 证券交易所、期货交易所、证券公司、期货经纪公司的从业人员，证券业协会、期货业协会或者证券期货监督管理部门的工作人员，故意提供虚假信息或者伪造、变造、销毁交易记录，诱骗投资者买卖证券、期货合约，造成严重后果的，处五年以下有期徒刑或者拘役，并处或者单处一万元以上十万元以下罚金；情节特别恶劣的，处五年以上十年

---

① 本条经1999年12月25日公布的《刑法修正案》第五条修正。1997年《刑法》第一百八十一条第二款规定：“证券交易所、证券公司的从业人员，证券业协会或者证券管理部门的工作人员，故意提供虚假信息或者伪造、变造、销毁交易记录，诱骗投资者买卖证券，造成严重后果的，处五年以下有期徒刑或者拘役，并处或者单处一万元以上十万元以下罚金；情节特别恶劣的，处五年以上十年以下有期徒刑，并处二万元以上二十万元以下罚金。”

以下有期徒刑，并处二万元以上二十万元以下罚金。

第三款 单位犯前两款罪的，对单位判处罚金，并对其直接负责的主管人员和其他直接责任人员，处五年以下有期徒刑或者拘役。

（二）典型或常见问题的审理思路

1. 罪与非罪的认定

本罪要求“造成严重后果”。如果本罪主体实施了以虚假信息诱骗投资者买卖证券、期货合约的行为，但由于种种原因，并未导致投资者合法权益受重大损失的结果，就不构成犯罪。

2. 本罪与编造并传播证券、期货交易虚假信息罪的界限

两罪的主要区别在于犯罪主体不同。本罪是特殊主体，只有证券交易所、证券公司及期货交易所、期货经纪公司的从业人员，证券业协会、期货业协会或者证券、期货监督管理部门的工作人员才能构成；而编造并传播证券、期货交易虚假信息罪的主体是一般主体，可以由具有责任能力的任何自然人或单位构成。两罪行为方式也有所区别。两罪虽然都可以通过提供虚假信息来实施，但本罪还可能以伪造、变造、销毁交易记录的方式进行。

（三）量刑指导或参考

依照《刑法》第一百八十一条第二款规定，犯诱骗投资者买卖证券、期货合约罪的，处5年以下有期徒刑或者拘役，并处或者单处1万元以上10万元以下罚金；情节特别恶劣的，处5年以上10年以下有期徒刑，并处2万元以上20万元以下罚金。依照本条第三款规定，单位犯本罪的，对单位判处罚金，并对其直接负责的主管人员和其他直接责任人员，处5年以下有期徒刑或者拘役。

司法机关在适用本条规定处罚时，应当注意“情节特别恶劣”的把握。“情节特别恶劣”主要是指曾因诱骗投资者买卖证券、期货合约受过行政处罚，再犯本罪的；或者伪造工作记录，逃避审查，影响极坏的；多次犯罪，造成特别严重后果的等情形。

二十一、操纵证券、期货市场罪

（一）刑法规定

第一百八十二条[①]　有下列情形之一，操纵证券、期货市场，影响证券、期货交易价格或者证券、期货交易量，情节严重的，处五年以下有期徒刑或者拘役，并处或者单处罚金；情节特别严重的，处五年以上十年以下有期徒刑，并处罚金：

（一）单独或者合谋，集中资金优势、持股或者持仓优势或者利用信息优势联合或者连续买卖的；

（二）与他人串通，以事先约定的时间、价格和方式相互进行证券、期货交易的；

（三）在自己实际控制的帐户之间进行证券交易，或者以自己为交易对象，自买自卖期货合约的；

（四）不以成交为目的，频繁或者大量申报买入、卖出证券、期货合约并撤销申报的；

（五）利用虚假或者不确定的重大信息，诱导投资者进行证券、期货交易的；

（六）对证券、证券发行人、期货交易标的公开作出评价、预测或者投资建议，同时进行反向证券交易或者相关期货交易的；

（七）以其他方法操纵证券、期货市场的。

单位犯前款罪的，对单位判处罚金，并对其直接负责的主管人员和其他直接责任人员，依照前款的规定处罚。

---

①　本条先后经1999年12月25日公布的《刑法修正案》第六条、2006年6月29日公布的《刑法修正案（六）》第十一条、2020年12月26日公布的《刑法修正案（十一）》第十三条修正。

1997年《刑法》第一百八十二条为："有下列情形之一，操纵证券交易价格，获取不正当利益或者转嫁风险，情节严重的，处五年以下有期徒刑或者拘役，并处或者单处违法所得一倍以上五倍以下罚金：（一）单独或者合谋，集中资金优势、持股优势或者利用信息优势联合或者连续买卖，操纵证券交易价格的；（二）与他人串通，以事先约定的时间、价格和方式相互进行证券交易或者相互买卖并不持有的证券，影响证券交易价格或者证券交易量的；（三）以自己为交易对象，进行不转移证券所有权的自买自卖，影响证券交易价格或者证券交易量的；（四）以其他方法操纵证券交易价格的。单位犯前款罪的，对单位判处罚金，并对其直接负责的主管人员和其他直接责任人员，处五年以下有期徒刑或者拘役。"

（二）司法解释、司法文件及其权威解读

1. 最高人民法院、最高人民检察院关于办理操纵证券、期货市场刑事案件适用法律若干问题的解释（法释〔2019〕9号，2019年7月1日起施行）

为依法惩治证券、期货犯罪，维护证券、期货市场管理秩序，促进证券、期货市场稳定健康发展，保护投资者合法权益，根据《中华人民共和国刑法》《中华人民共和国刑事诉讼法》的规定，现就办理操纵证券、期货市场刑事案件适用法律的若干问题解释如下：

第一条 行为人具有下列情形之一的，可以认定为刑法第一百八十二条第一款第四项规定的“以其他方法操纵证券、期货市场”：

（一）利用虚假或者不确定的重大信息，诱导投资者作出投资决策，影响证券、期货交易价格或者证券、期货交易量，并进行相关交易或者谋取相关利益的；

（二）通过对证券及其发行人、上市公司、期货交易标的公开作出评价、预测或者投资建议，误导投资者作出投资决策，影响证券、期货交易价格或者证券、期货交易量，并进行与其评价、预测、投资建议方向相反的证券交易或者相关期货交易的；

（三）通过策划、实施资产收购或者重组、投资新业务、股权转让、上市公司收购等虚假重大事项，误导投资者作出投资决策，影响证券交易价格或者证券交易量，并进行相关交易或者谋取相关利益的；

（四）通过控制发行人、上市公司信息的生成或者控制信息披露的内容、时点、节奏，误导投资者作出投资决策，影响证券交易价格或者证券交易量，并进行相关交易或者谋取相关利益的；

（五）不以成交为目的，频繁申报、撤单或者大额申报、撤单，误导投资者作出投资决策，影响证券、期货交易价格或者证券、期货交易量，并进行与申报相反的交易或者谋取相关利益的；

（六）通过囤积现货，影响特定期货品种市场行情，并进行相关期货交易的；

（七）以其他方法操纵证券、期货市场的。

第二条 操纵证券、期货市场，具有下列情形之一的，应当认定为刑法第一百八十二条第一款规定的“情节严重”：

（一）持有或者实际控制证券的流通股份数量达到该证券的实际流通股份总量百分之十以上，实施刑法第一百八十二条第一款第一项操纵证券市场行为，连续十个交易日的累计成交量达到同期该证券总成交量百分之二十以上的；

（二）实施刑法第一百八十二条第一款第二项、第三项操纵证券市场行为，连续十个交易日的累计成交量达到同期该证券总成交量百分之二十以上的；

（三）实施本解释第一条第一项至第四项操纵证券市场行为，证券交易成交额在一千万元以上的；

（四）实施刑法第一百八十二条第一款第一项及本解释第一条第六项操纵期货市场行为，实际控制的账户合并持仓连续十个交易日的最高值超过期货交易所限仓标准的二倍，累计成交量达到同期该期货合约总成交量百分之二十以上，且期货交易占用保证金数额在五百万元以上的；

（五）实施刑法第一百八十二条第一款第二项、第三项及本解释第一条第一项、第二项操纵期货市场行为，实际控制的账户连续十个交易日的累计成交量达到同期该期货合约总成交量百分之二十以上，且期货交易占用保证金数额在五百万元以上的；

（六）实施本解释第一条第五项操纵证券、期货市场行为，当日累计撤回申报量达到同期该证券、期货合约总申报量百分之五十以上，且证券撤回申报额在一千万元以上、撤回申报的期货合约占用保证金数额在五百万元以上的；

（七）实施操纵证券、期货市场行为，违法所得数额在一百万元以上的。

第三条　操纵证券、期货市场，违法所得数额在五十万元以上，具有下列情形之一的，应当认定为刑法第一百八十二条第一款规定的“情节严重”：

（一）发行人、上市公司及其董事、监事、高级管理人员、控股股东或者实际控制人实施操纵证券、期货市场行为的；

（二）收购人、重大资产重组的交易对方及其董事、监事、高级管理人员、控股股东或者实际控制人实施操纵证券、期货市场行为的；

（三）行为人明知操纵证券、期货市场行为被有关部门调查，仍继续实施的；

（四）因操纵证券、期货市场行为受过刑事追究的；

（五）二年内因操纵证券、期货市场行为受过行政处罚的；

（六）在市场出现重大异常波动等特定时段操纵证券、期货市场的；

（七）造成恶劣社会影响或者其他严重后果的。

第四条 具有下列情形之一的，应当认定为刑法第一百八十二条第一款规定的“情节特别严重”：

（一）持有或者实际控制证券的流通股份数量达到该证券的实际流通股份总量百分之十以上，实施刑法第一百八十二条第一款第一项操纵证券市场行为，连续十个交易日的累计成交量达到同期该证券总成交量百分之五十以上的；

（二）实施刑法第一百八十二条第一款第二项、第三项操纵证券市场行为，连续十个交易日的累计成交量达到同期该证券总成交量百分之五十以上的；

（三）实施本解释第一条第一项至第四项操纵证券市场行为，证券交易成交额在五千万元以上的；

（四）实施刑法第一百八十二条第一款第一项及本解释第一条第六项操纵期货市场行为，实际控制的账户合并持仓连续十个交易日的最高值超过期货交易所限仓标准的五倍，累计成交量达到同期该期货合约总成交量百分之五十以上，且期货交易占用保证金数额在二千五百万元以上的；

（五）实施刑法第一百八十二条第一款第二项、第三项及本解释第一条第一项、第二项操纵期货市场行为，实际控制的账户连续十个交易日的累计成交量达到同期该期货合约总成交量百分之五十以上，且期货交易占用保证金数额在二千五百万元以上的；

（六）实施操纵证券、期货市场行为，违法所得数额在一千万元以上的。

实施操纵证券、期货市场行为，违法所得数额在五百万元以上，并具有本解释第三条规定的七种情形之一的，应当认定为“情节特别严重”。

第五条 下列账户应当认定为刑法第一百八十二条中规定的“自己实际控制的账户”：

（一）行为人以自己名义开户并使用的实名账户；

（二）行为人向账户转入或者从账户转出资金，并承担实际损益的他人账户；

（三）行为人通过第一项、第二项以外的方式管理、支配或者使用的他人账户；

（四）行为人通过投资关系、协议等方式对账户内资产行使交易决策权的他人账户；

（五）其他有证据证明行为人具有交易决策权的账户。

有证据证明行为人对前款第一项至第三项账户内资产没有交易决策权的除外。

第六条　二次以上实施操纵证券、期货市场行为，依法应予行政处理或者刑事处理而未经处理的，相关交易数额或者违法所得数额累计计算。

第七条　符合本解释第二条、第三条规定的标准，行为人如实供述犯罪事实，认罪悔罪，并积极配合调查，退缴违法所得的，可以从轻处罚；其中犯罪情节轻微的，可以依法不起诉或者免予刑事处罚。

符合刑事诉讼法规定的认罪认罚从宽适用范围和条件的，依照刑事诉讼法的规定处理。

第八条　单位实施刑法第一百八十二条第一款行为的，依照本解释规定的定罪量刑标准，对其直接负责的主管人员和其他直接责任人员定罪处罚，并对单位判处罚金。

第九条　本解释所称“违法所得”，是指通过操纵证券、期货市场所获利益或者避免的损失。

本解释所称“连续十个交易日”，是指证券、期货市场开市交易的连续十个交易日，并非指行为人连续交易的十个交易日。

第十条　对于在全国中小企业股份转让系统中实施操纵证券市场行为，社会危害性大，严重破坏公平公正的市场秩序的，比照本解释的规定执行，但本解释第二条第一项、第二项和第四条第一项、第二项除外。

第十一条　本解释自2019年7月1日起施行。

权威解读

解读《最高人民法院、最高人民检察院关于办理操纵证券、期货市场刑事案件适用法律若干问题的解释》

为依法惩治证券、期货犯罪，维护证券、期货市场管理秩序，促进证券、期货市场稳定健康发展，保护投资者合法权益，最高人民法院、最高人民检察院发布了《关于办理操纵证券、期货市场刑事案件适用法律若干问题的解释》（法释〔2019〕9号，以下简称《解释》），自2019年7月1日起施行。

为便于司法实践的准确理解和正确适用，现对《解释》的起草背景、主要考虑和主要内容介绍如下。

一、《解释》的制定背景和经过

为依法惩治操纵证券、期货市场犯罪，1997年《刑法》第一百八十二条规定了操纵证券价格罪，1999年12月25日《刑法修正案》修正为操纵证券、期货价格罪，2006年6月29日《刑法修正案（六）》又作了进一步修正完善，改为操纵证券、期货市场罪。有关刑事立法为依法惩治操纵证券、期货市场犯罪提供了法律依据。2010年《最高人民检察院、公安部关于公安机关管辖的刑事案件立案追诉标准的规定（二）》（以下简称《立案追诉标准（二）》）明确了操纵证券、期货市场罪的立案追诉标准，为准确适用法律，依法打击操纵证券、期货市场犯罪，维护证券、期货市场秩序发挥了积极作用。

近年来，我国证券、期货市场不断发展，为实体经济建设提供了重要的金融支持。与此同时，操纵证券、期货市场等违法、犯罪行为也频频发生，并且花样翻新，严重破坏证券、期货市场管理秩序，危害投资者合法权益和国家金融安全。该类犯罪具有以下几方面的特征：一是涉案金额巨大，社会危害大。操纵证券、期货市场犯罪涉案金额动辄上亿元，影响证券、期货交易价格，造成市场波动，严重损害广大投资者合法权益，严重破坏证券、期货市场管理秩序，危害国家金融安全和稳定。二是专业性强，操纵方法多样化。操纵证券、期货市场犯罪分子往往具有较深的专业背景，熟悉资本市场运行规则和信息技术，通过公司化“流水线作业”，利用资金优势、信息优势、联合“黑嘴”荐股等手段操纵证券、期货市场。三是犯罪手段更加隐蔽，查处难度大。证券、期货交易具有无纸化、信息化等特点，犯罪分子操纵证券、期货市场的手段更加网络化、智能化，加大了调查取证的难度，给认定操纵证券、期货市场犯罪带来困难，导致操纵证券、期货市场犯罪的实发案件数量与查处的案件数量存在较大落差。与此同时，司法实践反映，操纵证券、期货市场的具体定罪量刑标准尚不明确，一些法律适用问题存在争议，需要通过司法解释作出规定，确保刑法的正确实施。

起草、制定《解释》历时近两年时间。最高人民法院刑三庭、最高人民检察院法律政策研究室经过深入调研论证和广泛征求意见，结合司法工作实际，制定了本《解释》。在起草司法解释过程中，先后多次组织召开专家论证会听取意见和建议，征求了全国法院系统、检察系统、公安部、原国务院法制办及证监会、证券交易所、期货交易所等相关部门的意见，并征求了全国人大常委会法工委的意见，达成广泛共识。2018 年 9 月 3 日最高人民法院审判委员会第 1747 次会议、2018 年 12 月 12 日最高人民检察院第十三届检察委员会第十一次会议分别审议通过了《解释》。

二、《解释》起草中的主要考虑

在起草过程中，为了确保《解释》规定内容科学合理，能够有效指导司法实践，解决实践中存在的突出问题，主要有以下几个方面的考虑：

一是坚持罪刑法定，严格依法解释。罪刑法定原则是刑法的基本原则。正确理解和把握立法精神，严格依法准确解释法律，是起草《解释》所坚持的首要原则。《解释》属于对刑法条文含义和适用标准的具体阐释，我们坚持以刑法的规定为依据，对操纵证券、期货市场犯罪行为的界定和确定的定罪量刑标准等内容，都没有超出刑法的规定范围，确保罪刑法定原则在司法实践中得到贯彻落实，确保无罪的人不受刑事追究。

二是立足司法实践，解决实际问题。立足司法实践，解决实际问题，是制定司法解释的出发点和落脚点。在起草司法解释过程中，最高人民法院、最高人民检察院有关部门就操纵证券、期货市场犯罪法律适用问题进行了深入调研，全面收集相关情况和案例，对存在的问题进行了系统梳理。在此基础上，坚持以问题为导向，结合司法实际，明确了操纵证券、期货市场的定罪量刑标准，以及一些有争议的法律适用问题，以便统一司法标准，统一法律适用，确保刑法得到正确实施。

三是坚持宽严相济，注重惩治效果。贯彻宽严相济刑事政策是制定司法解释一贯坚持的重要原则。在坚持从严惩治证券、期货犯罪的同时，切实体现区别对待，分化瓦解犯罪分子，规定对于行为人符合定罪处罚标准，如实供述犯罪事实，认罪悔罪，并积极配合调查，退缴违法所得的，可以从轻处罚；其中犯罪情节轻微的，可以依法不起诉或者免予刑事处罚。同时，切实贯彻修订后的《刑事诉讼法》确立的认罪认罚从宽制度，规定符合《刑事诉讼法》规定的认罪认罚从宽适用范围和条件的，依照刑事诉讼法的规定处理，确保法律效果和社会效果的有机统一，更好地实现惩罚和预防犯罪的目的。

三、《解释》的主要内容

结合当前操纵证券、期货市场刑事案件的特点和司法实践反映的突出问题，依照刑法、刑事诉讼法的规定，对操纵证券、期货市场刑事案件的适用法律相关问题做了较为系统的规定。《解释》共十一条，大致可以归纳为如下七个方面的内容：

（一）关于“以其他方法操纵证券、期货市场”的认定问题

《刑法》第一百八十二条第一款第一项至第三项规定了联合、连续交易操纵、约定交易操纵、自买自卖操纵（也称洗售操纵）等三种操纵证券、期货市场的方法：一是联合、连续交易操纵，即单独或者合谋，集中资金优势、持股或者持仓优势或者利用信息优势，联合或者连续买卖，操纵证券、期货市场交易价格或者证券、期货交易量的行为；二是约定交易操纵，俗称“对倒”，即与他人串通，以事先约定的时间、价格和方式相互进行证券、期货交易，影响证券、期货交易价格或者证券、期货交易量的行为；三是自买自卖操纵，俗称“对敲”，在自己实际控制的账户之间进行证券交易，或者以自己为交易对象，自买自卖期货合约，影响证券、期货交易价格或者证券、期货交易量的行为。“对倒”“对敲”的违法本质是相同的，即在证券、期货交易市场中，行为人通过虚伪交易（虚买虚卖）进行“诱多”或者“诱空”，从而谋取非法利益的行为。同时，《刑法》第一百八十二条第一款第（四）项规定了“以其他方法操纵证券、期货市场”作为兜底条款。

实践中，由于相关规定不明确，对于“以其他方法操纵证券、期货市场”的认定存在不同认识。结合司法实践和实际案例，并参考相关法律、法规以及《中国证券监督管理委员会证券市场操纵行为认定指引（试行）》等规定，《解释》第一条明确了“以其他方法操纵证券、期货市场”的六种情形，同时考虑证券、期货市场操纵手段不断翻新，难以列举穷尽，该条第（七）项仍然以“以其他方法操纵证券、期货市场”作为兜底性规定。

1. “蛊惑交易操纵”，即利用虚假或者不确定的重大信息，诱导投资者作出投资决策，影响证券、期货交易价格或者证券、期货交易量，并进行相关交易或者谋取相关利益。其中“诱导投资者作出投资决策”，通常是指行为人故意编造虚假信息或者明知是虚假或不确定的信息而进行传播，使广大投资者信以为真做出错误的投资决策，从而影响交易价格或者交易量。“进行相关交易”是指进行与其蛊惑信息所涉证券、期货的交易，包括集合竞价阶段交易、连续竞价阶段交易、大宗交易、场外交易等。“谋取相关利益”，是相关交易之外的其他相关利益，如，影响定向增发价格，影响股权质押价格，影

响大宗交易价格，打压他人基金排名，影响公司收购价格等。

2. “抢帽子交易操纵”，也就是利用“黑嘴”荐股操纵，即通过对证券及其发行人、上市公司、期货交易标的公开作出评价、预测或者投资建议，误导投资者作出投资决策，影响证券、期货交易价格或者证券、期货交易量，并进行与其评价、预测、投资建议方向相反的证券交易或者相关期货交易。《立案追诉标准（二）》规定该类操纵的主体为“证券公司、证券投资咨询机构、专业中介机构或者从业人员”。随着自媒体等现代通信传播技术的快速发展，涉案主体既有持牌机构和分析师，也有网络工作室、网络大V、博主等非持牌机构以及一般公民，“黑嘴”荐股的方式多种多样，如微博、股吧、视频直播、微信以及QQ私聊建群等，最终目的是误导投资者作出投资决策而从中获利，有的是自己反向交易从中获利，有的诱导散户买入，帮助“庄家出货”获取报酬等。

3. “重大事件操纵”，即通过策划、实施资产收购或者重组、投资新业务、股权转让、上市公司收购等虚假重大事项，误导投资者作出投资决策，影响证券交易价格或者证券交易量，并进行相关交易或者谋取相关利益。本项规定主要针对股市中近几年出现的通过策划、实施虚假重组、虚假投资、虚假股权转让、虚假收购等重大事件，误导投资者作出投资决策，自己交易或者谋取相关利益的操纵行为，俗称证券市场中“编故事、画大饼”的操纵行为。如，上市公司的发起人为减持限售股，而提前策划收购、重组等重大虚假事项，推高股价后减持获利。

4. “控制信息操纵”，即通过控制发行人、上市公司信息的生成或者控制信息披露的内容、时点、节奏，误导投资者作出投资决策，影响证券交易价格或者证券交易量，并进行相关交易或者谋取相关利益。本项的“控制信息操纵”，与《刑法》第一百八十二条第一款第（一）项中规定的“利用信息优势操纵”的区分在于：《刑法》第一百八十二条第一款第（一）项中规定的“利用信息优势操纵”是指行为人利用已有的信息，基于其先知晓、知晓得完全等优势，通过交易进行操纵，其本质是交易型操纵，即“信息优势+联合或连续买卖”。而本项“控制信息操纵”是指行为人控制信息生成和控制信息内容以及控制信息发布的时点、节奏，利用生成信息及控制信息本身，对市场投资者进行诱导，从而影响股价，本身不一定有联合或连续买卖股票，其本质是信息型操纵。此外，两者的犯罪主体不同，《立案追诉标准（二）》

规定“利用信息优势操纵”的主体为特殊主体，即“上市公司及其董事、监事、高级管理人员、控股股东、实际控制人或其他关联人员”。从近年来处理的案例来看，参与“控制信息操纵”的主体身份越来越广泛，出现上述特殊主体与外部人员内外勾结，甚至外部人员收买内部人员，控制信息的生成和发布对证券市场进行操纵，故《解释》将该类操纵的主体规定为一般主体。

5.“恍骗交易操纵”（也称虚假申报操纵），即不以成交为目的，频繁申报、撤单或者大额申报、撤单，误导投资者作出投资决策，影响证券、期货交易价格或者证券、期货交易量，并进行与申报相反的交易或者谋取相关利益。在证券、期货交易市场中，报撤单是正常交易行为。该类操纵与正常报撤单的区分，要根据报撤单是否频繁，或者报撤单的金额是否巨大；是否进行与申报相反的交易；是否使用多个不同账户掩盖操作等客观方面进行综合判断。

6.“跨期、现货市场操纵”，即通过囤积现货，影响特定期货品种市场行情，并进行相关期货交易。这种操纵方法在期货市场中并不少见，甚至会发生“逼仓”现象，如小品种的期货交易中，多头持仓者预测现货不足时，凭借资金优势拉高期货价格，同时大量囤积现货，拉高现货价格，迫使空头要么高价买回期货合约认赔平仓出局，要么以高价买入现货进行实物交割，甚至空头因买不到现货交割受到违约罚款，从而出现“逼仓”现象，操纵者从而获取暴利。

（二）关于“情节严重”的认定标准

“情节严重”标准与刑事立案追诉标准直接相关，是长期以来影响操纵市场刑事规制的瓶颈问题。本《解释》参照《最高人民法院、最高人民检察院关于办理内幕交易、泄露内幕信息刑事案件具体应用法律若干问题的解释》（以下简称《内幕交易罪司法解释》）和《立案追诉标准（二）》等相关规定，结合证券、期货市场当前实际发生的案件情况，并对比其他经济类案件的数额变化趋势，针对《刑法》第一百八十二条第一款规定的三种以及本《解释》规定的六种操纵证券、期货市场的情形，从交易金额、交易占比、违法所得金额等方面规定了七种“情节严重”的认定标准；同时，为更加有力、有效地惩治操纵证券、期货市场犯罪，结合此类犯罪的特点，又规定了七种“数额+情节”的“情节严重”的情形。

1. 第二条第（一）项、第（二）项规定了交易型操纵证券市场的入罪标准。《解释》第二条第（一）项、第（二）项对《立案追诉标准（二）》的入罪标准作了适当调整。一方面，在连续交易操纵的入罪标准中，将持股比例由30%调整为10%。主要考虑：过去个股盘子普遍比较小，且并非全部为流通股，30%的持股比例有一定合理性。随着股权分置改革落地，目前个股盘子普遍比较大，且大部分为全流通股，30%的持股比例在现实中很难达到。根据证监会测算，沪深两市全部3000余家上市公司第三大股东平均持股比例仅3.67%。根据证券法的规定，持股5%以上的属于大股东。考虑目前仍有部分股票没有实现全流通，同时也为行政处罚预留空间，《解释》将持股优势的比例确定为10%。另一方面，在连续交易操纵、约定交易操纵、洗售操纵的入罪标准中，将"连续二十个交易日"调整为"连续十个交易日"，将累计成交量占比由30%调整为20%。主要是考虑到当前短线操纵较为普遍，调整标准后符合当前短线操作的一般规律，也符合证券交易所的统计口径，有利于加强入罪标准的可操作性。需要说明的是，本《解释》所称"连续十个交易日"，是指证券、期货市场开市交易的连续十个交易日，并非指行为人连续交易的十个交易日。

2. 第二条第（三）项规定了信息型操纵和行为型操纵证券的证券交易成交金额标准。随着社会经济的发展，《立案追诉标准（二）》规定的五十万元交易金额的入罪标准过低，可能造成选择性执法。虽然信息型操纵交易金额一般会大大低于交易型操纵，但从执法和司法实践看，移送追究刑事责任的信息型操纵案件，交易金额几乎没有低于一千万元的。根据实践中案件情况，结合中国经济较快增长现状和通货膨胀趋势，并考虑到各罪名之间数额上的平衡，《解释》中规定信息型操纵行为"证券交易成交金额在一千万元以上"为"情节严重"。需要说明的是，第二条第（三）项只是针对本《解释》第二条第（一）至（四）项规定了证券交易成交额的入罪标准，并没有针对刑法第一百八十二条第一款第（一）、（二）、（三）项规定证券交易成交额的入罪标准，主要考虑是，从实际案例看，交易型操纵由于存在资金的反复使用，成交金额大多达到数亿元至数百亿元，甚至数千亿元，故难以规定具体入罪标准。鉴于第二条第（一）、（二）项已从相关比例方面进行了规定，故不再直接规定交易型操纵证券交易成交额标准。

3. 第二条第（四）、（五）项规定的是交易型操纵期货市场的入罪标准。考虑到不同的期货品种、同一期货品种不同时段内保证金数额差异均很大，同时考虑期货市场开仓量理论上没有上限，只有很大交易量才可能实际影响到期货市场价格，结合实际案例和统计分析，统一规定为“期货交易占用保证金数额五百万元”，同时规定了成交量或持仓量占全市场的比例。对连续十个交易日的持仓最高值、累计成交量、期货占用保证金数额等数量标准，要求同时达到，缺一不可。上述标准较之《立案追诉标准（二）》中对期货操纵行为的认定标准，增加了期货交易保证金数额标准，目的是防止不活跃期货合约中少量操纵即因达到相关交易占比而被入刑。

4. 第二条第（六）项规定了虚假申报型操纵证券、期货市场的入罪标准。考虑到单纯的频繁撤回申报本身是合法的，撤回申报本身既可能是其改变主意，也可能因为其就是不以成交为目的。为防止将正常的频繁报撤单划入犯罪圈，故对频繁撤单设置较高的比例标准。同时，为避免交易不活跃证券和交易不活跃期货合约较少量即达到相关比例标准，同时规定申报交易额和保证金数额的标准，弥补了《立案追诉标准（二）》中的缺陷。对撤回申报量占比、证券撤回申报的期货合约占用保证金数额等数量标准，要求同时达到，目的在于防止不活跃合约中少量操纵即因达到相关交易占比而被入刑。

5. 第二条第（七）项规定了各类型操纵市场行为适用的违法所得数额的入罪标准。违法所得数额的入罪标准确定为一百万元，主要考虑了案件实际情况及社会经济发展水平和未来趋势。这里的违法所得数额，是指通过操纵证券、期货市场所获利益或者避免的损失。对于二次以上实施操纵证券、期货市场行为，依法应予行政处理或者刑事处理而未经处理的，相关交易数额或者违法所得数额累计计算。需要注意的是，违法所得数额标准是“情节严重”的认定标准，而不是操纵行为的认定标准，不能因为违法所得数额在一百万元以上就认定为操纵行为。只有在认定操纵行为的基础上，因违法所得数额达到一百万元以上的才能认定为“情节严重”。违法所得数额标准是认定“情节严重”的情形之一，与《解释》第二条第（一）至（六）项情形是并列关系，对于具有刑法第一百八十二条第一款规定的三种或者《解释》第一条规定的六种操纵证券、期货市场行为，只要符合《解释》第二条规定的七种情形之一的，就应当认定为“情节严重”。例如，对于交易型操纵行为，在已查明行为人存在违规的控制多个账户隐蔽操作、联合操作、对倒、自买自卖等行为的情况下，虽然不符合《解释》第二条规定的第（一）项、第（二）项的比例标准，但违法所得数额在一百万元以上的，即可认定为“情节严重”。

6. 第三条规定了七种“数额 + 情节”的“情节严重”的认定标准。为更加有力、有效地惩治操纵证券、期货市场犯罪，结合此类犯罪的特点，《解释》第三条又规定了七种“数额 + 情节”的“情节严重”的情形，即操纵证券、期货市场，违法所得数额在五十万元以上，具有规定的七种情形之一的，应当认定为“情节严重”。其中：该条第（一）项、第（二）项体现对特定人员操纵市场行为从严惩处的精神；第（三）项、第（六）项、第（七）项体现对特定时间、地点或场合及特定后果的操纵行为从严惩处的精神；第（三）项的“有关部门”包括司法机关、证券期货行政监管机关、证券期货交易所等；第（六）项的“市场出现重大异常波动等特定时段”侧重于市场状态的考量，即并不是指发生某一特定重大事件，而是必须发生市场反应，即“市场出现重大异常波动”时；第（七）项的“恶劣社会影响或其他严重后果”通常是市场反应之外的负面影响，如造成重大负面舆情、造成原本正常的公司破产、造成他人自杀等。

（三）关于“情节特别严重”的认定标准

在“情节严重”认定标准的基础上，《解释》第四条第一款规定了六种“情节特别严重”的认定标准，第二款规定了“数额 + 情节”的七种情形。参照《内幕交易罪司法解释》有关规定，证券交易成交数额或者期货交易占用保证金数额按照“情节严重”数额标准的五倍确定“情节特别严重”的标准。对于第（六）项违法所得数额标准，考虑本条第二款还规定了违法所得数额减半应当认定为“情节特别严重”的七种情形，故第一款规定的违法所得数额按照“情节严重”数额标准的十倍予以确定。需要说明的是，《解释》第二条第（六）项从撤单比例方面规定了“恍骗交易操纵”的“情节严重”的入罪标准，考虑到“恍骗交易操纵”仅是一个交易日的操纵，对市场的危害性有限，故《解释》没有规定“情节特别严重”的情形。

（四）关于“自己实际控制的账户”的认定问题

实践中，行为人操纵证券、期货市场时，为规避监管，绝大多数不用自己名下的账户，而利用他人账户实施操纵行为，但行为人在被调查时往往拒不承认对他人账户的实际控制权。由于证券交易方式的网络化、电子化程度越来越高，技术定位越来越困难，对账户究竟由谁控制越来越难以认定。结合实际，《解释》第五条规定了四种应当认定为行为人“自己实际控制的账户”的情形：第（一）项是行为人以自己名义开户并使用的实名账户，第

（二）项是行为人向账户转入或者从账户转出资金，并承担实际损益的他人账户，第（三）项是行为人通过第（一）项、第（二）项以外的方式管理、支配或者使用的他人账户，第（四）项是行为人通过投资关系、协议等方式对账户内资产行使交易决策权的他人账户。同时还规定了“自己实际控制的账户”的例外情形，即有证据证明行为人对第（一）至（三）项账户内资产没有交易决策权的除外。

在操纵案中，“对他人账户的控制”的核心是对他人账户交易行为具有决策权，即有了对他人账户交易行为的决策权，才能利用该账户对证券、期货实施操纵。由于现实中很难证明交易决策权的存在，故一般根据行为人对账户存在实际使用情形，认定行为人对该账户具有交易决策权。但实践中也存在少数情况，虽然行为人对一个账户存在实际使用，但其对该账户的交易确实没有决策权，而是根据其他人的意志进行交易，故将有证据证明行为人对该条第（一）至（三）项账户内资产没有交易决策权的排除在外。

需要说明的是，该条对“自己实际控制的账户”的解释，主要是为了解决司法实践中“对他人账户的控制”的认定问题。虽然“自己实际控制的账户”的规定仅出现在《刑法》第一百八十二条第一款第（三）项中，但实践中该条第一款全部四项规定中均存在“自己实际控制的账户”的问题，故对“自己实际控制的账户”所在条款，笼统表述为“《刑法》第一百八十二条中”，而不具体规定为“《刑法》第一百八十二条第一款第（三）项中”。

（五）关于犯罪数额认定和刑事处罚问题

1. 关于犯罪数额的认定问题

操纵证券、期货市场的相关交易数额或者违法所得数额是定罪量刑的依据，依法应当累计计算，但犯罪数额累计计算的前提条件是，单次操纵证券、期货市场行为必须是依法应予行政处理或者刑事处理而未经处理的。对于不构成犯罪但超过行政处罚时效期限，或者构成犯罪但超过追诉期限的，相关数额不应累计计算。据此，《解释》第六条规定，二次以上实施操纵证券、期货市场行为，依法应予行政处理或者刑事处理而未经处理的，相关交易数额或者违法所得数额累计计算。

2. 关于从宽处罚标准

为切实贯彻宽严相济的刑事政策，在加大对操纵证券、期货市场犯罪分子打击力度的同时，有必要依法对一些具有法定或者酌定从轻处罚情节的行为人予以从轻处罚。《解释》第七条参照相关司法解释的规定，明确了从轻处罚及“出罪”的情形。由于操纵证券、期货市场违法、犯罪案件的取证难度大，对于行为人如实供述犯罪事实，认罪悔罪，并积极配合调查，退缴违法所得的，依法可以从轻处罚，其中犯罪情节轻微的，可以依法不起诉或免予刑事处罚，目的是让一些罪行较轻、确有悔罪表现的行为人更好地回归社会，降低诉讼成本，取得好的办案效果。其中“犯罪情节轻微”，是指刚达入罪标准，操纵行为对证券期货市场的危害不大，比如一次偶尔的操纵行为，虽然达到“情节严重”的比例标准或者交易成交额标准，但没有获利甚至亏本的，等等。

为更好地衔接和落实认罪认罚从宽制度，《解释》第七条第二款规定，对于符合刑事诉讼法规定的认罪认罚从宽适用范围和条件的，依照刑事诉讼法的规定处理。需要注意的是，该条第一款只适用于《解释》第二条、第三条规定的在操纵证券、期货市场罪第一档法定刑幅度定罪处罚的情形，不适用于第二档法定刑的情形。另外，对于因犯罪情节轻微而依法不起诉或者免予刑事处罚的，不影响对行为人的行政处理。

3. 关于单位犯罪的定罪处罚标准

根据《刑法》第一百八十二条第二款的规定，单位可以成为操纵证券、期货市场罪的主体。为加大对操纵证券、期货市场单位犯罪的惩治力度，《解释》第八条明确了单位操纵证券、期货市场的，适用自然人犯罪的定罪量刑标准，对于单位实施刑法第一百八十二条第一款行为的，依照本解释规定的定罪量刑标准，对其直接负责的主管人员和其他直接责任人员定罪处罚，并对单位判处罚金。

（六）关于操纵“新三板”市场的认定问题

目前我国证券市场包括主板、中小板、创业板和“新三板”（全国中小企业股份转让系统），以及新设立的科创板。“新三板”市场与主板市场的主要区别是公司入市的程序和资质不同，但对证券交易的诚实信用原则、公开公正公平交易原则、稳定有序的市场秩序的要求都是相同的，故对于新三板市场中的违法犯罪行为理应坚持相同的惩罚原则。操纵主板、中小板、创业板、“新三板”、科创板证券，构成操纵证券市场犯罪的，依照《解释》的规定定罪处罚。但对操纵“新三板”证券市场行为，考虑到目前“新三板”证券市场对合格投资者适当性有较高要求，市场流动性不高，特别是在一些交易稀少的证券中，一些轻微的操纵行为就可能达到本解释所规定的相关交易行为所占比例的入罪标准。据此，《解释》第十条规定对操纵“新三板”证券市场行为，比照本解释的规定执行，不适用本解释第二条第（一）、（二）项和第四条第（一）、（二）项有关比例标准，所参考的主要是行为类型、违法所得、交易金额等，相关交易行为所占比例的标准在适用时应当排除适用，确保准确惩治操纵“新三板”证券市场犯罪。

（七）关于《解释》的适用效力问题

本《解释》自2019年7月1日起施行。应当明确的是，司法解释是对审判、检察工作中适用法律问题所作的解释，其效力适用于作为解释对象的法律施行期间。对于法律施行后、《解释》实施前发生的操纵证券、期货市场行为，《解释》施行后尚未处理或者正在处理的案件，依照《解释》的规定处理，但《立案追诉标准（二）》规定的立案追诉标准与《解释》规定的“情节严重”的入罪标准不一致的，应当按照从旧兼从轻的原则处理；对于《解释》施行前已经办结（包括已经行政处理）的案件，如果按照当时的法律和司法解释，在认定事实和适用法律上没有错误的，不再变动。

（撰稿：姜永义、陈学勇、朱宏伟）

（三）典型或常见问题的审理思路

1. 罪与非罪的认定

认定本罪需区分操纵证券、期货行为与正常的投资行为。证券、期货投资者无不希望证券、期货交易价格朝自己期望的方向变化。投资大户、专业投资者要投入大量的精力研究、预测证券、期货市场价格走向，然后投入巨资买入其认为价格将走高的证券或期货合约，或者大量抛出价格将走低的证券、期货合约，过一段时间后，当该证券、期货合约价格确如预测的发生了变化后，再抛出或者买入该证券、期货合约，从中获利或者避免损失。这是完全正常、合法的投资行为，正是投资者的精明之处。尽管其行为客观上可能引起该证券、期货合约价格的变化，但其目的不是以此行为导致证券、期货价格、交易量变化后立即或者同时进行反方向操作，从中非法获利或者转嫁风险，因此，不属于操纵证券、期货市场的行为。实践中，一般只要不是单独或者联合同时进行反方向买入、卖出某只或者几只证券或者期货合约，就难以认定构成本罪。所谓同时，可以是同一日、同几日或者同几周时间内，具体应结合案件情况加以认定。

2. 本罪与内幕交易罪的界限

本罪客观方面列举的几种行为中包含“利用信息优势联合或者连续买卖的”行为。这里的“信息”，应当是指影响证券、期货交易价格的内幕信息，若非内幕信息就无法被用来进行操纵证券、期货交易的价格，因此，本罪与内幕交易罪之间可能会发生交叉。本罪与内幕交易罪的区别主要在于：第一，犯本罪所利用的信息，是指已经公开，但在公开前行为人已经掌握或者了解，已预先做了准备的信息。因此，行为人能在该信息公开后的一日甚至几小时内即进行大量的证券、期货合约买入或者卖出行为，达到操纵证券、期货市场的目的；而内幕交易罪所利用的内幕信息，只能是在尚未公开前，行为人即利用来进行证券、期货合约交易，达到非法获利的目的。第二，犯本罪利用内幕信息的行为，是以此人为导致证券、期货价格变化，再从中非法获利或者转嫁风险；而内幕交易罪行为人利用内幕信息，是在该信息公开前，买进或者卖出某证券、期货合约即可获利，不必再进行反方向的操作。

3. 注意区分本罪与诱骗投资者买卖证券、期货合约罪的界限

操纵证券、期货交易价格行为影响证券市场的正常价格，制造证券、期货市场假象，诱导或者致使投资者在不了解事实真相的情况下作出投资决定，而诱骗投资者买卖证券、期货合约罪是指行为人故意提供虚假信息，伪造、变造或者销毁交易记录，诱骗投资者买卖证券、期货合约，造成严重后果的行为。显然，操纵证券、期货交易价格罪与诱骗投资者买卖证券、期货合约罪都包含着有关证券投资者在不真实情况的诱导下可能或实际是行为人通过提供虚假信息、伪造、变造或者销毁交易记录，诱骗投资者买卖证券、期货合约。一方面，两者的诱因不同，前者是不正常的证券、期货行情，后者是虚假信息或不真实的交易记录；另一方面，被骗者的主观过错存在差别，前者的诱骗具有间接性，后者的诱骗具有直接性，因此，前者的被骗者的主观过错程度要高些，相应地要承担更大的责任。

（四）疑难、复杂问题的参考性解答

1. 非法侵入计算机信息系统抬高股票价格获利的行为如何处理？①

随着计算机技术在社会生活中的广泛应用，整个社会对计算机信息系统的依赖程度越来越高，同时也带来了计算机犯罪的问题。计算机犯罪通常表现在两个方面：一是对计算机硬件和软件的破坏；二是以计算机为工具实施其他犯罪。对计算机本身的破坏，刑法规定了专门的罪名，如故意对计算机硬件进行破坏的，一般以故意毁坏财物罪论处；对计算机信息系统中存储、处理或者传输的数据和应用程序进行删除、修改、增加的操作，后果严重的，构成破坏计算机信息系统罪。但是对于以计算机为工具实施的犯罪，根据《刑法》第二百八十七条“利用计算机实施金融诈骗、盗窃、贪污、挪用公款、窃取国家秘密或者其他犯罪的，依照本法有关规定定罪处罚”的规定，应以行为人的目的行为定罪。行为人为拉高所持股票价格，以使本人及其朋友所持有的这两种股票得以抛售获利，非法侵入证券公司营业部的计算机信息系统、修改计算机信息系统中存储数据，该行为虽然客观上造成他人计算机信息系统受到破坏，但从其追求的犯罪目的、采用的手段以及行为所侵犯的客体和对象考虑，这种行为符合《刑法》第一百八十二条规定的操纵证券交易价格罪的构成特征，应以操纵证券交易价格罪追究其刑事责任。

2. 证券从业人员通过电视节目“公开荐股”进行“抢帽子”交易操纵证券市场谋取利益的，如何处罚？②

证券公司、证券咨询机构、专业中介机构及其工作人员，违反规定买卖或者持有相关证券后，对该证券或者其发行人、上市公司作出公开评价、预测或者提出投资建议，通过期待的市场波动谋取利益的，构成“抢帽子”交易操纵行为。发布投资咨询意见的机构或者证券从业人员往往具有一定的社会知名度，他们借助影响力较大的传播平台发布诱导性信息，容易对普通投资者交易决策产生影响。其在发布信息后，又利用证券价格波动实施与投资者反向交易的行为获利，破坏了证券市场管理秩序，违反了证券市场公开、公平、公正原则，具有较大的社会危害性，情节严重的，构成操纵证券市

---

① 观点来源：最高人民法院刑事审判第一、二、三、四、五庭编：《中国刑事审判指导案例（破坏社会主义市场经济秩序罪）》，法律出版社2009年版，第131－134页。

② 观点来源：《关于印发最高人民检察院第十批指导性案例的通知》，2018年7月3日发布。

场罪。

3. 利用不正当交易优势和额外交易速度优势抢占交易先机，限制或排除其他合规投资者最优交易机会的行为的应当如何处罚?[①]

在使用高频程序化交易的基础上，利用不正当交易优势和额外交易速度优势抢占交易先机，限制或排除其他合规投资者最优交易机会，其行为严重破坏了股指期货市场公平交易秩序和原则，符合操纵期货市场的行为特征。该种操纵行为系新型操纵行为，行为的内容来看，既有对股指期货基本制度、交易秩序的危害，也有对股指期货主要交易规则、监管措施的恶意规避；从行为本质来看，与其他操纵行为具有相同的不法控制期货市场交易价格和交易量的本质内涵；从行为结果来看，无论是非法获利数额，还是其操纵的程度，均已远远超出其他操纵犯罪的情节特别严重数额标准。因此，不仅破坏了股指期货市场的基本制度、基本原则和交易秩序，而且造成了严重的社会危害，应当以操纵期货市场罪论处。

（五）量刑指导或参考

依照《刑法》第一百八十二条第一款规定，犯操纵证券、期货市场罪的，处五年以下有期徒刑或者拘役，并处或者单处罚金；情节特别严重的，处五年以上十年以下有期徒刑，并处罚金。依照本条第二款规定，单位犯本罪的，对单位判处罚金，并对其直接负责的主管人员和其他直接责任人员，依照前款的规定处罚。

二十二、背信运用受托财产罪

（一）刑法规定

第一百八十五条之一第一款[②]　商业银行、证券交易所、期货交易所、证券公司、期货经纪公司、保险公司或者其他金融机构，违背受托义务，擅自运用客户资金或者其他委托、信托的财产，情节严重的，对单位判处罚金，并对其直接负责的主管人员和其他直接责任人员，处三年以下有期徒刑或者

---

① 观点来源：《人民法院案例选》（总第140辑），人民法院出版社2019年版。

② 本款系2006年6月29日公布的《刑法修正案（六）》第十二条增加。

拘役，并处三万元以上三十万元以下罚金；情节特别严重的，处三年以上十年以下有期徒刑，并处五万元以上五十万元以下罚金。

（二）典型或常见问题的审理思路

1. 罪与非罪的认定

实践中要注意区别擅自运作与不当运用。两者最根本的区别在于是否违背受托义务，是否有客户的明确授权。至于什么行为需要客户授权以及如何判断客户授权的形式，则应按照法律法规的具体规定。如《证券法》规定，证券公司接受证券买卖的委托，应当根据委托书载明的证券名称、买卖数量、出价方式、价格幅度等，按照交易规则代理买卖证券。证券公司办理经纪业务，不得接受客户的全权委托而决定证券买卖、选择证券种类、决定买卖数量或者买卖价格。只要该具体投资行为经过了客户的明确授权，就不应作为本罪处理。特别是对于信托行为，由于一般授权较为概括，受托人的行为相对较为自由。只要不违反信托义务和目的，即使由于受托人过失导致信托财产重大受损，也不应按本罪处理。

2. 本罪只能是单位犯罪

本罪只能是单位犯罪，擅自运用客户资金或者其他委托、信托的财产的行为，必须是在单位决定下实施的，体现的是单位意志。这一特征在客观上要求，违背受托义务擅自运用客户资金的行为，必须是经过单位决策机构研究决定后实施的。对单位中的个人利用职务便利实施的擅自运用客户资金的行为，应当按照其他罪名处理。实践中有上下级关系的单位之间，上级单位强令下级单位违反受托义务，擅自运用客户资金的行为，即使下级单位没有经过集体研究，也视为单位行为。如果上级单位的个别领导指示下级单位违反受托义务擅自运用客户资金，并且下级单位对此经过了集体研究，也应当视为单位行为。

3. 注意本罪与挪用资金罪、挪用公款罪的界限

除犯罪侵犯的客体、对象性质不同外，最根本的差别是主体不同。背信运用受托财产罪的主体只限于有关金融机构；挪用资金罪、挪用公款罪的主体则只限于自然人。如果挪用客户资金的行为是有关人员按领导指令，以单位名义、为单位利益实施的，则应视情形以背信运用受托财产罪论处；反之，如果该行为是金融机构中有关工作人员个人的行为，则应视情形以挪用资金

罪或者挪用公款罪论处。

4. 注意本罪与非法吸收公众存款罪、非法经营罪的界限

背信运用受托财产罪的主体仅限于依法具有相关金融业务经营资质的金融机构。如果其他单位未经许可，非法开展证券、期货投资等委托理财等业务，并擅自运用客户财产的，应视情形以非法吸收公众存款罪、非法经营罪等罪论处。

（三）量刑指导或参考

依照《刑法》第一百八十五条之一第一款规定，犯背信运用受托财产罪的，对单位判处罚金，并对其直接负责的主管人员和其他直接责任人员，处三年以下有期徒刑或者拘役，并处三万元以上三十万元以下罚金；情节特别严重的，处三年以上十年以下有期徒刑，并处五万元以上五十万元以下罚金。

二十三、违法运用资金罪

（一）刑法规定

第一百八十五条之一第二款[①]　社会保障基金管理机构、住房公积金管理机构等公众资金管理机构，以及保险公司、保险资产管理公司、证券投资基金管理公司，违反国家规定运用资金的，对其直接负责的主管人员和其他直接责任人员，依照前款的规定处罚。

（二）典型或常见问题的审理思路

1. 罪与非罪的认定

《刑法》第一百八十五条之一第二款虽未规定构成本罪须以特定后果或者情节为要件，但这并不意味着任何违法运用资金的行为都构成本罪，都要追究刑事责任。根据《刑法》总则第十三条的规定，如果违规运用资金的行为情节显著轻微，如初次违法运用、数额不大且未造成严重后果的，应依法不认为是犯罪。按照《立案追诉标准（二）》第四十一条的规定，上述公司涉嫌下列情形之一的，应予立案追诉：（1）违反国家规定运用资金数额在三十

---

① 本款系2006年6月29日公布的《刑法修正案（六）》第十二条增加。

万元以上的；（2）虽未达到上述数额标准，但多次违反国家规定运用资金的；（3）其他情节严重的情形。

2. **划清本罪与与挪用类犯罪的界限**①

违法运用资金罪与挪用类犯罪的共同点在于客观上均有非法使用资金的行为。本罪主要表现为社会保障基金管理机构、住房公积金管理机构等公众资金管理机构，以及保险公司、保险资产管理公司、证券投资基金管理公司等金融机构中直接负责的主管人员和其他直接责任人员违反国家规定，擅自运用社会保障基金、住房公积金以及其他一些公众资金的行为；挪用类犯罪则主要表现为相关单位的工作人员，利用职务上的便利，挪用单位资金归个人使用的行为。但从其本质以及犯罪构成上来看，两者的区别在于：第一，本罪与挪用类犯罪的本质及行为结构是不同的。《刑法》将违法运用资金罪与背信运用受托财产罪规定在同一条款中，正是因为违法运用资金罪与背信运用受托财产罪均属于一般意义上的背信类犯罪，背信运用受托财产罪中相关单位违背的是基于客户的委托而产生的信任关系，违法运用资金罪中行为人违背的则是法律规定的诚实处理公众资金的义务。理论上通常认为，背信类犯罪共同的本质在于：行为人都违背了基于他人的委托而产生的信任关系和诚实处理他人事务的义务，从而对他人的财产造成了损害。其行为结构均是：为他人处理事务的自然人或者单位—实施违背受托义务或者国家相关规定的行为—造成他人财产上的损害。而挪用类犯罪共同的本质则在于：行为人利用职务上的便利，挪用单位资金归个人使用，从而对单位的财产造成了损害。其行为结构则是：单位中具有职务便利的人员—利用职务上的便利，实施挪用单位资金归个人使用的行为—造成单位的损失。由此可见，本罪与挪用类犯罪在本质上最大的区别在于：违法运用资金罪中存在“背信”的行为，而挪用类犯罪中不存在“背信”的行为。第二，违法运用资金罪与挪用类犯罪在犯罪构成上也是不同的。具体表现有：一是犯罪对象不同。违法运用资金罪的犯罪对象是社会保障金、住房公积金、保险资金、证券投资基金以及其他一些公众资金。而挪用类犯罪的对象是单位的资金和款项。二是挪用类犯罪必须具备“挪用资金归个人使用”的要件，而构成违法运用资金罪则无需具备该要件。如果社会保障基金管理机构、住房公积金管理机构等公众资金

---

① 观点来源：《中华人民共和国刑法案典（中）》，人民法院出版社2016年版，第914－915页。

管理机构，以及保险公司、保险资产管理公司、证券投资基金管理公司等金融机构中直接负责的主管人员和其他直接责任人员利用职务上的便利，私自决定将社会保障金、住房公积金、保险资金、证券投资基金以及其他一些公众资金挪给本人自用或挪给其他自然人使用，或者以个人名义将社会保障金、住房公积金、保险资金、证券投资基金以及其他一些公众资金借给其他个人或单位使用的，应以挪用资金罪或挪用公款罪论处。但是如果社会保障基金管理机构、住房公积金管理机构等公众资金管理机构，以及保险公司、保险资产管理公司、证券投资基金管理公司等金融机构中直接负责的主管人员和其他直接责任人员属于国家工作人员，且其以单位名义挪用本单位资金给其他单位使用的，如何处理则要区分两种情形：如果行为人是出于“个人决定”且“谋取个人利益”的（实属“归个人使用”的情形），则构成挪用公款罪；如果不是谋取个人利益的（不属于“归个人使用”的情形），则应以违法运用资金罪论处。

3. 本罪和背信运用受托财产罪的界限[①]

违法运用资金罪和背信运用受托财产罪都是《刑法修正案（六）》的新增罪名，并且都规定在《刑法》第一百八十五条之一中，两罪有相当程度的共同点，如客观上行为人均违背法定义务或者受托义务，不适当地运用了资金或财产。违法运用资金罪主要表现为行为人违反国家规定，擅自运用社会保障基金、住房公积金以及其他一些公众资金的行为；而背信运用受托财产罪则主要表现为相关单位违背受托义务，擅自运用客户资金以及其他一些委托、信托的财产的行为。违法运用资金罪与背信运用受托财产罪中的“运用”，原则上应包括“占有”“侵占”等侵犯财产所有权的行为，当然对于根本不想规避的非法占有、侵吞客户财产的行为如何认定其行为性质，我们认为应具体问题具体分析，若是相关责任人员个人的行为，即属于个人犯罪的，应以贪污罪或者职务侵占罪论处；若是金融机构等单位行为的，则应以本罪追究该单位刑事责任。

从犯罪构成上来看，违法运用资金罪与背信运用受托财产罪的主要区别在于：其一，两罪的客观行为表现不同。违法运用资金罪是违反国家相关规定运用社会保障基金、住房公积金以及其他一些公众资金的行为，而背信运

---

① 观点来源：《中华人民共和国刑法案典（中）》，人民法院出版社2016年版，第913－914页。

用受托财产罪则是违背受托义务，擅自运用客户资金以及其他委托、信托的财产的行为。此外，背信运用受托财产罪中的“违背受托义务”，不仅仅只是局限于违背委托人与受托人之间具体约定的义务，还包括违背法律、行政法规、部门规章规定的法定义务，但委托人与受托人之间具体约定的义务在违法运用资金罪中则是不存在的。其二，两罪的犯罪主体不同。违法运用资金罪的犯罪主体主要是社会保障基金管理机构、住房公积金管理机构等公众资金管理机构，以及保险公司、保险资产管理公司、证券投资基金管理公司中直接负责的主管人员和其他直接责任人员；而背信运用受托财产罪的主体则主要是商业银行、证券交易所、期货交易所、证券公司、期货经纪公司、保险公司或者其他金融机构。前者是自然人犯罪主体，后者则是单位犯罪主体。此外，值得注意的是，如果保险公司、保险资产管理公司、证券投资基金管理公司等金融机构，违背受托义务，擅自运用除公众资金以外的客户资金或其他委托、信托的财产，应当对相关单位以背信运用受托财产罪论处。但如果保险公司、保险资产管理公司、证券投资基金管理公司等金融机构，违反国家规定，运用社会保障基金、住房公积金以及其他一些公众资金，则应对相关单位直接负责的主管人员和其他直接责任人员以违法运用资金罪认定，且不应追究相关单位的刑事责任。

（三）量刑指导或参考

依照《刑法》第一百八十五条之一第二款规定，犯违法运用资金罪的，对其直接负责的主管人员和其他直接责任人员，依照前款的规定处罚，即处三年以下有期徒刑或者拘役，并处三万元以上三十万元以下罚金；情节特别严重的，处三年以上十年以下有期徒刑，并处五万元以上五十万元以下罚金。

司法机关适用本条规定处罚时，应当注意本罪属于实行单罚制的单位犯罪。与背信运用受托财产罪实行的双罚制不同，刑法对本罪只处罚犯罪单位中直接负责的主管人员和其他直接责任人员，而不处罚单位。之所以这样规定，是因为如果同时判处单位罚金，势必会使公众资金受到进一步损害。

二十四、违法发放贷款罪

（一）刑法规定

第一百八十六条[①]　银行或者其他金融机构的工作人员违反国家规定发放贷款，数额巨大或者造成重大损失的，处五年以下有期徒刑或者拘役，并处一万元以上十万元以下罚金；数额特别巨大或者造成特别童大损失的，处五年以上有期徒刑，并处二万元以上二十万元以下罚金。

银行或者其他金融机构的工作人员违反国家规定，向关系人发放贷款的，依照前款的规定从重处罚。

单位犯前两款罪的，对单位判处罚金，并对其直接负责的主管人员和其他直接责任人员，依照前两款的规定处罚。

关系人的范围，依照《中华人民共和国商业银行法》和有关金融法规确定。

（二）典型或常见问题的审理思路

1. 罪与非罪的认定

区分违法发放贷款罪与非罪的界限主要应注意以下几点：（1）行为人是否违反规定而玩忽职守或者滥用职权。如果行为人既未玩忽职守，也未滥用职权，而是符合有关规定向借款人发放贷款，借款人因特殊原因不能按期偿还贷款本息造成贷款人损失的，由于行为人对损失的发生既无故意，也不存在过失，当然不能对其追究刑事责任。（2）造成损失的大小。根据刑法规定，违法发放贷款，必须“数额巨大”或者“造成重大损失”才构成犯罪。“数额巨大”，是指发放贷款的数额巨大。“造成重大损失”，主要是指造成贷款已

---

① 本条经2006年6月29日公布的《刑法修正案（六）》第十三条修正。

1997年《刑法》第一百八十六条第一款、第二款规定为：“银行或者其他金融机构的工作人员违反法律、行政法规规定，向关系人发放信用贷款或者发放担保贷款的条件优于其他借款人同类贷款的条件，造成较大损失的，处五年以下有期徒刑或者拘役，并处一万元以上十万元以下罚金；造成重大损失的，处五年以上有期徒刑，并处二万元以上二十万元以下罚金。银行或者其他金融机构的工作人员违反法律、行政法规规定，向关系人以外的其他人发放贷款，造成重大损失的，处五年以下有期徒刑或者拘役，并处一万元以上十万元以下罚金；造成特别重大损失的，处五年以上有期徒刑，并处二万元以上二十万元以下罚金。”

不能收回或者部分不能收回，给金融机构造成重大损失。如果违规发放贷款的数额不是巨大，也未造成重大损失的，则不构成犯罪。按照《立案追诉标准（二）》第四十二条的规定，银行或者其他金融机构及其工作人员违反国家规定发放贷款，涉嫌下列情形之一的，应予立案追诉：（1）违法发放贷款，数额在一百万元以上的；（2）违法发放贷款，造成直接经济损失数额在二十万元以上的。

2. 注意本罪与玩忽职守罪的界限

两罪的区别在于：（1）侵犯的客体不同。前者侵犯的是国家的金融管理秩序；后者侵犯的是一般国家机关的正常管理活动。（2）客观方面表现不同。前者表现为玩忽职守或者滥用职权而非法发放贷款的行为，其造成的损失一般指经济损失；后者则只表现为玩忽职守的行为，其造成的损失可能是经济损失，也可能是人身伤亡，还可能是严重的政治影响等。（3）主体要件不同。前者的主体是经营贷款业务的金融机构及其工作人员；后者的主体是一般的国家工作人员，国家机关不能成为本罪主体。

3. 违法向关系人发放贷款的予以从重处罚

关于关系人的范围，依照商业银行法和有关金融法规确定。根据商业银行法的规定，关系人是指：（1）商业银行的董事、监事、管理人员、信贷业务人员及其近亲属。（2）前项所列人员投资或者担任高级管理职务的公司、企业和其他经济组织。关于向关系人发放贷款，《商业银行法》规定："商业银行不得向关系人发放信用贷款；向关系人发放担保贷款的条件不得优于其他借款人同类贷款的条件。"行为人违反国家规定向关系人发放贷款，即指违反上述规定，向关系人发放信用贷款，或者向关系人发放担保贷款的条件优于其他借款人同类贷款的条件。这里所说的"信用贷款"，是指银行不要求借款人提供任何的经济担保，只凭借款人可靠的信用发放的贷款。这里所说的"借款人可靠的信用"，主要是指：借款人有雄厚的物质基础；具有健全的管理制度，能合理、高效益地使用资金；有能力及时、足额地归还以往贷款，并能保证按期还本付息。这里所说的"担保贷款"，是指借款人向银行提供具有相应经济实力的单位或者个人的经济担保，或者向银行提供物资，以银行票据、股票等实物抵押，以取得银行贷款。

根据《刑法》第一百八十六条第二款的规定，银行或者其他金融机构的工作人员违反国家规定，向关系人发放贷款的，依照第一款的规定从重处罚，即根据具体犯罪情节，在第一款规定的两个量刑幅度内处以较违法向非关系人发放贷款行为更重的刑罚。

（三）量刑指导或参考

依照《刑法》第一百八十六条规定，犯违法发放贷款罪的，处五年以下有期徒刑或者拘役，并处一万元以上十万元以下罚金；数额特别巨大或者造成特别重大损失的，处五年以上有期徒刑，并处二万元以上二十万元以下罚金。银行或者其他金融机构的工作人员违反国家规定，向关系人发放贷款的，依照前款的规定从重处罚。单位犯前两款罪的，对单位判处罚金，并对其直接负责的主管人员和其他直接责任人员，依照前两款的规定处罚。

二十五、吸收客户资金不入帐罪

（一）刑法规定

第一百八十七条[①]　银行或者其他金融机构的工作人员吸收客户资金不入帐，数额巨大或者造成重大损失的，处五年以下有期徒刑或者拘役，并处二万元以上二十万元以下罚金；数额特别巨大或者造成特别重大损失的，处五年以上有期徒刑，并处五万元以上五十万元以下罚金。

单位犯前款罪的，对单位判处罚金，并对其直接负责的主管人员和其他直接责任人员，依照前款的规定处罚。

（二）典型或常见问题的审理思路

1. 罪与非罪的认定

根据刑法规定，吸收客户资金不入帐，只有不入账的资金“数额巨大”或者因此“造成重大损失”的，才构成本罪；未达到上述标准的，属于一般违法行为，可由有关主管部门给予行政处理。

---

① 本条经2006年6月29日公布的《刑法修正案（六）》第十四条修正。

1997年《刑法》第一百八十七条第一款规定：“银行或者其他金融机构的工作人员以牟利为目的，采取吸收客户资金不入帐的方式，将资金用于非法拆借、发放贷款，造成重大损失的，处五年以下有期徒刑或者拘役，并处二万元以上二十万元以下罚金；造成特别重大损失的，处五年以上有期徒刑，并处五万元以上五十万元以下罚金。”

2. 本罪与挪用资金罪、挪用公款罪的界限

对于金融机构工作人员个人利用职务上便利，挪用已经记入金融机构法定存款账户的客户资金归个人使用的，显然应当视情形认定为挪用资金罪或者挪用公款罪。需要特别注意的是，金融机构工作人员吸收客户资金不入帐，却给客户开具银行存单，客户也认为将款已存入银行，该款却被行为人以个人名义借贷给他人的，也属于挪用资金或者挪用公款行为。因为一旦给客户开具银行存单，实际上客户资金就已成为银行或者其他金融机构的资金；如果该资金后因被用于非法拆借、发放贷款而未能收回或者未能全部收回，将由金融机构而不是其工作人员个人对客户承担赔偿责任。对于金融机构来说，无论其在实施吸收客户资金不入帐的行为时是否为客户出具了存单等凭证，都应视情形以本罪论处。

3. 本罪与背信运用受托财产罪的界限

背信运用受托财产罪，是针对当前金融机构委托理财和该资金经营、管理中发生的违背受托义务，擅自运用客户资金或者其他受托、信托的财产行为，专门规定的犯罪。“违背受托义务”是该罪的基本特征。而吸收客户资金不入帐行为中吸收的客户资金，不属于委托理财类经营资金，而是储户存款，因此需给储户开具存单。存款入账后，由银行等金融机构依法用于贷款等经营行为，不受客户约束。且本罪法定刑亦重于背信运用受托财产罪的法定刑，是刑法预防与惩处力度更大的犯罪，故即使吸收客户存款不入账后又用于非法拆借、发放贷款等擅自使用的，亦应以本罪处以较重的刑罚。

4. 关于共同犯罪的认定问题

金融机构的工作人员吸收客户资金不入帐的行为，有时是在存款客户明知甚至征得其同意下实施的，可以说此时金融机构的工作人员与存款客户已具有共同故意、共同行为，但对存款客户不能以本罪共犯论处。因为，本罪的危害主要是由金融机构及其工作人员的违规经营行为，而不是由客户的“配合”行为引发的；立法设立本罪的主要目的是规范金融机构及其工作人员的行为，而不是为了规范存款客户的行为，将其作为本罪共犯论处，会不适当地扩大处罚范围。就像在非法行医案件中，就诊人往往对行为人系非法行医是有所认识的，有些时候甚至是就诊人主动要求行为人为其非法医治的，但并不能因此将就诊人认定为非法行医罪的共犯。如果存款的客户所存系公款或者单位资金，其利用代单位存款的职务便利，与金融机构或其工作人员相勾结，以用于非法拆借、发放贷款的，同意甚至指使后者不将存款记入法定账目，则依法可以挪用公款罪或者挪用资金罪追究行为人的刑事责任。

（三）量刑指导或参考

依照《刑法》第一百八十七条规定，犯吸收客户资金不入帐罪的，处五年以下有期徒刑或者拘役，并处二万元以上二十万元以下罚金；数额特别巨大或者造成特别重大损失的，处五年以上有期徒刑，并处五万元以上五十万元以下罚金。单位犯本罪的，对单位判处罚金，并对其直接负责的主管人员和其他直接责任人员，依照前款的规定处罚。

二十六、违规出具金融票证罪

（一）刑法规定

第一百八十八条[①]　银行或者其他金融机构的工作人员违反规定，为他人出具信用证或者其他保函、票据、存单、资信证明，情节严重的，处五年以下有期徒刑或者拘役；情节特别严重的，处五年以上有期徒刑。

单位犯前款罪的，对单位判处罚金，并对其直接负责的主管人员和其他直接责任人员，依照前款的规定处罚。

（二）典型或常见问题的审理思路

1. 罪与非罪的区别

行为人违反规定，为他人出具信用证或者其他保函、票据、存单、资信证明的行为，必须达到情节严重的程度，才构成本罪。情节严重，主要指违反规定开具金融票证造成的经济损失较大，违规出具的金融票证数额巨大，多次违规出具金融票证，违规出具多份金融票证，以及曾受处理又再次违规出具金融票证等等。如果情节不严重的，则属于一般违法行为，可由其所在金融机构依法予以行政处罚或者给予行政纪律处分。

---

① 本条经 2006 年 6 月 29 日公布的《刑法修正案（六）》第十五条修正。

1997 年《刑法》第一百八十八条第一款规定：“银行或者其他金融机构的工作人员违反规定，为他人出具信用证或者其他保函、票据、存单、资信证明，造成较大损失的，处五年以下有期徒刑或者拘役；造成重大损失的，处五年以上有期徒刑。”

2. 本罪与伪造、变造金融票证罪的界限

两罪都是关于金融票证的犯罪，主要区别在于：（1）犯罪客观方面不同。违规出具金融票证罪是违法出具金融票证，所出具的金融票据是真的，而伪造、变造金融票证罪是伪造、变造金融票证，因而其金融票证是假的。（2）犯罪主体不同。违规出具金融票证罪是特殊主体，即银行或其他金融机构及其工作人员；伪造、变造金融票证罪是一般主体。

（三）量刑指导或参考

依照《刑法》第一百八十八条规定，犯违规出具金融票证罪的，处五年以下有期徒刑或者拘役；情节特别严重的，处五年以上有期徒刑。单位犯本罪的，对单位判处罚金，并对其直接负责的主管人员和其他直接责任人员，依照前款的规定处罚。

二十七、对违法票据承兑、付款、保证罪

（一）刑法规定

第一百八十九条 银行或者其他金融机构的工作人员在票据业务中，对违反票据法规定的票据予以承兑、付款或者保证，造成重大损失的，处五年以下有期徒刑或者拘役；造成特别重大损失的，处五年以上有期徒刑。

单位犯前款罪的，对单位判处罚金，并对其直接负责的主管人员和其他直接责任人员，依照前款的规定处罚。

（二）典型或常见问题的审理思路

1. 本罪与违规出具金融票证罪的界限

两罪在主观罪过、犯罪主体以及法定刑方面相同，主要区别在于：（1）行为方式不同。对违法票据承兑、付款、保证罪在客观方面表现为对已经出具的票据违法进行承兑、付款、保证等附随票据行为，且犯罪对象限于票据；而非法出具金融票证客观方面表现为非法出具金融票证行为，且犯罪对象不限于票据。（2）要求不同。对违法票据承兑、付款、保证罪以行为造成重大损失作为构成要件；违规出具金融票证罪则以情节严重作为构成要件。

2. 本罪与拒不执行法院判决、裁定罪以及非法处置查封、扣押、冻结的财产罪等妨害诉讼行为的关系

实践中经常存在票据权利人或者委托银行付款人因涉嫌犯罪或其他诉讼活动而被采取保全措施的情形。如果银行或其他金融机构工作人员违反有关判决、裁定规定，向已被禁止受领资产的票据持有人付款或者从已被查封的票据付款人账户上划出资金，就可能构成妨害诉讼的违法行为；情节严重的，还可能构成犯罪。司法实践中要注意正确区分对违法票据承兑、付款、保证罪与上述违法行为的界限。一般而言，构成对违法票据承兑、付款、保证罪的犯罪对象的票据是违反票据法的票据，而作为妨害司法保全行为对象的票据本身未必违法。如果行为人妨害司法保全的行为同时符合对违法票据付款罪的，例如开立支票账户的客户被法院依法冻结了账户，行为人违反法院裁定给某持票人划出资金，而该支票上付款人签章明显与客户预留印鉴不符的，应按想象竞合犯，从一重处断。

（三）量刑指导或参考

依照《刑法》第一百八十九条规定，犯对违法票据承兑、付款、保证罪的，处五年以下有期徒刑或者拘役；造成特别重大损失的，处五年以上有期徒刑。单位犯本罪的，对单位判处罚金，并对其直接负责的主管人员和其他直接责任人员，依照前款的规定处罚。

二十八、逃汇罪

（一）刑法规定

第一百九十条[①]　公司、企业或者其他单位，违反国家规定，擅自将外汇存放境外，或者将境内的外汇非法转移到境外，数额较大的，对单位判处逃汇数额百分之五以上百分之三十以下罚金，并对其直接负责的主管人员和其

---

① 本条经 1998 年 12 月 29 日《全国人民代表大会常务委员会关于惩治骗购外汇、逃汇和非法买卖外汇犯罪的决定》第三条修订。

1997 年《刑法》第一百九十条规定：“国有公司、企业或者其他国有单位，违反国家规定，擅自将外汇存放境外，或者将境内的外汇非法转移到境外，情节严重的，对单位判处罚金，并对其直接负责的主管人员和其他直接责任人员，处五年以下有期徒刑或者拘役。”

他直接责任人员处五年以下有期徒刑或者拘役；数额巨大或者有其他严重情节的，对单位判处逃汇数额百分之五以上百分之三十以下罚金，并对其直接负责的主管人员和其他直接责任人员处五年以上有期徒刑。

（二）司法解释、司法文件

1. **最高人民法院关于审理骗购外汇、非法买卖外汇刑事案件具体应用法律若干问题的解释**（法释〔1998〕20号，1998年9月1日起施行）（节录）

第一条 以进行走私、逃汇、洗钱、骗税等犯罪活动为目的，使用虚假、无效的凭证、商业单据或者采取其他手段向外汇指定银行骗购外汇的，应当分别按照刑法分则第三章第二节、第一百九十条、第一百九十一条和第二百零四条等规定定罪处罚。

非国有公司、企业或者其他单位，与国有公司、企业或者其他国有单位勾结逃汇的，以逃汇罪的共犯处罚。

第六条 实施本解释规定的行为，同时触犯二个以上罪名的，择一重罪从重处罚。

（三）典型或常见问题的审理思路

1. 罪与非罪的认定

如果逃汇行为尚不属数额较大的，属于一般违法行为，可由国家外汇管理机关依法予以行政处罚。对“数额较大”标准的掌握，具体可依照《最高人民检察院、公安部关于公安机关管辖的刑事案件立案追诉标准的规定（二）》（公通字〔2010〕23号）第四十条的规定。

2. 本罪与骗购外汇罪的界限

本罪和骗购外汇罪的区别主要在于：（1）行为方式不同，逃汇罪是违法国家外汇管理法规，擅自将外汇存放境外，或者将境内外汇非法转移到境外，数额较大的行为；而骗购外汇罪是以虚假、无效的凭证、单据向外汇指定银行骗购外汇，数额较大的行为。（2）对象不同，逃汇罪的对象是自己拥有的外汇，而骗购外汇罪的对象是外汇指定银行的外汇。（3）犯罪主体有所不同。逃汇罪只能由公司、企业和其他单位构成，系纯正的单位犯罪；而骗购外汇罪则既可以由单位构成，也可以由自然人构成，系不纯正单位犯罪。

3. **本罪与走私罪的界限**

逃汇与走私相同之处在于这两种行为本身或其结果都跨越国境，都是经济犯罪。两者的区别主要在于：（1）犯罪客体不同。逃汇罪的犯罪客体是国家外汇管理秩序；而走私罪的犯罪客体则是国家的对外贸易管理秩序。（2）行为方式不同。逃汇罪表现为违反外汇管理法规，擅自将外汇存放境外，或者将境内外汇非法转移到境外，数额较大的行为；走私罪则表现为违反海关法律、法规，逃避海关监管，非法运输、携带或邮寄各种违禁品、限制进出境的物品以及其他偷逃关税的行为。（3）犯罪对象不同。逃汇罪的对象只能是外汇；走私罪的犯罪对象则十分宽泛，包括各种违禁品、限制进出境物品以及其他偷逃关税的货物、物品。（4）犯罪主体有所不同。逃汇罪只能由公司、企业和其他单位构成，系纯正的单位犯罪；而走私罪则既可以由单位构成，也可以由自然人构成，系不纯正的单位犯罪。

（四）量刑指导或参考

依照《刑法》第一百九十条规定，犯逃汇罪的，对单位判处逃汇数额百分之五以上百分之三十以下罚金，并对其直接负责的主管人员和其他直接责任人员处五年以下有期徒刑或者拘役；数额巨大或者有其他严重情节的，对单位判处逃汇数额百分之五以上百分之三十以下罚金，并对其直接负责的主管人员和其他直接责任人员处五年以上有期徒刑。

二十九、骗购外汇罪[①]

（一）刑法规定

《全国人民代表大会常务委员会关于惩治骗购外汇、逃汇和非法买卖外汇犯罪的决定》（1998 年 12 月 29 日）（以下简称《决定》）

一、有下列情形之一，骗购外汇，数额较大的，处五年以下有期徒刑或者拘役，并处骗购外汇数额百分之五以上百分之三十以下罚金；数额巨大或

① 本罪由 1998 年 12 月 29 日第九届全国人民代表大会常务委员会第六次会议通过的《关于惩治骗购外汇、逃汇和非法买卖外汇犯罪的决定》第一条增订。《关于惩治骗购外汇、逃汇和非法买卖外汇犯罪的决定》及其后的刑法修正案均未明确骗购外汇罪的条文顺序，编者根据刑法分则条文的编排体系，将其列于此处。

者有其他严重情节的，处五年以上十年以下有期徒刑，并处骗购外汇数额百分之五以上百分之三十以下罚金；数额特别巨大或者有其他特别严重情节的，处十年以上有期徒刑或者无期徒刑，并处骗购外汇数额百分之五以上百分之三十以下罚金或者没收财产：

（一）使用伪造、变造的海关签发的报关单、进口证明、外汇管理部门核准件等凭证和单据的；

（二）重复使用海关签发的报关单、进口证明、外汇管理部门核准件等凭证和单据的；

（三）以其他方式骗购外汇的。

伪造、变造海关签发的报关单、进口证明、外汇管理部门核准件等凭证和单据，并用于骗购外汇的，依照前款的规定从重处罚。

明知用于骗购外汇而提供人民币资金的，以共犯论处。

单位犯前三款罪的，对单位依照第一款的规定判处罚金，并对其直接负责的主管人员和其他直接责任人员，处五年以下有期徒刑或者拘役；数额巨大或者有其他严重情节的，处五年以上十年以下有期徒刑；数额特别巨大或者有其他特别严重情节的，处十年以上有期徒刑或者无期徒刑。

五、海关、外汇管理部门以及金融机构、从事对外贸易经营活动的公司、企业或者其他单位的工作人员与骗购外汇或者逃汇的行为人通谋，为其提供购买外汇的有关凭证或者其他便利的，或者明知是伪造、变造的凭证和单据而售汇、付汇的，以共犯论，依照本决定从重处罚。

（二）司法解释、司法文件

1. **最高人民法院关于审理骗购外汇、非法买卖外汇刑事案件具体应用法律若干问题的解释**（法释〔1998〕20号，自1998年9月1日起施行）（节录）

第五条 海关、银行、外汇管理机关工作人员与骗购外汇的行为人通谋，为其提供购买外汇的有关凭证，或者明知是伪造、变造的凭证和商业单据而出售外汇，构成犯罪的，按照刑法的有关规定从重处罚。

第六条 实施本解释规定的行为，同时触犯二个以上罪名的，择一重罪从重处罚。

第七条 根据刑法第六十四条规定，骗购外汇、非法买卖外汇的，其违法所得予以追缴，用于骗购外汇、非法买卖外汇的资金予以没收，上缴国库。

第八条　骗购、非法买卖不同币种的外汇的，以案发时国家外汇管理机关制定的统一折算率折合后依照本解释处罚。

2. **《办理骗汇、逃汇犯罪案件联席会议纪要》**（公通字〔1999〕39号，1999年6月7日公布并施行）

中央部署开展打击骗汇犯罪专项斗争以来，在国务院和中央政法委的统一领导和组织协调下，各级公安机关和人民检察院迅速行动起来，在全国范围内对骗汇犯罪开展了全面打击行动。1998年8月28日《最高人民法院关于审理骗购外汇、非法买卖外汇刑事案件具体应用法律若干问题的解释》发布，对司法机关运用法律武器准确、及时打击犯罪发挥了重要作用。但是，一些地方在办理此类案件过程中，在案件管辖、运用法律及政策把握等方面遇到一些问题，需要予以明确。为了进一步贯彻中央从重从快严厉打击骗汇犯罪的指示精神，准确适用法律，保障专项斗争深入开展，争取尽快起诉、宣判一批骗汇犯罪案件，打击和震慑骗汇犯罪活动，1999年3月16日，中央政法委、最高人民法院、最高人民检察院、公安部、中国人民银行、国家外汇管理局、解放军军事法院、军事检察院、总政保卫部等有关部门在北京昌平召开联席会议，共同研究解决打击骗汇犯罪斗争中出现的各种问题。会议纪要如下：

一、各级公安机关、人民检察院、人民法院和军队保卫、检、法部门在办理骗汇案件过程中，要从维护国家外汇管理秩序和国家经济安全的高度认识打击骗汇、逃汇犯罪专项斗争的重大意义，坚决贯彻党中央、国务院部署，积极参加专项斗争，各司其职，互相配合，加强协调，加快办案进度。

二、全国人大常委会《关于惩治骗购外汇、逃汇和非法买卖外汇犯罪的决定》（以下简称《决定》）公布施行后发生的犯罪行为，应当依照《决定》办理；对于《决定》公布施行前发生的公布后尚未处理或者正在处理的行为，依照修订后的《刑法》第十二条第一款规定的原则办理。

最高人民法院1998年8月28日发布的《关于审理骗购外汇、非法买卖外汇刑事案件具体应用法律若干问题的解释》（以下简称《解释》），是对具体应用修订后的《刑法》有关问题的司法解释，适用于依照修订后的《刑法》判处的案件。各执法部门对于《解释》应当准确理解，严格执行。

《解释》第四条规定：“公司、企业或者其他单位，违反有关外贸代理业务的规定，采用非法手段、或者明知是伪造、变造的凭证、商业单据，为他人向外汇指定银行骗购外汇，数额在五百万美元以上或者违法所得五十万元人民币以上的，按照刑法第二百二十五条第（三）项的规定定罪处罚；居间介绍骗购外汇一百万美元以上或者违法所得十万元人民币以上的，按照刑法第二百二十五条第（三）项的规定定罪处罚。”上述所称“采用非法手段”，是指有国家批准的进出口经营权的外贸代理企业在经营代理进口业务时，不按国家经济主管部门有关规定履行职责，放任被代理方自带客户、自带货源、自带汇票、自行报关，在不见进口产品、不见供货货主、不见外商的情况下代理进口业务，或者采取法律、行政法规和部门规章禁止的其他手段代理进口业务。

认定《解释》第四条所称的“明知”，要结合案件的具体情节予以综合考虑，不能仅仅因为行为人不供述就不予认定。报关行为先于签订外贸代理协议的，或者委托方提供的购汇凭证明显与真实凭证、商业单据不符的，应当认定为明知。

《解释》第四条所称“居间介绍骗购外汇”，是指收取他人人民币、以虚假购汇凭证委托外贸公司、企业骗购外汇，获取非法收益的行为。

三、公安机关侦查骗汇、逃汇犯罪案件中涉及人民检察院管辖的贪污贿赂、渎职犯罪案件的，应当将贪污贿赂、渎职犯罪案件材料移送有管辖权的人民检察院审查。对管辖交叉的案件，可以分别立案，共同工作。如果涉嫌主罪属于公安机关管辖，由公安机关为主侦查，人民检察院予以配合；如果涉嫌主罪属于人民检察院管辖，由人民检察院为主侦查，公安机关予以配合。双方意见有较大分歧的，要协商解决，并及时向当地党委、政法委和上级主管机关请示。

四、公安机关侦查骗汇、逃汇犯罪案件，要及时全面收集和固定犯罪证据，抓紧缉捕犯罪分子。人民检察院和人民法院对正在办理的骗汇、逃汇犯罪案件，只要基本犯罪事实清楚，基本证据确实充分，应当及时依法起诉、审判。主犯在逃或者骗购外汇所需人民币资金的来源无法彻底查清，但证明在案的其他犯罪嫌疑人实施犯罪的基本证据确实充分的，为在法定时限内结案，可以对在案的其他犯罪嫌疑人先行处理。对于已收集到外汇指定银行汇出凭证和境外收汇银行收款凭证等证据，能够证明所骗购外汇确已汇至港澳台地区或国外的，应视为骗购外汇既遂。

五、坚持“惩办与宽大相结合”的政策。对骗购外汇共同犯罪的主犯，或者参与伪造、变造购汇凭证的骗汇人员，以及与骗购外汇的犯罪分子相勾结的国家工作人员，要从严惩处。对具有自首、立功或者其他法定从轻、减轻情节的，依法从轻、减轻处理。

六、各地在办理骗汇、逃汇犯罪案件中遇到的有关问题以及侦查、起诉、审判的信息要及时向各自上级主管机关报告。上级机关要加强对案件的督办、检查和指导协调工作。

（三）典型或常见问题的审理思路

1. 本罪与非法经营罪的界限

之所以提出要注意区分两者的不同，是因为《决定》第四条规定："在国家规定的交易场所以外非法买卖外汇，扰乱市场秩序，情节严重的，依照刑法第二百二十五条的规定定罪处罚。"此项规定与《决定》第一条规定的骗购外汇罪的共同点：一是两者主体相同；二是行为对象均为国家严格管制的外汇；三是行为基本方式均为非法买卖外汇。二者之间的不同主要是非法买卖外汇的场所，骗购外汇罪行为只能发生在国家外汇指定银行和其他外汇指定交易场所，而非法买卖外汇以非法经营罪定罪的行为，则必须是发生在国家规定的外汇交易场所以外的地方。

2. 本罪与走私罪的区别

本罪与走私罪在以下方面存在不同：（1）客体不同。本罪的客体是国家的外汇管理制度，其与进出口贸易及其关税无关；而走私罪的客体则是对外贸易管制，后者这种管制的目的是通过对进出口货物的监督、管理与控制，防止偷逃关税及阻止或限制不该进出口的物资进出口，它与进出口贸易及其关税紧密联系在一起。（2）犯罪对象不同。本罪的对象仅限于外汇；走私罪的对象却比本罪广泛得多，它包括外汇在内的一切禁止或限制进出境的货物与物品或者应当缴纳关税的货物及物品。（3）客观方面的表现形式不同。本罪在客观方面表现为逃汇的行为。逃汇的外在形式是将境外取得的外汇应当调回境内而不调回，或把境内的外汇私自转移到国外等；而走私罪的客观行为却是行为人逃避海关监管，非法运输、携带、邮寄货物、物品进出国（边）境的行为。（4）主体不同。本罪的主体为各种类型的经济组织，个人不能构成本罪；而走私罪为一般主体。（5）本罪为具体罪名，而走私罪则为种罪名。其包括走私武器、弹药罪，走私假币罪，走私文物罪等多个具体罪名。

（四）量刑指导或参考

依照《决定》第一条规定，犯骗购外汇罪的，处五年以下有期徒刑或者拘役，并处骗购外汇数额百分之五十以上百分之三十以下罚金；数额巨大或者有其他严重情节的，处五年以上十年以下有期徒刑，并处骗购外汇数额百分之五以上百分之三十以下罚金；数额特别巨大或者有其他特别严重情节的，处十年以上有期徒刑或者无期徒刑，并处骗购外汇数额百分之五以上百分之三十以下罚金或者没收财产。伪造、变造海关签发的报关单、进口证明、外汇管理部门核准件等凭证和单据，并用于骗购外汇的，依照前款的规定从重处罚。明知用于骗购外汇而提供人民币资金的，以骗购外犯罪的共犯论处。单位犯前三款罪的，对单位依照第一款的规定判处罚金，并对其直接负责的主管人员和其他直接责任人员，处五年以下有期徒刑或者拘役；数额巨大或者有其他严重情节的，处五年以上十年以下有期徒刑；数额特别巨大或者有其他特别严重情节的，处十年以上有期徒刑或者无期徒刑。

依照《决定》第五条规定，海关、外汇管理部门以及金融机构、从事对外贸易经营活动的公司、企业或者其他单位的工作人员与骗购外汇或者逃汇的行为人通谋，为其提供购买外汇的有关凭证或者其他便利的，或者明知是伪造、变造的凭证和单据而售汇、付汇的，以共犯论，依照《决定》规定从重处罚。

三十、洗钱罪

（一）刑法规定

第一百九十一条[①] 为掩饰、隐瞒毒品犯罪、黑社会性质的组织犯罪、恐

---

① 本条经《刑法修正案（三）》第七条、《刑法修正案（六）》第十六条、《刑法修正案（十一）》第十四条修正。

1997 年《刑法》第一百九十一条规定："明知是毒品犯罪、黑社会性质的组织犯罪、走私犯罪的违法所得及其产生的收益，为掩饰、隐瞒其来源和性质，有下列行为之一的，没收实施以上犯罪的违法所得及其产生的收益，处五年以下有期徒刑或者拘役，并处或者单处洗钱数额百分之五以上百分之二十以下罚金；情节严重的，处五年以上十年以下有期徒刑，并处洗钱数额百分之五以上百分之二十以下罚金：（一）提供资金帐户的；（二）协助将财产转换为现金或者金融票据的；（三）通过转帐或者其他结算方式协助资金转移的；（四）协助将资金汇往境外的；（五）以其他方法掩饰、隐瞒犯罪的违法所得及其收益的性质和来源的。单位犯前款罪的，对单位判处罚金，并对其直接负责的主管人员和其他直接责任人员，处五年以下有期徒刑或者拘役。"

怖活动犯罪、走私犯罪、贪污贿赂犯罪、破坏金融管理秩序犯罪、金融诈骗犯罪的所得及其产生的收益的来源和性质，有下列行为之一的，没收实施以上犯罪的所得及其产生的收益，处五年以下有期徒刑或者拘役，并处或者单处罚金；情节严重的，处五年以上十年以下有期徒刑，并处罚金：

（一）提供资金帐户的；

（二）将财产转换为现金、金融票据、有价证券的；

（三）通过转帐或者其他支付结算方式转移资金的；

（四）跨境转移资产的；

（五）以其他方法掩饰、隐瞒犯罪所得及其收益的来源和性质的。

单位犯前款罪的，对单位判处罚金，并对其直接负责的主管人员和其他直接责任人员，依照前款的规定处罚。

（二）司法解释、司法文件及其权威解读

1. 最高人民法院关于审理洗钱等刑事案件具体应用法律若干问题的解释

（法释〔2009〕15号，自2009年11月11日起施行）

为依法惩治洗钱，掩饰、隐瞒犯罪所得、犯罪所得收益，资助恐怖活动等犯罪活动，根据刑法有关规定，现就审理此类刑事案件具体应用法律的若干问题解释如下：

第一条 刑法第一百九十一条、第三百一十二条规定的“明知”，应当结合被告人的认知能力，接触他人犯罪所得及其收益的情况，犯罪所得及其收益的种类、数额，犯罪所得及其收益的转换、转移方式以及被告人的供述等主、客观因素进行认定。

具有下列情形之一的，可以认定被告人明知系犯罪所得及其收益，但有证据证明确实不知道的除外：

（一）知道他人从事犯罪活动，协助转换或者转移财物的；

（二）没有正当理由，通过非法途径协助转换或者转移财物的；

（三）没有正当理由，以明显低于市场的价格收购财物的；

（四）没有正当理由，协助转换或者转移财物，收取明显高于市场的“手续费”的；

（五）没有正当理由，协助他人将巨额现金散存于多个银行账户或者在不同银行账户之间频繁划转的；

（六）协助近亲属或者其他关系密切的人转换或者转移与其职业或者财产状况明显不符的财物的；

（七）其他可以认定行为人明知的情形。

被告人将刑法第一百九十一条规定的某一上游犯罪的犯罪所得及其收益误认为刑法第一百九十一条规定的上游犯罪范围内的其他犯罪所得及其收益的，不影响刑法第一百九十一条规定的“明知”的认定。

第二条 具有下列情形之一的，可以认定为刑法第一百九十一条第一款第（五）项规定的“以其他方法掩饰、隐瞒犯罪所得及其收益的来源和性质”：

（一）通过典当、租赁、买卖、投资等方式，协助转移、转换犯罪所得及其收益的；

（二）通过与商场、饭店、娱乐场所等现金密集型场所的经营收入相混合的方式，协助转移、转换犯罪所得及其收益的；

（三）通过虚构交易、虚设债权债务、虚假担保、虚报收入等方式，协助将犯罪所得及其收益转换为“合法”财物的；

（四）通过买卖彩票、奖券等方式，协助转换犯罪所得及其收益的；

（五）通过赌博方式，协助将犯罪所得及其收益转换为赌博收益的；

（六）协助将犯罪所得及其收益携带、运输或者邮寄出入境的；

（七）通过前述规定以外的方式协助转移、转换犯罪所得及其收益的。

第三条 明知是犯罪所得及其产生的收益而予以掩饰、隐瞒，构成刑法第三百一十二条规定的犯罪，同时又构成刑法第一百九十一条或者第三百四十九条规定的犯罪的，依照处罚较重的规定定罪处罚。

第四条 刑法第一百九十一条、第三百一十二条、第三百四十九条规定的犯罪，应当以上游犯罪事实成立为认定前提。上游犯罪尚未依法裁判，但查证属实的，不影响刑法第一百九十一条、第三百一十二条、第三百四十九条规定的犯罪的审判。

上游犯罪事实可以确认，因行为人死亡等原因依法不予追究刑事责任的，不影响刑法第一百九十一条、第三百一十二条、第三百四十九条规定的犯罪的认定。

上游犯罪事实可以确认，依法以其他罪名定罪处罚的，不影响刑法第一百九十一条、第三百一十二条、第三百四十九条规定的犯罪的认定。

本条所称“上游犯罪”，是指产生刑法第一百九十一条、第三百一十二条、第三百四十九条规定的犯罪所得及其收益的各种犯罪行为。

第五条 刑法第一百二十条之一规定的“资助”，是指为恐怖活动组织或者实施恐怖活动的个人筹集、提供经费、物资或者提供场所以及其他物质便利的行为。

刑法第一百二十条之一规定的“实施恐怖活动的个人”，包括预谋实施、准备实施和实际实施恐怖活动的个人。

权威解读

解读《关于审理洗钱等刑事案件具体应用法律若干问题的解释》

为依法、有效惩治洗钱，掩饰、隐瞒犯罪所得、犯罪所得收益，资助恐怖活动等犯罪活动，最高人民法院于2009年11月4日发布了《关于审理洗钱等刑事案件具体应用法律若干问题的解释》（以下简称《解释》）。为深入理解、正确适用《解释》，现对《解释》的制定背景、意义、起草原则以及主要内容说明如下。

一、制定《解释》的背景和意义

自20世纪90年代以来，根据联合国禁止非法贩运麻醉药品和精神药物公约（维也纳公约）、联合国打击跨国有组织犯罪公约（巴勒莫公约）、联合国反腐败公约、联合国制止向恐怖主义提供资助的国际公约等相关国际公约文件（以下统称公约文件）的规定和要求，立法机关就洗钱、恐怖融资犯罪问题开展了一系列的刑事立法修订完善工作经过较长时期的努力，以1997年《刑法》规定洗钱罪，2001年规定资助恐怖活动罪，2006年规定掩饰、隐瞒犯罪所得、犯罪所得收益罪等为标志，当前我国已经建立起了相对完备的打击洗钱、恐怖融资犯罪活动的刑事法律体系，基本实现了国际公约文件规定的国内立法转化。

相关立法情况主要如下：（1）按照维也纳公约的相关要求，全国人大常委会于1990年制定了《关于禁毒的决定》，规定了以毒品犯罪为上游犯罪的首个洗钱犯罪条款，即“为犯罪分子窝藏、转移、隐瞒毒品或者犯罪所得的财物的，掩饰、隐瞒出售毒品获得财物的非法性质和来源的”行为构成犯罪。在1997年《刑法》修订时，该条规定经分解被分别引入《刑法》第一百九十一条和第三百四十九条，其中第三百四十九条规定：为犯罪分子窝藏、转移、隐瞒毒品或者犯罪所得的财物的，构成窝藏、转移、隐瞒毒品、毒赃罪；同时明确，事先通谋的，以走私、贩卖、运输、制造毒品罪的共犯论处。（2）1997年修订《刑法》在第一百九十一条专门规定洗钱罪。根据该条规定，明知是毒品犯罪、黑社会性质的有组织犯罪、走私犯罪的违法所得及其产生的收益，为掩饰、隐瞒其来源和性质，提供资金账户，协助将财产转换为现金或者金融票据，通过转账或者其他结算方式协助资金转移，协助将资金汇往境外，或者以其他方法掩饰、隐瞒犯罪的违法所得及其收益的性质和来源的行为，构成洗钱罪，并明确了单位犯本罪的刑事责任。此后经两次《刑法》修订，洗钱罪的上游犯罪范围得以进一步扩大：一是2001年制定的《刑法修正案（三）》将恐怖活动犯罪增列为洗钱罪的上游犯罪；二是2006年制定的《刑法修正案（六）》将贪污贿赂犯罪、破坏金融管理秩序犯罪以及金融诈骗犯罪三类犯罪增列为洗钱犯罪的上游犯罪。（3）2006年制定的《刑法修正案（六）》对《刑法》第三百一十二条进行修正，将传统的赃物犯罪条款改造成洗钱犯罪的一般性条款，规定"明知是犯罪所得及其产生的收益而予以窝藏、转移、收购、代为销售或者以其他方法掩饰、隐瞒的"，构成掩饰、隐瞒犯罪所得、犯罪所得收益罪。据此，不论上游犯罪和具体的行为方式如何，所有的洗钱行为均可依法追究刑事责任。2009年制定的《刑法修正案（七）》进一步将本罪的犯罪主体扩大至单位。（4）2001年制定的《刑法修正案（三）》参照联合国《制止向恐怖主义提供资助的国际公约》第二条的规定，新设资助恐怖活动罪，规定资助恐怖活动组织或者实施恐怖活动的个人的行为构成犯罪。

与此同时，司法机关逐步加大了对洗钱犯罪的打击力度，近几年来，在打击毒品犯罪、走私犯罪、黑社会性质有组织犯罪、腐败犯罪等领域的洗钱犯罪活动取得了显著成效，依照《刑法》第一百九十一条、第三百一十二条、第三百四十九条被定罪处罚的犯罪人每年均达1万余人。尤其是在2006年《刑法修正案（六）》颁布实施后，以《刑法》第三百一十二条追究刑事责任的犯罪人数迅速上升，据统计，2005年至2008年年均递增2.062%。

我国在反洗钱、反恐融资领域的刑事立法、司法中取得的重大进展，得到了国际社会的广泛认可。2007年6月28日，负责制定国际反洗钱、反恐融资标准和监督标准实施的政府间国际组织——金融行动特别工作组（FATF）严格评估和全体会议讨论，将我国吸收为该组织的正式成员国，即充分说明了这一点。同时，我国反洗钱、反恐融资工作整体起步较晚，与公约文件的规定和金融行动特别工作组关于反洗钱、反恐融资的“40 +9 项建议”的要求相比较，在洗钱犯罪、恐怖融资犯罪的刑事立法、司法上还存在一些差距和问题，主要有：(1) 我国洗钱犯罪的刑事立法采取了多条文规定、多罪名规范的做法，分别是《刑法》第一百九十一条的洗钱罪、第三百一十二条的掩饰、隐瞒犯罪所得、犯罪所得收益罪，以及第三百四十九条的窝藏、转移、隐瞒毒品、毒赃罪。由于立法的时间跨度较长，3 个条文在文字表述上存在一些交叉、重叠、不够协调的地方，加之个别用词的含义不尽一致，实践中反映 3 个法条之间的区分界限不够清晰，不易掌握。(2)《刑法》第一百九十一条第一款第（一）项至第（四）项的规定主要是针对通过银行类金融机构实施的洗钱行为，尽管第（五）项规定了“以其他方法掩饰、隐瞒犯罪的违法所得及其收益的性质和来源”的兜底条款，但考虑到解释上的类比性要求，非通过银行类金融机构特别是通过金融机构以外的其他途径实施的转换、转移、掩饰、隐瞒行为是否为本条所涵盖，实践中存在疑问。(3) 相关公约文件规定，除非本国法律基本原则明确禁止，应当将上游犯罪人自行实施的洗钱行为（自洗钱）规定为犯罪。我国《刑法》对此问题的处理没有明确，直接影响到了部分洗钱犯罪特别是外国人在我国境外实施上游犯罪之后在我国境内进行自己洗钱行为的处理。(4) 相关公约文件规定，犯罪所得、犯罪所得的转化财产、混合于合法财产中的价值相当部分以及所有形式的犯罪所得形成的收益均应予以没收；在犯罪所得及其收益不能没收时，可没收价值相当的合法财产。相比之下，我国刑法规定得较为笼统，仅规定犯罪分子违法所得的一切财物应予追缴或者退赔，而能否没收价值相当的合法财产则未明确。(5)《刑法》第一百二十条之一对资助恐怖活动罪的罪状规定过于原则，筹集但尚未提供资金的行为能否独立构成资助行为、资助恐怖活动是否需以实施具体恐怖活动为前提，以及恐怖活动、恐怖活动组织等概念的具体理解和认定均无明确规定。(6) 一些司法机关对于依法打击洗钱、恐怖融资犯罪活动的重要性认识不足，重上游犯罪、轻洗钱犯罪以及重《刑法》第三百一十二条，轻《刑法》第一百九十一条的传统司法观念尚未得到根本转变，实践中对于洗钱犯罪活动的查处仍相对薄弱。

上述问题在一定程度上制约了刑事打击洗钱和恐怖融资犯罪活动的有效性。1997 年至今全国法院审理的、以《刑法》第一百九十一条洗钱罪追究刑事责任的洗钱案件仅 20 余件；2001 年《刑法》第一百二十条之一规定资助恐怖活动罪以来尚无一例以此罪名追究刑事责任的案件，这与当前我国洗钱、恐怖融资犯罪活动的实际情况明显不相适应，与前述提及的适用《刑法》第三百一十二条追究刑事责任的洗钱案件数量形成鲜明的反差。为此，经认真细致的调研，广泛听取中国人民银行、公安部等有关单位以及专家学者的意见，最高人民法院起草了本司法解释。

《解释》的出台，对于依法打击洗钱、恐怖融资、腐败等犯罪活动，深入开展反洗钱、反恐融资、反腐败国际合作，维护金融、经济、社会秩序，保障国家安全和社会稳定，具有重要意义：

第一，制定《解释》，确保国内立法与联合国公约文件的规定高度一致，是我国切实履行公约义务的需要。在2007年加入金融行动特别工作组时，我国政府即承诺采取有效措施解决反洗钱、反恐融资的国内刑事司法问题，并为此提交了包括制定司法解释等内容在内的《中国改进反洗钱/反恐融资体系行动计划》。同时，《解释》的出台，有利于向国际社会表明我国政府打击洗钱和恐怖融资等犯罪活动的决心和积极寻求并广泛参与国际反洗钱、反恐融资合作的立场，有利于推动我国反洗钱、反恐融资国际合作的深入开展。

第二，《解释》为司法机关依法准确有效地打击洗钱犯罪活动提供了实体认定和程序适用依据。《解释》厘清了三个洗钱犯罪刑法条文的关系，对实践中难以把握的明知的认定问题予以细化，对一些易生歧义的名词概念如“其他方法掩饰、隐瞒”等作出解释，提出洗钱犯罪的审判不以上游犯罪已经刑事判决为前提，极大程度地丰富和完善了相关《刑法》条文的规定，强化了可操作性，有利于从观念上和操作上实现司法机关由重上游犯罪、轻洗钱犯罪向洗钱犯罪与上游犯罪并重的转变。《解释》发布实施后，《刑法》第一百九十一条洗钱罪规定在实践中适用较少的局面有望从根本上得到改观。

第三，高度重视洗钱犯罪的司法惩治工作，对于腐败等严重上游犯罪活动具有重要的遏制和预防作用。洗钱犯罪与腐败、毒品、走私等上游犯罪密切联系，相互依存。洗钱犯罪以上游犯罪为前提，没有上游犯罪及其犯罪所得和收益，就不会有需要清洗的黑钱，洗钱犯罪也就无从谈起；洗钱犯罪同时又属于上游犯罪的进一步延伸，正是由于洗钱犯罪的推波助澜，才使上游犯罪的经济目的最终得以实现。不断加大对于洗钱犯罪的监测和查处力度，注重从资产流向上堵截上游犯罪，有助于上游犯罪的及时发现和侦破，同时对上游犯罪也是一种有力的震慑，从而起到刑事司法的一般预防作用。

第四，《解释》对资助恐怖活动罪相关名词的解释，为依法惩治恐怖融资提供了更为严密、确定的法律依据。当前我国面临严峻的反恐形势，东突厥伊斯兰运动恐怖势力长期与基地组织相互勾结，在我国新疆和中亚地区不断制造爆炸、暗杀等恐怖暴力活动，严重威胁着这些地区的安全和稳定。实施恐怖活动离不开背后的经济支撑，严厉打击恐怖融资犯罪，有效地切断恐怖活动组织和恐怖分子的资金供应链，是国际社会打击恐怖活动犯罪的一条重要经验，也是我国反恐工作总体部署的关键一环。

二、《解释》的起草原则

充分借鉴国际经验，准确把握洗钱、恐怖融资犯罪的发展趋势和打击趋势，确保《解释》规定的科学性和前瞻性。比如，非通过银行类金融机构特别是通过金融机构以外的其他途径实施的转换、转移、掩饰、隐瞒犯罪所得及其收益的行为，应当以《刑法》第一百九十一条还是第三百一十二条规定追究刑事责任，理论上和实践中均存在严重分歧。经研究，从公约文件规定看，基于掩饰、隐瞒财产非法来源或者帮助上游犯罪人逃避刑事追究之目的而转换或者转移犯罪所得的行为，以及掩饰、隐瞒上游犯罪所得的真实性质、来源等的行为，均属于洗钱行为，具体行为方式上的差异不影响行为性质的认定；从国外洗钱犯罪的立法例看，多数国家都存在不断修订增补和多法条并存的现象，都涉及对既有法律条文作重新解释和整合的问题，在这一问题的处理上，重行为性质轻行为方式是一个普遍趋势。为避免《刑法》第一百九十一条、第三百一十二条两个条文规定出现遗漏或者重叠问题，确保两者之间关系清晰、逻辑周延、法网严密，方便实践把握和操作，《解释》根据立法本意，将《刑法》第一百九十一条和第三百一十二条的关系定位为特别法与一般法的关系，强调两者区分的关键在于上游犯罪的不同，明确针对《刑法》第一百九十一条项下上游犯罪的所有洗钱行为，均应依照《刑法》第一百九十一条的规定定罪处罚。

立足国情，重在解决国内实际问题，确保《解释》规定的针对性和有效性。一方面，对于公约文件的规定注意结合国内情况进行甄别取舍，不盲目照搬。比如，明知系犯罪所得而获取、占有、使用行为的刑罚化问题，维也纳公约、巴勒莫公约、反腐败公约均要求各缔约国在不违背其宪法原则及其法律制度基本概念的前提下，或者在符合本国法律制度基本概念的情况下，将在得到财产时，明知其为犯罪所得而仍获取、占有或者使用的行为规定为犯罪。经研究，不具有掩饰、隐瞒性质和来源的目的的明知而获取、占有或者使用的行为，可以依照《刑法》第三百一十二条的规定定罪处罚。第一，《刑法修正案（六）》对《刑法》第一百一十二条作出修正，主要有两个方面考虑，一是第一百九十一条上游犯罪的局限性；二是原第三百一十二条行为方式的局限性。所以，修订《刑法》第二百一十二条的立法意图非常清楚，即将第三百一十二条改造成洗钱犯罪的一般性条款，以此确保所有的洗钱行为均可依法追究刑事责任。第二，尽管《刑法》将第三百一十二条规定为掩饰、隐瞒行为，但这里的掩饰、隐瞒是针对司法机关的责任追究，即是否对司法机关的调查、取证等工作构成了妨碍而言的，这也是《刑法》将之作为妨害司法罪来规定的基本理由所在，故不应据此认为构成本罪需以掩饰、隐瞒犯罪所得及其收益的性质和来源的目的要件。

第三，公约文件规定的获取、占有、使用行为，与《刑法》第二百一十二条规定中的窝藏等行为具有直接对应性。其中，窝藏即为典型的占有行为，而获取、使用与占有又密不可分并且互为条件。鉴于此，我们认为，在该问题上，我国《刑法》和公约文件的规定只是文字表述上的差异，在具体内容上并无实质不同，如把获取、占有、使用行为单列出来，反而会破坏现有立法规定的整体协调性，并给司法实践带来不必要的混乱，故无需在立法上或者司法上将单纯的获取、占有、使用行为单独处理。对于公约文件没有具体要求但国内司法有实际需求的问题，认真研究并加以解决。比如，公约文件仅规定，主观明知可以根据客观实际情况推定，但对于如何推定以及推定的具体依据，公约文件没有进一步的说明，而这恰恰是当前严重制约洗钱犯罪司法处理，实践中反映普遍、较为棘手的一个问题。为此，在大量分析、总结各类洗钱犯罪案例的基础上，我们在《解释》第一条对此提出了具体的认定意见。

严格依法、积极理性、循序渐进，确保《解释》规定的合法性和稳妥性方面，在现有的法律框架内可以通过司法解释解决的问题，尽可能解决。比如，上游犯罪未经判决确认的情况下，能否对洗钱犯罪依法进行审判，实践中存在顾虑。经研究，是否存在上游犯罪，是否属于特定上游犯罪的犯罪所得及其收益，主要是一个实体判断问题，法律对此未作出程序要件限定，故《解释》明确提出，上游犯罪事实是否存在，可以在洗钱犯罪的审判中一并予以审查，而不必依赖于上游犯罪的有罪判决。对于需要通过修订立法解决的问题，本司法解释不予处理。比如，在自洗钱的刑罚化问题上，根据《刑法》

条文的逻辑解读以及吸收犯的一般理论，尚不能得出洗钱犯罪可以适用于上游犯罪人本人的结论。(1) 从《刑法》第一百九十一条关于洗钱罪的主、客观要件的设定逻辑上看，洗钱罪的主观方面为明知，客观方面为提供资金账户等协助行为。只有上游犯罪人以外的其他人才存在对财产属于上游犯罪违法所得及其产生的收益是否明知的问题，也只有上游犯罪人以外的其他人才谈得上提供、协助等问题。(2) 洗钱行为属于上游犯罪的自然延伸，洗钱罪与其上游犯罪存在依附、从属及阶段性关系，尽管存在两个犯罪行为，但根据大陆法系关于事后行为不可罚以及吸收犯的一般理论，通常都是以上游犯罪一罪处理。故此，《解释》未涉及该问题，尽管当前包括大陆法系国家在内的多数国家纷纷将自洗钱行为规定为犯罪，未规定自洗钱犯罪在一定程度上也影响到了外国人在境外实施上游犯罪之后在我国境内进行自洗钱行为的刑事打击。

三、《解释》的主要内容

(一) 关于洗钱犯罪中明知的司法认定

《解释》第一条主要解决了明知的客观推定和明知的对象内容两个问题。

第一，明知的客观推定。《解释》的基本意见是：明知不意味着确实知道，确定性认识和可能性认识均应纳入明知范畴。这是我国司法实践中长期坚持的一贯立场，相关公约文件对基于客观实际情况的推定也提出了明确要求。为方便司法操作，强化《解释》的司法指导作用，《解释》对明知的具体认定采取了概括加列举的表述方式，除对认定原则作出一般性规定，即"刑法第一百九十一条、第三百一十二条规定的'明知'，应当结合行为人的认知能力，接触他人犯罪所得及其收益的情况，犯罪所得及其收益的种类、数额，犯罪所得及其收益的转换、转移方式以及行为人的供述等主、客观因素进行认定"，还结合实践中的具体个案情况列举了 6 种推定明知的具体情形：

1. 本条第二款第（一）项在规定"协助转换或者转移财物"的同时要求行为人知道他人从事犯罪活动，是因为这里同样存在一个推定的问题。刑法规定的是行为人明知所处理的财物系他人犯罪所得及其收益，从知道他人从事犯罪活动到知道财物来源于该犯罪活动，需要一个推定判断的过程，尽管这一推定结论明显符合常理和举证责任的一般要求。《解释》在此予以明确，是为了消除实践中在该问题理解和认定上可能出现的种种疑虑。

2. 第（二）项至第（五）项规定的 4 种情形，即，通过非法途径协助转换或者转移财物、以明显低于市场的价格收购财物、协助转换或者转移财物时收取明显高于市场的手续费、协助他人将巨额现金散存于多个银行账户或者在不同银行账户之间频繁划转等，均属于洗钱行为的典型表现形式。一般情况下，根据这些行为方式本身即可推定行为人的主观明知，这里作出“没有正当理由”的限定，主要是出于科学、严谨、审慎方面的考虑，以避免因绝对化表述而可能导致的冤及无辜以及客观归罪或者有罪推定的批评。一是现实中的情况较为复杂，不能完全排除例外情形。比如，出于逃避外汇监管、套取外商优惠政策、快捷简便地获得国际汇款服务、逃税避税、为违法犯罪活动清算资金等合法或者非法原因，实践中存在大量通过地下钱庄等非法途径转移合法资金的情形。二是根据《刑事诉讼法》的规定，证明犯罪人有罪的责任应当由控方承担。主观明知属于控方的查证范畴，根据客观事实推定主观明知需在确保无例外的前提下方能成立，否则为举证责任的不当转移。

第（三）项、第（四）项没有给出一个具体的数额判断标准，而是代之以明显低于市场或者明显高于市场等相对原则的规定，主要是考虑到实践中的情况较为复杂，不宜一概而论，借此为司法实践结合个案情况进行具体裁量留下空间。实践中在理解和认定明显低于市场或者明显高于市场时，可以结合行为当时当地的市场行情和低于或者高于市场的绝对数、比例数以及转换或者转移犯罪所得及其收益的次数等综合认定。比如，在黄某锐洗钱案中，其帮助走私犯罪分子转移赃款的手续费为赃款换成港币后的千分之一，但多次帮助该走私犯罪分子转款境外达 3 年之久，共计转款 1.3 亿元，个人获利 100 余万元。本案虽然比例数相对较低，但绝对数很高，且被告人长期以此为业，逃避金融监管，故可推定其存在主观明知。

第（五）项规定中的巨额现金的认定起点，根据《金融机构大额交易和可疑交易报告管理办法》的规定和我国人均国民收入水平，各地目前可考虑以 20 万元为参照标准，结合当地经济发展水平适当浮动。理由如下：（1）根据《金融机构大额交易和可疑交易报告管理办法》规定，20 万元属于大额交易的认定起点；（2）诸多司法解释文件均将 20 万元作为定罪量刑的重要界点，比如，诈骗中的数额特别巨大、挪用公款中的数额巨大、渎职犯罪中的追诉起点等；（3）2007 年我国人均国民收入为 19524 元，2008 年为 22698 元，20 万元相当于该收入水平的 10 倍，对于社会公众而言，绝非一个小数目；（4）数额仅仅是判断的一个方面，这里更加侧重的是另外两个方面，一是现金，二是存在可疑因素（非正常的现金处理），本起点数额看似偏低，但综合来看基本符合当前的实际情况。

3. 第（六）项未规定没有正当理由的限制条件，主要是考虑到：从行为人与上游犯罪人之间存在的近亲属或者其他密切关系，已经足以判断出行为人对上游犯罪人的经济状况以及所处理财物的性质存在主观明知。而且，该款还作了“但有证据证明确实不知道的除外”的总的规定，可以有效防止司法推定的绝对化。比如，在晏某彬受贿、付某芳洗钱一案中，付某芳将其丈夫晏某彬交给她的943万余元受贿款，以本人或者他人的名义先后用于购买房产、投资金融理财产品或者存入银行。尽管晏某彬让付某芳处理这些现金时未告诉其来源，但凭借晏、付二人的夫妻关系，付足以判断这些现金属于晏受贿所得，付本人也供称肯定不是通过正当途径来的，应该是晏的受贿所得，故法院认定付某芳构成洗钱罪。

4.《解释》起草之初曾在第一条第一款对明知作出说明，即明知是指知道或者应当知道。专家论证会上有意见指出，尽管过去相关司法解释文件有类似表述，但从理论上看并不严谨，应当知道包括确实不知道或者说过失的情形，而《解释》强调的是明知可以通过客观证据来推定，并作要将过失的情形涵括在内。考虑到国外不乏将过失洗钱规定为犯罪的立法例，为避免司法中可能出现的不必要的误解，坚持我国洗钱犯罪为故意犯罪的立法本意，《解释》删去了该文字表述。

第二，明知的对象内容。《解释》的基本意见是：行为人对7类上游犯罪的违法所得及其收益具有概括性认识即告充足，而不要求特定到某一具体的上游犯罪所得及其收益。理由是：将明知的对象内容严格限定为7类上游犯罪中的具体类别犯罪的违法所得及其收益，与我国《刑法》关于认识错误的一般理论不符。行为人在7类上游犯罪的范围内将此类犯罪所得及其收益误认为彼类犯罪所得及其收益，因两者在法律性质上是一致的，不属于对犯罪构成要件对象的认识错误，故不应影响案件的定性。基于此，《解释》第一条第三款规定，“被告人将刑法第一百九十一条规定的某一上游犯罪的犯罪所得及其收益误认为刑法第一百九十一条规定的上游犯罪范围内的其他犯罪所得及其收益的，不影响刑法第一百九十一条规定的‘明知’的认定”。同时应当注意到，如行为人将7类上游犯罪所得及其收益误认为系其他犯罪所得及其收益的，因存在法定构成要件的认识错误，则不应以《刑法》第一百九十一条规定的洗钱罪处理。

（二）关于《刑法》第一百九十一条规定的以“其他方法”进行洗钱的理解

《解释》第二条规定既是《刑法》第一百九十一条第一款第（五）项规定的其他洗钱方法的细化规定，同时也有进一步澄清洗钱行为实质的深层考虑。

从公约文件看，洗钱行为表现为两类：一是基于掩饰、隐瞒财产的非法来源或者帮助上游犯罪人逃避刑事追究之目的而转换或者转移犯罪所得的行为；二是掩饰、隐瞒上游犯罪所得的真实性质、来源等的行为。对于这两类行为的惩罚，在我国《刑法》中主要通过第一百九十一条、第三百一十二条规定来具体落实。当前实践中的主要问题是：《刑法》第一百九十一条规定得较为具体，对于针对7类特定上游犯罪的洗钱行为是否具有足够的包容性？突出表现在：《刑法》第一百九十一条第一款第（一）项至第（四）项规定主要是针对通过银行类金融机构实施的洗钱行为，同时考虑到《刑法》第一百九十一条是作为破坏金融管理秩序罪来规定的，实践部门对于非通过银行类金融机构特别是通过金融机构以外的其他途径进行的转换、转移、掩饰、隐瞒行为是否可以通过本条第（五）项关于“以其他方法掩饰、隐瞒犯罪的违法所得及其收益的性质和来源”的规定来理解，存在疑虑，类似案件实践中多数是以第三百一十二条规定来处理或者不作为犯罪处理。

我们认为，两个法条的区分界限应落脚在是否为特定上游犯罪上，而非具体的行为方式。实践中存在的所有洗钱行为，包括通过商业银行等银行类金融机构，证券公司、保险公司等非银行类金融机构，商品，交易、企业收购、投资等非金融途径以及地下钱庄、赌博、购彩、走私等非法途径实施的洗钱犯罪。只要其对象属于《刑法》第一百九十一条规定的上游犯罪的犯罪所得及收益，即应以《刑法》第一百九十一条规定的洗钱罪定罪处罚。

为方便司法操作，经对实践中发生较多的一些洗钱方式甄别分类、概括提炼，形成了本条规定的6种情形。在规定该6种情形时，主要有两点考虑：一是与刑法条文已经列明的4种情形严格区分；二是要有一定的包容性，不宜过于琐细。具体说明如下：

1. 通过典当、租赁、买卖、投资等方式，协助转移、转换犯罪所得及其收益而规定本情形主要解决两个问题：一是拾遗。即便从金融机构角度看，

《刑法》第一百九十一条第一款第（二）项关于将财产转换为现金、金融票据、有价证券的规定也不全，比如期货、保险、黄金领域未作规定。二是补缺。第一百九十一条第一款第（二）项仅规定将财产转换为现金、金融票据、有价证券行为，未对反向行为作出规定。同时，鉴于典当、租赁、投资领域也经常为洗钱犯罪所利用，故在此一并规定。实践中通过商品买卖进行洗钱主要表现为以犯罪所得购买贵重金属、古玩字画、房产等大宗贵重物品以及利用进出口贸易进行跨境洗钱活动等；通过投资进行洗钱主要表现为收购企业、购买股票等有价证券以及保险等。

2. 通过与商场、饭店、娱乐场所等现金密集型场所的经营收入相混合的方式，协助转移、转换犯罪所得及其收益。现金密集型行业主要是指零售、服务等行业，这类行业现金流量大，难以监管，不时掺入犯罪财产，与合法收入一同申报纳税难以被发现，故易为洗钱犯罪所用。现代意义上的洗钱概念即渊源于此。

3. 通过虚构交易、虚设债权债务、虚假担保、虚报收入等方式，协助将犯罪所得及其收益转换为合法财物。虚构交易与前述真实交易有所不同，前者侧重于掩饰、隐瞒；后者侧重于转移、转换。虚构交易主要体现为：通过空壳公司等在无真实交易的情况下虚买虚卖、自买自卖或者以高价购买低价物品，将赃钱合法转移给同伙。虚设债权、虚假担保与虚构交易道理相通。虚假担保在实践中主要表现为：以犯罪所得作抵押、质押取得银行合法贷款，贷款到期不还贷，抵押物、质押物交由银行变卖受偿。

4. 通过买卖彩票、奖券等方式，协助转换犯罪所得及其收益。实践中通过购买彩票、奖券等方式的洗钱，主要有3种表现：一是协助购买他人已经中彩、中奖的票券；二是协助以犯罪所得去购买彩票、奖券，并事实上中奖、中彩；三是协助用犯罪所得去购买彩票、奖券，但未能中奖、中彩。该3种情形均属对犯罪所得及其收益的转移、转换行为，故均应以洗钱犯罪论处。

5. 通过赌博方式，协助将犯罪所得及其收益转换为赌博收益。征求意见和专家论证时，有意见提出，赌博也是违法犯罪行为，不存在把赃钱合法化的问题。《解释》对此予以保留，主要有3个方面的考虑：一是赌场是一个较为典型的洗钱场所，性质上非法并不意味着实践中不存在；二是当前国内存在不少通过境外赌场、网上赌场洗钱的情形；三是洗钱并不意味着非得把黑钱洗白（合法化），公约文件强调对洗钱的3个不同阶段（放置、分层、混同）均需打击。

6. 协助将犯罪所得及其收益携带、运输或者邮寄出入境。为逃避金融监测、监管，通过人体、所携行李或者交通工具偷运犯罪所得出入境，或者利用国际邮件夹带现金将赃款邮寄出入境，正日益成为重要的洗钱手段。《刑法》第一百九十一条仅明确了协助将资金汇往境外的洗钱手段，存在明显不足。为满足实践中的打击需要，《解释》对此予以明确。此外，对利用地下钱庄、哈瓦那等替代性兑换、汇款机制进行洗钱的行为，也应依法追究刑事责任。

（三）《刑法》第一百九十一条、第三百一十二条、第三百四十九条三个洗钱犯罪条文之间的关系和处罚原则

《解释》第三条规定主要解决三个洗钱犯罪条款的竞合处理问题，同时也与《解释》第二条规定相呼应，借助一般法与特别法的适用原则间接说明：《刑法》第三百一十二条是洗钱犯罪的一般条款，三个法条的主要区分在于犯罪对象，以此淡化三者在行为方式和行为性质上的差异。

《解释》起草过程中有意见主张，把《刑法》第一百九十一条规定限定为通过金融机构实施的洗钱行为，对此之外的其他方式实施的洗钱行为依照第三百一十二条或者第三百四十九条规定的犯罪处理。经研究，该主张在理论界具有一定的代表性，但不如老解释采取的对象区分标准简单易操作，而且，与《刑法修正案（六）》修正《刑法》第三百一十二条规定的立法本意不符。在《关于〈中华人民共和国刑法修正案（六）（草案）〉的说明》和全国人大法律委员会《关于〈中华人民共和国刑法修正案（六）（草案）〉修改情况的汇报》中先后提到，“刑法第一百九十一条规定的洗钱犯罪……针对一些通常可能有巨大犯罪所得的严重犯罪而为其洗钱的行为所作的特别规定；除此之外，按照刑法第三百一十二条的规定……都可按犯罪追究刑事责任，只是具体罪名不称为洗钱罪。”“除这一条（第一百九十一条）规定的对几种严重犯罪的所得进行洗钱的犯罪外，按照我国刑法第三百一十二条的规定……都是犯罪，应当追究刑事责任，只是没有使用洗钱罪的具体罪名。为进一步明确法律界限，以利于打击对其他犯罪的违法所得予以掩饰、隐瞒的严重违法行为，法律委员会经同有关部门研究，建议对刑法第三百一十二条作必要的补充修改。”可见，区分《刑法》第一百九十一条和第三百一十二条规定犯罪的关键在于上游犯罪，而非具体的行为方式。

起草过程中另有意见提出，既然明确了《刑法》第三百一十二条规定和第一百九十一条、第三百四十九条规定属于特别法与一般法的关系，则宜写明依照刑法第一百九十一条、第三百四十九条规定定罪处罚，而非现在所表述的“依照处罚较重的规定定罪处罚”。《解释》未采纳此意见，主要有两点考虑：一是两种不同表述在实践处理结果上基本一致；二是以往司法解释的表述习惯。

（四）上游犯罪未经刑事判决确认的洗钱犯罪案件的处理

《解释》第四条主要解决洗钱犯罪案件的审判和认定程序问题。

洗钱罪与上游犯罪密不可分，没有上游犯罪，就没有洗钱这一下游犯罪。那么，在程序上是否要求上游犯罪经人民法院先行判决确认，才能认定洗钱罪成立?《解释》对此持否定意见。主要考虑是：（1）上游犯罪与洗钱犯罪的侦查、审查起诉以及审判活动很难做到同步进行，此外，实践中还存在一些因上游犯罪人在境外、死亡等客观原因而难以对上游犯罪人诉诸刑事程序的情形，一律要求上游犯罪经定罪判刑后才能审判洗钱犯罪，既不符合立法精神，也不利于打击。（2）是否存在上游犯罪，完全可以作为洗钱犯罪的案内事实来审查，这已经成为司法实践中的一般处理原则。例如，在汪某洗钱案中，洗钱罪和其上游犯罪——毒品犯罪的判决由人民法院分别作出，而在洗钱罪判决前，毒品犯罪尚未审结；在潘某民等洗钱案中，虽然上游犯罪人“阿元”未被抓获归案，但是根据被害人的陈述、被告人的供述以及有关书证材料，足以认定上游犯罪成立，故法院直接判处潘某民等构成洗钱罪。类似做法也常见于立功等量刑情节以及其他一些犯罪的认定处理。比如，对于签订、履行合同失职被骗罪的认定，相关文件明确提出，“司法机关在办理案件过程中，只要认定对方当事人的行为已经涉嫌构成诈骗犯罪，就可依法认定行为人构成签订、履行合同失职被骗罪或者国家机关工作人员签订、履行合同失职罪，而不需要搁置或者中止审理，直至对方当事人被人民法院审理并判决构成诈骗犯罪”。（3）金融行动特别工作组“反洗钱40条建议”明确要求将洗钱犯罪在程序上作为一个独立的犯罪来处理。基于此，《解释》第四条第一款规定，“刑法第一百九十一条、第三百一十二条、第三百四十九条规定的犯罪，应当以上游犯罪事实成立为认定前提。上游犯罪尚未依法裁判，但查证属实的，不影响刑法第一百九十一条、第三百一十二条、第三百四十九条规定的犯罪的审判”。适用本款规定时应当注意到，在上游犯罪未经审判确认甚至是上游犯罪人尚未归案的情况下，上游犯罪存在与否具有诸多不确定性，审理此类洗钱案件的法院应当慎重行事，严格把握。只有根据案件事实足以认定上游犯罪事实成立的，才能认定洗钱犯罪成立。《解释》在赋予洗钱案件审理程序的相对独立性的同时，并无降低此类洗钱案件的证明标准之意，恰恰相反，《解释》增加了司法机关对于此类洗钱案件的查证要求。

《解释》第四条第二款是针对依照《刑事诉讼法》第十五条规定不予追究刑事责任的情形作出的规定。根据《刑法》第六十四条规定以及《最高人民法院、最高人民检察院、公安部、国家安全部、司法部、全国人大常委会法制工作委员会关于刑事诉讼法实施中若干问题的规定》第十九条关于“对于在侦查、审查起诉中犯罪嫌疑人死亡，对犯罪嫌疑人的存款、汇款应当依法予以没收或者返还被害人的，可以申请人民法院裁定通知冻结犯罪嫌疑人存款、汇款的金融机构上缴国库或者返还被害人”的规定，此情形下犯罪所得及其收益的性质不变，故针对此类犯罪所得及其收益实施的洗钱行为，同样构成犯罪并应依法追究刑事责任。

《解释》第四条第三款关于“上游犯罪事实可以确认，依法以其他罪名定罪处罚的，不影响《刑法》第一百九十一条、第三百一十二条、第三百四十九条规定的犯罪的认定”的规定，主要是考虑到实践中存在一些吸收犯、牵连犯，法院虽然认可了某一上游犯罪，但因被其他更重的犯罪所吸收，在处理上未再按数罪并罚的原则处理的情形。经研究，此种情形虽然在最后的量刑上未将上游犯罪作为一个单独的犯罪来评价，但不影响上游犯罪的性质认定以及相关洗钱犯罪的处理。

（五）《刑法》第一百二十条之一规定的相关概念的理解

《刑法》第一百二十条之一对资助恐怖活动罪的罪状规定得较为原则，实践中在一些名词概念的理解上存在分歧，比如，筹集但尚未提供资金的行为能否独立构成资助行为，资助恐怖活动是否需以实施具体恐怖活动为条件等。同时考虑到当前理论上一般均将恐怖融资视为反向洗钱行为，相关公约文件也都将资助恐怖行为置于大的洗钱概念之下在反洗钱框架内予以规范，故在《解释》中一并解决。《解释》主要明确了三个方面的问题：

第一，资助包括筹集资金和提供资金两种具体行为，单纯的筹集资金行为，同样应以资助恐怖活动罪定罪处罚。《刑法》第一百二十条之一未明确将为恐怖主义目的的筹集资金行为（即资金尚未转交恐怖分子或者恐怖组织的情形）单独规定为犯罪。对此，理论上或许可以将筹集行为解释为刑法规定的资助行为，但实践中更为可能的是将其解释为资助行为的准备行为或者未遂行为，而非将之直接解释为资助行为。在公约文件均明确要求将提供和筹集并列作为资助的两种具体行为方式的情形下，有必要通过司法解释来明确。应当说，《解释》所持意见完全符合立法本意。（1）立法修订系根据公约文件和联合国安理会有关决议作出的，这在《关于〈中华人民共和国刑法修正案（三）〉（草案）的说明》中有清楚的说明："考虑到联合国安理会于今年9月29日通过了第1373号决议，规定各国应将为恐怖活动提供或者筹集资金的行为规定为犯罪。"（2）《刑法》中使用的是"资助"这一大概念，这也是从有关公约的标题即联合国制止向恐怖主义提供资助的国际公约直接套用过来的，对于公约规定的具体行为方式当可涵括。（3）"提供资助"所对应的英文词的基本含义为"融资"，显然不以提供为限。

第二，资助的方式不以金钱为限，为恐怖活动组织或者实施恐怖活动的个人筹集、提供经费、物资或者提供场所以及其他物质便利的行为，均属于资助行为。相关公约文件对此均有明确解释，比如联合国制止向恐怖主义提供资助的国际公约规定："资金系指所有各种资产，不论是有形或无形资产、是动产还是不动产、不论以何种方式取得，和以任何形式、包括电子或数字形式证明这种资产的产权或权益的法律文件或证书，包括但不限于银行贷记、旅行支票、银行支票、邮政汇票、股票、证券、债券、汇票和信用证。"现解释文字将之表述为经费、物资、场所以及其他物质便利，主要有三个方面的考虑：一是基于立法背景，与公约要求保持高度一致；二是符合中文表述习惯；三是遵循旧例。在《国家安全法实施细则》有关"资助"的解释性文字中即有提供经费、场所和物资等类似表述。

第三，资助恐怖活动罪的成立不以被资助的人具体实施恐怖活动为条件，预谋实施、准备实施和实际实施恐怖活动的个人，均属于《刑法》第一百二十条之一规定的实施恐怖活动的个人。根据《刑法》第一百二十条之一的字面表述，资助恐怖活动罪的成立应否与具体实施恐怖活动挂钩，在理解上不无分歧。《解释》对此持否定意见，主要理由是：（1）"实施恐怖活动的"这一文字表述是关于性质的界定，而非对具体行为的要求。（2）资助的对象应当是组织或者个人，而不应以恐怖行为为限。按照公约文件要求，为恐怖组织或者恐怖分子提供实施恐怖活动之外的日常生活或者奢侈消费的帮助，同样属于资助恐怖行为。(3)《解释》规定的落脚点在于资助恐怖的认定，而非追究实施恐怖活动行为人的责任。所以，即便准备实施恐怖活动的个人尚未实施恐怖活动，但资助行为实施完毕的，依法追究资助恐怖的刑事责任具有充分的法理和事实依据。

（撰稿：刘为波）

2. **最高人民法院关于审理骗购外汇、非法买卖外汇刑事案件具体应用法律若干问题的解释**（法释〔1998〕20号，自1998年9月1日起施行）（节录）

第一条 以进行走私、逃汇、洗钱、骗税等犯罪活动为目的，使用虚假、无效的凭证、商业单据或者采取其他手段向外汇指定银行骗购外汇的，应当分别按照刑法分则第三章第二节、第一百九十条、第一百九十一条和第二百零四条等规定定罪处罚。

（三）典型或常见问题的审理思路

1. 罪与非罪的认定

刑法条文没有规定洗钱罪的数额要求。因为洗钱犯罪的上游犯罪是毒品犯罪、黑社会性质、走私犯罪等有组织犯罪或者金融犯罪，所涉及的犯罪所得及其收益一般都是相当不菲的，所以实践中查获的洗钱犯罪一般都是达到一定数额的。如果行为人洗钱行为的数额确实很小，可以认为是《刑法》第十三条但书所指的“情节显著轻微、危害不大的”，不作为犯罪处理。

2. 本罪与掩饰、隐瞒犯罪所得、犯罪所得收益罪等罪的界限

《刑法》第一百九十一条洗钱罪与第三百一十二条掩饰、隐瞒犯罪所得、犯罪所得收益罪之间是特殊法和一般法的关系，可以说掩饰、隐瞒犯罪所得、犯罪所得收益罪是广义的“洗钱”罪。立法机关在论及《刑法》第三百一十二条修改的背景时指出，“立法部门经过研究认为，除这一条（《刑法》第一百九十一条洗钱罪）的对几种严重犯罪的所得进行洗钱的犯罪外，按照我国《刑法》第三百一十二条的规定，对明知是任何犯罪所得而予以窝藏、转移、收购或者代为销售的，都是犯罪，应当依法追究刑事责任，只是没有使用洗钱罪的具体罪名。为进一步明确犯罪界限，以利于打击对其他犯罪的违法所得予以掩饰、隐瞒的行为，《刑法修正案（六）》同时对《刑法》第三百一十二条的规定作了必要的补充修正。这样，根据我国刑法规定，对于涉及洗钱方面的犯罪都可以追究刑事责任，只是根据上游犯罪的不同适用不同的条文、罪名，处罚也有所不同”①。与掩饰、隐瞒犯罪所得、犯罪所得收益罪相比较，洗钱罪的犯罪构成对于行为对象和行为方式有严格的限定：一是洗钱罪的上游犯罪范围非常明确，就是《刑法》第一百九十一条所列举的七种犯罪，对于这七种犯罪之外的其他犯罪，如盗窃、抢劫、诈骗等犯罪的所得及其产生的收益，行为人即使以本条所列五种行为之一为其掩饰性质和来源，也只能认定为掩饰、隐瞒犯罪所得、犯罪所得收益罪；二是洗钱罪的“洗钱”方法是狭义上的“洗钱”行为，特指行为人通过转移、转换的行为方式针对犯罪所得及其产生的收益的“来源和性质”加以掩饰、隐瞒，而掩饰、隐瞒犯罪所得、犯罪所得罪一般是指对犯罪所得的财物及其收益本身所实施的窝藏、转移、收购、代为销售行为。

洗钱罪与窝藏、转移、隐瞒毒品、毒赃罪之间在行为对象和行为方式上也有明显区别。（1）犯罪对象方面，洗钱行为所指向的对象是包括毒品犯罪在内的上游犯罪所得及其收益的非法性质和来源；而后者主要是针对毒品犯罪所得的财物而言的，故财物本身为其直接对象。或者说，前者不一定要求对作为犯罪所得或者收益的财物形成物理上的控制，而后者必须使该财物处于行为人的支配、控制范围或者状态之下。（2）行为方式方面，前者表现为将上游犯罪所得及收益通过提供资金账户、协助转移财产、转移资金、把资金汇往境外等方法使其具有表面合法化的性质；后者则主要是通过改变赃物的空间位置或者存在状态对赃物进行隐匿或者转移，使侦查司法机关不能或者难以发现，或者妨害司法机关对赃物的追缴，此类行为并无改变赃物非法性质之作用，不具有使之表面合法化的特征。就具体行为方式言之，前者远较后者复杂。

对于相关犯罪之间的关系，《洗钱司法解释》第三条规定，明知是犯罪所得及其产生的收益而予以掩饰、隐瞒，构成《刑法》第三百一十二条规定的掩饰、隐瞒犯罪所得、犯罪所得收益罪，同时又构成《刑法》第一百九十一条规定的洗钱罪或者第三百四十九条规定的窝藏、转移、隐瞒毒品、毒赃罪的，依照处罚较重的规定定罪处罚。

---

① 胡康生、郎胜主编：《中华人民共和国刑法释义》（第3版），法律出版社2006年版，第290页。

3. **关于上游犯罪对本罪认定的作用**

根据《洗钱司法解释》的规定，洗钱罪的认定应当以上游犯罪事实成立为前提。上游犯罪尚未依法裁判，但查证属实的，不影响洗钱罪的审判；上游犯罪事实可以确认，因行为人死亡或未达到刑事责任年龄等原因不予追究刑事责任的，不影响洗钱罪的认定。关于洗钱罪成立是否以上游犯罪的成立为前提，涉及实体法与程序法两个方面的问题。从实体法的角度来看，上游犯罪行为人是本犯，洗钱罪行为人作为连累犯，其构成犯罪是否以本犯构成犯罪为前提呢？对此，在一般情况下，回答是肯定的。但在个别情况下，本犯虽然实施了上游犯罪的行为，但由于缺乏刑事责任年龄等要件而不追究刑事责任的，对下游行为人仍然应当以洗钱罪处罚。从程序法的角度来说，上游犯罪没有经过刑事诉讼程序定罪处刑，洗钱罪能否先于上游犯罪通过刑事诉讼程序定罪处刑？对此，回答也是肯定的。当然，应当以有证据证明上游犯罪的成立为前提。如果因为上游犯罪的行为人未被抓捕而导致上游犯罪事实是否存在都存疑，当然就无法认定下游的行为人构成洗钱罪。

4. **注意《刑法修正案（十一）》对本罪的修改**

为进一步发挥《刑法》对防范化解金融风险、维护金融秩序的作用，修正案修正了洗钱罪，将实施一些严重犯罪后的自洗钱行为明确为犯罪，同时完善了有关洗钱行为方式，增加地下钱庄通过“支付”结算方式洗钱等。条文的修正意味着“自洗钱人”在成立上游犯罪的同时，“自洗钱”行为将不再是其上游犯罪的量刑情节，而是单独构成犯罪，与其上游犯罪一同数罪并罚。

（四）疑难、复杂问题的参考性解答

1. **如何理解和认定洗钱罪的主观“明知”这一要件？**①

主观明知是成立洗钱罪的一个前提条件。明知不等于确知，既可以是确定性认识，也可以是可能性认识，二者在程度上有差异，但都属于“明知”的范畴。只要证据表明行为人确实知道或者根据事实足可推定行为人对于所

① 观点来源：最高人民法院刑事审判第一、二、三、四、五庭编：《刑事审判参考》（1999－2011 分类集成），法律出版社 2012 年版，第 119－122 页。

经手的财产可能系洗钱罪所要求的七类上游犯罪的所得及收益有认知，就可以成立“明知”。司法实践中，一般是综合被告人的供述，接触犯罪所得及收益的时空环境，犯罪所得的种类，钱款的数额，钱款的交易或运送方式及行为人的一贯表现等主客观因素进行具体判断。

2. 关于“其他方法掩饰、隐瞒犯罪所得及其收益的性质和来源”的理解

因为洗钱行为的本质是掩饰、隐瞒犯罪所得及其收益的性质和来源，刑法所能明文列举的只是这一行为所采用的常见方式，因而只要行为符合掩饰、隐瞒犯罪所得及其收益的性质和来源这一本质特征，无论采用何种方式都具备本罪的行为特征。但是这里的“其他方法”必须与前面所列举的四种行为方式有相当性，不是完全没有限制的。从“提供资金账户”“协助将财产转换为现金、金融票据、有价证券的”“通过转账或者其他结算方式协助资金转移的”“协助将资金汇往境外”四种行为方式的共同点来看，都采取了一定的转移、转换的形式，行为的重心在于掩饰、隐瞒犯罪所得及其收益的“性质和来源”上，把赃钱“洗白”。从本罪的客体来看，洗钱罪属于破坏金融管理秩序一节的犯罪，其行为方式应当从客观上体现出具有一定的破坏金融管理秩序的性质。举例来说，行为人明知是他人犯贪污罪所得的现金，为了帮助他人躲避司法机关的追查，将现金转移到行为人自己家中藏匿，此种行为的重心在于对实物形式的犯罪所得本身的藏匿上，不具有破坏金融管理秩序的性质，依法不构成洗钱罪，而应以掩饰、隐瞒犯罪所得、犯罪所得收益罪定罪处罚。《洗钱司法解释》的第二条规定对“其他方法”的进一步明确列举，也基本贯彻了这一思路。根据该解释，“其他方法”包括以下行为：（1）通过典当、租赁、买卖、投资等方式，协助转移、转换犯罪所得及其收益的；（2）通过与商场、饭店、娱乐场所等现金密集型场所的经营收入相混合的方式，协助转移、转换犯罪所得及其收益的；（3）通过虚构交易、虚设债权债务、虚假担保、虚报收入等方式，协助将犯罪所得及其收益转换为“合法”财物的；（4）通过买卖彩票、奖券等方式，协助转换犯罪所得及其收益的；（5）通过赌博方式，协助将犯罪所得及其收益转换为赌博收益的；（6）协助将犯罪所得及其收益携带、运输或者邮寄出入境的；（7）通过前述规定以外的方式协助转移、转换犯罪所得及其收益的。

（五）量刑指导或参考

依照《刑法》第一百九十一条规定，犯洗钱罪的，没收实施犯罪的所得及其产生的收益，处五年以下有期徒刑或者拘役，并处或者单处洗钱数额百分之五以上百分之二十以下罚金；情节严重的，处五年以上十年以下有期徒刑，并处洗钱数额百分之五以上百分之二十以下罚金。单位犯本罪的，对单位判处罚金，并对其直接负责的主管人员和其他直接责任人员，处五年以下有期徒刑或者拘役；情节严重的，处五年以上十年以下有期徒刑。

司法机关在适用本条规定处罚时，应当注意以下问题：

（1）“情节严重”的把握。“情节严重”是本罪的加重处罚情节，司法实践中，一般是指洗钱数额特别巨大的；洗钱行为造成严重后果的；酿成新的严重犯罪；影响了对重大犯罪的及时侦破等情形。

（2）本罪的处罚部分特别提到了“没收实施犯罪的所得及其产生的收益”，这里的没收既不同于附加刑的没收财产，也不同于《刑法》第六十四条规定的没收违禁品和供犯罪所用的本人财物。上游犯罪没有被害人的，如贩卖毒品罪、受贿罪，应当追缴上游犯罪所得及其产生的收益上缴国库。上游犯罪有被害人的，如金融诈骗罪，应当将上游犯罪所得退赔被害人，犯罪所得产生的收益上缴国库。

第五节　金融诈骗罪

一、集资诈骗罪

（一）刑法规定

第一百九十二条[①]　以非法占有为目的，使用诈骗方法非法集资，数额较大的，处三年以上七年以下有期徒刑，并处罚金；数额巨大或者有其他严重情节的，处七年以上有期徒刑或者无期徒刑，并处罚金或者没收财产。

（二）司法解释、司法文件及权威解读

1. 最高人民法院关于审理非法集资刑事案件具体应用法律若干问题的解释（法释〔2022〕5号，自2022年3月1日起施行）（节录）

第二条　实施下列行为之一，符合本解释第一条第一款规定的条件的，应当依照刑法第一百七十六条的规定，以非法吸收公众存款罪定罪处罚：

（一）不具有房产销售的真实内容或者不以房产销售为主要目的，以返本销售、售后包租、约定回购、销售房产份额等方式非法吸收资金的；

---

① （1）《刑法》第一百九十二条经2020年12月26日《刑法修正案（十一）》第十五条修正。1997年《刑法》第一百九十二条原规定"以非法占有为目的，使用诈骗方法非法集资，数额较大的，处五年以下有期徒刑或者拘役，并处二万元以上二十万元以下罚金；数额巨大或者有其他严重情节的，处五年以上十年以下有期徒刑，并处五万元以上五十万元以下罚金；数额特别巨大或者有其他特别严重情节的，处十年以上有期徒刑或者无期徒刑，并处五万元以上五十万元以下罚金或者没收财产。"（2）1997年《刑法》第一百九十九条原规定："犯本节第一百九十二条、第一百九十四条、第一百九十五条规定之罪，数额特别巨大并且给国家和人民利益造成特别重大损失的，处无期徒刑或者死刑，并处没收财产。"《刑法修正案（八）》第三十条将该条修改为："犯本节第一百九十二条规定之罪，数额特别巨大并且给国家和人民利益造成特别重大损失的，处无期徒刑或者死刑，并处没收财产。"《刑法修正案（九）》第十二条删除了该条内容，即废除了集资诈骗罪的死刑规定。（3）1997年《刑法》第二百条原规定："单位犯本节第一百九十二条、第一百九十四条、第一百九十五条规定之罪的，对单位判处罚金，并对其直接负责的主管人员和其他直接责任人员，处五年以下有期徒刑或者拘役，可以并处罚金；数额巨大或者有其他严重情节的，处五年以上十年以下有期徒刑，并处罚金；数额特别巨大或者有其他特别严重情节的，处十年以上有期徒刑或者无期徒刑，并处罚金。"《刑法修正案（十一）》第十六条删除了该条中原有的第一百九十二条，即取消了集资诈骗罪单位犯罪的。

（二）以转让林权并代为管护等方式非法吸收资金的；

（三）以代种植（养殖）、租种植（养殖）、联合种植（养殖）等方式非法吸收资金的；

（四）不具有销售商品、提供服务的真实内容或者不以销售商品、提供服务为主要目的，以商品回购、寄存代售等方式非法吸收资金的；

（五）不具有发行股票、债券的真实内容，以虚假转让股权、发售虚构债券等方式非法吸收资金的；

（六）不具有募集基金的真实内容，以假借境外基金、发售虚构基金等方式非法吸收资金的；

（七）不具有销售保险的真实内容，以假冒保险公司、伪造保险单据等方式非法吸收资金的；

（八）以网络借贷、投资入股、虚拟币交易等方式非法吸收资金的；

（九）以委托理财、融资租赁等方式非法吸收资金的；

（十）以提供“养老服务”、投资“养老项目”、销售“老年产品”等方式非法吸收资金的；

（十一）利用民间“会”“社”等组织非法吸收资金的；

（十二）其他非法吸收资金的行为。

第七条 以非法占有为目的，使用诈骗方法实施本解释第二条规定所列行为的，应当依照刑法第一百九十二条的规定，以集资诈骗罪定罪处罚。

使用诈骗方法非法集资，具有下列情形之一的，可以认定为“以非法占有为目的”：

（一）集资后不用于生产经营活动或者用于生产经营活动与筹集资金规模明显不成比例，致使集资款不能返还的；

（二）肆意挥霍集资款，致使集资款不能返还的；

（三）携带集资款逃匿的；

（四）将集资款用于违法犯罪活动的；

（五）抽逃、转移资金、隐匿财产，逃避返还资金的；

（六）隐匿、销毁账目，或者搞假破产、假倒闭，逃避返还资金的；

（七）拒不交代资金去向，逃避返还资金的；

（八）其他可以认定非法占有目的的情形。

集资诈骗罪中的非法占有目的，应当区分情形进行具体认定。行为人部分非法集资行为具有非法占有目的的，对该部分非法集资行为所涉集资款以集资诈骗罪定罪处罚；非法集资共同犯罪中部分行为人具有非法占有目的，其他行为人没有非法占有集资款的共同故意和行为的，对具有非法占有目的的行为人以集资诈骗罪定罪处罚。

第八条 集资诈骗数额在10万元以上的，应当认定为“数额较大”；数额在100万元以上的，应当认定为“数额巨大”。

集资诈骗数额在50万元以上，同时具有本解释第三条第二款第三项情节的，应当认定为刑法第一百九十二条规定的“其他严重情节”。

集资诈骗的数额以行为人实际骗取的数额计算，在案发前已归还的数额应予扣除。行为人为实施集资诈骗活动而支付的广告费、中介费、手续费、回扣，或者用于行贿、赠与等费用，不予扣除。行为人为实施集资诈骗活动而支付的利息，除本金未归还可予折抵本金以外，应当计入诈骗数额。

2. **最高人民法院、最高人民检察院、公安部关于办理非法集资刑事案件适用法律若干问题的意见**（公通字〔2014〕16号，自2014年3月25日起施行）

各省、自治区、直辖市高级人民法院，人民检察院，公安厅、局，解放军军事法院、军事检察院，新疆维吾尔自治区高级人民法院生产建设兵团分院，新疆生产建设兵团人民检察院、公安局：

为解决近年来公安机关、人民检察院、人民法院在办理非法集资刑事案件中遇到的问题，依法惩治非法吸收公众存款、集资诈骗等犯罪，根据刑法、刑事诉讼法的规定，结合司法实践，现就办理非法集资刑事案件适用法律问题提出以下意见：

一、关于行政认定的问题

行政部门对于非法集资的性质认定，不是非法集资刑事案件进入刑事诉讼程序的必经程序。行政部门未对非法集资作出性质认定的，不影响非法集资刑事案件的侦查、起诉和审判。

公安机关、人民检察院、人民法院应当依法认定案件事实的性质，对于案情复杂、性质认定疑难的案件，可参考有关部门的认定意见，根据案件事实和法律规定作出性质认定。

二、关于“向社会公开宣传”的认定问题

《最高人民法院关于审理非法集资刑事案件具体应用法律若干问题的解

释》第一条第一款第二项中的“向社会公开宣传”，包括以各种途径向社会公众传播吸收资金的信息，以及明知吸收资金的信息向社会公众扩散而予以放任等情形。

三、关于“社会公众”的认定问题

下列情形不属于《最高人民法院关于审理非法集资刑事案件具体应用法律若干问题的解释》第一条第二款规定的“针对特定对象吸收资金”的行为，应当认定为向社会公众吸收资金：

（一）在向亲友或者单位内部人员吸收资金的过程中，明知亲友或者单位内部人员向不特定对象吸收资金而予以放任的；

（二）以吸收资金为目的，将社会人员吸收为单位内部人员，并向其吸收资金的。

四、关于共同犯罪的处理问题

为他人向社会公众非法吸收资金提供帮助，从中收取代理费、好处费、返点费、佣金、提成等费用，构成非法集资共同犯罪的，应当依法追究刑事责任。能够及时退缴上述费用的，可依法从轻处罚；其中情节轻微的，可以免除处罚；情节显著轻微、危害不大的，不作为犯罪处理。

五、关于涉案财物的追缴和处置问题

向社会公众非法吸收的资金属于违法所得。以吸收的资金向集资参与人支付的利息、分红等回报，以及向帮助吸收资金人员支付的代理费、好处费、返点费、佣金、提成等费用，应当依法追缴。集资参与人本金尚未归还的，所支付的回报可予折抵本金。

将非法吸收的资金及其转换财物用于清偿债务或者转让给他人，有下列情形之一的，应当依法追缴：

（一）他人明知是上述资金及财物而收取的；

（二）他人无偿取得上述资金及财物的；

（三）他人以明显低于市场的价格取得上述资金及财物的；

（四）他人取得上述资金及财物系源于非法债务或者违法犯罪活动的；

（五）其他依法应当追缴的情形。

查封、扣押、冻结的易贬值及保管、养护成本较高的涉案财物，可以在诉讼终结前依照有关规定变卖、拍卖。所得价款由查封、扣押、冻结机关予以保管，待诉讼终结后一并处置。

查封、扣押、冻结的涉案财物，一般应在诉讼终结后，返还集资参与人。涉案财物不足全部返还的，按照集资参与人的集资额比例返还。

六、关于证据的收集问题

办理非法集资刑事案件中，确因客观条件的限制无法逐一收集集资参与人的言词证据的，可结合已收集的集资参与人的言词证据和依法收集并查证属实的书面合同、银行账户交易记录、会计凭证及会计账簿、资金收付凭证、审计报告、互联网电子数据等证据，综合认定非法集资对象人数和吸收资金数额等犯罪事实。

七、关于涉及民事案件的处理问题

对于公安机关、人民检察院、人民法院正在侦查、起诉、审理的非法集资刑事案件，有关单位或者个人就同一事实向人民法院提起民事诉讼或者申请执行涉案财物的，人民法院应当不予受理，并将有关材料移送公安机关或者检察机关。

人民法院在审理民事案件或者执行过程中，发现有非法集资犯罪嫌疑的，应当裁定驳回起诉或者中止执行，并及时将有关材料移送公安机关或者检察机关。

公安机关、人民检察院、人民法院在侦查、起诉、审理非法集资刑事案件中，发现与人民法院正在审理的民事案件属同一事实，或者被申请执行的财物属于涉案财物的，应当及时通报相关人民法院。人民法院经审查认为确属涉嫌犯罪的，依照前款规定处理。

八、关于跨区域案件的处理问题

跨区域非法集资刑事案件，在查清犯罪事实的基础上，可以由不同地区的公安机关、人民检察院、人民法院分别处理。

对于分别处理的跨区域非法集资刑事案件，应当按照统一制定的方案处置涉案财物。

国家机关工作人员违反规定处置涉案财物，构成渎职等犯罪的，应当依法追究刑事责任。

3. 最高人民法院关于非法集资刑事案件性质认定问题的通知（法〔2011〕262号，2011年8月18日施行）

各省、自治区、直辖市高级人民法院，解放军军事法院，新疆维吾尔自治区高级人民法院生产建设兵团分院：

为依法、准确、及时审理非法集资刑事案件，现就非法集资性质认定的有关问题通知如下：

一、行政部门对于非法集资的性质认定，不是非法集资案件进入刑事程序的必经程序。行政部门未对非法集资作出性质认定的，不影响非法集资刑事案件的审判。

二、人民法院应当依照刑法和最高人民法院《关于审理非法集资刑事案件具体应用法律若干问题的解释》等有关规定认定案件事实的性质，并认定相关行为是否构成犯罪。

三、对于案情复杂、性质认定疑难的案件，人民法院可以在有关部门关于是否符合行业技术标准的行政认定意见的基础上，根据案件事实和法律规定作出性质认定。

四、非法集资刑事案件的审判工作涉及领域广、专业性强，人民法院在审理此类案件当中要注意加强与有关行政主（监）管部门以及公安机关、人民检察院的配合。审判工作中遇到重大问题难以解决的，请及时报告最高人民法院。

（三）典型或常见问题的审理思路

1. 非法集资行为罪与非罪的界限①

（1）坚持主客观相统一区分罪与非罪。非法集资公司中的人员客观上往往都不同程度地直接实施了非法集资行为或者实施了为非法集资提供帮助的行为，但部分层级较低的管理人员或者普通职员可能并不知晓公司所从事的业务具有非法集资性质，故对该部分人员是否作为犯罪处理，应当坚持主客观相统一的原则，注重全面收集证据，如确有证据证明其并不知晓公司的非法集资性质，而是当作正常经营业务参与实施了非法集资行为的，一般不宜作为犯罪处理。（2）非法集资故意的具体认定。区分非法集资行为的罪与非罪，其重点也是难点在于认定行为人是否具有主观故意。实践中，既要避免单纯根据所在公司存在非法集资行为客观归罪，也不能仅凭被告人自己的供述，而应当根据案件的具体情况具体分析。根据司法实践，具有下列情形之

---

① 观点来源：最高人民法院刑事审判第一、二、三、四、五庭主办：《刑事审判参考》2017 年第 4 集（总第 117 集），法律出版社 2019 年版，第 171－172 页。

一的，可以推定行为人具有非法集资的主观故意：一是在非法集资过程中虚构经营业务或者故意作夸大宣传的；二是明知集资参与人返利过高，或者招揽业务提成比例过高，不符合一般市场行情的；三是明知单位业务亏损，仍通过高息揽存等方式归还单位债务的；四是曾在其他公司从事非法集资活动被查处或取缔，之后又从事相同业务的；五是曾在银行、证券、保险等金融机构工作，具有一定的金融专业知识，参与实施非法集资活动的；六是其他应当认定具有非法集资犯罪故意的情形。但是，在处理具体案件的时候，对于有证据证明行为人不具有非法集资主观故意的，就不能作为非法集资犯罪处理。

2. 非法吸收公众存款罪与集资诈骗罪的界限①

非法吸收公众存款罪从一定意义上讲，也是一种非法集资行为，在司法实践中，集资诈骗罪与非法吸收公众存款罪的主要区别在于：（1）犯罪的目的不同。集资诈骗罪的犯罪目的是非法占有集资款，集资诈骗行为人将资金骗到手后，则想方设法将资金据为己有。而非法吸收公众存款罪的目的一般不是占有公众存款本身，而是占有公众存款所产生的利益，即赚取利息差，非法吸收公众存款行为人对所吸收存款的用途、去向一般比较清楚，造成"存款"损失往往出于行为人意志以外的原因。根据刑法规定，如果是非法集资，并在集资过程中采取了欺诈的方法，但主观上没有非法占有目的，只能构成非法吸收公众存款罪。（2）行为方式和对象不同。集资诈骗罪表现为使用诈骗手段，向社会公众非法集资，其对象可能是社会公众，也可能是特定群众或特定的少数人。而非法吸收公众存款罪虽然在吸收公众存款的主体资格、条件上往往存有弄虚作假的行为，但一般不使用诈骗手段，其吸纳存款的对象是社会公众即不特定的多数人。此外，两者在犯罪客体上也有所不同，集资诈骗罪不仅扰乱了国家依法管理所形成的金融秩序，还侵犯了公私财产所有权，而非法吸收公众存款罪的客体仅是国家依法管理所形成的金融秩序。这也是非法吸收公众存款罪在法定刑上低于集资诈骗罪的原因之一。但是，集资诈骗罪与非法吸收公众存款罪之间并没有不可逾越的界限。一些人一开始只是非法吸收公众存款，以图牟利，但随着吸收"存款"的增多，规模的

---

① 观点来源：王明李、振奇、谭京生主编：《经济犯罪名案精析》，群众出版社 2003 年版，第 98－107 页。

扩大，对“存款”运用不得当，导致非法经营已无法继续，行为人也可能产生占有“存款”的故意，那么对其就应以集资诈骗罪定罪处罚。

3. 行为人先行非法吸收公众存款从事经营活动，其后因严重亏损等原因产生犯意转化，以非法占有为目的继续向公众非法集资，是以集资诈骗罪一罪认定还是以非法吸收公众存款罪和集资诈骗罪实行数罪并罚？[①]

行为人在犯意转化前后实施的非法集资行为是两种性质完全不同的行为，尽管前后行为在资金调配上有所关联，但并不影响对两种行为的刑罚评价，依法分别构成非法吸收公众存款罪和集资诈骗罪，予以数罪并罚。以两罪并罚，才能充分评价整个犯罪行为。

4. 多人参与、分工实施的集资诈骗犯罪中其他参与者的罪名认定[②]

第一，某种行为是否构成犯罪，构成什么罪，必须坚持主客观相统一原则。对于多人参与、分工实施的集资诈骗犯罪，如层级较低的人员并不知晓组织、策划、指挥者具有非法占有目的，说明其实施相关非法集资行为时的主观上不具有非法占有目的，此时如以集资诈骗罪共犯论处，明显违背主客观相统一原则，故不足取。第二，多人参与、分工实施的集资诈骗犯罪，隐蔽性强，其中层级较低的人员并不知晓组织、策划者具有非法占有目的符合常理，实践中亦常有发生。如罔顾该事实定罪，容易导致客观归罪。第三，对层级较低的人员不以集资诈骗罪共犯论处，但仍可以认定其行为构成非法吸收公众存款罪。虽然对组织、策划、指挥者以集资诈骗罪定罪，对于不具有非法占有目的的层级较低的人员以非法吸收公众存款罪定罪，但两罪名均属于非法集资犯罪，在非法吸收公众存款这一非法集资行为上两者系共同犯罪，只是组织、策划、指挥者有非法占有目的，属于实行过限。因此分别以集资诈骗罪和非法吸收公众存款罪定罪，符合部分实行过限情形下的部分共同犯罪原理。

---

① 观点来源：最高人民法院刑事审判第一、二、三、四、五庭主办：《刑事审判参考》2017 年第 4 集（总第 117 集），法律出版社 2019 年版，第 172－173 页。

② 观点来源：最高人民法院刑事审判第一、二、三、四、五庭主办：《刑事审判参考》2017 年第 4 集（总第 117 集），法律出版社 2019 年版，第 173 页。

5. 行为人设立公司是为了实施非法集资犯罪活动，或者公司设立后以实施非法集资犯罪为主要活动，按单位犯罪还是个人共同犯罪处理？①

行为人设立公司往往只是出于非法集资的需要，而并不是为了规避责任，且当前非法集资犯罪的数额基本上为特别巨大以上，以单位犯罪认定并不会轻纵行为人。加之很多涉案财产处于公司名下，如果不将公司作为犯罪主体追究，显然不利于追赃挽损。因此，对于以公司名义实施的非法集资犯罪，如违法所得归公司所有，符合单位犯罪基本概念的，一般宜以单位犯罪认定。如此认定，事实上与司法解释规定的精神并不相悖。当然，认定非法集资属于单位犯罪必须符合单位犯罪的基本概念，即以单位名义实施，违法所得归单位所有。对于以公司名义实施非法集资，没有合法经营业务，违法所得主要由个人意志支配、处分的，由于公司只是用来实施非法集资的幌子，故应当否定公司人格，以个人犯罪论处。

6. 多个单位构成非法集资共同犯罪，如何区分主从犯？②

刑法关于主从犯的规定并未局限于自然人共同犯罪，对于多个单位构成共同犯罪且各单位在共同犯罪的地位和作用存在差异，不区分主从犯难以确保量刑平衡的，应当区分主从犯。为做到量刑均衡，单位内部人员可以区分主从犯。对主犯单位内部人员可原则上认定为主犯，但确有区分主从犯必要的，也可区分主从犯。而从犯单位，其整体在共同犯罪中处于从属地位和起帮助作用，作为单位内部人员，其地位和作用不可能超过单位整体，故应当一律认定为从犯。

7. 未经依法核准，擅自发行证券行为的定性③

未经依法核准，擅自发行证券，涉嫌犯罪的，以擅自发行股票、公司、企业债券罪追究刑事责任。未经依法核准，以发行证券为幌子，实施非法证券活动，涉嫌犯罪的，以非法吸收公众存款罪、集资诈骗罪等罪名追究刑事责任。未构成犯罪的，依照《证券法》和有关法律的规定给予行政处罚。

---

① 观点来源：最高人民法院刑事审判第一、二、三、四、五庭主办：《刑事审判参考》2017 年第 4 集（总第 117 集），法律出版社 2019 年版，第 174 页。

② 观点来源：最高人民法院刑事审判第一、二、三、四、五庭主办：《刑事审判参考》2017 年第 4 集（总第 117 集），法律出版社 2019 年版，第 176 – 177 页。

③ 观点来源：《最高人民法院、最高人民检察院、公安部、中国证券监督管理委员会关于整治非法证券活动有关问题的通知》（证监发〔2008〕1 号，自 2008 年 1 月 2 日起施行）。

8. **组织领导传销活动的定性**①

以非法占有为目的，组织、领导传销活动，同时构成组织、领导传销活动罪和集资诈骗罪的，依照处罚较重的规定定罪处罚。犯组织、领导传销活动罪，并实施故意伤害、非法拘禁、敲诈勒索、妨害公务、聚众扰乱社会秩序、聚众冲击国家机关、聚众扰乱公共场所秩序、交通秩序等行为，构成犯罪的，依照数罪并罚的规定处罚。

（四）疑难、复杂问题的参考性解答

如何区分诈骗罪与集资诈骗罪？②

从立法渊源上看，由于集资诈骗罪是从原诈骗罪中分离出来的，两罪存在一定的竞合关系，根据我国刑法理论，两罪构成一般与特殊的法条竞合关系，应根据特别法优于一般法，重罪优于轻罪的原则进行定罪处罚，司法实践中就应注意区别，虽然两罪在客观表现上有许多相似之处，但差别还是比较明显的：（1）犯罪客体不同。诈骗罪侵犯的客体是公私财产的所有权，是单一客体，属于财产犯罪之一；而集资诈骗罪侵犯的是复杂客体，不仅侵犯了公私财产所有权，而且还侵犯了国家正常的金融管理秩序。（2）行为对象不同。诈骗罪的行为对象一般是特定的，即针对特定人员的金钱和财物进行诈骗；而集资诈骗行为指向不特定的社会公众的资金，侵害对象具有不特定性和广泛性，行为人为了达到占有尽可能多的资金，一般事前未设定具体不变的欺骗对象，而是将虚构事实以一定方式向社会广为传播，以骗取尽可能多的投资人的资金。（3）行为方式不同。诈骗罪的行为方式多样，采取隐瞒真相或虚构事实的方法骗人财物，行为方式多样不限于“非法集资”，受害人可为一人也可为多人；集资诈骗罪主要表现为行为人虚构某种盈利活动、盈利项目或伪造虚假证明文件，以高额利息和红利为诱饵，欺骗社会公众向社会非法集资，行为方式是单一的集资方式，受害人数众多。（4）犯罪主体不同。诈骗罪的主体只能是个人；而集资诈骗罪的主体除个人外，还可以是单位。

---

① 观点来源：《最高人民法院、最高人民检察院、公安部关于办理组织领导传销活动刑事案件适用法律若干问题的意见》（公通字〔2013〕37号，自2013年11月14日起实施）。

② 观点来源：《人民法院报》2004年9月15日第B4版。

二、贷款诈骗罪

（一）刑法规定

第一百九十三条　有下列情形之一，以非法占有为目的，诈骗银行或者其他金融机构的贷款，数额较大的，处五年以下有期徒刑或者拘役，并处二万元以上二十万元以下罚金；数额巨大或者有其他严重情节的，处五年以上十年以下有期徒刑，并处五万元以上五十万元以下罚金；数额特别巨大或者有其他特别严重情节的，处十年以上有期徒刑或者无期徒刑，并处五万元以上五十万元以下罚金或者没收财产：

（一）编造引进资金、项目等虚假理由的；

（二）使用虚假的经济合同的；

（三）使用虚假的证明文件的；

（四）使用虚假的产权证明作担保或者超出抵押物价值重复担保的；

（五）以其他方法诈骗贷款的。

（二）司法解释、司法文件

1. **全国人民代表大会常务委员会关于《中华人民共和国刑法》第三十条的解释**（2014 年 4 月 24 日第十二届全国人民代表大会常务委员会第八次会议通过）

全国人民代表大会常务委员会根据司法实践中遇到的情况，讨论了刑法第三十条的含义及公司、企业、事业单位、机关、团体等单位实施刑法规定的危害社会的行为，法律未规定追究单位的刑事责任的，如何适用刑法有关规定的问题，解释如下：

公司、企业、事业单位、机关、团体等单位实施刑法规定的危害社会的行为，刑法分则和其他法律未规定追究单位的刑事责任的，对组织、策划、实施该危害社会行为的人依法追究刑事责任。

2. **全国法院审理金融犯罪案件工作座谈会纪要**（法〔2001〕8 号，自 2001 年 1 月 21 日起施行）（节录）

（三）关于金融诈骗罪

2. 贷款诈骗罪的认定和处理。贷款诈骗犯罪是目前案发较多的金融诈骗犯罪之一。审理贷款诈骗犯罪案件，应当注意以下两个问题：

……

二是要严格区分贷款诈骗与贷款纠纷的界限。对于合法取得贷款后，没有按规定的用途使用贷款，到期没有归还贷款的，不能以贷款诈骗罪定罪处罚；对于确有证据证明行为人不具有非法占有的目的，因不具备贷款的条件而采取了欺骗手段获取贷款，案发时有能力履行还贷义务，或者案发时不能归还贷款是因为意志以外的原因，如因经营不善、被骗、市场风险等，不应以贷款诈骗罪定罪处罚。

（三）疑难、复杂问题的参考性解答

1. 如何认定非法占有贷款的目的？

本罪行为人主观上必须具有非法占有贷款的目的，如果主观上没有非法占有目的，即使在申请贷款时使用了欺骗手段，只要贷款到期后能够偿还或大部分偿还，就不构成本罪。实践中大量存在行为人不完全具备申请贷款所要求的条件，为了解决生产、经营中的资金困难等问题，实施了一定虚构、编造贷款理由等虚假手段申请贷款。贷款到手后，积极投入生产经营，并无肆意挥霍或携款潜逃，而是按期偿还贷款。对这种行为，由于行为人主观上不具有非法占有贷款的目的，不能作贷款诈骗犯罪处理。

在把握这一界限时，尤其应注意划清贷款诈骗与借贷纠纷的界限。不能认为只要贷款时有一定欺诈成分到期不还所借贷款，就可以定为贷款诈骗，也不能简单认为只要借款人到时候承认欠账，就不应认定为贷款诈骗，应以民事借贷纠纷处理。对于合法取得贷款后，虽然没有按规定的用途使用贷款，到期也没有归还贷款的，由于贷款时不具有非法占有目的，不能简单以贷款诈骗罪定罪处罚；对于确有证据证明行为人不具有非法占有的目的，因不具备贷款的条件而采取了欺骗手段获取贷款，案发时有能力履行还贷义务，或者案发时不能归还贷款是因为意志以外的原因，如因经营不善、被骗、市场经营风险等，不应以贷款诈骗罪定罪处罚，可按民事纠纷处理。总之，贷款诈骗与一般借贷民事纠纷之间的根本区别在于行为人主观上是否出于非法占有贷款的目的，在司法实践中应综合各种因素予以认定。主要可从以下几个方面来考察：（1）贷款时行为人履约能力严重不足的事实是否已经存在，行为人对此是否清楚。如果无法履约的原因形成于获得贷款以后，或者行为人对根本无法履约这一点并不十分确定，即使到期不还，也不应认定为贷款诈骗。(2)行为人获得贷款后对贷款的使用情况，即是否积极将贷款用于借贷合同所规定的用途。如果行为人得到贷款后，用于贷款所规定项目，尽管到期后无法偿还，其主观上一般没有骗取贷款的故意。(3)行为人在贷款到期后是否积极设法偿还。如果行为人仅仅是口头上承认欠款，实际上有能力偿还但并没有积极准备归还的行为，也不能说行为人一定没有诈骗的故意。

2. 关于单位能否构成贷款诈骗罪

传统观点认为，根据《刑法》第三十条和第一百九十三条的规定，单位不能构成贷款诈骗罪的犯罪主体。因此，对于单位实施的贷款诈骗行为，不能以贷款诈骗罪定罪处罚。但是，在司法实践中，对于单位十分明显地以非法占有为目的，利用签订、履行借款合同诈骗银行或其他金融机构贷款，符合《刑法》第二百二十四条规定的合同诈骗罪构成要件的，应当以合同诈骗罪定罪处罚。

在实践中，对于所谓单位进行的贷款诈骗行为，可区分两种情形处理：

(1)名义上的单位贷款诈骗。包括三种情形，第一，个人为进行违法犯罪活动而设立的公司、企业、事业单位实施贷款诈骗犯罪的；第二，公司、企业、事业单位设立后，以实施犯罪为主要活动进行贷款诈骗的；第三，个人盗用单位名义实施贷款诈骗犯罪，违法所得由实施犯罪的个人私分的。对这几类情形，根据1999年《最高人民法院关于审理单位犯罪案件具体应用法律有关问题的解释》的规定，都不是单位犯罪，应当以自然人犯罪论处，以贷款诈骗罪定罪量刑。

(2)真实的单位贷款诈骗。对以单位名义实施的且为单位利益的符合单位犯罪构成要件的犯罪，以前，在司法实践中一般认为，该行为符合《刑法》第二百二十四条规定的合同诈骗罪的构成要件，以合同诈骗罪定罪处罚。但是，2014年4月24日第十二届全国人民代表大会常务委员会第八次会议通过的《全国人民代表大会常务委员会关于〈中华人民共和国刑法〉第三十条的解释》颁布实施后，就不能对单位依照单位犯合同诈骗罪处理了。该解释规定，公司、企业、事业单位、机关、团体等单位实施刑法规定的危害社会的行为，刑法分则和其他法律未规定追究单位的刑事责任的，对组织、策划、实施该危害社会行为的人依法追究刑事责任。这一立法解释更加强化了罪刑法定原则，也就是《刑法》第三十条规定公司、企业、事业单位、机关、团体实施的危害社会的行为，必须是法律规定为单位犯罪的，才负刑事责任。

自该立法解释实施后，不能再以单位犯合同诈骗罪的理由处理单位及直接负责的主管人员和其他直接责任人员，而应当直接以贷款诈骗罪，对组织、策划、实施该危害社会行为的人依法追究刑事责任。

3. 贷款诈骗罪与诈骗罪、合同诈骗罪的区分

与诈骗罪、合同诈骗罪均属诈骗类犯罪，主观方面均是具有非法占有目的，客观上均采用了一定的欺骗手段，只是在行为对象和具体发生的领域有着区别，三罪之间属于法条竞合关系。根据特别法优于一般法的原则，对自然人以非法占有为目的实施的诈骗贷款行为应以贷款诈骗罪定罪处罚，而不再以诈骗罪、合同诈骗罪论处。

4. 贷款诈骗罪与骗取贷款、票据承兑、金融票证罪的区分

《刑法》第一百七十五条之一规定的骗取贷款、票据承兑、金融票证罪，是指以欺骗手段取得银行或其他金融机构贷款、票据承兑、信用证、保函等，给银行或金融机构造成重大损失或者有其他严重情节的行为。之所以《刑法修正案（六）》增设此罪，主要原因有二：一是以欺骗手段取得金融机构的贷款、票据承兑、金融票证的行为，严重扰乱了金融资产的正常监管、使用秩序，往往使金融资产处于无法收回的风险之中，严重危及金融安全，无论是否具有非法占有目的，这种行为本身有必要动用刑罚手段予以规制。二是司法实践中，认定贷款诈骗罪中的“以非法占有为目的”要件存在困难，而证据上一旦无法认定非法占有目的，这种具有严重社会危害的行为就会做无罪处理，容易放纵犯罪。因此，将不具有非法占有目的或无法认定具有非法占有目的的这种骗用贷款的行为单独规定为犯罪，可以起到补漏作用，有利于严密刑事法网，充分维护正常的金融秩序、金融安全。据此，骗取贷款、票据承兑、金融票证罪与贷款诈骗罪的区别主要在于行为人是否具有“以非法占有为目的”。如果有充分、确实的证据可以认定行为人具有上述目的，应以贷款诈骗罪论处；反之，如果没有充分、确实的证据能够证明行为人具有这样的目的，则可视情形以骗取贷款罪论处。在司法实践中，具体认定行为人是否具有非法占有目的，可以参照2001年《全国法院审理金融犯罪案件工作座谈会纪要》的有关规定：对于行为人通过诈骗的方法非法获取资金，造成数额较大资金不能归还，并具有下列情形之一的，可以认定为具有非法占有的目的：（1）明知没有归还能力而大量骗取资金的；（2）非法获取资金后逃跑的；（3）肆意挥霍骗取资金的；（4）使用骗取的资金进行违法犯罪活动的；（5）抽逃、转移资金、隐匿财产，以逃避返还资金的；（6）隐匿、销毁账目，或者搞假破产、假倒闭，以逃避返还资金的；（7）其他非法占有资金、拒不返还的行为。

5. 贷款诈骗罪与高利转贷罪的区分

《刑法》第一百七十五条规定的高利转贷罪，是指以转贷牟利为目的，套取银行或者其他金融机构的信贷资金，再高利转贷他人的行为。这里“套取”贷款的行为，对金融机构来讲具有欺骗的性质，即未将贷款用于从金融机构获取贷款时约定的用途。这种套取贷款的行为与贷款诈骗罪有明显不同。高利转贷罪套取贷款的目的是高利转贷他人，最终是要归还贷款。由于贷款时不具有非法占有目的也即不归还贷款的故意，即使因种种原因客观上最终没有归还贷款的，也不能以贷款诈骗罪处罚。而贷款诈骗罪，骗取贷款的目的是要非法占有金融机构的贷款，不再归还。可见，两罪的本质区别在于犯罪目的不同。

6. 正确认定金融机构工作人员诈骗本单位贷款的行为性质

对于金融机构工作人员诈骗本单位贷款的行为，应区别情况作具体分析：

（1）金融机构工作人员如果未利用职务之便骗取本单位贷款，则应以盗窃罪论处。例如，金融机构工作人员刘某利用熟悉本单位环境的便利条件，在下班后趁人不备，利用平时获悉的某客户账号、密码，先从银行贷款 5 万元划到该客户账上，再从该客户账上将 5 万元取出。行为人虽然属于金融机构工作人员，但其骗取贷款的行为未利用职务之便，仅利用了工作之机，不构成贪污罪，而应以盗窃罪论处（尽管使用了欺诈方法，也不能认定为诈骗罪）。

（2）金融机构工作人员如果利用职务之便用冒名贷款等方式骗取本单位贷款，意图非法占有，则应以贪污罪或职务侵占罪论处。具体定哪一个罪，应视金融机构工作人员是否具有国家工作人员身份以及该金融机构的所有制性质而定。

（3）金融机构工作人员如果利用职务之便，出于挪用的目的骗取贷款，挪归个人使用，数额较大，超过了 3 个月未还的，或者数额较大，进行盈利活动，或者进行非法活动的，应视行为人是否具有国家工作人员身份以及金融机构的所有制性质而分别以挪用公款罪或挪用资金罪论处。无论动机如何，构成本罪主观上必须具有非法占有贷款的目的。如果行为人主观上没有非法占有贷款的目的，即使在申请贷款时使用了欺骗的手段，只要贷款到期后能够偿还，就不构成本罪。这种情况在实践中多表现为，行为人不完全具备申请贷款所要求的条件，为了解决生产、经营中的资金困难等问题，编造贷款理由申请贷款。贷款到手后，积极投入生产使用，并按期偿还贷款。对这种行为，由于行为人主观上不具有非法占有贷款的目的，所以不宜作犯罪处理，可由有关部门给予必要的行政处罚或者经济处罚。构成本罪必须是诈骗贷款数额较大的行为。如果行为人虽然是以非法占有贷款为目的，但是诈骗银行或者其他金融机构的贷款数额不大的，不作为犯罪处理，可由有关部门给予行政处罚。

三、票据诈骗罪、金融凭证诈骗罪

（一）刑法规定

第一百九十四条 有下列情形之一，进行金融票据诈骗活动，数额较大的，处五年以下有期徒刑或者拘役，并处二万元以上二十万元以下罚金；数额巨大或者有其他严重情节的，处五年以上十年以下有期徒刑，并处五万元以上五十万元以下罚金；数额特别巨大或者有其他特别严重情节的，处十年以上有期徒刑或者无期徒刑，并处五万元以上五十万元以下罚金或者没收财产：

（一）明知是伪造、变造的汇票、本票、支票而使用的；

（二）明知是作废的汇票、本票、支票而使用的；

（三）冒用他人的汇票、本票、支票的；

（四）签发空头支票或者与其预留印鉴不符的支票，骗取财物的；

（五）汇票、本票的出票人签发无资金保证的汇票、本票或者在出票时作虚假记载，骗取财物的。

使用伪造、变造的委托收款凭证、汇款凭证、银行存单等其他银行结算凭证的，依照前款的规定处罚。

第二百条 单位犯本节第一百九十四条、第一百九十五条规定之罪的，对单位判处罚金，并对其直接负责的主管人员和其他直接责任人员，处五年以下有期徒刑或者拘役，可以并处罚金；数额巨大或者有其他严重情节的，处五年以上十年以下有期徒刑，并处罚金；数额特别巨大或者有其他特别严重情节的，处十年以上有期徒刑或者无期徒刑，并处罚金。

（二）典型或常见问题的审理思路

1. 票据诈骗罪与合同诈骗罪的区分[①]

票据诈骗罪与合同诈骗罪在犯罪构成上存在一定的交叉竞合关系，两罪的竞合属于同类罪之间的竞合，即同属诈骗类犯罪。对于法条竞合，只能按一罪定罪处罚。如果两罪之间是包容关系，一般来说，应适用特别法优于一般法原则；如果两罪之间是交叉关系，则适用重法优于轻法原则。从票据诈骗罪与合同诈骗罪的法定刑来看，票据诈骗罪的法定刑重于合同诈骗罪，因此，当两罪交叉竞合时应以票据诈骗罪定罪处罚。

实践中，在行为人利用签订、履行合同为手段进行诈骗的过程中，往往存在以非法票据作为合同对价给付给对方当事人从而骗取他人财物的行为，对于这种交织着合同诈骗与票据诈骗的行为，以非法票据进行"支付""结算"本身是合同诈骗的一种手段行为，但由于票据诈骗罪与合同诈骗罪存在交叉的法条竞合关系，因而对于利用虚假票据结算、支付来履行合同义务，骗取对方当事人的行为，应根据重罪优于轻罪的原则进行定罪。

2. 盗窃银行承兑汇票并使用，骗取数额较大财物的行为构成盗窃罪还是票据诈骗罪[②]？

银行承兑汇票是一种记名、可挂失、不能即时兑现、有较多保护措施的金融票证。虽然刑法规定盗窃信用卡并使用的行为构成盗窃罪，但盗窃汇票、本票、支票、信用证、有价证券并使用的行为并非一律参照该规定以盗窃罪定性，具体如何定罪，应视具体情况而定。

对于盗窃票据并使用的行为，应根据票据持有人直接丧失票据记载的财产是盗窃行为所致还是使用行为所致来进一步判断。如果盗窃行为使票据持有人直接丧失票面记载的财产，则可以认定构成盗窃罪，其使用行为可作为赃物处理行为对待；如果盗窃行为并未使票据持有人的财产直接受损，其使用行为可认定构成金融诈骗犯罪；倘若盗窃行为直接侵犯票据持有人的财产

---

① 观点来源：最高人民法院刑事审判第二庭编：《经济犯罪审判指导与参考》2003 年第 3 卷，人民法院出版社 2003 年版，第 1－5 页。

② 观点来源：最高人民法院刑事审判第一、二、三、四、五庭：《刑事审判参考》2010 年第 6 集，法律出版社 2010 年版，第 1－9 页。

权益，而其使用行为又侵犯了新的法益，则应以盗窃罪、票据诈骗罪两罪并罚。

行为人主观上明知自己不是合法的票据权利人与授权的代理人，仍然假冒合法权利人或其代理人之名使用票据，承兑汇票，其行为构成票据诈骗罪。

3. 信用社工作人员利用工作之便，以换折方式支取储户资金的行为构成盗窃罪还是金融凭证诈骗罪？

（1）使用伪造的银行存折冒用他人名义取款的行为属于诈骗行为而非窃取行为，应构成金融凭证诈骗罪。

伪造金融票证包括两种情况：一种是有形伪造，即行为人以各种方法非法制造汇票、本票、支票、信用证、委托收款凭证、汇款凭证、银行存单等其他银行结算凭证，冒充真实有效金融票证的行为；另一种是无形伪造，即以真实的金融凭证为基础，以涂改、挖补的方法改变其内容冒充真实有效金融票证的行为。信用社工作人员有权制作存折，但其超越制作权限，未经储户同意，利用窃取的储户存款信息资料擅自为储户换折，并将储户的存款秘密转移到新办的存折上，制作出与原存折内容基本一致的存折，完全符合无形伪造的特征，因此利用窃取的他人存款信息资料擅自为储户换折的行为属于伪造银行存单的行为，依照《刑法》第一百七十七条的规定，构成伪造金融票证罪。

（2）使用伪造的银行存折冒用他人名义取款的行为属于诈骗行为而非窃取行为，应构成金融凭证诈骗罪。

窃取他人的存款信息资料并据此换折的行为，虽然体现出一定的秘密性，即是在利用工作便利趁其他工作人员不备之机偷偷进行的，但该行为只是为非法占有存款创造了条件，并不等于实际占有了相应的财产。刑法评价一种行为的性质的根据是直接侵害法益的行为而非其他作为预备或条件的行为。在既有窃取行为又有诈骗行为的情况下，是构成诈骗类犯罪还是构成盗窃罪，主要看的是行为人实现对财产侵害的关键行为的方式。利用伪造的存折支取他人存款的行为，是通过信用社的付款行为实现的，对于存款的交付，信用社一方是有明确认识的，只是信用社的这种认识是一种错误的认识。行为人非法取得财产的过程中并无秘密窃取的特征，其使用伪造的存折提款的行为是一种虚构事实、隐瞒真相诱使信用社陷入认识错误并“自愿”交付存款的诈骗行为，依法构成金融凭证诈骗罪。

（3）伪造银行存折与使用伪造的存折冒用取款的行为属于牵连关系，应当择一重罪论处。

利用窃取的他人存款信息资料伪造银行存折的行为，依法构成伪造金融票证罪，其后使用该伪造的存折到信用社取款的行为亦构成金融凭证诈骗罪，两个行为具有手段行为与目的行为的牵连关系，属于刑法理论上的牵连犯。对于牵连犯的处理，在刑法没有明确规定的情况下，择一重罪论处。

（三）疑难、复杂问题的参考性解答

1. 金融凭证诈骗罪与票据诈骗罪、信用证诈骗罪、信用卡诈骗罪的区分

一般意义上的银行结算凭证包括汇票、本票、支票、信用证、信用卡以及委托收款凭证、汇款凭证、银行存单等。但刑法上的金融凭证诈骗罪之“金融凭证”仅指委托收款凭证、汇款凭证、银行存单等银行结算凭证，不包括汇票、本票、支票、信用证、信用卡。以汇票、本票、支票、信用证、信用卡进行诈骗的，不以金融凭证诈骗罪论处，而应分别以票据诈骗罪、信用证诈骗罪、信用卡诈骗罪论处。

2. 盗窃支票并使用的行为如何定性

对于盗窃定额支票以及不计名、不挂失支票的，以盗窃罪论处；盗窃记名支票并使用的，以票据诈骗罪论处；盗窃格式票据并偷盖印章或者伪造印鉴、记载相关事项进行使用的，同时触犯了伪造金融票证罪与票据诈骗罪，应从一重罪论处。

3. 对居间贩卖假金融票证行为如何认定

根据《最高人民法院研究室关于对贩卖假金融票证行为如何适用法律问题的复函》（法研〔2002〕21号）规定，明知是伪造、变造的金融票证而贩卖，或者明知他人实施金融诈骗行为而为其提供伪造、变造的金融票证的，以伪造、变造金融票证罪或者金融诈骗犯罪的共犯论处。

4. 金融凭证诈骗罪与伪造、变造金融票证罪的区分

伪造、变造金融票证罪，是指行为人非法制造假汇票、本票、支票、信用证、信用证附随的单据、文件、信用卡，以及委托收款凭证、汇款凭证、银行存单等其他银行结算凭证，冒充真金融凭证，或者以真金融凭证为基础，以涂改、挖补等方法，改变其形态、内容，冒充真实、有效金融凭证的行为。实践中，在实施金融凭证诈骗犯罪过程中，行为人可能先伪造、变造委托收

款凭证、汇款凭证、银行存单等其他银行结算凭证，再使用这些伪造、变造的金融凭证进行诈骗，这种情况下，两个行为具有牵连关系。应择一重罪定罪处罚。对于在诈骗的犯意支配下完成了伪造、变造金融凭证行为，但由于意志以外的原因没有实施诈骗行为的，属于一行为触犯两个罪名，即伪造、变造金融票证罪和金融凭证诈骗罪（预备），构成想象竞合犯，应从一重罪论处。

5. 正确认定“其他银行结算凭证”

由于专业性强，对何谓“其他银行结算凭证”，司法实务中有不同意见。中国人民银行办公厅银办函〔2003〕573号《关于其他银行结算凭证有关问题的复函》称：“根据《支付结算办法》（银发〔1997〕393号文印发）的有关规定，办理票据、信用卡和汇兑、托收承付、委托收款等转账结算业务所使用的凭证均属银行结算凭证。此外，银行办理现金缴存或支取业务使用的有关凭证也属银行结算凭证。”“而单位定期存款开户证实书、对账单、银行询证函等，只具有证明或事后检查作用，不具有货币给付和资金清算作用，不属于结算凭证。”

6. 使用作废的银行结算凭证进行诈骗的定性问题

根据《刑法》规定，金融凭证诈骗罪的行为对象不包括作废的银行结算凭证。据此，使用作废的银行结算凭证骗取数额较大财物的，应以诈骗罪论处，而不能认定为金融凭证诈骗罪。

四、信用证诈骗罪

（一）刑法规定

第一百九十五条 有下列情形之一，进行信用证诈骗活动的，处五年以下有期徒刑或者拘役，并处二万元以上二十万元以下罚金；数额巨大或者有其他严重情节的，处五年以上十年以下有期徒刑，并处五万元以上五十万元以下罚金；数额特别巨大或者有其他特别严重情节的，处十年以上有期徒刑或者无期徒刑，并处五万元以上五十万元以下罚金或者没收财产：

（一）使用伪造、变造的信用证或者附随的单据、文件的；

（二）使用作废的信用证的；

（三）骗取信用证的；

（四）以其他方法进行信用证诈骗活动的。

第二百条 单位犯本节第一百九十四条、第一百九十五条规定之罪的，对单位判处罚金，并对其直接负责的主管人员和其他直接责任人员，处五年以下有期徒刑或者拘役，可以并处罚金；数额巨大或者有其他严重情节的，处五年以上十年以下有期徒刑，并处罚金；数额特别巨大或者有其他特别严重情节的，处十年以上有期徒刑或者无期徒刑，并处罚金。

（二）司法解释、司法文件最高人民法院关于对信用证诈骗案件有关问题的复函（2004 年 4 月 22 日）（节录）

中华人民共和国公安部、中国银行业监督管理委员会：

贵部和贵公经［2003］1081 号《关于建议对信用证诈骗案件调取境外证据要求予以规范的函》收悉。经研究，对在办理信用证诈骗案件中是否必须查明虚假议付单据、文件来源和议付款项的最终流向不能一概而论，应当视案件的证据情况决定。对属于认定行为人主观上“是否明知”以及“是否具有非法占有目的”必不可少的证据的，则应当查清。

……

二、关于委托境外执法部门协助提供的证人证言可否作为证据使用的问题。根据刑事诉讼法第十七条的规定，依照刑事司法协助的内容委托境外执法机构询问证人的情况可以作为证据使用。但如果境外执法部门所取得的证言上加盖有“不得作呈堂供证”的印章，应当经过适当形式的转换后使用。

（三）疑难、复杂问题的参考性解答

信用证诈骗罪与伪造、变造金融票证罪的区分

行为人伪造、变造信用证或者附随单据、文件，然后使用这些伪造、变造的信用证或者附随的单据、文件进行诈骗的，构成牵连犯，即手段行为构成伪造、变造金融票证罪，目的行为构成信用证诈骗罪，应依“择一重罪从重处罚”原则处理。

五、信用卡诈骗罪

（一）刑法规定

第一百九十六条[①] 有下列情形之一，进行信用卡诈骗活动，数额较大的，处五年以下有期徒刑或者拘役，并处二万元以上二十万元以下罚金；数额巨大或者有其他严重情节的，处五年以上十年以下有期徒刑，并处五万元以上五十万元以下罚金；数额特别巨大或者有其他特别严重情节的，处十年以上有期徒刑或者无期徒刑，并处五万元以上五十万元以下罚金或者没收财产：

（一）使用伪造的信用卡，或者使用以虚假的身份证明骗领的信用卡的；

（二）使用作废的信用卡的；

（三）冒用他人信用卡的；

（四）恶意透支的。

前款所称恶意透支，是指持卡人以非法占有为目的，超过规定限额或者规定期限透支，并且经发卡银行催收后仍不归还的行为。

盗窃信用卡并使用的，依照本法第二百六十四条的规定定罪处罚。

（二）司法解释、司法文件

1. **全国人民代表大会常务委员会关于《中华人民共和国刑法》有关信用卡规定的解释**（2004年12月29日第十届全国人民代表大会常务委员会第十三次会议通过）

全国人民代表大会常务委员会根据司法实践中遇到的情况，讨论了刑法规定的“信用卡”的含义问题，解释如下：

---

① 本条经2005年2月28日《刑法修正案（五）》第二条修正。

1997年《刑法》第一百九十六条原条文为：“有下列情形之一，进行信用卡诈骗活动，数额较大的，处五年以下有期徒刑或者拘役，并处二万元以上二十万元以下罚金；数额巨大或者有其他严重情节的，处五年以上十年以下有期徒刑，并处五万元以上五十万元以下罚金；数额特别巨大或者有其他特别严重情节的，处十年以上有期徒刑或者无期徒刑，并处五万元以上五十万元以下罚金或者没收财产：（一）使用伪造的信用卡的；（二）使用作废的信用卡的；（三）冒用他人信用卡的；（四）恶意透支的。前款所称恶意透支，是指持卡人以非法占有为目的，超过规定限额或者规定期限透支，并且经发卡银行催收后仍不归还的行为。盗窃信用卡并使用的，依照本法第二百六十四条的规定定罪处罚。”

刑法规定的“信用卡”，是指由商业银行或者其他金融机构发行的具有消费支付、信用贷款、转账结算、存取现金等全部功能或者部分功能的电子支付卡。

2. **最高人民法院、最高人民检察院关于办理妨害信用卡管理刑事案件具体应用法律若干问题的解释**（法释〔2009〕19号，自2009年12月19日起实施）

为依法惩治妨害信用卡管理犯罪活动，维护信用卡管理秩序和持卡人合法权益，根据《中华人民共和国刑法》规定，现就办理这类刑事案件具体应用法律的若干问题解释如下：

第一条　复制他人信用卡、将他人信用卡信息资料写入磁条介质、芯片或者以其他方法伪造信用卡1张以上的，应当认定为刑法第一百七十七条第一款第（四）项规定的“伪造信用卡”，以伪造金融票证罪定罪处罚。

伪造空白信用卡10张以上的，应当认定为刑法第一百七十七条第一款第（四）项规定的“伪造信用卡”，以伪造金融票证罪定罪处罚。

伪造信用卡，有下列情形之一的，应当认定为刑法第一百七十七条规定的“情节严重”：

（一）伪造信用卡5张以上不满25张的；

（二）伪造的信用卡内存款余额、透支额度单独或者合计数额在20万元以上不满100万元的；

（三）伪造空白信用卡50张以上不满250张的；

（四）其他情节严重的情形。

伪造信用卡，有下列情形之一的，应当认定为刑法第一百七十七条规定的“情节特别严重”：

（一）伪造信用卡25张以上的；

（二）伪造的信用卡内存款余额、透支额度单独或者合计数额在100万元以上的；

（三）伪造空白信用卡250张以上的；

（四）其他情节特别严重的情形。

本条所称“信用卡内存款余额、透支额度”，以信用卡被伪造后发卡行记录的最高存款余额、可透支额度计算。

第二条　明知是伪造的空白信用卡而持有、运输10张以上不满100张的，应当认定为刑法第一百七十七条之一第一款第（一）项规定的“数量较大”；非法持有他人信用卡5张以上不满50张的，应当认定为刑法第一百七十七条之一第一款第（二）项规定的“数量较大”。

有下列情形之一的，应当认定为刑法第一百七十七条之一第一款规定的“数量巨大”：

（一）明知是伪造的信用卡而持有、运输10张以上的；

（二）明知是伪造的空白信用卡而持有、运输100张以上的；

（三）非法持有他人信用卡50张以上的；

（四）使用虚假的身份证明骗领信用卡10张以上的；

（五）出售、购买、为他人提供伪造的信用卡或者以虚假的身份证明骗领的信用卡10张以上的。

违背他人意愿，使用其居民身份证、军官证、士兵证、港澳居民往来内地通行证、台湾居民来往大陆通行证、护照等身份证明申领信用卡的，或者使用伪造、变造的身份证明申领信用卡的，应当认定为刑法第一百七十七条之一第一款第（三）项规定的“使用虚假的身份证明骗领信用卡”。

第三条 窃取、收买、非法提供他人信用卡信息资料，足以伪造可进行交易的信用卡，或者足以使他人以信用卡持卡人名义进行交易，涉及信用卡1张以上不满5张的，依照刑法第一百七十七条之一第二款的规定，以窃取、收买、非法提供信用卡信息罪定罪处罚；涉及信用卡5张以上的，应当认定为刑法第一百七十七条之一第一款规定的“数量巨大”。

第四条 为信用卡申请人制作、提供虚假的财产状况、收入、职务等资信证明材料，涉及伪造、变造、买卖国家机关公文、证件、印章，或者涉及伪造公司、企业、事业单位、人民团体印章，应当追究刑事责任的，依照刑法第二百八十条的规定，分别以伪造、变造、买卖国家机关公文、证件、印章罪和伪造公司、企业、事业单位、人民团体印章罪定罪处罚。

承担资产评估、验资、验证、会计、审计、法律服务等职责的中介组织或其人员，为信用卡申请人提供虚假的财产状况、收入、职务等资信证明材料，应当追究刑事责任的，依照刑法第二百二十九条的规定，分别以提供虚假证明文件罪和出具证明文件重大失实罪定罪处罚。

第五条 使用伪造的信用卡、以虚假的身份证明骗领的信用卡、作废的信用卡或者冒用他人信用卡，进行信用卡诈骗活动，数额在5000元以上不满

5万元的，应当认定为刑法第一百九十六条规定的“数额较大”；数额在5万元以上不满50万元的，应当认定为刑法第一百九十六条规定的“数额巨大”；数额在50万元以上的，应当认定为刑法第一百九十六条规定的“数额特别巨大”。

刑法第一百九十六条第一款第（三）项所称“冒用他人信用卡”，包括以下情形：

（一）拾得他人信用卡并使用的；

（二）骗取他人信用卡并使用的；

（三）窃取、收买、骗取或者以其他非法方式获取他人信用卡信息资料，并通过互联网、通讯终端等使用的；

（四）其他冒用他人信用卡的情形。

第六条　持卡人以非法占有为目的，超过规定限额或者规定期限透支，并且经发卡银行两次催收后超过3个月仍不归还的，应当认定为刑法第一百九十六条规定的“恶意透支”。

有以下情形之一的，应当认定为刑法第一百九十六条第二款规定的“以非法占有为目的”：

（一）明知没有还款能力而大量透支，无法归还的；

（二）肆意挥霍透支的资金，无法归还的；

（三）透支后逃匿、改变联系方式，逃避银行催收的；

（四）抽逃、转移资金，隐匿财产，逃避还款的；

（五）使用透支的资金进行违法犯罪活动的；

（六）其他非法占有资金，拒不归还的行为。

恶意透支，数额在1万元以上不满10万元的，应当认定为刑法第一百九十六条规定的“数额较大”；数额在10万元以上不满100万元的，应当认定为刑法第一百九十六条规定的“数额巨大”；数额在100万元以上的，应当认定为刑法第一百九十六条规定的“数额特别巨大”。

恶意透支的数额，是指在第一款规定的条件下持卡人拒不归还的数额或者尚未归还的数额。不包括复利、滞纳金、手续费等发卡银行收取的费用。

恶意透支应当追究刑事责任，但在公安机关立案后人民法院判决宣告前已偿还全部透支款息的，可以从轻处罚，情节轻微的，可以免除处罚。恶意透支数额较大，在公安机关立案前已偿还全部透支款息，情节显著轻微的，可以依法不追究刑事责任。

第七条 违反国家规定，使用销售点终端机具（POS机）等方法，以虚构交易、虚开价格、现金退货等方式向信用卡持卡人直接支付现金，情节严重的，应当依据刑法第二百二十五条的规定，以非法经营罪定罪处罚。

实施前款行为，数额在100万元以上的，或者造成金融机构资金20万元以上逾期未还的，或者造成金融机构经济损失10万元以上的，应当认定为刑法第二百二十五条规定的“情节严重”；数额在500万元以上的，或者造成金融机构资金100万元以上逾期未还的，或者造成金融机构经济损失50万元以上的，应当认定为刑法第二百二十五条规定的“情节特别严重”。

持卡人以非法占有为目的，采用上述方式恶意透支，应当追究刑事责任的，依照刑法第一百九十六条的规定，以信用卡诈骗罪定罪处罚。

第八条 单位犯本解释第一条、第七条规定的犯罪的，定罪量刑标准依照各该条的规定执行。

3. **最高人民检察院关于拾得他人信用卡并在自动柜员机（ATM机）上使用的行为如何定性问题的批复**（高检发释字〔2008〕1号，自2008年5月7日起施行）

浙江省人民检察院：

你院《关于拾得他人信用卡并在ATM机上使用的行为应如何定性的请示》（浙检研［2007］227号）收悉。经研究，批复如下：

拾得他人信用卡并在自动柜员机（ATM机）上使用的行为，属于刑法第一百九十六条第一款第（三）项规定的“冒用他人信用卡”的情形，构成犯罪的，以信用卡诈骗罪追究刑事责任。

此复。

4. **最高人民法院研究室关于信用卡犯罪法律适用若干问题的复函**（法研〔2010〕105号，2010年7月5日公布施行）

公安部经济犯罪侦查局：

你局公经金融〔2010〕110号《关于公安机关办理信用卡犯罪案件法律适用若干问题征求意见的函》收悉。经研究，提出以下意见供参考：

一、对于一人持有多张信用卡进行恶意透支，每张信用卡透支数额均未达到1万元的立案追诉标准的，原则上可以累计数额进行追诉。但考虑到一人办多张信用卡的情况复杂，如累计透支数额不大的，应分别不同情况慎重处理。

二、发卡银行的“催收”应有电话录音、持卡人或其家属签字等证据证明。“两次催收”一般应分别采用电话、信函、上门等两种以上催收形式。

三、若持卡人在透支大额款项后，仅向发卡行偿还远低于最低还款额的欠款，具有非法占有目的的，可以认定为“恶意透支”；行为人确实不具有非法占有目的的，不能认定为“恶意透支”。

四、非法套现犯罪的证据规格，仍应遵循刑事诉讼法规定的证据确实、充分的证明标准。原则上应向各持卡人询问并制作笔录。如因持卡人数量众多、下落不明等客观原因导致无法取证，且其他证据已能确实、充分地证明使用信用卡非法套现的犯罪事实及套现数额的，则可以不向所有持卡人询问并制作笔录。

（三）典型或常见问题的审理思路

1. 如何认定信用卡诈骗罪中的“恶意透支”?

恶意透支，是指持卡人以非法占有为目的，超过规定限额或者规定期限透支，并且经发卡银行催收后仍不归还的行为。构成信用卡诈骗罪中的恶意透支的要件主要有以下几方面：

（1）恶意透支的主体系信用卡的合法持卡人。所谓合法持卡人，是指直接向银行申办并核准领取信用卡的人，也即享有该信用卡使用资格的人。非合法持卡人不能构成恶意透支的主体，如行为人使用盗窃的信用卡恶意透支构成犯罪的，应以盗窃罪论处。如果非持卡人包括发卡银行内部工作人员与持卡人合谋，互相串通和勾结，为持卡人恶意透支活动提供帮助的，则构成信用卡诈骗罪的共犯。

（2）恶意透支的主观方面是出于直接故意，即明知信用卡账户中没有资金，或者资金不足的情况下仍继续透支，并且具有非法占有银行资金的目的。非法占有目的是区分善意透支与恶意透支的关键。如果仅仅是透支，但并没有非法占有银行资金拒不返还故意的不构成恶意透支。

（3）恶意透支的客观方面表现为持卡人以非法占有为目的，超过规定限额或者规定期限透支，数额较大，并且经发卡银行两次催收后超过 3 个月仍不归还或逃避追索的行为。

超过规定限额，是指超过信用卡使用章程中规定的透支限额，而不是每一次的透支数额。只要信用卡透支后账户的余额超过限额，就构成超过限额透支。超过规定期限，是指超过信用卡使用章程规定的允许透支的期限，期限是针对限额内的透支而言的，超过规定限额的透支，则谈不上有透支期限。透支超过限额或者虽未超过限额却超过规定期限，二者只要具备其一，即属于恶意透支。此外，构成恶意透支型的信用卡诈骗罪，必须具备的一个要件是经发卡行两次催收后超过3个月仍不归还或逃避追索致使发卡行无法催收。

2. 如何认定信用卡诈骗罪中的信用卡的范围?①

2004年12月29日，全国人大常委会作出了《关于〈中华人民共和国刑法〉有关信用卡规定的解释》。该解释规定："刑法规定的'信用卡'，是指由商业银行或者其他金融机构发行的具有消费支付、信用贷款、转账结算、存取现金等全部功能或者部分功能的电子支付卡。"立法解释进一步扩大刑法规定的"信用卡"的范围，即针对银行或者其他金融机构发行的具有消费支付、信用贷款、转账结算、存取现金等功能的电子支付卡的犯罪，都属于应当受到刑事追究的信用卡犯罪。故我国刑法中的信用卡既包括国际通行意义上的信用卡，也包括借记卡。也就是说，在该立法解释出台后，刑法意义上的信用卡的范围与相关金融法规意义上的信用卡范围有了不同。

（四）疑难、复杂问题的参考性解答

1. 划清善意透支与恶意透支的界限

所谓透支，是指持卡人在发卡银行或发卡公司信用卡账户上资金不足或已无资金的情况下，经发卡银行或公司的批准，允许其以超过信用卡余留资金的额度利用信用卡进行消费。信用卡透支是信用卡的重要功能之一，也是银行信用卡业务中的一项重要内容，是发卡银行或公司向持卡人提供的一种消费信贷。但是透支必须遵守信用卡章程的规定，要求持卡人在规定的期限内补足资金，并按规定支付利息，从而成为法律所允许的行为，这就是通常所讲的善意透支。我国各发卡银行对于在国内使用的各种人民币信用卡都规定可以在一定额度内进行短期善意透支。如果持卡人没有在规定期限内还清欠款，银行就要加倍罚收利息。

---

① 观点来源：最高人民法院刑事审判第一、二、三、四、五庭：《刑事审判参考》2008年第1集，法律出版社2008年版，第10－15页。

善意透支是违法甚至犯罪的行为。善意透支与恶意透支之间的主要区别是：(1) 在主观方面，前者属于信用卡所提供的特殊条件，属于持卡人依法应当享受的正当权利；后者行为人具有非法占有的目的，是违法犯罪的行为。(2) 在客观方面，前者是先用后还，在规定的时间内将归还透支本息；后者是将透支的资金非法占为己有，根本不打算归还。

2. 使用 POS 机非法套现行为的处理

违反国家规定，使用销售点终端机具（POS 机）等方法，以虚构交易、虚开价格、现金退货等方式向信用卡持卡人直接支付现金，情节严重的，依据《刑法》第二百二十五条的规定，应当以非法经营罪定罪处罚。持卡人以非法占有为目的，采用上述方式恶意透支的，以信用卡诈骗罪定罪处罚。

3. 信用卡诈骗罪与妨害信用卡管理罪的区分

如果行为人是为进行信用卡诈骗而在持有、运输伪造的信用卡，或者是非法持有他人的信用卡，或者是使用虚假身份证明骗领信用卡，或者是购买伪造的信用卡、使用虚假身份证明骗领的信用卡的过程中被抓获的，则其行为属于妨害信用卡管理罪与信用卡诈骗罪（预备）的想象竞合犯，根据“从一重处断”原则，应以妨害信用卡管理罪论处；如果行为人是在信用卡诈骗得手之后被抓获，同时又发现其据以使用的信用卡是使用虚假身份证明骗领来的信用卡，或者是购买的伪造信用卡，则其行为属于妨害信用卡管理罪与信用卡诈骗罪的牵连犯，应以信用卡诈骗罪论处；如果是在持有伪造的信用卡或者骗领的信用卡行骗的过程中被抓获的，则属于妨害信用卡管理罪与信用卡诈骗罪（未遂）的牵连犯，应根据“从一重处断”原则定罪处罚。

4. 盗窃信用卡并使用行为的定性

盗窃信用卡并使用的，根据《刑法》第一百九十六条第三款的规定，以盗窃罪定罪处罚。拾得、骗取他人信用卡并使用的，属于冒用他人信用卡，以信用卡诈骗罪定罪处罚。

六、有价证券诈骗罪

（一）刑法规定

第一百九十七条 使用伪造、变造的国库券或者国家发行的其他有价证券，进行诈骗活动，数额较大的，处五年以下有期徒刑或者拘役，并处二万元以上二十万元以下罚金；数额巨大或者有其他严重情节的，处五年以上十年以下有期徒刑，并处五万元以上五十万元以下罚金；数额特别巨大或者有其他特别严重情节的，处十年以上有期徒刑或者无期徒刑，并处五万元以上五十万元以下罚金或者没收财产。

（二）疑难、复杂问题的参考性解答

1. 有价证券诈骗罪与票据诈骗罪、金融凭证诈骗罪的区分

有价证券诈骗罪与票据诈骗罪、金融凭证诈骗罪的区别主要在于行为对象不同，即有价证券诈骗罪使用伪造、变造的国库券或者国家发行的其他有价证券进行诈骗活动；而票据、金融凭证诈骗罪使用非法的汇票、本票、支票、银行结算凭证或非法使用上述有关票证进行诈骗活动。另外，有价证据诈骗罪的犯罪主体为自然人，票据诈骗罪、金融凭证诈骗罪的犯罪主体还可以是单位。

2. 对窃取已付讫的国库券后用于骗兑的行为如何定性？

国库券是一种有价证券，可以用于抵押和转让。有价证券一经兑换，其原有的价值也随之消失，故已付讫的国库券并无价值，盗窃已付讫的国库券不构成盗窃罪。但是，将盗窃得来的付讫的国库券进行变造后又重新兑付，行为人的目的就是通过变造国库券达到诈骗财物的目的，符合《刑法》第一百九十七条规定的有价证券诈骗罪的构成要件，应当以有价证券诈骗罪定罪。

七、保险诈骗罪

（一）刑法规定

第一百九十八条 有下列情形之一，进行保险诈骗活动，数额较大的，处五年以下有期徒刑或者拘役，并处一万元以上十万元以下罚金；数额巨大或者有其他严重情节的，处五年以上十年以下有期徒刑，并处二万元以上二十万元以下罚金；数额特别巨大或者有其他特别严重情节的，处十年以上有期徒刑，并处二万元以上二十万元以下罚金或者没收财产：

（一）投保人故意虚构保险标的，骗取保险金的；

（二）投保人、被保险人或者受益人对发生的保险事故编造虚假的原因或者夸大损失的程度，骗取保险金的；

（三）投保人、被保险人或者受益人编造未曾发生的保险事故，骗取保险金的；

（四）投保人、被保险人故意造成财产损失的保险事故，骗取保险金的；

（五）投保人、受益人故意造成被保险人死亡、伤残或者疾病，骗取保险金的。

有前款第四项、第五项所列行为，同时构成其他犯罪的，依照数罪并罚的规定处罚。

单位犯第一款罪的，对单位判处罚金，并对其直接负责的主管人员和其他直接责任人员，处五年以下有期徒刑或者拘役；数额巨大或者有其他严重情节的，处五年以上十年以下有期徒刑；数额特别巨大或者有其他特别严重情节的，处十年以上有期徒刑。

保险事故的鉴定人、证明人、财产评估人故意提供虚假的证明文件，为他人诈骗提供条件的，以保险诈骗的共犯论处。

（二）司法解释、司法文件

最高人民法院关于审理诈骗案件具体应用法律的若干问题的解释（法发〔1996〕32号，自1996年12月16日起实施）（已失效，保险诈骗部分仍可参照适用）（节录）

八、根据《决定》第十六条规定，进行保险诈骗活动，数额较大的，构成保险诈骗罪。

个人进行保险诈骗数额在1万元以上的，属于“数额较大”；个人进行保险诈骗数额在5万元以上的，属于“数额巨大”；个人进行保险诈骗数额在20万元以上的，属于“数额特别巨大”。

单位进行保险诈骗数额在5万元以上的，属于“数额较大”；单位进行保险诈骗数额在25万元以上的，属于“数额巨大”；单位进行保险诈骗数额在100万元以上的，属于“数额特别巨大”。

九、对于多次进行诈骗，并以后次诈骗财物归还前次诈骗财物，在计算诈骗数额时，应当将案发前已经归还的数额扣除，按实际未归还的数额认定，量刑时可将多次行骗的数额作为从重情节予以考虑。

2. **最高人民检察院法律政策研究室关于保险诈骗未遂能否按犯罪处理问题的答复**（〔1998〕高检研发第20号，1998年11月27日起实施）

河南省人民检察院：

你院《关于保险诈骗未遂能否按犯罪处理的请示》（豫检捕〔1998〕11号）收悉。经研究，并经高检院领导同意，答复如下：

行为人已经着手实施保险诈骗行为，但由于其意志以外的原因未能获得保险赔偿的，是诈骗未遂，情节严重的，应依法追究刑事责任。

3. **公安部经济犯罪侦查局关于对一起保险诈骗案件有关问题的批复**（公经金融〔2009〕248号，2009年9月14日起实施）

河南省公安厅经侦总队：

你总队《关于保险诈骗（未遂）的"情节严重"标准如何认定问题的请示》（豫公经［2009］26号）收悉，经认真研究后，现批复如下：

1998年11月27日最高人民检察院《关于保险诈骗未遂能否按犯罪处理问题的答复》中指出："行为人已经着手实施保险诈骗行为，但由于其意志以外的原因未能获得保险赔偿的，是诈骗未遂，情节严重的，应依法追究刑事责任。"但目前对"情节严重"尚无具体司法解释。本案中，张某隐瞒其妻子已患癌症的事实，向中国人寿保险开封分公司和中国太平人寿保险开封分公司共投保43万元，并在其妻死亡后申请理赔，其行为已涉嫌保险诈骗罪，根据最高人民检察院、公安部《关于经济犯罪案件追诉标准的规定》第48条规定，应予追诉。

此复。

（三）典型或常见问题的审理思路

1. 为骗取保险金而抢劫、杀人的应如何定罪？

根据《刑法》规定，投保人、受益人故意杀害被保险人，骗取保险金的，应当以保险诈骗罪和故意杀人罪并罚。

2. 如何认定保险诈骗罪的共犯及保险诈骗未遂？[①]

任何人明知被保险人意欲自伤后骗取保险金而仍为其提供帮助行为的，

---

① 观点来源：最高人民法院刑事审判第一庭、第二庭编：《刑事审判参考》2004年第3集，法律出版社2004年版，第88－100页。

包括帮助其故意制造保险事故的，尽管该帮助人未参与帮助其进行索赔等行为，根据共同犯罪的一般原理，仍可成立保险诈骗罪的共犯。保险诈骗罪是结果犯，已经着手实施保险诈骗，但因意志以外的原因未得逞的，系保险诈骗未遂。既遂犯需要定罪处罚，对于未遂犯，根据《刑法》第二十三条的规定，可以比照既遂犯从轻或减轻处罚。

3. 保险车辆的实际所有人利用挂靠单位的名义实施保险诈骗行为的，是否构成保险诈骗罪[①]

挂靠车辆的实际所有者作为隐名被保险人和实际投保人，是保险合同权利义务的实际承受者，是实际的投保人和被保险人，对于保险标的具有直接的保险利益关系，完全可以成为保险诈骗罪的主体。实践中客货运输行业广泛存在挂靠经营的现象。个人想从事客货运输，通常将所购机动车辆挂靠在运输企业名下，双方签订挂靠者自主经营、自负盈亏等内容的挂靠合同，这种广泛存在的经营方式被称为机动车辆挂靠经营。利用挂靠单位从保险公司骗得盗窃险保险金的行为，属于隐名被保险人（实际投保人）利用无犯罪故意的显名被保险人（名义投保人）名义实施的保险诈骗行为，构成保险诈骗罪的间接正犯，对其应以保险诈骗罪定罪处罚。

（四）疑难、复杂问题的参考性解答

1. 罪名与数额的认定

行为人实施了《刑法》第一百九十八条规定的两种或者两种以上行为的，仍构成保险诈骗一罪。但是，依照《刑法》第一百九十八条第二款的规定，投保人、被保险人故意造成财产损失的保险事故，骗取保险金的，或者投保人、受益人实施故意造成被保险人死亡、伤残或者疾病，骗取保险金的，同时构成其他犯罪的，则应当依照数罪并罚的规定处罚。

司法实践中应当注意，如果犯罪行为人在实施保险诈骗过程中，保险诈骗行为没有得逞，但在保险诈骗过程中所实施的其他犯罪，如放火、毁损财物、杀人等行为已经实施完毕；即使保险诈骗行为不构成犯罪，但其方式行为或手段行为已经独立构成他罪的，不影响他罪的成立。可以按照行为人已

① 观点来源：最高人民法院刑事审判第一庭、第二庭编：《刑事审判参考》2008 年第 2 集，法律出版社 2008 年版，第 1 - 7 页。

经实施终了的行为定罪处罚。

2. 正确认定保险诈骗罪的特殊共犯

依照《刑法》第一百九十八条第四款的规定，保险事故的鉴定人、证明人、财产评估人故意提供虚假的证明文件，为他人诈骗提供条件的，以保险诈骗罪的共犯论处。此外，根据刑法共犯理论，除上述人员外，只要为保险诈骗行为人提供帮助或教唆实施保险诈骗犯罪，符合刑法共犯成立要件的，亦应成立保险诈骗的共犯。

3. 正确区分保险诈骗的此罪与彼罪

根据《刑法》第一百九十三条的规定，保险公司的工作人员利用职务上的便利，故意编造未曾发生的保险事故进行虚假理赔，骗取保险金归自己所有的，以职务侵占罪定罪处罚；国有保险公司工作人员和国有保险公司委派到非国有保险公司从事公务的人员有前款行为的，以贪污罪定罪处罚。上述规定，针对的是就保险公司的工作人员单独实施保险诈骗行为的情况，对于保险公司工作人员与非保险公司工作人员内外勾结共同实施保险诈骗行为的，依法成立共同犯罪。

一般而言，如果是非国有保险公司人员或非国有保险公司委派到非国有保险公司从事公务的人员与外部人员相勾结共同实施保险诈骗的，因职务侵占罪轻于保险诈骗罪，一般应以保险诈骗罪的共犯论处；如果是国有保险公司人员或国有保险公司委派到非国有保险公司从事公务的人员与外部人员相勾结共同实施保险诈骗的，因贪污罪重于保险诈骗罪，一般应以贪污罪的共犯论处。

第六节　危害税收征管罪

一、逃税罪

（一）刑法规定

第二百零一条[①]　纳税人采取欺骗、隐瞒手段进行虚假纳税申报或者不申报，逃避缴纳税款数额较大并且占应纳税额百分之十以上的，处三年以下有期徒刑或者拘役，并处罚金；数额巨大并且占应纳税额百分之三十以上的，处三年以上七年以下有期徒刑，并处罚金。

扣缴义务人采取前款所列手段，不缴或者少缴已扣、已收税款，数额较大的，依照前款的规定处罚。

对多次实施前两款行为，未经处理的，按照累计数额计算。

有第一款行为，经税务机关依法下达追缴通知后，补缴应纳税款，缴纳滞纳金，已受行政处罚的，不予追究刑事责任；但是，五年内因逃避缴纳税款受过刑事处罚或者被税务机关给予二次以上行政处罚的除外。

第二百一十一条　单位犯本节第二百零一条、第二百零三条、第二百零四条、第二百零七条、第二百零八条、第二百零九条规定之罪的，对单位判处罚金，并对其直接负责的主管人员和其他直接责任人员，依照各该条的规定处罚。

---

① 本条经2009年2月28日《刑法修正案（七）》第三条修正。

《刑法》原第二百零一条为："纳税人采取伪造、变造、隐匿、擅自销毁帐簿、记帐凭证，在帐簿上多列支出或者不列、少列收入，经税务机关通知申报而拒不申报或者进行虚假的纳税申报的手段，不缴或者少缴应纳税款，偷税数额占应纳税额的百分之十以上不满百分之三十并且偷税数额在一万元以上不满十万元的，或者因偷税被税务机关给予二次行政处罚又偷税的，处三年以下有期徒刑或者拘役，并处偷税数额一倍以上五倍以下罚金；偷税数额占应纳税额的百分之三十以上并且偷税数额在十万元以上的，处三年以上七年以下有期徒刑，并处偷税数额一倍以上五倍以下罚金。扣缴义务人采取前款所列手段，不缴或者少缴已扣、已收税款，数额占应缴税额的百分之十以上并且数额在一万元以上的，依照前款的规定处罚。对多次犯有前两款行为，未经处理的，按照累计数额计算。"

（二）司法解释、司法文件

1. **中华人民共和国税收征收管理法**（1992年9月4日第七届全国人民代表大会常务委员会第二十七次会议通过　根据1995年2月28日第八届全国人民代表大会常务委员会第十二次会议《关于修改〈中华人民共和国税收征收管理法〉的决定》第一次修正　2001年4月28日第九届全国人民代表大会常务委员会第二十一次会议修订　根据2013年6月29日第十二届全国人民代表大会常务委员会第三次会议《关于修改〈中华人民共和国文物保护法〉等十二部法律的决定》第二次修正　根据2015年4月24日第十二届全国人民代表大会常务委员会第十四次会议《关于修改〈中华人民共和国港口法〉等七部法律的决定》第三次修正）（节录）

第六十三条　纳税人伪造、变造、隐匿、擅自销毁帐簿、记帐凭证，或者在帐簿上多列支出或者不列、少列收入，或者经税务机关通知申报而拒不申报或者进行虚假的纳税申报，不缴或者少缴应纳税款的，是偷税。对纳税人偷税的，由税务机关追缴其不缴或者少缴的税款、滞纳金，并处不缴或者少缴的税款百分之五十以上五倍以下的罚款；构成犯罪的，依法追究刑事责任。

扣缴义务人采取前款所列手段，不缴或者少缴已扣、已收税款，由税务机关追缴其不缴或者少缴的税款、滞纳金，并处不缴或者少缴的税款百分之五十以上五倍以下的罚款；构成犯罪的，依法追究刑事责任。

第六十四条　纳税人、扣缴义务人编造虚假计税依据的，由税务机关责令限期改正，并处五万元以下的罚款。

纳税人不进行纳税申报，不缴或者少缴应纳税款的，由税务机关追缴其不缴或者少缴的税款、滞纳金，并处不缴或者少缴的税款百分之五十以上五倍以下的罚款。

第六十八条　纳税人、扣缴义务人在规定期限内不缴或者少缴应纳或者应解缴的税款，经税务机关责令限期缴纳，逾期仍未缴纳的，税务机关除依照本法第四十条的规定采取强制执行措施追缴其不缴或者少缴的税款外，可以处不缴或者少缴的税款百分之五十以上五倍以下的罚款。

2. 最高人民法院关于审理偷税抗税刑事案件具体应用法律若干问题的解释（法释〔2002〕33号，自2002年11月7日起施行）（节录）

为依法惩处偷税、抗税犯罪活动，根据刑法的有关规定，现就审理偷税、抗税刑事案件具体应用法律的若干问题解释如下：

第一条　纳税人实施下列行为之一，不缴或者少缴应纳税款，偷税数额占应纳税额的百分之十以上且偷税数额在一万元以上的，依照刑法第二百零一条第一款的规定定罪处罚：

（一）伪造、变造、隐匿、擅自销毁帐簿、记帐凭证；

（二）在帐簿上多列支出或者不列、少列收入；

（三）经税务机关通知申报而拒不申报纳税；

（四）进行虚假纳税申报；

（五）缴纳税款后，以假报出口或者其他欺骗手段，骗取所缴纳的税款。

扣缴义务人实施前款行为之一，不缴或者少缴已扣、已收税款，数额在一万元以上且占应缴税额百分之十以上的，依照刑法第二百零一条第一款的规定定罪处罚。扣缴义务人书面承诺代纳税人支付税款的，应当认定扣缴义务人“已扣、已收税款”。

实施本条第一款、第二款规定的行为，偷税数额在五万元以下，纳税人或者扣缴义务人在公安机关立案侦查以前已经足额补缴应纳税款和滞纳金，犯罪情节轻微，不需要判处刑罚的，可以免予刑事处罚。

第二条　纳税人伪造、变造、隐匿、擅自销毁用于记帐的发票等原始凭证的行为，应当认定为刑法第二百零一条第一款规定的伪造、变造、隐匿、擅自销毁记帐凭证的行为。

具有下列情形之一的，应当认定为刑法第二百零一条第一款规定的“经税务机关通知申报”：

（一）纳税人、扣缴义务人已经依法办理税务登记或者扣缴税款登记的；

（二）依法不需要办理税务登记的纳税人，经税务机关依法书面通知其申报的；

（三）尚未依法办理税务登记、扣缴税款登记的纳税人、扣缴义务人，经税务机关依法书面通知其申报的。

刑法第二百零一条第一款规定的“虚假的纳税申报”，是指纳税人或者扣缴义务人向税务机关报送虚假的纳税申报表、财务报表、代扣代缴、代收代缴税款报告表或者其他纳税申报资料，如提供虚假申请，编造减税、免税、抵税、先征收后退还税款等虚假资料等。

刑法第二百零一条第三款规定的“未经处理”，是指纳税人或者扣缴义务人在五年内多次实施偷税行为，但每次偷税数额均未达到刑法第二百零一条规定的构成犯罪的数额标准，且未受行政处罚的情形。

纳税人、扣缴义务人因同一偷税犯罪行为受到行政处罚，又被移送起诉的，人民法院应当依法受理。依法定罪并判处罚金的，行政罚款折抵罚金。

第三条 偷税数额，是指在确定的纳税期间，不缴或者少缴各税种税款的总额。

偷税数额占应纳税额的百分比，是指一个纳税年度中的各税种偷税总额与该纳税年度应纳税总额的比例。不按纳税年度确定纳税期的其他纳税人，偷税数额占应纳税额的百分比，按照行为人最后一次偷税行为发生之日前一年中各税种偷税总额与该年纳税总额的比例确定。纳税义务存续期间不足一个纳税年度的，偷税数额占应纳税额的百分比，按照各税种偷税总额与实际发生纳税义务期间应当缴纳税款总额的比例确定。

偷税行为跨越若干个纳税年度，只要其中一个纳税年度的偷税数额及百分比达到刑法第二百零一条第一款规定的标准，即构成偷税罪。各纳税年度的偷税数额应当累计计算，偷税百分比应当按照最高的百分比确定。

第四条 两年内因偷税受过二次行政处罚，又偷税且数额在一万元以上的，应当以偷税罪定罪处罚。

3. **最高人民法院、最高人民检察院关于办理妨害武装部队制式服装、车辆号牌管理秩序等刑事案件具体应用法律若干问题的解释**（法释〔2011〕16号，自2011年8月1日起施行）（节录）

第六条 实施刑法第三百七十五条规定的犯罪行为，同时又构成逃税、诈骗、冒充军人招摇撞骗等犯罪的，依照处罚较重的规定定罪处罚。

（三）典型或常见问题的审理思路

1. 如何认定单位犯罪直接负责的主管人员？[①]

对“直接负责的主管人员”的理解，应从以下两个方面来加以把握：一

---

① 观点来源：最高人民法院刑事审判第一、二、三、四、五庭编：《中国刑事审判指导案例（破坏社会主义经济秩序罪）》，法律出版社2009年版，第284－286页。

是直接负责的主管人员是在单位中实际行使管理职权的负责人员；二是对单位具体犯罪行为负有主管责任。这两个条件缺一不可，如非单位的管理人员，就谈不上主管人员；如与单位犯罪无直接关系，就不能说对单位犯罪负有直接责任。

2. 行为人购进货物时应当取得但实际其未索要增值税专用发票，销售货物后亦没有按照增值税征管规定纳税，偷逃了国家税款，对此，如何认定被告单位的偷税数额？[①]

本书观点：行为人购进货物时应当索要增值税专用发票而未索要，在账外销售货物后没有按照增值税征管规定纳税的，在计算偷税数额时，应当减除按照增值税征管规定可以申报抵扣的税额。偷税罪属经济犯罪，偷税数额是衡量其社会危害性的主要标准，也是准确认定偷税行为的罪与非罪以及适用不同法定刑幅度的关键。

1998 年《国家税务总局关于增值税一般纳税人发生偷税行为如何确定偷税数额和补税罚款的通知》（以下简称《税务总局通知》）第一条第二项规定，纳税人的偷税手段如属账外经营，即购销活动均不入账，其不缴或少缴的应纳增值税额即偷税额为账外经营部分的销项税额抵扣账外经营部分中已销货物进项税额后的余额。根据《最高人民法院关于审理偷税抗税刑事案件具体应用法律若干问题的解释》第三条第一款的规定，“偷税数额，是指在确定的纳税期间，不缴或者少缴各税种税款的总额”，偷税罪的偷税数额应以纳税人不缴或者少缴的税款数额来认定。具体到偷逃增值税而言，在认定的偷税数额时，从增值税的缴纳特点出发，应当根据纳税人的实际缴税情况客观计算因偷税造成国家的税款损失。如果行为人在购买货物时缴纳了进项增值税，在计算其偷逃销项增值税数额时，应当减去其已销货物的进项税额，其余数额为偷税犯罪的数额，这也是《税务总局通知》第一条第二款规定的基本精神。

---

① 观点来源：最高人民法院刑事审判第一、二、三、四、五庭编：《中国刑事审判指导案例（破坏社会主义经济秩序罪）》，法律出版社 2009 年版，第 308－312 页。

（四）疑难、复杂问题的参考性解答

1. 区分逃税与漏税的界限

漏税，是指纳税人因过失或无意识而漏缴或少缴税款的行为。从主观方面界定逃税罪与非罪问题，就是逃税与漏税的界限问题。逃税与漏税的区别可从两方面来把握：主观方面，逃税是直接故意行为，行为人具有逃避纳税义务，非法占有应缴税款的目的，行为人明知自己的行为会造成国家税收的损失而积极追求这一危害结果；而漏税则是过失或无意识行为，行为人主观上不具有逃避纳税义务的目的，行为人也没有认识到自己的行为会造成国家税收的损失，对这一危害结果更不持希望的态度。行为人之所以漏缴、少缴税款是因为不了解、不熟悉税收法规和财务制度，或因工作粗心大意而错用税率，漏报应税项目等。客观方面，逃税是指采取欺骗、隐瞒手段进行虚假纳税申报或者不申报，逃避缴纳税款数额较大并且占应纳税额百分之十以上的行为；而漏税则是行为人不熟悉税收法规和财务制度致使账簿、记账凭证的记录不符合有关税法、财务制度的要求或者错误进行了纳税申报等。主观上的区别是逃税与漏税的本质区别，而客观上的区别只是主观上不同的客观外在表现而已。司法实践中，可以根据行为人的客观行为和事后态度来综合认定。对于证据不足的案件，应按漏税处理，而不应以逃税论。

2. 区分本罪与徇私舞弊不征、少征税款罪的界限

根据《刑法》第四百零四条的规定，徇私舞弊不征、少征税款罪是指税务机关的工作人员徇私舞弊，不征或少征应征税款，致使国家税收遭受重大损失的行为。一般而言，逃税罪与徇私舞弊不征、少征税款罪在犯罪主体、犯罪的客体表现、犯罪的主观方面等内容上，都有着很大的区别。但当出现逃税罪的共犯时，则有可能造成相互混淆的现象，对此必须加以澄清。税务机关的工作人员，如果与逃税人相互勾结，故意不履行其依法征税的职责，不征或少征应征税款的，应该将其作为逃税罪的共犯来论处。但如果行为人知道了某人在逃税，出于某种私利，而佯装不知，对逃税犯罪行为采取放任的态度，并因此不征或少征应征税款，致使国家税收遭受重大损失的，只能认定构成徇私舞弊不征、少征税款罪。

3. 正确理解附条件不追究逃税行为人刑事责任的规定

《刑法修正案（七）》第三条第四款规定：“有第一款行为（指逃税行

为），经税务机关依法下达追缴通知书后，补缴应纳税款，缴纳滞纳金，已受行政处罚的，不予追究刑事责任；但是，五年内因逃避缴纳税款受过刑事处罚或者被税务机关给予二次以上行政处罚的除外。”这是《刑法修正案（七）》修改《刑法》第二百零一条逃税罪而增设的一款，即附条件不追究刑事责任的条款，同时规定了排斥条件。这是考虑到惩治逃税犯罪的主要目的是维护税收管理秩序，保证国家税收收入。对于初犯，经税务机关下达追缴通知后，补缴了税款和滞纳金，履行了纳税义务，接受了行政处罚的，可以不再作为犯罪追究行为人的刑事责任。这一修改，不仅体现了宽严相济的刑事政策和罪刑相适应的刑法基本原则，而且符合当今世界刑法轻刑化的发展趋势，是立法上的一种进步。

4. 正确认定单位逃税案件中的直接负责的主管人员和其他直接责任人员

这两种人员是指那些主管财务、会计的领导者和其他逃税的决策者、组织者和其他积极实施者。至于一般的积极参加者、消极的奉命执行者，不能不加区别地也当作直接责任人员，一律追究刑事责任。

5. 对多次实施逃税行为，未经处理的，按照累计数额计算

根据《刑法》第二百零一条第三款的规定，多次逃税行为未经处理的，是指纳税人包括扣缴义务人在5年内多次实施逃税行为，但每次逃税数额均未达到《刑法》第二百零一条规定的构成犯罪的数额标准，且未受处理的情形。“按照累计数额计算”，是指按照行为人历次逃税的数额累计相加。

二、抗税罪

（一）刑法规定

第二百零二条　以暴力、威胁方法拒不缴纳税款的，处三年以下有期徒刑或者拘役，并处拒缴税款一倍以上五倍以下罚金；情节严重的，处三年以上七年以下有期徒刑，并处拒缴税款一倍以上五倍以下罚金。

（二）司法解释、司法文件

1. **中华人民共和国税收征收管理法**（1992年9月4日第七届全国人民代表大会常务委员会第二十七次会议通过　根据1995年2月28日第八届全国人民代表大会常务委员会第十二次会议《关于修改〈中华人民共和国税收征收管理法〉的决定》第一次修正　2001年4月28日第九届全国人民代表大会常务委员会第二十一次会议修订　根据2013年6月29日第十二届全国人民代表大会常务委员会第三次会议《关于修改〈中华人民共和国文物保护法〉等十二部法律的决定》第二次修正　根据2015年4月24日第十二届全国人民代表大会常务委员会第十四次会议《关于修改〈中华人民共和国港口法〉等七部法律的决定》第三次修正）（节录）

第六十七条　以暴力、威胁方法拒不缴纳税款的，是抗税，除由税务机关追缴其拒缴的税款、滞纳金外，依法追究刑事责任。情节轻微，未构成犯罪的，由税务机关追缴其拒缴的税款、滞纳金，并处拒缴税款一倍以上五倍以下的罚款。

2. **最高人民法院关于审理偷税抗税刑事案件具体应用法律若干问题的解释**（法释〔2002〕33号，自2002年11月7日起施行）（节录）

第五条　实施抗税行为具有下列情形之一的，属于刑法第二百零二条规定的“情节严重”：

（一）聚众抗税的首要分子；

（二）抗税数额在十万元以上的；

（三）多次抗税的；

（四）故意伤害致人轻伤的；

（五）具有其他严重情节。

第六条　实施抗税行为致人重伤、死亡，构成故意伤害罪、故意杀人罪的，分别依照刑法第二百三十四条第二款、第二百三十二条的规定定罪处罚。

与纳税人或者扣缴义务人共同实施抗税行为的，以抗税罪的共犯依法处罚。

（三）疑难、复杂问题的参考性解答

1. 以暴力方法抗税致人重伤、死亡的犯罪性质如何认定的问题

严重的抗税案件，有的会造成被害人死亡的情况。根据《偷税解释》第六条的规定，实施抗税行为致人重伤、死亡，构成故意伤害罪、故意杀人罪的，分别依照《刑法》第二百三十四条第二款、第二百三十二条的规定定罪处罚。

“致人重伤”“致人死亡”是否包括过失犯罪，应视案件的具体情况加以分析。一般来说，因抗税造成的人身伤亡都是故意犯罪，但也不应排除过失犯罪的可能性。确有一些抗税案件中，行为人本来是一般抗税行为，但因失手造成了重伤或者死亡的后果，尽管行为人对抗税是出于故意，但对造成的人身伤亡后果应承担过失重伤罪或者过失致人死亡罪的刑事责任。

2. 对同一税款既逃税又抗税的如何定罪的问题

有的逃税、抗税案件行为人对同一宗税款先是采取逃税手段进行逃税；被税务部门发现责令其缴税时，又以暴力、威胁手段抗拒缴纳税款。对这两种行为，如果该税款数额较大，已经达到逃税罪数额标准的，其抗税行为也达到抗税罪标准的，应对其两个行为分别定逃税罪和抗税罪，实行并罚。如果其中一个行为尚未达到构成犯罪的标准，则应按其中构成犯罪的行为定罪，将另一种不构成犯罪的行为作为从重处罚的情节在量刑上予以考虑。如果两种行为都不构成犯罪，则应当由税务行政部门予以行政处罚。

三、逃避追缴欠税罪

（一）刑法规定

第二百零三条　纳税人欠缴应纳税款，采取转移或者隐匿财产的手段，致使税务机关无法追缴欠缴的税款，数额在一万元以上不满十万元的，处三年以下有期徒刑或者拘役，并处或者单处欠缴税款一倍以上五倍以下罚金；数额在十万元以上的，处三年以上七年以下有期徒刑，并处欠缴税款一倍以上五倍以下罚金。

第二百一十一条　单位犯本节第二百零一条、第二百零三条、第二百零四条、第二百零七条、第二百零八条、第二百零九条规定之罪的，对单位判

处罚金，并对其直接负责的主管人员和其他直接责任人员，依照各该条的规定处罚。

（二）司法解释、司法文件及权威解读

中华人民共和国税收征收管理法（1992 年 9 月 4 日第七届全国人民代表大会常务委员会第二十七次会议通过　根据 1995 年 2 月 28 日第八届全国人民代表大会常务委员会第十二次会议《关于修改〈中华人民共和国税收征收管理法〉的决定》第一次修正　2001 年 4 月 28 日第九届全国人民代表大会常务委员会第二十一次会议修订　根据 2013 年 6 月 29 日第十二届全国人民代表大会常务委员会第三次会议《关于修改〈中华人民共和国文物保护法〉等十二部法律的决定》第二次修正　根据 2015 年 4 月 24 日第十二届全国人民代表大会常务委员会第十四次会议《关于修改〈中华人民共和国港口法〉等七部法律的决定》第三次修正）（节录）

第六十五条　纳税人欠缴应纳税款，采取转移或者隐匿财产的手段，妨碍税务机关追缴欠缴的税款的，由税务机关追缴欠缴的税款、滞纳金，并处欠缴税款百分之五十以上五倍以下的罚款；构成犯罪的，依法追究刑事责任。

（三）疑难、复杂问题的参考性解答

1. 逃避追缴欠税罪与逃税罪的区分

两罪的行为人都有逃避纳税义务的故意，但后者是采取伪造、隐匿账簿等手段，暗中偷逃纳税义务，而前者是通过转移、隐匿财产的手段，致使税务机关无法追缴欠缴的税款，从而达到不缴税款的目的。如果逃税后又采取转移、隐匿财产的手段，致使税务机关无法追缴其所逃税款的，应以逃税罪、逃避追缴欠税罪数罪并罚。

2. 逃避追缴欠税罪与抗税罪的区分

主要区别表现在客观方面。前者表现为转移、隐匿财产，躲避税务机关的追缴；后者表现为以暴力、威胁方法公然拒不缴纳税款。如果在逃避追缴欠税的过程中，使用了暴力、威胁手段，则构成抗税罪。

四、骗取出口退税罪

（一）刑法规定

第二百零四条　以假报出口或者其他欺骗手段，骗取国家出口退税款，数额较大的，处五年以下有期徒刑或者拘役，并处骗取税款一倍以上五倍以下罚金；数额巨大或者有其他严重情节的，处五年以上十年以下有期徒刑，并处骗取税款一倍以上五倍以下罚金；数额特别巨大或者有其他特别严重情节的，处十年以上有期徒刑或者无期徒刑，并处骗取税款一倍以上五倍以下罚金或者没收财产。

纳税人缴纳税款后，采取前款规定的欺骗方法，骗取所缴纳的税款的，依照本法第二百零一条的规定定罪处罚；骗取税款超过所缴纳的税款部分，依照前款的规定处罚。

第二百一十一条　单位犯本节第二百零一条、第二百零三条、第二百零四条、第二百零七条、第二百零八条、第二百零九条规定之罪的，对单位判处罚金，并对其直接负责的主管人员和其他直接责任人员，依照各该条的规定处罚。

（二）司法解释、司法文件

1. **中华人民共和国税收征收管理法**（1992 年 9 月 4 日第七届全国人民代表大会常务委员会第二十七次会议通过　根据 1995 年 2 月 28 日第八届全国人民代表大会常务委员会第十二次会议《关于修改〈中华人民共和国税收征收管理法〉的决定》第一次修正　2001 年 4 月 28 日第九届全国人民代表大会常务委员会第二十一次会议修订　根据 2013 年 6 月 29 日第十二届全国人民代表大会常务委员会第三次会议《关于修改〈中华人民共和国文物保护法〉等十二部法律的决定》第二次修正　根据 2015 年 4 月 24 日第十二届全国人民代表大会常务委员会第十四次会议《关于修改〈中华人民共和国港口法〉等七部法律的决定》第三次修正）（节录）

第六十六条　以假报出口或者其他欺骗手段，骗取国家出口退税款的，由税务机关追缴其骗取的退税款，并处骗取税款一倍以上五倍以下的罚款；构成犯罪的，依法追究刑事责任。

对骗取国家出口退税款的，税务机关可以在规定期间内停止为其办理出口退税。

2. **最高人民法院关于审理骗取出口退税刑事案件具体应用法律若干问题的解释**（法释〔2002〕30号，自2002年9月23日起施行）

为依法惩治骗取出口退税犯罪活动，根据《中华人民共和国刑法》的有关规定，现就审理骗取出口退税刑事案件具体应用法律的若干问题解释如下：

第一条 刑法第二百零四条规定的“假报出口”，是指以虚构已税货物出口事实为目的，具有下列情形之一的行为：

（一）伪造或者签订虚假的买卖合同；

（二）以伪造、变造或者其他非法手段取得出口货物报关单、出口收汇核销单、出口货物专用缴款书等有关出口退税单据、凭证；

（三）虚开、伪造、非法购买增值税专用发票或者其他可以用于出口退税的发票；

（四）其他虚构已税货物出口事实的行为。

第二条 具有下列情形之一的，应当认定为刑法第二百零四条规定的“其他欺骗手段”：

（一）骗取出口货物退税资格的；

（二）将未纳税或者免税货物作为已税货物出口的；

（三）虽有货物出口，但虚构该出口货物的品名、数量、单价等要素，骗取未实际纳税部分出口退税款的；

（四）以其他手段骗取出口退税款的。

第三条 骗取国家出口退税款5万元以上的，为刑法第二百零四条规定的“数额较大”；骗取国家出口退税款50万元以上的，为刑法第二百零四条规定的“数额巨大”；骗取国家出口退税款250万元以上的，为刑法第二百零四条规定的“数额特别巨大”。

第四条 具有下列情形之一的，属于刑法第二百零四条规定的“其他严重情节”：

（一）造成国家税款损失30万元以上并且在第一审判决宣告前无法追回的；

（二）因骗取国家出口退税行为受过行政处罚，两年内又骗取国家出口退税款数额在30万元以上的；

（三）情节严重的其他情形。

第五条 具有下列情形之一的，属于刑法第二百零四条规定的“其他特别严重情节”：

（一）造成国家税款损失150万元以上并且在第一审判决宣告前无法追回的；

（二）因骗取国家出口退税行为受过行政处罚，两年内又骗取国家出口退税款数额在150万元以上的；

（三）情节特别严重的其他情形。

第六条 有进出口经营权的公司、企业，明知他人意欲骗取国家出口退税款，仍违反国家有关进出口经营的规定，允许他人自带客户、自带货源、自带汇票并自行报关，骗取国家出口退税款的，依照刑法第二百零四条第一款、第二百一十一条的规定定罪处罚。

第七条 实施骗取国家出口退税行为，没有实际取得出口退税款的，可以比照既遂犯从轻或者减轻处罚。

第八条 国家工作人员参与实施骗取出口退税犯罪活动的，依照刑法第二百零四条第一款的规定从重处罚。

第九条 实施骗取出口退税犯罪，同时构成虚开增值税专用发票罪等其他犯罪的，依照刑法处罚较重的规定定罪处罚。

3. **最高人民法院关于审理骗购外汇、非法买卖外汇刑事案件具体应用法律若干问题的解释**（法释〔1998〕20号，自1998年9月1日起施行）（节录）

第一条 以进行走私、逃汇、洗钱、骗税等犯罪活动为目的，使用虚假、无效的凭证、商业单据或者采取其他手段向外汇指定银行骗购外汇的，应当分别按照刑法分则第三章第二节、第一百九十条、第一百九十一条和第二百零四条等规定定罪处罚。

（三）典型或常见问题的审理思路

1. 如何具体认定“明知他人意欲骗取出口退税款”？①

出口退税涉及税务、海关、外汇管理、外经贸、银行等多个部门，历经收购货物、报关出口、外汇核销、税务管理等多个环节，具有很强的业务性

① 观点来源：最高人民法院刑事审判第一、二、三、四、五庭编：《中国刑事审判指导案例（破坏社会主义经济秩序罪）》，法律出版社2009年版，第294－297页。

和政策性。有一个时期，一些有进出口经营权的公司、企业，出于各种目的和动机，利用进出口经营权的资格，在代理出口业务过程中，将空白单证交给他人，进行违法的“四自三不见”业务。所谓“四自三不见”，是指在“不见出口商品、不见供货货主、不见外商的情况下，允许或者放任他人自带客户、自带货源、自带汇票、自行报关”的行为，此类业务究其实质是一种埋单行为，为国家明令禁止。在此类业务中，不法分子往往以委托代理或合作出口的名义，充任中间人，既为外贸企业联系“外商”，又为外贸企业提供“货源”，并代办一切手续，待手续齐全后，交由外贸企业办理出口退税，故极易被不法分子用于实施骗取出口退税犯罪。

在“四自三不见”业务中，外贸公司、企业往往出于完成创汇任务和谋取提成、手续费、好处费等其他动机，在知道或者知道他人可能是在骗取国家出口退税款的情况下，置国家有关禁令和国家出口退税款可能被骗的后果于不顾，积极向其提供空白单证，假报出口，并利用交回的单证申报退税，根据共同犯罪理论，对于这种行为，应以骗取出口退税罪的共犯处理。即使对方在逃或者不能查明外贸企业与对方存在勾结、通谋的事实，因其实行行为或者帮助行为系在明知他人意欲骗取出口退税款情况下提供的，亦应对其定罪处罚。基于此《最高人民法院关于审理骗取出口退税刑事案件具体应用法律若干问题的解释》第六条规定：“有进出口经营权的公司、企业，明知他人意欲骗取国家出口退税款，仍违反国家有关进出口经营的规定，允许他人自带客户、自带货源、自带汇票并自行报关，骗取国家出口退税款的”，依照《刑法》第二百零四条第一款、第二百一十一条的规定定罪处罚。

2. **有进出口经营权的公司在“四自三不见”的情况下，将代理出口业务伪造为自营出口业务，致使国家税款被骗的，能否认定具有骗取国家出口退税款的主观故意？**①

“四自三不见”是代理出口业务中的一种违规操作行为。1998 年 7 月 31 日对外贸易经济合作部《关于规范各类进出口企业经营行为，严肃查处走私行为的紧急通知》明确：“禁止外经贸公司以‘四自三不见’的方式代理进口”，并在 2000 年 9 月 7 日《关于重申规范进出口企业经营行为严禁各种借权

① 观点来源：最高人民法院刑事审判第一、二、三、四、五庭编：《中国刑事审判指导案例（破坏社会主义经济秩序罪）》，法律出版社 2009 年版，第 298－303 页。

经营和挂靠经营的通知》中重申“坚决杜绝以‘四自三不见’的方式从事借权经营和挂靠经营”。因此，“四自三不见”是代理出口业务中的一种违规操作行为。

有进出口经营权的公司明知他人可能骗取国家出口退税款，在“四自三不见”的情况下代理出口业务，致使国家税款被骗的，应当认定为具有骗取国家出口退税款的主观故意。所谓“明知”，包括知道和应当知道。“四自三不见”业务本是国家明令禁止的业务，如果在从事“四自三不见”业务中，又出现了其他一些不合常理的情况，而有进出口经营权的公司、企业仍继续坚持业务合作，造成国家税款流失，则可推定这些公司、企业主观上明知他人意欲骗税的故意，构成骗取出口退税罪。《最高人民法院关于审理骗取出口退税刑事案件具体应用法律若干问题的解释》第六条规定，只要有事实和证据证明有进出口经营权的公司、企业明知他人可能要骗取出口退税，仍违反规定从事“四自三不见”业务，造成国家税款流失，即可推定其主观上明知，而不要求有证据证明这些公司、企业明知他人必然要骗取出口退税。

（四）疑难、复杂问题的参考性解答

1. 骗取出口退税罪与走私普通货物、物品罪的区分

两罪的主要不同表现在客体、客观方面。前者侵害的客体是国家的税收管理制度，而后者侵害的客体则是国家海关对货物、物品的进出境管理制度。在犯罪的客观方面，前者表现为企业、事业单位采取对生产或者经营的商品假报出口等欺骗手段，骗取国家出口退税款达到一定数额的行为，而后者则表现为违反海关法规，逃避海关监管，走私普通货物、物品进出境，偷逃应缴税额较大或者一年内曾因走私被给予两次行政处罚后又走私的行为。可见，前者是一般情况下没有货物、物品进出境，后者则真的有货物、物品进出境。

2. 骗取出口退税罪与逃税罪的区分

二者的区别主要表现在两方面：（1）主体不同。后者的犯罪主体是特殊主体，即纳税人，前者的犯罪主体是一般主体，既可以是负有纳税义务的人，也可以是其他人。（2）客观方面表现不同。前者是以假报出口等欺骗手段从国库中骗取国家财产，后者则是采取非法手段不缴或者少缴应纳税款。根据《刑法》第二百零四条第二款的规定，纳税人缴纳税款后，采取欺骗的方法，骗取所缴纳的税款的，依照关于逃税罪的规定定罪处罚；骗取税款超过所缴

纳的税款部分，依照关于骗取出口退税罪的规定定罪处罚。

3. 关于为达到骗取出口退税目的，让他人为自己虚开增值税专用发票或者为他人虚开增值税专用发票的行为应如何定罪的问题

增值税专用发票是出口退税最重要的凭证，发票上的增值税税额是犯罪分子追逐非法利益的“依据”。因此，虚开增值税专用发票犯罪与骗取出口退税犯罪紧密相连。对于犯罪人主观目的是骗取出口退税款，但又实施了虚开增值税专用发票行为的犯罪分子，应当择一重罪处罚，不实行数罪并罚。

五、虚开增值税专用发票、用于骗取出口退税、抵扣税款发票罪

（一）刑法规定

第二百零五条[①] 虚开增值税专用发票或者虚开用于骗取出口退税、抵扣税款的其他发票的，处三年以下有期徒刑或者拘役，并处二万元以上二十万元以下罚金；虚开的税款数额较大或者有其他严重情节的，处三年以上十年以下有期徒刑，并处五万元以上五十万元以下罚金；虚开的税款数额巨大或者有其他特别严重情节的，处十年以上有期徒刑或者无期徒刑，并处五万元以上五十万元以下罚金或者没收财产。

单位犯本条规定之罪的，对单位判处罚金，并对其直接负责的主管人员和其他直接责任人员，处三年以下有期徒刑或者拘役；虚开的税款数额较大或者有其他严重情节的，处三年以上十年以下有期徒刑；虚开的税款数额巨大或者有其他特别严重情节的，处十年以上有期徒刑或者无期徒刑。

虚开增值税专用发票或者虚开用于骗取出口退税、抵扣税款的其他发票，是指有为他人虚开、为自己虚开、让他人为自己虚开、介绍他人虚开行为之一的。

---

① 本条经2011年2月25日《刑法修正案（八）》第三十二条修正，删去了《刑法》原第二百零五条第二款“有前款行为骗取国家税款，数额特别巨大，情节特别严重，给国家利益造成特别重大损失的，处无期徒刑或者死刑，并处没收财产”的规定。

（二）司法解释、司法文件

1. 全国人民代表大会常务委员会关于《中华人民共和国刑法》有关出口退税、抵扣税款的其他发票规定的解释（2005年12月29日第十届全国人民代表大会常务委员会第十九次会议通过）

全国人民代表大会常务委员会根据司法实践中遇到的情况，讨论了刑法规定的“出口退税、抵扣税款的其他发票”的含义问题，解释如下：

刑法规定的“出口退税、抵扣税款的其他发票”，是指除增值税专用发票以外的，具有出口退税、抵扣税款功能的收付款凭证或者完税凭证。

2. 最高人民法院关于适用《全国人民代表大会常务委员会关于惩治虚开、伪造和非法出售增值税专用发票犯罪的决定》的若干问题的解释（法发〔1996〕30号，自1996年10月17日起施行）（节录）

一、根据《决定》第一条规定，虚开增值税专用发票的，构成虚开增值税专用发票罪。

具有下列行为之一的，属于“虚开增值税专用发票”：

（1）没有货物购销或者没有提供或接受应税劳务而为他人、为自己、让他人为自己、介绍他人开具增值税专用发票；

（2）有货物购销或者提供或接受了应税劳务但为他人、为自己、让他人为自己、介绍他人开具数量或者金额不实的增值税专用发票；

（3）进行了实际经营活动，但让他人为自己代开增值税专用发票。

虚开税款数额1万元以上的或者虚开增值税专用发票致使国家税款被骗取5000元以上的，应当依法定罪处罚。

虚开税款数额10万元以上的，属于“虚开的税款数额较大”；具有下列情形之一的，属于“有其他严重情节”：

（1）因虚开增值税专用发票致使国家税款被骗取5万元以上的；

（2）曾因虚开增值税专用发票受过刑事处罚的；

（3）具有其他严重情节的。

虚开税款数额50万元以上的，属于“虚开的税款数额巨大”；具有下列情形之一的，属于“有其他特别严重情节”：

（1）因虚开增值税专用发票致使国家税款被骗取30万元以上的；

（2）虚开的税款数额接近巨大并有其他严重情节的；

（3）具有其他特别严重情节的。

虚开增值税专用发票犯罪分子与骗取税款犯罪分子均应当对虚开的税款数额和实际骗取的国家税款数额承担刑事责任。

利用虚开的增值税专用发票抵扣税款或者骗取出口退税的，应当依照《决定》第一条的规定定罪处罚；以其他手段骗取国家税款的，仍应依照《全国人民代表大会常务委员会关于惩治偷税、抗税犯罪的补充规定》的有关规定定罪处罚。

五、根据《决定》第五条规定，虚开用于骗取出口退税、抵扣税款的其他发票的，构成虚开专用发票罪，依照《决定》第一条的规定处罚。

“用于骗取出口退税、抵扣税款的其他发票”是指可以用于申请出口退税、抵扣税款的非增值税专用发票，如运输发票、废旧物品收购发票、农业产品收购发票等。

3. **最高人民法院关于审理骗取出口退税刑事案件具体应用法律若干问题的解释**（法释〔2002〕30号，自2002年9月23日起施行）（节录）

第一条 刑法第二百零四条规定的“假报出口”，是指以虚构已税货物出口事实为目的，具有下列情形之一的行为：

（三）虚开、伪造、非法购买增值税专用发票或者其他可以用于出口退税的发票；

第九条 实施骗取出口退税犯罪，同时构成虚开增值税专用发票罪等其他犯罪的，依照刑法处罚较重的规定定罪处罚。

（三）典型或常见问题的审理思路

1. **依法成立的一人公司能否成为单位犯罪的主体？**①

2005年10月修订的公司法明确规定了一人公司的法人地位。一人公司在依法成立的情况下，可以成为单位犯罪的主体，主要理由如下：（1）一人公司作为单位犯罪主体具有法律依据。修订后的公司法明确赋予了一人公司法人地位。（2）承认一人公司单位犯罪主体资格符合经济社会发展大潮流。（3）一人公司成为单位犯罪主体符合刑法设立单位犯罪的目的要求。（4）对

---

① 观点来源：最高人民法院刑事审判第一、二、三、四、五庭编：《刑事审判参考》总第82集，法律出版社2011年版，第1-14页。

单位犯罪的解释应当符合时代发展的要求。但并不是所有的一人公司都可以成为单位犯罪的主体，从刑法的实质合理性标准来考察，只有依法成立，取得法人地位，具有独立人格的一人公司，才有可能成为单位犯罪的主体。一人公司必须严格依法成立，具有独立的人格，具有公司法所要求的法人治理结构，成立的目的必须是依法从事经营活动，且客观上确实从事了一定的合法经营活动。

2. 虚开可以用于抵扣税款的发票冲减营业额偷逃税款的行为如何定性?①

一种意见认为，《刑法》第二百零五条规定的虚开用于抵扣税款发票罪是行为犯，行为人只要实施了虚开可以抵扣税款的发票（包括使用此种发票）的行为，不管其主观意图是想以虚增成本的方法偷税，还是想用虚开的发票非法抵扣税款，都只构成虚开用于抵扣税款发票罪这一种罪。另一种意见认为，《刑法》第二百零五条规定的虚开用于抵扣税款发票罪中的“抵扣税款”具有特定含义，行为人虚开可以抵扣税款的发票，如其主观意图不是用于抵扣税款，客观上也没有去抵扣税款，而是为了其他目的使用虚开的发票，则不能以虚开用于抵扣税款发票罪定性。

我们同意第二种意见。根据《刑法》第二百零五条的规定，虚开抵扣税款发票罪，是指故意违反国家发票管理法规，为他人虚开、为自己虚开、让他人为自己虚开或者介绍他人虚开用于抵扣税款的专用发票的行为。虚开用于抵扣税款发票罪的成立，必须同时具备以下条件：

（1）行为人实施了虚开用于抵扣税款的发票的行为。所谓“虚开”，是指没有购销货物或者没有提供、接受应税劳务而开具用于抵扣税款的发票，或者虽有购销货物或者提供、接受了应税劳务但开具内容不实的用于抵扣税款的发票的行为。

（2）犯罪对象必须是可以用于抵扣税款的发票。所谓“抵扣税款”，是指增值税纳税义务人抵扣增值税进项税额的行为。根据1993年《增值税暂行条例》第八条的规定，增值税纳税人购进货物或者接受应税劳务支付或者负担的增值税额即进项税额，准予从销项税额中抵扣。能够被用于“抵扣税款”的发票，除增值税专用发票以外，还有运输发票、废旧物品收购发票以及农

---

① 观点来源：最高人民法院刑事审判第一、二、三、四、五庭编：《中国刑事审判指导案例（破坏社会主义经济秩序罪）》，法律出版社2009年版，第256－259页。

业产品收购发票等其他特定发票。如根据有关规定，增值税纳税义务人购进货物（不包括固定资产）和销售货物所付运输费用，根据运费结算单据（运输发票）所列运费金额（不包括随运费支付的装卸费、保险费等杂费），按照7%的扣除率计算准予抵扣的进项税额，其计算公式是：进项税额 = 运费金额 × 7%。因此，在我国税收征管制度中，除增值税专用发票以外，运输发票、废旧物品收购发票以及农业产品收购发票等其他特定发票也具有抵扣税款功能。

（3）行为人必须具有抵扣税款的资格。由于“抵扣税款”只发生在增值税的纳税环节，即增值税纳税义务人（因大多数小规模纳税人销售货物或者提供应税劳务，实行简易办法计算应纳税额，不存在抵扣税款问题，抵扣税款主要适用于增值税一般纳税人）在缴纳增值税时，将其购进货物或者接受应税劳务所支付或者负担的增值税额予以抵扣的活动。根据《增值税暂行条例》第一条的规定：“在中华人民共和国境内销售货物或者加工、修理修配劳务（以下简称劳务），销售服务、无形资产、不动产以及进口货物的单位和个人，为增值税的纳税人应当依照本条例缴纳增值税。”因此，只有在我国境内销售货物或者提供加工、修理修配劳务（以下简称劳务），销售服务、无形资产、不动产以及进口货物的单位和个人，才有抵扣税款的资格，其虚开可以用于抵扣税款的发票，可以构成虚开用于抵扣税款发票罪（为非增值税纳税义务人虚开可以用于抵扣税款的发票，不能以虚开用于抵扣税款发票罪追究刑事责任）。非增值税纳税义务人，如营业税、所得税、城市建设维护税的纳税人不存在抵扣税款问题，其为自己虚开或者让他人为自己虚开可以用于抵扣税款的发票，不能以虚开用于抵扣税款发票罪定罪处罚；只有为增值税纳税人虚开或者介绍他人为增值税纳税人虚开可以用于抵扣税款发票的，才能以虚开用于抵扣税款发票定罪处罚。

（4）行为人必须具有抵扣税款的故意。虽然虚开用于抵扣税款发票罪是行为犯，只要行为人实施了虚开用于抵扣税款的发票，就可构成犯罪，至于是否已将发票用于抵扣税款，不影响虚开抵扣税款发票罪的成立。但行为人没有抵扣税款的故意，即使实施了虚开抵扣税款发票的行为，也不能以虚开抵扣税款发票罪定罪处罚。在这里，对《刑法》第二百零五条中的“用于抵扣税款”的理解不能过于宽泛，“用于”应指主观上想用于和客观上实际用于，而不包括虽然可以用于但行为人主观上不想用于，客观上也没有用于，也不能将行为人使用发票意图不明的视为准备用于。

3. 对于既虚开销项增值税专用发票，又虚开进项增值税专用发票的行为，如何计算给国家造成的损失?①

对于较为简单的虚开增值税专用发票案件，如只给他人虚开销项发票，受票单位利用虚开的增值税专用发票抵扣税款或骗取出口退税，或让他人为自己虚开进项发票，自己用于正常经营中的抵扣税款或骗取出口退税，一般只计算销项或进项的税款，作为给国家造成的经济损失。行为人在为他人虚开销项增值税专用发票以后，为了掩盖其向他人虚开的事实，又让他人为自己虚开进项增值税专用发票。对这种既有销项又有进项虚开的情况，如何计算给国家造成的损失，存在认识上的分歧：

第一种意见认为，《刑法》对虚开增值税专用发票罪的有关规定，既包括为他人虚开增值税专用发票的行为，又包括让他人为自己虚开增值税专用发票的行为。行为人为他人虚开，又让他人为自己虚开符合法条的要求，进项、销项造成的损失都应计算在内。因此，给国家造成的损失应把进项和销项两项加起来计算。

第二种意见认为，行为人向他人虚开大量销项增值税专用发票以后，为了掩盖其虚开的事实，又让他人为自己虚开进项增值税专用发票，因两项都是虚开，行为人又没有做任何生意，没有向国家交税的任务，所造成的损失只是受票单位抵扣税款所造成的损失，也就是行为人所开销项所造成的损失，只计算销项。

第三种意见认为，行为人为掩盖其向他人虚开销项增值税专用发票的事实，又让他人为自己虚开增值税专用发票，是把两项虚开增值税专用发票用于抵扣税款额相加计算损失，还是仅以虚开销项增值税专用发票被抵扣税款所造成的损失，关键在于行为人是否从事了生产经营活动。在有经营活动的前提下，让他人为自己虚开进项增值税专用发票用于抵扣税款，计算损失应为两项抵扣税额之和；否则，仅以虚开销项增值税专用发票用于抵扣税款额一项计算给国家利益造成的实际损失。

依照《增值税暂行条例》的规定，在中华人民共和国境内销售货物或者提供加工、修理修配劳务销售服务、无形资产、不动产以及进口货物的单位

---

① 观点来源：最高人民法院刑事审判第一、二、三、四、五庭编：《中国刑事审判指导案例（破坏社会主义经济秩序罪）》，法律出版社2009年版，第260－264页。

和个人，为增值税的纳税人，应当依照本条例缴纳增值税。在生产经营活动中，销货方销售货物或者提供应税劳务，一般情况下，应纳税额为当期销项税额抵扣当期进项税额后的余额。购货方购进货物或接受应税劳务，所支付或者负担的增值税额为进项税额准予从销项税额中抵扣。按照税款抵扣制，相对于同一纳税人应缴纳的增值税，是其以本环节销售部分的税额扣除上一环节购进部分已经负担的税额之差。这里所说的购进部分负担的税额正是上一环节销售方纳税人应缴纳的增值税。每一环节纳税人所缴纳的增值税是通过商品或劳务的销售或提供转嫁给下一环节的纳税人，反映出增值税具有“多环节征税、税不重征”和“税收转嫁”的特征。社会上一些不法分子为牟取非法利益，利用增值税这一特征，虚开增值税专用发票，肆意骗取国家税款。我们认为，进项税额是购货方在购进货物或接受应税劳务后，所支付或负担的增值税额，其抵扣税款时，税务机关依法应当将其支付或者负担的销项税额从中扣除。如果行为人有购销事实，但让他人为其开具的增值税发票上的税款数额超过实际发生的税款数额，抵扣税款时即可从中非法牟利；如果行为人没有从事购销活动，本身不需要向税务机关缴纳增值税，其让他人为自己虚开增值税专用发票，并以进项增值税专用发票向税务机关抵扣税款的纳税行为，仅为掩人耳目，国家税款在这一环节不会造成损失。行为人虚开进项增值税专用发票用于抵扣税款的行为即属于此种情况，因其虚开进项增值税专用发票，危害了国家对增值税专用发票的监督管理制度和税收征管秩序，应当认定为其虚开增值税专用发票犯罪的“其他严重情节”。

4. 税务机关为完成本单位的税收征缴任务和为本单位谋取不正当利益，利用代管监开的增值税专用发票高开低征的行为如何定罪处罚？[①]

一种意见认为，税务机关在有真实的货物交易和应税劳务发生的前提下，为小规模纳税人代开增值税专用发票的行为，与一般的虚开增值税发票行为不同，其出发点是促进地方经济的发展和保障税收收入，侵犯的主要客体是国家税务机关职务行为的正当性，是税务机关滥用职权的渎职行为，宜以徇私舞弊不征、少征税款罪对税务机关的有关人员定罪量刑。另一种意见认为，税务机关“高开低征”“开大征小”的行为，无论是无货虚开增值税专用发

① 观点来源：最高人民法院刑事审判第一、二、三、四、五庭编：《中国刑事审判指导案例（破坏社会主义经济秩序罪）》，法律出版社 2009 年版，第 265 - 274 页。

票，还是在有真实的货物交易情况下为小规模纳税人代开增值税专用发票，其后果都是征收少量税款，而受票人拿到增值税专用发票从国家抵扣大量税款，导致国家税款流失。因此，此种行为触犯了《刑法》第二百零五条的规定，属于最高人民法院1996年《关于适用〈全国人民代表大会常务委员会关于虚开、伪造和非法出售增值税专用发票犯罪的决定〉的若干问题的解释》第一条所列的行为，应以虚开增值税专用发票罪定罪量刑。

我们同意第二种意见。税务机关将不具备条件的小规模纳税人虚报为一般纳税人，或利用为小规模纳税人代管监开增值税专用发票的便利，或以不具备一般纳税人资格的虚假企业的名义，不管是否有货物交易和应税劳务的发生，“高开低征”“开大征小”，既实施了为本辖区内小规模纳税人代开增值税专用发票的行为，也实施了为一般纳税人无货虚开增值税专用发票的行为，构成虚开增值税专用发票罪，理由在于：

首先，犯罪活动体现的是税务机关整体意志，并为本单位谋取管理费、手续费等不正当利益，造成国家重大经济损失。依照刑法的有关规定，构成单位犯罪。

其次，税务机关“高开低征”“开大征小”的行为应当以虚开增值税专用发票罪定罪处罚。从主观方面看，税务机关具有放任受票人利用虚开的增值税专用发票抵扣税款或者骗取税款的故意。作为负责税收征管的税务机关，对于“高开低征”“开大征小”行为违反国家税收征管和发票管理制度，会导致受票人利用与真实的应税劳务、货物交易不符的增值税专用发票偷逃、骗取国家税款，毫无疑问是明知的，但为了本地方、本部门的利益，借口完成税收征缴任务和谋取一定的“手续费”“管理费”，在征收少量税款的前提下，大肆虚开增值税专用发票，放任国家税款流失，已经具备虚开增值税专用发票罪的主观特征。从客观方面讲，税务机关实施了虚开增值税专用发票的行为。《最高人民法院关于适用〈全国人民代表大会常务委员会关于惩治虚开、伪造和非法出售增值税专用发票犯罪的决定〉若干问题的解释》第一条规定，“具有下列行为之一的，属于‘虚开增值税专用发票’：（1）没有货物购销或者没有提供或接受应税劳务而为他人、为自己、让他人为自己、介绍他人开具增值税专用发票；（2）有货物购销或者提供或接受了应税劳务但为他人、为自己、让他人为自己、介绍他人开具数量或金额不实的增值税专用发票；（3）进行了实际经营活动，但让他人为自己代开增值税专用发票”。

另外，税务机关“高开低征”“开大征小”的行为，不仅危害国家税收征管和发票管理制度，同时也侵犯国家税务机关职务行为的正当性。认为税务机关有关人员宜以徇私舞弊不征、少征税款罪定罪量刑的意见，就是考虑该种行为的渎职性质。但这是一种行为同时触犯《刑法》规定的两个罪名的情形，应当择一法定刑较重的犯罪定罪处罚。虚开增值税专用发票行为，相对于税务机关工作人员徇私舞弊不征、少征税款行为，是刑法规定的处罚较重的犯罪。同时，如前所述，本案属于单位犯罪，而《刑法》对徇私舞弊不征、少征税款罪并无单位犯罪的规定，因此，定性为徇私舞弊不征、少征税款罪的意见是不妥的。

5. 介绍他人开具、让他人为自己开具无真实货物购销的增值税专用发票的行为如何定罪量刑？①

第一种意见认为，行为人非法出售、购买增值税专用发票，分别构成非法出售或购买增值税专用发票罪。第二种意见认为，属于非法出售增值税专用发票罪、非法购买增值税专用发票罪和虚开增值税专用发票罪的想象竞合，应当从一重罪处罚。第三种意见认为，均构成虚开增值税专用发票罪。

我们同意第三种意见，具体理由如下：

（1）行为人不存在虚开增值税专用发票罪与非法出售增值税专用发票罪、非法购买增值税专用发票罪的想象竞合关系。想象竞合犯，是指行为人基于一个罪过，实施一个危害行为，触犯数个罪名的犯罪形态。其基本特征是：基于一个罪过，实施一个行为；一行为触犯了数个罪名。

（2）虚开增值税专用发票罪与非法出售增值税专用发票罪、非法购买增值税专用发票罪的牵连犯，依法应以虚开增值税专用发票罪论处。牵连犯，是指犯罪的手段行为或者结果行为，与目的行为或者原因行为分别触犯不同罪名的犯罪形态。其基本特征是：手段行为或结果行为分别触犯不同罪名；手段行为与目的行为、原因行为与结果行为存在牵连关系。增值税专用发票犯罪的牵连犯，是指行为人实施的数个行为分别触犯不同的增值税专用发票犯罪，且各罪名之间存在牵连关系。《刑法》总则没有明确规定牵连犯的处罚原则，通说认为，对牵连犯一般应当从一重处罚，但在《刑法》分则对牵连

---

① 观点来源：最高人民法院刑事审判第一、二、三、四、五庭编：《刑事审判参考》（总第11集），法律出版社2000年版，第33－40页。

犯的处罚作出明确规定的情况下，应当直接依据刑法分则条文的规定处理。《刑法》第二百零八条第二款规定，非法购买增值税专用发票或者购买伪造的增值税专用发票又虚开或者出售的，分别依照虚开增值税专用发票、出售伪造的增值税专用发票、非法出售增值税专用发票罪定罪。该款属于提示性规定，非法购买增值税专用发票是手段，虚开增值税专用发票是目的，最终是为了实现抵税，行为人非法购买增值税专用发票后又虚开的，应直接依照《刑法》第二百零八条第二款的规定，以虚开增值税专用发票罪定罪处罚。

（3）该行为符合虚开增值税专用发票罪的犯罪构成要件。《刑法》第二百零五条第三款规定，虚开增值税专用发票罪是指有为他人虚开、为自己虚开、让他人为自己虚开、介绍他人虚开增值税专用发票行为之一的行为。最高人民法院1996年发布的《关于适用〈全国人民代表大会常务委员会关于惩治虚开、伪造和非法出售增值税专用发票犯罪的决定〉的若干问题的解释》（以下简称《增值税解释》）中，对虚开增值税专用发票的行为如何处理作了明确规定：（1）没有货物购销或者没有提供或接受应税劳务而为他人、为自己、让他认为自己、介绍他人开具增值税专用发票。（2）有货物购销或者提供或接受了应税劳务但为他人、为自己、让他人为自己、介绍他人开具数量或者金额不实的增值税专用发票。（3）进行了实际经营活动，但让他人为自己代开增值税专用发票。需要指出的是，虽然刑法并未明确规定成立虚开增值税专用发票罪必须具有特定的目的，但从本罪设立的立法原意和司法实践中的掌握来看，行为人虚开增值税专用发票应是为了抵扣税款或者为了挣取“交易费”“介绍费”。1995年10月30日《全国人民代表大会常务委员会关于惩治虚开、伪造和非法出售增值税专用发票犯罪的决定》（以下简称《决定》）开篇即明确了设立虚开增值税专用发票的立法意图：“为了惩治虚开、伪造和非法出售增值税专用发票和其他发票进行偷税、骗税等犯罪活动，保障国家税收。”2004年全国部分法院经济犯罪案件审判工作座谈会对虚开增值税专用发票罪的认定进行研讨，认为对以下三种行为不应以该罪论处：为虚增营业税、扩大销售收入或者制造虚假收入，相互对开或环开增值税专用发票的行为。在货物销售过程中，一般纳税人为夸大销售业绩，虚增货物的销售环节，虚开进项增值税专用发票和销项增值税专用发票，但依法缴纳增值税并未造成国家税款损失的行为。为夸大企业经济实力，通过虚开进项增值税专用发票虚增企业的固定资产但并未利用增值税专用发票抵扣税款，国家税款亦未受到损失的行为。这也从另一方面肯定了行为人成立虚开增值税专用发票应当具有抵扣税款或者挣取“交易费”“介绍费”的特定目的。2015年最高人民法院研究室在给公安部经济犯罪侦查局的《〈关于如何认定以“挂靠”有关公司名义实施经营活动并让有关公司为自己虚开增值税专用发票行为的性质〉征求意见的复函》中更是明确指出：“虚开增值税发票罪的危害实质在于通过虚开行为骗取抵扣税款，对于有实际交易存在的代开行为，如行为人主观上并无骗取的扣税款的故意，客观上未造成国家增值税款损失的，不宜以虚开增值税专用发票罪论处。”

（四）疑难、复杂问题的参考性解答

关于《增值税解释》的效力问题

《刑法》第二百零五条将虚开增值税专用发票、用于骗取出口退税、抵扣税款的其他发票的行为和处罚分成三种情况加以规定：一般虚开增值税专用发票或者用于骗取出口退税、抵扣税款的其他发票的；虚开的税款数额较大或者有其他严重情节的；虚开的税款数额巨大或者有其他特别严重情节的。对上述数额和情节如何掌握，在最高人民法院尚未重新作出司法解释之前，鉴于本罪是《全国人民代表大会常务委员会关于惩治虚开、伪造和非法出售增值税专用发票犯罪的决定》已有的内容，被修改后吸收到1997年《刑法》中来。因此，《增值税解释》中，凡与刑法不抵触的内容，在司法实践中仍可参照执行。

六、虚开发票罪

（一）刑法规定

第二百零五条之一① 虚开本法第二百零五条规定以外的其他发票，情节严重的，处二年以下有期徒刑、拘役或者管制，并处罚金；情节特别严重的，处二年以上七年以下有期徒刑，并处罚金。

单位犯前款罪的，对单位判处罚金，并对其直接负责的主管人员和其他直接责任人员，依照前款的规定处罚。

---

① 本条由2011年2月25日《刑法修正案（八）》第三十三条增订。

（二）司法解释、司法文件及权威解读

中华人民共和国发票管理办法（自 1993 年 12 月 23 日起发布施行，根据 2010 年 12 月 20 日《国务院关于修改〈中华人民共和国发票管理办法〉的决定》修订）（节录）

第二十二条 开具发票应当按照规定的时限、顺序、栏目，全部联次一次性如实开具，并加盖发票专用章。

任何单位和个人不得有下列虚开发票行为：

（一）为他人、为自己开具与实际经营业务情况不符的发票；

（二）让他人为自己开具与实际经营业务情况不符的发票；

（三）介绍他人开具与实际经营业务情况不符的发票。

第三十七条 违反本办法第二十二条第二款的规定虚开发票的，由税务机关没收违法所得；虚开金额在 1 万元以下的，可以并处 5 万元以下的罚款；虚开金额超过 1 万元的，并处 5 万元以上 50 万元以下的罚款；构成犯罪的，依法追究刑事责任。

非法代开发票的，依照前款规定处罚。

（三）疑难、复杂问题的参考性解答

虚开发票罪与虚开增值税专用发票罪、逃税罪的界限

虚开发票罪与虚开增值税专用发票罪主要区别是犯罪对象不同，前者是普通发票；后者是增值税专用发票。与逃税罪的主要区别是犯罪的客观方面不同，前者是虚开普通发票的行为；后者是逃税的行为。如果利用虚开普通发票的手段逃税的，可以按照处理牵连犯的原则，以处罚较重的罪处罚。

七、伪造、出售伪造的增值税专用发票罪

（一）刑法规定

第二百零六条[①] 伪造或者出售伪造的增值税专用发票的，处三年以下有

---

① 本条经 2011 年 2 月 25 日《刑法修正案（八）》第三十四条修正，删去了《刑法》原第二百零六条第二款“伪造并出售伪造的增值税专用发票，数量特别巨大，情节特别严重，严重破坏经济秩序的，处无期徒刑或者死刑，并处没收财产”的规定。

期徒刑、拘役或者管制，并处二万元以上二十万元以下罚金；数量较大或者有其他严重情节的，处三年以上十年以下有期徒刑，并处五万元以上五十万元以下罚金；数量巨大或者有其他特别严重情节的，处十年以上有期徒刑或者无期徒刑，并处五万元以上五十万元以下罚金或者没收财产。

单位犯本条规定之罪的，对单位判处罚金，并对其直接负责的主管人员和其他直接责任人员，处三年以下有期徒刑、拘役或者管制；数量较大或者有其他严重情节的，处三年以上十年以下有期徒刑；数量巨大或者有其他特别严重情节的，处十年以上有期徒刑或者无期徒刑。

（二）司法解释、司法文件及权威解读

1. 最高人民法院关于适用《全国人民代表大会常务委员会关于惩治虚开、伪造和非法出售增值税专用发票犯罪的决定》的若干问题的解释（法发〔1996〕30号，自1996年10月17日起公布施行）（节录）

二、根据《决定》第二条规定，伪造或者出售伪造的增值税专用发票的，构成伪造、出售伪造的增值税专用发票罪。

伪造或者出售伪造的增值税专用发票25份以上或者票面额（百元版以每份100元，千元版以每份1000元，万元版以每份1万元计算，以此类推。下同）累计10万元以上的应当依法定罪处罚。

伪造或者出售伪造的增值税专用发票100份以上或者票面额累计50万元以上的，属于“数量较大”；具有下列情形之一的，属于“有其他严重情节”：（1）违法所得数额在1万元以上的；（2）伪造并出售伪造的增值税专用发票60份以上或者票面额累计30万元以上的；（3）造成严重后果或者具有其他严重情节的。

伪造或者出售伪造的增值税专用发票500份以上或者票面额累计250万元以上的，属于“数量巨大”；具有下列情形之一的，属于“有其他特别严重情节”：（1）违法所得数额在5万元以上的；（2）伪造并出售伪造的增值税专用发票300份以上或者票面额累计200万元以上的；（3）伪造或者出售伪造的增值税专用发票接近“数量巨大”并有其他严重情节的；（4）造成特别严重后果或者具有其他特别严重情节的。

伪造并出售同一宗增值税专用发票的，数量或者票面额不重复计算。

变造增值税专用发票的，按照伪造增值税专用发票行为处理。

2. **最高人民法院关于审理骗取出口退税刑事案件具体应用法律若干问题的解释**（法释〔2002〕30号，自2002年9月23日起施行）（节录）

第一条　刑法第二百零四条规定的“假报出口”，是指以虚构已税货物出口事实为目的，具有下列情形之一的行为：

（三）虚开、伪造、非法购买增值税专用发票或者其他可以用于出口退税的发票。

……

（三）典型或常见问题的审理思路

1. 购买伪造的增值税专用发票又出售的行为如何定罪处罚？[①]

《刑法》第二百零八条第二款规定的是，对非法购买增值税专用发票罪或者购买伪造的增值税专用发票罪与虚开增值税专用发票罪、非法出售增值税专用发票罪或者出售伪造的增值税专用发票罪的牵连犯的定罪处罚原则。其基本含义是，在行为人购买的手段行为与虚开、出售的目的行为均单独成立犯罪从而形成牵连犯罪的情况下，应以目的行为的罪名定罪处罚。因为根据我国《刑法》的规定，相对于手段行为构成的犯罪来说，目的行为构成的犯罪处罚更重。这也是牵连犯从一重罪定罪处罚一般原则的要求。因此，对于行为人购买伪造的增值税专用发票又出售的行为，如果购买与出售伪造的增值税专用发票行为均成立犯罪，则应以出售伪造的增值税专用发票罪定罪处罚。只有购买伪造的增值税专用发票尚未出售或者出售行为尚未达到追究刑事责任的数额标准的情况下，考虑到犯罪行为的想象竞合和吸收关系，才以购买伪造的增值税专用发票罪定罪处罚。

2. 出售伪造增值税专用发票以及普通发票的印刷模板等印制工具的行为如何定罪处罚？[②]

一种观点认为，由于《刑法》并未单独规定制造、销售伪造增值税专用发票（普通发票）的印制工具罪，因此在与购买者已经形成买卖合意或者印刷模板等印制工具已经出售的情况下，对行为人可以伪造增值税专用发票

---

① 观点来源：最高人民法院刑事审判第一、二、三、四、五庭编：《中国刑事审判指导案例（破坏社会主义经济秩序罪）》，法律出版社2009年版，第275－283页。

② 观点来源：最高人民法院刑事审判第一、二、三、四、五庭编：《中国刑事审判指导案例（破坏社会主义经济秩序罪）》，法律出版社2009年版，第275－283页。

（非法制造发票）罪定罪处罚，如果行为人制造的印刷模板等印制工具无明确的购买者而且尚未销售，那么对于行为人只能以伪造增值税专用发票（非法制造发票）罪的未遂处理。另一种观点认为，《刑法》虽未单独规定制造、销售伪造增值税专用发票（普通发票）的印制工具罪，但制造、销售伪造增值税专用发票（普通发票）的印制工具的行为，本质上就是为伪造增值税专用发票（普通发票）提供条件，无论是否与购买者形成合意和已经出售，均应以伪造增值税专用发票（普通发票）罪定罪处罚，是否与购买者形成合意，只是能否成立共犯的问题。

制造、销售伪造增值税专用发票（普通发票）的印刷模板等印制工具的行为，其社会危害性与伪造、出售伪造的增值税专用发票行为相比有过之而无不及，我们不能片面理解罪刑法定原则，以刑法没有明确规定而认为制造、销售伪造增值税专用发票（普通发票）的印刷模板等印制工具的行为不能以犯罪论处。制造、销售伪造增值税专用发票（普通发票）的印制工具的行为，本质上就是为伪造增值税专用发票（普通发票）提供条件。参照《最高人民法院关于审理伪造货币等案件具体应用法律若干问题的解释》第一条第三款的规定，行为人制造货币版样或者与他人事前通谋，为他人伪造货币提供版样的，依照《刑法》第一百七十条的规定定罪处罚，以及《全国法院审理金融犯罪案件工作座谈会纪要》中关于假币犯罪的规定："伪造货币的，只要实施了伪造行为，不论是否完成全部印制工序，即构成伪造货币罪；对于尚未制造出成品，无法计算伪造、销售假币面额的，或者制造、销售用于伪造货币的版样的，不认定犯罪数额，依据犯罪情节决定刑罚"，对于制造、销售伪造增值税专用发票（普通发票）的印刷模板等印制工具的行为，应以伪造增值税专用发票罪、非法制造发票罪定罪处罚。

八、非法出售增值税专用发票罪

（一）刑法规定

第二百零七条 非法出售增值税专用发票的，处三年以下有期徒刑、拘役或者管制，并处二万元以上二十万元以下罚金；数量较大的，处三年以上十年以下有期徒刑，并处五万元以上五十万元以下罚金；数量巨大的，处十年以上有期徒刑或者无期徒刑，并处五万元以上五十万元以下罚金或者没收财产。

第二百一十一条　单位犯本节第二百零一条、第二百零三条、第二百零四条、第二百零七条、第二百零八条、第二百零九条规定之罪的，对单位判处罚金，并对其直接负责的主管人员和其他直接责任人员，依照各该条的规定处罚。

（二）司法解释、司法文件

最高人民法院关于适用《全国人民代表大会常务委员会关于惩治虚开、伪造和非法出售增值税专用发票犯罪的决定》的若干问题的解释（法发〔1996〕30号，自1996年10月17日起公布施行）（节录）

二、根据《决定》第二条规定，伪造或者出售伪造的增值税专用发票的，构成伪造、出售伪造的增值税专用发票罪。

伪造或者出售伪造的增值税专用发票25份以上或者票面额（百元版以每份100元，千元版以每份1000元，万元版以每份1万元计算，以此类推。下同）累计10万元以上的应当依法定罪处罚。

伪造或者出售伪造的增值税专用发票100份以上或者票面额累计50万元以上的，属于“数量较大”；具有下列情形之一的，属于“有其他严重情节”：（1）违法所得数额在1万元以上的；（2）伪造并出售伪造的增值税专用发票60份以上或者票面额累计30万元以上的；（3）造成严重后果或者具有其他严重情节的。

伪造或者出售伪造的增值税专用发票500份以上或者票面额累计250万元以上的，属于“数量巨大”；具有下列情形之一的，属于“有其他特别严重情节”：（1）违法所得数额在5万元以上的；（2）伪造并出售伪造的增值税专用发票300份以上或者票面额累计200万元以上的；（3）伪造或者出售伪造的增值税专用发票接近“数量巨大”并有其他严重情节的；（4）造成特别严重后果或者具有其他特别严重情节的。

伪造并出售同一宗增值税专用发票的，数量或者票面额不重复计算。

变造增值税专用发票的，按照伪造增值税专用发票行为处理。

三、根据《决定》第三条规定，非法出售增值税专用发票的，构成非法出售增值税专用发票罪。

非法出售增值税专用发票案件的定罪量刑数量标准按照本解释第二条第

二、三、四款的规定执行。

（三）典型或常见问题的审理思路

非法出售增值税专用发票份数和票面额分别达到不同的量刑档次的如何量刑?[①]

在认定本罪掌握“数量较大”“数量巨大”的问题上，在最高人民法院尚未重新作出司法解释之前，仍可参照《最高人民法院关于适用〈全国人民代表大会常务委员会关于惩治虚开、伪造和非法出售增值税专用发票犯罪的决定〉的若干问题的解释》第二条第二款、第三款、第四款的规定来掌握，即非法出售增值税专用发票25份以上或者票面额（百元版以每份100元，千元版以每份1000元，万元版以每份1万元计算，以此类推。下同）累计10万元以上的应当依法定罪处罚；非法出售增值税专用发票100份以上或者票面额累计50万元以上的，属于“数量较大”；非法出售增值税专用发票500份以上或者票面额累计250万元以上的，属于“数量巨大”。本案被告人邓某蓉非法出售增值税专用发票275份，按照发票份数，应当属于“数额较大”，在3年以上10年以下量刑；按照票面数额计算，万元版票面额按照1万元计算，票面额应为275万元，构成“数量巨大”，应在10年以上有期徒刑、无期徒刑幅度内量刑。

（四）疑难、复杂问题的参考性解答

1. 区分本罪与出售伪造的增值税专用发票罪的界限

二者的主要区别在于：犯罪对象不同。本罪的犯罪对象是真的增值税专用发票，而出售伪造的增值税专用发票罪的犯罪对象是假的增值税专用发票。

2. 盗窃、骗取增值税专用发票后又非法出售的行为如何定性

根据《刑法》第二百一十条的规定，盗窃、骗取增值税专用发票的，应当分别以盗窃罪和诈骗罪定罪处罚。对于盗窃、骗取增值税专用发票后又非法出售的，应当按照牵连犯的处罚原则，从一重罪处罚。

---

① 观点来源：最高人民法院刑事审判第一、二、三、四、五庭编：《中国刑事审判指导案例（破坏社会主义经济秩序罪）》，法律出版社2009年版，第304－307页。

九、非法购买增值税专用发票、购买伪造的增值税专用发票罪

（一）刑法规定

第二百零八条　非法购买增值税专用发票或者购买伪造的增值税专用发票的，处五年以下有期徒刑或者拘役，并处或者单处二万元以上二十万元以下罚金。

非法购买增值税专用发票或者购买伪造的增值税专用发票又虚开或者出售的，分别依照本法第二百零五条、第二百零六条、第二百零七条的规定定罪处罚。

第二百一十一条　单位犯本节第二百零一条、第二百零三条、第二百零四条、第二百零七条、第二百零八条、第二百零九条规定之罪的，对单位判处罚金，并对其直接负责的主管人员和其他直接责任人员，依照各该条的规定处罚。

（二）司法解释、司法文件

1. **最高人民法院关于适用《全国人民代表大会常务委员会关于惩治虚开、伪造和非法出售增值税专用发票犯罪的决定》的若干问题的解释**（法发〔1996〕30号，自1996年10月17日起公布施行）（节录）

四、根据《决定》第四条规定，非法购买增值税专用发票或者购买伪造的增值税专用发票的，构成非法购买增值税专用发票、伪造的增值税专用发票罪。

非法购买增值税专用发票或者购买伪造的增值税专用发票25份以上或者票面额累计10万元以上的，应当依法定罪处罚。

非法购买真、伪两种增值税专用发票的，数量累计计算，不实行数罪并罚。

2. **最高人民法院关于审理骗取出口退税刑事案件具体应用法律若干问题的解释**（法释〔2002〕30号，自2002年9月23日起施行）（节录）

第一条　刑法第二百零四条规定的“假报出口”，是指以虚构已税货物出口事实为目的，具有下列情形之一的行为：

（三）虚开、伪造、非法购买增值税专用发票或者其他可以用于出口退税的发票……

（三）典型或常见问题的审理思路

立案追诉标准

《最高人民检察院、公安部关于公安机关管辖的刑事案件立案追诉标准的规定（二）》第六十四条规定：

非法购买增值税专用发票或者购买伪造的增值税专用发票二十五份以上或者票面额累计在十万元以上的，应予立案追诉。

十、非法制造、出售非法制造的用于骗取出口退税、抵扣税款发票罪

（一）刑法规定

第二百零九条第一款　伪造、擅自制造或者出售伪造、擅自制造的可以用于骗取出口退税、抵扣税款的其他发票的，处三年以下有期徒刑、拘役或者管制，并处二万元以上二十万元以下罚金；数量巨大的，处三年以上七年以下有期徒刑，并处五万元以上五十万元以下罚金；数量特别巨大的，处七年以上有期徒刑，并处五万元以上五十万元以下罚金或者没收财产。

第二百一十一条　单位犯本节第二百零一条、第二百零三条、第二百零四条、第二百零七条、第二百零八条、第二百零九条规定之罪的，对单位判处罚金，并对其直接负责的主管人员和其他直接责任人员，依照各该条的规定处罚。

（二）司法解释、司法文件

1. **全国人民代表大会常务委员会关于《中华人民共和国刑法》有关出口退税、抵扣税款的其他发票规定的解释**（2005 年 12 月 29 日第十届全国人民代表大会常务委员会第十九次会议通过）

全国人民代表大会常务委员会根据司法实践中遇到的情况，讨论了刑法规定的“出口退税、抵扣税款的其他发票”的含义问题，解释如下：

刑法规定的“出口退税、抵扣税款的其他发票”，是指除增值税专用发票以外的，具有出口退税、抵扣税款功能的收付款凭证或者完税凭证。

2. 最高人民法院关于适用《全国人民代表大会常务委员会关于惩治虚开、伪造和非法出售增值税专用发票犯罪的决定》的若干问题的解释（法发〔1996〕30号，自1996年10月17日起公布施行）（节录）

五、“用于骗取出口退税、抵扣税款的其他发票”是指可以用于申请出口退税、抵扣税款的非增值税专用发票，如运输发票、废旧物品收购发票、农业产品收购发票等。

六、根据《决定》第六条规定，伪造、擅自制造或者出售伪造、擅自制造的可以用于骗取出口退税、抵扣税款的其他发票的，构成非法制造专用发票罪或出售非法制造的专用发票罪。

伪造、擅自制造或者出售伪造、擅自制造的可以用于骗取出口退税、抵扣税款的其他发票50份以上的，应当依法定罪处罚；伪造、擅自制造或者出售伪造、擅自制造的可以用于骗取出口退税、抵扣税款的其他发票200份以上的，属于“数量巨大”；伪造、擅自制造或者出售伪造、擅自制造的可以用于骗取出口退税、抵扣税款的其他发票1000份以上的，属于“数量特别巨大”。

3. 最高人民法院关于审理骗取出口退税刑事案件具体应用法律若干问题的解释（法释〔2002〕30号，自2002年9月23日起施行）（节录）

第一条　刑法第二百零四条规定的“假报出口”，是指以虚构已税货物出口事实为目的，具有下列情形之一的行为：

（三）虚开、伪造、非法购买增值税专用发票或者其他可以用于出口退税的发票。

（三）疑难、复杂问题的参考性解答

非法制造、出售非法制造的用于骗取出口退税、抵扣税款发票罪与虚开用于骗取出口退税、抵扣税款发票罪区分

两者的犯罪行为不同。前者的行为表现为伪造、擅自制造、出售三种。后者的行为是“虚开”。“制造”与“虚开”的不同之处在于：前者是印制、生产发票本身，后者是在真发票上填开虚假金额。如果制造者同时又是虚开者，或者制造者与虚开者事前通谋的，在制造的与虚开的发票属于同一宗的情况下，应择一重罪定罪处罚；如不同宗，则应实行数罪并罚。

十一、非法制造、出售非法制造的发票罪

（一）刑法规定

第二百零九条第二款 伪造、擅自制造或者出售伪造、擅自制造的前款规定以外的其他发票的，处二年以下有期徒刑、拘役或者管制，并处或者单处一万元以上五万元以下罚金；情节严重的，处二年以上七年以下有期徒刑，并处五万元以上五十万元以下罚金。

第二百一十一条 单位犯本节第二百零一条、第二百零三条、第二百零四条、第二百零七条、第二百零八条、第二百零九条规定之罪的，对单位判处罚金，并对其直接负责的主管人员和其他直接责任人员，依照各该条的规定处罚。

（二）司法解释、司法文件

1. **最高人民法院、最高人民检察院、公安部、国家工商行政管理局关于依法查处盗窃、抢劫机动车案件的规定**（公通字〔1998〕31号，自1998年5月8日起公布施行）（节录）

六、非法出售机动车有关发票的，或者伪造、擅自制造或者出售伪造、擅自制造的机动车有关发票的，依照《刑法》第二百零九条的规定处罚。

2. **中华人民共和国发票管理办法**（1993年12月23日发布实施，根据2010年12月20日《国务院关于修改〈中华人民共和国发票管理办法〉的决定》修订）（节录）

第三十八条 私自印制、伪造、变造发票，非法制造发票防伪专用品，伪造发票监制章的，由税务机关没收违法所得，没收、销毁作案工具和非法物品，并处1万元以上5万元以下的罚款；情节严重的，并处5万元以上50万元以下的罚款；对印制发票的企业，可以并处吊销发票准印证；构成犯罪的，依法追究刑事责任。

前款规定的处罚，《中华人民共和国税收征收管理法》有规定的，依照其规定执行。

（三）典型或常见问题的审理思路

如何认定出售非法制造的发票罪的“情节严重”？[①]

罪责刑相适应，不仅是立法者配置法定刑时应当遵循的一项基本原则，也是司法人员量刑时应当遵循的基本原则。目前，关于出售非法制造的发票罪的定罪标准，只有《追诉标准（二）》规定的立案追诉标准。对于该罪的“情节严重”情形，尚未有司法解释明确认定标准，不同地方、不同审判人员对“情节严重”把握的尺度存在较大差异。但无论是立法对数额犯加重情节的设置，还是司法解释对数额犯加重情节的规定，法定刑每上升一个档次，与之相对应的涉案数额一般会上升 3 倍至 5 倍。就出售非法制造的发票罪而言，如果以立案追诉标准的 5 倍作为本罪“情节严重”的认定标准，则出售非法制造的发票 500 份以上或者票面额累计在 200 万元以上的，应当认定为出售非法制造的发票罪的“情节严重”情形。然而，随着发票样式的增多，出售非法制造的 500 份发票所体现的社会危害程度与票面额累计在 200 万元以上所体现的社会危害程度存在巨大落差。对于出售非法制造的发票既有票面金额又有份数的行为，应当结合所开发票份数与票面金额和其他相关因素认定其社会危害程度，不能唯发票份数或者票面金额一个标准论。在发票份数与累计金额均固定的情况下，在尚未有司法解释对该罪“情节严重”的认定标准作出明确规定时，以发票份数或者累计金额为标准认定“情节严重”时要特别慎重。在进行认定时，要始终围绕行为是否具有与其法定刑相当的社会危害性这一内核。

（四）疑难、复杂问题的参考性解答

非法制造、出售非法制造的发票罪与非法制造、出售非法制造的用于骗取出口退税、抵扣税款发票罪的区分

两者的犯罪对象不同。后者的犯罪对象为可以用于骗取出口退税、抵扣税款的其他发票，而本罪的犯罪对象是普通发票。鉴于两者的犯罪危害也不一样，故处刑也有所不同。

---

① 观点来源：最高人民法院刑事审判第一、二、三、四、五庭编：《刑事审判参考》（总第 90 集），法律出版社 2013 年版，第 14－18 页。

十二、非法出售用于骗取出口退税、抵扣税款发票罪

（一）刑法规定

第二百零九条第一款 伪造、擅自制造或者出售伪造、擅自制造的可以用于骗取出口退税、抵扣税款的其他发票的，处三年以下有期徒刑、拘役或者管制，并处二万元以上二十万元以下罚金；数量巨大的，处三年以上七年以下有期徒刑，并处五万元以上五十万元以下罚金；数量特别巨大的，处七年以上有期徒刑，并处五万元以上五十万元以下罚金或者没收财产。

第三款 非法出售可以用于骗取出口退税、抵扣税款的其他发票的，依照第一款的规定处罚。

第二百一十一条 单位犯本节第二百零一条、第二百零三条、第二百零四条、第二百零七条、第二百零八条、第二百零九条规定之罪的，对单位判处罚金，并对其直接负责的主管人员和其他直接责任人员，依照各该条的规定处罚。

（二）司法解释、司法文件及权威解读

1. **全国人民代表大会常务委员会关于《中华人民共和国刑法》有关出口退税、抵扣税款的其他发票规定的解释**（2005年12月29日第十届全国人民代表大会常务委员会第十九次会议通过）

全国人民代表大会常务委员会根据司法实践中遇到的情况，讨论了刑法规定的“出口退税、抵扣税款的其他发票”的含义问题，解释如下：

刑法规定的“出口退税、抵扣税款的其他发票”，是指除增值税专用发票以外的，具有出口退税、抵扣税款功能的收付款凭证或者完税凭证。

2. **最高人民法院关于适用《全国人民代表大会常务委员会关于惩治虚开、伪造和非法出售增值税专用发票犯罪的决定》的若干问题的解释**（法发〔1996〕30号，自1996年10月17日起公布施行）（节录）

五、“用于骗取出口退税、抵扣税款的其他发票”是指可以用于申请出口退税、抵扣税款的非增值税专用发票，如运输发票、废旧物品收购发票、农业产品收购发票等。

六、根据《决定》第六条规定，伪造、擅自制造或者出售伪造、擅自制造的可以用于骗取出口退税、抵扣税款的其他发票的，构成非法制造专用发

票罪或出售非法制造的专用发票罪。

十三、非法出售发票罪

（一）刑法规定

第二百零九条第二款 伪造、擅自制造或者出售伪造、擅自制造的前款规定以外的其他发票的，处二年以下有期徒刑、拘役或者管制，并处或者单处一万元以上五万元以下罚金；情节严重的，处二年以上七年以下有期徒刑，并处五万元以上五十万元以下罚金。

第三款 非法出售可以用于骗取出口退税、抵扣税款的其他发票的，依照第一款的规定处罚。

第四款 非法出售第三款规定以外的其他发票的，依照第二款的规定处罚。

第二百一十一条 单位犯本节第二百零一条、第二百零三条、第二百零四条、第二百零七条、第二百零八条、第二百零九条规定之罪的，对单位判处罚金，并对其直接负责的主管人员和其他直接责任人员，依照各该条的规定处罚。

（二）司法解释、司法文件

最高人民法院、最高人民检察院、公安部、国家工商行政管理局关于依法查处盗窃、抢劫机动车案件的规定（公通字〔1998〕31 号，自 1998 年 5 月 8 日起公布施行）（节录）

六、非法出售机动车有关发票的，或者伪造、擅自制造或者出售伪造、擅自制造的机动车有关发票的，依照《刑法》第二百零九条的规定处罚。

（三）典型或常见问题的审理思路

非法出售的发票来源是否影响本罪的成立？

非法出售发票罪，是指违反国家税收管理法规，非法出售除增值税专用发票、可以用于骗取出口退税、抵扣税款的发票以外的发票的行为。发票应当是真实的，但发票的来源是否合法，不影响本罪的成立。

（四）疑难、复杂问题的参考性解答

非法出售发票罪与非法出售用于骗取出口退税、抵扣税款发票罪区别

两者的犯罪对象不同。后者的犯罪对象为可以用于骗取出口退税、抵扣税款的其他发票，而本罪的犯罪对象是普通发票。鉴于两者的犯罪危害不一样，故处刑也有所不同。

十四、持有伪造的发票罪

（一）刑法规定

第二百一十条之一[①] 明知是伪造的发票而持有，数量较大的，处二年以下有期徒刑、拘役或者管制，并处罚金；数量巨大的，处二年以上七年以下有期徒刑，并处罚金。

单位犯前款罪的，对单位判处罚金，并对其直接负责的主管人员和其他直接责任人员，依照前款的规定处罚。

（二）典型或常见问题的审理思路

本罪是"持有型"犯罪

持有伪造的发票的，行为人应当说清来源和用途。根据其交代的来源和用途可能构成其他犯罪的，应以构成的其他犯罪处理，如伪造增值税专用发票罪、非法出售发票罪等。持有伪造的发票行为被吸收到其他较重的罪名中的，不必再单独定持有伪造的发票罪实行数罪并罚。

---

① 本条由2011年2月25日《刑法修正案（八）》第三十五条修正。

第七节　侵犯知识产权罪

一、假冒注册商标罪

（一）刑法规定

第二百一十三条[①]　未经注册商标所有人许可，在同一种商品、服务上使用与其注册商标相同的商标，情节严重的，处三年以下有期徒刑，并处或者单处罚金；情节特别严重的，处三年以上十年以下有期徒刑，并处罚金。

（二）司法解释、司法文件及其权威解读

1. 最高人民法院、最高人民检察院关于办理侵犯知识产权刑事案件具体应用法律若干问题的解释（法释〔2004〕19号，自2004年12月22日起施行）

为依法惩治侵犯知识产权犯罪活动，维护社会主义市场经济秩序，根据刑法有关规定，现就办理侵犯知识产权刑事案件具体应用法律的若干问题解释如下：

第一条　未经注册商标所有人许可，在同一种商品上使用与其注册商标相同的商标，具有下列情形之一的，属于刑法第二百一十三条规定的“情节严重”，应当以假冒注册商标罪判处三年以下有期徒刑或者拘役，并处或者单处罚金：

（一）非法经营数额在五万元以上或者违法所得数额在三万元以上的；

（二）假冒两种以上注册商标，非法经营数额在三万元以上或者违法所得数额在二万元以上的；

（三）其他情节严重的情形。

---

① 本条经2020年12月26日《刑法修正案（十一）》进行修正。

1997年《刑法》第二百一十三条规定：未经注册商标所有人许可，在同一种商品上使用与其注册商标相同的商标，情节严重的，处三年以下有期徒刑或者拘役，并处或者单处罚金；情节特别严重的，处三年以上七年以下有期徒刑，并处罚金。

具有下列情形之一的，属于刑法第二百一十三条规定的“情节特别严重”，应当以假冒注册商标罪判处三年以上七年以下有期徒刑，并处罚金：

（一）非法经营数额在二十五万元以上或者违法所得数额在十五万元以上的；

（二）假冒两种以上注册商标，非法经营数额在十五万元以上或者违法所得数额在十万元以上的；

（三）其他情节特别严重的情形。

第八条 刑法第二百一十三条规定的“相同的商标”，是指与被假冒的注册商标完全相同，或者与被假冒的注册商标在视觉上基本无差别、足以对公众产生误导的商标。

刑法第二百一十三条规定的“使用”，是指将注册商标或者假冒的注册商标用于商品、商品包装或者容器以及产品说明书、商品交易文书，或者将注册商标或者假冒的注册商标用于广告宣传、展览以及其他商业活动等行为。

第十二条 本解释所称“非法经营数额”，是指行为人在实施侵犯知识产权行为过程中，制造、储存、运输、销售侵权产品的价值。已销售的侵权产品的价值，按照实际销售的价格计算。制造、储存、运输和未销售的侵权产品的价值，按照标价或者已经查清的侵权产品的实际销售平均价格计算。侵权产品没有标价或者无法查清其实际销售价格的，按照被侵权产品的市场中间价格计算。

多次实施侵犯知识产权行为，未经行政处理或者刑事处罚的，非法经营数额、违法所得数额或者销售金额累计计算。

本解释第三条所规定的“件”，是指标有完整商标图样的一份标识。

第十三条 实施刑法第二百一十三条规定的假冒注册商标犯罪，又销售该假冒注册商标的商品，构成犯罪的，应当依照刑法第二百一十三条的规定，以假冒注册商标罪定罪处罚。

实施刑法第二百一十三条规定的假冒注册商标犯罪，又销售明知是他人的假冒注册商标的商品，构成犯罪的，应当实行数罪并罚。

第十五条 单位实施刑法第二百一十三条至第二百一十九条规定的行为，按照本解释规定的相应个人犯罪的定罪量刑标准的三倍定罪量刑。

第十六条 明知他人实施侵犯知识产权犯罪，而为其提供贷款、资金、账号、发票、证明、许可证件，或者提供生产、经营场所或者运输、储存、代理进出口等便利条件、帮助的，以侵犯知识产权犯罪的共犯论处。

权威解读

解读《最高人民法院、最高人民检察院关于办理侵犯知识产权刑事案件具体应用法律若干问题的解释》

一、《解释》的指导思想和结构

保护知识产权，打击侵犯知识产权的违法犯罪行为，既应当充分发挥刑罚的惩治和威慑功能，更应当通过行政执法机关和司法机关严格执法，形成合力，并不断完善民事、行政法律对知识产权的保护制度，加强法制宣传教育，不断提高全社会的知识产权保护意识。而不能主要依赖降低定罪量刑标准，把造假、卖假者都送进监狱的刑事制裁手段，这也是其他国家保护知识产权的普遍做法和成功经验。基于此，《解释》在严格遵循我国法律规定的基础上，从惩治侵犯知识产权犯罪的实际需要出发，适当降低了侵犯知识产权犯罪的定罪标准，并对刑法中的一些专业术语的含义进行了明确，提高了相关刑法条文的可操作性。

《解释》共有 17 条，结构上分为三部分。第一部分为第一条至第七条，分别对《刑法》第二百一十三条至第二百一十九条规定的 7 种侵犯知识产权犯罪定罪量刑标准作了具体规定。第二部分为第八条至第十二条，其中第八条至第十一条分别对刑法条文中一些易引起分歧的术语进行了解释，第十二条对《解释》中“非法经营数额”和“件”进行了解释。第三部分对其他事项进行了规定，第十三条和第十四条明确了触犯不同犯罪时的处罚原则，第十五条是关于单位犯罪的规定，第十六条把为侵犯知识产权犯罪提供各种帮助的行为规定为共犯，第十七条是关于解释适用的效力的规定。

二、《解释》的主要内容

（一）明确了具体的定罪量刑标准

《刑法》第二百一十三条至第二百一十九条规定了侵犯知识产权罪的 7 种罪名，并对各罪不同的犯罪构成和量刑规定了不同的情节。在定罪标准上，假冒注册商标罪、非法制造、销售非法制造的注册商标标识罪和假冒专利罪规定的是“情节严重”，销售假冒注册商标的商品罪是“销售金额数额较大”，侵犯著作权罪是“违法所得数额较大或者有其他严重情节”，销售侵权复制品罪是“违法所得数额巨大”，侵犯商业秘密罪是“给权利人造成重大损失”。在量刑时适用较重刑罚的条件上，假冒注册商标罪、非法制造、销售非法制造的注册商标标识罪是“情节特别严重”，销售假冒注册商标的商品罪是“销售金额数额巨大”，侵犯著作权罪是“违法所得数额巨大或者有其他特别严重情节”，侵犯商业秘密罪是“造成特别严重后果”。刑法中的这些定罪量刑标准均是原则性的规定，缺乏可操作性。

针对刑法的有关规定，《解释》前7条分别对刑法第二百一十三条至第二百一十九条规定的7种犯罪的定罪量刑标准作了具体规定，主要解决实践中存在的“立法比较原则，缺乏可操作性；没有具体的定罪量刑标准”等问题。规定了假冒注册商标罪、销售假冒注册商标的商品罪、非法制造、销售非法制造的注册商标标识罪、假冒专利罪、侵犯著作权罪、销售侵权复制品罪和侵犯商业秘密罪等犯罪的定罪量刑标准。即假冒注册商标罪、销售假冒注册商标的商品罪和非法制造、销售非法制造的注册商标标识罪的起刑标准为非法经营数额在5万元以上，侵犯著作权罪的起刑标准为非法经营数额在5万元以上，违法所得数额为3万元以上。与原有的司法解释和追诉标准相比，7种侵犯知识产权犯罪中的4种犯罪的定罪量刑标准都进行了大幅度的调整。例如，与2001年《最高人民检察院、公安部关于经济犯罪案件追诉标准的规定》（以下简称《追诉标准》）相比较，假冒注册商标罪、销售假冒注册商标的商品罪和非法制造、销售非法制造的注册商标标识罪三种犯罪的起刑标准有了大幅度的降低，非法经营数额分别从10万元和20万元降到了5万元。同时相比较最高人民法院1998年发布的《关于审理非法出版物刑事案件具体应用法律若干问题的解释》（以下简称《非法出版物解释》），侵犯著作权罪的起刑标准非法经营额从20万元降到了5万元，违法所得数额从5万元降到了3万元。

侵犯知识产权犯罪的7种罪名中，有4种罪的定罪量刑标准进行了大幅度的调整，调整的原因主要有以下几个方面：一是从调研的情况来看，在司法实践中，《追诉标准》和《非法出版物解释》中规定的标准较高是导致起诉到法院案件较少的原因之一。同时，知识产权犯罪具有隐蔽性强、科技含量高、智能化程度高的特点，犯罪分子故意逃避刑事制裁，证据难以取得，执法部门认定比较困难，因此，降低定罪标准有利于提高打击侵犯知识产权犯罪的力度。二是降低知识产权犯罪刑事制裁的门槛是我国加入世界贸易组织《工作组报告书》的承诺，同时也考虑了外商在华投资企业及其他知识产权权利人的意见。三是根据多年的司法实践经验，并多方征求实践部门的意见，同时考虑到与其他刑事司法解释相协调。综合上述理由，将假冒注册商标罪、销售假冒注册商标的商品罪、非法制造、销售非法制造的注册商标标识罪和侵犯著作权罪4种犯罪的定罪标准规定为非法经营数额在5万元以上或者违法所得数额在3万元以上，其中销售假冒注册商标的商品罪的定罪量刑标准是销售金额在5万元以上。除此之外，《解释》还规定了其他情节严重的情形，如假冒两种以上注册商标，非法经营数额在3万元以上或者违法所得数额在2万元以上的，也属于《刑法》第二百一十三条规定的“情节严重”。

《刑法》第二百一十三条至第二百一十九条中规定的“情节特别严重”“数额巨大”或者“违法所得数额巨大”“有其他特别严重情节”的情形，《解释》对这些第二档次的量刑标准规定一般比照第一档次的5倍执行。

假冒专利罪、侵犯商业秘密罪和销售侵权复制品罪3种犯罪的起刑标准相比较《追诉标准》和《非法出版物解释》中的数额标准没有大的调整。主要考虑的是：假冒专利罪在司法实践中数量极少，自1998年至2004年上半年，全国法院共审结假冒专利罪案件仅17件，调整定罪量刑标准缺乏实践依据。关于侵犯商业秘密罪的起刑标准问题，一是案件较少，二是商业秘密的界定比较困难，三是给商业秘密的权利人造成重大损失的计算范围目前没有定论，论证一个成熟的计算方法还需要进一步调查研究，故仍然维持《追诉标准》中的“损失数额在50万元以上”。关于销售侵权复制品罪，因为《刑法》第二百一十八条规定的就是“违法所得数额巨大”，《非法出版物解释》第四条规定了个人违法所得数额在10万元以上，就应当定罪处罚。从刑法的立法原意分析，《刑法》第二百一十八条的规定与其他侵犯知识产权犯罪的规定是有区别的，只有“违法所得数额巨大”时才构成犯罪，因此销售侵权复制品罪的定罪标准应当与《解释》第五条侵犯著作权罪的第二个量刑档次一致，但是《解释》规定了违法所得数额在15万元以上的，才属于“违法所得数额巨大”，比《非法出版物解释》规定的高出了5万元，考虑到应当加大惩治侵犯知识产权犯罪的力度等原因，《解释》第六条对《非法出版物解释》规定的违法所得数额10万元没有进行变动。

《解释》没有对行为人曾承担过行政责任或者受过行政处罚又实施侵权行为的认定作出规定。《非法出版物解释》和《追诉标准》中都有关于行为人承担过二次行政责任（二次受过行政处罚）以上，又实施侵权行为的，要受到刑事追究的规定。《解释》没有保留此规定。主要理由是：行为人行政违法以后又实施行政违法行为，应当给予相应的行政处罚，只有违法行为达到刑事违法的程度，才能予以刑事追究。行政责任与刑事责任分属性质不同的责任类别。行为人已经承担过的行政责任，不应当再归责于刑事责任中，否则有违“一事不二罚”的原则。正是基于这种考虑，“两高”近两年来出台的司法解释都不再保留此种规定。

《解释》没有对侵犯驰名商标的情形予以特别规定的主要理由是：驰名商标也属于注册商标。行政法规、刑法对于注册商标的保护都作了规定，不对驰名商标作特别列举并不影响对其的保护。

（二）关于在线盗版问题

随着信息产业的飞速发展及盗版行为的日益猖獗，未经著作权人许可，在网络上复制和发行盗版软件的行为，即在线盗版非常突出。我们认为有必要将在线盗版问题规定在《解释》中，信息网络传播权的概念是2001年10月27日新修订的《著作权法》增加的，2001年《著作权法》（已修正）第十条规定了信息网络传播权的含义，即以有线或者无线方式向公众提供作品，使公众可以在其个人选定的时间和地点获得作品的权利。《著作权法》第四十七条规定了通过信息网络向公众传播其作品是一种侵权行为，构成犯罪的，依法追究刑事责任。因此，我们根据《刑法》《著作权法》和《非法出版物解释》的有关规定，将通过信息网络向公众传播他人文字作品、音乐、电影、电视、录像作品、计算机软件及其他作品的行为，认定为属于《刑法》第二百一十七条的“复制发行”。

（三）“相同的商标”和“使用”

针对《刑法》第二百一十三条、第二百一十四条、第二百一十六条和第二百一十七条中的“相同的商标”“使用”“明知”“假冒他人专利”“以营利为目的”“未经著作权人许可”“复制发行”等概念不甚明确，在实践中容易引起分歧等情况，《解释》第八条至第十一条分别对这些规定作了明确解释。这些解释，有效地解决了保护知识产权司法活动中的疑难问题，对于提高司法机关办理知识产权刑事案件的质量和效率，统一司法标准，具有重要意义。

实践中对何谓“相同的商标”的理解存在不同的观点。第一种观点认为，《刑法》第二百一十三条规定的“相同的商标”指的就是内容完全相同的商标，即文字商标的名称文字相同、图形商标的图形相同、混合商标的名称和图形均相同。第二种观点认为，“相同的商标”是指内容完全相同或者基本相同的商标。《解释》采纳了第二种观点，理由是：（1）如同世界上没有完全相同的两片树叶的道理一样，假冒商品的商标可以仿得很像，但是不可能完全一样。据有关部门介绍，北京市场上有26条“鳄鱼”，鳄鱼的尾巴或长或短，究竟哪一条和真“鳄鱼”完全相同？执法者往往说不清楚，消费者就更难区分。(2)《最高人民法院关于审理商标民事纠纷案件适用法律若干问题的解释》第九条第一款规定：“商标法第五十二条第（一）项规定的商标相同，是指被控侵权的商标与原告的注册商标相比较，二者在视觉上基本无差别。”该条规定的含义是指，从一般消费者的角度凭视觉，判断所对比的商标大体上不存在差别，就构成商标相同。该规定为审判中经常使用的概念提供了司法实践依据。（3）国家工商行政管理局商标局工商标字〔1999〕第331号《关于商标行政执法中若干问题的意见》第五条规定：“相同商标是指两商标相比较，文字、图形或者文字与图形的组合相同或者在视觉上无差别。”因此，在司法实践和行政执法中将相同的商标理解为相同和基本相同的商标是合理的。为使《解释》中的规定更为周延，经征求有关专家和立法机关、行政执法单位的意见，将“相同的商标”解释为与被假冒的注册商标完全相同的商标或者与注册商标所有人的注册商标相比较，二者在视觉上基本无差别，足以对公众产生误导的商标。

关于《刑法》第二百一十三条中的“使用”，我们参照2002年8月3日《商标法实施条例》（已修订）第三条的规定进行了明确。

（四）关于授权许可文件问题

在调研和起草《解释》过程中，美国商业软件联盟和微软公司多次提出，伪造、涂改授权许可的情况十分严重，已经造成了很大损失。例如，侵权人在制售盗版软件时，为了使盗版产品看起来更像正版软件，他们在出售盗版光盘时，同时提供完整的包装、说明书、用户使用授权许可文件和注册卡等配套物品；还有的是本来出售或者使用的是正版软件，但为了谋取更多的经济利益，采取涂改授权许可文件的方式损害软件著作权人的合法权益。针对上述情况，经认真研究和多方征求意见，我们认为，软件的销售实际上就是软件著作权人对软件使用的许可行为，伪造、涂改授权许可文件在严重侵犯软件著作权人权利的同时，也欺骗了意在使用正版软件的用户，尤其是在假冒软件产品出现质量问题的时候将会造成不可估量的损失（如承担重大责任的政府部门、银行、铁路、医院等），扰乱了正常的市场和社会秩序，具有严重的社会危害性。因此，我们将伪造、涂改著作权人授权许可文件的行为规定在了《刑法》第二百一十七条的“未经著作权人许可”。

（五）销售假冒注册商标的商品罪中“明知”的认定

“明知”是行为人的主观心理态度，是指犯罪行为人在主观上对自己所实施的行为的性质和后果有明确的认识。如何判断销售假冒注册商标的商品罪行为人具有“明知”，在司法实践中普遍反映不好判断或者难以掌握，建议在《解释》中列举一些情形。在《解释》的起草过程中对“明知”的认定也是有争议的。第一种看法认为，要从商品进货渠道、销售价格、会计账目、销售手段、经营史等多方面搜集搜查客观证据，从而准确认定行为人的主观要件。第二种看法认为，只要具有下列情形之一的，就可以认定为“明知”：(1) 有证据证明行为人曾被告知所销售的是假冒注册商标的商品的；(2) 销售商品的进价和质量明显低于被假冒的注册商标商品的进价和质量的；(3) 根据行为人本人的经验和知识，知道自己销售的是假冒注册商标的商品的；(4) 销售的假冒商品已被有关部门告知或者消费者指出后仍然销售的；(5) 销售的商品从非正常渠道获得的，而这些非正常的商品在实践中大多是伪劣产品等。国家工商行政管理局 1994 年 11 月 22 日发布的《关于执行〈商标法〉及其〈实施细则〉若干问题的通知》第六条将属于以下情形之一的，即以“明知”认定：(1) 更改、调换经销商品上的商标而被当场查获的；(2) 同一违法事实受到行政处罚后重犯的；(3) 事先已被警告，而不改正的；(4) 有意采取不正当进货渠道，且价格大大低于已知正品的；(5) 在发票、账目等会计凭证上弄虚作假的；(6) 专业公司大规模经销假冒注册商标商品或者商标侵权商品的；(7) 案发后转移、销毁物证，提供虚假证明、虚假情况的等。

经过多方征求意见和论证，考虑到我国经济转型的因素，我们认为应当将有些不符合市场经济规律的情形删除，如采取不正当进货渠道，价格低于正品等。《解释》第九条第二款规定：“具有下列情形之一的，应当认定为属于刑法第二百一十四条规定的‘明知’：（一）知道自己销售的商品上的注册商标被涂改、调换或者覆盖的；（二）因销售假冒注册商标的商品受到过行政处罚或者承担过民事责任、又销售同一种假冒注册商标的商品的；（三）伪造、涂改商标注册人授权文件或者知道该文件被伪造、涂改的；（四）其他知道或者应当知道是假冒注册商标的商品的情形。”

（六）假冒专利罪中“假冒他人专利”的认定

专利法所规定的涉及专利的不法行为有三种类型：一般的专利侵权行为、假冒（他人）专利行为和冒充专利行为。假冒他人专利的行为与专利侵权行为有重合或者交叉。在刑事审判实践中，对一般专利侵权行为不以犯罪论处是明确的，但对假冒他人专利和冒充专利的行为的定性就容易产生混淆。根据2000年《专利法》（已修正）第五十八条、第五十九条及2002年《专利法实施细则》（已修正）第八十四条、第八十五条的规定，假冒他人专利和以非专利产品或方法冒充专利产品或方法是两种完全不同的行为。目前《刑法》和《专利法》只规定“假冒他人专利，情节严重的”，才构成犯罪。因此，根据现有法律，还不能把冒充专利的行为定罪处罚，对《刑法》上的“假冒他人专利”应当按照《专利法实施细则》第八十四条的规定来解释。

在是否将《专利法实施细则》第八十四条规定的四种假冒他人专利的行为在《解释》中加以明确也有过争议，有人认为，既然《专利法实施细则》规定了就不要重复；也有人认为，实践中发生过把冒充专利当作假冒他人专利处理的情况，因此在《解释》中有必要加以明确。《解释》采纳了后一种意见。

（七）关于如何计算非法经营数额

在《解释》的研究起草过程中，“非法经营数额”的计算方法一直是争议较大的问题，主要有两种不同意见：一种意见认为，应当以被假冒的商品即真品的价格进行计算，理由是侵犯知识产权犯罪侵犯的就是他人的智力成果，按照真品的价格计算才能保护知识产权权利人的合法权益。另一种意见认为，应当以假冒产品实际销售的价格计算，主要理由是《刑法》规定的非法经营数额，应当指行为人实施侵犯知识产权行为所涉及的实际数额，例如，卖一块100元的假劳力士表，实际发生的数额就只有100元，不能认为非法经营数额是10万元。《解释》第十二条规定的“非法经营数额”的计算方法是在综合考虑各方面因素的基础上作出的，实际上是区分三个层次规定相应的计算方法。即对已销售的侵权产品的价值，按照实际销售的价格计算；制造、储存、运输和未销售的侵权产品的价值，按照标价或者已经查清的侵权产品的实际销售平均价格计算。侵权产品没有标价或者无法查清其实际销售价格的，按照被侵权产品的市场中间价格计算。这样规定的主要理由是：如果以真品的价值进行计算，由于真品的价值大都很高，这样规定将导致大多数原来可给予行政处罚的案件都达到刑事案件的标准，刑事处罚打击面过宽，执法中需要考虑刑事政策的运用；在加大对知识产权权利人刑事保护的同时，也要考虑到公正对待侵权犯罪行为人。《解释》规定的这种计算方法在实践中既避免了一律按照侵权产品或者被侵权产品的价格计算带来的弊端，同时也体现了立法的精神，有利于对知识产权的司法保护。

（八）触犯不同罪名时的处罚原则

《解释》第十三条、第十四条分别规定了触犯不同罪名时的处罚原则。第十三条规定，实施假冒注册商标罪，又销售该假冒注册商标的商品，构成犯罪的，以假冒注册商标罪定罪处罚；实施假冒注册商标罪，又销售明知是他人的假冒注册商标的商品，构成犯罪的，应当实行数罪并罚。第十四条规定，实施侵犯著作权罪，又销售侵权复制品，构成犯罪的，应当以侵犯著作权罪定罪处罚；实施侵犯著作权罪，又销售明知是他人的侵权复制品，构成犯罪的，应当实行数罪并罚。《解释》这样规定的主要理由是，行为人自己实施假冒注册商标、侵犯著作权的行为，又销售该假冒注册商标的商品或者该侵权复制品，从刑法理论上讲属于牵连犯，一般应"从一重处"，不实行并罚；而行为人如果既自己实施了假冒注册商标、侵犯著作权的犯罪行为，又实施销售明知是他人的假冒注册商标的商品或者他人的侵权复制品的犯罪行为，则构成实质的数罪，应当实行数罪并罚。

（九）单位和个人犯罪的定罪量刑标准问题

关于单位犯罪与个人犯罪的定罪量刑标准问题也是本《解释》研究起草过程中一个十分受关注的问题。在征求意见过程中，一种意见认为，单位犯罪和个人犯罪的标准应当一致。主要理由是：从立法角度讲，刑法在本节规定中没有区分单位与个人，《刑法》第二百二十条只规定了单位犯本节规定之罪的，依照本节各该条的规定处罚；从司法角度讲，有几部司法解释是执行的统一标准，如《最高人民法院关于审理破坏土地资源刑事案件具体应用法律若干问题的解释》《最高人民法院关于审理破坏森林资源刑事案件具体应用法律若干问题的解释》等。另一种意见认为，单位和个人犯罪应当有所区别。理由是：司法实践中，在《追诉标准》和《非法出版物解释》的规定中，单位和个人是有区别的；如果一个单位从成立之初就开始从事犯罪活动，那么按照我院关于单位犯罪的司法解释的规定是按照个人犯罪来处理的。

经过研究各方面意见，本《解释》第十五条规定："单位实施刑法第二百一十三条至第二百一十九条规定的行为，按照本解释规定的相应个人犯罪的定罪量刑标准的三倍定罪量刑。"主要理由在于：单位犯罪从组织形式、参与人员、行为规模上等毕竟不同于个人犯罪，如果对单位犯罪与个人犯罪执行同样的标准，由于现在的定罪量刑标准已经下降，实行相同处罚会带来执法的不平衡；《追诉标准》和《非法出版物解释》规定单位犯罪按照个人犯罪5倍的标准定罪量刑，本《解释》规定了3倍的标准，单位犯罪与个人犯罪数额之间的差距并不悬殊。

（十）《解释》关于共犯的规定

《解释》第十六条对共犯作了列举性规定，针对明知他人实施侵犯知识产权犯罪而为其提供各种便利条件或者代理进出口的，以共犯论。把为侵犯知识产权犯罪提供各种帮助的行为，纳入了刑法打击的范围。当前侵犯知识产权犯罪在不少地方已经出现了家族式经营、规模化、组织化的特征，出现了为直接实施侵犯知识产权犯罪人员提供各种便利条件或者帮助的行为，但这类行为如何查处，实践中存在不同认识。实施上述行为的人员虽没有直接参与侵犯知识产权的犯罪活动，但如果具备明知要件，那么他们主观上具有共同侵权犯罪的故意，客观上实施了提供各种便利条件或者帮助的行为，属于侵犯知识产权的共同犯罪，应当按照共同犯罪处理。《解释》关于共犯的规定为司法实践惩处共犯提供了明确依据。

（十一）《解释》的效力

由于本《解释》对《非法出版物解释》和《追诉标准》中相应的内容作了调整和补充，故《解释》第十七条规定，"两高"以前发布的有关侵犯知识产权犯罪的司法解释，与本解释相抵触的，自本解释施行后不再适用。具体适用可以按照"两高"《关于适用刑事司法解释时间效力问题的规定》第三条、第四条办理。即"对于新的司法解释实施前发生的行为，行为时已有相关司法解释，依照行为时的司法解释办理，但适用新的司法解释对犯罪嫌疑人、被告人有利的，适用新的司法解释。""对于在司法解释施行前已办结的案件，按照当时的法律和司法解释，认定事实和适用法律没有错误的，不再变动。"

（撰稿：李晓）

2. 最高人民法院、最高人民检察院关于办理侵犯知识产权刑事案件具体应用法律若干问题的解释（二）（法释〔2007〕6号，自2007年4月5日起施行）

第三条 侵犯知识产权犯罪，符合刑法规定的缓刑条件的，依法适用缓刑。有下列情形之一的，一般不适用缓刑：

（一）因侵犯知识产权被刑事处罚或者行政处罚后，再次侵犯知识产权构成犯罪的；

（二）不具有悔罪表现的；

（三）拒不交出违法所得的；

（四）其他不宜适用缓刑的情形。

第四条 对于侵犯知识产权犯罪的，人民法院应当综合考虑犯罪的违法所得、非法经营数额、给权利人造成的损失、社会危害性等情节，依法判处罚金。罚金数额一般在违法所得的一倍以上五倍以下，或者按照非法经营数额的50%以上一倍以下确定。

第五条 被害人有证据证明的侵犯知识产权刑事案件，直接向人民法院起诉的，人民法院应当依法受理；严重危害社会秩序和国家利益的侵犯知识产权刑事案件，由人民检察院依法提起公诉。

第六条 单位实施刑法第二百一十三条至第二百一十九条规定的行为，按照《最高人民法院、最高人民检察院关于办理侵犯知识产权刑事案件具体应用法律若干问题的解释》和本解释规定的相应个人犯罪的定罪量刑标准定罪处罚。

权威解读

解读《最高人民法院、最高人民检察院关于办理侵犯知识产权刑事案件具体应用法律若干问题的解释（二）》（以下简称《解释（二）》）

一、《解释（二）》的起草背景

近年来，人民法院不断加强知识产权司法保护特别是刑事司法保护的力度。1998年12月17日，最高人民法院公布了《关于审理非法出版物刑事案件具体应用法律若干问题的解释》（法释〔1998〕30号，以下简称《非法出版物解释》），明确了有关侵犯著作权犯罪的定罪量刑标准。2004年12月21日，针对司法实践中反映突出的有些罪名没有具体的定罪量刑标准、有的罪名定罪量刑标准过高，不适应打击侵犯知识产权犯罪现实需要的情况，最高人民法院会同最高人民检察院公布了2004年《解释》。2004年《解释》明确了侵犯知识产权犯罪的具体定罪量刑标准，大幅度降低了刑事责任的门槛。2005年10月18日，最高人民法院、最高人民检察院还颁行了《关于办理侵犯著作权刑事案件中涉及录音录像制品有关问题的批复》，明确了办理侵犯著作权刑事案件中涉及录音录像制品的数量标准问题。这些具有较强可操作性司法解释的出台，完善了知识产权刑事司法保护的标准，对人民法院依法审理侵犯知识产权刑事案件，有效打击这类犯罪，加大对知识产权的刑事司法保护力度，具有重要意义。

2004年《解释》施行后，人民法院2005年、2006年受理的案件均呈明显的上升趋势。以2005年为例，审结的案件数和判决人数分别比2004年上升31.2%和39.8%。此外，2005年各级人民法院还审结生产、销售伪劣商品案件1121件，比2004年上升20.3%，判处犯罪分子1934人，比2004年上升33.2%；审结非法经营案件1903件，比2004年上升32.7%，判处犯罪分子2648人，比2004年上升26%。这些案件中相当一部分属于侵犯知识产权的案件。2005年人民法院审理的非法经营、生产、销售伪劣商品犯罪案件与上年度相比均大幅上升，主要原因就是加大了对侵犯知识产权犯罪的打击力度。

为进一步加大对知识产权的刑事司法保护力度，充分发挥刑罚惩治和预防知识产权犯罪的功能，根据中国近年来保护知识产权形势的发展和知识产权犯罪的实际情况，特别是知识产权刑事审判工作中出现的新情况、新问题，最高人民法院会同最高人民检察院在总结近年来司法实践经验的基础上，研究制定了新的知识产权刑事司法解释。

2006年年底，最高人民法院研究室、刑二庭、知识产权庭（民三庭）会同最高人民检察院法律政策研究室起草出《解释（二）》的初稿。2007年1月，最高人民法院召开《解释（二）》的征求意见座谈会，最高人民检察院法律政策研究室、侦查监督厅、公安部经济犯罪侦查局、治安管理局、商务部条法司、工商总局商标局、版权局、国家知识产权局、国家保护知识产权办公室等单位的同志与会并发表了意见。《解释（二）》同时征求了全国人大常委会法制工作委员会刑法室的意见。根据各方面反馈的意见，最高人民法院研究室、最高人民检察院法律政策研究室对《解释（二）》反复研究修改后，分别报送最高人民法院审委会、最高人民检察院检委会讨论通过。

二、《解释（二）》的主要内容

（一）明显降低了侵犯著作权罪的数量门槛

2004年《解释》第五条规定，以营利为目的，未经著作权人许可，复制发行其文字作品、音乐、电影、电视、录像作品、计算机软件及其他作品，复制品数量合计在一千张（份）以上的，属于《刑法》第二百一十七条规定的“有其他严重情节”；复制品数量在五千张（份）以上的，属于《刑法》第二百一十七条规定的“有其他特别严重情节”。根据司法实践中知识产权犯罪的实际情况，《解释（二）》第一条对2004年《解释》的上述规定进行了修改，将“其他严重情节”的标准降低为五百张（份），将“有其他特别严重情节”的标准降低为二千五百张（份），侵犯著作权罪的数量门槛较之2004年《解释》降低了一半。明显降低数量门槛，这意味着将进一步加大对侵犯知识产权犯罪的打击力度，从而加强对知识产权的刑事保护。有意见认为，应当取消知识产权刑事责任追究的数额或者数量门槛，从而能够更加有效地对知识产权进行司法保护。我们认为，这个问题涉及我国《刑法》的规定。《刑法》有关知识产权犯罪规定了诸如“情节严重”“销售金额较大”“违法所得数额较大”等条件，这些规定要求侵犯知识产权犯罪需要达到一定的危害程度。刑事司法解释是对刑法的解释，不能突破和改变刑法的既有规定。需要指出，关于犯罪的起刑点方面，我国刑法与国外一些国家的刑法不尽一致，国外一些国家通常是仅对行为定性评价，如盗窃犯罪，国外一些国家刑法认为只要实施盗窃行为即构成犯罪；我国刑法对犯罪行为不仅定性，通常还要定量，即达到一定量的标准，如盗窃公私财物，我国刑法要求达到“数额较大”才构成盗窃罪，知识产权犯罪以及其他许多犯罪也都是类似规定。

另外，TRIPs第六十一条要求成员国将具有“商业规模”的侵犯知识产权行为纳入刑事司法程序。我们理解，TRIPs所说的“商业规模”和我国《刑法》中的“情节严重”“数额较大”等，表述上虽然不尽一致，但内容都是指行为的危害性达到了一定程度，二者的内在精神是一致的。因此，彻底取消知识产权犯罪的定罪门槛，不符合我国《刑法》的规定，也不符合TRIPs的规定。《解释（二）》坚持保留数量门槛的同时，显著降低侵犯著作权罪的数量门槛，以加大对知识产权的刑事保护力度。

（二）关于侵犯著作权罪中“复制发行”的理解

《著作权法》第十条对复制权和发行权分别作了规定，即以印刷、复印、拓印、录音、录像、翻录、翻拍等方式将作品制作一份或多份的权利是复制权，以出售或者赠与方式向公众提供作品的原件或者复制件的权利是发行权。《刑法》第二百一十七条第（一）项规定的“复制发行”，究竟是指同时具备复制与发行的行为，还是仅仅有复制或者发行之一的行为即可，关于这个问题，实践中一直有不同理解。

关于这个问题主要有三种观点：一是复制并发行说，该观点认为，并不存在只有复制行为而没有发行行为的情况，因为仅有复制行为而没有发行行为显然不能实现营利的目的，也就不可能构成侵犯著作权罪；二是复制、复制并发行择一说，该观点认为，“以营利为目的”只是本罪的主观要件，不要求行为实际获利，以营利为目的未经著作权人许可而复制其作品的，也可以构成本罪，并非要求行为人将侵权复制品发行出去获利了才构成犯罪，而发行行为不能单独成立本罪，发行单独成立本罪意味着行为人没有复制他人的作品，如违法所得数额巨大，应构成销售侵权复制品罪；三是复制、发行、复制并发行择一说，即只要具有复制或者发行之一的行为即可构成。

实践中侵犯著作权的行为比较复杂，有单独的复制行为，有复制并出租的行为，有复制后向特定人销售的行为，也有单独的发行行为，还有既复制又发行的行为。经研究认为，复制权和发行权都是法律规定属于著作权人的权利，未经著作权人许可，不管是实施复制行为，还是发行行为，抑或是既复制又发行的行为，都侵犯了著作权人的著作权。因此，从保护著作权人的权利角度考虑，《刑法》第二百一十七条规定的“复制发行”应当包括复制、发行或者既复制又发行的行为。《非法出版物解释》第三条其实对这个问题已有了规定。考虑到这个问题在实践中仍有争议，《解释（二）》第二条第一款对此问题再次予以明确。

（三）关于侵权产品的持有人推销侵权产品的认定问题

实践中，一些侵犯知识产权的行为人通过广告、征订等方式推销侵权产品，有关办案机关根据上述线索查获行为人的大量侵权产品。由于侵权产品尚未销售，这种情况下对于行为人的行为是否属于《刑法》第二百一十七条侵犯著作权罪规定的“发行”，实践中一直有争议，一些案件因有不同认识而无法得到处理。

经研究认为，如果行为人仅持有侵权产品，没有其销售的证据，存在行为人替别人保管或者其他可能，难以认定行为人实施了侵犯知识产权的行为；如果仅有行为人通过广告、征订等方式大肆宣传的证据，没有查获侵权产品，也难以认定被告人侵犯了著作权。但如果行为人持有侵权产品，同时又通过广告、征订等方式推销侵权产品，在两方面的证据都存在的情形下，行为人侵犯知识产权的行为比较明显，因此《解释（二）》第二条第二款对此问题作出明确规定，即这种情形属于《刑法》第二百一十七条规定的“发行”。

（四）关于统一侵犯著作权犯罪的罪名适用问题

有关著作权犯罪涉及的罪名有侵犯著作权罪（《刑法》第二百一十七条）、销售侵权复制品罪(《刑法》第二百一十八条)、非法经营罪（《刑法》第二百二十五条）等罪名，对侵犯著作权犯罪究竟适用哪个罪名，司法实践中不尽统一，较为混乱，也造成侵犯著作权犯罪刑罚适用的不一致。

考虑到侵犯著作权罪和非法经营罪属于一般法和特殊法的关系，按照侵犯著作权罪定罪处罚，更加符合这种犯罪行为侵犯著作权的性质，也避免非法经营罪成为“口袋罪”。还有，根据《著作权法》第十条对“发行”含义的规定，“发行”包括销售；而《刑法》第二百一十七条也规定了“发行”侵权的情形。因此，从打击知识产权犯罪的实际考虑，《解释（二）》第二条第三款规定，非法出版、复制、发行他人作品，侵犯著作权构成犯罪的，按照侵犯著作权罪定罪处罚，即不再适用销售侵权复制品罪和非法经营罪。《解释（二）》统一了侵犯著作权犯罪的罪名适用，使对这种犯罪的定性更加准确，刑罚适用更加一致，也有利于对侵犯知识产权犯罪的统计。

同时需要注意，这里的前提是“侵犯著作权构成犯罪的”，没有侵犯著作权的，不属于《解释（二）》第二条第三款规定的情形，不能以侵犯著作权罪定罪处罚。根据2001年《著作权法》（已修正）第四条规定，依法禁止出版、传播的作品，不受《著作权法》保护。因此，非法出版、印刷、复制、发行依法禁止出版、传播的作品，没有侵犯《著作权法》保护的著作权，不属于《解释（二）》第二条第三款规定的情形，不能以侵犯著作权罪定罪处罚。这种情形仍然依照《非法出版物解释》第十一条的规定，以非法经营罪定罪处罚。

（五）规范缓刑的适用

缓刑是《刑法》中规定的一种刑罚执行制度，是有条件的不执行刑罚。

依照刑法的规定，缓刑适用有两个条件：一是适用缓刑的对象条件，即“对于被判处拘役、三年以下有期徒刑”的犯罪分子；二是适用缓刑的实质条件，即根据犯罪人的犯罪情节和悔罪表现，适用缓刑确实不致再危害社会。也就是说，并非对被判处拘役或者三年以下有期徒刑的犯罪人一律都适用缓刑，必须是犯罪情节比较轻微，犯罪人确有悔改表现，对犯罪人暂不适用刑罚不致危害社会的，才能依法宣告缓刑。

假冒商标罪、销售假冒注册商标的商品罪、非法制造、销售非法制造的注册商标标识罪、假冒专利罪、侵犯著作权罪、销售侵权复制品罪、侵犯商业秘密罪七个侵犯知识产权犯罪，每个罪的第一档法定刑都是三年以下有期徒刑或者拘役，因此，知识产权犯罪符合上述缓刑适用的对象条件。对于判处三年以下有期徒刑或者拘役的知识产权犯罪人，如果根据犯罪情节和犯罪人的悔罪表现，暂不执行刑罚不致危害社会的，即可以依法宣告缓刑。

为规范缓刑的适用，做到既充分发挥缓刑制度的功能，又切实保证缓刑不被随意适用，《解释（二）》进一步规范了在知识产权刑事案件中缓刑的适用，明确依法适用缓刑，同时也列出了不适用缓刑的具体情形：(1) 因侵犯知识产权被刑事处罚或者行政处罚后，再次侵犯知识产权构成犯罪的；(2) 不具有悔罪表现的；(3) 拒不交出违法所得的；(4) 其他不宜适用缓刑的情形。不难看出，这几种情形都不符合刑法规定的缓刑适用的实质条件，如因侵犯知识产权被刑事处罚或者行政处罚后，再次侵犯知识产权构成犯罪的，表明如果对犯罪人暂不执行刑罚，其很可能再次犯罪危害社会，因此不符合缓刑的适用条件；“不具有悔罪表现的”和“拒不交出违法所得的”，也不符合缓刑的适用条件，因此《解释（二）》规定，有这些情形之一的，一般不适用缓刑。

（六）加大财产刑的适用与执行力度

罚金是我国《刑法》规定的一种附加刑，属于财产刑。罚金刑对基于营利目的的犯罪人是一种很好的惩罚，不仅使其营利的犯罪目的落空，还能够剥夺犯罪人继续实施犯罪的资本，客观上剥夺了其重新犯罪的能力。侵犯知识产权犯罪是侵财犯罪，打击知识产权犯罪，既要依法适用自由刑，同时也要加大罚金刑的适用与执行力度。TRIPs 第六十一条中也规定，对侵犯知识产权犯罪可以采用的救济应包括处以足够起威慑作用的监禁，或处以罚金，或二者并处。为此，《解释（二）》第六条对如何适用罚金刑作了明确规定。

《解释（二）》第六条对知识产权犯罪如何适用罚金刑明确了两个问题：一是适用罚金刑需要考虑的情节因素；二是罚金数额的确定。

1. 关于适用罚金刑需要考虑的情节因素问题

刑法第五十二条规定，判处罚金要根据犯罪情节决定罚金数额。《最高人民法院关于适用财产刑若干问题的规定》（法释〔2000〕45号，以下简称《财产刑规定》）第二条对一般犯罪判处罚金应当考虑的情形作了规定，犯罪情节包括违法所得数额、造成损失的大小等，并综合考虑犯罪分子缴纳罚金的能力。《解释（二）》第六条根据实践中知识产权犯罪的实际情况进一步明确，对于侵犯知识产权犯罪的，人民法院应当综合考虑犯罪的违法所得、非法经营数额、给权利人造成的损失、社会危害性等情节，概括性列举了判处侵犯知识产权犯罪罚金时应当考虑的各种因素。

2. 关于罚金数额的确定问题

刑法分则对罚金数额的规定大体是以下几种情况：

一是无限额罚金制，即只规定判处罚金而没有规定罚金的具体数额。这种情形在刑法分则中较多，大多数判处罚金的罪名都没有规定具体数额，仅规定并处或者单处罚金。根据《财产刑规定》第二条的规定，刑法没有明确规定罚金数额标准的，罚金的最低数额不能少于1000元，对未成年人犯罪罚金的最低数额不能少于500元。

二是倍比罚金制，即以违法所得数额或者犯罪涉及数额为基准，处以一定倍数的罚金。如《刑法》第二百二十五条非法经营罪规定，并处或者单处违法所得的1倍以上5倍以下罚金。

三是比例罚金制，即以犯罪涉及数额为基准，处以一定比例的罚金。如《刑法》第一百五十八条虚报注册资本罪规定，并处或者单处虚报注册资本数额1%以上5%以下罚金。

四是相对确定的罚金数额，即规定了比较确定的罚金数额幅度，如《刑法》第一百九十二条集资诈骗罪规定，并处2万元以上20万元以下罚金。

其中，后三种情形涉及的罪名主要是《刑法》第三章破坏社会主义市场经济秩序罪，这些犯罪大都有直接的犯罪数额或者违法所得，因此《刑法》也明确规定了其罚金数额确定的标准。

《刑法》关于知识产权犯罪罚金数额的规定属于前述第一种情况，即只规定判处罚金而没有规定罚金的具体数额。考虑到知识产权犯罪也包括在《刑法》第三章破坏社会主义市场经济秩序罪中，为规范罚金刑的适用，《解释（二）》第六条参考刑法分则罚金数额规定的情形，根据实践中侵犯知识产权犯罪的客观情况，对侵犯知识产权犯罪罚金数额的确定作了明确规定，即一般在违法所得的1倍以上5倍以下，或者按照非法经营数额的50%以上1倍以下确定。不难看出，《解释（二）》的这个规定综合了前述第二种和第三种罚金数额的情形，符合确定罚金数额的通常原则。

（七）自诉问题

《刑法》关于侵犯知识产权犯罪的定罪量刑的实体内容，还需要通过合理的刑事诉讼程序来实现，才能达到惩治侵犯知识产权犯罪、保护权利人的合法权益的目的。从世界各国的刑事诉讼立法来看，多数国家侵犯知识产权犯罪采取公诉与自诉相结合的方式，对于严重的侵犯知识产权犯罪通过公诉形式进行，对于轻微的侵犯知识产权犯罪通常都是作为自诉案件处理。如德国《刑事诉讼法》第三百七十四条规定的8种自诉案件，包括其刑法第三百零三条规定的一切按照轻犯罪处罚的侵犯文学、艺术和营业性版权行为；俄罗斯联邦刑事诉讼法第二十七条规定的自诉案件范围，也包括其刑法第一百四十一条规定的侵害著作权和发明权的犯罪案件。这是因为侵犯知识产权犯罪首先是侵犯权利人合法权益的犯罪，因此对犯罪人是否进行追诉，法律可以交由被害人自己决定。

我国1996年《刑事诉讼法》第一百七十条规定，自诉案件包括告诉才处理的案件、被害人有证据证明的轻微刑事案件，以及被害人有证据证明对被告人侵犯自己人身、财产权利的行为应当依法追究刑事责任，而公安机关或者人民检察院不予追究被告人刑事责任的案件三类。

《最高人民法院、最高人民检察院、公安部、国家安全部、司法部、全国人民代表大会常务委员会法制工作委员会关于刑事诉讼法实施中若干问题的规定》（以下简称《六部委规定》）和《最高人民法院关于执行〈中华人民共和国刑事诉讼法〉若干问题的解释》（以下简称《刑诉法解释》）都明确规定，“被害人有证据证明的轻微刑事案件”包括侵犯知识产权案件（严重危害社会秩序和国家利益的除外）。因此，根据《刑事诉讼法》《六部委规定》及《刑诉法解释》的规定，对于严重危害社会秩序和国家利益的侵犯知识产权刑事案件，由检察机关提起公诉；对于一般侵犯知识产权刑事案件，被害人可以作为自诉案件的当事人直接向法院起诉。

实践中法院受理的自诉案件数量较少，这个程序没有发挥应有的功用。因此为切实保障当事人的刑事自诉权利，《解释（二）》第五条对此问题进一步重申，明确被害人有证据证明的侵犯知识产权刑事案件，直接向人民法院起诉的，人民法院应当依法审理，严重危害社会秩序和国家利益的侵犯知识产权刑事案件，由人民检察院依法提起公诉。

需要指出，根据《六部委规定》和《刑诉法解释》的规定，被害人直接向人民法院起诉的侵犯知识产权犯罪案件，人民法院应当依法受理，对于其中证据不足、可由公安机关受理的，应当移送公安机关立案侦查，被害人向公安机关控告的，公安机关应当受理。

（八）关于统一单位犯罪和个人犯罪定罪量刑标准问题

关于单位犯罪与个人犯罪的定罪量刑标准是否统一问题，一直是备受关注的问题。刑法对单位犯罪和个人犯罪的定罪量刑标准并没有加以区别，司法解释规定的情形则比较复杂。在“两高”颁布的司法解释中，二者标准有相同的，如《关于办理非法制造、买卖、运输、储存毒鼠强等禁用剧毒化学品刑事案件具体应用法律问题的解释》，也有不同的；不同的具体情况也不尽一致，有的是按照5倍标准，有的是按照3倍标准。

客观上讲，单位犯罪和个人犯罪在组织形式、参与人员、行为规模、处罚方式等许多方面存在不同，如处罚方式上，按照我国《刑法》的规定，对单位犯罪实行双罚制，即对单位判处罚金，并对其直接负责的主管人员和直接责任人员判处刑罚，而对个人犯罪则只能对个人进行处罚。考虑到单位犯罪与个人犯罪的诸多不同，因此，区别单位犯罪与个人犯罪的定罪量刑标准是有其道理的。

关于侵犯知识产权犯罪，《非法出版物解释》和《最高人民检察院、公安部关于经济犯罪案件追诉标准的规定》都规定，单位犯罪定罪量刑标准是个人犯罪定罪量刑标准的5倍。为加大知识产权的刑事司法保护力度，2004年《解释》缩小了单位犯罪与个人犯罪定罪量刑标准的差距，由原来的5倍降为3倍。

《刑法》第二百二十条规定，单位犯第二百一十三条至第二百一十九条之罪的，对单位判处罚金，并对其直接负责的主管人员和其他责任人员，依照各该条的规定处罚，因此《刑法》对知识产权犯罪并没有单位犯罪与个人犯罪标准不同的规定。目前，我国正在建设创新型国家，需要进一步加大知识产权的保护力度，考虑到知识产权犯罪中单位犯罪现象比较普遍的实际情况，因此，《解释（二）》第六条规定，单位犯罪按照2004年《解释》和《解释（二）》相应个人犯罪的定罪量刑标准定罪处罚。这个规定，统一了单位犯罪与个人犯罪的定罪量刑标准，实际上大幅降低了单位犯罪的定罪门槛，进一步加大了对单位侵犯知识产权犯罪的打击力度。

（撰稿：李洪江）

3. 最高人民法院刑事审判第二庭关于集体商标是否属于我国刑法的保护范围问题的复函（〔2009〕刑二函字第28号，2009年4月10日回复）

公安部经济犯罪侦查局：

贵局公经知产（2009）29号《关于就一起涉嫌假冒注册商标案征求意见的函》收悉。经研究，答复如下：

一、我国《商标法》第三条规定："经商标局核准注册的商标为注册商标，包括商品商标、服务商标和集体商标、证明商标；商标注册人享有商标专用权，受法律保护。"因此，刑法第二百一十三条至二百一十五条所规定的"注册商标"应当涵盖"集体商标"。

二、商标标识中注明了自己的注册商标的同时，又使用了他人注册为集体商标的地理名称，可以认定为刑法规定的"相同的商标"。根据贵局提供的材料，山西省清徐县溢美源醋业有限公司在其生产的食用醋的商标上用大号字体在显著位置上清晰地标明"镇江香（陈）醋"，说明其已经使用了与江苏省镇江市醋业协会所注册的"镇江香（陈）醋"集体商标相同的商标。而且，山西省清徐县溢美源醋业有限公司还在其商标标识上注明了江苏省镇江市丹阳市某香醋厂的厂名厂址和QS标志，也说明其实施假冒注册"镇江香（陈）醋"集体商标的行为。

综上，山西省清徐县溢美源醋业有限公司的行为涉嫌触犯刑法第二百一十三条至二百一十五条的规定。

以上意见，供参考。

4. 最高人民法院、最高人民检察院关于办理非法生产、销售烟草专卖品等刑事案件具体应用法律若干问题的解释（法释〔2010〕7号，自2010年3月26日起施行）

为维护社会主义市场经济秩序，依法惩治非法生产、销售烟草专卖品等犯罪，根据刑法有关规定，现就办理这类刑事案件具体应用法律的若干问题解释如下：

第一条第二款 未经卷烟、雪茄烟等烟草专卖品注册商标所有人许可，在卷烟、雪茄烟等烟草专卖品上使用与其注册商标相同的商标，情节严重的，依照刑法第二百一十三条的规定，以假冒注册商标罪定罪处罚。

第五条 行为人实施非法生产、销售烟草专卖品犯罪，同时构成生产、销售伪劣产品罪、侵犯知识产权犯罪、非法经营罪的，依照处罚较重的规定定罪处罚。

第六条 明知他人实施本解释第一条所列犯罪，而为其提供贷款、资金、账号、发票、证明、许可证件，或者提供生产、经营场所、设备、运输、仓储、保管、邮寄、代理进出口等便利条件，或者提供生产技术、卷烟配方的，应当按照共犯追究刑事责任。

权威解读

解读《最高人民法院、最高人民检察院关于办理非法生产、销售烟草专卖品等刑事案件具体应用法律若干问题的解释》

一、起草背景和过程

2003 年 12 月 23 日，最高人民法院、最高人民检察院、公安部和国家烟草专卖局共同印发了《关于办理假冒伪劣烟草制品等刑事案件适用法律问题座谈会纪要》(以下简称《纪要》)。《纪要》对司法实践中办理假冒伪劣烟草制品等刑事案件起到了非常重要的指导作用。然而，随着司法实践中一些新情况、新问题的不断出现，《纪要》所暴露出的问题也越来越明显。

在烟草打假过程中，经常会遇到一些制售假烟的行为因缺乏法律依据而难以定罪量刑的问题。例如，对生产伪劣烟草专用机械及卷烟辅料的行为如何定罪量刑？对在生产、销售伪劣烟草制品过程中侵犯知识产权的行为如何定性等。上述问题的不明确，直接影响到对生产、销售假烟、劣烟行为的惩处力度，不但会造成国家大量财税流失，而且可能严重损害消费者的身心健康。如一些假烟制造商使用含有致癌物质的工业香精喷染烟丝，或者使用罂粟水喷烟叶，就极有可能使吸烟者上瘾并引起矽肺病等。

鉴于上述原因，国家烟草专卖局向“两高”提出了《关于恳请联合制订关于办理生产和经营烟草专卖品等刑事案件具体应用法律若干问题解释的函》。最高人民法院研究室、刑二庭会同最高人民检察院法律政策研究室于 2007 年 10 月 17 日召开座谈会，就《纪要》的实施情况、司法实践中存在的问题，以及当前办理涉烟刑事案件中迫切需要解决的问题进行了讨论。与会代表一致认为有必要制定新的司法解释，有针对性地解决办理生产、经营烟草专卖品等刑事案件过程中存在的具体法律适用问题，以加大对制售假烟的打击力度，特别是加大对烟草专卖品知识产权的刑事保护力度。会后不久，关于惩处非法生产、销售烟草专卖品等刑事犯罪的司法解释在“两高”正式立项，由此启动了涉烟司法解释起草的征程。

2008 年年初，最高人民法院研究室、刑二庭和最高人民检察院法律政策研究室、国家烟草专卖局成立调研组，在广泛收集资料的基础上，针对烟草打假工作中存在的主要问题，起草了《解释》初稿，并在福建厦门召开了《关于办理非法生产、销售烟草专卖品等刑事案件具体应用法律若干问题的解释（初稿）》征求意见座谈会，听取了来自福建省、广东省、河南省、湖南省、重庆市高级人民法院、检察院、烟草部门等有关部门的意见。根据这次座谈会的意见，最高人民法院研究室、刑二庭对《解释》初稿进行了大幅修改和完善。

2008 年 5 月，“两高”研究室会同公安部治安局、国家烟草局在云南昆明召开了由云、桂、陕、浙、苏、鄂六省公、检、法和烟草行政主管机关有关人员参加的司法解释征求意见座谈会。综合各高级人民法院、最高人民法院各刑庭和云南会议各代表的意见，“两高”研究室对《解释》稿进行了反复修改，并将修改稿及时征求了全国人大常委会法工委刑法室、公安部法制局、治安局、国家烟草专卖局和“两高”有关庭室的意见。2009 年 2 月 26 日，在京召开了由数位著名刑法教授和烟草打假专家参加的专家论证会，逐条对解释稿进行了论证。2009 年 9 月 21 日，最高人民法院刑事专业委员会讨论后原则通过了送审稿。会后，我们按照刑专委的意见对《解释》稿进行了进一步修改、论证和调研并征求有关部门意见后，报送审判委员会讨论，并于 2009 年 12 月 28 日由最高人民法院审判委员会第 1481 次会议、2010 年 2 月 4 日由最高人民检察院第十一届检察委员会第 29 次会议通过。

二、主要内容

《解释》共分为 10 个条文，具体明确了非法生产、销售烟草专卖品等犯罪行为所适用的具体罪名，完善了非法生产、销售烟草专卖品等犯罪按照生产、销售伪劣产品罪处理的定罪量刑标准和有关犯罪金额的计算方法，明确了按照非法经营罪处理的定罪量刑标准以及有关犯罪金额的计算方法，明确了犯罪竞合、共犯、鉴定等问题的处理原则。此外，《解释》还规定了以暴力、威胁方法阻碍烟草专卖执法人员依法执行职务，以及煽动群众暴力抗拒烟草专卖法律实施，构成犯罪的，分别以妨害公务罪、煽动暴力抗拒法律实施罪追究刑事责任等。

（一）非法生产、销售烟草专卖品犯罪涉及的具体罪名

《解释》第一条明确规定了涉烟犯罪涉及的五个罪名，即生产、销售伪劣产品罪，假冒注册商标罪，销售假冒注册商标的商品罪，非法制造、销售非法制造的注册商标标识罪，非法经营罪。为便于司法机关办案时准确把握和适用，《解释》明确列出办理非法生产、销售烟草专卖品等刑事案件适用的罪名。

根据《烟草专卖法》的规定，“烟草专卖品”是指卷烟、雪茄烟、烟丝、复烤烟叶、烟叶、卷烟纸、滤嘴棒、烟用丝束以及烟草专用机械。而《解释》仅列明卷烟和雪茄烟，是因为司法实践中绝大部分查处的烟草打假案件是伪劣卷烟和雪茄烟，涉及其他烟草专卖品的案件较少。生产、销售伪劣卷烟、雪茄烟的行为方式符合《刑法》第一百四十条规定的“在产品中掺杂、掺假”“以假充真”“以次充好”“以不合格产品冒充合格产品”四种行为方式。《解释》第一条第一款规定了生产、销售伪劣卷烟、雪茄烟等烟草专卖品，销售金额在五万元以上的，依照刑法第一百四十条的规定，以生产、销售伪劣产品罪定罪处罚。其中，“掺杂、掺假”是指在卷烟、雪茄烟中掺入杂质或者异物，致使产品质量不符合国家烟草专卖法律、法规规定的质量要求，从而降低或者失去应有的使用性能。“以假充真”是指以不具有某种使用性能的产品冒充具有使用性能产品的行为，如用树叶冒充烟叶非法生产的伪劣卷烟。“以次充好”是指以低等级、低档次的卷烟、雪茄烟冒充高等级、高档次的卷烟、雪茄烟的行为，如用劣等卷烟冒充“中华”“熊猫”等高档次卷烟。“以不合格产品冒充合格产品”是指以不符合《产品质量法》第二十六条第二款规定的质量要求的产品冒充合格产品的行为。对上述行为的判断，是“打假”工作的重点，2001年《最高人民法院、最高人民检察院关于办理生产、销售伪劣产品刑事案件具体应用法律若干问题的解释》（以下简称《伪劣产品解释》）对此进行了明确规定。

犯罪分子在生产和销售假烟的过程中，一般都假冒他人的烟用注册商标或者标识。《烟草专卖法》第十九条规定：“卷烟、雪茄烟和有包装的烟丝必

须申请商标注册，未经核准注册的，不得生产、销售。禁止生产、销售假冒他人注册商标的烟草制品。”第二十条规定：“烟草制品商标标识必须由省级工商行政管理部门指定的企业印刷；非指定的企业不得印刷烟草制品商标标识。”《解释》第一条第二款、第三款、第四款规定了非法生产、销售卷烟、雪茄烟侵犯他人知识产权犯罪行为的定罪问题。《解释》第一条第一款规定了生产、销售伪劣卷烟、雪茄烟等烟草专卖品，销售金额在五万元以上的，依照刑法第一百四十条的规定，以生产、销售伪劣产品罪定罪处罚。《解释》第一条第二款规定：“未经卷烟、雪茄烟等烟草专卖品注册商标所有人许可，在卷烟、雪茄烟等烟草专卖品上使用与其注册商标相同的商标，情节严重的，依照刑法第二百一十三条的规定，以假冒注册商标罪定罪处罚。”该条第三款规定：“销售明知是假冒他人注册商标的卷烟、雪茄烟等烟草专卖品，销售金额较大的，依照刑法第二百一十四条的规定，以销售假冒注册商标的商品罪定罪处罚。”第四款规定：“伪造、擅自制造他人卷烟、雪茄烟注册商标标识或者销售伪造、擅自制造的卷烟、雪茄烟注册商标标识，情节严重的，依照刑法第二百一十五条的规定，以非法制造、销售非法制造的注册商标标识罪定罪处罚。”关于侵犯上述知识产权行为的定罪处罚标准问题，依照2004年“两高”《关于办理侵犯知识产权刑事案件具体应用法律若干问题的解释》（法释〔2004〕19号）和2007年《关于办理侵犯知识产权刑事案件具体应用法律若干问题的解释（二）》（法释〔2007〕6号）的相关规定办理。

《解释》第一条第五款规定：“违反国家烟草专卖管理法律法规，未经烟草专卖行政主管部门许可，无烟草专卖生产企业许可证、烟草专卖批发企业许可证、特种烟草专卖经营企业许可证、烟草专卖零售许可证等许可证明，非法经营烟草专卖品，情节严重的，依照刑法第二百二十五条的规定，以非法经营罪定罪处罚。”该款规定的四种许可证明是依据《烟草专卖法》的有关规定列举的。《烟草专卖法》第三条规定：“国家对烟草专卖品的生产、销售、进出口依法实行专卖管理，并实行烟草专卖许可证制度。”第十二条规定：“开办烟草制品生产企业，必须经国务院烟草专卖行政主管部门批准，取得烟草专卖生产企业许可证，并经工商行政管理部门核准登记……”第十五条、第十六条分别规定了经营烟草制品批发业务的企业、经营烟草制品零售业务的企业和个人，应当经批准取得烟草专卖批发企业许可证或者烟草专卖零售许可证。没有上述许可证而从事生产、销售烟草专卖品的行为，应当认定为

《刑法》第二百二十五条第（一）项规定的“未经许可经营法律、行政法规规定的专营、专卖物品或者其他限制买卖的物品的”的行为。

需要注意的是，在征求意见过程中，关于烟草专卖品准运证的问题，存在两种不同意见。一种意见认为，《烟草专卖法》第二十九条明确规定没有烟草专卖品准运证或者超过准运证规定的数量托运或者自运烟草专卖品的，由烟草专卖行政机关予以行政处罚。由此推论，没有准运证不能运输烟草专卖品，这种行为同样违反《刑法》第二百二十五条的规定，应当认定为非法经营罪。另一种意见认为，烟草专卖品与毒品等违禁品不同，运输烟草的情况比较复杂，对没有烟草专卖品准运证运输烟草的行为一律依照《刑法》第二百二十五条非法经营罪处罚似不太妥当。经研究，我们采纳了后一种意见。《烟草专卖法》第二十九条虽然规定没有烟草专卖品准运证不能运输，但是这种运输行为毕竟和《刑法》第二百二十五条“未经许可经营法律、行政法规规定的专营、专卖物品……”在性质上有所不同。不过这并不意味着没有烟草专卖品准运证而运输的行为一律不以犯罪论处，对于明知是非法生产、销售的烟草专卖品而提供运输等便利条件的，应当按照《解释》第六条的规定，以共犯追究刑事责任。

关于超范围经营的行为是否构成犯罪的问题，即有经营许可证件，但是违反了相关法规，超范围地经营合格的烟草专卖品的行为是否按照非法经营罪处理。我们认为，有经营许可证但超范围或者不按照规定的进货渠道进货的行为，虽然违反了有关行政法规，但是对社会的危害性不大，不宜按照犯罪处理，给予行政处罚即可。

（二）关于非法生产、销售烟草专卖品的定罪量刑标准和涉案金额的计算方法

《解释》第二条第一款规定：“伪劣卷烟、雪茄烟等烟草专卖品尚未销售，货值金额达到刑法第一百四十条规定的销售金额定罪起点数额标准的三倍以上的，或者销售金额未达到五万元，但与未销售货值金额合计达到十五万元以上的，以生产、销售伪劣产品罪（未遂）定罪处罚。”该款规定了非法生产、销售烟草专卖品犯罪未遂的两种情形：第一种情形是参照 2001 年 4 月《伪劣产品解释》第二条第二款“伪劣产品尚未销售，货值金额达到刑法第一百四十条规定的销售金额三倍以上的，以生产、销售伪劣产品罪（未遂）定罪处罚”的规定；第二种情形是指销售金额和未销售金额分别计算都没有达

到定罪标准，也就是说，销售金额不足五万元，未销售金额不足十五万元，但两者相加的数额达到了十五万元，按照未遂处罚的规定处罚。这样规定的目的是严密法网、不轻纵罪犯。司法实践中，由于种种原因，绝大多数案件查到的仅仅是伪劣烟草本身，难以查清甚至根本无法查清销售金额，导致大量案件无法处理。为妥善解决这些问题，《解释》借鉴了2001年《伪劣产品解释》的规定，对该类行为以生产、销售伪劣产品罪（未遂）定罪处罚。主要理由如下：

(1) 符合犯罪具有严重社会危害性的本质特征。生产、销售伪劣烟草专卖品的目的就是销售，已经生产和购买后准备销售的行为，其社会危害性是客观存在的。如果这类行为中情节严重的情形也不定罪处罚，将会使绝大多数制售假烟的人逃避法律追究。(2) 符合《刑法》关于犯罪既遂、未遂的理论。犯罪既遂，是指行为人实施了刑法规定的全部构成要件的行为；犯罪未遂，是指行为人已经着手实施犯罪，但由于行为人意志以外的原因而没有实施完毕刑法规定的全部构成要件。生产、购买假烟尚未来得及销售，属于销售伪劣产品的未遂状态。(3) 符合立法原意。《刑法》第一百四十条规定的生产、销售伪劣产品罪，如果仅以销售金额认定是否构成犯罪，则刑法条文规定的生产伪劣产品罪难以发挥应有的作用。如果对尚没有销售的生产假烟者仅因没有销售金额就不予追究，不利于打假工作的开展。“货值金额”的概念，首先出现于《产品质量法》，2001年《伪劣产品解释》将这一概念援引进刑事领域。货值金额以违法生产、销售产品的标价计算，没有标价的，按照同类产品的市场价格计算。(4) 未遂的定罪量刑标准，沿用了2001年《伪劣产品解释》的规定，因为未遂毕竟没有销售，造成的社会危害性相对比较小，为缩小打击面，《解释》规定“货值金额达到刑法第一百四十条规定的销售金额三倍以上”的，以生产、销售伪劣产品罪（未遂）定罪处罚。必须强调的是，货值金额十五万元仅是入罪的标准，即仅是在入罪标准上，货值金额必须是销售金额的三倍，但是在加重情节上，并不相应要求货值金额必须是销售金额的三倍；对于加重情节的数额标准，依然按照《纪要》的规定办理，即“伪劣烟草制品尚未销售，货值金额分别达到十五万元以上不满二十万元、二十万元以上不满五十万元、五十万元以上不满二百万元、二百万元以上的，分别依照刑法第一百四十条规定的各量刑档次定罪处罚”。

《解释》第二条第二款规定：“销售金额和未销售货值金额分别达到不同

的法定刑幅度或者均达到同一法定刑幅度的，在处罚较重的法定刑幅度内酌情从重处罚。”该款是关于销售金额和未销售金额分别达到不同量刑标准或者均达到同一量刑标准的处罚原则。实践中存在两种情形：一种情形是指既遂和未遂的标准均已达到，但是分别处于不同的量刑档次，如已经查清的未销售金额达到了结三个量刑档次，应处七年以上有期徒刑，而销售金额五万元以上不满二十万元，是第一个量刑档次，即二年以下有期徒刑，这种情况应当在七年以上有期徒刑这一法定刑幅度量刑。另一种情形是指既遂和未遂的标准均已达到，且在同一量刑档次，但是数额又不能简单相加。考虑到此种情形的社会危害性比单纯的一个金额大，为了不轻纵犯罪人，同时也体现公平原则，故规定了从重处罚。

第三款是关于未销售的伪劣烟草制品货值金额的计算方法，分为在不同环节查获的伪劣卷烟或者无品牌卷烟的价格计算，以及散支烟的计算等。一般分为两个步骤：一是查获的未销售的伪劣卷烟、雪茄烟，能够查清销售价格的，按照实际销售价格计算。二是无法查清实际销售价格，有品牌的，按照该品牌卷烟、雪茄烟的查获地省级烟草专卖行政主管部门出具的零售价格计算；无品牌的，按照查获地省级烟草专卖行政主管部门出具的上年度卷烟平均零售价格计算。

（三）关于非法经营罪的定罪处罚标准和涉案数额的计算方法

《解释》第三条规定了按照非法经营犯罪处理“情节严重”和“情节特别严重”的具体情形，第四条规定了非法经营数额的具体计算方法。

“情节严重”的情形分为非法经营数额、违法所得数额、卷烟数量和两次行政处罚后再犯四种定罪标准。

非法经营数额在五万元以上的，或者违法所得数额在二万元以上的，应当认定为《刑法》第二百二十五条规定的“情节严重”。之所以将非法经营数额定在五万元以上，主要基于以下两个因素的考虑：一是从司法实践中涉烟刑事案件的统计数据分析，进入刑事处罚的涉烟案件只占到所有涉烟案件的1.1%，数量不多，非法经营犯罪案件打击面不大，其中非法经营数额在五万元以上的案件占涉烟非法经营犯罪案件的一半左右，如果把非法经营数额提高到五万元以上或者十万元，则有五成多的非法经营犯罪行为得不到有效惩治，因此继续沿用《纪要》非法经营数额五万元的标准比较合适。二是保持与其他司法解释的协调和平衡。如“两高”2004年《关于办理侵犯知识产权刑事案件具体应用法律若干问题的解释》中将假冒注册商标罪的入罪标准数额规定为五万元，如果非法经营烟草犯罪的入罪标准数额不是五万元，则会在执法上造成严重不平衡的现象。

关于违法所得数额的问题，1998 年《最高人民法院关于审理非法出版物刑事案件具体应用法律若干问题的解释》第十七条规定，违法所得数额是指获利数额。从司法实践中查获的案件来看，非法经营烟草的利润在50%左右，即非法经营五万元的话，获利数额二万多元。因此，《解释》将违法所得二万元亦作为本罪情节严重的情形之一。

非法经营卷烟二十万支以上的，应认定为非法经营“情节严重”的情形。这样规定的主要理由在于：一是“打假”现场经常查获的是散支烟，没有品牌和标价，但数量多，造成的社会危害性较大；二是考虑20 万支卷烟的价格，按照全国卷烟的平均批发价格计算，基本和非法经营数额五万元的标准相当。

《解释》第三条第一款第（三）项将“曾因非法经营烟草专卖品三年内受过二次以上行政处罚，又非法经营烟草专卖品且数额在三万元以上的”作为情节严重的情形之一。这一规定的主要理由在于前两次非法经营烟草行为虽然已经受到了行政处罚，但行为人在明知这种行为违法的情况下再次非法经营烟草专卖品，表明其主观恶性深，对国家烟草专卖制度的危害比初犯者更大，社会危害性大。考虑到该情形与单纯的数额情形毕竟存在区别，同时也兼顾到前两次行为已经受过处罚，因此《解释》在规定“受过二次以上行政处罚”的同时，又规定了低于本款第（一）项单纯数额情形的数额标准，将一些经营数额不大的行为排除在外，适度体现了刑法的谦抑性。

对“情节特别严重”的情形规定，比照“情节严重”的情形的五倍计算。即非法经营数额在二十五万元以上，或者违法所得数额在十万元以上的；非法经营卷烟一百万支以上的。

关于非法经营数额的计算方法。《解释》第四条对数额的计算进行了明确规定，分为两种情形：一是非法经营烟草专卖品，能够查清销售或者购买价格的，按照其销售或者购买的价格计算非法经营数额。二是无法查清销售或者购买价格的，区分不同情况分别计算非法经营数额：

（1）查获的卷烟、雪茄烟的价格，有品牌的，按照该品牌卷烟、雪茄烟的查获地省级烟草专卖行政主管部门出具的零售价格计算；无品牌的，按照查获地省级烟草专卖行政主管部门出具的上年度卷烟平均零售价格计算。

（2）查获的复烤烟叶、烟叶的价格按照查获地省级烟草专卖行政主管部门出具的上年度烤烟调拨平均基准价格计算。

（3）烟丝的价格按照第（二）项规定的价格计算标准的1.5倍计算。

（4）卷烟辅料的价格，有品牌的，按照该品牌辅料的查获地省级烟草专卖行政主管部门出具的价格计算；无品牌的，按照查获地省级烟草专卖行政主管部门出具的上年度烟草行业生产卷烟所需该类卷烟辅料的平均价格计算。

（5）非法生产、销售、购买烟草专用机械的价格按照国务院烟草专卖行政主管部门下发的全国烟草专用机械产品指导价格目录进行计算；目录中没有该烟草专用机械的，按照省级以上烟草专卖行政主管部门出具的目录中同类烟草专用机械的平均价格计算。

（四）关于犯罪竞合的问题

实施非法生产、销售烟草专卖品犯罪行为，可能触犯数个罪名。例如，生产、销售伪劣烟草制品，首先要假冒他人注册的卷烟、雪茄烟注册商标。如果假烟是伪劣的，则构成生产、销售伪劣产品罪；如果不是伪劣烟草专卖品，则可能构成非法经营罪。生产、销售伪劣产品罪和非法经营罪是一种法规竞合，生产、销售伪劣产品罪和假冒注册商标罪则是一种想象竞合，按照想象竞合犯择一重罪的原则，以适用具体量刑情节后可能判处重刑的罪名进行处断。《解释》第五条规定："行为人实施非法生产、销售烟草专卖品犯罪，同时构成生产、销售伪劣产品罪、侵犯知识产权犯罪、非法经营罪的，依照处罚较重的规定定罪处罚。"

（五）关于共犯的问题

"明知"是指行为人知道或者应当知道的情形。涉烟刑事案件中突出的问题是为制售假烟的人提供生产、仓储场所，提供运输或者邮寄等便利条件，甚至有的为行为人提供制假技术和卷烟的配方，还出现过提供烟草专用机械的装配图纸等，这些行为符合刑法关于共犯的规定。

《解释》第六条规定了三种明知情形：一是明知他人实施非法生产、销售烟草专卖品犯罪，而为其提供贷款、资金、账号、发票、证明、许可证件；二是明知他人实施非法生产、销售烟草专卖品犯罪，而为其提供生产、经营场所、设备、运输、仓储、保管、邮寄、代理进出口等便利条件；三是明知他人实施非法生产、销售烟草专卖品犯罪，而为其提供生产技术、卷烟配方的。上述三种明知情形，对行为人应当按照共犯追究相应刑事责任。

（六）关于伪劣烟草专卖品的鉴定问题

《烟草专卖法实施条例》第三十一条规定："假冒商标烟草制品的鉴别检测工作，由国务院产品质量监督管理部门和省、自治区、直辖市人民政府产品质量监督管理部门指定的烟草质量检测站进行。"依据该条和《纪要》第十条的规定，目前假冒伪劣烟草的鉴定工作，应由国务院烟草专卖行政主管部门授权的省级以上烟草产品质量监督检验机构，按照国家烟草专卖局制定的假冒伪劣卷烟鉴别检验管理办法和假冒伪劣卷烟鉴别检验规程等有关规定进行。假冒伪劣烟草专用机械的鉴定由国家质量监督部门或其委托的国家烟草质量监督检验中心，根据烟草行业的有关技术标准进行。《解释》第七条规定："办理非法生产、销售烟草专卖品等刑事案件，需要对伪劣烟草专卖品鉴定的，应当委托国务院产品质量监督管理部门和省、自治区、直辖市人民政府产品质量监督管理部门指定的烟草质量检测机构进行。"

（七）关于烟草专卖执法保障的问题

为维护国家烟草专卖制度，依法保障烟草专卖执法人员的合法权益，《解释》第八条规定："以暴力、威胁方法阻碍烟草专卖执法人员依法执行职务，构成犯罪的，以妨害公务罪追究刑事责任。煽动群众暴力抗拒烟草专卖法律实施，构成犯罪的，以煽动暴力抗拒法律实施罪追究刑事责任。"

（八）关于《解释》涉及的专业术语问题

《解释》第九条之所以对"烟草专卖品""卷烟辅料""烟草专用机械"等一些术语进行专条解释，是为了使办案人员更加准确地理解和把握烟草专卖案件中的一些专业概念，以更好地把握和区别罪与非罪、此罪与彼罪。其中，"烟草专卖品"和"烟草制品"的概念来源于《烟草专卖法》第二条的规定，"卷烟辅料"和"烟草专用机械"的规定参考了《烟草专卖法实施条例》第三十六条、第三十七条的规定。"同类烟草专用机械"的解释是根据国家烟草专卖局有关专家提供的意见确定的。

（九）关于《解释》的效力问题

《解释》第十条规定："以前发布的有关规定与本解释不一致的，以本解释为准。"生产、销售伪劣烟草专卖品构成犯罪的行为，涉及"两高"《伪劣产品解释》《关于办理侵犯知识产权刑事案件具体应用法律若干问题的解释》以及《纪要》等司法解释和解释性文件的，按照后解释优于前解释的原则处理。

（撰稿：李晓）

5. 最高人民检察院　公安部关于公安机关管辖的刑事案件立案追诉标准的规定（二）①（公通字〔2010〕23号，自2010年5月7日起施行）

第六十九条　［假冒注册商标案（刑法第二百一十三条）］未经注册商标所有人许可，在同一种商品上使用与其注册商标相同的商标，涉嫌下列情形之一的，应予立案追诉：

（一）非法经营数额在五万元以上或者违法所得数额在三万元以上的；

（二）假冒两种以上注册商标，非法经营数额在三万元以上或者违法所得数额在二万元以上的；

（三）其他情节严重的情形。

6. 最高人民法院、最高人民检察院、公安部关于办理侵犯知识产权刑事案件适用法律若干问题的意见（法发〔2011〕3号，2011年1月10日公布）

为解决近年来公安机关、人民检察院、人民法院在办理侵犯知识产权刑事案件中遇到的新情况、新问题，依法惩治侵犯知识产权犯罪活动，维护社会主义市场经济秩序，根据刑法、刑事诉讼法及有关司法解释的规定，结合侦查、起诉、审判实践，制定本意见。

二、关于办理侵犯知识产权刑事案件中行政执法部门收集、调取证据的效力问题

行政执法部门依法收集、调取、制作的物证、书证、视听资料、检验报告、鉴定结论、勘验笔录、现场笔录，经公安机关、人民检察院审查，人民法院庭审质证确认，可以作为刑事证据使用。

行政执法部门制作的证人证言、当事人陈述等调查笔录，公安机关认为有必要作为刑事证据使用的，应当依法重新收集、制作。

三、关于办理侵犯知识产权刑事案件的抽样取证问题和委托鉴定问题

公安机关在办理侵犯知识产权刑事案件时，可以根据工作需要抽样取证，或者商请同级行政执法部门、有关检验机构协助抽样取证。法律、法规对抽样机构或者抽样方法有规定的，应当委托规定的机构并按照规定方法抽取样品。

公安机关、人民检察院、人民法院在办理侵犯知识产权刑事案件时，对

① 该规定已失效，本罪名已由国家监察委员会管辖，仅供参考。

于需要鉴定的事项，应当委托国家认可的有鉴定资质的鉴定机构进行鉴定。

公安机关、人民检察院、人民法院应当对鉴定结论进行审查，听取权利人、犯罪嫌疑人、被告人对鉴定结论的意见，可以要求鉴定机构作出相应说明。

四、关于侵犯知识产权犯罪自诉案件的证据收集问题

人民法院依法受理侵犯知识产权刑事自诉案件，对于当事人因客观原因不能取得的证据，在提起自诉时能够提供有关线索，申请人民法院调取的，人民法院应当依法调取。

五、关于刑法第二百一十三条规定的“同一种商品”的认定问题

名称相同的商品以及名称不同但指同一事物的商品，可以认定为“同一种商品”。“名称”是指国家市场监督管理总局商标局在商标注册工作中对商品使用的名称，通常即《商标注册用商品和服务国际分类》中规定的商品名称。“名称不同但指同一事物的商品”是指在功能、用途、主要原料、消费对象、销售渠道等方面相同或者基本相同，相关公众一般认为是同一种事物的商品。

认定“同一种商品”，应当在权利人注册商标核定使用的商品和行为人实际生产销售的商品之间进行比较。

六、关于刑法第二百一十三条规定的“与其注册商标相同的商标”的认定问题

具有下列情形之一，可以认定为“与其注册商标相同的商标”：

（一）改变注册商标的字体、字母大小写或者文字横竖排列，与注册商标之间仅有细微差别的；

（二）改变注册商标的文字、字母、数字等之间的间距，不影响体现注册商标显著特征的；

（三）改变注册商标颜色的；

（四）其他与注册商标在视觉上基本无差别、足以对公众产生误导的商标。

七、关于尚未附着或者尚未全部附着假冒注册商标标识的侵权产品价值是否计入非法经营数额的问题

在计算制造、储存、运输和未销售的假冒注册商标侵权产品价值时，对于已经制作完成但尚未附着（含加贴）或者尚未全部附着（含加贴）假冒注

册商标标识的产品，如果有确实、充分证据证明该产品将假冒他人注册商标，其价值计入非法经营数额。

十四、关于多次实施侵犯知识产权行为累计计算数额问题

依照《最高人民法院、最高人民检察院关于办理侵犯知识产权刑事案件具体应用法律若干问题的解释》第十二条第二款的规定，多次实施侵犯知识产权行为，未经行政处理或者刑事处罚的，非法经营数额、违法所得数额或者销售金额累计计算。

二年内多次实施侵犯知识产权违法行为，未经行政处理，累计数额构成犯罪的，应当依法定罪处罚。实施侵犯知识产权犯罪行为的追诉期限，适用刑法的有关规定，不受前述二年的限制。

十五、关于为他人实施侵犯知识产权犯罪提供原材料、机械设备等行为的定性问题

明知他人实施侵犯知识产权犯罪，而为其提供生产、制造侵权产品的主要原材料、辅助材料、半成品、包装材料、机械设备、标签标识、生产技术、配方等帮助，或者提供互联网接入、服务器托管、网络存储空间、通讯传输通道、代收费、费用结算等服务的，以侵犯知识产权犯罪的共犯论处。

十六、关于侵犯知识产权犯罪竞合的处理问题

行为人实施侵犯知识产权犯罪，同时构成生产、销售伪劣商品犯罪的，依照侵犯知识产权犯罪与生产、销售伪劣商品犯罪中处罚较重的规定定罪处罚。

权威解读

解读《最高人民法院、最高人民检察院、公安部关于办理侵犯知识产权刑事案件适用法律若干问题的意见》

一、《意见》的制定背景

保护知识产权是尊重创造性劳动和激励创新的一项基本制度，是建设法治国家和诚信社会的重要内容。建设创新型国家，完善社会主义市场经济体制，必须坚定不移地保护知识产权。近年来，公安机关、人民检察院、人民法院充分发挥职能作用，依法从严打击侵犯知识产权犯罪活动，查处了一批大案要案，遏制了群体性侵权行为。为了准确适用法律，依法惩治侵犯知识产权犯罪活动，切实维护社会主义市场经济秩序，最高人民法院、最高人民检察院、公安部不断加强刑事司法规范建设，先后发布了《关于审理非法出

版物刑事案件具体应用法律若干问题的解释》《关于办理侵犯知识产权刑事案件具体应用法律若干问题的解释》《关于办理侵犯著作权刑事案件中涉及录音录像制品有关问题的批复》《关于办理侵犯知识产权刑事案件具体应用法律若干问题的解释（二）》（以下简称《解释（二）》）、《关于公安机关管辖的刑事案件立案追诉标准的规定（二）》等司法解释和其他规范性文件，进一步明确了有关知识产权犯罪的定罪量刑标准，完善了知识产权刑事司法保护规范体系，为公安机关、人民检察院、人民法院依法办理侵犯知识产权刑事案件提供了重要的规范保障。

但必须看到，盗版、制售假冒伪劣产品在一些地区和领域还比较严重，侵犯知识产权犯罪活动还很猖狂，并日益呈现出新的变化和特点：网络犯罪突出，作案手段多样，组织化、专业化趋势明显，隐蔽性强，查处难度大等。对于形形色色的侵犯知识产权犯罪活动，实践中普遍反映知识产权保护的相关法律及司法解释的规定还不够明确具体，政策法律界限不易把握，法律适用疑难问题较多，这些问题在一定程度上影响了对侵犯知识产权犯罪及时有效的打击。为此，最高人民法院会同最高人民检察院、公安部，经过长期深入细致调研，广泛征求全国人大法工委、国家版权局、国家知识产权局、国家市场监督管理总局、商务部等有关单位、部分专家学者、权利人代表等的意见和建议，制定出台了《意见》。

《意见》共16条，主要针对近年来公安机关、人民检察院、人民法院在办理侵犯知识产权刑事案件中遇到的新情况、新问题，进一步明确了以下主要法律适用问题：一是进一步明确了侵犯知识产权刑事案件的管辖问题，对犯罪地认定、管辖争议、并案管辖等作了明确规定；二是明确了在办理侵犯知识产权刑事案件中行政执法部门收集、调取证据的效力问题；三是对办理侵犯知识产权刑事案件的抽样取证和委托鉴定问题作了规定；四是进一步明确了人民法院根据自诉人的申请依法调取证据的问题；五是进一步明确了商标犯罪中“同一种商品”“与其注册商标相同的商标”的认定，非法经营数额的计算，犯罪未遂的认定等定罪量刑问题；六是进一步明确了侵犯著作权罪中“以营利为目的”“未经著作权人许可”“发行”等犯罪构成要件的认定问题，并对通过信息网络传播侵权作品行为的定罪处罚标准作了规定；七是对侵犯知识产权罪的处罚问题，如多次实施侵犯知识产权的行为累计计算数额问题、共犯问题、犯罪竞合问题等作了进一步规定。

《意见》经过长期调研，从公安机关、人民检察院、人民法院办理侵犯知识产权刑事案件的全过程着眼，对其中涉及的实体、程序和证据等多项问题进行了系统的研究和解决，是一次有意义的探索和创新。《意见》的发布实施，顺应了社会发展要求，适应了司法实践的迫切需要，对于充分发挥司法保护知识产权主导作用，提高中国知识产权刑事司法保护水平，推动全国打击侵犯知识产权和制售假冒伪劣商品专项行动深入开展，维护公平有序的市场环境，具有十分重要的意义。

二、《意见》的主要内容

（一）关于侵犯知识产权犯罪案件的管辖问题

《意见》第一条共两款，对侵犯知识产权犯罪案件管辖的有关问题进行了明确。其中，第一款结合此类案件的特点对案件中的“犯罪地”作了进一步明确，规定“犯罪地”包括侵权产品制造地、储存地、运输地、销售地，传播侵权作品、销售侵权产品的网站服务器所在地、网络接入地、网站建立者或者管理者所在地，侵权作品上传者所在地，权利人受到实际侵害的犯罪结果发生地。需要说明的有三点：一是侵权产品的制造、储存、运输、销售地都属于“犯罪地”，上述地方的公安机关均可依法立案侦查。《意见》起草时，有一种意见认为，应当参照《最高人民法院关于审理商标民事纠纷案件适用法律若干问题的解释》的规定，将侵权产品被行政执法部门依法查封扣押地明确为“犯罪地”之一。经研究讨论认为，上述查封扣押地可以涵盖侵权产品的储存地、运输地，不需单独另行规定。二是当前互联网上侵犯知识产权犯罪案件多发，互联网已经成为不法分子沟通联络、销售侵权产品或是提供盗版作品下载、在线观看的主要平台之一。对于此类案件，基层多次反映难以在立案侦查之前就发现全部犯罪行为和准确界定案件管辖地。《意见》参照《关于办理网络犯罪案件适用法律若干问题的意见》等相关规定，对此问题进行了明确，即不法分子传播侵权作品、销售侵权产品的网站服务器所在地、网络接入地、网站建立者或者管理者所在地，侵权作品上传者所在地的公安机关都可依法立案侦查。三是权利人受到实际侵害的犯罪结果发生地的公安机关有权管辖案件立案侦查。司法实践中，侵犯知识产权刑事案件常涉及侵权产品生产、销售、储存等多个不同地方，一地公安机关很难及时发现全部线索，不同地区公安机关又难以自发形成合力，造成犯罪地公安机关往往各管一段，难以彻查整个犯罪链条。《意见》明确权利人受到实际侵害的犯罪结果发生地的公安机关具有案件管辖权，对于依法彻底查明整个犯罪网络和链条有着重要意义。权利人受到实际侵害的犯罪结果发生地，一般即指权利人所在地。此外，按照《意见》的规定，对于实践中可能出现多个地方公安机关具有管辖权案件的情况，可依法由其共同的上级公安机关指定管辖。

第二款对并案管辖问题进行了明确。同一批侵权产品的制造、储存、运输、销售，为侵权产品印制假冒注册商标标识等侵犯知识产权的犯罪行为，不论是否是同一团伙、在同一地区所实施，犯罪地公安机关可依法并案处理，一并侦查。同时，为保障刑事诉讼的顺利进行，后续需要提请批准逮捕、移送审查起诉、提起公诉的，由该公安机关所在地同级人民检察院、人民法院受理。

（二）关于办理侵犯知识产权刑事案件中行政执法部门收集、调取证据的效力问题

《意见》第二条规定了关于办理侵犯知识产权刑事案件中行政执法部门收集、调取证据的效力问题。制定该条的背景在于我国对于惩治侵犯知识产权的违法犯罪行为实行的是行政执法与刑事司法双轨并行的体制，实践中对于侵犯知识产权的违法犯罪行为，一般也往往先由行政执法部门（包括工商行政管理部门、版权执法部门等）发现并予以查处，对于涉嫌构成犯罪的，依据《行政执法机关移送涉嫌犯罪案件的规定》（国务院令第310号）等有关规定，行政执法机关应当将案件有关材料连同有关证据移送公安机关立案侦查。但对于行政执法机关收集的证据能否采用以及如何采用等问题，一直未有明确规定，在一定程度上影响了对侵权犯罪的打击，影响到行政执法与刑事司法的有效衔接。为了解决这一问题，并统一规范执法，在认真研究、反复征求意见的基础上，《意见》首次在规范性文件中对行政执法部门收集、调取的证据在刑事诉讼中的效力问题作出规定。

《意见》第二条共有两款，根据证据性质的不同，对行政执法机关收集、调取的证据材料作出区别规定。具体来说，书证、物证和视听资料，其本身属于一种客观存在的原始资料，并以其存在形式、外部特征、内部属性或所载内容证明案件事实；检验报告、鉴定结论是专业人员依据其专业知识或特殊技能对案件中某些特定事项形成的意见和结论；勘验笔录、现场笔录是行政执法人员对勘验过程、执法现场的客观记录，以其记载的内容证明案件的部分事实，并具有一定的不可复制性。对于这些证据，公安机关、人民检察

院在办理侵犯知识产权犯罪案件中，经过审查，认为符合证据的三个基本属性，即客观性、关联性、合法性（行政执法主体合法、取证程序合法），就可以作为刑事证据使用，而不需要再重新予以收集、调取；在审判阶段经过人民法院庭审质证确认，可以作为定罪量刑的依据。而对于行政执法部门制作的证人证言、当事人陈述等调查笔录，由于取证的主体是行政执法部门，且属言词证据，可变性较强，在办案中，公安机关认为有必要作为刑事证据使用的，则必须依法重新收集、制作。

（三）关于办理侵犯知识产权刑事案件的抽样取证问题和委托鉴定问题

《意见》第三条对办理侵犯知识产权刑事案件的抽样取证和鉴定问题进行了明确。

1. 关于抽样取证。在办理侵犯知识产权刑事案件中，证明涉案产品是否构成侵权盗版是案件办理的重要环节。但实践中，公安机关查扣的侵权、盗版产品往往数量巨大。鉴于我国行政法规中已对抽样取证及具体程序有了明确规定，公安机关在办理知识产权刑事案件中可以根据案侦工作需要进行抽样取证，或委托相关行政执法部门进行抽样。法律、法规对抽样机构或者抽样方法有规定的，应当委托规定的机构并按照规定的方法抽取样品。需要说明的是，部分行政法规中对抽样程序有着明确规定，如要求当事人在场等。但在公安机关办理刑事案件的过程中，为了保障侦查工作的顺利进行，不便按照此类程序规定进行，实践中不要求当事人到场才能进行抽样取证。抽样取得的证据可用于认定涉案物品是否侵权，或请有关部门给予检验、鉴定以取得检验报告、鉴定结论等证据。采取抽样取证在提升执法效率的同时，也可避免执法人员因无法一一辨别大量的涉案物品而主观臆断，确保公正、严格执法。

2. 关于鉴定。侵犯知识产权刑事案件大多涉及经济、技术领域内的专业知识，公安、司法机关办案人员难以仅凭自身知识水平作出科学结论，需要委托国家认可的有资质的鉴定部门等对有关专业问题进行鉴定。目前，我国法律对侵犯知识产权刑事案件中的鉴定并无明确规定，最高人民法院和省级司法行政部门分别建立了鉴定人（机构）名册制度。公安机关、人民检察院、人民法院在办案过程中可以从最高人民法院、省级司法行政部门公告的鉴定人名册中选择鉴定机构委托鉴定，以保障鉴定的质量和鉴定结论的证据效力。

同时，鉴于案件当事人往往是该技术领域的专业人员，十分了解鉴定中涉及的相关专业性问题，为充分保障当事人的诉讼权利，保证公安、司法机关对鉴定结论的审查更科学、准确，《意见》第三条第三款规定，公安机关、人民检察院、人民法院应当听取权利人、犯罪嫌疑人、被告人对鉴定结论的意见。需要说明的是，《意见》对公安机关听取权利人、犯罪嫌疑人意见的时间并无硬性规定，公安机关可以根据需要，在不影响侦查工作的情况下，于案件正式移送审查起诉前适时听取意见。

（四）关于侵犯知识产权犯罪自诉案件的证据收集问题

根据《最高人民法院关于执行〈中华人民共和国刑事诉讼法〉若干问题的解释》的规定，人民检察院没有提起公诉、被害人有证据证明的轻微侵犯知识产权犯罪案件，属于人民法院可以直接受理的自诉案件。然而，从司法实践反映的情况看，侵犯知识产权犯罪自诉案件的数量非常少，其中一个重要原因就是知识产权权利人在自行取证方面存在相当的难度，通常难以达到法律规定的证据要求，人民法院也难以受理此类自诉案件。为了切实维护自诉人的合法权益，解决自诉人在取证方面的现实困难，最高人民法院在《关于执行〈中华人民共和国刑事诉讼法〉若干问题的解释》《全国法院维护农村稳定刑事审判工作座谈会纪要》等规范性司法文件中都明确了自诉人在一定条件下可申请人民法院调取证据。为更好地保护知识产权权利人的合法权益，《意见》第四条在现有规定的基础上，进一步突出了自诉人享有的诉讼权利，强化了人民法院依申请调取证据的职能作用，明确了人民法院依法受理侵犯知识产权刑事自诉案件，对于当事人因客观原因不能取得的证据，在提起自诉时能够提供有关线索，申请人民法院调取的，人民法院应当依法调取。

（五）关于《刑法》第二百一十三条规定的“同一种商品”的认定问题

针对《刑法》第二百一十三条中的“同一种商品”概念不甚明确、在实践中容易引起分歧等情况，《意见》第五条对此作出明确：名称相同的商品以及名称不同但指同一事物的商品，都属于“同一种商品”。理由是：

1. 国家市场监督管理总局商标局和商标评审委员会在《商标审查标准》①中已明确商标法中的“同一种商品”包括名称相同和名称不同但指同一事物的商品。刑法和商标法对于假冒注册商标行为的规定是一致的，对其中相同的法律概念应作相同的理解，有利于实践中行政执法与刑事司法的有效衔接。

---

① 本标准目前已失效。

2. 经征求国家市场监督管理总局商标局意见，其中的“名称”是指国家市场监督管理总局商标局在商标注册工作中对商品使用的名称，通常即《商标注册用商品和服务国际分类》中规定的商品名称。

3. 对于“名称不同但指同一事物的商品”，国家市场监督管理总局商标局认为，应当是指在功能、用途、主要原料、消费对象、销售渠道等方面相同或基本相同，相关公众一般认为是同一种事物的商品。具体包括两种情形：一种情形是，虽然权利人和行为人对各自生产的商品起了不同的商品名称，但商标部门在商标注册工作中对这两件商品使用的名称是相同的，或者说两件商品实际对应的是《商标注册用商品和服务国际分类》中同一个商品名称。例如，权利人对其生产的商品起名为“电吹风”，行为人对其生产的商品起名为“插电式风力干发器”，但二者在《类似商品和服务区分表》中对应的商品名称均为“电吹风（C110020）”，应判定为“同一种商品”。另一种情形是，权利人和行为人各自生产的商品在《商标注册用商品和服务国际分类》中对应不同的商品名称，但商品的功能、用途、主要原料、消费对象、销售渠道等方面相同，相关公众一般认为其实质上是同一种事物的商品。例如，“人用药（050328）”与“打虫药（人用）（050154）”、“象棋（C280025）”与“国际象棋（C280026）”、“汽车转向指示灯（110255）”与“汽车灯（110256）”，虽然它们在《商标注册用商品和服务国际分类》中的确是不同的商品名称，甚至分属不同的商品类别，但商品的功能、用途、主要原料、消费对象、销售渠道等方面相同，从相关公众的角度看，其实质为同一事物，无法区分其不同，实践中应判定为“同一种商品”。

需要说明的是，按照上述要素判断“同一种商品”时，并不要求两商品的各个要素全部相同。例如，两商品的功能、用途和主要原料等相同，相关公众也认为其实质是指同一事物时，就可判定为“同一种商品”。相反，如果两商品的功能、用途和主要原料等相同，但特定消费者能够将二者区分开来，就不应判定为相同。

此外，在认定同一种商品时，应在权利人注册商标核定使用的商品和行为人实际生产销售的商品之间进行比较。对于权利人超出核定使用商品范围的情况，如权利人核定使用的商品为牛奶，但其在实际生产经营中，将注册商标使用在了白酒上，此时即使行为人也在白酒上使用了与权利人相同的商标，也不予刑事处罚。

（六）关于《刑法》第二百一十三条规定的“与其注册商标相同的商标”的认定问题

根据我国《刑法》第二百一十三条的规定，未经注册商标所有人许可，在同一种商品上使用与其注册商标相同的商标，情节严重的，构成假冒注册商标罪。因此正确理解和把握“相同的商标”就成了认定是否构成假冒注册商标罪的关键。为解决这一问题，2004 年《关于办理侵犯知识产权刑事案件具体应用法律若干问题的解释》第八条规定，《刑法》第二百一十三条规定的“相同的商标”，是指与被假冒的注册商标完全相同，或者与被假冒的注册商标在视觉上基本无差别、足以对公众产生误导的商标。由此可以看出，“相同的商标”包含两种情况：一种是指与被假冒的注册商标完全相同；另外一种是指虽然与注册商标不完全相同，但与被假冒的注册商标在视觉上基本无差别、足以对公众产生误导的商标。但在司法实践中如何把握“与被假冒的注册商标在视觉上基本无差别、足以对公众产生误导”这一问题在具体案件中仍有分歧意见，影响了对侵犯知识产权犯罪行为的打击。结合司法实践，以及目前假冒注册商标犯罪的主要情况，《意见》第六条明确规定了具有下列情形之一的，可以认定为《刑法》第二百一十三条规定的“与其注册商标相同的商标”：（一）改变注册商标的字体、字母大小写或者文字横竖排列，与注册商标之间仅有细微差别的；（二）改变注册商标的文字、字母、数字等之间的间距，不影响体现注册商标显著特征的；（三）改变注册商标颜色的；（四）其他与注册商标在视觉上基本无差别、足以对公众产生误导的商标。本条规定的前三种情形，是一种列举，之所以把这三种情形规定为可以认定为“与其注册商标相同的商标”，是因为这三种情形完全符合“与被假冒的注册商标在视觉上基本无差别、足以对公众产生误导”这一判断标准。并且，从国际范围来看，也把这种行为视为侵权行为，《保护工业产权巴黎公约》规定商标注册人使用的商标，与其在本公约成员国之一所注册的商标的形式只有细节不同而并未改变其显著特征者，不应导致其注册无效，也不应减少对该商标所给予的保护。因此，我们认为，《意见》把上述情形规定为犯罪行为是完全正当的，把这些行为作为假冒注册商标罪予以惩治的目的，一方面在于保护注册商标权利人的利益，另一方面在于保护广大消费者的利益，维护市场经济秩序。但应当认识到，“法有限而情无穷”，再完善的司法解释也不可能把日益花样翻新的假冒注册商标的行为全部规定下来，所以在明确列举三种情形的同时，仍使用了一个兜底条款作为第四种情形，即“其他与注册商标在视觉上基本无差别、足以对公众产生误导的商标”。实际上，这一兜底性条款才是审查判断是否属于假冒注册商标行为的关键，公、检、法机关的办案人员应当在客观对比的基础上综合认定。

（七）关于尚未附着或者尚未全部附着假冒注册商标标识的侵权产品价值是否计入非法经营数额的问题

非法经营数额是认定商标犯罪的重要情节。司法实践中，由于犯罪情形复杂多样，对于非法经营数额的计算面临许多争议，在一定程度上影响了案件的正确处理和对犯罪的打击力度。为此，《意见》第七条规定，在计算制造、储存、运输和未销售的假冒注册商标侵权产品价值时，对于已经制作完成但尚未附着（含加贴）或者尚未全部附着（含加贴）假冒注册商标标识的产品，如果有确实、充分证据证明该产品将假冒他人注册商标，其价值计入非法经营数额。这一规定主要基于以下考虑：一是实践中大量存在产品与假冒注册商标标识分离的情况。例如，有些不法分子为逃避打击，将未附着商标标识的产品与假冒注册商标标识分开存储，仅在买家求购时才按照买家要求附着商标标识；有些不法分子将产品与商标标识分开运输给买家；还有些不法分子在被侦查机关或者行政执法机关查处时，尚有大量产品未来得及附着或者全部附着假冒注册商标标识。上述行为的社会危害性是客观存在的，如果对上述行为中情节严重的情形不定罪处罚，将会使大多数假冒他人注册商标的不法分子逃避法律的制裁。二是侦查机关和行政执法部门反映，通常情况下查获的尚未附着或者尚未全部附着假冒注册商标标识的侵权产品数量与假冒注册商标标识数量不是一一对应关系，对此种情形如何计算非法经营数额认识不一。有的主张按照数量最小者来计算非法经营数额。我们认为，如果有确实、充分证据证明查获的产品将假冒他人注册商标，就应当将其价值计入非法经营数额，而不是简单地依据查获的产品数量或者假冒注册商标标识数量之最小者来计算非法经营数额。例如，查获1000件未附着或者未全部附着假冒注册商标标识的侵权产品和800套假冒注册商标标识，如果有确实、充分证据证明1000件产品都是要假冒他人注册商标的，则此1000件产品的价值均应计入非法经营数额。

需要说明的是，《意见》制定过程中，有意见提出“加贴”仅是使用商标标识的一种常见形式，不能涵盖所有使用商标标识的情形，相比较而言，

"附着"更能全面涵盖使用商标标识的方式。经研究，采纳了此意见。

（八）关于销售假冒注册商标的商品犯罪案件中尚未销售或者部分销售情形的定罪量刑问题

《意见》第八条共分三款，规定了尚未销售或者部分销售假冒注册商标的商品的定罪量刑标准。第一款明确了应当追究销售假冒注册商标的商品罪（未遂）的刑事责任，并进一步明确了其定罪标准：一是假冒注册商标的商品尚未销售，货值金额在十五万元以上的；二是假冒注册商标的商品部分销售，已销售金额不满五万元，但与尚未销售的假冒注册商标的商品的货值金额合计在十五万元以上的。从司法实践中类似犯罪掌握的标准看，将未遂的犯罪金额确定为销售金额的三倍是妥当的。

第二款实际上规定了销售假冒注册商标的商品罪（未遂）"数额巨大"的标准。根据这一规定，假冒注册商标的商品尚未销售，货值金额达到十五万元仅是入罪标准，在适用《刑法》第二百一十四条规定的各个量刑档次时，并不要求货值金额达到各个量刑档次规定数额的三倍以上，即"假冒注册商标的商品尚未销售，货值金额分别达到十五万元以上不满二十五万元、二十五万元以上的，分别依照刑法第二百一十四条规定的各法定刑幅度定罪处罚"。之所以作此规定，主要是考虑在构成犯罪未遂的情况下，"数额巨大"的未遂标准采用和既遂相同的标准，体现了从严惩处此类犯罪的精神，同时，也与司法实践中类似犯罪的处理原则保持了一致。如《最高人民法院、最高人民检察院、公安部、国家烟草专卖局关于办理假冒伪劣烟草制品等刑事案件适用法律问题座谈会纪要》明确规定："伪劣烟草制品尚未销售，货值金额分别达到十五万元以上不满二十万元、二十万元以上不满五十万元、五十万元以上不满二百万元、二百万元以上的，分别依照刑法第一百四十条规定的各量刑档次定罪处罚。"

第三款明确了销售金额与未销售货值金额分别达到不同法定刑幅度或者均达到同一法定刑幅度的处罚原则。实践中存在两种情形：一种情形是既遂和未遂的标准均已达到，但是分别处于不同的法定刑幅度。例如，销售金额在五万元以上不满二十五万元，达到了销售假冒注册商标的商品罪第一个法定刑幅度，而已经查清的未销售货值金额在二十五万元以上，达到了该罪第二个法定刑幅度，这种情况应当按照销售假冒注册商标的商品罪（未遂），在第二个法定刑幅度内酌情从重处罚，同时考虑刑法总则中对犯罪未遂的处罚原则。另一种情形是既遂和未遂的标准均已达到，且处于同一法定刑幅度，由于此种情形的社会危害性比单纯达到犯罪既遂或者未遂之一的危害性更大，故规定在所达到的同一法定刑幅度内酌情从重处罚。此类情形的处理原则已被司法实践所认可，如《最高人民法院、最高人民检察院关于办理非法生产、销售烟草专卖品等刑事案件具体应用法律若干问题的解释》第二条第二款即为适例。

（九）关于销售他人非法制造的注册商标标识犯罪案件中尚未销售或者部分销售情形的定罪问题

《意见》第九条规定了尚未销售或者部分销售他人非法制造的注册商标标识的定罪标准。由于非法制造的注册商标标识本身的成本和销售价格均非常低廉，虽然销售他人非法制造的注册商标标识罪的发案率高、涉及面广，但涉案金额往往很小，此类案件的社会危害性主要通过销售数量得以反映。司法实践中，大部分行为人为逃避打击，通常不设立账本，也没有销售记录，导致侦查机关难以查清甚至无法查清已销售部分的数量，能够查清的仅是尚未销售的非法制造的注册商标标识数量。如果不考虑尚未销售部分的数量，仅以已销售部分数量或者金额作为定罪处罚依据，则难以追究行为人的刑事责任，不利于有效遏制犯罪。为严密刑事法网，依法严厉打击此类犯罪，《意见》将销售非法制造的注册商标标识罪（未遂）纳入惩治范围，并将其入罪标准掌握为该罪既遂入罪标准的三倍，进一步明确了构成销售非法制造的注册商标标识罪（未遂）的四种情形：一是尚未销售他人伪造、擅自制造的注册商标标识数量在六万件以上的；二是尚未销售他人伪造、擅自制造的两种以上注册商标标识数量在三万件以上的；三是部分销售他人伪造、擅自制造的注册商标标识，已销售标识数量不满二万件，但与尚未销售标识数量合计在六万件以上的；四是部分销售他人伪造、擅自制造的两种以上注册商标标识，已销售标识数量不满一万件，但与尚未销售标识数量合计在三万件以上的。

（十）关于侵犯著作权犯罪案件“以营利为目的”的认定问题

“以营利为目的”是侵犯著作权罪的主观方面要件，要求行为人主观上具有营利目的，至于行为人营利的方式以及实际营利与否，则在所不问。司法实践中，对于通过销售侵权复制品牟取利益属于“以营利为目的”的认定标准，已经形成共识。但是，随着侵犯著作权犯罪的手段不断翻新，行为人的营利方式也日益多样化。例如，行为人免费提供侵权复制品供他人使用，表面上没有通过销售方式营利，但是行为人在侵权复制品上刊登收费广告或者捆绑第三方作品，通过向广告主或者第三方收取费用的方式营利，就应当认定为“以营利为目的”。《意见》在过去司法解释规定的基础上，综合考虑实践中已出现的各种侵犯著作权犯罪行为方式，包括在线侵权和线下侵权，进一步细化了“以刊登收费广告等方式直接或者间接收取费用的情形”，明确下列几种情形属于“以营利为目的”：(1) 以在他人作品中刊登收费广告、捆绑第三方作品等方式直接或者间接收取费用的；(2) 通过信息网络传播他人作品，或者利用他人上传的侵权作品，在网站或者网页上提供刊登收费广告服务，直接或者间接收取费用的；(3) 以会员制方式通过信息网络传播他人作品，收取会员注册费或者其他费用的；(4) 其他利用他人作品牟利的情形。

需要说明的是，本条规定仅针对行为人主观方面的认定，至于行为人是否应当被依法追究刑事责任，则应当依照《刑法》规定的犯罪构成要件以及相关司法解释规定的定罪量刑标准进行认定。

(十一) 关于侵犯著作权犯罪案件“未经著作权人许可”的认定问题

根据我国《刑法》第二百一十七条的规定，未经著作权人许可是侵犯著作权罪的构成要件之一，因此，正确认定未经著作权人许可，对于认定侵犯著作权罪具有重要意义。为了解决对未经著作权人许可的认定问题，《意见》第十一条根据当前办理侵犯著作权犯罪的实际情况，共分两款对这一问题作了规定。第一款规定：认定未经著作权人许可，一般应当依据著作权人或者其授权的代理人、著作权集体管理组织、国家著作权行政管理部门指定的著作权认证机构出具的涉案作品版权认证文书，或者证明出版者、复制发行者伪造、涂改授权许可文件或者超出授权许可范围的证据，结合其他证据综合予以认定。这就要求公安机关一般要收集到上述证据，并结合本案的其他证据予以认定。但在有些案件中，由于涉案侵权作品的种类较多，且被侵权作品的权利人较为分散，有的甚至身居国外，公安机关难以取得这些著作权人或者其授权的代理人、著作权集体管理组织、国家著作权行政管理部门指定的著作权认证机构出具的涉案作品版权认证文书，或者本案中公安机关未能收集到证明出版者、复制发行者伪造、涂改授权许可文件或者超出授权许可范围的证据，在此情况下，如果仍然机械地要依据上述证据才能认定未经著作权人许可，无疑会导致许多案件无法处理，从而放纵犯罪的情况。鉴于此，

《意见》第十一条第二款作了灵活规定，在涉案作品种类众多且权利人分散的案件中，上述证据确实难以一一取得，但有证据证明涉案复制品系非法出版、复制发行，且出版者、复制发行者不能提供获得著作权人许可的相关证明材料的，可以认定为未经著作权人许可。但是，有证据证明权利人放弃权利、涉案作品的著作权不受我国著作权法保护，或者著作权保护期限已经届满的除外。理解和掌握本款应当重点把握三点：第一，本款只适用于涉案作品种类众多且权利人分散的案件。第二，涉案作品有的已有证据证明未经著作权人许可，但全部查证认定难度较大。第三，有证据证明涉案复制品系非法出版、复制发行的，且出版者、复制发行者不能提供获得著作权人许可的相关证明材料。这里的有证据证明涉案复制品系非法出版、复制发行，就是指已有证据证明涉案复制品未遵守《出版管理条例》《音像制品管理条例》等有关法律法规的规定，系非法出版、复制发行。第四，有证据证明权利人放弃权利、涉案作品的著作权不受我国著作权法保护，或者著作权保护期限已经届满的除外。这里的有证据证明既可以是犯罪嫌疑人（被告人）或其他有关人员提供的经查证属实的证据，也可以是公安机关依法收集、调取的证据。

（十二）关于《刑法》第二百一十七条规定的“发行”的认定及相关问题

《意见》第十二条共分两款，明确了侵犯著作权罪“发行”的认定及非法出版、复制、发行他人作品行为的处理。司法实践中，对于“发行”的含义存在不同理解和认识。在《意见》制定过程中，一种意见认为“发行”仅指复制者自身实施的销售行为，不包括他人实施的销售行为；另一种意见认为根据《解释（二）》第二条的规定，侵权产品的持有人通过广告、征订等方式推销侵权产品的属于“发行”，表明“发行”的主体并不局限于复制者本人。经研究，《意见》采纳了第二种观点，并根据司法解释和《出版物市场管理规定》，列举了“发行”行为的六种表现形式：总发行、批发、零售、通过信息网络传播、出租、展销等。

第二款明确了非法出版、复制、发行他人作品，侵犯著作权构成犯罪的，按照侵犯著作权罪定罪处罚，不认定为非法经营罪等其他犯罪。这样规定主要基于以下考虑：一是保持了司法适用的连续性。1998 年《关于审理非法出版物刑事案件具体应用法律若干问题的解释》对此已有规定。根据该解释第一条至第十一条的规定，“违反国家规定，出版、印刷、复制、发行具有反动性政治内容出版物、侵权复制品、淫秽物品等以外的其他严重危害社会秩序和扰乱市场秩序的非法出版物，情节严重的，以非法经营罪定罪处罚”。这表明对于“非法出版、印刷、复制、发行侵权复制品”的行为，不能以非法经营罪定罪处罚，而应以侵犯著作权罪定罪处罚。二是符合该类犯罪的本质特征。非法经营罪打击的是“违反国家规定，扰乱市场秩序，情节严重”的扰乱市场秩序的行为，重在行为的经营性、非法性；而侵犯著作权罪，顾名思义，打击的是侵犯著作权人权利的犯罪行为，该罪设立的宗旨在于保护著作权人的各项合法权利免受不法侵害。因此，对“非法出版、复制、发行他人作品，侵犯著作权构成犯罪的”，理应按照侵犯著作权罪定罪处罚。

（十三）关于通过信息网络传播侵权作品行为的定罪处罚标准问题

随着互联网时代的到来，侵犯知识产权犯罪的手段不断翻新，不再局限于借助有形载体实施犯罪行为，通过信息网络实施侵犯知识产权犯罪案件的数量日益增多。为有力打击通过信息网络侵犯知识产权的犯罪行为，有关司法解释明确了通过信息网络向公众传播他人作品行为的定性问题。然而，行为人通过信息网络传播侵权作品行为构成犯罪缺乏明确的定罪量刑标准，不利于司法适用的操作。有鉴于此，同时考虑到互联网具有传播速度快、传播范围广、内容存储容量大、侵权作品与非侵权作品共网并存等特点，《意见》第十三条分两款规定了通过信息网络传播侵权作品行为的定罪处罚标准。第一款从非法经营数额、传播他人作品数量、作品被点击次数、注册会员人数等方面，进一步明确了通过信息网络传播侵权作品行为的入罪标准。第一款第（一）项、第（二）项分别沿用现行司法解释规定的五万元以上、五百件以上的标准；第三项以传播他人作品的实际被点击数为基准，构成侵犯著作权罪的起刑点为实际被点击数达到五万次以上；第（四）项以注册会员人数为基准，即以会员制方式传播他人作品，构成侵犯著作权罪的起刑点为注册会员达到一千人以上；第（五）项规定在数额或者数量未达到第（一）项至第（四）项规定标准的情况下，构成侵犯著作权罪的起刑点为数额或者数量分别达到第（一）项至第（四）项其中两项以上标准一半以上；第（六）项是关于兜底条款的规定。

第二款明确了通过信息网络传播侵权作品行为“其他特别严重情节”的认定标准，为“其他严重情节”的五倍。

（十四）关于多次实施侵犯知识产权行为累计计算数额的问题

《意见》第十四条对《关于办理侵犯知识产权刑事案件适用法律若干问题的解释》第十二条第二款中有关多次实施侵犯知识产权行为的数额累计计算问题进行了补充规定。主要考虑是，行政处罚法规定违法行为在二年内未被发现就不再给予行政处罚，与刑法规定的犯罪追诉期限不同。对于二年内多次实施侵犯知识产权违法行为，每次均未达到定罪量刑标准的，如果未经行政处理，但累计数额构成犯罪的，依法定罪处罚。

需要说明的是，根据国务院《行政执法机关移送涉嫌犯罪案件的规定》第十一条之规定，对于某一侵犯知识产权行为，达到定罪量刑标准的，即使已经过行政处理，仍应移送公安机关立案追究刑事责任，其追诉期间适用刑法有关规定，不受前述二年的限制。

（十五）关于为他人实施侵犯知识产权犯罪提供原材料、机械设备等行为的定性问题

《意见》第十五条对《关于办理侵犯知识产权刑事案件适用法律若干问题的解释》第十六条中侵犯知识产权犯罪的共犯问题进行了补充规定。一是参照《关于办理非法生产、销售烟草专卖品等刑事案件具体应用法律若干问题的解释》等文件的规定，对近年来司法实践中发现行为人明知他人实施侵犯知识产权的犯罪行为，而为其提供主要原材料、辅助材料、半成品、包装材料、机械设备、标签标识、生产技术、配方等行为的性质进行了明确。二是参照《关于办理利用互联网、移动通讯终端、声讯台制作、复制、出版、贩卖、传播淫秽电子信息刑事案件具体应用法律若干问题的解释（二）》《关于办理网络赌博犯罪案件适用法律若干问题的意见》的相关规定，对信息网络环境下侵犯知识产权犯罪共犯行为进行了明确，即明知他人实施侵犯知识产权犯罪，而为其提供互联网接入、服务器托管、网络存储空间、通讯传输通道、代收费、费用结算等服务的，以侵犯知识产权犯罪的共犯论处。

（十六）关于侵犯知识产权犯罪竞合的处理问题

侵犯知识产权犯罪与生产、销售伪劣商品犯罪往往存在一定的交叉或者竞合关系。譬如，行为人生产的是假冒他人注册商标的商品，而该商品经过鉴定又属于伪劣商品，在符合这两罪其他构成要件的情况下，行为人的行为既构成了侵犯知识产权犯罪，又构成了生产、销售伪劣商品犯罪，根据我国的刑法原理，对此应当从重处断。因此，《意见》第十六条规定："行为人实

施侵犯知识产权犯罪，同时构成生产、销售伪劣商品犯罪的，依照侵犯知识产权犯罪与生产、销售伪劣商品犯罪中处罚较重的规定定罪处罚。”这与2001年《关于办理生产、销售伪劣商品刑事案件具体应用法律若干问题的解释》第十条“实施生产、销售伪劣商品犯罪，同时构成侵犯知识产权、非法经营等其他犯罪的，依照处罚较重的规定定罪处罚”的规定相一致。但稍有不同的是，由于《意见》第十二条第二款已经明确规定，非法出版、复制、发行他人作品，侵犯著作权构成犯罪的，按照侵犯著作权罪定罪处罚，不认定为非法经营罪等其他犯罪，《意见》第十六条就将非法经营罪排除在外。

（撰稿：逄锦温、刘福谦、王志广、丛媛）

7. **最高人民法院、最高人民检察院关于办理侵犯知识产权刑事案件具体应用法律若干问题的解释（三）**（法释〔2020〕10号，自2020年9月14日起施行）

第一条 具有下列情形之一的，可以认定为刑法第二百一十三条规定的“与其注册商标相同的商标”：

（一）改变注册商标的字体、字母大小写或者文字横竖排列，与注册商标之间基本无差别的；

（二）改变注册商标的文字、字母、数字等之间的间距，与注册商标之间基本无差别的；

（三）改变注册商标颜色，不影响体现注册商标显著特征的；

（四）在注册商标上仅增加商品通用名称、型号等缺乏显著特征要素，不影响体现注册商标显著特征的；

（五）与立体注册商标的三维标志及平面要素基本无差别的；

（六）其他与注册商标基本无差别、足以对公众产生误导的商标。

第七条 除特殊情况外，假冒注册商标的商品、非法制造的注册商标标识、侵犯著作权的复制品、主要用于制造假冒注册商标的商品、注册商标标识或者侵权复制品的材料和工具，应当依法予以没收和销毁。

上述物品需要作为民事、行政案件的证据使用的，经权利人申请，可以在民事、行政案件终结后或者采取取样、拍照等方式对证据固定后予以销毁。

第八条 具有下列情形之一的，可以酌情从重处罚，一般不适用缓刑：

（一）主要以侵犯知识产权为业的；

（二）因侵犯知识产权被行政处罚后再次侵犯知识产权构成犯罪的；

（三）在重大自然灾害、事故灾难、公共卫生事件期间，假冒抢险救灾、防疫物资等商品的注册商标的；

（四）拒不交出违法所得的。

第九条 具有下列情形之一的，可以酌情从轻处罚：

（一）认罪认罚的；

（二）取得权利人谅解的；

（三）具有悔罪表现的；

（四）以不正当手段获取权利人的商业秘密后尚未披露、使用或者允许他人使用的。

第十条 对于侵犯知识产权犯罪的，应当综合考虑犯罪违法所得数额、非法经营数额、给权利人造成的损失数额、侵权假冒物品数量及社会危害性等情节，依法判处罚金。

罚金数额一般在违法所得数额的一倍以上五倍以下确定。违法所得数额无法查清的，罚金数额一般按照非法经营数额的百分之五十以上一倍以下确定。违法所得数额和非法经营数额均无法查清，判处三年以下有期徒刑、拘役、管制或者单处罚金的，一般在三万元以上一百万元以下确定罚金数额；判处三年以上有期徒刑的，一般在十五万元以上五百万元以下确定罚金数额。

第十一条 本解释发布施行后，之前发布的司法解释和规范性文件与本解释不一致的，以本解释为准。

权威解读

解读《最高人民法院、最高人民检察院关于办理侵犯知识产权刑事案件具体应用法律若干问题的解释（三）》

一、《解释》的制定背景与经过

知识产权刑事司法保护是知识产权保护中最具有强制力和威慑力的方式。我国历来高度重视知识产权刑事司法保护。2019 年 11 月，中共中央办公厅、国务院办公厅《关于强化知识产权保护的意见》进一步明确要求“加强刑事司法保护，推进刑事法律和司法解释的修订完善。加大刑事打击力度，研究降低侵犯知识产权犯罪入罪标准，提高量刑处罚力度，修改罪状表述，推动解决涉案侵权物品处置等问题”。近年来，随着社会经济发展，知识产权犯罪新类型案件不断涌现，案件数量也呈现上升趋势。知识产权刑事案件，特别是侵犯商业秘密案件，法律适用问题争议较多，亟须出台相关司法解释予以明确和规范。

制定《解释》这项工作酝酿已久。最高人民法院民三庭（知识产权审判庭）自实行知识产权审判“三合一”以来，先后于2018年、2019年开展全国法院知识产权刑事审判工作调研、部分法院知识产权刑事案件阅卷调研、知识产权刑事审判工作座谈调研等多项工作；最高人民检察院第四检察厅对全国11个省份2017年至2019年办理的侵犯商业秘密刑事案件起诉、不起诉情况进行深入调研，并在全国经济犯罪检察部门对侵犯知识产权刑事案件法律适用问题开展了书面调研。在上述充分调研的基础上着手起草《解释》，先后多次征求中央有关部门、全国法院系统、检察系统的意见，组织召开专家论证会，并向社会公开征求意见，充分听取了有关专家、企业、社会团体、行业协会、律师及公民个人等多方意见。2020年8月31日最高人民法院审判委员会第1811次会议、2020年8月21日最高人民检察院第十三届检察委员会第四十八次会议审议通过了《解释》。

二、《解释》起草中的主要考虑

在起草过程中，为了确保《解释》规定内容科学合理，能够适应形势发展，满足实践需要，解决突出问题，主要有以下几个方面的考虑：

一是坚持罪刑法定原则，严格依法解释。《解释》严格遵循刑法的明文规定和立法本意，从惩处侵犯知识产权犯罪的实际需要出发，综合考虑司法实践经验，依法明确了侵犯知识产权犯罪相关罪状含义，厘清罪与非罪的边界，确保罪刑法定原则在司法实践中得到贯彻落实。

二是坚持问题导向，有效解决司法实务问题。司法实践中，对假冒注册商标罪“相同商标”、侵犯商业秘密罪“造成重大损失”“不正当手段”的认定等法律适用问题存在较大分歧，亟须通过司法解释加以明确。《解释》从司法实践需要出发，增加相关情节在定罪标准中的适用，构建合理的定罪量刑模式，明确和规范法律适用的疑难问题，进一步统一司法标准和认识。

三是坚持宽严相济，突出惩治重点。依法惩治侵犯知识产权犯罪，加强知识产权司法保护，是一项重要任务。《解释》明确规定从重处罚和不适用缓刑的具体情形，重点打击以侵犯知识产权为业、反复侵权、特殊时期侵权等情形，进一步明确了罚金刑适用标准，充分发挥刑罚惩治和预防犯罪的功能。同时规定了从轻处罚的情形，有利于节约司法资源，化解社会矛盾。

四是坚持凝聚法治共识，充分吸取各方建议。《解释》在制定过程中向社会公开征求了意见，针对各方意见和建议，认真梳理研判并予以充分的考虑和吸收，坚持在《解释》中凝聚社会各界的法治智慧，确保《解释》在实践中得到切实有效的实施。

三、《解释》的主要内容

结合当前侵犯知识产权犯罪案件特点和司法实践中反映的突出问题，《解释》依照《刑法》《刑事诉讼法》的规定，对假冒注册商标罪、侵犯著作权罪、侵犯商业秘密罪的法律争议问题及相应定罪量刑标准等作了较为全面、系统的规定，共12条，大致可以归纳为10个方面的内容。

（一）假冒注册商标罪“相同商标”的认定

最高人民法院、最高人民检察院《关于办理侵犯知识产权刑事案件具体应用法律若干问题的解释》（法释〔2004〕19号，以下简称《2004年解释》）第八条规定，《刑法》第二百一十三条规定的“相同的商标”，是指与被假冒的注册商标完全相同，或者与被假冒的注册商标在视觉上基本无差别、足以对公众产生误导的商标。最高人民法院、最高人民检察院、公安部《关于办理侵犯知识产权刑事案件适用法律若干问题的意见》（法发〔2011〕3号，以下简称《2011年意见》）第六条对“相同的商标”进行了细化：具有下列情形之一，可以认定为“与其注册商标相同的商标”：（一）改变注册商标的字体、字母大小写或者文字横竖排列，与注册商标之间仅有细微差别的；（二）改变注册商标的文字、字母、数字等之间的间距，不影响体现注册商标显著特征的；（三）改变注册商标颜色的；（四）其他与注册商标在视觉上基本无差别、足以对公众产生误导的商标。但是，在具体案件中对如何把握“与被假冒的注册商标在视觉上基本无差别、足以对公众产生误导”这一问题，仍存在较大分歧。为进一步明确标准、统一认识，《解释》在《2004年解释》《2011年意见》的基础上进行了调整和补充，强调既要严厉打击假冒注册商标行为，又要防止突破“相同商标”的标准，将近似商标纳入刑法规制范围。

1. 对《2011年意见》第六条的规定进行了调整。一是将第六条第（一）项中的“仅有细微差别”、第（二）项中的“不影响体现注册商标显著特征”均表述为“与注册商标之间基本无差别”，与《2004年解释》第八条的规定保持一致，统一认定标准。二是根据新情况和司法需要，对第六条第（三）项、第（四）项进行了调整。鉴于司法实践中对颜色组合商标，如改变注册商标颜色，可能会改变注册商标的显著特征，不宜一律认定为相同商标，故在第（三）项中增加“不影响体现注册商标显著特征”的限定条件；鉴于商标法规定了声音商标，因此第（四）项兜底条款删除了“在视觉上”这个限定条件。

2. 对在注册商标上增加内容的情形及立体商标如何认定相同商标进行了明确。在注册商标上增加内容易突破“相同商标”的界限，本着从严认定原则，《解释》从2个方面限制：一是增加的内容仅限于描述商品通用名称、型号等缺乏显著特征要素的文字，二是增加的内容不能影响体现注册商标的显著特征。司法实践中，对于增加并非缺乏显著特征要素的，一般情况下，应当认为影响了体现注册商标显著特征，不宜认定为相同商标；对于在注册商标上增加商品通用名称、型号等缺乏显著特征要素的，还要对是否影响注册商标的显著特征进行判断，继而认定是否属于相同商标。本项未明确规定增加商品的图形的情形，主要考虑在具体案件中，增加商品的图形往往会影响注册商标的显著特征。因此，对于在注册商标上增加商品的图形的案件，认定相同商标应当慎重。判断立体商标是否构成相同商标，应当全面考虑立体商标的三维标志和平面要素，平面要素亦应当与立体注册商标的平面要素基本无差别。

（二）侵犯著作权罪的相关推定

近年来，侵犯著作权犯罪，特别是利用互联网犯罪的案件数量呈上升趋势，严重侵害了著作权人的利益，破坏了市场经济秩序。为进一步明确实践中著作权权属认定问题，提升打击实效，《解释》第二条第一款参照著作权法第十一条第四款等相关内容，规定“在刑法第二百一十七条规定的作品、录音制品上以通常方式署名的自然人、法人或者非法人组织，应当推定为著作权人或者录音制作者，且该作品、录音制品上存在着相应权利，但有相反证明的除外”。需要注意的是，《刑法》第二百一十七条规定的“作品”“录音录像制品”，应当属于著作权法保护的对象。实践中，司法机关仍然要对涉案作品、录音录像制品是否符合著作权法保护的条件进行审查。另外，权属推定是一种法律推定，如果有相反证据足以推翻，则应按照相反的证据予以认定。司法实践中，司法机关应当根据案件具体情况对是否存在相反证据进行审查，对于被告人提出辩解的，应当审查判断。需要说明的是，《解释》施行后，2020年修正的《著作权法》第十二条规定“在作品上署名的自然人、法人或者非法人组织为作者，且该作品上存在相应权利，但有相反证明的除外”，《解释》的内容与著作权法保持了一致。

根据《刑法》第二百一十七条的规定，“未经著作权人许可”是侵犯著作权罪的构成要件之一。一般情况下，未经著作权人许可的证明责任应当由公诉机关承担，而不应将证明责任配置给犯罪嫌疑人（被告人），防止强迫犯罪嫌疑人（被告人）自证其罪。实践中，有些案件，特别是利用互联网侵犯著作权的案件，涉案侵权作品的种类、数量众多，且被侵权作品的权利人较为分散，侦查机关确实难以一一调取未经著作权人许可的相关证据材料，《2011年意见》第十一条对此作了灵活规定，实践中有利于打击侵犯知识产权犯罪，保障权利人利益。为确保法律适用的连贯性，解决司法实践中的突出问题，《解释》第二条第二款采纳了《2011年意见》第十一条的内容，规定仅限在涉案作品、录音制品种类众多且权利人分散的案件中，且在符合“有证据证明涉案复制品系非法出版、复制发行”的条件下，出版者、复制发行者不能提供获得著作权人、录音制作者许可的相关证据材料的，才可以推定为“未经著作权人许可”“未经录音制作者许可”。需要注意的是，权利人放弃权利、涉案作品的著作权或者录音制品的有关权利不受我国著作权法保护、权利保护期限已经届满的事实，仍需司法机关根据犯罪嫌疑人、被告人的辩解和案件实际情况依法收集、调取证据予以查明。

（三）侵犯商业秘密罪“其他不正当手段”的认定

实践中，行为人为非法获取商业秘密，多采用偷拍偷录、复印记录或者未经授权、超越授权进入计算机信息系统拷贝、下载等方式秘密窃取，《解释》第三条第一款将该类行为明确规定为《刑法》第二百一十九条第一款第（一）项的“盗窃”，突出打击重点。另外，《解释》第三条第二款采纳了反不正当竞争法第九条的内容，明确规定“贿赂、欺诈、电子侵入”属于“其他不正当手段”。适用本条应当注意：一是《刑法》第二百一十九条第一款第（一）项规定的“以盗窃、利诱、胁迫或者其他不正当手段获取权利人的商业秘密的”，规制的是不正当获取行为本身，故其他不正当手段的性质应当与盗窃、利诱、胁迫相当，行为本身即是不法行为。二是认定“以不正当手段获取商业秘密”的前提是，行为人此前并不掌握、知悉或者持有该项商业秘密，以区别于《刑法》第二百一十九条第一款第（三）项规定的违约侵犯商业秘密的行为。行为人合法正当获取商业秘密后违反保密义务侵犯商业秘密，属于《刑法》第二百一十九条第一款第（三）项规定的行为，而不属于该条款第（一）项规定的情形。例如，商业秘密权利人的员工参与了商业秘密研发或者因日常工作使用而知悉该项商业秘密，获取行为是合法正当的，其违反保密协议擅自复制商业秘密的行为，不属于《刑法》第二百一十九条第一款第（一）项规定的“不正当手段”的情形。再如，商业秘密权利人的合同相对方依据合同或者在签订合同过程中知悉了权利人的商业秘密，后违反有关保守商业秘密的要求而披露、使用或者允许他人使用商业秘密的，也不应当认定为“以不正当手段获取权利人的商业秘密”。

（四）侵犯商业秘密罪“给商业秘密权利人造成重大损失”的认定

从当前实践看，办理侵犯商业秘密罪案件的突出问题是：因商业秘密是通过权利人自己保护的方式而存在的权利，不具有排他独占权，其本身界限相对模糊且具有无形性，技术专业性强，侵权行为给商业秘密权利人造成的损失数额难以准确认定，因此刑事立案难、定罪量刑标准不统一。征求意见期间，多方建议降低入罪标准，加大对商业秘密权利人的司法保护力度。《解释》充分听取了各方意见，根据司法实践需要，一是降低了入罪标准，将入罪数额从《2004年解释》规定的“五十万元以上”调整至“三十万元以上”。二是扩充入罪情形，将因侵犯商业秘密违法所得数额、因侵犯商业秘密导致权利人破产、倒闭等情形纳入重大损失认定范围。适用本条款应当注意：一是给权利人造成的损失数额和违法所得数额应当根据《解释》第五条的规定具体认定，给权利人造成重大损失和违法所得是并列的两种入罪标准，相关数额不能累加计算；二是权利人因重大经营困难而破产、倒闭的后果与侵犯商业秘密行为之间必须具有直接的因果关系。

（五）侵犯商业秘密罪损失数额和违法所得数额的具体认定标准

司法实践中，对侵犯商业秘密行为给权利人造成重大损失的认定标准存在不同认识，《解释》根据实践情况，本着罪责刑相一致原则进一步予以明确，区分不同行为的社会危害程度，规定不同的认定标准。

1. 通过不正当手段获取商业秘密但尚未披露、使用或者允许他人使用的情形。起草过程中主要有2种意见：一种意见认为，刑法将不正当手段获取商业秘密的行为明确规定为一种实行行为，意味着只要是非法获取了权利人的商业秘密，就可认定给权利人造成了损失。另一种意见认为，以不正当手段获取商业秘密后，因未将商业秘密用于经营活动，不宜认定给权利人造成实际损失。我们认为，鉴于以盗窃等不正当手段获取商业秘密的行为往往更加隐蔽、卑劣，权利人难以通过正常途径予以防范，社会危害性高于违反保密约定或者保密要求滥用商业秘密的行为，应当予以重点打击和防范。行为人通过不正当手段获取权利人的商业秘密，实际上节省了正常情况下获取商业秘密本应支付的许可使用费，该许可使用费正是权利人应当收取而未能收取的，应当属于遭受的损失。

因此，此情形下按照该项商业秘密的合理许可使用费确定权利人的损失是合理的。适用本项时应当注意：一是以合理许可使用费作为认定损失的标准，应当限于以不正当手段获取商业秘密的情形，对于违约等其他侵犯商业秘密的行为，仍应当以商业秘密使用造成权利人销售利润的损失作为认定标准。二是合理许可使用费应当综合考虑涉案商业秘密权利人或者其他商业秘密权利人许可使用相同或者类似商业秘密收取的费用、不正当手段获取商业秘密后持有的时间等因素认定。实践中，将涉案商业秘密许可使用费的鉴定评估意见作为认定证据时，应当根据刑事诉讼法的有关规定对鉴定评估意见进行认真审查。

2. 以不正当手段获取权利人的商业秘密后，披露、使用或者允许他人使用的情形。原则上损失数额应当按照商业秘密用于经营造成权利人销售利润的减少这一损失计算，如同时存在前项规定的商业秘密合理许可使用费的，应当就高计算，不应当叠加认定或者任选其一认定。

3. 违约型侵犯商业秘密的情形。鉴于该情形下行为人对商业秘密的占有是合法正当的，较盗窃等不正当手段获取商业秘密行为而言社会危害性相对较小，在入罪门槛上应当有所区别。造成的损失按照行为人使用商业秘密造成权利人销售利润的损失计算，而不应当以商业秘密的合理许可使用费或者商业秘密的商业价值作为认定损失的依据。

4. “以侵犯商业秘密论”的情形。鉴于此种明知商业秘密来源不合法仍获取、使用、披露的“第二手”侵权行为，较直接不正当手段获取商业秘密及直接违约侵犯商业秘密行为而言，社会危害性相对小，造成的损失亦应当按照行为人使用商业秘密造成权利人销售利润的损失计算。

5. 侵权行为造成商业秘密丧失非公知性或者灭失的情形。该两种情形导致权利人的竞争优势丧失，可以将商业秘密的商业价值作为认定给权利人造成损失的依据。对于商业秘密的商业价值，可以根据该项商业秘密的研究开发成本、实施该项商业秘密的收益综合确定。需要注意的是，以商业秘密的商业价值作为认定损失的依据，只适用于商业秘密已为公众所知悉或者灭失的情形，而不应当扩大适用于其他侵犯商业秘密的情形。

《解释》第五条第一款第（六）项规定了违法所得的认定。实践中，行为人以不正当手段获取商业秘密后或者违反约定将商业秘密转让给第三人使用，第三人往往支付钱款等财物，《解释》规定可将该财物作为违法所得予以认定。《解释》将财产性利益纳入违法所得的范畴，旨在囊括实践中行为人将侵犯的商业秘密作价入股、技术出资的情形。需要注意的是，在员工跳槽违约侵犯商业秘密的情形下，新公司往往给予员工年薪、安家费等薪酬。如果员工酬薪的取得除了提供相关商业秘密外，还主要与其自身具备的技能、经验等有关，此种情况下，一般不宜将年薪、安家费等薪酬直接认定为违法所得。

侵犯商业秘密行为造成权利人销售利润的损失如何计算?《解释》第五条第二款进行了明确规定，采取递进方式认定。起草过程中，有意见认为，认定方式可以不分先后，根据案件情况具体适用。我们认为，递进方式能够更好地符合“给权利人造成重大损失”的立法本意。实践中，侵权人为获利往往低价销售侵权产品，如果直接以侵权产品销售量乘以每件侵权产品的合理利润计算权利人损失，会导致少计算相关损失，而以权利人减少的销售量乘以权利人每件产品的合理利润计算损失，能够更直接地体现侵权行为的社会危害性。有的案件中，因生产涉案产品的经营者除了商业秘密的权利人和行为人外，还有其他相关经营者，从市场竞争的不确定因素考虑，权利人被侵权后销售量的减少并不一定完全是行为人造成的结果，在这种情况下以侵权人侵权产品的销售量乘以权利人每件产品的合理利润确定损失，也是合理的。司法实践中，针对将商业秘密用于服务等非产品生产经营活动的，《解释》规定损失数额可以根据权利人因被侵权而减少的合理利润确定。

为进一步加大对商业秘密权利人利益的保护，维护良好的市场竞争秩序，《解释》第五条第三款规定，商业秘密的权利人为减轻对商业运营、商业计划的损失或者重新恢复计算机信息系统安全、其他系统安全而支出的补救费用，应当计入给商业秘密的权利人造成的损失。适用本款时应当注意，权利人支出的补救费用应当与侵犯商业秘密行为之间具有直接的因果关系，对于权利人怠于采取补救措施或者故意扩大损失而产生的费用，不应当计入给商业秘密权利人造成的损失。

总的来说，对给权利人造成重大损失的认定，应当以商业秘密实际使用造成权利人销售利润的损失为一般标准，以商业秘密的合理许可使用费、商业秘密的商业价值为特殊标准，且只适用于《解释》明文规定的情形。

（六）刑事诉讼程序中对商业秘密的保护

为确保商业秘密在刑事诉讼程序中得到有效保护，《解释》第六条明确规定了刑事诉讼程序中采取保密措施的程序和违反保密措施或者保密义务的法律责任。根据《解释》第六条第一款的规定，刑事诉讼程序中，申请采取保密措施的主体包括当事人、辩护人、诉讼代理人以及案外人，申请保护的对象为商业秘密或者其他需要保密的商业信息的证据材料，采取保密措施的主体包括侦查机关、公诉机关和审判机关。需要注意的是，《关于强化知识产权保护的意见》明确提出"探索加强对商业秘密、保密商务信息及其源代码等的有效保护"，因此，为充分保障相关权利人的利益，《解释》第六条第一款规定，相关人员还可以申请对其他需要保密的商业信息采取保密措施。另外，刑事诉讼程序中采取保密措施的同时，应当依法保障犯罪嫌疑人（被告人）诉讼权利的行使。

《解释》第六条第一款规定了违反保密措施要求或者法定保密义务应当承担的责任，该条款规定的责任包括相应的民事责任、行政责任和刑事责任。只有擅自披露、使用或者允许他人使用在刑事诉讼程序中接触、获取的商业秘密，符合《刑法》第二百一十九条规定的，才依法追究刑事责任。

（七）对侵权物品没收和销毁的适用

为进一步强化知识产权司法保护，提升对侵犯知识产权犯罪的打击实效，《解释》第七条第一款明确规定了对侵权物品没收和销毁的范围和相关程序。根据《解释》第七条第一款的规定，除特殊情况外，原则上对假冒注册商标的商品、非法制造的注册商标标识、侵犯著作权的复制品、主要用于制造假冒注册商标的商品、注册商标标识或者侵权复制品的材料和工具，均应当依法予以没收和销毁。关于"特殊情况"，司法机关应当根据案件的实际情况予以认定。实践中，侵犯知识产权的行为还涉及民事、行政案件的，为确保相关案件之间的有效衔接，《解释》第七条第二款规定，没收和销毁的物品需要作为民事、行政案件的证据使用的，经权利人申请，可以在民事、行政案件终结后或者采取取样、拍照等方式对证据固定后予以销毁。

（八）从重处罚和从轻处罚的适用

为贯彻落实宽严相济刑事政策，《解释》第八条、第九条分别规定了酌情从重处罚和从轻处罚的具体情形。《解释》第八条规定了可以酌情从重处罚且一般不适用缓刑的4种情形，重点打击社会危害性和人身危险性较大的以侵犯知识产权为业和因侵犯知识产权被处罚后再次犯罪的情形、在特殊时期假冒特殊商品注册商标的行为以及没有悔罪表现的拒不交出违法所得的情形，充分发挥刑罚威慑和预防犯罪的功能。《解释》第九条规定了酌情从轻处罚的4种情形。对认罪认罚、取得权利人谅解及具有悔罪表现的情形从轻处罚，有利于修复社会关系，化解社会矛盾。对以不正当手段获取权利人的商业秘密后尚未披露、使用或者允许他人使用的情形规定从轻处罚，一是从客观上看，该项商业秘密的知悉范围仍然较小且可控，没有用于生产经营则对权利人的竞争优势和市场竞争秩序的损害相对较小；二是明确规定从轻处罚一定程度上可以促使行为人主动停止下一步的侵权行为，防止权利人损失进一步扩大。

（九）侵犯知识产权犯罪罚金刑的适用

《解释》对《最高人民法院、最高人民检察院关于办理侵犯知识产权刑事案件具体应用法律若干问题的解释（二）》（法释〔2007〕6号，以下简称《2007年解释》）第四条的规定进行了补充，《解释》第十条第一款增加了"侵权假冒物品数量"可作为依法判处罚金的考量因素；第二款增加了违法所得数额和非法经营数额均无法查清的情形下可以适用限额罚金制，并明确在一般情况下应当依次以违法所得数额、非法经营数额来确定罚金数额。

（十）适用效力问题

由于《解释》对《2004年解释》《2007年解释》《2011年意见》中相应的内容作了调整和补充，故《解释》第十一条规定，本解释发布施行后，之前发布的司法解释和规范性文件与本解释不一致的，以本解释为准。需要注意的是，司法解释是对适用法律问题所作的解释，其效力适用于作为解释对象的法律施行期间。对于法律施行后、《解释》实施前发生的侵犯知识产权行为，《解释》施行后尚未处理或者正在处理的案件，依照《解释》的规定处理，但《2004年解释》《2007年解释》《2011年意见》已有规定的，应当按照从旧兼从轻的原则处理。

（撰稿：林广海、许常海）

（三）典型或常见问题的审理思路

1. 如何认定假冒注册商标罪中的同一种商品？[①]

认定是否属于“同一种商品”，应当在权利人注册商标核定使用的商品和行为人实际生产销售的商品之间进行比较。本案中，“水饺”与“饺子”“汤圆”与“元宵”，二者只是由于地域文化差异等因素而叫法不同，在社会公众看来，二者所指向的实际是同一种事物，应当认定为“同一种商品”。而“羊肉片”这种商品并未被列入“思念”牌注册商标的商品核定使用范围，而“羊肉片”与“思念”牌注册商标核定使用范围内的商品相比较，不仅名称不同，而且在主要原料等方面也存在根本性的差异，社会公众不会认为“羊肉片”与核定使用范围内的任何一种商品指向的是同一种事物，当然不能认定为是“同一种商品”，也就不会与权利人在同种商品领域产生竞争。可见，行为人虽然销售带有“思念”牌商标的“羊肉片”，但这一行为尚未侵犯权利人的注册商标专用权以及我国的商标管理制度。因而，公诉机关指控中所涉及的“羊肉片”的货值金额不应当计入犯罪数额。

2. 如何认定假冒注册犯罪的非法经营数额？[②]

假冒注册商标犯罪的非法经营数额、违法所得数额，应当综合被告人供述、证人证言、被害人陈述、网络销售电子数据、被告人银行账户往来记录、送货单、快递公司电脑系统记录、被告人等所作记账等证据认定。被告人辩解称网络销售记录存在刷信誉的不真实交易，但无证据证实的，对其辩解不予采纳。

3. 假冒注册商标后又销售该假冒商品，但销售价格无法查清的，如何认定非法经营数额？[③]

在本案审理中对李某非法经营数额的认定形成两种意见：第一种意见认为，销售价格应当是经买卖双方协商确定的价格，且假冒注册商标的商品已实际出售。侦查机关扣押李某的电脑主机中并没有其实际销售商品的价格记录，故仍应按照假冒注册商标的商品的吊牌价格认定非法经营数额为43013364元。第二种意见认为，侦查机关扣押李某的电脑中虽然没有其实际

---

① 观点来源：《刑事审判参考》第674号指导案例，孙某强等假冒注册商标案。

② 观点来源：《刑事审判参考》第87号，郭某升、郭某锋、孙某标假冒注册商标案。

③ 观点来源：《刑事审判参考》第859号指导案例，李某假冒注册商标案。

销售商品的价格记录，但李某将不同批次不同款式的假冒注册商标的商品照片放在不同价格名称的文件夹中的做法，基本反映出李某主观上出售假冒注册商标的商品的出售价格。故以李某的电脑主机中记载的不同批次不同款式假冒注册商标的商品上标注的平均价格认定非法经营数额，更符合本案实际。

本书赞同第二种意见，具体理由如下：《最高人民法院、最高人民检察院关于办理侵犯知识产权刑事案件具体应用法律若干问题的解释》第十二条规定，“非法经营数额”是指行为人在实施侵犯知识产权行为过程中，制造、储存、运输、销售侵权产品的价值。已销售的侵权产品的价值，按照实际销售的价格计算。制造、储存、运输和未销售的侵权产品的价值，按照标价或者已经查清的侵权产品的实际销售平均价格计算。侵权产品没有标价或者无法查清其实际销售价格的，按照被侵权产品的市场中间价格计算。根据上述规定，具体到本案，李某在侦查机关供述其已销售的假冒注册商标商品的平均价格在 147.54 元。后经查实，李某在电脑主机中记载的不同批次不同款式假冒注册商标的商品上标注的价格高于其供述的购买“白衬衫”加上其购买假冒注册商标标识的价格，该标注的平均价格与其供述基本能够相互印证。因此，以李某在电脑主机中记载的不同批次不同款式假冒注册商标的商品上标注的价格认定“非法经营数额”，不仅与李某的主观犯罪意图相符，而且符合司法解释的“按照标价计算”基本精神，克服了标价仅指吊牌价的片面认识，使判处的罚金数额更加符合客观实际，且遵循了罪刑法定原则，达到了法律效果与社会效果的有机统一。

4. 未经许可使用联合商标可构成何罪?

联合商标，是指某一个商标所有者，在相同的商品上注册几个近似的商标，或在同一类别的不同商品上注册几个相同或近似的商标，这些相互近似的商标称为联合商标。针对普通商标而言，商标注册人在商标注册后无正当理由连续 3 年不使用将导致商标被撤销。联合商标则不同，联合商标的特点决定了其不是为了使用所注册的每一个商标，而是在主商标周围建起一道防火墙，起到积极防卫作用，阻止他人注册和使用近似商标。主商标或联合商标当中的任一商标被使用，均应看作联合商标得到实际使用，不应以无正当理由连续 3 年不使用加以撤销。未经许可使用该联合商标于同种商品，如若达到情节严重，则构成假冒注册商标罪。

5. 对犯罪嫌疑人所使用商标是否与注册商标相同等问题，行政主管部门的认定意见是否是刑事认定的必经程序？①

在办理侵犯商标权刑事案件中，对于犯罪嫌疑人所使用的商标是否与注册商标相同等问题，行政主管部门的认定意见不是刑事认定的必经程序，公安司法机关可依照刑法、商标法等法律、法规和司法解释的规定，并综合具体案件事实和各方面证据进行认定。必要时，公安司法机关可以就相关专业性问题咨询有关主管部门意见。对于确实需要进行鉴定的事项，应当委托国家认可的有鉴定资质的鉴定机构进行鉴定。

（四）疑难、复杂问题的参考性解答

1. 假冒注册商标罪客观要件注意要点

本罪客观方面表现为违反商标管理法规，未经注册商标所有人许可，在同一种商品、服务上使用与其注册商标相同的商标，情节严重的行为。

因此，构成本罪在客观方面必须具备以下条件：

（1）行为人必须使用了注册商标所有人已经注册并依法取得商标专用权的商标。

（2）必须是未经注册商标所有人许可而使用其注册商标，这是本罪的本质特征。未经注册商标所有人许可包括以下具体情形：第一，行为人从未获得过注册商标所有人使用其注册商标的许可的；第二，行为人虽然曾经获得过注册商标所有人的使用许可，但在许可使用合同规定的使用期限已届满的；第三，行为人虽然曾经获得注册商标所有人的使用许可，但由于被许可人不能保证使用该商标的商品的质量等原因导致许可合同提前解除的；第四，行为人虽然获得了注册商标所有人的使用许可，但超越许可使用注册商标的商品范围或地域范围使用的。

（3）必须是在同一种商品、服务上使用与注册商标所有人注册商标相同的商标。

第一，必须是在同一种商品、服务上。所谓同一种商品，是指同一品种的商品或者是完全相同的商品。我国颁布的《商标注册用商品和服务国际分

---

① 观点来源：公安部经济犯罪侦查局关于对假冒“四季沐歌”商标案件的批复（公经知产〔2012〕164 号，2012 年 7 月 2 日）。

类表》中，对所有商品按照类、组、种三个级次进行了详细分类，同一种商品就是指同一种目下所列举的商品。首先，“同一种商品”不包括类似、近似的商品。根据原《商标法》第五十二条第（一）项的规定，未经商标注册人的许可，在同一种商品，或者类似商品上使用与其注册商标相同或者近似的商标，虽然都是侵犯注册商标专用权的行为，但在类似商品上使用商标所有人的注册商标的仅属于违法行为，只应承担民事赔偿责任或者受行政处罚，不构成犯罪，不应追究行为人的刑事责任。这是考虑到“类似”“近似”这一概念弹性较大，在司法实践中很难掌握，为防止刑罚范围的随意扩大，故未将其纳入刑事犯罪的范围。其次，根据《知识产权意见》名称相同的商品以及名称不同但指同一事物的商品，都属于“同一种商品”。认定“同一种商品”，应当在权利人注册商标核定使用的商品和行为人实际生产销售的商品之间进行比较；“名称”，是指国家市场监督管理总局商标局在商标注册工作中对商品使用的名称，通常即《商标注册用商品和服务国际分类表》中规定的商品名称；“名称不同但指同一事物的商品”，是指在功能、用途、主要原料、消费对象、销售渠道等方面相同或者基本相同，相关公众一般认为是同一种事物的商品。具体包括两种情形：一种情形是，虽然权利人和行为人对各自生产的商品起了不同的商品名称，但商标部门在商标注册工作中对这两件商品使用的名称是相同的，或者说两件商品实际对应的是《商标注册用商品和服务国际分类》中同一个商品名称。另一种情形是，权利人和行为人各自生产的商品在《商标注册用商品和服务国际分类》中对应不同的商品名称，但商品的功能、用途、主要原料、消费对象、销售渠道等方面相同，相关公众一般认为其实质上是同一种事物的商品。按照上述要素判断“同一种商品”时，并不要求两商品的各个要素全部相同。例如，两商品的功能、用途和主要原料等相同，相关公众也认为其实质是指同一事物时，就可判定为“同一种商品”。相反，如果两商品的功能、用途和主要原料等相同，但特定消费者能够将二者区分开来，就不应判定为“同一种商品”。

同一种服务是《刑法修正案（十一）》增设的，这是为了和商标法提法一致，现行商标法规定“自然人、法人或者其他组织在生产经营活动中，对其商品或者服务需要取得商标专用权的，应当向商标局申请商标注册”。同一种服务是指在服务的目的、内容、方式、对象等方面相同或基本相同的服务。由于服务项目在现代化社会中已经商品化，广义上也是一种商品，具体如何界定可参考同一种商品的标准。

第二，使用的必须是“与其注册商标相同的商标”。与其注册商标相同的商标是指与被假冒的注册商标完全相同，或者与被假冒的注册商标在视觉上基本无差别，足以对公众产生误导的商标。按照《最高人民法院、最高人民检察院关于办理侵犯知识产权刑事案件具体应用法律若干问题的解释（三）》（以下简称《知识产权解释（三）》）第一条的规定，具有下列情形之一的，可以认定为“与其注册商标相同的商标”：①改变注册商标的字体、字母大小写或者文字横竖排列，与注册商标之间基本无差别的；②改变注册商标的文字、字母、数字等之间的间距，与注册商标之间基本无差别的；③改变注册商标颜色，不影响体现注册商标显著特征的；④在注册商标上仅增加商品通用名称、型号等缺乏显著特征要素，不影响体现注册商标显著特征的；⑤与立体注册商标的三维标志及平面要素基本无差别的；⑥其他与注册商标基本无差别、足以对公众产生误导的商标。

第三，必须有“使用”的行为。使用具体是指将注册商标或者假冒的注册商标用于商品、商品包装或者容器以及商品说明书、商品交易文书，或者将注册商标或者假冒的注册商标用于广告宣传、展览以及其他商业活动。

（4）本罪属于情节犯，按照法律规定，假冒他人注册商标的行为，除需具备以上构成要件外，还必须达到“情节严重”的程度，才构成犯罪。情节是否严重，是区分罪与非罪、违法与犯罪的关键。《知识产权解释》明确规定：所谓情节严重，是指具有下列情形之一的行为：①非法经营数额在 5 万元以上或者违法所得数额在 3 万元以上的；②假冒两种以上注册商标，非法经营数额在 3 万元以上或者违法所得数额在 2 万元以上的；③其他情节严重的情形。“非法经营数额”，是指“行为人在实施侵犯知识产权行为过程中，制造、储存、运输、销售侵权产品的价值”。具体计算方法视不同情况有三种：对已销售的侵权产品的价值，按照实际销售的价格计算，而不能按被假冒的商品即真品的价格计算；对制造、储存、运输和未销售的侵权产品的价值，按照标价或者已经查清的侵权产品的实际销售平均价格计算；侵权产品没有标价或者无法查清其实际销售价格的，按照被侵权产品的市场中间价格计算。按照《知识产权意见》规定，在计算制造、储存、运输和未销售的假冒注册商标侵权产品价值时，对于已经制作完成但尚未附着（含加贴）或者尚未全部附着（含加贴）假冒注册商标标识的产品，如果有确实、充分证据证明该产品将假冒他人注册商标，其价值计入非法经营数额。

2. 注意区分假冒商标与假冒装潢

假冒装潢是指用线条、色彩、图案以及文字等来假冒他人装潢和包装，达到以假乱真，蒙骗消费者的目的。假冒装潢也会误导消费者，损害消费者利益。事实上，商标和装潢本身是存在较大区别的，商标是用来区别不同的生产者和经营者的；而装潢只是商品包装上的装饰，目的在于说明、美化商品，吸引顾客购买。因此，假冒装潢与假冒商标是有本质区别的，对于假冒装潢行为，不应当按假冒注册商标罪论处。当然，对于那些情节特别恶劣，社会影响极坏，给社会造成严重危害性后果的假冒装潢行为，可以适用刑法相关条款进行处罚。

3. 注意本罪与生产、销售伪劣产品罪的区别

生产、销售伪劣产品罪，是指生产者、销售者故意在产品中掺杂、掺假，以次充好或者以不合格产品冒充合格产品，销售金额在 5 万元以上的行为。生产、销售伪劣产品的犯罪分子，有时为了能够顺利地销售伪劣产品，也存在冒用名牌产品的注册商标的行为，因此，本罪往往与生产、销售伪劣产品罪存在相互交叉的情形。

严格区分两者的界限，应当注意以下两点：

一是两者侵犯的客体不同。假冒注册商标罪侵犯的客体是他人对注册商标的专有权和国家对商标的管理制度；生产、销售伪劣商品罪侵犯的客体是国家对生产、销售商品的质量监督管理制度和消费者的合法权益。

二是两者在客观方面所表现的行为方式不同。假冒注册商标罪在客观方面主要表现为违反国家商标管理法规，未经注册商标专有权人许可，在同一种商品、服务上使用与其注册商标相同的商标；而生产、销售伪劣商品罪的行为主要表现为违反国家有关产品质量、安全、监督管理法规，生产或销售危害消费者利益、破坏社会主义经济秩序的伪劣商品。

另外，假冒注册商标罪所生产的假冒产品，可能从其产品的性能看是合格的，也可能本身就是伪劣产品。如果行为人用伪劣产品假冒他人注册商标进行生产、销售，就会同时构成假冒注册商标罪与生产、销售伪劣产品罪，属于目的行为与手段行为的牵连犯罪，应从一重罪处罚。

4. 注意一罪与数罪的区别

如果行为人实施假冒注册商标犯罪，又销售该假冒注册商标的商品，构成犯罪的，属于牵连犯（手段牵连），应从一重罪处罚，即依照刑法第二百一十三条的规定，以假冒注册商标罪定罪处罚，不实行数罪并罚。如果行为人实施了假冒注册商标犯罪，又销售明知是他人的假冒注册商标的商品，构成犯罪的，则属于实质的数罪，应当实行数罪并罚。

5. 商标专用权的保护范围还包括服务商标、集体商标和证明商标

1993 年 2 月 22 日第七届全国人大常委会第三十次会议通过的《关于修改〈中华人民共和国商标法〉的决定》，将过去只保护商品商标，扩大到同时还保护服务商标。服务商标不同于商品商标，它不是作为有形的商品提供给买主，而是作为某种商业性质的服务项目提供给顾客，如商品售后提供的修理服务，民航为旅客提供的空中服务等。这些不同公司、企业提供这类服务也需要有不同的标记把它们区别开来，通过服务商标注册来保护服务行业的正当竞争，反对不正当竞争；我国参加的一些国际条约也规定，对外国企业在我国申请注册的服务商标承担保护的义务。由于服务项目在现代化社会中已经商品化，广义上也是一种商品。因此，修改《商标法》第四条时，除保留第一款外，还增加了两款，即“企业、事业单位和个体工商业者，对其提供的服务项目，需要取得商标专用权的，应当向商标局申请服务商标注册”；“本法有关商品商标的规定，适用于服务商标”。因此，对他人注册服务商标专用权的侵害，情节严重的，同样构成犯罪。

2001 年第九届全国人大常委会第二十四次会议通过的《关于修改〈中华人民共和国商标法〉的决定》，又将集体商标、证明商标纳入了商标专用权的保护范围。集体商标，是指以团体、协会或者其他组织名义注册，供该组织成员在商事活动中使用，以表明使用者在该组织中的成员资格的标志。证明商标，是指由对某种商品或者服务具有监督能力的组织所控制，而由该组织以外的单位或者个人使用于其商品或者服务，用以证明该商品或者服务的原产地、原料、制造方法、质量或者其他特定品质的标志。

最高人民法院刑事审判第二庭关于集体商标是否属于我国刑法的保护范围问题的复函已明确回复《刑法》第二百一十三条至第二百一十五条所规定的“注册商标”应当涵盖“集体商标”，服务商标和证明商标亦应如此。

6. 利用互联网假冒注册商标构成犯罪的，应依法追究刑事责任

为了维护社会主义市场经济秩序和社会管理秩序，根据 2000 年 12 月 28 日《全国人民代表大会常务委员会关于维护互联网安全的决定》第三条第

（三）项的规定，利用互联网侵犯他人知识产权，构成犯罪的，依照刑法有关规定追究刑事责任。利用互联网侵犯他人知识产权，主要包括在互联网上销售假冒他人注册商标的商品，销售非法制造的他人注册商标标识或销售伪造、擅自制造的注册商标标识，假冒他人专利，未经著作权人许可上网发行他人享有著作权的作品，销售侵犯他人著作权的复制品，通过互联网非法侵入他人计算机信息系统盗取他人的商业秘密，或者通过网站、网页或电子邮件披露行为人通过非法手段获取的他人商业秘密以及违反约定或者违反与权利人达成的有关保守秘密的要求，将其所掌握的他人的商业秘密通过互联网广为披露等行为。对以上利用互联网侵犯他人知识产权的行为，根据行为的不同，如果有“情节严重”，或者“销售金额数额较大”，或者“违法所得数额较大”，或者“给商业秘密的权利人造成重大损失”等情形的，即构成犯罪，可根据其行为特点、侵害对象及危害后果，依照《刑法》第二百一十三条至第二百二十条有关侵犯知识产权犯罪的规定定罪处罚。

7. 行政执法部门调取、收集证据的效力和法院委托鉴定问题①

行政执法部门依法收集、调取、制作的物证、书证、视听资料、检验报告、鉴定结论、勘验笔录、现场笔录，经公安机关、人民检察院审查，人民法院庭审质证确认，可以作为刑事证据使用。

人民法院在办理侵犯知识产权刑事案件时，对于需要鉴定的事项，应当委托国家认可的有鉴定资质的鉴定机构进行鉴定，并对鉴定结论进行审查，听取权利人、被告人对鉴定结论的意见，可以要求鉴定机构作出相应说明。

8. 侵犯知识产权罪的共犯的认定

行为人明知他人实施侵犯知识产权犯罪，而为其提供贷款、资金、账号、发票、证明、许可证件，或者提供生产、经营场所或运输、储存、代理进出口等便利条件、帮助的，或者为其提供生产、制造侵权产品的主要原材料、辅助材料、半成品、包装材料、机械设备、标签标识、生产技术、配方等帮助，或者提供互联网接入、服务器托管、网络存储空间、通讯传输通道、代收费、费用结算等服务的，均应以侵犯知识产权犯罪的共犯论处。

当前，侵犯知识产权犯罪在一些地方出现了家族式经营，具有规模化、

---

① 由于行政执法部门调取、收集证据的效力、法院委托鉴定和处理共犯的原则、自诉案件及其证据的收集等问题，不仅适用于本罪，而且适用于本节第二百一十四条至第二百一十九条规定的所有侵犯知识产权犯罪，为节省文字，以后在叙述各罪的刑事责任部分时，不再赘述。

组织化的特征。有的为直接实施侵犯知识产权犯罪的人员提供各种便利条件或者进行各种帮助。他们虽然没有直接参与侵犯知识产权的犯罪活动，但由于他们主观上具有共同侵权的犯罪故意，客观上又实施了提供便利条件或者进行帮助的行为，属于侵犯知识产权的共同犯罪，应按处理共犯的原则处罚。

9. 知识产权犯罪自诉案件及其证据收集

被害人有证据证明的侵犯知识产权刑事案件，直接向人民法院起诉的，人民法院应当依法受理。人民法院依法受理侵犯知识产权刑事自诉案件，对于当事人因客观原因不能取得的证据，在提起自诉时能够提供有关线索，申请人民法院调取的，人民法院应当依法调取。

（五）量刑指导或参考

依照《刑法》第二百一十三条规定，犯假冒注册商标罪的，处三年以下有期徒刑，并处或者单处罚金；情节特别严重的，处三年以上十年以下有期徒刑，并处罚金。

依照《刑法》第二百二十条规定，单位犯本罪的，对单位判处罚金，并对其直接负责的主管人员和其他直接责任人员，依照第二百一十三条的规定处罚。

司法机关在适用上述规定对本罪犯罪人进行处罚时，应当注意以下问题：

1. 根据《知识产权解释》的规定，假冒注册商标罪中“情节特别严重”，是指具有下列情形之一的行为：（1）非法经营数额在二十五万元以上或者违法所得数额在十五万元以上的；（2）假冒两种以上注册商标，非法经营数额在十五万元以上或者违法所得在十万元以上的；（3）其他情节特别严重的情形。

2. 正确掌握罚金刑的适用。我国刑法没有明文规定罚金的数额，在具体适用罚金刑时，应当注意掌握罚金的尺度。对于一般的假冒注册商标罪，罚金是作为一种选择性的刑罚，既可以判处罚金，也可以不判处罚金；既可以并处罚金，也可以单处罚金。对于情节特别严重的假冒注册商标罪，应在判处有期徒刑的同时，并处罚金。《知识产权解释（三）》对《知识产权解释（二）》的规定进行了补充，对于侵犯知识产权犯罪的，应当综合考虑犯罪违法所得数额、非法经营数额、给权利人造成的损失数额、侵权假冒物品数量及社会危害性等情节，依法判处罚金。罚金数额一般在违法所得数额的一倍以上五倍以下确定。违法所得数额无法查清的，罚金数额一般按照非法经营数额的百分之五十以上一倍以下确定。违法所得数额和非法经营数额均无法查清，判处三年以下有期徒刑的，一般在三万元以上一百万元以下确定罚金数额；判处三年以上有期徒刑的，一般在十五万元以上五百万元以下确定罚金数额。

3. 累计计算数额问题。依照《知识产权解释》第十二条第二款的规定，多次实施侵犯知识产权行为，未经行政处理或者刑事处罚的，非法经营数额、违法所得数额或者销售金额应累计计算。

两年内多次实施侵犯知识产权违法行为，未经行政处理，累计数额构成犯罪的，应当依法定罪处罚。实施侵犯知识产权犯罪行为的追诉期限，适用刑法有关规定，不受两年的限制。

4. 一罪与数罪的问题。行为人实施侵犯知识产权犯罪，同时构成生产、销售伪劣商品犯罪的，有的情形属于牵连犯，但也有的情形属于一个行为触犯数个罪名的“想象竞合犯”，均应当从一重罪处断，即依照侵犯知识产权犯罪与生产、销售伪劣商品犯罪中处罚较重的规定定罪处罚。

5. 单位实施《刑法》第二百一十三条至第二百一十九条的行为，应当按照《知识产权解释》和《知识产权解释（二）》规定的相应个人犯罪的定罪量刑标准执行。

二、销售假冒注册商标的商品罪

（一）刑法规定

第二百一十四条[①]　销售明知是假冒注册商标的商品，违法所得数额较大或者有其他严重情节的，处三年以下有期徒刑，并处或者单处罚金；违法所得数额巨大或者有其他特别严重情节的，处三年以上十年以下有期徒刑，并处罚金。

---

① 本条经2020年12月26日《刑法修正案（十一）》进行修正。

1997年《刑法》第二百一十四条规定：“销售明知是假冒注册商标的商品，销售金额数额较大的，处三年以下有期徒刑或者拘役，并处或者单处罚金；销售金额数额巨大的，处三年以上七年以下有期徒刑，并处罚金。”

（二）司法解释、司法文件及其权威解读

1\. **最高人民法院、最高人民检察院、公安部、国家烟草专卖局关于办理假冒伪劣烟草制品等刑事案件适用法律问题座谈会纪要**（商检会〔2003〕4号，2003年12月23日印发）

二、关于销售明知是假冒烟用注册商标的烟草制品行为中的“明知”问题

根据刑法第二百一十四条的规定，销售明知是假冒烟用注册商标的烟草制品，销售金额较大的，构成销售假冒注册商标的商品罪。

“明知”，是指知道或应当知道。有下列情形之一的，可以认定为“明知”：

1\. 以明显低于市场价格进货的；

2\. 以明显低于市场价格销售的；

3\. 销售假冒烟用注册商标的烟草制品被发现后转移、销毁物证或者提供虚假证明、虚假情况的；

4\. 其他可以认定为明知的情形。

四、关于共犯问题

知道或者应当知道他人实施本《纪要》第一条至第三条规定的犯罪行为，仍实施下列行为之一的，应认定为共犯，依法追究刑事责任：

1\. 直接参与生产、销售假冒伪劣烟草制品或者销售假冒烟用注册商标的烟草制品或者直接参与非法经营烟草制品并在其中起主要作用的；

2\. 提供房屋、场地、设备、车辆、贷款、资金、账号、发票、证明、技术等设施和条件，用于帮助生产、销售、储存、运输假冒伪劣烟草制品、非法经营烟草制品的；

3\. 运输假冒伪劣烟草制品的。

上述人员中有检举他人犯罪经查证属实，或者提供重要线索，有立功表现的，可以从轻或减轻处罚；有重大立功表现的，可以减轻或者免除处罚。

六、关于一罪与数罪问题

行为人的犯罪行为同时构成生产、销售伪劣产品罪、销售假冒注册商标的商品罪、非法经营罪等罪的，依照处罚较重的规定定罪处罚。

2. 最高人民法院、最高人民检察院关于办理侵犯知识产权刑事案件具体应用法律若干问题的解释（法释〔2004〕19号，自2004年12月22日起施行）

第二条　销售明知是假冒注册商标的商品，销售金额在五万元以上的，属于刑法第二百一十四条规定的“数额较大”，应当以销售假冒注册商标的商品罪判处三年以下有期徒刑或者拘役，并处或者单处罚金。

销售金额在二十五万元以上的，属于刑法第二百一十四条规定的“数额巨大”，应当以销售假冒注册商标的商品罪判处三年以上七年以下有期徒刑，并处罚金。

第九条　刑法第二百一十四条规定的“销售金额”，是指销售假冒注册商标的商品后所得和应得的全部违法收入。

具有下列情形之一的，应当认定为属于刑法第二百一十四条规定的“明知”：

（一）知道自己销售的商品上的注册商标被涂改、调换或者覆盖的；

（二）因销售假冒注册商标的商品受到过行政处罚或者承担过民事责任、又销售同一种假冒注册商标的商品的；

（三）伪造、涂改商标注册人授权文件或者知道该文件被伪造、涂改的；

（四）其他知道或者应当知道是假冒注册商标的商品的情形。

第十三条第二款　实施刑法第二百一十三条规定的假冒注册商标犯罪，又销售明知是他人的假冒注册商标的商品，构成犯罪的，应当实行数罪并罚。

第十五条　单位实施刑法第二百一十三条至第二百一十九条规定的行为，按照本解释规定的相应个人犯罪的定罪量刑标准的三倍定罪量刑。

权威解读

解读《最高人民法院、最高人民检察院关于办理侵犯知识产权刑事案件具体应用法律若干问题的解释》（全文在本书关于假冒注册商标罪中所列，此处只摘录与本法条特别相关，部分内容已与《刑法修正案（十一）》有出入）

（一）明确了具体的定罪量刑标准

《刑法》第二百一十三条至第二百一十九条规定了侵犯知识产权罪的7种罪名，并对各罪不同的犯罪构成和量刑规定了不同的情节。在定罪标准上，假冒注册商标罪、非法制造、销售非法制造的注册商标标识罪和假冒专利罪规定的是“情节严重”，销售假冒注册商标的商品罪是“销售金额数额较大”，侵犯著作权罪是“违法所得数额较大或者有其他严重情节”，销售侵权复制品罪是“违法所得数额巨大”，侵犯商业秘密罪是“给权利人造成重大损失”。在量刑时适用较重刑罚的条件上，假冒注册商标罪、非法制造、销售非法制造的注册商标标识罪是“情节特别严重”，销售假冒注册商标的商品罪是“销售金额数额巨大”，侵犯著作权罪是“违法所得数额巨大或者有其他特别严重情节”，侵犯商业秘密罪是“造成特别严重后果”。《刑法》中的这些定罪量刑标准均是原则性的规定，缺乏可操作性。

针对《刑法》的有关规定，《解释》前七条分别对《刑法》第二百一十三条至第二百一十九条规定的7种犯罪的定罪量刑标准作了具体规定，主要解决实践中存在的“立法比较原则，缺乏可操作性；没有具体的定罪量刑标准”等问题。规定了假冒注册商标罪、销售假冒注册商标的商品罪、非法制造、销售非法制造的注册商标标识罪、假冒专利罪、侵犯著作权罪、销售侵权复制品罪和侵犯商业秘密罪等犯罪的定罪量刑标准。即假冒注册商标罪、销售假冒注册商标的商品罪和非法制造、销售非法制造的注册商标标识罪的起刑标准为非法经营数额在5万元以上，侵犯著作权罪的起刑标准为非法经营数额在5万元以上，违法所得数额为3万元以上。与原有的司法解释和追诉标准相比，7种侵犯知识产权犯罪中的4种犯罪的定罪量刑标准都进行了大幅度的调整。例如，与2001年《最高人民检察院、公安部关于经济犯罪案件追诉标准的规定》（以下简称《追诉标准》）相比较，假冒注册商标罪、销售假冒注册商标的商品罪和非法制造、销售非法制造的注册商标标识罪三种犯罪的起刑标准有了大幅度的降低，非法经营数额分别从10万元和20万元降到了5万元。同时相比较最高人民法院1998年发布的《关于审理非法出版物刑事案件具体应用法律若干问题的解释》（以下简称《非法出版物解释》），侵犯著作权罪的起刑标准非法经营额从20万元降到了5万元，违法所得数额从5万元降到了3万元。

侵犯知识产权犯罪的7种罪名中，有4种罪的定罪量刑标准进行了大幅度的调整，调整的原因主要有以下几个方面：一是从调研的情况来看，在司法实践中，《追诉标准》和《非法出版物解释》中规定的标准较高是导致起诉到法院案件较少的原因之一。同时，知识产权犯罪具有隐蔽性强、科技含量高、智能化程度高的特点，犯罪分子故意逃避刑事制裁，证据难以取得，执法部门认定比较困难，因此，降低定罪标准有利于提高打击侵犯知识产权犯罪的力度。二是降低知识产权犯罪刑事制裁的门槛是我国加入世界贸易组织《工作组报告书》的承诺，同时也考虑了外商在华投资企业及其他知识产权权利人的意见。三是根据多年的司法实践经验，并多方征求实践部门的意见，同时考虑与其他刑事司法解释相协调。综合上述理由，将假冒注册商标罪、销售假冒注册商标的商品罪、非法制造、销售非法制造的注册商标标识罪和侵犯著作权罪4种犯罪的定罪标准规定为非法经营数额在5万元以上或者违法所得数额在3万元以上，其中销售假冒注册商标的商品罪的定罪量刑标准是销售金额在5万元以上。除此之外，《解释》还规定了其他情节严重的情形，如假冒两种以上注册商标，非法经营数额在3万元以上或者违法所得数额在2万元以上的，也属于《刑法》第二百一十三条规定的"情节严重"。

《刑法》第二百一十三条至第二百一十九条中规定的"情节特别严重""数额巨大"或者"违法所得数额巨大""有其他特别严重情节"的情形，《解释》对这些第二档次的量刑标准规定一般比照第一档次的5倍执行。

（五）销售假冒注册商标的商品罪中"明知"的认定

"明知"是行为人的主观心理态度，是指犯罪行为人在主观上对自己所实施的行为的性质和后果有明确的认识。如何判断销售假冒注册商标的商品罪行为人具有"明知"，在司法实践中普遍反映不好判断或者难以掌握，建议在《解释》中列举一些情形。在《解释》的起草过程中对"明知"的认定也是有争议的。第一种看法认为，要从商品进货渠道、销售价格、会计账目、销售手段、经营史等多方面搜集搜查客观证据，从而准确认定行为人的主观要件。第二种看法认为，只要具有下列情形之一的，就可以认定为"明知"：(1) 有证据证明行为人曾被告知所销售的是假冒注册商标的商品的；(2) 销售商品的进价和质量明显低于被假冒的注册商标商品的进价和质量的；(3) 根据行为人本人的经验和知识，知道自己销售的是假冒注册商标的商品的；(4) 销售的假冒商品已被有关部门告知或者消费者指出后仍然销售的；(5) 销售的商品从非正常渠道获得的，而这些非正常的商品在实践中大多是伪劣产品等。国家工商行政管理局1994年11月22日发布的《关于执行〈商标法〉及其〈实施细则〉若干问题的通知》第六条将属于以下情形之一的，即以"明知"认定：(1) 更改、调换经销商品上的商标而被当场查获的；(2) 同一违法事实受到行政处罚后重犯的；(3) 事先已被警告，而不改正的；(4) 有意采取不正当进货渠道，且价格大大低于已知正品的；(5) 在发票、账目等会计凭证上弄虚作假的；（6）专业公司大规模经销假冒注册商标商品或者商标侵权商品的；（7）案发后转移、销毁物证，提供虚假证明、虚假情况的等。

经过多方征求意见和论证，考虑到我国经济转型的因素，我们认为应当将有些不符合市场经济规律的情形删除，如采取不正当进货渠道，价格低于正品等。《解释》第九条第二款规定："具有下列情形之一的，应当认定为属于刑法第二百一十四条规定的'明知'：（一）知道自己销售的商品上的注册商标被涂改、调换或者覆盖的；（二）因销售假冒注册商标的商品受到过行政处罚或者承担过民事责任、又销售同一种假冒注册商标的商品的；（三）伪造、涂改商标注册人授权文件或者知道该文件被伪造、涂改的；（四）其他知道或者应当知道是假冒注册商标的商品的情形。"

3. **最高人民法院、最高人民检察院关于办理非法生产、销售烟草专卖品等刑事案件具体应用法律若干问题的解释**（法释〔2010〕7号，自2010年3月26日起施行）

为维护社会主义市场经济秩序，依法惩治非法生产、销售烟草专卖品等犯罪，根据刑法有关规定，现就办理这类刑事案件具体应用法律的若干问题解释如下：

第一条第三款 销售明知是假冒他人注册商标的卷烟、雪茄烟等烟草专卖品，销售金额较大的，依照刑法第二百一十四条的规定，以销售假冒注册商标的商品罪定罪处罚。

4. **最高人民检察院 公安部关于公安机关管辖的刑事案件立案追诉标准的规定（二）**（公通字〔2010〕23号，自2010年5月7日起施行）

第七十条 ［销售假冒注册商标的商品案（刑法第二百一十四条）］销售明知是假冒注册商标的商品，涉嫌下列情形之一的，应予立案追诉：

（一）销售金额在五万元以上的；

（二）尚未销售，货值金额在十五万元以上的；

（三）销售金额不满五万元，但已销售金额与尚未销售的货值金额合计在十五万元以上的。

5. 最高人民法院、最高人民检察院、公安部关于办理侵犯知识产权刑事案件适用法律若干问题的意见（法发〔2011〕3号，2011年1月10日颁布并实施）

八、关于销售假冒注册商标的商品犯罪案件中尚未销售或者部分销售情形的定罪量刑问题

销售明知是假冒注册商标的商品，具有下列情形之一的，依照刑法第二百一十四条的规定，以销售假冒注册商标的商品罪（未遂）定罪处罚：

（一）假冒注册商标的商品尚未销售，货值金额在十五万元以上的；

（二）假冒注册商标的商品部分销售，已销售金额不满五万元，但与尚未销售的假冒注册商标的商品的货值金额合计在十五万元以上的。

假冒注册商标的商品尚未销售，货值金额分别达到十五万元以上不满二十五万元、二十五万元以上的，分别依照刑法第二百一十四条规定的各法定刑幅度定罪处罚。

销售金额和未销售货值金额分别达到不同的法定刑幅度或者均达到同一法定刑幅度的，在处罚较重的法定刑或者同一法定刑幅度内酌情从重处罚。

权威解读

解读《最高人民法院、最高人民检察院、公安部关于办理侵犯知识产权刑事案件适用法律若干问题的意见》（全文在本节第一个罪名，此处只摘录与本法条特别相关，部分内容已与《刑法修正案（十一）》有出入）

（八）关于销售假冒注册商标的商品犯罪案件中尚未销售或者部分销售情形的定罪量刑问题

《意见》第八条共分三款，规定了尚未销售或者部分销售假冒注册商标的商品的定罪量刑标准。第一款明确了应当追究销售假冒注册商标的商品罪（未遂）的刑事责任，并进一步明确了其定罪标准：一是假冒注册商标的商品尚未销售，货值金额在十五万元以上的；二是假冒注册商标的商品部分销售，已销售金额不满五万元，但与尚未销售的假冒注册商标的商品的货值金额合计在十五万元以上的。从司法实践中类似犯罪掌握的标准看，将未遂的犯罪金额确定为销售金额的三倍是妥当的。

第二款实际上规定了销售假冒注册商标的商品罪（未遂）“数额巨大”的标准。根据这一规定，假冒注册商标的商品尚未销售，货值金额达到十五万元仅是入罪标准，在适用《刑法》第二百一十四条规定的各个量刑档次时，并不要求货值金额达到各个量刑档次规定数额的三倍以上，即“假冒注册商

标的商品尚未销售，货值金额分别达到十五万元以上不满二十五万元、二十五万元以上的，分别依照刑法第二百一十四条规定的各法定刑幅度定罪处罚”。之所以作此规定，主要是考虑在构成犯罪未遂的情况下，“数额巨大”的未遂标准采用和既遂相同的标准，体现了从严惩处此类犯罪的精神，同时，也与司法实践中类似犯罪的处理原则保持了一致。如《最高人民法院、最高人民检察院、公安部、国家烟草专卖局关于办理假冒伪劣烟草制品等刑事案件适用法律问题座谈会纪要》明确规定：“伪劣烟草制品尚未销售，货值金额分别达到十五万元以上不满二十万元、二十万元以上不满五十万元、五十万元以上不满二百万元、二百万元以上的，分别依照刑法第一百四十条规定的各量刑档次定罪处罚。”

第三款明确了销售金额与未销售货值金额分别达到不同法定刑幅度或者均达到同一法定刑幅度的处罚原则。实践中存在两种情形：一种情形是既遂和未遂的标准均已达到，但是分别处于不同的法定刑幅度。例如，销售金额在五万元以上不满二十五万元，达到了销售假冒注册商标的商品罪第一个法定刑幅度，而已经查清的未销售货值金额在二十五万元以上，达到了该罪第二个法定刑幅度，这种情况应当按照销售假冒注册商标的商品罪（未遂），在第二个法定刑幅度内酌情从重处罚，同时考虑刑法总则中对犯罪未遂的处罚原则。另一种情形是既遂和未遂的标准均已达到，且处于同一法定刑幅度，由于此种情形的社会危害性比单纯达到犯罪既遂或者未遂之一的危害性更大，故规定在所达到的同一法定刑幅度内酌情从重处罚。此类情形的处理原则已被司法实践所认可，如《最高人民法院、最高人民检察院关于办理非法生产、销售烟草专卖品等刑事案件具体应用法律若干问题的解释》第二条第二款即为适例。

（三）典型或常见问题的审理思路

1. 销售假冒注册商标的商品未遂的应依何标准进行处罚？①（此案仅作参考，按《刑法修正案（十一）》的规定，不再以销售金额较大定罪，而应以违法所得数额较大或者有其他严重情节定罪）

假冒注册商标的商品尚未销售的，只能认定货值金额，不能认定销售金

① 观点来源：《刑事审判参考》第576号指导案例，刘某销售假冒注册商标的商品案。

额。《知识产权解释》第九条规定，销售假冒注册商标的商品罪的销售金额是指“销售假冒注册商标的商品后所得和应得的全部违法收入”。这里的所得违法收入通常指行为人在销售假冒注册商标的商品后，已经从买方实际取得的收入；而应得违法收入是指行为人由于某种原因虽没有实际取得收入，但根据合同或事先约定，买方应该支付给行为人的产品价款，即虽已售出但未实际收回货款的情形。由于其属于确定的可期待收益，故亦应将其纳入销售金额一并计算。本案中由于被扣押的摩托车均尚未销售，既没有实际取得收入，亦不属于刘某应得的可期待收益，而只是这 25 辆摩托车的价值，因此应将这 25 辆摩托车的价值金额 70650 元认定为“货值金额”。

根据《知识产权意见》第八条的规定，假冒注册商标的商品尚未销售，货值金额在十五万元以上的；或者假冒注册商标的商品部分销售，已销售金额不满五万元，但与尚未销售的假冒注册商标的商品的货值金额合计在十五万元以上的，以销售假冒注册商标的商品罪（未遂）定罪处罚。解释规定犯罪未遂的货值金额要达到犯罪既遂的销售金额 3 倍以上。本案中被告人刘某已经销售出的假冒“陆嘉”注册商标的摩托车得款 5600 元，尚未销售出的摩托车的货值金额为 70650 元，两者相加尚未达到处罚未遂的基本数额标准，因此刘某的销售假冒注册商标的商品的数额未达到定罪处罚的标准，故不构成销售假冒注册商标的商品罪。

2. “售假公司”能否成为单位犯罪的主体①

对于公司实施的违法犯罪行为，应区别对待，并非绝对认定为或不认定为单位犯罪。为了维护社会秩序和经济秩序，保护人民的财产权，避免股东利用公司作为实施违法犯罪活动的幌子，拿公司作“挡箭牌”，以下几种情形通常不被认定为单位犯罪：（1）无法人资格的独资、合伙企业犯罪的；（2）个人以实施犯罪活动为主要目的而设立公司、企业、事业单位实施犯罪的；（3）单位设立后，以实施犯罪为主要活动的；（4）盗用单位名义实施犯罪，违法所得由个人私分的。对于此类犯罪一般不实行“双罚制”，而是依法追究直接负责的主管人员和其他直接责任人员的刑事责任。在司法实践中，有些单位有正规的主营业务，但是在部分业务往来中没有按正常途径操作，或者是偶尔实施了不法行为，对于此类公司行为可以按单位犯罪来认定。但

---

① 案例来源：《刑事审判参考》第 676 号指导案例，邱某特等销售假冒注册商标的商品案。

对于以实施犯罪为主要目的而设立单位或者单位设立后以实施犯罪为主要活动，即使是偶尔经营部分正当业务的，一般也不认定为单位犯罪。

本案被告人邱某特、邱某生以上海某才数码技术有限公司、广州某亿网络科技有限公司的名义招聘网络技术人员和网络销售业务员、在互联网上设立LV、GUCCI商品销售网站、通过互联网向外国客户销售假冒注册商标的LV、GUCCI商品，这些行为均是以公司合法形式掩盖非法目的的行为，是典型的公司设立后以实施犯罪为主要活动的行为，此类公司被俗称为“售假公司”。即使公司是合法成立，以公司的名义对外营业，且实施了部分合法的经营活动，也由于公司是以实施犯罪活动为主要业务，不能以单位犯罪论处。

3. 认定商标权利人出具的涉案商品真伪鉴定意见在刑事诉讼中的证据属性[①]

在侵犯商标权刑事犯罪案件中，商标权利人出具涉案商品真伪鉴定的现象十分普遍。在公安机关、检察机关和审判机关的法律文书中，一般也以鉴定意见表述商标权利人出具的这类鉴定文本。多数案件中，被告人会以鉴定人与被告人存在利害关系，商标权利人不具有鉴定资质为由提出抗辩。毫无疑问，上述抗辩所依据的事实是客观存在的，然而，辩方能否以此为依据来排除商标权利人出具的鉴定文本？

商标权利人在侵犯商标权刑事犯罪案件中，处于被害人地位，其就假冒商品或者商标所作的真伪辨别属于被害人陈述而非鉴定意见，无须鉴定资质的要求。本案中，被告人以鉴定资质为由主张鉴定文本无效属于抗辩事由不具有针对性，不应予以支持。同时，正是由于被害人与犯罪嫌疑人、被告人之间固有的利害关系，尽管商标权利人出具的商品真伪的鉴定意见具有当然的证明效力，对商标权利人出具的鉴定文本不能照单全收，仍然需要结合其他证据予以综合审查。

4. 如何计算假冒注册商标的商品的货值金额?[②]**（此案仅作参考，按《刑法修正案（十一）》的规定，不再以销售金额较大定罪，而应以违法所得数额较大或者有其他严重情节定罪）**

使用《知识产权解释》第十二条规定的不同计算方法计算出的犯罪数额

---

① 案例来源：《刑事审判参考》第860号指导案例，顾某、张某峰销售假冒注册商标的商品案。

② 案例来源：《刑事审判参考》第922号指导案例，王某辉销售假冒注册商标的商品案。

悬殊。要选取科学、合理的计算方法计算犯罪数额，关键是对《知识产权解释》第十二条规定的“无法查清实际销售价格”进行准确把握。如果控辩双方对实际销售价格能否查清有不同意见，法院对在案的证实相关交易细节的证据更应慎重对待。同时，考虑到实际销售价格这一计算标准对被告人更为有利，在判断有关实际销售价格的事实是否清楚，证据是否确实、充分时，应当根据案件实际情况具体认定，充分挖掘相关证据的证明价值。在有证据证明存在实际销售行为的情况下，应当尽可能利用现有证据查明实际销售的平均价格，以准确评价被告人的罪行轻重。

认定侵权产品价值时，应当结合在案其他证据审慎判断被侵权单位出具的正品价格证明及价格鉴定意见的证明力。与被侵权单位出具的正品价格证明相比，中介机构出具的价格鉴定意见无疑具有较高的公信力，其证明力明显高于前者。司法实践中，由于价格鉴定意见的出具比较便捷，且鉴定结果往往能够得到法庭的支持，对于查获的侵权产品，侦查机关一般都交由价格鉴定机构出具价格鉴定意见，作为指控、认定犯罪数额的依据。但是，鉴定意见并不当然具有客观性、合理性，如果鉴定机构不负责任，其出具的鉴定意见也难以体现公平。特别是当鉴定机构出具的鉴定价格与被侵权单位提供的价格完全一致时，极易引发被告人、辩护人对鉴定意见客观性、公正性的质疑。因此，鉴定意见能否作为定案的根据，需要结合案件具体情况和其他证据审查判断。具体而言，应当调取证明被侵权单位实际销售情况的证据，如销售合同、销售单据、产品市场定价等，用以证实被侵权单位提供价格的真实性。必要时，应当对鉴定的程序、依据等情况进行审查。只有这样，才能准确认定犯罪数额，作出令人信服的判决。

（四）疑难、复杂问题的参考性解答

1. 销售假冒注册商标的商品罪客观要件注意要点

销售假冒注册商标的商品的特点是：在销售的商品上未经他人许可使用了与他人注册商标相同的商标（如果经许可使用他人注册商标的，则必须在使用该注册商标的商品上，标明被许可人的名称和商品产地），所销售的商品与商标专用权人的商品属于同一种商品。这种假冒注册商标的商品，应当是他人所生产、提供的，而不是销售者自己所生产的。如果行为人在自己生产、加工的商品上，使用与他人对同一种商品注册商标相同的商标，又拿到市场上销售，构成犯罪的，则应按假冒注册商标罪处理。

“销售”，是指卖出货物的行为，包括零售、批发、直销、代销等。按照立法精神，构成本罪必须以把假冒注册商标的商品销售出去为条件。

按照法律规定，销售假冒注册商标商品的行为，除需具备以上构成要件外，还必须是违法所得数额较大或者有其他严重情节的，才构成犯罪。此是《刑法修正案（十一）》所作的最新修正，将销售金额追诉调整为违法所得追诉，这一追诉标准的修改对于评价行为的社会危害性更加具有合理性，但违法所得数额较大现尚无明确的司法解释来界定，可暂时参考《知识产权解释》，销售金额在五万元以上的，属于数额较大。

2. 划清一罪与数罪的界限

对于既假冒他人注册商标，又故意销售假冒注册商标的商品，构成犯罪的，属于牵连犯，应当以假冒注册商标罪定罪处罚，不实行数罪并罚。如果行为人既实施假冒注册商标犯罪，又销售明知是他人的假冒注册商标的商品，构成犯罪的，则属实质的数罪，应当实行数罪并罚。

3. 正确处理尚未销售或者部分销售案件的定罪量刑问题（此处销售金额仅作办案思路参考，应以违法所得收入来定罪）

按照《知识产权意见》规定，行为人销售明知是假冒注册商标的商品，具有下列情形之一的，依照《刑法》第二百一十四条的规定，以销售假冒注册商标的商品罪（未遂）定罪处罚：（1）假冒注册商标的商品尚未销售，货值金额在十五万元以上的；（2）假冒注册商标的商品部分销售，已销售金额不满五万元，但与尚未销售的假冒注册商标的商品的货值金额合计在十五万元以上的。假冒注册商标的商品尚未销售，货值金额分别达到十五万元以上不满二十五万元、二十五万元以上的，分别依照《刑法》第二百一十四条规定的各法定刑幅度定罪处罚。销售金额和未销售货值金额分别达到不同的法定刑幅度或者均达到同一法定刑幅度的，在处罚较重的法定刑或者同一法定刑幅度内酌情从重处罚。

4. 认定销售假冒注册商标的商品罪应当注意的其他问题

具体内容参见本书关于假冒注册商标罪中（四）7、8、9的叙述。

（五）量刑指导或参考

依照《刑法》第二百一十四条规定，犯销售假冒注册商标的商品罪的，处三年以下有期徒刑，并处或者单处罚金；违法所得数额巨大或者有其他特别严重情节的，处三年以上十年以下有期徒刑，并处罚金。

依照《刑法》第二百二十条规定，单位犯本罪的，对单位判处罚金，并对其直接负责的主管人员和其他直接责任人员，依照第二百一十四条的规定处罚。

司法机关在适用本条规定处罚时，应当注意以下问题：

根据《知识产权意见》第八条第三款的规定：销售金额和未销售货值金额分别达到不同的法定刑幅度或者均达到同一法定刑幅度的，在处罚较重的法定刑或者同一法定刑幅度内酌情从重处罚。由于在现实中部分销售与尚未销售并存是销售假冒注册商标的商品罪案的常态，常常会导致如果按照销售金额或者货值金额进行量刑时，两者处于不同的法定刑幅度，从而导致难以适从的困惑。该款规定明确了在这种情形下择一重罪从重处罚的处理原则，在一定程度上兼顾了既遂状态下的已售的销售金额与未遂状态下的尚未销售的货值金额对量刑的影响。（此处销售金额仅作办案思路参考，应以违法所得收入来界定）

适用上述规定对本罪犯罪人进行处罚时应当注意的其他问题，具体内容参见本书关于假冒注册商标罪中（五）2、3、4、5的叙述。

三、非法制造、销售非法制造的注册商标标识罪

（一）刑法规定

第二百一十五条[①]　伪造、擅自制造他人注册商标标识或者销售伪造、擅自制造的注册商标标识，情节严重的，处三年以下有期徒刑，并处或者单处罚金；情节特别严重的，处三年以上十年以下有期徒刑，并处罚金。

---

① 本条经2020年12月26日《刑法修正案（十一）》进行修正。

1997年《刑法》第二百一十五条规定：“伪造、擅自制造他人注册商标标识或者销售伪造、擅自制造的注册商标标识，情节严重的，处三年以下有期徒刑、拘役或者管制，并处或者单处罚金；情节特别严重的，处三年以上七年以下有期徒刑，并处罚金。”

（二）司法解释、司法文件及其权威解读

1. 最高人民法院、最高人民检察院关于办理侵犯知识产权刑事案件具体应用法律若干问题的解释（法释〔2004〕19号，自2004年12月22日起施行）

第三条 伪造、擅自制造他人注册商标标识或者销售伪造、擅自制造的注册商标标识，具有下列情形之一的，属于刑法第二百一十五条规定的“情节严重”，应当以非法制造、销售非法制造的注册商标标识罪判处三年以下有期徒刑、拘役或者管制，并处或者单处罚金：

（一）伪造、擅自制造或者销售伪造、擅自制造的注册商标标识数量在二万件以上，或者非法经营数额在五万元以上，或者违法所得数额在三万元以上的；

（二）伪造、擅自制造或者销售伪造、擅自制造两种以上注册商标标识数量在一万件以上，或者非法经营数额在三万元以上，或者违法所得数额在二万元以上的；

（三）其他情节严重的情形。

具有下列情形之一的，属于刑法第二百一十五条规定的“情节特别严重”，应当以非法制造、销售非法制造的注册商标标识罪判处三年以上七年以下有期徒刑，并处罚金：

（一）伪造、擅自制造或者销售伪造、擅自制造的注册商标标识数量在十万件以上，或者非法经营数额在二十五万元以上，或者违法所得数额在十五万元以上的；

（二）伪造、擅自制造或者销售伪造、擅自制造两种以上注册商标标识数量在五万件以上，或者非法经营数额在十五万元以上，或者违法所得数额在十万元以上的；

（三）其他情节特别严重的情形。

第十二条 本解释所称“非法经营数额”，是指行为人在实施侵犯知识产权行为过程中，制造、储存、运输、销售侵权产品的价值。已销售的侵权产品的价值，按照实际销售的价格计算。制造、储存、运输和未销售的侵权产品的价值，按照标价或者已经查清的侵权产品的实际销售平均价格计算。侵权产品没有标价或者无法查清其实际销售价格的，按照被侵权产品的市场中间价格计算。

多次实施侵犯知识产权行为，未经行政处理或者刑事处罚的，非法经营数额、违法所得数额或者销售金额累计计算。

本解释第三条所规定的“件”，是指标有完整商标图样的一份标识。

2. **最高人民法院、最高人民检察院关于办理非法生产、销售烟草专卖品等刑事案件具体应用法律若干问题的解释**（法释〔2010〕7号，自2010年3月26日起施行）

为维护社会主义市场经济秩序，依法惩治非法生产、销售烟草专卖品等犯罪，根据刑法有关规定，现就办理这类刑事案件具体应用法律的若干问题解释如下：

第一条第四款　伪造、擅自制造他人卷烟、雪茄烟注册商标标识或者销售伪造、擅自制造的卷烟、雪茄烟注册商标标识，情节严重的，依照刑法第二百一十五条的规定，以非法制造、销售非法制造的注册商标标识罪定罪处罚。

3. **最高人民检察院、公安部关于公安机关管辖的刑事案件立案追诉标准的规定（二）**（公通字〔2010〕23号，自2010年5月7日起施行）

第七十一条　［非法制造、销售非法制造的注册商标标识案（刑法第二百一十五条）］伪造、擅自制造他人注册商标标识或者销售伪造、擅自制造的注册商标标识，涉嫌下列情形之一的，应予立案追诉：

（一）伪造、擅自制造或者销售伪造、擅自制造的注册商标标识数量在二万件以上，或者非法经营数额在五万元以上，或者违法所得数额在三万元以上的；

（二）伪造、擅自制造或者销售伪造、擅自制造两种以上注册商标标识数量在一万件以上，或者非法经营数额在三万元以上，或者违法所得数额在二万元以上的；

（三）其他情节严重的情形。

4. **最高人民法院、最高人民检察院、公安部关于办理侵犯知识产权刑事案件适用法律若干问题的意见**（法发〔2011〕3号，2011年1月10日公布）

九、关于销售他人非法制造的注册商标标识犯罪案件中尚未销售或者部分销售情形的定罪问题

销售他人伪造、擅自制造的注册商标标识，具有下列情形之一的，依照刑法第二百一十五条的规定，以销售非法制造的注册商标标识罪（未遂）定罪处罚：

（一）尚未销售他人伪造、擅自制造的注册商标标识数量在六万件以上的；

（二）尚未销售他人伪造、擅自制造的两种以上注册商标标识数量在三万件以上的；

（三）部分销售他人伪造、擅自制造的注册商标标识，已销售标识数量不满二万件，但与尚未销售标识数量合计在六万件以上的；

（四）部分销售他人伪造、擅自制造的两种以上注册商标标识，已销售标识数量不满一万件，但与尚未销售标识数量合计在三万件以上的。

权威解读

解读《最高人民法院、最高人民检察院关于办理侵犯知识产权刑事案件具体应用法律若干问题的解释》（全文在本书假冒注册商标罪中列出，此处只摘录与本法条特别相关部分）

（九）关于销售他人非法制造的注册商标标识犯罪案件中尚未销售或者部分销售情形的定罪问题

《意见》第九条规定了尚未销售或者部分销售他人非法制造的注册商标标识的定罪标准。由于非法制造的注册商标标识本身的成本和销售价格均非常低廉，虽然销售他人非法制造的注册商标标识罪的发案率高、涉及面广，但涉案金额往往很小，此类案件的社会危害性主要通过销售数量得以反映。司法实践中，大部分行为人为逃避打击，通常不设立账本，也没有销售记录，导致侦查机关难以查清甚至无法查清已销售部分的数量，能够查清的仅是尚未销售的非法制造的注册商标标识数量。如果不考虑尚未销售部分的数量，仅以已销售部分数量或者金额作为定罪处罚依据，则难以追究行为人的刑事责任，不利于有效遏制犯罪。为严密刑事法网，依法严厉打击此类犯罪，《意见》将销售非法制造的注册商标标识罪（未遂）纳入惩治范围，并将其入罪标准掌握为该罪既遂入罪标准的三倍，进一步明确了构成销售非法制造的注册商标标识罪（未遂）的四种情形：一是尚未销售他人伪造、擅自制造的注册商标标识数量在六万件以上的；二是尚未销售他人伪造、擅自制造的两种以上注册商标标识数量在三万件以上的；三是部分销售他人伪造、擅自制造的注册商标标识，已销售标识数量不满二万件，但与尚未销售标识数量合计在六万件以上的；四是部分销售他人伪造、擅自制造的两种以上注册商标标识，已销售标识数量不满一万件，但与尚未销售标识数量合计在三万件以上的。

（三）典型或常见问题的审理思路

1. 将回收的空旧酒瓶、包装物与购买的假冒注册商标标识进行组装的行为，如何定性？[①]

本书观点：商标标识是指与商品配套一同进入流通领域的带有商标的有形载体。带有注册商标的空旧酒瓶、包装物应属注册商标标识。制造即“用人工使原材料成为可供使用的物品”，其实质就是行为人用人工使原本各自独立的物品重新整合成能达到目标功能的物品。将酒瓶、包装物与购买的假冒注册商标标识进行组装的行为属于简单的物理组合行为，但仍符合制造的本质特征，应当定性为“制造”。这种真伪并存的组装拼凑行为在整体上应认定为伪造注册商标标识行为，侵犯了他人的注册商标专用权和国家的商标管理制度。故回收的空旧酒瓶、包装物与购买的假冒注册商标标识进行组装的行为构成非法制造注册商标标识罪。

2. 销售超量印制的商标标识构成何种罪名？[②]

本书观点：商标标识印制企业工作人员私自将超量印制的商标标识及应销毁的废次商标标识非法出售给他人，既侵犯了商标权人的商标专用权，又侵犯了消费者的正当权益，扰乱了正常的市场竞争秩序，对于情节严重的，应认定为销售非法制造的注册商标标识罪。

3. 假冒注册商标罪与非法制造注册商标标识罪的区分[③]

本书观点：假冒注册商标罪和非法制造注册商标标识罪都是针对他人享有专用权的注册商标实施的犯罪，二者侵犯的客体和刑法规定的法定刑也完全相同。当行为人非法制造注册商标标识，并将其用于与该注册商标核定使用的商品属于同一种的商品上，其行为触犯了刑法中的两个罪名，即非法制造注册商标标识罪和假冒注册商标罪。这种情形属于刑法理论上的牵连犯，仍应当按照“择一重罪从重处罚”的适用原则，选择处罚较重的罪名定罪处罚。当然，这里的“择一重罪”，主要应当根据行为人的具体犯罪行为确定适用哪一个罪名。如果行为人非法制造注册商标标识的犯罪行为已经实施完毕，

---

① 案例来源：《刑事审判参考》第678号指导案例，王某保非法制造注册商标标识案。

② 案例来源：江苏省宿迁市中级人民法院（2013）宿中知刑初字第0002号刑事判决书，喻某伟等销售非法制造的注册商标标识罪。

③ 案例来源：《刑事审判参考》第111号指导案例，王某新、唐某涛非法制造注册商标标识案。

假冒行为正在实施，尚未造成后果，应当按照既遂的非法制造注册商标标识罪定罪处罚；如果非法制造的数量不是很大，但假冒注册商标，非法获利数额特别巨大，就应当以假冒注册商标罪定罪处罚。

（四）疑难、复杂问题的参考性解答

1. 非法制造、销售非法制造的注册商标标识罪客观要件注意要点

商标标识是商标所附着的载体，是由文字、图形或其组合构成的物质实体，一般包括在商品上、包装上、说明书上或在服务场所中、服务用品上等处标明的注册商标标记，如商标纸、商标织带、带有商标的包装等。非法制造、销售非法制造的注册商标标识罪客观方面表现为伪造、擅自制造他人注册商标标识，或者销售伪造、擅自制造的他人注册商标标识的行为。“伪造”，是指未经注册商标权利人许可，通过临摹、绘制、复印、翻拍、扫描及上述手段的结合等方法仿造他人注册商标标识的行为。“擅自制造”则通常表现为与注册商标所有人委托加工合同期满后继续加工，或在合同期限内超越授权委托数量额外加工，或以不正当手段获取商标标识原版而私自进行印制他人注册商标标识的行为。前者，商标标识是假的；后者，商标标识是真的。“销售伪造、擅自制造的注册商标标识”，是指以获取非法利润为目的，故意销售伪造、擅自制造的注册商标标识的行为；“销售”，指批发、零售和内部销售。由于制造和销售两种行为在实践中有紧密的联系，制造一般是为了销售，但也有的销售者并不一定是制造者，或者制造了并未销售出去。因此，法律只要求行为人实施了其中一种行为就构成本罪；同时实施两种行为的，也不实行数罪并罚，但量刑时可作为情节予以考虑。

按照《刑法》规定，非法制造、销售非法制造的注册商标标识的行为，除需具备以上构成要件外，还必须达到“情节严重”的程度才构成犯罪。按照《知识产权解释》，具有下列情形之一的，属于“情节严重”：（1）伪造、擅自制造或者销售伪造、擅自制造的注册商标标识数量在二万件以上，或者非法经营数额在五万元以上，或者违法所得数额在三万元以上的；（2）伪造、擅自制造或者销售伪造、擅自制造两种以上注册商标标识数量在一万件以上，或者非法经营数额在三万元以上，或者违法所得数额在二万元以上的；（4）其他情节严重的情形。

2. 正确处理尚未销售或者部分销售案件的定罪量刑问题

按照《知识产权意见》规定，行为人销售他人伪造、擅自制造的注册商标标识，具有下列情形之一的，依照《刑法》第二百一十五条的规定，以销售非法制造的注册商标标识罪（未遂）定罪处罚：（1）尚未销售他人伪造、擅自制造的注册商标标识数量在六万件以上的；（2）尚未销售他人伪造、擅自制造的两种以上注册商标标识数量在三万件以上的；（3）部分销售他人伪造、擅自制造的注册商标标识，已销售标识数量不满二万件，但与尚未销售标识数量合计在六万件以上的；（4）部分销售他人伪造、擅自制造的两种以上注册商标标识，已销售标识数量不满一万件，但与尚未销售标识数量合计在三万件以上的。

3. 认定非法制造、销售非法制造的注册商标标识罪应当注意的其他问题

具体内容参见本书关于假冒注册商标罪中（四）7、8、9 的叙述。

（五）量刑指导或参考

依照《刑法》第二百一十五条规定，犯非法制造、销售非法制造的注册商标标识罪的，处三年以下有期徒刑，并处或者单处罚金；情节特别严重的，处三年以上十年以下有期徒刑，并处罚金。

依照《刑法》第二百二十条规定，单位犯本罪的，对单位判处罚金，并对其直接负责的主管人员和其他直接责任人员，依照第二百一十五条的规定处罚。

司法机关在适用本条规定处罚时，应当注意的问题，具体内容参见本书关于假冒注册商标罪中（五）2、3、4、5 的叙述。

四、假冒专利罪

（一）刑法规定

第二百一十六条　假冒他人专利，情节严重的，处三年以下有期徒刑或者拘役，并处或者单处罚金。

（二）司法解释、司法文件及其权威解读

1. 最高人民法院、最高人民检察院关于办理侵犯知识产权刑事案件具体应用法律若干问题的解释（法释〔2004〕19号，自2004年12月22日起施行）

第四条 假冒他人专利，具有下列情形之一的，属于刑法第二百一十六条规定的“情节严重”，应当以假冒专利罪判处三年以下有期徒刑或者拘役，并处或者单处罚金：

（一）非法经营数额在二十万元以上或者违法所得数额在十万元以上的；

（二）给专利权人造成直接经济损失五十万元以上的；

（三）假冒两项以上他人专利，非法经营数额在十万元以上或者违法所得数额在五万元以上的；

（四）其他情节严重的情形。

第十条 实施下列行为之一的，属于刑法第二百一十六条规定的“假冒他人专利”的行为：

（一）未经许可，在其制造或者销售的产品、产品的包装上标注他人专利号的；

（二）未经许可，在广告或者其他宣传材料中使用他人的专利号，使人将所涉及的技术误认为是他人专利技术的；

（三）未经许可，在合同中使用他人的专利号，使人将合同涉及的技术误认为是他人专利技术的；

（四）伪造或者变造他人的专利证书、专利文件或者专利申请文件的。

权威解读

解读《最高人民法院、最高人民检察院关于办理侵犯知识产权刑事案件具体应用法律若干问题的解释》（全文在本书假冒注册商标罪中列出，此处只摘录与本法条特别相关部分）

（六）假冒专利罪中“假冒他人专利”的认定

专利法所规定的涉及专利的不法行为有三种类型：一般的专利侵权行为、假冒（他人）专利行为和冒充专利行为。假冒他人专利的行为与专利侵权行为有重合或者交叉。在刑事审判实践中，对一般专利侵权行为不以犯罪论处是明确的，但对假冒他人专利和冒充专利的行为的定性就容易产生混淆。根

据2000年《专利法》（已修正）第五十八条、第五十九条及2002年《专利法实施细则》（已修正）第八十四条、第八十五条的规定，假冒他人专利和以非专利产品或方法冒充专利产品或方法是两种完全不同的行为。目前《刑法》和《专利法》只规定“假冒他人专利，情节严重的”，才构成犯罪。因此，根据现有法律，还不能把冒充专利的行为定罪处罚，对刑法上的“假冒他人专利”应当按照《专利法实施细则》第八十四条的规定来解释。

在是否将《专利法实施细则》第八十四条规定的四种假冒他人专利的行为在《解释》中加以明确也有过争议，有人认为，既然《专利法实施细则》规定了就不要重复；也有人认为，实践中发生过把冒充专利当作假冒他人专利处理的情况，因此在《解释》中有必要加以明确。《解释》采纳了后一种意见。

2. 最高人民检察院、公安部关于公安机关管辖的刑事案件立案追诉标准的规定（二）（公通字〔2010〕23号，自2010年5月7日起施行）

第七十二条　［假冒专利案（刑法第二百一十六条）］假冒他人专利，涉嫌下列情形之一的，应予立案追诉：

（一）非法经营数额在二十万元以上或者违法所得数额在十万元以上的；

（二）给专利权人造成直接经济损失在五十万元以上的；

（三）假冒两项以上他人专利，非法经营数额在十万元以上或者违法所得数额在五万元以上的；

（四）其他情节严重的情形。

（三）典型或常见问题的审理思路

若被告人同时触犯本罪与假冒注册商标罪时应如何判处？[①]

如果生产、销售假冒注册商标产品的同时侵犯了产品的外观设计专利权的，应从一重罪判处。案例中被告人均构成假冒注册商标罪和假冒专利罪，依法择一重罪以假冒注册商标罪处断。

---

① 案例来源：《最高人民法院公布2010年中国法院知识产权司法保护50件典型案例》之四十九，仇某营等假冒注册商标、假冒专利案。

（四）疑难、复杂问题的参考性解答

1. 正确认识假冒专利罪构成要件

假冒专利罪，是指以获取非法利益为目的，违反国家专利管理法规，在法律规定的专利有效期限内，假冒他人或者单位被授予的专利，侵犯他人或者单位的专利权益，情节严重的行为。

1979 年《刑法》分则和单行刑法中都没有关于假冒专利罪的规定。为了加强对专利权的保护，维护专利权人的合法利益，1984 年的《专利法》第六十三条规定：“假冒他人专利的，依照本法第六十条的规定处理；情节严重的，对直接责任人员比照刑法（1979 年《刑法》——编者注）第一百二十七条（假冒注册商标罪——编者注）的规定追究刑事责任。”为此，最高人民法院于 1985 年 2 月 16 日在《关于开展专利审判工作的几个问题的通知》中规定：“假冒他人专利，情节严重的，对直接责任人员比照刑法第一百二十七条的规定，以假冒他人专利罪处罚。”1997 年修订《刑法》时，将司法解释的这一规定吸纳为《刑法》的具体条文，并增设了假冒专利罪。

本罪的犯罪主体为一般主体和单位。可以是公民个人，也可以是企业、事业单位。这有利于从整体上惩治假冒他人专利犯罪。

本罪侵犯的客体是他人的专利权和国家的专利管理制度。犯罪对象是专利权。原《民法通则》第九十五条规定：“公民、法人依法取得的专利权受法律保护。”所谓专利权，是指专利权人（专利权的所有人和持有人）在法律规定的有效期限内，依法对于自己取得的发明创造，包括发明、实用新型和外观设计所享有的专有权或者独占权。“发明”，是指对产品、方法或者其改进所提出的新的技术方案；“实用新型”，是指对产品的形状、构造或者其结合所提出的适于实用的新的技术方案；“外观设计”，是指对产品的形状、图案或者其结合以及色彩与形状、图案的结合所作出的富有美感并适于工业应用的新设计。为了保护发明创造专利权，鼓励发明创造，有利于发明创造的推广应用，促进科学技术进步和创新，国家对授予专利权的条件，专利的申请，专利申请的审查和批准，专利权的期限、终止和无效，专利实施的强制许可和专利权的保护等建立了一套完整的专利管理制度。专利权属于工业产权的一种。1993 年 9 月，中国政府向世界知识产权组织递交了《专利合作条约》的加入书。从 1994 年 1 月起，我国成为专利合作条约成员国，承担了保护专利权的国际义务。实施专利管理的机关是中华人民共和国知识产权局和地方的知识产权局。假冒他人专利的行为，首先侵犯了专利权人的专利权，同时破坏了国家的专利管理制度，必须依法予以惩处。

本罪主观方面由直接故意构成，并且具有非法获利的目的。间接故意和过失不构成本罪。

本罪客观方面表现为违反国家专利管理法规，在法律规定的专利有效期限内，假冒他人被授予的专利，侵犯他人专利权益的行为。违反国家专利管理法规，主要是指违反2008年12月27日经第十一届全国人大常委会第六次会议第三次修正通过的专利法和2010年1月9日《国务院关于修改〈中华人民共和国专利法实施细则〉的决定》第二次修订的专利法实施细则。专利有效期限，按照《专利法》第四十二条的规定，发明专利权的期限为二十年，实用新型专利权和外观设计专利权的期限为十年，均自申请日起计算。如上所述，专利权人在专利有效期限内享有对专利的专有权或者独占权。发明专利权和实用新型专利权被授予后，除法律另有规定的以外，任何单位或者个人未经专利权人许可，不得为生产经营目的制造、使用、销售其专利产品，或者使用其专利方法以及使用、销售依照该专利方法直接获得的产品。外观设计专利权被授予后，任何单位或者个人未经专利权人许可，不得为生产经营目的制造、销售其外观设计专利产品。假冒专利的实质是用自己的产品冒充他人享有专利权的专利产品。根据《专利法》的规定，任何单位或个人实施他人专利，必须与专利权人订立书面实施许可合同，向专利权人支付专利使用费。被许可人无权允许合同规定以外的任何单位或个人实施该专利。这里规定的“许可”不是一般的口头同意，而是要签订专利许可合同。专利许可意味着专利权人允许被许可人在专利权期限内，在其效力所及的范围内对该发明创造加以利用。如果行为人已经得到专利权人同意，只是还未签订书面许可合同，或者还未向专利权人支付使用费，不构成犯罪。

从司法实践看，假冒他人专利的行为主要有两种形式：一种是未经专利权人许可，为生产经营目的而非法制造、使用或者销售其专利产品或者使用其专利方法；另一种是未经专利权人同意，在其制造、使用或者出售的产品上，标注、缀附或者在与该产品有关的广告中冒用专利权人的姓名、专利名称、专利号或者专利权人的其他专利标记。这里讲的“他人”，既指自然人，也包括单位。《知识产权解释》已罗列了假冒他人专利的四种行为。

根据法律规定，假冒他人专利的行为，还必须达到“情节严重”的程度，才构成犯罪。一定要注意罪与非罪的界限。所谓情节严重，按照《知识产权解释》，是指具有下列情形之一的行为：（1）非法经营数额在二十万元以上或者违法所得数额在十万元以上的；（2）给专利权人造成直接经济损失五十万元以上的；（3）假冒两项以上他人专利，非法经营数额在十万元以上或者违法所得数额在五万元以上的；（4）其他情节严重的情形。

2. 注意本罪与假冒注册商标罪的区别

专利权和商标专用权都是重要的知识产权。两者的区别主要是：本罪侵犯的客体是他人的专利权和国家的专利管理制度，假冒注册商标罪侵犯的客体是他人的商标专用权和国家的商标管理制度；本罪在客观方面表现为未经专利权人许可，在非专利产品或者包装上标注专利权人的专利标记或者专利号。假冒注册商标罪则是未经注册商标所有人许可，在同一种商品上使用与他人注册商标相同的商标。如果生产、销售假冒注册商标产品的同时侵犯了产品的外观设计专利权的，属于假冒注册商标罪和假冒专利罪的想象竞合犯，应从一重罪判处。

3. 认定假冒专利罪应当注意的其他问题

具体内容参见本书关于假冒注册商标罪中（四）7、8、9的叙述。

（五）量刑指导或参考

依照《刑法》第二百一十六条规定，犯假冒专利罪的，处三年以下有期徒刑或者拘役，并处或者单处罚金。

依照《刑法》第二百二十条规定，单位犯本罪的，对单位判处罚金，并对其直接负责的主管人员和其他直接责任人员，依照第二百一十六条的规定处罚。

司法机关在适用本条规定处罚时，应当注意的问题，具体内容参见本书关于假冒注册商标罪中（五）2、3、4、5的叙述。

五、侵犯著作权罪

（一）刑法规定

第二百一十七条[①]　以营利为目的，有下列侵犯著作权或者与著作权有关的权利的情形之一，违法所得数额较大或者有其他严重情节的，处三年以下有期徒刑，并处或者单处罚金；违法所得数额巨大或者有其他特别严重情节的，处三年以上十年以下有期徒刑，并处罚金：

（一）未经著作权人许可，复制发行、通过信息网络向公众传播其文字作品、音乐、美术、视听作品、计算机软件及法律、行政法规规定的其他作品的；

（二）出版他人享有专有出版权的图书的；

（三）未经录音录像制作者许可，复制发行、通过信息网络向公众传播其制作的录音录像的；

（四）未经表演者许可，复制发行录有其表演的录音录像制品，或者通过信息网络向公众传播其表演的；

（五）制作、出售假冒他人署名的美术作品的；

（六）未经著作权人或者与著作权有关的权利人许可，故意避开或者破坏权利人为其作品、录音录像制品等采取的保护著作权或者与著作权有关的权利的技术措施的。

（二）司法解释、司法文件及其权威解读

1. 最高人民法院关于审理非法出版物刑事案件具体应用法律若干问题的解释（法释〔1998〕30号，自1998年12月23日施行）

第二条　以营利为目的，实施刑法第二百一十七条所列侵犯著作权行为

---

① 本条经2020年12月26日《刑法修正案（十一）》进行修正。

1997年《刑法》第二百一十七条规定："以营利为目的，有下列侵犯著作权情形之一，违法所得数额较大或者有其他严重情节的，处三年以下有期徒刑或者拘役，并处或者单处罚金；违法所得数额巨大或者有其他特别严重情节的，处三年以上七年以下有期徒刑，并处罚金：（一）未经著作权人许可，复制发行其文字作品、音乐、电影、电视、录像作品、计算机软件及其他作品的；（二）出版他人享有专有出版权的图书的；（三）未经录音录像制作者许可，复制发行其制作的录音录像的；（四）制作、出售假冒他人署名的美术作品的。"

之一，个人违法所得数额在五万元以上，单位违法所得数额在二十万元以上的，属于“违法所得数额较大”；具有下列情形之一的，属于“有其他严重情节”：

（一）因侵犯著作权曾经两次以上被追究行政责任或者民事责任，两年内又实施刑法第二百一十七条所列侵犯著作权行为之一的；

（二）个人非法经营数额在二十万元以上，单位非法经营数额在一百万元以上的；

（三）造成其他严重后果的。

以营利为目的，实施刑法第二百一十七条所列侵犯著作权行为之一，个人违法所得数额在二十万元以上，单位违法所得数额在一百万元以上的，属于“违法所得数额巨大”；具有下列情形之一的，属于“有其他特别严重情节”：

（一）个人非法经营数额在一百万元以上，单位非法经营数额在五百万元以上的；

（二）造成其他特别严重后果的。

第三条 刑法第二百一十七条第（一）项中规定的“复制发行”，是指行为人以营利为目的，未经著作权人许可而实施的复制、发行或者既复制又发行其文字作品、音乐、电影、电视、录像作品、计算机软件及其他作品的行为。

第五条 实施刑法第二百一十七条规定的侵犯著作权行为，又销售该侵权复制品，违法所得数额巨大的，只定侵犯著作权罪，不实行数罪并罚。

实施刑法第二百一十七条规定的侵犯著作权的犯罪行为，又明知是他人的侵权复制品而予以销售，构成犯罪的，应当实行数罪并罚。

第十七条 本解释所称“经营数额”，是指以非法出版物的定价数额乘以行为人经营的非法出版物数量所得的数额。

本解释所称“违法所得数额”，是指获利数额。

非法出版物没有定价或者以境外货币定价的，其单价数额应当按照行为人实际出售的价格认定。

权威解读

解读《最高人民法院关于审理非法出版物刑事案件具体应用法律若干问题的解释》

近年来，全国开展“扫黄打非”斗争取得了很大成绩，但也暴露出许多新情况、新问题。例如，自1997年以来，各地陆续发现并查获的非法出版物多达100余种。这些非法出版物有的捏造事实，丑化、歪曲党的领导，攻击社会主义制度；有的通过散布政治谣言，妄图制造社会动乱；有的低级趣味，迎合少数人的不健康心理。有关部门虽然对非法出版物加大了查处力度，但由于对修订后刑法的有关规定理解不一致，对这类案件如何适用法律不明确，致使一些案件得不到及时处理。为此，最高人民法院根据刑法的有关规定，于1998年12月23日公布了《关于审理非法出版物刑事案件具体应用法律若干问题的解释》（以下简称《解释》），针对审理非法出版物刑事案件实践中亟须明确的几个适用法律的问题，特别是对司法实践中反映比较强烈的侵犯著作权犯罪，销售侵权复制品犯罪，制作、复制、出版、贩卖、传播淫秽物品牟利罪等犯罪的定罪量刑标准问题，综合考虑近年来社会治安形势的变化和打击非法出版物犯罪活动的需要，作了具体规定。

一、《解释》第一条规定的目的是打击以出版物的形式进行煽动分裂国家或者煽动颠覆国家政权的危害国家安全的犯罪活动。实践中，这类犯罪行为虽不多见，但时有发生。在已查获的非法出版物中，有的非法出版物公然鼓吹西藏独立，攻击我党的民族政策；有的非法出版物肆意诋毁“一国两制”政策，鼓吹“台独”等。这些非法出版物的传播对国家安全利益是一种严重的危害，必须依法惩处。但是，为了防止出现打击面过宽的问题，依照《解释》第一条规定的要求，行为人必须是“明知出版物中载有煽动分裂国家、破坏国家统一或者煽动颠覆国家政权、推翻社会主义制度的内容，而予以出版、印刷、复制、发行、传播的”才能依法定罪处罚。也就是说，对于单纯以牟利为目的，不知道出版物中载有煽动分裂国家、破坏国家统一或者煽动颠覆国家政权、推翻社会主义制度的内容而予以出版、印刷、复制、发行、传播的行为，不能以危害国家安全罪定罪处罚。

二、《解释》第二条至第五条的规定，是对《刑法》第二百一十七条侵犯著作权罪、第二百一十八条销售侵权复制品罪的解释。最高人民法院曾于1995年1月16日制发了《关于适用〈全国人民代表大会常务委员会关于惩治侵犯著作权的犯罪的决定〉若干问题的解释》，鉴于修订后《刑法》第二百一十七条、第二百一十八条规定的内容与《全国人民代表大会常务委员会关于惩治侵犯著作权的犯罪的决定》（已废止，以下简称《决定》）的有关内容没有实质性变化，原解释中的有关内容仍然可以适用。因此，《解释》第二条、第四条、第五条的内容是从原解释中移植过来的，只是有关定罪量刑的数额标准，考虑形式发展变化，较之以前的规定有所提高。

《解释》第三条的规定是新增加的内容。《决定》与刑法都规定，对具有“未经著作权人许可，复制发行其文字……作品”等侵犯著作权的行为应当定罪处罚。近年来实践中反映最突出的问题是，“复制发行”两个词之间没有标点符号，通常被理解为行为人必须同时具备“复制”和“发行”两个行为才能被定罪处罚，对只有一个行为的不能定罪处罚，导致一些案件处理不了，犯罪分子借此规避法律制裁。因此，《解释》第三条规定：“复制发行”，是指行为人以营利为目的，未经著作权人许可而实施的复制、发行或者既复制又发行其文字作品、音乐、电影、电视、录像作品、计算机软件及其他作品的行为。

三、《解释》第六条的规定，是对《刑法》第二百四十六条侮辱罪和诽谤罪中规定的“其他方法”的一种解释。实践中，也曾判处过这样的案例，如作家唐敏因在其作品《太姥山的妖雾》中侮辱他人，被以侮辱罪判处有期徒刑。司法机关在处理这类案件时必须严格掌握定罪的条件，即对于“情节严重”的才能定罪处罚。“情节严重”的认定一般应当从侮辱、诽谤行为所产生的社会影响，对被害人的名誉、精神造成的损害等方面考虑。

四、《解释》第八条是对《刑法》第三百六十三条“制作、复制、出版、贩卖、传播淫秽物品牟利罪”定罪量刑的数量标准问题的规定。考虑到近年来社会治安形势的变化，参考对这类案件的处理情况和有关部门提供的意见，《解释》中确定的数量认定标准基本上是最高人民法院、最高人民检察院于1990年7月6日制发的《关于办理淫秽物品刑事案件具体应用法律的规定》（已废止，以下简称《规定》）中的数量标准的10倍。如此提高数量认定标准，一方面为有关部门行使行政处罚权留有余地，另一方面也可以避免出现使用刑罚处罚的打击面过宽的问题。

五、根据《刑法》第三百六十三条第二款关于“为他人提供书号出版淫秽书刊罪”的规定，《解释》第九条分列三款，对为他人提供书号出版淫秽书刊的行为如何定罪问题作了规定。针对实践中出现的为他人提供刊号、版号出版淫秽刊物、音像制品的行为与为他人提供书号出版淫秽书刊的社会危害性，行为特征相同，《解释》将《刑法》第三百六十三条第二款中的“书号”

解释为“书号、刊号”，同时规定“为他人提供版号，出版淫秽音像制品的”，依照《刑法》第三百六十三条第二款的规定，以为他人提供书号出版淫秽书刊罪定罪处罚。

六、《解释》第十一条是针对目前实践中反映最突出的问题所作的规定。《刑法》修订以后，有人认为1979年《刑法》中的“投机倒把罪”被分解后，一些原来可以依照投机倒把罪定罪处罚的经营非法出版物的行为，现在无法定罪处罚了，从而导致对这种犯罪行为打击不力。

笔者认为，修订后《刑法》虽然明确规定了罪刑法定原则，但并不等于说刑法中没有明确列明的行为就一律不能定罪处罚。1979年《刑法》中的“投机倒把罪”被分解为若干个罪名，特别是《刑法》第二百二十五条“非法经营罪”中概括式规定了“其他严重扰乱市场秩序的非法经营行为”，也就是说，对于一些过去依照“投机倒把罪”定罪的行为，现在仍然可以“非法经营罪”定罪处罚。可以认为，对于目前问题比较突出的，非法经营内容上有问题的非法出版物的行为定罪处罚是有法律依据的。因此，《解释》第十一条规定“违反国家规定，出版、印刷、复制、发行本解释第一条至第十条规定以外的其他严重危害社会秩序和扰乱市场秩序的非法出版物，情节严重的，依照刑法第二百二十五条第（三）项的规定，以非法经营罪定罪处罚”。

七、《解释》第十二条、第十三条、第十四条规定了认定非法经营罪应当掌握的情节标准，包括“经营数额”“违法所得数额”“经营数量”以及曾受行政处罚情况、造成恶劣影响等情形。其中，“经营数额”和“违法所得数额”是根据目前查获、处理的行政处罚案件和刑事案件，并参考有关部门提供的正版图书的平均定价数额确定的。考虑到有些非法出版物没有定价，上述两项数额难以取得，《解释》特别规定了“经营数量”，这三项标准是认定“非法经营罪”的主要依据。同时考虑到非法经营出版物行为的特殊性，《解释》第十四条规定，实施本解释第十一条规定的行为，经营数额、违法所得数额或者经营数量接近非法经营行为“情节严重”“情节特别严重”的数额、数量起点标准，并具有两年内因出版、印刷、复制、发行非法出版物受过行政处罚两次以上；因出版、印刷、复制、发行非法出版物造成恶劣社会影响或者其他严重后果这两种情形之一的，可以认定为非法经营行为“情节严重”“情节特别严重”。单位实施上述行为的，也要依法追究刑事责任。

八、非法出版物是个大概念，从内容上分析，既包括宣扬色情、迷信、有政治问题的出版物，也包括淫秽出版物、侵犯著作权的出版物等；从出版主体上分析，既有非法成立的出版单位出版的出版物，也有依法成立的出版单位违法、违规出版的出版物。

实践中，一些非法成立的出版单位或者个人以牟利为目的，编造书号、刊号、出版单位名称，非法从事出版物的出版、印刷、复制、发行业务，对现行出版管理体制造成了严重的冲击，导致书刊市场秩序的混乱，是一种可能引发严重后果的非法经营行为，有必要通过刑罚手段进行治理。因此，《解释》第十五条规定，对于非法从事出版物的出版、印刷、复制发行业务，严重扰乱市场秩序，情节特别严重，构成犯罪的行为，可以依照《刑法》第二百二十五条第（三）项的规定，以非法经营罪定罪处罚。需要特别强调的是，只有对非法从事出版物的出版、印刷、复制、发行业务，严重扰乱市场秩序，情节特别严重，构成犯罪的行为，才可以定罪处罚。对于虽然非法从事出版物的出版、印刷、复制、发行业务，但没有严重扰乱市场秩序，情节一般，不构成犯罪的行为，不能定罪处罚，应由有关行政主管部门给予行政处罚。至于“严重扰乱市场秩序”“情节特别严重”以及“构成犯罪”的标准，鉴于非法出版活动的特殊性，《解释》未作详细规定，实践中应当根据案件的具体情况而定，从严掌握。

九、《解释》第十六条规定的目的是打击出版单位非法出售、出租或者以其他形式转让书号的行为。据了解，目前一些出版单位，由于经营不善导致严重亏损，缺乏市场竞争力，主要靠卖书号维持现状，主管部门虽三令五申禁止这种做法，但屡禁不止。由于卖书号问题的存在，为非法出版物的出版、发行提供了便利条件，目前查获的非法出版物，有相当数量的图书使用的是正规出版单位的书号，混淆读者视听，进而导致文化市场的混乱。因此，《解释》第十六条规定：出版单位与他人事前通谋，向其出售、出租或者以其他形式转让的该出版单位的名称、书号、刊号、版号，他人实施本解释第二条、第四条、第八条、第九条、第十条、第十一条规定的行为，构成犯罪的，对该出版单位应当以共犯论处。

（撰稿：孙军工）

2. **公安部关于对侵犯著作权案件中尚未印制完成的侵权复制品如何计算非法经营数额问题的批复**（公复字〔2003〕2号，自2003年6月20日起施行）

根据《最高人民法院关于审理非法出版物刑事案件具体应用法律若干问题的解释》第17条的规定，侵犯著作权案件，应以非法出版物的定价数额乘以行为人经营的非法出版物数量所得的数额计算其经营数额。因此，对于行为人尚未印制完成侵权复制品的，应当以侵权复制品的定价数额乘以承印数量所得的数额计算其经营数额。但由于上述行为属于犯罪未遂，对于需要追究刑事责任的，公安机关应当在起诉意见书中予以说明。

3. **最高人民法院、最高人民检察院关于办理侵犯知识产权刑事案件具体应用法律若干问题的解释**（法释〔2004〕19号，自2004年12月22日起施行）

第五条　以营利为目的，实施刑法第二百一十七条所列侵犯著作权行为之一，违法所得数额在三万元以上的，属于"违法所得数额较大"；具有下列情形之一的，属于"有其他严重情节"，应当以侵犯著作权罪判处三年以下有期徒刑或者拘役，并处或者单处罚金：

（一）非法经营数额在五万元以上的；

（二）未经著作权人许可，复制发行其文字作品、音乐、电影、电视、录像作品、计算机软件及其他作品，复制品数量合计在一千张（份）以上的；（已与后面的解释冲突）

（三）其他严重情节的情形。

以营利为目的，实施刑法第二百一十七条所列侵犯著作权行为之一，违法所得数额在十五万元以上的，属于"违法所得数额巨大"；具有下列情形之一的，属于"有其他特别严重情节"，应当以侵犯著作权罪判处三年以上七年以下有期徒刑，并处罚金：

（一）非法经营数额在二十五万元以上的；

（二）未经著作权人许可，复制发行其文字作品、音乐、电影、电视、录像作品、计算机软件及其他作品，复制品数量合计在五千张（份）以上的；（已与后面的解释冲突）

（三）其他特别严重情节的情形。

第十一条　以刊登收费广告等方式直接或者间接收取费用的情形，属于刑法第二百一十七条规定的“以营利为目的”。

刑法第二百一十七条规定的“未经著作权人许可”，是指没有得到著作权人授权或者伪造、涂改著作权人授权许可文件或者超出授权许可范围的情形。

通过信息网络向公众传播他人文字作品、音乐、电影、电视、录像作品、计算机软件及其他作品的行为，应当视为刑法第二百一十七条规定的“复制发行”。

第十四条 实施刑法第二百一十七条规定的侵犯著作权犯罪，又销售该侵权复制品，构成犯罪的，应当依照刑法第二百一十七条的规定，以侵犯著作权罪定罪处罚。

实施刑法第二百一十七条规定的侵犯著作权犯罪，又销售明知是他人的侵权复制品，构成犯罪的，应当实行数罪并罚。

第十二条 本解释所称“非法经营数额”，是指行为人在实施侵犯知识产权行为过程中，制造、储存、运输、销售侵权产品的价值。已销售的侵权产品的价值，按照实际销售的价格计算。制造、储存、运输和未销售的侵权产品的价值，按照标价或者已经查清的侵权产品的实际销售平均价格计算。侵权产品没有标价或者无法查清其实际销售价格的，按照被侵权产品的市场中间价格计算。

多次实施侵犯知识产权行为，未经行政处理或者刑事处罚的，非法经营数额、违法所得数额或者销售金额累计计算。

……

权威解读

解读《最高人民法院、最高人民检察院关于办理侵犯知识产权刑事案件具体应用法律若干问题的解释》（全文在本书关于假冒注册商标罪中所列，此处只摘录与本法条特别相关）

（二）关于在线盗版问题

随着信息产业的飞速发展及盗版行为的日益猖獗，未经著作权人许可，在网络上复制和发行盗版软件的行为，即在线盗版非常突出。我们认为有必要将在线盗版问题规定在《解释》中，信息网络传播权的概念是2001年10月27日新修订的《著作权法》增加的，2001年《著作权法》（已修正）第十条规定了信息网络传播权的含义，即以有线或者无线方式向公众提供作品，使公众可以在其个人选定的时间和地点获得作品的权利。《著作权法》第四十七条规定了通过信息网络向公众传播其作品是一种侵权行为，构成犯罪的，依法追究刑事责任。因此，我们根据《刑法》《著作权法》和《非法出版物解释》的有关规定，将通过信息网络向公众传播他人文字作品、音乐、电影、电视、录像作品、计算机软件及其他作品的行为，认定为属于刑法第二百一十七条的“复制发行”。

（四）关于授权许可文件问题

在调研和起草《解释》过程中，美国商业软件联盟和微软公司多次提出，伪造、涂改授权许可的情况十分严重，已经造成了很大损失。例如，侵权人在制售盗版软件时，为了使盗版产品看起来更像正版软件，他们在出售盗版光盘时，同时提供完整的包装、说明书、用户使用授权许可文件和注册卡等配套物品；还有的是本来出售或者使用的是正版软件，但为了谋取更多的经济利益，采取涂改授权许可文件的方式损害软件著作权人的合法权益。针对上述情况，经认真研究和多方征求意见，我们认为，软件的销售实际上就是软件著作权人对软件使用的许可行为，伪造、涂改授权许可文件在严重侵犯软件著作权人权利的同时，也欺骗了意在使用正版软件的用户，尤其是在假冒软件产品出现质量问题的时候将会造成不可估量的损失（如承担重大责任的政府部门、银行、铁路、医院等），扰乱了正常的市场和社会秩序，具有严重的社会危害性。因此，我们将伪造、涂改著作权人授权许可文件的行为规定在了《刑法》第二百一十七条的“未经著作权人许可”。

4. 最高人民法院、最高人民检察院关于办理侵犯著作权刑事案件中涉及录音录像制品有关问题的批复（法释〔2005〕12号，自2005年10月18日起施行）

以营利为目的，未经录音录像制作者许可，复制发行其制作的录音录像制品的行为，复制品的数量标准分别适用《最高人民法院、最高人民检察院关于办理侵犯知识产权刑事案件具体应用法律若干问题的解释》第五条第一款第（二）项、第二款第（二）项的规定。

未经录音录像制作者许可，通过信息网络传播其制作的录音录像制品的行为，应当视为刑法第二百一十七条第（三）项规定的“复制发行”。

权威解读

解读《最高人民法院、最高人民检察院关于办理侵犯著作权刑事案件中涉及录音录像制品有关问题的批复》

一、《批复》的起草背景

2004年12月，“两高”颁布《解释》后，最高人民法院要求各级人民法院在贯彻司法解释办理侵犯知识产权犯罪刑事案件过程中，要充分认识知识产权保护的重要意义，进一步加大刑事司法保护的力度，同时要加强与行政执法机关密切配合，形成保护知识产权的合力，并要求各级人民法院结合知识产权刑事司法解释的公布实施，集中抓好一批典型案件的审理，加强法制宣传，扩大案件审理的社会效果，进一步提高全社会自觉保护知识产权的法律意识，把我国知识产权法律保护提高到一个新的水平。

各级人民法院按照最高人民法院的要求，加大对知识产权司法保护的力度，合理配置审判资源，正确适用知识产权刑事司法解释，抓好相关案件的审理工作。从这10个多月的审判实践来看，《解释》得到了正确的适用，对知识产权的保护力度明显加大。司法统计显示，2005年1月至9月侵犯知识产权犯罪收案371件，同比增长26.19%，结案312件，同比增长20%；生产、销售伪劣产品、药品罪、有害食品罪等收案832件，同比增长38.21%，结案766件，同比增长85.52%；非法经营罪收案1367件，同比增长34.55%，结案1182件，同比增长32.21%。上述三类犯罪收案共计2570件，同比增长34.41%，结案2260件，同比增长34.6%。

《解释》第五条对《刑法》第二百一十七条规定的侵犯著作权罪的定罪量刑标准作了具体规定：“以营利为目的，实施刑法第二百一十七条所列侵犯著作权行为之一，违法所得数额在三万元以上的，属于‘违法所得数额较大’；具有下列情形之一的，属于‘有其他严重情节’，应当以侵犯著作权罪判处三年以下有期徒刑或者拘役，并处或者单处罚金：（一）非法经营数额在五万元以上的；（二）未经著作权人许可，复制发行其文字作品、音乐、电影、电视、录像作品、计算机软件及其他作品，复制品数量合计在一千张（份）以上的；（三）其他严重情节的情形。以营利为目的，实施刑法第二百一十七条所列侵犯著作权行为之一，违法所得数额在十五万元以上的，属于‘违法所得数额巨大’；具有下列情形之一的，属于‘有其他特别严重情节’，应当以侵犯著作权罪判处三年以上七年以下有期徒刑，并处罚金：（一）非法经营数额在二十五万元以上的；（二）未经著作权人许可，复制发行其文字作品、音乐、电影、电视、录像作品、计算机软件及其他作品，复制品数量合计在五千张（份）以上的；（三）其他特别严重情节的情形。”

上述内容对侵犯著作权犯罪行为在“违法所得数额”“非法经营数额”标准上作了具体规定，同时考虑到侵犯著作权犯罪行为的特点，《解释》第五条还作了数量标准上的规定。

《解释》施行后，部分高级人民法院、省级人民检察院及国际唱片业协会就《解释》第五条规定的数量标准是否适用于录音录像制品的问题反映给我们。我们研究后认为，我国《著作权法》第四十七条和第四十八条规定了“与著作权有关的权利”，即邻接权（relatedrights），包括：表演者权、录音录像制作者权、广播组织权和出版者的版式设计权等四种与著作权有关的权利。《刑法》第二百一十七条第（三）项规定了未经录音录像制作者许可，复制发行其制作的录音录像的行为属于侵犯著作权情形之一，对录音录像制品的保护应当和刑法第二百一十七条第（一）项中的文字、影视、软件等作品一样同等保护。有鉴于此，“两高”制定了《批复》。

二、《批复》的内容及理由

《批复》在内容上分为两款，第一款明确了侵权的录音录像制品的数量标准适用问题，即以营利为目的，未经录音录像制作者许可，复制发行其制作的录音录像制品的，复制品的数量标准适用《解释》第五条第一款第（二）项、第二款第（二）项的规定；《批复》第二款则明确：未经录音录像制作者许可，通过信息网络传播其制作的录音录像制品的行为，应当视为《刑法》第二百一十七条第（三）项规定的“复制发行”。作出上述规定，主要基于以下考虑：

录音录像制品的数量标准可以适用《解释》第五条的规定。从《刑法》第二百一十七条规定的内容来分析，录音录像制品虽然在著作权领域不同于音乐、影视等作品，但是录音录像制品与文字作品、音乐、电影、电视、录像作品、计算机软件及其他作品相比，在产品的表现形式或者载体上具有相同属性或者类似性，多以磁带、录像带、CD、VCD、DVD 光盘等形式出现，都属于知识产权刑事保护的对象，在数量的计算上一般可以采用相同标准。

《解释》第十一条第三款是关于将通过信息网络传播他人作品视为刑法第二百一十七条规定的“复制发行”的内容，通过信息网络传播录音录像制品同样也应当视为“复制发行”，考虑到这个问题与前述数量标准的问题实际上属于同一性质，因此一并在《批复》中作了规定。

三、适用《批复》应当注意的问题

全面解读《解释》和《批复》的内容，可以看出，对于未经录音录像制作者许可，复制发行其制作的录音录像制品的行为，在定罪量刑的标准计算上有三种方法：一是侵权行为的非法经营数额；二是侵权行为的违法所得数额；三是侵权产品的数量。

如果侵权行为人的非法经营数额或者违法所得数额达到《解释》第五条规定的具体数额标准的，就应当按照第五条的规定定罪处罚。非法经营数额的计算方法在《解释》第十二条有明确规定。

实践中经常遇到侵权行为的非法经营数额或者违法所得数额无法计算或者数额很小，但是查获了大量侵权产品的情况，主要有以下几种情形：(1) 侵权行为人为逃避打击，销毁账目，或者虚设账目，甚至不设账目；(2) 侵权产品处于制造、储存、运输过程中，尚未销售，无账目可查；(3) 侵权产品正在销售中，能够查实的非法经营数额或者违法所得数额达不到定罪标准。如果因为其非法经营数额、违法所得数额难以查实，或者能够查实的非法经营数额、违法所得数额很小就不予以打击，显然是放纵犯罪。因此，《解释》第五条第一款第（二）项、第二款第（二）项规定了明确的数量标准，此种计算方法在办案中也更加方便快捷。《批复》第一款的规定即明确了侵权的录音录像制品的数量标准适用《解释》第五条的规定，如果复制品的数量达到1000张（份）或者5000张（份）以上的，则按照《刑法》第二百一十七条侵犯著作权罪的规定，分为两个量刑档次定罪处罚。

（撰稿：李晓、张玉梅）

5. **最高人民法院、最高人民检察院关于办理侵犯知识产权刑事案件具体应用法律若干问题的解释（二）**（法释〔2007〕6号，自2007年4月5日起施行）

第一条 以营利为目的，未经著作权人许可，复制发行其文字作品、音乐、电影、电视、录像作品、计算机软件及其他作品，复制品数量合计在五百张（份）以上的，属于刑法第二百一十七条规定的“有其他严重情节”；复制品数量在二千五百张（份）以上的，属于刑法第二百一十七条规定的“有其他特别严重情节”。

第二条 刑法第二百一十七条侵犯著作权罪中的“复制发行”，包括复制、发行或者既复制又发行的行为。

侵权产品的持有人通过广告、征订等方式推销侵权产品的，属于刑法第二百一十七条规定的“发行”。

非法出版、复制、发行他人作品，侵犯著作权构成犯罪的，按照侵犯著作权罪定罪处罚。

权威解读

解读《最高人民法院、最高人民检察院关于办理侵犯知识产权刑事案件具体应用法律若干问题的解释（二）》（全文在本书假冒注册商标罪中列出，此处只摘录与本法条特别相关部分）

（一）明显降低了侵犯著作权罪的数量门槛

2004年《解释》第五条规定，以营利为目的，未经著作权人许可，复制发行其文字作品、音乐、电影、电视、录像作品、计算机软件及其他作品，复制品数量合计在一千张（份）以上的，属于刑法第二百一十七条规定的“有其他严重情节”；复制品数量在五千张（份）以上的，属于刑法第二百一十七条规定的“有其他特别严重情节”。根据司法实践中知识产权犯罪的实际情况，《解释（二）》第一条对2004年《解释》的上述规定进行了修改，将“其他严重情节”的标准降低为五百张（份），将“有其他特别严重情节”的标准降低为二千五百张（份），侵犯著作权罪的数量门槛较之2004年《解释》降低了一半。明显降低数量门槛，这意味着将进一步加大对侵犯知识产权犯罪的打击力度，从而加强对知识产权的刑事保护。有意见认为，应当取消知识产权刑事责任追究的数额或者数量门槛，从而能够更加有效地对知识产权进行司法保护。我们认为，这个问题涉及我国《刑法》的规定。《刑法》有关知识产权犯罪规定了诸如“情节严重”“销售金额较大”“违法所得数额较大”等条件，这些规定要求侵犯知识产权犯罪需要达到一定的危害程度。刑事司法解释是对刑法的解释，不能突破和改变《刑法》的既有规定。需要指出，关于犯罪的起刑点方面，我国刑法与国外一些国家的刑法不尽一致，国外一些国家通常是仅对行为定性评价，如盗窃犯罪，国外一些国家刑法认为只要实施盗窃行为即构成犯罪；我国刑法对犯罪行为不仅定性，通常还要定量，即达到一定量的标准，如盗窃公私财物，我国刑法要求达到“数额较大”才构成盗窃罪，知识产权犯罪以及其他许多犯罪也都是类似规定。

另外，TRIPs第六十一条要求成员国将具有“商业规模”的侵犯知识产权行为纳入刑事司法程序。我们理解，TRIPs所说的“商业规模”和我国刑法中的“情节严重”“数额较大”等，表述上虽然不尽一致，但内容都是指行为的危害性达到了一定程度，二者的内在精神是一致的。因此，彻底取消知识产权犯罪的定罪门槛，不符合我国《刑法》的规定，也不符合TRIPs的规定。《解释（二）》坚持保留数量门槛的同时，显著降低侵犯著作权罪的数量门槛，以加大对知识产权的刑事保护力度。

（二）关于侵犯著作权罪中“复制发行”的理解

《著作权法》第十条对复制权和发行权分别作了规定，即以印刷、复印、拓印、录音、录像、翻录、翻拍等方式将作品制作一份或多份的权利是复制权，以出售或者赠与方式向公众提供作品的原件或者复制件的权利是发行权。《刑法》第二百一十七条第（一）项规定的“复制发行”，究竟是指同时具备复制与发行的行为，还是仅仅有复制或者发行之一的行为即可，关于这个问题，实践中一直有不同理解。

关于这个问题主要有三种观点：一是复制并发行说，该观点认为，并不存在只有复制行为而没有发行行为的情况，因为仅有复制行为而没有发行行为显然不能实现营利的目的，也就不可能构成侵犯著作权罪；二是复制、复制并发行择一说，该观点认为，“以营利为目的”只是本罪的主观要件，不要求行为实际获利，以营利为目的未经著作权人许可而复制其作品的，也可以构成本罪，并非要求行为人将侵权复制品发行出去获利了才构成犯罪，而发行行为不能单独成立本罪，发行单独成立本罪意味着行为人没有复制他人的作品，如违法所得数额巨大，应构成销售侵权复制品罪；三是复制、发行、复制并发行择一说，即只要具有复制或者发行之一的行为即可构成。

实践中侵犯著作权的行为比较复杂，有单独的复制行为，有复制并出租的行为，有复制后向特定人销售的行为，也有单独的发行行为，还有既复制又发行的行为。经研究认为，复制权和发行权都是法律规定属于著作权人的权利，未经著作权人许可，不管是实施复制行为，还是发行行为，抑或是既复制又发行的行为，都侵犯了著作权人的著作权。因此，从保护著作权人的权利角度考虑，《刑法》第二百一十七条规定的“复制发行”应当包括复制、发行或者既复制又发行的行为。《非法出版物解释》第三条其实对这个问题已有了规定。考虑到这个问题在实践中仍有争议，《解释（二）》第二条第一款对此问题再次予以明确。

（三）关于侵权产品的持有人推销侵权产品的认定问题

实践中，一些侵犯知识产权的行为人通过广告、征订等方式推销侵权产品，有关办案机关根据上述线索查获行为人的大量侵权产品。由于侵权产品尚未销售，这种情况下对于行为人的行为是否属于《刑法》第二百一十七条侵犯著作权罪规定的“发行”，实践中一直有争议，一些案件因有不同认识而无法得到处理。

经研究认为，如果行为人仅持有侵权产品，没有其销售的证据，存在行为人替别人保管或者其他可能，难以认定行为人实施了侵犯知识产权的行为；如果仅有行为人通过广告、征订等方式大肆宣传的证据，没有查获侵权产品，也难以认定被告人侵犯了著作权。但如果行为人持有侵权产品，同时又通过广告、征订等方式推销侵权产品，在两方面的证据都存在的情形下，行为人侵犯知识产权的行为比较明显，因此《解释（二）》第二条第二款对此问题作出明确规定，即这种情形属于《刑法》第二百一十七条规定的“发行”。

（四）关于统一侵犯著作权犯罪的罪名适用问题

有关著作权犯罪涉及的罪名有侵犯著作权罪（《刑法》第二百一十七条）、销售侵权复制品罪（《刑法》第二百一十八条）、非法经营罪（《刑法》第二百二十五条）等罪名，对侵犯著作权犯罪究竟适用哪个罪名，司法实践中不尽统一，较为混乱，也造成侵犯著作权犯罪刑罚适用的不一致。

考虑到侵犯著作权罪和非法经营罪属于一般法和特殊法的关系，按照侵犯著作权罪定罪处罚，更加符合这种犯罪行为侵犯著作权的性质，也避免非法经营罪成为“口袋罪”。还有，根据《著作权法》第十条对“发行”含义的规定，“发行”包括销售；而《刑法》第二百一十七条也规定了“发行”侵权的情形。因此，从打击知识产权犯罪的实际考虑，《解释（二）》第二条第三款规定，非法出版、复制、发行他人作品，侵犯著作权构成犯罪的，按照侵犯著作权罪定罪处罚，即不再适用销售侵权复制品罪和非法经营罪。《解释（二）》统一了侵犯著作权犯罪的罪名适用，使对这种犯罪的定性更加准确，刑罚适用更加一致，也有利于对侵犯知识产权犯罪的统计。

同时需要注意，这里的前提是“侵犯著作权构成犯罪的”，没有侵犯著作权的，不属于《解释（二）》第二条第三款规定的情形，不能以侵犯著作权罪定罪处罚。根据2001年《著作权法》（已修正）第四条规定，依法禁止出版、传播的作品，不受《著作权法》保护。因此，非法出版、印刷、复制、发行依法禁止出版、传播的作品，没有侵犯《著作权法》保护的著作权，不属于《解释（二）》第二条第三款规定的情形，不能以侵犯著作权罪定罪处罚。这种情形仍然依照《非法出版物解释》第十一条的规定，以非法经营罪定罪处罚。

6. 最高人民检察院、公安部关于公安机关管辖的刑事案件立案追诉标准的规定（一）（公通字〔2008〕36号，自2008年6月25日起施行）

第二十六条　［侵犯著作权案（刑法第二百一十七条）］以营利为目的，未经著作权人许可，复制发行其文字作品、音乐、电影、电视、录像作品、计算机软件及其他作品，或者出版他人享有专有出版权的图书，或者未经录音录像制作者许可，复制发行其制作的录音、录像，或者制作、出售假冒他人署名的美术作品，涉嫌下列情形之一的，应予立案追诉：

（一）违法所得数额三万元以上的；

（二）非法经营数额五万元以上的；

（三）未经著作权人许可，复制发行其文字作品、音乐、电影、电视、录像作品、计算机软件及其他作品，复制品数量合计五百张（份）以上的；

（四）未经录音录像制作者许可，复制发行其制作的录音录像制品，复制品数量合计五百张（份）以上的；

（五）其他情节严重的情形。

以刊登收费广告等方式直接或者间接收取费用的情形，属于本条规定的“以营利为目的”。

本条规定的“未经著作权人许可”，是指没有得到著作权人授权或者伪造、涂改著作权人授权许可文件或者超出授权许可范围的情形。

本条规定的“复制发行”，包括复制、发行或者既复制又发行的行为。

通过信息网络向公众传播他人文字作品、音乐、电影、电视、录像作品、计算机软件及其他作品，或者通过信息网络传播他人制作的录音录像制品的行为，应当视为本条规定的“复制发行”。

侵权产品的持有人通过广告、征订等方式推销侵权产品的，属于本条规定的“发行”。

本条规定的“非法经营数额”，是指行为人在实施侵犯知识产权行为过程中，制造、储存、运输、销售侵权产品的价值。已销售的侵权产品的价值，按照实际销售的价格计算。制造、储存、运输和未销售的侵权产品的价值，按照标价或者已经查清的侵权产品的实际销售平均价格计算。侵权产品没有标价或者无法查清其实际销售价格的，按照被侵权产品的市场中间价格计算。

7. 公安部经济犯罪侦查局关于对“××视频”网站涉嫌侵犯著作权案如何适用法律问题的批复（公经〔2010〕663号，自2010年11月2日起施行）

一、根据最高人民法院、最高人民检察院《关于办理侵犯知识产权刑事案件具体应用法律若干问题的解释（二）》、《关于办理侵犯著作权刑事案件中涉及录音录像制品有关问题的批复》等有关规定，以营利为目的，未经著作权人许可，通过信息网络向公众提供他人影视作品下载或在线观看，侵权影视作品数量合计在五百份以上的，以侵犯著作权罪定罪处罚。其中，包括一部及以上电影，或一集及以上电视剧的一个视频文件视为一份。

二、根据最高人民法院、最高人民检察院关于办理侵犯知识产权刑事案件具体应用法律若干问题的解释等有关规定，通过信息网络向公众提供侵权影视作品下载或在线观看，以刊登收费广告等方式直接或间接收取的费用，应当计入违法所得数额、非法经营数额等犯罪数额。

有关广告在侵权影视作品及非侵权作品中均有刊登的，或者刊登广告的网页上同时提供侵权影视作品和其他非侵权作品的，应当根据广告刊登方式、刊登位置、收费方式等因素合理确定其犯罪数额。无法查清的，可以参照有关广告费用乘以广告在侵权作品中播放、显示次数占全部广告播放、显示次数的比例所得之积计算；或者参照有关广告费用乘以侵权影视作品的实际被点击数占有关作品、网页实际被点击总次数的比例所得之积计算。上述方法均无法计算的，对于以播放影视作品为主的视频网站，可以参照有关广告费用乘以侵权影视作品占网站所有影视作品的比例所得之积计算。

8. 最高人民法院、最高人民检察院、公安部关于办理侵犯知识产权刑事案件适用法律若干问题的意见（法发〔2011〕3号，2011年1月10日颁布并实施）

十、关于侵犯著作权犯罪案件“以营利为目的”的认定问题

除销售外，具有下列情形之一的，可以认定为“以营利为目的”：

（一）以在他人作品中刊登收费广告、捆绑第三方作品等方式直接或者间接收取费用的；

（二）通过信息网络传播他人作品，或者利用他人上传的侵权作品，在网站或者网页上提供刊登收费广告服务，直接或者间接收取费用的；

（三）以会员制方式通过信息网络传播他人作品，收取会员注册费或者其他费用的；

（四）其他利用他人作品牟利的情形。

十一、关于侵犯著作权犯罪案件“未经著作权人许可”的认定问题

“未经著作权人许可”一般应当依据著作权人或者其授权的代理人、著作权集体管理组织、国家著作权行政管理部门指定的著作权认证机构出具的涉案作品版权认证文书，或者证明出版者、复制发行者伪造、涂改授权许可文件或者超出授权许可范围的证据，结合其他证据综合予以认定。

在涉案作品种类众多且权利人分散的案件中，上述证据确实难以一一取得，但有证据证明涉案复制品系非法出版、复制发行的，且出版者、复制发行者不能提供获得著作权人许可的相关证明材料的，可以认定为“未经著作权人许可”。但是，有证据证明权利人放弃权利、涉案作品的著作权不受我国著作权法保护，或者著作权保护期限已经届满的除外。

十二、关于刑法第二百一十七条规定的“发行”的认定及相关问题

“发行”，包括总发行、批发、零售、通过信息网络传播以及出租、展销等活动。

非法出版、复制、发行他人作品，侵犯著作权构成犯罪的，按照侵犯著作权罪定罪处罚，不认定为非法经营罪等其他犯罪。

十三、关于通过信息网络传播侵权作品行为的定罪处罚标准问题

以营利为目的，未经著作权人许可，通过信息网络向公众传播他人文字作品、音乐、电影、电视、美术、摄影、录像作品、录音录像制品、计算机软件及其他作品，具有下列情形之一的，属于刑法第二百一十七条规定的“其他严重情节”：

（一）非法经营数额在五万元以上的；

（二）传播他人作品的数量合计在五百件（部）以上的；

（三）传播他人作品的实际被点击数达到五万次以上的；

（四）以会员制方式传播他人作品，注册会员达到一千人以上的；

（五）数额或者数量虽未达到第（一）项至第（四）项规定标准，但分别达到其中两项以上标准一半以上的；

（六）其他严重情节的情形。

实施前款规定的行为，数额或者数量达到前款第（一）项至第（五）项

规定标准五倍以上的，属于刑法第二百一十七条规定的“其他特别严重情节”。

权威解读

解读《最高人民法院、最高人民检察院、公安部关于办理侵犯知识产权刑事案件适用法律若干问题的意见》（全文在本书假冒注册商标罪中列出，此处只摘录与本法条特别相关部分）

（十）关于侵犯著作权犯罪案件“以营利为目的”的认定问题

“以营利为目的”是侵犯著作权罪的主观方面要件，要求行为人主观上具有营利目的，至于行为人营利的方式以及实际营利与否，则在所不问。司法实践中，对于通过销售侵权复制品牟取利益属于“以营利为目的”的认定标准，已经形成共识。但是，随着侵犯著作权犯罪的手段不断翻新，行为人的营利方式也日益多样化。例如，行为人免费提供侵权复制品供他人使用，表面上没有通过销售方式营利，但是行为人在侵权复制品上刊登收费广告或者捆绑第三方作品，通过向广告主或者第三方收取费用的方式营利，就应当认定为“以营利为目的”。《意见》在过去司法解释规定的基础上，综合考虑实践中已出现的各种侵犯著作权犯罪行为方式，包括在线侵权和线下侵权，进一步细化了“以刊登收费广告等方式直接或者间接收取费用的情形”，明确下列几种情形属于“以营利为目的”：（1）以在他人作品中刊登收费广告、捆绑第三方作品等方式直接或者间接收取费用的；（2）通过信息网络传播他人作品，或者利用他人上传的侵权作品，在网站或者网页上提供刊登收费广告服务，直接或者间接收取费用的；（3）以会员制方式通过信息网络传播他人作品，收取会员注册费或者其他费用的；（4）其他利用他人作品牟利的情形。

需要说明的是，本条规定仅针对行为人主观方面的认定，至于行为人是否应当被依法追究刑事责任，则应当依照《刑法》规定的犯罪构成要件以及相关司法解释规定的定罪量刑标准进行认定。

（十一）关于侵犯著作权犯罪案件“未经著作权人许可”的认定问题

根据我国《刑法》第二百一十七条的规定，未经著作权人许可是侵犯著作权罪的构成要件之一，因此，正确认定未经著作权人许可，对于认定侵犯著作权罪具有重要意义。为了解决对未经著作权人许可的认定问题，《意见》第十一条根据当前办理侵犯著作权犯罪的实际情况，共分两款对这一问题作了规定。第一款规定：认定未经著作权人许可，一般应当依据著作权人或者其授权的代理人、著作权集体管理组织、国家著作权行政管理部门指定的著作权认证机构出具的涉案作品版权认证文书，或者证明出版者、复制发行者伪造、涂改授权许可文件或者超出授权许可范围的证据，结合其他证据综合予以认定。这就要求公安机关一般要收集到上述证据，并结合本案的其他证据予以认定。但在有些案件中，由于涉案侵权作品的种类较多，且被侵权作品的权利人较为分散，有的甚至身居国外，公安机关难以取得这些著作权人或者其授权的代理人、著作权集体管理组织、国家著作权行政管理部门指定的著作权认证机构出具的涉案作品版权认证文书，或者本案中公安机关未能收集到证明出版者、复制发行者伪造、涂改授权许可文件或者超出授权许可范围的证据，在此情况下，如果仍然机械地要依据上述证据才能认定未经著作权人许可，无疑会导致许多案件无法处理，从而放纵犯罪的情况。鉴于此，《意见》第十一条第二款作了灵活规定，在涉案作品种类众多且权利人分散的案件中，上述证据确实难以一一取得，但有证据证明涉案复制品系非法出版、复制发行，且出版者、复制发行者不能提供获得著作权人许可的相关证明材料的，可以认定为未经著作权人许可。但是，有证据证明权利人放弃权利、涉案作品的著作权不受我国著作权法保护，或者著作权保护期限已经届满的除外。理解和掌握本款应当重点把握三点：第一，本款只适用于涉案作品种类众多且权利人分散的案件。第二，涉案作品有的已有证据证明未经著作权人许可，但全部查证认定难度较大。第三，有证据证明涉案复制品系非法出版、复制发行的，且出版者、复制发行者不能提供获得著作权人许可的相关证明材料。这里的有证据证明涉案复制品系非法出版、复制发行，就是指已有证据证明涉案复制品未遵守《出版管理条例》《音像制品管理条例》等有关法律法规的规定，系非法出版、复制发行。第四，有证据证明权利人放弃权利、涉案作品的著作权不受我国著作权法保护，或者著作权保护期限已经届满的除外。这里的有证据证明既可以是犯罪嫌疑人（被告人）或其他有关人员提供的经查证属实的证据，也可以是公安机关依法收集、调取的证据。

（十二）关于《刑法》第二百一十七条规定的“发行”的认定及相关问题

《意见》第十二条共分两款，明确了侵犯著作权罪“发行”的认定及非法出版、复制、发行他人作品行为的处理。司法实践中，对于“发行”的含义存在不同理解和认识。在《意见》制定过程中，一种意见认为“发行”仅指复制者自身实施的销售行为，不包括他人实施的销售行为；另一种意见认为根据《解释（二）》第二条的规定，侵权产品的持有人通过广告、征订等方式推销侵权产品的属于“发行”，表明“发行”的主体并不局限于复制者本人。经研究，《意见》采纳了第二种观点，并根据司法解释和《出版物市场管理规定》，列举了“发行”行为的六种表现形式：总发行、批发、零售、通过信息网络传播、出租、展销等。

第二款明确了非法出版、复制、发行他人作品，侵犯著作权构成犯罪的，按照侵犯著作权罪定罪处罚，不认定为非法经营罪等其他犯罪。这样规定主要基于以下考虑：一是保持了司法适用的连续性。1998 年《关于审理非法出版物刑事案件具体应用法律若干问题的解释》对此已有规定。根据该解释第一条至第十一条的规定，“违反国家规定，出版、印刷、复制、发行具有反动性政治内容出版物、侵权复制品、淫秽物品等以外的其他严重危害社会秩序和扰乱市场秩序的非法出版物，情节严重的，以非法经营罪定罪处罚”。这表明对于“非法出版、印刷、复制、发行侵权复制品”的行为，不能以非法经营罪定罪处罚，而应以侵犯著作权罪定罪处罚。二是符合该类犯罪的本质特征。非法经营罪打击的是“违反国家规定，扰乱市场秩序，情节严重”的扰乱市场秩序的行为，重在行为的经营性、非法性；而侵犯著作权罪，顾名思义，打击的是侵犯著作权人权利的犯罪行为，该罪设立的宗旨在于保护著作权人的各项合法权利免受不法侵害。因此，对“非法出版、复制、发行他人作品，侵犯著作权构成犯罪的”，理应按照侵犯著作权罪定罪处罚。

（十三）关于通过信息网络传播侵权作品行为的定罪处罚标准问题

随着互联网时代的到来，侵犯知识产权犯罪的手段不断翻新，不再局限于借助有形载体实施犯罪行为，通过信息网络实施侵犯知识产权犯罪案件的数量日益增多。为有力打击通过信息网络侵犯知识产权的犯罪行为，有关司法解释明确了通过信息网络向公众传播他人作品行为的定性问题。然而，行为人通过信息网络传播侵权作品行为构成犯罪缺乏明确的定罪量刑标准，不利于司法适用的操作。有鉴于此，同时考虑到互联网具有传播速度快、传播范围广、内容存储容量大、侵权作品与非侵权作品共网并存等特点，《意见》第十三条分两款规定了通过信息网络传播侵权作品行为的定罪处罚标准。第一款从非法经营数额、传播他人作品数量、作品被点击次数、注册会员人数等方面，进一步明确了通过信息网络传播侵权作品行为的入罪标准。第一款第（一）项、第（二）项分别沿用现行司法解释规定的五万元以上、五百件以上的标准；第三项以传播他人作品的实际被点击数为基准，构成侵犯著作权罪的起刑点为实际被点击数达到五万次以上；第（四）项以注册会员人数为基准，即以会员制方式传播他人作品，构成侵犯著作权罪的起刑点为注册会员达到一千人以上；第五项规定在数额或者数量未达到第（一）项至第（四）项规定标准的情况下，构成侵犯著作权罪的起刑点为数额或者数量分别达到第（一）项至第（四）项其中两项以上标准一半以上；第（六）项是关于兜底条款的规定。

第二款明确了通过信息网络传播侵权作品行为“其他特别严重情节”的认定标准，为“其他严重情节”的五倍。

（十六）关于侵犯知识产权犯罪竞合的处理问题

侵犯知识产权犯罪与生产、销售伪劣商品犯罪往往存在一定的交叉或者竞合关系。譬如，行为人生产的是假冒他人注册商标的商品，而该商品经过鉴定又属于伪劣商品，在符合这两罪其他构成要件的情况下，行为人的行为既构成了侵犯知识产权犯罪，又构成了生产、销售伪劣商品犯罪，根据我国的刑法原理，对此应当从重处断。因此，《意见》第十六条规定：“行为人实施侵犯知识产权犯罪，同时构成生产、销售伪劣商品犯罪的，依照侵犯知识产权犯罪与生产、销售伪劣商品犯罪中处罚较重的规定定罪处罚。”这与2001年《关于办理生产、销售伪劣商品刑事案件具体应用法律若干问题的解释》第十条“实施生产、销售伪劣商品犯罪，同时构成侵犯知识产权、非法经营等其他犯罪的，依照处罚较重的规定定罪处罚”的规定相一致。但稍有不同的是，由于《意见》第十二条第二款已经明确规定，非法出版、复制、发行他人作品，侵犯著作权构成犯罪的，按照侵犯著作权罪定罪处罚，不认定为非法经营罪等其他犯罪，《意见》第十六条就将非法经营罪排除在外。

9. 最高人民法院、最高人民检察院关于办理侵犯知识产权刑事案件具体应用法律若干问题的解释（三）（法释〔2020〕10号，自2020年9月14日起施行）

第二条 在刑法第二百一十七条规定的作品、录音制品上以通常方式署名的自然人、法人或者非法人组织，应当推定为著作权人或者录音制作者，且该作品、录音制品上存在着相应权利，但有相反证明的除外。

在涉案作品、录音制品种类众多且权利人分散的案件中，有证据证明涉案复制品系非法出版、复制发行，且出版者、复制发行者不能提供获得著作权人、录音制作者许可的相关证据材料的，可以认定为刑法第二百一十七条规定的“未经著作权人许可”“未经录音制作者许可”。但是，有证据证明权利人放弃权利、涉案作品的著作权或者录音制品的有关权利不受我国著作权法保护、权利保护期限已经届满的除外。

第七条　除特殊情况外，假冒注册商标的商品、非法制造的注册商标标识、侵犯著作权的复制品、主要用于制造假冒注册商标的商品、注册商标标识或者侵权复制品的材料和工具，应当依法予以没收和销毁。

上述物品需要作为民事、行政案件的证据使用的，经权利人申请，可以在民事、行政案件终结后或者采取取样、拍照等方式对证据固定后予以销毁。

权威解读

解读《最高人民法院、最高人民检察院关于办理侵犯知识产权刑事案件具体应用法律若干问题的解释（三）》（全文在本书假冒注册商标罪中列出，此处只摘录与本法条特别相关部分）

（二）侵犯著作权罪的相关推定

近年来，侵犯著作权犯罪，特别是利用互联网犯罪的案件数量呈上升趋势，严重侵害了著作权人的利益，破坏了市场经济秩序。为进一步明确实践中著作权权属认定问题，提升打击实效，《解释》第二条第一款参照著作权法第十一条第四款等相关内容，规定“在刑法第二百一十七条规定的作品、录音制品上以通常方式署名的自然人、法人或者非法人组织，应当推定为著作权人或者录音制作者，且该作品、录音制品上存在着相应权利，但有相反证明的除外”。需要注意的是，《刑法》第二百一十七条规定的“作品”“录音录像制品”，应当属于著作权法保护的对象。实践中，司法机关仍然要对涉案作品、录音录像制品是否符合著作权法保护的条件进行审查。另外，权属推定是一种法律推定，如果有相反证据足以推翻，则应按照相反的证据予以认定。司法实践中，司法机关应当根据案件具体情况对是否存在相反证据进行审查，对于被告人提出辩解的，应当审查判断。需要说明的是，《解释》施行后，2020 年修正的《著作权法》第十二条规定“在作品上署名的自然人、法人或者非法人组织为作者，且该作品上存在相应权利，但有相反证明的除外”，《解释》的内容与著作权法保持了一致。

根据《刑法》第二百一十七条的规定，“未经著作权人许可”是侵犯著作权罪的构成要件之一。一般情况下，未经著作权人许可的证明责任应当由公诉机关承担，而不应将证明责任配置给犯罪嫌疑人（被告人），防止强迫犯罪嫌疑人（被告人）自证其罪。实践中，有些案件，特别是利用互联网侵犯著作权的案件，涉案侵权作品的种类、数量众多，且被侵权作品的权利人较为分散，侦查机关确实难以一一调取未经著作权人许可的相关证据材料，《2011 年意见》第十一条对此作了灵活规定，实践中有利于打击侵犯知识产权犯罪，保障权利人利益。为确保法律适用的连贯性，解决司法实践中的突出问题，《解释》第二条第二款采纳了《2011 年意见》第十一条的内容，规定仅限在涉案作品、录音制品种类众多且权利人分散的案件中，且在符合"有证据证明涉案复制品系非法出版、复制发行"的条件下，出版者、复制发行者不能提供获得著作权人、录音制作者许可的相关证据材料的，才可以推定为"未经著作权人许可""未经录音制作者许可"。需要注意的是，权利人放弃权利、涉案作品的著作权或者录音制品的有关权利不受我国著作权法保护、权利保护期限已经届满的事实，仍需司法机关根据犯罪嫌疑人、被告人的辩解和案件实际情况依法收集、调取证据予以查明。

（三）典型或常见问题的审理思路

1. 如何认定为"未经著作权人许可"？[①]

在本案审理过程中，对于如何认定"未经著作权人许可"，存在两种意见：第一种意见认为，只有经过对著作权人或者其授权的代理人的调查取证，借助其陈述及相关书证，直接证明被告人没有取得授权，才能证明其行为构成"未经著作权人许可"。而本案中，侦查机关未一一查明涉案光碟的著作权人，从证据角度看，尚未达到确实充分的刑事证据标准，认定"未经著作权人许可"的证据尚不充分。第二种意见认为，目前侵权盗版现象日益猖獗，并呈组织化、专业化趋势，实践中查获的大量案件存在侵权产品品种多、数量大，被侵权人人数众多的情况。在"未经著作权人许可"的认定上，机械地遵循"逐一寻找权利人取证"原则，既不具备可操作性，也容易使办案机关陷入举证困境，造成司法资源的浪费。随着网络时代侵权盗版案件的增多，这样的证据要求越发与现实办案实际相脱离。且这样的证据要求，无疑会导致大量的侵犯著作权犯罪行为不能受到应有的、恰当的刑事惩罚，不仅可能

---

① 案例来源：《刑事审判参考》第 679 号指导案例，凌某超侵犯著作权、贩卖淫秽物品牟利案。

造成“侵犯著作权罪”的虚置，还可能使我国知识产权政策频频遭到指责，陷入被动。因此我们同意第二种意见。

在刑事审判中，对于有证据证明涉案复制品系非法复制发行，且复制发行者不能提供获得著作权人许可的相关证明材料的，可以认定为“未经著作权人许可”。《知识产权意见》第十一条规定：“有证据证明涉案复制品系非法出版、复制发行的，且出版者、复制发行者不能提供获得著作权人许可的相关证明材料的，可以认定为‘未经著作权人许可’。”此规定明确了侵犯著作权罪中“未经著作权人许可”的司法认定标准，为加大知识产权刑事司法的保护力度，依法惩处侵犯知识产权的犯罪活动，有效遏制侵权盗版等侵犯知识产权犯罪活动提供有力的法律武器。

2. 销售他人享有专有出版权的图书，是否构成侵犯著作权罪?①

《党章》和《十七大报告》作为党中央发布的官方文献，没有著作权人。为了规范《党章》和《十七大报告》的出版发行，相关机构授权人民出版社享有专有的出版权，其他任何组织和个人不得擅自出版。其他组织和个人的出版行为，侵犯人民出版社的专有出版权，按照《刑法》第二百一十七条第（二）项的规定，可能构成侵犯著作权罪。“出版”一词具有特定的含义，《著作权法实施细则》规定，出版是指“将作品编辑加工后，经过复制向公众发行”的行为，故单纯销售、贩卖他人享有专有出版权的图书的，不属于“出版”此类图书，只是侵犯了他人享有的专有出版权，不构成侵犯著作权罪，但可能构成其他犯罪。如果行为人明知是他人侵犯出版权出版的此类刊物而予以销售，违法所得数额达到10万元以上的，可以按照销售侵权复制品罪论处。如果行为人明知是非法出版物而销售，达到2000册以上的，可以根据《最高人民法院关于审理非法出版物刑事案件具体应用法律若干问题的解释》第十一条、第十二条之规定，按照非法经营罪定罪处罚。在同时构成销售侵权复制品罪和非法经营罪的情况下，按照想象竞合犯的处理原则，择一重罪处罚。

① 案例来源：《刑事审判参考》第680号指导案例，张某等人侵犯著作权案。

3. 复制部分实质性相同的计算机程序文件并加入自行编写的脚本文件形成新的外挂程序后运用的行为是否属于刑法意义上的“复制发行”?①

复制部分实质性相同的计算机程序文件并加入自行编写的脚本文件形成新的外挂程序后运用的行为，属于侵犯著作权罪中的“复制发行”。脱机型外挂，是一种需要了解、掌握游戏客户端和服务器之间的通讯数据包完整内容后才能制作完成的程序，与其他外挂需挂接到客户端程序不同，它可以脱离游戏的客户端程序，模拟官方的客户端进行登录、游戏，并能实现官方客户端所没有的一些功能，如自动打怪、交易等。因此脱机型外挂系脱胎于官方客户端程序，除非掌握该游戏的内部技术秘密，一般技术层面很难完成。这种复制部分实质性相同的程序文件并加入自行编写的脚本文件形成新的外挂程序后运用的行为，应当认定为刑法意义上的“复制发行”。虽然行为人销售的是“复制发行”侵权软件衍生的游戏金币，但只是牟利行为在形式上的延伸，实质上与“复制发行”侵权软件本身的使用价值无异。

4. 复制他人计算机软件，通过修改相应程序捆绑其他软件在互联网上发布获利的是否属于刑法意义上的“复制发行”?②

行为人未经著作权人许可复制其计算机软件，通过修改相应程序捆绑其他软件后在互联网上发布供他人下载，并因此获取广告费等收益的，属于《刑法》第二百一十七条规定“以营利为目的”的“复制发行”行为。

（四）疑难、复杂问题的参考性解答

1. 正确认识侵犯著作权罪构成要件

本罪的犯罪主体为一般主体和单位。可以是公民个人，也可以是企业、事业单位。

本罪侵犯的客体是著作权人的著作权和与著作权相关的权益以及国家的著作权管理制度。

著作权是指作者对其创作的文学、艺术和科学作品所享有的占有、使用、收益、处分的专有权利，是重要的民事权利。我国十分重视对著作权的保护。虽起步较晚，但发展迅速。在1986年制定的民法通则中，知识产权第一次在

---

① 案例来源：《刑事审判参考》第942号指导案例，余某等侵犯著作权案。

② 观点来源：江苏省苏州市虎丘区人民检察院诉成都某软网络科技有限公司、孙某忠等人侵犯著作权案。

我国民事基本法中加以规定，并首次确认公民、法人享有著作权。接着，1990 年制定了《著作权法》，并陆续颁布了一系列配套法规和一些版权管理行政法规，基本上完成了我国著作权保护的立法工作，使我国著作权保护步入法制化的轨道。2001 年 10 月 27 日，第九届全国人大常委会第二十四次会议通过了《关于修改〈中华人民共和国著作权法〉的决定》，使我国的著作权法律制度进一步完善。1992 年和 1993 年，我国还先后加入了《保护文学和艺术作品伯尔尼公约》《世界版权公约》和《保护录音制品制作者防止未经许可复制其录音制品公约》等国际著作权条约，并与美国签订了《中美关于保护知识产权的谅解备忘录》，基本上实现了版权国内保护和国际保护的接轨。著作权法颁布以来，通过行政手段和司法手段，制裁侵权行为，维护权利人的合法权益，取得了明显成效。

但是，我国著作权保护的立法还不够完善，主要表现在对侵权行为只规定了民事责任和行政责任，没有规定刑事责任，因而对侵犯著作权构成犯罪的行为不能给予有力的打击。为了惩治侵犯著作权和与著作权有关的权益的犯罪，1994 年 7 月 5 日，全国人大常委会审议通过了《关于惩治侵犯著作权的犯罪的决定》。这是为完善著作权立法采取的重要措施，是我国有关知识产权刑法保护的又一个重要法律。1997 年修订《刑法》时将《关于惩治侵犯著作权的犯罪的决定》第一条规定的侵犯著作权罪纳入刑法，对于保护作者和与著作权有关的权利人的合法权益，加强对文化市场的管理，惩治严重侵犯著作权的犯罪行为，维护我国的国际声誉，都具有重要的意义。

根据 2010 年 2 月 26 日第十一届全国人大常委会第十三次会议《关于修改〈中华人民共和国著作权法〉的决定》第二次修正的著作权法的规定，著作权人包括作者和其他依照本法享有著作权的公民、法人或者其他组织。著作权包括下列人身权和财产权：（1）发表权，即决定作品是否公之于众的权利；（2）署名权，即表明作者身份，在作品上署名的权利；（3）修改权，即修改或者授权他人修改作品的权利；（4）保护作品完整权，即保护作品不受歪曲、篡改的权利；（5）复制权，即以印刷、复印、拓印、录音、录像、翻录、翻拍等方式将作品制作一份或者多份的权利；（6）发行权，即以出售或者赠与方式向公众提供作品的原件或者复制件的权利；（7）出租权，即有偿许可他人临时使用电影作品和以类似摄制电影的方法创作的作品、计算机软件的权利，计算机软件不是出租的主要标的的除外；（8）展览权，即公开陈列美术作品、摄影作品的原件或者复制件的权利；（9）表演权，即公开表演作品，以及用各种手段公开播送作品的表演的权利；（10）放映权，即通过放映机、幻灯机等技术设备公开再现美术、摄影、电影和以类似摄制电影的方法创作的作品等的权利；（11）广播权，即以无线方式公开广播或者传播作品，以有线传播或者转播的方式向公众传播广播的作品，以及通过扩音器或者其他传送符号、声音、图像的类似工具向公众传播广播的作品的权利；（12）信息网络传播权，即以有线或者无线方式向公众提供作品，使公众可以在其个人选定的时间和地点获得作品的权利；（13）摄制权，即以摄制电影或者以类似摄制电影的方法将作品固定在载体上的权利；（14）改编权，即改变作品，创作出具有独创性的新作品的权利；（15）翻译权，即将作品从一种语言文字转换成另一种语言文字的权利；（16）汇编权，即将作品或者作品的片段通过选择或者编排，汇集成新作品的权利；（17）应当由著作权人享有的其他权利。著作权人可以许可他人行使前款第（5）项至第（17）项规定的权利，并依照约定或者本法有关规定获得报酬。著作权人可以全部或者部分转让前款第（5）项至第（17）项规定的权利，并依照约定或者本法有关规定获得报酬。

本罪客体主要是著作权，但不限于著作权，还包括与著作权相关的权益，如专有出版权、姓名权等。

按照法律规定，著作权属于作者。“作者”，是指创作作品的公民；由法人或者其他组织主持，代表法人或者其他组织意志创作，并由法人或者其他组织承担责任的作品，法人或者其他组织视为作者。

本罪的犯罪对象为作品。所谓作品，是指以一定形式创作的文学、艺术和自然科学、社会科学、工程技术等作品。这些形式包括：（1）文字作品；（2）口述作品；（3）音乐、戏剧、曲艺、舞蹈、杂技艺术作品；（4）美术、建筑作品；（5）摄影作品；（6）电影作品和以类似摄制电影的方法创作的作品；（7）工程设计图、产品设计图、地图、示意图等图形作品和模型作品；（8）计算机软件；（9）法律、行政法规规定的其他作品。法律规定，中国公民、法人或者其他组织的作品，不论是否发表，均依照著作权法享有著作权。外国人、无国籍人的作品，根据其作者所属国或者经常居住地国同中国签订的协议或者共同参加的国际条约享有的著作权，受著作权法保护。外国人、无国籍人的作品首先在中国境内出版的，依照著作权法享有著作权。未与中国签订协议或者共同参加国际条约的国家的作者以及无国籍人的作品首次在中国参加的国际条约的成员国出版的，或者在成员国和非成员国同时出版的，受著作权法保护。

但我国只对合法的著作权给予刑事保护，对下列作品则不给予刑事保护：(1) 依法禁止出版、传播的作品，包括内容为淫秽、反动的作品。(2) 超过保护期限的作品。根据著作权法的规定，公民的作品，其发表权、使用权和获得报酬权的保护期为作者终身及其死亡后50年，截止于作者死亡后第50年的12月31日；如果是合作作品，截止于最后死亡的作者死亡后第50年的12月31日。法人或者其他组织的作品、著作权（署名权除外）由法人或者其他组织享有的职务作品，其发表权、使用权和获得报酬权的保护期为50年，截止于作品首次发表后第50年的12月31日。但作品自创作完成后50年内未发表的，法律不再保护。电影作品和以类似摄制电影的方法创作的作品、摄影作品，其发表权《著作权法》第十条第一款第（五）项至第（十七）项规定的权利的保护期为50年，截止于作品首次发表后第50年的12月31日，但作品自创作完成后50年内未发表的，法律不再保护。总之，超过保护期的作品进入社会，即成为公众作品。(3) 依法应当由民事、行政法律规范调整的侵权行为。严重侵犯著作权的犯罪行为，破坏著作权的管理制度，不仅侵犯作者的著作权和与著作权有关的权益，妨碍科学文化事业的发展，而且影响对外科学文化的交流与合作以及经济贸易的发展，必须给予刑事制裁。

本罪主观方面是由故意构成，并且具有营利的目的。因此，“以营利为目的”，是构成本罪在主观方面必须具备的要件。按照《知识产权意见》规定，除销售外，具有下列情形之一的，应认定为“以营利为目的”：(1) 以在他人作品中刊登收费广告、捆绑第三方作品等方式直接或者间接收取费用的；(2) 通过信息网络传播他人作品，或者利用他人上传的侵权作品，在网站或者网页上提供刊登收费广告服务，直接或者间接收取费用的；(3) 以会员制方式通过信息网络传播他人作品，收取会员注册费或者其他费用的；(4) 其他利用他人作品牟利的情形。如果行为人是出于教学、科研或者观赏的目的而复制他人的作品或者音像制品，没有将它作为商品进入流通领域，这种行为虽然也是侵权行为，但由于其主观上不是以营利为目的，因而不构成犯罪。间接故意和过失不构成本罪。

本罪的客观方面表现为违反我国著作权法规，侵犯下列著作权的行为：

（1）未经著作权人许可，复制发行、通过信息网络向公众传播其文字作品、音乐、美术、视听作品、计算机软件及法律、行政法规规定的其他作品的。“未经著作权人许可”，是指没有得到著作权人授权或者伪造、涂改著作权人授权许可文件或者超出授权许可范围的情形。这是因为，当前伪造、涂改授权许可的情况十分严重，已经造成了很大损失。软件的销售实际上就是软件著作权人对软件使用的许可行为，伪造、涂改授权许可文件在严重侵犯软件著作权人权利的同时，也欺骗了意在使用正版软件的用户，尤其是在假冒软件产品出现质量问题时将会造成不可估量的损失（如承担重大责任的政府部门、银行、铁路、医院等），扰乱了正常的市场秩序和社会秩序，具有严重的社会危害性。因此，司法解释将伪造、涂改著作权人授权许可文件的行为规定在《刑法》第二百一十七条的“未经著作权人许可”之内。在司法实践中，“未经著作权人许可”，一般应当依据著作权人或者其授权的代理人、著作权集体管理组织、国家著作权行政管理部门指定的著作权认证机构出具的涉案作品版权认证文书，或者证明出版者、复制发行者伪造、涂改授权许可文件或者超出授权许可范围的证据，结合其他证据综合予以认定。在涉案作品种类众多且权利人分散的案件中，上述证据确实难以一一取得，但有证据证明涉案复制品系非法出版、复制发行的，且出版者、复制发行者不能提供获得著作权人许可的相关证明材料的，可以认定为“未经著作权人许可”。但是，依法禁止出版、传播的作品的著作权不受我国著作权法保护，有证据证明权利人放弃权利、涉案作或者著作权保护期限已经届满的除外。（2）出版他人享有专有出版权的图书的。（3）未经录音录像制作者许可，复制发行、通过信息网络向公众传播其制作的录音录像的。未经录音录像制作者许可，复制发行其制作的录音录像的。随着信息产业的飞速发展和盗版行为的日益猖獗，未经著作权人许可，在网络上复制和发行盗版软件的行为，即在线盗版非常突出。为了有效打击这种盗版行为，《知识产权解释》特别规定：“通过信息网络向公众传播他人文字作品、音乐、电影、电视、录像作品、计算机软件及其他作品的行为，应当视为刑法第二百一十七条规定的‘复制发行’。”（4）未经表演者许可，复制发行录有其表演的录音录像制品，或者通过信息网络向公众传播其表演的。（5）制作、出售假冒他人署名的美术作品的。（6）未经著作权人或者与著作权有关的权利人许可，故意避开或者破坏权利人为其作品、录音录像制品等采取的保护著作权或者与著作权有关的权利的技术措施的。法律只要求行为人具有其中一种行为即构成本罪；具有两种或者两种以上行为的，也只以一罪处罚，不实行数罪并罚，但可作为量刑的具体情节予以考虑。

2. 罪与非罪的认定

在指导思想上应当明确，运用刑法手段惩罚侵犯著作权的犯罪行为是十分必要的，但用刑法惩治的面要适当，应当突出打击的重点，对侵犯著作权的一般行为可不追究刑事责任。

首先，从立法上看，主要限于《刑法》第二百一十七条规定的六种危害严重的侵犯著作权的行为。其他侵犯著作权以及与著作权有关的权益的行为，则没有规定为犯罪。其次，从主观上看，行为人是否具有营利的目的；凡是不以营利为目的，即使实施了《刑法》第二百一十七条所列举的六种行为，也不构成本罪。最后，从数额和情节上看，行为人虽然具有《刑法》第二百一十七条所列的六种侵权行为，如果违法所得数额不大或者不具有其他严重情节的，属违法行为，应当分别依照第二次修正的《著作权法》第四十七条和第四十八条的规定，追究其民事责任，而不能追究其刑事责任。只有达到“违法所得数额较大或者有其他严重情节的”，才构成犯罪。

3. 著作权权属认定及未经著作权人许可的证明责任

《知识产权解释（三）》第二条第一款参照著作权法第十一条第四款等相关内容，规定了“在刑法第二百一十七条规定的作品、录音制品上以通常方式署名的自然人、法人或者非法人组织，应当推定为著作权人或者录音制作者，且该作品、录音制品上存在着相应权利，但有相反证明的除外”。权属推定是一种法律推定，如果有相反证据足以推翻，则应按照相反的证据予以认定。司法实践中，司法机关应当根据案件具体情况对是否存在相反证据进行审查，对于被告人提出辩解的，应当审查判断。

一般情况下，未经著作权人许可的证明责任应当由公诉机关承担，而不应将证明责任配置给犯罪嫌疑人（被告人），防止强迫犯罪嫌疑人（被告人）自证其罪。实践中，有些案件，特别是利用互联网侵犯著作权的案件，涉案侵权作品的种类、数量众多，且被侵权作品的权利人较为分散，侦查机关确实难以一一调取未经著作权人许可的相关证据材料，《知识产权意见》对此作了灵活规定。《知识产权解释（三）》延续了此项精神，在涉案作品、录音制品种类众多且权利人分散的案件中，且在符合“有证据证明涉案复制品系非法出版、复制发行”的条件下，出版者、复制发行者不能提供获得著作权人、录音制作者许可的相关证据材料的，才可以推定为“未经著作权人许可”“未经录音制作者许可”。需要注意的是，权利人放弃权利、涉案作品的著作权或者录音制品的有关权利不受我国著作权法保护、权利保护期限已经届满的事实，仍需司法机关根据犯罪嫌疑人、被告人的辩解和案件实际情况依法收集、调取证据予以查明。

4. 注意本罪与制作、贩卖、传播淫秽物品犯罪的区别

两者的区别在于：一是侵犯的客体不同。本罪侵犯的客体是著作权人的著作权和与著作权相关的权益以及国家的著作权管理制度。传播淫秽物品犯罪侵犯的客体是社会主义道德风尚和国家对文化娱乐制品市场的管理制度。二是犯罪对象不同。本罪的犯罪对象是受法律保护的他人依法享有著作权的作品，传播淫秽物品犯罪的犯罪对象则是法律所禁止的淫秽物品。

5. 划清一罪与数罪的界限

行为人实施侵犯著作权犯罪，又销售该侵权复制品，构成犯罪的，属牵连犯罪（手段牵连），应当以侵犯著作权罪定罪处罚，不实行数罪并罚。如果行为人既实施侵犯著作权犯罪，又销售明知是他人的侵权复制品，构成犯罪的，则属实质性的数罪，应当实行数罪并罚。

6. 正确理解“复制发行”的含义

《刑法》第二百一十七条第（一）项中规定的“复制发行”，是指行为人以营利为目的，未经著作权人许可而实施的复制、发行或者既复制又发行其文字作品、音乐、电影、电视、录像作品、计算机软件和其他作品的行为。同时，按照《知识产权解释（二）》，侵权产品的持有人通过广告、征订等方式推销侵权产品的，也属于“发行”的行为。按照《知识产权意见》，“发行”，包括总发行、批发、零售、通过信息网络传播以及出租、展销等活动。非法出版、复制、发行他人作品，侵犯著作权构成犯罪的，按照侵犯著作权罪定罪处罚，不认定为非法经营罪等其他犯罪。

7. 复制发行录音录像制品的定罪量刑数量标准，应当与复制发行文字等作品相同

《知识产权解释》公布施行后，部分高级人民法院和省级人民检察院就办理侵犯著作权刑事案件中涉及录音录像制品的数量标准，是否适用上述解释第五条第（二）项规定的数量标准问题向最高人民法院、最高人民检察院请示。为此，最高人民法院、最高人民检察院于2005年10月18日作出了《关于办理侵犯著作权刑事案件中涉及录音录像制品有关问题的批复》明确规定，以营利为目的，未经录音录像制作者许可，复制发行其制作的录音录像制品的行为，复制品的数量标准，分别适用《知识产权解释》第五条第一款第（二）项、第二款第（二）项的规定。未经录音录像制作者许可，通过信息网络传播其制作的录音录像制品的行为，应当视为《刑法》第二百一十七条第（三）项规定的“复制发行”。

应当指出的是，由于《知识产权解释（二）》第一条对侵犯著作权罪定罪量刑的数量标准作了修改，因而涉及录音录像制品的数量标准，应相应适用新司法解释的规定，即复制品数量合计在五百张（份）以上的，属于“有其他严重情节”；复制品数量合计在二千五百张（份）以上的，属于“有其他特别严重情节”，从而明显降低了涉及录音录像制品中侵犯著作权犯罪的定罪量刑的数量标准。

8. 认定侵犯著作权罪应当注意的其他问题

具体内容参见本书关于假冒注册商标罪中（四）7、8、9的叙述。

（五）量刑指导或参考

依照《刑法》第二百一十七条规定，犯侵犯著作权罪的，处三年以下有期徒刑，并处或者单处罚金；违法所得数额巨大或者有其他特别严重情节的，处三年以上十年以下有期徒刑，并处罚金。

根据《知识产权解释》的规定，以营利为目的，实施《刑法》第二百一十七条所列侵犯著作权行为之一，违法所得数额在三万元以上的，属于“违法所得数额较大”。具有下列情形之一的，属于“有其他严重情节”：（1）非法经营数额在五万元以上的；（2）其他严重情节的情形。以营利为目的，实施《刑法》第二百一十七条所列侵犯著作权行为之一，违法所得数额在十五万元以上的，属于“违法所得数额巨大”。“有其他特别严重情节”是指具有下列情形之一的：（1）非法经营数额在二十五万元以上的；（2）其他特别严重情节的情形。

根据《知识产权意见》的规定，以营利为目的，未经著作权人许可，通过信息网络向公众传播他人文字作品、音乐、电影、电视、美术、摄影、录像作品、录音录像制品、计算机软件及其他作品，具有下列情形之一的，属于《刑法》第二百一十七条规定的“其他严重情节”：（一）非法经营数额在五万元以上的；（二）传播他人作品的数量合计在五百件（部）以上的；（三）传播他人作品的实际被点击数达到五万次以上的；（四）以会员制方式传播他人作品，注册会员达到一千人以上的；（五）数额或者数量虽未达到第（一）项至第（四）项规定标准，但分别达到其中两项以上标准一半以上的；（六）其他严重情节的情形。实施前款规定的行为，数额或者数量达到前款第（一）项至第（五）项规定标准五倍以上的，属于刑法第二百一十七条规定的“其他特别严重情节”。

依照《刑法》第二百二十条规定，单位犯本罪的，对单位判处罚金，并对其直接负责的主管人员和其他直接责任人员，依照第二百一十七条规定处罚。

对本罪犯罪人进行处罚时应当注意的其他问题，具体内容参见本书关于假冒注册商标罪中（五）2、3、4、5 的叙述。

六、销售侵权复制品罪

（一）刑法规定

第二百一十八条[①] 以营利为目的，销售明知是本法第二百一十七条规定的侵权复制品，违法所得数额巨大或者有其他严重情节的，处五年以下有期徒刑，并处或者单处罚金。

（二）司法解释、司法文件及其权威解读

1. 最高人民法院关于审理非法出版物刑事案件具体应用法律若干问题的解释（法释〔1998〕30 号，自 1998 年 12 月 23 日起施行）

第四条 以营利为目的，实施刑法第二百一十八条规定的行为，个人违法所得数额在十万元以上，单位违法所得数额在五十万元以上的，依照刑法第二百一十八条的规定，以销售侵权复制品罪定罪处罚。

---

① 本条经 2020 年 12 月 26 日《刑法修正案（十一）》进行修正。

1997 年《刑法》第二百一十八条规定：以营利为目的，销售明知是本法第二百一十七条规定的侵权复制品，违法所得数额巨大的，处三年以下有期徒刑或者拘役，并处或者单处罚金。

2. **最高人民法院、最高人民检察院关于办理侵犯知识产权刑事案件具体应用法律若干问题的解释**（法释〔2004〕19号，自2004年12月22日起施行）

第六条 以营利为目的，实施刑法第二百一十八条规定的行为，违法所得数额在十万元以上的，属于“违法所得数额巨大”，应当以销售侵权复制品罪判处三年以下有期徒刑或者拘役，并处或者单处罚金。

第十四条 实施刑法第二百一十七条规定的侵犯著作权犯罪，又销售该侵权复制品，构成犯罪的，应当依照刑法第二百一十七条的规定，以侵犯著作权罪定罪处罚。

实施刑法第二百一十七条规定的侵犯著作权犯罪，又销售明知是他人的侵权复制品，构成犯罪的，应当实行数罪并罚。

3. **最高人民检察院 公安部关于公安机关管辖的刑事案件立案追诉标准的规定（一）**（公通字〔2008〕36号，自2008年6月25日起施行）

第二十七条 ［销售侵权复制品案（刑法第二百一十八条）］以营利为目的，销售明知是刑法第二百一十七条规定的侵权复制品，涉嫌下列情形之一的，应予立案追诉：

（一）违法所得数额十万元以上的；

（二）违法所得数额虽未达到上述数额标准，但尚未销售的侵权复制品货值金额达到三十万元以上的。

（三）典型或常见问题的审理思路

明知是侵权的音响复制品向境外出售可构成销售侵权复制品罪

被告人以营利为目的，在没有取得《音像制品经营许可证》的情况下，低价购进侵权复制的DVD，然后向境外发送，违法所得数额巨大，其行为构成销售侵权复制品罪，依法应惩处。

（四）疑难、复杂问题的参考性解答

1. **注意罪与非罪的区别**

本罪客观方面表现为销售明知是《刑法》第二百一十七条规定的侵权复制品的行为，即销售明知是未经著作权人许可，复制发行其文字作品、音乐、电影、电视、录像作品、计算机软件及其他作品；或者未经录音、录像制作者许可，复制发行其制作的录音录像的行为。按照法律规定，销售侵权复制

品的行为，只有达到“违法所得数额巨大”或者“其他严重情节”（《刑法修正案（十一）》增设），才构成犯罪。违法所得数额巨大在相关司法解释已有规定，“其他严重情节”尚无司法解释作出相应规定，得由法官在审理案件中具体把握。

根据《最高人民法院关于审理非法出版物刑事案件具体应用法律若干问题的解释》，销售明知是《刑法》第二百一十八条所规定的侵权复制品，个人违法所得数额在10万元以上的，属于“违法所得数额巨大”。这是因为，1997年修订《刑法》时，考虑到销售侵权复制品的行为的社会危害性要小于侵犯著作权的行为，因此，构成犯罪数额的标准，也由原来《全国人民代表大会常务委员会关于惩治侵犯著作权的犯罪的决定》规定的“数额较大”，修改为“数额巨大”。从立法原意看，《刑法》第二百一十八条的规定与其他侵犯知识产权犯罪的规定是有区别的，即只有违法所得“数额巨大”或者“其他严重情节”，而不是“数额较大”时才构成犯罪。《知识产权解释》仍维持上述司法解释的规定，没有变动。另要注意，《最高人民检察院，公安部关于公安机关管辖的刑事案件立案追诉标准的规定（一）》对销售侵权复制品应予立案追诉规定了两种情形：（1）违法所得数额十万元以上的；（2）违法所得数额虽未达到上述数额标准，但尚未销售的侵权复制品货值金额达到三十万元以上的。

销售侵权复制品的行为，违法所得数额达不到巨大的，属违法行为，应当依照《著作权法》第四十七条和第四十八条的规定，追究其侵权的民事责任。

2. 注意本罪与侵犯著作权罪的区别

二者的区别在于：第一，主体要件不同。销售侵权复制品罪的主体只能是侵权复制品制作者以外的其他自然人或单位，侵犯著作权罪的主体一般是制作者，有时可能是与制作者通谋的发行者或销售者。第二，犯罪客观方面不同。销售侵权复制品罪在客观方面表现为销售侵权复制品且违法所得数额巨大的行为；侵犯著作权罪则表现为可以是复制发行或出版，也可以是制作、出售，且违法所得数额较大或有其他严重情节的行为。在实践中，行为人如果实施侵犯著作权或与著作权有关权益的行为构成犯罪，又销售其制作的侵权复制品而且违法所得数额巨大的，对其只以侵犯著作权罪论处，而不能再认定其犯销售侵权复制品罪而实行数罪并罚；如果行为人销售的侵权复制品并非其本人制作的侵权复制品，则应以侵犯著作权罪和销售侵权复制品罪数罪并罚；如果销售侵权复制品的行为人事先与侵犯著作权罪的行为人通谋的，对其应以侵犯著作权罪的共犯论处。

3. 划清一罪与数罪的界限

制作、复制《刑法》第二百一十七条所规定的侵权复制品，又销售该侵权复制品，违法所得数额巨大或者有其他严重情节的，属牵连犯罪（手段牵连），应当以侵犯著作权罪定罪处罚，不实行数罪并罚。制作、复制《刑法》第二百一十七条规定的侵权复制品，构成犯罪，又销售明知是他人的侵权复制品，构成犯罪的，则属实质的数罪，应当实行数罪并罚。

4. 认定销售侵权复制品罪应当注意的其他问题

具体内容参见本书关于假冒注册商标罪中（四）7、8、9 的叙述。

（五）量刑指导或参考

依照《刑法》第二百一十八条规定，犯销售侵权复制品罪的，处五年以下有期徒刑，并处或者单处罚金。

依照《刑法》第二百二十条规定，单位犯本罪的，对单位判处罚金，并对其直接负责的主管人员和其他直接责任人员，依照第二百一十八条规定处罚。

司法机关在适用本条规定处罚时，应当注意的问题，具体内容参见本书关于假冒注册商标罪中（五）2、3、4、5 的叙述。

七、侵犯商业秘密罪，为境外窃取、刺探、收买、非法提供商业秘密罪

（一）刑法规定

第二百一十九条[①]　有下列侵犯商业秘密行为之一，情节严重的，处三年

---

① 本条经 2020 年 12 月 26 日《刑法修正案（十一）》进行修正。

1997 年《刑法》第二百一十九条规定："有下列侵犯商业秘密行为之一，给商业秘密的权利人造成重大损失的，处三年以下有期徒刑或者拘役，并处或者单处罚金；造成特别严重后果的，处三年以上七年以下有期徒刑，并处罚金：（一）以盗窃、利诱、胁迫或者其他不正当手段获取权利人的商业秘密的；（二）披露、使用或者允许他人使用以前项手段获取的权利人的商业秘密的；（三）违反约定或者违反权利人有关保守商业秘密的要求，披露、使用或者允许他人使用其所掌握的商业秘密的。明知或者应知前款所列行为，获取、使用或者披露他人的商业秘密的，以侵犯商业秘密论。本条所称商业秘密，是指不为公众所知悉，能为权利人带来经济利益，具有实用性并经权利人采取保密措施的技术信息和经营信息。本条所称权利人，是指商业秘密的所有人和经商业秘密所有人许可的商业秘密使用人。"

以下有期徒刑，并处或者单处罚金；情节特别严重的，处三年以上十年以下有期徒刑，并处罚金：

（一）以盗窃、贿赂、欺诈、胁迫、电子侵入或者其他不正当手段获取权利人的商业秘密的；

（二）披露、使用或者允许他人使用以前项手段获取的权利人的商业秘密的；

（三）违反保密义务或者违反权利人有关保守商业秘密的要求，披露、使用或者允许他人使用其所掌握的商业秘密的。

明知前款所列行为，获取、披露、使用或者允许他人使用该商业秘密的，以侵犯商业秘密论。

本条所称权利人，是指商业秘密的所有人和经商业秘密所有人许可的商业秘密使用人。

第二百一十九条之一 为境外的机构、组织、人员窃取、刺探、收买、非法提供商业秘密的，处五年以下有期徒刑，并处或者单处罚金；情节严重的，处五年以上有期徒刑，并处罚金。

（二）司法解释、司法文件及其权威解读

1. 最高人民检察院、公安部关于公安机关管辖的刑事案件立案追诉标准的规定（二）（公通字〔2010〕23号，自2010年5月7日起施行）

第七十三条 ［侵犯商业秘密案（刑法第二百一十九条）］侵犯商业秘密，涉嫌下列情形之一的，应予立案追诉：

（一）给商业秘密权利人造成损失数额在五十万元以上的；

（二）因侵犯商业秘密违法所得数额在五十万元以上的；

（三）致使商业秘密权利人破产的；

（四）其他给商业秘密权利人造成重大损失的情形。

2. 最高人民法院、最高人民检察院关于办理侵犯知识产权刑事案件具体应用法律若干问题的解释（法释〔2004〕19号，自2004年12月22日起施行）

第七条 实施刑法第二百一十九条规定的行为之一，给商业秘密的权利人造成损失数额在五十万元以上的，属于“给商业秘密的权利人造成重大损失”，应当以侵犯商业秘密罪判处三年以下有期徒刑或者拘役，并处或者单处

罚金。

给商业秘密的权利人造成损失数额在二百五十万元以上的，属于刑法第二百一十九条规定的“造成特别严重后果”，应当以侵犯商业秘密罪判处三年以上七年以下有期徒刑，并处罚金。

3. 最高人民法院、最高人民检察院关于办理侵犯知识产权刑事案件具体应用法律若干问题的解释（三）（法释〔2020〕10号，自2020年9月14日起施行）

第三条　采取非法复制、未经授权或者超越授权使用计算机信息系统等方式窃取商业秘密的，应当认定为刑法第二百一十九条第一款第一项规定的“盗窃”。

以贿赂、欺诈、电子侵入等方式获取权利人的商业秘密的，应当认定为刑法第二百一十九条第一款第一项规定的“其他不正当手段”。

第四条　实施刑法第二百一十九条规定的行为，具有下列情形之一的，应当认定为“给商业秘密的权利人造成重大损失”：

（一）给商业秘密的权利人造成损失数额或者因侵犯商业秘密违法所得数额在三十万元以上的；

（二）直接导致商业秘密的权利人因重大经营困难而破产、倒闭的；

（三）造成商业秘密的权利人其他重大损失的。

给商业秘密的权利人造成损失数额或者因侵犯商业秘密违法所得数额在二百五十万元以上的，应当认定为刑法第二百一十九条规定的“造成特别严重后果”。

第五条　实施刑法第二百一十九条规定的行为造成的损失数额或者违法所得数额，可以按照下列方式认定：

（一）以不正当手段获取权利人的商业秘密，尚未披露、使用或者允许他人使用的，损失数额可以根据该项商业秘密的合理许可使用费确定；

（二）以不正当手段获取权利人的商业秘密后，披露、使用或者允许他人使用的，损失数额可以根据权利人因被侵权造成销售利润的损失确定，但该损失数额低于商业秘密合理许可使用费的，根据合理许可使用费确定；

（三）违反约定、权利人有关保守商业秘密的要求，披露、使用或者允许他人使用其所掌握的商业秘密的，损失数额可以根据权利人因被侵权造成销售利润的损失确定；

（四）明知商业秘密是不正当手段获取或者是违反约定、权利人有关保守商业秘密的要求披露、使用、允许使用，仍获取、使用或者披露的，损失数额可以根据权利人因被侵权造成销售利润的损失确定；

（五）因侵犯商业秘密行为导致商业秘密已为公众所知悉或者灭失的，损失数额可以根据该项商业秘密的商业价值确定。商业秘密的商业价值，可以根据该项商业秘密的研究开发成本、实施该项商业秘密的收益综合确定；

（六）因披露或者允许他人使用商业秘密而获得的财物或者其他财产性利益，应当认定为违法所得。

前款第二项、第三项、第四项规定的权利人因被侵权造成销售利润的损失，可以根据权利人因被侵权造成销售量减少的总数乘以权利人每件产品的合理利润确定；销售量减少的总数无法确定的，可以根据侵权产品销售量乘以权利人每件产品的合理利润确定；权利人因被侵权造成销售量减少的总数和每件产品的合理利润均无法确定的，可以根据侵权产品销售量乘以每件侵权产品的合理利润确定。商业秘密系用于服务等其他经营活动的，损失数额可以根据权利人因被侵权而减少的合理利润确定。

商业秘密的权利人为减轻对商业运营、商业计划的损失或者重新恢复计算机信息系统安全、其他系统安全而支出的补救费用，应当计入给商业秘密的权利人造成的损失。

第六条 在刑事诉讼程序中，当事人、辩护人、诉讼代理人或者案外人书面申请对有关商业秘密或者其他需要保密的商业信息的证据、材料采取保密措施的，应当根据案件情况采取组织诉讼参与人签署保密承诺书等必要的保密措施。

违反前款有关保密措施的要求或者法律法规规定的保密义务的，依法承担相应责任。擅自披露、使用或者允许他人使用在刑事诉讼程序中接触、获取的商业秘密，符合刑法第二百一十九条规定的，依法追究刑事责任。

第九条 具有下列情形之一的，可以酌情从轻处罚：

（一）认罪认罚的；

（二）取得权利人谅解的；

（三）具有悔罪表现的；

（四）以不正当手段获取权利人的商业秘密后尚未披露、使用或者允许他人使用的。

权威解读

解读《最高人民法院、最高人民检察院关于办理侵犯知识产权刑事案件具体应用法律若干问题的解释（三）》（全文在本书假冒注册商标罪中列出，此处只摘录与本法条特别相关部分）

（三）侵犯商业秘密罪“其他不正当手段”的认定

实践中，行为人为非法获取商业秘密，多采用偷拍偷录、复印记录或者未经授权、超越授权进入计算机信息系统拷贝、下载等方式秘密窃取，《解释》第三条第一款将该类行为明确规定为《刑法》第二百一十九条第一款第（一）项的“盗窃”，突出打击重点。另外，《解释》第三条第二款采纳了反不正当竞争法第九条的内容，明确规定“贿赂、欺诈、电子侵入”属于“其他不正当手段”。适用本条应当注意：一是《刑法》第二百一十九条第一款第（一）项规定的“以盗窃、利诱、胁迫或者其他不正当手段获取权利人的商业秘密的”，规制的是不正当获取行为本身，故其他不正当手段的性质应当与盗窃、利诱、胁迫相当，行为本身即是不法行为。二是认定“以不正当手段获取商业秘密”的前提是，行为人此前并不掌握、知悉或者持有该项商业秘密，以区别于《刑法》第二百一十九条第一款第（三）项规定的违约侵犯商业秘密的行为。行为人合法正当获取商业秘密后违反保密义务侵犯商业秘密，属于《刑法》第二百一十九条第一款第（三）项规定的行为，而不属于该条款第（一）项规定的情形。例如，商业秘密权利人的员工参与了商业秘密研发或者因日常工作使用而知悉该项商业秘密，获取行为是合法正当的，其违反保密协议擅自复制商业秘密的行为，不属于《刑法》第二百一十九条第一款第（一）项规定的“不正当手段”的情形。再如，商业秘密权利人的合同相对方依据合同或者在签订合同过程中知悉了权利人的商业秘密，后违反有关保守商业秘密的要求而披露、使用或者允许他人使用商业秘密的，也不应当认定为“以不正当手段获取权利人的商业秘密”。

（四）侵犯商业秘密罪“给商业秘密权利人造成重大损失”的认定

从当前实践看，办理侵犯商业秘密罪案件的突出问题是：因商业秘密是通过权利人自己保护的方式而存在的权利，不具有排他独占权，其本身界限相对模糊且具有无形性，技术专业性强，侵权行为给商业秘密权利人造成的损失数额难以准确认定，因此刑事立案难、定罪量刑标准不统一。征求意见期间，多方建议降低入罪标准，加大对商业秘密权利人的司法保护力度。《解释》充分听取了各方意见，根据司法实践需要，一是降低了入罪标准，将入罪数额从《2004年解释》规定的“五十万元以上”调整至“三十万元以上”。二是扩充入罪情形，将因侵犯商业秘密违法所得数额、因侵犯商业秘密导致权利人破产、倒闭等情形纳入重大损失认定范围。适用本条款应当注意：一是给权利人造成的损失数额和违法所得数额应当根据《解释》第五条的规定具体认定，给权利人造成重大损失和违法所得是并列的两种入罪标准，相关数额不能累加计算；二是权利人因重大经营困难而破产、倒闭的后果与侵犯商业秘密行为之间必须具有直接的因果关系。

（五）侵犯商业秘密罪损失数额和违法所得数额的具体认定标准

司法实践中，对侵犯商业秘密行为给权利人造成重大损失的认定标准存在不同认识，《解释》根据实践情况，本着罪责刑相一致原则进一步予以明确，区分不同行为的社会危害程度，规定不同的认定标准。

1. 通过不正当手段获取商业秘密但尚未披露、使用或者允许他人使用的情形。起草过程中主要有2种意见：一种意见认为，刑法将不正当手段获取商业秘密的行为明确规定为一种实行行为，意味着只要是非法获取了权利人的商业秘密，就可认定给权利人造成了损失。另一种意见认为，以不正当手段获取商业秘密后，因未将商业秘密用于经营活动，不宜认定给权利人造成实际损失。我们认为，鉴于以盗窃等不正当手段获取商业秘密的行为往往更加隐蔽、卑劣，权利人难以通过正常途径予以防范，社会危害性高于违反保密约定或者保密要求滥用商业秘密的行为，应当予以重点打击和防范。行为人通过不正当手段获取权利人的商业秘密，实际上节省了正常情况下获取商业秘密本应支付的许可使用费，该许可使用费正是权利人应当收取而未能收取的，应当属于遭受的损失。

因此，此情形下按照该项商业秘密的合理许可使用费确定权利人的损失是合理的。适用本项时应当注意：一是以合理许可使用费作为认定损失的标准，应当限于以不正当手段获取商业秘密的情形，对于违约等其他侵犯商业秘密的行为，仍应当以商业秘密使用造成权利人销售利润的损失作为认定标准。二是合理许可使用费应当综合考虑涉案商业秘密权利人或者其他商业秘密权利人许可使用相同或者类似商业秘密收取的费用、不正当手段获取商业秘密后持有的时间等因素认定。实践中，将涉案商业秘密许可使用费的鉴定评估意见作为认定证据时，应当根据刑事诉讼法的有关规定对鉴定评估意见进行认真审查。

2. 以不正当手段获取权利人的商业秘密后，披露、使用或者允许他人使用的情形。原则上损失数额应当按照商业秘密用于经营造成权利人销售利润的减少这一损失计算，如同时存在前项规定的商业秘密合理许可使用费的，应当就高计算，不应当叠加认定或者任选其一认定。

3. 违约型侵犯商业秘密的情形。鉴于该情形下行为人对商业秘密的占有是合法正当的，较盗窃等不正当手段获取商业秘密行为而言社会危害性相对较小，在入罪门槛上应当有所区别。造成的损失按照行为人使用商业秘密造成权利人销售利润的损失计算，而不应当以商业秘密的合理许可使用费或者商业秘密的商业价值作为认定损失的依据。

4. “以侵犯商业秘密论”的情形。鉴于此种明知商业秘密来源不合法仍获取、使用、披露的“第二手”侵权行为，较直接不正当手段获取商业秘密及直接违约侵犯商业秘密行为而言，社会危害性相对小，造成的损失亦应当按照行为人使用商业秘密造成权利人销售利润的损失计算。

5. 侵权行为造成商业秘密丧失非公知性或者灭失的情形。该两种情形导致权利人的竞争优势丧失，可以将商业秘密的商业价值作为认定给权利人造成损失的依据。对于商业秘密的商业价值，可以根据该项商业秘密的研究开发成本、实施该项商业秘密的收益综合确定。需要注意的是，以商业秘密的商业价值作为认定损失的依据，只适用于商业秘密已为公众所知悉或者灭失的情形，而不应当扩大适用于其他侵犯商业秘密的情形。

《解释》第五条第一款第（六）项规定了违法所得的认定。实践中，行为人以不正当手段获取商业秘密后或者违反约定将商业秘密转让给第三人使用，第三人往往支付钱款等财物，《解释》规定可将该财物作为违法所得予以认定。《解释》将财产性利益纳入违法所得的范畴，旨在囊括实践中行为人将侵犯的商业秘密作价入股、技术出资的情形。需要注意的是，在员工跳槽违约侵犯商业秘密的情形下，新公司往往给予员工年薪、安家费等薪酬。如果员工酬薪的取得除了提供相关商业秘密外，还主要与其自身具备的技能、经验等有关，此种情况下，一般不宜将年薪、安家费等薪酬直接认定为违法所得。

侵犯商业秘密行为造成权利人销售利润的损失如何计算？《解释》第五条第二款进行了明确规定，采取递进方式认定。起草过程中，有意见认为，认定方式可以不分先后，根据案件情况具体适用。我们认为，递进方式能够更好地符合“给权利人造成重大损失”的立法本意。实践中，侵权人为获利往往低价销售侵权产品，如果直接以侵权产品销售量乘以每件侵权产品的合理利润计算权利人损失，会导致少计算相关损失，而以权利人减少的销售量乘以权利人每件产品的合理利润计算损失，能够更直接地体现侵权行为的社会危害性。有的案件中，因生产涉案产品的经营者除了商业秘密的权利人和行为人外，还有其他相关经营者，从市场竞争的不确定因素考虑，权利人被侵权后销售量的减少并不一定完全是行为人造成的结果，在这种情况下以侵权人侵权产品的销售量乘以权利人每件产品的合理利润确定损失，也是合理的。司法实践中，针对将商业秘密用于服务等非产品生产经营活动的，《解释》规定损失数额可以根据权利人因被侵权而减少的合理利润确定。

为进一步加大对商业秘密权利人利益的保护，维护良好的市场竞争秩序，《解释》第五条第三款规定，商业秘密的权利人为减轻对商业运营、商业计划的损失或者重新恢复计算机信息系统安全、其他系统安全而支出的补救费用，应当计入给商业秘密的权利人造成的损失。适用本款时应当注意，权利人支出的补救费用应当与侵犯商业秘密行为之间具有直接的因果关系，对于权利人怠于采取补救措施或者故意扩大损失而产生的费用，不应当计入给商业秘密权利人造成的损失。

总的来说，对给权利人造成重大损失的认定，应当以商业秘密实际使用造成权利人销售利润的损失为一般标准，以商业秘密的合理许可使用费、商业秘密的商业价值为特殊标准，且只适用于《解释》明文规定的情形。

（六）刑事诉讼程序中对商业秘密的保护

为确保商业秘密在刑事诉讼程序中得到有效保护，《解释》第六条明确规定了刑事诉讼程序中采取保密措施的程序和违反保密措施或者保密义务的法律责任。根据《解释》第六条第一款的规定，刑事诉讼程序中，申请采取保密措施的主体包括当事人、辩护人、诉讼代理人以及案外人，申请保护的对象为商业秘密或者其他需要保密的商业信息的证据材料，采取保密措施的主体包括侦查机关、公诉机关和审判机关。需要注意的是，《关于强化知识产权保护的意见》明确提出“探索加强对商业秘密、保密商务信息及其源代码等的有效保护”，因此，为充分保障相关权利人的利益，《解释》第六条第一款规定，相关人员还可以申请对其他需要保密的商业信息采取保密措施。另外，刑事诉讼程序中采取保密措施的同时，应当依法保障犯罪嫌疑人（被告人）诉讼权利的行使。

《解释》第六条第一款规定了违反保密措施要求或者法定保密义务应当承担的责任，该条款规定的责任包括相应的民事责任、行政责任和刑事责任。只有擅自披露、使用或者允许他人使用在刑事诉讼程序中接触、获取的商业秘密，符合《刑法》第二百一十九条规定的，才依法追究刑事责任。

（八）从重处罚和从轻处罚的适用

为贯彻落实宽严相济刑事政策，《解释》第八条、第九条分别规定了酌情从重处罚和从轻处罚的具体情形。《解释》第八条规定了可以酌情从重处罚且一般不适用缓刑的4种情形，重点打击社会危害性和人身危险性较大的以侵犯知识产权为业和因侵犯知识产权被处罚后再次犯罪的情形、在特殊时期假冒特殊商品注册商标的行为以及没有悔罪表现的拒不交出违法所得的情形，充分发挥刑罚威慑和预防犯罪的功能。《解释》第九条规定了酌情从轻处罚的4种情形。对认罪认罚、取得权利人谅解及具有悔罪表现的情形从轻处罚，有利于修复社会关系，化解社会矛盾。对以不正当手段获取权利人的商业秘密后尚未披露、使用或者允许他人使用的情形规定从轻处罚，一是从客观上看，该项商业秘密的知悉范围仍然较小且可控，没有用于生产经营则对权利人的竞争优势和市场竞争秩序的损害相对较小；二是明确规定从轻处罚一定程度上可以促使行为人主动停止下一步的侵权行为，防止权利人损失进一步扩大。

（撰稿人：郑新俭，李薇薇）

（三）典型或常见问题的审理思路

1. 商业秘密是否区分公知技术与非公知技术？计算侵犯商业秘密造成重大损失的原则？①

对商业秘密区分公知技术与非公知技术是针对特定情形或者特定案件而言的，不具有普遍性。涂料配方，应作为一个整体认定为商业秘密加以法律保护，不应区分公知技术和非公知技术。

计算侵犯商业秘密造成的重大损失可遵循以下原则：（1）对于能够计算

---

① 观点来源：《刑事审判参考》第609号指导案例，杨某杰、周某平侵犯商业秘密案。

权利人损失的，以权利人的实际损失数额作为被告人应当赔偿的损失数额；（2）权利人的损失数额难以计算的，以侵权人在侵权期间因侵犯商业秘密所获得的实际利润计算权利人的损失数额。

2. 追讨损失时可追加犯罪人所在公司及特殊情况下如何确定赔偿额？①

行为人窃取他人技术秘密供自己所在的公司使用，从而给技术秘密权利人造成特别严重后果的，在追究行为人侵犯商业秘密罪的刑事责任时，可以根据附带民事诉讼原告人的请求，将行为人所在公司一并追究侵权的民事赔偿责任。

权利人因技术秘密被窃取而遭受的物质损失，包括已经遭受的实际损失和必然遭受的市场份额被削减、竞争力减弱等损失。侵权人利用窃取的技术秘密履行与他人签订的技术合同，从而获得巨额利润的，应当将侵权人在侵权期间因侵权所获得的利润额确定为给技术秘密权利人的赔偿额。只能认定侵权人签订的合同总金额，无法确定侵权人在侵权期间所获得利润的，可以按照该行业平均利润计算侵权人所获得的利润。

3. 非法披露计算机软件源代码的行为是否属于侵犯商业秘密？②

1997 年刑法曾规定商业秘密是指“不为公众所知悉，能为权利人带来经济利益，具有实用性并经权利人采取保密措施的技术信息和经营信息”。依照《国家工商行政管理局关于禁止侵犯商业秘密行为的若干规定》第二条第五款的规定，这里的“技术信息和经营信息”，应当包括设计、程序、产品配方、制作工艺、制作方法、管理诀窍、客户名单、货源情报、产销策略、招投标中的标底及标书内容等信息。2001 年《计算机软件保护条例》第二条规定，计算机软件包括计算机程序及其有关文档。源代码是用源语言编制的计算机程序，是计算机软件的核心内容和软件设计方案的具体表现。源代码一旦被公开，软件的核心技术即泄露，从而失去应有的商业价值。因此，源代码作为一种技术信息，当属商业秘密范畴。但具体到个案，还应当取决于其是否属于《刑法》第二百一十九条第三款规定的“不为公众所知悉，能为权利人带来经济利益，具有实用性并经权利人采取保密措施”的技术信息。

被告人违反合同约定义务，向他人提供权利人软件源代码，属于侵犯商

---

① 观点来源：《人民法院公报》2006 年第 12 期，西安市人民检察院诉裴某良侵犯商业秘密案。

② 案例来源：《刑事审判参考》第 233 号指导案例，项某、孙某斌侵犯商业秘密案。

业秘密的行为；他人明知被告人为其提供的软件源代码的行为违反有关保守商业秘密的要求，仍然将从被告人处得到的软件源代码安装并使用，应当以侵犯商业秘密论。以侵权人已经销售出的涉案软件的销售价格来认定被告人的侵权行为给商业秘密权利人所造成的损失数额，是一种合理、合法的计算办法。

4. 对于侵犯商业秘密的案件如何计算权利人损失?①

对于侵犯技术信息的商业秘密刑事案件，行为人已将权利人商业秘密用于生产侵权产品的，在计算权利人损失数额时，可以参照商业秘密、专利民事司法解释中规定的损害赔偿额的计算方法进行。侵犯商业秘密的产品系另一产品的零部件的，应当根据该侵犯商业秘密的产品本身的价值及其在实现整个成品利润中的作用等因素合理确定权利人的损失数额。

5. 如何理解和把握侵犯商业秘密刑事案件中“重大损失”的计算依据?②

在侵犯商业秘密犯罪案件中，重大损失的计算主要存在四种方式，即权利人的实际损失、侵权人的获利、商业秘密许可费的倍数以及商业秘密的商业价值。之所以不能将人民法院酌定赔偿方式作为商业秘密刑事案件重大损失的计算方法，主要是因为刑事诉讼与民事诉讼证据标准不同。刑事诉讼实行确实、充分的证据标准，而民事诉讼实行高度盖然性的证据标准，在商业秘密刑事案件中，重大损失是决定被告人行为罪与非罪的重要依据，数额必须有确实、充分的证据予以证明。

（四）疑难、复杂问题的参考性解答

1. 正确认识侵犯商业秘密罪的构成要件

本罪的犯罪主体为一般主体，自然人和单位均可构成本罪的主体。

本罪侵犯的客体是国家对商业秘密权利人的无形资产专有权和社会主义市场的管理秩序。犯罪对象是权利人的商业秘密。1997 年《刑法》将“商业秘密”界定成“不为公众所知悉，能为权利人带来经济利益，具有实用性并经权利人采取保密措施的技术信息和经营信息”，但是《刑法修正案（十一)》删掉了该条款，这种改变会让“商业秘密”的认定有更灵活的解释空

---

① 观点来源：《公安部经济犯罪侦查局关于侵犯商业秘密案件如何计算权利人损失问题的批复》(公经知产〔2013〕299 号，自 2013 年 9 月 11 日起施行)。

② 案例来源：《刑事审判参考》第 1005 号指导案例，伊某克斯公司、郭某周等侵犯商业秘密案。

间，但也可能带来“商业秘密”刑事保护泛化，司法人员要从严掌握该条款。

本罪主观方面由故意构成，包括直接故意和间接故意。过失不构成本罪。侵犯商业秘密的动机可能是各种各样的，一般是为了牟取非法利益；有的是为了挤垮对手；有的是为了报复竞争对手；等等。但动机不影响本罪的成立。

本罪客观方面表现为有三种侵犯商业秘密行为之一，情节严重的行为。《刑法修正案（十一）》将法条中造成“重大损失”改为“情节严重”，对入罪标准有所降低，加大了对侵犯商业秘密罪的打击力度。

侵犯商业秘密行为具体表现为以下三种行为：（1）以盗窃、贿赂、欺诈、胁迫、电子侵入或者其他不正当手段获取权利人的商业秘密的；欺诈、电子侵入是《刑法修正案（十一）》所新增。（2）披露、使用或者允许他人使用以前项手段获取的权利人的商业秘密的；“披露”，指以各种不同方式将商业秘密告知第三者或者公之于世；“使用或者允许他人使用”，指利用非法获取的商业秘密谋取利益；或者允许他人利用商业秘密谋取利益。（3）违反保密义务或者违反权利人有关保守商业秘密的要求，披露、使用或者允许他人使用其所掌握的商业秘密的。法律只要求行为人具有其中一种行为就构成本罪；具有两种或者两种以上行为仍为一罪，不实行并罚，但量刑时可作为情节予以考虑。

依据法律规定，侵犯商业秘密的行为，除需具备以上构成要件外，还必须是情节严重，才能构成犯罪。何谓情节严重，尚无明确的司法解释出台，可适当借鉴《知识产权解释（三）》规定的造成损失的数额及计算方法，但数额已并非入罪的必需要件。

如果情节不严重，则属《反不正当竞争法》第十条规定的违法行为（即侵权行为），应当依照该法第二十五条的规定，由监督检查部门责令侵权人停止违法行为，可以根据情节处以一万元以上二十万元以下的罚款。

2. 注意刑事诉讼程序中对商业秘密的保护

《知识产权解释（三）》明确规定了刑事诉讼程序中采取保密措施的程序和违反保密措施或者保密义务的法律责任。刑事诉讼程序中，申请采取保密措施的主体包括当事人、辩护人、诉讼代理人以及案外人，申请保护的对象为商业秘密或者其他需要保密的商业信息的证据材料，采取保密措施的主体包括侦查机关、公诉机关和审判机关。另外，刑事诉讼程序中采取保密措施的同时，应当依法保障犯罪嫌疑人（被告人）诉讼权利的行使。违反保密措施要求或者法定保密义务应当承担的责任，这个责任包括相应的民事责任、行政责任和刑事责任。只有擅自披露、使用或者允许他人使用在刑事诉讼程序中接触、获取的商业秘密，符合《刑法》第二百一十九条规定的，才依法追究刑事责任。

3. 注意本罪与侵犯国家秘密犯罪的区别

《刑法》规定了三种侵犯国家秘密的犯罪，即《刑法》第一百一十一条的为境外窃取、刺探、收买、非法提供国家秘密、情报罪，第二百八十二条第一款的非法获取国家秘密罪和第三百九十八条第一款的故意泄露国家秘密罪（不包括第二款的过失泄露国家秘密罪）。

本罪与上述三种侵犯国家秘密的犯罪的区别，主要在于犯罪对象不同：前者侵犯的是他人的即商业秘密的权利人的商业秘密，后者侵犯的则是国家秘密。2010年4月29日第十一届全国人大常委会第十四次会议修订的《保守国家秘密法》第二条规定，"国家秘密是关系国家安全和利益，依照法定程序确定，在一定时间内只限一定范围的人员知悉的事项"。国家秘密的范围，根据该法第九条的规定，列举了9项事项，包括国家事务的重大决策中的秘密事项；国防建设和武装力量活动中的秘密事项；外交和外事活动中的秘密事项以及对外承担保密义务的秘密事项；国民经济和社会发展中的秘密事项；维护国家安全活动和追查刑事犯罪中的秘密事项等。其中第五项是"科学技术中的秘密事项"，也属于国家秘密的范围，如果侵犯这种技术成果，"就可能同时触犯侵犯商业秘密罪和侵犯国家秘密的有关犯罪"。"这种情况属于法规竞合，按照特别法优于普通法的原则处理"，即按侵犯国家秘密的有关犯罪处理。①

4. 掌握侵犯商业秘密罪的适用范围

根据《刑法》第二百一十九条第二款的规定，第三人虽然没有直接实施上述侵犯商业秘密的行为，也不属于非法获取商业秘密的直接责任人员，但是如果他明知或者应当知道他人实施上述侵犯商业秘密的行为，仍然从他人处获取、披露、使用或者允许他人使用该商业秘密的，应当以侵犯商业秘密罪论处。

---

① 王作富主编：《刑法分则实务研究》（第4版）（中），中国方正出版社2010年版，第721－722页。

5. 慎重处理侵犯商业秘密犯罪的案件

由于司法实践中受理这类案件较少，经验不多；商业秘密的界定比较困难；给商业秘密权利人造成重大损失的计算范围和计算方法虽有一定的原则，但也会有特殊情况发生。在某些特殊情况下，权利人的损失数额和侵权人所获得的实际利润均难以查实，这就需要根据案件的具体情况，结合法律及司法解释的规定精神作出合理的认定，应充分考虑以下因素：首先是取得商业秘密的成本，如开发、研制商业秘密的成本，保护商业秘密的合理支出费用等；其次是侵权人使用商业秘密之前的获利状况与使用之后的获利大小；最后还应考虑商业秘密新颖性程度、商业秘密的生命周期及其所处阶段、市场竞争状况和市场前景等因素，以确定合理预期的未来收益。

6. 认定侵犯商业秘密罪应当注意的其他问题

具体内容参见本书关于假冒注册商标罪中（四）7、8、9 的叙述。

（五）量刑指导或参考

依照《刑法》第二百一十九条规定，犯侵犯商业秘密罪的，处三年以下有期徒刑，并处或者单处罚金；情节特别严重的，处三年以上十年以下有期徒刑，并处罚金：

依照《刑法》第二百一十九条之一规定，为境外的机构、组织、人员窃取、刺探、收买、非法提供商业秘密的，处五年以下有期徒刑，并处或者单处罚金；情节严重的，处五年以上有期徒刑，并处罚金。这条是《刑法修正案（十一）》增设的规定，表明国家严厉打击为境外的机构、组织、人员窃取、刺探、收买、非法提供商业秘密的行为，体现刑事立法对知识产权保护的力度。

依照《刑法》第二百二十条规定，单位犯本罪的，对单位判处罚金，并对其直接负责的主管人员和其他直接责任人员，依照第二百一十九条、第二百一十九条之一规定处罚。

对本罪犯罪人进行处罚时应当注意的其他问题，具体内容参见本书关于假冒注册商标罪中（五）2、3、4、5 的叙述。

第八节　扰乱市场秩序罪

一、损害商业信誉、商品声誉罪

（一）刑法规定

第二百二十一条　捏造并散布虚伪事实，损害他人的商业信誉、商品声誉，给他人造成重大损失或者有其他严重情节的，处二年以下有期徒刑或者拘役，并处或者单处罚金。

（二）司法解释、司法文件及其权威解读

1. 最高人民检察院　公安部关于公安机关管辖的刑事案件立案追诉标准的规定（二）（自2015年5月15日起施行）

第六十六条　［损害商业信誉、商品声誉案（刑法第二百二十一条）］捏造并散布虚伪事实，损害他人的商业信誉、商品声誉，涉嫌下列情形之一的，应予立案追诉：

（一）给他人造成直接经济损失数额在五十万元以上的；

（二）虽未达到上述数额标准，但造成公司、企业等单位停业、停产六个月以上，或者破产的；

（三）其他给他人造成重大损失或者有其他严重情节的情形。

2. 最高人民法院、最高人民检察院关于办理利用信息网络实施诽谤等刑事案件适用法律若干问题的解释（法释〔2013〕21号，自2013年9月10日起施行）

第九条　利用信息网络实施诽谤、寻衅滋事、敲诈勒索、非法经营犯罪，同时又构成刑法第二百二十一条规定的损害商业信誉、商品声誉罪，第二百七十八条规定的煽动暴力抗拒法律实施罪，第二百九十一条之一规定的编造、故意传播虚假恐怖信息罪等犯罪的，依照处罚较重的规定定罪处罚。

权威解读

解读《最高人民法院、最高人民检察院关于办理利用信息网络实施诽谤

等刑事案件适用法律若干问题的解释》

一、《解释》的制定背景

随着信息技术的快速发展，以互联网为主体包括通信网、广播电视传输覆盖网在内的信息网络日益普及，并呈现出“三网合一”的趋势。截至2013年6月，我国网民已达5.91亿，其中手机网民已达4.64亿。信息网络的普及，不仅促进了经济社会快速、平稳发展，也方便了人们的工作、学习和生活，还推动了人民群众依法积极行使表达权和监督权。与此同时，一些不法分子将信息网络作为一种新的犯罪平台，恣意实施诽谤、寻衅滋事、敲诈勒索、非法经营等违法犯罪活动。有人在信息网络上捏造事实恶意诽谤他人，损害他人名誉；有人利用社会敏感热点问题，炮制谣言，误导民众，造成公共秩序混乱，甚至引发群体性事件；有人以在信息网络上发布、删除负面信息相要挟，索取被害人或者被害单位财物，聚敛钱财；还有一些专门从事造谣、炒作、删帖等活动的“网络公关公司”及“网络推手”，违反国家规定，以营利为目的，有偿提供删帖、发帖等服务，牟取巨额非法利益。上述违法犯罪活动侵犯了公民的名誉权、财产权等合法权益，破坏了社会公共秩序和市场管理秩序。广大人民群众深受其害，社会各界对此反映强烈，要求依法惩治利用信息网络实施的各类违法犯罪活动。

近年来，国家为加强信息网络管理，规范信息网络秩序，相继出台了一系列法律法规，如全国人大常委会《关于维护互联网安全的决定》、国务院《互联网信息服务管理办法》等，对促进信息网络健康发展起到了积极作用。但利用信息网络实施的诽谤、寻衅滋事、敲诈勒索、非法经营等犯罪，是伴随着信息网络的飞速发展而出现的新情况、新问题。虽然《刑法》对采用传统手段实施的上述犯罪早已作出了规定，但对于利用信息网络实施的上述犯罪，尚缺乏有针对性的、明确的、具体的规定，因此在司法实践中存在法律适用不够明确的问题。

为确保法律适用统一，依法惩治、有效防范利用信息网络实施的诽谤等犯罪，最高人民法院会同最高人民检察院对当前群众反映比较强烈的利用信息网络实施的诽谤、寻衅滋事、敲诈勒索、非法经营犯罪的法律适用问题进行了深入调研，广泛征求立法机关、行政机关和专家学者等社会各方面的意见起草了《解释》。2013年9月5日最高人民法院审判委员会第1589次会议、2013年9月2日最高人民检察院第十二届检察委员会第9次会议分别审议通过了《解释》。

二、《解释》起草过程中的主要考虑

为确保《解释》符合刑法规定精神，体现信息网络特点，适应司法实践需要，在起草《解释》过程中，应注重把握以下几项原则：

第一，立足保护公民合法权益，维护社会秩序。利用信息网络实施的诽谤、寻衅滋事、敲诈勒索、非法经营等犯罪，有的侵害了公民的名誉权、财产权，有的扰乱了公共秩序和市场管理秩序。网络造谣、传谣活动也妨碍了网民从信息网络上获取真实信息。《解释》通过依法惩治利用信息网络实施的诽谤、敲诈勒索等犯罪，为受害者伸张正义，恢复名誉，保护公民财产权利不受侵犯。同时，网络秩序是现实社会公共秩序的延伸，以法治思维和法治方式规制网络行为，是维护健康、有序的网络秩序的现实需要。《解释》顺应了新时期广大人民群众对依法惩治信息网络犯罪、规范信息网络秩序的普遍期待和迫切要求，严密了刑事法网。依法打击此类犯罪行为，有助于维护社会公共秩序，为广大人民群众创造良好的社会环境。

第二，坚持罪刑法定原则，依法科学解释。利用信息网络实施的诽谤等犯罪，只是诽谤罪等传统犯罪在信息时代的新型表现形式，有现实的社会危害性。《解释》严格依照刑法规定的诽谤罪、寻衅滋事罪、敲诈勒索罪、非法经营罪的犯罪构成要件，针对网络犯罪的行为特征和实际危害，明确了定罪量刑的具体标准。同时，《解释》对相关犯罪情节严重的认定标准、共同犯罪的认定标准等也作出明确规定，为依法惩治上述犯罪提供了明确的司法解释依据，有助于统一司法标准，规范司法行为，确保严格依法办案。

第三，明确法律界限，保障公民依法行使表达权和监督权。广大网民通过网络表达意见、关注社会问题、进行舆论监督，是公民行使言论自由权利、参与国家政治生活的重要方式。公民依法在信息网络上发表言论，始终受到我国法律的保护。国家通过网络上的各种信息和评论，能够了解社会情况和群众对公共事务的意见和建议。但网民在行使表达权的同时，不能触及法律底线。任何一个国家的法律都不会允许有诽谤他人的“言论自由”。出台《解释》不是为了“管制”网络言论。《解释》厘清了在信息网络上发表言论的法律边界，也严格区分了恶意造谣、恶意传谣行为与不明真相发帖、转帖行为之间的界限，有助于确保公众依法、充分行使宪法赋予的表达权和监督权，最大限度地保护公众的言论自由。

第四，注重教育引导，推动信息网络健康发展。《解释》同时还具有教育、引导作用，有助于促使广大网民自觉规范上网言行，营造健康、积极的网络环境，实现良好的社会效果。同时，《解释》立足当前实际，依法打击公众反映强烈的利用信息网络实施的相关犯罪，有助于促进相关部门加强对信息网络的日常管理，完善网络违法犯罪防范机制，推动信息网络健康、有序发展。

三、《解释》的主要内容

《解释》共十个条文，主要包括以下六个方面的内容：1. 利用信息网络实施诽谤犯罪的行为方式、入罪标准、适用公诉程序的条件；2. 利用信息网络实施寻衅滋事犯罪的行为方式及具体认定；3. 利用信息网络实施敲诈勒索犯罪的行为方式及具体认定；4. 利用信息网络实施非法经营犯罪的行为方式及数额标准；5. 所涉共同犯罪和犯罪竞合的处理；6. 对信息网络的含义进行了明确界定，包括以计算机、电视机、固定电话机、移动电话机等电子设备为终端的计算机互联网、广播电视网、固定通信网、移动通信网等信息网络，以及向公众开放的局域网络。

（一）利用信息网络实施诽谤犯罪的认定

《解释》第一条至第四条分别规定了利用信息网络实施诽谤犯罪“捏造事实诽谤他人”的行为方式，“情节严重”的入罪标准，“严重危害社会秩序和国家利益”时适用公诉程序的条件，以及诽谤信息数量的累计计算等问题。

1.“捏造事实诽谤他人”的认定

《解释》第一条对《刑法》第二百四十六条中的“捏造事实诽谤他人”作出了具体规定，主要包括三种行为方式：

一是“捏造并散布”。即《解释》第一条第一款第（一）项规定的“捏造损害他人名誉的事实，在信息网络上散布，或者组织、指使人员在信息网络上散布的”，是最为典型的网络诽谤行为方式，具体是指行为人捏造损害他人名誉的事实后，由本人在信息网络上散布，或者行为人捏造损害他人名誉的事实后，组织、指使人员在信息网络上散布。后者也包括行为人捏造损害他人名誉的事实后，支付报酬雇用人员在信息网络上散布。

二是“篡改并散布”。即《解释》第一条第一款第（二）项规定的“将信息网络上涉及他人的原始信息内容篡改为损害他人名誉的事实，在信息网络上散布，或者组织、指使人员在信息网络上散布的”。该项规定主要针对

“歪曲捏造”的情形。“篡改”是指用作伪的手段改动或曲解，也就是实质性修改，即故意改变事实。如网络上出现一个原始帖子，称某被害人在某酒店与异性友人共进晚餐。原帖内容可能是真实的，或者即使失真，也达不到损害名誉的程度。行为人为达到诽谤他人的目的，借题发挥，恶意地将原帖内容歪曲修改为某被害人与其情妇在某酒店开房过夜。这就是典型的篡改，且篡改后的内容已经损害了他人的名誉。实践中除歪曲捏造外，还存在故意放大、渲染等情形。对此除非达到实质性修改的程度，否则一般不能认定为篡改。

三是“明知是捏造而散布”。即《解释》第一条第二款规定的“明知是捏造的损害他人名誉的事实，在信息网络上散布，情节恶劣的，以‘捏造事实诽谤他人’论”。本条前款两项规定是针对造谣者，本款规定针对恶意传谣者。需要强调的是，如果行为人不明知是他人捏造的虚假事实而在信息网络上发布、转发的，即使对被害人的名誉造成了一定的损害，按照主客观相一致的原则，也不构成诽谤罪。实践中要严格区分构成犯罪的恶意诽谤行为和普通网民在不明真相情况下进行的发帖、转帖行为。适用本款规定应注意把握以下问题：

关于“明知”的认定。“明知”在《刑法》上包括两种情形：一是“知道”，即有证据证明行为人知道特定的事实，例如行为人及其“上家”均承认，行为人明确知道在信息网络上散布的信息系“上家”捏造的损害他人名誉的事实。二是“应当知道”，即行为人虽否认自己知道在信息网络上散布的信息系捏造的损害他人名誉的事实，但基于相关证据，能够推定行为人知道该情况，且行为人对此不能作出合理解释。实践中，认定行为人“应当知道”要依法有据，不能主观指证，必须依据相关证据材料综合判断。在认定“应当知道”时应当特别慎重，要将恶意传谣者与不明真相的无恶意传谣者区别开来。实践中如果把握不准或有争议的，应当本着“就低不就高”“有利行为人”的原则，不认定为“应当知道”。

关于“情节恶劣”的认定。本款不仅要求行为人明知是捏造的损害他人名誉的事实，而且要求达到情节恶劣的程度，才能以捏造事实诽谤他人论。主要考虑是，对于恶意传谣者与造谣者也要区别对待。恶意传谣者不是捏造事实诽谤他人的源头，判定其行为性质，也应当注意考察具体情节的恶劣程度。需要说明的是，“情节恶劣”不同于诽谤罪入罪标准的“情节严重”，它指的是恶意传谣者明知是捏造的事实而在信息网络上传播行为的恶劣程度，如行为人的动机卑劣、散布的诽谤信息内容恶毒，或者行为人长期诽谤他人等。

2. “情节严重”的认定

根据《刑法》第二百四十六条第一款的规定，行为人捏造事实诽谤他人，必须达到情节严重的程度，依法才构成诽谤罪。《解释》第二条采取列举的方式，明确了认定网络诽谤犯罪情节严重的具体标准，规定了较为严格的入罪门槛。

一是数量标准。《解释》第二条第（一）项规定，“同一诽谤信息实际被点击、浏览次数达到五千次以上，或者被转发次数达到五百次以上的”，应当认定为诽谤行为情节严重。如果一个捏造的损害他人名誉的信息被众多人所点击、浏览而知晓，足以说明被害人的名誉已经受到损害，具有现实的社会危害性。《解释》将被点击、浏览次数确定为五千次，是实证调研的结果，也参考了有关司法解释的先例。将被转发次数确定为五百次，与被点击、浏览次数保持一比十的关系，是根据网络传播规律，听取了专业部门意见，进行了技术论证，严格审慎确定的。

需要注意的是，《解释》规定的上述数量标准，是指同一诽谤信息实际被点击、浏览或者被转发次数。这就意味着，在计算具体数量时，应当扣除被害人自己点击、浏览或者转发的次数，也应当扣除网站管理人员为维护网站而点击等的次数。此外，还应扣除其他故意虚增而点击等，导致统计失真的次数。

二是危害后果标准。《解释》第二条第（二）项规定，“造成被害人或者其近亲属精神失常、自残、自杀等严重后果的”，应当认定为诽谤行为情节严重。如果网络诽谤行为在现实生活中已经造成上述后果，显然具有现实的社会危害性，构成了犯罪。此种情形就不问诽谤信息实际被点击、浏览或者被转发次数，而应当认定为情节严重。

三是主观恶性标准。《解释》第二条第（三）项规定，“二年内曾因诽谤受过行政处罚，又诽谤他人的”，应当认定为诽谤行为“情节严重”。体现了刑法对行为人主观恶性、人身危险性的重视和评价。对于这种屡教不改，反复恶意诽谤他人的行为人，不论诽谤信息被点击、浏览、转发的次数，也不论是否造成被害人或者其近亲属精神失常、自残、自杀等严重后果，也应当认定为“情节严重”。

3.“严重危害社会秩序和国家利益”的认定

根据《刑法》第二百四十六条第二款的规定，诽谤罪除“严重危害社会秩序和国家利益的”情形外，属于告诉才处理的案件。对于严重危害社会秩序和国家利益的诽谤案件，应由公安机关立案侦查，人民检察院提起公诉。为了明确网络诽谤刑事案件适用公诉程序的条件，《解释》第三条列举了严重危害社会秩序和国家利益的七种情形，既充分尊重当事人的处分权，依法保护被害人的合法权益，也有助于惩治严重危害社会秩序和国家利益的诽谤犯罪。

关于“引发群体性事件的”情形。行为人捏造事实诽谤他人，进而引发了群体性事件，显然属于已经对社会秩序造成了实际的危害。

关于“引发公共秩序混乱的”情形。主要是指妨害国家的公共管理活动，引发生产秩序、生活秩序、学习秩序、工作秩序等公共秩序的混乱。

关于“引发民族、宗教冲突的”情形。民族、宗教问题关系到国家统一、社会稳定、经济社会发展，属于非常重要的国家利益。如果行为人实施诽谤犯罪涉及民族、宗教问题，进而引发民族、宗教冲突，破坏民族团结、宗教政策的，属于对国家利益造成了严重危害。

关于“诽谤多人，造成恶劣社会影响的”情形。主要是考虑到行为人不间断地恶意诽谤多人，不仅侵犯了各个被害人的名誉权，实际上也已经严重危害了社会秩序。如果对此也适用自诉程序，需要多个被害人分别提起自诉且需要并案处理，不利于切实保护被害人的合法权益。

关于“损害国家形象，严重危害国家利益的”情形。行为人通过诽谤特定的对象，抹黑我国的政治制度，损害我国的国家形象，涉及国家利益，社会危害性大。

关于“造成恶劣国际影响的”情形。主要是指诽谤外国元首和政府首脑等，引发外事交涉、外交抗议等情形。

广大网民利用信息网络进行“网络反腐”，对反腐倡廉工作发挥了积极的作用。一些腐败案件最先就是在网络上曝光，引起有关部门的高度重视，随后得到及时的处理。对于广大网民通过信息网络检举、揭发他人违法违纪行为的，有关部门应当认真对待，负责任地核实，及时公布调查结果。即使检举、揭发的部分内容失实，只要不是故意捏造事实诽谤他人的，或者不属明知是捏造的损害他人名誉的事实而在信息网络上散布的，就不应以诽谤罪追究刑事责任。但是，对于那些打着“网络反腐”的幌子，恶意捏造事实诽谤他人的行为，尤其是有组织地大肆诽谤他人的行为，事实清楚，证据确实充分，构成犯罪的，就应依法追究刑事责任。司法机关要严格依法办案，严格入罪标准，防止误伤那些积极进行舆论监督但部分举报内容失实的举报者。

（二）利用信息网络实施寻衅滋事犯罪的认定

信息网络既是工作、生活、学习的重要途径和手段，也是公众沟通交流的主要媒介和平台，体现出较强的工具性和公共性特征。《解释》第五条结合信息网络的上述两种属性，明确了利用信息网络实施寻衅滋事犯罪的两种行为方式。

1. 利用信息网络辱骂、恐吓他人的认定及处理

《解释》第五条第一款规定，利用信息网络辱骂、恐吓他人，情节恶劣，破坏社会秩序的，以寻衅滋事罪定罪处罚。该款规定反映出信息网络的工具性特征。实践中需要把握以下两点：一是如果利用信息网络辱骂特定的个人，则可能存在寻衅滋事罪与侮辱罪的竞合。如果辱骂他人情节恶劣，破坏社会秩序的，应按照《解释》第九条的规定，依照处罚较重的罪即寻衅滋事罪定罪处罚。二是要严格入罪标准。辱骂、恐吓行为必须达到情节恶劣的程度，同时对社会秩序造成了现实的破坏。对于一些网民在网络上发泄不满，辱骂他人的，要重在教育，强化管理，一般不要轻易适用本款规定按犯罪处理。

2. 在信息网络上编造、散布虚假信息，起哄闹事的认定

《解释》第五条第二款规定：“编造虚假信息，或者明知是编造的虚假信息，在信息网络上散布，或者组织、指使人员在信息网络上散布，起哄闹事，造成公共秩序严重混乱的，依照刑法第二百九十三条第一款第（四）项的规定，以寻衅滋事罪定罪处罚。”

信息网络具有明显的公共属性和社会属性。网络社会已经与现实社会融为一体，成为现实社会的重要组成部分。网络信息必然会对现实社会产生直接的、实实在在的影响。显而易见，编造虚假信息并在信息网络上散布，起哄闹事，进而造成公共秩序严重混乱，此类行为具有现实的社会危害性，应当以寻衅滋事罪追究刑事责任。实践中需要把握以下两点：一是该款规定的“虚假信息”，不是针对特定的自然人而捏造的虚假事实，而是针对不特定的自然人或者单位、公共事件而编造的虚假信息。如果针对特定的自然人，捏

造损害其名誉的虚假事实，并在网络上散布的，应当适用《解释》第一条的规定处理。二是“造成公共秩序严重混乱”，主要是指导致现实社会公共秩序严重混乱。网络空间是现实社会的组成部分，行为人在信息网络上散布虚假信息，起哄闹事，在导致网络秩序混乱的同时，往往还会导致现实社会公共秩序的混乱，甚至引发群体性事件等。对此以寻衅滋事罪定罪处罚，于法有据。

（三）利用信息网络实施敲诈勒索犯罪的认定

《解释》第六条明确规定了利用信息网络实施敲诈勒索犯罪的行为方式。

1. 利用信息网络实施敲诈勒索犯罪的行为方式

《解释》第六条规定：“以在信息网络上发布、删除等方式处理网络信息为由，威胁、要挟他人，索取公私财物，数额较大，或者多次实施上述行为的，依照刑法第二百七十四条的规定，以敲诈勒索罪定罪处罚。”实践中，主要表现为发帖型敲诈勒索和删帖型敲诈勒索两种方式。发帖型敲诈勒索，是指行为人通过各种途径收集到有关被害人的负面信息，然后主动联系被害人，以在信息网络上发布相关负面信息为由，威胁、要挟被害人，进而索取财物。而删帖型敲诈勒索，是指行为人通过各种途径收集到有关被害人的负面信息后，先在信息网络上发布，然后主动联系被害人，以删除上述负面信息为条件威胁、要挟被害人，进而索取财物。与发帖型敲诈勒索相比，删帖型敲诈勒索通常要借助一定的网络平台。例如行为人自己建立或者经营所谓的“维权网站”，收集不利于被害人的负面信息后，发布在该网站，然后主动与被害人联系并告知该网站上有不利于被害人的负面信息，要求对方将特定数额的钱款存入指定的账户，否则就要继续在网络上发布或者炒作相关的负面信息，由此达到索取财物的非法目的。

2. 利用信息网络实施敲诈勒索犯罪与非罪的界限

《解释》第六条采用了“索取”的表述，意味着认定敲诈勒索罪，要求行为人必须有主动向被害人实施威胁、要挟并索要财物的行为。尤其是对于删帖型敲诈勒索，如果行为人没有主动与被害人联系删帖事宜，未实施威胁、要挟，而是在被害人主动上门联系请求删帖的情况下，以“广告费”“赞助费”“服务费”等名义收取被害人费用的，不认定为敲诈勒索罪。如果被害人主动上门联系请求删帖，但并不同意支付费用，而行为人以不支付费用，或者不支付指定数额的费用就不删帖甚至将对负面信息进一步炒作为由，威胁、要挟被害人，进而索取费用的，可以认定为敲诈勒索罪。此外，《解释》第六条采用的是“信息”而非“虚假信息”的表述。行为人威胁将要在信息网络上发布、删除的涉及被害人的负面信息即使是真实的，但只要其出于非法占有的目的，以发布、删除该负面信息为由索取公私财物，仍然构成敲诈勒索罪。

（四）利用信息网络实施非法经营犯罪的认定

利用信息网络实施的非法经营犯罪，反映出当前网络犯罪的非法牟利特征突出，组织链条明显。《解释》第七条规定了利用信息网络实施非法经营犯罪的行为方式和数额标准等问题。

1. “违反国家规定”的理解

《解释》第七条规定的认定行为人“违反国家规定”的依据，主要是指违反全国人大常委会《关于维护互联网安全的决定》和国务院《互联网信息服务管理办法》的相关规定。依照《关于维护互联网安全的决定》的规定，利用互联网实施该决定第一条、第二条、第三条、第四条所列行为以外的其他行为，构成犯罪的，依照刑法有关规定追究刑事责任。依照《互联网信息服务管理办法》，国家对经营性互联网信息服务实行许可制度，对非经营性互联网信息服务实行备案制度，未取得国家有关部门的许可，不得从事互联网有偿信息服务。当前，一些“网络公关公司”以营利为目的提供非法删帖服务，或者明知是虚假信息而提供发布信息等服务，扰乱了信息网络服务市场管理秩序，属于未经国家许可，“通过互联网向上网用户有偿提供信息或者网页制作等服务活动”中“等服务活动”的情形。

2. “以营利为目的”的认定

当前，一些“网络公关公司”“营销公司”通过在信息网络上进行信息炒作、发布不实信息等方式，吸引公众关注，进而牟取非法利益。这种以营利为目的，通过信息网络向他人有偿提供删除信息服务，或者明知是虚假信息，通过信息网络有偿提供发布信息等服务的行为，实际上是为诽谤、敲诈勒索、寻衅滋事等违法犯罪提供了传播虚假信息的手段、平台，扩大了信息网络上虚假信息的影响范围。不仅扰乱了网络秩序，而且破坏了市场管理秩序，是当前信息网络上种种乱象的重要推手，具有较大的社会危害性，应当以非法经营罪定罪处罚。对于个别网民并非专门从事经营活动，只是偶尔一两次帮助他人发帖，并收取一定费用的，即使数额达到了《解释》规定的标准，一般也不宜认定为以营利为目的。

3. 利用信息网络实施非法经营犯罪的行为方式

《解释》第七条规定了利用信息网络实施非法经营犯罪的两种行为方式：一是通过信息网络有偿提供删除信息服务；二是明知是虚假信息，通过信息网络有偿提供发布信息等服务。对于通过信息网络向他人有偿提供删除信息服务的，《解释》不要求行为人明知所删除的信息为虚假信息。当前一些“网络公关公司”的主要业务是删帖，但删除的信息中有相当一部分是广大网民发布的真实信息。国家依法保护网络用户合法的信息交流活动，这属于信息网络服务市场管理秩序的重要组成部分。行为人以营利为目的，有偿删除信息网络用户发布的真实信息，其行为既侵犯了广大网民的合法权益，也破坏了信息网络服务市场管理秩序，应当以非法经营罪定罪处罚。对于通过信息网络向他人有偿提供发布信息等服务的，《解释》明确规定，必须以行为人明知所发布的信息是虚假信息为前提。如果行为人通过信息网络有偿提供发布信息服务，但发布的信息是真实的，即使收取了一定数额的费用，也不应认定为非法经营罪。

4. 非法经营犯罪数额的认定

《刑法》第二百二十五条规定的非法经营罪，要求达到情节严重的程度，才构成犯罪。情节严重的标准在实践中主要体现为非法经营数额或者违法所得数额。《解释》第七条第一款明确了个人和单位通过信息网络实施非法经营犯罪情节严重的数额标准，即个人非法经营数额在五万元以上，或者违法所得数额在二万元以上；单位非法经营数额在十五万元以上，或者违法所得数额在五万元以上。此外，《解释》第七条第二款还明确了个人和单位通过信息网络实施非法经营犯罪情节特别严重的数额标准，分别是情节严重标准的五倍以上。符合该数额标准的，应依法处五年以上有期徒刑，并处违法所得一倍以上五倍以下罚金或者没收财产。

（五）共同犯罪的认定和犯罪竞合的处理

1. 共同犯罪的认定

利用信息网络实施诽谤等犯罪，行为人在实践中可能面临资金、场所、技术等方面的困难，进而寻求他人的帮助，从而涉及共同犯罪问题。《解释》第八条规定：“明知他人利用信息网络实施诽谤、寻衅滋事、敲诈勒索、非法经营等犯罪，为其提供资金、场所、技术支持等帮助的，以共同犯罪论处。”

实践中对于共同犯罪的认定，必须以行为人明知他人利用信息网络实施诽谤、寻衅滋事、敲诈勒索、非法经营等犯罪为前提。如果不明知他人利用信息网络实施相关犯罪活动，即使客观上提供了资金、场所、技术等帮助，也不能认定为共同犯罪。

2. 犯罪竞合的处理

利用信息网络实施诽谤、寻衅滋事、敲诈勒索、非法经营犯罪，可能同时构成《刑法》第二百二十一条规定的损害商业信誉、商品声誉罪，第二百七十八条规定的煽动暴力抗拒法律实施罪，第二百九十一条之一规定的编造、故意传播虚假恐怖信息罪等犯罪。针对司法实践的具体情况，《解释》第九条规定，对于上述情形依照处罚较重的规定定罪处罚。

（撰稿：最高人民法院刑事审判第三庭）

（三）典型或常见问题的审理思路

1. 如何理解损害商业信誉、商品声誉罪中的“捏造”？如何认定损害商业信誉、商品声誉罪中的“造成重大损失”？如何适用与确定选择性罪名“损害商业信誉、商品声誉罪”？①

损害商业信誉、商品声誉罪中的“捏造虚伪事实”既包括无中生有，凭空编造全部虚假事实的情形，也包括添油加醋，恶意歪曲、夸大事实或编造部分虚假事实的情形。因为，无论是捏造整个虚假的事实，还是捏造部分虚假的事实，只要加以散布，都可以损害他人商业信誉和商品声誉，给竞争对手造成经济损失，达到不正当竞争的目的。

损害商业信誉、商品声誉罪中的“重大损失”，一般应是因商业信誉、商品声誉受损而产生的直接经济损失。如商品严重滞销、产品被大量退回、合同被停止履行、企业商誉显著降低、驰名产品声誉受到严重侵损，销售额和利润严重减少、应得收入大量减少、上市公司股票价格大幅度下跌、商誉以及其他无形资产的价值显著降低，等等。应当注意的是，直接经济损失应当既包括有形的、可直接计算的财产损失，如因产品被退回所造成的收入减少，也包括无形的、需加以评估的财产损失，如企业商誉价值的降低，不能将直接经济损失只理解为可以直接计算的损失，而忽略了需通过评估加以测算的

---

① 案例来源：《刑事审判参考》第85号指导案例，王某达损害商业信誉、商品声誉案。

损失。但对于被害人为了恢复受到损害的商业信誉和商品声誉所投入的资金（如广告费用等）或者为制止不法侵害事件而扩大的开支（如诉讼费用等）间接经济损失，不应认定为损害商业信誉、商品声誉所造成的损失，一般只在量刑或者附带民事诉讼赔偿时酌情加以考虑。还应强调的是，在具体认定损害行为所造成的经济损失时，应特别注意损害行为与经济损失之间的因果关系，即不能将与捏造并散布虚伪事实的行为无因果关系和不是行为必然造成的损失计算在内。

损害商业信誉、商品声誉罪是选择性罪名。选择性罪名，无论是行为性选择，还是对象性选择，都是根据具体的行为或对象选择适用。在同时有相互联系的多个行为或对象的情况下，则并列行为或对象确定罪名，作为一个罪名定罪，不实行数罪并罚。一般情况下，损害商品声誉的行为通常都会损害企业的商业信誉，而损害商业信誉的行为不一定会损害商品声誉。因此，在处理损害商业信誉、商品声誉案件时，应根据案件具体事实具体认定被告人的行为侵犯的是商业信誉，还是商品声誉，抑或是商业信誉和商品声誉，确定相应的罪名。例如，行为人捏造并散布的虚伪事实是关于他人在信守合约或履行合同中的信誉度或者他人的生产能力和资金状况方面等内容，则只侵害了他人的商业信誉，罪名就应确定为“损害商业信誉罪”；行为人捏造并散布的虚伪事实是关于他人的产品在质量、等级、效果、方法、价格等方面的内容，则只侵害了他人的商品声誉，罪名就应确定为“损害商品声誉罪”；行为人捏造并散布的虚伪事实既针对他人的商业信誉又针对他人的商品声誉的，罪名则应确定为“损害商业信誉、商品声誉罪”。

2. 如何认定损害商品声誉罪中的“他人”?[①]

损害商业信誉、商品声誉罪中的“他人”，毋庸置疑应当具备一定的特定性，但对这种特定性的理解不能过于僵化，因为侵犯一个市场主体的商业信誉、商品声誉可以构成犯罪，但如果侵害了一类市场主体的商业信誉、商品声誉，作为危害更大的犯罪，举轻以明重，自然应当构成犯罪。

结合实践中此类犯罪的实际情况，这种特定性可以从以下两个方面进行理解和界定：一方面，损害商业信誉、商品声誉罪侵害的对象应具有一定归属性，即侵害的商业信誉、商品声誉必须是他人拥有的，侵害自己所有的商

① 案例来源：《刑事审判参考》第 597 号指导案例，訾某佳损害商品声誉案。

业信誉、商品声誉不构成本罪。这里的他人包括所有的市场主体，即从事市场活动的个人、个体工商户、个人合伙、公司、企业在内的生产者、经营者，既包括某个具体的生产者、经营者，也包括某一类商品的生产者和经营者。另一方面，损害商业信誉、商品声誉罪侵害的对象必须具备一定指向性，即侵害行为必须有明确的指向，或是某个具体的生产者、经营者，或是某类商品的生产者、经营者。如果行为人没有针对特定生产者、经营者的商业信誉、商品声誉或者说社会公众无法确定行为人所指向的具体对象，由于被侵害方不能认定，则不构成本罪。

（四）疑难、复杂问题的参考性解答

1. 罪与非罪的界限

损害他人商业信誉、商品声誉的行为必须给他人造成重大损失或者有其他严重情节的，才构成犯罪。按照《最高人民检察院、公安部关于公安机关管辖的刑事案件立案追诉标准的规定（二）》第七十四条的规定，捏造并散布虚伪事实，损害他人的商业信誉、商品声誉，涉嫌下列情形之一的，应予立案追诉：（1）给他人造成直接经济损失数额在五十万元以上的；（2）虽未达到上述数额标准，但具有下列情形之一的：①利用互联网或者其他媒体公开损害他人商业信誉、商品声誉的；②造成公司、企业等单位停业、停产六个月以上，或者破产的。（3）其他给他人造成重大损失或者有其他严重情节的情形。

2. 故意损害他人商业信誉、商品声誉行为和过失损害他人商业信誉、商品声誉行为的区别

前者是以损害他人商业信誉、商品声誉为目的，后者则不具有这一目的，只是道听途说，以讹传讹，不负责任地讲一些损害他人商业信誉、商品声誉的话，甚至向有关部门、新闻单位反映了内容失实的情况，等等。这种行为虽然客观上也损害了他人的商业信誉、商品声誉，但由于其不具有损害他人商业信誉、商品声誉的目的，因此不构成犯罪。

3. 利用互联网损害他人商业信誉、商品声誉构成犯罪的，应依法追究刑事责任

为了维护社会主义市场经济秩序和社会管理秩序，根据2000年12月28日《全国人民代表大会常务委员会关于维护互联网安全的决定》第三条第

（二）项规定，“利用互联网损害他人商业信誉和商品声誉”，构成犯罪的，依照刑法有关规定追究刑事责任。利用互联网损害他人商业信誉和商品声誉，是指在互联网上通过个人设计的网站、网页或者以广泛发送电子邮件的方式捏造并散布虚假事实，对他人在商业活动中的信用程度、信誉度、生产能力、资金经营状况是否良好、商品质量的可信度和经过长期诚实生产、经营所形成的知名度等进行诋毁和歪曲的行为。此类行为给他人造成重大损失或者有其他严重情节，构成犯罪的，可依照《刑法》第二百二十一条损害商业信誉、商品声誉罪定罪处罚。

（五）量刑指导或参考

依照《刑法》第二百二十一条规定，犯损害商业信誉、商品声誉罪的，处二年以下有期徒刑或者拘役，并处或者单处罚金。

依照《刑法》第二百三十一条规定，单位犯本罪的，对单位判处罚金，并对其直接负责的主管人员和其他直接责任人员，依照第二百二十一条的规定处罚。

二、虚假广告罪

（一）刑法规定

第二百二十二条　广告主、广告经营者、广告发布者违反国家规定，利用广告对商品或者服务作虚假宣传，情节严重的，处二年以下有期徒刑或者拘役，并处或者单处罚金。

（二）司法解释、司法文件及其权威解读

1. **最高人民法院、最高人民检察院关于办理妨害预防、控制突发传染病疫情等灾害的刑事案件具体应用法律若干问题的解释**（法释〔2003〕8号，自2003年5月15日起施行）

第五条　广告主、广告经营者、广告发布者违反国家规定，假借预防、控制突发传染病疫情等灾害的名义，利用广告对所推销的商品或者服务作虚假宣传，致使多人上当受骗，违法所得数额较大或者有其他严重情节的，依照刑法第二百二十二条的规定，以虚假广告罪定罪处罚。

2. **最高人民检察院、公安部关于公安机关管辖的刑事案件立案追诉标准的规定（二）**（自2022年5月15日起施行）

第六十七条 ［虚假广告案（刑法第二百二十二条）］广告主、广告经营者、广告发布者违反国家规定，利用广告对商品或者服务作虚假宣传，涉嫌下列情形之一的，应予立案追诉：

（一）违法所得数额在十万元以上的；

（二）假借预防、控制突发事件、传染病防治的名义，利用广告作虚假宣传，致使多人上当受骗，违法所得数额在三万元以上的；

（三）利用广告对食品、药品作虚假宣传，违法所得数额在三万元以上的；

（四）虽未达到上述数额标准，但二年内因利用广告作虚假宣传受过二次以上行政处罚，又利用广告作虚假宣传的；

（五）造成严重危害后果或者恶劣社会影响的；

（六）其他情节严重的情形。

3. **最高人民法院关于审理非法集资刑事案件具体应用法律若干问题的解释**（法释〔2010〕18号，自2011年1月4日起施行）

第八条 广告经营者、广告发布者违反国家规定，利用广告为非法集资活动相关的商品或者服务作虚假宣传，具有下列情形之一的，依照刑法第二百二十二条的规定，以虚假广告罪定罪处罚：

（一）违法所得数额在10万元以上的；

（二）造成严重危害后果或者恶劣社会影响的；

（三）二年内利用广告作虚假宣传，受过行政处罚二次以上的；

（四）其他情节严重的情形。

明知他人从事欺诈发行股票、债券，非法吸收公众存款，擅自发行股票、债券，集资诈骗或者组织、领导传销活动等集资犯罪活动，为其提供广告等宣传的，以相关犯罪的共犯论处。

权威解读

解读《最高人民法院关于审理非法集资刑事案件具体应用法律若干问题的解释》

九、关于非法集资活动中虚假广告行为的性质认定和处罚标准

虚假广告在非法集资犯罪活动中起着推波助澜的重要作用。为使广大群

众上当受骗，非法集资犯罪分子往往在社会宣传上不遗余力、不惜血本，通过媒体广告、明星代言、散发传单、内部刊物、口口相传、人物专访、举办研讨会、讲座、免费旅游、公益捐赠等各种或明或暗的方式，大肆宣传，虚张声势，制造假象。为依法打击非法集资犯罪背后的虚假广告行为，发挥刑事司法的教育和震慑作用，净化社会环境，营造良好的社会氛围，《解释》第八条对非法集资犯罪活动中的虚假广告行为的定罪标准以及违法宣传中的共犯处理作出了明确规定。

关于虚假广告罪的定罪量刑标准。《解释》第八条第一款规定，广告经营者、广告发布者违反国家规定，利用广告为非法集资活动相关的商品或者服务作虚假宣传，具有下列情形之一的，依照《刑法》第二百二十二条的规定，以虚假广告罪定罪处罚：(1) 违法所得数额在十万元以上的；(2) 造成严重危害后果或者恶劣社会影响的；(3) 两年内利用广告作虚假宣传，受过行政处罚二次以上的；(4) 其他情节严重的情形。具体适用本款规定时，应注意以下几个问题：

第一，虚假广告罪犯罪主体的范围。《解释》起草过程中有意见提出，虚假广告罪的主体除了广告经营者、广告发布者之外，还有广告主，不应将广告主排除出去；如广告主同时构成非法集资犯罪的，可根据牵连犯的处断原则处理。经研究，几乎所有的非法集资犯罪都存在虚假广告的问题，如将广告主即非法集资犯罪分子纳入虚假广告罪的犯罪主体，会给案件处理带来很大负担。规定非法集资犯罪分子构成虚假广告罪没有实质性意义，虚假广告罪只是一个两年刑期以下的轻罪，而非法集资犯罪的刑罚明显要重得多，为突出本款规定的政策意图和打击重点，故未采纳该意见。

第二，情节严重的认定。虚假广告罪是情节犯，只有情节严重的虚假广告行为才构成犯罪。对此，《最高人民检察院、公安部关于公安机关管辖的刑事案件立案追诉标准的规定（二）》（以下简称《追诉标准（二）》）第七十五条规定了六种情节严重的情形，分别是：(1) 违法所得数额在十万元以上的；(2) 给单个消费者造成直接经济损失数额在五万元以上的，或者给多个消费者造成直接经济损失数额累计在二十万元以上的；(3) 假借预防、控制突发事件的名义，利用广告作虚假宣传，致使多人上当受骗，违法所得数额在三万元以上的；(4) 虽未达到上述数额标准，但两年内因利用广告作虚假宣传，受过行政处罚二次以上，又利用广告作虚假宣传的；(5) 造成人身伤残的；（6）其他情节严重的情形。《解释》仅规定了四种情节严重的情形，尽管两者在表述上有一定的出入，但基本内容相同，之所以未完全沿用《追诉标准（二）》的表述，主要是出于下述考虑：（1）非法集资犯罪案件具有一定的特殊性，集中表现为入罪门槛较高，危害后果通常由多种因素综合导致，故对《追诉标准（二）》第（二）项、第（四）项、第（五）项规定的内容采取了较为模糊的表述方式，即造成严重危害后果或者恶劣社会影响，而情节的具体认定则留给司法机关根据个案情况进行综合判定，以免出现集资行为人依法不构成犯罪，而广告经营者、发布者却构成虚假广告罪的不合理现象。尽管如此，《追诉标准（二）》确立的认定思路应予坚持。在认定危害后果时，应主要从经济损失和人身伤亡等方面去判断；在认定影响恶劣时，应主要从特定环境、犯罪形势、集资规模等方面去判断。（2）虚假广告行为情节是否严重，行为人的违法所得数额和被害人经济损失数额固然是重要的判断方面，但必须注意到，虚假广告罪是情节犯而非结果犯，不能仅从危害结果来判断是否构成犯罪，故《解释》保留了“其他情节严重的情形”这一兜底条款。对于该条款，实践中可以从虚假广告在媒体上发布所持续的时间、虚假广告在媒体播出的频率、虚假广告投放媒体的数量以及虚假广告内容的欺骗程度等方面进行判断。

此外，对于《解释》第（三）项关于“二年内利用广告作虚假宣传，受过行政处罚二次以上的”的规定，《解释》起草过程中有意见指出该项规定有违“一事不再理”的处理原则。经研究，犯罪情节包括客观行为和主观恶性两个方面的内容，该项规定的核心意思是根据以前的违法行为及处罚情况判断行为人的人身危险性和再犯可能性等，其处罚的对象是新发生的行为，而非对以前处罚过的行为再次处罚，故该规定并不违反“一事不再理”原则。

非法集资犯罪的共犯处理。《解释》第八条第二款规定，明知他人从事欺诈发行股票、债券，非法吸收公众存款，擅自发行股票、债券，集资诈骗或者组织、领导传销活动等集资犯罪括动，为其提供广告等宣传的，以相关犯罪的共犯论处。适用本款规定时，应注意与前述虚假广告罪的区分。具体言之，主要有以下三个方面：首先，明知内容不同。虚假集资广告犯罪中的明知，是指明知非法集资所依托的商品或者服务存在虚假信息；集资犯罪共犯的明知，是指明知他人正在实施集资犯罪活动。其次，宣传方式不同。虚假集资广告犯罪以违反广告法规定为前提，仅指通过商业广告进行虚假宣传的行为；集资犯罪的共犯的宣传方式则不受任何限制，既可以是商业广告，也可以是其他形式的广告，既可以是广告宣传，也可以是其他形式的宣传。最后，信息内容不同。虚假集资广告犯罪必须以信息虚假为前提；集资犯罪的共犯侧重于违法宣传，不以信息虚假为条件。

起草过程中有意见认为，除了宣传类的共犯之外，实践中还有其他形式的共犯，建议在上述共犯规定之外，对集资犯罪的共犯问题作出一般性的规定。《解释》未采纳该意见，主要有以下方面的考虑：（1）集资犯罪多以单位名义实施，参与人员众多，为贯彻宽严相济刑事政策，有必要严格控制打击面，本着严惩首恶、教育协从的处理原则，对于积极参加人员的打击需要严格掌握，对外部帮助人员则一般不应追究。（2）实践中对于同一起集资犯罪案件往往区分犯罪人的主观方面、主体身份而适用不同的罪名。比如，区分是否具有非法占有目的而分别适用集资诈骗罪和非法吸收公众存款罪。（3）根据刑法和以往司法解释的规定，共犯行为主要表现为提供资金、场所等。而集资犯罪案件有其特殊性，被害人同时也是资金提供者，其中对于非法集资行为的性质存在主观认识的不乏其人；而且，被害人与行为人经常交错重叠，先是自己获继而提供帮助的以及先是自己被骗继而去骗其他人的不在少数，此类人员通常不宜作为共犯处理。

《解释》起草过程中还讨论了广告代言人的刑事处罚问题。一种意见认为，从立法精神、实践需要以及国外做法来看，均应将广告代言人纳入虚假广告罪的犯罪主体范围。经研究，基于当前法律规定，将广告代言人解释为虚假广告罪的犯罪主体尚有立法障碍，理由如下：（1）对于虚假广告罪的犯罪主体，刑法采取的是列明式规定，仅限于广告主、广告经营者和广告发布者三者。（2）虚假广告罪属于行政犯，成立虚假广告罪应以行政违法为前提。广告法仅规定了社会团体或者其他组织在虚假广告中向消费者推荐商品或服务应承担民事连带责任。在行政违法尚不成立的前提下，直接将其作为刑事犯罪予以打击，不符合行政犯的一般理论。（3）即便通过司法解释将广告代言人纳入虚假广告罪的主体范围，还将面临诸多实践操作问题。比如，虚假广告罪为故意犯罪，要求行为人具有主观明知。对此，实践中主要是根据行为人的法定注意义务来进行判断或者推定。而对于广告代言人的注意义务的内容、范围和程度等，当前还没有相关行政管理法律规定，在行为人辩称自己不具有主观明知的情况下，司法机关将很难证明。当然，广告代言人不属于虚假广告罪的主体，不意味着广告代言人在任何情况下均不构成犯罪，对于符合《解释》第二款规定情形的，完全可以非法集资犯罪的共犯论处。

（撰稿：刘为波）

4. **最高人民法院、最高人民检察院关于办理危害食品安全刑事案件适用法律若干问题的解释**（法释〔2021〕24 号，自 2022 年 1 月 1 日起施行）

第十九条 违反国家规定，利用广告对保健食品或者其他食品作虚假宣传，符合刑法第二百二十二条规定的，以虚假广告罪定罪处罚；以非法占有为目的，利用销售保健食品或者其他食品诈骗财物，符合刑法第二百六十六条规定的，以诈骗罪定罪处罚。同时构成生产、销售伪劣产品罪等其他犯罪的，依照处罚较重的规定定罪处罚。

5. **最高人民法院、最高人民检察院关于办理危害药品安全刑事案件适用法律若干问题的解释**（法释〔2022〕1 号，自 2022 年 3 月 6 日起施行）

第十二条 广告主、广告经营者、广告发布者违反国家规定，利用广告对药品作虚假宣传，情节严重的，依照刑法第二百二十二条的规定，以虚假广告罪定罪处罚。

6. **最高人民法院、最高人民检察院、公安部、司法部关于依法惩治妨害新型冠状病毒感染肺炎疫情防控违法犯罪的意见**（法发〔2020〕7 号，自 2020 年 2 月 6 日起施行）

二、准确适用法律、依法严惩妨害疫情防控的各类违法犯罪

（五）依法严惩诈骗、聚众哄抢犯罪。（略）

在疫情防控期间，违法国家规定，假借疫情防控的名义，利用广告对所推销的商品或者服务作虚假宣传，致使多人上当受骗，违法所得数额较大或者有其他严重情节的，依照刑法第二百二十二条的规定，以虚假广告罪定罪处罚。

（三）疑难、复杂问题的参考性解答

1. 正确认识虚假广告罪构成要件

虚假广告罪，是指广告主、广告经营者、广告发布者违反国家规定，利用广告对商品或者服务作虚假宣传，情节严重的行为。

犯罪主体为广告主、广告经营者和广告发布者。根据广告法的规定，“广告主”，是指为推销商品或者提供服务，自行或者委托他人设计、制作、发布广告的自然人、法人或其他组织；“广告经营者”，是指接受委托提供广告设计、制作、代理服务的自然人、法人或者其他组织；“广告发布者”，是指为广告主或者广告主委托的广告经营者发布广告的自然人、法人或者其他组织。

本罪侵犯的客体是国家对广告经营的管理制度。犯罪对象是商业广告。根据广告法的规定，“广告”，是指商品经营者或者服务提供者承担费用，通过一定媒介和形式直接或者间接地介绍自己所推销的商品或者所提供的服务的商业活动。它是宣传、推销产品的有效方法。但是，一些不法的广告主、广告经营者、广告发布者为了牟取非法利润，违反国家规定，故意制作、发布虚假广告，欺骗和误导广大消费者，严重损害消费者的利益，损害了正当的商品交易活动和公平的市场竞争，破坏了广告经营的管理制度。

主观方面由故意构成。行为人必须是明知是虚假广告而作宣传的才构成本罪。过失不构成本罪。犯罪动机可能是推销滞销产品，也可能是谋取其他经济利益。但动机不同，不影响本罪的成立。

客观方面表现为违反国家规定，利用广告对于商品或者服务作虚假宣传的行为。“违反国家规定”，是指违反全国人大及其常委会制定的有关广告管理的法律和决定，国务院制定的有关广告管理的行政法规、规定的行政措施、发布的决定和命令。《广告法》第四条第一款规定：“广告不得含有虚假或者引人误解的内容，不得欺骗、误导消费者。”《反不正当竞争法》第八条也规定：“经营者不得对其商品的性能、功能、质量、销售状况、用户评价、曾获荣誉等作虚假或者引人误解的商业宣传，欺骗、误导消费者。经营者不得通过组织虚假交易等方式，帮助其他经营者进行虚假或者引人误解的商业宣传。”显然，本罪是违反上述法律规定的。“虚假宣传”，是指隐瞒商品和服务的真相，对商品的性能、产地、用途、质量、价格、生产者、有效期限、允诺，或者对服务的内容、形式、质量、价格、允诺等内容大肆吹嘘，欺骗和误导消费者的行为。比如，将假冒伪劣商品宣传为名牌产品；虚构商品的获奖、取得专利等事实作广告宣传；捏造商品性能、用途等。

司法实践中，广告的制作、宣传等方面有时会存在某些夸大或者某些失实的地方，但不一定构成犯罪，必须情节严重的，才构成犯罪。关于何谓情节严重，按照《追诉标准（二）》第七十五条规定，符合其列举的六种情形，应予立案追诉，否则，不得追诉。但是也要注意到在《最高人民法院关于审理非法集资刑事案件具体应用法律若干问题的解释》第八条对何谓情节严重规定有一定区别。广告经营者、广告发布者违反国家规定，利用广告为非法集资活动相关的商品或者服务作虚假宣传的应适用此解释，其余情况下适用《追诉标准（二）》。

2. 一罪与数罪的认定

司法实践中，有些虚假广告是在销售伪劣商品过程中制作、发布的，利用虚假广告作虚假宣传只是销售伪劣商品的一种手段。例如，利用虚假广告宣传销售假药、劣药、不符合安全标准的食品、不符合标准的医用器材、不符合卫生标准的化妆品等。在这种情况下，行为人既触犯了虚假广告罪，又触犯了销售伪劣商品类犯罪，依照处理牵连犯的原则，应以其中较重的罪定罪处罚。

3. 利用互联网发布虚假广告构成犯罪的，应依法追究刑事责任

为了维护社会主义市场经济秩序和社会管理秩序，根据2000年12月28日《全国人民代表大会常务委员会关于维护互联网安全的决定》第三条第（一）项规定，“利用互联销售伪劣产品或者对商品、服务作虚假宣传”，构成犯罪的，依照刑法有关规定追究刑事责任。“利用互联网销售伪劣产品或者对商品、服务作虚假宣传”，主要是指利用互联网销售伪劣产品，或者对商品、服务作虚假宣传，坑害消费者的行为。对于利用互联网销售伪劣产品，构成犯罪的，可根据销售数额的大小、销售伪劣商品的不同，及其所产生的不同危害，依照《刑法》第一百四十条至第一百五十条有关生产、销售伪劣产品犯罪的规定定罪处罚。利用互联网对商品或者服务作虚假宣传，情节严重的，可依照《刑法》第二百二十二条虚假广告罪定罪处罚。

（四）量刑指导或参考

依照《刑法》第二百二十二条规定，犯虚假广告罪的，处二年以下有期徒刑或者拘役，并处或者单处罚金。

依照《刑法》第二百三十一条规定，单位犯本罪的，对单位判处罚金，并对其直接负责的主管人员和其他直接责任人员，依照第二百二十二条规定处罚。

三、串通投标罪

（一）刑法规定

第二百二十三条　投标人相互串通投标报价，损害招标人或者其他投标人利益，情节严重的，处三年以下有期徒刑或者拘役，并处或者单处罚金。

投标人与招标人串通投标，损害国家、集体、公民的合法利益的，依照前款的规定处罚。

（二）司法解释、司法文件及其权威解读

最高人民检察院、公安部关于公安机关管辖的刑事案件立案追诉标准的规定（二）（自2022年5月15日起施行）

第六十八条　［串通投标案（刑法第二百二十三条）］投标人相互串通投标报价，或者投标人与招标人串通投标，涉嫌下列情形之一的，应予立案追诉：

（一）损害招标人、投标人或者国家、集体、公民的合法利益，造成直接经济损失数额在五十万元以上的；

（二）违法所得数额在二十万元以上的；

（三）中标项目金额在四百万元以上的；

（四）采取威胁、欺骗或者贿赂等非法手段的；

（五）虽未达到上述数额标准，但二年内因串通投标受过二次以上行政处罚，又串通投标的；

（六）其他情节严重的情形。

（三）正确认识串通投标罪构成要件

串通投标罪，是指投标人相互串通投标报价，损害招标人或者其他投标人利益，或者投标人与招标人串通投标，损害国家、集体、公民的合法权益，情节严重的行为。

犯罪主体为特殊主体，即招标人和投标人。单位可以构成本罪的主体。

本罪侵犯的客体是投标市场秩序。在承包建筑工程或承买大宗商品时，承包人或者买主按照招标公告的标准和条件提出价格，填具标单，叫投标。

而公布标准和条件，提出价格，招人承包或者承买，叫招标。招标与投标是市场经济条件下一种常用的竞争方式。这项制度在我国建筑工程等领域普遍推行。但是，有的不法投标人相互串通投标报价，共同排挤其他投标人；有的投标人与招标人相互勾结，以排挤竞争对手。上述行为，违背了公平公正竞争原则，严重扰乱了市场管理秩序，损害了招标人或者其他投标人以及国家、集体、公民的合法权益，应当给予刑事处罚。

主观方面是故意。行为人的动机可能是多种多样的，但动机不影响本罪的成立。

客观方面表现为投标人相互串通投标报价，损害招标人或者其他投标人的利益或者投标人与招标人串通投标，损害国家、集体、公民利益的行为。"投标人"，是指在投标竞争活动中，决定并影响投标报价的参与人；"相互串通投标报价"，是指在投标过程中，暗中商量好抬高或者压低标价等行为；"损害招标人或者其他投标人利益"，是指由于投标人相互串通投标报价而使招标人无法达到最佳的竞标结果或者其他投标人无法在公平竞争的条件下参与投标竞争而受到损害的情况；"投标人与招标人串通投标，损害国家、集体、公民的合法利益的"，是指投标人与招标人在招标过程中相互勾结、影响、破坏和干扰招标秩序，使国家、集体、公民的合法利益受到严重损害的行为。如投标人通过非法手段买通招标人提前获得报价条件和信息；招标人审查评比投标申请时，优先让与其勾结的投标者中标等。

串通投标的行为，必须达到"情节严重"的程度，才构成犯罪。如果情节不严重的，属于违法行为，不构成犯罪。"情节严重"一般是指由于串通投标报价，而使招标人无法达到最佳的竞标结果或者其他投标人无法在公平竞争的条件下，参与竞争投标而受到损害的；造成招标投标工作严重混乱的；使招标人蒙受重大损失的等情形。具体可按照《追诉标准（二）》第六十八条的规定来认定。

（四）量刑指导或参考

依照《刑法》第二百二十三条规定，犯串通投标罪的，处三年以下有期徒刑或者拘役，并处或者单处罚金。

投标人与招标人串通投标，损害国家、集体、公民的合法利益的，依照前款的规定处罚。

依照《刑法》第二百三十一条规定，单位犯本罪的，对单位判处罚金，并对其直接负责的主管人员和其他直接责任人员，依照第二百二十三条规定处罚。

司法机关在适用《刑法》第二百二十三条、第二百三十一条规定处罚时，应当注意以下问题：

在适用刑罚时，要注意在判处自由刑的同时，一并判处罚金刑，或者单独适用罚金刑。也就是说，不管主刑如何判处，都不能不判处罚金刑。

本罪只有两个以上的主体，即投标人相互串通报价，或者招标人和投标人串通投标，共同实施犯罪才能完成，属于必要的共犯。如何确定各自在共同犯罪中的地位、作用、应负的责任，要根据案件的具体情况，依照刑法总则关于共同犯罪的原则处罚。

四、合同诈骗罪

（一）刑法规定

第二百二十四条 有下列情形之一，以非法占有为目的，在签订、履行合同过程中，骗取对方当事人财物，数额较大的，处三年以下有期徒刑或者拘役，并处或者单处罚金；数额巨大或者有其他严重情节的，处三年以上十年以下有期徒刑，并处罚金；数额特别巨大或者有其他特别严重情节的，处十年以上有期徒刑或者无期徒刑，并处罚金或者没收财产：

（一）以虚构的单位或者冒用他人名义签订合同的；

（二）以伪造、变造、作废的票据或者其他虚假的产权证明作担保的；

（三）没有实际履行能力，以先履行小额合同或者部分履行合同的方法，诱骗对方当事人继续签订和履行合同的；

（四）收受对方当事人给付的货物、货款、预付款或者担保财产后逃匿的；

（五）以其他方法骗取对方当事人财物的。

（二）司法解释、司法文件及其权威解读

1. 最高人民检察院、公安部关于公安机关管辖的刑事案件立案追诉标准的规定（二）（自 2022 年 5 月 15 日起施行）（节录）

第六十九条 ［合同诈骗案（刑法第二百二十四条）］以非法占有为目

的，在签订、履行合同过程中，骗取对方当事人财物，数额在二万元以上的，应予立案追诉。

2. 最高人民法院关于充分发挥审判职能作用切实加强产权司法保护的意见（法发〔2016〕27号，自2016年11月28日起施行）

6. 严格区分经济纠纷与刑事犯罪，坚决防止把经济纠纷当作犯罪处理。充分考虑非公有制经济特点，严格把握刑事犯罪的认定标准，严格区分正当融资与非法集资、合同纠纷与合同诈骗、民营企业参与国有企业兼并重组中涉及的经济纠纷与恶意侵占国有资产等的界限，坚决防止把经济纠纷认定为刑事犯罪，坚决防止利用刑事手段干预经济纠纷。对于各类经济纠纷，特别是民营企业与国有企业之间的纠纷，不论实际损失多大，都要始终坚持依法办案，排除各种干扰，确保公正审判。

（三）典型或常见问题的审理思路

1. 通过欺骗手段兼并企业后恶意处分企业财产的行为如何定性？①

行为人通过签订"兼并"协议控制被兼并企业财产后恶意处分的行为，是否构成合同诈骗罪，关键取决于以下两个因素的认定：一是行为人在签订、履行兼并合同过程中是否采取了欺骗手段，二是行为人是否具有非法占有的目的。本案中，行为人不仅没有履行兼并合同的能力，而且在以零价格实施"兼并"后，并未按照兼并合同约定履行义务，而是恶意处分被兼并企业财产，其行为充分证明其主观上无任何履行兼并协议规定义务的诚意。因此，应当认定行为人主观上具有非法占有被"兼并"企业财产的主观故意，并以合同诈骗罪定罪处罚。

2. 以许诺让他人承揽虚假的工程项目为诱饵骗取钱财的行为构成合同诈骗罪还是诈骗罪？②

区别合同诈骗罪与诈骗罪，最关键的一点即合同诈骗罪是一种利用合同进行诈骗的犯罪，诈骗行为发生在合同的签订、履行过程中，诈骗行为往往伴随着合同的签订、履行。合同诈骗罪作为特殊的诈骗犯罪在诈骗方法和对象上有其特定性。一是，合同诈骗罪表现为"利用合同"进行诈骗，也就是

---

① 案例来源：《刑事审判参考》第211号指导案例，程某合同诈骗案。

② 案例来源：《刑事审判参考》第403号指导案例，王某军合同诈骗案。

说诈骗行为必须是发生在合同的签订、履行过程中，而不能是这之前或之后；二是，合同诈骗罪的行为人非法占有的应当是与合同签订、履行有关的财物，如合同标的物、定金、预付款、担保财产、贷款等。在本案中，一方面，行为人假冒国家工作人员、伪造工程批文、假借承揽项目需要活动经费的名义骗取他人财物的行为都是在签订合同之前实施的，即在与被害人签订所谓施工承包合同之前，其诈骗行为已经实施完毕，被害人的财物已经被非法占有，其虚构事实骗取钱财的犯罪目的已经实现；另一方面，行为人非法骗取被害人钱财的行为并没有伴随合同的签订、履行，其非法侵占的财物亦不是合同的标的物或其他与合同相关的财物。虽然行为人事后也与他人签订了一个虚假的工程施工承包合同，但这仅仅是掩盖其诈骗行为的手段，而不是签订、履行合同的附随结果，是否签订合同已经并不能影响其骗取财物行为的完成。从以上两个方面可以看出，行为人虚构身份，以许诺给他人介绍承包虚假的工程项目为诱饵，借承揽工程需要各种费用为名目，利用他人想承揽有关工程项目的心理，骗取各被害人钱财的行为完全符合诈骗罪的特征，应当以诈骗罪定罪处罚。

3. 以签订出国“聘请顾问协议书”为名骗取他人钱财的行为如何定性?①

行为人与他人签订“聘请顾问协议书”，以自己承包的公司及自己成立的公司的名义，对外承揽出国签证咨询业务，每人收取0.5万元至3.5万元的钱款，许诺如办不成出国签证，再如数退还钱款。行为人所签订的“聘请顾问协议书”，表面上像一个咨询性质的协议，具有技术服务性质，但根据其提供的所谓服务内容，实质上是一个代办出国签证性质的委托代理合同。这种委托代理合同，具有一定的代理服务内容并体现了一定市场经济活动性质，利用这种合同实施的诈骗犯罪严重扰乱了正常的代办出国签证的市场秩序，因此应认定为与经济活动有关的合同。行为人的诈骗行为发生在合同的签订、履行过程之中，骗取的钱款正是合同约定的报酬标的，在没有为他人办成出国签证的情况下，携款潜逃，可以认定具有非法占有目的，因此行为人的诈骗行为，应构成合同诈骗罪。

① 案例来源：《刑事审判参考》第457号指导案例，宗某合同诈骗案。

4. 业务员冒用所在公司名义私自与他人签订合同违规收取货款的行为应如何定性?①

界定业务员行为性质的关键在于其非法占有款项的归属性质，如果行为人占有的该款项应属其所在单位所有，则行为人的行为可能构成职务侵占罪或挪用资金罪；如果该款项的性质仍属于他人支付给行为人个人的货款，则行为人的行为属于合同诈骗性质。本案中，他人不属于善意相对人，系出于谋取不正当利益的动机就简单轻信，在签订合同过程中主观上具有重大过失。因此，他人与行为人以公司名义签订合同的行为不具备成立表见代理的基本条件，行为人收取的货款不属于公司所有，故其行为不能构成职务侵占罪或挪用资金罪。行为人明知自己没有履行合同的能力，以非法占有为目的，以先部分履行合同的方法欺骗他人，制造自己有能力履行合同的假象，不断诱骗他人继续签订合同支付预付款，收取他人预付款 155 万余元，最终给他人造成 47 万余元损失，完全符合合同诈骗罪的犯罪构成要件，应以合同诈骗罪定罪处罚。

5. 如何认定合同诈骗犯罪中行为人具有非法占有目的?②

对行为人是否具有非法占有之目的，可以从以下几个方面进行分析：（1）行为人是否具有签订、履行合同的条件，是否创造虚假条件；（2）行为人在签订合同时有无履约能力；（3）行为人在签订和履行合同过程中有无诈骗行为；（4）行为人在签订合同后有无履行合同的实际行为；（5）行为人对取得财物的处置情况，是否有挥霍、挪用及携款潜逃等行为。本案行为人在签订合同时无履行能力，之后仍无此种能力，而依然蒙骗对方，占有对方财物，应认定为有非法占有之目的；在获取他人提供的履约保证金后，小部分款项被其用于购买车辆和偿还个人债务，大部分款项被其直接支取现金，资金被其转移后去向不明，导致无法追还，此节行为亦反映其主观上具有非法占有之目的。故行为人行为符合《刑法》第二百二十四条第（五）项规定的情形，应当以合同诈骗罪追究刑事责任。

---

① 案例来源：《刑事审判参考》第 577 号指导案例，谭某合同诈骗案。

② 案例来源：《刑事审判参考》第 646 号指导案例，刘某基合同诈骗案。

6. 以公司代理人的身份，通过骗取方式将收取的公司货款据为己有，是构成诈骗罪、职务侵占罪还是挪用资金罪?①

职务是一项由单位分配给行为人为单位所从事的一种持续的、反复进行的工作，担任职务应当具有相对稳定性的特点，而非单位临时一次性地委托行为人从事某项事务。本案中，行为人并不是公司聘用的职工，仅系公司临时一次性授权的、仅负责某项业务洽谈的代理人，故其身份不符合职务侵占罪、挪用资金罪的主体特征，不能认定其犯罪行为系利用职务上的便利而实施，不构成职务侵占罪、挪用资金罪。行为人以非法占有为目的，在履行其与公司的协议过程中，采用虚构事实、隐瞒真相的方法，骗取公司的财产，数额特别巨大，其行为构成合同诈骗罪。

7. 如何理解合同诈骗罪中的“合同”?②

如何理解合同诈骗罪中的“合同”，是准确适用合同诈骗罪的关键。应结合合同诈骗罪侵犯的客体并结合立法目的，来进行具体理解把握。第一，关于合同类型。合同诈骗罪规定于《刑法》分则第三章“破坏社会主义市场经济秩序罪”之第八节“扰乱市场经济秩序罪”中，因而合同诈骗罪中的“合同”，必须能够体现一定的市场秩序。与市场秩序无关的以及主要不受市场调整的各种“合同”“协议”，通常情况下不应视为合同诈骗罪中的“合同”。第二，关于合同形式。根据合同法规定，除法律、法规有明确规定之外，合同的订立既可以采用书面形式，也可以采用口头形式或其他形式。口头合同与书面合同均为合法有效合同。在界定合同诈骗罪的合同范围时，不应拘泥于合同的形式，在有证据证明确实存在合同关系的情况下，即便是口头合同，只要发生在生产经营领域，侵犯了市场经济秩序的，同样应当以合同诈骗罪定罪处罚。本案中，行为人与被害单位口头协议的事项为有偿代办托运，属于市场交易行为，符合合同诈骗罪中合同性质的要求；双方达成的合同虽系口头合同，但该合同具备合同的基本要件，且已经部分实际履行，结合此前双方已有的代办托运合作关系，足以证明该口头合同的真实存在。所以，将本案口头合同认定为合同诈骗罪中的“合同”是正确的。

---

① 案例来源：《刑事审判参考》第716号指导案例，杨某承合同诈骗案。

② 案例来源：《中国刑事审判指导案例（破坏社会主义市场经济秩序罪）》，法律出版社2009年版，第413－414页。

8. 承运过程中承运人将承运货物暗中调包的行为如何定性？①

本书观点：承运过程中为非法占有财物而偷偷调包的行为应当构成诈骗类犯罪。合同诈骗罪中的“合同”必须是能够体现一定的市场秩序，体现财产转移或者交易关系，为行为人带来财产利益的合同。第一，合同诈骗罪中的“合同”主要是经济合同，诸如监护、收养、抚养等有关身份关系的合同，以及赠与合同、劳务合同等，应当排除在外。第二，签订合同的主体可以是自然人或者单位。实践中相当多的经济实体往往以个人名义签订合同，如果将以个人名义签订的合同一概排除在合同诈骗罪的合同之外，不符合平等保护市场主体的原则。第三，合同不管是以口头形式还是书面形式签订，只要能够具备合同的本质特征，即属于合同诈骗罪中的“合同”。承运合同是市场经济中较为常见的一类合同，本案行为人事先签订合同，并在履行合同过程中将承运的优质豆粕暗中调换为劣质豆粕，事后又按合同约定运送至约定地点，其正是利用合同实施了诈骗活动，不但侵害了他人财物的所有权，而且严重扰乱了正常的市场经济秩序。行为人系出于非法占有他人财物的目的，利用签订、履行合同实施诈骗犯罪活动，因此，应当按照合同诈骗罪定罪处罚。

9. 挂靠轮船公司的个体船主，在履行承运合同过程中采用以次充好的方式骗取收货方收货并向货主足额支付货款及运费的，该行为如何定性？②

挂靠人员是否属于运输公司员工，可以通过挂靠人员与运输公司之间是否具有劳资关系、雇佣关系综合认定。不属于运输公司的员工，就不符合职务侵占罪的构成特征。承运合同是市场经济中较为常见的一种要式合同，事先签订合同，并在履行合同过程中实施了诈骗活动，不但侵害了他人财物的所有权，而且严重扰乱了正常的市场经济秩序。因此，行为人系出于非法占有他人财物的目的，利用签订、履行合同实施诈骗犯罪活动，应当按照合同诈骗罪定罪处罚。

---

① 案例来源：《刑事审判参考》第 807 号指导案例，张某岩等合同诈骗案。

② 案例来源：《刑事审判参考》第 808 号指导案例，吴某合同诈骗案。

(四) 疑难、复杂问题的参考性解答

1. 正确认识合同诈骗罪构成要件

犯罪主体为一般主体，自然人和单位均可构成本罪的主体。

本罪侵犯的客体是经济合同管理秩序和公私财物的所有权。“合同”，主要是指经济合同，即法人之间为实现一定的目的依法达成的具有权利义务内容的协议。其形式包括口头合同与书面合同。原《民法通则》规定，签订、履行合同必须遵循自愿、公平、等价有偿、诚实信用的原则。但是，一些不法分子以非法占有他人财物为目的，与他人签订经济合同，骗取他人的钱财，不仅侵害了经济合同管理秩序，扰乱了市场经济秩序，也侵害了他人的财产权益，具有严重的社会危害性，应当受到刑事处罚。

主观方面由故意构成，并且具有非法占有公私财物的目的。这里所说的以非法占有为目的，既包括意图本人对非法所得的占有，也包括意图为单位或者第三人对非法所得的占有。

客观方面表现为在签订、履行合同过程中，骗取对方当事人财物，数额较大的行为。根据《刑法》第二百二十四条的规定，合同诈骗包括五种具体行为：(1) 以虚构的单位或者冒用他人的名义签订合同的。即以凭空捏造出来的单位的名义或者未经他人授权或同意以他人名义签订合同的。(2) 以伪造、变造、作废的票据或者其他虚假的产权证明作担保的。合同担保，是签订合同的当事人，根据法律规定或者双方约定，为保证合同的履行而设定的一种权利与义务关系，是减少合同风险和保障合同履行的常规做法。犯罪分子为了取得对方当事人的信任，往往以伪造、变造、作废的票据或者其他虚假的产权证明作担保，以达到利用合同，骗取钱财的目的。“票据”，是指汇票、本票和支票等金融票据；“其他虚假的产权证明”，是指证明其对某些本不享有权利的财产享有权利的证明文件，如虚假的土地使用证、房屋所有权证以及其他虚假的动产、不动产权属的“证明文件”等。(3) 没有实际履行能力，以先履行小额合同或者部分履行合同的方法，诱骗对方当事人继续签订和履行合同的。这是诈骗犯罪分子一种惯用的伎俩。履行小额合同或者部分履行合同，往往使对方当事人对其履约能力和诚意信以为真，进而与之签订标的额更大的合同。犯罪分子以此为诱饵就可以比较容易地取得对方的信任，达到诈骗钱财的目的。(4) 收受对方当事人给付的货物、货款、预付款

或者担保财产后逃匿的。这种行为是一种比较典型的合同诈骗。行为人根本不想履行合同，只要签订了合同，对方当事人给付了货物、货款、预付款或者担保财产，其犯罪目的就已实现，然后便逃跑、隐藏、躲避。（5）以其他方法骗取对方当事人财物的。这是一个概括性规定。由于合同诈骗犯罪的手段是多种多样的，法律上不可能穷尽，有必要规定这样一个弹性款项，便于司法机关具体掌握，使犯罪分子难以逃脱法律的制裁。司法实践中主要有以下情况：收受当事人给付的货物、货款、预付款或者担保财产后，无正当理由既不履行合同义务又不退还，用于违法活动；用于挥霍，致使无法返还；等等。

依据法律规定，合同诈骗罪，除需具备以上构成要件外，还必须骗取对方当事人财物，数额较大的，才能构成犯罪。

2. **合同诈骗罪与合同纠纷的区别**

区分二者的关键在于行为人主观上是否具有非法占有对方当事人财物的目的，客观上是否利用经济合同实施骗取对方当事人数额较大的财物的行为。合同纠纷往往是合同当事人具有一定的履约能力和担保，只是由于客观上的某些原因，虽经多方努力仍不能履行合同而使对方当事人遭受严重损失所产生的纠纷。造成纠纷的当事人并无占有他人财物的故意。因此，不能把这种纠纷当作合同诈骗罪来处理。

3. **合同诈骗罪与合同诈欺行为的区别**

合同诈欺行为，是指签订合同的一方当事人弄虚作假，诱使对方当事人在违背其真实意思表示的情况下，签订合同的行为。二者的区别在于：主观目的不同。前者是以诈骗钱财为目的，后者主观上虽有诈欺的故意，但不具有非法占有他人财物的目的，其是为了进行经营，并借以创造履约能力。对于民事诈欺行为引起的纠纷，可通过民事诉讼的方式解决。

4. **合同诈骗罪与夸大履约能力骗签合同行为的区别**

合同诈骗罪，行为人往往不具有履约能力，并且具有非法占有他人财物的目的。而夸大履约能力签订合同，行为人虽具有一定的履约能力，但故意夸大自己的履约能力，目的只是使对方当事人信任自己，并与之签订合同。所签的合同应当说是真实的，签订合同后行为人也能积极履行合同，并不具有非法占有他人财物的目的。即使经过努力仍不能全部履行合同，给对方造成经济损失，但有归还所欠财物意图的，就不能按照合同诈骗罪处理。

5. 合同诈骗罪与“借鸡生蛋”的区别

前者是想永久地占有对方当事人财物，后者不过是因一时资金困难，企图临时占用他人财物用于自己的某种临时用途，在短期内还会予以偿还。“借鸡生蛋”的行为人与他人签订合同的目的，既不想履行合同，也不想长期占有，而是应急解决一时困难。只要能在短时间里偿还并赔偿损失，就可不以合同诈骗罪论处。

6. 合同诈骗罪与诈骗罪的区别

从构成要件上看，主要有以下区别：第一，犯罪客体不同。合同诈骗罪侵犯的客体是复杂客体，不仅侵犯了公私财产所有权，且侵犯了国家的合同管理制度，破坏了社会主义市场经济秩序，因而排列在刑法分则第三章破坏社会主义经济秩序罪的第八节扰乱市场秩序罪之中；诈骗罪侵犯的客体是单一客体，即公私财产所有权，在刑法分则中位于第五章侵犯财产类犯罪之中。第二，犯罪主体不同。合同诈骗罪与诈骗罪都可以由自然人构成，但是根据《刑法》第二百三十一条的规定，合同诈骗罪的主体可以由单位构成，而诈骗罪的主体只能由自然人构成。第三，犯罪手段不同。诈骗罪与合同诈骗罪虽然在客观方面都是采用虚构事实、隐瞒真相的方法，使他人上当受骗，自愿交出财物，但是合同诈骗罪必须是利用合同，即以签订、履行合同为手段，骗取他人财物；诈骗罪则对诈骗的手段没有限定，只要行为人采取欺骗手段骗取他人财物的，均可构成。由以上两罪的区别可以看出，合同诈骗罪是一种利用合同进行诈骗的犯罪，诈骗行为发生在合同签订、履行过程中，行为人非法占有的财物，是与合同签订、履行有关的财物。

（五）量刑指导或参考

依照《刑法》第二百二十四条规定，犯合同诈骗罪的，处三年以下有期徒刑或者拘役，并处或者单处罚金；数额巨大或者有其他严重情节的，处三年以上十年以下有期徒刑，并处罚金；数额特别巨大或者有其他特别严重情节的，处十年以上有期徒刑或者无期徒刑，并处罚金或者没收财产。

依照《刑法》第二百三十一条规定，单位犯本罪的，对单位判处罚金，并对其直接负责的主管人员和其他直接责任人员，依照第二百二十四条的规定处罚。

司法机关在适用《刑法》第二百二十四条规定处罚时，应当注意以下问题：

“数额巨大或者有其他严重情节的”“数额特别巨大或者有其他特别严重情节的”是判处较重刑罚的条件。司法实践中，对于利用合同进行诈骗的，因其情况复杂，在数额标准上应适当高于普通诈骗罪的数额标准。“其他严重情节”，一般是指手段恶劣，动机卑鄙，或者给对方造成严重经济损失的等情形。“其他特别严重情节”，一般是指给对方当事人造成特别严重的经济损失的；造成企业破产等特别严重后果的等情形。

诈骗数额应当以行为人实际骗取的数额认定。合同标的数额可以作为量刑情节予以考虑。行为人利用合同多次进行诈骗或者连续进行诈骗，用后次诈骗款项归还前次诈骗款项的，应按最后实际诈骗数额计算，上述情节可作为量刑情节予以考虑。

五、组织、领导传销活动罪

（一）刑法规定

第二百二十四条之一[①] 组织、领导以推销商品、提供服务等经营活动为名，要求参加者以缴纳费用或者购买商品、服务等方式获得加入资格，并按照一定顺序组成层级，直接或者间接以发展人员的数量作为计酬或者返利依据，引诱、胁迫参加者继续发展他人参加，骗取财物，扰乱经济社会秩序的传销活动的，处五年以下有期徒刑或者拘役，并处罚金；情节严重的，处五年以上有期徒刑，并处罚金。

（二）司法解释、司法文件及其权威解读

1. 最高人民检察院、公安部关于公安机关管辖的刑事案件立案追诉标准的规定（二）（自2022年5月15日起施行）（节录）

第七十条 ［组织、领导传销活动案（刑法第二百二十四条之一）］组织、领导以推销商品、提供服务等经营活动为名，要求参加者以缴纳费用或者购买商品、服务等方式获得加入资格，并按照一定顺序组成层级，直接或

① 本罪由《刑法修正案（七）》第四条增设。

者间接以发展人员的数量作为计酬或者返利依据，引诱、胁迫参加者继续发展他人参加，骗取财物，扰乱经济社会秩序的传销活动，涉嫌组织、领导的传销活动人员在三十人以上且层级在三级以上的，对组织者、领导者，应予立案追诉。

下列人员可以认定为传销活动的组织者、领导者：

（一）在传销活动中起发起、策划、操纵作用的人员；

（二）在传销活动中承担管理、协调等职责的人员；

（三）在传销活动中承担宣传、培训等职责的人员；

（四）因组织、领导传销活动受过刑事追究，或者一年内因组织、领导传销活动受过行政处罚，又直接或者间接发展参与传销活动人员在十五人以上且层级在三级以上的人员；

（五）其他对传销活动的实施、传销组织的建立、扩大等起关键作用的人员。

2. 最高人民法院、最高人民检察院、公安部关于办理组织领导传销活动刑事案件适用法律若干问题的意见（公通字〔2013〕37 号，自 2013 年 11 月 14 日起施行）

一、关于传销组织层级及人数的认定问题

以推销商品、提供服务等经营活动为名，要求参加者以缴纳费用或者购买商品、服务等方式获得加入资格，并按照一定顺序组成层级，直接或者间接以发展人员的数量作为计酬或者返利依据，引诱、胁迫参加者继续发展他人参加，骗取财物，扰乱经济社会秩序的传销组织，其组织内部参与传销活动人员在三十人以上且层级在三级以上的，应当对组织者、领导者追究刑事责任。

组织、领导多个传销组织，单个或者多个组织中的层级已达三级以上的，可将在各个组织中发展的人数合并计算。

组织者、领导者形式上脱离原传销组织后，继续从原传销组织获取报酬或者返利的，原传销组织在其脱离后发展人员的层级数和人数，应当计算为其发展的层级数和人数。

办理组织、领导传销活动刑事案件中，确因客观条件的限制无法逐一收集参与传销活动人员的言词证据的，可以结合依法收集并查证属实的缴纳、支付费用及计酬、返利记录，视听资料，传销人员关系图，银行账户交易记录，互联网电子数据，鉴定意见等证据，综合认定参与传销的人数、层级数等犯罪事实。

二、关于传销活动有关人员的认定和处理问题

下列人员可以认定为传销活动的组织者、领导者：

（一）在传销活动中起发起、策划、操纵作用的人员；

（二）在传销活动中承担管理、协调等职责的人员；

（三）在传销活动中承担宣传、培训等职责的人员；

（四）曾因组织、领导传销活动受过刑事处罚，或者一年以内因组织、领导传销活动受过行政处罚，又直接或者间接发展参与传销活动人员在十五人以上且层级在三级以上的人员；

（五）其他对传销活动的实施、传销组织的建立、扩大等起关键作用的人员。

以单位名义实施组织、领导传销活动犯罪的，对于受单位指派，仅从事劳务性工作的人员，一般不予追究刑事责任。

三、关于“骗取财物”的认定问题

传销活动的组织者、领导者采取编造、歪曲国家政策，虚构、夸大经营、投资、服务项目及盈利前景，掩饰计酬、返利真实来源或者其他欺诈手段，实施刑法第二百二十四条之一规定的行为，从参与传销活动人员缴纳的费用或者购买商品、服务的费用中非法获利的，应当认定为骗取财物。参与传销活动人员是否认为被骗，不影响骗取财物的认定。

四、关于“情节严重”的认定问题

对符合本意见第一条第一款规定的传销组织的组织者、领导者，具有下列情形之一的，应当认定为刑法第二百二十四条之一规定的“情节严重”：

（一）组织、领导的参与传销活动人员累计达一百二十人以上的；

（二）直接或者间接收取参与传销活动人员缴纳的传销资金数额累计达二百五十万元以上的；

（三）曾因组织、领导传销活动受过刑事处罚，或者一年以内因组织、领导传销活动受过行政处罚，又直接或者间接发展参与传销活动人员累计达六十人以上的；

（四）造成参与传销活动人员精神失常、自杀等严重后果的；

（五）造成其他严重后果或者恶劣社会影响的。

五、关于“团队计酬”行为的处理问题

传销活动的组织者或者领导者通过发展人员，要求传销活动的被发展人员发展其他人员加入，形成上下线关系，并以下线的销售业绩为依据计算和给付上线报酬，牟取非法利益的，是“团队计酬”式传销活动。

以销售商品为目的、以销售业绩为计酬依据的单纯的“团队计酬”式传销活动，不作为犯罪处理。形式上采取“团队计酬”方式，但实质上属于“以发展人员的数量作为计酬或者返利依据”的传销活动，应当依照刑法第二百二十四条之一的规定，以组织、领导传销活动罪定罪处罚。

六、关于罪名的适用问题

以非法占有为目的，组织、领导传销活动，同时构成组织、领导传销活动罪和集资诈骗罪的，依照处罚较重的规定定罪处罚。

犯组织、领导传销活动罪，并实施故意伤害、非法拘禁、敲诈勒索、妨害公务、聚众扰乱社会秩序、聚众冲击国家机关、聚众扰乱公共场所秩序、交通秩序等行为，构成犯罪的，依照数罪并罚的规定处罚。

七、其他问题

本意见所称“以上”、“以内”，包括本数。

本意见所称“层级”和“级”，系指组织者、领导者与参与传销活动人员之间的上下线关系层次，而非组织者、领导者在传销组织中的身份等级。

对传销组织内部人数和层级数的计算，以及对组织者、领导者直接或者间接发展参与传销活动人员人数和层级数的计算，包括组织者、领导者本人及其本层级在内。

（三）典型或常见问题的审理思路

1. 如何认定组织、领导传销活动罪？①

组织、领导传销活动罪在犯罪的客观方面表现为，组织、领导传销活动，骗取财物，扰乱经济和社会秩序。该罪在客观方面有三个特征：（1）“经营”形式上具有欺骗性。传销组织所宣传的“经营”活动，实际上是以“经营”为幌子，有的传销组织甚至没有任何实际经营活动，根本不可能保持传销组织的运转，其许诺或者支给成员的回报，来自成员缴纳的入门费。由于人员

① 案例来源：《刑事审判参考》第717号指导案例，危某才组织、领导传销活动案。

不可能无限增加，资金链必然断裂，传销组织人员不断增加的过程实际上也是风险不断积累和放大的过程，因此，传销活动在本质上具有诈骗性质。（2）计酬方式上，直接或者间接以发展人员的数量作为计酬或者返利依据。传销组织的参加者通过发展人员，再要求被发展者不断发展其他人员加入，形成上下线关系，并以下线发展的人数多少为依据计算和给付上线报酬。（3）组织结构上具有等级性。在传销组织中，一般根据加入的顺序、发展人员的多少分成不同的等级。每个人都有一定的级别，只有发展一定数量的下线以后才能升级，由此呈现底大尖小的“金字塔形”结构。

本案行为人所在公司系按照传销人员在公司中各自发展的人数（包括下线及下下线的人数总和）来确定传销人员的等级地位。每个被发展进传销公司的人都必须先交钱购买产品，之后即取得该传销组织所谓的“营销权”，就可以发展其他人员加入，以此形成严密的人员网络，从中获取提成。以“下线发展越多，提成越多”来诱骗新的人员参与传销活动，该公司在组织结构上具有明显的层级性，并呈“金字塔形”，在计酬方式上完全以下线发展的人数多少为依据计算和给付上线报酬。行为人虽然不是传销活动的最初发起、策划者，但他通过发展下线和下下线，已经成为公司法定代表人，属于五级传销商，其利用传销公司的名义直接发展下线及下下线241人以上，经营额至少为867600元，属于在所实施的传销活动中起骨干、领导作用的人，符合组织、领导传销活动罪的主体特征。故以组织、领导传销活动罪定罪。

2. 传销与单层次直销如何区分？如何区分传销行为与多层级直销行为（团体计酬）？①

单层次直销是商品和服务的生产者将生产的产品通过专卖店或者营销人员直接把产品销售给终端客户，且给予服务的销售方式，是一种合法且受法律保护的经营行为。它与传销具有本质的区别，主要表现在以下几个方面：（1）是否以销售产品为企业营运的基础。直销以销售产品或者提供服务作为公司收益的来源。而传销则以拉人头牟利或者借销售伪劣或质次价高的产品变相拉人头牟利，有的传销甚至根本无销售产品可言。（2）是否收取高额入门费。单层次直销企业的推销员无须缴付任何高额入门费，也不会被强制认

---

① 案例来源：《刑事审判参考》第842号指导案例，王某组织、领导传销活动案。

购货品。而在传销中，参加者通过缴纳高额入门费或者被要求先认购一定数量质次价高（通常情况下价格严重高于产品价值）的产品以变相缴纳高额入门费作为参与的条件，进而刺激下线人员不择手段地拉人加入以赚取利润。（3）是否拥有经营场所。单层次直销企业都有自己的经营场所，有自己的产品和服务，销售人员都直接与公司签订合同，其从业行为直接接受公司的规范与管理。而传销的“经营者”没有自己的经营场所，也没有从事销售产品或者提供服务的经营活动，只是假借“经营活动”骗取他人信任和逃避有关机关的管理和打击，通过收取高额入门费为整个传销组织的组织者和领导者攫取暴利，其本身不会产生任何的利润和收益，也不会为国家和社会创造任何的经济价值。（4）是否遵循价值规律分配报酬。单层次直销企业的工作人员主要通过销售商品、提供服务获取利润，其薪酬的高低主要与工作人员的销售业绩相挂钩。而通过以高额回报为诱饵招揽人员从事“变相销售”的传销行为，因为其不存在销售行为，故不会产生任何的销售收入，其报酬全部来源于高额的会员费。更主要的是，并非所有传销人员都能够获取报酬，从整体上看，只有处于组织核心和顶层的领导者和组织者才能获取暴利，其余人员均是损失的承担者，不会获取任何收入。（5）是否具有完善的售后服务保障制度。单层次直销企业作为正规经营的经济体，有合格、规范、快捷的售后服务操作流程，通常能够为顾客提供完善的退货保障。而传销活动绝大部分没有产品和服务，即便提供也通常强制约定不可退货或者退货条件非常苛刻。再者，传销组织一般也不会设立专门的售后服务部门，消费者已购的产品难以退货，遇到质量问题也得不到解决，消费者退货和投诉无门的情况普遍存在。（6）是否实行制度化的人员管理。单层次直销形式下，企业对工作人员的管理模式正规、科学，有健全的工会组织，充分尊重人员的自由，保障员工的合法权益。而在传销组织中，上线主要通过非法拘禁、诱骗，甚至在某种情况下采取非常暴力的手段控制下线，并以此对下线产生威慑进而使其继续发展下线。因而在传销活动中，传销人员尤其是处于底层的人员没有人身自由，合法权益难以得到保障。正因如此，传销活动往往诱发其他类型的犯罪，给正常的社会秩序和公民的生命财产安全带来严重影响。

区分传销行为与多层级直销行为（团体计酬）的罪名适用问题。从《刑法》第二百二十四条之一关于“直接或者间接以发展人员的数量作为计酬或者返利依据”的规定可以看出，组织、领导传销活动罪规制的是以“人头数”作为计酬标准的犯罪行为；而多层次直销的团体计酬方式则表现为上线以下线的销售业绩为依据计算报酬，而不是下线的人数。这一显著区别一方面体现出以上两种行为的不同；另一方面也表明多层次直销行为不在对传销活动的刑罚打击范围之内。根据《最高人民法院关于情节严重的传销或者变相传销行为如何定性问题的批复》（出台于《刑法修正案（七）》施行之前，现已废止）的规定，对于多层次直销这种“团体计酬”的行为应当以非法经营罪定罪处罚。《刑法修正案（七）》施行之后，对于团体计酬行为是否以非法经营罪定罪处罚，目前还存在争议。因此，司法实践中有必要将传销行为与多层级直销行为（团体计酬）区别开来。

（四）疑难、复杂问题的参考性解答

1. 组织、领导传销活动罪客观方面注意要点

本罪客观方面表现为组织、领导传销活动的行为。根据2005年11月1日施行的国务院《禁止传销条例》第七条的规定，下列行为属于传销行为：（1）组织者或者经营者通过发展人员，要求被发展人员发展其他人员加入，对发展的人员以其直接或者间接滚动发展的人员数量为依据计算和给付报酬，牟取非法利益的；（2）组织者或者经营者通过发展人员，要求被发展人员交纳费用或者以认购商品等方式变相交纳费用，取得加入或者发展其他人员加入的资格，牟取非法利益的；（3）组织者或者经营者通过发展人员，要求被发展人员发展其他人员加入，形成上下线关系，并以下线的销售业绩为依据计算和给付上线报酬，牟取非法利益的。《刑法》第二百二十四条之一，基本包括这三种形式的传销行为和本质特征，明确规定本罪处罚的是传销行为的组织、领导行为。

2. 区分罪与非罪的界限

按照《追诉标准（二）》第七十条的规定，涉嫌组织、领导的传销活动人员在三十人以上且层级在三级以上的，应予立案追诉。

3. 区分组织、领导者与一般参与者

传销活动的组织者、领导者是指在传销活动中起组织、领导作用的发起人、决策人、操纵者，以及在传销活动中担负策划、指挥、布置、协调等重要职责，或者在传销活动实施中起到关键作用的人员。

"组织"行为，应当作限制解释。在传销组织中，其组织者是指策划、纠集他人实施传销犯罪的人，那些在传销活动前期筹备和后期发展壮大中起主要作用，同时获取实际利益的骨干成员，除此之外的人不应当作为组织者加以处理，以免扩大打击面，不利于突出对首要分子的制裁力度。"领导"行为，主要是指在传销组织中居于领导地位的人员，对传销组织的活动进行策划、决策、指挥、协调的行为，也包括一些幕后组织者对传销组织的实际操纵和控制行为。传销组织的领导者主要是指在传销组织的层级结构中居于最核心的，对传销组织的正常运转起关键作用的极少数成员。对领导者的身份，应当从负责管理的范围、在营销网络中的层级、涉案金额等三个方面综合认定。

基于上述分析，下列行为均属于组织、领导行为：为传销活动的前期筹备、初步实施、未来发展实施谋划、设计起到统领作用的行为；在传销初期，实施了确定传销形式、采购商品、制定规则、发展下线和组织分工等宣传行为；在传销实施过程中，积极参与传销各方面的管理工作，如讲课、鼓动、威逼利诱、胁迫他人加入的行为；等等。

对于参与传销活动的一般人员应当如何处理，有的观点认为，应以非法经营罪定罪处罚。这种主张不符合立法精神，容易造成打击面过大，激化矛盾。传销犯罪是一种"涉众型"的经济犯罪，在组织结构上通常呈现出"金字塔形"的特点，司法实务中应当贯彻宽严相济的刑事政策精神，根据传销活动参与者的地位、作用，科学合理地划定打击对象的范围：对于在传销网络建立、扩张过程中起组织、策划、领导作用的首要分子给予刑事处罚；对于并非策划、发起人，但积极加入其中，并在由其实施的传销活动中起组织、领导、骨干作用的，也应以组织者、领导者追究刑事责任；对于参与传销活动的一般人员则可以通过行政处罚、教育遣散等方式进行处理，不宜追究刑事责任。

（五）量刑指导或参考

依照《刑法》第二百二十四条之一规定，犯组织、领导传销活动罪的，处五年以下有期徒刑或者拘役，并处罚金；情节严重的，处五年以上有期徒刑，并处罚金。

依照《刑法》第二百三十一条规定，单位犯本罪的，对单位判处罚金，并对其直接负责的主管人员和其他直接责任人员，依照第二百二十四条之一的规定处罚。

司法机关在适用《刑法》第二百二十四条之一规定处罚时，应当注意以下问题：

“情节严重”，是本罪的加重处罚情节，司法实践中，一般是指组织、领导的传销活动人数庞大的；涉案金额巨大的；引诱、胁迫群众参与传销情节恶劣的；造成恶劣社会影响或者严重后果的等情形。

如果行为人组织、领导传销活动同时构成其他犯罪的，如生产、销售伪劣产品罪、非法集资罪、非法拘禁罪等，则依照处罚较重的规定定罪处罚。

六、非法经营罪

（一）刑法规定

第二百二十五条[①] 违反国家规定，有下列非法经营行为之一，扰乱市场秩序，情节严重的，处五年以下有期徒刑或者拘役，并处或者单处违法所得一倍以上五倍以下罚金；情节特别严重的，处五年以上有期徒刑，并处违法所得一倍以上五倍以下罚金或者没收财产：

（一）未经许可经营法律、行政法规规定的专营、专卖物品或者其他限制买卖的物品的；

（二）买卖进出口许可证、进出口原产地证明以及其他法律、行政法规规定的经营许可证或者批准文件的；

（三）未经国家有关主管部门批准非法经营证券、期货、保险业务的，或者非法从事资金支付结算业务的；

（四）其他严重扰乱市场秩序的非法经营行为。

① 该条文经历过两次修正。《刑法修正案》第八条增加了第（三）项关于“未经国家有关主管部门批准，非法经营证券、期货、保险业务的”的规定，将原文第（三）项改为第（四）项。《刑法修正案（七）》第五条在第（三）项增加了“非法从事资金支付结算业务的”规定。

（二）司法解释、司法文件及其权威解读

1. 最高人民法院关于审理骗购外汇、非法买卖外汇刑事案件具体应用法律若干问题的解释（法释〔1998〕20号，自1998年9月1日起施行）

第三条　在外汇指定银行和中国外汇交易中心及其分中心以外买卖外汇，扰乱金融市场秩序，具有下列情形之一的，按照刑法第二百二十五条第（三）项的规定定罪处罚：

（一）非法买卖外汇二十万美元以上的；

（二）违法所得五万元人民币以上的。

第四条　公司、企业或者其他单位，违反有关外贸代理业务的规定，采用非法手段、或者明知是伪造、变造的凭证、商业单据，为他人向外汇指定银行骗购外汇，数额在五百万美元以上或者违法所得五十万元人民币以上的，按照刑法第二百二十五条第（三）项的规定定罪处罚。

居间介绍骗购外汇一百万美元以上或者违法所得十万元人民币以上的，按照刑法第二百二十五条第（三）项的规定定罪处罚。

第五条　海关、银行、外汇管理机关工作人员与骗购外汇的行为人通谋，为其提供购买外汇的有关凭证，或者明知是伪造、变造的凭证和商业单据而出售外汇，构成犯罪的，按照刑法的有关规定从重处罚。

第六条　实施本解释规定的行为，同时触犯二个以上罪名的，择一重罪从重处罚。

第七条　根据刑法第六十四条规定，骗购外汇、非法买卖外汇的，其违法所得予以追缴，用于骗购外汇、非法买卖外汇的资金予以没收，上缴国库。

第八条　骗购、非法买卖不同币种的外汇的，以案发时国家外汇管理机关制定的统一折算率折合后依照本解释处罚。

2. 最高人民法院关于审理非法出版物刑事案件具体应用法律若干问题的解释（法释〔1998〕30号，自1998年12月23日起施行）

第十一条　违反国家规定，出版、印刷、复制、发行本解释第一条至第十条规定以外的其他严重危害社会秩序和扰乱市场秩序的非法出版物，情节严重的，依照刑法第二百二十五条第（三）项的规定，以非法经营罪定罪处罚。

第十二条　个人实施本解释第十一条规定的行为，具有下列情形之一的，

属于非法经营行为“情节严重”：

（一）经营数额在五万元至十万元以上的；

（二）违法所得数额在二万元至三万元以上的；

（三）经营报纸五千份或者期刊五千本或者图书二千册或者音像制品、电子出版物五百张（盒）以上的。

具有下列情形之一的，属于非法经营行为“情节特别严重”：

（一）经营数额在十五万元至三十万元以上的；

（二）违法所得数额在五万元至十万元以上的；

（三）经营报纸一万五千份或者期刊一万五千本或者图书五千册或者音像制品、电子出版物一千五百张（盒）以上的。

第十三条 单位实施本解释第十一条规定的行为，具有下列情形之一的，属于非法经营行为“情节严重”：

（一）经营数额在十五万元至三十万元以上的；

（二）违法所得数额在五万元至十万元以上的；

（三）经营报纸一万五千份或者期刊一万五千本或者图书五千册或者音像制品、电子出版物一千五百张（盒）以上的。

具有下列情形之一的，属于非法经营行为“情节特别严重”：

（一）经营数额在五十万元至一百万元以上的；

（二）违法所得数额在十五万元至三十万元以上的；

（三）经营报纸五万份或者期刊五万本或者图书一万五千册或者音像制品、电子出版物五千张（盒）以上的。

第十四条 实施本解释第十一条规定的行为，经营数额、违法所得数额或者经营数量接近非法经营行为“情节严重”、“情节特别严重”的数额、数量起点标准，并具有下列情形之一的，可以认定为非法经营行为“情节严重”、“情节特别严重”：

（一）两年内因出版、印刷、复制、发行非法出版物受过行政处罚两次以上的；

（二）因出版、印刷、复制、发行非法出版物造成恶劣社会影响或者其他严重后果的。

第十五条 非法从事出版物的出版、印刷、复制、发行业务，严重扰乱市场秩序，情节特别严重，构成犯罪的，可以依照刑法第二百二十五条第

（三）项的规定，以非法经营罪定罪处罚。

第十六条　出版单位与他人事前通谋，向其出售、出租或者以其他形式转让该出版单位的名称、书号、刊号、版号，他人实施本解释第二条、第四条、第八条、第九条、第十条、第十一条规定的行为，构成犯罪的，对该出版单位应当以共犯论处。

第十七条　本解释所称"经营数额"，是指以非法出版物的定价数额乘以行为人经营的非法出版物数量所得的数额。

本解释所称"违法所得数额"，是指获利数额。

非法出版物没有定价或者以境外货币定价的，其单价数额应当按照行为人实际出售的价格认定。

3. **全国人民代表大会常务委员会关于惩治骗购外汇、逃汇和非法买卖外汇犯罪的决定**（自1998年12月29日起施行）

四、在国家规定的交易场所以外非法买卖外汇，扰乱市场秩序，情节严重的，依照刑法第二百二十五条的规定定罪处罚。

单位犯前款罪的，依照刑法第二百三十一条的规定处罚。

4. **最高人民法院、最高人民检察院、公安部办理骗汇、逃汇犯罪案件联席会议纪要**（1999年3月16日）（节录）

二、全国人大常委会《关于惩治骗购外汇、逃汇和非法买卖外汇犯罪的决定》（以下简称《决定》）公布施行后发生的犯罪行为，应当依照《决定》办理；对于《决定》公布施行前发生的公布后尚未处理或者正在处理的行为，依照修订后的刑法第十二条第一款规定的原则办理。

最高人民法院1998年8月28日发布的《关于审理骗购外汇、非法买卖外汇刑事案件具体应用法律若干问题的解释》（以下简称《解释》），是对具体应用修订后的刑法有关问题的司法解释，适用于依照修订后的刑法判处的案件。各执法部门对于《解释》应当准确理解，严格执行。

《解释》第四条规定："公司、企业或者其他单位，违反有关外贸代理业务的规定，采用非法手段、或者明知是伪造、变造的凭证、商业单据，为他人向外汇指定银行骗购外汇，数额在五百万美元以上或者违法所得五十万元人民币以上的，按照刑法第二百二十五条第（三）项的规定定罪处罚；居间介绍骗购外汇一百万美元以上或者违法所得十万元人民币以上的，按照刑法第二百二十五条第（三）项的规定定罪处罚。"上述所称"采用非法手段"，是指有国家批准的进出口经营权的外贸代理企业在经营代理进口业务时，不按国家经济主管部门有关规定履行职责，放任被代理方自带客户、自带货源、自带汇票、自行报关，在不见进口产品、不见供货货主、不见外商的情况下代理进口业务，或者采取法律、行政法规和部门规章禁止的其他手段代理进口业务。

认定《解释》第四条所称的“明知”，要结合案件的具体情节予以综合考虑，不能仅仅因为行为人不供述就不予认定。报关行为先于签订外贸代理协议的，或者委托方提供的购汇凭证明显与真实凭证、商业单据不符的，应当认定为明知。

《解释》第四条所称“居间介绍骗购外汇”，是指收取他人人民币、以虚假购汇凭证委托外贸公司、企业骗购外汇，获取非法收益的行为。

5. 最高人民法院关于审理扰乱电信市场管理秩序案件具体应用法律若干问题的解释（法释〔2000〕12号，自2000年5月24日起施行）

第一条 违反国家规定，采取租用国际专线、私设转接设备或者其他方法，擅自经营国际电信业务或者涉港澳台电信业务进行营利活动，扰乱电信市场管理秩序，情节严重的，依照刑法第二百二十五条第（四）项的规定，以非法经营罪定罪处罚。

第二条 实施本解释第一条规定的行为，具有下列情形之一的，属于非法经营行为“情节严重”：

（一）经营去话业务数额在一百万元以上的；

（二）经营来话业务造成电信资费损失数额在一百万元以上的。

具有下列情形之一的，属于非法经营行为“情节特别严重”：

（一）经营去话业务数额在五百万元以上的；

（二）经营来话业务造成电信资费损失数额在五百万元以上的。

第三条 实施本解释第一条规定的行为，经营数额或者造成电信资费损失数额接近非法经营行为“情节严重”、“情节特别严重”的数额起点标准，并具有下列情形之一的，可以分别认定为非法经营行为“情节严重”、“情节特别严重”：

（一）两年内因非法经营国际电信业务或者涉港澳台电信业务行为受过行政处罚两次以上的；

（二）因非法经营国际电信业务或者涉港澳台电信业务行为造成其他严重

后果的。

第四条 单位实施本解释第一条规定的行为构成犯罪的，对单位判处罚金，并对其直接负责的主管人员和其他直接责任人员，依照本解释第二条、第三条的规定处罚。

第五条 违反国家规定，擅自设置、使用无线电台（站），或者擅自占用频率，非法经营国际电信业务或者涉港澳台电信业务进行营利活动，同时构成非法经营罪和刑法第二百八十八条规定的扰乱无线电通讯管理秩序罪的，依照处罚较重的规定定罪处罚。

第十条 本解释所称“经营去话业务数额”，是指以行为人非法经营国际电信业务或者涉港澳台电信业务的总时长（分钟数）乘以行为人每分钟收取的用户使用费所得的数额。

本解释所称“电信资费损失数额”，是指以行为人非法经营国际电信业务或者涉港澳台电信业务的总时长（分钟数）乘以在合法电信业务中我国应当得到的每分钟国际结算价格所得的数额。

权威解读

解读《最高人民法院关于审理扰乱电信市场管理秩序案件具体应用法律若干问题的解释》

一、制定《解释》的背景

（一）非法经营国际及涉港澳台电信业务的基本情况

在我国，非法经营国际电信业务和涉港澳台电信业务的现象始发于1995年，最初主要集中在广东、上海。近年来，北京、福建、河南、浙江等地也多有发生，并呈愈演愈烈之势。非法经营行为的主要表现形式有以下几种：

1. 与国外电信经营者勾结，利用租用的国际专线私设转接平台，经营国际来话业务，赚取国家应当收取的国际电话结算费用。例如，从美国打到中国境内的一个国际长途电话，美方应当根据话费账单按照国际电信结算办法支付给我国0.7美元/分钟，但是通过租用的国际专线打进的国际电话不属于国际电话结算范围，就使得我国无法收取应当收取的国际结算费用，每年损失高达几亿元。

2. 与中国香港地区的机构或者人员勾结，利用香港地区打到内地不同地区电话费的价格差异，非法经营电话业务。例如，香港地区打到深圳的电话费为2.4港币/分钟，打到广东其他地区的电话费为3.7港币/分钟，打到国内其他地区的电话费为7.8港币/分钟，犯罪分子通过在深圳设立转接平台，转接本应直接打入内地的电话，从中获取差价。

3. 利用租用的国际专线非法经营国际传真业务。例如，广东查处的某公司非法经营国际传真业务案件，该公司在1996年至1997年8月间，以低于国家资费30%的价格发展客户，仅10个月的时间就获取非法收入5000万元。

4. 利用特殊地理位置，在深圳私拉跨境通信线路；私设过境微波，在福建厦门利用无线移动通信信号覆盖中国台湾地区、金门部分地域的条件，非法设立经营点，从事电话转接业务等。

5. 其他形式还有：非法经营国际电话回叫业务（callback）、利用国际互联网非法经营网络电话业务（IP电话）、网络传真业务（IP传真）等。

（二）非法经营国际及涉港澳台电信业务的危害性

目前，世界各国电信业处于不同发展阶段，在国际电信业务资费方面，发展中国家的国际电信业务资费水平普遍高于发达国家，因此存在一定的价差。在这种背景下，非法经营国际电信业务行为的危害主要有以下几个方面：

1. 扰乱电信市场管理秩序。按照1990年9月3日《国务院批转邮电部关于加强通信行业管理和认真整顿通信秩序请示的通知》（国发1990〔54〕号）的规定，我国国际电信业务由邮电部门统一经营。为了保护和促进我国国际及港澳台电信事业的发展，按照国家的总体部署，在短期内我国仍将实行统一经营管理的战略方针。即使开放这一市场，也必须在国家的管理之下有序进行。无论从哪个角度说，未经电信主管部门许可，逃避国家监管，非法经营国际及港澳台电信业务的行为，都将严重破坏电信市场管理秩序，不利于电信事业的顺利发展。

2. 逃避国家对电信网的安全监控，为国外敌对势力进行情报、窃密等活动提供了便利条件，对国家安全和社会稳定构成威胁。

3. 造成巨大经济损失。据中国电信的有关部门估算，仅利用租用的国际专线非法经营国际电信业务一项，每年给中国电信造成的国际业务损失就达几十亿元，也使国家税收大量流失。

（三）查处非法经营国际及港澳台电信业务行为遇到的问题

1997年4月，上海普陀区人民法院曾对被告人苏某胜于1996年实施的非法经营国际电信业务行为（涉案金额达40余万元），依照修订前的《刑法》以投机倒把罪判处有期徒刑六个月，罚金2万元。《刑法》修订后，将投机倒把罪分解为非法经营罪等罪名，对非法经营国际电信业务行为能否依照《刑法》第二百二十五条第四项“其他严重扰乱市场秩序的非法经营行为”的规定，以非法经营罪定罪处罚存在争议，导致许多已经掌握充分证据的案件无法起诉审判。

（四）加入 WTO 与依法打击非法经营国际电信业务行为的关系

据了解，许多发展中国家在签订《基础电信协议》或者作出承诺时都根据本国国情，特别是基于国家安全的考虑，采取逐步开放电信市场的做法，包括限制外资比例和逐步放开允许外资进入的电信业务领域。从这个意义上说，经营国际电信业务即使是在入世以后仍属于严格管制的范围，对于未经批准擅自经营国际电信业务的行为应当予以惩处。

非法经营国际电信业务的行为人大多是受利益驱动，通过租用国际专线经营国际来话业务，或者利用国际与国内电信资费的价差获取利润等方式经营国际电信业务。随着电信市场竞争的加剧，国际电信资费的下降，非法经营国际电信业务行为仍将存在。尽管电信资费下降会使非法经营行为获利减少，但是由于价差的存在，还会给非法经营行为提供获取利润的空间。即使我国电信资费与其他国家持平，非法经营行为人也必将采取其他手段从事非法经营行为从其他途径获取利益。随着电信全球化的发展，一些发达国家的电信公司为了在竞争中取胜，采取各种方式进入发展中国家的电信市场，通过发展中国家的不法分子从事地下经营。而对于在发展中国家内从事非法经营的人来说，只需付出较少的费用甚至不需付出任何成本就可获利，而最终遭受损失和破坏的是国家电信市场利益和秩序。因此，为了在我国加入 WTO 以前净化国内电信市场，为电信业务市场开放和迎接国际挑战创造良好的平等竞争环境，同时也为国家信息安全管理提供基础保证，为入世后依法加强对非法经营行为的法律制裁赢得主动，有必要制作相关的司法解释。

二、适用解释应当注意的几个问题

（一）对非法经营国际电信业务或者涉港澳台电信业务行为的定性问题

正如上文介绍的情况，经营国际电信业务必须得到行业主管部门的批准，否则即属于扰乱电信市场管理秩序的非法经营行为。对于情节严重的，按照《刑法》第二百二十五条第四项“其他严重扰乱市场秩序的非法经营行为”的规定，以非法经营罪定罪处罚是适宜的。

（二）关于“情节严重”“情节特别严重”的认定问题

《解释》第二条、第三条对此问题作了规定。其中第二条针对非法经营国际电信业务或者涉港澳台电信业务行为的特点，列举了两种认定“情节严重”的情形，即“经营去话业务数额在一百万元以上的”或者“经营来话业务造成电信资费损失数额在一百万元以上的”。从实际查处的情况看，非法经营国际电信业务行为虽然包括去话业务和来话业务两种，但主要是来话业务。以从国内租用国际专线经营国际长话业务为例，行为人以商务用途之名租用国际专线后，与境外合作者取得联系接通专线，由境外合作者在境外通过各种形式的广告招徕用户，使用专线的境外一端向国内打电话，在境外合作者向用户收取电话费后，与行为人按比例分成。根据租用人非法经营来话业务的分钟数乘以在合法电信业务中我国应当得到的每分钟国际结算价格，可以计算出因非法经营行为给国家造成的电信资费损失数额，根据这一数额的大小，决定是否定罪处罚。实际上，对经营来话业务的非法经营行为，认定造成电信资费损失数额相对容易一些，如果要查证经营数额则比较困难，因其经营行为主要发生在境外，相关证据材料较难取得，因此，对来话业务以损失数额为定罪标准是行得通的。同样道理，由于经营去话业务的行为主要发生在国内，而且在国内以明显低于市场的价格招徕用户极易被行业主管部门查获。虽然这种行为发生的不多，但的确存在，而且其经营数额相对比较容易获取，即根据话务单记载的行为人非法经营国际电信业务或者涉港澳台电信业务的总时长（分钟数）乘以行为人每分钟收取的用户使用费，可以求得经营数额，进而根据经营数额的大小决定是否追究刑事责任。

（三）关于《解释》第七条、第八条、第九条的规定

《解释》第八条“盗用他人公共信息网络上网账号、密码上网”的行为是当前伴随着网络通信技术发展而产生的一种新型犯罪形式，相对于一般的盗窃行为而言，这种手段更为隐秘而不易被查获，社会危害比较严重。第七条“将电信卡非法充值后使用”以及第九条“以虚假、冒用的身份证件办理入网手续并使用移动电话”的行为，以前虽也时有发生，但由于定性问题一直没有明确，导致对这些行为或是定性不准确或者不予追究。因此，对上述问题一并在《解释》中作了规定。

（撰稿：孙军工）

6. 最高人民法院关于审理破坏森林资源刑事案件具体应用法律若干问题的解释（法释〔2000〕36号，自2000年12月11日起施行）

第十三条　对于伪造、变造、买卖林木采伐许可证、木材运输证件，森林、林木、林地权属证书，占用或者征用林地审核同意书、育林基金等缴费收据以及其他国家机关批准的林业证件构成犯罪的，依照刑法第二百八十条第一款的规定，以伪造、变造、买卖国家机关公文、证件罪定罪处罚。

对于买卖允许进出口证明书等经营许可证明，同时触犯刑法第二百二十五条、第二百八十条规定之罪的，依照处罚较重的规定定罪处罚。

7. 最高人民检察院关于非法经营国际或港澳台地区电信业务行为法律适用问题的批复（高检发释字〔2002〕1号，自2002年2月11日起施行）

违反《中华人民共和国电信条例》规定，采取租用电信国际专线、私设转接设备或者其他方法，擅自经营国际或者香港特别行政区、澳门特别行政区和台湾地区电信业务进行营利活动，扰乱电信市场管理秩序，情节严重的，应当依照《刑法》第二百二十五条第（四）项的规定，以非法经营罪追究刑事责任。

8. 信息产业部、公安部、国家市场监督管理总局关于严厉打击非法经营国际电信业务违法犯罪活动的通知（信部联电〔2002〕528号，2002年11月6日公布）

非法经营国际电信业务违法犯罪活动，严重扰乱我国国际电信业务市场的正常秩序，给国家通信安全和社会安定造成极大危害，使国家及合法经营的电信企业蒙受巨大经济损失。为了清理整顿国际电信业务市场，保证国家通信安全和社会安定，保障国家和合法经营电信企业利益，维护国际电信业务市场的正常秩序，刑事执法和行政执法部门对非法经营国际电信业务的违法犯罪活动实施了集中打击，极大地震慑了犯罪分子。为了加大打击非法经营国际电信业务违法犯罪活动力度，现通告如下：

一、信息产业部、公安部、国家市场监督管理总局依据《中华人民共和国刑法》、《中华人民共和国电信条例》、《最高人民法院关于审理扰乱电信业务市场管理秩序案件具体应用法律若干问题的解释》、《最高人民检察院、公安部关于经济犯罪案件追诉标准的规定》以及其他有关法律法规，依法对非法经营国际电信业务的违法犯罪活动实施查处。对情节严重构成犯罪的，将移送司法机关依法追究刑事责任。

二、在中华人民共和国境内，未经国家行政主管部门批准，未取得国际电信业务经营资格的任何组织或者个人不得以任何方式从事国际电信业务经营活动。否则，一律视为非法经营国际电信业务。

三、合法电信业务经营者不得为非法国际电信业务经营者提供接入服务。在查处打击非法经营国际电信业务工作中，各地基础电信运营企业有责任和义务通过管理制度、技术措施积极开展工作，主动调查线索，发现非法经营国际电信业务情况的，应立即报告当地通信管理局，并应积极配合有关部门开展查处工作，如实提供相关的证据材料。

四、鼓励各类电信业务经营者以及其他组织和个人主动检举、揭发非法经营国际电信业务行为和非法经营者。各省、自治区、直辖市通信管理局和公安厅（局）将相继公布举报电话、通信地址和电子信箱地址。

9. **最高人民法院、最高人民检察院关于办理非法生产、销售、使用禁止在饲料和动物饮用水中使用的药品等刑事案件具体应用法律若干问题的解释**（法释〔2002〕26号，自2002年8月23日起施行）

第一条 未取得药品生产、经营许可证件和批准文号，非法生产、销售盐酸克仑特罗等禁止在饲料和动物饮用水中使用的药品，扰乱药品市场秩序，情节严重的，依照刑法第二百二十五条第（一）项的规定，以非法经营罪追究刑事责任。

第二条 在生产、销售的饲料中添加盐酸克仑特罗等禁止在饲料和动物饮用水中使用的药品，或者销售明知是添加有该类药品的饲料，情节严重的，依照刑法第二百二十五条第（四）项的规定，以非法经营罪追究刑事责任。

10. **最高人民检察院法律政策研究室关于1998年4月18日以前的传销或者变相传销行为如何处理的答复**（〔2003〕高检研发第7号，自2003年3月21日起施行）

湖南省人民检察院研究室：

你院《关于1998年4月18日以前情节严重或特别严重的非法传销行为是否以非法经营罪定罪处罚问题的请示》（湘检发公请字［2002］02号）收悉。经研究，答复如下：

对1998年4月18日国务院发布《关于禁止传销经营活动的通知》以前的传销或者变相传销行为，不宜以非法经营罪追究刑事责任。行为人在传销或者变相传销活动中实施销售假冒伪劣产品、诈骗、非法集资、虚报注册资本、偷税等行为，构成犯罪的，应当依照刑法的相关规定追究刑事责任。

11. **最高人民法院、最高人民检察院、公安部办理非法经营国际电信业务犯罪案件联系会议纪要**（公通字〔2002〕29号，2003年4月22日公布）

非法经营国际电信业务，不仅扰乱国际电信市场的管理秩序，造成国家电信资费的巨大损失，而且严重危害国家信息安全。

2000年5月12日最高人民法院《关于审理扰乱电信市场管理秩序案件具体应用法律若干问题的解释》（以下简称《解释》）、2001年4月18日最高人民检察院、公安部《关于经济犯罪案件追诉标准的规定》、2002年2月6日最高人民检察院《关于非法经营国际或港澳台地区电信业务行为法律适用问题的批复》先后发布实施，为公安、司法机关运用法律武器准确、及时打击此类犯罪发挥了重要作用。自2002年9月17日开始，各级公安机关在全国范围内开展了打击非法经营国际电信业务的专项行动。由于非法经营国际电信业务犯罪活动的情况比较复杂，专业性、技术性很强，犯罪手段不断翻新，出现了一些新情况、新问题，如电信运营商与其他企业或个人互相勾结，共同实施非法经营行为；非法经营行为人使用新的技术手段进行犯罪等。为准确、统一适用法律，保障专项行动的深入开展，依法查处非法经营国际电信业务的犯罪活动，2002年11月20日，最高人民法院、最高人民检察院、公安部、信息产业部等部门在北京召开联席会议，共同研究打击非法经营国际电信业务犯罪工作中的法律适用问题，对有些问题取得了一致认识。会议纪要如下：

一、各级公安机关、人民检察院、人民法院在办理非法经营国际电信业务犯罪案件中，要从维护国家信息安全、维护电信市场管理秩序和保障国家电信收入的高度认识打击非法经营国际电信业务犯罪活动的重要意义，积极参加专项行动，各司其职，相互配合，加强协调，加快办案进度。

二、《解释》第一条规定："违反国家规定，采取租用国际专线、私设转接设备或者其他方法，擅自经营国际电信业务或者涉港澳台电信业务进行营利活动，扰乱电信市场管理秩序，情节严重的，依照刑法第二百二十五条第（四）项的规定，以非法经营罪定罪处罚。"对于未取得国际电信业务（含涉港澳台电信业务，下同）经营许可证而经营，或被终止国际电信业务经营资格后继续经营，应认定为“擅自经营国际电信业务或者涉港澳台电信业务”；情节严重的，应按上述规定以非法经营罪追究刑事责任。

《解释》第一条所称“其他方法”，是指在边境地区私自架设跨境通信线路；利用互联网跨境传送 IP 话音并设立转接设备，将国际话务转接至我境内公用电话网或转接至其他国家或地区；在境内以租用、托管、代维等方式设立转接平台；私自设置国际通信出入口等方法。

三、获得国际电信业务经营许可的经营者（含涉港澳台电信业务经营者）明知他人非法从事国际电信业务，仍违反国家规定，采取出租、合作、授权等手段，为他人提供经营和技术条件，利用现有设备或另设国际话务转接设备并从中营利，情节严重的，应以非法经营罪的共犯追究刑事责任。

四、公安机关侦查非法经营国际电信业务犯罪案件，要及时全面收集和固定犯罪证据，抓紧缉捕犯罪嫌疑人。人民检察院、人民法院对正在办理的非法经营国际电信业务犯罪案件，只要基本犯罪事实清楚，基本证据确实、充分，应当依法及时起诉、审判。主犯在逃，但在案的其他犯罪嫌疑人、被告人实施犯罪的基本证据确实充分的，可以依法先行处理。

五、坚持“惩办与宽大相结合”的刑事政策。对非法经营国际电信业务共同犯罪的主犯，以及与犯罪分子相勾结的国家工作人员，应依法从严惩处。对具有自首、立功或者其他法定从轻、减轻情节的，应依法从轻、减轻处理。

六、各地在办理非法经营国际电信业务犯罪案件中遇到的有关问题，以及侦查、起诉、审判的信息要及时向各自上级主管机关报告。上级机关要加强对案件的督办、检查、指导和协调工作。

12. 最高人民法院、最高人民检察院关于办理妨害预防、控制突发传染病疫情等灾害的刑事案件具体应用法律若干问题的解释（法释〔2003〕8 号，自 2003 年 5 月 15 日起施行）

第六条 违反国家在预防、控制突发传染病疫情等灾害期间有关市场经营、价格管理等规定，哄抬物价、牟取暴利，严重扰乱市场秩序，违法所得数额较大或者有其他严重情节的，依照刑法第二百二十五条第（四）项的规定，以非法经营罪定罪，依法从重处罚。

13. **最高人民法院、最高人民检察院、公安部、国家烟草专卖局关于办理假冒伪劣烟草制品等刑事案件适用法律问题座谈会纪要**（商检会〔2003〕4号，自2003年12月23日起施行）（节录）

三、关于非法经营烟草制品行为适用法律问题

未经烟草专卖行政主管部门许可，无生产许可证、批发许可证、零售许可证，而生产、批发、零售烟草制品，具有下列情形之一的，依照刑法第二百二十五条的规定定罪处罚：

1. 个人非法经营数额在五万元以上的，或者违法所得数额在一万元以上的；

2. 单位非法经营数额在五十万元以上的，或者违法所得数额在十万元以上的；

3. 曾因非法经营烟草制品行为受过二次以上行政处罚又非法经营的，非法经营数额在二万元以上的。

四、关于共犯问题

知道或者应当知道他人实施本《纪要》第一条至第三条规定的犯罪行为，仍实施下列行为之一的，应认定为共犯，依法追究刑事责任：

1. 直接参与生产、销售假冒伪劣烟草制品或者销售假冒烟用注册商标的烟草制品或者直接参与非法经营烟草制品并在其中起主要作用的；

2. 提供房屋、场地、设备、车辆、贷款、资金、账号、发票、证明、技术等设施和条件，用于帮助生产、销售、储存、运输假冒伪劣烟草制品、非法经营烟草制品的；

3. 运输假冒伪劣烟草制品的。

上述人员中有检举他人犯罪经查证属实，或者提供重要线索，有立功表现的，可以从轻或减轻处罚；有重大立功表现的，可以减轻或者免除处罚。

五、国家机关工作人员参与实施本《纪要》第一条至第三条规定的犯罪行为的处罚问题

根据《最高人民法院、最高人民检察院关于办理生产、销售伪劣商品刑事案件具体应用法律若干问题的解释》的规定，国家机关工作人员参与实施本《纪要》第一条至第三条规定的犯罪行为的，从重处罚。

六、关于一罪与数罪问题

行为人的犯罪行为同时构成生产、销售伪劣产品罪、销售假冒注册商标

的商品罪、非法经营罪等罪的，依照处罚较重的规定定罪处罚。

14. 最高人民法院、最高人民检察院关于办理赌博刑事案件具体应用法律若干问题的解释（法释〔2005〕3号，自2005年5月13日起施行）

第六条 未经国家批准擅自发行、销售彩票，构成犯罪的，依照刑法第二百二十五条第（四）项的规定，以非法经营罪定罪处罚。

15. 最高人民法院、最高人民检察院、公安部、中国证券监督管理委员会关于整治非法证券活动有关问题的通知（证监发〔2008〕1号，自2008年1月2日起施行）（节录）

二、明确法律政策界限，依法打击非法证券活动

（三）关于非法经营证券业务的责任追究。任何单位和个人经营证券业务，必须经证监会批准。未经批准的，属于非法经营证券业务，应予以取缔；涉嫌犯罪的，依照《刑法》第二百二十五条之规定，以非法经营罪追究刑事责任。对于中介机构非法代理买卖非上市公司股票，涉嫌犯罪的，应当依照《刑法》第二百二十五条之规定，以非法经营罪追究刑事责任；所代理的非上市公司涉嫌擅自发行股票，构成犯罪的，应当依照《刑法》第一百七十九条之规定，以擅自发行股票罪追究刑事责任。非上市公司和中介机构共谋擅自发行股票，构成犯罪的，以擅自发行股票罪的共犯论处。未构成犯罪的，依照《证券法》和有关法律的规定给予行政处罚。

16. 最高人民法院、最高人民检察院关于办理妨害信用卡管理刑事案件具体应用法律若干问题的解释（法释〔2009〕19号，自2009年12月16日起施行）（节录）

第七条 违反国家规定，使用销售点终端机具（POS机）等方法，以虚构交易、虚开价格、现金退货等方式向信用卡持卡人直接支付现金，情节严重的，应当依据刑法第二百二十五条的规定，以非法经营罪定罪处罚。

实施前款行为，数额在100万元以上的，或者造成金融机构资金20万元以上逾期未还的，或者造成金融机构经济损失10万元以上的，应当认定为刑法第二百二十五条规定的“情节严重”；数额在500万元以上的，或者造成金融机构资金100万元以上逾期未还的，或者造成金融机构经济损失50万元以上的，应当认定为刑法第二百二十五条规定的“情节特别严重”。

持卡人以非法占有为目的，采用上述方式恶意透支，应当追究刑事责任的，依照刑法第一百九十六条的规定，以信用卡诈骗罪定罪处罚。

第八条　单位犯本解释第一条、第七条规定的犯罪的，定罪量刑标准依照各该条的规定执行。

17. **最高人民法院、最高人民检察院关于办理非法生产、销售烟草专卖品等刑事案件具体应用法律若干问题的解释**（法释〔2010〕7号，自2010年3月26日起施行）

第一条第五款　违反国家烟草专卖管理法律法规，未经烟草专卖行政主管部门许可，无烟草专卖生产企业许可证、烟草专卖批发企业许可证、特种烟草专卖经营企业许可证、烟草专卖零售许可证等许可证明，非法经营烟草专卖品，情节严重的，依照刑法第二百二十五条的规定，以非法经营罪定罪处罚。

第三条　非法经营烟草专卖品，具有下列情形之一的，应当认定为刑法第二百二十五条规定的“情节严重”：

（一）非法经营数额在五万元以上的，或者违法所得数额在二万元以上的；

（二）非法经营卷烟二十万支以上的；

（三）曾因非法经营烟草专卖品三年内受过二次以上行政处罚，又非法经营烟草专卖品且数额在三万元以上的。

具有下列情形之一的，应当认定为刑法第二百二十五条规定的“情节特别严重”：

（一）非法经营数额在二十五万元以上，或者违法所得数额在十万元以上的；

（二）非法经营卷烟一百万支以上的。

第四条　非法经营烟草专卖品，能够查清销售或者购买价格的，按照其销售或者购买的价格计算非法经营数额。无法查清销售或者购买价格的，按照下列方法计算非法经营数额：

（一）查获的卷烟、雪茄烟的价格，有品牌的，按照该品牌卷烟、雪茄烟的查获地省级烟草专卖行政主管部门出具的零售价格计算；无品牌的，按照查获地省级烟草专卖行政主管部门出具的上年度卷烟平均零售价格计算；

（二）查获的复烤烟叶、烟叶的价格按照查获地省级烟草专卖行政主管部门出具的上年度烤烟调拨平均基准价格计算；

（三）烟丝的价格按照第（二）项规定价格计算标准的一点五倍计算；

（四）卷烟辅料的价格，有品牌的，按照该品牌辅料的查获地省级烟草专卖行政主管部门出具的价格计算；无品牌的，按照查获地省级烟草专卖行政主管部门出具的上年度烟草行业生产卷烟所需该类卷烟辅料的平均价格计算；

（五）非法生产、销售、购买烟草专用机械的价格按照国务院烟草专卖行政主管部门下发的全国烟草专用机械产品指导价格目录进行计算；目录中没有该烟草专用机械的，按照省级以上烟草专卖行政主管部门出具的目录中同类烟草专用机械的平均价格计算。

第五条 行为人实施非法生产、销售烟草专卖品犯罪，同时构成生产、销售伪劣产品罪、侵犯知识产权犯罪、非法经营罪的，依照处罚较重的规定定罪处罚。

第六条 明知他人实施本解释第一条所列犯罪，而为其提供贷款、资金、账号、发票、证明、许可证件，或者提供生产、经营场所、设备、运输、仓储、保管、邮寄、代理进出口等便利条件，或者提供生产技术、卷烟配方的，应当按照共犯追究刑事责任。

第九条 本解释所称“烟草专卖品”，是指卷烟、雪茄烟、烟丝、复烤烟叶、烟叶、卷烟纸、滤嘴棒、烟用丝束、烟草专用机械。

本解释所称“卷烟辅料”，是指卷烟纸、滤嘴棒、烟用丝束。

本解释所称“烟草专用机械”，是指由国务院烟草专卖行政主管部门烟草专用机械名录所公布的，在卷烟、雪茄烟、烟丝、复烤烟叶、烟叶、卷烟纸、滤嘴棒、烟用丝束的生产加工过程中，能够完成一项或者多项特定加工工序，可以独立操作的机械设备。

本解释所称“同类烟草专用机械”，是指在卷烟、雪茄烟、烟丝、复烤烟叶、烟叶、卷烟纸、滤嘴棒、烟用丝束的生产加工过程中，能够完成相同加工工序的机械设备。

18. **最高人民检察院、公安部关于公安机关管辖的刑事案件立案追诉标准的规定（二）**（自2022年5月15日起施行）

第七十一条 ［非法经营案（刑法第二百二十五条）］违反国家规定，进行非法经营活动，扰乱市场秩序，涉嫌下列情形之一的，应予立案追诉：

（一）违反国家烟草专卖管理法律法规，未经烟草专卖行政主管部门许可，无烟草专卖生产企业许可证、烟草专卖批发企业许可证、特种烟草专卖经营企业许可证、烟草专卖零售许可证等许可证明，非法经营烟草专卖品，具有下列情形之一的：

1. 非法经营数额在五万元以上，或者违法所得数额在二万元以上的；

2. 非法经营卷烟二十万支以上的；

3. 三年内因非法经营烟草专卖品受过二次以上行政处罚，又非法经营烟草专卖品且数额在三万元以上的。

（二）未经国家有关主管部门批准，非法经营证券、期货、保险业务，或者非法从事资金支付结算业务，具有下列情形之一的：

1. 非法经营证券、期货、保险业务，数额在一百万元以上，或者违法所得数额在十万元以上的；

2. 非法从事资金支付结算业务，数额在五百万元以上，或者违法所得数额在十万元以上的；

3. 非法从事资金支付结算业务，数额在二百五十万元以上不满五百万元，或者违法所得数额在五万元以上不满十万元，且具有下列情形之一的：

（1）因非法从事资金支付结算业务犯罪行为受过刑事追究的；

（2）二年内因非法从事资金支付结算业务违法行为受过行政处罚的；

（3）拒不交代涉案资金去向或者拒不配合追缴工作，致使赃款无法追缴的；

（4）造成其他严重后果的。

4. 使用销售点终端机具（POS 机）等方法，以虚构交易、虚开价格、现金退货等方式向信用卡持卡人直接支付现金，数额在一百万元以上的，或者造成金融机构资金二十万元以上逾期未还的，或者造成金融机构经济损失十万元以上的。

（三）实施倒买倒卖外汇或者变相买卖外汇等非法买卖外汇行为，扰乱金融市场秩序，具有下列情形之一的：

1. 非法经营数额在五百万元以上的，或者违法所得数额在十万元以上的；

2. 非法经营数额在二百五十万元以上，或者违法所得数额在五万元以上，且具有下列情形之一的：

（1）因非法买卖外汇犯罪行为受过刑事追究的；

（2）二年内因非法买卖外汇违法行为受过行政处罚的；

（3）拒不交代涉案资金去向或者拒不配合追缴工作，致使赃款无法追缴的；

（4）造成其他严重后果的。

3. 公司、企业或者其他单位违反有关外贸代理业务的规定，采用非法手段，或者明知是伪造、变造的凭证、商业单据，为他人向外汇指定银行骗购外汇，数额在五百万美元以上或者违法所得数额在五十万元以上的；

4. 居间介绍骗购外汇，数额在一百万美元以上或者违法所得数额在十万元以上的。

（四）出版、印刷、复制、发行严重危害社会秩序和扰乱市场秩序的非法出版物，具有下列情形之一的：

1. 个人非法经营数额在五万元以上的，单位非法经营数额在十五万元以上的；

2. 个人违法所得数额在二万元以上的，单位违法所得数额在五万元以上的；

3. 个人非法经营报纸五千份或者期刊五千本或者图书二千册或者音像制品、电子出版物五百张（盒）以上的，单位非法经营报纸一万五千份或者期刊一万五千本或者图书五千册或者音像制品、电子出版物一千五百张（盒）以上的；

4. 虽未达到上述数额标准，但具有下列情形之一的：

（1）二年内因出版、印刷、复制、发行非法出版物受过二次以上行政处罚，又出版、印刷、复制、发行非法出版物的；

（2）因出版、印刷、复制、发行非法出版物造成恶劣社会影响或者其他严重后果的。

（五）非法从事出版物的出版、印刷、复制、发行业务，严重扰乱市场秩序，具有下列情形之一的：

1. 个人非法经营数额在十五万元以上的，单位非法经营数额在五十万元以上的；

2. 个人违法所得数额在五万元以上的，单位违法所得数额在十五万元以上的；

3. 个人非法经营报纸一万五千份或者期刊一万五千本或者图书五千册或者音像制品、电子出版物一千五百张（盒）以上的，单位非法经营报纸五万份或者期刊五万本或者图书一万五千册或者音像制品、电子出版物五千张

(盒)以上的；

4. 虽未达到上述数额标准，二年内因非法从事出版物的出版、印刷、复制、发行业务受过二次以上行政处罚，又非法从事出版物的出版、印刷、复制、发行业务的。

(六)采取租用国际专线、私设转接设备或者其他方法，擅自经营国际电信业务或者涉港澳台电信业务进行营利活动，扰乱电信市场管理秩序，具有下列情形之一的：

1. 经营去话业务数额在一百万元以上的；

2. 经营来话业务造成电信资费损失数额在一百万元以上的；

3. 虽未达到上述数额标准，但具有下列情形之一的：

(1)二年内因非法经营国际电信业务或者涉港澳台电信业务行为受过二次以上行政处罚，又非法经营国际电信业务或者涉港澳台电信业务的；

(2)因非法经营国际电信业务或者涉港澳台电信业务行为造成其他严重后果的。

(七)以营利为目的，通过信息网络有偿提供删除信息服务，或者明知是虚假信息，通过信息网络有偿提供发布信息等服务，扰乱市场秩序，具有下列情形之一的：

1. 个人非法经营数额在五万元以上，或者违法所得数额在二万元以上的；

2. 单位非法经营数额在十五万元以上，或者违法所得数额在五万元以上的。

(八)非法生产、销售“黑广播”“伪基站”、无线电干扰器等无线电设备，具有下列情形之一的：

1. 非法生产、销售无线电设备三套以上的；

2. 非法经营数额在五万元以上的；

3. 虽未达到上述数额标准，但二年内因非法生产、销售无线电设备受过二次以上行政处罚，又非法生产、销售无线电设备的。

(九)以提供给他人开设赌场为目的，违反国家规定，非法生产、销售具有退币、退分、退钢珠等赌博功能的电子游戏设施设备或者其专用软件，具有下列情形之一的：

1. 个人非法经营数额在五万元以上，或者违法所得数额在一万元以上的；

2. 单位非法经营数额在五十万元以上，或者违法所得数额在十万元以上的；

3. 虽未达到上述数额标准，但二年内因非法生产、销售赌博机行为受过二次以上行政处罚，又进行同种非法经营行为的；

4. 其他情节严重的情形。

（十）实施下列危害食品安全行为，非法经营数额在十万元以上，或者违法所得数额在五万元以上的：

1. 以提供给他人生产、销售食品为目的，违反国家规定，生产、销售国家禁止用于食品生产、销售的非食品原料的；

2. 以提供给他人生产、销售食用农产品为目的，违反国家规定，生产、销售国家禁用农药、食品动物中禁止使用的药品及其他化合物等有毒、有害的非食品原料，或者生产、销售添加上述有毒、有害的非食品原料的农药、兽药、饲料、饲料添加剂、饲料原料的；

3. 违反国家规定，私设生猪屠宰厂（场），从事生猪屠宰、销售等经营活动的。

（十一）未经监管部门批准，或者超越经营范围，以营利为目的，以超过百分之三十六的实际年利率经常性地向社会不特定对象发放贷款，具有下列情形之一的：

1. 个人非法放贷数额累计在二百万元以上的，单位非法放贷数额累计在一千万元以上的；

2. 个人违法所得数额累计在八十万元以上的，单位违法所得数额累计在四百万元以上的；

3. 个人非法放贷对象累计在五十人以上的，单位非法放贷对象累计在一百五十人以上的；

4. 造成借款人或者其近亲属自杀、死亡或者精神失常等严重后果的。

5. 虽未达到上述数额标准，但具有下列情形之一的：

（1）二年内因实施非法放贷行为受过二次以上行政处罚的；

（2）以超过百分之七十二的实际年利率实施非法放贷行为十次以上的。

黑恶势力非法放贷的，按照第 1、2、3 项规定的相应数额、数量标准的百分之五十确定。同时具有第 5 项规定情形的，按照相应数额、数量标准的百分之四十确定。

（十二）从事其他非法经营活动，具有下列情形之一的：

1. 个人非法经营数额在五万元以上，或者违法所得数额在一万元以上的；

2. 单位非法经营数额在五十万元以上，或者违法所得数额在十万元以上的；

3. 虽未达到上述数额标准，但二年内因非法经营行为受过二次以上行政处罚，又从事同种非法经营行为的；

4. 其他情节严重的情形。

法律、司法解释对非法经营罪的立案追诉标准另有规定的，依照其规定。

19. **最高人民法院关于个人违法建房出售行为如何适用法律问题的答复**①（法〔2010〕395 号，自 2010 年 11 月 1 日起施行）

贵州省高级人民法院：

你院《关于个人违法建房出售行为如何适用法律的请示》（〔2010〕黔高法研请字第 2 号）收悉。经研究，并征求相关部门意见，答复如下：

一、你院请示的在农村宅基地、责任田上违法建房出售如何处理的问题，涉及面广，法律、政策性强。据了解，有关部门正在研究制定政策意见和处理办法，在相关文件出台前，不宜以犯罪追究有关人员的刑事责任。

二、从来函反映的情况看，此类案件在你省部分地区发案较多。案件处理更应当十分慎重。要积极争取在党委统一领导下，有效协调有关方面，切实做好案件处理的善后工作，确保法律效果与社会效果的有机统一。

三、办理案件中，发现负有监管职责的国家机关工作人员有渎职、受贿等涉嫌违法犯罪的，要依法移交相关部门处理；发现有关部门在履行监管职责方面存在问题的，要结合案件处理，提出司法建议，促进完善社会管理。

此复。

20. **最高人民法院关于审理非法集资刑事案件具体应用法律若干问题的解释**（法释〔2010〕18 号，自 2011 年 1 月 4 日起施行）

第七条　违反国家规定，未经依法核准擅自发行基金份额募集基金，情节严重的，依照刑法第二百二十五条的规定，以非法经营罪定罪处罚。

---

① 2011 年 2 月 16 日《最高人民法院印发〈关于个人违反建房行为如何适用法律问题的答复〉的通知》（法〔2011〕37 号）指出，“鉴于贵州省高级人民法院请示的问题法律、政策性强，且有一定代表性，现将《答复》印发给你们，望根据《答复》精神，结合审判工作实际，依法妥善处理好相关案件。执行中若遇到新的重要问题，请及时层报最高人民法院”。

21. **最高人民法院关于准确理解和适用刑法中“国家规定”的有关问题的通知**（法发〔2011〕155号，自2011年4月8日起施行）

三、各级人民法院审理非法经营犯罪案件，要依法严格把握刑法第二百二十五条第（四）的适用范围。对被告人的行为是否属于刑法第二百二十五条第（四）规定的“其它严重扰乱市场秩序的非法经营行为”，有关司法解释未作明确规定的，应当作为法律适用问题，逐级向最高人民法院请示。

22. **最高人民法院关于被告人李明华非法经营请示一案的批复**（〔2011〕刑他字第21号，自2011年5月6日起施行）

被告人李明华持有烟草专卖零售许可证，但多次实施批发业务，而且从非指定烟草专卖部门进货的行为，属于超范围和地域经营的情形，不宜按照非法经营罪处理，应由相关主管部门进行处理。

23. **最高人民法院关于被告人何伟光、张勇泉等非法经营案的批复**（〔2012〕刑他字第136号，自2012年2月26日起施行）

被告人何伟光、张勇泉等人发放高利贷的行为具有一定的社会危害性，但此类行为是否属于刑法第二百二十五条规定的“其他严重扰乱市场秩序的非法经营行为”，相关立法解释和司法解释尚无明确规定，故对何伟光、张勇泉等人的行为不宜以非法经营罪定罪处罚。

24. **最高人民法院、最高人民检察院、公安部、国家安全监管总局关于依法加强对涉嫌犯罪的非法生产经营烟花爆竹行为刑事责任追究的通知**（安监总管三〔2012〕116号，自2012年9月6日起施行）

一、非法生产、经营烟花爆竹及相关行为涉及非法制造、买卖、运输、邮寄、储存黑火药、烟火药，构成非法制造、买卖、运输、邮寄、储存爆炸物罪的，应当依照刑法第一百二十五条的规定定罪处罚；非法生产、经营烟花爆竹及相关行为涉及生产、销售伪劣产品或不符合安全标准产品，构成生产、销售伪劣产品罪或生产、销售不符合安全标准产品罪的，应当依照刑法第一百四十条、第一百四十六条的规定定罪处罚；非法生产、经营烟花爆竹及相关行为构成非法经营罪的，应当依照刑法第二百二十五条的规定定罪处罚。上述非法生产经营烟花爆竹行为的定罪量刑和立案追诉标准，分别按照《最高人民法院关于审理非法制造、买卖、运输枪支、弹药、爆炸物等刑事案件具体应用法律若干问题的解释》（法释〔2009〕18号）、《最高人民法院最高人民检察院关于办理生产、销售伪劣商品刑事案件具体应用法律若干问题的解释》（法释〔2001〕10号）、《最高人民检察院、公安部关于公安机关管辖的刑事案件立案追诉标准的规定（一）》（公通字〔2008〕36号）、《最高人民检察院、公安部关于公安机关管辖的刑事案件立案追诉标准的规定（二）》（公通字〔2010〕23号）等有关规定执行。

25. 最高人民法院、最高人民检察院关于办理危害食品安全刑事案件适用法律若干问题的解释（法释〔2013〕12号，自2013年5月4日起施行）

第十一条 以提供给他人生产、销售食品为目的，违反国家规定，生产、销售国家禁止用于食品生产、销售的非食品原料，情节严重的，依照刑法第二百二十五条的规定以非法经营罪定罪处罚。

违反国家规定，生产、销售国家禁止生产、销售、使用的农药、兽药，饲料、饲料添加剂，或者饲料原料、饲料添加剂原料，情节严重的，依照前款的规定定罪处罚。

实施前两款行为，同时又构成生产、销售伪劣产品罪，生产、销售伪劣农药、兽药罪等其他犯罪的，依照处罚较重的规定定罪处罚。

第十二条 违反国家规定，私设生猪屠宰厂（场），从事生猪屠宰、销售等经营活动，情节严重的，依照刑法第二百二十五条的规定以非法经营罪定罪处罚。

实施前款行为，同时又构成生产、销售不符合安全标准的食品罪，生产、销售有毒、有害食品罪等其他犯罪的，依照处罚较重的规定定罪处罚。

26. 最高人民法院、最高人民检察院、公安部、农业部、食品药品监管总局关于进一步加强麻黄草管理严厉打击非法买卖麻黄草等违法犯罪活动的通知（公通字〔2013〕16号，自2013年5月21日起施行）

三、依法查处非法采挖、买卖麻黄草等犯罪行为

各地人民法院、人民检察院、公安机关要依法查处非法采挖、买卖麻黄草等犯罪行为，区别情形予以处罚：

（四）违反国家规定采挖、销售、收购麻黄草，没有证据证明以制造毒品或者走私、非法买卖制毒物品为目的，依照刑法第二百二十五条的规定构成犯罪的，以非法经营罪定罪处罚。

27. **最高人民法院、最高人民检察院关于办理利用信息网络实施诽谤等刑事案件适用法律若干问题的解释**（法释〔2013〕21号，自2013年9月10日起施行）

第七条 违反国家规定，以营利为目的，通过信息网络有偿提供删除信息服务，或者明知是虚假信息，通过信息网络有偿提供发布信息等服务，扰乱市场秩序，具有下列情形之一的，属于非法经营行为“情节严重”，依照刑法第二百二十五条第（四）项的规定，以非法经营罪定罪处罚：

（一）个人非法经营数额在五万元以上，或者违法所得数额在二万元以上的；

（二）单位非法经营数额在十五万元以上，或者违法所得数额在五万元以上的。

实施前款规定的行为，数额达到前款规定的数额五倍以上的，应当认定为刑法第二百二十五条规定的“情节特别严重”。

第八条 明知他人利用信息网络实施诽谤、寻衅滋事、敲诈勒索、非法经营等犯罪，为其提供资金、场所、技术支持等帮助的，以共同犯罪论处。

第十条 本解释所称信息网络，包括以计算机、电视机、固定电话机、移动电话机等电子设备为终端的计算机互联网、广播电视网、固定通信网、移动通信网等信息网络，以及向公众开放的局域网络。

28. **最高人民检察院法律政策研究室关于买卖银行承兑汇票行为如何适用法律问题的答复意见**（高检研函字〔2013〕58号，自2013年10月9日起施行）

根据票据行为的无因性以及票据法关于汇票可背书转让的规定，汇票买卖行为不同于支付结算行为，将二者等同可能会造成司法实践的混乱。实践中，买卖银行承兑汇票的情况比较复杂，对于单纯买卖银行承兑汇票的行为不宜以非法经营罪追究刑事责任。

29. **最高人民法院、最高人民检察院、公安部、国家安全部关于依法办理非法生产、销售、使用“伪基站”设备案件的意见**（公通字〔2014〕13号，自2014年3月14日起施行）

一、准确认定行为性质

（一）非法生产、销售“伪基站”设备，具有以下情形之一的，依照《刑法》第二百二十五条的规定，以非法经营罪追究刑事责任：

（关于情节严重和情节特别严重的条款，与 2017 年 7 月 1 日起施行的《最高人民法院、最高人民检察院关于办理扰乱无线电通讯管理秩序等刑事案件适用法律若干问题的解释》不同，应以后者为准，故此处不再详列）

非法生产、销售“伪基站”设备，经鉴定为专用间谍器材的，依照《刑法》第二百八十三条的规定，以非法生产、销售间谍专用器材罪（该罪名已变更为非法生产、销售专用间谍器材罪）追究刑事责任；同时构成非法经营罪的，以非法经营罪追究刑事责任。

（二）非法使用“伪基站”设备干扰公用电信网络信号，危害公共安全的，依照《刑法》第一百二十四条第一款的规定，以破坏公用电信设施罪追究刑事责任；同时构成虚假广告罪、非法获取公民个人信息罪（该罪名已变更为侵犯公民个人信息罪）、破坏计算机信息系统罪、扰乱无线电通讯管理秩序罪的，依照处罚较重的规定追究刑事责任。

除法律、司法解释另有规定外，利用“伪基站”设备实施诈骗等其他犯罪行为，同时构成破坏公用电信设施罪的，依照处罚较重的规定追究刑事责任。

（三）明知他人实施非法生产、销售“伪基站”设备，或者非法使用“伪基站”设备干扰公用电信网络信号等犯罪，为其提供资金、场所、技术、设备等帮助的，以共同犯罪论处。

（四）对于非法使用“伪基站”设备扰乱公共秩序，侵犯他人人身权利、财产权利，情节较轻，尚不构成犯罪，但构成违反治安管理行为的，依法予以治安管理处罚。

二、严格贯彻宽严相济刑事政策

对犯罪嫌疑人、被告人的处理，应当结合其主观恶性大小、行为危害程度以及在案件中所起的作用等因素，切实做到区别对待。对组织指挥、实施非法生产、销售、使用“伪基站”设备的首要分子、积极参加的犯罪分子，以及曾因非法生产、销售、使用“伪基站”设备受到行政处罚或者刑事处罚，又实施非法生产、销售、使用“伪基站”设备的犯罪分子，应当作为打击重点依法予以严惩；对具有自首、立功、从犯等法定情节的犯罪分子，可以依法从宽处理。对情节显著轻微、危害不大的，依法不作为犯罪处理。

30. **最高人民法院、最高人民检察院、公安部关于办理利用赌博机开设赌场案件适用法律若干问题的意见**（公通字〔2014〕17号，自2014年3月26日起施行）

四、关于生产、销售赌博机的定罪量刑标准

以提供给他人开设赌场为目的，违反国家规定，非法生产、销售具有退币、退分、退钢珠等赌博功能的电子游戏设施设备或者其专用软件，情节严重的，依照刑法第二百二十五条的规定，以非法经营罪定罪处罚。

实施前款规定的行为，具有下列情形之一的，属于非法经营行为“情节严重”：

（一）个人非法经营数额在五万元以上，或者违法所得数额在一万元以上的；

（二）单位非法经营数额在五十万元以上，或者违法所得数额在十万元以上的；

（三）虽未达到上述数额标准，但两年内因非法生产、销售赌博机行为受过二次以上行政处罚，又进行同种非法经营行为的；

（四）其他情节严重的情形。

具有下列情形之一的，属于非法经营行为“情节特别严重”：

（一）个人非法经营数额在二十五万元以上，或者违法所得数额在五万元以上的；

（二）单位非法经营数额在二百五十万元以上，或者违法所得数额在五十万元以上的。

六、关于赌博机的认定

对于涉案的赌博机，公安机关应当采取拍照、摄像等方式及时固定证据，并予以认定。对于是否属于赌博机难以确定的，司法机关可以委托地市级以上公安机关出具检验报告。司法机关根据检验报告，并结合案件具体情况作出认定。必要时，人民法院可以依法通知检验人员出庭作出说明。

31. **最高人民法院、最高人民检察院关于办理危害药品安全刑事案件适用法律若干问题的解释**（法释〔2014〕14号，自2014年12月1日起施行）

第七条 违反国家药品管理法律法规，未取得或者使用伪造、变造的药品经营许可证，非法经营药品，情节严重的，依照刑法第二百二十五条的规定以非法经营罪定罪处罚。

以提供给他人生产、销售药品为目的，违反国家规定，生产、销售不符合药用要求的非药品原料、辅料，情节严重的，依照刑法第二百二十五条的规定以非法经营罪定罪处罚。

实施前两款行为，非法经营数额在十万元以上，或者违法所得数额在五万元以上的，应当认定为刑法第二百二十五条规定的“情节严重”；非法经营数额在五十万元以上，或者违法所得数额在二十五万元以上的，应当认定为刑法第二百二十五条规定的“情节特别严重”。

实施本条第二款行为，同时又构成生产、销售伪劣产品罪、以危险方法危害公共安全罪等犯罪的，依照处罚较重的规定定罪处罚。

第十三条　单位犯本解释规定之罪的，对单位判处罚金，并对直接负责的主管人员和其他直接责任人员，依照本解释规定的自然人犯罪的定罪量刑标准处罚。

32. **最高人民法院、最高人民检察院、公安部、国家新闻出版广电总局关于依法严厉打击非法电视网络接收设备违法犯罪活动的通知**（新广电发〔2015〕229号，自2015年9月18日起施行）

二、正确把握法律政策界限，依法严厉打击非法电视网络接收设备违法犯罪活动

各级公安、检察、审判机关和新闻出版广电行政主管部门要高度重视查办非法电视网络接收设备违法犯罪案件，正确把握法律政策界限，严格执行法律法规的有关规定，坚决依法严厉打击非法电视网络接收设备违法犯罪活动。非法电视网络接收设备主要包括三类：“电视棒”等网络共享设备；非法互联网电视接收设备，包括但不限于内置含有非法电视、非法广播等非法内容的定向接收软件或硬件模块的机顶盒、电视机、投影仪、显示器；用于收看非法电视、收听非法广播的网络软件、移动互联网客户端软件和互联网电视客户端软件。根据刑法和司法解释的规定，违反国家规定，从事生产、销售非法电视网络接收设备（含软件），以及为非法广播电视接收软件提供下载服务、为非法广播电视节目频道接收提供链接服务等营利性活动，扰乱市场秩序，个人非法经营数额在五万元以上或违法所得数额在一万元以上，单位非法经营数额在五十万元以上或违法所得数额在十万元以上，按照非法经营罪追究刑事责任。对于利用生产、销售、安装非法电视网络接收设备传播淫秽色情节目、实施危害国家安全等行为的，根据其行为的性质，依法追究刑

事责任。对非法电视网络接收设备犯罪行为，涉及数个罪名的，按照相关原则，择一重罪处罚或数罪并罚。在追究犯罪分子刑事责任的同时，还要依法追缴违法所得，没收其犯罪所用的本人财物。对于实施上述行为尚不构成犯罪的，由新闻出版广电等相关行政主管部门依法给予行政处罚；构成违反治安管理行为的，依法给予治安管理处罚。

33. **全国法院毒品犯罪审判工作座谈会纪要**（法〔2015〕129号，自2017年6月1日起施行）

二、（七）非法贩卖麻醉药品、精神药品行为的定性问题

行为人出于医疗目的，违反有关药品管理的国家规定，非法贩卖上述麻醉药品或者精神药品，扰乱市场秩序，情节严重的，以非法经营罪定罪处罚。

34. **最高人民检察院关于办理涉互联网金融犯罪案件有关问题座谈会纪要**（高检诉〔2017〕14号，自2017年6月1日起施行）

（三）非法经营资金支付结算行为的认定

18. 支付结算业务（也称支付业务）是商业银行或者支付机构在收付款人之间提供的货币资金转移服务。非银行机构从事支付结算业务，应当经中国人民银行批准取得《支付业务许可证》，成为支付机构。未取得支付业务许可从事该业务的行为，违反《非法金融机构和非法金融业务活动取缔办法》第四条第一款第（三）、（四）项的规定，破坏了支付结算业务许可制度，危害支付市场秩序和安全，情节严重的，适用刑法第二百二十五条第（三）项，以非法经营罪追究刑事责任。具体情形：

（1）未取得支付业务许可经营基于客户支付账户的网络支付业务。无证网络支付机构为客户非法开立支付账户，客户先把资金支付到该支付账户，再由无证机构根据订单信息从支付账户平台将资金结算到收款人银行账户。

（2）未取得支付业务许可经营多用途预付卡业务。无证发卡机构非法发行可跨地区、跨行业、跨法人使用的多用途预付卡，聚集大量的预付卡销售资金，并根据客户订单信息向商户划转结算资金。

19. 在具体办案时，要深入剖析相关行为是否具备资金支付结算的实质特征，准确区分支付工具的正常商业流转与提供支付结算服务、区分单用途预付卡与多用途预付卡业务，充分考虑具体行为与“地下钱庄”等同类犯罪在社会危害方面的相当性以及刑事处罚的必要性，严格把握入罪和出罪标准。

35. **最高人民法院、最高人民检察院关于办理环境污染刑事案件适用法律若干问题的解释**（法释〔2016〕29号，自2017年7月1日起施行）

第六条　无危险废物经营许可证从事收集、贮存、利用、处置危险废物经营活动，严重污染环境的，按照污染环境罪定罪处罚；同时构成非法经营罪的，依照处罚较重的规定定罪处罚。

实施前款规定的行为，不具有超标排放污染物、非法倾倒污染物或者其他违法造成环境污染的情形的，可以认定为非法经营情节显著轻微危害不大，不认为是犯罪；构成生产、销售伪劣产品等其他犯罪的，以其他犯罪论处。

36. **最高人民法院、最高人民检察院关于办理扰乱无线电通讯管理秩序等刑事案件适用法律若干问题的解释**（法释〔2017〕11号，自2017年7月1日起施行）

第四条　非法生产、销售"黑广播""伪基站"、无线电干扰器等无线电设备，具有下列情形之一的，应当认定为刑法第二百二十五条规定的"情节严重"：

（一）非法生产、销售无线电设备三套以上的；

（二）非法经营数额五万元以上的；

（三）其他情节严重的情形。

实施前款规定的行为，数量或者数额达到前款第一项、第二项规定标准五倍以上，或者具有其他情节特别严重的情形的，应当认定为刑法第二百二十五条规定的"情节特别严重"。

在非法生产、销售无线电设备窝点查扣的零件，以组装完成的套数以及能够组装的套数认定；无法组装为成套设备的，每三套广播信号调制器（激励器）认定为一套"黑广播"设备，每三块主板认定为一套"伪基站"设备。

37. **最高人民法院、最高人民检察院关于办理妨害信用卡管理刑事案件具体应用法律若干问题的解释**（原法释〔2009〕19号，根据法释〔2018〕19号修正，自2018年12月1日起施行）

第十二条　违反国家规定，使用销售点终端机具（POS机）等方法，以虚构交易、虚开价格、现金退货等方式向信用卡持卡人直接支付现金，情节严重的，应当依据刑法第二百二十五条的规定，以非法经营罪定罪处罚。

实施前款行为，数额在一百万元以上的，或者造成金融机构资金二十万元以上逾期未还的，或者造成金融机构经济损失十万元以上的，应当认定为刑法第二百二十五条规定的“情节严重”；数额在五百万元以上的，或者造成金融机构资金一百万元以上逾期未还的，或者造成金融机构经济损失五十万元以上的，应当认定为刑法第二百二十五条规定的“情节特别严重”。

持卡人以非法占有为目的，采用上述方式恶意透支，应当追究刑事责任的，依照刑法第一百九十六条的规定，以信用卡诈骗罪定罪处罚。

第十三条 单位实施本解释规定的行为，适用本解释规定的相应自然人犯罪的定罪量刑标准。

38. **最高人民法院、最高人民检察院关于办理非法从事资金支付结算业务、非法买卖外汇刑事案件适用法律若干问题的解释**（法释〔2019〕1号，自2019年2月1日起施行）

第一条 违反国家规定，具有下列情形之一的，属于刑法第二百二十五条第三项规定的“非法从事资金支付结算业务”：

（一）使用受理终端或者网络支付接口等方法，以虚构交易、虚开价格、交易退款等非法方式向指定付款方支付货币资金的；

（二）非法为他人提供单位银行结算账户套现或者单位银行结算账户转个人账户服务的；

（三）非法为他人提供支票套现服务的；

（四）其他非法从事资金支付结算业务的情形。

第二条 违反国家规定，实施倒买倒卖外汇或者变相买卖外汇等非法买卖外汇行为，扰乱金融市场秩序，情节严重的，依照刑法第二百二十五条第四项的规定，以非法经营罪定罪处罚。

第三条 非法从事资金支付结算业务或者非法买卖外汇，具有下列情形之一的，应当认定为非法经营行为“情节严重”：

（一）非法经营数额在五百万元以上的；

（二）违法所得数额在十万元以上的。

非法经营数额在二百五十万元以上，或者违法所得数额在五万元以上，且具有下列情形之一的，可以认定为非法经营行为“情节严重”：

（一）曾因非法从事资金支付结算业务或者非法买卖外汇犯罪行为受过刑事追究的；

（二）二年内因非法从事资金支付结算业务或者非法买卖外汇违法行为受过行政处罚的；

（三）拒不交代涉案资金去向或者拒不配合追缴工作，致使赃款无法追缴的；

（四）造成其他严重后果的。

第四条 非法从事资金支付结算业务或者非法买卖外汇，具有下列情形之一的，应当认定为非法经营行为“情节特别严重”：

（一）非法经营数额在二千五百万元以上的；

（二）违法所得数额在五十万元以上的。

非法经营数额在一千二百五十万元以上，或者违法所得数额在二十五万元以上，且具有本解释第三条第二款规定的四种情形之一的，可以认定为非法经营行为“情节特别严重”。

第五条 非法从事资金支付结算业务或者非法买卖外汇，构成非法经营罪，同时又构成刑法第一百二十条之一规定的帮助恐怖活动罪或者第一百九十一条规定的洗钱罪的，依照处罚较重的规定定罪处罚。

第六条 二次以上非法从事资金支付结算业务或者非法买卖外汇，依法应予行政处理或者刑事处理而未经处理的，非法经营数额或者违法所得数额累计计算。

同一案件中，非法经营数额、违法所得数额分别构成情节严重、情节特别严重的，按照处罚较重的数额定罪处罚。

第七条 非法从事资金支付结算业务或者非法买卖外汇违法所得数额难以确定的，按非法经营数额的千分之一认定违法所得数额，依法并处或者单处违法所得一倍以上五倍以下罚金。

第八条 符合本解释第三条规定的标准，行为人如实供述犯罪事实，认罪悔罪，并积极配合调查，退缴违法所得的，可以从轻处罚；其中犯罪情节轻微的，可以依法不起诉或者免予刑事处罚。

符合刑事诉讼法规定的认罪认罚从宽适用范围和条件的，依照刑事诉讼法的规定处理。

第九条 单位实施本解释第一条、第二条规定的非法从事资金支付结算业务、非法买卖外汇行为，依照本解释规定的定罪量刑标准，对单位判处罚金，并对其直接负责的主管人员和其他直接责任人员定罪处罚。

第十条 非法从事资金支付结算业务、非法买卖外汇刑事案件中的犯罪地，包括犯罪嫌疑人、被告人用于犯罪活动的账户开立地、资金接收地、资金过渡账户开立地、资金账户操作地，以及资金交易对手资金交付和汇出地等。

第十一条 涉及外汇的犯罪数额，按照案发当日中国外汇交易中心或者中国人民银行授权机构公布的人民币对该货币的中间价折合成人民币计算。中国外汇交易中心或者中国人民银行授权机构未公布汇率中间价的境外货币，按照案发当日境内银行人民币对该货币的中间价折算成人民币，或者该货币在境内银行、国际外汇市场对美元汇率，与人民币对美元汇率中间价进行套算。

第十二条 本解释自2019年2月1日起施行。《最高人民法院关于审理骗购外汇、非法买卖外汇刑事案件具体应用法律若干问题的解释》（法释［1998］20号）与本解释不一致的，以本解释为准。

39. **最高人民法院、最高人民检察院、公安部、司法部关于办理非法放贷刑事案件若干问题的意见**（法发〔2019〕24号，自2019年10月21日起施行）

一、违反国家规定，未经监管部门批准，或者超越经营范围，以营利为目的，经常性地向社会不特定对象发放贷款，扰乱金融市场秩序，情节严重的，依照刑法第二百二十五条第（四）项的规定，以非法经营罪定罪处罚。

前款规定中的“经常性地向社会不特定对象发放贷款”，是指2年内向不特定多人（包括单位和个人）以借款或其他名义出借资金10次以上。

贷款到期后延长还款期限的，发放贷款次数按照1次计算。

二、以超过36%的实际年利率实施符合本意见第一条规定的非法放贷行为，具有下列情形之一的，属于刑法第二百二十五条规定的“情节严重”，但单次非法放贷行为实际年利率未超过36%的，定罪量刑时不得计入：

（一）个人非法放贷数额累计在200万元以上的，单位非法放贷数额累计在1000万元以上的；

（二）个人违法所得数额累计在80万元以上的，单位违法所得数额累计在400万元以上的；

（三）个人非法放贷对象累计在50人以上的，单位非法放贷对象累计在

150 人以上的；

（四）造成借款人或者其近亲属自杀、死亡或者精神失常等严重后果的。

具有下列情形之一的，属于刑法第二百二十五条规定的“情节特别严重”：

（一）个人非法放贷数额累计在 1000 万元以上的，单位非法放贷数额累计在 5000 万元以上的；

（二）个人违法所得数额累计在 400 万元以上的，单位违法所得数额累计在 2000 万元以上的；

（三）个人非法放贷对象累计在 250 人以上的，单位非法放贷对象累计在 750 人以上的；

（四）造成多名借款人或者其近亲属自杀、死亡或者精神失常等特别严重后果的。

三、非法放贷数额、违法所得数额、非法放贷对象数量接近本意见第二条规定的“情节严重”“情节特别严重”的数额、数量起点标准，并具有下列情形之一的，可以分别认定为“情节严重”“情节特别严重”：

（一）2 年内因实施非法放贷行为受过行政处罚 2 次以上的；

（二）以超过 72% 的实际年利率实施非法放贷行为 10 次以上的。

前款规定中的“接近”，一般应当掌握在相应数额、数量标准的 80% 以上。

四、仅向亲友、单位内部人员等特定对象出借资金，不得适用本意见第一条的规定定罪处罚。但具有下列情形之一的，定罪量刑时应当与向不特定对象非法放贷的行为一并处理：

（一）通过亲友、单位内部人员等特定对象向不特定对象发放贷款的；

（二）以发放贷款为目的，将社会人员吸收为单位内部人员，并向其发放贷款的；

（三）向社会公开宣传，同时向不特定多人和亲友、单位内部人员等特定对象发放贷款的。

五、非法放贷数额应当以实际出借给借款人的本金金额认定。非法放贷行为人以介绍费、咨询费、管理费、逾期利息、违约金等名义和以从本金中预先扣除等方式收取利息的，相关数额在计算实际年利率时均应计入。

非法放贷行为人实际收取的除本金之外的全部财物，均应计入违法所得。

非法放贷行为未经处理的，非法放贷次数和数额、违法所得数额、非法放贷对象数量等应当累计计算。

六、为从事非法放贷活动，实施擅自设立金融机构、套取金融机构资金高利转贷、骗取贷款、非法吸收公众存款等行为，构成犯罪的，应当择一重罪处罚。

为强行索要因非法放贷而产生的债务，实施故意杀人、故意伤害、非法拘禁、故意毁坏财物、寻衅滋事等行为，构成犯罪的，应当数罪并罚。

纠集、指使、雇佣他人采用滋扰、纠缠、哄闹、聚众造势等手段强行索要债务，尚不单独构成犯罪，但实施非法放贷行为已构成非法经营罪的，应当按照非法经营罪的规定酌情从重处罚。

以上规定的情形，刑法、司法解释另有规定的除外。

七、有组织地非法放贷，同时又有其他违法犯罪活动，符合黑社会性质组织或者恶势力、恶势力犯罪集团认定标准的，应当分别按照黑社会性质组织或者恶势力、恶势力犯罪集团侦查、起诉、审判。

黑恶势力非法放贷的，据以认定“情节严重”“情节特别严重”的非法放贷数额、违法所得数额、非法放贷对象数量起点标准，可以分别按照本意见第二条规定中相应数额、数量标准的50%确定；同时具有本意见第三条第一款规定情形的，可以分别按照相应数额、数量标准的40%确定。

八、本意见自2019年10月21日起施行。对于本意见施行前发生的非法放贷行为，依照最高人民法院《关于准确理解和适用刑法中“国家规定”的有关问题的通知》（法发〔2011〕155号）的规定办理。

40. 最高人民法院关于走私、非法经营、非法使用兴奋剂刑事案件适用法律若干问题的解释（法释〔2019〕16号，自2020年1月1日起施行）

第二条 违反国家规定，未经许可经营兴奋剂目录所列物质，涉案物质属于法律、行政法规规定的限制买卖的物品，扰乱市场秩序，情节严重的，应当依照刑法第二百二十五条的规定，以非法经营罪定罪处罚。

41. 最高人民法院、最高人民检察院、公安部、司法部关于依法惩治妨害新型冠状病毒感染肺炎疫情防控违法犯罪的意见（自2020年2月6日起施行）

二、准确适用法律、依法严惩妨害疫情防控的各类违法犯罪

（四）依法严惩哄抬物价犯罪。在疫情防控期间，违反国家有关市场经

营、价格管理等规定，囤积居奇，哄抬疫情防控急需的口罩、护目镜、防护服、消毒液等防护用品、药品或者其他涉及民生的物品价格，牟取暴利，违法所得数额较大或者有其他严重情节，严重扰乱市场秩序的，依照刑法第二百二十五条第四项的规定，以非法经营罪定罪处罚。

（九）依法严惩破坏野生动物资源犯罪。（略）

违反国家规定，非法经营非国家重点保护野生动物及其制品（包括开办交易场所、进行网络销售、加工食品出售等），扰乱市场秩序，情节严重的，依照刑法第二百二十五条第四项的规定，以非法经营罪定罪处罚。

（三）典型或常见问题的审理思路

1. 对《刑法》第二百二十五条第（四）项规定“其他严重扰乱市场秩序的非法经营行为”的适用必须掌握尺度，尚未达到严重扰乱市场秩序的危害程度，不具备与非法经营罪列举的情形相当的社会危害性，不能定罪处罚①

构成非法经营罪的非法经营行为需要具备两个基本特征：（1）具有行政违法性，即违反国家法律、行政法规的禁止性或者限制性规定，行政违法是构成犯罪的必要前提。即“其他严重扰乱市场秩序的非法经营行为”必须是与未经许可经营专营、专卖或限制买卖物品等具有相同性质的行为，侵害的法益应当相同。司法实践中适用应当特别慎重，其他构成该罪的行为须是“法律规定”或司法解释规定可纳入非法经营罪的行为，不得随意扩大适用，如果适用，须按规定逐级向最高人民法院请示［最高人民法院 2011 年 4 月 8 日下发的法发（2011）155 号《关于准确理解和适用刑法中“国家规定”的有关问题的通知》要求：“各级法院审理非法经营犯罪案件，要依法严格把握刑法第二百二十五条第（四）的适用范围……有关司法解释未作明确规定的，应当作为法律适用问题，逐级向最高人民法院请示。”］（2）严重扰乱市场秩序（包括市场准入秩序、市场竞争秩序和市场交易秩序）且达到犯罪程度的社会危害性。严重与否需要从情节和危害后果上加以限定。

王某军没有办理粮食经营许可证和工商营业执照而进行粮食收购活动，确实违反了当时粮食流通管理条例的相关规定，违法经营的数额也达到立案标准。但违法并不能等同于犯罪，是否构成犯罪还要看其行为是否符合定罪

① 案例来源：《人民法院案例选》2018 年第 97 号，王某军非法经营再审改判无罪案。

的特征和构成要件，本案尤其应考量其行为是否具有严重的社会危害性和应受刑罚处罚的必要性。从王力军的行为本身看，第一，其购销行为发生在粮农与粮库之间，起到了粮食买卖的桥梁纽带作用，上门帮助农民脱粒，进而收购粮食，解决了农民卖粮难的问题，起到了便民利民的作用，并没有阻碍、破坏粮食流通的正常渠道，未对粮食安全造成危害；第二，王力军并没有囤积居奇，哄抬价格，牟取暴利等行为，没有达到严重扰乱市场秩序的程度。因此，王力军的行为不具备与《刑法》第二百二十五条前三项规定的行为相当的社会危害性和刑罚处罚的必要性，不构成非法经营罪。

在审理破坏市场经济秩序类案件涉及罪与非罪时，要充分考量立法背景及犯罪构成要件，遵循“罪刑法定”原则和刑事司法“谦抑性”理念，同时，考虑社会危害性和刑事处罚必要性。

2. 利用 POS 终端机非法套现的行为定性以及非法经营犯罪数额的认定①

行为人用自己或实际控制的信用卡套取现金的数额，情节严重的，均构成非法经营罪，且套现数额应当计入非法经营犯罪数额。从客观方面看，信用卡套现类非法经营罪只需要行为人在无真实交易背景下向“信用卡持卡人”直接支付现金，对象是信用卡持卡人，并不禁止行为人与持卡人主体重合。从侵犯的法益看，信用卡套现行为之所以构成非法经营罪，是因为行为人在未发生真实商品交易情况下，变相将信用卡的授信额度转化为现金，从而使金融机构资金置于高度风险之中，严重扰乱国家金融管理秩序。本案被告人用自己或实际控制的信用卡在自己的 POS 机上套取现金，已经使银行资金置于高度风险之中，侵犯了国家正常的金融秩序。此外，特约商户持自己或实际控制的信用卡刷卡时，行为人具有两种身份：一是特约商户；二是持卡人代表。在其虚构的交易行为中，行为人一人担当交易双方的角色。同时，对非法经营罪中的“经营”，应当理解为根据国家规定从事须具有某种获得准许的资格，或者遵守某些特定规则等特殊要求的业务。如果没有资质而从事该业务，或者违反相关业务程序的，则构成非法经营。因此，正确理解非法经营罪的内涵与实质，特约商户不论是为他人套现，还是为自己套现，其数额均应计入犯罪数额。不能因为特约商户与持卡人身份的重合而放纵非法套现的犯罪行为。

---

① 案例来源：《刑事审判参考》第 863 号指导案例，张某飚等非法经营案。

用后次所套取现金归还前次套取现金的，应当累计计算非法经营数额。根据相关司法解释，诈骗犯罪、挪用公款犯罪都是以“本数”确定犯罪数额。但我们认为，用后次所套取现金归还前次套取现金的，应当累计计算非法经营数额。首先，诈骗与挪用类犯罪都是财产型犯罪。因此，被害人或被害单位的财产损失是衡量犯罪行为严重程度的主要因素，司法解释也结合犯罪主客观方面以最终未能归还的实际数额来认定犯罪数额。而非法经营罪作为扰乱市场秩序类罪之一，其危害性主要体现在对正常市场经营秩序的严重破坏。如果以“本数”为犯罪数额，在行为人归还了所套取的“本数”现金金额的情况下，就不能认定为犯罪，背离了非法经营罪设置的初衷。此外，从《解释》的规定来看，也应当累计计算。《解释》规定的信用卡套现类非法经营行为“情节严重”有三种情况：商户累计套现交易金额、造成金融机构资金逾期未还、造成金融机构经济损失。其中第一种即指客观上实际套现交易的数额，据此，对于以后次套现归还前次套现的情况，应当累计计算。

明知他人为非法套现借用 POS 机，无偿出借期间套现数额应当计入非法经营犯罪数额。作为共同犯罪中的帮助犯，应当对共同犯罪行为承担责任。本案中，被告人张某飚除了自己实施非法套现行为外，在明知他人租借其 POS 机系从事刷卡套现违法活动情况下，仍违反银联公司相关规定将 POS 机租借给他人，并提供个人印章、财务专用章、空白支票等。此种情形下，其虽然未直接实施非法经营的实行行为，但向他人提供了该类犯罪能够得逞的关键设备，属于共同犯罪中的帮助犯，应当对提供 POS 机期间套现的金额承担法律责任。

租用 POS 机从事非法套现的行为人为作为出租人的持卡人非法套现的数额应当计入非法经营犯罪数额。如前所述，特约商户不论是为他人套现，还是为自己套现，其数额均应计入犯罪数额。被告人倪某套取现金的行为符合本罪的犯罪构成。法律对构成本罪的主体并没有特别规定，并不必须是特约商户才能成为本罪的犯罪主体。作为 POS 机的实际控制人和使用的获益人，应对使用期间套现总数额负责。

3. 明知是假冒台湾地区产香烟而运输的行为如何定性?[①]

我国台湾地区所产香烟在我国大陆地区并未获许流通，但香烟属于我国

---

① 案例来源：《刑事审判参考》第 212 号指导案例，高某生、林某应等非法经营案。

法律规定的专营、专卖物品，因此，违反法律规定，擅自经营假冒我国台湾地区产长寿牌香烟的行为，属于非法经营。如果扰乱市场秩序，情节严重的，应以非法经营罪定罪处罚。明知他人非法经营假烟而为他人提供运输服务的行为是否构成非法经营罪，关键是要看假烟的直接经营者是否构成该罪。具体到本案，货主方某雄（另案处理）非法经营假冒台湾地区产长寿牌香烟318箱，数量巨大，其行为属于“扰乱市场秩序，情节严重”，无疑已构成非法经营罪。本案各被告人明知货主方某雄系非法经营假冒香烟而帮其运输，其行为也已经构成非法经营的共同犯罪，均系从犯，依法应当从轻处罚。

4. 非法从事外汇按金交易的行为如何处理？①

外汇按金交易既属于《外汇管理条例》第四十一条规定的“未经外汇管理机关批准，擅自经营外汇业务”，以及第四十六条规定的“私自买卖外汇、变相买卖外汇或者倒买倒卖外汇”行为，也属于《全国人大常委会关于惩治骗购外汇、逃汇和非法买卖外汇犯罪的决定》第四条第一款规定的“在国家规定的交易场所以外非法买卖外汇”行为。对于非法从事外汇按金交易，扰乱市场秩序的，情节严重的，应当以非法经营罪处罚。由于外汇按金交易是一种远期外汇买卖方式，只要交付了部分的按金（保证金），就可以进行交易，未交付全部交易现金并不影响外汇按金交易的进行。至于没有实际占有非法获利款，不影响非法经营罪的成立。

5. 被行政处罚过的非法经营数额应否计入犯罪数额？②

依照我国《刑法》和《行政处罚法》的相关规定，业经行政处罚过的非法经营数额应否计入犯罪数额，再予追究刑事责任，不能一概而论。对于行政机关未超越职权范围予以行政处罚的非法经营数额，不得累计计算作犯罪数额。对于行政机关超越职权范围“以罚代刑”处置的非法经营数额，应当作为未经处理的犯罪数额予以重新计算。构成犯罪的，追究刑事责任；多次非法经营的，犯罪数额累计计算。

---

① 案例来源：《刑事审判参考》第330号指导案例，高某华非法经营案。

② 案例来源：《刑事审判参考》第378号指导案例，郭某元、肖某梅非法经营案。

6. 超越经营范围向社会公众代理转让非上市股份有限公司的股权是否构成犯罪?①

从实质的解释论出发，应将代理转让非上市公司股权的行为认定为《刑法》第二百二十五条第（三）项规定的“经营证券业务”。非法经营证券业务，情节特别严重，应认定构成非法经营罪。对于“情节严重”，实践中主要应以非法经营额和非法获利额为基础并综合考虑其他情节加以认定，如从事非法经营活动经行政处罚仍不悔改，非法经营造成严重后果等。

7. 对于制售有严重政治问题的非法出版物行为应如何定性?②

在处理出版、印刷、复制、发行非法出版物的犯罪时，首先要确定非法出版物的内容和性质。当行为人出版、印刷、复制、发行的系《关于审理非法出版物刑事案件具体应用法律若干问题的解释》第一条至第十条规定之外的其他严重危害社会秩序和扰乱市场秩序的非法出版物时，则有成立非法经营罪的可能。违反国家规定，出版、印刷、复制、发行政治性非法出版物应认定为非法经营罪。

8. 以现货投资名义非法代理境外黄金合约买卖的行为如何定性?③

以介绍现货黄金投资为名义，未经批准招揽国内客户参与境外市场的黄金合约买卖，属于组织变相期货交易活动，扰乱市场秩序，情节严重，其行为构成非法经营罪。人民法院在办理变相期货交易案件时，应当重点关注以下几个方面：（1）审慎认定交易手法是否符合《期货交易管理条例》中变相期货交易的行为特征。（2）综合全案证据及事实，判断交易目的是否是对冲合约获取风险利润。（3）如果所交易的合约到期应当被依法、全面、适当履行，当事人既不能擅自变更或者解除，也不能通过对冲替代履行，并且交易不具备变相期货交易的特征或者特征不明显的，则是现货交易。（4）在必要时征询、参考行政主管部门的意见。（5）留意我国特定时期的黄金市场监管政策。总之，应当综合平衡司法介入经济活动与打击经济犯罪之间的关系，既要保护灵活、新型、合法的投资手段，又要维护正常的黄金、期货市场秩序，注重保护投资者的合法利益。

---

① 案例来源：《刑事审判参考》第489号指导案例，陈某纬、王某泽、郑某中非法经营案。

② 案例来源：《刑事审判参考》第663号指导案例，梁某涛非法经营案。

③ 案例来源：《刑事审判参考》第727号指导案例，刘某、聂某湛、原某达非法经营案。

9. 未经许可从事非法经营行为，但审理期间相关行政审批项目被取消的，如何定性？①

行政法的溯及力亦实行“从旧兼从轻”原则。通常情况下应当按照行为发生当时已有的法律对案件定性处理，但是，如果审判时法律发生了变化，按照变化后新的法律，不认为是犯罪或者处刑较轻的，应当适用新的法律。被告人从事黄金经营期间，黄金属于《刑法》第二百二十五条第（一）项规定的“专营、专卖物品”，但在原审一审期间，国发〔2003〕5号文件发布后，黄金不再属于上述规定中的“专营、专卖物品”。同时，被告人的行为虽然违反《无照经营查处取缔办法》（国务院令370号）等相关国家规定，但根据实践中相关案件的普遍做法，并结合当时当地政府筹建黄金市场的特殊政策等因素，被告人的行为也不属于《刑法》第二百二十五条第（四）项规定的“其他严重扰乱市场秩序的非法经营行为”，因此不构成非法经营罪。

10. 挂靠具有经营资质的企业从事药品经营且不建立真实购销记录的，如何定性？②

国家食品药品监督管理局《关于进一步整治药品经营中挂靠经营超方式及超范围经营问题的通知》明确规定，挂靠经营是指药品经营企业为其他无证单位或个人提供药品经营场地、资质证明以及票据等条件，以使挂靠经营者得以从事药品经营活动。对于药品经营企业，接受挂靠的性质是出租、出借证照；对于挂靠经营者，进行挂靠的性质则是无证经营。通过非法挂靠的方式取得药品经营许可，其个人没有获得许可也不可能得到经营许可，实质上是无证经营。在此情况下，经营药品属于未经许可经营国家专营、专卖物品，依法应以非法经营罪定罪处罚；在非法经营药品过程中故意不建立真实购销记录的不属于《刑法》第二百二十五条规定的非法经营行为，但可以作为认定情节严重的参考因素。

11. 不具备证券从业资格的公司与具备资格的公司合作开展证券咨询业务，是否构成非法经营罪？③

无证券咨询资格的公司与具备资格的公司之间的合作协议不能规避其应当接受审批与监管的义务，相关合作行为可以构成非法经营罪。

---

① 案例来源：《刑事审判参考》第727号指导案例，刘某、聂某湛、原某达非法经营案。

② 案例来源：《刑事审判参考》第864号指导案例，王某平非法经营案。

③ 案例来源：《刑事审判参考》第1043号指导案例，王某、沈某婷非法经营、虚报注册资本案。

12. 非法生产、经营国家管制的第二类精神药品盐酸曲马多，应如何定性?[①]

行为人没有贩卖、制造毒品的故意，仅有生产、销售假药的故意，而其生产、销售国家管制的精神药品的行为同时又构成非法经营罪，生产、销售假药罪与非法经营罪发生竞合，择一重罪处罚。比较两罪的法定刑，在没有出现致人体健康严重危害后果或其他严重情节的情况下，生产、销售假药罪的法定刑幅度较低，而且以生产、销售假药罪来定罪不能充分评价生产、销售盐酸曲马多的社会危害性，定非法经营罪更合适，能恰当地体现此类行为的本质在于违反国家禁止性管理制度。

13. 如何认定《刑法》中的“国家规定”? 经营有偿讨债业务应否认定为《刑法》第二百二十五条第（四）项规定的“其他严重扰乱市场秩序的非法经营行为?”[②]

《刑法》中的“国家规定”主要包括以下三个方面：（1）全国人民代表大会及其常务委员会通过的法律、带有单行法性质的决定，以及以修正案、立法解释等形式对现行法律作出的修改、补充的规定。全国人民代表大会常务委员会的内设机构如法制工作委员会等发布的文件不属于“国家规定”。（2）国务院制定的行政法规、规定的行政措施、发布的决定和命令。（3）国务院办公厅制发（即“国办发”）的部分文件。国务院办公厅作为协助国务院领导同志处理国务院日常工作的机构，有权以“国办发”的名义制发文件，部分“国办发”文件会就行政措施作出规定，这部分文件虽然法律位阶低于以国务院的名义发布的规范性文件，但只要有明确的法律依据或者不与行政法规的规定相抵触，经国务院同意并公开向社会公布，其效力和适用范围通常情况下应当高于地方性法规和部门规章，可视为国务院“规定的行政措施、发布的决定和命令”。所以，以国务院办公厅名义制发的文件，符合以下条件的，亦应视为《刑法》中的“国家规定”：有明确的法律依据或者同相关行政法规不相抵触。经国务院常务会议讨论通过或者经国务院批准，在国务院公报上公开发布。

国家经济贸易委员会、公安部、国家工商行政管理局于2000年6月15日

---

① 案例来源：《刑事审判参考》第864号指导案例，王某平非法经营案。

② 案例来源：《刑事审判参考》第1077号指导案例，李某生、胡某龙非法经营案。

联合发布的《关于取缔各类讨债公司严厉打击非法讨债活动的通知》虽然系“经报请国务院同意”，但从制发主体以及发布形式来看，均不属于《刑法》第九十六条中的“国家规定”。

有偿讨债行为的社会危害性主要体现在对公民个人隐私和正常工作、生活秩序的破坏和干扰，对于正常的市场秩序的破坏和干扰，但并非主要方面。如果行为人在讨债过程中采取了非法获取公民个人信息、寻衅滋事、限制人身自由、暴力、威胁等手段且情节严重的，可按照其所触犯的具体罪名予以处理。在市场经济条件下，债权人既可以通过诉讼、仲裁、调解等途径实现债权，也可以在不违约或不损害公序良俗的前提下自行向债务人追讨，这些手段为国家、社会所鼓励和认可。但是社会生活的复杂性决定了一些债权人或是由于债务人的躲避，或是出于节约时间，或是不方便通过诉讼等途径实现债权等原因，往往通过支付一定报酬的方式请他人帮助向债务人追讨。只要行为人在追讨时未采取违法犯罪手段，或是虽有违法行为但程度较轻，其社会危害性有限的，被侵害的对象可以通过追究行为人的民事侵权责任来维护自身合法权益，国家相关部门也可以对行为人适用治安管理处罚措施予以制裁。这样的处理方式符合刑法的谦抑性原则，即刑法适用对方只能是具备严重社会危害性的违法行为，作为破坏社会主义市场经济秩序的非法经营罪，在适用时更应注意坚持这一原则。

14. 未经许可生产摩托车的行为如何定性?①

无证生产摩托车的行为构成非法经营罪。考虑到实践中无证生产以及采用“大牌小标”方式生产摩托车的行为具有一定的普遍性，是否按照犯罪处理，应结合具体案情综合考量，只能对“情节严重”的非法经营行为定罪处罚。要避免将一般的行政违法行为当作刑事犯罪处理，以犯罪论处的非法经营行为应当具有相当的社会危害性和刑事处罚的必然性。

（四）疑难、复杂问题的参考性解答

1. 罪与非罪的界限

非法经营罪客观方面表现为违反国家规定，非法经营，扰乱市场秩序，情节严重的行为。违反国家规定，是指违反法律、行政法规及其规定的行政

① 案例来源：《刑事审判参考》第1077号指导案例，李某生、胡某龙非法经营案。

措施、发布的决定和命令。在市场经营活动中，违反国家规定进行非法经营，情节不严重的，属于一般违法行为，应当由国家工商管理机关依法予以行政处罚。《追诉标准（二）》第七十一条规定，“违反国家规定，进行非法经营活动，扰乱市场秩序，涉嫌下列情形之一的，应予立案追诉：（一）违反国家烟草专卖管理法律法规，未经烟草专卖行政主管部门许可，无烟草专卖生产企业许可证、烟草专卖批发企业许可证、特种烟草专卖经营企业许可证、烟草专卖零售许可证等许可证明，非法经营烟草专卖品，具有下列情形之一的：1. 非法经营数额在五万元以上，或者违法所得数额在二万元以上的；2. 非法经营卷烟二十万支以上的；3. 三年内因非法经营烟草专卖品受过二次以上行政处罚，又非法经营烟草专卖品且数额在三万元以上的。（二）未经国家有关主管部门批准，非法经营证券、期货、保险业务，或者非法从事资金支付结算业务，具有下列情形之一的：1. 非法经营证券、期货、保险业务，数额在一百万元以上，或者违法所得数额在十万元以上的；2. 非法从事资金支付结算业务，数额在五百万元以上，或者违法所得数额在十万元以上的；3. 非法从事资金支付结算业务，数额在二百五十万元以上不满五百万元，或者违法所得数额在五万元以上不满十万元，且具有下列情形之一的：（1）因非法从事资金支付结算业务犯罪行为受过刑事追究的；（2）二年内因非法从事资金支付结算业务违法行为受过行政处罚的；（3）拒不交代涉案资金去向或者拒不配合追缴工作，致使赃款无法追缴的；（4）造成其他严重后果的。4. 使用销售点终端机具（POS 机）等方法，以虚构交易、虚开价格、现金退货等方式向信用卡持卡人直接支付现金，数额在一百万元以上的，或者造成金融机构资金二十万元以上逾期未还的，或者造成金融机构经济损失十万元以上的。（三）实施倒买倒卖外汇或者变相买卖外汇等非法买卖外汇行为，扰乱金融市场秩序，具有下列情形之一的：1. 非法经营数额在五百万元以上的，或者违法所得数额在十万元以上的；2. 非法经营数额在二百五十万元以上，或者违法所得数额在五万元以上，且具有下列情形之一的：（1）因非法买卖外汇犯罪行为受过刑事追究的；（2）二年内因非法买卖外汇违法行为受过行政处罚的；（3）拒不交代涉案资金去向或者拒不配合追缴工作，致使赃款无法追缴的；（4）造成其他严重后果的。3. 公司、企业或者其他单位违反有关外贸代理业务的规定，采用非法手段，或者明知是伪造、变造的凭证、商业单据，为他人向外汇指定银行骗购外汇，数额在五百万美元以上或者违法所得数额在五十万元以上的；4. 居间介绍骗购外汇，数额在一百万美元以上或者违法所得数额在十万元以上的。（四）出版、印刷、复制、发行严重危害社会秩序和扰乱市场秩序的非法出版物，具有下列情形之一的：1. 个人非法经营数额在五万元以上的，单位非法经营数额在十五万元以上的；2. 个人违法所得数额在二万元以上的，单位违法所得数额在五万元以上的；3. 个人非法经营报纸五千份或者期刊五千本或者图书二千册或者音像制品、电子出版物五百张（盒）以上的，单位非法经营报纸一万五千份或者期刊一万五千本或者图书五千册或者音像制品、电子出版物一千五百张（盒）以上的；4. 虽未达到上述数额标准，但具有下列情形之一的：（1）二年内因出版、印刷、复制、发行非法出版物受过二次以上行政处罚，又出版、印刷、复制、发行非法出版物的；（2）因出版、印刷、复制、发行非法出版物造成恶劣社会影响或者其他严重后果的。（五）非法从事出版物的出版、印刷、复制、发行业务，严重扰乱市场秩序，具有下列情形之一的：1. 个人非法经营数额在十五万元以上的，单位非法经营数额在五十万元以上的；2. 个人违法所得数额在五万元以上的，单位违法所得数额在十五万元以上的；3. 个人非法经营报纸一万五千份或者期刊一万五千本或者图书五千册或者音像制品、电子出版物一千五百张（盒）以上的，单位非法经营报纸五万份或者期刊五万本或者图书一万五千册或者音像制品、电子出版物五千张（盒）以上的；4. 虽未达到上述数额标准，二年内因非法从事出版物的出版、印刷、复制、发行业务受过二次以上行政处罚，又非法从事出版物的出版、印刷、复制、发行业务的。（六）采取租用国际专线、私设转接设备或者其他方法，擅自经营国际电信业务或者涉港澳台电信业务进行营利活动，扰乱电信市场管理秩序，具有下列情形之一的：1. 经营去话业务数额在一百万元以上的；2. 经营来话业务造成电信资费损失数额在一百万元以上的；3. 虽未达到上述数额标准，但具有下列情形之一的：（1）二年内因非法经营国际电信业务或者涉港澳台电信业务行为受过二次以上行政处罚，又非法经营国际电信业务或者涉港澳台电信业务的；（2）因非法经营国际电信业务或者涉港澳台电信业务行为造成其他严重后果的。（七）以营利为目的，通过信息网络有偿提供删除信息服务，或者明知是虚假信息，通过信息网络有偿提供发布信息等服务，扰乱市场秩序，具有下列情形之一的：1. 个人非法经营数额在五万元以上，或者违法所得数额在二万元以上的；2. 单位非法经营数额在十五万元以上，或者违法所得数额在五万元以上的。（八）非法生产、销售“黑广播”“伪基站”、无线电干扰器等无线电设备，具有下列情形之一的：1. 非法生产、销售无线电设备三套以上的；2. 非法经营数额在五万元以上的；3. 虽未达到上述数额标准，但二年内因非法生产、销售无线电设备受过二次以上行政处罚，又非法生产、销售无线电设备的。（九）以提供给他人开设赌场为目的，违反国家规定，非法生产、销售具有退币、退分、退钢珠等赌博功能的电子游戏设施设备或者其专用软件，具有下列情形之一的：1. 个人非法经营数额在五万元以上，或者违法所得数额在一万元以上的；2. 单位非法经营数额在五十万元以上，或者违法所得数额在十万元以上的；3. 虽未达到上述数额标准，但二年内因非法生产、销售赌博机行为受过二次以上行政处罚，又进行同种非法经营行为的；4. 其他情节严重的情形。（十）实施下列危害食品安全行为，非法经营数额在十万元以上，或者违法所得数额在五万元以上的：1. 以提供给他人生产、销售食品为目的，违反国家规定，生产、销售国家禁止用于食品生产、销售的非食品原料的；2. 以提供给他人生产、销售食用农产品为目的，违反国家规定，生产、销售国家禁用农药、食品动物中禁止使用的药品及其他化合物等有毒、有害的非食品原料，或者生产、销售添加上述有毒、有害的非食品原料的农药、兽药、饲料、饲料添加剂、饲料原料的；3. 违反国家规定，私设生猪屠宰厂（场），从事生猪屠宰、销售等经营活动的。（十一）未经监管部门批准，或者超越经营范围，以营利为目的，以超过百分之三十六的实际年利率经常性地向社会不特定对象发放贷款，具有下列情形之一的：1. 个人非法放贷数额累计在二百万元以上的，单位非法放贷数额累计在一千万元以上的；2. 个人违法所得数额累计在八十万元以上的，单位违法所得数额累计在四百万元以上的；3. 个人非法放贷对象累计在五十人以上的，单位非法放贷对象累计在一百五十人以上的；4. 造成借款人或者其近亲属自杀、死亡或者精神失常等严重后果的。5. 虽未达到上述数额标准，但具有下列情形之一的：（1）二年内因实施非法放贷行为受过二次以上行政处罚的；（2）以超过百分之七十二的实际年利率实施非法放贷行为十次以上的。黑恶势力非法放贷的，按照第1、2、3项规定的相应数额、数量标准的百分之五十确定。同时具有第5项规定情形的，按照相应数额、数量标准的百分之四十确定。（十二）从事其他非法经营活动，具有下列情形之一的：1. 个人非法经营数额在五万元以上，或者违法所得数额在一万元以上的；2. 单位非法经营数额在五十万元以上，或者违法所得数额在十万元以上的；3. 虽未达到上述数额标准，但二年内因非法经营行为受过二次以上行政处罚，又从事同种非法经营行为的；4. 其他情节严重的情形。法律、司法解释对非法经营罪的立案追诉标准另有规定的，依照其规定”。

2. 严格适用刑法规定，防止本罪适用范围扩大化

本罪列入第三章第八节“扰乱市场秩序罪”之中，侵犯的客体是“市场管理秩序”。因此，依照本罪处理的应当是发生在生产、流通领域中严重违反国家法律、行政法规，扰乱市场管理秩序，并具有严重社会危害性的行为。1997 年《刑法》施行以来，非法经营罪确有扩大化的趋势。关键是对《刑法》第二百二十五条第（四）项“其他严重扰乱市场秩序的非法经营行为”（以下简称“其他行为”）应当如何正确认定。目前，学术界对“其他行为”的理解有两种观点。一种观点认为，“其他行为”的具体内容，应通过立法或者司法解释逐一加以明确；未予明确的，应依照“法无明文规定不为罪”的原则不予认定。从我国立法和司法实践看，何种行为可以认定为“其他行为”，都是通过另外的立法或者司法解释加以具体明确，以防止该法律规定被滥用。另一种观点认为，“其他行为”作为非法经营罪的“兜底”条款，是因为法律不能对这类行为作穷尽式的罗列，故只要严重扰乱市场秩序就可以认定为非法经营罪。本书同意第一种观点。凡不属于严重扰乱市场管理秩序的行为，如通过“讨债公司”追讨赌债或者“地下钱庄”返还赌债的行为，性质上不是发生在生产、流通领域的行为，就不属于“其他行为”，不构成非法经营罪。

3. 本罪与生产、销售伪劣产品罪的区别

生产、销售伪劣烟、盐等商品构成犯罪的行为，既构成生产、销售伪劣商品犯罪，同时，由于烟、盐等属于国家法律、行政法规规定的专营、专卖物品，所以又构成非法经营罪。对此，根据刑法理论关于想象竞合犯择一重罪处罚的原则，应按照具体犯罪行为可能判处的具体刑罚的轻重，选择可能被判处较重刑罚的犯罪定罪处罚。

（五）量刑指导或参考

依照《刑法》第二百二十五条规定，犯非法经营罪的，处五年以下有期徒刑或者拘役，并处或者单处违法所得一倍以上五倍以下罚金；情节特别严重的，处五年以上有期徒刑，并处违法所得一倍以上五倍以下罚金或者没收财产。

依照《刑法》第二百三十一条规定，单位犯本罪的，对单位判处罚金，并对其直接负责的主管人员和其他直接责任人员，依照第二百二十五条的规定处罚。

司法机关在适用《刑法》第二百二十五条、第二百三十一条规定处罚时，应当注意以下问题：

（1）“情节特别严重”，是本罪的加重处罚情节。司法实践中，一般是指非法经营数额或者非法获利数额特别巨大的；造成特别严重后果的；造成十分恶劣影响的；对国民经济和社会安定造成严重破坏的等情形。

（2）注重适用财产刑。《刑法》明确规定本罪的罚金数额为违法所得一倍以上五倍以下，体现了在经济上予以重罚的立法精神。因此，司法机关要注意并处或者单处财产刑，从经济上制裁这类犯罪分子。

（3）根据《全国人民代表大会常务委员会关于惩治骗购外汇、逃汇和非法买卖外汇犯罪的决定》第四条第一款的规定，在国家规定的交易场所以外非法买卖外汇，扰乱市场秩序，情节严重的，依照《刑法》第二百二十五条的规定，以非法经营罪定罪处罚。

（4）根据《最高人民法院、最高人民检察院关于办理妨害预防、控制突发传染病疫情等灾害刑事案件具体应用法律若干问题的解释》，违反国家在预防、控制突发传染病疫情等灾害期间有关市场经营、价格管理等规定，哄抬物价、牟取暴利，严重扰乱市场秩序，违法所得数额较大或者有其他严重情节的，依照《刑法》第二百二十五条第（四）项的规定，以非法经营罪定罪，从重处罚。

（5）按照《最高人民法院、最高人民检察院、公安部办理非法经营国际电信业务犯罪案件联席会议纪要》的意见，获得国际电信业务经营许可的经营者（含涉港澳台电信业务经营者）明知他人非法从事国际电信业务，仍违反国家规定，采取出租、合作、授权等手段，为他人提供经营和技术条件，利用现有设备或另设国际话务转接设备并从中营利，情节严重的，应以非法经营罪的共犯追究刑事责任。

七、强迫交易罪

（一）刑法规定

第二百二十六条① 以暴力、威胁手段，实施下列行为之一，情节严重的，处三年以下有期徒刑或者拘役，并处或者单处罚金；情节特别严重的，处三年以上七年以下有期徒刑，并处罚金：

（一）强买强卖商品的；

（二）强迫他人提供或者接受服务的；

（三）强迫他人参与或者退出投标、拍卖的；

（四）强迫他人转让或者收购公司、企业的股份、债券或者其他资产的；

（五）强迫他人参与或者退出特定的经营活动的。

（二）司法解释、司法文件

1. **最高人民检察院关于强迫借贷行为适用法律问题的批复**（高检发释字〔2014〕1号，自2014年4月17日起施行）

以暴力、胁迫手段强迫他人借贷，属于刑法第二百二十六条第二项规定的“强迫他人提供或者接受服务”，情节严重的，以强迫交易罪追究刑事责任；同时构成故意伤害罪等其他犯罪的，依照处罚较重的规定定罪处罚。以非法占有为目的，以借贷为名采用暴力、胁迫手段获取他人财物，符合刑法第二百六十三条或者第二百七十四条规定的，以抢劫罪或者敲诈勒索罪追究刑事责任。

2. **最高人民检察院、公安部关于公安机关管辖的刑事案件立案追诉标准的规定（一）**（公通字〔2008〕36号，经2017年4月27日发布的《最高人民检察院、公安部关于公安机关管辖的刑事案件立案追诉标准的规定（一）》的补充规定，公通字〔2017〕12号修正，自2017年4月27日起施行）

第二十八条 ［强迫交易案（刑法第二百二十六条）］以暴力、威胁手段强买强卖商品，强迫他人提供服务或者接受服务，涉嫌下列情形之一的，

---

① 《刑法修正案（八）》对该条文作出了修正：一是增加了三种新的犯罪行为，即第（三）项、第（四）项、第（五）项的行为；二是该罪的法定最高刑由原来的三年提高到七年。

应予立案追诉：

（一）造成被害人轻微伤的；

（二）造成直接经济损失二千元以上的；

（三）强迫交易三次以上或者强迫三人以上交易的；

（四）强迫交易数额一万元以上，或者违法所得数额二千元以上的；

（五）强迫他人购买伪劣商品数额五千元以上，或者违法所得数额一千元以上的；

（六）其他情节严重的情形。

以暴力、威胁手段强迫他人参与或者退出投标、拍卖，强迫他人转让或者收购公司、企业的股份、债券或者其他资产，强迫他人参与或者退出特定的经营活动，具有多次实施、手段恶劣、造成严重后果或者恶劣社会影响等情形之一的，应予立案追诉。

3. 最高人民法院、最高人民检察院、公安部、司法部关于办理黑恶势力犯罪案件若干问题的指导意见（法发〔2018〕1号，自2018年1月16日起施行）

四、依法惩处利用“软暴力”实施的犯罪

17. 黑恶势力为谋取不法利益或形成非法影响，有组织地采用滋扰、纠缠、哄闹、聚众造势等手段侵犯人身权利、财产权利，破坏经济秩序、社会秩序，构成犯罪的，应当分别依照《刑法》相关规定处理：

（1）有组织地采用滋扰、纠缠、哄闹、聚众造势等手段扰乱正常的工作、生活秩序，使他人产生心理恐惧或者形成心理强制，分别属于《刑法》第二百九十三条第一款第（二）项规定的“恐吓”、《刑法》第二百二十六规定的“威胁”，同时符合其他犯罪构成条件的，应分别以寻衅滋事罪、强迫交易罪定罪处罚。

……

（2）……雇佣、指使他人有组织地采用上述手段强迫交易、敲诈勒索，构成强迫交易罪、敲诈勒索罪的，对雇佣者、指使者，一般应当以共同犯罪中的主犯论处……

4. 最高人民法院、最高人民检察院、公安部、司法部关于办理实施“软暴力”的刑事案件若干问题的意见（自2019年4月9日起施行）

为深入贯彻落实中央关于开展扫黑除恶专项斗争的决策部署，正确理解和适用最高人民法院、最高人民检察院、公安部、司法部《关于办理黑恶势力犯罪案件若干问题的指导意见》（法发〔2018〕1号，以下简称《指导意见》）关于对依法惩处采用“软暴力”实施犯罪的规定，依法办理相关犯罪案件，根据《刑法》《刑事诉讼法》及有关司法解释、规范性文件，提出如下意见：

一、“软暴力”是指行为人为谋取不法利益或形成非法影响，对他人或者在有关场所进行滋扰、纠缠、哄闹、聚众造势等，足以使他人产生恐惧、恐慌进而形成心理强制，或者足以影响、限制人身自由、危及人身财产安全，影响正常生活、工作、生产、经营的违法犯罪手段。

二、“软暴力”违法犯罪手段通常的表现形式有：

（一）侵犯人身权利、民主权利、财产权利的手段，包括但不限于跟踪贴靠、扬言传播疾病、揭发隐私、恶意举报、诬告陷害、破坏、霸占财物等；

（二）扰乱正常生活、工作、生产、经营秩序的手段，包括但不限于非法侵入他人住宅、破坏生活设施、设置生活障碍、贴报喷字、拉挂横幅、燃放鞭炮、播放哀乐、摆放花圈、泼洒污物、断水断电、堵门阻工，以及通过驱赶从业人员、派驻人员据守等方式直接或间接地控制厂房、办公区、经营场所等；

（三）扰乱社会秩序的手段，包括但不限于摆场架势示威、聚众哄闹滋扰、拦路闹事等；

（四）其他符合本意见第一条规定的“软暴力”手段。

通过信息网络或者通讯工具实施，符合本意见第一条规定的违法犯罪手段，应当认定为“软暴力”。

三、行为人实施“软暴力”，具有下列情形之一，可以认定为足以使他人产生恐惧、恐慌进而形成心理强制或者足以影响、限制人身自由、危及人身财产安全或者影响正常生活、工作、生产、经营：

（一）黑恶势力实施的；

（二）以黑恶势力名义实施的；

（三）曾因组织、领导、参加黑社会性质组织、恶势力犯罪集团、恶势力以及因强迫交易、非法拘禁、敲诈勒索、聚众斗殴、寻衅滋事等犯罪受过刑事处罚后又实施的；

（四）携带凶器实施的；

（五）有组织地实施的或者足以使他人认为暴力、威胁具有现实可能性的；

（六）其他足以使他人产生恐惧、恐慌进而形成心理强制或者足以影响、限制人身自由、危及人身财产安全或者影响正常生活、工作、生产、经营的情形。

由多人实施的，编造或明示暴力违法犯罪经历进行恐吓的，或者以自报组织、头目名号、统一着装、显露纹身、特殊标识以及其他明示、暗示方式，足以使他人感知相关行为的有组织性的，应当认定为“以黑恶势力名义实施”。

由多人实施的，只要有部分行为人符合本条第一款第（一）项至第（四）项所列情形的，该项即成立。

虽然具体实施“软暴力”的行为人不符合本条第一款第（一）项、第（三）项所列情形，但雇佣者、指使者或者纠集者符合的，该项成立。

五、采用“软暴力”手段，使他人产生心理恐惧或者形成心理强制，分别属于《刑法》第二百二十六条规定的“威胁”、《刑法》第二百九十三条第一款第（二）项规定的“恐吓”，同时符合其他犯罪构成要件的，应当分别以强迫交易罪、寻衅滋事罪定罪处罚。

《关于办理寻衅滋事刑事案件适用法律若干问题的解释》第二条至第四条中的“多次”一般应当理解为二年内实施寻衅滋事行为三次以上。三次以上寻衅滋事行为既包括同一类别的行为，也包括不同类别的行为；既包括未受行政处罚的行为，也包括已受行政处罚的行为。

九、采用“软暴力”手段，同时构成两种以上犯罪的，依法按照处罚较重的犯罪定罪处罚，法律另有规定的除外。

十、根据本意见第五条、第八条规定，对已受行政处罚的行为追究刑事责任的，行为人先前所受的行政拘留处罚应当折抵刑期，罚款应当抵扣罚金。

十一、雇佣、指使他人采用“软暴力”手段强迫交易、敲诈勒索，构成强迫交易罪、敲诈勒索罪的，对雇佣者、指使者，一般应当以共同犯罪中的主犯论处。

5. 最高人民法院、最高人民检察院、公安部、司法部关于办理恶势力刑事案件若干问题的意见（法发〔2019〕10号，自2019年4月9日起施行）

为认真贯彻落实中央开展扫黑除恶专项斗争的部署要求，正确理解和适用最高人民法院、最高人民检察院、公安部、司法部《关于办理黑恶势力犯罪案件若干问题的指导意见》（法发〔2018〕1号，以下简称《指导意见》），根据刑法、刑事诉讼法及有关司法解释、规范性文件的规定，现对办理恶势力刑事案件若干问题提出如下意见：

9. 办理恶势力刑事案件，“多次实施违法犯罪活动”至少应包括1次犯罪活动。对于反复实施强迫交易、非法拘禁、敲诈勒索、寻衅滋事等单一性质的违法行为，单次情节、数额尚不构成犯罪，但按照刑法或者有关司法解释、规范性文件的规定累加后应作为犯罪处理的，在认定是否属于“多次实施违法犯罪活动”时，可将已用于累加的违法行为计为1次犯罪活动，其他违法行为单独计算违法活动的次数。

已被处理或者已作为民间纠纷调处，后经查证确属恶势力违法犯罪活动的，均可以作为认定恶势力的事实依据，但不符合法定情形的，不得重新追究法律责任。

6. 最高人民法院、最高人民检察院、公安部、司法部关于办理利用信息网络实施黑恶势力犯罪刑事案件若干问题的意见（自2019年10月21日起施行）

为认真贯彻中央关于开展扫黑除恶专项斗争的部署要求，正确理解和适用最高人民法院、最高人民检察院、公安部、司法部《关于办理黑恶势力犯罪案件若干问题的指导意见》（法发〔2018〕1号，以下简称《指导意见》），根据刑法、刑事诉讼法、网络安全法及有关司法解释、规范性文件的规定，现对办理利用信息网络实施黑恶势力犯罪案件若干问题提出以下意见：

二、依法严惩利用信息网络实施的黑恶势力犯罪

5. 利用信息网络威胁他人，强迫交易，情节严重的，依照刑法第二百二十六条的规定，以强迫交易罪定罪处罚。

（三）典型或常见问题的审理思路

1. 以暴力、威胁手段强迫他人提供贷款的行为如何定性？①

不能证实行为人具有非法占有他人财物的目的，就不能以抢劫罪或者敲诈勒索罪定罪。强迫金融机构工作人员贷款的行为，是扰乱市场秩序的行为，

① 案例来源：《刑事审判参考》第112号指导案例，细某平、邹某虎抢劫案。

情节严重的，应以强迫交易罪定罪处罚。贷款是金融市场的一种商业行为，借贷双方都应当遵循平等、自愿、公平、等价有偿和诚实信用的原则。强迫交易罪在客观上表现为采取暴力、威胁手段强买强卖商品、强迫提供或者接受服务。侵犯的是复杂客体，一方面侵犯了公平市场交易秩序，另一方面也侵犯了他人的人身权利。如果强迫交易过程中采取的暴力手段致人重伤、死亡，则应按照牵连犯的处罚原则定故意伤害或者故意杀人罪。但刑法规定强迫交易罪的立法本意主要在于打击那些破坏市场交易秩序的行为，因此，只要存在交易，在交易过程中其中任何一方采取了暴力、威胁手段强买强卖商品、强迫提供或者接受服务的，如果暴力手段本身不构成犯罪，情节再严重也只能按强迫交易罪定罪。不能因为行为人采取了暴力、威胁手段，就不管双方是否存在交易的事实，一律按抢劫或者敲诈勒索等侵犯财产罪定罪处罚。当然，如果行为人以市场交易为借口，以暴力或者威胁的手段索取、强拿的财物，远远超过正常买卖、交易情况下被害人应支付的财物，可以根据刑法关于抢劫罪的规定，追究行为人的刑事责任。本案被告人以暴力、威胁手段强迫他人为其提供贷款的行为，并非以非法占有为目的，贷款手续的办理及存在，也表明了其行为属于强迫他人提供金融服务。因其以此种手段多次作案，“贷款”后造成的经济损失数额巨大，应属情节严重，其行为完全符合强迫交易罪的构成特征，应以强迫交易罪定罪处罚。

2. 在共同强迫交易过程中，一人突发持刀重伤他人，对其他参与共同强迫交易的被告人应如何定罪处罚?①

构成共同犯罪要求各犯罪人在主观方面必须具有共同犯罪的故意，各犯罪人之间的犯意互相沟通，彼此协调和默契；各共同犯罪人都应当知道自己不是在孤立地实施某一种犯罪，而是同其他犯罪人互相配合，共同实施某一种犯罪，他们都明知自己的行为性质和将引起的危害社会的结果，而且对这种结果均持希望或放任的故意态度，这种共同故意把每个共同犯罪的个人认识和意志连接成他们共同的认识与犯罪意识，从而使他们的行为互相配合，成为目标一致的共同犯罪活动。在共同实施强迫交易的犯罪过程中，一人突然持刀重伤他人，超出了实施强迫交易犯罪活动中所形成的共同犯罪故意，被害人被刺而受重伤的后果只能由实施重伤行为的人承担。对其他参与共同

① 案例来源：《刑事审判参考》第 112 号指导案例，细某平、邹某虎抢劫案。

强迫交易的被告人，应以强迫交易罪定罪处罚。

3. 使用暴力强行向他人当场“借款”并致人轻伤的如何定罪处罚？①

准确区分强迫交易罪与抢劫罪要注意以下三点：第一，把握强迫交易罪的客体。犯罪客体往往决定犯罪性质，影响罪名的认定。强迫交易罪属于破坏市场经济秩序的犯罪，行为人通过不公平的交易来牟取非法经济利益，因此，只有在经营或者交易活动中才可能发生本罪。如果行为不是发生于商业经营活动中，则缺少构成强迫交易罪的前提条件。第二，注重法定刑对定性的制约。强迫交易罪的法定最高刑只有三年有期徒刑，而抢劫罪的法定最低刑为三年有期徒刑，说明抢劫罪的危害程度比强迫交易罪大很多，因此，强迫交易罪的行为人所使用的暴力、胁迫手段应当轻于抢劫罪，一般不能造成致人轻伤以上的后果，否则，以强迫交易罪定罪就会造成处刑上的不平衡。第三，行为人所付出对价的不公平性应有程度限制。行为人强迫对方进行交易，往往可能以不公平的对价买卖商品、提供或者接受服务，但这种对价的不公平程度应当有限度，不能与正常市场情况反差过于悬殊。如果采取暴力、胁迫手段，以交易为名行侵犯他人财产之实的，则应认定为抢劫罪或者敲诈勒索罪。借款行为不属于强迫交易罪中“交易”的范围。写借条和承诺替被害人解决纠纷，也不属于强迫交易罪中所指的“交易”。本案被告人当场使用暴力手段，强行向被害人借款 100 万元，并逼迫孙某然当场筹借部分款项。虽然其书写了借条，并书面承诺无报酬替孙焕然解决孙与有关公司之间的纠纷，形式上有一定交易性质，但并不符合强迫交易罪的构成要件，不能认定为强迫交易罪，而恰恰符合抢劫罪的构成要件，应认定为抢劫罪。

4. 实施强迫交易的行为，致被害人受伤，其行为同时符合强迫交易罪和故意伤害罪的犯罪构成要件，属想象竞合犯，应选择较重的罪名定罪量刑。

（四）量刑指导或参考

依照《刑法》第二百二十六条规定，犯强迫交易罪的，处三年以下有期徒刑或者拘役，并处或者单处罚金；情节特别严重的，处三年以上七年以下有期徒刑，并处罚金。

依照《刑法》第二百三十一条规定，单位犯本罪的，对单位判处罚金，

① 案例来源：《刑事审判参考》第 520 号指导案例，李某生强迫交易案。

并对其直接负责的主管人员和其他直接责任人员，依照第二百二十六条的规定处罚。

八、伪造、倒卖伪造的有价票证罪，倒卖车票、船票罪

（一）刑法规定

第二百二十七条第一款　伪造或者倒卖伪造的车票、船票、邮票或者其他有价票证，数额较大的，处二年以下有期徒刑、拘役或者管制，并处或者单处票证价额一倍以上五倍以下罚金；数额巨大的，处二年以上七年以下有期徒刑，并处票证价额一倍以上五倍以下罚金。

第二款　倒卖车票、船票，情节严重的，处三年以下有期徒刑、拘役或者管制，并处或者单处票证价额一倍以上五倍以下罚金。

（二）司法解释、司法文件及其权威解读

1. **最高人民法院关于审理倒卖车票刑事案件有关问题的解释**（法释〔1999〕17号，自1999年9月14日起施行）

第一条　高价、变价、变相加价倒卖车票或者倒卖坐席、卧铺签字号及订购车票凭证，票面数额在五千元以上，或者非法获利数额在二千元以上的，构成刑法第二百二十七条第二款规定的“倒卖车票情节严重”。

第二条　对于铁路职工倒卖车票或者与其他人员勾结倒卖车票；组织倒卖车票的首要分子；曾因倒卖车票受过治安处罚两次以上或者被劳动教养一次以上，两年内又倒卖车票，构成倒卖车票罪的，依法从重处罚。

权威解读

解读《最高人民法院关于审理倒卖车票刑事案件有关问题的解释》

我国《刑法》第二百二十七条第二款规定，倒卖车票、船票情节严重的，依法追究刑事责任。但是《刑法》第二百二十七条第二款的规定比较原则和笼统，究竟什么样的情形属于“情节严重”，《刑法》上没有具体规定，这给司法实践中的具体操作带来一定的困难。因此1999年9月2日，最高人民法院审判委员会第1074次会议通过了《最高人民法院关于审理倒卖车票刑事案件有关问题的解释》（法释〔1999〕17号），就倒卖车票刑事案件的法律适用问题作出了具体解释。司法实践中应当注意把握以下几个问题：

一、关于“倒卖车票情节严重”的认定问题

倒卖车票的犯罪，一般都有争取非法利益的目的。因此，犯罪行为人倒卖车票的票面数额和犯罪人非法获利的数额可以准确反映这种犯罪行为情节的轻重。因此《解释》第一条从票面数额和非法获利数额两种情形对“倒卖车票情节严重”作出具体规定。倒卖车票的票面数额在五千元以上，或者非法获利数额在二千元以上的，构成“倒卖车票情节严重”。

二、关于从重处罚的几种情形

《解释》第二条规定了对倒卖车票犯罪从重处罚的三种情形：

铁路职工倒卖车票或者与其他人员勾结倒卖车票的。我国对铁路企业实行专营，票务秩序直接关系到铁路运营的安全与稳定。铁路职工利用工作和职务上的便利，倒卖车票或者参与倒卖车票的犯罪活动，扰乱社会秩序的危害性更大。因此打击倒卖车票的犯罪活动，特别需要注意打击铁路职工倒卖车票或者与其他人员勾结倒卖车票的行为。

组织倒卖车票的首要分子。从实际查办的案件情况看，倒卖车票可能是犯罪分子自己单独实施的，也可能是共同犯罪，且组织严密的共同犯罪更有猖獗的趋势。因此，对组织倒卖车票犯罪的首要分子，必须依法从重处罚。

曾因倒卖车票受过治安处罚两次以上或者被劳动教养一次以上，两年内又倒卖车票，构成倒卖车票罪的。原来倒卖过车票，虽然尚未构成倒卖车票罪，没有受到刑罚处罚，但却受过治安处罚两次以上，或者被劳动教养一次以上的，两年内再次倒卖车票，构成倒卖车票罪，表明犯罪行为人不思悔改，主观恶性较深，社会危害性较大，应当依法从重处罚。

（撰稿：李洪江）

2. 最高人民法院关于对变造、倒卖变造邮票行为如何适用法律问题的解释（法释〔2000〕41号，自2000年12月9日起施行）

对变造或者倒卖变造的邮票数额较大的，应当依照刑法第二百二十七条第一款的规定定罪处罚。

权威解读

解读《最高人民法院关于对变造、倒卖变造邮票行为如何适用法律问题的解释》

近年来，一些不法分子收购使用过的邮票进行变造，并倒卖变造邮票的案件时有发生。司法实践中对于变造、倒卖变造邮票构成犯罪的法律适用问题存在分歧意见，造成对这类案件无法及时处理。为了严格执法，最高人民法院于2000年12月作出《关于对变造、倒卖变造邮票行为如何适用法律问题的解释》（以下简称《解释》）。现就《解释》的理解与适用作如下介绍：

依照《刑法》第二百二十七条第一款的规定，伪造或者倒卖伪造的车票、船票、邮票或者其他有价票证，数额较大的，以伪造、倒卖伪造的有价票证罪定罪处罚。对于变造、倒卖变造邮票的行为如何适用法律，讨论时主要有两种观点：一种观点认为，伪造和变造是两种不同的行为，修订后《刑法》分则相关条文中对于凡是涉及伪造、变造犯罪的，都加以严格区分，将伪造、变造行为并列明确予以规定，如《刑法》第一百七十七条规定了伪造、变造金融票证罪等。而《刑法》第二百二十七条第一款仅规定了伪造、倒卖伪造的有价票证行为，没有规定变造行为，因此根据刑法的规定，变造或者倒卖变造的邮票行为构成犯罪的，不能适用伪造、倒卖伪造的有价票证罪定罪处罚，否则违背罪刑法定原则。对于变造邮票后使用的，或者将变造的邮票假冒未使用过的邮票出售的，或者明知他人购买变造邮票不是出于集邮、收藏目的而向其出售，构成犯罪的，建议依照诈骗罪定罪处罚。另一种观点是，变造行为与伪造行为最为接近，在《刑法》修订以前，司法实践中对于变造行为构成犯罪的，通常都是按照伪造行为处理的。如果将变造或者倒卖变造邮票的行为按照诈骗罪处理，最高可判处被告人无期徒刑，而《刑法》第二百二十七条第一款规定的法定最高刑是7年有期徒刑，实践中可能出现变造行为比伪造行为处刑重，量刑失衡的问题。再者，行为人变造出邮票，或者倒卖了变造的邮票，就具有社会危害性，应当追究刑事责任，但如果按照诈骗罪处罚，则还要求具备对国家邮资或者受害人造成实际损失的要件。因此，对变造、倒卖变造邮票的行为按照伪造、倒卖伪造的有价票证罪定罪处罚较为适宜。经充分讨论，《解释》最终采纳了后一种意见，规定，对于实施变造或者倒卖变造邮票行为的，应当依照《刑法》第二百二十七条第一款的规定，以伪造、倒卖伪造的有价票证罪定罪处罚。由于目前最高人民法院还暂未对伪造、倒卖伪造有价票证犯罪的“数额较大”及“数额巨大”等问题作出统一的规定，因此司法机关在具体办理相关案件时可以根据本地经济发展情况、行为的社会危害性等来确定构成犯罪的伪造、倒卖伪造邮票的数额。

（撰稿：李兵）

3. **最高人民检察院关于非法制作、出售、使用IC电话卡行为如何适用法律问题的答复**（高检研发〔2003〕10号，自2003年4月2日起施行）

非法制作或者出售非法制作的IC电话卡，数额较大的，应当依照刑法第二百二十七条第一款的规定，以伪造、倒卖伪造的有价票证罪追究刑事责任，犯罪数额可以根据销售数额认定；明知是非法制作的IC电话卡而使用或者购买并使用，造成电信资费损失数额较大的，应当依照刑法第二百六十四条的规定，以盗窃罪追究刑事责任。

4. **最高人民检察院、公安部关于公安机关管辖的刑事案件立案追诉标准的规定（一）**（公通字〔2008〕36号，自2008年6月25日起施行）

第二十九条 ［伪造、倒卖伪造的有价票证案（刑法第二百二十七条第一款）］伪造或者倒卖伪造的车票、船票、邮票或者其他有价票证，涉嫌下列情形之一的，应予立案追诉：

（一）车票、船票票面数额累计二千元以上，或者数量累计五十张以上的；

（二）邮票票面数额累计五千元以上，或者数量累计一千枚以上的；

（三）其他有价票证价额累计五千元以上，或者数量累计一百张以上的；

（四）非法获利累计一千元以上的；

（五）其他数额较大的情形。

第三十条 ［倒卖车票、船票案（刑法第二百二十七条第二款）］倒卖车票、船票或者倒卖车票坐席、卧铺签字号以及订购车票、船票凭证，涉嫌下列情形之一的，应予立案追诉：

（一）票面数额累计五千元以上的；

（二）非法获利累计二千元以上的；

（三）其他情节严重的情形。

（三）典型或常见问题的审理思路

1. 伪造洗澡票的行为如何定性？①

《刑法》第二百二十七条第一款规定，伪造车票、船票、邮票或者其他有价票证，数额较大的，构成伪造有价票证罪。该罪的犯罪对象是车票、船票、邮票或其他有价票证。这里的“车票、船票、邮票”含义明确，范围固定，

① 观点来源：《刑事审判参考》第170号指导案例，赵某刚伪造有价票证案。

一般不存在问题。但对于“其他有价票证”的认定，则是司法认定的难点。我们认为，“其他有价票证”应当是与“车票、船票、邮票”具有同一属性的有价票证，与“车票、船票、邮票”一样，是由有关部门统一发行和管理、能够证明持票人已付出票面标明金额的货币，从而有权持票要求相应的部门提供一定服务的票证，如飞机票，欣赏表演的门票（电影票、球票、戏票），旅游景点、博物馆的门票等。有价票证一般具有下列特点：一是票证上要有一定的面额，即有价性；二是代表一定的经济利益上的权利，即具有权利性，若只有纪念性、观赏性，如作废的邮票等，则不属于刑法意义上的“其他有价票证”；三是票证的使用、发放范围在相当的空间进行，对大多数或不特定的人有效，即公共性，因而诸如仓单、提货单等只对特定人有效的权利凭证，以及只在一个单位内有效的内部凭证等均不在有价票证范围之内；四是票证体现的法律关系具有债权债务关系，其内容为提供或接受一定的服务。就本案而言，被告人赵某刚伪造的是经工商部门核准登记的营业性公共浴池的洗澡票，这种洗澡票是经当地物价部门核定并在当地社会上流通使用，具有确定面额的一种书面凭证，尽管其在发行、使用范围上具有地域性，但从性质上讲，与车票、船票、邮票等具有相同的属性，应当属于刑法规定的“其他有价票证”。

“数额较大”是伪造有价票证构成犯罪还是仅属于一般违法行为的界限标准。这里的“数额”是指有价票证载明的价额。虽然目前没有对《刑法》第二百二十七条第一款规定的“数额较大”予以明确规定的司法解释（注：此案审理时《最高人民检察院、公安部关于公安机关管辖的刑事案件立案追诉标准的规定（一）》尚未出台），但对于司法解释没有明确定罪处刑具体标准的案件，审理案件的人民法院应当根据本地区的经济发展状况，认定人民检察院提起公诉的案件是否符合《刑法》规定的某一具体犯罪的构成要件。关于伪造有价票证行为，《刑法》第二百二十七条第一款是将其与倒卖车票这种有价票证行为并列加以规定的，因此，伪造有价票证犯罪行为与倒卖车票犯罪行为的社会危害性在某种程度上具有可比性。参照《最高人民法院关于审理倒卖车票刑事案件有关问题的解释》第一条“高价、变相加价倒卖车票或者倒卖坐席、卧铺签字号及订购车票凭证，票面数额在五千元以上……构成《刑法》第二百二十七条第二款规定的‘倒卖车票情节严重’”的规定，伪造有价票证，票面数额在五千元以上的，可以认定为《刑法》第二百二十七条第一款规定的“数额较大”。本案被告人伪造的洗澡票票面数额达 1.4 万余元，应认定为“数额较大”。

2. 以假充真侵占门票收入款行为的定性①

有价票证应当理解为由有关国家机关、公司、企业、事业单位依法印制，并向社会公众发放、销售，具有一定票面金额，可以在一定范围内流通或者使用，能够证明持票人享有要求发票人或者受票人支付一定数额的财物或者提供特定服务的权利，或者能够证明其已履行了相关法律义务的书面凭证。在具体认定时，应从有价票证制作发行的有权性、票面的有价性、流通使用的公共性及权利内容的凭证性等方面来加以把握，诸如机票、演出（电影、球赛等）、旅游景点、博物馆的门票（入场券）等均属有价票证。但是，发票、金融票证、有价证券等因刑法另有专门规定，故不在此列；过期作废或者使用过的票证因不再具有流通或者使用功能，也不应认定为《刑法》第二百二十七条规定的有价票证。本案中的观光券，系某方明珠公司依法印制向社会公众出售，具有票面金额，并以提供观光服务为内容，持票人据其享有入塔观光的权利，完全符合有价票证诸特征，故应认定为有价票证。

本案被告人董某、岑某均在上海某方明珠广播电视塔有限公司工作，一个利用售票员的职务便利，将假票冒充真票出售给游客，一个利用检票员的职务便利，对持假观光券的游客予以放行，进而将假观光券的票款收入占为己有。客观上确实存在欺骗游客倒卖伪造的有价票证的行为，但欺骗游客、倒卖伪造的有价票证只是被告人达到侵占所在单位某方明珠塔门票收入的一种手段，其所意图占有的对象并非游客的财物，而是某方明珠塔的门票收入。故二人行为符合职务侵占罪的构成特征，构成职务侵占罪。

3. 铁路乘车证是否属于《刑法》第二百二十七条规定的“其他有价票证”？②

《刑法》第二百二十七条中的“有价票证”，并不要求与所列举的“车票、船票、邮票”的特征完全相同，只要乘车证及其他证件本质上是“有价”的，符合有价票证的本质特征，就可以认定为有价票证；乘车证与工作证、出差证明书、乘车证使用卡一起使用，其在使用效果上与火车票相同，伪造、

---

① 案例来源：《刑事审判参考》第 213 号指导案例，董某、岑某等伪造有价票证、职务侵占案。

② 案例来源：《刑事审判参考》第 426 号指导案例，王某伪造、倒卖伪造的有价票证，蔡某喜倒卖伪造的有价票证案。

倒卖伪造的乘车证及其他证件，其社会危害性与伪造、倒卖伪造的车票、船票、邮票性质相同；《最高人民法院关于审理倒卖车票刑事案件有关问题的解释》明确规定，倒卖火车票坐席、卧铺签字号、订购车票凭证这些无流通性质的票证视同倒卖火车客票，同理，铁路乘车证及其他证件同样也应视为"有价票证"。

由于乘车证本身无票面价额，其价额应依使用情况定，使用人乘坐相应车次、铺席的票价即是乘车证的价额。如果是无人使用，则乘车证有价但尚无价额，被害方也无财产损失，不宜认定为犯罪数额。对于无票面价额的有价票证，可以结合伪造或者倒卖伪造有价票证的张数，给国家、企业、公民个人等造成的损失，非法所得数额，伪造、倒卖伪造相关证件、证明文件的数量等综合认定。

4. 以出售牟利为目的购买大量车票尚未售出的行为如何处理？①

从倒卖行为的本质特征和倒卖车票罪侵犯的客体分析，为了出卖而买当然属于"倒卖"的应有之义。以出售牟利为目的购买车票的行为符合倒卖车票罪的客观特征，情节严重的，应认定齐备倒卖车票罪的犯罪构成要件，以犯罪既遂处理，但在量刑上应当有所区别。

（四）疑难、复杂问题的参考性解答

1. 罪与非罪的界限

伪造或倒卖伪造的车票、船票、邮票或者其他有价票证必须达到数额较大的程度，才构成犯罪。根据《最高人民检察院、公安部关于公安机关管辖的刑事案件立案追诉标准的规定（一）》（以下简称《追诉标准（一）》）第二十九条的规定，伪造或者倒卖伪造的车票、船票、邮票或者其他有价票证，涉嫌下列情形之一的，应予立案追诉：（1）车票、船票票面数额累计二千元以上，或者数量累计五十张以上的；（2）邮票票面数额累计五千元以上，或者数量累计一千枚以上的；（3）其他有价票证价额累计五千元以上，或者数量累计一百张以上的；（4）非法获利累计一千元以上的；（5）其他数额较大的情形。

倒卖车票、船票的行为，也必须达到"情节严重"的程度，才构成犯罪。

---

① 案例来源：《刑事审判参考》第379号指导案例，刘某场、李某华倒卖车票案。

所谓“情节严重”，在司法实践中，一般是指倒卖车票、船票面额较大或者获利数额较大的，倒卖车票、船票屡教不改的等情形。根据《最高人民法院关于审理倒卖车票刑事案件有关问题的解释》（以下简称《倒卖车票解释》），高价、变相加价倒卖车票或者倒卖坐席、卧铺签字号及订购车票凭证，票面数额在5000元以上，或者非法获利数额在2000元以上的，构成《刑法》第二百二十七条第二款规定的“倒卖车票情节严重”。

司法实践中，对于既有伪造车票、船票的行为，又倒卖了真的车票、船票的，应定伪造有价票证罪和倒卖车票、船票罪，实行并罚。

2. 选择性罪名的适用

行为人只要实施了伪造有价票证或者倒卖伪造的有价票证其中一种行为就构成本罪，实施了两种行为的，仍为一罪，不实行并罚。

3. 本罪与伪造、变造国家有价证券罪的区别

两者在犯罪的客观方面都是伪造行为。区别在于犯罪对象不同。前者是有价票证，后者则是国家有价证券，如国库券、金融债券等。

4. 特殊解释

《最高人民法院关于对变造、倒卖变造邮票行为如何适用法律问题的解释》规定：“对变造或者倒卖变造的邮票数额较大的，应当依照刑法第二百二十七条第一款的规定定罪处罚。”该司法解释把“伪造、倒卖伪造的有价票证”中的“伪造”行为，扩大解释为包括变造行为在内。

（五）量刑指导或参考

依照《刑法》第二百二十七条第一款规定，犯伪造、倒卖伪造的有价票证罪的，处二年以下有期徒刑、拘役或者管制，并处或者单处票证价额一倍以上五倍以下罚金；数额巨大的，处二年以上七年以下有期徒刑，并处票证价额一倍以上五倍以下罚金。

依照《刑法》第二百二十七条第二款规定，犯倒卖车票、船票罪的，处三年以下有期徒刑、拘役或者管制，并处或者单处票证价额一倍以上五倍以下罚金。

依照《刑法》第二百三十一条规定，单位犯本罪的，对单位判处罚金，并对其直接负责的主管人员和其他直接责任人员，依照第二百二十七条第一款、第二款的规定处罚。

根据《倒卖车票解释》的规定，对于铁路职工倒卖车票或者与其他人员勾结倒卖车票；组织倒卖车票的首要分子；曾因倒卖车票受过治安处罚两次以上或者被劳动教养一次以上，两年内又倒卖车票，构成倒卖车票罪的，从重处罚。

九、非法转让、倒卖土地使用权罪

（一）刑法规定

第二百二十八条　以牟利为目的，违反土地管理法规，非法转让、倒卖土地使用权，情节严重的，处三年以下有期徒刑或者拘役，并处或者单处非法转让、倒卖土地使用权价额百分之五以上百分之二十以下罚金；情节特别严重的，处三年以上七年以下有期徒刑，并处非法转让、倒卖土地使用权价额百分之五以上百分之二十以下罚金。

（二）司法解释、司法文件及其权威解读

1. **最高人民法院关于审理破坏土地资源刑事案件具体应用法律若干问题的解释**（法释〔2004〕14号，自2000年6月22日起施行）

第一条　以牟利为目的，违反土地管理法规，非法转让、倒卖土地使用权，具有下列情形之一的，属于非法转让、倒卖土地使用权“情节严重”，依照刑法第二百二十八条的规定，以非法转让、倒卖土地使用权罪定罪处罚：

（一）非法转让、倒卖基本农田五亩以上的；

（二）非法转让、倒卖基本农田以外的耕地十亩以上的；

（三）非法转让、倒卖其他土地二十亩以上的；

（四）非法获利五十万元以上的；

（五）非法转让、倒卖土地接近上述数量标准并具有其他恶劣情节的，如曾因非法转让、倒卖土地使用权受过行政处罚或者造成严重后果等。

第二条　实施第一条规定的行为，具有下列情形之一的，属于非法转让、倒卖土地使用权“情节特别严重”：

（一）非法转让、倒卖基本农田十亩以上的；

（二）非法转让、倒卖基本农田以外的耕地二十亩以上的；

（三）非法转让、倒卖其他土地四十亩以上的；

（四）非法获利一百万元以上的；

（五）非法转让、倒卖土地接近上述数量标准并具有其他恶劣情节，如造成严重后果等。

第八条 单位犯非法转让、倒卖土地使用权罪、非法占有耕地罪的定罪量刑标准，依照本解释第一条、第二条、第三条的规定执行。

第九条 多次实施本解释规定的行为依法应当追诉的，或者一年内多次实施本解释规定的行为未经处理的，按照累计的数量、数额处罚。

权威解读

解读《最高人民法院关于审理破坏土地资源刑事案件具体应用法律若干问题的解释》(节录)

一、关于非法转让、倒卖土地使用权罪的定罪处罚标准

《解释》对非法转让、倒卖土地使用权构成犯罪的标准——“情节严重”的认定，主要是从非法转让、倒卖土地的面积、获利数额两方面加以规定的。其中面积数量标准，是根据土地的使用性质及近年查处土地违法案件情况的统计数据为依据确定的。予以刑罚打击的面原则上控制在土地违法案件的5%以下。根据有关土地管理法律、法规的规定，土地分为基本农田（按照一定时期人口和社会发展对农产品的需求，依据土地利用总体规划确定的不得占用的耕地）、基本农田以外的耕地（基本农田以外的种植农作物或者以种植农作物为主并兼有零星果树、桑树或其他树木的土地，或者耕种3年以上的滩涂和海滩以及前3年曾用于种植农作物的土地）和其他土地。据国土资源部对湖南省洞口县、醴陵市、湘乡市、韶山市、湘潭县和福建省晋江市、宁德市等县市的抽样调查，1997、1998两年共发生非法转让、倒卖基本农田案件120件，其中土地面积在5亩以下的116件，约占97%，5亩以上的4件，约占3%；非法转让、倒卖基本农田以外的其他耕地案件182件，其中10亩以下的179件，约占98%，10亩以上的3件，约占2%。同时在实践中，有的违法者虽然非法转让、倒卖土地的面积较小，但非法获利大，也应给予刑事处罚。因此《解释》规定，具备面积数量或者获利数额条件之一的，即构成非法转让、倒卖土地使用权“情节严重”。“情节特别严重”的标准则是在上述数额标准一倍以上确定的。

（撰稿：熊选国）

2. **全国人大常委会关于《中华人民共和国刑法》第二百二十八条、第三百四十二条、第四百一十条的解释**（2001年8月31日第九届全国人民代表大会常务委员会第二十三次会议通过，根据2009年8月27日中华人民共和国主席令第十八号第十一届全国人民代表大会常务委员会第十次会议《关于修改部分法律的决定》修正，自2009年8月27日起施行）

刑法第二百二十八条、第三百四十二条、第四百一十条规定的"违反土地管理法规"，是指违反土地管理法、森林法、草原法等法律以及有关行政法规中关于土地管理的规定。

权威解读

解读《全国人大常委会关于〈中华人民共和国刑法〉第二百二十八条、第三百四十二条、第四百一十条的解释》（节录）

三、关于立法解释

《刑法》第四百一十条规定："国家机关工作人员徇私舞弊，违反土地管理法规，滥用职权，非法批准征用、占用土地，或者非法低价出让国有土地使用权，情节严重的，处三年以下有期徒刑或者拘役；致使国家或者集体利益遭受特别重大损失的，处三年以上七年以下有期徒刑。"国务院法制办、国家林业局提出，由于对《刑法》第四百一十条规定的"土地管理法规"和"非法批准征用、占用土地"的含义理解不一致，实践中对一些非法批准征用、占用林地构成犯罪的行为没有适用刑法第四百一十条追究刑事责任。为了解决实践中存在的问题，建议立法机关通过法律解释，对《刑法》第四百一十条中的相关规定进一步明确含义。根据以上意见，法律委员会认为，《刑法》第四百一十条的规定已包括了非法批准征用、占用林地的情况，可以根据立法法的有关规定，采用法律解释的方式对该条的含义进一步予以明确，以利于对这类犯罪的打击。同时，考虑到除《刑法》第四百一十条外，《刑法》第二百二十八条、第三百四十二条也规定了"违反土地管理法规"，其含义与刑法第四百一十条是相同的，也应一并明确。因此，法律委员会建议全国人大常委会对《刑法》的上述规定作如下解释："刑法第二百二十八条、第三百四十二条、第四百一十条规定的'违反土地管理法规'，是指违反土地管理法、森林法、草原法等法律以及有关行政法规中关于土地管理的规定"。"《刑法》第四百一十条规定的'非法批准征用、占用土地'，是指非法批准征用、占用耕地、林地等农用地以及其他土地，应当指出的是，该立法解释的内容是以现有的法律规定为依据的。《土地管理法》第十一条第四款规定："确认林地、草原的所有权或者使用权，确认水面、滩涂的养殖使用权，分别依照《森林法》《草原法》和《渔业法》的有关规定办理。"立法解释中"土地管理法规"的含义是广义的，它不仅是指土地管理法中有关耕地的管理规定，而且还包括森林法、草原法及行政法规中有关林地、草原的管理规定以及行政法规中关于土地管理的规定；"非法批准征用、占用土地"，是指国家机关工作人员违反土地管理法、森林法、草原法等法律以及有关行政法规中规定的关于占用、征用土地的严格审批程序，滥用职权批准占用或者征用耕地、林地、草原等农用地以及其他土地的行为。

（撰稿：黄太云）

3. **最高人民检察院、公安部关于公安机关管辖的刑事案件立案追诉标准的规定（二）**（自2022年5月15日起施行）

第七十二条　［非法转让、倒卖土地使用权案（刑法第二百二十八条）］以牟利为目的，违反土地管理法规，非法转让、倒卖土地使用权，涉嫌下列情形之一的，应予立案追诉：

（一）非法转让、倒卖永久基本农田五亩以上的；

（二）非法转让、倒卖永久基本农田以外的耕地十亩以上的；

（三）非法转让、倒卖其他土地二十亩以上的；

（四）违法所得数额在五十万元以上的；

（五）虽未达到上述数额标准，但因非法转让、倒卖土地使用权受过行政处罚，又非法转让、倒卖土地的；

（六）其他情节严重的情形。

（三）典型或常见问题的审理思路

1. 具体概念界定

根据《全国人民代表大会常务委员会关于〈中华人民共和国刑法〉第二百二十八条、第三百四十二条、第四百一十条的解释》，"违反土地管理法规"，是指违反土地管理法、森林法、草原法等法律以及有关行政法规中关于土地管理的规定。土地管理法主要是指《土地管理法》及其实施条例等；"非法转让土地使用权"，是指未经国家主管部门批准，私自将土地使用权转让给他人使用的行为；"非法倒卖土地使用权"，是指将自己使用的土地或者低价征用的土地转手卖给他人进行牟利的行为。

2. 罪与非罪的界限

司法实践中，转让、倒卖土地使用权的行为如果情节不严重的，属于一般违法行为，应当由土地行政部门给予行政处罚。非法转让、倒卖土地使用权的行为，必须达到“情节严重”的程度，才构成犯罪。所谓“情节严重”，根据2000年6月22日施行的《最高人民法院关于审理破坏土地资源刑事案件具体应用法律若干问题的解释》（以下简称《审理破坏土地资源刑事案件解释》）第一条的规定，是指具有下列情形之一的行为：非法转让、倒卖基本农田五亩以上的；非法转让、倒卖基本农田以外的耕地十亩以上的；非法转让、倒卖其他土地二十亩以上的；非法获利五十万元以上的；非法转让、倒卖土地接近上述数量标准并具有其他恶劣情节的，如曾因非法转让、倒卖土地使用权受过行政处罚或者造成严重后果等。

如果以土地入股，压低土地价格损害国家利益的，则构成徇私舞弊低价折股、出售国有资产罪。

（四）量刑指导或参考

依照《刑法》第二百二十八条规定，犯非法转让、倒卖土地使用权罪的，处三年以下有期徒刑或者拘役，并处或者单处非法转让、倒卖土地使用权价额百分之五以上百分之二十以下罚金；情节特别严重的，处三年以上七年以下有期徒刑，并处非法转让、倒卖土地使用权价额百分之五以上百分之二十以下罚金。

依照《刑法》第二百三十一条规定，单位犯本罪的，对单位判处罚金，并对其直接负责的主管人员和其他直接责任人员，依照第二百二十八条的规定处罚。

在适用《刑法》第二百二十八条的规定处罚时应当注意多次实施非法转让、倒卖土地使用权的行为依法应当追诉的，或者一年内多次实施非法转让、倒卖土地使用权的行为未经处理的，按照累计的数量、数额处罚。

十、提供虚假证明文件罪，出具证明文件重大失实罪

（一）刑法规定

第二百二十九条[①] 承担资产评估、验资、验证、会计、审计、法律服务、保荐、安全评价、环境影响评价、环境监测等职责的中介组织的人员故意提供虚假证明文件，情节严重的，处五年以下有期徒刑或者拘役，并处罚金；有下列情形之一的，处五年以上十年以下有期徒刑，并处罚金：

（一）提供与证券发行相关的虚假的资产评估、会计、审计、法律服务、保荐等证明文件，情节特别严重的；

（二）提供与重大资产交易相关的虚假的资产评估、会计、审计等证明文件，情节特别严重的；

（三）在涉及公共安全的重大工程、项目中提供虚假的安全评价、环境影响评价等证明文件，致使公共财产、国家和人民利益遭受特别重大损失的。

有前款行为，同时索取他人财物或者非法收受他人财物构成犯罪的，依照处罚较重的规定定罪处罚。

第一款规定的人员，严重不负责任，出具的证明文件有重大失实，造成严重后果的，处三年以下有期徒刑或者拘役，并处或者单处罚金。

（二）司法解释、司法文件及其权威解读

1. 最高人民检察院关于公证员出具公证书有重大失实行为如何适用法律问题的批复（高检发释字〔2009〕1号，自2009年1月15日起施行）

甘肃省人民检察院：

你院《关于公证员出具证明文件重大失实是否构成犯罪的请示》（甘检发研〔2008〕17号）收悉。经研究，批复如下：

《中华人民共和国公证法》施行以后，公证员在履行公证职责过程中，严

---

① 本条经2020年12月26日《刑法修正案（十一）》进行修正。

1997年《刑法》第二百二十九条规定："承担资产评估、验资、验证、会计、审计、法律服务等职责的中介组织的人员故意提供虚假证明文件，情节严重的，处五年以下有期徒刑或者拘役，并处罚金。前款规定的人员，索取他人财物或者非法收受他人财物，犯前款罪的，处五年以上十年以下有期徒刑，并处罚金。第一款规定的人员，严重不负责任，出具的证明文件有重大失实，造成严重后果的，处三年以下有期徒刑或者拘役，并处或者单处罚金。"

重不负责任，出具的公证书有重大失实，造成严重后果的，依照刑法第二百二十九条第三款的规定，以出具证明文件重大失实罪追究刑事责任。

2. **最高人民检察院、公安部关于公安机关管辖的刑事案件立案追诉标准的规定（二）**（自2022年5月15日起施行）

第七十三条　［提供虚假证明文件案（刑法第二百二十九条第一款）］承担资产评估、验资、验证、会计、审计、法律服务、保荐、安全评价、环境影响评价、环境监测等职责的中介组织的人员故意提供虚假证明文件，涉嫌下列情形之一的，应予立案追诉：

（一）给国家、公众或者其他投资者造成直接经济损失数额在五十万元以上的；

（二）违法所得数额在十万元以上的；

（三）虚假证明文件虚构数额在一百万元以上且占实际数额百分之三十以上的；

（四）虽未达到上述数额标准，但二年内因提供虚假证明文件受过二次以上行政处罚，又提供虚假证明文件的；

（五）其他情节严重的情形。

第八十二条　［出具证明文件重大失实案（刑法第二百二十九条第三款）］承担资产评估、验资、验证、会计、审计、法律服务等职责的中介组织的人员严重不负责任，出具的证明文件有重大失实，涉嫌下列情形之一的，应予立案追诉：

（一）给国家、公众或者其他投资者造成直接经济损失数额在一百万元以上的；

（二）其他造成严重后果的情形。

3. **最高人民检察院关于地质工程勘测院和其他履行勘测职责的单位及其工作人员能否成为刑法第二百二十九条规定的有关犯罪主体的批复**（高检发释字〔2015〕4号，自2015年11月12日起施行）

地质工程勘测院和其他履行勘测职责的单位及其工作人员在履行勘察、勘查、测绘职责过程中，故意提供虚假工程地质勘察报告等证明文件，情节严重的，依照刑法第二百二十九条第一款和第二百三十一条的规定，以提供虚假证明文件罪追究刑事责任；地质工程勘测院和其他履行勘测职责的单位及其工作人员在履行勘察、勘查、测绘职责过程中，严重不负责任，出具的工程地质勘察报告等证明文件有重大失实，造成严重后果的，依照刑法第二百二十九条第三款和第二百三十一条的规定，以出具证明文件重大失实罪追究刑事责任。

4. **最高人民法院、最高人民检察院关于办理环境污染刑事案件适用法律若干问题的解释**（法释〔2016〕29号，自2017年1月1日起施行）

第九条 环境影响评价机构或其人员，故意提供虚假环境影响评价文件，情节严重的，或者严重不负责任，出具的环境影响评价文件存在重大失实，造成严重后果的，应当依照刑法第二百二十九条、第二百三十一条的规定，以提供虚假证明文件罪或者出具证明文件重大失实罪定罪处罚。

5. **最高人民法院、最高人民检察院关于办理药品、医疗器械注册申请材料造假刑事案件适用法律若干问题的解释**（法释〔2017〕15号，自2017年9月1日起施行）

第一条 药物非临床研究机构、药物临床试验机构、合同研究组织的工作人员，故意提供虚假的药物非临床研究报告、药物临床试验报告及相关材料的，应当认定为刑法第二百二十九条规定的“故意提供虚假证明文件”。

实施前款规定的行为，具有下列情形之一的，应当认定为刑法第二百二十九条规定的“情节严重”，以提供虚假证明文件罪处五年以下有期徒刑或者拘役，并处罚金：

（一）在药物非临床研究或者药物临床试验过程中故意使用虚假试验用药品的；

（二）瞒报与药物临床试验用药品相关的严重不良事件的；

（三）故意损毁原始药物非临床研究数据或者药物临床试验数据的；

（四）编造受试动物信息、受试者信息、主要试验过程记录、研究数据、检测数据等药物非临床研究数据或者药物临床试验数据，影响药品安全性、有效性评价结果的；

（五）曾因在申请药品、医疗器械注册过程中提供虚假证明材料受过刑事处罚或者二年内受过行政处罚，又提供虚假证明材料的；

（六）其他情节严重的情形。

第二条 实施本解释第一条规定的行为，索取或者非法收受他人财物的，应当依照刑法第二百二十九条第二款规定，以提供虚假证明文件罪处五年以上十年以下有期徒刑，并处罚金；同时构成提供虚假证明文件罪和受贿罪、非国家工作人员受贿罪的，依照处罚较重的规定定罪处罚。

第三条　药品注册申请单位的工作人员，故意使用符合本解释第一条第二款规定的虚假药物非临床研究报告、药物临床试验报告及相关材料，骗取药品批准证明文件生产、销售药品的，应当依照刑法第一百四十一条规定，以生产、销售假药罪定罪处罚。

第四条　药品注册申请单位的工作人员指使药物非临床研究机构、药物临床试验机构、合同研究组织的工作人员提供本解释第一条第二款规定的虚假药物非临床研究报告、药物临床试验报告及相关材料的，以提供虚假证明文件罪的共同犯罪论处。

具有下列情形之一的，可以认定为前款规定的“指使”，但有相反证据的除外：

（一）明知有关机构、组织不具备相应条件或者能力，仍委托其进行药物非临床研究、药物临床试验的；

（二）支付的价款明显异于正常费用的。

药品注册申请单位的工作人员和药物非临床研究机构、药物临床试验机构、合同研究组织的工作人员共同实施第一款规定的行为，骗取药品批准证明文件生产、销售药品，同时构成提供虚假证明文件罪和生产、销售假药罪的，依照处罚较重的规定定罪处罚。

第五条　在医疗器械注册申请中，故意提供、使用虚假的医疗器械临床试验报告及相关材料的，参照适用本解释第一条至第四条规定。

第六条　单位犯本解释第一条至第五条规定之罪的，对单位判处罚金，并依照本解释规定的相应自然人犯罪的定罪量刑标准对直接负责的主管人员和其他直接责任人员定罪处罚。

第八条　对是否属于虚假的药物非临床研究报告、药物或者医疗器械临床试验报告及相关材料，是否影响药品或者医疗器械安全性、有效性评价结果，以及是否属于严重不良事件等专门性问题难以确定的，可以根据国家药品监督管理部门设置或者指定的药品、医疗器械审评等机构出具的意见，结合其他证据作出认定。

第九条　本解释所称“合同研究组织”，是指受药品或者医疗器械注册申请单位、药物非临床研究机构、药物或者医疗器械临床试验机构的委托，从事试验方案设计、数据统计、分析测试、监查稽查等与非临床研究或者临床试验相关活动的单位。

6. **最高人民法院、最高人民检察院关于办理妨害信用卡管理刑事案件具体应用法律若干问题的解释**（原法释〔2009〕19号，根据法释〔2018〕19号修正，自2018年12月1日起施行）

第四条第二款 承担资产评估、验资、验证、会计、审计、法律服务等职责的中介组织或其人员，为信用卡申请人提供虚假的财产状况、收入、职务等资信证明材料，应当追究刑事责任的，依照刑法第二百二十九条的规定，分别以提供虚假证明文件罪和出具证明文件重大失实罪定罪处罚。

7. **中华人民共和国资产评估法**（自2016年12月1日起施行）

第十一条 因故意犯罪或者在从事评估、财务、会计、审计活动中因过失犯罪而受刑事处罚，自刑罚执行完毕之日起不满五年的人员，不得从事评估业务。

（三）典型或常见问题的审理思路

1. 注意《刑法修正案（十一）》对提供虚假证明文件罪的修改

（1）更具化了本罪主体。规定承担保荐、安全评价、环境影响评价、环境监测等职责中介组织的人员亦是本罪主体。

（2）增设了情节特别严重的情形。在金融活动中，第三方中介机构提供的证明文件对各类交易活动具有重大影响，因此明确规定在涉及公共安全的重大工程项目、证券发行、重大资产交易三个领域中提供虚假证明文件的，情节特别严重或致使公共财产、国家和人民利益遭受特别重大损失的，将面临五年以上十年以下有期徒刑，并处罚金。需要注意的是，此款未设置“其他”“等”这样的托底款项，是闭合性规定。适用时要严格，避免重刑适用的泛化。

（3）改变了处罚原则。原先条文规定，前款规定的人员，索取他人财物或者非法收受他人财物，犯前款罪的，处五年以上十年以下有期徒刑，并处罚金。《刑法修正案（十一）》则规定有前款行为，同时索取他人财物或者非法收受他人财物构成犯罪的，依照处罚较重的规定定罪处罚。这体现了对此类行为从严处罚的态度。

2. 罪与非罪的认定

中介组织人员提供虚假证明文件，必须达到情节严重的程度，才构成犯罪，如果情节不严重的，属于一般违法行为，应当由有关行政主管部门给予行政处罚。按照《追诉标准（二）》第七十三条的规定，故意提供虚假证明文件，涉嫌下列情形之一的，应予立案追诉：（1）给国家、公众或者其他投资者造成直接经济损失数额在五十万元以上的；（2）违法所得数额在十万元以上的；（3）虚假证明文件虚构数额在一百万元以上且占实际数额百分之三十以上的（4）虽未达到上述数额标准，但二年内因提供虚假证明文件受过二次以上行政处罚，又提供虚假证明文件的；（5）其他情节严重的情形。

承担资产评估、验资、验证、会计、审计、法律服务职责的中介组织的人员，严重不负责任，出具的证明文件有重大失实，造成后果严重的，才追究刑事责任。按照《追诉标准（二)》第七十四条的规定，严重不负责任，出具的证明文件有重大失实，涉嫌下列情形之一的，应予立案追诉：（一）给国家、公众或者其他投资者造成直接经济损失数额在一百万元以上的；（二）其他造成严重后果的情形。

3. 提供虚假证明文件罪与出具证明文件重大失实罪的区别

前者是出于故意，是明知故犯的行为；后者则是行为人主观上是出于过失，由于工作严重不负责任造成的。前者情节严重的就可以构成犯罪，后者必须是造成严重后果的才构成犯罪。

4. 提供虚假证明文件罪与违规披露、不披露重要信息罪的区别

如果有关公司、企业与承担资产评估、验资、验证、会计、审计、法律服务等职责的中介组织人员串通，由中介组织人员提供虚假的证明文件，而后公司、企业又根据该证明文件向股东和社会公众提供虚假财会报告或者披露虚假信息的，此时有关公司、企业和中介组织人员本有共同犯罪关系，但鉴于立法已专门规定了提供虚假证明文件罪，故该公司、企业和中介组织人员，应分别以违规披露、不披露重要信息罪和提供虚假证明文件罪论处。

（四）量刑指导或参考

依照《刑法》第二百二十九条第一款、第二款规定，犯提供虚假证明文件罪的，情节严重的，处五年以下有期徒刑或者拘役，并处罚金；有法条所列三种情形之一的，处五年以上十年以下有期徒刑，并处罚金。有前款行为，同时索取他人财物或者非法收受他人财物构成犯罪的，依照处罚较重的规定定罪处罚。

依照《刑法》第二百二十九条第三款规定，犯出具证明文件重大失实罪的，处三年以下有期徒刑或者拘役，并处或者单处罚金。

依照《刑法》第二百三十一条规定，单位犯本罪的，对单位判处罚金，并对其直接负责的主管人员和其他直接责任人员，依照第二百二十九条第一款、第二款、第三款的规定处罚。

十一、逃避商检罪

（一）刑法规定

第二百三十条 违反进出口商品检验法的规定，逃避商品检验，将必须经商检机构检验的进口商品未报经检验而擅自销售、使用，或者将必须经商检机构检验的出口商品未报经检验合格而擅自出口，情节严重的，处三年以下有期徒刑或者拘役，并处或者单处罚金。

（二）司法解释、司法文件及其权威解读

最高人民检察院、公安部关于公安机关管辖的刑事案件立案追诉标准的规定（二）（自2022年5月15日起施行）

第七十五条 ［逃避商检案（刑法第二百三十条）］违反进出口商品检验法的规定，逃避商品检验，将必须经商检机构检验的进口商品未报经检验而擅自销售、使用，或者将必须经商检机构检验的出口商品未报经检验合格而擅自出口，涉嫌下列情形之一的，应予立案追诉：

（一）给国家、单位或者个人造成直接经济损失数额在五十万元以上的；

（二）逃避商检的进出口货物货值金额在三百万元以上的；

（三）导致病疫流行、灾害事故的；

（四）多次逃避商检的；

（五）引起国际经济贸易纠纷，严重影响国家对外贸易关系，或者严重损害国家声誉的；

（六）其他情节严重的情形。

（三）正确认识逃避商检罪构成要件

逃避商检罪，是指违反进出口商品检验法的规定，逃避商品检验，将必须经商检机构检验的进口商品未报经检验而擅自销售、使用，或者将必须经商检机构检验的出口商品未报经检验合格而擅自出口，情节严重的行为。

本罪犯罪主体为从事商品进出口业务的自然人和单位。即指应当向商检机构报检的进出口商品的发货人和收货人。

本罪侵犯的客体是国家对进出口商品检验的管理秩序。犯罪对象是《商检机构实施检验的进出口商品种类表》中的商品和其他法律、法规规定必须经商检机构检验的进出口商品。如食品卫生法、进出口商品检验法等列出的进出口商品。

主观方面是故意。过失不构成本罪。

此罪客观方面表现为违反进出口商品检验法的规定，逃避商品检验，将必须经商品检验机构检验的进口商品未报经检验而擅自销售、使用，或者将必须经商检机构检验的出口商品未报经检验合格而擅自出口的行为。“未报经检验而擅自销售、使用”，是指将进口商品未报经商检机构检验就自行将商品在境内销售、使用的行为。“未报经检验合格而擅自出口”，是指没有经商检机构检验合格而擅自出口的行为。商检机构，是指国家商检局在省、自治区、直辖市以及进出口商品的口岸、集散地设立的进出口商品检验局及其分支机构。

司法实践中，要查明进出口商品是否属于必须经商检机构检验的商品。如果查明不是必须依法进行商检的商品，一般不构成本罪。根据我国《进出口商品检验法》第五条的规定，商检机构对列入目录的进出口商品实施检验。其中，符合国家规定的免予检验条件的，由收货人或者发货人申请，经国家商检部门审查批准，可以免予检验。

逃避商检的行为，如果情节不严重的，属于一般违法行为，应当由商检行政部门给予行政处罚。必须达到情节严重的程度，才构成犯罪。《追诉标准（二）》第七十五条规定，“违反进出口商品检验法的规定，逃避商品检验，将必须经商检机构检验的进口商品未报经检验而擅自销售、使用，或者将必须经商检机构检验的出口商品未报经检验合格而擅自出口，涉嫌下列情形之一的，应予立案追诉：（一）给国家、单位或者个人造成直接经济损失数额在五十万元以上的；（二）逃避商检的进出口货物货值金额在三百万元以上的；（三）导致病疫流行、灾害事故的；（四）多次逃避商检的；（五）引起国际经济贸易纠纷，严重影响国家对外贸易关系，或者严重损害国家声誉的；（六）其他情节严重的情形”。

（四）量刑指导或参考

依照《刑法》第二百三十条规定，犯逃避商检罪的，处三年以下有期徒刑或者拘役，并处或者单处罚金。

依照《刑法》第二百三十一条规定，单位犯本罪的，对单位判处罚金，并对其直接负责的主管人员和其他直接责任人员，依照第二百三十条的规定处罚。

刑法办案思路与疑难释解

XINGFA BANAN SILU YU YINAN SHIJIE

第二卷

主　编◎胡云腾
副主编◎周　峰

中国法制出版社
CHINA LEGAL PUBLISHING HOUSE

总 目 录

·第一卷·

刑法总则

·第二卷·

刑法分则

·第三卷·

·第四卷·

·第五卷·

·第六卷·

分目录

（第二卷）

刑法分则

第三节　自首和立功

一、刑法规定

第六十七条[①]　犯罪以后自动投案，如实供述自己的罪行的，是自首。对于自首的犯罪分子，可以从轻或者减轻处罚。其中，犯罪较轻的，可以免除处罚。

被采取强制措施的犯罪嫌疑人、被告人和正在服刑的罪犯，如实供述司法机关还未掌握的本人其他罪行的，以自首论。

犯罪嫌疑人虽不具有前两款规定的自首情节，但是如实供述自己罪行的，可以从轻处罚；因其如实供述自己罪行，避免特别严重后果发生的，可以减轻处罚。

第六十八条[②]　犯罪分子有揭发他人犯罪行为，查证属实的，或者提供重要线索，从而得以侦破其他案件等立功表现的，可以从轻或者减轻处罚；有重大立功表现的，可以减轻或者免除处罚。

二、司法解释、司法文件及其权威解读

1. **最高人民法院关于处理自首和立功具体应用法律若干问题的解释**（法释〔1998〕8号，自1998年5月9日起施行）

为正确认定自首和立功，对具有自首或者立功表现的犯罪分子依法适用刑罚，现就具体应用法律的若干问题解释如下：

第一条　根据刑法第六十七条第一款的规定，犯罪以后自动投案，如实供述自己的罪行的，是自首。

---

① 本条第三款为2011年2月25日《刑法修正案（八）》第八条增加。

② 本条经2011年2月25日《刑法修正案（八）》第九条修正。

1997年《刑法》第六十八条原规定有两款，其中第二款规定："犯罪后自首又有重大立功表现的，应当减轻或者免除处罚。"《刑法修正案（八）》第九条删去该款。

（一）自动投案，是指犯罪事实或者犯罪嫌疑人未被司法机关发觉，或者虽被发觉，但犯罪嫌疑人尚未受到讯问、未被采取强制措施时，主动、直接向公安机关、人民检察院或者人民法院投案。

犯罪嫌疑人向其所在单位、城乡基层组织或者其他有关负责人员投案的；犯罪嫌疑人因病、伤或者为了减轻犯罪后果，委托他人先代为投案，或者先以信电投案的；罪行未被司法机关发觉，仅因形迹可疑被有关组织或者司法机关盘问、教育后，主动交代自己的罪行的；犯罪后逃跑，在被通缉、追捕过程中，主动投案的；经查实确已准备去投案，或者正在投案途中，被公安机关捕获的，应当视为自动投案。

并非出于犯罪嫌疑人主动，而是经亲友规劝、陪同投案的；公安机关通知犯罪嫌疑人的亲友，或者亲友主动报案后，将犯罪嫌疑人送去投案的，也应当视为自动投案。

犯罪嫌疑人自动投案后又逃跑的，不能认定为自首。

（二）如实供述自己的罪行，是指犯罪嫌疑人自动投案后，如实交代自己的主要犯罪事实。

犯有数罪的犯罪嫌疑人仅如实供述所犯数罪中部分犯罪的，只对如实供述部分犯罪的行为，认定为自首。

共同犯罪案件中的犯罪嫌疑人，除如实供述自己的罪行，还应当供述所知的同案犯，主犯则应当供述所知其他同案犯的共同犯罪事实，才能认定为自首。

犯罪嫌疑人自动投案并如实供述自己的罪行后又翻供的，不能认定为自首，但在一审判决前又能如实供述的，应当认定为自首。

第二条 根据刑法第六十七条第二款的规定，被采取强制措施的犯罪嫌疑人、被告人和已宣判的罪犯，如实供述司法机关尚未掌握的罪行，与司法机关已掌握的或者判决确定的罪行属不同种罪行的，以自首论。

第三条 根据刑法第六十七条第一款的规定，对于自首的犯罪分子，可以从轻或者减轻处罚；对于犯罪较轻的，可以免除处罚。具体确定从轻、减轻还是免除处罚，应当根据犯罪轻重，并考虑自首的具体情节。

第四条 被采取强制措施的犯罪嫌疑人、被告人和已宣判的罪犯，如实供述司法机关尚未掌握的罪行，与司法机关已掌握的或者判决确定的罪行属同种罪行的，可以酌情从轻处罚；如实供述的同种罪行较重的，一般应当从轻处罚。

第五条 根据刑法第六十八条第一款的规定，犯罪分子到案后有检举、揭发他人犯罪行为，包括共同犯罪案件中的犯罪分子揭发同案犯共同犯罪以外的其他犯罪，经查证属实；提供侦破其他案件的重要线索，经查证属实；阻止他人犯罪活动；协助司法机关抓捕其他犯罪嫌疑人（包括同案犯）；具有其他有利于国家和社会的突出表现的，应当认定为有立功表现。

第六条 共同犯罪案件的犯罪分子到案后，揭发同案犯共同犯罪事实的，可以酌情予以从轻处罚。

第七条 根据刑法第六十八条第一款的规定，犯罪分子有检举、揭发他人重大犯罪行为，经查证属实；提供侦破其他重大案件的重要线索，经查证属实；阻止他人重大犯罪活动；协助司法机关抓捕其他重大犯罪嫌疑人（包括同案犯）；对国家和社会有其他重大贡献等表现的，应当认定为有重大立功表现。

前款所称“重大犯罪”、“重大案件”、“重大犯罪嫌疑人”的标准，一般是指犯罪嫌疑人、被告人可能被判处无期徒刑以上刑罚或者案件在本省、自治区、直辖市或者全国范围内有较大影响等情形。

权威解读

《最高人民法院关于处理自首和立功具体应用法律若干问题的解释》的理解与适用

为充分运用刑事政策，准确适用刑法关于自首和立功的具体规定，最高人民法院于1998年4月17日发布了《关于处理自首和立功具体应用法律若干问题的解释》(以下简称《自首和立功解释》)。司法实践中应当重点把握以下几个方面的问题：

一、关于自首的认定问题

最高人民法院、最高人民检察院、公安部于1984年4月16日公布的《关于当前处理自首和有关问题具体应用法律的解答》（以下简称《自首和立功解答》）规定，对于犯罪分子作案后，同时具备自动投案、如实交代自己的罪行、接受审查和裁判这三个条件的，认为是自首。修订后的《刑法》第六十七条第一款规定，犯罪分子在犯罪后自动投案，如实供述自己的罪行的，是自首。从法律条文的表述来看，犯罪分子在犯罪后如果能够自动投案，并如实供述自己的罪行的，就应当认定为自首，不再要求具备接受审查和裁判这一条件。我们理解，法律之所以没有明确规定接受审查和裁判这一条件，主要是基于两点考虑：一是接受审查和裁判的内容和要求能够通过“自动投案，如实供述自己的罪行”这两个条件明确地体现出来，即已被吸收到这两个条件中来。犯罪分子在犯罪后自动投案并如实供述自己所犯罪行的行为，将要引起的法律后果就是司法机关对行为人的审查和裁判，接受审查和裁判才能说明犯罪分子有悔罪的诚意。如果犯罪分子在投案后又逃跑，逃避司法机关对其审查和裁判的，就不应认定为自首。二是接受审查和裁判这一条件可操作性不强。由于缺乏统一的量化操作标准，实践中不好掌握。因此，这次刑法修改关于自首的条件中虽然没有明确规定“接受审查和裁判”，但是在认定自首的问题上，应当将“接受审查和裁判”的有关内容分别规定在“自动投案，如实供述自己的罪行”这两个条件中。因此，《自首和立功解释》第一条中分别规定，“犯罪嫌疑人自动投案后又逃跑的，不能认定为自首”，“犯罪嫌疑人自动投案并如实供述自己的罪行后又翻供的，不能认定为自首；但在一审判决前又能如实供述的，仍应认定为自首”。

二、关于共同犯罪案件中犯罪分子交代同案犯的问题

《自首和立功解答》中规定，在认定自首时，要求共同犯罪案件中的犯罪分子还应当交代所知的同案犯，主犯则必须供述所知其他同案犯的罪行。也就是说，从犯应当交代出所知的同案犯，但不要求其必须交代同案犯的罪行；主犯则必须交代其他同案犯的罪行。我们认为，《自首和立功解答》的规定符合刑法理论，也与司法实践的做法一致，因此，《自首和立功解释》第一条将其内容吸收过来一并规定。

三、关于《刑法》第六十七条第二款规定的“其他罪行”的理解问题

在论证过程中，对此问题有不同认识。一种意见认为，被司法机关依法采取强制措施的犯罪嫌疑人、被告人如实供述司法机关尚未掌握的本人的其他同种罪行、非同种罪行的，均应以自首论；另一种意见则认为，对于犯罪嫌疑人、被告人如实供述的同种罪行不能搞“一刀切”都以自首论，所供述的同种罪行应当是相对于司法机关已掌握的罪行而言较重的罪行，才能以自首论。上述两种观点的理由是：“其他罪行”从字面上理解应当包括同种罪行和非同种罪行，而且这样规定有利于犯罪分子主动交代自己的罪行，符合立法原意。经研究，《自首和立功解释》第二条规定，被采取强制措施的犯罪嫌疑人、被告人和已宣判的罪犯，如实供述司法机关尚未掌握的罪行，与司法

机关已掌握的或者判决确定的罪行属不同种罪行的，以自首论。“其他罪行”在这里被限定为“不同种罪行”，这与理论上对判决宣告以前一人犯数罪是指不同种数罪的理解是一致的，也符合侦查工作的实际情况。在司法实践中，被依法采取强制措施的犯罪嫌疑人、被告人往往不清楚自己的罪行已被司法机关掌握了多少，其交代司法机关还未掌握的同种罪行，主要是靠侦查取证等工作。如果“其他罪行”包括同种罪行，则自首的范围太宽，将导致实践中几乎所有的盗窃、抢劫、贪污、受贿等案件都有自首，既不严肃，也使处理案件时，有一部分罪行算自首，有一部分不算自首，不便于执行。那么对于如实供述司法机关还未掌握的本人的同种其他罪行的，不应以自首论处，应当如何适用刑罚呢？《自首和立功解释》第四条规定：“被采取强制措施的犯罪嫌疑人、被告人和已宣判的罪犯，如实供述司法机关尚未掌握的罪行，与司法机关已掌握的或者判决确定的罪行属同种罪行的，可以酌情从轻处罚；如实供述的同种罪行较重的，一般应当从轻处罚。”

四、关于立功的认定问题

《自首和立功解释》第五条规定，共同犯罪案件中的犯罪分子揭发同案犯所参与的共同犯罪以外的其他犯罪行为，查证属实的，应当认定为立功。换句话说，共同犯罪案件中的犯罪分子揭发同案犯所参与的共同犯罪的罪行的，不能认定为立功。在论证中，有一种意见认为，最高人民法院于 1994 年 12 月 20 日公布的《关于适用〈全国人民代表大会常务委员会关于禁毒的决定〉的若干问题的解释》[①] 第十五条规定，毒品犯罪分子在犯《决定》规定之罪后被司法机关发现并予以审查时，检举、揭发其他毒品犯罪活动或者其他毒品犯罪分子（含同案犯）罪行得到证实的，属于有立功表现，可以从轻、减轻处罚或者免除处罚。这对于打击毒品犯罪活动起到了积极的作用，应当作为一个原则或者特例确定下来。从实际的情况看，如果将揭发同案犯所参与的共同犯罪的罪行认定为立功的话，那么很多共同犯罪案件中都将有立功的问题，而且也不符合刑法理论。司法实践中，应当鼓励犯罪分子立功，放宽认定立功的条件，但不应将立功简单地泛化。而且，单就认定毒品犯罪分子立功而言，这一做法有利有弊，存在不少问题，目前司法实践中对此问题掌握得也十分严格。因此，不宜将揭发同案犯所参与的共同犯罪的罪行认定为

---

① 该解释现已废止。

立功。对于揭发同案犯所参与的共同犯罪的罪行的，《自首和立功解释》第六条规定，人民法院可以酌情予以从轻处罚。

五、关于重大立功的认定问题

《自首和立功解释》第七条将重大立功的认定标准限定得非常严格，即“重大犯罪”“重大案件”“重要犯罪嫌疑人”，一般是指犯罪嫌疑人、被告人可能被判处无期徒刑以上刑罚或者案件在本省、自治区、直辖市或者全国范围内有较大影响等情形。主要是考虑到《刑法》（1997年）第六十八条第二款规定，对于“犯罪后自首又有重大立功表现的，应当减轻或者免除处罚”，缺少一个“从轻处罚”的量刑档次，而且“应当减轻或者免除处罚”的规定过于绝对，缺乏灵活性。如果不严格限定重大立功的认定标准，对于那些罪行严重应当依法严惩的犯罪分子，由于具有自首和重大立功表现，只能对其“减轻或者免除处罚”，就会造成量刑的失衡。当然，如果犯罪嫌疑人、被告人确实符合刑法及《自首和立功解释》规定的自首和重大立功的条件，则应当严格依法减轻或者免除处罚，而不能机械地强调量刑的平衡，以从轻处罚代替减轻或者免除处罚。

（撰稿：孙军工）

2. 最高人民法院关于处理自首和立功若干具体问题的意见（法发〔2010〕60号，自2010年12月22日起施行）

为规范司法实践中对自首和立功制度的运用，更好地贯彻落实宽严相济刑事政策，根据刑法、刑事诉讼法和《最高人民法院关于处理自首和立功具体应用法律若干问题的解释》（以下简称《解释》）等规定，对自首和立功若干具体问题提出如下处理意见：

一、关于“自动投案”的具体认定

《解释》第一条第（一）项规定七种应当视为自动投案的情形，体现了犯罪嫌疑人投案的主动性和自愿性。根据《解释》第一条第（一）项的规定，犯罪嫌疑人具有以下情形之一的，也应当视为自动投案：1. 犯罪后主动报案，虽未表明自己是作案人，但没有逃离现场，在司法机关询问时交代自己罪行的；2. 明知他人报案而在现场等待，抓捕时无拒捕行为，供认犯罪事实的；3. 在司法机关未确定犯罪嫌疑人，尚在一般性排查询问时主动交代自己罪行的；4. 因特定违法行为被采取劳动教养、行政拘留、司法拘留、强制隔离戒毒等行政、司法强制措施期间，主动向执行机关交代尚未被掌握的犯罪行为的；5. 其他符合立法本意，应当视为自动投案的情形。

罪行未被有关部门、司法机关发觉，仅因形迹可疑被盘问、教育后，主动交代了犯罪事实的，应当视为自动投案，但有关部门、司法机关在其身上、随身携带的物品、驾乘的交通工具等处发现与犯罪有关的物品的，不能认定为自动投案。

交通肇事后保护现场、抢救伤者，并向公安机关报告的，应认定为自动投案，构成自首的，因上述行为同时系犯罪嫌疑人的法定义务，对其是否从宽、从宽幅度要适当从严掌握。交通肇事逃逸后自动投案，如实供述自己罪行的，应认定为自首，但应依法以较重法定刑为基准，视情决定对其是否从宽处罚以及从宽处罚的幅度。

犯罪嫌疑人被亲友采用捆绑等手段送到司法机关，或者在亲友带领侦查人员前来抓捕时无拒捕行为，并如实供认犯罪事实的，虽然不能认定为自动投案，但可以参照法律对自首的有关规定酌情从轻处罚。

二、关于“如实供述自己的罪行”的具体认定

《解释》第一条第（二）项规定如实供述自己的罪行，除供述自己的主要犯罪事实外，还应包括姓名、年龄、职业、住址、前科等情况。犯罪嫌疑人供述的身份等情况与真实情况虽有差别，但不影响定罪量刑的，应认定为如实供述自己的罪行。犯罪嫌疑人自动投案后隐瞒自己的真实身份等情况，影响对其定罪量刑的，不能认定为如实供述自己的罪行。

犯罪嫌疑人多次实施同种罪行的，应当综合考虑已交代的犯罪事实与未交代的犯罪事实的危害程度，决定是否认定为如实供述主要犯罪事实。虽然投案后没有交代全部犯罪事实，但如实交代的犯罪情节重于未交代的犯罪情节，或者如实交代的犯罪数额多于未交代的犯罪数额，一般应认定为如实供述自己的主要犯罪事实。无法区分已交代的与未交代的犯罪情节的严重程度，或者已交代的犯罪数额与未交代的犯罪数额相当，一般不认定为如实供述自己的主要犯罪事实。

犯罪嫌疑人自动投案时虽然没有交代自己的主要犯罪事实，但在司法机关掌握其主要犯罪事实之前主动交代的，应认定为如实供述自己的罪行。

三、关于“司法机关还未掌握的本人其他罪行”和“不同种罪行”的具体认定

犯罪嫌疑人、被告人在被采取强制措施期间，向司法机关主动如实供述

本人的其他罪行，该罪行能否认定为司法机关已掌握，应根据不同情形区别对待。如果该罪行已被通缉，一般应以该司法机关是否在通缉令发布范围内作出判断，不在通缉令发布范围内的，应认定为还未掌握，在通缉令发布范围内的，应视为已掌握；如果该罪行已录入全国公安信息网络在逃人员信息数据库，应视为已掌握。如果该罪行未被通缉、也未录入全国公安信息网络在逃人员信息数据库，应以该司法机关是否已实际掌握该罪行为标准。

犯罪嫌疑人、被告人在被采取强制措施期间如实供述本人其他罪行，该罪行与司法机关已掌握的罪行属同种罪行还是不同种罪行，一般应以罪名区分。虽然如实供述的其他罪行的罪名与司法机关已掌握犯罪的罪名不同，但如实供述的其他犯罪与司法机关已掌握的犯罪属选择性罪名或者在法律、事实上密切关联，如因受贿被采取强制措施后，又交代因受贿为他人谋取利益行为，构成滥用职权罪的，应认定为同种罪行。

四、关于立功线索来源的具体认定

犯罪分子通过贿买、暴力、胁迫等非法手段，或者被羁押后与律师、亲友会见过程中违反监管规定，获取他人犯罪线索并“检举揭发”的，不能认定为有立功表现。

犯罪分子将本人以往查办犯罪职务活动中掌握的，或者从负有查办犯罪、监管职责的国家工作人员处获取的他人犯罪线索予以检举揭发的，不能认定为有立功表现。

犯罪分子亲友为使犯罪分子“立功”，向司法机关提供他人犯罪线索、协助抓捕犯罪嫌疑人的，不能认定为犯罪分子有立功表现。

五、关于“协助抓捕其他犯罪嫌疑人”的具体认定

犯罪分子具有下列行为之一，使司法机关抓获其他犯罪嫌疑人的，属于《解释》第五条规定的“协助司法机关抓捕其他犯罪嫌疑人”：1. 按照司法机关的安排，以打电话、发信息等方式将其他犯罪嫌疑人（包括同案犯）约至指定地点的；2. 按照司法机关的安排，当场指认、辨认其他犯罪嫌疑人（包括同案犯）的；3. 带领侦查人员抓获其他犯罪嫌疑人（包括同案犯）的；4. 提供司法机关尚未掌握的其他案件犯罪嫌疑人的联络方式、藏匿地址的，等等。

犯罪分子提供同案犯姓名、住址、体貌特征等基本情况，或者提供犯罪前、犯罪中掌握、使用的同案犯联络方式、藏匿地址，司法机关据此抓捕同

案犯的，不能认定为协助司法机关抓捕同案犯。

六、关于立功线索的查证程序和具体认定

被告人在一、二审审理期间检举揭发他人犯罪行为或者提供侦破其他案件的重要线索，人民法院经审查认为该线索内容具体、指向明确的，应及时移交有关人民检察院或者公安机关依法处理。

侦查机关出具材料，表明在三个月内还不能查证并抓获被检举揭发的人，或者不能查实的，人民法院审理案件可不再等待查证结果。

被告人检举揭发他人犯罪行为或者提供侦破其他案件的重要线索经查证不属实，又重复提供同一线索，且没有提出新的证据材料的，可以不再查证。

根据被告人检举揭发破获的他人犯罪案件，如果已有审判结果，应当依据判决确认的事实认定是否查证属实；如果被检举揭发的他人犯罪案件尚未进入审判程序，可以依据侦查机关提供的书面查证情况认定是否查证属实。检举揭发的线索经查确有犯罪发生，或者确定了犯罪嫌疑人，可能构成重大立功，只是未能将犯罪嫌疑人抓获归案的，对可能判处死刑的被告人一般要留有余地，对其他被告人原则上应酌情从轻处罚。

被告人检举揭发或者协助抓获的人的行为构成犯罪，但因法定事由不追究刑事责任、不起诉、终止审理的，不影响对被告人立功表现的认定；被告人检举揭发或者协助抓获的人的行为应判处无期徒刑以上刑罚，但因具有法定、酌定从宽情节，宣告刑为有期徒刑或者更轻刑罚的，不影响对被告人重大立功表现的认定。

七、关于自首、立功证据材料的审查

人民法院审查的自首证据材料，应当包括被告人投案经过、有罪供述以及能够证明其投案情况的其他材料。投案经过的内容一般应包括被告人投案时间、地点、方式等。证据材料应加盖接受被告人投案的单位的印章，并有接受人员签名。

人民法院审查的立功证据材料，一般应包括被告人检举揭发材料及证明其来源的材料、司法机关的调查核实材料、被检举揭发人的供述等。被检举揭发案件已立案、侦破，被检举揭发人被采取强制措施、公诉或者审判的，还应审查相关的法律文书。证据材料应加盖接收被告人检举揭发材料的单位的印章，并有接收人员签名。

人民法院经审查认为证明被告人自首、立功的材料不规范、不全面的，应当由检察机关、侦查机关予以完善或者提供补充材料。

上述证据材料在被告人被指控的犯罪一、二审审理时已形成的，应当经庭审质证。

八、关于对自首、立功的被告人的处罚

对具有自首、立功情节的被告人是否从宽处罚、从宽处罚的幅度，应当考虑其犯罪事实、犯罪性质、犯罪情节、危害后果、社会影响、被告人的主观恶性和人身危险性等。自首的还应考虑投案的主动性、供述的及时性和稳定性等。立功的还应考虑检举揭发罪行的轻重、被检举揭发的人可能或者已经被判处的刑罚、提供的线索对侦破案件或者协助抓捕其他犯罪嫌疑人所起作用的大小等。

具有自首或者立功情节的，一般应依法从轻、减轻处罚；犯罪情节较轻的，可以免除处罚。类似情况下，对具有自首情节的被告人的从宽幅度要适当宽于具有立功情节的被告人。

虽然具有自首或者立功情节，但犯罪情节特别恶劣、犯罪后果特别严重、被告人主观恶性深、人身危险性大，或者在犯罪前即为规避法律、逃避处罚而准备自首、立功的，可以不从宽处罚。

对于被告人具有自首、立功情节，同时又有累犯、毒品再犯等法定从重处罚情节的，既要考虑自首、立功的具体情节，又要考虑被告人的主观恶性、人身危险性等因素，综合分析判断，确定从宽或者从严处罚。累犯的前罪为非暴力犯罪的，一般可以从宽处罚，前罪为暴力犯罪或者前、后罪为同类犯罪的，可以不从宽处罚。

在共同犯罪案件中，对具有自首、立功情节的被告人的处罚，应注意共同犯罪人以及首要分子、主犯、从犯之间的量刑平衡。犯罪集团的首要分子、共同犯罪的主犯检举揭发或者协助司法机关抓捕同案地位、作用较次的犯罪分子的，从宽处罚与否应当从严掌握，如果从轻处罚可能导致全案量刑失衡的，一般不从轻处罚；如果检举揭发或者协助司法机关抓捕的是其他案件中罪行同样严重的犯罪分子，一般应依法从宽处罚。对于犯罪集团的一般成员、共同犯罪的从犯立功的，特别是协助抓捕首要分子、主犯的，应当充分体现政策，依法从宽处罚。

权威解读

《最高人民法院关于处理自首和立功若干具体问题的意见》的理解与适用

2010年12月27日，最高人民法院印发了《最高人民法院关于处理自首和立功若干具体问题的意见》（法发〔2010〕60号，以下简称《自首和立功意见》）。《自首和立功意见》进一步规范了自首、立功的认定标准，严格了认定程序，明确了从宽幅度，对准确处理自首、立功问题，正确贯彻宽严相济刑事政策和“保留死刑，严格控制和慎重适用死刑”政策，进一步提高刑事审判工作的质量和效率，都具有十分重要的意义。为便于准确理解和适用《自首和立功意见》，现就其制定过程、基本原则和主要内容作一简要介绍。

一、制定过程

自首和立功，是司法实践中较为常见、非常复杂、争议较大的问题。《刑法》总则仅用第六十七、六十八两个条文作了原则性规定，1998年《最高人民法院关于处理自首和立功具体应用法律若干问题的解释》（以下简称《自首和立功解释》）用七个条文对此作了细化规定。但近年来，犯罪分子投案、供述自己的罪行、检举揭发他人犯罪、协助公安人员抓获其他罪犯的形式呈现多样化、复杂化趋势，新类型“自首”“立功”时有出现。刑法和《自首和立功解释》因制定时间早、规定较原则，已不能完全解决新问题、新情况。例如，交通肇事后不逃逸是否构成自首，通过贿买等不正当途径获取他人犯罪线索是否构成立功等，都没有明确规定，造成司法实践中法律适用不统一，量刑不均衡。

为了进一步规范自首、立功的认定标准、查证程序和从宽幅度，最高人民法院于2007年对出台自首、立功问题司法文件予以立项，经过长时间广泛深入调查研究，多次召开专家论证会进行论证，并征求有关部门的意见，基本达成共识后，又经反复修改完善，最终形成了此《自首和立功意见》。

《自首和立功意见》的主要内容共八个部分，包括：(1)“自动投案”的具体认定；(2)“如实供述自己罪行”的具体认定；(3)“司法机关还未掌握的本人其他罪行”和“不同种罪行”的具体认定；(4)立功线索来源的具体认定；(5)“协助抓捕其他犯罪嫌疑人”的具体认定；(6)立功线索的查证程序和具体认定；(7)自首、立功证据材料的审查；(8)对自首、立功的被告人的处罚。

二、基本原则

《自首和立功意见》的制定，主要坚持了以下基本原则：

1. 准确把握自首、立功的认定条件和从宽处罚幅度。司法实践对自首、立功的认定和从宽处罚的把握，存在过严和过宽两种倾向。《自首和立功意见》从自首、立功的本质出发，基于符合立法本意和有利于贯彻宽严相济刑事政策的考虑，进一步明确了自首、立功的认定标准和从宽处罚的基本原则，使其既不过于严苛，也不过于宽泛，更符合司法实践，更容易被社会接受。

2. 从实际出发，立足于解决主要问题。自首、立功的法律适用问题较多，有的分歧较大。《自首和立功意见》以满足实际需要为出发点，对司法实践中较常见的问题提出具体明确、可操作性较强的意见，而对那些较少出现或者暂未有较成熟意见的个别问题，则未作规定。

在现行法律和司法解释框架内对自首、立功的具体认定和从宽处罚原则予以细化。《自首和立功意见》在现行法律框架下对刑法和司法解释的有关规定予以细化、明确和完善，效力低于司法解释，在适用过程中可以进一步收集问题，总结经验，逐步完善。

三、“自动投案”的具体认定

（一）自动投案的表现形式

所谓“自动投案”，一般是指犯罪嫌疑人在犯罪后、归案前，出于本人意志而向公安机关、人民检察院、人民法院及其他有关单位和人员承认自己实施了犯罪，并自愿置于上述单位和人员的控制之下，等待法律制裁的行为。自动投案的本质属性是投案的主动性和自愿性。自动投案可分为两种：第一种是典型的自动投案，即《自首和立功解释》第一条第一款第（一）项规定的“犯罪事实或者犯罪嫌疑人未被司法机关发觉，或者虽被发觉，但犯罪嫌疑人尚未受到讯问、未被采取强制措施时，主动、直接向公安机关、人民检察院或者人民法院投案”；第二种是视为自动投案的情形，虽然不完全具备典型自动投案的特征，但体现了投案主动性和自愿性的本质属性。《自首和立功意见》根据司法实践中出现的新情况，在《自首和立功解释》第一条第（一）项规定的七种应“视为自动投案”的情形的基础上，又增加了四种情形，鉴于司法实践中可能还会出现新的情形，《自首和立功意见》还设立了兜底条款。

（二）“明知他人报案而在现场等待”的情形

《自首和立功意见》增加的第二种情形是“明知他人报案而在现场等待，抓捕时无拒捕行为，供认犯罪事实的”。犯罪嫌疑人作案后虽然没有亲自报警，但在明知他人报案的情况下有机会逃走而未逃走，留在现场等待抓捕，即"能逃而不逃"，这种情形体现了其主动、自愿将自己交付法律制裁的意图，对控制犯罪嫌疑人有一定意义，故应当认定为自动投案。但是，如果犯罪嫌疑人系因受伤、醉酒、被群众包围等客观因素而未能逃跑，或者滞留现场是寻找作案机会、继续作案而非等待抓捕，则不能认定为自动投案。

(三)"形迹可疑"型自首

对于《自首和立功意见》第一条第二款规定的"形迹可疑"型自首的认定，需要把握的重点是主动交代犯罪事实对确定犯罪嫌疑人是否具有实质意义，因为自首一方面体现了犯罪嫌疑人的悔罪态度，可以防止其留在社会上继续犯罪；另一方面也有利于节约司法资源，实现司法的经济性。仅因形迹可疑被盘问、教育后主动交代犯罪事实，若有关部门并未掌握其他证据，则其主动交代对确定犯罪嫌疑人具有决定性的实质意义，应认定为自动投案；若有关部门在其交代时或者交代后即在其身上、随身物品、交通工具等处搜获与犯罪有关的物品，则即便其不交代，有关部门仍可掌握犯罪证据，故此类情形下的交代对确定犯罪嫌疑人不具有实质意义，一般不能认定为自动投案。

上述情形在毒品犯罪案件中较为多见。例如，公安机关设卡例行检查时发现某人神色慌张，形迹可疑，遂对其进行盘问，此人即交代了运输毒品的犯罪事实，公安人员随后在其随身携带的行李箱内查获毒品，这类情形就不能认定为自动投案。当然，如果与犯罪有关的物品是通过正常工作方法难以发现的，如某人运输毒品时发现前方500米处有检查站，即将毒品埋在路边，该人在检查站因神色慌张而被盘问，即交代了犯罪事实并带领公安人员找到了埋藏的毒品，此时的主动交代对确定犯罪嫌疑人就具有实质意义，可以认定为自动投案。对于其他类似情形，可以根据上述规定的精神具体把握。

(四)交通肇事罪的自首

交通肇事后保护现场、抢救伤者、向公安机关报告的，能否认定为自动投案？实务界和学界均存在很大争议，在《自首和立功意见》制定过程中也有不同意见，亟须明确规范。认为此情形不能认定为自首的理由是：(1)《道路交通安全法》第七十条明确规定保护现场、抢救伤者、向公安机关报告是犯罪嫌疑人的法定义务，既然是履行法定义务，就不应当再重复评价。(2)《刑法》第一百三十三条对交通肇事罪规定了三种情形的量刑幅度，其中对未逃逸的情形规定了较轻的法定刑，对逃逸的情形特别规定了较重的法定刑。刑法没有任何一种犯罪因行为人逃逸即规定加重处罚，表明刑法也认为交通肇事犯罪嫌疑人保护现场、抢救伤者、向公安机关报告是其法定义务，不是自首，不需要给予自首从轻或者减轻处罚的待遇；相反，如不履行法定义务，应加重处罚。（3）对犯罪嫌疑人履行法定义务的行为不认定为自首，不必然引发鼓励肇事者逃逸的负面效果。司法实践中，有不少地方如浙江省正式规定此种行为不属自首，《道路交通安全法》第七十条规定依然执行得很好。这是因为逃逸与不逃逸行为的法定刑幅度完全不同，处罚结果差异较大。即使逃逸后又自首的，因为只能在更重的法定刑幅度内从宽，也不会出现量刑失衡。个别减轻处罚的，只要有特殊情形，也符合罪刑相适应原则。

认为此种情形应认定为自首的理由是：（1）《道路交通安全法》第七十条虽明文规定保护现场、抢救伤员、向公安机关报告是犯罪嫌疑人的法定义务，但与刑法上认定其为自动投案并不矛盾，后者是对前者的支持、鼓励。（2）如果否认交通肇事罪存在自首，而承认其他责任事故存在自首，明显会导致交通肇事罪与其他责任事故犯罪的不协调。（3）此情形认定为自首，有利于鼓励肇事者在最短时间内抢救伤者；反之，有可能助长逃逸行为，产生不良社会效果。（4）《刑法》第一百三十三条第一种量刑幅度内的不逃逸并不等于自动投案，实践中还存在诸多既未逃逸也未自动投案的情形。（5）自首是刑法总则规定的量刑制度，应对刑法分则个罪符合自首构成要件的情形普遍适用。

经研究，我们同意后一种意见。同时，为确保统一法律适用后有良好的导向和效果，将此情形规定为："交通肇事后保护现场、抢救伤者，并向公安机关报告的，应认定为自动投案，构成自首的，因上述行为同时系犯罪嫌疑人的法定义务，对其是否从宽、从宽幅度要适当从严掌握。交通肇事逃逸后自动投案，如实供述自己罪行的，应认定为自首，但应依法以较重法定刑为基准，视情决定对其是否从宽处罚和从宽处罚的幅度。"

（五）采用捆绑手段"送子归案"的情形

在《自首和立功意见》制定过程中，对亲属采用捆、绑手段"送子归案"的情形能否认定为自首也存在较大争议。有观点认为，此种情形与《自首和立功解释》第一条第（一）项中的亲友"陪同自首""送子自首"无本质差别，犯罪嫌疑人亲属舍弃亲情而将嫌疑人交付国家审判，目的是使嫌疑人得到从宽处罚，对这种"大义灭亲"的行为应予肯定和鼓励，因而应视为自动投案。

我们经反复斟酌后认为，犯罪嫌疑人被亲友采用捆绑等手段送到司法机关，或者在不明知的情况下被亲友带领侦查人员前来抓获的，由于嫌疑人并无投案的主动性和自愿性，完全是被动归案，将此认定为自动投案既不符合自首的本质特征，也违背了主客观相统一的刑法原则，而且破坏了人们对于自首的一般理念。因此，上述情形不宜认定为自动投案。

但是，法律对这种“大义灭亲”的行为应予充分肯定和积极鼓励，在量刑时一般应当考虑犯罪嫌疑人亲友的意愿，参照法律对自首的有关规定酌情从轻处罚。当然，如果犯罪嫌疑人亲友是出于对嫌疑人的痛恨而实施“送子归案”等行为，并不要求对嫌疑人宽大处理，在量刑时也可以不予从轻处罚。

四、“如实供述自己的罪行”的具体认定

（一）不如实供述身份等情况

在调研中发现，犯罪分子到案后不如实交代身份等基本情况的越来越多，有的是“面子”问题，但相当一部分是企图隐瞒漏罪或者前科情况。前者说不上有主观恶意，后者则违背了自首的立法本意，既影响到准确、及时、有效地打击犯罪，也不利于监所管理。因此，《自首和立功意见》规定，如实供述自己的罪行，应包括供述主要犯罪事实和姓名、年龄、职业、住址、前科等情况，并对如何认定如实交代身份进行了明确。以不如实供述身份是否影响定罪量刑为标准，如果犯罪嫌疑人供述的身份等情况与真实情况虽有差别，但不影响定罪量刑的，如真实年龄为二十二岁，但谎称为十九岁，可认定为“如实供述自己的罪行”；如果犯罪嫌疑人自动投案后隐瞒自己的真实身份等情况，如冒用他人姓名企图隐瞒前科情况，影响对其定罪量刑的，则不能认定为“如实供述自己的罪行”。司法实践中可能还会出现隐瞒身份的其他情形，可以根据隐瞒的内容是否影响定罪量刑为标准进行分析判断。

（二）“主要犯罪事实”的认定

《自首和立功解释》第一条第（二）项规定：“如实供述自己的罪行，是指犯罪嫌疑人自动投案后，如实交代自己的主要犯罪事实……”学术界有观点认为，主要犯罪事实，是指对犯罪嫌疑人行为的性质认定有决定意义的事实、情节（即定罪事实）以及对量刑有重大影响的事实、情节（即重大量刑事实）；而所谓“对量刑有重大影响的事实、情节”，则是指决定对犯罪嫌疑人应适用的法定刑档次是否升格的情节，以及在总体危害程度上比其他部分事实、情节更大的事实、情节。我们基本同意这种观点。主要犯罪事实首先包括定罪事实，自不待言；而对于量刑事实，则应区分已如实供述与未如实供述部分的严重程度，决定是否认定为如实供述自己的主要犯罪事实。

对于犯罪嫌疑人多次实施同种罪行的，《自首和立功意见》规定，认定是否如实供述主要犯罪事实的基本标准，是已交代的犯罪事实与未交代的犯罪事实的危害程度，并规定了区分犯罪情节与犯罪数额的具体标准，即如实交代的犯罪情节重于未交代的犯罪情节，或者如实交代的犯罪数额多于未交代的犯罪数额，一般应认定为如实供述自己的主要犯罪事实。在这里，犯罪数额的多少一般都有比较明确的界限，而犯罪情节的轻重，则要根据情节的危害程度、对量刑的影响加以判断。如被告人抢劫作案三起，其中第三起致人死亡，被告人投案后如实交代了前两起，隐瞒了第三起，由于致人死亡的一起犯罪对量刑有决定性的影响，如实交代的犯罪情节轻于未交代的犯罪情节，故不应认定为如实供述主要犯罪事实。

需要注意的是，上述标准不仅可以适用于犯罪嫌疑人多次实施同种罪行的情形，在犯罪嫌疑人仅实施一次犯罪行为的情形下也可以参照适用。如犯罪嫌疑人开枪将被害人打死后投案，谎称系枪支走火致死，由于嫌疑人隐瞒了持枪杀人这一对定罪量刑具有决定性影响的犯罪情节，因此，不能认定为如实供述主要犯罪事实。在共同犯罪的场合下，犯罪嫌疑人投案后推、揽罪责，隐瞒重大犯罪情节的，也不能认定为如实供述主要犯罪事实。如犯罪嫌疑人结伙入户抢劫，其直接致死一人，劫得财物数万元，但其自动投案后仅如实交代参与抢劫的基本事实，隐瞒了自己直接致死被害人的关键事实。在此情形下，犯罪嫌疑人虽然如实供述了参与抢劫的事实，但未如实供述直接致人死亡这一更严重的犯罪情节，故不能认定为如实供述主要犯罪事实。

还需要注意的是，《自首和立功意见》对“如实供述主要犯罪事实”和“如实供述身份”的认定采用了不同的标准。只要如实供述的犯罪事实对量刑的影响大于所隐瞒的事实，就可以认定为“如实供述主要犯罪事实”；而只要隐瞒的身份情况对量刑有影响，就不能认定为“如实供述自己的罪行”。例如，犯罪嫌疑人实施一般抢劫犯罪三起，三起抢劫的犯罪情节大致相当，自动投案后如实交代了两起，可认定为自首；若其自动投案后如实交代了三起，但为隐瞒其盗窃前科而不如实供述身份，则不能认定为自首。在这里，虽然其隐瞒的一起抢劫罪行对量刑的影响可能要大于盗窃前科，但如前所述，不如实供述身份对司法实践的危害很大，既可能导致冤假错案的发生，又浪费诉讼资源，影响诉讼效率，因此，《自首和立功意见》对不如实供述身份的情形规定了较为不利的法律后果。

此外，“主要犯罪事实”之“主要”是相对于“次要”而言的，如果用百分比表示，“主要”是超过50%。因此，《自首和立功意见》规定，在无法区分已交代的与未交代的犯罪情节的严重程度，或者在已交代的犯罪数额与未交代的犯罪数额相当的情形下，一般不认定为如实供述主要犯罪事实。

（三）“如实供述”的时间限制

《自首和立功解释》规定，犯罪嫌疑人自动投案并如实供述自己的罪行后又翻供的，不能认定为自首；但在一审判决前又能如实供述的，应当认定为自首。相应地，被告人在一审阶段翻供、二审阶段又如实供述的，则不能认定为自首；一审认定为自首，被告人在二审阶段翻供的，也不能改变自首的认定。从《自首和立功解释》规定的精神可以看出，如实供述必须是在司法机关掌握主要犯罪事实之前，才能体现悔罪态度，节约司法资源。

在司法实践中，有的犯罪嫌疑人投案后一直未主动如实供述主要犯罪事实，有的是在侦查机关掌握证据后才交代，有的是在一审庭审中才交代，还有的甚至是在二审庭审或者二审发回重审后才交代，在此情形下，犯罪嫌疑人虽然自动投案，但投案后不主动如实供述，体现不出其悔罪态度，案件得以侦破主要依靠侦查机关的努力，未体现出节约司法资源的宗旨，故不能认定为自首。犯罪嫌疑人自动投案后，虽然投案初期没有交代自己的主要犯罪事实，但在司法机关掌握其主要犯罪事实之前主动交代的，还应认定为如实供述自己的罪行。

五、“司法机关还未掌握的本人其他罪行”和“不同种罪行”的具体认定

根据《刑法》第六十七条第二款和《自首和立功解释》第二条的规定，被采取强制措施的犯罪嫌疑人、被告人和正在服刑的罪犯，如实供述司法机关尚未掌握的罪行，与司法机关已掌握的或者判决确定的罪行属不同种罪行的，以自首论。这在理论上一般称为“余罪自首”。对如何认定“司法机关还未掌握”和“不同种罪行”，实践中存在一定争议，《自首和立功意见》对此进行了明确。

（一）“司法机关还未掌握”的认定

司法实践中，对被采取强制措施期间交代被通缉、被网上追逃（即录入全国公安信息网络在逃人员信息数据库）的其他罪行，能否认定为“司法机关还未掌握”，存在分歧意见。一种意见认为，判断司法机关是否掌握应当实事求是，以采取强制措施的司法机关是否实际掌握为标准。另一种意见认为，如果该司法机关在通缉令发布范围之内，或者该罪行已网上追逃，就应认为已掌握。

我们同意后一种意见，理由是：近年来，随着电脑网络技术的不断推广普及，全国公安机关的网上追逃系统已得到广泛运用，公安力量在相当程度上被有效地整合为一体。公安机关抓获犯罪嫌疑人后有上网比对的职责和工作程序，只要余罪被通缉且该公安机关又在通缉令发布范围之内，或者余罪被网上追逃，一般都能够查实。因此，《自首和立功意见》明确规定，如果余罪已被通缉，而采取强制措施的司法机关在通缉令发布范围之内，或者余罪已录入全国公安信息网络在逃人员信息数据库的，应视为司法机关已掌握，否则，应以该司法机关是否实际掌握该罪行为标准。

（二）“不同种罪行”的认定

何为“同种罪行”，何为“不同种罪行”，司法实践中一般是以罪名区分，这一标准便于操作，但对于所涉犯罪系选择性罪名等情形，各地掌握的标准不一，导致在是否认定为自首、是否从宽处罚方面差异较大。因此，《自首和立功意见》规定，对不同种罪行的认定，首先要以罪名区分，罪名不同的，还要考虑余罪与已掌握的犯罪是否属于选择性罪名或者在法律、事实上密切关联。罪名不同且不属选择性罪名，在法律、事实上也没有密切关联的，才能认定为不同种罪行。具体标准是：

1. 如实供述的其他犯罪与司法机关已掌握的犯罪为选择性罪名，如已掌握的是走私毒品罪行，又供述了制造毒品罪行，仍属同种罪行。

2. 如实供述的其他犯罪与司法机关已掌握的犯罪在法律、事实上密切关联，如因受贿被采取强制措施后，又交代因受贿为他人谋取利益的行为，构成滥用职权罪的，应认定为同种罪行。

上述情形均不构成余罪自首。

六、立功线索来源的具体认定

在司法实践中，犯罪分子为获得从宽处罚，有时会不择手段地以贿买、暴力、胁迫、引诱犯罪等非法手段，或者通过违反监管规定获取他人犯罪线索，而有能力、有机会获得上述线索的往往又是首要分子、主犯、再犯和黑恶势力犯罪分子，对上述情形若认定为立功，则违背了立功制度的初衷。因此，《自首和立功意见》对立功线索来源作了必要的限制，犯罪分子将从以下几种途径获取的他人犯罪线索予以检举揭发的，均不能认定为立功：（1）通过贿买、暴力、胁迫等非法手段获取的线索；（2）被羁押后与律师、亲友会见过程中违反监管规定获取的线索；（3）本人以往查办犯罪职务活动中掌握的线索；（4）从负有查办犯罪、监管职责的国家工作人员处获取的线索。

参照上述规定的精神，犯罪分子检举揭发对合犯罪行为的，也不能认定为立功。所谓对合犯，或称对向犯，一般认为是指实施行为者双方互为实现特定犯罪构成的必要条件，或者说互为实施犯罪的对方，如行贿与受贿、拐卖妇女与收买被拐卖的妇女、出售毒品与购买毒品等。以行贿与受贿为例，行贿人交代受贿人的，只能认定为如实供述其行贿犯罪事实，而不能同时认定为揭发他人受贿犯罪，因为这是行贿人如实供述自己罪行的必然内容。而且，这一犯罪线索是行贿人通过贿赂的非法手段获取的，在线索来源上具有不正当性，故不能认定为立功。当然，如果行贿人检举揭发的是受贿人的其他受贿犯罪，则可以认定为立功。

对于司法实践中经常遇到的犯罪分子亲友代为“立功”的情形，由于刑法规定的立功主体只能是“犯罪分子”，唯此才能体现出其“将功补过”的悔罪态度，故对与犯罪分子无关、纯粹由其亲友实施的“立功”行为，对其亲友应由社会予以褒奖，不宜认定为犯罪分子的立功表现。

七、“协助抓捕其他犯罪嫌疑人”的具体认定

《自首和立功解释》第五条规定，协助司法机关抓捕其他犯罪嫌疑人（包括同案犯）的，应当认定为有立功表现，司法实践中对如何认定“协助抓捕”把握的标准不尽一致。《自首和立功意见》明确了四种可认定为协助抓捕的情形和一种不能认定的情形。

四种可以认定的情形是：（1）按照司法机关的安排，以打电话、发信息等方式将其他犯罪嫌疑人（包括同案犯）约至指定地点的；（2）按照司法机关的安排，当场指认、辨认其他犯罪嫌疑人（包括同案犯）的；（3）带领侦查人员抓获其他犯罪嫌疑人（包括同案犯）的；（4）提供司法机关尚未掌握的其他案件犯罪嫌疑人的联络方式、藏匿地址的等。

鉴于同案犯的基本情况（包括同案犯的姓名、住址、体貌特征等信息）属于犯罪分子应当供述的范畴，而犯罪前、犯罪中掌握、使用的同案犯联络方式、藏匿地址，则属于预谋、实施犯罪的范畴，也是犯罪分子应当供述的内容。因此，《自首和立功意见》规定犯罪分子仅仅提供上述信息，司法机关据此抓捕同案犯的，不能认定为协助抓捕同案犯。但是，如果按照司法机关的安排，将同案犯约至指定地点、当场指认同案犯，或者带领侦查人员抓获同案犯的，则可认定为立功。因为此类协助，犯罪分子完全可以不予配合，而其一旦主动、积极协助，个人则要承受一定压力，承担一定风险，因此，应当通过认定为立功予以“鼓励”。

八、对自首、立功的被告人的处罚

（一）自首对量刑的影响一般大于立功

《自首和立功意见》规定：“类似情况下，对具有自首情节的被告人的从宽幅度要适当宽于具有立功情节的被告人。”之所以这样规定，主要是考虑到自首情节对每一名犯罪分子机会均等，而立功不是人人都有机会，且自首比立功更能充分体现出犯罪分子的悔罪态度，故对自首的认定标准和从宽幅度的掌握要更宽一些。最高人民法院于2010年9月印发的《人民法院量刑指导意见（试行）》（法发〔2010〕36号）[①] 规定，对于自首情节，可以减少基准刑的40%以下，犯罪较轻的可以减少基准刑的40%以上或者依法免除处罚；对于立功情节，一般立功的可以减少基准刑的20%以下，重大立功的可以减少基准刑的20%—50%，重大立功且犯罪较轻的可以减少基准刑的50%以上或者依法免除处罚。上述规定也体现了这种政策精神。

（二）自首、立功情节与从重情节并存案件的处理

《自首和立功意见》规定，对具有自首、立功情节（包括重大立功）的被告人是否从宽处罚、从宽处罚的幅度，应当从犯罪行为，主观恶性和人身危险性，自首、立功的具体情节三方面综合考虑，一般应依法从轻、减轻处罚。这里的“一般应”强调的是没有其他特殊情况的都要从宽，以准确贯彻宽严相济刑事政策精神，争取更好的法律效果和社会效果。如果案件同时具备自首、立功情节和累犯、毒品再犯等法定从重情节，或者犯罪情节特别恶劣、犯罪后果特别严重、主观恶性深、人身危险性大等酌定从重情节，在考察

① 该意见现已废止。

犯罪行为和主观恶性、人身危险性的基础上，要重点分析各种量刑情节的性质及具体情况，如自首的主动性、立功的大小、累犯的前罪的性质和严重程度等，根据各情节反映的社会危害性和人身危险性的程度，具体考量每个情节对刑罚裁量的影响，最终确定从宽、从重处罚或者将从宽、从重情节予以抵消。

（三）共同犯罪的量刑平衡

在共同犯罪案件中，对具有立功情节的被告人量刑时，要特别注意共同犯罪人之间的量刑平衡。对此把握的一般标准是“功是否足以折罪”。因为立功制度的出发点是鼓励犯罪分子检举揭发其他犯罪，以更充分地实现刑法惩治犯罪、预防犯罪的目的。立功不大，对于惩治犯罪、预防犯罪的社会意义相应不大，对立功者从宽处罚的幅度就不应该大；立功虽大，但若立功者的罪行十分严重，如果从宽处罚或者从宽的幅度过大，对其处罚的刑法效果就会削弱。所以，即使从宽，幅度也不宜过大。例如，在毒品犯罪案件中，“毒枭”掌握的犯罪线索和立功机会相对较多，但其罪行严重，“马仔”的罪行较轻，但不容易获得立功线索，如果对有立功情节的“毒枭”从宽幅度过大，会导致同案犯量刑失衡，刑罚惩罚和预防犯罪的功能就无从体现。

基于上述考虑，《自首和立功意见》对首要分子、主犯协助抓捕地位、作用较次的同案犯，首要分子、主犯协助抓捕罪行同样严重的非同案犯，地位、作用较次的犯罪分子协助抓捕首要分子、主犯三种情形进行了区分，这三种情形的立功对量刑的影响是由小到大的递进关系。

（撰稿：周峰　薛淑兰　孟伟）

3. 最高人民法院、最高人民检察院关于办理职务犯罪案件认定自首、立功等量刑情节若干问题的意见（法发〔2009〕13号，自2009年3月12日起施行）

为依法惩处贪污贿赂、渎职等职务犯罪，根据刑法和相关司法解释的规定，结合办案工作实际，现就办理职务犯罪案件有关自首、立功等量刑情节的认定和处理问题，提出如下意见：

一、关于自首的认定和处理

根据刑法第六十七条第一款的规定，成立自首需同时具备自动投案和如实供述自己的罪行两个要件。犯罪事实或者犯罪分子未被办案机关掌握，或者虽被掌握，但犯罪分子尚未受到调查谈话、讯问，或者未被宣布采取调查措施或者强制措施时，向办案机关投案的，是自动投案。在此期间如实交代自己的主要犯罪事实的，应当认定为自首。

犯罪分子向所在单位等办案机关以外的单位、组织或者有关负责人员投案的，应当视为自动投案。

没有自动投案，在办案机关调查谈话、讯问、采取调查措施或者强制措施期间，犯罪分子如实交代办案机关掌握的线索所针对的事实的，不能认定为自首。

没有自动投案，但具有以下情形之一的，以自首论：（1）犯罪分子如实交代办案机关未掌握的罪行，与办案机关已掌握的罪行属不同种罪行的；（2）办案机关所掌握线索针对的犯罪事实不成立，在此范围外犯罪分子交代同种罪行的。

单位犯罪案件中，单位集体决定或者单位负责人决定而自动投案，如实交代单位犯罪事实的，或者单位直接负责的主管人员自动投案，如实交代单位犯罪事实的，应当认定为单位自首。单位自首的，直接负责的主管人员和直接责任人员未自动投案，但如实交代自己知道的犯罪事实的，可以视为自首；拒不交代自己知道的犯罪事实或者逃避法律追究的，不应当认定为自首。单位没有自首，直接责任人员自动投案并如实交代自己知道的犯罪事实的，对该直接责任人员应当认定为自首。

对于具有自首情节的犯罪分子，办案机关移送案件时应当予以说明并移交相关证据材料。

对于具有自首情节的犯罪分子，应当根据犯罪的事实、性质、情节和对于社会的危害程度，结合自动投案的动机、阶段、客观环境，交代犯罪事实的完整性、稳定性以及悔罪表现等具体情节，依法决定是否从轻、减轻或者免除处罚以及从轻、减轻处罚的幅度。

二、关于立功的认定和处理

立功必须是犯罪分子本人实施的行为。为使犯罪分子得到从轻处理，犯罪分子的亲友直接向有关机关揭发他人犯罪行为，提供侦破其他案件的重要线索，或者协助司法机关抓捕其他犯罪嫌疑人的，不应当认定为犯罪分子的立功表现。

据以立功的他人罪行材料应当指明具体犯罪事实；据以立功的线索或者协助行为对于侦破案件或者抓捕犯罪嫌疑人要有实际作用。犯罪分子揭发他人犯罪行为时没有指明具体犯罪事实的；揭发的犯罪事实与查实的犯罪事实不具有关联性的；提供的线索或者协助行为对于其他案件的侦破或者其他犯罪嫌疑人的抓捕不具有实际作用的，不能认定为立功表现。

犯罪分子揭发他人犯罪行为，提供侦破其他案件重要线索的，必须经查证属实，才能认定为立功。审查是否构成立功，不仅要审查办案机关的说明材料，还要审查有关事实和证据以及与案件定性处罚相关的法律文书，如立案决定书、逮捕决定书、侦查终结报告、起诉意见书、起诉书或者判决书等。

据以立功的线索、材料来源有下列情形之一的，不能认定为立功：（1）本人通过非法手段或者非法途径获取的；（2）本人因原担任的查禁犯罪等职务获取的；（3）他人违反监管规定向犯罪分子提供的；（4）负有查禁犯罪活动职责的国家机关工作人员或者其他国家工作人员利用职务便利提供的。

犯罪分子检举、揭发的他人犯罪，提供侦破其他案件的重要线索，阻止他人的犯罪活动，或者协助司法机关抓捕的其他犯罪嫌疑人，犯罪嫌疑人、被告人依法可能被判处无期徒刑以上刑罚的，应当认定为有重大立功表现。其中，可能被判处无期徒刑以上刑罚，是指根据犯罪行为的事实、情节可能判处无期徒刑以上刑罚。案件已经判决的，以实际判处的刑罚为准。但是，根据犯罪行为的事实、情节应当判处无期徒刑以上刑罚，因被判刑人有法定情节经依法从轻、减轻处罚后判处有期徒刑的，应当认定为重大立功。

对于具有立功情节的犯罪分子，应当根据犯罪的事实、性质、情节和对于社会的危害程度，结合立功表现所起作用的大小、所破获案件的罪行轻重、所抓获犯罪嫌疑人可能判处的法定刑以及立功的时机等具体情节，依法决定是否从轻、减轻或者免除处罚以及从轻、减轻处罚的幅度。

三、关于如实交代犯罪事实的认定和处理

犯罪分子依法不成立自首，但如实交代犯罪事实，有下列情形之一的，可以酌情从轻处罚：（1）办案机关掌握部分犯罪事实，犯罪分子交代了同种其他犯罪事实的；（2）办案机关掌握的证据不充分，犯罪分子如实交代有助于收集定案证据的。

犯罪分子如实交代犯罪事实，有下列情形之一的，一般应当从轻处罚：（1）办案机关仅掌握小部分犯罪事实，犯罪分子交代了大部分未被掌握的同种犯罪事实的；（2）如实交代对于定案证据的收集有重要作用的。

四、关于赃款赃物追缴等情形的处理

贪污案件中赃款赃物全部或者大部分追缴的，一般应当考虑从轻处罚。

受贿案件中赃款赃物全部或者大部分追缴的，视具体情况可以酌定从轻处罚。

犯罪分子及其亲友主动退赃或者在办案机关追缴赃款赃物过程中积极配合的，在量刑时应当与办案机关查办案件过程中依职权追缴赃款赃物的有所区别。

职务犯罪案件立案后，犯罪分子及其亲友自行挽回的经济损失，司法机关或者犯罪分子所在单位及其上级主管部门挽回的经济损失，或者因客观原因减少的经济损失，不予扣减，但可以作为酌情从轻处罚的情节。

权威解读

《关于办理职务犯罪案件认定自首、立功等量刑情节若干问题的意见》的理解与适用

最高人民法院、最高人民检察院于2009年3月12日联合发布了《关于办理职务犯罪案件认定自首、立功等量刑情节若干问题的意见》（法发〔2009〕13号，以下简称《职务犯罪自首、立功意见》），就职务犯罪案件办理当中自首、立功、如实交代犯罪事实、赃款赃物追缴等量刑情节的认定和处理问题，提出了具体意见。这是“两高”针对当前职务犯罪案件刑罚适用中的突出问题，为坚决贯彻依法从严惩处腐败分子的方针而制定的一个重要司法文件。为正确理解和适用《职务犯罪自首、立功意见》，现对《职务犯罪自首、立功意见》的制定背景和主要内容说明如下：

一、制定《职务犯罪自首、立功意见》的背景及其意义

近年来，职务犯罪案件呈现出缓刑、免予刑事处罚等轻刑适用率偏高的趋势，受到了多方关注。经调研，职务犯罪案件轻刑适用比例偏高，有立法、司法、办案机制、案件特点等多方面原因。其中，自首、立功等量刑情节的认定和运用不够规范、严肃，尤其值得注意。比如，在被纪检监察机关采取“两规”“两指”措施期间交代罪行是否认定为自首，各地意见分歧很大，有的不加区分地将犯罪分子在纪检监察机关调查期间交代问题的一律认定为自首。因部分职务犯罪案件是经纪检监察机关查办后移交司法程序的，这样就直接导致了相当数量的案件被不当轻判。这些问题在一定程度上影响了对职务犯罪的打击力度，在社会上也产生了一些负面影响。

《职务犯罪自首、立功意见》规定的自首、立功、如实交代犯罪事实、赃款赃物追缴等量刑情节的认定和处理问题，都是职务犯罪司法实践中经常遇

到、在具体理解和适用上存在分歧的问题。对这些量刑情节明确其成立条件，严格其认定程序，规范其在量刑中的作用，有利于职务犯罪案件刑罚适用的统一性和严肃性，从根本上解决部分职务犯罪案件处理上失之于宽的问题，确保依法从严惩处严重职务犯罪方针落到实处。

二、《职务犯罪自首、立功意见》的主要内容

《职务犯罪自首、立功意见》共分四条。第一条关于自首的认定和处理意见，着重解决纪检监察等办案机关采取调查措施期间的自首认定问题，同时对单位自首等问题提出了一般性处理意见；第二条关于立功的认定和处理意见的规定，主要解决"协助立功""抽象立功""查证属实"、线索来源等司法实践中存在分歧的问题；第三条关于如实交代犯罪事实的认定和处理意见，主要是针对实践中对坦白在量刑上的意义的认识不足而作出的规定；第四条关于赃款赃物追回对于量刑的影响，主要是针对实践中在该问题的处理上存在不同意见而作出的细化规定。在此，逐条说明如下：

（一）关于自首的认定和处理

在自首的认定和处理问题上，《职务犯罪自首、立功意见》作了五个方面的规定：

1. 办案机关采取调查措施期间的自首认定

对于纪检监察机关采取调查措施期间交代罪行的，能否认定为自首，理论和实践部门长期存在分歧：一种意见认为，纪检监察等办案机关不是法律规定的司法机关，在纪检监察机关调查期间如实交代罪行的，均可认定为自首。另一种意见认为，不宜一概以有无自动投案作为是否成立自首的条件。该意见论者又分为两种不同观点：一种观点主张以办案机关是否立案作为自首与否的认定基准；另一种观点主张以办案机关是否确切掌握犯罪事实作为认定基准。

经研究，自动投案和如实供述自己的罪行是成立自首的两个法定要件，两者缺一不可，必须同时具备，在纪检监察机关采取调查措施期间交代罪行的自首认定，同样应当以此为准。纪检监察部门的办案活动虽然不属于司法活动，但其所采取的调查谈话、调查措施与司法机关的讯问、强制措施的内容、目的、效果基本相同，两者具有可比性。当前职务犯罪案件多以纪检监察部门的调查为前置程序，如将纪检监察部门调查期间交代罪行的一概以自首论，势必导致职务犯罪案件自首认定的不当扩大，并在职务犯罪案件和非

职务犯罪案件的自首认定中产生实质性的不公。从有利于案件查办的角度出发，主张区别情形分别认定的意见，缺乏法律和理论依据：一方面，在办案机关立案之前的初步核实阶段即有可能采取“两规”“两指”等调查措施；另一方面，自首的认定问题，与办案机关是否掌握犯罪事实的确切证据无绝对关联。为此，《职务犯罪自首、立功意见》规定：“没有自动投案，在办案机关调查谈话、讯问、采取调查措施或者强制措施期间，犯罪分子如实交代办案机关掌握的线索所针对的事实的，不能认定为自首。”同时，鉴于纪检监察机关办案的特殊性，《职务犯罪自首、立功意见》对自动投案规定了具体的认定标准，即：“犯罪事实或者犯罪分子未被办案机关掌握，或者虽被掌握，但犯罪分子尚未受到调查谈话、讯问，或者未被宣布采取调查措施或者强制措施时，向办案机关投案的，是自动投案。”

在理解本规定时，应注意以下四点：

第一，犯罪事实、犯罪分子是否被掌握，犯罪分子是否被采取调查措施或者强制措施，是相对于办案机关而言的。这里的办案机关仅限定为纪检、监察、公安、检察等法定职能部门，为避免实践执行中可能产生的误解，《职务犯罪自首、立功意见》进一步明确：“犯罪分子向所在单位等办案机关以外的单位、组织或者有关负责人员投案的，应当视为自动投案。”

第二，纪检、监察机关办案程序一般是先初步核实，后立案，再调查，依照有关规定，在初步核实阶段也可以采取包括“两规”在内的调查措施。因此，这里的“调查”，指的是措施意义上的调查，而非程序意义上的调查。

第三，“调查谈话”不同于诫勉谈话，一般指的是立案后依照有关调查程序进行的谈话。考虑到办案实践中立案情况较为复杂，为方便实务部门根据案件情况作出更为合理的认定取舍，故《职务犯罪自首、立功意见》对此未作进一步明确。

第四，《职务犯罪自首、立功意见》特别规定“被宣布采取调查措施”，主要是考虑到调查措施与刑事司法中的强制措施有所不同，在被调查人对调查活动不知情的情况下，自动投案并如实交代罪行的，仍应认定为自首。只有在被宣布采取调查措施期间，被调查人已经知道对其采取调查活动的情况下才丧失自动投案的可能。

2. “准自首”的认定

根据职务犯罪案件的实际情况，在刑法和《最高人民法院关于处理自首和立功具体应用法律若干问题的解释》有关规定的基础上,《职务犯罪自首、立功意见》明确了两种无自动投案的准自首的具体情形,即:(1)犯罪分子如实交代办案机关未掌握的罪行,与办案机关已掌握的罪行属不同种罪行的;(2)办案机关所掌握线索针对的犯罪事实不成立,在此范围外犯罪分子交代同种罪行的。

对于上述第二种情形,有意见主张按坦白处理,以增强司法可操作性。经研究,此情形属于实质上的准自首,故未采纳。

3. 单位自首的认定

在2002年由最高人民法院、最高人民检察院、海关总署联合发布的《关于办理走私刑事案件适用法律若干问题的意见》中对单位走私犯罪案件的自首认定问题提出了一个初步意见,但实践中对于该规定是否具有普遍适用性以及单位自首的具体认定标准存在不同看法。鉴于职务犯罪案件特别是贿赂犯罪案件中较多地存在单位犯罪情形,《职务犯罪自首、立功意见》对单位犯罪的自首认定问题予以专门规定,即:"单位犯罪案件中,单位集体决定或者单位负责人决定而自动投案,如实交代单位犯罪事实的,或者单位直接负责的主管人员自动投案,如实交代单位犯罪事实的,应当认定为单位自首。单位自首的,直接负责的主管人员和直接责任人员未自动投案,但如实交代自己知道的犯罪事实的,可以视为自首;拒不交代自己知道的犯罪事实或者逃避法律追究的,不应当认定为自首。单位没有自首,直接责任人员自动投案并如实交代自己知道的犯罪事实的,对该直接责任人员应当认定为自首。"

准确理解本规定,关键在于把握四个要点:(1)单位可以成立自首;(2)区分单位自首与个人自首、检举、揭发的关键在于投案人代表的是单位还是个人;(3)单位自首的效果可及于个人,但需以个人如实交代其掌握的罪行为条件;(4)个人自首的成立不以单位自首为条件,但个人自首的效果不能及于单位。

讨论中有意见提出,应对单位直接负责的主管人员的自首认定为单位自首的情形加以必要限制,即只有在单位法定代表人、负责人不知情的情况下实施单位犯罪的,直接负责的主管人员自动投案并如实交代才能构成单位自首。经研究,单位直接负责的主管人员一般也是单位的负责人,其个人意志也代表单位的意志,其个人决定实施的犯罪一般均作单位犯罪处理,故将其未经单位法定代表人以及其他负责人同意,或者在单位法定代表人以及其他负责人不知情犯罪的情况下的自首视同为单位自首，是妥当的，且这样规定也有利于鼓励单位直接负责的主管人员自首，防止“铁板一块”。同时，单位自首并不意味着单位法定代表人或者其他负责人当然成立自首，根据本款规定确定的原则，单位法定代表人或者其他负责人拒不交代自己知道的犯罪事实或逃避法律追究的，同样不能认定为自首。本规定体现了刑事司法的一般原则和宽严相济政策的要求，故未采纳。

4. 认定自首的事实根据

鉴于职务犯罪案件查办主体的复杂性，纪律处分与司法处理性质上的不同，纪检监察机关移送司法机关查处的案件还需履行证据转化等程序，为加强配合，确保各办案环节的有机衔接以及自首认定的规范性和严肃性，《职务犯罪自首、立功意见》规定：“对于具有自首情节的犯罪分子，办案机关移送案件时应当予以说明并移交相关证据材料。”

需要注意的是，为方便实际办案，本规定要求仅适用于存在自首问题的情形，不存在自首问题的无须说明和移交证据材料。同时，《职务犯罪自首、立功意见》的这一精神，应当一体适用于坦白、退赃等量刑情节。至于移送的具体范围和方式等问题，目前有关机关正在加紧研究解决。

5. 自首情节的具体运用

对于具有自首情节的犯罪分子，是否从轻、减轻或者免除处罚以及从轻、减轻处罚的幅度，取决于犯罪行为和自首行为两个方面的具体情况。为此，《职务犯罪自首、立功意见》对可供参考判断的相关考量因素作了细化规定，即：(1) 犯罪的事实、性质、情节和对于社会的危害程度；(2) 自动投案的动机、阶段、客观环境，交代犯罪事实的完整性、稳定性以及悔罪表现等。

（二）关于立功的认定和处理

在立功的认定和处理问题上，《职务犯罪自首、立功意见》作了六个方面的规定，分别是：“协助立功”、“抽象立功”、立功事实的审查、线索来源与立功认定、重大立功中无期徒刑的理解以及立功情节的运用原则。

1. “协助立功”

实践中，犯罪分子请求亲友“协助立功”或者犯罪分子的亲友主动“协助立功”的情形屡有发生，司法认定中也存在不同意见。我们认为，立功应该具有亲为性，由犯罪分子的亲友而非其本人直接实施的行为，不能归之于犯罪分子，故“协助立功”不属于刑法规定中的立功。为此，《职务犯罪自首、立功意见》规定："为使犯罪分子得到从轻处理，犯罪分子的亲友直接向有关机关揭发他人犯罪行为，提供侦破其他案件的重要线索，或者协助司法机关抓捕其他犯罪嫌疑人的，不应当认定为犯罪分子的立功表现。"

在理解本规定时，应注意两点：

第一，《职务犯罪自首、立功意见》强调"直接"二字，意在说明亲友的协助行为与犯罪分子本人并无实质性联系。如犯罪分子本人掌握了他人的犯罪行为、其他案件线索，或者其他犯罪嫌疑人的藏匿地点，因客观原因借由其亲友帮助得以将其他案件侦破或者将其他犯罪嫌疑人抓捕的，则另当别论。

第二，犯罪分子的亲友应犯罪分子的要求直接向有关机关揭发他人犯罪行为，提供侦破其他案件的重要线索，或者协助司法机关抓捕其他犯罪嫌疑人的，客观上起到了积极作用，而且在一定程度上也体现了犯罪分子的主观意愿，虽不成立立功，但在量刑时可以结合案件具体情况适当考虑。

2. "抽象立功"

"抽象立功"指的是没有具体证据材料和犯罪事实指向的检举、揭发行为。比如，仅根据一夜暴富或者关系密切而检举、揭发他人有贪污或者受贿行为。对此，我们认为，检举、揭发需以具体犯罪事实为前提，此种情形下即便事后查明被检举、揭发的人确有犯罪事实，但因与所谓的检举、揭发行为并无实质性关联，故不属于立功。为此，《职务犯罪自首、立功意见》规定，"据以立功的线索或者协助行为对于侦破案件或者抓捕犯罪嫌疑人要有实际作用。犯罪分子揭发他人犯罪行为时没有指明具体犯罪事实的；揭发的犯罪事实与查实的犯罪事实不具有关联性的"，不能认定为立功表现。同时，为进一步强调据以立功的线索或者协助行为对于侦破案件或者抓捕罪犯应当具有客观效果这一点，《职务犯罪自首、立功意见》规定："提供的线索或者协助行为对于其他案件的侦破或者其他犯罪嫌疑人的抓捕不具有实际作用的，不能认定为立功表现。"

3. 立功事实的审查

"查证属实"是认定立功的一个法定要求。实践中一些案件往往只有简单说明，司法机关难以据此得出结论。为有效防止立功认定的随意性，确保立功认定的严肃性，《职务犯罪自首、立功意见》规定，审查是否构成立功，不仅要审查办案机关的说明材料，还要审查有关事实和证据以及与案件定性处罚相关的法律文书。

4. 线索来源与立功认定

立功的认定，应否考虑据以立功的线索、材料的来源情况，实践中存在不同看法。有一种意见认为，基于立功这一制度安排的基本价值诉求，立功材料的具体来源一般情况下不影响立功的认定，只是在决定是否从轻、减轻处罚以及从轻、减轻处罚的幅度时应予考虑。经研究，在线索来源问题上，需要兼顾公正与功利两种价值诉求的内在平衡，任何功利的获取，不得以牺牲公正为代价，作为社会公平正义的维护者，司法机关更应坚守这一原则。为正确发挥司法导向作用，维护社会公平正义理念，《职务犯罪自首、立功意见》对据以立功的线索、材料来源作出了限制性规定。明确以下情形不能认定为立功：(1) 犯罪分子通过非法手段或者非法途径获取的；(2) 犯罪分子因原担任的查禁犯罪等职务获取的；(3) 他人违反监管规定向犯罪分子提供的；(4) 负有查禁犯罪活动职责的国家机关工作人员或者其他国家工作人员利用职务便利提供的。

上述四种情形不得认定为立功，是由其行为本身的违法性所决定的，任何人不得从其违法行为中获利，是一个基本的司法准则。其中，第 (3)、(4) 种情形属于国家工作人员滥用公权，其本身即为违纪违法甚至是犯罪行为。

讨论中，有意见提出，来源不正当的应一概不认定为立功。经研究，“不正当”一词过于模糊，内涵和外延难以界定，而且，不正当手段是否一概作为排除立功认定的事由，需作进一步研究，比如在押人员之间的“买功”行为，是否属于不正当手段以及是否一概不应认定为立功，均存疑问，故未采纳。

5. 重大立功中无期徒刑以上刑罚的理解

根据《最高人民法院关于处理自首和立功具体应用法律若干问题的解释》的有关规定，犯罪分子检举、揭发的他人犯罪，提供侦破其他案件的重要线索，阻止他人的犯罪活动，或者协助司法机关抓捕的其他犯罪嫌疑人，犯罪嫌疑人、被告人依法可能被判处无期徒刑以上刑罚的，应当认定为有重大立功表现。对于这里的“可能被判处无期徒刑以上刑罚”的判断依据，司法实践中存在法定刑、宣告刑、执行刑等不同看法。比如，有意见认为，“可能被判处无期徒刑以上刑罚”，是指根据被检举、揭发的犯罪行为本身的严重程度来判断该行为可能判处无期徒刑以上刑罚。案件结案后，是否实际判处无期徒刑以上刑罚，不影响重大立功的认定。据此意见，在有确定的判决作为认定依据的情形下，如果被检举、揭发、协助抓获的罪犯的犯罪行为本身应当依法判处无期徒刑以上刑罚，只是由于该罪犯具有自首、立功、未成年人等犯罪行为实施以外的从轻、减轻量刑情节而被判处有期徒刑以下刑罚的，对该罪犯仍应认定“重大犯罪嫌疑人”；另有意见认为，“可能被判处无期徒刑以上刑罚”应当理解为针对人民法院对有关人员尚未作出判决情形下所作的规定。相关“重大案件”已经作出判决，被检举、揭发、协助抓获的罪犯已经被实际判处有期徒刑以下刑罚的，表明该罪犯已经不存在判处无期徒刑以上刑罚的可能性，因而不应对检举者、揭发者、协助抓获者认定重大立功。唯有如此，才能找到明确的判断界限。

经研究，上述两种意见，均有一定可取之处但又失于绝对，《职务犯罪自首、立功意见》在综合两种意见的基础上规定：“可能被判处无期徒刑以上刑罚，是指根据犯罪行为的事实、情节可能判处无期徒刑以上刑罚。案件已经判决的，以实际判处的刑罚为准。但是，根据犯罪行为的事实、情节应当判处无期徒刑以上刑罚，因被判刑人有法定情节经依法从轻、减轻处罚后判处有期徒刑的，应当认定为重大立功。”

在理解本规定时，应注意以下两点：

第一，“可能被判处无期徒刑以上刑罚”，是指根据立功行为实施时就已经存在的案件的主客观事实、情节，依法可能被判处无期徒刑以上刑罚。

第二，案件已经判决的，除因被判刑人在立功行为实施后形成新的量刑情节经依法从轻、减轻处罚后判处有期徒刑之外，应当以实际判处的刑罚为准。

6. 立功情节的具体运用

对于具有立功表现的犯罪分子，在具体适用刑罚时应当充分考虑犯罪行为和立功表现两个方面的具体情况。为方便实践操作，《职务犯罪自首、立功意见》对该两个方面的具体情况作了细化规定。

（三）关于如实交代犯罪事实的认定和处理

《职务犯罪自首、立功意见》第三条对依法不成立自首，但如实交代犯罪事实的犯罪分子，区分具体情况提出了程度不同的处理意见。本条规定的情形属于“坦白”范畴，但较通常理解的坦白范围要窄些，一般而言，犯罪分子在被动归案后，如实供述自己的罪行，不管司法机关掌握程度如何，均应视为坦白。《职务犯罪自首、立功意见》仅列举了四种情形，为避免逻辑上的不周延，故未使用坦白这一称谓。

坦白是一个酌定量刑情节，实践中没有疑问。《职务犯罪自首、立功意见》之所以特别强调坦白的量刑意义，主要有两点考虑：一是宽严相济。坦白对于案件的侦破和顺利起诉、审判，具有积极作用，特别是在一些较为隐蔽、难以取证的职务犯罪案件中，坦白所起的作用不一定小于自首等法定量刑情节，而这一点往往为我们办案人员所忽视，在量刑上没有得到应有的体现。二是疏堵并举。刑法在贪污、受贿罪的法定刑规定上存在一些不足，集中体现在计赃论罚这一单一量刑模式所带来的量刑失衡问题。为实现量刑均衡，一些检察院、法院在个别案件处理上有意识地放宽自首的认定标准。《职务犯罪自首、立功意见》在严格自首认定条件的同时，强调坦白在量刑中的作用，既有效防止了自首认定的随意性，又能确保在法律限度内尽可能地实现个案公正。

《职务犯罪自首、立功意见》列举四种坦白情形，即：(1) 办案机关掌握部分犯罪事实，犯罪分子交代了同种其他犯罪事实的；(2) 办案机关掌握的证据不充分，犯罪分子如实交代有助于收集定案证据的；(3) 办案机关仅掌握小部分犯罪事实，犯罪分子交代了大部分未被掌握的同种犯罪事实的；(4) 如实交代对于定案证据的收集有重要作用的。这是对职务犯罪案件办理实践的经验总结，同时也是量刑方面的实际需要。具有本条规定的坦白情节的，量刑上均应不同程度地加以考虑，特别是后两种情形，一般应当从轻处罚。对于司法机关已经完全掌握犯罪分子的犯罪事实情况下的坦白，量刑上则不一定要考虑，实践意义不大，故《职务犯罪自首、立功意见》未作规定。

对于本条列举的情形，讨论中存在一些不同意见。

一种意见认为，对于主动交代司法机关未掌握的同种罪行，尤其是在主动交代的犯罪事实成为案件的主要犯罪事实的，是否一概认定为坦白，理论和实践均存在争议，鉴于职务犯罪案件自身的特点和此类案件查办工作的特殊性，从有利于敦促犯罪分子悔罪、交代余罪的办案需要出发，建议区分情况，将犯罪分子交代同种主要犯罪事实的，以自首论。经研究，对于交代同种犯罪事实的处理，《最高人民法院关于处理自首和立功具体应用法律若干问题的解释》已有明确规定，而且，区分主要犯罪事实和次要犯罪事实，实践中不易操作，故未采纳。

另一种意见认为，“如实交代对于定案证据的收集有重要作用”，意味着办案机关掌握的证据不充分，不交代不足以认定犯罪。此种情形类似于因形迹可疑被盘查而主动交代犯罪事实的情形，应以自首论。经研究，形迹可疑意味着犯罪事实尚未被发觉，与这里所规定的基于一定的证据而对犯罪事实有所发觉的情形，存在根本性的不同，而且，从案件查办活动看，证据的收集一般都有一个渐次充实的过程，故未采纳。

（四）关于赃款赃物追缴等情形的处理

对该问题，《职务犯罪自首、立功意见》主要明确了三点意见：一是赃款赃物追缴对于贪污和受贿在量刑意义上应当有所不同；二是“退赃”与“追赃”的量刑意义应当适当区分；三是立案后挽回的经济损失或者因客观原因减少的损失，不影响损失后果的认定。

第一，《职务犯罪自首、立功意见》规定，赃款赃物全部或者大部分追缴的，贪污案件一般应当考虑从轻处罚；受贿案件则需视具体情况酌定从轻处罚。这里区分贪污与受贿，主要是考虑到贪污和受贿在侵害客体上各有侧重：前者主要侵犯的是公共财产关系，退赃对此具有一定的恢复补救作用；后者主要侵犯的是职务廉洁性，危害性主要体现在国家、人民利益遭受重大损失或者恶劣社会影响方面，退赃对此不具有直接的补救作用。如郑某萸受贿一案，尽管受贿赃款全部追回，但考虑到其受贿行为造成了特别重大的损失和极为恶劣的影响，仍然被依法从重处理。

第二，《职务犯罪自首、立功意见》规定，犯罪分子及其亲友主动退赃或者在办案机关追缴赃款赃物过程中积极配合的，在量刑时应当与办案机关查办案件过程中依职权追缴赃款赃物的有所区别。区分主动退赃和办案机关依职权追缴，主要原因是两者所反映出来的主观认罪态度存在明显差别。特别在此加以说明，主要是考虑到当前实践中存在一种倾向，只要赃款追回的，都一概视为有退赃表现，而不再细究犯罪分子（或其家属）在赃款追缴过程中的主观态度或者实际作用。这种只问结果不问过程的做法，客观上导致了一些职务犯罪分子被不当从轻处罚。

第三，《职务犯罪自首、立功意见》规定，经济损失的计算以立案时为准，立案后挽回的经济损失或者因客观原因减少的损失，不影响职务犯罪案件特别是渎职侵权案件损失后果的认定。应当说，该认定原则在此前相关司法文件中业已明确，比如，2006年发布的《最高人民检察院关于渎职侵权犯罪案件立案标准的规定》即明确，“直接经济损失和间接经济损失，是指立案时确已造成的经济损失”。这里重申，主要是考虑到不同司法机关之间在此问题上仍然存在分歧。同时，考虑到立案后挽回经济损失，因客观原因损失减少比如股市上涨股值提升等，在客观上降低了犯罪行为的社会危害性，《职务犯罪自首、立功意见》将立案后挽回经济损失或者因客观原因损失减少的情形规定为酌定从轻量刑情节。

（撰稿：刘为波）

4. **最高人民法院、最高人民检察院、海关总署关于办理走私刑事案件适用法律若干问题的意见**（法〔2002〕139号，自2002年7月8日起施行）（节录）

二十一、关于单位走私犯罪案件自首的认定问题

在办理单位走私犯罪案件中，对单位集体决定自首的，或者单位直接负责的主管人员自首的，应当认定单位自首。认定单位自首后，如实交代主要犯罪事实的单位负责的其他主管人员和其他直接责任人员，可视为自首，但对拒不交代主要犯罪事实或逃避法律追究的人员，不以自首论。

5. **全国部分法院审理毒品犯罪案件工作座谈会纪要**（法〔2008〕324号，自2008年12月1日起施行）（节录）

七、毒品案件的立功问题

共同犯罪中同案犯的基本情况，包括同案犯姓名、住址、体貌特征、联络方式等信息，属于被告人应当供述的范围。公安机关根据被告人供述抓获同案犯的，不应认定其有立功表现。被告人在公安机关抓获同案犯过程中确实起到协助作用的，例如，经被告人现场指认、辨认抓获了同案犯；被告人带领公安人员抓获了同案犯；被告人提供了不为有关机关掌握或者有关机关按照正常工作程序无法掌握的同案犯藏匿的线索，有关机关据此抓获了同案犯；被告人交代了与同案犯的联系方式，又按要求与对方联络，积极协助公安机关抓获了同案犯等，属于协助司法机关抓获同案犯，应认定为立功。

关于立功从宽处罚的把握，应以功是否足以抵罪为标准。在毒品共同犯罪案件中，毒枭、毒品犯罪集团首要分子、共同犯罪的主犯、职业毒犯、毒品惯犯等，由于掌握同案犯、从犯、马仔的犯罪情况和个人信息，被抓获后往往能协助抓捕同案犯，获得立功或者重大立功。对其是否从宽处罚以及从宽幅度的大小，应当主要看功是否足以抵罪，即应结合被告人罪行的严重程

度、立功大小综合考虑。要充分注意毒品共同犯罪人以及上、下家之间的量刑平衡。对于毒枭等严重毒品犯罪分子立功的，从轻或者减轻处罚应当从严掌握。如果其罪行极其严重，只有一般立功表现，功不足以抵罪的，可不予从轻处罚；如果其检举、揭发的是其他犯罪案件中罪行同样严重的犯罪分子，或者协助抓获的是同案中的其他首要分子、主犯，功足以抵罪的，原则上可以从轻或者减轻处罚；如果协助抓获的只是同案中的从犯或者马仔，功不足以抵罪，或者从轻处罚后全案处刑明显失衡的，不予从轻处罚。相反，对于从犯、马仔立功，特别是协助抓获毒枭、首要分子、主犯的，应当从轻处罚，直至依法减轻或者免除处罚。

被告人亲属为了使被告人得到从轻处罚，检举、揭发他人犯罪或者协助司法机关抓捕其他犯罪人的，不能视为被告人立功。同监犯将本人或者他人尚未被司法机关掌握的犯罪事实告知被告人，由被告人检举揭发的，如经查证属实，虽可认定被告人立功，但是否从宽处罚、从宽幅度大小，应与通常的立功有所区别。通过非法手段或者非法途径获取他人犯罪信息，如从国家工作人员处贿买他人犯罪信息，通过律师、看守人员等非法途径获取他人犯罪信息，由被告人检举揭发的，不能认定为立功，也不能作为酌情从轻处罚情节。

6. 最高人民法院关于被告人对行为性质的辩解是否影响自首成立问题的批复（法释〔2004〕2号，自2004年4月1日起施行）

广西壮族自治区高级人民法院：

你院2003年6月10日《关于被告人对事实性质的辩解是否影响投案自首的成立的请示》收悉。经研究，答复如下：

根据刑法第六十七条第一款和最高人民法院《关于处理自首和立功具体应用法律若干问题的解释》第一条的规定，犯罪以后自动投案，如实供述自己的罪行的，是自首。被告人对行为性质的辩解不影响自首的成立。

此复

权威解读

《关于被告人对行为性质的辩解是否影响自首成立问题的批复》的理解与适用

被告人对行为性质的辩解是否影响自首成立的问题，在司法实践中长期存在，各地对此理解和做法也不尽一致。广西壮族自治区高级人民法院就此问题应如何处理向最高人民法院提出请示，最高人民法院于2004年3月26日作出了《关于被告人对行为性质的辩解是否影响自首成立问题的批复》（以下简称《行为辩解批复》）。《行为辩解批复》明确被告人对行为性质的辩解不影响自首的成立。《行为辩解批复》的发布实施，有利于统一司法，维护法律的公正性、严肃性和权威性，保障被告人依法享有的诉讼权利。在理解和适用《行为辩解批复》过程中，主要应该把握如下两个问题：

一、被告人对行为性质的辩解与自首成立的要件无关

根据《刑法》第六十七条第一款和《最高人民法院关于处理自首和立功具体应用法律若干问题的解释》第一条的规定，自首的成立有两个要件：一是犯罪以后自动投案；二是如实供述自己的罪行。其中，自动投案，指的是犯罪事实或者犯罪嫌疑人未被司法机关发觉，或者虽被发觉，但犯罪嫌疑人尚未受到讯问、未被采取强制措施时，主动直接向公安机关、人民检察院或者人民法院投案；如实供述自己的罪行，指的是犯罪嫌疑人主动投案后，如实交代自己的主要犯罪事实。该两个要件，从性质上看，属于客观要件；从逻辑关系上看，属于充分必要条件。只要符合这两个要件，就成立自首；同时，只有符合这两个要件，才能成立自首。被告人自动投案的动机多种多样，有的是真诚悔罪，有的是畏惧惩罚，有的是出于无奈，有的抱着其他想法，甚至有的还想钻法律的空子。投案的动机虽各有不同，但是都不影响自首的成立，只是司法机关在裁量决定对自首者是否从宽处罚以及从宽处罚幅度时考虑的因素。被告人自动投案后，由于处于受刑事追诉的地位在供述犯罪事实的同时，还往往就自己的犯罪行为进行辩解。在认定是否成立自首时，要对投案人的供述内容进行实事求是的分析，只要其交代自己主要犯罪事实的供述经查证是符合客观实际的，就应当认定为自首，不能因为在供述中有为自己的犯罪行为进行辩解的成分，就认为不是如实供述，不认定为自首。如实供述犯罪事实与对行为性质及罪责大小的辩解分属不同范畴，前者属客观实存范畴，后者属主观评价范畴，而且，被告人所供述事实是否构成犯罪，也不以被告人的认识、判断、辩解为转移，而应由司法机关依法进行认定。因此，将犯罪分子自动投案、如实供述主要犯罪事实的，均认定为自首，依法予以从宽处罚，是符合自首制度的立法目的的。

二、被告人对行为性质进行辩解，是其行使法定辩护权的具体体现

根据刑事诉讼法的相关规定，犯罪嫌疑人、被告人享有依法进行辩护的权利，对于自己的行为是否构成犯罪、构成何种犯罪以及应判处的刑罚均可

发表意见，进行辩解。犯罪嫌疑人、被告人的辩护权利应当依法受到保护，同时为了确保辩护权利行使的真实与完整，不得因为犯罪嫌疑人、被告人对案件的定性、量刑发表意见或者进行辩解而使之承担不利后果。犯罪嫌疑人、被告人对行为性质进行辩解，正是其依法行使辩护权利的体现。司法实践中，只要被告人不否认其供述的犯罪事实，就不应影响自首的成立。当然，如果投案后采取隐瞒自己罪行、编造虚假事实或者如实供述后又翻供等方式，为自己开脱罪责，企图逃避刑事追究的，则不能认定为自首。

（撰稿：祝二军）

三、典型或常见问题的审理思路

1. 行为人因形迹可疑被盘问时，当场被搜出与犯罪有关的物品后，才交代犯罪事实的，能否认定为自动投案？①

分歧意见：第一种意见认为，被告人仅因形迹可疑被公安人员盘问后，交代了犯罪事实，应视为自动投案，构成自首。

第二种意见认为，被告人因形迹可疑被公安人员盘问时并未交代犯罪事实，直至犯罪证据被公安人员发现、掌握后才供述，已不属于形迹可疑，不构成自首。

本书观点：同意第二种意见。接受公安人员盘问时，当场被搜出与犯罪有关的物品后，才交代犯罪事实的，不视为自动投案。被告人交代犯罪事实时，公安人员已从其同行的同案犯身上搜获与犯罪有关的物品，足以认定其有实施盗抢的犯罪嫌疑，而非形迹可疑。也就是说，其罪行已被公安机关发觉，不构成形迹可疑型自首。司法实践中，形迹可疑和犯罪嫌疑的界限较难把握，我们认为应当掌握以下几点：

（1）犯罪嫌疑与形迹可疑的区别

根据1998年《最高人民法院关于处理自首和立功具体应用法律若干问题的解释》第一条第（一）项的规定，罪行未被司法机关发觉，仅因形迹可疑被有关组织或者司法机关盘问、教育后，主动交代自己的罪行的，应当视为

---

① 观点来源：最高人民法院刑事审判第一、二、三、四、五庭主办：《刑事审判参考》2011年第3集（总第80集），法律出版社2011年版，第52-61页，张某等抢劫、盗窃案。

自动投案。据此认定为自首的，我们称为形迹可疑型自首，其成立应具备以下条件：第一，行为人的罪行尚未被司法机关发觉，包括两种情况：一是犯罪事实尚未被司法机关发现；二是犯罪事实虽已被发现，但司法机关尚未将行为人确定为犯罪嫌疑人。第二，行为人仅因形迹可疑被盘问、教育，而非具有犯罪嫌疑。第三，行为人主动、如实交代了犯罪事实，其供述完全基于本人意愿，而非迫于证据压力被动交代。

司法实践中认定形迹可疑型自首，难点在于区分行为人系形迹可疑还是有犯罪嫌疑。如果行为人交代犯罪时已被认定具有犯罪嫌疑，则不可能成立形迹可疑型自首。所谓形迹可疑，是指行为人的举动、神态不正常，使人产生疑问。这种疑问是臆断性的心理判断，它的产生没有也不需要凭借一定的事实根据，是一种仅凭常理、常情判断而产生的怀疑。而犯罪嫌疑，是指侦查人员凭借一定的事实根据或者他人提供的线索，认定特定人有作案嫌疑。这种嫌疑是逻辑判断的结果，它的产生必须以一定的客观事实为依据，是一种有事实根据的怀疑。这两种怀疑的根本区别在于，是否有事实根据以及这种根据是否足以将行为人确定为犯罪嫌疑人。

区分形迹可疑与犯罪嫌疑的关键在于：一是司法机关是否掌握了行为人犯罪的一定证据或线索；二是行为人当时不如实交代能否自圆其说，能否作出合理解释。如果行为人不如实交代犯罪仍能自圆其说，足以消除司法机关对其产生的合理怀疑，那随后交代犯罪即具有主动性，可以视为自动投案。

（2）行为人因形迹可疑被盘问时，当场被搜出与犯罪有关的物品后，才交代犯罪事实的，不能视为自动投案

如上所述，行为人因形迹可疑被盘问时，当场被搜出与犯罪有关的物品后，行为人已不属于形迹可疑，而是具有犯罪嫌疑的明显证据，其罪行已被司法机关发觉，故交代犯罪事实对确定犯罪嫌疑人无实质意义，不能认定为投案自首。正因如此，2010年《最高人民法院关于处理自首和立功若干具体问题的意见》第一条第二款明确规定：“罪行未被有关部门、司法机关发觉，仅因形迹可疑被盘问、教育后，主动交代了犯罪事实的，应当视为自动投案，但有关部门、司法机关在其身上、随身携带的物品、驾乘的交通工具等处发现与犯罪有关的物品的，不能认定为自动投案。”该规定对形迹可疑型自首的成立条件作了更为严格的限定，行为人仅因形迹可疑被盘问、教育的，只要在其随身物品及和其人身紧密相关的场所搜出与犯罪有关的物品，无论其是

否交代犯罪事实，也无论其是在被查获犯罪证据之前或之后交代犯罪事实，均不认定为自动投案，因为其交代罪行对确定犯罪嫌疑人不具有实质意义。也就是说，即便被告人在第一阶段交代了犯罪事实，只要此后被搜出与犯罪有关的物品，亦不视为自动投案。

所谓“与犯罪有关的物品”，是指能够将行为人与某一或某种具体的犯罪联系在一起的物品，如来路不明的财物、毒品等违禁品、沾有血迹的物品等。需要指出的是，这种联系不需要具有明确的针对性，只要足以令人合理怀疑行为人实施了与该物品有关的犯罪即可，不需要明确指向某一具体、特定的犯罪事实。例如，边防武警例行检查时，发现行为人神色慌张、形迹可疑，遂对其进行盘问，发现其随身携带的尖刀上有疑似新鲜血迹，此人难以自圆其说，遂交代了其持刀抢劫致人死亡的犯罪事实。虽然边防武警并不掌握相关抢劫犯罪事实，带血尖刀不能将行为人与其实施的具体犯罪联系起来，但足以确定其涉嫌与杀人有关的犯罪，仍属于“与犯罪有关的物品”。再如，行为人杀人后穿走被害人的夹克，逃跑途中因神色慌张被巡警盘查，遂交代了犯罪事实。虽然其身上穿着被害人的夹克，但该夹克并无可疑之处，不能将行为人与其杀人犯罪联系在一起，故不属于“与犯罪有关的物品”。但如果行为人杀人后已有人报案，并将行为人穿走的被害人的夹克特征向公安人员作了具体详细的描述，如夹克的品牌、颜色、款式，或者袖口处有被害人的标记或者衣物上有血迹等，公安人员据此特征将行为人作为犯罪嫌疑人进行盘问的，应当认定该夹克是“与犯罪有关的物品”。此种情形下，即使行为人随即供述了犯罪事实，也不能视为自首。

值得强调的是，对于形迹可疑型自首的认定，重点在于审查行为人主动交代犯罪事实对确定犯罪嫌疑人是否具有实质意义。如果其交代对确定犯罪嫌疑人不具有实质意义，一般不能认定为自动投案。依此标准，行为人仅因形迹可疑被盘问、教育后主动交代犯罪事实的，若有关部门在其交代前或交代后即在其身上、随身物品、交通工具等处发现足以确定其犯罪嫌疑的证据的，不能认定为形迹可疑型自首。这里所说的证据，除了《最高人民法院关于处理自首和立功若干具体问题的意见》第一条规定的“与犯罪有关的物品”外，还包括其他足以将行为人与某一或某种具体犯罪关联的情形。例如，公安人员设卡盘查故意杀人逃犯时，已从目击证人处了解到凶手右手臂有刀伤，故行为人因形迹可疑接受盘查时被发现右手臂有刀伤的，无论其是否交代犯罪事实，均不认定为自动投案，因为此时公安人员已掌握其犯罪证据，其交代犯罪事实对确定犯罪嫌疑人不具有实质意义。

2. 在形迹可疑人员身上发现疑似与犯罪有关物品的，如何判断其是属于形迹可疑还是犯罪嫌疑？①

本书观点：判断行为人是属于形迹可疑还是犯罪嫌疑，关键在于司法机关是否掌握客观并据此足以合理怀疑行为人实施某种犯罪的证据，能否在行为人与具体案件之间建立起直接、明确、紧密的联系。认定形迹可疑型自首，不仅要准确把握形迹可疑的性质和范围，还应当掌握形迹可疑和犯罪嫌疑的联系和区别。因为犯罪嫌疑一旦确立，就意味着形迹可疑型自首中“罪行尚未被司法机关发觉”的前提不能成立。

从审判实践来看，形迹可疑有两种较为常见的情形。一种情形是司法机关尚未掌握行为人犯罪的任何线索、证据，而是根据行为人当时举动、神色异常而判断行为人可能存在违法犯罪行为。这种情形下的行为人情况又分为两种。一种是行为人身上并没有任何犯罪工具或遗留下犯罪痕迹，仅因心理恐慌被盘问便向司法机关供述了自己的犯罪事实。对于此类情况，实践中对此无争议，一般都将其认定为自首。另一种是行为人因形迹可疑被司法人员盘问，行为人向司法机关供述了其犯罪事实，司法机关工作人员随即在其身上、交通工具上或盘问时的住所等处发现与犯罪有关的物品的，此类情况不能认定为自首。

形迹可疑的另一种常见情形是，某一具体案件发生后，司法机关掌握一定的证据或者线索，明确了侦查方向，圈定了排查范围，在调查或者排查过程中发现行为人表现异常，但尚不足以通过现有证据确定其为犯罪嫌疑人。此种情形下的形迹可疑能够将行为人同具体案件联系起来，但这种联系还不能达到将行为人锁定为犯罪嫌疑人的程度，行为人主动供述罪行即成立自首。而犯罪嫌疑指的是司法机关掌握足以认定行为人实施某种犯罪的证据或者线索，通过逻辑判断认定行为人有作案的重大嫌疑，一旦确立犯罪嫌疑，形迹可疑型自首便无法成立。

形迹可疑和犯罪嫌疑容易混淆。首先，形迹可疑者与犯罪嫌疑人都是盘问的对象；其次，形迹可疑与犯罪嫌疑都是司法机关对特定人具有违法犯罪

---

① 观点来源：最高人民法院刑事审判第一、二、三、四、五庭主办：《刑事审判参考》2011 年第 3 集（总第 80 集），法律出版社 2011 年版，第 69 - 75 页，刘某华抢劫案。

可能性的怀疑和判断，具有主观性；最后，判断形迹可疑与犯罪嫌疑都凭借常识、常理、常情和工作经验，都有或者不排除一定的证据或者线索。

形迹可疑和犯罪嫌疑虽然容易混淆，但也存在区别。首先，判断形迹可疑是基于行为人的某些可疑表象，主要依据的是常识、常理、常情和工作经验，有时甚至是直觉所形成的推测；犯罪嫌疑则是在对证据进行分析、判断后形成的推定，两者产生怀疑的依据不同。其次，形迹可疑可以不掌握任何证据和线索，或者仅掌握不足以合理怀疑行为人实施某种犯罪的证据或线索；犯罪嫌疑则强调需要以事实证据为依据，司法机关是否掌握足以合理怀疑行为人实施某种犯罪的证据或者线索。最后，形迹可疑仅是一般性怀疑，可以是行为人同某种犯罪无任何联系，或者同某种犯罪有联系的疑点，怀疑的内容一般是“此人可能做了什么坏事”；犯罪嫌疑则是针对性的怀疑，必须将行为人与某种具体犯罪相联系，而且足以认定行为人有作案的重大嫌疑，怀疑的内容一般是“此物是否盗抢而来”等，两者对证据和线索的要求不同。

在上述区别当中，行为人如实供述罪行之前司法机关是否已经掌握客观的、据此足以合理怀疑行为人实施某种犯罪的证据或者线索，从而在行为人与具体案件之间建立起直接、明确、紧密的联系，是形迹可疑与犯罪嫌疑的本质区别，是正确认定形迹可疑型自首的关键所在。如果侦查人员从行为人身上或住处查获赃物、作案工具等客观性的证据，或者现场目击证人直接指认行为人系作案人，由于已有一定证据指向行为人，其具有较其他排查对象更高的作案嫌疑，便成为犯罪嫌疑人，而不仅仅是形迹可疑。而对于侦查机关来说，案件的侦查程度已经可以对行为人采取强制措施。也就是说，能够在行为人与具体案件之间建立起直接、明确、紧密联系的，行为人就属于犯罪嫌疑人；建立不起这种联系，而主要凭经验、直觉认为行为人有作案可能的，行为人就属于形迹可疑。行为人在因形迹可疑受到盘问、教育时主动交代自己所犯罪行的，应当认定为自动投案，构成自首。

具体到本案，由于被害人刘某兰系卖淫女，其因惧怕暴露卖淫违法行为而在被刘某华抢劫后不敢报警，其朋友马某在追赶刘某华过程中见巡逻民警将刘某华截停亦未上前指认刘某华实施了抢劫行为，而是直接返回住处。巡逻民警是因为刘某华深夜被他人追赶，认为其形迹可疑而将其截停，当时刘某华的抢劫罪行尚未被侦查机关掌握，而且在被害人刘某兰不敢报案的情况下侦查机关也不可能掌握该宗抢劫案件的发生。

3. 被告人明知他人报案而在现场等待，抓捕时无拒捕行为，供认犯罪事实的行为是否构成自首?[①]

本书观点：并非所有留在现场等待抓捕的行为都成立现场待捕型自首。根据刑法和有关司法解释关于自首的立法精神，考虑到犯罪嫌疑人投案的主动性和自愿性，认定现场待捕型自首还应该具备“现场待捕的非被动性”“对于他人报案的明知性”“被抓捕时行为的服从性”“供认犯罪事实的彻底性”等四个条件。

根据《最高人民法院关于处理自首和立功若干具体问题的意见》的规定，犯罪嫌疑人“明知他人报案而在现场等待，抓捕时无拒捕行为，供认犯罪事实的”应当视为自动投案，由此明确了作案后未逃跑而在现场等待抓捕的行为可否认定为自首的问题。但是，根据该意见的规定，并非所有留在现场等待抓捕的行为都成立现场待捕型自首。根据刑法和有关司法解释关于自首的立法精神，考虑到犯罪嫌疑人投案的主动性和自愿性，我们认为，认定现场待捕型自首还应该具备以下四个条件：

（1）现场待捕的非被动性。犯罪嫌疑人在作案后留在现场，尽管只是消极地等待公安人员的抓捕，没有积极主动的投案行为，但也必须是犯罪嫌疑人在没有强力控制、可以逃匿的前提下，出于其独立意愿主动留在案发现场，而不能是一种客观无奈的选择。如果犯罪嫌疑人作案后由于被害人阻拦、群众围堵等客观情况而难以离去，或因受伤、突发疾病等自身缘故无法离开现场，或留在现场是为了继续犯罪，或类似列举情形的，都不应该视为自首。当然，是否有强力控制、是否可以逃匿，应当采取主观说，即犯罪嫌疑人认为不存在外力强制或自认具备逃逸条件。

（2）对于他人报案的明知性。刑法中的明知有两层含义：知道、应当知道。因此，对犯罪嫌疑人犯罪后对于他人报案的明知性也应当分这两层含义理解：一是行为人听见、看见或者被明确告知已有人报案；二是依照一般常识判断，案发后现场应当有其他人报案，因此，只要行为人的精神、智力等同于常人，也可推断行为人应当知道有人已经报案。例如，案发现场有大量围观群众，即使行为人没有听到、看到有人报案，但可以推断有人已报案或

---

① 观点来源：最高人民法院刑事审判第一、二、三、四、五庭主办：《刑事审判参考》2011 年第 3 集（总第 80 集），法律出版社 2011 年版，第 25－28 页，熊某君故意伤害案。

者会报案。当然，对他人是否报案的合理推断，应当根据案件当时的实际情况，如案发的时间是白天还是晚上，案发当时是否有目击者、目击者的数量、目击者的行为表现等进行综合判断。犯罪嫌疑人明知他人已经报案，仍然留在现场等待抓捕，可以视为犯罪嫌疑人对他人报案行为的一种追认。

（3）被抓捕时行为的服从性。在公安人员到场后主动承认犯罪行为，表现为基于本人意志，自愿置身于司法控制之下。犯罪嫌疑人对于公安人员到现场的抓捕在行为上应表现为顺从配合，这种顺从配合不仅要表现在被抓捕时，还应表现在此后的押解过程中。

（4）供认犯罪事实的彻底性。犯罪嫌疑人应如实供述自身罪行，对犯罪事实供认不讳，这是自首“如实供述”条件的要求。值得注意的是，犯罪嫌疑人对自己行为性质的辩解不应被视为对如实供述自身罪行行为的否定。

4. 被告人作案后查看被害人伤情后询问他人是否报120，没有在现场看到他人报案，但结合案发现场情况，其有合理依据判断会有人及时报案，客观上有足够时间、条件逃跑而未逃跑的，能否认定为“明知他人报案而在现场等待”的情形，从而构成自动投案？[①]

分歧意见：第一种意见认为，被告人查看被害人伤情后询问他人是否报120，仅可视为其对被害人有救治的意思，但120属于医疗机构，并非司法机关。被告人对现场有人拨打110报警并不知情，不能认定为自动投案。

第二种意见认为，被告人虽然没有在现场看到他人报案，但结合案发现场情况，其有合理依据判断会有人及时报案，客观上有足够时间、条件逃跑而未逃跑，符合立法本意，应视为自动投案的情形。

本书观点：同意第二种意见，认为被告人虽然没有在现场看到他人报案，但结合案发现场情况，其有合理依据判断会有人及时报案，客观上有足够时间、条件逃跑而未逃跑，符合立法本意，应视为自动投案。

最高人民法院为明确认定自首的条件，先后出台了《最高人民法院关于处理自首和立功具体应用法律若干问题的解释》（以下简称《自首和立功解释》）及《最高人民法院关于处理自首和立功若干问题的意见》（以下简称《自首和立功意见》）。《自首和立功解释》第一条第（一）项规定：“自动投

---

① 观点来源：最高人民法院刑事审判第一、二、三、四、五庭主办：《刑事审判参考》第102集，法律出版社2016年版，第33－36页，韩某仁故意伤害案。

案，是指犯罪事实或者犯罪嫌疑人未被司法机关发觉，或者虽被发觉，但犯罪嫌疑人尚未受到讯问，未被采取强制措施时，主动、直接向公安机关、人民检察院或者人民法院投案。”这一规定反映了典型的自动投案所应具备的四个要素：投案时间、投案意志、投案对象、投案方式。结合司法实践中出现的问题，从鼓励行为人主动投案、节约司法资源的角度考虑，《自首和立功解释》和《自首和立功意见》又分别列举了多种“视为自动投案”的情形，其中《自首和立功意见》规定了五类应该视为自动投案的情形，包括“明知他人报案而在现场等待，抓捕时无拒捕行为，供认犯罪事实的”情形。

（1）行为人根据现场情况，有合理依据判断有人及时报案的，属于“明知他人报案”

我们认为，《自首和立功意见》规定的“明知他人报案”包括两种情况，一种是行为人作案后在现场等待，现场有人报案，行为人看到或者听到他人报案，当然属于“明知他人报案”；另一种是行为人虽然没有亲眼看到或者亲耳听到他人报案，但根据当时情况可以认定为“明知他人报案”的情形。判断后一种情形下的“明知他人报案”，主要是结合案件的具体情况和行为人的自身情况，推断其主观上是否“明知”。

本案中证人金某首先拨打120急救电话，证人庞某平来到现场后拨打110报案。那么被告人韩某仁是否“明知他人报案”？我们认为，从以下三个方面可以判断出被告人是“明知他人报案”：

第一，法院认定：金某拨打120急救电话后，韩某仁再次来到大厅，询问金某是否报120，得到答允后回到锅炉房休息室。韩某仁供述“我从锅炉房回到大厅是想看看逯某君怎样了，别人是否报警”，证人金某证实“在救护车没来之前，韩某仁从锅炉房出来问报没报警，我说报警了，他就回锅炉房了”“我分不清报110和120”。从以上证据可以看出，虽然金某拨打的是120急救电话，但无论是金某还是韩某仁对于110与120的区别都不是很清楚，认为打120也是报警。

第二，在刑事案件发生后拨打120急救电话抢救被害人的过程中，会将案发现场的地点，被害人受伤的原因和程度向120急救中心详细说明，虽然120急救中心没有处理刑事案件的职能，但根据实际情况，120与110一般都有联动关系，很多命案的报案人员都是急救医生。本案系证人庞某平到现场后报案，但被害人是当场死亡，如果急救医生到现场发现被害人已经死亡而没有报案，也会立即报案。

第三，韩某仁持刀捅刺被害人后，被害人持刀追撵韩某仁至饭店一楼大厅，被害人倒在大厅地上，尖刀则被在大厅值班的金某捡起，韩某仁看到了这些情况，知道已经有人发现其犯罪事实，还掌握了作案工具，此后韩某仁再次来到饭店大厅，确认已经拨打120电话才回到第一作案现场——锅炉房。对于当时的被告人来说，犯罪事实已经昭然若揭，在场证人还打了电话，无论是打110还是打120，韩某仁都有合理的依据相信警察会赶到现场，所以韩某仁供述“我没报警，我寻思应该有人报警”的情况是真实可信的。

（2）行为人在案发后有足够的时间、条件能逃跑而未逃跑，自愿在现场等待被抓捕的，属于“在现场等待”

广义上讲，“在现场等待”包括三种情况：一是行为人作案后无法离开现场，不得不在现场等待；二是行为人作案后有条件逃走，但为了毁灭证据、继续作案、观察四周情况等而留在现场；三是行为人有条件逃走而未逃走，自愿在现场等待被抓捕。

我们认为，“明知他人报案而在现场等待，抓捕时无拒捕行为，供认犯罪事实的”情形之所以能认定为“自动投案”，在于其具备“自动投案”的本质特征：投案的主动性和自愿性。而投案的主动性和自愿性集中体现在“在现场等待”这一行为中。故此处的“在现场等待”只能是上述第三种情况：行为人有机会逃走而未逃走，留在现场等待抓捕，主动、自愿将自己交付法律制裁。具体来说，首先需要判断行为人在当时的情况下是否有条件逃走，如果行为人因为受伤、意识不清、被群众包围等客观因素而不得不留在现场，并非能够自由选择是否留在现场，则不能认定为自动投案。其次需要判断行为人不逃走的主观目的是什么，如果滞留现场是为了寻找作案机会、继续作案等而非等待抓捕，则不能认定为自动投案。

本案中，被告人韩某仁在刺伤逯某君后，人身自由并未受到限制，其自行回到锅炉房的过程中没有任何人阻拦、包围，虽然经理庞某平到达现场后派饭店两名员工到锅炉房看锅炉的运转情况及韩某仁的动向，但韩某仁在庞某平及其他员工到来之前，仍有足够的时间逃走而未逃走，始终在锅炉房休息室待着直至被公安人员带走。根据现场客观情况，韩某仁系在作案后完全有条件逃离现场而未逃离。此外，韩某仁留在现场没有任何毁灭证据、试图再次作案的行为，在认识到他人已经知道自己的犯罪行为、会去报案的情况下，韩某仁对公安机关会对自己采取人身控制措施有充分的认识，在这种情况下留在现场，被抓捕时没有拒捕行为，应认定其自愿在现场等待被抓捕。

综上，被告人韩某仁明知他人报案而自愿在现场等待被抓捕，被抓捕时没有拒捕行为，具有“自动投案”的主动性和自愿性，应认定为“自动投案”。

（3）对并未主动报案，在现场等待抓捕型的自首，从宽幅度不宜过大

从鼓励行为人主动投案、节约司法资源的角度考虑，对自首认定的条件可以做适度的放宽。但在准确认定是否成立自首的同时，对不同形式的自首在量刑时考虑的从宽幅度应当有所区别。自首制度的功能主要体现在节约司法资源和被告人本身人身危险性的降低两个方面，应该结合被告人到案的经过、到案后的表现、对犯罪行为的认识、认罪、悔罪的程度等多个方面综合判断其自首的价值。对于自己并未主动报案，现场等待抓捕型的自首，虽也具有投案的主动性和自愿性，但和主动到公安机关投案的典型自首相比，在考虑从轻时应当有所区别，以切实做到量刑均衡。

5. 交通肇事后报警并留在现场等候处理的，能否认定为自动投案？[①]

分歧意见：在发生交通事故后，被告人没有逃逸，而是立即拨打了120急救电话及122交通事故报警电话，留在事故现场等候处理，后随交警到公安机关如实交代了犯罪事实。对其交通肇事后积极报警施救并留在现场接受交警处理的行为，能否认定为自动投案？对此，存在两种不同意见：

第一种意见认为，被告人在交通肇事后，主动向公安机关报告，是履行其法定义务。因为《道路交通安全法》第七十条第一款规定：“在道路上发生交通事故，车辆驾驶人应当立即停车，保护现场；造成人身伤亡的，车辆驾驶人应当立即抢救受伤人员，并迅速报告执勤的交通警察或者公安机关交通管理部门……”该款对具有特定身份的车辆驾驶人明确赋予强制性法定义务，因此，被告人在事故发生后主动报警接受处理的行为是他作为交通事故肇事者应当履行的法定义务，如果将这一行为认定为自首，就是对同一行为进行了双重评价，违反了禁止重复评价的法律原则。所以，谭某伟的上述行为只能视为一名肇事者在履行其法定义务，不能认定为自首，但在处罚时可作为

---

① 观点来源：最高人民法院刑事审判第一、二、三、四、五庭主办：《刑事审判参考》2011年第3集（总第80集），法律出版社2011年版，第8－15页，谭某伟交通肇事案。

酌定量刑情节予以考虑。

第二种意见认为，被告人在交通肇事后，没有逃逸，而是留在现场并立即拨打了120急救电话及122交通事故报警电话，保护现场，抢救伤者和财产，主动向公安机关报案，并如实供述自己的罪行，其行为符合自首的成立条件，应依法认定为自首。

本书观点：交通肇事后报警并留在现场等候处理的，应认定为自动投案。具体理由如下：

（1）对交通肇事罪的行为人适用自首规定，符合刑法的基本原则

对交通肇事罪的行为人适用自首规定，是罪刑法定原则的当然要求，是《刑法》第三条规定的应有之义。罪刑法定原则要求对行为人定罪处刑要以刑法的明确规定为依据，刑法没有明确规定的，不得定罪处刑。这里定罪处刑当然包括定罪和处刑两个方面。不仅罪与非罪、此罪与彼罪的区分须有明确的法律依据，认定自首、立功等法定量刑情节也必须以法律的明文规定作为依据。根据《刑法》第一百零一条的规定，刑法总则适用于刑法分则，除非刑法分则有特殊规定。刑法总则并没有对适用《刑法》第六十七条关于自首的条件作出任何限制性规定，《刑法》第一百三十三条关于交通肇事罪的规定，也没有排除自首制度的适用。因此，刑法总则关于自首的规定是完全适用于刑法分则第一百三十三条交通肇事罪的。虽然《道路交通安全法》明确规定，肇事后停车报警、抢救伤员和财产、保护现场是肇事者的法定义务，但这只是行政法规对肇事者规定的行政法定义务，并不能成为成立刑法上自首的阻却理由，更不能因为多数肇事者事后履行行政法定义务的行为就否认其成立自首。

（2）对交通肇事罪的行为人适用自首规定，是刑法平等原则的必然要求

刑法的平等原则简单说就是在刑法面前人人平等，其重要内容之一就是平等地裁量刑罚。具体说就是，在犯罪性质、危害程度和行为人的人身危险性都相同的情况下，所处的刑罚也应当相同。就交通肇事者是否适用自首的规定，即是平等地裁量刑罚的问题。如果交通肇事者在肇事后积极救助伤者、及时报警、保护现场，并留在现场等候处理，到案后能如实供述，其行为符合刑法关于自首成立的一般规定，就应当与构成自首条件的其他犯罪的行为人平等地被认定为自首。否则，对交通肇事者而言，就是不平等地适用法律，违反了刑法的平等原则。

（3）对交通肇事罪的行为人适用自首规定，体现了罪刑相适应原则

罪刑相适应，是指刑罚的轻重应当与犯罪分子所犯罪行和承担的刑事责任相适应。该原则要求对犯罪人量刑要以犯罪的危害程度以及犯罪人的人身危险性为尺度，其中包括两个方面：其一，犯罪行为本身的危害程度；其二，犯罪人的主观恶性。就交通肇事者而言，对其量刑，其一，要考虑其交通肇事本身的危害程度；其二，要考虑肇事者是否履行行政法规定的行政法定义务，在接受处理时是否如实供述等，肇事者的事后行为如果符合了自首的一般规定，说明其人身危险性有所减轻，就应对其予以正面积极的评价，认定其具有自首情节，量刑时也要予以考虑。只有将履行了行政法定义务的情况与不履行政法定义务的情况区别对待，才能真正体现罪刑相适应原则。如此，还能确立良好的价值导向，鼓励肇事者事后积极施救，积极配合有关机关的处理，从而有效地防止危害后果的进一步扩大，节约司法成本。反对交通肇事适用自首制度的学者指出，《刑法》第一百三十三条对交通肇事罪规定了三档法定刑，其中第二档专门适用于交通肇事后逃逸和具有恶劣情节的交通肇事罪。交通肇事后逃逸的，适用第二档法定刑，交通肇事后不逃逸的才适用第一档法定刑。该观点认为，所谓交通肇事后不逃逸，其实就是主动报警、保护现场、等候处理或者护送被害人去医院。可见从逻辑上分析，立法原意本来就没有把肇事后主动报警的行为按自首处理，而是隐含在较轻的量刑幅度处理。该观点将不逃逸解释为自首，明显不当。因为不逃逸并不等于自首，其间存在诸多中间形态。比如，肇事后既没有主动报警，也没有保护现场和救助被害人，仅仅留在现场，事后也不如实供述自己罪行，这既不是逃逸，也不是自首。如果将这种既不逃逸也不报警的情况，或者报警后不如实供述的情况，与肇事后主动报警、保护现场、等候处理和如实供述的情况都适用第一档法定刑，不仅违背了罪刑相适应原则，还违背了平等原则。

（4）对交通肇事罪的行为人适用自首规定，不违背禁止重复评价原则

重复评价，是指同一个量刑情节被重复利用了两次。那种认为在交通肇事案件中，肇事者在事故发生后主动报告公安机关，是其应当履行的法定义务，而不能认定为自首的观点是不正确的。首先，交通肇事后的法定义务是在道路交通安全法中规定的，在刑法中被规定为法定从轻情节，并不违反禁止重复评价原则。其次，履行行政法定义务与自首并非等同关系，最为明显的是，行为人虽然保护现场、抢救伤者并报警，但并不承认自己是肇事者即

不如实供述自己罪行的，纵然履行了行政法定义务，也不符合自首条件，既然并非等同，就不存在重复评价的问题。换言之，不履行道路交通安全法规定的行政法定义务，所承担的是行政法的法律后果，履行此行政法定义务，虽然可以避免在行政法上承担更为严重的责任，但并没有成为行政处罚的从轻、减免情节。所以，在刑事审判过程中，依据刑法认定其自首，并不与行政法重复评价。

2010 年 12 月 22 日《最高人民法院关于处理自首和立功若干具体问题的意见》（以下简称《自首和立功意见》）也明确规定，交通肇事后保护现场、抢救伤者，并向公安机关报告的，应认定为自动投案，到案后如实供述自己的犯罪行为的，应当认定为自首，只是在量刑时应考虑到上述行为同时系犯罪嫌疑人的法定义务，对其是否从宽、从宽幅度要适当从严掌握。《自首和立功意见》再次肯定了交通肇事犯罪案件中，如果肇事者在事故发生后没有逃逸，保护现场，抢救伤者和财产，主动向公安机关报案或自动投案，并如实供述自己的罪行的，应当依法认定为自首。该《自首和立功意见》还明确规定，交通肇事逃逸后自动投案，如实供述自己罪行的，也应认定为自首，但在量刑时，应依法以较重法定刑为基准刑，视情况决定对其是否从宽处罚以及从宽处罚的幅度。

司法实践中，以下几类交通肇事后报警，并在现场等候处理的行为，均应认定为自首：（1）交通肇事后，立即报警，保护现场、抢救伤员和财产，归案后又如实供述自己罪行的；（2）交通肇事后，委托他人代为报警，自己忙于保护现场、抢救伤员和财产，归案后又如实供述自己罪行的；（3）交通肇事后，明知他人已经报警，自己在现场等候交警部门处理，归案后又如实供述自己罪行的。

6. 被告人在故意伤害犯罪过程中多次用电话报警，但报警内容未涉及自己的犯罪行为，案发后滞留现场等候警方处理，并在警方讯问后如实供述主要犯罪事实的，是否成立自首？①

分歧意见：第一种意见认为，被告人在案发过程中虽多次报警，但其报警行为并没有涉及自己的犯罪行为，不符合自首条件，不能认定陈某策的行

---

① 观点来源：最高人民法院刑事审判第一、二、三、四、五庭主办：《刑事审判参考》2006 年第 3 集（总第 50 集），法律出版社 2006 年版，第 9 - 13 页，陈某策故意伤害案。

为构成自首。

第二种意见认为，被告人陈某策的行为符合自动投案的规定，应认定其具有自首情节。

本书观点：同意第二种观点，被告人在实施犯罪过程中报警，实施犯罪行为后滞留犯罪现场等候警方处理，并在警方讯问后如实供述罪行的，应当认定为自首。主要理由是：

（1）被告人滞留作案现场等候警方处理的行为，具有自动性，应当视为自动投案。根据《最高人民法院关于处理自首和立功具体应用法律若干问题的解释》第一条第（一）项的规定："自动投案，是指犯罪事实或犯罪嫌疑人未被司法机关发觉，或者虽被发觉，但犯罪嫌疑人尚未受到讯问、未被采取强制措施时，主动、直接向公安机关、人民检察院或者人民法院投案。"虽然被告人的行为不是司法解释规定的典型、常见的"自动投案"情形，但刑法设立自首制度的目的，就是鼓励犯罪人自动投案和如实供述，以达到利用较低的司法成本查明案情，及时进行刑事追诉的目的。由于本案的报警电话是被告人自己打的，其应当知道警察会很快赶到现场，完全有条件在实施故意伤害犯罪行为以后、警察到来之前离开现场。如果没有被告人的自动到案和如实供述，本案的侦破和证据的收集难度必然增加。从该角度考量，认定被告人有投案自首情节并予以体现政策，符合刑法关于自首制度的立法宗旨，也可以取得良好的社会效果。因此，对于案发过程中，无论是被告人本人报警或由他人报警，也不论报警内容是否涉及被告人的犯罪行为，只要有证据证实被告人案发后滞留现场是出于等候警方处理之目的，即可认定被告人到案具有自动性，视为自动投案。

（2）被告人在警方讯问时，如实供述了本人及同案人的主要犯罪事实，符合"如实供述罪行"的条件。

7. 犯罪嫌疑人被公安机关传唤到案后，如实供述自己的罪行的，能否认定为自首？[①]

本书观点：被公安机关口头或电话传唤到案，可以认定为"自动投案"；犯罪嫌疑人被公安机关传唤到案后，如实供述自己的罪行的，可以认定为

---

① 观点来源：最高人民法院刑事审判第一庭、第二庭编：《刑事审判参考》2005 年第 4 辑（总第 45 辑），法律出版社 2006 年版，第 15－17 页，王某明盗窃案。

自首。

根据《刑法》第六十七条和《最高人民法院关于处理自首和立功具体应用法律若干问题的解释》（以下简称《自首和立功解释》）第一条的规定，犯罪以后自动投案，如实供述自己的罪行的，是自首。司法实践中，经常遇到公安机关根据被害人的举报，认为犯罪嫌疑人可能构成犯罪，但对犯罪嫌疑人尚未进行讯问，也未采取强制措施，而是用打电话或者捎口信的形式传唤犯罪嫌疑人到案，犯罪嫌疑人到案后即如实交代了自己的犯罪行为。这种情况是否应认定为自首，往往有争议。

我们认为，对于经公安机关传唤到案，并如实供述自己罪行的，是否应认定为自首，关键在于犯罪嫌疑人经传唤到案是否属于自动投案。根据《自首和立功解释》第一条第（一）项的规定，自动投案，是指犯罪事实或者犯罪嫌疑人未被司法机关发觉，或者虽被发觉，但犯罪嫌疑人尚未受到讯问、未被采取强制措施时，主动、直接向司法机关投案。犯罪嫌疑人经公安机关口头传唤到案的情况，符合上述《自首和立功解释》的规定，应视为自动投案。

首先，传唤不属于强制措施。被传唤后归案符合《自首和立功解释》第一条第（一）项规定的在“未受到讯问、未被采取强制措施”之前的时间范围。传唤和拘传不同，传唤是使用传票通知犯罪嫌疑人在指定的时间自行到指定的地点接受讯问的诉讼行为，它强调被传唤人到案的自觉性，且传唤不得使用械具。而拘传则是强制犯罪嫌疑人依法到案接受讯问的一种强制措施。通常情况下，拘传适用于经过依法传唤，无正当理由拒不到案的犯罪嫌疑人。可见，传唤与拘传有着本质的不同，法律并未将传唤包括在强制措施之内。

其次，经传唤归案的犯罪嫌疑人具有归案的自动性和主动性。犯罪嫌疑人经传唤后，自主选择的余地还是很大的，其可以选择归案，也可拒不到案甚至逃离，而其能主动归案，就表明其有认罪悔改、接受惩罚的主观目的，即具有归案的自动性和主动性。《自首和立功解释》中尚有“犯罪后逃跑，在被通缉、追捕过程中，主动投案的”以及“通知犯罪嫌疑人的亲友，将犯罪嫌疑人送去投案的”视为自动投案的规定，而仅仅受到传唤便直接归案的，反而不视为自动投案，于法于理都不通，也不符合立法本意。

综上，犯罪嫌疑人被公安机关口头或电话传唤后直接到案，并如实供述自己的罪行的，应当认定为自首。

8. 犯罪嫌疑人作案后自杀，在昏迷状态中被他人送往医院救治，其清醒后在并不知道自己被身着便装的公安人员控制的情况下，即告知在场人员自己的身份以及杀害他人的事实，即不知自己已被公安机关控制而实施投案的，是否认定为自动投案?[①]

分歧意见：第一种意见认为，该行为构成自动投案。理由是：自动投案的根本特征是犯罪人具有投案的主动性和自愿性，被告人作案后自杀，在昏迷状态中被他人送往医院救治，其清醒后在并不知道自己被身着便装的公安人员控制的情况下，即告知在场人员自己的身份以及杀害他人的事实，主观上具有投案的主动性和自愿性；客观上被告人当时亦未被执行拘留、逮捕等“强制措施”或者受到讯问，符合司法解释关于自动投案的规定，故应认定周某军的该行为系自动投案。

第二种意见认为，不构成自动投案。理由是：被告人昏迷后醒来并不知在场人员中有便衣警察，其讲述犯罪事实的行为只是正常聊天行为，也没有委托在场人代为投案，因此，其主观上没有主动、自愿投案的意愿；且“尚未受到讯问或未被采取强制措施”是成立自动投案的客观前提，被告人尚在昏迷中时，公安机关就已将其作为犯罪嫌疑人予以控制，故即使其醒来后有投案意思表示和行为，其客观上也属于被动到案，不符合自动投案的客观条件，不能认定为自动投案。

本书观点：同意第二种意见，不明知自己已被公安机关实际控制而投案的，不认定为自首，但可酌情从轻处罚。

（1）被告人的行为没有表现出自动投案的主动性和自愿性，不能认定为自动投案。

一般认为，投案的主动性是自动投案的本质特征。主动性，是指在明知投案后果的前提下，犯罪人在其自由意志支配下对这种结果的一种积极自愿的选择，体现出犯罪人愿意认罪、悔罪，自觉接受法律制裁的主观意愿。衡量是否构成自动投案，重要标准就是看其是否具有投案的主动性、自愿性。无论是作为典型的自动投案的“亲投”形式，还是《最高人民法院关于处理自首和立功具体应用法律若干问题的解释》（以下简称《自首和立功解释》）

---

① 观点来源：最高人民法院刑事审判第一、二、三、四、五庭主办：《刑事审判参考》2011 年第 3 集（总第 80 集），法律出版社 2011 年版，第 42 - 51 页，周某军故意杀人案。

所列举的非典型投案（亦准自动投案）的“代投”“陪投”“托投”“送投”等七种情形，都体现出犯罪人投案的自愿性与主动性。是否具有投案的主动性和自愿性，需要根据犯罪人的客观行为与外在表现综合分析认定。主观意志支配客观行为，客观行为体现主观意志。通常情况下，客观行为与主观意愿是相统一的，犯罪人主动自愿认罪的主观意愿会促使其主动到案；同样，主动到案的客观行为也可以反映出犯罪人认罪、悔罪、自愿接受法律惩罚的主观意愿。

当然，主观与客观并非总是一致、统一的，有时存在不一致甚至矛盾的情况。有些情况下，犯罪人客观上具有“主动归案”的外在表象，但“到案”后却否认或隐瞒与其相关的犯罪事实，企图蒙混过关逃避处罚；或者掩盖真相，避重就轻，试图减轻罪责，均没有投案的主动性和自愿性，不能认定为自动投案。与之相反，犯罪人客观上虽未使其自身处于公安机关的控制之下，但其他情况或证据表明犯罪人主观上有主动、自愿投案的意思，如符合自动投案的其他条件，则应视为自动投案处理。如因伤、病或行动不便，无法前往公安机关投案的，经查实具有主动投案意愿的，可予以认定。

前述情形中，被告人苏醒后与在场“看护人员”的谈话，与其他病人醒来后同看护人员谈话的性质一样，均属正常聊天行为，这种行为通常可以减轻病人的心理负担或生理疼痛。被告人在清醒后的谈话中始终没有表现出要委托“看护人员”投案的意思表示，故其行为不能视为委托他人代为投案；其所有供述中也没有提及自己当时是否知晓“看护人员”的真实身份，且也不知道自己已被公安机关控制，故其行为也不能视为其谈话是向司法机关、有关组织和人员投案。周某军自杀醒来后的行为没有体现出其有投案的主动性和自愿性，故不能认定其为自动投案。

（2）被告人醒来时，公安机关对其采取的人身控制应视为已对其实施了“强制措施”，其不具备自动投案的客观条件，即使其有投案意愿和行为，亦不能认定其系自动投案。

根据《自首和立功解释》第一条第一款的规定，犯罪嫌疑人在自动投案前所处状态有两种情形：一是犯罪嫌疑人或犯罪事实尚未被司法机关发觉；二是犯罪嫌疑人或犯罪事实虽已被司法机关发觉，但犯罪嫌疑人尚未受到讯问或被采取强制措施。第一种情形下主动、自愿投案的，成立自动投案，毋须赘言；关键是第二种情形中对“讯问”和“强制措施”如何理解，在实践中存在较大争议。

“讯问”，是指侦查人员以言词方式向犯罪嫌疑人查问犯罪事实和其他与案件有关情况的一种侦查措施。如何区分讯问、盘问与询问，实践中有三种观点：一是以是否掌握了查问对象的主要犯罪事实或基本犯罪事实为标准。已经掌握的是讯问；未掌握的则不是讯问，而是询问、盘问。二是以是否掌握了足以合理怀疑查问对象实施犯罪的证据为标准。掌握的证据足以合理怀疑被查问对象实施犯罪的，是讯问；否则，不是讯问，而是询问、盘问。三是以是否已经将被查问对象与待侦案件相联系为标准。已经将两者联系起来的是讯问；未将两者联系起来的，不是讯问，而是询问、盘问。

第一种观点对自动投案的成立范围放得过宽，第三种观点过于限制了自动投案成立的空间，两种观点与讯问的法律定位不相适应，也与自首制度的立法精神不符。我们同意第二种观点，理由在于：一方面，讯问是针对犯罪嫌疑人开展的调查工作，讯问须以掌握一定的犯罪证据为前提，且掌握的证据要达到合理怀疑被查问对象实施犯罪的程度。另一方面，讯问的法律定位决定其性质不同于盘问、询问，侦查机关不能任意实施。讯问的这一标准既不会妨碍侦查机关开展讯问活动，又不会引发侦查机关滥用讯问措施。这一标准明确了在掌握合理怀疑查问对象实施犯罪的证据之前的交代（或投案）成立自动投案，而对之后的交代（或投案）不认定为自动投案。

如何理解“强制措施”，实践中也有两种意见。一种意见认为，此处的“强制措施”与刑事诉讼法所规定的“强制措施”是同一概念，其范围仅包括刑事诉讼法明确规定的拘传、拘留、逮捕、取保候审和监视居住。如果犯罪嫌疑人已被采取了上述“强制措施”，即使其主动交代，也不能认定为自动投案。如被取保候审和监视居住的人在脱保或外逃后又投案的，因为其已被采取了刑事诉讼法规定的“强制措施”，就不能再认定其行为系自动投案；如果犯罪嫌疑人未被采取上述五种“强制措施”，即使公安机关对该人已经达到实际控制效果，只要其投案行为具有主动性和自愿性，也可成立自动投案。另一种意见认为，《自首和立功解释》中此处规定的“强制措施”与刑事诉讼法所规定的“强制措施”并非同一概念。只要司法机关已对犯罪嫌疑人实施了实际的人身控制，即使不完全符合或未严格履行刑事诉讼法所规定的“强制措施”的条件和程序，也是对其采取了“强制措施”；相反，犯罪嫌疑人在投案时，只要其还有行为自由决定能力，即使其已经被采取了法律规定的五种“强制措施”，其投案仍应当视为自动投案。

我们同意第二种意见，理由如下：刑事诉讼法规定“强制措施”，目的在于明确司法机关对公民实施人身控制或限制的条件和程序，避免“强制措施”的滥用，造成对公民人身权利的侵犯，同时也为审查所谓“强制措施”的合法性提供判断标准。而《自首和立功解释》中规定成立自动投案的投案行为必须是在被采取“强制措施”前实施，意在明确自动投案的前提和时间条件，合理划定自动投案的成立范围，防止不符合自首制度立法精神、无助于节约司法资源的投案行为被认定为自动投案。投案行为是否符合自首制度的立法精神、是否有利于节约司法资源，取决于犯罪嫌疑人的投案行为能否发生或是否发生了其将自身作为犯罪嫌疑人置于公安机关实际控制之下的效果。判断的标准就是犯罪嫌疑人实施投案行为之前，其人身活动是否处于自由、自主状态，司法机关是否将其作为犯罪嫌疑对象对其人身予以强制或控制。如果在实施投案行为时，司法机关尚未将其作为犯罪嫌疑对象对其人身予以强制或控制，其人身活动处于自由、自主状态，就能肯定上述效果的发生，即使其已被采取刑事诉讼法规定的五种“强制措施”之一种，也应当认为犯罪嫌疑人未被采取“强制措施”。反之，不能肯定存在上述效果，就应当认为已被采取“强制措施”。因此，在认定自动投案时，应当从司法机关是否将其作为犯罪嫌疑对象对其人身予以强制或控制来判断是否已被采取了“强制措施”。已被控制的，属于已被采取“强制措施”；未被控制的，属于尚未被采取“强制措施”。由此，我们可以得出结论，此处的“强制措施”是指“司法机关将犯罪嫌疑人作为嫌疑对象对其人身实施的实际控制”，包括刑事诉讼法规定的“强制措施”在内的实际控制。

对此处的“强制措施”作上述理解，将其与刑事诉讼法规定的“强制措施”区分开，从司法实践的情况看也具有明显的合理性。鉴于目前刑事立案被作为一个独立阶段，且立案标准较高，程序较为复杂，同时出于侦查、抓捕时机或策略等诸多方面的原因，公安机关更愿意或不得已以协助调查的名义或口头传唤等方式将犯罪嫌疑人实际控制并带至公安机关，而不是就地讯问或者事前办好拘传、拘留等“强制措施”的法律手续再控制犯罪嫌疑人。若不认为此种情况下公安机关对犯罪嫌疑人的控制属于“强制措施”，而认为犯罪嫌疑人只要没有被正式适用五种“强制措施”前的投案行为都成立自动投案的话，一则会导致自动投案的成立不取决于犯罪嫌疑人自主决定，而取决于公安机关完善法律手续与否；二则会助长犯罪人的投机心理，犯罪人更多会选择逃避处罚，只在无路可逃、迫不得已时才抓住时机“投案”，不利于促使犯罪人及时归案。

需要进一步说明的是，自动投案中的“强制措施”与刑事诉讼法规定的“强制措施”既有区别又有联系，两者存在某种程度的交叉。前者是指对犯罪嫌疑人人身实施的实际控制或管控，尽管其不要求履行刑事诉讼法规定的程序，但对犯罪嫌疑人的实际控制也可能发生在已经对其适用刑事诉讼法规定的“强制措施”后，且这种情形在司法实践中发生的概率更高；另外，即使犯罪嫌疑人已被采取了刑事诉讼法规定的“强制措施”，其人身仍有可能并未被司法机关实际控制，如在犯罪嫌疑人被取保候审后脱保，监视居住后潜逃，或者羁押期间脱逃。这些情况下，司法机关对犯罪嫌疑人并未形成事实上的控制，犯罪嫌疑人对其行为和活动仍能作自由决定，只要其实施了投案行为，就应当认为其是在尚未被采取“强制措施”前的自动投案。

综上，虽然公安人员未对被告人采取讯问或办理拘留、逮捕等刑事诉讼法所规定的“强制措施”手续，但公安机关已将其作为犯罪嫌疑人，并派专人在病房看守、控制，已对周某军的人身实施了实际控制，被告人此时的状况应当视为已被采取“强制措施”，即使被告人醒来后有自动投案的意思表示或行为，其也不具备自动投案的客观条件。因此，从客观条件看，也不能认定周某军的行为系自动投案。

司法实践中，还有一些因客观条件限制类似本案被告人周某军别无选择，“逃无可逃”的案例，同样因为失去自动的客观前提，不能认定为自动投案。例如，自然环境与条件限制了犯罪人的行动自由，犯罪人作案后根本无条件和机会逃避抓捕，或者犯罪人在作案过程中遭遇生命、健康的重大危险，别无选择时报案求助于公安机关的，此类情况下，犯罪人处于“逃无可逃”、别无选择的情形，其投案并非主动、自愿所为，而是因客观条件使其别无选择，迫不得已而为之的，不能认定为自动投案。

（3）被告人虽不是自动投案，不成立自首，但归案后如实供述犯罪，有悔罪情节，可予从宽处罚。

被告人虽不能成立自动投案，不具有自首情节，但其在自杀被救后，如实供述犯罪事实，有悔罪表现。根据《最高人民法院关于贯彻宽严相济刑事政策的若干意见》的规定，对于因恋爱、婚姻、家庭、邻里纠纷等民间矛盾激化引发的犯罪，应酌情从宽处理。

9. 交通肇事逃逸后，又自动投案，如实供述罪行的，是否构成自首，且如何量刑？①

分歧意见：第一种意见认为，被告人的行为符合自首的法定条件，应认定为自首。

第二种意见认为，交通肇事后逃逸不存在自首问题，如认定为自首，说明行为人没有逃避法律追究的主观目的，则不能认定为逃逸。

本书观点：同意第一种意见，交通肇事逃逸后，又自动投案，如实供述罪行的，可认定构成自首，但应在逃逸情节的法定刑幅度内视情决定是否从轻处罚。理由如下：

（1）刑法总则规定的自首制度，应对刑法分则各罪符合自首成立要件的情形普遍适用。按照刑法总则指导分则的原理，无论行为人交通肇事后是否逃逸，只要符合《刑法》总则第六十七条规定的自首成立要件，即自动投案、如实供述自己罪行两个要件，均可成立自首情节。

（2）“交通肇事后逃逸”和“投案自首”是在两种主观故意支配下实施的两个独立行为，应分别进行法律评价。逃逸是行为人为逃避法律追究而实施的逃跑行为，自首是行为人出于本人意愿自动投案、如实供述罪行的行为，两者相互独立，互不影响。不能因为行为人肇事后逃逸而否定其事后投案自首，也不能因为其事后自首而推翻对其先前逃逸行为的认定。

（3）对自动投案、如实供述罪行的交通肇事逃逸者适用自首，有利于鼓励肇事者主动投案，悔过自新；同时，有利于在最短时间内查清事实、分清责任，及时赔偿被害方，使案件得以及时侦破、审结，节约司法资源，符合刑法立法本意。

基于此，2010年《最高人民法院关于处理自首和立功若干具体问题的意见》（以下简称《自首和立功意见》）第一条第三款明确规定：“……交通肇事逃逸后自动投案，如实供述自己罪行的，应认定为自首。但应依法以较重法定刑为基准，视情决定对其是否从宽处罚以及从宽处罚的幅度。”

犯罪嫌疑人被亲友采用捆绑等手段送到司法机关，或者在亲友带领侦查

---

① 观点来源：最高人民法院刑事审判第一、二、三、四、五庭主办：《刑事审判参考》2011年第3集（总第80集），法律出版社2011年版，第16－24页，王某彬交通肇事案。

人员前来抓捕时无拒捕行为，并如实供认犯罪事实的，虽然不能认定为自动投案，但可以参照法律对自首的有关规定酌情从轻处罚。

具体到量刑，根据《自首和立功意见》第一条第三款的规定，被告人具有“交通肇事后逃逸”的法定加重情节，对其量刑时，应依法以较重法定刑为基准，在综合考察其犯罪情节、危害后果、主观恶性、人身危险性等因素的基础上，决定是否对其予以从宽处罚及从宽幅度。被告人既有自首的法定情节，又有积极赔偿、取得被害人亲属谅解的酌定情节。根据2010年《宽严相济意见》第十七条、第二十三条的规定，对于自首的被告人，除了罪行极其严重、主观恶性极深、人身危险性极大，或者恶意利用自首规避法律制裁者以外，一般均应依法从宽处罚；对于积极赔偿被害人且取得谅解的，亦应作为酌定量刑情节予以考虑。因此，应当以较重法定刑为基准，决定对被告人从宽处罚，既符合《自首和立功意见》的有关规定，也符合宽严相济刑事政策的精神。

10. 犯罪嫌疑人的亲属报案后，由于客观原因（如嫌疑人因服了“安定药”而已熟睡）没能将犯罪嫌疑人送去投案，但予以看守并带领公安人员将其抓获的，能否视为自动投案？[①]

分歧意见：第一种意见认为，被告人的亲属虽然打电话向公安机关报案，但并未主动将犯罪嫌疑人送去投案，嫌疑人是在屋内熟睡时被公安机关抓获的，其行为不能认定为自动投案。

第二种意见认为，审理认为，嫌疑人的亲属主动报案后将嫌疑人看护直至公安机关来带走，视为犯罪嫌疑人自动投案，进而根据嫌疑人归案后又能如实供述自己的罪行，应当依法认定其有自首情节，并予从轻处罚。

本书观点：同意第二种意见。理由如下：

自动投案和如实供述自己的罪行，是成立自首的两个必要的法定条件。对何谓“自动投案”，《自首和立功解释》第一条解释为：“自动投案，是指犯罪事实或者犯罪嫌疑人未被司法机关发觉，或者虽被发觉，但犯罪嫌疑人尚未受到讯问、未被采取强制措施时，主动、直接向公安机关、人民检察院或者人民法院投案。”同时规定：“并非出于犯罪嫌疑人主动，而是经亲友规

---

① 观点来源：最高人民法院刑事审判第一庭、第二庭编：《刑事审判参考》2003年第3辑（总第32辑），法律出版社2003年版，第19－23页，张某洋故意杀人案。

动、陪同投案的；公安机关通知犯罪嫌疑人的亲友，或者亲友主动报案后，将罪嫌疑人送去投案的，也应当视为自动投案。”犯罪嫌疑人的亲属主动报案，但在报案后，由于犯罪嫌疑人醉酒后服“安定药”而熟睡的客观原因，没有将其送去投案，而是予以看护，防止其外逃，并带领公安人员将其抓获。对此，能否视为自动投案，我们认为是可以的。

要正确适用《自首和立功解释》的相关规定，前提是要准确地理解《自首和立功解释》规定的相关条件。从《自首和立功解释》规定的“亲友主动报案后，将犯罪嫌疑人送去投案的，也应当视为自动投案”的内容看，凡此种情形视为自动投案的，其条件是：第一，亲友主动报案；第二，亲友将犯罪嫌疑人送去投案。在这里，“送去投案”的基本含义应当是“送去”，即要有送的行为。但这并不等于全部含义，即不能仅以这句话的表面意思对“送去”一词作狭义的理解，限定为亲友将犯罪嫌疑人亲自“送到”司法机关的行为。而应当对这一规定从本质意义上作广义的理解。从亲友将犯罪嫌疑人送去投案这一行为本身看，它的直接作用和效果就是使犯罪嫌疑人犯罪后不与司法机关对抗和逃匿，不至于隐匿于社会继续犯罪，有利于案件的及时侦破和审判。因而“将犯罪嫌疑人送去投案的”这一规定的本质含义是使行为人实施犯罪行为后能将其有效地置于司法机关的控制之下，并使其承担相应的法律后果。这也是刑法规定的构成自首两个必要法定条件之一的“自动投案”的本质属性。因此，只要犯罪嫌疑人的亲友能将犯罪嫌疑人置于司法机关的有效控制之下，都应当看作“将犯罪嫌疑人送去投案”。

上述第一种意见对“将犯罪嫌疑人送去投案的”规定作了狭义的理解，没有将嫌疑人的亲属看守嫌疑人并带领公安人员抓获嫌疑人的行为看作“将犯罪嫌疑人送去投案的”行为，从而导致作出嫌疑人不具有自动投案的情节、不符合自首条件的错误认定。

值得指出的是，关于“亲友送去投案”，有种观点认为不宜包括亲友强制送去投案。理由是：亲友强制送去投案，反映出犯罪嫌疑人本人根本不愿投案，仅是亲友单方面的大义灭亲举动，值得褒奖的只是犯罪嫌疑人的亲友，而不能认定为犯罪嫌疑人自动投案并对犯罪嫌疑人给予减轻刑罚的奖赏，否则，就是赏罚不明。被告人醉酒后服用安眠药处于熟睡状态，没有意思和意志能力。在此种情况下，其亲属将其控制并引领公安人员将其抓获，与强制送去投案无异，故不宜认定其为自动投案。我们认为上述观点并不妥当。首先，所谓“送去投案”，其语义本身并不排除亲友强行将犯罪嫌疑人送去投案的情形。其次，从前文“亲友规劝、陪同投案”的表述可以看出，“规劝”反映了行为人从不愿投案到愿意投案的意思表示。“亲友规劝、陪同投案”和“亲友送去投案”并列，说明二者是有别的。再次，如果犯罪嫌疑人本人完全自愿投案，则无论是其独自投案，还是在亲友陪同、送往下投案，均属于典型的自动投案，没有解释为视为自动投案的必要。最后，被告人醉酒后服用安眠药处于熟睡状态，没有意思和意志能力。虽不能证明其愿意投案，但亦不能证明其反对投案。在此种情况下，其亲属将其控制并带领公安人员将其抓获，并不属于强制送去投案。当然，如果犯罪嫌疑人明确拒绝并强烈反抗投案，且被强制到案后拒不如实供述犯罪事实，则是否构成自动投案乃至自首，就另当别论了。

当然，亲友违背犯罪嫌疑人意愿，采用捆绑等手段将犯罪嫌疑人扭送到司法机关，或者在亲友带领侦查人员前来抓捕时无拒捕行为，并如实供认犯罪事实的，不能认定为自动投案，但可以参照法律对自首的有关规定酌情从轻处罚。

11. 被告人强奸并杀害被害人后，谎称仅与被害人发生了性关系，其亲属为使其摆脱犯罪嫌疑，主动联系公安机关，公安人员前来将被告人带走，该情形是否属于自动投案?①

本书观点：对被告人不能认定具有自首情节。具体分析如下：

（1）被告人没有接受司法机关处置的意愿。自动投案是认定自首的前提，缺乏该前提条件，即使犯罪嫌疑人到案后始终供认不讳的，也不属于自首。《自首和立功解释》和《自首和立功意见》虽然对“自动投案”采取了相对较宽的认定标准，但始终要求“自动投案”应具有主动性和自愿性，即行为人是在意志自由的前提下主动地、自愿地将自己置于司法机关的管束、控制下，准备接受司法机关的处理。投案不论出于何种动机，只要行为人犯罪后主动将自己交由司法机关进行处置，都不影响投案的自动性，不影响自动投案的成立。但是，“自动投案”对于投案目的有特定要求，即行为人必须明确告知其到司法机关的目的是投案，接受司法机关的处理。如果行为人主动到

---

① 观点来源：最高人民法院刑事审判第一、二、三、四、五庭主办：《刑事审判参考》2011 年第 3 集（总第 80 集），法律出版社 2011 年版，第 29 - 35 页，吕某明故意杀人、强奸、放火案。

司法机关是为自己开脱罪责或者表明自己“清白”的，则不符合自动投案的本质要求，不能认定为自动投案。

被告人在公安机关排查期间，因恐罪行败露而向亲属承认其和被害人发生过性关系，但否认系强奸被害人，亦不承认实施了杀人、放火行为。其经亲属劝说后，同意亲属联系公安人员，其目的并非要将自己主动交由司法机关处理，而是心存侥幸，试图通过虚构被害人曾自愿与其发生过性关系且当晚其再次与被害人发生性关系并非强奸来“合理”解释被害人体内为何留有其精斑，以掩盖犯罪事实，撇清自己的涉案嫌疑。这表明，被告人不具有将自己主动置于司法机关控制下接受审查处理的投案目的，即不具有投案的主动性和自愿性，不属于自动投案，且到案初期拒不供认犯罪事实，故不能认定为自首。

（2）被告人的亲属主动联系公安机关，目的并非送其投案。犯罪嫌疑人的亲友通过各种形式“送亲归案”，可以促使犯罪嫌疑人及时归案，节约司法成本，也有利于对罪犯日后的改造。鉴于此，《自首和立功解释》出于对犯罪嫌疑人亲友的鼓励和支持，将并非明显体现犯罪嫌疑人本人自动归案意志的某些情形规定为应当“视为自动投案”。但是，将“送亲归案”认定为自动投案的重要前提条件是，犯罪嫌疑人的亲友已知道犯罪嫌疑人实施了一种或几种犯罪行为。即犯罪嫌疑人的亲友明知犯罪嫌疑人实施了犯罪行为，仍然主动联系有关机关或人员，亲自“陪首”或者“送首”，目的是将犯罪嫌疑人有效地置于司法机关的控制之下，使犯罪嫌疑人承担相应的法律后果。如果亲友并不明知犯罪嫌疑人实施了犯罪行为，主动与司法机关联系的目的并不是让犯罪嫌疑人接受司法机关的处理，而是为了撇清犯罪嫌疑，则不应认定为自动投案。

12. 被告人的亲属在得知被告人杀人后报警，协助公安机关将被告人抓获，被告人得知亲属报案，公安机关即将前来抓捕，并没有采取反抗和逃避抓捕的行为，到案后如实供述了自己的犯罪事实，对其能否以自首论处？[①]

分歧意见：第一种意见认为，被告人亲属报警的行为虽有助于公安机关破案，但毕竟不是被告人自己的行为，不能认定其为自动投案，故被告人不

---

① 观点来源：最高人民法院刑事审判第一、二、三、四、五庭主办：《刑事审判参考》2011 年第 3 集（总第 80 集），法律出版社 2011 年版，第 36－41 页，袁某琳故意杀人案。

构成自首。

第二种意见认为，被告人亲属报警的行为产生了抓获被告人的效果，被告人被抓获与其亲属的代替投案之间有紧密联系，故对被告人可视为自动投案；被告人投案后如实供述了犯罪事实，应当认定为自首。

本书观点：同意第二种意见，认为判断亲属报警协助抓获被告人是否构成自首，不能一概而论，需要根据有关法律、司法解释和刑事政策的规定，结合被告人犯罪后的主观心态、客观行为、亲属报警所产生的效果、到案后的供述情况等方面因素加以综合分析，才能得出正确的结论。

（1）我国《刑法》第六十七条第一款规定：“犯罪以后自动投案，如实供述自己的罪行的，是自首……”按照此规定，构成自首应当符合两个条件：一是投案的“自动性”；二是供述的“彻底性”。具体而言，自首的构成要件可以从犯罪嫌疑人的主观心态、客观行为、实际效果三个方面来加以分析。犯罪嫌疑人的主观心态由通常所说的“自动”或者“自主”来反映；犯罪嫌疑人的客观行为表现为“投案”和“如实供述自己的罪行”；实际效果则要求犯罪嫌疑人被司法机关控制。在上述三个方面中，认定犯罪嫌疑人的主观心态的较为传统的观点，是强调犯罪嫌疑人在投案时主观上具有自觉主动性，强调犯罪分子作案后完全基于自己的自由意志选择向有关机关或个人投案，至于投案的动机是否为真心悔过，在所不论。

《自首和立功解释》规定：“并非出于犯罪嫌疑人主动，而是经亲友规劝、陪同投案的；公安机关通知犯罪嫌疑人的亲友，或者亲友主动报案后，将犯罪嫌疑人送去投案的，也应当视为自动投案。”不难看出，《自首和立功解释》规定的自动投案包括了犯罪嫌疑人的亲友主动帮犯罪嫌疑人投案，而不是传统理解的犯罪嫌疑人本人自动或者主动投案。换言之，《自首和立功解释》允许犯罪嫌疑人到案时持有相对消极的主观心态，甚至可以带有一定的被迫性，但是只要犯罪嫌疑人不反对其亲属的报警及公安机关的抓捕，客观上也没有实施逃避侦查的对抗性行为，就可以视为自动投案。显然，《自首和立功解释》的规定更强调犯罪嫌疑人到案的非对抗性而不是主动性，更强调自首构成要件中的客观行为和实际效果，而不是执着于判断犯罪嫌疑人的主观心态是否积极，这在一定程度上既突破了传统上对投案自动性的习惯性认识，又保留了投案自动性的合理内涵，确立了可称为“非对抗性”的认定标准。投案的非对抗性标准充分体现了投案自动性的核心价值，较之投案的自动性，对犯罪分子主观方面自主性的要求虽然有所降低，但是符合刑罚目的和自然伦理的要求，也有利于提高司法效率、节约司法资源。

首先，确立投案的非对抗性标准是实现刑罚目的的需要。非对抗性投案的犯罪分子，虽然其悔罪表现可能并不突出，但至少可以表明犯罪分子人身危险性的减轻，且可以为避免犯罪分子再次危害社会及为以后的改造奠定良好的基础。

其次，确立投案的非对抗性标准是节约司法资源的需要。在案件发生后，为了及时破案并实现对犯罪分子的惩罚，国家需要在侦查、起诉、审判各环节投入大量的人力、物力、财力，而犯罪分子的非对抗性投案使国家追诉犯罪的成本大大降低，不仅节省了国家的司法资源，减轻了国家的证明负担，也有利于及时稳定和恢复被犯罪损害的社会关系。

最后，确立投案的非对抗性标准是自然伦理的需要。犯罪分子的亲属之所以愿意配合司法机关，主动将犯罪分子送去归案或陪同投案，虽然并不排除其具有较高的法律意识和觉悟，但更主要的还是希望自己的亲友在犯罪后能够得到宽大处理，其目的的功利性也不容回避。对非对抗性投案的犯罪分子认定为自首或者予以从宽处罚，既是对亲属行为的一种肯定和褒奖，对社会上普通人的行为价值判断也能起到教育和引导作用。

审判实践中，要注意准确把握投案的非对抗性标准。例如，如果亲属事先已经对犯罪分子进行教育、劝导，但是，犯罪分子明确予以拒绝，或者在抓捕过程中拒捕，抗拒司法追究，表明其仍具有较强的对抗性，就不能认定其为自动投案。如果犯罪分子并不明知亲属已向公安机关报警或者公安机关正在前来抓捕，其主观方面的对抗性或非对抗性均无从体现，此种情形下即使犯罪分子没有拒捕行为，依照《自首和立功意见》第一条的规定，也不能认定为自动投案，但可以参照法律对自首的有关规定酌情从轻处罚。

（2）对于亲属向公安机关报警并协助公安机关将犯罪分子抓获的案件，如果犯罪分子在讯问中，因未能如实供述而不认定为自首的，一般情况下，在量刑时也可以酌情考虑。原因在于，亲属向公安机关报警并协助公安机关将犯罪分子抓获的行为，避免了犯罪分子继续危害社会，有利于公安机关及时准确地查清案件事实，是一种值得鼓励的行为，应当给予积极的司法评价。故只要亲属的行为产生了将犯罪分子置于司法机关控制之下的实际效果，即使犯罪分子不符合自首的条件，法院在量刑时也可将亲属的行为作为酌情从轻处罚的情节予以考虑，以体现刑法的谦抑性。

13. **被告人被公安机关锁定为重大犯罪嫌疑人后，其在胡同口看到公安人员时主动表明了身份及投案意思，公安人员已将被告人带上警车后，闻讯赶来的被告人父母不配合工作，和亲属、邻居数十人对民警进行围困，并企图抢回被告人，阻挠正常执法。这种情形，是否影响自首的成立？**[①]

分歧意见：第一种意见认为，被告人被公安机关锁定为重大犯罪嫌疑人后，虽然其在胡同口看到公安人员时主动表明了身份及投案意思，但当其家人不配合公安人员工作时，被告人没有任何劝阻言行，主观上缺乏自首的主动意思表示，说明其内心并不反对家人拦阻抓捕的行为，因而被告人的行为不符合自首的成立条件。

第二种意见认为，被告人归案时，自动投案的条件已经具备。当其家人不配合公安人员工作时，被告人虽没有任何劝阻言行，但不影响自动投案成立，其投案后能如实交代自己的犯罪事实，应当认定具有自首情节。

本书观点：同意第二种意见。具体理由如下：

自首的成立需具备两个条件，即自动投案和如实供述所犯罪行。《自首和立功解释》第一条规定，“犯罪后逃跑，在被通缉、追捕过程中，主动投案的；经查实确已准备去投案，或者正在投案途中，被公安机关捕获的，应当视为自动投案……犯罪嫌疑人自动投案后又逃跑的，不能认定为自首”。据此，认定被告人是否构成自首，主要应从两个方面分析：一方面是看被告人的行为是否具备在被通缉、追捕过程中主动投案，或经查实确已准备去投案，以及正在投案途中，被公安机关抓获等成立自首的基本要件；另一方面是看被告人是否有投案后又逃跑等否定其自首行为的反向情节。具体分析如下：

一方面，从案件事实来看，被告人在杀死被害人后，先后到朋友和亲戚家，将杀死被害人的事告诉了亲友。亲友都劝他自首。被告人也有投案的意愿，但想回家看一下生病的母亲后再去自首。亲友送被告人回家，在返回其家的胡同口时看到前来抓捕的公安人员，在公安人员尚未采取抓捕措施，甚至在尚未确认他就是被告人时，主动说出自己名字，并表示“我要自首”。因此，被告人虽然没有直接去公安机关投案，且是在看到公安人员后才表示自

---

① 观点来源：最高人民法院刑事审判第一、二、三、四、五庭主办：《刑事审判参考》2010年第1集（总第72集），法律出版社2010年版，第15－19页，被告人故意杀人案。

首，但分析被告人的供述及其看到公安人员后的言行表现，结合其他证人的证言等现有证据，能够确认被告人的确是准备“回家看一下生病的母亲后再去自首”，具有自首的内心意愿；且被告人在看到公安人员后主动说出自己的身份，并明确说要自首，已经有了投案的具体言行表示。在这一阶段，被告人的行为已符合自动投案的情形，无论被告人是在回家探母的路上还是在直接去公安机关投案的路上被抓获，均可认定为“确已准备去投案，或者正在投案途中”，不影响其“应当视为自动投案”这一基本要件的成立。关于这一点，不存在争议。

是否认定被告人构成自首的主要争议集中在另一方面：在公安人员已将被告人带上警车后，闻讯赶来的被告人父母不配合工作，和亲属、邻居数十人对民警进行围困，并企图抢回被告人，阻挠正常执法。在此期间，被告人没有任何劝阻言行，但也没有参与阻挠、围困或直接逃跑，最终还是被公安机关带回。这种情况下是否仍能认定自首，要对被告人的主观意志进行深入分析。如果被告人此时逃跑，或被家人抢回（这种情形与“投案后又逃跑”的情况类似），后未再主动投案，说明其已放弃了自动投案的想法，根据《自首和立功解释》的规定，当然不能认定为自首。而被告人投案后在家人围困、阻挠抓捕的情况下，虽然没有主动劝阻家人，但毕竟没有脱逃，主观上并无逃跑或抗拒抓捕的意思表示，客观上也没有实施配合家人阻挠抓捕的行为，只是态度有些消极，说明被告人当时主观上处于一种较为复杂的内心矛盾斗争之中，就其当时所处情境而言，出现这种想法也是正常的。从被告人的客观表现分析，当时他身处如此混乱的场面之中，既没有鼓动亲友闹事，更没有趁机逃脱，说明他并没有放弃自动投案的想法，不能因为他没有劝阻言行而否定其已作出的投案表示和行为，因此，这一阶段被告人家属不配合抓捕的行为不影响其自动投案的成立。

综上，在被告人自动归案后如实交代自己的犯罪事实的情况下，可以认定其有自首情节，依法可以从轻处罚。

14. 投案动机和目的是否影响自首成立？[①]

本书观点：犯罪分子的投案动机和目的不影响自首成立，被告人对犯罪

① 观点来源：最高人民法院刑事审判第一、二、三、四、五庭主办：《刑事审判参考》2006年第1集（总第48集），法律出版社2016年版，第23－29页，董某卫、李某林等盗窃、收购赃物案。

行为性质的辩解，依据司法解释的有关规定，不影响自首的成立。

（1）关于犯罪分子的投案动机和目的

《自首和立功解释》第一条对自动投案成立的条件作了明确规定。该条规定对犯罪分子成立自动投案的投案动机并没有进行限制，即并没有要求犯罪分子的投案动机只能是去接受“审判”。犯罪分子只要有主动投案的意思即可，甚至可以不需要具体的到案投案行为，“经查实确已准备去投案，或者正在投案途中，被公安机关捕获的，应当视为自动投案”。或者犯罪分子只要客观上有主动到案的行为，主观上可以有不情愿的成分，并非出于犯罪嫌疑人主动，而是“经亲友规劝、陪同投案的；公安机关通知犯罪嫌疑人的亲友，或者亲友主动报案后，将犯罪嫌疑人送去投案的，也应当视为自动投案”。可见，投案动机不影响自动投案的成立。

有人认为，如果犯罪分子不是为投案而是出于获取赏金、报复同案人等原因到有关部门交代案件事实的，由于欠缺“主动性”而不能被认定为自动投案。这种理解有片面性。在司法实践中，自动投案的动机多种多样，有的是出于真心悔罪；有的是为争取宽大处理，希望法院在量刑时能从轻处理；有的是基于亲友规劝和压力而勉强投案；有的是走投无路，基于巨大的精神压力和物质窘迫而不得不投案，所有这些动机均不影响对其自动投案的认定。

自首的立法精神主要是为瓦解分化犯罪分子，提高刑事案件的办案效率，节约司法成本。从犯罪分子投案及供述行为的客观结果考虑，只要有利于司法机关查清有关事实并顺利进行审判，就可认定为自动投案，因此，“投案后又逃跑的，不能认定为自首”。至于犯罪分子出于何种动机，对于认定自动投案及自首并不起决定作用。因此，犯罪分子在被采取强制措施前，主动到有关单位反映案件事实，没有隐瞒自己在其中的作用，没有逃避可能的刑事处理，不论其反映案件事实的真实目的如何，均应认定为自动投案。

（2）准确区分被告人的合法辩解和不如实供述

根据《最高人民法院关于被告人对行为性质的辩解是否影响自首成立问题的批复》的规定，犯罪分子对行为性质的辩解不影响自首的成立，而“如实供述自己的罪行”是成立自首的条件之一，因此，有必要区分合法辩解与不如实供述的界限，以正确认定自首，充分保障被告人的辩护权。所谓如实供述，是指如实交代案件事实，此一事实是指客观事实，即案件的客观情况，有无预谋、预谋内容、犯罪参与人及实施犯罪的过程等，只要其交代的上述事实与最终认定的事实一致或基本一致，就应认定犯罪分子已作如实供述。至于其辩解称主观上没有实施此犯罪行为的故意或自认为其行为不构成犯罪，或强调实施该行为的各种主客观原因等，均属于对其行为的一种合法辩解，是其正常行使辩护权的一种表现，不应影响自首的成立。

如实供述的核心内容是"客观事实"而非"主观心理"。故合法辩解和不如实供述的区别就在于，不承认或推翻有罪供述的内容是主观认识还是客观事实。如果行为人不否认或基本不否认犯罪行为的客观事实方面，能如实交代行为的客观方面，而仅否认主观内容方面，不论否认其主观犯罪故意，还是否认其客观行为的犯罪性质，均属于辩解，不影响自首的成立。但需注意的是，在共同犯罪中，犯罪故意的串通，即共谋本身不仅是一种主观心理态度，而且是一种客观行为，属于应如实交代的"客观事实"，辩解中对主观故意的否定不包含对共谋行为及内容的否定，如果犯罪分子不如实交代共谋的过程及内容，就不能认为其作了如实供述，也就不应认定为自首。被告人对犯罪行为性质的辩解，依据司法解释的有关规定，不影响自首的成立。

15. **作案后前往公安机关报案但是没有如实供述自己罪行的，能否认定为自首?**①

本书观点：作案后前往公安机关报案但是没有如实供述自己罪行的，不构成自首。

按照我国《刑法》第六十七条的规定，投案自首必须具备两个基本条件：一是自动投案，二是如实供述罪行。所谓自动投案，是指行为人犯罪之后，出于本人意志而向有关机关或个人承认自己实施了犯罪，并自愿置于有关机关或个人的控制之下，等待进一步交代犯罪事实，并最终接受国家的审查和裁判的行为。报假案，编造虚假情况，欺骗司法机关，则不属于自动投案。所谓如实供述自己的罪行，是指犯罪分子供述的必须是自己的犯罪行为和犯罪事实，而不是与犯罪无关的事实或其他人的犯罪事实。而且，应是按照实际情况彻底供述自己所实施的全部犯罪事实或是如实供述主要犯罪事实。如果在供述过程中推诿罪责，避重就轻，掩盖真相，企图减轻罪责，则不能认为是如实供述。

---

① 观点来源：最高人民法院刑事审判第一庭、第二庭编：《刑事审判参考》2001 年第 1 辑（总第 12 辑），法律出版社 2001 年版，第 1 -6 页，王某斌故意杀人案。

16. 犯罪嫌疑人在公安机关通知后到案，但在公安机关掌握部分证据后始予供述的，能否认定为自首？①

分歧意见： 第一种意见认为，被告人接到公安机关的电话通知后前往公安机关，在公安机关尚未找到被害人的尸体，尚不能确认被害人已被害并且为其所害的情况下，主动向公安机关供述了其杀死被害人的事实，系自首。

第二种意见认为，被告人到达公安机关后，并未主动供述其杀害被害人的犯罪事实，公安技术人员在被告人驾驶的汽车中检出残留血迹后，经讯问，被告人才供认其犯罪事实。虽然被害人的尸体是在被告人的带领下找到的，但该情节系被告人供述其犯罪事实的组成部分，不能因此认定被告人具有自首情节。

本书观点： 同意第二种意见。犯罪嫌疑人接到公安机关调查通知后到案，但未供述犯罪事实，在公安机关掌握了部分证据后始予供述的，不能构成自首。具体分析如下：

自首的成立需具备两个条件，即自动投案和如实供述所犯罪行。根据《自首和立功解释》的规定，自动投案是指犯罪事实或犯罪嫌疑人未被司法机关发觉，或者虽被发觉，但犯罪嫌疑人未受到讯问、未被采取强制措施时，主动、直接向公安机关、人民检察院或者人民法院投案。也就是说，自动投案的时间既可以是在犯罪被发现之前，也可以是在犯罪被发现之后。实践中自动投案一般包括以下几种情况：（1）在犯罪事实和犯罪嫌疑人均未被发现的情况下主动投案；（2）在犯罪事实已被发现，但尚未查清犯罪嫌疑人的情况下主动投案；（3）在犯罪事实已被发现，仅因形迹可疑，被有关组织盘问、教育后，主动交代自己的罪行的；（4）犯罪事实和犯罪人均已被发现，但在尚未被司法机关讯问或采取强制措施以前主动投案；（5）犯罪后逃跑，在被通缉、追捕过程中主动投案；（6）经查实确已准备去投案，或者正在投案途中，被公安机关抓获的，视为自动投案。

---

① 观点来源：最高人民法院刑事审判第一、二、三、四、五庭主办：《刑事审判参考》2009 年第 4 集（总第 69 集），法律出版社 2010 年版，第 9 – 14 页，被告人故意杀人案。

17. 被告人因共同盗窃被抓获，其先前涉嫌强奸犯罪的事实已被外地公安机关掌握，其本人也因此被网上通缉，网上所附资料全面、明确，且本案中尚有参与共同盗窃的同案犯知悉其真实身份及涉嫌强奸的事实。在这种情况下，被告人主动供认先前的强奸犯罪事实，是否可认定为"如实供述司法机关尚未掌握的其他罪行"?①

分歧意见：第一种意见认为，司法机关在第一次讯问时不掌握被告人的强奸犯罪行为即可视为"司法机关尚未掌握"。其理由在于，刑法设定"余罪自首"制度的目的在于鼓励犯罪分子主动交代余罪，便于及时查处积案，因此，在自首认定的掌握上一般从宽掌握为宜。

第二种意见认为，被告人强奸的事实因公安机关已经签发了逮捕证进行网上通缉，并附有详细资料和照片。司法机关对被告人的强奸犯罪事实已经掌握，被告人交待强奸事实只能认定坦白部分犯罪，认罪态度较好，而不能认定为"余罪自首"。

本书观点：同意第二种意见。上述情形下，不能认定被告人"如实供述司法机关尚未掌握的其他罪行"。

我们认为，这里的"尚未掌握"，一般是指司法机关尚无一定的客观线索、证据合理怀疑被采取强制措施的犯罪嫌疑人、被告人和正在服刑的罪犯还犯有其他罪行。同时，这里的尚未掌握的"司法机关"也不能简单理解，即不仅仅是指正在侦查、起诉、审判的司法机关，也包括其他的司法机关。具体而言，如果犯罪嫌疑人、被告人的所犯余罪尚未被查明、通缉，或者虽已被通缉，但通缉资料不全面、内容不明确，现行犯罪的侦查、起诉和审判的司法机关并不掌握或者很难、几乎不可能通过比对查证等方式在当时掌握该犯罪嫌疑人的所犯余罪的，则此时的"司法机关"仅指直接办案机关；如果在犯罪嫌疑人、被告人所犯前罪已被通缉，对现行犯罪的侦查、起诉和审判的司法机关可以通过通缉资料掌握该犯罪嫌疑人、被告人所犯前罪的情况下，此时的"司法机关"应当包括通缉令覆盖范围内的所有司法机关。比如，一个犯罪分子杀人以后逃跑，公安机关发布通缉令，通缉期间该犯罪分子因盗窃被抓获，抓获后交代了杀人的事情，这种情况就不能认定是余罪自首。

---

① 观点来源：最高人民法院刑事审判第一、二、三、四、五庭主办：《刑事审判参考》2006 年第 5 集（总第 52 集），法律出版社 2007 年版，第 16－21 页，何某华强奸、盗窃案。

因为这种情况下的犯罪事实一般在侦查、起诉、审判阶段都能够得到查实，所以这里指的尚未掌握情况的司法机关不能理解为其交代事实的那个司法机关没有掌握情况，也包括其他司法机关尚未掌握情况。但是，如果犯罪嫌疑人或被告人先行实施的犯罪行为虽已被其他司法机关掌握，但因地处偏僻、路途遥远或通信不便等原因，客观上使现行羁押犯罪嫌疑人、被告人的司法机关在对现行犯罪的侦查、起诉和审判过程中，难以了解到或发现该先行发生的犯罪事实的，可以将该先行实施的犯罪视为司法机关尚未掌握的罪行，这时的司法机关其实是指直接办案的司法机关。因此，这里“司法机关”的外延应当根据具体案情具体分析，不能简单化作一致界定。

从立法及司法解释的意旨看，对于“余罪自首”的认定把握相对较严，其主要原因是“余罪自首”缺乏主动投案的情形。从严把握余罪自首中的“司法机关尚未掌握”这一要件，其意义还在于防止有些负案在逃的犯罪分子因现行犯罪被抓获时故意隐瞒身份，在讯问过程中再交待真实身份，从而获取“自首”从宽处罚、规避法律的行为。

当然，不认定被告人构成自首，不等于不能对其从轻处罚。认罪态度好一直是司法实践中酌情从轻处罚的理由。在没有特别情况下，对坦白好的从轻处罚，有利于鼓励罪犯主动、积极地交待，有利于尽可能地减低侦查成本，也有利于罪犯的改造。因此，不认定被告人“余罪自首”，但根据其能主动交代其强奸犯罪事实的情况，可对其所犯强奸罪酌情从轻处罚。

18. **被告人主动供述公安机关未掌握的另两起敲诈勒索犯罪，与公安机关已掌握的爆炸后敲诈勒索犯罪是否属不同种罪行？是否构成自首？**[①]

分歧意见：第一种意见认为，被告人实施爆炸并进行敲诈勒索的行为构成爆炸罪，不构成敲诈勒索罪。因此，其主动供述的另两起敲诈勒索犯罪与司法机关已掌握的罪行属不同种罪行，构成自首。

第二种意见认为，被告人归案时，司法机关已掌握了其涉嫌爆炸罪、敲诈勒索罪的罪行，故其主动供述的另两起敲诈勒索犯罪属同种罪行，不构成自首。

本书观点：被告人交代的余罪与已被公安机关掌握的犯罪构成牵连犯的，

① 观点来源：最高人民法院刑事审判第一、二、三、四、五庭主办：《刑事审判参考》2011年第3集（总第80集），法律出版社2011年版，第62－68页，蒋某正爆炸、设施勒索案。

所交代的余罪不能认定为自首。

《自首和立功解释》关于余罪自首的规定就可以被理解为，被采取强制措施的犯罪嫌疑人、被告人和已宣判的罪犯，如实供述司法机关尚未掌握的罪行，与司法机关已掌握的罪行或者判决确定的罪行均构成不同罪名的，成立自首（按《自首和立功意见》规定，属选择性罪名或者存在法律、事实关联的除外）；与司法机关已掌握的罪行或者判决确定的罪行构成相同罪名的，不成立自首。当然，如果司法机关已掌握的罪行经查不实，则应当以判决确定的罪名来认定是否构成余罪自首。这里的“罪名”，不限于法院判决确定的罪名。认定罪名的法律标准是犯罪构成，数行为符合同一犯罪构成的，就是同一罪名；符合不同犯罪构成的，就是不同罪名。所以，《自首和立功意见》规定的是“以罪名区分”而不是以“判决确定的罪名区分”。

牵连犯，即以实施某一犯罪为目的，其方法行为或者结果行为又触犯其他罪名的犯罪形态。牵连犯的特征之一就是实施两个行为，符合两个犯罪构成，触犯两个不同的罪名。所以说，牵连犯属实质的数罪，即行为本来构成两个罪，但按照刑法理论和司法惯例一般都择一重罪从重处罚，当然刑法有特殊规定的除外。既然在蒋某正归案时，公安机关已经掌握了其涉嫌爆炸并敲诈勒索的罪行，该罪行构成爆炸罪、敲诈勒索罪，所以，此时公安机关已经掌握了蒋某正涉嫌这两个罪名。蒋某正归案后主动如实供述的另两起敲诈勒索，与公安机关已掌握的部分罪行都构成敲诈勒索罪，属于同种罪行，故不能认定为自首。

19. **对已被采取强制措施的被告人的余罪自首证据材料应如何进行审查？对于检举揭发他人犯罪行为是否构成重大立功表现的如何审查认定？**[①]

本书观点：（1）人民法院审查被告人是否构成自首，不能仅凭侦查机关出具的情况说明，还应审查被告人罪行的立案调查、侦破经过、被告人的供述、相关证人的证明及其他能够证明其自首情况的材料。

《自首和立功意见》第七条规定：“人民法院审查的自首证据材料，应当包括被告人投案经过、有罪供述以及能够证明其投案情况的其他材料……”该规定意在强调法院应当对被告人的自首情节作为判决事实的重要组成部分

---

① 观点来源：最高人民法院刑事审判第一、二、三、四、五庭主办：《刑事审判参考》2011 年第 3 集（总第 80 集），法律出版社 2011 年版，第 1 - 7 页，王某勤贪污、受贿案。

进行审查，而不能单纯依赖侦查机关出具的说明材料，对于被告人归案后交代的犯罪事实是否构成自首，也应当按照该规定的精神执行。在国家工作人员贪污、贿赂犯罪案件自首情节的审查中，还应注意的一个问题是，这些案件往往是先经过纪检监察机关的立案调查，再移送检察机关立案侦查，根据《职务犯罪自首、立功意见》的规定，犯罪事实未被办案机关掌握，或者虽被掌握，但犯罪分子尚未受到调查谈话，或者未被采取调查措施时，向办案机关投案的，是自动投案；没有自动投案，在办案机关调查谈话、采取调查措施期间，如实交代办案机关掌握的线索所针对的事实的，不能认定为自首。因此，人民法院在审查被告人是否构成自首时，应当注意审查纪检监察机关在立案、调查过程中形成的相关证据，而不能仅以侦查机关出具的证明材料为准。

（2）认定被告人检举揭发他人犯罪行为是否构成重大立功表现，应当以其所检举、揭发的他人具体犯罪行为在实际上是否可能被判处无期徒刑以上刑罚为标准，而不是指所揭发犯罪事实的量刑幅度中有无期徒刑这一刑种，也不是指被揭发人的实际宣告刑。

根据《自首和立功解释》第七条的规定，犯罪分子检举、揭发他人重大犯罪行为，经查证属实的，应当认定为重大立功表现；这里所称“重大犯罪”的标准，一般是指犯罪嫌疑人、被告人可能被判处无期徒刑以上刑罚或者案件在本省、自治区、直辖市或者全国范围内有较大影响的案件。对这里的“可能被判处无期徒刑以上刑罚”应如何理解，成为司法实务中经常争议的焦点。立法机关设置检举揭发型立功的主要目的在于帮助国家发现犯罪，提高打击犯罪的效率，因此，这种立功的主要价值的大小也在于所检举揭发罪行的社会危害性大小。所揭发罪行的社会危害性越大，揭发行为对国家和社会所作的贡献也就越大，应当受到国家更多的奖赏。这一点在《职务犯罪自首、立功意见》中有明确体现：“可能被判处无期徒刑以上刑罚，是指根据犯罪行为的事实、情节可能被判处无期徒刑以上刑罚。案件已经判决的，以实际判处的刑罚为准。”另外，由于我国刑法规定的具体犯罪法定刑幅度都比较宽，几乎所有规定无期徒刑以上刑罚的犯罪的量刑幅度均为“十年以上有期徒刑、无期徒刑（或者死刑）”。在这种情况下，如果将《自首和立功解释》第七条规定理解为所揭发罪行的法定量刑幅度内包括无期徒刑这一刑种，不但与立法本意不符，也会在司法实践中模糊一般立功与重大立功的界限，因此，这种理解是不正确的。

根据上述分析，对被告人检举、揭发他人犯罪是否属于重大立功表现的判断，应当以所检举、揭发的他人具体犯罪行为在实际上是否可能被判处无期徒刑以上刑罚为标准，而不是指所揭发犯罪的量刑幅度中有无期徒刑这一刑种。在被告人所揭发他人犯罪行为未经终审判决的情况下，应根据所揭发具体犯罪行为的社会危害性大小，判断是否可能被判处无期徒刑以上刑罚，确定是否构成重大立功表现；在所揭发他人犯罪已经判决的情况下，当然应以实际判决情况确定其揭发情节是否构成重大立功，但应注意一点，这里的实际判决情况是指在不考虑被告人所具有的法定、酌定从宽情节下，被告人可能被判处的刑罚。根据《自首和立功意见》第六条的规定，被告人检举揭发他人犯罪行为应判处无期徒刑以上刑罚，但因具有法定、酌定从宽情节，宣告刑为有期徒刑或者更轻刑罚的，不影响对被告人重大立功情节的认定。

20. **因运输毒品被抓获后又如实供述司法机关未掌握的贩卖毒品罪行，是否可认定为自首？**①

分歧意见：第一种意见认为，被告人因运输毒品被抓获，又主动供述了贩卖不同宗毒品，应认定为自首。理由在于：第一，是否属同种罪行，不能以对数个犯罪行为是否实行数罪并罚来确定，应以罪名为准，运输和贩卖不同宗毒品是两起相互独立的犯罪，犯罪构成不同，罪名不同，因此属于不同种罪行；第二，自首制度的本意是鼓励犯罪人认罪、悔罪，如实供述司法机关尚未掌握的罪行，以利于侦破案件，追诉犯罪，节约司法成本，即使对选择性罪名不实行数罪并罚，仍可以以自首论。

第二种意见认为，无论被告人如实供述的贩卖毒品与公安机关掌握的运输的毒品是否为同一宗，均不构成自首。《刑法》第三百四十七条规定的走私、贩卖、运输、制造毒品罪是同种罪行；根据《自首和立功解释》有关规定，对供述不同种罪行的，以自首论，对供述同种罪行的不能以自首论。运输、贩卖毒品的行为属于同种罪行，故不构成自首。

本书观点：同意第二种意见，因运输毒品被抓获后又如实供述司法机关未掌握的贩卖毒品罪行，不构成自首。具体理由如下：

---

① 观点来源：最高人民法院刑事审判第一、二、三、四、五庭主办：《刑事审判参考》2009 年第 6 集（总第 71 集），法律出版社 2010 年版，第 45－50 页，彭某升贩卖、运输毒品案。

（1）根据我国刑法的规定，行为人分别实施走私、贩卖、运输不同宗毒品的行为，属于同种罪行。

首先，犯罪的分类是由刑法规定的。我国刑法分则将犯罪分为十大类（十章），每个大类又分成了若干小类。对某些犯罪在同一法律条款中也进行了分类，每一类别中的各种犯罪均属于该类的同类犯罪。但对某一条款中的数个罪行是否属于同种罪行，则应以刑法规定是否按一罪判处为标准，按一罪判处的就是同种罪行，按数罪判处的就是不同种罪行。我国《刑法》第三百四十七条将走私、贩卖、运输、制造毒品罪规定在同一法条中，并规定对多次走私、贩卖、运输、制造毒品，未经处理的，毒品的数量累计计算。最高人民法院2008年12月印发的《全国部分法院审理毒品犯罪案件工作座谈会纪要》进一步明确规定，“对不同宗毒品分别实施了不同种犯罪行为的，应对不同行为并列确定罪名，累计毒品数量，不实行数罪并罚”。根据以上规定，走私、贩卖、运输、制造毒品罪是选择性罪名，对行为人实施贩卖、运输毒品两种以上行为的，不论是否为同一宗毒品，只定一个罪名，在量刑上只适用一个法定刑，不实行数罪并罚。刑法这一规定明确将这四个行为视为同种罪行，同时也表明这些行为的基本性质、社会危害性等是基本相同的。故对同一被告人，即使对不同宗的毒品分别实施了走私、贩卖或运输行为，也不再分别定罪量刑，而是将走私、贩卖、运输毒品的行为合并成一个选择性罪名，适用一个法定刑。

其次，选择性罪名中包含的数个不同罪名属于刑法规定的同种罪行。我国刑法分则往往在同一个条款中规定了数个犯罪构成及相对应的数个罪名，有的属于并列罪名，有的属于选择性罪名，二者的功能是不同的，不能混淆。如对于并列罪名（如第一百一十四条），行为人实施该条款中的两个以上犯罪行为，就构成数罪，应实行数罪并罚，而不能合并为一罪。对于选择性罪名则不然，数个罪名既可以分解单独定罪，也可以合并组合为一罪（复合性罪名），事实上是两个以上的罪行，根据刑法规定按一罪判处，而不定数罪。如行为人实施其中一个行为的，就定其中一个罪名，该行为符合一个单一的犯罪构成；实施两种以上行为的，根据刑法规定只定一个复合性罪名，行为符合一个复合性犯罪构成。这种情况实质上是数个犯罪构成合并为一个复合性犯罪构成而成为一罪。

选择性罪名与单独罪名、并列罪名不同，它既可以分解成几个小罪名，又可以由不同的罪名组合成一个复合性罪名。而刑法之所以赋予选择性罪名如此灵活的处理方式，是因为选择性罪名所规定的数个犯罪行为有内在联系、互为条件，实践中经常交错实施，且对社会的危害程度是相同的。实践中，行为人对于同一宗毒品既可能连续实施以上全部行为，也可能有选择性地参与实施其中一种行为，还可能有选择性地参与不同宗毒品犯罪的某一阶段或全部的行为。为使这些在行为、方式上具有选择性的犯罪受到相应的处罚，故刑法也简便、概括地规定了选择性罪名，同时也规定不论实施了几种犯罪行为，对行为人在法律上都按一罪处理，不存在数罪并罚的情况。这也符合刑法规定同一罪名中的数个罪行属于同种罪行的立法本意。

综上，选择性罪名的犯罪构成是一种法定的特别犯罪构成。不能简单地以触犯了不同的具体罪名，来确定是属于同种罪行还是不同种罪行。被告人如实供述司法机关尚未掌握的贩卖不同宗毒品的罪行，与司法机已经掌握的运输毒品的罪行属于同种罪行，故不能以自首论。

（2）对如实供述司法机关尚未掌握的选择性罪名中的某一罪行以自首论，会导致量刑上的不均衡。

运输毒品的行为人被抓获后供述司法机关尚未掌握的其他毒品犯罪，可能出现以下三种情况：第一，甲运输毒品被抓获，又供述了另一宗运输毒品的事实；第二，甲运输毒品被抓获，又供述了另一宗贩卖毒品的事实；第三，甲运输毒品被抓获，又供述了这宗毒品系其在甲地购买后准备运到乙地贩卖的事实，而后又供述了其他运输、贩卖毒品的事实。按照第一种意见，只有第二种情况对贩卖毒品应以自首论。但实际上这三种情况中被告人认罪、悔罪的态度是相当的，在三者并无本质区别的情况下，对于是否构成自首这一法定从轻、减轻情节作出不同判断，不仅逻辑上说不通，还会导致对这三种情况量刑不均衡，有失刑事处罚的统一性。

（3）对于被告人如实供述司法机关尚未掌握的选择性罪名中的某一罪行不以自首论，并不意味着不可以对被告人从宽处罚，从而违背鼓励被告人认罪悔罪的立法精神

虽然此种情况与自首有所区别，但在刑事法律和司法实践中仍应给予鼓励，依法适当从宽处罚。《自首和立功解释》第四条明确规定："如实供述司法机关尚未掌握的罪行，与司法机关已掌握的或者判决确定的罪行属同种罪行的，可以酌情从轻处罚。"

21. 共同犯罪人自动投案后在供述自己的犯罪事实的同时，没有供述同案人的，能否认定为自首?[①]

分歧意见：第一种意见认为，《刑法》第六十七条第一款规定的“如实供述自己的罪行”，是指行为人如实供述自己个人的罪行。这里的“自己”应当理解为自然人个人。因此，行为人是否同时如实供述他人的罪行以及是否如实供述同案犯，均不影响自首的构成。共同犯罪案件中的行为人只要如实供述了自己的罪行，就应当认定为自首。

第二种意见认为，根据《自首和立功解释》的规定，共同犯罪案件中的犯罪嫌疑人，除如实供述自己的罪行外，还应当供述所知的同案犯，主犯则应当供述所知其他同案犯的共同犯罪事实，才能认定为自首。因此，在共同犯罪案件中，某一个行为人仅仅如实供述了自己个人的罪行，而没有如实供述同案犯，就不应当认定为自首。

本书观点：同意第二种意见，认为，共同犯罪人自动投案后，没有供述与其共同实施犯罪行为的同案犯的，不属于“如实供述自己的罪行”，不能认定为自首。

根据《自首和立功解释》的规定，在共同犯罪案件中的犯罪嫌疑人，除如实供述自己的罪行，还应当供述所知的同案犯，主犯则应当供述所知其他同案犯的共同犯罪事实，才能认定为自首。根据该司法解释的规定，在共同犯罪案件中，自首的成立有不同于单个自然人犯罪的特点。即在单个自然人犯罪案件中，只要行为人自动投案后如实供述了自己实施的某一犯罪的主要事实，就成立自首。而在共同犯罪案件中，行为人在共同犯罪中所处的地位、所起的作用和参与犯罪的程度不同，成立自首所要求的“如实供述自己的罪行”的范围也是不同的。如就实行犯而言，有单独实行犯和共同实行犯之分。其中，单独实行犯是指行为人一人实施刑法分则规定的某个行为。因此，其所知道的同案犯主要是教唆犯或者帮助犯，在其自动投案后，如实供述了自己直接实施的犯罪行为，并交代其所知道的教唆犯或者帮助犯的犯罪行为，就应当认定为自首。但对于共同实行刑法分则规定的某个犯罪行为的共同实行犯而言，在其自动投案后如实供述自己的罪行时，必然要涉及与其一起实

---

① 观点来源：最高人民法院刑事审判第一庭、第二庭编：《刑事审判参考》2003 年第 4 集（总第 33 集），法律出版社 2003 年版，第 34－40 页，杜某斌、周某才抢劫案。

施犯罪的同案犯的犯罪行为。因此，共同实行犯成立自首，不仅要求其在自动投案后，如实供述自己直接实施的犯罪行为，还应如实供述与其共同实施犯罪的其他实行犯。否则，这种供述就是不彻底的、不如实的，因而不构成自首。

22. 为泄私愤而举报同案犯并如实交代自己参与共同犯罪事实的应否认定为自首?[①]

本书观点：被告人为泄私愤向公安机关举报同案犯的共同犯罪事实，且查证属实的，不属于有立功表现，但被告人在举报同案犯时如实供述自己参与共同犯罪的事实，应当认定有自首情节并可依法从轻处罚。

（1）犯罪分子在举报同案犯时，只要如实供述自己参与共同犯罪的事实，就应当认定为自首。

刑法设立自首这一刑罚制度的目的，是充分发挥惩办与宽大相结合政策的感召作用，通过对自动归案的犯罪分子从宽处理，最大限度地分化瓦解犯罪分子。因此，犯罪分子只要是自动归案并如实供述自己罪行的，均应当认定为自首，依法予以从宽处罚。被告人主动向公安机关举报同案犯，并在举报同案犯的同时，对自己参与共同犯罪的事实如实作了供述，并自愿将自己置于公安机关的控制之下，不仅使司法机关尚未掌握的共同犯罪案件得以破获，也使其他同案犯受到了刑事追诉。由于被告人是这起犯罪案件的共犯之一，其揭发同案犯的行为不能认定为立功。但被告人的行为符合自首“自动投案、如实供述自己的罪行”两个基本条件，因此应当认定为自首。

（2）自动投案的动机，不影响自首的成立。

行为人自动投案的动机多种多样，有的是真诚悔罪，有的是畏惧惩罚，有的是出于无奈，有的抱着其他想法，甚至有的还想钻法律的空子。投案的动机虽各有不同，但是都不影响自首的成立，只是司法机关在裁量决定对自首者是否从宽处罚以及从宽处罚幅度时考虑的因素。被告人出于泄私愤的动机，向公安机关举报共同犯罪人的犯罪事实，但其举报的时候也如实交代了自己参与共同犯罪的事实，符合自首必须具备的“自动投案”“如实供述自己的罪行”的法定条件。其泄私愤的动机并不影响自首的成立。只要不是故意

---

① 观点来源：最高人民法院刑事审判第一庭编：《刑事审判参考》2000 年第 4 辑（总第 9 辑），法律出版社 2000 年版，第 8 – 15 页，姚某林、刘某培、庄某华非法制造注册商标标识案。

隐瞒或者编造事实为自己开脱罪责，犯罪嫌疑人或被告人所作的辩解，就不应当认为是不如实供述自己的罪行，也不应当否定自首的成立。

犯罪分子自动投案后，由于处于受刑事追诉的地位，在供述自己的犯罪事实的同时，还往往为自己的犯罪行为进行辩解。因此，在认定是否成立自首时，要对投案人的供述内容进行实事求是的分析。只要其交代自己主要犯罪事实的供述经查证是如实的，就应当认定为自首。不能因为在供述中有为自己的犯罪行为进行辩解的成分，就认为不是如实供述，不认定自首。为自己进行辩护，是法律赋予犯罪嫌疑人和被告人的诉讼权利。自动投案的犯罪嫌疑人或被告人在如实供述自己的主要犯罪事实的前提下，在犯罪的动机、作用、罪责的大小和有无等问题上为自己所作的辩解，正是在行使依法享有的辩护权利，不影响对其自首的认定。但是，如果投案后采取隐瞒自己罪行、编造虚假事实或者如实供述自己的罪行后又翻供等方式，为自己开脱罪责，企图逃避惩罚的，不能认定为自首。

23. **犯罪嫌疑人被司法机关控制后，经允许脱离控制，后又按指令自行到案并如实供述犯罪事实的，是否成立自首？**①

分歧意见：第一种意见认为，犯罪嫌疑人投案的行为只有发生在其“被办案机关控制”之前，才能认定为自首中的“自动投案”。投案行为发生在“被办案机关控制”之后的，不成立自首。

第二种意见认为，被告人犯罪后虽然被公安人员发觉，但其在被采取强制措施或者接受讯问之前，因正当理由脱离了办案机关的控制，经过思想斗争，能逃而不逃，选择主动回到案发地点接受讯问的行为，属于自动投案，且其如实供述了犯罪事实，应当构成自首。

本书观点：赞同第一种意见，被告人的投案行为不成立自首。

被告人归案后如实供述了自己的犯罪事实，因此，其是否构成自首，关键在于其是否属于自动投案。对此，可从以下几个方面进行分析：

（1）“侦查管控”的确定性、针对性

基于行文简洁角度考虑，下文将办案机关根据确切犯罪事实或者线索对犯罪嫌疑人实施强制性约束、讯问并告知犯罪嫌疑人必须接受调查的行为，

---

① 观点来源：最高人民法院刑事审判第一、二、三、四、五庭主办：《刑事审判参考》2013 年第 4 集（总第 93 集），法律出版社 2014 年版，第 56－60 页，杨某风、赵某等诈骗案。

称为“侦查管控”。“侦查管控”要求办案机关根据具体的案件线索，对犯罪嫌疑人及其所犯罪行有比较具体的认识：一方面，办案机关控制犯罪嫌疑人，系确定犯罪嫌疑人的基本情况后对其进行控制时办案人员基本了解案件事实，知晓嫌疑人的自然情况，控制行为具有确定性、针对性；另一方面，办案机关对嫌疑人涉嫌的罪名、罪行的性质有比较具体的认识，并向犯罪嫌疑人明确告知因涉嫌何种罪名必须接受办案机关调查。

只有深刻理解和把握“侦查管控”的确定性和针对性，才能将在“侦查管控”之后的投案与在一般性排查询问时或者仅因形迹可疑盘问时交代罪行的“视为自动投案”情形区分开来。

（2）“侦查管控”的强制性、义务性

首先，“侦查管控”系办案机关将嫌疑人置于实际约束、控制范围之内，进行调查、讯问、宣布采取调查措施或者强制措施，具有一定的强制性。其次，“侦查管控”包含但不限于刑事诉讼法规定的五种强制措施。只要办案机关采取合法手段对犯罪嫌疑人进行一定的约束，进行调查、讯问，并向犯罪嫌疑人告知涉嫌犯罪，即可认为犯罪嫌疑人被办案机关“侦查管控”。此外，犯罪嫌疑人被办案机关控制后，有义务如实回答办案人员的提问，配合办案人员调查案件情况并保障刑事诉讼程序的顺利进行。

只有深刻理解和把握“侦查管控”的强制性和义务性，才能够将“侦查管控”与电话传唤、犯罪嫌疑人被发觉但没有接受讯问或者被采取强制措施等情况区分开来。区分的关键在于犯罪嫌疑人在被电话传唤或者仅被办案机关发觉时，尚处于自由状态。

（3）“自动投案”的时间应当限制在犯罪嫌疑人“被办案机关控制”之前

法律之所以规定自首，旨在鼓励犯罪分子认罪、悔罪，降低社会危险性，节约司法成本并提高司法效率。犯罪嫌疑人在被办案机关控制之前自动投案并如实供述自己的罪行，体现了其认罪、悔罪的态度，降低了社会危险性，同时，也减少了办案机关发现案件线索、进行侦查、实施抓捕的成本，提高了案件侦破的效率。犯罪嫌疑人被办案机关控制后，虽然也可以通过如实供述来表达自己的悔罪态度，但主动性与自动投案不可同日而语，办案机关侦破案件的司法成本已被消耗，不存在节约司法成本、提高司法效率的可能性。本案犯罪嫌疑人经公安机关允许脱离控制，而后又按公安机关指令自行到案的行为，对其被办案机关控制前的认罪悔罪态度和司法成本的节约无任何影响，犯罪嫌疑人脱离“侦查管控”后又自行到案，系被办案机关控制后应当履行的义务，不属于自首范畴内的自动投案。

《职务犯罪自首、立功意见》规定：“犯罪事实或者犯罪分子未被办案机关掌握，或者虽被掌握，但犯罪分子尚未受到调查谈话、讯问，或者未被宣布采取调查措施或者强制措施时，向办案机关投案的，是自动投案。”根据这一规定，我们认为，办案机关掌握犯罪事实、对嫌疑人调查谈话、讯问、宣布调查措施或者强制措施的行为，均系办案机关控制犯罪嫌疑人的行为，具有强制性、义务性、针对性、明确性的特征，而犯罪嫌疑人在上述情形下向办案机关投案的行为，均不属于自动投案。因此，犯罪嫌疑人自动投案只有发生在其被办案机关控制之前，才有可能构成自首。

（4）犯罪嫌疑人被司法机关控制后，经允许脱离控制，后又按指令自行到案并如实供述犯罪事实的，不属于“自动投案”

第一，侦查机关的“侦查管控”行为具有确定性、针对性；第二，办案机关对被告人的控制行为具有强制性，被告人有义务如实回答办案人员的提问，配合办案人员调查案件情况并保障刑事诉讼程序的顺利进行；第三，被告人经允许脱离控制，后又按指令自行到案发地点接受调查，虽然从表面上看具有自动投案的形式，但该行为发生在被告人被办案机关控制之后，不符合自首中的“自动投案”时间特征。

24. 如何正确把握共犯的自首与立功的区别？[①]

本书观点：对于共同犯罪案件，不要求共同犯罪人必须交代其他共犯人单独实施的其他罪行，但是对于自己参与实施的犯罪涉及其他共同犯罪人的犯罪事实的，必须如实交代，才能按自首论。当然，如果犯罪分子不仅如实交代自己的罪行，还主动揭发、检举其他犯罪分子（包括共犯）单独实施的罪行并经查证属实的，则可以按立功对待。如果揭发的不是共同犯罪以外的其他罪行，不是立功，而是“如实供述自己的罪行”，应属于构成自首的必要条件。认定被告人是否构成该项立功，应当依据被告人在公安机关抓获同案犯中是否确实起到了协助作用。如经被告人当场指认、辨认抓获了同案犯；被告人带领公安人员抓获了同案犯；被告人提供了不被有关机关掌握或者有

---

① 观点来源：《从一起个案看共犯的自首和立功的区别》，载最高人民法院刑事审判第一、二、三、四、五庭主办：《刑事审判参考》2006 年第 4 集（总第 51 集），法律出版社 2006 年版，第 165 - 170 页。

关机关按照正常工作程序无法掌握的同案犯藏匿的线索，抓获了同案犯等情况，均属于协助司法机关抓获同案犯，应认定为立功。

（1）如何区分共犯自首中的“供述所知的同案犯”与立功中的“检举、揭发他人犯罪行为”

一般认为，我国刑法上的立功有广义与狭义之分。狭义立功是指《刑法》第六十八条规定的立功，是与自首、累犯等相并列的一项独立的刑罚裁量情节。广义立功除包括狭义立功外，还包括作为刑罚执行制度中的立功，如第五十条规定的死缓犯的立功、第四百九十九条规定的犯罪军人戴罪立功。这里探讨的是共犯的自首与狭义立功的关系。所谓立功是指犯罪分子揭发他人犯罪行为，查证属实，或者提供重要线索，从而得以侦破其他案件等具有协助司法机关工作的属性，或者其他对国家和社会有利的行为。根据《刑法》第六十八条和《自首和立功解释》，共犯的自首与立功一般不难区分，比较难以分清的是共犯自首中的“供述所知的同案犯”与立功中的“检举、揭发他人犯罪行为”。

共犯自首中的“供述所知的同案犯”与立功中的“检举、揭发他人犯罪行为”如何区别？或者说揭发同案犯，仅是共犯人自首的成立条件，还是在成立自首的同时还构成立功呢？对此，我国刑法学界有不同认识：第一种观点认为，对于共同犯罪案件，不要求共同犯罪人必须交代其他共犯人单独实施的其他罪行，但是对于自己参与实施的犯罪涉及其他共同犯罪人的犯罪事实的，则必须如实交代，才能按自首论处。当然，如果犯罪分子不仅如实交代自己的罪行，还主动揭发、检举其他犯罪分子（包括共犯）单独实施的罪行并经查证属实的，则可以按立功对待。第二种观点认为，不论是否为同案共犯，重点应看其揭发的犯罪是否属实，如果揭发属实，即使是同案犯，也可以认为是立功表现。第三种观点认为，犯罪集团的首要分子如实供述犯罪集团其他成员的犯罪行为，犯罪集团首要分子以外的主犯，如实供述与其共同犯罪的其他人的犯罪行为或者受其组织、指挥的他人的犯罪行为的，不应认为是立功。因为这些他人的犯罪行为是主犯犯罪行为的组成部分，主犯如实供述他人的犯罪行为，实质上是如实供述自己的犯罪行为。由于从犯、胁从犯只对自己参与实施的犯罪行为承担相应刑事责任，他们揭发同案中的其他人的犯罪行为，查证属实的，应认为是立功表现。因此，揭发同案犯的犯罪行为，要具体分析，不宜一概认为是立功。

我们认为，第二种观点将共同犯罪人揭发同案犯的犯罪行为一概理解为立功表现，明显不当，因为同案犯的犯罪行为是共同犯罪的一部分，应当属于自首中如实供述的范围。第三种观点虽然认为主犯揭发同案犯的犯罪行为不是立功，有一定合理成分，但是认为从犯、胁从犯揭发同案犯的犯罪行为是立功表现，并不妥当。因为从犯、胁从犯如不供述所知的主犯或者其他共犯的犯罪，就不可能如实全面供述本人的罪行。

比较而言，第一种观点较为合理，符合我国刑法中立功规定的立法精神和有关司法解释关于共犯自首和立功的规定。针对这些不同认识，为了区分共同犯罪案件中的自首与立功，1998 年最高人民法院在《自首和立功解释》中对这一问题进行了明确规定，其中第一条规定："……共同犯罪案件中的犯罪嫌疑人，除如实供述自己的罪行，还应当供述所知的同案犯，主犯则应当供述所知其他同案犯的共同犯罪事实，才能认定为自首……"第五条规定："……犯罪分子到案后有检举、揭发他人犯罪行为，包括共同犯罪案件中的犯罪分子揭发同案犯共同犯罪以外的其他犯罪，经查证属实……应当认定有立功表现。"第六条规定："共同犯罪案件的犯罪分子到案后，揭发同案犯共同犯罪事实的，可以酌情予以从轻处罚。"据此，只有揭发同案犯除共同犯罪以外由其单独实施的犯罪行为，才能以立功论处。如果揭发的不是共同犯罪以外的其他罪行，不是立功，而是"如实供述自己的罪行"，应属于构成自首的必要条件。

此外，理解共犯的自首和立功时，还需要注意以下两点：一是《自首和立功解释》第五条规定中的"同案犯共同犯罪以外的其他犯罪"，既包括同案犯另外单独实施的或者与其他人共同实施的其他犯罪，也包括该同案犯在与自首人进行共同犯罪的过程中，超出共同故意所另外实施的其他犯罪。因为共同犯罪中的过限行为只能由过限行为人承担责任，没有实施过限行为的其他人就该过限行为不构成共同犯罪。二是需要注意《自首和立功解释》第六条规定的共同犯罪人坦白的情况。共同犯罪人到案后揭发同案犯共同犯罪事实的，属于对其罪行的坦白，在量刑上亦应予以体现，一般应当酌情从轻处罚。

（2）如何区分共犯自首中的"供述所知的同案犯"与立功中的"协助司法机关抓捕同案犯"

《自首和立功解释》第五条规定："犯罪分子……协助司法机关抓捕其他

犯罪嫌疑人（包括同案犯）……应当认定为有立功表现。”那么，如何区分共犯自首中的“供述所知的同案犯”与立功中的“协助司法机关抓捕同案犯”呢？对此，最高人民法院在2008年《全国部分法院审理毒品犯罪案件工作座谈会纪要》中指出“被告人在公安机关抓获同案犯过程中确实起到协助作用的，例如，经被告人现场指认、辨认抓获了同案犯；被告人带领公安人员抓获了同案犯；被告人提供了不为有关机关掌握或者有关机关按照正常工作程序无法掌握的同案犯藏匿的线索，有关机关据此抓获了同案犯；被告人交代了与同案犯的联系方式，又按要求与对方联络，积极协助公安机关抓获了同案犯等，属于协助司法机关抓获同案犯，应认定为立功”。这一说明虽然是针对毒品犯罪而作，但是其基本精神对于理解何种情形属于“协助司法机关抓捕同案犯”同样具有重要指导意义。

根据上述规定和有关说明，共同犯罪人如实供述同案犯个人基本情况，如姓名或者别名、日常住址、联系方式等，属于《自首和立功解释》中的“应当供述所知的同案犯”的范围，根据该共同犯罪人的具体情况可以认定为自首或者坦白。但是，如果共同犯罪人提供了不为有关机关掌握或者有关机关按照正常工作程序无法掌握的同案犯藏匿线索、非正常联系方式，或者通过打电话、传口信等方式将同案犯引至抓捕现场，或者当场指认或者辨认同案犯，并因此使司法机关抓获同案犯的，可以认定为符合《自首和立功解释》第五条“协助司法机关抓捕其他犯罪嫌疑人（包括同案犯）”的规定，从而认定为有立功表现。因为这些情况超出了“应当供述所知的同案犯”的范围，可以视为该共同犯罪人在司法机关抓捕同案犯中提供了信息资讯方面的协助。由于指认、辨认抓捕、引诱抓捕或者带领抓捕情形的立功便于把握，而交代同案犯情况的自首与提供藏匿线索立功情形容易混淆，有必要对提供同案犯藏匿线索的立功进行具体分析。

我们认为，认定提供同案犯藏匿线索构成立功时，应当把握以下几个方面：第一，被告人提供了真实、具体的同案犯藏匿的情报。被告人提供的藏匿线索包括同案犯的逃跑路线、活动规律、藏匿地点等情报，并且该情报是真实、具体的，而不是虚假或者漫无边际的。第二，该情报事先不为有关机关所掌握或者有关机关按照正常工作程序无法掌握。如果有关机关事先已经掌握或者按照正常工作程序能够掌握该情报，就难以说明被告人起到协助作用。第三，有抓获了同案犯的结果。如果被告人虽然提供了同案犯的藏匿线索，司法机关按照其线索未能将同案犯抓获的，不能认定为立功。但是，如果由于司法机关自身的原因或者失职行为，未能将同案犯抓获的，责任不在被告人，可以作为立功的例外情况。第四，被告人的情报在抓获同案犯中确实起了作用。被告人提供情报的行为与抓获同案犯的结果存有因果关系。也就是说，正是有了被告人的情报，才使公安机关得以抓获同案犯。

25. **公安机关已知晓网上逃犯李某某的户籍所在地并曾实施抓捕未果，一段时间后汪某斌检举李某某藏匿于其户籍所在地，公安机关据此抓获李某某，汪某斌的行为是否属于协助公安机关抓获其他犯罪嫌疑人？**①

本书观点：虽然行为人检举的其他犯罪嫌疑人的藏匿地点是其户籍所在地，公安机关对户籍所在地的情况亦已掌握，但只要其提供的线索对公安机关抓获犯罪嫌疑人起到实际帮助作用，依法应当认定为“协助司法机关抓获其他犯罪嫌疑人”。

我国《刑法》第六十八条规定了立功制度。《自首和立功解释》对立功的司法认定进行了细化，规定犯罪分子到案后协助司法机关抓获其他犯罪嫌疑人的，应当认定为有立功表现。

司法实践中，协助抓捕行为，既包括为司法机关抓捕其他犯罪嫌疑人提供重要线索的行为，也包括直接带领司法人员去抓捕的行为。被告人汪某斌的行为属于第一种情形，但其特殊之处在于，网上逃犯李某某被抓获前的藏匿地点是其户籍所在地，而公安机关对李某某户籍所在地这一信息已经掌握并曾实施过抓捕但未果。此种情况下能否认定为立功，在本案的审理中曾有不同的认识。

有意见认为，被告人汪某斌检举李某某的藏匿地点为其户籍所在地，在公安机关对此已经掌握的情况下，即使没有汪某斌的检举，公安机关如积极实施抓捕也能抓获李某某。因此，汪某斌的行为不能认定为立功，可作为酌定情节在量刑时予以考虑。

我们认为，判断行为人提供的线索是否属于抓捕其他犯罪嫌疑人的重要线索，关键在于行为人提供线索的行为在公安机关的抓捕行动中是否起到实际帮助作用，并且应当以公安机关是否实际将有关犯罪嫌疑人抓捕归案作为

---

① 观点来源：最高人民法院刑事审判第一、二、三、四、五庭主办：《刑事审判参考》2010 年第 1 集（总第 72 集），法律出版社 2010 年版，第 74－80 页，汪某斌受贿案。

确认依据，即行为人的检举行为和公安机关抓获其他犯罪嫌疑人之间是否具有直接的因果关系。汪某斌检举的李某某的藏匿地点是其户籍所在地，虽然该地址已为公安机关掌握，但该信息系作为犯罪嫌疑人的基本信息情况，而非作为李某某被抓获前的明确藏匿地为公安机关所掌握。实际情况是，公安机关曾实施抓捕未果后即失去了李某某藏匿地的线索，而正是汪某斌的检举行为明确了李某某被抓获前的藏匿地点为其户籍所在地，才使公安机关启动指向明确的追捕行动，并实际抓获了李某某。应当说，汪某斌的检举行为对公安机关成功抓获李某某起到了实际帮助作用，该检举行为与公安机关抓获李某某之间是有直接因果关系的。在汪某斌提供的线索指引下，公安机关及时抓获了犯罪嫌疑人，破获案件，节省了司法资源，符合立功制度设立的意旨，应当认定为协助司法机关抓获其他犯罪嫌疑人，汪某斌的检举行为属于立功表现。

26. 酒后作案，准备回家与亲属告别后再去投案，但回家后即醉倒，最终被公安人员抓获的，能否认定为“确已准备去投案”？[①]

本书观点：被告人作案后准备回家与家人告别后再去投案，此即准备投案的客观行为，此行为系为投案解除后顾之忧、安排后事，属于与投案相关的必要行为，被告人在醒来后即如实供述了犯罪事实，其投案意愿是明确的、连续的。因此，可以认定被告人的行为属于“经查实确已准备去投案”。

根据《自首和立功解释》第一条的规定，自动投案除主动、直接向司法机关投案这种典型形式外，还包括“经查实确已准备去投案，或者正在投案途中，被公安机关捕获”等情形。该规定将各种虽然不完全具备典型自动投案特征，但同样体现了将投案主动性和自愿性的投案形式规定为自动投案，有利于鼓励犯罪分子悔过自新，有利于侦查机关及时破案，有效节约司法资源，符合刑法设立自首制度的宗旨。但在司法实践中，对于“确已准备去投案”如何认定，往往存在一定难度。主要原因在于，与被告人在投案途中被抓获等情形不同，“准备去投案”的被告人虽然有投案意愿，但仅仅实施了准备投案行为、尚未来得及投案即被抓获，此时必须通过其准备行为来判断是否确有投案意愿。

---

① 观点来源：最高人民法院刑事审判第一、二、三、四、五庭主办：《刑事审判参考》第103集，法律出版社2016年版，第39－42页，徐某故意杀人案。

对这种“准备投案”的认定，应当强调的不仅仅是被告人的心理活动，更重要的是已经为投案实施了一定的准备活动，客观行为已经能够清楚地反映准备投案的主观心态。具体而言，可以从以下几个方面认定被告人是否“确已准备去投案”：

（1）必须有准备投案的客观行为

正如仅有犯意表示不构成犯罪一样，准备投案不能仅仅是被告人的一种纯粹的心理活动或者单纯的意思表示。原因在于，主观意愿如果没有外化为客观行为，并不具有法律意义，不仅如此，由于缺乏客观行为，司法机关对于被告人的心理活动也无从查证。这就要求，被告人必须在投案意愿的支配下，为投案实施了一定的准备行为，并且有客观的事实、证据来加以证明。例如，被告人已向他人表示将要投案，但在时间和条件允许的情况下，却一直没有任何为投案做准备的行为，这种情形就不能认定为准备投案。

（2）准备行为必须是与投案相关的必要行为

被告人作案后总会实施一系列活动，有的被告人归案后则辩称这些活动是为投案做准备。在这种情况下，就需要准确界定准备行为的范围。从司法实践来看，可以归入投案准备的行为主要有两类：一是为投案准备工具、创造条件的情形，如了解投案对象和场所路线，为投案准备交通工具、生活用具，请求父母、亲友陪同投案，正在书写供词准备带去投案，因受伤等原因正在寻找他人代为投案，等等；二是为投案解除后顾之忧、安排后事的情形，如投案前与亲友告别，交代债权债务，安排赡养老人、抚养子女事宜，等等。一般来说，以上情形都可以认定为与投案相关的必要行为。反之，对那些与投案并无直接关系亦非必要的情形，则不能认定为准备投案。如被告人归案后辩称，归案前正在四处查找同案犯下落，准备找到之后带着立功线索投案的，即便该辩解有其他证据支持，但由于此情形并非投案的必要准备行为，在投案时间上也不可预期，故一般不能认定为准备投案。

（3）准备行为必须能够清楚地反映投案意愿

即便准备行为是与投案相关的必要行为，也要对是否能够清楚地反映出被告人的投案意愿进行审查。有的准备行为能够较为明显地反映出被告人的投案意愿，如请求亲友陪同投案，但也有一些准备行为具有双重性质，如准备交通工具、与家人告别，既可能是为投案创造条件或者解除后顾之忧，也可能是为潜逃做准备。对这种情形，如果仅有被告人供述，缺乏其他证据有力印证的，由于所谓的准备行为并不能清楚地反映出投案意愿，一般就不能认定为准备投案。

（4）投案意愿必须具有连续性

准备投案的情形之所以能认定为自动投案，是因为被告人确实在投案意愿的支配下实施了准备投案的行为，只是由于被公安机关及时抓获等意志以外的原因，才未能进一步实施投案行为。易言之，如果没有客观因素介入，被告人将会最终实际投案。这就要求，被告人的投案意愿必须具有连续性，产生投案意愿、准备投案之后又改变初衷，或者犹豫不决的，一般不能认定为准备投案。例如，被告人在原籍地作案后外逃，在亲属的劝说下准备投案而返回原籍地，但返回后一个月一直未去投案，后被公安机关抓获，被告人辩称准备投案，其亲属也能证明说服被告人返回原籍地准备投案的过程。但是，所谓的“准备投案”竟然准备了一个月，这说明其投案意愿发生了变化。实际上，从客观行为看，被告人返回原籍地时确实是准备投案，但之后又放弃了投案意愿，所以不能认定为准备投案。又如，被告人确实是在准备投案途中被公安人员抓获，但在讯问时未能及时、如实供述犯罪事实，在多次讯问后才如实供述的，或者在抓捕时拒捕、逃跑的，都说明其投案意愿存在反复，一般也不能认定为准备投案。

（5）准备投案必须有相应的证据加以证明

对前述四个方面的审查认定，都离不开相应的证据。根据《自首和立功解释》的规定，构成“准备投案”，必须要求“经查实确已准备去投案”，这里就存在一个证明标准的问题。对准备投案的证明标准当然不能要求过高，不能以“事实清楚，证据确实、充分”的定罪标准来衡量，但也不能动辄以有利于被告人为由，对其辩解在既无法查实也无法排除的情况下一概采信。因为《自首和立功解释》强调，必须是“经查实确已准备去投案”，一方面要求“经查实”，另一方面要求被告人“确已”准备投案。对此，可以从被告人准备投案行为的客观表现、归案后供述的主动性和及时性、相关证人对被告人归案前言行的证言等方面进行综合审查判断。一般来说，被告人辩称准备投案，却提不出相应的证据线索，司法机关经查证也未发现确能证明其已为投案做准备的证据的，不能认定为准备投案。在有被告人供述及相关证人证言等证据证明被告人准备投案的情形下，必须认真审查言词证据的客观性、真实性、关联性，如分析供述与证言的印证关系、有无矛盾之处、供述与证言是否稳定、证言的制作时间、证人与被告人的亲疏利害关系，同时将言词证据与其他证据进行比对，审慎作出判断。

27. 杀人潜逃后使用化名，后又因犯新罪被采取强制措施期间，向司法机关主动交代真实身份及所犯故意杀人罪的，对于前罪能否认定为自首？①

本书观点：被告人的隐瞒行为对公安机关掌握其余罪行为并不构成实质障碍，在羁押期间如实供述自己真实身份杀人罪行不符合“如实供述司法机关还未掌握的本人其他罪行”的规定，不应认定为自首。

对于在被采取强制措施期间，如实供述司法机关尚未掌握的本人其他罪行的情况，理论界一般称为余罪自首。对于余罪自首的认定，应当从以下三个方面进行审查：

第一，必须是如实供述余罪。《自首和立功意见》规定，如实供述自己的罪行，“除供述自己的主要犯罪事实外，还应包括姓名、年龄、职业、住址、前科等情况”。该规定要求行为人不仅要供述所犯余罪罪行，还要交代其真实身份。对于隐瞒自己的真实身份等情况，影响对其定罪量刑的，不能认定为如实供述自己的罪行。被告人孟某廷因故意伤害被公安机关刑事拘留，在羁押期间向公安机关不仅主动交代了自己故意杀人的罪行，还如实供述了自己的真实身份，即之前是冒用其弟“孟某敏”的姓名等身份情况，其真实身份是孟某廷。

第二，所供余罪必须是本人的其他罪行，与所犯新罪不属于选择性罪名或者不存在事实、法律上的关联。《自首和立功解释》第二条规定，“被采取强制措施的犯罪嫌疑人、被告人和已宣判的罪犯，如实供述司法机关尚未掌握的罪行，与司法机关已掌握的或者判决确定的罪行属不同种罪行的，以自首论”。《自首和立功意见》对“不同种罪行”的认定又作了进一步规定：“犯罪嫌疑人、被告人在被采取强制措施期间如实供述本人其他罪行，该罪行与司法机关已掌握的罪行属同种罪行还是不同种罪行，一般应以罪名区分。虽然如实供述的其他罪行的罪名与司法机关已掌握犯罪的罪名不同，但如实供述的其他犯罪与司法机关已掌握的犯罪属选择性罪名或者在法律、事实上密切关联……应认定为同种罪行。”虽然孟某廷如实供述的故意杀人犯罪与司

---

① 观点来源：最高人民法院刑事审判第一、二、三、四、五庭主办：《刑事审判参考》2014年第2集（总第97集），法律出版社2014年版，第54－56页，孟某廷故意杀人、故意伤害案。

法机关已掌握的故意伤害犯罪，犯罪事实均系孟某廷因与被害人产生矛盾后，持菜刀砍击被害人，但两者分属不同罪名，且不存在法律或事实上的关联，属于不同种罪行。

第三，所供述余罪必须不为司法机关掌握。该条件是认定此类情形是否构成余罪自首的关键。对何为“司法机关还未掌握的本人其他罪行”，《自首和立功意见》规定：“犯罪嫌疑人、被告人在被采取强制措施期间，向司法机关主动如实供述本人的其他罪行，该罪行能否认定为司法机关已掌握，应根据不同情形区别对待。如果该罪行已被通缉，一般应以该司法机关是否在通缉令发布范围内作出判断，不在通缉令发布范围内的，应认定为还未掌握，在通缉令发布范围内的，应视为已掌握；如果该罪行已录入全国公安信息网络在逃人员信息数据库，应视为已掌握。如果该罪行未被通缉，也未录入全国公安信息网络在逃人员信息数据库，应以该司法机关是否已实际掌握该罪行为标准。”需要指出的是，该条意见针对的是行为人身份信息明确的情形。如果行为人潜逃期间或者因新罪到案后为掩盖漏罪或者前科，长期使用化名或者自报虚假身份，即便该行为人被公安机关上网通缉，该余罪亦难以为司法机关所掌握。因此，不能简单以“是否在司法机关通缉令发布范围内”或“该罪行是否录入全国公安信息网络在逃人员信息数据库”作为司法机关是否掌握的标准，而应本着实事求是、具体情况具体分析的态度审查判断，不宜搞“一刀切”。认定司机机关是否掌握余罪罪行，既不能把握得过窄，影响行为人交代余罪的积极性，又不能放得过宽，导致行为人借助余罪自首减轻罪责。对于行为人采用化名的情形，司法审判中应当综合审查在案证据，结合公安机关侦查惯例等情况，具体分析司法机关有无掌握其余罪的条件与可能，对于行为人外逃后长期使用化名，司法机关对其真实身份的查证又无其他任何线索的，如果行为人因实施其他犯罪到案后如实交代真实身份信息及所犯余罪，可以认定构成余罪自首。如果司法机关有明确、清晰的查证身份线索，不宜认定行为人对余罪构成自首。

就本案而言，首先，根据公安机关出具的《在逃人员登记/撤销表》及《协查通报》，被告人孟某廷因故意杀人逃跑后，公安机关于 1997 年 10 月 7 日向各地公安机关、看守所等发布了抓捕孟某廷的协查通报；于 2002 年 4 月 1 日又在全国范围内对孟某廷上网追逃。虽然孟某廷因故意伤害在廊坊市公安局看守所羁押期间，如实供述了自己的杀人罪行，但公安机关具备了解和掌握其所犯余罪的客观条件和正规途径。其次，孟某廷使用“孟某敏”的化名已有数年，并以“孟某敏”的身份信息伪造了身份证。公安机关在孟某廷主动交代前，并不掌握其真实身份信息，但孟某廷所持有的第一代、第二代身份证，均系伪造且被公安机关起获，其冒充他人身份信息的情况已露出破绽。同时，孟某廷冒充的是其弟“孟某敏”的身份信息，根据公安机关侦查惯例，公安人员按照正常的工作程序，在调取“孟某敏”的户籍材料，查证行为人与“孟某敏”身份关系的活动中，亦能了解孟某廷的真实身份及所犯余罪罪行。由此可见，孟某廷使用“孟某敏”化名，对公安机关掌握其余罪罪行并不构成实质障碍。故孟某廷在廊坊公安局看守所羁押期间，如实供述自己真实身份及杀人罪行的行为不符合“如实供述司法机关还未掌握的本人其他罪行”的规定，不应认定为自首。

需要说明的是，之所以对余罪自首采用比一般自首更为严格的认定标准，主要考虑到犯罪嫌疑人已被采取强制措施，属被动归案，司法机关有深挖余罪的职责，犯罪嫌疑人有如实回答的义务。当然，上述对“司法机关是否掌握”认定标准的界定，并不会造成变相鼓励犯罪嫌疑人、被告人编造和使用没有任何查证线索的化名的情况。就孟某廷而言，其主动交代真实身份，如实供述其以前所犯罪行的行为，虽不能认定为余罪自首，但已构成坦白。2011 年施行的《刑法修正案（八）》已将坦白上升为法定从宽处罚情节，审判机关可以根据其坦白价值大小、所犯罪行严重程度等情节，在量刑时决定对其是否予以从轻处罚。孟某廷故意杀人，致 2 人死亡、2 人轻伤，在逃期间又犯故意伤害罪，主观恶性与人身危险性大，虽有坦白情节，不足以从宽处罚，故法院判处并核准死刑。

28. 被告人自首后主动交代获悉的同案犯的关押场所并予以指认的，是否构成立功？①

分歧意见：第一种意见认为，被告人自首后向公安机关交代同案犯的关押场所并予以指认，是其应当供述的内容范畴，不能在认定自首的同时又认定立功，但可以酌情予以从轻处罚。

第二种意见认为，同案犯因其他犯罪先前被抓获后，一直隐瞒其曾经伙

---

① 观点来源：最高人民法院刑事审判第一、二、三、四、五庭主办：《刑事审判参考》2011 年第 3 集（总第 80 集），法律出版社 2011 年版，第 123－129 页，胡某栋抢劫案。

同被告人等人抢劫的事实，如没有被告人的揭发及指认，则司法机关难以按照正常工作程序掌握同案犯参与该起抢劫的事实，而公安机关正是根据被告人提供的情况才掌握同案犯的抢劫犯罪事实，故应当认定被告人既有自首表现，又有立功表现。

本书观点：自首后主动交代获悉的同案犯的关押场所并予以指认的，构成立功。

前述两种意见分歧的实质是如何理解和认定共同犯罪案件的被告人自首时所应当供述的同案犯信息的范围。或者说，共同犯罪案件的被告人自首时交代同案犯情况的，在何种条件下可以认定为立功。《自首和立功解释》第一条规定："共同犯罪案件中的犯罪嫌疑人，除如实供述自己的罪行，还应当供述所知的同案犯，主犯则应当供述所知其他同案犯的共同犯罪事实，才能认定为自首……"之所以这样规定，是由共同犯罪的整体性特征决定的。因为共同犯罪的被告人如果不交代同案犯的犯罪事实，就没有完整交代自己的罪行，自然谈不上如实供述，也就不能认定为自首。所谓"供述所知的同案犯"，通常是指供述同案犯的姓名、住址、联系方式等身份情况和在共同犯罪中的具体表现、地位和作用。而这些内容往往会对司法机关抓捕同案犯起到协助作用，由此导致自首的成立与立功的认定发生一定程度的竞合。《自首和立功解释》第五条规定，犯罪分子到案后协助司法机关抓捕其他犯罪嫌疑人（包括同案犯）的，应当认定有立功表现。这里的关键在于如何准确界定"协助"的内涵。如果对"协助"的理解过于宽泛，会导致"协助"与"如实供述"发生较高程度的竞合，这时如认定被告人同时构成自首和立功，实际上是重复评价。因而，有必要稳妥、确切地界定"协助"的内涵，使"协助"超越"如实供述"的范围，以完整、准确评价被告人的表现。

对此，司法实践中已经总结了一些经验。例如，2008年12月印发的《全国部分法院审理毒品犯罪案件工作座谈会纪要》提出："共同犯罪中同案犯的基本情况，包括同案犯姓名、住址、体貌特征、联络方式等信息，属于被告人应当供述的范围。公安机关根据被告人供述抓获同案犯的，不应认定其有立功表现。被告人在公安机关抓获同案犯过程中确实起到协助作用的，例如，经被告人现场指认、辨认抓获了同案犯；被告人带领公安人员抓获了同案犯；被告人提供了不为有关机关掌握或者有关机关按照正常工作程序无法掌握的同案犯藏匿的线索，有关机关据此抓获了同案犯；被告人交代了与同案犯的联系方式，又按要求与对方联络，积极协助公安机关抓获了同案犯等，属于协助司法机关抓获同案犯，应认定为立功。”该指导意见虽然主要是针对毒品犯罪案件立功的认定问题提出的，但对其他案件中被告人立功的认定也具有指导意义。为进一步准确认定自首和立功，2010 年 12 月 22 日，最高人民法院又印发了《自首和立功意见》，其中第五条对“协助抓捕其他犯罪嫌疑人”的认定作了具体规定，即犯罪分子具有下列行为之一，使司法机关抓获其他犯罪嫌疑人的，属于《自首和立功解释》第五条规定的“协助司法机关抓捕其他犯罪嫌疑人”：（1）按照司法机关的安排，以打电话、发信息等方式将其他犯罪嫌疑人（包括同案犯）约至指定地点的；（2）按照司法机关的安排，当场指认、辨认其他犯罪嫌疑人（包括同案犯）的；（3）带领侦查人员抓获其他犯罪嫌疑人（包括同案犯）的；（4）提供司法机关尚未掌握的其他案件犯罪嫌疑人的联络方式、藏匿地址的，等等。该条同时规定：“犯罪分子提供同案犯姓名、住址、体貌特征等基本情况，或者提供犯罪前、犯罪中掌握、使用的同案犯联络方式、藏匿地址，司法机关据此抓捕同案犯的，不能认定为协助司法机关抓捕同案犯。”根据这些规定，结合司法实践情况，对于司法机关根据被告人自首时交代的情况抓获同案犯的，能否同时认定其有立功表现，可以区分以下情形具体分析：

第一，被告人自首时交代同案犯的姓名或绰号、性别、年龄、体貌特征、住址、籍贯、联系电话、QQ 号等个人信息的，属于其应当供述的范围，是成立自首所必备的条件。如果被告人自首时不交代或不如实交代同案犯的这些基本信息，则不能认定为如实交代，不能认定为自首。公安机关根据自首被告人交代的同案犯基本信息抓获同案犯的，不能在认定自首之外再认定被告人有立功表现，否则就是评价过剩，属于适用法律不当。

第二，被告人自首时交代了同案犯的姓名、性别、年龄、体貌特征、住址、联系电话等基本信息，又提供了同案犯的可能藏匿地等线索，而该线索是司法机关通过正常工作程序能够掌握的，则也不能认定被告人有立功表现，仅应认定其有自首情节。例如，被告人自首交代了同案犯的手机号，并称同案犯可能藏匿于另一个城市的女友家里。后公安机关通过技侦手段确定了同案犯所处的具体位置，即前往抓捕，并最终在该同案犯的女友家里将其抓获。在这种情形中，虽然被告人交代的同案犯的藏匿地点与公安机关实际抓获该同案犯的地点相同，但通过技侦手段确定犯罪嫌疑人的位置属于公安机关的正常工作范围，即使被告人不交代同案犯可能藏匿于其女友家，公安机关也可以通过该正常工作程序抓获同案犯。而公安机关客观上也是通过这种途径抓获同案犯的，故在这种情形下不能认定被告人有立功表现。

第三，被告人自首时交代了同案犯的罪行和基本信息，又提供了司法机关无法通过正常工作程序掌握的有关同案犯的线索，而司法机关正是通过该线索将同案犯抓获归案的，那么，不论被告人是否带领公安机关前往现场抓捕，都应当认定其行为对司法机关抓获同案犯起到了必要的协助作用，构成立功。

第四，判断被告人提供的同案犯信息是否属于司法机关通过正常工作程序能够掌握的范围，应当立足于已然事实。例如，同案犯“隐藏”在看守里，或许有一天会在看守所主动交代余罪，或许会被其他同监犯告发，或许会在其他在逃的同案犯归案时被揭发等。但这些均是假设，均没有在被告人揭发之前实际发生，故不能以司法机关可能通过其他途径掌握同案犯的线索为由，否认被告人的行为客观上所起的必要协助作用。也就是说，对共同犯罪的被告人自首时所交代的同案犯的罪行和基本信息超越了“如实供述”的范围，并对抓获同案犯确实起到必要的协助作用的，应根据《自首和立功解释》第五条的规定，同时认定具有自首和立功表现，依法从宽处罚。准确把握这一原则，对于切实贯彻宽严相济的刑事政策，分化瓦解犯罪分子，感召犯罪人改过自新，均具有积极的现实意义。

29. 被告人在其担任看守所副所长期间，基于与被检举犯罪嫌疑人的亲友关系在生活中获取获得的立功线索，是否一律不能认定为立功？[①]

分歧意见：第一种意见认为，被告人系人民警察，根据《职务犯罪自首、立功意见》第二条关于“本人因原担任的查禁犯罪等职务获取的”线索来源不能认定为立功的规定，其有查禁犯罪的职责，因此按照规定不能认定为立功。

第二种意见认为，被告人虽系人民警察，但其获取的线索来源没有利用其查禁犯罪的职务上的便利或者利用职务形成的便利条件，依法可认定为立功。

---

① 观点来源：最高人民法院刑事审判第一、二、三、四、五庭主办：《刑事审判参考》2010年第1集（总第72集），法律出版社2010年版，第74－80页，汪某斌受贿案。

本书观点：我们同意第二种意见，认为被告人在其担任看守所副所长期间获得的立功线索，只要线索来源不是基于职务获取，可依法认定为立功。

《职务犯罪自首、立功意见》对职务犯罪分子立功的认定和处理进一步细化，明确了四种情形不能认定为立功：（1）本人通过非法手段或者非法途径获取的；（2）本人因原担任的查禁犯罪等职务获取的；（3）他人违反监管规定向犯罪分子提供的；（4）负有查禁犯罪活动职责的国家机关工作人员或者其他国家工作人员利用职务便利提供的。司法实践中对第一种、第三种、第四种情形一般没有疑义，但是对第二种情形中获取立功的线索来源是否需要利用“职务”没有明确规定，导致产生争议。我们认为，被告人在其担任看守所副所长期间获得的立功线索，只要线索来源不是基于职务获取，可依法认定为立功。理由如下：

第一，从体系解释来看，在刑法、相关司法解释以及司法解释性文件中关于职务犯罪的提法，涉及“职务”以及相关用语“职权或者地位形成的便利条件”“职务上的便利”“职务上的行为”等都有动词“利用”加以限定。虽然《职务犯罪自首、立功意见》中没有使用“利用”一词，但我们不能由此认为，这里不需要利用职务上的便利。从法律对于职务犯罪的规定来看，刑法惩治的是利用“职务”的渎职行为，《职务犯罪自首、立功意见》亦是针对职务犯罪专门出台的。负有查禁犯罪职责的行为人在案发前有报告、移送或者处置违法犯罪案件的职责，但没有及时报告、移送或处置的，是一种不履行职责的渎职行为。犯罪后将犯罪线索检举揭发，实质上是其职责的怠于履行，只能视为对其渎职的补救。《职务犯罪自首、立功意见》规定的四种不能认定为立功的第一种、第三种、第四种情形均系违法行为。任何人不应从其违法行为中获利，这是基本的司法准则。因此，对于职务犯罪行为人利用职务获取的立功线索、材料来源，依法不应当认定为立功。但对于没有利用职务获取的犯罪线索应依法认定为立功。因为《刑法》规定的身份犯都是相对的，任何职务犯罪行为人除了其刑法评价的法定身份以外还有作为一般犯罪主体的非法定身份，对于具有特定身份的人基于非法定身份实施的行为，其身份对刑法评价不产生影响。例如，国家工作人员没有利用职务便利实施一般盗窃行为时，国家工作人员的身份对其定罪量刑是没有法定影响的。如果职务犯罪行为人没有利用其职务实施犯罪行为，难以构成职务犯罪。同理，没有利用职务获取立功线索、材料来源，对职务犯罪中立功等量刑情节的评价是不产生影响的。被告人并没有利用职务上的便利获取立功线索，而是基于与被检举犯罪嫌疑人的亲友关系在生活中获取立功线索，与《职务犯罪自首、立功意见》规制的相关范围并不一致，因此认定其行为成立立功，符合对刑法的体系解释。

第二，从刑法的规定来看，法律设立立功制度的目的在于鼓励犯罪分子检举揭发其他犯罪行为，协助司法机关及时侦破案件。成立立功的结果是犯罪分子可能得到从轻或者减轻处罚，其实质根据主要有两点：一方面，犯罪分子在犯罪后揭发他人犯罪行为或者提供重要线索从而得以侦破其他案件，将功抵过，体现了犯罪分子一定的悔罪态度；另一方面，犯罪分子在犯罪后揭发他人犯罪行为或者提供重要线索，有利于司法机关及时发现侦破其他犯罪案件，有利于节约司法资源，降低司法成本。可见，功利与公正并重是立功制度的本质特征。从制定《职务犯罪自首、立功意见》的背景来看，主要是由于司法实践中职务犯罪案件轻刑适用比例偏高，立功等量刑情节的认定和运用不够规范，导致职务犯罪案件刑罚适用的统一性和严肃性大打折扣，致使部分职务犯罪案件在处理上失之于宽，需要严格加以规范。《职务犯罪自首、立功意见》解决的是立功线索来源上公正和功利两种价值诉求的内在平衡问题，即不能以牺牲公正为代价获取功利，行为人如果利用查禁犯罪的职务获取立功线索，不应当认定为立功。同理，没有利用职务获取的立功线索当然依法应认定为立功。被告人获取的立功线索并非利用职务便利获取，不属于《职务犯罪自首、立功意见》规定的有关四种不认定立功的情形，其提供的线索实现了节省司法成本的效果，体现了其一定的悔罪态度，认定立功符合刑法设立立功制度的目的。

第三，从人民警察法的规定来看，被告人获取立功线索的行为不属于职务行为。《人民警察法》第十九条规定，人民警察在非工作时间，遇有其职责范围内的紧急情况，应当履行职责。第六条对公安机关人民警察的职责分为十三类，公安机关的内设机构也是根据人民警察法的规定相应地分为交通警察、刑事侦查警察、治安警察、户籍及出入境管理警察等。每个公安民警的职责依其所在部门和职位而确定。例外的情况是，第二十一条规定，人民警察遇到公民人身、财产安全受到侵犯或者处于其他危难情形，应当立即救助。由以上规定出发，公安人员除遇到公民人身、财产受到侵犯或者处于其他危难情形以外，是不能随便超越职权行使职责的。被告人的立功线索针对的是该犯罪嫌疑人已经实施犯罪行为，已发生犯罪事实的情形，并不属于《人民警察法》第二十一条规定的公安机关人民警察应当立即予以处理的情形。对于犯罪事实的侦查和犯罪嫌疑人的追捕按照相关规定也应由相关侦查人员负责。被告人作为异地看守所副所长，并没有侦破此案件的法定职责，因而认定被告人的行为成立立功并不违反人民警察法的规定。

30. 被告人带领公安人员抓捕同案犯的过程中，未对同案犯住处及其本人进行指认，且公安机关是在当地警方和相关人员协助下抓获同案犯，该行为是否构成重大立功？[①]

本书观点：被告人带领公安人员抓捕同案犯过程中，未对同案犯住处及其本人进行指认，且公安机关是在当地警方和相关人员协助下抓获同案犯，被告人的带捉行为不构成立功。

根据《自首和立功解释》第五条、第七条的规定，犯罪分子到案后协助司法机关抓捕其他犯罪嫌疑人（包括同案犯）的构成立功，其中抓获重大犯罪嫌疑人构成重大立功。所谓重大犯罪嫌疑人，一般是指犯罪嫌疑人、被告人可能被判处无期徒刑以上刑罚或者在本省、自治区、直辖市或者全国范围内有较大影响等情形。我国刑法所确立的立功制度和对立功犯从宽处罚的原则，具有重大的意义：一方面，可以激励犯罪分子悔过自新，重新做人，使其能以较为积极的态度协助司法机关工作，提高司法机关办案的效率，节省司法资源；另一方面，可以有效地瓦解犯罪势力，促使其他犯罪分子主动归案，减少因犯罪分子留在社会上而对社会构成的潜在威胁。司法实践中，对已到案的犯罪分子协助司法机关抓捕其他犯罪嫌疑人，认定构成立功，要把握三个条件：一是确实有协助抓捕的必要；二是客观上有协助司法机关抓捕其他犯罪嫌疑人的具体行为；三是协助行为对抓捕其他犯罪嫌疑人确实起到了作用。犯罪分子到案后如实交代了同案犯姓名、住址、体貌特征（如面部疤痕、肢体残疾等）基本情况，或者犯罪前、犯罪过程中掌握的同案犯联系方式（如手机号、QQ 号等）、藏匿地址，公安机关据此抓捕同案犯的，该情形属于如实交代基本犯罪事实的范畴，不能认定为立功。协助抓捕其他犯罪嫌疑人的具体行为，包括按照司法机关的安排诱捕其他犯罪嫌疑人，带领公

---

① 观点来源：最高人民法院刑事审判第一、二、三、四、五庭主办：《刑事审判参考》2011 年第 3 集（总第 80 集），法律出版社 2011 年版，第 130－136 页，刘某等抢劫案。

安人员抓捕其他犯罪嫌疑人，并当场指认其他犯罪嫌疑人等。审查判断协助抓捕行为是否构成立功，关键是审查该协助行为对司法机关抓捕其他犯罪嫌疑人是否确实起到了作用，如通过诱捕抓获其他犯罪嫌疑人，或者带领公安人员抓捕其他犯罪嫌疑人，并当场指认其他犯罪嫌疑人的，就属于起到了协助作用，应认定为立功。反之，被诱捕的同案犯没有上钩；或者带领公安人员抓捕其他犯罪嫌疑人，没有抓到，公安机关通过其他途径抓获了其他犯罪嫌疑人，则属于没有起到协助抓捕作用，不应认定为立功。

公安人员虽然押解被告人到了抓捕现场，但是在当地警方和相关人员帮助下找到并抓获同案犯，被告人对抓获同案犯没有起到更实质性的作用，其行为不属于协助司法机关抓捕同案犯，故应认定被告人的带捉行为不构成重大立功。

综上，审查已到案被告人协助司法机关抓捕其他犯罪嫌疑人（包括同案犯），不仅要凭公安机关出具的抓获经过等证明材料作出判断，而且还应结合全部在案证据，认真、仔细分析研究，如已到案全部被告人的供述，尤其是第一次供述是否如实交代了同案犯的姓名、住址、联系方式、身体特征等基本情况，协助抓捕的具体行为，重点审查协助行为对抓捕其他犯罪嫌疑人（包括同案犯）是否确实起到了帮助作用，对其行为是否构成立功作出全面的分析、客观公正的认定，从而对其作出罚当其罪的判决，真正做到不枉不纵。

31. 带领侦查人员抓捕同案犯未果后电话劝说自首的是否属于有立功表现?①

本书观点：带领公安人员前往抓捕同案犯未果后，电话劝说同案犯自首的，只要行为人的行为对于司法机关抓获同案犯起到了协助作用，就应当认定行为人具有立功表现。

司法实践中，对于向司法机关提供同案犯的藏匿地点、电话号码等线索的，一般需以进一步实施了带领司法人员抓获同案犯的行为作为认定立功的条件；如果所提供的线索十分清楚，没有必要“带捉”，且司法机关据此抓获了同案犯，亦可以认定为具有立功表现。但带领侦查人员抓捕同案犯未果后电话劝说自首的是否属于有立功表现，在诉讼中有不同认识。

---

① 观点来源：最高人民法院刑事审判第一庭、第二庭编：《刑事审判参考》2005 年第 1 集（总第 42 集），法律出版社 2005 年版，第 32 – 36 页，陆某、茅某君、石某伟抢劫案。

有种观点认为，被告人虽有带领公安人员抓获同案犯的行为，但并没有据此将同案犯抓捕归案，在认定同案犯系自动投案后，就不应认定被告人有立功表现；对于被告人带领公安人员抓捕同案犯以及劝说同案犯自首的行为，可作为酌定从轻处罚情节予以考虑。

我们认为，对于协助抓获同案犯的行为是否认定为立功表现，关键在于行为人在公安机关抓获同案犯的过程中是否确实起到了协助作用。这种协助作用包括经被告人当场指认、辨认同案犯而抓获的，带领公安人员前往抓获的，以及提供不为司法机关掌握或司法机关按正常工作程序无法掌握的同案犯的藏匿地点而抓获的；等等。只要行为人的行为对于司法机关抓获同案犯起到了协助作用，就应当认定行为人具有立功表现。

综上分析，被告人到案后带领公安人员至同案犯家抓捕同案犯，已经表明被告人向公安机关提供了同案犯的可能藏匿地点等基本情况，对公安机关抓获同案犯已经起到了一定的协助作用，同时，同案犯系接到被告人劝说自首的电话后至公安机关自首的。因此，被告人劝说同案犯自首的行为与同案犯的自动投案之间，仍存在因果关系。这种劝说自首行为也成为协助司法机关抓捕同案犯的具体表现，在同案犯据此归案后，应当认定被告人在使同案犯到案的问题上确实起到了协助作用。至于同案犯的行为成立自首则是另一层面评判的问题，不影响被告人具有立功表现的认定

32. 劝说、陪同同案犯自首是否可认定为立功表现？如果可认定为立功，则其应当属于《自首和立功解释》中五种立功情形中的哪一种情形？①

本书观点：劝说、陪同同案犯自首的，可认定为立功，法律适用上应适用“具有其他有利于国家和社会的突出表现的”。

《自首和立功解释》第五条规定了立功的五种情形，即犯罪分子到案后有检举、揭发他人犯罪行为，包括共同犯罪案件中的犯罪分子揭发同案犯共同犯罪以外的其他犯罪，经查证属实；提供侦破其他案件的重要线索，经查证属实；阻止他人犯罪活动；协助司法机关抓捕其他犯罪嫌疑人（包括同案犯）；具有其他有利于国家和社会的突出表现的，应当认定为有立功表现。

该司法解释规定了五种立功情形，前四种情形属于列举性规定，是实践

---

① 观点来源：最高人民法院刑事审判第一、二、三、四、五庭主办：《刑事审判参考》2011 年第3集（总第80集），法律出版社 2011 年版，第 98－102 页，霍某龙等虚开用于抵扣税款发票案。

中最为常见的几种立功情况，第五种情形属于兜底性规定，囊括除上述四种情况之外其他可认定为立功的有利于社会、国家的行为。被告人劝说并陪同同案犯自首的行为未包括在前四种立功情形之中，但属于具有其他有利于国家和社会的突出表现的情形，可认定其属于刑法上的立功。具体理由如下：

（1）认定劝说、陪同同案犯自首为立功表现符合立功的立法本意

刑法设立立功制度，并对有立功表现的行为人给予从轻甚至减轻的刑罚优遇，其实质根据有两点：一是从法律上，行为人在犯罪后揭发他人犯罪行为，或者提供重要线索，从而得以侦破其他案件，表明行为人对犯罪行为价值的否定，因而其再犯可能性会有所减小，利用刑罚对其进行个别预防的需要减弱。二是从政策上，对揭发他人犯罪行为，或者提供重要线索等行为，给予刑罚上的从轻，有利于鼓励行为人犯罪之后揭发他人犯罪、阻止他人犯罪、协助司法机关抓获其他犯罪嫌疑人等，有利于预防新的犯罪或司法机关及时发现、侦破已经发生的犯罪案件。

被告人劝说与陪同同案犯自首的行为，体现了行为人对自己行为的认罪、悔罪态度，其人身危险性减小了；并且该行为又具有社会有益性，有利于司法机关及时发现、侦破犯罪案件，刑法规范的效力也得到了确证。因此，从立法本意而言，劝说、陪同同案犯自首的行为应认定为立功表现。

（2）劝说、陪同同案犯自首相比“协助司法机关抓捕其他犯罪嫌疑人（包括同案犯）”更具有效性

司法解释中明确规定“协助司法机关抓捕其他犯罪嫌疑人（包括同案犯）”为立功表现，而劝说、陪同同案犯自首的行为与该行为相比，明显经济效果更好。因为就共同犯罪而言，行为人在协助司法机关抓捕同案犯后，可能会出现同案犯拒不认罪、抵赖、推脱等情形，从而加大查证的难度，增加办案的司法成本。而劝说、陪同同案犯自首，既省去了抓捕的环节，又可以较快地查明犯罪事实，这种情形显然比协助司法机关抓捕其他犯罪嫌疑人更节省司法资源，更提高办案效率，更符合立功的精神，因此，当然应认定为立功。

（3）法律适用上应适用“具有其他有利于国家和社会的突出表现的”规定

《自首和立功解释》第五条规定的第五种立功情形是“具有其他有利于国家和社会的突出表现的”，该规定具有一般性规定与兜底性规定的双重特征。

其一般性规定在于其概括了立功的本质，说明立功是有利于国家和社会的突出表现；其兜底性规定在于其具有堵漏性的特点，意在将该司法解释没有穷尽的立功表现情形规定到该种情形中。当然，该种情形的把握应当是严格的，具有一定的条件，即该行为必须是有利于国家和社会的“突出表现”。

被告人劝说、陪同同案犯自首的行为是有利于国家和社会的，这是毋庸置疑的。关键是该行为是否为“突出表现”，通过比较劝说、陪同同案犯自首的行为与该司法解释其他立功表现情形，特别是协助司法机关抓捕其他犯罪嫌疑人（包括同案犯），劝说、陪同同案犯自首的情况，更加有利于司法机关对已经发生的犯罪的惩罚，也更有利于司法资源的节约，因此，理应认为是具有“突出表现的”。故而，对劝说、陪同同案犯自首的行为，认定其属于司法解释中“具有其他有利于国家和社会的突出表现的”的情形，构成刑法上的立功表现。相反，主张劝说、陪同同案犯自首属于“协助司法机关抓捕其他犯罪嫌疑人（包括同案犯）”的见解，将会在被劝说、被陪同同案犯的处理上面临严重的逻辑矛盾。因为劝说、陪同同案犯自首不仅仅涉及劝说者与陪同者的量刑情节的认定，即劝说者、陪同者是否构成立功表现，还涉及被劝说者与被陪同者即同案犯的量刑情节的认定。因为同案犯在行为人劝说、陪同下到公安机关投案自首，依法应构成自首，如果对行为人适用了“协助司法机关抓捕其他犯罪嫌疑人（包括同案犯）”的规定，则一方面是行为人协助司法机关抓捕同案犯，而另一方面是同案犯到司法机关进行自首，这显然存在逻辑上的矛盾。

综上，被告人劝说、陪同同案犯自首的行为应认定为立功表现，而且属于上述五种情形中的第五种立功情形，即“具有其他有利于国家和社会的突出表现”的情形。

33. 被窝藏人主动供述他人窝藏犯罪的能否认定为立功?[①]

本书观点：被窝藏人主动供述他人窝藏犯罪的不构成立功。刑法和司法解释规定的“揭发他人犯罪行为”，应理解为与本人无关的他人犯罪行为。

刑法和司法解释规定的“揭发他人犯罪行为”，应该理解为与本人的违法犯罪行为无关的他人犯罪行为。被窝藏人揭发的他人的窝藏犯罪行为，与被

---

① 观点来源：最高人民法院刑事审判第一庭、第二庭编：《刑事审判参考》2003 年第 1 辑（总第 30 辑），法律出版社 2003 年版，第 26 – 32 页，蔡某、李某等故意伤害、窝藏案。

窝藏者本人的犯罪行为及其逃匿行为皆有关联性，因此不能认定为立功表现。具体应把握以下两个方面：一是犯罪分子本人实施的犯罪行为与其揭发的他人犯罪行为之间不得存在关联性，否则不属于揭发他人犯罪行为，也就是说，对偶犯相互揭发相对方的犯罪行为不能认定为立功表现。对偶犯是指必须由犯罪一方在供述自己的犯罪行为时，必然要涉及相对一方的犯罪行为，否则就不能完整地叙述整个犯罪事实，故其性质属于如实供述的范畴，而不属于揭发他人犯罪行为，因而不能认定为立功。二是犯罪分子揭发的他人犯罪行为与本人实施的犯罪行为之间不存在因果关系，否则也不能认定为揭发他人犯罪行为，即揭发连累犯不能认定为立功。连累犯是指事先与他人无通谋，也未曾允诺事后会提供帮助，但在事后明知他人已经实施了犯罪，仍然向其提供帮助，帮助其逃避司法机关的刑事追诉的行为，比如窝藏犯、包庇犯等。连累犯的犯罪行为总是基于被帮助的犯罪分子的先行犯罪行为而实施，没有先行的犯罪行为，也就不会发生为犯罪分子提供帮助的犯罪行为。所以，接受连累犯帮助的犯罪分子对连累犯实施犯罪具有原因力，实际上是连累犯的制造者，双方的犯罪行为是相辅相成、缺一不可的，存在因果关系。接受帮助的犯罪分子在犯罪之后逃避司法机关追究其刑事责任的行为，客观上妨碍了司法机关对犯罪的刑事追诉和刑罚执行活动，并连动他人犯罪，该行为同样具有社会危害性。只是我国刑法未将这一行为规定为犯罪，因而对接受帮助的犯罪分子不认定为窝藏罪的共犯而已。尽管如此，但其确实是窝藏犯罪的制造者和参与者。所以，揭发连累犯犯罪行为的，不能认定为有立功表现。

有一种观点认为，揭发“他人”犯罪行为，是指与本人共同犯罪以外的其他犯罪人的犯罪事实。我国刑法仅对明知他人犯罪而提供帮助的行为规定为窝藏犯罪，而对犯罪后逃匿的人接受他人帮助的行为未规定为犯罪，因此被窝藏人与窝藏犯之间的窝藏与被窝藏的行为不构成共同犯罪，故被窝藏人到案后交代窝藏者的窝藏犯罪行为，符合法律规定的“揭发他人犯罪行为”。逃匿的行为不是犯罪行为，逃匿过程中接受帮助的行为也不是犯罪行为，被窝藏人不揭发向自己提供帮助的窝藏犯，并不影响对自己犯罪事实的如实供述，被窝藏人到案后只需供述自己伤害犯罪的事实，而无须供述除此以外的他人犯罪事实。由于窝藏犯罪具有隐秘性的特点，窝藏犯是否到案，这个权柄往往握在被窝藏者的手中，为了有利于侦破此类案件，鼓励被窝藏者揭发窝藏者，应该对此行为认定为立功表现。

我们认为，这一观点是机械地搬用法律条文所致，持此种论点的人回避了被窝藏人的逃匿行为与窝藏者的窝藏行为之间的关联性和因果关系。我国法律确立立功制度的本意是调动一切积极因素，鼓励犯罪分子作出有益于国家和社会的行为，从而减轻自己的罪责，并获得司法机关的从宽处罚。如果接受窝藏的犯罪分子制造窝藏犯罪后，再揭发该犯罪行为可被认定为立功的话，那么将预示着犯罪分子逃避司法机关追诉的时间越长，制造的窝藏犯罪越多，侵害的法益越多，其立功的机会也就越多，功劳也就越大，这与确立立功的立法本意完全相悖。所以，对“揭发他人犯罪行为”，应理解为与本人无关的他人犯罪行为。

34. 犯罪分子如实供述自己所参与的对合型犯罪中对方的犯罪行为，从而为司法机关提供线索并得以侦破其他案件，是否构成立功？①

本书观点：被告人如实供述自己所参与的对合型犯罪中对方的犯罪行为，属于其法定义务，不构成立功。具体阐述如下：

对合型犯罪又称对合犯、对向犯，是指某一犯罪的实施或完成必须基于行为双方之间的对应行为，双方互为实现特定犯罪构成的必要条件。对合型犯罪分为三种情形：一是双方的罪名与法定刑相同，如重婚罪；二是双方的罪名与法定刑都不相同，如行贿罪和受贿罪、拐卖妇女罪与收买被拐卖的妇女罪；三是只处罚一方的行为（片面的对合犯），如贩卖淫秽物品牟利罪，只处罚贩卖者，不处罚购买者。对于该种情形，立法者一般是考虑到对应的两方行为具有定型性、通常性，其中一方的行为需要用刑罚惩罚，而另一方的行为不具有可罚性，因而只规定了一方的行为构成犯罪。另一方的行为虽然未规定为犯罪，但通常也不具有合法性。

在对合型犯罪中，参与者双方的行为均系对方行为成立的必要条件，一方交代自己的犯罪事实必然包含了对方的犯罪事实；同样，交代对方的犯罪事实也必然包含了自己的犯罪事实。这种互相包含的必然性决定了犯罪分子的供述必然属于与自己实施的犯罪相关的问题，换言之，也就是交代的对方的行为不属于“他人犯罪行为”或“其他案件的重要线索”。

《自首和立功意见》第四条关于立功线索来源的具体认定，从立功制度的

---

① 观点来源：最高人民法院刑事审判第一、二、三、四、五庭主办：《刑事审判参考》2011 年第 3 集（总第 80 集），法律出版社 2011 年版，第 145－152 页，杨某玲故意杀人案。

初衷（一方面反映出犯罪分子的人身危险性较低，另一方面客观上有利于案件侦破）出发，对立功线索的来源作了必要的限制。根据该条规定的精神，犯罪分子检举、揭发自己所参与的对合型犯罪中对方的行为的，因为线索来源上不具有正当性，因此，也不能认定为立功。

35. 犯罪分子的亲属代为立功，能否作为从轻处罚的依据？[①]

本书观点：被告人亲属代为“立功”的，不构成刑法上的立功。

在司法实践中，经常发生被告人亲友“代为立功”的现象，例如，被告人的家属出于希望减轻被告人的罪责，司法机关对被告人从轻处理的动机，将自己掌握的犯罪事实向司法机关检举、揭发或者自告奋勇帮助司法机关抓捕罪犯。我们认为，对这种被告人亲友的“代为立功”是不能认定为被告人立功的，因为根据刑法的规定，构成刑法意义上的立功是有主体条件限定的，即只有犯罪分子包括被采取强制措施的犯罪嫌疑人、被告人和正在服刑的罪犯才存在刑法意义上的立功。因此，对完全与犯罪分子无关、纯粹由犯罪分子亲友实施的“立功”行为，不能认定为犯罪分子的立功表现。当然，亲友“代为立功”作为一种对社会有益的行为，应当给予一定的鼓励和奖励，考虑到被告人亲友系出于帮助被告人减轻罪责的动机才“代为立功”的，虽然不能认定被告人有立功表现作为法定从轻情节，但将亲友“代为立功”作为酌定从轻情节在量刑时予以适当考虑，是符合我国刑事政策精神的。

需要指出的是，为有利于打击社会危害严重的毒品犯罪，维护社会安定，对犯罪分子亲友代为立功的行为，司法机关在没有据之对犯罪分子从轻量刑的情况下应当根据相关规定对实施立功行为的人员予以一定奖励，以保护人民群众检举、揭发犯罪，同犯罪现象作斗争的积极性。

36. 被告人提供在逃犯罪嫌疑人的藏匿地点与公安机关在被告人亲属协助下实际抓获该犯罪嫌疑人的地点不一致的，能否认定被告人立功？此种情形能否作为对被告人从轻处罚的情节？[②]

本书观点：刑法意义上的立功主体有明确范围，即只能是犯罪嫌疑人、被告人及正在服刑的罪犯。同时，法律和司法解释对检举揭发、提供侦破线

---

① 观点来源：最高人民法院刑事审判第一、二、三、四、五庭主办：《刑事审判参考》2006年第5集（总第52集），法律出版社2007年版，第42－48页，田某、崔某林等贩卖毒品案。

② 观点来源：最高人民法院刑事审判第一、二、三、四、五庭主办：《刑事审判参考》2009年第2集（总第67集），法律出版社2010年版，第71－75页，马某波、魏某芝贩卖毒品案。

索、协助抓捕等立功行为还要求具有实效性，即客观上必须是使案件得以侦破或实际将犯罪嫌疑人抓捕到案才能构成立功。也就是说，即使犯罪嫌疑人、被告人主观上有立功的愿望，客观上也有提供线索或协助抓捕的行为，但如果没有产生实际效果，也不能认定为立功。

立功中协助抓捕的情形多种多样，并不以被告人亲自带领抓捕为要件。实践中，为了使被告人有从轻、减轻处罚的机会，经常出现被告人亲属协助抓捕的情形。如果被告人将准确的线索转给亲属，由亲属根据该线索抓获犯罪嫌疑人，或者亲属协助公安机关根据该线索将犯罪嫌疑人抓获，可认定被告人立功。但是，如果被告人告知亲属的线索并不准确，亲属根据其他线索将犯罪嫌疑人抓获并扭送公安机关，或被告人将不准确的线索提供给公安机关，公安机关根据被告人亲属提供的其他线索抓获了犯罪嫌疑人，在这些情形下，虽然被告人也有提供线索的行为，但因该行为对抓获犯罪嫌疑人没有产生实际作用，故不能认定被告人构成立功。

但是，被告人亲属是出于减轻被告人罪责、使被告人获得从轻处罚的目的，并冒着一定的风险而协助公安机关抓获其他犯罪嫌疑人的，这种“代为立功”的行为对维护社会治安、有效打击犯罪客观上有一定积极作用，应当鼓励。因此，虽不认定被告人构成立功，但从政策上权衡，根据案件的具体情节，可以考虑在量刑时对被告人予以从轻处罚。需要指出的是，由于亲属代为立功不是对被告人从轻处罚的法定情节，且此种做法在实践中也可能产生一些负面弊端，故在处理具体案件时，是否因被告人亲属“代为立功”而对被告人从宽处罚，要具体情况具体分析，不能一概而论。

37. **被告人亲属为使被告人获得从轻或减轻处罚的机会，应司法机关的要求或主动向司法机关提出，协助司法机关抓获其他犯罪嫌疑人的，能否认定为被告人立功？**[①]

本书观点：被告人亲属协助司法机关抓获其他犯罪嫌疑人的，不能认定为被告人立功。

最高人民法院于2010年12月在《自首和立功意见》第四条规定：“犯罪分子亲友为使犯罪分子‘立功’，向司法机关提供他人犯罪线索、协助抓捕犯

---

① 观点来源：最高人民法院刑事审判第一、二、三、四、五庭主办：《刑事审判参考》2011年第3集（总第80集），法律出版社2011年版，第137－144页，冯某龙等强奸案。

罪嫌疑人的，不能认定为犯罪分子有立功表现。”该条明确了此类情形不能认定为被告人立功。虽然不能认定被告人立功，但鉴于被告人亲属的行为确实有助于公安机关破案，是可资鼓励的行为，故对被告人可酌情从轻处罚。

运用历史解释法，从立功制度的法律沿革中看，均不将被告人亲属代为立功的行为认定为被告人的立功。

2009年最高人民法院、最高人民检察院联合出台的《职务犯罪自首、立功意见》中明确规定了立功必须是犯罪分子本人实施的行为，亲友代为实施的，不应认定为犯罪分子的立功表现；同时，对立功线索来源作出限制性规定，明确以非法手段或途径获取的以及因职务获取的均不能认定为立功。

综观我国刑事立法、司法解释关于立功的规定，不难发现在宽严相济的刑事政策下，国家鼓励犯罪分子以多种有益于国家、社会的方式积极立功，争取宽大处理。同时，在结合司法实践经验的基础上，为避免或减少不正当立功形式的出现，实现立功制度的公正性，严格限制立功的成立要件，更加注重立功的正当性和亲力性。在此情况下，被告人亲属代为立功的，因被告人未亲自实施立功行为，不具备亲力性，认定其立功缺乏正当性依据，不能认定被告人立功成为应有之义。

被告人亲属代为立功的行为，虽然不能认定为被告人的行为，但在具备一定条件时，可酌情对被告人从轻处罚。不认定被告人立功，就难免违背促进犯罪分子真心悔罪这一立法目的；在具备一定条件时，可酌情对被告人从轻处罚，这样即使未认定被告人立功，但因其亲属代为立功的行为同样可为其带来从轻处罚的结果时，就会鼓励被告人亲属多立功，同样可实现提高司法机关的办案效率、分化瓦解犯罪的立法目的。

需要注意，不是所有被告人亲属代为立功的都可以对被告人处罚，我们认为需具备以下条件：（1）被告人亲属的立功结果是基于被告人提供的线索或者相关信息，也就是说，被告人亲属之所以能够提供其他案件的重要线索或者协助司法机关抓获其他犯罪嫌疑人，与被告提供信息有关；（2）被告人及其亲属在获取线索来源及亲属在代为立功过程中，不能有非法手段或违法行为。如此，在亲属代为立功过程中，要求被告人必须在某种程度上亲自参与，这是对其从轻处罚的前提；代为立功的整个过程具备合法性是对被告人从轻处罚的法定条件。如果被告人亲属为使被告人获得从轻处罚而单方面地代为立功，因被告人并未参与，不能体现出被告人主观上是否有悔罪表现，故不能对被告人从轻处罚；或者被告人及其亲属的立功线索或机会系采取非法手段获得的，根据《自首和立功意见》第四条的规定，也不能认定被告人的行为系立功，不能据此对被告人从轻处罚。

38. 在被羁押期间将他人串供字条交给监管人员，对公安机关的侦查工作起到协助作用，能否认定为立功？①

本书观点：被羁押期间将他人串供字条交给监管人员，对进一步查证他人犯罪起了一定的协助作用，虽不认定为立功，但可酌情从轻处罚。

评价犯罪分子的行为是否属于立功，一方面，要从实效性角度考察其行为是否对国家和社会有较大贡献；另一方面，还要从法定性角度考察其行为是否符合法律关于立功的规定。

（1）被告人向监管人员提供他人串供字条的行为，不属于《自首和立功解释》规定的“检举、揭发他人犯罪行为，经查证属实”“提供侦破其他案件的重要线索，经查证属实”的情形。首先，《自首和立功解释》第五条规定的“检举、揭发他人犯罪行为”“提供侦破其他案件的重要线索”均应发生在司法机关侦破被检举、揭发的案件之前。其次，这里所讲的犯罪“线索”，是指关于具体犯罪活动的相关信息，这些信息通常会给司法机关侦破案件提供具体犯罪人的信息。但是，一旦案件侦破后，再向司法机关提供该案相关犯罪活动信息的，由于该信息对案件的侦破并不具有实质意义，将不再属于“提供侦破其他案件的重要线索”。被告人提供的字条虽然证明他人均实施了相关犯罪行为，虽然含有二人具体犯罪活动的信息，但它的价值只是使司法机关对已掌握的犯罪信息得到进一步印证，对侦破该起毒品犯罪案件并没有起到实质意义，其价值功能并不符合犯罪“线索”的内在要求，故不能认定为犯罪“线索”。

需要注意的是，刑事诉讼过程中，案件的侦破与审判在证据标准上有一定区别。侦破案件证据标准强调的是“有证据证明”，而审判案件证据标准强调的是“确实、充分，形成完整的证据锁链，排除合理怀疑”，所以案件虽然侦破了，但并不当然导致被告人被定罪，其间侦查机关还需收集、固定大量证据。司法实践中，案件侦破后因证据不足被判无罪的案件并不罕见，其中

① 观点来源：最高人民法院刑事审判第一、二、三、四、五庭主办：《刑事审判参考》2011 年第 3 集（总第 80 集），法律出版社 2011 年版，第 113－122 页，石某伟偷税、贪污案。

的不确定性也就为犯罪嫌疑人、被告人预留了立功的空间。因为侦破案件的目的就是追诉和审判，使犯罪分子得到应有的惩罚，以实现刑罚的个别预防和一般预防的目的，如果案件最终因证据不足而无法认定，那么该案的侦破也就失去了意义。所以，在把握立功政策时，我们不能只重视案件是否因此而侦破，而忽视案件最终认定情况。对那些已经侦破或犯罪嫌疑人已被抓获的案件，如果行为人检举或提供的线索对司法机关进一步收集证据，以及对案件的追诉和审判起到至关重要的协助作用的，可以以“具有其他有利于国家和社会的突出表现”的情形来依法认定为立功。

（2）被告人向监管人员提供他人串供字条的行为，不属于《自首和立功解释》第五条规定的第三种情形，即不属于“阻止他人犯罪活动”的情形。从我国当前的司法实践来看，犯罪嫌疑人被抓捕之后，出于自我保护的本能，在侦讯过程中往往采用避重就轻的策略，不能如实供述全部犯罪事实；还有的犯罪嫌疑人“哥们义气”的思想严重，意图将所有的罪责全部包揽下来，从而使同案犯获得开脱。上述行为都是属于犯罪嫌疑人认罪态度不好的表现，在审判量刑的过程中可以酌情予以考虑，但是我国目前尚未将这种行为规定为犯罪。

（3）被告人向监管人员提供他人串供字条的行为，不属于《自首和立功解释》第五条规定的第四种情形，即不属于“协助司法机关抓捕其他犯罪嫌疑人”的情形。协助司法机关抓捕其他犯罪嫌疑人的前提，是行为人在向司法机关提供协助之前，该犯罪嫌疑人尚未被抓捕，人身自由尚未被限制，仍然处于在逃的状态。将串供字条交给监管人员的行为对协助抓捕已经在押的同监人员没有起到任何作用。

（4）被告人向监管人员提供他人串供字条的行为，是有利于国家和社会的行为，但未达到“突出表现”的程度，故不属于《自首和立功解释》第五条规定的第五种情形，即不属于“具有其他有利于国家和社会的突出表现”的情形。“其他有利于国家和社会的突出表现”，应当与“检举、揭发他人犯罪行为，查证属实”或“提供侦破其他案件的重要线索，查证属实”等法律已经列举行为不同，但在有利于国家和社会的作用上有基本相当的表现，为此才可以认为是“突出表现”，才能认定为立功，否则法律就没有必要强调“突出”表现。向监管人员提供已经侦破案件的线索，协助公安机关进一步收集证据的行为与提供线索协助公安机关侦破案件的行为属同种行为，仅是提供线索的时间不同，对公安机关的协助作用不同。相比之下前者所起的作用要明显小于后者，在这种情况下，前者的协助行为属于“锦上添花”，虽然起到一定作用，但与提供重要线索使案件得以侦破的“雪中送炭”相比，还是有明显的区别，故尚未达到法定的“突出表现”的立功标准，不宜据此认定为立功。

（5）被告人向监管人员提供他人串供字条的行为虽不能认定立功，但鉴于其有利于社会，可以酌情从轻处罚，因为该行为对于该起案件的后期证据收集工作起到一定的积极作用，提高了侦查工作效率，节约了司法资源，对此应该给予适当奖励。

39. 阻止他人犯罪活动，但因他人未达到刑事责任年龄而未追究刑事责任的，行为人的阻止行为是否构成立功？①

分歧意见：第一种意见认为，因他人未达到刑事责任年龄，公安机关未当作刑事案件处理，既然该行为不构成犯罪，也就不成立“阻止他人犯罪活动”，因此，不能认定为立功。

第二种意见认为，此处的“他人犯罪活动”不要求构成犯罪，因此，不应以司法机关处理结果为标准，只要他人的行为具有社会危害性并具备某种犯罪客观要件的外在表现形式，那么阻止该行为就可以认定为“阻止他人犯罪活动”，因此，本案应认定为立功。

本书观点：同意第二种意见，认为，阻止他人犯罪活动，他人因未达刑事责任年龄而未被追究刑事责任的，行为人的阻止行为仍构成立功。具体理由如下：

根据《刑法》及《自首和立功解释》第五条规定，阻止他人犯罪活动，应当认定为有立功表现。

（1）“阻止他人犯罪活动”立功，并未要求“他人犯罪活动”实际上构成犯罪。第一，从词源本义来看，“阻止他人犯罪活动”中的“犯罪活动”是作为名词使用的，从字义上来说，应是指为达到犯罪目的而采取的行动，并不等同于犯罪。第二，从立法用语来看，《自首和立功解释》第五条对于“阻止他人犯罪活动”立功，明确表述为“他人犯罪活动”而非“他人犯

---

① 观点来源：最高人民法院刑事审判第一、二、三、四、五庭主办：《刑事审判参考》2011 年第 3 集（总第 80 集），法律出版社 2011 年版，第 89－97 页，沈某贵受贿案。

罪”。虽然《自首和立功解释》对什么是“犯罪活动”未作明确规定，但这种表述已经体现了立法的取向，即此处的“犯罪活动”并不等于实际的“犯罪”，此与该词语本身的含义也是一致的。第三，这里的“构成犯罪”应从形式上理解，是指行为具有社会危害性，具备某种犯罪构成的客观要件。至于该行为因主体不具备刑事责任能力而不追究刑事责任，或因情节显著轻微、已过追诉时效、被赦免、被告人死亡等原因而不立案、撤销案件、不起诉、终止审理或宣告无罪的，不影响对立功的认定。

(2)“阻止他人犯罪活动”立功成立的要件

我们认为《自首和立功解释》第五条中的“阻止他人犯罪活动”，是指行为人以制止、规劝、告发等积极主动的行为，使他人的犯罪活动在客观上停止，使法益免遭侵害或得到有效保护。对此的理解涉及以下几个方面：

第一，对于“犯罪活动”的理解。“阻止他人犯罪活动”中的“犯罪活动”，是指具有社会危害性，具备某种犯罪构成客观要件的外在表现形式的行为。

第二，对“阻止”的理解。当场阻止犯罪活动一般情况下都要具备相应的风险，但我们认为“阻止”在行为方式上并不要求一定是有高度人身危险的激烈对抗，也可以是较为和缓的劝告、说服，或者是向司法机关告发等。此外，“阻止”不但要求有“阻”的行为，还要求有“止”的效果，即他人的犯罪活动停止，或者在特定时空内不再继续，或者法益受侵犯的状态或结果及时得到控制或消除。司法实践中，若行为人虽然积极拦阻他人犯罪活动，但因势单力孤或意外事件等原因而未产生使犯罪活动在客观上停止的实际效果，那么就不能认定为立功。当然，尽管此情形不构成立功，但行为人实施此行为反映了其悔罪态度，表明其人身危险性、再犯可能性相对降低，在实际量刑中可结合行为人在阻止犯罪活动中的介入程度、作用大小等具体情形，将其作为从轻处罚的酌定情节，以此体现国家和社会对这种积极行为的肯定及鼓励，从而更好地贯彻宽严相济刑事政策。

第三，对“他人”的理解。这里的“他人”既包括自然人，也包括单位。对于其中的自然人，不受犯罪主体中刑事责任能力的限制，包括由于年龄、精神状态等原因而无刑事责任能力或限制刑事责任能力的人。对于是否包括同案犯，理论界看法不一，我们认为，如果阻止的是与被阻止人共同犯罪之外的其他犯罪活动，应当视为立功；如果是在共同犯罪中阻止共犯犯罪，属于共同犯罪形态的问题，不属于立功适用的范畴。

第四，“他人犯罪活动”必须与阻止行为之间具备因果关系，即必须是因为阻止行为的介入，犯罪活动才得以停止。

第五，“阻止他人犯罪活动”必须是在当场进行的，有特定的时间、空间的限制。这里的“当场”，可以理解为行为人进行犯罪预备的现场、实施犯罪活动的现场以及当即被追捕过程中的现场。对此的理解主要涉及两个方面：其一，犯罪活动被阻止大多发生在犯罪实行中，合法权益被侵害的紧迫性较高，但在紧迫性未必很高的犯罪预备时即予以制止，依然可以成立“阻止他人犯罪活动”；其二，若受侵害的事实已发生，但是实施犯罪活动的人尚未脱离特定时空，存在及时维护受侵害法益或使其免受进一步侵害的可能性，亦可成立“阻止他人犯罪活动”。

40. 协助抓获盗窃同案犯，该同案犯因抢劫罪被判处死缓，能否认定为重大立功?[①]

分歧意见：第一种意见认为，应当认定被告人的行为系协助抓捕重大犯罪嫌疑人，构成重大立功。从《自首和立功解释》《自首和立功意见》的规定分析，协助抓捕犯罪嫌疑人是构成立功还是重大立功，只要看客观结果，即只需考虑在客观结果上被抓捕的犯罪嫌疑人是否属于“重大犯罪嫌疑人”。被抓捕的同案犯在本案中最终被判处死缓，符合《自首和立功解释》《自首和立功意见》对“重大犯罪嫌疑人”的规定，故被告人的协助抓捕行为构成重大立功。

第二种意见认为，不应当认定被告人的行为系协助抓捕重大犯罪嫌疑人，其不构成重大立功。虽然《自首和立功解释》《自首和立功意见》没有从主观方面对立功、重大立功予以条件限制，但是司法实践中对立功、重大立功的把握仍应坚持主客观相统一原则，不应当只考虑客观结果，而忽视主观条件，且对犯罪嫌疑人的认定应当以立功时为准。例如，被告人在自己因盗窃被抓获的情况下，其主观上并不希望公安机关将同案犯作为重大犯罪嫌疑人来抓获，故其行为在主观上不符合重大立功的要求；其协助抓捕同案犯构成立功时，同案犯仅为盗窃犯罪的犯罪嫌疑人，且同案犯盗窃数额仅为巨大，

① 观点来源：最高人民法院刑事审判第一、二、三、四、五庭主办：《刑事审判参考》2010年第2集（总第73集），法律出版社2010年版，第36-43页，张某、樊某勇抢劫、盗窃案。

因此，在认定被告人的协助抓捕行为构成立功时，同案犯并非重大犯罪嫌疑人。

本书观点：同意第二种意见，即被告人构成立功，不构成重大立功，具体理由如下：

《自首和立功解释》第五条、第七条的规定，犯罪分子到案后协助司法机关抓捕其他犯罪嫌疑人（包括同案犯）、重大犯罪嫌疑人（包括同案犯）的分别构成立功、重大立功。但对立功的认定却是有着主观方面的要求和客观方面的要求的，是主客观要求的统一。

（1）立功认定的主观要求

主客观相统一原则是贯穿我国刑事立法和司法总的基本原则，立功制度也必须坚持这一总的原则。首先，从意识因素分析：其一，立功必然有主观目的，虽然认罪、悔罪态度不在要求之列，但要求犯罪分子必须是有意识地为减轻罪责而实施的行为。犯罪分子无意间透露了他人的犯罪线索，或者在不能控制自己的意志时碰巧阻止了他人的犯罪行为，都不能认定为立功。其二，犯罪分子对立功的内容有一个概括的认识，尽管这一认识不要求十分精确。如犯罪分子是检举揭发他人犯罪行为，那么应当对他人犯罪事实有一定的了解。如犯罪分子是阻止他人犯罪活动，那么应当对他人犯罪活动有一定的觉察。如犯罪分子是协助抓捕其他重大犯罪嫌疑人，那么应当对其他犯罪嫌疑人所实施的重大犯罪事实有一定的掌握。其次，从意志因素分析，犯罪分子对立功内容必须不是持反对态度。犯罪分子对协助抓捕行为不但是持希望的态度，而且对司法机关能够查证认定立功所依据的犯罪事实持不反对的态度。

被告人在自己因盗窃被抓获的情况下，主观上，协助抓捕的对象是犯有盗窃罪的同案犯。同案犯的盗窃罪并没有被判处无期徒刑，而是因为其他犯罪被判处无期徒刑，因此，认定立功的依据只能是司法机关所查证属实的盗窃事实，而不是抢劫事实。

（2）立功认定的时间要求

在协助抓捕型立功中，认定是否属于《自首和立功解释》中的重大犯罪嫌疑人应当有一定的时间要求，即应当以实施协助抓捕行为时犯罪分子所揭发的犯罪事实或者侦查机关所掌握的犯罪事实为依据。犯罪分子协助抓捕其他犯罪嫌疑人时，根据犯罪分子揭发的犯罪事实或者侦查机关已经掌握的犯罪事实可能判处无期徒刑以上刑罚的，应认定该犯罪分子为重大犯罪嫌疑人；根据当时犯罪分子揭发的犯罪事实或者司法机关已经掌握的犯罪事实虽然尚不能明确能否判处无期徒刑以上刑罚，但根据已经掌握的犯罪线索，通过继续侦查所查证的犯罪事实，确定可能判处无期徒刑以上刑罚的，也可以认定为重大犯罪嫌疑人；但是，如果根据当时犯罪分子揭发的犯罪事实或者侦查机关已经掌握的犯罪事实不能确定为重大犯罪嫌疑人，而是根据抓捕之后查明的其他犯罪事实才确定其为重大犯罪嫌疑人的，不属于《自首和立功解释》第七条中的“重大犯罪嫌疑人”。

41. **犯罪分子有重大立功表现，但依法不宜减轻、免除处罚的，能否适用从轻处罚？**①

本书观点：虽然刑法条文没有明确对有重大立功表现的可以从轻处罚，但如果对有重大立功表现的不予减轻或者免除处罚，一般也要考虑予以从轻处罚。

《刑法》第六十八条规定：“犯罪分子有揭发他人犯罪行为，查证属实的，或者提供重要线索，从而得以侦破其他案件等立功表现的，可以从轻或者减轻处罚；有重大立功表现的，可以减轻或者免除处罚。”作为有重大立功表现的一般处罚原则，从刑法文义解释的角度来看，“可以减轻或者免除处罚”，意味着两种选择，即可以减轻或者免除处罚，也可以不予减轻或者免除处罚。这属于审判机关自由裁量的权力。

被告人有重大立功表现，但根据具体案情，决定不予减轻或者免除处罚的情况下，是否要考虑予以从轻处罚？从刑法条文来看不是很明确，在这种情况下需要进行论理解释，即按照立法精神，结合有关规定，进行逻辑论证，以作出符合立法本意的解释。《刑法》第六十八条对有重大立功表现的处罚原则，是在对有一般立功表现的处罚原则基础上加以规定的，对于一般立功，规定可以从轻或者减轻处罚，对于重大立功，则规定可以减轻或者免除处罚。显然，重大立功应当比一般立功处罚更加从宽。虽然刑法条文没有明确规定对有重大立功表现的可以从轻处罚，但如果对有重大立功表现的不予减轻或者免除处罚，一般也要考虑予以从轻处罚，这样解释是符合立法解释和法律

---

① 观点来源：最高人民法院刑事审判第一庭、第二庭编：《刑事审判参考》2004 年第 2 集（总第 37 集），法律出版社 2004 年版，第 37 – 46 页，刘某、李某才抢劫、诈骗案。

逻辑的。对于立功特别是重大立功予以刑法上的积极评价，并在对行为人裁量刑罚时作为从轻、减轻处罚的事由充分予以考虑，适当从宽处理，体现惩办与宽大相结合的刑事政策，有利于分化瓦解犯罪分子，有利于犯罪分子的教育改造，有利于社会的长治久安。

42. 职务犯罪案件的自首与立功情节的认定，具有不同于普通刑事犯罪案件的特点。因此，如何认定职务犯罪案件中的自首及重大立功情节涉及以下三个问题：一是在职务犯罪案件中，被告人何时投案可以认定为自动投案？二是在职务犯罪案件中，如何具体认定“协助抓捕其他犯罪嫌疑人”的重大立功？三是对职务犯罪案件中具有自首和重大立功情节的被告人如何进行量刑？[①]

本书观点： 自首和立功是刑事司法实践中常用的两种量刑情节，刑法用两个条文对自首和立功作了原则性规定。最高人民法院先后颁布了《自首和立功解释》《自首和立功意见》，增强了自首和立功量刑情节的可操作性。针对近年来职务犯罪案件出现的特点，最高人民法院还颁发了《职务犯罪自首、立功意见》，以实现自首与立功情节适用的实质公正。

（1）职务犯罪案件中，被告人须在纪律监察部门对其采取明确的调查措施前投案方能构成自动投案，在此前提下符合自首其他构成要件的，依法应认定为自首。

自动投案和如实供述自己的罪行是构成自首的实质要件，职务犯罪中的自首认定同样应具备这两个实质要件。但是，由于职务犯罪的侦查具有不同于普通犯罪的特点，主要表现为一般具有纪律监察部门的前置性调查程序，因此，必须对这种前置性的调查程序予以实事求是的认定，以准确界定职务犯罪案件中自首的成立标准。

最高人民法院在《职务犯罪自首、立功意见》中规定：“没有自动投案，在办案机关调查谈话、讯问、采取调查措施或者强制措施期间，犯罪分子如实交代办案机关掌握的线索所针对的事实的，不能认定为自首。”同时，《职务犯罪自首、立功意见》对职务犯罪中的自动投案也予以了明确规定：“犯罪事实或者犯罪分子未被办案机关掌握，或者虽被掌握，但犯罪分子尚未受到

---

① 观点来源：最高人民法院刑事审判第一、二、三、四、五庭主办：《刑事审判参考》2011年第3集（总第80集），法律出版社2011年版，第103－112页，李某光挪用公款案。

调查谈话、讯问，或者未被宣布采取调查措施或者强制措施时，向办案机关投案的，是自动投案。”这里的办案机关包括纪检机关及刑事侦查机关等法定职能部门，如果犯罪分子在其犯罪事实未被司法机关掌握之前，向所在单位等办案机关以外的单位、组织或者有关负责人员投案的，应当视为自动投案。由此可见，审判机关对职务犯罪中构成自首的认定采取了严格标准。

（2）对职务犯罪案件被告人“协助抓捕其他犯罪嫌疑人”的重大立功情节，法院需要根据司法解释规定的“协助抓捕”的本质特征，结合案件的具体情况实事求是地予以认定。

立功制度是我国刑事法律中独具特色的法律制度，其设立宗旨在于分化、瓦解犯罪分子，通过犯罪分子的立功行为侦破案件、惩罚犯罪，本质上属于一种功利性的刑罚制度。在共同犯罪案件的侦查中，同案犯的基本情况，包括同案犯的姓名、住址、体貌特征、联络方式等是侦查人员的讯问内容之一，属于犯罪嫌疑人应如实回答的内容。犯罪嫌疑人提供同案犯的基本情况，仅仅是履行了应当承担的法律义务，而不是协助抓捕同案犯。因此，《自首和立功意见》第五条规定，单纯向司法机关提供上述情况的，不能认定为协助司法机关抓捕同案犯，犯罪分子不构成立功。但是，如果犯罪分子根据司法机关的安排，采取各种有效方式将其他同案犯所处位置予以明确，从而使侦查机关抓获其同案犯的，该行为则超出了被告人应当供述的内容，应当认定为协助抓捕其他犯罪嫌疑人的立功表现。在《自首和立功意见》中，协助抓捕其他犯罪嫌疑人分为四种具体情形：①按照司法机关的安排，以打电话、发信息等方式将其他犯罪嫌疑人（包括同案犯）约至指定地点；②按照司法机关的安排，当场指认、辨认其他犯罪嫌疑人（包括同案犯）；③带领侦查人员抓获其他犯罪嫌疑人（包括同案犯）；④提供司法机关尚未掌握的其他案件犯罪嫌疑人的联络方式、藏匿地址。但是，基于犯罪行为的复杂性、多样性，法律规范不可能穷尽所有协助抓捕同案犯的行为类型，需要审判人员在审判实践中予以个案认定。

如，被告人不但如实供述了同案犯的基本情况，而且在被采取强制措施接受讯问的同时，通过电话指引侦查人员到同案犯住处将同案犯抓获，与其本人带领侦查人员抓获同案犯的行为性质和效果无异。因此，尽管被告人本人未亲身到场，但其行为与第三种情形即“带领侦查人员抓获其他犯罪嫌疑人（包括同案犯）”具有实质上的等同性，符合立功制度的价值取向和刑法设立该制度的立法本意。因此，应当认定该行为构成立功。

对重大立功的认定，《自首和立功解释》提出了明确的标准。根据规定，犯罪分子协助司法机关抓捕其他重大犯罪嫌疑人（包括同案犯）的，应当认定为有重大立功表现；而“重大犯罪嫌疑人”的标准，一般是指犯罪嫌疑人、被告人可能被判处无期徒刑以上刑罚或者案件在本省、自治区、直辖市或者全国范围内有较大影响等情形。

（3）对职务犯罪案件中具有自首和重大立功情节的被告人，法院应当在全面考察其各项量刑情节和被告人的人身危险性的基础上，依法决定适当的宣告刑。

基于自首且重大立功情节反映出被告人主观恶性较小、人身危险性显著降低的考虑，1997 年刑法将自首且重大立功设置为必减型量刑情节，即应当减轻或者免除处罚，审判机关在量刑时必须在法定刑以下判处刑罚或者免除刑罚，没有自由裁量的余地。《刑法修正案（八）》删除了该必减型情节，但由于刑法对自首情节和重大立功情节已分别作出规定，取消该量刑情节并不意味着今后对具备自首和重大立功情节的被告人不再从宽处罚，而是法律赋予审判机关更大的自由裁量权，以实现具体刑事案件中的罪刑均衡。在刑事司法实践中，法院对具有自首且重大立功的被告人大多进行减轻处罚的处理方式，但法院在减轻处罚时对减轻幅度多采取较为严格的限制，一般均以减轻一个刑罚等级为基本限度。而针对职务犯罪案件，《宽严相济意见》第八条明确要求，要严格掌握职务犯罪法定减轻处罚情节的认定标准和减轻处罚的幅度，严格控制依法减轻处罚后判处三年以下有期徒刑适用缓刑的范围，切实规范职务犯罪缓刑、免予刑事处罚的适用。当然，虽然职务犯罪的缓刑适用标准要比其他犯罪更为严格，但并不是说对职务犯罪被告人一律不适用缓刑，而是对缓刑本着严格控制的要求进行适用。

43. 犯罪单位的自首如何认定?①

本书观点：既然自首是指“犯罪以后自动投案，如实供述自己的罪行”，因而自首的主体当然只能是实施犯罪的主体。根据刑法规定，单位既然能够成为犯罪主体，当然也能够成为自首的主体。但是，正如单位犯罪是在单位

---

① 观点来源：最高人民法院刑事审判第一庭、第二庭编：《刑事审判参考》2002 年第 1 辑（总第 24 辑），法律出版社 2002 年版，第 9－15 页，陈某福走私普通货物案。

意志支配下由单位成员实施的一样，单位自首也必须体现单位的意志并由单位成员具体实施。在我国司法实践中，也承认了单位可以成为自首的主体。

（1）单位可以成为自首的主体

根据《职务犯罪自首、立功意见》第一条规定，单位犯罪案件中，单位集体决定或者单位负责人决定而自动投案，如实交代单位犯罪事实的，或者单位直接负责的主管人员自动投案，如实交代单位犯罪事实的，应当认定为单位自首。单位自首的，直接负责的主管人员和直接责任人员未自动投案，但如实交代自己知道的犯罪事实的，可以视为自首；拒不交代自己知道的犯罪事实或者逃避法律追究的，不应当认定为自首。单位没有自首，直接责任人员自动投案并如实交代自己知道的犯罪事实的，对该直接责任人员应当认定为自首。

另外，2002年7月8日发布的《最高人民法院、最高人民检察院、海关总署关于办理走私刑事案件适用法律若干问题的意见》第二十一条也就“关于单位走私犯罪案件自首的认定问题”作了专门规定：“在办理单位走私犯罪案件中，对单位集体决定自首的，或者单位直接负责的主管人员自首的，应当认定单位自首。认定单位自首后，如实交代主要犯罪事实的单位负责的其他主管人员和其他直接责任人员，可视为自首，但对拒不交代主要犯罪事实或逃避法律追究的人员，不以自首论。”

（2）单位自首的认定

单位犯罪与单位内部的自然人犯罪的区别在于：前者是基于单位意志支配下的单位行为，而后者则是基于个人意志支配下的个人行为。同理，犯罪单位的自首区别于单位内部自然人的自首亦是如此。因此，认定犯罪单位的自首，关键是看该自首行为是否出于犯罪单位的意志以及投案人是否代表犯罪单位。换言之，犯罪单位自首的成立须满足以下条件：①主动投案，即犯罪单位在犯罪之后、归案之前，主动向有关机关投案。由于犯罪单位本身无法投案，因此，犯罪单位主动投案只能由代表单位的自然人进行。②主动投案的行为必须出于犯罪单位的意志。所谓单位意志，既可以是经犯罪单位集体研究作出的决定，也可以是由能够代表单位意志的负责人作出的决定。这是单位自首区别于自然人自首的一个重要特征。③如实供述罪行。代表犯罪单位主动投案的被委派人或能够代表单位意志的负责人必须将单位所实施的全部罪行如实交代，而不是仅交代部分罪行或单位犯罪中具体实施犯罪的自然人自身的罪行。此外，如果犯罪单位尚未来得及形成一致意见，能够代表单位意志的负责人在接受有关机关的调查、询问，或者因他罪被采取强制措施后，如实交代司法机关尚未掌握的单位犯罪事实的，也应认定为单位自首。

单位犯罪的情况比较复杂，有的案件是单位集体研究决定实施的，有的案件是由能够代表单位意志的直接负责的主管人员（如法定代表人、单位的主要负责人）个人决定实施的，有的案件单位直接负责的主管人员直接参与了单位犯罪活动，而有的案件单位直接负责的主管人员并没有直接参与单位犯罪活动，甚至毫不知情，单位犯罪活动是由其下属具体负责某方面工作的人员纠集在一起，背着单位直接负责的主管人员进行的，此外，由于单位犯罪是由自然人实施的，单位自首也是由自然人进行的，因此，在认定单位自首的同时，又必然涉及参与单位犯罪的自然人的自首认定问题。单位犯罪情况的复杂性，决定了犯罪单位自首以及参与单位犯罪的自然人自首认定的复杂性。因此，在认定犯罪单位自首以及参与单位犯罪的自然人自首时应具体案件具体分析：

第一，单位犯罪是经由集体研究决定实施的，犯罪单位又经由集体研究决定由能够代表单位意志的直接负责的主管人员自动投案并如实交代单位所实施的全部罪行的，或者单位经集体决定委派其他自然人去投案并如实交代单位所实施的全部罪行的，应认定单位的自首。在犯罪单位集体研究决定自首的情况下，所有参与单位犯罪的自然人，只要能认同单位自首意志，随时接受调查并如实交代个人参与单位犯罪事实的，均可同时认定为个人自首。

第二，单位犯罪事先未经集体研究决定，而是由能够代表单位意志的直接负责的主管人员自行以单位名义决定实施，犯罪所得归单位的，能够代表单位意志的直接负责的主管人员自行决定自动投案，如实供述单位犯罪以及其个人全部犯罪事实的，应认定为单位自首和其个人自首。由于该直接负责的主管人员的自行自首，虽可以代表单位意志以及其个人意志，但并不能代表所有参与单位犯罪的自然人的意志，所以其他参与单位犯罪的人如没有主动投案并如实交代自己罪行的人，则不能认定他们的个人自首。

第三，单位犯罪是由单位直接负责的主管人员和其他直接责任人员共同实施的，其他直接责任人员中有人自行主动投案并如实交代单位犯罪及其个人参与单位犯罪事实的，单位直接负责的主管人员和其他的直接责任人员未自动投案的，由于投案人的投案行为不能代表单位意志，仅系个人意志，因此，只认定自动投案并如实交代自己罪行的直接责任人员的自首，不能认定单位自首和其他参与单位犯罪决策和实施人的个人自首。同样，不具有代表单位意志身份的或未参与单位犯罪的单位内部人举报单位犯罪的，也不能认定单位自首。

（3）单位自首的处罚原则

《刑法》第六十七条规定："对于自首的犯罪分子，可以从轻或者减轻处罚。其中，犯罪较轻的，可以免除处罚。"认定单位自首成立后，如何对犯罪单位适用自首的这一规定呢？我们认为，由于刑法对单位犯罪的刑罚，只设置了单一的不确定的罚金刑作为法定刑，而非像自然人犯罪的刑罚规定有不同的法定刑，因此，对构成自首的犯罪单位，在决定其应处的罚金刑时，不存在在法定刑以下如何减轻处罚的问题，一般可根据案件的具体情节判处较轻的罚金刑。

44. 单位犯罪后，其直接负责的主管人员向有关部门自首，该犯罪单位是否也应认定为自首？①

本书观点：单位决策者在单位犯罪行为尚未被司法机关掌握并采取相关强制措施之前，向有关部门如实供述单位犯罪事实的，应视为单位犯罪的自首。本案涉及的问题是单位犯罪能否成立自首。答案应当是肯定的。《刑法》第三十条规定了单位犯罪，单位可依法成为刑法理论中的人格化犯罪主体。单位决策机构或者具有决策权的负责人员对实施犯罪所作出的决策即成为单位的犯罪意志和心理状态的体现。同样道理，其决策机构或决策者自首的意愿和行为亦应转化为单位自首的意愿和行为。从另一方面来说，单位是一种社会组织，单位的一切活动必须通过自然人来实现，即通过能代表单位的自然人的行为来实现。

45. 具有自首情节的同时还有酌情从宽处罚情节的，如自首后取得被害方谅解的，能否加大从轻处罚力度？②

本书观点：对于自首的犯罪分子，可以从轻或者减轻处罚。其中，犯罪较轻的，可以免除处罚。有自首情节，且民事部分达成调解协议后被害方撤诉并予以充分谅解的，可适当加大从宽幅度。

---

① 案例来源：福建省厦门市开元区人民法院（2001）开刑初字第675号刑事判决书，厦门万安橡塑制品有限公司及其经理尤杨某偷税后自首案。

② 案例来源：北京市第一中级人民法院（2007）一中刑初字第2061号刑事判决书，刘某永故意伤害案。

《刑法》第六十七条第一款规定："对于自首的犯罪分子，可以从轻或者减轻处罚。其中，犯罪较轻的，可以免除处罚。"《自首和立功解释》第三条规定："具体确定从轻、减轻还是免除处罚，应当根据犯罪轻重，并考虑自首的具体情节。"上述规定中"可以"从轻或者减轻处罚，是指一般情况可以从轻或减轻处罚，但对于那些伤害多人、以极其残忍手段剥夺他人生命等罪行特别严重或情节特别恶劣的情形，量刑时也可以不予从轻或者减轻处罚。

宽严相济刑事政策要求刑罚裁量活动在依法认定法定情节的基础上，应充分考量并体现酌定量刑情节对案件裁判结果的影响，对于民间纠纷引发犯罪、被害人有过错、被害人谅解等一类的伤害案件，应当在刑罚裁量时予以适度体现。被告人的行为虽然造成了被害方的经济损失，但案发后，被告人及其亲属积极进行赔偿，在法庭主持下与被害方达成了民事调解协议，被害方主动撤回了民事起诉，并表示对被告人的犯罪行为予以谅解。行为人积极进行民事赔偿，表明其主观上有一定的悔罪表现，客观上也为被害方解决了一定的实际困难，加大从轻处罚力度，有利于社会的和谐和稳定，而且能够充分实现法律效果和社会效果的有机统一。

46. 投案后为逃避法律追究而脱逃后又投案，是否构成自首？[①]

本书观点：犯罪嫌疑人故意伤害他人后，虽然主动投案，但为逃避国家法律追究，违反取保候审规定擅自离开住所脱逃，后又自动归案接受审判，不能认定为自首。理由是：

（1）最高人民法院在1998年专门就自首与立功问题出台了《自首和立功解释》，对各种自首行为作了一个较为全面和宽松的界定。被告人在法院审理期间逃避审判，显然没有悔过自新的诚意，并且使得案件无法得到及时审结，明显与自首立法本意背道而驰。上述司法解释第一条关于自首表现亦规定："犯罪嫌疑人自动投案后又逃跑的，不能认定为自首。"犯罪嫌疑人投案后接受法律处理的行为应该是贯穿于从侦查到法庭审理的全阶段，其中一个阶段出现了脱逃行为，该投案行为就不宜认定为自首。被告人案发后虽投案，但这种投案并没有持续到其接受审判。实际上，一个完整的刑事案件，只有通过具有终局性裁决权的法院的审判才算是终结。自首悔罪表现理应是一种从侦查

---

① 案例来源：福建省厦门市同安区人民法院（2008）同刑初字第105号刑事附带民事判决书、厦门市中级人民法院（2009）厦刑终字第363号刑事裁定书，吕某某等故意伤害案。

到审判一以贯之的持续的过程。虽然司法解释允许被告人在自动投案并如实供述自己的罪行后、一审判决前出现翻供的情形，但审理时脱逃显然不在此列。

（2）从法律经济学和节约司法资源的角度讲，被告人在法院审理阶段脱逃，其不仅造成法院审理中断，司法机关无法对其犯罪行为进一步追究法律责任的后果，而且相当于两次动用了包括侦查、公诉和审判等司法机关的司法资源，国家为此而花费的制裁成本将会高出许多。被告人脱逃后又重新投案，是对其违反取保候审规定的改正和补救措施，可视为一种悔罪表现予以酌情处理，但不宜认定为自首。

（3）从社会角度来讲，取保候审是各国刑事诉讼中的一项重要的刑事强制措施，其出发点是对在强大的国家权力面前处于绝对劣势地位的公民权利的关怀。被告人在法院审理期间随意缺席法庭审理，法警多次拘传未果，因此，不能认定其仍构成自首。

47. 交通肇事行为人逃离现场后又主动投案如何认定其性质?①

本书观点：行为人在交通肇事后，置伤者于不顾，驾车逃离现场，之后到公安机关投案的，仍应认定为交通肇事逃逸。被告人投案之时，逃逸之事实业已成立，不因其后的投案而被推翻。因投案与逃离为两个独立的行为，逃逸后又投案的行为构成自首。

（1）逃离现场后主动投案可以认定为逃逸。刑法将交通肇事后的逃逸行为作为加重处罚情节，具有双重目的。一是鼓励肇事人在第一时间及时抢救伤者，最大限度地维护被害人的利益。生命价值高于一切。交通事故一旦发生，被害人的生命安全即处于危险状态，此时的任何延误都可能加剧被害人的生命危险。作为这一危险状态的造成者，甚至可能是当时除被害人外的唯一在场者，肇事人的首要责任就是及时以最有效的方式对被害人施以救助，以尽力避免被害人因救助延误造成进一步伤害。正因如此，刑法将“因逃逸致人死亡”作为交通肇事罪的加重处罚情节。刑法禁止肇事人逃逸的另一目的是保障国家追诉权的实现，节约司法资源、提高司法效率。在认定肇事人是否构成逃逸时，应考察其离开现场的行为是否阻碍了上述双重目的的实现。肇事人离开现场后，要否定逃逸之成立，救助伤者和接受法律追究，两者缺

---

① 案例来源：福建省福州市台江区人民法院（2007）台刑初字第133号刑事判决书，魏某交通肇事案。

一不可。被告人离开现场之目的并非抢救伤者，而是置伤者于不顾，驾车逃离，虽然后到公安机关投案，但投案与逃离为两个独立的行为。被告人投案之时，逃逸之事实业已成立，不因其后的投案而被推翻。

（2）肇事逃逸后主动投案可以认定为自首。刑法将逃逸作为加重情节，即意味着肇事人有义务在发生交通事故后，在原地保护现场，报案及等候交通警察的到来；同样的，《道路交通安全法》第七十条也规定，在发生交通事故后，车辆驾驶人应立即停车，保护现场，抢救伤者并向有关部门报告。有一种意见认为，交通法规和刑法赋予了肇事人立即抢救伤者、及时报案等候处理的义务，决定了交通肇事犯的自首标准的特殊性。既然等候处理是肇事人的法定义务，逃逸后又主动投案的行为只是逃逸人履行了其本应履行的义务，不应认定为自首。

但是，我们认为，自首制度之设立，旨在通过鼓励犯罪人自动投案，一方面促使犯罪人悔过自新，不再继续犯罪；另一方面使案件及时侦破与审判，提高司法效率，促进刑罚目的之实现。这两方面即为自首制度之目的和根据。在认定自首能否成立时，应以能否实现这两个目的为依据。因此，《自首和立功解释》将自动投案和如实供述自己的罪行作为认定一般自首的两个条件。被告人在逃离现场后到公安机关投案，并如实供述了自己的罪行，属于将自己交付国家追诉的行为，符合法律所规定的自首条件，理应成立自首。若依否定成立自首的观点，将肇事人逃逸后成立自首的可能完全排除，则肇事人在逃逸后极可能就此彻底走上逃亡隐匿、对抗到底的不归路，这不论是对促进犯罪人悔过自新，还是对司法机关查证有关案件，显然都具有极大的消极影响，与自首制度的设立目的、运用宗旨相违背。

48. 被告人具有自首情节的是否一律要从宽处罚？①

本书观点：自首作为从宽处罚的量刑情节在罪行极其严重时要慎用。

审理故意杀人等严重刑事犯罪案件时，要贯彻宽严相济的刑事政策，既要宽严并用，也要宽严适度，防止打击不力。根据刑法规定和近年来的刑事审判经验，自首作为可以从宽处罚的量刑情节，对大多数犯罪分子可以适用，但对罪行极其严重的犯罪分子必须慎用。既要充分考虑被告人的自首情节，

---

① 案例来源：山东省淄博市中级人民法院（2009）淄刑一初字第19号刑事判决书、山东省高级人民法院（2009）鲁刑四终字第95号刑事裁定书、最高人民法院（2009）刑四复26942051号刑事裁定书，陈某故意杀人、强奸案。

也要综合分析案件的性质、犯罪情节、犯罪后果等多方面因素，准确判断是否从宽处罚。对那些动机特别卑劣、情节特别恶劣、后果特别严重、民愤极大的犯罪分子，即使有自首情节，也必须从严惩处。

对罪行极其严重的犯罪分子要依法严惩，即使具有自首等从宽情节的被告人，也应视具体情况体现从“宽”的一面，确保宽严适度，而不能一味从宽。《宽严相济意见》第十七条明确指出，“对于自首的被告人，除了罪行极其严重、主观恶性极深、人身危险性极大，或者恶意地利用自首规避法律制裁者以外，一般均应当依法从宽处罚”。该规定明确了自首从宽的适用对象及不予从宽的具体情形。那么，对于被告人具有自首情节的，在决定是否适用死刑时，主要应判断被告人所犯罪行是否属于“罪行极其严重”及被告人是否“主观恶性极深、人身危险性极大”或者被告人是否“恶意地利用自首规避法律制裁”，等等。以故意杀人罪为例，如果被告人有投案自首情节，法官在查明案件事实的基础上，还应综合分析案件的性质、犯罪情节、犯罪后果、被告人主观恶性等多方面的因素，最终作出是否从严惩处或判处死刑的决定。

比如，从犯罪起因方面来分析，查清被害人有没有过错以及过错大小；从犯罪动机方面来分析，看被告人的犯罪动机是否属于卑劣；从犯罪目的来分析，被告人是为了一时泄愤杀人，还是想杀人灭口；从犯罪手段方面来分析，被告人的犯罪手段是一般性手段还是特别残忍的手段，是有所节制还是非置人死地不可；从犯罪工具方面来分析，被告人使用的是枪支还是管制刀具，是铁器还是棍棒，是随手捡起的工具还是事先准备的凶器，等等；从犯罪对象方面来分析，犯罪是否直接侵害儿童、孕妇等特殊保护群体，是发生争执的对象还是迁怒无辜；从犯罪场所方面来分析，是在公共场所、大庭广众之下行凶，还是在家庭院落、僻静地方行凶；从犯罪后的行为来分析，是积极抢救还是毁尸灭迹，是隐藏尸体还是四处抛尸引起社会恐慌；从犯罪后果方面来分析，是一人死亡还是多人死伤，抑或造成被害人特别严重残疾等后果；从犯罪前、犯罪后的表现来分析，被告人是一贯表现良好还是有前科劣迹，归案后是认罪悔罪、坦白交代，还是拒不认罪、不配合侦查机关调取证据；从调解情况来分析，被告人是积极赔偿取得谅解，还是有钱不赔、态度顽劣；从社会影响方面来分析，是引起较大民愤、造成社会恐慌，还是社会影响不大、引起社会的同情。

在上述分析的基础上，对于严重危害社会治安的故意杀人、故意伤害、强奸、抢劫、绑架等犯罪行为，必须作为打击重点，即使被告人具有自首情节，该判死刑的要坚决判处，从而发挥死刑在维护社会稳定和预防严重犯罪方面的积极作用。但对于民间矛盾激化引发的杀人案件，如婚姻家庭矛盾、邻里纠纷、民间借贷纠纷引发的案件，被告人具有的自首等从宽情节的，在适用死刑时必须特别慎重。

49. 被告人作案后投案且如实供述自己的犯罪事实，但对行为性质提出辩解，是否能认定为自首？①

本书观点：被告人作案后投案且如实供述自己的犯罪事实，但对行为性质提出辩解，依然能认定为自首。

自动投案后如实供述主要犯罪事实的，应认定为自首。案发后，被告人自动投案。归案后，被告人在侦查阶段、审查起诉阶段对于案件的事实均作了与指控一致的供述，而在一审庭审中，却辩称，其用刀砍伤被害人，是在受到被害人一家围攻殴打时才拔刀还击的。而在此之前，其一直供称是在受到被害人一人的殴打时就拔刀还击的，被害人家人郑某仙是在其砍伤郑某良后才赶到的。对此，能否认定被告人的行为系翻供，因而不能认定为自首？这里存在三个问题，一是如何理解翻供，二是如何理解如实供述主要罪行，三是如何理解翻供与正当辩解的关系。

翻供，是就犯罪构成的主要事实先前作了承认而后进行否认的行为，对不影响犯罪构成的次要事实先后作不同的供述不能认定为翻供。被告人砍击被害人是因被害人一人殴打被告人还是被害人一家殴打被告人，并不影响对被告人故意伤害罪事实的认定，被告人对此作不同供述，是非根本性的，不能认定为翻供。被告人自归案后到二审庭审结束，对其用菜刀砍伤被害人的事实，一直没有否认。而这一事实则是确认其行为是否构成故意伤害罪的基本事实、主要事实。不能因其对非重要案件事实的供述有变化就否定其如实供述主要案件事实的实质。

对行为性质的辩解，不能认定为翻供。《自首和立功解释》第一条在解释何为“如实供述自己的罪行”时指出：“如实供述自己的罪行，是指犯罪嫌疑人自动投案后，如实交代自己的主要犯罪事实。”这里之所以规定须交代主要

① 案例来源：最高人民法院刑一庭、刑二庭编：《刑事审判参考》2003年第1辑（总第30辑），法律出版社2003年版，第11－18页，姜某平故意伤害、私藏枪支案。

犯罪事实而非行为性质，其原因在于对行为性质乃至对法律的认识是因人而异的，不同的人有不同的理解。无论被告人将其犯罪行为辩解为无罪（认识上的无罪而非事实上的无罪）或将此罪辩为彼罪，还是将其行为辩解为正当防卫、紧急避险等，都属于对行为性质的不同认识和理解，不能因此而轻易地认定其翻供。此外，被告人对司法机关作了前后不同的供述，也不能轻易地认定其翻供。这里涉及对客观事实的认识是否正确的问题。被告人对事实的认识，虽为自己所亲历，却未必完全客观正确。这一点，已为审判实践和多个学者所进行的试验所证实。被告人基于一种对法律的肤浅认识和朴素理解，认为被害人先动手，其家人又参与对其殴打，自己后动手就属于正当防卫。没有认识到斗殴人数的多与少以及谁先动手并不必然地影响到其与被害人的行为系互殴的性质。尽管可以根据相关证据确定被告人对这一非主要事实的辩解系狡辩，但实际上也不能彻底排除其在记忆上的误差，毕竟，被告人砍击后，被害人的家人用菜刀砍伤了被告人，而这一切都是在瞬间发生的事情。我们不能以被告人对法律、对事实的认识有差异，就认定其翻供。

悔罪表现与被告人行使辩解权是一个问题的两个方面。在审判实践中，有种观点将悔罪视为被告人的一项义务，这仍然属于将被告人作为诉讼客体和对象的观念下所形成的一种认识上的误区。在权利社会的结构状态下，应当认为，被告人表示悔罪，其实质也是行使权利的一种方式，是被告人意图通过实施“悔罪”而达到从轻处罚的目的，因而可以视为“请求从轻处罚权”的内容之一。而被告人行使辩解权，不仅仅是在行使刑事实体上的权利，更是在行使刑事诉讼程序上的权利。因此，被告人悔罪与行使辩解权同属行使刑事诉讼权利的范畴。两项权利之间并不互相排斥。如果因为被告人行使了辩解权就认为其无悔罪表现，无疑是对被告人诉讼权利的变相剥夺。

50. 被告人因实施盗窃被抓获后，供述了伙同他人实施盗窃的事实并协助公安机关抓获同案被告人。后经审理查明，被告人与同案被告人还实施了共同抢劫致人死亡的犯罪，同案被告人后被判处死刑缓期二年执行。此种情形下，被告人的行为是构成立功还是重大立功？[①]

本书观点：被告人的行为构成立功，不构成重大立功，具体理由如下：

---

① 案例来源：重庆市第二中级人民法院（2009）渝二中法刑初字第6号刑事判决书、重庆市高级人民法院（2009）渝高法刑终字第97号刑事判决书，张某等抢劫、盗窃案。

（1）构成立功、重大立功是主客观条件的统一

第一，立功应当有主观目的，虽然对行为人不要求认罪、悔罪，但犯罪分子必须是基于赎罪而立功，即是在明知或者应知自己的行为可能构成犯罪、将受到法律制裁的情况下实施立功行为，立功是为了让自己的罪行得到轻赎，赎罪的心态可能有两个方面，一方面是使自己的刑罚得以从宽，另一方面是使自己造成的对社会的危害得到一定程度的弥补。因此，犯罪分子无意间透露了他人的犯罪线索，或者在不能控制自己的意志时碰巧阻止了他人的犯罪行为，都不能认定为立功。第二，犯罪分子对自己所立之功的内容应有所认识，即知道自己是在实施立功行为。认定协助抓捕的行为构成立功，犯罪分子主观上应当符合知道自己是在协助司法机关抓捕犯罪嫌疑人的条件；认定协助抓捕的行为构成重大立功，在主观上，需犯罪分子明知是司法机关已掌握的重大犯罪嫌疑人而协助抓捕，或者虽不明知司法机关已掌握的犯罪嫌疑人的情况，但其心态是不管协助抓捕的犯罪嫌疑人是否是重大犯罪嫌疑人，他都会配合司法机关实施抓捕。只有在行为人实施的客观行为与主观方面一致的情况下才能认定立功或重大立功。

（2）对重大犯罪嫌疑人的再认识——认定的时间要求

司法解释和司法文件关于立功构成要件中所称“可能被判处无期徒刑”中的可能判处的刑罚不是指法定刑，并非根据犯罪嫌疑人的犯罪事实、情节可能适用的法定刑幅度内有无期徒刑以上刑罚就属于重大犯罪嫌疑人。比如协助抓获的犯罪嫌疑人的犯罪事实是抢劫三次，无其他恶劣情节，虽然适用的法定刑幅度是十年以上有期徒刑、无期徒刑、死刑，但根据该犯罪事实和情节实际只可能判处有期徒刑，对该犯罪嫌疑人便不能认定为重大犯罪嫌疑人。

但是，从协助抓捕犯罪嫌疑人到最终查实该犯罪嫌疑人的犯罪事实有一时间段，而司法解释和司法文件中对确认重大犯罪嫌疑人的时间点均未涉及，这就产生了以下问题：认定《自首和立功解释》第七条中的重大犯罪嫌疑人的标准，是协助抓捕时即可确定为重大犯罪嫌疑人才行，还是根据最终查明的犯罪事实、情节能确定为重大犯罪嫌疑人即可？我们认为，在协助抓捕型立功中，认定是否属于《自首和立功解释》中的重大犯罪嫌疑人应当有时间要求，即应当以犯罪分子立功当时的情况来判断。犯罪分子协助抓捕其他犯罪嫌疑人时，根据侦查机关已经掌握的犯罪事实可能对其判处无期徒刑以上

刑罚，应认定其为重大犯罪嫌疑人；根据当时已经掌握的犯罪事实、情节尚不能明确是否能判处无期徒刑以上刑罚，但根据已掌握的犯罪线索，在抓捕后继续侦查，进一步查明其犯罪事实和情节，确定可能判处无期徒刑以上刑罚的，也可以认定为重大犯罪嫌疑人；但是，如果根据立功当时侦查机关已经掌握的犯罪事实或线索尚不能确定为重大犯罪嫌疑人，而是根据抓捕之后查明的其他犯罪事实才确定其为重大犯罪嫌疑人的，不属于《自首和立功解释》第七条中的重大犯罪嫌疑人。

51. 上线毒贩提供与下线毒贩的贩毒联络方式能否构成立功?①

本书观点：上线毒贩提供与下线毒贩的贩毒联络方式不能构成立功。

（1）毒品犯罪上、下线的联络方式属于被告人应当供述的内容，侦查机关根据被告人提供的联络方式抓捕其上、下线的，不能认定为协助抓捕其他犯罪嫌疑人。

《自首和立功意见》第五条规定，犯罪分子提供司法机关尚未掌握的其他案件犯罪嫌疑人的联络方式，使司法机关抓获其他犯罪嫌疑人的，属于协助司法机关抓捕其他犯罪嫌疑人；犯罪分子提供犯罪中掌握、使用的同案犯的联络方式，司法机关据此抓捕同案犯的，不认定为协助司法机关抓捕同案犯。据此，被告人是否具有立功表现关键是看其提供下线毒犯的手机号码是否属于其应当供述的内容范畴。如果属于，即使公安机关据此抓获下线，也不能认定上线协助抓捕其他犯罪嫌疑人而具有立功表现；反之，则可以认定上线协助抓捕其他犯罪嫌疑人而具有立功表现。

贩卖毒品罪是一种对合犯。所谓对合犯，一般认为是指实施行为者双方互为实现特定犯罪构成的必要条件，或者说互为实施犯罪的对方，如行贿与受贿、拐卖妇女与收买被拐卖的妇女、出售毒品与购买毒品等。具有对合关系的犯罪，其构成要件相互涵摄对应方的犯罪行为，任何一方在如实供述本人犯罪事实时也必然涉及对应方的犯罪行为，揭发对应方的犯罪行为并未超出其如实供述的范围，因此也就不存在揭发他人犯罪的问题。在售毒者如实供述其非法出售毒品事实时，其供述必然会涉及如何与购毒者联系、接头、交易等内容，以手机为犯罪联络方式的购毒者的手机号码作为其与售毒者的

---

① 案例来源：湖南省岳阳市中级人民法院（2010）岳中刑一初字第15号刑事判决书、湖南省高级人民法院（2010）湘高法刑一终字第218号刑事裁定书，周某亮等走私、贩卖、运输、制造毒品案。

联系方式必然会出现在售毒者的如实供述中。因此，在以手机为联络方式的贩毒犯罪中，售毒者供述购毒下线的手机号码属于其如实供述非法出售毒品事实的范畴，即使公安机关据此抓获购毒下线，也不能认定售毒者协助抓捕其他犯罪嫌疑人而具有立功表现。

就立功线索来源来说，上线掌握的下线毒贩的手机联系方式是其通过非法贩卖毒品这一非法手段获取的，在线索来源上具有不正当性，也不宜认定为立功。

（2）毒品犯罪分子供述下线毒贩的联络方式，具有构成自首而非立功的空间。

如上分析，毒品犯罪是一种对合犯，在以手机为联络方式的贩毒犯罪中，售毒者供述购毒下线的手机号码属于其如实供述非法出售毒品事实的范畴，是成立自首的必备条件，如果售毒者满足自首的其他条件，可以认定为自首。公安机关根据自首贩毒者交代的下线毒贩的联络方式抓获下线毒贩的，不能在认定自首之外再认定其有立功表现，否则属于重复评价。因此，尽管上线提供的手机号码客观上对抓获下线毒贩起到了一定的帮助作用，但是其行为只具有成立自首而无立功的空间。

（3）对司法解释中同案犯的理解。

《自首和立功解释》第一条规定："共同犯罪案件中的犯罪嫌疑人，除如实供述自己的罪行，还应当供述所知的同案犯"。《自首和立功意见》规定："犯罪分子提供同案犯姓名、住址、体貌特征等基本情况，或者提供犯罪前、犯罪中掌握、使用的同案犯联络方式、藏匿地址，司法机关据此抓捕同案犯的，不能认定为协助司法机关抓捕同案犯。"结合上述司法解释，《自首和立功意见》中同案犯似乎侧重或特指共同犯罪中的犯罪嫌疑人、被告人。那么毒品犯罪中的上、下线被捕后提供犯罪前、犯罪中掌握的对方的联络方式、藏匿地址，司法机关据此抓捕对方，能否认定为协助司法机关抓捕同案犯而构成立功?

依照上述分析及法理判断《自首和立功意见》关于立功认定中的同案犯不应狭义地理解为共同犯罪案件中的犯罪嫌疑人，还应包括对合犯。也就是说，《自首和立功意见》中的同案犯不是指同一诉讼程序意义上被司法机关共同追诉的人（同案被告人），也不仅指共同犯罪的人，还包括在事实上密切关联的犯罪的犯罪嫌疑人（在同一诉讼程序中被共同追诉的人既可能是共同犯罪的人，也可能不是，如毒品犯罪的上、下线。）因此，毒品犯罪中的上、下线虽不是共同犯罪中的犯罪嫌疑人，但由于其犯罪前、犯罪中掌握的对方的联络方式、藏匿地址在事实上密切关联，具有对合性，仍应理解为《自首和立功意见》中的同案犯，其行为不构成立功。而且，对对合犯自首问题的认定，同样应当参照共同犯罪案件中的犯罪嫌疑人的自首认定，即对合犯除如实供述自己的罪行，还应供述互为实施犯罪的对方，才能认定为自首。

对《自首和立功意见》中协助抓捕其他犯罪嫌疑人的具体认定部分，切不可简单对号入座，机械理解《自首和立功意见》对同案犯与其他案件犯罪嫌疑人立功的不同规定，而要理解《自首和立功意见》对这两种犯罪嫌疑人作出不同规定的原因所在，着重把握被告人交代的其他犯罪嫌疑人的信息是否属于其应当如实供述的内容范畴，从而准确把握其立功、自首问题。

四、疑难、复杂问题的参考性解答

1. 如何正确理解和适用《刑法》第六十七条第二款规定的特别自首制度？

本书观点：特别自首（又称余罪自首）的主体必须是被采取强制措施的犯罪嫌疑人、被告人和正在服刑的罪犯。必须如实供述司法机关还未掌握的本人其他罪行。

《刑法》第六十七条第二款规定："被采取强制措施的犯罪嫌疑人、被告人和正在服刑的罪犯，如实供述司法机关还未掌握的本人其他罪行的，以自首论。"该款规定是对特殊自首的明文规定。特别自首的成立必须具备以下条件：

（1）特别自首的主体必须是被采取强制措施的犯罪嫌疑人、被告人和正在服刑的罪犯。

所谓强制措施，是指人民法院、人民检察院和公安机关为了防止犯罪嫌疑人、被告人逃避侦查和审判，依照法定程序，对其人身自由加以一定限制或者剥夺的强制方法。它包括拘传、取保候审、监视居住、拘留和逮捕。所谓正在服刑的罪犯，是指已经法院判决、正在执行所判刑罚的罪犯。根据我国有关法律规定，处于公安机关侦查、预审阶段的案犯和检察机关审查、起诉阶段的案犯称为犯罪嫌疑人，处于人民法院审判阶段的案犯称为被告人，犯罪嫌疑人和被告人又统称为未决犯；被判处刑罚后正在服刑的案犯称为罪犯，又称为已决犯。可见，刑法规定的特别自首适用的对象，包括被采取强制措施的未决犯和已被判刑且刑期未满的已决犯。

（2）必须如实供述司法机关还未掌握的本人其他罪行。

即被采取强制措施的犯罪嫌疑人、被告人和正在服刑的罪犯，必须如实供述司法机关尚不了解、不掌握的本人其他罪行。所谓“其他罪行”是相对于司法机关已掌握的罪行而言的。根据《自首和立功解释》，只有如实供述司法机关尚未掌握的罪行，与司法机关已掌握的或者判决确定的罪行属不同种罪行的，方以自首论；如属同种罪行的，只可以酌情从轻处罚；如实供述的同种罪行较重的，一般应当从轻处罚。

犯罪嫌疑人、被告人在被采取强制措施期间如实供述本人其他罪行，该罪行与司法机关已掌握的罪行属同种罪行还是不同种罪行，一般应以罪名区分。虽然如实供述的其他罪行的罪名与司法机关已掌握犯罪的罪名不同，但如实供述的其他犯罪与司法机关已掌握的犯罪属选择性罪名或者在法律、事实上密切关联，如因受贿被采取强制措施后，又交代因受贿为他人谋取利益行为，构成滥用职权罪的，应认定为同种罪行。

另外，《刑法》第三百九十条第二款规定：“行贿人在被追诉前主动交待行贿行为的，可以从轻或者减轻处罚。其中，犯罪较轻的，对侦破重大案件起关键作用的，或者有重大立功表现的，可以减轻或者免除处罚。”这是现行刑法分则的一个特别规定，是对我国自首制度的一个补充，而且是关于“立功加自首”的规定。

2. 如何正确理解和适用《刑法》第六十七条第一款规定的对于具有自首情节的犯罪分子可以免除处罚的规定？

本书观点：（1）对于自首的犯罪分子，原则上都可以从轻或者减轻处罚，但对于极少数罪行特别严重、情节特别恶劣的犯罪分子，也可以不从轻或者减轻处罚。对于可以从轻或者减轻处罚的自首的犯罪分子，究竟是从轻处罚还是减轻处罚，首先，要分清罪行的轻重；其次，要分析自首的具体情节，如投案早晚、投案动机、客观条件、交代罪行的程度等，在判明了犯罪分子的罪行轻重程度及其悔罪程度之后，区别对待，作出不同的处理。

（2）对于犯罪以后自首而罪行较轻的，不仅可以从轻或者减轻处罚，而且还可以免除处罚。犯罪是否较轻，应当根据犯罪的事实、性质、情节和危害后果等加以综合考察、判断。

犯罪较轻是可以免除处罚的前提。对“犯罪较轻”，有两种观点：第一种观点主张以法定刑或犯罪性质作为划分较轻之罪和较重之罪的标准；第二种观点主张应以犯罪所应判处的刑罚为标准来划分罪的轻重。因为犯罪的轻和重是一个概括指数，它是对犯罪各方面情况如犯罪情节、犯罪性质、犯罪事实、犯罪对社会的危害性的一个综合评价。因此，犯罪的轻与重，就意味着事实、性质、情节以及社会危害性的轻与重，而犯罪的轻重决定着刑罚的轻重。反过来讲，刑罚的轻重实际表明了罪行的轻重。因此，可以把犯罪分子应当判处的刑罚作为划分较轻之罪和较重之罪的标准。

本书主张应以法定刑轻重作为划分罪的轻重的标准。以多重法定刑作为区分轻罪和重罪的标准，刑法未作明文规定。通常认为，以最低法定刑为三年以上有期徒刑的犯罪，属于较重之罪；反之属于较轻之罪。其理由是：《刑法》第七条规定，我国公民在国外犯罪，按刑法规定的最高刑为三年以上有期徒刑的，可不予追究；从《刑法》第七十二条关于缓刑的规定看，适用缓刑的对象是犯有较轻罪行，且有悔改表现，适用缓刑确实不致再危害社会的，而适用缓刑的犯罪分子都限于被判处拘役、三年以下有期徒刑之内。这就表明最低法定刑为三年以上有期徒刑的是比较重的犯罪。

3. 肇事后忙于抢救伤者和财产，未报警或未委托他人报警，但后来能如实供述自己罪行的，能否成立自首？

本书观点：《自首和立功意见》第一条第三款规定，交通肇事后保护现场、抢救伤者，并向公安机关报告的，应认定为自动投案，构成自首的，因上述行为同时系犯罪嫌疑人的法定义务，对其是否从宽、从宽幅度要适当从严掌握。交通肇事逃逸后自动投案，如实供述自己罪行的，应认定为自首，但应依法以较重法定刑为基准，视情决定对其是否从宽处罚以及从宽处罚的幅度。

从司法实践看，交通肇事者肇事后的表现各异。要正确认定交通肇事案件中的自首，应当根据行为人肇事后的主观心态和客观行为，并结合最高人民法院《自首和立功解释》《自首和立功意见》的规定予以界定。具体归纳起来有以下几种情形。

（1）肇事后驾车逃逸的，或停车后逃逸，后被公安机关抓获或者被人民群众扭送到有关机关的，都不能认定为自首。

（2）肇事后立即停车报警、抢救伤者和财产，后又如实供述自己罪行的，是典型的自首。因为肇事者无论主观还是客观方面都符合自首的规定。

（3）肇事后委托他人报警，自己忙于抢救伤者和财产，后又如实供述自己罪行的，这种情形只要有证据证明肇事者确实委托他人报警的，属于委托他人代为投案的情况，成立自首。

（4）肇事后忙于抢救伤者和财产，未报警或未委托他人报警，但后来如实供述自己罪行的，能否成立自首，有两种意见：第一种意见认为，不构成自首。首先，肇事者不能以抢救伤者为由逃避其报警的义务；其次，不管肇事者是否知道他人报警，从其主观心态上讲都不是主动接受公安机关的控制，仅仅是履行抢救伤者和财产的义务，其行为也无法使公安机关控制自己；最后，对缺少必要条件的行为认定自首，会扩大自首的范围，于法不符。第二种意见认为，对于这种情况不能一概而论，应当结合案件的具体情况和上述法律规定综合考察。只要其履行了停车保护现场、抢救伤员和财产的重要义务，其自首的倾向已非常明显，其没有报警可能是由于别人已经报警、自己没时间报警即被交警部门发现或者其他方面原因，只要其等候交警部门处理并如实供述肇事行为的，也应当认定为自首。司法实践中这种情形非常普遍，而且这种情况同只报警而不履行诸如保护现场、抢救伤员的义务的情形相比，肇事者的主观罪过更轻，客观方面的危害也更轻。但是，由于肇事者履行义务的程序与办案人员的形式性理解不一致，导致这种情况下的肇事者被认定为自首的先例非常罕见。

本书认为，这种情况不能一概而论。可以分为以下不同情形：

第一种情形：肇事者在履行了保护现场和抢救伤员、财产的义务后，虽然自己没有报警，但已知他人报警，并没有逃离现场，而是在现场等候交警部门处理，这实际上也是一种自动投案，应当认定为自首。

第二种情形：肇事者在履行了保护现场、抢救伤员和财产的义务后，逃离现场，后被抓捕归案的，即使能如实供述自己的罪行，也不成立自首，因为其缺少自动投案的自首条件。

第三种情形：肇事者在履行了保护现场、抢救伤员和财产义务的同时，想报警而不具备报警条件的，如无通信设备、无他人可委托代为报警，只要没有逃逸，应视为原地等候处理的自动投案，成立自首。

第四种情形：肇事后履行了保护现场、抢救伤员和财产义务，来不及报警就被即时发现且承认自己是肇事者的，可以成立自首。

第五种情形：肇事者肇事后报警或委托他人报警（经证实的），但并未履行其他义务。不管肇事者当时的思想状态如何，他的行为确已使自己处于公安机关的控制之下，只要他能如实供述自己的行为，即应认定为自首。

第六种情形：肇事后逃逸，又能自动投案，如实供述自己罪行的，是自首。但肇事者除应承担肇事行为所造成的后果外，还应承担肇事后未履行法定义务的责任，应依法以较重法定刑为基准，视情况决定对其是否从宽处罚以及从宽处罚的幅度。

第七种情形：肇事后报警，又因惧怕承担责任而离开现场，后被抓获的（含当场抓获），不能认定为自首。因为这种情形下，肇事者主观状态已经发生了变化，不愿意承担罪责，客观行为又印证了其主观心态。但如果肇事者离开现场后又自动投案并如实供述自己罪行的，应当认定为自首。

第八种情形：肇事后虽未报警或未委托他人报警，但有证据表明肇事者已准备去投案或正在投案途中，被公安机关抓获的，应当视为自动投案。又能如实供述案情，接受审判的，成立自首。

在交通肇事罪规定的三个法定刑档次中，都存在自首的适用空间，即在交通肇事罪基本构成中可以自首，交通肇事逃逸以及逃逸致人死亡中亦可自首。虽然《刑法》第一百三十三条对逃逸提高了法定刑，意味着要求肇事者必须报警、保护现场、抢救伤员，但这并不意味着刑法将自首作为肇事者的法定义务。这是因为行政法规定上述义务的目的与刑法规定自首的目的不同，实现了行政法的目的并不当然也实现了刑法的目的。依据刑法规定，没有逃逸并不等同于自首行为，亦不包含自首行为，因此，“交通肇事后报警并等候处理的行为认定为自首构成双重评价”的观点并不成立。这是因为刑法只规定了肇事者禁止逃逸的义务，主动投案并如实供述自己罪行并不是肇事者的义务，当肇事者实施了超出其义务的行为时，理应适用自首。由于刑法对自首比没有逃逸的要求更高，因此，没有逃逸无法涵盖自首行为，也就根本不会存在重复评价的问题。不能混淆交通肇事报案与自首投案两者的界限。前者可能成为构成罪与非罪的界限，而后者只是认定是否构成自首的界限。

4. 如何正确理解和适用刑法规定的坦白从宽制度？

本书观点：

（1）坦白从宽是刑事政策的法律化，具有较强的现实意见。首先，坦白从宽法律化，是贯彻“坦白从宽”刑事政策的必然要求。“坦白从宽”的刑事政策就是为实现改造人的目的而制定的一项正确的政策和策略，它有助于刑罚目的实现。其次，“坦白从宽”政策是根据犯罪人的不同实际情况而提出的。对坦白者给予从宽处理，对于感召犯罪人坦白，从而最大限度地孤立极少数顽固分子，分化瓦解共同犯罪和犯罪集团具有重要的意义。最后，“坦白从宽”政策有利于迅速破案，查清案件事实，避免或减少国家和社会的损失。

（2）关于坦白的定义，有的认为，坦白是指在犯罪事实和犯罪分子均被发现以后，犯罪分子在侦查、起诉、审判过程中，向公、检、法机关如实交待自己罪行的行为。有的认为，坦白是指犯罪分子被动归案后，交待自己被指控的犯罪事实并接受审查、裁判的行为。有的认为，坦白是指犯罪分子被捕归案后，如实交待自己的犯罪事实，并接受审判的行为。1984 年《最高人民法院、最高人民检察院关于当前处理自首和有关问题具体应用法律问题的解答》将坦白定义为：“犯罪行为已被有关组织或者司法机关发觉、怀疑，而对犯罪分子进行询问、传讯，或者采取强制措施后，犯罪分子如实供认这些犯罪的行为。”《刑法》第六十七条第三款规定，“犯罪嫌疑人虽不具有前两款规定的自首情节，但是如实供述自己罪行的，可以从轻处罚；因其如实供述自己罪行，避免特别严重后果发生的，可以减轻处罚”。据此，坦白的本质特征在于犯罪人在被动归案后能如实交待已被司法机关掌握的犯罪事实。第一，犯罪人被动归案。被动归案的特征决定了坦白只能是犯罪人向司法机关坦白，而不能是向其他机关或者组织坦白。第二，如实交待自己被指控的罪行。①所交待的必须是犯罪的事实。②所交待的必须是自己的犯罪事实，即自己实施并应当由本人承担刑事责任的罪行。如果是共同犯罪，还需要根据共同犯罪中的作用和分工来讲清自己的犯罪事实。③所交待的必须是被指控的犯罪事实。所谓被指控的犯罪事实，是指已被发觉和掌握的犯罪事实，更具体地说，是司法机关对其采取强制措施或传唤以及公民将其扭送所依据的犯罪事实。④必须如实交待。所谓如实交待，是指如实交待自己的主要犯罪事实。主要犯罪事实是指足以证明其行为构成犯罪并直接影响定罪量刑的基本事实和情节，并不苛求全部事实和细节，也不要求是所犯的全部罪行或重要罪行。所以，犯罪人只要就自己所犯的某一罪行的关键事实和情节作了较为全面并符合客观实际的供述，而没有在直接影响定罪量刑的事实和情节上故意作虚假陈述、歪曲真相或避重就轻以推诿或包揽罪责的，即使在其他一些细节上存在不一致或不准确，也应认定为如实交待了这一犯罪事实。如果犯罪人犯有数罪而只对其中一罪或一部分罪行作如实交待的，就只对该一罪或该一部分罪行认定为如实供述，从而只就该一罪或该一部分罪行适用坦白的有关规定。

（3）坦白的从宽处罚原则

《刑法》第六十七条第三款规定，对于坦白，“可以从轻处罚；因其如实供述自己罪行，避免特别严重后果发生的，可以减轻处罚”。该条参照自首的规定确立了对坦白的犯罪人的处罚原则。

自首是犯罪人犯罪后主动归案，而坦白是犯罪人被动归案，相比较而言，坦白的犯罪人其人身危险性减弱的程度不如自首的犯罪人，而且坦白是在司法机关动用一定的侦查、拘捕等措施之后的行为，其对司法资源的节省程度和对司法目的实现的积极意义也不如自首。因此，对坦白规定的从宽处罚幅度应该小于对自首的犯罪人的从宽处罚幅度。但同时，我们也应该看到，在犯罪人被动归案的情况下，司法机关虽已掌握了犯罪人的基本犯罪事实，但没有也不可能详尽无疑地掌握其犯罪事实，更不可能已经达到可以定罪量刑的程度，还需进一步的查证。犯罪人如果消极抵触，拒不认罪，势必给司法机关查清犯罪事实带来障碍和阻力，从而消耗更多的人力、物力和财力，甚至可能因为客观条件限制和侦查能力有限而使犯罪人最终逃脱法律的制裁。反之，犯罪人如果坦白罪行，无疑有利于司法机关更迅速、更准确地查清犯罪事实，从而节省用于办案的各类司法资源。所以，坦白从宽处罚原则的确立，要在遵循罪刑相适应原则的基础上，适当加大坦白从宽的幅度，充分利用包括立法在内的各种从宽方式，使坦白从宽得以切实贯彻，使得走坦白道路对于任何一名在行为选择上趋利避害的犯罪人具有实实在在的感召力；同时，从宽幅度还应取决于案件本身的具体情况。例如，坦白对于案件破案和定案的意义程度等；出于特殊预防的目的，从宽幅度的掌握还应考虑坦白者是否真诚悔罪、坦白时间的早晚以及对刑事诉讼的影响等。

（4）坦白的司法认定和操作

首先，要澄清坦白与供认的区别。理论界和司法界还有一种观点，认为坦白还必须具备主动如实交待的特征，从而与供认有本质区别。所谓供认，是指犯罪分子被逮捕以后，或者在审判过程中，在确凿的证据面前，被迫承认自己所犯罪行。坦白与供认的主要区别是：坦白是在仅有怀疑、尚无确凿证据的情况下，犯罪分子如实交待所犯罪行；供认是在确凿证据面前无法抵赖，被迫招供所犯罪行。还有学者称坦白是在司法机关未出示任何证据的情况下，自己向司法机关陈述犯罪的所有情况。对此，我们认为：只存在与自首和不坦白的（即拒不交待罪行）的区别，而不存在与供认的区别问题。因为案件证据是否确凿充分、司法机关是否出示相关证据，对于犯罪人来说，愿不愿意配合交待仍然具有自主权。因为在这种情况下，犯罪人完全可以继续拒不交待。所以，如实交待罪行仍然是犯罪人主动选择的结果，因案件证据确凿充分或司法机关出示了证据而如实交待罪行的不是犯罪人主动交待的观点不能成立。实践中还存在坦白与供认有区别的观点，不仅大大缩小了坦白的范围，不利于坦白制度作用的发挥，还平添了司法实践中对坦白认定的复杂性和困难度。所以，实践中，犯罪人只要能如实交待自己的罪行，就应该认定为坦白，至于是在证据确凿充分还是证据尚不确凿充分的条件下、是在司法机关出示了较多证据还是未出示任何证据的情况下坦白交待，都属于坦白的情节问题，在考虑从宽幅度时应该体现有所区别。

在认定坦白的前提下，还应结合坦白行为的各种细节和具体情形，作出适当的处理。主要考虑以下几点：①坦白的时间。被动归案后，犯罪人坦白其罪行的时间是不固定的。有的是在侦查阶段马上交待；有的是在经过一段比较长的时间的沉默或狡辩，经过政策攻心或出示一定证据的情况下才交待；有的则在审查起诉或审判阶段才交待罪行。坦白时间的早晚，不仅说明了犯罪人对自己所犯罪行的悔悟的早晚，反映其主观危险性程度，还可能直接影响司法资源的节省程度和对刑事诉讼的意义，处理时需区别对待。②坦白的程度。即犯罪人是彻底交待全部罪行还是只交待部分罪行，交待一件罪行是较全面客观地交待主要事实和情节，还是在与定罪量刑有直接关系的事实和情节上避重就轻。交待罪行程度的不同，可以反映犯罪人主观心态上是真心悔悟还是想蒙混过关，是被政策感召还是钻政策空子。对避重就轻假坦白的，不能从宽处理。③坦白对案件的意义。即犯罪人的坦白交待在全案的证据作用如何，是一般证据、重要证据还是关键证据。证据的意义和作用不同，客观上影响司法机关认定和处理案件。有的案件没有犯罪人的坦白交待，司法机关照样掌握其罪行，或证据确凿犯罪人不能不供述，这种情况下，犯罪人的坦白对破案定性的作用相对要小；另外有些案件，没有犯罪人的坦白交待，司法机关就难以充分掌握其罪行证据，或者难以详尽无疑地掌握其犯罪事实，在这种情况下，犯罪人的坦白行为，对破案及定性的作用就相对较强。坦白的客观效果不同，对司法的积极意义也不同，这一点与立功有相似之处，在处罚时也应有所区别。

此外，对坦白的犯罪分子从宽处罚还有相对意义，即对他们的从宽处罚是指要轻于没有坦白但社会危害性相同的犯罪分子。所以，在对有坦白情节的犯罪分子具体量刑时，先不要考虑该情节而直接根据其犯罪事实裁量刑罚，之后再考虑情节所节约的司法成本和减小的主观恶性的具体情况，决定从宽处罚的幅度，结合案件中的其他从轻从重情节确定最后的刑罚。由于坦白不像自首那样具有相对的客观条件限制，可能使每一个案件的犯罪人都因为坦白而得到从宽处罚，从而使整个刑罚体制出现轻刑化趋向。但坦白从宽对每个犯罪人都机会均等，所以，它是公平和民主的；而轻刑化是国际刑罚发展的趋势，也符合刑罚民主化的进步要求。

同时，由于绝大多数犯罪人是在侦查阶段或审查起诉阶段坦白交待自己的罪行的，而且犯罪人坦白交待时司法机关已掌握犯罪事实的情况和犯罪人的坦白交待对破案定性等刑事诉讼活动的意义，也只有接受坦白的侦查或审查起诉机关最为清楚。所以，侦查机关在移送审查起诉时，审查起诉机关在提起公诉时，都应当在案卷中明确认定犯罪人有无坦白行为，提出是否从宽处理的意见。具体还应该制作一套专门的案卷，说明犯罪人的坦白情节和意义，包括：坦白的时间、坦白时已掌握的犯罪事实情况和出示证据情况、坦白的程度和坦白与查证的客观事实的符合程度情况、坦白对破案定性及整个诉讼进程的作用和意义，以及是否从宽处罚和如何从宽处罚的建议等，并附具相关证明材料。在案件移送时一并提交审判机关，以便审判机关在确定刑罚时全面掌握和考虑。

所有上述情形，都应该在有关司法解释和司法操作中进一步明确和规范，以保证坦白从宽处罚原则在司法实践中的切实贯彻执行。此外，贯彻坦白从宽原则，还可以借鉴国外的做法，不仅在审判量刑时，而且从起诉阶段就贯彻这一原则，即对坦白交待、真诚悔罪的犯罪人需要较大幅度的从宽处理的，可以在作出必要限制的情况下酌情从轻控诉，具体可采取减少指控罪名、酌情减轻指控事实以及为证实主要罪犯而对从犯予以刑事赦免等方式。

5. 如何正确认定重大立功？

本书观点：《自首和立功解释》规定犯罪分子有检举、揭发他人重大犯罪行为，经查证属实；提供侦破其他案件的重要线索，经查证属实；阻止他人重大犯罪活动；协助司法机关抓捕其他重大犯罪嫌疑人（包括同案犯）；对国家和社会有其他重大贡献等表现的，应当认定为有重大立功表现。“重大犯罪”“重大案件”“重大犯罪嫌疑人”的标准，一般是指犯罪嫌疑人、被告人可能被判处无期徒刑以上刑罚或者案件在本省、自治区、直辖市或者在全国范围内有较大影响等情形。

“可能被判处无期徒刑以上刑罚”，通常是指所犯罪行对应量刑幅度中有无期徒刑及以上刑罚，而非实际宣告之刑罚为无期徒刑及以上刑罚。

这种理解的意义主要有两方面的考虑：第一，被抓获的重大犯罪嫌疑人的宣告刑往往受自首、立功、赔偿等情节的影响，这些罪后情节不能影响所犯罪行的严重程度，亦即不能影响行为人协助抓获重大犯罪嫌犯的质量；第二，如果确立了以实际宣告刑作为判定行为人是否具有重大立功的标准，可能导致实践中对案件处理的过分拖延，等待宣告刑结果，影响案件处理进程，或者使案件处理结果处于不确定状态（如，即使一审宣判了，也可能被二审改判）。当然，认定行为人协助抓获嫌犯行为是否构成重大立功也要贯彻实事求是原则，在正常程序中，如果被协助抓获的被告人的实际宣告刑是在没有犯后表现因素情况下作出的，宣告刑已经成为一种客观事实，也可以作为判定协助行为人是否构成重大立功的标准，对此问题的掌握不能绝对化。但其前提是不能以被协助抓获人犯后的行为损减协助人所作贡献的质量。

实践中，对立功（重大立功）情节应依法正确认定，并结合罪行本身，准确把握立功之分量，作出适当的处罚。那么，对司法解释规定的“可能被判处无期徒刑以上刑罚”，是否可以理解为被检举的犯罪嫌疑人、被告人的行为所对应的法定刑幅度包括无期徒刑或死刑在内？显然不能。由于刑法条文中所规定的法定刑幅度均比较宽泛，大量条款所设定的单一法定刑幅度为十年以上有期徒刑、无期徒刑或者死刑，甚至设定为七年以上有期徒刑或者无期徒刑。如果类似情况均认定为具有重大立功表现，将导致重大立功的标准认定过于宽松，使被告人获得不当减轻或免除处罚的机会。因此，对“可能被判处无期徒刑以上刑罚”的理解，应理解为排除罪后情节而可能判处无期徒刑以上的宣告刑，不能一概因为法定刑幅度内含有无期徒刑就认为是可能判处无期徒刑。这里的罪后情节，主要是指行为人实施犯罪以后的能够影响量刑的情节，如自首、立功等。比如说，被检举、揭发人仅入户抢劫一次，无其他从重、加重情节，虽然其法定刑幅度为十年以上有期徒刑、无期徒刑或者死刑，但通常情况下，被检举、揭发人不可能被判处无期徒刑以上刑罚，此时就不存在认定检举、揭发人具有重大立功表现的空间。再有，被检举、揭发的犯罪嫌疑人本可能判处无期徒刑，但因其到案后有立功表现或被查明是未成年人，而被减轻判处十四年有期徒刑，此种情况并不影响认定检举、揭发人具有重大立功表现。

6. 贿赂案件中的立功如何认定？

本书观点：根据《刑法》第六十八条和1998年《自首和立功解释》、2009年《职务犯罪案自首、立功意见》、2010年《自首和立功意见》，在办理受贿案件时，认定犯罪分子的检举、揭发、协助抓捕等行为是否成立立功，除应当具备一般犯罪案件的嫌疑人、被告人的要求外，还应当明确以下几点。

（1）鉴于贿赂犯罪具有对向性的特殊性，对于受贿人而言，如果其检举、揭发行贿人向其行贿的犯罪行为，应当属于如实供述自己的罪行，受贿人可能构成自首或坦白，但不能构成立功。如果受贿人检举、揭发的是行贿人向其他国家工作人员行贿的犯罪行为并经查证属实的，则构成立功。如果受贿人检举、揭发的除了行贿人向其行贿的犯罪行为外，还有行贿人向其他国家工作人员行贿的犯罪行为并经查证属实的，则受贿人在构成自首或坦白的同时，还构成立功。

（2）据以立功的线索、材料来源有下列情形之一的，不能认定为立功：①本人通过非法手段或者非法途径获取的；②本人因原担任的查禁犯罪等职务获取的；③他人违反监管规定向犯罪分子提供的；④负有查禁犯罪活动职责的国家机关工作人员或者其他国家工作人员利用职务便利提供的。

（3）行贿人因其他犯罪被司法机关追诉，主动交代本人的行贿行为，如果受贿人因此构成受贿罪，行贿人是否构成立功？否定行贿人构成立功的观点认为，行贿本身就是一种犯罪行为，至少是一种应受谴责的违法行为，行贿人主动交代行贿行为系主动交代自己的违法犯罪行为，如果认定为立功，与一般社会伦理观念不符。行贿人主动交代自己的行贿行为具有双重性，既是主动交代自己的违法犯罪行为，同时也是检举揭发他人的受贿犯罪行为，应当从立功的成立要件出发，区别不同情况分别处理：如果行贿人的行贿行为不构成行贿罪，其主动交代行贿行为，从而使受贿人的受贿犯罪事实得以被侦破的，行贿人的行为符合立功的构成要件。不能因为行贿人行贿行为的不正当性而否定其检举揭发受贿犯罪的立功性质。因为对一个行为的刑事法律性质的评价应当主要是规范评价而非情感评价。如果行贿人的行为构成行贿罪，且已被司法机关追诉，则其主动交代行贿行为，可以直接援引《刑法》第三百九十条第二款的规定，对行贿人的行贿罪减轻或者免除处罚，不能再认定行贿人构成立功。《刑法》第三百九十条第二款应当视为一种特别规定，应当优先适用而排斥立功条款的适用。如果行贿人的行为是否构成行贿罪不明确，且没有被司法机关以行贿罪追诉，则从有利于被告人的原则出发，应当认定行贿人构成立功。如果以后行贿人被司法机关以行贿罪追诉，则不再适用《刑法》第三百九十条第二款的规定对其从轻处罚。

7. **黑社会性质组织犯罪案件中的立功如何认定？**

本书观点：立功的认定并不是简单地判断罪犯是否有检举、揭发他人犯罪的行为或提供了他人犯罪的线索，还必须判断罪犯的检举、揭发或提供犯罪线索的行为是否能够折抵其犯罪行为造成的危害，是否征表着人身危险性的降低。如果是，罪犯的检举、揭发行为应当认定为立功，应从轻或减轻处罚；如果不是，即使检举、揭发行为属实，也不能从轻、减轻处罚。因此，判断罪犯的检举、揭发行为或提供犯罪线索的行为是否构成立功可从以下几个方面着手：首先，检举、揭发他人犯罪或提供他人犯罪的线索必须明确、具体。其次，被告发的犯罪行为被查证证实。立功是功罪相抵，反之，不能查明罪犯有功，就不能折抵自己的罪行。因此，告发的犯罪行为被查证属实是认定立功的前提。最后，功与罪能够相抵。罪犯检举、揭发他人犯罪或者提供他人犯罪线索即使被查证属实并不表明罪犯就在量刑上就一定会受到优待，因此，还必须从相当性的角度判断检举、揭发他人犯罪或提供他人犯罪线索的价值能否折抵其犯罪行为造成的危害。

具体到黑社会性质组织犯罪案件，其侦查取证难度远大于其他普通刑事案件。在一些案件中，部分组织成员在政府的感召下迷途知返，能够配合司法机关查办案件，有提供线索、帮助收集证据或者其他协助行为，并对破案、定案起到了一定作用。为了更好地起到昭示作用，办案时应对积极参加者、其他参加者的前述行为予以积极评价，即使依法不能认定为立功，一般也应在量刑时酌情从轻处罚，以分化瓦解犯罪分子、提高破案效率之功效。此外，黑社会性质组织的组织者、领导者往往掌握着大量的犯罪线索，具有揭发检举的“便利”条件，有些人甚至早已备有后手。为了不给此类犯罪分子逃避处罚可乘之机，对其立功情节应当从严掌握。“从严掌握”应包含两层含义：一是对立功情节的认定要从严掌握。在审查判断组织者、领导者的揭发检举是否构成立功时，如果存在事实、证据方面的疑问或者法律适用方面的争议，一般应不予认定；二是对已认定构成立功的，在量刑时也要从严掌握。组织者、领导者检举揭发与该黑社会性质组织及其违法犯罪活动有关联的其他犯罪线索，经查证属实，构成立功或者重大立功的，在量刑时也应从严掌握。关于“与该黑社会性质组织及其违法犯罪活动有关联”的理解，主要应从以下几个方面来把握：（1）揭发线索是否是利用其在组织中所处的特殊地位而取得；（2）是否与该组织寻求非法保护、实施违法犯罪等活动有关联；（3）是否与该组织的成员、“保护伞”及雇佣、纠集的人员有关联等。

8. **毒品犯罪案件中的立功如何正确认定？**

本书观点：对于毒品犯罪案件中，被告人检举、揭发其他犯罪案件的，与一般案件立功的处理无异。但是，毒品犯罪分子检举毒品犯罪分子，特别是检举共同犯罪分子以及毒犯上下家等情况下的立功问题，应当区别对待。

（1）从严把握毒品犯罪案件中的立功问题

实践中，一些国家工作人员、被告人亲属非法“制造”立功的现象较为突出，部分罪行十分严重的毒品犯罪分子逃避法律的惩罚，严重扰乱了监管秩序，违背了刑法规定立功制度的立法宗旨，造成了恶劣的社会影响。因此，对立功的认定必须从严把握。

通过犯罪嫌疑人、被告人的亲属、同监犯或者非法手段获取信息而检举揭发的，要分清是正当来源还是非正当来源，并予以区别对待。①被告人亲属为了使被告人得到从轻处罚，检举、揭发他人犯罪或者协助司法机关抓捕其他犯罪人，对打击毒品犯罪是有利的，但不是刑法意义上的立功，因而不能视为被告人立功。②同监犯将本人或者他人尚未被司法机关掌握的犯罪事实告知被告人，由被告人检举揭发，往往导致监管秩序混乱，如经查证属实，虽可认定被告人立功，但是否从宽处罚、从宽幅度大小，应与通常的立功有所区别。③通过非法手段或者非法途径获取他人犯罪信息，如从国家工作人员处贿买他人犯罪信息，通过看守人员等非法途径获取他人犯罪信息，由被告人检举揭发的，不能认定为立功，也不能作为酌情从轻处罚情节。“非法来源”的证明责任在司法机关，如果没有证据证明立功线索来源非法，就应当认定为立功。对于有关部门提供的证明被告人立功的书面材料，应当立足于刑法关于立功的规定，以有关材料是否足以证实被告人有立功表现为判断标准。例如，看守所、公安机关、检察机关或者纪检监察机关提供书面材料证明被告人有检举、揭发他人犯罪等表现的，必须同时提供被检举者犯罪的具体情况。对于只出具被告人有立功表现的书面证明，不提供或者不补充立功的具体材料，致使法院无法作出准确判断的，依法不能认定为立功。

（2）正确对待毒品共同犯罪人协助抓获同案犯的立功认定问题

最高人民法院在《全国部分法院审理毒品犯罪案件工作座谈会纪要》规定：①公安机关根据被告人供述抓获同案犯的，不应认定其有立功表现。因为，共同犯罪中同案犯的基本情况，包括同案犯姓名、住址、体貌特征、联络方式等信息，属于被告人应当供述的范围。②被告人在公安机关抓获同案犯过程中确实起到协助作用的，属于协助司法机关抓获同案犯，应认定为立功。例如，经被告人现场指认、辨认抓获了同案犯；被告人带领公安人员抓获了同案犯；被告人提供了不为有关机关掌握或者有关机关按照正常工作程序无法掌握的同案犯藏匿的线索，有关机关据此抓获了同案犯；被告人交代了与同案犯的联系方式，又按要求与对方联系，积极协助公安机关抓获了同案犯的，等等。

（3）对毒枭立功和马仔立功，量刑时应贯彻区别对待的精神

由于毒品犯罪自身的特点，多是单线联系，毒枭等处于幕后操控，具体犯罪活动主要由马仔实施，事实上，毒枭很难被抓获；即使被抓获，由于其手中掌握马仔的犯罪信息和个人信息，又很容易获得种种立功包括重大立功的机会。由于刑法规定，立功是法定从宽处罚情节之一，就很难对毒枭适用死刑。而马仔的命运则相反，由于身处毒品犯罪的“第一线”，马仔容易被抓获；归案后，由于他们绝大多数并不掌握躲在其幕后操控的毒枭的信息，又很难有什么立功机会。这样，在相同毒品数量的情况下，马仔被处以死刑的概率反比毒枭大得多。这是不正常、不合理的。因而有人建议，在毒品犯罪的刑罚裁量中，应当严格把握立功的认定标准，突出数量的作用，以最大限度防止“本该杀的没有杀掉，本可不杀的却杀了”的不正常现象。

针对这个问题，《全国部分法院审理毒品犯罪案件工作座谈会纪要》中提出了“立功从宽处罚的把握，应以功是否抵罪为标准”的观点，指出在毒品共同犯罪案件中，毒枭、毒品犯罪集团首要分子、共同犯罪的主犯、职业毒犯、毒品惯犯等，由于掌握同案犯、从犯、马仔的犯罪情况和个人信息，被

抓获后往往能协助抓捕同案犯，获得立功或者重大立功。对其是否从宽处罚以及从宽幅度的大小，应当主要看功是否足以抵罪，即应结合被告人罪行的严重程度、立功大小综合考虑。要充分注意毒品共同犯罪人以及上、下家之间的量刑平衡。对于毒枭等严重毒品犯罪分子立功的，从轻或者减轻处罚应当从严掌握。如果其罪行极其严重，只有一般立功表现，功不足以抵罪的，可不予从轻处罚；如果其检举、揭发的是其他犯罪案件中罪行同样严重的犯罪分子，或者协助抓获的是同案中的其他首要分子、主犯，功足以抵罪的，原则上可以从轻或者减轻处罚；如果协助抓获的只是同案中的从犯或者马仔，功不足以抵罪，或者从轻处罚后全案处刑明显失衡的，不予从轻处罚。相反，对于从犯、马仔立功，特别是协助抓获毒枭、首要分子、主犯的，则应当从轻处罚，直至依法减轻或者免除处罚。

9. 举报同案犯并交代了犯罪事实可否认定为自首?

本书观点：举报同案犯并交代了犯罪事实不能认定为自首。

举报同案犯并交代犯罪事实能否以自首论处，主要涉及的是共同犯罪中的自首问题。根据《刑法》第二十五条第一款的规定，共同犯罪是指二人以上的共同故意犯罪。这一规定说明，共同犯罪是由二人以上的共同犯罪故意和共同犯罪行为相结合的犯罪整体。根据共同犯罪的构成特征，在共同犯罪情况下，整个犯罪行为是一个相互联系的整体，构成某罪的主要事实，是由所有犯罪人共同所为。即使某一犯罪行为人没有参与共同犯罪中某一项犯罪内容，但这是由共同犯罪中所具有的分工不同所致。只要共同犯罪中的行为人知道自己所参与的共同犯罪中具有某一犯罪内容，而且这一犯罪内容也是与其所参与的共同犯罪密切相关的，就应当视为该行为人所参与的共同犯罪。在共同犯罪中，各共同犯罪人都应当对整个犯罪行为承担相应的法律责任。因此，在共同犯罪中要成立自首，行为人不仅要如实交代自己所实施的犯罪行为，还要交代自己参与犯罪过程中所知道的共同犯罪范围内的其他犯罪行为人的犯罪行为。

10. 犯罪嫌疑人向司法机关、其所在单位、城乡基层组织或者其他有关负责人员以外的人投案的行为，能否认定为自首意义上的投案?

本书观点：《自首和立功解释》既已明确地将自动投案的投案对象限定在司法机关、犯罪嫌疑人所在单位、城乡基层组织或其他负责人员的范围内，那么，就应当认为犯罪人向这些单位或其他单位或个人“投案”的，并不能当然发生“自动投案”的效力。申言之，如果这些单位或个人明确告诉犯罪人其无权接受“投案”的，那么，在一般情况下，犯罪人只有重新向司法解释规定的有权接受其投案的单位或个人投案，方可认定为自动投案。

但是，考虑到我国刑法及司法解释对犯罪人投案方式的规定灵活多样，在上述情形中，如果犯罪人并不反对、阻止其所投案单位或个人将其移交给司法解释规定的投案对象，且在移交后亦能如实供述其罪行的，则可根据司法解释关于“经查实确已准备去投案；……应当视为自动投案”的规定，认定犯罪人有自动投案的表现。例如，某犯罪人在犯罪后向当地县政府“投案”，县政府有关人员在得知其犯罪事实后，立即打电话给有关司法机关，告知犯罪人的“投案”情况，并要求派人将犯罪人带走，而该犯罪人则在门旁静候，直到有关司法人员到场将其带走，对该犯罪人显然就应当适用前述规定，视为自动投案。

11. **被告人自动投案并如实供述但不悔罪的，能否认定为自首？**

本书观点：对自首的认定，不能受犯罪嫌疑人、被告人是否悔罪的限制。在审判实践中，有人认为，犯罪嫌疑人、被告人不是出于悔罪的自发行为而不能认定为自首。我们认为，这种认识不符合刑法规定的精神。《刑法》第六十七条规定：“犯罪以后自动投案，如实供述自己的罪行的，是自首。”因此，是否悔罪或悔改，并不是认定自首的前提和条件。自首了，并不一定就悔罪了或悔改了。审判实践中自首但并未悔罪或悔改的大有人在。悔罪或悔改只是自首的动机之一，并不符合自首的所有情况。如果将悔罪作为自首的本质，将妨碍审判实践中对自首的正确认定。

12. **仅有自首的意思表示而无自动投案行为的，能否成立自首？**

本书观点：仅有自首的意思表示而无自动投案行为的，不构成自首。

自动投案，如实交代自己的罪行，是认定自首的两个必备条件。根据《自首和立功解释》中对自动投案的规定，犯罪嫌疑人自动投案包括本人主动投案，在亲友的规劝、陪同下投案或是由亲友送去投案等。自动投案必须有自己实施了投案的行为或者经查确实已准备去投案或正在投案途中的事实。如果犯罪嫌疑人仅有投案的意思表示（明示或默示），而无实际的投案行为或者不能证明确已准备去投案，就不能认定为自首。

13. 犯罪嫌疑人及代为投案人由于客观原因未能与司法机关联系上，后被抓获的，能否视为自动投案？

本书观点：犯罪嫌疑人及代为投案人由于客观原因未能与司法机关联系上，后被抓获的，应视为自动投案。

自动投案一般应是犯罪嫌疑人本人直接向有关部门自动投案，对于因为客观原因不能亲自投案，委托他人先代为投案的，也应当视为自动投案。犯罪嫌疑人准备投案，但由于客观原因，本人及代为投案人未能与司法机关联系上，后被抓获的也可视为自动投案。因此，认定自动投案，投案的方式并非要求犯罪嫌疑人的投案行为必须将自己直接置于司法机关控制之下，只要有证据证明投案人具有投案的意思表示，并有投案的具体行为，均应认定为自动投案。对此，《自首和立功解释》第一条规定："经查实确已准备去投案，或者正在投案途中，被公安机关捕获的，应当视为自动投案。"

14. 自诉案件中的自首情节如何认定？

本书观点：自诉案件并不排斥自首的存在。自诉案件是相对于公诉案件而言的，是我国刑事诉讼法根据提起诉讼的主体不同而作的程序上的分类。虽然刑事诉讼法规定人民法院在审理自诉案件过程中可以调解，宣告判决前，自诉人可以与被告人自行和解，或者撤回自诉，被告人在诉讼过程中可以对自诉人提起反诉，但都属于程序上的处理，主要解决诉权问题，不涉及对案件实体问题的认定。而对实体问题的认定，无论是公诉案件，还是自诉案件，其认定依据只能是刑法的规定。关于自首，我国《刑法》第六十七条仅规定了自首的成立条件及其处罚原则，并未对可以成立自首的案件性质作任何限制。也就是说，只要符合自首成立的法定条件，无论是公诉案件还是自诉案件，都应当认定为自首，不能因自诉案件的犯罪事实和犯罪嫌疑人容易被司法机关发现和掌握，就不适用刑法关于自首的规定。

15. 贿赂犯罪案件中被告人"检举揭发"他人贿赂犯罪线索的，如何正确认定立功？

本书观点：只有在检举揭发与自己无关的贿赂犯罪事实的情况下，才可以构成刑法上的立功表现；如果受贿人"检举揭发"的是他人向自己行贿，或者行贿人"检举揭发"的是自己的行贿对象，或者介绍贿赂人"检举揭发"的是自己介绍的行贿、受贿犯罪事实，不能认定为有立功表现。

在处理贿赂犯罪案件的司法实践中，经常遇到所谓受贿人"检举揭发"

他人行贿犯罪事实，或者行贿人“检举揭发”他人受贿犯罪事实，或者介绍贿赂人“检举揭发”他人行贿或者受贿犯罪事实，并被查证属实的情况。受贿人、行贿人或者介绍贿赂人据此辩称有立功表现，要求从轻或者减轻处罚。

对于这种情况能否认定为立功，实践中有不同认识。具体判定刑法中的立功是否成立，除了刑法的原则规定，在理论和实践中可以把握这样一个标准和尺度，“立功”是被告人可做可不做的自主行为。如果属于被告人不得不讲出的犯罪线索，显然不可能构成或者认定为刑法上的立功。据此，判定以上情况是否属于立功，应当取决于被告人检举揭发的是否属于自己参与的贿赂犯罪事实。只有在检举揭发与自己无关的贿赂犯罪事实的情况下，由于他完全可以不去检举揭发，而现在检举揭发了，因此可以构成刑法上的立功表现。相反，如果受贿人“检举揭发”的是他人向自己行贿，或者行贿人“检举揭发”的是自己的行贿对象，或者介绍贿赂人“检举揭发”的是自己介绍的行贿、受贿犯罪事实，均属其到案后应当在如实交代自己的犯罪行为时必须讲清、交代清楚的事实，否则，即属不如实交代自己的犯罪事实，故不能认定为有立功表现。

从《刑法》第六十八条规定的立功表现的具体内容看，“立功”是指犯罪分子揭发他人犯罪行为，查证属实的，或者提供重要线索，从而得以侦破其他案件等情形。根据《自首和立功解释》第五条规定的精神，检举揭发他人的犯罪，不包括被告人自己参与的犯罪。在贿赂犯罪中，受贿与行贿、介绍贿赂行为之间存在内在的联系，受贿人、行贿人或者介绍贿赂人在交代自己的贿赂犯罪事实时，必须讲清楚其受贿来源、行贿对象或者介绍贿赂双方的情况。这就不是被告人到案后可讲可不讲的他人犯罪事实。如其不讲，是拒不如实交代本人的全部犯罪事实；讲了，显然也就不是刑法意义上的“揭发他人犯罪行为”，更不属于提供重要犯罪线索，充其量只是其犯罪后的坦白交代。因此，在审判实践中，对于这种情况，只能作为被告人本人能够坦白交代犯罪的酌定量刑情节，可以考虑从轻处罚。

16. **自动投案并如实供述自己罪行后在一审期间翻供但二审期间又能如实供述的，能否认定为自首？**

分歧意见：第一种意见认为，应认定为自首，因为被告人自动投案属实，只要在终审判决前能够如实供述自己罪行的，就应视为自首。

第二种意见则认为，司法解释已明确把如实供述自己罪行的时限界定在一审判决前，在二审判决前如实供述的，已超越这个时间界限；且通过一审庭审，本案事实已查清楚，被告人供认与否不影响对其定罪处罚，所以不能认定为自首。

本书观点：《自首和立功解释》规定："犯罪嫌疑人自动投案并如实供述自己的罪行后又翻供的，不能认定为自首；但在一审判决前又能如实供述的，应当认定为自首。"被告人在案发后，虽能主动到公安机关投案，并如实供述了其所犯罪行，但在一审庭审时至一审判决前又翻供，拒不认罪。因此，一审法院在判决时不认定被告人的行为为自首是正确的。这一点，毫无疑问，也不会有任何争议。现在的问题是，被告人虽在一审期间翻供，但在二审开庭时又能如实供述其罪行，对此，二审法院能否再认定为自首呢？客观地说，《自首和立功解释》的规定并不十分明确。争议的焦点在于对《自首和立功解释》中的所谓"一审判决前又能如实供述的，应当认定为自首"如何准确理解，即这里的"一审判决前"是不是认定自首的一个最后期限？一种意见认为该表述仅是针对在翻供情况下，一审判决时是否认定自首的规定，并非自首认定的最后限制性期限。也就是说，《自首和立功解释》并未明确指出，二审期间又能如实供述的就肯定不能认定为自首。依照刑事诉讼法的规定，我国的刑事审判是二审终审制，在二审判决或裁定生效之前，审理活动并未终结，而是仍在继续进行过程之中。二审法院理应结合被告人的前后认罪态度，并将其置于一个统一、连续的完整过程中加以考虑，既然被告人有自动投案在前，最终又能如实供述罪行，自然完全符合自动投案和如实供述罪行两个法定要件，因此，原则上，只要被告人在判决生效前又能够如实供述自己罪行的，就应当认定自首。我们认为，这种观点虽不无道理，但是有悖《自首和立功解释》的原意。理由如下：《自首和立功解释》之所以使用"一审判决前"，而没有选择使用"生效或终审判决前"的字眼，这绝非疏忽，而是有其内在法理精神支持的。其意就是要把被告人表明"如实供述自己的罪行"这一决定自首认定与否的认罪态度的时限界定在一审判决前。这是因为，首先，如果没有这样的时限界定，被告人一审供，二审翻，复核审再翻，法院的判决岂不是要随着被告人认罪态度的反复而不停地反复吗？倘若仅依据被告人主观认罪态度的变化，判决或裁定就随之变来变去，不仅有损判决或裁定的严肃性和权威性，也容易助长被告人能翻就翻、不能翻再供，肆意拖延诉讼，妄图规避法律的心态。其次，被告人认罪态度的变化，只是被告人主观方面的变化，绝非一审认定的事实、证据发生变化。在仅有被告人认罪态度变化而没有事实、证据变化的情况下，二审也没有变更一审正确判决的理由。最后，除自动投案外，被告人如实供述的认罪态度，也是成立自首的要件，它反映出被告人主观恶性的深浅，以及被告人正确对待自己罪行和应得惩处的心理动机。把如实供述的最后期限划定在一审判决前，对被告人来说，时间上已经十分充裕，能否成立自首，关键就看被告人自己如何表现了。因此，我们同意后一种意见。对于被告人在二审中又如实供述其所犯罪行的，只应视为悔罪表现，虽可酌情予以从轻处罚，但不能认定为自首。

17. 被告人因故意杀人归案后主动坦白其窝藏罪行并提供被窝藏犯藏匿地点的应认定余罪自首及立功吗？

分歧意见：第一种意见认为，被告人主动交代司法机关尚未掌握的其窝藏犯罪事实，主要是为了争取“立功”。其行为依法既符合余罪自首条件，又符合立功条件，属于行为竞合，应按对被告人有利的原则，选择认定为立功。

第二种意见则认为，被告人就其窝藏犯罪构成余罪自首，应对其窝藏罪依法予以从轻判处，但对该行为不能同时认定其构成“立功”。理由是，被告人就其窝藏犯罪行为要成立自首，必然要如实交代其窝藏犯罪的经过、方法、手段、窝藏的对象、地点等。也就是说被告人向司法机关提供被其窝藏的罪犯的窝藏地点，是其成立窝藏罪自首的当然内容和必要条件。故其行为仅符合窝藏罪的自首构成要件，而不符合“协助司法机关抓捕其他犯罪嫌疑人”的“立功”条件。

本书观点：既不同意第一种意见，亦不同意第二种意见，认为，被告人在自首其窝藏罪行的同时，因能提供被其窝藏的犯罪嫌疑人的具体藏匿地点，使司法机关得以成功地抓获被窝藏者，又符合《自首和立功解释》规定的“协助司法机关抓捕其他犯罪嫌疑人”的条件，应认定分别构成自首和立功。理由是：

（1）根据《刑法》和《自首和立功解释》的规定，成立余罪自首，仅要求行为人能够如实供述司法机关尚未掌握的本人的其他非同种罪行即可。所谓供述罪行，就窝藏罪而言，仅要求行为人能够向司法机关交代其明知是犯罪的人而实施过为其提供隐藏处所、财物，帮助其逃匿的行为即可。行为人没有进一步向司法机关提供被其窝藏的罪犯的具体藏匿地点，不论属于何种原因，都不影响行为人就其窝藏罪自首的成立。可见行为人就其窝藏犯罪行为要成立自首，并不必然要求其如实交代出被窝藏的罪犯的具体藏匿地点。也就是说行为人向司法机关提供被其窝藏的罪犯的具体窝藏地点，不是其成立窝藏罪自首的当然内容和必要条件。上述后一种意见的理由是不能成立的。

（2）关于认定被告人是否构成协助公安机关抓获其他犯罪嫌疑人的问题，关键看被告人在公安机关抓获其他犯罪嫌疑人中是否确实起到了协助作用。这类协助作用包括经被告人当场指认、辨认其他重大犯罪嫌疑人而抓获的；带领公安机关前往抓获的，以及提供不为有关机关掌握或者有关机关按正常工作程序无法掌握的其他重大犯罪嫌疑人的藏匿地点而抓获的，等等。被告人因能提供公安机关不掌握的在逃的犯罪嫌疑人（被窝藏者）的具体藏匿地点，从而使司法机关得以成功地抓获被窝藏者，故应认定为“协助司法机关抓捕其他犯罪嫌疑人”。

（3）如前所述，作为余罪的窝藏罪自首的成立，仅以行为人能够主动如实供述其实施了为犯罪的人提供隐藏处所、财物，帮助其逃匿的行为即可，故行为人在自首其窝藏罪行的同时，如能进一步提供有关机关不掌握的被窝藏的罪犯具体藏匿地点，从而助使公安机关得以成功抓获该罪犯的，就应视为另一个可以构成立功的独立的行为，而不应看作自首与立功的行为竞合，择一适用。因此，就被告人而言，既应依法认定其构成窝藏罪的自首，又应同时认定其构成立功。上述前一种意见认为是自首与重大立功的重合，可以择一适用的观点，也是我们所不赞成的。

综上且考虑到作为同是法定从宽量刑情节的自首与立功，由于它们在作用范围上的不同，故我们认为，被告人构成窝藏罪的自首，应依法对其窝藏罪考虑从轻处罚；被告人又同时构成立功，应依法对其故意杀人罪行考虑从宽处罚。

18. 被告人因犯强奸罪（未遂）被采取强制措施后主动供述司法机关尚未掌握的罪行及同案犯个人基本情况并据此将同案犯抓获的，能否同时认定自首和立功？

分歧意见：第一种意见认为，不能同时认定有立功表现。理由是：被告人因犯强奸罪（未遂）被采取强制措施后，在供述公安机关尚未掌握的罪行的同时，如实供述同案犯的姓名、住址、体貌特征、工作地点、联系电话等情况的，属于“共同犯罪案件中应当供述所知的同案犯”的投案自首情节的组成部分，公安机关因此抓获同案犯的，在认定自首的同时不能再认定具有

“协助司法机关抓捕其他犯罪嫌疑人（包括同案犯）”的立功表现。

第二种意见认为，应当同时认定有立功表观。理由是：如实供述公安机关尚未掌握的犯罪事实及其同案犯即可认定投案自首，至于是否供述同案犯的住址、体貌特征、工作地点、联系电话等情况不是投案自首（如实供述罪行）的必要条件。被告人在审讯中又向公安机关如实供述同案犯住址、体貌特征、工作地点、联系电话等情况且公安机关根据其所提供情况将同案犯抓获，应当认定其为“协助司法机关抓捕其他犯罪嫌疑人（包括同案犯）”的立功。

本书观点：同意第一种意见，此种情形中，认定成立自首的同时，不应认定为立功。理由如下：

（1）共同犯罪案件中的犯罪分子交代同案犯共同犯罪事实，不属于立功。根据我国共同犯罪的一般理论，共同犯罪属于一个整体行为，各共同犯罪人的行为是共同犯罪行为整体的组成部分，不应将共同犯罪案件中犯罪分子交代同案犯共同犯罪事实的行为，理解为《刑法》第六十八条规定的“揭发他人犯罪行为”。对此，司法解释已予以明确。在共同犯罪案件中，犯罪分子揭发同案犯共同犯罪以外的其他犯罪，经查证属实的，构成立功；犯罪分子到案后揭发同案犯所参与共同犯罪事实的，不构成立功，仅仅属于酌定从轻情节，须根据具体案情决定是否予以从轻处罚及从轻处罚的幅度。

（2）被告人所供述同案犯个人基本情况，在认定其构成自首时已经评价，根据禁止重复评价的刑法适用原则，不应再行据此认定被告人同时构成立功或者重大立功。首先，根据《自首和立功解释》第一条的规定，共同犯罪案件中的犯罪分子，除如实供述自己的罪行，还应当供述所知的同案犯，主犯则应当供述所知其他同案犯的共同犯罪事实，才能认定为自首。其次，被告人所供述同案犯姓名、住址、联系电话、体貌特征、工作地点等个人自然、社会情况，属同案犯的个人基本情况，完全在司法解释规定成立自首所要求的“供述所知的同案犯”具体内容之列，即使公安机关根据该供述抓获了同案犯，也不能视为协助抓捕行为。需要指出的是，共同犯罪案件中，认定犯罪分子自首所需“供述所知的同案犯”的具体内容，除了同案犯的共同犯罪事实外，主要是同案犯的个人基本情况。如果在被告人如实供述其所知的同案犯基本情况的情形下，公安机关仍不能抓获同案犯，被告人又积极提供其他线索、情况，协助公安机关抓获同案犯的，则应认定为立功或者重大立功。

19. 被告人景某故意杀人后准备拨打110投案时，因手机被证人马某扔掉而未拨打。在得知马某报警后，曾误将前来参与救助的李某当成警察主动投案未果，之后前往医院参与抢救并坐等公安人员。归案后，景某即如实供述了故意杀人犯罪事实。对景某具有投案意思表示，因投案对象错误而未成，明知他人已经报警而等候警方前来处理，能否认定为自首？

分歧意见：第一种意见认为，被告人景某实施杀人犯罪后曾欲拨打110投案，因手机被马某扔掉而未拨打。在得知马某报警后，曾误将前来参与救助的李某当成警察主动投案。之后，明知公安人员很快会赶到医院，仍与被害人一同前往医院参与抢救并坐等公安人员，其行为可视为主动到案，且归案后能如实交代犯罪事实，应当以自首论。

第二种意见认为，景某虽然有投案的意思表示，但没有投案的实际行动，也没有证据证明景某有去医院以后再投案的倾向。其行为不符合典型自首和准自首的规定。

本书观点：同意第一种意见。根据刑法关于自首构成要件的规定，自首必须具备自动投案和如实供述罪行两个要件。景某归案后如实供述了故意杀人的犯罪事实，因此，认定景某就故意杀人罪是否具有自首情节的关键在于景某是否具有自动投案的行为。我们认为，景某具有投案意思表示，明知他人已经报警而等候警方前来处理，可以视为自动投案。理由如下：

（1）景某具有自动投案的意思表示

判断是否成立自动投案，关键看投案行为是否出于犯罪分子本人的意志，最低要求也必须不违背本人的意志。景某自动投案的意思表示在其实施杀人犯罪后多次得以体现。一是，景某实施杀人犯罪后表示要去自首，并打算用手机拨打110，此时其投案的意思表示得以初显，但因手机被马某扔掉而报警未成，马某用自己的手机拨打110。对此，景某是清楚的，并不反对。那种以景某手机被扔后应采取其他措施报案的观点要求过于苛刻，况且此时马某已经报案，景某在此情况下没有必要重复报案。可以说，马某的报案，不仅没有违背景某的主观意愿，甚至就是景某主观意愿的实现方式。二是，景某明知马某已经报案的情况下，从家里出来到单元楼下等候警察。当证人李某前来救助时，景某误以为是警察，而伸出双手让李某抓捕。虽然投案对象错误，但此举已表明其愿意投案。三是，景某因投案对象错误而投案未成时，明知警察很快会赶到医院，但其亦随证人李某、马某到医院参与抢救并坐等公安人员前来处理，再次表明了其等候抓捕的主观意愿。

（2）景某具有自动投案的实际行动

对自动投案而言，投案是核心行为。因此，认定自动投案，除了要出于本人的意志外，还必须有投案的行为。判断景某是否自动投案，不能机械地看其是否径直到司法机关投案。从其作案后的一系列行为分析，可以认定其存在投案行为。其自动投案性不仅体现在景某在作案后没有逃跑且坐等抓捕，而且体现在其数次主动表现了以实际行动将自己交由公安机关处理的意愿。特别是其随马某、李某到医院的行为，一方面可以表明其积极协助抢救，另一方面也可以表明其在医院等候警察的抓捕，愿意将自己交付警方处理的态度。虽然景某的行为不是司法解释规定的典型的自动投案，但李某等人送被害人去医院时，其对警察很快会赶到医院是明知的。景某在明知到医院必定被抓获归案，仍然跟随他人到医院，可以视为其到案具有自动性。第二种意见关于“没有证据证明景某有去医院以后再投案的倾向”的观点，与景某明知到医院即意味着必然被公安机关抓获，却仍然前往医院参与抢救并坐等公安人员抓捕的事实不符。

综上，景某在作案后，有自动投案的意思表示，在李某等人忙于抢救被害人时有条件逃跑而未逃跑，却实施了可以视为自动投案的行为，在归案后又立即如实供述了犯罪事实，可以视为自首。

20. **在同案犯已经归案且已被判决的案件中，侦查机关已经掌握了主动投案的犯罪嫌疑人的主要犯罪事实，在该情形下，犯罪嫌疑人是否只有在投案时就主动交代自己的犯罪事实才能认定为自首？**

本书观点：在共同犯罪案件中，如果同案犯已经归案且已被判决，侦查机关已经掌握了该案主要犯罪事实的，其他犯罪嫌疑人自动投案后，应当在第一次接受讯问时就主动交代自己的主要犯罪事实，才能认定为自首，否则不应认定为自首。实践中，犯罪嫌疑人自动投案后，在第一次接受讯问时，如果如实供述了自己的罪行，可依法认定为自首；犯罪嫌疑人犯数罪，在第一次接受讯问时，如果因客观或者因其他特殊情况，如侦查机关第一次讯问的时间较短，或者仅围绕犯罪嫌疑人交代的犯罪事实展开讯问，未再讯问犯罪嫌疑人是否还有其他犯罪事实，以致犯罪嫌疑人在第一次讯问时仅如实供述了部分犯罪事实，犯罪嫌疑人在此后的讯问中又如实供述了其余犯罪事实的，也可依法认定为自首。

犯罪嫌疑人犯数罪，在自动投案后第一次接受讯问时，仅如实供述所犯数罪中部分犯罪的，在此后接受讯问时未再如实供述其余犯罪事实或者故意隐瞒其余犯罪事实的，是否认定为自首，要具体分析：犯罪嫌疑人犯不同种罪行的，只对其如实供述的犯罪事实认定为自首。未如实供述的犯罪事实，不认定为自首；犯罪嫌疑人犯同种数罪的，应当根据其第一次接受讯问时是否如实供述了主要犯罪事实而作出判断。如果犯罪嫌疑人如实供述了主要犯罪事实的，应当认定其交代了“主要犯罪事实”，依法应当认定为自首。如犯罪嫌疑人实施两起盗窃犯罪，第一次接受讯问时交代了盗窃60000元的犯罪事实，而未交代另一起盗窃3000元的犯罪事实，对犯罪嫌疑人的供述行为应当认定为自首；如果犯罪嫌疑人没有如实供述主要犯罪事实的，则不应认定为自首。

21. 被告人周某某因贩卖毒品被抓获，归案后供称李某曾向其购买过毒品，并在公安机关的授意、安排下，主动与李某联系并向其出售毒品60克，致使李某因涉嫌贩卖毒品被抓获。检察机关经审查后认为，李某向周某某购买海洛因60克的事实存在，但李某的行为不构成犯罪，决定不予起诉。在此情形下，协助公安机关抓获未被检察机关起诉的犯罪嫌疑人的行为是否构成立功？

分歧意见：第一种意见认为，周某某协助公安机关抓获未被检察机关起诉的李某的行为构成立功。理由是：（1）根据《自首和立功解释》第五条“协助司法机关抓捕其他犯罪嫌疑人（包括同案犯）……应当认定为立功”的规定，对周某某的行为应当认定为立功。（2）判断李某是否属于上述规定中的犯罪嫌疑人，不能仅以检察院是否起诉李某作为标准。因为检察院作出不起诉决定也有一个正确与否的问题。如果仅以检察院是否起诉为标准，那么对同一行为就会有两种法律评价：检察机关起诉犯罪嫌疑人的，法院认定协助者构成立功；检察机关未起诉犯罪嫌疑人的，法院就不认定协助者构成立功。这样做有违司法公正。（3）判断周某某的行为是否构成立功，应由法官根据客观事实予以认定。虽然周某某是在公安机关的控制下向李某提出买卖毒品，但李某的行为仍已构成犯罪，不能因为公安机关有引诱行为，就不认定李某购头毒品的行为构成犯罪。

第二种意见认为，周某某协助公安机关抓获未被检察机关起诉的李某的行为不构成立功。理由是：（1）按照刑事诉讼法规定，对刑事案件提起公诉，由检察院负责，检察机关一旦作出不起诉决定，即具有法律效力。(2)《自首和立功解释》第五条“协助司法机关抓捕其他犯罪嫌疑人（包括同案犯）……应当认定为立功”的规定中的“犯罪嫌疑人”是一个特定概念，它表明行为人具有犯罪嫌疑，但尚未最后确定，有待侦查或检察机关查证属实。在刑事诉讼过程中，一旦检察机关对该嫌疑人作出无罪不予起诉的决定，则表明行为人就不再是“犯罪嫌疑人”了。(3）法院即使认为检察机关对李某决定不起诉不妥，也只能提出建议。最终是否提起公诉，仍需由检察机关决定。案件未经起诉、未经审判，法官不能擅自推定其有罪，当然也无权推翻检察机关的决定。

本书观点：《自首和立功解释》对立功问题又作出了具体的解释，这是我们认定立功的法律依据。《自首和立功解释》第五条规定，协助公安机关抓获犯罪嫌疑人的，应当认定为有立功表现。该规定虽不以被抓获的人已经审判并被确认为有罪为条件，但必须以有权机关即侦查、公诉机关确认其涉嫌犯罪为前提，且确因被告人的作用，使该犯罪嫌疑人被司法机关抓获。法院认定被告人是否具有“协助公安机关抓获犯罪嫌疑人”的立功表现，必须以有权机关确认被抓获的人是否涉嫌犯罪为基础，如果被抓获的人不具有犯罪嫌疑，或者开始虽被列为犯罪嫌疑人，但法院在对被告人作出裁判前，被抓获的人的犯罪嫌疑被解除，则被告人不具有或开始虽具有但随后又丧失了构成立功的条件。这当然有可能出现以下两种情形：一是有权机关确认被抓获的人未涉嫌犯罪，但在法院对被告人作出不构成立功的判决后，被抓获的人又经法定程序被确认为有罪；二是有权机关确认被抓获的人涉嫌犯罪，但在法院对被告人作出立功的判决后，该犯罪嫌疑人又经法定程序被确认为无罪。无论属于上述何种情况，原判关于被告人是否属于立功的认定都将出错。但这种错误是程序运作本身所可能蕴含的，是无法绝对避免的，且错也不在原判法院。因为，第一，确认被告人协助公安机关抓获的人是否涉嫌犯罪的职权和职责在于公安或检察机关，法院无职权也无职责自行对被抓获的人是否涉嫌犯罪进行侦查，因而只能依据公安或检察机关的意见行事；第二，由于法定审理期限的限制，法院通常不可能等待被抓获的犯罪嫌疑人经法院审判被确认犯罪后再认定被告人是否构成立功。因此，司法解释从及时审判和有利于被告人的角度出发，只要求对被抓获的人经有权机关确认涉嫌犯罪即可。至于法院据此认定被告人构成立功或不构成立功后又发生的变化，只能依照法定程序再作相应的处理，如二审改判或提起再审。

综上分析，被告人周某某在公安机关的授意、安排下，向李某出售毒品，而检察机关却认为李某的行为不构成犯罪，决定不予起诉。既然李某已被确认不构成犯罪，周某某的上述行为也就不具有法律意义，认定立功也就失去了前提。即使检察机关对李某不起诉的决定可能有错误，法院也无权改变或否定检察机关的决定，况且由于检察机关不指控，法院未经审判，也不能认为李某构成犯罪。以检察机关对李某无罪不起诉的决定可能有错为由，从而认为李某构成立功的认识，不符合《自首和立功解释》第五条规定的精神。因此，我们支持上述第二种意见，即对本案被告人周某某的行为不予认定为立功是合适的。

需要说明的是，司法实践中，确实存在侦查或公诉机关在确认被告人"协助抓获的人"是不是"犯罪嫌疑人"时发生错误的可能，从而直接影响到法院对被告人是否构成立功的认定，有时甚至影响到法院对被告人要不要判处死刑立即执行。在这种情形下，如法院确实不能排除被告人有可能构成立功时，应当在对被告人量刑时留有余地，以待将来纠正、弥补。

22. **犯罪分子归案后，写信请求其亲属协助公安机关抓捕在逃同案犯，且公安机关亦在其亲属协助下将该在逃同案犯抓获归案，在此情形下，能否认定被告人构成立功？**

分歧意见：第一种意见认为，《自首和立功解释》第五条规定的协助司法机关抓捕其他犯罪嫌疑人（包括同案犯）的行为，应由犯罪分子本人作出。犯罪分子对在逃同案犯的行踪及藏匿情况不了解的情况下，完全经由其亲属的协助，将同案犯抓捕归案的，因不是其本人的行为，不应认定为立功。

第二种意见认为，犯罪分子请求其亲属协助公安机关抓捕在逃同案犯，公安机关也在其亲属的协助下将该周案犯抓获归案，虽然该同案犯被抓获非犯罪分子直接协助的结果，但与其请求协助行为是分不开的，应认定其构成立功。

本书观点：请求协助行为不属于《自首和立功解释》第五条规定的"协助司法机关抓捕其他犯罪嫌疑人（包括同案犯）"的行为，不应认定为立功，但应作为酌定从轻情节，在适用刑罚时予以充分考虑。理由如下：

（1）犯罪分子到案后请求他人协助抓捕其他犯罪嫌疑人（包括同案犯）的行为，不属于具体协助行为，不应依据《自首和立功解释》第五条关于

“协助司法机关抓捕其他犯罪嫌疑人（包括同案犯）”的规定，认定为立功。首先，主体方面，具体协助行为是由被告人的亲属作出的，而非被告人本人。被告人对同案犯逃跑之后的行踪并不知晓，亦无协助公安机关抓获同案犯的实际能力。其次，客观方面，被告人写信要求其亲属如发现同案犯的行踪及时通知公安机关并提供协助的行为，不属于具体协助行为，且与同案犯被抓获两者之间不存在客观上的因果关系。诚然，同案犯之所以被抓获，与被告人王某的写信行为是有联系的，而且协助行为也可以有诸多表现形式，但不能据此就不加分析地认定被告人的行为属于协助行为。协助行为须有具体内容，须对抓捕其他犯罪嫌疑人具有实质性意义。被告人在所写信中并未涉及同案犯的行踪情况，依据该通信内容无从抓捕其同案犯，其通信行为本身不具有协助抓捕的作用。同案犯之所以被抓捕，完全是其亲属协助的结果。认为被告人构成立功的意见，未能注意到协助是作为具体行为而存在的，且其与抓捕后果之间须具有客观关联性。被告人的通信内容所表达出来的仅仅是一种请求协助的意愿，而非协助行为本身，与同案犯被抓捕之间不具有客观关联性。如认可协助行为可由他人代劳，并因此作为其本人的立功表现，依法从宽处罚，不仅会使作为量刑制度之一的立功标准失之过宽，且有可能会损及刑罚适用的公正性和平等性，不利于对犯罪分子的教育改造。

（2）请求协助行为反映了犯罪分子悔罪、赎罪的主观意思，应作为酌定从轻情节，在适用刑罚时予以充分考虑。第一，被告人的人身自由已被依法剥夺，不可能掌握在逃同案犯的行踪情况，即使有协助抓捕的意愿，也是力所不能及的。但被告人的协助请求行为的确反映出了其将功赎罪的主观意愿，说明其主观方面的人身危险性有所减弱。第二，将同案犯抓获归案虽非被告人本人协助之结果，但不能否认两者之间存在一定的联系，被告人的请求协助行为本身对国家司法活动的顺利进行是有所助益的。第三，被告人的行为不属立功表现，不作为法定从轻情节对待，不应成为认定酌定从轻情节的障碍，而且，通常情况下将之认定为酌定从轻情节是合适的，也是必要的。《自首和立功解释》第四条、第六条分别将供述同种罪行及揭发同案犯共同犯罪事实的行为规定为酌定从轻处罚的情节。对被告人的请求协助行为，也应当体现同样的刑事政策精神，在适用刑罚时，作为酌定从轻处罚情节，予以充分考虑。

23. 被告人协助司法机关抓捕其他犯罪嫌疑人，但又翻供的，是否影响立功情节的成立？

本书观点：从《自首和立功解释》第五条、第七条的规定可以看出，协助司法机关抓捕其他犯罪嫌疑人（包括同案犯）构成立功的，须同时具备三个要件：一是协助行为必须是发生在犯罪分子归案以后，犯罪分子归案以前的协助行为不能认定为有立功或重大立功表现；二是犯罪分子的协助行为在客观上为司法机关抓捕其他犯罪嫌疑人、侦破其他案件起到了重要的协助作用；三是犯罪分子的协助行为如检举、揭发内容、提供的破案线索必须是查证属实的，并且“其他犯罪嫌疑人、被告人”必须被抓获。同时具备上述三个要件，就应当构成立功。如果协助司法机关抓捕了可能被判处无期徒刑以上刑罚的其他犯罪嫌疑人、被告人（包括同案犯），则构成重大立功。但是，司法实践中，有的犯罪分子在协助司法机关抓获了其他犯罪嫌疑人或协助司法机关侦破了其他案件后，却推翻了自己的有罪供述，甚至对自己协助司法机关的行为也会否认，其动机是多种多样的。如为了使自己逃避法律的处罚，有意包庇同案犯等。在这种情况下其立功还能否构成呢？我们认为，回答应当是肯定的。从立功或重大立功的基本构成要件看，其与自首的基本构成要件是不同的。自首的基本构成要件是犯罪分子自动投案并如实供述自己的罪行。犯罪分子如果翻供，则自首就不能成立。而立功或重大立功并不是以行为人如实供述自己罪行为要件的。因此，只要有证据证明被告人确实实施了协助公安人员抓捕其他犯罪嫌疑人或重大犯罪嫌疑人的行为，就应当认定其有立功表现或重大立功表现，并不因被告人当庭否认自己的罪行和协助行为而改变。

综上，我们认为，即使被告人翻供，也不影响其立功表现这一法定情节的成立。

24. 对于提供的线索属实，但未能抓捕到犯罪嫌疑人的，能否认定为立功？

本书观点：这种情形不能构成刑法意义上的立功，但可作为从轻处罚的酌定情节。

（1）这种情形不能构成刑法意义上的立功。根据《刑法》第六十八条的规定，犯罪分子提供重要线索，从而得以侦破其他案件的行为，应认定为有立功或重大立功表现。根据《自首和立功解释》第五条、第七条的规定，犯罪分子到案后协助司法机关抓捕其他犯罪嫌疑人（包括同案犯）的，应当认定为有立功表现或重大立功表现。从以上规定可以看出，犯罪分子提供线索，协助司法机关抓捕其他犯罪嫌疑人构成立功或重大立功，必须同时具备下列三个条件：第一，该行为必须发生在刑事诉讼过程当中，即犯罪分子归案以后，生效判决或裁定宣告之前。第二，该行为在客观上为司法机关抓捕其他犯罪嫌疑人起到了帮助作用。如果提供本已为司法机关掌握的线索或在抓捕过程中未起到实质作用的线索，虽提供的线索真实可靠，但也不能认定为立功。第三，该行为必须产生实际效果，即司法机关必须据此将犯罪嫌疑人抓捕归案，得以侦破案件。可见，刑法规定的立功要求有实效性结果，不但要求犯罪分子提供真实可靠的线索，同时还要求侦查机关据此实际抓获犯罪嫌疑人，否则不构成立功。因此，对于虽提供了真实可靠的线索，但因种种原因侦查机关未能抓捕到犯罪嫌疑人，从而侦破案件，就不能认定为立功。而且特别强调的是未抓获犯罪嫌疑人不论是由于客观原因还是侦查机关的主观原因，均不能在认定立功上存在例外，这是严守刑法规定的必然要求。坚持认定立功的这一条件，在司法实践中，可以促使犯罪分子提供更加真实有效的线索，督促司法机关有效地利用犯罪分子提供的线索，及时抓获犯罪嫌疑人、侦破案件，实现刑法设置立功制度的特定目的。

（2）这种情形虽不构成立功，但可作为从轻处罚的酌定情节。犯罪分子主动提供线索是其个人能够决定和控制的行为，但其提供的线索能否起到实效，成立刑法上的立功，则取决于客观情况是否发生变化和侦查机关是否实施及时有效的抓捕。从实践中看，犯罪分子提供的线索虽然真实，但侦查机关未能据此抓获犯罪嫌疑人的情况并不少见，造成这些情况出现的原因非常复杂，既有客观原因，也有主观原因。有的由于情况发生变化，原线索对抓捕已失去利用价值，如抓捕时犯罪嫌疑人已经转移、被其他司法机关抓获或向其他司法机关自首等；有的由于侦查机关工作安排或采取措施不当，而错失了抓捕的时机；有的由于侦查人员的怠职行为，没有积极履行自己的职责，该及时移送的不移送，该及时查证的不查证，该及时抓捕的不抓捕，造成提供的线索不能有效实现其对及时侦破案件的价值等。尽管上述情形均不构成立功，但提供线索的犯罪分子在一定程度上已完成了自己的“协助行为”，其行为的积极意义显而易见，毕竟反映了犯罪分子已具有一定的悔罪态度，也表明其人身危险性相对降低，所以在刑罚裁量中应该对此予以体现，表明国家对其这种积极行为的肯定和鼓励态度，这也是我国贯彻宽严相济刑事政策的基本要求。所以，司法实践中，在适用刑罚时一般应当将这种情况作为从轻处罚的酌定情节，结合提供线索的价值大小和未抓获犯罪嫌疑人的具体原因，在量刑时予以相应体现，真正做到罪责刑相适应，以体现法律的公正性。

25. **犯罪分子到案后提供线索，协助公安机关查获大量案外毒品（9643克毒品），但无法查明毒品持有人的，是否构成立功？**

分歧意见： 第一种意见认为，被告人虽然提供线索并协助公安机关查获9643克毒品，但因不能提供该批毒品持有人的详细信息，不属于《自首和立功解释》第五条所列举的构成立功的几种情形。只能在量刑时作为酌定从轻处罚情节予以考虑。

第二种意见认为，被告人提供线索协助公安机关缴获数量巨大的毒品，虽未能查获该批毒品的持有人，但毕竟使数量巨大的毒品及时被缴获，没有流入社会，因此被告人的行为属于有利于国家和社会的行为。根据《自首和立功解释》第五条的规定，应当认定为具有其他有利于国家和社会的突出表现，构成重大立功。

本书观点： 我们同意后一种意见，被告人的行为构成重大立功。具体理由如下：

（1）被告人的行为符合立功的本质特征和成立条件

现行《刑法》第六十八条规定："犯罪分子有揭发他人犯罪行为，查证属实的，或者提供重要线索，从而得以侦破其他案件等立功表现的，可以从轻处罚或者减轻处罚；有重大立功表现的，可以减轻或者免除处罚。"从这一规定出发，理论界和实务部门有观点认为，立功仅限于《刑法》第六十八条规定的两种情形：①揭发他人的犯罪行为；②提供其他案件的重要线索。但也有观点认为，除《刑法》第六十八条列举的两种立功表现外，下列情形也应视为立功：①协助司法机关缉捕其他罪犯；②遇有其他在押犯自杀、脱逃或者其他严重破坏监规行为，及时向看守人员报告；③遇有自然灾害、意外事故奋不顾身加以排除等。鉴于存在上述争议，《自首和立功解释》第五条规定："根据刑法第六十八条第一款的规定，犯罪分子到案后有检举、揭发他人犯罪行为，包括共同犯罪案件中的犯罪分子揭发同案犯共同犯罪以外的其他犯罪，经查证属实；提供侦破其他案件的重要线索，经查证属实；阻止他人犯罪活动；协助司法机关抓捕其他犯罪嫌疑人（包括同案犯）；具有其他有利于国家和社会的突出表现的，应当认定为有立功表现。”《自首和立功解释》第五条不但将“阻止他人犯罪活动”列入“立功表现”，而且将“其他有利于国家和社会的突出表现”列为兜底项，大大拓宽了实践中立功表现的范围。

立功制度是我国一项重要的刑罚制度，其实质是基于宽严相济刑事政策，从惩办与宽大相结合的角度出发，鼓励犯罪分子改恶从善，同时提高司法机关破案率，节约司法资源。准确理解和把握立功制度的政策精神，依法适用刑法和相关司法解释关于立功的规定，对于分化瓦解犯罪分子，及时侦破案件，有效打击犯罪，具有十分重要的意义。在司法实践中，既要防止把不构成立功的行为认定为立功，又要避免把构成立功的行为不认定为立功。要做到这一点，必须明确把握立功的成立要件。当前，理论界对立功成立的条件没有形成一致观点，从实践的角度把握，我们认为，立功的成立要件主要包括以下几个方面：一是立功的主体是实施了犯罪行为的犯罪人本人，其他任何人都不能取代；二是在时间上具有特定性，立功是犯罪人实施犯罪行为后的行为；三是立功的内容必须是真实有效的；四是立功必须具备实质要件，即对国家和社会的有益性，且该有益性应当是突出的，而不是任何有益于国家和社会的行为均能达到构成立功的程度。基于上述分析，不难得出如下结论：立功主要表现为协助查获案件、抓获犯罪人、阻止他人犯罪，但并不限于查获案件、抓获犯罪嫌疑人和阻止他人犯罪，而是包括其他有利于国家和社会的突出表现。

关于“有利于国家和社会的突出表现”的认定，需要从两个方面分析：一是从行为性质上看，是“有利于国家和社会的”；二是从行为的程度上看，是“突出表现”，而不是一般的表现。我们认为，虽然行为不属于《自首和立功解释》第五条规定的前四种立功情形，但只要是属于有利于国家和社会的突出表现，就可以认定为《自首和立功解释》第五条规定的第五种立功情形。这类情形的立功行为既可以是与刑事案件有关的行为，也可以是与刑事案件无关的行为。前者如在羁押期间及时报告其他在押罪犯预谋脱逃的，后者如在生产中有发明创造、重大技术革新，并取得重大成果的。

根据以上分析，被告人在到案后提供线索并协助公安机关查获了 9643 克毒品。现有证据无法证实该批毒品的实际控制主体，也无法证实被告人对该批毒品是否具有犯意，因此，其提供该批毒品线索的行为显然不属于供述自己的罪行。因此，我们认为，被告人提供的线索内容真实有效，而该行为虽然只协助查获毒品，并未抓获毒品的实际控制人，但这一行为应该认定为有益于国家和社会的突出行为，体现在两个方面：一是有效防止了该批数量巨大的毒品流入社会、危害社会；二是从源头上阻止了该批毒品的实际控制人继续实施以该批毒品为对象的犯罪的可能性。因此，被告人提供 9643 克毒品线索的行为完全符合立功的成立要件，应当构成立功。

（2）被告人的行为属于“对国家和社会有其他重大贡献”，构成重大立功

根据《自首和立功解释》第七条的规定，构成重大立功，一般是实施了协助查获重大案件、抓获重大案件的犯罪嫌疑人或者阻止他人重大犯罪活动。而重大犯罪、重大案件、重大犯罪嫌疑人的标准，一般是指犯罪嫌疑人、被告人可能被判处无期徒刑以上的刑罚或者案件在本省、自治区、直辖市或在全国范围内有较大影响等情形。然而，对于对国家和社会有其他重大贡献等表现的情形，如何认定重大立功，目前尚无相关司法解释予以明确，实践中也未形成统一的认定标准，只能具体情况具体分析。被告人协助查获的毒品达 9643 克，贩卖运输如此巨大数量的毒品完全可能被判处无期徒刑以上的刑罚，有效防止如此数量之大的毒品流入社会，从源头上阻止了该批毒品的实际控制人继续实施以该批毒品为对象的犯罪的可能性。我们认为，被告人的行为应当认定构成重大立功。

第四节　数罪并罚

一、刑法规定

第六十九条①　判决宣告以前一人犯数罪的，除判处死刑和无期徒刑的以外，应当在总和刑期以下、数刑中最高刑期以上，酌情决定执行的刑期，但

① 本条经 2011 年 2 月 25 日《刑法修正案（八）》第十条、2015 年 8 月 29 日《刑法修正案（九）》第四条修正。

1997 年《刑法》第六十九条规定：“判决宣告以前一人犯数罪的，除判处死刑和无期徒刑的以外，应当在总和刑期以下、数刑中最高刑期以上，酌情决定执行的刑期，但是管制最高不能超过三年，拘役最高不能超过一年，有期徒刑最高不能超过二十年。

如果数罪中有判处附加刑的，附加刑仍须执行。”

是管制最高不能超过三年，拘役最高不能超过一年，有期徒刑总和刑期不满三十五年的，最高不能超过二十年，总和刑期在三十五年以上的，最高不能超过二十五年。

数罪中有判处有期徒刑和拘役的，执行有期徒刑。数罪中有判处有期徒刑和管制，或者拘役和管制的，有期徒刑、拘役执行完毕后，管制仍须执行。

数罪中有判处附加刑的，附加刑仍须执行，其中附加刑种类相同的，合并执行，种类不同的，分别执行。

第七十条　判决宣告以后，刑罚执行完毕以前，发现被判刑的犯罪分子在判决宣告以前还有其他罪没有判决的，应当对新发现的罪作出判决，把前后两个判决所判处的刑罚，依照本法第六十九条的规定，决定执行的刑罚。已经执行的刑期，应当计算在新判决决定的刑期以内。

第七十一条　判决宣告以后，刑罚执行完毕以前，被判刑的犯罪分子又犯罪的，应当对新犯的罪作出判决，把前罪没有执行的刑罚和后罪所判处的刑罚，依照本法第六十九条的规定，决定执行的刑罚。

二、司法解释

1. **最高人民法院关于罪犯因漏罪、新罪数罪并罚时原减刑裁定应如何处理的意见**（法〔2012〕44号，2012年1月18日公布并施行）

各省、自治区、直辖市高级人民法院，解放军军事法院，新疆维吾尔自治区高级人民法院生产建设兵团分院：

近期，我院接到一些地方高级人民法院关于判决宣告以后，刑罚执行完毕以前，罪犯因漏罪或者又犯新罪数罪并罚时，原减刑裁定应如何处理的请示。为统一法律适用，经研究，提出如下意见：

罪犯被裁定减刑后，因被发现漏罪或者又犯新罪而依法进行数罪并罚时，经减刑裁定减去的刑期不计入已经执行的刑期。

在此后对因漏罪数罪并罚的罪犯依法减刑，决定减刑的频次、幅度时，应当对其原经减刑裁定减去的刑期酌予考虑。

2. **关于《中华人民共和国刑法修正案（八）》时间效力问题的解释**（法释〔2011〕9号）（自2011年5月1日起施行）（节录）

第六条　2011年4月30日以前一人犯数罪，应当数罪并罚的，适用修正前刑法第六十九条的规定；2011年4月30日前后一人犯数罪，其中一罪发生在2011年5月1日以后的，适用修正后刑法第六十九条的规定。

3. **最高人民法院关于判决宣告后又发现被判刑的犯罪分子的同种漏罪是否实行数罪并罚问题的批复**（法复〔1993〕3号，1993年4月16日公布并施行）

江西省高级人民法院：

你院赣高法〔1992〕39号《关于判决宣告后又发现被判刑的犯罪分子的同种漏罪是否按数罪并罚处理的请示》收悉。经研究，答复如下：

人民法院的判决宣告并已发生法律效力以后，刑罚还没有执行完毕以前，发现被判刑的犯罪分子在判决宣告以前还有其他罪没有判决的，不论新发现的罪与原判决的罪是否属于同种罪，都应当依照刑法第六十五条的规定实行数罪并罚。但如果在第一审人民法院的判决宣告以后，被告人提出上诉或者人民检察院提出抗诉，判决尚未发生法律效力的，第二审人民法院在审理期间，发现原审被告人在第一审判决宣告以前还有同种漏罪没有判决的，第二审人民法院应当依照刑事诉讼法第一百三十六条第（三）项的规定，裁定撤销原判，发回原审人民法院重新审判，第一审人民法院重新审判时，不适用刑法关于数罪并罚的规定。

三、典型或常见问题的审理思路

1. 前罪被执行完毕后因被告人自己隐瞒个人信息而导致法院对前罪再审并被加重刑罚，后罪在加重刑罚执行期间内实施是否构成累犯？[①]

分歧意见：第一种意见认为，被告人前罪原审判决已经执行完毕，本罪应当构成累犯。

第二种意见认为，被告人前罪原审判决并未执行完毕，本罪不应构成累犯。

本书观点：前罪因审判监督程序的启动和生效而被加重刑事处罚，不等于前罪刑罚执行完毕，后罪自然不应构成累犯。理由如下：

---

① 观点来源：最高人民法院刑事审判第一、二、三、四、五庭主办：《刑事审判参考》第103集，法律出版社2016年版，第59－64页，石某肆盗窃案。

根据《刑法》第六十五条、第六十六条的规定和相关理论，累犯（一般累犯和特殊累犯）的成立前提必须是刑罚执行完毕或者赦免以后。前罪因审判监督程序的启动和生效而被加重刑事处罚，被告人的后罪是否发生在前罪刑罚执行完毕后便成为其是否构成累犯的关键。本案的特殊之处在于被告人在前罪审判过程中隐瞒了个人身份信息，导致原审判决未正确认定累犯情节，量刑不当。法院在审判后罪过程中发现了前罪判决的错误，根据刑事诉讼法及司法解释的有关规定，启动审判监督程序，撤销原审判决后加重了被告人的刑罚。因此，焦点在于，原审判决刑罚执行完毕后，又因再审判决增加了前罪的刑罚量，在增量刑罚尚未执行完毕的情况下，是否属于“刑罚执行完毕”的情形。

我们认为，因被告人自己隐瞒个人信息而导致法院对前罪再审并增加了刑罚量的情况下，增量刑罚尚未执行完毕的，不能认定为前罪刑罚执行完毕。再审裁判是法院通过刑事审判监督程序对已经发生法律效力的判决和裁定，因发现确有错误而重新进行审理后所作出的裁判。再审裁判一经作出，已经生效的原审裁判就不再有效。对被告人执行刑罚，也就应当以再审裁判为依据。被告人前罪的原审判决虽然已经实际执行完毕，但该“执行完毕”是建立在原审判决的基础上的。鉴于原“刑罚执行完毕”的基础——原审刑事判决已经被撤销，随之而来的是被告人必须执行再审判决确定的增量刑罚。在增量刑罚尚未执行完毕的情况下，不应认定前罪“刑罚执行完毕”。

因此，被告人的本次犯罪行为（即后罪）实施于前罪尚未执行完毕的期间内，不符合累犯构成的时间要件，不应认定为累犯。

2. 被告人自己隐瞒个人信息而导致法院对前罪再审并被加重刑罚，前罪减刑裁定减去的刑期是否应计入已经执行的刑期?①

分歧意见：第一种意见认为，因被告人自身没有如实供述自己的身份信息，致使原审判决降低了其罪责，而再审判决并未执行，故减刑裁定减去的刑期不应计入已经执行的刑期。

第二种意见认为，减刑裁定减去的刑期应计入已经执行的刑期。

本书观点：漏罪的发现和新罪的实施均是对被告人人身危险性可能弱化

---

① 观点来源：最高人民法院刑事审判第一、二、三、四、五庭主办：《刑事审判参考》第103集，法律出版社2016年版，第59-64页，石某肆盗窃案。

的否定，与减刑的初衷相悖，故前罪减刑裁定减去的刑期不应计入已经执行的刑期当中。

本案的前罪原审判决虽已被依法撤销，但被告人服刑期间的减刑裁定如何评价在实践中尚存争议。有观点认为，减刑是基于被告人服刑期间的行为、人格作出的评价，一经法定程序作出即具有法律效力，不应因漏罪或者新罪的裁判而撤销已经依法作出的减刑等裁定，否则将有损减刑的严肃性和权威性。

我们不赞同上述意见。减刑的深层动因在于人身危险性的良性变化。在本质上，减刑是对原判执行过程的改变，并非对原判判决的改变。刑罚执行虽以判决确定的刑罚为执行内容，但并不仅仅是裁判权的附庸，刑罚执行本身具有相对独立性：刑罚执行过程中可以根据犯罪人的悔改表现或者立功表现，对判决所确定的刑罚依法加以调整①。进入刑罚执行阶段，犯罪已成客观事实，犯罪性质不再发生变化，犯罪行为本身不存在使刑罚变更的原因；而犯罪人是鲜活的个体，其个体情况和改造程度的变化差异构成刑罚变更的基础。犯罪人从服刑初始被动接受法律制裁到为了缩短承受刑罚痛苦的时间而积极改造直至逐渐降低犯罪意愿并使自身行为符合社会利益的过程，根本上是其人身危险性趋向减弱的动态变化。但漏罪的发现或新罪的实施恰恰否认了被告人人身危险性弱化的可能性，与减刑的初衷背道而驰。《最高人民法院关于罪犯因漏罪、新罪数罪并罚时原减刑裁定应如何处理的意见》（法〔2012〕44 号）也规定，罪犯被裁定减刑后，因被发现漏罪或者又犯新罪而依法进行数罪并罚时，经减刑裁定减去的刑期不计入已经执行的刑期。

3. 被告人自己隐瞒个人信息而导致法院对前罪再审并被加重刑罚，后罪实施于前罪加重刑罚执行期间时，两罪如何数罪并罚？②

分歧意见：第一种意见认为，应将前后两罪先并罚，再减去已经执行的刑罚，即“先并后减”。

第二种意见认为，应将后罪与前罪尚未执行的刑罚数罪并罚，即“先减后并”。

本书观点：后罪实施于前罪刑罚执行过程中（因客观原因刑罚执行中

---

① 陈兴良著：《刑法哲学》，中国政法大学出版社 2000 年版，第 790 页。

② 观点来源：最高人民法院刑事审判第一、二、三、四、五庭主办：《刑事审判参考》第 103 集，法律出版社 2016 年版，第 59－64 页，石某肆盗窃案。

断)，属于刑罚执行过程中再犯新罪，应适用“先减后并”的原则数罪并罚。

根据《刑法》第六十九条、第七十条、第七十一条的规定和相关理论，数罪并罚的执行根据新罪实施时间的不同采取不同的并罚原则，即刑罚执行完毕以前发现漏罪的实行“先并后减”，刑罚执行完毕以前又犯新罪的实行“先减后并”。鉴于两种数罪并罚方式对被告人实际执行刑期的长短影响较大，故需在准确认定漏罪或新罪的基础上正确适用相关并罚原则。

刑罚执行完毕以前又犯新罪的数罪并罚的特点是：(1) 犯罪人在原判决宣告以后，刑罚执行完毕以前又犯新罪；(2) 不管新罪是否与原判决的罪性质相同；(3) 将新罪定罪量刑；(4) 将前罪没有执行的刑罚与新罪所判处的刑罚，依照《刑法》第六十九条的原则进行并罚；(5) 已经执行的刑期不得计算在新判处所决定的刑期以内。[①] 本案中，如前所述，被告人的此次盗窃行为发生于前罪刑罚执行完毕以前，争议的焦点在于是否属于“原判决宣告以后”，即此处的“原判决”是指案件中的原审判决，还是再审判决，抑或是其他。有人认为，鉴于审判监督程序的启动和再审判决的生效已经撤销了原审判决，故类似案件中的原判决只能是再审判决。我们认为，再审判决的生效虽然否定了原审判决的效力，但不能消灭原审判决所产生的所有影响，如刑罚执行的起刑日期（改判无罪的案件除外）的影响便不能改变。原审判决和再审判决在刑罚执行的起止日期上应当保持一致，即原审判决的起刑日期就是正确判决的起刑之日，再审判决的止刑日期就是正确判决的止刑之日，其中的中止时日根据并罚原则予以排除便可。

综上，本案后罪在原判决宣告以后、刑罚执行完毕以前实施，应当适用先减后并的原则数罪并罚。

4. 被暂予监外执行被告人在监外执行期间犯新罪并被抓获，社区矫正机关未及时出具收监建议书，而后出具社区矫正期满的证明书，被告人的前罪是否还有剩余刑期?[②]

分歧意见：第一种意见认为，被告人沙某民于2013年2月4日因犯贩卖毒品罪被北塘区人民法院判处有期徒刑一年，同年2月18日判决生效后因疾病被决定暂予监外执行一年。根据我国刑事诉讼法的规定，对被暂予监外执

---

① 参见张明楷著：《刑法学》，法律出版社2011年版，第539页。

② 观点来源：最高人民法院刑事审判第一、二、三、四、五庭主办：《刑事审判参考》第103集，法律出版社2016年版，第75-80页，沙某民容留他人吸毒案。

行的罪犯，依法实行社区矫正，由社区矫正机构负责执行。故自 2013 年 2 月 18 日至 2014 年 2 月 17 日，根据刑事诉讼法的规定将沙某民交由社区矫正机构负责执行。2014 年 2 月 17 日社区矫正机构对沙某民作了社区矫正期满，依法解除社区矫正的宣告，并出具矫正期满解除社区矫正证明书。根据法律规定，暂予监外执行的期间计入刑罚执行的期间。本案被告人社区矫正一年期满，故前罪刑罚已经执行完毕，不存在数罪并罚的问题。

第二种意见认为，2013 年 4 月 10 日被告人沙某民因涉嫌犯容留他人吸毒罪被公安机关抓获，根据最高人民法院、最高人民检察院、公安部、司法部联合制定的《社区矫正实施办法》第二十六条规定，暂予监外执行的社区矫正人员违反有关法律、行政法规和监督管理规定，情节严重的，由居住地县级司法行政机关向批准、决定机关提出收监执行的建议书。举轻以明重，被告人的犯罪行为显然是违反有关法律、行政法规和监督管理规定，情节严重的行为，社区矫正机构应依法出具收监建议书。因此，本案被告人 2013 年 4 月 10 日被抓获当天，已不符合暂予监外执行条件，应通过法定程序中止前罪的暂予监外执行。同时，被告人被抓获当天即被公安机关采取刑事强制措施，即被告人从抓获之日起履行的是新犯罪的刑事强制措施的义务，故不应视为所服前罪判决的刑期，综上，本案应以被告人被抓获之日为界点计算前罪的剩余刑期。

我们同意第二种意见。理由如下：

（1）被告人在监外执行期间因犯新罪而被采取强制措施的，新罪强制措施采取之日，即为前罪监外执行中止之时。

根据《刑事诉讼法》第二百六十八条的规定，对于暂予监外执行的罪犯，有法律规定情形之一的，应当及时收监。由此可见，暂予监外执行制度具有明显的临时性特征，随时可能因法定情形的出现而中止。决定或批准对罪犯适用暂予监外执行之后，并不意味着其之后都会在监狱外服刑，而是当出现法律规定的情形时，相关机关应当及时改变监外执行的方式，将罪犯收监从而恢复为监禁执行的行刑方式。一旦被告人被有权机关决定收监，则其暂予监外执行期间显然中止。

暂予监外执行期间犯新罪，暂予监外执行期满前发现的，根据《社区矫正法》第四十九条规定，暂予监外执行的社区矫正对象具有《刑事诉讼法》规定的应当予以收监情形的，社区矫正机构应当向执行地或者原社区矫正决定机关提出收监执行建议，并将建议书抄送人民检察院。故被告人在暂予监外执行期间犯新罪并在暂予监外执行期满前被发现的，自有权机关依法定程序作出收监决定之日，前罪的暂予监外执行期间中止。本案中，社区矫正机构即无锡市北塘区司法局应在被告人因犯新罪被抓获之日依法向北塘区人民法院提出对被告人沙某民进行收监执行的建议书，但本案中作为社区矫正机构的北塘区司法局没有及时向北塘区人民法院提出收监建议。这种不利的后果应由被告人自己承担，也就是说，其在被公安机关抓获后继续履行的接受社区矫正的时间不计入其刑期。

另外，从社会导向的角度分析，规避法律责任往往是当事人趋利避害的反应，若对不履行社区矫正义务的暂予监外执行人认可其社区矫正期满，则可能诱导当事人采取各种方式规避法律责任，如此将不利于社区矫正机构依法进行社区矫正工作，也不利于维护司法的公正性。因此，只有将行为人没有履行社区矫正义务的行为导致的不利后果归于其本人承担，即认定其前罪的暂予监外执行期间自其被抓获之日起中止，同时认定其前罪的刑期也自被抓获之日起中止计算，方能有效避免当事人通过不履行义务的方式获得非法利益。在本案中，由于被告人没有切实履行其接受社区矫正的义务，在暂予监外执行期间没有向社区矫正机构如实报告其犯新罪的情况，导致社区矫正机构作出错误的矫正期满证明书，法院应不认可该社区矫正期满证明书，而是根据事实，依法认定被告人被抓获后其前罪的暂予监外执行期间中止，其在中止后继续接受社区矫正的期间不计入前罪服刑期间。

（2）本案中应以被告人被抓获之日作为计算前罪剩余刑期的界点。

暂予监外执行期间的中止不等于刑期计算的中止，被告人在暂予监外执行期间因出现法定情形，如被保外就医的被告人疾病治愈，则有权机构应作出收监决定，被告人被收监后在监狱内继续服刑，即虽然暂予监外执行中止，但是刑期却是连续计算的。但是，如果被告人是因为犯新罪而被中止前罪的暂予监外执行期间，则涉及前罪的刑期的计算是否中断，以及以何日作为前罪刑期计算中断的界点，从而开始计算前罪的剩余刑期。我们认为，应以被告人犯新罪被抓获并被采取强制措施之日为界点，中断前罪刑期的计算。

实践中，被告人在前罪暂予监外执行期间因犯新罪被抓获的同时一般也被采取了刑事强制措施。同时被告人在前罪暂予监外执行期间因犯新罪被抓获，有权机关应依法对被告人进行收监执行。那么这里作为限制或者剥夺被告人人身自由的刑事强制措施和同为剥夺被告人人身自由的收监执行就产生了冲突。我们认为，应优先处理新罪。理由如下：

第一，新罪的处理比旧罪的服刑更加紧迫。被告人在前罪暂予监外执行期间犯新罪，侦查机关发现并抓获被告人后，立即进入紧张的侦查程序，侦查工作对时间有着严格的要求，可以说时间非常紧迫。而且对新罪的侦查、起诉、审判工作决定着被告人是否犯罪。而被告人的前罪的剩余刑期是确定的，完全可以与新罪判决的刑罚一同执行，相比于侦查工作不具有时间上的紧迫性。故在这种情况下，应中止前罪的服刑，进入新罪的刑事诉讼程序。

第二，优先处理新罪符合立法的原意。《刑法》第七十一条规定，判决宣告以后，刑罚执行完毕以前，被判刑的犯罪分子又犯罪的，应当对新犯的罪作出判决，把前罪没有执行的刑罚和后罪所判处的刑罚，依照本法第六十九条的规定，决定执行的刑罚。根据该条规定，被告人在前罪的刑罚执行期间犯新罪的，应当首先对新罪作出判决，同时将因为处理新罪而耽搁的前罪服刑期间与新罪判处的刑罚进行数罪并罚。也就是说，被告人在前罪的刑罚执行期间犯新罪的，应中止前罪的服刑，并将中止后的前罪的剩余刑期与新罪进行数罪并罚。如果将被告人按照违反社区矫正监督管理规定收监，则属于继续前罪的刑罚的执行，收监后被告人仍然属于服前罪的刑期，与上述法条的立法精神不符。

结合到本案，被告人沙某民于2013年4月10日因涉嫌犯容留他人吸毒罪被抓获，次日被刑事拘留，当日因无锡市公安局监管支队不予收押，被取保候审。被告人自抓获之日起被采取了拘传、刑事拘留、取保候审等一系列刑事强制措施，这些刑事强制措施显然是为保障新罪的刑事诉讼顺利进行而采取的，属于新罪的刑事诉讼程序。故被告人自抓获之日起被限制人身自由属于新罪的刑事诉讼程序中的强制措施，被羁押的时间应在新罪的刑期中扣除，而不能计算在前罪的服刑期间。

综上，一审、二审法院没有依据社区矫正机构出具的社区矫正期满证明书认定被告人沙某民前罪已服刑期满，而是以被告人被抓获的时间作为前罪刑期中断的界点计算其前罪的剩余刑期，从而对被告人进行数罪并罚的裁判是正确的。

5. 罪犯在假释期间又犯新罪，数罪并罚时原减刑裁定如何处理?[①]

本书观点：根据最高人民法院2012年1月18日发布的《关于罪犯因漏罪、新罪数罪并罚时原减刑裁定应如何处理的意见》“罪犯被裁定减刑后，因被发现漏罪或者又犯新罪而依法进行数罪并罚时，经减刑裁定减去的刑期不计入已经执行的刑期”的规定，“罪犯被裁定减刑后，又犯新罪”包括两种情形：一是罪犯被裁定减刑后，在继续服刑的监狱内“又犯新罪”；二是罪犯被裁定减刑后，又因其他原因，如假释、保外就医等在社会上“又犯新罪”。被告人在假释期间犯新罪，属于第二种情形，应当数罪并罚，而且经减刑裁定减去的刑期不计入已经执行的刑期。

6. 暂予监外执行期满后发现在暂予监外执行期间犯新罪的，如何处理?[②]

本书观点：暂予监外执行虽然改变了服刑场所，但本质上仍是刑罚的一种执行方式。就本案而言，2008年3月6日，被告人田某兵犯聚众斗殴罪的暂予监外执行期届满，其刑罚执行完毕，也就是说，田某兵已完全承担了其前罪而产生的刑事责任。《刑法》第七十一条不仅要求罪犯又犯新罪，更重要的是要求罪犯又犯新罪的时间、发现罪犯又犯新罪的时间均在前罪的刑罚执行完毕之前，即罪犯有剩余的刑期可以并罚。就本案而言，虽然田某兵在刑罚执行完毕之前又犯新罪，但在新罪判决时，前罪已经执行完毕，没有可以并罚的余刑。因此，对被告人实行并罚并不符合《刑法》第七十一条的立法本意。

7. 剥夺政治权利执行期间重新犯罪如何计算未执行完毕的剥夺政治权利的刑期?[③]

本书观点：应当以被告人因后罪被羁押之日作为前罪剥夺政治权利的中止时间。

将羁押之日作为中止日期与剥夺政治权利的执行特点相适应。当被告人因重新犯罪被羁押后，被强制性地改变了处所，在后罪不需要附加剥夺政治权利的情况下，将此后的时间作为中止时间，在被羁押至中止执行这段时间内，前罪剥夺政治权利的执行机关无法继续执行。而如果将在羁押之前的日

---

① 观点来源：最高人民法院刑事审判第一、二、三、四、五庭编：《刑事审判参考》2014年第4集（总第99集），朱某森等盗窃案。

② 观点来源：最高人民法院刑事审判第一、二、三、四、五庭编：《刑事审判参考》2012年第4集（总第87集），法律出版社2012年版，田某兵敲诈勒索案。

③ 观点来源：最高人民法院刑事审判第一、二、三、四、五庭主办：《刑事审判参考》2007年第3集（总第56集），法律出版社2007年版，第24－30页，焦某盗窃案。

期如重新犯罪的时间作为中止时间，在被告人重新犯罪至被羁押的这段时间内，将会放任被告人在剥夺政治权利期间对其政治权利的行使。而且，实践中对大部分案件而言，执行机关也无法及时掌握被告人重新犯罪的时间，将重新犯罪的时间作为中止时间不具有可行性。

同时，将羁押之日作为中止时间也符合主刑刑期的计算方式。除无期徒刑与死刑缓期执行的以外，主刑起算日期实际上为重新犯罪的被羁押时间，如果将此后的时间如拘留时间、逮捕时间、宣判时间或生效时间作为中止时间，在后罪附加判处剥夺政治权利的情况下，只要被羁押时前罪附加刑剥夺政治权利尚未执行完毕，就会存在前后罪剥夺政治权利期限重合的问题。而且，如果将宣判时间作为中止时间，就可能出现前文所述的一审与二审仅仅因为尚未执行完毕的剥夺政治权利的刑期的不同而出现不同的判决；如果将生效时间作为中止时间，很显然，一审判决时无从知道是否将经过二审程序或二审何时宣判，也就无从计算尚未执行完毕的剥夺政治权利的刑期。

对于个别案例中被告人因后罪被羁押后变更强制措施为取保候审或监视居住的，由于取保候审及监视居住的时间不能折抵刑期，因此，这段时何内应当继续执行剥夺政治权利，由于取保候审与监视居住应在被告人住所地或居住地执行，因此，并不会出现剥夺政治权利的执行机关无法执行的情况。如果后又被逮捕或收监执行，剥夺政治权利的执行就应中止。

8. 保外就医期间重新犯罪的如何计算前罪未执行的刑罚？[①]

本书观点：应以重新犯罪之日为起算未执行刑期的时点。

保外就医是指对于被判处有期徒刑或者拘役的罪犯，因具备法定情节，而依照法律规定的程序，经主管机关批准，由监内执行刑罚变更为暂予监外执行刑罚的一种特殊的刑罚执行方式。区别于缓刑、假释期间的法律效果，保外就医是刑期持续计算，即罪犯在监外治疗疾病的期间计入刑罚执行期间。

本案被告人吴某成在保外就医期间重新犯罪，对其应及时收监，适用《刑法》第七十一条，以“先减后并”的刑期计算原则来进行数罪并罚，即应当对新犯的罪作出判决，把前罪没有执行的刑罚和后罪所判处的刑罚，依照《刑法》第六十九条的规定，决定执行的刑罚，这一点没有异议，但保外

---

① 观点来源：最高人民法院刑事审判第一、二、三、四、五庭主办：《中国刑事审判指导案例》（刑法总则）（增订第 3 版），法律出版社 2017 年版，第 512－514 页，吴某成盗窃案。

就医期间犯新罪的如何确定“前罪没有执行的刑罚”，尚无明确的法律规定。目前我国刑事法律对保外就医的规定较少，《刑事诉讼法》第二百六十五条规定：“对被判处有期徒刑或者拘役的罪犯，有下列情形之一的，可以暂予监外执行：（一）有严重疾病需要保外就医的；（二）怀孕或者正在哺乳自己婴儿的妇女……对适用保外就医可能有社会危险性的罪犯，或者自伤自残的罪犯，不得保外就医。”《刑事诉讼法》仅明确了保外就医期间重新犯罪的（作为违反保外就医规定的最严重情形），应当及时收监。但对于在保外就医期间又犯新罪的，应如何计算保外就医尚未执行的刑期，目前尚无明确的规定，而实践中，类似本案的情况实际上并不少见，值得研究予以明确。

对确定前罪未执行刑罚的基准日，存在以下意见：犯罪之日、司法机关发现罪犯犯罪之日、抓获之日、采取强制措施之日、新罪判决之日等。我们认为，应以重新犯罪之日为起算未执行刑期的时点，其理由主要在于：

（1）从罪犯的人身危险性而言，犯罪之日的界点更为科学。作为监外执行的方式之一，保外就医是以罪犯本身没有社会危险性为前提的，是对没有社会危险性的患严重疾病罪犯的一种特殊待遇。被批准保外就医的罪犯重新犯罪表明其具有严重的社会危害性和人身危险性，丧失了继续保外就医的法定资格条件，不应再享有监外执行的优待，根据有关法律规定，自犯罪之日起就应依法立即收监执行，以对其进行教育、改造和惩罚，故应以犯罪之日为基准计算前罪未执行刑期。

（2）从刑罚执行的目的看，以犯罪之日为界点更为合理。一方面，前罪刑罚的执行因罪犯再次犯罪，刑罚执行的改造、预防目的均遭失败，从此刻始执行刑期自应停顿计算，行为人再犯的刑事责任确定，收监后才能继续计算刑期。另一方面，被告人在前罪刑罚未执行完毕时再犯新罪，具有更大人身危险性和社会危害性，应当对其加大惩罚与改造的力度，对此刑法规定“先减后并”的数罪并罚原则正是体现了这一严厉惩罚的精神。只有在罪犯重新犯罪之日起即停止计算前罪已执行刑期，才能充分体现立法严惩的精神，起到威慑、遏制犯罪的效果。

（3）从法律效果与社会效果看，以犯罪之日为界点是适当的。法律施行意在鼓励民众遵守法律，违法时自觉接受制裁，营造良好的社会秩序。由于保外就医是监外执行方式，罪犯实际上获得行动的自由，再犯罪后可能因逃避抓捕等原因，无法立即收监。有的甚至可能持续数年，流落社会，威胁社会稳定和安全。以抓获之日、采取强制措施之日、新罪判决之日等为基准计算未执行的刑罚会产生负面引导——越晚案发，越晚被抓获，越晚被判决，所迟延的时间均被计入前罪执行的期间，从而引导或鼓励罪犯在再犯新罪时竭力逃脱国家机关的抓捕，加剧罪犯的抗拒心理，不利于社会稳定与和谐。而且，发现被告人犯罪或抓获、采取强制措施的时间，会随不同案件的情况而有差异，如以上述时点作为起算未执行刑期，会产生同类情况实际处理不同的结果，有悖于司法公正。而以犯罪之日起算未执行的刑期，相对较为客观，不会产生上述问题，也容易统一把握，有利于实现司法公正、法律面前人人平等。

9. 缓刑考验期内犯新罪如何数罪并罚？①

分歧意见：第一种意见认为，此情形属于刑罚执行完毕以前又犯新罪，根据《刑法》第七十一条规定的数罪并罚处罚原则，应当先将被告人犯前罪所判处的刑罚扣除宣告缓刑前先行羁押的时间后，再与其因犯后罪所判处的刑罚依照《刑法》第六十九条的规定决定执行的刑罚。

第二种意见认为，缓刑考验期间不同于刑罚执行期间，羁押时间也不同于已执行刑期，对此情形，应当根据《刑法》第七十七条第一款的规定，将前罪和后罪直接依照《刑法》第六十九条的规定决定执行的刑罚。前罪被先行羁押的时间，应当在数罪并罚决定执行的刑罚之后依照《刑法》第四十七条的规定予以折抵。

本书观点：同意第二种意见，理由如下：

（1）第一种意见认为适用《刑法》第七十一条规定的数罪并罚处罚原则决定被告人的执行刑罚属适用法律错误。

第一，《刑法》第七十七条第一款对被宣告缓刑的犯罪分子在缓刑考验期内犯新罪或者发现漏罪如何实行数罪并罚，已经作出明确规定，即“被宣告缓刑的犯罪分子，在缓刑考验期限内犯新罪或者发现判决宣告以前还有其他罪没有判决的，应当撤销缓刑，对新犯的罪或者新发现的罪作出判决，把前罪和后罪所判处的刑罚，依照本法第六十九条的规定，决定执行的刑罚”。缓刑考验不属于刑罚执行，缓刑考验期间不同于刑罚执行期间。“缓刑考验期限

---

① 观点来源：最高人民法院刑事审判第一、二、三、四、五庭主办：《中国刑事审判指导案例》（刑法总则）（增订第3版），法律出版社2017年版，第514－517页，代某业盗窃案。

内”与《刑法》第七十一条规定的“刑罚执行完毕以前”属于两个不同层面的问题。“刑罚执行完毕以前”是相对于刑罚已经开始执行而言的，没有刑罚执行也就无谓“刑罚执行完毕以前”。而缓刑是附条件的不执行，在缓刑考验期间原判刑罚是否执行尚处于不确定状态，故无从谈起刑罚是否已经执行完毕。此外，《刑法》第七十三条第三款规定“缓刑考验期限，从判决确定之日起计算”，这一规定未曾涉及任何先行羁押的时间折抵缓刑考验期的问题。因此，在缓刑考验期限内犯新罪与在判决宣告以后刑罚执行完毕以前犯新罪属于不同情形，两者不可混为一谈。因此，在缓刑考验期限内犯新罪或者发现漏罪实行数罪并罚的，均不适用《刑法》第七十条或第七十一条有关数罪并罚的规定，而应适用《刑法》第七十七条的规定。

第二，第一种观点不仅错误地适用《刑法》第七十一条，而且还将被告人宣告缓刑前先行羁押的时间等同为前罪已经执行的刑期予以扣除，进而错误地认定了“前罪没有执行的刑罚”。毋庸讳言，如果《刑法》第七十七条没有对缓刑考验期限内犯新罪如何并罚作出规定，司法实践中依照《刑法》第七十一条的规定即可进行并罚，关键在于如何认定“前罪没有执行的刑罚”。缓刑的实质是暂缓刑罚的执行，如果犯罪分子在缓刑考验期内未发生撤销缓刑的法定情形，原判刑罚将不再执行，因此，在缓刑考验期间根本不存在刑罚执行问题。对宣告缓刑的罪犯来说，其“前罪没有执行的刑罚”就是其判决宣告的刑罚，而不应当将先行羁押的时间混同于已经执行的刑罚予以扣除。判决前羁押与判决后刑罚执行的性质不同，将先行羁押时间直接等同为已执行刑期，违背相关法律规定。判决前羁押，是判决交付执行前，办案机关为确保刑事诉讼活动的顺利进行，针对犯罪嫌疑人、被告人而采取的人身强制措施。判前羁押与徒刑执行虽然都以剥夺人身自由为特征，但两者在诉讼阶段和性质上存在明显差别：前者发生在判决确定之前，后者发生在判决确定之后；前者属于程序措施，后者属于实体处分。正因如此，刑法对先行羁押时间的折抵与已执行刑罚的扣减作了不同规定：《刑法》第四十七条在表述羁押时间和执行刑期的关系时，使用的是羁押一日“折抵”刑期一日；而《刑法》第七十条在表述已执行刑期的扣减时，使用的是应当“计算”在新判决决定的刑期内。很明显，“折抵”是针对两个不同事物而言的。

（2）对被告人前罪先行羁押的时间予以折抵，应当在数罪并罚执行的刑罚决定后进行。

《最高人民法院关于撤销缓刑时罪犯在宣告缓刑前羁押的时间能否折抵刑期问题的批复》规定："根据刑法第七十七条的规定，对被宣告缓刑的犯罪分子撤销缓刑执行原判刑罚的，对其在宣告缓刑前羁押的时间应当折抵刑期。"虽然该批复针对的是"执行原判刑罚"的情形，但其司法精神对数罪并罚的情形仍可适用。判决执行以前先行羁押时间折抵刑期的目的是确保被告人的合法权益，同时也便于计算有期徒刑的刑期和起止时间，属于判决执行的范畴，与理论上对《刑法》第七十条、第七十一条概括的数罪并罚原则"先减后并"或"先并后减"中的"减"根本不同，后者目的在于决定数罪执行的刑罚，至于实际执行的期限，则属于刑罚确定后执行有期徒刑的计算问题，包括先行羁押时间的折抵问题。缓刑犯在缓刑期间犯新罪，表明其主观恶性较大，在处理上应当体现从重处罚原则。但《刑法》第七十七条规定的是撤销缓刑，"把前罪和后罪所判处的刑罚，依照本法第六十九条的规定，决定执行的刑罚"。可见，立法对缓刑犯又犯新罪的从重处罚，主要体现在对其缓刑的撤销，而不在于实际执行刑期方面。《刑法》第七十七条的规定符合数罪并罚的原理和司法实践的一贯做法。

四、疑难、复杂问题的参考性解答

1. 我国刑法规定的数罪并罚原则有哪些？如何正确理解和适用？

本书观点：数罪并罚的原则是指对一人犯数罪合并处罚所依据的准则。我国刑法依据不同的情形，对数罪的刑罚采取不同的原则，主要有吸收原则、限制加重原则和并科原则三种：

（1）吸收原则，即"重刑吸收轻刑"的原则，是指在所犯数罪分别宣告的刑罚中，选择其中最重的一种刑罚作为执行的刑罚，其余较轻的刑罚，均被最重的刑罚所吸收，不再执行。我国刑法中采用吸收原则的是以下情形：①对数罪的主刑中有判处死刑或者无期徒刑的，只执行死刑或者无期徒刑，其他轻刑如有期徒刑、拘役或者管制均不再执行；②对数罪的主刑中有判处有期徒刑和拘役的，执行有期徒刑，拘役不再执行；③对数罪的附加刑中有同时判处剥夺政治权利终身和剥夺政治权利一定期限的，只执行剥夺政治权利终身；④对数罪的附加刑中既有判处没收全部财产，同时又有罚金或没收部分财产，或兼有罚金和没收部分财产的，只决定执行没收全部财产，不再执行罚金、没收部分财产。

（2）限制加重原则，是指对所犯数罪分别判刑后，在总和刑期以下、数刑中最高刑期以上，酌情决定应当执行的刑期，并规定刑期最高不得超过一定的期限。我国刑法中采用限制加重原则的情形有：①对数罪的主刑均为有期徒刑或拘役或管制等有期限的自由刑的，应当在总和刑期以下、数刑中最高刑期以上，酌情决定执行的刑期，但是管制最高不能超过三年，拘役最高不能超过一年，有期徒刑总和刑期不满三十五年的，最高不能超过二十年，总和刑期在三十五年以上的，最高不能超过二十五年；②对数罪中有两罪以上都被判处有期徒刑并附加剥夺政治权利的，按限制加重的方法，其剥夺政治权利的附加刑，只能在一年以上、五年以下决定应当执行的刑期。

（3）并科原则，亦称相加原则，即根据“有罪必罚”和“一罪一罚”的原则，将数罪分别判刑后合并执行。我国刑法中采取并科原则的情形有：①对数罪的主刑中有判处有期徒刑和管制，或者拘役和管制的，有期徒刑、拘役执行完毕后，管制仍须执行；②对数罪中有的判处主刑、有的判处附加刑的，主刑和附加刑均须执行；③对数罪判处的附加刑中，有剥夺政治权利，同时又有罚金或没收财产的，分别执行；④对数罪判处的附加刑中分别判处罚金的，将所判处的罚金数额相加，执行总和数额；⑤对数罪判处的附加刑中有罚金和没收部分财产的，合并执行。

2. **判决宣告以后，刑罚执行完毕以前，既发现漏罪，又犯新罪的，如何并罚？**

本书观点：《刑法》第七十条对判决宣告以后，刑罚执行完毕以前，发现漏罪，如何适用数罪并罚作了规定，第七十一条对判决宣告以后，刑罚执行完毕以前，又犯有新罪时的，如何适用数罪并罚并罚作了规定。但对判决宣告以后，刑罚执行完毕以前，既发现漏罪，又犯有新罪时的，如何适用数罪并罚并未规定。这种情况下我们认为，应当按照以下顺序进行处理：首先对漏罪定罪量刑，将漏罪所判处的刑罚与前一个判决所确定的刑罚，依照“先并后减”的原则决定执行的刑罚；其次对新罪定罪量刑，将新罪判处的刑罚和上述判决决定的刑罚，依照“先减后并”的原则；最后决定应执行的刑罚。需要注意的是，第一步“先并后减”中减去的刑罚，同时就是第二步“先减后并”中减去的刑罚，不能重复计算。

3. 前罪的一审判决宣判以后，在上诉期限内又犯新罪或发现漏罪的处罚，如何适用数罪并罚？

本书观点：由于此时一审判决虽已宣判，但尚未发生法律效力，效力属于待定的状态，其判决尚未进入执行程序，且被告人对一审判决仍有上诉权，其上诉与否对后续的处理程序亦有影响。本书认为，对此应当区别不同情况对待：（1）上诉期满后，被告人没有上诉、人民检察院也没有抗诉的，一审判决发生法律效力，无论新罪或漏罪与原判决的罪是否同种罪行，均需要先对新罪依法定罪量刑，然后按照《刑法》第六十九条的规定数罪并罚；（2）在法定期限内，被告人提出上诉或者人民检察院提出抗诉，判决尚未发生法律效力的，第二审人民法院应当依照刑事诉讼法的规定，裁定撤销原判，发回原审人民法院重新审判，第一审人民法院重新审判时，如果新罪或漏罪与原判决的罪是同种罪行，则不适用刑法关于数罪并罚的规定；如果新罪或漏罪与原判决的罪是异种罪行，则应按照《刑法》第六十九条的规定数罪并罚。

4. 附加刑尚未执行完毕前再犯罪的，如何适用并罚？

本书观点：附加刑分为资格刑（即剥夺政治权利）和财产刑（即罚金和没收财产）。对前罪所判处的附加剥夺政治权利与后罪判处的刑罚应当予以并罚，但对于在前罪所判附加财产刑没有执行完毕前再犯罪的，不论后罪是否判处附加财产刑，均不宜实行并罚。

（1）对于附加剥夺政治权利期间再犯罪的并罚问题，最高人民法院在2009年5月25日作出的《关于在执行附加刑剥夺政治权利期间犯新罪应如何处理的批复》规定：①对判处有期徒刑并处剥夺政治权利的罪犯，主刑已执行完毕，在执行附加刑剥夺政治权利期间又犯新罪，如果所犯新罪无须附加剥夺政治权利的，依照《刑法》第七十一条的规定数罪并罚。②前罪尚未执行完毕的附加刑剥夺政治权利的刑期从新罪的主刑有期徒刑执行之日起停止计算，并依照《刑法》第五十八条规定从新罪的主刑有期徒刑执行完毕之日或者假释之日起继续计算；附加刑剥夺政治权利的效力施用于新罪的主刑执行期间。③对判处有期徒刑的罪犯，主刑已执行完毕，在执行附加刑剥夺政治权利期间又犯新罪，如果所犯新罪也剥夺政治权利的，依照《刑法》第五十五条、第五十七条、第七十一条的规定并罚。根据该批复的规定，对前罪所判处的附加剥夺政治权利与后罪判处的刑罚应当予以并罚，并且前罪尚未执行完毕的附加刑剥夺政治权利的刑期从新罪的主刑有期徒刑执行之日起停止计算。此时需要注意的是，对于判决前先行羁押的，前罪尚未执行完毕的附加刑剥夺政治权利的刑期可从因涉嫌犯新罪被羁押之日起停止计算；对于判决前未予羁押的，前罪尚未执行完毕的附加刑剥夺政治权利的刑期可以从一审判决作出之日停止计算。

（2）对于附加财产刑尚未执行完毕前再犯罪的，目前的法律和司法解释均未作出规定。实践中有不同的处理意见。本书认为，附加财产刑虽然同剥夺政治权利一样也是附加刑，但是附加剥夺政治权利的执行有期限限制，而附加财产刑的执行没有期限限制，且附加财产刑能否执行完毕受多种因素影响，往往难以执行到位，通过与新罪并罚的方式也难有效解决，且如果被告人在异地犯罪且判处附加财产刑，要求实行并罚，则意味着审判新罪的法院需要调查前罪所判处的附加财产刑是否执行完毕，会给刑事审判工作增加新的负担，即使查实前罪的财产刑未执行，与新罪所判刑罚并罚，其结果仍往往是空判，没有实际意义。因此，对于在前罪所判附加财产刑没有执行完毕前再犯罪的，不论后罪是否判处附加财产刑，均不宜实行并罚。

5. 对减刑后正在服刑的罪犯发现漏罪应如何进行数罪并罚？

分歧意见：第一种意见认为，应对新发现的罪作出判决，把前后两个判决所判处的刑罚，依照《刑法》第六十九条的规定，决定执行的刑罚。理由是：(1)《刑法》第七十条已经明确规定“把前后两个判决所判处的刑罚，依照本法第六十九条的规定，决定执行的刑罚”。如将新判决所确定的刑期与裁定减刑后的刑期实行并罚，有违罪刑法定原则。（2）减刑的法定条件是犯罪分子在服刑期间能够认真遵守监规，接受教育改造，确有悔改表现，或者有立功表现。而犯罪分子在原判刑罚执行期间，始终隐瞒其所犯漏罪，说明其并未真心悔过，如将新判决所确定的刑期与裁定减刑后的刑期实行并罚，有轻纵犯罪分子之嫌。故不应将减刑后的刑期作为漏罪的并罚基准。

第二种意见认为，应对新发现的罪作出判决，把新判决所确定的刑期与裁定减刑后的刑期实行并罚。理由是：（1）减刑裁定与原判决具有同等效力。减刑是在肯定原判决的基础上，根据犯罪分子在刑罚执行过程中的表现，将原判刑罚予以减轻，只是对原判决的适当修正，应当视为与原判决具有同等的法律效力。(2）法律未明确规定撤销减刑裁定的程序及条件。《刑事诉讼法》第二百七十四条规定人民检察院认为人民法院减刑、假释的裁定不当，应当在收到裁定书副本后20日内，向人民法院提出书面纠正意见。人民法院应当在收到纠正意见后1个月内重新组成合议庭进行审理，作出最终裁定。该条款对检察院提出纠正意见规定了期限，可以理解为如果过了期限，即使减刑裁定有不当的地方，检察院也不能提出纠正意见。关于对减刑后正在服刑的罪犯发现漏罪的问题，刑事诉讼法没有规定可以作为撤销减刑裁定的理由和条件。（3）将减刑后的刑期与新判决所确定的刑期实行并罚，并不违背《刑法》第七十条的立法原意。对漏罪作出判决以后和原判决进行并罚并减去已经执行的刑期是《刑法》第七十条的原则，罪犯被减刑以后，减刑裁定即视为修正后的原判决，所以将减刑后的刑期与新判决的刑期并罚符合立法原意。（4）将减刑后的刑期和新判决的刑期并罚，既保护了被告人的合法权益也维护了法院判决的权威。如果将减刑前的判决与新判决的刑期实行并罚的话，一方面，法院的减刑裁定是否撤销如何撤销没有解决的渠道，势必影响法院裁判文书的既判力和公信力；另一方面，对被告人有失公平，根据辩护原则，被告人没有自证其罪的义务。所以从维护法院判决的稳定和维护被告人合法权益的方面来讲，将减刑后的刑期和原判决的刑期并罚比较适宜。

本书观点：对于此种情形，应在维持原减刑裁定合法有效性的同时，直接适用《刑法》第七十条规定，在漏罪判决与原判决所判处的刑罚之间进行并罚。理由如下：

第一，将减刑裁定视为原判决的一个组成部分，与立法本意不符。减刑裁定与原判决（包括原裁定）是基于不同事由，服从于不同目的需要，在不同的阶段上作出的，两者不可同日而语。第二，将减刑之后的刑期作为并罚基准，势必损及《刑法》第七十条规定的“先并后减”并罚原则。减刑裁定属事后裁定，因减刑裁定所缩短的刑期与因服刑期间实际执行而自然缩短的刑期均属行刑范畴问题，在性质上并无不同。将减刑之后的刑期作为并罚基准，究其实质，就是先减后并。第三，主张直接与原判决确定的刑罚并罚，与承认减刑裁定的合法有效性，两者并行不悖，不存在法律适用及法理上的障碍。首先，既然法律已有明确规定，已经执行的刑期应当计算在新判决决定的刑期以内，那么同样可以将裁定所减刑期计算在新判决决定的刑期以内，两者道理是相通的，只不过一个是基于客观事实，一个是基于法定事实而已。其次，“先并后减”更为有利于被告人。有利于被告人是罪刑法定框架下的一个基本的法律解释原则。虽然究竟是“先并后减”还是“先减后并”更为有利于被告人，不好一概而论，但可以肯定的是，多数情况下“先并后减”对被告人更为有利。第四，为避免执行上可能出现的不必要的误解及执行所依据文书上的多头性，可以考虑在新判决基础上，将原减刑裁定的内容吸收进来，这在技术处理上也不复杂，说明一下已经执行的刑期及裁定所减刑期均需计算在新判决决定的刑期以内即可。

6. 刑罚执行期间发现漏罪、新罪判决作出时原判刑罚终止日期已过的如何处理？

分歧意见：第一种意见认为，漏罪、新罪判决作出时，原判决确定的刑罚终止日期已过，不需要再将漏罪、新罪判处的刑罚与原判刑罚数罪并罚，直接将漏罪、新罪判处的刑罚按照《刑法》第六十九条的规定并罚即可。

第二种意见则认为，应将漏罪、新罪判处的刑罚和原判刑罚按照刑法规定的并罚原则和方法进行数罪并罚。

本书观点：（1）判决宣告以后，刑罚执行完毕以前，发现漏罪或又犯新罪的，无论漏罪、新罪判决作出时是否已过原判决确定的刑罚终止日期，均应依法实行数罪并罚。

①如何理解立法本意

《刑法》第七十条、第七十一条，在时间范围上仅明确要求“判决宣告以后，刑罚执行完毕以前”发现漏罪或又犯新罪的，除此之外没有其他任何适用时间上的限制。因此，不能因诉讼过程的长短、宣判时间的不同而产生任何变化。否则，就会使刑法规定的数罪并罚制度增加新的适用条件限制，进而使数罪并罚原则的适用因漏罪、新罪诉讼进程长短的差异而处于无法确定的状态，使相同罪行可能因诉讼时间长短的不同而受到不同的处罚，这不仅不符合罪刑法定原则，而且还违背了法律面前人人平等、同罪同罚的精神。

②如何理解“刑罚执行完毕以前”

“刑罚执行完毕以前”应是指犯罪分子因发现漏罪或新罪时原判决尚未执行完毕，此后，其身份即转化为犯罪嫌疑人，并随着对其漏罪、新罪的立案侦查等诉讼程序的启动而进入诉讼阶段，其被羁押的期间自被视为对其作出新判决前的侦查、起诉、审判等诉讼活动期间。因此，不论其是否被解离执行机关（我国《监狱法》第六十条规定，对罪犯在监狱内犯罪的案件，由监狱进行侦查），对其原判刑罚的执行均应自其被发现漏罪、新罪时即告中止。以“发现漏罪”或“犯新罪”这一中断点为界，中断点之前的刑罚为原判已经执行的刑期，中断点之后的刑罚为尚未执行的刑期，即残余刑。需要强调的是，此处的“发现漏罪”有其特定的法律内涵，专指漏罪被“司法机关”发现。如果某一漏罪司法机关尚未发现，仅被他人知晓，显然不会产生数罪并罚。当然，司法机关“发现漏罪”或犯罪分子“犯新罪”的标志，不取决于任何组织或个人的主观认识，而应当是合理的、明确的法律标准，即应当是刑事诉讼程序的启动一立案。在刑罚执行期间既发现漏罪又犯新罪的情况下，则应以在刑罚执行期间漏罪或新罪中最先立案的时间作为标志。

但是，中止后的这段羁押期间应在新判决确定的刑罚期间中予以折抵，实际上，新判决确定的有期徒刑的起算时间为原判刑罚的中止时间。

（2）在既发现漏罪又犯有新罪的情况下，漏罪、新罪与前罪的并罚应按照分别并罚、顺序并罚的方法进行。

对数罪并罚同时涉及《刑法》第七十条、第七十一条规定的并罚问题，我们认为，应先将漏罪刑罚与原判刑罚并罚，决定应当执行的刑罚，然后再将新罪刑罚与前一判决决定执行的刑罚中未执行的刑罚并罚，决定应执行的刑罚。

这是因为，在判决宣告以后、刑罚执行完毕以前，既发现漏罪又犯新罪的情况下所形成的罪数关系，不是典型的数罪关系，既不是仅适用《刑法》第七十条解决的前罪与漏罪的数罪关系，也不是仅适用《刑法》第七十一条解决的前罪与新罪的数罪关系，而是既适用“先并后减”方法又适用“先减后并”方法予以解决的、同时由前罪、漏罪、新罪构成的复杂数罪关系。对于这种必然兼采“先并后减”和“先减后并”方法并罚的数罪，如果为了简便易行，只采用一种方法对漏罪和新罪同时进行并罚：无论是只采用“先并后减”的方法并罚，抑或只采用“先减后并”的方法并罚，都会因无条件、无根据地扩大相应规则的适用范围而背离刑法规定。此外，即使是对新罪和漏罪分别适用“先减后并”方法和“先并后减”方法进行并罚，也会因新罪并罚在先、漏罪并罚在后的不合理顺序，导致并罚的最终结果违背刑事立法本意。因此，对于在刑扣执行期间发现漏罪又犯新罪的情况下，应当采取对数罪分别判决、顺序并罚的方法，即在对漏罪和新罪分别定罪量刑的基础上，对漏罪、新罪分别适用先并后减、先减后并的方法作出判决，并按照漏罪在先、新罪在后的顺序进行两次并罚，所得结果即为整个数罪并罚的结果。

另有一点需要指出的是，如果罪犯的原判或漏罪所判刑罚是无期徒刑或死缓，按照吸收原则，则不论其执行刑期长短，只要是刑罚执行完毕以前发现漏罪的，都应并罚为无期徒刑或死缓，已经执行的刑期亦不能予以折抵。

7. **无期徒刑执行期间减刑后又发现漏罪的如何并罚？**

分歧意见：第一种意见认为，应当根据《刑法》第七十条的规定，将前后两个判决所判处的刑罚，依照《刑法》第六十九条的规定，决定执行的刑罚，即对被告人判处无期徒刑，剥夺政治权利终身。但根据这种观点判决所带来的问题是，被告人已经执行的刑期，如何计算在新判决的刑期以内？省高级人民法院的减刑裁定是否需要撤销？如果要撤销，由哪个法院撤销？

第二种意见认为，减刑裁定是发生法律效力的裁定，应当得到执行，因此，被告人前罪所判处的刑罚可以理解为减刑后的刑期。对其数罪并罚，应依照《刑法》第六十九条规定，在减刑后的刑期与漏罪刑基础上决定执行刑罚。

本书观点：同意第一种意见。理由如下：

（1）《刑法》第七十条规定："判决宣告以后，刑罚执行完毕以前，发现被判刑的犯罪分子在判决宣告以前还有其他罪没有判决的，应当对新发现的罪作出判决，把前后两个判决所判处的刑罚，依照本法第六十九条的规定，决定执行的刑罚。已经执行的刑期，应当计算在新判决决定的刑期以内。"刑法明确规定，是将前后两个判决所判处的刑罚，依照《刑法》第六十九条的规定，决定执行的刑罚。

（2）至于被告人已经执行的刑期，如何计算在新判决的刑期以内的问题。我们认为，由于新判决数罪并罚后决定执行的刑罚为无期徒刑，因而在新判决中不存在如何计算已经执行的刑期问题。

（3）关于减刑裁定是否需要撤销的问题。我们认为，不必撤销减刑裁定。减刑裁定的事实依据是罪犯在服刑期间的悔改表现，不是罪犯的犯罪行为。新判决作出后，减刑裁定的效力自然消失。

（4）对原判无期徒刑减刑后，实际执行时间较长或者新发现漏罪较轻的，考虑到新判决确定的刑罚为无期徒刑且从新判决确定之日起重新计算无期徒刑的服刑期限，对被告人可能有所不利，可以在执行期间减刑时充分考虑这一因素。

8. **不适用数罪并罚的情形有哪些？**

本书观点：从我国的刑法规定看，下列几种犯罪形式不适用数罪并罚：

（1）继续犯。继续犯，也称持续犯，指犯罪行为在一定时间内处于继续状态的犯罪，典型的如非法拘禁罪。《刑法》第八十九条规定，追诉期限从犯罪之日起计算，犯罪行为有连续或继续状态的，从犯罪行为终了之日起计算。一般认为这里的犯罪行为有继续状态，就是指继续犯。

（2）想象竞合犯。想象竞合犯，是指基于一个犯意，实施一个犯罪行为，侵犯了数个客体，成立数个罪名的情况。

（3）法条竞合。法条竞合，又称法规竞合，是指一个犯罪行为同时触犯数个具有包容关系的具体犯罪条文，依法只适用其中一个法条定罪量刑的情况。

（4）结合犯。结合犯，是指将本来是刑法上各自独立成罪的数个行为由法律明文规定结合成为一罪的情况。

（5）连续犯。连续犯，是指基于同一或者概括的犯罪故意，连续实施数个独立的犯罪行为，触犯同一罪名的犯罪状态。如连续实施数个杀人行为。《刑法》第八十九条第一款中的犯罪行为有连续状态，就是指连续犯。

（6）牵连犯。牵连犯，是指以实施某一犯罪为目的，其方法或者结果行为又触犯其他罪名的犯罪刑期。从传统刑法理论上讲，牵连犯是不实行数罪并罚的。但在刑法明文规定实行数罪并罚的情况下，则应当依照刑法具体条文的明确规定。除刑法明文规定的以外，对其他牵连犯不应当实行数罪并罚。

（7）吸收犯。吸收犯，是指数个犯罪因一个被另一个所吸收，而失去独立主人的意义，仅按吸收之罪处断的犯罪形态。可见，吸收犯罪是实质上的一罪，不适用数罪并罚。

（8）选择性罪名。选择性罪名，是指刑法的一个条文中规定了许多行为或者行为对象，不论行为人的犯罪行为涉及其中几种行为方式或者行为对象，均构成一罪，而依具体行为或者对象确定罪名。如走私、贩卖、运输、制造毒品罪就是选择性罪名。

9. 被告人犯数罪，其中一罪被判处刑罚，另一罪或者数罪被判处免予刑事处罚，是只要在判决主文中直接对被告人所犯数罪分别进行宣告即可，还是需要在对数罪分别进行宣告的基础上再决定执行的刑罚？

本书观点：应当在对数罪分别进行宣告的基础上再决定执行的刑罚。如某被告人犯盗窃罪和诈骗罪，盗窃罪被判处有期徒刑，诈骗罪免予刑事处罚，判决主文不应当表述为：被告人××犯盗窃罪，判处有期徒刑×年，并处罚金人民币×元；犯诈骗罪，免予刑事处罚。而应当表述为：被告人××犯盗窃罪，判处有期徒刑×年，并处罚金人民币×元；犯诈骗罪，免予刑事处罚；决定执行有期徒刑×年，并处罚金人民币×元。主要理由是：

首先，从理论上来说，被告人如果犯有数罪，在对被告人进行判决时，就必然要求对每一个个罪作出一个宣告刑，然后在宣告刑的基础上决定一个执行刑。对被告人执行刑罚的依据是执行刑而不是宣告刑，即使是一个有刑判决和一个免刑判决并罚时也不例外。如果对一个有刑判决和一个免刑判决不实行并罚，就会出现对被告人没有执行刑，而以宣告刑为依据对被告人执行刑罚的不规范现象，这显然是违背数罪并罚的基本原理的。

其次，数罪并罚不仅仅是简单决定最后执行的刑罚的幅度，如刑期的长短、刑种的选择，还包括刑罚的执行方式。如果说一个有刑判决和一个免刑判决并罚对最后决定的刑罚的幅度没有实质性影响的话，那么在有些情况下，对于刑罚执行的方式，如对被告人最后是执行实刑还是宣告缓刑，却存在影响。即在被告人犯有数罪包括其中有一罪或者数罪被判处免刑的情况下，缓刑决定应当是在对被告人所犯的数罪进行综合的、全面的评价和考虑的基础上作出。在这种情况下，被判免刑的罪对于决定被告人最后的刑罚是有意义的。

最后，从操作上来说，如果在决定对被告人作出一个有刑判决和一个免刑判决，而最后决定执行实刑而不是缓刑的情况下，对被告人不实行并罚还不存在操作上的问题的话，那么，如果对被告人最后决定宣告缓刑，不对被告人实行并罚，就存在操作上的问题。因为缓刑是一种刑罚执行方法而不是一个刑种，故缓刑只能在执行刑中表述，而不能在宣告刑中表述，如不能表述为：被告人××犯盗窃罪，判处有期徒刑×年，缓刑×年；犯诈骗罪，免予刑事处罚。而必须表述为：被告人××犯盗窃罪，判处有期徒刑×年；犯诈骗罪，免予刑事处罚；决定执行有期徒刑×年，缓刑×年。

10. **被告人在缓刑考验期间发现漏罪，漏罪被判处免予刑事处罚，且原来的缓刑亦不需要改判实刑，是直接对漏罪作出免刑判决，还是需要撤销原来的缓刑，和漏罪数罪并罚？**

本书观点：根据《刑法》第七十七条的规定，在被告人缓刑考验期间发现漏罪，对前罪判决的缓刑予以撤销，对新罪作出判决，然后数罪并罚是硬性规定，即使在新罪是判处免刑的情况下，也不得违反。《刑法》第七十七条之所以这样规定，是因为原来的缓刑决定是在没有考虑被告人犯有数罪的情况下作出的，因而是不全面的。被告人既然犯有数罪，即使漏罪可以判处免刑，也应当在对包括判处免刑的个罪在内的数罪进行全面考虑的基础上，决定对被告人是应当执行实刑还是宣告缓刑。如果不首先撤销原来的缓刑，而直接就后罪作出免刑判决，在判决书中就看不出法院在作出判决时究竟有没有考虑到被告人犯有数罪的情况，社会公众尤其是被害人可能会怀疑法院在判决时对被告人犯有数罪的情况根本没有考虑。

11. **犯罪人在原判决宣告之前还有漏罪没有判决，或者在原判决执行期间再犯新罪，漏罪或者新罪的发现是在原判刑罚执行期间，但漏罪或者新罪一审判决时原判刑罚终止日期已过，是否需要将漏罪或者新罪和前罪进行数罪并罚？**

本书观点：在这种情况下应当进行数罪并罚。漏罪或者新罪的发现是在原判刑罚执行期间而不是执行完毕以后，因此，漏罪或者新罪发现后开始侦查、审查起诉及审判的期间应当视为对被告人的诉讼羁押期间，而不应当视为原判刑罚的执行期间，在这种情况下不存在原判刑罚执行完毕的问题。而且，如果因为漏罪或者新罪一审判决时原判刑罚终止日期已过而不实行数罪并罚，就会使数罪并罚原则的适用因漏罪或者新罪诉讼时间长短的差异而处于无法确定的状态。另外，实行数罪并罚比不实行数罪并罚对被告人有利，如果以漏罪或者新罪一审判决时原判刑罚终止日期已过而不实行数罪并罚，就会导致因被告人以外的原因而使被告人承担不利后果的不合理情况，使相同情况受到不同对待，有违法律面前人人平等原则。

12. **犯罪分子原犯有数罪，数罪并罚后在执行中又犯新罪，如何并罚？**

本书观点：《刑法》第七十一条规定，在这种情况下应当把前罪没有执行的刑罚和后罪所判处的刑罚，依照《刑法》第六十九条的规定，决定执行的刑罚。所谓“前罪没有执行的刑罚”显然是指前罪中的余刑，在数罪并罚中只有执行刑有余刑，宣告刑不存在余刑问题，因此应当将执行刑中没有执行的余刑和新罪并罚。

第五节　缓　刑

一、刑法规定

第七十二条[①]　对于被判处拘役、三年以下有期徒刑的犯罪分子，同时符合下列条件的，可以宣告缓刑，对其中不满十八周岁的人、怀孕的妇女和已满七十五周岁的人，应当宣告缓刑：

（一）犯罪情节较轻；

（二）有悔罪表现；

（三）没有再犯罪的危险；

（四）宣告缓刑对所居住社区没有重大不良影响。

宣告缓刑，可以根据犯罪情况，同时禁止犯罪分子在缓刑考验期限内从事特定活动，进入特定区域、场所，接触特定的人。

被宣告缓刑的犯罪分子，如果被判处附加刑，附加刑仍须执行。

第七十三条　拘役的缓刑考验期限为原判刑期以上一年以下，但是不能少于二个月。

有期徒刑的缓刑考验期限为原判刑期以上五年以下，但是不能少于一年。

缓刑考验期限，从判决确定之日起计算。

第七十四条[②]　对于累犯和犯罪集团的首要分子，不适用缓刑。

第七十五条　被宣告缓刑的犯罪分子，应当遵守下列规定：

（一）遵守法律、行政法规，服从监督；

（二）按照考察机关的规定报告自己的活动情况；

（三）遵守考察机关关于会客的规定；

---

①　本条经 2011 年 2 月 25 日《刑法修正案（八）》第十一条修正。

1997 年《刑法》第七十二条规定："对于被判处拘役、三年以下有期徒刑的犯罪分子，根据犯罪分子的犯罪情节和悔罪表现，适用缓刑确实不致再危害社会的，可以宣告缓刑。

被宣告缓刑的犯罪分子，如果被判处附加刑，附加刑仍须执行。"

②　本条经 2011 年 2 月 25 日《刑法修正案（八）》第十二条修正。

1997 年《刑法》第七十四条规定："对于累犯，不适用缓刑。"

（四）离开所居住的市、县或者迁居，应当报经考察机关批准。

第七十六条[①] 对宣告缓刑的犯罪分子，在缓刑考验期限内，依法实行社区矫正，如果没有本法第七十七条规定的情形，缓刑考验期满，原判的刑罚就不再执行，并公开予以宣告。

第七十七条[②] 被宣告缓刑的犯罪分子，在缓刑考验期限内犯新罪或者发现判决宣告以前还有其他罪没有判决的，应当撤销缓刑，对新犯的罪或者新发现的罪作出判决，把前罪和后罪所判处的刑罚，依照本法第六十九条的规定，决定执行的刑罚。

被宣告缓刑的犯罪分子，在缓刑考验期限内，违反法律、行政法规或者国务院有关部门关于缓刑的监督管理规定，或者违反人民法院判决中的禁止令，情节严重的，应当撤销缓刑，执行原判刑罚。

二、司法解释、司法文件及其权威解读

1. 最高人民法院、最高人民检察院、公安部、司法部关于对判处管制、宣告缓刑的犯罪分子适用禁止令有关问题的规定（试行）（法发〔2011〕9号，2011年4月28日公布，自2011年5月1日起施行）

第一条 对判处管制、宣告缓刑的犯罪分子，人民法院根据犯罪情况，认为从促进犯罪分子教育矫正、有效维护社会秩序的需要出发，确有必要禁止其在管制执行期间、缓刑考验期限内从事特定活动，进入特定区域、场所，接触特定人的，可以根据刑法第三十八条第二款、第七十二条第二款的规定，同时宣告禁止令。

第二条 人民法院宣告禁止令，应当根据犯罪分子的犯罪原因、犯罪性

---

① 本条经2011年2月25日《刑法修正案（八）》第十三条修正。

1997年《刑法》第七十六条规定："被宣告缓刑的犯罪分子，在缓刑考验期限内，由公安机关考察，所在单位或者基层组织予以配合，如果没有本法第七十七条规定的情形，缓刑考验期满，原判的刑罚就不再执行，并公开予以宣告。"

② 本条经2011年2月25日《刑法修正案（八）》第十四条修正。

1997年《刑法》第七十七条规定："被宣告缓刑的犯罪分子，在缓刑考验期限内犯新罪或者发现判决宣告以前还有其他罪没有判决的，应当撤销缓刑，对新犯的罪或者新发现的罪作出判决，把前罪和后罪所判处的刑罚，依照本法第六十九条的规定，决定执行的刑罚。

"被宣告缓刑的犯罪分子，在缓刑考验期限内，违反法律、行政法规或者国务院公安部门有关缓刑的监督管理规定，情节严重的，应当撤销缓刑，执行原判刑罚。"

质、犯罪手段、犯罪后的悔罪表现、个人一贯表现等情况，充分考虑与犯罪分子所犯罪行的关联程度，有针对性地决定禁止其在管制执行期间、缓刑考验期限内“从事特定活动，进入特定区域、场所，接触特定的人”的一项或者几项内容。

第三条　人民法院可以根据犯罪情况，禁止判处管制、宣告缓刑的犯罪分子在管制执行期间、缓刑考验期限内从事以下一项或者几项活动：

（一）个人为进行违法犯罪活动而设立公司、企业、事业单位或者在设立公司、企业、事业单位后以实施犯罪为主要活动的，禁止设立公司、企业、事业单位；

（二）实施证券犯罪、贷款犯罪、票据犯罪、信用卡犯罪等金融犯罪的，禁止从事证券交易、申领贷款、使用票据或者申领、使用信用卡等金融活动；

（三）利用从事特定生产经营活动实施犯罪的，禁止从事相关生产经营活动；

（四）附带民事赔偿义务未履行完毕，违法所得未追缴、退赔到位，或者罚金尚未足额缴纳的，禁止从事高消费活动；

（五）其他确有必要禁止从事的活动。

第四条　人民法院可以根据犯罪情况，禁止判处管制、宣告缓刑的犯罪分子在管制执行期间、缓刑考验期限内进入以下一类或者几类区域、场所：

（一）禁止进入夜总会、酒吧、迪厅、网吧等娱乐场所；

（二）未经执行机关批准，禁止进入举办大型群众性活动的场所；

（三）禁止进入中小学校区、幼儿园园区及周边地区，确因本人就学、居住等原因，经执行机关批准的除外；

（四）其他确有必要禁止进入的区域、场所。

第五条　人民法院可以根据犯罪情况，禁止判处管制、宣告缓刑的犯罪分子在管制执行期间、缓刑考验期限内接触以下一类或者几类人员：

（一）未经对方同意，禁止接触被害人及其法定代理人、近亲属；

（二）未经对方同意，禁止接触证人及其法定代理人、近亲属；

（三）未经对方同意，禁止接触控告人、批评人、举报人及其法定代理人、近亲属；

（四）禁止接触同案犯；

（五）禁止接触其他可能遭受其侵害、滋扰的人或者可能诱发其再次危害社会的人。

第六条 禁止令的期限，既可以与管制执行、缓刑考验的期限相同，也可以短于管制执行、缓刑考验的期限，但判处管制的，禁止令的期限不得少于三个月，宣告缓刑的，禁止令的期限不得少于二个月。

判处管制的犯罪分子在判决执行以前先行羁押以致管制执行的期限少于三个月的，禁止令的期限不受前款规定的最短期限的限制。

禁止令的执行期限，从管制、缓刑执行之日起计算。

第七条 人民检察院在提起公诉时，对可能判处管制、宣告缓刑的被告人可以提出宣告禁止令的建议。当事人、辩护人、诉讼代理人可以就应否对被告人宣告禁止令提出意见，并说明理由。

公安机关在移送审查起诉时，可以根据犯罪嫌疑人涉嫌犯罪的情况，就应否宣告禁止令及宣告何种禁止令，向人民检察院提出意见。

第八条 人民法院对判处管制、宣告缓刑的被告人宣告禁止令的，应当在裁判文书主文部分单独作为一项予以宣告。

第九条 禁止令由司法行政机关指导管理的社区矫正机构负责执行。

第十条 人民检察院对社区矫正机构执行禁止令的活动实行监督。发现有违反法律规定的情况，应当通知社区矫正机构纠正。

第十一条 判处管制的犯罪分子违反禁止令，或者被宣告缓刑的犯罪分子违反禁止令尚不属情节严重的，由负责执行禁止令的社区矫正机构所在地的公安机关依照《中华人民共和国治安管理处罚法》第六十条的规定处罚。

第十二条 被宣告缓刑的犯罪分子违反禁止令，情节严重的，应当撤销缓刑，执行原判刑罚。原作出缓刑裁判的人民法院应当自收到当地社区矫正机构提出的撤销缓刑建议书之日起一个月内依法作出裁定。人民法院撤销缓刑的裁定一经作出，立即生效。

违反禁止令，具有下列情形之一的，应当认定为“情节严重”：

（一）三次以上违反禁止令的；

（二）因违反禁止令被治安管理处罚后，再次违反禁止令的；

（三）违反禁止令，发生较为严重危害后果的；

（四）其他情节严重的情形。

第十三条 被宣告禁止令的犯罪分子被依法减刑时，禁止令的期限可以相应缩短，由人民法院在减刑裁定中确定新的禁止令期限。

2. **最高人民法院、最高人民检察院关于缓刑犯在考验期满后五年内再犯应当判处有期徒刑以上刑罚之罪应否认定为累犯问题的批复**（2020 年 1 月 17 日公布，自 2020 年 1 月 20 日起施行）

各省、自治区、直辖市高级人民法院、人民检察院，解放军军事法院、军事检察院，新疆维吾尔自治区高级人民法院生产建设兵团分院、新疆生产建设兵团人民检察院：

近来，部分省、自治区、直辖市高级人民法院、人民检察院请示缓刑犯在考验期满后五年内再犯应当判处有期徒刑以上刑罚之罪应否认定为累犯的问题。经研究，批复如下：

被判处有期徒刑宣告缓刑的犯罪分子，在缓刑考验期满后五年内再犯应当判处有期徒刑以上刑罚之罪的，因前罪判处的有期徒刑并未执行，不具备刑法第六十五条规定的“刑罚执行完毕”的要件，故不应认定为累犯，但可作为对新罪确定刑罚的酌定从重情节予以考虑。

此复。

3. **最高人民法院关于适用《中华人民共和国刑事诉讼法》的解释**（法释〔2021〕1 号，自 2021 年 3 月 1 日起施行）（节录）

第五百一十九条　对被判处管制、宣告缓刑的罪犯，人民法院应当依法确定社区矫正执行地。社区矫正执行地为罪犯的居住地；罪犯在多个地方居住的，可以确定其经常居住地为执行地；罪犯的居住地、经常居住地无法确定或者不适宜执行社区矫正的，应当根据有利于罪犯接受矫正、更好地融入社会的原则，确定执行地。

宣判时，应当告知罪犯自判决、裁定生效之日起十日以内到执行地社区矫正机构报到，以及不按期报到的后果。

人民法院应当自判决、裁定生效之日起五日以内通知执行地社区矫正机构，并在十日以内将判决书、裁定书、执行通知书等法律文书送达执行地社区矫正机构，同时抄送人民检察院和执行地公安机关。人民法院与社区矫正执行地不在同一地方的，由执行地社区矫正机构将法律文书转送所在地的人民检察院和公安机关。

第五百四十二条　罪犯在缓刑、假释考验期限内犯新罪或者被发现在判决宣告前还有其他罪没有判决，应当撤销缓刑、假释的，由审判新罪的人民法院撤销原判决、裁定宣告的缓刑、假释，并书面通知原审人民法院和执行机关。

第五百四十三条 人民法院收到社区矫正机构的撤销缓刑建议书后，经审查，确认罪犯在缓刑考验期限内具有下列情形之一的，应当作出撤销缓刑的裁定：

（一）违反禁止令，情节严重的；

（二）无正当理由不按规定时间报到或者接受社区矫正期间脱离监管，超过一个月的；

（三）因违反监督管理规定受到治安管理处罚，仍不改正的；

（四）受到执行机关二次警告，仍不改正的；

（五）违反法律、行政法规和监督管理规定，情节严重的其他情形。

人民法院收到社区矫正机构的撤销假释建议书后，经审查，确认罪犯在假释考验期限内具有前款第二项、第四项规定情形之一，或者有其他违反监督管理规定的行为，尚未构成新的犯罪的，应当作出撤销假释的裁定。

第五百四十四条 被提请撤销缓刑、假释的罪犯可能逃跑或者可能发生社会危险，社区矫正机构在提出撤销缓刑、假释建议的同时，提请人民法院决定对其予以逮捕的，人民法院应当在四十八小时以内作出是否逮捕的决定。决定逮捕的，由公安机关执行。逮捕后的羁押期限不得超过三十日。

第五百四十五条 人民法院应当在收到社区矫正机构的撤销缓刑、假释建议书后三十日以内作出裁定。撤销缓刑、假释的裁定一经作出，立即生效。

人民法院应当将撤销缓刑、假释裁定书送达社区矫正机构和公安机关，并抄送人民检察院，由公安机关将罪犯送交执行。执行以前被逮捕的，羁押一日折抵刑期一日。

第五百七十四条 控辩双方提出对未成年被告人判处管制、宣告缓刑等量刑建议的，应当向法庭提供有关未成年被告人能够获得监护、帮教以及对所居住社区无重大不良影响的书面材料。

第五百八十四条 对被判处管制、宣告缓刑、裁定假释、决定暂予监外执行的未成年罪犯，人民法院可以协助社区矫正机构制定帮教措施。

第五百八十五条 人民法院可以适时走访被判处管制、宣告缓刑、免予刑事处罚、裁定假释、决定暂予监外执行等的未成年罪犯及其家庭，了解未成年罪犯的管理和教育情况，引导未成年罪犯的家庭承担管教责任，为未成年罪犯改过自新创造良好环境。

第五百八十六条 被判处管制、宣告缓刑、免予刑事处罚、裁定假释、决定暂予监外执行等的未成年罪犯，具备就学、就业条件的，人民法院可以就其安置问题向有关部门提出建议，并附送必要的材料。

4. 关于办理职务犯罪案件严格适用缓刑、免予刑事处罚若干问题的意见（法发〔2012〕17号，2012年8月8日公布并施行）

为进一步规范贪污贿赂、渎职等职务犯罪案件缓刑、免予刑事处罚的适用，确保办理职务犯罪案件的法律效果和社会效果，根据刑法有关规定并结合司法工作实际，就职务犯罪案件缓刑、免予刑事处罚的具体适用问题，提出以下意见：

一、严格掌握职务犯罪案件缓刑、免予刑事处罚的适用。职务犯罪案件的刑罚适用直接关系反腐败工作的实际效果。人民法院、人民检察院要深刻认识职务犯罪的严重社会危害性，正确贯彻宽严相济刑事政策，充分发挥刑罚的惩治和预防功能。要在全面把握犯罪事实和量刑情节的基础上严格依照刑法规定的条件适用缓刑、免予刑事处罚，既要考虑从宽情节，又要考虑从严情节；既要做到刑罚与犯罪相当，又要做到刑罚执行方式与犯罪相当，切实避免缓刑、免予刑事处罚不当适用造成的消极影响。

二、具有下列情形之一的职务犯罪分子，一般不适用缓刑或者免予刑事处罚：

（一）不如实供述罪行的；

（二）不予退缴赃款赃物或者将赃款赃物用于非法活动的；

（三）属于共同犯罪中情节严重的主犯的；

（四）犯有数个职务犯罪依法实行并罚或者以一罪处理的；

（五）曾因职务违纪违法行为受过行政处分的；

（六）犯罪涉及的财物属于救灾、抢险、防汛、优抚、扶贫、移民、救济、防疫等特定款物的；

（七）受贿犯罪中具有索贿情节的；

（八）渎职犯罪中徇私舞弊情节或者滥用职权情节恶劣的；

（九）其他不应适用缓刑、免予刑事处罚的情形。

三、不具有本意见第二条规定的情形，全部退缴赃款赃物，依法判处三年有期徒刑以下刑罚，符合刑法规定的缓刑适用条件的贪污、受贿犯罪分子，可以适用缓刑；符合刑法第三百八十三条第一款第（三）项的规定，依法不需要判处刑罚的，可以免予刑事处罚。

不具有本意见第二条所列情形，挪用公款进行营利活动或者超过三个月未还构成犯罪，一审宣判前已将公款归还，依法判处三年有期徒刑以下刑罚，符合刑法规定的缓刑适用条件的，可以适用缓刑；在案发前已归还，情节轻微，不需要判处刑罚的，可以免予刑事处罚。

四、人民法院审理职务犯罪案件时应当注意听取检察机关、被告人、辩护人提出的量刑意见，分析影响性案件案发前后的社会反映，必要时可以征求案件查办等机关的意见。对于情节恶劣、社会反映强烈的职务犯罪案件，不得适用缓刑、免予刑事处罚。

五、对于具有本意见第二条规定的情形之一，但根据全案事实和量刑情节，检察机关认为确有必要适用缓刑或者免予刑事处罚并据此提出量刑建议的，应经检察委员会讨论决定；审理法院认为确有必要适用缓刑或者免予刑事处罚的，应经审判委员会讨论决定。

5. **关于《中华人民共和国刑法修正案（八）》时间效力问题的解释**（法释〔2011〕9号，自2011年5月1日起施行）（节录）

第一条 对于2011年4月30日以前犯罪，依法应当判处管制或者宣告缓刑的，人民法院根据犯罪情况，认为确有必要同时禁止犯罪分子在管制期间或者缓刑考验期内从事特定活动，进入特定区域、场所，接触特定人的，适用修正后刑法第三十八条第二款或者第七十二条第二款的规定。

犯罪分子在管制期间或者缓刑考验期内，违反人民法院判决中的禁止令的，适用修正后刑法第三十八条第四款或者第七十七条第二款的规定。

6. **最高人民法院关于撤销缓刑时罪犯在宣告缓刑前羁押的时间能否折抵刑期问题的批复**（法释〔2002〕11号，自2002年4月18日起施行）

各省、自治区、直辖市高级人民法院，解放军军事法院，新疆维吾尔自治区高级人民法院生产建设兵团分院：

最近，有的法院反映，关于在撤销缓刑时罪犯在宣告缓刑前羁押的时间能否折抵刑期的问题不明确。经研究，批复如下：

根据刑法第七十七条的规定，对被宣告缓刑的犯罪分子撤销缓刑执行原判刑罚的，对其在宣告缓刑前羁押的时间应当折抵刑期。

权威解读

《关于撤销缓刑时罪犯在宣告缓刑前羁押的时间能否折抵刑期问题的批

复》的理解与适用

一、问题的提出

缓刑是我国刑法中一项重要的刑罚制度。附条件不执行原判刑罚的缓刑制度，既能很好地体现对犯罪分子的惩罚，又能体现对具备宽恕条件的犯罪分子的宽大，是惩办与宽大相结合的基本刑事政策在刑罚运用中的具体体现。

不过，由于缓刑制度自身的特点，实践中也遇到了一些问题，湖南某县法院在司法实践中处理一起撤销缓刑的案件时就遇到了困难。该县法院就某个刑事案件审理后，对被告人判处了缓刑，被宣告缓刑的犯罪分子在缓刑考验期间内又重新犯罪，县法院依法撤销缓刑，也就新罪作出了判决，把前罪和后罪所判处的刑罚依据《刑法》第六十九条的规定，决定执行有期徒刑五年的刑罚。由于犯罪分子在前罪被宣告缓刑前曾被羁押过，在具体操作上就出现了一个问题：犯罪分子在前罪被宣告缓刑前曾被羁押的十一个多月时间能否折抵刑期。

二、争议的意见

关于这个问题，由于法律及司法解释中都没有明确规定，实践中缺乏法律依据，因此产生了不同的意见：一种意见认为，犯罪分子在缓刑宣告前羁押的时间不应折抵在决定执行的五年刑期内，理由是前罪因宣告缓刑，使得宣告缓刑前被羁押的时间折抵刑期失去了任何意义，而且长期以来对类似情况，均未折抵在决定执行的实刑中。另一种意见认为，应当将宣告缓刑前羁押的时间折抵在决定执行的五年刑期内，理由是：(1) 对前罪宣告的缓刑已被撤销，要执行原判刑罚就要与新罪刑罚一并执行，因此前罪被宣告缓刑前羁押的时间应继续折抵刑期；(2) 有利于保护犯罪分子的合法权益，如果其前罪被羁押的时间不折抵刑期，势必使犯罪分子多服刑近1年，损害了犯罪分子的合法权益；(3) 与刑法规定的折抵刑期的基本原则相符。

三、批复的理由

仔细分析一下，我们不难发现，之所以出现这个问题，一个前提是犯罪分子是被宣告缓刑后由于再次犯罪需要撤销缓刑。假如犯罪分子只是正常判处了有期徒刑而没有被宣告缓刑，那么显然可以直接适用《刑法》第四十七条，其在宣判前被羁押的时间自然能够折抵刑期，不会有任何争议。恰恰是由于对犯罪分子宣告缓刑后又要撤销缓刑，而法律及有关司法解释对撤销缓刑时先前被羁押的时间是否同样可以折抵刑期又没有明确规定，才导致出现了前述的问题。最高人民法院2002年4月8日通过的《关于撤销缓刑时罪犯在宣告缓刑前羁押的时间能否折抵刑期问题的批复》对这个问题作了明确规定，即撤销缓刑时罪犯在宣告缓刑前羁押的时间应当能够折抵刑期，主要基于如下理由：

1. 符合刑法规定的刑期折抵的精神。《刑法》第四十七条规定，有期徒刑的刑期，从判决执行之日起计算；判决执行以前先行羁押的，羁押一日折抵刑期一日。《刑法》第四十七条有关刑期折抵的规定，不仅适用于没有被宣告缓刑的情形，同样也适用于撤销缓刑的情况。撤销缓刑后，不管是执行原判刑罚，还是依照数罪并罚的规定决定执行新的刑罚，既然还是要执行有期徒刑，就应当依照《刑法》第四十七条有关刑期折抵的规定，对先前被羁押的时间予以折抵刑期。不能因为曾经宣告缓刑，就认为宣告缓刑前羁押的时间折抵刑期失去意义。

2.《最高人民法院关于刑事裁判文书中刑期起止日期如何表述问题的批复》中亦明确规定刑期自羁押之日起至刑满之日止，表明羁押的时间应当折抵刑期。这个批复实际上是刑法有关刑期折抵规定在司法实践中操作的具体体现。

3. 有利于保护罪犯的合法权益。刑法规定刑期折抵的根本目的在于保障被告人的合法权益。被告人因犯罪被人民法院宣告缓刑，后因法定事由撤销缓刑执行原判刑罚的，其执行刑罚的事由与宣告前羁押的事由是同一犯罪事实，如果不予折抵，意味着罪犯实际服刑时间将超出其法定应当承受的刑罚期限，势必损害罪犯的合法权益。

（撰稿：李洪江）

7. **指导案例第14号：董某某、宋某某抢劫案**（最高人民法院审判委员会讨论通过，2013年1月31日发布）

【关键词】

刑事　抢劫罪　未成年人犯罪　禁止令

【裁判要点】

对判处管制或者宣告缓刑的未成年被告人，可以根据其犯罪的具体情况以及禁止事项与所犯罪行的关联程度，对其适用“禁止令”。对于未成年人因上网诱发犯罪的，可以禁止其在一定期限内进入网吧等特定场所。

【相关法条】

《中华人民共和国刑法》第七十二条第二款

【基本案情】

被告人董某某、宋某某（时年十七周岁）迷恋网络游戏，平时经常结伴到网吧上网，时常彻夜不归。2010 年 7 月 27 日 11 时许，因在网吧上网的网费用完，二被告人即伙同王某（作案时未达到刑事责任年龄）到河南省平顶山市红旗街社区健身器材处，持刀对被害人张某某和王某某实施抢劫，抢走张某某 5 元现金及手机一部。后将所抢的手机卖掉，所得赃款用于上网。

【裁判结果】

河南省平顶山市新华区人民法院于 2011 年 5 月 10 日作出（2011）新刑未初字第 29 号刑事判决，认定被告人董某某、宋某某犯抢劫罪，分别判处有期徒刑二年六个月，缓刑三年，并处罚金人民币 1000 元。同时禁止董某某和宋某某在 36 个月内进入网吧、游戏机房等场所。宣判后，二被告人均未上诉，判决已发生法律效力。

【裁判理由】

法院生效裁判认为，被告人董某某、宋某某以非法占有为目的，以暴力威胁方法劫取他人财物，其行为均已构成抢劫罪。鉴于董某某、宋某某系持刀抢劫；犯罪时不满十八周岁，且均为初犯，到案后认罪悔罪态度较好，宋某某还是在校学生，符合缓刑条件，决定分别判处二被告人有期徒刑二年六个月，缓刑三年。考虑到被告人主要是因上网吧需要网费而诱发了抢劫犯罪；二被告人长期迷恋网络游戏，网吧等场所与其犯罪有密切联系；如果将被告人与引发其犯罪的场所隔离，有利于家长和社区在缓刑期间对其进行有效管教，预防再次犯罪；被告人犯罪时不满十八周岁，平时自我控制能力较差，对其适用禁止令的期限确定为与缓刑考验期相同的三年，有利于其改过自新。因此，依法判决禁止二被告人在缓刑考验期内进入网吧等特定场所。

权威解读

指导案例 14 号《董某某、宋某某抢劫案》的理解与参照

2013 年 1 月 31 日，最高人民法院发布了指导案例《董某某、宋某某抢劫案》（指导案例 14 号）。为了正确理解和准确参照适用该指导案例，现对其推选经过、裁判要点、需要说明问题等情况予以解释，论证和说明。

一、推选过程及其意义

2012年7月30日，河南省高级人民法院审判委员会经讨论决定向最高人民法院推荐该备选指导案例。最高人民法院安全指导工作办公室研究后，将该案例送最高人民法院刑四庭审查和征求意见。刑四庭审查后认为，该案例针对未成年人犯罪适用了“禁止令”，具有典型性，对类似案件审判有指导意义。2013年1月22日，最高人民法院审判委员会讨论研究认为，该案例符合《最高人民法院关于案例指导工作的规定》第二条的有关要求，具有指导意义，同意将该案例确定为指导案例。1月31日，最高人民法院以法〔2013〕24号文件，将该案例作为第四批指导案例予以发布。

该案例涉及如何适用《刑法修正案（八）》有关禁止令的规定，特别是针对未成年人因到网吧上网而诱发犯罪的如何适用“禁止令”，作出了示范性裁判，有利于指导审判实践正确适用禁止令规定，加强对被判处非监禁刑犯罪分子的有效监管，充分发挥其预防和减少再犯罪、维护社会和谐稳定的作用。

二、裁判要点的理解与说明

该指导案例的裁判要点确认：对判处管制或者宣告缓刑的未成年被告人，可以根据其犯罪的具体情况以及禁止事项与所犯罪行的关联程度，对其适用“禁止令”。对于未成年人因上网诱发犯罪的，可以禁止其在一定期限内进入网吧等特定场所。现对该裁判要点相关的问题做如下说明：

2011年2月25日，第十一届全国人大常委会第十九次会议审议通过了《刑法修正案（八）》。该修正案第一次以修正案的形式对刑法总则进行了修改。在对《刑法》第三十八条和第七十二条的修改中，增加了对判处管制和宣告缓刑的罪犯，“可以根据犯罪情况，同时禁止犯罪分子在执行期间从事特定活动，进入特定区域、场所，接触特定的人”的规定。2011年4月28日，最高人民法院、最高人民检察院、公安部、司法部又专门对禁止令适用问题，印发《关于对判处管制、宣告缓刑的犯罪分子适用禁止令有关问题的规定（试行）》（以下简称《适用禁止令规定》）。“两高”“两部”有关负责人还就理解和执行《适用禁止令规定》需要把握的主要问题回答了记者提问。根据刑法及《适用禁止令规定》的要求，审判实践中应注意准确理解和把握禁止令的性质、刑法增设禁止令的立法目的以及适用禁止令应当把握的原则等问题。

（一）禁止令的性质

《刑法修正案（八）》公布后，刑法学界和司法实务部门围绕修正案规定的禁止令的性质进行了研讨。有的观点提出，修正案有关可以对判处管制、宣告缓刑的罪犯宣告禁止“从事特定活动”的规定，包含了剥夺罪犯某种资格的内容，特别是《适用禁止令规定》第三条对有关“从事特定活动”的界定，更进一步明确了可以通过实施禁止令，在禁止令执行期间剥夺罪犯从事若干具体民事活动的权利和资格，因此，禁止令是对现行刑法规定的资格刑的进一步拓展和补充，在此基础上未来有可能增设新的资格刑种类。还有观点提出，“禁止令是刑法意义上的保安处分”，是我国将保安处分纳入刑法典的开端。“两高”“两部”有关负责人在《适用禁止令规定》答记者问中则明确指出，“禁止令不是一种新的刑罚而是对管制犯、缓刑犯具体执行监管措施的革新”。我们认为，审判实践中对禁止令性质的把握应当以“两高”“两部”解读的立场和观点为准。关于禁止令的性质，审判中应注意两方面问题：一是既然禁止令不是一种新的刑罚，那么决定对罪犯适用禁止令，除了要考虑其罪行因素外，应当以其人身危险性和在社区矫正过程中再犯罪的可能性等因素作为重点考量依据。二是如果罪犯不服法院作出的禁止令决定，是否允许其就禁止令上诉？或者说对禁止令的实施有没有司法救济的途径？这是与禁止令性质问题密切相关的另一个问题。当下学界相当一部分学者认为，此次新增加的禁止令实际上是保安处分司法化的情形。因此，罪犯可以就法官作出的禁止令提起上诉。而根据“两高”“两部”的解读，禁止令只是一种监管措施的创新，并未就禁止令能否上诉问题予以明确。鉴于此种情况，笔者认为，对于罪犯不服禁止令决定而提起上诉，考虑到《适用禁止令规定》已经明确将宣告禁止令的内容作为判决的主要事项之一，要求写在判决书的判决内容中；禁止令又是强制罪犯应当履行的法律义务等情况，依据刑事诉讼法的规定，可以允许其依法提起上诉。

（二）禁止令的立法目的

此次修改刑法，从贯彻落实宽严相济的刑事政策，完善我国有关从宽方面的法律制度，规范非监禁刑适用的角度，根据实践中管制执行和缓刑考验期内加强对社区服刑罪犯管理的实际需要，增加规定了禁止令措施。其立法目的一是维护社会稳定，保护被害人、证人的人身安全；二是帮助适用管制、缓刑的犯罪分子改过自新，防止其再次犯罪。“两高”“两部”有关负责人在就《适用禁止令规定》答记者问中进一步指出，“从立法精神看，禁止令的主要目的在于强化对犯罪分子的有效监管，促进其教育矫正、防止其再次危害社会”。准确把握增设禁止令的立法目的，对于审判实践中正确执行禁止令规定也具有重要意义。比如法官在确定禁止令时，除了掌握罪犯的犯罪情况外，还要充分了解罪犯的性格特点、一贯表现等情况，以此为据来判断禁止令是否有适用的必要，并同样以此为据确定对矫正该罪犯能切实发挥作用的个性化禁止令内容。

（三）适用禁止令应当把握的原则

一是必要性原则。对被判处管制、宣告缓刑的罪犯不是一律应当同时宣告禁止令。是否宣告禁止令有赖于法官的自由裁量。考虑到禁止令虽然不是刑罚，但对罪犯而言毕竟是增加了带有法律强制性的义务，从刑法的谦抑性原则出发，法官行使这种自由裁量权应非常审慎，非确有必要的情况下不宜采取这项措施。禁止令是加强对罪犯监管的一项措施，只有针对社区矫正中确实有可能再犯罪、有一定人身危险性的罪犯才应当适用。实践中应避免主要依据犯罪分子罪行的客观危害大小来决定是否宣告禁止令，更不能将本不应适用管制、缓刑的犯罪分子降格判决，再适用禁止令进行量刑平衡，从而将禁止令作为一种刑罚的替代措施。

二是合法性原则。《刑法修正案（八）》规定了可以对犯罪分子予以禁止的三种情况，即“从事特定活动，进入特定区域、场所，接触特定的人”。《适用禁止令规定》第三条、第四条、第五条又对上述三方面进行了进一步解读和规制。虽然禁止令是对管制和缓刑罪犯监管措施的革新，法官在决定禁止令中享有较大的自由量权；禁止令是修正案增加的规定，审判实践中没有现成的经验做法可借鉴，禁止令制度还有待于广大刑事法官在审判实践中大胆探索并加以完善。但应予明确的是，禁止令涉及对罪犯人身自由、人身权利的限制，因此，法官在审判实践中应当注意严格执行刑法的规定，不允许超越上述法律和相关规范性文件所确定的范围另外创设新的禁止令内容。

三是针对性原则。禁止令是一项个性化的社区矫正措施，应当针对罪犯本人的情况及其所实施犯罪的具体特点，决定应否对其适用以及如何适用禁止令，注意“对症施治”。针对性原则有两项具体要求：一是应否宣告禁止令以及禁止令的内容要适应不同罪犯的个体情况和特点，既不应不了解相关情况就草率地作出决定，也要避免做出的禁止令决定“放之四海而皆准”：二是要在规范性文件规定的期限内，决定适应不同罪犯的禁止令执行期限。《刑法修正案（八）》对适用禁止令条件规定得较为原则，即“根据犯罪情况”来宣告禁止令。《适用禁止令规定》则具体列举了属于“犯罪情况”应予考察的几个方面。《适用禁止令规定》第二条规定，人民法院根据犯罪原因、犯罪性质、犯罪手段、犯罪后的悔罪表现、个人一贯表现等情况决定适用禁止令，而上述几方面情况与禁止令适用之间的连接点在于“与犯罪分子所犯罪行的关联程度”。只有通过了解、分析这些关联点与犯罪发生的关联程度，才能据此确定应否适用禁止令以及适用何种禁止令，以便通过禁止令的实施，取得特殊预防和矫正罪犯的效果。

比如，《适用禁止令规定》第二条规定了犯罪原因。本案例中被告人董某某和宋某某就是因经常到网吧上网，沉迷于网络游戏不能自拔，为筹集上网费用而实施了抢劫犯罪。经常到网吧上网、沉迷于网络是诱发本案例中未成年人犯罪的直接原因，其与本案中未成年人犯罪有直接的关联。考虑到这两名罪犯一旦判处缓刑，回归社区后，对其进入网吧行为如果不加以限制，极有可能重新诱发犯罪，本案例在充分考虑了未成年人犯罪原因的因素后，作出了社区矫正期间禁止其进入网吧等场所的禁止令。从以往全国法院判处的未成年人犯罪案件中，抢劫和盗窃罪占全部未成年人犯罪的50%以上；其中因网瘾到网吧上网缺少网费而引发抢劫、盗窃等侵犯财产犯罪的情况又在未成年人抢劫和盗窃犯罪案件中占相当比例。因此，本案例具有一定典型性。从作出该项禁止令的法院后续跟踪所了解的情况看，禁止令对约束两名罪犯上网吧的行为，保证其顺利渡过缓刑考验期发挥了良好作用。

又如，《适用禁止令规定》第二条规定了将犯罪性质作为对罪犯适用禁止令应予考察的另一项内容。对此规定不能简单理解为凡是犯罪性质严重的罪犯就一律要对其适用禁止令。犯罪性质是对犯罪分子定罪量刑的一个重要依据，而禁止令的适用主要为了防止再犯罪，因此，应当通过对其犯罪性质的考察，分析其再犯罪可能性大小，如果其再犯罪可能性比较大，就应当适用禁止令。本案例中。未成年人实施的抢劫犯罪属于犯罪性质比较严重的一种侵犯财产犯罪，但这点并没有作为本案例中对其适用禁止令的主要依据。相反，一些犯罪的性质虽然比较轻，但如果其在社区矫正过程中仍然有较大再犯罪可能的，也应对其适用禁止令。

再如，《适用禁止令规定》第二条规定了犯罪手段也应作为考察事项。该规定要求不仅要考察犯罪手段的恶劣程度，更重要的是要关注其犯罪方法或者手段是否具备重复实施的可能性。实践中某些犯罪的犯罪手段、行为模式因与其日常生产生活密切相关，易于重复实施。最典型的例子就是犯罪分子在从事日常生产经营活动中，掺杂、掺假牟取暴利的犯罪；还有一些犯罪分子掌握证券、票据、信用卡方面一定的专门知识、技能，他们利用这些知识技能实施了证券犯罪、贷款犯罪、票据犯罪、信用卡犯罪等，如果放任其社区矫正期间的行为而不予有针对性地约束，那么他们就极有可能出于某种习惯或者其他原因故技重施、继续从事危害社会的犯罪活动。

最后，《适用禁止令规定》第二条还规定要考察犯罪后的悔罪表现、个人一贯表现。本案例中，通过对未成年人一贯表现的调查发现，罪犯此前有六七年泡网吧的经历，有了一定网瘾；并且此前上网费用来源有时是偷家里的钱物，有时找同学借；家长和学校对他们上网吧的行为长期缺乏有效约束手段。根据上述情况及罪犯自我约束能力差的特点，法院决定对其适用禁止令。因此，对自制力较差、不对其日常行为有效约束就可能再次犯罪的罪犯，应重点考虑宣告禁止令，以便有效约束其在社区的行为，防止重新犯罪。而对于罪犯悔罪表现好，平时一贯表现也比较好的罪犯，则一般可不对其适用禁止令。

总之，应当在客观了解、全面掌握罪犯的上述情况的前提下，从预防罪犯在社区矫正过程中重新犯罪、维护社会稳定、保护证人和被害人安全的角度出发，对罪犯宣告禁止令。

四是可操作性原则。禁止令作为法律义务，一方面要靠罪犯自觉履行，另一方面也要靠罪犯所在家庭、社区矫正机构的监督，以确保其不成为一纸空文。因此，确定禁止令内容时应充分考虑可操作性。可操作性原则在贯彻落实中主要应注意两方面问题：一是禁止令内容应当符合现阶段我国社区矫正试点工作发展的水平。如果禁止令宣告后，社区矫正机构根本无法或者无力对是否执行该项禁止令的情况进行有效掌控和监督，那么禁止令的宣告就流于形式，罪犯违反禁止令的情况无法及时知悉，可能影响判决的权威性。当然，人民法院在合理确定禁止令事项前提下，现阶段也应适度参与、积极配合社区矫正工作的开展，协助加强对罪犯执行禁止令情况的监督和管理。特别是对宣告禁止令的未成年罪犯，少年法庭应当坚持多年来行之有效的“向后延伸”工作制度，通过定期或者不定期走访管制或者缓刑罪犯，及时了解其社区矫正的情况和存在问题，帮助社区矫正机构对未成年罪犯的行为进行有效管束和矫正。二是注意不能因为禁止令而影响犯罪分子正常生活以及各项法定权利行使。

多年来，各地少年法庭坚持建立和完善对未成年被告人情况的调查制度，有的法院还探索通过心理测评的方法，对未成年罪犯人身危险性、再犯罪可能性进行评估，作为是否判处管制或者宣告缓刑、宣告禁止令的辅助参考，这些工作和经验都为未成年人犯罪案件准确适用禁止令打下了良好基础，提供了有利条件。

二、其他需要说明的问题

“两高”“两部”有关负责人在《适用禁止令规定》答记者问时强调，“对于有关法律法规已经明确禁止的内容，不能再通过禁止令的形式予以禁止”。例如，根据有关法律规定，任何人均不得吸注毒品，因此，不能作出“禁止吸注毒品”的禁止令；又台，相关法律已经规定，违反道路交通安全法律、法规的规定，发生重大交通事故，构成犯罪的，依法追究刑事责任，并由公安机关交通管理部门吊销机动车驾驶证，因此，对犯有相关罪行被判处管制、宣告缓刑的犯罪分子，也不能作出“禁止驾驶机动车”的禁止令。上述意见主要是考虑到法律法规已经明确对某项行为予以禁止，如果法院再对犯罪宣告禁止该内容，反而容易引起歧义，产生禁止讼执行完毕后是否就允许当事人实施类似行为的疑义。因此，审判实践中对此不能再宣告禁止令。有的观点提出，有关未成年人禁止进入网吧的问题，未成年人保护法已经作出了明确规定。根据上述“两高”“两部”的意见，对未成年罪犯只要在判决生效时已经成年，就不属于违反未成年人保护法禁止性规定的情形，可以对其作出禁止进入网吧的禁止令。本案例的两名罪犯在案件审理过程中就已年满十八周岁，因此，可以对其作出禁止进入网吧的禁止令。但需要注意的是，实践中如果遇到判决生效时未成年罪犯仍未满十八周岁的情形，则不宜再行宣告禁止进入网吧的禁止令。

（撰稿：李兵）

三、典型或常见问题的审理思路

1. 对数罪并罚决定执行刑期为三年以下有期徒刑的犯罪分子能否适用缓刑？①

本书观点：根据《刑法》第七十二条的规定，可以适用缓刑的对象是被判处拘役、三年以下有期徒刑的犯罪分子；条件是根据犯罪分子的犯罪情节和悔罪表现，适用缓刑确实不致再危害社会。对于判决宣告以前犯数罪的犯罪分子，只要判决执行的刑罚为拘役、三年以下有期徒刑，且符合根据犯罪分子的犯罪情节和悔罪表现，适用缓刑确实不致再危害社会的案件，依法可以适用缓刑。对此，《最高人民检察院法律政策研究室关于对数罪并罚决定执行刑期为三年以下有期徒刑的犯罪分子能否适用缓刑问题的复函》（〔1998〕高检研发第16号，1998年9月17日公布并施行）也作了同样内容的批复。

另外，我们认为，对数罪并罚决定执行刑期为三年以下有期徒刑的犯罪分子虽然可以依法适用缓刑，但必须严格依照刑法规定的适用缓刑的实质条件，并且注重适用缓刑的社会效果，严格控制。

2. 如何正确把握撤销缓刑案件的管辖、审理和羁押时间折抵？②

本书观点：（1）撤销缓刑案件的管辖和审理问题

根据《刑法》第七十七条的规定，被宣告缓刑的犯罪分子，在缓刑考验期限内有下列三种情形之一的，应当撤销缓刑，执行原判刑罚：犯新罪；发现判决宣告以前还有其他罪没有判决的；违反法律、行政法规或者国务院公安部门有关缓刑的监督管理规定，情节严重的。那么，由谁经由何种程序来撤销缓刑呢？本书认为，可根据不同情况作如下处理：

第一种情况，被宣告缓刑的犯罪分子，在缓刑考验期限内因再犯新罪或者被发现判决宣告以前还有其他罪没有判决，应当撤销缓刑的，一般应由审判新罪的人民法院在审判新罪时，对原判决、裁定宣告的缓刑予以撤销。也就是说，该种情况下的撤销缓刑，其管辖权一般由审判新罪的人民法院行使，

---

① 观点来源：《最高人民检察院法律政策研究室关于对数罪并罚决定执行刑期为三年以下有期徒刑的犯罪分子能否适用缓刑问题的复函》。

② 观点来源：最高人民法院刑事审判第一庭、第二庭编：《刑事审判参考》2003年第3辑（总第32辑），法律出版社2003年版，第1-6页，王某被撤销缓刑案。

撤销缓刑的宣告附带在新罪的审判宣告之中，没有特别的程序要求。有种观点认为，根据我国刑事诉讼法规定的犯罪审判的级别管辖和地域管辖原则，负责审判新罪的人民法院与原作出缓刑裁判的人民法院可能不是同一法院。由审判新罪的人民法院来撤销缓刑，有可能会出现上级人民法院的缓刑裁决被审判新罪的下级人民法院撤销，某地的人民法院的缓刑裁决被另一地审判新罪的人民法院撤销的情况。因此，对被宣告缓刑的犯罪分子因再犯新罪或者发现漏罪依法需要被撤销缓刑的，应特别规定将新罪审判的管辖权一律赋予原作出缓刑裁决的人民法院。我们认为这种特别管辖规定是没有必要的。因为对于被宣告缓刑的犯罪分子再犯新罪或者发现漏罪的情况而言，首先要解决的是其新罪的侦查、起诉和审判问题，新罪审判不涉及原判事实、定罪与量刑，只是根据原判以后出现的新情况改变原判刑罚的执行方式。因此，审判新罪的法院在宣告新罪判决的同时，可以径行依法撤销原判的缓刑宣告。这样做，既是诉讼便利、经济的要求，也可避免因设定特别管辖而带来的不必要的烦琐，有利于对被宣告缓刑的罪犯在异地所实施的犯罪进行及时侦查、起诉和审判。因此，对被宣告缓刑的犯罪分子因再犯新罪或者发现漏罪依法需要撤销缓刑的，将撤销缓刑宣告权赋予审判新罪的人民法院是恰当的。

第二种情况，被宣告缓刑的犯罪分子，在缓刑考验期内违反法律、行政法规或者国务院公安部门有关缓刑的监督管理规定，情节严重，依法应当撤销缓刑的，原作出缓刑裁判的人民法院应当自收到同级公安机关提出的撤销缓刑建议书之日起1个月内依法作出裁定。也就是说，这种情况下撤销缓刑，管辖权在原作出缓刑裁判的人民法院，程序的启动权在同级公安机关，程序启动标志为提出的撤销缓刑建议书。但原作出缓刑裁判的人民法院在受理后，作出裁定撤销缓刑前，应采用何种程序，法律和司法解释均没有明确规定。

我们认为，人民法院在对罪犯撤销缓刑时，可以采用参照一审审理程序，实行开庭审理的做法。因为是否撤销原判缓刑，涉及必须要依法查明被宣告缓刑的犯罪分子，在缓刑考验期内是否有违反法律、行政法规或者国务院公安部门有关缓刑的监督管理规定的情形，以及情节是否严重。而这一查明过程又要赋予被宣告缓刑的犯罪分子辩护权，以合乎正当程序的起码要求，不宜仅采取书面审查同级公安机关所提的撤销缓刑建议书的形式。最高人民法院《刑事诉讼文书样本》中样式39所确定的撤销缓刑用刑事裁定书格式规定来看，也是支持这种做法的。

（2）“撤销缓刑”后的数罪并罚和先行羁押期间的折抵问题

《刑法》第七十七条第二款规定，被宣告缓刑的犯罪分子，在缓刑考验期内，因违反法律、行政法规或者国务院有关部门有关缓刑的监督管理规定，或者违反人民法院判决中的禁止令，情节严重的，应当撤销缓刑，执行原判刑罚。由于原判是缓刑而非实刑，原判宣告之前被宣告缓刑的犯罪分子有可能已被先行羁押，同时被宣告缓刑的犯罪分子在缓刑考验期内因违反法律、行政法规或者国务院有关部门有关缓刑监督管理规定，情节严重，在被依法撤销缓刑前也有可能被先行行政或刑事拘留，或者因涉嫌再犯新罪或者发现漏罪被先行羁押。那么，上述两类先行羁押的期间应当如何从撤销缓刑后实际执行的刑期中予以折抵扣除呢？我们认为，具体的折抵扣除办法应当是：

第一，被宣告缓刑的犯罪分子在缓刑考验期内因再犯新罪或者发现漏罪依法被撤销缓刑的，首先应按照《刑法》第七十七条第一款的规定，对新罪作出判决，再依照《刑法》第六十九条确定应当实际执行的刑期，然后将因前罪被先行羁押的时间和因新罪被先行羁押的时间一并从最后宣告的刑罚中予以折抵扣除。有种观点认为，《刑法》第六十九条规定特指“在判决宣告以前一人犯数罪的”情形，而“在缓刑考验期限内”再犯新罪或发现漏罪不属于“在判决宣告以前一人犯数罪”而是“在判决宣告以后，刑罚执行完毕以前”再犯新罪或发现漏罪。被宣告缓刑的犯罪分子虽然没有被宣布执行刑罚，但基于大多数被宣告缓刑的犯罪分子在判决宣告前都曾被先行羁押的事实，“撤销缓刑”后执行原判刑罚就有一个实际已经执行的刑期问题。前罪已经实际执行了一段时间，新犯的后罪与发现的漏罪与前罪的数罪并罚根据先减后并或先并后减原则是有区别的。因此，被宣告缓刑的犯罪分子在缓刑考验期内再犯新罪与发现漏罪的数罪并罚就不能按照《刑法》第六十九条的规定一概而论，而应当按照《刑法》第七十条、第七十一条的规定分别处罚。我们认为这种观点不妥。先行羁押时间不是刑罚的执行，不能把先行羁押时间的折抵问题和刑罚执行等同起来。“在缓刑考验期限内”再犯新罪或发现漏罪虽不属于“在判决宣告以前一人犯数罪”的情形，但也不属于“在判决宣告以后，刑罚执行完毕以前”再犯新罪或发现漏罪的情形，为此，《刑法》第七十七条第一款对其并罚问题作了特别规定。我们不能违背刑法的特别规定，更不能牵强地去适用《刑法》第七十条、第七十一条。还有一种观点提出：被宣告缓刑的犯罪分子在缓刑考验期内因再犯新罪或者发现漏罪依法被撤销缓刑的，应将因前罪被先行羁押的时间从前罪判决的刑期中折抵，将因后罪被先行羁押的时间从后罪判决的刑期中折抵，再按《刑法》第六十九条的规定确定应当最后执行的刑期，我们认为这一做法也是违背《刑法》第七十七条第一款规定的。正确的量刑方法应当是对新罪或漏罪作出判决，与前罪判决的刑期实行数罪并罚，决定执行的刑期。然后，再将因前罪被先行羁押的时间和因新罪被先行羁押的时间一并从决定执行的刑罚中折抵扣除。

第二，被宣告缓刑的犯罪分子在缓刑考验期内因违反法律、行政法规或者国务院有关部门有关缓刑监督管理规定，或者违反人民法院判决中的禁止令，情节严重，被依法撤销缓刑的，一般只应将因前罪被先行羁押的时间从撤销缓刑执行原判刑期中予以折抵扣除。缓刑犯在缓刑考验期内因违反法律、行政法规或者国务院有关部门有关缓刑监督管理规定，或者违反人民法院判决中的禁止令，情节严重而被依法采取行政强制措施或行政处罚而羁押的时间，由于针对的是另一个行为，因此，不能从撤销缓刑后实际执行的刑期中予以折抵。有种观点认为，在缓刑考验期内实施的同种行为如盗窃，依法要负刑事责任的，因其后行为被依法羁押的时间，就应当折抵；不负刑事责任的，却不能折抵，这是不利于被告人的。我们认为，这种观点是不妥的。首先，刑法所规定的折抵都是针对同一犯罪行为所判刑罚而言的，针对不同性质行为的羁押时间，显然是不能一并折抵的。其次，在没有新的犯罪和对新罪判处刑罚的情况下，无法折抵，并非不利于被告人。

3. **被判处缓刑后在上诉期内又犯新罪的如何适用法律？**[①]

分歧意见：第一种意见认为，此时应当启动审判监督程序，撤销原判刑罚，将前后两罪一并判决。

第二种意见认为，此种情形不应撤销原判缓刑，而应在对行为人新犯之罪量刑时适当考虑旧罪因素，酌情从重处罚，并适用实刑。

第三种意见认为，此种情形应当撤销缓刑，并实行数罪并罚。

本书观点：同意第三种意见，理由如下：

（1）行为人在缓刑判决生效前又犯新罪，不再符合缓刑的实质条件，应撤销缓刑后数罪并罚。

---

① 观点来源：最高人民法院刑事审判第一、二、三、四、五庭编：《刑事审判参考》2015 年第 2 集（总第 103 集），包某伟危险驾驶案。

缓刑制度能否充分发挥其功能，实现其价值，在很大程度上取决于整个运作机制之成败，其中关键在于是否正确把握缓刑适用的实质条件。缓刑适用的实质条件是缓刑适用的标准，是指据以判断对行为人不实际执行刑罚也不至于再危害社会或再犯罪的条件。我国《刑法》第七十二条第一款规定："对于被判处拘役、三年以下有期徒刑的犯罪分子，同时符合下列条件的，可以宣告缓刑，对其中不满十八周岁的人、怀孕的妇女和已满七十五周岁的人，应当宣告缓刑：（一）犯罪情节较轻；（二）有悔罪表现；（三）没有再犯罪的危险；（四）宣告缓刑对所居住社区没有重大不良影响。"据此，是否可以适用缓刑的关键是看行为人是否具有社会危害性。

犯罪分子的悔罪表现是考量其行为社会危险性的主要因素之一，决定缓刑适用与否。司法实践中，悔罪表现的判断不仅要看行为人对于其所犯罪行有无痛心与追悔，更要看其有无改过自新的意愿与行动，如主动采取减少、弥补或者挽回其犯罪行为所造成的危害结果的措施，在内心深处深刻认识到所犯罪行的性质和危害，真诚的自我谴责、反省等。本案行为人在前案中故意伤害他人，造成两人轻伤，本应深刻反省犯罪行为，却在被判处缓刑后的第五天就醉酒驾驶，并在先撞击一辆小轿车尾部后继续行驶，又撞击另一辆小轿车前部，造成三车损坏的交通事故，足见行为人毫无悔过之意。

行为人没有再犯罪的危险是宣告缓刑所期待的重要目标宗旨。判定"没有再犯罪的危险"所解决的问题实质是再犯预测问题，即行为人没有再犯罪的动机或可能性。再犯预测不能主观臆断，应当依据客观事实进行综合论证，即应当综合案件的各种情况和行为人的主客观因素，作一个整体性的观察与评价。行为人在原审判决尚未生效时又犯危险驾驶罪，说明其并未从前罪的刑罚中汲取教训，对法律心存藐视，不符合适用缓刑的条件。缓刑作为一种刑罚执行方式，当然具有刑罚的威慑和教育功能。缓刑虽然是"附条件地不执行原判刑罚"，但是行为人已经被实际追诉和被宣告了刑罚，被宣告的刑罚是否能够免除执行并不能当即最终确定。缓刑的适用如同给行为人戴上一个"紧箍咒"，促使其自我约束和良好改造，避免收监执行成为现实。然而本案行为人在缓刑判决尚未生效时又犯新罪，足以说明初判缓刑已失去威慑和教育功能，应予以撤销以资补救。

（2）缓刑判决生效前又犯新罪时，不能启动刑事审判监督程序撤销缓刑判决。

刑事审判监督程序是我国刑事诉讼法贯彻实事求是、有错必纠原则的一项重要程序，对于纠正生效裁判的错误，维护司法公正，保障当事人合法权益具有重要作用。换言之，刑事审判监督程序的目的在于纠正生效裁判的错误，在生效裁判没有错误或者裁判尚未发生效力但被告人又犯新罪的情况下，是不能适用审判监督程序而撤销的。

根据《刑事诉讼法》及《最高人民法院关于适用〈中华人民共和国刑事诉讼法〉的解释》的相关规定，刑事审判监督程序启动的情形有：①有新的证据证明原判决、裁定认定的事实确有错误，可能影响定罪量刑的；②据以定罪量刑的证据不确实、不充分、依法应当排除的；③证明案件事实的主要证据之间存在矛盾的；④主要事实依据被依法变更或者撤销的；⑤认定罪名错误的；⑥量刑明显不当的；⑦违反法律关于溯及力规定的；⑧违反法律规定的诉讼程序，可能影响公正裁判的；⑨审判人员在审理案件时有贪污受贿、徇私枉法、枉法裁判行为的。需要特别强调的是，《最高人民法院关于适用〈中华人民共和国刑事诉讼法〉的解释》第四百五十七条第三款规定，申诉不具有上述情形的，应当说服申诉人撤回申诉；对仍然坚持申诉的，应当书面通知驳回，即刑事审判监督程序的启动情形只有上述所列 9 项，没有扩大解释的空间。

（3）缓刑判决生效前又犯新罪时的，应参照适用《刑法》第七十七条。

《刑法》第七十七条是撤销缓刑判决的唯一法律依据。该条规定了撤销缓刑的两个要件：一是时间要件，缓刑考验期内或者判决宣告之前；二是事实要件，新罪、漏罪或者有情节严重但尚不构成犯罪的违法行为。对于缓刑判决宣告后生效前又犯新罪的，适用哪条法律规定？在刑法上找不到直接依据。因为本案的情况虽然符合第七十七条规定的事实要件，但与时间要件并不吻合。我们认为，应当参照第七十七条的规定作出撤销缓刑的判决。其理由主要是：本案情形符合撤销缓刑的实质要件。事实要件和时间要件相比较，事实要件是实质要件，是撤销缓刑的内核理由。如果没有事实要件，那么撤销缓刑就没有了事实根据。而时间要件的意义在于，它只是事实要件必要的补充要件，即事实要件必须发生在时间要件的范围内。立法者在精心设计法条时所考虑的是，在缓刑判决还没宣告时还有其他罪没有判决的，就不具备适用缓刑的实质条件；在缓刑考验期限内犯新罪的，则说明缓刑已经失去威慑和教育功能。因此，出现上述情况的，都应当撤销缓刑。但是，由于法律条文永远涵括不了现实，立法者所未能预料的是，在缓刑判决宣告后至确定前（即本案所指的未生效缓刑判决上诉期内的情况），缓刑考验期限还未开始计算。这是第七十七条规定的时间要件上的一个漏洞，而现实中恰恰就有犯罪分子在这个时间段内实施新的犯罪行为。既然如前所述不能通过再审程序撤销缓刑判决，而撤销缓刑判决却是符合第七十七条的本质精神的，那么，虽然第七十七条规定的时间要件没有明确包括本案的情况，缓刑判决仍然应当撤销。在这种情形下，只有参照适用第七十七条是比较科学的。需要明确的是，参照适用完全不同于传统刑法中的类推。类推指的是法条没有明文规定为犯罪，但行为具有社会危害性，因而比照最相类似的刑法条文确定行为构成犯罪。而参照适用第七十七条指的是，缓刑判决必须撤销，但又找不到撤销的直接条文依据。其前提是行为人的几个行为均构成犯罪且均需要判处刑罚。因此，适用第七十七条撤销缓刑，符合适用法律的正当性原则。

综上，行为人在缓刑判决确定前又犯新罪，不再符合“有悔罪表现”和“没有再犯罪的危险”这两项条件，且初判缓刑已失去威慑和教育功能，故应予以撤销。由于缓刑判决撤销后，行为人的原判刑罚尚未实际执行，故应当与新罪所判处的刑罚实行数罪并罚。

4. 作为情节加重犯适用条件的“情节严重”与缓刑适用条件中的“犯罪情节较轻”在适用时是否相矛盾?①

本书观点：认定缓刑适用条件的“犯罪情节较轻”所考虑的因素通常比认定情节加重犯所考虑的因素更为广泛，不能认为情节加重犯就必然是一种具有严重社会危害性的犯罪行为，就必然不符合缓刑适用条件。例如，被告人谭某良非法持有以火药为动力发射枪弹的非军用枪支2支，依照《最高人民法院关于审理非法制造、买卖、运输枪支、弹药、爆炸物等刑事案件具体应用法律若干问题的解释》的规定，无疑属于非法持有枪支“情节严重”，依照《刑法》第一百二十八条第一款的规定，应当在三年以上七年以下加重法定刑幅度内量刑；同时，谭某良又具有如下法定、酌定从宽处罚情节：（1）谭某良在公安机关调查时主动上交枪支，后经公安机关通知主动到案，如实供述罪行，构成自首，依法可从轻、减轻处罚。（2）谭某良是为了看护山场

① 案例来源：最高人民法院刑事审判第一、二、三、四、五庭编：《刑事审判参考》2014年第4集（总第99集），谭某良非法持有枪支案。

而先后从同村村民处借来2支土枪，保管时间已分别持续二十多年和十多年，枪支来源清楚、用途也很明确，其担心自己去敬老院生活后枪支放在家中不安全，将其转交给村民王某来保管，且其中一支“土枪”本来也属于王某来所有，由此反映出该枪支不会流入社会，客观危害相对较小。（3）从犯罪主体来看，谭某艮非法持有土枪主要是因为法治意识淡漠，且审判时年事已高，身患多种疾病，长年生活在敬老院，没有再犯罪的危险，宣告缓刑对所居住社区没有重大不良影响。综合考虑本案加重处罚量刑情节、法定和酌定从宽处罚情节，二审法院对被告人谭某艮减轻处罚，判处有期徒刑一年，同时根据本案特殊情况，认定谭某艮属于犯罪情节较轻；另鉴于谭某艮认罪、悔罪，没有再犯罪危险，所居住的敬老院及当地乡民政办均表示愿意对其进行监管和帮教，当地司法局建议对其进行社区矫正，符合缓刑适用条件，故对其依法改判并宣告缓刑是正确的。

5. 刑罚执行完毕后，发现被告人在判决宣告以前还有因公安机关未能依法并案处理的犯罪事实没有判决的，对于漏罪是单独进行定罪处罚还是与已经执行完毕的刑罚采取“先并后减”的方法实行并罚？①

分歧意见：第一种意见认为，应当参照《刑法》第七十条规定，与已判刑罚采取“先并后减”的方法，实行数罪并罚。理由是：决定执行的刑罚一般短于两罪分别判处的刑罚之和，这样更有利于被告人。虽然刑法对此未作明文规定，但在法无明文规定的情况下，应当作出有利于被告人的判决。据此，可以参照《刑法》第七十条的规定，对被告人进行数罪并罚。

第二种意见认为，在刑罚执行完毕后发现漏罪，不得适用《刑法》第七十条、第七十一条规定的数罪并罚制度，而应对漏罪单独定罪量刑。将刑罚执行完毕后发现的漏罪与前罪进行数罪并罚，不符合《刑法》第七十条规定的时间条件，即“判决宣告以后，刑罚执行完毕以前”，因此，不能适用《刑法》第七十条规定的并罚原则，而应当依法对被告人的漏罪单独定罪量刑。

本书观点：同意第二种意见，认为刑罚完毕后，发现被告人在判决宣告以前还有其他犯罪没有判决的，应当就漏罪单独进行定罪处罚。主要理由如下：

（1）对漏罪必须依法定罪处罚。刑罚的目的是惩罚犯罪、保护人民。根

---

① 观点来源：最高人民法院刑事审判第一、二、三、四、五庭主办：《刑事审判参考》第111集，法律出版社2015年版，第92－99页，朱某英诈骗案。

据罪刑法定原则，法律明文规定为犯罪行为的，应依照法律定罪处罚。刑罚消灭的事由，依照法律规定主要包括以下几种已过追诉时效期限的；经特赦令免除刑罚的；告诉才处理的犯罪没有告诉或者撤回告诉的；犯罪嫌疑人、被告人死亡的。对于刑罚执行完毕又发现漏罪的情形，行为人不具有法定的刑罚消灭事由，自然也不存在因为已受过刑罚就不再定罪量刑的理由。根据法律面前人人平等的原则，对任何人犯罪，在适用法律上一律平等，不可能因为行为人因为受过刑罚就享有不再追诉的超越法律的特权。

（2）服刑期满后发现漏罪将漏罪与前罪数罪并罚不符合法律规定。《刑法》第七十条规定："判决宣告以后，刑罚执行完毕以前，发现被判刑的犯罪分子在判决宣告以前还有其他罪没有判决的，应当对新发现的罪作出判决，把前后两个判决所判处的刑罚，依照本法第六十九条的规定，决定执行的刑罚。已经执行的刑期，应当计算在新判决决定的刑期以内。"由此可知，适用《刑法》第七十条被告数罪并罚的时间条件是发现漏罪在"判决宣告以后，刑罚执行完毕以前"，不包括在刑罚执行完毕以后，又发现漏罪的情形。设立数罪并罚制度的目的是解决法院在量刑时如何处理宣告刑和正在执行的刑罚之间的合并问题。数罪并罚的前提是数罪的刑罚均未执行或未执行完毕。对于刑罚执行完毕以后，又发现判决宣告之前还没有其他罪没有判决而应当追诉的，应当依法另行定罪量刑。因此，将已经执行完毕的刑罚作为数罪并罚的适用对象不符合法律逻辑，数罪中只有一罪存在未执行的刑罚没有适用数罪并罚的必要性。

（3）漏罪产生的原因与被告人供述不完整有很大的关系。如果被告人在其前罪的侦查、起诉、判决等阶段能够如实交代所有犯罪事实，自然可以享有合并处罚带来的权益。相对于在刑罚执行完毕前，又发现漏罪的犯罪行为人来说，其主观恶性及人身危险性更大，而且犯罪行为人在刑罚执行完毕，经过一定的改造后，仍然存在侥幸心理以逃避刑罚，并放弃如实供述所带来的数罪并罚的利益。当然，公安机关未依法作并案处罚也是导致被告人放弃供述漏罪，致使漏罪未能在刑罚执行完毕之前得到处理的原因。但这是在量刑中应当予以考虑的因素，而不应当成为漏罪与前罪并罚的理由。

（4）刑罚执行完毕后发现的漏罪与前罪实行并罚未必一律对被告人有利，甚至在某些情况下对被告人更不利。《最高人民法院关于罪犯因漏罪、新罪数罪并罚时原减刑裁定应如何处理的意见》规定："罪犯被裁定减刑后，因被发现漏罪或者又犯新罪而依法进行数罪并罚时，经减刑裁定减去的刑期不计入已经执行的刑期。”原判刑裁定减去的刑期，只能在此后依法减刑，“决定减刑的频次、幅度时，应当对其原经减刑裁定减去的刑期酌予考虑”。例如，被告人原判是死缓、无期徒刑，不管是否执行完毕，数罪并罚后还应执行死缓、无期徒刑，显然对被告人更不利，也极不公平。在服刑中依法对罪犯减刑是一种常态，如果罪犯在服刑中有减刑，那么在刑罚执行完毕后发现的漏罪与前罪根据《刑法》第七十条规定的“先并后减”原则进行数罪并罚对被告人就不一定有利，甚至更不利。

6. 如何采用司法行政机关的“社区矫正调查评估”？[①]

本书观点：人民法院量刑时，应当根据刑法规定和案件的实际情况，科学、客观对待司法行政机关的“社区矫正调查评估”，在量刑时参考当地司法行政机关的社区矫正评估意见，决定是否适用缓刑。

根据《社区矫正法实施办法》第五条第（一）项规定，拟判处管制、宣告缓刑、决定暂予监外执行的，可以委托社区矫正机构或者有关社会组织对被告人或者罪犯的社会危险性和对所居住社区的影响，进行调查评估，提出意见，供决定社区矫正时参考。同时，根据我国《刑法》第七十二条的规定，“宣告缓刑对所居住社区没有重大不良影响”是适用缓刑的必备条件之一。因此，《社区矫正法实施办法》对于规范缓刑适用，防止法官滥用职权，防止过多、过滥地对被告人适用缓刑具有积极的意见。一般而言，人民法院对被告人适用缓刑应当充分考虑社区调查评估意见。但是，对被告人判处刑罚的同时，决定适用缓刑，归根到底是人民法院审判权的内容之一。法官对被告人决定是否适用缓刑，既不能完全置《社区矫正评估意见》于不顾，也不能在被告人确实符合适用缓刑时完全被《社区矫正评估意见》左右而不敢适用缓刑。同时，人民法院也可以自己认定对被告人适用缓刑是否对社区有重大不良影响，因为《社区矫正法实施办法》第五条中规定的是“可以”，而并非“应当”。更为重要的是，是否适用缓刑是人民法院审判权的一个重要体现，是宪法和刑事诉讼法赋予人民法院的一项重要权力，人民法院完全可以依法独立行使该项权力。根据案件的实际情况，特别是在被告人已经退清了赃款，

---

① 观点来源：最高人民法院刑事审判第一、二、三、四、五庭主办：《刑事审判参考》第111集，法律出版社2015年版，第92－99页，朱某英诈骗案。

取得了被害人的谅解，有悔罪表现，社会矛盾也得到了化解，被告人符合《刑法》第七十二条规定的缓刑适用条件时，可以对被告人适用缓刑。

四、疑难、复杂问题的参考性解答

1.《刑法》第七十二条规定的应当适用缓刑的罪犯的年龄，从何时开始确定？

本书观点：根据《刑法》第七十二条的规定，对于被判处拘役、三年以下有期徒刑的不满十八周岁的人、怀孕的妇女和已满七十五周岁的人，只要同时符合适用缓刑条件的，就应当宣告缓刑。由于本条中对认定上述三类人的时间界限并没有作出明确规定，因此，应当按照最接近条文表述的字面意思，理解为“在审判的时候”。但是，审理中如果发现不能排除因侦查机关、检察机关未及时追诉或人民法院未及时立案受理而致使犯罪时不满十八周岁的人，在审判时已满十八周岁，或者犯罪时怀孕的妇女，在审判时已经分娩或终止妊娠的可能性的，只要符合法律规定的条件，人民法院也应当宣告缓刑。审判的时候怀孕的妇女，包括在人民法院审判的时候被告人是怀孕的妇女，也包括审判前在羁押时已是怀孕的妇女。即使怀孕的妇女在羁押或受审期间已经分娩或终止妊娠，仍视同审判时怀孕的妇女，符合缓刑条件时应当适用缓刑。

2. 司法实践中，哪些罪犯即使形式上符合适用缓刑，但一般也不对其适用缓刑？

本书观点：刑法条文中未对一般不适用缓刑的罪犯进行规定，相关规定散见于司法解释，主要针对的是特殊类型的犯罪。大致有以下几种情形：

（1）根据最高人民法院2016年1月6日公布并施行的《关于审理抢劫刑事案件适用法律若干问题的指导意见》第六条规定，在审理抢劫案件中，对于虽不构成累犯，但具有抢劫犯罪前科的，一般不适用减轻处罚和缓刑。

（2）根据最高人民法院2013年10月23日公布并施行的《关于依法惩治性侵害未成年人犯罪的意见》第二十八条规定，对于强奸未成年人的成年犯罪分子判处刑罚时，一般不适用缓刑。

（3）根据2013年1月1日起施行的《最高人民法院、最高人民检察院关于办理行贿刑事案件具体应用法律若干问题的解释》第十条规定：“实施行贿犯罪，具有下列情形之一的，一般不适用缓刑和免予刑事处罚：（一）向三人以上行贿的；（二）因行贿受过行政处罚或者刑事处罚的；（三）为实施违法犯罪活动而行贿的；（四）造成严重危害后果的；（五）其他不适用缓刑和免予刑事处罚的情形。”

（4）最高人民法院2012年8月8日公布并施行的《关于办理职务犯罪案件严格适用缓刑、免予刑事处罚若干问题的意见》第二条规定：“具有下列情形之一的职务犯罪分子，一般不适用缓刑或者免予刑事处罚：（一）不如实供述罪行的；（二）不予退缴赃款赃物或者将赃款赃物用于非法活动的；（三）属于共同犯罪中情节严重的主犯的；（四）犯有数个职务犯罪依法实行并罚或者以一罪处理的；（五）曾因职务违纪违法行为受过行政处分的；（六）犯罪涉及的财物属于救灾、抢险、防汛、优抚、扶贫、移民、救济、防疫等特定款物的；（七）受贿犯罪中具有索贿情节的；（八）渎职犯罪中徇私舞弊情节或者滥用职权情节恶劣的；（九）其他不应适用缓刑、免予刑事处罚的情形。”

（5）最高人民法院2011年12月30日公布并施行的《关于进一步加强危害生产安全刑事案件审判工作的意见》第十八条规定，对于具有下列情形的被告人，原则上不适用缓刑：一是造成《关于办理危害矿山生产安全刑事案件具体应用法律若干问题的解释》第四条规定的“重大伤亡事故或者其他严重后果”，同时具有下列情形之一的：①非法、违法生产的；②无基本劳动安全设施或未向生产、作业人员提供必要的劳动防护用品，生产、作业人员劳动安全无保障的；③曾因安全生产设施或者安全生产条件不符合国家规定，被监督管理部门处罚或责令改正，一年内再次违规生产致使发生重大生产安全事故的；④关闭、故意破坏必要安全警示设备的；⑤已发现事故隐患，未采取有效措施，导致发生重大事故的；⑥事故发生后不积极抢救人员，或者毁灭、伪造、隐藏影响事故调查的证据，或者转移财产逃避责任的；⑦其他特别恶劣的情节。二是相关犯罪中，具有以下情形之一的：①国家工作人员违反规定投资入股生产经营企业，构成危害生产安全犯罪的；②贪污贿赂行为与事故发生存在关联性的；③国家工作人员的职务犯罪与事故存在直接因果关系的；④以行贿方式逃避安全生产监督管理，或者非法、违法生产、作业的；⑤生产安全事故发生后，负有报告职责的国家工作人员不报或者谎报事故情况，贻误事故抢救，尚未构成不报、谎报安全事故罪的；⑥事故发生后，采取转移、藏匿、毁灭遇难人员尸体，或者毁灭、伪造、隐藏影响事故调查的证据，或者转移财产，逃避责任的；⑦曾因安全生产设施或者安全生产条件不符合国家规定，被监督管理部门处罚或责令改正，一年内再次违规生产致使发生重大生产安全事故的。三是数罪并罚的。

（6）2007 年 4 月 5 日起施行的《最高人民法院、最高人民检察院关于办理侵犯知识产权刑事案件具体应用法律若干问题的解释（二）》第三条规定："侵犯知识产权犯罪，符合刑法规定的缓刑条件的，依法适用缓刑。有下列情形之一的，一般不适用缓刑：（一）因侵犯知识产权被刑事处罚或者行政处罚后，再次侵犯知识产权构成犯罪的；（二）不具有悔罪表现的；（三）拒不交出违法所得的；（四）其他不宜适用缓刑的情形。"

另外，根据《刑法》第七十四条的规定，对于累犯和犯罪集团的首要分子不适用缓刑。

3. 适用缓刑的实质条件有哪些？如何正确理解与适用？

本书观点：根据《刑法》第七十二条规定，对于被判处拘役、三年以下有期徒刑的犯罪分子，同时符合"犯罪情节较轻""有悔罪表现""没有再犯罪的危险""宣告缓刑对所居住社区没有重大不良影响"这四方面条件的，才可以适用缓刑。上述四方面内容即为适用缓刑的实质条件。

（1）犯罪情节较轻。犯罪情节是指犯罪行为本身所具有的情节。主要体现在犯罪起因、犯罪动机、犯罪目的、违法程度、犯罪手段、危害后果、犯罪人的责任能力情况等方面。一般来说，对于那些出于激情或有着值得同情、宽恕的动机作出犯罪行为的，过失犯罪的，因防卫过当、避险过当引发犯罪的，犯罪并未造成严重危害结果或者并未导致实际危害结果发生的，具有犯罪预备、犯罪中止等情节的，等等，可以认定为犯罪情节较轻。

（2）有悔罪表现。有悔罪表现指的是，犯罪分子在实施犯罪行为后，能够通过自首、立功或其他积极的行为，表明其对自己所犯罪行的悔悟。司法实践中，悔罪表现主要体现在以下几点：①在犯罪过程中，行为人在没有客观因素的影响下自动中止犯罪；②犯罪分子在实施犯罪行为后，采取积极的行为挽救犯罪后果，弥补犯罪造成的损失；③犯罪分子有向被害人及其家属道歉、积极赔偿损失、退赃等行为；④认罪态度积极，并能主动配合调查；⑤犯罪分子在犯罪后自动投案，如实供述自己的罪行；⑥犯罪分子到案后，积极实施立功行为，争取宽大处理。

（3）没有再犯罪的危险。所谓没有再犯罪的危险，是通过对于犯罪分子悔罪表现、个人情况等的考察，认为其若适用缓刑，再次犯罪的可能性较小。

具体要从犯罪分子的个人性格、成长经历、生活环境、一贯品行与表现、身体和精神状态、职业技能、经济能力等方面来分析，进而综合评价其个人情况是否具有再次犯罪的可能性。目前法律对如何考察犯罪分子的再犯可能性没有具体的规定，司法实践中通常由法官直接根据被告人的人身情况判断。

（4）宣告缓刑对所居住社区没有重大不良影响。该条件要求宣告缓刑的犯罪分子不能对其具体执行的社区带来严重不安，不能严重扰乱执行社区的生活秩序，更不能侵犯社区居民的合法权益。宣告缓刑是否对所居住社区有重大不良影响，主要可以从两方面进行考察：第一，需考虑被害人及其家属、亲友的感受。如果被宣告缓刑人与被害人及其家属、亲友居住在同一社区内，则对犯罪分子宣告缓刑应首先考虑被害人及其家属对此反应是否强烈。如犯罪分子得到被害人及其家属亲友谅解，宣告缓刑不会引起被害人及其家属、亲友的强烈不满甚至激化矛盾，则可以对该犯罪分子宣告缓刑。第二，应考虑对社区普通居民的正常生活的影响。根据犯罪分子所犯罪行的性质，社会舆论、媒体的对其所涉案件的报道，以及综合犯罪分子的个人情况，倘若对犯罪分子宣告缓刑可能引起社区内多数普通居民的恐惧和担心，给该社区内的居民生活带来诸多的紧张、压抑，则应慎重适用缓刑。

4. 如何正确理解与适用缓刑犯的禁止令？

本书观点：《刑法》第七十二条第二款规定，宣告缓刑，可以根据犯罪情况，同时禁止犯罪分子在缓刑考验期限内从事特定活动，进入特定区域、场所，接触特定的人。这是对缓刑犯有选择地规定其应当遵守的禁止性义务。人民法院应当根据犯罪分子的犯罪原因、犯罪性质、犯罪手段、犯罪后的悔罪表现、个人一贯表现等情况，充分考虑与犯罪分子所犯罪行的关联程度，有针对性地决定禁止其在缓刑考验期限内“从事特定活动，进入特定区域、场所，接触特定的人”的一项或者几项。

除《适用禁止令规定》以外，现行司法解释中对宣告缓刑的犯罪分子适用禁止令的具体规定还有以下几种情形：

（1）2015 年 3 月 2 日公布并施行的《关于依法办理家庭暴力犯罪案件的意见》第二十一条规定，人民法院对实施家庭暴力构成犯罪被判处管制或者宣告缓刑的犯罪分子，为了确保被害人及其子女和特定亲属的人身安全，可以依照《刑法》第三十八条第二款、第七十二条第二款的规定，同时禁止犯罪分子再次实施家庭暴力，侵扰被害人的生活、工作、学习，进行酗酒、赌博等活动；经被害人申请且有必要的，禁止接近被害人及其未成年子女。

（2）2014 年 12 月 1 日起施行的《最高人民法院、最高人民检察院关于办理危害药品安全刑事案件适用法律若干问题的解释》第十一条规定，对实施本解释规定之犯罪的犯罪分子，应当依照刑法规定的条件，严格缓刑、免予刑事处罚的适用。对于适用缓刑的，应当同时宣告禁止令，禁止犯罪分子在缓刑考验期内从事药品生产、销售及相关活动。

（3）2013 年 10 月 23 日公布并施行的《最高人民法院、最高人民检察院、公安部、司法部关于依法惩治性侵害未成年人犯罪的意见》第二十八条规定，对于判处刑罚同时宣告缓刑的性侵害未成年人的犯罪分子，可以根据犯罪情况，同时宣告禁止令，禁止犯罪分子在缓刑考验期内从事与未成年人有关的工作、活动，禁止其进入中小学校区、幼儿园园区及其他未成年人集中的场所，确因本人就学、居住等原因，经执行机关批准的除外。

（4）2013 年 5 月 4 日起施行的《最高人民法院、最高人民检察院关于办理危害食品安全刑事案件适用法律若干问题的解释》第十八条规定，根据犯罪事实、情节和悔罪表现，对于符合刑法规定的缓刑适用条件的危害食品安全刑事案件的犯罪分子，可以适用缓刑，但是应当同时宣告禁止令，禁止其在缓刑考验期限内从事食品生产、销售及相关活动。

《适用禁止令规定》第六条规定："禁止令的期限，既可以与管制执行、缓刑考验的期限相同，也可以短于管制执行、缓刑考验的期限，但判处管制的，禁止令的期限不得少于三个月，宣告缓刑的，禁止令的期限不得少于二个月。判处管制的犯罪分子在判决执行以前先行羁押以致管制执行的期限少于三个月的，禁止令的期限不受前款规定的最短期限的限制。禁止令的执行期限，从管制、缓刑执行之日起计算。"

5. 撤销缓刑的条件有哪些？

本书观点：根据《刑法》第七十六条、第七十七条的规定，撤销缓刑的条件有三类：

第一类：缓刑考验期限内又犯新罪或者在缓刑考验期限内，发现缓刑犯在缓刑宣告以前还有其他罪没有判决。在这种情形下，应当撤销缓刑，并对新罪或漏罪与前罪进行数罪并罚。已经执行的缓刑考验期限不能计算在新判决确定的刑期之内。需要注意，如果是在缓刑考验期满以后才发现漏罪的，原判缓刑不再撤销，只需对漏罪依法处罚即可。实行数罪并罚后，一般不宜再对罪犯宣告缓刑，理由是其对漏罪没有如实供述或者又犯新罪，均体现了其缺乏悔罪表现。但是，不能简单地认为一个人犯有数罪，其人身危险性和对社会造成危害的可能性就必定大于犯单一罪行的人。例如，同时有两个过失犯罪行为的人与只有一个故意犯罪的人相比，不能说前者的人身危险性就比后者大。罪数的多少虽然在多数时间能够决定犯罪人人身危险性的大小，但并不完全决定犯罪人能否适用缓刑。犯罪分子虽然犯有数罪，只要其决定执行的刑罚是拘役或者三年以下有期徒刑，同时符合适用缓刑的其他条件，在严格控制的前提下，亦可适用缓刑。在对数罪适用缓刑时，必须注意不能因为犯有数罪，在适用时对一部分刑罚宣告缓刑，一部分刑罚不宣告缓刑，必须以数罪并罚后决定执行的刑罚为标准决定并宣告缓刑，而不能以数罪分别判处的刑罚，或者数罪的总各刑罚为标准决定并宣告缓刑。

第二类：被宣告缓刑的犯罪分子，在缓刑考验期限内，违反法律、行政法规或者国务院有关部门关于缓刑的监督管理规定，情节严重的。《最高人民法院关于适用〈中华人民共和国刑事诉讼法〉的解释》第五百四十三条对适用撤销缓刑，执行原判刑罚的情形作了进一步的明确："人民法院收到社区矫正机构的撤销缓刑建议书后，经审查，确认罪犯在缓刑考验期限内具有下列情形之一的，应当作出撤销缓刑的裁定：（一）违反禁止令，情节严重的；（二）无正当理由不按规定时间报到或者接受社区矫正期间脱离监管，超过一个月的；（三）因违反监督管理规定受到治安管理处罚，仍不改正的；（四）受到执行机关二次警告，仍不改正的；（五）违反法律、行政法规和监督管理规定，情节严重的其他情形。"

第三类：违反人民法院判决的禁止令，情节严重的，应当撤销缓刑，执行原判刑罚。关于违反禁止令情节严重的情形，《适用禁止令规定》第十二条作了规定，主要是指违反禁止令具有下列情形之一的行为：（1）三次以上违反禁止令的；（2）因违反禁止令被治安管理处罚后，再次违反禁止令的；（3）违反禁止令，发生较为严重危害后果的；（4）其他情节严重的情形。如果犯罪分子在缓刑考验期限内出现了违反禁止令情节严重的情形，原作出缓刑裁判的人民法院应当自收到当地社区矫正机构提出的撤销缓刑建议书之日起一个月内依法作出撤销缓刑的裁定。人民法院撤销缓刑的裁定一经作出，立即生效。根据相关司法解释，对被宣告缓刑的犯罪分子撤销缓刑执行原判刑罚的，对其在宣告缓刑前羁押的时间应当折抵刑期。

6. 一审宣告缓刑后是否应当立即释放罪犯？

本书观点：一审宣告缓刑后应当立即释放罪犯，但须待一审判决生效后才能交付执行。

关于被判处拘役、有期徒刑的犯罪分子，在一审宣告缓刑后是否应立即释放罪犯的问题，我们认为，根据《刑法》第七十二条第一款、第七十六条、第七十七条的规定，对于被判处拘役、有期徒刑，宣告缓刑的犯罪分子，在缓刑考验期限内，是在社会上予以考察的。因此，第一审人民法院宣告缓刑后，对于犯罪分子已无须关押。但是，依照《刑事诉讼法》第二百五十九条第二款第一项的规定，已过法定期限没有上诉、抗诉的判决和裁定，即发生法律效力的判决和裁定，才能交付执行。据此，第一审人民法院宣告缓刑后，尚未发生法律效力的判决，还不能立即交付执行。如果被宣告缓刑的犯罪分子在押，第一审人民法院可以先作出变更强制措施的决定，改为监视居住或者取保候审，并立即通知有关公安机关。待判决发生法律效力后，再依照刑事诉讼法的规定，交付执行缓刑。

第六节　减　刑

一、刑法规定

第七十八条[①]　被判处管制、拘役、有期徒刑、无期徒刑的犯罪分子，在

---

① 本条经2011年2月25日《刑法修正案（八）》第十五条修正。

1997年《刑法》第七十八条规定："被判处管制、拘役、有期徒刑、无期徒刑的犯罪分子，在执行期间，如果认真遵守监规，接受教育改造，确有悔改表现的，或者有立功表现的，可以减刑；有下列重大立功表现之一的，应当减刑：

（一）阻止他人重大犯罪活动的；

（二）检举监狱内外重大犯罪活动，经查证属实的；

（三）有发明创造或者重大技术革新的；

（四）在日常生产、生活中舍己救人的；

（五）在抗御自然灾害或者排除重大事故中，有突出表现的；

（六）对国家和社会有其他重大贡献的。

减刑以后实际执行的刑期，判处管制、拘役、有期徒刑的，不能少于原判刑期的二分之一；判处无期徒刑的，不能少于十年。"

执行期间，如果认真遵守监规，接受教育改造，确有悔改表现的，或者有立功表现的，可以减刑；有下列重大立功表现之一的，应当减刑：

（一）阻止他人重大犯罪活动的；

（二）检举监狱内外重大犯罪活动，经查证属实的；

（三）有发明创造或者重大技术革新的；

（四）在日常生产、生活中舍己救人的；

（五）在抗御自然灾害或者排除重大事故中，有突出表现的；

（六）对国家和社会有其他重大贡献的。

减刑以后实际执行的刑期不能少于下列期限：

（一）判处管制、拘役、有期徒刑的，不能少于原判刑期的二分之一；

（二）判处无期徒刑的，不能少于十三年；

（三）人民法院依照本法第五十条第二款规定限制减刑的死刑缓期执行的犯罪分子，缓期执行期满后依法减为无期徒刑的，不能少于二十五年，缓期执行期满后依法减为二十五年有期徒刑的，不能少于二十年。

第七十九条 对于犯罪分子的减刑，由执行机关向中级以上人民法院提出减刑建议书。人民法院应当组成合议庭进行审理，对确有悔改或者立功事实的，裁定予以减刑。非经法定程序不得减刑。

第八十条 无期徒刑减为有期徒刑的刑期，从裁定减刑之日起计算。

二、司法解释、司法文件及其权威解读

1. **中共中央政法委关于严格规范减刑、假释、暂予监外执行切实防止司法腐败的意见**（中政委〔2014〕5 号，2014 年 1 月 21 日公布并施行）（节录）

一、从严把握减刑、假释、暂予监外执行的实体条件

1. 对职务犯罪、破坏金融管理秩序和金融诈骗犯罪、组织（领导、参加、包庇、纵容）黑社会性质组织犯罪等罪犯（以下简称三类罪犯）减刑、假释，必须从严把握法律规定的“确有悔改表现”、“立功表现”、“重大立功表现”的标准。

对三类罪犯“确有悔改表现”的认定，不仅应当考察其是否认罪悔罪，认真遵守法律法规及监规、接受教育改造，积极参加思想、文化、职业技术

教育，积极参加劳动、努力完成劳动任务，而且应当考察其是否通过主动退赃、积极协助追缴境外赃款赃物、主动赔偿损失等方式，积极消除犯罪行为所产生的社会影响。对服刑期间利用个人影响力和社会关系等不正当手段企图获得减刑、假释机会的，不认定其“确有悔改表现”。

对三类罪犯拟按法律规定的“在生产、科研中进行技术革新，成绩突出”或者“对国家和社会有其他贡献”认定为“立功表现”的，该技术革新或者其他贡献必须是该罪犯在服刑期间独立完成，并经省级主管部门确认。

对三类罪犯拟按法律规定的“有发明创造或者重大技术革新”认定为“重大立功表现”的，该发明创造或者重大技术革新必须是该罪犯在服刑期间独立完成并经国家主管部门确认的发明专利，且不包括实用新型专利和外观设计专利；拟按法律规定的“对国家和社会有其他重大贡献”认定为“重大立功表现”的，该重大贡献必须是该罪犯在服刑期间独立完成并经国家主管部门确认的劳动成果。

3. 对依法可以减刑的三类罪犯，必须从严把握减刑的起始时间、间隔时间和幅度。被判处十年以下有期徒刑的，执行二年以上方可减刑，一次减刑不超过一年有期徒刑，两次减刑之间应当间隔一年以上。被判处十年以上有期徒刑的，执行二年以上方可减刑，一次减刑不超过一年有期徒刑，两次减刑之间应当间隔一年六个月以上。被判处无期徒刑的，执行三年以上方可减刑，可以减为二十年以上二十二年以下有期徒刑；减为有期徒刑后，一次减刑不超过一年有期徒刑，两次减刑之间应当间隔二年以上。死刑缓期执行罪犯减为无期徒刑后，执行三年以上方可减刑，可以减为二十五年有期徒刑；减为有期徒刑后，一次减刑不超过一年有期徒刑，两次减刑之间应当间隔二年以上。

确有阻止或检举他人重大犯罪活动、舍己救人、发明创造或者重大技术革新、在抗御自然灾害或者排除重大事故中表现突出等重大立功表现的，可以不受上述减刑起始时间和间隔时间的限制。

……

二、完善减刑、假释、暂予监外执行的程序规定

6. 对三类罪犯的计分考核、行政奖励、立功表现等信息，应当在罪犯服刑场所及时公开；拟提请减刑、假释的，一律提前予以公示。拟提请暂予监外执行的，除病情严重必须立即保外就医的，应当提前予以公示。减刑、假

释裁定书及暂予监外执行决定书，一律上网公开。

7. 对三类罪犯中因重大立功而提请减刑、假释的案件，原县处级以上职务犯罪罪犯的减刑、假释案件，组织（领导、包庇、纵容）黑社会性质组织罪犯的减刑、假释案件，原判死刑缓期执行、无期徒刑的破坏金融管理秩序和金融诈骗犯罪罪犯的减刑、假释案件，一律开庭审理。

8. 健全检察机关对减刑、假释、暂予监外执行的同步监督制度。刑罚执行机关在决定提请减刑、假释、暂予监外执行前，审判机关在作出暂予监外执行决定前，应当征求检察机关意见。审判机关开庭审理减刑、假释案件，检察机关应当派员出庭并发表检察意见。刑罚执行机关、审判机关对检察机关提出的不同意见未予采纳的，应当予以回复或者在裁定书、决定书中说明理由。检察机关可以向有关单位和人员调查核实情况、调阅复制案卷材料、重新组织对病残罪犯的诊断鉴别，并依法作出处理。

9. 推进刑罚执行机关、审判机关、检察机关减刑、假释网上协同办案平台建设，对执法办案和考核奖惩中的重要事项、重点环节，实行网上录入、信息共享、"全程留痕"，从制度和技术上确保监督到位。

10. 对原厅局级以上职务犯罪罪犯减刑、假释、暂予监外执行的，裁定、决定或者批准后十日内，由省级政法机关向相应中央政法机关逐案报请备案审查。对原县处级职务犯罪罪犯减刑、假释、暂予监外执行的，裁定、决定或者批准后十日内，由地市级政法机关向相应省级政法机关逐案报请备案审查（省级政法机关裁定、决定或者批准的除外）。中央和省级政法机关对报请备案审查的减刑、假释、暂予监外执行案件，应当认真审查，发现问题的，立即责令下求政法机关依法纠正。

2. **最高人民法院关于办理减刑、假释案件具体应用法律的规定**（法释〔2016〕23号，自2017年1月1日起施行）

第一条　减刑、假释是激励罪犯改造的刑罚制度，减刑、假释的适用应当贯彻宽严相济刑事政策，最大限度地发挥刑罚的功能，实现刑罚的目的。

第二条　对于罪犯符合刑法第七十八条第一款规定"可以减刑"条件的案件，在办理时应当综合考察罪犯犯罪的性质和具体情节、社会危害程度、原判刑罚及生效裁判中财产性判项的履行情况、交付执行后的一贯表现等因素。

第三条　"确有悔改表现"是指同时具备以下条件：

（一）认罪悔罪；

（二）遵守法律法规及监规，接受教育改造；

（三）积极参加思想、文化、职业技术教育；

（四）积极参加劳动，努力完成劳动任务。

对职务犯罪、破坏金融管理秩序和金融诈骗犯罪、组织（领导、参加、包庇、纵容）黑社会性质组织犯罪等罪犯，不积极退赃、协助追缴赃款赃物、赔偿损失，或者服刑期间利用个人影响力和社会关系等不正当手段意图获得减刑、假释的，不认定其“确有悔改表现”。

罪犯在刑罚执行期间的申诉权利应当依法保护，对其正当申诉不能不加分析地认为是不认罪悔罪。

第四条 具有下列情形之一的，可以认定为有“立功表现”：

（一）阻止他人实施犯罪活动的；

（二）检举、揭发监狱内外犯罪活动，或者提供重要的破案线索，经查证属实的；

（三）协助司法机关抓捕其他犯罪嫌疑人的；

（四）在生产、科研中进行技术革新，成绩突出的；

（五）在抗御自然灾害或者排除重大事故中，表现积极的；

（六）对国家和社会有其他较大贡献的。

第（四）项、第（六）项中的技术革新或者其他较大贡献应当由罪犯在刑罚执行期间独立或者为主完成，并经省级主管部门确认。

第五条 具有下列情形之一的，应当认定为有“重大立功表现”：

（一）阻止他人实施重大犯罪活动的；

（二）检举监狱内外重大犯罪活动，经查证属实的；

（三）协助司法机关抓捕其他重大犯罪嫌疑人的；

（四）有发明创造或者重大技术革新的；

（五）在日常生产、生活中舍己救人的；

（六）在抗御自然灾害或者排除重大事故中，有突出表现的；

（七）对国家和社会有其他重大贡献的。

第（四）项中的发明创造或者重大技术革新应当是罪犯在刑罚执行期间独立或者为主完成并经国家主管部门确认的发明专利，且不包括实用新型专利和外观设计专利；第（七）项中的其他重大贡献应当由罪犯在刑罚执行期间独立或者为主完成，并经国家主管部门确认。

第六条　被判处有期徒刑的罪犯减刑起始时间为：不满五年有期徒刑的，应当执行一年以上方可减刑；五年以上不满十年有期徒刑的，应当执行一年六个月以上方可减刑；十年以上有期徒刑的，应当执行二年以上方可减刑。有期徒刑减刑的起始时间自判决执行之日起计算。

确有悔改表现或者有立功表现的，一次减刑不超过九个月有期徒刑；确有悔改表现并有立功表现的，一次减刑不超过一年有期徒刑；有重大立功表现的，一次减刑不超过一年六个月有期徒刑；确有悔改表现并有重大立功表现的，一次减刑不超过二年有期徒刑。

被判处不满十年有期徒刑的罪犯，两次减刑间隔时间不得少于一年；被判处十年以上有期徒刑的罪犯，两次减刑间隔时间不得少于一年六个月。减刑间隔时间不得低于上次减刑减去的刑期。

罪犯有重大立功表现的，可以不受上述减刑起始时间和间隔时间的限制。

第七条　对符合减刑条件的职务犯罪罪犯，破坏金融管理秩序和金融诈骗犯罪罪犯，组织、领导、参加、包庇、纵容黑社会性质组织犯罪罪犯，危害国家安全犯罪罪犯，恐怖活动犯罪罪犯，毒品犯罪集团的首要分子及毒品再犯，累犯，确有履行能力而不履行或者不全部履行生效裁判中财产性判项的罪犯，被判处十年以下有期徒刑的，执行二年以上方可减刑，减刑幅度应当比照本规定第六条从严掌握，一次减刑不超过一年有期徒刑，两次减刑之间应当间隔一年以上。

对被判处十年以上有期徒刑的前款罪犯，以及因故意杀人、强奸、抢劫、绑架、放火、爆炸、投放危险物质或者有组织的暴力性犯罪被判处十年以上有期徒刑的罪犯，数罪并罚且其中两罪以上被判处十年以上有期徒刑的罪犯，执行二年以上方可减刑，减刑幅度应当比照本规定第六条从严掌握，一次减刑不超过一年有期徒刑，两次减刑之间应当间隔一年六个月以上。

罪犯有重大立功表现的，可以不受上述减刑起始时间和间隔时间的限制。

第八条　被判处无期徒刑的罪犯在刑罚执行期间，符合减刑条件的，执行二年以上，可以减刑。减刑幅度为：确有悔改表现或者有立功表现的，可以减为二十二年有期徒刑；确有悔改表现并有立功表现的，可以减为二十一年以上二十二年以下有期徒刑；有重大立功表现的，可以减为二十年以上二十一年以下有期徒刑；确有悔改表现并有重大立功表现的，可以减为十九年以上二十年以下有期徒刑。无期徒刑罪犯减为有期徒刑后再减刑时，减刑幅度依照本规定第六条的规定执行。两次减刑间隔时间不得少于二年。

罪犯有重大立功表现的，可以不受上述减刑起始时间和间隔时间的限制。

第九条 对被判处无期徒刑的职务犯罪罪犯，破坏金融管理秩序和金融诈骗犯罪罪犯，组织、领导、参加、包庇、纵容黑社会性质组织犯罪罪犯，危害国家安全犯罪罪犯，恐怖活动犯罪罪犯，毒品犯罪集团的首要分子及毒品再犯，累犯以及因故意杀人、强奸、抢劫、绑架、放火、爆炸、投放危险物质或者有组织的暴力性犯罪的罪犯，确有履行能力而不履行或者不全部履行生效裁判中财产性判项的罪犯，数罪并罚被判处无期徒刑的罪犯，符合减刑条件的，执行三年以上方可减刑，减刑幅度应当比照本规定第八条从严掌握，减刑后的刑期最低不得少于二十年有期徒刑；减为有期徒刑后再减刑时，减刑幅度比照本规定第六条从严掌握，一次不超过一年有期徒刑，两次减刑之间应当间隔二年以上。

罪犯有重大立功表现的，可以不受上述减刑起始时间和间隔时间的限制。

第十条 被判处死刑缓期执行的罪犯减为无期徒刑后，符合减刑条件的，执行三年以上方可减刑。减刑幅度为：确有悔改表现或者有立功表现的，可以减为二十五年有期徒刑；确有悔改表现并有立功表现的，可以减为二十四年以上二十五年以下有期徒刑；有重大立功表现的，可以减为二十三年以上二十四年以下有期徒刑；确有悔改表现并有重大立功表现的，可以减为二十二年以上二十三年以下有期徒刑。

被判处死刑缓期执行的罪犯减为有期徒刑后再减刑时，比照本规定第八条的规定办理。

第十一条 对被判处死刑缓期执行的职务犯罪罪犯，破坏金融管理秩序和金融诈骗犯罪罪犯，组织、领导、参加、包庇、纵容黑社会性质组织犯罪罪犯，危害国家安全犯罪罪犯，恐怖活动犯罪罪犯，毒品犯罪集团的首要分子及毒品再犯，累犯以及因故意杀人、强奸、抢劫、绑架、放火、爆炸、投放危险物质或者有组织的暴力性犯罪的罪犯，确有履行能力而不履行或者不全部履行生效裁判中财产性判项的罪犯，数罪并罚被判处死刑缓期执行的罪犯，减为无期徒刑后，符合减刑条件的，执行三年以上方可减刑，一般减为二十五年有期徒刑，有立功表现或者重大立功表现的，可以比照本规定第十条减为二十三年以上二十五年以下有期徒刑；减为有期徒刑后再减刑时，减刑幅度比照本规定第六条从严掌握，一次不超过一年有期徒刑，两次减刑之间应当间隔二年以上。

第十二条　被判处死刑缓期执行的罪犯经过一次或者几次减刑后，其实际执行的刑期不得少于十五年，死刑缓期执行期间不包括在内。

死刑缓期执行罪犯在缓期执行期间不服从监管、抗拒改造，尚未构成犯罪的，在减为无期徒刑后再减刑时应当适当从严。

第十三条　被限制减刑的死刑缓期执行罪犯，减为无期徒刑后，符合减刑条件的，执行五年以上方可减刑。减刑间隔时间和减刑幅度依照本规定第十一条的规定执行。

第十四条　被限制减刑的死刑缓期执行罪犯，减为有期徒刑后再减刑时，一次减刑不超过六个月有期徒刑，两次减刑间隔时间不得少于二年。有重大立功表现的，间隔时间可以适当缩短，但一次减刑不超过一年有期徒刑。

第十五条　对被判处终身监禁的罪犯，在死刑缓期执行期满依法减为无期徒刑的裁定中，应当明确终身监禁，不得再减刑或者假释。

第十六条　被判处管制、拘役的罪犯，以及判决生效后剩余刑期不满二年有期徒刑的罪犯，符合减刑条件的，可以酌情减刑，减刑起始时间可以适当缩短，但实际执行的刑期不得少于原判刑期的二分之一。

第十七条　被判处有期徒刑罪犯减刑时，对附加剥夺政治权利的期限可以酌减。酌减后剥夺政治权利的期限，不得少于一年。

被判处死刑缓期执行、无期徒刑的罪犯减为有期徒刑时，应当将附加剥夺政治权利的期限减为七年以上十年以下，经过一次或者几次减刑后，最终剥夺政治权利的期限不得少于三年。

第十八条　被判处拘役或者三年以下有期徒刑，并宣告缓刑的罪犯，一般不适用减刑。

前款规定的罪犯在缓刑考验期内有重大立功表现的，可以参照刑法第七十八条的规定予以减刑，同时应当依法缩减其缓刑考验期。缩减后，拘役的缓刑考验期限不得少于二个月，有期徒刑的缓刑考验期限不得少于一年。

第十九条　对在报请减刑前的服刑期间不满十八周岁，且所犯罪行不属于刑法第八十一条第二款规定情形的罪犯，认罪悔罪，遵守法律法规及监规，积极参加学习、劳动，应当视为确有悔改表现。

对上述罪犯减刑时，减刑幅度可以适当放宽，或者减刑起始时间、间隔时间可以适当缩短，但放宽的幅度和缩短的时间不得超过本规定中相应幅度、时间的三分之一。

第二十条 老年罪犯、患严重疾病罪犯或者身体残疾罪犯减刑时，应当主要考察其认罪悔罪的实际表现。

对基本丧失劳动能力，生活难以自理的上述罪犯减刑时，减刑幅度可以适当放宽，或者减刑起始时间、间隔时间可以适当缩短，但放宽的幅度和缩短的时间不得超过本规定中相应幅度、时间的三分之一。

第二十一条 被判处有期徒刑、无期徒刑的罪犯在刑罚执行期间又故意犯罪，新罪被判处有期徒刑的，自新罪判决确定之日起三年内不予减刑；新罪被判处无期徒刑的，自新罪判决确定之日起四年内不予减刑。

罪犯在死刑缓期执行期间又故意犯罪，未被执行死刑的，死刑缓期执行的期间重新计算，减为无期徒刑后，五年内不予减刑。

被判处死刑缓期执行罪犯减刑后，在刑罚执行期间又故意犯罪的，依照第一款规定处理。

第二十二条 办理假释案件，认定“没有再犯罪的危险”，除符合刑法第八十一条规定的情形外，还应当根据犯罪的具体情节、原判刑罚情况，在刑罚执行中的一贯表现，罪犯的年龄、身体状况、性格特征，假释后生活来源以及监管条件等因素综合考虑。

第二十三条 被判处有期徒刑的罪犯假释时，执行原判刑期二分之一的时间，应当从判决执行之日起计算，判决执行以前先行羁押的，羁押一日折抵刑期一日。

被判处无期徒刑的罪犯假释时，刑法中关于实际执行刑期不得少于十三年的时间，应当从判决生效之日起计算。判决生效以前先行羁押的时间不予折抵。

被判处死刑缓期执行的罪犯减为无期徒刑或者有期徒刑后，实际执行十五年以上，方可假释，该实际执行时间应当从死刑缓期执行期满之日起计算。死刑缓期执行期间不包括在内，判决确定以前先行羁押的时间不予折抵。

第二十四条 刑法第八十一条第一款规定的“特殊情况”，是指有国家政治、国防、外交等方面特殊需要的情况。

第二十五条 对累犯以及因故意杀人、强奸、抢劫、绑架、放火、爆炸、投放危险物质或者有组织的暴力性犯罪被判处十年以上有期徒刑、无期徒刑的罪犯，不得假释。

因前款情形和犯罪被判处死刑缓期执行的罪犯，被减为无期徒刑、有期徒刑后，也不得假释。

第二十六条 对下列罪犯适用假释时可以依法从宽掌握：

（一）过失犯罪的罪犯、中止犯罪的罪犯、被胁迫参加犯罪的罪犯；

（二）因防卫过当或者紧急避险过当而被判处有期徒刑以上刑罚的罪犯；

（三）犯罪时未满十八周岁的罪犯；

（四）基本丧失劳动能力、生活难以自理，假释后生活确有着落的老年罪犯、患严重疾病罪犯或者身体残疾罪犯；

（五）服刑期间改造表现特别突出的罪犯；

（六）具有其他可以从宽假释情形的罪犯。

罪犯既符合法定减刑条件，又符合法定假释条件的，可以优先适用假释。

第二十七条 对于生效裁判中有财产性判项，罪犯确有履行能力而不履行或者不全部履行的，不予假释。

第二十八条 罪犯减刑后又假释的，间隔时间不得少于一年；对一次减去一年以上有期徒刑后，决定假释的，间隔时间不得少于一年六个月。

罪犯减刑后余刑不足二年，决定假释的，可以适当缩短间隔时间。

第二十九条 罪犯在假释考验期内违反法律、行政法规或者国务院有关部门关于假释的监督管理规定的，作出假释裁定的人民法院，应当在收到报请机关或者检察机关撤销假释建议书后及时审查，作出是否撤销假释的裁定，并送达报请机关，同时抄送人民检察院、公安机关和原刑罚执行机关。

罪犯在逃的，撤销假释裁定书可以作为对罪犯进行追捕的依据。

第三十条 依照刑法第八十六条规定被撤销假释的罪犯，一般不得再假释。但依照该条第二款被撤销假释的罪犯，如果罪犯对漏罪曾作如实供述但原判未予认定，或者漏罪系其自首，符合假释条件的，可以再假释。

被撤销假释的罪犯，收监后符合减刑条件的，可以减刑，但减刑起始时间自收监之日起计算。

第三十一条 年满八十周岁、身患疾病或者生活难以自理、没有再犯罪危险的罪犯，既符合减刑条件，又符合假释条件的，优先适用假释；不符合假释条件的，参照本规定第二十条有关的规定从宽处理。

第三十二条 人民法院按照审判监督程序重新审理的案件，裁定维持原判决、裁定的，原减刑、假释裁定继续有效。

再审裁判改变原判决、裁定的，原减刑、假释裁定自动失效，执行机关应当及时报请有管辖权的人民法院重新作出是否减刑、假释的裁定。重新作出减刑裁定时，不受本规定有关减刑起始时间、间隔时间和减刑幅度的限制。重新裁定时应综合考虑各方面因素，减刑幅度不得超过原裁定减去的刑期总和。

再审改判为死刑缓期执行或者无期徒刑的，在新判决减为有期徒刑之时，原判决已经实际执行的刑期一并扣减。

再审裁判宣告无罪的，原减刑、假释裁定自动失效。

第三十三条　罪犯被裁定减刑后，刑罚执行期间因故意犯罪而数罪并罚时，经减刑裁定减去的刑期不计入已经执行的刑期。原判死刑缓期执行减为无期徒刑、有期徒刑，或者无期徒刑减为有期徒刑的裁定继续有效。

第三十四条　罪犯被裁定减刑后，刑罚执行期间因发现漏罪而数罪并罚的，原减刑裁定自动失效。如漏罪系罪犯主动交代的，对其原减去的刑期，由执行机关报请有管辖权的人民法院重新作出减刑裁定，予以确认；如漏罪系有关机关发现或者他人检举揭发的，由执行机关报请有管辖权的人民法院，在原减刑裁定减去的刑期总和之内，酌情重新裁定。

第三十五条　被判处死刑缓期执行的罪犯，在死刑缓期执行期内被发现漏罪，依据刑法第七十条规定数罪并罚，决定执行死刑缓期执行的，死刑缓期执行期间自新判决确定之日起计算，已经执行的死刑缓期执行期间计入新判决的死刑缓期执行期间内，但漏罪被判处死刑缓期执行的除外。

第三十六条　被判处死刑缓期执行的罪犯，在死刑缓期执行期满后被发现漏罪，依据刑法第七十条规定数罪并罚，决定执行死刑缓期执行的，交付执行时对罪犯实际执行无期徒刑，死缓考验期不再执行，但漏罪被判处死刑缓期执行的除外。

在无期徒刑减为有期徒刑时，前罪死刑缓期执行减为无期徒刑之日起至新判决生效之日止已经实际执行的刑期，应当计算在减刑裁定决定执行的刑期以内。

原减刑裁定减去的刑期依照本规定第三十四条处理。

第三十七条　被判处无期徒刑的罪犯在减为有期徒刑后因发现漏罪，依据刑法第七十条规定数罪并罚，决定执行无期徒刑的，前罪无期徒刑生效之日起至新判决生效之日止已经实际执行的刑期，应当在新判决的无期徒刑减为有期徒刑时，在减刑裁定决定执行的刑期内扣减。

无期徒刑罪犯减为有期徒刑后因发现漏罪判处三年有期徒刑以下刑罚，数罪并罚决定执行无期徒刑的，在新判决生效后执行一年以上，符合减刑条件的，可以减为有期徒刑，减刑幅度依照本规定第八条、第九条的规定执行。

原减刑裁定减去的刑期依照本规定第三十四条处理。

第三十八条　人民法院作出的刑事判决、裁定发生法律效力后，在依照刑事诉讼法第二百五十三条、第二百五十四条的规定将罪犯交付执行刑罚时，如果生效裁判中有财产性判项，人民法院应当将反映财产性判项执行、履行情况的有关材料一并随案移送刑罚执行机关。罪犯在服刑期间本人履行或者其亲属代为履行生效裁判中财产性判项的，应当及时向刑罚执行机关报告。刑罚执行机关报请减刑时应随案移送以上材料。

人民法院办理减刑、假释案件时，可以向原一审人民法院核实罪犯履行财产性判项的情况。原一审人民法院应当出具相关证明。

刑罚执行期间，负责办理减刑、假释案件的人民法院可以协助原一审人民法院执行生效裁判中的财产性判项。

第三十九条　本规定所称“老年罪犯”，是指报请减刑、假释时年满六十五周岁的罪犯。

本规定所称“患严重疾病罪犯”，是指因患有重病，久治不愈，而不能正常生活、学习、劳动的罪犯。

本规定所称“身体残疾罪犯”，是指因身体有肢体或者器官残缺、功能不全或者丧失功能，而基本丧失生活、学习、劳动能力的罪犯，但是罪犯犯罪后自伤致残的除外。

对刑罚执行机关提供的证明罪犯患有严重疾病或者有身体残疾的证明文件，人民法院应当审查，必要时可以委托有关单位重新诊断、鉴定。

第四十条　本规定所称“判决执行之日”，是指罪犯实际送交刑罚执行机关之日。

本规定所称“减刑间隔时间”，是指前一次减刑裁定送达之日起至本次减刑报请之日止的期间。

第四十一条　本规定所称“财产性判项”是指判决罪犯承担的附带民事赔偿义务判项，以及追缴、责令退赔、罚金、没收财产等判项。

第四十二条 本规定自2017年1月1日起施行。以前发布的司法解释与本规定不一致的，以本规定为准。

3. **最高人民法院关于办理减刑、假释案件具体应用法律的补充规定**（法释〔2019〕6号，自2019年6月1日起施行）

为准确把握宽严相济刑事政策，严格执行《最高人民法院关于办理减刑、假释案件具体应用法律的规定》，现对《中华人民共和国刑法修正案（九）》施行后，依照刑法分则第八章贪污贿赂罪判处刑罚的原具有国家工作人员身份的罪犯的减刑、假释补充规定如下：

第一条 对拒不认罪悔罪的，或者确有履行能力而不履行或者不全部履行生效裁判中财产性判项的，不予假释，一般不予减刑。

第二条 被判处十年以上有期徒刑，符合减刑条件的，执行三年以上方可减刑；被判处不满十年有期徒刑，符合减刑条件的，执行二年以上方可减刑。

确有悔改表现或者有立功表现的，一次减刑不超过六个月有期徒刑；确有悔改表现并有立功表现的，一次减刑不超过九个月有期徒刑；有重大立功表现的，一次减刑不超过一年有期徒刑。

被判处十年以上有期徒刑的，两次减刑之间应当间隔二年以上；被判处不满十年有期徒刑的，两次减刑之间应当间隔一年六个月以上。

第三条 被判处无期徒刑，符合减刑条件的，执行四年以上方可减刑。

确有悔改表现或者有立功表现的，可以减为二十三年有期徒刑；确有悔改表现并有立功表现的，可以减为二十二年以上二十三年以下有期徒刑；有重大立功表现的，可以减为二十一年以上二十二年以下有期徒刑。

无期徒刑减为有期徒刑后再减刑时，减刑幅度比照本规定第二条的规定执行。两次减刑之间应当间隔二年以上。

第四条 被判处死刑缓期执行的，减为无期徒刑后，符合减刑条件的，执行四年以上方可减刑。

确有悔改表现或者有立功表现的，可以减为二十五年有期徒刑；确有悔改表现并有立功表现的，可以减为二十四年六个月以上二十五年以下有期徒刑；有重大立功表现的，可以减为二十四年以上二十四年六个月以下有期徒刑。

减为有期徒刑后再减刑时，减刑幅度比照本规定第二条的规定执行。两次减刑之间应当间隔二年以上。

第五条　罪犯有重大立功表现的，减刑时可以不受上述起始时间和间隔时间的限制。

第六条　对本规定所指贪污贿赂罪犯适用假释时，应当从严掌握。

第七条　本规定自2019年6月1日起施行。此前发布的司法解释与本规定不一致的，以本规定为准。

4. **最高人民法院、最高人民检察院、公安部、司法部关于加强减刑、假释案件实质化审理的意见**（2021年12月1日印发）

减刑、假释制度是我国刑罚执行制度的重要组成部分。依照我国法律规定，减刑、假释案件由刑罚执行机关提出建议书，报请人民法院审理裁定，人民检察院依法进行监督。为严格规范减刑、假释工作，确保案件审理公平、公正，现就加强减刑、假释案件实质化审理提出如下意见。

一、准确把握减刑、假释案件实质化审理的基本要求

1. 坚持全面依法审查。审理减刑、假释案件应当全面审查刑罚执行机关报送的材料，既要注重审查罪犯交付执行后的一贯表现，同时也要注重审查罪犯犯罪的性质、具体情节、社会危害程度、原判刑罚及生效裁判中财产性判项的履行情况等，依法作出公平、公正的裁定，切实防止将考核分数作为减刑、假释的唯一依据。

2. 坚持主客观改造表现并重。审理减刑、假释案件既要注重审查罪犯劳动改造、监管改造等客观方面的表现，也要注重审查罪犯思想改造等主观方面的表现，综合判断罪犯是否确有悔改表现。

3. 坚持严格审查证据材料。审理减刑、假释案件应当充分发挥审判职能作用，坚持以审判为中心，严格审查各项证据材料。认定罪犯是否符合减刑、假释法定条件，应当有相应证据予以证明；对于没有证据证实或者证据不确实、不充分的，不得裁定减刑、假释。

4. 坚持区别对待。审理减刑、假释案件应当切实贯彻宽严相济刑事政策，具体案件具体分析，区分不同情形，依法作出裁定，最大限度地发挥刑罚的功能，实现刑罚的目的。

二、严格审查减刑、假释案件的实体条件

5. 严格审查罪犯服刑期间改造表现的考核材料。对于罪犯的计分考核材料，应当认真审查考核分数的来源及其合理性等，如果存在考核分数与考核

期不对应、加扣分与奖惩不对应、奖惩缺少相应事实和依据等情况，应当要求刑罚执行机关在规定期限内作出说明或者补充。对于在规定期限内不能作出合理解释的考核材料，不作为认定罪犯确有悔改表现的依据。

对于罪犯的认罪悔罪书、自我鉴定等自书材料，要结合罪犯的文化程度认真进行审查，对于无特殊原因非本人书写或者自书材料内容虚假的，不认定罪犯确有悔改表现。

对于罪犯存在违反监规纪律行为的，应当根据行为性质、情节等具体情况，综合分析判断罪犯的改造表现。罪犯服刑期间因违反监规纪律被处以警告、记过或者禁闭处罚的，可以根据案件具体情况，认定罪犯是否确有悔改表现。

6. 严格审查罪犯立功、重大立功的证据材料，准确把握认定条件。对于检举、揭发监狱内外犯罪活动，或者提供重要破案线索的，应当注重审查线索的来源。对于揭发线索来源存疑的，应当进一步核查，如果查明线索系通过贿买、暴力、威胁或者违反监规等非法手段获取的，不认定罪犯具有立功或者重大立功表现。

对于技术革新、发明创造，应当注重审查罪犯是否具备该技术革新、发明创造的专业能力和条件，对于罪犯明显不具备相应专业能力及条件、不能说明技术革新或者发明创造原理及过程的，不认定罪犯具有立功或者重大立功表现。

对于阻止他人实施犯罪活动，协助司法机关抓捕其他犯罪嫌疑人，在日常生产、生活中舍己救人，在抗御自然灾害或者排除重大事故中有积极或者突出表现的，除应当审查有关部门出具的证明材料外，还应当注重审查能够证明上述行为的其他证据材料，对于罪犯明显不具备实施上述行为能力和条件的，不认定罪犯具有立功或者重大立功表现。

严格把握“较大贡献”或者“重大贡献”的认定条件。该“较大贡献”或者“重大贡献”，是指对国家、社会具有积极影响，而非仅对个别人员、单位有贡献和帮助。对于罪犯在警示教育活动中现身说法的，不认定罪犯具有立功或者重大立功表现。

7. 严格审查罪犯履行财产性判项的能力。罪犯未履行或者未全部履行财产性判项，具有下列情形之一的，不认定罪犯确有悔改表现：

（1）拒不交代赃款、赃物去向；

（2）隐瞒、藏匿、转移财产；

（3）有可供履行的财产拒不履行。

对于前款罪犯，无特殊原因狱内消费明显超出规定额度标准的，一般不认定罪犯确有悔改表现。

8. 严格审查反映罪犯是否有再犯罪危险的材料。对于报请假释的罪犯，应当认真审查刑罚执行机关提供的反映罪犯服刑期间现实表现和生理、心理状况的材料，并认真审查司法行政机关或者有关社会组织出具的罪犯假释后对所居住社区影响的材料，同时结合罪犯犯罪的性质、具体情节、社会危害程度、原判刑罚及生效裁判中财产性判项的履行情况等，综合判断罪犯假释后是否具有再犯罪危险性。

9. 严格审查罪犯身份信息、患有严重疾病或者身体有残疾的证据材料。对于上述证据材料有疑问的，可以委托有关单位重新调查、诊断、鉴定。对原判适用《中华人民共和国刑事诉讼法》第一百六十条第二款规定判处刑罚的罪犯，在刑罚执行期间不真心悔罪，仍不讲真实姓名、住址，且无法调查核实清楚的，除具有重大立功表现等特殊情形外，一律不予减刑、假释。

10. 严格把握罪犯减刑后的实际服刑刑期。正确理解法律和司法解释规定的最低服刑期限，严格控制减刑起始时间、间隔时间及减刑幅度，并根据罪犯前期减刑情况和效果，对其后续减刑予以总体掌握。死刑缓期执行、无期徒刑罪犯减为有期徒刑后再减刑时，在减刑间隔时间及减刑幅度上，应当从严把握。

三、切实强化减刑、假释案件办理程序机制

11. 充分发挥庭审功能。人民法院开庭审理减刑、假释案件，应当围绕罪犯实际服刑表现、财产性判项执行履行情况等，认真进行法庭调查。人民检察院应当派员出庭履行职务，并充分发表意见。人民法院对于有疑问的证据材料，要重点进行核查，必要时可以要求有关机关或者罪犯本人作出说明，有效发挥庭审在查明事实、公正裁判中的作用。

12. 健全证人出庭作证制度。人民法院审理减刑、假释案件，应当通知罪犯的管教干警、同监室罪犯、公示期间提出异议的人员以及其他了解情况的人员出庭作证。开庭审理前，刑罚执行机关应当提供前述证人名单，人民法院根据需要从名单中确定相应数量的证人出庭作证。证人到庭后，应当对其进行详细询问，全面了解被报请减刑、假释罪犯的改造表现等情况。

13. 有效行使庭外调查核实权。人民法院、人民检察院对于刑罚执行机关提供的罪犯确有悔改表现、立功表现等证据材料存有疑问的，根据案件具体情况，可以采取讯问罪犯、询问证人、调取相关材料、与监所人民警察座谈、听取派驻监所检察人员意见等方式，在庭外对相关证据材料进行调查核实。

14. 强化审判组织的职能作用。人民法院审理减刑、假释案件，合议庭成员应当对罪犯是否符合减刑或者假释条件、减刑幅度是否适当、财产性判项是否执行履行等情况，充分发表意见。对于重大、疑难、复杂的减刑、假释案件，合议庭必要时可以提请院长决定提交审判委员会讨论，但提请前应当先经专业法官会议研究。

15. 完善财产性判项执行衔接机制。人民法院刑事审判部门作出具有财产性判项内容的刑事裁判后，应当及时按照规定移送负责执行的部门执行。刑罚执行机关对罪犯报请减刑、假释时，可以向负责执行财产性判项的人民法院调取罪犯财产性判项执行情况的有关材料，负责执行的人民法院应当予以配合。刑罚执行机关提交的关于罪犯财产性判项执行情况的材料，可以作为人民法院认定罪犯财产性判项执行情况和判断罪犯是否具有履行能力的依据。

16. 提高信息化运用水平。人民法院、人民检察院、刑罚执行机关要进一步提升减刑、假释信息化建设及运用水平，充分利用减刑、假释信息化协同办案平台、执行信息平台及大数据平台等，采用远程视频开庭等方式，不断完善案件办理机制。同时，加强对减刑、假释信息化协同办案平台和减刑、假释、暂予监外执行信息网的升级改造，不断拓展信息化运用的深度和广度，为提升减刑、假释案件办理质效和加强权力运行制约监督提供科技支撑。

四、大力加强减刑、假释案件监督指导及工作保障

17. 不断健全内部监督。人民法院、人民检察院、刑罚执行机关要进一步强化监督管理职责，严格落实备案审查、专项检查等制度机制，充分发挥层级审核把关作用。人民法院要加强文书的释法说理，进一步提升减刑、假释裁定公信力。对于发现的问题及时责令整改，对于确有错误的案件，坚决依法予以纠正，对于涉嫌违纪违法的线索，及时移交纪检监察部门处理。

18. 高度重视外部监督。人民法院、人民检察院要自觉接受同级人民代表大会及其常委会的监督，主动汇报工作，对于人大代表关注的问题，认真

研究处理并及时反馈，不断推进减刑、假释工作规范化开展；人民法院、刑罚执行机关要依法接受检察机关的法律监督，认真听取检察机关的意见、建议，支持检察机关巡回检察等工作，充分保障检察机关履行检察职责；人民法院、人民检察院、刑罚执行机关均要主动接受社会监督，积极回应人民群众关切。

19. 着力强化对下指导。人民法院、人民检察院、刑罚执行机关在减刑、假释工作中，遇到法律适用难点问题或者其他重大政策问题，应当及时向上级机关请示报告。上级机关应当准确掌握下级机关在减刑、假释工作中遇到的突出问题，加强研究和指导，并及时收集辖区内减刑、假释典型案例层报。最高人民法院、最高人民检察院应当适时发布指导性案例，为下级人民法院、人民检察院依法办案提供指导。

20. 切实加强工作保障。人民法院、人民检察院、刑罚执行机关应当充分认识减刑、假释工作所面临的新形势、新任务、新要求，坚持各司其职、分工负责、相互配合、相互制约的原则，不断加强沟通协作。根据工作需要，配足配强办案力量，加强对办案人员的业务培训，提升能力素质，建立健全配套制度机制，确保减刑、假释案件实质化审理公正、高效开展。

5. 最高人民法院关于办理减刑、假释案件具体应用法律的规定（法释〔2016〕23号，2016年11月14日公布，自2017年1月1日起施行）

为确保依法公正办理减刑、假释案件，依据《中华人民共和国刑法》《中华人民共和国刑事诉讼法》《中华人民共和国监狱法》和其他法律规定，结合司法实践，制定本规定。

第一条　减刑、假释是激励罪犯改造的刑罚制度，减刑、假释的适用应当贯彻宽严相济刑事政策，最大限度地发挥刑罚的功能，实现刑罚的目的。

第二条　对于罪犯符合刑法第七十八条第一款规定“可以减刑”条件的案件，在办理时应当综合考察罪犯犯罪的性质和具体情节、社会危害程度、原判刑罚及生效裁判中财产性判项的履行情况、交付执行后的一贯表现等因素。

第三条　“确有悔改表现”是指同时具备以下条件：

（一）认罪悔罪；

（二）遵守法律法规及监规，接受教育改造；

（三）积极参加思想、文化、职业技术教育；

（四）积极参加劳动，努力完成劳动任务。

对职务犯罪、破坏金融管理秩序和金融诈骗犯罪、组织（领导、参加、包庇、纵容）黑社会性质组织犯罪等罪犯，不积极退赃、协助追缴赃款赃物、赔偿损失，或者服刑期间利用个人影响力和社会关系等不正当手段意图获得减刑、假释的，不认定其“确有悔改表现”。

罪犯在刑罚执行期间的申诉权利应当依法保护，对其正当申诉不能不加分析地认为是不认罪悔罪。

第四条 具有下列情形之一的，可以认定为有“立功表现”：

（一）阻止他人实施犯罪活动的；

（二）检举、揭发监狱内外犯罪活动，或者提供重要的破案线索，经查证属实的；

（三）协助司法机关抓捕其他犯罪嫌疑人的；

（四）在生产、科研中进行技术革新，成绩突出的；

（五）在抗御自然灾害或者排除重大事故中，表现积极的；

（六）对国家和社会有其他较大贡献的。

第（四）项、第（六）项中的技术革新或者其他较大贡献应当由罪犯在刑罚执行期间独立或者为主完成，并经省级主管部门确认。

第五条 具有下列情形之一的，应当认定为有“重大立功表现”：

（一）阻止他人实施重大犯罪活动的；

（二）检举监狱内外重大犯罪活动，经查证属实的；

（三）协助司法机关抓捕其他重大犯罪嫌疑人的；

（四）有发明创造或者重大技术革新的；

（五）在日常生产、生活中舍己救人的；

（六）在抗御自然灾害或者排除重大事故中，有突出表现的；

（七）对国家和社会有其他重大贡献的。

第（四）项中的发明创造或者重大技术革新应当是罪犯在刑罚执行期间独立或者为主完成并经国家主管部门确认的发明专利，且不包括实用新型专利和外观设计专利；第（七）项中的其他重大贡献应当由罪犯在刑罚执行期间独立或者为主完成，并经国家主管部门确认。

第六条 被判处有期徒刑的罪犯减刑起始时间为：不满五年有期徒刑的，应当执行一年以上方可减刑；五年以上不满十年有期徒刑的，应当执行一年六个月以上方可减刑；十年以上有期徒刑的，应当执行二年以上方可减刑。有期徒刑减刑的起始时间自判决执行之日起计算。

确有悔改表现或者有立功表现的，一次减刑不超过九个月有期徒刑；确有悔改表现并有立功表现的，一次减刑不超过一年有期徒刑；有重大立功表现的，一次减刑不超过一年六个月有期徒刑；确有悔改表现并有重大立功表现的，一次减刑不超过二年有期徒刑。

被判处不满十年有期徒刑的罪犯，两次减刑间隔时间不得少于一年；被判处十年以上有期徒刑的罪犯，两次减刑间隔时间不得少于一年六个月。减刑间隔时间不得低于上次减刑减去的刑期。

罪犯有重大立功表现的，可以不受上述减刑起始时间和间隔时间的限制。

第七条　对符合减刑条件的职务犯罪罪犯，破坏金融管理秩序和金融诈骗罪罪犯，组织、领导、参加、包庇、纵容黑社会性质组织犯罪罪犯，危害国家安全犯罪罪犯，恐怖活动犯罪罪犯，毒品犯罪集团的首要分子及毒品再犯，累犯，确有履行能力而不履行或者不全部履行生效裁判中财产性判项的罪犯，被判处十年以下有期徒刑的，执行二年以上方可减刑，减刑幅度应当比照本规定第六条从严掌握，一次减刑不超过一年有期徒刑，两次减刑之间应当间隔一年以上。

对被判处十年以上有期徒刑的前款罪犯，以及因故意杀人、强奸、抢劫、绑架、放火、爆炸、投放危险物质或者有组织的暴力性犯罪被判处十年以上有期徒刑的罪犯，数罪并罚且其中两罪以上被判处十年以上有期徒刑的罪犯，执行二年以上方可减刑，减刑幅度应当比照本规定第六条从严掌握，一次减刑不超过一年有期徒刑，两次减刑之间应当间隔一年六个月以上。

罪犯有重大立功表现的，可以不受上述减刑起始时间和间隔时间的限制。

第八条　被判处无期徒刑的罪犯在刑罚执行期间，符合减刑条件的，执行二年以上，可以减刑。减刑幅度为：确有悔改表现或者有立功表现的，可以减为二十二年有期徒刑；确有悔改表现并有立功表现的，可以减为二十一年以上二十二年以下有期徒刑；有重大立功表现的，可以减为二十年以上二十一年以下有期徒刑；确有悔改表现并有重大立功表现的，可以减为十九年以上二十年以下有期徒刑。无期徒刑罪犯减为有期徒刑后再减刑时，减刑幅度依照本规定第六条的规定执行。两次减刑间隔时间不得少于二年。

罪犯有重大立功表现的，可以不受上述减刑起始时间和间隔时间的限制。

第九条 对被判处无期徒刑的职务犯罪罪犯，破坏金融管理秩序和金融诈骗犯罪罪犯，组织、领导、参加、包庇、纵容黑社会性质组织犯罪罪犯，危害国家安全犯罪罪犯，恐怖活动犯罪罪犯，毒品犯罪集团的首要分子及毒品再犯，累犯以及因故意杀人、强奸、抢劫、绑架、放火、爆炸、投放危险物质或者有组织的暴力性犯罪的罪犯，确有履行能力而不履行或者不全部履行生效裁判中财产性判项的罪犯，数罪并罚被判处无期徒刑的罪犯，符合减刑条件的，执行三年以上方可减刑，减刑幅度应当比照本规定第八条从严掌握，减刑后的刑期最低不得少于二十年有期徒刑；减为有期徒刑后再减刑时，减刑幅度比照本规定第六条从严掌握，一次不超过一年有期徒刑，两次减刑之间应当间隔二年以上。

罪犯有重大立功表现的，可以不受上述减刑起始时间和间隔时间的限制。

第十条 被判处死刑缓期执行的罪犯减为无期徒刑后，符合减刑条件的，执行三年以上方可减刑。减刑幅度为：确有悔改表现或者有立功表现的，可以减为二十五年有期徒刑；确有悔改表现并有立功表现的，可以减为二十四年以上二十五年以下有期徒刑；有重大立功表现的，可以减为二十三年以上二十四年以下有期徒刑；确有悔改表现并有重大立功表现的，可以减为二十二年以上二十三年以下有期徒刑。

被判处死刑缓期执行的罪犯减为有期徒刑后再减刑时，比照本规定第八条的规定办理。

第十一条 对被判处死刑缓期执行的职务犯罪罪犯，破坏金融管理秩序和金融诈骗犯罪罪犯，组织、领导、参加、包庇、纵容黑社会性质组织犯罪罪犯，危害国家安全犯罪罪犯，恐怖活动犯罪罪犯，毒品犯罪集团的首要分子及毒品再犯，累犯以及因故意杀人、强奸、抢劫、绑架、放火、爆炸、投放危险物质或者有组织的暴力性犯罪的罪犯，确有履行能力而不履行或者不全部履行生效裁判中财产性判项的罪犯，数罪并罚被判处死刑缓期执行的罪犯，减为无期徒刑后，符合减刑条件的，执行三年以上方可减刑，一般减为二十五年有期徒刑，有立功表现或者重大立功表现的，可以比照本规定第十条减为二十三年以上二十五年以下有期徒刑；减为有期徒刑后再减刑时，减刑幅度比照本规定第六条从严掌握，一次不超过一年有期徒刑，两次减刑之间应当间隔二年以上。

第十二条 被判处死刑缓期执行的罪犯经过一次或者几次减刑后，其实际执行的刑期不得少于十五年，死刑缓期执行期间不包括在内。

死刑缓期执行罪犯在缓期执行期间不服从监管、抗拒改造，尚未构成犯罪的，在减为无期徒刑后再减刑时应当适当从严。

第十三条　被限制减刑的死刑缓期执行罪犯，减为无期徒刑后，符合减刑条件的，执行五年以上方可减刑。减刑间隔时间和减刑幅度依照本规定第九条的规定执行。

第十四条　被限制减刑的死刑缓期执行罪犯，减为有期徒刑后再减刑时，一次减刑不超过六个月有期徒刑，两次减刑间隔时间不得少于二年。有重大立功表现的，间隔时间可以适当缩短，但一次减刑不超过一年有期徒刑。

第十五条　对被判处终身监禁的罪犯，在死刑缓期执行期满依法减为无期徒刑的裁定中，应当明确终身监禁，不得再减刑或者假释。

第十六条　被判处管制、拘役的罪犯，以及判决生效后剩余刑期不满二年有期徒刑的罪犯，符合减刑条件的，可以酌情减刑，减刑起始时间可以适当缩短，但实际执行的刑期不得少于原判刑期的二分之一。

第十七条　被判处有期徒刑罪犯减刑时，对附加剥夺政治权利的期限可以酌减。酌减后剥夺政治权利的期限，不得少于一年。

被判处死刑缓期执行、无期徒刑的罪犯减为有期徒刑时，应当将附加剥夺政治权利的期限减为七年以上十年以下，经过一次或者几次减刑后，最终剥夺政治权利的期限不得少于三年。

第十八条　被判处拘役或者三年以下有期徒刑，并宣告缓刑的罪犯，一般不适用减刑。

前款规定的罪犯在缓刑考验期内有重大立功表现的，可以参照刑法第七十八条的规定予以减刑，同时应当依法缩减其缓刑考验期。缩减后，拘役的缓刑考验期限不得少于二个月，有期徒刑的缓刑考验期限不得少于一年。

第十九条　对在报请减刑前的服刑期间不满十八周岁，且所犯罪行不属于刑法第八十一条第二款规定情形的罪犯，认罪悔罪，遵守法律法规及监规，积极参加学习、劳动，应当视为确有悔改表现。

对上述罪犯减刑时，减刑幅度可以适当放宽，或者减刑起始时间、间隔时间可以适当缩短，但放宽的幅度和缩短的时间不得超过本规定中相应幅度、时间的三分之一。

第二十条　老年罪犯、患严重疾病罪犯或者身体残疾罪犯减刑时，应当主要考察其认罪悔罪的实际表现。

对基本丧失劳动能力，生活难以自理的上述罪犯减刑时，减刑幅度可以适当放宽，或者减刑起始时间、间隔时间可以适当缩短，但放宽的幅度和缩短的时间不得超过本规定中相应幅度、时间的三分之一。

第二十一条 被判处有期徒刑、无期徒刑的罪犯在刑罚执行期间又故意犯罪，新罪被判处有期徒刑的，自新罪判决确定之日起三年内不予减刑；新罪被判处无期徒刑的，自新罪判决确定之日起四年内不予减刑。

罪犯在死刑缓期执行期间又故意犯罪，未被执行死刑的，死刑缓期执行的期间重新计算，减为无期徒刑后，五年内不予减刑。

被判处死刑缓期执行罪犯减刑后，在刑罚执行期间又故意犯罪的，依照第一款规定处理。

第二十二条 办理假释案件，认定“没有再犯罪的危险”，除符合刑法第八十一条规定的情形外，还应当根据犯罪的具体情节、原判刑罚情况，在刑罚执行中的一贯表现，罪犯的年龄、身体状况、性格特征，假释后生活来源以及监管条件等因素综合考虑。

第二十三条 被判处有期徒刑的罪犯假释时，执行原判刑期二分之一的时间，应当从判决执行之日起计算，判决执行以前先行羁押的，羁押一日折抵刑期一日。

被判处无期徒刑的罪犯假释时，刑法中关于实际执行刑期不得少于十三年的时间，应当从判决生效之日起计算。判决生效以前先行羁押的时间不予折抵。

被判处死刑缓期执行的罪犯减为无期徒刑或者有期徒刑后，实际执行十五年以上，方可假释，该实际执行时间应当从死刑缓期执行期满之日起计算。死刑缓期执行期间不包括在内，判决确定以前先行羁押的时间不予折抵。

第二十四条 刑法第八十一条第一款规定的“特殊情况”，是指有国家政治、国防、外交等方面特殊需要的情况。

第二十五条 对累犯以及因故意杀人、强奸、抢劫、绑架、放火、爆炸、投放危险物质或者有组织的暴力性犯罪被判处十年以上有期徒刑、无期徒刑的罪犯，不得假释。

因前款情形和犯罪被判处死刑缓期执行的罪犯，被减为无期徒刑、有期徒刑后，也不得假释。

第二十六条　对下列罪犯适用假释时可以依法从宽掌握：

（一）过失犯罪的罪犯、中止犯罪的罪犯、被胁迫参加犯罪的罪犯；

（二）因防卫过当或者紧急避险过当而被判处有期徒刑以上刑罚的罪犯；

（三）犯罪时未满十八周岁的罪犯；

（四）基本丧失劳动能力、生活难以自理，假释后生活确有着落的老年罪犯、患严重疾病罪犯或者身体残疾罪犯；

（五）服刑期间改造表现特别突出的罪犯；

（六）具有其他可以从宽假释情形的罪犯。

罪犯既符合法定减刑条件，又符合法定假释条件的，可以优先适用假释。

第二十七条　对于生效裁判中有财产性判项，罪犯确有履行能力而不履行或者不全部履行的，不予假释。

第二十八条　罪犯减刑后又假释的，间隔时间不得少于一年；对一次减去一年以上有期徒刑后，决定假释的，间隔时间不得少于一年六个月。

罪犯减刑后余刑不足二年，决定假释的，可以适当缩短间隔时间。

第二十九条　罪犯在假释考验期内违反法律、行政法规或者国务院有关部门关于假释的监督管理规定的，作出假释裁定的人民法院，应当在收到报请机关或者检察机关撤销假释建议书后及时审查，作出是否撤销假释的裁定，并送达报请机关，同时抄送人民检察院、公安机关和原刑罚执行机关。

罪犯在逃的，撤销假释裁定书可以作为对罪犯进行追捕的依据。

第三十条　依照刑法第八十六条规定被撤销假释的罪犯，一般不得再假释。但依照该条第二款被撤销假释的罪犯，如果罪犯对漏罪曾作如实供述但原判未予认定，或者漏罪系其自首，符合假释条件的，可以再假释。

被撤销假释的罪犯，收监后符合减刑条件的，可以减刑，但减刑起始时间自收监之日起计算。

第三十一条　年满八十周岁、身患疾病或者生活难以自理、没有再犯罪危险的罪犯，既符合减刑条件，又符合假释条件的，优先适用假释；不符合假释条件的，参照本规定第二十条有关的规定从宽处理。

第三十二条　人民法院按照审判监督程序重新审理的案件，裁定维持原判决、裁定的，原减刑、假释裁定继续有效。

再审裁判改变原判决、裁定的，原减刑、假释裁定自动失效，执行机关应当及时报请有管辖权的人民法院重新作出是否减刑、假释的裁定。重新作出减刑裁定时，不受本规定有关减刑起始时间、间隔时间和减刑幅度的限制。重新裁定时应综合考虑各方面因素，减刑幅度不得超过原裁定减去的刑期总和。

再审改判为死刑缓期执行或者无期徒刑的，在新判决减为有期徒刑之时，原判决已经实际执行的刑期一并扣减。

再审裁判宣告无罪的，原减刑、假释裁定自动失效。

第三十三条 罪犯被裁定减刑后，刑罚执行期间因故意犯罪而数罪并罚时，经减刑裁定减去的刑期不计入已经执行的刑期。原判死刑缓期执行减为无期徒刑、有期徒刑，或者无期徒刑减为有期徒刑的裁定继续有效。

第三十四条 罪犯被裁定减刑后，刑罚执行期间因发现漏罪而数罪并罚的，原减刑裁定自动失效。如漏罪系罪犯主动交代的，对其原减去的刑期，由执行机关报请有管辖权的人民法院重新作出减刑裁定，予以确认；如漏罪系有关机关发现或者他人检举揭发的，由执行机关报请有管辖权的人民法院，在原减刑裁定减去的刑期总和之内，酌情重新裁定。

第三十五条 被判处死刑缓期执行的罪犯，在死刑缓期执行期内被发现漏罪，依据刑法第七十条规定数罪并罚，决定执行死刑缓期执行的，死刑缓期执行期间自新判决确定之日起计算，已经执行的死刑缓期执行期间计入新判决的死刑缓期执行期间内，但漏罪被判处死刑缓期执行的除外。

第三十六条 被判处死刑缓期执行的罪犯，在死刑缓期执行期满后被发现漏罪，依据刑法第七十条规定数罪并罚，决定执行死刑缓期执行的，交付执行时对罪犯实际执行无期徒刑，死缓考验期不再执行，但漏罪被判处死刑缓期执行的除外。

在无期徒刑减为有期徒刑时，前罪死刑缓期执行减为无期徒刑之日起至新判决生效之日止已经实际执行的刑期，应当计算在减刑裁定决定执行的刑期以内。

原减刑裁定减去的刑期依照本规定第三十四条处理。

第三十七条 被判处无期徒刑的罪犯在减为有期徒刑后因发现漏罪，依据刑法第七十条规定数罪并罚，决定执行无期徒刑的，前罪无期徒刑生效之日起至新判决生效之日止已经实际执行的刑期，应当在新判决的无期徒刑减为有期徒刑时，在减刑裁定决定执行的刑期内扣减。

无期徒刑罪犯减为有期徒刑后因发现漏罪判处三年有期徒刑以下刑罚，

数罪并罚决定执行无期徒刑的，在新判决生效后执行一年以上，符合减刑条件的，可以减为有期徒刑，减刑幅度依照本规定第八条、第九条的规定执行。

原减刑裁定减去的刑期依照本规定第三十四条处理。

第三十八条 人民法院作出的刑事判决、裁定发生法律效力后，在依照刑事诉讼法第二百五十三条、第二百五十四条的规定将罪犯交付执行刑罚时，如果生效裁判中有财产性判项，人民法院应当将反映财产性判项执行、履行情况的有关材料一并随案移送刑罚执行机关。罪犯在服刑期间本人履行或者其亲属代为履行生效裁判中财产性判项的，应当及时向刑罚执行机关报告。刑罚执行机关报请减刑时应随案移送以上材料。

人民法院办理减刑、假释案件时，可以向原一审人民法院核实罪犯履行财产性判项的情况。原一审人民法院应当出具相关证明。

刑罚执行期间，负责办理减刑、假释案件的人民法院可以协助原一审人民法院执行生效裁判中的财产性判项。

第三十九条 本规定所称"老年罪犯"，是指报请减刑、假释时年满六十五周岁的罪犯。

本规定所称"患严重疾病罪犯"，是指因患有重病，久治不愈，而不能正常生活、学习、劳动的罪犯。

本规定所称"身体残疾罪犯"，是指因身体有肢体或者器官残缺、功能不全或者丧失功能，而基本丧失生活、学习、劳动能力的罪犯，但是罪犯犯罪后自伤致残的除外。

对刑罚执行机关提供的证明罪犯患有严重疾病或者有身体残疾的证明文件，人民法院应当审查，必要时可以委托有关单位重新诊断、鉴定。

第四十条 本规定所称"判决执行之日"，是指罪犯实际送交刑罚执行机关之日。

本规定所称"减刑间隔时间"，是指前一次减刑裁定送达之日起至本次减刑报请之日止的期间。

第四十一条 本规定所称"财产性判项"是指判决罪犯承担的附带民事赔偿义务判项，以及追缴、责令退赔、罚金、没收财产等判项。

第四十二条 本规定自 2017 年 1 月 1 日起施行。以前发布的司法解释与本规定不一致的，以本规定为准。

6. 最高人民法院关于减刑、假释案件审理程序的规定（法释〔2014〕5号，自2014年6月1日起施行）（节录）

第一条 对减刑、假释案件，应当按照下列情形分别处理：

（一）对被判处死刑缓期执行的罪犯的减刑，由罪犯服刑地的高级人民法院在收到同级监狱管理机关审核同意的减刑建议书后一个月内作出裁定；

（二）对被判处无期徒刑的罪犯的减刑、假释，由罪犯服刑地的高级人民法院在收到同级监狱管理机关审核同意的减刑、假释建议书后一个月内作出裁定，案情复杂或者情况特殊的，可以延长一个月；

（三）对被判处有期徒刑和被减为有期徒刑的罪犯的减刑、假释，由罪犯服刑地的中级人民法院在收到执行机关提出的减刑、假释建议书后一个月内作出裁定，案情复杂或者情况特殊的，可以延长一个月；

（四）对被判处拘役、管制的罪犯的减刑，由罪犯服刑地中级人民法院在收到同级执行机关审核同意的减刑、假释建议书后一个月内作出裁定。

对暂予监外执行罪犯的减刑，应当根据情况，分别适用前款的有关规定。

第二条 人民法院受理减刑、假释案件，应当审查执行机关移送的下列材料：

（一）减刑或者假释建议书；

（二）终审法院裁判文书、执行通知书、历次减刑裁定书的复印件；

（三）罪犯确有悔改或者立功、重大立功表现的具体事实的书面证明材料；

（四）罪犯评审鉴定表、奖惩审批表等；

（五）其他根据案件审理需要应予移送的材料。

报请假释的，应当附有社区矫正机构或者基层组织关于罪犯假释后对所居住社区影响的调查评估报告。

人民检察院对报请减刑、假释案件提出检察意见的，执行机关应当一并移送受理减刑、假释案件的人民法院。

经审查，材料齐备的，应当立案；材料不齐的，应当通知执行机关在三日内补送，逾期未补送的，不予立案。

第三条 人民法院审理减刑、假释案件，应当在立案后五日内将执行机关报请减刑、假释的建议书等材料依法向社会公示。

公示内容应当包括罪犯的个人情况、原判认定的罪名和刑期、罪犯历次减刑情况、执行机关的建议及依据。

公示应当写明公示期限和提出意见的方式。公示期限为五日。

第四条　人民法院审理减刑、假释案件，应当依法由审判员或者由审判员和人民陪审员组成合议庭进行。

第五条　人民法院审理减刑、假释案件，除应当审查罪犯在执行期间的一贯表现外，还应当综合考虑犯罪的具体情节、原判刑罚情况、财产刑执行情况、附带民事裁判履行情况、罪犯退赃退赔等情况。

人民法院审理假释案件，除应当审查第一款所列情形外，还应当综合考虑罪犯的年龄、身体状况、性格特征、假释后生活来源以及监管条件等影响再犯罪的因素。

执行机关以罪犯有立功表现或重大立功表现为由提出减刑的，应当审查立功或重大立功表现是否属实。涉及发明创造、技术革新或者其他贡献的，应当审查该成果是否系罪犯在执行期间独立完成，并经有关主管机关确认。

第六条　人民法院审理减刑、假释案件，可以采取开庭审理或者书面审理的方式。但下列减刑、假释案件，应当开庭审理：

（一）因罪犯有重大立功表现报请减刑的；

（二）报请减刑的起始时间、间隔时间或者减刑幅度不符合司法解释一般规定的；

（三）公示期间收到不同意见的；

（四）人民检察院有异议的；

（五）被报请减刑、假释罪犯系职务犯罪罪犯，组织（领导、参加、包庇、纵容）黑社会性质组织犯罪罪犯，破坏金融管理秩序和金融诈骗犯罪罪犯及其他在社会上有重大影响或社会关注度高的；

（六）人民法院认为其他应当开庭审理的。

第七条　人民法院开庭审理减刑、假释案件，应当通知人民检察院、执行机关及被报请减刑、假释罪犯参加庭审。

人民法院根据需要，可以通知证明罪犯确有悔改表现或者立功、重大立功表现的证人，公示期间提出不同意见的人，以及鉴定人、翻译人员等其他人员参加庭审。

第八条　开庭审理应当在罪犯刑罚执行场所或者人民法院确定的场所进行。有条件的人民法院可以采取视频开庭的方式进行。

在社区执行刑罚的罪犯因重大立功被报请减刑的，可以在罪犯服刑地或者居住地开庭审理。

第九条 人民法院对于决定开庭审理的减刑、假释案件，应当在开庭三日前将开庭的时间、地点通知人民检察院、执行机关、被报请减刑、假释罪犯和有必要参加庭审的其他人员，并于开庭三日前进行公告。

第十条 减刑、假释案件的开庭审理由审判长主持，应当按照以下程序进行：

（一）审判长宣布开庭，核实被报请减刑、假释罪犯的基本情况；

（二）审判长宣布合议庭组成人员、检察人员、执行机关代表及其他庭审参加人；

（三）执行机关代表宣读减刑、假释建议书，并说明主要理由；

（四）检察人员发表检察意见；

（五）法庭对被报请减刑、假释罪犯确有悔改表现或立功表现、重大立功表现的事实以及其他影响减刑、假释的情况进行调查核实；

（六）被报请减刑、假释罪犯作最后陈述；

（七）审判长对庭审情况进行总结并宣布休庭评议。

第十一条 庭审过程中，合议庭人员对报请理由有疑问的，可以向被报请减刑、假释罪犯、证人、执行机关代表、检察人员提问。

庭审过程中，检察人员对报请理由有疑问的，在经审判长许可后，可以出示证据，申请证人到庭，向被报请减刑、假释罪犯及证人提问并发表意见。被报请减刑、假释罪犯对报请理由有疑问的，在经审判长许可后，可以出示证据，申请证人到庭，向证人提问并发表意见。

第十二条 庭审过程中，合议庭对证据有疑问需要进行调查核实，或者检察人员、执行机关代表提出申请的，可以宣布休庭。

第十三条 人民法院开庭审理减刑、假释案件，能够当庭宣判的应当当庭宣判；不能当庭宣判的，可以择期宣判。

第十四条 人民法院书面审理减刑、假释案件，可以就被报请减刑、假释罪犯是否符合减刑、假释条件进行调查核实或听取有关方面意见。

第十五条 人民法院书面审理减刑案件，可以提讯被报请减刑罪犯；书面审理假释案件，应当提讯被报请假释罪犯。

第十六条 人民法院审理减刑、假释案件，应当按照下列情形分别处理：

（一）被报请减刑、假释罪犯符合法律规定的减刑、假释条件的，作出予以减刑、假释的裁定；

（二）被报请减刑的罪犯符合法律规定的减刑条件，但执行机关报请的减刑幅度不适当的，对减刑幅度作出相应调整后作出予以减刑的裁定；

（三）被报请减刑、假释罪犯不符合法律规定的减刑、假释条件的，作出不予减刑、假释的裁定。

在人民法院作出减刑、假释裁定前，执行机关书面申请撤回减刑、假释建议的，是否准许，由人民法院决定。

第十七条 减刑、假释裁定书应当写明罪犯原判和历次减刑情况，确有悔改表现或者立功、重大立功表现的事实和理由，以及减刑、假释的法律依据。

裁定减刑的，应当注明刑期的起止时间；裁定假释的，应当注明假释考验期的起止时间。

裁定调整减刑幅度或者不予减刑、假释的，应当在裁定书中说明理由。

第十八条 人民法院作出减刑、假释裁定后，应当在七日内送达报请减刑、假释的执行机关、同级人民检察院以及罪犯本人。作出假释裁定的，还应当送达社区矫正机构或者基层组织。

第十九条 减刑、假释裁定书应当通过互联网依法向社会公布。

第二十条 人民检察院认为人民法院减刑、假释裁定不当，在法定期限内提出书面纠正意见的，人民法院应当在收到纠正意见后另行组成合议庭审理，并在一个月内作出裁定。

第二十一条 人民法院发现本院已经生效的减刑、假释裁定确有错误的，应当依法重新组成合议庭进行审理并作出裁定；上级人民法院发现下级人民法院已经生效的减刑、假释裁定确有错误的，应当指令下级人民法院另行组成合议庭审理，也可以自行依法组成合议庭进行审理并作出裁定。

第二十二条 最高人民法院以前发布的司法解释和规范性文件，与本规定不一致的，以本规定为准。

7. 最高人民法院关于罪犯因漏罪、新罪数罪并罚时原减刑裁定应如何处理的意见（法〔2012〕44 号，2012 年 1 月 18 日公布并施行）

各省、自治区、直辖市高级人民法院，解放军军事法院，新疆维吾尔自治区高级人民法院生产建设兵团分院：

近期，我院接到一些地方高级人民法院关于判决宣告以后，刑罚执行完毕以前，罪犯因漏罪或者又犯新罪数罪并罚时，原减刑裁定应如何处理的请示。为统一法律适用，经研究，提出如下意见：

罪犯被裁定减刑后，因被发现漏罪或者又犯新罪而依法进行数罪并罚时，经减刑裁定减去的刑期不计入已经执行的刑期。

在此后对因漏罪数罪并罚的罪犯依法减刑，决定减刑的频次、幅度时，应当对其原经减刑裁定减去的刑期酌予考虑。

8. **最高人民法院关于办理减刑、假释案件具体应用法律的补充规定**（法释〔2019〕6号，自2019年6月1日起施行）

为准确把握宽严相济刑事政策，严格执行《最高人民法院关于办理减刑、假释案件具体应用法律的规定》，现对《中华人民共和国刑法修正案（九）》施行后，依照刑法分则第八章贪污贿赂罪判处刑罚的原具有国家工作人员身份的罪犯的减刑、假释补充规定如下：

第一条　对拒不认罪悔罪的，或者确有履行能力而不履行或者不全部履行生效裁判中财产性判项的，不予假释，一般不予减刑。

第二条　被判处十年以上有期徒刑，符合减刑条件的，执行三年以上方可减刑；被判处不满十年有期徒刑，符合减刑条件的，执行二年以上方可减刑。

确有悔改表现或者有立功表现的，一次减刑不超过六个月有期徒刑；确有悔改表现并有立功表现的，一次减刑不超过九个月有期徒刑；有重大立功表现的，一次减刑不超过一年有期徒刑。

被判处十年以上有期徒刑的，两次减刑之间应当间隔二年以上；被判处不满十年有期徒刑的，两次减刑之间应当间隔一年六个月以上。

第三条　被判处无期徒刑，符合减刑条件的，执行四年以上方可减刑。

确有悔改表现或者有立功表现的，可以减为二十三年有期徒刑；确有悔改表现并有立功表现的，可以减为二十二年以上二十三年以下有期徒刑；有重大立功表现的，可以减为二十一年以上二十二年以下有期徒刑。

无期徒刑减为有期徒刑后再减刑时，减刑幅度比照本规定第二条的规定执行。两次减刑之间应当间隔二年以上。

第四条　被判处死刑缓期执行的，减为无期徒刑后，符合减刑条件的，执行四年以上方可减刑。

确有悔改表现或者有立功表现的，可以减为二十五年有期徒刑；确有悔改表现并有立功表现的，可以减为二十四年六个月以上二十五年以下有期徒刑；有重大立功表现的，可以减为二十四年以上二十四年六个月以下有期徒刑。

减为有期徒刑后再减刑时，减刑幅度比照本规定第二条的规定执行。两次减刑之间应当间隔二年以上。

第五条 罪犯有重大立功表现的，减刑时可以不受上述起始时间和间隔时间的限制。

第六条 对本规定所指贪污贿赂罪犯适用假释时，应当从严掌握。

第七条 本规定自2019年6月1日起施行。此前发布的司法解释与本规定不一致的，以本规定为准。

三、典型或常见问题的审理思路

1. 盗窃罪犯狱中服刑期间虽积极参加劳动和教育改造，但多次盗窃他人财物，受警告处分，能否认定确有悔改表现，予以减刑?①

本书观点：罪犯服刑期间虽积极参加劳动和教育改造，但多次盗窃他人财物，非法占有他人财物的恶习未革除，需要进一步接受教育和改造。综合其原判盗窃犯罪情况和改造表现，不能认定有悔改表现，并应该依法作出不予减刑的裁定。

2. 罪犯缓刑考验期间见义勇为构成重大立功，能否依法予以减刑?②

本书观点：判处拘役或者三年以下有期徒刑并宣告缓刑的犯罪分子，一般不适用减刑。但是，如果在缓刑考验期限内有重大立功表现的，可以参照《刑法》第七十八条的规定，予以减刑，同时应依法缩减其缓刑考验期限。拘役的缓刑考验期限不能少于二个月，有期徒刑的缓刑考验期限不能少于一年。缓刑同时被宣告禁止令的犯罪分子被依法减刑时，禁止令的期限可以相应缩短，由人民法院在减刑裁定中确定新的禁止令期限。

---

① 观点来源：《最高法发布严格规范减刑、假释、暂予监外执行典型案例》，发布时间：2015年7月29日，罪犯鲁某不予减刑案。

② 观点来源：《最高法发布严格规范减刑、假释、暂予监外执行典型案例》，发布时间：2015年2月13日，罪犯吴某减刑案。

3. 职务犯罪罪犯在狱内遵守监规，积极劳动，表现较好，但拒不认罪悔罪的，能否予以减刑？①

本书观点：罪犯在服刑期间虽然遵守法律和监规，积极参加劳动，表现较好，但在原判事实清楚，证据确实充分的情况下，仍否认原判认定的绝大部分犯罪事实，未能认识所犯罪行的严重性和社会危害性，不能认定其“认罪悔罪”。罪犯不符合法律规定的减刑条件，应依法裁定不予减刑。

4. 罪犯在刑罚执行期间的发明创造能否按照重大立功表现作为对其漏罪审判时的量刑情节？②

本书观点：罪犯在服刑期间的发明创造构成立功或者重大立功的，可以作为依法减刑的条件予以考虑，但不能作为追诉漏罪的法定量刑情节考虑。

四、疑难、复杂问题的参考性解答

1. 如何正确理解和把握减刑的实质条件？

本书观点：减刑的对象在刑罚执行期间，认真遵守监规，接受教育改造，确有悔改表现，或者有立功表现、重大立功表现的都属于减刑的实质条件。

刑法将减刑分为“可以减刑”和“应当减刑”两种情况。所谓“可以减刑”，是指由人民法院根据罪犯的表现裁量是否减刑，其条件是确有悔改表现和有立功表现两种，是相对减刑条件，符合条件的并不一定能够获得减刑；所谓“应当减刑”，是指出现法定事由，人民法院必须予以减刑，其条件是有重大立功表现，是绝对减刑条件，符合条件的必然会获得减刑。

根据《刑法》第七十八条的规定，在服刑期间认真遵守监规，接受教育改造，确有悔改表现的，或者有立功表现的，可以减刑；有重大立功表现的，应当减刑。

（1）确有悔改表现。根据《最高人民法院关于办理减刑、假释案件具体应用法律的规定》，“确有悔改表现”是指同时具备以下四个方面情形：认罪悔罪；遵守法律法规及监规，接受教育改造；积极参加思想、文化、职业技

① 观点来源：《最高法发布严格规范减刑、假释、暂予监外执行典型案例》，发布时间：2015 年 2 月 13 日，罪犯张某坚不予减刑案。

② 观点来源：《最高人民法院研究室关于罪犯在刑罚执行期间的发明创造能否按照重大立功表现作为对其漏罪审判时的量刑情节问题的答复》（法研〔2011〕79 号，2011 年 6 月 14 日）。

术教育；积极参加劳动，努力完成劳动任务。对罪犯在刑罚执行期间提出申诉的，要依法保护其申诉权利，对罪犯申诉不应不加分析地认为是不认罪伏法，没有悔改表现。

罪犯积极执行财产刑和履行附带民事赔偿义务的，可视为有认罪悔罪表现，在减刑时可以从宽掌握；确有执行、履行能力而不执行、不履行的，在减刑时应当从严掌握。

对于未成年罪犯，只要能够认罪悔罪，且不属于累犯以及因故意杀人、强奸、抢劫、绑架、放火、爆炸、投放危险物质或者有组织的暴力性犯罪被判处十年以上有期徒刑、无期徒刑的，遵守法律法规及监规，积极参加学习、劳动的，应视为确有悔改表现。

对于老年和身体有残疾罪犯的减刑，应当主要注重悔罪的实际表现。由于年龄上和身体上的缺陷，不能只是追求他们在劳动改造中所取得成绩作为悔罪标准。只要严格遵守监规监纪，积极参加思想政治、技术、学习，彻底剔除对社会的危害性，就应根据其实际表现，确定是否悔罪。对犯罪时未成年罪犯的减刑，在掌握标准上比照成年犯依法适度放宽。未成年犯只要能认罪服法，遵守监规，积极参加劳动学习的，即可视为确有悔改表现予以减刑。

对职务犯罪、破坏金融管理秩序和金融诈骗犯罪、组织（领导、参加、包庇、纵容）黑社会性质组织犯罪等罪犯（以下简称三类罪犯）“确有悔改表现”的认定，不仅应当考察其是否认罪悔罪，认真遵守法律法规及监规、接受教育改造，积极参加思想、文化、职业技术教育，积极参加劳动、努力完成劳动任务，而且应当考察其是否通过主动退赃、积极协助追缴境外赃款赃物、主动赔偿损失等方式，积极消除犯罪行为所产生的社会影响。对服刑期间利用个人影响力和社会关系等不正当手段企图获得减刑机会的，不认定其“确有悔改表现”。

（2）有“立功表现”。有“立功表现”是指具有下列情形之一的：①阻止他人实施犯罪活动的；②检举、揭发监狱内外犯罪活动，或者提供重要的破案线索，经查证属实的；③协助司法机关抓捕其他犯罪嫌疑人（包括同案犯）的；④在生产、科研中进行技术革新，成绩突出的；⑤在抢险救灾或者排除重大事故中表现突出的；⑥对国家和社会有其他贡献的。

对三类罪犯拟按法律规定的“在生产、科研中进行技术革新，成绩突出”或者“对国家和社会有其他贡献”认定为“立功表现”的，该技术革新或者其他贡献必须是该罪犯在服刑期间独立完成，并经省级主管部门确认。

（3）有“重大立功表现”是指具有下列情形之一的：①阻止他人实施重大犯罪活动的；②检举监狱内外重大犯罪活动，经查证属实的；③协助司法机关抓捕其他重大犯罪嫌疑人（包括同案犯）的；④有发明创造或者重大技术革新的；⑤在日常生产、生活中舍己救人的；⑥在抗御自然灾害或者排除重大事故中，有特别突出表现的；⑦对国家和社会有其他重大贡献的。

对三类罪犯拟按法律规定的“有发明创造或者重大技术革新”认定为“重大立功表现”的，该发明创造或者重大技术革新必须是该罪犯在服刑期间独立完成并经国家主管部门确认的发明专利，且不包括实用新型专利和外观设计专利；拟按法律规定的“对国家和社会有其他重大贡献”认定为“重大立功表现”的，该重大贡献必须是该罪犯在服刑期间独立完成并经国家主管部门确认的劳动成果。

需要注意的是，作为减刑条件的立功、重大立功不同于作为量刑情节的立功、重大立功。作为减刑条件的立功、重大立功是发生在刑罚执行期间，作为量刑情节的立功、重大立功是在犯罪发生以后判决尚未宣告前的诉讼过程中。前者是减刑的根据，后者是量刑的情节。两者在内容上也有所不同，作为减刑条件的立功、重大立功比作为量刑情节的立功、重大立功的内容要更多一些。

2. **对暂予监外执行的犯罪是否可适用减刑？**

本书观点：减刑的对象一般是指被羁押在监管场所内的犯人，正因为其处于被监管状态，监管人员才能根据其改造情况考察其是否确有悔改表现等，如果脱离了监管状态，在没有立功的情况下判断是否具有减刑条件就失去了依据，所以在一般情况下对暂予监外执行的罪犯不适用减刑为宜。但是，对于在暂予监外执行期间有立功表现或者重大立功表现的，仍可以根据法律、司法解释的具体规定予以减刑，但应比照在监狱内服刑的罪犯在同等情形下在减刑幅度等方面适当有所限制。

3. **罪犯在服刑期间提出申诉的，能否一概认为是不认罪服法而不予减刑？**

本书观点：罪犯在服刑期间提出申诉的，不能一概认为是不认罪服法，根据具体情况，依法可以予以减刑。理由如下：

首先，申诉是服刑罪犯的一项法定权利。罪犯向相关法院或者检察院等司法机关提交申诉材料，只要属于正常的申诉而不是无理缠诉，那么，对其在刑罚执行期间提出的申诉，就不能认为是不认罪服法。

其次，罪犯提出申诉的同时，在刑罚执行期间如果能够遵守监规纪律，按照参加学习活动，积极参加生产劳动，完成劳动任务，符合《刑法》第七十八条规定及有关司法解释的减刑条件的，依法可以对其减刑。

最后，虽然申诉是罪犯的一项权利，但获得减刑并非犯罪的权利，而是国家对服刑罪犯的一种奖励。是否对罪犯减刑不以罪犯的意志为转移，除法律及司法解释规定的“应当减刑”的情形外，对于符合减刑条件的罪犯，刑罚执行机关可以提请减刑也可以不提请减刑，不以罪犯申请减刑或反对减刑为条件。

当然，如果罪犯在其所犯罪行事实清楚、证据充分、适用法律正确的情形下，仍然无理缠诉，甚至妨害监狱监管秩序的，则不能轻易对其予以减刑。

第七节　假　释

一、刑法规定

第八十一条[①]　被判处有期徒刑的犯罪分子，执行原判刑期二分之一以上，被判处无期徒刑的犯罪分子，实际执行十三年以上，如果认真遵守监规，接受教育改造，确有悔改表现，没有再犯罪的危险的，可以假释。如果有特殊情况，经最高人民法院核准，可以不受上述执行刑期的限制。

对累犯以及因故意杀人、强奸、抢劫、绑架、放火、爆炸、投放危险物质或者有组织的暴力性犯罪被判处十年以上有期徒刑、无期徒刑的犯罪分子，不得假释。

对犯罪分子决定假释时，应当考虑其假释后对所居住社区的影响。

第八十二条　对于犯罪分子的假释，依照本法第七十九条规定的程序进

---

①　本条经 2011 年 2 月 25 日《刑法修正案（八）》第十六条修正。

1997 年《刑法》第八十一条规定：“被判处有期徒刑的犯罪分子，执行原判刑期二分之一以上，被判处无期徒刑的犯罪分子，实际执行十年以上，如果认真遵守监规，接受教育改造，确有悔改表现，假释后不致再危害社会的，可以假释。如果有特殊情况，经最高人民法院核准，可以不受上述执行刑期的限制。

“对累犯以及因杀人、爆炸、抢劫、强奸、绑架等暴力性犯罪被判处十年以上有期徒刑、无期徒刑的犯罪分子，不得假释。”

行。非经法定程序不得假释。

第八十三条 有期徒刑的假释考验期限，为没有执行完毕的刑期；无期徒刑的假释考验期限为十年。

假释考验期限，从假释之日起计算。

第八十四条 被宣告假释的犯罪分子，应当遵守下列规定：

（一）遵守法律、行政法规，服从监督；

（二）按照监督机关的规定报告自己的活动情况；

（三）遵守监督机关关于会客的规定；

（四）离开所居住的市、县或者迁居，应当报经监督机关批准。

第八十五条① 对假释的犯罪分子，在假释考验期限内，依法实行社区矫正，如果没有本法第八十六条规定的情形，假释考验期满，就认为原判刑罚已经执行完毕，并公开予以宣告。

第八十六条② 被假释的犯罪分子，在假释考验期限内犯新罪，应当撤销假释，依照本法第七十一条的规定实行数罪并罚。

在假释考验期限内，发现被假释的犯罪分子在判决宣告以前还有其他罪没有判决的，应当撤销假释，依照本法第七十条的规定实行数罪并罚。

被假释的犯罪分子，在假释考验期限内，有违反法律、行政法规或者国务院有关部门关于假释的监督管理规定的行为，尚未构成新的犯罪的，应当依照法定程序撤销假释，收监执行未执行完毕的刑罚。

二、司法解释、司法文件及其权威解读

本部分内容详见本书总则部分第四章第六节“减刑”“二、司法解释、司法文件及其权威解读”部分，此处略。

---

① 本条经2011年2月25日《刑法修正案（八）》第十七条修正。

1997年《刑法》第八十五条规定：“被假释的犯罪分子，在假释考验期限内，由公安机关予以监督，如果没有本法第八十六条规定的情形，假释考验期满，就认为原判刑罚已经执行完毕，并公开予以宣告。”

② 本条第三款经2011年2月25日《刑法修正案（八）》第十八条修正。

1997年《刑法》第八十六条第三款规定：“被假释的犯罪分子，在假释考验期限内，有违反法律、行政法规或者国务院公安部门有关假释的监督管理规定的行为，尚未构成新的犯罪的，应当依照法定程序撤销假释，收监执行未执行完毕的刑罚。”

三、典型或常见问题的审理思路

1.《刑法》第八十一条第二款规定的暴力性犯罪的范围如何理解?[①]

本书观点：《刑法》第八十一条第二款规定的暴力性犯罪，不仅包括故意杀人、强奸、抢劫、绑架、放火、爆炸、投放危险物质七种，也包括故意伤害等其他暴力性犯罪。但除刑法明确的上述七种犯罪外，其他暴力犯罪必须是有组织的暴力性犯罪，才可将犯罪分子列为不得假释的对象。有组织的暴力性犯罪是指有组织地进行黑社会性质犯罪、恐怖活动犯罪等暴力性犯罪的情形。

需要指出的是，对不得假释的犯罪分子，还必须是被判处十年以上有期徒刑或者无期徒刑的犯罪分子。因为这类犯罪分子罪行严重，主观恶性深，社会危害性大，所以对于这类犯罪分子不适用假释。

2. 对犯罪情节恶劣，有执行能力而不执行财产刑的故意伤害罪犯，可否依法不予假释?[②]

本书观点：罪犯即使在服刑期间改造表现较好，但其所犯罪行严重扰乱当地社会秩序，影响十分恶劣，且其确有财产刑履行能力而不履行。综合考量犯罪情节、性质和财产刑履行情况，可以认定其不符合假释条件，裁定不予假释。

3. 对虽有一定悔改表现，但犯罪性质恶劣，社会危害性较大的罪犯，可否依法从严控制假释?[③]

本书观点：罪犯在服刑期间虽有悔改表现，但如果其所犯罪行性质恶劣，其犯罪活动严重影响到社会正常务工秩序，社会危害性较大的，在假释时应从严掌握。人民法院可以据此依法作出不予假释的裁定。

---

① 观点来源：《最高人民法院研究室关于假释时间效力法律适用问题的答复》（法研〔2011〕97号，2011年7月15日）。

② 案例来源：《最高法发布严格规范减刑、假释、暂予监外执行典型案例》，发布时间：2015年7月29日，罪犯管某志不予假释案。

③ 案例来源：《最高法发布严格规范减刑、假释、暂予监外执行典型案例》，发布时间：2015年7月29日，罪犯王某梦不予假释案。

4. 职务犯罪罪犯未主动退赃、积极履行财产刑的，人民法院可否依法不予假释？[①]

本书观点：罪犯即使在服刑期间改造表现较好，但其系职务犯罪罪犯的情形时，如果未通过主动退赃、积极履行财产刑，消除其犯罪行为所产生的社会影响的，尚不能认定为确有悔改表现，并可据此认定其不符合假释条件，依法不予假释。

四、疑难、复杂问题的参考性解答

1. 如何正确理解和适用《刑法》第八十一条第二款关于“对累犯以及因故意杀人、强奸、抢劫、绑架、放火、爆炸、投放危险物质或者有组织的暴力性犯罪被判处十年以上有期徒刑、无期徒刑的犯罪分子，不得假释”的规定？

本书观点：《刑法》第八十一条第二款规定是对假释的禁止性规定。累犯是已经执行过较重刑罚又犯较重之罪的人，具有极高的人身危险性，而故意杀人、强奸、抢劫、绑架、放火、爆炸、投放危险物质或者有组织的暴力性犯罪等八类犯罪，均具有极大的社会危害性，一旦发生，会对社会秩序、人民群众的生命财产造成难以估量的侵害，必须予以严厉打击和特殊控制。该禁止性规定，体现了对累犯以及犯有上述八类重罪犯罪分子的严厉打击，是贯彻落实宽严相济刑事政策的体现，有利于维持刑罚严肃性，发挥刑罚威慑功能，也是维护社会和谐稳定、保障人身财产安全的必要措施。

累犯以及因故意杀人、强奸、抢劫、绑架、放火、爆炸、投放危险物质或者有组织的暴力性犯罪被判处死刑缓期执行的犯罪分子，被减为无期徒刑、有期徒刑后，也不得假释。

此外，不得假释的属性对于罪犯而言具有终身性，即使那些因累犯及八类重罪被判处十年以上有期徒刑、无期徒刑、死刑缓期执行的犯罪分子，其经过改造并已减为十年以下有期徒刑时，仍须适用不得假释的规定。

2. 如何正确判定假释的“没有再犯罪危险”条件？

本书观点：《刑法》第八十一条规定，假释的适用条件就是认真遵守监

---

① 案例来源：《最高法发布严格规范减刑、假释、暂予监外执行典型案例》，发布时间：2015 年 2 月 13 日，罪犯黎某泉不予假释案。

规，接受教育改造，确有悔改表现，没有再犯罪的危险。我们认为，判断“没有再犯罪的危险”，除符合《刑法》第八十一条规定的情形外，还应根据以下因素综合考虑：

（1）犯罪的具体情节及原判刑罚情况。这是判断罪犯是否符合假释条件的参照基础，可以衡量不同罪犯在刑罚执行时的人身危险性程度，而且以此为起点，可以考察罪犯在刑罚执行过程中人身危险性是否存在逐步降低的趋势。

（2）罪犯改造表现及人身危险性表征。罪犯在改造期间认真遵守监规，接受教育改造，确有悔改表现，是假释适用的重要前提和依据。能否认定“确有悔改表现”，可参照适用减刑时认定“确有悔改表现”的标准来判断。同时，还应调查罪犯犯罪前的一贯表现，罪犯的性格特征、心理状态等人格状况，以进一步判断其人身危险性高低，这对于假释适用应产生直接影响。

（3）罪犯假释后的社会接纳与防范情况。罪犯被假释后的家庭情况、生活来源、监督条件、社区矫正开展情况、拟居住的社区等，特别是其家庭生活背景情况及其家庭人员的素质、经济状况、对罪犯的态度等，将对罪犯能否顺利重新回归社会产生重要影响。如果罪犯假释后受到了家庭和社区的接纳，其融入社会的步伐就会更快，对社区的威胁就会更小。同样，罪犯假释后的主要活动地点会在社区，所居住社区的防范措施越是健全，罪犯再次实施犯罪行为的概率就会越低，危险程度就会相应减弱。

另外，《刑法》第八十一条第三款规定，对犯罪分子决定假释时，应当考虑其假释后对所居住社区的影响。

考虑拟假释犯罪分子对其所居住社区的影响，可主要从以下几个方面进行：第一，拟假释罪犯的家庭及亲属是否愿意接纳。第二，所居住社区的环境条件是否良好、人员结构是否稳定及社区管理是否到位。第三，被害人及其亲属是否能够谅解拟假释罪犯，是否会对其假释产生不满。第四，所居住社区的社区矫正条件是否完备、矫正体系运行情况是否良好。第五，所居住社区的社情民意状况是否平稳。

根据相关司法解释规定，刑罚执行机关向人民法院提请假释时，应当附有社区矫正机构关于罪犯假释后对所居住社区影响的调查评估报告。社区矫正机构关于是否同意假释的意见，是人民法院作出最终裁决的重要参考。

3. 假释考验期满后发现犯罪分子在假释期间有违法犯罪行为的如何处理？

本书观点：只要发现被假释的犯罪分子具备《刑法》第八十六条规定的应当撤销假释的三种情形之一的，就应当撤销假释。但在具体处理方式上应有区别。

根据《刑法》第八十六条的规定，被假释的犯罪分子，在假释考验期限内犯新罪，以及发现被假释的犯罪分子在判决前还有其他罪行没有判决的，或者有违反法律、行政法规或者国务院有关部门有关假释的监督管理规定的行为，尚未构成犯罪的，应当撤销假释。但在司法实践中，存在假释考验期满后才发现犯罪分子存在上述应当撤销假释的情形。由于假释考验期限届满，是否应当按照《刑法》第八十六条的规定，撤销假释，有不同认识，也存在不同做法：

第一种做法是撤销假释，按照《刑法》第八十六条的规定处理。理由是：《刑法》第八十五条规定了罪犯在假释情况下执行完毕其原判刑罚的条件，罪犯在假释期间实施违法犯罪行为，或者在判决宣告前还有其他罪没有判决的，已丧失通过假释执行完毕其原判刑罚的资格。此种情况下，如不撤销假释，便意味着罪犯的原判刑罚执行完毕存在实质缺陷，有鼓励罪犯极力隐瞒违法犯罪行为之嫌，从而使刑法关于假释制度的设置失去意义。同时，《刑法》第八十六条规定了三种撤销假释的情形，即在假释考验期限内犯新罪、发现被假释的犯罪分子在判决宣告以前还有其他罪没有判决、在假释考验期限内有违反法律、行政法规或者国务院有关部门有关假释的监督管理规定的行为，而未将撤销假释的时间限定在假释考验期限内。

第二种做法是不撤销假释，仅对罪犯在假释期间实施的违法犯罪行为进行处理。理由是：根据《刑法》第八十五条规定精神，在假释考验期限内没有撤销假释的，就应当认为原判刑罚已执行完毕。假释考验期满后再撤销原假释，意味着对已经执行完毕或者不存在的假释予以撤销，缺乏事实和法律依据。同时，撤销原假释，就意味着司法中的实体公正没有任何时间、条件的限制，如果违法犯罪行为是在假释考验期满后的 20 年或者更长时间发现，仍然要撤销假释，那么，生效裁判的既判力和稳定性就无从谈起。

第三种做法是根据罪犯在假释考验期限内实施的违法犯罪行为是否构成犯罪，新罪、漏罪是否已过追诉期限，根据不同的情况予以处理。即只要新罪或者漏罪没有超过追诉期限，无论该行为是在假释考验期限内还是在期限届满后发现，都应当撤销假释，按照数罪并罚的原则处理；如果新罪或者漏罪已过追诉期限，就不再撤销假释；如果在假释期限内实施了不构成犯罪的违法行为或者仅属于违反有关假释的监督管理规定的行为，在假释考验期限届满后才发现的，不再撤销假释。

我们认为，《刑法》第八十一条对假释制度规定了严格的适用条件，即罪犯认真遵守监规，接受教育改造，确有悔改表现，假释后不致再危害社会。《刑法》第八十六条规定的应当撤销假释的三种情形，实质上是不具备假释适用条件的具体表现。只要发现被假释的犯罪分子具备《刑法》第八十六条规定的应当撤销假释的三种情形之一的，就应当撤销假释。但在具体处理方式上应有区别：

在假释考验期满后发现犯罪分子在假释考验期限内犯新罪，或者在判决宣告以前还有其他罪没有判决，如果新罪或者漏罪没有超过追诉期限，应当撤销假释，实行数罪并罚；如果新罪或者漏罪已过追诉期限，应当撤销假释，收监执行未执行完毕的刑罚。

在假释考验期满后发现犯罪分子在假释考验期限内有违反法律、行政法规或者国务院有关部门有关假释的监督管理规定的行为，尚未构成犯罪的，应当撤销假释，收监执行未执行完毕的刑罚。

4. 如何正确处理财产刑执行情况与减刑、假释的关系？

本书观点：“确有悔改表现”是法律规定的适用减刑、假释都应当具备的要件。认定“确有悔改表现”应同时具备以下四个方面的情形：认罪悔罪；认真遵守法律法规及监规，接受教育改造；积极参加思想、文化、职业技术教育；积极参加劳动，努力完成劳动任务。其中，“认罪悔罪”中的“认罪”是一种思想状态，表明罪犯真正认识到了自己所犯罪行的社会危害性；而“悔罪”则是一种行动状态，反映出罪犯服从法律制裁，切实履行刑罚执行活动所附加的法律义务。我们认为“悔罪”应当既包括自由刑的执行，也包括财产刑的执行。因此，适用减刑、假释时充分考虑财产刑的执行情况是符合法律规定的。在司法实践中，经审查，服刑人员确有财产刑执行能力而拒不执行的，就可以认定其不符合“确有悔改表现”的要件。对于财产刑执行以及附带民事赔偿表现好的服刑人员，在减刑、假释时，可以适度从宽；对于明显有执行能力而没有执行的，应当认真、严格掌握；确有证据证明具有执行能力而拒不执行的，则不予减刑、假释。

但是也应当看到，财产刑执行困难带有一定的普遍性。其原因是多方面的，其中，有的是服刑人员客观上确实没有执行能力的问题。在这种情况下，如果一味强调财产刑没有执行，就不能减刑、假释，实践中就有可能产生“交得起钱的可以减刑、假释；交不起钱的得不到减刑、假释”的现象。因此，我们认为，服刑人确有财产刑的执行能力而拒不执行的，则不予减刑、假释。如何审查服刑人员是否确实具有财产刑的实际执行能力？我们认为，主要从以下几个方面来分析判断：一是审查原判认定的犯罪，看是否属于涉及大量财产的犯罪，犯罪是否获利、获利数量及追缴情况；二是审查服刑人员原来的经济条件和状况；三是审查服刑人员在服刑期间的开支情况。

第八节　时　效

一、刑法规定

第八十七条　犯罪经过下列期限不再追诉：

（一）法定最高刑为不满五年有期徒刑的，经过五年；

（二）法定最高刑为五年以上不满十年有期徒刑的，经过十年；

（三）法定最高刑为十年以上有期徒刑的，经过十五年；

（四）法定最高刑为无期徒刑、死刑的，经过二十年。如果二十年以后认为必须追诉的，须报请最高人民检察院核准。

第八十八条　在人民检察院、公安机关、国家安全机关立案侦查或者在人民法院受理案件以后，逃避侦查或者审判的，不受追诉期限的限制。

被害人在追诉期限内提出控告，人民法院、人民检察院、公安机关应当立案而不予立案的，不受追诉期限的限制。

第八十九条　追诉期限从犯罪之日起计算；犯罪行为有连续或者继续状态的，从犯罪行为终了之日起计算。

在追诉期限以内又犯罪的，前罪追诉的期限从犯后罪之日起计算。

二、司法解释、司法文件、指导案例

1. **最高人民法院关于适用刑法时间效力规定若干问题的解释**（法释〔1997〕5号，自1997年10月1日起施行）（节录）

第一条 对于行为人1997年9月30日以前实施的犯罪行为，在人民检察院、公安机关、国家安全机关立案侦查或者在人民法院受理案件以后，行为人逃避侦查或者审判，超过追诉期限或者被害人在追诉期限内提出控告，人民法院、人民检察院、公安机关应当立案而不予立案，超过追诉期限的，是否追究行为人的刑事责任，适用修订前的刑法第七十七条的规定。

2. **最高人民检察院关于办理核准追诉案件若干问题的规定**（高检发侦监字〔2012〕21号，2012年8月21日发布并施行）

第一条 为了规范办理核准追诉案件工作，依法打击严重犯罪，保障国家利益和社会公共利益以及公民合法权利，根据《中华人民共和国刑法》、《中华人民共和国刑事诉讼法》等有关规定，结合工作实际，制定本规定。

第二条 办理核准追诉案件应当严格依法、从严控制。

第三条 法定最高刑为无期徒刑、死刑的犯罪，已过二十年追诉期限的，不再追诉。如果认为必须追诉的，须报请最高人民检察院核准。

第四条 须报请最高人民检察院核准追诉的案件在核准之前，侦查机关可以依法对犯罪嫌疑人采取强制措施。

侦查机关报请核准追诉并提请逮捕犯罪嫌疑人，人民检察院经审查认为必须追诉而且符合法定逮捕条件的，可以依法批准逮捕，同时要求侦查机关在报请核准追诉期间不停止对案件的侦查。

未经最高人民检察院核准，不得对案件提起公诉。

第五条 报请核准追诉的案件应当同时符合下列条件：

（一）有证据证明存在犯罪事实，且犯罪事实是犯罪嫌疑人实施的；

（二）涉嫌犯罪的行为应当适用的法定量刑幅度的最高刑为无期徒刑或者死刑的；

（三）涉嫌犯罪的性质、情节和后果特别严重，虽然已过二十年追诉期限，但社会危害性和影响依然存在，不追诉会严重影响社会稳定或者产生其他严重后果，而必须追诉的；

（四）犯罪嫌疑人能够及时到案接受追诉的。

第六条 侦查机关报请核准追诉的案件，由同级人民检察院受理并层报最高人民检察院审查决定。

第七条 人民检察院对侦查机关移送的报请核准追诉的案件，应当审查是否移送下列材料：

（一）报请核准追诉案件意见书；

（二）证明犯罪事实的证据材料；

（三）关于发案、立案、侦查、采取强制措施和犯罪嫌疑人是否重新犯罪等有关情况的书面说明及相关法律文书；

（四）被害方、案发地群众、基层组织等的意见和反映。

材料齐备的，应当受理案件；材料不齐备的，应当要求侦查机关补充移送。

第八条 地方各级人民检察院对侦查机关报请核准追诉的案件，应当及时进行审查并开展必要的调查，经检察委员会审议提出是否同意核准追诉的意见，在受理案件后十日之内制作《报请核准追诉案件报告书》，连同案件材料一并层报最高人民检察院。

第九条 最高人民检察院收到省级人民检察院报送的《报请核准追诉案件报告书》及案件材料后，应当及时审查，必要时派人到案发地了解案件有关情况。经检察长批准或者检察委员会审议，应当在受理案件后一个月之内作出是否核准追诉的决定，特殊情况下可以延长十五日，并制作《核准追诉决定书》或者《不予核准追诉决定书》，逐级下达最初受理案件的人民检察院，送达报请核准追诉的侦查机关。

第十条 对已经批准逮捕的案件，侦查羁押期限届满不能做出是否核准追诉决定的，应当依法对犯罪嫌疑人变更强制措施或者延长侦查羁押期限。

第十一条 最高人民检察院决定核准追诉的案件，最初受理案件的人民检察院应当监督侦查机关及时开展侦查取证。

最高人民检察院决定不予核准追诉，侦查机关未及时撤销案件的，同级人民检察院应当予以监督纠正。犯罪嫌疑人在押的，应当立即释放。

第十二条 人民检察院直接立案侦查的案件报请最高人民检察院核准追诉的，参照本规定办理。

第十三条 本规定自发布之日起施行。

3. **公安部关于刑事追诉期限有关问题的批复**（公复字〔2000〕11 号，2000 年 10 月 25 日）

陕西省公安厅：

你厅《关于刑事追诉期限有关问题的请示》（陕公法发〔2000〕29 号）收悉。现批复如下：

根据从旧兼从轻原则，对 1997 年 9 月 30 日以前实施的犯罪行为，追诉期限问题应当适用 1979 年刑法第七十七条的规定，即在人民法院、人民检察院、公安机关采取强制措施后逃避侦查或者审判的，不受追诉期限的限制。

4. **最高人民检察院指导案例第 6 批第 20 号：马世龙（抢劫）核准追诉案**（高检发研字〔2015〕3 号，2015 年 7 月 3 日印发）

【关键词】

核准追诉　后果严重　影响恶劣

【基本案情】

犯罪嫌疑人马世龙，男，1970 年生，吉林省公主岭市人。

1989 年 5 月 19 日下午，犯罪嫌疑人马世龙、许云刚、曹立波（后二人另案处理，均已判刑）预谋到吉林省公主岭市苇子沟街獾子洞村李树振家抢劫，并准备了面罩、匕首等作案工具。5 月 20 日零时许，三人蒙面持刀进入被害人李树振家大院，将屋门玻璃撬开后拉开门锁进入李树振卧室。马世龙、许云刚、曹立波分别持刀逼住李树振及其妻子王某，并强迫李树振及其妻子拿钱。李树振和妻子王某喊救命，曹立波、许云刚随即逃离。马世龙在逃离时被李树振拉住，遂持刀在李树振身上乱捅，随后逃脱。曹立波、许云刚、马世龙会合后将抢得的现金 380 余元分掉。李树振被送往医院抢救无效死亡。

【核准追诉案件办理过程】

案发后马世龙逃往黑龙江省七台河市打工。公安机关没有立案，也未对马世龙采取强制措施。2014 年 3 月 10 日，吉林省公主岭市公安局接到黑龙江省七台河市桃山区桃山街派出所移交案件：当地民警在对辖区内一名叫“李红”的居民进行盘查时，“李红”交待其真实姓名为马世龙，1989 年 5 月伙同他人闯入吉林省公主岭市苇子沟街獾子洞村李树振家抢劫，并将李树振用刀扎死后逃跑。当日，公主岭市公安局对马世龙立案侦查，3 月 18 日通过公主岭市人民检察院层报最高人民检察院核准追诉。

公主岭市人民检察院、四平市人民检察院、吉林省人民检察院对案件进行审查并开展了必要的调查。2014 年 4 月 8 日，吉林省人民检察院报最高人民检察院对马世龙核准追诉。

另据查明：（1）被害人妻子王某和儿子因案发时受到惊吓患精神病，靠捡破烂为生，生活非常困难，王某强烈要求追究马世龙刑事责任。（2）案发地群众表示，李树振被抢劫杀害一案在当地造成很大恐慌，影响至今没有消除，对犯罪嫌疑人应当追究刑事责任。

最高人民检察院审查认为：犯罪嫌疑人马世龙伙同他人入室抢劫，造成一人死亡的严重后果，依据《中华人民共和国刑法》第十二条、1979 年《中华人民共和国刑法》第一百五十条规定，应当适用的法定量刑幅度的最高刑为死刑。本案对被害人家庭和亲属造成严重伤害，在案发当地造成恶劣影响，虽然经过二十年追诉期限，被害方以及案发地群众反映强烈，社会影响没有消失，不追诉可能严重影响社会稳定或者产生其他严重后果。综合上述情况，依据 1979 年《中华人民共和国刑法》第七十六条第四项规定，决定对犯罪嫌疑人马世龙核准追诉。

【案件结果】

2014 年 6 月 26 日，最高人民检察院作出对马世龙核准追诉决定。2014 年 11 月 5 日，吉林省四平市中级人民法院以马世龙犯抢劫罪，同时考虑其具有自首情节，判处其有期徒刑十五年，并处罚金 1000 元。被告人马世龙未上诉，检察机关未抗诉，一审判决生效。

【要旨】

故意杀人、抢劫、强奸、绑架、爆炸等严重危害社会治安的犯罪，经过二十年追诉期限，仍然严重影响人民群众安全感，被害方、案发地群众、基层组织等强烈要求追究犯罪嫌疑人刑事责任，不追诉可能影响社会稳定或者产生其他严重后果的，对犯罪嫌疑人应当追诉。

【相关法律规定】

《中华人民共和国刑法》第十二条、第六十七条；1979 年《中华人民共和国刑法》第七十六条、第一百五十条。

5. 最高人民检察院指导案例第 6 批第 21 号：丁国山等（故意伤害）核准追诉案（高检发研字〔2015〕3 号，2015 年 7 月 3 日印发）

【关键词】

核准追诉　情节恶劣　无悔罪表现

【基本案情】

犯罪嫌疑人丁国山，男，1963 年生，黑龙江省齐齐哈尔市人。

犯罪嫌疑人常永龙，男，1973 年生，辽宁省朝阳市人。

犯罪嫌疑人丁国义，男，1965 年生，黑龙江省齐齐哈尔市人。

犯罪嫌疑人闫立军，男，1970 年生，黑龙江省齐齐哈尔市人。

1991 年 12 月 21 日，李万山、董立君、魏江等三人上山打猎，途中借宿在莫旗红彦镇大韭菜沟村（后改名为干拉抛沟村）丁国义家中。李万山酒后因琐事与丁国义侄子常永龙发生争吵并殴打了常永龙。12 月 22 日上午 7 时许，丁国山、丁国义、常永龙、闫立军为报复泄愤，对李万山、董立君、魏江三人进行殴打，并将李万山、董立君装进麻袋，持木棒继续殴打三人要害部位。后丁国山等四人用绳索将李万山和董立君捆绑吊于房梁上，将魏江捆绑在柱子上后逃离现场。李万山头部、面部多处受伤，经救治无效于当日死亡。

【核准追诉案件办理过程】

案发后丁国山等四名犯罪嫌疑人潜逃。莫旗公安局当时没有立案手续，也未对犯罪嫌疑人采取强制措施。2010 年全国追逃行动期间，莫旗公安局经对未破命案进行梳理，并通过网上信息研判、证人辨认，确定了丁国山等四名犯罪嫌疑人下落。2013 年 12 月 25 日，犯罪嫌疑人丁国山、丁国义、闫立军被抓获归案；2014 年 1 月 17 日，犯罪嫌疑人常永龙被抓获归案。2014 年 1 月 25 日，莫旗公安局通过莫旗人民检察院层报最高人民检察对丁国山等四名犯罪嫌疑人核准追诉。

莫旗人民检察院、呼伦贝尔市人民检察院、内蒙古自治区人民检察院对案件进行审查并开展了必要的调查。2014 年 4 月 10 日，内蒙古自治区人民检察院报最高人民检察院对丁国山等四名犯罪嫌疑人核准追诉。

另据查明：（1）案发后四名犯罪嫌疑人即逃跑，在得知李万山死亡后分别更名潜逃到黑龙江、陕西等地，其间对于死伤者及其家属未给予任何赔偿。（2）被害人家属强烈要求严惩犯罪嫌疑人。（3）案发地部分村民及村委会出具证明表示，本案虽然过了 20 多年，但在当地造成的影响没有消失。

最高人民检察院审查认为：犯罪嫌疑人丁国山、丁国义、常永龙、闫立军涉嫌故意伤害罪，并造成一人死亡的严重后果，依据《中华人民共和国刑法》第十二条、1979 年《中华人民共和国刑法》第一百三十四条、《全国人民代表大会常务委员会关于严惩严重危害社会治安的犯罪分子的决定》第一条规定，应当适用的法定量刑幅度的最高刑为死刑。本案情节恶劣、后果严重，虽然已过20年追诉期限，但社会影响没有消失，不追诉可能严重影响社会稳定或者产生其他严重后果。本案系共同犯罪，四名犯罪嫌疑人具有共同犯罪故意，共同实施了故意伤害行为，应当对犯罪结果共同承担责任。综合上述情况，依据1979年《中华人民共和国刑法》第七十六条第四项规定，决定对犯罪嫌疑人丁国山、常永龙、丁国义、闫立军核准追诉。

【案件结果】

2014年6月13日，最高人民检察院作出对丁国山、常永龙、丁国义、闫立军核准追诉决定。2015年2月26日，内蒙古自治区呼伦贝尔市中级人民法院以犯故意伤害罪，同时考虑审理期间被告人向被害人进行赔偿等因素，判处主犯丁国山、常永龙、丁国义有期徒刑十四年、十三年、十二年，从犯闫立军有期徒刑三年。被告人均未上诉，检察机关未抗诉，一审判决生效。

【要旨】

涉嫌犯罪情节恶劣、后果严重，并且犯罪后积极逃避侦查，经过二十年追诉期限，犯罪嫌疑人没有明显悔罪表现，也未通过赔礼道歉、赔偿损失等获得被害方谅解，犯罪造成的社会影响没有消失，不追诉可能影响社会稳定或者产生其他严重后果的，对犯罪嫌疑人应当追诉。

【相关法律规定】

《中华人民共和国刑法》第十二条；1979年《中华人民共和国刑法》第二十二条、第七十六条、第一百三十四条。

6. 最高人民检察院指导案例第6批第22号：杨菊云（故意杀人）不核准追诉案（高检发研字〔2015〕3号，2015年7月3日印发）

【关键词】

不予核准追诉　家庭矛盾　被害人谅解

【基本案情】

犯罪嫌疑人杨菊云，女，1962年生，四川省简阳市人。

1989年9月2日晚，杨菊云与丈夫吴德禄因琐事发生口角，吴德禄因此殴打杨菊云。杨菊云乘吴德禄熟睡，手持家中一节柏树棒击打吴德禄头部，后因担心吴德禄继续殴打自己，便用剥菜尖刀将吴德禄杀死。案发后杨菊云携带儿子吴某（当时不满一岁）逃离简阳。9月4日中午，吴德禄继父魏某去吴德禄家中，发现吴德禄被杀死在床上，于是向公安机关报案。公安机关随即开展了尸体检验、现场勘查等调查工作，并于9月26日立案侦查，但未对杨菊云采取强制措施。

【核准追诉案件办理过程】

杨菊云潜逃后辗转多地，后被拐卖嫁与安徽省凤阳县农民曹某。2013年3月，吴德禄亲属得知杨菊云联系方式、地址后，多次到简阳市公安局、资阳市公安局进行控告，要求追究杨菊云刑事责任。同年4月22日，简阳市及资阳市公安局在安徽省凤阳县公安机关协助下将杨菊云抓获，后依法对其刑事拘留、逮捕，并通过简阳市人民检察院层报最高人民检察院核准追诉。

简阳市人民检察院、资阳市人民检察院、四川省人民检察院先后对案件进行审查并开展了必要的调查。2013年6月8日，四川省人民检察院报最高人民检察院对杨菊云核准追诉。

另据查明：（1）杨菊云与吴德禄之子吴某得知自己身世后，恳求吴德禄父母及其他亲属原谅杨菊云。吴德禄的父母等亲属向公安机关递交谅解书，称鉴于杨菊云将吴某抚养成人，成立家庭，不再要求追究杨菊云刑事责任。（2）案发地部分群众表示，吴德禄被杀害，当时社会影响很大，但现在事情已过去二十多年，已经没有什么影响。

最高人民检察院审查认为：犯罪嫌疑人杨菊云故意非法剥夺他人生命，依据《中华人民共和国刑法》第十二条、1979年《中华人民共和国刑法》第一百三十二条规定，应当适用的法定量刑幅度的最高刑为死刑。本案虽然情节、后果严重，但属于因家庭矛盾引发的刑事案件，且多数被害人家属已经表示原谅杨菊云，被害人与犯罪嫌疑人杨菊云之子吴某也要求不追究杨菊云刑事责任。案发地群众反映案件造成的社会影响已经消失。综合上述情况，本案不属于必须追诉的情形，依据1979年《中华人民共和国刑法》第七十六条第四项规定，决定对杨菊云不予核准追诉。

【案件结果】

2013年7月19日，最高人民检察院作出对杨菊云不予核准追诉决定。2013年7月29日，简阳市公安局对杨菊云予以释放。

【要旨】

1. 因婚姻家庭等民间矛盾激化引发的犯罪，经过二十年追诉期限，犯罪嫌疑人没有再犯罪危险性，被害人及其家属对犯罪嫌疑人表示谅解，不追诉有利于化解社会矛盾、恢复正常社会秩序，同时不会影响社会稳定或者产生其他严重后果的，对犯罪嫌疑人可以不再追诉。

2. 须报请最高人民检察院核准追诉的案件，侦查机关在核准之前可以依法对犯罪嫌疑人采取强制措施。侦查机关报请核准追诉并提请逮捕犯罪嫌疑人，人民检察院经审查认为必须追诉而且符合法定逮捕条件的，可以依法批准逮捕。

【相关法律规定】

《中华人民共和国刑法》第十二条；1979 年《中华人民共和国刑法》第七十六条、第一百三十二条。

7. 最高人民检察院指导案例第 6 批第 23 号：蔡金星、陈国辉等（抢劫）不核准追诉案（高检发研字〔2015〕3 号，2015 年 7 月 3 日印发）

【关键词】

不予核准追诉　悔罪表现　共同犯罪

【基本案情】

犯罪嫌疑人蔡金星，男，1963 年生，福建省莆田市人。

犯罪嫌疑人陈国辉，男，1963 年生，福建省莆田市人。

犯罪嫌疑人蔡金星、林俊雄于 1991 年初认识了在福建、安徽两地从事鳗鱼苗经营的一男子（姓名身份不详），该男子透露莆田市多人集资 14 万余元赴芜湖市购买鳗鱼苗，让蔡金星、林俊雄设法将钱款偷走或抢走，自己作为内应。蔡金星、林俊雄遂召集陈国辉、李建忠、蔡金文、陈锦城赶到芜湖市。经事先“踩点”，蔡金星、陈国辉等六人携带凶器及作案工具，于 1991 年 3 月 12 日上午租乘一辆面包车到被害人林文忠租住的房屋附近。按照事先约定，蔡金星在车上等候，其余五名犯罪嫌疑人进入屋内，陈国辉上前按住林文忠，其他人用水果刀逼迫林文忠，抢到装在一个密码箱内的 14 万余元现金后逃跑。

【核准追诉案件办理过程】

1991 年 3 月 12 日，被害人林文忠到芜湖市公安局报案，4 月 18 日芜湖市公安局对犯罪嫌疑人李建忠、蔡金文、陈锦城进行通缉，4 月 23 日对三人作出刑事拘留决定。李建忠于 2011 年 9 月 21 日被江苏省连云港市公安局抓获，蔡金文、陈锦城于 2011 年 12 月 8 日在福建省莆田市投案（三名犯罪嫌疑人另案处理，均已判刑）。李建忠、蔡金文、陈锦城到案后，供出同案犯罪嫌疑人蔡金星、陈国辉、林俊雄（已死亡）三人。莆田市公安局于2012年3月9日将犯罪嫌疑人蔡金星、陈国辉抓获。2012年3月12日，芜湖市公安局对两名犯罪嫌疑人刑事拘留（后取保候审），并通过芜湖市人民检察院层报最高人民检察院核准追诉。

芜湖市人民检察院、安徽省人民检察院分别对案件进行审查并开展了必要的调查。2012年12月4日，安徽省人民检察院报最高人民检察院对蔡金星、陈国辉核准追诉。

另据查明：（1）犯罪嫌疑人蔡金星、陈国辉与被害人（林文忠等当年集资做生意的群众）达成和解协议，并支付被害人40余万元赔偿金（包括直接损失和间接损失），各被害人不再要求追究其刑事责任。（2）蔡金星、陈国辉居住地基层组织未发现二人有违法犯罪行为，建议司法机关酌情不予追诉。

最高人民检察院审查认为：犯罪嫌疑人蔡金星、陈国辉伙同他人入户抢劫14万余元，依据《中华人民共和国刑法》第十二条、1979年《中华人民共和国刑法》第一百五十条规定，应当适用的法定量刑幅度的最高刑为死刑。本案发生在1991年3月12日，案发后公安机关只发现了犯罪嫌疑人李建忠、蔡金文、陈锦城，在追诉期限内没有发现犯罪嫌疑人蔡金星、陈国辉，二人在案发后也没有再犯罪，因此已超过二十年追诉期限。本案虽然犯罪数额巨大，但未造成被害人人身伤害等其他严重后果。犯罪嫌疑人与被害人达成和解协议，并实际赔偿了被害人损失，被害人不再要求追究其刑事责任。综合上述情况，本案不属于必须追诉的情形，依据1979年《中华人民共和国刑法》第七十六条第四项规定，决定对蔡金星、陈国辉不予核准追诉。

【案件结果】

2012年12月31日，最高人民检察院作出对蔡金星、陈国辉不予核准追诉决定。2013年2月20日，芜湖市公安局对蔡金星、陈国辉解除取保候审。

【要旨】

1. 涉嫌犯罪已过二十年追诉期限，犯罪嫌疑人没有再犯罪危险性，并且通过赔礼道歉、赔偿损失等方式积极消除犯罪影响，被害方对犯罪嫌疑人表示谅解，犯罪破坏的社会秩序明显恢复，不追诉不会影响社会稳定或者产生其他严重后果的，对犯罪嫌疑人可以不再追诉。

2. 1997年9月30日以前实施的共同罪，已被司法机关采取强制措施的犯罪嫌疑人逃避侦查或者审判的，不受追诉期限限制。司法机关在追诉期限内未发现或者未采取强制措施的犯罪嫌疑人，应当受追诉期限限制；涉嫌犯罪应当适用的法定量刑幅度的最高刑为无期徒刑、死刑，犯罪行为发生二十年以后认为必须追诉的，须报请最高人民检察院核准。

【相关法律规定】

《中华人民共和国刑法》第十二条；1979 年《中华人民共和国刑法》第二十二条、第七十六条、第一百五十条。

8. **最高人民法院关于挪用公款犯罪如何计算追诉期限问题的批复**（法释〔2003〕16 号，自 2003 年 10 月 10 日起施行）

天津市高级人民法院：

你院津高法〔2002〕4 号《关于挪用公款犯罪如何计算追诉期限问题的请示》收悉。经研究，答复如下：

根据刑法第八十九条、第三百八十四条的规定，挪用公款归个人使用，进行非法活动的，或者挪用公款数额较大、进行营利活动的，犯罪的追诉期限从挪用行为实施完毕之日起计算；挪用公款数额较大、超过三个月未还的，犯罪的追诉期限从挪用公款罪成立之日起计算。挪用公款行为有连续状态的，犯罪的追诉期限应当从最后一次挪用行为实施完毕之日或者犯罪成立之日起计算。

三、典型或常见问题的审理思路

1. 犯罪行为发生在 1997 年《刑法》实施以前，超过 1979 年《刑法》规定的追诉时效但根据 1997 年《刑法》又应当追诉的应如何处理？如果超过追诉时效的，在程序上如何处理？①

本书观点：犯罪行为发生在 1997 年《刑法》实施以前且超过 1979 年《刑法》规定的追诉时效的，不应追究刑事责任。

有一种意见主张，犯罪行为发生虽然发生在 1997 年《刑法》实施以前，但是，根据《刑法》第十二条“如果当时的法律认为是犯罪的，依照本法总则第四章第八节的规定应当追诉的，按照当时的法律追究刑事责任”的规定，

---

① 观点来源：最高人民法院刑事审判第一、二、三、四、五庭主办：《中国刑事审判指导案例》（刑法总则）（增订第 3 版），法律出版社 2017 年版，第 532 - 535 页，朱某志交通肇事案。

对该行为应当追究其刑事责任。理由是：该条规定已十分明确，即根据1979年《刑法》的规定认为是犯罪的，并且按照新刑法总则第四章第八节的规定，应当追诉的，依照1979年《刑法》追究刑事责任。前述的行为按照1979年《刑法》的有关规定，已构成犯罪，依照现行《刑法》第四章第八节尤其是第八十八条“在人民检察院、公安机关、国家安全机关立案侦查或者在人民法院受理案件以后，逃避侦查或者审判的，不受追诉期限的限制”的规定，公安机关在案发当日已经立案侦查，因此，对行为人的追诉不受1979年《刑法》5年追诉期限的限制，只是在量刑时适用1979年《刑法》的法定刑幅度而已。现行《刑法》第十二条上述规定的本质就在于说明对追诉时效应适用新刑法，而排除旧刑法追诉时效的适用。

我们认为这种意见是错误的。理由如下：

首先，《刑法》第十二条规定的所谓“按照当时的法律追究刑事责任”，理解上当然既应包括适用当时法律的定罪量刑规定，也应包括适用当时法律关于追诉时效的规定，不能把当时法律关于追诉时效的规定排除在适用之外。

其次，在有关追诉时效的规定方面，1979年《刑法》与现行《刑法》虽基本相同，但在追诉时效延长的规定上有两点显著区别：一是1979年《刑法》规定不受追诉期限限制的起始时间为司法机关“采取强制措施后”，而现行《刑法》则对此修改为司法机关“立案侦查或人民法院受理案件后”；二是现行《刑法》增加了被害人在追诉期限内提出控告，公、检、法机关应当立案而不予立案的，不受追诉期限限制的规定。两相比较，现行《刑法》有关追诉时效的规定较1979年《刑法》对被告人更严更重。关于追诉时效是否也适用从旧兼从轻原则，最高人民法院1997年9月25日通过的《关于适用刑法时间效力规定若干问题的解释》第一条已有明确规定。该条规定：“对于行为人1997年9月30日以前实施的犯罪行为，在人民检察院、公安机关、国家安全机关立案侦查或者在人民法院受理案件以后，行为人逃避侦查或者审判，超过追诉期限或者被害人在追诉期限内提出控告，人民法院、人民检察院、公安机关应当立案而不予立案，超过追诉期限的，是否追究行为人的刑事责任，适用修订前的刑法第七十七条的规定。”该条规定的精神，就是明确地确立关于追诉时效也应适用从旧兼从轻原则。因此，该条所确立的追诉时效同样适用从旧兼从轻原则是正确的、不容置疑的，也是符合立法精神和刑法基本原理的。被告人的犯罪行为，已超过1979年《刑法》规定的追诉时效，不应当再追究其刑事责任。

对于犯罪行为超过追诉期限但是已经进入刑事诉讼程序的案件，根据1979年《刑事诉讼法》第十一条的规定，应当撤销案件，或者不起诉，或者宣告无罪。具体来说，在侦查阶段由进行侦查的检察机关或者公安机关撤销案件；在审查起诉阶段由检察机关作出不起诉决定；案件经人民法院受理后的，应当宣告无罪。对此，1979年《刑事诉讼法》没有规定终止审理的处理方式。这种对于在审判环节仅采取宣告无罪一种处理方式的规定，是不科学的，也与刑事诉讼理论相悖。犯罪超过追诉时效，不予追究刑事责任，其实质是刑事诉讼中的一个程序问题。这里所说的“犯罪”，准确地说是一种犯罪嫌疑，因为行为人尚未经过人民法院审判，还处于是否有罪的不确定状态，由于行为人的行为已超过追诉时效，无论其是有罪还是无罪，都不再予以追究。不再予以追究是指诉讼程序不再继续进行，并不是说该行为就不构成犯罪。因此，超过追诉时效的情形，无论出现在刑事诉讼的哪一个阶段，都应当由正在负责追究的司法机关终止诉讼程序，不再往下一个诉讼阶段移送。由于人民法院是刑事诉讼的最后一个环节，因此，终止诉讼程序的方式只能是终止审理，而不是宣告无罪。宣告无罪是人民法院通过审理后，认为被告人无罪或者不能证明被告人有罪而作出的实体判决，它解决的不是诉讼程序上的问题，而是被告人是否有罪的实体问题。因此，用这种实体判决的方式来解决非实体的程序问题，显然是不合适的。同时，在行为人的行为已构成犯罪，只是由于已经超过追诉时效而不再予以追究的，如果宣告被告人无罪，否定其行为的犯罪性质，在法理上也难以讲通，且与公安、检察机关撤销案件、不起诉的程序性处理方式不协调。终止审理的处理方式，既符合刑法、刑事诉讼法的规定，也符合相关司法解释的规定。

2. 发生在1992年的故意伤害致人死亡案件，被告人未逃避侦查的，如何确定犯罪行为对应的法定最高刑及追诉期限？[①]

本书观点：根据1997年《刑法》、1979年《刑法》，以及《最高人民法院关于适用刑法时间效力规定若干问题的解释》等的相关规定，按照从旧兼从轻原则，本应按照1979年《刑法》及《全国人民代表大会常务委员会关于

---

① 观点来源：最高人民法院刑事审判第一、二、三、四、五庭主办：《中国刑事审判指导案例》（刑法总则）（增订第3版），法律出版社2017年版，第535－538页，杨某故意伤害案。

严惩严重危害社会治安的犯罪分子的决定》（已失效）的相关规定处理，被告人的行为没有超过追诉时效期限。具体理由如下：

（1）被告人的犯罪行为应当受到追诉期限的限制，具体期限应当根据对应的 1979 年《刑法》第一百三十四条第二款和《全国人民代表大会常务委员会关于严惩严重危害社会治安的犯罪分子的决定》第一条第二项规定的法定最高刑确定

本案发生于 1992 年，《全国人民代表大会常务委员会关于严惩严重危害社会治安的犯罪分子的决定》对致人死亡的故意伤害行为规定了七年以上有期徒刑、无期徒刑、死刑的法定刑，而 1997 年《刑法》对致人死亡的故意伤害行为规定了十年以上有期徒刑、无期徒刑、死刑的法定刑。两者规定的法定最高刑均为死刑；但从法定最低刑的比较来看，1997 年《刑法》规定的法定最低刑为十年，1979 年《刑法》与《全国人民代表大会常务委员会关于严惩严重危害社会治安的犯罪分子的决定》规定的法定最低刑为七年，后者轻于前者，按照从旧兼从轻原则，应适用 1979 年刑法与该决定的相关规定。

关于未逃避侦查的行为是否不受追诉期限限制的问题，应当结合 1979 年《刑法》第七十七条和《最高人民法院关于适用刑法时间效力规定若干问题的解释》第一条的规定进行综合分析。1979 年《刑法》第七十七条规定："在人民法院、人民检察院、公安机关采取强制措施以后，逃避侦查或者审判的，不受追诉期限的限制"，《最高人民法院关于适用刑法时间效力规定若干问题的解释》第一条规定："对于行为人 1997 年 9 月 30 日以前实施的犯罪行为，在人民检察院、公安机关、国家安全机关立案侦查或者在人民法院受理案件以后，行为人逃避侦查或者审判，超过追诉期限或者被害人在追诉期限内提出控告，人民法院、人民检察院、公安机关应当立案而不予立案，超过追诉期限的，是否追究行为人的刑事责任，适用修订前的刑法第七十七条的规定。"根据上述规定，我们认为，对于 1997 年 9 月 30 日以前实施的犯罪行为，行为人没有逃避侦查或者审判，侦查机关没有立案侦查，人民法院也没有受理案件，超过追诉期限的，不再追究行为人的刑事责任；被害人即使在追诉期限内提出控告，侦查机关应当立案而不立案，超过追诉期限的，也不再追究行为人的刑事责任。

发生在 1992 年的故意伤害致人死亡案件，被告人未逃避侦查的，对行为人追究刑事责任应当受到追诉期限的限制。具体应受多长时效期限的限制，

应当根据行为人故意伤害行为对应的法定最高刑确定，即根据1979年《刑法》第一百三十四条第二款和《全国人民代表大会常务委员会关于严惩严重危害社会治安的犯罪分子的决定》第一条第二项规定的法定刑确定。

（2）对1979年《刑法》第一百三十四条第二款与《全国人民代表大会常务委员会关于严惩严重危害社会治安的犯罪分子的决定》第一条第二项规定的三种法定刑应当理解为同一量刑幅度内的三个量刑档次，对犯罪行为对应的法定刑的确定不应计入从轻、减轻、免除处罚情节。

第一，1979年《刑法》第一百三十四条第二款与《全国人民代表大会常务委员会关于严惩严重危害社会治安的犯罪分子的决定》第一条第二项规定的三种法定刑是一个量刑幅度内的三个量刑档次。量刑幅度是与刑法规定的具体犯罪危害后果相对应的。例如，数额犯有数额较大、数额巨大以及数额特别巨大三种情形，刑法根据这三种危害后果一般均会规定三个对应的量刑幅度。而量刑档次则是同一量刑幅度内高低不同的刑期。根据所犯罪行的轻重，应当分别适用刑法规定的不同条款或相应的量刑幅度，按其法定最高刑来计算追诉期限。如果所犯罪行的刑罚，分别有几条或几款规定时，即按其罪行应当适用的条或款的法定最高刑计算；如果是同一条文中，有几个量刑幅度时，即按其罪行应当适用的量刑幅度的法定最高刑计算。据此，致人死亡情形的故意伤害行为对应的七年以上有期徒刑、无期徒刑、死刑，是一个量刑幅度中的三个量刑档次，而非三个量刑幅度。

第二，对犯罪行为对应的法定刑的确定不应计入从轻、减轻、免除处罚情节，即不应根据实际可能判处的刑期确定法定最高刑。这里有必要论及法定刑和宣告刑的区分。法定刑是根据犯罪性质、危害后果、情节等确定的刑罚。而宣告刑是行为人在接受审判后，人民法院根据其犯罪性质，综合各从重或者从轻、减轻、免除处罚情节，以法定刑为基准而判定的刑罚。根据刑法的相关规定，追诉时效期限的长短是根据犯罪行为对应的法定最高刑确定的，而不是根据犯罪行为对应的宣告刑确定的。这是因为在对行为人追诉前，不可能确切知道对其应适用的宣告刑，故只能根据其行为的一般情形确定法定最高刑，再根据法定最高刑确定追诉时效。如果以可能对应的宣告刑作为追诉标准，则可能会出现漏诉的情况，最终不利于惩罚犯罪。所以，司法机关对犯罪行为是否追诉应根据犯罪性质、危害后果、情节对应的法定刑幅度进行判断，而不必考虑行为人是否存在从轻、减轻、免除处罚或者从重处罚情节。例如，行为人盗窃数额巨大的财物，在追诉时效期限内自首又有重大立功的，虽然其有减轻处罚情节，但仍应按照 1997 年《刑法》规定的三年以上十年以下有期徒刑幅度确定法定最高刑。即以法定最高刑确定追诉时效，追诉期限为十五年，不能因为行为人有应当减轻处罚的情节而按减轻处罚后实际可能判处的刑罚来确定追诉期限。关于犯罪行为对应法定最高刑的确定，可以具体参照以下几条原则：①对于数额犯，应根据犯罪数额对应的刑法条款规定的刑罚幅度确定法定最高刑。②对于情节犯，应根据犯罪情节对应的刑法条款规定的刑罚幅度确定法定最高刑。③对于结果犯，应根据犯罪结果所对应的刑法条款规定的刑罚幅度确定法定最高刑。以故意伤害罪为例，1979 年《刑法》对致人轻伤、重伤、死亡三种结果规定了三个量刑幅度，在对具体伤害行为确定法定最高刑时，先应根据轻伤、重伤、死亡的犯罪结果确定对应的量刑幅度，进而在该量刑幅度内确定法定最局刑。值得注意的是，《全国人民代表大会常务委员会关于严惩严重危害社会治安的犯罪分子的决定》对故意伤害犯罪判处死刑的情况附加了“情节恶劣”的限定。对此处“情节恶劣”的理解，直接影响到本案法定最高刑的确定。我们认为，此处的“情节恶劣”是从属于“致人死亡”这一犯罪结果的，不是一个独立的法定情节。该类情节原则上只会影响宣告刑的判定，而不影响法定刑。基于这一分析，依照《全国人民代表大会常务委员会关于严惩严重危害社会治安的犯罪分子的决定》的相关规定，对致人死亡情形的故意伤害行为，均应按照最高刑死刑确定追诉期限。④对于集团犯罪，由于刑法对一般参与者与首要分子明确规定了不同的量刑幅度，所以应在甄别身份后确定法定最高刑。⑤对于共同犯罪，确定从犯追诉期限时所适用的法律条款与确定主犯追诉期限所适用的法律条款应当同一。不论从犯的参与程度，即使从犯有从轻、减轻情节，其追诉期限与主犯的追诉期限应当一致，这是共同犯罪追诉的一体性以及保证诉讼程序完整性的要求。

综上，被告人所实施的故意伤害行为，应按照致人死亡情形的故意伤害行为确定追诉期限，即应按照《全国人民代表大会常务委员会关于严惩严重危害社会治安的犯罪分子的决定》所规定的法定最高刑——死刑确定二十年的追诉期限。是否追究刑事责任，应以是否超过二十年的追诉期限来确定。

3. 以危害结果为构罪条件的犯罪，其追诉期限是从行为之日起计算还是从危害结果发生之日起计算？[①]

本书观点：以危害结果为构罪条件的犯罪，其追诉期限是从危害结果发生之日起计算，而不是从行为之日起计算。《最高人民法院、最高人民检察院关于办理渎职刑事案件适用法律若干问题的解释（一）》（法释〔2012〕18号）第六条规定："以危害结果为条件的渎职犯罪的追诉期限，从危害结果发生之日起计算；有数个危害结果的，从最后一个危害结果发生之日起计算。"《全国法院审理经济犯罪案件工作座谈会纪要》（法发〔2003〕167号）规定："玩忽职守行为造成的重大损失当时没有发生，而是玩忽职守行为之后一定时间发生的，应从危害结果发生之日起计算玩忽职守罪的追诉期限。"

4. 被害人在追诉期限内提出控告，公安机关应当立案而未立案的案件，是否受追诉时效的限制？（如何理解和适用《刑法》第八十八条第二款中追诉时效延长的规定？）[②]

本书观点：《刑法》第八十八条第二款规定："被害人在追诉期限内提出控告，人民法院、人民检察院、公安机关应当立案而不立案的，不受追诉期限的限制。"因此，只要被害人在追诉期限内提出控告的，遇有该立案而不予立案的情况，对犯罪人的追诉就不受《刑法》第八十七条规定的追诉期限的限制。在这种情形下，不管司法机关出于何种原因没有立案，不论行为人是否逃避侦查或者审判，不论经过多长时间，任何时候都可以对其进行追诉。即使被害人在追诉期限内的控告不符合管辖规定，也不妨碍追诉时效的延长。

例如，被害人自1998年5月10日案发后即向公安机关报案，在追诉期限内多次向相关政法部门提出控告，并多次上访和信访，要求追究持刀伤人者的刑事责任。但由于历史原因，而且公安机关领导、干警人员多次调整、变动，致使当时未能及时对被害人的伤情进行鉴定。根据刑法规定，故意伤害罪必须经法医作出伤情鉴定并达到轻伤等级后，才能确定行为人的行为构成犯罪。由于对被害人的伤情进行鉴定系公安机关内部工作机制，是立案的一

---

① 观点来源：综合《最高人民法院、最高人民检察院关于办理渎职刑事案件适用法律若干问题的解释（一）》（法释〔2012〕18号）、《全国法院审理经济犯罪案件工作座谈会纪要》（法发〔2003〕167号）等司法解释、司法文件而成。

② 观点来源：最高人民法院刑事审判第一、二、三、四、五庭编：《刑事审判参考》2014年第1集（总第96集），林某波故意伤害案。

个必要环节，因此对于公安机关未及时进行伤情鉴定从而导致无法及时立案的后果，不能由被害人承担，并使被告人获利。

5. 追诉时效是否适用从旧兼从轻原则？①

本书观点：对于本案被告人沈某利用职务上的便利挪用本单位资金20万元借贷给他人进行营利活动的行为，依据行为时的法律，属于挪用公款“情节严重”，法定最高刑是十五年有期徒刑，追诉期限是十五年；但依据处理时的法律，被告人沈某的行为属于挪用资金“数额较大”，法定最高刑是三年，追诉期限是五年。对此应当适用刑法从旧兼从轻的原则，认定追诉期限为五年。《刑法》第十二条第一款规定的从旧兼从轻原则，其实质是要求在对被告人追究刑事责任时应采取有利于被告人的原则。这绝不是仅体现在定罪量刑方面，而应体现在决定被告人刑事责任有无、罪行轻重的各个方面，如追诉时效、自首、立功、累犯、减刑、假释等。这一点在《最高人民法院关于适用刑法时间效力规定若干问题的解释》中作了明确规定。因此，对于本案被告人沈某的行为，应适用1997年《刑法》，其追诉期限是五年。本案中，对于被告人沈某的挪用资金犯罪行为，被害单位某供销社曾于1995年1月10日向公安机关报案，公安机关未予立案。1997年《刑法》第八十八条第二款规定：“被害人在追诉期限内提出控告，人民法院、人民检察院、公安机关应当立案而不予立案的，不受追诉期限的限制。”那么，1997年《刑法》的这一规定是否适用于本案呢？对此，《最高人民法院关于适用刑法时间效力规定若干问题的解释》第一条规定：“对于行为人1997年9月30日以前实施的犯罪行为，……被害人在追诉期限内提出控告，人民法院、人民检察院、公安机关应当立案而不予立案，超过追诉期限的，是否追究行为人的刑事责任，适用修订前的刑法第七十七条的规定。”这一规定明确排除了1997年《刑法》第八十八条第二款对本案的适用，而修订前的《刑法》第七十七条的规定是“在人民法院、人民检察院、公安机关采取强制措施以后，逃避侦查或者审判的，不受追诉期限的限制”。也就是说，在1979年《刑法》中，“不受追诉期限的限制”的情形仅限于“在人民法院、人民检察院、公安机关采取强制措施以后，逃避侦查或者审判”这一前提条件。本案中，由于公安机关没有立案，

① 观点来源：最高人民法院刑事审判第一庭、第二庭编：《刑事审判参考》2002年第2集（总第25集），沈某挪用资金案。

所以采取强制措施无从谈起，更谈不上沈某逃避侦查或者审判。因此，本案不存在追诉时效延长的情形，起诉时已超过追诉期限，依法不得追究其刑事责任。

四、疑难、复杂问题的参考性解答

1. 如何正确理解确定刑事案件追诉时效长短的“法定最高刑”？如何把握超过追诉期限仍然要予以追究刑事责任的条件？

本书观点：（1）确定追诉时效期限的长短，是追诉时效制度的核心内容之一。追诉时效期限的长短设置，与某种犯罪的社会危害性大小有着直接的关系，社会危害性大的犯罪，追诉时效期限的设置就长，反之，社会危害性小的犯罪，追诉时效期限的设置就相对较短。这是罪刑相适应原则在追诉时效期限上的具体体现。在刑法中，犯罪社会危害性的大小也决定了对其应判处刑罚的轻重，对不同犯罪规定不同的刑种和刑期，直接反映了该犯罪社会危害性的大小。因此，我国刑法中，以刑种和刑期为标准确立追诉时效期限的长短。《刑法》第八十七条根据各种犯罪法定刑的轻重，分别规定了追诉时效期限的四个档次：法定最高刑为不满五年有期徒刑的，经过五年；法定最高刑为五年以上不满十年有期徒刑的，经过十年；法定最高刑为十年以上有期徒刑的，经过十五年；法定最高刑为无期徒刑、死刑的，经过二十年。如果二十年以后认为必须追诉的，须报请最高人民检察院核准。

（2）对“法定最高刑”的理解，根据所犯罪行的轻重，应当分别适用刑法规定的不同条款或相应的量刑幅度，按其法定最高刑来计算追诉期限。如果所犯罪行的刑罚，分别规定有几条或几款时，即按其罪行应当适用的条或款的法定最高刑计算；如果是同一条文中，有几个量刑幅度时，即按其罪行应当适用的量刑幅度的法定最高刑计算；如果只有单一的量刑幅度时，即按此条的法定最高刑计算。

（3）对法定最高刑为无期徒刑、死刑，“二十年以后认为必须追诉的”，通常是指此类犯罪社会危害性极其严重，造成的损失特别巨大，犯罪分子的人身危险性特别大，造成的社会影响极其恶劣，二十年以后犯罪行为对社会正常秩序所造成的破坏依然未得到恢复，犯罪分子仍然对社会存在潜在的危险。对此类犯罪的追诉，充分体现了宽严相济形势政策中从严的一面，以免轻纵犯有最为严重罪行的犯罪分子。同时，这种超期追诉应当受到严格的控制，必须报请最高人民检察院核准后才能启动追诉程序。

2. **如何正确理解和把握犯罪分子的追诉不受追诉期限限制的条件？**

本书观点：《刑法》第八十八条规定："在人民检察院、公安机关、国家安全机关立案侦查或者在人民法院受理案件以后，逃避侦查或者审判的，不受追诉期限的限制。被害人在追诉期限内提出控告，人民法院、人民检察院、公安机关应当立案而不予立案的，不受追诉期限的限制。"

根据本条规定，不受追诉期限的限制，分两种情形：

第一种情形：司法机关受理案件后，犯罪分子逃避侦查或者审判的。这一情形下，司法机关受理和犯罪分子逃避侦查或者审判两个条件必须都具备，缺一不可。

在人民检察院、公安机关、国家安全机关对于接到的报案、控告、举报或自首等材料进行审查，认为有犯罪事实需要追究刑事责任，决定作为刑事诉讼案件予以受理并进行侦查以后，或者在人民法院对于人民检察院提起公诉、公民自诉的案件进行审查并决定立案审理以后，犯罪分子逃避侦查或者审判，无论逃避多久，司法机关都可以对其进行追诉，不受追诉期限的限制。

立案，是公安机关、人民检察院、人民法院按照管辖范围，对报案、控告、举报、自首等材料进行审查后，认为确有犯罪事实并应追究刑事责任时，决定作为刑事诉讼案件予以受理的诉讼活动。立案是刑事诉讼程序中的起始阶段，是刑事诉讼中一项独立的法定程序，只有经过立案这一法定程序后，公安机关、人民检察院、人民法院才能开始进行侦查或审理活动。只有在紧急情况下，才可以在立案前采取某些强制措施或者侦查行为。

侦查，是刑事诉讼程序的一个重要阶段。是指公安机关、人民检察院、国家安全机关在办理案件的过程中，依照法律进行的专门调查工作和有关的强制性措施。侦查，既包括各种专门的调查工作，如预审，也包括有关的强制性措施，如讯问犯罪嫌疑人、询问证人、勘验、检查、搜查、扣押书证、物证、鉴定、通缉。

人民法院受理案件，是指人民检察院提起公诉或者公民个人直接向人民法院起诉，人民法院予以立案审理。受理是人民法院审判案件的开始。

"立案侦查以后"，是指人民检察院、公安机关、国家安全机关依照刑事诉讼法的规定按照自己的管辖范围，对发现犯罪事实或发现犯罪嫌疑人的案件予以立案、侦查、收集、调取有罪无罪、罪轻罪重的证据材料之日起。所谓“受理案件以后”，是指人民法院依照《刑事诉讼法》关于审判管辖的规定，接受人民检察院或被害人自诉案件之日起。

所谓“逃避侦查或审判”，主要是指潜逃、隐藏或其他方法，躲避刑事追究。犯罪嫌疑人在检察院、公安机关立案侦查以后或在法院受理案件以后，如果从拘留所、看守所逃跑或者从家中潜逃，或者用其他方法逃避刑事追究的，都不受追诉时效的限制。如果犯罪分子仅有串供、毁灭罪证等行为，但没有逃跑或者隐匿，不属于“逃避侦查或审判”，不适用时效延长的规定。

符合上述诉讼时效延长规定的，无论犯罪分子的逃避状态维持多久，司法机关都有权将犯罪分子抓获归案，依法对其进行侦查和审判。

第二种情形：被害人在追诉期限内提出控告，人民法院、人民检察院、公安机关接到上述控告后，应当立案而不予立案，无论这种状态持续多久都不影响对犯罪分子的追诉。这是为了有效地保护被害人的合法权益，也有利于督促司法机关对该立案的案件及时立案，以免因司法工作的失误而使犯罪分子逃避法律制裁。

所谓“被害人”，是指遭受犯罪行为侵害的自然人和单位。所谓“控告”，是指被害人对侵犯本人或单位权益的犯罪行为向司法机关告诉，要求追究侵害人的刑事责任。控告可以是书面的，也可以是口头的。被害人没有指出明确的犯罪人作为告发对象的，不能适用时效延长的规定。所谓“应当立案而不予以立案”，是指对符合《刑事诉讼法》第一百一十条规定的“有犯罪事实需要追究刑事责任”的立案条件，应当立案，不属于该条规定的“没有犯罪事实，或者犯罪事实显著轻微，不需要追究刑事责任”不予立案的情况，人民法院、人民检察院、公安机关却未予立案。只要被害人在追诉期限内提出控告的，遇有该立案而不予立案的情况，对犯罪分子的追诉，就不受追诉时效的限制。这样规定，有利于保证有罪必究，及时有效地保护公民的合法权利，同时为解决百姓告状难提供了法律依据。

第五章　其他规定

一、刑法规定

第九十条　民族自治地方不能全部适用本法规定的，可以由自治区或者省的人民代表大会根据当地民族的政治、经济、文化的特点和本法规定的基本原则，制定变通或者补充的规定，报请全国人民代表大会常务委员会批准施行。

第九十一条　本法所称公共财产，是指下列财产：

（一）国有财产；

（二）劳动群众集体所有的财产；

（三）用于扶贫和其他公益事业的社会捐助或者专项基金的财产。

在国家机关、国有公司、企业、集体企业和人民团体管理、使用或者运输中的私人财产，以公共财产论。

第九十二条　本法所称公民私人所有的财产，是指下列财产：

（一）公民的合法收入、储蓄、房屋和其他生活资料；

（二）依法归个人、家庭所有的生产资料；

（三）个体户和私营企业的合法财产；

（四）依法归个人所有的股份、股票、债券和其他财产。

第九十三条　本法所称国家工作人员，是指国家机关中从事公务的人员。

国有公司、企业、事业单位、人民团体中从事公务的人员和国家机关、国有公司、企业、事业单位委派到非国有公司、企业、事业单位、社会团体从事公务的人员，以及其他依照法律从事公务的人员，以国家工作人员论。

第九十四条　本法所称司法工作人员，是指有侦查、检察、审判、监管职责的工作人员。

第九十五条　本法所称重伤，是指有下列情形之一的伤害：

（一）使人肢体残废或者毁人容貌的；

（二）使人丧失听觉、视觉或者其他器官机能的；

（三）其他对于人身健康有重大伤害的。

第九十六条 本法所称违反国家规定，是指违反全国人民代表大会及其常务委员会制定的法律和决定，国务院制定的行政法规、规定的行政措施、发布的决定和命令。

第九十七条 本法所称首要分子，是指在犯罪集团或者聚众犯罪中起组织、策划、指挥作用的犯罪分子。

第九十八条 本法所称告诉才处理，是指被害人告诉才处理。如果被害人因受强制、威吓无法告诉的，人民检察院和被害人的近亲属也可以告诉。

第九十九条 本法所称以上、以下、以内，包括本数。

第一百条① 依法受过刑事处罚的人，在入伍、就业的时候，应当如实向有关单位报告自己曾受过刑事处罚，不得隐瞒。

犯罪的时候不满十八周岁被判处五年有期徒刑以下刑罚的人，免除前款规定的报告义务。

第一百零一条 本法总则适用于其他有刑罚规定的法律，但是其他法律有特别规定的除外。

二、立法解释、司法解释、司法文件及其权威解读

1. **全国人民代表大会常务委员会关于《中华人民共和国刑法》第九十三条第二款的解释**（2000年4月29日九届全国人民代表大会常务委员会第十五次会议通过，2009年8月27日修正）

全国人民代表大会常务委员会讨论了村民委员会等村基层组织人员在从事哪些工作时属于刑法第九十三条第二款规定的“其他依照法律从事公务的人员”，解释如下：

村民委员会等村基层组织人员协助人民政府从事下列行政管理工作时，属于刑法第九十三条第二款规定的“其他依照法律从事公务的人员”：

（一）救灾、抢险、防汛、优抚、扶贫、移民、救济款物的管理；

---

① 本条第2款系根据2011年2月25日公布的《刑法修正案（八）》增加。

（二）社会捐助公益事业款物的管理；

（三）国有土地的经营和管理；

（四）土地征收、征用补偿费用的管理；

（五）代征、代缴税款；

（六）有关计划生育、户籍、征兵工作；

（七）协助人民政府从事的其他行政管理工作。

村民委员会等村基层组织人员从事前款规定的公务，利用职务上的便利，非法占有公共财物、挪用公款、索取他人财物或者非法收受他人财物，构成犯罪的，适用刑法第三百八十二条和第三百八十三条贪污罪、第三百八十四条挪用公款罪、第三百八十五条和第三百八十六条受贿罪的规定。

现予公告。

权威解读

《全国人民代表大会常务委员会关于〈中华人民共和国刑法〉第九十三条第二款的解释》的理解与适用

1997年《刑法》实施以来，对于村基层组织——村民委员会和村党支部成员在协助乡、民族乡、镇党委和政府工作和管理村公共事务时，是否属于《刑法》第九十三条规定的“其他依照法律从事公务的人员”问题，因法律条文规定得不明确，有关司法机关对村民委员会成员和村党支部成员利用职务之便，非法占有公共财物、挪用公款或者收受贿赂的行为应如何定罪处罚存在不同意见，使得对这类犯罪案件的立案管辖不明，具体处理适用法律不统一，影响到案件的严肃依法处理。为此，有关部门和司法机关建议全国人大常委会对此作出解释。根据1981年《全国人民代表大会常务委员会关于加强法律解释工作的决议》的规定，凡关于法律条文本身需要进一步明确界限或作补充规定的，由全国人大常委会进行解释。立法机关于1999年12月将《关于〈中华人民共和国刑法〉第九十三条第二款的解释（草案）》提交九届全国人大常委会第十三次会议审议。会后又将草案印发各省、自治区、直辖市和中央有关部门广泛征求意见。修改后，经九届全国人大常委会第十五次会议审议，于2000年4月29日通过。

一、关于立法解释的题目

草案在征求意见的过程中，有的常务委员、部门和地方提出，《刑法》第九十三条第二款规定的是“其他依照法律从事公务的人员”，而“其他依照法律从事公务的人员”不止村基层组织人员，还有城市街道居委会等组织人员，草案仅对村基层组织人员“从事公务”问题作了解释。因此，建议将题目改为《关于村民委员会等基层组织人员是否属于其他依照法律从事公务的人员的解释》或者《关于刑法第九十三条第二款是否适用于村民委员会等基层组织人员的解释》。考虑到立法解释应是对涉及的具体法律条文的含义作解释，而不是对法律适用过程中的某一具体问题作解释，因此，题目仍然采用了《关于〈中华人民共和国刑法〉第九十三条第二款的解释》。该立法解释一开始就指出：“全国人民代表大会常务委员会讨论了村民委员会等村基层组织人员在从事哪些工作时属于刑法第九十三条第二款规定的‘其他依照法律从事公务的人员’，解释如下”，这样，也就把范围限定得十分清楚了。

应当指出的是，《刑法》第九十三条第二款规定的“其他依照法律从事公务的人员”的主体不仅有村民委员会等基层组织人员，还有其他人员，本也应作出解释。考虑到目前司法机关反映比较突出、亟待解决的是村民委员会等农村基层组织人员在从事哪些工作时属于“依照法律从事公务的人员”的问题。因此，该立法解释只对这一问题作出规定，并不是对“依照法律从事公务的人员”的全部范围作规定。至于其他属于“依照法律从事公务的人员”范围的主体，有的在实践中没有问题，有的法律已有明确规定，有的还需今后进一步研究。

二、村民委员会等农村基层组织人员管理村公共事务工作不属于《刑法》第九十三条第二款规定的“依照法律从事公务”

根据《村民委员会组织法》的规定，村民委员会是村民自我管理、自我教育、自我服务的基层群众性自治组织。村民委员会依照法律规定，管理本村属于村农民集体所有的土地和其他财产。涉及村民利益的事项，如村内修建公路、设立村集体企业等，村民委员会必须提请村民大会讨论决定，方可办理。乡、民族乡、镇的人民政府对村民委员会的工作给予指导、支持和帮助，但是不得干预依法属于村民自治范围内的事项。村委会等农村基层组织人员从事的村自治范围内的管理村公共事务和公益事业工作，与以国家或者政府名义实施的组织、领导、监督、管理与人民群众利益及社会的发展相关的各种国家事务和公共事务的活动是完全不同的。因此，不属于《刑法》第九十三条第二款规定的“依照法律从事公务”。

三、村委会等农村基层组织人员在从事哪些工作时，属于《刑法》第九十三条第二款规定的“其他依照法律从事公务的人员”

由于村委会等农村基层组织人员从事的管理村公共事务工作，不属于《刑法》第九十三条第二款规定的“依照法律从事公务”，考虑到根据《村民委员会组织法》的规定，村民委员会有义务协助乡、民族乡、镇的人民政府开展工作，该立法解释在规定村委会等农村基层组织人员在从事哪些工作属于《刑法》第九十三条第二款规定的“其他依照法律从事公务的人员”时，关键看其是否属于协助政府从事行政管理工作。因为，只有在协助政府从事行政管理工作时，它才能以政府名义参与组织、领导、监督、管理和人民群众利益以及社会的发展相关的国家事务和政府事务的活动，其工作才体现国家对社会的组织、管理职能。《刑法》第九十三条第二款所说的对“其他依照法律从事公务的人员”“以国家工作人员论”，显然是指与国家事务和政府事务有关的公务，而不是指村民自治范围内的村集体事务。

该立法解释在强调村基层组织人员必须是在协助人民政府从事行政管理工作，才属于《刑法》第九十三条第二款规定的“其他依照法律从事公务的人员”的同时，列举了以下几种公务性工作：

1. 救灾、抢险、防汛、优抚、扶贫、移民、救济款物的管理。主要是指村委会等村基层组织在协助人民政府管理发放通过政府渠道下发的救灾、抢险、防汛、优抚、扶贫、移民、救济款物，不包括村里自筹或者直接与村对口支援所获得的有关款物的管理。

2. 社会捐孤公益事业款物的管理。主要是指协助人民政府管理通过政府下发的社金捐助公益事业款物。

3. 国有土地的经营和管理。主要是指根据《土地管理法》的有关规定，协助政府对国有土地进行的经营和管理，不包括村民委员会根据《村民委员会组织法》《农业法》《土地管理法》等的规定，对村集体所有土地的承包经营、管理、宅基地的管理等工作。

4. 土地征收、征用补偿费用的管理。包括对国家征收、征用土地后所发给土地补偿费、安置补助费以及地上附着物和青苗补偿费等费用的管理。

5. 代征、代缴税款。

6. 有关计划生育、户籍、征兵工作。

7. 协助人民政府从事的其他行政管理工作。比如，协助政府组织县、乡人大代表的选举等。但是，村委会等村基层组织人员在进行对村基层群众自治组织领导人员的选举工作的组织、管理时，不能认为是在协助政府从事行政管理工作。

草案在征求意见的过程中，有的常委委员、部门和地方认为，将村民委员会等农村基层组织人员以国家工作人员论与其现有的身份、享受的待遇和权利不符。这里需要说明的是，该立法解释并不是将村委会等农村基层组织人员作为国家工作人员，而是根据刑法的规定，当其协助政府从事行政管理工作时，利用职务非法占有公共财物、挪用公款、索取他人财物或者非法收受他人财物，构成犯罪的，在对其处理时以国家工作人员论，适用刑法关于国家工作人员犯罪的处罚规定。

四、村委会等村基层组织人员的范围

我国农村的基层组织比较多，如村党支部、村委会、村经联社、经济合作社、农工商联合企业、治保会、妇联、团支部、民兵排、村民小组和各种协会等。从目前的情况看，发生在村党支部、村委会和村经联社、经济合作社、农工商联合企业等掌管村经济活动的人员身上的问题比较多。“村委会等村基层组织人员”主要是指村党支部、村委会和村经联社、经济合作社、农工商联合企业等掌管村经济活动的组织的人员。因为，他们是农村中掌握权力、可能协助政府从事行政管理工作的人员。

五、村委会等村基层组织人员在管理村务时利用职务便利犯罪的，不适用该立法解释

该立法解释明确规定：“村民委员会等村基层组织人员从事前款规定的公务，利用职务上的便利，非法占有公共财物、挪用公款、索取他人财物或者非法收受他人财物，构成犯罪的，适用刑法第三百八十二条和第三百八十三条贪污罪、第三百八十四条挪用公款罪、第三百八十五条和第三百八十六条受贿罪的规定。”因此，对于村委会等村基层组织人员在管理村务时利用职务便利犯罪如何定罪处罚的问题，不属于对《刑法》第九十三条第二款的《解释》的范畴。但根据刑法的有关规定，对村委会等村基层组织人员利用职务上的便利，非法占有村集体财物，挪用村集体款项，构成犯罪的，可适用《刑法》第二百七十一条、第二百七十二条分别以职务侵占罪、挪用资金罪定罪处罚。

（撰稿：黄太云）

2. 全国人民代表大会常务委员会关于《中华人民共和国刑法》第九章渎职罪主体适用问题的解释（2002年12月28日第九届全国人民代表大会常务委员会第三十一次会议通过）

全国人大常委会根据司法实践中遇到的情况，讨论了刑法第九章渎职罪主体的适用问题，解释如下：

在依照法律、法规规定行使国家行政管理职权的组织中从事公务的人员，或者在受国家机关委托代表国家机关行使职权的组织中从事公务的人员，或者虽未列入国家机关人员编制但在国家机关中从事公务的人员，在代表国家机关行使职权时，有渎职行为，构成犯罪的，依照刑法关于渎职罪的规定追究刑事责任。

现予公告。

3. 最高人民检察院关于合同制民警能否成为玩忽职守罪主体问题的批复（高检发研字〔2000〕20号）

辽宁省人民检察院：

你院辽检发诉字〔1999〕76号《关于犯罪嫌疑人李海玩忽职守一案的请示》收悉。经研究，批复如下：

根据刑法第九十三条第二款的规定，合同制民警在依法执行公务期间，属其他依照法律从事公务的人员，应以国家机关工作人员论。对合同制民警在依法执行公务活动中的玩忽职守行为，符合刑法第三百九十七条规定的玩忽职守罪构成条件的，依法以玩忽职守罪追究刑事责任。

此复

4. 最高人民检察院关于镇财政所所长是否适用国家机关工作人员的批复（高检发研字〔2000〕9号）

上海市人民检察院：

你院沪检发〔2000〕30号文收悉。经研究，批复如下：

对于属行政执法事业单位的镇财政所中按国家机关在编干部管理的工作人员，在履行政府行政公务活动中，滥用职权或玩忽职守构成犯罪的，应以国家机关工作人员论。

5. 最高人民检察院对《关于中国证监会主体认定的请示》的答复函（高检发法字〔2000〕7号）（自2000年4月30日起施行）

北京市人民检察院：

你院京检字〔2000〕41号《关于中国证监会主体认定的请示》收悉，经我院发函向中央机构编制委员会办公室查询核定，中央机构编制委员会办公室已作出正式复函，答复如下："中国证券监督管理委员会为国务院直属事业单位，是全国证券期货市场的主管部门。其主要职责是统一管理证券期货市场，按规定对证券期货监管机构实行垂直领导，所以，它是具有行政职责的事业单位。据此，北京证券监督管理委员会干部应视同为国家机关工作人员。"请你们按中编办答复意见办。

此复。

附件：关于中国证券监督管理委员会机构性质问题的复函（2000年4月14日　中编办函〔2000〕84号）

最高人民检察院：

《关于中国证券监督管理委员会是否属于国家机关的函》（高检发法字〔2000〕5号）收悉，现答复如下：

根据国办〔1998〕131号文件的规定，中国证券监督管理委员会为国务院直属事业单位，是全国证券期货市场的主管部门。其主要职责是统一管理证券期货市场，按规定对证券期货监管机构实行垂直领导，所以，它是具有行政职责的事业单位。据此，北京证券监督管理委员会干部应视同为国家机关工作人员。

6. 全国法院审理经济犯罪案件工作座谈会纪要（法〔2003〕167号，2003年11月13日发布施行）（节录）

一、关于贪污贿赂犯罪和渎职犯罪的主体

（一）国家机关工作人员的认定

刑法中所称的国家机关工作人员，是指在国家机关中从事公务的人员，包括在各级国家权力机关、行政机关、司法机关和军事机关中队事公务的人员。根据有关立法解释的规定，在依照法律、法规规定行使国家行政管理职权的组织中从事公务的人员，或者在受国家机关委托代表国家行使职权的组织中从事公务的人员，或者虽未列入国家机关人员编制但在国家机关中从事公务的人员，视为国家机关工作人员。在乡（镇）以上中国共产党机关、人民政协机关中从事公务的人员，司法实践中也应当视为国家机关工作人员。

（二）国家机关、国有公司、企业、事业单位委派到非国有公司、企业、事业单位、社会团体从事公务的人员的认定

所谓委派，即委任、派遣，其形式多种多样，如任命、指派、提名、批准等。不论被委派的人身份如何，只要是接受国家机关、国有公司、企业、事业单位委派，代表国家机关、国有公司、企业、事业单位在非国有公司、企业、事业单位、社会团体中从事组织、领导、监督、管理等工作，都可以认定为国家机关、国有公司、企业、事业单位委派到非国有公司、企业、事业单位、社会团体从事公务的人员。如国家机关、国有公司、企业、事业单位委派在国有控股或者参股的股份有限公司从事组织、领导、监督、管理等工作的人员，应当以国家工作人员论。国有公司、企业改制为股份有限公司后，原国有公司、企业的工作人员和股份有限公司新任命的人员中，除代表国有投资主体行使监督、管理职权的人外不以国家工作人员论。

（三）“其他依照法律从事公务的人员”的认定

刑法第九十三条第二款规定的“其他依照法律从事公务的人员”应当具有两个特征：一是在特定条件下行使国家管理职能；二是依照法律规定从事公务。具体包括：（1）依法履行职责的各级人民代表大会代表；（2）依法履行审判职责的人民陪审员；（3）协助乡镇人民政府、街道办事处从事行政管理工作的村民委员会、居民委员会等农村和城市基层组织人员；（4）其他由法律授权从事公务的人员。

（四）关于“从事公务”的理解

从事公务，是指代表国家机关、国有公司、企业、事业单位、人民团体等履行组织、领导、监督、管理等职责。公务主要表现为与职权相联系的公共事务以及监督、管理国有财产的职务活动。如国家机关工作人员依法履行职责，国有公司的董事、经理、监事、会计、出纳人员等管理、监督国有财产等活动，属于从事公务。那些不具备职权内容的劳务活动、技术服务工作，如售货员、售票员等所从事的工作，一般不认为是公务。

7. 最高人民法院关于准确理解和适用刑法中“国家规定”的有关问题的通知（法发〔2011〕155号，自2011年4月8日起施行）

全国地方各级人民法院、各级军事法院、各铁路运输中级法院和基层法院，新疆生产建设兵团各级法院：

日前，国务院法制办就国务院办公厅文件的有关规定是否可以认定为刑法中的“国家规定”予以统一、规范。为切实做好相关刑事案件审判工作，准确把握刑法有关条文规定的“违反国家规定”的认定标准，依法惩治犯罪，统一法律适用，现就有关问题通知如下：

一、根据刑法第九十六的规定，刑法中的“国家规定”是指，全国人民代表大会及其常务委员会制定的法律和决定，国务院制定的行政法规、规定的行政措施、发布的决定和命令。其中，“国务院规定的行政措施”应当由国务院决定，通常以行政法规或者国务院制发文件的形式加以规定。以国务院办公厅名义制发的文件，符合以下条件的，亦应视为刑法中的“国家规定”：（1）有明确的法律依据或者同相关行政法规不相抵触；（2）经国务院常务会议讨论通过或者经国务院批准；（3）在国务院公报上公开发布。

二、各级人民法院在刑事审判工作中，对有关案件所涉及的“违反国家规定”的认定，要依照相关法律、行政法规及司法解释的规定准确把握。对于规定不明确的，要按照本通知的要求审慎认定。对于违反地方性法规、部门规章的行为，不得认定为“违反国家规定”。对被告人的行为是否“违反国家规定”存在争议的，应当作为法律适用问题，逐级向最高人民法院请示。

三、各级人民法院审理非法经营犯罪案件，要依法严格把握刑法第二百二十五条第（四）的适用范围。对被告人的行为是否属于刑法第二百二十五条第（四）规定的“其它严重扰乱市场秩序的非法经营行为”，有关司法解释未作明确规定的，应当作为法律适用问题，逐级向最高人民法院请示。

8. **最高人民法、最高人民检察院、公安部、国家安全部、司法部关于建立犯罪人员犯罪记录制度的意见**（法发〔2012〕10号，2012年5月10日印发）

犯罪记录是国家专门机关对犯罪人员情况的客观记载。犯罪记录制度是现代社会管理制度中的一项重要内容。为适应新时期经济社会发展的需要，进一步推进社会管理创新，维护社会稳定，促进社会和谐，现就建立我国犯罪人员犯罪记录制度提出如下意见。

一、建立犯罪人员犯罪记录制度的重要意义和基本要求

建立犯罪人员犯罪记录制度，对犯罪人员信息进行合理登记和有效管理，既有助于国家有关部门充分掌握与运用犯罪人员信息，适时制定和调整刑事政策及其他公共政策，改进和完善相关法律法规，有效防控犯罪，维护社会

秩序，也有助于保障有犯罪记录的人的合法权利，帮助其顺利回归社会。

近年来，我国犯罪人员犯罪记录工作取得较大进展，有关部门为建立犯罪人员犯罪记录制度进行了积极探索。认真总结并推广其中的有益做法，在全国范围内开展犯罪人员信息的登记和管理工作，逐步建立和完善犯罪记录制度，对司法工作服务大局，促进社会矛盾化解，推进社会管理机制创新，具有重要意义。

建立犯罪人员犯罪记录制度，开展有关犯罪记录的工作，要按照深入贯彻落实科学发展观和构建社会主义和谐社会的总体要求，在司法体制和工作机制改革的总体框架内，全面落实宽严相济刑事政策，促进社会和谐稳定，推动经济社会健康发展。要立足国情，充分考虑现阶段我国经济社会发展的状况和人民群众的思想观念，注意与现有法律法规和其他制度的衔接。要充分认识我国的犯罪记录制度以及有关工作尚处于起步阶段这一现状，抓住重点，逐步推进，确保此项工作能够稳妥、有序开展，为进一步完善我国犯罪记录制度，健全犯罪记录工作机制创造条件。

二、犯罪人员犯罪记录制度的主要内容

（一）建立犯罪人员信息库

为加强对犯罪人员信息的有效管理，依托政法机关现有网络和资源，由公安机关、国家安全机关、人民检察院、司法行政机关分别建立有关记录信息库，并实现互联互通，待条件成熟后建立全国统一的犯罪信息库。

犯罪人员信息登记机关录入的信息应当包括以下内容：犯罪人员的基本情况、检察机关（自诉人）和审判机关的名称、判决书编号、判决确定日期、罪名、所判处刑罚以及刑罚执行情况等。

（二）建立犯罪人员信息通报机制

人民法院应当及时将生效的刑事裁判文书以及其他有关信息通报犯罪人员信息登记机关。

监狱、看守所应当及时将《刑满释放人员通知书》寄送被释放人员户籍所在地犯罪人员信息登记机关。

县级司法行政机关应当及时将《社区服刑人员矫正期满通知书》寄送被解除矫正人员户籍所在地犯罪人员信息登记机关。

国家机关基于办案需要，向犯罪人员信息登记机关查询有关犯罪信息，有关机关应当予以配合。

（三）规范犯罪人员信息查询机制

公安机关、国家安全机关、人民检察院和司法行政机关分别负责受理、审核和处理有关犯罪记录的查询申请。

上述机关在向社会提供犯罪信息查询服务时，应当严格依照法律法规关于升学、入伍、就业等资格、条件的规定进行。

辩护律师为依法履行辩护职责，要求查询本案犯罪嫌疑人、被告人的犯罪记录的，应当允许，涉及未成年人的犯罪记录被执法机关依法封存的除外。

（四）建立未成年人犯罪记录封存制度

为深入贯彻落实党和国家对违法犯罪未成年人的“教育、感化、挽救”方针和“教育为主、惩罚为辅”原则，切实帮助失足青少年回归社会，根据刑事诉讼法的有关规定，结合我国未成年人保护工作的实际，建立未成年人轻罪犯罪记录封存制度，对于犯罪时不满十八周岁，被判处五年有期徒刑以下刑罚的未成年人的犯罪记录，应当予以封存。犯罪记录被封存后，不得向任何单位和个人提供，但司法机关为办案需要或者有关单位根据国家规定进行查询的除外。依法进行查询的单位，应当对被封存的犯罪记录的情况予以保密。

执法机关对未成年人的犯罪记录可以作为工作记录予以保存。

（五）明确违反规定处理犯罪人员信息的责任

负责提供犯罪人员信息的部门及其工作人员应当及时、准确地向犯罪人员信息登记机关提供有关信息。不按规定提供信息，或者故意提供虚假、伪造信息，情节严重或者造成严重后果的，应当依法追究相关人员的责任。

负责登记和管理犯罪人员信息的部门及其工作人员应当认真登记、妥善管理犯罪人员信息。不按规定登记犯罪人员信息、提供查询服务，或者违反规定泄露犯罪人员信息，情节严重或者造成严重后果的，应当依法追究相关人员的责任。

使用犯罪人员信息的单位和个人应当按照查询目的使用有关信息并对犯罪人员信息予以保密。不按规定使用犯罪人员信息，情节严重或者造成严重后果的，应当依法追究相关人员的责任。

三、扎实推进犯罪人员犯罪记录制度的建立与完善

犯罪记录制度是我国一项崭新的法律制度，在建立和实施过程中不可避免地会遇到各种各样的问题和困难，有关部门要高度重视，精心组织，认真

实施，并结合自身工作的性质和特点，研究制定具体实施办法或实施细则，循序渐进，在实践中不断健全、完善，确保取得实效。

犯罪记录制度的建立是一个系统工程，各有关部门要加强协调，互相配合，处理好在工作起步以及推进中可能遇到的各种问题。要充分利用政法网以及各部门现有的网络基础设施，逐步实现犯罪人员信息的网上录入、查询和文件流转，实现犯罪人员信息的共享。要处理好犯罪人员信息与被劳动教养、治安管理处罚、不起诉人员信息以及其他信息库之间的关系。要及时总结，适时调整工作思路和方法，保障犯罪记录工作的顺利展开，推动我国犯罪记录制度的发展与完善。

三、典型或常见问题的审理思路

1. 隐瞒优惠事实违规收取的审图费能否认定为公共财产？①

本书观点：本案中，由于单位收取的是按照优惠标准收取的审图费，对单位而言似乎并未少收审图费；从送审单位的角度，虽然高于优惠标准，但实际交付的审图费仍然在国家规定的审图费收取范围内，因此送审单位也认为并未多交审图费。那么，被告人赵某某隐瞒优惠事实私自截留的审图费，能否认定为公共财产呢？我们认为属于公共财产。理由是：虽然从表面上看，由于单位已经同意按优惠标准收取审图费，赵某某隐瞒优惠事实多收的审图费似乎与单位财产无关，赵某某的行为似乎不是占有公共财产的行为。但是，赵某某隐瞒优惠事实私自截留的这部分审图费，是其利用职务之便以单位名义收取的，赵某某担任无锡市建设工程设计审查中心滨湖区审查部主任、无锡市滨湖区建设局安置管理科科长期间，具有洽谈收费标准及收取审图费的职务便利，之后虽然赵某某被调离了滨湖区审查部主任一职，但被授权继续处理离任前尚未完结及新收的审图业务。在行为过程中，赵某某是代表滨湖区审查部与送审单位洽谈审图费业务，送审单位也均认为其是向国家交纳审图费，而非向赵某某个人交纳。虽然单位对赵某某的行为并不知情，但赵某某的行为实际上是侵占了单位的应得收入。因此赵某某所截留的审图费的性质属于国家的应得收入，应当认定为公共财产。

---

① 观点来源：《人民司法（案例）》2011年第8期，被告人赵某某贪污案。

2. 将学校在招生工作中向学生家长违法收取的“点招费”予以瓜分，能否认定为贪污行为？[①]

分歧意见：第一种意见认为，“点招费”是国家明令禁止的乱收费项目，是学校的非法收入；将这笔来源于学生家长的非法收入用于重奖有贡献的人员，是校务会研究决定的；故将“点招费”作为奖金分配的行为，侵犯的只是学生家长的私人财产所有权，没有侵犯国有财产的所有权，不构成贪污罪。

第二种意见认为，国家行政主管部门明令禁止学校在招生工作中收取“点招费”。校务会违反这一规定，擅自决定收取“点招费”，并决定将其中一部分用于奖励招生工作人员。“点招费”是以学校名义违法收取的费用，在行政主管部门未对学校的乱收费行为进行查处前，这笔费用应当视为由原商专授权学生处管理的公共财产，即公款。

本书观点：同意第二种意见。理由如下：

（1）《刑法》第三百八十二条规定，国家工作人员利用职务上的便利，侵吞、窃取、骗取或者以其他手段非法占有公共财物的，是贪污罪。被告人身为教育事业单位中从事公务的国家工作人员，利用负责学校招生工作的职务之便，侵吞公款的行为已构成贪污罪。

（2）国家行政主管部门明令禁止学校在招生工作中收取“点招费”。学校违反这一规定，擅自决定收取“点招费”，在行政主管部门未对学校的乱收费行为进行查处前，这笔费用应当视为由原商专授权学生处管理的公共财产，即公款。

（3）学生家长交纳点招费系交给学校，而非送给学校某个人。至于收取点招费的个人如何使用此款，则是对赃款的处分，不影响赃款的性质。

3. 银行柜员利用职务便利，将其负责保管的储户遗忘在银行的借记卡私自进行密码重置后，从该借记卡上支取款项的行为如何定性？[②]

本书观点：在国家机关、国有公司、企业、集体企业和人民团体管理、使用或者运输中的私人财产，从所有权意义上讲属于私人财产。但作为该私有财产管理者、使用者或者运输者的国家机关、国有公司、企业、集体企业和人民团体，在未归还该私人占有之前，对该私人财产负有保管义务。被告

---

① 观点来源：《最高人民法院公报》2004 年第 12 期，尚某某等人贪污案。

② 观点来源：北京市崇文区人民法院（2004）崇刑初字第 00025 号刑事判决书、北京市第二中级人民法院（2004）二中刑终字第 00562 号刑事裁定书，任某贪污案。

人非法占有的客户财产即属于由国有公司、企业管理的私人财产，根据刑法规定，以公共财产论。银行柜员利用职务便利，将其负责保管的储户遗忘在银行的借记卡私自进行密码重置后，从该借记卡上支取款项的行为应认定为贪污（或职务侵占）。

4. 如何认定聚众犯罪中的“首要分子”?①

本书观点：聚众犯罪中的首要分子是指在犯罪中起组织、策划、指挥作用的犯罪分子。所谓组织，是指通过鼓动宣传、煽动教唆等各种手段纠集、拉拢他人实施犯罪行为；策划是指在聚众犯罪活动中为犯罪出谋划策、制订犯罪的方案和计划；指挥则是在犯罪实施前和实施过程中指使、安排、调度他人。聚众犯罪中的首要分子是聚众犯罪的犯意发动者、参与人员的聚集者、犯罪实施过程的指挥操控者，在整个犯罪中起关键性作用。在聚众犯罪中同时起组织、策划、指挥作用的为首要分子，只具备其中之一也是首要分子。

5. 明知自己感染艾滋病病毒，故意不采取保护措施，与他人发生性关系，致使他人感染艾滋病病毒的，如何定罪处罚?②

本书观点：明知自己感染艾滋病病毒，故意不采取保护措施与他人发生性关系，致使他人感染艾滋病病毒的，应定故意伤害罪；认定为故意伤害罪后，应按照致人重伤的标准量刑。

（1）明知自己感染艾滋病病毒，故意不采取保护措施与他人发生性关系，致使他人感染艾滋病病毒的，应定故意伤害罪。

艾滋病，即获得性免疫缺陷综合症，又称后天性免疫缺陷症候群，英文名为 Acquired Immune Deficiency Syndrome（AIDS），是因为人体感染艾滋病病毒所导致的传染病。艾滋病是一种目前既无有效疫苗预防，又无特效药物治疗的疾病。由于艾滋病给世界带来灾难性后果，联合国于2000 年6 月27 日首次把艾滋病列为安全危机。在现实社会生活中，部分艾滋病感染者基于报复、仇恨社会的心理或是其他动机，利用自身感染的艾滋病病毒故意向他人传播艾滋病病毒，这种行为严重侵害了他人的生命与健康，受害人一旦感染就处于长期的恐惧和痛苦之中，且极易造成死亡，具有极为严重的社会危害性。

---

① 观点来源：最高人民法院刑事审判第一、二、三、四、五庭：《刑事审判参考》（总第 95 集），法律出版社 2014 年版，余某某、尤某某聚众扰乱交通秩序案。

② 观点来源：最高人民法院刑事审判第一、二、三、四、五庭主办：《刑事审判参考》（总第 115 集），法律出版社 2019 年版，第 49 – 55 页，周天武故意伤害案。

基于以上原因，2017 年 7 月 25 日起施行的《最高人民法院、最高人民检察院关于办理组织、强迫、引诱、容留、介绍卖淫刑事案件适用法律若干问题的解释》第十二条第二款规定："具有下列情形之一，致使他人感染艾滋病病毒的，认定为刑法第九十五条第三项'其他对于人身健康有重大伤害'所指的'重伤'，依照刑法第二百三十四条第二款的规定，以故意伤害罪定罪处罚：（一）明知自己感染艾滋病病毒而卖淫、嫖娼的；（二）明知自己感染艾滋病病毒，故意不采取防范措施而与他人发生性关系的。"

实践中，当时对于明知自己感染艾滋病病毒，故意不采取保护措施与他人发生性关系，致使他人感染艾滋病病毒的行为如何定罪，在刑法理论界和司法实务界有两种不同观点。

第一种观点认为，应认定为故意杀人罪。理由有三：一是，艾滋病是不治之症，一旦被传染则无疑被剥夺了继续生存的权利，因此将艾滋病传染给他人，就侵犯了他人的生命权，这与杀人罪的客体特征完全相符。二是，实践中，剥夺他人生命的方式有多种多样，只要足以造成死亡结果的都是杀人行为，故意将艾滋病病毒传染给特定他人的行为，只是剥夺他人生命的一种特殊方式而已，这与故意杀人罪的客观方面也是相同的。三是，艾滋病会致人死亡的事实是人人皆知的，因此故意传播艾滋病的行为人杀人的目的是很明显的。即使不是出于直接故意，放任他人因传染上艾滋病病毒而死亡的心态也是很显然的，这样也就具有了间接杀人的故意。

第二种观点认为，应认定为故意伤害罪。理由是，艾滋病患者的肌体免疫系统被破坏，容易患上正常人能够轻松克服的各种疾病，在目前尚无疫苗和有效治疗方法的情况下，感染艾滋病病毒意味着身体健康遭受严重威胁。所以，此种行为属于故意伤害他人身体健康的行为，应以故意伤害罪定罪。被感染上艾滋病病毒后并不会立即死亡，在漫长的发病过程中可能因为其他原因导致死亡，这时艾滋病就不是被害者死亡的直接原因。而在死亡之前被害者的身体健康却必然遭受严重摧残，这符合伤害罪的行为特征。

我们同意第二种观点。理由如下：

首先，艾滋病和艾滋病病毒是不同的概念。艾滋病病毒代表的是人类缺陷免疫病毒（HIV），它在侵入人体后即开始攻击人体免疫系统。经过数年当人体免疫系统被削弱后，人体就会感染上机会性感染病。一旦机会性感染发生，就可以认为是患了艾滋病（AIDS）。艾滋病代表的是获得性免疫缺陷综合征，它导致人体无法抵御其他疾病的状态或综合征。人不会死于艾滋病，而是死于与艾滋病相关的疾病。我们通常所说的感染艾滋病大多是指感染上艾滋病病毒，艾滋病病毒有三种传播途径，即性传播、血液传播和母婴传播，本案即是通过性传播方式致使他人感染艾滋病病毒。

其次，本案的情况不宜认定为故意杀人罪。虽然至今全世界范围内尚未研制出根治艾滋病的特效药物，也还没有可用于预防的有效疫苗，但是1996年美籍华裔科学家何大一发明了“鸡尾酒”疗法来压制艾滋病病毒、不断清除艾滋病病毒。早期艾滋病病毒感染者用药后可把病毒清除到几乎检测不到，一般的艾滋病病毒感染者终身服药能活到当地公民平均寿命，当然患者一旦停药，病毒就会大量复制。因此，从医学的角度看，感染上艾滋病病毒并不必然导致死亡，事实上，由于我国实施免费检测、免费治疗政策，大部分艾滋病病毒感染者能够获得及时治疗而不会危及生命，以故意杀人罪来认定类似本案的行为，与故意杀人罪的构成要件不相符。此外，故意杀人罪是结果犯，而从感染艾滋病病毒到发病一般为8—10年，在审理期限内很难认定故意杀人的危害结果是否发生。如果审判案件时被害人仍然生存，那么对行为人判处故意杀人罪未遂还是既遂呢？如果判处未遂，则有可能纵容了部分犯罪人，因为艾滋病病毒的少数感染者可能因得不到及时治疗等原因而发病，发病后最长一年内肯定死亡；如果判处故意杀人罪既遂，那么这与被害人在审判时仍然存活的事实明显不符。

最后，以故意伤害罪定罪更合理。如前所述，艾滋病病毒对人体免疫系统的损害十分致命，但艾滋病病毒又不具有直接致命性，它是通过损害人体免疫系统，降低人体的免疫力，进而构成对人体的危害。艾滋病病人死亡的直接原因通常都是其他的疾病或损伤。认定为故意伤害罪使得定罪量刑的标准统一。行为人一旦把艾滋病病毒传染给他人，那就肯定会对他人的身体造成伤害，在被害人被感染艾滋病病毒的那一刻起，故意伤害罪就已经既遂，而不会像认定故意杀人罪那样出现未遂与既遂的问题。

综上，我们认为，行为人明知自己感染艾滋病病毒，而故意不采取任何防护措施与被害人发生性关系，主观上具有通过让被害人感染艾滋病病毒的方式伤害其身体健康的故意，客观上所实施的不采取任何防护措施而与被害人发生性行为的行为，已经造成被害人感染上艾滋病病毒的危害后果，给被害人的人身健康造成重大伤害，完全符合故意伤害罪的构成要件。

（2）明知自己感染艾滋病病毒，故意不采取保护措施，与他人发生性关系，致使他人感染艾滋病病毒的，应按照致人重伤的标准量刑。

根据《刑法》第二百三十四条的规定，故意伤害他人身体，致人轻伤的，处三年以下有期徒刑、拘役或者管制；致人重伤的，处三年以上十年以下有期徒刑；致人死亡或者以特别残忍手段致人重伤造成严重残疾的，处十年以上有期徒刑、无期徒刑或者死刑。那么，致使他人感染艾滋病病毒的应如何认定伤情等级呢？对此，司法解释也明确作出了规定，即此种情形下一般认定为“重伤”，在“三年到十年有期徒刑”幅度内量刑。其理由在于：首先，与艾滋病病毒的损伤特点相符。如前所述，艾滋病病毒以对人体免疫系统的损害构成对人体健康的严重危害，但艾滋病病毒的这种损害是一个渐进的过程，并不具有直接致命性。在现代医疗条件下，艾滋病病毒虽不能根除但终身服药的情况下可以控制病毒的发展，因此，感染艾滋病病毒的患者不是必然死亡，但身体健康会受到极大的伤害，这种伤害既包括艾滋病病毒本身对身体的损害，也包括长期服药导致的大量副作用，而患者为了维持生命必须终身忍受这种痛苦，因此，感染艾滋病病毒对被害人身体健康的损伤程度与重伤对身体的损伤程度是相当的。其次，与相关司法解释的规定一致。《刑法》第九十五条对重伤的定义是使人肢体残废或者毁人容貌的；使人丧失听觉、视觉或者其他器官机能的以及其他对于人身健康有重大伤害的，根据最高人民法院、最高人民检察院、公安部、国家安全部、司法部2013年8月30日发布的《人体损伤程度鉴定标准》第二条的规定，重伤是指“使人肢体残废、毁人容貌、丧失听觉、丧失视觉、丧失其他器官功能或者其他对于人身健康有重大伤害的损伤，包括重伤一级和重伤二级”。其第六条规定：“未列入本标准中的物理性、化学性和生物性等致伤因素造成的人体损伤，比照本标准中的相应条款综合鉴定。”根据上述规定，感染艾滋病病毒可视为因“生物性因素”导致的“其他对于人体健康有重大伤害”的情形。这一点在其他司法解释中也有所体现，如《最高人民法院、最高人民检察院关于办理非法采供血液等刑事案件具体应用法律若干问题的解释》第六条就将“受血者感染艾滋病病毒”认定为“造成危害他人身体健康后果”。因此，在目前的立法和司法解释框架内，对于明知自己感染艾滋病病毒，故意不采取保护措施与他人发生性关系，致使他人感染艾滋病病毒的行为，认定故意伤害罪并按照“重伤”的量刑档次量刑是最为合适的。当然，如果致人死亡的，可在“十年以上有期徒刑、无期徒刑或者死刑”的幅度内量刑，但适用死刑应当格外慎重。

四、疑难、复杂问题的参考性解答

1. 如何理解在国家机关、国有公司、企业、集体企业和人民团体管理、使用或者运输中的私人财产，以公共财产论?

本书观点：在国家机关、国有公司、企业、集体企业和人民团体管理、使用或者运输中的私人财产，从所有权意义上讲属于私人财产。但作为该私有财产管理者、使用者或者运输者的国家机关、国有公司、企业、集体企业和人民团体，在未归还该私人占有之前，对该私人财产负有保管义务。如果该财产出现任何丢失、灭失、损坏等情况，财产所有人都有权向该财产的管理者、使用者或者运输者请求赔偿。也就是说，侵占、破坏此类财产，直接受害的不是财产的所有人，而是国家或集体，故而应以侵占、破坏公共财产论。

2. 司法实践中，重伤之外的轻伤、轻微伤的含义如何确认?

本书观点：根据《人体损伤程度鉴定标准》，轻伤是指使人肢体或者容貌损害，听觉、视觉或者其他器官功能部分障碍或者其他对于人身健康有中度伤害的损伤，包括轻伤一级和轻伤二级。轻微伤是指各种致伤因素所致的原发性损伤，造成组织器官结构轻微损害或者轻微功能障碍。

3. 刑法中的“首要分子”在定罪量刑中有何独特的地位作用?

本书观点：根据《刑法》第九十七条规定，首要分子分为两类，一是在犯罪集团中起组织、策划、指挥作用的犯罪分子；二是在聚众犯罪中起组织、策划、指挥作用的犯罪分子。犯罪集团，是指三人以上为共同实施犯罪而组成的较为固定的犯罪组织。聚众犯罪，是指以聚集多人实施犯罪行为为其犯罪构成要件的犯罪。组织是指在犯罪集团和聚众犯罪中通过各种手段纠集、拉拢他人组成犯罪组织或共同实施犯罪行为；策划主要是指为犯罪出谋划策、制订犯罪的方案和计划等；指挥主要是指在犯罪中指使、安排、调度他人实施犯罪活动。

首要分子的认定与定罪、量刑的关系密切。在犯罪集团中起组织、策划、指挥作用的首要分子，是主犯，按照集团所犯的全部罪行处罚。聚众犯罪中的首要分子，根据刑法及有关司法解释的规定，可分为以下几种情况：

（1）区分罪与非罪的界限。例如，《刑法》第二百九十一条聚众扰乱公共场所秩序、交通秩序罪，只有首要分子才构成犯罪。

（2）区分此罪与彼罪的界限。例如，《刑法》第二百四十二条第二款聚众阻碍解救被收买的妇女、儿童罪，只有首要分子构成此罪，其他参与者使用暴力、威胁方法的，依妨害公务罪定罪处罚。

（3）决定量刑的轻重。在刑法规定的大多数聚众犯罪中，例如，聚众扰乱社会秩序罪、聚众冲击国家机关罪，对首要分子和积极参加者、其他参加者适用不同的法定刑，这就意味着一旦被认定为首要分子，就要被判处更重的刑罚。

4. 如何理解和把握未成年人的前科报告免除制度？

本书观点：《刑法》第一百条第一款规定了前科报告制度，即“依法受过刑事处罚的人，在入伍、就业的时候，应当如实向有关单位报告自己曾受过刑事处罚，不得隐瞒。”第二款规定了未成年人的轻罪前科报告免除制度，即“犯罪的时候不满十八周岁被判处五年有期徒刑以下刑罚的人，免除前款规定的报告义务”。

在理解未成年人的轻罪前科报告免除制度时应注意以下几点：

（1）对于未成年时的犯罪记录与成年后的犯罪记录应当区别对待。对于未成年时有较轻犯罪记录的人，如果要求他们在入伍、就业时如实报告自己曾受刑事处罚的情况，可能会对他们的录取或录用造成困难，进而可能使他们对社会产生仇视心理，不利于他们未来的人生发展。

（2）免除报告义务应当满足以下条件：①犯罪的时候不满十八周岁。行为人在年满十八周岁前后实施数个行为，构成一罪或者数罪的，不免除报告义务。理由是，在数个行为构成一罪的情况下，法院对其十八周岁之前的行为没有作单独评价，无法免除其报告义务；在构成数罪的情况下，法院对其数罪是一并审理、数罪并罚，免除其十八周岁之前部分犯罪的报告义务没有可操作性。②被判处五年有期徒刑以下刑罚。包括被判处五年以下有期徒刑、拘役、管制、单处附加刑以及被判处拘役、三年以下有期徒刑宣告缓刑的情形。

刑法分则

XINGFA FENZE

第一章　危害国家安全罪

一、背叛国家罪

（一）刑法规定

第一百零二条[①]　勾结外国，危害中华人民共和国的主权、领土完整和安全的，处无期徒刑或者十年以上有期徒刑。

与境外机构、组织、个人相勾结，犯前款罪的，依照前款的规定处罚。

（二）疑难、复杂问题的参考性解答

1. 如何理解本罪的主体要件。本罪的犯罪主体必须为中国公民。但外国人、无国籍人可以成为本罪的共犯。通常来讲，能够实施背叛国家罪的人一般是本国掌握党、政、军权力的人物，而且往往身居要职。比如，像签订条约之类的事情，普通的中国公民是无法实施的，必须是掌握国家权力的人才能实施。但是也并非绝对，有些行为，普通的中国公民也可以实施，如勾结外国军队危害国家安全。

2. 如何理解本罪的客观要件。客观方面表现为勾结外国或者境外机构、组织、个人，危害中华人民共和国的主权、领土完整和安全的行为。也就是说要构成本罪，在客观方面，一是要有勾结外国或者境外机构、组织、个人的行为，二是要有危害中华人民共和国的主权、领土完整和安全的行为。

---

① 1979 年《刑法》第九十一条规定，勾结外国，阴谋危害祖国的主权、领土完整和安全，判处无期徒刑或者十年以上有期徒刑。当时没有相关确定罪名的司法解释，司法实践中一般认定为背叛祖国罪。1997 年刑法修订时删除了“阴谋”二字，将“祖国”改为“中华人民共和国”，增加了与境外组织、机构、个人相勾结实施犯罪的内容。《最高人民法院关于执行〈中华人民共和国刑法〉确定罪名的规定》将《刑法》第一百零二条的罪名确定为“背叛国家罪”。

“勾结外国”，不仅包括勾结外国官方机构，如政府、军队和其他国家机构，以及这些机构在我国的代表机构如外国政府驻我国的使馆、领馆等，而且包括勾结外国的政党组织、社会团体及其他组织，如外国的公司、企业组织，还包括外国的个人，即与外国官方机构、组织无关的纯粹以个人身份出现的人。“勾结境外机构、组织、个人”，是指勾结台湾等地区的官方机构、非政府组织和个人。香港、澳门虽然分别于1997年7月1日和1999年12月20日回归祖国，但在目前情况下仍可视为“境外”。与某些国际组织进行勾结，应视为“勾结外国”，不是这里的“勾结境外机构、组织”。对“境外机构、组织、个人”，更不应笼统地解释为“中华人民共和国边境以外的国家和地区的官方性组织、社会性团体及外国公民、无国籍人，外籍华人”。因为如作这种解释，必然把本条第一款的内容也包含进第二款之中，而从设立第二款的本意来看，“与境外机构、组织、个人相勾结”，应与“勾结外国”相区别，否则就无须规定第一款的内容了。此外，《刑法》第一百零六条规定：“与境外机构、组织、个人相勾结，实施本章第一百零三条、第一百零四条、第一百零五条规定之罪的，依照各该条的规定从重处罚。”这一条未提到《刑法》第一百零二条，也是因为第一百零二条中的“与境外机构、组织、个人相勾结”，本身即是犯罪的构成要件，而第一百零六条中的“与境外机构、组织、个人相勾结”，仅仅是加重处罚的情节，不是犯罪构成要件。

危害国家主权的行为，如擅自允许外国在中国享有司法权，擅自允许外国军队进驻本国。危害领土完整的行为，如擅自与外国签订条约，割让中国领土。危害军事安全的行为，如勾结外国发动对中国的武装进攻，在外国占领中国期间，勾结外国军队对中国军队发动进攻，或者帮助外国军队扫荡中国的村庄、城镇。

3. 既遂与未遂的区分。1979年《刑法》对本罪规定为“勾结外国，阴谋危害祖国的主权、领土完整和安全”。即只要有勾结外国，阴谋危害国家主权、领土完整和安全的行为，就构成犯罪既遂。而1997年《刑法》修订时删除了“阴谋”二字。这是考虑到，“阴谋”的含义不明确，可以是一种想法，也可以表现为暗中策划等行为。我国刑法坚决禁止思想犯，构成犯罪必须有危害社会的行为。因此，1997年《刑法》修订时删去“阴谋”二字是完全正确的。但根据立法精神，背叛国家的行为，并不要求造成危害国家主权、领土完整和安全的实际后果，只要行为人实施了勾结外国，危害国家主权、领土完整和安全的行为，就构成本罪。无论是暗中策划，还是将形成的计划付诸实施，均不影响本罪的成立。

4. 一罪与数罪的认定。由于背叛国家罪客观要件比较宽泛，行为人在实施危害国家安全罪一章某些其他犯罪行为时可能会同时符合背叛国家罪的构成要件。例如，勾结外国或境外机构、组织、个人，发动武装叛乱、暴乱的；再如，勾结外国或境外机构、组织、个人，为境外窃取、刺探、收买、非法提供国家秘密、情报的。此类情况应属于法条竞合，如果有法律明确规定按法律规定处理，如无明确规定则按法条竞合的处理原则①结合案件的具体情况定罪量刑。

（三）量刑指导或者参考

依照《刑法》第一百零二条和第一百一十三条第一款之规定，犯本罪的，处无期徒刑或者十年以上有期徒刑；对国家和人民危害特别严重、情节特别恶劣的，可以判处死刑。

关于附加刑的适用根据《刑法》第五十六条和第一百一十三条第二款之规定，犯本罪的，应当附加剥夺政治权利，可以并处没收财产。

二、分裂国家罪

（一）刑法规定

第一百零三条第一款　组织、策划、实施分裂国家、破坏国家统一的，对首要分子或者罪行重大的，处无期徒刑或者十年以上有期徒刑；对积极参加的，处三年以上十年以下有期徒刑；对其他参加的，处三年以下有期徒刑、拘役、管制或者剥夺政治权利。

---

① 关于法条竞合的种类以及处理原则，学界观点不一。有学者将法条竞合概括为独立竞合、包容竞合、交叉竞合、偏一竞合四种情况，分别适用特别法优于普通法、全部法优于部分法、重法优于轻法、基本法优于补充法的处理原则；有学者将法条竞合概括为特别法（条）与普通法（条）的关系，视不同情况适用特别法优于普通法、重法优于轻法的原则。参见：陈兴良主编：《刑法各论的一般原理》，内蒙古大学出版社 1992 年版，第 403 页以下；姜伟：《犯罪形态通论》，法律出版社 1994 年版，第 414 页以下；张明楷：《刑法学》，法律出版社 2007 年版，第 371－373 页。

（二）司法解释、司法文件及其权威解读

《最高人民法院、最高人民检察院关于办理组织、利用邪教组织破坏法律实施等刑事案件适用法律若干问题的解释》（法释〔2017〕3号，自2017年2月1日起施行）（节录）

第十条 组织、利用邪教组织破坏国家法律、行政法规实施过程中，又有煽动分裂国家、煽动颠覆国家政权或者侮辱、诽谤他人等犯罪行为的，依照数罪并罚的规定定罪处罚。

（三）疑难、复杂问题的参考性解答

1. 如何理解本罪的客观要件。客观方面表现为组织、策划、实施分裂国家、破坏国家统一的行为。“分裂国家”，是指将统一的国家分裂成几个部分，在中央政府之外另立政府，对抗中央，割据一方，并自立为国，谋取国际上的承认。“破坏国家统一”，是指对实现国家统一的活动和进程进行阻挠、破坏，意图使国家不能实现统一。具体行为方式有三种：一是组织分裂国家、破坏国家统一的活动，即以分裂国家、破坏国家统一为目的，进行组织活动，包括组织人员、组织经费、物资等；二是策划分裂国家、破坏国家统一的活动，即以分裂国家、破坏国家统一为目的，进行策划活动，包括进行商量、计划、阴谋等活动；三是实施分裂国家、破坏国家统一的活动，即根据策划，有组织地进行具体的分裂国家、破坏国家统一的活动。按照法律规定，行为人只要实施了组织、策划、实施分裂国家、破坏国家统一其中一种行为的，就构成本罪；实施两种以上行为的，仍为一罪，不实行并罚。

2. 正确认定本罪的犯罪形态。分裂国家罪有三种行为方式，即组织、策划、实施。虽然从本来意义上看，只有实施行为才是实行犯，而组织、策划行为都是共犯。但由于法条中列举了组织、策划、实施三种行为方式，因此，不宜将组织、策划行为作为共犯行为，而是一种实行行为，策划、组织也不是实施行为的预备，不得根据总则规定对策划行为作为预备犯来从宽处罚。只要有组织、策划行为，即使尚无具体实施分裂国家的行为，也构成分裂国家罪的既遂。

3. 本罪与背叛国家罪的区别。二者都可能发生领土被分裂的结果，而且分裂国家者往往也寻求一些外国的支持，甚至依附于外国。二者的区别在于：

一是后者必须是行为人勾结外国，没有勾结外国的行为，就不可能构成背叛国家罪；而前者行为人虽然也可能勾结外国，但勾结外国不是本罪的构成要件，只是加重处罚的要件。二是后者危害领土完整是指将本国领土割让给外国，但国家仍是原来的国家，并未设立新的国家；而前者行为人的目的是割据一方，另立为国，使本来统一的国家四分五裂，支离破碎，成为几个国家。

（四）量刑指导或者参考

依照《刑法》第一百零三条第一款规定，犯分裂国家罪的，对首要分子或者罪行重大的，处无期徒刑或者十年以上有期徒刑；对积极参加的，处三年以上十年以下有期徒刑；对其他参加的，处三年以下有期徒刑、拘役、管制或者剥夺政治权利。

依照《刑法》第一百零六条规定，与境外机构、组织、个人相勾结，实施本罪的，应当在《刑法》第一百零三条第一款规定的法定刑的幅度内从重处罚。

依照《刑法》第一百一十三条第一款规定，犯本罪，对国家和人民危害特别严重、情节特别恶劣的，可以判处死刑。

关于附加刑的适用，根据《刑法》第五十六条和第一百一十三条第二款之规定，犯本罪的，应当附加剥夺政治权利，可以并处没收财产。

三、煽动分裂国家罪

（一）刑法规定

第一百零三条第二款　煽动分裂国家、破坏国家统一的，处五年以下有期徒刑、拘役、管制或者剥夺政治权利；首要分子或者罪行重大的，处五年以上有期徒刑①。

① 本罪是1997年《刑法》修订时增设的罪名。1979年《刑法》第一百零二条规定的反革命宣传煽动罪并不包括煽动分裂国家的行为。

（二）司法解释、司法文件及其权威解读

1. 最高人民法院、最高人民检察院关于办理妨害预防、控制突发传染病疫情等灾害的刑事案件具体应用法律若干问题的解释（法释〔2003〕8 号，自 2003 年 5 月 15 日起施行）（节录）

第十条第二款 利用突发传染病疫情等灾害，制造、传播谣言，煽动分裂国家、破坏国家统一，或者煽动颠覆国家政权、推翻社会主义制度的，依照刑法第一百零三条第二款、第一百零五条第二款的规定，以煽动分裂国家罪或者煽动颠覆国家政权罪定罪处罚。

2.《最高人民法院、最高人民检察院关于办理组织、利用邪教组织破坏法律实施等刑事案件适用法律若干问题的解释》（法释〔2017〕3 号，自 2017 年 2 月 1 日起施行）（节录）

第十条 组织、利用邪教组织破坏国家法律、行政法规实施过程中，又有煽动分裂国家、煽动颠覆国家政权或者侮辱、诽谤他人等犯罪行为的，依照数罪并罚的规定定罪处罚。

3. 最高人民法院关于审理非法出版物刑事案件具体应用法律若干问题的解释（法释〔1998〕30 号，自 1998 年 12 月 23 日起施行）（节录）

第一条 明知出版物中载有煽动分裂国家、破坏国家统一或者煽动颠覆国家政权、推翻社会主义制度的内容，而予以出版、印刷、复制、发行、传播的，依照刑法第一百零三条第二款或者第一百零五条第二款的规定，以煽动分裂国家罪或者煽动颠覆国家政权罪定罪处罚。

（三）疑难、复杂问题的参考性解答

分裂国家罪与煽动分裂国家罪的区别。组织、策划分裂国家的行为其中也可能包含着用言语、文字等方式，但是组织者的行为主要是组织行为，包括组织人力、物力、财力的行为；而策划则是在一起商量、谋划，参与策划者都已决意进行分裂国家、破坏国家统一的行为，策划的目的是如何更周密、更有把握地实施。这与煽动本无分裂国家目的的人产生分裂国家的意图并进而实施分裂国家的行为是不同的。

（四）量刑指导或者参考

依照《刑法》第一百零三条第二款规定，犯煽动分裂国家罪的，处五年以下有期徒刑、拘役、管制或者剥夺政治权利；对其中的首要分子或者罪行重大的，处五年以上有期徒刑。

关于附加刑的适用，根据《刑法》第五十六条和第一百一十三条第二款之规定，犯本罪的，应当附加剥夺政治权利，可以并处没收财产。

司法机关在适用《刑法》第一百零三条第二款、第一百零六条、第一百一十三条第二款规定处罚时，应当注意以下问题：

1. 本罪规定了两个档次的法定刑，要根据不同情况，正确适用。煽动分裂国家、破坏国家统一的首要分子，是指在聚众煽动中起组织、策划、指挥作用的犯罪分子；煽动分裂国家、破坏国家统一罪行重大的，是指直接进行煽动活动，对多人多次进行煽动，或因煽动造成严重后果的。

2. 依照《刑法》第一百零六条的规定，与境外机构、组织、个人相勾结实施煽动分裂国家、破坏国家统一的，应当在《刑法》第一百零三条第二款规定的两个档次的法定刑幅度内，从重处罚。

四、武装叛乱、暴乱罪

（一）刑法规定

第一百零四条　组织、策划、实施武装叛乱或者武装暴乱的，对首要分子或者罪行重大的，处无期徒刑或者十年以上有期徒刑；对积极参加的，处三年以上十年以下有期徒刑；对其他参加的，处三年以下有期徒刑、拘役、管制或者剥夺政治权利。

策动、胁迫、勾引、收买国家机关工作人员、武装部队人员、人民警察、民兵进行武装叛乱或者武装暴乱的，依照前款的规定从重处罚。

（二）疑难、复杂问题的参考性解答

1. 如何理解本罪的客观要件。客观方面表现为武装叛乱或者武装暴乱的行为。“叛乱”，是指意图投靠境外组织或者境外敌对势力而反叛国家和政府。反叛的方式是采取武装手段，即配备杀伤性、破坏性的武器、弹药、爆炸物、

车辆等进行爆炸、放火、杀人，破坏道路、桥梁、建筑，抢劫档案、军火或者其他物资等。“暴乱”，是指不以投靠境外敌对势力为目的，而是采用武力的形式，直接与国家或者政府进行对抗。应当指出的是，构成武装叛乱、暴乱罪，不仅表现为直接实施上述武装叛乱、暴乱的行为，而且包括组织、策划行为。即虽然行为人不亲自实施杀人、放火、爆炸、抢劫等叛乱、暴乱行为，而是组织他人实施这些行为，或者进行策划，制订武装叛乱、武装暴乱计划，作为实施叛乱、暴乱的行动根据，也构成本罪。

2. 本罪与一般群众闹事的区别。本罪的行为人以破坏人民民主专政的政权、推翻社会主义制度为目的；而一般群众闹事则是由于对党和国家的政策不了解，或者有关部门对某些问题处理不当，引起矛盾激化，但不具有危害政权的目的。有的群众闹事中也有冲击国家机关、殴打国家机关工作人员、毁坏公共财物等行为，但不属于叛乱或者暴乱的性质。此外，构成武装叛乱、暴乱罪必须采取武装形式，即携带或者使用了枪、炮等武器，与国家和政府进行对抗。如果行为人没有携带或者使用武器，只是使用一般性的暴力，如扔石块等，则不能构成武装叛乱、暴乱罪。

3. 一罪与数罪的界限。在武装叛乱、暴乱的过程中，行为人往往同时实施杀人、伤害、爆炸、放火、抢劫等行为。但这些行为已包含于武装叛乱、暴乱的行为之中，属于想象竞合犯，应从一重罪处罚，不实行数罪并罚。

4. 选择性罪名的适用。按照法律规定，行为人只要实施了武装叛乱或者武装暴乱其中一种行为，就构成本罪；实施了两种行为的，仍为一罪，不实行并罚，量刑时可作参考。

（三）量刑指导或者参考

依照《刑法》第一百零四条第一款规定，犯武装叛乱、暴乱罪的，对首要分子或者罪行重大的，处无期徒刑或者十年以上有期徒刑；对积极参加的，处三年以上十年以下有期徒刑；对其他参加的，处三年以下有期徒刑、拘役、管制或者剥夺政治权利。

依照本条第二款规定，策动、胁迫、勾引、收买国家机关工作人员、武装部队人员、人民警察、民兵进行武装叛乱或者武装暴乱的，依照前款的规定从重处罚。

依照《刑法》第一百零六条规定，与境外机构、组织、个人相勾结，实施本罪的，依照第一百零四条规定从重处罚。

依照《刑法》第一百一十三条第一款规定，犯本罪，对国家和人民危害特别严重、情节特别恶劣的，可以判处死刑。

关于附加刑的适用，根据《刑法》第五十六条和第一百一十三条第二款之规定，犯本罪的，应当附加剥夺政治权利，可以并处没收财产。

司法机关在适用《刑法》第一百零四条、第一百零六条、第一百一十三条规定处罚时，应当注意以下问题：

1. 本罪规定了三个档次的法定刑，要根据不同情况，正确适用。“首要分子”，是指组织、策划、指挥武装叛乱、暴乱的犯罪分子；“罪行重大的”，是指在实施武装叛乱、暴乱的过程中，进行了杀人、伤害、放火、爆炸、抢劫等行为，并造成严重后果的；“积极参加的”，是指听从首要分子的组织、策划，表现积极，但尚不够罪行重大的；“其他参加的”，是指被裹挟参加，表现被动、消极的。

2. 严格掌握死刑的适用条件。犯武装叛乱、暴乱罪，判处死刑，必须是对国家和人民危害特别严重、情节特别恶劣。如果整个武装叛乱、暴乱危害特别严重，如造成多人死伤、大面积的建筑物遭受严重破坏，国家财产遭受特别严重损失的；或者情节特别恶劣，如在叛乱、暴乱过程中手段残忍，烧死、吊死他人等，对组织者、策划者和具体实施者，则“可以”判处死刑，而不是“处死刑”。

3. 正确理解和适用《刑法》第一百零四条第二款关于从重处罚的规定。按照本款规定，策动、胁迫、勾引、收买国家机关工作人员、武装部队人员、人民警察、民兵进行武装叛乱或者武装暴乱的，从重处罚。策动、胁迫、勾引、收买其实都是教唆行为。因此，本款规定是对教唆他人武装叛乱、暴乱的规定。如果教唆一般人进行武装叛乱或暴乱，按照教唆者所起的作用、所处的地位处罚；如果教唆的是特殊人员，如国家机关工作人员、武装部队人员、人民警察、民兵，危害性更大，因此，应当从重处罚，即分别不同情况，在《刑法》第一百零四条规定的三个档次的法定刑幅度内，从重处罚。

五、颠覆国家政权罪、煽动颠覆国家政权罪

（一）刑法规定

第一百零五条 组织、策划、实施颠覆国家政权、推翻社会主义制度的，对首要分子或者罪行重大的，处无期徒刑或者十年以上有期徒刑；对积极参加的，处三年以上十年以下有期徒刑；对其他参加的，处三年以下有期徒刑、拘役、管制或者剥夺政治权利。

以造谣、诽谤或者其他方式煽动颠覆国家政权、推翻社会主义制度的，处五年以下有期徒刑、拘役、管制或者剥夺政治权利；首要分子或者罪行重大的，处五年以上有期徒刑。

（二）司法解释、司法文件

最高人民法院、最高人民检察院关于办理组织和利用邪教组织犯罪案件具体应用法律若干问题的解释（法释〔1999〕18号，自1999年10月9日起施行）（节录）

第七条 组织和利用邪教组织，组织、策划、实施、煽动分裂国家、破坏国家统一或者颠覆国家政权、推翻社会主义制度的，分别依照刑法第一百零三条、第一百零五条、第一百一十三条的规定定罪处罚。

第九条 对组织和利用邪教组织进行犯罪活动的组织、策划、指挥者和屡教不改的积极参加者，依照刑法和本解释的规定追究刑事责任；对有自首、立功表现的，可以依法从轻、减轻或者免除处罚。

对于受蒙蔽、胁迫参加邪教组织并已退出和不再参加邪教组织活动的人员，不作为犯罪处理。

（三）疑难、复杂问题的参考性解答

1. 正确认定本罪的犯罪形态。本罪是行为犯。构成本罪的既遂不要求行为人已经造成了颠覆国家政权、推翻社会主义制度的实际结果，只要查明行为人有以颠覆国家政权、推翻社会主义制度为目的而进行组织、策划、实施的行为，就构成本罪的既遂。

2. 本罪与分裂国家罪的区别。二者都是为了建立非法政权，但是前者是

以新的政权取代原有的政权，而后者则是在中央政权之外另立中央，割据一方，自立为国。

3. 本罪与武装暴乱罪的区别。二者都可能有颠覆政权的事实，但是前者所采取的是武装暴乱以外的非法手段，如统治集团内部成员发动军事政变，推翻现政权；后者则是采取武装暴乱的方式，而武装暴乱通常是统治集团外部的人员发动的。军事政变虽然也有暴力，但不是武装暴乱。

（四）量刑指导或者参考

依照《刑法》第一百零五条第一款规定，犯颠覆国家政权罪的，对首要分子或者罪行重大的，处无期徒刑或者十年以上有期徒刑；对积极参加的，处三年以上十年以下有期徒刑；对其他参加的，处三年以下有期徒刑、拘役、管制或者剥夺政治权利。

依照《刑法》第一百零六条规定，与境外机构、组织、个人相勾结，实施本罪的，依照第一百零五条第一款的规定从重处罚。

关于附加刑的适用，根据《刑法》第五十六条和第一百一十三条第二款之规定，犯本罪的，应当附加剥夺政治权利，可以并处没收财产。

司法机关在适用《刑法》第一百零五条第一款、第一百零六条、第一百一十三条第二款规定处罚时，应当注意以下问题：

1. 本罪规定了三个档次的法定刑，要区别不同情况，正确适用。“首要分子”，是指组织者、策划者、指挥者；“罪行重大的”，是指在颠覆国家政权过程中，具体实施、执行，并直接造成严重后果的犯罪人；“积极参加的”，是指在实施颠覆国家政权的过程中积极参加活动，但尚不够罪行重大者；“其他参加的”，是指在实施颠覆国家政权的犯罪中，被动、消极地服从，并没有造成严重后果者。

2. 正确适用从重处罚的规定。法律规定，与境外机构、组织、个人相勾结，实施颠覆国家政权罪的，应当从重处罚。这是指在《刑法》第一百零五条第一款规定的三个档次的法定刑幅度内，从重处罚。

六、资助危害国家安全犯罪活动罪

（一）刑法规定

第一百零七条[①] 境内外机构、组织或者个人资助实施本章第一百零二条、第一百零三条、第一百零四条、第一百零五条规定之罪的，对直接责任人员，处五年以下有期徒刑、拘役、管制或者剥夺政治权利；情节严重的，处五年以上有期徒刑。

（二）权威解读

《中华人民共和国刑法修正案（八）》内容解读

修改完善“资助危害国家安全犯罪活动罪”

境内外的敌对机构、组织或个人相互勾结，相互支持，共同从事危害我国国家安全的活动，是改革开放以来我国国家安全面临的新情况。1997年《刑法》增加规定了资助危害国家安全犯罪活动罪，《刑法》第一百零七条规定：“境内外机构、组织或者个人资助境内组织或者个人实施本章第一百零二条、第一百零三条、第一百零四条、第一百零五条规定之罪的，对直接责任人员，处五年以下有期徒刑、拘役、管制或者剥夺政治权利；情节严重的，处五年以上有期徒刑。”

有的部门提出，本罪在实际执行中遇到的问题主要是，本法只规定了境内外机构、组织或者个人资助境内组织或者个人实施危害国家安全活动的犯罪。近年来，随着经济发展和收入的增加，出现了相反的情况，境内机构、组织或个人资助境外组织或个人从事危害我国国家安全的犯罪活动的案件也发生了，但在法律适用上遇到困难。综观各国立法都普遍规定，无论被资助的组织或者个人在境内还是境外，只要接受资助实施了危害国家安全的活动，资助者和被资助者都要承担相应的法律责任。考虑到《刑法》第一百零七条仅针对境内组织和个人资助的规定，已不能完全满足打击犯罪的需要，建议

---

① 本条根据2011年2月25日《刑法修正案（八）》修正。原条文为：“境内外机构、组织或者个人资助境内组织或者个人实施本章第一百零二条、第一百零三条、第一百零四条、第一百零五条规定之罪的，对直接责任人员，处五年以下有期徒刑、拘役、管制或者剥夺政治权利；情节严重的，处五年以上有期徒刑。”

不对资助危害国家安全犯罪活动中被资助对象的身份作特别规定。

《刑法修正案（八）》将《刑法》第一百零七条修改为："境内外机构、组织或者个人资助实施本章第一百零二条、第一百零三条、第一百零四条、第一百零五条规定之罪的，对直接责任人员，处五年以下有期徒刑、拘役、管制或者剥夺政治权利；情节严重的，处五年以上有期徒刑。"

《刑法修正案（八）》对《刑法》第一百零七条的修改，主要是删去了对被资助对象身份的限制性规定。根据修改后的规定，被资助者不再限于境内组织或者个人，资助境外组织或者个人实施危害中华人民共和国国家安全相关犯罪的行为，同样可依据本条规定定罪处罚。这一修改完善了刑法关于资助危害国家安全犯罪活动罪的规定，为在日趋复杂的国际环境下打击这类犯罪提供了法律依据。

（撰稿：黄太云）

（三）疑难、复杂问题的参考性解答

1. 罪与非罪的界限。构成资助危害国家安全犯罪活动罪，主观上必须是故意，即明知他人在进行背叛国家等危害国家安全的犯罪活动，而予以资助。如果不知道他人进行的是犯罪活动，更不知道进行的是危害国家安全的犯罪活动，而予以物质方面的资助的，不构成犯罪。

2. 本罪与其他犯罪的区别。本罪有特定的资助对象，仅限于背叛国家罪，分裂国家罪，煽动分裂国家罪，武装叛乱、暴乱罪，颠覆国家政权罪，煽动颠覆国家政权罪。因此，如果资助其他危害国家安全的犯罪，如资助投敌叛变罪，叛逃罪，间谍罪，为境外窃取、刺探、收买、非法提供国家秘密、情报罪等，不能构成资助危害国家安全犯罪活动罪，但并非不构成犯罪，而是构成上述犯罪的共犯，即帮助犯，应当根据刑法总则共同犯罪的规定，作为共犯处理。

3. 一罪与数罪的认定。本罪是一个独立的罪名，不是选择性罪名。因此，尽管本罪可具体表现为对背叛国家的资助，对分裂国家的资助，对武装叛乱、暴乱的资助，对颠覆国家政权的资助，等等，也可能同时或者先后对这几种犯罪都予以资助，但在罪名上都只能定资助危害国家安全犯罪活动罪一个罪，既不能单独定资助背叛国家罪、资助分裂国家罪等，也不能因其同时或者先后实施了资助数种犯罪，就按数罪实行并罚，而仍应以一个资助危害国家安全犯罪活动罪论处。

（四）量刑指导或者参考

依照《刑法》第一百零七条规定，犯资助危害国家安全犯罪活动罪的，对直接责任人员，处五年以下有期徒刑、拘役、管制或者剥夺政治权利；情节严重的，处五年以上有期徒刑。

关于附加刑的适用，根据《刑法》第五十六条和第一百一十三条第二款之规定，犯本罪的，应当附加剥夺政治权利，可以并处没收财产。

司法机关在适用《刑法》第一百零七条、第一百一十三条第二款规定处罚时，应当注意以下问题：

1.《刑法》第一百零七条的“情节严重”，在司法实践中，一般是指多次（三次以上）资助他人实施危害国家安全的犯罪活动的；资助多人（三人以上）实施危害国家安全的犯罪活动的；资助的数量很大，或者其资助行为在他人实施危害国家安全的犯罪活动中起到了重要作用的，等等。

2. 本罪的行为主体尽管既包括自然人，也包括机构、组织，但责任主体只能是自然人，单位（机构、组织）不承担刑事责任，承担刑事责任的是机构、组织中的“直接责任人员”。所谓直接责任人员，是指机构、组织中对资助危害国家安全犯罪活动起决定作用或者参与策划、组织、指挥以及具体实施的人员，不包括对此并不知情的人员。

七、投敌叛变罪

（一）刑法规定

第一百零八条 投敌叛变的，处三年以上十年以下有期徒刑；情节严重或者带领武装部队人员、人民警察、民兵投敌叛变的，处十年以上有期徒刑或者无期徒刑。

第一百一十三条 本章上述危害国家安全罪行中，除第一百零三条第二款、第一百零五条、第一百零七条、第一百零九条外，对国家和人民危害特别严重、情节特别恶劣的，可以判处死刑。

犯本章之罪的，可以并处没收财产。

（二）疑难、复杂问题的参考性解答

1. 如何理解本罪的客观要件。本罪客观方面表现为投敌叛变的行为。投敌，即投靠敌人。所谓敌人，既包括国外的敌人，即敌国，也包括国内的敌人，即与我国合法政府敌对的一方；既包括交战状态下的敌人，也包括和平环境中的敌对营垒。投靠，包括两种情况：一是投奔，即由我国、我方逃到敌国、敌方，脱离我国或者我方的指挥、管辖；二是投降，即在被敌俘虏后宣布脱离我国或者我方，愿意成为敌国或敌方的成员，或者为敌国或敌方服务。所谓叛变，也即背离我国或者我方阵营，成为敌国或敌方的人员。投敌叛变，包括被捕、被俘后叛变的行为。逃往敌国、敌占区而未投敌叛变的，不构成本罪。投靠的“敌方”如为间谍组织，则构成本罪与《刑法》第一百一十条规定的间谍罪的想象竞合，应“择一重罪”处断。

2. 注意区分本罪与背叛国家罪。背叛国家罪，是指勾结外国，危害中华人民共和国的主权、领土完整和安全的行为。从实质上讲，这两种犯罪都背叛了国家，危害了国家安全。但是两者又有区别：（1）犯罪主体有所不同。后者的主体虽然也是中国公民，但通常是掌握党和国家重要权力或者具有一定社会地位和政治影响的人，而前者的主体可由任何普通公民构成。（2）侵害的直接客体不同。二者虽然都侵害了国家安全，但是具体而言，后者侵害的是国家的主权、领土完整和安全，而前者侵害的则是具体的小范围的国家利益。

（三）量刑指导或者参考

依照《刑法》第一百零八条规定，犯投敌叛变罪的，处三年以上十年以下有期徒刑；情节严重或者带领武装部队人员、人民警察、民兵投敌叛变的，处十年以上有期徒刑或者无期徒刑。

依照《刑法》第一百一十三条第一款规定，犯本罪，对国家和人民危害特别严重、情节特别恶劣的，可以判处死刑。

关于附加刑的适用，根据《刑法》第五十六条和第一百一十三条第二款之规定，犯本罪的，应当附加剥夺政治权利，可以并处没收财产。

司法机关在适用《刑法》第一百零八条、第一百一十三条规定处罚时，应当注意以下问题：

1. 区别不同情节正确适用法定刑。《刑法》第一百零八条规定了两个档次的法定刑。情节一般的，法定最高刑为十年；情节严重或者带领武装部队人员、人民警察、民兵投敌叛变的，法定最高刑为无期徒刑。所谓情节严重，司法实践中，一般是指携带武器或者国家秘密投敌叛变的；带领他人与其一同叛变的；叛变后为敌人效力的；高级官员或者负有重要职责的人叛变的，等等。“带领武装部队人员、人民警察、民兵投敌叛变的”，是指带领一个以上武装部队人员、人民警察、民兵投敌叛变的行为。

2. 严格掌握死刑的适用条件。投敌叛变的行为，必须“对国家和人民危害特别严重、情节特别恶劣”，这两个条件同时具备，才“可以”适用死刑。所谓对国家和人民危害特别严重、情节特别恶劣，司法实践中，一般是指因投敌叛变，致使我方人员遭到敌人逮捕、杀害，财产遭受特别严重损失的；带领人数众多的武装部队人员、人民警察、民兵投敌叛变的；携带大量武器、弹药、重要国家机密等投敌叛变的，等等。

八、叛逃罪

（一）刑法规定

第一百零九条[①] 国家机关工作人员在履行公务期间，擅离岗位，叛逃境外或者在境外叛逃的，处五年以下有期徒刑、拘役、管制或者剥夺政治权利；情节严重的，处五年以上十年以下有期徒刑。

掌握国家秘密的国家工作人员叛逃境外或者在境外叛逃的，依照前款的规定从重处罚。

（二）权威解读

《中华人民共和国刑法修正案（八）》内容解读

修改完善“叛逃罪”

叛逃是一种严重危害国家安全的犯罪。我国1979年、1997年《刑法》中

① 本条根据2011年2月25日《刑法修正案（八）》修正。原条文为：“国家机关工作人员在履行公务期间，擅离岗位，叛逃境外或者在境外叛逃，危害中华人民共和国国家安全的，处五年以下有期徒刑、拘役、管制或者剥夺政治权利；情节严重的，处五年以上十年以下有期徒刑。掌握国家秘密的国家工作人员犯前款罪的，依照前款的规定从重处罚。”

都对叛逃罪作了规定。1997年刑法第一百零九条规定："国家机关工作人员在履行公务期间，擅离岗位，叛逃境外或者在境外叛逃，危害中华人民共和国国家安全的，处五年以下有期徒刑、拘役、管制或者剥夺政治权利；情节严重的，处五年以上十年以下有期徒刑。掌握国家秘密的国家工作人员犯前款罪的，依照前款的规定从重处罚。"

有的部门提出，该条规定在实践中遇到的主要问题是：根据本条规定叛逃罪必须满足三个条件：一是叛逃行为发生在履行公务期间；二是犯罪嫌疑人有擅离岗位、叛逃境外的行为，或者擅离岗位、在境外叛逃的行为；三是犯罪嫌疑人的叛逃行为危害了中华人民共和国国家安全。在司法实践中，第三个条件往往被理解为"犯罪嫌疑人在叛逃后，实施了危害国家安全的行为，才能被认定为叛逃罪"，从而造成叛逃罪与其他危害国家安全犯罪之间的法条竞合。此外，叛逃人员叛逃后在境外是否实施了危害我国家安全的行为，实施了哪些危害我国家安全的行为，侦查机关很难掌握和取证。近年来，一些国家机关工作人员叛逃境外或在境外叛逃，给国家造成了巨大损失，给国家安全和利益造成严重威胁，但却几乎没有办法以叛逃罪打击处理。国家机关工作人员由于其自身的公职身份，在工作中知悉有关重要的国家秘密事项，其叛逃行为本身已经构成了对国家的背叛，造成了国家秘密失控、国家安全受到危害的后果。为加强对叛逃罪的打击力度，建议删去"危害国家安全"的规定。

《刑法修正案（八）》对《刑法》第一百零九条的规定作了两处修改：

1. 删去了原条文中关于国家机关工作人员叛逃，需危害国家安全的才构成罪的规定。

所谓"履行公务期间"，主要是指国家机关工作人员在代表国家履行职务期间，如作为国家机关代表团团员在外访问期间、我国驻外使领馆的外交人员以及代表我国在我驻机构或者国际机构履行职务期间等。国家机关工作人员离职在境外学习，或者到境外探亲访友、旅游的，不属于本款规定中的"履行公务期间"。"擅离岗位"，是指违反规定私自离开代表国家履行职务的岗位。"叛逃"，主要是指投靠境外的机构、组织，或者直接投奔国外有关组织，背叛国家的行为，如向外国寻求政治避难或庇护、我驻外使节宣布放弃中华人民共和国国籍等行为。

应当指出的是，构成叛国罪虽然删除了原条文中"危害中华人民共和国国家安全”的限制条件，但仍保留了“叛逃”，是否背叛了国家是需要有行为来证明的。一般的国家机关工作人员到国外学习、探亲访友、旅游滞留境外不归，不能简单地与“叛逃”画等号。

2. 对于掌握国家秘密的国家工作人员构成叛逃罪的条件作了修改，删去了在履行公务期间擅离岗位的限定条件。

掌握国家秘密的国家工作人员无论何时，在何种情况下叛逃都构成本罪，从而加大了对这一犯罪的打击力度。主体从国家机关工作人员扩大到国家工作人员，范围更大了。

（撰稿：黄太云）

（三）疑难、复杂问题的参考性解答

1. 罪与非罪的认定。构成本罪，只要有叛逃行为就构成，不必有危害国家安全的行为。但是如果确实情节显著轻微、危害不大的，也可以不认为是犯罪。

2. 本罪与投敌叛变罪的区别。二者的区别主要表现在：（1）犯罪主体不尽相同。前者的主体是特殊主体，限于国家机关工作人员和掌握国家秘密的国家工作人员；后者的主体则是一般主体，即具有中华人民共和国国籍的人。（2）构成叛逃罪行为人叛逃到任何一个国家都可以；而构成投敌叛变罪必须是行为人投奔敌国或者敌方。（3）构成叛逃罪必须是在履行公务期间叛逃的。如果虽是国家机关工作人员，但是已离职在国外学习期间叛逃的，也不能构成叛逃罪；构成投敌叛变罪则没有行为时间的限制。

（四）量刑指导或者参考

依照《刑法》第一百零九条第一款规定，犯叛逃罪的，处五年以下有期徒刑、拘役、管制或者剥夺政治权利；情节严重的，处五年以上十年以下有期徒刑。

依照本条第二款规定，掌握国家秘密的国家工作人员叛逃境外或者在境外叛逃的，依照前款的规定从重处罚。

关于附加刑的适用，根据《刑法》第五十六条和第一百一十三条第二款之规定，犯本罪的，应当附加剥夺政治权利，可以并处没收财产。

《刑法》第一百零九条第一款规定的“情节严重”，是加重处罚情节，司

法实践中，一般指因行为人的叛逃给国家安全和利益造成重大损害的；引起我国外交乃至国家声誉上的重大损害的等情形。

九、间谍罪

（一）刑法规定

第一百一十条　有下列间谍行为之一，危害国家安全的，处十年以上有期徒刑或者无期徒刑；情节较轻的，处三年以上十年以下有期徒刑：

（一）参加间谍组织或者接受间谍组织及其代理人的任务的；

（二）为敌人指示轰击目标的。

（二）疑难、复杂问题的参考性解答

1. 如何理解本罪的客观要件。本罪客观方面表现为下列三种行为：（1）参加国外间谍组织。“间谍组织”，是指外国政府或者境外敌对势力建立的旨在收集其他国家情报，对他国进行颠覆破坏活动，破坏他国国家安全和利益的组织。参加间谍组织，就是经过一定的手续，加入间谍组织，成为间谍组织的一员。参加间谍组织，就意味着要从事间谍活动，但构成间谍罪，不以已经从事间谍活动为要件，只要参加了间谍组织，即使尚未从事间谍活动，也构成犯罪。（2）接受间谍组织及其代理人的任务。这是指没有从组织上参加间谍组织，而是接受间谍组织以及间谍组织的代理人的指令，完成他们交给的收集情报等任务的。（3）为敌人指示轰击目标。这是指用各种手段向敌人指示敌人所要轰击的目标，如写信、打电话、发电报、放信号弹，等等，以使敌人能够准确地打击我方目标。“轰击”，包括炮击、导弹袭击、飞机轰炸，等等。不论行为人是否为间谍组织正式或者事实上的成员，只要实施了为敌人指示轰击目标的行为，就构成间谍罪。

2. 罪与非罪的认定。要把参加间谍组织的分子与在间谍机关中工作的非间谍分子区别开来。对于既没有履行参加间谍组织手续，也未进行间谍活动的一般勤杂人员、医务人员、行政事务人员或者临时聘用的工程技术人员，均不构成间谍罪。

3. 本罪与背叛国家罪的区别。间谍罪，既包括参加间谍组织或者接受间谍组织及其代理人的任务，也包括为敌人指示轰击目标的行为。其中，为敌

人指示轰击目标的行为也会危害国家的军事安全。但这种危害军事安全的行为与背叛国家罪中危害国家军事安全的行为不同。表现在：背叛国家罪中的危害国家的军事安全主要是勾结外国，发动对我国的武装侵略，挑起战争，危害是全局性的；而间谍罪中的为敌人指示轰击目标，是在战争期间或者战争状态下实施的，危害是局部性的。显然，勾结外国，发动对我国的武装侵略的危害性更大。此外，在犯罪主体上，背叛国家罪的主体一般是掌握国家较高权力的有一定地位者，而间谍罪的主体则可以由任何普通公民构成。

4. 一罪与数罪的界限。参加间谍组织或者接受间谍组织及其代理人的任务的，有可能实施其他危害国家安全的行为，如进行暗杀、破坏等活动。如果这些活动是在间谍组织的指令范围内的，则以间谍罪一罪论处即可；如果超出了间谍组织的指令范围，不属于间谍犯罪行为，则除了构成间谍罪以外，还应当根据具体行为构成的其他犯罪，实行数罪并罚。

5. 间谍组织以外的人员在未受间谍组织指令的情况下，为境外窃取、刺探、收买、非法提供国家秘密、情报的，构成《刑法》第一百一十一条规定的为境外窃取、刺探、收买、非法提供国家秘密、情报罪。

6. 国家机关工作人员、军人在“非”履行公务期间投敌叛变的，或者非国家机关工作人员、非军人投敌叛变的，均构成《刑法》第一百零八条规定的投敌叛变罪。有《刑法》第一百一十条规定行为的，以间谍罪定罪处罚。

（三）量刑指导或者参考

依照《刑法》第一百一十条规定，犯间谍罪的，处十年以上有期徒刑或者无期徒刑；情节较轻的，处三年以上十年以下有期徒刑。

依照《刑法》第一百一十三条第一款规定，犯本罪，对国家和人民危害特别严重、情节特别恶劣的，可以判处死刑。

关于附加刑的适用，根据《刑法》第五十六条和第一百一十三条第二款之规定，犯本罪的，应当附加剥夺政治权利，可以并处没收财产。

司法机关在适用《刑法》第一百一十条、第一百一十三条规定处罚时，应当注意以下问题：

1. 根据案件情况区别不同情节，正确适用法定刑。《刑法》第一百一十条规定了两个档次的法定刑。情节严重的，法定最高刑为无期徒刑；情节较轻的，法定最高刑为十年有期徒刑。所谓情节较轻，司法实践中，一般是指虽然参加了间谍组织，但尚未从事具体的间谍活动，没有给我国的国家安全造成危害的，或者虽已接受间谍组织及其代理人的任务，但尚未着手实施便被我方抓获的，或者为敌人指示轰击的目标错误，没有给我国的人员、财产及军事利益造成损失等情形。

2. 严格掌握死刑的适用条件。犯间谍罪，必须对国家和人民危害特别严重、情节特别恶劣，才“可以”适用死刑。所谓对国家和人民危害特别严重、情节特别恶劣，司法实践中，一般是指因其间谍行为，致使我国的经济、政治、军事等利益受到特别严重的损失，造成大量人员伤亡、巨额财产损失、军事设施严重破坏的，或者多次从事间谍活动，誓与国家和人民为敌，顽固不化的分子等情形。

十、为境外窃取、刺探、收买、非法提供国家秘密、情报罪

（一）刑法规定

第一百一十一条　为境外的机构、组织、人员窃取、刺探、收买、非法提供国家秘密或者情报的，处五年以上十年以下有期徒刑；情节特别严重的，处十年以上有期徒刑或者无期徒刑；情节较轻的，处五年以下有期徒刑、拘役、管制或者剥夺政治权利。

（二）司法解释、司法文件及其权威解读

1. 最高人民法院关于审理为境外窃取、刺探、收买、非法提供国家秘密、情报案件具体应用法律若干问题的解释（法释〔2001〕4号）

为依法惩治为境外的机构、组织、人员窃取、刺探、收买、非法提供国家秘密、情报犯罪活动，维护国家安全和利益，根据刑法有关规定，现就审理这类案件具体应用法律的若干问题解释如下：

第一条　刑法第一百一十一条规定的“国家秘密”，是指《中华人民共和国保守国家秘密法》第二条、第八条以及《中华人民共和国保守国家秘密法实施办法》第四条确定的事项。

刑法第一百一十一条规定的“情报”，是指关系国家安全和利益、尚未公开或者依照有关规定不应公开的事项。

对为境外机构、组织、人员窃取、刺探、收买、非法提供国家秘密之外

的情报的行为，以为境外窃取、刺探、收买、非法提供情报罪定罪处罚。

第二条 为境外窃取、刺探、收买、非法提供国家秘密或者情报，具有下列情形之一的，属于“情节特别严重”，处十年以上有期徒刑、无期徒刑，可以并处没收财产：

（一）为境外窃取、刺探、收买、非法提供绝密级国家秘密的；

（二）为境外窃取、刺探、收买、非法提供三项以上机密级国家秘密的；

（三）为境外窃取、刺探、收买、非法提供国家秘密或者情报，对国家安全和利益造成其他特别严重损害的。

实施前款行为，对国家和人民危害特别严重、情节特别恶劣的，可以判处死刑，并处没收财产。

第三条 为境外窃取、刺探、收买、非法提供国家秘密或者情报，具有下列情形之一的，处五年以上十年以下有期徒刑，可以并处没收财产：

（一）为境外窃取、刺探、收买、非法提供机密级国家秘密的；

（二）为境外窃取、刺探、收买、非法提供三项以上秘密级国家秘密的；

（三）为境外窃取、刺探、收买、非法提供国家秘密或者情报，对国家安全和利益造成其他严重损害的。

第四条 为境外窃取、刺探、收买、非法提供秘密级国家秘密或者情报，属于“情节较轻”，处五年以下有期徒刑、拘役、管制或者剥夺政治权利，可以并处没收财产。

第五条 行为人知道或者应当知道没有标明密级的事项关系国家安全和利益，而为境外窃取、刺探、收买、非法提供的，依照刑法第一百一十一条的规定以为境外窃取、刺探、收买、非法提供国家秘密罪定罪处罚。

第六条 通过互联网将国家秘密或者情报非法发送给境外的机构、组织、个人的，依照刑法第一百一十一条的规定定罪处罚；将国家秘密通过互联网予以发布，情节严重的，依照刑法第三百九十八条的规定定罪处罚。

第七条 审理为境外窃取、刺探、收买、非法提供国家秘密案件，需要对有关事项是否属于国家秘密以及属于何种密级进行鉴定的，由国家保密工作部门或者省、自治区、直辖市保密工作部门鉴定。

2. 最高人民法院、国家保密局关于执行《关于审理为境外窃取、刺探、收买、非法提供国家秘密、情报案件具体应用法律若干问题的解释》有关问题的通知（法发〔2001〕117号）

各省、自治区、直辖市高级人民法院，解放军军事法院，新疆维吾尔自治区高级人民法院生产建设兵团分院；各省、自治区、直辖市保密局：

为正确执行最高人民法院法释〔2001〕4号《关于审理为境外窃取、刺探、收买、非法提供国家秘密、情报案件具体应用法律若干问题的解释》，审理好涉及情报的刑事案件，现就有关情报的鉴定问题通知如下：

人民法院审理为境外窃取、刺探、收买、非法提供情报案件，需要对有关事项是否属于情报进行鉴定的，由国家保密工作部门或者省、自治区、直辖市保密工作部门鉴定。

（三）疑难、复杂问题的参考性解答

1. 罪与非罪的界限。在对外交往与合作中，需要提供国家秘密事项的，应当按照规定的程序事先经过批准。这是《保守国家秘密法》第三十条所允许的，不属于向境外非法是供国家秘密，不是犯罪。该法第四十八条还规定："违反本法规定，有下列行为之一的，依法给予处分；构成犯罪的，依法追究刑事责任：（一）非法获取、持有国家秘密载体的；（二）买卖、转送或者私自销毁国家秘密载体的；（三）通过普通邮政、快递等无保密措施的渠道传递国家秘密载体的；（四）邮寄、托运国家秘密载体出境，或者未经有关主管部门批准，携带、传递国家秘密载体出境的；（五）非法复制、记录、存储国家秘密的；（六）在私人交往和通信中涉及国家秘密的；（七）在互联网及其他公共信息网络或者未采取保密措施的有线和无线通信中传递国家秘密的；（八）将涉密计算机、涉密存储设备接入互联网及其他公共信息网络的；（九）在未采取防护措施的情况下，在涉密信息系统与互联网及其他公共信息网络之间进行信息交换的；（十）使用非涉密计算机、非涉密存储设备存储、处理国家秘密信息的；（十一）擅自卸载、修改涉密信息系统的安全技术程序、管理程序的；（十二）将未经安全技术处理的退出使用的涉密计算机、涉密存储设备赠送、出售、丢弃或者改作其他用途的。有前款行为尚不构成犯罪，且不适用处分的人员，由保密行政管理部门督促其所在机关、单位予以处理。"

2. 本罪与间谍罪的区别。两种犯罪都表现为向境外提供国家秘密、情报，但是二者在行为方式上不同。前者表现为为境外机构、组织、人员窃取、刺探、收买、非法提供国家秘密或者情报；而后者表现为参加间谍组织或者接受间谍组织及其代理人的任务，或者为敌人指示轰击目标。因此，虽然两者都是有关提供国家秘密、情报的犯罪，但构成间谍罪行为人必须与间谍组织有直接或者间接的联系，或者限于为敌人指示轰击目标；而构成为境外窃取、刺探、收买、非法提供国家秘密、情报罪，行为人与间谍组织则没有关系。

（四）量刑指导或者参考

依照《刑法》第一百一十一条规定，犯为境外窃取、刺探、收买、非法提供国家秘密、情报罪的，处五年以上十年以下有期徒刑；情节特别严重的，处十年以上有期徒刑或者无期徒刑；情节较轻的，处五年以下有期徒刑、拘役、管制或者剥夺政治权利。

依照《刑法》第一百一十三条第一款规定，犯本罪，对国家和人民危害特别严重、情节特别恶劣的，可以判处死刑。

关于附加刑的适用，根据《刑法》第五十六条和第一百一十三条第二款之规定，犯本罪的，应当附加剥夺政治权利，可以并处没收财产。

司法机关在适用《刑法》第一百一十一条、第一百一十三条规定处罚时，应当注意以下问题：

1. 根据不同情节正确适用法定刑。《刑法》第一百一十一条规定了三个档次的法定刑。其中，情节特别严重的，法定最高刑为无期徒刑；情节较轻的，法定最低刑为单处剥夺政治权利。因此，在司法实践中要善于区别不同情节，恰当量刑。所谓情节较轻，主要是指为境外机构、组织、人员窃取、刺探、收买、非法提供秘密级国家秘密、情报不到三项，且没有造成严重损害的。所谓情节特别严重，主要是指为境外机构、组织、人员窃取、刺探、收买、非法提供国家秘密、情报的级别达到绝密级国家秘密的；或者机密级的国家秘密、情报达到三项以上；或者国家秘密虽未达到绝密级或三项以上机密级，但对国家安全和利益造成特别严重损害的。

既不属于“情节较轻”也不属于“情节特别严重”的情形包括：为境外窃取、刺探、收买、非法提供机密级国家秘密的；或者三项以上秘密级国家秘密的；或者虽未达到三项以上秘密级国家秘密或情报，但对国家安全和利益造成其他严重损害的。

2. 严格掌握适用死刑的条件。犯为境外窃取、刺探、收买、非法提供国家秘密、情报罪，必须对国家和人民危害特别严重、情节特别恶劣，才“可以”适用死刑。所谓对国家和人民危害特别严重、情节特别恶劣，司法实践中，是指为境外机构、组织、人员窃取、刺探、收买、非法提供了大量绝密级的国家秘密、情报，并且已经给国家安全和人民利益造成了特别严重的危害和极其恶劣影响等情形。

十一、资敌罪

（一）刑法规定

第一百一十二条　战时供给敌人武器装备、军用物资资敌的，处十年以上有期徒刑或者无期徒刑；情节较轻的，处三年以上十年以下有期徒刑。

（二）疑难、复杂问题的参考性解答

注意区分本罪与资助危害国家安全犯罪活动罪。两种犯罪在客观方面都表现为资助行为。区别在于，一是资助的对象不同。前者所资助的是敌人，即敌对国家或者敌对阵营；而后者所资助的是犯罪人，即实施背叛国家、分裂国家等罪行的人。二是资助的物品不同。前者资助的是武器装备、军用物品；而后者资助的主要是金钱、普通物品等。

（三）量刑指导或者参考

依照《刑法》第一百一十二条规定，犯资敌罪的，处十年以上有期徒刑或者无期徒刑；情节较轻的，处三年以上十年以下有期徒刑。

依照《刑法》第一百一十三条第一款规定，犯本罪，对国家和人民危害特别严重、情节特别恶劣的，可以判处死刑。

关于附加刑的适用，根据《刑法》第五十六条和第一百一十三条第二款之规定，犯本罪的，应当附加剥夺政治权利，可以并处没收财产。

司法机关在适用《刑法》第一百一十二条、第一百一十三条规定处罚时，应当注意以下问题：

1. 根据不同情节正确适用法定刑。《刑法》第一百一十二条规定了两个

档次的法定刑。其中，法定最高刑为无期徒刑，法定最低刑为三年有期徒刑，司法实践中要注意区别对待，恰当量刑。所谓情节较轻，主要是指供给敌人武器装备、军用物资数量较少，质量较差，没有给我方造成重大损失的等情形。

2. 严格掌握死刑的适用条件。犯资敌罪，必须对国家和人民危害特别严重、情节特别恶劣，才“可以”适用死刑。所谓对国家和人民危害特别严重、情节特别恶劣，司法实践中，一般是指供给敌人武器装备、军用物资数量巨大，致使我方战斗失利或者致使敌人顺利逃跑等情形。

第二章　危害公共安全罪

一、放火罪

（一）刑法规定

第一百一十四条[①]　放火、决水、爆炸以及投放毒害性、放射性、传染病病原体等物质或者以其他危险方法危害公共安全，尚未造成严重后果的，处三年以上十年以下有期徒刑。

第一百一十五条第一款[②]　放火、决水、爆炸以及投放毒害性、放射性、传染病病原体等物质或者以其他危险方法致人重伤、死亡或者使公私财产遭受重大损失的，处十年以上有期徒刑、无期徒刑或者死刑。

（二）司法解释、司法文件

1. **最高人民法院、最高人民检察院关于办理组织、利用邪教组织破坏法律实施等刑事案件适用法律若干问题的解释**（法释〔2017〕3号，自2017年2月1日起施行）（节录）

第十二条　邪教组织人员以自焚、自爆或者其他危险方法危害公共安全的，依照刑法第一百一十四条、第一百一十五条的规定，以放火罪、爆炸罪、以危险方法危害公共安全罪等定罪处罚。

---

① 本条经2001年12月29日《刑法修正案（三）》第一条修正。

《刑法》原第一百一十四条为："放火、决水、爆炸、投毒或者以其他危险方法破坏工厂、矿场、油田、港口、河流、水源、仓库、住宅、森林、农场、谷场、牧场、重要管道、公共建筑物或者其他公私财产，危害公共安全，尚未造成严重后果的，处三年以上十年以下有期徒刑。"

② 本条经2001年12月29日《刑法修正案（三）》第二条修正。

《刑法》原第一百一十五条第一款为："放火、决水、爆炸、投毒或者以其他危险方法致人重伤、死亡或者使公私财产遭受重大损失的，处十年以上有期徒刑、无期徒刑或者死刑。"

2. **公安部关于公安机关处置信访活动中违法犯罪行为适用法律的指导意见**（公通字〔2013〕25号，自2013年7月19日起施行）（节录）

采取放火、爆炸或者以其他危险方法自伤、自残、自杀，危害公共安全，符合《刑法》第一百一十四条和第一百一十五条第一款规定的，以放火罪、爆炸罪、以危险方法危害公共安全罪追究刑事责任。

（三）典型或常见问题的审理思路

1. **以诈骗保险金为目的放火烧毁投保汽车但不具有保险诈骗罪主体资格的行为如何定罪?**①

本书观点：此行为构成放火罪。理由是：首先，从放火焚烧的对象及其所处环境看，车站还停有其他汽车，且车站附近一般有家属楼、办公楼、加油站等建筑物，在此环境下实施放火行为，将可能引起不特定范围内重大公私财产的损失，还有可能危及不特定多数人的生命健康；其次，行为人客观上实施了放火行为，尽管其放火行为没有造成周围公共财物燃烧和人身伤亡的严重结果，但不影响放火罪的成立；最后，尽管行为人的犯罪动机是骗取保险金，但其主观上明知放火行为足以危害公共安全，而放任危害结果的发生，符合放火罪的主观要件。

该行为只构成放火罪，不构成保险诈骗罪，理由是：行为人不是车辆的投保人、被保险人或受益人，不符合保险诈骗罪主体要件。并且，行为人只实施了放火烧毁客车这一个行为，并未实施诈骗保险金的行为，即使行为人符合保险诈骗罪的主体要求，也只构成想象竞合犯，而不构成牵连犯。只有行为人在放火烧毁客车后，又向保险公司索赔，才成立牵连犯。退一步讲，即使行为人符合保险诈骗罪的主体要求，在放火烧毁客车后，又实施了向保险公司索赔的行为，也不能按照牵连犯从一重处断的一般原则处理。这是因为《刑法》第一百九十八条第二款明确规定，犯保险诈骗罪同时构成其他犯罪的，应当数罪并罚。

---

① 观点来源：最高人民法院刑事审判第一、二、三、四、五庭编：《中国刑事审判指导案例（危害公共安全罪）》，法律出版社2009年版，第33-36页。

2. 在火车站停靠的货物列车上，采取用明火烧货物外包装袋的方法盗窃铁路运输财物，导致列车燃烧后逃离的行为应如何定罪？①

分歧观点：一种意见认为行为人构成故意毁坏财物罪，一种意见认为构成失火罪，另一种意见认为行为人构成破坏交通工具罪。

本书观点：此类行为构成放火罪。理由是：（1）区分放火罪和失火罪的关键是行为人对危害结果的心理状态不同。前者出于故意，后者出于过失。行为人采用明火烧货物的外包装袋的手段来盗取货物，主观上应当能够预见采取这样的手段盗窃可能危及公共安全，当其点火导致列车燃烧，便立即逃离，放任了危害结果（火灾）的发生，其对危害结果的心理状态既不是过于自信的过失，也不是疏忽大意的过失，而是间接故意，因此不构成失火罪。（2）区分放火罪和故意毁坏财物罪的关键是是否足以危及公共安全。判断是否足以危及公共安全，要结合放火的地点以及放火时周围的具体环境等因素来分析。案发地点是火车站，放火的对象是临时停靠的货物列车，火车站轨道有停靠列车，临近候车室、站台，其放火行为足以危及公共安全，因此认定放火罪而非故意毁坏财物罪更符合行为特点。（3）行为人以放火的方法破坏正在使用中的公共交通工具，并足以使该交通工具发生倾覆、毁坏危险的，一般按照法条竞合犯特别法优于普通法的原则，以故意破坏交通工具罪论处。但用放火的方法破坏正在使用中的交通工具，行为人主观上应当具备积极追求交通工具损坏的特定目的。如果行为人的直接目的不是破坏交通工具，则不符合破坏交通工具罪的直接故意特征，因此不应认定破坏交通工具罪，而应认定放火罪。

（四）疑难、复杂问题的参考性解答

1. 如何区分本罪与破坏交通工具等犯罪？

本书观点：如果行为人以放火的手段，破坏交通工具、交通设施、电力设备、易燃易爆设备、广播电视设施、公用电信设施，虽然也具有以危险方法危害公共安全的特征，但因法律对这几种破坏行为都已作了专门的规定，因此，应当分别以破坏交通工具罪、破坏交通设施罪、破坏电力设备罪、破

---

① 观点来源：最高人民法院刑事审判第一、二、三、四、五庭主办：《中国刑事审判指导案例（危害公共安全罪）》，法律出版社2009年版，第37－40页。

坏易燃易爆设备罪和破坏广播电视设施罪、公用电信设施罪定罪处罚，而不能认定为放火罪。

2. **如何区分一罪与数罪的界限？**

本书观点：行为人以抢劫、盗窃等为目的，以放火为手段，放火行为不足以危害公共安全的，以盗窃罪、抢劫罪等罪处罚；放火行为足以危害公共安全的，应当认定成立放火罪与盗窃罪、抢劫罪等罪的牵连犯，从一重处断。

行为人在实施其他犯罪后，为毁灭罪证而实施的放火行为不足以危害公共安全的，按照所犯的罪从重处罚；放火行为足以危害公共安全的，应当以放火罪和前行为构成的犯罪数罪并罚。

行为人以放火的方式达到毁坏数额较大的公私财物，或者杀害、伤害特定人的目的，放火行为不足以危害公共安全的，以故意毁坏财物罪、故意杀人罪或故意伤害罪论处；放火行为足以危害公共安全的，按照想象竞合犯的处罚原则，从一重处断。

二、决水罪、爆炸罪

（一）刑法规定

第一百一十四条① 放火、决水、爆炸以及投放毒害性、放射性、传染病病原体等物质或者以其他危险方法危害公共安全，尚未造成严重后果的，处三年以上十年以下有期徒刑。

第一百一十五条第一款② 放火、决水、爆炸以及投放毒害性、放射性、传染病病原体等物质或者以其他危险方法致人重伤、死亡或者使公私财产遭受重大损失的，处十年以上有期徒刑、无期徒刑或者死刑。

---

① 本条经2001年12月29日《刑法修正案（三）》第一条修正。《刑法》原第一百一十四条为："放火、决水、爆炸、投毒或者以其他危险方法破坏工厂、矿场、油田、港口、河流、水源、仓库、住宅、森林、农场、谷场、牧场、重要管道、公共建筑物或者其他公私财产，危害公共安全，尚未造成严重后果的，处三年以上十年以下有期徒刑。"

② 本条经2001年12月29日《刑法修正案（三）》第二条修正。《刑法》原第一百一十五条第一款为："放火、决水、爆炸、投毒或者以其他危险方法致人重伤、死亡或者使公私财产遭受重大损失的，处十年以上有期徒刑、无期徒刑或者死刑。"

（二）司法解释、司法文件

1. 最高人民法院、最高人民检察院关于办理组织、利用邪教组织破坏法律实施等刑事案件适用法律若干问题的解释（法释〔2017〕3号，自2017年2月1日起施行）（节录）

第十二条　邪教组织人员以自焚、自爆或者其他危险方法危害公共安全的，依照刑法第一百一十四条、第一百一十五条的规定，以放火罪、爆炸罪、以危险方法危害公共安全罪等定罪处罚。

2.《最高人民法院、最高人民检察院、公安部、司法部关于办理恐怖活动和极端主义犯罪案件适用法律若干问题的意见》（高检会〔2018〕1号，自2018年3月16日起施行）（节录）

犯刑法第一百二十条规定的犯罪，又实施杀人、放火、爆炸、绑架、抢劫等犯罪的，依照数罪并罚的规定定罪处罚。

3. 公安部关于公安机关处置信访活动中违法犯罪行为适用法律的指导意见（公通字〔2013〕25号，自2013年7月19日起施行）（节录）

采取放火、爆炸或者以其他危险方法自伤、自残、自杀，危害公共安全，符合《刑法》第一百一十四条和第一百一十五条第一款规定的，以放火罪、爆炸罪、以危险方法危害公共安全罪追究刑事责任。

（三）典型或常见问题的审理思路

1. 如何区分爆炸罪与过失爆炸罪?[①]

本书观点：爆炸罪与过失爆炸罪重点在区分间接故意犯罪和过于自信的过失犯罪的界限。间接故意的标志是放任意志，即行为人明知自己的行为会发生危害社会的后果，完全可以停止自己的行为以避免危害后果的发生，但其不放弃自己的行为，放任危害后果的发生。过于自信的过失则是指行为人对危害后果有一定的预见，但轻信可以避免，以致发生危害社会的后果。但这种轻信不是毫无根据的主观臆想，而是行为人依据一定的条件相信自己可以避免危害结果的发生，行为人主观上自信危害后果不会发生，其认识是有

---

① 观点来源：最高人民法院刑事审判第一、二、三、四、五庭编：《中国刑事审判指导案例（危害公共安全罪）》，法律出版社2009年版，第21－23页。

一定现实依据的。如果行为人对爆炸这一危害后果的发生采取放任的态度，应认定为间接故意犯罪，以爆炸罪（间接故意）定罪。

2. 对不计后果的以报复特定人为目的的爆炸行为如何定性?[①]

本书观点：爆炸罪和以爆炸的方法故意杀人犯罪在犯罪方法和后果方面有相同之处，但二者也有明显区别：侵犯的客体、客观方面、主观方面都有不同。关键在于是否危害了公共安全。行为人明知爆炸可能会危及特定人及他人的生命财产安全，但仍以爆炸方式实施杀人行为，对爆炸的严重后果持放任态度，主观上其具有危害不特定多数人生命、财产安全的故意，客观上也造成了其他人员伤亡、房屋损毁等严重后果，其行为已经危害了公共安全，而非局限于特定人的生命权，故其构成了爆炸罪而非故意杀人罪。在实践中，如果行为人以爆炸为手段来杀害特定的人，不危及公共安全的，其行为构成故意杀人罪；危及或足以危及公共安全的，且其对危害公共安全的后果持放任态度的，构成爆炸罪。

（四）疑难、复杂问题的参考性解答

1. 如何区分决水罪与破坏生产经营罪?

本书观点：破坏生产经营罪是指故意毁坏机器设备、残害耕畜或者以其他方法破坏生产经营的行为。在司法实践中，决水行为既能影响农田灌溉，也能使工农业生产因缺水而停产，从而构成破坏生产经营罪。两者主要区别是：

（1）侵犯的客体不同。决水罪侵犯的客体是公共安全，破坏生产经营罪侵犯的客体是公私财产所有权和生产经营秩序。破坏生产经营罪虽然使生产经营秩序受到破坏，造成犯罪对象即与生产经营密切相关的物品、工具的毁坏，但尚不属于危害重大公私财产的安全，而决水罪则危害重大公私财产的安全。

（2）犯罪客观方面不同。决水罪的决水属于危险方法，既可以使大范围的工农业等生产经营活动受到影响，更重要的是使不特定多数人的生命、健康受到危害，使大片农田被淹，重大公私财产受到损失；而破坏生产经营罪

---

① 观点来源：最高人民法院刑事审判第一、二、三、四、五庭编：《中国刑事审判指导案例（危害公共安全罪）》，法律出版社2009年版，第31－32页。

中所谓决水不属于危险方法，只能使大量的水流失或使小范围的农田被淹，或使工农业等生产经营活动受到破坏，其损害的严重程度上不及决水罪。

（3）犯罪主观故意的内容不同。决水罪的行为人明知其行为会危害公共安全，而希望或放任这种结果发生；破坏生产经营罪的行为人明知其行为会破坏生产经营秩序和侵犯公私财产所有权，而希望或放任这种结果发生。由此可见，基于破坏生产经营故意而决水，因而危害公共安全的，又构成决水罪，属于想象竞合犯，应按从一重罪的原则论处即按决水罪论处。

2. 如何区分爆炸罪与危险物品肇事罪？

本书观点：危险物品肇事罪，是指违反爆炸性、易燃性、放射性、毒害性、腐蚀性物品的管理规定，在生产、储存、运输、使用中发生重大事故，造成严重后果的行为。这种犯罪只能由过失构成，而爆炸罪，在客观方面不仅限于上述情况，在主观方面一般由故意构成。

3. 如何区分爆炸罪与使用爆炸方法破坏交通工具、交通设施、电力设备、易燃易爆设备等犯罪，决水罪？

本书观点：从行为方式、侵犯客体、危害后果来看，使用爆炸方法破坏交通工具、交通设施、电力设备、易燃易爆设备等犯罪与爆炸罪在犯罪构成要件上有很多相同之处。但是，由于本法对此类行为有专门规定，因此，如果行为人使用爆炸方法破坏交通工具、交通设施、电力设备、易燃易爆设备的，应按照特别法条优于普通法条的原则，分别以破坏交通工具罪、破坏交通设施罪、破坏电力设备罪、破坏易燃易爆设备罪论处。如果用爆炸的方法炸江、河、湖泊、水库的堤坝，造成水流失控，泛滥成灾，危害公共安全，则应定决水罪。因为本法已对决水罪作了专门规定，而且爆炸只是决水的一种手段。

三、投放危险物质罪

（一）刑法规定

第一百一十四条[①]　放火、决水、爆炸以及投放毒害性、放射性、传染病

---

① 本条经2001年12月29日《刑法修正案（三）》第一条修正。《刑法》原第一百一十四条为："放火、决水、爆炸、投毒或者以其他危险方法破坏工厂、矿场、油田、港口、河流、水源、仓库、住宅、森林、农场、谷场、牧场、重要管道、公共建筑物或者其他公私财产，危害公共安全，尚未造成严重后果的，处三年以上十年以下有期徒刑。"

病原体等物质或者以其他危险方法危害公共安全，尚未造成严重后果的，处三年以上十年以下有期徒刑。

第一百一十五条第一款[①] 放火、决水、爆炸以及投放毒害性、放射性、传染病病原体等物质或者以其他危险方法致人重伤、死亡或者使公私财产遭受重大损失的，处十年以上有期徒刑、无期徒刑或者死刑。

（二）司法解释、司法文件

最高人民法院、最高人民检察院关于办理环境污染刑事案件适用法律若干问题的解释（法释〔2016〕29号，自2017年1月1日起施行）（节录）

第八条 违反国家规定，排放、倾倒、处置含有毒害性、放射性、传染病病原体等物质的污染物，同时构成污染环境罪、非法处置进口的固体废物罪、投放危险物质罪等犯罪的，依照处罚较重的规定定罪处罚。

（三）典型或常见问题的审理思路

1. 行为人为毒害特定对象，在该对象家门前种植的瓜果中投放农药，致该特定对象及其家人食用瓜果中毒，应如何定性？[②]

分歧观点：应当认定故意杀人罪。

本书观点：应当认定投放危险物质罪。区分投放危险物质罪与故意杀人罪的关键在于，所实施的犯罪是对人身权利的侵害还是对社会公共安全的侵害，是对特定人的侵害还是对不特定多数人的侵害。行为人犯意形成之初，其内心深处是希望直接致害特定被害人，但其向他人户外种植的瓜果中投注农药这一极其隐秘的作案方式，既可能导致特定被害人遭受毒害，引起死亡后果的发生，也可能导致其他人员伤亡危险的出现，对此行为人是应当明知的。故行为人主观故意的内容，因其对危害范围的扩大采用放任的态度，性质已发生根本性变化，从起初的杀人故意转化为投放危险物质、危害公共安全的间接故意，以致无辜被害人遭受毒害，应当认定为投放危险物质罪。

---

① 本条经2001年12月29日《刑法修正案（三）》第二条修正。《刑法》原第一百一十五条第一款为："放火、决水、爆炸、投毒或者以其他危险方法致人重伤、死亡或者使公共财产遭受重大损失的，处十年以上有期徒刑、无期徒刑或者死刑。"

② 观点来源：最高人民法院刑事审判第一、二、三、四、五庭编：《中国刑事审判指导案例（危害公共安全罪）》，法律出版社2009年版，第41－45页。

2. 投放危险物质后，被害人中毒送医，因诊断不当导致救治无效而死亡的，如何认定有介入因素的因果关系？[①]

本书观点：被害人的死亡后果对犯罪行为的定性并不产生决定性影响，因为行为人投放危险物质，属危险行为犯，只要足以危害公共安全的行为一经作出，即为既遂，行为人的投毒行为与被害人死亡后果间的因果关系并非本案的犯罪客观构成的必要要件。但行为人的投毒行为与被害人死亡后果之间是否存在刑事因果关系对正确量刑有着重要意义，即死亡的加重后果是决定应否对行为人加重处罚的必要条件。投毒行为与死亡结果之间，因为其他因素的介入，成为间接因果关系。但投毒行为与死亡结果间的因果关系在间接因果关系中起着决定性作用，成为决定性因果关系。没有投毒先行行为，就不会出现医院的救治，也不会出现误诊的可能；没有其投毒行为，被害人虽患疾病，不经其诱发致命并发症，不会立即死亡，且行为人对投毒行为可能产生的危害后果应当明知。因此，投毒行为是量刑因果关系中的关键因素，由于出现被害人死亡的加重后果，量刑理应从重。但鉴于间接因果关系中介入因素的实际存在，属行为人不可预见的因素，故在最终量刑时应适当减轻刑事责任。

3. 出于泄愤利用放置于公共场所的工业探伤机对人照射，放任与被害人相邻他人被照射的，如何定性？[②]

本书观点：行为人出于泄愤的动机，利用工业探伤机对被害人进行照射，致被害人重伤。由于探伤机被放置于公共场所，当其开机照射被害人时，不可避免地将照射到与被害人相邻的他人，其行为侵害了公共安全，即不特定多数人的生命健康，正常的生活、生产、工作的安全和重大公私财产的安全，构成投放危险物质罪。

（四）疑难、复杂问题的参考性解答

1. 如何区分本罪与危险物品肇事罪？

本书观点：二者区别在于：（1）犯罪主体不同。危险物品肇事罪的犯罪

---

① 观点来源：最高人民法院刑事审判第一、二、三、四、五庭编：《中国刑事审判指导案例（危害公共安全罪）》，法律出版社2009年版，第41－45页。

② 观点来源：观点来源：最高人民法院刑事审判第一、二、三、四、五庭编：《中国刑事审判指导案例（危害公共安全罪）》，法律出版社2009年版，第50－53页。

主体一般是从事生产、储存、运输、使用危险物品的职工，而投放危险物质罪的犯罪主体则可以是任何达到刑事责任年龄、具备刑事责任能力的自然人。（2）犯罪发生的场合不同。危险物品肇事罪只能发生在生产、储存、运输、使用危险物品的过程中，而投放危险物质罪则往往发生在日常生活中。（3）构成犯罪的前提不同。构成危险物品肇事罪，必须以违反危险物品管理规定为前提，而构成投放危险物质罪，并不以违反行政法律法规或规章制度为前提。（4）主观方面不同。危险物品肇事罪的主观方面是过失，而投放危险物质罪的主观方面是故意。

2. 如何区分本罪与生产、销售有毒、有害食品罪？

本书观点：生产、销售有毒、有害食品罪侵犯了广大消费者的生命、健康安全，在客观上也往往因中毒造成多人伤亡等严重后果。其与投放危险物质罪的区别主要表现在主观方面。投放危险物质罪的目的是造成不特定多数人伤亡；而生产、销售有毒、有害食品罪的目的是获取非法利润。行为人对在食品中掺入有毒、有害的非食品原料虽然是明知的，但并不追求致人伤亡的危害结果发生。如果行为人生产、销售有毒、有害食品，其目的就是对他人的生命、健康安全造成损害，追求上述结果的发生，则应定为投放危险物质罪。如果行为人不是故意，而是疏忽大意或者过于自信在食品中掺入了有毒害性的非食品原料，造成了严重后果的，则构成过失投放危险物质罪。

3. 明知在生产过程中所产生的废水含有毒害性物质，仍然直接或间接地向其公司周边的河道大量排放，应当如何定罪？[①]

本书观点：明知在生产过程中所产生的废水含有毒害性物质，仍然直接或间接地向其公司周边的河道大量排放，放任危害不特定多数人的生命、健康和公私财产安全结果的发生，构成投放危险物质罪。

---

① 观点来源：《最高人民法院公报》2014 年第 3 期（总第 209 期），最高人民法院公布环境污染犯罪典型案例之一。

四、以危险方法危害公共安全罪

（一）刑法规定

第一百一十四条[①] 放火、决水、爆炸以及投放毒害性、放射性、传染病病原体等物质或者以其他危险方法危害公共安全，尚未造成严重后果的，处三年以上十年以下有期徒刑。

第一百一十五条第一款[②] 放火、决水、爆炸以及投放毒害性、放射性、传染病病原体等物质或者以其他危险方法致人重伤、死亡或者使公私财产遭受重大损失的，处十年以上有期徒刑、无期徒刑或者死刑。

（二）司法解释、司法文件

1. **最高人民法院、最高人民检察院关于办理妨害预防、控制突发传染病疫情等灾害的刑事案件具体应用法律若干问题的解释**（法释〔2003〕8 号，自 2003 年 5 月 15 日起施行）（节录）

第一条 故意传播突发传染病病原体，危害公共安全的，依照刑法第一百一十四条、第一百一十五条第一款的规定，按照以危险方法危害公共安全罪定罪处罚。

2. **最高人民法院、最高人民检察院关于办理危害药品安全刑事案件适用法律若干问题的解释**（法释〔2014〕14 号，自 2014 年 12 月 1 日起施行）（节录）

第七条 违反国家药品管理法律法规，未取得或者使用伪造、变造的药品经营许可证，非法经营药品，情节严重的，依照刑法第二百二十五条的规定以非法经营罪定罪处罚。

以提供给他人生产、销售药品为目的，违反国家规定，生产、销售不符

---

① 本条经 2001 年 12 月 29 日《刑法修正案（三）》第一条修正。《刑法》原第一百一十四条为：“放火、决水、爆炸、投毒或者以其他危险方法破坏工厂、矿场、油田、港口、河流、水源、仓库、住宅、森林、农场、谷场、牧场、重要管道、公共建筑物或者其他公私财产，危害公共安全，尚未造成严重后果的，处三年以上十年以下有期徒刑。”

② 本条经 2001 年 12 月 29 日《刑法修正案（三）》第二条修正。《刑法》原第一百一十五条第一款为：“放火、决水、爆炸、投毒或者以其他危险方法致人重伤、死亡或者使公私财产遭受重大损失的，处十年以上有期徒刑、无期徒刑或者死刑。”

合药用要求的非药品原料、辅料，情节严重的，依照刑法第二百二十五条的规定以非法经营罪定罪处罚。

实施前两款行为，非法经营数额在十万元以上，或者违法所得数额在五万元以上的，应当认定为刑法第二百二十五条规定的“情节严重”；非法经营数额在五十万元以上，或者违法所得数额在二十五万元以上的，应当认定为刑法第二百二十五条规定的“情节特别严重”。

实施本条第二款行为，同时又构成生产、销售伪劣产品罪、以危险方法危害公共安全罪等犯罪的，依照处罚较重的规定定罪处罚。

3. 最高人民法院、最高人民检察院关于办理组织、利用邪教组织破坏法律实施等刑事案件适用法律若干问题的解释（法释〔2017〕3号，自2017年2月1日起施行）（节录）

第十二条 邪教组织人员以自焚、自爆或者其他危险方法危害公共安全的，依照刑法第一百一十四条、第一百一十五条的规定，以放火罪、爆炸罪、以危险方法危害公共安全罪等定罪处罚。

4. 公安部关于公安机关处置信访活动中违法犯罪行为适用法律的指导意见（公通字〔2013〕25号，自2013年7月19日起施行）（节录）

二、对危害公共安全违法犯罪行为的处理

1. 为制造社会影响、发泄不满情绪、实现个人诉求，驾驶机动车在公共场所任意冲闯，危害公共安全，符合《刑法》第一百一十四条、第一百一十五条第一款规定的，以以危险方法危害公共安全罪追究刑事责任。

10. 采取放火、爆炸或者以其他危险方法自伤、自残、自杀，危害公共安全，符合《刑法》第一百一十四条和第一百一十五条第一款规定的，以放火罪、爆炸罪、以危险方法危害公共安全罪追究刑事责任。

5. 最高人民法院、最高人民检察院、公安部关于依法惩治袭警违法犯罪行为的指导意见（2020年1月10日）

三、驾车冲撞、碾轧、拖拽、剐蹭民警，或者挤别、碰撞正在执行职务的警用车辆，危害公共安全或者民警生命、健康安全，符合刑法第一百一十四条、第一百一十五条、第二百三十二条、第二百三十四条规定的，应当以以危险方法危害公共安全罪、故意杀人罪或者故意伤害罪定罪，酌情从重处罚。

6. 最高人民法院、最高人民检察院、公安部关于办理涉窨井盖相关刑事案件的指导意见（2020年3月16日）

二、盗窃、破坏人员密集往来的非机动车道、人行道以及车站、码头、公园、广场、学校、商业中心、厂区、社区、院落等生产生活、人员聚集场所的窨井盖，足以危害公共安全，尚未造成严重后果的，依照刑法第一百一十四条的规定，以以危险方法危害公共安全罪定罪处罚；致人重伤、死亡或者使公私财产遭受重大损失的，依照刑法第一百一十五条第一款的规定处罚。

过失致人重伤、死亡或者使公私财产遭受重大损失的，依照刑法第一百一十五条第二款的规定，以过失以危险方法危害公共安全罪定罪处罚。

7. 最高人民法院、最高人民检察院、公安部、司法部关于依法惩治妨害新型冠状病毒感染肺炎疫情防控违法犯罪的意见（法发〔2020〕7号，2020年2月6日）

二、准确适用法律，依法严惩妨害疫情防控的各类违法犯罪

（一）依法严惩抗拒疫情防控措施犯罪。故意传播新型冠状病毒感染肺炎病原体，具有下列情形之一，危害公共安全的，依照刑法第一百一十四条、第一百一十五条第一款的规定，以以危险方法危害公共安全罪定罪处罚：

1. 已经确诊的新型冠状病毒感染肺炎病人、病原携带者，拒绝隔离治疗或者隔离期未满擅自脱离隔离治疗，并进入公共场所或者公共交通工具的；

2. 新型冠状病毒感染肺炎疑似病人拒绝隔离治疗或者隔离期未满擅自脱离隔离治疗，并进入公共场所或者公共交通工具，造成新型冠状病毒传播的。

（三）典型或常见问题的审理思路

1. 行为人明知会发生危害他人身体健康的后果，但基于非法牟利的目的，向药品生产企业销售假冒的药用辅料用于生产药品，致使药品投入市场后发生致人重伤、死亡的严重后果，应当如何定罪？[①]

分歧观点：有意见认为该行为构成过失以危险方法危害公共安全罪。

本书观点：该行为符合以危险方法危害公共安全罪的构成要件，应当以以危险方法危害公共安全罪定罪处罚。首先，从主观方面看，行为人具有以

---

① 观点来源：最高人民法院刑事审判第一、二、三、四、五庭编：《中国刑事审判指导案例（危害公共安全罪）》，法律出版社2009年版，第128－131页。

危险方法危害公共安全罪的故意。有意见认为行为人的行为构成过失以危险方法危害公共安全罪，因此对主观方面的把握成为认定该罪的关键所在。行为人明知药品生产企业用其销售的药用辅料生产药品，会危害他人身体健康，但为了谋取非法利益，却放任危害结果的发生，应当认定具有实施危险方法危害公共安全罪的间接故意。其次，从行为的性质看，行为人以假冒的药用辅料销售给制药企业用于生产药品的行为，与放火、决水、爆炸、投放危险物质等行为尽管手法不同，但在刑法上的性质相同，同样危害了公共安全，完全可以理解为《刑法》第一百一十四条、第一百一十五条规定的“其他危险方法”的范畴。最后，从危害后果看，药品投入市场后发生致人重伤、死亡的严重后果与行为人以假冒的药用辅料销售的行为具有刑法上的因果关系，行为人应当依法对危害后果承担刑法上的责任。

2. **行为人使用国家严禁的盐酸克仑特罗饲养生猪，致使大量含有该成分的猪肉流入市场，给广大消费者身体健康、生命安全造成严重危害，如何定性?**[①]

分歧观点：一种意见认为该行为构成生产、销售有毒、有害食品罪，另一种意见认为该行为构成非法经营罪。

本书观点：该行为构成以危险方法危害公共安全罪。首先，从主观方面分析，行为人明知国家严禁在生猪饲料中添加盐酸克仑特罗，消费者食用残留有盐酸克仑特罗成分的猪肉及其制品后，对身体健康有害。为攫取暴利，仍大量生产、销售盐酸克仑特罗饲养生猪，放任其行为对不特定的广大消费者的身体健康、生命和财产安全造成严重危害，具有危害公共安全的主观故意。其次，从客观方面看，行为人非法生产、销售盐酸克仑特罗与法条列举的危险方法具有相当性。行为人研制、生产、销售盐酸克仑特罗的唯一用途就是往饲料中添加，用于生猪养殖，虽然该行为方式与本法第一百一十五条第一款列举的放火、爆炸等危险方法的行为方式具体表现形式不同，但均具有危及不特定多数人人身和财产安全的特点。客观上危害了广大消费者的身体健康、生命安全，并对当地肉制品加工企业、生猪养殖业和生猪养殖户造成了特别重大的损失。最后，行为人研制、生产、销售盐酸克仑特罗的行为与发生的后果之间具有因果关系，应对其犯罪行为及其造成的上述危害后果

---

① 观点来源：最高人民法院 2011 年 11 月 24 日公布的 4 起危害食品安全犯罪典型案例之一。

承担刑事责任。

综上，行为人生产、销售盐酸克仑特罗用于生猪养殖的行为，属于一个行为触犯了数个罪名的想象竞合犯，既触犯了生产、销售有毒、有害食品罪，又触犯了非法经营罪和以危险方法危害公共安全罪。最高人民法院和最高人民检察院2002年《关于办理非法生产、销售、使用禁止在饲料和动物饮用水中使用的药品等刑事案件具体应用法律若干问题的解释》第五条明确规定“实施本解释规定的行为，同时触犯刑法规定的两种以上犯罪的，依照处罚较重的规定追究刑事责任”，故应当以以危险方法危害公共安全罪定罪量刑。

3. **在城市主干路或者高速公路上驾驶机动车撞击他人车辆制造交通事故以勒索钱财的行为如何定性?**[①]

分歧观点：有意见认为该行为构成敲诈勒索罪。

本书观点：该行为应认定为以危险方法危害公共安全罪。行为人驾驶车辆在城市主干道及部分高速公路上故意撞击他人车辆，制造交通事故，并采用要挟甚至威胁的方法，向被害人索要财产，符合敲诈勒索罪的构成特征；同时行为人驾车故意撞击他人车辆，制造交通事故的手段行为，也符合以危险方法危害公共安全罪的构成要件。具体理由如下：

首先，从客观方面看，行为人在城市主干道及部分高速公路上驾车“碰瓷”足以危害公共安全。以危险方法危害公共安全罪的“不特定性”并不否认行为人在实施犯罪行为时有特定的对象，但其行为所造成或可能造成的危害后果则是行为人事先难以预料、难以控制的。在城市主干路及高速路上，车流量大且行车速度快，由于行为人所采取的突然变速冲撞正在正常行驶的被害车辆的方法，很可能造成快速行驶的被害车辆因突然受到撞击或紧急避让而失去控制，进而造成不特定人的死伤或者公私财产遭受重大损失。因此，就这类犯罪的本质特征而言，不管行为人实施危害行为时主观上有无特定的侵害对象，只要其行为具有危害或足以危害公共安全的不特定性，即使行为人实施的犯罪对象是明确的，也应当认定此行为属于危害公共安全的犯罪。当然，发生在道路交通事故中的“碰瓷”案件情况多样，不能一概认定为危害公共安全犯罪。对于利用道路混乱、机动车停车起步阶段以及违规行驶等，

---

① 观点来源：最高人民法院刑事审判第一、二、三、四、五庭编：《中国刑事审判指导案例(危害公共安全罪)》，法律出版社2017年版，第57-60页。

用身体故意或假装与机动车发生碰撞而声称受伤，要求对方“赔偿”，以及在居民区、行人稀少的街道等场所，车流量少，行车速度慢，驾驶机动车制造“碰瓷”事故的，发生危及不特定或多数人安全的结果可能性很小，不具有危及公共安全的现实危险，故一般不能以以危险方法危害公共安全罪论处，应根据行为人的主观故意，以敲诈勒索罪、诈骗罪或者保险诈骗罪等来定罪处罚。

其次，从主观方面看，行为人在驾驶机动车“碰瓷”案件中，故意撞击他人车辆的主观目的是制造交通事故，从而勒索钱财，而对其行为可能产生危害公共安全的结果则持一种“放任”的态度，属于间接故意。

最后，此种作案手段属于与放火、决水、爆炸、投放危险物质的危险性相当的“其他危险方法”。由于城市主干路和高速路是国家及地区的重要交通干道，具有车流量大、行车速度快以及行人众多等特点，一旦在某路段出现突发性事件，极有可能在瞬间造成重大交通事故。特别是实施此类行为时采取突然变速冲撞正在正常行驶的其他车辆的方法，从一般人的常识判断，很有可能使被害车辆因受到撞击或紧急避让而失去控制，从而酿成车毁人亡的严重后果。可见，这种作案手段与放火、决水、爆炸、投放危险物质的危险性相当，足以危害公共安全。

综上，行为人在实施敲诈勒索的目的犯罪行为过程中，其驾车冲撞其他车辆制造交通事故的行为又触犯了以危险方法危害公共安全罪，按照牵连犯从一重罪处断的原则，认定以危险方法危害公共安全罪。

4. 驾驶机动车“碰瓷”行为如何定性?[①]

本书观点：以非法占有为目的而“碰瓷”的行为，一般可分为两阶段：一是“碰瓷”阶段，即实施手段行为阶段；二是获取财物阶段，即实现目的的阶段。司法实践中，要准确对“碰瓷”行为进行定性，既要准确把握“碰瓷”阶段的行为性质，是否危害公共安全，又要准确把握获取财物阶段的行为性质，是否使用暴力。具体分析如下：

---

① 观点来源：最高人民法院刑事审判第一、二、三、四、五庭编：《中国刑事审判指导案例》，法律出版社 2017 年版，第 60－64 页。

（1）综合考察“碰瓷”发生时的各种具体情况，准确判断行为是否危害公共安全

《刑法》第一百一十四条规定的以危险方法危害公共安全罪属于空白罪状，如何界定“其他危险方法”的范围一直是困扰司法实践的难题。现实中，危害公共安全的行为越来越多，但《刑法》第一百一十四条只列举了放火、爆炸、决水、投放危险物质四种典型行为，鉴于以危险方法危害公共安全罪是一种较为严重的犯罪，在具体案件中认定行为是否适用“以其他危险方法危害公共安全”的兜底规定时应当从严把握，以防止以危险方法危害公共安全罪被滥用。从立法原意和经验法则把握，作为同一条文中的犯罪行为，“其他危险方法”应当与放火、决水、爆炸、投放危险物质行为在客观危害程度方面具有相当性，具体应从手段的相当性与危险结果的相当性两个方面进行把握。

所谓手段的相当性，是指作案手段在性质上与放火、决水、爆炸、投放危险物质具有可比性。放火、决水、爆炸、投放危险物质属于攻击性很强、危害性很大的行为，严重危及不特定多数人的人身、财产安全，一旦实施，即具有广泛的杀伤力和破坏性。如果一种行为虽然造成严重后果，但是客观上根本不具有严重危及不特定多数人的人身、财产安全的可能，就不具有与放火、决水、爆炸、投放危险物质的可比性，不能认定为“其他危险方法”。

所谓危险结果的相当性，是指行为的实施足以使不特定多数人的人身和财产遭受重大损害，即一般情况下，如果没有意外因素的阻止或极其偶然因素的干扰，就会导致不特定多数人的人身和财产损失。例如，行为人向人群中投掷一颗炸弹，该炸弹投出后意外落入下水道中（路面井盖被盗走），结果仅导致二人轻微伤。在该案中，投掷炸弹具有高度危险，未造成实际严重损害结果系受到极其偶然因素的干扰，构成以危险方法危害公共安全罪。如果即使没有意外因素的阻止或极其偶然因素的干扰，行为一般也不会导致不特定多数人的人身和财产损失，则行为就不构成《刑法》第一百一十四条规定的“其他危险方法”。

对于碰瓷者而言，驾车冲撞他人车辆也是一种危险行为，行为人通常在选取作案路段、行驶速度、碰瓷方式等方面都会有一定节制。实践中，大量碰瓷者是利用道路混乱、机动车起步阶段以及违规变道行驶等条件，在车流量小、行人稀少或道路进出口等路段，行车速度慢，驾车与被害车辆发生碰

撞，继而要求对方赔偿。与放火、爆炸等危险方法相比，上述“碰瓷”行为所造成的危险不具有扩散性和广泛的杀伤力、破坏性，不足以严重危及不特定多数人的人身财产安全，实际造成车毁人亡的严重损害后果的也不多见。对这类行为一般不能以以危险方法危害公共安全罪论处。

当然，由于实践中驾驶机动车“碰瓷”的情形较为复杂，除了一般情况外，还必须充分考虑个案的特殊性，准确认定行为的性质。如果没有其他因素的干扰，行为人选择的作案时间、地点、方式必然给公共安全带来严重危险的，则应当认定为危害公共安全的行为。例如，行为人在高速路、城市主干道等人流、车流集中、车速快的路段驾车故意冲撞被害车辆，如果不及时采取有效措施，就有可能使受到撞击的车辆失去控制，进而造成与其他机动车碰撞、追尾等重大交通事故的发生，这样的“碰瓷”就属于危害公共安全的行为。

关于是否足以严重危害公共安全的问题，属于对危险发生的一种可能性判断，应当以认识和判断力处于正常、平均水平的人来判断。在时间、路段、路况、车速、“碰瓷”方式等诸多因素中，具备哪几项或者达到什么程度，可以认定“碰瓷”具有足以造成严重后果的高度危险，往往是见仁见智。例如，在高速公路上“碰瓷”，一般来说对公共安全有较高危险，但如果当时是夜间，通行车辆较少，碰撞发生后，行为人或被害人及时设置路障标识，或采取防范措施，那么，其“碰瓷”行为就不足以严重危害公共安全。因此，是否严重危害公共安全，必须综合考虑碰瓷发生时的各种情形谨慎判断。

（2）获取财物的方式是准确认定“碰瓷”案件行为性质的重要因素

由于“碰瓷”的特点，其目的、行为可能触犯不同的罪名，司法实践中，主要集中在敲诈勒索罪、诈骗罪和抢劫罪三个罪名的争议上。上述三罪在主观方面都具有非法占有他人财物的目的，其主要区别体现在客观方面获取财物的方式不同：敲诈勒索罪是对被害人使用威胁或要挟的方法，强行索取他人财物，具有行为人获取财物的“胁迫性”与被害人交付财物的“非自愿性”两个显著特征；诈骗罪是虚构事实或隐瞒真相，使被害人陷入错误认识，从而“自愿”交付财物，具有行为人获取财物的“欺骗性”与被害人处分财物的“错误性”两个显著特征；而抢劫罪是当场使用暴力、胁迫或其他方法强行劫取他人财物，则具有行为人获取财物的“暴力性”与被害人失去财物的“被迫性”两个显著特征。因此，在“碰瓷”案件中，应当根据行为人获取财物方式，结合具体案情，准确认定“碰瓷”行为的性质。

第一种情形：如果行为人以非法占有为目的，故意制造交通事故，并造成事故系被害人过错所致的假象，继而以此为要挟，迫使被害人赔偿。表面上看，行为人具有欺骗的成分；但从实质上分析，所谓的“骗局”只不过是行为人为其顺利实施勒索钱财行为所制造的由头，行为整体上符合敲诈勒索罪的要挟、强迫特征，应当以敲诈勒索罪论处。实践中，要挟、强迫的方式多种多样，有的以不赔偿就扣留车辆相要挟，有的抓住被害人车辆手续不全、正规处理程序烦琐、害怕耽误时间等心理，但不管具体方式如何，要准确把握行为要挟、胁迫的本质特征。

第二种情形：如果行为人故意制造交通事故，隐瞒事故真相，使被害人基于事故产生原因的错误认识而给付“赔偿”，行为人的行为就符合诈骗罪的构成特征，应当以诈骗罪论处。

第三种情形：在有的“碰瓷”案件中，被害人是完全被胁迫交付钱财，还是既有被欺骗又有被胁迫的因素而交付钱财，有时不容易区分。尤其是在系列“碰瓷”案件中，行为人在有些犯罪过程中故意制造交通事故，被害人基于错误认识“自愿”交付了钱财，而在有些犯罪过程中因被害人识破骗局而使用了要挟的手段。对类似案件，应从系列行为的整体特征考察，根据行为人主要取财手段的特征，以敲诈勒索罪或者诈骗罪论处，而不宜进行数罪并罚。

第四种情形：如果行为人驾车碰撞他人车辆后，又以暴力或实施暴力相威胁而索取钱财的，构成抢劫罪。

第五种情形：如果行为人实施的“碰瓷”行为不足以严重危害公共安全，“碰瓷”后，由于主客观原因，也没有进一步实施诈骗、敲诈勒索或抢劫行为，那么，对于只撞毁车辆，符合故意毁坏财物罪构成要件的，可以故意毁坏财物罪论处；致人伤亡的，根据具体情况，可以故意伤害罪或故意杀人罪论处；既符合故意毁坏财物罪，同时符合故意伤害罪，按照想象竞合犯的原则处理。

5. 新冠肺炎疫情防控期间，因对人员、车辆进入小区需要核实、登记并办理证件不满而驾车冲撞不特定多人的行为，如何定性？①

分歧观点：一种意见认为构成妨害公务罪，一种意见认为构成寻衅滋事罪，还有意见认为构成故意杀人罪。

本书观点：该行为构成以危险方法危害公共安全罪，且疫情防控期间针对疫情防控措施实施犯罪的，应予从重处罚。

（四）疑难、复杂问题的参考性解答

1. 对危害公共安全罪中不特定多数人如何理解？

本书观点：危害公共安全罪设立的目的在于将生命、健康等个人法益抽象为社会利益作为保护对象，故危害公共安全罪最突出的特点是其“社会性”。对于以危险方法危害公共安全罪的犯罪对象“不特定多数人”的含义，应当从其“社会性”的特点出发进行理解。以危险方法危害公共安全罪保护的是公众的生命、健康，而“公众”与“社会性”均要求重视量的“多数”。换言之，“多数”是“公共”概念的核心。“不特定”也意味着随时有向“多数”发展的现实可能性，会使社会多数成员遭受危害和侵害。司法实践中，一般有两种情况会认定为“不特定多数人”，从而构成危害公共安全犯罪：第一种情形是行为人针对的对象是不特定的，且行为人事先也没有预料到具体的危害后果；第二种情形是行为人针对的对象是相对特定的，但实际造成的后果是行为人没有预料的、不能控制的。侵害“不特定多数人”，并不是说行为没有特定的侵犯对象或目标，而是行为人主观上有一定的侵害对象，对损害的可能范围也有一定的预判，但对最终造成或者可能造成的危害后果难以控制，从而危害特定人之外的人身或者财产安全。

“公共安全”不等同于“公共场所的安全”。首先，“公共安全”的词义应解释为多数人的生命健康和公私财产的安全。公共安全包括信息安全、食品安全、公共卫生安全等，是一个抽象的概念。虽然在公共场所更容易发生侵犯公共安全的案件，但是公共安全不等同于公共场所的安全。其次，公共安全的核心在“多数”，而不论是封闭的场所还是开放的公共场所，即使是在

---

① 观点来源：最高人民法院刑事审判第一、二、三、四、五庭编：《刑事审判参考》第121集，第1314号指导案例。

相对封闭的场所发生了多数人的损害后果，也有可能属于侵犯公共安全的行为。

2. 醉酒驾车肇事后，指示行为人驾车逃逸，逃离现场时高速驾驶又造成他人死亡的，如何定性？

本书观点：醉酒驾车肇事后，指示行为人驾车逃逸，逃离现场时高速驾驶又造成他人死亡的，指示人与行为人构成以危险方法危害公共安全罪的共犯。

3. 行为人持刀在公共场所乱刺不特定人，如何定性？

本书观点：行为人持刀在公共场所乱刺不特定人，属于危害广大群众生命健康和公私财产安全的行为，其危险的对象具有不特定性，构成以危险方法危害公共安全罪。

4. 在办理妨害疫情防控措施犯罪案件时，如何准确适用以危险方法危害公共安全罪和妨害传染病防治罪？

本书观点：最高人民法院、最高人民检察院、公安部、司法部《关于依法惩治妨害新型冠状病毒感染肺炎疫情防控违法犯罪的意见》中规定："故意传播新型冠状病毒感染肺炎病原体，具有下列情形之一，危害公共安全的，依照刑法第一百一十四条、第一百一十五条第一款的规定，以以危险方法危害公共安全罪定罪处罚：1. 已经确诊的新型冠状病毒感染肺炎病人、病原携带者，拒绝隔离治疗或者隔离期未满擅自脱离隔离治疗，并进入公共场所或者公共交通工具的；2. 新型冠状病毒感染肺炎疑似病人拒绝隔离治疗或者隔离期未满擅自脱离隔离治疗，并进入公共场所或者公共交通工具，造成新型冠状病毒传播的。"根据这一规定，在办理妨害疫情防控措施犯罪案件适用以危险方法危害公共安全罪时，应当注意把握以下三个方面：一是主体上限于已确诊的新冠肺炎病人、病原携带者，或者新冠肺炎疑似病人；二是主观上具有传播新冠肺炎病原体的故意；三是客观上表现为拒绝隔离治疗或者隔离期未满擅自脱离隔离治疗，实施了进入公共场所或者公共交通工具的行为，其中新冠肺炎疑似病人还要求造成新型冠状病毒传播的后果。实践中，适用以危险方法危害公共安全罪应当依法从严把握。对于上述规定的两种情形，应当适用以危险方法危害公共安全罪。此外，对于明知自身已经确诊为新冠肺炎病人或者疑似病人，出于报复社会等主观故意，恶意向不特定多数人传播病毒，后果严重、情节恶劣的，也应当适用以危险方法危害公共安全罪。

对于其他拒绝执行疫情防控措施，引起新型冠状病毒传播或者有传播严重危险的行为，依照《刑法》第三百三十条的规定，适用妨害传染病防治罪。

五、失火罪

（一）刑法规定

第一百一十五条[①] 放火、决水、爆炸以及投放毒害性、放射性、传染病病原体等物质或者以其他危险方法致人重伤、死亡或者使公私财产遭受重大损失的，处十年以上有期徒刑、无期徒刑或者死刑。

过失犯前款罪的，处三年以上七年以下有期徒刑；情节较轻的，处三年以下有期徒刑或者拘役。

（二）典型或常见问题的审理思路

1. 在森林里吸烟，引起特大森林火灾，给国家财产和人民生命安全造成重大损失，行为人提出不懂森林防火知识，能否成为不构成放火罪的理由？[②]

本书观点：森林内禁止吸烟属于常识，在林区内处处可见禁止吸烟的提示，行为人对这一知识是应当知道的，其在森林里吸烟，对导致火灾的行为是明知故犯，不懂防火知识不能作为抗辩理由。但其对吸烟引起山林火灾的危害后果是既不希望发生，也不放任这种后果的发生，因疏忽大意吸烟失火，使国家财产和人民生命安全遭受重大损失，其主观上具备疏忽大意的过失，其构成失火罪是无疑义的。

2. 如何区分本罪与重大责任事故罪？

本书观点：这两种犯罪的主观罪过形式都是过失；从现象上看，都可能引发火灾，造成严重的危害后果。但两者有明显区别：（1）犯罪主体不同。失火罪的犯罪主体是一般主体；重大责任事故罪的犯罪主体是特殊主体，即必须是工厂、矿山、林场、建筑企业或其他企业、事业单位的职工。（2）客观方面不同。重大责任事故罪必须是发生在生产、作业过程中，由于不服管

---

① 本条经2001年12月29日《刑法修正案（三）》第二条修正。《刑法》原第一百一十五条第一款为：“放火、决水、爆炸、投毒或者以其他危险方法致人重伤、死亡或者使公私财产遭受重大损失的，处十年以上有期徒刑、无期徒刑或者死刑。”

② 观点来源：《最高人民法院公报》1988年第4号（总第16号），1988年9月30日。

理、违反规章制度，或者强令工人违章冒险作业，发生严重事故；而失火罪一般是由于在日常生活中用火不慎而引起火灾。

3. **如何区分本罪与危险物品肇事罪？**

本书观点：失火罪与危险物品肇事罪，两者都是过失犯罪，但区别在于：（1）犯罪主体不同。失火罪的犯罪主体是一般主体，危险物品肇事罪的犯罪主体主要是从事生产、储存、运输和使用危害物品的职工，只有在特殊情况下，其他人员才可构成该罪的犯罪主体。（2）犯罪客观方面不同。危险物品肇事罪在客观方面也可能表现为引起火灾，但它是在生产、储存、运输和使用易燃性物品时，由于违反有关管理规定而发生重大火灾；失火罪则不限于此，而且一般是由于日常生活中用火不慎而引起火灾。

六、过失决水罪、过失爆炸罪

（一）刑法规定

第一百一十五条[①]　放火、决水、爆炸以及投放毒害性、放射性、传染病病原体等物质或者以其他危险方法致人重伤、死亡或者使公私财产遭受重大损失的，处十年以上有期徒刑、无期徒刑或者死刑。

过失犯前款罪的，处三年以上七年以下有期徒刑；情节较轻的，处三年以下有期徒刑或者拘役。

（二）疑难、复杂问题的参考性解答

1. **如何区分过失决水罪与决水罪？**

本书观点：过失决水罪与决水罪的主要界限就是犯罪的主观方面：故意还是过失。但由于刑法对两罪的构成要求不同以及处罚的严厉程度不同，因此除了犯罪主观方面的根本区别之外，在犯罪构成的其他方面也有较大区别。

这两种罪都是水害危害公共安全的犯罪。两者的主要区别在于：（1）主观方面，前者出于过失；而后者则是出于故意。（2）客观方面，前者必须造成法定的严重后果，即致人重伤、死亡或者公私财产遭受重大损失的，才构

---

① 本条经2001年12月29日《刑法修正案（三）》第二条修正。《刑法》原第一百一十五条第一款为："放火、决水、爆炸、投毒或者以其他危险方法致人重伤、死亡或者使公私财产遭受重大损失的，处十年以上有期徒刑、无期徒刑或者死刑。"

成犯罪；而后者则不论是否发生了严重后果，只要行为人故意实施了危害公共安全的决水行为，就构成犯罪。（3）前者不可能出现未遂的形态，后者则有既遂和未遂之分。

2. 如何区分过失决水罪与故意毁坏财物罪？

本书观点：过失决水罪和以决水方式故意毁坏公私财产都会造成公私财产的一定损失，其两者区别是：（1）侵犯的客体不同，过失决水罪侵犯的客体是公共安全，而故意毁坏财物罪侵犯的客体则是公私财产的所有权。（2）客观方面不同，过失决水罪是危害公共安全的犯罪，既可以使不特定的重大公私财产遭受损失，又可以造成不特定多数人的伤亡；而故意毁坏财物罪则只能是使特定的公私财产遭受损失。（3）主观方面不同，过失决水罪主观上只能是过失，而故意毁坏财物罪主观上则只能是故意。

3. 行为人私藏雷管，由于过失导致儿童将雷管拿去玩耍而爆炸致人重伤，如何定性？[①]

分歧观点：有意见认为该行为构成危险物品肇事罪。

本书观点：该行为应认定过失爆炸罪。过失爆炸罪，是指行为人出于过失引起爆炸，危害公共安全，造成严重后果的行为。危险物品肇事罪，是指违反爆炸性、易燃性、放射性、毒害性、腐蚀性物品的管理规定，在生产、储存、运输、使用中发生重大事故，造成严重后果的行为。

过失爆炸罪与危险物品肇事罪的主要区别是：（1）危险物品肇事罪的犯罪对象是在生产、储存、运输、使用的危险物品，而过失爆炸罪的犯罪对象主要是指具有严重破坏作用和杀伤力的专门用于爆炸使用的物品。（2）危险物品肇事罪成立是以违反危险物品管理规定为前提；而过失爆炸罪不以违反行政法律法规或规章制度为前提。（3）危险物品肇事罪只能发生在生产、储存、运输、使用危险物品的过程中；而过失爆炸罪不仅会发生在生产、储存、运输、使用爆炸物品过程中，而且也可能发生在其他任何危害公共安全的场合。（4）危险物品肇事罪的主体一般是从事生产、储存、运输、使用危险物品的职工；而过失爆炸罪的主体可以是任何具有承担刑事责任前提条件的自然人。

行为人私藏雷管，并非从事生产、储存、运输、使用危险物品的职工，

---

① 观点来源：福建省泉州市中级人民法院（1998）泉刑终字第494号刑事裁定。

也并非发生在生产、储存、运输、使用危险物品的过程中，不构成危险物品肇事罪，而其符合过失爆炸罪的犯罪构成，应定过失爆炸罪。

4. **如何区分过失爆炸罪与爆炸罪？**

本书观点：这两种罪都是因爆炸危害公共安全的犯罪，二者的区别在于：在罪过的表现形式上，前者是出于过失，而后者则是出于故意；在客观方面，过失爆炸行为只有造成致人重伤、死亡或者使公私财产遭受重大损失的严重后果，才构成犯罪，而爆炸罪只要求行为人故意实施了足以危害公共安全的爆炸行为，无论是否造成严重的后果，即构成爆炸罪；在犯罪形态上，过失爆炸罪没有未遂的形态，而爆炸罪有既遂和未遂之分。

七、过失投放危险物质罪

（一）刑法规定

第一百一十五条[①]　放火、决水、爆炸以及投放毒害性、放射性、传染病病原体等物质或者以其他危险方法致人重伤、死亡或者使公私财产遭受重大损失的，处十年以上有期徒刑、无期徒刑或者死刑。

过失犯前款罪的，处三年以上七年以下有期徒刑；情节较轻的，处三年以下有期徒刑或者拘役。

（二）典型或常见问题的审理思路

1. **行为人为防止老鼠在其农田内打洞影响来年作物生长，向周边放牧羊只的部分农户告知其要在耕地内投放毒药，但未设立任何警示标志，造成其他农户羊只被毒死，如何定性？**[②]

本书观点：行为人构成过失投放危险物质罪。理由是：行为人主观上认为通过向他人告知撒放农药的行为可以避免危害结果发生，在认识因素上已经预见到自己行为会发生危害社会的结果，但轻信能够避免导致危害结果的发生，在意志因素上不具有希望也不具有放任的心态，而表现为过于自信的

---

① 本条经 2001 年 12 月 29 日《刑法修正案（三）》第二条修正。《刑法》原第一百一十五条第一款为：“放火、决水、爆炸、投毒或者以其他危险方法致人重伤、死亡或者使公私财产遭受重大损失的，处十年以上有期徒刑、无期徒刑或者死刑。”

② 观点来源：甘肃省高台县人民法院（2013）高刑初字第 25 号刑事判决。

过失。其客观上实施了投放危险物质的行为并造成他人财产损失的后果。故其行为符合过失投放危险物质罪的构成要件。

2. 如何区分本罪与投放危险物质罪?

本书观点：过失投放危险物质罪与投放危险物质罪都表现为投放危险物质的行为并且都危害公共安全，两者的客体、行为手段相同，其区别主要在以下方面：（1）犯罪主观方面不同。过失投放危险物质罪在主观方面出于过失，投放危险物质罪在主观方面则是出于故意。（2）后果要求不同。过失投放危险物质罪是结果犯，必须发生致人重伤、死亡或者使公私财产遭受重大损失的后果才构成该罪，而投放危险物质罪则无此要求。（3）对刑事责任年龄的要求不同。过失投放危险物质罪的刑事责任年龄的起点是16周岁，投放危险物质罪的刑事责任年龄的起点是14周岁。（4）犯罪形态方面不同。过失投放危险物质罪不存在未遂形态，未造成严重后果的不构成犯罪，而投放危险物质罪则有既遂与未遂之分。

八、过失以危险方法危害公共安全罪

（一）刑法规定

第一百一十五条[①] 放火、决水、爆炸以及投放毒害性、放射性、传染病病原体等物质或者以其他危险方法致人重伤、死亡或者使公私财产遭受重大损失的，处十年以上有期徒刑、无期徒刑或者死刑。

过失犯前款罪的，处三年以上七年以下有期徒刑；情节较轻的，处三年以下有期徒刑或者拘役。

（二）司法解释、司法文件及其权威解读

1. 最高人民法院、最高人民检察院、公安部关于办理涉窨井盖相关刑事案件的指导意见（2020年3月16日）

二、盗窃、破坏人员密集往来的非机动车道、人行道以及车站、码头、公园、广场、学校、商业中心、厂区、社区、院落等生产生活、人员聚集场

① 本条经2001年12月29日《刑法修正案（三）》第二条修正。《刑法》原第一百一十五条第一款为：“放火、决水、爆炸、投毒或者以其他危险方法致人重伤、死亡或者使公私财产遭受重大损失的，处十年以上有期徒刑、无期徒刑或者死刑。”

所的窨井盖，足以危害公共安全，尚未造成严重后果的，依照刑法第一百一十四条的规定，以以危险方法危害公共安全罪定罪处罚；致人重伤、死亡或者使公私财产遭受重大损失的，依照刑法第一百一十五条第一款的规定处罚。

过失致人重伤、死亡或者使公私财产遭受重大损失的，依照刑法第一百一十五条第二款的规定，以过失以危险方法危害公共安全罪定罪处罚。

2. **最高人民法院、最高人民检察院关于办理妨害预防、控制突发传染病疫情等灾害的刑事案件具体应用法律若干问题的解释**（法释〔2003〕8号，自2003年5月15日起施行）（节录）

第一条　故意传播突发传染病病原体，危害公共安全的，依照刑法第一百一十四条、第一百一十五条第一款的规定，按照以危险方法危害公共安全罪定罪处罚。

患有突发传染病或者疑似突发传染病而拒绝接受检疫、强制隔离或者治疗、过失造成传染病传播，情节严重，危害公共安全的，依照刑法第一百一十五条第二款的规定，按照过失以危险方法危害公共安全罪定罪处罚。

3. **依法惩治妨害疫情防控违法犯罪　切实保障人民群众生命健康安全——最高人民法院研究室主任姜启波、最高人民检察院法律政策研究室主任高景峰联合答记者问**（2020年2月27日）

二、问：目前，对妨害疫情防控措施过失造成传染病传播的行为，有的地方以过失以危险方法危害公共安全罪立案，有的地方以妨害传染病防治罪立案，司法机关应当如何准确适用罪名？

答：2003年"两高"《关于办理妨害预防、控制突发传染病疫情等灾害的刑事案件具体应用法律若干问题的解释》没有规定妨害传染病防治罪的适用，而是规定对于患有突发传染病或者疑似突发传染病而拒绝接受检疫、强制隔离或者治疗，过失造成传染病传播，情节严重，危害公共安全的，按照过失以危险方法危害公共安全罪定罪处罚。这主要是由于2003年原卫生部将"非典"列入法定传染病，但未明确为甲类传染病或者按照甲类传染病管理，导致适用妨害传染病防治罪存在障碍。此次疫情防控工作中，国家卫健委经国务院批准发布2020年第1号公告，已经明确将新型冠状病毒感染肺炎纳入《传染病防治法》规定的乙类传染病，并采取甲类传染病的预防、控制措施。为充分体现依法防控的要求，《意见》出台后，对于此类拒绝执行卫生防疫机构等依照传染病防治法规定提出的预防、控制措施，造成新冠肺炎传播的行为，应当适用妨害传染病防治罪。需要进一步指出的是，妨害传染病防治罪危害公共卫生，实际上也是一种危害公共安全的行为，其与过失以危险方法危害公共安全罪，实际上是法条竞合关系，应当按照特别法优于一般法的适用原则，优先适用妨害传染病防治罪。

（三）典型或常见问题的审理思路

1. 行为人常用亚硝酸盐调配硝卤水，因其对亚硝酸盐未尽妥善保管义务导致亚硝酸盐混入食品中出售，致人伤亡的行为如何定性？①

分歧观点：一种意见认为构成过失投放危险物质罪，另一种意见认为构成过失致人死亡罪。

本书观点：该行为应当认定过失以危险方法危害公共安全罪。理由是：（1）行为人所保管的亚硝酸盐属于剧毒物质，少量食用即可引起中毒甚至死亡，经常从事用亚硝酸盐调配硝卤水的工作，对亚硝酸盐的危害性应当是明知的。行为人对自己行为的危害性是应当能够预见的，根据相关法律、法规的规定，妥善保管是其应尽的法定义务。（2）行为人并不明确知道自己的行为会发生危害社会的结果，对这种结果既未呈现出积极追求的心理状态，也未呈现出容忍或者放任的不积极追求状态，故其罪过形式不是犯罪故意，而是疏忽大意的过失。（3）该行为不构成过失投放危险物质罪、过失致人死亡罪。过失投放危险物质罪，要求行为人有过失投放的行为，即行为人主动实施了一定的行为，导致危险物质混入食物中，他人进食后中毒，产生危害后果。而未妥善保管行为发生在食品销售流通领域，其食品向不特定的公众进行销售，一旦将危险物质混入食品中，会对社会公共安全造成威胁，这种威胁针对不特定多数人，而非特定的个人，故不能构成过失致人死亡罪。（4）行为人对危害结果的发生在主观上具有过失，客观上实施了对亚硝酸盐未尽到妥善保管义务，将其遗留在食品销售区域的行为，对社会公共安全造成了潜在的和现实的威胁，该行为构成刑法上的“其他危险方法”。

---

① 观点来源：最高人民法院刑事审判第一、二、三、四、五庭编：《刑事审判参考》（2014 年第 6 集，总第 101 集），第 57－61 页。

2. 行为人在行人较多的道路边缘私自拉设通电铁丝电野猪，并口头告知村民，但未设置警示标志，导致他人被其私自拉设的通电铁丝电死，应如何定性?[①]

本书观点：行为人在未采取有效的警示方式的前提下私自拉设电线捕猎野猪，其已经预见自己的行为可能造成危及不特定多数人的生命财产安全的危害结果，但其仅仅口头告知村民，就轻信能够避免该结果的发生，最终造成他人触电身亡，属于过失以放火、决水、爆炸、投放危险物质以外的其他危险方法，致人重伤、死亡或者使公私财产遭受重大损失，危害公共安全的行为。应当以过失以危险方法危害公共安全罪定罪处罚。

九、破坏交通工具罪

（一）刑法规定

第一百一十六条[②]　破坏火车、汽车、电车、船只、航空器，足以使火车、汽车、电车、船只、航空器发生倾覆、毁坏危险，尚未造成严重后果的，处三年以上十年以下有期徒刑。

第一百一十九条第一款　破坏交通工具、交通设施、电力设备、燃气设备、易燃易爆设备，造成严重后果的，处十年以上有期徒刑、无期徒刑或者死刑。

（二）典型或常见问题的审理思路

1. 行为人从事汽车维修工作，为增加业务故意用工具将其客户的轿车右后轮制动软管割断，该客户在启动汽车驾驶时发现车辆刹车异常，遂将该车送修，故未造成严重后果，该行为是破坏交通工具罪既遂还是未遂?[③]

本书观点：行为人破坏了“正在使用中”（包括正在使用期间而暂时停置待用）的交通工具的重要部位和机件，如交通工具的操作驾驶系统，制动、刹车系统，导航系统等，也只有破坏这些关键部位才可能使交通工具发生倾覆、毁坏，进而危害公共安全。虽然汽车驾驶人及时发现异常，未造成严重

---

① 观点来源：重庆市云阳县人民法院（2013）云法刑初字第00301号刑事判决。

② 本罪1979年《刑法》第一百零七条和第一百一十条作了规定。1997年《刑法》第一百一十六条和第一百一十九条在罪状部分增加了有关“航空器”的规定。

③ 观点来源：上海市普陀区人民法院（2012）普刑初字第646号刑事判决书。

后果，但只要行为造成了法定的危险状态，足以使汽车发生倾覆、毁坏危险，无论是否造成严重后果，都构成本罪的既遂。

2. **以放火的方法破坏正在使用中的公共交通工具，并足以引起使该交通工具发生倾覆、毁坏危险的，应如何定性？**

本书观点：以放火的方法破坏正在使用中的公共交通工具，足以使该交通工具发生倾覆、毁坏危险的，是危害公共安全的行为。行为人的行为同时触犯了放火罪和破坏交通工具罪的想象竞合，考虑到两罪法定刑完全相同，应考虑犯罪对象的不同选择更符合行为特征的罪名。分析行为人的主观目的，对于罪名的正确选择显得尤其重要。一般来说，用放火的手段破坏交通工具的行为，行为人主观上应当积极追求交通工具损坏的结果，即犯罪目的直接指向交通工具本身。而行为人实施放火行为的目的是盗窃，放火直接指向的是交通工具上所装载的货物而非列车本身，造成交通工具毁坏并不是其积极追求的目的，仅是一种放任的态度，因而不符合破坏交通工具罪的直接故意特征，故认定放火罪而非破坏交通工具罪更符合该行为特点。

3. **如何区分以放火、爆炸手段实施的破坏交通工具的犯罪与放火罪、爆炸罪？**

本书观点：前者与放火罪和爆炸罪的犯罪手段相同，而且都危害公共安全。其主要区别在于：前者侵害的对象是正在使用中的火车、汽车、电车、船只、航空器等交通工具；而放火罪、爆炸罪侵害的对象则是停置不用的交通工具或者其他公私财物和不特定多数人的生命、健康。为了保证交通运输安全，刑法特别将正在使用中的交通工具作为特殊的保护对象，行为人无论采用何种手段破坏交通工具，只要足以使之发生倾覆、毁坏的危险，就应当以破坏交通工具罪定罪处罚。如果行为人使用放火、爆炸的手段破坏尚未交付使用的交通工具，则应当根据具体案情，分别以放火罪、爆炸罪或者故意毁坏财物罪定罪处罚。

4. **如何区分本罪与故意毁坏财物罪？**

本书观点：故意毁坏财物罪的对象可以是交通工具，因而应注意区分这种犯罪与破坏交通工具罪的界限。两者的不同之处主要有：前者侵犯的客体是公私财物的所有权，而后者侵犯的客体则是交通运输安全；后者的对象必须是正在使用中的交通工具，而前者则无此限制。因此，如果行为人的毁坏行为不影响交通工具的安全行驶或者已经造成交通工具不能行驶的结果，对其就应以故意毁坏财物罪论处；反之，就应当对其以破坏交通工具罪处理。

5. **如何区分本罪与盗窃罪？**

本书观点：盗窃罪的对象可以是交通工具，因而应注意区分这种犯罪与破坏交通工具罪的界限。两者的不同之处主要有：前者侵犯的客体是公私财物的所有权，而后者侵犯的客体则是交通运输安全；后者的对象必须是正在使用中的交通工具，而前者则无此限制。因此，如果行为人的盗窃行为不影响交通工具的安全行驶或者已经造成交通工具不能行驶的结果，对其就应以盗窃罪论处；反之，就构成盗窃罪和破坏交通工具罪（和过失破坏交通工具罪）的想象竞合，应从一重罪论处。

十、破坏交通设施罪

（一）刑法规定

第一百一十七条[①]　破坏轨道、桥梁、隧道、公路、机场、航道、灯塔、标志或者进行其他破坏活动，足以使火车、汽车、电车、船只、航空器发生倾覆、毁坏危险，尚未造成严重后果的，处三年以上十年以下有期徒刑。

第一百一十九条第一款　破坏交通工具、交通设施、电力设备、燃气设备、易燃易爆设备，造成严重后果的，处十年以上有期徒刑、无期徒刑或者死刑。

（二）司法解释、司法文件及其权威解读

1. **最高人民法院、最高人民检察院、公安部关于严厉打击盗窃、破坏铁路、油田、电力、通讯等器材设备的犯罪活动的通知**（公发〔1993〕10号，自1993年12月1日起施行）（节录）

二、加强侦查破案，依法从重从快惩处犯罪分子。公安机关对发生的此类案件要及时立案，迅速侦破；同时要通过清理整顿废旧金属收购业，及时发现可疑线索，深挖犯罪团伙，对查获的犯罪分子，只要基本事实清楚，基本证据确凿，公安机关要及时移送检察机关，检察机关要及时批捕、起诉，

---

① 本罪1979年《刑法》第一百零八条和第一百一十条作了规定。1997年《刑法》第一百一十七条和第一百一十九条在罪状部分增加了有关“航空器”的规定。

人民法院要依法从重从快判处。凡盗窃、破坏正在使用中的电力设备的，应以破坏电力设备罪追究刑事责任；盗窃、破坏铁路线路上的器材或者行车设施的零件、部件，危及行车安全的，应以破坏交通设施罪追究刑事责任。

2. **最高人民法院、最高人民检察院、公安部、司法部关于依法惩治妨害新型冠状病毒感染肺炎疫情防控违法犯罪的意见**（法发〔2020〕7号，2020年2月6日发布）

（八）依法严惩破坏交通设施犯罪。在疫情防控期间，破坏轨道、桥梁、隧道、公路、机场、航道、灯塔、标志或者进行其他破坏活动，足以使火车、汽车、电车、船只、航空器发生倾覆、毁坏危险的，依照刑法第一百一十七条、第一百一十九条第一款的规定，以破坏交通设施罪定罪处罚。

办理破坏交通设施案件，要区分具体情况，依法审慎处理。对于为了防止疫情蔓延，未经批准擅自封路阻碍交通，未造成严重后果的，一般不以犯罪论处，由主管部门予以纠正。

3. **最高人民法院、最高人民检察院、公安部关于办理涉窨井盖相关刑事案件的指导意见**（2020年3月16日起施行）

一、盗窃、破坏正在使用中的社会机动车通行道路上的窨井盖，足以使汽车、电车发生倾覆、毁坏危险，尚未造成严重后果的，依照刑法第一百一十七条的规定，以破坏交通设施罪定罪处罚；造成严重后果的，依照刑法第一百一十九条第一款的规定处罚。

（三）典型或常见问题的审理思路

1. 破坏交通设施罪能否以不作为的方式构成？[①]

本书观点：不作为的方式可以构成破坏交通设施罪。刑法上的不作为，是指行为人负有实施某种行为的特定法律义务、能够履行而不履行的危害行为。其义务来源有三项：法律规定的义务；职务或业务上要求的义务；先行行为产生的义务。假如行为人为了使国家、公共利益、本人或者他人的人身、财产和其他权利免受正在发生的危险，不得已采取的紧急避险行为，同时对交通安全设施造成破坏，使其他交通工具处于危险状态，此时其先行行为引

---

① 观点来源：最高人民法院刑事审判第一、二、三、四、五庭编：《中国刑事审判指导案例（危害公共安全罪）》，法律出版社2009年版，第54－56页。

起了行为人在其正当权益得以保全的情况下，负有的采取积极救济措施消除危险状态的作为义务。对于在紧急避险情形消失以后，因不作为而造成的危险状态的继续，其主观上属间接故意，构成了破坏交通设施罪。

2. **如何区分破坏交通设施罪与盗窃罪?**

本书观点：在司法实践中，出于非法占有的目的，盗窃交通设施（如盗窃铁轨上的枕木，偷割使用中的铁路专用电缆，从保障交通运输安全的电气设备上偷拆电子元件等），从而严重危害交通运输安全的犯罪，与盗窃罪容易混淆。两者虽然都是以非法占有为目的，秘密窃取财物，但前者盗窃的不是一般公共财物，而是正在使用中关系到交通运输安全的设施，这种盗窃行为，不仅侵犯财产关系，而且严重危害交通运输安全；同时行为人对其行为可能造成交通工具倾覆或者毁坏的危险大多采取放任态度，即表现为间接故意。因此，这种行为既是盗窃罪，又是破坏交通设施罪，应当按一个重罪即破坏交通设施罪定罪判刑。而盗窃罪窃取的是一般公私财物，或者盗窃未投入使用的交通设备，不影响交通运输安全，其侵犯的客体只是公私财产权利，因此，与上述以盗窃交通设施为目的而构成的破坏交通设施罪，有本质区别。

3. **如何区分本罪与破坏交通工具罪?**

本书观点：破坏交通设施罪和破坏交通工具罪都是危害交通运输安全的犯罪，两者的主要区别在于侵犯的对象不同。破坏交通设施罪侵犯的对象是正在使用中的轨道、桥梁、隧道、公路、机场、航道、灯塔、标志等保证交通工具正常行驶的交通设施，通过破坏这些交通设施来达到引起火车、汽车等交通工具发生倾覆、毁坏危险；而破坏交通工具罪侵犯的对象则直接指向正在使用中的火车、汽车、电车、船只、航空器等交通工具本身，通过破坏交通工具本身来引起交通工具发生倾覆、毁坏危险。

由于交通设施与交通工具之间的相互依存关系，破坏交通设施往往引起交通工具的倾覆、毁坏，而且这种危害结果的发生通常是行为人所追求的目的；同样，破坏交通工具也常引起交通设施被破坏。在这种情况下，是定破坏交通设施罪，还是定破坏交通工具罪，要视行为的直接指向而定。如果行为指向交通设施，直接破坏交通设施，应定破坏交通设施罪。其所引起的交通工具的倾覆、毁坏，应视为破坏交通设施，造成严重后果，适用本法第一百一十九条第一款规定的破坏交通设施罪的结果加重条文。如果行为指向交通工具，直接破坏交通工具，应定破坏交通工具罪，其所引起的对交通设备的破坏，也应视为破坏交通工具，造成严重后果的情况。

十一、破坏电力设备罪

（一）刑法规定

第一百一十八条 破坏电力、燃气或者其他易燃易爆设备，危害公共安全，尚未造成严重后果的，处三年以上十年以下有期徒刑。

第一百一十九条第一款 破坏交通工具、交通设施、电力设备、燃气设备、易燃易爆设备，造成严重后果的，处十年以上有期徒刑、无期徒刑或者死刑。

（二）司法解释、司法文件及其权威解读

最高人民法院关于审理破坏电力设备刑事案件具体应用法律若干问题的解释（法释〔2007〕15号，自2007年8月21日起施行）

为维护公共安全，依法惩治破坏电力设备等犯罪活动，根据刑法有关规定，现就审理这类刑事案件具体应用法律的若干问题解释如下：

第一条 破坏电力设备，具有下列情形之一的，属于刑法第一百一十九条第一款规定的“造成严重后果”，以破坏电力设备罪判处十年以上有期徒刑、无期徒刑或者死刑：

（一）造成一人以上死亡、三人以上重伤或者十人以上轻伤的；

（二）造成一万以上用户电力供应中断六小时以上，致使生产、生活受到严重影响的；

（三）造成直接经济损失一百万元以上的；

（四）造成其他危害公共安全严重后果的。

第二条 过失损坏电力设备，造成本解释第一条规定的严重后果的，依照刑法第一百一十九条第二款的规定，以过失损坏电力设备罪判处三年以上七年以下有期徒刑；情节较轻的，处三年以下有期徒刑或者拘役。

第三条 盗窃电力设备，危害公共安全，但不构成盗窃罪的，以破坏电力设备罪定罪处罚；同时构成盗窃罪和破坏电力设备罪的，依照刑法处罚较重的规定定罪处罚。

盗窃电力设备，没有危及公共安全，但应当追究刑事责任的，可以根据

案件的不同情况，按照盗窃罪等犯罪处理。

第四条　本解释所称电力设备，是指处于运行、应急等使用中的电力设备；已经通电使用，只是由于枯水季节或电力不足等原因暂停使用的电力设备；已经交付使用但尚未通电的电力设备。不包括尚未安装完毕，或者已经安装完毕但尚未交付使用的电力设备。

本解释中直接经济损失的计算范围，包括电量损失金额，被毁损设备材料的购置、更换、修复费用，以及因停电给用户造成的直接经济损失等。

（三）典型或常见问题的审理思路

1. 如何区分破坏电力设备罪与盗窃罪？①

本书观点：破坏电力设备罪与盗窃罪的区别主要表现为：（1）犯罪客体不同。破坏电力设备罪的客体是供电活动的公共安全；而盗窃罪的客体是公私财产所有权。（2）犯罪对象不同。破坏电力设备罪的犯罪对象是正在使用中的电力设备；而盗窃罪的犯罪对象是一般公私财物。（3）犯罪客观方面不同。破坏电力设备罪在客观方面表现为破坏电力设备的行为；而盗窃罪的客观方面表现为窃取公私财物的行为。（4）犯罪形态不同。破坏电力设备罪是危险犯，只要足以危害公共安全，即可成立犯罪；而盗窃罪的成立要求数额较大或者多次盗窃。行为人采取破坏性手段窃取正在使用中的电力设备，足以危害公共安全的，同时构成破坏电力设备罪和盗窃罪的，属于想象竞合犯，应当依照处罚较重的规定定罪处罚；行为人采取破坏性手段窃取未使用中的电力设备，数额较大或多次盗窃的，构成盗窃罪；行为人采取破坏性手段盗窃正在使用中的电力设备，不足以危害公共安全，但如果数额较大或者多次盗窃的，则构成盗窃罪。根据《最高人民法院关于审理破坏电力设备刑事案件具体应用法律若干问题的解释》第三条的规定，盗窃电力设备，危害公共安全，但不构成盗窃罪的，以破坏电力设备罪定罪处罚；同时构成盗窃罪和破坏电力设备罪的，按照刑法处罚较重的规定定罪处罚。盗窃电力设备，没有危及公共安全，但应当追究刑事责任的，可以根据案件的不同情况，按照盗窃罪等犯罪处理。

---

①　观点来源：最高人民法院刑事审判第一、二、三、四、五庭编：《中国刑事审判指导案例（危害公共安全罪）》，法律出版社2009年版，第46－49页。

2. 盗割正在使用中的光铝线的行为如何定性？对该行为是否“危害公共安全”应如何认定？[①]

本书观点：行为人盗割正在使用中的光铝线的行为构成了破坏电力设备罪与盗窃罪的想象竞合，应以破坏电力设备罪追究刑事责任。由于司法解释特别强调了“盗窃电力设备，没有危及公共安全”的情形，如何认定该行为是否对公共安全造成威胁显得十分重要。一般认为，如果盗割的是正在使用中的高压输电线路备用线，或者用于医疗、交通、抢险、生产、养殖等领域的正在使用中的电路，往往会危害公共安全，而对于一般生活用电、景观照明等用电线路则要视其损害的范围及时间，以及是否造成了严重后果而定。因此在没有相关证据直接证明其对公共安全造成实际损害的情况下，就只能通过其所偷窃的电力设备的地点和用途来判断其对于公共安全的危害程度。

3. 盗割铁路电气化接触网回流线的行为如何定性？[②]

本书观点：该行为如何定性，取决于铁路电气化接触网回流线，究竟是属于《刑法》第一百一十七条所规定的交通设施，还是属于《刑法》第一百一十八条所规定的电力设备。根据国务院《电力设施保护条例》第二章规定，电力设施的保护范围包括发电设施、变电设施、电力线路设施及与上述设施有关的辅助设施。铁路电气化接触网回流线是牵引电流的重要通道，其作用相当于普通照明电路中的零线，被剪断后将会造成牵引供电系统回流电路不畅通，电路参数发生变化，电能损耗加大，牵引变电所不能可靠动作，严重时电流中断。因此，铁路电气化接触网回流线与轨道、桥梁、隧道、公路、机场、航道、灯塔、标志等设施不同，它实质上起着保障电力输送畅通的作用，盗割回流线有可能造成电力供应中断，牵引机车失去动力而停车，但本身并不足以使列车发生倾覆、毁坏的危险。如上所述，铁路电气化接触网回流线，虽然是交通设施的辅助设施，但其本身又具有独立的属性，故将铁路电气化接触网回流线认定为电力设备更符合司法实际。因此，以破坏电力设备罪定罪是恰当的。

---

① 观点来源：最高人民法院刑事审判第一、二、三、四、五庭编：《中国刑事审判指导案例（危害公共安全罪）》，法律出版社2009年版，132－134页。

② 观点来源：最高人民法院刑事审判第一、二、三、四、五庭编：《中国刑事审判指导案例（危害公共安全罪）》，法律出版社2009年版，第46－49页。

4. 盗窃电力设备过程中对过往群众施以暴力行为如何定性?[①]

本书观点：（1）盗窃电力设备过程中，以暴力手段控制无抓捕意图的过往群众的，不构成抢劫罪，应构成破坏电力设备罪。行为人一般采取秘密窃取的方法盗割电缆，当有群众从案发现场附近经过时，为保证犯罪行为的顺利实施，即持凶器控制过往群众，若遇反抗，则殴打反抗者。行为人采用暴力手段控制过往群众的目的是顺利实施盗割电缆这一犯罪行为，而不是占有过往群众的财物，客观上，行为人也只实施了盗割电缆的行为，并未劫取被其控制之群众的财物；同时，过往群众也并非被盗电缆的所有人或守护人，也无抓捕行为人的意图或行为。因此，行为人仅构成破坏电力设备罪，而非抢劫罪。（2）盗窃电力设备过程中，为抗拒抓捕而当场使用暴力或者以暴力相威胁的，可以转化为抢劫罪。首先，转化型抢劫罪的成立并不以前行为构成犯罪为必要，只要行为人故意实施了盗窃、诈骗、抢夺行为，无论是否达到构成犯罪的标准，都符合转化型抢劫罪成立的前提条件。其次，转化型抢劫罪的先行行为对象是公私财物，以特定财物为犯罪对象，如盗窃电力设备，与盗窃普通财物在侵犯公私财物所有权这一客体上并无本质不同，只是罪名有差异。在此情况下，盗窃电力设备的行为构成破坏电力设备罪与盗窃罪的想象竞合，虽然有的情况下不以盗窃罪定罪而以破坏电力设备罪定罪，这是因为在想象竞合的情况下，某一行为同时触犯两个罪名应择一重罪论处，并非其行为不属于盗窃行为，不构成盗窃罪，而是根据相关法律适用原则，不以盗窃罪定罪处罚而已。因此，从理论上讲，普通的盗窃罪、诈骗罪、抢夺罪可以转化为抢劫罪，那么，特殊的盗窃罪、诈骗罪、抢夺罪更可以转化为抢劫罪。需要注意的是，肯定盗窃电力设备的行为在法定条件下可以转化为抢劫罪，并不意味着最终对行为人以抢劫罪定罪处罚。根据《最高人民法院关于审理盗窃案件具体应用法律若干问题的解释》第十二条的规定，盗窃使用中的电力设备，同时构成盗窃罪和破坏电力设备罪的，应择一重罪处罚。因此，当盗窃行为具备转化型抢劫罪的构成时，对行为人应在破坏电力设备罪和抢劫罪中择一重罪处罚。

---

① 观点来源：最高人民法院刑事审判第一、二、三、四、五庭编：《中国刑事审判指导案例（危害公共安全罪）》，法律出版社 2017 年版，第 97－101 页。

（四）疑难、复杂问题的参考性解答

1. 关于电力设备的范围如何界定？

本书观点：《最高人民法院关于审理破坏电力设备刑事案件具体应用法律若干问题的解释》第四条第一款规定，电力设备是指处于运行、应急等使用中的电力设备；已经通电使用，只是由于枯水季节或电力不足等原因暂停使用的电力设备；已经交付使用但尚未通电的电力设备。不包括尚未安装完毕，或者已经安装完毕但尚未交付使用的电力设备。在该司法解释起草过程中和实践中主要涉及两个问题有争议，一个是电力设备是否等同于电力设施问题，另一个是电力设备是否是正在使用中的电力设备问题。

（1）关于电力设备是否等同于电力设施的问题

关于电力设备是否等同于电力设施问题，《刑法》第一百一十八条和第一百一十九条表述的都是电力设备，而国务院发布的《电力设施保护条例》中使用的是电力设施，该条例第二条规定，该条例适用于中华人民共和国境内已建或在建的电力设施，包括发电设施、变电设施和电力线路设施及其有关辅助设施。该条例第八条、第九条进一步明确了发电设施、变电设施和电力线路设施的保护范围。有一种观点认为，电力设备与电力设施的概念应当具有同一性，即只要是发供电所必需的设施或设备均可以称为电力设备，因此建议司法解释将电力设备的外延扩大至《电力设施保护条例》所规定的电力设施的保护范围。否则，将有大量的电力设施被排除在外，使《电力设施保护条例》的立法目的落空。

根据《现代汉语词典》的解释，设备是指进行某项工作或供应某种需要所必需的成套建筑或器物；设施是指为进行某项工作或满足某种需要而建立起来的机构、系统、组织、建筑等。经研究认为，从字面含义来看，二者的含义不尽一致，从立法目的来看二者也不尽一致。从刑法的立法目的来看，重点保护的是维持电力运行所必需的电力设备，而非广义的电力设施。

破坏电力设备罪是危害公共安全的犯罪，本质上要求破坏电力设备的行为足以危害公共安全，而有些电力设施，主要是一些辅助设施，即使遭到破坏，也不可能对公共安全造成任何影响。相比刑法中的电力设备而言，《电力设施保护条例》中的电力设施的范围还是过于广泛，因此，司法解释没有采纳将电力设备等同于电力设施的观点，而是依照刑法采取了电力设备的表述。

（2）关于电力设备是否是正在使用中的电力设备

对此主要有两种意见。一种意见认为，刑法理论通常认为，破坏正在使用的电力设备才可能危害公共安全，如果没有破坏正在使用的电力设备，不存在危害公共安全的问题。另一种意见认为，刑法对电力设备没有限制性规定，司法解释不宜突破刑法对此做限制性规定，而且实践中还会对何为正在使用产生不同理解。还有意见认为，前一种意见说的是正在使用的电力设备，但司法解释中又将一些由于枯水季节或电力不足等原因暂停使用的电力设备的情形也认定为属于正在使用，从一般逻辑考虑会产生自相矛盾。

对于这个问题，我们认为，从危害公共安全罪的性质考虑，关键是看破坏电力设备能否危害公共安全。因此，司法解释综合考虑了上述各种意见及理由，没有直接明确电力设备是否是正在使用中的电力设备，而是规定：电力设备是指处于运行、应急等使用中的电力设备；已经通电使用，只是由于枯水季节或电力不足等原因暂停使用的电力设备；已经交付使用但尚未通电的电力设备。不包括尚未安装完毕，或者已经安装完毕但尚未交付使用的电力设备。

2. 如何把握破坏电力设备中"直接损失"？

本书观点：《最高人民法院关于审理破坏电力设备刑事案件具体应用法律若干问题的解释》第四条第二款规定，本解释中直接经济损失的计算范围，包括电量损失金额，被毁损设备材料的购置、更换、修复费用，以及因停电给用户造成的直接经济损失等。第一条第三项规定了破坏电力设备造成直接经济损失100万元以上属于造成严重后果，这就涉及直接经济损失的计算范围问题。这种直接经济损失不仅包括设备损坏本身的损失，还包括因设备损坏导致的电量损失，之所以将因设备损坏导致的电量损失也纳入到直接损失的范畴，在于电力发、供、用是同时进行的，破坏电力设备或过失损坏电力设备导致停电的，必然直接造成电量的减少，减少的电量折合成金额即经济损失的数额。另外，出于平等保护电力企业和电力用户的利益考虑，明确规定将用户所受到的直接损失也纳入计算范围。例如，破坏电力设备造成钢铁厂火炉铁水凝结的，钢铁厂为修理火炉及处理铁水而发生的费用，就属于直接经济损失。

3. 如何区分以放火、爆炸手段实施的破坏电力设备的犯罪与放火罪、爆炸罪？

本书观点：使用放火、爆炸方法破坏电力设备罪同放火罪、爆炸罪的犯罪方法相同，而且行为后果也都危害了公共安全。它们之间的主要区别在于：前者破坏的对象是电力设备；而后者破坏的对象是特定的电力设备以外的其他公私财物。由于刑法将电力设备作为特定对象予以特殊保护，因此，无论以何种方法破坏电力设备，只要足以危害公共安全，就构成破坏电力设备罪。

4. 如何区分本罪与破坏生产经营罪？

本书观点：破坏电力设备罪与破坏生产经营罪的区别主要表现在：（1）犯罪客体不同。破坏电力设备罪的客体是公共安全；而破坏生产经营罪的客体是复杂客体，既破坏了生产经营活动的正常发展，又侵犯了公私财产所有权。（2）犯罪对象不同。破坏电力设备罪的犯罪对象是正在使用中的电力设备；而破坏生产经营罪的犯罪对象是机器设备、耕畜等生产资料。（3）犯罪客观方面不同。破坏电力设备罪在客观方面表现为破坏电力设备，危害公共安全的行为；而破坏生产经营罪在客观方面表现为毁坏机器设备、残害耕畜或者以其他方法破坏生产经营的行为。（4）犯罪形态不同。破坏电力设备罪是危险犯，只要足以危害公共安全，即可成立犯罪；而破坏生产经营罪是行为犯。（5）犯罪主观方面不同。破坏电力设备罪在主观方面不需要具备特定的犯罪目的；而破坏生产经营罪在主观方面要求具备泄愤报复或者其他个人目的。行为人由于泄愤报复或者其他个人目的，破坏电力设备，没有危及公共安全的，可以构成破坏生产经营罪；危害公共安全的，构成破坏电力设备罪。

5. 如何区分本罪与故意毁坏财物罪？

本书观点：认定某一破坏电力设备的行为是构成破坏电力设备罪还是故意毁坏财物罪，要看被破坏的电力设备是否处于正在使用中，破坏行为是否危及公共安全。如果破坏的是正在使用中的电力设备，如验收完毕、已交付使用的发电设备、供电设备、变电设备，足以危害公共安全的，构成破坏电力设备罪；反之，破坏的是库存电力设备、废弃不用的电力设备、生产过程中的电力设备、修理过程中的电力设备，则不具有危害公共安全的可能性，只是造成财产损毁，构成故意毁坏财物罪。

十二、破坏易燃易爆设备罪

（一）刑法规定

第一百一十八条[①] 破坏电力、燃气或者其他易燃易爆设备，危害公共安全，尚未造成严重后果的，处三年以上十年以下有期徒刑。

第一百一十九条第一款 破坏交通工具、交通设施、电力设备、燃气设备、易燃易爆设备，造成严重后果的，处十年以上有期徒刑、无期徒刑或者死刑。

（二）司法解释、司法文件

1. **最高人民法院、最高人民检察院关于办理盗窃油气、破坏油气设备等刑事案件具体应用法律若干问题的解释**（法释〔2007〕第3号，自2007年1月19日起施行）（节录）

为维护油气的生产、运输安全，依法惩治盗窃油气、破坏油气设备等犯罪，根据刑法有关规定，现就办理这类刑事案件具体应用法律的若干问题解释如下：

第一条 在实施盗窃油气等行为过程中，采用切割、打孔、撬砸、拆卸、开关等手段破坏正在使用的油气设备的，属于刑法第一百一十八条规定的“破坏燃气或者其他易燃易爆设备”的行为；危害公共安全，尚未造成严重后果的，依照刑法第一百一十八条的规定定罪处罚。

第二条 实施本解释第一条规定的行为，具有下列情形之一的，属于刑法第一百一十九条第一款规定的“造成严重后果”，依照刑法第一百一十九条第一款的规定定罪处罚：

（一）造成一人以上死亡、三人以上重伤或者十人以上轻伤的；

（二）造成井喷或者重大环境污染事故的；

（三）造成直接经济损失数额在五十万元以上的；

（四）造成其他严重后果的。

---

① 本罪1979年《刑法》第一百零九条和第一百一十条作了规定，1997年《刑法》第一百一十八条和第一百一十九条在罪状部分增加了有关“燃气设备”的规定。

第四条 盗窃油气同时构成盗窃罪和破坏易燃易爆设备罪的，依照刑法处罚较重的规定定罪处罚。

第八条 本解释所称的“油气”，是指石油、天然气。其中，石油包括原油、成品油；天然气包括煤层气。

本解释所称“油气设备”，是指用于石油、天然气生产、储存、运输等易燃易爆设备。

2. **最高人民法院、最高人民检察院、公安部关于办理盗窃油气、破坏油气设备等刑事案件适用法律若干问题的意见**（2018 年 9 月 28 日发布）

一、关于危害公共安全的认定

在实施盗窃油气等行为过程中，破坏正在使用的油气设备，具有下列情形之一的，应当认定为刑法第一百一十八条规定的“危害公共安全”：

（一）采用切割、打孔、撬砸、拆卸手段的，但是明显未危害公共安全的除外；

（二）采用开、关等手段，足以引发火灾、爆炸等危险的。

三、关于共犯的认定

在共同盗窃油气、破坏油气设备等犯罪中，实际控制、为主出资或者组织、策划、纠集、雇佣、指使他人参与犯罪的，应当依法认定为主犯；对于其他人员，在共同犯罪中起主要作用的，也应当依法认定为主犯。

在输油输气管道投入使用前擅自安装阀门，在管道投入使用后将该阀门提供给他人盗窃油气的，以盗窃罪、破坏易燃易爆设备罪等有关犯罪的共同犯罪论处。

四、关于内外勾结盗窃油气行为的处理

行为人与油气企业人员勾结共同盗窃油气、没有利用油气企业人员职务便利，仅仅是利用其易于接近油气设备、熟悉环境等方便条件的，以盗窃罪的共同犯罪论处。

实施上述行为，同时构成破坏易燃易爆设备罪的，依照处罚较重的规定定罪处罚。

五、关于窝藏、转移、收购、加工、代为销售被盗油气行为的处理

明知是犯罪所得的油气而予以窝藏、转移、收购、加工、代为销售或者以其他方式掩饰、隐瞒，符合刑法第三百一十二条规定的，以掩饰、隐瞒犯罪所得罪追究刑事责任。

“明知”的认定，应当结合行为人的认知能力、所得报酬、运输工具、运输路线、收购价格、收购形式、加工方式、销售地点、仓储条件等因素综合考虑。

实施第一款规定的犯罪行为，事前通谋的，以盗窃罪、破坏易燃易爆设备罪等有关犯罪的共同犯罪论处。

六、关于直接经济损失的认定

《最高人民法院、最高人民检察院关于办理盗窃油气、破坏油气设备等刑事案件具体应用法律若干问题的解释》第二条第三项规定的“直接经济损失”包括因实施盗窃油气等行为直接造成的油气损失以及采取抢修堵漏等措施所产生的费用。

对于直接经济损失数额，综合油气企业提供的证据材料、犯罪嫌疑人、被告人及其辩护人所提辩解、辩护意见等认定；难以确定的，依据价格认证机构出具的报告，结合其他证据认定。

油气企业提供的证据材料，应当有工作人员签名和企业公章。

七、关于专门性问题的认定

对于油气的质量、标准等专门性问题，综合油气企业提供的证据材料、犯罪嫌疑人、被告人及其辩护人所提辩解、辩护意见等认定；难以确定的，依据司法鉴定机构出具的鉴定意见或者国务院公安部门指定的机构出具的报告，结合其他证据认定。

油气企业提供的证据材料，应当有工作人员签名和企业公章。

3. **最高人民法院关于对采用破坏性手段盗窃正在使用的油田输油管道中油品的行为如何适用法律问题的批复**（法释〔2002〕10号）（自2002年4月18日起施行）

各省、自治区、直辖市高级人民法院，解放军军事法院，新疆维吾尔自治区高级人民法院生产建设兵团分院：

近来，一些高级人民法院对采用破坏性手段盗窃正在使用的油田输油管道中油品的行为如何适用法律问题请示我院。根据刑法的有关规定，批复如下：

正在使用的油田输油管道，属于刑法规定的“易燃易爆设备”。行为人采用破坏性手段盗窃正在使用的油田输油管道中的油品，构成破坏易燃易爆设备罪、盗窃罪等犯罪的，依照处罚较重的规定定罪处罚。

（三）典型或常见问题的审理思路

1. 如何区分以放火、爆炸手段实施的破坏易燃易爆设备罪与放火罪、爆炸罪？

本书观点：使用放火、爆炸方法破坏易燃易爆设备罪同放火罪、爆炸罪的犯罪方法相同，而且行为后果都危害了公共安全。它们之间的区别主要在于破坏的对象不同：前者破坏的对象是易燃易爆设备；而后者破坏的对象是特定的易燃易爆设备以外的其他公私财物。由于刑法将易燃易爆设备作为特定对象予以特殊保护，因此，无论以何种方法破坏易燃易爆设备，只要是足以危害公共安全的，就构成破坏易燃易爆设备罪。

2. 如何区分本罪与故意毁坏财物罪、盗窃罪等侵犯财产方面的犯罪？

本书观点：确定某一破坏易燃易爆设备的行为是构成破坏易燃易爆设备罪还是构成侵犯财产方面的犯罪，主要看受破坏的易燃易爆设备是否处于正在使用中，破坏行为是否足以危害公共安全。也就是说，如果破坏正在使用中的易燃易爆设备，足以危害公共安全或者已经造成严重后果、危害公共安全的，则构成破坏易燃易爆设备罪。反之，如果行为人破坏的是非正在使用中的易燃易爆设备，因其不存在危害公共安全的可能性，不构成破坏易燃易爆设备罪；只是对财产所有权的侵犯，情节严重的，则构成侵犯财产方面的犯罪。如果是故意毁损非正在使用中的易燃易爆设备，情节严重的，应以故意毁坏财物罪论处；如果行为人采用盗窃方法破坏非正在使用中的易燃易爆设备，数额较大或者多次盗窃的，应以盗窃罪论处。

3. 如何区分本罪与危险物品肇事罪？

本书观点：破坏易燃易爆设备罪与危险物品肇事罪的区别表现为：（1）犯罪对象不同。破坏易燃易爆设备罪的犯罪对象是正在使用中的燃气或其他易燃易爆设备；而危险物品肇事罪的犯罪对象是危险物品，包括爆炸性、易燃性、放射性、毒害性、腐蚀性物品。（2）犯罪客观方面不同。破坏易燃易爆设备罪表现为破坏燃气设备或者其他易燃易爆设备，危害公共安全，尚未造成严重后果，或者造成严重后果的行为；而危险物品肇事罪必须是违反爆炸性、易燃性、放射性、毒害性、腐蚀性物品的管理规定，在危险物品的生产、储存、运输、使用中发生重大事故，造成严重后果的行为。（3）犯罪形态不同。破坏易燃易爆设备罪是危险犯，只要足以危害公共安全，即可成立犯罪；而危险物品肇事罪是结果犯，必须造成严重后果，才构成犯罪。（4）犯罪主观方面不同。破坏易燃易爆设备罪在主观方面表现为故意；而危险物品肇事罪在主观方面表现为过失。

十三、过失损坏交通工具罪、过失损坏交通设施罪、过失损坏电力设备罪、过失损坏易燃易爆设备罪

（一）刑法规定

第一百一十九条　破坏交通工具、交通设施、电力设备、燃气设备、易燃易爆设备，造成严重后果的，处十年以上有期徒刑、无期徒刑或者死刑。

过失犯前款罪的，处三年以上七年以下有期徒刑；情节较轻的，处三年以下有期徒刑或者拘役。

（二）司法解释、司法文件及其权威解读

最高人民法院关于审理破坏电力设备刑事案件具体应用法律若干问题的解释（法释〔2007〕15号，自2007年8月21日起施行）（节录）

第一条　破坏电力设备，具有下列情形之一的，属于刑法第一百一十九条第一款规定的“造成严重后果”，以破坏电力设备罪判处十年以上有期徒刑、无期徒刑或者死刑：

（一）造成一人以上死亡、三人以上重伤或者十人以上轻伤的；

（二）造成一万以上用户电力供应中断六小时以上，致使生产、生活受到严重影响的；

（三）造成直接经济损失一百万元以上的；

（四）造成其他危害公共安全严重后果的。

第二条　过失损坏电力设备，造成本解释第一条规定的严重后果的，依照刑法第一百一十九条第二款的规定，以过失损坏电力设备罪判处三年以上七年以下有期徒刑；情节较轻的，处三年以下有期徒刑或者拘役。

（三）典型或常见问题的审理思路

1. 如何区分过失损坏交通设施罪与过失损坏交通工具罪？

本书观点：两者都是过失犯罪，主要区别在于犯罪对象和客观方面不同。过失损坏交通设施罪主要是过失损坏正在使用中的轨道、桥梁、隧道、公路、机场、航道、灯塔、标志等交通设施，危害公共安全，致使火车等交通工具倾覆或毁坏，造成严重后果；过失损坏交通工具罪则是过失损坏火车、汽车、电车、船只、航空器等交通工具，而危害公共安全，造成严重后果。

2. 如何区分过失损坏电力设备罪与破坏电力设备罪？

本书观点：二者都是以电力设备为侵害对象的危害电力设备安全的犯罪，主要区别在于：（1）主观罪过形式不同。前者是过失犯罪；而后者是故意犯罪。（2）对危害结果的要求不同。前者把造成严重后果作为构成犯罪的法定要件，如果行为人过失实施了损坏电力设备的行为，没有造成严重后果的，则不构成本罪；而后者则不论是否发生了严重后果，只要行为人故意实施了破坏电力设备的行为，就构成破坏电力设备罪。

3. 如何区分过失损坏电力设备罪与重大责任事故罪？

本书观点：过失损坏电力设备罪与重大责任事故罪的主要区别是：（1）犯罪主体不同。重大责任事故罪的犯罪主体是特殊主体；过失损坏电力设备罪的犯罪主体是一般主体。（2）侵犯的客体不同。重大责任事故罪侵犯的客体是企业、事业单位的生产作业安全；过失损坏电力设备罪侵犯的客体是公共安全。因此，电力部门职工在生产作业过程中，违反规章制度，因而发生损坏电力设备的重大事故，造成严重后果的行为，是由于电力部门职工这一特殊犯罪主体在生产作业过程中的业务过失所造成的严重后果，应以特别法条即重大责任事故罪论处，而不能以过失损坏电力设备罪论处。

4. 行为人明知车上所载货物超过规定高度，仍驾车通过桥梁，致使所载货物撞击人行过街天桥，导致桥主梁断裂，如何定性？①

分歧观点：该行为构成交通肇事罪。

本书观点：交通肇事罪与过失损坏交通设施罪均属于危害公共交通运输安全的犯罪。由于过失损坏交通设施的行为同时也可能是违反交通运输管理

---

① 观点来源：北京市朝阳区人民法院（2008）朝刑初字第02175号刑事判决书。

法规的交通肇事行为，故当该行为造成一定严重后果时，则可能同时符合刑法关于交通肇事罪和过失损坏交通设施罪的规定。属于法条竞合，应择一重罪论处，一般而言交通肇事罪的处罚（不含逃逸）较过失损坏交通设施罪更轻，故可以过失损坏交通设施罪论处。

5. 行为人酒后损坏电力设备，发现后积极采取补救措施，其主观心态如何认定？①

本书观点：区分行为人的主观心态，要综合其供述及具体案情来进行。行为人酒后造成电力设备损坏，其在发现后，积极采取了补救措施，即使没有阻止危害后果的发生，但已经显示其主观心态是不希望该结果的发生，故应认定为过失损坏电力设备罪。

十四、组织、领导、参加恐怖组织罪

（一）刑法规定

第一百二十条②　组织、领导恐怖活动组织的，处十年以上有期徒刑或者无期徒刑，并处没收财产；积极参加的，处三年以上十年以下有期徒刑，并处罚金；其他参加的，处三年以下有期徒刑、拘役、管制或者剥夺政治权利，可以并处罚金。

犯前款罪并实施杀人、爆炸、绑架等犯罪的，依照数罪并罚的规定处罚。

（二）法律、司法解释、司法文件

1. **中华人民共和国反恐怖主义法**（2018 年 4 月 27 日修正）（节录）

第二条　国家反对一切形式的恐怖主义，依法取缔恐怖活动组织，对任何组织、策划、准备实施、实施恐怖活动，宣扬恐怖主义，煽动实施恐怖活动，组织、领导、参加恐怖活动组织，为恐怖活动提供帮助的，依法追究法

---

① 观点来源：山东省东营市中级人民法院（2001）东刑一终字第 42 号刑事判决书。

② 本条 1997 年《刑法》原条文第一款为：“组织、领导和积极参加恐怖活动组织的，处三年以上十年以下有期徒刑；其他参加的，处三年以下有期徒刑、拘役或者管制。”

经 2001 年 12 月 29 日《刑法修正案（三）》第三条修正为：“组织、领导恐怖活动组织的，处十年以上有期徒刑或者无期徒刑；积极参加的，处三年以上十年以下有期徒刑；其他参加的，处三年以下有期徒刑、拘役、管制或者剥夺政治权利。”

经 2015 年 8 月 29 日《刑法修正案（九）》第五条修正成现条文。

律责任。

国家不向任何恐怖活动组织和人员作出妥协，不向任何恐怖活动人员提供庇护或者给予难民地位。

第三条 本法所称恐怖主义，是指通过暴力、破坏、恐吓等手段，制造社会恐慌、危害公共安全、侵犯人身财产，或者胁迫国家机关、国际组织，以实现其政治、意识形态等目的的主张和行为。

本法所称恐怖活动，是指恐怖主义性质的下列行为：

（一）组织、策划、准备实施、实施造成或者意图造成人员伤亡、重大财产损失、公共设施损坏、社会秩序混乱等严重社会危害的活动的；

（二）宣扬恐怖主义，煽动实施恐怖活动，或者非法持有宣扬恐怖主义的物品，强制他人在公共场所穿戴宣扬恐怖主义的服饰、标志的；

（三）组织、领导、参加恐怖活动组织的；

（四）为恐怖活动组织、恐怖活动人员、实施恐怖活动或者恐怖活动培训提供信息、资金、物资、劳务、技术、场所等支持、协助、便利的；

（五）其他恐怖活动。

本法所称恐怖活动组织，是指三人以上为实施恐怖活动而组成的犯罪组织。

本法所称恐怖活动人员，是指实施恐怖活动的人和恐怖活动组织的成员。

本法所称恐怖事件，是指正在发生或者已经发生的造成或者可能造成重大社会危害的恐怖活动。

第十一条 对在中华人民共和国领域外对中华人民共和国国家、公民或者机构实施的恐怖活动犯罪，或者实施的中华人民共和国缔结、参加的国际条约所规定的恐怖活动犯罪，中华人民共和国行使刑事管辖权，依法追究刑事责任。

第七十九条 组织、策划、准备实施、实施恐怖活动，宣扬恐怖主义，煽动实施恐怖活动，非法持有宣扬恐怖主义的物品，强制他人在公共场所穿戴宣扬恐怖主义的服饰、标志，组织、领导、参加恐怖活动组织，为恐怖活动组织、恐怖活动人员、实施恐怖活动或者恐怖活动培训提供帮助的，依法追究刑事责任。

2. **最高人民法院关于贯彻宽严相济刑事政策的若干意见**（法发〔2010〕9号，2010年2月8日发布）（节录）

7. 贯彻宽严相济刑事政策，必须毫不动摇地坚持依法严惩严重刑事犯罪的方针。对于危害国家安全犯罪、恐怖组织犯罪、邪教组织犯罪、黑社会性质组织犯罪、恶势力犯罪、故意危害公共安全犯罪等严重危害国家政权稳固和社会治安的犯罪，故意杀人、故意伤害致人死亡、强奸、绑架、拐卖妇女儿童、抢劫、重大抢夺、重大盗窃等严重暴力犯罪和严重影响人民群众安全感的犯罪，走私、贩卖、运输、制造毒品等毒害人民健康的犯罪，要作为严惩的重点，依法从重处罚。尤其对于极端仇视国家和社会，以不特定人为侵害对象，所犯罪行特别严重的犯罪分子，该重判的要坚决依法重判，该判处死刑的要坚决依法判处死刑。

30. 对于恐怖组织犯罪、邪教组织犯罪、黑社会性质组织犯罪和进行走私、诈骗、贩毒等犯罪活动的犯罪集团，在处理时要分别情况，区别对待：对犯罪组织或集团中的为首组织、指挥、策划者和骨干分子，要依法从严惩处，该判处重刑或死刑的要坚决判处重刑或死刑；对受欺骗、胁迫参加犯罪组织、犯罪集团或只是一般参加者，在犯罪中起次要、辅助作用的从犯，依法应当从轻或减轻处罚，符合缓刑条件的，可以适用缓刑。

3. **最高人民法院、最高人民检察院、公安部、司法部关于办理恐怖活动和极端主义犯罪案件适用法律若干问题的意见**（2018年3月16日）（节录）

一、准确认定犯罪

（一）具有下列情形之一的，应当认定为刑法第一百二十条规定的“组织、领导恐怖活动组织”，以组织、领导恐怖组织罪定罪处罚：

1. 发起、建立恐怖活动组织罪的；

2. 恐怖活动组织成立后，对组织及其日常运行负责决策、指挥、管理的；

3. 恐怖活动组织成立后，组织、策划、指挥该组织成员进行恐怖活动的；

4. 其他组织、领导恐怖活动组织的情形。

具有下列情形之一的，应当认定为刑法第一百二十条规定的“积极参加”，以参加恐怖组织罪定罪处罚；

1. 纠集他人共同参加恐怖活动组织的；

2. 多次参加恐怖活动组织的；

3. 曾因参加恐怖活动组织、实施恐怖活动被追究刑事责任或者二年内受过行政处罚，又参加恐怖活动组织的；

4. 在恐怖活动组织中实施恐怖活动且作用突出的；

5. 在恐怖活动组织中积极协助组织、领导者实施组织、领导行为的；

6. 其他积极参加恐怖活动组织的情形。

参加恐怖活动组织，但不具有前两款规定情形的，应当认定为刑法第一百二十条规定的“其他参加”，以参加恐怖组织罪定罪处罚。

犯刑法第一百二十条规定的犯罪，又实施杀人、放火、爆炸、绑架、抢劫等犯罪的，依照数罪并罚的规定定罪处罚。

二、正确适用程序

（一）组织、领导、参加恐怖组织罪，帮助恐怖活动罪，准备实施恐怖活动罪，宣扬恐怖主义、煽动实施恐怖活动罪，强制穿戴宣扬恐怖主义服饰、标志罪，非法持有宣扬恐怖主义物品罪的第一审刑事案件由中级人民法院管辖；宣扬极端主义罪，利用极端主义破坏法律实施罪，强制穿戴宣扬极端主义服饰、标志罪，非法持有宣扬极端主义物品罪的第一审刑事案件由基层人民法院管辖。高级人民法院可以根据级别管辖的规定，结合本地区社会治安状况、案件数量等情况，决定实行相对集中管辖，指定辖区内特定的中级人民法院集中审理恐怖活动和极端主义犯罪第一审刑事案件，或者指定辖区内特定的基层人民法院集中审理极端主义犯罪第一审刑事案件，并将指定法院名单报最高人民法院备案。

（二）国家反恐怖主义工作领导机构对恐怖活动组织和恐怖活动人员作出认定并予以公告的，人民法院可以在办案中根据公告直接认定。国家反恐怖主义工作领导机构没有公告的，人民法院应当严格依照《中华人民共和国反恐怖主义法》有关恐怖活动组织和恐怖活动人员的定义认定，必要时，可以商地市级以上公安机关出具意见作为参考。

（三）宣扬恐怖主义、极端主义的图书、音频视频资料，服饰、标志或者其他物品的认定，应当根据《中华人民共和国反恐怖主义法》有关恐怖主义、极端主义的规定，从其记载的内容、外观特征等分析判断。公安机关应当对涉案物品全面审查并逐一标注或者摘录，提出审读意见，与扣押、移交物品清单及涉案物品原件一并移送人民检察院审查。人民检察院、人民法院可以结合在案证据、案件情况、办案经验等综合审查判断。

（四）恐怖活动和极端主义犯罪案件初查过程中收集提取的电子数据，以及通过网络在线提取的电子数据，可以作为证据使用。对于原始存储介质位于境外或者远程计算机信息系统上的恐怖活动和极端主义犯罪电子数据，可以通过网络在线提取。必要时，可以对远程计算机信息系统进行网络远程勘验。立案后，经设区的市一级以上公安机关负责人批准，可以采取技术侦查措施。对于恐怖活动和极端主义犯罪电子数据量大或者提取时间长等需要冻结的，经县级以上公安机关负责人或者检察长批准，可以进行冻结。对于电子数据涉及的专门性问题难以确定的，由具备资格的司法鉴定机构出具鉴定意见，或者由公安部指定的机构出具报告。

三、完善工作机制

（一）人民法院、人民检察院和公安机关办理恐怖活动和极端主义犯罪案件，应当互相配合，互相制约，确保法律有效执行。对于主要犯罪事实、关键证据和法律适用等可能产生分歧或者重大、疑难、复杂的恐怖活动和极端主义犯罪案件，公安机关商请听取有管辖权的人民检察院意见和建议的，人民检察院可以提出意见和建议。

（二）恐怖活动和极端主义犯罪案件一般由犯罪地公安机关管辖，犯罪嫌疑人居住地公安机关管辖更为适宜的，也可以由犯罪嫌疑人居住地公安机关管辖。移送案件应当一案一卷，将案件卷宗、提取物证和扣押物品等全部随案移交。移送案件的公安机关应当指派专人配合接收案件的公安机关开展后续案件办理工作。

（三）疑难、复杂问题的参考性解答

1. 如何区分组织、领导、参加恐怖组织罪与组织、领导、参加黑社会性质组织罪？

本书观点：组织、领导、参加恐怖组织罪和组织、领导、参加黑社会性质组织罪有较多共同之处，两者最大的区别在于所组织、领导、参加的组织性质不同。

根据《刑法修正案（八）》的规定，“黑社会性质的组织”应当具备以下特征：（1）形成较稳定的犯罪组织，人数较多，有明确的组织者、领导者，骨干成员基本固定；（2）有组织地通过违法犯罪活动或者其他手段获取经济利益，具有一定的经济实力，以支持该组织的活动；（3）以暴力、威胁或者其他手段，有组织地多次进行违法犯罪活动，为非作恶，欺压、残害群众；

（4）通过实施违法犯罪活动，或者利用国家工作人员的包庇或者纵容，称霸一方，在一定区域或者行业内，形成非法控制或者重大影响，严重破坏经济、社会生活秩序。

这两种犯罪组织主要有以下区别：（1）恐怖活动组织不以追求非法经济利益为目的，而是追求意识形态等方面的目的或者其他目的，他们通过实施恐怖暴力行为，企图制造政局不稳、社会动荡、政府无能的局面，迫使政府或者国际社会满足他们的要求；黑社会性质组织往往出于追求非法的经济利益为目的，一般以向社会提供非法服务，满足一些社会上的非法需要的方式攫取巨额的非法利润，经常插手赌博、控制卖淫、贩毒、走私等贪利性的犯罪。（2）恐怖活动组织以暗杀、放火、爆炸、投毒、劫持人质、劫持航空器等恐怖犯罪作为犯罪的主要手段甚至唯一手段；黑社会性质组织则以暴力作为实施犯罪的后盾，在提供非法服务、收取保护费时一般不首先使用武力，只是在其犯罪行为受到阻碍、遇到反抗或者为追求对犯罪的垄断而火拼、清除异己时，才以暴力作为制伏对方的法宝。（3）恐怖活动组织一般不会以通过贿赂政府官员的方式建立自己的保护体系，而且往往以暗杀政府官员为行为目标，在组织成员被捕以后往往以绑架、爆炸等手段威吓政府，迫使政府释放被捕成员。但是，恐怖活动组织往往会寻求一些国际势力的支持；黑社会性质组织则往往以贿赂手段建立自己的保护体系，他们拉拢、腐蚀国家公职人员，一般不和政府公开对抗，在组织成员被捕后企图通过毁灭证据、贿赂官员、高薪聘请律师等方式求得无罪处理，往往只有在政府坚决打击其犯罪行为、摧毁其组织时，他们才武装对抗政府。（4）恐怖活动组织在政治上是激进的，他们对社会现实强烈不满，要求以暴力方式达到社会变革的目的；黑社会性质组织在政治上是保守的，他们并不希望进行社会变革，相反，为了使其苦心经营的政治保护体系长期存在，他们甚至反对进行社会变革。（5）恐怖活动组织带有一定政治倾向，具有自己的意识形态目标，国际上有的国家和政治组织总是千方百计地暗中资助、操纵恐怖活动组织，以达到自己在国际政治斗争中的目的，因此恐怖活动组织往往是居心叵测的异国或政治反对派的政治工具；黑社会性质组织虽然有少数国家公职人员为其提供政治、法律保护，但各国无不视黑社会性质组织为社会的毒瘤，各国政府均严厉打击黑社会性质组织，公职人员包庇、纵容黑社会组织的，构成犯罪。

恐怖活动组织与黑社会性质组织之间既存在上述显著区别，又有许多相似之处和一定的联系，两者之间还可能相互转化。如果行为人先后既组织、领导恐怖活动组织又组织、领导黑社会性质组织，则应当数罪并罚。如果行为人组织、领导、参加的犯罪组织同时符合该两种犯罪组织的特征，则属于想象竞合犯，应按处罚较重的犯罪定罪处罚。

2. **如何认定组织、领导、参加恐怖组织罪罪数形态？**

本书观点：《刑法》第一百二十条第二款规定："犯前款罪并实施杀人、爆炸、绑架等犯罪的，依照数罪并罚的规定处罚。"适用该条款时应注意以下问题：(1)"杀人、爆炸、绑架等犯罪"是第一款规定的组织、领导、参加恐怖组织罪以外的其他犯罪，即包括组织成员以组织名义、按照组织计划实施的具体犯罪行为，也包括犯罪分子个人实施的、与组织无关的犯罪行为；(2)参加恐怖活动组织的犯罪分子只对自己实施或参与实施的犯罪承担刑事责任，即对自己教唆、实行或者帮助的犯罪负责；(3)组织、领导恐怖组织的犯罪分子除应对自己亲自实施的犯罪负责之外，还要对其组织、领导、策划、指挥的具体犯罪行为承担组织犯的刑事责任。

十五、帮助恐怖活动罪

（一）刑法规定

第一百二十条之一[①]　资助恐怖活动组织、实施恐怖活动的个人的，或者资助恐怖活动培训的，处五年以下有期徒刑、拘役、管制或者剥夺政治权利，并处罚金；情节严重的，处五年以上有期徒刑，并处罚金或者没收财产。

为恐怖活动组织、实施恐怖活动或者恐怖活动培训招募、运送人员的，依照前款的规定处罚。

单位犯前两款罪的，对单位判处罚金，并对其直接负责的主管人员和其他直接责任人员，依照第一款的规定处罚。

---

① 本条为2001年12月29日《刑法修正案（三）》第四条增加。原文为："资助恐怖活动组织或者实施恐怖活动的个人的，处五年以下有期徒刑、拘役、管制或者剥夺政治权利，并处罚金；情节严重的，处五年以上有期徒刑，并处罚金或者没收财产。单位犯前款罪的，对单位判处罚金，并对其直接负责的主管人员和其他直接责任人员，依照前款的规定处罚。"经2015年8月29日《刑法修正案（九）》第六条修正成现条文。

（二）法律、司法解释、司法文件

1. 中华人民共和国反恐怖主义法（2018年4月27日修正）（节录）

第三条 本法所称恐怖主义，是指通过暴力、破坏、恐吓等手段，制造社会恐慌、危害公共安全、侵犯人身财产，或者胁迫国家机关、国际组织，以实现其政治、意识形态等目的的主张和行为。

本法所称恐怖活动，是指恐怖主义性质的下列行为：

（一）组织、策划、准备实施、实施造成或者意图造成人员伤亡、重大财产损失、公共设施损坏、社会秩序混乱等严重社会危害的活动的；

（二）宣扬恐怖主义，煽动实施恐怖活动，或者非法持有宣扬恐怖主义的物品，强制他人在公共场所穿戴宣扬恐怖主义的服饰、标志的；

（三）组织、领导、参加恐怖活动组织的；

（四）为恐怖活动组织、恐怖活动人员、实施恐怖活动或者恐怖活动培训提供信息、资金、物资、劳务、技术、场所等支持、协助、便利的；

（五）其他恐怖活动。

本法所称恐怖活动组织，是指三人以上为实施恐怖活动而组成的犯罪组织。

本法所称恐怖活动人员，是指实施恐怖活动的人和恐怖活动组织的成员。

本法所称恐怖事件，是指正在发生或者已经发生的造成或者可能造成重大社会危害的恐怖活动。

第七十九条 组织、策划、准备实施、实施恐怖活动，宣扬恐怖主义，煽动实施恐怖活动，非法持有宣扬恐怖主义的物品，强制他人在公共场所穿戴宣扬恐怖主义的服饰、标志，组织、领导、参加恐怖活动组织，为恐怖活动组织、恐怖活动人员、实施恐怖活动或者恐怖活动培训提供帮助的，依法追究刑事责任。

第八十条 参与下列活动之一，情节轻微，尚不构成犯罪的，由公安机关处十日以上十五日以下拘留，可以并处一万元以下罚款：

……

（四）为宣扬恐怖主义、极端主义或者实施恐怖主义、极端主义活动提供信息、资金、物资、劳务、技术、场所等支持、协助、便利的。

2. 最高人民法院关于审理洗钱等刑事案件具体应用法律若干问题的解释（法释〔2009〕15号，自2009年11月11日起施行）（节录）

第五条 刑法第一百二十条之一规定的“资助”，是指为恐怖活动组织或者实施恐怖活动的个人筹集、提供经费、物资或者提供场所以及其他物质便利的行为。

刑法第一百二十条之一规定的“实施恐怖活动的个人”，包括预谋实施、准备实施和实际实施恐怖活动的个人。

3. 最高人民法院、最高人民检察院关于办理非法从事资金支付结算业务、非法买卖外汇刑事案件适用法律若干问题的解释（2019年2月1日起施行）（节录）

第五条 非法从事资金支付结算业务或者非法买卖外汇，构成非法经营罪，同时又构成刑法第一百二十条之一规定的帮助恐怖活动罪或者第一百九十一条规定的洗钱罪的，依照处罚较重的规定定罪处罚。

4. 最高人民法院、最高人民检察院、公安部关于办理暴力恐怖和宗教极端刑事案件适用法律若干问题的意见（公通字〔2014〕34号，自2014年9月9日起施行）（节录）

二、准确认定案件性质

（四）明知是恐怖活动组织或者实施恐怖活动人员而为其提供经费，或者提供器材、设备、交通工具、武器装备等物质条件，或者提供场所以及其他物质便利的，以资助恐怖活动罪定罪处罚。

通过收取宗教课税募捐，为暴力恐怖、宗教极端犯罪活动筹集经费的，以相应犯罪的共同犯罪定罪处罚；构成帮助恐怖活动罪的，以资助恐怖活动罪定罪处罚。

5. 最高人民法院、最高人民检察院、公安部、司法部关于办理恐怖活动和极端主义犯罪案件适用法律若干问题的意见（2018年5月8日）

一、准确认定犯罪

（二）具有下列情形之一的，依照刑法第一百二十条之一的规定，以帮助恐怖活动罪定罪处罚：

1. 以募捐、变卖房产、转移资金等方式为恐怖活动组织、实施恐怖活动的个人、恐怖活动培训筹集、提供经费，或者提供器材、设备、交通工具、武器装备等物资，或者提供其他物质便利的；

2. 以宣传、招收、介绍、输送等方式为恐怖活动组织、实施恐怖活动、恐怖活动培训招募人员的；

3. 以帮助非法出入境，或者为非法出入境提供中介服务、中转运送、停留住宿、伪造身份证明材料等便利，或者充当向导、帮助探查偷越国（边）境路线等方式，为恐怖活动组织、实施恐怖活动、恐怖活动培训运送人员的；

4. 其他资助恐怖活动组织、实施恐怖活动的个人、恐怖活动培训，或者为恐怖活动组织、实施恐怖活动、恐怖活动培训招募、运送人员的情形。

实施恐怖活动的个人，包括已经实施恐怖活动的个人，也包括准备实施、正在实施恐怖活动的个人。包括在我国领域内实施恐怖活动的个人，也包括在我国领域外实施恐怖活动的个人。包括我国公民，也包括外国公民和无国籍人。

帮助恐怖活动罪的主观故意，应当根据案件具体情况，结合行为人的具体行为、认知能力、一贯表现和职业等综合认定。

明知是恐怖活动犯罪所得及其产生的收益，为掩饰、隐瞒其来源和性质而提供资金账户，协助将财产转换为现金、金融票据、有价证券，通过转账或者其他结算方式协助资金转移，协助将资金汇往境外的，以洗钱罪定罪处罚。事先通谋的，以相关恐怖活动犯罪的共同犯罪论处。

（三）典型或常见问题的审理思路

1. 如何认定帮助恐怖活动罪罪数形态？

本书观点：行为人既实施了帮助恐怖组织行为，又组织、领导或参加了所资助的恐怖组织的，应当根据其在该恐怖组织中的地位、作用，以组织、领导、参加恐怖组织罪论处，而不以帮助恐怖活动罪与组织、领导、参加恐怖组织罪实行并罚。

2. 如何区分本罪与组织、领导、参加恐怖活动组织罪的共犯？

本书观点：帮助恐怖活动罪不是组织、领导、参加恐怖活动组织罪的共犯。本罪的主观故意是资助恐怖活动组织、实施恐怖活动的个人和恐怖活动培训，而不是作为恐怖活动组织的成员负责有关筹集资金、物资的活动，也不是直接资助恐怖活动组织或者个人所实施的恐怖犯罪活动，其主观故意与被资助对象的犯罪故意是不一致的。如果行为人与恐怖活动组织或者实施恐怖活动的个人通谋，为其提供物资、资金、账号、证明，或者为其提供运输、保管或者其他方便的，则属于共同犯罪。

3. 如何区分帮助恐怖活动罪与资助危害国家安全犯罪活动罪、资敌罪？

本书观点：资助危害国家安全犯罪活动罪规定在《刑法》第一百零七条，是指境内外机构、组织或者个人，资助境内组织或者个人实施危害国家安全的特定犯罪的行为；资敌罪规定在《刑法》第一百一十二条，是指在战时供给敌人武器装备、军用物资资敌的行为。这两种犯罪都属于危害国家安全的犯罪，规定在刑法分则第一章。

帮助恐怖活动罪与资助危害国家安全犯罪活动罪、资敌罪在犯罪构成上的区别有以下几点：（1）侵犯的客体不同。帮助恐怖活动罪侵犯的客体是公共安全，后两种犯罪侵犯的客体是国家安全。（2）所资助的对象不同。帮助恐怖活动罪资助的对象是恐怖活动组织、实施恐怖犯罪活动的人，无论对方是否正在实施恐怖犯罪活动，无论所资助的资金等物资是否被用于实施恐怖犯罪活动，对其进行资助的行为均可构成帮助恐怖活动罪；资助危害国家安全犯罪活动罪资助的对象是境内外组织或个人实施的危害国家安全的犯罪活动；资敌罪资助的对象是战时的敌人一方。（3）资助的方式不同。帮助恐怖活动罪与资助危害国家安全犯罪活动罪的方式相同，都表现为提供资金、物质、活动场所等物资，资敌罪则表现为在战时供给敌人武器装备、军用物资的行为。（4）犯罪主体不同。帮助恐怖活动罪的犯罪主体包括单位和自然人，资助危害国家安全犯罪活动罪和资敌罪都只能由自然人构成。

4. 如何区分帮助恐怖活动罪与窝藏、包庇罪？

本书观点：窝藏、包庇罪规定在《刑法》第三百一十条，是指明知是犯罪的人而为其提供隐藏处所、财物，帮助其逃匿或者作假证明进行包庇的行为。帮助恐怖活动罪中的窝藏行为与帮助恐怖活动罪有相同之处，如都包括对犯罪分子提供财物、场所等行为，都明知对方的身份等。其区别主要有以下几点：（1）犯罪客体不同。帮助恐怖活动罪侵犯的客体是公共安全，窝藏、包庇行为侵犯的客体是司法机关的正常活动。（2）对象不同。帮助恐怖活动罪资助的对象是恐怖组织或者实施恐怖犯罪活动的个人，窝藏、包庇行为资助的对象是实施了犯罪行为的人。（3）行为发生的时间不同。帮助恐怖活动罪可以发生在被资助的对象实施具体的恐怖犯罪行为之前、之后和实施恐怖犯罪行为的过程中，窝藏、包庇行为只能发生在被窝藏人实施犯罪行为之后。（4）行为方式不同。帮助恐怖活动罪的行为方式多样，而窝藏、包庇行为只能表现为给明知是犯罪的人而提供隐蔽处所、财物，帮助其逃匿的行为。(5)犯罪主体不同。帮助恐怖活动罪的主体既包括自然人，也包括单位，窝藏、包庇行为的主体只能是自然人。

事实上，对于实施了恐怖犯罪行为的犯罪分子进行资助，帮助其藏匿的行为同时符合帮助恐怖活动罪与窝藏罪的犯罪构成，这种情况属于想象竞合，因帮助恐怖活动罪属于重罪，对其应以帮助恐怖活动罪定罪处罚。

（四）疑难、复杂问题的参考性解答

对“资助”如何理解？[①]

本书观点：《刑法》第一百二十条之一对帮助恐怖活动罪的罪状规定较为原则，实践中在一些名词概念的理解上存在分歧，比如，筹集但尚未提供资金的行为能否独立构成资助行为，资助恐怖活动是否需以实施具体恐怖活动为条件等。同时考虑到当前理论上一般均将恐怖融资视为反向洗钱行为，相关公约文件也都将资助恐怖行为置于大的洗钱概念之下，在反洗钱框架内予以规范，故在《最高人民法院关于审理洗钱等刑事案件具体应用法律若干问题的解释》中一并解决，该解释主要明确了三个方面的问题：

第一，资助包括筹集资金和提供资金两种具体行为，单纯的筹集资金行为，同样应以帮助恐怖活动罪定罪处罚。《刑法》第一百二十条之一未明确将为恐怖主义目的的筹集资金行为（即资金尚未转交恐怖分子或者恐怖组织的情形）单独规定为罪。对此，理论上或许可以将筹集行为解释为刑法规定的资助行为，但实践中更为可能的是将其解释为资助行为的准备行为或者未遂行为，而非将之直接解释为资助行为。在公约文件均明确要求将提供和筹集并列作为资助的两种具体行为方式的情形下，有必要通过司法解释来明确。应当说，司法解释所持意见完全符合立法本意。(1）立法修订系根据公约文件和联合国安理会有关决议作出的，这在《关于〈中华人民共和国刑法修正案（三）（草案）〉的理解与适用》中有清楚的解读：“考虑到联合国安理会于今年9月29日通过了第1373号决议，规定各国应将为恐怖活动提供或者筹集资金的行为规定为犯罪”。(2）刑法中使用的是“资助”这一大概念，这

---

① 刘为波：《〈关于审理洗钱等刑事案件具体应用法律若干问题的解释〉的理解与适用》，载《人民司法·应用》2009年第23期。

也是从有关公约的标题即联合国制止向恐怖主义提供资助的国际公约直接套用过来的，对于公约规定的具体行为方式当可涵括。（3）“提供资助”所对应的英文词的基本含义为“融资”，显然不以提供为限。

第二，资助的方式不以金钱为限，为恐怖活动组织或者实施恐怖活动的个人筹集、提供经费、物资或者提供场所以及其他物质便利的行为，均属于资助行为。相关公约文件对此均有明确解释，比如联合国制止向恐怖主义提供资助的国际公约规定：“资金系指所有各种资产，无论是有形或无形资产，是动产还是不动产，不论以何种方式取得，以任何形式，包括电子或数字形式证明这种资产的产权或权益的法律文件或证书，包括但不限于银行贷记、旅行支票、银行支票、邮政汇票、股票、证券、债券、汇票和信用证。”司法解释将之表述为经费、物资、场所以及其他物质便利，主要有三个方面的考虑：一是基于立法背景，与公约要求保持高度一致；二是符合中文表述习惯；三是遵循旧例。在《国家安全法实施细则》（已失效）有关“资助”的解释性文字中即有提供经费、场所和物资等类似表述。

第三，帮助恐怖活动罪的成立不以被资助的人具体实施恐怖活动为条件，预谋实施、准备实施和实际实施恐怖活动的个人，均属于《刑法》第一百二十条之一规定的实施恐怖活动的个人。根据《刑法》第一百二十条之一的字面表述，帮助恐怖活动罪的成立应否与具体实施恐怖活动挂钩，在理解上不无分歧。司法解释对此持否定意见，主要理由是：（1）“实施恐怖活动的”这一文字表述是关于性质的界定，而非对具体行为的要求。（2）资助的对象应当是组织或者个人，而不应以恐怖行为为限。按照公约文件要求，为恐怖组织或者恐怖分子提供实施恐怖活动之外的日常生活或者奢侈消费的帮助，同样属于资助恐怖行为。（3）司法解释规定的落脚点在于资助恐怖的认定，而非追究实施恐怖活动行为人的责任。所以，即便准备实施恐怖活动的个人尚未实施恐怖活动，但资助行为实施完毕的，依法追究资助恐怖的刑事责任具有充分的法理和事实依据。

（五）量刑指导或参考

《刑法》第一百二十条之一第一款规定，资助恐怖活动组织、实施恐怖活动的个人的，或者资助恐怖活动培训的，处五年以下有期徒刑、拘役、管制或者剥夺政治权利，并处罚金；情节严重的，处五年以上有期徒刑，并处罚金或者没收财产。

本条第二款规定，为恐怖活动组织、实施恐怖活动或者恐怖活动培训招募、运送人员的，依照前款的规定处罚。

本条第三款规定，单位犯前两款罪的，对单位判处罚金，并对其直接负责的主管人员和其他直接责任人员，依照第一款的规定处罚。

司法机关在依照本条第一款、第二款规定处罚时，应当注意根据案件的不同情况，区别对待，体现政策。上述规定，既体现了刑法对恐怖组织的组织者、领导者和积极参加者依法从严处罚的精神，也体现了对一般参加者从宽处罚的精神。从司法实践的情况看，参加恐怖活动组织的人员往往情况比较复杂，处理时应当注意贯彻打击少数、争取教育多数的政策精神。打击的重点是恐怖活动的组织者、领导者。对于那些因不明真相而参加恐怖活动组织，一经发觉即表示脱离关系，实际上停止参加恐怖组织活动或者只是参加了一般性活动的；对于被煽惑、利诱参加恐怖组织，但没有积极行动的；对于被胁迫参加恐怖活动组织，罪行轻微的等，均应在三年以下处刑。

十六、准备实施恐怖活动罪

（一）刑法规定

第一百二十条之二[①] 有下列情形之一的，处五年以下有期徒刑、拘役、管制或者剥夺政治权利，并处罚金；情节严重的，处五年以上有期徒刑，并处罚金或者没收财产：

（一）为实施恐怖活动准备凶器、危险物品或者其他工具的；

（二）组织恐怖活动培训或者积极参加恐怖活动培训的；

（三）为实施恐怖活动与境外恐怖活动组织或者人员联络的；

（四）为实施恐怖活动进行策划或者其他准备的。

有前款行为，同时构成其他犯罪的，依照处罚较重的规定定罪处罚。

---

① 本条系2015年8月29日《刑法修正案（九）》第七条增加。

（二）法律、司法解释、司法文件

1. **中华人民共和国反恐怖主义法**（2018 年 4 月 27 日修正）（节录）

第七十九条　组织、策划、准备实施、实施恐怖活动，宣扬恐怖主义，煽动实施恐怖活动，非法持有宣扬恐怖主义的物品，强制他人在公共场所穿戴宣扬恐怖主义的服饰、标志，组织、领导、参加恐怖活动组织，为恐怖活动组织、恐怖活动人员、实施恐怖活动或者恐怖活动培训提供帮助的，依法追究刑事责任。

2. **最高人民法院、最高人民检察院、公安部、司法部关于办理恐怖活动和极端主义犯罪案件适用法律若干问题的意见**（2018 年 5 月 8 日）

（三）具有下列情形之一的，依照刑法第一百二十条之二的规定，以准备实施恐怖活动罪定罪处罚：

1. 为实施恐怖活动制造、购买、储存、运输凶器，易燃易爆、易制爆品，腐蚀性、放射性、传染性、毒害性物品等危险物品，或者其他工具的；

2. 以当面传授、开办培训班、组建训练营、开办论坛、组织收听收看音频视频资料等方式，或者利用网站、网页、论坛、博客、微博客、网盘、即时通信、通讯群组、聊天室等网络平台、网络应用服务组织恐怖活动培训的，或者积极参加恐怖活动心理体能培训，传授、学习犯罪技能方法或者进行恐怖活动训练的；

3. 为实施恐怖活动，通过拨打电话、发送短信、电子邮件等方式，或者利用网站、网页、论坛、博客、微博客、网盘、即时通信、通讯群组、聊天室等网络平台、网络应用服务与境外恐怖活动组织、人员联络的；

4. 为实施恐怖活动出入境或者组织、策划、煽动、拉拢他人出入境的；

5. 为实施恐怖活动进行策划或者其他准备的情形。

（三）典型或常见问题的审理思路

1. **如何区分本罪与组织、领导、参加恐怖组织罪？**

本书观点：二者均可能存在犯罪分子实施了本条第一款规定的准备实施恐怖活动的犯罪行为，区别在于：后者的行为人参加了三人以上为实施恐怖活动而组成的犯罪组织，而前者的行为人是“独狼”式恐怖活动人员，或临时结伙准备实施恐怖活动的团伙。

2. **实施本罪同时构成其他犯罪时如何处理？**

本书观点：犯罪分子实施本条第一款规定的犯罪行为，同时可能触犯刑法的其他规定，构成刑法规定的其他犯罪。比如，行为人为了准备实施恐怖活动犯罪而制造、买卖、运输、储存枪支、弹药、爆炸物或者危险物质；在培训过程中煽动被培训对象实施分裂国家、颠覆国家政权的犯罪，传授制造枪支、制造爆炸物技术或者其他犯罪方法；在进行策划及其他准备过程中以窃取、刺探、收买等方式非法获得国家秘密、情报等。对于这些犯罪行为，如果与本款规定的犯罪行为出现了竞合的情形，应当依照处罚较重的规定定罪处罚。

3. **如何认定本罪的“情节严重”？**

本书观点：本罪的“情节严重”，主要是指长期、纠集多人、多次策划准备，准备的犯罪工具数量大、危险性大，培训的人员众多，与境外联系频繁，为实施重大恐怖活动犯罪而作准备，以学校、医院、幼儿园、养老院、监管场所枪支、弹药库房等为攻击目标进行策划准备，等等。准备实施恐怖活动罪仍然存在预备行为。准备实施恐怖活动罪是恐怖活动犯罪预备行为的正犯化，即将恐怖活动犯罪的准备行为规定为犯罪。根据刑法总则及相关刑法理论，任何一种故意犯罪都可能存在预备行为，准备实施恐怖活动罪也不例外，如为购买实施恐怖活动的枪支、弹药而筹集钱款的行为，为与境外恐怖活动组织或者人员进行联系而制作或者购买通讯工具的行为，为策划实施恐怖活动而与相关人员联系的行为，等等。此类行为如能被证实，且具有刑罚可罚性的，应当以准备实施恐怖活动罪定罪处罚。

十七、宣扬恐怖主义、极端主义、煽动实施恐怖活动罪；利用极端主义破坏法律实施罪；强制穿戴宣扬恐怖主义、极端主义服饰、标志罪；非法持有宣扬恐怖主义、极端主义物品罪

（一）刑法规定

第一百二十条之三[①] 以制作、散发宣扬恐怖主义、极端主义的图书、音

---

① 本条系2015年8月29日《刑法修正案（九）》第七条增加。

频视频资料或者其他物品，或者通过讲授、发布信息等方式宣扬恐怖主义、极端主义的，或者煽动实施恐怖活动的，处五年以下有期徒刑、拘役、管制或者剥夺政治权利，并处罚金；情节严重的，处五年以上有期徒刑，并处罚金或者没收财产。

第一百二十条之四①　利用极端主义煽动、胁迫群众破坏国家法律确立的婚姻、司法、教育、社会管理等制度实施的，处三年以下有期徒刑、拘役或者管制，并处罚金；情节严重的，处三年以上七年以下有期徒刑，并处罚金；情节特别严重的，处七年以上有期徒刑，并处罚金或者没收财产。

第一百二十条之五②　以暴力、胁迫等方式强制他人在公共场所穿着、佩戴宣扬恐怖主义、极端主义服饰、标志的，处三年以下有期徒刑、拘役或者管制，并处罚金。

第一百二十条之六③　明知是宣扬恐怖主义、极端主义的图书、音频视频资料或者其他物品而非法持有，情节严重的，处三年以下有期徒刑、拘役或者管制，并处或者单处罚金。

（二）法律、司法解释、司法文件

1. **中华人民共和国反恐怖主义法**（2018年4月27日修正）（节录）

第七十九条　组织、策划、准备实施、实施恐怖活动，宣扬恐怖主义，煽动实施恐怖活动，非法持有宣扬恐怖主义的物品，强制他人在公共场所穿戴宣扬恐怖主义的服饰、标志，组织、领导、参加恐怖活动组织，为恐怖活动组织、恐怖活动人员、实施恐怖活动或者恐怖活动培训提供帮助的，依法追究刑事责任。

第八十条　参与下列活动之一，情节轻微，尚不构成犯罪的，由公安机关处十日以上十五日以下拘留，可以并处一万元以下罚款：

（一）宣扬恐怖主义、极端主义或者煽动实施恐怖活动、极端主义活动的。

（二）制作、传播、非法持有宣扬恐怖主义、极端主义的物品的。

（三）强制他人在公共场所穿戴宣扬恐怖主义、极端主义的服饰、标

① 本条系2015年8月29日《刑法修正案（九）》第七条增加。
② 本条系2015年8月29日《刑法修正案（九）》第七条增加。
③ 本条系2015年8月29日《刑法修正案（九）》第七条增加。

志的。

第八十一条 利用极端主义，实施下列行为之一，情节轻微，尚不构成犯罪的，由公安机关处五日以上十五日以下拘留，可以并处一万元以下罚款：

（一）强迫他人参加宗教活动，或者强迫他人向宗教活动场所、宗教教职人员提供财物或者劳务的；

（二）以恐吓、骚扰等方式驱赶其他民族或者有其他信仰的人员离开居住地的；

（三）以恐吓、骚扰等方式干涉他人与其他民族或者有其他信仰的人员交往、共同生活的；

（四）以恐吓、骚扰等方式干涉他人生活习俗、方式和生产经营的；

（五）阻碍国家机关工作人员依法执行职务的；

（六）歪曲、诋毁国家政策、法律、行政法规，煽动、教唆抵制人民政府依法管理的；

（七）煽动、胁迫群众损毁或者故意损毁居民身份证、户口簿等国家法定证件以及人民币的；

（八）煽动、胁迫他人以宗教仪式取代结婚、离婚登记的；

（九）煽动、胁迫未成年人不接受义务教育的；

（十）其他利用极端主义破坏国家法律制度实施的。

2. **最高人民法院、最高人民检察院、公安部、司法部关于办理恐怖活动和极端主义犯罪案件适用法律若干问题的意见**（2018 年 5 月 8 日）

一、准确认定犯罪

（四）实施下列行为之一，宣扬恐怖主义、极端主义或者煽动实施恐怖活动的，依照刑法第一百二十条之三的规定，以宣扬恐怖主义、极端主义、煽动实施恐怖活动罪定罪处罚：

1. 编写、出版、印刷、复制、发行、散发、播放载有宣扬恐怖主义、极端主义内容的图书、报刊、文稿、图片或者音频视频资料的；

2. 设计、生产、制作、销售、租赁、运输、托运、寄递、散发、展示带有宣扬恐怖主义、极端主义内容的标识、标志、服饰、旗帜、徽章、器物、纪念品等物品的；

3. 利用网站、网页、论坛、博客、微博客、网盘、即时通信、通讯群组、聊天室等网络平台、网络应用服务等登载、张贴、复制、发送、播放、演示载有恐怖主义、极端主义内容的图书、报刊、文稿、图片或者音频视频资料的；

4. 网站、网页、论坛、博客、微博客、网盘、即时通信、通讯群组，聊天室等网络平台、网络应用服务的建立、开办、经营、管理者，明知他人利用网络平台、网络应用服务散布、宣扬恐怖主义、极端主义内容，经相关行政主管部门处罚后仍允许或者放任他人发布的；

5. 利用教经、讲经、解经、学经、婚礼、葬礼、纪念、聚会和文体活动等宣扬恐怖主义、极端主义、煽动实施恐怖活动的；

6. 其他宣扬恐怖主义、极端主义、煽动实施恐怖活动的行为。

（五）利用极端主义，实施下列行为之一的，依照刑法第一百二十条之四的规定，以利用极端主义破坏法律实施罪定罪处罚：

1. 煽动、胁迫群众以宗教仪式取代结婚、离婚登记，或者干涉婚姻自由的；

2. 煽动、胁迫群众破坏国家法律确立的司法制度实施的；

3. 煽动、胁迫群众干涉未成年人接受义务教育，或者破坏学校教育制度、国家教育考试制度等国家法律规定的教育制度的；

4. 煽动、胁迫群众抵制人民政府依法管理，或者阻碍国家机关工作人员依法执行职务的；

5. 煽动、胁迫群众损毁居民身份证、居民户口簿等国家法定证件以及人民币的；

6. 煽动、胁迫群众驱赶其他民族、有其他信仰的人员离开居住地，或者干涉他人生活和生产经营的；

7. 其他煽动、胁迫群众破坏国家法律制度实施的行为。

（六）具有下列情形之一的，依照刑法第一百二十条之五的规定，以强制穿戴宣扬恐怖主义、极端主义服饰、标志罪定罪处罚：

1. 以暴力、胁迫等方式强制他人在公共场所穿着、佩戴宣扬恐怖主义、极端主义服饰的；

2. 以暴力、胁迫等方式强制他人在公共场所穿着、佩戴含有恐怖主义、极端主义的文字、符号、图形、口号、徽章的服饰、标志的；

3. 其他强制他人穿戴宣扬恐怖主义、极端主义服饰、标志的情形。

（七）明知是载有宣扬恐怖主义、极端主义内容的图书、报刊、文稿、图片、音频视频资料、服饰、标志或者其他物品而非法持有，达到下列数量标准之一的，依照刑法第一百二十条之六的规定，以非法持有宣扬恐怖主义、极端主义物品罪定罪处罚：

1. 图书、刊物二十册以上，或者电子图书、刊物五册以上的；

2. 报纸一百份（张）以上，或者电子报纸二十份（张）以上的；

3. 文稿、图片一百篇（张）以上，或者电子文稿、图片二十篇（张）以上，或者电子文档五十万字符以上的；

4. 录音带、录像带等音像制品二十个以上，或者电子音频视频资料五个以上，或者电子音频视频资料二十分钟以上的；

5. 服饰、标志二十件以上的。

非法持有宣扬恐怖主义、极端主义的物品，虽未达到前款规定的数量标准，但具有多次持有，持有多类物品，造成严重后果或者恶劣社会影响，曾因实施恐怖活动、极端主义违法犯罪被追究刑事责任或者二年内受过行政处罚等情形之一的，也可以定罪处罚。

多次非法持有宣扬恐怖主义、极端主义的物品，未经处理的，数量应当累计计算。非法持有宣扬恐怖主义、极端主义的物品，涉及不同种类或者形式的，可以根据本条规定的不同数量标准的相应比例折算后累计计算。

非法持有宣扬恐怖主义、极端主义物品罪主观故意中的“明知”，应当根据案件具体情况，以行为人实施的客观行为为基础，结合其一贯表现，具体行为、程度、手段、事后态度，以及年龄、认知和受教育程度、所从事的职业等综合审查判断。

具有下列情形之一，行为人不能做出合理解释的，可以认定其“明知”，但有证据证明确属被蒙骗的除外：

1. 曾因实施恐怖活动、极端主义违法犯罪被追究刑事责任，或者二年内受过行政处罚，或者被责令改正后又实施的；

2. 在执法人员检查时，有逃跑、丢弃携带物品或者逃避、抗拒检查等行为，在其携带、藏匿或者丢弃的物品中查获宣扬恐怖主义、极端主义的物品的；

3. 采用伪装、隐匿、暗语、手势、代号等隐蔽方式制作、散发、持有宣扬恐怖主义、极端主义的物品的；

4. 以虚假身份、地址或者其他虚假方式办理托运，寄递手续，在托运、寄递的物品中查获宣扬恐怖主义、极端主义的物品的；

5. 有其他证据足以证明行为人应当知道的情形。

（三）典型或常见问题的审理思路

1. 宣扬恐怖主义、极端主义、煽动实施恐怖活动罪又有教唆行为的，如何定性？

本书观点：不指向具体的恐怖活动，而是概括性煽动实施恐怖活动的，属于本条规定的煽动行为。对于鼓动、要求、怂恿他人参加或实施特定的恐怖活动的，应当按照刑法关于教唆的规定定罪处罚。如果既有煽动行为又有教唆行为，两者出现竞合的情形，则应当按照处罚较重的规定定罪处罚。

2. 如何区分宣扬恐怖主义、极端主义、煽动实施恐怖活动罪与煽动颠覆国家政权罪？

本书观点：两者都会对国家的政治稳定产生威胁。煽动颠覆国家政权罪的目的是颠覆国家政权，属于危害国家安全罪；本罪也是为了实现其特定的政治目的，对国家政权稳定产生重大威胁。两种犯罪采取的方式大致相同，都是通过各种宣传和讲授，影响被煽动者的思想，以实现煽动者的政治目的，但实施刑法规定的这两种不同罪名禁止的行为后，会产生不一样的结果。煽动颠覆国家政权罪产生的结果是对被煽动者的思想产生影响，被煽动者一般不会采取激进的方式，对国家的政局造成危害；但实施了《刑法》第一百二十条之三规定的方式，被煽动者将会采取一切可能的暴力手段，达到煽动者的政治目的。从产生的结果上来看，后者的危害程度远大于前者，所以在惩罚上给予了不相同的对待。对于两种犯罪行为，国家给予了相同的量刑，但对于恐怖活动的犯罪，国家在处罚上增加了财产刑，即对实施《刑法》第一百二十条之三规定的行为，给予财产处罚。

3. 如何认定“宣扬恐怖主义、极端主义的服饰、标志”？

本书观点：宣扬恐怖主义、极端主义的服饰、标志是指一切体现恐怖主义、极端主义思想、观念和特点的服装、标识、标志物、章、纪念品等。强制他人蓄留具有极端宗教色彩的大胡须等发式的，可以以本罪定罪处罚。从《刑法修正案（九）》规定本罪的目的看，被强制者在公共场所穿着、佩戴了宣扬恐怖主义、极端主义的服饰、标志的，才成立既遂，仅有强迫行为，难以认定为既遂。恐怖活动组织的领导、组织和参加者强制恐怖活动组织的其他成员穿戴宣扬恐怖主义、极端主义服饰、标志的，或者恐怖活动的培训者强制被培训者穿戴的，对强制穿戴的行为，应被组织、领导、参加恐怖组织犯罪或者培训恐怖活动犯罪吸收，不再对本罪单独定罪处罚。如果恐怖活动组织的领导、组织和参加者以及恐怖活动的培训者，强制恐怖活动组织成员以外的人员以及被培训者以外的人员穿戴的，应当对强制行为单独评价，以本罪定罪处罚。

4. 如何认定非法持有宣扬恐怖主义、极端主义物品罪中对行为人“明知”的认定？

本书观点：实践中，行为人可能会辩解称其不明知所持有物品的性质和内容。对此，不能仅听行为人的辩解，对是否明知，应当结合案件的具体情况和有关证据材料进行全面分析。要坚持重证据、重调查研究，以行为人实施的客观行为为基础，结合其一贯表现、具体行为、程度、手段、事后态度，以及年龄、认知和受教育程度、所从事的职业、所生活的环境、所接触的人群等综合作出判断。如，对曾因实施暴力恐怖活动、极端主义违法犯罪行为受过行政、刑事处罚的，或者被责令改正后又实施的，应当认定为明知；有其他共同犯罪嫌疑人、被告人或其他知情人供认、指证，虽然行为人本人不承认主观上明知，但又不能作出合理解释，依据其行为本身和认知程度，足以认定为其知道或应当知道的，应当认定为明知。如结合行为人的认知程度和客观条件，确实属于不明知的，不能认定为本罪。

5. 如何区分非法持有宣扬恐怖主义、极端主义物品罪与宣扬恐怖主义、极端主义、煽动实施恐怖活动罪，利用极端主义破坏法律实施罪？

本书观点：前罪是持有型犯罪，是一项补充性罪名，目的是严密法网，防止放纵犯罪分子。在实践中，对于被查获的非法持有恐怖主义、极端主义宣传品的人，应当尽力调查其犯罪事实，如果经查证是为通过散发、讲授等方式宣扬恐怖主义、极端主义，煽动实施恐怖活动而非法持有的，或是为利用极端主义煽动群众破坏国家法律制度实施而非法持有的，应当分别以宣扬恐怖主义、极端主义、煽动实施恐怖活动罪，利用极端主义破坏法律实施罪定罪处罚。

6. 关于非法持有宣扬恐怖主义、极端主义物品罪“情节严重”的认定

本书观点：是否属于情节严重，要根据行为人所持有的恐怖主义、极端主义宣传品的数量多少，所包含的内容的严重程度，曾经因类似行为受到处罚的情况，以及事后的态度等因素作出认定。对于因为好奇或者思想认识不清楚，非法持有少量恐怖主义、极端主义宣传品，没有其他的恐怖主义、极端主义违法行为，经发现后及时销毁、删除的，不作为犯罪追究。

十八、劫持航空器罪，劫持船只、汽车罪

（一）刑法规定

第一百二十一条[①]　以暴力、胁迫或者其他方法劫持航空器的，处十年以上有期徒刑或者无期徒刑；致人重伤、死亡或者使航空器遭受严重破坏的，处死刑。

第一百二十二条　以暴力、胁迫或者其他方法劫持船只、汽车的，处五年以上十年以下有期徒刑；造成严重后果的，处十年以上有期徒刑或者无期徒刑。

（二）典型或常见问题的审理思路

1. 如何区分劫持航空器罪，劫持船只、汽车罪与破坏交通工具罪？

本书观点：《刑法》第一百一十六条规定的破坏交通工具罪的犯罪对象中规定有航空器、汽车和船只，与本罪的犯罪对象是相同的。但是二者之间的根本区别在于：一是主观方面故意的内容不同。前者是以劫持航空器或者劫持船只、汽车为手段，意图达到逃避法律制裁等目的；后者破坏交通工具的目的是使已交付使用的交通工具倾覆、毁坏；二是客观方面行为的内容不同。前者在劫持航空器或者劫持船只、汽车的过程中有可能因使用暴力而使航空器、船只或者汽车遭受破坏，也可能不造成破坏；而后者则必须是实施了破坏交通工具的行为，并因其破坏行为而足以使交通工具发生倾覆、毁坏的危险或者已经发生倾覆、毁坏的后果。

---

① 1992 年《全国人民代表大会常务委员会关于惩治劫持航空器犯罪分子的决定》规定："以暴力、胁迫或者其他方法劫持航空器的，处十年以上有期徒刑或者无期徒刑；致人重伤、死亡或者使航空器遭受严重破坏或者情节特别严重的，处死刑；情节较轻的，处五年以上十年以下有期徒刑。"1997 年《刑法》规定成现条文。

2. 如何区分劫持航空器罪，劫持船只、汽车罪与破坏交通工具罪、破坏交通设施罪、抢劫罪的界限?

本书观点: 对于不是出于劫持的目的，故意或过失损坏使用中的航空器或船只、汽车的，以致上述交通工具不能行驶或可能危及行驶安全的，应分别适用《刑法》第一百一十六条、第一百一十七条的破坏交通工具罪和破坏交通设施罪，而不宜认定为劫持航空器罪。对于出于非法占有为目的，在交通工具内以暴力或以暴力相威胁手段抢劫财物的，不论是否致人重伤、死亡，都可能危及行驶安全，因此，应认定为抢劫罪，并适用《刑法》第二百六十三条第一款第二项之规定从重处罚。

3. 杀人后劫车逃跑的行为是构成抢劫罪还是劫持汽车罪?①

本书观点: (1) 逃跑行为不符合《最高人民法院关于审理抢劫、抢夺刑事案件适用法律若干问题的意见》第六条规定的情形。该条规定:“为抢劫其他财物，劫取机动车辆当作犯罪工具或者逃跑工具使用的，被劫取机动车辆的价值计入抢劫数额；为实施抢劫以外的其他犯罪劫取机动车辆的，以抢劫罪和实施的其他犯罪实行数罪并罚。”即为实施抢劫犯罪或者其他犯罪而劫取机动车辆当作犯罪工具或者逃跑工具使用的，该劫车行为均构成抢劫罪。行为人在实施杀人行为后，持刀胁迫车主驾车带其逃离现场，既没有非法占有汽车的目的，也未实际占有该车辆，因此，其对汽车实施的行为属于劫持，而非劫取。司法解释中所规定的情形是为实施其他犯罪而劫取机动车辆，而非劫持机动车辆，因此该行为不符合上述规定的情形，不构成抢劫罪。

(2) 在涉及劫车犯罪时，抢劫罪与劫持汽车罪比较容易混淆。两罪有相同之处：如行为人主观上都是出于故意，客观上都表现为暴力、胁迫或者其他方法控制车辆。同时，两罪也有明显的区别，主要体现在：第一，抢劫罪的行为人有非法占有所劫车辆的目的，即“劫取”；而劫持汽车罪的行为人没有非法占有所劫车辆的目的，行为人一般只是为了临时控制汽车按自己意图行驶，即“劫持”。第二，抢劫罪作为《刑法》第五章侵犯财产罪中的犯罪，侵害的是公私财物的所有权和特定公民的人身健康权；而劫持汽车罪作为危害公共安全罪中的犯罪，危害的是公共安全，如交通运输安全和不特定人的

---

① 观点来源：最高人民法院刑事审判第一、二、三、四、五庭编:《刑事审判参考》(2013 年第 3 集，总第 92 集)，法律出版社 2013 年版。

人身、财产安全。

4. 如何认定劫持航空器罪的管辖权？

本书观点：1987 年 6 月 23 日全国人大常委会通过的《关于对中华人民共和国缔结或者参加的国际条约所规定的罪行行使刑事管辖权的决定》规定，对于中华人民共和国缔结或者参加的国际条约所规定的罪行，中华人民共和国在所承担条约义务的范围内，行使刑事管辖权。我国《刑法》第九条规定，对于中华人民共和国缔结或者参加的国际条约所规定的罪行，中华人民共和国在所承担条约义务的范围内行使刑事管辖权的，适用本法。

我国先后加入了《东京公约》《海牙公约》《蒙特利尔公约》。《东京公约》的规定主要是以所谓旗帜法为依据的，也就是说，管辖权由航空器登记国行使。但《海牙公约》《蒙特利尔公约》均规定了普遍管辖原则，要求缔约国对公约规定的罪犯或起诉或引渡。

对于本罪的罪犯，在下列情形下，我国有权行使管辖权：

（1）在我国登记的航空器内犯本罪；

（2）在里面发生犯罪的航空器，在我国领土上降落而嫌疑犯还在该航空器内；

（3）在租来时不带机组的航空器内犯有罪行而租机人在我国有主要营业地，或无主要营业地而有永久住所。

根据上述公约，即便不属于前述的三种情形，如果犯本罪的嫌疑犯进入我国境内，我国不予引渡时，也应行使管辖权，依我国刑法的有关规定予以惩处。

十九、暴力危及飞行安全罪

（一）刑法规定

第一百二十三条 对飞行中的航空器上的人员使用暴力，危及飞行安全，尚未造成严重后果的，处五年以下有期徒刑或者拘役；造成严重后果的，处五年以上有期徒刑。

（二）典型或常见问题的审理思路

1. **如何区分本罪与劫持航空器罪?**

本书观点：劫持航空器罪与暴力危及飞行安全罪具有许多相似之处：犯罪的地点都是在航空器内，犯罪时间都是发生在使用中的航空器中，都使用了暴力或者暴力相威胁的手段，并且两罪在发生过程中往往具有相互竞合的关系。正确认定两罪，主要从以下几个方面进行区分：（1）行为对象不同。暴力危及飞行安全罪的行为对象主要是针对航空器上的人员；而劫持航空器罪的行为对象既可以是航空器上的人员，也可以是航空器本身。（2）行为方式有区别。暴力危及飞行安全罪的行为方式仅限于暴力手段；而劫持航空器罪的行为方式除了暴力手段外，还包括其他非暴力手段。（3）主观目的不同。暴力危及飞行安全罪行为人主观目的不是特定的，可能因为多种主观原因导致危害行为的发生；而劫持航空器罪行为人的主观目的是十分明确的，主要是为了劫持航空器。具有劫持航空器的主观目的是劫持航空器罪与暴力危及飞行安全罪的根本区别。

2. **如何区分本罪与破坏交通工具罪?**

本书观点：本罪和破坏交通工具罪都是故意犯罪，并且都有可能危及飞行安全，但区别是明显的：（1）犯罪对象不同。本罪的犯罪对象多为航空器上的人员，包括机组人员、乘客和其他任何人员；破坏交通工具罪的犯罪对象为交通工具本身，如破坏航空器的发动机等。（2）犯罪客观方面不同。本罪是对正在飞行中的航空器上的人员使用暴力；破坏交通工具罪在状态上为正在使用中的航空器，包括航空器停机待用的，且手段也不限于暴力。

3. **如何区分本罪与重大飞行事故罪?**

本书观点：重大飞行事故罪是指航空人员违反规章制度，致使发生重大飞行事故，造成严重后果的行为。两者的区别是：（1）犯罪主体不同。暴力危及飞行安全罪的犯罪主体是一般主体，任何处于正在飞行中的航空器上的人员包括机组人员和乘客都可成为该罪的犯罪主体；重大飞行事故罪的犯罪主体是特殊主体，即只能是航空人员包括从事航空活动的空勤人员和地面人员。（2）主观方面不同。暴力危及飞行安全罪只能由故意构成；重大飞行事故罪行为人在主观上只能是过失。（3）客观方面不同。暴力危及飞行安全罪表现为行为人对正在飞行中的航空器上的人员使用暴力，危及飞行安全的行为；重大飞行事故罪则表现为航空人员违反规章制度，因而发生重大飞行事故造成严重后果的行为。（4）对严重后果的要求不同。构成重大飞行事故罪必须造成严重后果；暴力危及飞行安全罪并不以发生严重后果为构成要件。

二十、破坏广播电视设施、公用电信设施罪

（一）刑法规定

第一百二十四条第一款　破坏广播电视设施、公用电信设施，危害公共安全的，处三年以上七年以下有期徒刑；造成严重后果的，处七年以上有期徒刑。

（二）司法解释、司法文件

1. 最高人民法院关于审理破坏广播电视设施等刑事案件具体应用法律若干问题的解释（法释〔2011〕13号，自2011年6月13日起施行）

为依法惩治破坏广播电视设施等犯罪活动，维护广播电视设施运行安全，根据刑法有关规定，现就审理这类刑事案件具体应用法律的若干问题解释如下：

第一条　采取拆卸、毁坏设备，剪割缆线，删除、修改、增加广播电视设备系统中存储、处理、传输的数据和应用程序，非法占用频率等手段，破坏正在使用的广播电视设施，具有下列情形之一的，依照《刑法》第一百二十四条第一款的规定，以破坏广播电视设施罪处三年以上七年以下有期徒刑：

（一）造成救灾、抢险、防汛和灾害预警等重大公共信息无法发布的；

（二）造成县级、地市（设区的市）级广播电视台中直接关系节目播出的设施无法使用，信号无法播出的；

（三）造成省级以上广播电视传输网内的设施无法使用，地市（设区的市）级广播电视传输网内的设施无法使用三小时以上，县级广播电视传输网内的设施无法使用十二小时以上，信号无法传输的；

（四）其他危害公共安全的情形。

第二条　实施本解释第一条规定的行为，具有下列情形之一的，应当认定为刑法第一百二十四条第一款规定的“造成严重后果”，以破坏广播电视设施罪处七年以上有期徒刑：

（一）造成救灾、抢险、防汛和灾害预警等重大公共信息无法发布，因此贻误排除险情或者疏导群众，致使一人以上死亡、三人以上重伤或者财产损失五十万元以上，或者引起严重社会恐慌、社会秩序混乱的；

（二）造成省级以上广播电视台中直接关系节目播出的设施无法使用，信号无法播出的；

（三）造成省级以上广播电视传输网内的设施无法使用三小时以上，地市（设区的市）级广播电视传输网内的设施无法使用十二小时以上，县级广播电视传输网内的设施无法使用四十八小时以上，信号无法传输的；

（四）造成其他严重后果的。

第四条 建设、施工单位的管理人员、施工人员，在建设、施工过程中，违反广播电视设施保护规定，故意或者过失损毁正在使用的广播电视设施，构成犯罪的，以破坏广播电视设施罪或者过失损坏广播电视设施罪定罪处罚。其定罪量刑标准适用本解释第一至三条的规定。

第五条 盗窃正在使用的广播电视设施，尚未构成盗窃罪，但具有本解释第一条、第二条规定情形的，以破坏广播电视设施罪定罪处罚；同时构成盗窃罪和破坏广播电视设施罪的，依照处罚较重的规定定罪处罚。

第六条 破坏正在使用的广播电视设施未危及公共安全，或者故意毁坏尚未投入使用的广播电视设施，造成财物损失数额较大或者有其他严重情节的，以故意毁坏财物罪定罪处罚。

第七条 实施破坏广播电视设施犯罪，并利用广播电视设施实施煽动分裂国家、煽动颠覆国家政权、煽动民族仇恨、民族歧视或者宣扬邪教等行为，同时构成其他犯罪的，依照处罚较重的规定定罪处罚。

第八条 本解释所称广播电视台中直接关系节目播出的设施、广播电视传输网内的设施，参照国家广播电视行政主管部门和其他相关部门的有关规定确定。

2. **最高人民法院关于审理破坏公用电信设施刑事案件具体应用法律若干问题的解释**（法释〔2004〕21号，自2005年1月11日起施行）

为维护公用电信设施的安全和通讯管理秩序，依法惩治破坏公用电信设施犯罪活动，根据刑法有关规定，现就审理这类刑事案件具体应用法律的若干问题解释如下：

第一条 采用截断通信线路、损毁通信设备或者删除、修改、增加电信网计算机信息系统中存储、处理或者传输的数据和应用程序等手段，故意破坏正在使用的公用电信设施，具有下列情形之一的，属于刑法第一百二十四条规定的“危害公共安全”，依照刑法第一百二十四条第一款规定，以破坏公用电信设施罪处三年以上七年以下有期徒刑：

（一）造成火警、匪警、医疗急救、交通事故报警、救灾、抢险、防汛等通信中断或者严重障碍，并因此贻误救助、救治、救灾、抢险等，致使人员死亡一人、重伤三人以上或者造成财产损失三十万元以上的；

（二）造成二千以上不满一万用户通信中断一小时以上，或者一万以上用户通信中断不满一小时的；

（三）在一个本地网范围内，网间通信全阻、关口局至某一局向全部中断或网间某一业务全部中断不满二小时或者直接影响范围不满五万（用户×小时）的；

（四）造成网间通信严重障碍，一日内累计二小时以上不满十二小时的；

（五）其他危害公共安全的情形。

第二条 实施本解释第一条规定的行为，具有下列情形之一的，属于刑法第一百二十四条第一款规定的“严重后果”，以破坏公用电信设施罪处七年以上有期徒刑：

（一）造成火警、匪警、医疗急救、交通事故报警、救灾、抢险、防汛等通信中断或者严重障碍，并因此贻误救助、救治、救灾、抢险等，致使人员死亡二人以上、重伤六人以上或者造成财产损失六十万元以上的；

（二）造成一万以上用户通信中断一小时以上的；

（三）在一个本地网范围内，网间通信全阻、关口局至某一局向全部中断或网间某一业务全部中断二小时以上或者直接影响范围五万（用户×小时）以上的；

（四）造成网间通信严重障碍，一日内累计十二小时以上的；

（五）造成其他严重后果的。

第三条 故意破坏正在使用的公用电信设施尚未危害公共安全，或者故意毁坏尚未投入使用的公用电信设施，造成财物损失，构成犯罪的，依照刑法第二百七十五条规定，以故意毁坏财物罪定罪处罚。

盗窃公用电信设施价值数额不大，但是构成危害公共安全犯罪的，依照刑法第一百二十四条的规定定罪处罚；盗窃公用电信设施同时构成盗窃罪和破坏公用电信设施罪的，依照处罚较重的规定定罪处罚。

第四条 指使、组织、教唆他人实施本解释规定的故意犯罪行为的，按照共犯定罪处罚。

第五条 本解释中规定的公用电信设施的范围、用户数、通信中断和严重障碍的标准和时间长度，依据国家电信行业主管部门的有关规定确定。

3. **最高人民法院关于审理危害军事通信刑事案件具体应用法律若干问题的解释**（法释〔2007〕13号，自2007年6月29日起施行）（节录）

第六条第一款、第二款 破坏、过失损坏军事通信，并造成公用电信设施损毁，危害公共安全，同时构成刑法第一百二十四条和第三百六十九条规定的犯罪的，依照处罚较重的规定定罪处罚。

盗窃军事通信线路、设备，不构成盗窃罪，但破坏军事通信的，依照刑法第三百六十九条第一款的规定定罪处罚；同时构成刑法第一百二十四条、第二百六十四条和第三百六十九条第一款规定的犯罪的，依照处罚较重的规定定罪处罚。

4. **最高人民法院、最高人民检察院、公安部、国家安全部关于依法办理非法生产销售使用“伪基站”设备案件的意见**（公通字〔2014〕13号，自2014年4月3日起发布施行）（节录）

一、准确认定行为性质

……

（二）非法使用“伪基站”设备干扰公用电信网络信号，危害公共安全的，依照《刑法》第一百二十四条第一款的规定，以破坏公用电信设施罪追究刑事责任；同时构成虚假广告罪、非法获取公民个人信息罪、破坏计算机信息系统罪、扰乱无线电通讯管理秩序罪的，依照处罚较重的规定追究刑事责任。

除法律、司法解释另有规定外，利用“伪基站”设备实施诈骗等其他犯罪行为，同时构成破坏公用电信设施罪的，依照处罚较重的规定追究刑事责任。

（三）明知他人实施非法生产、销售“伪基站”设备，或者非法使用“伪基站”设备干扰公用电信网络信号等犯罪，为其提供资金、场所、技术、设备等帮助的，以共同犯罪论处。

……

（三）典型或常见问题的审理思路

1. 如何区分本罪与盗窃罪？

本书观点：实践中，以非法占有为目的，盗窃通信器材的案件（如偷割电话线、通信电缆等）时有发生。如果窃取的是库存的或者正在生产、维修中的通讯器材，只侵害财产所有权，并不危害通讯方面的公共安全，因此应以盗窃罪论处。如果窃取的是正在使用中的通讯设备，如偷割正在使用中的电话线、电缆线，偷砍电线杆等，势必会使不特定多数单位或个人的广播、电视通讯受阻。这种行为不仅侵害财产所有权，而且危害通信，这样就触犯了破坏广播电视、公用电信设施罪和盗窃的罪名。盗窃正在使用的广播电视设施，价值数额不大，尚未构成盗窃罪，但具有《最高人民法院关于审理破坏广播电视设施等刑事案件具体应用法律若干问题的解释》第一条、第二条规定情形，构成危害公共安全犯罪的，以破坏广播电视设施罪定罪处罚；同时构成盗窃罪和破坏广播电视设施罪的，依照处罚较重的规定定罪处罚。

2. 如何区分本罪与放火罪、爆炸罪？

本书观点：本罪的破坏方法除拆毁通讯设施等一般方法外，还包括放火、爆炸等危害公共安全的危险方法。以放火、爆炸等危害公共安全的危险方法破坏广播、电视、公用电信等设施的，属于手段牵连。根据牵连犯的处罚原则，应当择一重罪处罚，即应按放火罪、爆炸罪处罚。当然，放火、爆炸的方法本身没有达到犯罪的程度，破坏广播电视设施、公用电信设施罪能够成立的，只以本罪一罪处罚。

3. 如何区分本罪与破坏交通工具、交通设施罪？

本书观点：现代化的交通工具如航海、航空交通工具以及交通设施中，往往会使用一些无线电通信、导航设施。铁路部门为保障铁路交通运输安全，具有自己的专用通讯设施。对交通工具、交通设施中的通讯设施进行破坏，不仅会危及通讯方面的公共安全，更主要的是还会危及交通运输方面的安全。如因破坏交通工具或交通设施中的通讯设施，足以发生火车、船只、航空器等倾覆或毁坏的，又触犯破坏交通工具罪、破坏交通设施罪。对此，应当择重罪即破坏交通工具罪或破坏交通设施罪处罚。倘若破坏交通工具、交通设施中的通讯设施，不足以危及交通运输安全，但足以危害通讯公共安全的，则就应认定为本罪。

4. 如何区分故意毁坏财物罪与破坏公用电信设施罪?[①]

本书观点：破坏公用电信设施罪是指破坏正在使用中的公用电信设施，危害公共安全的行为。破坏公用电信设施罪的构成必须符合三个要件，即行为人有破坏正在使用中的公用电信设施的目的；行为人实施了破坏正在使用中的公用电信设施的行为，行为人的破坏活动足以危害公共安全。《最高人民法院关于审理破坏公用电信设施刑事案件具体应用法律若干问题的解释》第一条规定，采用截断通信线路、损毁通信设备或者删除、修改、增加电信网计算机信息系统中存储、处理或者传输的数据和应用程序等手段，故意破坏正在使用的公用电信设施，具有下列情形之一的，属于《刑法》第一百二十四条规定的“危害公共安全”，以破坏公用电信设施罪处三年以上七年以下有期徒刑：（1）造成火警、匪警、医疗急救、交通事故报警、救灾、抢险、防汛等通信中断或者严重障碍，并因此贻误救助、救治、救灾、抢险等，致使人员死亡一人、重伤三人以上或者造成财产损失三十万元以上的；（2）造成二千以上不满一万用户通信中断一小时以上，或者一万以上用户通信中断不满一小时的。如果行为人未达到危害社会广大电信用户的通信安全的程度，其行为不具备构成破坏公用电信设施罪的构成要件，不构成破坏公用电信设施罪。但行为人故意损害正在使用中的通信电缆，触犯了《刑法》第二百七十五条关于故意毁坏财物罪，应当以故意毁坏财物罪追究行为人的刑事责任。

5. 如何认定破坏广播电视设施并利用实施其他犯罪的行为?

本书观点：实施破坏广播电视设施犯罪，并利用广播电视设施实施煽动分裂国家、煽动颠覆国家政权、煽动民族仇恨、民族歧视等行为，同时构成其他犯罪的，依照处罚较重的规定定罪处罚。

对利用广播电视设施、公用电信设施制作、传播邪教组织信息的，应分别情形处理：为传播邪教组织信息破坏广播电视设施、公用电信设施，危害公共安全的，依照《刑法》第一百二十四条的规定，以破坏广播电视设施、公用电信设施罪定罪处罚；利用广播电视设施、公用电信设施制作、传播邪教组织的信息，同时造成广播电视设施、公用电信设施破坏，危害公共安全的，依照《刑法》第一百二十四条、第三百条第一款的规定，以破坏广播电视设施、公用电信设施罪，利用邪教组织破坏法律实施罪数罪并罚；对利用

---

① 观点来源：湖南省祁东县人民法院（2009）祁刑初字第96号刑事判决书。

广播电视设施、公用电信设施制作、传播邪教组织信息，未对广播电视设施、公用电信设施造成破坏的，依照《刑法》第三百条第一款的规定，以利用邪教组织破坏法律实施罪定罪处罚。

6. 对非法使用“伪基站”设备干扰公用电信网络信号的行为如何定罪量刑?①

本书观点：所谓“伪基站”，是指由发射器、电脑、天线、测频手机等组成的未取得电信进网许可和无线电发射设备型号核准的非法无线电通信设备。它能够搜取以其为中心一定半径范围内的手机卡信息，并任意冒用他人手机号码，甚至是冒用银行、通信运营商等官方号码强行向手机用户发送短信，使用过程中会非法占用公众移动通信频率，局部阻断公众移动通信网络信号，同时窃取公众手机号码及 IMSI 号码。2014 年 3 月 14 日，最高人民法院、最高人民检察院、公安部、国家安全部联合出台了《关于依法办理非法生产销售使用“伪基站”设备案件的意见》，加大了对“伪基站”违法犯罪的打击力度。（1）非法使用“伪基站”设备干扰公用电信网络信号，危害公共安全的，构成破坏公用电信设施罪。行为人对非法使用“伪基站”可能对周围手机用户造成的影响是明知的。根据《最高人民法院关于审理破坏公用电信设施刑事案件具体应用法律若干问题的解释》第一条的规定，采用截断通信线路、损毁通信设备或者删除、修改、增加电信网计算机信息系统中存储、处理或者传输的数据和应用程序等手段，故意破坏正在使用的公用电信设施，造成一万以上用户通信中断不满一小时的，属于《刑法》第一百二十四条规定的“危害公共安全”，以破坏公用电信设施罪定罪处罚。（2）从罪数形态上看，行为人向不特定的公众发布短信广告，不仅干扰了无线电通讯的正常秩序，还破坏了公用电信设施，危害公共安全，构成破坏公用电信设施罪与扰乱无线电通讯管理秩序罪的想象竞合犯。根据想象竞合犯重法优于轻法的处断原则，应当以破坏公用电信设施罪定罪处罚。对此问题，《关于依法办理非法生产销售使用“协基站”设备案件的意见》作了明确规定：“非法使用伪基站设备干扰公用电信网络信号，危害公共安全的，依照《刑法》第一百二十四条第一款的规定，以破坏公用电信设施罪追究刑事责任；同时构成……扰乱无线电通讯管理秩序罪的，依照处罚较重的规定追究刑事责任。”破

① 观点来源：最高人民法院刑事审判第一、二、三、四、五庭编：《刑事审判参考》（2014 年第 2 集，总第 97 集），法律出版社 2014 年版，第 1 –5 页。

坏公用电信设施罪的法定刑明显重于扰乱无线电通讯管理秩序罪，因此只要行为人非法使用“伪基站”的行为达到破坏公用电信设施罪的定罪标准，就应当依照破坏公用电信设施罪追究刑事责任。

7. 同时触犯盗窃罪和破坏广播电视设施罪的，如何处理？[①]

本书观点：《最高人民法院关于审理破坏广播电视设施等刑事案件具体应用法律若干问题的解释》第五条规定，“盗窃正在使用的广播电视设施，尚未构成盗窃罪，但具有本解释第一条、第二条规定情形的，以破坏广播电视设施罪定罪处罚；同时构成盗窃罪和破坏广播电视设施罪的，依照处罚较重的规定定罪处罚。”行为人盗窃正在使用中的广播电视设施，危害了公共安全，其实施的盗窃行为同时触犯了盗窃罪和破坏广播电视设施罪，根据该解释之规定，应依照处罚较重的规定定罪处罚。

二十一、过失损坏广播电视设施、公用电信设施罪

（一）刑法规定

第一百二十四条[②]　破坏广播电视设施、公用电信设施，危害公共安全的，处三年以上七年以下有期徒刑；造成严重后果的，处七年以上有期徒刑。

过失犯前款罪的，处三年以上七年以下有期徒刑；情节较轻的，处三年以下有期徒刑或者拘役。

（二）司法解释、司法文件

1. 最高人民法院关于审理破坏广播电视设施等刑事案件具体应用法律若干问题的解释（法释〔2011〕13号，自2011年6月13日起施行）（节录）

第三条　过失损坏正在使用的广播电视设施，造成本解释第二条规定的严重后果的，依照刑法第一百二十四条第二款的规定，以过失损坏广播电视设施罪处三年以上七年以下有期徒刑；情节较轻的，处三年以下有期徒刑或者拘役。

---

① 观点来源：重庆市黔江区人民法院（2009）黔法刑初字第23号刑事判决书。

② 本罪1979年《刑法》第一百一十一条作了规定，但罪名为过失破坏通讯设备罪。1997年《刑法》第一百二十四条第二款对罪状作了修改，罪名相应改为过失损坏广播电视设施、公用电信设施罪。

过失损坏广播电视设施构成犯罪，但能主动向有关部门报告，积极赔偿损失或者修复被损坏设施的，可以酌情从宽处罚。

第四条　建设、施工单位的管理人员、施工人员，在建设、施工过程中，违反广播电视设施保护规定，故意或者过失损毁正在使用的广播电视设施，构成犯罪的，以破坏广播电视设施罪或者过失损坏广播电视设施罪定罪处罚。其定罪量刑标准适用本解释第一至三条的规定。

2. **最高人民法院关于审理危害军事通信刑事案件具体应用法律若干问题的解释**（法释〔2007〕13号，自2007年6月29日起施行）（节录）

第六条　破坏、过失损坏军事通信，并造成公用电信设施损毁，危害公共安全，同时构成刑法第一百二十四条和第三百六十九条规定的犯罪的，依照处罚较重的规定定罪处罚。

盗窃军事通信线路、设备，不构成盗窃罪，但破坏军事通信的，依照刑法第三百六十九条第一款的规定定罪处罚；同时构成刑法第一百二十四条、第二百六十四条和第三百六十九条第一款规定的犯罪的，依照处罚较重的规定定罪处罚。

（三）典型或常见问题的审理思路

1. **如何区分本罪与破坏广播电视设施、公用电信设施罪？**

本书观点：二者都是以广播电视设施、公用电信设施为侵害对象的犯罪，主要区别在于：（1）主观罪过形式不同。前者是过失犯罪；而后者是故意犯罪；（2）对危害结果的要求不同。前者把造成严重后果作为构成犯罪的法定要件，如果没有造成严重后果，不构成本罪；后者则不论是否发生了严重后果，只要行为人故意实施了破坏广播电视设施、公用电信设施的行为，就构成破坏广播电视设施、公用电信设施罪。

2. **如何区分本罪与广播电视、公用电信部门职工在作业中违反规章制度，因而发生上述设施被毁的重大事故，引起信息中断、通讯阻断，造成严重后果的重大责任事故罪？**

本书观点：两者侵犯的对象相同，都是正在使用中的广播电视设施、公用电信设施，在主观上都是出于过失，并且都以造成严重后果为构成犯罪的必备条件。但是，两者存在着明显区别：

（1）主体不同。前者的主体是一般主体；后者的主体为特殊主体，即广播电视、公用电信部门的职工。

（2）客体不同。前者侵犯的是传播、通讯方面的公共安全；后者侵犯的是广播电视、公用电信部门的作业安全。

（3）客观方面不同。前者是过失损坏广播电视设施、公用电信设施，与从事传播、通讯作业活动无关；后者是在传播、通讯作业活动过程中，由于不服管理、违反规章制度，或者强令工人违规冒险作业，因而发生重大事故。

因此，由于上述部门的职工在作业过程中的业务过失而造成严重后果的，应定重大责任事故罪，而不能以过失损坏广播电视设施、公用电信设施罪论处。

3. **如何区分本罪与过失损坏易燃易爆设备罪？**

本书观点：两者都是危害公共安全的犯罪，在主观上都是出于过失，客观上都有过失损坏的行为，主体都是一般主体。但是，两者的区别是侵犯的对象不同。过失损坏广播电视设施、公用电信设施罪侵犯的对象是正在使用中的广播电视设施、公用电信设施；损坏易燃易爆设备罪侵犯的对象是正在使用中的燃气或者其设备。

二十二、非法制造、买卖、运输、邮寄、储存枪支、弹药、爆炸物罪

（一）刑法规定

第一百二十五条第一款、第三款　非法制造、买卖、运输、邮寄、储存枪支、弹药、爆炸物的，处三年以上十年以下有期徒刑；情节严重的，处十年以上有期徒刑、无期徒刑或者死刑。

单位犯前两款罪的，对单位判处罚金，并对其直接负责的主管人员和其他直接责任人员，依照第一款的规定处罚。

（二）法律、司法解释、司法文件

1. **中华人民共和国枪支管理法**（2015 年 4 月 24 日修正）（节录）

第四十六条　本法所称枪支，是指以火药或者压缩气体等为动力，利用管状器具发射金属弹丸或者其他物质，足以致人伤亡或者丧失知觉的各种枪支。

2. **最高人民法院关于审理非法制造、买卖、运输枪支、弹药、爆炸物等刑事案件具体应用法律若干问题的解释**（法释〔2009〕18号，2010年1月1日起施行）（节录）

第一条　个人或者单位非法制造、买卖、运输、邮寄、储存枪支、弹药、爆炸物，具有下列情形之一的，依照刑法第一百二十五条第一款的规定，以非法制造、买卖、运输、邮寄、储存枪支、弹药、爆炸物罪定罪处罚：

（一）非法制造、买卖、运输、邮寄、储存军用枪支一支以上的；

（二）非法制造、买卖、运输、邮寄、储存以火药为动力发射枪弹的非军用枪支一支以上或者以压缩气体等为动力的其他非军用枪支二支以上的；

（三）非法制造、买卖、运输、邮寄、储存军用子弹十发以上、气枪铅弹五百发以上或者其他非军用子弹一百发以上的；

（四）非法制造、买卖、运输、邮寄、储存手榴弹一枚以上的；

（五）非法制造、买卖、运输、邮寄、储存爆炸装置的；

（六）非法制造、买卖、运输、邮寄、储存炸药、发射药、黑火药一千克以上或者烟火药三千克以上、雷管三十枚以上或者导火索、导爆索三十米以上的；

（七）具有生产爆炸物品资格的单位不按照规定的品种制造，或者具有销售、使用爆炸物品资格的单位超过限额买卖炸药、发射药、黑火药十千克以上或者烟火药三十千克以上、雷管三百枚以上或者导火索、导爆索三百米以上的；

（八）多次非法制造、买卖、运输、邮寄、储存弹药、爆炸物的；

（九）虽未达到上述最低数量标准，但具有造成严重后果等其他恶劣情节的。

介绍买卖枪支、弹药、爆炸物的，以买卖枪支、弹药、爆炸物罪的共犯论处。

第二条　非法制造、买卖、运输、邮寄、储存枪支、弹药、爆炸物，具有下列情形之一的，属于刑法第一百二十五条第一款规定的“情节严重”：

（一）非法制造、买卖、运输、邮寄、储存枪支、弹药、爆炸物的数量达到本解释第一条第（一）、（二）、（三）、（六）、（七）项规定的最低数量标准五倍以上的；

（二）非法制造、买卖、运输、邮寄、储存手榴弹三枚以上的；

（三）非法制造、买卖、运输、邮寄、储存爆炸装置，危害严重的；

（四）达到本解释第一条规定的最低数量标准，并具有造成严重后果等其他恶劣情节的。

第七条 非法制造、买卖、运输、邮寄、储存、盗窃、抢夺、持有、私藏、携带成套枪支散件的，以相应数量的枪支计；非成套枪支散件以每三十件为一成套枪支散件计。

第八条 刑法第一百二十五条第一款规定的“非法储存”，是指明知是他人非法制造、买卖、运输、邮寄的枪支、弹药而为其存放的行为，或者非法存放爆炸物的行为。

刑法第一百二十八条第一款规定的“非法持有”，是指不符合配备、配置枪支、弹药条件的人员，违反枪支管理法律、法规的规定，擅自持有枪支、弹药的行为。

刑法第一百二十八条第一款规定的“私藏”，是指依法配备、配置枪支、弹药的人员，在配备、配置枪支、弹药的条件消除后，违反枪支管理法律、法规的规定，私自藏匿所配备、配置的枪支、弹药且拒不交出的行为。

第九条 因筑路、建房、打井、整修宅基地和土地等正常生产、生活需要，以及因从事合法的生产经营活动而非法制造、买卖、运输、邮寄、储存爆炸物，数量达到本解释第一条规定标准，没有造成严重社会危害，并确有悔改表现的，可依法从轻处罚；情节轻微的，可以免除处罚。

具有前款情形，数量虽达到本解释第二条规定标准的，也可以不认定为刑法第一百二十五条第一款规定的“情节严重”。

在公共场所、居民区等人员集中区域非法制造、买卖、运输、邮寄、储存爆炸物，或者因非法制造、买卖、运输、邮寄、储存爆炸物三年内受到两次以上行政处罚又实施上述行为，数量达到本解释规定标准的，不适用前两款量刑的规定。

第十条 实施非法制造、买卖、运输、邮寄、储存、盗窃、抢夺、持有、私藏其他弹药、爆炸物品等行为，参照本解释有关条文规定的定罪量刑标准处罚。

3. **最高人民法院、最高人民检察院关于涉以压缩气体为动力的枪支、气枪铅弹刑事案件定罪量刑问题的批复**（法释〔2018〕8号，自2018年3月30日起施行）

一、对于非法制造、买卖、运输、邮寄、储存、持有、私藏、走私以压缩气体为动力且枪口比动能较低的枪支的行为，在决定是否追究刑事责任以及如何裁量刑罚时，不仅应当考虑涉案枪支的数量，而且应当充分考虑涉案枪支的外观、材质、发射物、购买场所和渠道、价格、用途、致伤力大小、是否易于通过改制提升致伤力，以及行为人的主观认知、动机目的、一贯表现、违法所得、是否规避调查等情节，综合评估社会危害性，坚持主客观相统一，确保罪责刑相适应。

二、对于非法制造、买卖、运输、邮寄、储存、持有、私藏、走私气枪铅弹的行为，在决定是否追究刑事责任以及如何裁量刑罚时，应当综合考虑气枪铅弹的数量、用途以及行为人的动机目的、一贯表现、违法所得、是否规避调查等情节，综合评估社会危害性，确保罪责刑相适应。

4. **最高人民法院关于处理涉枪、涉爆申诉案件有关问题的通知**（法〔2003〕8号，自2003年1月15日起公布实施）

各省、自治区、直辖市高级人民法院，解放军军事法院，新疆维吾尔自治区高级人民法院生产建设兵团分院：

我院于2001年9月17日发出《对执行〈关于审理非法制造、买卖、运输枪支、弹药、爆炸物等刑事案件具体应用法律若干问题的解释〉有关问题的通知》（以下简称《通知》）后，一些高级人民法院向我院请示，对于符合《通知》的要求，但是已经依照我院于2001年5月16日公布的《关于审理非法制造、买卖、运输枪支、弹药、爆炸物等刑事案件具体应用法律若干问题的解释》（以下简称《解释》）作出生效裁判的案件，当事人提出申诉的，人民法院能否根据《通知》精神再审改判等问题。为准确适用法律和司法解释，现就有关问题通知如下：

《解释》公布后，人民法院经审理并已作出生效裁判的非法制造、买卖、运输枪支、弹药、爆炸物等刑事案件，当事人依法提出申诉，经审查认为生效裁判不符合《通知》规定的，人民法院可以根据案件的具体情况，按照审判监督程序重新审理，并依照《通知》规定的精神予以改判。

5. 最高人民检察院法律政策研究室关于非法制造、买卖、运输、储存以火药为动力发射弹药的大口径武器的行为如何适用法律问题的答复（2004年11月3日）

对于非法制造、买卖、运输、储存以火药为动力发射弹药的大口径武器的行为，应当依照刑法第一百二十五条第一款的规定，以非法制造、买卖、运输、储存枪支罪追究刑事责任。

6. 公安机关涉案枪支弹药性能鉴定工作规定（公通字〔2010〕67号，自2010年12月7日起公布施行）（节录）

一、鉴定范围。公安机关在办理涉枪刑事案件中需要鉴定涉案枪支、弹药性能的，适用本规定。

本规定所称制式枪支、弹药，是指按照国家标准或公安部、军队下达的战术技术指标要求，经国家有关部门或军队批准定型，由合法企业生产的各类枪支、弹药，包括国外制造和历史遗留的各类旧杂式枪支、弹药。

本规定所称非制式枪支、弹药，是指未经有关部门批准定型或不符合国家标准的各类枪支、弹药，包括自制、改制的枪支、弹药和枪支弹药生产企业研制工作中的中间产品。

三、鉴定标准。

（一）凡是制式枪支、弹药，无论是否能够完成击发动作，一律认定为枪支、弹药。

（二）凡是能发射制式弹药的非制式枪支（包括自制、改制枪支），一律认定为枪支。对能够装填制式弹药，但因缺少个别零件或锈蚀不能完成击发，经加装相关零件或除锈后能够发射制式弹药的非制式枪支，一律认定为枪支。

（三）对不能发射制式弹药的非制式枪支，按照《枪支致伤力的法庭科学鉴定判据》（GA/T 718—2007）的规定，当所发射弹丸的枪口比动能大于等于1.8焦耳/平方厘米时，一律认定为枪支。

（四）对制式枪支、弹药专用散件（零部件），能够由制造厂家提供相关零部件图样（复印件）和件号的，一律认定为枪支、弹药散件（零部件）。

（五）对非制式枪支、弹药散件（零部件），如具备与制式枪支、弹药专用散件（零部件）相同功能的，一律认定为枪支、弹药散件（零部件）。

7. 最高人民法院、最高人民检察院、公安部、国家安全监管总局关于依法加强对涉嫌犯罪的非法生产经营烟花爆竹行为刑事责任追究的通知（安监总管三〔2012〕116号，自2012年9月6日起施行）（节录）

一、非法生产、经营烟花爆竹及相关行为涉及非法制造、买卖、运输、邮寄、储存黑火药、烟火药，构成非法制造、买卖、运输、邮寄、储存爆炸物罪的，应当依照刑法第一百二十五条的规定定罪处罚。

（三）典型或常见问题的审理思路

1. 非法制造、买卖大量炸药，炸药在买方存储中发生爆炸的，应当如何量刑？①

本书观点：炸药的爆炸是在炸药卖出后的存储中发生，非法制造、买卖炸药的行为与爆炸的发生不是典型的直接的因果关系。《刑法》第一百二十五条规定的"情节严重"，与非法制造、买卖、运输、邮寄、存储爆炸物之间应当是直接的因果关系。如果炸药是在行为人非法制造、买卖的过程中发生爆炸，则是典型的直接因果关系。但炸药是在制造完毕，卖出以后，在购买人存储中发生爆炸的，这种情况不同于典型的刑法意义上的直接的因果关系，即非法制造炸药的行为与炸药发生爆炸这一后果之间比典型的因果关系之间的距离远，相应地，行为人承担这一后果的刑事责任也应当轻。从这一角度考虑，对行为人也应当从轻处罚。

2. 非法买卖枪支时以毒品冲抵部分价款的，如何定罪处罚？②

本书观点：以毒品冲抵部分买卖枪支价款的行为构成贩卖毒品罪；与非法买卖枪支罪不构成牵连犯从一重处断，应当以贩卖毒品罪与非法买卖枪支罪数罪并罚。

（1）以毒品冲抵部分买卖枪支价款的行为构成贩卖毒品罪。行为人以毒品冲抵部分买卖枪支价款的行为能否构成贩卖毒品罪，关键在于对贩卖毒品罪中"贩卖毒品"的行为如何理解。对于"贩卖毒品"行为的界定，理论上存在较大的争议，如有人认为，贩卖毒品表现为非法转手倒卖毒品或者销售自制毒品的行为；也有人认为，所谓贩卖，其实质是有偿转让，包括买卖与

---

① 观点来源：最高人民法院刑事审判第一、二、三、四、五庭编：《中国刑事审判指导案例（危害公共安全罪）》，法律出版社2009年版，第74－77页。

② 观点来源：《刑事审判参考》2007年第6集（总第59集）。

交换，不管是先买后卖，还是先卖后买，也不论是批发，还是零售；还有人认为，贩卖毒品是指有偿转让毒品或者以贩卖为目的而非法收购毒品。有偿转让毒品，即行为人将毒品交付给对方，并从对方获取物质利益。如果是无偿转让毒品，则不属于贩卖毒品。对此，《最高人民检察院、公安部关于公安机关管辖的刑事案件立案追诉标准的规定（三）》第一条作了明确规定，贩卖毒品是指明知是毒品而非法销售或者以贩卖为目的而非法收买毒品的行为。我们认为，在对我国刑法中贩卖毒品中“贩卖”“销售”的刑法意义进行界定时，必须根据我国的立法状况结合国家对毒品犯罪的刑事政策，进行实质意义上的合目的性解释，而非仅仅从字面上意义上理解。对毒品犯罪，我国历来采取的是严厉打击的刑事政策，贩卖毒品罪作为流通领域内的毒品犯罪，其危害主要表现在生产出的毒品经贩卖流入社会后扩散，严重妨碍了国家对麻醉药品和精神药品的管制，对不特定多数人的身体健康造成损害，败坏社会风气。从实质上而言，贩卖的本质就是一种有偿的转让行为，即毒品的交易存在对价，但这种对价的体现形式，不应仅仅局限于金钱，也可以是以毒品易货，或是以毒品抵债等，因为这些转让形式实质上均属于有偿转让，转让人都通过国家法律禁止的不法行为取得了经济上的利益，毒品都流入了社会，其社会危害与典型的换取金钱的贩卖行为在法益侵害上没有本质的区别，应当成立贩卖毒品行为。

（2）贩卖毒品行为与非法买卖枪支行为之间不存在牵连关系，应予数罪并罚。牵连犯作为处断的一罪，是两个具有牵连关系的犯罪行为分别符合不同的犯罪构成，但是基于刑事政策的考虑，在司法适用上作为一罪处理。牵连犯作为处断的一罪必须具有犯罪构成理论上的依据，这种依据自然就落到牵连关系的确定上，也即牵连关系必须能够说明不同的犯罪行为具有一罪的内在本质。也就是说，牵连关系的内容应当包含某种犯罪构成的内容，使得当两个犯罪行为具有这种关系的时候，能够充足一个犯罪构成。我们认为，先后实施的两个行为若分别符合不同犯罪构成，其主观上必然具有不同的罪过，客观上必然具有不同的危害行为，因而可能发生重合的构成要件，只能是客体要件。行为对法益的侵害，是一个渐进的过程，具有不同的行为阶段，对同一法益的同一侵犯过程中，往往可能存在不同的行为过程符合不同的犯罪构成之现象。换言之，当两个犯罪行为处于对同一法益的同一次侵犯过程中时，这两个犯罪行为能够充足一个犯罪构成，可以成立一罪，因而可以适用从一重罪处断的原则，不实行数罪并罚。行为人以毒品冲抵部分买卖枪支价款的行为已经单独成罪，构成贩卖毒品罪，根据刑法分则的规定，贩卖毒品罪属于刑法分则第六章妨害社会管理秩序罪，侵犯的是国家对于毒品的管制秩序；其非法买卖枪支的行为亦构成犯罪，非法买卖枪支罪属于刑法分则第二章危害公共安全罪，侵犯的是公共安全，可见，行为人以毒品冲抵部分买卖枪支价款作为其实施非法买卖枪支犯罪的行为，与非法买卖枪支的目的行为侵犯的法益并不属于同一法益，这两个犯罪行为不能够充足一个犯罪构成，而分别符合不同的犯罪构成，因而不能成立牵连犯所要求的牵连关系，不能构成牵连犯，而应以贩卖毒品罪与非法买卖枪支罪数罪并罚。

3. 如何认定非法制造、买卖枪支、弹药罪的“情节严重”?[①]

本书观点：我国《刑法》第一百二十五条第一款规定：“非法制造、买卖、运输、邮寄、储存枪支、弹药、爆炸物的，处三年以上十年以下有期徒刑；情节严重的，处十年以上有期徒刑、无期徒刑或者死刑。”2001 年 5 月 15 日发布、2009 年 11 月 16 日修正的《最高人民法院关于审理非法制造、买卖、运输枪支、弹药、爆炸物等刑事案件具体应用法律若干问题的解释》，对非法制造、买卖枪支、弹药罪的定罪标准和“情节严重”的认定均作了相对明确的规定。根据该司法解释第一条第二项、第三项的规定，“非法制造、买卖、运输、邮寄、储存以火药为动力发射枪弹的非军用枪支一支以上”或者“非法制造、买卖、运输、邮寄、储存军用子弹十发以上、气枪铅弹五百发以上或者其他非军用子弹一百发以上”，即可以非法制造、买卖、运输、邮寄、储存枪支、弹药、爆炸物罪定罪处罚。对何谓本罪情节严重，该司法解释第二条第一项、第四项作了明确规定。第二条第一项规定，达到上述规定的最低数量标准五倍以上的，属于《刑法》第一百二十五条第一款规定的“情节严重”。第二条第四项规定，达到第一条规定的最低数量标准，并具有造成严重后果等其他恶劣情节的，也属于“情节严重”。

从上述规定可以看出，认定非法制造、买卖枪支、弹药罪是否达到“情节严重”的程度，有单纯数量标准和数量加情节标准两种。单纯数量标准是枪支、弹药数量达到入罪最低数量标准的五倍以上即构成“情节严重”；数量

---

① 观点来源：最高人民法院刑事审判第一、二、三、四、五庭编：《中国刑事审判指导案例》，法律出版社 2017 年版，第 113 - 116 页。

加情节标准是数量达到入罪标准而尚未达到五倍以上，但具有造成严重后果等其他恶劣情节的，也构成“情节严重”。单纯数量标准不难掌握，但对“造成严重后果等其他恶劣情节”的理解和适用容易出现分歧。在实践中，“其他恶劣情节”包括：枪支弹药流散到社会后是否造成人身伤亡的结果；是否针对妇女、儿童等特定对象犯罪；非法制造、买卖的枪支、弹药是否被他人用于犯罪活动；是否出于自己实施犯罪的目的或者意图为犯罪分子提供枪支、弹药而非法制造、买卖枪支、弹药等。

（四）疑难、复杂问题的参考性解答

1. 如何理解“非法储存”？

本书观点：《最高人民法院关于修改〈关于审理非法制造、买卖、运输枪支、弹药、爆炸物等刑事案件具体应用若干问题的解释〉的决定》第一条是对非法储存定义的修改。原司法解释第八条第一款内容为：“刑法第一百二十五条第一款规定的‘非法储存’，是指明知是他人非法制造、买卖、运输、邮寄的枪支、弹药、爆炸物而为其存放的行为。”该修改决定将其修改为：“刑法第一百二十五条第一款规定的‘非法储存’，是指明知是他人非法制造、买卖、运输、邮寄的枪支、弹药而为其存放的行为，或者非法存放爆炸物的行为。”这样修改，就把非法存放通过各种途径获得的爆炸物都囊括进来，既堵塞了在打击非法储存爆炸物犯罪方面的漏洞，又继续坚持了司法解释确定的非法储存枪支、弹药罪和非法持有、私藏枪支、弹药罪的区分标准。

2. 行为人确因生产、生活所需而非法制造、买卖爆炸物，没有造成严重社会危害的，应如何处理？

本书观点：行为人确因生产、生活所需而非法制造、买卖爆炸物，没有造成严重社会危害，经教育确有悔改表现的，可以依法免除或者从轻处罚。于2010年1月1日起施行的《最高人民法院关于审理非法制造、买卖、运输枪支、弹药、爆炸物等刑事案件具体应用法律若干问题的解释》第九条规定，因筑路、建房、打井、整修宅基地和土地等正常生产、生活需要，以及因从事合法的生产经营活动而非法制造、买卖、运输、邮寄、储存爆炸物，数量达到本解释第一条规定标准，没有造成严重社会危害，并确有悔改表现的，可依法从轻处罚；情节轻微的，可以免除处罚。这一规定实际上在司法解释确立的追究刑事责任的数量标准中划出了一部分，即对于确因生产、生活所

需而非法制造、买卖爆炸物的案件，在确定刑罚时，不以数量为标准，而且确立了对这种情况的免除和从轻处罚的精神。行为人非法生产的炸药主要卖给煤矿用于生产，对这种非法制造炸药的行为，应当从轻处罚。

3. 合法烟花爆竹生产经营者无证运输引火线的行为是否构成非法运输爆炸物罪?

本书观点：烟花爆竹引火线不属于刑法规定的爆炸物。

首先，非法运输爆炸物罪属于刑法中典型的法定犯，其中“爆炸物”这一概念的内涵和外延，应当根据相关行政法律、法规的规定确定。根据行政法律、法规上的分类，爆炸物总体上可分为军用爆炸物和民用爆炸物两种。烟花爆竹的引火线明显不属于军用爆炸物的范畴，而根据相关规定，烟花爆竹的引火线亦不属于民用爆炸物。国务院曾于2006年先后以第455号令和第466号令颁布了《烟花爆竹安全管理条例》和《民用爆炸物品安全管理条例》，以上两条例明确规定，烟花爆竹的生产经营活动由公安、安监、质监以及工商管理部门负责管理，而民用爆炸物品的生产经营活动由国防科工委、公安、工商管理部门负责管理，充分表明了行政机关对烟花爆竹和民用爆炸物品实行分类管理的态度，烟花爆竹和民用爆炸物明显属于两个不同的概念。另外，《烟花爆竹安全管理条例》第二条第二款规定：“本条例所称烟花爆竹，是指烟花爆竹制品和用于生产烟花爆竹的民用黑火药、烟火药、引火线等物品。”根据上述规定，用于制造烟花爆竹的引火线属于烟花爆竹的范畴，不属于民用爆炸物品。同时，该规定将烟火药和引火线并列规定，也说明二者是两个不同的概念，不能因为引火线中含有烟火药，就将其与烟火药等同看待。实际上，二者在爆炸性能、起爆条件、实际用途等各个方面均存在很大区别。另外，国防科工委、公安部根据《民用爆炸物品安全管理条例》制定的《民用爆炸物品品名表》也未将烟花爆竹和烟火药列入民用爆炸物的范围。《民用爆炸物品品名表》所列第42类民用爆炸物虽然包括引火线，但根据该品名表的逻辑层次关系，该引火线应是指工业用途的火工品，不同于用于制造烟花爆竹的引火线。

其次，《最高人民法院关于审理非法制造、买卖、运输枪支、弹药、爆炸物等刑事案件具体应用法律若干问题的解释》虽然将烟火药、导火索、导爆索与炸药、发射药并列规定为爆炸物，但该解释的制定依据之一是国务院于1984年颁布的《民用爆炸物品管理条例》，而该条例已于2006年被《民用爆炸物品安全管理条例》废止。退一步讲，即使1984年《民用爆炸物品管理条例》未被废止，也不能得出烟花爆竹引火线属于民用爆炸物的结论。1984年《民用爆炸物品管理条例》第二条规定："本条例所称民用爆炸物品，是指非军用的下列爆炸物品：（一）爆破器材，包括各类炸药、雷管、导火索、导爆索、非电导爆系统、起爆药和爆破剂；（二）黑火药、烟火剂、民用信号弹和烟花爆竹；（三）公安部门认为需要管理的其他爆炸物品。"1984年《民用爆炸物品管理条例》将烟火剂（即烟火药）与烟花爆竹并列，说明该规定中所称烟火剂是指除用于制造烟花爆竹之外的其他用途的烟火剂。司法解释的起草者在对上述司法解释的理解和适用一文中对此问题也作出了明确说明："实践中因非法制造、买卖、运输烟花爆竹而发生重大安全事故的案件也较多。但是，如果将烟花爆竹也列入刑法规定的爆炸物的调整范围，恐打击面过大，因此解释只将制造烟花爆竹的主要原料——烟火药列为刑法调整的对象，突出打击重点。引火线属于烟花爆竹不可分割的一部分，不属于刑法意义上的爆炸物。

（五）量刑指导或参考

《刑法》第一百二十五条第一款规定，非法制造、买卖、运输、邮寄、储存枪支、弹药、爆炸物的，处三年以上十年以下有期徒刑；情节严重的，处十年以上有期徒刑、无期徒刑或者死刑。

依照本条第三款规定，单位犯本罪的，对单位判处罚金，并对其直接负责的主管人员和其他直接责任人员，依照第一款的规定处罚。

司法机关在适用《刑法》第一百二十五条第一款、第三款规定处罚时，应当注意以下问题：

掌握具体量刑标准，应当按照《最高人民法院关于审理非法制造、买卖、运输枪支、弹药、爆炸物等刑事案件具体应用法律若干问题的解释》（2001年5月10日通过，2009年11月9日修订）的规定执行：

根据该司法解释第一条的规定，个人或者单位非法制造、买卖、运输、邮寄、储存枪支、弹药、爆炸物，具有下列情形之一的，依照《刑法》第一百二十五条第一款的规定，以非法制造、买卖、运输、邮寄、储存枪支、弹药、爆炸物罪定罪处罚：（1）非法制造、买卖、运输、邮寄、储存军用枪支1支以上的；（2）非法制造、买卖、运输、邮寄、储存以火药为动力发射枪弹的非军用枪支1支以上或者以压缩气体等为动力的其他非军用枪支2支以上的；（3）非法制造、买卖、运输、邮寄、储存军用子弹10发以上、气枪铅弹500发以上或者其他非军用子弹100发以上的；（4）非法制造、买卖、运输、邮寄、储存手榴弹1枚以上的；（5）非法制造、买卖、运输、邮寄、储存爆炸装置的；（6）非法制造、买卖、运输、邮寄、储存炸药、发射药、黑火药1千克以上或者烟火药3千克以上、雷管30枚以上或者导火索、导爆索30米以上的；（7）具有生产爆炸物品资格的单位不按照规定的品种制造，或者具有销售、使用爆炸物品资格的单位超过限额买卖炸药、发射药、黑火药10千克以上或者烟火药30千克以上、雷管300枚以上或者导火索、导爆索300米以上的；（8）多次非法制造、买卖、运输、邮寄、储存弹药、爆炸物的；（9）虽未达到上述最低数量标准，但具有造成严重后果等其他恶劣情节的。

介绍买卖枪支、弹药、爆炸物的，以买卖枪支、弹药、爆炸物罪的共犯论处。

根据该司法解释第二条的规定，非法制造、买卖、运输、邮寄、储存枪支、弹药、爆炸物，具有下列情形之一的，属于《刑法》第一百二十五条第一款规定的“情节严重”：（1）非法制造、买卖、运输、邮寄、储存枪支、弹药、爆炸物的数量达到本解释第一条第一、二、三、六、七项规定的最低数量标准5倍以上的；（2）非法制造、买卖、运输、邮寄、储存手榴弹3枚以上的；（3）非法制造、买卖、运输、邮寄、储存爆炸装置，危害严重的；（4）达到本解释第一条规定的最低数量标准，并具有造成严重后果等；其他恶劣情节的。

二十三、非法制造、买卖、运输、储存危险物质罪

（一）刑法规定

第一百二十五条第二款、第三款　非法制造、买卖、运输、储存毒害性、放射性、传染病病原体等物质，危害公共安全的，依照前款的规定处罚。[①]

单位犯前两款罪的，对单位判处罚金，并对其直接负责的主管人员和其

① 本款经2001年12月29日《刑法修正案（三）》第五条修正。《刑法》原第一百二十五条第二款为：“非法买卖、运输核材料的，依照前款的规定处罚。”

他直接责任人员，依照第一款的规定处罚。

（二）司法解释、司法文件

最高人民法院、最高人民检察院关于办理非法制造、买卖、运输、储存毒鼠强等禁用剧毒化学品刑事案件具体应用法律若干问题的解释（法释〔2003〕14号，自2003年10月1日起施行）

为依法惩治非法制造、买卖、运输、储存毒鼠强等禁用剧毒化学品的犯罪活动，维护公共安全，根据刑法有关规定，现就办理这类刑事案件具体应用法律的若干问题解释如下：

第一条 非法制造、买卖、运输、储存毒鼠强等禁用剧毒化学品，危害公共安全，具有下列情形之一的，依照刑法第一百二十五条的规定，以非法制造、买卖、运输、储存危险物质罪，处三年以上十年以下有期徒刑：

（一）非法制造、买卖、运输、储存原粉、原液、制剂50克以上，或者饵料2千克以上的；

（二）在非法制造、买卖、运输、储存过程中致人重伤、死亡或者造成公私财产损失10万元以上的。

第二条 非法制造、买卖、运输、储存毒鼠强等禁用剧毒化学品，具有下列情形之一的，属于刑法第一百二十五条规定的“情节严重”，处十年以上有期徒刑、无期徒刑或者死刑：

（一）非法制造、买卖、运输、储存原粉、原液、制剂500克以上，或者饵料20千克以上的；

（二）在非法制造、买卖、运输、储存过程中致3人以上重伤、死亡，或者造成公私财产损失20万元以上的；

（三）非法制造、买卖、运输、储存原粉、原药、制剂50克以上不满500克，或者饵料2千克以上不满20千克，并具有其他严重情节的。

第三条 单位非法制造、买卖、运输、储存毒鼠强等禁用剧毒化学品的，依照本解释第一条、第二条规定的定罪量刑标准执行。

第五条 本解释施行以前，确因生产、生活需要而非法制造、买卖、运输、储存毒鼠强等禁用剧毒化学品饵料自用，没有造成严重社会危害的，可以依照刑法第十三条的规定，不作为犯罪处理。

本解释施行以后，确因生产、生活需要而非法制造、买卖、运输、储存毒鼠强等禁用剧毒化学品饵料自用，构成犯罪，但没有造成严重社会危害，经教育确有悔改表现的，可以依法从轻、减轻或者免除处罚。

第六条 本解释所称“毒鼠强等禁用剧毒化学品”，是指国家明令禁止的毒鼠强、氟乙酰胺、氟乙酸钠、毒鼠硅、甘氟（见附表）。

（三）疑难、复杂问题的参考性解答

1. 能否认定医疗废物属于刑法意义上的“危险物质”？

本书观点：我国《刑法》第一百二十五条第二款是关于非法制造、买卖、运输、储存危险物质罪的规定，采用的是举例式的罪状，并没有完全列举出哪些物质是该款所指的危险物质，而只是以毒害性、放射性、传染病病原体三类进行举例，之后以“等”加以完善。从刑法条文本身的规定可以看出，立法者并没有将危险物质限定为毒害性、放射性或是传染病病原体物质，而是为将会出现的其他情况保留了必要的弹性和灵活性，即除了上述三种物质之外，还会有其他类似的情况。

医疗废物是医疗卫生机构在医疗、预防、保健以及其他相关活动中产生的具有直接或者间接感染性、毒性以及其他危害性的废物。虽然我国刑法并没有明确列举医疗废物属毒害性、放射性、传染病病原体物质的危险物质，但是我国《国家危险废物名录》中将医院临床废物列为UW01级危险废物，而爆炸性废物仅被列为HW15级危险废物；同时《医疗废物分类目录》中将一次性的医疗器械认定为感染性废物。医疗废物由于其危险性，根据相关行政法规规定，处置有特别严格的要求。可见，医疗废物比爆炸性废物具有更高的危险性，储存了爆炸性废物尚且触犯了《刑法》第一百二十五条第一款的规定，构成非法储存爆炸物罪，应当受到刑罚处罚，那么储存了比爆炸性废物危险等级更高的医疗废物，其社会危害显然比储存爆炸性废物更高，理应受到刑罚处罚。据此可以认定，医疗废物具有相当的危险性，应属刑法范畴内的危险物质。

2. “非法买卖”毒害性物质是否需要兼有买进和卖出的行为？

分歧观点：对这一问题，司法实践中有两种相反的不同意见：持肯定意见的认为，这里的“买卖”应当兼有“买”和“卖”的行为，为自己使用而购买且没有出卖行为的，不构成买卖危险物质罪。持否定意见的认为，买卖危险物质，只要有买的行为或者卖的行为即可构成犯罪，无需兼有买和卖的

行为。

本书观点：“非法买卖”毒害性物质，是指违反法律和国家主管部门规定，未经有关主管部门批准许可，擅自购买或者出售毒害性物质的行为，并不需要兼有买进和卖出的行为。主要理由如下：

第一，从刑法规定来看，在刑法规定的买卖型犯罪中，单纯的买进或者卖出、兼有买进和卖出的行为均可构成犯罪。从买卖的语义范围及其行为表现方式来看，买卖包括既买进又卖出、买进、卖出三种情形。对于买卖型犯罪，如果同时惩罚买卖的行为，刑法在罪状表述上一般直接采用“买卖”一词，如买卖国家机关公文、证件、印章罪，非法买卖警用装备罪，买卖毒品原植物种子、幼苗罪，非法买卖枪支、弹药、爆炸物罪；或者同时表述买和卖的行为，如出售、购买、运输假币罪；或对买和卖的行为各自确定罪名，如非法出售增值税专用发票罪、非法购买增值税专用发票罪、购买伪造的增值税专用发票罪。如果刑法仅惩罚出卖行为，则在罪状表述上采用“出卖、贩卖、销售、倒卖”等，如擅自出卖国有档案罪，贩卖毒品罪，销售有毒、有害食品罪，倒卖车船票罪。

第二，从体系解释来看，刑法中相同用语应当具有相同含义。司法实践中，对于其他买卖型犯罪，也并未要求兼有买和卖的行为。例如，非法买卖枪支、弹药、爆炸物罪，贩卖毒品罪，买卖国家机关公文、证件、印章罪，非法买卖警用装备罪，非法买卖制毒物品罪，非法买卖毒品原植物种子、幼苗罪，买卖武装部队公文、证件、印章罪，非法买卖军用标志罪等，只要有买或卖的行为之一，即可构成犯罪，并不需要兼有买和卖的行为。反之，如果要求非法买卖毒害性物质兼有买、卖行为，不仅破坏了刑法用语的一致性，而且会放纵大部分买卖型犯罪，难以有效惩治此类犯罪和保障公共安全。

第三，从相关司法解释来看，买卖并不需要兼有买进和卖出。早在1994年12月20日，《最高人民法院关于适用〈全国人民代表大会常务委员会关于禁毒的决定〉的若干问题的解释》（已失效）第二部分“走私、贩卖、运输制造毒品罪”就曾指出：“贩卖毒品，是指明知是毒品而非法销售或者以贩卖为目的而非法收买毒品的行为。”尽管这一司法解释因刑法修订而失效，但修订后的刑法对该罪的规定没有变化，仍然具有参照价值。2012年5月16日《最高人民检察院、公安部关于公安机关管辖的刑事案件立案追诉标准的规定（三）》中第一条第三款指出，“贩卖”毒品是指明知是毒品而非法销售或者以贩卖为目的而非法收买的行为。第六条第三款规定只要有销售易制毒化学品的情形，即可以非法买卖制毒物品案立案追诉，并未要求兼有买、卖行为。

第四，从与行政法规协调角度来看，“买卖无须兼有买进和卖出”。国务院《危险化学品安全管理条例》第三十八条、第四十条、第四十二条规定，个人不得购买剧毒化学品（农药除外），禁止向个人销售剧毒化学品，使用剧毒化学品的单位不得出借、转让其购买的剧毒化学品。因此，为了保障该法规的实施，做好刑法与行政法规的衔接和协调，非法买卖毒害性物质，不应当仅限于兼有买进和卖出的行为。

第五，从社会危害性来看，非法买进或者卖出危险物质的行为，与兼有买进与卖出危险物质的行为同样具有社会危害性。非法买卖毒害性物质的社会危害性，主要是体现在非法买进或者非法卖出危险物质，违反了国家监管规定，对社会公共安全造成严重威胁，而不体现在买进、卖出危险物质的行为区别上。从《刑法》第一百二十五条立法原意看，追究此类犯罪刑事责任的原因在于买卖危险物质对公共安全的严重威胁，购买危险物质用于生产的行为与兼有买进和卖出的经营危险物质的行为，同样会对公共安全造成危险。在买进或者卖出危险物质过程中，没有资质的单位或者个人逃避监管，破坏危险物质管理秩序，已对公共安全形成威胁。特别是遇到台风、暴雨等天气或者运输途中发生交通事故，大量群众可能因饮用受到污染的水源而中毒死亡，从而发生严重的环境污染或者人身伤亡等危害公共安全的严重后果。对非法买进或者卖出危险物质的行为进行惩处，主要是为了防止行为人买进后可能用于投毒或者破坏生产、污染环境，防止在买进或卖出过程中对环境或者人民群众的生命、健康造成威胁或者危害。

3. 关于毒害性物质的认定问题

本书观点：认定某一物质是否属于毒害性物质，首先要看该物质是否具有“毒害性”特征，能否破坏体内组织和生理机能，引起功能障碍、疾病甚至死亡。其次要看该物质是否具有公共危险性。刑法将非法制造、买卖、运输、储存危险物质罪列入危害公共安全罪中，就说明该罪侵犯的客体是公共安全，因此认定毒害性物质时，应当审查该物质和相关行为是否具有公共危险性，是否足以威胁公共安全，可能造成不特定多数人伤亡或者公私财产的损失。最后要看该物质在生产、流通等环节是否受到法律法规禁止或者限制。

鉴于毒害性物质的特性，为了保障安全生产、经营和生活，国务院相关部门制定了对毒害性物质的一系列管理制度和监管名录，这为我们判断某一物质是否属于毒害性物质提供了参考和帮助。根据《危险化学品安全管理条例》规定，危险化学品是指具有毒害、腐蚀、爆炸、燃烧、助燃等性质，对人体、设施、环境具有危害的剧毒化学品和其他化学品。危险化学品名录，由国务院安全生产监督管理部门会同工业和信息化、公安、环境保护、卫生、检验检疫、交通运输、农业主管部门，根据化学品危险特性的鉴别和分类标准进行确定、公布，并适时调整。现已制定和公布了《危险化学品名录》《首批重点监管的危险化学品名录》《剧毒化学品名录》《一般毒物品名录》和《高毒物品名录》。危险化学品与毒害性物质在范围上存在交叉，危险化学品中的剧毒化学品属于毒害性物质，其他化学品不一定具有毒害性，而毒害性物质不限于剧毒化学品。对于没有列入监管名录而难以确定是否具有毒害性的物质，应当聘请毒物专家进行鉴定。

4. 关于未造成严重后果是否构成犯罪问题？

本书观点：非法买卖、储存危险物质罪的构成并不要求必须造成严重危害后果或者重大事故，只要实施非法买卖、储存危险物质行为，危害公共安全的即可构成犯罪。主要理由如下：

第一，符合刑法立法规定的原意。根据《刑法》第一百二十五条第一款和第二款的规定，非法买卖、储存危险物质，危害公共安全的，即可构成犯罪；情节严重的，则判处更重的刑罚。我国刑法理论通说认为，由于毒害性物质因其自身的特性而具有巨大的杀伤力和危险性，只要实施了非法买卖、储存危险物质的行为，原则上都要定罪处罚。至于是否足以危害公共安全，要从毒害性物质的毒性、数量，制造、运输、储存条件和环境以及行为人及其所在单位的防范措施等方面综合分析。

第二，符合有关司法解释的规定。司法解释对非法买卖“毒鼠强”等毒害性物质的定罪标准并不限于造成严重危害后果，危险物质的数量同样是定罪处罚标准之一。《关于公安机关管辖的刑事案件立案追诉标准的规定(一)》第二条虽然仅在第三项列出了非法制造、买卖、运输、储存毒鼠强等五种灭鼠药的数量的追诉标准，但是第七项还有“其他危害公共安全的情形”的兜底性表述，可以涵盖非法买卖、储存氰化钠等剧毒化学品危害公共安全的情形。

5. 磷化铝片剂是否属于刑法规定的毒害性物质？

本书观点：有关部门就磷化铝片剂是否属于《刑法》第一百二十五条规定的毒害性物质征求最高人民法院研究室意见。最高人民法院研究室经研究认为，磷化铝片剂属于刑法中规定的毒害性物质，但是结合磷化铝在粮食储存中被广泛使用以及案件的具体情况，可以对被告人从宽处理。

6. 如何区分本罪与危险物品肇事罪、传染病菌种、毒种扩散罪？

本书观点：非法制造、买卖、运输、储存毒害性、放射性、传染病病原体等物质罪与危险物品肇事罪、传染病菌种、毒种扩散罪等的主要区别在于犯罪主观方面不同。非法制造、买卖、运输、储存毒害性、放射性、传染病病原体等物质罪的主体是依照国家规定不具备制造、买卖、运输、储存上述物质资格的自然人或者单位，主观上表现为故意犯罪。危险物品肇事罪、传染病菌种、毒种扩散罪的主体是依照国家规定取得制造、买卖、运输、储存毒害性、放射性、传染病病原体等物质资格的人或单位，主观上表现为过失犯罪。如医疗、科研教学和生产厂家，如果在生产、储存、运输、使用中违反管理规定，发生重大事故造成严重后果，不构成非法制造、买卖、运输、储存毒害性、放射性、传染病病原体等物质罪，而应依照《刑法》第一百三十六条危险物品肇事罪、第三百三十一条传染病菌种、毒种扩散罪追究刑事责任。

7. 如何区分本罪与走私毒害性、放射性、传染病病原体等物质罪？

本书观点：走私毒害性、放射性、传染病病原体等物质罪是指违反海关法规，逃避海关监管，非法运输、携带、邮寄毒害性、放射性、传染病病原体等物质进出国（边）境的行为。两者在客观行为方式及行为对象上有相似之处，但也有明显区别：（1）侵犯的客体不同。本罪侵犯的客体是公共安全和国家对毒害性、放射性、传染病病原体等物质的管理制度；走私毒害性、放射性、传染病病原体等物质罪侵犯的客体是国家对毒害性、放射性、传染病病原体等物质罪的对外贸易管制。（2）客观方面不同。本罪表现为非法制造、买卖、运输、邮寄、储存毒害性、放射性、传染病病原体等物质的行为，其中的买卖、运输、邮寄必须是在境内非法买卖、运输、邮寄上述物品；走私毒害性、放射性、传染病病原体等物质罪在客观方面表现为违反海关法规，逃避海关监管，运输、携带毒害性、放射性、传染病病原体等物质出国（边）境的行为。为走私而违反我国的对外贸易管制，逃避海关监管或边防检查，非法运输毒害性、放射性、传染病病原体等物质进出国（边）境的，则构成走私毒害性、放射性、传染病病原体等物质罪。（3）主观故意不同。如果明知是走私进口的毒害性、放射性、传染病病原体等物质而直接向走私人购买，或者明知是走私人购买毒害性、放射性、传染病病原体等物质进行走私出口而卖给走私人毒害性、放射性、传染病病原体等物质，或者在内海、领海收购、贩卖毒害性、放射性、传染病病原体等物质，没有合法证明的，则不构成本罪，应以走私毒害性、放射性、传染病病原体等物质罪论处。

（四）量刑指导或参考

《刑法》第一百二十五条第二款规定，犯非法制造、买卖、运输、储存危险物质罪的，依照该条第一款的规定处罚，即处三年以上十年以下有期徒刑；情节严重的，处十年以上有期徒刑、无期徒刑或者死刑。

依照本条第三款规定，单位犯本罪的，对单位判处罚金，并对其直接负责的主管人员和其他直接责任人员，依照第一款的规定处罚。

司法机关在适用《刑法》第一百二十五条规定处罚时，应当注意以下问题：

1. 严格按照2003年9月4日《最高人民法院、最高人民检察院关于办理非法制造、买卖、运输、储存毒鼠强等禁用剧毒化学品刑事案件具体应用法律若干问题的解释》规定的量刑标准处刑：

（1）根据该司法解释第一条的规定，非法制造、买卖、运输、储存毒鼠强等禁用剧毒化学品，危害公共安全，具有下列情形之一的，依照《刑法》第一百二十五条的规定，以非法制造、买卖、运输、储存危险物质罪，处三年以上十年以下有期徒刑：①非法制造、买卖、运输、储存原粉、原液、原药制剂50克以上，或者饵料2千克以上的；②在非法制造、买卖、运输、储存过程中致人重伤、死亡或者造成公私财产损失10万元以上的。

（2）根据该司法解释第二条的规定，非法制造、买卖、运输、储存毒鼠强等禁用剧毒化学品，具有下列情形之一的，属于《刑法》第一百二十五条规定的“情节严重”，处10年以上有期徒刑、无期徒刑或者死刑：①非法制造、买卖、运输、储存原粉、原液、制剂500克以上，或者饵料20千克以上的；②在非法制造、买卖、运输、储存过程中致3人以上重伤、死亡，或者造成公私财产损失20万元以上的；③非法制造、买卖、运输、储存原粉、原药、制剂50克以上不满500克，或者饵料2千克以上不满20千克，并具有其他严重情节的。

2. 该司法解释施行以前，确因生产、生活需要而非法制造、买卖、运输、储存毒鼠强等禁用剧毒化学品饵料自用，没有造成严重社会危害的，可以依照《刑法》第十三条关于“情节显著轻微危害不大的，不认为是犯罪”的规定处理。

3. 该司法解释施行以后，确因生产、生活需要而非法制造、买卖、运输、储存毒鼠强等禁用剧毒化学品饵料自用，构成犯罪，但没有造成严重社会危害，经教育确有悔改表现的，可以依法从轻、减轻或者免除处罚。

4. 单位非法制造、买卖、运输、储存毒鼠强等禁用剧毒化学品的，依照该司法解释第一条、第二条规定的定罪量刑标准执行。

二十四、违规制造、销售枪支罪

（一）刑法规定

第一百二十六条　依法被指定、确定的枪支制造企业、销售企业，违反枪支管理规定，有下列行为之一的，对单位判处罚金，并对其直接负责的主管人员和其他直接责任人员，处五年以下有期徒刑；情节严重的，处五年以上十年以下有期徒刑；情节特别严重的，处十年以上有期徒刑或者无期徒刑：

（一）以非法销售为目的，超过限额或者不按照规定的品种制造、配售枪支的；

（二）以非法销售为目的，制造无号、重号、假号的枪支的；

（三）非法销售枪支或者在境内销售为出口制造的枪支的。

（二）司法解释、司法文件

最高人民法院关于审理非法制造、买卖、运输枪支、弹药、爆炸物等刑事案件具体应用法律若干问题的解释（法释〔2009〕18号，2009年11月9日修正，自2010年1月1日起施行）（节录）

第三条　依法被指定或者确定的枪支制造、销售企业，实施刑法第一百二十六条规定的行为，具有下列情形之一的，以违规制造、销售枪支罪定罪处罚：

（一）违规制造枪支五支以上的；

（二）违规销售枪支二支以上的；

（三）虽未达到上述最低数量标准，但具有造成严重后果等其他恶劣情节的。

具有下列情形之一的，属于刑法第一百二十六条规定的“情节严重”：

（一）违规制造枪支二十支以上的；

（二）违规销售枪支十支以上的；

（三）达到本条第一款规定的最低数量标准，并具有造成严重后果等其他恶劣情节的。

具有下列情形之一的，属于刑法第一百二十六条规定的“情节特别严重”：

（一）违规制造枪支五十支以上的；

（二）违规销售枪支三十支以上的；

（三）达到本条第二款规定的最低数量标准，并具有造成严重后果等其他恶劣情节的。

（三）典型或常见问题的审理思路

如何区分本罪与非法制造、买卖枪支罪？

本书观点：二者区别主要在以下几方面：（1）客观行为不同。前者表现为行为人本具有制枪、售枪资格，只是未按规定的数量、品种、型号等要求制造、销售枪支的行为；后者表现为未经批准擅自制造、购买或者出售枪支的行为，即行为人本无制枪和售枪资格。（2）犯罪主体不同。前者为单位特殊主体，即只能由依法被国家指定、确定的制造、销售枪支的企业构成；后者是一般主体，且包括自然人和单位。（3）主观方面不同。后者只要求是故意，不要求以出售为目的；前者则要求必须以非法销售为目的。只有依法被指定、确定的枪支制造企业、销售企业才能构成本罪。如果是其他单位或者自然人非法制造、销售枪支的，不构成本罪，而应当以非法制造、买卖枪支罪定罪处罚。

二十五、盗窃、抢夺枪支、弹药、爆炸物、危险物质罪，抢劫枪支、弹药、爆炸物、危险物质罪

（一）刑法规定

第一百二十七条[①]　盗窃、抢夺枪支、弹药、爆炸物的，或者盗窃、抢夺毒害性、放射性、传染病病原体等物质，危害公共安全的，处三年以上十年以下有期徒刑；情节严重的，处十年以上有期徒刑、无期徒刑或者死刑。

抢劫枪支、弹药、爆炸物的，或者抢劫毒害性、放射性、传染病病原体等物质，危害公共安全的，或者盗窃、抢夺国家机关、军警人员、民兵的枪支、弹药、爆炸物的，处十年以上有期徒刑、无期徒刑或者死刑。

（二）法律、司法解释、司法文件

1. **中华人民共和国枪支管理法**（1996年7月5日由第八届全国人民代表大会常务委员会第二十次会议通过，自1996年10月1日起施行）（节录）

第四十六条　本法所称枪支，是指以火药或者压缩气体等为动力，利用管状器具发射金属弹丸或者其他物质，足以致人伤亡或者丧失知觉的各种枪支。

2. **最高人民法院关于审理非法制造、买卖、运输枪支、弹药、爆炸物等刑事案件具体应用法律若干问题的解释**（法释〔2009〕18号，2009年11月9日修正，自2010年1月1日起施行）（节录）

第四条　盗窃、抢夺枪支、弹药、爆炸物，具有下列情形之一的，依照刑法第一百二十七条第一款的规定，以盗窃、抢夺枪支、弹药、爆炸物罪定罪处罚：

（一）盗窃、抢夺以火药为动力的发射枪弹非军用枪支一支以上或者以压缩气体等为动力的其他非军用枪支二支以上的；

（二）盗窃、抢夺军用子弹十发以上、气枪铅弹五百发以上或者其他非军用子弹一百发以上的；

---

① 本条经2001年12月29日《刑法修正案（三）》第六条修正。

《刑法》原第一百二十七条为："盗窃、抢夺枪支、弹药、爆炸物的，处三年以上十年以下有期徒刑；情节严重的，处十年以上有期徒刑、无期徒刑或者死刑。抢劫枪支、弹药、爆炸物或者盗窃、抢夺国家机关、军警人员、民兵的枪支、弹药、爆炸物的，处十年以上有期徒刑、无期徒刑或者死刑。"

（三）盗窃、抢夺爆炸装置的；

（四）盗窃、抢夺炸药、发射药、黑火药一千克以上或者烟火药三千克以上、雷管三十枚以上或者导火索、导爆索三十米以上的；

（五）虽未达到上述最低数量标准，但具有造成严重后果等其他恶劣情节的。

具有下列情形之一的，属于刑法第一百二十七条第一款规定的“情节严重”：

（一）盗窃、抢夺枪支、弹药、爆炸物的数量达到本条第一款规定的最低数量标准五倍以上的；

（二）盗窃、抢夺军用枪支的；

（三）盗窃、抢夺手榴弹的；

（四）盗窃、抢夺爆炸装置，危害严重的；

（五）达到本条第一款规定的最低数量标准，并具有造成严重后果等其他恶劣情节的。

第七条 非法制造、买卖、运输、邮寄、储存、盗窃、抢夺、持有、私藏、携带成套枪支散件的，以相应数量的枪支计；非成套枪支散件以每三十件为一成套枪支散件计。

第十条 实施非法制造、买卖、运输、邮寄、储存、盗窃、抢夺、持有、私藏其他弹药、爆炸物品等行为，参照本解释有关条文规定的定罪量刑标准处罚。

（三）典型或常见问题的审理思路

1. 盗窃爆炸物用于敲诈勒索，应当如何处理？[①]

本书观点：行为人盗窃爆炸物的目的是敲诈钱财，但其盗窃爆炸物的行为亦构成犯罪。行为人的行为属牵连犯，依法应择一重罪惩处。

2. 明知是爆炸物，对爆炸物的保管人强行索要未得逞，又持刀及用语言威胁保管人，强行劫取爆炸物，应定抢劫爆炸物罪还是强迫交易罪？[②]

本书观点：抢劫爆炸物罪是指以暴力、胁迫或者其他方法，强行劫取爆炸物，危害公共安全的行为。强迫交易罪是指以暴力、威胁手段强买强卖商

---

① 观点来源：山东省临沂市中级人民法院（2013）平刑初字第445号刑事判决书。

② 观点来源：云南省昭通市中级人民法院（2004）昭刑二终字第171号刑事裁定书。

品，强迫他人提供服务或者强迫他人接受服务，情节严重的行为。两罪在作案手段上有相似之处，特别是对被害人都有使用暴力、胁迫的行为，且两罪所指的暴力、胁迫的内涵一致。但两罪有着明显的不同之处：首先，在客体方面，抢劫爆炸物罪危害的是社会公共安全及他人的人身权利，强迫交易罪危害的是正常的市场商品交易秩序，强调商品交易的合法性。行为人以及爆炸物保管人均不是具备合法资质可以进行爆炸物买卖的主体，作案的现场也不属合法的可以进行爆炸物买卖的场所，也就是说，双方之间不存在商品交易、提供服务或接受服务的情况。其次，在主观方面，抢劫爆炸物罪的行为人明知是爆炸物而采用暴力、胁迫等手段抢劫爆炸物，强迫交易罪的行为人是明知其行为会损害交易对方的利益而采用暴力、胁迫等手段促成交易。最后，在客观方面，抢劫爆炸物罪的行为人针对的是爆炸物，强迫交易罪的行为人针对的是促成交易可带来的利益，且这些手段必须出现在交易的现场。因此，对该行为以抢劫爆炸物罪定罪处罚是正确的。

二十六、非法持有、私藏枪支、弹药罪

（一）刑法规定

第一百二十八条第一款 违反枪支管理规定，非法持有、私藏枪支、弹药的，处三年以下有期徒刑、拘役或者管制；情节严重的，处三年以上七年以下有期徒刑。

（二）司法解释、司法文件

1. 最高人民法院关于审理非法制造、买卖、运输枪支、弹药、爆炸物等刑事案件具体应用法律若干问题的解释（法释〔2009〕18号，2009年11月9日修正，自2010年1月1日起施行）（节录）

第五条 具有下列情形之一的，依照刑法第一百二十八条第一款的规定，以非法持有、私藏枪支、弹药罪定罪处罚：

（一）非法持有、私藏军用枪支一支的；

（二）非法持有、私藏以火药为动力发射枪弹的非军用枪支一支或者以压缩气体等为动力的其他非军用枪支二支以上的；

（三）非法持有、私藏军用子弹二十发以上，气枪铅弹一千发以上或者其

他非军用子弹二百发以上的；

（四）非法持有、私藏手榴弹一枚以上的；

（五）非法持有、私藏的弹药造成人员伤亡、财产损失的。

具有下列情形之一的，属于刑法第一百二十八条第一款规定的“情节严重”：

（一）非法持有、私藏军用枪支二支以上的；

（二）非法持有、私藏以火药为动力发射枪弹的非军用枪支二支以上或者以压缩气体等为动力的其他非军用枪支五支以上的；

（三）非法持有、私藏军用子弹一百发以上，气枪铅弹五千发以上或者其他非军用子弹一千发以上的；

（四）非法持有、私藏手榴弹三枚以上的；

（五）达到本条第一款规定的最低数量标准，并具有造成严重后果等其他恶劣情节的。

第七条 非法制造、买卖、运输、邮寄、储存、盗窃、抢夺、持有、私藏、携带成套枪支散件的，以相应数量的枪支计；非成套枪支散件以每三十件为一成套枪支散件计。

第八条 刑法第一百二十五条第一款规定的“非法储存”，是指明知是他人非法制造、买卖、运输、邮寄的枪支、弹药、爆炸物而为其存放的行为。

刑法第一百二十八条第一款规定的“非法持有”，是指不符合配备、配置枪支、弹药条件的人员，违反枪支管理法律、法规的规定，擅自持有枪支、弹药的行为。

刑法第一百二十八条第一款规定的“私藏”，是指依法配备、配置枪支、弹药的人员，在配备、配置枪支、弹药的条件消除后，违反枪支管理法律、法规的规定，私自藏匿所配备、配置的枪支、弹药且拒不交出的行为。

第九条 实施非法制造、买卖、运输、邮寄、储存、盗窃、抢夺、持有、私藏其他弹药、爆炸物品等行为，参照本解释有关条文规定的定罪量刑标准处罚。

2. **最高人民检察院关于将公务用枪用作借债质押的行为如何适用法律问题的批复**（高检发释字〔1998〕4号，最高人民检察院第九届检察委员会第十五次会议通过，1998年11月3日颁布）

重庆市人民检察院：

你院渝检（研）〔1998〕8号《关于将公务用枪用作借债抵押的行为是否构成犯罪及适用法律的请示》收悉。经研究，批复如下：

依法配备公务用枪的人员，违反法律规定，将公务用枪用作借债质押物，使枪支处于非依法持枪人的控制、使用之下，严重危害公共安全，是刑法第一百二十八条第二款所规定的非法出借枪支行为的一种形式，应以非法出借枪支罪追究刑事责任；对接受枪支质押的人员，构成犯罪的，根据刑法第一百二十八条第一款的规定，应以非法持有枪支罪追究其刑事责任。

（三）典型或常见问题的审理思路

1. **邀约非法持有枪支者携枪帮忙，能否构成非法持有枪支罪的共同犯罪？**①

本书观点：（1）行为人邀约他人携枪帮忙，使得原本放在其他地方、被他人非法持有的枪支发生了空间的转移，被非法持有的枪支因空间和环境的改变而具有了新的潜在危险性。同时，行为人的主观内容不仅限于简单地持有枪支本身，而且具有明确的使用枪支的意图。虽然行为人所欲实施的其他犯罪行为尚未具体实施，甚至其本人在未到达现场前对可能发生的行为也没有明确的认识，使用枪支实施何种犯罪也因证据问题无法证实。但该情形下，不能因为最终未造成严重危害后果而否认行为人邀约他人携枪帮忙行为的社会危害性。因此，该行为具有较大的社会危害性，应当作为犯罪处理。（2）行为人作为邀约者与受邀持枪帮忙者具有非法持有枪支的共同犯罪故意。行为人明知枪支属于管制物品，其和持枪者均不具有合法的持枪资格，但却在非法持有枪支期间邀约该人携枪帮忙。行为人主观上具有非法使用受邀者所持枪支的意图，该人对此表示同意，而使用枪支的必然前提就是对枪支的持有，因此，自受邀者同意携枪与行为人一道前去帮忙之时起，二人已就非

---

① 观点来源：最高人民法院刑事审判第一、二、三、四、五庭编：《刑事审判参考（2010年第5集，总第76集）》，法律出版社2010年版，第11－16页。

法持有枪支达成合意，形成非法持有枪支的共同犯罪故意。（3）行为人通过受邀者非法持有枪支达到对枪支的间接控制，属于非法持有枪支的方式之一。枪支究竟由谁具体持有的状态，并不影响共同犯罪的构成。因此，在共同犯意支配下对枪支的间接控制也应认定为对枪支的非法持有。

2. **不符合配备、配置枪支条件的人员，违反枪支管理法律、法规的规定，擅自持有枪支的行为如何定性?**①

本书观点：不符合配备、配置枪支条件的人员，违反枪支管理法律、法规的规定，擅自持有枪支的行为应定非法持有枪支罪。在《刑法》第一百二十八条规定中，非法持有枪支与私藏枪支是选择罪名，两种罪名既有相同点又有区别。相同之处是：（1）两者都是违反枪支管理法律、法规的行为；（2）行为人都是没有资格配备、配置枪支的人员；（3）行为人都持有枪支。但两者之间的区别也是明显的，主要是主体资格不同。根据《最高人民法院关于审理非法制造、买卖、运输枪支、弹药、爆炸物等刑事案件具体应用法律若干问题的解释》第八条第二款、第三款的规定，非法持有枪支指不符合配备、配置枪支条件的人员，违反枪支管理法律、法规的规定，擅自持有枪支的行为；私藏枪支指依法配备、配置枪支的人员，在配备、配置枪支的条件消除后，违反枪支管理法律、法规的规定，私自藏匿所配备、配置的枪支且拒不交出的行为。可见，私藏枪支罪的主体是特殊主体，即行为人先前具有配备、配置枪支的资格，而非法持有枪支罪的主体是一般主体。两者的区别还在于，根据司法解释的精神，私自藏匿枪支者如果事后能主动交出或经教育后即主动交出的，一般不定罪，而非法持有枪支者无论是否主动交出均构成犯罪。

3. **如何理解私藏枪支、弹药罪中“配备、配置枪支的条件消除”?**②

本书观点：配备枪支条件的消除应当是指出现法律、法规规定的情形，经相关部门审查，取消其配枪资格，收回其持枪证件。应当根据《枪支管理法》等法律、法规来理解并认定配备、配置枪支的条件是否消除。《枪支管理法》第二十六条规定：“配备公务用枪的人员不再符合持枪条件时，由所在单位收回枪支和持枪证件。”公安部印发的《公安机关公务用枪管理使用规定》

---

① 观点来源：《刑事审判参考》第2003年第1集（总第30集），指导案例第221号。

② 观点来源：《刑事审判参考》第2005年第5集（总第46集），指导案例第359号。

第十七条规定了佩带、使用枪支的人民警察应当具备的条件，第二十条、第二十一条规定了收回持枪证件和枪支的条件。根据上述规定，配备枪支条件的消除应当是指出现法律、法规规定的情形，经相关部门审查，取消其配枪资格，收回其持枪证件。因此，执行完具体任务或工作调动时即为配备、配枪条件消除的理解是不可取的。《枪支管理法》第二十三条规定："配备、配置枪支的单位和个人必须妥善保管枪支，确保枪支安全……对交由个人使用的枪支，必须建立严格的枪支登记、交接、检查、保养等管理制度，使用完毕，及时收回。"上述规定说明枪支使用完毕及时交回是在配备、配置枪支期间，对枪支使用的规定，不涉及配备、配置枪支条件消除的问题。将枪支使用过程中的管理规定理解为配备、配置枪支条件的消除不符合法律、法规的精神。简而言之，若将用后及时交回作为消除理解的话，那么按照枪支使用管理的规定，执行任务结束后将枪支交回，即为配备、配置枪支条件消除，再接受任务时需要重新配备、配置枪支的条件，这种理解显然不符合法律、法规的规定。

4. 持有的枪支具备枪支的基本结构，但不能正常击发，是否构成非法持有枪支罪?①

本书观点：根据《枪支管理法》的规定，枪支是指以火药或者压缩气体等为动力，利用管状器具发射金属弹丸或者其他物质，足以致人伤亡或者丧失知觉的各种枪支。具备枪支的基本结构，但因不能正常击发，不具备杀伤力，故不具备枪支的本质特征。不属于刑法规范所调整的枪支对象，不构成非法持有枪支罪。

二十七、非法出租、出借枪支罪，丢失枪支不报罪

（一）刑法规定

第一百二十八条 违反枪支管理规定，非法持有、私藏枪支、弹药的，处三年以下有期徒刑、拘役或者管制；情节严重的，处三年以上七年以下有期徒刑。

依法配备公务用枪的人员，非法出租、出借枪支的，依照前款的规定

---

① 《刑事审判参考》2007 年第 5 集（总第 58 集）。

处罚。

依法配置枪支的人员，非法出租、出借枪支，造成严重后果的，依照第一款的规定处罚。

单位犯第二款、第三款罪的，对单位判处罚金，并对其直接负责的主管人员和其他直接责任人员，依照第一款的规定处罚。

第一百二十九条　依法配备公务用枪的人员，丢失枪支不及时报告，造成严重后果的，处三年以下有期徒刑或者拘役。

（二）法律、司法解释、司法文件

1. **中华人民共和国枪支管理法**（2015 年 4 月 24 日修订）（节录）

第三条　国家严格管制枪支。禁止任何单位或者个人违反法律规定持有、制造（包括变造、装配）、买卖、运输、出租、出借枪支。

国家严厉惩处违反枪支管理的违法犯罪行为。任何单位和个人对违反枪支管理的行为有检举的义务。国家对检举人给予保护，对检举违反枪支管理犯罪活动有功的人员，给予奖励。

第二十五条　配备、配置枪支的单位和个人必须遵守下列规定：

（一）携带枪支必须同时携带持枪证件，未携带持枪证件的，由公安机关扣留枪支；

（二）不得在禁止携带枪支的区域、场所携带枪支；

（三）枪支被盗、被抢或者丢失的，立即报告公安机关。

第四十三条　违反枪支管理规定，出租、出借公务用枪的，依照刑法有关规定处罚。

单位有前款行为的，对其直接负责的主管人员和其他直接责任人员依照前款规定处罚。

配置民用枪支的单位，违反枪支管理规定，出租、出借枪支，造成严重后果或者有其他严重情节的，对其直接负责的主管人员和其他直接责任人员依照刑法有关规定处罚。

配置民用枪支的个人，违反枪支管理规定，出租、出借枪支，造成严重后果的，依照刑法有关规定处罚。

违反枪支管理规定，出租、出借枪支，情节轻微未构成犯罪的，由公安机关对个人或者单位负有直接责任的主管人员和其他直接责任人员处十五日以下拘留，可以并处五千元以下罚款；对出租、出借的枪支，应当予以没收。

第四十六条　本法所称枪支，是指以火药或者压缩气体等为动力，利用管状器具发射金属弹丸或者其他物质，足以致人伤亡或者丧失知觉的各种枪支。

2. **最高人民检察院关于将公务用枪用作借债质押的行为如何适用法律问题的批复**（高检发释字〔1998〕4号，自1998年11月3日起颁布实施）

重庆市人民检察院：

你院渝检（研）〔1998〕8号《关于将公务用枪用作借债抵押的行为是否构成犯罪及适用法律的请示》收悉。经研究，批复如下：

依法配备公务用枪的人员，违反法律规定，将公务用枪用作借债质押物，使枪支处于非依法持枪人的控制、使用之下，严重危害公共安全，是刑法第一百二十八条第二款所规定的非法出借枪支行为的一种形式，应以非法出借枪支罪追究刑事责任；对接受枪支质押的人员，构成犯罪的，根据刑法第一百二十八条第一款的规定，应以非法持有枪支罪追究其刑事责任。

3. **专职守护押运人员枪支使用管理条例**（自2002年7月27日起公布施行）（节录）

第十四条　专职守护、押运人员有下列情形之一的，所在单位应当停止其执行武装守护、押运任务，收回其持枪证件，并及时将持枪证件上缴公安机关：

（一）拟调离专职守护、押运工作岗位的；

（二）理论和实弹射击考核不合格的；

（三）因刑事案件或者其他违法违纪案件被立案侦查、调查的；

（四）擅自改动枪支、更换枪支零部件的；

（五）违反规定携带、使用枪支或者将枪支交给他人，对枪支失去控制的；

（六）丢失枪支或者在枪支被盗、被抢事故中负有责任的。

专职守护、押运人员有前款第（四）项、第（五）项、第（六）项行为，造成严重后果的，依照刑法关于非法持有私藏枪支弹药罪、非法携带枪支弹药危及公共安全罪、非法出租出借枪支罪或者丢失枪支不报罪的规定，依法追究刑事责任；尚不够刑事处罚的，依照枪支管理法的规定，给予行政处罚。

第十五条 依法配备守护、押运公务用枪的单位违反枪支管理规定，有下列情形之一的，对直接负责的主管人员和其他直接责任人员依法给予记大过、降级或者撤职的行政处分或者相应的纪律处分；造成严重后果的，依照刑法关于玩忽职守罪、滥用职权罪、丢失枪支不报罪或者其他罪的规定，依法追究刑事责任：

（一）未建立或者未能有效执行持枪人员管理责任制度的；

（二）将不符合法定条件的专职守护、押运人员报送公安机关审批或者允许没有持枪证件的人员携带、使用枪支的；

（三）使用枪支后，不报告公安机关的；

（四）未建立或者未能有效执行枪支、弹药管理制度，造成枪支、弹药被盗、被抢或者丢失的；

（五）枪支、弹药被盗、被抢或者丢失，未及时报告公安机关的；

（六）不按照规定审验枪支的；

（七）不上缴报废枪支的；

（八）发生其他涉枪违法违纪案件的。

（三）典型或常见问题的审理思路

1. 明知他人为猎杀珍贵野生动物而非法出借枪支，应认定非法出借枪支罪还是非法猎捕、杀害珍贵、濒危野生动物罪共犯？①

本书观点：行为人在出借枪支时，已经明知借用人将使用借用的枪支进行违法犯罪活动而出借，显然已经与借用人形成了共同的犯意，对行为人应以借用人所实施的犯罪的共犯追究刑事责任，而不能以非法出借枪支罪定罪处罚。

2. 丢失枪支后一直未发觉的，是否认定为不及时报告？

本书观点："丢失枪支不及时报告"，即行为人在自己配备的枪支丢失后，不及时向有关部门报告枪支丢失的情况。如果行为人在枪支丢失后，立即、如实地向有关部门报告了枪支丢失的情况，及时采取了补救措施的，则不构成本罪；如果行为人在枪支丢失后一段时间内一直未发觉丢失而被他人利用作案时，不宜认定其是不及时报告。

---

① 观点来源：青海省果洛藏族自治州中级人民法院（2006）果刑终字第11号刑事判决书。

二十八、非法携带枪支、弹药、管制刀具、危险物品危及公共安全罪

（一）刑法规定

第一百三十条　非法携带枪支、弹药、管制刀具或者爆炸性、易燃性、放射性、毒害性、腐蚀性物品，进入公共场所或者公共交通工具，危及公共安全，情节严重的，处三年以下有期徒刑、拘役或者管制。

（二）司法解释、司法文件

1. **最高人民法院关于审理非法制造、买卖、运输枪支、弹药、爆炸物等刑事案件具体应用法律若干问题的解释**（法释〔2009〕18号，2009年11月9日修正，自2010年1月1日起施行）（节录）

第六条　非法携带枪支、弹药、爆炸物进入公共场所或者公共交通工具，危及公共安全，具有下列情形之一的，属于刑法第一百三十条规定的“情节严重”：

（一）携带枪支或者手榴弹的；

（二）携带爆炸装置的；

（三）携带炸药、发射药、黑火药五百克以上或者烟火药一千克以上、雷管二十枚以上或者导火索、导爆索二十米以上的；

（四）携带的弹药、爆炸物在公共场所或者公共交通工具上发生爆炸或者燃烧，尚未造成严重后果的；

（五）具有其他严重情节的。

行为人非法携带本条第一款第（三）项规定的爆炸物进入公共场所或者公共交通工具，虽未达到上述数量标准，但拒不交出的，依照刑法第一百三十条的规定定罪处罚；携带的数量达到最低数量标准，能够主动、全部交出的，可不以犯罪论处。

第七条　非法制造、买卖、运输、邮寄、储存、盗窃、抢夺、持有、私藏、携带成套枪支散件的，以相应数量的枪支计；非成套枪支散件以每三十件为一成套枪支散件计。

2. 最高人民法院、最高人民检察院、公安部、司法部、国家卫生和计划生育委员会关于依法惩处涉医违法犯罪维护正常医疗秩序的意见（法发〔2014〕5号，自2014年4月24日起公布实施）（节录）

二、严格依法惩处涉医违法犯罪

（五）非法携带枪支、弹药、管制器具或者爆炸性、放射性、毒害性、腐蚀性物品进入医疗机构的，依照治安管理处罚法第三十条、第三十二条的规定处罚；危及公共安全情节严重，构成非法携带枪支、弹药、管制刀具、危险物品危及公共安全罪的，依照刑法的有关规定定罪处罚。

3. 公安部关于对少数民族人员佩带刀具乘坐火车如何处理问题的批复（2001年4月28日）

根据国务院批准、公安部发布的《对部分刀具实行管制的暂行规定》、（［83］公发（治）31号）的规定，管制刀具是指匕首、三棱刀（包括机械加工用的三棱刮刀）、带有自锁装置的弹簧刀（跳刀）以及其他相类似的单刃、双刃、三棱尖刀。任何人不得非法制造、销售、携带和私自保存管制刀具。少数民族人员只能在民族自治地区佩带、销售和使用藏刀、腰刀、靴刀等民族刀具；在非民族自治地区，只要少数民族人员所携带的刀具属于管制刀具范围，公安机关就应当严格按照相应规定予以管理。凡公安工作中涉及的此类有关少数民族的政策、法律规定，各级公安机关应当积极采取多种形式广泛宣传，特别是要加大在车站等人员稠密的公共场所及公共交通工具上的宣传力度。少数民族人员违反《中华人民共和国铁路法》和《铁路运输安全保护条例》携带管制刀具进入车站、乘坐火车的，由公安机关依法予以没收，但在本少数民族自治地区携带具有特别纪念意义或者比较珍贵的民族刀具进入车站的，可以由携带人交其亲友带回或者交由车站派出所暂时保存并出具相应手续，携带人返回时领回；对不服从管理，构成违反治安管理行为的，依法予以治安处罚；构成犯罪的，依法追究其刑事责任。

（三）典型或常见问题的审理思路

1. 如何区分本罪与非法持有、私藏枪支、弹药罪？

本书观点：这两种犯罪的主要区别，在于客观方面的表现不同。前者表现为非法携带枪支、弹药、管制刀具或者爆炸性、易燃性、放射性、毒害性、腐蚀性物品，进入公共场所或者公共交通工具，危及公共安全的行为；而后者只表现为非法持有、私藏枪支、弹药的行为。

2. 如何区分本罪与失火罪、过失爆炸罪？

本书观点：三者都是危害公共安全的犯罪，犯罪主体亦没有任何限制。但两者的主要区别是：（1）客观方面不同。本罪表现为行为人非法携带枪支、弹药、管制刀具或者爆炸性、易燃性、放射性、毒害性、腐蚀性物品，进入公共场所或者公共交通工具，危及公共安全、情节严重的；失火罪、过失爆炸罪在客观方面表现为因行为人过失行为而导致火灾或爆炸事故的发生，危害公共安全的。（2）犯罪的地点不同。本罪要求必须发生在公共场所或公共交通工具上；失火罪、过失爆炸罪没有地点上的限制。（3）主观方面不同。本罪表现为故意，是故意犯罪；而失火罪、过失爆炸罪在主观方面表现为过失，是过失犯罪。（4）对成立犯罪的要求不同。本罪是危险犯，构成本罪并不要求发生实际的危害结果，只要出现危及公共安全的危险，情节严重即可；失火罪、过失爆炸罪要求必须出现严重后果才构成犯罪。如果行为人非法携带上述危险物品进入公共场所或公共交通工具，并发生失火、爆炸等重大事故，造成严重后果的，则属于想象竞合犯，应从一重处断即以失火罪或过失爆炸罪论处。

3. 如何区分本罪与非法运输危险物质罪？

本书观点：行为人非法携带危险物品进入交通工具，与非法运输危险物品不同，前者是指随身带着危险物品进入公共交通工具，后者是指用交通工具把危险物品从一个地方运到另一个地方。前者具有少量、随身的特点，而且利用的是公共交通工具，后者一般不具有随身的特点，而且不一定使用交通工具。

4. 如何区分非法储存爆炸物罪和非法携带危险物品危及公共安全罪？①

本书观点：非法储存爆炸物罪和非法携带危险物品危及公共安全罪侵犯的客体都是不特定的公民生命、健康及公私财物的安全和国家对爆炸物等危险物品的管理制度。所谓非法储存爆炸物罪，是指违反国家有关规定，未经有关部门批准，私自收藏或存积爆炸物的行为，既可以藏在家中，又可以存放在他处，不论地点如何，只要属于非法，均不影响该罪成立。行为人是将炸药存放在自己的船上，并随船携带至货运码头，其行为符合非法储存爆炸

① 观点来源：《刑事审判参考》2005 年第 6 集（总第 47 集）。

物罪应具备的构成要件。但《最高人民法院关于审理非法制造、买卖、运输枪支、弹药、爆炸物等刑事案件具体应用法律若干问题的解释》第八条规定："刑法第一百二十五条第一款规定的'非法储存'是指明知是他人非法制造、买卖、运输、邮寄的枪支、弹药、爆炸物而为其存放的行为。"此司法解释无疑是对《刑法》第一百二十五条关于"非法储存"的认定作了限制性的解释，即行为人所储存的枪支、弹药、爆炸物是经他人非法制造、买卖、运输或邮寄的，并且是为他人存放的行为。而行为人私自存放的炸药并非他人非法制造、买卖、运输的炸药，且其获取的炸药是自己私藏，亦非为他人存放。因此依据最高人民法院的司法解释，按非法储存爆炸物罪定性有所不妥。非法携带危险物品危及公共安全罪，是指违反法律、法规，携带枪支、弹药、管制刀具或者危险物品进入公共场所或公共交通工具，危及公共安全，情节严重的行为。行为人实施了将私藏的炸药随船携带至公共场所（客运码头），危及公共安全的行为，且其在与他人发生纠纷时拿出炸药相威胁。依照《最高人民法院关于审理非法制造、买卖、运输枪支、弹药、爆炸物等刑事案件具体应用法律若干问题的解释》第六条第一款第三项、第五项的规定，属于《刑法》第一百三十条规定的"情节严重"的情形。故应当以非法携带危险物品危害公共安全罪定罪处罚。

5. 行为人将桶装汽油装进其携带的旅行包内，采用钻铁丝网的方式进入货车站，进入即将出发列车的车厢并将旅行包放在车厢尾部过道上，后被乘警发现。该行为是构成以危险方法危害公共安全罪还是非法携带危险物品危及公共安全罪？①

本书观点：以危险方法危害公共安全罪，是指故意以放火、决水、爆炸、投毒以外的并与之相当的危险方法，足以危害公共安全的行为。作为维护公共安全的一个兜底条款，在司法实践中，该罪所要求的其他危险方法主要表现为：私设电网、驾车撞人、向人群开枪以及制、输坏血、病毒血等；而非法携带危险物品危及公共安全罪，是指行为人违反国家相关规定携带危险物品进入公共场所或者公共交通工具并侵害不特定人人身安全的危害公共安全的行为。该罪成立所要求的危险方法只有一个即行为人携带危险物品进入公共场所或者进入公共交通工具。由此可见，行为人所采用的不同危险方法是

---

① 观点来源：成都铁路运输法院（2010）成铁刑初字第54号刑事判决书。

区分上述两个罪名的关键所在。行为人将汽油带上货车，不能查明在列车上具有自焚或者烧火车的故意。其非法携带易燃性物品进入公共交通工具从而危及公共安全的行为，更符合非法携带危险物品危及公共安全罪所要求的危险方法，因此，其行为构成非法携带危险物品危及公共安全罪。

二十九、重大飞行事故罪，铁路运营安全事故罪

（一）刑法规定

第一百三十一条　航空人员违反规章制度，致使发生重大飞行事故，造成严重后果的，处三年以下有期徒刑或者拘役；造成飞机坠毁或者人员死亡的，处三年以上七年以下有期徒刑。

第一百三十二条　铁路职工违反规章制度，致使发生铁路运营安全事故，造成严重后果的，处三年以下有期徒刑或者拘役；造成特别严重后果的，处三年以上七年以下有期徒刑。

（二）行政法规、司法解释、司法文件

1. **通用航空飞行管制条例**（自 2003 年 5 月 1 日起施行）（节录）

第四十一条　从事通用航空飞行活动的单位、个人违反本条例规定，有下列情形之一的，由有关部门按照职责分工责令改正，给予警告；情节严重的，处 2 万元以上 10 万元以下罚款，并可给予责令停飞 1 个月至 3 个月、暂扣直至吊销经营许可证、飞行执照的处罚；造成重大事故或者严重后果的，依照刑法关于重大飞行事故罪或者其他罪的规定，依法追究刑事责任：

（一）未经批准擅自飞行的；

（二）未按批准的飞行计划飞行的；

（三）不及时报告或者漏报飞行动态的；

（四）未经批准飞入空中限制区、空中危险区的。

2. **最高人民法院、最高人民检察院关于办理危害生产安全刑事案件适用法律若干问题的解释**（法释〔2015〕22 号，自 2015 年 12 月 16 日起施行）（节录）

第六条　实施刑法第一百三十二条、第一百三十四条第一款、第一百三十五条、第一百三十五条之一、第一百三十六条、第一百三十九条规定的行为，因而发生安全事故，具有下列情形之一的，应当认定为“造成严重后果”

或者“发生重大伤亡事故或者造成其他严重后果”，对相关责任人员，处三年以下有期徒刑或者拘役：

（一）造成死亡一人以上，或者重伤三人以上的；

（二）造成直接经济损失一百万元以上的；

（三）其他造成严重后果或者重大安全事故的情形。

第七条 实施刑法第一百三十二条、第一百三十四条第一款、第一百三十五条、第一百三十五条之一、第一百三十六条、第一百三十九条规定的行为，因而发生安全事故，具有下列情形之一的，对相关责任人员，处三年以上七年以下有期徒刑：

（一）造成死亡三人以上或者重伤十人以上，负事故主要责任的；

（二）造成直接经济损失五百万元以上，负事故主要责任的；

（三）其他造成特别严重后果、情节特别恶劣或者后果特别严重的情形。

第十二条 实施刑法第一百三十二条、第一百三十四条至第一百三十九条之一规定的犯罪行为，具有下列情形之一的，从重处罚：

（一）未依法取得安全许可证件或者安全许可证件过期、被暂扣、吊销、注销后从事生产经营活动的；

（二）关闭、破坏必要的安全监控和报警设备的；

（三）已经发现事故隐患，经有关部门或者个人提出后，仍不采取措施的；

（四）一年内曾因危害生产安全违法犯罪活动受过行政处罚或者刑事处罚的；

（五）采取弄虚作假、行贿等手段，故意逃避、阻挠负有安全监督管理职责的部门实施监督检查的；

（六）安全事故发生后转移财产意图逃避承担责任的；

（七）其他从重处罚的情形。

实施前款第五项规定的行为，同时构成刑法第三百八十九条规定的犯罪的，依照数罪并罚的规定处罚。

第十三条 实施刑法第一百三十二条、第一百三十四条至第一百三十九条之一规定的犯罪行为，在安全事故发生后积极组织、参与事故抢救，或者积极配合调查、主动赔偿损失的，可以酌情从轻处罚。

第十四条 国家工作人员违反规定投资入股生产经营，构成本解释规定的有关犯罪的，或者国家工作人员的贪污、受贿犯罪行为与安全事故发生存在关联性的，从重处罚；同时构成贪污、受贿犯罪和危害生产安全犯罪的，依照数罪并罚的规定处罚。

（三）典型或常见问题的审理思路

1. 如何区分重大飞行事故罪与暴力危及飞行安全罪？

本书观点：两者都属于危害航空运输安全的犯罪，其主要区别在于：（1）在犯罪形态上，前者属于结果犯，即只有导致发生重大飞行事故，造成严重后果的，才构成犯罪。根据《民用航空器飞行事故等级》规定的划分标准，飞行事故等级分为特别重大飞行事故、重大飞行事故、一般飞行事故。特别重大飞行事故是指人员死亡，死亡人数在40人及其以上者；或者航空器失踪，机上人员在40人及其以上者。重大飞行事故是指人员死亡，死亡人数在39人及其以下者；或者航空器失踪，机上人员在40人及其以下者。一般飞行事故是指人员重伤，重伤人数在10人及其以上者；或者最大起飞重量5.7t（含）以下的航空器严重损坏，或迫降在无法运出的地方；或者最大起飞重量5.7—50t（含）的航空器一般损坏，其修复费用超过事故当时同型或同类可比新航空器价格的10%（含）者；或者最大起飞重量50t以上的航空器一般损坏，其修复费用超过事故当时同型或同类可比新航空器价格的5%（含）者。而后者属于行为犯，即只要行为人实施了危及飞行安全的行为，就构成本罪，而不论是否发生了严重后果。（2）前者在主观方面表现为过失，这种过失主要是指行为人对危害后果的态度，行为人在违反规章制度上可能出于故意，但他对于发生飞行事故的严重后果则是过失。而后者在主观方面表现为直接故意。（3）前者为特殊主体，即只有航空人员才能构成本罪，根据《民用航空法》的规定，航空人员是指从事民用航空的空勤人员和地勤人员。空勤人员包括驾驶员、领航员、飞行通信员、机械员、乘务员；地勤人员包括民用航空维护人员、空中交通管制员、飞行签派员、航空台通信员，而后者则为一般主体。

2. 如何区分重大飞行事故罪与过失损坏交通工具罪、过失损坏交通设施罪？

本书观点：在实践中，过失损坏航空器或者航空设施的行为，也可能发生重大飞行事故，造成严重后果。因此，有必要区分重大飞行事故罪与过失损坏交通工具罪、过失损坏交通设施罪。重大飞行事故罪与过失损坏交通工具罪、过失损坏交通设施罪的区别表现为：（1）犯罪主体不同。重大飞行事故罪的犯罪主体是特殊主体，即航空人员；而过失损坏交通工具罪、过失损坏交通设施罪的主体是一般主体。（2）犯罪客观方面的表现不同。重大飞行事故罪的客观方面表现为违反规章制度，致使发生重大飞行事故，造成严重后果。违反规章制度是指违反与飞行安全有关的规章制度，例如，航空维修人员不认真检查、维修航空器，未及时发现航空器的故障；领航员领航不正确，飞机起飞前，机长不对航空器进行全面检查，飞机遇险时机长未采取必要的挽救措施；机组人员未经机长批准擅自离开航空器等；而过失损坏交通工具罪和过失损坏交通设施罪则表现为过失损坏交通工具或交通设施，造成严重后果的行为。

3. 如何区分重大飞行事故罪与重大责任事故罪？

本书观点：两者都是过失犯罪，都实施了违反规章制度的行为，并且以发生重大事故、造成严重后果作为构成犯罪的必备条件。主要区别在于：（1）犯罪主体不同。尽管两者都是特殊主体，重大飞行事故罪的犯罪主体仅限于航空人员；重大责任事故罪的主体则只能是工厂、矿山、林场、建筑企业或其他企业、事业单位的职工以及群众合作经营组织或个体经营户的从业人员。（2）发生的场合不同。重大飞行事故罪发生在航空器的飞行过程中，而重大责任事故罪则发生在生产、作业过程中。

4. 行政机关事故调查报告能否作为证据使用？

本书观点：行政机关作出的事故调查报告可以作为刑事诉讼证据使用。司法实践中，许多刑事案件并不直接由公安机关或者检察机关立案侦办，而是根据法律规定，由行政机关在行政执法或者查办案件过程中依法进行调查后，再将刑事犯罪案件线索移交公安机关或者检察机关立案侦查。这种情况在重特大危害生产安全刑事案件的调查处理过程中尤为常见。实践中，某一重特大生产安全事故发生后，一般先由相应级别的政府部门联合组成事故调查组开展事故调查，待作出明确的事故调查结论后，再将对事故负有责任的相关人员移交司法机关追究刑事责任。由于事故调查组在事故调查过程中已经收集、调取了大量的物证、书证等证据材料，并最终形成了事故调查报告，对于上述物证、书证和事故调查报告能否直接作为证据使用，就成为刑事诉讼过程中需要解决的问题。

对于行政机关收集的证据在刑事诉讼中能否采用以及应当如何采用的问题，1996 年《刑事诉讼法》并未作出明确规定。现行《刑事诉讼法》修订之前，在具体案件的处理过程中，对于行政机关收集、调取的物证、书证、证人证言、当事人陈述、鉴定结论、检验报告、勘查笔录、视听资料等证据材料，通常都要求在移送司法机关后，由侦查机关重新进行收集、调取。这种做法，一方面造成了司法资源的浪费，另一方面还可能导致一些证据材料由于时过境迁而无法重新收集、调取，为案件处理带来了困难，不利于及时有力地打击犯罪。为了解决实践中存在的问题，加强行政机关与司法机关在处理刑事犯罪案件方面的沟通和衔接，切实提高诉讼效率，2012 年《刑事诉讼法》修改时，专门增加了行政机关收集的证据材料在刑事诉讼过程中可以作为证据使用的规定。现行《刑事诉讼法》第五十四条第二款规定："行政机关在行政执法和查办案件过程中收集的物证、书证、视听资料、电子数据等证据材料，在刑事诉讼中可以作为证据使用。"《最高人民法院关于适用〈中华人民共和国刑事诉讼法〉的解释》第六十五条进一步规定："行政机关在行政执法和查办案件过程中收集的物证、书证、视听资料、电子数据等证据材料，在刑事诉讼中可以作为证据使用，经法庭查证属实，且收集程序符合有关法律、行政法规规定的，可以作为定案的根据。根据法律、行政法规规定行使国家行政管理职权的组织，在行政执法和查办案件过程中收集的证据材料，视为行政机关收集的证据材料。"根据上述规定，行政机关在行政执法和查办案件过程中收集的物证、书证、视听资料、电子数据等实物证据，由于具有较强的客观性，可以直接作为刑事诉讼证据使用，而行政机关收集的证人证言、当事人陈述等言词证据，由于主观性较强，容易发生变化，且行政机关收集言词证据的程序可能不够严谨，难以保证证据内容的真实性，因此一般不宜直接作为刑事诉讼证据使用，原则上应由侦查机关重新收集固定后才能采信。

值得研究的是，行政机关在行政执法过程中形成的鉴定意见、调查报告等证据材料，是否可以作为刑事诉讼证据使用？对于这个问题，刑事诉讼法和相关司法解释均未作出明确规定，我们认为，行政机关在行政执法过程中形成的鉴定意见、调查报告在取得途径、审查方式等方面，确实与物证、书证等实物证据存在较大差别，是否可以作为刑事诉讼证据使用，应当进行具体分析，不能一概而论。一般来讲，对于司法机关在刑事诉讼程序中可以依法重新鉴定、收集的鉴定和调查事项，比如说笔迹鉴定、人身伤亡鉴定等，原则上应当由司法机关依法重新鉴定、收集，以确保刑事案件的审判质量。但是，对于司法机关在刑事诉讼过程中难以依法重新鉴定、收集的专业性、时效性较强的鉴定和调查事项，比如说专利侵权鉴定、生产安全事故发生原因调查，等等，由于其形成过程需要高度依赖行政机关的专业知识，如果相关鉴定意见和调查报告无法作为刑事诉讼证据使用，而在案件进入刑事诉讼程序之后，司法机关又无能力重新进行鉴定或者调查，将十分不利于案件的公正审理。因此，对于此类鉴定意见和调查报告，经庭审质证和审判人员认真审查确认后，可以作为刑事诉讼证据

5. **如何界定铁路运营安全事故的范围？**

本书观点：铁路运营安全事故是刑法规定的概念，在相关行政法律、法规和规章中均没有相同的概念表述。根据《铁路交通事故调查处理规则》第二条的规定，铁路机车车辆在运行过程中发生冲突、脱轨、火灾、爆炸等影响铁路正常行车的事故，包括影响铁路正常行车的相关作业过程中发生的事故；或者铁路机车车辆在运行过程中与行人、机动车、非机动车、牲畜及其他障碍物相撞的事故，均为铁路交通事故。《铁路货运事故处理规则》规定，货物在铁路运输过程中发生灭失、短少、变质、污染、损坏以及严重的办理差错，在铁路内部均属于货运事故。《关于铁路行李包裹事故处理有关问题的通知》规定，行李包裹在铁路运输过程中发生火灾、爆炸或者物品损失的，构成行李包裹事故。另外，由于我国铁路普遍为旅客提供餐饮服务，还存在因餐车服务人员操作不当造成食物中毒事故的可能。上述铁路行车事故、货运事故、行李包裹事故和铁路旅客食物中毒事故，是否均可以认定为刑法规定的铁路运营安全事故，理论和实践中存在不同意见。有意见认为，铁路运营是指铁路企业的运输生产经营活动，其中包括旅客和货物的运输，在刑法未作出特殊限定的情况下，不应对铁路运营安全事故的范围作过多限制。根据《铁路法》第十条的规定，铁路运输企业应当保证旅客和货物运输安全，第五十八条还规定，因铁路行车事故及其他铁路运营事故造成人身伤亡的，铁路运输企业应当承担赔偿责任。综合来看，在铁路客货运输过程中发生的事故，不论是铁路行车事故，还是其他方面的事故，均应认定为刑法规定的铁路运营安全事故。

研究认为，上述意见值得商榷。首先，从字面意义上讲，铁路运营安全

事故，应当是指与铁路运营直接相关的安全事故，而不能泛指在铁路运营过程中发生的所有事故。而所谓铁路运营，其核心含义就是铁路行车活动。其次，从刑法的立法本意来看，铁路运营安全事故只能包括行车事故，即因为行车故障导致的安全事故，包括人员伤亡和财产损失等事故后果。刑法之所以将本罪与重大飞行事故罪、重大责任事故罪等罪名作并列规定，正是因为不同的行业领域中发生的安全事故具有各自不同的特点，而铁路运营之所以区别于民航飞行和一般意义上的生产、作业行为，就在于铁路火车行车的特殊性。如果认为铁路运营安全事故包括在铁路运输过程中发生的所有类型的事故，就混淆了铁路运营安全事故与发生在其他行业领域中事故的不同特点，在刑法中设置铁路运营安全事故罪就失去了必要性。因此，本罪中的铁路运营安全事故，仅指铁路行车安全事故，如列车出轨、颠覆、爆炸、相撞等事故。对于铁路运营过程中发生的货运事故、行李包裹事故和铁路旅客食物中毒事故，不宜以本罪论处。

6. 如何区分铁路运营安全事故罪与交通肇事罪？

本书观点：两罪都是过失犯罪，行为人都实施了违反有关规定的行为，且都与运输有关，都造成了重大事故。两罪的主要区别有：一是犯罪主体不同。铁路运营安全事故罪的犯罪主体是特殊主体，仅限于铁路职工；交通肇事罪的犯罪主体是一般主体，包括交通运输人员和非交通运输人员。二是发生的空间范围不同。铁路运营安全事故发生在铁路运输之中，而交通肇事罪发生在公路、水上运输之中。三是违反的规定不同。铁路运营安全事故罪违反的是铁路等部门制定的与铁路有关的运输管理、维修管理、操作规程、安全管理等方面的规章制度；交通肇事罪违反的是同保证公路、水上运输安全有关的各种法律、法规与制度。四是犯罪客体有所不同。铁路运营安全事故罪侵犯的客体是铁路运营安全；交通肇事罪侵犯的客体则是公路、水上运输安全。

7. 如何区分铁路运营安全事故罪与重大责任事故罪？

本书观点：二者都是过失犯罪，都发生了重大事故，造成严重后果。区别在于：（1）犯罪主体不同。本罪主体是铁路职工，后者主体包括对矿山生产、作业负有组织、指挥或者管理职责的负责人、管理人员、实际控制人、投资人等人员，以及直接从事矿山生产、作业的人员。（2）发生的场合不同。本罪发生于列车运营过程中，后者发生于生产作业过程中。

三十、交通肇事罪

（一）刑法规定

第一百三十三条[①] 违反交通运输管理法规，因而发生重大事故，致人重伤、死亡或者使公私财产遭受重大损失的，处三年以下有期徒刑或者拘役；交通运输肇事后逃逸或者有其他特别恶劣情节的，处三年以上七年以下有期徒刑；因逃逸致人死亡的，处七年以上有期徒刑。

（二）司法解释、司法文件及其权威解读

1. **最高人民法院关于审理交通肇事刑事案件具体应用法律若干问题的解释**（法释〔2000〕33号，自2000年11月21日起施行）

为依法惩处交通肇事犯罪活动，根据刑法有关规定，现将审理交通肇事刑事案件具体应用法律的若干问题解释如下：

第一条 从事交通运输人员或者非交通运输人员，违反交通运输管理法规发生重大交通事故，在分清事故责任的基础上，对于构成犯罪的，依照刑法第一百三十三条的规定定罪处罚。

第二条 交通肇事具有下列情形之一的，处三年以下有期徒刑或者拘役：

（一）死亡一人或者重伤三人以上，负事故全部或者主要责任的；

（二）死亡三人以上，负事故同等责任的；

（三）造成公共财产或者他人财产直接损失，负事故全部或者主要责任，无能力赔偿数额在三十万元以上的。

交通肇事致一人以上重伤，负事故全部或者主要责任，并具有下列情形之一的，以交通肇事罪定罪处罚：

（一）酒后、吸食毒品后驾驶机动车辆的；

（二）无驾驶资格驾驶机动车辆的；

（三）明知是安全装置不全或者安全机件失灵的机动车辆而驾驶的；

（四）明知是无牌证或者已报废的机动车辆而驾驶的；

---

① 本罪1979年《刑法》第一百一十三条作了规定，1997年《刑法》第一百三十三条对本罪的罪状作了修改补充。

（五）严重超载驾驶的；

（六）为逃避法律追究逃离事故现场的。

第三条　“交通运输肇事后逃逸”，是指行为人具有本解释第二条第一款规定和第二款第（一）至（五）项规定的情形之一，在发生交通事故后，为逃避法律追究而逃跑的行为。

第四条　交通肇事具有下列情形之一的，属于“有其他特别恶劣情节”，处三年以上七年以下有期徒刑：

（一）死亡二人以上或者重伤五人以上，负事故全部或者主要责任的；

（二）死亡六人以上，负事故同等责任的；

（三）造成公共财产或者他人财产直接损失，负事故全部或者主要责任，无能力赔偿数额在六十万元以上的。

第五条　“因逃逸致人死亡”，是指行为人在交通肇事后为逃避法律追究而逃跑，致使被害人因得不到救助而死亡的情形。

交通肇事后，单位主管人员、机动车辆所有人、承包人或者乘车人指使肇事人逃逸，致使被害人因得不到救助而死亡的，以交通肇事罪的共犯论处。

第六条　行为人在交通肇事后为逃避法律追究，将被害人带离事故现场后隐藏或者遗弃，致使被害人无法得到救助而死亡或者严重残疾的，应当分别依照刑法第二百三十二条、第二百三十四条第二款的规定，以故意杀人罪或者故意伤害罪定罪处罚。

第七条　单位主管人员、机动车辆所有人或者机动车辆承包人指使、强令他人违章驾驶造成重大交通事故，具有本解释第二条规定情形之一的，以交通肇事罪定罪处罚。

第八条　在实行公共交通管理的范围内发生重大交通事故的，依照刑法第一百三十三条和本解释的有关规定办理。

在公共交通管理的范围外，驾驶机动车辆或者使用其他交通工具致人伤亡或者致使公共财产或者他人财产遭受重大损失，构成犯罪的，分别依照刑法第一百三十四条、第一百三十五条、第二百三十三条等规定定罪处罚。

第九条　各省、自治区、直辖市高级人民法院可以根据本地实际情况，在三十万元至六十万元、六十万元至一百万元的幅度内，确定本地区执行本解释第二条第一款第（三）项、第四条第（三）项的起点数额标准，并报最高人民法院备案。

权威解读

《关于审理交通肇事刑事案件具体应用法律若干问题的解释》的理解与适用

近年来，交通肇事犯罪案件呈逐年上升趋势，严重威胁着公民的生命和财产安全。为依法惩处交通肇事犯罪活动，根据刑法有关规定，最高人民法院制定了《关于审理交通肇事刑事案件具体应用法律若干问题的解释》（以下简称《交通肇事解释》）。这部司法解释的出台，对于正确适用法律审理此类案件，具有十分重要的指导作用。司法实践中，应当着重把握以下几个问题。

一、关于交通肇事罪的主体

根据国务院于1988年3月9日发布的《道路交通管理条例》（已失效）第四条有关“凡在道路上通行的车辆、行人、乘车人以及在道路上进行与交通有关活动的人员，都必须遵守本条例”的规定，交通肇事行为的主体范围十分宽泛。从实际发生的交通肇事案件看，使用各种机动、非机动交通工具肇事的情形较为普遍，因行人违章造成交通事故的情形也时有发生，给公民的生命、健康和公私财产安全造成了极大危害。鉴于1997年《刑法》第一百三十三条将交通肇事罪主体扩大为一般主体，因此，《交通肇事解释》第一条规定：“从事交通运输人员或者非交通运输人员，违反交通运输管理法规发生重大交通事故，在分清事故责任的基础上，对于构成犯罪的，依照刑法第一百三十三条的规定定罪处罚。”

二、关于交通肇事罪的认定

《交通肇事解释》第一条强调，违反交通运输管理法规发生重大交通事故，在分清事故责任的基础上，对于构成犯罪的，依法定罪处罚。首先，分清事故责任是认定交通肇事罪的重要依据。根据国务院于1991年9月22日发布的《道路交通事故处理办法》（已失效）第十八条的规定，交通事故责任分为全部责任、主要责任、同等责任和次要责任。从有关部门提供的情况看，负事故次要责任的情形，由于其违章行为在交通事故中作用较小，损失后果不大，一般作行政处罚，不需追究刑事责任。对发生重大交通事故承担其他几种责任的情形，则确有追究刑事责任的必要。在论证过程中，一种意见认为，由于缺乏统一的定责标准，在认定事故责任方面存在着随意性较大、定责失衡等问题，建议在认定交通肇事罪问题上，可否不以交管部门出具的责任认定意见为依据。诚然，认定交通肇事罪的焦点问题集中在事故认定和责任分析上，比较特殊，也很复杂。但是，如果不以此为前提，则无法判定交通肇事行为人与肇事后果间的因果关系，更无法确定其应当承担行政责任还是刑事责任。有关事故责任认定方面的统一执法标准虽然仍需国家有关主管部门进一步规范，但在目前条件下，还应坚持以交管部门认定的事故责任为认定交通肇事罪的前提条件。此外，“两高”于1987年8月21日发布的《关于严格依法处理道路交通肇事案件的通知》（已失效）中也有类似表述，《交通肇事解释》延续了相关规定。

三、关于交通肇事罪中财产损失的认定

《刑法》第一百三十三条规定，发生重大交通事故，造成公私财产遭受重大损失的，依法追究刑事责任。对于“公私财产”是否包括肇事者个人财产问题，在有些情况下，就成为区分罪与非罪的界限。有的案件中，肇事者造成的公共财产及他人的财产损失数额不大，但自身遭受的财产损失惨重（比如名贵车肇事与低档车俱毁）。有种意见认为，在这种情况下，如果仅认定公共财产及他人的财产损失，数额不大的，则不构成交通肇事罪；如果将其自身财产一并计入损失数额，就可能符合定罪条件。因此，本着从严惩处这类犯罪的需要，应当将肇事人的个人财产损失一并计入损失数额。但是，交通肇事罪的危害在于对公共财产、他人人身及其财产造成的损失，自身的财产损失应当视为肇事人为自己的违章行为承担的经济责任，而不应将其作为承担刑事责任的条件。因此，《交通肇事解释》第二条中关于“造成公共财产或者他人财产直接损失”承担刑事责任的规定，是符合立法本意的。

四、关于肇事后逃逸的认定

“交通肇事后逃逸”，是修订后刑法关于交通肇事罪增加规定的加重处罚的情节。实践中，交通肇事后的逃逸行为具有较大的危害性，往往导致被害人无法得到救助、损失无法得到赔偿、案件查处难度增大等等，必须依法予以严惩。《交通肇事解释》第三条规定：“‘交通运输肇事后逃逸’，是指行为人具有本解释第二条第一款规定和第二款第（一）至（五）项规定的情形之一，在发生交通事故后，为逃避法律追究而逃跑的行为。”

首先，《交通肇事解释》将认定交通肇事后逃逸的前提条件界定为“逃避法律追究”。实践中，肇事人逃跑的目的大多是逃避法律追究，但也有少数人逃跑的目的是怕受害方或者其他围观群众对其进行殴打等。同样是逃跑，但这些人往往在逃离现场后，能够通过报告单位领导或者报警等方式，接受法律的处理。因此，对逃跑行为作上述区分是必要的，以保证准确适用法律，不枉不纵。

其次，《交通肇事解释》规定的“逃跑”，并没有时间和场所的限定。在论证过程中，有种意见认为，交通肇事后逃逸，应当理解为“逃离事故现场”的行为，实践中大多也是这种情况。但是，据交管部门提供的情况，有的肇事人并未在肇事后立即逃离现场（有的是不可能逃跑），而是在将伤者送至医院后或者等待交管部门处理的时候逃跑，类似的情形也有很多。如果仅将逃逸界定为逃离现场，那么，性质同样恶劣的逃避法律追究的行为就得不到严惩，可能会影响对这类犯罪行为的打击力度。因此，只要是在肇事后为逃避法律追究而逃跑的行为，都应视为“交通肇事后逃逸”。《交通肇事解释》采纳了这种意见。

五、关于逃逸致人死亡的认定

实践中，交通肇事逃逸后，发生被害人死亡结果的情形有多种，应当区分不同情况予以定性。

《交通肇事解释》第五条规定的，“因逃逸致人死亡”，是指行为人在交通肇事后为逃避法律追究而逃跑，致使被害人因得不到救助而死亡的情形。这一规定强调的是“被害人因得不到救助而死亡”，主要是指行为人主观上并不希望发生被害人死亡的后果，但是没有救助被害人或者未采取得力的救助措施，导致被害人死亡的情形。

此外，针对实践中较为多见的，司机在交通肇事后，单位主管人员、机动车辆所有人、承包人或者乘车人指使肇事人逃逸的行为，《交通肇事解释》第五条规定：“交通肇事后，单位主管人员、机动车辆所有人、承包人或者乘车人指使肇事人逃逸，致使被害人因得不到救助而死亡的，以交通肇事罪的共犯论处。”在论证过程中，有种意见认为，交通肇事罪是过失犯罪，以共犯来处理指使逃逸的人显然有违共犯理论。不可否认，司机肇事引发交通事故是过失的，对肇事行为不存在按照共犯处罚的问题。但是，鉴于《刑法》第一百三十三条将这种故意实施的行为规定为交通肇事罪加重处罚的情节，而且在肇事后逃逸的问题上，肇事人主观上是故意的，其他人指使其逃逸，具有共同的故意，当然符合共犯的构成条件。因此，《交通肇事解释》第五条的规定是符合立法本意的。

《交通肇事解释》第六条规定，行为人在交通肇事后为逃避法律追究，将被害人带离事故现场后隐藏或者遗弃，致使被害人无法得到救助而死亡或者严重残疾的，以故意杀人罪或者故意伤害罪定罪处罚。即行为人在肇事后，为了掩盖罪行、毁灭证据、逃避法律追究，将被害人带离事故现场后隐藏或者遗弃，如隐藏在杂草丛中，使被害人处于无法获得救助的境地，主观上是希望或者放任被害人死亡结果的发生。对这种情形，根据被害人伤亡的结果对行为人定罪处罚是适宜的。

六、关于单位主管人员等指使违章造成交通事故的定性

实践中，一些单位的主管人员、私营企业主、机动车辆所有人、机动车辆承包人等，为追求更大的经济效益，在"多拉快跑"思想的影响下，往往指使或者强令属下、雇工疲劳驾驶、严重超载、开快车、强行超车等，是引发重大恶性交通事故的重要原因。在这类案件中，如果仅仅处罚肇事行为人，显然不能有效发挥刑罚的惩戒作用。因此，为减少因上述原因引发的交通事故，《交通肇事解释》第七条规定："单位主管人员、机动车辆所有人或者机动车辆承包人指使、强令他人违章驾驶造成重大交通事故，具有本解释第二条规定情形之一的，以交通肇事罪定罪处罚。"

七、关于在公共交通管理的范围外，因使用交通工具致人伤亡行为的定性

实践中，在机关、厂矿、学校、封闭的住宅小区等没有实行公共交通管理的范围内，因使用交通工具致人伤亡或者造成财产损失的情形也较多，如何定性处理，是困扰司法实践的一个重要问题。依照道路交通管理法规的规定，交管部门只对在实行公共交通管理的范围内，如道路上发生的交通事故进行处理。同样是使用交通工具肇事，但由于不是在交通管理的范围内，交管部门无法进行处理。而其他职能部门也多以这种行为属于交通肇事为由而推诿管辖，致使一些被害人告状无门，犯罪行为得不到及时惩处。为此，参考最高人民检察院于1992年3月23日发布的《关于在厂（矿）区内机动车造成伤亡事故的犯罪案件如何定性处理问题的批复》（已失效）的有关内容，《交通肇事解释》第八条第二款规定："在公共交通管理的范围外，驾驶机动车辆或者使用其他交通工具致人伤亡或者致使公共财产或者他人财产遭受重大损失，构成犯罪的，分别依照刑法第一百三十四条、第一百三十五条、第二百三十三条等规定定罪处罚。"

八、关于《交通肇事解释》的适用范围

《交通肇事解释》只规定了发生在道路交通运输中的肇事犯罪行为的认定问题。从《刑法》第一百三十三条的规定看，交通肇事罪应当包括水运过程中发生的肇事行为。据掌握的情况，虽然水上交通运输管理法规中多有“构成犯罪依法追究刑事责任”的表述，但是实践中，即使是因违章行为发生事故，大多是按照海事海商案件处理的，由船东负责赔偿各种损失，船长等驾驶、技术操作人员也会被追究相应行政责任或者经济责任。交通肇事罪的规定虽不排除水上运输问题，但司法实践中对因水上运输发生重大事故如何适用法律问题反映并不突出，因此《交通肇事解释》暂未对此问题作出规定。

（撰稿：熊选国、孙军工）

2. **最高人民法院关于常见犯罪的量刑指导意见**（2017年4月1日施行）（节录）

四、常见犯罪的量刑

（一）交通肇事罪

1. 构成交通肇事罪的，可以根据下列不同情形在相应的幅度内确定量刑起点：

（1）致人重伤、死亡或者使公私财产遭受重大损失的，可以在二年以下有期徒刑、拘役幅度内确定量刑起点。

（2）交通运输肇事后逃逸或者有其他特别恶劣情节的，可以在三年至五年有期徒刑幅度内确定量刑起点。

（3）因逃逸致一人死亡的，可以在七年至十年有期徒刑幅度内确定量刑起点。

2. 在量刑起点的基础上，可以根据事故责任、致人重伤、死亡的人数或者财产损失的数额以及逃逸等其他影响犯罪构成的犯罪事实增加刑罚量，确定基准刑。

3. **最高人民法院关于处理自首和立功若干具体问题的意见**（法发〔2010〕60号，2010年12月22日发布）

一、关于“自动投案”的具体认定

交通肇事后保护现场、抢救伤者，并向公安机关报告的，应认定为自动投案，构成自首的，因上述行为同时系犯罪嫌疑人的法定义务，对其是否从宽、从宽幅度要适当从严掌握。交通肇事逃逸后自动投案，如实供述自己罪行的，应认定为自首，但依法以较重法定刑为基准，视情决定对其是否从宽处罚以及从宽处罚幅度。

权威解读

《关于处理自首和立功若干具体问题的意见》的理解与适用[①]

三、“自动投案”的具体认定

（四）交通肇事罪的自首

交通肇事后保护现场、抢救伤者、向公安机关报告的，能否认定为自动投案？实务界和学界存在很大争议。在《自首和立功意见》制定过程中也有不同意见，亟须明确规范。

认为此情形不能认定为自首的理由是：（1）《道路交通安全法》第七十条明确规定保护现场、抢救伤者、向公安机关报告是犯罪嫌疑人的法定义务，既然是履行法定义务，就不应当再重复评价。（2）《刑法》第一百三十三条对交通肇事罪规定了三种情形的量刑幅度，其中对未逃逸的情形规定了较轻的法定刑，对逃逸的情形特别规定了较重的法定刑，刑法中没有任何一种犯罪因行为人逃避即规定加重处罚，表明刑法也认为交通肇事犯罪嫌疑人保护现场、抢救伤者、向公安机关报告是其法定义务，不是自首，不需要给予自首从轻或者减轻处罚的待遇；相反，如不履行法定义务，应加重处罚。（3）对犯罪嫌疑人履行法定义务的行为不认定为自首，不必然引发鼓励肇事者逃逸的负面效果，因为逃逸与不逃逸行为的法定刑幅度完全不同，处罚结果差异较大。即使逃逸后又自首的，因为只能在更重的法定刑幅度内从宽，也不会出现量刑失衡。个别减轻处罚的，只要有特殊情形，也符合罪刑相适应原则。

认为此种情形应认定为自首的理由是：（1）《道路交通安全法》第七十条虽明文规定保护现场、抢救伤员、向公安机关报告是犯罪嫌疑人的法定义务，但与刑法上认定其为自动投案并不矛盾，后者是对前者的支持、鼓励。（2）如果否认交通肇事罪存在自首，而承认其他责任事故存在自首，明显会导致交通肇事罪与其他责任事故犯罪的不协调。（3）此情形认定为自首，有利于鼓励肇事者在最短时间内抢救伤者；反之，有可能助长逃逸行为，产生不良社会效果。（4）《刑法》第一百三十三条第一种量刑幅度内的不逃逸并

---

① 载《刑事审判参考》2011年第3集，法律出版社2011年版，第167－180页。

不等于自动投案，实践中还存在诸多既未逃逸也未自动投案的情形。(5) 自首是刑法总则规定的量刑制度，应对刑法分则个罪符合自首构成要件的情形普遍适用。

经研究，我们同意后一种意见。同时，为确保统一法律适用后有良好的导向和效果，将此情形规定为："交通肇事后保护现场、抢救伤者，并向公安机关报告的，应认定为自动投案，构成自首的，因上述行为同时系犯罪嫌疑人的法定义务，对其是否从宽、从宽幅度要适当从严掌握。交通肇事逃逸后自动投案，如实供述自己罪行的，应认定为自首，但依法以较重法定刑为基准，视情决定对其是否从宽处罚以及从宽处罚幅度。"

（三）典型或常见问题的审理思路

1. 如何区分本罪与破坏交通工具罪？

本书观点：两者侵犯的客体都是交通运输的秩序和安全，其主要区别在于：(1) 客观方面的表现不同。前者表现为违反交通管理法规而发生重大交通事故，致使人员伤亡或者使公私财产遭受重大损失的行为；而后者表现为实施破坏火车、汽车、电车、船只、航空器，足以使火车、汽车、电车、船只、航空器发生倾覆、毁坏危险，危害公共安全的行为。(2) 主观方面的内容不同。前者由过失构成；而后者由故意构成。

2. 如何区分本罪与以危险方法危害公共安全罪？

本书观点：行为人的行为违反交通运输管理法规，造成了伤亡实害后果，行为人对该后果具有过失，就成立交通肇事罪。但如行为人有违反交通运输管理法规的高度危险驾驶行为，产生了与放火、爆炸、投放危险物质相当的具体的公共危险，且行为人对该危险具有故意，则应认定为以危险方法危害公共安全罪。

3. 判定交通肇事责任是否以交管部门出具的责任认定意见为依据？

本书观点：2000 年 11 月 15 日《交通肇事解释》强调，分清事故责任是认定交通肇事罪的基础。根据国务院《道路交通安全法实施条例》的规定，交通事故责任分为全部责任、主要责任、同等责任和次要责任。从实践看，负事故次要责任的情形，由于其违章行为在交通事故中作用较小，损失后果不大，一般作行政处罚，不需要追究刑事责任。对发生的重大交通事故承担其他几种责任的情形，则确有追究刑事责任的必要。有关事故责任认定方面的统一执法标准目前仍需国家有关主管部门进一步规范，但在当前条件下，还应坚持以交管部门认定的事故责任为认定交通肇事罪的前提条件。

4. 交通肇事罪中财产损失是否包括肇事者个人财产？

本书观点：《刑法》第一百三十三条规定，发生重大交通事故，造成公私财产遭受重大损失的，依法追究刑事责任。对于“公私财产”是否包括肇事者个人财产问题，在有些情况下，就成为区分罪与非罪的界限。有的案件，肇事者造成的公共财产和他人的财产损失数额不大，但自身遭受的财产损失惨重（如名贵车肇事与低档车俱毁）。对此，《交通肇事解释》第二条明确限定为在“造成公共财产或者他人财产直接损失”内承担刑事责任。

5. 关于肇事后逃逸的认定问题

本书观点：“交通肇事后逃逸”，是1997年《刑法》关于交通肇事罪增加规定的加重处罚的情节。实践中，交通肇事后的逃逸行为具有较大的危害性，往往导致被害人无法得到救助、损失无法得到赔偿、案件查处难度增大等，必须依法予以严惩。《交通肇事解释》第三条规定：“‘交通运输肇事后逃逸’，是指行为人具有本解释第二条第一款规定和第二款第（一）至（五）项规定的情形之一，在发生交通事故后，为逃避法律追究而逃跑的行为。”这一解释将认定交通肇事后逃逸的前提条件界定为“逃避法律追究”。实践中，肇事人逃跑的目的大多是逃避法律追究，但也有少数人逃跑的目的是怕受害方或者其他围观群众对其进行殴打等。同样是逃跑，但这些人往往在逃离现场后，能够通过报告单位领导或者报警等方式，接受法律的处理。因此，对逃跑行为作上述区分是必要的，以保证准确适用法律，不枉不纵。另外，《交通肇事解释》所规定的“逃跑”，并没有时间和场所的限定。有的肇事人并未在肇事后立即逃离现场（有的是不可能逃跑），而是在将伤者送至医院后或者等待交管部门处理时逃跑。如果仅将逃逸界定为逃离现场，那么性质同样恶劣的逃避法律追究的行为就得不到严惩，可能会影响对这类犯罪行为的惩处力度。因此，只要是在肇事后为逃避法律追究而逃跑的行为，都应视为“交通肇事后逃逸”。

6. 交通肇事逃离现场后又投案自首的行为能否认定“肇事逃逸”?[①]

本书观点：刑法禁止交通肇事后逃逸，主要目的在于最大限度地保护被害人的利益，维护交通管理秩序。认定肇事人“逃逸”不能仅仅看肇事人是否离开现场，其关键在于肇事人是否同时具备“积极履行救助义务”和“立即投案”的行为特征。如果肇事人肇事后积极对被害人进行救助，如拦截车辆将被害人送往医院，并立即报案在医院守候等待公安机关的审查处理，虽然其离开了肇事现场，但系为了救助被害人所致，当然不属于交通肇事后“逃逸”。反之，如果肇事人积极履行救助义务后没有立即投案，如将被害人送往医院后而逃跑的；或者虽然肇事人立即投案但有能力履行却没有积极履行救助义务，均属于肇事后“为逃避法律追究”的“逃逸”行为。如果行为人案发后留在现场，积极配合交通警察查处，且及时救助受伤人员，已经履行了道路交通安全法规定的肇事者必须履行的法定义务。在被害人住院治疗期间离开案发地，是否构成“交通肇事后逃逸”情节，关键在于行为人主观上是否具有逃避法律追究的目的。我们认为，行为人离开案发地的行为客观上没有影响到案发时对被害人的及时救助，没有导致事故损失的扩大。如果行为人离开案发地的时间是在交通警察已经对事故现场勘查后，被害人在医院治疗期间。这个期间内，事故的危害结果处于待定状态，行为人的法律责任也处于待定状态，公安机关也未对其采取任何强制措施。更为主要的是，行为人在得知被害人医治无效死亡后，主动向公安机关投案，接受处罚，由此可见，行为人的行为并没有妨害民警对事故的查处，即不能认定为“交通肇事后逃逸”。

7. 交通肇事后，行为人因受伤在医院治疗，公安机关向其询问案情时，拒不交代肇事经过，并虚构身份信息，后逃离医院的行为，如何处理?[②]

本书观点：交通肇事后，行为人因受伤在医院治疗，公安机关向其询问案情时，拒不交代肇事经过，并虚构身份信息，后逃离医院的行为，应认定为交通肇事后逃逸。

（一）“交通肇事后逃逸”的认定标准

要认定逃逸，行为人主观上必须具有“为了逃避法律追究”的目的，客

---

① 观点来源：最高人民法院刑事审判第一、二、三、四、五庭编：《中国刑事审判指导案例（危害公共安全罪）》，法律出版社2009年版，第122－124页。

② 观点来源：《刑事审判参考》2012年第4集。

观上实施了逃跑行为，且这里的逃跑不应限定为仅从事故现场逃跑。司法实践中，存在大量交通肇事后逃逸的情形。有的肇事者因在事故中受伤而没有现场逃跑的条件，却在治疗中见机逃离；有的肇事者将伤者送到医院抢救后发现伤势严重或者死亡，则留下假名、假电话后失踪。这些情况同样体现出行为人的主观恶性加深，加大了案件的侦破难度，增加了被害人生命财产损失的风险。因此，只要是在交通肇事后为逃避法律追究而逃离的行为，都应当认定为“交通肇事后逃逸”。

（二）认定“交通肇事后逃逸”的时空界限

有观点认为逃逸行为仅限定在事故现场。我们认为，这种观点值得商榷。一是法律、法规及相关规范性文件均未对逃逸的时间和地点作限制规定。如果仅将逃逸行为限定在事故现场，那么性质同样恶劣的逃避法律追究的行为就得不到有效规制，如此势必会影响此类犯罪的惩罚力度，也与相关立法精神不符。二是在司法实践中，肇事者往往在事故现场无法逃离，如肇事者自己受伤或者被卡在车内、遭被害人亲属围堵或者公安人员及时赶到现场等情形。但在调查取证或者医院治疗期间，肇事者往往借对其人身约束相对放松的机会而逃离。因此，对事后逃逸行为有必要与事故现场逃逸行为一样予以打击。

当然，对于交通肇事后逃逸行为，也不能一概认定为交通肇事逃逸。实践中，在交通事故发生后，肇事者在事故现场遭到被害人亲属等围攻，被害人亲属由于悲愤情绪对肇事者实施殴打报复的情形并不少见。这种在事故现场肇事者因害怕被殴打报复而暂时躲避，或者在将被害人送到医院抢救后，因害怕被殴打报复而暂时躲避，事后又主动归案的，不应认定为交通肇事逃逸。对于在事故现场，肇事者因害怕遭到被害人亲属等的殴打而逃离现场所涉及的主观认定，必须从严，必须是在被害人亲属等可能及时赶到事故现场的情形。在该情形下，肇事者逃离现场一般不会严重影响到对被害人的抢救治疗，更何况肇事者事后又主动归案，表明其并无逃避相关法律责任的主观心理和客观表现。如果肇事者明知被害人亲属等不可能及时赶到现场，则表明肇事者并非因害怕遭到殴打而逃离现场，其对被害人的生死具有置之不理的心理，因此对其逃离事故现场行为应当认定为交通肇事逃逸。对于肇事者将被害人送到医院抢救情形，肇事者因害怕家属殴打报复，暂时躲避，事后又主动归案的，表明肇事者已履行了抢救义务，客观上又未逃避法律责任，亦不能认定为交通肇事逃逸。

8. 肇事者已经履行道路交通安全法规定的肇事者必须履行的法定义务，接受公安机关处理后，在侦查、起诉、审判阶段逃离，或者经传唤不到案，取保候审或者被监视居住期间逃跑，是否认定为“肇事后逃逸”？①

本书观点： 该行为人只是违背刑事诉讼法规定的法定义务的，不能认定为“肇事后逃逸”。

9. 关于逃逸致人死亡的认定问题

本书观点： 实践中，交通肇事后逃逸，发生被害人死亡结果的情形有多种，《交通肇事解释》强调应当区分不同情况予以定性：

（1）《交通肇事解释》第五条规定“因逃逸致人死亡”，是指行为人在交通肇事后为逃避法律追究而逃跑，致使被害人因得不到救助而死亡的情形。这一规定强调的是“被害人因得不到救助而死亡”，主要是指行为人主观上并不希望发生被害人死亡的后果，但是没有救助被害人或者未采取得力的救助措施，导致发生被害人死亡结果的情形。

（2）《交通肇事解释》第六条规定，行为人在交通肇事后为掩盖罪行、毁灭证据，逃避法律追究，将被害人带离事故现场后隐藏或者遗弃，致使被害人无法得到救助而死亡或者严重残疾的，以故意杀人罪或者故意伤害罪定罪处罚。如将被害人隐藏在杂草丛中，使被害人处于无法获得救助的境遇，主观上是希望或者放任被害人死亡结果的发生。对这种情形，根据被害人伤亡的结果对行为人定罪处罚是适宜的。

10. 如何准确把握“交通肇事后将被害人带离事故现场后遗弃，致使被害人无法得到救助而死亡”的情形？②

本书观点：《交通肇事解释》第六条规定，行为人在交通肇事后为逃避法律追究，将被害人带离事故现场后隐藏或者遗弃，致使被害人无法得到救助而死亡或者严重残疾的，应当分别依照《刑法》第二百三十二条、第二百三十四条第二款的规定，以故意杀人罪或者故意伤害罪定罪处罚。故以故意杀人罪或者故意伤害罪追究刑事责任应当符合三个条件：一是行为人必须有在交通肇事后将被害人带离事故现场后隐藏或者遗弃的行为；二是其目的是逃

---

① 观点来源：《刑事审判参考》2013 年第 3 集（总第 92 集）。

② 观点来源：最高人民法院刑事审判第一、二、三、四、五庭编：《中国刑事审判指导案例（危害公共安全罪）》，法律出版社 2009 年版，第 107 – 110 页。

避法律追究；三是被害人死亡或者严重残疾，且该结果是因被隐藏或遗弃而无法得到救助所致。如果行为人有为逃避法律追究遗弃被害人的行为，客观上发生了被害人死亡的结果，但被害人死亡的具体时间、死亡结果是否因被遗弃而无法得到救助所致，均无法得到证实。例如行为人在交通肇事后即将被害人抱送附近诊所救治，并按医嘱速送被害人去医院抢救，其后来遗弃被害人是在认为被害人已死亡的主观状态下作出的，因此无法确认被害人在被遗弃时是否尚未死亡、其死亡结果在得到有效救治情况下是否能够避免、死亡结果是否因被遗弃而无法得到救助所致。在上述情况下，被害人的死亡与行为人的遗弃行为有无刑法的因果关系无法认定，本着有利被告人的原则，对其以交通肇事罪定罪处罚是正确的。

11. 行为人交通肇事后明知有异物被拖拽于汽车底下，继续驾车逃逸放任他人死亡结果发生的，如何定性?①

本书观点：对于行为人将被害人撞倒后，为驾车逃离现场，而驾车冲撞、碾压、拖拽被害人，致被害人死亡的，因其行为具有连续性，是在继续驾车前进过程中发生，加之行为人系酒后驾驶，辨认能力和控制能力在不同程度上受到酒精的影响，其是否能够认识到发生交通事故，以及继续驾车时冲撞、碾压、拖拽了被害人，实践中认定起来比较难，进而影响到对其行为的定性。对于此种情形，需要结合发生交通事故的具体情形、行为人的醉酒程度、现场的环境等因素综合分析行为人的主观意志状态。（1）区分交通肇事罪和故意杀人罪的要点之一在于判断行为人实施了交通肇事一个行为还是交通肇事和故意杀人两个行为（将交通工具作为故意杀人的工具，实施了一个杀人行为的除外）。（2）区分交通肇事罪和故意杀人罪的另一要点是判断行为人能否认识到其行为的性质（即认识状态），并进而据此认定行为人的意志状态（是放任还是反对、否定态度）。对于酒后驾驶者，需要判断其辨认能力和控制能力受到酒精的影响程度，特别是行为人实施了交通肇事和杀人两个行为的，需要判断行为人对其杀人行为是否有认识。（3）根据后行为吸收先行为、重行为吸收轻行为的刑法原理，对此种行为可以作为吸收犯，以一罪论处。

---

① 观点来源：《刑事审判参考》2013 年第 5 集（总第 94 集），指导案例第 910 号。

12. 行为人交通肇事逃逸后主动投案，如实供述自己罪行，是否构成自首?[①]

分歧观点：交通肇事后逃逸不存在自首问题，如认定自首，说明行为人没有逃避法律追究的主观目的，则不能认定为逃逸。

本书观点：行为人交通肇事逃逸后主动投案，如实供述自己罪行，仍可以成立自首。理由是：（1）刑法总则规定的自首制度，应对刑法分则各罪符合自首成立要件的情形普遍适用。按照刑法总则指导分则的原理，无论行为人交通肇事后是否逃逸，只要符合《刑法》第六十七条规定的自首成立要件，即自首投案、如实供述自己罪行两个要件，均可成立自首情节。（2）“交通肇事后逃逸”和“投案自首”是在两种主观故意支配下实施的两个独立行为，应分别进行法律评价。逃逸是行为人为逃避法律追究而实施的逃跑行为，自首是行为人出于本人意愿自动投案、如实供述罪行的行为，两者相互独立、互不影响。不能因为行为人肇事后逃逸而否定其事后投案自首，也不能因为其事后自首而推翻其先前逃逸行为的认定。（3）对自动投案、如实供述罪行的交通肇事逃逸者适用自首，有利于鼓励肇事者主动投案，悔过自新；同时，有利于在最短时间内查清事实、分清责任，及时赔偿被害方，使案件得以及时侦破、审结，节约司法资源，复核立法本意。基于此，2010 年《自首和立功意见》第一条第三款明确规定：“……交通肇事后逃逸自动投案，如实供述自己罪行的，应认定为自首，但应依法以较重法定刑为基准，视情决定对其是否从宽处罚以及从宽处罚的幅度。”

13. 行为人有多个违反交通运输管理法规的行为时，如果肇事后逃逸作为认定交通肇事罪的依据的，根据禁止重复评价原则，不得再作为加重处罚情节。[②]

本书观点：肇事后逃逸可视情评价为入罪情节或加重处罚情节。逃逸情节作为入罪条件，可分为两种情形：第一，逃逸作为事故责任认定的依据。交通肇事罪的认定以分清事故责任为基础，要求行为人承担同等以上（包括同等、主要或者全部）责任，如仅承担次要责任或者无责任，就不构成交通肇事罪。而逃逸行为与责任认定密切相关。根据《道路交通安全法实施条例》

---

① 观点来源：《刑事审判参考》2011 年第 3 集。

② 观点来源：《刑事审判参考》2013 年第 3 集。

第九十二条，发生交通事故后当事人逃逸的，逃逸的当事人承担全部责任，但有证据证明对方当事人也有过错的，可以减轻责任。也就是说，在因行为人逃逸导致交通事故责任无法认定的情况下，逃逸行为就作为认定行为人承担主要或者全部责任的依据，继而作为交通肇事罪的入罪条件。根据《交通肇事解释》第二条第一款的规定，因逃逸被认定承担同等以上责任，造成的人员伤亡情况或财产损失情况达到该款规定标准的，可能构成交通肇事罪。第二，逃逸行为与其他条件结合作为入罪条件。《交通肇事解释》第二条第二款规定了交通肇事致人重伤构成犯罪的情形，在此情况下，逃逸与致一人以上重伤，负事故全部或者主要责任相结合作为入罪条件。值得注意的是，根据《交通肇事解释》第二条第二款认定犯罪时，如在责任认定环节已经考虑了逃逸情节，则只能根据该款规定的前五种情节判断行为人是否构成犯罪，不能依据该款第六项"为逃避法律追究逃离事故现场"认定行为人构成交通肇事罪，否则就是对逃逸行为的重复评价。同理，根据禁止重复评价原则，在上述两种情形下，逃逸行为都不能再作为加重处罚情节使用。根据《刑法》第一百三十三条的规定，逃逸行为作为加重处罚情节的条件是，行为人逃逸之前的肇事行为从损害后果和应负的责任看，已构成交通肇事罪的基本犯。

14. 肇事交通工具的单位主管人员负有责任的，是否可以构成交通肇事罪？①

本书观点：（1）交通肇事罪的犯罪主体是一般主体，司法实践中，虽然交通肇事罪主要由"从事交通运输的人员"构成，但从1997年《刑法》取消了1979年《刑法》第一百一十三条"从事交通运输的人员"和"非交通运输人员"之分的立法本意来看，立法肯定了交通肇事罪既可以由从事交通运输的人员构成，也可以由非交通运输人员构成。这里所说的"从事交通运输的人员"，既包括交通运输业的直接经营人员，也包括交通运输业的管理人员。"非交通运输人员"是指与交通运输的经营、管理无关的人员。（2）非交通运输管理人员违反交通运输管理法规，也可以引起重大交通事故。如根据《道路交通管理条例》第七条的规定，行人必须走人行道，借道通行时，应当让在其本道内行驶的车辆优先通行。《道路交通事故处理办法》第十七条

① 观点来源：最高人民法院刑事审判第一、二、三、四、五庭编：《中国刑事审判指导案例（危害公共安全罪）》，法律出版社2009年版，第92－95页。

规定，当事人有违章行为，其违章行为与交通事故有因果关系的，应当负交通事故责任。《交通肇事解释》第一条规定："从事交通运输人员或者非交通运输人员，违反交通运输管理法规发生重大交通事故，在分清事故责任的基础上，对于构成犯罪的，依照《刑法》第一百三十三条的规定定罪处罚。"因此，非交通运输人员，如行人在借道通行时未避让在本道内行驶的车辆，致使在本道内行驶的车辆发生碰撞，造成人员伤亡或者重大公私财产损失的，应以交通肇事罪追究行人的刑事责任。（3）船舶所有人属于对船舶的营运安全负有管理职责的人员。根据《内河交通安全管理条例》第十条的规定，船舶的所有人或者经营人必须对其所有或者经营的船舶、排筏、设施的安全负责，并且必须做到：①加强对船舶、排筏、设施的安全技术管理，使之处于适航状态或者保持良好技术状况；②配备的船员、排工或者人员必须符合国家有关规定，不得任用无合格职务证书或者合格证件的人员担任船长、轮机长、驾驶员、轮机员、报务员、话务员、驾长、渡头和排头工；③加强对船员、排工和其他人员的技术培训和安全教育，不得强令所属人员违章操作；④根据船舶的技术性能、船员条件、限定航区和水文气象条件，合理调度船舶；⑤接受主管机关的监督和管理。无论船舶的所有人是否亲自、直接经营交通运输业，都应当对船舶的营运安全负责。船舶的所有人不履行或者不正确履行自己的职责，指使或者强令船舶的经营人违章驾驶，造成重大交通事故的，应当以交通肇事罪定罪处罚。参照《交通肇事解释》第七条"单位主管人员、机动车辆所有人或者机动车辆承包人指使、强令他人违章驾驶造成重大交通事故"，以交通肇事罪定罪处罚的规定，肇事船舶的单位主管人员负有责任的，完全符合交通肇事罪的构成要件，应当以交通肇事罪追究其刑事责任。

15. 交通肇事逃逸后以贿买的方式指使他人冒名顶罪、作伪证的，如何处理?①

本书观点：在交通肇事逃逸后以贿买的方式指使他人冒名顶罪、作伪证的，应以交通肇事罪和妨害作证罪两罪并罚。

① 观点来源：《刑事审判参考》2011年第2集（总第79集），指导案例第681号。

16. 船舶碰撞发生船只倾覆、船员落水的后果，肇事责任人能够救助而不救助，逃离现场致使落水船员死亡的行为如何认定?①

分歧观点：对该行为的认定存在两种意见：第一种意见认为该行为构成"交通肇事罪"；第二种意见认为，该行为构成"故意杀人罪"。

本书观点：同意第二种意见。理由是：(1) 先行行为是产生作为义务的来源之一，海上船舶碰撞使对方船员落水而逃逸的，证明肇事者决意拒绝履行救助义务，放弃处于危险境地的船员生命，依法可构成不作为的故意杀人罪。申言之，海上船舶肇事通常没有第三方救助的可能，逃逸行为使落水人员丧失唯一获救的机会，认定故意杀人罪符合案件事实与法律规定。(2) 对该行为认定故意杀人罪，符合《交通肇事解释》第六条关于"行为人在交通肇事后为逃避法律追究，将被害人带离事故现场后隐藏或者遗弃，致使被害人无法得到救助而死亡或者严重残疾的，应当分别依照刑法第二百三十二条、第二百三十四条第二款的规定，以故意杀人罪或故意伤害罪定罪处罚"规定的内在精神。在茫茫大海上，肇事船舶的逃逸行为使落水人员处于无人救助的危险境地，与《交通肇事解释》中"将被害人带离事故现场后隐藏或者遗弃，致使被害人无法得到救助而死亡"的情形相吻合。该解释之所以将该种情形定性为故意杀人罪，是因为"隐藏或遗弃"作为一种先前行为致使受害人处于无人救助的危险境地，不履行救助义务便意味着放任受害人死亡结果的发生，故符合不作为故意杀人罪的构成要件。(3) 肇事船舶在明知船员落水情况下的逃离现场行为不同于一般的交通肇事逃逸行为。陆上车辆肇事逃逸会有途经车辆或人员施救的可能，而海上船舶肇事很难得到他船的救助，即使附近船舶闻讯赶来，通常也来不及挽回落水人员的生命，即使在水温较高的夏季，海浪、暗流也时刻会吞噬落水人员的生命。相比而言，茫茫大海发生的逃逸行为，其实际危险性与危害性更为突出，在其行为符合不作为的故意杀人罪构成要件的情况下，应当优先考虑适用该罪名，唯此方能体现罪责刑相适应原则。

① 观点来源：《刑事审判参考》第 1285 号指导案例。

（四）疑难、复杂问题的参考性解答

1. 对运输货车自行滑坡造成他人死亡如何定性处理？

本书观点：行为人严重超载与事故发生之间如有因果关系，行为人的行为已符合交通肇事罪的构成，但考虑到该情况发生具有一定的偶发性，如通过民事赔偿能够化解矛盾，被害方不坚持追诉，也可不追究行为人的刑事责任。如行为人严重超载与事故发生之间不能认定存在因果关系，则应认定为意外事件。

2. 肇事人明知未死亡被害人可能会被后续车辆碾压仍然逃离的，如何定罪处罚？

本书观点：机动车驾驶人在其发生交通肇事后，应当负有救助、报警的法定作为义务，但其有能力履行而不履行，并明知不履行可能导致被害人死亡结果发生的情况下，仍然放任该危害结果的发生，最终导致被害人死亡，应当构成故意杀人罪。

3. 行为人违反交通法规，酒后高速驾驶摩托车，为逃避检查逆行冲关，将突然跑至公路中间拦截违章行车的执勤武警战士撞伤致死，如何定性？①

分歧观点：一种意见认为构成故意杀人罪；另一种意见认为构成交通肇事罪。

本书观点：行为人从当时无人无车的逆行车道上冲关的行为是故意的，其故意的内容是为了逃避检查和扣车，其无法预料到执行武警战士会突然出现在逆行车道上进行拦截，在他发现后，车速和距离已经决定了相撞是不可避免的。因此无法认定行为人对撞死武警事先在主观上持有明知或者放任的心理态度，其行为应认定为交通肇事罪。

4. 在公共交通管理的范围外，因使用交通工具致人伤亡行为如何定性？

本书观点：实践中，在机关、厂矿、学校、封闭的住宅小区等没有实行公共交通管理的范围内，因使用交通工具致人伤亡或者造成财产损失的情形较多，如何定性处理是困扰司法部门的一个重要问题。依照道路交通管理法规的规定，交管部门只对在实行公共交通管理的范围内，如道路上发生的交通事故进行处理。同样是使用交通工具肇事，但由于不是在交通管理的范围

---

① 观点来源：《最高人民法院公报》1999 年第 4 期。

内，交管部门无法进行处理。而其他职能部门也多以这种行为属于交通肇事为由而推诿管辖，致使一些案件被害人告状无门，犯罪行为得不到及时惩处。为此，参照最高人民检察院于 1992 年 3 月 23 日发布的《关于在厂（矿）区内机动车造成伤亡事故的犯罪案件如何定性处理问题的批复》（已失效）的有关内容，《交通肇事解释》第八条第二款规定：“在公共交通管理的范围外，驾驶机动车辆或者使用其他交通工具致人伤亡或者致使公共财产或者他人财产遭受重大损失，构成犯罪的，分别依照刑法第一百三十四条、第一百三十五条、第二百三十三条等规定定罪处罚。”但是，根据《道路交通安全法》第七十七条“车辆在道路以外通行时发生的事故，公安机关交通管理部门接到报案的，参照本法有关规定办理”的规定，其实已经确立了对于在公共交通管理范围以外发生的交通肇事行为，依然应当按照交通肇事罪追究肇事者的刑事责任。这是司法实践中应当注意的行政立法对刑事法律适用问题带来的变化。

（五）量刑指导或参考

《刑法》第一百三十三条规定，犯交通肇事罪的，处三年以下有期徒刑或者拘役；交通运输肇事后逃逸或者有其他特别恶劣情节的，处三年以上七年以下有期徒刑；因逃逸致人死亡的，处七年以上有期徒刑。

司法机关在适用本条规定处罚时，具体量刑标准应当按照《交通肇事解释》的规定执行：

1. 交通肇事具有下列情形之一的，处三年以下有期徒刑或者拘役：（1）死亡一人或者重伤三人以上，负事故全部或者主要责任的；（2）死亡三人以上，负事故同等责任的；（3）造成公共财产或者他人财产直接损失，负事故全部或者主要责任，无能力赔偿数额在三十万元以上的。

交通肇事致一人以上重伤，负事故全部或者主要责任，并具有下列情形之一的，以交通肇事罪定罪处罚：（1）酒后、吸食毒品后驾驶机动车辆的；（2）无驾驶资格驾驶机动车辆的；（3）明知是安全装置不全或者安全机件失灵的机动车辆而驾驶的；（4）明知是无牌证或者已报废的机动车辆而驾驶的；（5）严重超载驾驶的；（6）为逃避法律追究逃离事故现场的。

2. 交通肇事具有下列情形之一的，属于“有其他特别恶劣情节”，处三年以上七年以下有期徒刑：（1）死亡二人以上或者重伤五人以上，负事故全部或者主要责任的；（2）死亡六人以上，负事故同等责任的；（3）造成公共财产或者他人财产直接损失，负事故全部或者主要责任，无能力赔偿数额在六十万元以上的。

三十一、危险驾驶罪

（一）刑法规定

第一百三十三条之一[①] 在道路上驾驶机动车，有下列情形之一的，处拘役，并处罚金：

（一）追逐竞驶，情节恶劣的；

（二）醉酒驾驶机动车的；

（三）从事校车业务或者旅客运输，严重超过额定乘员载客，或者严重超过规定时速行驶的；

（四）违反危险化学品安全管理规定运输危险化学品，危及公共安全的。

机动车所有人、管理人对前款第三项、第四项行为负有直接责任的，依照前款的规定处罚。

有前两款行为，同时构成其他犯罪的，依照处罚较重的规定定罪处罚。

（二）法律、司法解释、司法文件及其权威解读

1. **中华人民共和国道路交通安全法**（2021年4月29日修正）（节录）

第九十一条第二款 醉酒驾驶机动车的，由公安机关交通管理部门约束至酒醒，吊销机动车驾驶证，依法追究刑事责任。

第一百一十九条 本法中下列用语的含义：

（一）“道路”，是指公路、城市道路和虽在单位管辖范围但允许社会机动车通行的地方，包括广场、公共停车场等用于公众通行的场所。

（二）“车辆”，是指机动车和非机动车。

（三）“机动车”，是指以动力装置驱动或者牵引，上道路行驶的供人员

---

① 本条由2011年2月25日《刑法修正案（八）》第二十二条增正：“在道路上驾驶机动车追逐竞驶，情节恶劣的，或者在道路上醉酒驾驶机动车的，处拘役，并处罚金。有前款行为，同时构成其他犯罪的，依照处罚较重的规定定罪处罚。”2015年8月29日《刑法修正案（九）》第八条修正为现条文。

乘用或者用于运送物品以及进行工程专项作业的轮式车辆。

2. 最高人民法院、最高人民检察院、公安部关于办理醉酒驾驶机动车刑事案件适用法律若干问题的意见（法发〔2013〕15 号，2013 年 12 月 18 日发布）

为保障法律的正确、统一实施，依法惩处醉酒驾驶机动车犯罪，维护公共安全和人民群众生命财产安全，根据刑法、刑事诉讼法的有关规定，结合侦查、起诉、审判实践，制定本意见。

一、在道路上驾驶机动车，血液酒精含量达到 80 毫克/100 毫升以上的，属于醉酒驾驶机动车，依照刑法第一百三十三条之一第一款的规定，以危险驾驶罪定罪处罚。

前款规定的“道路”“机动车”，适用道路交通安全法的有关规定。

二、醉酒驾驶机动车，具有下列情形之一的，依照刑法第一百三十三条之一第一款的规定，从重处罚：

（一）造成交通事故且负事故全部或者主要责任，或者造成交通事故后逃逸，尚未构成其他犯罪的；

（二）血液酒精含量达到 200 毫克/100 毫升以上的；

（三）在高速公路、城市快速路上驾驶的；

（四）驾驶载有乘客的营运机动车的；

（五）有严重超员、超载或者超速驾驶，无驾驶资格驾驶机动车，使用伪造或者变造的机动车牌证等严重违反道路交通安全法的行为的；

（六）逃避公安机关依法检查，或者拒绝、阻碍公安机关依法检查尚未构成其他犯罪的；

（七）曾因酒后驾驶机动车受过行政处罚或者刑事追究的；

（八）其他可以从重处罚的情形。

三、醉酒驾驶机动车，以暴力、威胁方法阻碍公安机关依法检查，又构成妨害公务罪等其他犯罪的，依照数罪并罚的规定处罚。

四、对醉酒驾驶机动车的被告人判处罚金，应当根据被告人的醉酒程度、是否造成实际损害、认罪悔罪态度等情况，确定与主刑相适应的罚金数额。

五、公安机关在查处醉酒驾驶机动车的犯罪嫌疑人时，对查获经过、呼气酒精含量检验和抽取血样过程应当制作记录；有条件的，应当拍照、录音或者录像；有证人的，应当收集证人证言。

六、血液酒精含量检验鉴定意见是认定犯罪嫌疑人是否醉酒的依据。犯罪嫌疑人经呼气酒精含量检验达到本意见第一条规定的醉酒标准，在抽取血样之前脱逃的，可以以呼气酒精含量检验结果作为认定其醉酒的依据。

犯罪嫌疑人在公安机关依法检查时，为逃避法律追究，在呼气酒精含量检验或者抽取血样前又饮酒，经检验其血液酒精含量达到本意见第一条规定的醉酒标准的，应当认定为醉酒。

七、办理醉酒驾驶机动车刑事案件，应当严格执行刑事诉讼法的有关规定，切实保障犯罪嫌疑人、被告人的诉讼权利，在法定诉讼期限内及时侦查、起诉、审判。

对醉酒驾驶机动车的犯罪嫌疑人、被告人，根据案件情况，可以拘留或者取保候审。对符合取保候审条件，但犯罪嫌疑人、被告人不能提出保证人，也不交纳保证金的，可以监视居住。对违反取保候审、监视居住规定的犯罪嫌疑人、被告人，情节严重的，可以予以逮捕。

权威解读

《关于办理醉酒驾驶机动车刑事案件适用法律若干问题的意见》的理解与适用

2011年2月25日，第十一届全国人民代表大会常务委员会第十九次会议审议通过的《刑法修正案（八）》在《刑法》第一百三十三条后增加一条，作为第一百三十三条之一，即："在道路上驾驶机动车追逐竞驶，情节恶劣的，或者在道路上醉酒驾驶机动车的，处拘役，并处罚金。有前款行为，同时构成其他犯罪的，依照处罚较重的规定定罪处罚。"由此，在道路上醉酒驾驶机动车的行为从行政违法行为转变为犯罪行为。为保障法律的正确、统一实施，依法惩处醉酒驾驶机动车犯罪，维护公共安全和人民群众生命财产安全，最高人民法院、最高人民检察院、公安部于2013年12月18日联合发布了《关于办理醉酒驾驶机动车刑事案件适用法律若干问题的意见》（法发〔2013〕15号，以下简称《醉酒驾驶意见》）。为便于司法实践中准确理解和适用该指导文件，现就《醉酒驾驶意见》的制定背景、起草原则和主要内容说明如下。

一、关于《醉酒驾驶意见》的制定背景

近年来，我国经济平稳快速发展，人民生活水平不断提高，机动车成为重要的代步工具，机动车保有量逐年提高。据公安部统计，2010 年全国机动车保有量已达到 2.07 亿，比 2009 年增加了 2048 万辆，增幅高达 10.98%。机动车数量的快速增长，极大地方便了人民群众出行的同时，无视交通管理法规，违法驾驶机动车的现象也日益增多。以酒后驾驶机动车为例，2010 年全国查处酒后驾驶 63.1 万起，其中醉酒驾驶 8.7 万起，因酒后驾驶导致交通事故 4368 件，死亡 1958 人。其中一些恶性事故案件严重危害了公共安全，引起社会广泛关注。为从严惩处醉驾行为，遏制酒后肇事犯罪，切实维护人民群众的生命财产安全，《刑法修正案（八）》将醉驾入刑，并于 2011 年 5 月 1 日施行。此后，各地司法机关面临大量的醉酒驾驶机动车刑事案件需要处理。但危险驾驶罪系新罪名，如何准确适用法律，在量刑上如何把握宽严政策，存在不少问题和争议。为规范此类案件的法律适用，最高人民法院会同最高人民检察院、公安部，经深入调查研究，广泛征求各方意见，联合制定了《醉酒驾驶意见》。

二、关于《醉酒驾驶意见》的起草原则

《醉酒驾驶意见》的起草主要遵循以下两个原则：一是体现依法从严惩治醉酒驾驶机动车犯罪的要求。考虑到醉酒驾驶机动车具有高度危险性，为确保此类案件的处理能够切实起到预防犯罪、保护人民的作用，对于醉酒驾驶机动车造成交通事故，醉酒程度较高，在高风险路段醉酒驾驶，醉酒驾驶载客营运机动车，逃避或者拒绝、阻碍执法检查等情形，明确规定从重处罚，以体现依法从严的政策要求。二是重点解决实践中的突出问题，对部分尚不能解决的问题，留待条件成熟后再解决。《醉酒驾驶意见》对已达成共识的“醉酒”的含义和认定依据、“道路”和“机动车”的范围、从重处罚的具体情形、强制措施的适用等突出问题作了明确规定。

三、关于《醉酒驾驶意见》的主要内容

《醉酒驾驶意见》共七条，主要对在道路上醉酒驾驶机动车的含义、从重处罚的具体情形以及数罪并罚、适用罚金刑等有关定罪量刑的问题和收集证据、采取强制措施等程序性问题作了规定。

（一）关于如何认定在道路上醉酒驾驶机动车

经研究，危险驾驶罪属于行政犯，如果没有特别需要扩张或者限制解释的理由，对概念性法律术语的规定应与其所依附的行政法规保持一致。据此，《醉酒驾驶意见》第一条对“醉酒”“道路”“机动车”作了界定。

1. 关于“醉酒”的认定标准

2004年5月31日，国家质量监督检验检疫总局发布的强制性国家标准《车辆驾驶人员血液、呼气酒精含量阈值与检验》（GB 19522—2004）规定，车辆驾驶人员血液中的酒精含量大于或者等于80毫克/100毫升的驾驶行为，属于醉酒驾车。2011年7月1日施行的修订后《车辆驾驶人员血液、呼气酒精含量阈值与检验》（GB 19522—2010）继续沿用这一标准。办理醉酒驾驶机动车刑事案件，是否应以血液酒精含量80毫克/100毫升作为入罪标准？经研究，血液酒精含量80毫克/100毫升是根据我国驾驶人员生理特点，经过大量调查研究、多方论证的结果，具有较强的科学性，且实践操作多年，已得到社会广泛认可，可以采用。故《醉酒驾驶意见》第一条第一款规定，在道路上驾驶机动车，血液酒精含量达到80毫克/100毫升以上的，属于醉酒驾驶机动车。

2. 关于“道路”的含义

《道路交通安全法》第一百一十九条规定：“‘道路’，是指公路、城市道路和虽在单位管辖范围但允许社会机动车通行的地方，包括广场、公共停车场等用于公众通行的场所。”《醉酒驾驶意见》第一条第二款规定危险驾驶罪中的“道路”适用这一规定。需要说明的是，实践中对如何理解《道路交通安全法》规定的“虽在单位管辖范围但允许社会机动车通行的地方”存在不小争议。例如，机关、企事业单位、厂矿、校园、住宅小区等单位管辖范围内的路段、停车场在何种情况下属于“允许社会机动车通行的地方”？经研究，判断这些地方是否属于道路，关键在于其是否符合道路的公共性特征。无论管理方式是收费还是免费、机动车进出是否需要登记，只要允许不特定的社会机动车自由通行，就属于道路；如果仅允许与管辖单位及其人员有业务往来、亲友关系等特定事由的来访者的机动车通行的，则不属于允许社会机动车通行的地方，不能认定为道路。

3. 关于“机动车”的含义

《道路交通安全法》第一百一十九条规定：“‘机动车’是指以动力装置驱动或者牵引，上道路行驶的供人员乘用或者用于运送物品以及进行工程专项作业的轮式车辆”。《醉酒驾驶意见》第一条第二款规定危险驾驶罪中的

“机动车”适用这一规定。需要说明的是，实践中对有动力装置驱动且设计最高时速、空车质量、外形尺寸接近或等同于机动车的电动自行车等交通工具（以下简称超标车），是否属于机动车存在争议。各地司法机关对醉酒驾驶超标车的行为是否以危险驾驶罪入罪处理不尽一致。经研究，相关法规并未明确规定超标车属于机动车，有关部门也未将超标车作为机动车进行管理，在此情况下，公众普遍认为超标车不属于机动车，醉酒驾驶超标车的行为人不具有危险驾驶机动车的违法性认识。因此，尽管醉酒驾驶超标车存在较大安全隐患，但在相关法规未明确规定超标车属于机动车的情况下，不宜对醉酒驾驶超标车的行为以危险驾驶罪定罪处罚。

（二）关于醉酒驾驶机动车的从重处罚情节

《醉酒驾驶意见》第二条从醉酒驾驶机动车的后果、醉酒驾驶行为的危险性、行为人的主观恶性等方面，规定了七种从重处罚的情形，并设置了一项兜底规定。具体说明如下：

1. 关于醉酒驾驶机动车造成交通事故的情形

《醉酒驾驶意见》第二条第一项规定，醉酒驾驶机动车造成交通事故且负事故全部或者主要责任，或者造成交通事故后逃逸，尚未构成其他犯罪的，从重处罚。理解该项规定，主要注意四点：第一，该项规定的发生交通事故从重处罚，是以尚未构成其他犯罪为前提。第二，实践中，醉驾者并不一定对交通事故的发生负主要责任，可能对方的过错更为严重，故该项规定对醉驾造成交通事故且负事故全部或者主要责任的从重处罚，但被告人造成交通事故后逃逸的，因其性质恶劣，即使只负次要责任，也应从重处罚。第三，该项并未明确规定发生交通事故致人损伤的程度和人数，以及造成财产损失的具体数额。主要考虑是，危险驾驶罪属于抽象危险犯，对于醉驾发生实际危害后果的，一般情况下均应从重处罚。如以人员受伤程度或者财产损失数额作为是否从重处罚的标准，难以保证标准的科学性，且规定过细会导致缺乏灵活性，难以应对实践中的复杂情况。例如，发生交通事故致多人轻微伤的并不一定小于致一人轻伤的严重程度；又如，发生相同程度的车辆碰撞，因对方车辆价值不同，产生的维修费用可能悬殊。故该项规定未以交通事故的具体后果作为划分是否从重处罚的标准。但实践中，可以根据交通事故的具体危害程度，确定从重处罚的幅度。第四，对于发生交通事故仅致本人受伤或者财产损失的，系被告人为自己的犯罪行为付出的代价，不应因此对其从重处罚。只有造成他人受伤或者公私财产损失的，才对量刑产生影响。

2. 关于危险性较高的醉酒驾驶机动车行为

《醉酒驾驶意见》第二条第二至五项规定了四种危险性较高的醉酒驾驶机动车行为。

关于“血液酒精含量达到200毫克/100毫升以上”，主要考虑是，被告人醉酒程度越高，对其驾驶能力的影响越大，发生交通事故的风险越高，故对醉酒程度较高的被告人应从重处罚。关于从重处罚的血液酒精含量值的确定，经抽样调查，行为人血液酒精含量在160毫克/100毫升以上的约占查处者的40%，若以该含量值作为从重处罚的标准，加上其他从重处罚的情形，约有一半以上的被告人可能会被从重处罚，整体量刑偏重。而被告人血液酒精含量在200毫克/100毫升以上的约占查处者的20%，以此作为从重处罚的标准较为适中，不会导致从重处罚面过宽。

关于“在高速公路、城市快速路上驾驶”，主要考虑是，这种类型的道路车流量一般较大、车速较快，一旦发生交通事故，多为连环撞车，后果较普通道路严重，故对在此类道路上醉酒驾驶机动车的被告人应从重处罚。在《醉酒驾驶意见》起草过程中，有的部门建议对在闹市区、繁华路段醉酒驾驶机动车的被告人也应从重处罚。该建议具有一定合理性，但鉴于闹市区、繁华路段在实践中难以界定，容易引发争议，故该项未予明确规定。如在人流量、车流量明显大的路段醉酒驾驶的，也可作为其他从重处罚的情形予以处理。

关于“驾驶载有乘客的营运机动车”，主要考虑是，作为驾驶营运机动车的从业者，应有更高的行业自律要求，其醉酒驾驶机动车的行为会对不特定乘客的生命财产安全造成严重威胁，故应从重处罚。不过，为避免从重处罚范围过宽，宜限于载有乘客的情形，对驾驶空载营运机动车的，因其醉酒驾驶行为不会对乘客安全构成实际危险，故不能据此从重处罚。

关于“有严重超员、超载或者超速驾驶，无驾驶资格驾驶机动车，使用伪造或者变造的机动车牌证等严重违反道路交通安全法的行为”，理解该项规定，主要注意两点：第一，道路交通安全法规定了多种违法驾驶行为，该项只列举了三种严重的情形，主要是考虑这些情形在实践中较为常见，或是对道路安全带来高度危险，或是反映出被告人恶意违法。明确列举有利于提示公安机关在查处醉酒驾驶机动车时注意收集相关证据。对于其他违反道路交通安全法的行为，如违反交通信号灯、逆向行驶等涉及道路通行安全规定的驾驶行为，也可酌情从重处罚。第二，应结合道路交通安全法的有关规定，认定该项规定的三种情形。该项规定的“严重超员、超载或者超速驾驶”是指超过额定乘员20%、超过核定载质量30%或者超过规定时速50%的；“无驾驶资格驾驶机动车”是指未取得机动车驾驶证，或者虽取得机动车驾驶证，但准驾车型不符的；“使用伪造或者变造的机动车牌证”是指行为人明知是伪造、变造的机动车号牌、行驶证、驾驶证等牌证而使用的。

3. 关于醉酒驾驶机动车的行为人主观恶性较大的情形

《醉酒驾驶意见》第二条第六、七项规定了两种反映醉酒驾驶机动车的行为人主观恶性较大的情形。关于“逃避公安机关依法检查，或者拒绝、阻碍公安机关依法检查尚未构成其他犯罪的”。醉驾入刑后，为逃避法律追究，行为人采取各种方式逃避、拒绝甚至阻碍公安机关查处酒后驾驶的现象增多。如，有的驾车逃逸；有的待在驾驶室拒绝打开车门车窗；有的在遭遇检查时大量饮水，或者大量饮酒。对于这些采取非暴力、威胁手段逃避、拒绝或者阻碍检查的，应当从重处罚。对于采取驾车冲卡、推搡、恐吓执法人员等暴力、威胁手段拒绝、阻碍检查的，如果该手段尚未达到构成犯罪的严重程度，属于从重处罚情节；如果构成其他犯罪的，应当依照处罚较重的规定或者数罪并罚的规定处罚。

关于“曾因酒后驾驶机动车受过行政处罚或者刑事追究的”，在《醉酒驾驶意见》起草过程中，有的部门建议对酒后驾驶机动车受过行政处罚或者刑事追究的年限作出规定。经研究，行为人曾因酒后驾驶机动车被处罚后再次醉酒驾车的，反映其不思悔改和对公共安全、他人生命财产安全的漠视态度，应从严惩处，不宜对年限作出明确规定。不过，对于前次因酒后驾车受处罚的时间久远的（如10年前），与时间短暂的（如1年前），行为人在主观恶性上有所不同，量刑上可适当体现区别对待。

4. 关于“其他可以从重处罚的情形”

考虑到实践中醉酒驾驶机动车的情形比较复杂，《醉酒驾驶意见》第二条设置了一项兜底规定，以应对实践中可能出现的其他情节恶劣、应予从重处罚的情形。为避免不当扩大从重处罚的范围，执法工作中应当严格适用该项规定。只有符合其他七项的规定精神，体现出驾驶行为危险性程度较高、行为人主观恶性较大的其他情形，才可以酌情从重处罚。

需要特别说明的是，《醉酒驾驶意见》第二条对具有上述从重处罚情节的行为人并未明确规定“应当”从重处罚。主要考虑是，实践中醉酒驾驶机动车的情形比较复杂，一般情况下行为人具有上述情节的应当从重处罚，但也存在例外情形。如，对于仅造成他人轻微擦伤或者致车辆轻微剐蹭，且行为人积极赔偿被害人损失取得谅解的，可以考虑不从重处罚；又如，在一些地区无证驾驶摩托车的现象比较普遍，如果一律从重处罚会造成打击过严，效果未必好，故对于无证驾驶摩托车但未发生交通事故的行为人也可考虑不予从重处罚。

（三）关于醉酒驾驶机动车数罪并罚的规定

在《醉酒驾驶意见》起草过程中，有的部门反映，实践中存在暴力抗拒公安机关依法检查的情况，建议《醉酒驾驶意见》明确规定如何处理。经研究，被告人在道路上醉酒驾驶机动车，其行为已构成危险驾驶罪；其后又以暴力、威胁方法阻碍公安机关依法检查的，是为逃避法律追究而实施的符合其他犯罪构成的行为。故《醉酒驾驶意见》第三条规定，此种情形下应依照数罪并罚的规定处罚。理解该条规定，主要应注意两点：第一，该条规定中“以暴力、威胁方法阻碍公安机关依法检查”不包括采取驾驶机动车冲撞执法人员的方法。被告人醉酒驾驶机动车冲撞执法人员的，其行为既符合危险驾驶罪的构成要件，也符合妨害公务罪的构成要件，依照《刑法》第一百三十三条之一第二款的规定，应以处罚较重的妨害公务罪定罪处罚。若该冲撞行为严重危害公共安全，或者致人重伤、死亡、使公私财产遭受重大损失，符合以危险方法危害公共安全罪、交通肇事罪、故意杀人罪、故意伤害罪、故意毁坏财物罪等其他犯罪构成要件的，依照处罚较重的规定定罪处罚。第二，被告人采取驾驶机动车冲撞之外的其他暴力、威胁方法阻碍公安机关依法检查的，以妨害公务罪和危险驾驶罪数罪并罚；若该阻碍检查的行为致人重伤、死亡或者造成数额较大的财产损失，符合故意杀人罪、故意伤害罪、故意毁坏财物罪等其他犯罪构成要件的，以处罚较重的规定定罪，并与危险驾驶罪数罪并罚。

（四）关于罚金刑的规定

在《醉酒驾驶意见》起草过程中，有的部门反映，一些地方存在危险驾驶罪判处罚金数额偏高、主刑与罚金刑失衡等问题，建议《醉酒驾驶意见》

明确规定该罪的罚金刑数额。考虑到《醉酒驾驶意见》仅是指导性文件，不宜对个罪的罚金刑具体数额幅度和计算标准作出具体规定，故《醉酒驾驶意见》第四条参照《最高人民法院关于适用财产刑若干问题的规定》（法释〔2000〕45号）第二条作出原则性规定："对醉酒驾驶机动车的被告人判处罚金，应当根据被告人的醉酒程度、是否造成实际损害、认罪悔罪态度等情况，确定与主刑相适应的罚金数额。"在确定罚金具体数额时，应注意两点：第一，罚金的数额应与主刑相适应，避免出现主刑轻、罚金重的倒挂现象，更不能"以罚代刑"。第二，被告人已赔偿被害人经济损失的，反映其认罪悔罪态度较好，确定罚金数额时应予以适当考虑。

另需说明的是，该条曾规定判处罚金要"综合考虑被告人缴纳罚金的能力"。在征求意见过程中，有的部门提出，刑法未将"被告人缴纳罚金的能力"作为确定罚金数额的条件和因素，建议删除该规定。经研究，该规定来源于《最高人民法院关于适用财产刑若干问题的规定》第二条关于判处罚金应当"综合考虑犯罪分子缴纳罚金的能力"的规定，且从司法实践看，如果不适当考虑被告人的经济状况，仅根据犯罪行为本身决定罚金数额，不利于体现罪刑相适应和刑罚个别化原则。考虑到目前刑法仅规定"应当根据犯罪情节决定罚金数额"，且实践中此类案件判处罚金数额一般为数千元，被告人基本有能力缴纳，罚金刑执行问题并不突出，故采纳了上述部门意见，没有保留"综合考虑被告人缴纳罚金的能力"的规定。

（五）关于对公安机关办理醉酒驾驶机动车刑事案件调查取证的要求

公安部于2011年9月19日发布了《关于公安机关办理醉酒驾驶机动车犯罪案件的指导意见》（公交管〔2011〕190号），已对公安机关办理醉酒驾驶机动车刑事案件的调查取证程序作了详细规定，故第五条仅概括地强调了对查获经过、呼气酒精含量检验和血样抽取、证人证言等重要证据的收集要求。在《醉酒驾驶意见》起草过程中，有的部门提出，为促进公安机关全面、客观收集证据，建议规定对查获经过、呼气酒精含量检验和抽取血样过程必须拍照、录音或者录像。经研究，有的地方执法人员不具备随身携带照相、录音或者录像设备的条件，如临时发现醉酒驾驶机动车嫌疑并查处的，难以做到同步拍照、录音或者录像，故该条仅规定"有条件的，应当拍照、录音或者录像"，未要求一律这么做。

（六）关于认定犯罪嫌疑人、被告人醉酒的依据

《车辆驾驶人员血液、呼气酒精含量阈值与检验》规定了四种检测驾驶人员是否酒后驾驶的方法，即呼气酒精含量检验、血液酒精含量检验、唾液酒精定性检测、人体平衡试验。其中，呼气酒精含量按1：2200的比例换算成血液酒精含量；对不具备呼气或者血液酒精含量检验条件的，应进行唾液酒精定性检测或者人体平衡试验评价驾驶能力。上述四种方法是否均适用于办理醉酒驾驶机动车刑事案件，是《醉酒驾驶意见》需要明确的问题。

经研究，唾液酒精检测一般作定性检测；人体平衡试验虽考虑了驾驶人员对酒精耐受力的个体差异，但可能受试验人员主观判断的影响，易产生争议，均不适合作为认定醉酒驾驶犯罪的检验方法。呼气酒精含量检验相较唾液酒精定性检测和人体平衡试验，检验方法和结果更为科学、客观。但实践表明，呼气酒精含量检测结果会受到口腔酒精、吹气技术、呼出气体温度、周围环境温度湿度等主客观因素的影响，且呼出气体酒精含量检测仪在不同地域使用时稳定性不同，一些检测仪精确度不够高，特别是测出的数值处于临界点时易受到质疑，故多在酒驾初查时使用。相较而言，血液酒精含量检验被证明是四种检测方法中最精准的方法。《关于公安机关办理醉酒驾驶机动车犯罪案件的指导意见》规定，交通民警在检查中发现机动车驾驶人有酒后驾驶机动车嫌疑的应当立即进行呼气酒精测试，对涉嫌醉酒驾驶机动车的应当立即提取血样，送交县级以上公安机关检验鉴定机构或者其他具备资格的检验鉴定机构检验。据此，《醉酒驾驶意见》第六条第一款规定血液酒精含量检验鉴定意见是认定犯罪嫌疑人是否醉酒的依据。同时规定，犯罪嫌疑人在抽取血样前脱逃的可以作为例外，以呼气酒精含量检验结果作为认定其醉酒的依据。主要考虑是，呼气酒精含量检验存在一定的误差，一般不宜作为认定犯罪嫌疑人、被告人醉酒的依据，但犯罪嫌疑人脱逃的，其应当承担脱逃行为带来的不利后果。此外，对于犯罪嫌疑人系特殊体质不适合抽取血样作血液酒精含量检验的，也可以以呼气酒精含量检验结果作为认定其醉酒的依据。因这种情况较为少见，故《醉酒驾驶意见》未专门作出规定。

在《醉酒驾驶意见》起草过程中，有的部门建议，实践中有的犯罪嫌疑人为逃避法律追究，在检查时当场饮酒，《醉酒驾驶意见》可明确规定以其饮

酒后的血液酒精含量检验结果作为认定其醉酒的依据。但也有部门提出，虽然从常情分析，如果犯罪嫌疑人没有醉酒驾驶，其没有必要在检查时饮酒，但若以此为依据，无法证明犯罪嫌疑人驾车时血液酒精含量已经达到80毫克/100毫升以上的醉酒状态，有推定犯罪之嫌。经研究，《醉酒驾驶意见》采纳了第一种意见。主要理由有两点：第一，醉驾入刑的目的是加大对醉酒驾驶机动车行为的惩罚力度，有效防范风险，如果犯罪嫌疑人醉酒驾驶后可以此方法逃避法律追究，将会产生不良示范效应，不利于对社会安全和公众利益的保护。第二，犯罪嫌疑人停车接受公安机关执法检查时，属于被迫、非正常停驶，法律上可以拟制为仍处于驾驶状态，其在此期间饮酒的，仍可视为在驾驶时饮酒，其饮酒后血液酒精含量达到80毫克/100毫升以上的，可以认定为醉酒驾驶机动车。因此，即便犯罪嫌疑人在检查前的实际血液酒精含量未达到80毫克/100毫升，其也应当承担在检查时饮酒带来的不利后果。

需要说明的是，在极个别情况下，即使没有血液酒精含量鉴定意见、呼气酒精含量检验结果，也可认定犯罪嫌疑人醉酒驾车。例如，犯罪嫌疑人在发生交通事故后逃跑，导致血液中无法检出酒精含量值，或者检出的酒精含量值未达80毫克/100毫升的，如果确有其他确实、充分的证据证明犯罪嫌疑人在驾车前大量饮酒，通过侦查实验等方式能证明犯罪嫌疑人驾驶时的血液酒精含量足以达到80毫克/100毫升以上的，也可以依法认定醉酒驾驶。但这种做法属于例外情况，不是常态，更不能据此认为办案中可以不进行血液酒精含量检验。

（七）关于办理醉酒驾驶机动车刑事案件的程序性规定

在《醉酒驾驶意见》起草过程中，各地司法机关普遍反映，根据《刑事诉讼法》的相关规定，对醉酒驾驶机动车的犯罪嫌疑人、被告人不得直接适用逮捕措施，造成实践处理存在诸多困难，如犯罪嫌疑人、被告人脱逃后导致诉讼活动不能正常进行，一审判决生效后收监执行难，等等。为解决此难题，有的地方明知逮捕不妥，也对被告人予以逮捕；有的地方以需要提请人民检察院审查批准逮捕为由，延长拘留时间至七日甚至更长；有的地方突破《刑事诉讼法》关于开庭公告时间等诉讼期限的规定，在七日内完成侦查、起诉和审判工作。经研究，法律的明确规定应当得到严格执行，即使存在犯罪嫌疑人、被告人脱逃的可能性，也不能突破法律规定违法办案。故《醉酒驾驶意见》第七条强调办理醉酒驾驶机动车刑事案件应当严格执行刑事诉讼法的有关规定，保障犯罪嫌疑人、被告人的诉讼权利，遵守法定诉讼期限、强制措施等规定。只有犯罪嫌疑人、被告人违反取保候审、监视居住规定情节严重的，才可依法予以逮捕。需要说明的是，根据修改后的《刑事诉讼法》，对醉酒驾驶机动车的犯罪嫌疑人、被告人不能直接适用监视居住措施，对符合取保候审条件，但犯罪嫌疑人、被告人不能提出保证人，也不交纳保证金的，可以监视居住。

四、关于从宽处罚的问题

（一）关于如何适用刑法总则从宽处罚的问题

在《醉酒驾驶意见》起草过程中，各部门一致认为，宽严相济刑事政策作为一项基本刑事政策，也应当适用于醉酒驾驶机动车刑事案件，但对在此类案件中如何具体贯彻落实宽严相济刑事政策，特别是如何体现从宽处罚，始终存在争议。这是《醉酒驾驶意见》对此问题暂不作出规定的主要原因。我们认为，危险驾驶罪是刑法中唯一仅将拘役规定为主刑的轻罪，该罪的法定刑虽轻，但其刑罚适用也应当坚持罪刑相适应的基本原则，体现“轻罪轻刑”，而不能一味强调严惩，甚至当从宽处理的而不依法从宽。对于醉酒驾驶机动车情节较轻、情节轻微或者显著轻微的情形，可以适用刑法总则的规定，依法宣告缓刑、免予刑事处罚或者不作为犯罪处理。例如，对被告人不具有《醉酒驾驶意见》第二条规定的从重处罚情形的，根据《刑法》第七十二条的规定，可以依法宣告缓刑。对虽具有《醉酒驾驶意见》第二条规定的从重处罚情节的被告人，亦非完全不能适用缓刑，只是适用时要依法从严掌握。再如，对不具有《醉酒驾驶意见》第二条规定的从重处罚情形，且血液酒精含量刚超过80毫克/100毫升，具有自首、立功等法定从宽处罚情节，或者具有自动停止驾驶、短距离驾驶等酌定从宽处罚情节，或者具有为救治病人而醉酒驾驶等符合情理的事由的（紧急避险除外），可以认定为醉酒驾驶机动车情节轻微或者显著轻微，依照《刑法》第三十七条、第十三条的规定，免予刑事处罚或者不作为犯罪处理。当然，免予刑事处罚和不作为犯罪处理的应当是极少数案件，这与醉驾犯罪的整体状况是一致的。

（二）关于对醉酒驾驶摩托车能否从宽处罚问题

在《醉酒驾驶意见》起草过程中，有的部门反映，醉驾入刑的初衷是打击醉酒驾驶汽车犯罪，并非打击醉酒驾驶摩托车犯罪。但我国摩托车保有量较大，约占机动车总量的40%，一些地区查处醉酒驾驶摩托车的情况比较突出，而醉酒驾驶摩托车属“肉包铁”，其危险性小于醉酒驾驶汽车（俗称“铁包肉”），建议量刑时对醉酒驾驶的车型作区别对待。经研究，该建议具有一定合理性，但考虑到实践中醉酒驾驶摩托车的情形比较复杂，如果规定对醉酒驾驶摩托车的一律比照醉酒驾驶汽车的予以从宽处罚，未必符合实际情况，故未采纳该建议。实践中，对醉酒驾驶摩托车的，可根据具体案情酌情处理，必要时可以从宽处罚。

（撰稿：高贵君、马岩、方文军、曾琳）

3. **公安部关于公安机关办理醉酒驾驶机动车犯罪案件的指导意见**（2011年9月19日）

一、进一步规范现场调查

1. 严格血样提取条件。交通民警要严格按照《交通警察道路执勤执法工作规范》的要求检查酒后驾驶机动车行为，检查中发现机动车驾驶人有酒后驾驶机动车嫌疑的，立即进行呼气酒精测试，对涉嫌醉酒驾驶机动车、当事人对呼气酒精测试结果有异议，或者拒绝配合呼气酒精测试等方法测试以及涉嫌饮酒后、醉酒驾驶机动车发生交通事故的，应当立即提取血样检验血液酒精含量。

2. 及时固定犯罪证据。对查获醉酒驾驶机动车嫌疑人的经过、呼气酒精测试和提取血样过程应当及时制作现场调查记录；有条件的，还应当通过拍照或者录音、录像等方式记录；现场有见证人的，应当及时收集证人证言。发现当事人涉嫌饮酒后或者醉酒驾驶机动车的，依法扣留机动车驾驶证，对当事人驾驶的机动车，需要作为证据的，可以依法扣押。

3. 完善醒酒约束措施。当事人在醉酒状态下，应当先采取保护性约束措施，并进行人身安全检查，由2名以上交通民警或者1名交通民警带领2名以上交通协管员将当事人带至醒酒约束场所，约束至酒醒。对行为举止失控的当事人，可以使用约束带或者警绳，但不得使用手铐、脚镣等警械。醒酒约束场所应当配备醒酒设施和安全防护设施。约束过程中，要加强监护，确认当事人酒醒后，要立即解除约束，并进行询问。

4. 改进执勤检查方式。交通民警在道路上检查酒后驾驶机动车时，应当采取有效措施科学组织疏导交通，根据车流量合理控制拦车数量。车流量较大时，应当采取减少检查车辆数量或者暂时停止拦截等方式，确保现场安全有序。要求驾驶人接受呼气酒精测试时，应当使用规范用语，严格按照工作规程操作，每测试一人更换一次新的吹嘴。当事人违反测试要求的，应当当场重新测试。

二、进一步规范办案期限

5. 规范血样提取送检。交通民警对当事人血样提取过程应当全程监控，保证收集证据合法、有效。提取的血样要当场登记封装，并立即送县级以上公安机关检验鉴定机构或者经公安机关认可的其他具备资格的检验鉴定机构进行血液酒精含量检验。因特殊原因不能立即送检的，应当按照规范低温保存，经上级公安机关交通管理部门负责人批准，可以在3日内送检。

6. 提高检验鉴定效率。要加快血液酒精检验鉴定机构建设，加强检验鉴定技术人员的培养。市、县公安机关尚未建立检验鉴定机构的，要尽快建立具有血液酒精检验职能的检验鉴定机构，并建立24小时值班制度。要切实提高血液酒精检验鉴定效率，对送检的血样，检验鉴定机构应当在3日内出具检验报告。当事人对检验结果有异议的，应当告知其在接到检验报告后3日内提出重新检验申请。

7. 严格办案时限。要建立醉酒驾驶机动车案件快侦快办工作制度，加强内部办案协作，严格办案时限要求。为提高办案效率，对现场发现的饮酒后或者醉酒驾驶机动车的嫌疑人，尚未立刑事案件的，可以口头传唤其到指定地点接受调查；有条件的，对当事人可以现场调查询问；对犯罪嫌疑人采取强制措施的，应当及时进行讯问。对案件事实清楚、证据确实充分的，应当在查获犯罪嫌疑人之日起7日内侦查终结案件并移送人民检察院审查起诉；情况特殊的，经县级公安机关负责人批准，可以适当延长办案时限。

三、进一步规范立案侦查

8. 从严掌握立案标准。经检验驾驶人血液酒精含量达到醉酒驾驶机动车标准的，一律以涉嫌危险驾驶罪立案侦查；未达到醉酒驾驶机动车标准的，按照道路交通安全法有关规定给予行政处罚。当事人被查获后，为逃避法律追究，在呼气酒精测试或者提取血样前又饮酒，经检验其血液酒精含量达到醉酒驾驶机动车标准的，应当立案侦查。当事人经呼气酒精测试达到醉酒驾驶机动车标准，在提取血样前脱逃的，应当以呼气酒精含量为依据立案侦查。

9. 全面客观收集证据。对已经立案的醉酒驾驶机动车案件，应当全面、客观地收集、调取犯罪证据材料，并严格审查、核实。要及时检查、核实车辆和人员基本情况及机动车驾驶人违法犯罪信息，详细记录现场查获醉酒驾驶机动车的过程、人员车辆基本特征以及现场采取呼气酒精测试、实施强制措施、提取血样、口头传唤、固定证据等情况。讯问犯罪嫌疑人时，应当对犯罪嫌疑人是否有罪以及情节轻重等情况作重点讯问，并听取无罪辩解。要及时收集能够证明犯罪嫌疑人是否醉酒驾驶机动车的证人证言、视听资料等其他证据材料。

10. 规范强制措施适用。要根据案件实际情况，对涉嫌醉酒驾驶机动车的犯罪嫌疑人依法合理适用拘传、取保候审、监视居住、拘留等强制措施，确保办案工作顺利进行。对犯罪嫌疑人企图自杀或者逃跑、在逃的，或者不讲真实姓名、住址，身份不明的，以及确需对犯罪嫌疑人实施羁押的，可以依法采取拘留措施。拘留期限内未能查清犯罪事实的，应当依法办理取保候审或者监视居住手续。发现不应当追究犯罪嫌疑人刑事责任或者强制措施期限届满的，应当及时解除强制措施。

11. 做好办案衔接。案件侦查终结后，对醉酒驾驶机动车犯罪事实清楚，证据确实、充分的，应当在案件移送人民检察院审查起诉前，依法吊销犯罪嫌疑人的机动车驾驶证。对其他道路交通违法行为应当依法给予行政处罚。案件移送审查起诉后，要及时了解掌握案件起诉和判决情况，收到法院的判决书或者有关的司法建议函后，应当及时归档。对检察机关决定不起诉或者法院判决无罪但醉酒驾驶机动车事实清楚，证据确实、充分的，应当依法给予行政处罚。

12. 加强执法办案管理。要进一步明确办案要求，细化呼气酒精测试、血样提取和保管、立案撤案、强制措施适用、物品扣押等重点环节的办案标准和办案流程。要严格落实案件审核制度，进一步规范案件审核范围、审核内容和审核标准，对与案件质量有关的事项必须经法制员和法制部门审核把关，确保案件质量。要提高办案工作信息化水平，大力推行网上办案，严格办案信息网上录入的标准和时限，逐步实现案件受理、立案、侦查、制作法律文书、法制审核、审批等全过程网上运行，加强网上监控和考核，杜绝“人情案”“关系案”。

四、进一步规范安全防护措施

13. 配备执法装备。交通民警在道路上检查酒后驾驶机动车时，必须配齐呼气酒精含量检测仪、约束带、警绳、摄像机、照相机、执法记录仪、反光指挥棒、停车示意牌等装备。执勤车辆还应配备灭火器材、急救包等急救装备，根据需要可以配备简易破拆工具、拦车破胎器、测速仪等装备。

14. 完善查处程序。交通民警在道路上检查酒后驾驶机动车时，应当根据道路条件和交通状况，合理选择安全、不妨碍车辆通行的地点进行，检查工作要由2名以上交通民警进行。要保证民警人身安全，明确民警检查动作和查处规程，落实安全防护措施，防止发生民警受伤害案件。

附件：办理醉酒驾驶机动车犯罪案件典型案例

办理醉酒驾驶机动车犯罪案件典型案例

案例一：周某醉酒驾驶机动车案

一、查获经过

2011年5月12日20时许，周某（男，1963年3月8日出生，四川省南充市人，浙江省富阳市港汇装饰有限公司采购员，持有准驾车型为D的机动车驾驶证）驾驶车牌号为浙AKN271普通二轮摩托车行驶至浙江省富阳市秦望路222号门前道路时，被在此设卡检查的富阳市公安局交警大队执勤交通民警金某和张某拦截检查，交通民警首先使用呼气酒精含量检测仪对周某进行呼气测试，仪器显示酒精含量为92毫克/100毫升，涉嫌醉酒驾驶机动车。交通民警立即打印了呼气酒精测试单，测试单记录有当事人姓名、身份证件种类及号码、查获时间和地点、测试值等内容。测试单由民警金某和张某分别签名后交周某签名确认。期间，交通民警使用具有录音录像功能的执法记录仪及时记录了查获的全过程，现场还拍摄了人车合一的照片。

二、案件办理过程

鉴于周某呼气测试酒精含量达到醉酒驾驶标准，执勤的交通民警依据《道路交通安全法》第一百一十条第一款规定，在现场依法扣留了嫌疑人的机动车驾驶证，制作了《公安交通管理行政强制措施凭证》，依据《公安机关办理行政案件程序规定》第八十八条规定，依法扣押了涉案机动车，制作了《扣押清单》，并现场对周某进行口头传唤。5月12日20时20分，交通民警金某和张某将周某带至富阳市人民医院抽血。医务人员对周某提取了两份血样，交通民警分别装入物证密封袋，注明了驾驶人姓名、提取时间、血样用途，由周某、交通民警金某和张某以及抽血的医务人员在密封袋封口处签名。期间，交通民警对抽血全过程进行了监督。20 时 45 分，交通民警将周某带至富阳市公安局交警大队，在交警大队约束醒酒室民警对周某采取看管方法进行约束醒酒，并将带回的血样交给交警大队物证保管室低温冷藏保存。期间，民警及时制作了《查获经过》。5 月 13 日 8 时 40 分交通民警将周某血样送杭州市司法鉴定中心检验血液酒精含量。9 时许，周某被约束至酒醒。9 时 10 分办案民警张某和袁某在富阳市公安局交警大队对周某进行了第一次询问，并制作了询问笔录。12 时，杭州市司法鉴定中心出具了检验报告，周某血液酒精含量为 95 毫克/100 毫升。13 时 20 分，办案民警将检验结论通知书送达周某。16 时，经报富阳市公安局负责人批准，对周某以涉嫌危险驾驶罪立案侦查，同时对犯罪嫌疑人周某采取了刑事拘留措施并送至富阳市看守所羁押。拘留期间，办案民警张某和屠某对周某进行了讯问，制作了讯问笔录。5 月 14 日，办案民警收集了赵某（浙江省诸暨市人，系周某朋友，案发当晚与嫌疑人一起喝酒）的证人证言，证明周某有酒后驾驶机动车的事实。5 月 16 日 8 时，因案件侦查需要，办案单位报经富阳市公安局负责人批准，对周某延长刑事拘留 4 日。

5 月 16 日，案件侦查终结，杭州市公安局交警支队作出吊销周某驾驶证的行政处罚。同日，富阳市公安局制作了《起诉意见书》，以涉嫌危险驾驶罪将周某醉酒驾驶机动车案件材料移送富阳市人民检察院审查起诉。富阳市人民检察院对公安机关移送的案件进行了审查，5 月 18 日，富阳市人民检察院以危险驾驶罪向富阳市人民法院对周某提起公诉，并提交了《起诉书》。5 月 20 日，富阳市人民法院对周某醉酒驾驶机动车犯罪案件开庭审理，并对该案当庭宣判，一审判决被告人周某犯危险驾驶罪，判处拘役 1 个月，并处罚金 2000 元。周某没有提出上诉。

三、案件点评

此案经过交警大队紧张周密调查，案件事实清楚、证据确凿、定性准确、程序合法、法律文书规范。主要有以下特点：一是注重现场调查取证，及时记录现场查获过程，及时规范提取血液样本。二是检验鉴定高效，民警及时将血液送检，检验鉴定机构 4 个小时内就出具检验报告，为快侦快办案件创造了条件。三是对查获的醉酒驾驶机动车行为人充分利用醒酒、口头传唤等手段，及时调查取证，制作案件材料，争取办案时间。四是交警大队在4日内侦查终结案件并移送审查起诉，8日内即完成了侦查、起诉、审判全部办案程序，体现轻刑快审的要求。

案例二：杨某醉酒驾驶机动车案

一、查获经过

2011年5月2日20时许，杨某（男，1971年10月1日出生，河南省许昌市鄢陵县人，无业，未取得机动车驾驶证）驾驶一辆无号牌的五菱牌普通货车，沿鄢陵县花溪大道由南向北行驶时，与路边停放的一辆轿车相撞。鄢陵县公安局交警大队接到报警后迅速出警，民警到达现场后，发现杨某身上有酒气，即使用呼气酒精含量检测仪对杨某进行呼气测试，仪器显示其酒精含量为160毫克/百毫升，涉嫌醉酒驾驶机动车。民警立即打印了呼气酒精测试单，测试单记录了当事人姓名、身份证件种类及号码、查获时间和地点、测试值等内容，测试单由民警刘某、张某分别签名后交杨某签名确认。期间，民警对事故现场进行了全面勘查，并拍摄了人车合一的照片。

二、案件办理过程

鉴于杨某涉嫌醉酒驾驶机动车，民警依法扣留了交通事故车辆，并现场对杨某进行口头传唤。5月2日20时40分，民警将杨某带至许昌市法医临床司法鉴定所抽血检验，医务人员对杨某提取了两份血样，办案民警分别装入物证密封袋，注明了驾驶人姓名、提取时间、血样用途，由杨某及民警刘某和张某以及抽血的医务人员在密封袋封口处签名。之后，民警将杨某带至交警大队，在约束其酒醒后，对其进行了第一次询问，并制作了询问笔录。同时，还核查了杨某未取得机动车驾驶证驾驶机动车的事实。根据《道路交通安全法》第九十九条的规定，当日，对其作出行政拘留15天的处罚。5月6日，许昌市法医临床司法鉴定所出具了检验报告，杨某血液酒精含量为156毫克/100毫升，办案民警将检验结论通知书送达杨某，同时，经报请鄢陵县公安局负责人批准，对杨某以涉嫌危险驾驶罪立案侦查，并依法采取了刑事拘留措施，将杨某送至鄢陵县看守所羁押。拘留期间，办案民警对杨某进行了讯问，制作了讯问笔录。收集了与杨某一起喝酒的朋友以及另一方事故当事人的证人证言，证明杨某有酒后驾驶机动车的事实。5月8日，因案件侦查需要，经鄢陵县公安局负责人批准，对杨某延长拘留4日。

5 月 9 日，案件侦查终结。鄢陵县公安局制作了《起诉意见书》，以涉嫌危险驾驶罪将杨某醉酒驾驶机动车的案件材料移送至鄢陵县人民检察院审查起诉。鄢陵县人民检察院对公安机关移送的案件进行了审查。5 月 10 日，鄢陵县人民检察院以危险驾驶罪向鄢陵县人民法院对杨某提起公诉，并提交了《起诉书》。5 月 13 日，鄢陵县人民法院对杨某醉酒驾驶机动车犯罪案件开庭审理，并对该案当庭宣判，一审判决被告人杨某犯危险驾驶罪，判处拘役 2 个月，并处罚金 2000 元。杨某没有提出上诉。

三、案件点评

此案经过交警大队紧张周密调查，案件事实清楚、证据确凿、定性准确、程序合法、法律文书规范。主要有以下特点：一是反应迅速，在勘查事故现场时，对醉酒驾驶机动车嫌疑人迅速进行呼气酒精测试，发现有醉酒驾驶机动车嫌疑，在勘查事故现场的同时，及时对其抽血检验。二是在刑事立案前，对杨某无证驾驶的行为依法给予行政拘留处罚，从而有效控制了当事人，为案件办理争取了时间。在出具血液酒精含量检验报告后，及时立案并采取刑事拘留强制措施，确保程序合法，并使案件 7 日内即侦查终结。三是加强与刑侦、法制部门的办案协作，积极与检、法机关协调沟通，在 11 日内完成了侦查、起诉、审判等办案程序。

案例三：朱某醉酒驾驶机动车案

一、查获经过

2011 年 5 月 26 日 20 时 5 分，朱某（男，1956 年 2 月 10 日出生，湖北省鄂州市人，市人大代表，持有准驾车型为 C1 的机动车驾驶证）在鄂州市凤凰路一公共停车场内驾驶车牌号为鄂 G17728 小轿车倒车过程中，与停放的另一辆小轿车相撞，造成两车受损，事故双方发生纠纷。鄂州市公安局交警支队直属交警大队接到报警后，派出民警迅速赶赴现场。在现场民警闻到朱某身上有酒气，即要求朱某接受呼气酒精测试，但朱某拒不配合呼气测试。

二、案件办理过程

鉴于朱某拒绝配合呼气酒精测试，5 月 26 日 20 时 40 分，民警将朱某带至鄂州市第二医院抽血，并将血样即时送该医院检验。民警依法扣留了朱某的机动车驾驶证和涉案机动车。之后，民警传唤朱某至交警大队进行询问。5 月 27 日 9 时，鄂州市第二医院出具了检验报告，朱某血液酒精含量为 159 毫克/100 毫升，达到醉酒驾驶机动车标准。经鄂州市公安局鄂城分局负责人批准，对朱某以涉嫌危险驾驶罪立案侦查。

由于朱某系鄂州市人大代表，根据《公安机关办理刑事案件程序规定》第一百四十条的规定，5 月 27 日，鄂州市公安局向市人大常委会递交书面报告，呈请许可对市人大代表朱某采取刑事拘留措施。当日 15 时，鄂州市人大常委会回复，鉴于鄂州市人大代表朱某因涉嫌危险驾驶罪，依据《全国人民代表大会和地方各级人民代表大会代表法》的规定，经主任会议研究，同意鄂州市公安局鄂城分局对其采取强制措施。16 时，民警传唤朱某至交警大队接受第一次讯问，民警送达了血液酒精含量检验报告，朱某对检验结果提出异议，申请重新检验。经报鄂州市公安局鄂城分局负责人批准，22 时，民警将提取的朱某的另一份血样送往武汉大学中南医院法医司法鉴定所检验。检验结果显示，朱某血液酒精含量为 158 毫克/100 毫升，民警随即依法对朱某采取了刑事拘留措施。5 月 28 日，民警收集了牛某（停车场保安，当晚目睹朱某酒后驾车肇事）和包某、夏某（均系朱某同车乘车人）的证人证言，证明了朱某酒后驾车发生交通事故的事实。此外，收集了设置在停车场的视频监控设备记录的监控资料以及朱某同桌饮酒的证人证言。当日，鄂州市公安局交警支队依法吊销了朱某的机动车驾驶证。

5 月 31 日，案件侦查终结。鄂州市公安局鄂城分局制作了《起诉意见书》，以涉嫌危险驾驶罪将朱某醉酒驾驶机动车案件材料移送鄂城区人民检察院审查起诉。鄂城区人民检察院对公安机关移送的案件进行了审查。6 月 3 日，鄂城区人民检察院以危险驾驶罪向鄂城区人民法院对朱某提起公诉，并提交了《起诉书》。6 月 10 日，鄂州市鄂城区人民法院对朱某醉酒驾驶机动车犯罪案件开庭审理，并对该案当庭宣判，一审判决被告人朱某犯危险驾驶罪，判处拘役 3 个月，并处罚金 5000 元。朱某没有提出上诉。

三、案件点评

此案经过交警大队紧张周密调查，案件事实清楚、证据确凿、定性准确、程序合法、法律文书规范。主要有以下特点：一是对人大代表醉酒驾驶机动车犯罪严格执行法律规定，维护了法律的公正。二是由于当事人人大代表的特定身份，严格按照法定程序报经人大常委会批准后采取强制措施，确保程序合法。三是注重证据，全面、客观收集、调取了证人证言、监控资料等证明醉酒驾驶机动车犯罪事实的证据材料，确保案件证据扎实有效。四是检验鉴定高效，2 日内完成了提取血样、血液送检、出具检验结论、重新检验等全过程，为快速办结案件创造了条件。

案例四：罗某醉酒驾驶机动车案

一、查获经过

2011 年 5 月 15 日 20 时 55 分，罗某（男，1965 年 12 月 3 日出生，广西壮族自治区北海市森林公安局民警，持有准驾车型为 A2 的机动车驾驶证）驾驶桂 O5890 警号牌警车行驶至北海市广东路桂新大厦门前道路时，与一辆电动自行车发生交通事故，造成骑车人受伤，罗某驾车逃逸。北海市公安局交警支队海城交警大队接警后，派出民警谢某、韦某赶赴现场。经现场调查，确认桂 O5890 警号牌警车为北海市森林公安局警车，驾驶人为罗某。民警即赶至市森林公安局，23 时许，发现了涉案车辆及驾驶人罗某，经事故伤者指认后，民警依法扣押了该涉嫌车辆，并使用呼气酒精含量检测仪对罗某进行呼气测试，仪器显示酒精含量为 194.6 毫克/100 毫升，涉嫌醉酒驾驶机动车。民警立即打印了呼气酒精测试单，测试单记录了当事人姓名、身份证件种类及号码、查获时间和地点、测试值等内容，测试单由民警谢某、韦某分别签名后交罗某签名确认。期间，交通民警使用数码相机记录了查获的全过程。

二、案件办理过程

鉴于罗某涉嫌醉酒驾驶机动车发生交通事故，民警依据《道路交通安全法》第一百一十条第一款规定，在现场依法扣留了嫌疑人的机动车驾驶证，并依据《道路交通事故处理程序规定》第二十八条第一款规定，依法扣留了事故机动车。5 月 15 日 23 时 38 分，民警谢某和韦某将罗某带至北海市人民医院抽血。医务人员对罗某提取了两份血样，民警分别装入物证密封袋，注明了驾驶人姓名、提取时间、血样用途，由罗某、民警谢某和韦某以及抽血的医务人员在密封袋封口处签名。期间，民警对抽血全过程进行了监督，并将带回的血样交给交警大队物证保管室低温冷藏保存。5 月 16 日 0 时 45 分，交通民警谢某和韦某将罗某带至海城交警大队，对罗某采取看管的方法进行醒酒约束。期间，民警及时制作了《查获经过》。8 时许，交通民警将罗某血样送北海市食品药品检验所检验血液酒精含量。9 时 52 分，民警传唤罗某到交警大队，对罗某进行了第一次询问，并制作了询问笔录。23 时 38 分，民警第二次传唤罗某到交警大队，进行了第二次询问，制作了询问笔录。5 月 17

日15时，北海市食品药品检验所出具检验报告，罗某血液酒精含量为193.2毫克/100毫升。15时30分，经报北海市公安局海城分局负责人批准，对罗某以涉嫌危险驾驶罪立案侦查。15时40分，办案民警收集了林某（女，北海市人，系罗某朋友，案发当晚与嫌疑人一起喝酒）、裴某（女，北海市合浦县人，系案发当晚罗某就餐酒店服务员）的证人证言，证明罗某有酒后驾驶机动车的事实。18时，对罗某依法采取了刑事拘留措施并送至北海市看守所羁押。拘留期间，办案民警江某和黄某对罗某进行了讯问，制作了讯问笔录。

5月19日，案件侦查终结，北海市公安局交警支队依法作出吊销罗某机动车驾驶证的行政处罚。同日，北海市公安局制作了《起诉意见书》，以涉嫌危险驾驶罪将罗某醉酒驾驶机动车案件材料移送北海市海城区人民检察院审查起诉。海城区人民检察院对公安机关移送的案件进行了审查并以危险驾驶罪向海城区人民法院对罗某提起公诉。6月27日，海城区人民法院对罗某醉酒驾驶机动车犯罪案件开庭审理，并对该案当庭宣判，一审判决被告人罗某犯危险驾驶罪，判处拘役5个月，并处罚金5000元。罗某没有提出上诉。

三、案件点评

此案经过交警大队紧张周密调查，案件事实清楚、证据确凿、定性准确、程序合法、法律文书规范。主要有以下特点：一是注重现场调查取证，最快速度查获肇事驾驶人，及时提取了血液样本，保证血液酒精含量检验数据的准确性。二是对查获的醉酒驾驶机动车行为人充分利用约束醒酒、传唤等手段，及时调查取证，制作案件材料，争取办案时间。三是犯罪嫌疑人是公安民警，交警大队仍坚持依法办案，严格把握办案时限，快侦快办，使案件在4日内侦查终结并移送审查起诉，有效维护了法律权威。

案例五：王某醉酒驾驶机动车案

一、查获经过

2011年5月1日5时许，王某（男，1958年11月25日出生，江苏省南京市人，南京中北（集团）股份有限公司出租车驾驶员，持有准驾车型为A2的机动车驾驶证）驾驶车牌号为苏A91078的出租车，由南京市和燕路小市街路口行驶至黄家圩32号路边洗车店，因洗车问题与洗车店工作人员发生纠纷，报警后，南京市公安局下关分局小市派出所民警处警，处警时发现王某有酒后驾驶机动车嫌疑，遂移交南京市公安局交管局交警六大队侦办。

二、案件办理过程

5月1日5时40分，交警六大队民警孙某、翟某使用呼气酒精含量检测仪对王某进行呼气测试，仪器显示酒精含量为150毫克/100毫升，即将王某带至上海长征医院南京分院抽血。医务人员对王某提取了血样两份，交通民警分别装入物证密封袋，注明了驾驶人姓名、提取时间、消毒液名称、血样用途，由交通民警孙某、翟某以及抽血的医务人员在密封袋封口处签名。期间，民警对抽血全过程进行了监督，并立即将血样送南京市公安局物证鉴定所检验血液酒精含量。11时许，南京市公安局物证鉴定所出具了检验报告，王某血液酒精含量为140.5毫克/100毫升。鉴于王某血样酒精含量已达醉酒驾驶机动车的标准，当日，经南京市公安局下关分局负责人批准，对王某以涉嫌危险驾驶罪立案侦查，民警依法扣留了其机动车驾驶证，扣押了涉案机动车。16时11分，办案民警岳某、孙某将检验结论通知书送达王某，并对王某进行了第一次讯问，制作了讯问笔录，但王某拒不承认其醉酒驾驶机动车的犯罪事实。期间，办案民警收集了顾某（江苏南京人，案发当晚报警人）、陈某（江苏南京人，案发当晚报警人）、曹某（江苏泗阳人，路边洗车店工作人员）、张某（江苏泗阳人，路边洗车店工作人员）的证人证言，证明王某有酒后驾驶机动车的行为。

5月4日，因侦查案件需要，经报南京市公安局下关分局负责人批准，对王某依法采取刑事拘留的强制措施并送至下关区看守所羁押。拘留期间，办案民警分别对王某进行了4次讯问，王某承认其在事发当晚喝酒，但仍不承认驾驶机动车的事实。与此同时，办案民警制作了两组辨认照片，每组12张，由证人陈某、曹某、张某辨认，并制作了辨认记录，均指认王某照片为当晚驾驶A91078号出租车的人。办案民警又调取了设置在事发地点附近饭馆的视频监控设备记录的监控资料，反映事发前50分钟左右王某有饮酒行为。同时，民警调取了出租车GPS定位系统运行轨迹记录，显示事发前10分钟该出租车由和燕路小市街路口行驶至黄家圩32号路边洗车店的过程。5月7日，王某刑事拘留期限届满，办案部门依法对王某采取了取保候审措施。

通过派出所接警记录、涉案车辆GPS运行轨迹记录、证人证言、血液酒精检验报告、视频资料、辨认笔录等证据，证明王某有醉酒驾驶机动车的犯罪事实。5月9日，案件侦查终结。南京市公安局交管局依法作出吊销王某机动车驾驶证的行政处罚。5月10日，下关分局制作了《起诉意见书》，以涉嫌危险驾驶罪将王某醉酒驾驶机动车的案件材料移送下关区人民检察院审查起诉。5月31日，下关区人民检察院以危险驾驶罪向下关区人民法院对王某提起公诉，并提交了《起诉书》。5月31日，下关区人民法院对王某醉酒驾驶机动车犯罪案件开庭审理，并对该案当庭宣判，一审判决被告人王某犯危险驾驶罪，判处拘役2个月，并处罚金2000元。王某没有提出上诉。

三、案件点评

此案经过交警大队紧张周密调查，案件事实清楚、证据确凿、定性准确、程序合法、法律文书规范。主要有以下特点：一是快速反应，从公安派出所移交案件开始，交警大队立即组织案件侦查工作，及时记录查获过程，及时规范提取血液样本。二是及时送检血液，检验鉴定机构5个小时内就出具检验报告，及时固定了醉酒驾驶机动车的关键证据。三是展开外围调查，广泛收集证人证言、车辆GPS运行轨迹、饮酒视频资料等相关证据，并制作了辨认笔录等案件材料，充分有效地证明了醉酒驾驶机动车的事实。四是办案中注意加强与检、法机关的沟通协调，主动听取对案件证据等方面的意见，及时通报案件办理情况，为顺利起诉和判决奠定了基础。

（三）典型或常见问题的审理思路

1. 危险驾驶罪中的“道路”如何理解？①

本书观点：《刑法修正案（八）》增设了危险驾驶罪，明确了在道路上驾驶机动车追逐竞驶，情节恶劣的，或者在道路上醉酒驾驶机动车的行为构成危险驾驶罪。实践中，在危险驾驶案件中，“道路”的认定成为一个很关键的客观要素。关于道路的范围，《道路交通安全法》第一百一十九条第一项作了明确界定：“‘道路’，是指公路、城市道路和虽在单位管辖范围但允许社会机动车通行的地方，包括广场、公共停车场等用于公众通行的场所。”

2011年《刑法修正案（八）》将危险驾驶行为纳入刑法调整范围。危险

① 观点来源：《刑事审判参考》2012年第2集（总第85集）。

驾驶罪的直接法益是交通安全，危害的是不特定的多数人的生命、健康或者重大公私财产的安全。危险驾驶以一定危险状态的产生作为构成犯罪的基本要件，危险驾驶罪是危险犯，无论是否实际发生了损害后果，都可以构成危险驾驶罪。唯其如此，立法将危险驾驶行为限定发生在“道路”这一特定的空间场域，其保护的不仅是特定事故的受损害方（在发生交通事故的情况下），而且包括不特定的多数人的生命、健康或者重大公私财产的安全。在明确这一立法意图的基础上，对危险驾驶罪中“道路”的理解应重点把握驾驶行为发生地是否具有“公共性”，只要具有“公共性”，就应当认定为“道路”。近年来，随着经济的发展，农村的一些道路出现了明显的公路化演变，行驶的机动车数量大量增多，机动车在农村道路上发生的交通事故也大幅增加。因此，将农村中具有一定规模和较强公共性的农村道路纳入“道路”范畴不仅符合立法的价值取向，而且也顺应了司法实践发展的需要。

2. **社会车辆登记车牌号或者交纳一定费用，即可在小区内进出、停放，在该管理模式下的小区道路、停车场是否属于“道路”?**①

本书观点：社会车辆只要登记车牌号或者交纳一定费用，即可在小区内进出、停放的，在该管理模式下的小区道路、停车场属于道路交通安全法规定的“道路”。行为人在该小区内醉酒驾驶机动车，属于在道路上醉酒驾驶，其行为构成危险驾驶罪。小区是居民聚居的生活场所，居住的人数众多，且随着社会的发展，小区的规模越来越大，小区内车辆通行的路段往往也是行人和非机动车通行的地方，在小区内醉驾对公共安全具有较大的危险性。如果在道路交通安全法规定之外，另以“是否作为公共路段穿行”作为认定道路的标准，将不利于保障小区内生活的人民群众人身财产安全。故对小区道路的认定应当与道路交通安全法的规定精神保持一致，以是否“允许社会车辆通行”作为判断标准。

常见的小区对社会车辆的管理方式有以下三种：第一种是开放式管理，即小区管理者在小区进出口未设置卡点，或者虽设置卡点，但从未拦截，社会车辆无需任何手续即可在小区内自由进出、停放；第二种是半开放半封闭式管理，即在小区进出口设卡拦截，社会车辆若要进出小区，需要受访业主

---

① 观点来源：《刑事审判参考》2013年第5集（总第94集），指导案例第893号。

的同意、登记车牌号或者交纳一定的停车、通行费用；第三种是封闭式管理，即在小区进出口设卡拦截，非业主车辆一律不允许通行，或者征得受访业主同意后，来访车辆停放在小区指定区域。对于第一种和第三种管理方式下的小区道路的定性争议不大，前者属于典型的“允许”社会车辆通行，后者则相反，不属于“道路”。对于如何界定第二种管理方式下的小区道路的性质，则存在较大争议。

我们认为，对道路的认定关键在于对道路“公共性”的理解。而何谓“公共性”，最本质的特征在于对象的不特定性。无论单位对其管辖范围内的路段、停车场采取的管理方式是收费还是免费、车辆进出是否需要登记，只要允许不特定的社会车辆自由通行，就属于道路；如果仅允许与管辖单位、人员有业务往来、亲友关系等特定事由的来访者的车辆通行，则不属于允许社会车辆通行。就小区而言，如果来访车辆经业主同意后可停放的，因其进出小区的条件建立在来访者与受访业主的亲友关系之上，故对象相对特定，范围相对较小，此种管理方式下的小区不具有公共性，不属于允许社会车辆通行的地方。若社会车辆只要登记车牌号或者交纳一定费用，即可在小区内进出、停放的，则其通行条件并无特定的人身依附关系，对象不特定，范围面向社会大众，在该管理模式下的小区道路、停车场与公共道路、停车场无异，属于允许社会车辆通行的地方。特别是有的地方公共停车场车位有限，为充分利用社会资源，当地政府出台政策鼓励企事业单位、小区将内部停车场面向公众，实行错时收费停车，社会车辆在单位管辖区域内通行的情况将越来越普遍。如果将这些停车场不认定为道路，将不利于保障这些地方的交通安全。

3. 醉酒驾驶超标电动自行车的，是否构成危险驾驶罪？①

本书观点：不宜将超标电动自行车认定为“机动车”，在道路上醉酒驾驶超标电动自行车的，不构成危险驾驶罪。

（1）危险驾驶罪属于行政犯，对“机动车”等概念性法律术语的理解应当与其所对应的行政法规保持一致，不能随意扩大解释。目前，对于超标电动自行车是否属于机动车，相关行政法规并未作出明确规定。虽然根据《机动车运行安全技术条件》对摩托车的规定，部分超标电动自行车符合摩托车

---

① 观点来源：《刑事审判参考》（办理危险驾驶类犯罪专集）2013 年第 5 集（总第 94 集）。

的技术条件，似属机动车，但《机动车运行安全技术条件》并未明确规定超标电动自行车属于机动车，只是规定符合国家标准的残疾人机动轮椅车、电动自行车不属于摩托车。退而言之，即使《机动车运行安全技术条件》明确规定超标电动自行车属于机动车，其法律性质与效力也存在疑问。《标准化法》规定，保障人体健康、人身、财产安全的标准和法律、行政法规规定强制执行的标准是强制标准，必须执行。据此，《机动车运行安全技术条件》属于强制性国家标准，但强制性国家标准是否属于行政法规、部门规章，法律并无明确规定。虽然从其设置的权利义务和效力等实质要件判断，强制性国家标准与部门规章并无实质差异，但从其制定与发布的程序、体系结构、名称内容等形式要件判断，其不属于部门规章，只是接近于行政规范性文件。因此，强制性国家标准对人民法院审理案件有一定的参考价值，但不具有法律规范意义上的约束力。只有行政法规或者部门规章明确规定超标电动自行车属于机动车，人民法院才能据此认定超标电动自行车属于法律意义上的机动车。在此之前，不应片面地以超标电动自行车符合《机动车运行安全技术条件》的规定，或者以道路交通安全法未排除超标电动自行车属于机动车为由，据此认定醉酒驾驶超标电动自行车或者驾驶超标电动自行车追逐竞驶情节恶劣的行为构成危险驾驶罪。这种认定，属于不合理的扩大解释，违反了罪刑法定原则，在实践层面还会造成行政执法的困境。道路交通安全法规定，无证驾驶机动车应当受行政处罚，但公安机关交通管理部门从未颁发过超标电动自行车驾驶证，故无权对无证驾驶超标电动自行车的行为进行处罚，对醉驾超标电动自行车者吊销机动车驾驶证的行政处罚更是无从谈起。

（2）将超标电动自行车作为机动车进行规定和管理存在较多困难。一是当前尚不具备将超标电动自行车规定为机动车的现实条件。2009 年 6 月 25 日制定的《电动摩托车和轻便摩托车通用技术条件》（GB 24157—2009）本拟于 2010 年 1 月 1 日施行，但其规定最大设计车速为 20—50km/h 的属于轻便摩托车，遭到电动自行车生产厂商和消费者的抵制。因为目前生产和销售的大部分电动自行车的最大设计车速已超过 20km/h，如果将这部分电动自行车作为轻便摩托车进行管理，会导致大量生产厂商被迫停业停产整顿甚至转产，也会增加消费者的出行成本，购买力会大幅下降。2009 年 12 月 15 日，国家标准化管理委员会不得不专门就电动摩托车相关标准实施事项下发通知（国标委工〔2009〕98 号），决定暂缓实施《电动摩托车和轻便摩托车通用技术条件》等 4 项国家标准中涉及电动轻便摩托车的内容，并表示将加快电动自行车国家标准的修订工作。2012 年 5 月 11 日，《机动车运行安全技术条件》发布后，再次引发超标电动自行车是否属于机动车的争议。同年 8 月 14 日，国家标准化管理委员会在与公安部、工业和信息化部、交通运输部、中国轻工业联合会、中国自行车协会等部门代表和有关专家参加的座谈会上达成一致意见，国家标准《电动自行车通用技术条件》的修订要适应产业发展的新形势，其不受限于《机动车运行安全技术条件》等现有国家标准相关条款的规定。在《电动自行车通用技术条件》新标准出台后，国家标准化管理委员会将及时梳理和调整相关国家标准，保持国家标准之间的一致性。因此，超标车的性质仍需留待电动自行车国标修订完善时予以明确。二是将超标电动自行车作为机动车进行管理难度较大，且超标电动自行车在机动车道上行驶存在较大安全隐患。根据机动车管理的相关规定，机动车在上路行驶前，应当通过公安机关交通管理部门的登记审查，获得机动车登记证书、号牌和行驶证，投保机动车交通事故责任强制保险，驾驶人还应当考取机动车驾驶证。这些工作需要投入大量的人力、物力和时间。超标电动自行车一旦证照齐全，就可以在机动车道上行驶。但大量超标电动自行车与汽车、摩托车在有限的机动车道上抢行，这无疑会造成一种无序状态，大大增加交通事故发生的几率。

（3）公众普遍认为超标电动自行车不属于机动车，此类醉驾或者追逐竞驶的行为人往往不具有相关违法性认识。与故意杀人、抢劫、强奸等自然犯不同，危险驾驶罪是行政犯，对行为人违法性认识的要求更高。不仅要求行为人认识到自己是在驾车的事实，还要求行为人认识到驾驶的车辆属于法律意义上的机动车。从该罪防范社会危险的罪质特征考虑，判断行为人是否认识到其驾驶的车辆属于法律意义上的机动车，需要综合根据一般人的生活经验、认识水平和理解能力进行评价。如前所述，国家既未对超标电动自行车的法律属性作出明确规定，又未对其按照机动车进行管理，在此情况下要求普通公众认识到超标电动自行车属于机动车，既不现实，也不妥当，甚至有些强人所难。因此，目前醉驾超标电动自行车或者驾驶超标电动自行车追逐竞驶的行为人普遍不具有构成危险驾驶罪所需的违法性认识。如对这种行为追究刑事责任，违背了主客观相统一的定罪原则。实践中，有的地方为了解决行为人主观故意的认识问题，由交通管理部门出具情况说明或者鉴定意见，称涉案的超标电动自行车属于机动车。然而，这种做法既不能证明行为人认识到自己驾驶的电动自行车属于超标电动自行车，更不能证明行为人认识到超标电动自行车属于机动车。况且，在相关行政法规未明确规定超标电动自行车属于机动车的情况下，地方交通管理部门或者鉴定机构认定超标电动自行车属于机动车，超出了其权限范围。

（4）将醉驾超标车等行为以危险驾驶罪定罪处罚，打击面过大，社会效果不好。电动自行车因其方便快捷，已成为人们常用的重要交通工具之一。据中国自行车协会统计，截至2021年，我国电动自行车保有量目前已近3亿辆，且逐年快速递增。① 由于大部分电动自行车都存在超标现象，如果将醉驾超标电动自行车等行为一律作为犯罪处理，将会大大扩大刑法的打击面。这样的效果并不好，毕竟驾驶电动自行车的绝大多数行为人都是没有前科劣迹的普通公民，一旦被贴上“犯罪人”的标签，对其工作、生活和家庭影响较大，甚至会带来影响社会稳定的不和谐因素。从这个角度考虑，对醉驾超标电动自行车等行为也不宜作为犯罪处理。如果行为人驾驶超标电动自行车超速行驶（超过15km/h），可以对其处以警告、罚款或者扣留车辆的行政处罚。如果发生轻微交通事故，可以通过民事赔偿予以补救。如果发生重大交通事故，符合交通肇事罪构成要件的，可以依法处理。当然，一些地方醉驾超标电动自行车的现象较为严重，发生多起交通事故，也确实需要高度重视超标电动自行车存在的安全隐患。这需要相关主管部门采取有力措施，规范电动自行车生产和消费市场，修改完善电动自行车运行安全技术条件，适当提高电动自行车最大设计车速。必要时，可以考虑将其中一部分符合摩托车技术条件的超标电动自行车作为机动车进行管理。但在有关部门明确将超标电动自行车纳入机动车产品目录进行规范之前，公安、司法机关不宜因醉驾超标电动自行车的行为对道路交通安全构成较大威胁，就将其认定为犯罪。

① 《中国电动车行业：近3亿保有量，2021如何发展和突破?》，载搜狐网，https：//www. sohu. com/a/454872577_ 120957600。

4. 醉驾逃逸后找人“顶包”，并指使他人提供虚假证言，导致无法及时检验血液酒精含量的，如何处理？①

本书观点：醉驾逃逸后找人“顶包”，并指使他人提供虚假证言，导致无法及时检验血液酒精含量的，应当以危险驾驶罪、妨害作证罪数罪并罚。行为人酒后在道路上驾驶机动车，因逃逸而无法及时检验其驾驶时的血液酒精含量，但根据其他间接证据能够认定其驾车时已处于醉酒状态的，可以认定其行为构成危险驾驶罪。

由于人体内的酒精会因挥发、分解、消化、排泄而逐步减少直至消失，所以对于行为人逃逸，以致未能及时进行血液酒精含量鉴定的情形如何处理，实践中做法不一。有观点认为，危险驾驶罪的构成要件中明确要求行为人醉酒驾驶的才能入罪。缺失血液酒精含量鉴定意见这一关键证据的，不能推定行为人达到醉酒程度，将其入罪，否则，就违反了罪刑法定这最重要的刑法基本原则。我们认为，上述意见值得商榷。醉驾入刑后，酒后驾驶抗拒、逃避检查、交通肇事后逃逸的现象逐渐增多，网络上甚至出现了专门为醉酒驾驶行为支招逃避刑事追究的“醉驾肇事逃逸攻略”。这些所谓的“攻略”致使一些醉酒驾驶行为人心存侥幸，误以为只要及时逃脱，待酒精挥发、分解、消化、排泄后，血液酒精含量就会大幅度下降甚至消失，如此就能够逃避刑法处罚。因此，在绝大多数情况下，应当要求公诉机关提供血液酒精含量的鉴定意见，但同时应当保留一定的例外。如果在任何情况下都要求将血液酒精含量鉴定意见作为认定醉酒的唯一依据，既不利于遏制和预防醉驾犯罪，甚至还会纵容醉驾肇事逃逸的行为。

司法实践中，根据间接证据定案的情况不在少数，只要间接证据达到确实、充分的证明程度，能够排除合理怀疑的，仍可认定为醉酒驾驶。只是在这种情形下，对取证要求更高，要穷尽一切手段收集能够证明行为人在驾驶时处于醉酒状态的各类证据。具体包括以下几类：一是证实行为人在驾驶前曾经饮酒或者肇事时呈现醉态的证人证言、被害人陈述。如，与行为人一同饮酒的人和饭店工作人员关于行为人喝酒的时间、品种、数量、度数以及驾车时的状态等情节的证言，目击证人或者被害人描述行为人肇事后步态、神态等状况的证言。二是证实行为人饮酒、驾车离开时的饭店监控录像、道路

---

① 观点来源：《刑事审判参考》2013 年第 5 集（总第 94 集），指导案例第 904 号。

监控录像等视听资料。三是专业人员的鉴定意见。对于行为人逃逸不久即被抓获，体内还能检出血液酒精含量值，但低于80毫克/100毫升的，可以委托专业人员按照业内通行的10毫克/（100毫升·小时）的血液清除率往回推算行为人驾驶时的血液酒精含量。四是侦查实验。根据有关证人证言、监控录像等证据证实的行为人饮酒的时间、品种、数量、度数以及距驾驶的时间等情节进行侦查实验，“还原”行为人驾驶时的状态后，提取其血样送检。如果血液酒精含量达到80毫克/100毫升的，结合上述证据，可以认定行为人驾驶时呈醉酒状态。需要强调的是，鉴于血液酒精含量检验鉴定意见的重要性以及缺失后的不可弥补性，根据间接证据定案，是迫不得已的做法，应当极为慎重。行为人醉酒驾驶机动车发生交通事故后逃逸，为逃避法律追究，找人“顶包”，并指使他人作伪证，导致公安机关无法及时进行血液酒精含量检验，妨碍了对其醉酒驾驶机动车追究法律责任的正常办案程序，也导致多名证人因提供虚假证言被行政处罚，侵害了司法机关正常的诉讼活动和公民依法作证的权利，其行为构成妨害作证罪，应当与其所犯危险驾驶罪数罪并罚。

5. 对于为挪动车位而在道路上醉酒驾驶机动车，且行驶距离较短、速度较慢、未发生严重后果的，如何处理？[①]

本书观点：行为人只要在道路上醉酒驾驶机动车，即具有法律拟制的危险性，符合危险驾驶罪的客观要件。对于为挪动车位而在道路上醉酒驾驶机动车，且行驶距离较短、速度较慢、未发生严重后果的，可以不作为犯罪处理。

（1）行为人只要在道路上醉酒驾驶机动车，即具有法律拟制的危险性，符合危险驾驶罪的客观要件。根据《刑法》第一百三十三条之一第一款规定，危险驾驶罪不以发生具体危害后果为构成要件，理论上属于抽象危险犯，即立法上根据一般人的社会生活经验，将在道路上醉酒驾驶机动车的行为类型化为具有发生危害结果的紧迫（高度）危险。该危险不需要司法上的具体判断，只要行为人实施了在道路上醉酒驾驶机动车的行为，就推定其具有该类型化的紧迫危险，符合危险驾驶罪的客观要件。除非根据一般人的社会生活经验，认为具体案件中的特别情况导致该醉驾行为根本不存在任何危险时，

---

① 观点来源：《刑事审判参考》2013年第5集（总第94集），指导案例第895号。

司法上才需要进行判断，但这种例外情形在生活中极其罕见。即便是未醉酒情形下的简单倒车行为，因控制不好车速、车距，而与其他车辆发生碰撞，甚至将油门当作刹车猛踩，造成他人重伤、死亡的个案也非常普遍，更不用说醉酒状态下的倒车行为。故以驾驶距离较短、速度较慢为由主张醉酒驾驶没有危险，理由上难以成立。

（2）行为人明知自己饮酒仍在道路上驾驶机动车，具有危险驾驶罪的主观故意。危险驾驶罪属于抽象危险犯和行政犯，判断行为人是否具有醉酒驾驶机动车的主观故意，应当充分考虑其罪质特点。犯罪故意是认识因素和意志因素的统一。一是在认识因素方面，行为人应当对该罪构成要件要素“道路”“醉酒”“驾驶”“机动车”的社会意义有一定认识。该认识不要求达到确切的程度，行为人只要认识到其是在饮酒后驾驶机动车即可，至于其饮酒后血液酒精含量是否达到80毫克/100毫升、驾驶的路段是否属于法律意义上的道路等内容，均不是认定行为人犯罪故意的主观要素范围。同时，行为人还应对在道路上醉酒驾驶机动车具有危险性有一定的认识，但该认识以一般人的社会生活经验为根据，而不是以行为人自己的判断为标准，更不要求行为人对危险性程度及是否会发生危害结果有确切具体的认识。二是在意志因素方面，要求行为人对其在道路上醉酒驾驶机动车可能发生的危险持放任态度。

（3）对于为挪动车位而在道路上醉酒驾驶机动车，且行驶距离较短、速度较慢的、未发生严重后果的，可以不作为犯罪处理。对于行为人出于符合情理的驾驶目的，在道路上醉酒驾驶机动车的，在定罪处罚时应当深入贯彻宽严相济刑事政策，该从宽的，一定要体现从宽政策。就为挪车而短距离醉驾的案件而言，如果没有发生实际危害结果或者仅发生轻微碰、擦后果的，可以根据具体情节，认定犯罪情节显著轻微，适用“但书”条款，不作为犯罪处理，或者免予刑事处罚。如果仅发生轻微的交通事故，致使车辆刮擦、致人轻微伤等，且行为人认罪、悔罪，积极赔偿被害人损失并取得谅解的，可以不作为犯罪处理或者作免予刑事处罚处理。如果发生致人轻伤以上的交通事故，一般不宜认为犯罪情节显著轻微，但结合具体案情、行为人的认罪、悔罪表现和赔偿情况，为体现从宽处罚精神，可以对被告人适用缓刑。

6. 关于危险驾驶罪中“如实供述自己的罪行”如何认定?[①]

本书观点：《自首和立功解释》第一条第二项规定：“如实供述自己的罪行，是指犯罪嫌疑人自动投案后，如实交代自己的主要犯罪事实。”我们认为，所谓主要犯罪事实，是指对犯罪嫌疑人行为的性质认定有决定意义的事实、情节（即基本犯罪构成事实）以及对量刑有重大影响的事实、情节（即重大量刑事实）。对于基本犯罪构成事实，犯罪嫌疑人应当全部供述，而无“主”“次”之分；对于重大量刑事实，则可区分已如实供述与未如实供述部分的严重程度，决定是否认定为如实供述自己的主要犯罪事实。如果如实交代的犯罪情节重于未交代的犯罪情节，一般应当认定为如实供述自己的主要犯罪事实；无法区分已交代的与未交代的犯罪情节的严重程度，一般不认定为如实供述自己的主要犯罪事实。对于醉驾型危险驾驶案件，基本构成要件事实包括：在驾车之前是否饮酒；是否驾车上路行驶；驾驶何种车型。其中，是否饮酒是最基本的构成事实，不管犯罪嫌疑人是在见到公安人员后主动交代饮酒事实，还是在公安人员根据其精神状态怀疑其饮酒并对其进行讯问后承认饮酒事实，均属于如实供述自己的罪行。如果犯罪嫌疑人虽然承认饮酒的事实，但不配合甚至采取暴力手段抗拒对其进行呼气酒精含量测试或者血样收集的，不能成立“如实供述自己的罪行”。还有的犯罪嫌疑人在交通肇事后逃逸，待血液中酒精含量极低或者检不出酒精含量后才投案，并否认醉酒驾驶，只承认自己是肇事者，亦不属于“如实供述自己的罪行”。影响犯罪嫌疑人量刑的重要犯罪事实可参考最高人民法院、最高人民检察院、公安部联合制定的《醉酒驾驶意见》第二条从重处罚情节的规定，包括：是否及如何发生交通事故的，饮酒的数量、品种、间隔驾驶的时间，是否在高速公路、城市快速路上驾驶，是否有超员、超载、超速驾驶、无证驾驶、使用伪造或者变造的机动车牌证等严重违反道路交通安全法的行为，等等。需要说明的是，《自首和立功意见》对“如实供述主要犯罪事实”和“如实供述身份”的认定采用了不同的标准。如实供述的犯罪事实对量刑的影响大于所隐瞒的事实，可以认定为“如实供述主要犯罪事实”；而对于隐瞒身份的行为作了零容忍规定，只要隐瞒的身份情况对量刑有影响，就不能认定为“如实供述自己的罪行”。因此，对于醉驾型危险驾驶案件，如犯罪嫌疑人隐瞒自己曾因酒

---

① 观点来源：《刑事审判参考》2013 年第 5 集（总第 94 集），指导案例第 899 号。

后驾驶受过行政处罚或者刑事追究，不能认定为如实供述自己的罪行。

7. 醉酒驾驶机动车致使本人重伤的，如何定罪？[①]

本书观点：醉酒驾驶机动车致使本人重伤的，不构成交通肇事罪，但构成危险驾驶罪。对于抽象危险犯，只要实施了刑法类型化的危险行为，即该行为只要具有发生危害结果的高度危险，就达到了纳入刑法评价的严重程度。考虑到危险驾驶主要是侵害了公共安全，即侵害了不特定多数人的人身、财产安全，对于危险驾驶仅造成本人死亡的，失去了刑法评价的意义；对于危险驾驶仅造成本人伤害或者财产损失的，也应当将这一后果视为行为人对自己犯罪行为付出的代价，而不宜作为从重处罚情节。这样的理解，也符合相关司法解释的精神。如《交通肇事解释》第二条关于交通肇事罪的入罪标准和第四条关于交通肇事罪“有其他特别恶劣情节”的规定，将交通肇事的财产损失范围限制在“造成公共财产或者他人财产直接损失”，将肇事者的个人财产损失排除在外。因此，对危险驾驶发生交通事故情形的从重处罚，一般不应包括导致本人伤亡或者财产损失的情况。对于危险驾驶仅致本人受伤且不具有从重处罚情节的，从刑罚的谦抑精神出发，可以酌情从宽处罚。实践中，因驾驶摩托车属于“肉包铁”，常发生醉酒驾驶摩托车撞到树上、掉进沟里、跌倒在地等致行为人本人自伤的后果。这种情况下，行为人的身体和精神已经因其犯罪行为付出了一定程度的代价，如果再施以严厉的刑罚，有违刑罚谦抑精神。特别是在有的案件中，行为人承担着家庭主要经济来源，因本人遭受伤残而支出的医疗费用已是一笔沉重的负担，加上失去主要经济来源的家庭，容易转化为社会负担和不稳定因素。这种情形下，对仅导致自伤的醉驾行为人科以刑罚或者重罚，社会效果并不好。当然，在具体把握处罚幅度时，应当主要考虑行为人在道路上醉酒驾驶机动车有无法定从重处罚情节，是否属于犯罪情节较轻、情节轻微或者显著轻微，避免单纯将行为人本人受伤作为判断其醉驾情节轻微与否的主要因素。

---

① 观点来源：《刑事审判参考》2013 年第 5 集（总第 94 集），指导案例第 900 号。

8. 追逐竞驶造成交通事故尚不构成交通肇事罪的，如何判断是构成危险驾驶罪，还是以危险方法危害公共安全罪?[①]

本书观点：追逐竞驶行为虽然造成交通事故但不构成交通肇事罪，对交通事故后果并不希望或者放任的，客观上行为危险程度也达不到与放火、决水、爆炸、投放危险物质等相当性的，应认定为危险驾驶罪。

（1）要看行为人对追逐竞驶造成的交通事故后果是持过于自信的过失意志状态还是持希望或者放任的意志状态。

危险驾驶罪是抽象危险犯，只要行为人实施了刑法规定的危险驾驶行为，即认为其行为对交通安全造成了社会一般人均能认识到的危险。因此，行为人在实施危险驾驶行为时一般都明知存在潜在的危险（但不明知必然发生），正因为如此，就危险驾驶本身而言，行为人都是持故意的意志状态。然而，值得注意的是，行为人对危险驾驶行为持希望或者放任的意志状态，并不意味着行为人对危险驾驶行为造成的危害结果也持希望或者放任的意志状态。汽车本身是一种危险性较大的交通工具，违反道路交通安全通行规定的驾驶行为，不仅会对他人生命财产安全造成危险，也会对驾驶人本人的生命财产安全造成危险。作为一个理性的人，通常不会拿自己的生命安全去冒险，除非有值得其去冒险的动机或者情由。故行为人虽然明知其追逐竞驶行为存在潜在的危险，但轻信自己的驾驶能力，认为该危险不会转化为现实危害。从这个意义上说，危险驾驶罪的行为人对发生交通事故的意志状态与交通肇事罪一样。而以危险方法危害公共安全罪要求行为人不但明知其实施的危险行为存在的潜在的危险，而且希望或者放任这种潜在的危险向现实损害转化。实践中，以危险方法危害公共安全罪定罪处罚的追逐竞驶行为，行为人多数情况下也不希望潜在的危险向现实损害转化，只不过为达到某种目的、出于某种动机而最终放任危害后果的发生。如，行为人出于泄愤目的在道路上追逐竞驶特定车辆，即便在追逐过程中碰撞上其他正常行驶的车辆，但为实现追赶特定车辆的目的，不管不顾对道路交通安全造成的现实危害而继续追逐竞驶，从而导致更为严重的交通事故发生。这种情形是典型的以危险方法危害公共安全罪。

（2）要看追逐竞驶的行为是否达到与放火、决水、爆炸、投放危险物质

---

① 观点来源：《刑事审判参考》2013 年第 5 集（总第 94 集），指导案例第 907 号。

等行为相当的危险程度。

追逐竞驶行为构成以危险方法危害公共安全罪的，要求该行为具有与放火、决水、爆炸、投放危险物质等行为相当的危险程度。所谓相当的危险程度，既可以体现在该行为对不特定多数人的人身财产安全所带来的潜在危险相当，也可以体现在所造成的现实危害后果相当。这些行为本身具有相当的不可控性，一旦发生危险，侵害的对象、范围、严重程度具有不可控性。如，在闹市区繁华路段严重超速追逐竞驶，连续多次撞击多车，致多人重伤、死亡或者使公私财产遭受重大损失的，或者虽然致人受伤程度、财产损失数额尚未达到严重后果的程度，但侵害对象多、涉及范围广，已对公共安全造成现实侵害的，均符合以危险方法危害公共安全罪的客观要件。对于行为人实施了追逐竞驶行为，仅发生轻微交通事故（尚未达到交通肇事罪的严重事故），侵害对象、范围有限的，说明该行为尚未达到严重危害公共安全的程度，行为人对其驾驶的车辆仍有一定的可控性，故认定为危险驾驶罪更为妥当。此外，交通肇事罪轻于以危险方法危害公共安全罪，如果对追逐竞驶造成交通事故的行为认定不构成交通肇事罪，但认定构成以危险方法危害公共安全罪，从举轻以明重的角度分析，在定罪逻辑上难以自圆其说。

9. 吸毒后驾驶机动车致使发生交通事故的，如果行为人主观上不希望或者放任危害结果发生的，如何定性？①

本书观点：吸毒后驾驶机动车致使发生交通事故的，行为人主观上系过失，客观行为属于交通肇事，应当认定为交通肇事罪。吸毒后驾驶致多人死伤的行为认定为“其他特别恶劣情节”。

（1）对于吸食毒品后驾驶机动车发生重大交通事故的行为，应当结合具体案情进行定性分析。交通肇事罪、过失以危险方法危害公共安全罪、以危险方法危害公共安全罪侵害的客体均是公共安全。一般违反交通法规的驾驶行为，如超速、闯红灯、逆向行驶等，虽具有一定的危险性，但与放火、决水、爆炸、投放危险物质等危险方法相比，在侵害对象的范围、危害后果的严重程度上存在明显区别，此类违规驾驶行为往往具有一定的可控性，故发生交通事故的一般构成交通肇事罪。但吸毒后驾驶机动车（以下简称毒驾）、醉酒驾驶机动车（以下简称醉驾）因驾驶员处于高度兴奋或者疲惫的不清醒

---

① 观点来源：《刑事审判参考》2013 年第 5 集（总第 94 集），指导案例第 918 号。

状态，有的甚至出现严重意识障碍、行为失控，其对车辆的操控能力大大减弱，交通事故发生的可能性、危及范围、后果的严重程度均处于不可控的状态，故容易成为与放火、决水、爆炸、投放危险物质等程度相当的危险方法。毒驾、醉驾发生重大事故的案件，对行为人的定性往往需要在交通肇事罪、过失以危险方法危害公共安全罪、以危险方法危害公共安全罪三者中作出辨析。既要从客观上进行审查分析，也要从主观上进行审查分析。如果行为人的意志状态上系反对、否定态度，即罪过形式系过失，则同时符合过失以危险方法危害公共安全罪和交通肇事罪的构成特征，因二者系一般条款与特别条款的关系，故以交通肇事罪定罪更为妥当；如果行为人的意志状态系放任态度，即罪过形式系间接故意，则构成以危险方法危害公共安全罪；如果行为人的意志状态系希望态度，即罪过形式系直接故意，则需要判断行为对象是否特定以及是否危害公共安全，在故意杀人罪、故意伤害罪与以危险方法危害公共安全罪等罪中进行辨析。

（2）吸毒后驾驶机动车交通肇事造成特别严重后果的，属于《刑法》第一百三十三条规定的“其他特别恶劣情节”。《刑法》第一百三十三条对交通肇事罪规定了三个不同的量刑幅度，其中交通运输肇事后逃逸或者有其他特别恶劣情节的，处三年以上七年以下有期徒刑。《交通肇事解释》第四条对“其他特别恶劣情节”列举了三种情形：一是死亡二人以上或者重伤五人以上，负事故全部或者主要责任的；二是死亡六人以上，负事故同等责任的；三是造成公共财产或者他人财产直接损失，负事故全部或者主要责任，无能力赔偿数额在六十万元以上的。我们认为，对“其他特别恶劣情节”的把握，要采取原则性与灵活性相统一的原则。

第一，从《交通肇事解释》第四条的规定看，并未绝对排除该条规定之外的其他情形属于“其他特别恶劣情节”。司法解释是对如何适用法律的进一步明确，既涉及对概念性术语的界定，又涉及对一些具体情节的细化，应当区分司法解释的对象，准确把握其内涵和精神。以《交通肇事解释》第三条规定为例，“交通运输肇事后逃逸”，是指行为人具有本解释第二条第一款规定和第二款第一至五项规定的情形之一，在发生交通事故后，为逃避法律追究而逃跑的行为。”该条对“交通运输肇事后逃逸”的解释，就属于概念界定，内容十分明确。而《交通肇事解释》第四条规定“交通肇事具有下列情形之一的，属于‘有其他特别恶劣情节’”。这种列举式的表述方式则相对灵活，对于符合《交通肇事解释》列举的三种情形之一的，应当认定为“有其他特别恶劣情节”，而对其他情形是否属于“其他特别恶劣情节”，《交通肇事解释》则未作出排除性或者禁止性规定。故判断其他情形是否属于“其他特别恶劣情节”可以依照刑法和《交通肇事解释》规定的精神，结合具体案情作出判断。

第二，从《交通肇事解释》第二条规定的精神看，应当将吸毒后驾驶致多人死伤的行为认定为“其他特别恶劣情节”。《交通肇事解释》第二条第一款规定，致一人死亡或者三人以上重伤，负事故全部或者主要责任的，构成交通肇事罪。同时，该条第二款规定，交通肇事致一人以上重伤，负事故全部或者主要责任，并具有该款列举的六种情形之一的，亦构成交通肇事罪。其中，第一项即是“酒后、吸食毒品后驾驶机动车辆的”，说明《交通肇事解释》在交通肇事罪的入罪标准上，区分了一般情形和毒驾等特殊情形。根据这一规定精神，在量刑上也应区分不同情形确定从严处罚的尺度。一般情况下，“死亡二人以上或者重伤五人以上，负事故全部或者主要责任的”属于“其他特别恶劣情节”，那么，对于具有毒驾情节的，可比照该项规定适当降低致人伤亡的程度。如果毒驾肇事致一人以上死亡、多人受伤的，就可以考虑认定为“其他特别恶劣情节”。

10. 对未当场查获行为人醉酒驾驶机动车且系“零口供”的案件，如何通过证据审查定案?[①]

本书观点：对于此类“零口供”案件，如何根据其他证据认定行为人醉酒驾驶机动车的犯罪事实，我们认为，可以从以下三个方面入手进行审查：（1）审查有无证明案件犯罪事实的直接证据。由于直接证据不需要经过中间环节，也无须借助其他证据进行逻辑推理即可直观证明案件的主要事实，故有较强的证明力。醉酒驾驶机动车刑事案件常见的直接证据有：行为人承认其在道路上醉酒驾驶机动车的有罪供述，目睹行为人醉酒驾车经过的证人证言，因行为人醉酒驾车而遭受损害的被害人陈述，证实行为人醉酒驾车经过或者当场查获经过的录音、录像资料等。（2）审查有无证明案件主要事实、情节的间接证据。间接证据虽然不能直接、单独证明案件的主要事实，但能

① 观点来源：最高人民法院刑事审判第一、二、三、四、五庭编：《中国刑事审判指导案例（危害公共安全罪）》，法律出版社2009年版，第218－220页。

够证明案件事实的某种情况或者与主要事实有关联的一些情节，因此，有必要予以重点审查。例如GPS定位系统记录、报警平台记录、抓获经过、血液酒精含量鉴定意见、其他证人证言等。（3）审查判断行为人供述的真实性。行为人作为刑事诉讼中被追究的对象，案件的处理结果与其有切身的利害关系，行为人否认犯罪事实或者供述时避重就轻均符合人趋利避害的本性。因此，需要通过收集其他证据去分析、判断行为人供述的真实性。行为人拒不供认犯罪事实的，只要其不保持沉默，总能从其无罪、罪轻的辩解中找到查明事实真相的线索。

（四）疑难、复杂问题的参考性解答

1. 如何理解“追逐竞驶”？

本书观点：机动车驾驶人员出于竞技、追求刺激、斗气或者其他动机，在道路上曲折穿行、快速追赶行驶的，属于“追逐竞驶”。

2. 在道路上驾驶机动车追逐竞驶的“情节恶劣”如何认定？

本书观点：在道路上驾驶机动车追逐竞驶的“情节恶劣”包括如下情形：

（1）饮酒后在道路上驾驶机动车追逐竞驶的。行为人饮食酒精，会使视觉能力变差，运动反射神经迟钝，对外界的反应能力及控制能力就会下降，处理紧急情况的能力也随之下降。行为人为了寻求刺激，饮酒后在道路上驾驶机动车追逐竞驶，具有较一般追逐竞驶行为更大的社会危害性，对不特定多数人的生命健康和财产安全具有更为严重的危害，应当认定为“情节恶劣”。

（2）无驾驶资格在道路上驾驶机动车追逐竞驶的。具有机动车驾驶资格是驾驶机动车的前提条件，无机动车驾驶资格的人在道路上驾驶机动车追逐竞驶的，比具有驾驶资格的人追逐竞驶具有更为具体的危险性，社会危害更大，应当认定为“情节恶劣”。从实践来看，无驾驶资格包括如下情形：未取得机动车驾驶资格的；被吊销机动车驾驶资格，一定时间内不得驾驶机动车的；驾驶准驾车型以外的机动车的，如持有摩托车驾驶资格的人驾驶汽车。

（3）在道路上驾驶非法改装的机动车追逐竞驶的。非法改装的机动车，是指擅自改变出厂时的结构、构造或特征的机动车，包括改变机动车的动力、灯光、操作、尾气排放、冷却、制动、消音、悬挂、方向系统和外观结构、

车胎轮毂等。部分人为了提高车辆的动力，追求更大的惊险刺激，往往擅自对机动车进行改装。在道路上驾驶非法改装的机动车追逐竞驶的，往往会达到很高的时速，发出巨大的噪音，故对其他的交通参与人的危险更大，也严重影响了公众的正常生活。因此，此种行为的社会危害性更为明显，应当认定为“情节恶劣”。

（4）以超过规定时速50%的速度驾驶机动车追逐竞驶的。在追逐竞驶的过程中，行为人为了追求刺激，往往超过规定时速行驶。例如，京城名噪一时的“二环十三郎”，就是以每小时150公里的速度，用13分钟在全长32.7公里的北京二环路上行驶一圈，其车速超过二环规定限速60至80公里/小时将近2倍。这种严重超速的追逐竞驶行为较之一般的追逐竞驶行为，对道路公共安全的危险更为具体，应当认定为“情节恶劣”。

（5）在车流量大、行人多的道路上追逐竞驶的。如前所述，道路的范围较为广泛，追逐竞驶在公路、城市道路及其他公众通行的场所均可进行。但是，在车流量不同的道路上追逐竞驶，对公共交通安全的危险程度是不一样的。例如，乡村道路或者在深夜追逐竞驶，由于道路上车辆和行人较少，难以形成对公共安全的危险，不宜认定为“情节恶劣”。从实践来看，由于城市里面的道路路况较好，成为机动车追逐竞驶的主要场所。例如，北京的一些环路、上海的一些高架路、杭州的跨海湾大桥，成为追逐竞驶者的“天堂”。在这些车流量大的道路上追逐竞驶，对公共交通安全的危害大，应当认定为“情节恶劣”。

（6）多人或者多次追逐竞驶的。从实践来看，追逐竞驶既可能是一对一的形式，即两个人分别驾驶机动车追逐驾驶；也可以是多人分别驾驶机动车在道路上互相追逐，竞相行驶。显然，多人追逐竞驶行为的情节更为恶劣，而多次追逐竞驶的行为也具有更大的社会危害性，故应当将多人或者多次追逐竞驶的行为认定为“情节恶劣”。

（7）追逐竞驶引起交通严重堵塞或者公众恐慌的。追逐竞驶构成的犯罪属于情节犯，不以发生人员伤亡、财产损失等具体后果为要件，但是其引发的其他后果也可以是判断“情节恶劣”的标准之一。例如，一群年轻人为了寻求刺激，在车流量大和行人较多的闹市区追逐竞驶，引发交通严重堵塞和其他交通参与者恐慌的，应当认定为“情节恶劣”。

（8）使用伪造、变造或者其他机动车号牌，或者故意遮挡、污损、不按规定安装机动车号牌的。有的行为人为了逃避道路交通安全部门的查处，故意使用伪造、变造或者其他机动车号牌，或者故意遮挡、污损、不按规定安装机动车号牌，意图逃脱责任。一旦发生事故，有关部门难以查实相关责任人。此种情形的社会危害性大，应当认定为“情节恶劣”。

（9）因追逐驾驶或者飙车受过行政处罚，又在道路上追逐竞驶的。行为人因为追逐竞驶或者飙车被查处，并受过行政处罚后，仍不遵守道路安全交通法规，又在道路上追逐竞驶的，主观恶性较大，应当认定为“情节恶劣”。

（10）其他应当认定为情节恶劣的情形。司法实践的情形较为复杂，难以列举，宜根据具体情形具体分析。例如，行为人以追逐竞驶作为赌博手段的，就较之一般的追逐竞驶行为，动机更为恶劣，危害更大，应当认定为“情节恶劣”。此外，行为人因追逐驾驶发生道路交通事故，但尚未构成交通肇事罪的，驾驶营运车辆追逐竞驶的，这些情形都可以认定为“情节恶劣”。

3. 认定行为人是否处于醉酒状态的依据是什么？

本书观点：血液酒精含量检验鉴定意见是认定行为人是否处于醉酒状态的关键依据。醉酒驾驶，是指在醉酒状态下在道路上驾驶机动车的行为。根据《车辆驾驶人员血液、呼吸酒精含量阈值与检验》的规定，车辆驾驶人员血液中的酒精含量大于或者等于 80 毫克/100 毫升的，属于醉酒驾驶。《醉酒驾驶意见》第一条沿用了这一数值标准。从刑法规定分析，醉酒驾驶是否构成犯罪不需要司法人员判断醉酒行为是否具有现实的公共危险，只要行为人处于醉酒状态即可构成犯罪。

实践中，交警部门采取的酒精检测主要包括两种形式：呼气酒精含量检测与血液酒精含量检测。在处理醉驾问题时，通常会对驾驶人员先进行呼气酒精含量检验，如果呼气检验结果达到或者接近醉酒标准，再对驾驶人员进行血液酒精含量检验。《醉酒驾驶意见》第六条第一款规定：“血液酒精含量检验鉴定意见是认定犯罪嫌疑人是否醉酒的依据。”该条规定包含三点含义：（1）认定行为人构成醉驾的基础为血液酒精含量检验鉴定意见。（2）血液酒精含量检验鉴定意见的实体、程序均应合法有效。若因存在非法内容而被法院排除，不能定罪。（3）呼气酒精含量检测结果与血液酒精含量检验鉴定意见存在冲突时，应当以后者为准。

4. 行为人拒绝交警配合检测的不利后果由谁承担？

本书观点：行为人拒绝配合执法，实施不利于自身的行为而产生的法律后果应当自行承担。醉驾入刑以来，执法、司法机关对醉驾行为“零容忍”的打击力度极大地增加了刑法的威慑力，即使是心存侥幸而酒后驾车之人对于被查的后果也往往心知肚明。因此，实践中为逃避处罚，常常会出现五花八门的拒绝配合甚至阻挠交警正常执法的行为。具体来看，主要包括以下几类：第一，逃避酒精检测，如将自己锁在车内、弃车逃跑等；第二，在进行呼气酒精检测时不配合，拒绝进行呼气酒精检测；第三，在进行呼气酒精检测之后通过逃跑等方式逃避血液酒精含量检测；第四，在进行相应酒精检测时通过故意饮酒等方式破坏检测结果。对于行为人拒绝配合执法，实施不利于其自身的行为，从而产生的法律后果应当由行为人承担。在司法实践中，如果犯罪嫌疑人为逃避法律追究，在检查时当场饮酒的，可以其饮酒之后的血液酒精含量检验鉴定结果作为认定醉酒的依据。犯罪嫌疑人经呼气酒精测试达到醉酒驾驶标准，在抽取血样之前脱逃的，可以呼气酒精测试结果作为认定醉酒的依据。

5. 纵容他人醉酒驾驶造成重大交通事故的如何处理？

分歧观点：以交通肇事罪共犯论处。

本书观点：对“纵容他人在道路上醉酒驾驶机动车造成重大交通事故的”，不宜以交通肇事罪追究刑事责任。主要考虑：将机动车交由醉酒者驾驶与指使、强令他人违章驾驶相比，行为人的主观故意明显不同，以交通肇事罪追究将机动车交由醉酒者驾驶的人的刑事责任，不符合共同犯罪原理，当事人对危害后果不存在共同罪过。

6. 如何准确理解从事校车业务或者旅客运输，严重超过额定乘员载客，或者严重超过规定时速行驶？

本书观点：根据《刑法》第一百三十三条之一的规定，从事校车业务或者旅客运输，严重超过额定乘员载客，或者严重超过规定时速行驶的，构成危险驾驶罪。司法实践中应当注意把握以下问题：

1. 从事校车或者客运业务。对于校车业务，实务中把握应无问题。而客运系“旅客运输”的简称，是指以旅客为运输对象，以汽车、轮船、飞机为主要运输工具实施的有目的的旅客空间位移的运输活动。由于修正后《刑法》第一百三十三条之一限于在道路上从事客运业务，故仅适用于以机动车为运输工具的道路客运业务。

2. 严重超过额定乘员载客。《道路运输条例》第三十四条规定：“道路运输车辆运输旅客的，不得超过核定的人数，不得违反规定载货……违反前款规定的，由公安机关交通管理部门依照《中华人民共和国道路交通安全法》的有关规定进行处罚。”《道路交通安全法》第九十二条第一款规定：“公路客运车辆载客超过额定乘员的，处二百元以上五百元以下罚款；超过额定乘员百分之二十或者违反规定载货的，处五百元以上二千元以下罚款。”考虑到行政处罚与刑事处罚之间的衔接，基于刑法的谦抑性，宜将“严重超过额定乘客载客”限制为超过额定乘员20%以上的适当标准（具体标准可以再斟酌，但应适当高于20%）。

3. 严重超过规定时速行驶。《道路交通安全法》第九十九条规定：“有下列行为之一的，由公安机关交通管理部门处二百元以上二千元以下罚款……（四）机动车行驶超过规定时速百分之五十的；……行为人有前款第二项、第四项情形之一的，可以并处吊销机动车驾驶证……”考虑到行政处罚与刑事处罚之间的衔接，基于刑法的谦抑性，宜将“严重超过规定时速行驶”设定为超过规定时速50%以上的适当标准（具体标准可以再作斟酌，但应适当高于50%）。

7. 如何准确把握违反危险化学品安全管理规定运输危险化学品，危及公共安全的情形？

本书观点：根据《刑法》第一百三十三条之一的规定，违反危险化学品安全管理规定运输危险化学品，危及公共安全的，构成危险驾驶罪。司法实践中应当注意把握以下问题：

（1）危险化学品的范围。依照《危险化学品安全管理条例》第三条的规定，危险化学品是指具有毒害、腐蚀、爆炸、燃烧、助燃等性质，对人体、设施、环境具有危害的剧毒化学品和其他化学品。危险化学品目录，由国务院安全生产监督管理部门会同国务院工业和信息化、公安、环境保护、卫生、质量监督检验检疫、交通运输、铁路、民用航空、农业主管部门，根据化学品危险特性的鉴别和分类标准确定、公布，并适时调整。现行的《危险化学品目录》涵盖了3000余种化学品。

（2）在道路上运输危险化学品。危险化学品的运输可以采取道路运输、水路运输、铁路运输、航空运输等多种方式。《刑法》第一百三十三条之一规定的危险驾驶罪限制为“在道路上驾驶机动车，有下列情形之一”，而该条第四项规定的运输危险化学品的行为无疑应该是在道路上运输危险化学品的情形，而不包括水路运输、铁路运输、航空运输等其他运输方式。

（3）违反危险化学品安全管理规定。加强危险化学品的安全管理，预防和减少危险化学品事故，保障人民群众生命财产安全，国家对危险化学品的生产、储存、使用、经营和运输制定了严格的安全管理规定。需要注意的是，《刑法》第一百三十三条之一第一款第四项规定的“违反危险化学品安全管理规定”是指违反与运输危险化学品有关的安全管理规定，而非生产、储存、使用、经营等其他方面的安全管理规定。

（4）危及公共安全。考虑到“违反危险化学品安全管理规定运输危险化学品”的情况较为复杂，有的违反上述规定的情节非常轻微（如轻微超载、未悬挂警示标志、申报数量有误等），通过行政处罚即可达到惩戒教育的目的，故刑法仅将严重危害公共安全的行为纳入调整范围。因此，违反危险化学品安全管理规定运输危险化学品构成的犯罪并非抽象危险犯，而是具体危险犯，因此需在个案中判断危险存在与否。如果通过对特定情况的判断，认为不具备该种具体危险，即违反危险化学品安全管理规定运输危险化学品的行为不具备危害不特定多数人的生命健康和公共财产安全的危险，则不能认定为危险驾驶罪。而对于危险的判断，需要对违反道路运输危险化学品安全管理规定的程度进行分析。根据有关规定，道路运输危险化学品安全管理规定涉及面较广，不宜将违反相关规定的行为，特别是违反程度较轻的行为一律入罪处理。例如，依法取得道路危险货物运输许可的企业运输危险化学品，驾驶人员具有从业资格，仅仅是押运人员未依法取得从业资格的，一般不宜认定为具有危险，不宜以危险驾驶罪论处。

一般而言，下列违反道路运输危险化学品安全管理规定的情形，如果情节严重的，可以认为“危及公共安全”：（1）未取得道路危险货物运输许可，擅自从事道路危险货物运输的。根据有关规定，从事危险化学品道路运输的，应当分别依照有关道路运输的法律、行政法规的规定，取得道路危险货物运输许可。（2）使用失效、伪造、变造、被注销等无效道路危险货物运输许可证件从事道路危险货物运输的。（3）超越许可事项，从事道路危险货物运输的。（4）非经营性道路危险货物运输单位从事道路危险货物运输经营的。

（五）量刑指导或参考

在处理醉酒驾驶机动车案件过程中，应当严格依照刑法规定，把握宽严相济刑事政策的要求，妥善处理相关案件。具体而言：

1. 严格掌握醉驾入罪的标准。凡符合醉驾犯罪构成要件的，一般要入罪。不能因醉驾可以适用“但书”而放宽入罪的标准。应当明确，醉驾入罪标准与“特殊情形”之间是一般与个别、普遍与特殊的关系。

2. 对情节恶劣、社会危害性大的醉酒驾驶机动车案件从严惩处，以有效遏制醉驾犯罪的高发态势。从司法实践来看，醉酒驾驶机动车，具有下列情形之一的，可以从重处罚：（1）造成交通事故且负事故全部或者主要责任，或者造成交通事故后逃逸，尚未构成其他犯罪的；（2）血液酒精含量在200毫克/100毫升以上的；（3）在高速公路、城市快速路上驾驶的；（4）驾驶载有乘客的营运机动车的；（5）有严重超员、超载或者超速驾驶，无驾驶资格驾驶机动车，使用伪造或者变造的机动车牌证等严重违反道路交通安全法的行为的；（6）逃避公安机关依法检查，或者拒绝、阻碍公安机关依法检查尚未构成其他犯罪的；（7）曾因酒后驾驶机动车受过行政处罚或者刑事追究的；（8）其他可以从重处罚的情形。

3. 慎重把握醉酒驾驶机动车案件的从宽处理。《刑法》第一百三十三条之一规定在道路上醉酒驾驶机动车予以追究刑事责任，虽然没有规定情节严重或者情节恶劣的前提条件，但根据《刑法》第十三条的规定，危害社会行为情节显著轻微危害不大的，不认为是犯罪。根据《刑法》和《道路交通安全法》的规定，对在道路上醉酒驾驶机动车的行为需要追究刑事责任的，要注意与行政处罚的衔接，防止可依据《道路交通安全法》处罚的行为，直接诉至法院追究刑事责任。需要指出的是，严格依照刑法相关规定和宽严相济刑事政策的要求，对符合规定和政策的醉驾案件从宽处理，并不会影响对醉驾犯罪的打击，不会影响危险驾驶罪适用的社会效果。

从司法实践来看，出于急救病人等目的而轻微醉驾的，轻微醉驾且刚驶入道路即被查获的，轻微醉驾刚驶入道路，认为自己可能醉酒而停止驾驶，或者在亲友规劝下立即停止驾驶的，这些情形的社会危害不大。对于符合这些情形的醉酒驾驶机动车案件，如果行为人真诚悔罪，不能不加区别地“一律”追究刑事责任。对于符合上述情形，且被告人真诚悔罪的，根据《刑法》

第三十七条、《刑事诉讼法》第一百七十三条第二款的规定，对被告人可以依法不起诉或者免予刑事处罚；情节显著轻微危害不大的，可以不作为犯罪处理。

4. 对于危险驾驶的行为，符合适用缓刑条件的，可以依法适用缓刑。按照《刑法修正案（八）》第十一条的规定，对于被判处拘役、三年以下有期徒刑的犯罪分子，同时符合以下四项条件，即犯罪情节较轻；有悔罪表现；没有再犯罪的危险；宣告缓刑对所居住的社区没有重大不良影响的，可以宣告缓刑，对其中不满十八周岁的人、怀孕的妇女和已满七十五周岁的人，应当宣告缓刑。从立法原意看，是否可以适用缓刑，关键在于适用缓刑的犯罪分子是否具有社会危害性。如果因危险驾驶罪被判处拘役的被告人，符合上述适用缓刑的四项条件，并加以综合判断后，认为不予关押不致再危害社会的，也可以适用缓刑。

5. 被告人具有多项从重、从轻处罚情节的，应当综合考虑决定危险驾驶罪的宣告刑。在道路上醉酒驾驶机动车的情况较为复杂，不同情形的醉驾，对公共安全的危险程度以及所反映出的行为人的主观恶性、人身危险性有较大差别。在处理醉驾型危险驾驶案件时，应当全面审查醉驾的具体情节，做到区别对待，宽严相济，罚当其罪。

三十二、妨害安全驾驶罪

（一）刑法规定

第一百三十三条之二[①] 对行驶中的公共交通工具的驾驶人员使用暴力或者抢控驾驶操纵装置，干扰公共交通工具正常行驶，危及公共安全的，处一年以下有期徒刑、拘役或者管制，并处或者单处罚金。

前款规定的驾驶人员在行驶的公共交通工具上擅离职守，与他人互殴或者殴打他人，危及公共安全的，依照前款的规定处罚。

有前两款行为，同时构成其他犯罪的，依照处罚较重的规定定罪处罚。

---

① 2020年12月26日《刑法修正案（十一）》在第一百三十三条之一后新增条文。

（二）疑难、复杂问题的参考性解答

1. 如何正确理解和适用妨害安全驾驶犯罪的定罪量刑规定？

本书观点：《刑法修正案（十一）》增设了三个条文，均为危险犯，涉及公共交通安全、工程建设安全和公共卫生安全等领域，均是危及不特定多数人和重大财产安全的犯罪行为。本条是根据《刑法修正案（十一）》第二条新增加的罪名。如对行驶中的公共交通工具的驾驶人员使用暴力或者抢控驾驶操纵装置，极有可能使公共交通工具及乘客处于随时发生的极大危险中。重庆万州公交车坠江事件中，一名乘客因琐事对司机进行殴打，使司机无法正常驾驶导致车辆冲入江中，车上十多名乘客全部遇难。随之，各地殴打行驶中公交车司机的视频频繁流出，表明该行为不是偶发或个例，有将其类型化进行刑法惩处的必要。

（1）增设危险犯的必要性

危险犯的社会危害性表现在行为虽未造成实际的损害结果，但使法益面临威胁，足以使不特定或者多数人的生命、健康和重大财产安全陷入危险。当法益侵害的结果已然出现时，刑法的介入根本无法保护这种“过去时”的法益，只能预防性地保护未来一般人的法益。对于重要的社会关系，一旦遭受实际的侵害，即会对国家和人民利益造成不可估量的重大损失，为了预防风险与提前保护法益不受侵害，我国在公共安全领域进行了预防性与安全保障性的刑事立法，其中一个重要举措就是增加必要的危险犯，在实害出现之前，把刑法防卫线向前推进。刑法增设危险犯，以刑事手段保护重大的公共利益，避免实际损害结果的做法值得肯定。

《最高人民法院、最高人民检察院、公安部关于依法惩治妨害公共交通工具安全驾驶违法犯罪行为的指导意见》规定：“乘客在公共交通工具行驶过程中，抢夺方向盘、变速杆等操纵装置，殴打、拉拽驾驶人员，或者有其他妨害安全驾驶行为，危害公共安全，尚未造成严重后果的，依照刑法第一百一十四条的规定，以以危险方法危害公共安全罪定罪处罚……驾驶人员在公共交通工具行驶过程中，与乘客发生纷争后违规操作或者擅离职守，与乘客厮打、互殴，危害公共安全，尚未造成严重后果的，依照刑法第一百一十四条的规定，以以危险方法危害公共安全罪定罪处罚。”因此，在条文修改之前，实践中对该类行为基本是以《刑法》第一百一十四条“以其他危险方法危害

公共安全罪”的规定定罪处罚的。因此，即便尚未造成危害结果，也要面临“三年以上十年以下有期徒刑”的处罚。然而该类行为的侵害性与“放火”“爆炸”又的确存在类型化上明显的差距，这就导致一批个案的裁判与罪行相适应原则相龃龉。本条修改，对于该类行为以轻刑一年以下有期徒刑、拘役、管制、罚金的方式加以规制，超出此范围而达到“危害结果不可控制”程度的，再依想象竞合的原理适用重罪，由此构筑较为理想的罪名与刑罚层次体系。

（2）如何保持风险控制的刑事治理与刑法谦抑性之间的平衡

危险犯是立法者应对现代社会中风险治理需求所设立的制裁规范。由于大大前置了刑法处罚的时点，危险犯不免有扩大处罚范围、违反罪责原则等一系列正当性上的疑虑。如果单独看危险犯的行为，只是很普通的轻微违法行为，有些甚至连行政处罚都够不上。如果不是与严重的危害结果紧密相关，的确不可能进入刑法的调整视野。而刑法应当时刻保持其谦抑性，危险犯不宜过度扩张。危险犯只能用于保护重大的公共安全，涉及不特定多数人的公共利益。危险犯应以具体危险犯为主，以抽象危险犯为辅。具体危险犯对法益侵害的程度更严重，导致实际损害结果发生的可能性更大、更紧迫，有进行刑事处罚的必要。

2. **行为人对行驶中的公共交通工具的驾驶人员使用暴力或者抢控驾驶操纵装置，或者公共交通工具的驾驶人员离开驾驶岗位与乘客斗殴，引发交通事故的如何定性？**①

本书观点：行为人对行驶中的公共交通工具的驾驶人员使用暴力或者抢控驾驶操纵装置，或者公共交通工具的驾驶人员离开驾驶岗位与乘客斗殴，如何定性要看是否造成危害后果。如果危及公共安全，但未造成危害后果的，应当以妨害公共交通工具安全驾驶罪或者危害公共交通工具安全驾驶罪定罪处罚。

如果造成危害后果是认定交通肇事罪还是以危险方法危害公共安全罪？我们认为，关键是要看其行为时的主观心理状态如何。交通肇事罪和以危险方法危害公共安全罪，侵犯的都是不特定多数人的人身和财产安全，在犯罪

---

① 观点来源：最高人民法院刑事审判第一、二、三、四、五庭编：《中国刑事审判指导案例（危害公共安全罪）》，法律出版社 2017 年版，第 41 - 45 页。

客体上具有相同之处。此外，作为司机置正在行驶中的公交车于不顾，离开驾驶室与他人互殴的行为，一方面固然是一种足以危及公共安全的高度危险行为（危险方法），但从另一方面看，也不妨视为一种严重违反交通规则的行为。一般而言，严重违反交通规则的行为，往往也包含着一定程度危及公共安全的危险，如酒后驾车等。那么，为什么对酒后驾车等危险行为所造成的交通事故，通常只认定为交通肇事罪，而不是按以危险方法危害公共安全罪定罪处罚呢？这是因为，酒后驾车等违反交通规则的行为虽然客观上也包含着一定程度危及公共安全的危险，但这种危险仅仅是可能，而非必然。酒后驾车人主观上虽然有应当预见自己的行为可能会危及公共安全的义务，但任何人包括酒后驾车人本人都无法预见到其行为必然会危及公共安全。酒后驾车的人往往总是基于某种自信，如自己的车技好、经验丰富、喝酒不足以影响自己对车辆的控制等，设想自己可以避免可能发生的交通事故，其既不希望也不想放任危害公共安全的后果发生。因此其对发生的交通事故要么是已经预见的过于自信的过失，要么就是应当预见而没有预见的疏忽大意的过失。总之，交通肇事罪的主观方面只能是过失，而以危险方法危害公共安全罪则不然，该罪的主观方面只能是故意，包括直接故意和间接故意。因此，司机的行为是构成以危险方法危害公共安全罪，还是构成交通肇事罪，关键是分析其行为时的主观状态。这一点只能从其行为时的客观情况上加以判断。

首先，就行为人置正行驶在车来车往、人流不断的市区道路上的公交车于不顾，在没有采取任何措施的情况下，即离开驾驶室与他人互殴这一事实来看，任何一个稍有常识的人，都应当能够清楚地预见到这已不再是是否可能会危及公共安全的问题，而是不可避免地会危及公共安全的问题。因为在市区道路上放弃控制车辆，其肇事将是必然的。在车辆行驶中故意完全放弃对车辆的操控行为，已完全不同于一般的可能会危及公共安全的违反交通规则行为，如酒后驾车等。酒后驾车人不管其因醉酒而对车辆实际具有怎样的有效的操控能力，但至少其尚未完全放弃对车辆的操控。在应当预见且能够预见到必然会发生危害结果的情况下，明显可以排除行为人疏忽大意的过失存在的可能。

其次，就行为人在没有采取任何措施以保证车辆不危及道路上行人及车辆的公共安全，也缺乏赖以“自信”的任何现实根据和客观条件。因此，也可以排除其出于过于自信的过失存在的可能。

3. 对行驶中的出租车司机使用暴力或者抢控方向盘，危及公共安全的，如何定性？

本书观点：《刑法修正案（十一）》对本条的修改，在驾驶人员之外，增设了干扰驾驶的行为，扩大了行为人的范围。对于安全驾驶有了更充分的保障。同时对该行为发生的场合也作出了具体的限定，即针对的是公共交通工具。将车辆类型限定在公共交通工具，意在通过对公共交通工具驾驶人员的保护以及防止驾驶人员作出不当行为，来保护公共交通道路的安全。那何为公共交通工具？出租车是否为公共交通工具？如果出租车算作公共交通工具，同样行为施于驾驶人员，按照本条规定定性的话，同类行为施与私家车，其危险性相当，若也按照本条规定定罪处罚明显违背了立法初衷。为防止刑事立法的扩张，在未来的实践当中对本条文的解释和把握，应当采取限缩解释，以保证刑事立法的科学性和合理性。

4. 在具体适用该罪名时，需要注意以下几个问题：

（1）犯罪主体上，不仅乘客在规制范围之内，驾驶人员如果擅离职守，与他人互殴或者殴打他人，危及公共安全的，也在规制范围之内，这样实现了法律适用的平衡性和权益保护的全面性。

（2）犯罪对象上，秉持一贯的立法精神，“公共交通工具”仍限于公共汽车、公路客运车，大、中型出租车等车辆。

（3）入罪条件上，适用该罪一方面需要达到“危及公共安全”的程度，这里的危险状态是具体危险状态，并非抽象危险状态；另一方面，不要求出现实害结果，如果出现致人重伤、死亡或者公私财产遭受重大损失的，则可能同时构成《刑法》第一百一十五条规定的以危险方法危害公共安全罪等其他犯罪，按照该条第三款的规定，依照处罚较重的规定定罪处罚。

三十三、重大责任事故罪，强令、组织他人违章冒险作业罪

（一）刑法规定

第一百三十四条　在生产、作业中违反有关安全管理的规定，因而发生重大伤亡事故或者造成其他严重后果的，处三年以下有期徒刑或者拘役；情节特别恶劣的，处三年以上七年以下有期徒刑。

强令他人违章冒险作业，或者明知存在重大事故隐患而不排除，仍冒险组织作业，因而发生重大伤亡事故或者造成其他严重后果的，处五年以下有期徒刑或者拘役；情节特别恶劣的，处五年以上有期徒刑。①

（二）司法解释、司法文件及其权威解读

1. **最高人民法院、最高人民检察院关于办理危害生产安全刑事案件适用法律若干问题的解释**（法释〔2015〕22号，自2015年12月16日起施行）（节录）

第一条　刑法第一百三十四条第一款规定的犯罪主体，包括对生产、作业负有组织、指挥或者管理职责的负责人、管理人员、实际控制人、投资人等人员，以及直接从事生产、作业的人员。

第二条　刑法第一百三十四条第二款规定的犯罪主体，包括对生产、作业负有组织、指挥或者管理职责的负责人、管理人员、实际控制人、投资人等人员。

第五条　明知存在事故隐患、继续作业存在危险，仍然违反有关安全管理的规定，实施下列行为之一的，应当认定为刑法第一百三十四条第二款规定的“强令他人违章冒险作业”：

（一）利用组织、指挥、管理职权，强制他人违章作业的；

（二）采取威逼、胁迫、恐吓等手段，强制他人违章作业的；

（三）故意掩盖事故隐患，组织他人违章作业的；

（四）其他强令他人违章作业的行为。

第六条　实施刑法第一百三十二条、第一百三十四条第一款、第一百三十五条、第一百三十五条之一、第一百三十六条、第一百三十九条规定的行为，因而发生安全事故，具有下列情形之一的，应当认定为“造成严重后果”或者“发生重大伤亡事故或者造成其他严重后果”，对相关责任人员，处三年以下有期徒刑或者拘役：

（一）造成死亡一人以上，或者重伤三人以上的；

（二）造成直接经济损失一百万元以上的；

---

① 2020年12月26日《刑法修正案（十一）》第三条修改为现条文。《刑法》原第一百三十四第二款为“强令他人违章冒险作业，因而发生重大伤亡事故或者造成其他严重后果的，处五年以下有期徒刑或者拘役；情节特别恶劣的，处五年以上有期徒刑。”

（三）其他造成严重后果或者重大安全事故的情形。

第七条 实施刑法第一百三十二条、第一百三十四条第一款、第一百三十五条、第一百三十五条之一、第一百三十六条、第一百三十九条规定的行为，因而发生安全事故，具有下列情形之一的，对相关责任人员，处三年以上七年以下有期徒刑：

（一）造成死亡三人以上或者重伤十人以上，负事故主要责任的；

（二）造成直接经济损失五百万元以上，负事故主要责任的；

（三）其他造成特别严重后果、情节特别恶劣或者后果特别严重的情形。

第十二条 实施刑法第一百三十二条、第一百三十四条至第一百三十九条之一规定的犯罪行为，具有下列情形之一的，从重处罚：

（一）未依法取得安全许可证件或者安全许可证件过期、被暂扣、吊销、注销后从事生产经营活动的；

（二）关闭、破坏必要的安全监控和报警设备的；

（三）已经发现事故隐患，经有关部门或者个人提出后，仍不采取措施的；

（四）一年内曾因危害生产安全违法犯罪活动受过行政处罚或者刑事处罚的；

（五）采取弄虚作假、行贿等手段，故意逃避、阻挠负有安全监督管理职责的部门实施监督检查的；

（六）安全事故发生后转移财产意图逃避承担责任的；

（七）其他从重处罚的情形。

实施前款第五项规定的行为，同时构成刑法第三百八十九条规定的犯罪的，依照数罪并罚的规定处罚。

第十三条 实施刑法第一百三十二条、第一百三十四条至第一百三十九条之一规定的犯罪行为，在安全事故发生后积极组织、参与事故抢救，或者积极配合调查、主动赔偿损失的，可以酌情从轻处罚。

第十四条 国家工作人员违反规定投资入股生产经营，构成本解释规定的有关犯罪的，或者国家工作人员的贪污、受贿犯罪行为与安全事故发生存在关联性的，从重处罚；同时构成贪污、受贿犯罪和危害生产安全犯罪的，依照数罪并罚的规定处罚。

权威解读

《关于办理危害生产安全刑事案件适用法律若干问题的解释》的理解与适用

（四）关于强令违章冒险作业罪的具体认定（根据《刑法修正案（十一)》进行调整)

《刑法修正案（六)》增设了强令违章冒险作业罪，法定最高刑为有期徒刑十五年，属于过失犯罪中的重罪，但实践中，司法机关对本罪名的适用率偏低。经调研发现，问题主要在于两个方面。一方面，错误认定行为人对危害结果所持主观心态，将某些强令违章冒险作业行为认定为以危险方法危害公共安全罪等故意犯罪，导致处刑过重；另一方面，对“强令”一词理解不当，将某些强令违章冒险作业行为认定为普通的违章生产、作业行为，错误认定为重大责任事故罪，导致处刑过低。为指导司法机关正确适用本罪名，《关于办理危害生产安全刑事案件适用法律若干问题的解释》（以下简称《生产安全解释》）第五条对如何理解“强令违章冒险作业”作出了专门规定。刑法修正案（十一）将强令违章冒险作业又修改为强令、组织违章冒险作业罪。为此，要注意以下几个方面：

首先，关于刑法规定的“违章”的含义。此处的“违章”，是指违反有关安全管理的规定。关于安全管理规定的具体范围，按照《最高人民法院关于进一步加强危害生产安全刑事案件审判工作的意见》第七条的规定内容认定。

其次，关于“强令”“组织”的具体行为方式。(1)《生产安全解释》第五条第一、二项规定了“强令”的两种常见方式。首先，采取威逼、胁迫、恐吓等强制性手段强制他人违章作业，比如采取威胁实施罚款、降低工资待遇、解除劳动关系等强制手段，均系强令违章冒险作业的典型行为方式，也是“强令”一词的核心含义，争议不大。其次，生产经营单位管理者利用自身享有的组织、指挥、管理职权，强制他人违章作业，这种行为方式的强制性特征不太明显，依据《生产安全解释》，仍然可以认定为“强令”。但《刑法修正案（十一)》实施后，其中的组织冒险作业行为，则不再认定为“强令”，而应当认定为“组织”他人冒险作业的行为。由于管理者与一线作业者之间存在领导与被领导、管理与被管理的权属关系，管理者作出的安排或者下达的指令自然带有一线作业者必须服从的权威，从而在客观上对一线作业者形成心理压力。因此，管理者利用自身组织、指挥、管理职权提出的指令和要求，足以对一线作业者的心理意志产生强制效力，也应认定为“组织”。(2) 第三项规定了强令、组织他人违章冒险作业的其他行为方式。实践中，有的生产经营单位管理人员在明知存在事故隐患、继续作业存在危险的情况下，采用关闭、破坏相关的安全监控和报警设备等方式，故意掩盖工作环境中存在事故隐患的事实，使一线作业者放松心理戒备，进行违章作业，此类行为的社会危险性极大，以重大责任事故罪论处无法做到罪责刑相适应。这种情况下，一线作业者开展作业看似未受强制和胁迫，但其如果了解事实真相，绝不肯违章冒险作业。管理者故意掩盖事故隐患，直接影响了一线作业者的心理选择，实质上与采用强制手段或者利用自身职务身份要求他人违章冒险作业的行为没有根本性区别，应认定为“组织”。(3) 第四项系兜底条款。司法解释难以对实践中存在的各种情况进行毫无遗漏的列举式规定。除前三项规定的三种强令违章冒险作业情形外，对于未来实践中可能出现的其他强令违章冒险作业的行为，可依法归入第四项的规定范围处理。

（撰稿：沈亮、汪斌、李加玺）

2. 最高人民法院关于审理交通肇事刑事案件具体应用法律若干问题的解释（法释〔2000〕33 号，自 2000 年 11 月 21 日起施行）（节录）

第八条第二款 在公共交通管理的范围外，驾驶机动车辆或者使用其他交通工具致人伤亡或者致使公共财产或者他人财产遭受重大损失，构成犯罪的，分别依照刑法第一百三十四条、第一百三十五条、第二百三十三条等规定定罪处罚。

3. 最高人民法院关于依法妥善审理高空抛物、坠物案件的意见（法发〔2019〕25 号）

二、依法惩处构成犯罪的高空抛物、坠物行为，切实维护人民群众生命财产安全

7. 准确认定高空坠物犯罪。过失导致物品从高空坠落，致人死亡、重伤，符合刑法第二百三十三条、第二百三十五条规定的，依照过失致人死亡罪、过失致人重伤罪定罪处罚。在生产、作业中违反有关安全管理规定，从高空坠落物品，发生重大伤亡事故或者造成其他严重后果的，依照刑法第一百三十四条第一款的规定，以重大责任事故罪定罪处罚。

4. 最高人民法院、最高人民检察院、公安部关于办理涉窨井盖相关刑事案件的指导意见（2020 年 3 月 16 日公布）

五、在生产、作业中违反有关安全管理的规定，擅自移动窨井盖或者未做好安全防护措施等，发生重大伤亡事故或者造成其他严重后果的，依照刑法第一百三十四条第一款的规定，以重大责任事故罪定罪处罚。

窨井盖建设、设计、施工、工程监理单位违反国家规定，降低工程质量标准，造成重大安全事故的，依照刑法第一百三十七条的规定，以工程重大安全事故罪定罪处罚。

5. 最高人民法院关于进一步加强危害生产安全刑事案件审判工作的意见（法发〔2011〕20 号，自 2011 年 12 月 30 日起施行）（节录）

三、正确确定责任

7. 认定相关人员是否违反有关安全管理规定，应当根据相关法律、行政法规，参照地方性法规、规章及国家标准、行业标准，必要时可参考公认的惯例和生产经营单位制定的安全生产规章制度、操作规程。

8. 多个原因行为导致生产安全事故发生的，在区分直接原因与间接原因的同时，应当根据原因行为在引发事故中所具作用的大小，分清主要原因与次要原因，确认主要责任和次要责任，合理确定罪责。

一般情况下，对生产、作业负有组织、指挥或者管理职责的负责人、管理人员、实际控制人、投资人，违反有关安全生产管理规定，对重大生产安全事故的发生起决定性、关键性作用的，应当承担主要责任。

对于直接从事生产、作业的人员违反安全管理规定，发生重大生产安全事故的，要综合考虑行为人的从业资格、从业时间、接受安全生产教育培训情况、现场条件、是否受到他人强令作业、生产经营单位执行安全生产规章制度的情况等因素认定责任，不能将直接责任简单等同于主要责任。

对于负有安全生产管理、监督职责的工作人员，应根据其岗位职责、履职依据、履职时间等，综合考察工作职责、监管条件、履职能力、履职情况等，合理确定罪责。

四、准确适用法律

9. 严格把握危害生产安全犯罪与以其他危险方法危害公共安全罪的界限，不应将生产经营中违章违规的故意不加区别地视为对危害后果发生的故意。

10. 以行贿方式逃避安全生产监督管理，或者非法、违法生产、作业，导致发生重大生产安全事故，构成数罪的，依照数罪并罚的规定处罚。

违反安全生产管理规定，非法采矿、破坏性采矿或排放、倾倒、处置有害物质严重污染环境，造成重大伤亡事故或者其他严重后果，同时构成危害生产安全犯罪和破坏环境资源保护犯罪的，依照数罪并罚的规定处罚。

五、准确把握宽严相济刑事政策

13. 审理危害生产安全刑事案件，应综合考虑生产安全事故所造成的伤亡人数、经济损失、环境污染、社会影响、事故原因与被告人职责的关联程度、被告人主观过错大小、事故发生后被告人的施救表现、履行赔偿责任情况等，正确适用刑罚，确保裁判法律效果和社会效果相统一。

14. 造成《关于办理危害矿山生产安全刑事案件具体应用法律若干问题的解释》第四条规定的“重大伤亡事故或者其他严重后果”，同时具有下列情形之一的，也可以认定为刑法第一百三十四条、第一百三十五条规定的“情节特别恶劣”：

（一）非法、违法生产的；

（二）无基本劳动安全设施或未向生产、作业人员提供必要的劳动防护用品，生产、作业人员劳动安全无保障的；

（三）曾因安全生产设施或者安全生产条件不符合国家规定，被监督管理部门处罚或责令改正，一年内再次违规生产致使发生重大生产安全事故的；

（四）关闭、故意破坏必要安全警示设备的；

（五）已发现事故隐患，未采取有效措施，导致发生重大事故的；

（六）事故发生后不积极抢救人员，或者毁灭、伪造、隐藏影响事故调查的证据，或者转移财产逃避责任的；

（七）其他特别恶劣的情节。

15. 相关犯罪中，具有以下情形之一的，依法从重处罚：

（一）国家工作人员违反规定投资入股生产经营企业，构成危害生产安全犯罪的；

（二）贪污贿赂行为与事故发生存在关联性的；

（三）国家工作人员的职务犯罪与事故存在直接因果关系的；

（四）以行贿方式逃避安全生产监督管理，或者非法、违法生产、作业的；

（五）生产安全事故发生后，负有报告职责的国家工作人员不报或者谎报事故情况，贻误事故抢救，尚未构成不报、谎报安全事故罪的；

（六）事故发生后，采取转移、藏匿、毁灭遇难人员尸体，或者毁灭、伪造、隐藏影响事故调查的证据，或者转移财产，逃避责任的；

（七）曾因安全生产设施或者安全生产条件不符合国家规定，被监督管理部门处罚或责令改正，一年内再次违规生产致使发生重大生产安全事故的。

16. 对于事故发生后，积极施救，努力挽回事故损失，有效避免损失扩大；积极配合调查，赔偿受害人损失的，可依法从宽处罚。

（三）疑难、复杂问题的参考性解答

1. 如何区分重大责任事故罪与交通肇事罪？

本书观点：交通运输也属于“作业”的范畴，在交通运输过程中，违反交通安全法规造成重大事故的，当然也符合重大责任事故罪的构成。应该说，重大责任事故罪与交通肇事罪存在法条交叉情况。这种情况自然按照法规竞合处理。在公共交通管理的范围内，而不属于“作业”范畴的违反交通法规导致重大事故的，只能按照交通肇事罪处理；在公共交通管理的范围外，驾驶机动车辆或者使用其他交通工具违反相关法规致人伤亡或者致使公共财产或者他人财产遭受重大损失，按照重大责任事故罪处理。

2. 如何区分重大责任事故罪与重大飞行事故罪？

本书观点：两者都是过失犯罪，都实施了违反规章制度的行为，并且以发生重大事故，造成严重后果作为构成犯罪的必备条件。两者主要区别在于：（1）犯罪主体不同。尽管两者都是特殊主体，重大飞行事故罪的犯罪主体仅限于航空人员；重大责任事故罪的犯罪主体则只能是工厂、矿山、林场、建筑企业或其他企业、事业单位的职工以及群众合作经营组织或个体经营户的从业人员。（2）发生的场合不同。重大飞行事故罪发生在航空器的飞行过程中，而重大责任事故罪则发生在生产、作业过程中。

3. 如何区分重大责任事故罪与失火罪、过失爆炸罪？

本书观点：两者的主要区别是，重大责任事故罪发生在生产、作业过程中，是由于违反安全管理的规定而造成严重后果；失火罪、过失爆炸罪则多发生在日常生活中，即使发生在厂矿等企业、事业单位的生产、作业过程中，其违规行为也与生产、作业活动并无直接联系。如果火灾、爆炸事故发生在

企业、事业单位的生产、作业过程中，并与生产、作业活动密切相关，且是由于行为人违反了有关生产安全方面的规章制度而引起的，则构成重大责任事故罪；反之，则可能构成失火罪、过失爆炸罪。

4. 在认定重大责任事故罪的时候，如何正确认识风险业务的问题？

本书观点：某些业务不可避免地带有一定风险，此为风险业务。在当前高科技的情况下，风险业务也随之增加。根据传统的过失理论，当行为人认识到自己的行为可能发生危害结果时，应立即停止这一行为。否则，便为违反注意义务的行为，即违反回避危害结果的义务。所以，对这类业务活动应当禁止。否则，发生损害结果的，就会以过失犯罪论处。显然，这种做法虽然能够回避风险，但却不能促进社会生产的发展，不利于科学技术的进步。在这种情况下，在刑法理论上提出允许的危险的理论，在一定程度上限制过失犯罪的成立范围。这里所谓允许的危险，指某种具有危害倾向的行为，因有益于社会而允许其实施的合法行为。允许的危险的意义在于，一是一定程度上免除开办风险业务的组织者、管理者的过失责任；二是一定程度上免除从事风险业务的业务人员的过失责任。由于重大责任事故罪一般均发生在风险业务领域，因此在认定本罪的时候，应当正确地适用允许的危险这一理论，作为区分罪与非罪的界限。

5. 如何区分重大责任事故罪与意外事故？

本书观点：重大责任事故是由行为人在生产、作业过程中的过失行为造成的，而意外事故则是由于自然原因或者行为人不能预见、不能抗拒的原因造成的。二者区分的关键，一是看事故发生的原因力。如果人员伤亡等严重后果不是由于行为人违反安全管理规定的行为造成的，而是由于自然原因，如地震、洪水、干旱、台风、海啸等自然力量造成的，就只能认定为意外事故，而不能认定为重大责任事故，进而对行为人以本罪论处。例如，地震导致矿井塌陷，造成人员伤亡，即使矿山经营者和一线生产、作业人员存在违反安全管理规定的行为，但是，如果不发生地震就不会出现该人员伤亡结果，就不能以重大责任事故罪对相关人员定罪处罚。二是看行为人对危害社会的结果是否能够预见或者能够抗拒。即便损害后果是由于行为人的行为引起的，也未必都构成本罪，认定一起事故是否属于重大责任事故，还要看事故后果是否属于不能预见或者不能抗拒的情况。实践中，应当严格区分“不能预见”与“应当预见而没有预见”两者之间的界限，这是区分责任事故与非责任事故的关键，关系到本罪与非罪的区别。所谓“不能预见”，是指事故的发生超出人们的正常预料能力之外，或者超过行为人的职责要求的预见范围之外。在“不能预见”的情况下，即便发生重大事故，行为人对事故后果也不应当承担责任。而“应当预见而没有预见”，是指行为人应当预见到自己的行为可能引起事故发生，但由于疏忽大意而没有预见，以致发生事故，对此应当以疏忽大意的过失追究其刑事责任。所谓“不能抗拒”，是指人类无法抗拒的强制力。在具体案件的处理过程中，不能脱离具体案件发生的时间、地点、周围环境、条件等因素进行抽象判断，既要考虑造成损害结果的力量因素，又要研究、分析人或物本身的抗御能力，如果外在的强制力没有超出人或物本身应有的最大抗御能力，就不能认定为“不能抗拒”；反之，如果外在强制力超过了人或物本身应有的最大抗御能力，就可以认定为“不能抗拒”，就不宜以本罪追究相关人员的刑事责任。

6. 如何区分重大责任事故罪与医疗事故罪？

本书观点：重大责任事故罪与医疗事故罪都属于责任事故类犯罪，都属于过失犯罪行为，且都造成了人员伤亡结果的发生。但两罪也存在显著不同，体现在：（1）侵犯的犯罪客体不同。本罪侵犯的是生产、作业安全，即从事生产、作业的不特定或多数人的生命、健康安全和公私财产安全，属于危害公共安全犯罪，而医疗事故罪侵犯的是国家对医务工作的管理秩序和就诊人的生命、健康权利，属于妨害社会管理秩序犯罪。（2）客观方面的行为表现不同。重大责任事故罪表现为在生产、作业中违反有关安全管理的规定，因而发生重大伤亡事故或者造成其他严重后果，而医疗事故罪表现为行为人在医务工作中严重不负责任，造成就诊人死亡或者严重损害就诊人身体健康。（3）构成犯罪的危害结果要求不同。重大责任事故罪的危害结果除了包括重大伤亡结果以外，还包括重大财产损失或者造成其他严重后果，而医疗事故罪要求必须造成就诊人死亡或者严重损害就诊人身体健康的危害结果。（4）犯罪主体不同。重大责任事故罪的犯罪主体是一般主体，既可以是一线工人、企业负责人、管理人员、实际控制人，也可以是对生产、作业负有组织、指挥或者管理职责的投资人等人员，而医疗事故罪的主体是特殊主体，仅限于医务人员，即经过医药院校教育，或者经培训后考核合格，并经过卫生行政机关批准，取得行医资格，从事医疗实践工作的人员，既可以是医院的医务人员，也可以是取得合法行医资格的个体医务工作者，但不能是非法行医人员。

7. 如何区分强令、组织他人违章冒险作业罪与重大责任事故罪？

本书观点：强令、组织他人违章冒险作业属于在生产、作业过程中违反安全管理规定的一种具体表现形式，只是因为这种行为的社会危害性更为严重，根据罪责刑相适应原则，立法机关将其独立成罪，并配置了更重的法定刑。因此，重大责任事故罪属于基础性罪名，《刑法》第一百三十四条第一款关于重大责任事故罪的规定属于一般规定，该条第二款关于强令违章冒险作业罪的规定属于特殊规定。实践中，凡是在生产、作业过程中违反有关安全管理的规定，因而发生重大伤亡事故或者造成其他严重后果的行为，均可以以重大责任事故罪论处。但是，如果行为人采取强令、组织他人违章冒险作业的方式导致发生严重后果的，根据特殊法条优于一般法条的原则，对该强令行为人就不应以重大责任事故罪论处，而应依法认定为强令、组织他人违章冒险作业罪。

8. 如何区分强令、组织他人违章冒险作业罪与重大劳动安全事故罪？

本书观点：强令、组织他人违章冒险作业罪与重大劳动安全事故罪均属于过失犯罪，犯罪主体都包括生产经营单位中负有组织、指挥、管理职责的负责人、管理人员、实际控制人、投资人等人员，但两罪的区别比较明显。具体来讲，本罪在客观方面表现为行为人在生产、作业过程中强令、组织他人违章冒险作业，导致引发安全事故，即强令他人“蛮干”，因此，本罪的行为方式为积极的作为。重大劳动安全事故罪是生产经营单位的安全生产设施或者安全生产条件不符合国家规定，其中既包括根本没有装备安全生产设施或根本不具有安全生产条件，也包括虽然装备有安全生产设施或具有一定的安全生产条件，但未达到国家规定的要求，因而发生重大伤亡事故等严重后果，因此，重大劳动安全事故罪的行为方式一般表现为消极的不作为。如果生产经营单位的安全生产设施或者安全生产条件不符合国家规定，同时行为人还强令他人违章冒险作业，因而发生重大伤亡事故等严重后果的，由于仅存在一个不可分的危害后果，不应数罪并罚，应择一重罪处罚，即以本罪论处。

9. 行为人在火车机车车轮生产过程中，违规将不合格车轮进行焊补以次充好，致使火车机车脱线，造成铁路运营线路中断及重大财产损失的行为，应当如何定性？

分歧观点：有意见认为构成铁路运营安全事故罪，有意见认为构成生产不符合安全标准的产品罪，还有意见认为构成不构成犯罪。

本书观点：该行为构成重大责任事故罪。具体理由如下：

（1）违规将不合格车轮进行焊补并以次充好的行为不符合铁路运营安全事故罪的构成特征。根据《刑法》第一百三十二条的规定，铁路运营安全事故罪，是指铁路职工违反规章制度，致使发生铁路运营安全事故，造成严重后果的行为。铁路运营安全事故罪具有以下特征：首先，本罪是特殊主体犯罪，只有铁路职工才能构成。根据《铁路法》的规定，铁路职工是指国家铁路运输企业，即铁路局和铁路分局的职工，实践中多是负责铁路安全运营工作的火车驾驶人员、指挥人员、调度人员、扳道人员、发示信号人员等。其次，本罪侵害的客体是铁路运营安全。最后，本罪在客观方面表现为违反铁路规章制度，致使发生铁路运营安全事故，造成严重后果的行为。若行为人的职务身份是某电力机车公司的车轮车间车工，并非铁路局或铁路分局职工，不属于《刑法》第一百三十二条规定的铁路职工的范畴。其一，造成铁路运营事故的原因并非违反铁路规章制度，而是在机车车轮生产过程中违反了有关安全生产管理的规定。其二，该行为虽然直接造成铁路运营过程中的严重经济损失，但其行为的实质在于对生产、作业安全的破坏，而非对铁路运营安全的侵害。故不符合铁路运营安全事故罪的犯罪构成要件，不应认定为铁路运营安全事故罪。

（2）违规将不合格车轮进行焊补并以次充好的行为不构成生产不符合安全标准的产品罪。根据刑法的规定，生产不符合安全标准的产品罪，是指生产不符合保障人身、财产安全的国家标准、行业标准的电器、压力容器、易燃易爆产品或者其他不符合保障人身、财产安全的国家标准、行业标准的产品，造成严重后果的行为。生产不符合安全标准的产品罪具有以下构成特征：首先，本罪属于破坏社会主义市场经济秩序犯罪，侵犯的客体是国家对生产电器、压力容器、易燃易爆产品等安全监督管理制度和公民的健康权、生命权。其次，本罪的犯罪对象是不符合保障人身、财产安全的国家标准、行业标准的电器、压力容器、易燃易爆产品，或者不符合保障人身、财产安全的国家标准、行业标准的其他产品，这类产品具有危险性高、破坏性强的共同特性，因此，国家对此类产品的生产活动制定了更为严格的国家标准和行业标准。最后，本罪属于故意犯罪，行为人明知自己生产的产品不符合保障人身、财产安全的有关标准而仍然继续生产，而且对可能造成的严重后果处于放任的主观心态，而且一般来讲，行为人的犯罪目的往往是谋取高额经济利益。行为人明知自己生产的有瑕疵的火车机车车轮不符合有关安全标准，但仍将其焊接后再次投入生产线，最终导致铁路中断行车和重大财产损失的严重后果，行为方式与生产不符合安全标准的产品罪存在诸多相似之处。首先，火车机车车轮虽然属于不合格产品，但并不属于刑法规定的不符合保障人身、财产安全的国家标准、行业标准的电器、压力容器、易燃易爆产品，或者不符合保障人身、财产安全的国家标准、行业标准的其他产品。其次，该行为违反了生产安全的管理规定，造成了铁路运营重大经济损失，侵害了生产、作业安全，却并未对市场经济秩序造成明显危害。最后，该行为虽然违反安全管理规定，故意以次充好，但其对危害后果的发生持否定态度，不属于故意犯罪。因此，该行为不能认定为生产不符合安全标准的产品罪。

（3）违规将不合格车轮进行焊补并以次充好的行为符合重大责任事故罪的构成要件。对于该行为是否构成重大责任事故罪，主要争议在于：首先，该行为违反安全管理规定造成铁路运营期间的行车中断，并导致重大经济损失，是否可以认定为对生产、作业安全的破坏，即是否符合重大责任事故罪的客体要件？其次，该行为与危害后果之间是否存在刑法意义上的因果关系，行为人是否应当对本案中的生产安全事故后果承担刑事责任？我们认为，答案是肯定的。具体理由如下：

首先，该行为侵犯了生产、作业安全。根据通行理论，重大责任事故罪侵犯的客体是生产、作业安全。生产、作业安全属于社会公共安全的重要组成部分，对其内涵一般应作广义的理解。作为危害生产、作业安全具体表现形式的重大伤亡事故或其他严重后果，既可以发生在生产、作业过程中，也可以发生在生产、作业活动结束之后；既可以与生产、作业直接相关，也可以与生产、作业存在间接关系。只要行为人在生产、作业过程中违反了安全管理规定，并导致重大伤亡事故或其他严重后果发生的，都可以认定为对生产、作业安全的破坏。铁路运营期间发生的线路中断和重大经济损失的危害后果，虽然发生在行为人从事的生产作业活动结束之后，但正是因为在生产、作业过程中违反安全管理规定的行为所导致的，应当认定其行为侵犯了生产、作业安全。

其次，该行为与危害后果之间存在刑法上的因果关系。在重大责任事故罪中，违反安全管理规定的行为与危害后果之间存在因果关系，是行为人对事故后果承担刑事责任的客观基础。有意见提出，行为人虽然违反了安全管理规定，将不合格的火车机车车轮以次充好，但车轮流入下一道工序并最终投入使用的一个重要原因，是产品质检人员和相关部门未尽到监管责任，其行为与造成的严重事故后果之间不存在因果关系，应认定其无罪。我们不同意上述观点。实践中，重大责任事故罪中的因果关系可能表现为四种情况：一因一果，即行为人因为自己违反安全管理规定的行为导致事故的发生，这种情况下，行为人的刑事责任容易确定，其应当对危害后果承担全部刑事责任；多因一果，即行为人与他人共同违反安全管理规定，或者行为人一人违反安全管理规定，但是由于同时存在机械故障或技术条件的限制等意志以外的因素，共同导致事故的发生，这种情况下，应当查明行为人的行为是引发事故的主要原因还是次要原因，从而确定行为人是否应当负刑事责任以及应当负多大的刑事责任；一因多果，即行为人一人违反安全管理规定，同时造成了多种严重后果，在此种情况下，行为人应当对全部后果承担刑事责任；多因多果，即行为人与他人共同违章，或者行为人的行为与其他原因相互结合，共同造成了多种严重后果，这种情况下，应当首先查明行为人的行为是否属于导致事故发生的主要原因，以及各种严重后果分别是由哪个原因引发的，从而确定行为人是否应当负刑事责任和应当承担多大的刑事责任。无论是上述哪种形式的因果关系，都不能因为同时存在引发事故后果的多种原因，就否定作为其中一个原因的行为人的刑事责任。

10. **不具备合法资质的行为人从事法律明确规定必须具备相关资质才能实施的工程施工活动，是否符合重大责任事故罪的主体要件？**

本书观点：《刑法修正案（六）》对重大责任事故罪的构成要件作出修改之后，本罪的主体范围已经扩大到一般主体，即所有年满十六周岁、具有刑事责任年龄的自然人都可以构成，而不论其是否具有相应的资质或者身份。行为人在未取得相关资质许可的情况下擅自从事生产经营活动，本身就属于严重的事故隐患，且无资质行为人无视事故隐患和一线生产、作业者的生命财产安全，盲目组织工人施工，其主观恶性更深，不仅应当依法认定为犯罪，而且还应处以较重的刑罚。

11. **行为人将承包的工程违规转包给无施工资质之人，造成重大伤亡事故的，是否构成重大责任事故罪？**

分歧观点：有意见认为，工程整体转包出去后，行为人不再参与该工程的具体建设活动，并非直接从事生产、作业的人员，对工程也不再负有组织、指挥、管理职责，不应对后来发生的生产安全事故承担刑事责任，依法不构成重大责任事故罪。

本书观点：行为人承包工程后违规转包给无施工资质之人，导致造成重大伤亡事故的，依法构成重大责任事故罪。主要理由如下：

第一，承包工程后违规整体转包给无施工资质之人的行为，违反了有关安全管理的规定。刑法规定的作为重大责任事故罪必备构成要件的“违反有关安全管理规定”，一般是指违反安全生产法、建筑法等与生产、作业规范、安全相关的国家法律、法规的行为。《安全生产法》第四十九条规定：“生产经营单位不得将生产经营项目、场所、设备发包或者出租给不具备安全生产条件或者相应资质的单位或者个人。”《建筑法》第二十八条规定：“禁止承包单位将其承包的全部建筑工程转包给他人。”可见，我国法律对违规转租、转包行为明确作出了禁止性规定。对于刑法规定的“生产、作业”不应作过于机械的理解。实践中，某些违反安全管理规定的行为虽然不是发生在直接的生产、作业活动中，但是，该行为与生产、作业活动密切联系，甚至直接影响生产、作业活动的开展，对于这类行为，也应当理解为刑法规定的“在生产、作业中违反有关安全管理的规定”的行为，否则可能不当缩小重大责任事故罪的成立范围。

第二，行为人承包工程后违规转包给无施工资质之人的行为，与安全事故后果之间存在刑法上的因果关系。

根据现代刑法中的个人责任原则的要求，行为人对某一危害后果承担刑事责任，要求其实施的行为与危害结果之间存在刑法上的因果关系。行为人承包工程后，实际具备了工程管理人和实际控制人的身份，依法应当对施工现场的生产、作业安全负责，有责任审查相关人员是否具备从事建筑生产、作业的资质，并应认真审核施工方案是否合理。行为人为了牟取非法利益，违规将工程转包给没有相关建筑施工资质的人，对施工现场存在的安全隐患不予理会，未尽到其应负的组织、指挥、管理职责。其行为与事故后果之间存在刑法上的因果关系，应当对事故后果承担刑事责任。

第三，将承包工程后违规转包给无施工资质之人，导致发生生产安全事故的行为认定为重大责任事故罪，符合刑法的立法目的。

刑法设立重大责任事故罪，目的在于严厉打击生产、作业过程中违反安全管理规定、违章操作的违法犯罪行为，有效预防生产安全事故的发生，维护生产、作业安全。现阶段，随着我国经济社会的迅速发展，企、事业单位、社会团体、个人等多种经营主体在各个生产经营行业领域中实施违法违规行为、造成生产安全事故的情况日益突出。如果将类似实施的违规转包行为排除在重大责任事故罪的惩治范围之外，可能导致部分生产经营主体故意以违规转包等方式逃避责任，造成放纵犯罪，也无法达到从源头上预防此类事故发生的目的。

12. **对生产安全事故负有监督过失责任的行为人，能否成为重大责任事故的主体？**

本书观点：对生产安全事故负有监督过失责任的行为人属于重大责任事故的犯罪主体。实践中，相当一部分生产安全责任事故犯罪案件属于多因一果的情形，危害结果的发生是由多个行为人的多个过失行为共同造成的。这种情况下，除了需查明和追究事故现场直接从事生产、作业人员的责任之外，还需要向上追溯，查明监督管理者是否违背其监管职责和义务，其监管过失行为对于引发危害结果是否存在刑法上的因果关系，是否应当承担过失责任。依法合理确定监督、管理者的刑事责任，对于有效运用刑罚手段惩治和预防生产安全责任事故犯罪，保障生产安全，保护人民群众的生命财产权益，具有重大意义。

根据《刑法》第一百三十四条第一款的规定，在生产、作业中违反有关安全管理的规定，因而发生重大伤亡事故或者造成其他严重后果的，构成重大责任事故罪。一般来讲，在重大责任事故罪中，外化为违反安全管理规定的积极的作为行为，以及和传统意义上的领导责任相联系的管理责任行为，通常容易理解和作出评判；表现为不作为的不履行监督管理义务，对危害结果承担监督过失责任的行为应当如何定罪量刑，是司法实务中认定和处理的难点所在。

监督过失责任是近年来刑法理论界研究的热点之一。一般认为，监督过失责任和管理责任是两个不同的概念，属于两种不同类型的责任形式。首先，两者的职责内容不同。管理责任属于对物的管理，被管理的物的范围非常广泛，既包括物资设备，也包括人员配备和管理体制，等等，而监督责任是对在其监督下的人的行为进行指挥、督促、检查和制止的责任。其次，和危害结果之间的因果关系判断不同。管理责任中的因果关系是直接的因果关系，表现为由于违背管理规定或者管理失当引起危害结果的发生，而监督过失责任中的因果联系过程则是间接性的，表现为通过被监督的直接从事现场生产、作业人员的行为间接地引起危害结果。因此，监督过失责任主体自己往往并不亲自在现场从事生产、作业活动，但其对直接从事生产、作业的人员有监督责任，在直接行为人因为监督者的监督不力而导致发生危害结果时，监督过失行为人应当承担过失责任。实践中，从事故现场直接生产、作业人员出发反向溯查和追究监督过失责任，往往比追究管理责任更为困难，监督过失责任主体亦经常倾向于以“法未明文规定监督责任”为由提出抗辩，因此需要仔细分析和认真把握。

我国的相关刑事立法中虽然没有明确提出监督过失责任的概念，但并不代表司法实践中不能对监督过失责任人追究刑事责任。首先，《刑法》第一百三十四条规定的“有关安全管理的规定”已经包含监督过失责任的内容。《安全生产法》属于刑法规定的“有关安全管理的规定”的范畴，而《安全生产法》规定的有关生产经营单位的主要负责人对本单位的安全生产工作负有的职责、生产经营单位的安全生产责任、安全生产管理机构以及安全生产管理人员职责中，都包含有监督安全生产的责任。其次，《生产安全解释》第一条规定，《刑法》第一百三十四条第一款规定的重大责任事故罪的犯罪主体，包括对生产、作业负有组织、指挥或者管理职责的负责人、管理人员、实际控制人、投资人等人员，以及直接从事生产、作业的人员。很明显，上述人员所负职责内容可以分为两类，即“负有组织、指挥职责”和“负有管理职责”，前者即属于对人的监督职责。

三十四、危险作业罪

（一）刑法规定

第一百三十四条之一[①]　在生产、作业中违反有关安全管理的规定，有下列情形之一，具有发生重大伤亡事故或者其他严重后果的现实危险的，处一年以下有期徒刑、拘役或者管制：

---

① 2020年12月26日《刑法修正案（十一）》在第一百三十四条后新增条文作为第一百三十四条之一。

（一）关闭、破坏直接关系生产安全的监控、报警、防护、救生设备、设施，或者篡改、隐瞒、销毁其相关数据、信息的；

（二）因存在重大事故隐患被依法责令停产停业、停止施工、停止使用有关设备、设施、场所或者立即采取排除危险的整改措施，而拒不执行的；

（三）涉及安全生产的事项未经依法批准或者许可，擅自从事矿山开采、金属冶炼、建筑施工，以及危险物品生产、经营、储存等高度危险的生产作业活动的。

（二）疑难、复杂问题的参考性解答

如何正确理解和适用违反安全管理规定罪的定罪量刑规定？

本书观点：《刑法修正案（十一）》新增该条，是以预防生产事故、避免实害发生为导向，将有可能导致发生生产事故的“破坏生产工具、信息的本体及功能”“教而不改”“无证上岗”等行为提前纳入到刑法规制的射程之内。但同时为了避免“误射”和“重罚”，以具体危险犯的识别要素“具有现实危险”作为入罪限制，以轻刑（一年以下有期徒刑、拘役、管制）避免重罚。该条与《刑法修正案（九）》的诸多内容本质相同：将传统意义上犯罪的预备、教唆与帮助行为以专条予以明确，虽有严密发网、适正罪名的用心，但更有对我国刑事司法实践往往对边缘犯罪人亦处重刑现状的深刻认知。索性另文规定，既避免放纵犯罪，又期于在个罪与个案中落实“宽严相济”“勿枉勿纵”，与近年来刑法学界呼吁的“严密法网”+“轻刑化”的两轮方案亦相契合。本罪名的核心要件在于违反安全管理规定达到严惩后果的现实危险，故罪名确定的关键在于凸显“危险”。这里的作业，是将生产、作业统称为作业。

三十五、重大劳动安全事故罪，大型群众性活动重大安全事故罪

（一）刑法规定

第一百三十五条 安全生产设施或者安全生产条件不符合国家规定，因而发生重大伤亡事故或者造成其他严重后果的，对直接负责的主管人员和其他直接责任人员，处三年以下有期徒刑或者拘役；情节特别恶劣的，处三年

以上七年以下有期徒刑。[①]

第一百三十五条之一 举办大型群众性活动违反安全管理规定，因而发生重大伤亡事故或者造成其他严重后果的，对直接负责的主管人员和其他直接责任人员，处三年以下有期徒刑或者拘役；情节特别恶劣的，处三年以上七年以下有期徒刑。[②]

（二）司法解释、司法文件、行政法规

1. 最高人民法院、最高人民检察院关于办理危害生产安全刑事案件适用法律若干问题的解释（法释〔2015〕22号，自2015年12月16日起施行）（节录）

第三条 刑法第一百三十五条规定的“直接负责的主管人员和其他直接责任人员”，是指对安全生产设施或者安全生产条件不符合国家规定负有直接责任的生产经营单位负责人、管理人员、实际控制人、投资人，以及其他对安全生产设施或者安全生产条件负有管理、维护职责的人员。

第六条 实施刑法第一百三十二条、第一百三十四条第一款、第一百三十五条、第一百三十五条之一、第一百三十六条、第一百三十九条规定的行为，因而发生安全事故，具有下列情形之一的，应当认定为“造成严重后果”或者“发生重大伤亡事故或者造成其他严重后果”，对相关责任人员，处三年以下有期徒刑或者拘役：

（一）造成死亡一人以上，或者重伤三人以上的；

（二）造成直接经济损失一百万元以上的；

（三）其他造成严重后果或者重大安全事故的情形。

第七条 实施刑法第一百三十二条、第一百三十四条第一款、第一百三十五条、第一百三十五条之一、第一百三十六条、第一百三十九条规定的行为，因而发生安全事故，具有下列情形之一的，对相关责任人员，处三年以上七年以下有期徒刑：

---

① 本条经2006年6月29日《刑法修正案（六）》第二条修正。《刑法》原第一百三十五条为：“工厂、矿山、林场、建筑企业或者其他企业、事业单位的劳动安全设施符合国家规定，经有关部门或者单位职工提出后，对事故隐患仍不采取措施，因而发生重大伤亡故或者造成其他严重后果的，对直接责任人员，处三年以下有期徒刑或者拘役；情节特别恶劣，处三年以上七年以下有期徒刑。”

② 本条由2006年6月29日《刑法修正案（六）》第三条增订。

（一）造成死亡三人以上或者重伤十人以上，负事故主要责任的；

（二）造成直接经济损失五百万元以上，负事故主要责任的；

（三）其他造成特别严重后果、情节特别恶劣或者后果特别严重的情形。

第十二条　实施刑法第一百三十二条、第一百三十四条至第一百三十九条之一规定的犯罪行为，具有下列情形之一的，从重处罚：

（一）未依法取得安全许可证件或者安全许可证件过期、被暂扣、吊销、注销后从事生产经营活动的；

（二）关闭、破坏必要的安全监控和报警设备的；

（三）已经发现事故隐患，经有关部门或者个人提出后，仍不采取措施的；

（四）一年内曾因危害生产安全违法犯罪活动受过行政处罚或者刑事处罚的；

（五）采取弄虚作假、行贿等手段，故意逃避、阻挠负有安全监督管理职责的部门实施监督检查的；

（六）安全事故发生后转移财产意图逃避承担责任的；

（七）其他从重处罚的情形。

实施前款第五项规定的行为，同时构成刑法第三百八十九条规定的犯罪的，依照数罪并罚的规定处罚。

第十三条　实施刑法第一百三十二条、第一百三十四条至第一百三十九条之一规定的犯罪行为，在安全事故发生后积极组织、参与事故抢救，或者积极配合调查、主动赔偿损失的，可以酌情从轻处罚。

第十四条　国家工作人员违反规定投资入股生产经营，构成本解释规定的有关犯罪的，或者国家工作人员的贪污、受贿犯罪行为与安全事故发生存在关联性的，从重处罚；同时构成贪污、受贿犯罪和危害生产安全犯罪的，依照数罪并罚的规定处罚。

2. **最高人民法院研究室关于被告人阮某重大劳动安全事故案有关法律适用问题的答复**（法研〔2009〕228 号，2009 年 12 月 25 日）

陕西省高级人民法院：

你院陕高法〔2009〕288 号《关于被告人阮某重大劳动安全事故案有关法律适用问题的请示》收悉。经研究，答复如下：

用人单位违反职业病防治法的规定，职业病危害预防设施不符合国家规定，因而发生重大伤亡事故或者造成其他严重后果的，对直接负责的主管人员和其他直接责任人员，可以依照刑法第一百三十五条的规定，以重大劳动安全事故罪定罪处罚。

此复。

3. **最高人民法院关于审理交通肇事刑事案件具体应用法律若干问题的解释**（法释〔2000〕33号，自2000年11月21日起施行）（节录）

第八条第二款 在公共交通管理的范围外，驾驶机动车辆或者使用其他交通工具致人伤亡或者致使公共财产或者他人财产遭受重大损失，构成犯罪的，分别依照刑法第一百三十四条、第一百三十五条、第二百三十三条等规定定罪处罚。

4. **大型群众性活动安全管理条例**（2007年9月14日公布，自2007年10月1日起施行）（节录）

第二条 本条例所称大型群众性活动，是指法人或者其他组织面向社会公众举办的每场次预计参加人数达到1000人以上的下列活动：

（一）体育比赛活动；

（二）演唱会、音乐会等文艺演出活动；

（三）展览、展销等活动；

（四）游园、灯会、庙会、花会、焰火晚会等活动；

（五）人才招聘会、现场开奖的彩票销售等活动。

影剧院、音乐厅、公园、娱乐场所等在其日常业务范围内举办的活动，不适用本条例的规定。

第五条 大型群众性活动的承办者（以下简称承办者）对其承办活动的安全负责，承办者的主要负责人为大型群众性活动的安全责任人。

第六条 举办大型群众性活动，承办者应当制订大型群众性活动安全工作方案。

大型群众性活动安全工作方案包括下列内容：

（一）活动的时间、地点、内容及组织方式；

（二）安全工作人员的数量、任务分配和识别标志；

（三）活动场所消防安全措施；

（四）活动场所可容纳的人员数量以及活动预计参加人数；

（五）治安缓冲区域的设定及其标识；

（六）入场人员的票证查验和安全检查措施；

（七）车辆停放、疏导措施；

（八）现场秩序维护、人员疏导措施；

（九）应急救援预案。

第七条　承办者具体负责下列安全事项：

（一）落实大型群众性活动安全工作方案和安全责任制度，明确安全措施、安全工作人员岗位职责，开展大型群众性活动安全宣传教育；

（二）保障临时搭建的设施、建筑物的安全，消除安全隐患；

（三）按照负责许可的公安机关的要求，配备必要的安全检查设备，对参加大型群众性活动的人员进行安全检查，对拒不接受安全检查的，承办者有权拒绝其进入；

（四）按照核准的活动场所容纳人员数量、划定的区域发放或者出售门票；

（五）落实医疗救护、灭火、应急疏散等应急救援措施并组织演练；

（六）对妨碍大型群众性活动安全的行为及时予以制止，发现违法犯罪行为及时向公安机关报告；

（七）配备与大型群众性活动安全工作需要相适应的专业保安人员以及其他安全工作人员；

（八）为大型群众性活动的安全工作提供必要的保障。

第八条　大型群众性活动的场所管理者具体负责下列安全事项：

（一）保障活动场所、设施符合国家安全标准和安全规定；

（二）保障疏散通道、安全出口、消防车通道、应急广播、应急照明、疏散指示标志符合法律、法规、技术标准的规定；

（三）保障监控设备和消防设施、器材配置齐全、完好有效；

（四）提供必要的停车场地，并维护安全秩序。

第十五条　对经安全许可的大型群众性活动，承办者不得擅自变更活动的时间、地点、内容或者扩大大型群众性活动的举办规模。

承办者变更大型群众性活动时间的，应当在原定举办活动时间之前向做出许可决定的公安机关申请变更，经公安机关同意方可变更。

承办者变更大型群众性活动地点、内容以及扩大大型群众性活动举办规模的，应当依照本条例的规定重新申请安全许可。

承办者取消举办大型群众性活动的，应当在原定举办活动时间之前书面告知做出安全许可决定的公安机关，并交回公安机关颁发的准予举办大型群众性活动的安全许可证件。

第十八条 承办者发现进入活动场所的人员达到核准数量时，应当立即停止验票；发现持有划定区域以外的门票或者持假票的人员，应当拒绝其入场并向活动现场的公安机关工作人员报告。

第十九条 在大型群众性活动举办过程中发生公共安全事故、治安案件的，安全责任人应当立即启动应急救援预案，并立即报告公安机关。

第二十一条 承办者或者大型群众性活动场所管理者违反本条例规定致使发生重大伤亡事故、治安案件或者造成其他严重后果构成犯罪的，依法追究刑事责任；尚不构成犯罪的，对安全责任人和其他直接责任人员依法给予处分、治安管理处罚，对单位处1万元以上5万元以下罚款。

（三）典型或常见问题的审理思路

1. 重大劳动安全事故罪与重大责任事故罪出现竞合时应如何处理？[①]

本书观点：重大责任事故罪与重大劳动安全事故罪在罪名上的区别是明显的，但在司法实践中，在某些情况下，会出现难以区分的情况。从客观方面讲，重大责任事故罪的行为特征是“在生产、作业中违反有关安全管理的规定”，重大劳动安全事故罪的行为特征是“安全生产设施或者安全生产条件不符合国家规定”。然而，“在安全生产设施或者安全生产条件不符合国家规定”的情况下进行生产、作业，其本身就是“在生产、作业中违反有关安全管理的规定”，这种情况客观方面实际上是竞合的。同时，两罪的主体实际上也存在一定竞合。司法实践中，当工厂、矿山、林场、建筑企业或者其他企业、事业单位发生重大伤亡事故或者造成其他严重后果，当重大责任事故罪与重大劳动安全事故罪的客观方面和主体都出现上述竞合时，应当按照下列原则处理：

（1）在完全是由于安全生产设施或者安全生产条件不符合国家规定的情况下进行生产、作业，因而发生重大伤亡事故或者造成其他严重后果的情况

① 观点来源：最高人民法院刑事审判第一、二、三、四、五庭编：《中国刑事审判指导案例（危害公共安全罪）》，法律出版社2009年版，第135－139页。

下，应当以重大劳动安全事故罪定罪量刑。因为这是立法规定的典型重大劳动安全事故犯罪，即使这种行为本身也是一种违反有关安全管理规定的行为，从罪名评价的最相符合性考虑，一般不以重大责任事故罪认定。

（2）在安全生产设施或者安全生产条件不符合国家规定的情况下，在生产、作业中又违反具体的安全管理规定，因而发生重大伤亡事故或者造成其他严重后果的，应区分不同情况选择较为妥当的罪名定罪量刑。当二罪中某一罪的情节明显重于另一罪时，应按情节较重的罪名定罪量刑；当二罪的情节基本相当时，对于实际控制人、投资人，因其对安全生产设施或者安全生产条件是否符合国家规定负有直接责任，在无法查清对生产、作业是否负有组织、指挥或者管理职责时，以重大劳动安全事故罪定罪量刑。如果对生产、作业同时负有组织、指挥或者管理职责时，为了司法实践的统一，一般仍以重大劳动安全事故罪定罪为宜，而将“在生产、作业中违反有关安全管理的规定”的行为作为从重处罚的情节；对于负责人、管理人员，他们既对生产、作业负有组织、指挥或者管理职责，又对安全生产设施或者安全生产条件是否符合国家规定负有直接责任。出于同样的考虑，对他们一般也以重大劳动安全事故罪定罪为宜，而将“在生产、作业中违反有关安全管理的规定”的行为作为从重处罚的情节。对于“对安全生产设施或者安全生产条件负有管理、维护职责的电工、瓦斯检查工等人员”，亦参照上述原则处理。

2. 如何理解“举办大型群众性活动违反安全管理规定”的行为？

本书观点：本罪在客观方面表现为在举办大型的群众性活动中，违反在公共场所的群体性活动中相关的安全管理规定，没有履行相应的注意义务，造成了重大的伤亡事故或其他严重后果。本罪的行为形式是不作为，即依照法律、法规、规章以及其他保障公共场所安全的惯例，行为人负有义务采取行动排除在公众活动场所发生酌法益侵害或法益的侵害危险性，且有能力履行该义务，而拒不履行。未有效履行作为义务分为以下两种情形：第一种情形是，负有义务的行为人没有履行法定的作为义务，主要表现为：（1）未向主管机关申请或申请未被批准，擅自举办大型群众性活动的。（2）不顾场地容量的限制，超员售票，以致参加活动的人数失去控制，超过核准人数的，如某大型群众性活动核准为三万人，而实际参加的有四万人。（3）公共场所的基础设施、游乐设备以及交通工具存在安全隐患，设施不符合安全标准，存在安全隐患，如场地建筑不坚固，有发生倒塌坠毁的可能性；各种电线、线路老化，容易引发火灾。（4）消防设施不符合法定要求。如灭火器超过使用期限；没有按照规定安装火灾自动报警系统；消防通道和紧急通道被占用，一旦发生事故，消防车不能开进，人员无法逃离现场。（5）未制定完善的安全保卫工作方案和突发事故的应急预案，未落实安全承包责任制，安全保卫工作没有专人负责，分工不明确，责任无法落实等。第二种情形是，尽管行为人也实施了预防与消除安全隐患的行为，但是该行为不足以产生实质性影响，不能满足法律对作为义务履行的要求，以至于必须被视为未履行的情况。

3. 如何认定对安全生产设施和安全生产条件不符合国家规定负有直接责任的投资人？

本书观点：根据相关法律法规的规定，所谓投资人，是指从事投资活动、具有一定资金来源、享有投资收益的权、责、利的统一体，是生产经营单位资金的参与者和经营收益的分享者。《安全生产法》第二十三条第一款规定："生产经营单位应当具备的安全生产条件所必需的资金投入，由生产经营单位的决策机构、主要负责人或者个人经营的投资人予以保证，并对由于安全生产所必需的资金投入不足导致的后果承担责任。"在有限责任公司、股份有限公司等类型的生产经营实体中，投资人是指享有投资权益、对公司经营方针和投资计划享有管理权或决策权的股东。因投资人的行为导致生产经营单位安全生产资金投入不足，或者投资人在生产经营活动中违反安全管理规定，进而导致发生安全事故的，应当依法追究刑事责任。同时，由于市场经济条件下所有权与经营权相分离的情况大量存在，投资人参与公司、企业经营管理的程度大小不一，特别是通过股市公开交易方式购买上市公司少量股票的小股东，一般不参与公司的经营管理决策活动，追究其对公司安全生产方面的刑事责任，明显不符合权责一致原则。因此，司法解释将作为重大劳动安全事故罪犯罪主体的投资人限定为"对生产、作业负有组织、指挥或者管理职责的投资人"。换句话说，并非生产经营单位的所有投资人都可以成为重大劳动安全事故罪的犯罪主体。从理论上来讲，要合理界定重大劳动安全事故罪的主体范围，不仅要看谁负责管理安全生产活动，还要看谁对单位中劳动安全设施的投入和维护负有投资决策权和资金投入义务。对生产经营单位的劳动安全设施投入和维护负有投资决策权和投资义务的人员，在本单位安全生产设施或者安全生产条件不符合国家规定，导致发生重大伤亡事故或者造成其他严重后果的情况，应当依法承担刑事责任。

三十六、危险物品肇事罪

（一）刑法规定

第一百三十六条[①]　违反爆炸性、易燃性、放射性、毒害性、腐蚀性物品的管理规定，在生产、储存、运输、使用中发生重大事故，造成严重后果的，处三年以下有期徒刑或者拘役；后果特别严重的，处三年以上七年以下有期徒刑。

（二）司法解释、司法文件

最高人民法院、最高人民检察院关于办理危害生产安全刑事案件适用法律若干问题的解释（法释〔2015〕22号，自2015年12月16日起施行）（节录）

第六条　实施刑法第一百三十二条、第一百三十四条第一款、第一百三十五条、第一百三十五条之一、第一百三十六条、第一百三十九条规定的行为，因而发生安全事故，具有下列情形之一的，应当认定为“造成严重后果”或者“发生重大伤亡事故或者造成其他严重后果”，对相关责任人员，处三年以下有期徒刑或者拘役：

（一）造成死亡一人以上，或者重伤三人以上的；

（二）造成直接经济损失一百万元以上的；

（三）其他造成严重后果或者重大安全事故的情形。

第七条　实施刑法第一百三十二条、第一百三十四条第一款、第一百三十五条、第一百三十五条之一、第一百三十六条、第一百三十九条规定的行为，因而发生安全事故，具有下列情形之一的，对相关责任人员，处三年以上七年以下有期徒刑：

（一）造成死亡三人以上或者重伤十人以上，负事故主要责任的；

（二）造成直接经济损失五百万元以上，负事故主要责任的；

---

① 本罪1979年《刑法》第一百一十五条作了规定，罪名为违反危险物品管理规定肇事罪。根据1997年《刑法》第一百三十六条的规定，罪名改为危险物品肇事罪。

（三）其他造成特别严重后果、情节特别恶劣或者后果特别严重的情形。

第十二条 实施刑法第一百三十二条、第一百三十四条至第一百三十九条之一规定的犯罪行为，具有下列情形之一的，从重处罚：

（一）未依法取得安全许可证件或者安全许可证件过期、被暂扣、吊销、注销后从事生产经营活动的；

（二）关闭、破坏必要的安全监控和报警设备的；

（三）已经发现事故隐患，经有关部门或者个人提出后，仍不采取措施的；

（四）一年内曾因危害生产安全违法犯罪活动受过行政处罚或者刑事处罚的；

（五）采取弄虚作假、行贿等手段，故意逃避、阻挠负有安全监督管理职责的部门实施监督检查的；

（六）安全事故发生后转移财产意图逃避承担责任的；

（七）其他从重处罚的情形。

实施前款第五项规定的行为，同时构成刑法第三百八十九条规定的犯罪的，依照数罪并罚的规定处罚。

第十三条 实施刑法第一百三十二条、第一百三十四条至第一百三十九条之一规定的犯罪行为，在安全事故发生后积极组织、参与事故抢救，或者积极配合调查、主动赔偿损失的，可以酌情从轻处罚。

第十四条 国家工作人员违反规定投资入股生产经营，构成本解释规定的有关犯罪的，或者国家工作人员的贪污、受贿犯罪行为与安全事故发生存在关联性的，从重处罚；同时构成贪污、受贿犯罪和危害生产安全犯罪的，依照数罪并罚的规定处罚。

（三）疑难、复杂问题的参考性解答

1. 有危险货物运输从业资格的人员，明知使用具有安全隐患的机动车超载运输剧毒化学品，有可能引发危害公共安全的事故，却轻信能够避免，以致发生事故并造成严重后果的，如何处理？①

本书观点：该行为构成危险物品肇事罪。从事剧毒化学品运输工作的专

① 观点来源：《最高人民法院公报》2006 年第 8 期（总第 118 期）。

业人员，在发生交通事故致使剧毒化学品泄漏后，有义务利用随车配备的应急处理器材和防护用品抢救车辆上的受伤人员，有义务在现场附近设置警戒区域，有义务及时报警并在报警时主动说明危险物品的特征、可能发生的危害，以及需要采取何种救助工具与救助方式才能防止、减轻以至消除危害，有义务在现场等待抢险人员到来，利用自己对剧毒危险化学品的专业知识以及对运输车辆构造的了解，协助抢险人员处置突发事故。如不履行这些义务，应当对由此造成的特别严重后果承担责任。

2. 爆破作业人员擅自销毁剩余爆炸物造成严重后果的行为如何定性？

本书观点：应当以危险物品肇事罪定罪处罚。《民用爆炸物品安全管理条例》第三十七条规定："爆破作业单位应当如实记载领取、发放民用爆炸物品的品种、数量、编号以及领取、发放人员姓名。领取民用爆炸物品的数量不得超过当班用量，作业后剩余的民用爆炸物品必须当班清退回库。爆破作业单位应当将领取、发放民用爆炸物品的原始记录保存 2 年备查。"第三十八条规定："实施爆破作业，应当遵守国家有关标准和规范，在安全距离以外设置警示标志并安排警戒人员，防止无关人员进入；爆破作业结束后应当及时检查、排除未引爆的民用爆炸物品。"第三十九条还规定："爆破作业单位不再使用民用爆炸物品时，应当将剩余的民用爆炸物品登记造册，报所在地县级人民政府公安机关组织监督销毁。发现、拣拾无主民用爆炸物品的，应当立即报告当地公安机关。"因此，爆炸作业行为人擅自销毁剩余爆炸物的行为，明显违反了国家对爆炸性物品的管理规定，因此造成严重后果的，应当依法认定为危险物品肇事罪。

3. 如何区分本罪与非法运输爆炸物罪？

本书观点：前者运输危险物品（包括爆炸物）本身是合法的，只是在运输中没有遵守运输危险物品的有关规定，而后者运输爆炸物本身就是非法的；前者只有达到发生重大事故，造成严重后果的才构成犯罪，而后者成立犯罪不要求发生实际危害后果。

4. 如何区分本罪与非法携带危险物品危及公共安全罪？

本书观点：非法携带危险物品危及公共安全罪，是指非法携带爆炸性、易燃性、放射性、毒害性、腐蚀性物品，进入公共场所或者公共交通工具，危及公共安全，情节严重的行为。本罪与非法携带危险物品危及公共安全罪的犯罪对象都是爆炸性、易燃性、放射性、毒害性、腐蚀性物品，均属于违反有关规定运输危险物品的行为，且犯罪主体都是一般主体。两罪的主要区别在于：（1）犯罪主观方面不同。本罪在主观方面是过失，而非法携带危险物品危及公共安全罪在主观方面只能是故意。（2）违反的规定内容不同。本罪违反的是保障危险物品生产、储存、运输、使用活动安全的规定，既可以是法律法规的明文规定，也可以是生产经营单位制定的内部成文规定，还可以是通行的行业惯例或者不成文的习惯，而非法携带危险物品危及公共安全罪违反的是国家禁止携带危险物品进入公共场所或者公共交通工具的法律、法规的明文规定。（3）行为方式不同。本罪的行为方式包括生产、储存、运输、使用危险物品等四种方式，而非法携带危险物品危及公共安全罪仅有携带危险物品一种行为方式。（4）发生场所不同。本罪发生在危险物品的生产、储存、运输、使用过程中，即便生产、储存、运输、使用危险物品的行为有时也发生在公共场所，但在法律、法规并不禁止有关单位或人员在该公共场所从事危险物品生产、储存、运输、使用活动的情况下，行为人违反爆炸性、易燃性、放射性、毒害性、腐蚀性物品管理规定，导致发生重大事故、造成严重后果的，只能认定为危险物品肇事罪，而非法携带危险物品危及公共安全罪只能发生在公共场所或者公共交通工具内，如果生产、储存、运输、使用危险物品的活动发生在法律、法规禁止的公共场所，且危及公共安全的，就应依法认定为非法携带危险物品危及公共安全罪。（5）犯罪构成对危害结果的要求不同。本罪要求必须发生重大事故、造成严重后果才能构成，而非法携带危险物品危及公共安全罪则不要求必须发生物质性危害结果，只要造成危害公共安全的现实危险性，就可以构成非法携带危险物品危及公共安全罪。如果行为人非法携带危险物品进入公共场所或者公共交通工具，造成了物质性的危害结果，就不能以非法携带危险物品危及公共安全罪论处，一般应以本罪定罪处罚。

5. 危险物品运输车辆驾驶员对交通事故仅承担次要责任的，是否可以认定危险物品肇事罪？

分歧观点：有意见提出，行为人在驾驶危险物品运输车辆过程中发生交通事故的，其行为的可罚性基础实际上仍然是违反交通运输管理法规，只有在行为人对交通事故承担同等以上责任的情况下，才可能构成危险物品肇事罪。如果危险物品运输车辆驾驶员仅承担交通事故次要责任，说明其主观罪过程度和客观责任较轻，既不构成交通肇事罪，也不应认定为危险物品肇事罪。

本书观点：可以认定危险物品肇事罪。主要理由：

首先，行为人在驾驶机动车运输危险货物过程中交通肇事的行为，同时违反了交通运输管理法规和危险物品道路运输管理规定，具有双重违法性和双重可罚性基础。具体来讲，如果行为人在驾驶危险货物运输车辆过程中违反交通运输管理法规，导致发生交通事故，且行为人对交通事故承担同等以上责任，根据刑法和相关司法解释的规定，其行为同时符合交通肇事罪和危险物品肇事罪的构成要件，根据特别法条优于一般法条的原则，原则上应以危险物品肇事罪定罪处罚。如果行为人虽然违反了交通运输管理法规，但对交通事故仅承担次要责任，则其行为不符合交通肇事罪的构成要件，仅可能构成危险物品肇事罪，不会涉及法条选择的问题。需要注意的是，根据法律和司法解释的规定，行为人对交通事故承担同等以上责任，是构成交通肇事罪的必要条件，但并非构成危险物品肇事罪的必备要件。行为人在对交通事故承担次要责任的情况下，虽然不构成交通肇事罪，但仍然可能构成危险物品肇事罪。某一行为是否符合上述两个罪名的构成要件，需要独立地分别进行评价，相互之间互不影响。

其次，在行为人仅对交通事故承担次要责任的情况下，认定其行为构成危险物品肇事罪，符合立法目的。危险物品生产经营活动属于风险极高的行业，特别是通过公共交通道路运输危险物品，极易发生重大泄露、燃爆事故，危险性高，必须严格规范、加强管理。因此，国家对危险物品运输经营者的要求非常严格，危险物品运输车辆的驾驶员和押运员应当承担比普通机动车驾驶员更高的注意义务和更加严格的责任，才能有效避免危险物品安全事故的发生。我国刑法在交通肇事罪以外，单独将违反危险物品管理规定，导致在运输过程中发生重大事故、造成严重后果的行为规定为危险物品肇事罪，也反映出立法机关对危险物品运输活动予以从严管理的立法意图。要求行为人必须在对交通事故承担同等以上责任的情况下才可以构成危险物品肇事罪，即无法律依据，也不利于依法惩治犯罪。当然，从严管理不等于无过错责任。如果经公安交管部门调查认定，危险物品运输车辆的驾驶员对事故不承担任何责任，就不宜认为其行为构成危险物品肇事罪，否则就不当扩大了刑罚处罚范围。

6. 危险物品仓库出租人能否认定危险物品肇事罪的主体？

本书观点：危险物品仓库出租人对仓库和承租人负有监督管理义务，属于危险物品肇事罪的犯罪主体。作为危险物品仓储仓库的出租人，应当确保其提供的仓储场地适宜危险物品的存放，如果违反这种义务，不仅属于民事上的违约行为，同时也违反了刑法上的危险避免义务。行为人若未能尽到该义务，导致造成重大损失的，应当依法承担刑事责任。

三十七、工程重大安全事故罪

（一）刑法规定

第一百三十七条[①] 建设单位、设计单位、施工单位、工程监理单位违反国家规定，降低工程质量标准，造成重大安全事故的，对直接责任人员，处五年以下有期徒刑或者拘役，并处罚金；后果特别严重的，处五年以上十年以下有期徒刑，并处罚金。

（二）司法解释、司法文件

1. 最高人民法院、最高人民检察院关于办理危害生产安全刑事案件适用法律若干问题的解释（法释〔2015〕22 号，自 2015 年 12 月 16 日起施行）（节录）

第六条 实施刑法第一百三十二条、第一百三十四条第一款、第一百三十五条、第一百三十五条之一、第一百三十六条、第一百三十九条规定的行为，因而发生安全事故，具有下列情形之一的，应当认定为“造成严重后果”或者“发生重大伤亡事故或者造成其他严重后果”，对相关责任人员，处三年以下有期徒刑或者拘役：

（一）造成死亡一人以上，或者重伤三人以上的；

（二）造成直接经济损失一百万元以上的；

（三）其他造成严重后果或者重大安全事故的情形。

实施刑法第一百三十七条规定的行为，因而发生安全事故，具有本条第一款规定情形的，应当认定为“造成重大安全事故”，对直接责任人员，处五

---

① 本罪是 1997 年《刑法》增设的罪名。

年以下有期徒刑或者拘役，并处罚金。

第七条　实施刑法第一百三十二条、第一百三十四条第一款、第一百三十五条、第一百三十五条之一、第一百三十六条、第一百三十九条规定的行为，因而发生安全事故，具有下列情形之一的，对相关责任人员，处三年以上七年以下有期徒刑：

（一）造成死亡三人以上或者重伤十人以上，负事故主要责任的；

（二）造成直接经济损失五百万元以上，负事故主要责任的；

（三）其他造成特别严重后果、情节特别恶劣或者后果特别严重的情形。

实施刑法第一百三十七条规定的行为，因而发生安全事故，具有本条第一款规定情形的，对直接责任人员，处五年以上十年以下有期徒刑，并处罚金。

第十二条　实施刑法第一百三十二条、第一百三十四条至第一百三十九条之一规定的犯罪行为，具有下列情形之一的，从重处罚：

（一）未依法取得安全许可证件或者安全许可证件过期、被暂扣、吊销、注销后从事生产经营活动的；

（二）关闭、破坏必要的安全监控和报警设备的；

（三）已经发现事故隐患，经有关部门或者个人提出后，仍不采取措施的；

（四）一年内曾因危害生产安全违法犯罪活动受过行政处罚或者刑事处罚的；

（五）采取弄虚作假、行贿等手段，故意逃避、阻挠负有安全监督管理职责的部门实施监督检查的；

（六）安全事故发生后转移财产意图逃避承担责任的；

（七）其他从重处罚的情形。

实施前款第五项规定的行为，同时构成刑法第三百八十九条规定的犯罪的，依照数罪并罚的规定处罚。

第十三条　实施刑法第一百三十二条、第一百三十四条至第一百三十九条之一规定的犯罪行为，在安全事故发生后积极组织、参与事故抢救，或者积极配合调查、主动赔偿损失的，可以酌情从轻处罚。

第十四条　国家工作人员违反规定投资入股生产经营，构成本解释规定的有关犯罪的，或者国家工作人员的贪污、受贿犯罪行为与安全事故发生存在关联性的，从重处罚；同时构成贪污、受贿犯罪和危害生产安全犯罪的，依照数罪并罚的规定处罚。

2. 最高人民法院、最高人民检察院、公安部关于办理涉窨井盖相关刑事案件的指导意见（2020 年 3 月 16 日公布）

五、在生产、作业中违反有关安全管理的规定，擅自移动窨井盖或者未做好安全防护措施等，发生重大伤亡事故或者造成其他严重后果的，依照刑法第一百三十四条第一款的规定，以重大责任事故罪定罪处罚。

窨井盖建设、设计、施工、工程监理单位违反国家规定，降低工程质量标准，造成重大安全事故的，依照刑法第一百三十七条的规定，以工程重大安全事故罪定罪处罚。

（三）典型或常见问题的审理思路

1. 工程质量监督站是否属于刑法规定的工程重大安全事故罪的主体，即工程监理单位？[①]

本书观点：工程质量监督站属于《刑法》第一百三十七条规定的工程重大安全事故罪主体，即工程监理单位。

工程重大安全事故罪侵犯的客体是国家对建筑工程的管理制度；客观方面是违反国家规定，降低工程质量标准，造成重大安全事故的行为；主体为特殊主体，即建设单位、设计单位、施工单位、工程监理单位，其他单位不能构成本罪的主体。工程重大安全事故罪的主体“工程监理单位”，是指依法对建筑工程进行监督管理，担任工程质量监督职责的单位。虽然工程质量监督站与监理公司在行政划分上有区别，质量监督站是事业单位，基于授权对工程实行质量监督；监理公司是企业单位，在订立合同的基础上对工程进行质量监督。但它们都共同具有工程质量监督的职责，都是工程质量监督单位。因此，从广义上讲，工程质量监督站亦属于“工程监理单位”。

2. 如何区分本罪与重大劳动安全事故罪？

本书观点：二者区别在于：（1）客观方面的表现形式不同。前者表现为建设单位、设计单位、施工单位、工程监理单位违反国家规定，降低工程质

---

① 观点来源：最高人民法院刑事审判第一、二、三、四、五庭编：《中国刑事审判指导案例（危害公共安全罪）》，法律出版社 2009 年版，第 125－127 页。

量标准，造成重大安全事故的行为；而后者表现为行为人明知本单位的劳动安全设施不符合国家规定，因而发生重大伤亡事故或者造成其他严重后果的行为。（2）主体范围不同。前者只有建设单位、设计单位、施工单位、工程监理单位的直接责任人员才能构成本罪的主体，其他单位不能成为本罪的主体；而后者的犯罪主体则是对安全生产设施或者安全生产条件不符合国家规定因而发生重大伤亡事故或者造成其他严重后果直接负责的主管人员和其他直接责任人员，范围较本罪宽泛得多。

3. 如何区分本罪与教育设施重大安全事故罪？

本书观点：教育设施的严重工程质量问题可能引发工程重大安全事故，因此教育设施重大安全事故的发生往往与教育设施工程质量存在密切联系。与之相对应，实践中经常会出现本罪与教育设施重大安全事故罪并存的情况，需要合理区分，正确认定。本罪与教育设施重大安全事故罪的区别主要表现为：（1）犯罪主体不同。本罪主体是建设单位、设计单位、施工单位和工程监理单位，而教育设施重大安全事故罪的主体主要是学校和教育主管部门中对校舍或者教育教学设施安全负有直接责任的人员。（2）事故发生的阶段不同。工程重大安全事故发生在工程建设过程中或者工程建设结束、交付使用之后，而教育设施重大安全事故只能发生在校舍或者教育教学设施建设完毕、交付使用之后，且一般发生在教育机构从事教学活动期间。（3）事故发生的原因不同。工程重大安全事故的发生原因是违反国家规定降低工程质量标准，而教育设施重大安全事故的发生原因是在教学活动过程中，明知校舍或者教育教学设施存在事故隐患而拒不采取措施或者不及时报告。

实践中，在校舍或者教育教学设施发生坍塌事故造成人员伤亡的情况下，应当在查清事故原因的基础上，合理确定相关人员的责任。具体而言，如果事故原因是工程质量标准不达标，应当对参与工程建设的相关单位以本罪定罪处罚；如果工程质量本身不存在问题，但在工程交付使用后，教育机构维修、保养不及时，或者超过正常使用年限而未采取有效措施予以整修，则相关责任人员可能构成教育设施重大安全事故罪。

4. 如何区分本罪与重大责任事故罪？

本书观点：两者都是过失犯罪，都以法定的严重后果作为构成犯罪的必备条件，但两者具有明显区别。（1）犯罪主体不同。工程重大安全事故罪的犯罪主体是建设单位、设计单位、施工单位、工程监理单位，属于单位犯罪；

重大责任事故罪的主体是工厂、矿山、林场、建筑企业或者其他企业、事业单位的职工，属于自然人犯罪。（2）客观方面表现不同。工程重大安全事故罪在客观方面表现为违反国家规定，降低工程质量标准，造成重大安全事故的行为；重大责任事故罪则表现为不服从管理、违反规章制度或者强令工人违章冒险作业，因而发生重大伤亡事故或者造成其他严重后果的行为。

5. 无资质施工队能否为工程重大安全事故罪的犯罪主体？

分歧观点：有意见认为，根据《刑法》第一百三十七条的规定，工程重大安全事故罪属于单位犯罪，个人不能构成本罪，而无资质施工队不属于依法设立的单位，不符合刑法规定的单位犯罪的构成条件，不能成为工程重大安全事故罪的犯罪主体。

本书观点：《刑法》第一百三十七条并未将工程重大安全事故罪的犯罪主体限定为合法设立、具有相应资质的建设单位、设计单位、施工单位和工程监理单位，将无资质施工队认定为工程重大安全事故罪的犯罪主体，不违反刑法规定。

首先，将无资质施工队认定为工程重大安全事故罪的犯罪主体，符合刑法规定。从刑法条文规定看，并未要求建设单位、设计单位、施工单位、工程监理单位必须是依法登记设立和具有相应资质的合法单位，只要其实际上从事了相关的工程建设活动，符合工程重大安全事故罪的构成要件，就可以认定为本罪。

其次，将无资质施工队认定为工程重大安全事故罪的犯罪主体，具有现实的必要性。为了确保建筑工程的质量安全，我国相关政府监管部门对建设单位、设计单位、施工单位、工程监理单位规定了严格的准入标准和监管条件。但是，实践中，在某些中小型建筑项目的建设过程中，相当一部分施工工作任务由未经合法登记设立、不具备相应资质的个体施工队承担。这些无资质施工队为获取经济利益，违法违规从事工程建设活动，相关政府监管部门更加难以对其实施有效监管，引发重特大生产安全事故的危险性更高，应当依法从严惩处。如果将无资质施工队排除在工程重大安全事故罪的主体范围之外，则对其违反国家规定、降低工程质量标准的行为，一般只能以重大责任事故罪定罪处罚，最高仅能判处七年有期徒刑，法定刑明显过低，且不利于揭示事故的本质特征。

最后，反对意见提出，根据《最高人民法院关于审理单位犯罪案件具体应用法律有关问题的解释》的规定，个人为进行违法犯罪活动而设立的公司、企业、事业单位实施犯罪的，或者公司、企业、事业单位设立后，以实施犯罪为主要活动的，不以单位犯罪论处。根据上述规定，无资质施工队成立的目的就是为了进行违法犯罪活动，不应以单位犯罪论处，而工程重大安全事故罪属于纯正的单位犯罪，故无资质施工队不应包含在工程重大安全事故罪的主体范围之内。我们认为，上述意见值得商榷。对于个人为实施诈骗、非法集资等违法犯罪行为成立的公司、企业、事业单位，该公司、企业、事业单位不以从事正常的生产经营活动为目的，仅为相关自然人实施违法犯罪活动提供掩护，一般不应以单位犯罪论处，应当直接认定为自然人共同犯罪。但是，工程重大安全事故罪属于过失犯罪，其构成要件具有一定的特殊性。无资质施工队从事建筑施工活动，目的仍然是为了通过从事生产经营活动获取经济利益。如果无资质施工队在从事建筑施工活动的过程中严格遵守工程质量标准要求，没有偷工减料等行为，就不应受到刑法上的否定评价和刑罚处罚。只有在无资质施工队故意违反国家规定，降低工程质量标准，并因此导致发生工程重大安全事故的情况下，才应受到刑罚处罚。因此，对于无资质施工队从事建筑施工活动这一行为本身，不宜直接认定为司法解释规定的违法犯罪活动，也不能以此为理由否定无资质施工队符合刑法规定的单位犯罪的成立条件。

三十八、教育设施重大安全事故罪

（一）刑法规定

第一百三十八条[①]　明知校舍或者教育教学设施有危险，而不采取措施或者不及时报告，致使发生重大伤亡事故的，对直接责任人员，处三年以下有期徒刑或者拘役；后果特别严重的，处三年以上七年以下有期徒刑。

---

① 本条是 1997 年《刑法》增设的罪名。

（二）司法解释、司法文件

最高人民法院、最高人民检察院关于办理危害生产安全刑事案件适用法律若干问题的解释（法释〔2015〕22号，自2015年12月16日起施行）（节录）

第六条 实施刑法第一百三十二条、第一百三十四条第一款、第一百三十五条、第一百三十五条之一、第一百三十六条、第一百三十九条规定的行为，因而发生安全事故，具有下列情形之一的，应当认定为“造成严重后果”或者“发生重大伤亡事故或者造成其他严重后果”，对相关责任人员，处三年以下有期徒刑或者拘役：

（一）造成死亡一人以上，或者重伤三人以上的；

（二）造成直接经济损失一百万元以上的；

（三）其他造成严重后果或者重大安全事故的情形。

实施刑法第一百三十八条规定的行为，因而发生安全事故，具有本条第一款第一项规定情形的，应当认定为“发生重大伤亡事故”，对直接责任人员，处三年以下有期徒刑或者拘役。

第七条第四款 实施刑法第一百三十八条规定的行为，因而发生安全事故，具有下列情形之一的，对直接责任人员，处三年以上七年以下有期徒刑：

（一）造成死亡三人以上或者重伤十人以上，负事故主要责任的；

（二）具有本解释第六条第一款第一项规定情形，同时造成直接经济损失五百万元以上并负事故主要责任的，或者同时造成恶劣社会影响的。

第十二条 实施刑法第一百三十二条、第一百三十四条至第一百三十九条之一规定的犯罪行为，具有下列情形之一的，从重处罚：

（一）未依法取得安全许可证件或者安全许可证件过期、被暂扣、吊销、注销后从事生产经营活动的；

（二）关闭、破坏必要的安全监控和报警设备的；

（三）已经发现事故隐患，经有关部门或者个人提出后，仍不采取措施的；

（四）一年内曾因危害生产安全违法犯罪活动受过行政处罚或者刑事处罚的；

（五）采取弄虚作假、行贿等手段，故意逃避、阻挠负有安全监督管理职责的部门实施监督检查的；

（六）安全事故发生后转移财产意图逃避承担责任的；

（七）其他从重处罚的情形。

实施前款第五项规定的行为，同时构成刑法第三百八十九条规定的犯罪的，依照数罪并罚的规定处罚。

第十三条 实施刑法第一百三十二条、第一百三十四条至第一百三十九条之一规定的犯罪行为，在安全事故发生后积极组织、参与事故抢救，或者积极配合调查、主动赔偿损失的，可以酌情从轻处罚。

第十四条 国家工作人员违反规定投资入股生产经营，构成本解释规定的有关犯罪的，或者国家工作人员的贪污、受贿犯罪行为与安全事故发生存在关联性的，从重处罚；同时构成贪污、受贿犯罪和危害生产安全犯罪的，依照数罪并罚的规定处罚。

（三）疑难、复杂问题的参考性解答

1. 如何理解本罪中的“不采取措施”“不及时报告”行为？

本书观点：不采取措施，既包括根本没有采取任何措施，也包括虽采取措施，但是敷衍了事，做做样子，措施不得力。不及时报告，是指根本没有报告或者虽然作了报告但不及时。及时，在这里应当理解为一发现险情，就应当立即报告。必须具有不采取措施或不及时报告的不作为。明知存在危险，及时采取了措施；或在无力采取措施的情况下，及时作了报告，即使发生了重大伤亡事故，亦不能构成本罪。能够采取有效措施而不采取有效措施而向有关人员报告的，亦应以本罪行为论处，而不能以及时报告为由推卸责任。至于具体方式则多种多样，如各级人民政府中分管教育的领导和教育行政部门的领导对学校的危房情况漠不关心，应当投入危房改造维修资金但不及时投入，或者虽然知道危房情况，不及时组织、协调各方面的力量进行维修、改造；学校校长和分管教育教学设施的副校长对校舍或教育教学设施的情况从不过问，不经常进行检查，发现了问题也不及时采取防范措施，对已经确定为危房的校舍仍然使用，对有严重隐患的，不安排人员进行加固处理，对学校解决不了的，不及时报告当地政府和教育行政部门，学校教师对出现的险情不及时报告，对有危险的教学设备、仪器、器械不及时更换，发生危险时，不及时组织学生撤离；有关维修人员不按自己职责对校舍等进

行正常检查、维修或者对应该立即维修的危房拖延时间不立即采取维修措施等等。

2. 如何区分本罪与工程重大安全事故罪?

本书观点: 两者都是过失犯罪，都以发生严重后果，作为构成犯罪的必要条件。但两者的区别在于:（1）犯罪主体不同。教育设施重大安全罪主体只能是对校舍或者教育教学设施负有采取安全负责的主管人员和其他直接责任人员；工程重大安全事故罪是单位犯罪，其犯罪主体是建设单位、设计单位、施工工程监理单位。（2）造成严重事故的原因不同。教育设施重大安全事故罪中重大伤亡事故的发生是由于行为人对自己明知的或教育教学设施存在的危险，不采取措施或者不及时报告，以致贻误时机，发生严重事故；工程重大安全事故罪中的重大安全事故发生的原因是建设单位、设计单位、施工单位、工程监理单位，降低工程质量标准造成的。

3. 幼儿教育单位的负责人明知本单位接送幼儿的专用车辆有安全隐患，不符合行车要求，而不采取必要的检修措施，仍让他人使用该车接送幼儿，以致在车辆发生故障后，驾驶人员违规操作引起车辆失火，致使被接送的幼儿多人伤亡，如何处理?①

分歧观点: 该行为构成交通肇事罪。

本书观点: 该负责人的行为构成教育设施重大安全事故罪。主管人员、肇事车辆的管理所有人，只有在指使、强令他人违章驾驶而造成重大交通事故的情况下，才能以交通肇事罪定罪处罚。在没有证据证明幼儿教育单位的负责人指使、强令他人违规操作的情况下，其明知教育教学设施有危险而将其继续投入使用，造成重大伤亡事故，应当以教育设施重大安全事故罪追究刑事责任。

三十九、消防责任事故罪

（一）刑法规定

第一百三十九条 违反消防管理法规，经消防监督机构通知采取改正措施而拒绝执行，造成严重后果的，对直接责任人员，处三年以下有期徒刑或

① 观点来源:《最高人民法院公报》2005 年第 1 期（总第 99 期）。

者拘役；后果特别严重的，处三年以上七年以下有期徒刑。

（二）司法解释、司法文件

最高人民法院、最高人民检察院关于办理危害生产安全刑事案件适用法律若干问题的解释（法释〔2015〕22号，自2015年12月16日起施行）（节录）

第六条　实施刑法第一百三十二条、第一百三十四条第一款、第一百三十五条、第一百三十五条之一、第一百三十六条、第一百三十九条规定的行为，因而发生安全事故，具有下列情形之一的，应当认定为"造成严重后果"或者"发生重大伤亡事故或者造成其他严重后果"，对相关责任人员，处三年以下有期徒刑或者拘役：

（一）造成死亡一人以上，或者重伤三人以上的；

（二）造成直接经济损失一百万元以上的；

（三）其他造成严重后果或者重大安全事故的情形。

第七条　实施刑法第一百三十二条、第一百三十四条第一款、第一百三十五条、第一百三十五条之一、第一百三十六条、第一百三十九条规定的行为，因而发生安全事故，具有下列情形之一的，对相关责任人员，处三年以上七年以下有期徒刑：

（一）造成死亡三人以上或者重伤十人以上，负事故主要责任的；

（二）造成直接经济损失五百万元以上，负事故主要责任的；

（三）其他造成特别严重后果、情节特别恶劣或者后果特别严重的情形。

第十二条　实施刑法第一百三十二条、第一百三十四条至第一百三十九条之一规定的犯罪行为，具有下列情形之一的，从重处罚：

（一）未依法取得安全许可证件或者安全许可证件过期、被暂扣、吊销、注销后从事生产经营活动的；

（二）关闭、破坏必要的安全监控和报警设备的；

（三）已经发现事故隐患，经有关部门或者个人提出后，仍不采取措施的；

（四）一年内曾因危害生产安全违法犯罪活动受过行政处罚或者刑事处罚的；

（五）采取弄虚作假、行贿等手段，故意逃避、阻挠负有安全监督管理职责的部门实施监督检查的；

（六）安全事故发生后转移财产意图逃避承担责任的；

（七）其他从重处罚的情形。

实施前款第五项规定的行为，同时构成刑法第三百八十九条规定的犯罪的，依照数罪并罚的规定处罚。

第十三条 实施刑法第一百三十二条、第一百三十四条至第一百三十九条之一规定的犯罪行为，在安全事故发生后积极组织、参与事故抢救，或者积极配合调查、主动赔偿损失的，可以酌情从轻处罚。

第十四条 国家工作人员违反规定投资入股生产经营，构成本解释规定的有关犯罪的，或者国家工作人员的贪污、受贿犯罪行为与安全事故发生存在关联性的，从重处罚；同时构成贪污、受贿犯罪和危害生产安全犯罪的，依照数罪并罚的规定处罚。

（三）疑难、复杂问题的参考性解答

1. 如何区分本罪与失火罪？

本书观点：本罪与失火罪的主要区别：（1）客观方面的表现形式不同。前者表现为行为人违反消防管理法规，经消防监督机构通知采取改正措施而拒绝执行，造成严重后果的行为；而后者表现为行为人过失引起火灾，导致人员重伤、死亡或者使公私财产遭受重大损失，危害公共安全的行为。（2）主体不同。前者是对本单位消防工作有直接责任的人员，行为人并未因自己的行为直接引发火灾；而后者的行为人是因用火不当直接导致火灾发生的人。

2. 本罪与一般消防事故的界限

本书观点：区分两者的关键在于造成后果的严重程度不同。构成消防责任事故罪，必须造成严重后果。而一般消防事故，虽然发生了事故，造成了一定危害后果，但未达到严重程度，故不构成犯罪。

3. 行为人只违反消防管理法规，但未接到过消防监督机构通知采取改正的措施，能否构成本罪？

本书观点：行为人只违反消防管理法规，但未接到过消防监督机构通知采取改正的措施，即使造成了严重后果，也不构成本罪。消防监督机构是指根据有关法律、法规建立的专门负责消防监督检查工作的机构。

4. **如何区分本罪与玩忽职守罪？**

本书观点：本罪的犯罪主体是一般主体，玩忽职守罪的犯罪主体是国家机关工作人员。如果单位的负责人或有关人员是国家机关工作人员，违反消防管理法规，经消防监督机构通知采取改正措施而拒绝执行，致使发生火灾事故，造成严重后果的，则属于法条竞合，应当以特别法条即本条规定定罪处罚。也就是说，对犯罪行为人应以消防责任事故罪论处，而不应以玩忽职守罪论处。

四十、不报、谎报安全事故罪

（一）刑法规定

第一百三十九条之一[①] 在安全事故发生后，负有报告职责的人员不报或者谎报事故情况，贻误事故抢救，情节严重的，处三年以下有期徒刑或者拘役；情节特别严重的，处三年以上七年以下有期徒刑。

（二）司法解释、司法文件及其权威解读

最高人民法院、最高人民检察院关于办理危害生产安全刑事案件适用法律若干问题的解释（法释〔2015〕22号，自2015年12月16日起施行）（节录）

第四条 刑法第一百三十九条之一规定的“负有报告职责的人员”，是指负有组织、指挥或者管理职责的负责人、管理人员、实际控制人、投资人，以及其他负有报告职责的人员。

第八条 在安全事故发生后，负有报告职责的人员不报或者谎报事故情况，贻误事故抢救，具有下列情形之一的，应当认定为刑法第一百三十九条之一规定的“情节严重”：

（一）导致事故后果扩大，增加死亡一人以上，或者增加重伤三人以上，或者增加直接经济损失一百万元以上的；

（二）实施下列行为之一，致使不能及时有效开展事故抢救的：

1. 决定不报、迟报、谎报事故情况或者指使、串通有关人员不报、迟报、

---

① 本条由2006年6月29日《刑法修正案（六）》第四条增订。

谎报事故情况的；

2. 在事故抢救期间擅离职守或者逃匿的；

3. 伪造、破坏事故现场，或者转移、藏匿、毁灭遇难人员尸体，或者转移、藏匿受伤人员的；

4. 毁灭、伪造、隐匿与事故有关的图纸、记录、计算机数据等资料以及其他证据的；

（三）其他情节严重的情形。

具有下列情形之一的，应当认定为刑法第一百三十九条之一规定的“情节特别严重”：

（一）导致事故后果扩大，增加死亡三人以上，或者增加重伤十人以上，或者增加直接经济损失五百万元以上的；

（二）采用暴力、胁迫、命令等方式阻止他人报告事故情况，导致事故后果扩大的；

（三）其他情节特别严重的情形。

第九条 在安全事故发生后，与负有报告职责的人员串通，不报或者谎报事故情况，贻误事故抢救，情节严重的，依照刑法第一百三十九条之一的规定，以共犯论处。

第十条 在安全事故发生后，直接负责的主管人员和其他直接责任人员故意阻挠开展抢救，导致人员死亡或者重伤，或者为了逃避法律追究，对被害人进行隐藏、遗弃，致使被害人因无法得到救助而死亡或者重度残疾的，分别依照刑法第二百三十二条、第二百三十四条的规定，以故意杀人罪或者故意伤害罪定罪处罚。

第十二条 实施刑法第一百三十二条、第一百三十四条至第一百三十九条之一规定的犯罪行为，具有下列情形之一的，从重处罚：

（一）未依法取得安全许可证件或者安全许可证件过期、被暂扣、吊销、注销后从事生产经营活动的；

（二）关闭、破坏必要的安全监控和报警设备的；

（三）已经发现事故隐患，经有关部门或者个人提出后，仍不采取措施的；

（四）一年内曾因危害生产安全违法犯罪活动受过行政处罚或者刑事处罚的；

（五）采取弄虚作假、行贿等手段，故意逃避、阻挠负有安全监督管理职责的部门实施监督检查的；

（六）安全事故发生后转移财产意图逃避承担责任的；

（七）其他从重处罚的情形。

实施前款第五项规定的行为，同时构成刑法第三百八十九条规定的犯罪的，依照数罪并罚的规定处罚。

第十三条　实施刑法第一百三十二条、第一百三十四条至第一百三十九条之一规定的犯罪行为，在安全事故发生后积极组织、参与事故抢救，或者积极配合调查、主动赔偿损失的，可以酌情从轻处罚。

第十四条　国家工作人员违反规定投资入股生产经营，构成本解释规定的有关犯罪的，或者国家工作人员的贪污、受贿犯罪行为与安全事故发生存在关联性的，从重处罚；同时构成贪污、受贿犯罪和危害生产安全犯罪的，依照数罪并罚的规定处罚。

权威解读

《关于办理危害生产安全刑事案件适用法律若干问题的解释》的理解与适用

（五）关于不报、谎报安全事故罪的构成条件和共犯认定

关于不报、谎报安全事故罪的构成条件，《生产安全解释》制定过程中曾存在争论，规定内容也数易其稿。主要问题在于，从《刑法》第一百三十九条之一条文规定的字面理解，“贻误事故抢救”和“情节严重”是罪与非罪的重要界限，必须同时具备上述两个条件，才能构成不报、谎报安全事故罪。《最高人民法院、最高人民检察院关于办理危害矿山生产安全刑事案件具体应用法律若干问题的解释》（已失效）也将“贻误事故抢救”这一要件规定在居首部分。根据该规定，所有不报、谎报行为只有造成贻误事故抢救的后果，才可能构成本罪。但是，实践中大量存在的情况是，事故抢救工作基本结束后，行为人为降低认定事故等级、避免上级机关介入调查，故意伪造、破坏事故现场，或者转移、藏匿遇难者尸体，上述行为社会影响恶劣、危害性大，但往往并不足以导致贻误事故抢救的后果，依据《最高人民法院、最高人民检察院关于办理危害矿山生产安全刑事案件具体应用法律若干问题的解释》的规定，可能难以定罪。据此，有意见提出，可将“贻误事故抢救”解释为不报、谎报行为的当然结果，即只要行为人实施了不报、谎报行为，就应认

定其造成了“贻误事故抢救”的危险性结果，同时符合“情节严重”标准的，就应以不报、谎报安全事故罪论处。

经反复慎重研究，考虑到刑法条文明确将“贻误事故抢救”规定为不报、谎报安全事故罪的构成条件，如果在《生产安全解释》中明确将“贻误事故抢救”解释为不报、谎报事故行为的当然结果，法律依据不够充分，故对上述意见未予采纳，《生产安全解释》基本保留了《最高人民法院、最高人民检察院关于办理危害矿山生产安全刑事案件具体应用法律若干问题的解释》的规定方式。但是，上述意见提出的问题应引起重视。在案件审判过程中，对于《刑法》第一百三十九条之一规定的“贻误事故抢救”，以及《最高人民法院、最高人民检察院关于办理危害矿山生产安全刑事案件具体应用法律若干问题的解释》第六条第一款第二项规定的“致使不能及时有效开展事故抢救”两个条件，不宜作过于严格的限定。另外，《生产安全解释》还将不报、谎报安全事故“情节特别严重”的直接经济损失标准由三百万元提高至五百万元，以与《生产安全解释》第七条的规定保持协调一致，并在不报、谎报的具体行为方式中增加“迟报”，以进一步严密刑事法网。根据国务院《生产安全事故报告和调查处理条例》的相关规定，此处规定的“迟报”，是指未按法律法规规定的时限及时报告，可归入广义的“不报”行为的范畴。

《生产安全解释》还对不报、谎报安全事故罪的共犯认定问题作出了规定。《最高人民法院、最高人民检察院关于办理危害矿山生产安全刑事案件具体应用法律若干问题的解释》第七条规定：“在矿山生产安全事故发生后，实施本解释第六条规定的相关行为，帮助负有报告职责的人员不报或者谎报事故情况，贻误事故抢救的，对组织者或者积极参加者，依照刑法第一百三十九条之一的规定，以共犯论处。”该条规定有以下两个方面问题：首先，将共犯的成立范围限定为帮助行为，即认为无身份之人只可能构成帮助犯和从犯，但实践中，对于组织、指使、强令负有报告职责的人员不报、谎报事故情况的，也可以认定为共犯，并可能构成主犯；其次，仅对帮助犯中的组织者或者积极参加者以共犯论处，不当缩小了共犯成立范围，并无明确的理论基础，且在仅有一名帮助犯的情况下，由于不存在参照对象，难以认定为组织者或积极参加者，这种情况下是否应当认定为共犯，实践中存在争议。经研究，《生产安全解释》删去了《最高人民法院、最高人民检察院关于办理危害矿山生产安全刑事案件具体应用法律若干问题的解释》中仅对帮助犯中的组织者和积极参加者认定为共犯的规定，明确与负有报告职责的人员串通，不报或者谎报安全事故情况的，只要符合刑法规定的共犯成立条件，即可认定为共犯。

（撰稿：沈亮、汪斌、李加玺）

（三）疑难、复杂问题的参考性解答

1. 如何区分本罪与玩忽职守罪？

本书观点：二者区别在于：（1）主体不同。前者既可以是生产经营单位的负责人，也可以是安全生产负有直接责任的国家机关工作人员；后者只能是国家机关工作人员。（2）客体不同。前者侵害的客体是公共安全，也就是不特定或是多数人的生命健康或是重大公私财产的安全；后者侵害的是国家机关正常的管理活动。（3）客观表现不同。前者是安全事故发生以后，负有报告职责的人员不报或者谎报事故情况，贻误事故抢救情节严重的行为；后者表现为严重的不负责任，不履行或正确履行工作职责，致使公共财产、国家和人民利益遭受到重大损失的行为。

2. 如何区分本罪与重大责任事故罪？

本书观点：重大责任事故指的是违反有关规定，因而发生重大伤亡事故或造成其他严重后果的行为。二者区别在于：（1）主体不同。前者既可以是国家机关工作人员，也可以是国家非机关工作人员；后者只能是国家非机关工作人员。（2）客体不同。前者侵犯的客体包括生产作业安全和其他公共领域、公共场所的安全；后者侵犯的是生产作业安全。（3）发生的前提不同。前者是安全事故已经发生；后者是在生产作业的过程当中。（4）客观表现不同。前者是负有报告职责的人员不报或谎报事故情况；后者是在生产作业当中违反有关安全管理规定或强令他人违章冒险作业。

3. 本罪与其他生产安全责任事故犯罪的罪数界定问题？

分歧观点：本罪成立的前提条件是发生了安全事故，因此，刑法分则第二章规定的其他生产安全责任事故犯罪都有可能成为本罪的上游犯罪，相关生产安全责任事故犯罪的主体也有可能与本罪中负有报告职责的人员范围存在重合。有意见认为，如果行为人实施了刑法分则第二章规定的其他生产安全责任事故犯罪行为，造成了重大安全事故，该行为实施完毕之后，对公共

安全法益的侵害通常会持续一段时期，其间如果再实施不报、谎报安全事故情况的行为，并不会造成新的法益损害，不宜另行单独进行法律评价，只能认定为上游罪一罪，并将不报、谎报安全事故情况的行为作为量刑情节予以考虑。

本书观点：研究认为，上述意见难以成立。在同一行为人同时实施其他生产安全责任事故犯罪行为和不报、谎报安全事故犯罪行为的情况下，原则上应当数罪并罚。理由在于：首先，认定是否构成犯罪和构成犯罪的数量，必须坚持以犯罪构成要件标准，行为人实施的行为满足一个犯罪构成的，原则上应当认定为一罪；在行为人同时实施了其他生产安全责任事故犯罪行为和不报、谎报安全事故情况行为两个独立的犯罪行为的情况下，如果仅认定为上游犯罪一罪，难以对其实施的两个犯罪行为实现充分的法律评价。其次，不报、谎报安全事故行为并非行为人先前实施的其他生产安全责任事故犯罪行为的必然延续，而是前一行为造成法益侵害结果之后，行为人基于利益权衡和自由意志选择实施的新的独立的行为，且部分生产安全责任事故犯罪并不属于状态犯，并不存在以不报、谎报安全事故情况的行为方式持续侵害同一法益的情形。

4. 无报告职责人员是否可以构成不报、谎报安全事故罪的共同犯罪？

本书观点：根据刑法规定，不报、谎报安全事故罪的犯罪主体是特殊主体，即对安全事故情况负有报告职责的人员，对安全事故情况不负有报告职责人员不能单独构成不报、谎报安全事故罪。存在争议的是，无身份者，即对安全事故情况不负有报告职责的人员是否可以与有身份者构成共同犯罪，成为有身份者实施的不报、谎报安全事故罪的教唆犯、帮助犯或者共同实行犯？

我们认为，根据刑法理论，无身份者可以构成有身份者实施的不报、谎报安全事故罪的教唆犯、帮助犯或者共同实行犯。根据刑法规定，行为人具有特定的身份，是不报、谎报安全事故罪的必备构成条件，不具有特定身份则不能成立犯罪，其法理依据在于，只有特定身份者才能够对本罪保护的法益造成实质侵害，而无身份者由于不具有这一特定身份，故不能单独对本罪客体造成侵害，进而无法构成本罪。但是，刑法对本罪特殊主体要件的规定只是针对单独犯罪而言的，并不意味着无身份者不能通过和有身份者故意共同实施侵害法益的行为，使共同犯罪中身份犯的主体得到扩张，使无身份者成为本罪的共犯。根据我国刑法总则中共同犯罪的规定，完全可以得出一般主体与特殊主体共同故意实施以特殊身份为要件的犯罪可以成立共同犯罪的结论，刑法学界和实务界对此问题也已经形成共识。因此，对安全事故情况不具有报告职责的人员在安全事故发生后，与负有报告职责的人员相互串通，共同不报、谎报事故情况，贻误事故抢救，情节严重的完全符合不报、谎报安全事故罪的构成要件，应当以不报、谎报安全事故罪的共犯论处。

第三章　破坏社会主义市场经济秩序罪

第一节　生产、销售伪劣商品罪

一、生产、销售伪劣产品罪

（一）刑法规定

第一百四十条　生产者、销售者在产品中掺杂、掺假，以假充真，以次充好或者以不合格产品冒充合格产品，销售金额五万元以上不满二十万元的，处二年以下有期徒刑或者拘役，并处或者单处销售金额百分之五十以上二倍以下罚金；销售金额二十万元以上不满五十万元的，处二年以上七年以下有期徒刑，并处销售金额百分之五十以上二倍以下罚金；销售金额五十万元以上不满二百万元的，处七年以上有期徒刑，并处销售金额百分之五十以上二倍以下罚金；销售金额二百万元以上的，处十五年有期徒刑或者无期徒刑，并处销售金额百分之五十以上二倍以下罚金或者没收财产。

第一百四十九条　生产、销售本节第一百四十一条至第一百四十八条所列产品，不构成各该条规定的犯罪，但是销售金额在五万元以上的，依照本节第一百四十条的规定定罪处罚。

生产、销售本节第一百四十一条至第一百四十八条所列产品，构成各该条规定的犯罪，同时又构成本节第一百四十条规定之罪的，依照处罚较重的规定定罪处罚。

第一百五十条　单位犯本节第一百四十条至第一百四十八条规定之罪的，

对单位判处罚金，并对其直接负责的主管人员和其他直接责任人员，依照各该条的规定处罚。

（二）司法解释、司法文件及其权威解读

1. 最高人民法院、最高人民检察院关于办理生产、销售伪劣商品刑事案件具体应用法律若干问题的解释（法释〔2001〕10号，2001年4月10日起施行）①

为依法惩治生产、销售伪劣商品犯罪活动，根据刑法有关规定，现就办理这类案件具体应用法律的若干问题解释如下：

第一条　刑法第一百四十条规定的“在产品中掺杂、掺假”，是指在产品中掺入杂质或者异物，致使产品质量不符合国家法律、法规或者产品明示质量标准规定的质量要求，降低、失去应有使用性能的行为。

刑法第一百四十条规定的“以假充真”，是指以不具有某种使用性能的产品冒充具有该种使用性能的产品的行为。

刑法第一百四十条规定的“以次充好”，是指以低等级、低档次产品冒充高等级、高档次产品，或者以残次、废旧零配件组合、拼装后冒充正品或者新产品的行为。

刑法第一百四十条规定的“不合格产品”，是指不符合《中华人民共和国产品质量法》第二十六条第二款规定的质量要求的产品。

对本条规定的上述行为难以确定的，应当委托法律、行政法规规定的产品质量检验机构进行鉴定。

第二条　刑法第一百四十条、第一百四十九条规定的“销售金额”，是指生产者、销售者出售伪劣产品后所得和应得的全部违法收入。

伪劣产品尚未销售，货值金额达到刑法第一百四十条规定的销售金额三倍以上的，以生产、销售伪劣产品罪（未遂）定罪处罚。

货值金额以违法生产、销售的伪劣产品的标价计算；没有标价的，按照同类合格产品的市场中间价格计算。货值金额难以确定的，按照国家计划委员会、最高人民法院、最高人民检察院、公安部1997年4月22日联合发布的

① 《刑法修正案（十一）》对生产、销售假药罪，生产、销售劣药罪作了修改。本解释及其理解与适用均系以修改前的法条为依据。

《扣押、追缴、没收物品估价管理办法》的规定，委托指定的估价机构确定。

多次实施生产、销售伪劣产品行为，未经处理的，伪劣产品的销售金额或者货值金额累计计算。

第三条 经省级以上药品监督管理部门设置或者确定的药品检验机构鉴定，生产、销售的假药具有下列情形之一的，应认定为刑法第一百四十一条规定的“足以严重危害人体健康”：

（一）含有超标准的有毒有害物质的；

（二）不含所标明的有效成份，可能贻误诊治的；

（三）所标明的适应症或者功能主治超出规定范围，可能造成贻误诊治的；

（四）缺乏所标明的急救必需的有效成份的。

生产、销售的假药被使用后，造成轻伤、重伤或者其他严重后果的，应认定为“对人体健康造成严重危害”。

生产、销售的假药被使用后，致人严重残疾，三人以上重伤、十人以上轻伤或者造成其他特别严重后果的，应认定为“对人体健康造成特别严重危害”。

第四条 经省级以上卫生行政部门确定的机构鉴定，食品中含有可能导致严重食物中毒事故或者其他严重食源性疾患的超标准的有害细菌或者其他污染物的，应认定为刑法第一百四十三条规定的“足以造成严重食物中毒事故或者其他严重食源性疾患”。

生产、销售不符合卫生标准的食品被食用后，造成轻伤、重伤或者其他严重后果的，应认定为“对人体健康造成严重危害”。

生产、销售不符合卫生标准的食品被食用后，致人死亡、严重残疾、三人以上重伤、十人以上轻伤或者造成其他特别严重后果的，应认定为“后果特别严重”。

第五条 生产、销售的有毒、有害食品被食用后，造成轻伤、重伤或者其他严重后果的，应认定为刑法第一百四十四条规定的“对人体健康造成严重危害”。

生产、销售的有毒、有害食品被食用后，致人严重残疾、三人以上重伤、十人以上轻伤或者造成其他特别严重后果的，应认定为“对人体健康造成特别严重危害”。

第六条 生产、销售不符合标准的医疗器械、医用卫生材料，致人轻伤或者其他严重后果的，应认定为刑法第一百四十五条规定的“对人体健康造成严重危害”。

生产、销售不符合标准的医疗器械、医用卫生材料，造成感染病毒性肝炎等难以治愈的疾病、一人以上重伤、三人以上轻伤或者其他严重后果的，应认定为“后果特别严重”。

生产、销售不符合标准的医疗器械、医用卫生材料，致人死亡、严重残疾、感染艾滋病、三人以上重伤、十人以上轻伤或者造成其他特别严重后果的，应认定为“情节特别恶劣”。

医疗机构或者个人，知道或者应当知道是不符合保障人体健康的国家标准、行业标准的医疗器械、医用卫生材料而购买、使用，对人体健康造成严重危害的，以销售不符合标准的医用器材罪定罪处罚。

没有国家标准、行业标准的医疗器械，注册产品标准可视为“保障人体健康的行业标准”。

第七条 刑法第一百四十七条规定的生产、销售伪劣农药、兽药、化肥、种子罪中“使生产遭受较大损失”，一般以二万元为起点；“重大损失”，一般以十万元为起点；“特别重大损失”，一般以五十万元为起点。

第八条 国家机关工作人员徇私舞弊，对生产、销售伪劣商品犯罪不履行法律规定的查处职责，具有下列情形之一的，属于刑法第四百一十四条规定的“情节严重”：

（一）放纵生产、销售假药或者有毒、有害食品犯罪行为的；

（二）放纵依法可能判处二年有期徒刑以上刑罚的生产、销售伪劣商品犯罪行为的；

（三）对三个以上有生产、销售伪劣商品犯罪行为的单位或者个人不履行追究职责的；

（四）致使国家和人民利益遭受重大损失或者造成恶劣影响的。

第九条 知道或者应当知道他人实施生产、销售伪劣商品犯罪，而为其提供贷款、资金、账号、发票、证明、许可证件，或者提供生产、经营场所或者运输、仓储、保管、邮寄等便利条件，或者提供制假生产技术的，以生产、销售伪劣商品犯罪的共犯论处。

第十条 实施生产、销售伪劣商品犯罪，同时构成侵犯知识产权、非法经营等其他犯罪的，依照处罚较重的规定定罪处罚。

第十一条 实施刑法第一百四十条至第一百四十八条规定的犯罪，又以暴力、威胁方法抗拒查处，构成其他犯罪的，依照数罪并罚的规定处罚。

第十二条 国家机关工作人员参与生产、销售伪劣商品犯罪的，从重处罚。

权威解读

《关于办理生产、销售伪劣商品刑事案件具体应用法律若干问题的解释》的理解与适用

近年来，生产、销售伪劣商品违法犯罪活动相当猖獗，呈现出领域广、规模大、案值高、危害烈的特点，成为危及社会、经济发展的一大毒瘤。生产、销售伪劣商品犯罪活动具有严重的社会危害性，不但严重破坏市场经济秩序，危害人民群众的生命健康、财产安全，而且伪劣商品流出国门，严重败坏国家声誉，危及我国改革开放大业。

从执法实践看，每年都有大量的生产、销售伪劣商品案件被查处，仅2002年10月26日至2003年2月上旬，全国行政执法机关共立案查处生产、销售伪劣商品案件22万件，货值金额55亿元，但是真正被司法机关立案、侦查、定罪判刑的较少。全国法院审理的生产、销售伪劣商品犯罪案件，1999年仅有275件，2000年为345件。究其原因，主要是立法规定比较原则，有关部门对法律规定的理解存在分歧等。为适应司法实践需要，最高人民法院、最高人民检察院联合发布了《关于办理生产、销售伪劣商品刑事案件具体应用法律若干问题的解释》（以下简称《伪劣商品解释》）。

一、关于生产、销售伪劣商品行为方式的界定和鉴定问题

《伪劣商品解释》第一条前四款对《刑法》第一百四十条规定的生产、销售伪劣产品“在产品中掺杂、掺假”“以假充真”“以次充好”“以不合格产品冒充合格产品”等四种行为方式进行了界定。

（一）关于“在产品中掺杂、掺假”。从字面上看，所有在产品中掺入杂质或者异物的行为，都可以称为“在产品中掺杂、掺假”，但这样解释，诸如在一吨大米中掺入一把沙子等情节显著轻微的行为也就被包括进去，显然覆盖面太过宽泛。从立法本意考虑，我们理解，刑法打击的重点，应该是该种行为的结果，即“致使产品不符合质量要求，降低、失去应有的使用性能”。其中，产品的质量要求有些由法律、法规规定，有些由国家标准、行业标准

规定，有些由产品或其包装上注明采用的产品标准以及以产品说明、实物样品等方式表明。

（二）关于“以假充真”。我们理解，以假充真本质上是以不具有某种使用性能的产品冒充具有该种使用性能的产品的行为。例如，以萝卜冒充人参，以土豆冒充天麻等。

有一种意见认为，假冒他人的品牌、产地、厂名、厂址的行为，也属于“以假充真”，情节严重，构成犯罪的，也应该依照《刑法》第一百四十条的规定追究刑事责任。我们理解，第一，刑法规定了侵犯注册商标和注册商标标识的犯罪，而没有规定侵犯品牌、产地、厂名、厂址的犯罪，《产品质量法》第五十三条也没有规定对侵犯品牌、产地、厂名、厂址的行为“构成犯罪的，依法追究刑事责任”。也就是说，立法者认为侵犯品牌、产地、厂名、厂址行为的社会危害性没有侵犯注册商标和注册商标标识的社会危害性大，尚不足以动用刑法惩处。第二，如果将侵犯品牌、产地、厂名、厂址的行为解释为“以假充真”，以生产、销售伪劣商品犯罪对这种行为判处的刑罚，将远远高于对侵犯注册商标和注册商标标识犯罪判处的刑罚，造成量刑上的轻重失衡，与立法本意不符。第三，根据刑法有关规定，对于假冒他人注册商标构成犯罪的行为，如果假冒产品的质量合格，应认定为侵犯注册商标的犯罪；如果假冒产品的质量不合格，则应当认定为属于生产、销售伪劣商品中的“以次充好”，而不是“以假充真”。

（三）关于“以次充好”。一般来说，以次充好，是指以质量差的产品冒充质量好的产品的行为，也即以低等级、低档次产品冒充高等级、高档次产品的行为。在实践中大量发生的以残、次、废的零配件组合、拼装后冒充正品的行为，以及以旧的零配件组合、拼装后冒充新的产品的行为，是这次“打假”斗争的重点，也属于以次充好，《伪劣商品解释》对此进行了强调。

（四）关于“不合格产品”。《产品质量法》第二十六条第二款规定，产品质量应当符合下列要求：(1) 不存在危及人身、财产安全的不合理的危险，有保障人体健康和人身、财产安全的国家标准、行业标准的，应当符合该标准；(2) 具备产品应当具备的使用性能，但是，对产品存在使用性能的瑕疵作出说明的除外；(3) 符合在产品或者其包装上注明采用的产品标准，符合以产品说明、实物样品等方式表明的质量状况。该款是对产品质量的总的要求，因此，《伪劣商品解释》第一条第二款规定，《刑法》第一百四十条规定的“不合格产品”，是指不符合《产品质量法》第二十六条第二款规定的质量要求的产品。

对此，有的同志提出，对不合格的产品要作必要的区分，有瑕疵的次等品只要标明情况也是可以销售的，只有在卖的时候才能知道是否冒充了合格产品，因此，应将在仓库中查获的不合格产品与在销售环节查获的不合格产品区别开。我们理解，次等品根据规定只要标明质量状况是可以销售的，只有冒充没有瑕疵的产品时才是“不合格产品”。如果在仓库中查获，其尚未“冒充”，自然不属于伪劣产品。但是如果已经实施了“冒充”的行为，则属于不合格产品。

在查处生产、销售伪劣产品犯罪过程中，对于某些行为是否属于“在产品中掺杂、掺假”“以假充真”“以次充好”“以不合格产品冒充合格产品”，可能无法直接判断，这就涉及鉴定问题。对此，应该委托法律、行政法规规定的产品质量检验机构进行鉴定。例如，《产品质量法》第十九条规定：“产品质量检验机构必须具备相应的检测条件和能力，经省级以上人民政府市场监督管理部门或者其授权的部门考核合格后，方可承担产品质量检验工作。法律、行政法规对产品质量检验机构另有规定的，依照有关法律、行政法规的规定执行。”

二、关于生产、销售伪劣商品犯罪的金额标准问题

根据《刑法》第一百四十条、第一百四十九条的规定，生产、销售伪劣商品，销售金额达到五万元以上的行为构成犯罪。但是，各地在查处案件时，由于种种原因，在绝大多数案件中能够查到的仅仅是伪劣商品本身，而难以甚至根本无法查清伪劣商品的销售金额，致使大量案件无法以刑事案件立案侦查，无法进入刑事司法程序。

（一）关于生产、销售伪劣商品犯罪的销售金额问题

关于销售金额，《伪劣商品解释》第二条第一款作了明确规定，即“刑法第一百四十条、第一百四十九条规定的‘销售金额’，是指生产者、销售者出售伪劣产品后所得和应得的全部违法收入”。全部违法收入，不应该扣除成本及各种费用，包括所得的和应得的两种违法收入。前者指行为人出售伪劣商品后已经得到的违法收入；后者指行为人已经出售伪劣商品按照合同或者约定将要得到的违法收入。

（二）关于伪劣商品尚未销售时的金额标准问题

为妥善、有效解决司法实践的困惑，《伪劣商品解释》第二条第二款规定：“伪劣产品尚未销售，货值金额达到刑法第一百四十条规定的销售金额的三倍以上的，以生产、销售伪劣产品罪（未遂）定罪处罚。”我们理解，这样规定的主要理由是：第一，社会危害性方面。生产者、销售者生产、购买伪劣商品的目的，就是销售。已经生产和购买后准备销售的行为，其社会危害性是客观存在的。如果对这类行为中情节严重的情形也不定罪处罚，将会使绝大多数的制假、贩假的人逃避法律追究。第二，刑法理论方面。根据关于既遂、未遂标准的刑法理论，既遂是指行为人实施了刑法规定的全部构成要件的行为；未遂是指行为人已经着手实施犯罪，但由于行为人意志以外的原因而没有实施完毕刑法规定的全部构成要件。据此，生产、购买伪劣商品，尚未来得及销售，货值金额达到《刑法》第一百四十条规定的销售金额三倍以上的行为，应认定为属于销售伪劣商品犯罪的未遂状态，应以生产、销售伪劣商品犯罪（未遂）定罪处罚。第三，法律规定方面。《刑法》第一百四十条规定了生产、销售伪劣商品犯罪这一罪名，如果机械地以销售金额认定是否构成犯罪，则刑法条文规定的生产伪劣产品罪则毫无意义。如果对尚未销售的生产者仅因没有销售金额就不追究，显然与立法本意不符，也不利于打假工作的开展。采用货值金额可以解决打假斗争实践中存在的难点。此外，2000年7月修改后的产品质量法在对生产、销售伪劣商品违法行为进行罚款处罚的规定中，也采用了“货值金额”的提法。第四，法律适用方面。《刑法》第一百四十条规定了四个不同的量刑幅度，有四个不同的销售金额，因此，《伪劣商品解释》这样规定有利于司法部门根据伪劣产品货值金额的具体情况适用不同的量刑幅度。

（三）关于货值金额的计算方法问题

2000年修正的《产品质量法》第七十二条规定，货值金额以违法生产、销售产品的标价计算；没有标价的，按照同类产品的市场价格计算。《伪劣商品解释》第二条第三款据此作了规定。至于货值金额难以确定的问题，应当按照原国家计划委员会、最高人民法院、最高人民检察院、公安部1997年4月22日联合发布的《扣押、追缴、没收物品估价管理办法》（计办〔1997〕808号）的规定，委托指定的估价机构确定。

三、关于两个“足以”的鉴定问题（略）①

四、关于有关罪名的情节认定问题

《刑法》在关于第一百四十一条生产、销售假药罪，第一百四十三条生产、销售不符合卫生标准的食品罪，第一百四十四条生产、销售有毒、有害食品罪，第一百四十五条生产、销售不符合标准的医用器材罪等四个罪名的规定中，分别将“对人体健康造成严重危害”“对人体健康造成特别严重危害”“后果特别严重”“情节特别恶劣”等情形作为加重处罚的量刑幅度。我们理解，这些情形都是关于对人体健康危害结果的规定，相互之间应该存在可比性和一致性，司法解释应该反映这种危害结果上的可比性和一致性，所以，在《伪劣商品解释》的有关条文中，对于危害结果的有关情形进行了大致相同的规定。

需要注意的是，《刑法》第一百四十三条规定了三个量刑幅度，但其中没有规定已经造成严重食物中毒事故或者其他严重食源性疾患，但尚未造成人员伤亡时的法律适用问题。我们理解，已经造成严重食物中毒事故或者其他严重食源性疾患的，可以处三年以下有期徒刑或者拘役，但造成众多人员中毒的，可根据中毒人数的多少、中毒程度的轻重，分别认定为对人体健康造成其他严重后果，或者对人体健康造成其他特别严重后果，适用《伪劣商品解释》的有关规定处罚。

五、关于购买、使用不符合标准的医用器材行为的定性问题

一段时期以来，因购买、使用不符合保障人体健康的国家标准、行业标准的医疗器械、医用卫生材料而导致的医疗事件频频发生，对广大患者的身体健康造成了严重危害。我们理解，对于这种行为应当以销售不符合标准的医用器材罪定罪处罚。《伪劣商品解释》第六条第四款对此进行了规定。这主要是因为：第一，从事经营性服务的医疗机构或者个人，其购买、使用医用器材的行为属于以牟利为目的的经营行为，与销售医用器材的行为无异。如果其明知是不符合标准的医用器材而购买、使用，那么，其主观上就具有销售不符合标准的医用器材的故意，在客观上对人体健康造成严重危害时，完全符合《刑法》第一百四十五条规定的销售不符合标准的医用器材罪的构成要件，就应当以销售不符合标准的医用器材罪定罪处罚。第二，《产品质量

① 因修正后的《刑法》第一百四十一条、第一百四十三条已无“两个足以”，故此处省略。

法》有类似规定。《产品质量法》第六十二条规定："服务业的经营者将本法第四十九条至第五十二条规定禁止销售的产品用于经营性服务的，责令停止使用；对知道或者应当知道所使用的产品属于本法规定禁止销售的产品的，按照违法使用的产品（包括已使用和尚未使用的产品）的货值金额，依照本法对销售者的处罚规定处罚。"

六、关于生产、销售伪劣农药、兽药、化肥、种子罪

《刑法》第一百四十七条规定，生产、销售伪劣农药、兽药、化肥、种子犯罪，以使生产遭受较大损失、重大损失、特别重大损失作为定罪处罚的标准。我们理解，农业生产的产值较低，涉及广大农民的切身利益，而且直接关系社会治安的稳定，因此，生产、销售伪劣农药、兽药、化肥、种子犯罪活动，比生产、销售一般伪劣商品的犯罪活动具有更为严重的社会危害性，与此相适应，其定罪量刑的标准应该比生产、销售一般伪劣商品犯罪活动的标准更为严格。生产、销售伪劣农药、兽药、化肥、种子罪使生产遭受较大损失的定罪量刑起点标准一般以二万元为宜，同样，分别一般以十万元、五十万元作为使生产遭受重大损失、特别重大损失的起点标准。

七、关于放纵制售伪劣商品犯罪行为罪

《刑法》第四百一十四条规定了放纵制售伪劣商品犯罪行为罪。我们主要考虑到，放纵制售伪劣商品犯罪行为罪主要发生在《刑法》第一百四十条规定的生产、销售伪劣商品中，而该罪的第一个量刑幅度是二年以下有期徒刑，因此这样便于司法实践操作。同时，《伪劣商品解释》也考虑到最高人民检察院在《关于人民检察院直接受理立案侦查案件立案标准的规定（试行）》中制定的关于该罪的立案标准，将国家机关工作人员放纵依法可能判处"二年"有期徒刑以上刑罚的生产、销售伪劣商品犯罪行为作为"情节严重"应当追究刑事责任的情形之一。

关于放纵制售伪劣商品犯罪的主体问题，有人认为，根据《刑法》第四百一十四条的规定，放纵制售伪劣商品犯罪的对象是"生产、销售伪劣商品犯罪行为"，而行政机关没有查处犯罪的职责，所以，放纵制售伪劣商品犯罪的主体，不能是行政机关。我们理解，市场监督管理机关属于法定的对生产、销售伪劣商品行为负有查处、追究职责的机关，而且，从《刑法》第四百一十四条规定的犯罪制售伪劣商品犯罪的行为方式看，也只有这些机关才能成为本罪的主体。司法工作人员不依法追究生产、销售伪劣商品犯罪行为的，

可按照徇私枉法罪定罪处罚。

八、关于生产、销售伪劣商品的共犯问题

生产、销售伪劣商品犯罪在全国许多地方已经出现规模化、集团化、地域化的特征，制假村、制假协会等早已不再是个别现象。对此，符合犯罪集团特征的，要依法认定为犯罪集团。但是，各地在查处生产、销售伪劣商品犯罪活动时，对于虽不直接参与制假，但明知他人制假仍为他人提供贷款、资金、账号、发票、证明、许可证件，或者提供生产、经营场所或者运输、仓储、保管、邮寄等便利条件，或者提供制假生产技术的人员，往往感到无法定性处理。我们理解，该些行为人主观上与生产、销售伪劣商品的犯罪人具有共同的生产、销售伪劣商品犯罪的故意，客观上为生产、销售伪劣商品的犯罪人提供了便利，该种提供便利的行为属于共同的生产、销售伪劣商品犯罪的一部分，所以，对此完全可以认定为事先通谋型的共同犯罪。

九、关于生产、销售伪劣商品犯罪的想象竞合问题

这主要是指生产、销售伪劣商品犯罪时，可能同时构成侵犯知识产权犯罪或者构成非法经营罪的问题。

（一）可能同时构成侵犯知识产权罪的情形

生产、销售假冒他人注册商标的伪劣商品构成犯罪的行为，既构成生产、销售伪劣商品犯罪，又侵犯了他人的注册商标权，构成侵犯知识产权犯罪。对此，根据刑法理论关于想象竞合犯择一重罪处罚的原则，应按照处罚较重的生产、销售伪劣商品罪定罪处罚。

（二）可能同时构成非法经营罪的情形

生产、销售伪劣烟、盐等商品构成犯罪的行为，即构成生产、销售伪劣商品犯罪，同时，由于烟、盐等属于国家法律、行政法规规定的专营、专卖物品，所以又构成非法经营罪。对此，根据刑法理论关于想象竞合犯择一重罪处罚的原则，应按照具体犯罪行为可能判处的具体刑罚的轻重，选择可能被判处较重刑罚的犯罪定罪处罚。

（撰稿：祝二军）

2. 最高人民法院、最高人民检察院、公安部、国家烟草专卖局关于办理假冒伪劣烟草制品等刑事案件适用法律问题座谈会纪要（高检会〔2003〕4号）

一、关于生产、销售伪劣烟草制品行为适用法律问题

（一）关于生产伪劣烟草制品尚未销售或者尚未完全销售行为定罪量刑问题

根据刑法第一百四十条的规定，生产、销售伪劣烟草制品，销售金额在五万元以上的，构成生产、销售伪劣产品罪。

根据《最高人民法院、最高人民检察院关于办理生产、销售伪劣商品刑事案件具体应用法律若干问题的解释》的有关规定，销售金额是指生产者、销售者出售伪劣烟草制品后所得和应得的全部违法收入。伪劣烟草制品尚未销售，货值金额达到刑法第一百四十条规定的销售金额三倍（十五万元）以上的，以生产、销售伪劣产品罪（未遂）定罪处罚。货值金额以违法生产、销售的伪劣产品的标价计算；没有标价的，按照同类合格产品的市场中间价格计算。货值金额难以确定的，按照国家计划委员会、最高人民法院、最高人民检察院、公安部1997年4月22日联合发布的《扣押、追缴、没收物品估价管理办法》的规定，委托指定的估价机构确定。

伪劣烟草制品尚未销售，货值金额分别达到十五万元以上不满二十万元、二十万元以上不满五十万元、五十万元以上不满二百万元、二百万元以上的，分别依照刑法第一百四十条规定的各量刑档次定罪处罚。

伪劣烟草制品的销售金额不满五万元，但与尚未销售的伪劣烟草制品的货值金额合计达到十五万元以上的，以生产、销售伪劣产品罪（未遂）定罪处罚。

生产伪劣烟草制品尚未销售，无法计算货值金额，有下列情形之一的，以生产、销售伪劣产品罪（未遂）定罪处罚：

1. 生产伪劣烟用烟丝数量在1000公斤以上的；

2. 生产伪劣烟用烟叶数量在1500公斤以上的。

（二）关于非法生产、拼装、销售烟草专用机械行为定罪处罚问题

非法生产、拼装、销售烟草专用机械行为，依照刑法第一百四十条的规定，以生产、销售伪劣产品罪追究刑事责任。

二、关于销售明知是假冒烟用注册商标的烟草制品行为中的“明知”问题

根据刑法第二百一十四条的规定，销售明知是假冒烟用注册商标的烟草

制品，销售金额较大的，构成销售假冒注册商标的商品罪。

“明知”，是指知道或应当知道。有下列情形之一的，可以认定为“明知”：

1. 以明显低于市场价格进货的；

2. 以明显低于市场价格销售的；

3. 销售假冒烟用注册商标的烟草制品被发现后转移、销毁物证或者提供虚假证明、虚假情况的；

4. 其他可以认定为明知的情形。

三、关于非法经营烟草制品行为适用法律问题

未经烟草专卖行政主管部门许可，无生产许可证、批发许可证、零售许可证，而生产、批发、零售烟草制品，具有下列情形之一的，依照刑法第二百二十五条的规定定罪处罚：

1. 个人非法经营数额在五万元以上的，或者违法所得数额在一万元以上的；

2. 单位非法经营数额在五十万元以上的，或者违法所得数额在十万元以上的；

3. 曾因非法经营烟草制品行为受过二次以上行政处罚又非法经营的，非法经营数额在二万元以上的。

四、关于共犯问题

知道或者应当知道他人实施本《纪要》第一条至第三条规定的犯罪行为，仍实施下列行为之一的，应认定为共犯，依法追究刑事责任：

1. 直接参与生产、销售假冒伪劣烟草制品或者销售假冒烟用注册商标的烟草制品或者直接参与非法经营烟草制品并在其中起主要作用的；

2. 提供房屋、场地、设备、车辆、贷款、资金、账号、发票、证明、技术等设施和条件，用于帮助生产、销售、储存、运输假冒伪劣烟草制品、非法经营烟草制品的；

3. 运输假冒伪劣烟草制品的。

上述人员中有检举他人犯罪经查证属实，或者提供重要线索，有立功表现的，可以从轻或减轻处罚；有重大立功表现的，可以减轻或者免除处罚。

五、国家机关工作人员参与实施本《纪要》第一条至第三条规定的犯罪行为的处罚问题

根据《最高人民法院、最高人民检察院关于办理生产、销售伪劣商品刑

事案件具体应用法律若干问题的解释》的规定，国家机关工作人员参与实施本《纪要》第一条至第三条规定的犯罪行为的，从重处罚。

六、关于一罪与数罪问题

行为人的犯罪行为同时构成生产、销售伪劣产品罪、销售假冒注册商标的商品罪、非法经营罪等罪的，依照处罚较重的规定定罪处罚。

七、关于窝藏、转移非法制售的烟草制品行为的定罪处罚问题

明知是非法制售的烟草制品而予以窝藏、转移的，依照刑法第三百一十二条的规定，以窝藏、转移赃物罪定罪处罚。

八、关于以暴力、威胁方法阻碍烟草专卖执法人员依法执行职务行为的定罪处罚问题

以暴力、威胁方法阻碍烟草专卖执法人员依法执行职务的，依照刑法第二百七十七条的规定，以妨害公务罪定罪处罚。

九、关于煽动群众暴力抗拒烟草专卖法律实施行为的定罪处罚问题

煽动群众暴力抗拒烟草专卖法律实施的，依照刑法第二百七十八条的规定，以煽动暴力抗拒法律实施罪定罪处罚。

十、关于鉴定问题

假冒伪劣烟草制品的鉴定工作，由国家烟草专卖行政主管部门授权的省级以上烟草产品质量监督检验机构，按照国家烟草专卖局制定的假冒伪劣卷烟鉴别检验管理办法和假冒伪劣卷烟鉴别检验规程等有关规定进行。

假冒伪劣烟草专用机械的鉴定由国家质量监督部门，或其委托的国家烟草质量监督检验中心，根据烟草行业的有关技术标准进行。

十一、关于烟草制品、卷烟的范围

本纪要所称烟草制品指卷烟、雪茄烟、烟丝、复烤烟叶、烟叶、卷烟纸、滤嘴棒、烟用丝束。

本纪要所称卷烟包括散支烟和成品烟。

3. **最高人民法院关于审理生产、销售伪劣商品刑事案件有关鉴定问题的通知**（法〔2001〕70号，2001年5月21日发布）

各省、自治区、直辖市高级人民法院，解放军军事法院，新疆维吾尔自治区高级人民法院生产建设兵团分院：

自全国开展整顿和规范市场经济秩序工作以来，各地人民法院陆续受理了一批生产、销售伪劣产品、假冒商标和非法经营等严重破坏社会主义市场

经济秩序的犯罪案件。此类案件中涉及的生产、销售的产品，有的纯属伪劣产品，有的则只是侵犯知识产权的产品。由于涉案产品是否“以假充真”、“以次充好”、“以不合格产品冒充合格产品”，直接影响到对被告人的定罪及处刑，为准确适用刑法和《最高人民法院、最高人民检察院关于办理生产、销售伪劣商品刑事案件具体应用法律若干问题的解释》（以下简称《解释》），严惩假冒伪劣商品犯罪，不放纵和轻纵犯罪分子，现就审理生产、销售伪劣商品、假冒商标和非法经营等严重破坏社会主义市场经济秩序的犯罪案件中可能涉及的假冒伪劣商品的有关鉴定问题通知如下：

一、对于提起公诉的生产、销售伪劣产品、假冒商标、非法经营等严重破坏社会主义市场经济秩序的犯罪案件，所涉生产、销售的产品是否属于“以假充真”、“以次充好”、“以不合格产品冒充合格产品”难以确定的，应当根据《解释》第一条第五款的规定，由公诉机关委托法律、行政法规规定的产品质量检验机构进行鉴定。

二、根据《解释》第三条和第四条的规定，人民法院受理的生产、销售假药犯罪案件和生产、销售不符合卫生标准的食品犯罪案件，均需有“省级以上药品监督管理部门设置或者确定的药品检验机构”和“省级以上卫生行政部门确定的机构”出具的鉴定结论。

三、经鉴定确系伪劣商品，被告人的行为既构成生产、销售伪劣产品罪，又构成生产、销售假药罪或者生产、销售不符合卫生标准的食品罪，或者同时构成侵犯知识产权、非法经营等其他犯罪的，根据刑法第一百四十九条第二款和《解释》第十条的规定，应当依照处罚较重的规定定罪处罚。

（三）典型或常见问题的审理思路

1. 销售假冒注册商标的产品的如何定罪[①]?

销售假冒注册商标的产品，应按产品质量是否合格定性。生产、销售伪劣产品的违法犯罪行为往往与假冒注册商标、销售假冒注册商标的商品违法犯罪行为交织在一起。犯罪分子为了能够顺利地销售伪劣产品，往往冒用名牌产品的注册商标；而假冒商标，或者销售假冒注册商标的商品，往往也是将自己生产的低等级、低档次产品冒充高等级、高档次产品，其实质为“以

① 观点来源：《刑事审判参考》第118号指导案例，陈某明等销售伪劣产品案。

次充好”的行为。因此，销售假冒注册商标的产品的行为，既可能构成销售伪劣产品罪，也可能构成销售假冒注册商标的商品罪，还可能同时构成销售伪劣产品罪和销售假冒注册商标的商品罪。但是，销售伪劣产品罪与销售假冒注册商标的商品罪的犯罪构成是有区别的，销售伪劣产品罪的犯罪对象只能是伪劣产品。

伪劣产品有广义和狭义之分。广义的伪劣产品包括假冒他人品牌但本身质量合格的产品，即所谓“假冒不伪劣”的产品。狭义的伪劣产品仅指《刑法》第一百四十条规定的“在产品中掺杂、掺假，以假充真，以次充好或者以不合格产品冒充合格产品”。根据《伪劣商品解释》第一条规定，生产、销售伪劣产品罪的犯罪对象不包括只是“假”但不“劣”的产品，其中判断产品质量是否“劣”的具体标准，应当按照《标准化法》的规定，包括确定产品质量的国际标准、国家标准、行业标准、地方标准和企业标准。

就假冒注册商标的商品而言，存在两种情况：其一，假冒商标，同时，商品本身质量未达到同类产品最低质量标准，属于不合格的产品；其二，假冒商标，但商品本身质量达到同类合格产品的最低质量标准，属于合格的产品。销售假冒注册商标的产品的行为具体构成何罪，关键在于所销售商品的质量是否合格，销售质量合格的假冒注册商标的商品，应当以销售假冒注册商标的商品罪定罪处罚；销售质量不合格的假冒注册商标的商品，则应按法条竞合情况下“择一重处”的处罚原则选择销售假冒注册商标的商品罪或者销售伪劣产品罪定罪处罚。例如，行为人销售假冒注册商标的伪劣产品，销售金额在五十万元以上的，虽然同时构成了销售伪劣产品罪和销售假冒注册商标的商品罪，但依照《刑法》第二百一十四条的规定，销售假冒注册商标的商品罪法定最高刑为七年有期徒刑，而以销售伪劣产品罪定罪，根据其销售金额的具体情况，可判处七年以上有期徒刑或者无期徒刑；如果行为人销售假冒商标的伪劣产品，销售金额不满五万元，依法不构成销售伪劣产品罪，但其行为危害后果、情节均特别严重，就应当以销售假冒注册商标的商品罪定罪处罚。因此，为准确适用刑法和《伪劣商品解释》，严惩假冒伪劣商品犯罪，不放纵和轻纵犯罪分子，对于假冒伪劣犯罪案件中所涉产品是否属于伪劣产品，应当进行鉴定。对此，最高人民法院2001年5月21日下发的《关于审理生产、销售伪劣商品刑事案件有关鉴定问题的通知》明确规定：“（1）对于提起公诉的生产、销售伪劣产品、假冒商标、非法经营等严重破坏社会主义市场经济秩序的犯罪案件，所涉生产、销售的产品是否属于“以假充真”“以次充好”“以不合格产品冒合格产品”难以确定的，应当根据《伪劣商品解释》第一条第五款的规定，由公诉机关委托法律、行政法规规定的产品质量检验机构进行鉴定。(2）根据《伪劣商品解释》第三条和第四条的规定，人民法院受理的生产、销售假药犯罪案件和生产、销售不符合卫生标准的食品犯罪案件，均需有“省级以上药品监督管理部门设置或者确定的药品检验机构”和“省级以上卫生行政部门确定的机构”出具的鉴定结论。(3）经鉴定确系伪劣商品，被告人的行为既构成生产、销售伪劣产品罪，又构成生产、销售假药罪或者生产、销售不符合卫生标准的食品罪，或者同时构成侵犯知识产权、非法经营等其他犯罪的，根据《刑法》第一百四十九条第二款和《伪劣商品解释》第十条的规定，应当依照处罚较重的规定定罪处罚。

2. 为他人加工伪劣产品的行为构成生产、销售伪劣产品犯罪①

根据刑法规定，生产伪劣产品行为的具体表现形式有四种，即在产品中掺杂掺假、以假充真、以次充好、以不合格产品冒充合格产品，其中，根据《伪劣商品解释》的规定，掺杂掺假指的是在产品的生产过程中掺入杂质或者异物，致使产品质量不符合国家法律、法规或者产品明示标准规定的质量要求，降低、失去应有使用性能的行为。可见，半假半真是掺杂掺假行为的基本特征。至于为他人加工，还是为自己加工，并不影响其行为的生产伪劣产品这一性质的认定。问题在于，《刑法》第一百四十条在生产、销售伪劣产品罪的罪状规定中要求“销售金额五万元以上”，这意味着，只有生产行为还不足以构成本罪。构成本罪，还必须在主观上具备销售伪劣产品的故意，或者客观上存在实施销售伪劣产品的行为。其中，销售行为可从“销售金额”的规定中直接推导出来，没有销售，就不会有销售金额；销售故意可从“销售金额”的规定及“产品”的内涵中得以反映：首先，根据《产品质量法》第二条的规定，“产品”指的是经过加工、制作、用于销售的产品（建筑工程除外）；其次，根据主、客观相统一的原则，销售行为内在地蕴含着销售故意。至于牟利目的，从法律规定看，似乎并非本罪的必要要件，但既然将销售金额规定为一个客观要件，与此相对应的主观要件就是出于获得非法利润的目的。因为客观要件规制着主观要件的内容，如客观要件要求实施某种行为时，

① 观点来源：《刑事审判参考》第143号指导案例，韩某杰、付某生、韩某生生产伪劣产品案。

行为人主观上必须认识到自己实施的是这种行为，客观要件要求发生某种特定结果时，行为人主观上必须认识到自己的行为会发生这种特定的结果。基于同样的道理，当客观要件要求销售金额较大时，行为人主观上就是出于获得非法利润的目的。据此，当法律没有在故意之外明文规定行为的意图或目的时，还不能断然肯定该犯罪不需要特定的意图或者目的，如果从法律规定的客观要件上看，要求行为人主观上必须具有与某种客观要件相对应的主观意图或者目的时，就应当肯定这种主观意图或目的是主观要件。《伪劣商品解释》第二条在对“销售金额”的具体理解中也体现了这一精神，“‘销售金额’，是指生产者、销售者出售伪劣产品后所得和应得的全部违法收入”，并进一步指出，“伪劣产品尚未销售、货值金额达到刑法第一百四十条规定的销售金额三倍以上的，以生产、销售伪劣产品罪（未遂）定罪处罚”。应当说，《伪劣商品解释》的意见是忠实于立法文义的。

3. 如何理解本罪选择性罪名的定罪①？

从《刑法》第一百四十条的罪状表述来看，生产、销售伪劣产品罪属于选择性罪名。选择性罪名既可概括使用，也可分解拆开使用。因此，从理论上说，本罪的具体罪名应有三个，即生产伪劣产品罪，销售伪劣产品罪，生产、销售伪劣产品罪。如果行为人只生产伪劣产品的，构成生产伪劣产品罪；只销售伪劣产品的，构成销售伪劣产品罪；既生产又销售伪劣产品的，构成生产、销售伪劣产品罪，不实行数罪并罚。但是，根据本罪的立法规定，单纯的生产伪劣产品罪是无从成立的。因为如果生产者只是生产了伪劣产品，而没有推向市场，就谈不上销售金额较大，因而不符合本罪的客观要件。只有当生产者生产了伪劣产品，同时又推向市场时，才可能销售金额较大。然而在这种情况下，行为人已经不是单纯地生产伪劣产品，而是既生产又销售了伪劣产品。《伪劣商品解释》正是基于这一考虑，规定生产伪劣产品尚未销售的，以生产、销售伪劣产品罪（未遂）定罪处罚。

（四）疑难、复杂问题的参考性解答

1. 如何理解伪劣产品？

伪劣产品有广义、狭义两种含义。广义的伪劣产品包括假冒商品。作为

---

① 观点来源：《刑事审判参考》第143号指导案例，韩某杰、付某生、韩某生生产伪劣产品案。

本罪对象的是狭义的伪劣产品，即指生产、销售的商品，违反国家法律、法规的规定，质量低劣不合格或者失去了使用价值。根据《产品质量法》的有关规定，主要包括：（1）不符合保障人体健康，人身、财产安全的国家标准、行业标准的产品；（2）掺杂、掺假，以假充真，以次充好的产品；（3）不合格的产品；（4）失效、变质的产品等。

2. 生产销售伪劣商品罪客观方面有什么行为特征？

客观方面表现为生产者、销售者在产品中掺杂、掺假，以假充真，以次充好或者以不合格产品冒充合格产品，销售金额在5万元以上的行为。概括起来，主要有四种表现形式：

（1）掺杂、掺假。根据《伪劣商品解释》第一条第一款规定，是指在产品中掺入杂质或者异物，致使产品质量不符合国家法律、法规或者产品明示质量标准规定的质量要求，降低、失去应有使用性能的行为。如在面粉中掺滑石粉，在磷肥中掺泥土等。从字面上看，所有在产品中掺入杂质或者异物的行为，都可以称之为“在产品中掺杂、掺假”，但从立法本意考虑，刑法打击的重点，应该是该种行为“致使产品不符合质量要求，降低、失去应有的使用性能”。其中，产品的质量要求有些由法律、法规规定，有些由国家标准、行业标准规定，有些由产品或者其包装上注明采用的产品标准以及以产品说明、实物样品等方式表明。

（2）以假充真。根据《伪劣商品解释》第一条第二款规定，“以假充真”本质上是以不具有某种使用性能的产品冒充具有该种使用性能的产品的行为。例如，以萝卜冒充人参，以土豆冒充天麻等。有一种观点认为，假冒他人的品牌、产地、厂名、厂址的行为，也属于“以假充真”，情节严重，构成犯罪的，也应该依照《刑法》第一百四十条的规定追究刑事责任。我们理解，第一，刑法规定了侵犯注册商标和注册商标标识的犯罪，而没有规定侵犯品牌、产地、厂名、厂址的犯罪，《产品质量法》第五十三条也没有规定对侵犯品牌、产地、厂名、厂址的行为“构成犯罪的，依法追究刑事责任”。也就是说，立法者认为，侵犯品牌、产地、厂名、厂址行为的社会危害性没有侵犯注册商标和注册商标标识的社会危害性大，尚不足以用刑法惩处。第二，如果将侵犯品牌、产地、厂名、厂址的行为解释为“以假充真”，以生产、销售伪劣商品犯罪对这种行为判处的刑罚，将远远高于对侵犯注册商标和注册商标标识犯罪判处的刑罚，造成量刑上的轻重失衡，与立法本意不符。第三，根据刑法有关规定，对于假冒他人注册商标构成犯罪的行为，如果假冒产品的质量合格，应认定为侵犯注册商标的犯罪；如果假冒产品的质量不合格，则应当认定为属于生产、销售伪劣商品中的“以次充好”，而不是“以假充真”。

（3）以次充好。根据《伪劣商品解释》第一条第三款规定，是指以低等级、低档次产品冒充高等级、高档次产品，或者以残次、废旧零配件组合、拼装后冒充正品或者新产品的行为。一般来说，以次充好，是指以质量差的产品冒充质量好的产品的行为，也即以低等级、低档次产品冒充高等级、高档次产品的行为。在实践中大量发生的以残、次、废的零配件组合、拼装后冒充正品的行为，以及以旧的零配件组合、拼装后冒充新的产品的行为，是“打假”斗争的重点，也属于以次充好。

（4）以不合格产品冒充合格产品。所谓“不合格产品”，《伪劣商品解释》规定：《刑法》第一百四十条规定的“不合格产品”，是指不符合《产品质量法》第二十六条第二款规定的质量要求的产品。《产品质量法》第二十六条规定，产品质量应当符合下列要求：①不存在危及人身、财产安全的不合理的危险，有保障人体健康和人身、财产安全的国家标准、行业标准的，应当符合该标准；②具备产品应当具备的使用性能，但是对产品存在使用性能的瑕疵作出说明的除外；③符合在产品或者其包装上注明采用的产品标准，符合以产品说明、实物样品等方式表明的质量状况。该款是对产品质量的总的要求，因此，司法实践中，对不合格的产品要作必要的区分，有瑕疵的次等品根据规定只要标明质量状况是可以销售的，只有冒充没有瑕疵的产品时才是“不合格产品”。如果在仓库中查获，其尚未“冒充”，自然不属于伪劣产品。

《国家技术监督局关于严厉惩处经销伪劣商品责任者的意见》中规定，经销下列商品，经指出不予改正的，应视为经销伪劣商品：①无检验合格证或无有关单位允许销售证照的商品；②未用中文标明商品名称、生产者和产地（重要工业品未标明厂址）的商品；③限时使用而未标明失效时间的商品；④实施生产（制造）许可证管理而未标明许可证编号和有效期的商品；⑤按有关规定应用中文标明规格、等级、主要技术指标或成分、含量而未标明的商品；⑥高档耐用消费品无中文使用说明的商品；⑦属处理品（含次品、等外品）而未在商品或包装的显著部位标明“处理品”字样的商品；⑧剧毒、易燃、易爆的危险品而未标明有关标识和使用说明的商品。

销售金额在5万元以上，也是生产、销售伪劣产品罪客观方面的重要特征。根据《伪劣商品解释》第二条第一款规定，《刑法》第一百四十条、第一百四十九条规定的销售金额，是指生产者、销售者出售伪劣产品后所得和应得的全部违法收入。全部违法收入，不应当扣除成本和各种费用，包括所得的和应得的两种违法收入。前者指行为人出售伪劣商品后已经得到的违法收入；后者指行为人已经出售伪劣商品按照合同或者约定将要得到的违法收入。它既不同于获利数额，获利数额扣除了成本；也不完全等同于“经营数额”。在行为人已将伪劣产品卖掉的情况下，“销售金额”就是经营数额。在行为人生产了大量的伪劣产品，由于某种原因而未能出卖的情况下，行为人并没有销售金额，但有经营数额，二者反映的社会危害性仍不相同：前者是针对犯罪既遂而言的，表明犯罪分子已将伪劣产品售出，对社会已经造成实际危害；后者则仅仅反映了行为人主观恶性的大小和对社会可能造成的危害，对认定犯罪未遂具有重要意义。

3. 如何区分本罪与一般违法行为的界限？

（1）主观上，生产、销售伪劣产品罪是故意的，即行为人明知是伪劣产品而予以生产、销售。如果生产不知道使用的原材料有假或者不符合标准，销售者不知其销售的商品是伪劣产品，因疏忽大意、不负责任而生产、销售的，不构成本罪。（2）《刑法》第一百四十条规定销售金额在5万元以上才能构成生产、销售伪劣产品罪。对于销售金额不满5万元的，不构成犯罪，应区别不同情况由市场监督管理部门吊销执照，或者给予责令停止生产、销售，没收违法所得或者罚款等行政处罚。此外，根据《产品质量法》第二十六条第二款规定：“产品质量应当符合下列要求：……（二）具备产品应当具备的使用性能，但是，对产品存在使用性能的瑕疵作出说明的除外”。《工业产品质量责任条例》第十条也规定，达不到国家有关标准等级、仍有使用价值的处理品，经主管部门审批后，可明示为处理品降价销售，但违反国家安全、卫生、环保、计量等法规要求的，应及时销毁，或者作必要的技术处理方可进入市场。可见，如果销售者销售的产品不合格或者使用性能存在瑕疵而事先作出说明的，不构成犯罪，也不构成生产、销售伪劣产品罪。

4. 如何理解生产、销售伪劣产品罪的未遂？

根据《刑法》第一百四十条、第一百四十九条的规定，生产、销售伪劣产品，销售金额达到五万元以上的，处二年以下有期徒刑或者拘役，并处或者单处罚金。但是，司法实践中，由于种种原因，多数案件能够查到的仅仅是伪劣商品本身，而难以甚至根本无法查清伪劣商品的销售金额，致使大量案件无法以刑事案件立案侦查，无法进入刑事司法程序。为妥善、有效解决司法实践的困惑，《伪劣商品解释》第二条第二款规定："伪劣产品尚未销售，货值金额达到刑法第一百四十条规定的销售金额三倍以上的，以生产、销售伪劣产品罪（未遂）定罪处罚。"我们认为，上述规定，第一，符合犯罪的本质特征。生产者、销售者生产、购买伪劣商品的目的，就是销售。已经生产和购买后准备销售的行为，其社会危害性是客观存在的。如果对这类行为中情节严重的情形不予以定罪处罚，将会使绝大多数的制假、贩假的人逃避法律追究。第二，符合刑法关于犯罪既遂、未遂的理论。犯罪既遂是指行为人实施了刑法规定的全部构成要件的行为；犯罪未遂是指行为人已经着手实施犯罪，但由于行为人意志以外的原因而没有实施完毕刑法规定的全部构成要件。生产、购买伪劣商品，尚未来得及销售，属于销售伪劣商品的未遂状态，构成犯罪的，应以生产、销售伪劣商品犯罪（未遂）定罪处罚。第三，符合立法原意。《刑法》第一百四十条规定了生产、销售伪劣产品罪这一罪名，如果仅以销售金额认定是否构成犯罪，则刑法条文规定的生产伪劣产品罪毫无意义。如果对尚未销售的生产者仅因没有销售金额就不追究其责任，则不利于打假工作的开展。

正确处理本罪的犯罪未遂，一是准确认定犯罪的"货值金额"。在犯罪未遂时，没有销售金额，《伪劣商品解释》借鉴了《产品质量法》关于"货值金额"的规定。《产品质量法》第七十二条规定，货值金额以违法生产、销售产品的标价计算；没有标价的，按照同类产品的市场价格计算。货值金额难以确定的，按照原国家计划委员会、最高人民法院、最高人民检察院、公安部 1997 年 4 月 22 日联合发布的《扣押、追缴、没收物品估价管理办法》（计办〔1997〕808 号）的规定，委托指定的估价机构确定。二是注意定罪量刑标准。生产、销售伪劣产品未遂时，毕竟伪劣产品尚未销售，没有给社会造成实际危害，为缩小打击面，《伪劣商品解释》规定货值金额达到《刑法》第一百四十条规定的销售金额三倍以上的，以生产、销售伪劣产品罪（未遂）定罪处罚。《刑法》第一百四十条规定了四个不同的量刑幅度，有四个不同的销售金额，因此，应当根据伪劣产品货值金额的具体情况，适用不同的量刑幅度。

5. 关于生产、销售伪劣产品罪中“销售金额”和“货值金额”的认定

所谓“销售金额”，是指生产者、销售者出售伪劣产品后没有扣除成本、税收等全部违法收入。《伪劣商品解释》第二条规定：“刑法第一百四十条、第一百四十九条规定的‘销售金额’，是指生产者、销售者出售伪劣产品后所得和应得的全部违法收入。”据此，销售金额包括：（1）生产者、销售者出售伪劣产品后所得的违法收入。包括货物已经销售出去得到的全部或者部分货款，或者货物还没有发出得到的预付款和定金。（2）生产者、销售者出售伪劣产品后应得的违法收入。“应得”，指行为人已经出售伪劣产品，按照合同或者约定将要得到的违法收入。

所谓“货值金额”，《伪劣商品解释》规定，“货值金额”以违法生产、销售的伪劣产品的标价计算；没有标价的，按照同类合格产品的市场中间价格计算。货值金额难以确定的，按照国家计划委员会、最高人民法院、最高人民检察院、公安部 1997 年 4 月 22 日联合发布的《扣押、追缴、没收物品估价管理办法》的规定，委托指定的估价机构确定。

6. 关于生产、销售伪劣产品罪的共同犯罪

虽不直接参与制假，但明知他人制假仍为他人提供贷款、资金、账号、发票、证明、许可证件，或者提供生产、经营场所或者运输、仓储、保管、邮寄等便利条件，或者提供制假生产技术的人员，行为人主观上与生产、销售伪劣产品的犯罪人具有共同的生产、销售伪劣产品犯罪的故意，客观上为生产、销售伪劣产品的犯罪人提供了便利，该种提供便利的行为属于共同的生产、销售伪劣产品犯罪的一部分，所以，对此可以认定为事先通谋型的共同犯罪。

7. 关于本罪与本节其他犯罪的界限

本罪与《刑法》第一百四十一条至第一百四十八条规定的犯罪是一般与特殊的关系，其行为方式相同，只是犯罪对象不同以及由此而导致的定罪处刑标准各有差异。后者有的要以“对人体健康造成严重危害”为构成要件，有的则要求“造成严重后果”等。根据《刑法》第一百四十九条的规定，对于尚不构成其他八种犯罪的生产、销售特定伪劣产品的行为，如果销售金额在五万元以上的，应当以本罪定罪处罚；如果生产、销售伪劣商品的行为，同时构成本罪和本节规定的其他犯罪的，不实行数罪并罚，而应按较重的罪定罪处罚。

8. 关于本罪的立案标准

生产者、销售者在产品中掺杂、掺假，以假充真，以次充好或者以不合格产品冒充合格产品，涉嫌下列情形之一的，应予立案追诉：（1）伪劣产品销售金额五万元以上的；（2）伪劣产品尚未销售，货值金额十五万元以上的；（3）伪劣产品销售金额不满五万元，但将已销售金额乘以三倍后，与尚未销售的伪劣产品货值金额合计十五万元以上的。

本条规定的“掺杂、掺假”，是指在产品中掺入杂质或者异物，致使产品质量不符合国家法律、法规或者产品明示质量标准规定的质量要求，降低、失去应有使用性能的行为；“以假充真”，是指以不具有某种使用性能的产品冒充具有该种使用性能的产品的行为；“以次充好”，是指以低等级、低档次产品冒充高等级、高档次产品，或者以残次、废旧零配件组合、拼装后冒充正品或者新产品的行为；“不合格产品”，是指不符合《产品质量法》规定的质量要求的产品。

对本条规定的上述行为难以确定的，应当委托法律、行政法规规定的产品质量检验机构进行鉴定。本条规定的“销售金额”，是指生产者、销售者出售伪劣产品后所得和应得的全部违法收入；“货值金额”，以违法生产、销售的伪劣产品的标价计算；没有标价的，按照同类合格产品的市场中间价格计算。货值金额难以确定的，按照《扣押、追缴、没收物品估价管理办法》的规定，委托估价机构进行确定。

（五）量刑指导或者参考

依照《刑法》第一百四十条之规定，生产者、销售者在产品中掺杂、掺假，以假充真，以次充好或者以不合格产品冒充合格产品，销售金额五万元以上不满二十万元的，处二年以下有期徒刑或者拘役，并处或者单处销售金额百分之五十以上二倍以下罚金；销售金额二十万元以上不满五十万元的，处二年以上七年以下有期徒刑，并处销售金额百分之五十以上二倍以下罚金；销售金额五十万元以上不满二百万元的，处七年以上有期徒刑，并处销售金额百分之五十以上二倍以下罚金；销售金额二百万元以上的，处十五年有期徒刑或者无期徒刑，并处销售金额百分之五十以上二倍以下罚金或者没收财产。

依照《刑法》第一百五十条规定，单位犯本罪的，对单位判处罚金，并对其直接负责的主管人员和其他直接责任人员，依照第一百四十条规定处罚。

二、生产、销售、提供假药罪

（一）刑法规定

第一百四十一条[①] 生产、销售假药的，处三年以下有期徒刑或者拘役，并处罚金；对人体健康造成严重危害或者有其他严重情节的，处三年以上十年以下有期徒刑，并处罚金；致人死亡或者有其他特别严重情节的，处十年以上有期徒刑、无期徒刑或者死刑，并处罚金或者没收财产。

药品使用单位的人员明知是假药而提供给他人使用的，依照前款的规定处罚。

（二）法律、司法解释、司法文件及其权威解读

1. **《中华人民共和国药品管理法》**

第九十八条 禁止生产（包括配制，下同）、销售、使用假药、劣药。

有下列情形之一的，为假药：

（一）药品所含成份与国家药品标准规定的成份不符；

（二）以非药品冒充药品或者以他种药品冒充此种药品；

（三）变质的药品；

（四）药品所标明的适应症或者功能主治超出规定范围。

有下列情形之一的，为劣药：

（一）药品成份的含量不符合国家药品标准；

---

① 本条经过两次修正。《刑法》原第一百四十一条第一款为："生产、销售假药，足以严重危害人体健康的，处三年以下有期徒刑或者拘役，并处或者单处销售金额百分之五十以上二倍以下罚金；对人体健康造成严重危害的，处三年以上十年以下有期徒刑，并处销售金额百分之五十以上二倍以下罚金；致人死亡或者对人体健康造成特别严重危害的，处十年以上有期徒刑、无期徒刑或者死刑，并处销售金额百分之五十以上二倍以下罚金或者没收财产。"2011 年 2 月 25 日《刑法修正案（八）》第二十三条将其修正为"生产、销售假药的，处三年以下有期徒刑或者拘役，并处罚金；对人体健康造成严重危害或者有其他严重情节的，处三年以上十年以下有期徒刑，并处罚金；致人死亡或者有其他特别严重情节的，处十年以上有期徒刑、无期徒刑或者死刑，并处罚金或者没收财产。本条所称假药，是指依照《中华人民共和国药品管理法》的规定属于假药和按假药处理的药品、非药品。"2020 年 12 月 26 日《刑法修正案（十一）》对本条又作了修正。

（二）被污染的药品；

（三）未标明或者更改有效期的药品；

（四）未注明或者更改产品批号的药品；

（五）超过有效期的药品；

（六）擅自添加防腐剂、辅料的药品；

（七）其他不符合药品标准的药品。

禁止未取得药品批准证明文件生产、进口药品；禁止使用未按照规定审评、审批的原料药、包装材料和容器生产药品。

第一百一十四条　违反本法规定，构成犯罪的，依法追究刑事责任。

2. **最高人民法院、最高人民检察院关于办理危害药品安全刑事案件适用法律若干问题的解释**（法释〔2014〕14 号，自 2014 年 12 月 1 日起施行）

为依法惩治危害药品安全犯罪，保障人民群众生命健康安全，维护药品市场秩序，根据《中华人民共和国刑法》的规定，现就办理这类刑事案件适用法律的若干问题解释如下：

第一条　生产、销售假药，具有下列情形之一的，应当酌情从重处罚：

（一）生产、销售的假药以孕产妇、婴幼儿、儿童或者危重病人为主要使用对象的；

（二）生产、销售的假药属于麻醉药品、精神药品、医疗用毒性药品、放射性药品、避孕药品、血液制品、疫苗的；

（三）生产、销售的假药属于注射剂药品、急救药品的；

（四）医疗机构、医疗机构工作人员生产、销售假药的；

（五）在自然灾害、事故灾难、公共卫生事件、社会安全事件等突发事件期间，生产、销售用于应对突发事件的假药的；

（六）两年内曾因危害药品安全违法犯罪活动受过行政处罚或者刑事处罚的；

（七）其他应当酌情从重处罚的情形。

第二条　生产、销售假药，具有下列情形之一的，应当认定为刑法第一百四十一条规定的“对人体健康造成严重危害”：

（一）造成轻伤或者重伤的；

（二）造成轻度残疾或者中度残疾的；

（三）造成器官组织损伤导致一般功能障碍或者严重功能障碍的；

（四）其他对人体健康造成严重危害的情形。

第三条 生产、销售假药，具有下列情形之一的，应当认定为刑法第一百四十一条规定的“其他严重情节”：

（一）造成较大突发公共卫生事件的；

（二）生产、销售金额二十万元以上不满五十万元的；

（三）生产、销售金额十万元以上不满二十万元，并具有本解释第一条规定情形之一的；

（四）根据生产、销售的时间、数量、假药种类等，应当认定为情节严重的。

第四条 生产、销售假药，具有下列情形之一的，应当认定为刑法第一百四十一条规定的“其他特别严重情节”：

（一）致人重度残疾的；

（二）造成三人以上重伤、中度残疾或者器官组织损伤导致严重功能障碍的；

（三）造成五人以上轻度残疾或者器官组织损伤导致一般功能障碍的；

（四）造成十人以上轻伤的；

（五）造成重大、特别重大突发公共卫生事件的；

（六）生产、销售金额五十万元以上的；

（七）生产、销售金额二十万元以上不满五十万元，并具有本解释第一条规定情形之一的；

（八）根据生产、销售的时间、数量、假药种类等，应当认定为情节特别严重的。

第五条 生产、销售劣药，具有本解释第二条规定情形之一的，应当认定为刑法第一百四十二条规定的“对人体健康造成严重危害”。

生产、销售劣药，致人死亡，或者具有本解释第四条第一项至第五项规定情形之一的，应当认定为刑法第一百四十二条规定的“后果特别严重”。

生产、销售劣药，具有本解释第一条规定情形之一的，应当酌情从重处罚。

第六条 以生产、销售假药、劣药为目的，实施下列行为之一的，应当认定为刑法第一百四十一条、第一百四十二条规定的“生产”：

（一）合成、精制、提取、储存、加工炮制药品原料的行为；

（二）将药品原料、辅料、包装材料制成成品过程中，进行配料、混合、制剂、储存、包装的行为；

（三）印制包装材料、标签、说明书的行为。

医疗机构、医疗机构工作人员明知是假药、劣药而有偿提供给他人使用，或者为出售而购买、储存的行为，应当认定为刑法第一百四十一条、第一百四十二条规定的“销售”。

第七条　违反国家药品管理法律法规，未取得或者使用伪造、变造的药品经营许可证，非法经营药品，情节严重的，依照刑法第二百二十五条的规定以非法经营罪定罪处罚。

以提供给他人生产、销售药品为目的，违反国家规定，生产、销售不符合药用要求的非药品原料、辅料，情节严重的，依照刑法第二百二十五条的规定以非法经营罪定罪处罚。

实施前两款行为，非法经营数额在十万元以上，或者违法所得数额在五万元以上的，应当认定为刑法第二百二十五条规定的“情节严重”；非法经营数额在五十万元以上，或者违法所得数额在二十五万元以上的，应当认定为刑法第二百二十五条规定的“情节特别严重”。

实施本条第二款行为，同时又构成生产、销售伪劣产品罪、以危险方法危害公共安全罪等犯罪的，依照处罚较重的规定定罪处罚。

第八条　明知他人生产、销售假药、劣药，而有下列情形之一的，以共同犯罪论处：

（一）提供资金、贷款、账号、发票、证明、许可证件的；

（二）提供生产、经营场所、设备或者运输、储存、保管、邮寄、网络销售渠道等便利条件的；

（三）提供生产技术或者原料、辅料、包装材料、标签、说明书的；

（四）提供广告宣传等帮助行为的。

第九条　广告主、广告经营者、广告发布者违反国家规定，利用广告对药品作虚假宣传，情节严重的，依照刑法第二百二十二条的规定以虚假广告罪定罪处罚。

第十条　实施生产、销售假药、劣药犯罪，同时构成生产、销售伪劣产品、侵犯知识产权、非法经营、非法行医、非法采供血等犯罪的，依照处罚较重的规定定罪处罚。

第十一条 对实施本解释规定之犯罪的犯罪分子，应当依照刑法规定的条件，严格缓刑、免予刑事处罚的适用。对于适用缓刑的，应当同时宣告禁止令，禁止犯罪分子在缓刑考验期内从事药品生产、销售及相关活动。

销售少量根据民间传统配方私自加工的药品，或者销售少量未经批准进口的国外、境外药品，没有造成他人伤害后果或者延误诊治，情节显著轻微危害不大的，不认为是犯罪。

第十二条 犯生产、销售假药罪的，一般应当依法判处生产、销售金额二倍以上的罚金。共同犯罪的，对各共同犯罪人合计判处的罚金应当在生产、销售金额的二倍以上。

第十三条 单位犯本解释规定之罪的，对单位判处罚金，并对直接负责的主管人员和其他直接责任人员，依照本解释规定的自然人犯罪的定罪量刑标准处罚。

第十四条 是否属于刑法第一百四十一条、第一百四十二条规定的“假药”“劣药”难以确定的，司法机关可以根据地市级以上药品监督管理部门出具的认定意见等相关材料进行认定。必要时，可以委托省级以上药品监督管理部门设置或者确定的药品检验机构进行检验。

第十五条 本解释所称“生产、销售金额”，是指生产、销售假药、劣药所得和可得的全部违法收入。

第十六条 本解释规定的“轻伤”“重伤”按照《人体损伤程度鉴定标准》进行鉴定。

本解释规定的“轻度残疾”“中度残疾”“重度残疾”按照相关伤残等级评定标准进行评定。

第十七条 本解释发布施行后，《最高人民法院、最高人民检察院关于办理生产、销售假药、劣药刑事案件具体应用法律若干问题的解释》（法释〔2009〕9号）同时废止；之前发布的司法解释和规范性文件与本解释不一致的，以本解释为准。

权威解读

《关于办理危害药品安全刑事案件适用法律若干问题的解释》的理解与适用

为依法惩治生产、销售假药、劣药犯罪，保障人民群众生命健康安全，维护药品市场秩序，最高人民法院、最高人民检察院共同制定了《关于办理危害药品安全刑事案件适用法律若干问题的解释》（以下简称《药品安全解释》）。《药品安全解释》于2014年11月3日发布，自2014年12月1日起施行。为便于司法实践正确理解和适用，现就《药品安全解释》的制定背景和主要内容作一介绍。

一、《药品安全解释》的制定背景

药品安全关系每个人的身体健康和生命安全，关系每个家庭的幸福安宁，是最为重要的民生问题之一，人民法院一直高度关注。为依法惩治危害药品安全犯罪，2001年“两高”制定了《伪劣商品解释》（法释〔2001〕10号），根据当时的刑法规定，对生产、销售假药、劣药犯罪的定罪量刑标准作了明确；2009年又制定了专门的《关于办理生产、销售假药、劣药刑事案件具体应用法律若干问题的解释》（法释〔2009〕9号，已失效）。上述司法解释的制定和施行，对依法打击危害药品安全犯罪发挥了重要作用。

但是，受非法巨额利益驱使，一段时间以来，生产、销售假药、劣药犯罪活动并没有得到有效遏止，社会各界反应强烈。为强化民生保障，2011年2月25日，全国人大常委会通过的《刑法修正案（八）》，对《刑法》第一百四十一条规定的生产、销售假药罪作了重大修改：一是删除了“足以严重危害人体健康”的入罪条件，将生产、销售假药罪由危险犯修改为行为犯。二是对罚金刑作了重大修改，删除了对生产、销售假药罪可以单处罚金的规定，同时将根据销售数额确定的倍比罚金修改为无限额罚金。三是完善了加重犯的规定，明确除“对人体健康造成严重危害”外，“有其他严重情节的”，也应处三年以上十年以下有期徒刑，并处罚金。同时，将应判处十年以上有期徒刑、无期徒刑、死刑的情形，由原来规定的“对人体健康造成特别严重危害的”修改为包容性更大的“其他特别严重情节”。《刑法修正案（八）》对生产、销售假药罪的定罪量刑标准作出重大修改后，亟须对2009年发布的司法解释作相应修改完善，以统一、准确适用法律，依法加大对危害药品安全犯罪的打击力度。为此，“两高”经深入调研，广泛征求各方面意见，反复论证，联合制定了《药品安全解释》。

二、《药品安全解释》的主要内容

《药品安全解释》根据修改后的刑法规定，结合司法实践，对办理危害药品安全刑事案件适用法律的普遍性问题作了具体规定，共17个条文。其中，需作说明的主要有以下问题：

（一）关于生产、销售假药行为的入罪门槛

《刑法修正案（八）》删除了生产、销售假药罪“足以严重危害人体健康”的入罪要件。作此修改，目的在于加大对此种犯罪的打击力度，同时减少司法实践认定“足以严重危害人体健康”的困难和争议，这是完全必要的。但是刑法修改后，是否对任何生产、销售假药的行为无论情节、实际危害如何，都应当追究刑事责任？如何正确划分犯罪与违法行为的界限？这是《药品安全解释》制定中首先面临又存在很大争议的一个重要问题。对此，主要有两种不同意见：

一种意见认为，对生产、销售假药罪不应设置任何入罪门槛，而且应当明确规定生产销售假药的，应当一律追究刑事责任。其主要理由是：设置入罪门槛有违刑法修改精神，没有法律依据，也难以为社会公众理解和认同；当前药品安全形势严峻，必须以“零容忍”的态度打击生产、销售假药犯罪，有效震慑违法犯罪分子，加大其违法犯罪的成本。

另一种意见认为，对生产假药的，不应设置入罪门槛，但对销售假药的，如未实际危害人体健康，则应设置一定的入罪数额门槛，可规定销售金额1000元以上，或者销售金额500元以上但具有严重情节的，追究刑事责任。其主要理由是：假药类型多样，对销售假药的，“一刀切”地都追究刑事责任，不符合实事求是精神，势必会造成打击面不当扩大；所谓行为犯，并不是只要实施相应行为就一律追究刑事责任，如伪造货币罪是行为犯，但根据司法解释规定，该罪仍有一定的入罪数额要求，作这样的限制解释，是对《刑法》第十三条有关“情节显著轻微危害不大的，不认为是犯罪”规定的具体化，并不违反法律规定。

经研究认为，上述两种意见均有一定道理，但也都失之片面、绝对。《药品安全解释》最终选择了如下方案：一方面，不为生产、销售假药罪设置入罪门槛，此意味着，原则上，对生产、销售假药的，应当都依法追究刑事责任；另一方面，也未规定对生产、销售假药的一律追究刑事责任，而是在《药品安全解释》第十一条第二款规定：“销售少量根据民间传统配方私自加工的药品，或者销售少量未经批准进口的国外、境外药品，没有造成他人伤害后果或者延误诊治，情节显著轻微危害不大的，不认为是犯罪。”这主要是基于以下几点考虑：其一，根据刑法修改的精神，鉴于生产、销售假药犯罪的严重危害和社会公众对药品安全的高度关切，不宜为该罪设置入罪数额门槛。其二，我国民众用药情况复杂，药品供应渠道杂乱。长期以来，民众服用利用民间偏方、土方、秘方加工的药品的情况较为普遍；近些年，随着经济社会发展，擅自销售从国外、境外携带入境药品的情况逐渐增多。这些药品，根据《药品管理法》第四十八条的规定均属“按假药论处”的情形，但实质的社会危害性难以一概而论。如有的利用民间偏方、土方、秘方私自加工的“土药”，虽未经管理部门批准，但当地群众已普遍认可其疗效；未经批准擅自进口的“洋药”，尽管违反了我国药品管理制度，但并不会实际危害人体健康，相反对治疗有关疾病确有效果，很多情况下行为人还是应患者或者患者家属要求代为购买后转售。对此类案件，如不论数量多少、是否造成实际危害，一律定罪处罚，不符合实事求是精神，也难以为社会公众理解。其三，《刑法》第十三条关于“情节显著轻微危害不大的，不认为是犯罪”的规定，是刑法总则作出的有关犯罪认定的一般性规定，对行为犯同样也存在适用该规定的可能和必要。《药品安全解释》第十一条第二款规定，实际是对《刑法》第十三条有关规定适用于生产、销售假药案件的具体解释，并不违反法律规定。其四，《刑法修正案（八）》生效后，2013 年 12 月 28 日，全国人大常委会对《药品管理法》作了再次修正，修改后的《药品管理法》第七十四条规定：“生产、销售假药的，没收违法生产、销售的药品和违法所得，并处违法生产、销售药品货值金额二倍以上五倍以下的罚款；有药品批准证明文件的予以撤销，并责令停产、停业整顿；情节严重的，吊销《药品生产许可证》、《药品经营许可证》或者《医疗机构制剂许可证》；构成犯罪的，依法追究刑事责任。”2019 年修订的《药品管理法》第一百一十六条规定：“生产、销售假药的，没收违法生产、销售的药品和违法所得，责令停产停业整顿，吊销药品批准证明文件，并处违法生产、销售的药品货值金额十五倍以上三十倍以下的罚款；货值金额不足十万元的，按十万元计算；情节严重的，吊销药品生产许可证、药品经营许可证或者医疗机构制剂许可证，十年内不受理其相应申请；药品上市许可持有人为境外企业的，十年内禁止其药品进口。”第一百一十八条规定：“生产、销售假药，或者生产、销售劣药且情节严重的，对法定代表人、主要负责人、直接负责的主管人员和其他责任人员，没收违法行为发生期间自本单位所获收入，并处所获收入百分之三十以上三倍以下的罚款，终身禁止从事药品生产经营活动，并可以由公安机关处五日以上十五日以下的拘留。对生产者专门用于生产假药、劣药的原料、辅料、包装材料、生产设备予以没收。”显然，根据上述规定，对生产、销售假药行为，并非一律追究刑事责任，仍存在只承担行政违法责任的情形。其五，为销售假药设置一定的入罪数额标准，考虑到了假药案件的复杂性，且标准明确、易于把握，有其合理的一面；但是，仅以销售数额作出罪与非罪的区分标准，无法适应司法实践的复杂情况。例如，有的未经批准进境销售的药品价格很高，一粒一剂即已上千元，如并未造成他人伤害后果或者延误诊治，仍不宜定罪处罚。

（二）关于对生产、销售假药劣药罪应当酌情从重处罚的情形

《药品安全解释》第一条针对生产、销售假药犯罪规定了七种应当酌情从重处罚的情形，包括：(1) 生产、销售的假药以孕产妇、婴幼儿、儿童或者危重病人为主要使用对象的；(2) 生产、销售的假药属于麻醉药品、精神药品、医疗用毒性药品、放射性药品、避孕药品、血液制品、疫苗的；(3) 生产、销售的假药属于注射剂药品、急救药品的；(4) 医疗机构、医疗机构工作人员生产、销售假药的；(5) 在自然灾害、事故灾难、公共卫生事件、社会安全事件等突发事件时期，生产、销售用于应对突发事件的假药的；(6) 两年内曾因危害药品安全违法犯罪活动受过行政处罚或者刑事处罚的；(7) 其他应当酌情从重处罚的情形。

关于该条，需要说明的主要是：在《药品安全解释》起草过程中，曾有意见主张，将“利用互联网、广播电视、报刊杂志或者通过短信、电话、传单、推介会等途径销售假药的”也规定为应当酌情从重的情形。经研究，没有采纳这一意见。主要考虑：随着信息技术的发展，利用互联网等手段销售假药的情况已十分普遍，如规定该情形，将导致对大部分案件中的被告人均要从重处罚。特别是根据《药品安全解释》第三条第三项、第四条第七项的规定，具有《药品安全解释》第一条规定情形之一的，要数额减半上档量刑，如规定上述情形，还意味着对多数案件均要数额减半上档量刑，此会造成量刑失重，不符合宽严相济刑事政策。

（三）关于生产、销售假药“其他严重情节”的认定标准

根据修改后《刑法》第一百四十一条的规定，生产、销售假药，有其他严重情节的，处三年以上十年以下有期徒刑，并处罚金。《药品安全解释》第三条规定，生产销售假药，具有下列情形之一的，应当认定为“其他严重情节”：(1) 造成较大突发公共卫生事件的；(2) 生产销售金额 20 万元以上不

满50万元的；（3）生产、销售金额10万元以上不满20万元，且具有本解释第一条规定情形之一的；（4）根据生产、销售的时间、数量、假药种类等，应当认定为情节严重的。关于该条，需要说明的主要有两个问题：其一，《药品安全解释》第三条第一项将“造成较大突发公共卫生事件的”规定为生产、销售假药有“其他严重情节”的认定标准之一，是考虑与《国家突发公共卫生事件应急预案》（2006年2月26日国务院发布）衔接。该预案将突发公共卫生事件分为特别重大、重大、较大和一般四级，但只对特别重大突发公共卫生事件的认定标准作了明确。有的省，如云南，根据该预案制定了本地的突发公共卫生事件应急预案，对各级突发公共卫生事件的认定标准均作了规定。《云南省突发公共卫生事件应急预案》规定，有下列情形之一的，为较大突发公共卫生事件：（1）腺鼠疫发生流行，在一个县（市、区）行政区域内，一个平均潜伏期内发病10例以下；（2）霍乱在一个县（市、区）行政区域内发生，1周内发病10—29例，或波及2个以上县（市、区），或州（市）人民政府所在地城市市区发生；（3）一个平均潜伏期内皮肤炭疽病例数超过10例；（4）一周内在一个县（市、区）行政区域内，乙、丙类传染病发病水平超过前5年同期平均发病水平1倍以上。司法实践中，对于本省已制定有相应预案的，应按有关规定判定是否已“造成较大突发公共卫生事件”；尚未制定的，可由主管部门就是否已“造成较大突发公共卫生事件”出具意见。其二，从实践看，生产、销售假药对人体健康造成严重危害或者造成较大突发公共卫生事件的案件较为少见，即使出现，因果关系也不容易查证。因此，根据生产、销售金额设定生产、销售假药有“其他严重情节”的认定标准，非常必要。因为，生产、销售金额达到一定数额以上的，表明生产、销售假药的数量大、时间长、范围广，具有更大的社会危害性，应当加重刑罚。为此，《药品安全解释》第三条第四、五项规定“生产、销售金额二十万元以上不满五十万元的”“生产、销售金额十万元以上不满二十万元，且具有本解释第一条规定情形之一的”，应当认定为生产、销售假药有“其他严重情节”。

《药品安全解释》起草过程中，曾有意见提出，应当规定“生产、销售金额十万元以上不满五十万元”“生产、销售金额五万元以上不满十万元，并具有本解释第一条规定情形之一的”，即属于生产、销售假药有“其他严重情节”，以更加充分地体现从惩治生产、销售假药罪的立法精神，更好实现生产、销售假药罪与生产、销售伪劣产品罪、生产、销售有毒、有害食品罪之间的平衡。经研究，没有采纳这一意见。主要考虑：有的药品价格较高，以上述标准作为生产、销售假药有“其他严重情节”的认定标准，过于严厉，且根据该标准，生产、销售5万元以上不满10万元，具有严重情节的，应在三年以上十年以下有期徒刑幅度内量刑，意味着数额相差不足1万元，刑罚即要增加一年，还存在量刑拉不开档次的问题。

（四）关于“生产”销售的认定

《药品安全解释》第六条第一款规定，以生产、销售假药、劣药为目的，实施下列行为之一的，应当认定为刑法规定的“生产”：（1）合成、精制、提取、储存、加工炮制药品原料的行为；（2）将药品原料、辅料、包装材料制成成品过程中，进行配料、混合、制剂、储存、包装的行为；（3）印制包装材料、标签、说明书的行为。作出这一规定主要考虑：目前生产假药、劣药已形成分工合作、专业化、职业化的特点。有人专门负责提供原料，有人专门负责印制包装材料，有人专门负责合成加工等。以往，对在假药、劣药生产的中间环节即被发现而又抓不到上下家的行为人，能否追究、如何追究刑事责任常有不同认识，影响了相关案件的处理和对犯罪的打击。规定本款旨在明确，对此类行为人，只要能查明其是以生产、销售假药、劣药为目的，即使未抓获其上下家，也应依法追究刑事责任。需要说明的是，本款只是明确，对有关行为应认定为生产假药、劣药，至于其具体的犯罪形态，需结合具体案情作出判断。符合犯罪未遂等构成条件的，应当依法认定。《药品安全解释》第六条第二款规定，医疗机构、医疗机构工作人员明知是假药、劣药而有偿提供给他人使用，或者为出售而购买、储存的行为，应当认定为刑法规定的“销售”。从常识看，医疗机构将假药、劣药有偿提供给他人使用，或者为出售而购买、储存假药、劣药的也是一种销售行为。规定本条有利于统一认识，也有利于发挥司法解释的警戒作用。需要说明的是，本款规定的“有偿提供给他人使用”的药品，既包括医疗机构或其工作人员为出售而购买的药品，也包括其他单位或者个人捐赠的药品。

（五）关于非法经营药品及生产、销售不符合药用要求的非药品原料、辅料行为的定性

《药品安全解释》第七条第一款规定，违反国家药品管理法律法规，未取得或者使用伪造、变造的药品经营许可证，非法经营药品，情节严重的，以非法经营罪定罪处罚。药品安全关系广大人民群众的生命健康。根据《药品

管理法》的规定，经营药品必须具有一定资质，由药品监督管理部门批准并发给《药品经营许可证》，按照《药品经营质量管理规范》的规定经营药品。无证经营药品是违反国家规定的非法经营行为，情节严重的，应当以非法经营罪追究刑事责任。《药品安全解释》第七条第二款规定，以提供给他人生产、销售为目的，违反国家规定，生产、销售不符合药用要求的非药品原料辅料，情节严重的，应当以非法经营罪论处。由于非药品原料、辅料尚不是药品，故对此类行为不能直接以生产、销售假药、劣药犯罪论处；实践中，不符合药用要求的非药品原料、辅料常常经多手倒卖才最终用于药品生产，故也难以以生产、销售假药、劣药犯罪的共犯追究行为人刑事责任。而根据《药品管理法》及其实施条例、《药典》等规定，生产药品所需的原料、辅料，必须符合特定的药用要求，据此，以非法经营罪追究有关行为人的刑事责任于法有据，也切实可行。《药品安全解释》第七条第三款明确了非法经营药品或者非药品原料、辅料的定罪量刑标准，规定非法经营数额在10万元以上，或者违法所得数额在5万元以上的，应当认定为"情节严重"；非法经营数额在50万元以上，或者违法所得数额在25万元以上的，应当认定为"情节特别严重"。《药品安全解释》第七条第四款规定，非法经营药品或者非药品原料、辅料，构成非法经营罪，同时又构成生产、销售伪劣产品罪、以危险方法危害公共安全罪等犯罪的，依照处罚较重的规定定罪处罚。从以往实践看，已有这方面的判例。如被告人王某平向"齐二药"提供药品辅料案件，即是以以危险方法危害公共安全罪定罪处罚。

（六）关于罚金刑的适用

《刑法修正案（八）》取消了生产、销售假药罪罚金数额的限制，但办理案件中仍需要明确数额标准，以统一司法尺度，避免判处的数额过低。《药品安全解释》第十二条明确了对生产、销售假药罪适用罚金刑的标准，该条规定，犯生产、销售假药罪的，一般应当依法判处生产、销售金额二倍以上的罚金。共同犯罪的，对各共同犯罪人合计判处的罚金应当在生产、销售金额的二倍以上。《药品安全解释》将罚金刑下限确定为生产、销售金额的二倍，与《最高人民法院、最高人民检察院关于办理危害食品安全刑事案件适用法律若干问题的解释》中的罚金刑标准保持了一致，体现了从严惩治假药、劣药犯罪的立法精神。在法律、司法解释对罚金定有下限的情况下，如是共同犯罪，是对各共同犯罪人均应判处相应标准以上的罚金，还是合计判处相应标准以上的罚金，存在不同认识。为统一法律适用，本条第二款对相关问题作出了明确。规定对上述情形，合计判处相应标准以上的罚金即可，主要是考虑：根据刑法规定，对违法所得应当依法追缴，追缴后，行为人缴纳罚金的实际能力有限，如判处的数额过高，势必会制造“空判”，反而有损裁判的严肃性。

（七）关于假药、劣药的认定

准确认定涉案药品是否属于假药、劣药是有效打击药品犯罪的前提。《药品安全解释》第十四条明确了“假药”“劣药”的认定问题。该条规定，是否属于《刑法》第一百四十一条、第一百四十二条规定的“假药”“劣药”难以确定的，司法机关可以根据地市级以上药品监督管理部门出具的认定意见等相关材料进行认定。必要时，可以委托省级以上药品监督管理部门设置或者确定的药品检验机构进行检验。根据本条，在“假药”“劣药”的认定问题上，司法机关对于能够明确认定为假药、劣药的，可以依职权直接认定。对于情形复杂难以判断的，可以由地市级以上药品监督管理部门向司法机关出具认定意见。对于有些情形，如药品所含成分是否与国家药品标准规定的成分相符，药品成分的含量是否符合国家药品标准等，需要由药品检验机构进行检验，才能认定是否属于假药或者劣药。因此《药品安全解释》规定，必要时可以委托省级以上药品监督管理部门设置或者确定的药品检验机构进行检验。

（八）关于生产、销售金额的含义

根据刑法和《药品安全解释》规定，生产、销售假药、劣药的金额，是决定危害药品安全犯罪刑罚适用的一个重要标准。《药品安全解释》第十五条对“生产、销售金额”的含义作了专门规定，明确《药品安全解释》所称生产、销售假药、劣药所得和可得的全部违法收入。具体包括：生产、销售后已实际得到的金额、已生产或者已购进但尚未销售的金额、已售出但尚未收到的金额。作此规定主要考虑：(1) 与《刑法》第一百四十条（生产、销售伪劣产品罪）不同，《刑法》第一百四十一条（生产、销售假药罪）、第一百四十二条（生产、销售劣药罪）均未以销售金额作为入罪标准，故作此解释在法律依据方面并无问题。(2) 从实践看，大多数情况下，要准确查明生产、销售假药、劣药者已实际销售的金额，往往存在很大困难；仅据销售金额定罪量刑，还存在轻纵犯罪问题，因此，对“销售金额”作广义理解，将货值金额也计入其中，是合理的、必要的。

（撰稿：周加海）

（三）典型或常见问题的审理思路

1. 生产、销售假药的行为同时触犯其他罪名，如何准确定罪[①]？

生产、销售假药过程中侵犯了他人的注册商标专用权，触犯了假冒注册商标罪，同时违反国家规定，未经批准、许可生产经营药品的行为，属于非法经营行为，还触犯了非法经营罪。生产、销售假药行为与生产、销售伪劣产品行为也存在竞合关系。其中，生产、销售伪劣产品罪与假冒注册商标罪属于牵连关系，生产、销售伪劣产品罪与非法经营罪属于法条竞合关系，应当如何具体适用罪名？对此，《药品安全解释》第十条作出了专门规定，实施生产、销售伪劣商品犯罪，同时构成侵犯知识产权、非法经营等其他犯罪的，依照处罚较重的规定定罪处罚。根据《最高人民法院关于适用刑法第十二条几个问题的解释》的规定，《刑法》第十二条规定的“处刑较轻”，是指刑法对某种犯罪规定的刑罚即法定刑比修订前刑法轻。法定刑较轻是指法定最高刑较轻；如果法定最高刑相同，则指法定最低刑较轻。如果刑法规定的某一犯罪只有一个法定刑幅度，法定最高刑或者最低刑是指该法定刑幅度的最高刑或者最低刑；如果刑法规定的某一犯罪有两个以上的法定刑幅度，法定最高刑或者最低刑是指具体犯罪行为应当适用的法定刑幅度的最高刑或者最低刑。处罚轻重的比较，所比较的是适用于具体案情的法定刑幅度中的最高刑的比较，而非某一罪名的法定最高刑。

2. 如何认定以诈骗方式生产、销售假药进行的销售行为[②]？

被告人为了营利而生产假药，将假三金片销售给受害人，骗取受害人的钱财，确有以假充真的诈骗行为存在。诈骗行为在本案中是作为一种销售方式而存在的。而这种以假充真的诈骗方式构成本罪的特征。除本罪外，还有一些犯罪活动，也可能使用某种欺骗性手段，甚至也追求某些非法的经济利益，但并不构成诈骗罪，像有些以介绍婚姻为名拐卖妇女的行为，就不应认定为诈骗罪。此外，生产、销售假药罪是以是否足以严重危害人体健康作为本罪的标准，而诈骗罪则是以诈骗公私财物的数额较大为构成本罪的标准，也就是说，只要生产销售的假药足以严重危害人体健康，不管行为人是否实

① 观点来源：《刑事审判参考》第165号指导案例，鞠某香、张某明等生产、销售伪劣产品案。
② 观点来源：《刑事审判参考》第115号指导案例，熊某斌等生产、销售假药案。

际以假药骗得钱财，都应当认定为生产、销售假药罪，而不应认定为诈骗罪。

3. 具有执业资格的医生根据民间验方、偏方制成药物诊疗，造成就诊人死亡的行为如何定性①？

（1）具有执业资格的医生在诊疗过程中，出于医治病患的目的，根据民间验方、偏方制成药物，用于诊疗的行为一般不构成生产、销售假药罪。这种生产、销售行为与《刑法》第一百四十一条规定的生产、销售假药罪中的“生产、销售”行为在法律内涵上不能等同。生产、销售假药罪被规定在刑法中破坏社会主义市场经济秩序罪一章，从立法意旨出发，该章中所涉的生产和销售都应属于市场行为，即这种行为应该是一种以市场流通为基础、以实现利润为目标，建立在一定供求关系上的经济活动。因为只有处于一定市场经济秩序之中的经济行为，才可能违反正常市场经济活动的基本规则，构成对公平竞争、公平交易、诚实守信的市场经济秩序的侵害。生产、销售假药系以低廉的成本获取高额的利润，或者破坏真药厂商的信誉，危害消费者的权益。而具有执业资格的医生根据民间验方、偏方制成药物诊疗，毕竟只是在一个非常小的特定范围内针对前来就诊的个别患者进行的，开出药品是用于诊疗，不是单纯地向社会公开销售行为，其“生产、销售”的数量、规模和范围都远未达到进入药品市场流通领域的程度，还不足以“破坏社会主义市场经济秩序”，因此，其行为尚不属于生产、销售假药罪中的“生产、销售”行为。

生产、销售假药罪作为一种故意犯罪，行为人主观上必须明知是假药而故意生产、销售才构成本罪。如果行为人不知道或主观上没有意识到自己生产、销售的药品是假药，则阻却犯罪故意。在我国，民间验方、偏方、土方是一种流传于民间的药方或治疗方法，它往往具有较为久远的历史传承和较广泛的群众基础，是人们对日常诊疗实践活动中的经验的总结，具有针对性和实用性较强、成本较低、简便易学等特点，且大多确有一定疗效，有的甚至还具有一些独到的效果，这也是其生生不息流传至今的原因。但是，由于其来自民间，多为师徒间口口相传，一般都未经科学实验和鉴定，具有较强的隐秘性、随意性和不稳定性，可靠程度不高，效用参差不齐，比较容易产生副作用，严重的还有可能危及患者的健康甚至生命。因此，对于这类药方

① 观点来源：《刑事审判参考》第429号指导案例，孟某超医疗事故案。

或治疗方法，应由国家主管部门运用科学的方法对其进行深入的发掘、整理、校勘、鉴定，经过长期中医临床应用证明疗效确切、用药安全，质量可控，开发中药现代制剂产品，使其登上大雅之堂，充分、合法地发挥作用。但是，这毕竟是一项长期的工作，短期内不可能全部完成。就我国的现状而言，这类药方或治疗方法在民间还具有一定的存在基础，很多人还会出于各种原因在未经任何科学验证和有关机构认可的情况下信任、使用或向他人传授这类东西，使它在相当广泛的领域里传播、应用，并占有一定的市场，特别是在广大的农村和缺医少药的贫困地区，这种情况更为普遍，很多人，无论是行医者还是患者，都没有把这类偏方、验方视为假药，这是一个无法回避的现状。对这样一个复杂的社会问题，不能简单地随意动用刑罚手段予以制裁，否则容易导致打击面过大，有违刑法的谦抑精神。

（2）具有执业资格的医生在诊疗过程中，出于医治病患的目的，使用民间验方、偏方致人伤亡的行为，符合《刑法》第三百三十五条规定的可以医疗事故罪定罪处罚。《刑法》第三百三十五条规定，医疗事故罪，是指医务人员由于严重不负责任，造成就诊人死亡或者严重损害就诊人身体健康的行为。

医疗事故犯罪不仅会严重损害就诊人的身体健康甚至造成就诊人死亡，而且直接侵害公共卫生秩序，破坏了医疗管理制度，因此，刑法将医疗事故罪归入妨害社会管理秩序罪一章中。医疗事故罪属于过失犯罪，这种过失当然也包括疏忽大意和过于自信的过失两种。医务人员应当预见到自己违反规章制度或诊疗护理常规的行为，可能造成就诊人死亡或严重损害就诊人身体健康的后果，但由于疏忽大意而没有预见到，以致这种结果发生，属疏忽大意的过失；医务人员已经预见到自己违反规章制度或诊疗护理常规的行为，有造成就诊人死亡或严重损害就诊人身体健康的可能，但基于对自身技术水平或其他客观条件的信赖而轻信能够避免，以致这种结果发生，属过于自信的过失。

医疗事故罪在客观方面表现为医护人员在合法、正常的诊疗护理过程中因严重不负责任，造成就诊人死亡或严重损害就诊人身体健康的行为。要符合这一要件，必须同时具备两个方面：首先，上述严重不负责任的行为必须发生在合法、正常的诊疗护理过程当中，其行为必须发生在有关部门对医务人员的职务授权范围内；其次，这种严重不负责任的行为，与就诊人死亡或身体健康被严重损害的结果之间，必须具有刑法意义上的因果关系。

4. 向药品生产企业销售假冒的药品辅料的行为如何定性①？

根据药品管理法的规定，辅料是指生产药品和调配处方时所用的赋形剂和附加剂，与药品有别，因此被告人王某平以二甘醇冒充药用丙二醇进行销售，属于以一种工业用产品冒充药品辅料进行销售，其行为既不属于销售“假药”，也不属于销售“按假药处理的药品”。如上所述，由于认定为销售“按假药处理的非药品”亦缺乏明确的法律依据，且未得到有关专业部门的认可，故不宜按销售假药罪处理作为医用产品，如果质量不合格不但会贻误使用该药品患者的及时诊治，而且可能会给患者的健康带来巨大危害，甚至造成死亡，因而国家对于药品质量的监管历来采取最为严格的标准，刑法也对生产、销售伪劣药品的犯罪行为配置了极高的刑罚，就是因为这种犯罪行为所具有的严重社会危害性。一旦这些伪劣药品流入市场被患者使用，这种危害因为往往会涉及不特定人的生命健康，因而就具有了危害公共安全的性质。本案中，王某平用二甘醇冒充药用丙二醇销售给制药企业，致使制药企业生产出伪劣药品流入市场，造成多人死亡的严重后果，已经严重危害到公共安全。

5. 如何理解和把握本条第二款“药品使用单位的人员明知是假药而提供给他人使用的，依照前款的规定处罚”？

有观点认为，根据法律“依照前款的规定处罚”即以“生产、销售假药罪”定罪处罚。我们认为，该意见欠妥：一是从前款规定来看，成立犯罪并不要求相对方支付对价，实践中也存在药品使用单位免费提供药品的情形，将并不支付对价的情形也归入“销售”的范畴，不仅名不副实，难以准确体现构成要件，且对“销售”概念外延的扩张，可能会被类比适用到其他涉及销售的罪名；二是就新增条款的立法目的而言，主要是针对药品使用单位的人员未积极履行应有职责的情形，此种行为类型与“销售”假药的行为明显相异；三是“依照前款的规定处罚”并不意味着只能适用前款的罪名，存在另行确定罪名的先例，例如，《刑法》第一百七十四条第二款另行确定罪名“伪造、变造、转让金融机构经营许可证、批准文件罪”，《刑法》第一百八十五条之一另行确定罪名“违法运用资金罪”等。鉴于此，对修改后《刑

① 观点来源：《刑事审判参考》第503号，王某平以危险方法危害公共安全、销售伪劣产品、虚报注册资本案。

法》第一百四十一条第二款应当另行确定罪名，但如果确定为“提供假药罪”则存在增设死刑罪名的问题。基于此，《最高人民法院、最高人民检察院关于执行〈中华人民共和国刑法〉确定罪名的补充规定（七）》将第一百四十一条的罪名整体调整为“生产、销售、提供假药罪”，取消原罪名“生产、销售假药罪”。

（四）疑难、复杂问题的参考性解答

1. 如何理解“假药”？

“假药”，是指依照药品管理法的规定，属于假药和按假药处理的药品、非药品。根据《药品管理法》第四十八条的规定，假药包括：（1）药品所含成分与国家药品标准规定的成分不符的；（2）以非药品冒充药品或者以他种药品冒充此种药品的。有下列情形之一的药品，按假药论处：（1）国务院药品监督管理部门规定禁止使用的；（2）依法必须批准而未经批准生产、进口，或者依法必须检验而未经检验即销售的；（3）变质的；（4）被污染的；（5）使用依法必须取得批准文号而未取得批准文号的原料药生产的；（6）所标明的适应症或者功能主治超出规定范围的。

2. 划清本罪与以危险方法危害公共安全罪的界限

生产、销售假药罪，既侵犯了国家药品管理制度，又危害了人民群众的生命、健康安全。从某种意义上讲，其属于《刑法》第一百一十四条、第一百一十五条所规定的“以危险方法危害公共安全罪”的范畴，但刑法已对其作了单独规定，有加以区别的必要。生产、销售假药罪，行为人主观上一般是以牟利为目的。为了牟取暴利，明知生产、销售的是假药而仍予以生产、销售。至于其行为给人体健康、生命安全造成的严重危害后果，不在行为人追求的直接故意范围之内，或者存在过失心理，或者属于间接故意心理。如果行为人生产、销售假药，目的就是对他人的生命健康、财产安全造成损害，危害公共安全，则应以以危险方法危害公共安全罪定罪处罚。

3. 关于本罪的立案标准

生产（包括配制）、销售假药，涉嫌下列情形之一的，应予立案追诉：（1）含有超标准的有毒有害物质的；（2）不含所标明的有效成分，可能贻误诊治的；（3）所标明的适应症或者功能主治超出规定范围，可能造成贻误诊治的；（4）缺乏所标明的急救必需的有效成分的；（5）其他足以严重危害人体健康或者对人体健康造成严重危害的情形。

本条规定的“假药”，是指依照《药品管理法》的规定属于假药和按假药处理的药品、非药品。

（五）量刑指导或者参考

依照《刑法》第一百四十一条第一款规定，犯生产、销售、提供假药罪的，处三年以下有期徒刑或者拘役，并处罚金；对人体健康造成严重危害或者有其他严重情节的，处三年以上十年以下有期徒刑，并处罚金；致人死亡或者有其他特别严重情节的，处十年以上有期徒刑、无期徒刑或者死刑，并处罚金或者没收财产。

依照《刑法》第一百五十条规定，单位犯本罪的，对单位判处罚金，并对其直接负责的主管人员和其他直接责任人员，依照第一百四十一条第一款规定处罚。

三、生产、销售、提供劣药罪

（一）刑法规定

第一百四十二条[①] 生产、销售劣药，对人体健康造成严重危害的，处三年以上十年以下有期徒刑，并处罚金；后果特别严重的，处十年以上有期徒刑或者无期徒刑，并处罚金或者没收财产。

药品使用单位的人员明知是劣药而提供给他人使用的，依照前款的规定处罚。

（二）疑难、复杂问题的参考性解答

1. 本罪客观方面的表现形式

客观方面表现为违反药品管理法规，生产、销售劣药，对人体健康造成

---

① 2020年12月26日《刑法修正案（十一）》对本条作了修正。本条原来为：“生产、销售劣药，对人体健康造成严重危害的，处三年以上十年以下有期徒刑，并处销售金额百分之五十以上二倍以下罚金；后果特别严重的，处十年以上有期徒刑或者无期徒刑，并处销售金额百分之五十以上二倍以下罚金或者没收财产。本条所称劣药，是指依照《中华人民共和国药品管理法》的规定属于劣药的药品。”

严重危害的行为。

2. 注意划清本罪与生产、销售假药罪的界限

两者有本质区别：（1）前者是结果犯，行为人生产、销售劣药，只有对人体健康造成严重危害的才能构成犯罪；而后者是行为犯，行为人只要实施了生产、销售假药的行为，就可构成犯罪。（2）前者以生产、销售“劣药”作为构成要件，后者的犯罪对象则是假药。假药往往比劣药对人体健康造成的危害更大，因而生产、销售假药罪的法定刑要重于生产、销售劣药罪，后者法定最高刑为死刑，前者为无期徒刑。行为人既生产、销售劣药，又生产、销售假药，均构成犯罪的，则应分别定罪，实行数罪并罚。

3. 医疗机构使用或者销售劣药的处理

药品使用单位的人员明知是劣药而提供给他人使用的，依照前款的规定处罚。

4. 如何理解和把握本条第二款“药品使用单位的人员明知是劣药而提供给他人使用的，依照前款的规定处罚”？

有观点认为，根据法律“依照前款的规定处罚”即以“生产、销售劣药罪”定罪处罚。我们认为，该意见欠妥：一是从前款规定来看，成立犯罪并不要求相对方支付对价，实践中也存在药品使用单位免费提供药品的情形，将并不支付对价的情形也归入“销售”的范畴，不仅名不副实，难以准确体现构成要件，且对“销售”概念外延的扩张，可能会被类比适用到其他涉及销售的罪名；二是就新增条款的立法目的而言，主要是针对药品使用单位的人员未积极履行应有职责的情形，此种行为类型与“销售”劣药的行为明显相异；三是“依照前款的规定处罚”并不意味着只能适用前款的罪名，存在另行确定罪名的先例，例如，《刑法》第一百七十四条第二款另行确定罪名“伪造、变造、转让金融机构经营许可证、批准文件罪”，《刑法》第一百八十五条之一另行确定罪名“违法运用资金罪”等。鉴此，对修改后《刑法》第一百四十二条第二款应当另行确定罪名，但如果确定为“提供劣药罪”，则存在增设死刑罪名的问题。基于此，“两高”《罪名补充规定（七）》将第一百四十二条的罪名整体调整为“生产、销售、提供劣药罪”，取消原罪名“生产、销售劣药罪”。

5. 本罪的立案标准

生产（包括配制）、销售劣药，涉嫌下列情形之一的，应予立案追诉：

（1）造成人员轻伤、重伤或者死亡的；（2）其他对人体健康造成严重危害的情形。

本条规定的“劣药”，是指依照《药品管理法》的规定，药品成分的含量不符合国家药品标准的药品和按劣药论处的药品。

（三）量刑指导或者参考

依照《刑法》第一百四十二条第一款规定，犯生产、销售、提供劣药罪的，处三年以上十年以下有期徒刑，并处罚金；后果特别严重的，处十年以上有期徒刑或者无期徒刑，并处罚金或者没收财产。

依照《刑法》第一百五十条规定，单位犯本罪的，对单位判处罚金，并对其直接负责的主管人员和其他直接责任人员，依照第一百四十二条第一款规定处罚。

四、妨害药品管理罪

（一）刑法规定

第一百四十二条之一 违反药品管理法规，有下列情形之一，足以严重危害人体健康的，处三年以下有期徒刑或者拘役，并处或者单处罚金；对人体健康造成严重危害或者有其他严重情节的，处三年以上七年以下有期徒刑，并处罚金：

（一）生产、销售国务院药品监督管理部门禁止使用的药品的；

（二）未取得药品相关批准证明文件生产、进口药品或者明知是上述药品而销售的；

（三）药品申请注册中提供虚假的证明、数据、资料、样品或者采取其他欺骗手段的；

（四）编造生产、检验记录的。

有前款行为，同时又构成本法第一百四十一条、第一百四十二条规定之罪或者其他犯罪的，依照处罚较重的规定定罪处罚。

（二）疑难、复杂问题的参考性解答

本罪客观方面的表现形式有哪些？

有下列情形之一，足以严重危害人体健康的，构成本罪客观方面：（1）生产、销售国务院药品监督管理部门禁止使用的药品的；（2）未取得药品相关批准证明文件生产、进口药品或者明知是上述药品而销售的；（3）药品申请注册中提供虚假的证明、数据、资料、样品或者采取其他欺骗手段的；（4）编造生产、检验记录的。

（三）量刑指导或者参考

根据《刑法》第一百四十二条之一，犯本罪处三年以下有期徒刑或者拘役，并处或者单处罚金；对人体健康造成严重危害或者有其他严重情节的，处三年以上七年以下有期徒刑，并处罚金。

五、生产、销售不符合安全标准的食品罪

（一）刑法规定

第一百四十三条　生产、销售不符合食品安全标准的食品，足以造成严重食物中毒事故或者其他严重食源性疾病的，处三年以下有期徒刑或者拘役，并处罚金；对人体健康造成严重危害或者有其他严重情节的，处三年以上七年以下有期徒刑，并处罚金；后果特别严重的，处七年以上有期徒刑或者无期徒刑，并处罚金或者没收财产。①

（二）法律、司法解释、司法文件及其权威解读

1. **中华人民共和国食品安全法**（2009 年 2 月 28 日第十一届全国人民代表大会常务委员会第七次会议通过　2015 年 4 月 24 日第十二届全国人民代表

① 本条第一款经 2011 年 2 月 25 日《刑法修正案（八）》第二十四条修正。《刑法》原第一百四十三条为："生产、销售不符合卫生标准的食品，足以造成严重食物中毒事故或者其他严重食源性疾患的，处三年以下有期徒刑或者拘役，并处或者单处销售金额百分之五十以上二倍以下罚金；对人体健康造成严重危害的，处三年以上七年以下有期徒刑，并处销售金额百分之五十以上二倍以下罚金；后果特别严重的，处七年以上有期徒刑或者无期徒刑，并处销售金额百分之五十以上二倍以下罚金或者没收财产。"

大会常务委员会第十四次会议修订　根据2018年12月29日第十三届全国人民代表大会常务委员会第七次会议《关于修改〈中华人民共和国产品质量法〉等五部法律的决定》第一次修正　根据2021年4月29日第十三届全国人民代表大会常务委员会第二十八次会议《关于修改〈中华人民共和国道路交通安全法〉等八部法律的决定》第二次修正）（节录）

第二十六条　食品安全标准应当包括下列内容：

（一）食品、食品添加剂、食品相关产品中的致病性微生物，农药残留、兽药残留、生物毒素、重金属等污染物质以及其他危害人体健康物质的限量规定；

（二）食品添加剂的品种、使用范围、用量；

（三）专供婴幼儿和其他特定人群的主辅食品的营养成分要求；

（四）对与卫生、营养等食品安全要求有关的标签、标志、说明书的要求；

（五）食品生产经营过程的卫生要求；

（六）与食品安全有关的质量要求；

（七）与食品安全有关的食品检验方法与规程；

（八）其他需要制定为食品安全标准的内容。

第三十三条　食品生产经营应当符合食品安全标准，并符合下列要求：

（一）具有与生产经营的食品品种、数量相适应的食品原料处理和食品加工、包装、贮存等场所，保持该场所环境整洁，并与有毒、有害场所以及其他污染源保持规定的距离；

（二）具有与生产经营的食品品种、数量相适应的生产经营设备或者设施，有相应的消毒、更衣、盥洗、采光、照明、通风、防腐、防尘、防蝇、防鼠、防虫、洗涤以及处理废水、存放垃圾和废弃物的设备或者设施；

（三）有专职或者兼职的食品安全专业技术人员、食品安全管理人员和保证食品安全的规章制度；

（四）具有合理的设备布局和工艺流程，防止待加工食品与直接入口食品、原料与成品交叉污染，避免食品接触有毒物、不洁物；

（五）餐具、饮具和盛放直接入口食品的容器，使用前应当洗净、消毒，炊具、用具用后应当洗净，保持清洁；

（六）贮存、运输和装卸食品的容器、工具和设备应当安全、无害，保持清洁，防止食品污染，并符合保证食品安全所需的温度、湿度等特殊要求，不得将食品与有毒、有害物品一同贮存、运输；

（七）直接入口的食品应当使用无毒、清洁的包装材料、餐具、饮具和容器；

（八）食品生产经营人员应当保持个人卫生，生产经营食品时，应当将手洗净，穿戴清洁的工作衣、帽等；销售无包装的直接入口食品时，应当使用无毒、清洁的容器、售货工具和设备；

（九）用水应当符合国家规定的生活饮用水卫生标准；

（十）使用的洗涤剂、消毒剂应当对人体安全、无害；

（十一）法律、法规规定的其他要求。

非食品生产经营者从事食品贮存、运输和装卸的，应当符合前款第六项的规定。

第三十四条　禁止生产经营下列食品、食品添加剂、食品相关产品：

（一）用非食品原料生产的食品或者添加食品添加剂以外的化学物质和其他可能危害人体健康物质的食品，或者用回收食品作为原料生产的食品；

（二）致病性微生物，农药残留、兽药残留、生物毒素、重金属等污染物质以及其他危害人体健康的物质含量超过食品安全标准限量的食品、食品添加剂、食品相关产品；

（三）用超过保质期的食品原料、食品添加剂生产的食品、食品添加剂；

（四）超范围、超限量使用食品添加剂的食品；

（五）营养成分不符合食品安全标准的专供婴幼儿和其他特定人群的主辅食品；

（六）腐败变质、油脂酸败、霉变生虫、污秽不洁、混有异物、掺假掺杂或者感官性状异常的食品、食品添加剂；

（七）病死、毒死或者死因不明的禽、畜、兽、水产动物肉类及其制品；

（八）未按规定进行检疫或者检疫不合格的肉类，或者未经检验或者检验不合格的肉类制品；

（九）被包装材料、容器、运输工具等污染的食品、食品添加剂；

（十）标注虚假生产日期、保质期或者超过保质期的食品、食品添加剂；

（十一）无标签的预包装食品、食品添加剂；

（十二）国家为防病等特殊需要明令禁止生产经营的食品；

（十三）其他不符合法律、法规或者食品安全标准的食品、食品添加剂、食品相关产品。

2. 最高人民法院、最高人民检察院关于办理危害食品安全刑事案件适用法律若干问题的解释（法释〔2021〕24号，2022年1月1日起施行）

为依法惩治危害食品安全犯罪，保障人民群众身体健康、生命安全，根据《中华人民共和国刑法》《中华人民共和国刑事诉讼法》的有关规定，对办理此类刑事案件适用法律的若干问题解释如下：

第一条 生产、销售不符合食品安全标准的食品，具有下列情形之一的，应当认定为刑法第一百四十三条规定的“足以造成严重食物中毒事故或者其他严重食源性疾病”：

（一）含有严重超出标准限量的致病性微生物、农药残留、兽药残留、生物毒素、重金属等污染物质以及其他严重危害人体健康的物质的；

（二）属于病死、死因不明或者检验检疫不合格的畜、禽、兽、水产动物肉类及其制品的；

（三）属于国家为防控疾病等特殊需要明令禁止生产、销售的；

（四）特殊医学用途配方食品、专供婴幼儿的主辅食品营养成分严重不符合食品安全标准的；

（五）其他足以造成严重食物中毒事故或者严重食源性疾病的情形。

第二条 生产、销售不符合食品安全标准的食品，具有下列情形之一的，应当认定为刑法第一百四十三条规定的“对人体健康造成严重危害”：

（一）造成轻伤以上伤害的；

（二）造成轻度残疾或者中度残疾的；

（三）造成器官组织损伤导致一般功能障碍或者严重功能障碍的；

（四）造成十人以上严重食物中毒或者其他严重食源性疾病的；

（五）其他对人体健康造成严重危害的情形。

第三条 生产、销售不符合食品安全标准的食品，具有下列情形之一的，应当认定为刑法第一百四十三条规定的“其他严重情节”：

（一）生产、销售金额二十万元以上的；

（二）生产、销售金额十万元以上不满二十万元，不符合食品安全标准的食品数量较大或者生产、销售持续时间六个月以上的；

（三）生产、销售金额十万元以上不满二十万元，属于特殊医学用途配方食品、专供婴幼儿的主辅食品的；

（四）生产、销售金额十万元以上不满二十万元，且在中小学校园、托幼机构、养老机构及周边面向未成年人、老年人销售的；

（五）生产、销售金额十万元以上不满二十万元，曾因危害食品安全犯罪受过刑事处罚或者二年内因危害食品安全违法行为受过行政处罚的；

（六）其他情节严重的情形。

第四条　生产、销售不符合食品安全标准的食品，具有下列情形之一的，应当认定为刑法第一百四十三条规定的“后果特别严重”：

（一）致人死亡的；

（二）造成重度残疾以上的；

（三）造成三人以上重伤、中度残疾或者器官组织损伤导致严重功能障碍的；

（四）造成十人以上轻伤、五人以上轻度残疾或者器官组织损伤导致一般功能障碍的；

（五）造成三十人以上严重食物中毒或者其他严重食源性疾病的；

（六）其他特别严重的后果。

第五条　在食品生产、销售、运输、贮存等过程中，违反食品安全标准，超限量或者超范围滥用食品添加剂，足以造成严重食物中毒事故或者其他严重食源性疾病的，依照刑法第一百四十三条的规定以生产、销售不符合安全标准的食品罪定罪处罚。

在食用农产品种植、养殖、销售、运输、贮存等过程中，违反食品安全标准，超限量或者超范围滥用添加剂、农药、兽药等，足以造成严重食物中毒事故或者其他严重食源性疾病的，适用前款的规定定罪处罚。

第六条　生产、销售有毒、有害食品，具有本解释第二条规定情形之一的，应当认定为刑法第一百四十四条规定的“对人体健康造成严重危害”。

第七条　生产、销售有毒、有害食品，具有下列情形之一的，应当认定为刑法第一百四十四条规定的“其他严重情节”：

（一）生产、销售金额二十万元以上不满五十万元的；

（二）生产、销售金额十万元以上不满二十万元，有毒、有害食品数量较大或者生产、销售持续时间六个月以上的；

（三）生产、销售金额十万元以上不满二十万元，属于特殊医学用途配方食品、专供婴幼儿的主辅食品的；

（四）生产、销售金额十万元以上不满二十万元，且在中小学校园、托幼机构、养老机构及周边面向未成年人、老年人销售的；

（五）生产、销售金额十万元以上不满二十万元，曾因危害食品安全犯罪受过刑事处罚或者二年内因危害食品安全违法行为受过行政处罚的；

（六）有毒、有害的非食品原料毒害性强或者含量高的；

（七）其他情节严重的情形。

第八条 生产、销售有毒、有害食品，生产、销售金额五十万元以上，或者具有本解释第四条第二项至第六项规定的情形之一的，应当认定为刑法第一百四十四条规定的“其他特别严重情节”。

第九条 下列物质应当认定为刑法第一百四十四条规定的“有毒、有害的非食品原料”：

（一）因危害人体健康，被法律、法规禁止在食品生产经营活动中添加、使用的物质；

（二）因危害人体健康，被国务院有关部门列入《食品中可能违法添加的非食用物质名单》《保健食品中可能非法添加的物质名单》和国务院有关部门公告的禁用农药、《食品动物中禁止使用的药品及其他化合物清单》等名单上的物质；

（三）其他有毒、有害的物质。

第十条 刑法第一百四十四条规定的“明知”，应当综合行为人的认知能力、食品质量、进货或者销售的渠道及价格等主、客观因素进行认定。

具有下列情形之一的，可以认定为刑法第一百四十四条规定的“明知”，但存在相反证据并经查证属实的除外：

（一）长期从事相关食品、食用农产品生产、种植、养殖、销售、运输、贮存行业，不依法履行保障食品安全义务的；

（二）没有合法有效的购货凭证，且不能提供或者拒不提供销售的相关食品来源的；

（三）以明显低于市场价格进货或者销售且无合理原因的；

（四）在有关部门发出禁令或者食品安全预警的情况下继续销售的；

（五）因实施危害食品安全行为受过行政处罚或者刑事处罚，又实施同种行为的；

（六）其他足以认定行为人明知的情形。

第十一条　在食品生产、销售、运输、贮存等过程中，掺入有毒、有害的非食品原料，或者使用有毒、有害的非食品原料生产食品的，依照刑法第一百四十四条的规定以生产、销售有毒、有害食品罪定罪处罚。

在食用农产品种植、养殖、销售、运输、贮存等过程中，使用禁用农药、食品动物中禁止使用的药品及其他化合物等有毒、有害的非食品原料，适用前款的规定定罪处罚。

在保健食品或者其他食品中非法添加国家禁用药物等有毒、有害的非食品原料的，适用第一款的规定定罪处罚。

第十二条　在食品生产、销售、运输、贮存等过程中，使用不符合食品安全标准的食品包装材料、容器、洗涤剂、消毒剂，或者用于食品生产经营的工具、设备等，造成食品被污染，符合刑法第一百四十三条、第一百四十四条规定的，以生产、销售不符合安全标准的食品罪或者生产、销售有毒、有害食品罪定罪处罚。

第十三条　生产、销售不符合食品安全标准的食品，有毒、有害食品，符合刑法第一百四十三条、第一百四十四条规定的，以生产、销售不符合安全标准的食品罪或者生产、销售有毒、有害食品罪定罪处罚。同时构成其他犯罪的，依照处罚较重的规定定罪处罚。

生产、销售不符合食品安全标准的食品，无证据证明足以造成严重食物中毒事故或者其他严重食源性疾病，不构成生产、销售不符合安全标准的食品罪，但构成生产、销售伪劣产品罪，妨害动植物防疫、检疫罪等其他犯罪的，依照该其他犯罪定罪处罚。

第十四条　明知他人生产、销售不符合食品安全标准的食品，有毒、有害食品，具有下列情形之一的，以生产、销售不符合安全标准的食品罪或者生产、销售有毒、有害食品罪的共犯论处：

（一）提供资金、贷款、账号、发票、证明、许可证件的；

（二）提供生产、经营场所或者运输、贮存、保管、邮寄、销售渠道等便利条件的；

（三）提供生产技术或者食品原料、食品添加剂、食品相关产品或者有毒、有害的非食品原料的；

（四）提供广告宣传的；

（五）提供其他帮助行为的。

第十五条 生产、销售不符合食品安全标准的食品添加剂，用于食品的包装材料、容器、洗涤剂、消毒剂，或者用于食品生产经营的工具、设备等，符合刑法第一百四十条规定的，以生产、销售伪劣产品罪定罪处罚。

生产、销售用超过保质期的食品原料、超过保质期的食品、回收食品作为原料的食品，或者以更改生产日期、保质期、改换包装等方式销售超过保质期的食品、回收食品，适用前款的规定定罪处罚。

实施前两款行为，同时构成生产、销售不符合安全标准的食品罪，生产、销售不符合安全标准的产品罪等其他犯罪的，依照处罚较重的规定定罪处罚。

第十六条 以提供给他人生产、销售食品为目的，违反国家规定，生产、销售国家禁止用于食品生产、销售的非食品原料，情节严重的，依照刑法第二百二十五条的规定以非法经营罪定罪处罚。

以提供给他人生产、销售食用农产品为目的，违反国家规定，生产、销售国家禁用农药、食品动物中禁止使用的药品及其他化合物等有毒、有害的非食品原料，或者生产、销售添加上述有毒、有害的非食品原料的农药、兽药、饲料、饲料添加剂、饲料原料，情节严重的，依照前款的规定定罪处罚。

第十七条 违反国家规定，私设生猪屠宰厂（场），从事生猪屠宰、销售等经营活动，情节严重的，依照刑法第二百二十五条的规定以非法经营罪定罪处罚。

在畜禽屠宰相关环节，对畜禽使用食品动物中禁止使用的药品及其他化合物等有毒、有害的非食品原料，依照刑法第一百四十四条的规定以生产、销售有毒、有害食品罪定罪处罚；对畜禽注水或者注入其他物质，足以造成严重食物中毒事故或者其他严重食源性疾病的，依照刑法第一百四十三条的规定以生产、销售不符合安全标准的食品罪定罪处罚；虽不足以造成严重食物中毒事故或者其他严重食源性疾病，但符合刑法第一百四十条规定的，以生产、销售伪劣产品罪定罪处罚。

第十八条 实施本解释规定的非法经营行为，非法经营数额在十万元以上，或者违法所得数额在五万元以上的，应当认定为刑法第二百二十五条规定的“情节严重”；非法经营数额在五十万元以上，或者违法所得数额在二十五万元以上的，应当认定为刑法第二百二十五条规定的“情节特别严重”。

实施本解释规定的非法经营行为，同时构成生产、销售伪劣产品罪，生产、销售不符合安全标准的食品罪，生产、销售有毒、有害食品罪，生产、销售伪劣农药、兽药罪等其他犯罪的，依照处罚较重的规定定罪处罚。

第十九条 违反国家规定，利用广告对保健食品或者其他食品作虚假宣传，符合刑法第二百二十二条规定的，以虚假广告罪定罪处罚；以非法占有为目的，利用销售保健食品或者其他食品诈骗财物，符合刑法第二百六十六条规定的，以诈骗罪定罪处罚。同时构成生产、销售伪劣产品罪等其他犯罪的，依照处罚较重的规定定罪处罚。

第二十条 负有食品安全监督管理职责的国家机关工作人员，滥用职权或者玩忽职守，构成食品监管渎职罪，同时构成徇私舞弊不移交刑事案件罪、商检徇私舞弊罪、动植物检疫徇私舞弊罪、放纵制售伪劣商品犯罪行为罪等其他渎职犯罪的，依照处罚较重的规定定罪处罚。

负有食品安全监督管理职责的国家机关工作人员滥用职权或者玩忽职守，不构成食品监管渎职罪，但构成前款规定的其他渎职犯罪的，依照该其他犯罪定罪处罚。

负有食品安全监督管理职责的国家机关工作人员与他人共谋，利用其职务行为帮助他人实施危害食品安全犯罪行为，同时构成渎职犯罪和危害食品安全犯罪共犯的，依照处罚较重的规定定罪从重处罚。

第二十一条 犯生产、销售不符合安全标准的食品罪，生产、销售有毒、有害食品罪，一般应当依法判处生产、销售金额二倍以上的罚金。

共同犯罪的，对各共同犯罪人合计判处的罚金一般应当在生产、销售金额的二倍以上。

第二十二条 对实施本解释规定之犯罪的犯罪分子，应当依照刑法规定的条件，严格适用缓刑、免予刑事处罚。对于依法适用缓刑的，可以根据犯罪情况，同时宣告禁止令。

对于被不起诉或者免予刑事处罚的行为人，需要给予行政处罚、政务处分或者其他处分的，依法移送有关主管机关处理。

第二十三条 单位实施本解释规定的犯罪的，对单位判处罚金，并对直接负责的主管人员和其他直接责任人员，依照本解释规定的定罪量刑标准处罚。

第二十四条 “足以造成严重食物中毒事故或者其他严重食源性疾病”“有毒、有害的非食品原料”等专门性问题难以确定的，司法机关可以依据鉴定意见、检验报告、地市级以上相关行政主管部门组织出具的书面意见，结合其他证据作出认定。必要时，专门性问题由省级以上相关行政主管部门组织出具书面意见。

第二十五条 本解释所称“二年内”，以第一次违法行为受到行政处罚的生效之日与又实施相应行为之日的时间间隔计算确定。

第二十六条 本解释自2022年1月1日起施行。本解释公布实施后，《最高人民法院、最高人民检察院关于办理危害食品安全刑事案件适用法律若干问题的解释》（法释〔2013〕12号）同时废止；之前发布的司法解释与本解释不一致的，以本解释为准。

（三）疑难、复杂问题的参考性解答

1. 如何理解“不符合食品安全标准的食品”？

根据《食品安全法》的规定，食品安全标准是强制执行的标准。“不符合食品安全标准的食品”主要有：（1）腐败变质、油脂酸败、霉变生虫、污秽不洁、混有异物、掺假掺杂或者其他感官形状异常的；（2）用非食品原料生产的或者添加食品添加剂以外的化学物质和其他可能危害人体健康物质的，或者用回收食品作为原料生产的；（3）致病性微生物、农药残留、兽药残留、重金属、污染物质以及其他危害人体健康的物质含量超过限量的；（4）营养成分不符合食品安全标准的专供婴幼儿和其他人群的主辅食品；（5）病死、毒死或者死因不明的禽、畜、兽、水产动物肉类及其制品；（6）未经动物卫生监督机构检疫或者检疫不合格的肉类，或者未经检验或者检验不合格的肉类制品；（7）被包装材料、容器、运输工具等污染的；（8）无标签的预包装食品；（9）超过保质期限的；（10）国家为防病等特殊需要明令禁止生产经营的；（11）其他不符合食品安全标准或者要求的食品。

2. 本罪客观方面有哪些表现形式？

客观方面表现为违反国家食品安全管理法规，生产、销售不符合安全标准的食品，足以造成严重食物中毒事故或者其他严重食源性疾病的行为，本罪是危险犯。根据食品安全法的规定，“食物中毒”，是指食用了被有毒、有害物质污染的食品或者食用了含有毒、有害物质的食品后出现的急性、亚急性疾病。“食源性疾病”，是指食品中致病因素进入人体引起的感染性、中毒性等疾病。根据《伪劣商品解释》，只要经省级以上卫生行政部门确定的机构

鉴定，食品中含有可能导致严重食物中毒事故或者其他严重食源性疾病的超标准的有害细菌或者其他污染物的，就应认定为“足以造成严重食物中毒事故或者其他严重食源性疾病”，即可构成本罪。如果对人体健康造成了严重危害后果或者有其他严重情节的，是结果加重犯或者情节加重犯，要处更重的刑罚。

3. 划清罪与非罪的界限

区分的关键是看行为人生产、销售不符合安全标准的食品是否“足以造成严重食物中毒事故或者其他严重食源性疾病”。在司法实践中，一般应结合可能造成传染疾病的性质、中毒轻重的程度、可能致害人数的多少等情况综合分析。如根据食品不符合安全标准的程度，被害人食用后只能造成一般性的腹泻，恐怕就不能认定“足以造成严重食物中毒事故或者其他严重食源性疾病”。

4. 本罪的立案标准

生产、销售不符合卫生标准的食品，涉嫌下列情形之一的，应予立案追诉：（1）含有可能导致严重食物中毒事故或者其他严重食源性疾患的超标准的有害细菌的；（2）含有可能导致严重食物中毒事故或者其他严重食源性疾患的超标准的其他污染物的。“不符合卫生标准的食品”，由省级以上卫生行政部门确定的机构进行鉴定。

（四）量刑指导或者参考

依照《刑法》第一百四十三条规定，犯本罪处三年以下有期徒刑或者拘役，并处罚金；对人体健康造成严重危害或者有其他严重情节的，处三年以上七年以下有期徒刑，并处罚金；后果特别严重的，处七年以上有期徒刑或者无期徒刑，并处罚金或者没收财产。

依照《刑法》第一百五十条规定，单位犯本罪的，对单位判处罚金，并对其直接负责的主管人员和其他直接责任人员，依照第一百四十三条规定处罚。

《刑法》第一百四十三条规定的“对人体健康造成严重危害”，根据司法解释的规定，主要是指生产、销售不符合安全标准的食品被食用后，造成轻伤、重伤或者其他严重后果的情形；“后果特别严重”，主要是指生产、销售不符合安全标准的食品被食用后，致人死亡、严重残疾、三人以上重伤，十人以上轻伤或者造成其他特别严重后果的情形。

六、生产、销售有毒、有害食品罪

（一）刑法规定

第一百四十四条 在生产、销售的食品中掺入有毒、有害的非食品原料的，或者销售明知掺有有毒、有害的非食品原料的食品的，处五年以下有期徒刑，并处罚金；对人体健康造成严重危害或者有其他严重情节的，处五年以上十年以下有期徒刑，并处罚金；致人死亡或者有其他特别严重情节的，依照本法第一百四十一条的规定处罚。①

（二）司法解释、司法文件

最高人民法院、最高人民检察院、公安部关于依法严惩“地沟油”犯罪活动的通知（公通字〔2012〕1号）

为依法严惩“地沟油”犯罪活动，切实保障人民群众的生命健康安全，根据刑法和有关司法解释的规定，现就有关事项通知如下：

一、依法严惩“地沟油”犯罪，切实维护人民群众食品安全

“地沟油”犯罪，是指用餐厨垃圾、废弃油脂、各类肉及肉制品加工废弃物等非食品原料，生产、加工“食用油”，以及明知是利用“地沟油”生产、加工的油脂而作为食用油销售的行为。“地沟油”犯罪严重危害人民群众身体健康和生命安全，严重影响国家形象，损害党和政府的公信力。各级公安机关、检察机关、人民法院要认真贯彻《刑法修正案（八）》对危害食品安全犯罪从严打击的精神，依法严惩“地沟油”犯罪，坚决打击“地沟油”进入食用领域的各种犯罪行为，坚决保护人民群众切身利益。对于涉及多地区的“地沟油”犯罪案件，各地公安机关、检察机关、人民法院要在案件管辖、调查取证等方面通力合作，形成打击合力，切实维护人民群众食品安全。

---

① 本条经2011年2月25日《刑法修正案（八）》第二十五条修正。《刑法》原第一百四十四条为：“在生产、销售的食品中掺入有毒、有害的非食品原料的，或者销售明知掺有有毒、有害的非食品原料的食品的，处五年以下有期徒刑或者拘役，并处或者单处销售金额百分之五十以上二倍以下罚金；造成严重食物中毒事故或者其他严重食源性疾患，对人体健康造成严重危害的，处五年以上十年以下有期徒刑，并处销售金额百分之五十以上二倍以下罚金；致人死亡或者对人体健康造成特别严重危害的，依照本法第一百四十一条的规定处罚。”

二、准确理解法律规定，严格区分犯罪界限

（一）对于利用“地沟油”生产“食用油”的，依照刑法第144条生产有毒、有害食品罪的规定追究刑事责任。

（二）明知是利用“地沟油”生产的“食用油”而予以销售的，依照刑法第144条销售有毒、有害食品罪的规定追究刑事责任。认定是否“明知”，应当结合犯罪嫌疑人、被告人的认知能力，犯罪嫌疑人、被告人及其同案人的供述和辩解，证人证言，产品质量，进货渠道及进货价格、销售渠道及销售价格等主、客观因素予以综合判断。

（三）对于利用“地沟油”生产的“食用油”，已经销售出去没有实物，但是有证据证明系已被查实生产、销售有毒、有害食品犯罪事实的上线提供的，依照刑法第144条销售有毒、有害食品罪的规定追究刑事责任。

（四）虽无法查明“食用油”是否系利用“地沟油”生产、加工，但犯罪嫌疑人、被告人明知该“食用油”来源可疑而予以销售的，应分别情形处理：经鉴定，检出有毒、有害成分的，依照刑法第144条销售有毒、有害食品罪的规定追究刑事责任；属于不符合安全标准的食品的，依照刑法第143条销售不符合安全标准的食品罪追究刑事责任；属于以假充真、以次充好、以不合格产品冒充合格产品或者假冒注册商标，构成犯罪的，依照刑法第140条销售伪劣产品罪或者第213条假冒注册商标罪、第214条销售假冒注册商标的商品罪追究刑事责任。

（五）知道或应当知道他人实施以上第（一）、（二）、（三）款犯罪行为，而为其掏捞、加工、贩运“地沟油”，或者提供贷款、资金、账号、发票、证明、许可证件，或者提供技术、生产、经营场所、运输、仓储、保管等便利条件的，依照本条第（一）、（二）、（三）款犯罪的共犯论处。

（六）对违反有关规定，掏捞、加工、贩运“地沟油”，没有证据证明用于生产“食用油”的，交由行政部门处理。

（七）对于国家工作人员在食用油安全监管和查处“地沟油”违法犯罪活动中滥用职权、玩忽职守、徇私枉法，构成犯罪的，依照刑法有关规定追究刑事责任。

三、准确把握宽严相济刑事政策在食品安全领域的适用

在对“地沟油”犯罪定罪量刑时，要充分考虑犯罪数额、犯罪分子主观恶性及其犯罪手段、犯罪行为对人民群众生命安全和身体健康的危害、对市

场经济秩序的破坏程度、恶劣影响等。对于具有累犯、前科、共同犯罪的主犯、集团犯罪的首要分子等情节，以及犯罪数额巨大、情节恶劣、危害严重，群众反映强烈，给国家和人民利益造成重大损失的犯罪分子，依法严惩，罪当判处死刑的，要坚决依法判处死刑。对在同一条生产销售链上的犯罪分子，要在法定刑幅度内体现严惩源头犯罪的精神，确保生产环节与销售环节量刑的整体平衡。对于明知是“地沟油”而非法销售的公司、企业，要依法从严追究有关单位和直接责任人员的责任。对于具有自首、立功、从犯等法定情节的犯罪分子，可以依法从宽处理。要严格把握适用缓刑、免予刑事处罚的条件。对依法必须适用缓刑的，一般同时宣告禁止令，禁止其在缓刑考验期内从事与食品生产、销售等有关的活动。

（三）典型或常见问题的审理思路

1. 以工业用猪油冒充食用猪油予以销售致人死亡的行为如何定性①？

生产、销售伪劣商品直接危害市场经济的健康发展和有效运行，有时也会给消费者的人身健康和生命安全造成严重危害。立法者考虑到各种伪劣商品的属性和社会危害性的不同，在刑法分则第三章第一节“生产销售伪劣商品罪”中设置了多个罪名并规定了相应的法定刑。例如，从种属关系来看，有毒、有害的食品属于不符合卫生标准的食品，而不符合卫生标准的食品又属于伪劣产品；从社会危害性来看，有毒、有害的食品大于不符合卫生标准的食品，而不符合卫生标准的食品又大于伪劣产品，因此，立法者分别设置了生产、销售伪劣产品罪，生产、销售不符合卫生标准的食品罪和生产、销售有毒、有害食品罪，同时分别规定了相应的第一档法定刑即“两年以下有期徒刑或者拘役”“三年以下有期徒刑或者拘役”“五年以下有期徒刑或者拘役”。

生产、销售有毒、有害食品罪是指，在生产、销售的食品中掺入有毒、有害的非食品原料或者销售明知是掺有有毒、有害的非食品原料的食品的行为。本罪不仅侵犯国家对食品卫生的管理制度，同时也危害广大消费者的生命、健康安全。依照《食品安全法》第三十四条的规定，禁止生产经营下列食品、食品添加剂、食品相关产品：（1）用非食品原料生产的食品或者添加

---

① 观点来源：《刑事审判参考》第94号指导案例，林某群、何某平等销售有害食品案。

食品添加剂以外的化学物质和其他可能危害人体健康物质的食品，或者用回收食品作为原料生产的食品；（2）致病性微生物，农药残留、兽药残留、生物毒素、重金属等污染物质以及其他危害人体健康的物质含量超过食品安全标准限量的食品、食品添加剂、食品相关产品；（3）用超过保质期的食品原料、食品添加剂生产的食品、食品添加剂；（4）超范围、超限量使用食品添加剂的食品；（5）营养成分不符合食品安全标准的专供婴幼儿和其他特定人群的主辅食品；（6）腐败变质、油脂酸败、霉变生虫、污秽不洁、混有异物、掺假掺杂或者感官性状异常的食品、食品添加剂；（7）病死、毒死或者死因不明的禽、畜、兽、水产动物肉类及其制品；（8）未按规定进行检疫或者检疫不合格的肉类，或者未经检验或者检验不合格的肉类制品；（9）被包装材料、容器、运输工具等污染的食品、食品添加剂；（10）标注虚假生产日期、保质期或者超过保质期的食品、食品添加剂；（11）无标签的预包装食品、食品添加剂；（12）国家为防病等特殊需要明令禁止生产经营的食品；（13）其他不符合法律、法规或者食品安全标准的食品、食品添加剂、食品相关产品。由此可见，立法者在设置“生产、销售不符合卫生标准的食品罪”和“生产、销售有毒、有害食品罪”两个罪名时，不是简单地将“有毒、有害的食品”视为“不符合卫生标准的食品”，而是考虑到“有毒、有害的食品”会比“不符合卫生标准的食品”给消费者造成更为严重的人身健康和生命安全的危害，因此有必要规定更高的法定刑（前者的最高法定刑为“七年以上有期徒刑或者无期徒刑”，后者的最高法定刑为“十年以上有期徒刑、无期徒刑或者死刑”）。被告人林某群和林某坤明知工业用猪油不是食用猪油，若被食用有害人体健康，仍冒充食用猪油予以销售，同时明知工业用猪油可能会掺入有害的非食品原料，可以认定，其行为系明知销售的非食用猪油掺有有害食品原料，为牟取非法利益而放任严重危害后果的发生，已经构成销售有害食品罪。

以危险方法危害公共安全罪，是指使用除放火、决水、爆炸、投毒以外的方法，造成不特定多数人的伤亡或者公私财产损失，危害公共安全的行为。在处理此类生产、销售有毒、有害食品造成严重危害后果的案件时，应着重分析行为人的主观目的并以此确定罪名。若行为人销售有毒、有害食品的主观目的是牟利，但同时又放任严重危害后果发生的，则应定生产、销售有毒、有害食品罪；若行为人出于各种动机，如造成当地治安混乱，人心恐慌，主观目的就是追求严重危害后果的发生的，则应定以危险方法危害公共安全罪。

2. 以危险方法危害公共安全罪与生产、销售有毒、有害食品罪的辨析①

以危险方法危害公共安全罪与生产、销售有毒、有害食品罪多有交叉，难以准确认定。在司法实践中，两者的关系通常被认为是一般与特殊的关系，在具体认定时一般是根据特别法优于普通法的原则，以生产、销售有毒、有害食品罪定罪。从二罪的罪状规定分析，二罪均对不特定多数人的生命、健康造成损害，即在客体上均危及公共安全，且二罪对这一客体的危害不需要附加任何条件、不受任何具体案情的影响，因而二罪属于法条竞合而非想象竞合关系，其本质区别在于具体行为方式不同。

当一行为构成生产、销售有毒、有害食品罪时，一般亦可构成以危险方法危害公共安全罪，此时根据法条竞合时特别法优于普通法的原则，以生产、销售有毒、有害食品罪论处。生产、销售有毒、有害食品罪的行为方式是在生产、销售的食品中掺入有毒、有害的非食品原料，要求犯罪对象必须是掺入有毒、有害的非食品原料的食品。如果有毒、有害的非食品原料掺入的对象不是食品，或者销售的是有毒、有害的非食品原料本身，则应认定为以危险方法危害公共安全罪。例如，“三鹿奶粉”案件的主犯明知三聚氰胺是化工产品，不能食用，一旦食用必然会危害人体健康和生命安全，仍以三聚氰胺和麦芽糊精为原料，研制出三聚氰胺的混合物（“蛋白粉”）。此行为的本质是直接生产、销售有毒、有害的非食品原料，不属于《食品安全法》所规定的食品或食品原料，且没有在食品中掺入、投放的过程，因而不能认定为生产、销售有毒、有害食品罪。由于该行为完全符合以危险方法危害公共安全罪，可以适用一般法条认定为以危险方法危害公共安全罪，由以上分析可知，准确区别二罪必须把握两个方面的内容：一是添加的物质是食品或食品原料，还是有毒、有害的非食品原料；二是是否在生产、销售过程中存在掺入、添加行为。

3. 生产、销售有毒、有害食品罪与生产、销售不符合安全标准的食品罪的辨析②

有观点认为，生产有毒、有害食品罪与生产、销售不符合安全标准的食

---

① 观点来源：《刑事审判参考》第166号指导案例，俞某春生产、销售有毒、有害食品案。

② 观点来源：《刑事审判参考》第166号指导案例，俞某春生产、销售有毒、有害食品案

品罪的区别主要有三点：一是犯罪手段不同。前者是在生产、销售的食品中掺入有毒、有害的非食品原料，后者是生产、销售的食品不符合安全标准。如果掺入的物质有毒害性，但其本身是食品原料，其毒害性仅是由于该食品原料污染或腐败变质引起，应按照生产、销售不符合安全标准的食品罪论处。二是对危害结果的要求不同。前者是行为犯，实施该犯罪行为即构成犯罪；后者是危险犯，只有存在足以造成严重食物中毒事故或者其他严重食源性疾病的才构成犯罪。三是犯罪对象不同。前者的犯罪对象仅限于有毒、有害食品；后者的犯罪对象范围较为广泛，包括《食品安全法》禁止生产经营的一切不符合安全标准的食品。我们认为，实践中区分两罪的关键主要在于两点：一是毒源不同。前者的“毒害”来自食品中的非食品原料的毒性，而后者的“毒害”来源于食品原料本身。非食品原料或受到污染而有毒性，或本身含有毒性，由于毒害量大（超过国家有关标准）而对人体有害。食品原料的毒性主要是受到污染或变质腐败等造成。二是掺入的方式不同。前者的“毒害”是故意掺入，是行为人积极的作用；而后者的“毒害”是由生产、销售中受到污染或变质而引起，是行为人消极的不作为。如果没有故意掺入行为，尽管食品受到有毒、有害非食品原料的污染，也不能认定为生产、销售有毒、有害食品罪。

（四）疑难、复杂问题的参考性解答

1. 本罪客观方面有哪些表现方式?

本罪的客观方面表现为在生产、销售的食品中掺入有毒、有害的非食品原料或者销售明知掺有有毒、有害的非食品原料的食品的行为。具体有两种：一是行为人在生产、销售的食品中掺入有毒、有害的非食品原料的行为。“有毒、有害的非食品原料”，是指对人体具有生理毒性，食用后会引起不良反应，损害肌体健康的不能食用的原料。如用工业酒精兑制白酒、用不能饮用的污水兑制酱油、用石灰水掺进牛奶中，等等。如果掺入的是食品原料，由于污染、腐败变质或者过量而具有了毒害性，不能构成本罪。至于非食品原料是否有毒、有害，要经过有关机构鉴定确定。二是行为人明知是掺有有毒、有害的非食品原料的食品而予以销售。即行为人虽未实施掺入有毒、有害非食品原料的行为，但他明知是有毒、有害的食品仍予以销售。本罪在犯罪形态上属行为犯，即只要行为人实施了在生产、销售的食品中掺入有毒、有害

的非食品原料或者销售明知掺有有毒、有害的非食品原料的食品的行为，就构成犯罪既遂。如果行为人实施上述行为对人体健康造成了严重危害的，属于结果加重犯，应处较重的刑罚。

2. 准确确定本罪的罪名

本罪属选择性罪名，不仅指行为方式（生产、销售）选择，也包括犯罪对象（有毒、有害食品）选择。在司法实践中，不能简单地将此种犯罪一律定为生产、销售有毒、有害食品罪，要根据案件的具体情况，准确确定罪名。如生产有毒食品罪、销售有害食品罪等。

3. 关于“地沟油”犯罪的处理

“地沟油”犯罪，是指使用餐厨垃圾、废弃油脂、各类肉及肉制品加工废弃物等非食品原料，生产、加工“食用油”，以及明知是利用“地沟油”生产、加工的油脂而作为食用油销售的行为。根据《最高人民法院、最高人民检察院、公安部关于依法严惩“地沟油”犯罪活动的通知》的规定，下列行为应当以生产、销售有毒、有害食品罪定罪处罚：（1）利用“地沟油”生产“食用油”的；（2）明知是利用“地沟油”生产的“食用油”而予以销售的；（3）对于利用“地沟油”生产的“食用油”已经销售出去没有实物，但是有证据证明系已被查实生产、销售有毒、有害食品犯罪事实的上线提供的；（4）无法查明“食用油”是否利用“地沟油”生产、加工，但行为人明知该“食用油”来源可疑而予以销售，经鉴定检出有毒、有害成分的。

4. 划清本罪与生产、销售不符合安全标准的食品罪的界限

两者在犯罪客体、主体方面有相同或者相似的地方，但有本质的区别：（1）犯罪客观方面不同。前者往食品中掺入的必须是有毒、有害的非食品原料；而后者在食品中掺入的原料也可能有毒有害，但其本身是食品原料，其毒害性是由于食品原料污染或者腐败变质所引起的。（2）构成犯罪的条件不同。前者是行为犯，行为人只要实施《刑法》第一百四十四条所规定的行为就构成犯罪；而后者是危险犯，只有“足以造成严重食物中毒事故或者其他严重食源性疾病”的，才构成此罪。

5. 划清本罪与投放危险物质罪的界限

生产、销售有毒、有害食品罪侵犯了广大消费者的生命、健康安全，在客观上也往往因中毒造成多人伤亡等严重后果。其与投放危险物质罪的区别主要表现在主观方面。投放危险物质罪的目的是造成不特定多数人伤亡；而本罪的目的是获取非法利润。行为人对在食品中掺入有毒、有害非食品原料虽然是明知的，但并不追求致人伤亡的危害结果发生。如果行为人生产、销售有毒、有害食品，其目的就是对他人的生命、健康安全造成损害，追求上述结果的发生，则应定为投放危险物质罪。如果行为人不是故意，而是疏忽大意或者过于自信在食品中掺入了有毒害性的非食品原料，造成了严重后果的，则构成过失投放危险物质罪。

6. 关于本案的立案标准

在生产、销售的食品中掺入有毒、有害的非食品原料的，或者销售明知掺有有毒、有害的非食品原料的食品的，应予立案追诉。

（五）量刑指导或者参考

依照《刑法》第一百四十四条规定，犯本罪处五年以下有期徒刑，并处罚金；对人体健康造成严重危害或者有其他严重情节的，处五年以上十年以下有期徒刑，并处罚金；致人死亡或者有其他特别严重情节的，处十年以上有期徒刑、无期徒刑或者死刑，并处罚金或者没收财产。

《刑法》第一百四十四条规定的"对人体健康造成严重危害"，根据《伪劣商品解释》的规定，是指生产、销售的有毒、有害食品被食用后，造成轻伤、重伤或者其他严重后果的。

依照《刑法》第一百五十条规定，单位犯本罪的，对单位判处罚金，并对其直接负责的主管人员和其他直接责任人员，依照第一百四十四条规定处罚。

七、生产、销售不符合标准的医用器材罪

（一）刑法规定

第一百四十五条　生产不符合保障人体健康的国家标准、行业标准的医疗器械、医用卫生材料，或者销售明知是不符合保障人体健康的国家标准、行业标准的医疗器械、医用卫生材料，足以严重危害人体健康的，处三年以下有期徒刑或者拘役，并处销售金额百分之五十以上二倍以下罚金；对人体健康造成严重危害的，处三年以上十年以下有期徒刑，并处销售金额百分之五十以上二倍以下罚金；后果特别严重的，处十年以上有期徒刑或者无期徒

刑，并处销售金额百分之五十以上二倍以下罚金或者没收财产。①

（二）疑难、复杂问题的参考性解答

1. 相关概念的理解

“国家标准、行业标准”，是指国家卫生主管部门或者医疗器械、医用卫生材料生产行业制定的旨在保障人们使用安全，不危害人体健康的有关质量与卫生标准。“医疗器械”，是指专用于治疗人体疾病的机器设备、仪器、用具等，包括诊断设备（如X光透视机）、治疗设备（如手术设备）、辅助设备（如中心血库）三大类。“医用卫生材料”，一般是指价格较低、使用时间短、用于疾病治疗的卫生用品，如救护包、纱布等。

2. 没有国家标准、行业标准的医疗器械，注册产品标准可视为“保障人体健康的行业标准”②

医疗器械门类很广，且国家标准、行业标准的起草需要实际依据和较长时间。国家药品监督管理部门要求企业在申请注册没有国家标准、行业标准的医疗器械时，必须上报企业起草的注册产品标准。该标准经过检测和临床试验，由国家药品监督管理部门批准后，作为产品上市和对产品进行监督的依据。因此，没有国家标准、行业标准的医疗器械的注册产品标准，实际发挥了“保障人体健康的行业标准”的作用。对于行为人生产、销售不符合注册产品标准的医疗器械，足以严重危害人体健康的，也应当以生产、销售不符合标准的医用器材罪定罪处罚。

3. 关于本案的立案标准

生产不符合保障人体健康的国家标准、行业标准的医疗器械、医用卫生材料，或者销售明知是不符合保障人体健康的国家标准、行业标准的医疗器械、医用卫生材料，涉嫌下列情形之一的，应予立案追诉：

（1）进入人体的医疗器械的材料中含有超过标准的有毒有害物质的；

---

① 本条经2002年12月28日《刑法修正案（四）》第一条修正。《刑法》原第一百四十五条为：“生产不符合保障人体健康的国家标准、行业标准的医疗器械、医用卫生材料，或者销售明知是不符合保障人体健康的国家标准、行业标准的医疗器械、医用卫生材料，对人体健康造成严重危害的，处五年以下有期徒刑，并处销售金额百分之五十以上二倍以下罚金；后果特别严重的，处五年以上十年以下有期徒刑，并处销售金额百分之五十以上二倍以下罚金，其中情节特别恶劣的，处十年以上有期徒刑或者无期徒刑，并处销售金额百分之五十以上二倍以下罚金或者没收财产。”

② 参见《伪劣商品解释》第六条。

（2）进入人体的医疗器械的有效性指标不符合标准要求，导致治疗、替代、调节、补偿功能部分或者全部丧失，可能造成贻误诊治或者人体严重损伤的；

（3）用于诊断、监护、治疗的有源医疗器械的安全指标不符合强制性标准要求，可能对人体构成伤害或者潜在危害的；

（4）用于诊断、监护、治疗的有源医疗器械的主要性能指标不合格，可能造成贻误诊治或者人体严重损伤的；

（5）未经批准，擅自增加功能或者适用范围，可能造成贻误诊治或者人体严重损伤的；

（6）其他足以严重危害人体健康或者对人体健康造成严重危害的情形。

医疗机构或者个人知道或者应当知道是不符合保障人体健康的国家标准、行业标准的医疗器械、医用卫生材料而购买并有偿使用的，视为本条规定的“销售”。

（三）量刑指导或者参考

依照《刑法》第一百四十五条规定，犯生产、销售不符合标准的医用器材罪的，处三年以下有期徒刑或者拘役，并处销售金额百分之五十以上二倍以下罚金；对人体健康造成严重危害的，处三年以上十年以下有期徒刑，并处销售金额百分之五十以上二倍以下罚金；后果特别严重的，处十年以上有期徒刑或者无期徒刑，并处销售金额百分之五十以上二倍以下罚金或者没收财产。

依照《刑法》第一百五十条规定，单位犯本罪的，对单位判处罚金，并对其直接负责的主管人员和其他直接责任人员，依照第一百四十五条规定处罚。

根据《伪劣商品解释》第六条的规定，“对人体健康造成严重危害”，是指生产、销售不符合标准的医疗器械、医用卫生材料，致人轻伤或者其他严重后果的；“后果特别严重”，是指生产、销售不符合标准的医疗器械、医用卫生材料，造成感染病毒性肝炎等难以治愈的疾病、一人以上重伤、三人以上轻伤或者其他严重后果的。

八、生产、销售不符合安全标准的产品罪

（一）刑法规定

第一百四十六条 生产不符合保障人身、财产安全的国家标准、行业标准的电器、压力容器、易燃易爆产品或者其他不符合保障人身、财产安全的国家标准、行业标准的产品，或者销售明知是以上不符合保障人身、财产安全的国家标准、行业标准的产品，造成严重后果的，处五年以下有期徒刑，并处销售金额百分之五十以上二倍以下罚金；后果特别严重的，处五年以上有期徒刑，并处销售金额百分之五十以上二倍以下罚金。

（二）疑难、复杂问题的参考性解答

1. 不符合安全标准的产品如何具体界定？

从犯罪构成来看，依照《刑法》第一百四十六条的规定，生产、销售不符合安全标准的产品罪是指生产不符合保障人身、财产安全的国家标准、行业标准的电器、压力容器、易燃易爆产品或者其他不符合保障人身、财产安全的国家标准、行业标准的产品，或者销售明知是以上不符合保障人身、财产安全的国家标准、行业标准的产品，造成严重后果的行为；依照《刑法》第一百四十条的规定，生产、销售伪劣产品罪是指生产者、销售者在产品中掺杂、掺假，以假充真，以次充好或者以不合格产品冒充合格产品，销售金额在五万元以上的行为。两罪在犯罪构成上有以下相同和不同之处：（1）主观上均为故意，但故意的内容不同。在生产、销售不符合安全标准的产品罪中，要求行为人即生产者、销售者明知其所生产、销售的产品是保障人身、财产安全的产品，且没有达到国家标准、行业标准；在生产、销售伪劣产品罪中，只要求行为人明知所生产、销售的产品是不符合产品质量标准的产品。(2）犯罪对象虽然都是伪劣产品，但从刑法的意义上讲两者却有所不同，生产、销售不符合安全标准的产品罪的犯罪对象是不符合保障人身、财产安全的国家标准、行业标准的伪劣产品。生产、销售伪劣产品罪的犯罪对象则不涉及人身、财产安全。《刑法》第一百四十六条列举了三种犯罪对象，显然没有穷尽，实际上从立法技术的角度考虑，也不可能将犯罪对象都一一列举出来，所以该条文规定了“其他不符合保障人身、财产安全的国家标准、行业

标准的产品”，概括该罪的犯罪对象。(3) 客观上均实施了生产、销售伪劣产品的行为，但定罪的标准和依据不同：构成生产、销售不符合安全标准的产品罪，不仅要求行为人有生产、销售不符合保障人身、财产安全的国家标准、行业标准的产品的行为，还必须造成严重后果；而生产、销售伪劣产品罪则不要求造成严重后果，只要生产、销售伪劣产品的金额达到五万元以上，就可以构成犯罪；如果生产、销售不符合安全标准的产品，没有造成严重后果，但销售金额在五万元以上的，根据《刑法》第一百四十九条第一款的规定，应按生产、销售伪劣产品罪定罪处罚。

2. 如何理解本罪侵犯的客体?

本罪侵犯的客体是国家对电器、压力容器、易燃易爆产品的安全监督管理制度和广大消费者的人身、财产安全。犯罪对象是不符合保障人身、财产安全的国家标准、行业标准的电器、压力容器、易燃易爆产品或者其他产品。“电器”，包括家用电器，如电视机、电冰箱、电冰柜、电热器等各种电信、电力器材及家电；“压力容器”，是指物体所承受的与表面垂直的作用力的容器，如高压锅、压力洗衣机、压力机等；“易燃易爆产品”，是指容易燃烧和爆炸的物品，如烟花爆竹、雷管、民用炸药等；“其他产品”，是指除上述电器、压力容器、易燃易爆产品以外的，不符合安全标准的产品，如汽水瓶、啤酒瓶等。这些产品与人民群众的生命、健康安全密切相关，若不符合安全标准，往往会给用户的人身、财产造成危害。

3. 划清罪与非罪的界限

行为人生产、销售不符合安全标准的产品，只有对消费者的人身、财产造成了严重后果的，才构成犯罪；否则，只能给予行政处罚。按照《最高人民检察院、公安部关于公安机关管辖的刑事案件立案追诉标准的规定（一）》第二十二条规定，生产不符合保障人身、财产安全的国家标准、行业标准的电器、压力容器、易燃易爆或者其他不符合保障人身、财产安全的国家标准、行业标准的产品，或者销售明知以上不符合保障人身、财产安全的国家标准、行业标准的产品，涉嫌下列情形之一的，应予立案追诉：(1) 造成人员重伤或者死亡的；(2) 造成直接经济损失十万元以上的；(3) 其他造成严重后果的情形。依照《刑法》第一百四十九条第一款的规定，销售金额在五万元以上的，可以生产、销售伪劣产品罪定罪处罚。

4. 本罪的立案标准

生产不符合保障人身、财产安全的国家标准、行业标准的电器、压力容器、易燃易爆或者其他不符合保障人身、财产安全的国家标准、行业标准的产品，或者销售明知是以上不符合保障人身、财产安全的国家标准、行业标准的产品，涉嫌下列情形之一的，应予立案追诉：

（1）造成人员重伤或者死亡的；

（2）造成直接经济损失十万元以上的；

（3）其他造成严重后果的情形。

（三）量刑指导或者参考

依照《刑法》第一百四十六条规定，犯本罪处五年以下有期徒刑，并处销售金额百分之五十以上二倍以下罚金；后果特别严重的，处五年以上有期徒刑，并处销售金额百分之五十以上二倍以下罚金。“后果特别严重”，是加重处罚情节，司法实践中，一般是指造成多人重伤、致人死亡或者直接造成消费者的财产损失在二十万元以上等情形。

依照《刑法》第一百五十条规定，单位犯本罪的，对单位判处罚金，并对其直接负责的主管人员和其他直接责任人员，依照第一百四十六条规定处罚。

九、生产、销售伪劣农药、兽药、化肥、种子罪

（一）刑法规定

第一百四十七条 生产假农药、假兽药、假化肥，销售明知是假的或者失去使用效能的农药、兽药、化肥、种子，或者生产者、销售者以不合格的农药、兽药、化肥、种子冒充合格的农药、兽药、化肥、种子，使生产遭受较大损失的，处三年以下有期徒刑或者拘役，并处或者单处销售金额百分之五十以上二倍以下罚金；使生产遭受重大损失的，处三年以上七年以下有期徒刑，并处销售金额百分之五十以上二倍以下罚金；使生产遭受特别重大损失的，处七年以上有期徒刑或者无期徒刑，并处销售金额百分之五十以上二倍以下罚金或者没收财产。

（二）典型或常见问题的审理思路

伪劣种子如何认定？

以此种品种种子冒充他种品种种子属伪劣种子[①]。种子是农作物和林木的种植材料或者繁殖材料，包括籽粒、果实和根、茎、苗、芽、叶等。生产、销售伪劣种子，不仅使农业或者林业生产经营者因减产而遭受较大损失，严重损害种子种植者的合法权益，也破坏了国家对种子质量的监督管理制度。因此，《种子法》第四十八条规定："禁止生产经营假、劣种子。"第七十四条规定："违反本法第四十八条规定，生产经营假种子的，由县级以上人民政府农业农村、林业草原主管部门责令停止生产经营，没收违法所得和种子，吊销种子生产经营许可证；违法生产经营的货值金额不足二万元的，并处二万元以上二十万元以下罚款；货值金额二万元以上的，并处货值金额十倍以上二十倍以下罚款。因生产经营假种子犯罪被判处有期徒刑以上刑罚的，种子企业或者其他单位的法定代表人、直接负责的主管人员自刑罚执行完毕之日起五年内不得担任种子企业的法定代表人、高级管理人员。"第七十五条规定："违反本法第四十八条规定，生产经营劣种子的，由县级以上人民政府农业农村、林业草原主管部门责令停止生产经营，没收违法所得和种子；违法生产经营的货值金额不足二万元的，并处一万元以上十万元以下罚款；货值金额二万元以上的，并处货值金额五倍以上十倍以下罚款；情节严重的，吊销种子生产经营许可证。因生产经营劣种子犯罪被判处有期徒刑以上刑罚的，种子企业或者其他单位的法定代表人、直接负责的主管人员自刑罚执行完毕之日起五年内不得担任种子企业的法定代表人、高级管理人员。"《刑法》第一百四十七条专门设立了生产、销售伪劣种子罪。

所谓生产、销售伪劣种子罪，是指生产者、销售者违反种子管理法规，生产、销售假种子、劣种子，使生产遭受较大损失的行为。本罪的犯罪对象是假种子和劣种子。关于种子和劣种子的认定，《种子法》第四十八条有明确规定："下列种子为假种子：（一）以非种子冒充种子或者以此种品种种子冒充他种品种种子的；（二）种子种类、品种与标签标注的内容不符或者没有标签的。下列种子为劣种子：（一）质量低于国家规定标准的；（二）质量低于

---

① 观点来源：《刑事审判参考》第109号指导案例，李某平销售伪劣种子案。

标签标注指标的；（三）带有国家规定的检疫性有害生物的。”

种子也是一种商品，生产、销售伪劣种子，销售金额在五万元以上的，当然也可构成生产、销售伪劣产品罪。根据《刑法》第一百四十九条规定，生产、销售伪劣种子，以生产、销售伪劣产品罪定罪处罚应具备特定的条件：生产、销售伪劣种子，销售金额在五万元以上，但没有使生产遭受较大损失；或者生产、销售伪劣种子，虽使生产遭受较大损失，但由于销售金额大，依照《刑法》第一百四十条规定的生产、销售伪劣产品罪定罪处罚，处刑较重的。换言之，生产、销售伪劣种子，构成生产、销售伪劣种子罪，以“使生产遭受较大损失”为条件。没有使生产遭受较大损失的，不能以生产、销售伪劣种子罪定罪处罚，但生产、销售伪劣种子，销售金额在五万元以上的，可按照生产、销售伪劣产品罪定罪处罚；销售金额在五万元以上，并且使生产遭受较大损失的，既构成生产、销售伪劣产品罪，又构成生产、销售伪劣种子罪的，属于法条竞合，择一重罪定罪处罚，不实行数罪并罚。例如，被告人销售假种子的销售金额为三十一万余元，并且由于其销售假种子行为，使直接使用该假玉米种子的农户种植的玉米大面积减产，给农民造成经济损失达三百多万元，应当认定为“使生产遭受特别重大损失”。被告人的行为，同时触犯了《刑法》第一百四十条规定的销售伪劣产品罪和《刑法》第一百四十七条规定的销售假种子罪，根据《刑法》第一百四十九条第二款的规定，应“依照处罚较重的规定定罪处罚”。由于生产、销售伪劣产品罪的定罪量刑标准是销售金额的大小，被告人销售假种子的销售金额为三十一万余元，依法应在“二年以上七年以下有期徒刑，并处销售金额百分之五十以上二倍以下罚金”的量刑档次和幅度内处刑，而生产、销售伪劣种子罪的定罪处刑标准是生产遭受损失的大小。

（三）疑难、复杂问题的参考性解答

1. 如何理解本罪的客体要件？

本罪侵犯的客体是国家对农用生产资料质量的监督管理制度和农业生产。犯罪对象仅限于农药、兽药、化肥、种子。“农药”，是指用于防治病、虫、草、鼠害的农用化学药品；“兽药”，是指用于预防、治疗、诊断畜禽等动物疾病，有目的地调节其生理功能并规定作用、用途、用法和用量的兽用药品；“化肥”，是指以空气、水、矿物等为原料，经过化学反应或者机械加工制成

的肥料，如氮肥、磷肥、钾肥和微量元素化肥等；“种子”，是指用于农业、林业生产的籽粒、果实、根、茎、芽等繁殖材料。

2. **如何理解本罪的客观表现形式？**

客观方面表现为行为人生产假农药、假兽药、假化肥，销售明知是假的或者失去使用效能的农药、兽药、化肥、种子，或者以不合格的农药、兽药、化肥、种子冒充合格的农药、兽药、化肥、种子，使生产遭受较大损失的行为。“假农药、假兽药、假化肥”，是指农药、兽药、化肥所含成分与国家标准、行业标准不符或者以非农药、非兽药、非化肥冒充农药、化肥、兽药；“失去使用效能的农药、兽药、化肥、种子”，是指因为过期、受潮、腐烂、变质等原因失去了原有功效和使用效能，丧失了使用价值的农药、兽药、化肥、种子；“不合格的农药、兽药、化肥、种子”，是指农药、兽药、化肥、种子不具备应当具备的使用性能或者没有达到应当达到的质量标准。

本罪属结果犯。行为人生产、销售伪劣农药、兽药、化肥、种子，只有使生产遭受较大损失的，才构成本罪。由于农业生产的产值较低，涉及广大农民的切身利益，而且直接关系社会的稳定，因此，生产、销售伪劣农药、兽药、化肥、种子犯罪活动，比生产、销售一般伪劣商品的犯罪活动具有更为严重的社会危害性；与此相适应，其定罪量刑的标准应当比生产、销售一般伪劣商品犯罪活动的标准更为严格。因此，生产、销售伪劣农药、兽药、化肥、种子使生产遭受的较大损失，一般以二万元为起点。

3. **注意划清罪与非罪的界限**

关键是看行为人有无生产、销售伪劣农药、兽药、化肥、种子的故意和是否使生产遭受了较大的损失。如果行为人不知道是伪劣农药、兽药、化肥、种子而予以销售的，或者行为人生产、销售伪劣农药、兽药、化肥、种子没有使生产遭受较大损失的，不构成本罪。但根据《刑法》第一百四十九条第一款的规定，销售金额在五万元以上的，可以按生产、销售伪劣产品罪定罪处罚。当前在司法实践中要特别注意防止“以罚代刑”，对那些生产、销售伪劣农药、兽药、化肥、种子，使生产遭受较大损失的行为人，不仅要依法判处其赔偿经济损失，而且要坚决依法追究其刑事责任。

4. **本罪的立案标准**

生产假农药、假兽药、假化肥，销售明知是假的或者失去使用效能的农药、兽药、化肥、种子，或者生产者、销售者以不合格的农药、兽药、化肥、种子冒充合格的农药、兽药、化肥、种子，涉嫌下列情形之一的，应予立案追诉：（1）使生产遭受损失二万元以上的；（2）其他使生产遭受较大损失的情形。

（四）量刑指导或者参考

依照《刑法》第一百四十七条规定，犯本罪处三年以下有期徒刑或者拘役，并处或者单处销售金额百分之五十以上二倍以下罚金；使生产遭受重大损失的，处三年以上七年以下有期徒刑，并处销售金额百分之五十以上二倍以下罚金；使生产遭受特别重大损失的，处七年以上有期徒刑或者无期徒刑，并处销售金额百分之五十以上二倍以下罚金或者没收财产。

依照《刑法》第一百五十条规定，单位犯本罪的，对单位判处罚金，并对其直接负责的主管人员和其他直接责任人员，依照第一百四十七条的规定处罚。

十、生产、销售不符合卫生标准的化妆品罪

（一）刑法规定

第一百四十八条 生产不符合卫生标准的化妆品，或者销售明知是不符合卫生标准的化妆品，造成严重后果的，处三年以下有期徒刑或者拘役，并处或者单处销售金额百分之五十以上二倍以下罚金。

（二）疑难、复杂问题的参考性解答

1. 如何理解本罪的客观要件？

客观方面表现为生产、销售不符合卫生标准的化妆品，并造成严重后果的行为。“不符合卫生标准”，是指不符合国家制定的各种化妆品的强制性标准。“造成严重后果”，目前司法解释尚无明确规定。按照《最高人民检察院、公安部关于公安机关管辖的刑事案件立案追诉标准的规定（一）》第二十四条规定，生产不符合卫生标准的化妆品，或者销售明知是不符合卫生标准的化妆品，涉嫌下列情形之一的，应予立案追诉：（1）造成他人容貌毁损或者皮肤严重损伤的；（2）造成他人器官组织损伤导致严重功能障碍的；（3）致使他人精神失常或者自杀、自残造成重伤、死亡的；（4）其他造成严重后果的

情形。

2. 注意划清犯罪行为与一般违法行为的界限

关键是看生产、销售伪劣化妆品是否造成了严重后果。如果生产、销售伪劣化妆品，只是使用以后没有任何效果，根本不起作用，或者没有造成严重后果的，不构成本罪。根据《刑法》第一百四十九条第一款的规定，如果销售金额在五万元以上的，可以生产、销售伪劣产品罪定罪处罚。应当注意的是，即使在有严重后果的情况下，也要正确区分该严重后果是否由化妆品不符合卫生标准所引起。有些化妆品使用后可能会引起不良反应，产品说明书已经说明了使用方法和注意事项。但如果由于消费者自身的过错没有按说明书上所说的方法和剂量使用，导致出现不良反应甚至严重后果的，则不能追究化妆品生产者和销售者的刑事责任。

3. 本罪的立案标准

生产不符合卫生标准的化妆品，或者销售明知是不符合卫生标准的化妆品，涉嫌下列情形之一的，应予立案追诉：

（1）造成他人容貌毁损或者皮肤严重损伤的；

（2）造成他人器官组织损伤导致严重功能障碍的；

（3）致使他人精神失常或者自杀、自残造成重伤、死亡的；

（4）其他造成严重后果的情形。

（三）量刑指导或者参考

依照《刑法》第一百四十八条规定，犯本罪处三年以下有期徒刑或者拘役，并处或者单处销售金额百分之五十以上二倍以下罚金。

依照《刑法》第一百五十条规定，单位犯本罪的，对单位判处罚金，并对其直接负责的主管人员和其他直接责任人员，依照第一百四十八条的规定处罚。

第二节　走私罪

一、走私武器、弹药罪

（一）刑法规定

第一百五十一条[①]　走私武器、弹药、核材料或者伪造的货币的，处七年以上有期徒刑，并处罚金或者没收财产；情节特别严重的，处无期徒刑，并处没收财产；情节较轻的，处三年以上七年以下有期徒刑，并处罚金。

走私国家禁止出口的文物、黄金、白银和其他贵重金属或者国家禁止进出口的珍贵动物及其制品的，处五年以上十年以下有期徒刑，并处罚金；情节特别严重的，处十年以上有期徒刑或者无期徒刑，并处没收财产；情节较

---

①　本条经2009年2月28日《刑法修正案（七）》第一条、2011年2月25日《刑法修正案（八）》第二十六条、2015年8月29日《刑法修正案（九）》三次修正。

1997年《刑法》第一百五十一条原文规定："走私武器、弹药、核材料或者伪造的货币的，处七年以上有期徒刑，并处罚金或者没收财产；情节较轻的，处三年以上七年以下有期徒刑，并处罚金。走私国家禁止出口的文物、黄金、白银和其他贵重金属或者国家禁止进出口的珍贵动物及其制品的，处五年以上有期徒刑，并处罚金；情节较轻的，处五年以下有期徒刑，并处罚金。走私国家禁止进出口的珍稀植物及其制品的，处五年以下有期徒刑，并处或者单处罚金；情节严重的，处五年以上有期徒刑，并处罚金。犯第一款、第二款罪，情节特别严重的，处无期徒刑或者死刑，并处没收财产。单位犯本条规定之罪的，对单位判处罚金，并对其直接负责的主管人员和其他直接责任人员，依照本条各款的规定处罚。"

《刑法修正案（七）》第一条将1997年《刑法》第一百五十一条第三款修改为："走私珍稀植物及其制品等国家禁止进出口的其他货物、物品的，处五年以下有期徒刑或者拘役，并处或者单处罚金；情节严重的，处五年以上有期徒刑，并处罚金。"

《刑法修正案（八）》第二十六条将本条修改为："走私武器、弹药、核材料或者伪造的货币的，处七年以上有期徒刑，并处罚金或者没收财产；情节特别严重的，处无期徒刑或者死刑，并处没收财产；情节较轻的，处三年以上七年以下有期徒刑，并处罚金。走私国家禁止出口的文物、黄金、白银和其他贵重金属或者国家禁止进出口的珍贵动物及其制品的，处五年以上十年以下有期徒刑，并处罚金；情节特别严重的，处十年以上有期徒刑或者无期徒刑，并处没收财产；情节较轻的，处五年以下有期徒刑，并处罚金。走私珍稀植物及其制品等国家禁止进出口的其他货物、物品的，处五年以下有期徒刑或者拘役，并处或者单处罚金；情节严重的，处五年以上有期徒刑，并处罚金。单位犯本条规定之罪的，对单位判处罚金，并对其直接负责的主管人员和其他直接责任人员，依照本条各款的规定处罚。"

《刑法修正案（九）》第九条对本条作了再次修改，取消了本条的死刑规定。

轻的，处五年以下有期徒刑，并处罚金。

走私珍稀植物及其制品等国家禁止进出口的其他货物、物品的，处五年以下有期徒刑或者拘役，并处或者单处罚金；情节严重的，处五年以上有期徒刑，并处罚金。

单位犯本条规定之罪的，对单位判处罚金，并对其直接负责的主管人员和其他直接责任人员，依照本条各款的规定处罚。

第一百五十五条[①] 下列行为，以走私罪论处，依照本节的有关规定处罚：

（一）直接向走私人非法收购国家禁止进口物品的，或者直接向走私人非法收购走私进口的其他货物、物品，数额较大的；

（二）在内海、领海、界河、界湖运输、收购、贩卖国家禁止进出口物品的，或者运输、收购、贩卖国家限制进出口货物、物品，数额较大，没有合法证明的。

第一百五十六条 与走私罪犯通谋，为其提供贷款、资金、帐号、发票、证明，或者为其提供运输、保管、邮寄或者其他方便的，以走私罪的共犯论处。

第一百五十七条 武装掩护走私的，依照本法第一百五十一条第一款的规定从重处罚。[②]

以暴力、威胁方法抗拒缉私的，以走私罪和本法第二百七十七条规定的阻碍国家机关工作人员依法执行职务罪，依照数罪并罚的规定处罚。

---

① 本条经2002年12月28日《刑法修正案（四）》第三条修正。

《刑法》原第一百五十五条为："下列行为，以走私罪论处，依照本节的有关规定处罚：（一）直接向走私人非法收购国家禁止进口物品的，或者直接向走私人非法收购走私进口的其他货物、物品，数额较大的；（二）在内海、领海运输、收购、贩卖国家禁止进出口物品的，或者运输、收购、贩卖国家限制进出口货物、物品，数额较大，没有合法证明的；（三）逃避海关监管将境外固体废物运输进境的。"

② 本款经2011年2月25日《刑法修正案（八）》第二十八条修正。

《刑法》原第一百五十七条第一款为："武装掩护走私的，依照本法第一百五十一条第一款、第四款的规定从重处罚。"

（二）法律、司法解释、司法文件

1. **最高人民法院、最高人民检察院关于办理走私刑事案件适用法律若干问题的解释**（法释〔2014〕10号，自2014年9月10日起施行）

为依法惩治走私犯罪活动，根据刑法有关规定，现就办理走私刑事案件适用法律的若干问题解释如下：

第一条 走私武器、弹药，具有下列情形之一的，可以认定为刑法第一百五十一条第一款规定的“情节较轻”：

（一）走私以压缩气体等非火药为动力发射枪弹的枪支二支以上不满五支的；

（二）走私气枪铅弹五百发以上不满二千五百发，或者其他子弹十发以上不满五十发的；

（三）未达到上述数量标准，但属于犯罪集团的首要分子，使用特种车辆从事走私活动，或者走私的武器、弹药被用于实施犯罪等情形的；

（四）走私各种口径在六十毫米以下常规炮弹、手榴弹或者枪榴弹等分别或者合计不满五枚的。

具有下列情形之一的，依照刑法第一百五十一条第一款的规定处七年以上有期徒刑，并处罚金或者没收财产：

（一）走私以火药为动力发射枪弹的枪支一支，或者以压缩气体等非火药为动力发射枪弹的枪支五支以上不满十支的；

（二）走私第一款第二项规定的弹药，数量在该项规定的最高数量以上不满最高数量五倍的；

（三）走私各种口径在六十毫米以下常规炮弹、手榴弹或者枪榴弹等分别或者合计达到五枚以上不满十枚，或者各种口径超过六十毫米以上常规炮弹合计不满五枚的；

（四）达到第一款第一、二、四项规定的数量标准，且属于犯罪集团的首要分子，使用特种车辆从事走私活动，或者走私的武器、弹药被用于实施犯罪等情形的。

具有下列情形之一的，应当认定为刑法第一百五十一条第一款规定的“情节特别严重”：

（一）走私第二款第一项规定的枪支，数量超过该项规定的数量标准的；

（二）走私第一款第二项规定的弹药，数量在该项规定的最高数量标准五倍以上的；

（三）走私第二款第三项规定的弹药，数量超过该项规定的数量标准，或者走私具有巨大杀伤力的非常规炮弹一枚以上的；

（四）达到第二款第一项至第三项规定的数量标准，且属于犯罪集团的首要分子，使用特种车辆从事走私活动，或者走私的武器、弹药被用于实施犯罪等情形的。

走私其他武器、弹药，构成犯罪的，参照本条各款规定的标准处罚。

第二条　刑法第一百五十一条第一款规定的“武器、弹药”的种类，参照《中华人民共和国进口税则》及《中华人民共和国禁止进出境物品表》的有关规定确定。

第三条　走私枪支散件，构成犯罪的，依照刑法第一百五十一条第一款的规定，以走私武器罪定罪处罚。成套枪支散件以相应数量的枪支计，非成套枪支散件以每三十件为一套枪支散件计。

第四条　走私各种弹药的弹头、弹壳，构成犯罪的，依照刑法第一百五十一条第一款的规定，以走私弹药罪定罪处罚。具体的定罪量刑标准，按照本解释第一条规定的数量标准的五倍执行。

走私报废或者无法组装并使用的各种弹药的弹头、弹壳，构成犯罪的，依照刑法第一百五十三条的规定，以走私普通货物、物品罪定罪处罚；属于废物的，依照刑法第一百五十二条第二款的规定，以走私废物罪定罪处罚。

弹头、弹壳是否属于前款规定的“报废或者无法组装并使用”或者“废物”，由国家有关技术部门进行鉴定。

第五条　走私国家禁止或者限制进出口的仿真枪、管制刀具，构成犯罪的，依照刑法第一百五十一条第三款的规定，以走私国家禁止进出口的货物、物品罪定罪处罚。具体的定罪量刑标准，适用本解释第十一条第一款第六、七项和第二款的规定。

走私的仿真枪经鉴定为枪支，构成犯罪的，依照刑法第一百五十一条第一款的规定，以走私武器罪定罪处罚。不以牟利或者从事违法犯罪活动为目的，且无其他严重情节的，可以依法从轻处罚；情节轻微不需要判处刑罚的，可以免予刑事处罚。

第六条　走私伪造的货币，数额在二千元以上不满二万元，或者数量在二百张（枚）以上不满二千张（枚）的，可以认定为刑法第一百五十一条第一款规定的“情节较轻”。

具有下列情形之一的，依照刑法第一百五十一条第一款的规定处七年以上有期徒刑，并处罚金或者没收财产：

（一）走私数额在二万元以上不满二十万元，或者数量在二千张（枚）以上不满二万张（枚）的；

（二）走私数额或者数量达到第一款规定的标准，且具有走私的伪造货币流入市场等情节的。

具有下列情形之一的，应当认定为刑法第一百五十一条第一款规定的“情节特别严重”：

（一）走私数额在二十万元以上，或者数量在二万张（枚）以上的；

（二）走私数额或者数量达到第二款第一项规定的标准，且属于犯罪集团的首要分子，使用特种车辆从事走私活动，或者走私的伪造货币流入市场等情形的。

第七条 刑法第一百五十一条第一款规定的“货币”，包括正在流通的人民币和境外货币。伪造的境外货币数额，折合成人民币计算。

第八条 走私国家禁止出口的三级文物二件以下的，可以认定为刑法第一百五十一条第二款规定的“情节较轻”。

具有下列情形之一的，依照刑法第一百五十一条第二款的规定处五年以上十年以下有期徒刑，并处罚金：

（一）走私国家禁止出口的二级文物不满三件，或者三级文物三件以上不满九件的；

（二）走私国家禁止出口的三级文物不满三件，且具有造成文物严重毁损或者无法追回等情节的。

具有下列情形之一的，应当认定为刑法第一百五十一条第二款规定的“情节特别严重”：

（一）走私国家禁止出口的一级文物一件以上，或者二级文物三件以上，或者三级文物九件以上的；

（二）走私国家禁止出口的文物达到第二款第一项规定的数量标准，且属于犯罪集团的首要分子，使用特种车辆从事走私活动，或者造成文物严重毁损、无法追回等情形的。

第九条 走私国家一、二级保护动物未达到本解释附表中（一）规定的数量标准，或者走私珍贵动物制品数额不满二十万元的，可以认定为刑法第一百五十一条第二款规定的“情节较轻”。

具有下列情形之一的，依照刑法第一百五十一条第二款的规定处五年以上十年以下有期徒刑，并处罚金：

（一）走私国家一、二级保护动物达到本解释附表中（一）规定的数量标准的；

（二）走私珍贵动物制品数额在二十万元以上不满一百万元的；

（三）走私国家一、二级保护动物未达到本解释附表中（一）规定的数量标准，但具有造成该珍贵动物死亡或者无法追回等情节的。

具有下列情形之一的，应当认定为刑法第一百五十一条第二款规定的“情节特别严重”：

（一）走私国家一、二级保护动物达到本解释附表中（二）规定的数量标准的；

（二）走私珍贵动物制品数额在一百万元以上的；

（三）走私国家一、二级保护动物达到本解释附表中（一）规定的数量标准，且属于犯罪集团的首要分子，使用特种车辆从事走私活动，或者造成该珍贵动物死亡、无法追回等情形的。

不以牟利为目的，为留作纪念而走私珍贵动物制品进境，数额不满十万元的，可以免予刑事处罚；情节显著轻微的，不作为犯罪处理。

第十条 刑法第一百五十一条第二款规定的“珍贵动物”，包括列入《国家重点保护野生动物名录》中的国家一、二级保护野生动物，《濒危野生动植物种国际贸易公约》附录Ⅰ、附录Ⅱ中的野生动物，以及驯养繁殖的上述动物。

走私本解释附表中未规定的珍贵动物的，参照附表中规定的同属或者同科动物的数量标准执行。

走私本解释附表中未规定珍贵动物的制品的，按照《最高人民法院、最高人民检察院、国家林业局、公安部、海关总署关于破坏野生动物资源刑事案件中涉及的CITES附录Ⅰ和附录Ⅱ所列陆生野生动物制品价值核定问题的通知》（林濒发〔2012〕239号）的有关规定核定价值。

第十一条 走私国家禁止进出口的货物、物品，具有下列情形之一的，依照刑法第一百五十一条第三款的规定处五年以下有期徒刑或者拘役，并处或者单处罚金：

（一）走私国家一级保护野生植物五株以上不满二十五株，国家二级保护野生植物十株以上不满五十株，或者珍稀植物、珍稀植物制品数额在二十万元以上不满一百万元的；

（二）走私重点保护古生物化石或者未命名的古生物化石不满十件，或者一般保护古生物化石十件以上不满五十件的；

（三）走私禁止进出口的有毒物质一吨以上不满五吨，或者数额在二万元以上不满十万元的；

（四）走私来自境外疫区的动植物及其产品五吨以上不满二十五吨，或者数额在五万元以上不满二十五万元的；

（五）走私木炭、硅砂等妨害环境、资源保护的货物、物品十吨以上不满五十吨，或者数额在十万元以上不满五十万元的；

（六）走私旧机动车、切割车、旧机电产品或者其他禁止进出口的货物、物品二十吨以上不满一百吨，或者数额在二十万元以上不满一百万元的；

（七）数量或者数额未达到本款第一项至第六项规定的标准，但属于犯罪集团的首要分子，使用特种车辆从事走私活动，造成环境严重污染，或者引起甲类传染病传播、重大动植物疫情等情形的。

具有下列情形之一的，应当认定为刑法第一百五十一条第三款规定的“情节严重”：

（一）走私数量或者数额超过前款第一项至第六项规定的标准的；

（二）达到前款第一项至第六项规定的标准，且属于犯罪集团的首要分子，使用特种车辆从事走私活动，造成环境严重污染，或者引起甲类传染病传播、重大动植物疫情等情形的。

第十二条 刑法第一百五十一条第三款规定的“珍稀植物”，包括列入《国家重点保护野生植物名录》《国家重点保护野生药材物种名录》《国家珍贵树种名录》中的国家一、二级保护野生植物、国家重点保护的野生药材、珍贵树木，《濒危野生动植物种国际贸易公约》附录Ⅰ、附录Ⅱ中的野生植物，以及人工培育的上述植物。

本解释规定的“古生物化石”，按照《古生物化石保护条例》的规定予以认定。走私具有科学价值的古脊椎动物化石、古人类化石，构成犯罪的，依照刑法第一百五十一条第二款的规定，以走私文物罪定罪处罚。

第十三条　以牟利或者传播为目的，走私淫秽物品，达到下列数量之一的，可以认定为刑法第一百五十二条第一款规定的“情节较轻”：

（一）走私淫秽录像带、影碟五十盘（张）以上不满一百盘（张）的；

（二）走私淫秽录音带、音碟一百盘（张）以上不满二百盘（张）的；

（三）走私淫秽扑克、书刊、画册一百副（册）以上不满二百副（册）的；

（四）走私淫秽照片、画片五百张以上不满一千张的；

（五）走私其他淫秽物品相当于上述数量的。

走私淫秽物品在前款规定的最高数量以上不满最高数量五倍的，依照刑法第一百五十二条第一款的规定处三年以上十年以下有期徒刑，并处罚金。

走私淫秽物品在第一款规定的最高数量五倍以上，或者在第一款规定的最高数量以上不满五倍，但属于犯罪集团的首要分子，使用特种车辆从事走私活动等情形的，应当认定为刑法第一百五十二条第一款规定的“情节严重”。

第十四条　走私国家禁止进口的废物或者国家限制进口的可用作原料的废物，具有下列情形之一的，应当认定为刑法第一百五十二条第二款规定的“情节严重”：

（一）走私国家禁止进口的危险性固体废物、液态废物分别或者合计达到一吨以上不满五吨的；

（二）走私国家禁止进口的非危险性固体废物、液态废物分别或者合计达到五吨以上不满二十五吨的；

（三）走私国家限制进口的可用作原料的固体废物、液态废物分别或者合计达到二十吨以上不满一百吨的；

（四）未达到上述数量标准，但属于犯罪集团的首要分子，使用特种车辆从事走私活动，或者造成环境严重污染等情形的。

具有下列情形之一的，应当认定为刑法第一百五十二条第二款规定的“情节特别严重”：

（一）走私数量超过前款规定的标准的；

（二）达到前款规定的标准，且属于犯罪集团的首要分子，使用特种车辆从事走私活动，或者造成环境严重污染等情形的；

（三）未达到前款规定的标准，但造成环境严重污染且后果特别严重的。

走私置于容器中的气态废物，构成犯罪的，参照前两款规定的标准处罚。

第十五条 国家限制进口的可用作原料的废物的具体种类，参照国家有关部门的规定确定。

第十六条 走私普通货物、物品，偷逃应缴税额在十万元以上不满五十万元的，应当认定为刑法第一百五十三条第一款规定的“偷逃应缴税额较大”；偷逃应缴税额在五十万元以上不满二百五十万元的，应当认定为“偷逃应缴税额巨大”；偷逃应缴税额在二百五十万元以上的，应当认定为“偷逃应缴税额特别巨大”。

走私普通货物、物品，具有下列情形之一，偷逃应缴税额在三十万元以上不满五十万元的，应当认定为刑法第一百五十三条第一款规定的“其他严重情节”；偷逃应缴税额在一百五十万元以上不满二百五十万元的，应当认定为“其他特别严重情节”：

（一）犯罪集团的首要分子；

（二）使用特种车辆从事走私活动的；

（三）为实施走私犯罪，向国家机关工作人员行贿的；

（四）教唆、利用未成年人、孕妇等特殊人群走私的；

（五）聚众阻挠缉私的。

第十七条 刑法第一百五十三条第一款规定的“一年内曾因走私被给予二次行政处罚后又走私”中的“一年内”，以因走私第一次受到行政处罚的生效之日与“又走私”行为实施之日的时间间隔计算确定；“被给予二次行政处罚”的走私行为，包括走私普通货物、物品以及其他货物、物品；“又走私”行为仅指走私普通货物、物品。

第十八条 刑法第一百五十三条规定的“应缴税额”，包括进出口货物、物品应当缴纳的进出口关税和进口环节海关代征税的税额。应缴税额以走私行为实施时的税则、税率、汇率和完税价格计算；多次走私的，以每次走私行为实施时的税则、税率、汇率和完税价格逐票计算；走私行为实施时间不能确定的，以案发时的税则、税率、汇率和完税价格计算。

刑法第一百五十三条第三款规定的“多次走私未经处理”，包括未经行政处理和刑事处理。

第十九条 刑法第一百五十四条规定的“保税货物”，是指经海关批准，未办理纳税手续进境，在境内储存、加工、装配后应予复运出境的货物，包括通过加工贸易、补偿贸易等方式进口的货物，以及在保税仓库、保税工厂、保税区或者免税商店内等储存、加工、寄售的货物。

第二十条　直接向走私人非法收购走私进口的货物、物品，在内海、领海、界河、界湖运输、收购、贩卖国家禁止进出口的物品，或者没有合法证明，在内海、领海、界河、界湖运输、收购、贩卖国家限制进出口的货物、物品，构成犯罪的，应当按照走私货物、物品的种类，分别依照刑法第一百五十一条、第一百五十二条、第一百五十三条、第三百四十七条、第三百五十条的规定定罪处罚。

刑法第一百五十五条第二项规定的“内海”，包括内河的入海口水域。

第二十一条　未经许可进出口国家限制进出口的货物、物品，构成犯罪的，应当依照刑法第一百五十一条、第一百五十二条的规定，以走私国家禁止进出口的货物、物品罪等罪名定罪处罚；偷逃应缴税额，同时又构成走私普通货物、物品罪的，依照处罚较重的规定定罪处罚。

取得许可，但超过许可数量进出口国家限制进出口的货物、物品，构成犯罪的，依照刑法第一百五十三条的规定，以走私普通货物、物品罪定罪处罚。

租用、借用或者使用购买的他人许可证，进出口国家限制进出口的货物、物品的，适用本条第一款的规定定罪处罚。

第二十二条　在走私的货物、物品中藏匿刑法第一百五十一条、第一百五十二条、第三百四十七条、第三百五十条规定的货物、物品，构成犯罪的，以实际走私的货物、物品定罪处罚；构成数罪的，实行数罪并罚。

第二十三条　实施走私犯罪，具有下列情形之一的，应当认定为犯罪既遂：

（一）在海关监管现场被查获的；

（二）以虚假申报方式走私，申报行为实施完毕的；

（三）以保税货物或者特定减税、免税进口的货物、物品为对象走私，在境内销售的，或者申请核销行为实施完毕的。

第二十四条　单位犯刑法第一百五十一条、第一百五十二条规定之罪，依照本解释规定的标准定罪处罚。

单位犯走私普通货物、物品罪，偷逃应缴税额在二十万元以上不满一百万元的，应当依照刑法第一百五十三条第二款的规定，对单位判处罚金，并对其直接负责的主管人员和其他直接责任人员，处三年以下有期徒刑或者拘役；偷逃应缴税额在一百万元以上不满五百万元的，应当认定为“情节严重”；偷逃应缴税额在五百万元以上的，应当认定为“情节特别严重”。

第二十五条 本解释发布实施后，《最高人民法院关于审理走私刑事案件具体应用法律若干问题的解释》（法释〔2000〕30号）、《最高人民法院关于审理走私刑事案件具体应用法律若干问题的解释（二）》（法释〔2006〕9号）同时废止。之前发布的司法解释与本解释不一致的，以本解释为准。

《最高人民法院、最高人民检察院关于办理走私刑事案件适用法律若干问题的解释》附表

中文名	拉丁文名	级别	（一）	（二）
蜂猴	Nycticebusspp.	I	3	4
熊猴	Macacaassamensis	I	2	3
台湾猴	Macacacyclopis	I	1	2
豚尾猴	Macacanemestrina	I	2	3
叶猴（所有种）	Presbytisspp.	I	1	2
金丝猴（所有种）	Rhinopithecusspp.	I	1	
长臂猿（所有种）	Hylobatesspp.	I	1	2
马来熊	Helarctosmalayanus	I	2	3
大熊猫	Ailuropodamelanoleuca	I	1	
紫貂	Marteszibellina	I	3	4
貂熊	Gulogulo	I	2	3
熊狸	Arctictisbinturong	I	1	2
云豹	Neofelisnebulosa	I	1	
豹	Pantherapardus	I	1	
雪豹	Pantherauncia	I	1	
虎	Pantheratigris	I	1	
亚洲象	Elephasmaximus	I	1	
蒙古野驴	Equushemionus	I	2	3
西藏野驴	Equuskiang	I	3	5
野马	Equusprzewalskii	I	1	

中文名	拉丁文名	级别	（一）	（二）
野骆驼	Camelusferus（=bactrianum）	Ⅰ	1	2
鼷鹿	Tragulusjavanicus	Ⅰ	2	3
黑麂	Muntiacuscrinifrons	Ⅰ	1	2
白唇鹿	Cervusalbirostris	Ⅰ	1	2
坡鹿	Cervuseldi	Ⅰ	1	2
梅花鹿	Cervusnippon	Ⅰ	2	3
豚鹿	Cervusporcinus	Ⅰ	2	3
麋鹿	Elaphurusdavidianus	Ⅰ	1	2
野牛	Bosgaurus	Ⅰ	1	2
野牦牛	Bosmutus（=grunniens）	Ⅰ	2	3
普氏原羚	Procapraprzewalskii	Ⅰ	1	2
藏羚	Pantholopshodgsoni	Ⅰ	2	3
高鼻羚羊	Saigatatarica	Ⅰ	1	
扭角羚	Budorcastaxicolor	Ⅰ	1	2
台湾鬣羚	Capricorniscrispus	Ⅰ	2	3
赤斑羚	Naemorheduscranbrooki	Ⅰ	2	4
塔尔羊	Hemitragusjemlahicus	Ⅰ	2	4
北山羊	Capraibex	Ⅰ	2	4
河狸	Castorfiber	Ⅰ	1	2
短尾信天翁	Diomedeaalbatrus	Ⅰ	2	4
白腹军舰鸟	Fregataandrewsi	Ⅰ	2	4
白鹳	Ciconiaciconia	Ⅰ	2	4
黑鹳	Ciconianigra	Ⅰ	2	4
朱环	Nipponianippon	Ⅰ	1	
中华沙秋鸭	Mergussquamatus	Ⅰ	2	3
金雕	Aquilachrysaetos	Ⅰ	2	4
白肩雕	Aquilaheliaca	Ⅰ	2	4
玉带海雕	Haliaeetusleucoryphus	Ⅰ	2	4
白尾海雕	Haliaeetusalbcilla	Ⅰ	2	3
虎头海雕	Haliaeetuspelagicus	Ⅰ	2	4

中文名	拉丁文名	级别	（一）	（二）
拟兀鹫	Pseudogypsbengalensis	I	2	4
胡兀鹫	Gypaetusbarbatus	I	2	4
细嘴松鸡	Tetraoparvirostris	I	3	5
斑尾榛鸡	Tetrastessewerzowi	I	3	5
雉鹑	Tetraophasisobscurus	I	3	5
四川山鹧鸪	Arborophilarufipectus	I	3	5
海南山鹧鸪	Arborophilaardens	I	3	5
黑头角雉	Tragopanmelanocephalus	I	2	3
红胸角雉	Tragopansatyra	I	2	4
灰腹角雉	Tragopanblythii	I	2	3
黄腹角雉	Tragopancaboti	I	2	3
虹雉（所有种）	Lophophorusspp.	I	2	4
褐马鸡	Crossoptilonmantchuricum	I	2	3
蓝鹇	Lophuraswinhoii	I	2	3
黑颈长尾雉	Syrmaticushumiae	I	2	4
白颈长尾雉	Syrmaticusewllioti	I	2	4
黑长尾雉	Syrmaticusmikado	I	2	4
孔雀雉	Polyplectronbicalcaratum	I	2	3
绿孔雀	Pavomuticus	I	2	3
黑颈鹤	Grusnigricollis	I	2	3
白头鹤	Grusmonacha	I	2	3
丹顶鹤	Grusjaponensis	I	2	3
白鹤	Grusleucogeranus	I	2	3
赤颈鹤	Grusantigone	I	1	2
鸨（所有种）	Otisspp.	I	4	6
遗鸥	Larusrelictus	I	2	4
四爪陆龟	Testudohorsfieldi	I	4	8
蜥鳄	Shinisauruscrocodilurus	I	2	4
巨蜥	Varanussalvator	I	2	4
蟒	Pythonmolurus	I	2	4

中文名	拉丁文名	级别	（一）	（二）
扬子鳄	Alligatorsinensis	Ⅰ	1	2
中华蛩蠊	Galloisianasinensis	Ⅰ	3	6
金斑喙凤蝶	Teinopalpusaureus	Ⅰ	3	6
短尾猴	Macacaarctoides	Ⅱ	6	10
猕猴	Macacamulatta	Ⅱ	6	10
藏酋猴	Macacathibetana	Ⅱ	6	10
穿山甲	Manispentadactyla	Ⅱ	8	16
豺	Cuonalpinus	Ⅱ	4	6
黑熊	Selenarctosthibetanus	Ⅱ	3	5
棕熊（包括马熊）	Ursusarctos （U. a. pruinosus）	Ⅱ	3	5
小熊猫	Ailurusfulgens	Ⅱ	3	5
石貂	Martesfoina	Ⅱ	4	10
黄喉貂	Martesflavigula	Ⅱ	4	10
斑林狸	Pronodonpardicolor	Ⅱ	4	8
大灵猫	Viverrazibetha	Ⅱ	3	5
小灵猫	Viverriculaindica	Ⅱ	4	8
草原斑猫	Felislybica （ = silvestris）	Ⅱ	4	8
荒漠猫	Felisbieti	Ⅱ	4	10
丛林猫	Felischaus	Ⅱ	4	8
猞猁	Felislynx	Ⅱ	2	3
兔狲	Felismanul	Ⅱ	3	5
金猫	Felistemmincki	Ⅱ	4	8
渔猫	Felisviverrinus	Ⅱ	4	8
麝（所有种）	Moschusspp.	Ⅱ	3	5
河鹿	Hydropotesinermis	Ⅱ	4	8
马鹿（含白臀鹿）	Cervuselaphus （C. e. macneilli） Ⅱ	4	6	
水鹿	Cervusunicolor	Ⅱ	3	5
驼鹿	Alcesalces	Ⅱ	3	5
黄羊	Procapragutturosa	Ⅱ	8	15
藏原羚	Procaprapicticaudata	Ⅱ	4	8

中文名	拉丁文名	级别	（一）	（二）
鹅喉羚	Gazellasubgutturosa	Ⅱ	4	8
鬣羚	Capricornissumatraensis	Ⅱ	3	4
斑羚	Naemorhedusgoral	Ⅱ	4	8
岩羊	Pseudoisnayaur	Ⅱ	4	8
盘羊	Ovisammon	Ⅱ	3	5
海南兔	Lepuspeguensishainanus	Ⅱ	6	10
雪兔	Lepustimidus	Ⅱ	6	10
塔里木兔	Lepusyarkandensis	Ⅱ	20	40
巨松鼠	Ratufabicolor	Ⅱ	6	10
角䴙䴘	Podicepsauritus	Ⅱ	6	10
赤颈䴙䴘	Podicepsgrisegena	Ⅱ	6	8
鹈鹕（所有种）	Pelecanusspp.	Ⅱ	4	8
鲣鸟（所有种）	Sulaspp.	Ⅱ	6	10
海鸬鹚	Phalacrocoraxpelagicus	Ⅱ	4	8
黑颈鸬鹚	Phalacrocoraxniger	Ⅱ	4	8
黄嘴白鹭	Egrettaeulophotes	Ⅱ	6	10
岩鹭	Egrettasacra	Ⅱ	6	20
海南虎斑	Gorsachiusmagnificus	Ⅱ	6	10
小苇	Ixbrychusminutus	Ⅱ	6	10
彩鹳	Ibisleucocephalus	Ⅱ	3	4
白环	Threskiornisaethiopicus	Ⅱ	4	8
黑环	Pseudibispapillosa	Ⅱ	4	8
彩环	Plegadisfalcinellus	Ⅱ	4	8
白琵鹭	Platalealeucorodia	Ⅱ	4	8
黑脸琵鹭	Plataleaninor	Ⅱ	4	8
红胸黑雁	Brantaruficollis	Ⅱ	4	8
白额雁	Anseralbifrons	Ⅱ	6	10
天鹅（所有种）	Cygnusspp.	Ⅱ	6	10
鸳鸯	Aixgalericulata	Ⅱ	6	10
其它鹰类	（Accipitridae）	Ⅱ	4	8

中文名	拉丁文名	级别	（一）	（二）
隼科（所有种）	Falconidae	Ⅱ	6	10
黑琴鸡	Lyrurustetrix	Ⅱ	4	8
柳雷鸟	Lagopuslagopus	Ⅱ	4	8
岩雷鸟	Lagopusmutus	Ⅱ	6	10
镰翅鸡	Falcipennisfalcipennis	Ⅱ	3	4
花尾榛鸡	Tetrastesbonasia	Ⅱ	10	20
雪鸡（所有种）	Tetraogallusspp.	Ⅱ	10	20
血雉	Ithaginiscruentus	Ⅱ	4	6
红腹角雉	Tragopantemminckii	Ⅱ	4	6
藏马鸡	Crossoptiloncrossoptilon	Ⅱ	4	6
蓝马鸡	Crossoptilonaurtum	Ⅱ	4	10
黑鹇	Lophuraleucomelana	Ⅱ	6	8
白鹇	Lophuranycthemera	Ⅱ	6	10
原鸡	Gallusgallus	Ⅱ	6	8
勺鸡	Pucrasiamacrolopha	Ⅱ	6	8
白冠长尾雉	Syrmaticusreevesii	Ⅱ	4	6
锦鸡（所有种）	Chrysolophusspp.	Ⅱ	4	8
灰鹤	Grusgrus	Ⅱ	4	8
沙丘鹤	Gruscanadensis	Ⅱ	4	8
白枕鹤	Grusvipio	Ⅱ	4	8
蓑羽鹤	Anthropoidesvirgo	Ⅱ	6	10
长脚秧鸡	Crexcrex	Ⅱ	6	10
姬田鸡	Porzanaparva	Ⅱ	6	10
棕背田鸡	Porzanabicolor	Ⅱ	6	10
花田鸡	Coturnicopsnoveboracensis	Ⅱ	6	10
铜翅水雉	Metopidiusindicus	Ⅱ	6	10
小杓鹬	Numeniusborealis	Ⅱ	8	15
小青脚鹬	Tringaguttifer	Ⅱ	6	10
灰燕行	Glareolalactea	Ⅱ	6	10
小鸥	Larusminutus	Ⅱ	6	10

中文名	拉丁文名	级别	（一）	（二）
黑浮鸥	Chlidoniasniger	Ⅱ	6	10
黄嘴河燕鸥	Sternaaurantia	Ⅱ	6	10
黑嘴端凤头燕鸥	Thalasseuszimmermanni	Ⅱ	4	8
黑腹沙鸡	Pteroclesorientalis	Ⅱ	4	8
绿鸠（所有种）	Treronspp.	Ⅱ	6	8
黑颏果鸠	Ptilinopusleclancheri	Ⅱ	6	10
皇鸠（所有种）	Duculaspp.	Ⅱ	6	10
斑尾林鸽	Columbapalumbus	Ⅱ	6	10
鹃鸠（所有种）	Macropygiaspp.	Ⅱ	6	10
鹦鹉科（所有种）	Psittacidae.	Ⅱ	6	10
鸦鹃（所有种）	Centropusspp.	Ⅱ	6	10
号形目（所有种）	STRIGIFORMES	Ⅱ	6	10
灰喉针尾雨燕	Hirundapuscochinchinensis	Ⅱ	6	10
凤头雨燕	Hemiprocnelongipennis	Ⅱ	6	10
橙胸咬鹃	Harpactesoreskios	Ⅱ	6	10
蓝耳翠鸟	Alcedomeninting	Ⅱ	6	10
鹳嘴翠鸟	Pelargopsiscapensis	Ⅱ	6	10
黑胸蜂虎	Meropsleschenaulti	Ⅱ	6	10
绿喉蜂虎	Meropsorientalis	Ⅱ	6	10
犀鸟科（所有种）	Bucertidae	Ⅱ	4	8
白腹黑啄木鸟	Dryocopusjavensis	Ⅱ	6	10
阔嘴鸟科（所有种）	Eurylaimidae	Ⅱ	6	10
八色鸫科（所有种）	Pittidae	Ⅱ	6	10
凹甲陆龟	Manouriaimpressa	Ⅱ	6	10
大壁虎	Gekkogecko	Ⅱ	10	20
虎纹蛙	Ranatigrina	Ⅱ	100	200
伟铗	Atlasjapyxatlas	Ⅱ	6	10
尖板曦箭蜓	Heliogomphusretroflexus	Ⅱ	6	10
宽纹北箭蜓	Ophiogomphusspinicorne	Ⅱ	6	10
中华缺翅虫	Zorotypussinensis	Ⅱ	6	10

中文名	拉丁文名	级别	(一)	(二)
墨脱缺翅虫	Zorotypusmedoensis	Ⅱ	6	10
拉步甲	Carabus (Coptolabrus) lafossei	Ⅱ	6	10
硕步甲	Carabus (Apotopterus) davidi	Ⅱ	6	10
彩臂金龟(所有种)	Cheirotonusspp.	Ⅱ	6	10
叉犀金龟	Allomyrinadavidis	Ⅱ	6	10
双尾褐凤蝶	Bhutanitismansfieldi	Ⅱ	6	10
三尾褐凤蝶	Bhutanitisthaidinadongchuanensis	Ⅱ	6	10
中华虎凤蝶	Luehdorfiachinensis	Ⅱ	6	10
阿波罗绢蝶	Parnassiusapollohuashanensis	Ⅱ	6	10

2. **最高人民法院关于严格执行有关走私案件涉案财物处理规定的通知**

(法〔2006〕114 号,自 2006 年 4 月 30 日起施行)

各省、自治区、直辖市高级人民法院,解放军军事法院,新疆维吾尔自治区高级人民法院生产建设兵团分院:

日前,据海关总署反映,有的地方法院在审理走私刑事案件中有不判或部分判决涉案赃款赃物的现象。对人民法院没有判决追缴、没收的涉案财物,海关多以行政处罚的方式予以没收或收缴,从而导致行政诉讼等不良后果。为严肃规范执法,现就有关规定重申如下:

关于刑事案件赃款赃物的处理问题,相关法律、司法解释已经规定得很明确。《海关法》第九十二条规定,“海关依法扣留的货物、物品、运输工具,在人民法院判决或者海关处罚决定作出之前,不得处理”;“人民法院判决没收或者海关决定没收的走私货物、物品、违法所得、走私运输工具、特制设备,由海关依法统一处理,所得价款和海关决定处以的罚款,全部上缴中央国库。”《最高人民法院、最高人民检察院、海关总署关于办理走私刑事案件适用法律若干问题的意见》第二十三条规定,“人民法院在判决走私罪案件时,应当对随案清单、证明文件中载明的款、物审查确认并依法判决予以追缴、没收;海关根据人民法院的判决和海关法的有关规定予以处理,上缴中央国库。”

据此,地方各级人民法院在审理走私犯罪案件时,对涉案的款、物等,应当严格遵循并切实执行上述法律、司法解释的规定,依法作出追缴、没收的判决。对于在审理走私犯罪案件中遇到的新情况、新问题，要加强与海关等相关部门的联系和协调，对于遇到的适用法律的新问题，应当及时报告最高人民法院。

3. **最高人民法院、最高人民检察院、海关总署关于办理走私刑事案件适用法律若干问题的意见**（法〔2002〕139 号，自 2002 年 7 月 8 日起施行）

为研究解决近年来公安、司法机关在办理走私刑事案件中遇到的新情况、新问题，最高人民法院、最高人民检察院、海关总署共同开展了调查研究，根据修订后的刑法及有关司法解释的规定，在总结侦查、批捕、起诉、审判工作经验的基础上，就办理走私刑事案件的程序、证据以及法律适用等问题提出如下意见：

一、关于走私犯罪案件的管辖问题

根据刑事诉讼法的规定，走私犯罪案件由犯罪地的走私犯罪侦查机关立案侦查。走私犯罪案件复杂，环节多，其犯罪地可能涉及多个犯罪行为发生地，包括货物、物品的进口（境）地、出口（境）地、报关地、核销地等。如果发生刑法第一百五十四条、第一百五十五条规定的走私犯罪行为的，走私货物、物品的销售地、运输地、收购地和贩卖地均属于犯罪行为的发生地。对有多个走私犯罪行为发生地的，由最初受理的走私犯罪侦查机关或者由主要犯罪地的走私犯罪侦查机关管辖。对管辖有争议的，由共同的上级走私犯罪侦查机关指定管辖。

对发生在海（水）上的走私犯罪案件由该辖区的走私犯罪侦查机关管辖，但对走私船舶有跨辖区连续追缉情形的，由缉获走私船舶的走私犯罪侦查机关管辖。

人民检察院受理走私犯罪侦查机关提请批准逮捕、移送审查起诉的走私犯罪案件，人民法院审理人民检察院提起公诉的走私犯罪案件，按照《最高人民法院、最高人民检察院、公安部、司法部、海关总署关于走私犯罪侦查机关办理走私犯罪案件适用刑事诉讼程序若干问题的通知》（署侦〔1998〕742 号）的有关规定执行。

二、关于电子数据证据的收集、保全问题

走私犯罪侦查机关对于能够证明走私犯罪案件真实情况的电子邮件、电子合同、电子帐册、单位内部的电子信息资料等电子数据应当作为刑事证据予以收集、保全。

侦查人员应当对提取、复制电子数据的过程制作有关文字说明，记明案由、对象、内容，提取、复制的时间、地点，电子数据的规格、类别、文件格式等，并由提取、复制电子数据的制作人、电子数据的持有人和能够证明提取、复制过程的见证人签名或者盖章，附所提取、复制的电子数据一并随案移送。

电子数据的持有人不在案或者拒绝签字的，侦查人员应当记明情况；有条件的可将提取、复制有关电子数据的过程拍照或者录像。

三、关于办理走私普通货物、物品刑事案件偷逃应缴税额的核定问题

在办理走私普通货物、物品刑事案件中，对走私行为人涉嫌偷逃应缴税额的核定，应当由走私犯罪案件管辖地的海关出具《涉嫌走私的货物、物品偷逃税款海关核定证明书》（以下简称《核定证明书》）。海关出具的《核定证明书》，经走私犯罪侦查机关、人民检察院、人民法院审查确认，可以作为办案的依据和定罪量刑的证据。

走私犯罪侦查机关、人民检察院和人民法院对《核定证明书》提出异议或者因核定偷逃税额的事实发生变化，认为需要补充核定或者重新核定的，可以要求原出具《核定证明书》的海关补充核定或者重新核定。

走私犯罪嫌疑人、被告人或者辩护人对《核定证明书》有异议，向走私犯罪侦查机关、人民检察院或者人民法院提出重新核定申请的，经走私犯罪侦查机关、人民检察院或者人民法院同意，可以重新核定。重新核定应当另行指派专人进行。

四、关于走私犯罪嫌疑人的逮捕条件

对走私犯罪嫌疑人提请逮捕和审查批准逮捕，应当依照刑事诉讼法第六十条规定的逮捕条件来办理。一般按照下列标准掌握：

（一）有证据证明有走私犯罪事实

1. 有证据证明发生了走私犯罪事实

有证据证明发生了走私犯罪事实，须同时满足下列两项条件：

（1）有证据证明发生了违反国家法律、法规，逃避海关监管的行为；

（2）查扣的或者有证据证明的走私货物、物品的数量、价值或者偷逃税额达到刑法及相关司法解释规定的起刑点。

2. 有证据证明走私犯罪事实系犯罪嫌疑人实施的

有下列情形之一，可认为走私犯罪事实系犯罪嫌疑人实施的：

（1）现场查获犯罪嫌疑人实施走私犯罪的；

（2）视听资料显示犯罪嫌疑人实施走私犯罪的；

（3）犯罪嫌疑人供认的；

（4）有证人证言指证的；

（5）有同案的犯罪嫌疑人供述的；

（6）其他证据能够证明犯罪嫌疑人实施走私犯罪的。

3. 证明犯罪嫌疑人实施走私犯罪行为的证据已经查证属实的

符合下列证据规格要求之一，属于证明犯罪嫌疑人实施走私犯罪行为的证据已经查证属实的：

（1）现场查获犯罪嫌疑人实施犯罪，有现场勘查笔录、留置盘问记录、海关扣留查问笔录或者海关查验（检查）记录等证据证实的；

（2）犯罪嫌疑人的供述有其他证据能够印证的；

（3）证人证言能够相互印证的；

（4）证人证言或者同案犯供述能够与其他证据相互印证的；

（5）证明犯罪嫌疑人实施走私犯罪的其他证据已经查证属实的。

（二）可能判处有期徒刑以上的刑罚

是指根据刑法第一百五十一条、第一百五十二条、第一百五十三条、第三百四十七条、第三百五十条等规定和《最高人民法院关于审理走私刑事案件具体应用法律若干问题的解释》等有关司法解释的规定，结合已查明的走私犯罪事实，对走私犯罪嫌疑人可能判处有期徒刑以上的刑罚。

（三）采取取保候审、监视居住等方法，尚不足以防止发生社会危险性而有逮捕必要的主要是指：走私犯罪嫌疑人可能逃跑、自杀、串供、干扰证人作证以及伪造、毁灭证据等妨碍刑事诉讼活动的正常进行的，或者存在行凶报复、继续作案可能的。

五、关于走私犯罪嫌疑人、被告人主观故意的认定问题

行为人明知自己的行为违反国家法律法规，逃避海关监管，偷逃进出境货物、物品的应缴税额，或者逃避国家有关进出境的禁止性管理，并且希望或者放任危害结果发生的，应认定为具有走私的主观故意。

走私主观故意中的“明知”是指行为人知道或者应当知道所从事的行为是走私行为。具有下列情形之一的，可以认定为“明知”，但有证据证明确属被蒙骗的除外：

（一）逃避海关监管，运输、携带、邮寄国家禁止进出境的货物、物品的；

（二）用特制的设备或者运输工具走私货物、物品的；

（三）未经海关同意，在非设关的码头、海（河）岸、陆路边境等地点，运输（驳载）、收购或者贩卖非法进出境货物、物品的；

（四）提供虚假的合同、发票、证明等商业单证委托他人办理通关手续的；

（五）以明显低于货物正常进（出）口的应缴税额委托他人代理进（出）口业务的；

（六）曾因同一种走私行为受过刑事处罚或者行政处罚的；

（七）其他有证据证明的情形。

六、关于行为人对其走私的具体对象不明确的案件的处理问题

走私犯罪嫌疑人主观上具有走私犯罪故意，但对其走私的具体对象不明确的，不影响走私犯罪构成，应当根据实际的走私对象定罪处罚。但是，确有证据证明行为人因受蒙骗而对走私对象发生认识错误的，可以从轻处罚。

七、关于走私珍贵动物制品行为的处罚问题

走私珍贵动物制品的，应当根据刑法第一百五十一条第二、四、五款和《最高人民法院关于审理走私刑事案件具体应用法律若干问题的解释》（以下简称《解释》）第四条的有关规定予以处罚，但同时具有下列情形，情节较轻的，一般不以犯罪论处：

（一）珍贵动物制品购买地允许交易；

（二）入境人员为留作纪念或者作为礼品而携带珍贵动物制品进境，不具有牟利目的的。

同时具有上述两种情形，达到《解释》第四条第三款规定的量刑标准的，一般处五年以下有期徒刑，并处罚金；达到《解释》第四条第四款规定的量刑标准的，一般处五年以上有期徒刑，并处罚金。

八、关于走私旧汽车、切割车等货物、物品的行为的定罪问题

走私刑法第一百五十一条、第一百五十二条、第三百四十七条、第三百五十条规定的货物、物品以外的，已被国家明令禁止进出口的货物、物品，例如旧汽车、切割车、侵犯知识产权的货物、来自疫区的动植物及其产品等，应当依照刑法第一百五十三条的规定，以走私普通货物、物品罪追究刑事

责任。

九、关于利用购买的加工贸易登记手册、特定减免税批文等涉税单证进口货物行为的定性处理问题

加工贸易登记手册、特定减免税批文等涉税单证是海关根据国家法律法规以及有关政策性规定，给予特定企业用于保税货物经营管理和减免税优惠待遇的凭证。利用购买的加工贸易登记手册、特定减免税批文等涉税单证进口货物，实质是将一般贸易货物伪报为加工贸易保税货物或者特定减免税货物进口，以达到偷逃应缴税款的目的，应当适用刑法第一百五十三条以走私普通货物、物品罪定罪处罚。如果行为人与走私分子通谋出售上述涉税单证，或者在出卖批文后又以提供印章、向海关伪报保税货物、特定减免税货物等方式帮助买方办理进口通关手续的，对卖方依照刑法第一百五十六条以走私罪共犯定罪处罚。买卖上述涉税单证情节严重尚未进口货物的，依照刑法第二百八十条的规定定罪处罚。

十、关于在加工贸易活动中骗取海关核销行为的认定问题

在加工贸易经营活动中，以假出口、假结转或者利用虚假单证等方式骗取海关核销，致使保税货物、物品脱离海关监管，造成国家税款流失，情节严重的，依照刑法第一百五十三条的规定，以走私普通货物、物品罪追究刑事责任。但有证据证明因不可抗力原因导致保税货物脱离海关监管，经营人无法办理正常手续而骗取海关核销的，不认定为走私犯罪。

十一、关于伪报价格走私犯罪案件中实际成交价格的认定问题

走私犯罪案件中的伪报价格行为，是指犯罪嫌疑人、被告人在进出口货物、物品时，向海关申报进口或者出口的货物、物品的价格低于或者高于进出口货物的实际成交价格

对实际成交价格的认定，在无法提取真、伪两套合同、发票等单证的情况下，可以根据犯罪嫌疑人、被告人的付汇渠道、资金流向、会计账册、境内外收发货人的真实交易方式，以及其他能够证明进出口货物实际成交价格的证据材料综合认定。

十二、关于出售走私货物已缴纳的增值税应否从走私偷逃应缴税额中扣除的问题

走私犯罪嫌疑人为出售走私货物而开具增值税专用发票并缴纳增值税，是其走私行为既遂后在流通领域获违法所得的一种手段，属于非法开具增值

税专用发票。对走私犯罪嫌疑人因出售走私货物而实际缴纳走私货物增值税的，在核定走私货物偷逃应缴税额时，不应当将其已缴纳的增值税额从其走私偷逃应缴税额中扣除。

十三、关于刑法第一百五十四条规定的“销售牟利”的理解问题

刑法第一百五十四条第（一）、（二）项规定的“销售牟利”，是指行为人主观上为了牟取非法利益而擅自销售海关监管的保税货物、特定减免税货物。该种行为是否构成犯罪，应当根据偷逃的应缴税额是否达到刑法第一百五十三条及相关司法解释规定的数额标准予以认定。实际获利与否或者获利多少并不影响其定罪。

十四、关于海上走私犯罪案件如何追究运输人的刑事责任问题

对刑法第一百五十五条第（二）项规定的实施海上走私犯罪行为的运输人、收购人或者贩卖人应当追究刑事责任。对运输人，一般追究运输工具的负责人或者主要责任人的刑事责任，但对于事先通谋的、集资走私的、或者使用特殊的走私运输工具从事走私犯罪活动的，可以追究其他参与人员的刑事责任。

十五、关于刑法第一百五十六条规定的“与走私罪犯通谋”的理解问题

通谋是指犯罪行为人之间事先或者事中形成的共同的走私故意。下列情形可以认定为通谋：

（一）对明知他人从事走私活动而同意为其提供贷款、资金、账号、发票、证明、海关单证，提供运输、保管、邮寄或者其他方便的；

（二）多次为同一走私犯罪分子的走私行为提供前项帮助的。

十六、关于放纵走私罪的认定问题

依照刑法第四百一十一条的规定，负有特定监管义务的海关工作人员徇私舞弊，利用职权，放任、纵容走私犯罪行为，情节严重的，构成放纵走私罪。放纵走私行为，一般是消极的不作为。如果海关工作人员与走私分子通谋，在放纵走私过程中以积极的行为配合走私分子逃避海关监管或者在放纵走私之后分得赃款的，应以共同走私犯罪追究刑事责任。

海关工作人员收受贿赂又放纵走私的，应以受贿罪和放纵走私罪数罪并罚。

十七、关于单位走私犯罪案件诉讼代表人的确定及其相关问题

单位走私犯罪案件的诉讼代表人，应当是单位的法定代表人或者主要负

责人。单位的法定代表人或者主要负责人被依法追究刑事责任或者因其他原因无法参与刑事诉讼的，人民检察院应当另行确定被告单位的其他负责人作为诉讼代表人参加诉讼。

接到出庭通知的被告单位的诉讼代表人应当出庭应诉。拒不出庭的，人民法院在必要的时候，可以拘传到庭。

对直接负责的主管人员和其他直接责任人员均无法归案的单位走私犯罪案件，只要单位走私犯罪的事实清楚、证据确实充分，且能够确定诉讼代表人代表单位参与刑事诉讼活动的，可以先行追究该单位的刑事责任。

被告单位没有合适人选作为诉讼代表人出庭的，因不具备追究该单位刑事责任的诉讼条件，可按照单位犯罪的条款先行追究单位犯罪中直接负责的主管人员或者其他直接责任人员的刑事责任。人民法院在对单位犯罪中直接负责的主管人员或者直接责任人员进行判决时，对于扣押、冻结的走私货物、物品、违法所得以及属于犯罪单位所有的走私犯罪工具，应当一并判决予以追缴、没收。

十八、关于单位走私犯罪及其直接负责的主管人员和直接责任人员的认定问题

具备下列特征的，可以认定为单位走私犯罪：（1）以单位的名义实施走私犯罪，即由单位集体研究决定，或者由单位的负责人或者被授权的其他人员决定、同意；（2）为单位谋取不正当利益或者违法所得大部分归单位所有。

依照《最高人民法院关于审理单位犯罪案件具体应用法律有关问题的解释》第二条的规定，个人为进行违法犯罪活动而设立的公司、企业、事业单位实施犯罪的，或者个人设立公司、企业、事业单位后，以实施犯罪为主要活动的，不以单位犯罪论处。单位是否以实施犯罪为主要活动，应根据单位实施走私行为的次数、频度、持续时间、单位进行合法经营的状况等因素综合考虑认定。

根据单位人员在单位走私犯罪活动中所发挥的不同作用，对其直接负责的主管人员和其他直接责任人员，可以确定为一人或者数人。对于受单位领导指派而积极参与实施走私犯罪行为的人员，如果其行为在走私犯罪的主要环节起重要作用的，可以认定为单位犯罪的直接责任人员。

十九、关于单位走私犯罪后发生分立、合并或者其他资产重组情形以及单位被依法注销、宣告破产等情况下，如何追究刑事责任的问题

单位走私犯罪后，单位发生分立、合并或者其他资产重组等情况的，只要承受该单位权利义务的单位存在，应当追究单位走私犯罪的刑事责任。走私单位发生分立、合并或者其他资产重组后，原单位名称发生更改的，仍以原单位（名称）作为被告单位。承受原单位权利义务的单位法定代表人或者负责人为诉讼代表人。

单位走私犯罪后，发生分立、合并或者其他资产重组情形，以及被依法注销、宣告破产等情况的，无论承受该单位权利义务的单位是否存在，均应追究原单位直接负责的主管人员和其他直接责任人员的刑事责任。

人民法院对原走私单位判处罚金的，应当将承受原单位权利义务的单位作为被执行人。罚金超出新单位所承受的财产的，可在执行中予以减除。

二十、关于单位与个人共同走私普通货物、物品案件的处理问题

单位和个人（不包括单位直接负责的主管人员和其他直接责任人员）共同走私的，单位和个人均应对共同走私所偷逃应缴税额负责。

对单位和个人共同走私偷逃应缴税额为5万元以上不满25万元的，应当根据其在案件中所起的作用，区分不同情况做出处理。单位起主要作用的，对单位和个人均不追究刑事责任，由海关予以行政处理；个人起主要作用的，对个人依照刑法有关规定追究刑事责任，对单位由海关予以行政处理。无法认定单位或个人起主要作用的，对个人和单位分别按个人犯罪和单位犯罪的标准处理。

单位和个人共同走私偷逃应缴税额超过25万元且能区分主、从犯的，应当按照刑法关于主、从犯的有关规定，对从犯从轻、减轻处罚或者免除处罚。

二十一、关于单位走私犯罪案件自首的认定问题

在办理单位走私犯罪案件中，对单位集体决定自首的，或者单位直接负责的主管人员自首的，应当认定单位自首。认定单位自首后，如实交代主要犯罪事实的单位负责的其他主管人员和其他直接责任人员，可视为自首，但对拒不交代主要犯罪事实或逃避法律追究的人员，不以自首论。

二十二、关于共同走私犯罪案件如何判处罚金刑问题审理共同走私犯罪案件时，对各共同犯罪人判处罚金的总额应掌握在共同走私行为偷逃应缴税额的一倍以上五倍以下。

二十三、关于走私货物、物品、走私违法所得以及走私犯罪工具的处理问题

在办理走私犯罪案件过程中，对发现的走私货物、物品、走私违法所得以及属于走私犯罪分子所有的犯罪工具，走私犯罪侦查机关应当及时追缴，依法予以查扣、冻结。在移送审查起诉时应当将扣押物品文件清单、冻结存款证明文件等材料随案移送，对于扣押的危险品或者鲜活、易腐、易失效、易贬值等不宜长期保存的货物、物品，已经依法先行变卖、拍卖的，应当随案移送变卖、拍卖物品清单以及原物的照片或者录像资料；人民检察院在提起公诉时应当将上述扣押物品文件清单、冻结存款证明和变卖、拍卖物品清单一并移送；人民法院在判决走私罪案件时，应当对随案清单、证明文件中载明的款、物审查确认并依法判决予以追缴、没收；海关根据人民法院的判决和海关法的有关规定予以处理，上缴中央国库。

二十四、关于走私货物、物品无法扣押或者不便扣押情况下走私违法所得的追缴问题

在办理走私普通货物、物品犯罪案件中，对于走私货物、物品因流入国内市场或者投入使用，致使走私货物、物品无法扣押或者不便扣押的，应当按照走私货物、物品的进出口完税价格认定违法所得予以追缴；走私货物、物品实际销售价格高于进出口完税价格的，应当按照实际销售价格认定违法所得予以追缴。

4. **中华人民共和国大气污染防治法**（1987年9月5日第六届全国人民代表大会常务委员会第二十二次会议通过　根据1995年8月29日第八届全国人民代表大会常务委员会第十五次会议《关于修改〈中华人民共和国大气污染防治法〉的决定》第一次修正　2000年4月29日第九届全国人民代表大会常务委员会第十五次会议第一次修订　2015年8月29日第十二届全国人民代表大会常务委员会第十六次会议第二次修订　根据2018年10月26日第十三届全国人民代表大会常务委员会第六次会议《关于修改〈中华人民共和国野生动物保护法〉等十五部法律的决定》第二次修正）（节录）

第一百零一条　违反本法规定，生产、进口、销售或者使用国家综合性产业政策目录中禁止的设备和产品，采用国家综合性产业政策目录中禁止的工艺，或者将淘汰的设备和产品转让给他人使用的，由县级以上人民政府经济综合主管部门、海关按照职责责令改正，没收违法所得，并处货值金额一倍以上三倍以下的罚款；拒不改正的，报经有批准权的人民政府批准，责令停业、关闭。进口行为构成走私的，由海关依法予以处罚。

第一百零四条 违反本法规定，有下列行为之一的，由海关责令改正，没收原材料、产品和违法所得，并处货值金额一倍以上三倍以下的罚款；构成走私的，由海关依法予以处罚：

（一）进口不符合质量标准的煤炭、石油焦的；

（二）进口挥发性有机物含量不符合质量标准或者要求的原材料和产品的；

（三）进口不符合标准的机动车船和非道路移动机械用燃料、发动机油、氮氧化物还原剂、燃料和润滑油添加剂以及其他添加剂的。

第一百一十条 违反本法规定，进口、销售超过污染物排放标准的机动车、非道路移动机械的，由县级以上人民政府市场监督管理部门、海关按照职责没收违法所得，并处货值金额一倍以上三倍以下的罚款，没收销毁无法达到污染物排放标准的机动车、非道路移动机械；进口行为构成走私的，由海关依法予以处罚。

违反本法规定，销售的机动车、非道路移动机械不符合污染物排放标准的，销售者应当负责修理、更换、退货；给购买者造成损失的，销售者应当赔偿损失。

5. **中华人民共和国烟草专卖法**（1991 年 6 月 29 日第七届全国人民代表大会常务委员会第二十次会议通过　根据 2009 年 8 月 27 日第十一届全国人民代表大会常务委员会第十次会议《关于修改部分法律的决定》第一次修正　根据 2013 年 12 月 28 日第十二届全国人民代表大会常务委员会第六次会议《关于修改〈中华人民共和国海洋环境保护法〉等七部法律的决定》第二次修正　根据 2015 年 4 月 24 日第十二届全国人民代表大会常务委员会第十四次会议《关于修改〈中华人民共和国计量法〉等五部法律的决定》第三次修正）（节录）

第三十七条 走私烟草专卖品，构成走私罪的，依照刑法有关规定追究刑事责任；走私烟草专卖品，数额不大，不构成走私罪的，由海关没收走私货物、物品和违法所得，可以并处罚款。

烟草专卖行政主管部门和烟草公司工作人员利用职务上的便利犯前款罪的，依法从重处罚。

6. **中华人民共和国铁路法**（1990 年 9 月 7 日第七届全国人民代表大会常务委员会第十五次会议通过　根据 2009 年 8 月 27 日第十一届全国人民代表大

会常务委员会第十次会议《关于修改部分法律的决定》第一次修正　根据2015年4月24日第十二届全国人民代表大会常务委员会第十四次会议《关于修改〈中华人民共和国义务教育法〉等五部法律的决定》第二次修正）（节录）

第七十条　铁路职工利用职务之便走私的，或者与其他人员勾结走私的，依照刑法有关规定追究刑事责任。

7. **中华人民共和国海关法**（1987年1月22日第六届全国人民代表大会常务委员会第十九次会议通过　根据2000年7月8日第九届全国人民代表大会常务委员会第十六次会议《关于修改〈中华人民共和国海关法〉的决定》第一次修正　根据2013年6月29日第十二届全国人民代表大会常务委员会第三次会议《关于修改〈中华人民共和国文物保护法〉等十二部法律的决定》第二次修正　根据2013年12月28日第十二届全国人民代表大会常务委员会第六次会议《关于修改〈中华人民共和国海洋环境保护法〉等七部法律的决定》第三次修正　根据2016年11月7日第十二届全国人民代表大会常务委员会第二十四次会议《关于修改〈中华人民共和国对外贸易法〉等十二部法律的决定》第四次修正　根据2017年11月4日第十二届全国人民代表大会常务委员会第三十次会议《关于修改〈中华人民共和国会计法〉等十一部法律的决定》第五次修正　根据2021年4月29日第十三届全国人民代表大会常务委员会第二十八次会议《关于修改〈中华人民共和国道路交通安全法〉等八部法律的决定》第六次修正）（节录）

第四条　国家在海关总署设立专门侦查走私犯罪的公安机构，配备专职缉私警察，负责对其管辖的走私犯罪案件的侦查、拘留、执行逮捕、预审。

海关侦查走私犯罪公安机构履行侦查、拘留、执行逮捕、预审职责，应当按照《中华人民共和国刑事诉讼法》的规定办理。

海关侦查走私犯罪公安机构根据国家有关规定，可以设立分支机构。各分支机构办理其管辖的走私犯罪案件，应当依法向有管辖权的人民检察院移送起诉。

地方各级公安机关应当配合海关侦查走私犯罪公安机构依法履行职责。

第五条　国家实行联合缉私、统一处理、综合治理的缉私体制。海关负责组织、协调、管理查缉走私工作。有关规定由国务院另行制定。

各有关行政执法部门查获的走私案件，应当给予行政处罚的，移送海关依法处理；涉嫌犯罪的，应当移送海关侦查走私犯罪公安机构、地方公安机关依据案件管辖分工和法定程序办理。

第八十二条　违反本法及有关法律、行政法规，逃避海关监管，偷逃应纳税款、逃避国家有关进出境的禁止性或者限制性管理，有下列情形之一的，是走私行为：

（一）运输、携带、邮寄国家禁止或者限制进出境货物、物品或者依法应当缴纳税款的货物、物品进出境的；

（二）未经海关许可并且未缴纳应纳税款、交验有关许可证件，擅自将保税货物、特定减免税货物以及其他海关监管货物、物品、进境的境外运输工具，在境内销售的；

（三）有逃避海关监管，构成走私的其他行为的。

有前款所列行为之一，尚不构成犯罪的，由海关没收走私货物、物品及违法所得，可以并处罚款；专门或者多次用于掩护走私的货物、物品，专门或者多次用于走私的运输工具，予以没收，藏匿走私货物、物品的特制设备，责令拆毁或者没收。

有第一款所列行为之一，构成犯罪的，依法追究刑事责任。

第八十三条　有下列行为之一的，按走私行为论处，依照本法第八十二条的规定处罚：

（一）直接向走私人非法收购走私进口的货物、物品的；

（二）在内海、领海、界河、界湖，船舶及所载人员运输、收购、贩卖国家禁止或者限制进出境的货物、物品，或者运输、收购、贩卖依法应当缴纳税款的货物，没有合法证明的。

第八十四条　伪造、变造、买卖海关单证，与走私人通谋为走私人提供贷款、资金、帐号、发票、证明、海关单证，与走私人通谋为走私人提供运输、保管、邮寄或者其他方便，构成犯罪的，依法追究刑事责任；尚不构成犯罪的，由海关没收违法所得，并处罚款。

第八十五条　个人携带、邮寄超过合理数量的自用物品进出境，未依法向海关申报的，责令补缴关税，可以处以罚款。

第八十六条　违反本法规定有下列行为之一的，可以处以罚款，有违法所得的，没收违法所得：

（一）运输工具不经设立海关的地点进出境的；

（二）不将进出境运输工具到达的时间、停留的地点或者更换的地点通知海关的；

（三）进出口货物、物品或者过境、转运、通运货物向海关申报不实的；

（四）不按照规定接受海关对进出境运输工具、货物、物品进行检查、查验的；

（五）进出境运输工具未经海关同意，擅自装卸进出境货物、物品或者上下进出境旅客的；

（六）在设立海关的地点停留的进出境运输工具未经海关同意，擅自驶离的；

（七）进出境运输工具从一个设立海关的地点驶往另一个设立海关的地点，尚未办结海关手续又未经海关批准，中途擅自改驶境外或者境内未设立海关的地点的；

（八）进出境运输工具，不符合海关监管要求或者未向海关办理手续，擅自兼营或者改营境内运输的；

（九）由于不可抗力的原因，进出境船舶和航空器被迫在未设立海关的地点停泊、降落或者在境内抛掷、起卸货物、物品，无正当理由，不向附近海关报告的；

（十）未经海关许可，擅自将海关监管货物开拆、提取、交付、发运、调换、改装、抵押、质押、留置、转让、更换标记、移作他用或者进行其他处置的；

（十一）擅自开启或者损毁海关封志的；

（十二）经营海关监管货物的运输、储存、加工等业务，有关货物灭失或者有关记录不真实，不能提供正当理由的；

（十三）有违反海关监管规定的其他行为的。

第八十七条 海关准予从事有关业务的企业，违反本法有关规定的，由海关责令改正，可以给予警告，暂停其从事有关业务，直至撤销注册。

第八十八条 未向海关备案从事报关业务的，海关可以处以罚款。

第一百条 本法下列用语的含义：

直属海关，是指直接由海关总署领导，负责管理一定区域范围内的海关业务的海关；隶属海关，是指由直属海关领导，负责办理具体海关业务的海关。

进出境运输工具，是指用以载运人员、货物、物品进出境的各种船舶、车辆、航空器和驮畜。

过境、转运和通运货物，是指由境外启运、通过中国境内继续运往境外的货物。其中，通过境内陆路运输的，称过境货物；在境内设立海关的地点换装运输工具，而不通过境内陆路运输的，称转运货物；由船舶、航空器载运进境并由原装运输工具载运出境的，称通运货物。

海关监管货物，是指本法第二十三条所列的进出口货物，过境、转运、通运货物，特定减免税货物，以及暂时进出口货物、保税货物和其他尚未办结海关手续的进出境货物。

保税货物，是指经海关批准未办理纳税手续进境，在境内储存、加工、装配后复运出境的货物。

海关监管区，是指设立海关的港口、车站、机场、国界孔道、国际邮件互换局（交换站）和其他有海关监管业务的场所，以及虽未设立海关，但是经国务院批准的进出境地点。

8. **中华人民共和国文物保护法**（1982 年 11 月 19 日第五届全国人民代表大会常务委员会第二十五次会议通过　根据 1991 年 6 月 29 日第七届全国人民代表大会常务委员会第二十次会议《关于修改〈中华人民共和国文物保护法〉第三十条、第三十一条的决定》第一次修正　2002 年 10 月 28 日第九届全国人民代表大会常务委员会第三十次会议修订　根据 2007 年 12 月 29 日第十届全国人民代表大会常务委员会第三十一次会议《关于修改〈中华人民共和国文物保护法〉的决定》第二次修正　根据 2013 年 6 月 29 日第十二届全国人民代表大会常务委员会第三次会议《关于修改〈中华人民共和国文物保护法〉等十二部法律的决定》第三次修正　根据 2015 年 4 月 24 日第十二届全国人民代表大会常务委员会第十四次会议《关于修改〈中华人民共和国文物保护法〉的决定》第四次修正　根据 2017 年 11 月 4 日第十二届全国人民代表大会常务委员会第三十次会议《关于修改〈中华人民共和国会计法〉等十一部法律的决定》第五次修正）（节录）

第六十四条　违反本法规定，有下列行为之一，构成犯罪的，依法追究刑事责任：

（一）盗掘古文化遗址、古墓葬的；

（二）故意或者过失损毁国家保护的珍贵文物的；

（三）擅自将国有馆藏文物出售或者私自送给非国有单位或者个人的；

（四）将国家禁止出境的珍贵文物私自出售或者送给外国人的；

（五）以牟利为目的倒卖国家禁止经营的文物的；

（六）走私文物的；

（七）盗窃、哄抢、私分或者非法侵占国有文物的；

（八）应当追究刑事责任的其他妨害文物管理行为。

第六十五条 违反本法规定，造成文物灭失、损毁的，依法承担民事责任。

违反本法规定，构成违反治安管理行为的，由公安机关依法给予治安管理处罚。

违反本法规定，构成走私行为，尚不构成犯罪的，由海关依照有关法律、行政法规的规定给予处罚。

9. **中华人民共和国公益事业捐赠法**（自1999年9月1日起施行）（节录）

第三十条 在捐赠活动中，有下列行为之一的，依照法律、法规的有关规定予以处罚；构成犯罪的，依法追究刑事责任：

（一）逃汇、骗购外汇的；

（二）偷税、逃税的；

（三）进行走私活动的；

（四）未经海关许可并且未补缴应缴税额，擅自将减税、免税进口的捐赠物资在境内销售、转让或者移作他用的。

10. **最高人民法院、最高人民检察院关于办理妨害文物管理等刑事案件适用法律若干问题的解释**（法释〔2015〕23号，自2016年1月1日起施行）（节录）

为依法惩治文物犯罪，保护文物，根据《中华人民共和国刑法》《中华人民共和国刑事诉讼法》《中华人民共和国文物保护法》的有关规定，现就办理此类刑事案件适用法律的若干问题解释如下：

第一条 刑法第一百五十一条规定的“国家禁止出口的文物”，依照《中华人民共和国文物保护法》规定的“国家禁止出境的文物”的范围认定。

走私国家禁止出口的二级文物的，应当依照刑法第一百五十一条第二款的规定，以走私文物罪处五年以上十年以下有期徒刑，并处罚金；走私国家禁止出口的一级文物的，应当认定为刑法第一百五十一条第二款规定的“情节特别严重”；走私国家禁止出口的三级文物的，应当认定为刑法第一百五十一条第二款规定的“情节较轻”。

走私国家禁止出口的文物，无法确定文物等级，或者按照文物等级定罪量刑明显过轻或者过重的，可以按照走私的文物价值定罪量刑。走私的文物价值在二十万元以上不满一百万元的，应当依照刑法第一百五十一条第二款的规定，以走私文物罪处五年以上十年以下有期徒刑，并处罚金；文物价值在一百万元以上的，应当认定为刑法第一百五十一条第二款规定的“情节特别严重”；文物价值在五万元以上不满二十万元的，应当认定为刑法第一百五十一条第二款规定的“情节较轻”。

第十一条　单位实施走私文物、倒卖文物等行为，构成犯罪的，依照本解释规定的相应自然人犯罪的定罪量刑标准，对直接负责的主管人员和其他直接责任人员定罪处罚，并对单位判处罚金。

公司、企业、事业单位、机关、团体等单位实施盗窃文物，故意损毁文物、名胜古迹，过失损毁文物，盗掘古文化遗址、古墓葬等行为的，依照本解释规定的相应定罪量刑标准，追究组织者、策划者、实施者的刑事责任。

第十二条　针对不可移动文物整体实施走私、盗窃、倒卖等行为的，根据所属不可移动文物的等级，依照本解释第一条、第二条、第六条的规定定罪量刑：

（一）尚未被确定为文物保护单位的不可移动文物，适用一般文物的定罪量刑标准；

（二）市、县级文物保护单位，适用三级文物的定罪量刑标准；

（三）全国重点文物保护单位、省级文物保护单位，适用二级以上文物的定罪量刑标准。

针对不可移动文物中的建筑构件、壁画、雕塑、石刻等实施走私、盗窃、倒卖等行为的，根据建筑构件、壁画、雕塑、石刻等文物本身的等级或者价值，依照本解释第一条、第二条、第六条的规定定罪量刑。建筑构件、壁画、雕塑、石刻等所属不可移动文物的等级，应当作为量刑情节予以考虑。

第十三条　案件涉及不同等级的文物的，按照高级别文物的量刑幅度量刑；有多件同级文物的，五件同级文物视为一件高一级文物，但是价值明显不相当的除外。

第十四条 依照文物价值定罪量刑的，根据涉案文物的有效价格证明认定文物价值；无有效价格证明，或者根据价格证明认定明显不合理的，根据销赃数额认定，或者结合本解释第十五条规定的鉴定意见、报告认定。

第十五条 在行为人实施有关行为前，文物行政部门已对涉案文物及其等级作出认定的，可以直接对有关案件事实作出认定。

对案件涉及的有关文物鉴定、价值认定等专门性问题难以确定的，由司法鉴定机构出具鉴定意见，或者由国务院文物行政部门指定的机构出具报告。其中，对于文物价值，也可以由有关价格认证机构作出价格认证并出具报告。

第十六条 实施本解释第一条、第二条、第六条至第九条规定的行为，虽已达到应当追究刑事责任的标准，但行为人系初犯，积极退回或者协助追回文物，未造成文物损毁，并确有悔罪表现的，可以认定为犯罪情节轻微，不起诉或者免予刑事处罚。

实施本解释第三条至第五条规定的行为，虽已达到应当追究刑事责任的标准，但行为人系初犯，积极赔偿损失，并确有悔罪表现的，可以认定为犯罪情节轻微，不起诉或者免予刑事处罚。

第十七条 走私、盗窃、损毁、倒卖、盗掘或者非法转让具有科学价值的古脊椎动物化石、古人类化石的，依照刑法和本解释的有关规定定罪量刑。

第十八条 本解释自2016年1月1日起施行。本解释公布施行后，《最高人民法院、最高人民检察院关于办理盗窃、盗掘、非法经营和走私文物的案件具体应用法律的若干问题的解释》（法（研）发〔1987〕32号）同时废止；之前发布的司法解释与本解释不一致的，以本解释为准。

（三）典型或常见问题的审理思路

走私武器、弹药罪，是指违反海关法规，逃避海关监管，运输、携带、邮寄武器、弹药进出国（边）境的行为。

本罪是从1988年1月21日《全国人民代表大会常务委员会关于惩治走私罪的补充规定》第一条的规定吸收改为刑法的具体规定的。1979年刑法没有走私武器、弹药罪的规定，走私罪仅仅是一个具体的个罪，罪状极为简单。《全国人民代表大会常务委员会关于惩治走私罪的补充规定》将走私罪划分为数个具体的犯罪，走私罪成为包括若干个罪的小类罪。1997年修订的刑法采用了这一立法方式。

走私武器、弹药罪的构成要件是：

1. 主体要件

本罪的犯罪主体为一般主体，包括自然人和单位。

2. 主观要件

本罪的主观方面由故意构成，即行为人明知走私的对象是武器、弹药。过失不构成本罪。

根据《最高人民法院、最高人民检察院、海关总署关于办理走私刑事案件适用法律若干问题的意见》（法〔2002〕139 号）第五条规定，认定行为人走私犯罪的主观故意时应当明确以下几点：

（1）行为人明知自己的行为违反国家法律法规，逃避海关监管，偷逃进出境货物、物品的应缴税额，或者逃避国家有关进出境的禁止性管理，并且希望或者放任危害结果发生的，应认定为具有走私的主观故意。

（2）走私主观故意中的“明知”是指行为人知道或者应当知道所从事的行为是走私行为。具有下列情形之一的，可以认定为“明知”，但有证据证明确属被蒙骗的除外：①逃避海关监管，运输、携带、邮寄国家禁止进出境的货物、物品的；②用特制的设备或者运输工具走私货物、物品的；③未经海关同意，在非设关的码头、海（河）岸、陆路边境等地点，运输（驳载）、收购或者贩卖非法进出境货物、物品的；④提供虚假的合同、发票、证明等商业单证委托他人办理通关手续的；⑤以明显低于货物正常进（出）口的应缴税额委托他人代理进（出）口业务的；⑥曾因同一种走私行为受过刑事处罚或者行政处罚的；⑦其他有证据证明的情形。

（3）关于行为人对其走私的具体对象不明确的案件的处理问题。走私犯罪嫌疑人主观上具有走私犯罪故意，但对其走私的具体对象不明确的，不影响走私犯罪构成，应当根据实际的走私对象定罪处罚。但是，确有证据证明行为人因受蒙骗而对走私对象发生认识错误的，可以从轻处罚。

另外，根据《最高人民法院、最高人民检察院关于办理走私刑事案件适用法律若干问题的解释》（以下简称《走私解释》）第二十二条规定，在走私的货物、物品中藏匿《刑法》第一百五十一条、第一百五十二条、第三百四十七条、第三百五十条规定的货物、物品，构成犯罪的，以实际走私的货物、物品定罪处罚；构成数罪的，实行数罪并罚。

3. 客体要件

本罪侵犯的客体是国家海关监督管理制度中关于武器、弹药进出口的监管制度和国家关于武器、弹药的管理制度。犯罪对象是武器、弹药。

本罪的犯罪对象是“武器、弹药”，主要指军用武器、弹药和爆炸物，包括各种军用舰艇、飞机、战车、枪、炮、弹药、地雷、手榴弹，以及《禁止进出境物品表》中规定的其他武器、弹药。

（1）关于武器中的枪支，2000 年《最高人民法院关于审理走私刑事案件具体应用法律若干问题的解释》（已失效）第一条将枪支划分为“军用”与“非军用”，并据此规定了不同的定罪量刑标准。实践中反映，司法鉴定通常不涉及该方面内容，解释规定与鉴定意见不能做到有机衔接。《走私解释》将之调整为“以火药为动力发射枪弹的枪支”和“以压缩气体等非火药为动力发射枪弹的枪支”，主要出于以下考虑：①“军用”“非军用”是按照枪支使用者身份和用途的不同进行的划分，这种分类方法不能准确反映枪支杀伤力的大小，且没有明确的法律依据。②根据《公安机关涉案枪支弹药性能鉴定工作规定》（公通字〔2010〕67 号）的规定，枪支鉴定机构对枪支只作“制式”“非制式”的鉴定，鉴定意见与司法解释规定不能有机衔接。③相关司法解释为该问题的处理提供了有益借鉴。《最高人民法院关于审理非法制造、买卖、运输枪支、弹药、爆炸物等刑事案件具体应用法律若干问题的解释》将枪支按发射动力的不同，分为“军用枪支”“以火药为动力发射枪弹的非军用枪支”和“以压缩气体等为动力的其他非军用枪支”，并就前两种枪支规定了相同的定罪量刑标准。这样的规定正是考虑到无论是军用还是非军用枪支，只要是以火药为动力发射枪弹，杀伤力基本相当，而以压缩气体为动力发射枪弹的枪支，其杀伤力通常要小于以火药为动力发射枪弹的枪支。④枪支管理法对枪支的划分也不是根据“军用”和“非军用”划分的。《枪支管理法》第三十三条规定：“国家严格管理枪支的入境和出境。任何单位或者个人未经许可，不得私自携带枪支入境、出境。”根据《枪支管理法》第四十六条的规定，这里所称的枪支，是指以火药或者压缩气体等为动力，利用管状器具发射金属弹丸或者其他物质，足以致人伤亡或者丧失知觉的各种枪支。

（2）关于武器中的“弹药”，出于同样的考虑，《走私解释》第一条将《最高人民法院关于审理非法制造、买卖、运输枪支、弹药、爆炸物等刑事案件具体应用法律若干问题的解释》中关于“军用子弹”和“非军用子弹”的分类调整为“气枪铅弹”和“其他子弹”之分。另外，从司法实践中查获的走私气枪铅弹进境的案件来看，行为人多是出于个人爱好等原因走私，查获的气枪铅弹的杀伤力也远小于其他以火药为动力发射的子弹，且气枪铅弹体积较小，往往查获的数量较大。因此，相较于“其他子弹”，对走私气枪铅弹的处罚规定了较高的数量标准。

（3）关于走私仿真枪支的问题。《走私解释》第五条第一款规定，此类行为以走私国家禁止进出口的货物、物品罪定罪处罚。但是，根据该解释第五条第二款的规定，走私的仿真枪鉴定为枪支，构成犯罪的，以走私开口罪定罪处罚。主要理由是：根据有关枪支性能鉴定标准及仿真枪管理的规定，仿真枪所发射弹丸的枪口比动能大于等于1.8焦耳/平方厘米时，一律认定为枪支。

4. 客观要件

本罪的客观方面表现为违反海关法规和枪支管理制度，逃避海关监管，运输、携带、邮寄武器、弹药进出国（边）境的行为。

根据《刑法》第一百五十五条的规定，行为人直接向走私人非法收购武器、弹药，或者在内海、领海、界河、界湖运输、收购、贩卖武器、弹药的，应当以走私武器、弹药罪论处。《刑法》第一百五十五条规定的这两种情况，属于非关口走私行为。所谓非关口走私，是指走私行为没有与海关关口发生直接联系，但经刑法的特别规定以走私罪论处的行为。根据《走私解释》第二十条规定，直接向走私人非法收购走私进口的货物、物品，在内海、领海、界河、界湖运输、收购、贩卖国家禁止进出口的物品，或者没有合法证明，在内海、领海、界河、界湖运输、收购、贩卖国家限制进出口的货物、物品，构成犯罪的，应当按照走私货物、物品的种类，分别依照《刑法》第一百五十一条、第一百五十二条、第一百五十三条、第三百四十七条、第三百五十条的规定定罪处罚。《刑法》第一百五十一条第二项规定的“内海”，包括内河的入海口水域。

依照《刑法》第一百五十六条的规定，与走私武器、弹药的犯罪分子通谋，为其提供贷款、资金、账号、发票、证明，或者为其提供运输、保管、邮寄或者其他方便的，以走私武器、弹药罪的共犯论处。

依照《刑法》第一百五十七条第一款的规定，武装掩护走私的，依照本法第一百五十一条第一款的规定从重处罚。也就是说，武装掩护走私的，不单独定罪名，而是由法律作出特别规定，以走私武器、弹药罪定罪且从重处罚。

（四）司法认定

1. 关于罪名的适用

走私武器、弹药罪本身是一个选择性罪名。行为人只走私武器的，其行为构成走私武器罪；只走私弹药的，构成走私弹药罪。其同时走私武器、弹药的，构成走私武器、弹药罪，不实行数罪并罚。

2. 关于本罪的罪与非罪问题

根据《走私解释》第一条第一款的规定，下列走私行为，因其数量少、情节轻微，不以犯罪处理：（1）走私以压缩气体等非火药为动力发射枪弹的枪支不到二支的；（2）走私气枪铅弹不满五百发，或者其他子弹不满十发的。

虽然未达到上述数量标准，但属于犯罪集团的首要分子，使用特种车辆从事走私活动，或者走私的武器、弹药被用于实施犯罪等情形的，应当以走私武器、弹药罪定罪处罚。另外，走私各种常规炮弹、手榴弹或者枪榴弹的，不论数量，一律以犯罪处理。走私以火药为动力发射枪弹的枪支，不论数量，一律以犯罪处理，且只要走私一支，就按七年有期徒刑以上刑罚处罚。

根据《走私解释》第五条第二款规定，走私的仿真枪虽经鉴定为枪支，但行为人不以牟利或者从事违法犯罪活动为目的，且情节轻微不需要判处刑罚的，可以免予刑事处罚。同时，考虑到实践中查获的仿真枪多是刚达到前述枪支鉴定标准，行为人走私仿真枪多是出于个人爱好等原因，并非出于违法犯罪活动的目的走私，对其处理应与其他走私枪支的行为有所区别。但这里的免予刑事处罚，仍然属于有罪处理，而不属于无罪情形。

3. 关于本罪的既未遂问题

走私犯罪有无未遂以及未遂的认定标准，实践中长期存在意见分歧。一种意见认为，走私犯罪属于行为犯，不存在未遂形态；另一种意见认为，走私犯罪属于结果犯，只有成功逃避海关监管的才成立既遂。

本书观点：行为犯同样存在未遂形态，犯罪既未遂的认定标准，需要结合某一类犯罪的实际情况予以具体确定。基于走私犯罪表现形式的多样性、行为实施的多环节性以及查获的现场性等特点，《走私解释》第二十三条区分情形对走私犯罪的既未遂认定标准作出了具体规定，即“实施走私犯罪，具有下列情形之一的，应当认定为犯罪既遂：（一）在海关监管现场被查获的；（二）以虚假申报方式走私，申报行为实施完毕的；（三）以保税货物或者特定减税、免税进口的货物、物品为对象走私，在境内销售的，或者申请核销行为实施完毕的。”其中，规定不论何种形式的走私，凡是在海关监管现场被查获的一概以犯罪既遂处理，主要是考虑到，走私犯罪因海关监管现场查获而案发的情况较为普遍，如果将成功逃避海关监管作为既未遂的界定标准，绝大多数走私犯罪都将按未遂处理，既不利于对于走私犯罪的有效惩治，也与立法初衷不符。规定虚假申报行为实施完毕即构成既遂，主要是考虑到，申报通关走私行为主要体现为申报环节，申报之后的海关审单、查验环节不再受走私犯罪行为人的意志支配。规定后续走私除了销售之外申请核销行为实施完毕的也应以既遂处理，主要是考虑到实践中一些申请核销行为发生在销售之前，而相对于销售而言，申请核销对于走私犯罪是否完成的认定更具实质性意义。

4. **关于走私枪支、弹药以外的其他武器、弹药的认定**

（1）根据《走私解释》第一条第四款规定，走私其他武器、弹药，构成犯罪的，参照本条各款规定的标准处罚。

（2）根据《走私解释》第二条规定，《刑法》第一百五十一条第一款规定的“武器、弹药”的种类，参照《进口税则》及《禁止进出境物品表》的有关规定确定。

（3）根据《走私解释》第三条规定，走私枪支散件，构成犯罪的，依照《刑法》第一百五十一条第一款的规定，以走私武器罪定罪处罚。成套枪支散件以相应数量的枪支计，非成套枪支散件以每三十件为一套枪支散件计。

（4）根据《走私解释》第四条规定，走私各种弹药的弹头、弹壳，构成犯罪的，依照《刑法》第一百五十一条第一款的规定，以走私弹药罪定罪处罚。具体的定罪量刑标准，按照本解释第一条规定的数量标准的五倍执行。

走私报废或者无法组装并使用的各种弹药的弹头、弹壳，构成犯罪的，依照《刑法》第一百五十三条的规定，以走私普通货物、物品罪定罪处罚；属于废物的，依照《刑法》第一百五十二条第二款的规定，以走私废物罪定罪处罚。

弹头、弹壳是否属于前款规定的“报废或者无法组装并使用”或者“废物”，由国家有关技术部门进行鉴定。

（5）根据《走私解释》第五条第一款规定，走私国家禁止或者限制进出口的仿真枪、管制刀具，构成犯罪的，依照《刑法》第一百五十一条第三款的规定，以走私国家禁止进出口的货物、物品罪定罪处罚。

5. 关于暴力、威胁方法抗拒缉私的定罪

依照《刑法》第一百五十七条第二款的规定，以暴力、威胁方法抗拒缉私的，应当以走私武器、弹药罪和《刑法》第二百七十七条规定的妨害公务罪，实行并罚。

6. 本罪的一罪与数罪问题

走私武器、弹药的行为，可能同时触犯非法买卖、运输、邮寄、储存枪支、弹药罪，由于走私行为包含了运输、邮寄、储存等行为，所以，凡是符合走私武器、弹药罪的构成要件的，不再认定为非法买卖、运输、邮寄、储存枪支、弹药罪。但是，行为人以出售为目的走私武器、弹药后，又非法出售的，属于牵连犯罪，应按照处理牵连犯罪的原则，从一重处罚。

7. 划清本罪与非法买卖、运输、邮寄、储存枪支、弹药、爆炸物罪的界限

前者的行为是与逃避海关监管相联系的，表现为非法出入国（边）境的行为；后者的行为发生在国（边）境之内。《刑法》第一百五十一条规定了走私武器、弹药罪，但没有规定走私爆炸物罪。对于走私爆炸物的行为，可认定为非法运输爆炸物罪。

8. 关于单位犯走私武器、弹药罪及其直接负责的主管人员和直接责任人员的认定问题

根据《最高人民法院、最高人民检察院、海关总署关于办理走私刑事案件适用法律若干问题的意见》第十八条的规定，具备下列特征的，可以认定为单位走私犯罪：（1）以单位的名义实施走私犯罪，即由单位集体研究决定，或者由单位的负责人或者被授权的其他人员决定、同意；（2）为单位谋取不正当利益或者违法所得大部分归单位所有。《走私解释》第二十四条第一款规定，单位犯《刑法》第一百五十一条、第一百五十二条规定之罪，依照该解释规定的标准定罪处罚。

依照《最高人民法院关于审理单位犯罪案件具体应用法律有关问题的解释》第二条的规定，个人为进行违法犯罪活动而设立的公司、企业、事业单位实施犯罪的，或者个人设立公司、企业、事业单位后，以实施犯罪为主要活动的，不以单位犯罪论处。单位是否以实施犯罪为主要活动，应根据单位实施走私行为的次数、频度、持续时间、单位进行合法经营的状况等因素综合考虑认定。根据单位人员在单位走私犯罪活动中所发挥的不同作用，对其直接负责的主管人员和其他直接责任人员，可以确定为一人或者数人。对于受单位领导指派而积极参与实施走私犯罪行为的人员，如果其行为在走私犯罪的主要环节起重要作用的，可以认定为单位犯罪的直接责任人员。

本节走私罪的10个罪名均规定有单位犯罪，涉及的相关问题均应按此规定办理。

（五）量刑指导或者参考

依照《刑法》第一百五十一条第一款规定，犯走私武器、弹药罪的，处七年以上有期徒刑，并处罚金或者没收财产；情节特别严重的，处无期徒刑或者死刑，并处没收财产；情节较轻的，处三年以上七年以下有期徒刑，并处罚金。

依照《刑法》第一百五十一条第四款规定，单位犯本罪的，对单位判处罚金，并对其直接负责的主管人员和其他直接责任人员，依照本条第一款的规定处罚。

具体情节与量刑的对应情况，列表格如下：

量刑档次	对应情节	有关概念解释	备注
三年以上七年以下有期徒刑，并处罚金	情节较轻的	情节较轻，是指具有下列情形之一的：（1）走私以压缩气体等非火药为动力发射枪弹的枪支二支以上不满五支的；（2）走私气枪铅弹五百发以上不满二千五百发，或者其他子弹十发以上不满五十发的；（3）未达到上述数量标准，但属于犯罪集团的首要分子，使用特种车辆从事走私活动，或者走私的武器、弹药被用于实施犯罪等情形的；（4）走私各种口径在六十毫米以下常规炮弹、手榴弹或者枪榴弹等分别或者合计不满五枚的。	附加刑必须并处罚金

量刑档次	对应情节	有关概念解释	备注
七年以上有期徒刑，并处罚金或者没收财产	基本犯罪构成情节	具有下列情形之一的，适用本档量刑幅度：（1）走私以火药为动力发射枪弹的枪支一支，或者以压缩气体等非火药为动力发射枪弹的枪支五支以上不满十支的；（2）走私《走私解释》第一条第一款第二项规定的弹药，数量在该项规定的最高数量以上不满最高数量五倍的；（3）走私各种口径在六十毫米以下常规炮弹、手榴弹或者枪榴弹等分别或者合计达到五枚以上不满十枚，或者各种口径超过六十毫米以上常规炮弹合计不满五枚的；（4）达到《走私解释》第一条第一款第一、二、四项规定的数量标准，且属于犯罪集团的首要分子，使用特种车辆从事走私活动，或者走私的武器、弹药被用于实施犯罪等情形的。	附加刑既可处罚金，也可处没收财产
无期徒刑，并处没收财产	情节特别严重的	情节特别严重，是指具有下列情形之一的：（1）走私《走私解释》第一条第二款第一项规定的枪支，数量超过该项规定的数量标准的；（2）走私《走私解释》第一条第一款第二项规定的弹药，数量在该项规定的最高数量标准五倍以上的；（3）走私《走私解释》第一条第二款第三项规定的弹药，数量超过该项规定的数量标准，或者走私具有巨大杀伤力的非常规炮弹一枚以上的；（4）达到《走私解释》第一条第二款第一项至第三项规定的数量标准，且属于犯罪集团的首要分子，使用特种车辆从事走私活动，或者走私的武器、弹药被用于实施犯罪等情形的。	附加刑必须并处没收财产

司法机关在适用《刑法》第一百五十一条第一款、第四款规定处罚时，应当注意以下问题：

1. 正确理解和适用本罪的基本刑

本罪的基本刑是七年以上有期徒刑，并处罚金或者没收财产。这与一般犯罪的基本刑从低往高的顺序排列不一样，也与故意杀人罪从最高死刑往下排列不一样。本罪是先列基本刑，后列情节特别严重的，再列情节较轻的。因此，除了司法解释明确列为“情节较轻”情形的外，对构成犯罪的，首先考虑在基本刑范围内考虑，然后再考虑是否属于情节特别严重、情节较轻的情形。如，根据《走私解释》第一条第二款第二项规定，走私以火药为动力发射枪弹的枪支的，只要走私一支，就在七年以上有期徒刑，并处罚金或者没收财产的幅度内量刑。只有走私以压缩气体等非火药为动力发射枪弹的枪支，才根据枪支的数量确定是否属于情节较轻甚至不以犯罪处理的情形。

根据《走私解释》第一条第二款规定，具有下列情形之一的，依照《刑法》第一百五十一条第一款的规定处七年以上有期徒刑，并处罚金或者没收财产：（1）走私以火药为动力发射枪弹的枪支一支，或者以压缩气体等非火药为动力发射枪弹的枪支五支以上不满十支的；（2）走私《走私解释》第一条第一款第二项规定的弹药，数量在该项规定的最高数量以上不满最高数量五倍的；（3）走私各种口径在六十毫米以下常规炮弹、手榴弹或者枪榴弹等分别或者合计达到五枚以上不满十枚，或者各种口径超过六十毫米以上常规炮弹合计不满五枚的；（4）达到走私《走私解释》第一条第一款第一、二、四项规定的数量标准，且属于犯罪集团的首要分子，使用特种车辆从事走私活动，或者走私的武器、弹药被用于实施犯罪等情形的。

另外需要注意的是，犯本罪在基本刑范围量刑的，财产刑既可以是罚金，也可以是没收财产。这是我国刑法规定中对判处有期徒刑可以附加适用没收财产的几个少有的规定之一。在具体适用时要严格掌握，根据案件情节和危害后果决定是适用罚金刑还是没收财产刑。适用没收财产刑时，一般不适用没收个人全部财产。只有判处无期徒刑或者死刑时，才判处没收个人全部财产。

2. 正确把握本罪的“情节较轻”

根据《走私解释》第一条第一款规定，走私武器、弹药，具有下列情形之一的，可以认定为《刑法》第一百五十一条第一款规定的“情节较轻”：（1）走私以压缩气体等非火药为动力发射枪弹的枪支二支以上不满五支的；（2）走私气枪铅弹五百发以上不满二千五百发，或者其他子弹十发以上不满五十发的；（3）未达到上述数量标准，但属于犯罪集团的首要分子，使用特种车辆从事走私活动，或者走私的武器、弹药被用于实施犯罪等情形的；（4）走私各种口径在六十毫米以下常规炮弹、手榴弹或者枪榴弹等分别或者合计不满五枚的。

3. 正确把握本罪的“情节特别严重”

根据《走私解释》第一条第三款规定，具有下列情形之一的，应当认定为《刑法》第一百五十一条第一款规定的“情节特别严重”：（1）走私《走私解释》第一条第二款第一项规定的枪支，数量超过该项规定的数量标准的；（2）走私《走私解释》第一条第一款第二项规定的弹药，数量在该项规定的最高数量标准五倍以上的；（3）走私《走私解释》第一条第二款第三项规定的弹药，数量超过该项规定的数量标准，或者走私具有巨大杀伤力的非常规炮弹一枚以上的；（4）达到走私《走私解释》第一条第二款第一项至第三项规定的数量标准，且属于犯罪集团的首要分子，使用特种车辆从事走私活动，或者走私的武器、弹药被用于实施犯罪等情形的。

4. 关于武装掩护走私的量刑

依照《刑法》第一百五十七条第一款的规定，武装掩护走私武器、弹药的，应当在《刑法》第一百五十一条第一款规定的法定刑的幅度内从重处罚。有学者认为，刑法对武装掩护走私规定了独立的罪状和法定刑，武装掩护走私可作为一个独立的罪名适用。我们认为此观点不符合立法本意。

理解和适用该款规定应注意以下几点：（1）行为人所携带的武器无论是否使用，均应按照本款的规定处罚。（2）武装掩护走私不是一个独立的罪名，应当根据具体走私对象确定其适用的罪名。武装掩护走私的，不论其适用走私罪的哪个具体罪名，均应按照走私武器、弹药罪处罚。（3）根据《刑法》第一百五十一条第一款规定，武装掩护走私的，在依照走私武器、弹药罪处罚时，并且应从重处罚。

5. 关于量刑规范化

司法解释对走私武器、弹药罪的量刑并未作出规定，这主要是由于此类案件在司法实践中的发案率不高，最高司法机关还未能总结出一套比较完整的量刑规范化方案，有待于在总结经验的基础上再作出详细的规定。在此之前，各高级法院可以根据各地的社会治安状况、经济发展状况等因素，制定适合本省、自治区、直辖市实际情况的量刑规范化标准。在有关规定出台前，司法人员应当根据犯罪的事实、犯罪的性质、情节和对于社会的危害程度，依照刑法和有关司法解释的规定判处刑罚。

二、走私核材料罪

（一）刑法规定

第一百五十一条第一款、第四款①　走私武器、弹药、核材料或者伪造的货币的，处七年以上有期徒刑，并处罚金或者没收财产；情节特别严重的，处无期徒刑，并处没收财产；情节较轻的，处三年以上七年以下有期徒刑，并处罚金。

单位犯本条规定之罪的，对单位判处罚金，并对其直接负责的主管人员和其他直接责任人员，依照本条各款的规定处罚。

---

① 本条经2009年2月28日《刑法修正案（七）》第一条、2011年2月25日《刑法修正案（八）》第二十六条、2015年8月29日《刑法修正案（九）》三次修正。

1997年《刑法》第一百五十一条原文规定："走私武器、弹药、核材料或者伪造的货币的，处七年以上有期徒刑，并处罚金或者没收财产；情节较轻的，处三年以上七年以下有期徒刑，并处罚金。走私国家禁止出口的文物、黄金、白银和其他贵重金属或者国家禁止进出口的珍贵动物及其制品的，处五年以上有期徒刑，并处罚金；情节较轻的，处五年以下有期徒刑，并处罚金。走私国家禁止进出口的珍稀植物及其制品的，处五年以下有期徒刑，并处或者单处罚金；情节严重的，处五年以上有期徒刑，并处罚金。犯第一款、第二款罪，情节特别严重的，处无期徒刑或者死刑，并处没收财产。单位犯本条规定之罪的，对单位判处罚金，并对其直接负责的主管人员和其他直接责任人员，依照本条各款的规定处罚。"

《刑法修正案（七）》第一条将1997年《刑法》第一百五十一条第三款修改为："走私珍稀植物及其制品等国家禁止进出口的其他货物、物品的，处五年以下有期徒刑或者拘役，并处或者单处罚金；情节严重的，处五年以上有期徒刑，并处罚金。"

《刑法修改案（八）》第二十六条将本条修改为："走私武器、弹药、核材料或者伪造的货币的，处七年以上有期徒刑，并处罚金或者没收财产；情节特别严重的，处无期徒刑或者死刑，并处没收财产；情节较轻的，处三年以上七年以下有期徒刑，并处罚金。走私国家禁止出口的文物、黄金、白银和其他贵重金属或者国家禁止进出口的珍贵动物及其制品的，处五年以上十年以下有期徒刑，并处罚金；情节特别严重的，处十年以上有期徒刑或者无期徒刑，并处没收财产；情节较轻的，处五年以下有期徒刑，并处罚金。走私珍稀植物及其制品等国家禁止进出口的其他货物、物品的，处五年以下有期徒刑或者拘役，并处或者单处罚金；情节严重的，处五年以上有期徒刑，并处罚金。单位犯本条规定之罪的，对单位判处罚金，并对其直接负责的主管人员和其他直接责任人员，依照本条各款的规定处罚。"

《刑法修正案（九）》第九条对本条作了再次修改，取消了本条的死刑规定。

第一百五十五条[①] 下列行为，以走私罪论处，依照本节的有关规定处罚：

（一）直接向走私人非法收购国家禁止进口物品的，或者直接向走私人非法收购走私进口的其他货物、物品，数额较大的；

（二）在内海、领海、界河、界湖运输、收购、贩卖国家禁止进出口物品的，或者运输、收购、贩卖国家限制进出口货物、物品，数额较大，没有合法证明的。

第一百五十六条 与走私罪犯通谋，为其提供贷款、资金、帐号、发票、证明，或者为其提供运输、保管、邮寄或者其他方便的，以走私罪的共犯论处。

（二）行政法规

《中华人民共和国核材料管制条例》（1987年6月15日国务院发布）（节录）

第二条 本条例管制的核材料是：

（一）铀－235，含铀－235的材料和制品；

（二）铀－233，含铀－233的材料和制品；

（三）钚－239，含钚－239的材料和制品；

（四）氚，含氚的材料和制品；

（五）锂－6，含锂－6的材料和制品；

（六）其他需要管制的核材料。

（三）典型或常见问题的审理思路

走私核材料罪，是指违反海关法规，逃避海关监管，运输、携带、邮寄核材料进出国（边）境的行为。

本罪是1997年《刑法》增设的罪名，1979年《刑法》和单行刑法均没有规定此罪名。

本罪的犯罪构成要件是：

---

① 本条经2002年12月28日《刑法修正案（四）》第三条修正。

《刑法》原第一百五十五条为："下列行为，以走私罪论处，依照本节的有关规定处罚：（一）直接向走私人非法收购国家禁止进口物品的，或者直接向走私人非法收购走私进口的其他货物、物品，数额较大的；（二）在内海、领海运输、收购、贩卖国家禁止进出口物品的，或者运输、收购、贩卖国家限制进出口货物、物品，数额较大，没有合法证明的；（三）逃避海关监管将境外固体废物运输进境的。"

1. 主体要件

本罪的犯罪主体为一般主体，包括自然人和单位。

2. 主观要件

本罪的主观方面由故意构成，过失不构成本罪。

3. 客体要件

本罪侵犯的客体是国家海关监督管理制度中关于核材料进出国（边）境的监管制度。犯罪对象是核材料，即可以发生原子裂变和聚合反应的放射性材料。根据1987年6月15日国务院发布的《核材料管制条例》的规定，核材料包括："铀－235，含铀－235的材料和制品；铀－233，含铀－233的材料和制品；钚－239，含钚－239的材料和制品；氚，含氚的材料和制品；锂－6，含锂－6的材料和制品；其他需要管制的核材料。"

4. 客观要件

本罪的客观方面表现为违反海关法规，逃避海关监管，运输、携带、邮寄核材料进出国（边）境的行为。行为人直接向走私人非法收购核材料，或者在内海、领海、界河、界湖运输、收购、贩卖核材料的，也应以走私核材料罪论处。

（四）疑难、复杂问题的参考性解答

1. 注重对核材料的鉴定

人民法院在审理案件中，对某一物品是否属于核材料难以认定时，应请有关部门进行鉴定。国家核安全局、国家科学技术工业委员会分别负责民用、军用核材料的监督或管理。

2. 关于本罪的既未遂问题

走私犯罪有无未遂以及未遂的认定标准，实践中长期存在意见分歧。一种意见认为，走私犯罪属于行为犯，不存在未遂形态；另一种意见认为，走私犯罪属于结果犯，只有成功逃避海关监管的才成立既遂。

本书观点：行为犯同样存在未遂形态，犯罪既未遂的认定标准，需要结合某一类犯罪的实际情况予以具体确定。基于走私犯罪表现形式的多样性、行为实施的多环节性以及查获的现场性等特点，《走私解释》第二十三条区分情形对走私犯罪的既未遂认定标准作出了具体规定，即"实施走私犯罪，具有下列情形之一的，应当认定为犯罪既遂：（一）在海关监管现场被查获的；

（二）以虚假申报方式走私，申报行为实施完毕的；（三）以保税货物或者特定减税、免税进口的货物、物品为对象走私，在境内销售的，或者申请核销行为实施完毕的。”其规定不论何种形式的走私，凡是在海关监管现场被查获的一概以犯罪既遂处理，主要是考虑到，走私犯罪因海关监管现场查获而案发的情况较为普遍，如果将成功逃避海关监管作为既未遂的界定标准，绝大多数走私犯罪都将按未遂处理，既不利于对于走私犯罪的有效惩治，也与立法初衷不符。规定虚假申报行为实施完毕即构成既遂，主要是考虑到，申报通关走私行为主要体现为申报环节，申报之后的海关审单、查验环节不再受走私犯罪行为人的意志支配。规定后续走私除了销售之外申请核销行为实施完毕的也应以既遂处理，主要是考虑到实践中一些申请核销行为发生在销售之前，而相对于销售而言，申请核销对于走私犯罪是否完成的认定更具实质性意义。对于走私核材料犯罪应当依照上述观点，认定犯罪既遂和未遂。

3. 依法认定共同犯罪

依照《刑法》第一百五十六条的规定，与走私核材料的犯罪分子通谋，为其提供贷款、资金、账号、发票、证明，或者为其提供运输、保管、邮寄或者其他方便的，应当以走私核材料罪的共犯论处。

4. 以暴力、威胁方法抗拒缉私的处理

依照《刑法》第一百五十七条第二款的规定，以暴力、威胁方法抗拒缉私的，应当以走私核材料罪和《刑法》第二百七十七条规定的妨害公务罪实行并罚。

（五）量刑指导或参考

依照《刑法》第一百五十一条第一款规定，犯走私核材料罪的，处七年以上有期徒刑，并处罚金或者没收财产；情节特别严重的，处无期徒刑或者死刑，并处没收财产；情节较轻的，处三年以上七年以下有期徒刑，并处罚金。

依照《刑法》第一百五十一条第四款规定，单位犯本罪的，对单位判处罚金，并对其直接负责的主管人员和其他直接责任人员，依照本条第一款的规定处罚。

司法机关在适用《刑法》第一百五十一条第一款、第四款规定处罚时，应当注意以下问题：

1. 严格掌握适用无期徒刑的条件。按照法律规定，走私核材料的行为，必须是“情节特别严重的”，才可以适用无期徒刑。所谓情节特别严重，在司法实践中主要是指：一次大量或者多次走私核材料的；走私核材料犯罪集团的首要分子；造成人员重伤、死亡或者公私财物遭受重大损失的；造成重大事故等严重后果的；在国际上造成恶劣影响的等情形。还应当注意，《刑法修正案（九）》已经取消了本罪的死刑规定。

2. 依照《刑法》第一百五十七条第一款的规定，武装掩护走私核材料的，应当在《刑法》第一百五十一条第一款规定的法定刑幅度内从重处罚。行为人所携带的武器无论是否使用，均应按照本款的规定处罚。

三、走私假币罪

（一）刑法规定

第一百五十一条第一款、第四款[①]　走私武器、弹药、核材料或者伪造的货币的，处七年以上有期徒刑，并处罚金或者没收财产；情节特别严重的，

---

① 本条经2009年2月28日《刑法修正案（七）》第一条、2011年2月25日《刑法修正案（八）》第二十六条、2015年8月29日《刑法修正案（九）》三次修正。

1997年《刑法》第一百五十一条原文规定：“走私武器、弹药、核材料或者伪造的货币的，处七年以上有期徒刑，并处罚金或者没收财产；情节较轻的，处三年以上七年以下有期徒刑，并处罚金。走私国家禁止出口的文物、黄金、白银和其他贵重金属或者国家禁止进出口的珍贵动物及其制品的，处五年以上有期徒刑，并处罚金；情节较轻的，处五年以下有期徒刑，并处罚金。走私国家禁止进出口的珍稀植物及其制品的，处五年以下有期徒刑，并处或者单处罚金；情节严重的，处五年以上有期徒刑，并处罚金。犯第一款、第二款罪，情节特别严重的，处无期徒刑或者死刑，并处没收财产。单位犯本条规定之罪的，对单位判处罚金，并对其直接负责的主管人员和其他直接责任人员，依照本条各款的规定处罚。”

《刑法修正案（七）》第一条将1997年《刑法》第一百五十一条第三款修改为：“走私珍稀植物及其制品等国家禁止进出口的其他货物、物品的，处五年以下有期徒刑或者拘役，并处或者单处罚金；情节严重的，处五年以上有期徒刑，并处罚金。”

《刑法修改案（八）》第二十六条将本条修改为：“走私武器、弹药、核材料或者伪造的货币的，处七年以上有期徒刑，并处罚金或者没收财产：情节特别严重的，处无期徒刑或者死刑，并处没收财产；情节较轻的，处三年以上七年以下有期徒刑，并处罚金。走私国家禁止出口的文物、黄金、白银和其他贵重金属或者国家禁止进出口的珍贵动物及其制品的，处五年以上十年以下有期徒刑，并处罚金；情节特别严重的，处十年以上有期徒刑或者无期徒刑，并处没收财产；情节较轻的，处五年以下有期徒刑，并处罚金。走私珍稀植物及其制品等国家禁止进出口的其他货物、物品的，处五年以下有期徒刑或者拘役，并处或者单处罚金；情节严重的，处五年以上有期徒刑，并处罚金。单位犯本条规定之罪的，对单位判处罚金，并对其直接负责的主管人员和其他直接责任人员，依照本条各款的规定处罚。”

《刑法修正案（九）》第九条对本条作了再次修改，取消了本条的死刑规定。

处无期徒，并处没收财产；情节较轻的，处三年以上七年以下有期徒刑，并处罚金。

单位犯本条规定之罪的，对单位判处罚金，并对其直接负责的主管人员和其他直接责任人员，依照本条各款的规定处罚。

（二）司法解释、司法文件

最高人民法院、最高人民检察院关于办理走私刑事案件适用法律若干问题的解释（法释〔2014〕10号，自2014年9月10日起施行）（节录）

第六条 走私伪造的货币，数额在二千元以上不满二万元，或者数量在二百张（枚）以上不满二千张（枚）的，可以认定为刑法第一百五十一条第一款规定的“情节较轻”。

具有下列情形之一的，依照刑法第一百五十一条第一款的规定处七年以上有期徒刑，并处罚金或者没收财产：

（一）走私数额在二万元以上不满二十万元，或者数量在二千张（枚）以上不满二万张（枚）的；

（二）走私数额或者数量达到第一款规定的标准，且具有走私的伪造货币流入市场等情节的。

具有下列情形之一的，应当认定为刑法第一百五十一条第一款规定的“情节特别严重”：

（一）走私数额在二十万元以上，或者数量在二万张（枚）以上的；

（二）走私数额或者数量达到第二款第一项规定的标准，且属于犯罪集团的首要分子，使用特种车辆从事走私活动，或者走私的伪造货币流入市场等情形的。

第七条 刑法第一百五十一条第一款规定的“货币”，包括正在流通的人民币和境外货币。伪造的境外货币数额，折合成人民币计算。

（三）典型或常见问题的审理思路

走私假币罪，是指违反海关法规，逃避海关监管，运输、携带、邮寄假币进出国（边）境的行为。

本罪是从《全国人民代表大会常务委员会关于惩治走私罪的补充规定》第一条的规定，吸收改为刑法的具体规定的。1979年《刑法》没有走私假币罪的规定。

走私假币罪的构成要件是：

1. 主体要件

本罪的犯罪主体为一般主体，自然人和单位均可构成本罪的主体。

2. 主观要件

本罪的主观方面由故意构成，即明知是假币而运输、携带、邮寄出入国（边）境。行为人一般具有营利的目的，但是否具有营利的目的，不影响本罪的成立。如果行为人主观上不明知是假币而运输、携带、邮寄出入境的，则不构成本罪。

3. 客体要件

本罪侵犯的客体是复杂客体，既侵犯了国家海关法禁止假币进出口的制度，又侵犯了国家的货币管理制度。

国家禁止假币进出口。所谓假币，是指仿照人民币、外币的形状、图案、色彩等，使用任何方法，非法制造的假人民币、外币。行为人携带、运输、邮寄假币进出口不仅侵犯了国家的海关监管制度，同时还会引发买卖、使用假币的行为，破坏国家的金融秩序和货币管理制度。这里的货币是指可以在国内市场流通或者兑换的人民币和境外货币。本罪的犯罪对象是伪造的货币，包括伪造的人民币、外币、港币、澳币、台币等可在国内市场流通或者兑换的货币。货币面额以人民币计。走私伪造的境外货币的，其面额以案发时国家外汇管理机关公布的外汇牌价折合人民币。如果走私真正的货币则不构成本罪；构成其他犯罪的，按有关规定处罚。

4. 客观要件

本罪的客观方面表现为违反海关法规，逃避海关监管，运输、携带、邮寄伪造的货币进出国（边）境的行为。

“违反海关法规”，是指行为人违反海关禁止假币进出口的规定以及不按海关的规定到指定的地点如实申报并接受海关查验。“逃避海关监管”，是指采取各种方法避开海关的监督、管理、检查，企图把假币非法运输、携带、邮寄进出境。逃避海关监管的行为是多种多样的，常见的有：不经过海关、检查站，非法运输、携带假币进出境；虽经过海关、检查站，但采用谎报、伪装、藏匿的方法，逃避海关检查等行为。行为人直接向走私人非法收购假币的，或者在领海、内海、界河、界湖运输、收购、贩卖假币的，也应以走私假币罪论处。“内海”包括内河的入海口水域。直接向走私人非法收购假币，是指明知是走私行为人而向其非法收购走私的假币的行为。

（四）疑难、复杂问题的参考性解答

1. 划清罪与非罪的界限

依照《刑法》第一百五十一条的规定，走私假币即构成走私假币罪。但在司法实践中，也不能把任何走私假币的行为都以犯罪论处。按照《走私解释》第六条第一款的规定，走私伪造的货币，下列情形下，可以视为“情节显著轻微危害不大，不认定是犯罪”：（1）假币总面额（折合人民币）不足2000元的；（2）假币总数量不满200张（枚）的。

实践中，有的假币虽然总数量刚刚超过200张，但假币的总面额不到2000元的，也可以根据案件的具体情节，视为“情节显著轻微危害不大，不认定是犯罪”。

2. 关于本罪的既未遂问题

根据走私犯罪表现形式的多样性、行为实施的多环节性以及查获的现场性等特点，《走私解释》第二十三条区分情形对走私犯罪的既未遂认定标准作出了具体规定，即“实施走私犯罪，具有下列情形之一的，应当认定为犯罪既遂：（一）在海关监管现场被查获的；（二）以虚假申报方式走私，申报行为实施完毕的；（三）以保税货物或者特定减税、免税进口的货物、物品为对象走私，在境内销售的，或者申请核销行为实施完毕的。”其规定不论何种形式的走私，凡是在海关监管现场被查获的一概以犯罪既遂处理，主要是考虑到，走私犯罪因海关监管现场查获而案发的情况较为普遍，如果将成功逃避海关监管作为既未遂的界定标准，绝大多数走私犯罪都将按未遂处理，既不利于对于走私犯罪的有效惩治，也与立法初衷不符。规定虚假申报行为实施完毕即构成既遂，主要是考虑到，申报通关走私行为主要体现为申报环节，申报之后的海关审单、查验环节不再受走私犯罪行为人的意志支配。规定后续走私除了销售之外申请核销行为实施完毕的也应以既遂处理，主要是考虑到实践中一些申请核销行为发生在销售之前，而相对于销售而言，申请核销对于走私犯罪是否完成的认定更具实质性意义。对于走私假币罪应当依照上述观点，认定犯罪既遂和未遂。

3. **划清一罪与数罪的界限**

行为人走私伪造的货币后，又在境内出售或者运输同一宗伪造的货币的，属于牵连犯罪，应当按照处理牵连犯的原则，从一重罪处罚，即以走私假币罪处罚，而不定走私假币罪和出售、运输假币罪两个罪。行为人直接向走私假币的人购买假币的，以走私假币罪论处。

依照《刑法》第一百五十七条第二款的规定，以暴力、威胁方法抗拒缉私的，应当以走私假币罪与妨害公务罪，实行并罚。

4. **注重对共同犯罪的惩治**

依照《刑法》第一百五十六条的规定，与走私假币的犯罪分子通谋，为其提供贷款、资金、账号、发票、证明，或者为其提供运输、保管、邮寄或者其他方便的，以走私假币罪的共犯论处。

（五）量刑指导或者参考

依照《刑法》第一百五十一条第一款规定，犯走私假币罪的，处七年以上有期徒刑，并处罚金或者没收财产；情节特别严重的，处无期徒刑或者死刑，并处没收财产；情节较轻的，处三年以上七年以下有期徒刑，并处罚金。

依照《刑法》第一百五十一条第四款规定，单位犯本罪的，对单位判处罚金，并对其直接负责的主管人员和其他直接责任人员，依照本条第一款的规定处罚。

具体情节与量刑的对应情况，列表格如下：

量刑档次	对应情节	有关概念解释	备注
三年以上七年以下有期徒刑，并处罚金	情节较轻的	情节较轻，是指具有下列情形之一的： （1）走私伪造的货币，数额在二千元以上不满二万元； （2）走私伪造的货币，数量在二百张（枚）以上不满二千张（枚）的。	附加刑必须并处罚金
七年以上有期徒刑，并处罚金或者没收财产	基本犯罪构成情节	具有下列情形之一的，适用本档量刑幅度： （1）走私伪造的货币数额在二万元以上不满二十万元，或者数量在二千张（枚）以上不满二万张（枚）的； （2）走私伪造的货币数额或者数量虽然属于情节较轻的范围，但具有走私的伪造货币流入市场等情节的。	附加刑既可处罚金，也可处没收财产

量刑档次	对应情节	有关概念解释	备注
无期徒刑，并处没收财产	情节特别严重的	情节特别严重，是指具有下列情形之一的： （1）走私伪造的货币数额在二十万元以上，或者数量在二万张（枚）以上的； （2）走私伪造的货币数额在二万元以上不满二十万元，或者数量在二千张（枚）以上不满二万张（枚），且属于犯罪集团的首要分子，使用特种车辆从事走私活动，或者走私的伪造货币流入市场等情形的。	附加刑必须并处没收财产

司法机关在适用《刑法》第一百五十一条第一款、第四款规定处罚时，应当注意以下问题：

1. 正确理解和适用本罪的基本刑

本罪的基本刑是七年以上有期徒刑，并处罚金或者没收财产。这与一般犯罪的基本刑从低往高的顺序排列不一样，也与故意杀人罪从最高死刑往下排列不一样。本罪是先列基本刑，后列情节特别严重的，再列情节较轻的。因此，除了司法解释明确列为“情节较轻”情形的外，对构成犯罪的，首先在基本刑范围内考虑，然后再考虑是否属于情节特别严重、情节较轻的情形。

根据《走私解释》第六条第二款规定，具有下列情形之一的，依照《刑法》第一百五十一条第一款的规定处七年以上有期徒刑，并处罚金或者没收财产：（1）走私伪造的货币数额在二万元以上不满二十万元，或者数量在二千张（枚）以上不满二万张（枚）的；（2）走私伪造的货币数额在二千元以上不满二万元，或者数量在二百张（枚）以上不满二千张（枚），且具有走私的伪造货币流入市场等情节的。

另外需要注意的是，犯本罪在基本刑范围量刑的，财产刑既可以是罚金，也可以是没收财产。这是我国刑法规定中对判处有期徒刑可以附加适用没收财产的几个少有的规定之一。在具体适用时要严格掌握，根据案件情节和危害后果决定是适用罚金刑还是没收财产刑。适用没收财产刑时，一般不适用没收个人全部财产。只有判处无期徒刑或者死刑时，才判处没收个人全部财产。

2. 正确把握本罪的“情节较轻”

根据《走私解释》第六条第一款规定，走私伪造的货币，数额在二千元以上不满二万元，或者数量在二百张（枚）以上不满二千张（枚）的，可以认定为《刑法》第一百五十一条第一款规定的“情节较轻”。

3. 正确把握本罪的“情节特别严重”

根据《走私解释》第六条第三款规定，具有下列情形之一的，应当认定为《刑法》第一百五十一条第一款规定的“情节特别严重”：（1）走私伪造的货币数额在二十万元以上，或者数量在二万张（枚）以上的；（2）走私伪造的货币在二万元以上不满二十万元，或者数量在二千张（枚）以上不满二万张（枚），且属于犯罪集团的首要分子，使用特种车辆从事走私活动，或者走私的伪造货币流入市场等情形的。

4. 武装掩护走私假币或者以暴力、威胁方法抗拒缉私的处理

依照《刑法》第一百五十七条第一款的规定，武装掩护走私假币的，在《刑法》第一百五十一条第一款规定的法定刑的幅度内从重处罚。行为人所携带的武器无论是否使用，均应按照《刑法》第一百五十一条第一款的规定处罚。

依照《刑法》第一百五十七条第二款的规定，以暴力、威胁方法抗拒缉私的，以走私罪和《刑法》第二百七十七条规定的阻碍国家机关工作人员依法执行职务罪，依照数罪并罚的规定处罚。

四、走私文物罪

（一）刑法规定

第一百五十一条第二款、第四款[①] 走私国家禁止出口的文物、黄金、白银和其他贵重金属或者国家禁止进出口的珍贵动物及其制品的，处五年以上十年以下有期徒刑，并处罚金；情节特别严重的，处十年以上有期徒刑或者无期徒刑，并处没收财产；情节较轻的，处五年以下有期徒刑，并处罚金。

单位犯本条规定之罪的，对单位判处罚金，并对其直接负责的主管人员和其他直接责任人员，依照本条各款的规定处罚。

---

① 本条经2009年2月28日《刑法修正案（七）》第一条、2011年2月25日《刑法修正案（八）》第二十六条、2015年8月29日《刑法修正案（九）》三次修正。

1997年《刑法》第一百五十一条原文规定：“走私武器、弹药、核材料或者伪造的货币的，处七年以上有期徒刑，并处罚金或者没收财产；情节较轻的，处三年以上七年以下有期徒刑，并处罚金。走私国家禁止出口的文物、黄金、白银和其他贵重金属或者国家禁止进出口的珍贵动物及其制品的，处五年以上有期徒刑，并处罚金；情节较轻的，处五年以下有期徒刑，并处罚金。走私国家禁止进出口的珍稀植物及其制品的，处五年以下有期徒刑，并处或者单处罚金；情节严重的，处五年以上有期徒刑，并处罚金。犯第一款、第二款罪，情节特别严重的，处无期徒刑或者死刑，并处没收财产。单位犯本条规定之罪的，对单位判处罚金，并对其直接负责的主管人员和其他直接责任人员，依照本条各款的规定处罚。”

《刑法修正案（七）》第一条将1997年《刑法》第一百五十一条第三款修改为：“走私珍稀植物及其制品等国家禁止进出口的其他货物、物品的，处五年以下有期徒刑或者拘役，并处或者单处罚金；情节严重的，处五年以上有期徒刑，并处罚金。”

《刑法修正案（八）》第二十六条将本条修改为：“走私武器、弹药、核材料或者伪造的货币的，处七年以上有期徒刑，并处罚金或者没收财产：情节特别严重的，处无期徒刑或者死刑，并处没收财产；情节较轻的，处三年以上七年以下有期徒刑，并处罚金。走私国家禁止出口的文物、黄金、白银和其他贵重金属或者国家禁止进出口的珍贵动物及其制品的，处五年以上十年以下有期徒刑，并处罚金；情节特别严重的，处十年以上有期徒刑或者无期徒刑，并处没收财产；情节较轻的，处五年以下有期徒刑，并处罚金。走私珍稀植物及其制品等国家禁止进出口的其他货物、物品的，处五年以下有期徒刑或者拘役，并处或者单处罚金；情节严重的，处五年以上有期徒刑，并处罚金。单位犯本条规定之罪的，对单位判处罚金，并对其直接负责的主管人员和其他直接责任人员，依照本条各款的规定处罚。”

《刑法修正案（九）》第九条对本条作了再次修改，取消了本条的死刑规定。

第一百五十五条[①]　下列行为，以走私罪论处，依照本节的有关规定处罚：

（一）直接向走私人非法收购国家禁止进口物品的，或者直接向走私人非法收购走私进口的其他货物、物品，数额较大的；

（二）在内海、领海、界河、界湖运输、收购、贩卖国家禁止进出口物品的，或者运输、收购、贩卖国家限制进出口货物、物品，数额较大，没有合法证明的。

第一百五十六条　与走私罪犯通谋，为其提供贷款、资金、帐号、发票、证明，或者为其提供运输、保管、邮寄或者其他方便的，以走私罪的共犯论处。

第一百五十七条　武装掩护走私的，依照本法第一百五十一条第一款的规定从重处罚。[②]

以暴力、威胁方法抗拒缉私的，以走私罪和本法第二百七十七条规定的阻碍国家机关工作人员依法执行职务罪，依照数罪并罚的规定处罚。

（二）法律、司法解释、司法文件及其权威解读

1. **中华人民共和国文物保护法**（1982 年 11 月 19 日第五届全国人民代表大会常务委员会第二十五次会议通过　根据 1991 年 6 月 29 日第七届全国人民代表大会常务委员会第二十次会议《关于修改〈中华人民共和国文物保护法〉第三十条、第三十一条的决定》第一次修正　2002 年 10 月 28 日第九届全国人民代表大会常务委员会第三十次会议修订　根据 2007 年 12 月 29 日第十届全国人民代表大会常务委员会第三十一次会议《关于修改〈中华人民共和国文物保护法〉的决定》第二次修正　根据 2013 年 6 月 29 日第十二届全国人

---

① 本条经 2002 年 12 月 28 日《刑法修正案（四）》第三条修正。

《刑法》原第一百五十五条为："下列行为，以走私罪论处，依照本节的有关规定处罚：（一）直接向走私人非法收购国家禁止进口物品的，或者直接向走私人非法收购走私进口的其他货物、物品，数额较大的；（二）在内海、领海运输、收购、贩卖国家禁止进出口物品的，或者运输、收购、贩卖国家限制进出口货物、物品，数额较大，没有合法证明的；（三）逃避海关监管将境外固体废物运输进境的。"

② 本款经 2011 年 2 月 25 日《刑法修正案（八）》第二十八条修正。

《刑法》原第一百五十七条第一款为："武装掩护走私的，依照本法第一百五十一条第一款、第四款的规定从重处罚。"

民代表大会常务委员会第三次会议《关于修改〈中华人民共和国文物保护法〉等十二部法律的决定》第三次修正　根据2015年4月24日第十二届全国人民代表大会常务委员会第十四次会议《关于修改〈中华人民共和国文物保护法〉的决定》第四次修正　根据2017年11月4日第十二届全国人民代表大会常务委员会第三十次会议《关于修改〈中华人民共和国会计法〉等十一部法律的决定》第五次修正）（节录）

第六十四条　违反本法规定，有下列行为之一，构成犯罪的，依法追究刑事责任：

（一）盗掘古文化遗址、古墓葬的；

（二）故意或者过失损毁国家保护的珍贵文物的；

（三）擅自将国有馆藏文物出售或者私自送给非国有单位或者个人的；

（四）将国家禁止出境的珍贵文物私自出售或者送给外国人的；

（五）以牟利为目的倒卖国家禁止经营的文物的；

（六）走私文物的；

（七）盗窃、哄抢、私分或者非法侵占国有文物的；

（八）应当追究刑事责任的其他妨害文物管理行为。

第六十五条　违反本法规定，造成文物灭失、损毁的，依法承担民事责任。

违反本法规定，构成违反治安管理行为的，由公安机关依法给予治安管理处罚。

违反本法规定，构成走私行为，尚不构成犯罪的，由海关依照有关法律、行政法规的规定给予处罚。

2. **最高人民法院、最高人民检察院关于办理妨害文物管理等刑事案件适用法律若干问题的解释**（法释〔2015〕23号，自2016年1月1日起施行）（节录）

为依法惩治文物犯罪，保护文物，根据《中华人民共和国刑法》《中华人民共和国刑事诉讼法》《中华人民共和国文物保护法》的有关规定，现就办理此类刑事案件适用法律的若干问题解释如下：

第一条　刑法第一百五十一条规定的“国家禁止出口的文物”，依照《中华人民共和国文物保护法》规定的“国家禁止出境的文物”的范围认定。

走私国家禁止出口的二级文物的，应当依照刑法第一百五十一条第二款的规定，以走私文物罪处五年以上十年以下有期徒刑，并处罚金；走私国家禁止出口的一级文物的，应当认定为刑法第一百五十一条第二款规定的“情节特别严重”；走私国家禁止出口的三级文物的，应当认定为刑法第一百五十一条第二款规定的“情节较轻”。

走私国家禁止出口的文物，无法确定文物等级，或者按照文物等级定罪量刑明显过轻或者过重的，可以按照走私的文物价值定罪量刑。走私的文物价值在二十万元以上不满一百万元的，应当依照刑法第一百五十一条第二款的规定，以走私文物罪处五年以上十年以下有期徒刑，并处罚金；文物价值在一百万元以上的，应当认定为刑法第一百五十一条第二款规定的“情节特别严重”；文物价值在五万元以上不满二十万元的，应当认定为刑法第一百五十一条第二款规定的“情节较轻”。

第十一条　单位实施走私文物、倒卖文物等行为，构成犯罪的，依照本解释规定的相应自然人犯罪的定罪量刑标准，对直接负责的主管人员和其他直接责任人员定罪处罚，并对单位判处罚金。

公司、企业、事业单位、机关、团体等单位实施盗窃文物，故意损毁文物、名胜古迹，过失损毁文物，盗掘古文化遗址、古墓葬等行为的，依照本解释规定的相应定罪量刑标准，追究组织者、策划者、实施者的刑事责任。

第十二条　针对不可移动文物整体实施走私、盗窃、倒卖等行为的，根据所属不可移动文物的等级，依照本解释第一条、第二条、第六条的规定定罪量刑：

（一）尚未被确定为文物保护单位的不可移动文物，适用一般文物的定罪量刑标准；

（二）市、县级文物保护单位，适用三级文物的定罪量刑标准；

（三）全国重点文物保护单位、省级文物保护单位，适用二级以上文物的定罪量刑标准。

针对不可移动文物中的建筑构件、壁画、雕塑、石刻等实施走私、盗窃、倒卖等行为的，根据建筑构件、壁画、雕塑、石刻等文物本身的等级或者价值，依照本解释第一条、第二条、第六条的规定定罪量刑。建筑构件、壁画、雕塑、石刻等所属不可移动文物的等级，应当作为量刑情节予以考虑。

第十三条　案件涉及不同等级的文物的，按照高级别文物的量刑幅度量刑；有多件同级文物的，五件同级文物视为一件高一级文物，但是价值明显不相当的除外。

第十四条 依照文物价值定罪量刑的，根据涉案文物的有效价格证明认定文物价值；无有效价格证明，或者根据价格证明认定明显不合理的，根据销赃数额认定，或者结合本解释第十五条规定的鉴定意见、报告认定。

第十五条 在行为人实施有关行为前，文物行政部门已对涉案文物及其等级作出认定的，可以直接对有关案件事实作出认定。

对案件涉及的有关文物鉴定、价值认定等专门性问题难以确定的，由司法鉴定机构出具鉴定意见，或者由国务院文物行政部门指定的机构出具报告。其中，对于文物价值，也可以由有关价格认证机构作出价格认证并出具报告。

第十六条 实施本解释第一条、第二条、第六条至第九条规定的行为，虽已达到应当追究刑事责任的标准，但行为人系初犯，积极退回或者协助追回文物，未造成文物损毁，并确有悔罪表现的，可以认定为犯罪情节轻微，不起诉或者免予刑事处罚。

实施本解释第三条至第五条规定的行为，虽已达到应当追究刑事责任的标准，但行为人系初犯，积极赔偿损失，并确有悔罪表现的，可以认定为犯罪情节轻微，不起诉或者免予刑事处罚。

第十七条 走私、盗窃、损毁、倒卖、盗掘或者非法转让具有科学价值的古脊椎动物化石、古人类化石的，依照刑法和本解释的有关规定定罪量刑。

第十八条 本解释自2016年1月1日起施行。本解释公布施行后，《最高人民法院、最高人民检察院关于办理盗窃、盗掘、非法经营和走私文物的案件具体应用法律的若干问题的解释》（法（研）发〔1987〕32号）同时废止；之前发布的司法解释与本解释不一致的，以本解释为准。

权威解读

《关于办理妨害文物管理等刑事案件适用法律若干问题的解释》的理解与适用（节录）

（一）走私文物罪的定罪量刑标准

《最高人民法院、最高人民检察院关于办理妨害文物管理等刑事案件适用法律若干问题的解释》（以下简称《文物解释》）第一条对走私文物罪的对象和定罪量刑标准作了明确。根据刑法第一百五十一条的规定，走私文物罪的对象为“国家禁止出口的文物”。而文物保护法只有“国家禁止出境的文物”的概念，没有“国家禁止出口的文物”的概念。据向国家文物局了解，“国家禁止出口的文物”与“国家规定禁止出境的文物”为不同法律表述之差别，其语义相同。国家文物局专门发布了《文物出境审核标准》，对哪些文物禁止出境作了明确。目前，全国设立了19个文物进出境审核机构，对所涉文物是否允许出境进行鉴别。因此，《文物解释》第一条第一款规定，刑法第一百五十一条规定的“国家禁止出口的文物”，依照文物保护法规定的“国家禁止出境的文物”的范围认定。

关于走私文物罪的定罪量刑标准，《文物解释》在2014年《走私解释》第八条规定的基础上，对走私文物罪的定罪量刑确立了新的规则，即以走私文物的等级作为主要标准、以走私文物的价值作为辅助标准。根据文物保护法的规定，可移动文物分为珍贵文物和一般文物；珍贵文物分为一级文物、二级文物、三级文物。按照《文物保护法》第三十六条的规定，博物馆、图书馆和其他文物收藏单位收藏的文物，应当区分等级，设置藏品档案。据此，一般而言，国有文物（特别是国有馆藏文物）是有文物等级的。根据已开展的馆藏珍贵文物数据调查，国有馆藏珍贵文物166万余件，其中一级文物48006件，二级文物224249件，三级文物1388020件；而对于少数尚未作文物等级认定的文物，也可以在案发后认定文物等级。而就非国有文物（包括非国有馆藏文物和民间收藏文物）而言，有些非国有馆藏文物（如民营博物馆馆藏文物）也对藏品进行等级认定，具有相应的等级。因此《文物解释》第一条第二款根据走私文物的等级，确定了相应的定罪量刑标准：“走私国家禁止出口的二级文物的，应当依照刑法第一百五十一条第二款的规定，以走私文物罪处五年以上十年以下有期徒刑，并处罚金；走私国家禁止出口的一级文物的，应当认定为刑法第一百五十一条第二款规定的‘情节特别严重’；走私国家禁止出口的三级文物的，应当认定为刑法第一百五十一条第二款规定的是‘情节较轻’。”

实践中，走私文物案件存在两种情形无法或者不宜按照文物等级定罪量刑：其一，不少走私出境的文物（特别是出土文物）在案发前并未确定文物等级，案发后文物未能追回，无法确定文物等级。其二，由于文物等级确定主要考虑历史、艺术、文化价值，故一些经济价值大的文物等级可能不高（如古玉器）或者虽属文物但存量众多、文物价值不大（如古钱币），如按文物等级定罪量刑可能导致明显过轻或者过重。因此，《文物解释》第一条第三款根据走私的文物价值，确定了相应的定罪量刑标准，即走私国家禁止出口的文物，无法确定文物等级，或者按照文物等级定罪量刑明显过轻或者过重的，可以按照走私的文物价值定罪量刑。具体而言，走私的文物价值在20万元以上不满100万元的，应当依照《刑法》第一百五十一条第二款的规定，以走私文物罪处5年以上10年以下有期徒刑，并处罚金；文物价值在100万元以上的，应当认定为《刑法》第一百五十一条第二款规定的“情节特别严重”；文物价值在5万元以上不满20万元的，应当认定为《刑法》第一百五十一条第二款规定的“情节较轻”。需要注意的是，根据《文物解释》第一条第三款的规定，当既有文物等级标准又有文物价值标准时，并非简单地一律根据处罚重的或者处罚轻的标准定罪量刑，而是在根据文物等级定罪量刑确实畸轻畸重时，赋予法官一定的自由裁量权，由其根据全案情节，准确判断犯罪行为的社会危害性，转而适用文物价值标准，以确保罚当其罪，取得更好的裁判效果。

（七）文物犯罪专门性问题的认定

《文物解释》第十五条对文物犯罪专门性问题的认定作了规定：

一是明确了依照文物认定决定认定案件事实的规则。《文物解释》第十五第一款规定，在行为人实施有关行为前，文物行政部门已作出文物认定（认定是否属于文物）和定级（将可移动文物确定为一级文物、二级文物、三级文物、一般文物；将不可移动文物确定为全国重点文物保护单位，省级文物保护单位，市、县级文物保护单位）的，可以直接对有关案件事实作出认定。

二是规定了文物专门性问题的鉴定和检验规则。对于文物专门性问题，如涉案的文物是否属于文物以及等级认定、价值认定、损害程度评估等，应当由司法鉴定机构出具鉴定意见。但是，目前具有文物司法鉴定资质的机构极少，难以满足办案实践需求。鉴于此，《文物解释》第十五条第二款借鉴以往司法解释的规定，确立了“鉴定与检验两条腿走路”原则，即对案件涉及的有关文物鉴定、价值认定等专门性问题难以确定的，由司法鉴定机构出具鉴定意见，或者由国务院文物行政部门指定的机构出具报告。其中，对于文物价值，也可以由有关价格认证机构作出价格认证并出具报告。

（八）文物犯罪的其他问题

根据司法实践的情况，《文物解释》还对文物犯罪的其他问题作了明确：

一是单位实施有关文物犯罪的处理。《文物解释》第十一条对单位实施有关文物犯罪的处理作了明确。第一款规定单位实施相关文物犯罪的，适用自然人犯罪的定罪量刑标准。而根据有关立法解释的规定，公司、企业、事业单位、机关、团体等单位实施刑法规定的危害社会的行为，刑法分则和其他法律未规定追究单位的刑事责任的，对组织、策划、实施该危害社会行为的人依法追究刑事责任。据此，第二款进一步明确，公司、企业、事业单位、机关、团体等单位实施盗窃文物，故意损毁文物、名胜古迹，过失损毁文物，盗掘古文化遗址、古墓葬等行为的，依照本解释规定的相应定罪量刑标准，追究组织者、策划者、实施者的刑事责任。

二是针对不可移动文物犯罪的定罪量刑标准。《文物解释》第十二条对针对不可移动文物实施走私、盗窃、倒卖行为的定罪量刑标准作了明确。具体而言：

第一款对针对不可移动文物整体实施走私、盗窃、倒卖行为的定罪量刑标准作了规定。一些核定公布为文物保护单位或者尚未核定公布为文物保护单位的不可移动文物的单体文物，如石碑、石刻、经幢、石塔等，完全可以成为走私、盗窃、倒卖的对象。为统一司法适用，《文物解释》规定针对不可移动文物整体实施走私、盗窃、倒卖等行为的，根据所属不可移动文物的等级定罪量刑：尚未被确定为文物保护单位的不可移动文物，适用一般文物的定罪量刑标准；市、县级文物保护单位，适用三级文物的定罪量刑标准；全国重点文物保护单位、省级文物保护单位，适用二级以上文物的定罪量刑标准。

第二款对针对不可移动文物的可移动部分实施走私、盗窃、倒卖行为的定罪量刑标准作了规定。绝大多数不可移动文物难以整体成为走私、盗窃、倒卖的对象。但是，从实践来看，不可移动文物的可移动部分，如建筑构件、壁画、雕塑、石刻等，完全可以成为走私、盗窃、倒卖的对象。而这些可移动部分依附于不可移动文物整体价值存在的，一般不予单独定级。因违法犯罪行为使其脱离不可移动文物，其不可移动文物的整体价值必然会受到影响。例如，2013 年，位于河南新乡的全国重点文物保护单位“尊胜陀罗尼经幢”被整体盗走。独立物存在的建筑构件、雕塑、壁画、碑刻等，依然具有历史、艺术或科学价值，则可以作为可移动文物对其认定等级。这是对这类文物涉案后进行认定的通常做法。因此，《文物解释》规定走私、盗窃、倒卖不可移动文物的可移动部分的，可以依照有关走私、盗窃、倒卖可移动文物的规定定罪量刑，并专门规定所属的不可移动文物等级（全国重点文物保护单位，省级文物保护单位，市、县级文物保护单位）应当作为量刑情节予以考虑。

三是不同等级文物的折算规则。《文物解释》第十三条完善了《最高人民法院、最高人民检察院关于办理盗窃刑事案件适用法律若干问题的解释》第九条第二款“盗窃多件不同等级国有馆藏文物的，三件同级文物可以视为一件高一级文物”的规定。一方面，将多件同级文物折算为高一级文物的标准由“三件”提升为“五件”，以更符合不同等级文物之间的实际价值差别。另一方面，从实践来看，个别情形下，可能存在五件同级文物的价值与一件高一级文物的价值明显不相当的情形，如五枚铜钱（一般文物）的价值明显与一件三级文物不相当。为此，专门规定了“但是价值明显不相当的除外”的规定，以便于司法实践中根据具体案情裁量处理。

四是文物价值认定规则。《文物解释》第十四条对走私、盗窃的文物数额的认定规则作了明确。具体而言，对于涉案文物有有效价格证明的（如购买文物不久即被盗），则直接依据价格证明认定数额；如果无法或者不宜依据价格证明认定盗窃数额，但能查清销赃数额的，可以按照销赃数额认定；无法查清销赃数额或者不宜按照销赃数额认定（如销赃数额过低）的，则可以依照《解释》的规定出具鉴定意见或者由有关部门出具报告。

五是不起诉或者免予刑事处罚的情形。为了贯彻落实“完善刑事诉讼中认罪认罚从宽制度”，考虑到司法实践中的复杂情况，《文物解释》第十六条对实施相关文物犯罪（失职造成珍贵文物损毁、流失罪除外）情节轻微的情形规定可以不起诉或者免予刑事处罚。具体限定为如下条件：

（1）行为人系初犯，认罪认罚，确有悔改表现；（2）达到入罪标准，不包括情节或者结果加重情形；（3）未造成实际损失或者积极挽回损失，如未造成文物损毁，或者积极赔偿损毁文物的。

六是化石犯罪的定罪量刑标准问题。《刑法》第三百二十八条第二款和有关立法解释规定，刑法有关文物的规定，适用于具有科学价值的古脊椎动物化石、古人类化石。据此，《文物解释》第十七条进一步明确，走私、盗窃、损毁、倒卖、盗掘或者非法转让具有科学价值的古脊椎动物化石、古人类化石的，依照刑法和《文物解释》的有关规定定罪量刑。

七是《文物解释》的时间效力问题。《文物解释》自2016年1月1日起施行。《文物解释》公布施行后，1987年《最高人民法院、最高人民检察院关于办理盗窃、盗掘、非法经营和走私文物的案件具体应用法律的若干问题的解释》同时废止；之前发布的司法解释与《文物解释》不一致的，以《文物解释》为准。需要注意的是，根据“举重以明轻”的法理，之前发布的规范性文件与《文物解释》不一致的，也应当以《文物解释》为准。

（撰稿：喻海松）

3. 最高人民法院、最高人民检察院关于办理走私刑事案件适用法律若干问题的解释（法释〔2014〕10号，自2014年9月10日起实施）（节录）

第八条　走私国家禁止出口的三级文物二件以下的，可以认定为刑法第一百五十一条第二款规定的“情节较轻”。

具有下列情形之一的，依照刑法第一百五十一条第二款的规定处五年以上十年以下有期徒刑，并处罚金：

（一）走私国家禁止出口的二级文物不满三件，或者三级文物三件以上不满九件的；

（二）走私国家禁止出口的三级文物不满三件，且具有造成文物严重毁损或者无法追回等情节的。

具有下列情形之一的，应当认定为刑法第一百五十一条第二款规定的“情节特别严重”：

（一）走私国家禁止出口的一级文物一件以上，或者二级文物三件以上，或者三级文物九件以上的；

（二）走私国家禁止出口的文物达到第二款第一项规定的数量标准，且属于犯罪集团的首要分子，使用特种车辆从事走私活动，或者造成文物严重毁损、无法追回等情形的。

（三）典型或常见问题的审理思路

走私文物罪，是指违反海关法规，逃避海关监管，运输、携带、邮寄国家禁止出口的文物出国（边）境的行为。

本罪是从《全国人民代表大会常务委员会关于惩治走私罪的补充规定》（已失效）第二条的规定吸收改为刑法的具体规定的。1979年《刑法》第一百七十三条规定了盗运珍贵文物出口罪。

走私文物罪的构成要件是：

1. 主体要件

本罪的犯罪主体为一般主体，自然人和单位均可构成本罪的主体。

2. 主观要件

本罪的主观方面由故意构成，即明知是国家禁止出口的文物而将其走私出境。过失不构成本罪。

3. 客体要件

本罪侵犯的客体是国家文物出口管理制度。犯罪对象是“国家禁止出口的文物”，即国家一、二、三级文物和其他国家禁止出口的文物。

本罪的犯罪对象是文物。

（1）根据《文物解释》第一条第一款规定，《刑法》第一百五十一条规定的“国家禁止出口的文物”，依照《文物保护法》规定的“国家禁止出境的文物”的范围认定。《文物保护法》第六十条规定：“国有文物、非国有文物中的珍贵文物和国家规定禁止出境的其他文物，不得出境；但依照本法规定出境展览或者因特殊需要经国务院批准出境的除外。”第六十二条第二款规定：“一级文物中的孤品和易损品，禁止出境展览。”2001 年 4 月 9 日原文化部发布的《文物藏品定级标准》规定：“文物藏品分为珍贵文物和一般文物。珍贵文物分为一、二、三级。具有特别重要历史、艺术、科学价值的代表性文物为一级文物；具有重要历史、艺术、科学价值的为二级文物；具有比较重要历史、艺术、科学价值的为三级文物。具有一定历史、艺术、科学价值的为一般文物。”

（2）根据全国人大常委会 2005 年 12 月 29 日《关于〈中华人民共和国刑法〉有关文物的规定适用于具有科学价值的古脊椎动物化石、古人类化石的解释》，刑法有关文物的规定，适用于具有科学价值的古脊椎动物化石、古人类化石。

（3）根据《文物解释》第十七条规定，走私、盗窃、损毁、倒卖、盗掘或者非法转让具有科学价值的古脊椎动物化石、古人类化石的，依照刑法和本解释的有关规定定罪量刑。可见，国家严禁珍贵文物和其他禁止出口的文物出口，体现了对国家文物的保护。

4. 客观要件

本罪的客观方面表现为违反海关法规，逃避海关监管，运输、携带、邮寄国家禁止出口的文物进出国（边）境的行为。行为人直接向走私人非法收购文物，或者在内海、领海、界河、界湖运输、收购、贩卖国家禁止出口的文物，也应以走私文物罪论处。

（四）疑难、复杂问题的参考性解答

1. 注重对文物的鉴定

行为人走私的文物是否属于国家禁止出口的文物，需要由国家文化行政管理部门作出鉴定。

2. 划清罪与非罪的界限

走私国家禁止出口的三级文物 1 件的，即可构成犯罪。

但是，并不是凡有走私文物行为的，一律以走私犯罪处理。下列情形可不以走私文物罪论。

（1）走私国家允许进口的文物入境的

《刑法》第一百五十一条第二款只规定走私国家禁止出口的文物构成走私文物罪，而没有规定走私国家允许进口的文物入境的也构成走私文物罪，根据罪刑法定原则，此类行为不以犯罪论。

（2）走私非三级以上文物，且情节一般的

走私一般文物，即不属于三级文物以上，情节一般的，可视为“情节显著轻微，不以犯罪论处”，由海关处以行政处罚。如何把握？根据《文物解释》第十三条规定，五件同级文物视为一件高一级文物，但是价值明显不相当的除外。因此，如果走私五件国有馆藏一般文物的，可视为走私一件三级文物、应当以走私文物罪定罪处罚。如果走私国有馆藏一般文物四件以下的，除非有其他情节，否则视为“情节显著轻微，不以犯罪论处。”走私民间收藏的文物的，则根据文物的数量、文物部门对文物的鉴定情况，综合考虑，决定是否构成走私文物罪。根据《文物解释》第一条第三款的规定，走私的文物价值在五万元以上不满二十万元的，应当认定为《刑法》第一百五十一条第二款规定的“情节较轻”。因此，如果走私的文物是一般文物，且价值不到五万元的，一般不以犯罪处理。

（3）情节轻微可以不起诉或者免予刑事处罚的

为了贯彻落实“完善刑事诉讼中认罪认罚从宽制度”，考虑到司法实践中的复杂情况，《文物解释》第十六条规定了情节轻微可以不起诉或者免予刑事处罚的情况。根据该规定，走私文物情节轻微不起诉或者免予处罚的条件包括：①达到应当追究刑事责任的标准，这里仅指达到情节较轻的追究刑事责任标准，不包括情节或者结果加重的情形；②行为人系初犯，并确有悔罪表现的；③未造成实际损失或者积极挽回损失，如积极退回或者协助追回文物，未造成文物损毁。

根据《走私解释》第二十条第一款的规定，在内海、领海、界河、界湖运输、收购、贩卖国家禁止出口的文物，构成犯罪的，应当按照走私文物罪定罪处罚。这里的内海，包括内河的入海口水域。

3. 关于本罪的既未遂问题

关于此问题，参见本书走私武器、弹药罪的阐述。

4. 注重对共同犯罪的惩治

依照《刑法》第一百五十六条的规定，与走私文物的犯罪分子通谋，为其提供贷款、资金、账号、发票、证明，或者为其提供运输、保管、邮寄或者其他方便的，以走私文物罪的共犯论处。

（五）量刑指导或参考

依照《刑法》第一百五十一条第二款规定，犯走私文物罪的，处五年以上十年以上十年以下有期徒刑，并处罚金；情节特别严重的，处十年以上有期徒刑或者无期徒刑，并处没收财产；情节较轻的，处五年以下有期徒刑，并处罚金。

依照《刑法》第一百五十一条第四款规定，单位犯本罪的，对单位判处罚金，并对其直接负责的主管人员和其他直接责任人员，依照本条第二款的规定处罚。

具体情节与量刑的对应情况，列表格如下：

量刑档次	对应情节	有关概念解释	备注
五年以下有期徒刑，并处罚金	情节较轻的	情节较轻，是指具有下列情形之一的： （1）走私国家禁止出口的三级文物的； （2）走私的文物价值在五万元以上不满二十万元的。	（1）文物等级标准和价值标准由法官根据案件情况选择适用；（2）附加刑必须并处罚金。
五年以上十年以下有期徒刑，并处罚金	基本犯罪构成情节	具有下列情形之一的，适用本档量刑幅度： （1）走私国家禁止出口的二级文物的； （2）走私的文物价值在二十万元以上不满一百万元的。	（1）文物等级标准和价值标准由法官根据案件情况选择适用；（2）附加刑必须并处罚金。
十年以上有期徒刑或者无期徒刑，并处没收财产	情节特别严重的	情节特别严重，是指具有下列情形之一的： （1）走私国家禁止出口的一级文物的； （2）走私的文物价值在一百万元以上的。	（1）文物等级标准和价值标准由法官根据案件情况选择适用；（2）附加刑必须并处没收财产。

司法机关在适用《刑法》第一百五十一条第二款、第四款规定处罚时，应当注意以下问题：

1. 正确处理好《走私解释》与《文物解释》的关系

两者均系最高人民法院、最高人民检察院联合发布。但前者于2014年9月10日起实施，后者于2016年1月1日起实施。两者在量刑标准上有所冲突。根据《文物解释》第十八条的规定，之前发布的司法解释与本解释不一致的，以本解释为准。从实际规定的内容看，《文物解释》就定罪标准对《走私解释》作了调整，因此，应当以《文物解释》的规定为准。

2. 正确理解和适用本罪的基本刑

本罪的基本刑是五年以上十年以下有期徒刑，并处罚金。这与一般犯罪的基本刑从低往高的顺序排列不一样，也与故意杀人罪从最高死刑往下排列不一样。本罪是先列基本刑，后列情节特别严重的，再列情节较轻的。因此，除了司法解释明确列为“情节较轻”情形的外，对构成犯罪的，首先在基本刑范围内考虑，然后再考虑是否属于情节特别严重、情节较轻的情形。

根据《文物解释》第一条第二款规定，走私国家禁止出口的二级文物的，应当依照《刑法》第一百五十一条第二款的规定，以走私文物罪处五年以上十年以下有期徒刑，并处罚金。另外，根据《文物解释》第一条第三款的规定，走私国家禁止出口的文物，无法确定文物等级，或者按照文物等级定罪量刑明显过轻或者过重的，可以按照走私的文物价值定罪量刑。走私的文物价值在二十万元以上不满一百万元的，应当依照《刑法》第一百五十一条第二款的规定，以走私文物罪处五年以上十年以下有期徒刑，并处罚金；文物价值在一百万元以上的，应当认定为《刑法》第一百五十一条第二款规定的“情节特别严重”；文物价值在五万元以上不满二十万元的，应当认定为《刑法》第一百五十一条第二款规定的“情节较轻”。

3. 正确把握本罪的“情节较轻”

根据《文物解释》第一条第二款规定，走私国家禁止出口的三级文物的，应当认定为《刑法》第一百五十一条第二款规定的“情节较轻”。同时，根据《文物解释》第十三条的规定，五件同级文物视为一件高一级文物，但是价值明显不相当的除外。因此，如果行为人走私五级以上国家禁止出口的三级文物的，一般应视为走私国家禁止出口的二级文物，依照《刑法》第一百五十一条第二款的规定，以走私文物罪处五年以上十年以下有期徒刑，并处罚金。

另外，根据《文物解释》第一条第三款的规定，走私国家禁止出口的文物，无法确定文物等级，或者按照文物等级定罪量刑明显过轻或者过重的，可以按照走私的文物价值定罪量刑。走私的文物价值在五万元以上不满二十万元的，应当认定为《刑法》第一百五十一条第二款规定的“情节较轻”。

4. 正确把握本罪的“情节特别严重”

根据《文物解释》第一条第二款规定，走私国家禁止出口的一级文物的，应当认定为《刑法》第一百五十一条第二款规定的“情节特别严重”。同时，根据《文物解释》第十三条的规定，五件同级文物视为一件高一级文物，但是价值明显不相当的除外。因此，如果行为人走私五级以上国家禁止出口的二级文物的，一般应视为走私国家禁止出口的二级文物，依照《刑法》第一百五十一条第二款的规定，以走私文物罪处十年以上有期徒刑或者无期徒刑，并处没收财产。

另外，根据《文物解释》第一条第三款的规定，走私国家禁止出口的文物，无法确定文物等级，或者按照文物等级定罪量刑明显过轻或者过重的，可以按照走私的文物价值定罪量刑。走私的文物价值在一百万元以上的，应当认定为《刑法》第一百五十一条第二款规定的“情节特别严重”。

另外需要注意的是，犯本罪达到情节特别严重的，财产刑只能判处没收财产。这是我国刑法规定中对判处有期徒刑也必须附加适用没收财产的几个少有的规定之一。也就是说，即使主刑是十年以上有期徒刑，也必须附加并处没收财产。主刑为无期徒刑的，更加必须附加并处没收财产。

5. 注意《文物解释》对定罪量刑的有关特别规定

（1）根据《文物解释》第一条第三款的规定，走私国家禁止出口的文物，无法确定文物等级，或者按照文物等级定罪量刑明显过轻或者过重的，可以按照走私的文物价值定罪量刑。实践中，一个案件中，如果走私的文物既有文物等级标准又有文物价值标准时，并非简单地一律根据处罚重的或者处罚轻的标准定罪量刑，而是在根据文物等级定罪量刑确实畸轻畸重时，赋予法官一定的自由裁量权，由其根据全案情节，准确判断犯罪行为的社会危害性，转而适用文物价值标准，以确保罚当其罪，取得更好的裁判效果。

（2）根据《文物解释》第十二条第一款规定，针对不可移动文物整体实施走私行为的，根据所属不可移动文物的等级，依照相应的规定定罪量刑：①尚未被确定为文物保护单位的不可移动文物，适用一般文物的定罪量刑标准；②市、县级文物保护单位，适用三级文物的定罪量刑标准；③全国重点文物保护单位、省级文物保护单位，适用二级以上文物的定罪量刑标准。

针对不可移动文物中的建筑构件、壁画、雕塑、石刻等实施走私行为的，根据建筑构件、壁画、雕塑、石刻等文物本身的等级或者价值，依照相应的规定定罪量刑。建筑构件、壁画、雕塑、石刻等所属不可移动文物的等级，应当作为量刑情节予以考虑。

（3）根据《文物解释》第十三条规定，案件涉及不同等级的文物的，按照高级别文物的量刑幅度量刑；有多件同级文物的，五件同级文物视为一件高一级文物，但是价值明显不相当的除外。据此，可以认为，五件同级文物视为一件高一级文物是一般原则，但并非绝对原则。依照此方法，如果出现定罪量刑明显过轻或者过重的，可以按照走私文物的价值定罪量刑。

6. 武装掩护走私文物或者以暴力、威胁方法抗拒缉私的处理

依照《刑法》第一百五十七条第一款的规定，武装掩护走私文物的，在《刑法》第一百五十一条第一款规定的法定刑的幅度内从重处罚。行为人所携带的武器无论是否使用，均应按照《刑法》第一百五十一条第一款的规定处罚。

依照《刑法》第一百五十七条第二款的规定，以暴力、威胁方法抗拒缉私的，以走私罪和《刑法》第二百七十七条规定的阻碍国家机关工作人员依法执行职务罪，依照数罪并罚的规定处罚。

五、走私贵重金属罪

（一）刑法规定

第一百五十一条第二款、第四款[①] 走私国家禁止出口的文物、黄金、白银和其他贵重金属或者国家禁止进出口的珍贵动物及其制品的，处五年以上十年以下有期徒刑，并处罚金；情节特别严重的，处十年以上有期徒刑

① 本条经2009年2月28日《刑法修正案（七）》第一条、2011年2月25日《刑法修正案（八）》第二十六条、2015年8月29日《刑法修正案（九）》三次修正。

1997年《刑法》第一百五十一条原文规定："走私武器、弹药、核材料或者伪造的货币的，处七年以上有期徒刑，并处罚金或者没收财产；情节较轻的，处三年以上七年以下有期徒刑，并处罚金。走私国家禁止出口的文物、黄金、白银和其他贵重金属或者国家禁止进出口的珍贵动物及其制品的，处五年以上有期徒刑，并处罚金；情节较轻的，处五年以下有期徒刑，并处罚金。走私国家禁止进出口的珍稀植物及其制品的，处五年以下有期徒刑，并处或者单处罚金；情节严重的，处五年以上有期徒刑，并处罚金。犯第一款、第二款罪，情节特别严重的，处无期徒刑或者死刑，并处没收财产。单位犯本条规定之罪的，对单位判处罚金，并对其直接负责的主管人员和其他直接责任人员，依照本条各款的规定处罚。"

《刑法修正案（七）》第一条将1997年《刑法》第一百五十一条第三款修改为："走私珍稀植物及其制品等国家禁止进出口的其他货物、物品的，处五年以下有期徒刑或者拘役，并处或者单处罚金；情节严重的，处五年以上有期徒刑，并处罚金。"

《刑法修正案（八）》第二十六条将本条修改为："走私武器、弹药、核材料或者伪造的货币的，处七年以上有期徒刑，并处罚金或者没收财产；情节特别严重的，处无期徒刑或者死刑，并处没收财产；情节较轻的，处三年以上七年以下有期徒刑，并处罚金。走私国家禁止出口的文物、黄金、白银和其他贵重金属或者国家禁止进出口的珍贵动物及其制品的，处五年以上十年以下有期徒刑，并处罚金；情节特别严重的，处十年以上有期徒刑或者无期徒刑，并处没收财产；情节较轻的，处五年以下有期徒刑，并处罚金。走私珍稀植物及其制品等国家禁止进出口的其他货物、物品的，处五年以下有期徒刑或者拘役，并处或者单处罚金；情节严重的，处五年以上有期徒刑，并处罚金。单位犯本条规定之罪的，对单位判处罚金，并对其直接负责的主管人员和其他直接责任人员，依照本条各款的规定处罚。"

《刑法修正案（九）》第九条对本条作了再次修改，取消了本条的死刑规定。

或者无期徒刑，并处没收财产；情节较轻的，处五年以下有期徒刑，并处罚金。

单位犯本条规定之罪的，对单位判处罚金，并对其直接负责的主管人员和其他直接责任人员，依照本条各款的规定处罚。

（二）典型或常见问题的审理思路

走私贵重金属罪，是指违反海关法规，逃避海关监管，运输、携带、邮寄贵重金属出国（边）境的行为。

本罪是从《全国人民代表大会常务委员会关于惩治走私罪的补充规定》第二条的规定吸收改为刑法的具体规定的。1979 年《刑法》没有走私贵重金属罪的规定。

走私贵重金属罪的构成要件是：

1. 主体要件

本罪的犯罪主体为一般主体，自然人和单位均可构成本罪的主体。

2. 主观要件

本罪的主观方面由故意构成。过失不构成本罪。

3. 客体要件

本罪侵犯的客体是复杂客体，主要侵犯的是国家对黄金、白银等贵重金属进出境的管理制度，同时也扰乱了国家的金融秩序。犯罪对象是贵重金属，包括黄金、白银、铂、锇、钌、钯、铱、铑、钛等金属和国家禁止出口的其他贵重金属。

4. 客观要件

客观方面表现为违反海关法规，逃避海关监管，运输、携带、邮寄贵重金属进出国（边）境的行为。行为人以走私为目的，直接向走私人非法收购贵重金属，或者在领海、内海、界河、界湖运输、收购、贩卖贵重金属的，也应以走私贵重金属罪论处。

（三）疑难、复杂问题的参考性解答

1. 划清罪与非罪的界限

将贵重金属走私入境的，一般不构成犯罪。如果偷逃应缴税额情节严重的，只能定走私普通货物、物品罪。

2. 关于本罪的既未遂问题

关于此问题，参见本书走私武器、弹药罪的阐述。

3. 注重对共同犯罪的惩治

依照《刑法》第一百五十六条的规定，与走私贵重金属的犯罪分子通谋，为其提供贷款、资金、账号、发票、证明，或者为其提供运输、保管、邮寄或者其他方便的，以走私贵重金属罪的共犯论处。

（四）量刑指导或者参考

依照《刑法》第一百五十一条第二款规定，犯走私贵重金属罪的，处五年以上十年以下有期徒刑，并处罚金；情节特别严重的，处十年以上有期徒刑或者无期徒刑，并处没收财产；情节较轻的，处五年以下有期徒刑，并处罚金。

依照《刑法》第一百五十一条第四款规定，单位犯本罪的，对单位判处罚金，并对其直接负责的主管人员和其他直接责任人员，依照本条第二款的规定处罚。

司法机关在适用《刑法》第一百五十一条第二款、第四款规定处罚时，应当注意以下问题：

1. 正确理解和适用本罪的基本刑

本罪的基本刑是五年以上十年以下有期徒刑，并处罚金。这与一般犯罪的基本刑从低到高的顺序排列不一样，也与故意杀人罪从最高死刑往下排列不一样。本罪是先列基本刑，后列情节特别严重的，再列情节较轻的。因此，除了司法解释明确列为“情节较轻”情形的外，对构成犯罪的，首先在基本刑范围内考虑，然后再考虑是否属于情节特别严重、情节较轻的情形。

2. 正确把握本罪的“情节较轻”“情节特别严重”

如何把握本罪的“情节较轻”“情节特别严重”，目前没有相应的司法解释，由各地人民法院根据案件的性质、事实、情节和对社会的危害程度确定。另外需要注意的是，犯本罪达到情节特别严重的，财产刑只能判处没收财产。这是我国刑法规定中对判处有期徒刑也必须附加适用没收财产的几个少有的规定之一。也就是说，即使主刑是判处十年以上有期徒刑的，也必须附加并处没收财产。主刑为无期徒刑的，更加必须附加并处没收财产。

3. 武装掩护走私贵重金属或者以暴力、威胁方法抗拒缉私的处理

依照《刑法》第一百五十七条第一款的规定，武装掩护走私贵重金属的，在《刑法》第一百五十一条第一款规定的法定刑的幅度内从重处罚。行为人所携带的武器无论是否使用，均应按照《刑法》第一百五十一条第一款的规定处罚。

依照《刑法》第一百五十七条第二款的规定，以暴力、威胁方法抗拒缉私的，以走私罪和《刑法》第二百七十七条规定的阻碍国家机关工作人员依法执行职务罪，依照数罪并罚的规定处罚。

六、走私珍贵动物、珍贵动物制品罪

（一）刑法规定

第一百五十一条第二款、第四款[①] 走私国家禁止出口的文物、黄金、白银和其他贵重金属或者国家禁止进出口的珍贵动物及其制品的，处五年以

① 本条经2009年2月28日《刑法修正案（七）》第一条、2011年2月25日《刑法修正案（八）》第二十六条、2015年8月29日《刑法修正案（九）》三次修正。

1997年《刑法》第一百五十一条原文规定："走私武器、弹药、核材料或者伪造的货币的，处七年以上有期徒刑，并处罚金或者没收财产；情节较轻的，处三年以上七年以下有期徒刑，并处罚金。走私国家禁止出口的文物、黄金、白银和其他贵重金属或者国家禁止进出口的珍贵动物及其制品的，处五年以上有期徒刑，并处罚金；情节较轻的，处五年以下有期徒刑，并处罚金。走私国家禁止进出口的珍稀植物及其制品的，处五年以下有期徒刑，并处或者单处罚金；情节严重的，处五年以上有期徒刑，并处罚金。犯第一款、第二款罪，情节特别严重的，处无期徒刑或者死刑，并处没收财产。单位犯本条规定之罪的，对单位判处罚金，并对其直接负责的主管人员和其他直接责任人员，依照本条各款的规定处罚。"

《刑法修正案（七）》第一条将1997年《刑法》第一百五十一条第三款修改为："走私珍稀植物及其制品等国家禁止进出口的其他货物、物品的，处五年以下有期徒刑或者拘役，并处或者单处罚金；情节严重的，处五年以上有期徒刑，并处罚金。"

《刑法修正案（八）》第二十六条将本条修改为："走私武器、弹药、核材料或者伪造的货币的，处七年以上有期徒刑，并处罚金或者没收财产；情节特别严重的，处无期徒刑或者死刑，并处没收财产；情节较轻的，处三年以上七年以下有期徒刑，并处罚金。走私国家禁止出口的文物、黄金、白银和其他贵重金属或者国家禁止进出口的珍贵动物及其制品的，处五年以上十年以下有期徒刑，并处罚金；情节特别严重的，处十年以上有期徒刑或者无期徒刑，并处没收财产；情节较轻的，处五年以下有期徒刑，并处罚金。走私珍稀植物及其制品等国家禁止进出口的其他货物、物品的，处五年以下有期徒刑或者拘役，并处或者单处罚金；情节严重的，处五年以上有期徒刑，并处罚金。单位犯本条规定之罪的，对单位判处罚金，并对其直接负责的主管人员和其他直接责任人员，依照本条各款的规定处罚。"

《刑法修正案（九）》第九条对本条作了再次修改，取消了本条的死刑规定。

上十年以下有期徒刑，并处罚金；情节特别严重的，处十年以上有期徒刑或者无期徒刑，并处没收财产；情节较轻的，处五年以下有期徒刑，并处罚金。

单位犯本条规定之罪的，对单位判处罚金，并对其直接负责的主管人员和其他直接责任人员，依照本条各款的规定处罚。

（二）司法解释、司法文件

最高人民法院、最高人民检察院关于办理走私刑事案件适用法律若干问题的解释（法律〔2014〕10号，自2014年9月10日起实施）（节录）

第九条　走私国家一、二级保护动物未达到本解释附表中（一）规定的数量标准，或者走私珍贵动物制品数额不满二十万元的，可以认定为刑法第一百五十一条第二款规定的“情节较轻”。

具有下列情形之一的，依照刑法第一百五十一条第二款的规定处五年以上十年以下有期徒刑，并处罚金：

（一）走私国家一、二级保护动物达到本解释附表中（一）规定的数量标准的；

（二）走私珍贵动物制品数额在二十万元以上不满一百万元的；

（三）走私国家一、二级保护动物未达到本解释附表中（一）规定的数量标准，但具有造成该珍贵动物死亡或者无法追回等情节的。

具有下列情形之一的，应当认定为刑法第一百五十一条第二款规定的“情节特别严重”：

（一）走私国家一、二级保护动物达到本解释附表中（二）规定的数量标准的；

（二）走私珍贵动物制品数额在一百万元以上的；

（三）走私国家一、二级保护动物达到本解释附表中（一）规定的数量标准，且属于犯罪集团的首要分子，使用特种车辆从事走私活动，或者造成该珍贵动物死亡、无法追回等情形的。

不以牟利为目的，为留作纪念而走私珍贵动物制品进境，数额不满十万元的，可以免予刑事处罚；情节显著轻微的，不作为犯罪处理。

第十条　刑法第一百五十一条第二款规定的“珍贵动物”，包括列入《国家重点保护野生动物名录》中的国家一、二级保护野生动物，《濒危野生动植物种国际贸易公约》附录Ⅰ、附录Ⅱ中的野生动物，以及驯养繁殖的上述动物。

走私本解释附表中未规定的珍贵动物的，参照附表中规定的同属或者同科动物的数量标准执行。

走私本解释附表中未规定珍贵动物的制品的，按照《最高人民法院、最高人民检察院、国家林业局、公安部、海关总署关于破坏野生动物资源刑事案件中涉及的CITES附录Ⅰ和附录Ⅱ所列陆生野生动物制品价值核定问题的通知》（林濒发〔2012〕239号）的有关规定核定价值。

（三）典型或常见问题的审理思路

走私珍贵动物、珍贵动物制品罪，是指违反海关和野生动物保护法规，逃避海关监管，运输、携带、邮寄珍贵动物及其制品进出国（边）境的行为。

本罪是从《全国人民代表大会常务委员会关于惩治走私罪的补充规定》第二条的规定，吸收改为刑法的具体规定的。1979年《刑法》没有走私珍贵动物、珍贵动物制品罪的规定。

走私珍贵动物、珍贵动物制品罪的构成要件是：

1. 主体要件

本罪的犯罪主体为一般主体，自然人和单位均可构成本罪的主体。

2. 主观要件

本罪的主观方面由故意构成，过失不构成本罪。

3. 客体要件

本罪侵犯的客体是国家海关监管制度和国家野生动物保护制度。犯罪对象是珍贵动物、珍贵动物制品。

“珍贵动物”，是指列入《国家重点保护野生动物名录》中的国家一、二级保护野生动物和列入《濒危野生动植物种国际贸易公约》附录一、附录二中的野生动物以及驯养繁殖的上述物种。国家重点保护的野生动物分为两级：一级保护野生动物和二级保护野生动物。前者指中国特产或者濒于灭绝的野生动物；后者指数量较少或者有濒于灭绝危险的野生动物。根据1988年12月10日国务院批准公布施行的《国家重点保护野生动物名录》，共计规定了12纲、55目、222属、389种珍贵、濒危的野生动物。“珍贵动物制品”是指上述动物的肉、皮、毛、骨等的制成品。

4. 客观要件

本罪的客观方面表现为违反海关法规和野生动物保护法规，逃避海关监管，运输、携带、邮寄珍贵动物、珍贵动物制品进出国（边）境的行为。

根据《刑法》第一百五十五条规定，行为人直接向走私人非法收购珍贵动物及其制品，或者在领海、内海、界河、界湖运输、收购、贩卖上述物品的，也应当以走私珍贵动物、珍贵动物制品罪论处。

（四）疑难、复杂问题的参考性解答

1. 划清罪与非罪的界限

符合下列情形之一，情节显著轻微的，可以不以犯罪处理：

（1）根据《走私解释》第九条第四款规定，不以牟利为目的，为留作纪念而走私珍贵动物制品进境，数额不满十万元的，可以免予刑事处罚；情节显著轻微的，不作为犯罪处理。

（2）根据《最高人民法院、最高人民检察院、海关总署关于办理走私刑事案件适用法律若干问题的意见》（法〔2002〕139 号）第七条规定，走私珍贵动物制品同时具有下列情形，情节较轻的，一般不以犯罪论处：①珍贵动物制品购买地允许交易；②入境人员为留作纪念或者作为礼品而携带珍贵动物制品进境，不具有牟利目的的。

2. 关于本罪的既未遂问题

关于此问题，参见本书走私武器、弹药罪的阐述。

3. 划清一罪与数罪的界限

对猎捕、杀害珍贵动物时没有走私的故意，行为实施完毕后又决定走私的，收购珍贵动物或者其制品时没有走私的故意，行为实施完毕后又决定走私的，是定一罪还是数罪，学术界有不同意见。

本书观点：非法猎捕、杀害珍贵、濒危野生动物罪与本罪，非法收购、运输、出售珍贵、濒危野生动物及珍贵、濒危野生动物制品罪与本罪在客体、客观方面不同。本罪侵犯的客体主要是国家的海关监管制度，而其他两个罪侵犯的客体是国家的环境资源保护制度。本罪在客观方面表现为违反海关和野生动物保护法规，逃避海关监管，运输、携带、邮寄珍贵动物、珍贵动物制品进出国（边）境的行为。其他两个罪在客观方面则表现为，非法猎捕、杀害国家重点保护的珍贵、濒危野生动物的行为和非法收购、运输、出售国家重点保护的珍贵、濒危野生动物及其制品的行为。因此，同时实施上述两种行为的，应实行数罪并罚。行为人如果以走私为目的实施上述两种犯罪，走私的对象与上述两种犯罪的对象是同一宗的，属于牵连犯罪，按照处理牵连犯罪的原则，从一重罪处罚，即按照走私珍贵动物、珍贵动物制品罪处罚。

4. 本罪属选择性罪名

按照刑法的规定，行为人只要实施了走私珍贵动物或者走私珍贵动物制品其中一种行为，就构成本罪；实施了两种行为的，仍为一罪，不实行并罚。

5. 注重对共同犯罪的惩治

依照《刑法》第一百五十六条的规定，与走私珍贵动物、珍贵动物制品的犯罪分子通谋，为其提供贷款、资金、账号、发票、证明，或者为其提供运输、保管、邮寄或者其他方便的，以走私珍贵动物、珍贵动物制品罪的共犯论处。

（五）量刑指导或参考

依照《刑法》第一百五十一条第二款规定，犯走私珍贵动物、珍贵动物制品罪的，处五年以上十年以下有期徒刑，并处罚金；情节特别严重的，处十年以上有期徒刑或者无期徒刑，并处没收财产；情节较轻的，处五年以下有期徒刑，并处罚金。

依照本条第四款规定，单位犯本罪的，对单位判处罚金，并对其直接负责的主管人员和其他直接责任人员，依照本条第二款的规定处罚。

具体情节与量刑的对应情况，列表格如下：

量刑档次	对应情节	有关概念解释	备注
五年以下有期徒刑，并处罚金	情节较轻的	情节较轻，是指具有下列情形之一的： （1）走私国家一、二级保护动物未达到本解释附表中（一）规定的数量标准； （2）走私珍贵动物制品数额不满二十万元的。	附加刑必须并处罚金。
五年以上十年以下有期徒刑，并处罚金	基本犯罪构成情节	具有下列情形之一的，适用本档量刑幅度： （1）走私国家一、二级保护动物达到《走私解释》附表中（一）规定的数量标准的； （2）走私珍贵动物制品数额在二十万元以上不满一百万元的； （3）走私国家一、二级保护动物未达到《走私解释》附表中（一）规定的数量标准，但具有造成该珍贵动物死亡或者无法追回等情节的。	附加刑必须并处罚金。
十年以上有期徒刑或者无期徒刑，并处没收财产	情节特别严重的	情节特别严重，是指具有下列情形之一的： （1）走私国家一、二级保护动物达到《走私解释》附表中（二）规定的数量标准的； （2）走私珍贵动物制品数额在一百万元以上的； （3）走私国家一、二级保护动物达到《走私解释》附表中（一）规定的数量标准，且属于犯罪集团的首要分子，使用特种车辆从事走私活动，或者造成该珍贵动物死亡、无法追回等情节的。	附加刑必须并处没收财产。

司法机关在适用《刑法》第一百五十一条第二款、第四款规定处罚时，应当注意以下问题：

1. 正确理解和适用本罪的基本刑

根据《走私解释》第九条第二款规定，具有下列情形之一的，依照《刑法》第一百五十一条第二款的规定处五年以上十年以下有期徒刑，并处罚金：（1）走私国家一、二级保护动物达到本解释附表中（一）规定的数量标准的；（2）走私珍贵动物制品数额在二十万元以上不满一百万元的；（3）走私国家一、二级保护动物未达到本解释附表中（一）规定的数量标准，但具有造成该珍贵动物死亡或者无法追回等情节的。

本罪的基本刑是五年以上十年以下有期徒刑，并处罚金。这与一般犯罪的基本刑从低往高的顺序排列不一样，也与故意杀人罪从最高死刑往下排列不一样。本罪是先列基本刑，后列情节特别严重的，再列情节较轻的。因此，除了司法解释明确列为“情节较轻”情形的外，对构成犯罪的，首先在基本刑范围内考虑，然后再考虑是否属于情节特别严重、情节较轻的情形。

2. 正确把握本罪的“情节较轻”

根据《走私解释》第九条第一款规定，走私国家一、二级保护动物未达到本解释附表中（一）规定的数量标准，或者走私珍贵动物制品数额不满二十万元的，可以认定为《刑法》第一百五十一条第二款规定的“情节较轻”。

3. 正确把握本罪的“情节特别严重”

根据《走私解释》第九条第三款规定，具有下列情形之一的，应当认定为《刑法》第一百五十一条第二款规定的“情节特别严重”：（1）走私国家一、二级保护动物达到本解释附表中（二）规定的数量标准的；（2）走私珍贵动物制品数额在一百万元以上的；（3）走私国家一、二级保护动物达到本解释附表中（一）规定的数量标准，且属于犯罪集团的首要分子，使用特种车辆从事走私活动，或者造成该珍贵动物死亡、无法追回等情形的。

另外需要注意的是，犯本罪达到情节特别严重的，财产刑只能判处没收财产。这是我国刑法规定中对判处有期徒刑也必须附加适用没收财产的几个少有的规定之一。也就是说，即使主刑是判处十年以上有期徒刑的，也必须附加并处没收财产。主刑为无期徒刑的，更加必须附加并处没收财产。

4. 武装掩护走私珍贵动物、珍贵动物制品或者以暴力、威胁方法抗拒缉私的处理

依照《刑法》第一百五十七条第一款的规定，武装掩护走私珍贵动物、珍贵动物制品的，在《刑法》第一百五十一条第一款规定的法定刑的幅度内从重处罚。行为人所携带的武器无论是否使用，均应按照《刑法》第一百五十一条第一款的规定处罚。

依照《刑法》第一百五十七条第二款的规定，以暴力、威胁方法抗拒缉私的，以走私罪和《刑法》第二百七十七条规定的阻碍国家机关工作人员依

法执行职务罪，依照数罪并罚的规定处罚。

七、走私国家禁止进出口的货物、物品罪

（一）刑法规定

第一百五十一条第三款、第四款[①] 走私珍稀植物及其制品等国家禁止进出口的其他货物、物品的，处五年以下有期徒刑或者拘役，并处或者单处罚金；情节严重的，处五年以上有期徒刑，并处罚金。

单位犯本条规定之罪的，对单位判处罚金，并对其直接负责的主管人员和其他直接责任人员，依照本条各款的规定处罚。

---

① 本条经2009年2月28日《刑法修正案（七）》第一条、2011年2月25日《刑法修正案（八）》第二十六条、2015年8月29日《刑法修正案（九）》三次修正。

1997年《刑法》第一百五十一条原文规定："走私武器、弹药、核材料或者伪造的货币的，处七年以上有期徒刑，并处罚金或者没收财产；情节较轻的，处三年以上七年以下有期徒刑，并处罚金。走私国家禁止出口的文物、黄金、白银和其他贵重金属或者国家禁止进出口的珍贵动物及其制品的，处五年以上有期徒刑，并处罚金；情节较轻的，处五年以下有期徒刑，并处罚金。走私国家禁止进出口的珍稀植物及其制品的，处五年以下有期徒刑，并处或者单处罚金；情节严重的，处五年以上有期徒刑，并处罚金。犯第一款、第二款罪，情节特别严重的，处无期徒刑或者死刑，并处没收财产。单位犯本条规定之罪的，对单位判处罚金，并对其直接负责的主管人员和其他直接责任人员，依照本条各款的规定处罚。"

《刑法修正案（七）》第一条将1997年《刑法》第一百五十一条第三款修改为："走私珍稀植物及其制品等国家禁止进出口的其他货物、物品的，处五年以下有期徒刑或者拘役，并处或者单处罚金；情节严重的，处五年以上有期徒刑，并处罚金。"

《刑法修正案（八）》第二十六条将本条修改为："走私武器、弹药、核材料或者伪造的货币的，处七年以上有期徒刑，并处罚金或者没收财产：情节特别严重的，处无期徒刑或者死刑，并处没收财产；情节较轻的，处三年以上七年以下有期徒刑，并处罚金。走私国家禁止出口的文物、黄金、白银和其他贵重金属或者国家禁止进出口的珍贵动物及其制品的，处五年以上十年以下有期徒刑，并处罚金；情节特别严重的，处十年以上有期徒刑或者无期徒刑，并处没收财产；情节较轻的，处五年以下有期徒刑，并处罚金。走私珍稀植物及其制品等国家禁止进出口的其他货物、物品的，处五年以下有期徒刑或者拘役，并处或者单处罚金；情节严重的，处五年以上有期徒刑，并处罚金。单位犯本条规定之罪的，对单位判处罚金，并对其直接负责的主管人员和其他直接责任人员，依照本条各款的规定处罚。"

《刑法修正案（九）》第九条对本条作了再次修改，取消了本条的死刑规定。

第一百五十五条[①]　下列行为，以走私罪论处，依照本节的有关规定处罚：

（一）直接向走私人非法收购国家禁止进口物品的，或者直接向走私人非法收购走私进口的其他货物、物品，数额较大的；

（二）在内海、领海、界河、界湖运输、收购、贩卖国家禁止进出口物品的，或者运输、收购、贩卖国家限制进出口货物、物品，数额较大，没有合法证明的。

第一百五十六条　与走私罪犯通谋，为其提供贷款、资金、帐号、发票、证明，或者为其提供运输、保管、邮寄或者其他方便的，以走私罪的共犯论处。

第一百五十七条　武装掩护走私的，依照本法第一百五十一条第一款的规定从重处罚。[②]

以暴力、威胁方法抗拒缉私的，以走私罪和本法第二百七十七条规定的阻碍国家机关工作人员依法执行职务罪，依照数罪并罚的规定处罚。

（二）司法解释、司法文件

最高人民法院、最高人民检察院关于办理走私刑事案件适用法律若干问题的解释（法释〔2014〕10号，自2014年9月10日起施行）

第十一条　走私国家禁止进出口的货物、物品，具有下列情形之一的，依照刑法第一百五十一条第三款的规定处五年以下有期徒刑或者拘役，并处或者单处罚金：

（一）走私国家一级保护野生植物五株以上不满二十五株，国家二级保护野生植物十株以上不满五十株，或者珍稀植物、珍稀植物制品数额在二十万

---

① 本条经2002年12月28日《刑法修正案（四）》第三条修正。

《刑法》原第一百五十五条为："下列行为，以走私罪论处，依照本节的有关规定处罚：（一）直接向走私人非法收购国家禁止进口物品的，或者直接向走私人非法收购走私进口的其他货物、物品，数额较大的；（二）在内海、领海运输、收购、贩卖国家禁止进出口物品的，或者运输、收购、贩卖国家限制进出口货物、物品，数额较大，没有合法证明的；（三）逃避海关监管将境外固体废物运输进境的。"

② 本款经2011年2月25日《刑法修正案（八）》第二十八条修正。

《刑法》原第一百五十七条第一款为："武装掩护走私的，依照本法第一百五十一条第一款、第四款的规定从重处罚。"

元以上不满一百万元的；

（二）走私重点保护古生物化石或者未命名的古生物化石不满十件，或者一般保护古生物化石十件以上不满五十件的；

（三）走私禁止进出口的有毒物质一吨以上不满五吨，或者数额在二万元以上不满十万元的；

（四）走私来自境外疫区的动植物及其产品五吨以上不满二十五吨，或者数额在五万元以上不满二十五万元的；

（五）走私木炭、硅砂等妨害环境、资源保护的货物、物品十吨以上不满五十吨，或者数额在十万元以上不满五十万元的；

（六）走私旧机动车、切割车、旧机电产品或者其他禁止进出口的货物、物品二十吨以上不满一百吨，或者数额在二十万元以上不满一百万元的；

（七）数量或者数额未达到本款第一项至第六项规定的标准，但属于犯罪集团的首要分子，使用特种车辆从事走私活动，造成环境严重污染，或者引起甲类传染病传播、重大动植物疫情等情形的。

具有下列情形之一的，应当认定为刑法第一百五十一条第三款规定的“情节严重”：

（一）走私数量或者数额超过前款第一项至第六项规定的标准的；

（二）达到前款第一项至第六项规定的标准，且属于犯罪集团的首要分子，使用特种车辆从事走私活动，造成环境严重污染，或者引起甲类传染病传播、重大动植物疫情等情形的。

第十二条 刑法第一百五十一条第三款规定的“珍稀植物”，包括列入《国家重点保护野生植物名录》《国家重点保护野生药材物种名录》《国家珍贵树种名录》中的国家一、二级保护野生植物、国家重点保护的野生药材、珍贵树木，《濒危野生动植物种国际贸易公约》附录Ⅰ、附录Ⅱ中的野生植物，以及人工培育的上述植物。

本解释规定的“古生物化石”，按照《古生物化石保护条例》的规定予以认定。走私具有科学价值的古脊椎动物化石、古人类化石，构成犯罪的，依照刑法第一百五十一条第二款的规定，以走私文物罪定罪处罚。

(三) 典型或常见问题的审理思路

走私国家禁止进出口的货物、物品罪，是指违反海关和国家有关行政部门关于禁止进出口的货物、物品的法规，逃避海关监管，运输、携带、邮寄国家禁止进出口的货物、物品进出国（边）境的行为。

本罪在1997年《刑法》中的罪名为“走私珍稀植物、珍稀植物制品罪”。《刑法修正案（七）》第一条对本罪的罪状作了修改，以概括式的罪状表述，因而罪名也相应地改为“走私国家禁止进出口的货物、物品罪”，同时取消了“走私珍稀植物、珍稀植物制品罪”罪名。

走私国家禁止进出口的货物、物品罪的构成要件是：

1. 主体要件

本罪的犯罪主体为一般主体，自然人和单位均可构成本罪的主体。

2. 主观要件

本罪的主观方面由故意构成，过失不构成本罪。

3. 客体要件

本罪侵犯的客体是海关监管制度和国家对禁止进出口的货物、物品的管理制度。

犯罪对象是珍稀植物及其制品等国家禁止进出口的其他货物、物品。

根据《文物解释》第十二条第一款规定，《刑法》第一百五十一条第三款规定的“珍稀植物”，包括列入《国家重点保护野生植物名录》《国家重点保护野生药材物种名录》《国家珍贵树种名录》中的国家一、二级保护野生植物、国家重点保护的野生药材、珍贵树木，《濒危野生动植物种国际贸易公约》附录Ⅰ、附录Ⅱ中的野生植物，以及人工培育的上述植物。

国家禁止进出口的其他货物，指《刑法》第一百五十一条、第一百五十二条、第三百五十条、第三百五十七条具体列举的武器、弹药、核材料、假币、文物、贵重金属、珍贵动植物及其制品、淫秽物品、废物、制毒物品、毒品等以外的国家禁止进出口的其他所有货物、物品。禁止进出口的货物、物品由国家有关行政部门根据对外贸易法、货物进出口管理条例等决定并公布，具体种类会随着我国社会、经济形势的发展而变化，主要包括：《禁止进出境物品表》《加工贸易禁止类商品目录》《禁止进口货物目录》《禁止出口货物目录》以及其他法规中列明的禁止进出口的货物、物品。

4. 客观要件

本罪的客观方面表现为违反海关法规和国家有关行政部门关于禁止进出口的货物、物品的法规，逃避海关监管，运输、邮寄、携带国家禁止进出口的货物、物品进出国（边）境的行为。行为人直接向走私人非法收购国家禁止进出口的货物、物品，或者在领海、内海、界河、界湖运输、收购、贩卖上述物品的，也应当以走私国家禁止进出口的货物、物品罪论处。

（四）疑难、复杂问题的参考性解答

1. 划清罪与非罪的界限

行为是否具有严重社会危害性，是划清走私国家禁止进出口的货物、物品罪与一般违法行为的关键。司法实践中，应根据禁止进出口的货物、物品的性质、走私的数量、犯罪后果等认定是否具有严重社会危害性，情节显著轻微危害不大的，不认为是犯罪。

根据《文物解释》第十一条第一款关于本罪构成条件的数额规定，下列情形下，如果没有“属于犯罪集团的首要分子，使用特种车辆从事走私活动，造成环境严重污染，或者引起甲类传染病传播、重大动植物疫情等情形”的情节，可视为“情节显著轻微危害不大的，不认为是犯罪”，由海关予以行政处罚：

（1）走私国家一级保护野生植物不满五株，国家二级保护野生植物不满十株，或者珍稀植物、珍稀植物制品数额在二十万元以下的；

（2）走私一般保护古生物化石不满十件的；

（3）走私禁止进出口的有毒物质不满一吨，或者数额不满二万元的；

（4）走私来自境外疫区的动植物及其产品不满五吨或者数额不满五万元的；

（5）走私木炭、硅砂等妨害环境、资源保护的货物、物品不满十吨，或者数额不满十万元的；

（6）走私旧机动车、切割车、旧机电产品或者其他禁止进出口的货物、物品不满二十吨，或者数额不满二十万元的。

2. 关于本罪的既未遂问题

关于此问题，参见本书走私武器、弹药罪的阐述。

3. 区分本罪与走私文物罪

走私重点保护古生物化石或者未命名的古生物化石不满十件，或者一般保护古生物化石十件以上不满五十件的，以本罪定罪处罚。“古生物化石”，按照《古生物化石保护条例》的规定予以认定。走私具有科学价值的古脊椎动物化石、古人类化石，构成犯罪的，依照《刑法》第一百五十一条第二款的规定，以走私文物罪定罪处罚。

4. 注重对共同犯罪的惩治

依照《刑法》第一百五十六条的规定，与走私国家禁止进出口的货物、物品的犯罪分子通谋，为其提供贷款、资金、账号、发票、证明，或者为其提供运输、保管、邮寄或者其他方便的，以走私国家禁止进出口的货物、物品罪的共犯论处。

（五）量刑指导或参考

依照《刑法》第一百五十一条第三款规定，犯走私国家禁止进出口的货物、物品罪的，处五年以下有期徒刑或者拘役，并处或者单处罚金；情节严重的，处五年以上有期徒刑，并处罚金。

依照本条第四款规定，单位犯本罪的，对单位判处罚金，并对其直接负责的主管人员和其他直接责任人员，依照本条第三款的规定处罚。

具体情节与量刑的对应情况，列表格如下：

量刑档次	对应情节	有关概念解释	备注
五年以下有期徒刑或者拘役，并处或者单处罚金	基本犯罪构成情节	具有下列情形之一的，适用本档量刑幅度： （1）走私国家一级保护野生植物五株以上不满二十五株，国家二级保护野生植物十株以上不满五十株，或者珍稀植物、珍稀植物制品数额在二十万元以上不满一百万元的； （2）走私重点保护古生物化石或者未命名的古生物化石不满十件，或者一般保护古生物化石十件以上不满五十件的； （3）走私禁止进出口的有毒物质一吨以上不满五吨，或者数额在二万元以上不满十万元的； （4）走私来自境外疫区的动植物及其产品五吨以上不满二十五吨，或者数额在五万元以上不满二十五万元的； （5）走私木炭、硅砂等妨害环境、资源保护的货物、物品十吨以上不满五十吨，或者数额在十万元以上不满五十万元的； （6）走私旧机动车、切割车、旧机电产品或者其他禁止进出口的货物、物品二十吨以上不满一百吨，或者数额在二十万元以上不满一百万元的； （7）数量或者数额上述标准，但属于犯罪集团的首要分子，使用特种车辆从事走私活动，造成环境严重污染，或者引起甲类传染病传播、重大动植物疫情等情形的。	判处五年以下有期徒刑或者拘役时，必须并处或者单处罚金
五年以上有期徒刑，并处罚金	情节严重	具有下列情形之一的，适用本档量刑幅度： （1）走私数量或者数额超过《文物解释》第十一条第一款第一项至第六项规定的标准的； （2）达到《文物解释》第十一条第一款第一项至第六项规定的标准，且属于犯罪集团的首要分子，使用特种车辆从事走私活动，造成环境严重污染，或者引起甲类传染病传播、重大动植物疫情等情形的。	附加刑必须并处罚金

司法机关在适用《刑法》第一百五十一条第三款、第四款规定处罚时，应当注意以下问题：

1. 严格把握本罪的构成条件

根据《文物解释》第十一条第一款的规定，走私国家禁止进出口的货物、物品，具有下列情形之一的，依照《刑法》第一百五十一条第三款的规定处五年以下有期徒刑或者拘役，并处或者单处罚金：

（1）走私国家一级保护野生植物五株以上不满二十五株，国家二级保护野生植物十株以上不满五十株，或者珍稀植物、珍稀植物制品数额在二十万元以上不满一百万元的；

（2）走私重点保护古生物化石或者未命名的古生物化石不满十件，或者一般保护古生物化石十件以上不满五十件的；

（3）走私禁止进出口的有毒物质一吨以上不满五吨，或者数额在二万元以上不满十万元的；

（4）走私来自境外疫区的动植物及其产品五吨以上不满二十五吨，或者数额在五万元以上不满二十五万元的；

（5）走私木炭、硅砂等妨害环境、资源保护的货物、物品十吨以上不满五十吨，或者数额在十万元以上不满五十万元的；

（6）走私旧机动车、切割车、旧机电产品或者其他禁止进出口的货物、物品二十吨以上不满一百吨，或者数额在二十万元以上不满一百万元的；

（7）数量或者数额未达到本款第一项至第六项规定的标准，但属于犯罪集团的首要分子，使用特种车辆从事走私活动，造成环境严重污染，或者引起甲类传染病传播、重大动植物疫情等情形的。

2. 严格把握本罪的“情节严重”

根据《文物解释》第十一条第二款的规定，具有下列情形之一的，应当认定为《刑法》第一百五十一条第三款规定的“情节严重”：

（1）走私数量或者数额超过《文物解释》第十一条第一款第一项至第六项规定的标准的；

（2）达到《文物解释》第十一条第一款第一项至第六项规定的标准，且属于犯罪集团的首要分子，使用特种车辆从事走私活动，造成环境严重污染，或者引起甲类传染病传播、重大动植物疫情等情形的。

3. 武装掩护走私国家禁止进出口的货物、物品或者以暴力、威胁方法抗拒缉私的处理

依照《刑法》第一百五十七条第一款的规定，武装掩护走私国家禁止进出口的货物、物品的，在《刑法》第一百五十一条第一款规定的法定刑的幅度内从重处罚。行为人所携带的武器无论是否使用，均应按照《刑法》第一百五十一条第一款的规定处罚。

依照《刑法》第一百五十七条第二款的规定，以暴力、威胁方法抗拒缉私的，以走私罪和《刑法》第二百七十七条规定的阻碍国家机关工作人员依法执行职务罪，依照数罪并罚的规定处罚。

八、走私淫秽物品罪

（一）刑法规定

第一百五十二条[①] 以牟利或者传播为目的，走私淫秽的影片、录像带、录音带、图片、书刊或者其他淫秽物品的，处三年以上十年以下有期徒刑，并处罚金；情节严重的，处十年以上有期徒刑或者无期徒刑，并处罚金或者没收财产；情节较轻的，处三年以下有期徒刑、拘役或者管制，并处罚金。

逃避海关监管将境外固体废物、液态废物和气态废物运输进境，情节严重的，处五年以下有期徒刑，并处或者单处罚金；情节特别严重的，处五年以上有期徒刑，并处罚金。

单位犯前两款罪的，对单位判处罚金，并对其直接负责的主管人员和其他直接责任人员，依照前两款的规定处罚。

---

① 本条经2002年12月28日《刑法修正案（四）》第二条修正。《刑法修正案（四）》第二条增加了一段内容，作为第二款："逃避海关监管将境外固体废物、液态废物和气态废物运输进境，情节严重的，处五年以下有期徒刑，并处或者单处罚金；情节特别严重的，处五年以上有期徒刑，并处罚金。"

《刑法》原第一百五十二条第二款为："单位犯前款罪的，对单位判处罚金，并对其直接负责的主管人员和其他直接责任人员，依照前款的规定处罚。"经《刑法修正案（四）》第二条修改后，由原第二款调整为第三款。

第一百五十五条[①] 下列行为，以走私罪论处，依照本节的有关规定处罚：

（一）直接向走私人非法收购国家禁止进口物品的，或者直接向走私人非法收购走私进口的其他货物、物品，数额较大的；

（二）在内海、领海、界河、界湖运输、收购、贩卖国家禁止进出口物品的，或者运输、收购、贩卖国家限制进出口货物、物品，数额较大，没有合法证明的。

第一百五十六条 与走私罪犯通谋，为其提供贷款、资金、帐号、发票、证明，或者为其提供运输、保管、邮寄或者其他方便的，以走私罪的共犯论处。

第一百五十七条 武装掩护走私的，依照本法第一百五十一条第一款的规定从重处罚。[②]

以暴力、威胁方法抗拒缉私的，以走私罪和本法第二百七十七条规定的阻碍国家机关工作人员依法执行职务罪，依照数罪并罚的规定处罚。

（二）司法解释、司法文件

最高人民法院、最高人民检察院关于办理走私刑事案件适用法律若干问题的解释（法释〔2014〕10号，自2014年9月10日起施行）

第十三条 以牟利或者传播为目的，走私淫秽物品，达到下列数量之一的，可以认定为刑法第一百五十二条第一款规定的“情节较轻”：

（一）走私淫秽录像带、影碟五十盘（张）以上不满一百盘（张）的；

（二）走私淫秽录音带、音碟一百盘（张）以上不满二百盘（张）的；

（三）走私淫秽扑克、书刊、画册一百副（册）以上不满二百副

---

① 本条经2002年12月28日《刑法修正案（四）》第三条修正。

《刑法》原第一百五十五条为：“下列行为，以走私罪论处，依照本节的有关规定处罚：（一）直接向走私人非法收购国家禁止进口物品的，或者直接向走私人非法收购走私进口的其他货物、物品，数额较大的；（二）在内海、领海运输、收购、贩卖国家禁止进出口物品的，或者运输、收购、贩卖国家限制进出口货物、物品，数额较大，没有合法证明的；（三）逃避海关监管将境外固体废物运输进境的。”

② 本款经2011年2月25日《刑法修正案（八）》第二十八条修正。

《刑法》原第一百五十七条第一款为：“武装掩护走私的，依照本法第一百五十一条第一款、第四款的规定从重处罚。”

（册）的；

（四）走私淫秽照片、画片五百张以上不满一千张的；

（五）走私其他淫秽物品相当于上述数量的。

走私淫秽物品在前款规定的最高数量以上不满最高数量五倍的，依照刑法第一百五十二条第一款的规定处三年以上十年以下有期徒刑，并处罚金。

走私淫秽物品在第一款规定的最高数量五倍以上，或者在第一款规定的最高数量以上不满五倍，但属于犯罪集团的首要分子，使用特种车辆从事走私活动等情形的，应当认定为刑法第一百五十二条第一款规定的“情节严重”。

（三）典型或常见问题的审理思路

走私淫秽物品罪，是指违反海关法规，逃避海关监管，以牟利或者传播为目的，运输、携带、邮寄淫秽的影片、录像带、录音带、图片、书刊或者其他淫秽物品，进出国（边）境的行为。

本罪是1997年《刑法》增设的罪名，是从《全国人民代表大会常务委员会关于惩治走私罪的补充规定》第一条和《全国人民代表大会常务委员会关于惩治走私、制作、贩卖、传播淫秽物品的犯罪分子的决定》第一条的规定，吸收改为刑法的具体规定的。1979年《刑法》没有走私淫秽物品罪的规定。

走私淫秽物品罪的构成要件是：

1. 主体要件

本罪的犯罪主体为一般主体。单位走私淫秽物品的，也可构成本罪的主体。

2. 主观要件

本罪的主观方面由故意构成，并且具有牟利或者传播的目的。所谓以牟利为目的，是指行为人走私淫秽物品是为了出卖、出租或者通过其他方式牟取非法利润；所谓以传播为目的，是指行为人走私淫秽物品是为了在社会上进行扩散。具有牟利或者传播目的，是构成本罪在主观方面的必备要件。如果行为人只是为了自己及家人观看而走私淫秽物品，没有牟利或者传播目的，不构成本罪。

3. 客体要件

本罪侵犯的客体是国家海关监督管理制度和严禁淫秽物品走私传播的制度。

淫秽物品是国家明令禁止进出口的特殊物品。走私淫秽物品的行为直接侵害了海关对该物品实行禁止进出口的管理制度。犯罪对象是淫秽物品。所谓淫秽物品，是指具体描绘性行为或者露骨宣扬色情的诲淫性的影片、录像带、录音带、图片、书刊和其他淫秽物品。“其他淫秽物品”，是指除上述淫秽物品以外的，通过文字、声音、形象等形式表现淫秽内容的影碟、音碟、电子出版物等物品。

有关人体生理、医学知识的科学著作不是淫秽物品。包含有色情内容的有艺术价值的文学、艺术作品不视为淫秽物品。

4. 客观要件

本罪的客观方面表现为违反海关法规，逃避海关监督，非法运输、携带、邮寄淫秽的书刊、影片、录像带、录音带、图片或者其他淫秽物品进出国（边）境的行为。

违反海关法规，是指违反海关法和其他有关禁止淫秽物品进出口的规定，如《海关总署关于查禁淫秽物品进出口的实施办法》等。逃避海关监管，是指采取各种方法，避开海关的监督、检查，企图将淫秽物品走私进出境的行为。实践中主要表现为行为人绕过海关、检查站以及不如实向海关申报物品两种行为。根据《刑法》第一百五十五条规定，有下列情形之一的，也构成本罪：（1）直接向走私淫秽物品的人收购淫秽物品的；（2）在内海、领海、界河、界湖运输、收购、贩卖淫秽物品的。

（四）疑难、复杂问题的参考性解答

1. 注重对淫秽物品的鉴定

淫秽物品的种类和目录，由国务院有关主管部门规定。目前，审理案件时可依照原国家新闻出版署 1988 年制定的《关于认定淫秽及色情出版物的暂行规定》来确定是否属于淫秽物品。对影片的鉴定，根据公安部 1996 年 12 月 5 日《关于淫秽电影鉴定问题的批复》，由地（市）级以上公安机关鉴定是否属于淫秽影片。

2. 划清罪与非罪的界限

下列情形下，应当认定为不构成走私淫秽物品罪：

（1）行为人不具有牟利或者传播目的的。行为人是否具有牟利或者传播为目的，是划清走私淫秽物品罪的罪与非罪、一般违法与犯罪界限的关键。在司法实践中，认定行为人是否具有上述目的时，应当综合考虑行为人的口供、证人证言和其他事实情况。如果行为人已经将走私的淫秽物品在社会上传播或者出售、出租，则应认定其具有牟利或者传播的目的。

（2）行为人非法运输、携带、邮寄的书刊、影片、录像带、录音带、图片或者其他物品，不属于淫秽物品的。有关人体生理、医学知识的科学著作不是淫秽物品。包含有色情内容的有艺术价值的文学、艺术作品不视为淫秽物品。

（3）走私淫秽物品，未达到司法解释规定的数量标准，可认为情节显著轻微的。根据《走私解释》第十三条规定，走私淫秽物品达到一定数量标准的，可以认定为构成走私淫秽物品罪，并认定为“情节较轻。”据此，下列情形下，属于“情节显著轻微，不认为是犯罪”：①走私淫秽录像带、影碟不满五十盘（张）的；②走私淫秽录音带、音碟不满一百盘（张）的；③走私淫秽扑克、书刊、画册不满一百副（册）的；④走私淫秽照片、画片不满五百张的；⑤走私其他淫秽物品未达到相当于上述数量的。

3. 关于本罪的既未遂问题

根据走私犯罪表现形式的多样性、行为实施的多环节性以及查获的现场性等特点，《走私解释》第二十三条区分情形对走私犯罪的既未遂认定标准作出了具体规定，即“实施走私犯罪，具有下列情形之一的，应当认定为犯罪既遂：（一）在海关监管现场被查获的；（二）以虚假申报方式走私，申报行为实施完毕的；（三）以保税货物或者特定减税、免税进口的货物、物品为对象走私，在境内销售的，或者申请核销行为实施完毕的。”其中，规定不论何种形式的走私，凡是在海关监管现场被查获的一概以犯罪既遂处理，主要是考虑到，走私犯罪因海关监管现场查获而案发的情况较为普遍，如果将成功逃避海关监管作为既未遂的界定标准，绝大多数走私犯罪都将按未遂处理，既不利于对于走私犯罪的有效惩治，也与立法初衷不符。规定虚假申报行为实施完毕即构成既遂，主要是考虑到，申报通关走私行为主要体现为申报环节，申报之后的海关审单、查验环节不再受走私犯罪行为人的意志支配。规定后续走私除了销售之外申请核销行为实施完毕的也应以既遂处理，主要是考虑到实践中一些申请核销行为发生在销售之前，而相对于销售而言，申请核销对于走私犯罪是否完成的认定更具实质性意义。对于走私核材料犯罪应当依照上述观点，认定犯罪既遂和未遂。

4. 注重对共同犯罪的惩治

依照《刑法》第一百五十六条的规定，与走私淫秽物品的犯罪分子通谋，为其提供贷款、资金、账号、发票、证明，或者为其提供运输、保管、邮寄或者其他方便的，以走私淫秽物品罪的共犯论处。

（五）量刑指导或参考

依照《刑法》第一百五十二条第一款规定，犯走私淫秽物品罪的，处三年以上十年以下有期徒刑，并处罚金；情节严重的，处十年以上有期徒刑或者无期徒刑，并处罚金或者没收财产；情节较轻的，处三年以下有期徒刑、拘役或者管制，并处罚金。

依照本条第三款规定，单位犯本罪的，对单位判处罚金，并对其直接负责的主管人员和其他直接责任人员，依照第一款规定处罚。

具体情节与量刑的对应情况，列表格如下：

量刑档次	对应情节	有关概念解释	备注
三年以下有期徒刑、拘役或者管制，并处罚金	情节较轻的	情节较轻，是指具有下列情形之一的： （1）走私淫秽录像带、影碟50盘（张）以上不满100盘（张）的； （2）走私淫秽录音带、音碟100盘（张）以上不满200盘（张）的； （3）走私淫秽扑克、书刊、画册100副（册）以上不满200副（册）的； （4）走私淫秽照片、画片500张以上不满1000张的； （5）走私其他淫秽物品相当于上述数量的。	（1）附加刑必须并处罚金。（2）本罪可以适用管制刑，但也必须并处罚金。

量刑档次	对应情节	有关概念解释	备注
三年以上十年以下有期徒刑，并处罚金	基本犯罪构成情节	具有下列情形之一的，适用本档量刑幅度： (1) 走私淫秽录像带、影碟100盘(张)以上至500盘(张)的； (2) 走私淫秽录音带、音碟200盘(张)以上至1000盘(张)的； (3) 走私淫秽扑克、书刊、画册200副(册)以上至1000副(册)的； (4) 走私淫秽照片、画片1000张以上至5000张的； (5) 走私其他淫秽物品相当于上述数量的。	附加刑必须并处罚金
十年以上有期徒刑或者无期徒刑，并处没收财产	情节特别严重的	情节特别严重，是指具有下列情形之一的： (1) 走私淫秽物品在“情节较轻”的最高数量五倍以上，①走私淫秽录像带、影碟500盘(张)以上的；②走私淫秽录音带、音碟1000盘(张)以上的；③走私淫秽扑克、书刊、画册1000副(册)以是的；④走私淫秽照片、画片5000张以上的；⑤走私其他淫秽物品相当于上述数量的。 (2) 走私淫秽物品在该“情节较轻”的最高数量以上不满五倍，但属于犯罪集团的首要分子，使用特种车辆从事走私活动等情形的，	附加刑可以并处罚金，也可以并处没收财产

司法机关适用《刑法》第一百五十二条第一款、第三款规定处罚时，应当注意以下问题：

1. 正确理解和适用本罪的“情节较轻”

根据《走私解释》第十三条第一款规定，走私淫秽物品，达到下列数量之一的，可以认定为《刑法》第一百五十二条第一款规定的“情节较轻”：(1) 走私淫秽录像带、影碟50盘（张）以上不满100盘（张）的；(2) 走私淫秽录音带、音碟100盘（张）以上不满200盘（张）的；(3) 走私淫秽扑克、书刊、画册100副（册）以上不满200副（册）的；(4) 走私淫秽照片、画片500张以上不满1000张的；（5）走私其他淫秽物品相当于上述数量的。

2. 正确理解和适用本罪的基本刑

本罪的基本刑是三年以上十年以下有期徒刑，并处罚金。这与一般犯罪的基本刑从低往高的顺序排列不一样，也与故意杀人罪从最高死刑往下排列不一样。本罪是先列基本刑，后列情节特别严重的，再列情节较轻的。因此，除了司法解释明确列为“情节较轻”情形的外，对构成犯罪的，首先在基本刑范围内考虑，然后再考虑是否属于情节特别严重、情节较轻的情形。

根据《走私解释》第十三条第二款规定，走私淫秽物品的数量，在该解释第十三条第一款规定的最高数量以上不满最高数量五倍的，应当依照《刑法》第一百五十二条第一款的规定，以走私淫秽物品罪处三年以上十年以下有期徒刑，并处罚金。（1）走私淫秽录像带、影碟100盘（张）以上至500盘（张）的；（2）走私淫秽录音带、音碟200盘（张）以上至1000盘（张）的；（3）走私淫秽扑克、书刊、画册200副（册）以上至1000副（册）的；（4）走私淫秽照片、画片1000张以上至5000张的；（5）走私其他淫秽物品相当于上述数量的。

3. 严格把握本罪的“情节严重”

根据《走私解释》第十三条第三款规定，下列情形下，应当依照《刑法》第一百五十二条第一款的规定，以走私淫秽物品罪处十年以上有期徒刑或者无期徒刑，并处罚金或者没收财产。

（1）走私淫秽物品的数量在该司法解释第十三条第一款规定的最高数量五倍以上：①走私淫秽录像带、影碟500盘（张）以上的；②走私淫秽录音带、音碟1000盘（张）以上的；③走私淫秽扑克、书刊、画册1000副（册）以上的；④走私淫秽照片、画片5000张以上的；⑤走私其他淫秽物品相当于上述数量的。

（2）走私淫秽物品在该司法解释第十三条第一款规定的最高数量以上不满五倍（即单纯论数量来说，属于本罪的基本刑范围），但属于犯罪集团的首要分子，使用特种车辆从事走私活动等情形的。

另外需要注意的是，犯本罪达到情节特别严重的，财产刑可以判处罚金，也可以判处没收财产。这是我国刑法规定中对判处有期徒刑也可以附加适用没收财产的几个少有的规定之一。也就是说，即使主刑是判处十年以上有期徒刑的，也可以附加并处没收财产。主刑为无期徒刑的，更加必须附加并处没收财产。

4. 武装掩护走私淫秽物品或者以暴力、威胁方法抗拒缉私的处理

依照《刑法》第一百五十七条第一款的规定，武装掩护走私淫秽物品的，在《刑法》第一百五十一条第一款规定的法定刑的幅度内从重处罚。行为人所携带的武器无论是否使用，均应按照《刑法》第一百五十一条第一款的规定处罚。

依照《刑法》第一百五十七条第二款的规定，以暴力、威胁方法抗拒缉私的，以走私罪和《刑法》第二百七十七条规定的阻碍国家机关工作人员依法执行职务罪，依照数罪并罚的规定处罚。

九、走私废物罪

（一）刑法规定

第一百五十二条第二款、第三款[①] 逃避海关监管将境外固体废物、液态废物和气态废物运输进境，情节严重的，处五年以下有期徒刑，并处或者单处罚金；情节特别严重的，处五年以上有期徒刑，并处罚金。

单位犯前两款罪的，对单位判处罚金，并对其直接负责的主管人员和其他直接责任人员，依照前两款的规定处罚。

第一百五十五条[②] 下列行为，以走私罪论处，依照本节的有关规定处罚：

（一）直接向走私人非法收购国家禁止进口物品的，或者直接向走私人非

---

① 本条经2002年12月28日《刑法修正案（四）》第二条修正。《刑法修正案（四）》第二条增加了一条内容，作为第二款："逃避海关监管将境外固体废物、液态废物和气态废物运输进境，情节严重的，处五年以下有期徒刑，并处或者单处罚金；情节特别严重的，处五年以上有期徒刑，并处罚金。"

《刑法》原第一百五十二条第二款为："单位犯前款罪的，对单位判处罚金，并对其直接负责的主管人员和其他直接责任人员，依照前款的规定处罚。"经《刑法修正案（四）》第二条修改后，由原第二款调整为第三款。

② 本条经2002年12月28日《刑法修正案（四）》第三条修正。

《刑法》原第一百五十五条为："下列行为，以走私罪论处，依照本节的有关规定处罚：（一）直接向走私人非法收购国家禁止进口物品的，或者直接向走私人非法收购走私进口的其他货物、物品，数额较大的；（二）在内海、领海运输、收购、贩卖国家禁止进出口物品的，或者运输、收购、贩卖国家限制进出口货物、物品，数额较大，没有合法证明的；（三）逃避海关监管将境外固体废物运输进境的。"

法收购走私进口的其他货物、物品，数额较大的；

（二）在内海、领海、界河、界湖运输、收购、贩卖国家禁止进出口物品的，或者运输、收购、贩卖国家限制进出口货物、物品，数额较大，没有合法证明的。

第一百五十六条　与走私罪犯通谋，为其提供贷款、资金、帐号、发票、证明，或者为其提供运输、保管、邮寄或者其他方便的，以走私罪的共犯论处。

第一百五十七条　武装掩护走私的，依照本法第一百五十一条第一款的规定从重处罚。①

以暴力、威胁方法抗拒缉私的，以走私罪和本法第二百七十七条规定的阻碍国家机关工作人员依法执行职务罪，依照数罪并罚的规定处罚。

第三百三十九条②　违反国家规定，将境外的固体废物进境倾倒、堆放、处置的，处五年以下有期徒刑或者拘役，并处罚金；造成重大环境污染事故，致使公私财产遭受重大损失或者严重危害人体健康的，处五年以上十年以下有期徒刑，并处罚金；后果特别严重的，处十年以上有期徒刑，并处罚金。

未经国务院有关主管部门许可，擅自进口固体废物用作原料，造成重大环境污染事故，致使公私财产遭受重大损失或者严重危害人体健康的，处五年以下有期徒刑或者拘役，并处罚金；后果特别严重的，处五年以上十年以下有期徒刑，并处罚金。

以原料利用为名，进口不能用作原料的固体废物、液态废物和气态废物的，依照本法第一百五十二条第二款、第三款的规定定罪处罚。

（二）司法解释、司法文件

最高人民法院、最高人民检察院关于办理走私刑事案件适用法律若干问题的解释（法释〔2014〕10号，自2014年9月10日起施行）

第十四条　走私国家禁止进口的废物或者国家限制进口的可用作原料的废物，具有下列情形之一的，应当认定为刑法第一百五十二条第二款规定的

---

① 本款经2011年2月25日《刑法修正案（八）》第二十八条修正。《刑法》原第一百五十七条第一款为："武装掩护走私的，依照本法第一百五十一条第一款、第四款的规定从重处罚。"

② 本条第三款经2002年12月28日《刑法修正案（四）》第五条修正。《刑法》原第三百三十九条第三款为："以原料利用为名，进口不能用作原料的固体废物的，依照本法第一百五十五条的规定定罪处罚。"

“情节严重”：

（一）走私国家禁止进口的危险性固体废物、液态废物分别或者合计达到一吨以上不满五吨的；

（二）走私国家禁止进口的非危险性固体废物、液态废物分别或者合计达到五吨以上不满二十五吨的；

（三）走私国家限制进口的可用作原料的固体废物、液态废物分别或者合计达到二十吨以上不满一百吨的；

（四）未达到上述数量标准，但属于犯罪集团的首要分子，使用特种车辆从事走私活动，或者造成环境严重污染等情形的。

具有下列情形之一的，应当认定为刑法第一百五十二条第二款规定的“情节特别严重”：

（一）走私数量超过前款规定的标准的；

（二）达到前款规定的标准，且属于犯罪集团的首要分子，使用特种车辆从事走私活动，或者造成环境严重污染等情形的；

（三）未达到前款规定的标准，但造成环境严重污染且后果特别严重的。

走私置于容器中的气态废物，构成犯罪的，参照前两款规定的标准处罚。

第十五条 国家限制进口的可用作原料的废物的具体种类，参照国家有关部门的规定确定。

（三）典型或常见问题的审理思路

走私废物罪，是指违反海关法规和国家关于固体废物、液态废物、气态废物管理的规定，逃避海关监管，将境外固体废物、液态废物、气态废物运输进境的行为。即本罪仅限于将废物走私进境的行为。

本罪是1997年《刑法》增设的罪名。原罪名根据《刑法》第一百五十五条原第三项的规定确定为“走私固体废物罪”。《刑法修正案（四）》第二条对本罪的罪状作了修改，罪名相应地改为“走私废物罪”，同时取消了《刑法》第一百五十五条原第三项“走私固体废物罪”罪名。1979年《刑法》和单行刑法均没有规定此罪名。

走私废物罪的构成要件是：

1. 主体要件

本罪的犯罪主体为一般主体，自然人和单位均可构成本罪的主体。

2. 主观要件

本罪的主观方面由故意构成，即明知是境外的固体废物、液态废物、气态废物，却逃避海关监管，将其偷运入境。如果受外方欺骗，将固体废物、液态废物、气态废物误认为是普通货物、物品偷运入境的，则构成走私普通货物、物品罪。如果没有逃避海关监管只是未经国务院有关主管部门许可将“可用作原料”的固体废物运入国境的，构成擅自进口固体废物罪；如果擅自进口的是“不能用作原料”的固体废物，仍依照走私废物罪处罚。

3. 客体要件

本罪侵犯的客体是海关监管制度和国家禁止固体废物、液态废物和气态废物进境的制度。犯罪对象是“废物”。这里讲的废物不是一般的废物，而是特指固体废物、液态废物和气态废物。

近年来，一些单位和个人见利忘义，走私固体废物、液态废物和气态废物，严重危害了我国的环境，威胁人民的身体健康。为了遏制这种行为，1997 年《刑法》增设了“走私固体废物罪”罪名。《刑法修正案（四）》第三条将此罪的罪状作了修改，因而罪名也相应作了修改。

按照《刑法》第一百五十五条原第三项的规定，逃避海关监管将境外固体废物运输进境的，以走私罪论处，依照刑法走私罪一节的有关规定处罚。在司法实践中，有的部门提出，除《刑法》第一百五十一条、第一百五十二条明确规定走私几类违禁品的处罚以外，刑法对走私罪是按照行为人偷逃应缴税额的多少规定刑罚的。由于对走私固体废物无法计算应缴税额，司法机关对本罪在量刑上存在一定困难，建议对这种行为单独规定刑罚。同时考虑到走私液态废物和气态废物，也应适用走私固体废物的规定，所以，《刑法修正案（四）》第二条规定，在《刑法》第一百五十二条中增加一款，作为第二款：“逃避海关监管将境外固体废物、液态废物和气态废物运输进境，情节严重的，处五年以下有期徒刑，并处或者单处罚金；情节特别严重的，处五年以上有期徒刑，并处罚金。”相应删去《刑法》第一百五十五条原第三项关于“逃避海关监管将境外固体废物运输进境的”规定。

4. 客观要件

本罪的客观方面表现为违反海关法规和国家有关规定，逃避海关监管，将境外的固体废物、液态废物、气态废物运输进境的行为。

所谓固体废物，是指在生产建设、日常生活和其他活动中产生的污染环境的固态、半固态废弃物质。如工业固体废物（工业、交通等生产活动中产生的固体废物）、城市生活垃圾（在城市日常生活中或者为城市日常生活提供服务的活动中产生的固体废物以及法律、行政法规规定视为城市生活垃圾的固体废物）、危险废物（列入国家危险废物名录或者根据国家规定的危险废物鉴别标准和鉴别方法认定的具有危险特性的废物）。1995 年 10 月 30 日第八届全国人民代表大会常务委员会第十六次会议通过的《固体废物污染环境防治法》第二十四条规定："禁止中华人民共和国境外的固体废物进境倾倒、堆放、处置。"第二十五条第一款规定："禁止进口不能用作原料的或者不能以无害化方式利用的固体废物；对可以用作原料的固体废物实行限制进口和自动许可进口分类管理。"液态废物和置于容器中的气态废物适用《固体废物污染环境防治法》的规定。根据《刑法》第三百三十九条第三款和《刑法修正案（四）》第五条关于将《刑法》第三百三十九条第三款的规定修改为"以原料利用为名，进口不能用作原料的固体废物、液态废物和气态废物的，依照本法第一百五十二条第二款、第三款的规定定罪处罚"的规定，以原料利用为名，进口不能用作原料的固体废物、液态废物、气态废物的行为，也构成走私废物罪。行为人直接向走私人非法收购废物，或者在内海、领海、界河、界湖运输、收购废物的，应当以走私废物罪论处。

依照法律规定，逃避海关监管将境外固体废物、液态废物和气态废物运输进境的行为，除需符合以上构成要件外，还须达到"情节严重"的程度才能构成犯罪。根据《走私解释》第十四条第一款规定，具有下列情节之一的，属于《刑法》第一百五十二条第二款规定的"情节严重"：（1）走私国家禁止进口的危险性固体废物、液态废物分别或者合计达到 1 吨以上不满 5 吨的；（2）走私国家禁止进口的非危险性固体废物、液态废物分别或者合计达到 5 吨以上不满 25 吨的；（3）走私国家限制进口的可用作原料的固体废物、液态废物分别或者合计达到 20 吨以上不满 100 吨的；（4）未达到上述数量标准，但属于犯罪集团的首要分子，使用特种车辆从事走私活动，或者造成环境严重污染等情形的。根据《走私解释》第十四条第三款规定，走私置于容器中的气态废物，构成犯罪的，参照前两款规定的标准处罚。

（四）疑难、复杂问题的参考性解答

1. 本罪属概括性罪名而非选择性罪名

选择性罪名属于性质相同的犯罪。某种行为虽然触犯某种犯罪的多种不同行为方式、多种不同行为对象，如《刑法》第一百二十五条第一款规定的“非法制造、买卖、运输、邮寄、储存枪支、弹药、爆炸物罪”，但由于其对社会的危害性大致相当，不需要实行数罪并罚，因而采用选择性罪名；而本罪所走私的固体废物、液态废物和气态废物属于废物的形态，不涉及行为选择或者对象选择，且三种废物都具有“废物”这一特征，所以不需要采用选择性罪名，而应当采用概括性罪名，行为人只要走私上述三种废物中的一种废物就构成本罪。至于本罪与《刑法》第三百三十九条第一、二款规定的“非法处置进口的固体废物罪”和“擅自进口固体废物罪”的表述不一致，是由于刑法对后两种犯罪的对象作了特别规定。

2. 正确认定罪与非罪

本罪的构成，必须以“情节严重”为必要。根据《走私解释》第十四条第一款的规定，同时符合下列两个条件的，应当以“情节显著轻微，不认为是犯罪”论：（1）未达到“情节严重”数量标准的，即①走私国家禁止进口的危险性固体废物、液态废物分别或者合计达到1吨以上不满5吨的；②走私国家禁止进口的非危险性固体废物、液态废物分别或者合计达到5吨以上不满25吨的；③走私国家限制进口的可用作原料的固体废物、液态废物分别或者合计达到20吨以上不满100吨的；（2）属于犯罪集团的首要分子，使用特种车辆从事走私活动，或者造成环境严重污染等情形的。

3. 关于本罪的既未遂问题

关于此问题，参见本书走私武器、弹药罪的阐述。

4. 划清此罪与彼罪

根据《刑法》第三百三十九条第一款规定，违反国家规定，将境外的固体废物进境倾倒、堆放、处置的，构成非法处置进口的固体废物罪。根据《刑法》第三百三十九条第二款规定，未经国务院有关主管部门许可，擅自进口固体废物用作原料，造成重大环境污染事故，致使公私财产遭受重大损失或者严重危害人体健康的，构成擅自进口固体废物罪。

根据《刑法》第三百三十九条第三款的规定，以原料利用为名，进口不能用作原料的固体废物、液态废物和气态废物的，依照走私废物罪定罪处罚。

根据《走私解释》第二十一条第二款规定，虽经许可，但进口国家限制进口的可用作原料的废物时，偷逃应缴税额，构成犯罪的，应当依照《刑法》第一百五十三条规定，以走私普通货物罪定罪处罚；既未经许可，又偷逃应缴税额，同时构成走私废物罪和走私普通货物罪的，应当依照刑法处罚较重的规定定罪处罚。虽经许可，但超过许可数量进口国家限制进口的可用作原料的废物，超过部分以未经许可论。

5. 注重对共同犯罪的惩治

依照《刑法》第一百五十六条的规定，与走私淫秽物品的犯罪分子通谋，为其提供贷款、资金、账号、发票、证明，或者为其提供运输、保管、邮寄或者其他方便的，以走私淫秽物品罪的共犯论处。

（五）量刑指导或者参考

依照《刑法》第一百五十二条第二款规定，犯走私废物罪的，处五年以下有期徒刑，并处或者单处罚金；情节特别严重的，处五年以上有期徒刑，并处罚金。

依照本条第三款规定，单位犯本罪的，对单位判处罚金，并对其直接负责的主管人员和其他直接责任人员，依照第二款的规定处罚。

具体情节与量刑的对应情况，列表格如下：

量刑档次	对应情节	有关概念解释	备注
五年以下有期徒刑，并处罚金或者单处罚金	走私废物情节严重的（基本犯罪构成）	1. 走私国家禁止进口的危险性固体废物、液态废物分别或者合计达到1吨以上不满5吨的； 2. 走私国家禁止进口的非危险性固体废物、液态废物分别或者合计达到5吨以上不满25吨的； 3. 走私国家限制进口的可用作原料的固体废物、液态废物分别或者合计达到20吨以上不满100吨的； 4. 未达到上述数量标准，但属于犯罪集团的首要分子，使用特种车辆从事走私活动，或者造成环境严重污染等情形的。	1. 根据《走私解释》第十四条第三款规定，走私置于容器中的气态废物，构成犯罪的，参照固体废物、液态废物的标准，确定是情节严重还是情节特别严重。 2. 本罪在情节严重的情况下（即基本犯罪构成）可以单处罚金，但情节特别严重的，必须并处罚金。
五年以上有期徒刑，并处罚金	走私废物情节特别严重的	1. 走私数量超过《走私解释》第十四条第一款规定的标准的； 2. 走私数量达到《走私解释》第十四条第一款规定的标准，且属于犯罪集团的首要分子，使用特种车辆从事走私活动，或者造成环境严重污染等情形的； 3. 走私数量未达到《走私解释》第十四条第一款规定的标准，但造成环境严重污染且后果特别严重的。	

司法机关在适用《刑法》第一百五十二条第二款、第三款规定处罚时，应当注意以下问题：

1. 正确把握本罪的情节特别严重

根据《走私解释》第十四条第二款规定，具有下列情节之一的，属于《刑法》第一百五十二条第二款规定的“情节特别严重”，应当处五年以上有期徒刑，并处罚金：（1）走私数量超过该解释第十四条第一款规定的标准的；（2）达到该解释第十四条第一款规定的标准，且属于犯罪集团的首要分子，使用特种车辆从事走私活动，或者造成环境严重污染等情形的；（3）未达到该解释第十四条第一款规定的标准，但造成环境严重污染且后果特别严重的。

走私置于容器中的气态废物，构成犯罪是否属于“情节特别严重”的，参照上述标准。

2. 武装掩护走私废物或者以暴力、威胁方法抗拒缉私的处理

依照《刑法》第一百五十七条第一款的规定，武装掩护走私废物的，在《刑法》第一百五十一条第一款规定的法定刑的幅度内从重处罚。行为人所携带的武器无论是否使用，均应按照《刑法》第一百五十一条第一款的规定处罚。

依照《刑法》第一百五十七条第二款的规定，以暴力、威胁方法抗拒缉私的，以走私罪和《刑法》第二百七十七条规定的阻碍国家机关工作人员依法执行职务罪，依照数罪并罚的规定处罚。

十、走私普通货物、物品罪

（一）刑法规定

第一百五十三条[①] 走私本法第一百五十一条、第一百五十二条、第三百四十七条规定以外的货物、物品的，根据情节轻重，分别依照下列规定处罚：

（一）走私货物、物品偷逃应缴税额较大或者一年内曾因走私被给予二次行政处罚后又走私的，处三年以下有期徒刑或者拘役，并处偷逃应缴税额一倍以上五倍以下罚金。

（二）走私货物、物品偷逃应缴税额巨大或者有其他严重情节的，处三年以上十年以下有期徒刑，并处偷逃应缴税额一倍以上五倍以下罚金。

（三）走私货物、物品偷逃应缴税额特别巨大或者有其他特别严重情节

---

① 本条经2011年2月25日《刑法修正案（八）》第二十七条修正。《刑法》原第一百五十三条第一款为：“走私本法第一百五十一条、第一百五十二条、第三百四十七条规定以外的货物、物品的，根据情节轻重，分别依照下列规定处罚：（一）走私货物、物品偷逃应缴税额在五十万元以上的，处十年以上有期徒刑或者无期徒刑，并处偷逃应缴税额一倍以上五倍以下罚金或者没收财产；情节特别严重的，依照本法第一百五十一条第四款的规定处罚。（二）走私货物、物品偷逃应缴税额在十五万元以上不满五十万元的，处三年以上十年以下有期徒刑，并处偷逃应缴税额一倍以上五倍以下罚金；情节特别严重的，处十年以上有期徒刑或者无期徒刑，并处偷逃应缴税额一倍以上五倍以下罚金或者没收财产。（三）走私货物、物品偷逃应缴税额在五万元以上不满十五万元的，处三年以下有期徒刑或者拘役，并处偷逃应缴税额一倍以上五倍以下罚金。”

的，处十年以上有期徒刑或者无期徒刑，并处偷逃应缴税额一倍以上五倍以下罚金或者没收财产。

单位犯前款罪的，对单位判处罚金，并对其直接负责的主管人员和其他直接责任人员，处三年以下有期徒刑或者拘役；情节严重的，处三年以上十年以下有期徒刑；情节特别严重的，处十年以上有期徒刑。

对多次走私未经处理的，按照累计走私货物、物品的偷逃应缴税额处罚。

第一百五十四条　下列走私行为，根据本节规定构成犯罪的，依照本法第一百五十三条的规定定罪处罚：

（一）未经海关许可并且未补缴应缴税额，擅自将批准进口的来料加工、来件装配、补偿贸易的原材料、零件、制成品、设备等保税货物，在境内销售牟利的；

（二）未经海关许可并且未补缴应缴税额，擅自将特定减税、免税进口的货物、物品，在境内销售牟利的。

第一百五十五条[①]　下列行为，以走私罪论处，依照本节的有关规定处罚：

（一）直接向走私人非法收购国家禁止进口物品的，或者直接向走私人非法收购走私进口的其他货物、物品，数额较大的；

（二）在内海、领海、界河、界湖运输、收购、贩卖国家禁止进出口物品的，或者运输、收购、贩卖国家限制进出口货物、物品，数额较大，没有合法证明的。

第一百五十六条　与走私罪犯通谋，为其提供贷款、资金、帐号、发票、证明，或者为其提供运输、保管、邮寄或者其他方便的，以走私罪的共犯论处。

第一百五十七条　武装掩护走私的，依照本法第一百五十一条第一款的规定从重处罚。[②]

---

① 本条经2002年12月28日《刑法修正案（四）》第三条修正。《刑法》原第一百五十五条为："下列行为，以走私罪论处，依照本节的有关规定处罚：（一）直接向走私人非法收购国家禁止进口物品的，或者直接向走私人非法收购走私进口的其他货物、物品，数额较大的；（二）在内海、领海运输、收购、贩卖国家禁止进出口物品的，或者运输、收购、贩卖国家限制进出口货物、物品，数额较大，没有合法证明的；（三）逃避海关监管将境外固体废物运输进境的。"

② 本款经2011年2月25日《刑法修正案（八）》第二十八条修正。《刑法》原第一百五十七条第一款为："武装掩护走私的，依照本法第一百五十一条第一款、第四款的规定从重处罚。"

以暴力、威胁方法抗拒缉私的，以走私罪和本法第二百七十七条规定的阻碍国家机关工作人员依法执行职务罪，依照数罪并罚的规定处罚。

（二）司法解释、司法文件

最高人民法院、最高人民检察院关于办理走私刑事案件适用法律若干问题的解释（法释〔2014〕10号，自2014年9月10日起施行）

第十六条 走私普通货物、物品，偷逃应缴税额在十万元以上不满五十万元的，应当认定为刑法第一百五十三条第一款规定的“偷逃应缴税额较大”；偷逃应缴税额在五十万元以上不满二百五十万元的，应当认定为“偷逃应缴税额巨大”；偷逃应缴税额在二百五十万元以上的，应当认定为“偷逃应缴税额特别巨大”。

走私普通货物、物品，具有下列情形之一，偷逃应缴税额在三十万元以上不满五十万元的，应当认定为刑法第一百五十三条第一款规定的“其他严重情节”；偷逃应缴税额在一百五十万元以上不满二百五十万元的，应当认定为“其他特别严重情节”：

（一）犯罪集团的首要分子；

（二）使用特种车辆从事走私活动的；

（三）为实施走私犯罪，向国家机关工作人员行贿的；

（四）教唆、利用未成年人、孕妇等特殊人群走私的；

（五）聚众阻挠缉私的。

第十七条 刑法第一百五十三条第一款规定的“一年内曾因走私被给予二次行政处罚后又走私”中的“一年内”，以因走私第一次受到行政处罚的生效之日与“又走私”行为实施之日的时间间隔计算确定；“被给予二次行政处罚”的走私行为，包括走私普通货物、物品以及其他货物、物品；“又走私”行为仅指走私普通货物、物品。

第十八条 刑法第一百五十三条规定的“应缴税额”，包括进出口货物、物品应当缴纳的进出口关税和进口环节海关代征税的税额。应缴税额以走私行为实施时的税则、税率、汇率和完税价格计算；多次走私的，以每次走私行为实施时的税则、税率、汇率和完税价格逐票计算；走私行为实施时间不能确定的，以案发时的税则、税率、汇率和完税价格计算。

刑法第一百五十三条第三款规定的“多次走私未经处理”，包括未经行政处理和刑事处理。

第十九条　刑法第一百五十四条规定的“保税货物”，是指经海关批准，未办理纳税手续进境，在境内储存、加工、装配后应予复运出境的货物，包括通过加工贸易、补偿贸易等方式进口的货物，以及在保税仓库、保税工厂、保税区或者免税商店内等储存、加工、寄售的货物。

第二十条　直接向走私人非法收购走私进口的货物、物品，在内海、领海、界河、界湖运输、收购、贩卖国家禁止进出口的物品，或者没有合法证明，在内海、领海、界河、界湖运输、收购、贩卖国家限制进出口的货物、物品，构成犯罪的，应当按照走私货物、物品的种类，分别依照刑法第一百五十一条、第一百五十二条、第一百五十三条、第三百四十七条、第三百五十条的规定定罪处罚。

刑法第一百五十五条第二项规定的“内海”，包括内河的入海口水域。

第二十一条　未经许可进出口国家限制进出口的货物、物品，构成犯罪的，应当依照刑法第一百五十一条、第一百五十二条的规定，以走私国家禁止进出口的货物、物品罪等罪名定罪处罚；偷逃应缴税额，同时又构成走私普通货物、物品罪的，依照处罚较重的规定定罪处罚。

取得许可，但超过许可数量进出口国家限制进出口的货物、物品，构成犯罪的，依照刑法第一百五十三条的规定，以走私普通货物、物品罪定罪处罚。

租用、借用或者使用购买的他人许可证，进出口国家限制进出口的货物、物品的，适用本条第一款的规定定罪处罚。

第二十二条　在走私的货物、物品中藏匿刑法第一百五十一条、第一百五十二条、第三百四十七条、第三百五十条规定的货物、物品，构成犯罪的，以实际走私的货物、物品定罪处罚；构成数罪的，实行数罪并罚。

第二十三条　实施走私犯罪，具有下列情形之一的，应当认定为犯罪既遂：

（一）在海关监管现场被查获的；

（二）以虚假申报方式走私，申报行为实施完毕的；

（三）以保税货物或者特定减税、免税进口的货物、物品为对象走私，在境内销售的，或者申请核销行为实施完毕的。

第二十四条　单位犯刑法第一百五十一条、第一百五十二条规定之罪，依照本解释规定的标准定罪处罚。

单位犯走私普通货物、物品罪，偷逃应缴税额在二十万元以上不满一百万元的，应当依照刑法第一百五十三条第二款的规定，对单位判处罚金，并对其直接负责的主管人员和其他直接责任人员，处三年以下有期徒刑或者拘役；偷逃应缴税额在一百万元以上不满五百万元的，应当认定为“情节严重”；偷逃应缴税额在五百万元以上的，应当认定为“情节特别严重”。

第二十五条 本解释发布实施后，《最高人民法院关于审理走私刑事案件具体应用法律若干问题的解释》（法释〔2000〕30号）、《最高人民法院关于审理走私刑事案件具体应用法律若干问题的解释（二）》（法释〔2006〕9号）同时废止。之前发布的司法解释与本解释不一致的，以本解释为准。

（三）典型或常见问题的审理思路

走私普通货物、物品罪，是指违反海关法规，逃避海关监管，运输、携带、邮寄除武器、弹药、核材料、假币、文物、贵重金属、珍贵动物及其制品、珍稀植物及其制品、淫秽物品、固体废物、液态废物、气态废物、毒品、制毒物品等国家禁止进出口的货物、物品以外的其他普通货物、物品进出国（边）境，偷逃应缴关税税额较大或者一年内曾因走私被两次行政处罚后又走私的行为。

本罪是从《全国人民代表大会常务委员会关于惩治走私罪的补充规定》第四条的规定，吸收改为刑法的具体规定的。《刑法修正案（八）》第二十七条完善了本罪的定罪量刑标准，将单纯的计赃论罚式改为数额与其他情节结合的方式，且不再规定具体的数额标准。

走私普通货物、物品罪的构成要件是：

1. 主体要件

本罪的犯罪主体为一般主体，自然人和单位均可构成本罪的主体。

2. 主观要件

本罪的主观方面由故意构成，过失不构成本罪。行为人明知自己的行为违反国家海关监管法律法规，逃避海关监管，偷逃进出境货物、物品的应缴税额，或者逃避国家有关货物、物品进出境的禁止性管理，并且希望或者放任危害结果发生的，应认定为具有走私的故意。如果行为人没有走私的故意，但有违反海关法规、逃避海关监管的行为，则不属于走私行为，一般是由于不懂海关监管规定或者疏忽大意而该报未报或者漏报、错报关税的过失造成的，应由海关依照海关法的规定予以行政处理。

应当注意的是，本罪不以牟利为目的作为构成要件。在实践中，行为人一般都具有牟取非法利润或者其他非法利益的犯罪目的，但1997年《刑法》无此规定。

3. 客体要件

本罪侵犯的客体是国家对普通货物、物品进出口监管、征收关税的制度。

海关法、进出口关税条例等法律、法规规定了海关对进出境普通货物、物品进行监管、征收关税的制度。违反上述法规，逃避海关监管，偷逃货物、物品进出境应缴税款的行为，直接侵害了国家海关对普通货物、物品进出境的监管、关税征收制度。

4. 客观要件

本罪的客观方面表现为违反海关法规，逃避海关监管，运输、携带、邮寄普通货物、物品进出国（边）境、偷逃应缴关税税额较大或者一年内曾因走私被两次行政处罚后又走私的行为。

（1）“违反海关法规”，是指违反《海关法》《进出口关税管理条例》等法律、法规。

（2）“逃避海关监管”，是指采用隐瞒、隐藏、伪报、蒙混、绕关等方式、方法，躲避海关监督、管理和检查，即通常所说的绕关走私、瞒关走私、夹藏走私及后续走私行为。所谓后续走私，是指走私分子以合法的形式将货物、物品进出口而实际上进行走私的行为。如《刑法》第一百五十四条规定的情形。

（3）“偷逃应缴关税税额较大的行为”，是指违反进出口关税管理条例，偷逃国家准许进出境的普通货物、物品应缴的进出口关税和进口环节海关代征税的税额，达到数额较大的行为。根据《走私解释》第十六条第一款的规定，走私普通货物、物品，偷逃应缴税额在十万元以上不满五十万元的，应当认定为《刑法》第一百五十三条第一款规定的“偷逃应缴税额较大”。

（4）“一年内曾因走私被给予二次行政处罚后又走私的行为”，是指违反海关法规，逃避海关监管，在一年内因为运输、携带、邮寄普通货物、物品进出国（边）境被有关部门给予两次行政处罚后，又运输、携带、邮寄普通货物、物品进出国（边）境的行为。《刑法修正案（八）》为加大对小额多次走私普通货物、物品行为的刑事打击力度而规定对上述行为应予追究刑事责任。此行为是独立于偷逃税额的一个定罪情节，偷逃税款的数额不影响此行为罪与非罪的认定。“被给予两次行政处罚”是适用本项规定的前提条件，如此前多次走私但未受到行政处罚的，仍然应当将多次走私偷逃的税款进行累计，视其数额情况和情节定罪量刑，未能达到数额较大标准的一般不构成犯罪。“一年内曾因走私被给予二次行政处罚后又走私”中的“一年内”，以因走私第一次受到行政处罚的生效之日与“又走私”行为实施之日的时间间隔计算确定；“被给予二次行政处罚”的走私行为，包括走私普通货物、物品以及其他货物、物品；“又走私”行为仅指走私普通货物、物品。

根据《刑法》第一百五十四条、第一百五十五条的规定，未经海关许可并且未补缴应缴税额，擅自将批准进口的来料加工、来件装配、补偿贸易的原材料、零件、制成品、设备等保税货物，在境内销售牟利的；未经海关许可并且未补缴应缴税额，擅自将特定减税、免税进口的货物、物品，在境内销售牟利的；直接向走私人非法收购走私进口的货物、物品，数额较大的；在内海、领海、界河、界湖运输、收购、贩卖国家限制进出口的货物、物品，数额较大，没有合法证明的，也应当以走私普通货物、物品罪论处。其中，“保税货物”，是指经海关批准，未办理纳税手续进境，在境内储存、加工、装配后应予复运出境的货物。保税货物包括通过加工贸易、补偿贸易等方式进口的货物，以及在保税仓库、保税工厂、保税区或者免税商店内等储存、加工、寄售的货物。“直接向走私人非法收购走私进口的其他货物、物品，数额较大的”，是指明知是走私行为人而向其非法收购走私进口的其他货物、物品，应缴税额数额较大的。

（四）司法认定

1. 正确区分罪与非罪

下列情形下，虽然属于走私行为，但因“情节显著轻微，可不认为是犯罪”：

（1）走私普通货物、物品，偷逃应缴税额未达到较大标准，即在十万元以下的；

（2）一年内虽然多次走私，但均未被行政处罚过或者仅被行政处罚过一次，且“应缴税额”未达到较大标准，即在十万元以下的。

2. 关于本罪的既未遂问题

关于此问题，参见本书走私武器、弹药罪的阐述。

3. 正确区分此罪与彼罪

（1）走私普通货物、物品罪的对象是走私《刑法》第一百五十一条、第一百五十二条、第三百四十七条规定以外的货物、物品，如果走私的对象是上述条款规定的货物、物品的，则应当以条款规定的犯罪处罚。两者的区别，关键在于走私的对象不同。前者的走私对象是国家允许进出口的普通货物、物品；后者的走私对象则是国家禁止进出口的物品。根据《刑法》规定，走私武器、弹药、核材料、假币、文物、贵重金属、珍贵动物及其制品、淫秽物品、固体废物、液态废物、气态废物、毒品、珍稀植物及其制品等国家禁止进出口的其他货物、物品都有专条规定，各构成特定的走私犯罪。因此，前者与后者的犯罪对象属于一般与特殊的关系。

（2）未经许可进出口国家限制进出口的货物、物品行为的性质认定。有意见认为，限制进出口的货物、物品不同于禁止进出口的货物、物品，未经许可走私国家限制进出口的货物、物品，如果限制进出口的货物、物品属于涉税货物、物品的，应以走私普通货物、物品罪定罪处罚；属于非涉税货物、物品的，可不作犯罪处理。《走私解释》未采纳该意见，而是在第二十一条明确规定，未经许可进出口国家限制进出口的货物、物品，应当依照《刑法》第一百五十一条、第一百五十二条的规定，以走私国家禁止进出口的货物、物品罪等罪名定罪处罚。偷逃应缴税额，同时又构成走私普通货物、物品罪的，依照处罚较重的规定定罪处罚。主要考虑是：禁止进出口货物、物品包括绝对禁止和相对禁止两种，刑法规定的禁止进出口不限于绝对禁止的情形。

租用、借用或者使用购买的他人许可证，进出口国家限制进出口的货物、物品的，适用前列规定定罪处罚，即视为未经许可进出口国家限制进出口的货物、物品。

（3）取得许可，但超过许可数量进出口国家限制进出口的货物、物品，构成犯罪的，依照《刑法》第一百五十三条的规定，以走私普通货物、物品罪定罪处罚。

4. 正确认定走私主观故意中的“明知”

走私主观故意中的“明知”，是指行为人知道或者应当知道所从事的行为是走私行为。司法实践中，具有下列情形之一的，一般可以认定为“明知”，但有证据证明确属被蒙骗的除外：（1）逃避海关监管，运输、携带邮寄国家禁止进出境的货物、物品的；（2）用特制的有意逃避海关监管设备或者运输工具走私货物、物品的；（3）未经海关同意，在非设关的码头、海（河、湖）岸、陆路边境等地点，运输（驳载）、收购或者贩卖非法进出境货物、物品的；（4）提供虚假的合同、发票、证明等商业单证委托他人办理通关手续的；（5）以明显低于货物正常进（出）口的应缴税额委托他人代理进（出）口业务的；（6）曾因同一种走私行为受过刑事处罚或者行政处罚，又以相同方式进行走私的；（7）其他有证据证明的情形。

5. 正确理解《刑法》第一百五十四条规定的“销售牟利”

《刑法》第一百五十四条第一、二项规定的“销售牟利”，是指行为人主观上为了牟取非法利益而擅自销售海关监管的保税货物、特定减免税货物。这种行为是否构成犯罪，应当根据偷逃的应缴税额是否达到数额较大的标准或者是否属于“一年内曾因走私被给予二次行政处罚后又走私的”情形予以认定。实际获利与否或者获利多少并不影响对行为人的定罪。

6. 关于利用购买的加工贸易登记手册、特定减免税批文等涉税单证进口货物行为的定性处理问题

加工贸易登记手册、特定减免税批文等涉税单证是海关根据国家法律法规以及有关政策性规定，给予特定企业用于保税货物经营管理和减免税优惠待遇的凭证。利用购买的加工贸易登记手册、特定减免税批文等涉税单证进口货物，实质是将一般贸易货物伪报为加工贸易保税货物或者特定减免税货物进口，以达到偷逃应缴税款的目的，应当适用《刑法》第一百五十三条以走私普通货物、物品罪定罪处罚。如果行为人与走私分子通谋出售上述涉税单证，或者在出卖批文后又以提供印章、向海关伪报保税货物、特定减免税货物等方式帮助买方办理进口通关手续的，对卖方依照《刑法》第一百五十六条以走私罪共犯定罪处罚。买卖上述涉税单证情节严重尚未进口货物的，则应依照《刑法》第二百八十条规定的买卖国家机关公文、证件、印章罪定罪处罚。

7. 关于在加工贸易活动中骗取海关核销行为的认定问题

在加工贸易经营活动中，以假出口、假结转或者利用虚假单证等方式骗取海关核销，致使保税货物、物品脱离海关监管，造成国家税款流失，情节严重的，应当依照《刑法》第一百五十三条的规定，以走私普通货物、物品罪追究行为人的刑事责任。但有证据证明因不可抗力原因导致保税货物脱离海关监管，经营人无法办理正常手续而骗取海关核销的，则不应当认定为走私犯罪。

8. 关于伪报价格走私犯罪案件中实际成交价格的认定问题

走私犯罪案件中的伪报价格行为，是指犯罪嫌疑人、被告人在进出口货物、物品时，向海关申报进口或者出口的货物、物品的价格低于或者高于进出口货物的实际成交价格。对实际成交价格的认定，在无法提取真、伪两套合同、发票等单证的情况下，可以根据犯罪嫌疑人、被告人的付汇渠道、资金流向、会计账册、境内外收发货人的真实交易方式，以及其他能够证明进出口货物实际成交价格的证据材料综合认定。

9. 关于出售走私货物已缴纳的增值税应否从走私偷逃应缴税额中扣除的问题

走私犯罪嫌疑人为出售走私货物而开具增值税专用发票并缴纳增值税，是其走私行为既遂后在流通领域获取违法所得的一种手段，属于非法开具增值税专用发票。对走私犯罪嫌疑人因出售走私货物而实际缴纳走私货物增值税的，在核定走私货物偷逃应缴税额时，不应当将其已缴纳的增值税额从其走私偷逃应缴税额中扣除。

10. 关于单位走私犯罪案件自首的认定问题

单位走私犯罪案件中，对单位集体决定自首的，或者单位直接负责的主旨人员自首的，应当认定为单位自首。认定单位自首后，如实交代主要犯罪事实的单位负责的其他主管人员和其他直接责任人员，可视为自首；但对拒不交代主要犯罪事实或者逃避法律追究的人员，则不以自首论。

11. 对于在走私的普通货物、物品或者废物中藏匿特定货物的定性

在走私的普通货物、物品或者废物中藏匿《刑法》第一百五十一条、第一百五十二条、第三百四十七条、第三百五十条规定的货物、物品，构成犯罪的，以实际走私的货物、物品定罪处罚；构成数罪的，实行数罪并罚。但是，确有充分证据证明行为人对藏匿的货物、物品不知情的除外。

12. 注重对共同犯罪的惩治

根据《刑法》第一百五十六条的规定，与走私普通货物、物品的犯罪分子通谋，为其提供贷款、资金、账号、发票、证明，或者为其提供运输、保管、邮寄或者其他方便的，以走私普通货物、物品罪的共犯论处。

（五）量刑指导或参考

依照《刑法》第一百五十三条第一款规定，犯走私普通货物、物品罪的，根据情节轻重，分别依照下列规定处罚：(1) 走私货物、物品偷逃应缴税额较大或者一年内曾因走私被给予二次行政处罚后又走私的，处三年以下有期徒刑或者拘役，并处偷逃应缴税额一倍以上五倍以下罚金。(2) 走私货物、物品偷逃应缴税额巨大或者有其他严重情节的，处三年以上十年以下有期徒刑，并处偷逃应缴税额一倍以上五倍以下罚金。(3) 走私货物、物品偷逃应缴税额特别巨大或者有其他特别严重情节的，处十年以上有期徒刑或者无期徒刑，并处偷逃应缴税额一倍以上五倍以下罚金或者没收财产。

依照本条第二款的规定，单位犯本罪的，对单位判处罚金，并对其直接负责的主管人员和其他直接责任人员，处三年以下有期徒刑或者拘役；情节严重的，处三年以上十年以下有期徒刑；情节特别严重的，处十年以上有期徒刑。

依照本条第三款的规定，对多次走私未经处理的，按照累计走私货物、物品的偷逃应缴税额处罚。

具体情节与量刑的对应情况，列表格如下：

<table>
<tr><th>量刑档次</th><th>对应情节</th><th>有关概念解释</th><th>附加刑的适用</th></tr>
<tr><td>三年以下有期徒刑或者拘役，并处偷逃应缴税额一倍以上五倍以下罚金</td><td>（1）偷逃应缴税额较大；
（2）一年内曾因走私被给予二次行政处罚后又走私的。</td><td>1. 偷逃应缴税额在 10 万元以上不满 50 万元的，应当认定为偷逃应缴税额较大。
2. “一年内”，以因走私第一次受到行政处罚的生效之日与“又走私”行为实施之日的时间间隔计算确定；“被给予二次行政处罚”的走私行为，包括走私普通货物、物品以及其他货物、物品；“又走私”行为仅指走私普通货物、物品。
3. 多次走私未经处理，包括未经行政处理和刑事处理的，按照累计走私货物、物品的偷逃应缴税额处罚。</td><td rowspan="2">1. 本罪所规定的罚金刑都是并处，即必须并处。
2. 主刑为无期徒刑的，附加刑一般应当处没收财产；主刑为十年以上有期徒刑的，既可以并处罚金，也可以并处没收财产，但是一般以并处罚金为主。</td></tr>
<tr><td>三年以上十年以下有期徒刑，并处偷逃应缴税额一倍以上五倍以下罚金</td><td>（1）偷逃应缴税额巨大；
（2）有其他严重情节的。</td><td>1. 偷逃应缴税额在 50 万元以上不满 250 万元的，应当认定为“偷逃应缴税额巨大”。
2. 具有下列情形之一，偷逃应缴税额在 30 万元以上不满 50 万元的，应当认定为“其他严重情节”：（1）犯罪集团的首要分子；（2）使用特种车辆从事走私活动的；（3）为实施走私犯罪，向国家机关工作人员行贿的；（4）教唆、利用未成年人、孕妇等特殊人群走私的；（5）聚众阻挠缉私的。
3. 多次走私未经处理，包括未经行政处理和刑事处理的，按照累计走私货物、物品的偷逃应缴税额处罚。</td></tr>
</table>

量刑档次	对应情节	有关概念解释	附加刑的适用
十年以上有期徒刑或者无期徒刑，并处偷逃应缴税额一倍以上五倍以下罚金或者没收财产	（1）偷逃应缴税额特别巨大； （2）有其他特别严重情节。	1. 偷逃应缴税额在250万元以上的，应当认定为“偷逃应缴税额巨大”。 2. 具有下列情形之一，偷逃应缴税额在150万元以上不满250万元的，应当认定为“其他特别严重情节”：（1）犯罪集团的首要分子；（2）使用特种车辆从事走私活动的；（3）为实施走私犯罪，向国家机关工作人员行贿的；（4）教唆、利用未成年人、孕妇等特殊人群走私的；（5）聚众阻挠缉私的。 3. 多次走私未经处理，包括未经行政处理和刑事处理的，按照累计走私货物、物品的偷逃应缴税额处罚。	1. 本罪所规定的罚金刑都是并处，即必须并处。 2. 主刑为无期徒刑的，附加刑一般应当处没收财产；主刑为十年以上有期徒刑的，既可以并处罚金，也可以并处没收财产，但是一般以并处罚金为主。

司法机关在适用本条规定处罚时，应当注意以下问题：

1. 正确把握偷逃应缴税额较大、巨大、特别巨大

根据《走私解释》第十六条第一款的规定，走私普通货物、物品，偷逃应缴税额在10万元以上不满50万元的，应当认定为《刑法》第一百五十三条第一款规定的“偷逃应缴税额较大”；偷逃应缴税额在50万元以上不满250万元的，应当认定为“偷逃应缴税额巨大”；偷逃应缴税额在250万元以上的，应当认定为“偷逃应缴税额特别巨大”。

2. 正确把握走私货物、物品的其他严重情节、其他特别严重情节

走私普通货物、物品，具有下列情形之一，偷逃应缴税额在30万元以上不满50万元的，应当认定为《刑法》第一百五十三条第一款规定的“其他严重情节”；偷逃应缴税额在150万元以上不满250万元的，应当认定为“其他特别严重情节”：（1）犯罪集团的首要分子；（2）使用特种车辆从事走私活动的；（3）为实施走私犯罪，向国家机关工作人员行贿的；（4）教唆、利用未成年人、孕妇等特殊人群走私的；（5）聚众阻挠缉私的。

3. 正确认定小额多次走私

《刑法修正案（八）》将小额多次走私行为纳入了刑事打击范畴。

（1）正确理解“一年内曾因走私被给予二次行政处罚后又走私”。对此

的具体理解，实践中存在意见分歧，集中体现在“一年内”的时间计算和走私对象的范围两个方面。为规范司法认定，《走私解释》第十七条明确，“一年内”应以因走私第一次受到行政处罚的生效之日与“又走私”行为实施之日的时间间隔计算确定；已受行政处罚的走私行为的对象不受普通货物、物品的限制，但是“又走私”行为的对象必须是普通货物、物品。对于一年内曾因走私被给予两次行政处罚后又走私需要追究刑事责任的，具体的定罪量刑标准可由各地人民法院结合案件具体情况和本地实际确定。需要注意的是，“一年内曾因走私被给予二次行政处罚后又走私”的规定解决的仅仅是定罪标准的问题，不能据此认定所有的“一年内曾因走私被给予二次行政处罚后又走私”的情形均判处三年以下有期徒刑或者拘役。如“又走私”的偷逃应缴税额巨大或者有其他严重情节的，则应当判处三年以上十年以下有期徒刑。对于其他严重情节、其他特别严重情节，则可以综合走私次数、走私方式、走私的货物、物品的性质、税款补缴情况、有无造成税款之外的其他损失等因素具体认定。

（2）正确认定“多次走私未经处理”。《刑法》第一百五十三条第三款规定，多次走私未经处理的，按照累计走私货物、物品的偷逃应缴税额处罚。这里的“多次走私未经处理”，包括未经行政处理和刑事处理，且每次行为，从其性质上都属于走私的范畴。但对多次走私未经处理的，应按刑法关于追诉时效的规定处理；对已超过追诉时效的，不再适用本条的规定。

4. 应缴税额的计算依据

之前的有关司法解释规定，应缴税额以走私行为案发时的税则、税率、汇率和完税价格计算。对此，实践中反映，关税政策性强，税率调整较为频繁，偷逃税额一概以案发时为准，不够客观、公允。鉴于此，《走私解释》第十八条参照经济犯罪数额认定的通行做法，确定了行为实施时为主、案发时为辅的计算原则，即应缴税额以走私行为实施时的税则、税率、汇率和完税价格计算；多次走私的，以每次走私行为实施时的税则、税率、汇率和完税价格逐票计算；走私行为实施时间不能确定的，以案发时的税则、税率、汇率和完税价格计算。

5. 武装掩护走私普通货物、物品或者以暴力、威胁方法抗拒缉私的处理

依照《刑法》第一百五十七条第一款的规定，武装掩护走私普通货物、物品的，在《刑法》第一百五十一条第一款规定的法定刑的幅度内从重处罚。

行为人所携带的武器无论是否使用，均应按照《刑法》第一百五十一条第一款的规定处罚。

依照《刑法》第一百五十七条第二款的规定，以暴力、威胁方法抗拒缉私的，以走私罪和《刑法》第二百七十七条规定的阻碍国家机关工作人员依法执行职务罪，依照数罪并罚的规定处罚。

6. 关于单位犯走私普通货物、物品罪的定罪量刑标准

根据《走私解释》第二十四条第一款规定，单位犯《刑法》第一百五十一条、第一百五十二条规定之罪，依照本解释规定的标准定罪处罚。即犯《刑法》第一百五十一条、第一百五十二条规定之罪的，单位与自然人的定罪量刑标准是一致的。

但是，对于走私普通货物、物品罪，《走私解释》专门就单位犯罪设置了单独的定罪量刑标准，也就是说，对单位犯罪与自然人犯罪的定罪、量刑标准是不一致的。《走私解释》第二十四条第二款规定，单位犯走私普通货物、物品罪，偷逃应缴税额在20万元以上不满100万元的，应当依照《刑法》第一百五十三条第二款的规定，对单位判处罚金，并对其直接负责的主管人员和其他直接责任人员，处三年以下有期徒刑或者拘役；偷逃应缴税额在100万元以上不满500万元的，应当认定为“情节严重”；偷逃应缴税额在500万元以上的，应当认定为“情节特别严重”。

6

刑法办案思路与疑难释解

XINGFA BANAN SILU YU YINAN SHIJIE

第一卷

主　编◎胡云腾
副主编◎周　峰

中国法制出版社
CHINA LEGAL PUBLISHING HOUSE

编写说明

1979 年，第五届全国人民代表大会第二次会议通过了《中华人民共和国刑法》。1997 年，全国人大常委会对 1979 年刑法进行了全面的修改和完善。此后，为了进一步适应经济社会发展和情况的变化，全国人大常委会还陆续通过了《全国人民代表大会常务委员会关于惩治骗购外汇、逃汇和非法买卖外汇的决定》《关于修改部分法律的决定》和十一个刑法修正案，对刑法不断加以完善。

为便于司法机关准确把握法律精神，严格适用法律规定，我们邀请了一批专家型法官编写本书，期望为办案人员带来方便。本书由最高人民法院胡云腾大法官为主编，最高人民法院审判委员会原委员、刑事审判第四庭原庭长、全国审判业务专家周峰为副主编。最高人民法院田文莎、许昱、杜军燕、陆建红、杨华、赵晓冉、高蕾、章晓瑜、潘洁等同志参与编写。

本书的体例安排如下：

总则部分依据刑法条文的顺序，采用逐个问题逐条解释，分则部分采用逐个罪名解释的方式进行。主要包括四个方面：

一、刑法规定的内容为现行刑法规定。经过历次刑法修正案修正的，在注解中予以说明。如果经过多次修改的，也一并予以说明。

二、司法解释、司法文件及其权威解读。最高人民法院发布的，经最高人民法院审判委员会讨论通过的指导案例，对司法实践具有指导意义，且各级司法机关应当参照适用指导案例，其地位、作用相当于司法解释，故本书将这类指导案件放在“司法解释、司法文件及其权威解读”部分。

三、典型或常见问题的审理思路。该部分的观点主要从最高人民法院、最高人民检察院公布的指导案例、刑事审判参考案例中提炼为主，同时亦从相关规范性文件中提炼某些观点。本部分内容基本属于通说的观点，也是各级司法机关在司法实务中参照适用的观点。观点来源均标明了出处，方便读者查找核对。

四、疑难、复杂问题的参考性解答。这部分内容系从《人民司法》、《人民法院报》、其他杂志文章、著名学者观点中筛选提炼，编委会认为符合法理和法律规定的观点，供广大读者参考。

五、量刑指导或参考。该部分内容对如何正确适用量刑情节，进行准确量刑提供参考性意见。当然，本书根据刑法条文的具体内容和罪名的常用率，在结构上有所详略，而非千篇一律。

鉴于《刑法修正案（十一）》公布后，最高人民法院、最高人民检察院出台了相关罪名的司法解释，本书及时吸纳了《刑法修正案（十一）》和相关罪名解释的内容，时效性极强。

本书不仅是广大刑事司法工作人员的案头工具用书，也是广大律师、法学教学人员以及法学院系学生的有益参考资料。

本书中恐有疏漏和不妥之处，敬请读者批评指正。

办好刑事案件应当重视的几个问题（代序）

进入信息时代，通过线上和线下实施的危害行为日渐增多且日趋复杂，各类新问题层出不穷，对国家安全、经济发展、社会稳定、人权保障和公正司法提出了新的挑战。为及时解决社会治理中的新问题，依法惩治各类犯罪行为，我国刑事诉讼法、刑法近10年来先后作了多次修订，改革、创新了刑事诉讼程序，完善了刑事诉讼制度，修改了一些犯罪的犯罪构成和法定刑，增设了不少新的罪名。与此同时，最高司法机关也出台了大量司法文件，对理解与适用刑事法律作出指引。为准确把握、正确适用修订后的刑事诉讼法和刑法及司法文件的规定，及时解决刑事司法活动中遇到的新、老问题，公正处理好刑事案件，我们编写了本书。

本人在最高人民法院工作多年，乘新时代司法改革的东风，到最高人民法院第二巡回法庭办了几年案件，办的主要还是刑事申诉案件和刑事再审案件。借本书出版的机会，谈谈我的办案心得体会，与读者同仁交流，向各位请教。

办好刑事案件，重在多读书、读法和读案。关于如何办理刑事案件，刑法理论界和实务界有人已经做了很多研究并发表、出版了大量成果，相关研究成果不乏真知灼见和经验之谈，对办理刑事案件具有重要的指导价值。与此同时，最高人民法院、最高人民检察院数十年来发布了大量刑事司法解释、规范性文件、领导讲话及指导性案例等，一些地方法院、检察院也发布了许多参考案例和办案规范，其中提出的办案要求和工作方法对于刑事办案工作具有重要参考、指引价值。比如最高人民法院单独发布和联合发布的刑事司法解释和指导意见等，既是执法办案可以直接引用的法律依据，也是执法办案可以拿来就用的有效方法。又如新中国成立以来最高人民法院召开的刑事审判工作会议、刑事座谈会等形成的文件，对于办理各个时期的刑事案件具有直接的指导价值。再如《最高人民法院公报》刊登的刑事案例、最高人民法院刑事审判庭编写的《刑事审判参考》，都已成为刑事司法人员办理刑事案件重要的业务参考案例和学习、研究刑事法律的必读材料。实践证明，办理刑事案件的人员坚持在办案之余读一些刑事法学著作，多阅读法律、司法解释、司法文件和刑事案例，不仅会使自己在执法办案实践中遇到的难题大大减少，而且还可以掌握执法办案的艺术和方法，体会公正司法的真谛，达到在理论上、法律上和案例上武装自己、充实自己的效果。从一定意义上讲，司法实践中的很多执法办案问题，并非因为其本身有多难，多是由于执法司法人员读书不多、读法不透和读案较少，以致知识不够用、思路不清晰、见识不广阔、方法不科学之故。所以，经常读书读法读案的执法司法人员与不大阅读专业书籍、法律和司法案例的执法司法人员，办案能力和司法水平是不一样的。专家学者研究、解决重大疑难复杂案件的能力之所以高于非专家学者，就是因为其读书读法读案较多之故，这也是实务部门遇到了执法办案难题，常常组织专家学者请教或者论证的原因。

办好刑事案件，重在树立公正司法的理念。公正是法治的生命线，是执法司法最高、最终的价值追求。为了实现公平正义，古往今来公正不阿的执法司法人员以“虽千万人我往矣”的精神品质，进行了不懈努力，书写了千古佳话，树立了光辉榜样。新时代，人民群众对公平正义的需求强烈、期待更高，我们要将习近平总书记提出的努力让人民群众在每一个司法案件中感受到公平正义作为座右铭，始终用公正这把尺子衡量自己办理的案件是否实现了公平正义，是否能够让当事人和人民群众感受到公平正义。实践中，一些执法司法人员讨论案件处理问题时，有时候会陷入学术观点或术语概念之争，反而忘记了司法不是争理论对错或者学术是非，而是争利益平衡和结果公正，故不能在讨论具体案件的过程中忘记了求公正之本而逐学问之末。执法办案不是法律研究，法律研究是学术活动，追求的是科学真理，崇尚的是观点创新，虽然也研究案件的公正处理问题，但不以某一具体个案的处理结果作为价值追求。故专家学者讲的话当事人高兴不高兴也无所谓，即使讲错了也不要紧，在著述中天马行空地展开“本人认为”，反倒是学术研究独立精神的体现。而执法办案是代表国家行使司法权力，解决的是现实的矛盾纠纷，追求的是司法公正，实现的是案结事了。在法律文书中必须立足“本局认为”

“本厅认为”“本部认为”或者“本院认为”的立场，每一项决定或每一个裁判都代表执法司法机关，甚至代表法律。西方法谚形容“法官是会说话的法律”，此言颇有道理，执法司法人员一定程度上就是说话的法律、行动的法律，从立案开始，就要把追求公正放在首要位置，就要坚守公正的立场，努力在分歧中求同，在纷争中求和，自觉在同一方向和同一限度内正确行使自由裁量权。执法司法人员绝不能把本院认为当成本人认为，把不能得到公众认同的个人感情和专业见解作为判断行为是非及司法公正与否的理由，导致执法办案结果脱离案件实际，违背大众感情。在新时代，实现司法公正需要作出三重努力，一是司法公正一定要实现，坚决落实党中央提出的“保证公正司法的要求”。二是司法公正一定要以公开透明、看得见的方式实现，让司法公正可视可见，让人民群众眼见为实相信司法的公正。三是司法公正一定要以当事人和社会公众能够感受到的方式实现。司法公正不是仅能观赏的或者表面上好看的，而且要法理情兼顾和三个效果统一，让人民群众切实感受到司法有温度有情怀有力量，司法公正容易接近就在身边。

办好刑事案件，重在善于运用现有的制度机制。进入新时代，随着司法改革大力推进，现已形成了一系列集中集体智慧、统一法律适用、解决难题分歧、保证公正司法的制度机制。就审判环节而言，原有的制度机制和新的制度机制已经很完备，关键是使用好落实好。

一要用好合议庭合议制度。合议制是现代司法的基本制度，无论什么样的司法制度，都或多或少地实行合议制，完全排斥合议制的个人独断司法已不复存在。我国从清末变法开始实行合议制，1949 年以后，人民法院审理普通刑事案件，基本上都是组成合议庭审理的。合议庭是集中集体司法智慧、防止个人偏见的重要机制，“三个臭皮匠胜过一个诸葛亮”的俗语，讲的也是集体智慧胜过个人才干。我认为，合议制用好了，能够解决执法办案过程中大部分疑难复杂问题。落实合议庭合议的实质化问题，既可以防止合议庭中的案件承办人唱独角戏，又可以防止合议庭的审判长独断专行个人说了算。要保证合议意见平等发表在合议庭，事实证据认定在合议庭，意见分歧解决在合议庭，公正裁判形成在合议庭，确保合议庭成为解决意见分歧和疑难问题的一道重要程序。

二要用好专业法官（主审法官）会议制度。专业法官会议是新时代司法改革的产物，法院内同一专业的法官或者跨专业的法官聚在一起，共同讨论司法实践中遇到的疑难复杂问题，是一个解决案件处理分歧、统一司法见解和裁判尺度的重要机制，用好了能够解决大量司法实践难题。笔者在最高法院第二巡回法庭工作时，我们努力把专业法官会议开成办案心得交流会、法学理论问题研讨会、法律实务问题会诊会、认识分歧统一会和办案能力提升会，用这个机制不仅解决了法庭在个案处理中遇到的绝大多数疑难、复杂问题，而且使得包括我在内的专业法官的司法能力得到了整体提升。两年多时间里，第二巡回法庭只有两个案件提交到院审判委员会讨论，提交的原因还不是让审判委员会讨论法庭解决不了的问题，而是让审判委员会统一两个案子所涉及的法律统一适用问题。这个机制的运用还附带形成了审判经验和学术成果，并以第二巡回法庭主审法官会议讨论案例纪要的形式出版，受到法律实务界的好评，发挥了制度机制的外溢效益。

三要用好审判委员会制度。审判委员会是人民法院最高的审判组织，是中国特色的司法制度，如何看待和使用这个制度一度很有争议。实践证明，这个制度彰显了司法民主，体现了集体决策，突出了平等讨论，贯彻了民主集中制，法官和法院用好这个制度至关重要。在长期的司法实践中，一方面，审判委员会在讨论重大疑难复杂问题，总结审判经验和保证公正司法方面发挥了重要作用。另一方面，一些法院的审判委员会运行也存在需要解决的问题，比如审判委员会职能错位问题即过于重视讨论个案处理结果而忽视总结审判经验和提炼裁判规则问题，主持或参加审判委员会的委员不是从追求司法公正而是从其他角度出发发表讨论意见问题，依法不应当提交审判委员会讨论的案件被大量地提交到审判委员会讨论，而真正需要提交审判委员会讨论的案件则由于各种原因不能提交到会议讨论问题，审判委员会的议事规则因法院而异甚至因主持人的个人喜好而异问题，审判委员会的运行存在一言堂或者走形式问题，等等。如果能够把审判委员会现存的各种问题解决了，法院和法官就能够用这个集体决策机制解决掉执法办案过程中遇到的绝大部分疑难复杂问题，统一法律适用和保证公正司法便会有可靠的机制保障。

四要用好其他法律统一适用机制。一般讲，刑事执法办案中遇到的所有问题，最终都可以归结为法律统一适用还是不统一适用问题，包括司法实践中发生的所有冤假错案，本质上都是在法律统一适用上犯了错误，即执法司法机关把没有实施犯罪行为依法不该定罪量刑的人定了罪判了刑。所以，健全完善法律统一适用机制并切实运用好，对于解决执法办案中遇到的各类难题、防范冤假错案意义重大。应当点赞的是，近年来，最高人民法院连续出台了多项重要举措，建立健全法律统一适用机制，解决法律适用不统一难题。如2020年7月出台的《最高人民法院关于统一法律适用加强类案检索的指导意见（试行）》，2021年1月出台的《最高人民法院关于完善人民法院专业法官会议工作机制的指导意见》和2021年9月出台的《最高人民法院统一法律适用工作实施办法》，这些司法文件聚焦法律适用不统一难题，坚持正确的目标导向和价值取向，就如何解决刑事审判实践中遇到的疑难问题和法律适用不统一问题，作出了有针对性可操作性的规定，提出了明确要求。办理刑事案件，要认真学习研究并运用这些文件中的规定，把文件的要求落到实处。

办好刑事案件，重在端正态度和修炼心态。作为刑事执法司法人员，树立正确的刑事司法观、职业尊容感、使命感和责任感十分重要。刑事案件的处理涉及对被追诉人自由、财产乃至生命的限制甚至剥夺，刑罚是双刃剑，当用不用或者运用不当，都会给社会公平正义和当事人的合法权益造成不可预估的伤害，故执法办案必须有如履薄冰、如临深渊的忧患意识，秉持严谨细致认真负责的态度，这比任何知识、能力都重要。实践中，由于办案时间经年累月，所办案件循环重复，加上案多人少和办案压力大等原因，办案人员往往会产生轻慢、厌倦之心，有时还会对一些当事人产生厌恶、痛恨之情，自觉不自觉地会产生内卷效应，有的还会出现对被追诉人重判严惩的倾向。这种心理虽然是人之常情，连圣贤都难以避免，但是很容易对执法办案产生消极作用，影响司法公正。故办案人员必须经常调整自己的心态，端正可能会被情感带偏的态度，把对被害人的同情和被告人的厌恶牢牢地控制在内心深处，不要让它们流露出来以免引发当事人对司法公正的怀疑，更不要让它们影响自己对案件的判断和决定。实践中，那些善于办理刑事案件的人员，并非都是对被追诉人冷酷无情或者只精通法律的专家，而是热爱刑事执法司法职业，注重积累司法经验不断提高自身修为的人，他们可能外表上铁面冷峻，但内心炽热有情有义。正如有人所言："你办理的不是案件，而是当事人的人生"，所以，对于办案人员而言，办理刑事案件的生涯也是一种修炼，甚至是一种受教育启迪的过程。形形色色的刑事案件，可以让人更多地洞悉人性，了解人间的凶残和丑恶，深切地感受到自由、权利和生命的可贵。我一向赞同英国哲学家麦克莱"善良的心是最好的法律"的名言，刑事执法办案是惩恶扬善的事业，刑事执法、司法人员是维护社会公平正义的秦叔宝和尉迟恭，必须自己秉持善良之心，对于恶行决不放过，对于善行决不无视，嫉恶如仇但不失怜悯之心。坚信通过自己的不懈努力，能够让良法结出善治之果，让不良之法难以被恶意利用。

办理刑事案件，还要有不怕案件难办的平常心态。在我看来，难办的刑事案件对执法司法会提出更多的问题，提供更多的视角，引发更多的思考，提出更大的挑战，获得更多的收获。故办难案更有利于提升司法能力，积累办案经验，增强司法自信。我记得在第二巡回法庭工作时，针对当时一些法官对于办理疑难案件特别是缠访闹访的刑事申诉案件存在畏难情绪的现象，我们提出了“难案子是提升司法能力磨刀石”的观点，倡导大家敢于办难案子，善于办难案子，尤其要下决心办理长期案结事不了的刑事申诉信访案子，一度形成了法官争办难案子的气氛，在东北地区产生了良好的示范效应。我甚至认为，在警官、检察官、法官和律师的执法司法生涯中，若不办理几个大案子难案子，反而是一件遗憾乃至乏味的事情，就像挖了一辈子金矿没有淘到大个头金块一样。就执法司法人员而言，案子的难易是相对的、此消彼长的，办案人员的司法能力增强了，案子的难度就会下降乃至没有了。何况还有很多难案子是人为干扰形成的，本身并非真正有多难办，只要把人为的干扰排除了，所谓的疑难即不攻自破，这种难案子不能算作难案子。真正的难案子是事实认定或法律适用存在难以把握、难以决断的分歧争议，这种难案子往往是可遇而不可求的，办案若能遇到真正的难案子反而是一种运气，办理真正的难案子就等于抓住了难得的提升司法能力的机遇，相信很多警官、法官、检察官和律师都有这样的体验。

办好刑事案件，重在坚守谦抑的立场。刑法是规定犯罪与刑罚的法律，刑罚是最严厉的处罚方法，刑事司法是以限制乃至剥夺被追诉人的自由、财产乃至生命等基本人权的方式运行的，故有说刑法是双刃剑的，有说刑法是恶法的，有说刑法是有副作用的，等等。我认为，在尊重和保障人权的时代，刑法的适用应当越来越坚定地立足谦抑的立场。几年前，我曾经写过一篇小文章，谈了理解刑法谦抑原则的体会，引发了一些人的共鸣，现在还想再讲几点。

所谓谦抑，望文生义就是谦让、抑制的意思。大而言之，治理国家、管理社会不能刑法优先用刑过度，更不能搞以刑治国刑法万能。因为刑法的负面作用最大，它能解决矛盾也能掩盖矛盾，还可能激化矛盾，刑法用的越多越猛，它的正作用会越用越小，而副作用会越用越大。刑法手段只能解决社会治理中的个案问题表层问题，难以解决社会治理中的根本问题和深层次问题。因此，处理社会矛盾纠纷和利益冲突，要尽可能用其他法律手段，审慎使用刑法手段。只有在其他手段与危害行为不相适应，不足以维护统治秩序时，才应当动用刑事手段，且不能过度使用。小而言之，对一个危害行为可以用非刑罚方法如民事制裁、行政处罚或者道德谴责等方式处理的，刑事执法司法部门要抑制住冲动，保持谦让的态度，不要与其他执法司法部门争管辖。只有当适用其他处罚方法不足以体现对某种危害行为的否定或惩罚时，刑法才应当出手。要明确刑法是保障宪法和其他法律贯彻实施的保障法，不是这些法律的兜底法。不能把刑法的保障性理解成刑法的兜底性，不能把刑法的最后性理解为刑法的万能性，把刑法当作无所不能的“超人”。刑法的职能首先是保障宪法和其他法律充分发挥功能作用，其次才是作为最严厉的处罚法独立发挥作用。执法司法过程中坚守刑事司法的谦抑立场，应当明确以下几点：

一是对于不构成刑事犯罪的案件，刑事执法司法机关坚决不要管。如对于民事纠纷案件、治安管理处罚案件，不得作为刑事案件处理，发现有非刑事案件进入刑事诉讼程序的，应当坚决停止追诉。这是坚守罪刑法定原则的基本要求，也是坚守法治精神的基本要求，更是尊重和保障人权的基本要求。把不是刑事案件当作刑事案件追诉，这是滥用职权侵犯人权的行为，反过来应当依法追究刑事责任。

二是对于刑事与民事、行政交叉的案件，简称“刑行民”交叉案件，要根据案件性质和相互交叉的具体情形，依法区别处理。对于不构成犯罪的刑行民交叉案件，要及时移送人民法院民事、行政部门作民事行政案件处理，绝不按照刑事犯罪处理；对于构成犯罪的刑行民交叉案件，严格依法按照刑事案件处理；对于部分构成犯罪、部分不构成犯罪的，应当分别处理，不得一律按照刑事案件处理；对于刑事案件或行政民事案件界分不清的，一律按照非刑事案件处理。

三是对于刑法及相关法律没有明文规定为犯罪的危害行为，通过扩张解释也无法纳入刑法规定范围的，即使社会危害性严重，社会舆论反映强烈，也不得按照犯罪处罚，要防止通过类推解释定罪量刑，坚决贯彻刑不溯及既往的法治精神。刑事司法原则上不能填补刑事立法的空白或漏洞，刑法的空白或漏洞只能通过修改完善立法来填补，解铃还需系铃人，不劳司法去操心。刑法的正当性表现在刑法是“先教后诛”或者说“广而告之”的法律，不是“先斩后奏”或者“秋后算账”的法律。

四是对于刑法中模糊条款或概括性术语的解释，要符合形式逻辑、思维逻辑和实践逻辑，符合人权保障要求。如对于现行刑法中 418 个“其他”概念的解释，就应当坚持正确的解释原则。比如，对于扩充公权力的“其他”规定，要严格限制解释，体现法无授权不可为；对于赋予自然人和其他社会主体的“其他”规定，可以作宽松解释，体现法无授权即可为；对于与明确条款并列的“其他”规定，应当采取相当性的解释原则，即“其他”危害社会的行为，其危害性要与明确规定的危害行为的社会危害性相当。不得把尊重和保障人权的条款解释的很严，而把保障公权力的条款解释的很宽，从而违背刑法谦抑精神。

五是对于事实、证据有疑点的案件，客观事实真相无法查清的案件，穷尽刑事诉讼程序也无法达到事实清楚、证据确实充分的，要依法及时按照疑证从除、疑罪从无、疑案从宽的精神处理。这里的疑证，是指客观性、真实性或合法性存在疑点且无法排除的证据，应当依法排除。要坚决落实刑事诉讼中公诉方的利益归公诉方，被告方的利益归被告方，不确定的利益归被告方的原则要求。这既是有利被告原则的应有之义，也是刑法谦抑精神的基本要求。

六是对于刑法明文规定的危害行为，在处理时要体现严惩极少数、宽容大多数的精神，从严惩处必须有理有据，从宽处理言之有理即可。具体情况是，可诉可不诉的不诉，用足刑事诉讼中的不起诉手段；可判可不判的不判，用足非刑法处理方法，尽量控制犯罪圈；可轻判的尽量轻判，不要重判，以体现用刑节俭刑法宽容；可判主刑可判附加刑的，选择附加刑，以减少被告人服刑之累，节约国家行刑资源；可判法定最高刑期或者最重刑种，也可以不判的，尽量不判最高刑期或最重刑种，以体现严格控制重刑特别是死刑的适用，落实刑事判决经得起法律检验和历史检验的要求。

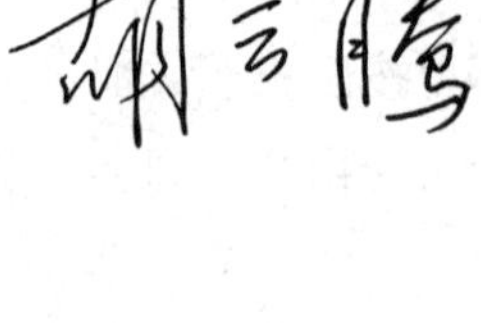

缩略语对照表

序号	全称	简称
1	《最高人民法院关于贯彻宽严相济刑事政策的若干意见》	《宽严相济意见》
2	《最高人民法院关于处理自首和立功若干具体问题的意见》	《自首和立功意见》
3	《最高人民法院、最高人民检察院关于办理职务犯罪案件认定自首、立功等量刑情节若干问题的意见》	《职务犯罪自首、立功意见》
4	《最高人民法院关于处理自首和立功具体应用法律若干问题的解释》	《自首和立功解释》
5	《最高人民法院、最高人民检察院、公安部、司法部关于对判处管制、宣告缓刑的犯罪分子适用禁止令有关问题的规定（试行）》	《适用禁止令规定》
6	《最高人民法院关于审理为境外窃取、刺探、收买、非法提供国家秘密、情报案件具体应用法律若干问题的解释》	《窃取国家秘密解释》
7	《最高人民法院关于审理交通肇事刑事案件具体应用法律若干问题的解释》	《交通肇事解释》
8	《最高人民法院、最高人民检察院、公安部关于办理醉酒驾驶机动车刑事案件适用法律若干问题的意见》	《醉酒驾驶意见》
9	《最高人民法院、最高人民检察院关于办理危害生产安全刑事案件适用法律若干问题的解释》	《生产安全解释》
10	《最高人民法院、最高人民检察院关于办理生产、销售伪劣商品刑事案件具体应用法律若干问题的解释》	《伪劣商品解释》
11	《最高人民法院、最高人民检察院关于办理危害药品安全刑事案件适用法律若干问题的解释》	《药品安全解释》
12	《最高人民法院、最高人民检察院关于办理走私刑事案件适用法律若干问题的解释》	《走私解释》
13	《最高人民法院、最高人民检察院关于办理妨害文物管理等刑事案件适用法律若干问题的解释》	《文物解释》
14	《最高人民法院关于审理破坏野生动物资源刑事案件具体应用法律若干问题的解释》	《野生动物资源解释》
15	《全国人民代表大会常务委员会关于〈中华人民共和国刑法〉第二百二十八条、第三百四十二条、第四百一十条的解释》	《关于刑法第二百二十八条、第三百四十二条、第四百一十条解释》

续表

序号	全称	简称
16	《最高人民法院、最高人民检察院、公安部、司法部关于依法惩治性侵害未成年人犯罪的意见》	《依法惩治性侵害未成年人犯罪意见》
17	《最高人民法院关于常见犯罪的量刑指导意见》	《量刑指导意见（2017）》
18	《最高人民法院、最高人民检察院关于常见犯罪的量刑指导意见（试行）》	《量刑指导意见（试行）》
19	《最高人民法院、最高人民检察院、公安部关于办理走私、非法买卖麻黄碱类复方制剂等刑事案件适用法律若干问题的意见》	《复方制剂意见》
20	《最高人民检察院关于渎职侵权犯罪案件立案标准的规定》	《渎职侵权立案标准》
21	《最高人民法院关于审理抢劫、抢夺刑事案件适用法律若干问题的意见》	《两抢意见》
22	《最高人民法院关于审理拐卖妇女案件适用法律有关问题的解释》	《拐卖妇女解释》
23	《最高人民法院关于审理拐卖妇女儿童犯罪案件具体应用法律若干问题的解释》	《拐卖妇女儿童解释》
24	《最高人民法院、最高人民检察院、公安部、司法部关于依法惩治拐卖妇女儿童犯罪的意见》	《依法惩治拐卖妇女儿童犯罪意见》
25	《最高人民法院、最高人民检察院关于办理利用信息网络实施诽谤等刑事案件适用法律若干问题的解释》	《信息网络诽谤解释》
26	《最高人民检察院关于人民检察院直接受理立案侦查案件立案标准的规定（试行）》	《自侦案件立案标准》
27	《最高人民法院、最高人民检察院关于办理侵犯公民个人信息刑事案件适用法律若干问题的解释》	《侵犯公民个人信息解释》
28	《最高人民法院、最高人民检察院、公安部、司法部关于依法办理家庭暴力犯罪案件的意见》	《家庭暴力意见》
29	《最高人民法院关于审理掩饰、隐瞒犯罪所得、犯罪所得收益刑事案件适用法律若干问题的解释》	《掩饰、隐瞒犯罪所得、犯罪所得收益解释》
30	《全国人民代表大会常务委员会关于〈中华人民共和国刑法〉第三百一十三条的解释》	《刑法三百一十三条解释》
31	《最高人民法院关于审理拒不执行判决、裁定刑事案件适用法律若干问题的解释》	《拒不执行判决、裁定解释》

续表

序号	全称	简称
32	《最高人民法院、最高人民检察院、公安部关于依法严肃查处拒不执行判决、裁定和暴力抗拒法院执行犯罪行为有关问题的通知》	《2007 年“两院一部”通知》
33	《最高人民法院、最高人民检察院关于办理妨害国（边）境管理刑事案件应用法律若干问题的解释》	《妨害国（边）境管理解释》
34	《最高人民法院、最高人民检察院关于办理盗窃刑事案件适用法律若干问题的解释》	《盗窃罪解释》
35	《最高人民法院、最高人民检察院关于办理妨害预防、控制突发传染病疫情等灾害的刑事案件具体应用法律若干问题的解释》	《妨害预防、控制突发传染病疫情解释》
36	《最高人民法院、最高人民检察院关于办理非法采供血液等刑事案件具体应用法律若干问题的解释》	《非法采供血液解释》
37	《最高人民法院关于审理非法行医刑事案件具体应用法律若干问题的解释》	《非法行医解释》
38	《最高人民法院、最高人民检察院关于办理环境污染刑事案件适用法律若干问题的解释》	《环境污染解释》
39	《最高人民法院、最高人民检察院关于办理环境污染刑事案件适用法律若干问题的解释（2013 年）》	《2013 年解释》
40	《关于办理环境污染刑事案件有关问题座谈会纪要》	《环境污染纪要》
41	《最高人民检察院、公安部关于公安机关管辖的刑事案件立案追诉标准的规定（一）》	《追诉标准（一）》
42	《全国人民代表大会常务委员会关于惩治捕杀国家重点保护的珍贵、濒危野生动物犯罪的补充规定》	《补充规定》
43	《林业部关于在野生动物案件中如何确定国家重点保护野生动物及其产品价值标准的通知》	《确定野生动物通知》
44	《最高人民法院关于审理破坏土地资源刑事案件具体应用法律若干问题的解释》	《破坏土地资源解释》
45	《最高人民法院关于审理破坏林地资源刑事案件具体应用法律若干问题的解释》	《破坏林地资源解释》
46	《最高人民法院关于审理破坏草原资源刑事案件应用法律若干问题的解释》	《破坏草原资源解释》

续表

序号	全称	简称
47	《最高人民法院、最高人民检察院关于办理非法采矿、破坏性采矿刑事案件适用法律若干问题的解释》	《非法采矿、破坏性采矿解释》
48	《最高人民法院关于在林木采伐许可证规定的地点以外采伐本单位或者本人所有的森林或者其他林木的行为如何适用法律问题的批复》	《规定地点以外采伐批复》
49	《国家林业局关于规范树木采挖管理有关问题的通知》	《采挖管理通知》
50	《全国部分法院审理毒品犯罪案件工作座谈会纪要》	《审理毒品犯罪纪要》
51	《全国法院毒品犯罪审判工作座谈会纪要》	《毒品犯罪纪要》
52	《办理毒品犯罪案件适用法律若干问题的意见》	《毒品犯罪意见》
53	《最高人民法院、最高人民检察院、公安部关于规范毒品名称表述若干问题的意见》	《规范毒品名称意见》
54	《最高人民法院关于审理毒品犯罪案件适用法律若干问题的解释》	《审理毒品犯罪案件解释》
55	《最高人民法院、最高人民检察院、公安部关于办理制毒物品犯罪案件适用法律若干问题的意见》	《制毒物品意见》
56	《全国人民代表大会常务委员会关于严禁卖淫嫖娼的决定》	《严禁卖淫嫖娼决定》
57	《最高人民法院关于审理组织、强迫、引诱、容留、介绍卖淫刑事案件适用法律若干问题的解释》	《卖淫刑事案件解释》
58	《最高人民法院关于审理非法出版物刑事案件具体应用法律若干问题的解释》	《非法出版物解释》
59	《最高人民法院、最高人民检察院关于办理利用互联网、移动通讯终端、声讯台制作、复制、出版、贩卖、传播淫秽电子信息刑事案件具体应用法律若干问题的解释（一）》	《淫秽电子信息解释（一）》
60	《最高人民法院、最高人民检察院关于办理利用互联网、移动通讯终端、声讯台制作、复制、出版、贩卖、传播淫秽电子信息刑事案件具体应用法律若干问题的解释（二）》	《淫秽电子信息解释（二）》

续表

序号	全称	简称
61	《最高人民法院关于审理危害军事通信刑事案件具体应用法律若干问题的解释》	《危害军事通信解释》
62	《最高人民法院、最高人民检察院关于办理妨害武装部队制式服装、车辆号牌管理秩序等刑事案件具体应用法律若干问题的解释》	《妨害武装部队管理秩序解释》
63	《最高人民法院、最高人民检察院关于办理贪污贿赂刑事案件适用法律若干问题的解释》	《贪污贿赂解释》
64	《全国法院审理经济犯罪案件工作座谈会纪要》	《经济犯罪纪要》
65	《最高人民法院、最高人民检察院关于办理行贿刑事案件具体应用法律若干问题的解释》	《行贿解释》
66	《最高人民法院关于审理挪用公款案件具体应用法律若干问题的解释》	《挪用公款解释》
67	《最高人民法院、最高人民检察院关于办理受贿刑事案件适用法律若干问题的意见》	《受贿意见》
68	《最高人民法院、最高人民检察院关于办理商业贿赂刑事案件适用法律若干问题的意见》	《商业贿赂意见》
69	《最高人民法院、最高人民检察院关于办理渎职刑事案件适用法律若干问题的解释（一）》	《渎职解释》
70	《中纪委、中央政法委、中央组织部等关于加大惩治和预防渎职侵权违法犯罪工作力度的若干意见》	《渎职侵权违法犯罪意见》
71	《关于经行政法规授权以通知形式下发的规范一般纳税人资格的文件是否可以作为行政法规适用的请示》	《纳税人资格请示》
72	《最高人民法院研究室关于违反经行政法规授权制定的规范一般纳税人资格的文件应否认定为“违反法律、行政法规的规定”问题的答复》	《纳税人资格答复》
73	《最高人民法院关于审理抢劫刑事案件适用法律若干问题的指导意见》	《抢劫意见》
74	《最高人民法院关于审理抢劫案件具体应用法律若干问题的解释》	《抢劫解释》
75	《最高人民法院关于抢劫过程中故意杀人案件如何定罪问题的批复》	《抢劫中故意杀人定罪批复》

续表

序号	全称	简称
76	《最高人民法院、最高人民检察院关于办理诈骗刑事案件具体应用法律若干问题的解释》	《诈骗罪解释》
77	《最高人民法院、最高人民检察院关于办理危害计算机信息系统安全刑事案件应用法律若干问题的解释》	《危害计算机信息系统安全解释》
78	《最高人民法院、最高人民检察院关于办理与盗窃、抢劫、诈骗、抢夺机动车相关刑事案件具体应用法律若干问题的解释》	《盗窃、抢劫、诈骗、抢夺机动车解释》
79	《最高人民法院关于审理未成年人刑事案件具体应用法律若干问题的解释》	《未成年人犯罪解释》
80	《最高人民法院关于审理贪污、职务侵占案件如何认定共同犯罪几个问题的解释》	《贪污、职务侵占案件解释》
81	《最高人民法院关于审理单位犯罪案件具体应用法律有关问题的解释》	《单位犯罪案件解释》
82	《最高人民法院关于审理单位犯罪案件对其直接负责的主管人员和其他直接责任人员是否区分主犯、从犯问题的批复》	《区分主犯、从犯批复》
83	《全国法院审理金融犯罪案件工作座谈会纪要》	《金融案件纪要》
84	《最高人民法院关于死刑缓期执行限制减刑案件审理程序若干问题的规定》	《限制减刑规定》
85	《最高人民法院关于复核死刑案件若干问题的规定》	《复核死刑案件规定》
86	《最高人民法院关于审理抢夺刑事案件具体应用法律若干问题的解释》	《抢夺案件解释》
87	《最高人民法院关于适用财产刑若干问题的规定》	《财产刑规定》
88	《最高人民法院关于审理偷税抗税刑事案件具体应用法律若干问题的解释》	《偷税解释》
89	《最高人民检察院、公安部关于公安机关管辖的刑事案件立案追诉标准的规定（二）》	《追诉标准（二）》
90	《最高人民法院关于被告人对行为性质的辩解是否影响自首成立问题的批复》	《行为辩解批复》
91	《最高人民法院、最高人民检察院关于办理妨害信用卡管理刑事案件具体应用法律若干问题的解释（2018 修正）》	《信用卡司法解释》

续表

序号	全称	简称
92	《最高人民法院关于审理洗钱等刑事案件具体应用法律若干问题的解释》	《洗钱司法解释》
93	《最高人民法院、最高人民检察院关于办理侵犯知识产权刑事案件具体应用法律若干问题的解释》	《知识产权解释》
94	《最高人民法院、最高人民检察院关于办理侵犯知识产权刑事案件具体应用法律若干问题的解释（二）》	《知识产权解释（二）》
95	《最高人民法院、最高人民检察院关于办理侵犯知识产权刑事案件具体应用法律若干问题的解释（三）》	《知识产权解释（三）》
96	《最高人民法院、最高人民检察院、公安部关于办理侵犯知识产权刑事案件适用法律若干问题的意见》	《知识产权意见》
97	《最高人民法院关于审理抢夺刑事案件具体应用法律若干问题的解释》	《2002 年抢夺解释》
98	《最高人民法院、最高人民检察院关于办理抢夺刑事案件适用法律若干问题的解释》	《抢夺解释》
99	《最高人民法院、最高人民检察院、公安部关于办理电信网络诈骗等刑事案件适用法律若干问题的意见》	《电信网络诈骗意见》
100	《最高人民法院、最高人民检察院关于办理敲诈勒索刑事案件适用法律若干问题的解释》	《敲诈勒索解释》
101	《最高人民法院关于审理扰乱电信市场管理秩序案件具体应用法律若干问题的解释》	《扰乱电信市场管理秩序解释》
102	《最高人民法院关于对受委托管理、经营国有财产人员挪用国有资金行为如何定罪问题的批复》	《受委托管理、经营国有财产人员挪用国有资金批复》
103	《最高人民法院关于审理拒不支付劳动报酬刑事案件适用法律若干问题的解释》	《拒不支付劳动报酬解释》
104	《最高人民法院、最高人民检察院关于办理组织考试作弊等刑事案件适用法律若干问题的解释》	《组织考试作弊解释》
105	《全国人民代表大会常务委员会关于维护互联网安全的决定》	《互联网安全决定》
106	《最高人民法院、最高人民检察院关于办理非法利用信息网络、帮助信息网络犯罪活动等刑事案件适用法律若干问题的解释》	《非法利用信息网络、帮助信息网络犯罪活动解释》

续表

序号	全称	简称
107	《最高人民法院、最高人民检察院关于办理扰乱无线电通讯管理秩序等刑事案件适用法律若干问题的解释》	《无线电解释》
108	《最高人民法院、最高人民检察院、公安部、司法部、国家卫生和计划生育委员会关于依法惩处涉医违法犯罪维护正常医疗秩序的意见》	《涉医违法犯罪意见》
109	《最高人民法院关于审理编造、故意传播虚假恐怖信息刑事案件适用法律若干问题的解释》	《编造、故意传播虚假恐怖信息解释》
110	《最高人民法院、最高人民检察院关于办理寻衅滋事刑事案件适用法律若干问题的解释》	《寻衅滋事解释》
111	《最高人民法院关于审理黑社会性质组织犯罪的案件具体应用法律若干问题的解释》	《黑社会性质组织解释》
112	《最高人民法院、最高人民检察院、公安部关于办理黑社会性质组织犯罪案件座谈会纪要》	《黑社会性质组织纪要》
113	《最高人民法院、最高人民检察院、公安部、司法部关于办理黑社会性质组织犯罪案件若干问题的规定》	《黑社会性质组织规定》
114	《最高人民法院全国部分法院审理黑社会性质组织犯罪案件工作座谈会纪要》	《法院审理黑社会性质组织纪要》
115	《最高人民法院、最高人民检察院、公安部、司法部关于办理恶势力刑事案件若干问题的意见》	《恶势力意见》
116	《最高人民法院、最高人民检察院关于办理赌博刑事案件具体应用法律若干问题的解释》	《赌博解释》
117	《最高人民法院、最高人民检察院、公安部关于办理网络赌博犯罪案件适用法律若干问题的意见》	《网络赌博意见》
118	《最高人民法院、最高人民检察院、公安部关于办理利用赌博机开设赌场案件适用法律若干问题的意见》	《赌博机意见》
119	《最高人民法院、最高人民检察院关于办理虚假诉讼刑事案件适用法律若干问题的解释》	《虚假诉讼解释》
120	《最高人民法院关于审理非法集资刑事案件具体应用法律若干问题的解释》	《非法集资解释》

总 目 录

·第一卷·

刑法总则

·第二卷·

刑法分则

·第三卷·

·第四卷·

·第五卷·

·第六卷·

目　　录

（第一卷）

刑法总则

（第二卷）

刑法分则

（第三卷）

（第四卷）

(第五卷)

（第六卷）

刑法总则

XINGFA ZONGZE

第一章　刑法的任务、基本原则和适用范围

一、刑法的立法宗旨与任务

（一）刑法规定

第一条　为了惩罚犯罪，保护人民，根据宪法，结合我国同犯罪作斗争的具体经验及实际情况，制定本法。

第二条　中华人民共和国刑法的任务，是用刑罚同一切犯罪行为作斗争，以保卫国家安全，保卫人民民主专政的政权和社会主义制度，保护国有财产和劳动群众集体所有的财产，保护公民私人所有的财产，保护公民的人身权利、民主权利和其他权利，维护社会秩序、经济秩序，保障社会主义建设事业的顺利进行。

（二）疑难、复杂问题的参考性解答

刑法总则的规定能否适用于刑法分则？

本书观点：刑法总则的规定能够而且应该适用于刑法分则。

首先，刑法总则的规定适用于刑法分则，对刑法分则起指导作用，尤其是在分则规定模糊、不周延或者因为经济社会发展而出现滞后的情况下，需要对分则条文进行解释时，应遵照刑法总则的规定尤其是总则中的刑法的基本原则进行解释。但是，如果分则有特殊规定，根据特别法优于一般法的原则，则按该特殊规定执行。例如，根据《刑法》第六十七条第三款的规定，犯罪嫌疑人虽不具有自首情节，但是如实供述自己罪行的，可以从轻处罚，因其如实供述自己罪行，避免特别严重后果发生的，可以减轻处罚。而根据《刑法》第三百八十三条的规定，犯贪污罪，在提起公诉前如实供述自己罪行、真诚悔罪、积极退赃，避免、减少损害结果的发生，可以从轻、减轻或

者免除处罚。相比于刑法总则，刑法分则相应条款增加了免除处罚的规定，具体适用时，应按刑法分则规定量刑。

其次，刑法总则的内容对于其他包含犯罪和刑罚内容的法律也适用，在适用其他法律规定定罪处罚时，应遵循刑法总则的规定。但是，如果其他包含犯罪和刑罚内容的法律对于刑法总则规定的有关问题又作出了特殊规定，根据特别法优于一般法的原则，应依照该法律的特别规定执行。

二、刑法的基本原则

（一）刑法规定

第三条 法律明文规定为犯罪行为的，依照法律定罪处刑；法律没有明文规定为犯罪行为的，不得定罪处刑。

第四条 对任何人犯罪，在适用法律上一律平等。不允许任何人有超越法律的特权。

第五条 刑罚的轻重，应当与犯罪分子所犯罪行和承担的刑事责任相适应。

（二）疑难、复杂问题的参考性解答

1. 如何正确理解罪刑法定原则？

本书观点：（1）罪刑法定原则的含义

罪刑法定原则包括以下几层含义：

①国家最高权力机关制定的刑事法律是定罪处刑的唯一法律依据

刑法没有规定的犯罪行为，不得根据党的方针、政策、决议、命令、指示定罪处刑，也不得根据任何党政机关或其领导的决定、指示或命令定罪处刑，任何机关或个人都不得违反刑法的规定，以任何形式规定什么行为是犯罪和应处何种刑罚。也不得违反刑法的规定，以言代法、以权压法、任意定人于罪。

②禁止制定违宪的或违背刑法基本原则的刑事法律

根据宪法的规定，全国人民代表大会制定的刑事法律不得与宪法相抵触，全国人大常委会对全国人民代表大会制定的刑事法律进行部分补充和修改，既不得与宪法相抵触，也不得与该法律的基本原则相抵触。违宪或违反刑法

基本原则的刑事法律，不得作为定罪处刑的法律依据。因为这样的刑事法律自身就是国家刑罚权的滥用和对人权的侵犯，违背了罪刑法定原则的基本精神。因此，禁止制定违宪的或违背刑法基本原则的刑事法律，是罪刑法定原则的应有之义。

③刑法不得类推解释和类推适用

类推解释是超出刑法条文原来普通语言意思的界限，运用类推的方法作出的解释。类推解释是把刑法条文本身不具有的含义强加于该条文，使它能适用于刑法没有规定的犯罪的行为。类推解释的本质是假解释之名行创制新的刑法规范之实。这就从根本上违背了罪刑法定的原则，理应禁止。罪刑法定原则不仅要禁止司法机关的类推解释，也要禁止立法机关的类推解释。

刑法的类推适用与类推解释略有不同，它是就法律没有规定的行为，比附援引与其性质相类似的刑法条文，适用于该行为，将其定罪处刑。我国1979年刑法规定的类推制度，就是一种允许类推适用刑法的制度。类推适用刑法的本质也是把法律没有规定的行为作为犯罪定罪处刑。但是它每次适用都只能及于某一具体行为，不具有普遍意义。而刑法经过类推解释后则具有普遍意义，可以普遍适用于任何同一性质的行为。两者相比，刑法的类推解释比刑法的类推适用危害更大。因此，废除类推制度，更要禁止一切形式的类推解释。

④法不得溯及既往，即禁止事后法

罪刑法定原则要求，国家要把某一行为作为犯罪加以惩罚，必须在行为实施前就以法律明文规定为犯罪，使人们根据法律来规范自己的行为，避免触犯刑律。这是公平正义的要求，也是保障人权的要求。

众所周知，自由是最基本的人权之一。自由要由法律来规范和保证。在一个法治国家，自由意味着公民有实行法律未禁止的行为的自由。如果公民在实施未被法律禁止的行为之后国家又制定法律把这些行为宣布为应受惩罚的犯罪行为，并据此对他实施惩罚，这就意味着惩罚公民自由权的行使。从这个意义来说，事后法是惩罚无辜，因为行为人在实施行为时并无犯罪意图，也没有触犯刑法，惩罚他是不公正的、非正义的，也是侵犯人权的，事后法的最大危险就在于此。对此，《刑法》第十二条作了明确的规定。它采取的是从旧兼从轻的原则，即刑法原则上没有溯及力，但新法不认为是犯罪或者处刑较轻的，则具有溯及既往的效力。

⑤刑法禁止不定期刑

罪刑法定原则要求严格依照法律定罪处刑，不定期刑违背了这个要求，当然要禁止。刑法不仅要禁止绝对不定期刑，也要禁止相对不定期刑。

⑥刑法关于犯罪、刑罚及其相互关系的规定应当力求明确具体

含混不清的规定不仅容易产生歧义，不利于在实践中理解和执行，而且还为刑罚权的滥用创造了条件，不利于人权的保障。

（2）罪刑法定原则的具体体现

①罪之法定。罪之法定是刑之法定的前提，也是罪刑法定原则的根本要求之一。“罪之法定”是罪刑法定原则的重要内容。它要求刑法对犯罪概念和犯罪构成要件的规定，必须明确化，具有明确性。刑法规定，一个人只有在故意或过失实施某种危害社会的行为时，才构成犯罪和负刑事责任。第一，对犯罪概念的规定，《刑法》第十三条对犯罪定义作了完整、科学的规定。这一法定概念从根本上回答了什么行为是犯罪以及为什么这些行为是犯罪的问题，为划分罪与非罪的界限确定了原则性的标准。第二，对犯罪构成要件的规定。刑法对犯罪构成的要件作了明确规定：《刑法》第十四条规定了故意犯罪，第十五条规定了过失犯罪，第十六条是对意外事件和不可抗力的规定，第十七条、第十八条是对刑事责任能力的规定，等等。在刑法分则的条文中，对各种犯罪构成的具体要件都作了明文规定，标明了成立犯罪的具体条件，为司法实践的定罪工作，划分罪与非罪、此罪与彼罪、一罪与数罪以及犯罪预备、未遂、中止和既遂的界限，提供了法律标准，为追究犯罪分子的刑事责任提供了法律根据，为无罪的人不受刑事追究提供了法律保障。严格按照刑法规定，全面分析犯罪构成的一般要件和具体要件，充分体现了社会主义法制原则，是罪刑法定原则得以贯彻执行的保证。

②罪名法定。罪名，即犯罪的名称，是对某种具体犯罪的本质特征的高度概括。一般地说，罪名具有两个重要的功能，一是信息功能，即它揭示了某种犯罪的主要特征；二是识别功能，人们通过罪名一看便知，行为人所犯何罪，并且通过罪名，区分此罪与彼罪的界限。刑法分则一般是规定罪状，而不明确地列出罪名。在确定罪名时，需要对罪状所述的犯罪构成要件进行概括、归纳、推理。实际上，我国对罪名规定的基本方法，是以司法机关规定的方式为主，以立法机关规定的方式为辅的混合结构。《最高人民法院关于执行〈中华人民共和国刑法〉确定罪名的规定》及《最高人民法院、最高人

民检察院关于执行〈中华人民共和国刑法〉确定罪名的补充规定》（二）、（三）、（四）、（五）、（六）、（七），成为司法实践认定罪名的基础和主要根据。

③刑之法定。只做到罪之法定，没有刑之法定，仍不可能有效地保障公民的合法权益。因此，刑之法定也是罪刑法定原则的重要内容之一。刑法中的刑之法定主要表现为：一是对刑罚种类的规定。根据刑法的规定，刑罚分为主刑和附加刑。主刑包括管制、拘役、有期徒刑、无期徒刑和死刑；附加刑包括罚金、剥夺政治权利、没收财产等。二是对量刑原则的规定。《刑法》第六十一条规定："对犯罪分子决定刑罚的时候，应当根据犯罪的事实、犯罪的性质、情节和对于社会的危害程度，依照本法的有关规定判处。"此外，还对量刑的具体原则作了规定，例如防卫过当的量刑原则，未成年人犯罪的量刑原则等。三是明确规定了各种犯罪的法定刑，为司法机关正确量刑提供了具体的标准。

④司法解释之法定。由于刑法条文具有一定的抽象性，而现实生活是千姿百态的，为了使抽象的法条适用于具体的案件，就需要对刑法规范进行解释；同时，刑法条文具有一定的稳定性，而现实生活总是不断发展的，为了使司法活动能够跟上客观情况的变化，亦须在法条内容许可的范围内，对某些条文作出具体解释，以求最大限度地揭示和反映立法的宗旨和本意。这就要求我们在坚持罪刑法定原则的前提下，进行正确的刑事司法解释，真正做到依法办事。

正确进行刑事司法解释要确立刑事司法解释的理论标准。对此，我们认为宜采取综合解释论，对公布施行的刑法条款，就法条的实体内容，进行理论解释，使之既符合立法时立法者的意思，又符合适用法条时的法律意思。应明确司法解释当遵循的原则。首先是要恪守解释权限，即行使司法解释权的主体只能是国家立法机关明确规定的相当一级国家司法机关，如最高人民法院、最高人民检察院。其次是司法解释必须符合立法宗旨，即要求司法解释在不变更已有立法内容和符合立法原则的基础上，能够最大限度地体现和表达刑事立法的基本思想和宗旨。它只能是使已有的刑法规范内容更趋具体和明确，不能背离法律的宗旨或超越法律的规定去修改、变更其确定的内容。

⑤定罪之法定。《刑法》第三条规定："法律明文规定为犯罪行为的，依照法律定罪处刑……"这就是说，对于一切犯罪行为，都要严格地运用刑法

加以惩罚，做到有法必依，执行必严，违法必究。其基本精神是严肃执法，惩罚犯罪，保护人民。这就要求：第一，法律明文规定为犯罪时，要依法追究其刑事责任，任何机关或个人，不得违反刑法的规定，任意认定无罪，放纵罪犯。第二，对犯罪分子定罪和处刑，都必须严格遵守刑法的规定，该定什么罪就定什么罪，该判处什么样的刑罚就判处什么样的刑罚，不得违反刑法的规定，重罪定为轻罪，轻罪定为重罪或者重罪轻判，轻罪重判。

2. 如何正确理解刑法规定的法律面前人人平等原则?

本书观点：（1）法律面前人人平等原则的意义

公民在法律面前一律平等原则的基本精神是强调法律要平等地适用于一切公民，反对特权，反对歧视。具体来说，它包括以下三个含义：一是，一切公民都受法律的平等保护；二是，一切公民触犯法律都要受到法律的平等处罚；二是，任何公民都不得有超越法律之上的特权，也不得受到任何歧视。

（2）法律面前人人平等原则的内涵

法律面前人人平等，是社会主义法治的一项重要原则，也是刑法的基本原则。法律面前人人平等原则，是指适用法律上的平等，即司法平等，并不包括立法平等。立法上是否平等，并不影响司法上即在适用法律上一律平等。它是指对任何人，只要他没有违反本法，构成犯罪，就应当受到刑法平等地保护；只要他违反本法，构成犯罪，就应当平等地适用刑法，依法追究其刑事责任，而不允许任何人有超越法律上的特权。具体而言，是指对于一切犯罪行为，不论犯罪人的社会地位、家庭出身、职权大小、财产状况、政治面貌、才能业绩等，都一律平等地适用刑法。

平等意味着既反对特权，又反对歧视，首先是反对特权。一是，任何人实施了犯罪行为触犯了刑律，都要严格依法追究其刑事责任，不允许任何人有超越法律上的特权，有罪不罚或重罪轻罚，或者在执行刑罚时予以不应有的优厚待遇。即使富可敌国、高至党和国家的最高领导人，也不例外。二是，要反对歧视。所谓歧视，一方面表现为对某个或某一部分公民的合法利益不平等的保护，对侵害其利益的罪犯不予惩处或惩处不力；另一方面表现为对某个或某一部分公民，不予平等地惩处，使其受到不公正的惩罚或待遇，无罪判刑，轻罪重刑或者在执行刑罚时非法剥夺他应享有的权利。刑法的适用不允许歧视任何人。

刑事司法中贯彻区别对待的原则与法律面前人人平等原则并不对立。根据犯罪分子不同情况，严格按照刑法的规定，实行区别对待，给予不同的惩罚，例如，主犯从严，从犯从宽；累犯从严，自首立功从宽；国家工作人员犯罪从严，青少年犯罪从宽等，这正是严格执法，贯彻了法律面前人人平等的原则。

3. **如何正确理解罪刑相适应原则？**

本书观点：罪刑相适应，也就是罪刑相当或罪刑均衡，其基本含义是指刑罚的轻重应当与犯罪的轻重相适应。

（1）罪刑相适应原则的内涵

我国刑法的罪刑相适应原则，是指对犯罪分子量刑时，应根据其所犯罪行和承担的刑事责任大小决定判处刑罚的轻重。具体而言，是指与所承担的刑事责任相适应，重罪规定重刑，重判；轻罪规定轻刑，轻判；情节显著轻微危害不大的，不认为是犯罪，不得惩罚；此外，各法律条文之间对罪刑的规定也要统一平衡。罪刑相适应的基本要求就是刑罚与犯罪之间应当保持内在的、对应的均衡关系。具体包括：有罪当罚，无罪不罚；轻罪轻罚，重罪重罚；一罪一罚，数罪并罚；同罪同罚，罪罚适应；刑罚的性质与犯罪的性质相适应。

第一，刑罚轻重，应当与犯罪分子所犯罪行相适应。

第二，刑罚轻重，应当与犯罪分子承担的刑事责任相适应。

（2）罪刑相适应原则的适用

第一，罪刑相适应原则在刑法总则中的体现主要是：①刑法确定了一个科学的刑罚体系，这就为实现罪刑相适应原则奠定了基础。②刑法总则规定刑事责任年龄和刑事责任能力，从而明确了承担刑事责任的前提条件。③刑法总则根据各种犯罪形态的社会危害性不同规定了轻重不同的处罚原则。④刑法总则还根据犯罪人的主观恶性程度规定了一系列的刑罚制度。

第二，罪刑相适应原则在刑法分则中的体现主要是：①罪刑相适应原则是建立刑法分则体系的根据。②罪刑相适应原则是确定法定刑幅度的根据。

三、属地管辖权

（一）刑法规定

第六条　凡在中华人民共和国领域内犯罪的，除法律有特别规定的以外，都适用本法。

凡在中华人民共和国船舶或者航空器内犯罪的，也适用本法。

犯罪的行为或者结果有一项发生在中华人民共和国领域内的，就认为是在中华人民共和国领域内犯罪。

（二）典型或常见问题的审理思路

外国人在我国境内对外国人犯罪，我国人民法院能否行使刑事管辖权？①

本书观点：外国人在我国境内对外国人犯罪，我国法院具有刑事管辖权。

这里有两个问题：一是外国人（包括无国籍人）在我国境内犯罪，能否适用我国刑法定罪量刑？二是外国人对外国人犯罪，我国人民法院能否行使刑事管辖权？根据我国《刑法》第六条第一款的规定，外国人在我国领域内犯罪（除享有外交特权和豁免权通过外交途径解决外），适用我国刑法，我国人民法院有权管辖。这是属地管辖权，体现了我国国家主权原则。

对外国人能否适用附加剥夺政治权利的问题。依照我国《刑法》第五十七条第一款、第五十六条第一款的规定及有关司法解释，对于被判处死刑、无期徒刑、危害国家安全的犯罪分子，应当附加剥夺政治权利；对于严重破坏社会秩序的犯罪分子，可以附加剥夺政治权利。从审判实践的情况看，被判处十年以上刑罚的犯罪分子，一般都被列为可供选择的附加剥夺政治权利的适用对象。但对于外国人是否附加剥夺政治权利，法律上没有明确规定。理论和实践上，大家都认为，我国刑法所列举的政治权利是我国宪法赋予我国公民的权利，外国人不享有这些权利，当然也就不存在对他们剥夺政治权利的问题。因此，人民法院在对外国人判处刑罚时，不适用剥夺政治权利。

对于犯罪的外国人是否附加驱逐出境的问题。我国《刑法》第三十五条规定，对于犯罪的外国人，可以独立适用或者附加适用驱逐出境。但什么条件下独立适用，什么条件下附加适用，什么条件下可以不附加适用，刑法没有明确规定。那么在具体适用驱逐出境时要具体案件具体分析，既要考虑行为人犯罪的性质、情节、后果，也要考虑国家间的关系和国家斗争的需要。一般情况，对于犯有危害国家安全、严重危害社会治安等严重犯罪的外国人，应当附加驱逐出境；而对犯罪行为较轻且在我国境内有企业、财产，刑满后

---

① 观点来源：广东省揭阳市中级人民法院（2000）揭中法刑一初字第32号。

需要继续留驻我国的外国人，可以不附加驱逐出境。这对行为人既是一种刑罚的处罚，又可以防止他们在我国境内重新犯罪。

（三）疑难、复杂问题的参考性解答

如何正确理解属地管辖的内涵？

本书观点：（1）凡在我国领域内犯罪，除法律另有规定的以外，适用我国刑法

《刑法》第六条第一款规定："凡在中华人民共和国领域内犯罪的，除法律有特别规定的以外，都适用本法。"这表明了我国刑法的属地原则，即不管行为人是我国公民还是外国人，只要在我国领域内犯罪，都适用我国刑法。

我国"领域"，是指我国国境以内的全部区域，具体包括：①领陆，即国境线内的陆地。《领海及毗连区法》第二条第二款规定，中华人民共和国的陆地领土包括中华人民共和国大陆及其沿海岛屿，台湾及其包括钓鱼岛在内的附属各岛，澎湖列岛、东沙群岛、西沙群岛、中沙群岛、南沙群岛以及其他一切属于中华人民共和国的岛屿。②领水，即内水（内河、内湖、内海以及同外国之间界水的一部分，这一部分通常以河流中心线为界，如果是可通航的河道，则以主航道中心线为界）和领海及其以下的地层。《领海及毗连区法》第三条第一款规定，中华人民共和国领海的宽度从领海基线起为12海里；第四条规定，中华人民共和国毗连区为领海以外邻接领海的一带领域，毗连区的宽度为12海里。③领空，即领陆、领水之上的空间，它只及于空气空间，不包括外层空间。

根据国际条约和惯例，以下部分属于我国领土的延伸，适用刑法：

①我国的船舶或者航空器。《刑法》第六条第二款规定："凡在中华人民共和国船舶或者航空器内犯罪的，也适用本法。"这里所说的船舶、航空器，既可以是民用的，也可以是军用的；既可以是航行途中，也可以是停泊状态；既可以是航行或停泊于我国领域内，也可以是航行或停泊于外国领域内或公海及公海上空。这些船舶或者航空器，必须在我国登记注册，悬挂我国国旗、国徽或军徽等标志。

②我国驻外使领馆内。根据我国承认的《维也纳外交关系公约》的规定，我国驻外使领馆视同我国领域内，在其内发生的任何犯罪都适用我国刑法。

所谓"法律有特别规定"主要是指：

①《刑法》第十一条规定："享有外交特权和豁免权的外国人的刑事责任，通过外交途径解决。"

所谓外交特权和豁免权，是指根据国际公约，在国家间互惠的基础上，为保证驻本国的外交代表机构及其工作人员正常执行职务而给予的一种特殊权利和优惠。根据《维也纳外交关系公约》和我国《外交特权与豁免条例》，外国使馆和外国代表不受我国刑事管辖，通过外交途径解决。例如，要求派遣国召回，宣布其为不受欢迎的人，限期离境等。

②对少数民族地区的特别规定。

根据宪法规定精神，《刑法》第九十条规定，民族自治地方不能全部适用本法规定的，可以由自治区或者省的人民代表大会根据当地民族的政治、经济、文化的特点和刑法规定的基本原则，制定变通或者补充的规定，报请全国人大常委会批准施行。

③我国缔结或者参加的国际条约中有关刑事法律的特别规定。

根据《刑法》第九条的规定，对于我国缔结或者参加的国际条约所规定的罪行，人民法院在审理案件时，应先适用我国刑法的有关规定。

④《宪法》第三十一条关于设立特别行政区的规定。

如根据《香港特别行政区基本法》第十八条规定："……全国性法律除列于本法附件三者外，不在香港特别行政区实施……"澳门也是如此。《刑法》不在附件三所列法律之中。但当全国人民代表大会常务委员会决定宣布战争状态或因在香港或澳门特别行政区内发生香港或澳门特别行政区政府不能控制的危及国家统一或安全的动乱而决定香港或澳门特别行政区进入紧急状态时，刑法将适用于香港或澳门特别行政区。

（2）在我国船舶或者航空器内犯罪的，也适用我国刑法

《刑法》第六条第二款规定："凡在中华人民共和国船舶或者航空器内犯罪的，也适用本法。"这里所说的船舶或者航空器，既可以是军用的，也可以是民用的。按各国通例，凡航行或飞行在公海或其上空，或者停泊在外国港口或外国机场的悬挂我国国旗、国徽或者军徽标志的船舶、航空器，是我国的"流动领土"。因此，在这些船舶、航空器内犯罪的，依照我国《刑法》第六条第三款的规定，我国有权处理。

（3）在我国驻外使、领馆内犯罪的，适用我国刑法

我国驻外国的大使馆或公使馆、总领事馆、领事馆是我国派驻另一国的

外交代表机构。按照我国承认的《维也纳外交关系公约》的规定，各国驻外大使馆、领事馆及其外交人员不受驻在国的司法管辖而受本国的司法管辖。因此，在我国驻外大使馆、领事馆内犯罪的，也应适用我国刑法。

（4）明确犯罪地的认定标准

《刑法》第六条第三款规定，犯罪的行为或者结果有一项发生在我国领域内的，就认为是在我国领域内犯罪。在通常的情况下，犯罪行为和结果发生在同一个地方。但是，在某些条件下，犯罪行为实施地和结果发生地也会脱离，出现跨国跨地区犯罪的现象。

确认在我国领域内犯罪的，有三种情况：

①犯罪行为与结果都发生在我国领域以内。

②犯罪行为在我国领域内实施，而结果发生在我国领域以外，例如，犯罪分子将投入毒物的食品包裹从国内邮往国外，在国外发生危害结果的。

③犯罪行为在我国领域以外实施，而结果发生在我国领域以内，例如，犯罪分子在我国国境线外开枪，造成我境内人员伤亡的。

上述三种情况，依照本条第三款的规定，都适用我国刑法。

四、属人管辖权

（一）刑法规定

第七条 中华人民共和国公民在中华人民共和国领域外犯本法规定之罪的，适用本法，但是按本法规定的最高刑为三年以下有期徒刑的，可以不予追究。

中华人民共和国国家工作人员和军人在中华人民共和国领域外犯本法规定之罪的，适用本法。

（二）典型或常见问题的审理思路

1. 我国公民在我国领域外犯罪如何适用我国法律追究刑事责任？[①]

本书观点：（1）被告人在我国领域外犯最高法定刑为三年以下有期徒刑之罪的，我国是否有刑事管辖权？我国对于刑事管辖权采用的是折中原则，

---

① 观点来源：《中国刑事审判指导案例（妨害社会管理秩序罪）》，法律出版社 2009 年版，第 7－9页，陈某贵聚众扰乱社会秩序案。

即以属地原则为基础，以属人原则、保护原则和普遍管辖原则为补充。其中，依照属人原则，对我国公民在我国领域外犯罪的情况，亦作了我国有司法管辖权，但有所限制的规定。根据《刑法》第七条第一款的规定，中华人民共和国公民在中华人民共和国领域外犯本法规定之罪的，适用本法，但是按本法规定的最高刑为三年以下有期徒刑的，可以不予追究。这里的可以不予追究，并不是一律不予追究。根据案件的具体情况，被告人的犯罪行为，情节、后果严重的，仍应依法追究其刑事责任。

（2）我国公民在我国领域外犯罪，依照我国刑法追究被告人刑事责任的，如何确定审判管辖？我国公民在我国领域外犯我国刑法规定之罪，应依照我国刑法追究被告人刑事责任的刑事案件，虽然不属于涉外刑事案件，但在审判管辖上，与发生在我国领域内的刑事案件有一定的区别，即不能依照“由犯罪地的法院管辖”的原则，确定地域管辖。此类案件如何确定地域管辖，刑事诉讼法没有明确规定，但《最高人民法院关于适用〈中华人民共和国刑事诉讼法〉的解释》第十条规定，中国公民在中华人民共和国领域外的犯罪，由其登陆地、入境地、离境前居住地或者现居住地的人民法院管辖；被害人是中国公民的，也可以由被害人离境前居住地或者现居住地的人民法院管辖。

2. **具有中国国籍同时又持有外国护照的被告人的国籍如何认定？**[①]

本书观点：根据国际惯例，对于自然人国籍的积极冲突（即包括双重国籍），原始国籍政府对国籍问题有优先管辖权。袁某钢的原始国籍是中国籍，因此，我国首先有权依据我国法律来确认被告人是否具有中国国籍或者是否已丧失中国国籍。根据《国籍法》第九条的规定：“定居外国的中国公民，自愿加入或取得外国国籍的，即自动丧失中国国籍。”也就是说，自动丧失中国国籍必须同时具备两个条件：一是中国公民定居外国；二是自愿加入或取得外国国籍。在被告人未根据我国国籍法的规定办理退出中国国籍的申请并获有关部门批准以前，其仍具有中国国籍。根据我国《国籍法》第三条的规定，我国政府不承认中国公民具有双重国籍。因此，在已依法确定被告人具有中国国籍后，我国政府不承认其具有其他国家国籍。《国籍法》第十五条、第十六条规定：“受理国籍申请的机关，在国内为当地市、县公安局”，“加入、退

① 观点来源：《中国刑事审判指导案例（妨害社会管理秩序罪）》，法律出版社2009年版，第115－117页，袁某钢、包某敏骗取出境证件案。

出和恢复中国国籍的申请，由中华人民共和国公安部审批”。因此，人民法院在审查被告人身份时，对被告人是否具有或者是否丧失中国国籍，依法应以我公安部门确定的为准。人民法院应以此作为认定被告人身份的依据。

（三）疑难、复杂问题的参考性解答

如何正确理解我国刑法对人的效力？

本书观点： 刑法对人的效力，指一国的刑法适用于哪些人。其中包括对本国公民和对外国人的效力。本条规定的即是刑法对我国公民的效力。刑法对本国公民在本国境内与境外的适用程度通常有一些区别。（1）本国境内的本国公民完全适用本国刑法，这是现代世界各国刑事立法的通例。（2）在本国境外的本国公民犯罪是否完全适用本国刑法，各国法律规定不同：一是无限制地适用本国刑法，而不管所在国的法律如何规定；二是有限制地适用本国刑法，即仅在本国刑法规定的罪种的范围内或刑罚的范围内，适用本国刑法。

中国公民是指已取得中华人民共和国国籍的公民。已经取得我国国籍的外国血统的人，也是我国公民，但外籍华人不是我国公民。凡是中国公民，无论居住在国内还是侨居在国外，只要具有中国国籍，都应受到中国法律的保护。与此相适应，他们也有义务遵守中国的法律，这就是权利和义务的统一。所以，中国公民即使在我国领域外犯罪，也不能说一概不受我国法律的制裁。但是，考虑到各国社会制度各异，法律规定不同，会产生事实上的刑事法律冲突。因此，本着维护我国主权同时尊重他国主权的原则，刑法对我国公民在我国领域外的犯罪，不是一概都管辖，而是有选择、有重点地管辖。行为人生活在外国，他们在外国犯了罪，如果我们不加区别地一律追究，也是不合适的。一方面，他们生活在外国，犯罪又发生在外国，如果我们管得太多、太宽，开展调查、收集证据的工作，事实上是很难进行的。另一方面，由于行为人长期生活在外国，他们所受的教育与国内不同，对我国的法律不熟悉或者根本不了解，有些在我国被认为是犯罪的，在所在国可能不被认为是犯罪。因此，凡是刑法认为是犯罪的，就一概不加区别地予以追究，也是不合适的。但如果一概不管，又违反权利与义务的统一，也不利于保护我们国家和公民的利益。

考虑到以上情况，刑法对我国公民在我国领域外犯罪的，根据犯罪的不

同情况，分别采取两种不同的标准，来决定是否适用刑法：

（1）中华人民共和国公民在中华人民共和国领域外犯我国刑法规定之罪的，适用我国刑法；

（2）按我国刑法规定的最高刑为三年以下有期徒刑的，可以不予追究。

在此必须明确，我国公民在我国领域外犯罪，适用刑法的必须是实施我国法律所规定的犯罪，认定罪与非罪是依据我国刑法的规定，而不是依据其他任何国家的法律规定。另外必须明确的是，依照刑法规定，最高刑为三年以上有期徒刑的，才予以追究。对于按刑法规定最高刑为三年以下有期徒刑的，可以不予追究，即不适用刑法。“最高刑”，是指依所犯罪行的轻重，分别适用刑法规定的不同条款或相应的量刑幅度的法定最高刑。这体现了刑法的属人原则。由于地域管辖的范围有一定限度，超出地域犯罪就不发生效力，居住在国外的我国公民在实施直接危害祖国或其他比较严重的犯罪时，就需要根据刑法追究其刑事责任。刑法这样规定，既有利于维护我国公民的利益和国家主权，又符合国际惯例。

对于国家工作人员和军人，由于他们身份特殊，如在境外犯罪，将带来更恶劣的影响和更大的危害，因此《刑法》第七条第二款规定中华人民共和国国家工作人员和军人在中华人民共和国领域外犯本法规定之罪的，适用本法。国家工作人员的范围，根据《刑法》第九十三条的规定，是指国家机关中从事公务的人员。国有公司、企业、事业单位、人民团体中从事公务的人员和国家机关、国有公司、企业、事业单位委派到非国有公司、企业、事业单位、社会团体从事公务的人员，以及其他依照法律从事公务的人员，以国家工作人员论。根据《刑法》第四百五十条的规定，军人是指中国人民解放军的现役军官、文职干部、士兵及具有军籍的学员和中国人民武装警察部队的现役警官、文职干部、士兵及具有军籍的学员以及文职人员、执行军事任务的预备役人员和其他人员。

也就是说，国家工作人员和军人在中国领域外犯我国刑法规定之罪的，一律适用我国刑法，而不论其应处最高刑是否为三年以下有期徒刑。这一规定是采用无限制的属人原则，既无论犯罪地国家的法律是否将它定为犯罪，也不论我国刑法对它判处刑罚的轻重，都适用我国刑法予以追究。这体现了刑法对国家工作人员和军人从严的要求，也反映出刑法扩大了对我国公民在我国领域外的刑事管辖权。

五、保护管辖权

（一）刑法规定

第八条 外国人在中华人民共和国领域外对中华人民共和国国家或者公民犯罪，而按本法规定的最低刑为三年以上有期徒刑的，可以适用本法，但是按照犯罪地的法律不受处罚的除外。

（二）疑难、复杂问题的参考性解答

如何正确理解我国刑法的保护管辖权？

本书观点：外国人，是指具有外国国籍的人或无国籍的人。已经取得外国国籍的中国血统的人也是外国人。外国人在我国领域内犯罪，根据国家主权原则，除法律有特别规定的以外，应当一律适用我国刑法。《刑法》第六条对此作了明确规定。

根据本条规定，外国人在中华人民共和国领域外对中华人民共和国国家或者公民犯罪，而按刑法规定的最低刑为三年以上有期徒刑的，可以适用我国刑法，但是按照犯罪地的法律不受处罚的除外。我国刑法采用了许多国家刑法所采用的保护主义原则。刑法确认这一原则，以弥补属地原则和属人原则的不足。因为按照这两种原则，如果犯罪地在国外，犯罪人又是外国人，我国刑法就不能发生法律效力，也就不能通过适用我国刑法保护我国国家和公民的利益。

外国人在我国领域外犯罪，只有符合下列三个条件，才能适用我国刑法追究其刑事责任：

（1）该人的行为必须是危害我国国家或我国公民的合法利益的。比如，一个美国人在美国杀死我国的一个公民。如果是美国人在美国杀死美国人，我国没有刑事管辖权。

（2）该人所犯的罪，必须是刑法规定的最低刑为三年以上有期徒刑。这就是说，只有对我国或我国公民犯有性质严重的罪行，才适用我国刑法。

（3）该人的行为必须是按照犯罪地的法律也认为应受处罚。如果按照犯罪地的法律认为行为人的行为不构成犯罪不受处罚的，无论对我国国家或公民犯有性质多么严重的罪行都不能适用我国刑法。

规定上述限制条件，是充分考虑到在中国领域外犯罪的复杂性，既保护我国和我国公民的利益，又照顾到行为人处于外国这样的特定条件，因而是适当的。这一规定贯彻了维护国家主权和尊重别国主权相结合的原则，维护了国家的主权，同时保障了我国国家和公民的利益不受侵犯。

六、普遍管辖权

（一）刑法规定

第九条 对于中华人民共和国缔结或者参加的国际条约所规定的罪行，中华人民共和国在所承担条约义务的范围内行使刑事管辖权的，适用本法。

（二）典型或常见问题的审理思路

当事人都是外国人，犯罪行为地在外国登记注册的航空器内，但航班在中国着陆且案件在中国侦破，能否由中国行使管辖权？[①]

本书观点：从司法实践看，刑事案件除案发前收到群众举报或案犯自首外都是出现犯罪结果后，被结果地公安机关立案和展开侦破，即多是从危害结果入手查找和发现作案人的。犯罪结果地在诉讼中具有重要作用，特别是当犯罪结果地与行为地不同时，往往是结果地公安、检察机关做了大量工作才寻找到行为地。如果不遵守刑事诉讼规律，在地域管辖中抽去犯罪结果地，会浪费犯罪结果地和行为地、控方有限的人力，财力，物力资源；因结果地检察院必须将案件材料移送行为地检察院，后者审查起诉期限应从其收案之日起算，延误了诉讼时效；地域管辖需要控审的最佳衔接，必须考虑控方运作时空内容，从犯罪事实着眼，犯罪事实必然包括犯罪行为和犯罪结果，人为地将这两者割裂，将犯罪地局限于行为地，势必造成管辖障碍。为达最佳司法效果，从诉讼流程看，被告人被捕地、拘留地、案件破获地法院都应有管辖权。从最佳的司法效果和司法成本来考虑，当事人都是外国人，犯罪行为地在外国登记注册的航空器内，但航班在中国着陆且在中国侦破，这种情况下，由中国行使管辖权是合适的，也是正当的。

---

① 案例来源：广东省广州市中级人民法院（2006）刑二初字第235号刑事判决书，BUSAMBU TEMBELE MAYETA 盗窃案。

（三）疑难、复杂问题的参考性解答

我国行使刑事普遍管辖权必须具备哪些条件？

本书观点：根据刑法规定，我国行使刑事普遍管辖权必须具备以下条件：

（1）必须是中华人民共和国缔结或者参加的国际条约所规定的罪行。主要是指一些性质严重的危害国际社会利益的犯罪，如反和平罪、战争罪、反人道罪、非法使用武器罪、劫持航空器罪、劫持人质罪等。

（2）必须是中华人民共和国在所承担义务的范围内行使刑事管辖权的。这主要是指我国在缔结或参加的国际条约中，同意承担的条约义务。如果是我国声明保留的条款中所规定的义务，则不在我国所承担的条约义务的范围内。对于符合上述条件的外国人，不论其犯罪地在何处，只要进入我国领域，我国就有权依照我国刑法的有关规定追究其刑事责任。

七、对外国刑事判决的消极承认

（一）刑法规定

第十条　凡在中华人民共和国领域外犯罪，依照本法应当负刑事责任的，虽然经过外国审判，仍然可以依照本法追究，但是在外国已经受过刑罚处罚的，可以免除或者减轻处罚。

（二）疑难、复杂问题的参考性解答

如何正确理解我国刑法关于对外国刑法判决的消极承认的规定？

本书观点：中国公民或者外国人在中国领域外犯罪，在一定条件下我国可以行使刑事管辖权，但是，这并不排除犯罪地政府也可以根据本国法律对犯罪人进行处罚。我国《刑法》第十条规定："凡在中华人民共和国领域外犯罪，依照本法应当负刑事责任的，虽然经过外国审判，仍然可以依照本法追究，但是在外国已经受过刑罚处罚的，可以免除或者减轻处罚。"这一规定，包括以下内容：

（1）"在中华人民共和国领域外犯罪"，是指中国公民或外国人在我国领域外实施了依照本法规定构成犯罪的行为。

（2）"依照本法应当负刑事责任"，是指对在我国领域外犯罪的中国公民

和外国人，依照《刑法》第六条、第七条和第八条的规定应适用刑法，即我国对该犯罪有刑事管辖权，而且该犯罪依刑法未过追诉时效。

（3）“经过外国审判”，是指经过了外国法院的审理，并已作出了生效判决。

（4）“可以依照本法追究”，是指对该犯罪分子由我国的审判机关根据案件的具体情况，可以依照刑法追究其刑事责任，也可以不予追究。但我国是一个社会主义国家，依保护国家主权和独立的原则，对犯罪人在外国已经受过刑罚处罚的，应当实事求是地对待，根据具体情况，可以对其免除处罚或者减轻处罚。在外国已经受过刑罚处罚，既包括在外国被定罪判刑后已实际执行了全部或部分刑罚，也包括虽被判处刑罚，但刑罚尚未被实际执行。这从另一方面也体现了我国刑法的灵活性。这是主权原则和保护原则在刑法中的体现。也就是说，我国作为一个主权国家，从保护国家的主权和独立的原则出发，我国不承认外国的审判，不受外国判决的约束。因此在我国领域外犯罪的中国公民和外国人，当地已经对他进行了审判，我们原则上不受当地审判的约束，仍然可以追究其刑事责任。这是由于两国的法律制度不同，处罚的原则可能有很大差别，虽经外国审判，我们可能认为他们对罪犯的处罚显然太轻，我们仍然有必要对他加以处罚。

本条规定表明，我国是一个独立自主的主权国家，有其独立的刑事管辖权，不受外国审判效力的约束；同时，也要考虑各国的实际情况，如果犯罪分子已经在外国受到刑罚处罚，可以考虑免除或者减轻处罚。

（三）典型或常见问题的审理思路

如何理解和掌握适用《刑法》第十条免除或者减轻处罚的前提条件？①

本书观点：本案的关键是适用法律问题，是适用我国《刑法》第六条，还是适用第十条。我国《刑法》第六条第二款规定：“凡在中华人民共和国船舶或者航空器内犯罪的，也适用本法。”按照国际法惯例，凡属国家所有的或者其他公有船舶，无论在公海上还是在外国领水内，都被认为是该国领土的浮动部分，即属于拟制领土的范畴。因而，在这些公有船舶上发生的犯罪行

① 观点来源：天津市塘沽区人民法院（2000）塘刑初字第49号刑事判决，张某刚等运送他人偷越国境案。

为，都适用该国刑法。案例中张某刚、崔某炎在公有船舶“鹏飞”号货轮上，实施了运送他人偷越国境的犯罪行为。即使该船已驶达日本港，但仍应视为在我国浮动领土上的犯罪。因此，本案适用《刑法》第六条是正确的。至于辩护人提出的两行为人同在日本受到过刑罚处罚，依照《刑法》第十条的规定，应当免除或者减轻处罚的问题，我们认为，适用该条的前提条件必须是在外国领域内犯罪，并受到外国刑罚处罚的。而本案行为人是在中国浮动领土上犯罪。根据国际法的主权原则，一个国家不得在其他国家领土上实施主权行为，而承认了外国法院判决对本国的效力，实际上是协助了外国在本国实施主权行为，因此，不能适用我国《刑法》第十条的规定，也不能免除或者减轻处罚。

八、外交代表刑事管辖豁免

（一）刑法规定

第十一条　享有外交特权和豁免权的外国人的刑事责任，通过外交途径解决。

（二）疑难、复杂问题的参考性解答

如何正确理解享有外交特权和豁免权的外国人的刑事责任通过外交途径解决的法律规定?

对于在一个国家中具有特殊政治地位的元首、外交官、使节等涉及国际影响和国与国之间关系问题的人员，在国际刑事法律的适用中一般采取豁免方法处理。享有外交特权与豁免权的外国人在所在国犯罪，因其具有特殊的身份而可以避开所在国刑罚的适用，这既是一种国际惯例，也体现了国与国之间在外交友好关系上的礼让和优遇。我国《刑法》第十一条规定，享有外交特权和豁免权的外国人的刑事责任，通过外交途径解决。通过什么样的外交途径解决，从国际惯例看，主要采取的方法有：一是及时将犯罪情况通报犯罪者所属国政府，通过外交途径，要求该国政府对犯罪者进行处理。二是采取必要的防卫措施，对正在犯罪的上述人员，在将情况通报所属国的同时，可以针对其犯罪行为采取正当防卫措施，必要时可以临时性限制其人身自由。三是可以将犯罪人员宣布为不受欢迎的人，限令其在规定的期间内离开国境，特别严重犯罪者可以强制驱逐出境。

九、刑法溯及力

（一）刑法规定

第十二条 中华人民共和国成立以后本法施行以前的行为，如果当时的法律不认为是犯罪的，适用当时的法律；如果当时的法律认为是犯罪的，依照本法总则第四章第八节的规定应当追诉的，按照当时的法律追究刑事责任，但是如果本法不认为是犯罪或者处刑较轻的，适用本法。

本法施行以前，依照当时的法律已经作出的生效判决，继续有效。

（二）司法解释及其权威解读

1. **最高人民法院关于适用刑法时间效力规定若干问题的解释**（法释〔1997〕5号，最高人民法院审判委员会第937次会议通过，1997年10月1日施行）

为正确适用刑法，现就人民法院1997年10月1日以后审理的刑事案件，具体适用修订前的刑法或者修订后的刑法的有关问题规定如下：

第一条 对于行为人1997年9月30日以前实施的犯罪行为，在人民检察院、公安机关、国家安全机关立案侦查或者在人民法院受理案件以后，行为人逃避侦查或者审判，超过追诉期限或者被害人在追诉期限内提出控告，人民法院、人民检察院、公安机关应当立案而不予立案，超过追诉期限的，是否追究行为人的刑事责任，适用修订前的刑法第七十七条的规定。

第二条 犯罪分子1997年9月30日以前犯罪，不具有法定减轻处罚情节，但是根据案件的具体情况需要在法定刑以下判处刑罚的，适用修订前的刑法第五十九条第二款的规定。

第三条 前罪判处的刑罚已经执行完毕或者赦免，在1997年9月30日以前又犯应当判处有期徒刑以上刑罚之罪，是否构成累犯，适用修订前的刑法第六十一条的规定；1997年10月1日以后又犯应当判处有期徒刑以上刑罚之罪的，是否构成累犯，适用刑法第六十五条的规定。

第四条 1997年9月30日以前被采取强制措施的犯罪嫌疑人、被告人或者1997年9月30日以前犯罪，1997年10月1日以后仍在服刑的罪犯，如实供述司法机关还未掌握的本人其他罪行的，适用刑法第六十七条第二款的规定。

第五条 1997年9月30日以前犯罪的犯罪分子，有揭发他人犯罪行为，或者提供重要线索，从而得以侦破其他案件等立功表现的，适用刑法第六十八条的规定。

第六条 1997年9月30日以前犯罪被宣告缓刑的犯罪分子，在1997年10月1日以后的缓刑考验期间又犯新罪、被发现漏罪或者违反法律、行政法规或者国务院公安部门有关缓刑的监督管理规定，情节严重的，适用刑法第七十七条的规定，撤销缓刑。

第七条 1997年9月30日以前犯罪，1997年10月1日以后仍在服刑的犯罪分子，因特殊情况，需要不受执行刑期限制假释的，适用刑法第八十一条第一款的规定，报经最高人民法院核准。

第八条 1997年9月30日以前犯罪，1997年10月1日以后仍在服刑的累犯以及因杀人、爆炸、抢劫、强奸、绑架等暴力性犯罪被判处十年以上有期徒刑、无期徒刑的犯罪分子，适用修订前的刑法第七十三条的规定，可以假释。

第九条 1997年9月30日以前被假释的犯罪分子，在1997年10月1日以后的假释考验期内，又犯新罪、被发现漏罪或者违反法律、行政法规或者国务院公安部门有关假释的监督管理规定的，适用刑法第八十六条的规定，撤销假释。

第十条 按照审判监督程序重新审判的案件，适用行为时的法律。

权威解读

解读《最高人民法院关于适用刑法时间效力规定若干问题的解释》

一、问题的提出

为正确适用刑法，最高人民法院于1997年9月25日经审判委员会讨论通过了《最高人民法院关于适用刑法时间效力规定若干问题的解释》（以下简称本解释），就人民法院1997年10月1日以后审理的刑事案件具体适用修订前刑法或者修订后刑法的有关问题作出了具体规定。

二、理解与适用

（一）关于追诉期限的刑法适用问题

所谓追诉期限，是指适用刑法对行为人实施的某种危害社会的行为进行追诉的期限。依照刑法的有关规定，如果超过了法定的期限，则不再追诉。

如《刑法》第八十七条规定，法定最高刑法为不满五年有期徒刑的，经过五年则不再追诉。刑法同时规定，如果具有某种法定情形则不受追诉期限的限制。而这种法定情形的变化，体现在修订前后的刑法中，对被追诉的人而言就有一个按照有利原则确定刑法适用的问题。按照修订前《刑法》第七十七条的规定，在人民法院、人民检察院、公安机关采取强制措施以后，逃避侦查或者审判的，不受追诉期限的限制。修订后《刑法》第八十八条则规定：“在人民检察院、公安机关、国家安全机关立案侦查或者在人民法院受理案件以后，逃避侦查或者审判的，不受追诉期限的限制。被害人在追诉期限内提出控告，人民法院、人民检察院、公安机关应当立案而不予立案，不受追诉期限的限制。”比较而言，修订前《刑法》第七十七条规定的条件比较严格，即被追诉人在司法机关依法采取强制措施后逃避侦查或者审判，比修订后刑法规定的在司法机关立案侦查或者受理案件后逃避或者审判要严。

（二）关于减轻处罚的刑法适用问题

对于不具有法定处罚情节而在法定刑以下处罚，是刑事司法实践中灵活运用司法政策的重要体现，这一做法切实起到了充分发挥刑罚惩罚与教育相结合功能的作用。但是，由于修订前刑法有关适用这一规定的程序性要求过于宽松，致使一些不应在法定刑以下判处刑罚的案件也被减轻处罚，实践中出现了一些问题。为体现刑罚适用的严肃性，特别是突出这种做法在刑罚适用中特有的功能，修订后《刑法》第六十三条第二款规定：“犯罪分子虽然不具有本法规定的减轻处罚情节，但是根据案件的特殊情况，经最高人民法院核准，也可以在法定刑以下判处刑罚。”这一规定较之修订前刑法的规定，从程序上讲是更加严格了，即使是基层法院判处的案件，也必须报经最高人民法院核准，才能在法定刑以下减轻处罚。按照有利于被告人的从轻原则，对于犯罪分子在1997年9月30日以前犯罪，不具有法定减轻处罚情节，但是根据案件的具体情况需要在法定刑以下判处刑罚的，仍然应当适用修订前《刑法》第五十九条第二款的规定，由审判案件的法院，“经人民法院审判委员会决定，也可以在法定刑以下判处刑罚”。这一规定从程序上体现了刑法从旧兼从轻的溯及力原则。

（三）关于累犯的刑法适用问题

修订前《刑法》第六十一条规定，被判处有期徒刑以上刑罚的犯罪分子，刑罚执行完毕或者赦免以后，在三年以内再犯应当判处有期徒刑以上刑罚之罪的，是累犯，应当从重处罚；但是过失犯罪除外。从构成累犯的时间条件来说，只要自刑罚执行完毕或者赦免以后超过三年，再犯罪也不构成累犯。修订后《刑法》第六十五条，将修订前刑法规定的“三年”修改为“五年”，即被判处有期徒刑以上刑罚的犯罪分子，刑罚执行完毕或者赦免以后，在五年以内再犯应当判处有期徒刑以上刑罚之罪的，就构成累犯，应当予以从重处罚。单纯从构成累犯的时间条件上比较，时间越长对被告人越不利。因此，本解释规定，前罪判处的刑罚已经执行完毕或者赦免，在1997年9月30日以前又犯应当判处有期徒刑以上刑罚之罪，是否构成累犯，适用修订前《刑法》第六十一条的规定；1997年10月1日以后又犯应当判处有期徒刑以上刑罚之罪，是否构成累犯，适用修订后《刑法》第六十五条的规定。

（四）关于自首和立功的刑法适用问题

修订前刑法对自首的规定比较简单，不利于充分发挥“坦白从宽”的刑事政策的积极作用。修订后刑法在原有规定的基础上，增加规定：“被采取强制措施的犯罪嫌疑人，被告人和正在服刑的罪犯，如实供述司法机关还未掌握的本人其他罪行的，以自首论。”因此，本解释规定，1997年9月30前被采取强制措施的犯罪嫌疑人、被告人或者1997年9月30日以前犯罪，1997年10月1日以后仍在服刑的罪犯，如实供述司法机关还未掌握的本人其他罪行的，适用修订后《刑法》第六十七条第二款的规定。

修订前刑法没有关于立功的规定。修订后《刑法》第六十八条规定，犯罪分子有揭发他人犯罪行为，查证属实的，或者提供重要线索，从而得以侦破其他案件等立功表现的，可以从轻或者减轻处罚；有重大立功表现的，可以减轻或者免除处罚。因此，对于1997年9月30日以前犯罪的犯罪分子，有揭发他人犯罪行为，查证属实的，或者提供重要线索，从而得以侦破其他案件等立功表现的，可以从轻或者减轻处罚；有重大立功表现的，应当适用修订后《刑法》第六十八条的规定，依法从轻、减轻或者免除处罚。

（五）关于假释的刑法适用问题

修订前《刑法》第七十三条规定，被判处有期徒刑的犯罪分子，执行原判刑期二分之一以上，被判处无期徒刑的犯罪分子，实际执行十年以上，如果有悔改表现，不致再危害社会的，可以假释。而修订后刑法考虑到累犯以及严重暴力性犯罪的社会危害性较大，特别作出了“对累犯以及因杀人、爆炸、抢劫、强奸、绑架等暴力性犯罪被判处十年以上有期徒刑、无期徒刑的犯罪分子，不得假释”的规定。因此，本解释提出，对于1997年9月30日以前犯罪，1997年10月1日以后仍在服刑的累犯以及因杀人、爆炸、抢劫、强奸、绑架等暴力性犯罪被判处十年以上有期徒刑、无期徒刑的犯罪分子，仍然要适用修订前《刑法》第七十三条的规定，可以假释。

（撰稿：孙军工）

2. **最高人民法院关于适用刑法第十二条几个问题的解释**（法释〔1997〕12号，最高人民法院审判委员会第952次会议通过，1998年1月13日施行）

修订后的《中华人民共和国刑法》一九九七年十月一日施行以来，一些地方法院就刑法第十二条适用中的几个具体问题向我院请示。现解释如下：

第一条 刑法第十二条规定的“处刑较轻”，是指刑法对某种犯罪规定的刑罚即法定刑比修订前刑法轻。法定刑较轻是指法定最高刑较轻；如果法定最高刑相同，则指法定最低刑较轻。

第二条 如果刑法规定的某一犯罪只有一个法定刑幅度，法定最高刑或者最低刑是指该法定刑幅度的最高刑或者最低刑；如果刑法规定的某一犯罪有两个以上的法定刑幅度，法定最高刑或者最低刑是指具体犯罪行为应当适用的法定刑幅度的最高刑或者最低刑。

第三条 一九九七年十月一日以后审理一九九七年九月三十日以前发生的刑事案件，如果刑法规定的定罪处刑标准、法定刑与修订前刑法相同的，应当适用修订前的刑法。

权威解读

解读《最高人民法院关于适用刑法第十二条几个问题的解释》

一、问题的提出

为保证修订后刑法的正确实施，1997年12月23日，最高人民法院审判委员会第952次会议通过了《最高人民法院关于适用刑法第十二条几个问题的解释》(以下简称本解释)。

二、理解与适用

(一) 关于处刑较轻的理解问题

我国刑法条文中规定科处的刑罚通常是规定处罚的幅度，比如处三年以上七年以下有期徒刑，处三年以上十年以下有期徒刑，处十年以上有期徒刑或者无期徒刑，等等。那么，修订前后刑法规定科处的刑罚如何比较孰轻孰重，实践中有不同的理解。本解释第一条对此作出了明确。修订前后刑法规定的法定最高刑不同的，法定最高刑较轻即认为属于法定刑较轻，也就是《刑法》第十二条规定的“处刑较轻”；如果法定最高刑相同的，则比较法定最低刑，法定最低刑较轻的，属于《刑法》第十二条规定的“处刑较轻”。

（二）关于不同情形下法定最高或者最低刑的轻重比较问题

我国刑法规定的对某一犯罪科处刑罚的幅度，有的只有一个法定刑幅度，比如第三百零二条“盗窃、侮辱尸体的，处三年以下有期徒刑、拘役或者管制”；有的则规定了两个或者两个以上法定刑幅度，比如第二百九十五条规定的“传授犯罪方法的，处五年以下有期徒刑、拘役或者管制；情节严重的，处五年以上有期徒刑；情节特别严重的，处无期徒刑或者死刑”①。本解释第二条对这两种情形下如何比较法定最高刑或者最低刑作出了明确。

（三）法定刑相同时的法律适用问题

如果修订前后刑法对某一行为的定罪处刑标准、法定刑都相同，从处刑的结果上来看也相同，但根据刑法按照从旧兼从轻原则确定溯及力的原则，适用行为时的法律显然更为合适。因此，本解释第三条对此问题作出明确。

（撰稿：李洪江）

3. **最高人民检察院关于对跨越修订刑法施行日期的继续犯罪、连续犯罪以及其他同种数罪应如何具体适用刑法问题的批复**（高检发释字〔1998〕6号，最高人民检察院第九届检察委员会第20次会议通过，1998年12月2日发布）

四川省人民检察院：

你院川检发研（1998）10号《关于对连续犯罪、继续犯罪如何具体适用刑法第十二条的有关问题的请示》收悉，经研究，批复如下：

对于开始于1997年9月30日以前，继续或者连续到1997年10月1日以后的行为，以及在1997年10月1日前后分别实施的同种类数罪，如果原刑法和修订刑法都认为是犯罪并且应当追诉，按照下列原则决定如何适用法律：

一、对于开始于1997年9月30日以前，继续到1997年10月1日以后终了的继续犯罪，应当适用修订刑法一并进行追诉。

二、对于开始于1997年9月30日以前，连续到1997年10月1日以后的

---

①《刑法修正案（八）》对此条作了修正，取消了传授犯罪方法罪的死刑，修改为：传授犯罪方法的，处五年以下有期徒刑、拘役或者管制；情节严重的，处五年以上十年以下有期徒刑；情节特别严重的，处十年以上有期徒刑或者无期徒刑。

连续犯罪，或者在1997年10月1日前后分别实施同种类数罪，其中罪名、构成要件、情节以及法定刑均没有变化的，应当适用修订刑法，一并进行追诉；罪名、构成要件、情节以及法定刑已经变化的，也应当适用修订刑法，一并进行追诉，但是修订刑法比原刑法所规定的构成要件和情节较为严格，或者法定刑较重的，在提起公诉时应当提出酌情从轻处理意见。

4. **最高人民法院、最高人民检察院关于适用刑事司法解释时间效力问题的规定**（高检发释字〔2001〕5号，2001年9月18日最高人民法院审判委员会第1193次会议、2001年6月18日最高人民检察院第九届检察委员会第90次会议通过，2001年12月17日起施行）

为正确适用司法解释办理案件，现对适用刑事司法解释时间效力问题提出如下意见：

一、司法解释是最高人民法院对审判工作中具体应用法律问题和最高人民检察院对检察工作中具体应用法律问题所作的具有法律效力的解释，自发布或者规定之日起施行，效力适用于法律的施行期间。

二、对于司法解释实施前发生的行为，行为时没有相关司法解释，司法解释施行后尚未处理或者正在处理的案件，依照司法解释的规定办理。

三、对于新的司法解释实施前发生的行为，行为时已有相关司法解释，依照行为时的司法解释办理，但适用新的司法解释对犯罪嫌疑人、被告人有利的，适用新的司法解释。

四、对于在司法解释施行前已办结的案件，按照当时的法律和司法解释，认定事实和适用法律没有错误的，不再变动。

（三）典型或常见问题的审理思路

1. 被告人在司法解释施行前实施非法有偿删帖犯罪行为，司法解释施行后该解释对其行为是否有溯及力？[①]

根据2000年12月28日《全国人民代表大会常务委员会关于维护互联网安全的决定》第四条第（二）项之规定，非法截获、篡改、删除他人电子邮件或者其他数据资料，侵犯公民通信自由和通信秘密的行为可以构成犯罪。如果被告人在未得到许可的情况下，通过信息网络有偿提供删除信息服务，

① 观点来源：《人民法院案例选》总第93辑（2015年第3辑）。

并通过购买网店货物的方式进行交易的行为发生在2000年12月28日至2013年9月10日施行的《最高人民法院、最高人民检察院关于办理利用信息网络实施诽谤等刑事案件适用法律若干问题的解释》之前，对该行为该如何定性?

本书观点：根据2001年12月16日公布的《最高人民法院、最高人民检察院关于适用刑事司法解释时间效力问题的规定》，在司法实践中，对于司法解释的适用基本上遵循了“从旧兼从轻”的原则，禁止不利于行为人的溯及既往。上述情况，根据时间先后顺序这一外在表象来看，按照法不溯及既往的原则，国家不能用当前制定的法律指导人们过去的行为，更不能用当前的法律处罚人们过去从事的当时是合法而此时是违法的行为。从这一角度而言，应当排除本案被告人行为的有责性，不以犯罪论处。但我们认为，前述司法解释是对该行为定性的解释，并非新立法。

第一，既往行为的合法性。刑法不溯及既往的重要前提是既往的行为在当时具有合法性，即当时的法律对该行为无否定性评价，不构成犯罪，司法解释同样需要此前提。根据2000年12月28日《全国人民代表大会常务委员会关于维护互联网安全的决定》第四条第（二）项之规定，非法截获、篡改、删除他人电子邮件或者其他数据资料，侵犯公民通信自由和通信秘密构成犯罪的，应当依法追究刑事责任。故被告人的行为在实施之时便已构成犯罪，不具备合法性这一前提条件。

第二，司法解释的本质属性。司法解释并不是刑法本身，而只是对刑法的解释。从这个角度而言，对现行司法解释之前的行为，只要是在现行刑法施行之后实施的，就要按照现行司法解释适用刑法。况且在本案中，行为时的法律已经对该行为作出否定性评价，现行司法解释不过是对该行为的具体罪状及所应定罪名作出规定，因此，适用现行的司法解释处理并不违背立法目的和罪刑法定的原则。

2. 对于同一主体实施的同一行为是否负刑事责任，修订前后的刑法作了不同规定应如何适用法律?[①]

本书观点：1979年刑法和修订后的刑法对溯及力问题都作了规定。修订后的《刑法》第十二条第一款明确规定：“中华人民共和国成立以后本法施行以前的行为，如果当时的法律不认为是犯罪的，适用当时的法律；如果当时

---

① 观点来源：《中国审判案例要览·1998年刑事审判案例卷》。

的法律认为是犯罪的，依照本法总则第四章第八节的规定应当追诉的，按照当时的法律追究刑事责任，但如果本法不认为是犯罪或者处刑较轻的，适用本法。”根据这一规定，从中华人民共和国成立至修订后刑法实施以前这段时间内发生的行为，应按不同情况分别处理，总的原则是从旧兼从轻。就是说，基本精神是从旧，即确定某一行为是否构成犯罪以及应判处何种刑罚，原则上应根据行为当时的法律确定，刑法没有溯及力。但是，如果行为当时的法律认为是犯罪，而修订后刑法不认为是犯罪的，或者处刑比过去轻的，则刑法有溯及力，应适用修订后刑法。

3. **对于刑法修正案，应如何适用从旧兼从轻原则？**[①]

本书观点：从旧兼从轻原则中规定的行为时的法律与现行刑法均认为是犯罪，是指行为时刑法与现行刑法均明确予以入罪的情形，并不包括因刑法总则的修正而对单独、个别行为予以犯罪论处的情形，即刑法溯及力所针对的是刑法分则各个罪客观要件中所明确予以入罪规制的某一类型化行为，《刑法修正案（七）》施行前刑法对于某类行为如果并未予以入罪规制的，则不适用从旧兼从轻原则。

按照罪刑法定的要求，刑法从旧兼从轻原则所适用的对象应是行为时法律与现行刑法均明确予以入罪处罚的行为。对于“法律明文规定”，应指刑法分则条文对各罪名构成要件行为的规定，对于刑法分则条文中没有明确予以规定的行为，则刑法不能单独予以违法性和应受刑事处罚性的评价。虽然根据刑法总则共犯等条文的相关规定，对分则构成要件中的行为会作出修正，但这种修正不是从整个普遍规范的层面上进行的修正，而只是就个案中的具体行为所作出的修正。以现行刑法新增的某规范来评价行为时法律没有单独规制的共犯行为，从逻辑层面讲就是以现行刑法中明文规定的犯罪构成要件中的行为去评价行为时不作为犯罪处理的行为，显然这种事后法的做法严重违背了罪刑法定原则的要求。

4. **案件发生在司法解释发布前，审理在司法解释发布后，该如何适用司法解释？**[②]

本书观点：案件发生在司法解释发布前、审理前或者审理中，司法解释

---

① 观点来源：《中国审判案例要览·2012 年刑事审判案例卷》。

② 观点来源：最高人民法院刑事审判第一庭编：《刑事审判参考》1999 年第 1 集（总第 1 集），法律出版社 1999 年版，第 34－37 页，杨某波等贩卖淫秽物品案。

发布的，应当适用司法解释。

最高人民法院 1998 年 12 月 17 日发布的《关于审理非法出版物刑事案件具体适用法律若干问题的解释》（以下简称非法出版物解释），对刑法规定的贩卖淫秽物品牟利罪中的罪与非罪的界限、什么是“情节严重”及“情节特别严重”作出了具体解释，为人民法院在全国范围内开展的“扫黄打非”斗争提供了定罪量刑的数量标准。

犯罪行为虽然发生在司法解释发布施行之前，但在审理中，司法解释发布施行。由于司法解释是对法律本来含义作出的具体适用的解释，因此其溯及效力应当与法律的溯及力相同。在我国的司法实践中，虽然并不因司法解释新的具体规定再去纠正、修改以前已经生效的判决裁定，但是，只要案件起诉后，无论是在一审还是二审阶段发布了有关司法解释，均应当适用该解释，与有关法律一并作为定罪处刑的依据。

5. 对某一问题，1997 年刑法施行前和施行后均有相关司法解释，如果行为发生在 1997 年刑法施行之后，相关司法解释颁布之前，应如何适用司法解释？①

本书观点：不应当适用 1997 年刑法施行前的司法解释，而应当适用刑法施行后的司法解释。

对于 1997 年刑法施行以后，2001 年 5 月 15 日发布的《最高人民法院关于审理非法制造、买卖、运输枪支、弹药、爆炸物等刑事案件具体应用法律若干问题的解释》（以下简称 2001 年解释）施行以前实施的非法买卖枪支犯罪，是参照执行 1995 年 9 月 20 日发布的《关于办理非法制造、买卖、运输非军用枪支、弹药刑事案件适用法律问题的解释》（以下简称 1995 年解释），还是适用 2001 年解释？我们认为，应当适用后者。理由是：

第一，《最高人民法院关于司法解释工作的若干规定》（现已失效）第十二条规定：“司法解释在颁布了新的法律，或在原法律修改、废止，或者制定了新的司法解释后，不再具有法律效力。”1995 年解释是最高人民法院对 1979 年《刑法》第一百一十二条的解释，如果行为发生于 1997 年刑法施行以后，则 1995 年解释对 1997 年刑法施行以后发生的行为不具有法律效力。

---

① 观点来源：最高人民法院刑事审判第一庭、第二庭编：《刑事审判参考》2005 年第 1 集（总第 42 集），法律出版社 2005 年版，第 1－13 页，朱某海、左某红等非法买卖枪支、贪污案。

第二，《最高人民法院、最高人民检察院关于适用刑事司法解释时间效力问题的规定》第一条起伏不定：“司法解释是最高人民法院对审判工作中具体应用法律问题和最高人民检察院对检察工作中具体应用法律问题所作的具有法律效力的解释，自发布或者规定之日起施行，效力适用于法律的施行期间。”第二条规定：“对于司法解释实施前发生的行为，行为时没有相关司法解释，司法解释施行后尚未处理或者正在处理的案件，依照司法解释的规定办理。”第四条规定：“对于在司法解释施行前已办结的案件，按照当时的法律和司法解释，认定事实和适用法律没有错误的，不再变动。”换言之，司法解释是最高司法机关对法律条文本身含义的进一步明确，其时间效力与其所解释的法律相同。最高人民法院 2001 年 5 月 15 日法释〔2001〕15 号公告明确，2001 年解释自 2001 年 5 月 16 日起施行，其主要目的在于维护判决的既判力，即只要该司法解释施行前已经办结的案件在定事实和适用法律方面没有错误，即使在定罪量刑标准上与 2001 年解释不一致，也不根据 2001 年解释对已经生效的裁判提起审判监督程序进行再审。而对于 2001 年解释施行以后尚未处理或者正在处理的案件，只要应当适用其解释的法律，2001 年解释就适用于该案件。

第三，1997 年 3 月 25 日《最高人民法院关于认真学习宣传贯彻修订的〈中华人民共和国刑法〉的通知》第五条规定：“修订的刑法实施后，对已明令废止的全国人大常委会有关决定和补充规定，最高人民法院原作出的有关司法解释不再适用。但是如果修订的刑法有关条文实质内容没有变化的，人民法院在刑事审判工作中，在没有新的司法解释前，可参照执行。其他对于与修订的刑法规定相抵触的司法解释，不再适用。”因此，对于发生于 1997 年刑法施行以后的刑事案件，参照执行 1997 年刑法施行以前颁行的司法解释的前提条件是“刑法有关条文实质内容没有变化”，且“没有新的司法解释”。

6. 对于同一个具体应用法律问题，最高司法机关在刑法颁布生效期间先后作出了两个司法解释的，应该如何适用司法解释？①

本书观点：应当适用从旧兼从轻原则，选择适用对被告人最有利的司法

① 观点来源：最高人民法院刑事审判第一、二、三、四、五庭主办：《刑事审判参考》2006 年第 6 集（总第 53 集），法律出版社 2007 年版，第 19－29 页，谭某渊、蒋某香侵犯著作权案。

解释。即对于新的司法解释实施前发生的行为，行为时已有相关司法解释对有关法律条文进行解释的，应当适用从旧兼从轻原则，依照行为时的司法解释办理，但适用新的司法解释对犯罪嫌疑人、被告人有利的，应适用新的司法解释。

7. 二审期间因刑法修改及司法解释出台导致定罪量刑标准发生变化的，应如何适用法律?①

本书观点：应遵循从旧兼从轻的刑法适用原则，适用处罚较轻的新标准对被告人定罪量刑。

耿某有受贿案二审期间，《刑法修正案（九）》及《最高人民法院、最高人民检察院关于办理贪污贿赂刑事案件适用法律若干问题的解释》（以下简称《贪污贿赂解释》）出台后，对于贪污受贿犯罪规定的新的定罪量刑标准是否能适用于本案，存在两种不同观点。第一种观点认为，本案一审时贪污受贿犯罪的定罪量刑标准并没有发生变化，一审法院依照原刑法和相关规定对被告人耿某有以受贿罪，判处有期徒刑十二年，并处没收个人财产人民币二十万元并无不当，二审期间出台的法律和司法解释对本案没有溯及力。第二种观点认为，虽然本案一审判决依据当时法律所判并无不当，但二审期间判决并未生效，此时刑法修改，新的司法解释出台，适用新规定明显有利于被告人，根据从旧兼从轻的刑法适用原则，修改后的刑法和新的司法解释对本案有溯及力。

（1）刑法修正案亦应适用从旧兼从轻原则

我国刑法（1997 年刑法）对于溯及力问题，从实际需要和罪刑法定的要求出发，采用了从旧兼从轻原则。《刑法》第十二条规定：“中华人民共和国成立以后本法施行以前的行为，如果当时的法律不认为是犯罪的，适用当时的法律；如果当时的法律认为是犯罪的，依照本法总则第四章第八节的规定应当追诉的，按照当时的法律追究刑事责任，但是如果本法不认为是犯罪或者处刑较轻的，适用本法。本法施行以前，依照当时的法律已经作出的生效判决，继续有效。”但是 1997 年刑法没有对其相关修正案的溯及力作出明确规定，对此，我们认为，仍然应当贯彻刑法所规定的从旧兼从轻原则，区分

① 观点来源：最高人民法院刑事审判第一、二、三、四、五庭主办：《刑事审判参考》总第 106 集，法律出版社 2017 年版，第 95－97 页，耿某有受贿案。

以下不同情况进行处理：

——1997年刑法不认为是犯罪，刑法修正案认为是犯罪的，只能适用刑法修正案生效以前的刑法，刑法修正案不具有溯及力。因此，不能以刑法修正案已经将该行为规定为犯罪、犯罪的主体范围已经扩大、犯罪构成的行为要件已经降低为由而追究行为人的刑事责任。

——1997年刑法认为是犯罪，但刑法修正案不认为是犯罪的，只要这种行为未经审判或者判决尚未确定，应当适用刑法修正案的规定，即刑法修正案具有溯及力。

——1997年刑法和刑法修正案都认为是犯罪，并且按照《刑法》第四章第八节的规定应当追诉的，原则上应按1997年刑法追究刑事责任。但是，如果1997年刑法处罚比刑法修正案要重，则适用刑法修正案。

——根据1997年刑法已经作出了生效判决的，该判决继续有效。即使按刑法修正案的规定，其行为不构成犯罪或者处刑较1997年刑法要轻，也不例外。因为，对一种行为刑法是否溯及适用，只限于未经审理或者虽经审理但尚未作出生效判决的场合；已经生效的判决，不应根据刑法的规定加以改变，以维护人民法院生效判决的严肃性和稳定性。[①]

就本案来讲，一审判决日期为2015年10月19日，宣判后被告人提出上诉，《刑法修正案（九）》于2015年8月29日公布、2015年11月1日起施行，此时本案正在二审审理之中。因此，本案能否适用《刑法修正案（九）》关键在于比较1997年刑法和《刑法修正案（九）》对于贪污受贿犯罪的刑罚哪个更轻，如《刑法修正案（九）》更轻，则应适用修正案。但是《刑法修正案（九）》只是将贪污贿赂犯罪的定罪量刑标准由以前规定的单纯的数额标准，修改为数额加情节的标准，并将数额划分为“数额较大”“数额巨大”及“数额特别巨大”三个层次，而没有规定“数额较大”“数额巨大”及“数额特别巨大”的具体标准，据此无法确定被告人耿某有受贿犯罪的具体情节和应适用的刑罚，也就无从比较新旧刑法规定的刑罚孰轻孰重。2016年4月18日《贪污贿赂解释》公布并自该日起施行，该解释进一步将《刑法修正案（九）》规定的“数额较大”“数额巨大”及“数额特别巨大”的标准明确化、具体化。那么，《贪污贿赂解释》对于本案是否具有溯及力？

---

① 黄太云：《刑法修正案和刑法立法解释溯及力问题探析》，载《人民检察》2006年第10期。

我们认为，从刑法司法解释本身的性质来看，按照最高人民法院 2007 年 3 月 23 日颁布的《关于司法解释工作的规定》第六条规定，司法解释只能对刑事司法实践活动中具体适用刑事法律问题进行解释，是立法原意内就如何具体应用刑事法律中所产生的问题加以明确化、具体化。所以，司法解释具有依附性特征，即必须严格地依附于所解释的刑法条文之规定，不能创制新的法律，不得对刑法修改、补充。因此它的效力与其所解释的刑法效力同步，也即它的生效时间应与其所解释的刑法生效时间相同。

此外，2001 年 12 月 7 日，最高人民法院、最高人民检察院颁发了《关于适用刑事司法解释时间效力问题的规定》，其中规定："二、对于司法解释实施前发生的行为，行为时没有相关司法解释，司法解释施行后尚未处理或者正在处理的案件，依照司法解释的规定办理。三、对于新的司法解释实施前发生的行为，行为时已有相关司法解释，依照行为时的司法解释办理，但适用新的司法解释对犯罪嫌疑人、被告人有利的，适用新的司法解释。四、对于在司法解释施行前已办结的案件，按照当时的法律和司法解释，认定事实和适用法律没有错误的，不再变动。"具体到司法实践中，对于某一司法解释的适用应先看该解释出台前是否有同一问题的其他解释，如果没有其他解释，该解释是唯一司法解释，则适用该解释，并排除对被告人、嫌疑人有利与否及时间上的考量。如果在同一问题上先后出台两个解释且出现矛盾时，应选择有利于嫌疑人、被告人的司法解释作为定罪量刑之依据。

本案中，被告人耿某有共计受贿人民币 75. 7815 万元，根据其行为时的法律，应处以"十年以上有期徒刑或者无期徒刑"，故一审法院判处其有期徒刑十二年；在二审审理期间，根据修正后的刑法及司法解释，受贿数额 20 万元以上不满 300 万元的属"数额巨大"，耿某有受贿 75. 7815 万元便属于"数额巨大"，应处"三年以上十年以下有期徒刑"。与旧法相比，新法的处罚明显较轻，这种情况下应遵循从旧兼从轻的刑法适用原则，适用处罚较轻的新标准对被告人定罪量刑，即《刑法修正案（九）》和《贪污贿赂解释》均有溯及力。因此，二审法院按照从旧兼从轻的原则将耿某有的刑期改判为有期徒刑五年是符合法律规定的。

（2）在兼有从重和从轻处罚情节时应在分别评判的基础上综合考虑量刑幅度

从本案查明的情况看，被告人耿某有同时具有两种量刑情节：一是在收受孙某山等人的贿赂时，具有索贿的行为，依法应当从重处罚；二是在被羁押期间，检举、揭发他人行贿、受贿近100万元的事实，经查证属实，构成一般立功，依法可以从轻或者减轻处罚。

那么，对于同时具有从重和从轻处罚情节的被告人，应该如何量刑呢？一种意见认为，从重情节和从轻情节虽方向相逆，但性质相同，作用相似，都是为了修正刑罚的幅度，二者一加一减，可以相互抵消；另一种意见认为，兼有从重情节和从轻情节量刑时不能采取简单的抵消处理，而应根据不同情节的作用（包括正面和负面）大小和影响程度分别考量，然后再进行综合评价。

我们赞同后一种意见。因为，量刑情节是影响量刑的各种主客观事实情况，这些情况虽被归纳为几大类别，如自首、立功、犯罪预备、中止、未遂等，但具体分析，各种情节的价值或者说影响力并不是等量齐观的，即便是同一种量刑情节，其意义也不尽相同。以自首为例，标准的自首和视为自首是不一样的，罪行还未被发现便已自首和被抓捕期间自首亦不相同。如果对各种量刑情节不加区分地相互抵消，就可能会犯以偏概全的错误。就本案来说，确定被告人耿某有的最终刑罚大致可分几个步骤：首先，根据受贿的数额和基本情节确定基准刑，如耿某有受贿70多万元，结合其认罪态度、悔罪表现及实际退赃等情况，可确定其基准刑为四年半至五年；其次，针对耿某有所具有的索贿情节，依法应予从重处罚，从重处罚的幅度，结合索贿的数额等情况，可掌握在基准刑的20%～30%；最后，考虑耿某有检举、揭发他人贿赂犯罪的立功表现，依法予以从轻处罚，从轻处罚的幅度，结合检举的罪名、行贿受贿的数额等因素，可掌握在基准刑的20%左右。

（四）疑难、复杂问题的参考性解答

1. 刑法溯及力的基本原则

本书观点：刑法的溯及力即一个新的刑事法律制定后，对它生效前未经审判或者判决尚未确定的行为是否适用的问题。如果适用，这一法律就有溯及力；如果不适用，就没有溯及力。如何解决溯及力的问题，各国刑事立法有着不同的规定，主要的原则有四种：（1）从旧原则。新法对过去的行为一律没有溯及力，即不溯及既往，一概适用行为时的旧法。（2）从新原则。新法对于过去未经审判或者判决尚未确定的行为，一律有溯及力，即要按新法

处理。(3) 从新兼从轻原则。新法原则上溯及既往，但旧法不认为是犯罪或者处刑较轻的，则要依照旧法处理。(4) 从旧兼从轻原则。新法原则上不溯及既往，但新法不认为是犯罪或者处刑较轻的，则要按照新法处理。

我国刑法采用的原则，是从旧兼从轻原则。

根据《刑法》第十二条的规定，从 1949 年 10 月 1 日中华人民共和国成立至 1997 年 10 月 1 日刑法施行前这段时间内所发生的行为，未经人民法院审判，或者判决尚未确定的，应按以下不同情况分别处理：

(1) 当时的法律不认为是犯罪，而本法认为是犯罪的，适用当时的法律。即刑法没有溯及力，不能按照刑法追究刑事责任。例如，过失损毁国家保护的珍贵文物，造成严重后果的行为，过去的法律不认为是犯罪，现行刑法则认为是犯罪，对行为人依照《刑法》第三百二十四条的规定，以过失损毁珍贵文物罪处罚。但是，依照本条的规定，对于刑法实施以前的这种行为，刑法没有溯及力，不能作为犯罪处理。

(2) 当时的法律认为是犯罪，而本法不认为是犯罪的，只要这种行为未经人民法院审判或者判决尚未确定，则本法具有溯及力，应当适用本法。

(3) 当时的法律和本法都认为是犯罪的，并且依照本法总则第四章第八节的规定应当追诉的，应按当时的法律追究刑事责任。即本法没有溯及力，不能适用本法。如果当时的法律处刑比本法重，而本法处刑较轻的，则本法有溯及力，即应适用本法，而不适用当时的法律。

由于从旧兼从轻的原则中涉及“从轻”问题，但是刑法对溯及力原则的规定中对“处刑较轻”的内容又未作明确定义，因而在理论和实践中有不同的理解。有人认为，比较刑罚的轻重，应以行为时法与裁判时法对某一具体犯罪行为所作的具体宣告刑的轻重作为比较的标准，也即用行为时法和裁判时法分别对某一具体犯罪行为先进行量刑，然后看哪一个宣告刑轻，取其轻者加以适用。有人认为，比较刑罚的轻重，应将行为时法与裁判时法对某一具体犯罪行为所规定的具体法定刑进行比较，然后择轻而从，对于行为时法与裁判时法之间的法律规定，因其不属于比较对象，不能予以考虑，如果行为时法与裁判时法对某种犯罪规定了多个法定刑幅度的，应就行为应当适用的具体的法定刑轻重进行比较。还有人认为，比较刑罚的轻重，除比较行为应当适用的具体法定刑之外，还应就行为时法与裁判时法所规定的影响该行为定罪量刑的其他因素（诸如相应的司法解释等）进行全面比较，以实际处刑有利于被告人作为新旧法律的取舍原则，如果新旧刑法所规定的法定刑完全相同，应适用行为时的法律。有人则认为，比较处刑的轻重，是指同一种犯罪行为对适用新老法律的比较。首先应当以法定刑为标准，比较最高法定刑的刑种或刑度，孰轻孰重，取其轻者；如果法定最高刑相同，再比较法定最低刑的刑种或刑度，看哪个更轻些，取其轻者；如果法定最高刑与最低刑均相同，则比较量刑的适用条件（即比较包括司法解释等对某一具体犯罪所规定的量刑条件的宽严条件），也取其轻者。

我们认为，比较处刑的轻重应以法定刑作为标准，而不能以实际宣告刑作为标准。以法定刑作为比较标准，不仅符合立法原意，而且也便于实际司法操作。这主要是因为，如果以行为时法与裁判时法对某一具体犯罪行为所作的具体宣告刑的轻重作为比较标准，这就意味着，人民法院在选择法律时，必须先以行为时法对行为人的行为作一次量刑，然后再以裁判时法对行为人的行为再作一次量刑，并在两次量刑后，比较具体量刑结果的轻重，从而选择法律，再作一次最后量刑。这样做不仅大大增加了法院的工作量，而且也违反量刑的一般原则，因为，在没有选择好法律的情况下进行量刑本身就存在不妥之处。

以法定刑作为比较处刑轻重的标准，其科学性在于法定刑比较直观、明确且具有可比性，而且法定刑的轻重直接反映了立法者对某一犯罪行为所作的评价，所以其最接近立法原意。就此而言，以法定刑作为比较轻重的标准，并按法定最高刑、法定最低刑为比较顺序，无疑是正确的。

对此，1997 年 12 月 23 日《最高人民法院关于适用刑法第十二条几个问题的解释》中作了明确规定：《刑法》第十二条规定的“处刑较轻”，是指刑法对某种犯罪规定的刑罚即法定刑比修订前刑法轻。法定刑较轻是指法定最高刑较轻；如果法定最高刑相同，则指法定最低刑较轻。如果刑法规定的某一犯罪只有一个法定刑幅度，法定最高刑或者最低刑是指该法定刑幅度的最高刑或者最低刑；如果刑法规定的某一犯罪有两个以上的法定刑幅度，法定最高刑或者最低刑是指具体犯罪行为应当适用的法定刑幅度的最高刑或者最低刑。为了体现我国刑法溯及力上的“从旧”原则精神，该司法解释同时还规定：1997 年 10 月 1 日以后审理 1997 年 9 月 30 日以前发生的刑事案件，如果刑法规定的定罪处刑标准、法定刑与修订前刑法相同的，应当适用修订前的刑法。

2. “跨法犯”的刑法适用

本书观点：“跨法犯”是1997年新刑法颁布施行后产生的一个新的概念。它是指行为人的行为开始于新刑法生效之前而结束于新刑法生效以后，跨越新旧刑法的一种犯罪形态。由于“跨法犯”中涉及的部分行为发生于新刑法生效以前，因此，研究“跨法犯”无法回避刑法中的溯及力问题。

对于“跨法犯”的刑法适用问题，理论上存在几种不同的观点：有人认为，“跨法犯”涉及新旧刑法的适用，应采用从旧兼从轻原则，即原则上适用旧刑法，只有在新刑法比旧刑法处刑较轻的情况下才适用新刑法。其理由是：“跨法犯”的行为始于新刑法生效之前，尽管新刑法生效后仍有部分行为，但只是初始行为的持续或连续，总体上应认为是新刑法生效之前的行为，所以不能排除从旧兼从轻原则的适用。有人则认为，“跨法犯”的行为始于旧刑法有效期，终于新刑法生效后。从行为的阶段性来看，一般应分别适用旧刑法和新刑法。其理由是：“跨法犯”的部分行为在旧刑法有效期内，部分行为在新刑法生效后。对新刑法生效前的行为，按从旧兼从轻原则，一般应适用旧刑法；而新刑法生效后的行为，则一般适用新刑法。还有人认为，对“跨法犯”应一律适用新刑法。其理由是：“跨法犯”之所以跨越新旧刑法，是由于其行为处于连续或继续状态，从实施犯罪行为开始到行为终了这一过程中，行为人都是处于犯罪的状态，且“跨法犯”的犯罪行为终了于新刑法生效后。按《刑法》第八十九条规定：“追诉期限从犯罪之日起计算；犯罪行为有连续或者继续状态的，从犯罪行为终了之日起计算……”因此，对“跨法犯”应以新刑法生效后的犯罪行为对待，统一适用新刑法。

理论上对上述几个观点中的第三种观点一般较为认同，而司法实践中也有相应的司法解释。1998年12月2日，《最高人民检察院关于对跨越修订刑法施行日期的继续犯罪、连续犯罪以及其他同种数罪应如何具体适用刑法问题的批复》中指出：（1）对于开始于1997年9月30日以前，继续到1997年10月1日以后终了的继续犯罪，应当适用修订刑法一并进行追诉。（2）对于开始于1997年9月30日以前，连续到1997年10月1日以后的连续犯罪，或者在1997年10月1日前后分别实施同种类数罪，其中罪名、构成要件、情节以及法定刑均没有变化的，应当适用修订刑法，一并进行追诉；罪名、构成要件、情节以及法定刑已经变化的，也应当适用修订刑法，一并进行追诉，但是修订刑法比原刑法所规定的构成要件和情节较为严格，或者法定刑较重的，在提起公诉时应当提出酌情从轻处理意见。

我们基本赞同理论和司法实践中的对于“跨法犯”应适用新刑法的观点。但是，在对“跨法犯”适用新刑法时应注意几个问题：

其一，不要任意扩大“跨法犯”的范围。按照通论，“跨法犯”的行为必须具有“继续或者连续”状态，即按“跨法犯”处理的犯罪必须是通常所说的持续犯和连续犯。由于持续犯是指犯罪行为在一定时间内呈持续状态的犯罪，其本质在于行为随着形态的持续而持续，并随着形态的停止而终了。连续犯则是指行为人基于数个同一的犯罪故意，连续多次实施数个性质相同的犯罪的行为，触犯同一罪名的犯罪形态。可见，同种类的犯罪并有连续或者持续状态是认定“跨法犯”最重要的依据。当然，如果同样的行为在新旧刑法中规定为不同的罪名，则同样也可以按同种类的犯罪认定。例如，行为人开始于新刑法生效前并连续到新刑法生效后的聚众斗殴行为，由于原刑法对于聚众斗殴行为是以流氓罪认定的，而新刑法则以聚众斗殴罪认定。尽管罪名不同，但由于行为人的行为完全相同，所以仍可以按新刑法的聚众斗殴罪统一加以认定，而不需要实施数罪并罚。同样的情况在诈骗类犯罪案件的认定和处理中更为常见。但是，理论上和实践中我们应该注意不要将“隔时犯”作为“跨法犯”对待。即对于行为发生在新刑法生效之前，但是行为并没有连续或者继续状态，只是结果发生在新刑法生效以后的情况，我们仍然应该以行为时法（即旧刑法）作为定罪量刑的依据，而不能对行为人的行为适用新刑法。

其二，如果在新刑法规定的法定刑重于旧刑法时，对于“跨法犯”虽然仍然应当适用新刑法的规定，但是在量刑时理应对新刑法生效前的行为作从轻考虑。这首先是因为，以行为终了时的法律作为适用依据，符合我国刑法有关追诉期限的规定。由于我国刑法对继续犯和连续犯的追诉期限采用以行为终了时有效的法律为准，因此尽管刑法并未对“跨法犯”问题作专门的规定，但同一刑法条文中的规定理应保持一致性，也即对于“跨法犯”也应以行为终了时的法律作为适用依据。其次，以行为终了时的法律作为适用依据，也并非我们国家的独创，其他国家也有如此做法。

其三，对“跨法犯”适用行为终了时的法律并不意味着我们可以不考虑有利于被告人的原则。相反，由于“跨法犯”中的行为确实有一部分是发生在新刑法生效之前的，如果新刑法所规定的法定刑重于旧刑法，简单适用新刑法就必然会导致出现不利于被告人的结果。从罪刑法定原则要求出发，我们理应在量刑时将这一情况作为从轻处罚的考虑因素。只有这样才能既做到保持刑法规定的一致性，又不违背罪刑法定原则中有利于被告人的精神。

3. 如何理解刑事司法解释与刑事法律的时间效力关系问题？

本书观点：刑事司法解释不属于法律，但是刑事司法解释又具有法律效力，也是人民法院裁判的重要依据，对司法实践有很大的作用。我们认为，除了有特殊规定的以外，司法解释本身没有自己独立的时间效力，因为司法解释是依据法律的适用问题所作的解释，依法解释是它的基本原则，它只不过是把法律规定得不明确，或者理解有不同意见的问题规定得更加明确，更加具体。所以从理论上讲，应当认为司法解释是符合立法原意的，是和法律规定精神一致的，它的效力也是依附于法律的效力。原则上讲，法律什么时候生效，司法解释就应当什么时候有效。但是在司法实践中，司法解释往往滞后，但滞后是客观的，因为司法解释是在总结司法实践的基础上作出的，不可能一个法律公布后马上就全部解释了。即便作了解释，这个解释也不一定符合实际情况，所以滞后是正常的。滞后就可能产生问题，因为案件总是要判的，法律一生效，就要受理案件，就要审判案件。在这种情况下，也可能过去判的案件和现在的司法解释规定不一致。我们认为，总的原则是：第一点，只要是在司法解释发布的时候正在审理的案件，或者没有审理的案件，只要发生在司法解释所解释的这个法律生效之后，都要适用这个司法解释。第二点，司法解释发布之前已经处理的案件，如果没有太大的错误，原则上不再变动。为什么？一是因为过去法律规定不明确，二是维护法院判决的严肃性和稳定性。第三点，对于涉及罪与非罪的，涉及量刑畸轻畸重的，可以按照审判监督程序纠正。

第二章 犯 罪

第一节 犯罪和刑事责任

一、犯罪概念

（一）刑法规定

第十三条 一切危害国家主权、领土完整和安全，分裂国家、颠覆人民民主专政的政权和推翻社会主义制度，破坏社会秩序和经济秩序，侵犯国有财产或者劳动群众集体所有的财产，侵犯公民私人所有的财产，侵犯公民的人身权利、民主权利和其他权利，以及其他危害社会的行为，依照法律应当受刑罚处罚的，都是犯罪，但是情节显著轻微危害不大的，不认为是犯罪。

（二）典型或常见问题的审理思路

1. 案件情节显著轻微，危害不大的，可直接根据《刑法》第十三条的规定，认定不构成犯罪①

本书观点：（1）我国《刑法》第十三条的规定，揭示了犯罪应当具有社会危害性、刑事违法性和应受刑罚惩罚性等基本特征，其中社会危害性是犯罪的本质特征，这是认定犯罪的基本依据。某种表面符合刑法分则规定的犯罪构成客观要件的行为，只要它属于《刑法》第十三条规定的对社会危害不大不认为是犯罪的行为，则也就不具有刑事违法性和应受刑罚惩罚性。因此，把握行为的社会危害性程度，是界定罪与非罪的关键。

① 观点来源：《最高人民法院公报》2004 年第 12 期。

（2）被告人在未能补办遗失居民身份证的情况下，雇用他人以本人的真实身份资料伪造居民身份证，供自己在日常生活中使用的行为，虽然违反身份证管理的法律规定，但情节显著轻微，危害不大，根据《刑法》第十三条的规定，应认定不构成犯罪。

有观点认为，《刑法》第十三条“但书”不能作为裁判的直接依据。我们认为，人民法院在审理案件时，如果被告人的行为确实符合“情节显著轻微危害不大”的情形，可以依据《刑法》第十三条规定宣判被告人无罪。《最高人民法院公报》2004 年第 12 期刊登的上海市静安区人民检察院诉张某华伪造居民身份证案，就是例证。该案“裁判摘要”中写道：“被告人在未能补办遗失居民身份证的情况下，雇用他人以本人的真实身份资料伪造居民身份证，供自己在日常生活中使用的行为，虽然违反身份证管理的法律规定，但情节显著轻微、危害不大，根据刑法第十三条的规定，应认定不构成犯罪。”从而表明了最高人民法院的观点。

2. 如何判断一个行为是否构成犯罪?①

本书观点：被告人行为是否构成犯罪，应当从犯罪构成并结合本案的事实和证据进行全面分析。

犯罪构成是指我国刑法规定的，决定某一行为的社会危害性及其程度而为该行为构成犯罪所必需的一切主观要件和客观要件的有机统一。由此看来，犯罪构成的主要特征就是行为的主、客观相统一和社会危害性及其程度。

行为人主、客观相统一是犯罪构成的一大特征。任何犯罪都是主观罪过支配下实施的行为，主观罪过产生于对客观世界的反映，而它产生后在客观上表现为特定行为对社会产生危害作用，而危害社会的行为等客观情况又成为检验主观方面的标准。因此，犯罪的主、客观要件是相互依存、互为前提、缺一不可的，形成了一个相互联系、相互作用又相互制约的有机统一体。

此外，行为的社会危害性及其程度是犯罪构成的另一重要特征。犯罪的本质特征是行为具有严重社会危害性，因此犯罪构成实质上是严重社会危害性的构成。凡是犯罪构成要件的事实特征理所当然地必须反映行为的社会危害性及其程度，这是衡量事实特征成为犯罪构成要件的客观标准。

---

① 观点来源：最高人民法院刑事审判第一庭、第二庭编：《刑事审判参考》2005 年第 3 集（总第 44 集），法律出版社 2006 年版，第 53 – 58 页，乌斯某江、吐某逊故意伤害案。

3. 司法解释可否对“情节显著轻微危害不大的，不认为是犯罪”作详细规定？

本书观点：“情节显著轻微危害不大的，不认为是犯罪”的理解和掌握，应当根据案件的具体情况、社会危害、社会影响、被告人的认识态度等因素确定，很难制定一个统一的标准。但如今，已有许多司法解释就某类案件的认定标准有规定的，应当按照司法解释的相关标准来执行。这些司法解释的规定，主要是：

（1）《最高人民法院关于审理未成年人刑事案件具体应用法律若干问题的解释》（法释〔2006〕1号）有多个条文作了此方面的规定。第六条规定：已满十四周岁不满十六周岁的人偶尔与幼女发生性行为，情节轻微、未造成严重后果的，不认为是犯罪。第七条规定：已满十四周岁不满十六周岁的人使用轻微暴力或者威胁，强行索要其他未成年人随身携带的生活、学习用品或者钱财数量不大，且未造成被害人轻微伤以上或者不敢正常到校学习、生活等危害后果的，不认为是犯罪。已满十六周岁不满十八周岁的人具有前款规定情形的，一般也不认为是犯罪。第九条规定：“已满十六周岁不满十八周岁的人实施盗窃行为未超过三次，盗窃数额虽已达到‘数额较大’标准，但案发后能如实供述全部盗窃事实并积极退赃，且具有下列情形之一的，可以认定为‘情节显著轻微危害不大’，不认为是犯罪：（一）系又聋又哑的人或者盲人；（二）在共同盗窃中起次要或者辅助作用，或者被胁迫；（三）具有其他轻微情节的。已满十六周岁不满十八周岁的人盗窃未遂或者中止的，可不认为是犯罪。已满十六周岁不满十八周岁的人盗窃自己家庭或者近亲属财物，或者盗窃其他亲属财物但其他亲属要求不予追究的，可不按犯罪处理。”

（2）《最高人民法院、最高人民检察院、公安部、司法部关于依法惩治拐卖妇女儿童犯罪的意见》（法发〔2010〕7号）第三十一条规定：多名家庭成员或者亲友共同参与出卖亲生子女，或者“买人为妻”“买人为子”构成收买被拐卖的妇女、儿童罪的，一般应当在综合考察犯意提起、各行为人在犯罪中所起作用等情节的基础上，依法追究其中罪责较重者的刑事责任。对于其他情节显著轻微危害不大，不认为是犯罪的，依法不追究刑事责任；必要时可以由公安机关予以行政处罚。

（3）《最高人民法院、最高人民检察院、公安部、司法部关于依法惩治性侵害未成年人犯罪的意见》（法发〔2013〕12号）第二十七条规定：已满十四周岁不满十六周岁的人偶尔与幼女发生性关系，情节轻微、未造成严重后果的，不认为是犯罪。

（4）《最高人民法院关于审理拒不支付劳动报酬刑事案件适用法律若干问题的解释》（法释〔2013〕3 号）第六条规定：拒不支付劳动者的劳动报酬，尚未造成严重后果，在刑事立案前支付劳动者的劳动报酬，并依法承担相应赔偿责任的，可以认定为情节显著轻微危害不大，不认为是犯罪；在提起公诉前支付劳动者的劳动报酬，并依法承担相应赔偿责任的，可以减轻或者免除刑事处罚；在一审宣判前支付劳动者的劳动报酬，并依法承担相应赔偿责任的，可以从轻处罚。

（5）《最高人民法院、最高人民检察院关于办理敲诈勒索刑事案件适用法律若干问题的解释》（法释〔2013〕10 号）第六条规定：敲诈勒索近亲属的财物，获得谅解的，一般不认为是犯罪；认定为犯罪的，应当酌情从宽处理。被害人对敲诈勒索的发生存在过错的，根据被害人过错程度和案件其他情况，可以对行为人酌情从宽处理；情节显著轻微危害不大的，不认为是犯罪。

（6）《最高人民法院、最高人民检察院关于办理危害药品安全刑事案件适用法律若干问题的解释》（高检发释字〔2022〕1 号）第十八条第一款规定：根据民间传统配方私自加工药品或者销售上述药品，数量不大，且未造成他人伤害后果或者延误诊治的，或者不以营利为目的实施带有自救、互助性质的生产、进口、销售药品的行为，不应当认定为犯罪。

（7）《最高人民法院、最高人民检察院、公安部、司法部关于依法办理家庭暴力犯罪案件的意见》（法发〔2015〕4 号）第十八条规定：对于实施家庭暴力情节显著轻微危害不大不构成犯罪的，应当撤销案件、不起诉，或者宣告无罪。

（8）《最高人民法院、最高人民检察院、公安部关于办理非法集资刑事案件适用法律若干问题的意见》（公通字〔2014〕16 号）第四条规定，为他人向社会公众非法吸收资金提供帮助，从中收取代理费、好处费、返点费、佣金、提成等费用，构成非法集资共同犯罪的，应当依法追究刑事责任。能够及时退缴上述费用的，可依法从轻处罚；其中情节轻微的，可以免除处罚；情节显著轻微、危害不大的，不作为犯罪处理。

（9）《最高人民法院、最高人民检察院关于办理走私刑事案件适用法律若干问题的解释》（法释〔2014〕10 号）第九条第四款规定：不以牟利为目的，为留作纪念而走私珍贵动物制品进境，数额不满十万元的，可以免予刑事处罚；情节显著轻微的，不作为犯罪处理。

（10）《最高人民法院关于贯彻宽严相济刑事政策的若干意见》（法发〔2010〕9号）第十四条规定：宽严相济刑事政策中的从“宽”，主要是指对于情节较轻、社会危害性较小的犯罪，或者罪行虽然严重，但具有法定、酌定从宽处罚情节，以及主观恶性相对较小、人身危险性不大的被告人，可以依法从轻、减轻或者免除处罚；对于具有一定社会危害性，但情节显著轻微危害不大的行为，不作为犯罪处理；对于依法可不监禁的，尽量适用缓刑或者判处管制、单处罚金等非监禁刑。第二十条规定：对于未成年人犯罪，在具体考虑其实施犯罪的动机和目的、犯罪性质、情节和社会危害程度的同时，还要充分考虑其是否属于初犯，归案后是否悔罪，以及个人成长经历和一贯表现等因素，坚持“教育为主、惩罚为辅”的原则和“教育、感化、挽救”的方针进行处理。对于偶尔盗窃、抢夺、诈骗，数额刚达到较大的标准，案发后能如实交代并积极退赃的，可以认定为情节显著轻微，不作为犯罪处理。

（三）疑难、复杂问题的参考性解答

1. 行为构成犯罪，必须同时具备哪些特征？

（1）严重的社会危害性，即行为人通过作为或者不作为对社会造成一定危害。这是犯罪基本特征中的首要特征、本质特征。犯罪行为的表现形式虽然千变万化，但总体上讲，它们都从不同的方面危害我国社会主义的改革和建设事业。

犯罪的社会危害性主要表现在以下四个方面：第一，危害人民民主专政的政权，即社会主义制度的政治基础，如危害国家安全罪；第二，危害国有和集体所有的公共财产，即社会主义制度的经济基础，如破坏生产经营罪等；第三，侵犯公民的人身权利、民主权利和其他权利，如杀人、伤害、强奸罪等；第四，破坏社会主义的社会秩序、经济秩序，如妨害公务罪、制造、贩卖毒品罪等。这四个方面概括地反映了在我国犯罪的社会危害性的基本内容。危害其中的任何一个方面，都是对我国统治关系的侵犯，都是在不同程度上妨害我国社会沿着社会主义道路顺利向前发展。如果只看到犯罪分子给某一个人、某一个单位造成这样那样的损害，而看不到犯罪在总体上对我国社会主义社会关系的危害，是不可能真正认识犯罪的本质的。

社会危害性，从本质上看，是指行为在客观上对刑法保护的利益实际造成或可能造成的危害。它是危害社会的一种行为属性，没有危害社会的行为，就不会有行为的社会危害性。因此，任何有害的思想，只要它没有外化为危害社会的行为，都不是犯罪。这种外化的行为，也不是局限于作为思想的外部表现的纯客观的行为自身，而是包括行为在内，并以行为为中心，由主客观诸因素组成的有机整体。刑法从不承认“思想犯”。

刑法中的社会危害性，具有特殊的性质，即它并不是泛指对社会的一般危害，而仅仅特指达到了严重或者极端程度的危害。正因为如此，对于造成这种程序危害的行为，才施以国家最严厉的强制方法——刑罚的惩罚。

行为的社会危害性的严重程度决定于下列因素：行为侵犯的客体、行为情节、方式、手段、目的、数额、对象、结果、时间、地点、行为人的主观恶性及行为人的年龄、身份、认识能力等，这些因素决定社会危害的程度，是区分犯罪与违法、此罪与彼罪、罪重与罪轻的界限。譬如自首犯、立功犯、未成年犯与累犯、拒不交代罪行者及成年犯相比，主观恶性就比较小，社会危害性也相对要轻。在具有同等客观损害后果的情况下，由于犯罪者主观心理状态、动机、目的的不同，定罪量刑的标准也存在一定的差别。例如，故意犯罪的，处刑就重；过失造成同样结果、危害不大的（譬如造成轻伤等），一般不以犯罪论处，危害较大而依法必须予以定罪的，量刑也要比同种类故意犯罪轻得多。

犯罪的社会危害性从其表现形态上看，可以划分为物质性危害和非物质性危害两种。前者是指能够具体确定和度量的，它是具体有形的物质形态；后者则是指抽象、无形和不能具体测量的，诸如损害国家安全利益，国家机关的威望，公司、企业的信誉，公民的人格、名誉，等等。应该看到，这两种形态的危害并非绝对对立，两者有时会因为一个犯罪行为的实施而同时产生。在其他条件相同的情况下，对两种危害相同并存俱发的犯罪，一般认为社会危害性相对要大一些。

社会危害性的有无和大小，是认定犯罪，区分罪与非罪界限的根本依据。某种行为之所以被认为犯罪，就是因为它具有相当程度的社会危害性。只有把握行为的这种危害性，才能从本质上把握某种行为可以认为是犯罪，而其他行为则不能认为是犯罪。以本质特征为标志，下面的这些行为，不是犯罪行为：第一，排除社会危害性的行为，如正当防卫、紧急避险的行为；第二，有某种社会危害性，但危害性尚未达到犯罪程度的行为，如违反治安管理处罚条例的行为，违反党纪、政纪、军纪的错误行为；第三，“但书”规定，即“情节显著轻微危害不大的，不认为是犯罪”。

（2）具有刑事违法性，即犯罪行为应当是刑法中禁止的行为。犯罪的本质特征是行为具有严重的社会危害性，也就是说，只有当行为危害社会的“量”达到了相当严重的程度时，才能确认它们为犯罪。不过，在社会生活和司法实践中，某一危害社会的行为是否已经达到了“相当严重”的程度，人们的认识则不尽一致。这就需要通过权力机关，以国家立法的形式去加以规定。刑法根据社会上各种行为的社会危害性程度，有选择地宣布某种行为是犯罪并作出相应的规定，这就使犯罪在严重危害性特征之外，又派生出第二个重要特征——刑事违法性。

社会危害性是刑事违法性的基础，统治阶级不可能以法律的形式把没有社会危害性的行为宣布为犯罪，也不会将危害性并不严重的行为规定为犯罪。所谓刑事违法性就是指行为的社会危害性超出了一般程度，已触犯了刑法。由于刑事违法性是犯罪不可缺少的法律特征，因此确认某种行为是否犯罪，衡量其社会危害性程度，不能脱离刑法的规定。只有当行为不仅有社会危害性，而且刑法已明确作出规定时，才能认为是犯罪。刑事违法性是定罪的准绳，必须依刑法定罪量刑，有社会危害性而没有刑事违法性的行为不能定罪。在日常生活中，刑事违法性是人们行为的戒律标准，告诉人们什么行为是触犯刑律的犯罪行为。刑事违法性不仅指违反刑法，还包括全国人大常委会颁布的特别刑事法规，以及民事、行政、经济法规中的刑法性规范等。刑事违法性不仅指违反刑法分则，也包括违反刑法总则。

违反刑法是犯罪行为区别于其他违法行为的一个必要特征。犯罪也是违法行为，但不是一般违法行为，而是违反刑法、触犯刑律的行为，是刑事违法行为。违法虽然具有一定的社会危害性，但并不都是犯罪，只有违反刑法的才构成犯罪，例如，盗窃、诈骗少量财物，属于违反治安管理处罚条例的行为；只有盗窃、诈骗公私财物数额较大的，才构成刑法中的盗窃罪、诈骗罪。一般的走私，属于违反海关法的行为；而走私情节严重的，则构成刑法中的走私罪。一般的干涉婚姻自由，属于违反婚姻法的行为；而暴力干涉婚姻自由，则是刑法所禁止的犯罪行为。如此等等。

（3）具有应受刑罚惩罚性，即危害社会的行为不仅要达到触犯刑事法律规范的严重程度，而且必须是应当依照刑法规定给予刑罚处罚的，才属于犯罪。这就使犯罪行为又具有了应受刑罚惩罚性的特征。应受刑罚惩罚性是犯罪的第三个基本特征，也是犯罪与其他违法行为及不道德行为的基本区别。这说明，犯罪与刑罚是紧密地联系在一起的。刑罚是对犯罪行为社会危害性程度的一种评价，在通常情况下，刑罚重的，说明该种社会危害性较大；刑罚轻的，则说明社会危害性相对较小。危害社会的行为，只要触犯了刑事法律规范，构成了犯罪，在通常情况下，就需要采用刑罚的方法予以及时制裁。只有这样，才能使犯罪人得到应有的惩罚和改造，使广大公民和国家的、社会的利益得到有效的保护。而从另一方面来看，给予刑罚处罚的行为，也必须是已经构成犯罪的行为。民事违法行为要承担民事责任，如排除妨碍、返还财产、赔偿损失、支付违约金等。行政违法行为要受行政处罚，如罚款、行政拘留等；或者要受行政处分，如警告、记过、降职、撤职、开除公职等。对于违反刑法的犯罪行为来说，则要承担刑罚处罚的法律后果。犯罪是适用刑罚的前提，刑罚是犯罪的法律后果。犯罪行为应当受到刑罚的处罚，是行为的社会危害性和刑事违法性的法律后果。正因为行为具有一定的社会危害性，并且触犯了刑律，才应当受到刑罚的惩罚。

2. 如何正确理解和掌握《刑法》第十三条规定的“但书”条款?

《刑法》第十三条在规定了犯罪的概念后，又规定“但是情节显著轻微危害不大的，不认为是犯罪”。这一规定，是对犯罪概念的补充，从而使犯罪概念更具有周密性和科学性。“但书”部分的规定不是可有可无的，是犯罪概念的重要组成部分，是从反面来说明什么行为不是犯罪，应该说这是对犯罪概念的补充，将罪与非罪的界限明确划分开来。

对“但书”应作如下理解：

（1）这里所规定的“不认为是犯罪”的行为，必须同时具备“情节显著轻微”和“危害不大”这两个条件。对于这类问题，应综合考虑主客观因素，依照刑法的具体规定加以判断和认定。一般而言，所谓“情节显著轻微”，是指透过犯罪事实所体现出来的行为特征排除了犯罪的严重性，无论事实特征还是行为特征都属于轻微的违法，这是构成情节显著轻微的基本前提。认定情节是否轻微的事实特征较多。例如，行为对客体或犯罪对象没有多大破坏；行为实施的时间、地点和手段不完全支持犯罪的成立；行为的结果不严重或者数额较小；不是出于故意；是由于正当防卫或紧急避险或事出有因实施某一行为等因素，都可以作为认定情节轻微的依据。所谓“危害不大”，主要是指行为所产生或可能产生的社会危害性较小。情节显著轻微和危害不大这两个方面都可能从同一过程的事实特征中反映出来，一般来说，情节显著轻微的行为对社会的危害就相对较小。但行为危害性的大小并不必然反证出行为的情节显著轻微。因为行为的情节是客观化的行为事实，是可以用证据加以证明的法律事实特征；而危害性则是行为对社会产生的和可能会产生的影响，它所体现的更多是社会意义上的而不是法律意义上的。所以，“但书”将二者并列为确定罪与非罪的界限是有一定道理的。“情节显著轻微”和“危害不大”这一规定是划分罪与非罪的总的法律标准，在划分罪与非罪时，要特别注意将一般违法行为与犯罪区别开来。

（2）规定“不认为是犯罪”，是指刑法认为不构成犯罪，而不能理解为已经构成犯罪，而不作为犯罪来论处。即从本质上来说，不具有或不全部具有犯罪的三个基本特征。

（3）要把“但书”与免予刑事处罚区别开。《刑法》第三十七条规定：“对于犯罪情节轻微不需要判处刑罚的，可以免予刑事处罚……”这里所说的“情节轻微”，不仅与“但书”规定的“情节显著轻微危害不大”在程度上有很大差别，而且二者在性质上也完全不同。“但书”规定是完全不构成犯罪的情况，而第三十七条规定是已构成犯罪，但情节轻微，不需要判刑的，可以免予刑事处罚的情况。还要注意把认定是否构成犯罪所依据的情节与作为量刑的情节区分开来，前者是划分罪与非罪的依据，后者是决定刑罚轻重的依据。

3. 如何理解犯罪构成要件？

本条犯罪的概念是区分罪与非罪的总标准，但具体到每一个罪名，是否构成犯罪仍需根据犯罪构成来确定，犯罪构成是确定罪与非罪的具体标准。犯罪构成要件是犯罪构成的组成部分。要件的有机统一形成犯罪构成。犯罪构成要件是由刑法总则与分则统一规定的，而不是仅由分则条文规定。因此，不能认为分则条文都完整地规定了犯罪构成要件。例如，各种犯罪的故意内容，必须同时根据分则对客观构成要件的描述和刑法总则的规定予以确定。

犯罪构成要件一般包括四个方面：

（1）犯罪主体方面。即犯罪是由何人所实施，犯罪主体必须是具有承担刑事责任能力的人。在司法实践中，各种具体犯罪的主体情况尽管千差万别，但作为自然人犯罪，其共同之处都必须是达到刑事责任年龄、具有刑事责任能力的人。单位犯罪，也应具备一定的主体资格。

刑事责任年龄是行为人应对自己的犯罪行为负刑事责任的年龄。依照《刑法》第十七条规定，已满十六周岁的人犯罪，应当负刑事责任，为完全负刑事责任年龄。已满十四周岁不满十六周岁的人，犯故意杀人、故意伤害致人重伤或者死亡、强奸、抢劫、贩卖毒品、放火、爆炸、投放危险物质罪的，应当负刑事责任，是相对负刑事责任年龄。已满十二周岁不满十四周岁的人，犯故意杀人、故意伤害罪，致人死亡或者以特别残忍手段致人重伤造成严重残疾，情节恶劣，经最高人民检察院核准追诉的，应当负刑事责任。已满十二周岁不满十八周岁的人犯罪，应当从轻或者减轻处罚。因不满十六周岁不予刑事处罚的，责令他的家长或者监护人加以管教；在必要的时候，也可以由政府收容教养。不满十二周岁，无论实施何种危害社会的行为，都不负刑事责任，为完全不负刑事责任年龄。

刑事责任能力，是指行为人对自己行为的辨认能力与控制能力。辨认能力，是指行为人认识自己特定行为的性质、结果与意义的能力；控制能力，是指行为人支配自己实施或者不实施特定行为的能力。辨认能力与控制能力密切联系。辨认能力是控制能力的基础和前提，没有辨认能力就谈不上有控制能力。控制能力则反映辨认能力。有控制能力就表明行为人具有辨认能力。但在某些情况下，有辨认能力的人可能由于某种原因而丧失控制能力。所谓具有刑事责任能力，是指同时具有辨认能力与控制能力。如果缺少其中一种能力，则属于没有刑事责任能力。达到刑事责任年龄的人通常具有刑事责任能力，但根据《刑法》第十八条、第十九条规定，精神病人在不能辨认或者不能控制自己行为的时候造成危害结果，经法定程序鉴定确认的，不负刑事责任，但是应当责令他的家属或者监护人严加看管和医疗；在必要的时候，由政府强制医疗。间歇性的精神病人在精神正常的时候犯罪，应当负刑事责任。尚未完全丧失辨认或者控制自己行为能力的精神病人犯罪的，应当负刑事责任，但是可以从轻或者减轻处罚。醉酒的人犯罪，应当负刑事责任。又聋又哑的人或者盲人犯罪，可以从轻、减轻或者免除处罚。

此外，某些特殊犯罪的主体必须是特定身份的人，如贪污罪等。其原因是：有些犯罪只能由特殊身份的人才能实施，如徇私枉法罪，只能由司法工作人员实施；有些犯罪行为只有特殊身份的人实施，其行为才能达到值得刑罚处罚的程度，如侵犯少数民族风俗习惯的行为，只有国家机关工作人员实施其后果才更严重；为保护特定法益，将某种犯罪作为加重类型而规定特殊身份，如职务侵占罪之外另设的贪污罪；有些不作为性质的犯罪，相关法律对特定身份的人规定了作为义务，故该特定身份的人不履行相应法律义务，才能构成不作为犯罪。

（2）犯罪客体方面。即犯罪行为侵害的刑事法律所保护的社会关系。如果行为人侵害的不是刑事法律保护的社会关系，而是民事法律或行政法律保护的社会关系，这种行为不能构成犯罪，行为人也不负刑事责任，而负民事责任或行政责任。

犯罪客体是犯罪构成的必要要件。没有一个犯罪是没有犯罪客体的。犯罪之所以具有社会危害性，首先是由其所侵犯的犯罪客体决定的。一个行为不侵犯任何客体，不侵犯任何社会关系，就意味着不具有社会危害性，也就不能构成犯罪。

本条所规定的国家主权、领土完整和安全，人民民主专政的政权、社会主义制度，社会秩序和经济秩序，国有财产或者劳动群众集体所有的财产，公民私人所有的财产，公民的人身权利、民主权利和其他权利等社会关系，一旦为犯罪行为所侵犯，就成为犯罪客体。

犯罪客体分为三种，即一般客体、同类客体、直接客体。这三者是按照犯罪所侵犯的社会关系的范围所作的不同层次的概括，是一般与特殊、整体与部分的关系。一般客体，是指一切犯罪所共同侵犯的客体，即我国刑法所保护的整个社会主义社会关系；同类客体，是指某一类犯罪所共同侵犯的客体，即刑法所保护的社会主义社会关系的某一部分或者某一方面，如危害国家安全罪的同类客体是国家主权、领土完整和安全等；直接客体，是指某一种犯罪所直接侵犯的具体的社会主义社会关系，即刑法所保护的社会主义社会关系的某个具体部分，如故意杀人罪的直接客体是他人的生命权利。一般来说，犯罪直接客体只能是一个，理论上称为单一客体，这是指一种犯罪行为只直接侵犯到一种具体社会关系，如盗窃罪、杀人罪。但也有犯罪行为直接侵犯到两种以上具体社会关系，如抢劫罪，不仅侵犯公、私财产关系，而且直接侵犯他人的人身权利。犯罪行为侵犯两种客体的，是复杂客体。

犯罪客体是抽象的，它总是通过一定的载体表现出来，这一载体就是犯罪对象。犯罪对象是指犯罪行为直接作用的物或者人。犯罪分子的行为作用于犯罪对象，就是通过犯罪对象来侵犯一定社会关系的。犯罪客体与犯罪对象是两个既有联系又有区别的概念。犯罪客体与犯罪对象的区别主要有以下四点：第一，犯罪客体决定犯罪性质，犯罪对象则未必。犯罪对象本身不是社会关系，而是具体物或者具体人。犯罪对象只有通过其所体现的犯罪客体才能确定某种行为构成什么罪。比如，同样是盗窃枕木，某甲盗窃的是备用的枕木，某乙盗窃的是正在使用中的枕木，那么前者只构成盗窃罪，后者则构成破坏交通设备罪，两者的区别就在于犯罪对象所体现的社会关系不同。第二，犯罪客体是任何犯罪构成的要件，犯罪对象则不一定是任何犯罪都不可缺少的，它仅仅是某些犯罪的必要要件。比如，伪造证件罪，必须有伪造出来的证件，否则就不可能构成此罪。但是，像偷越国（边）境罪，就没有犯罪对象可言；参加黑社会性质组织罪，也没有犯罪对象可言。第三，任何犯罪都会使犯罪客体受到危害，而犯罪对象却不一定受到损害。例如，某家电视机被盗，所侵犯的是主人对电视机的所有权关系，而电视机本身则未必受到损害。相反，盗窃犯总是要把电视机保护好，才能销赃或者自用。第四，犯罪客体是犯罪分类的基础，犯罪对象则不是。刑法分则规定的十类犯罪是根据犯罪客体来划分的，如果按犯罪对象则无法分类。因为同样的对象可能分属于不同类别的犯罪。例如，同是公共财产，盗窃、诈骗的，属于侵犯财产罪；如果贪污、受贿的，属于贪污、受贿罪，因为它不仅侵犯了公共财产所有权，而且侵犯了国家工作人员职务行为的廉洁性。由此可见，犯罪对象不能成为犯罪分类的根据与标准。

（3）犯罪主观方面。亦称犯罪主观要件或者罪过，指行为人对其所实施的犯罪行为在主观上存在故意或过失的心理状态。主观方面一般有故意和过失这两种基本形式，以及犯罪目的和犯罪动机这两种心理要素。

犯罪主观方面的内容，是由认识因素和意志因素这两大部分内容构成的。认识因素是指行为人对事物及其性质的认识和分辨情况。意志因素是指行为人根据对事物的认识，决定的控制自己行为的心理因素。根据我国刑法规定，意志对于危害行为和危害结果起支配和控制作用，表现为四种形式，即希望、放任、疏忽、轻信。

犯罪目的，是指行为人希望通过自己所实施的犯罪行为达到某种危害社会结果的心理态度，即某人对某种危害结果所持的希望、追求的心理。犯罪目的对犯罪目标的直接指向性，说明了具有犯罪目的的罪过必须具有直接追求性。只有直接故意，才能具有犯罪目的。

犯罪动机，是指刺激行为人实施犯罪行为以达到犯罪目的的内在冲动或者内心起因，目的则是行为人在一定的动机推动下希望通过实施某种行为来达到某种结果的心理态度。犯罪动机产生于犯罪目的之前，犯罪目的形成于犯罪动机之后。同一种犯罪的目的相同，而犯罪动机则可能有所不同。同一种犯罪动机可以导致几种不同的犯罪目的。我国刑法对犯罪动机没有明文规定，因此，它不是犯罪构成的必备要件。但是，我国刑法分则不少条文规定了情节严重，情节恶劣或情节轻微，犯罪动机无疑是能说明情节的重要因素之一。

每种犯罪都必须具有一定形式的主观要件，行为人的行为在客观上虽然造成了损害结果，但不是出于故意和过失，则不构成犯罪。

（4）犯罪客观方面。犯罪行为在客观上的外在表现，说明行为的社会危害性。犯罪客观方面的内容，主要有危害行为、危害结果、刑法因果关系及犯罪的时间、地点和方法等。依据他们在犯罪构成中的不同地位，犯罪客观要件可以分为共同要件和非共同要件两类。

共同要件——危害行为是在一切犯罪构成中均具备的要件，缺少这种要件，就没有犯罪构成，也就不成立任何种类、任何形态的犯罪。危害行为是指行为人在主观心理的支配下实施的危害社会的为刑法所禁止的行为，一般分为作为和不作为。所谓作为，就是指行为人用积极的动作来实施的危害社会的行为，作为是犯罪中最常见的一种形式，许多犯罪也只能表现为作为的形式，如果行为人不采取积极的行动，那么犯罪意图就不可能实现。所谓不作为，就是指行为人有义务并且能够实行某种行为，消极地不去履行这种义务，因而造成严重的危害后果的行为，所以，不作为是人的一种消极行为。刑法上的不作为，必须具备以下条件：第一，行为人负有实施某种行为的特定义务。一般来说，这种义务是根据以下几个方面具体确定的：其一，法律明文规定的义务。其二，职务上或者业务上要求履行的义务。其三，由行为人已经实施的行为所产生的责任。第二，行为人有可能履行这种特定义务。第三，行为人不履行特定义务而引起危害社会的结果。以不作为形式构成犯罪，在司法实践中比较少见，在刑法分则中，只能以不作为形式构成的犯罪，只有少数几种，另外，有的犯罪既可以由作为形式构成，又可以由不作为形式构成。

非共同要件——在部分犯罪构成中具备的要件。危害社会的结果，是指危害社会的行为对我国刑法所保护的社会关系所造成的损害，是绝大多数犯罪构成的必要要件。刑法上的因果关系是指人的危害行为与危害结果之间存在的引起与被引起的关系。当某种危害社会的结果已经发生，要使行为人对这一结果负责任，就必须查明这一结果是由该人的行为所造成的，也就是说，要确定行为人的行为与危害结果之间存在刑法上所要求的因果关系。如果缺少这种因果关系，就不能使行为人对这一结果负担刑事责任。犯罪的时间、地点和方法，都是犯罪客观方面的选择要件，任何犯罪都是在一定时间和地点，采取一定的方法实施的，但是，我国刑法分则规定的大部分犯罪都不以一定的时间、地点和方法为要件。在法律明文规定的条件下，是否具有法律要求的时间、地点和方法，是划分罪与非罪的重要标准。

二、故意犯罪和过失犯罪

（一）刑法规定

第十四条 明知自己的行为会发生危害社会的结果，并且希望或者放任这种结果发生，因而构成犯罪的，是故意犯罪。

故意犯罪，应当负刑事责任。

第十五条 应当预见自己的行为可能发生危害社会的结果，因为疏忽大意而没有预见，或者已经预见而轻信能够避免，以致发生这种结果的，是过失犯罪。

过失犯罪，法律有规定的才负刑事责任。

（二）典型或常见问题的审理思路

1. 如何正确认定过失犯罪？①

本书观点：（1）关于过失犯罪。《刑法》第十五条第一款规定：“应当预见自己的行为可能发生危害社会的结果，因为疏忽大意而没有预见，或者已经预见而轻信能够避免，以致发生这种结果的，是过失犯罪。”犯罪过失包括疏忽大意的过失和过于自信的过失两种。

疏忽大意的过失是指行为人应当预见自己的行为可能发生危害社会的结

① 观点来源：最高人民法院刑事审判第一、二、三、四、五庭编：《刑事审判参考》（2002 年第 5 集，总第 28 集），穆某祥被控过失致人死亡案。

果，由于疏忽大意而没有预见的心理状态。构成疏忽大意的过失须具备三个要件：①行为人应当预见自己的行为可能发生危害社会的结果。所谓应当预见，其一是指行为人有预见的义务，这种预见的义务或者来自法律和各种规章制度所规定的共同生活规则，或者来自社会多年积累形成的普遍认知。其二是指行为人当时具有预见的能力（可能）。行为人是否应有预见的能力，应结合行为人本身的身心状况、知识经验、水平和能力等主观条件和行为时的各种客观条件全面考察。只有既具有预见义务又具备预见能力（可能）的，才能认定行为人应当预见。②行为人没有预见自己的行为可能发生危害社会的结果。③行为人对可能发生的危害结果缺乏认识，没能预见，是由于自己的疏忽大意造成的。

过于自信的过失是指行为人已经预见到自己的行为可能发生危害社会的结果，但轻信能够避免的主观心理状态。也就是说，过于自信的过失必须以实际已经预见为前提，同时又自信依据一定的主客观条件能够避免危害结果的发生。

刑法上的因果关系，是指行为人的危害行为与危害后果之间存在引起与被引起的直接与必然的关系。危害行为是因，危害后果即果。行为人的危害行为与危害结果的因果关系是确定行为人是否应负刑事责任的客观基础，如果危害后果是行为人的危害行为所造成的，且行为人主观上具有罪过，则行为人应负刑事责任，反之，则不负刑事责任。原则上讲，只有当行为人的危害行为对危害结果的发生起直接的决定性作用时，危害行为与危害后果之间才具有刑法上的因果关系。行为人的行为受外部条件的影响而产生危害结果的，如果该外部条件起决定性作用（主要原因力），行为人一般不应对该外部条件引起的危害后果负刑事责任。如甲将乙打成轻伤，乙在医院抢救过程中因救治不当死亡的，甲只对乙轻伤的后果负刑事责任，而对死亡的后果不负刑事责任。

2. 如何判定故意杀人案件中行为人的犯罪故意?①

本书观点：行为人的主观故意是行为人实施犯罪行为时的一种主观心理状态，它包括认识因素和意志因素两个层面。要准确认定行为人的主观故意，首先必须查明行为人的认识状态，即行为人是否对相应犯罪构成要件中的客

---

① 观点来源：最高人民法院刑事审判第一、二、三、四、五庭编：《刑事审判参考》（2005年第3集，总第44集）第38－40页，官某明故意杀人案。

观方面也就是事实有着明确的认识，以此为基础，再考察行为人的意志态度，从而判断行为人是否存在犯罪故意以及何种故意（直接故意还是间接故意）。所以，行为人的认识是刑法归责的要素之一，也是判定行为人主观状态的基础。如果行为人存在已然性认识，即已经对事实有认识，仍决意实施相应行为，则行为人属于明知故犯，具有犯罪的故意；行为人虽然没有认识到事实的存在或者发生，但主观上使自己处于谨慎的注意状态就能够认识事实存在或发生的可能性的，而为相应行为，则行为人属于不知误犯，具有犯罪的过失；如果行为人使自己处于充分的谨慎的注意状态仍然无法认识事实存在或发生的可能性的，就不能对行为人的主观进行非难。行为人的认识是否还包括违法性认识，对此理论界有不同的意见，但按照现行《刑法》第十四条第一款“明知自己的行为会发生危害社会的结果，并且希望或者放任这种结果发生，因而构成犯罪的，是故意犯罪”的规定，对于我国刑法中犯罪故意的主观认识为事实性认识并无争议。一般认为，事实性认识的内容包括以下几个方面：（1）对行为客观方面的认识，即知道自己在干什么。如在走私普通货物案件中，需要行为人认识到自己是在逃避海关监管，携带货物进出国（边）境，如果行为人误认为是在境内而未进出国（边）境，行为人就缺乏对走私普通货物客观方面的认识。（2）对法律所规定的危险或结果的认识，在危险犯或结果犯中，行为人应认识到其行为会产生法律所设定的危险或结果。如行为人因琐事与他人斗嘴并互相推搡，他人因气愤导致心脏病发作经抢救无效死亡，行为人显然无法认识到自己的行为会产生他人死亡的结果，缺乏法律对故意杀人罪所设定的致人死亡的结果的认识，不能成立杀人的故意。（3）对行为对象的认识。当行为的对象成为犯罪的构成要件时，行为人对行为所指向的对象必须有明确的认识，否则，行为人就会因为对其行为指向的对象无认识而不知晓行为所影响的社会关系。比如运输毒品案件中行为人必须认识到其运输的是毒品而非一般药品。（4）对行为的时间、地点和方法、手段的认识。对于某些以一定的时间、地点和方法、手段作为特殊构成要件的个罪来说，行为人必须对行为的时间、地点和方法、手段有明确的认识。如非法捕捞水产品罪，规定了禁渔期、禁渔区及禁止使用的工具、方法等特殊要件，行为人必须对上述事实有明确的认识才能成立该罪的故意。

在故意杀人案件中，对行为人主观故意中认识的界定，无疑也应从上述几个方面进行衡量。首先，行为人应认识到自己是在实施剥夺他人生命的行为；其次，行为人应认识到其行为将会产生致他人死亡的结果；最后，行为人应认识到其行为指向的对象是人而非人的尸体或动物。如果行为人认识到上述三方面的内容，就可以判定行为人主观上具有事实性认识，以此为基础，再结合行为人的意志因素，确认行为人主观上是否存在杀人的故意。

由于认识属于人的主观范畴，因而对行为人事实性认识的判断较难把握。刑法理论关于事实性认识的判断标准主要有以下几种观点：一是纯粹的客观说，认为应根据事实的客观存在来判断行为人的事实性认识，没有必要考虑行为人的主观状况。二是纯粹的主观说，坚持以行为人的主张作为认定行为人事实性认识存在与否的唯一依据。三是合理的客观说，强调如果合理的人能预见产生的结果是其行为的自然的、盖然的结果时，就应该认定被告人也能够预见。四是合理的主观说，认为事实性认识的判断以行为人自身的认识为基础，同时参考一般人的认识。在我们看来，前三种标准或轻视甚至完全排除行为人的主观实际，或过分依赖行为人的主观实际而忽略一般人的情况，追求事物的两个极端，因而欠妥，相比之下，合理的主观说是可取的，因为事实性认识是认定行为人主观故意的基础，当然不能脱离行为人的主观认识，否则就有可能与行为人的实际情况不符，但是，行为人的主观故意最终是由法官来认定的，法官必然要考虑一般人（合理的人）的情况，以一般人（合理的人）能否认识为标准作出基础性的判断，然后根据行为人的具体情况进行修正。

比如，行为人用手捂被害人口鼻和掐被害人的脖子的行为，必然会使被害人窒息并导致被害人死亡，这是生活的常识，社会的一般人都能预见。行为人如果是心智健全、具有完全刑事责任能力的成年人，也必然能预见到该结果。特别是行为人不顾被害人的反抗而决意实施该行为时，其主观上具有故意杀人的事实性认识，积极追求被害人死亡结果的发生，足可以反映出被告人主观上具有非法剥夺被害人生命的故意，其行为完全符合故意杀人法定构成特征。

3. 具有抚养义务的人，因防止婴幼儿外出将婴幼儿留置在与外界完全隔绝的房间，为了满足其他欲求而放任婴幼儿死亡危险的，如何定罪处罚？[①]

本书观点：行为人对被害人负有法定的抚养义务。明知年幼的被害人无

① 观点来源：《最高人民法院公报》2015 年第 1 期（总第 219 期），最高人民法院发布依法惩治侵犯儿童权益犯罪典型案例之二，乐某故意杀人案。

人抚养照料，其不尽抚养义务必将会导致两被害人因缺少食物和饮水而死亡，为了满足其他欲求（如在外沉溺于吸食毒品、打游戏机和上网等），仍然将婴幼儿置于封闭房间内，仅留少量食物和饮水，离家时间长，不回家抚养照料婴幼儿，从而导致婴幼儿因无人照料饥渴而死。因此，行为人主观上具有放任被害人死亡的间接故意，客观上造成婴幼儿死亡的结果，其行为构成故意杀人罪。

需要说明的是，抚育未成年子女不但是人类社会得以繁衍发展所必须遵循的最基本的人伦准则，更是每一位父母应尽的法定义务与责任。个人的文化、受教育程度、经济条件乃至境遇的不同，均不能成为逃避义务的理由。

4. 投毒后造成目标之外他人死亡的，其行为如何定性？[①]

本书观点：投毒后放任目标之外他人死亡的，应当认定为间接故意杀人。

间接故意是指行为人已经预见到自己的行为会导致某种结果发生而放任该结果的发生（结果的发生并不违背其主观意志），而过于自信的过失是指行为人已经预见到自己的行为会导致某种结果发生而轻信可以避免（结果的发生是违背其主观意志的）。二者区分的关键在于是否违背行为人的意愿。在具体案件中，对行为人主观的认定非常复杂，尤其是间接故意和过于自信的过失的区分更加复杂，一般要通过行为人具体的行为来分析其主观心态。投毒后放任目标之外的他人死亡的，其主观心态的认定可以从以下几个方面进行分析：（1）行为人投毒后，食毒人是非特定的。行为人在实施投毒行为时，就应当知道不仅目标人可能食用到毒物，目标之外的他人也是有可能食用到毒物的，但并未因此放弃投毒，故可以认定其对其他人是否服用该胶囊是持无所谓、放任的态度。（2）行为人在投毒后并未继续采取其他有效措施防止目标之外的他人食用毒物这一后果的发生，实际上还是听之任之，放任结果的发生。

5. 如何区分不作为的间接故意杀人和过失致人死亡之间的界限？[②]

本书观点：（1）过于自信的过失与间接故意的根本区别在于：过于自信的过失，行为人不仅不希望发生这种危害结果，而且是完全反对这种结果发

---

① 观点来源：最高人民法院刑事审判第一、二、三、四、五庭编：《刑事审判参考》（2014 年第 4 集，总第 99 集），孙某连故意杀人案。

② 观点来源：最高人民法院刑事审判第一、二、三、四、五庭编：《刑事审判参考》（2005 年第 6 集，总第 47 集），李某、王某兵过失致人死亡案。

生的。行为人预见到危害结果可能发生，但是根据自己的认识和判断相信可以避免危害结果的发生，发生这种危害结果违背其主观意愿，出乎其意料之外。而间接故意，行为人认识到会发生某种危害结果，但对这种危害结果的发生持一种放任态度，既不积极追求，也不设法避免，该结果的发生不违背其主观意愿。

（2）不作为的犯罪以行为人负有某种特定义务并能够履行为前提。即，首先，行为人负有某种特定的义务，这种义务是法律赋予的或是行为人职务或业务上的要求，或者行为人先前行为具有发生一定危险结果的危险而负有的防止其发生的义务；其次，行为人有能力履行该种义务，这种能力包括身体素质、技术条件、环境因素、客观可能等多方面环节。在这种情况下，履行该特定义务是刑法的要求。

（3）被告人李某、王某兵的行为构成过失致人死亡罪。

6. 如何区分疏忽大意的过失与意外事件？[①]

本书观点：意外事件与疏忽大意的过失有相似之处，表现在行为人事实上都没有预见到自己行为的危害结果，客观上又都发生了危害结果。但是，在意外事件中，行为人是不应当预见、不能够预见危害结果的发生，而疏忽大意的过失的行为人是应当预见、能够预见危害结果的发生，只是由于疏忽大意才没有预见。因此，二者区分的关键是判断行为人是否应当预见、能够预见。

疏忽大意的过失通常被称为无认识的过失，行为人没有预见到自己的行为可能发生危害社会的结果，没有预见并非行为人不能预见危害结果，而是在应当预见的前提下由于疏忽大意才没有预见，如果行为人小心谨慎、认真负责，那么就会预见到危害结果的发生。因此，有注意能力未尽注意义务是疏忽大意过失的行为人承担刑事责任的根据。在司法实践中，判断疏忽大意的过失，不是判断行为人是否疏忽大意，而是判断行为人是否应当预见、能够预见，如果应当预见、能够预见而没有预见就表明行为人疏忽大意了。

疏忽大意过失中的注意义务是为一般人所设定的，不需要考虑具体情况。注意义务不仅来源于法律、法令、职务和业务方面的规章制度所确定的义务，

---

① 观点来源：最高人民法院刑事审判第一、二、三、四、五庭编：《刑事审判参考》（2005 年第 3 集，总第 44 集），朱某平过失致人死亡案。

而且包括日常生活准则所提出的义务，即“社会生活上必要的注意”。

预见能力因人而异，有高低大小之分，需要进行具体的判断：（1）判断的基础，应当把行为人的智能水平、行为本身的危险性和行为时的客观环境结合起来。（2）判断的方法，要坚持从客观到主观，把对一般人的注意义务与具体行为人的智能水平结合起来。（3）判断的标准，应当在考察一般人的预见能力基础上充分考虑行为人的具体智能情况。详言之，首先，考察行为人所属的一般人能否预见结果的发生；其次，考虑行为人的智能水平是高于一般人还是低于一般人。如果一般人能够预见，但行为人智能水平低，则不宜认定为过失；如果行为人的智能水平不低于一般人，则可以认定过失；如果一般人不能预见，而行为人的智能水平明显高于一般人，则可以认定为过失。

7. 如何正确区分过于自信的过失与间接故意及疏忽大意的过失与意外事件?①

本书观点：（1）理论上，过于自信的过失与间接故意之间比较容易区分：前者为行为人已经预见到自己的行为后果，轻信能够避免；后者为行为人也已经明知自己行为的结果，但放任该结果发生。两者同时都预见了危害后果，只不过行为人对于伴随结果的发生在意志上有所不同，在间接故意中是放任，在过于自信的过失中是轻信能够避免。根据刑法的规定，在对危害结果的认知因素上，间接故意行为人是认识到危害结果必然或可能发生，过于自信行为人则只是认识到危害结果可能发生。因此，二者在认知因素和意志因素上都有所区别，但关键还是行为人意志上的区别。这种理论上的区分，要落实到司法实践当中往往非常难，因为“无法从其他感性或知性的心理过程中探索出来，因而只能描述它，无法定义它”，需要结合每个案件的具体情况予以认定。

明知自己的行为会发生危害社会的结果，并且希望或放任这种结果发生的，是故意。故意包括认识因素上的明知与意志因素上的希望或者放任两个方面。所以，即使是间接故意的行为人，其主观上也必须对行为的危害结果存在明知程度的认知，如果不明知其行为会发生该危害结果，就不能构成故

① 观点来源：最高人民法院刑事审判第一、二、三、四、五庭编：《刑事审判参考》（2005 年第 3 集，总第 44 集），季某兵过失致人死亡案。

意犯罪。就意志因素方面来说，故意犯罪中，无论是直接故意还是间接故意，危害后果的发生都不违背行为人的意志。而疏忽大意的过失犯罪中不要求行为人明知后果的发生，且危害后果的发生与行为人的意志相违背。

（2）所谓意外事件，是指行为人不是出于故意或者过失，而是由于不能预见或者不能抗拒的原因，导致行为在客观上造成了危害社会的结果。意外事件具有以下三个特征：一是行为人的行为在客观上造成了损害结果；二是行为人对自己的行为所造成的损害结果，主观上既无故意也无过失；三是损害结果的发生是由于不能预见或者不能抗拒的原因所引起的。因此，在意外事件情况下，行为人主观上没有罪过，不负刑事责任，其行为不能认为是犯罪。

意外事件与疏忽大意的过失之间比较容易混淆，关键在于行为人是否有应当预见危害结果发生的义务。疏忽大意过失的行为人对危害结果应当预见而没有预见，即行为人负有预见危害结果的义务，并且也能够预见。而意外事件的行为人则对行为后果不具有预见的义务。判断是否具有预见义务要坚持主客观相统一的原则，综合考虑案发时行为人的心态、年龄、心智、工作经验以及案发时的环境等多种因素。对被告人认知因素的考量，不能仅凭被告人一人的供述，既要考虑被告人的个体因素，也要考虑社会一般人的认知因素。

8. 明知其先行行为可能引发严重危害能采取而不采取积极有效措施予以防止的，如何定性？[①]

杨某某因与被害人谈恋爱而产生矛盾，即购买两瓶硫酸倒入喝水的杯中，随身携带至其就读的洛阳市第一中学。2004 年 10 月 23 日 21 时 40 分许，杨某某在该校操场遇到张某某，两人因恋爱之事再次发生激烈争执，杨某某手拿装有硫酸的水杯对张某某说“真想泼到你脸上”，并欲拧开水杯盖子，但未能打开。张某某认为水杯中系清水，为稳定自己情绪，接过水杯，打开杯盖，将水杯中的硫酸倒在自己的头上，致使其头、面、颈、躯干及四肢等部位被硫酸烧伤。经法医鉴定其伤情为重伤，伤残程度为一级。

分歧意见：行为人放任他人将自己预备的硫酸当作清水倾倒而致残的行为，是否构成不作为犯罪？对此有两种意见：一种意见认为，被害人从被告

---

① 观点来源：最高人民法院刑事审判第一、二、三、四、五庭主办：《刑事审判参考》2007 年第 2 集（总第 55 集），法律出版社 2007 年版，第 6 – 12 页，杨某某故意伤害案。

人手中拿过装有硫酸的杯子，打开杯盖将硫酸往自己身上倾倒的行为系自残行为，被告人没有实施危害行为，其行为不构成犯罪。另一种意见认为，被告人为报复被害人，购买硫酸后带至案发现场，当被害人从其手中拿走装有硫酸的杯子，打开杯盖，将硫酸当作清水倾倒在本人身上时，被告人既不告诉被害人实情，也不采取措施予以阻止，而是放任被害人向自己泼倒硫酸的行为，造成被害人严重伤残的结果，其主观上对被害人伤害后果持放任态度，系间接伤害故意；客观上未履行其因先行行为而产生的避免或排除危害结果发生的特定义务，其行为属于不作为犯罪，构成故意伤害罪。

本书观点：明知其先行行为可能引发严重危害能采取而不采取积极有效措施予以防止的，其行为系不作为犯罪。

（1）杨某某明知其先行行为可能引发严重危害后果，能采取而不采取积极有效措施予以防止，其行为系不作为犯罪。

犯罪行为是指违反刑法规定，其社会危害性达到刑法规定的严重程度的危害行为。根据表现形式的不同，危害行为可以分为作为和不作为两种基本形式。作为是危害行为中最为基本和常见的一种形式，指实施刑法禁止实施的危害行为，即“不应为而为”。不作为是指行为人负有刑法要求必须履行的某种特定义务，能够履行而没有履行的行为，即“应为而不为”。本案被告人杨某某在案件过程中并没有积极主动地去实施刑法禁止实施的危害行为，因此其行为显然不属于作为犯罪。那么，行为人在案件发生过程中，采取的不予告知、不阻止等消极行为是否属于不作为犯罪？对此，我们需要结合不作为犯罪的构成要件进行分析。

第一，不作为犯罪须以行为人负有某种特定义务为前提。这种特定义务通常来源于以下四个方面：法律明文规定的义务、职务上和业务要求的义务、法律行为引起的义务、行为人的先行行为引起的义务。其中先行行为引起的义务是指，由于行为人先前实施的行为，而使刑法所保护的某种法益处于危险状态时，行为人负有采取积极有效措施来排除危险或防止危害结果发生的特定义务。行为人如果不履行这种义务，情节严重或造成严重后果的，就是以“不作为”形式实施的犯罪行为。先行行为的义务是由行为人先前实施的行为派生出来的，至于先前实施的行为是否违法，并不要求。本案被告人杨某某购买硫酸带至学校，持盛有高度危险品硫酸的杯子与被害人发生争执，争执中有“真想泼到你脸上”的语言表露，被害人接过盛有硫酸的杯子、打开杯盖，杨某某上述一系列行为使被害人的人身安全处于一种极度危险的状态，此时，杨某某负有因其先行行为而产生的告诉被害人真相、防止危险发生的义务。

第二，不作为犯罪须是行为人有能力履行特定义务，而没有履行。这种没有履行的方式既可以表现为逃避履行义务的行为，也可以表现为抗拒履行义务的行为。本案被告人杨某某虽然没有直接实施积极伤害被害人身体健康的行为，但在被害人接过盛有硫酸的杯子、拧开硫酸杯盖、将硫酸向自己泼倒的过程中，杨某某对其持硫酸与被害人争执的先行行为，负有告知被害人真实情况、阻止被害人泼倒硫酸以及在泼倒后采取积极有效抢救措施的义务。在此三个阶段中，杨某某完全有时间、有能力履行上述义务，但杨某某采取消极态度不予履行，任由危害后果发生，其行为符合不作为犯罪的第二项构成条件。

第三，被告人的不作为与危害后果间有因果关系。不作为犯罪与危害后果的因果联系在于不作为人的作为能否防止结果的发生。因此，要判断不作为与危害后果间是否有因果关系，只能从危害后果即将发生时来判断，如果行为人实施一定的“作为”，即可以防止危害后果发生；而其不实施“作为”来防止此后果的发生，那么该“不作为”就与危害后果的发生有了必然的因果联系。本案被害人就是在被告人杨某某不告诉其真相的情况下，误将硫酸当作清水向自己泼倒，造成了严重的伤害后果。因此，应当认定杨某某的“不作为”是导致本案危害后果的必然原因，其“不作为”与危害后果间有刑法意义上的必然因果关系。

（2）被告人杨某某对被害人的伤害后果持放任态度，系间接故意犯罪。

犯罪故意是行为人对其所实施的危害社会的行为及其危害结果所持的一种主观心理态度，包括认识因素和意志因素两个方面的内容。犯罪故意的认识因素是指行为人明知自己的行为会发生危害社会的结果的心理态度，即行为人对自己的行为及结果具有社会危害性是有认识的。行为人的认识因素是认定行为人犯罪故意的前提和基本条件。犯罪故意的意志因素是认定犯罪故意的决定性因素。依意志因素形式的不同，犯罪故意分为直接故意和间接故意。直接故意是指行为人明知自己的行为会发生危害社会的结果，并且希望这种结果发生的心理态度。间接故意是指行为人明知自己的行为可能发生危害社会的结果，并且有意放任，以致发生这种结果的心理态度。间接故意的认识因素是指行为人认识到自己的行为可能发生危害社会的结果，而不包括认识到自己的行为必然发生危害社会的结果。如果行为人已认识到自己的行为必然发生危害结果而又决意实施，则不存在放任的可能，当属直接故意。对于案件行为人的主观故意，应当从这两方面来分析，才能正确判断行为人主观上是否存在犯罪故意，以及是直接故意还是间接故意。

本案被告人杨某某多次供述，其因被害人提出断绝恋爱关系而心生怨恨，购买了硫酸随身携带，以此吓唬被害人，其在校学过化学知识，清楚地知道硫酸会对人体造成严重伤害。所以，从认识因素上分析，杨某某对硫酸可能造成严重的人身伤害后果是明知的。当被害人拿过水杯打开杯盖的时候，杨某某明知杯中盛有硫酸，有可能会发生伤人的危害后果，却故意不告知被害人，将被害人置于危险境地；杨某某购买硫酸的同时又购买碳酸钠，其在准备犯罪工具时，知道如何防止或减小硫酸对人体的伤害，但在被害人倾倒硫酸后，行为人并未用预先准备的碳酸钠对其施救，也未采取其他措施以防止或减小危害后果。所以，从意志因素上分析，杨某某对危害结果的发生持放任态度。因此可以判断，被告人杨某某在认识因素和意志因素上均符合间接故意犯罪的主观特征。

综上所述，本案被告人杨某某主观上具有间接伤害他人的犯罪故意，客观上不履行采取积极有效措施以防止危害后果发生的义务，给他人造成了严重的伤害后果，其行为符合故意伤害罪的犯罪构成特征，构成（间接）故意伤害罪。一审、二审法院考虑到本案是中学生因恋爱问题引发，且犯罪时被告人未满 18 周岁，对其从轻判处有期徒刑十年是适当的。

需要指出的是，本案一审判决虽然认定附带民事被告人杨某某和洛阳市第一中学均有过错，应当赔偿附带民事原告人的经济损失，但对二被告人之间的过错责任大小未予划分。以后，对于类似案件，在审理和判决时应当依照民事法律的有关规定，明确区分各附带民事被告人的民事赔偿责任，以便准确确定民事赔偿的数额。

9. 介入原因中断因果关系的条件如何把握？[①]

本书观点：成立中断的因果关系，必须具备以下条件：其一，须有另一

---

① 观点来源：最高人民法院刑事审判第一、二、三、四、五庭主办：《刑事审判参考》2011 年第 2 集（总第 79 集），法律出版社 2011 年版，第 40－48 页，张某抢劫案。

原因的介入；其二，介入原因须为异常原因，即通常情况下不会介入的某种行为或自然力；其三，中途介入的原因须合乎规律地引起最后结果的发生。

刑法上的因果关系从形式上可以区分为简单因果关系、复杂因果关系、中断的因果关系。简单因果关系，是指一个危害行为直接而合乎规律地引起一个或几个危害结果的发生。复杂因果关系，是指两个或两个以上的危害行为共同作用或先后衔接产生一个或几个危害结果。所谓中断的因果关系，是指某种行为引起或正在引起某种危害结果，在因果关系的发展过程中，介入另一原因，如介入了第三者的行为、被害人自身的行为或特殊自然事实等其他因素，从而切断了原因的因果关系，行为人只对另一原因介入前的情形负责，介入原因引起的最后结果与前罪行为之间没有因果关系。成立中断的因果关系，必须具备以下条件：其一，须有另一原因的介入；其二，介入原因须为异常原因，即通常情况下不会介入的某种行为或自然力；其三，中途介入的原因须合乎规律地引起最后结果的发生。其具体判断标准：一是先前行为对结果发生所起的作用大小。作用大，则先前行为与结果有因果关系，反之则无。二是介入因素的异常性大小。过于异常，则先前行为与结果无因果关系，反之则有。三是介入因素本身对结果发生所起的作用大小。作用大，则先前行为与结果无因果关系，反之则有。如甲持生锈刀具刺伤乙的手指，案发后不久公安机关即对乙作出鉴定，认定其伤势为轻微伤。但由于乙缺乏基本常识，未对破伤风情况作出有效预防，最终发生破伤风引发死亡。对此，我们断不会说要认定甲故意伤害致死。又如，甲握拳击伤乙致其脾脏破裂，法医鉴定乙构成重伤。法院最终以故意伤害致人重伤对其处刑。但事隔两年后，乙因始终无法康复并引发其他并发症，导致死亡。我们也不会因此将甲重新送上法庭，判定他当初的伤害行为是故意伤害致人死亡，从而改变量刑。上述两个案例均显示被害人自身的行为对结果发生的作用力较前行为大，故阻断了先前行为与死亡结果的因果关系。

（三）疑难、复杂问题的参考性解答

1. 如何正确理解故意犯罪的概念及种类?

构成我国刑法上的故意犯罪，行为人主观上必须具备认识因素和意志因素两个基本特征。任何犯罪的故意都必须同时存在认识因素和意志因素，且二者之间具有内在联系，即行为人所认识到的结果与所希望或者放任发生的

结果必须具有法定的同一性，意志因素以认识因素为前提。认识内容不同，故意内容就会不同。

认识因素，是指行为人对自己的行为将会对犯罪客体造成的危害结果，事先是有明确预见的。这是构成犯罪故意的前提条件。行为人已认识到自己的行为及其结果的社会危害性，这是任何故意犯罪所必须具备的认识因素，也是犯罪故意区别于心理学上一般故意的根本标志。如果没有这种认识，行为人有意识的行为即使引起了危害结果，也不能构成故意犯罪。没有“明知”，也就不可能有“希望”或“放任”的心理状态。

犯罪故意认识因素所要求明知的内容应是指法律所规定的构成某种犯罪所必需，且需要行为人预先明知的全部构成要件，主要有以下几方面：

第一，必须认识到自己所实施行为的具体内容和危害社会的性质。危害行为在犯罪构成中居于核心地位，没有人的行为，就无所谓犯罪。这种行为不仅直接指向犯罪客体，在客观上危害社会并为刑法所禁止，而且在主观上它是人的意识和意志的外部表现。危害行为的内容主要指行为具体方式，如非法剥夺他人生命、秘密窃取公私财物等。有时，也包括犯罪构成客观方面其他选择性必要要件，如特定时间、地点、手段、方法等。对危害性的认识，只要求认识到行为对社会是有害的即可，而不要求对行为危害性的程度有具体认识。

第二，必须认识到自己行为所指向的、所要侵犯的犯罪直接客体的性质。例如是指向人的生命权利，还是指向人的健康权利。有时，犯罪的直接客体在构成要件中以一定特殊犯罪对象表示出来，行为人对这种特殊对象的性质也必须有认识。例如盗窃枪支罪犯必须知道自己所盗窃的是枪支。如果行为人不了解所窃对象的这种性质，即使客观上在盗窃其他财物时意外地窃取了枪支，也不能认为有盗窃枪支的故意。

第三，必须认识到自己的行为会造成危害社会的结果。即认识到行为会侵犯法律保护的直接客体，对之造成一定的损害，并对行为与结果间的因果联系有明确预见。这种危害结果是指行为对犯罪客体造成的损害，既包括有形结果，也包括无形结果。对因果联系的预见只要求有概括的认识，只要知道某种行为在一定条件下能引起某种结果就可以了，而不要求对因果联系过程的每个无关紧要的环节都有清晰的认识。例如，故意杀人，只要知道开枪后，子弹打到人身上就可能引起他人死亡的后果即可，而不要求行为人必须明知是打在脑袋上致死，还是打在心脏上致死。由于时间、地点、环境条件等因素不同，危害结果的发生，有的是有必然性，有的只有可能性。而对故意犯罪人来说，只要预见到自己行为可能引起危害结果的发生，就已经符合犯罪故意中“明知”要素的要求。需要指出，这种明知，只是行为人主观上的一种认识，至于这种认识与实际情况符合与否，均不影响明知的成立。如果行为人在主观上不可能认识自己的行为会产生某种危害社会的结果，因此，在客观上发生的危害结果就不是受行为人主观意识和意志支配的，行为人对这种危害结果不承担刑事责任。如在实践中，要认定行为人是故意伤害致死，还是故意杀人，就要查明行为人故意的内容，即他认识到什么危害结果，是认识到自己的行为会造成伤害，还是造成死亡。如果是前者，即使客观上出现死亡结果，也不能认定行为人有杀人的故意，只能认定他有伤害的故意，定为故意伤害罪。犯罪都是具体的，犯罪构成的事实特征在不同具体犯罪中不完全相同，因此，研究某种具体犯罪的故意内容时，必须结合该罪构成的具体特征来确定。

意志因素，即“希望或者放任这种结果发生”，这是犯罪故意的另一重要方面。所谓希望，就是积极追求某种危害社会的结果，并通过一系列犯罪活动，促使这种结果的发生。例如，抢劫犯希望把公私财物抢到手，归自己支配；投毒犯希望把人畜毒死。所谓放任，指行为人虽不是积极希望发生某种危害结果，但也不反对、不阻止发生这种结果，而是听之任之，任其发生，漠不关心。这种态度对危害结果的发生，虽然不像希望的态度那样积极追求，但也没有表明行为人确实不希望甚至阻止危害结果发生。即使危害结果发生了，事实上也在他的意料之中，也并不完全违背他的意愿。否则，行为人就不会有放任危害结果发生的态度。

“只有意志因素才真正反映一个人的主观心理态度。”根据故意犯罪的意志因素，犯罪故意分为直接故意和间接故意。

（1）直接故意

直接故意，是指明知自己的行为会发生危害社会的结果，并且希望危害结果发生的心理态度。直接故意是认识因素和意志因素的统一。其特征主要有两个：一是明知行为会发生危害社会的结果。其明知程度，既包括危害结果必然发生，也包括危害结果可能发生。二是希望这种结果发生。这两个特征必须同时具备，缺一不能构成直接故意犯罪。

直接故意的认识因素，是指行为人对自己行为会发生危害社会的结果是明知的：不仅明知自己行为的内容和社会意义，也明知自己的行为必然或可能会发生某种危害结果，包括实害结果和危险结果。“明知”包括必然和可能两种情况，所以直接故意又可以分为两种基本形式：一是明知自己的行为必然会发生危害社会的结果，并且希望这种结果的发生。二是明知自己的行为可能会发生危害社会的结果，并且希望这种结果的发生。不论行为人的预见是属于必然还是属于可能，只要行为人对自己的行为结果抱着希望发生的态度，都属于直接故意。此外，对特定犯罪，还需要行为人认识到刑法规定的特定事实，如掩饰、隐瞒犯罪所得、犯罪所得收益罪，要求行为人明知自己掩饰、隐瞒的是犯罪所得、犯罪所得收益。

直接故意的意志因素，是希望危害结果的发生。在司法实践中，绝大多数犯罪都是故意犯罪，而在故意犯罪中大多数又属于直接故意犯罪。由于行为人对危害结果的发生抱有希望的态度，因而在犯罪过程中总是通过自己的行为来促使犯罪结果的发生。直接故意犯罪最明显的特征有两点：第一，行为人实施犯罪的目标是明确的，即行为人的活动目的都是使犯罪结果得以实现。第二，在意志因素方面，行为人往往表现出顽强追求的态度，行为人在实施犯罪时即使遇到困难和阻力也会尽力想方设法予以排除。

在直接故意的犯罪中，还包含有犯罪目的和犯罪动机。

①犯罪目的

犯罪目的是指行为人希望通过实施危害行为达到某种危害结果的心理态度。它反映着行为人尚未实现或已经实现某种愿望，或者说，它是危害结果作为观念形态在行为人头脑中的反映。因此，目的的内容就是危害结果。犯罪目的实际上有两种含义：一是在直接故意中，行为人对自己的行为直接发生危害结果的希望（第一种意义的目的）。如直接故意杀人，行为人明知自己的行为会发生他人死亡的危害结果，并且希望他人死亡。这种对他人死亡所持的希望心理，就是其犯罪目的。二是指在故意犯罪中，行为人通过实现行为的直接危害结果后，对某种非法利益（或结果）的进一步追求心理（第二种意义的目的）。例如，破坏集体生产罪，行为人的目的首先是使集体生产遭到破坏，其次是通过这种破坏行为来进一步追求泄愤报复或者其他个人目的。显然，后一种目的是比前一种目的更为复杂、深远的心理态度。在间接故意和过失犯罪中，由于行为人不希望危害结果发生，因而不存在犯罪目的。

犯罪目的是犯罪构成中的选择性要件。在一般情况下，它不是犯罪构成所必需的。但是，当刑法把某种犯罪目的规定在某一个条文中，它就成为某种犯罪的必备要件，此时如不具备其规定的某种犯罪目的，该罪就不能构成。例如，提供虚假财务会计报告罪，必须是有欺骗股东和社会公众的目的，故意提供虚假的财务会计报告，才能构成此罪，其犯罪目的是必备条件，如果不是出于上述目的，仅是一个错误财务会计报告，就不能构成此罪。

犯罪目的在某些犯罪中是区分此罪与彼罪的标准之一。犯罪目的也是支配行为的主观内容之一，因此，在许多情况下，犯罪目的不同，行为的性质就不同，因而罪名不同。例如，同是传播淫秽物品，如果以牟利为目的，就依照《刑法》第三百六十三条定罪量刑；如果没有牟利目的，则依照《刑法》第三百六十四条定罪量刑。

犯罪目的影响量刑。由于犯罪目的在许多情况下影响定罪，在任何犯罪中都能说明行为人主观恶性的大小，因此，犯罪目的不同，行为的社会危害性就产生差异，因而影响量刑。

②犯罪动机

犯罪动机是指刺激、促使犯罪人实施犯罪行为的内心起因或思想活动，它回答犯罪人基于何种心理原因实施犯罪行为，故动机的作用是发动犯罪行为，说明实施犯罪行为对行为人的心理愿望具有什么意义。产生犯罪的动机需要具备两个条件：一是行为人内在的需要和愿望；二是外界的诱因与刺激。

犯罪目的与动机的共性表现在：都是行为人的心理活动，都通过犯罪行为表现出来，都反映行为人的某种需要，有时二者甚至是一致的。其区别在于，动机产生在前，目的产生在后；动机回答行为人实施犯罪行为的心理原因何在，目的回答行为人实施犯罪行为所希望发生的结果是什么；动机不以危害结果为内容，目的以危害结果为内容；同一性质的犯罪，动机可以多种多样，但目的只有一个；不同性质的犯罪，动机可以相同，但目的不相同。

哪些犯罪存在犯罪动机，则取决于对犯罪动机的认识。如果认为犯罪动机是犯罪性动机，或者说是刺激犯罪人实施犯罪行为以达到犯罪目的的内心起因，则只有直接故意犯罪人才能有犯罪的动机。如果认为犯罪动机不是犯罪性动机，只是回答行为人基于何种心理原因实施了犯罪行为，则除了疏忽大意的不作为犯罪以外，其他犯罪都有犯罪的动机。如果考虑犯罪的动机对社会危害性的影响作用，将犯罪的动机作后一种理解，可能要妥当些。

犯罪动机在以情节严重、情节恶劣为要件的犯罪中影响定罪。刑法有许多条文规定，情节严重或情节恶劣是某些犯罪的成立条件，这里的情节包括犯罪动机。如果行为在其他方面虽然没有严重或恶劣情节，但行为人实施该行为的动机十分卑鄙，就可能被认为是情节严重或情节恶劣，因而应以犯罪论处。

犯罪动机也影响量刑。同一犯罪的动机多种多样，不同的犯罪动机能够说明行为人的主观恶性不同，反映出改造行为人的难易程度。对于以犯罪的社会危害性及行为人的人身危险性为根据、以改造犯罪人为目的的量刑来说，犯罪的动机无疑起重要影响作用。

（2）间接故意

间接故意，是指明知自己的行为可能引起某种危害社会的结果，并且放任这种结果发生的心理态度。其特征主要也有两个：一是明知其行为可能发生危害社会的结果，即对结果是否真的会发生处于一种不能肯定的状态中。具体来说，行为人既不能肯定会发生这种危害结果，还是发生那种危害结果；也不能肯定危害结果是发生，还是不发生。间接故意中的认识因素仅限于认识危害社会结果可能发生，而不包括对危害结果必然发生的认识。因为，行为人如果明知危害结果必然发生，也就谈不上对之放任了。二是对危害结果的发生持放任的态度。所谓放任，指行为人在当时情况下，对危害结果是否会真的发生，处于不能肯定的状态中，发生和不发生都有可能。他虽不追求这种结果，但也不排斥、不反对、不设法阻止这种结果的发生，而是对其发生持听之任之，任凭其自然发展的态度，这种结果发生与否，均不违背行为人主观意愿。因此，有的学者又将间接故意称为“容忍的故意”。但是，行为人对实施危害行为的态度是积极的。例如，甲欲烧乙的房屋以杀死乙。甲明知乙母也在屋内睡觉，可能被烧死，他虽不是希望烧死乙母，但却置乙母于不顾，仍然放火。结果乙母被烧死。甲对乙母可能被烧死的结果，即是放任。但他放火的行为却是积极的。

间接故意通常发生在三种情况下：

第一，行为人在实施某种犯罪行为时，同时放任另一种危害结果的发生。例如，甲某为杀妻子，将毒药投入妻子饭碗中。他明知妻子可能会把饭分给孩子吃，孩子吃了带毒药的饭后也会引起死亡，但他杀妻心切，仍然将毒药投入妻子碗中。孩子上学归来分了有毒的饭菜，造成孩子中毒死亡。甲某对孩子可能吃此饭而中毒死亡的结果，虽不希望，但也不防止，而是听之任之，这就是在实施杀害妻子的犯罪时，放任了孩子死亡结果的发生，构成间接故意杀人。

第二，实施一个非犯罪行为时，放任某种犯罪结果的发生。例如，猎人打猎时，发现猎物旁边有个人，明知开枪打猎时，一旦失误就可能打死旁边的人，但因不愿猎物跑掉而坚持开枪，行为人对是否会打死人持放任态度。倘若结果真的将此人打死，即构成间接故意杀人。

第三，行为人对自己的行为是否会引起危害社会的结果，或者可能引起什么样的危害结果，主观上没有明确认识，但对客观上可能产生的任何结果，却抱着无所谓的放任态度。如果造成了危害结果，行为人就应对这种结果负间接故意犯罪的责任。例如，某甲带领一伙流氓同另一个流氓团伙聚众斗殴。斗殴过程中，某甲被对方几个人围起来殴打。他为摆脱困境，一边用左手抵挡，一边用右手持匕首盲目朝周围乱刺，结果扎死一人、重伤一人。在这种情况下，他用匕首向周围方向乱刺对于到底能否刺中人，是刺死人还是刺伤人，并没有明确的认识和追求，但这几种结果都是可能发生的。无论实际出现什么结果，都在某甲主观预见范围内，他也不反对这些结果发生。因此，他对实际上所造成的致人死亡或致人重伤的结果，应负间接故意杀人或间接故意伤害的责任。

（3）间接故意与直接故意的区别

间接故意与直接故意虽同属故意范畴，两者在行为会引起危害结果的发生这一点都是明知的，而且都不反对这种危害结果的发生，但二者也存在一定的区别：

第一，从认识因素上看，两者在明知程度上有差别。

直接故意既可以明知危害结果的必然发生，也可以明知可能发生；而间接故意则只是明知危害结果可能发生。

第二，从意志因素上看，二者对危害结果发生的心理态度显然不同。

直接故意希望即积极追求危害结果的发生。在这种心理支配下，行为人就会想方设法，克服困难，创造条件，排除障碍，积极地甚至顽强地实现犯罪目的，造成犯罪结果。间接故意对危害结果的发生则不是持希望的心理态度，而是持放任的心理态度。在放任心理支配下，行为人就不会想方设法，排除障碍来积极追求犯罪结果的发生，或防止犯罪结果的发生。意志因素上的不同是两种故意区别的关键所在。

第三，对社会的危害程度不同。

由于直接故意在主观上是希望危害社会的结果发生，行为人的主观恶性较大，其社会危害程度，一般要比间接故意严重；间接故意是放任危害社会的结果，行为人的主观恶性相对较小，其社会危害程度一般比直接故意也相对轻些。

第四，特定危害结果的发生与否，对这两种故意及其支配下的行为定罪的意义也不相同。

对直接故意来说，其行为性质与结果性质是同一的，其结果也是特定的，根据主客观相统一的定罪原则，只要行为人主观上有犯罪的直接故意，客观上有相应的行为，即构成特定的故意犯罪，危害结果发生与否不影响定罪，而只是在那些以结果为既遂要件的犯罪里是区分既遂与未遂的标志。对间接故意来说，特定的危害结果可能发生，也可能不发生，结果发生与否都不违背其意志，都包含在其本意中，因而根据主客观相统一的原则，仅有行为而无危害结果时，尚不能认定行为人构成此种犯罪（包括未遂），只有发生了特定危害结果才能认定构成特定的犯罪。例如，在开枪打猎而放任杀伤附近小孩的情况下，未射中小孩不构成间接故意的杀人或伤害。

总之，无论行为人对危害结果发生的明知程度如何，只要是积极希望这种结果发生的，都是直接故意；如果是明知可能发生危害结果而又放任其发生的，就是间接故意。如果行为人虽然主观上并非积极希望发生某种危害结果，但他明知只要实施一定的行为，必然引起这种结果时，仍然坚持实施这种行为，因而发生了这种危害结果的，则仍是直接故意。放任态度只有在对危害结果发生的预见处于不能肯定状态的情况下才能存在。一旦明知某行为必定造成某种结果，还要执意实施该行为，这种行为本身就已显然表明行为人是在积极地追求这种结果，主观上不可能再有“放任”态度。例如，王某为了报复，将一爆炸装置安放在张某床下，晚上趁张某与其小儿子睡觉之际，拉响爆炸装置，将张某与其小儿子当场炸死。王某虽只希望张某死亡，但却明知炸药爆炸后，不但张某肯定被炸死，与张某同在一张床上睡觉的小儿子当然也必死无疑。王某对此有明确认识，仍然拉响爆炸装置，积极促使这种必然结果变成现实，其行为本身已表明他是在追求发生这种结果，而不是放任其发生或不发生。因此王某对张某及其儿子死亡均应负直接故意杀人的责任。

应当说明的是，虽然在理论上将故意分为直接故意和间接故意两种形式，但是法院审理案件，在判决书上并不需要分别定直接故意犯罪和间接故意犯罪，而是统称为故意犯罪就可以了。例如，不论是直接故意杀人，还是间接故意杀人，都定故意杀人罪。因为直接故意和间接故意的概念，在刑法条文上是没有的，区分间接故意和直接故意的目的，在于帮助我们更好地把握犯罪故意的概念和内容。

2. 如何正确理解过失犯罪的概念、特征及种类？

所谓犯罪过失是指行为人应当预见自己的行为可能发生危害社会的结果，因为疏忽大意而没有预见或者已经预见而轻信能够避免的一种心理态度。因过失所致的犯罪即为过失犯罪。犯罪过失的心理态度，不是普通的心理态度，而是与危害社会的结果紧密联系的一种心理态度。如果没有危害社会的结果发生，犯罪的过失也就不存在；但是，如果发生了危害社会的结果，但这种危害结果并未达到法定要求的程度，犯罪过失同样也是不存在的。可见，犯罪过失与之联系的危害社会结果必须是达到一定的程度。犯罪的过失也具有认识因素和意志因素。在不同情况下，行为人的认识因素和意志因素的内容是不同的。从认识因素看，一种是行为人应当认识自己的行为可能发生危害结果，而行为时没有认识；另一种是行为人已经认识其行为可能发生危害社会的结果。从意志因素看，前者之所以没有认识，是因为“疏忽大意”；后者虽然已经认识，之所以发生危害结果是因为“轻信能够避免”。

《刑法》第十五条第一款规定：“应当预见自己的行为可能发生危害社会的结果，因为疏忽大意而没有预见，或者已经预见而轻信能够避免，以致发生这种结果的，是过失犯罪。”这一规定明确地揭示了过失犯罪的基本特征。从刑法的这一定义可以看出，构成我国刑法上的过失犯罪，行为人主观上应当具备注意能力和注意义务两个基本要素。这里的注意能力，是指行为人主观上具备对自己行为的社会危害后果的预见力，是过失犯罪成立的主观条件之一，不管是疏忽大意的过失还是过于自信的过失，行为人首先都必须具备主观上的注意能力。如果行为人缺乏自己主观上的注意能力，在定罪时就可能导致客观归罪，将一些无罪过的行为按照过失犯罪论处。因此，司法实践中认定过失犯罪，如何正确判断行为人是否具有注意能力是十分重要的。这里的注意义务，是指行为人对自己行为的危害后果负有刑法上的特定义务，作为时应当注意自己的行为有无对社会的危害，不作为时应当注意自己是否没有履行法律规定的某种特定义务。

过失犯罪的主要特征是：

第一，行为人的认识能力与实际认识不一致。在疏忽大意的心理状态下，行为人对其行为可能发生的危害结果，具有认识能力，并且也能够避免危害结果发生，但是，因为疏忽大意，实际上在行为时却没有认识，以致发生了危害结果，而构成犯罪。在过于自信的心理状态下，行为人对其行为可能发生危害结果已有认识，并且也能够防止这种结果的发生，但是，因为轻信能够避免，行为时过高地估计了自己防止危害结果发生的能力和条件，以致发生了这种结果，构成了犯罪。

第二，行为人的应为行为与实际所为行为不一致。在疏忽大意的情况下，行为人本应知道自己应该做什么，但是由于认识上的错误，却实施了不应当实施的行为。在过于自信的情况下，行为人本来已知道自己应当做什么，但是由于过于自信，错误地估计了自己的力量和外部条件，以致实施了不应当实行的行为。总之，都是应为与所为不一。

第三，行为人的主观愿望与客观效果不一致。过失犯罪是以发生法定的危害结果为构成要件的。但是行为人主观上又是不希望，也不放任危害结果发生的，或者说，这种结果的发生是违背其本意的。因此，对过失犯罪来说，行为人在其意志支配下实施的行为，所造成的客观危害结果，却是他所不希望发生或者是没想到会发生的。换言之，行为人的主观愿望与客观效果是不一致的。过失犯罪总是以行为人的认识错误为前提。错误的认识，导致了错误的行为；错误的行为，造成了违背行为人意愿的危害结果。

一般认定构成过失犯罪，应当具备以下条件：

第一，过失犯罪情况下，行为人对危害结果的发生既不追求，也不放任，而是应当预见而没有预见，或已经预见却轻信能够避免，主观上根本反对发生这种危害结果，因而主观恶性较故意犯罪要小得多。

第二，过失犯罪只有当行为已经给社会造成危害结果的情况下，才能构成犯罪。如果没有造成严重后果，就不存在过失犯罪。

第三，过失犯罪，只有在刑法分则条文有明确规定的情况下，才能负刑事责任。如果刑法分则条文没有规定，无论某一过失行为危害程度如何，都不能构成犯罪。例如，过失毁坏公私财物，只要行为没有危及公共安全，无论毁坏财物价值多么大，都不能以毁坏公私财物罪论处。

从《刑法》第十五条第一款的规定中可以明了地看出，我国刑法将过失犯罪明确地划分为两种类型，即疏忽大意的过失犯罪和过于自信的过失犯罪。

（1）疏忽大意的犯罪过失

疏忽大意的过失，是指行为人应当预见自己的行为可能造成危害社会的结果，因为疏忽大意而没有预见，以致发生这种结果，从而构成犯罪时的主观心理态度。

疏忽大意的过失具有两个主要特征：

第一，行为人应当预见到自己的行为可能引起危害社会的结果。

如果根本不应当预见，行为人主观上就没有罪过，也就没有刑事责任。所谓应当预见，是指行为人负有预见危害结果发生的义务、责任。这种预见责任，通常是国家对公民提出的职务上的要求或者法律上的义务。每个公民，只要是有某种特定职务或具备了法律所要求的条件，就具有与这种职务或法定条件相应的预见义务。

判断行为人对自己的行为所发生的危害结果应不应当预见的标准是什么，理论界看法不一致。一种是客观标准。主张以社会上一般人的水平为标准来衡量。就是在某种具体情况下，一般理智正常的人能够预见到的结果，行为人就应当预见到。如果对该种结果的预见需要有一定专门知识，那么，只要对这种专业知识具有一般正常水平的人所能预见到的，行为人也应该预见到。另一种是主观标准。就是在某种具体情况下，根据行为人的自身条件，如年龄、发育状况、知识水平、教育水平、工作经验、技术熟练程度等条件，能够预见自己行为可能产生危害结果的，那么，对行为人来说，就是应当预见。还有一种观点是以主观说为主的主客观结合说。即原则上应以主观说为判断应当预见的标准，但是，如果行为人预见能力特别强，超出了一般人认识水平时，应以一般人应否预见作为判断行为人是否应当预见的标准。

我们认为，应当根据主客观相统一的原则来解决这个问题。首先，应当把行为人的知能水平，与行为本身的危险程度以及行为时的客观环境结合起来考虑。有些行为人，按其本身的知能水平来说，能够预见危险程度高的行为可能发生危害结果，但不能预见危险程度低的行为可能发生危害结果；有些行为人，在一般条件下能够预见某种行为可能发生危害结果，但在某种特殊条件下，受客观环境的限制，却不能预见某种行为可能发生危害结果。例如，在油库划火柴抽烟的危险性很大，在稻谷仓库划火柴抽烟的危险性相对小一些。故实施前一行为的人预见发生火灾的可能性就大，应当预见的义务就高。又如，白天在有人通行的地方锯树，就能预见致人死亡；但夜间在没人通行的地方锯树，就难以预见致人死亡。离开行为本身的危险程度与行为时的客观环境，仅仅考虑行为人的知能水平，显然不能得出正确结论。

其次，应当把行为人的知能水平与客观要求联系起来进行考虑。法律、法令、规章、准则，给人们提出了客观要求，提出了预见义务。但如前所说，这种预见义务是针对一般人提出来的（如果是特殊行业中的预见义务，则是针对该行为中一般人提出的义务），判断行为人能否预见，就要将行为人的知能水平与这种客观要求联系起来，看行为人所具有的主观能动性，是否达到了足以符合客观要求的程度。如果一般人能够根据客观要求预见危害结果，而行为人知能水平决定了他不能根据客观要求预见危害结果时，行为人就是不应当预见危害结果；反之，如果一般人不能根据客观要求预见危害结果，而行为人的知能水平决定了他能够根据客观要求预见危害结果时，行为人就是应当预见危害结果。

刑法要求疏忽大意过失犯罪的行为人必须是应当预见自己的行为可能发生危害社会的结果，这里的“危害社会的结果”，只能在法律规定的范围内理解。因为过失犯罪中的危害结果是构成要件，构成要件是由刑法规定的，故这里的危害社会的结果，只能是刑法分则对过失犯罪所规定的具体的犯罪结果。例如，过失杀人时，行为人所应当预见的是自己的行为可能发生致某人死亡这一具体的结果。当然，所谓具体的结果又是相对的，在危害公共安全的过失犯罪中，行为人所应当预见的结果不一定是很具体的结果，但也必须是刑法分则所要求的结果。因此，过失犯罪的结果法定性，决定了行为人所应当预见的具体的危害结果。

第二，行为人由于疏忽大意而没有预见到自己的行为可能发生危害社会的结果。

所谓没有预见，是指行为人在行为的当时，对自己的行为所可能导致的危害结果以及自己的行为与危害结果之间的因果关系，主观上没有认识到。没有预见在作为或不作为的场合都可能发生。前者如电焊工违反防火规定，在禁止明火作业区烧电焊引起火灾。后者如锅炉工，违反劳动纪律擅离岗位，致使锅炉烧干引起爆炸事故。在行为当时条件下，客观上也确实存在可以供行为人借以预见危害结果发生所需要的各方面条件，也即客观上具有预见结果发生的可能性。在这种情况下，行为人只要尽到自己的应有注意义务或责任，将自己注意力的指向集中于自己所应当注意的事物或情况，就完全能够预见到危害结果可能会发生。行为人此时之所以没有预见到，是因为他没有尽到注意义务，这是由于粗心大意，马马虎虎，不认真负责而引起的。正因为如此，行为人才应当对所引起的危害结果承担责任。因此，疏忽大意是这种犯罪过失心理的重要特征，也是惩罚疏忽大意的过失犯罪的主观根据。法律规定惩罚这种过失犯罪，从客观方面看是因为行为人给社会造成了实际危害后果；从主观方面看，就是要惩罚和警诫这种对社会利益严重不负责任的疏忽大意的心理，防止疏忽大意过失犯罪的发生。例如，战士某甲擦枪时，忘记验枪，以致没有及时发现早些时候装入枪膛中的子弹，结果在擦枪过程中不慎走火，将旁边一位战士打死。作为一名军人，某甲是了解擦枪前必先验枪这一操作规程的。但在擦枪时，他由于粗心，恰恰忘记了这一点，因而造成了危害结果，就构成疏忽大意的过失致人死亡罪。

总之，有责任、有义务预见与可能预见是构成疏忽大意中的“应当预见”所不可缺少的两个方面。如果没有预见责任或义务，即使能够预见，也不能视为“应当预见”。如果虽有预见责任或义务，但在具体情况下确实不存在对特定危害结果的预见条件，即不存在预见可能性时，也不能视为“应当预见”。只有在既有预见责任或义务，也有预见可能的情况下而没有预见已经发生的危害结果时，才可能构成疏忽大意的过失犯罪。

（2）过于自信的犯罪过失

过于自信的过失，是指行为人已经预见自己的行为可能发生危害社会的结果，但轻信可以避免，以致发生这种结果，从而构成过失犯罪时的主观心理态度。过于自信的过失有两个特征：

第一，在认识因素上，行为人已经预见到自己的行为可能发生危害社会的结果。如果行为人行为时根本没有预见到自己的行为会导致危害结果，则不属于过于自信的过失，而有可能属于疏忽大意的过失或意外事件；如果行为人预见到自己的行为必然发生而不是可能发生危害社会的结果，则属于犯罪直接故意的心理态度，而不是过于自信的过失。

第二，在意志因素上，行为人之所以实施某行为，是轻信能够避免这种结果发生。所谓轻信可以避免，是指行为人经过对自己主观方面以及客观方面有关条件分析之后得出判断，认为危害结果可以避免，不会发生，譬如自恃技术熟练、经验丰富或者认为可以凭借客观有利条件或他人的帮助，或者自己还采取了一定的防止措施，认为能够避免这种结果发生等，因而才去实施某种行为。这种判断所依赖的主客观条件，虽然确实是存在的，但是，这些条件对于避免发生危害结果的作用却没有像行为人主观想象的那么大，并不足以有效防止这种结果发生。行为人之所以会“轻信”，是因为一方面不切实际地过高地估计了可以避免危害结果发生的有利因素；另一方面又过低地估计了行为过程中可能出现促使危害结果发生的不利因素，从而低估了自己的错误行为可能导致危害结果发生的程度，因而未能避免发生这种危害结果。例如，汽车司机某甲明知在市区高速行车可能肇事，但他自信自己技术高超，经验丰富，不会发生事故，然而在一次高速驾车时，因遇到前方车辆突然停车而刹车不及，导致两车相撞，使车上一人被撞死。在此案件中，某甲对于在市区街道上高速开车可能肇事是有预见的，但轻信可以避免危害结果发生，实际上却未能避免。他对两车相撞后所发生的致人死亡的危害结果就是抱着过于自信的心理状态。

（3）过于自信的过失与间接故意的区别

过于自信的过失与间接故意这两种心理状态容易混淆，应当加以区别。它们的相似之处是：第一，两者都预见到自己的行为可能发生危害社会的结果。第二，都不希望危害结果的发生。两者的区别主要在于：

第一，对危害结果的发生所抱的心理态度不同。

过于自信的过失，行为人不仅不希望发生这种结果，而且是完全反对这种结果的发生，相信是可以避免的，发生这种结果是违背其主观意愿，出乎其意料之外的。而间接故意，行为人对危害结果的发生抱放任态度，既不是希望，也不反对，既不追求，也不防止，发生与否均不违背其主观意愿。

第二，促使和支配行为人实施行为的主观认识因素也不同。

过于自信的过失中，行为人虽在一开始对危害结果的发生曾有预见，但其认识上却是相信可以避免的，认为不会发生这种结果，而不再是认为仍有可能发生。而在间接故意情况下，行为人无论在行为前，还是在行为过程中，对危害结果发生的认识一直处于可能发生也可能不发生的不肯定的状态之中。

第三，过于自信的过失中，行为人认为危害结果不会发生，是有一定主客观条件为依据的，只是对这些条件的作用作了轻率的、过高的估计，误认为凭这些条件完全可以避免发生危害结果。

而在间接故意情况下，行为人对危害结果可能不发生的认识，没有任何主客观条件作依据，完全是凭主观侥幸心理。因此，在实践中，必须严格地区分过于自信的过失犯罪与间接故意犯罪。

（4）疏忽大意的过失与意外事件的区别

刑法上的所谓意外事件，是指行为人虽然造成了客观上的损害结果，但是不是出于故意或过失，而是由于无法预见的原因所引起，这在刑法理论上被称为意外事件。《刑法》第十六条规定："行为在客观上虽然造成了损害结果，但是不是出于故意或者过失，而是由于不能抗拒或者不能预见的原因所引起的，不是犯罪。"从刑法的上述规定可以看出，意外事件的特征主要是：第一，行为人在客观上造成了损害结果；第二，行为人主观上不是出于故意或者过失；第三，损害结果的发生是由于不能预见的原因所引起。在意外事件的情况下，行为人不具有认识能力，行为缺乏认识因素，因而从行为人主观上讲不具备严重危害社会的罪过形式，不以犯罪论处。

疏忽大意的过失与意外事件之间存在罪与非罪的本质区别，但在司法实践中，往往难以将疏忽大意的过失与意外事件划清界限，原因就在于疏忽大意的过失与意外事件之间还存在许多相似之处。比如说，对于危害结果的发生，行为人事先都没有预见到；对将要发生的危害结果，行为人都持否定的态度。而实践中在认定行为人主观罪过形式时，又很难明确地分清行为人在损害结果发生之前，对将要发生的损害后果是否具有预见性，以至于在定罪量刑的时候，就可能出现两种错误倾向：一是将那些工作不负责任、敷衍了事，给国家和人民利益造成严重损害的行为按照意外事件处理，使应当承担刑事责任的人逃避了刑罚的制裁；二是也可能将那些虽然具有十分严重损害后果发生的情况，但行为人主观上不存在罪过的意外事件当作过失犯罪处理，形成罪不当罚、客观归罪的错误处理结果。要避免上述错案的发生，就必须认真对案件情况作深入细致的分析研究，运用刑法理论来辨别事实真相，使有罪者罚当其罪，无罪者不受追究。

如何准确区分疏忽大意的过失与意外事件的界限，必须结合案件具体情况进行综合判断和分析。有的案件貌似意外事件，而事实上行为人却存在严重的疏忽大意的过失，如果不认真分析，就可能让本来应当承担过失犯罪刑事责任的人逃脱法律的制裁。对损害结果能否预见，即判断行为人有无预见的能力，是区分疏忽大意的过失与意外事件这两种行为性质的关键所在。一般而言，可以根据以下几个方面进行判断：第一，根据案件发生的客观条件进行判断，因为一个人的认识能力总是受客观条件的制约，如果客观条件具有为人们提供认识事物的可能性，人们可以对事件的发生进行预见而没有预见，就是疏忽大意的过失，反之，则属于意外事件。第二，根据一般的预见能力进行判断，对于案件的发生，如果普通人均能认识并预见到结果的发生，而行为人没有预见到，就可以推定是疏忽大意的过失，反之，则可以推定为意外事件。第三，从行为人的主体条件上进行分析，判断其是否具有预见的能力，这是认定行为人是否具有预见能力的核心。因为即使从客观条件上判断，一般人应当对某一事件的发生具有预见能力，但根据行为人的个别原因，存在与一般人的特殊差异，而正好是这些特殊情况造成行为人不能预见，例如，行为人具有生理上的缺陷或者知识技术方面的差别，致使行为人在当时当地条件下无法具备对损害结果发生的预见能力，也不能认定行为人具有预见能力。所以，行为人是否具有预见能力是认定疏忽大意的过失与意外事件的根本所在，而对行为人预见能力的判断又必须建立在对行为产生的客观条件和行为人主体及主观因素的具体分析之上。

（5）过失犯罪的行为人负刑事责任的前提

《刑法》第十五条第二款规定，过失犯罪，法律规定的才负刑事责任。

（6）过失犯罪的刑事责任与处罚轻于故意犯罪

由于故意与过失均统一于罪过的概念之下，故二者具有相同之处：故意与过失都是认识因素与意志因素的统一，都是行为人主观恶性的反映，都说明行为人对社会关系的保护所持的悖反态度。当然，各自的认识因素与意志因素的具体内容不同，所反映的主观恶性程度不同。由于过失与故意具有相同点，故过失得以成为罪过的一种形式；又由于过失所反映的主观恶性明显小于故意，所以刑法对过失犯罪的规定不同于故意犯罪。刑法关于过失犯罪刑事责任的规定，较之故意犯罪要轻，处罚也轻。具体体现在以下几方面：

①过失犯罪都要求发生危害结果；而故意犯罪并非一概要求发生危害结果。《刑法》第十五条第二款规定："过失犯罪，法律有规定的才负刑事责任。"第十四条第二款规定："故意犯罪，应当负刑事责任。"这体现了刑法以处罚故意犯罪为原则，以处罚过失犯罪为特殊，说明刑法分则没有明文规定罪过形式的犯罪只能由故意构成。

②《刑法》第二十五条第二款规定："二人以上共同过失犯罪，不以共同犯罪论处；应当负刑事责任的，按照他们所犯的罪分别处罚。"

③《刑法》第六十五条规定，累犯，应当从重处罚，但是过失犯罪除外。

④从刑法分则条文规定看，过失犯罪的法定刑明显轻于故意犯罪。比如，故意杀人罪的最高法定刑是死刑，最低是三年有期徒刑；而过失致人死亡罪的最高法定刑是十五年有期徒刑，最低则是六个月有期徒刑。

无论从刑法总则的规定，还是分则规定的具体法定刑看，都表明过失犯罪的刑事责任比故意犯罪轻，刑罚也轻。

（7）刑法分则中过失犯罪的范围

我国刑法中对过失犯罪规定的罪名较多，在刑法分则中危害公共安全罪，破坏社会主义市场经济秩序罪，侵犯公民人身权利、民主权利罪，妨害社会管理秩序罪，危害国防利益罪，渎职罪，军人违反职责罪各章中均有关于过失犯罪的规定。如危害公共安全罪中有《刑法》第一百一十五条第二款规定的失火罪、过失决水罪、过失爆炸罪、过失投放危险物质罪、过失以危险方法危害公共安全罪，第一百一十九条第二款规定的过失损坏交通工具罪、过失损害交通设施罪、过失损害电力设备罪、过失损坏易燃易爆设备罪等。破坏社会主义市场经济秩序罪中有《刑法》第一百六十七条规定的签订、履行合同失职被骗罪，第一百六十八条规定的国有公司、企业、事业单位人员失职罪，国有公司、企业、事业单位人员滥用职权罪等。侵犯公民人身权利、民主权利罪中有《刑法》第二百三十三条规定的过失致人死亡罪，第二百三十五条规定的过失致人重伤罪。妨害社会管理秩序罪中有《刑法》第三百二十四条第三款规定的过失损毁文物罪，第三百三十条规定的妨害传染病防治罪等。危害国防利益罪中，有《刑法》第三百六十九条第二款规定的过失损坏武器装备、军事设施、军事通信罪，第三百七十条第二款规定的过失提供不合格武器装备、军事设施罪。渎职罪中有《刑法》第三百九十七条规定的滥用职权罪、玩忽职守罪；第三百九十八条规定的过失泄露国家秘密罪；第三百九十九条第三款规定的执行判决、裁定失职罪，执行判决、裁定滥用职权罪等。

三、不可抗力和意外事件

（一）刑法规定

第十六条 行为在客观上虽然造成了损害结果，但是不是出于故意或者过失，而是由于不能抗拒或者不能预见的原因所引起的，不是犯罪。

（二）典型或常见问题的审理思路

1. **如何区分意外事件与过失犯罪的界限?**①

本书观点：玩忽职守罪是指国家机关工作人员不履行、不正确履行或者放弃履行其职责，致使公共财产、国家和人民利益遭受重大损失的行为。该罪侵犯的客体是国家机关正常的管理活动；犯罪的主体是特殊主体；主观方面是过失；客观方面必须是严重的不负责任、不履行或不正确履行职责，同时必须造成重大损失。而意外事件是指行为人的行为在客观上虽然造成了损害结果，但不是出于故意或者过失，而是由于不能抗拒或者不能预见的原因所引起的事件。

2. **行为人在倒车时，不慎将帮忙推车的被害人挤在墙上，致被害人当场死亡，是疏忽大意的过失还是意外事件?**②

本书观点：刑法规定的构成犯罪的行为，行为人主观上必须存在故意或过失。而意外事件的行为人在主观上则没有故意或过失，而是一种无罪过的心理状态，其损害结果是由于不能预见或不能抗拒的原因引起的。对此，我国《刑法》第十六条有明确的规定："行为在客观上虽然造成了损害结果，但是不是出于故意或者过失，而是由于不能抗拒或者不能预见的原因所引起的，不是犯罪。"这就是意外事件。意外事件的意志因素应是不能抗拒，即行为人虽然认识到自己的行为会发生损害结果，但由于当时主观、客观条件的限制，行为人无能力排除或者无能力防止损害结果的发生。本案中，被告人开的车陷入了淤泥中，而车子离后面的墙很近，要想把车从淤泥中开出来，在无其

① 观点来源：《人民法院案例选》（2003 年第 4 辑，总第 46 辑），第 65－68 页，黄某祥因被留置人自杀涉嫌玩忽职守宣告无罪案。

② 观点来源：《人民法院案例选》（2004 年刑事专辑，总第 47 辑），第 216－219 页，马某平过失致人死亡案。

他车辆帮助牵引，光靠车的自身发动和少数人力推动的情况下，一般是进进退退，以进为退，以退为进，最后把握住最佳情况冲出淤泥。在通常情况下，车子向前进对帮忙推车的人危险不大，若往后退时，因车子离墙很近，人在车的后面推车，由于车的惯性作用，往往难以及时刹住车，况且又是泥泞的路面，这样就很容易将车后面的人挤在墙与车中间，将人挤伤或挤死。若要防止此事故的发生，被告人应当告知推车的人站在车后面两边的位置去推，一旦出现车猛往后退，推车的人是能够本能地及时躲闪开的，不致发生这种危险；或者再找一辆车子将该车从淤泥中拉出，问题也就解决了。但被告人却未予告知，倒车时也没有采取其他防范措施，因而将被害人挤在后面的墙上导致死亡。这种损害结果不属于不能抗拒。同时，意外事件的认识因素是不能预见，即行为人没有预见到自己的行为会造成损害结果，而且根据其认识能力和当时的具体条件，他也根本不可能预见，不应当预见。这种情况与疏忽大意的过失不同。虽然疏忽大意的过失与不能预见引起的意外事件都表现为没有预见到自己行为的结果，但两者有着本质的区别，前者是能够和应当预见，只是因为疏忽大意才没有预见；而后者是不可能预见，也不应当预见。而本案的被告人是完全能够预见到倒车的惯性作用会将车后面的人挤在车后面的墙上，将人挤伤或挤死。因为车离墙很近，一旦车子猛往后退，人很难从中间脱身。只是由于被告人的疏忽大意才没有预见这种危害结果。因此，本案不属于意外事件而属于过失犯罪，法院认定被告人的行为构成过失致人死亡罪是正确的。

（三）疑难、复杂问题的参考性解答

1. 为什么意外事件和不可抗力事件不应当以犯罪论处？

本书观点：不可抗力事件和意外事件均属于无罪过事件，是刑法特别规定不应当以犯罪论处的特殊危害行。《刑法》第十六条规定：“行为在客观上虽然造成了损害结果，但是不是出于故意或者过失，而是由于不能抗拒或者不能预见的原因所引起的，不是犯罪。”这是因为，不可抗力事件和意外事件属于主观上缺乏意识或意志因素的行为，因而不认为是危害行为。这是由危害行为的基本特征所决定的。危害行为的基本特征之一就是“人的意识支配的产物，或者说是意识的外在表现，这是危害行为的主观要素”，即必须具备犯罪的构成要件之一——主观方面。作为犯罪客观方面表现的人的危害行为，

是在人的意识和意志支配下实施的，没有主观方面，就缺少了一个犯罪构成要件，当然无法认定为犯罪。如一个人是在不可抗力或者身体被强制之下，完全不能按照自己的意志而行为，那就不能认为是他实施的危害行为，从而也不能让他负责。无罪过即无刑事责任，这是刑法遵循的一项重要原则。充分体现了我国刑法主客观相一致的原则。

2. **如何理解和判断不可抗拒？**

本书观点：不可抗拒即不可抗力事件，指不以行为人的意志为转移，行为人无法阻挡或控制损害结果的发生。如由于某种机械力量的撞击、自然灾害的阻挡、突发病的影响等行为人意志以外的原因，使其无法避免损害结果的发生。

这种不可抗力可能来自自然灾害，如地震、山洪暴发等，也可能来自他人的侵害，也可能是由于某种突发的疾病而引起。例如，某司机正常驾车行驶中途，身体突然发生痉挛，无法按主观意志正常操作，致使汽车驶入人行线而撞死行人多人。该司机开车撞死多人的危害后果，就是由于不可抗拒的原因而引起的，他对此不应当负刑事责任。

3. **不可抗力事件与过于自信如何区分？**

本书观点：不可抗力事件的场合下，行为人也预见到自己的行为可能发生危害（损害）结果，但其与过于自信的过失存在区别。

从表面上看，二者都预见到了结果发生的可能性，而且最后都没有避免结果发生，似乎没什么差异。实际上二者的区别还是很明显的，那就是两种场合下，没有避免结果发生的原因不一样。过于自信过失的场合下，行为人应当避免并且能够避免，因过于轻信，而没有避免；不可抗力事件的场合下，行为人虽欲避免，却限于自身的力量和当时的环境、条件，不能避免。前一情况下，真正导致结果发生的原因是行为人的过于自信；后一情况下，真正导致结果发生的原因是行为人不可抗拒的力量。正因如此，我国《刑法》第十六条规定：行为虽然在客观上造成了损害结果，但不是出于故意或过失，而是由于不可抗拒的原因引起的，不认为是犯罪。判断是属于应当并且能够避免而未予避免，还是属于因不可抗拒的原因不能避免，关键要根据当时当地的条件，结合行为人的主观能力和条件，综合分析行为人能否避免结果发生。如果综合主客观条件，行为人能够避免竟因轻信而未予避免，自应属过于自信的过失；如果综合主客观条件，行为人尽其所能亦不能避免，则应属不可抗力事件。而且，不能避免的状态，还必须是非因原因上的自由行为所致的。例如，铁路扳道工被歹徒捆绑，不能履行扳道职责，眼看火车相撞，却不能避免结果发生。此种情况自应属不可抗力事件。但如果是铁路扳道工上班玩游戏机，让在此处玩耍的小朋友看到信号灯后告知他扳道，结果小朋友忘了，导致火车相撞。此种情况则应属过于自信的过失。如果是铁路扳道工值班前喝得酩酊大醉，致不能正确扳道，没有避免危害结果发生，也不能视为不可抗力事件，因为不能履行扳道义务的状态（即不能避免结果发生的状态）不是不可抗拒的原因而是因行为人自己的原因造成的，属原因上的自由行为。

4. **如何理解和判断“意外事件”**？

本书观点：刑法上的所谓意外事件，是指行为人虽然造成了客观上的损害结果，但不是出于故意或过失，而是由于无法预见的原因所引起，这在刑法理论上被称为意外事件。“不能预见”是指根据行为人的主观情况和发生损害结果当时的客观情况，行为人不具有能够预见的条件和能力，损害结果的发生完全出乎行为人的意料之外。

意外事件的特征主要是：

（1）行为人在客观上造成了损害结果。社会危害性是构成犯罪的本质特征。但是，应当明确，刑法关于犯罪构成的理论是建立在主客观辩证统一关系基础上的，既反对主观归罪，也反对客观归罪。

（2）行为人主观上没有罪过，不是出于故意或者过失。一个人的行为尽管在客观上造成了严重的损害结果，如果主观上没有罪过，既没有故意，也没有过失，就不能认为其行为构成犯罪，也就不负刑事责任。例如，司机张某驾车在马路上正常行驶，突然，赵某骑自行车违章从弄堂里快速冲出，横穿马路，张某见状立即紧急刹车避让，但因距离太近，结果赵某撞在汽车上当场死亡。赵某的死亡，从客观上看，与张某的行为有关；但是从主观上看，张某既没有故意，也不存在过失。因为他不可能预见到赵某骑车从弄堂里快速冲出横穿马路；当他发现赵某时，立即采取了紧急刹车措施，但因距离太短，不能制动住车的惯性，以致发生了死亡结果。可见，对赵某的死亡结果张某主观上既无故意，又无过失，纯属意外事件，张某不负刑事责任。

（3）损害结果的发生是由于不能预见的原因所引起。所谓不能预见的原因，是指行为人在其行为引起危害结果的当时，没有预见，而且根据当时的情况以及行为人的主观条件，他也不可能预见。例如，80 高龄的某甲，正在小河边漫步，突然从院墙内飞过来一只足球，打在某甲头上。某甲因年纪太大，站立不稳，顿时被打翻落水而淹死。原来，这只球是院墙里面足球场上某乙踢出来的。但因某乙根本无法预见足球飞出墙外正好能把某甲打入水中淹死，所以，某乙对某甲的死亡不负刑事责任。

在意外事件的情况下，行为人不具有认识能力，行为缺乏认识因素，因而从行为人主观上讲不具备严重危害社会的罪过形式，不以犯罪论处。

5. **意外事件与疏忽大意的过失如何区分？**

本书观点：意外事件与疏忽大意的过失很相似，行为人对危害结果的发生都没有预见，但两者又有区别。意外事件中的损害结果，是由于行为人不能抗拒或不能预见的原因引起的，而疏忽大意的过失则是行为人应当预见危害结果的发生而因为自己疏忽大意竟没有预见，以致这种结果发生。因此，能不能预见就成为划分意外事件和疏忽大意的过失的界限。

6. **如何区分意外事件与假想防卫？**

本书观点：意外事件与假想防卫的区别。假想防卫，是指把属于合法的行为，当成不法侵害去进行正当防卫的行为。对假想防卫造成的危害后果，按对事实的认识错误处理，如果主观上有过失，按过失犯罪论处；如果主观上不存在过失，则属于意外事件，不认为是犯罪。当行为人属于假想防卫造成了危害结果，而事实证明防卫人没有也不可能认识到对方并非不法侵害者时，就应当认为是由于不能预见的原因给对方造成危害结果，则属于意外事件，不认为是犯罪，也不能追究防卫者的刑事责任。例如，张某于某日傍晚，在马路上遇有两个青年正在挑逗侮辱其女友，即上前斥责。其中一个蛮不讲理，动手殴打张某。张某被迫还手，双方扭打在一起。此时，适值便衣民警黄某走过，见有人打架，他未问明情况，也没有表明其公安人员的身份，便从背后抓住张某的肩部，张某误认为黄某是对方的帮凶，便拔出匕首，将民警刺伤。在本案中，张某即属于假想防卫，他无法预见到未表明身份穿便衣的人是民警，因而主观上不存在过失，属于意外事件，对于所造成的伤害，不应当负刑事责任。

四、刑事责任年龄

（一）刑法规定

第十七条[①] 已满十六周岁的人犯罪，应当负刑事责任。

已满十四周岁不满十六周岁的人，犯故意杀人、故意伤害致人重伤或者死亡、强奸、抢劫、贩卖毒品、放火、爆炸、投放危险物质罪的，应当负刑事责任。

已满十二周岁不满十四周岁的人，犯故意杀人、故意伤害罪，致人死亡或者以特别残忍手段致人重伤造成严重残疾，情节恶劣，经最高人民检察院核准追诉的，应当负刑事责任。

对依照前三款规定追究刑事责任的不满十八周岁的人，应当从轻或者减轻处罚。

因不满十六周岁不予刑事处罚的，责令其父母或者其他监护人加以管教；在必要的时候，依法进行专门矫治教育。

第十七条之一[②] 已满七十五周岁的人故意犯罪的，可以从轻或者减轻处罚；过失犯罪的，应当从轻或者减轻处罚。

（二）司法解释、司法文件及其权威解读

1. 最高人民法院关于审理未成年人刑事案件具体应用法律若干问题的解释（法释〔2006〕1号，自2006年1月23日起施行）

为正确审理未成年人刑事案件，贯彻“教育为主，惩罚为辅”的原则，根据刑法等有关法律的规定，现就审理未成年人刑事案件具体应用法律的若干问题解释如下：

---

① 本条经2020年12月26日《刑法修正案（十一）》第一条修正。

1997年《刑法》第十七条规定：已满十六周岁的人犯罪，应当负刑事责任。

已满十四周岁不满十六周岁的人，犯故意杀人、故意伤害致人重伤或者死亡、强奸、抢劫、贩卖毒品、放火、爆炸、投毒罪的，应当负刑事责任。

已满十四周岁不满十八周岁的人犯罪，应当从轻或者减轻处罚。

因不满十六周岁不予刑事处罚的，责令他的家长或者监护人加以管教；在必要的时候，也可以由政府收容教养。

② 本条系根据《刑法修正案（八）》第一条增加。

第一条 本解释所称未成年人刑事案件，是指被告人实施被指控的犯罪时已满十四周岁不满十八周岁的案件。

第二条 刑法第十七条规定的“周岁”，按照公历的年、月、日计算，从周岁生日的第二天起算。

第三条 审理未成年人刑事案件，应当查明被告人实施被指控的犯罪时的年龄。裁判文书中应当写明被告人出生的年、月、日。

第四条 对于没有充分证据证明被告人实施被指控的犯罪时已经达到法定刑事责任年龄且确实无法查明的，应当推定其没有达到相应法定刑事责任年龄。

相关证据足以证明被告人实施被指控的犯罪时已经达到法定刑事责任年龄，但是无法准确查明被告人具体出生日期的，应当认定其达到相应法定刑事责任年龄。

第五条 已满十四周岁不满十六周岁的人实施刑法第十七条第二款规定以外的行为，如果同时触犯了刑法第十七条第二款规定的，应当依照刑法第十七条第二款的规定确定罪名，定罪处罚。

第六条 已满十四周岁不满十六周岁的人偶尔与幼女发生性行为，情节轻微、未造成严重后果的，不认为是犯罪。

第七条 已满十四周岁不满十六周岁的人使用轻微暴力或者威胁，强行索要其他未成年人随身携带的生活、学习用品或者钱财数量不大，且未造成被害人轻微伤以上或者不敢正常到校学习、生活等危害后果的，不认为是犯罪。

已满十六周岁不满十八周岁的人具有前款规定情形的，一般也不认为是犯罪。

第八条 已满十六周岁不满十八周岁的人出于以大欺小、以强凌弱或者寻求精神刺激，随意殴打其他未成年人、多次对其他未成年人强拿硬要或者任意损毁公私财物，扰乱学校及其他公共场所秩序，情节严重的，以寻衅滋事罪定罪处罚。

第九条 已满十六周岁不满十八周岁的人实施盗窃行为未超过三次，盗窃数额虽已达到“数额较大”标准，但案发后能如实供述全部盗窃事实并积极退赃，且具有下列情形之一的，可以认定为“情节显著轻微危害不大”，不认为是犯罪：

（一）系又聋又哑的人或者盲人；

（二）在共同盗窃中起次要或者辅助作用，或者被胁迫；

（三）具有其他轻微情节的。

已满十六周岁不满十八周岁的人盗窃未遂或者中止的，可不认为是犯罪。

已满十六周岁不满十八周岁的人盗窃自己家庭或者近亲属财物，或者盗窃其他亲属财物但其他亲属要求不予追究的，可不按犯罪处理。

第十条 已满十四周岁不满十六周岁的人盗窃、诈骗、抢夺他人财物，为窝藏赃物、抗拒抓捕或者毁灭罪证，当场使用暴力，故意伤害致人重伤或者死亡，或者故意杀人的，应当分别以故意伤害罪或者故意杀人罪定罪处罚。

已满十六周岁不满十八周岁的人犯盗窃、诈骗、抢夺罪，为窝藏赃物、抗拒抓捕或者毁灭罪证而当场使用暴力或者以暴力相威胁的，应当依照刑法第二百六十九条的规定定罪处罚；情节轻微的，可不以抢劫罪定罪处罚。

第十一条 对未成年罪犯适用刑罚，应当充分考虑是否有利于未成年罪犯的教育和矫正。

对未成年罪犯量刑应当依照刑法第六十一条的规定，并充分考虑未成年人实施犯罪行为的动机和目的、犯罪时的年龄、是否初次犯罪、犯罪后的悔罪表现、个人成长经历和一贯表现等因素。对符合管制、缓刑、单处罚金或者免予刑事处罚适用条件的未成年罪犯，应当依法适用管制、缓刑、单处罚金或者免予刑事处罚。

第十二条 行为人在达到法定刑事责任年龄前后均实施了危害社会的行为，只能依法追究其达到法定刑事责任年龄后实施的危害社会行为的刑事责任。

行为人在年满十八周岁前后实施了不同种犯罪行为，对其年满十八周岁以前实施的犯罪应当依法从轻或者减轻处罚。行为人在年满十八周岁前后实施了同种犯罪行为，在量刑时应当考虑对年满十八周岁以前实施的犯罪，适当给予从轻或者减轻处罚。

第十三条 未成年人犯罪只有罪行极其严重的，才可以适用无期徒刑。对已满十四周岁不满十六周岁的人犯罪一般不判处无期徒刑。

第十四条 除刑法规定“应当”附加剥夺政治权利外，对未成年罪犯一般不判处附加剥夺政治权利。

如果对未成年罪犯判处附加剥夺政治权利的，应当依法从轻判处。

对实施被指控犯罪时未成年、审判时已成年的罪犯判处附加剥夺政治权利，适用前款的规定。

第十五条　对未成年罪犯实施刑法规定的“并处”没收财产或者罚金的犯罪，应当依法判处相应的财产刑；对未成年罪犯实施刑法规定的“可以并处”没收财产或者罚金的犯罪，一般不判处财产刑。

对未成年罪犯判处罚金刑时，应当依法从轻或者减轻判处，并根据犯罪情节，综合考虑其缴纳罚金的能力，确定罚金数额。但罚金的最低数额不得少于五百元人民币。

对被判处罚金刑的未成年罪犯，其监护人或者其他人自愿代为垫付罚金的，人民法院应当允许。

第十六条　对未成年罪犯符合刑法第七十二条第一款规定的，可以宣告缓刑。如果同时具有下列情形之一，对其适用缓刑确实不致再危害社会的，应当宣告缓刑：

（一）初次犯罪；

（二）积极退赃或赔偿被害人经济损失；

（三）具备监护、帮教条件。

第十七条　未成年罪犯根据其所犯罪行，可能被判处拘役、三年以下有期徒刑，如果悔罪表现好，并具有下列情形之一的，应当依照刑法第三十七条的规定免予刑事处罚：

（一）系又聋又哑的人或者盲人；

（二）防卫过当或者避险过当；

（三）犯罪预备、中止或者未遂；

（四）共同犯罪中从犯、胁从犯；

（五）犯罪后自首或者有立功表现；

（六）其他犯罪情节轻微不需要判处刑罚的。

第十八条　对未成年罪犯的减刑、假释，在掌握标准上可以比照成年罪犯依法适度放宽。

未成年罪犯能认罪服法，遵守监规，积极参加学习、劳动的，即可视为“确有悔改表现”予以减刑，其减刑的幅度可以适当放宽，间隔的时间可以相应缩短。符合刑法第八十一条第一款规定的，可以假释。

未成年罪犯在服刑期间已经成年的，对其减刑、假释可以适用上述规定。

第十九条 刑事附带民事案件的未成年被告人有个人财产的，应当由本人承担民事赔偿责任，不足部分由监护人予以赔偿，但单位担任监护人的除外。

被告人对被害人物质损失的赔偿情况，可以作为量刑情节予以考虑。

第二十条 本解释自公布之日起施行。

权威解读

《最高人民法院关于审理未成年人刑事案件具体应用法律若干问题的解释》的理解与适用

我国法院每年都要审判7万名左右未成年罪犯。现行刑法对未成年人刑事责任和刑罚适用方面的专门规定仅有第十七条、第四十九条两条，且规定得较为原则。司法实践中迫切需要对刑法有关规定的具体适用问题作出司法解释，以便对这类案件准确定罪量刑，正确执行教育、感化、挽救的刑事政策。1995年最高人民法院曾依据1979年刑法制定了《关于办理未成年人刑事案件适用法律的若干问题的解释》（以下简称1995年解释）。由于1997年《刑法》第十七条对1979年《刑法》第十四条作了修改，1995年解释的部分条款也需要根据十多年司法实践进一步修改、完善。

为此，2005年12月12日，最高人民法院经第1373次审判委员会讨论通过，并于2006年1月11日公布了《关于审理未成年人刑事案件具体应用法律若干问题的解释》（以下简称《未成年人犯罪解释》）。现就《未成年人犯罪解释》在起草制定过程中围绕主要问题的讨论意见、《未成年人犯罪解释》规定的主要条款的理解与适用方面问题作简要介绍。

一、《未成年人犯罪解释》的主要内容

《未成年人犯罪解释》共20条，主要规定了四个方面的内容：一是第二条至第四条对有关未成年人刑事责任年龄的认定问题作出规定。二是第五条至第十条对有关未成年人刑事责任方面问题作出解释，包括《刑法》总则第十七条第二款适用问题和分则中规定的未成年人犯罪比较多见的盗窃罪、强奸罪、抢劫罪以及转化型抢劫罪的适用问题。三是第十一条至第十八条对未成年罪犯的刑罚适用及执行中有关问题作出解释，包括对未成年罪犯刑种的适用、缓刑及免予刑事处罚的适用以及减刑和假释的适用问题。四是第十九条对未成年人刑事附带民事案件有关问题作出解释。

二、起草、制定《未成年人犯罪解释》的指导思想

在《未成年人犯罪解释》的起草、制定过程中，遵循并体现了以下指导思想：一是严格依照现行刑法的规定作出解释，没有突破现行刑法。二是注意吸收未成年人事案件审判实践经验。三是注意从刑法对未成年人犯罪应当从轻或者减轻处罚的立法精神出发，从切实贯彻执行“教育、感化、挽救”方针出发，对未成年人的定罪问题，在符合法律规定的前提下，较成年人掌握的规格、标准稍高一些；在刑罚适用方面强调立足教育和矫治，坚持以刑罚作为教育、挽救未成年罪犯的一种重要手段，依法予以从轻或者减轻适用刑罚。四是在保护未成年罪犯合法权益的同时，坚持保护被害人和保护社会利益并重。五是注意同其他相关现行有效司法解释的内容规定保持协调一致。对1995年解释中经审判实践检验证明是正确的内容，注意吸收过来。

三、关于《未成年人犯罪解释》前言部分的有关规定

《未成年人犯罪解释》的前言部分规定：“为正确审理未成年人刑事案件，贯彻‘教育为主，惩罚为辅’的原则，根据刑法等有关法律的规定……”现行刑法在总则当中规定了罪刑法定、法律面前人人平等、罪刑相适应三项基本原则。考虑到《未成年人保护法》第三十八条和《预防未成年人犯罪法》第四十四条均把“教育为主，惩罚为辅”的原则作为开展未成年人刑事司法工作的一项重要指导原则予以明确规定；20多年少年法庭的审判实践经验表明，在开展未成年人刑事案件审判工作中贯彻执行好该项原则，是取得教育挽救未成年罪犯、预防未成年人重新犯罪成效的根本保证。基于“教育为主，惩罚为辅”原则对未成年人刑事案件审判工作特殊重要的指导意义，因此，《未成年人犯罪解释》把“教育为主，惩罚为辅”原则特别规定在前言部分予以强调。司法实践中，在按照刑法规定的三项基本原则要求开展未成年人刑事案件审判工作的同时，还应当坚持贯彻“教育为主，惩罚为辅”原则，对每一起未成年人刑事案件都要慎重定罪量刑，立足教育和挽救，坚持依法可不定罪的尽量不定罪，依法可以判处非监禁刑罚的尽量适用非监禁刑罚。

四、关于未成年人刑事责任年龄的认定问题

在审理未成年人刑事案件中，未成年被告人的年龄不仅涉及应否依法为其指定辩护律师以及案件应否公开审理等重大程序性问题，而且关系到被告人有无刑事责任、刑事责任大小以及对其适用何种刑罚等重大实体问题。因此，查证并准确认定未成年被告人的年龄，是办理每一起未成年人刑事案件

不能回避且关系到正确执行法律、保障司法公正的重要问题。《未成年人犯罪解释》第二条至第四条针对司法实践中有关未成年被告人刑事责任年龄的三个方面问题，作出了规定：

第一，《未成年人犯罪解释》第二条对“已满十四周岁”“已满十六周岁”“已满十八周岁”如何计算的问题作出了明确规定。在我国，公历是官方规定采用的历法，户籍管理中就明确要求公民必须以公历的出生年月日进行户籍登记。因此，《未成年人犯罪解释》第二条首先明确规定，应当以公历的出生年月日计算被告人年龄。如果查明的被告人年龄是阴历的出生年月日，也应当以与之相对应的公历年月日计算被告人年龄。鉴于具体计算“已满……周岁”要涉及年、月、日、时四个时间点。考虑到以日为时间点计算被告人年龄，不但符合刑法规定的要求，也符合人们日常生活的习惯和观念，也易于司法实践中具体操作，因此，《未成年人犯罪解释》第二条规定，“刑法第十七条规定的‘周岁’，按照公历的年、月、日计算，从周岁生日的第二天起算”。

第二，基于办理未成年人刑事案件中准确查证被告人年龄的重要性，《未成年人犯罪解释》第三条将审理未成年人刑事案件“应当查明被告人实施被指控的犯罪时的年龄”作为总的原则和要求予以规定，并且要求“裁判文书中应当写明被告人出生的年、月、日”。

第三，鉴于司法实践中存在大量未成年被告人年龄难以查明的情况，比如，有的案件虽经多方收集证据，但由于种种复杂的原因，根据收集的证据仍无法准确认定被告人年龄；一些被告人系违反计划生育政策超生，没有进行过户籍登记；一些被告人属于《刑事诉讼法》（1996 年）第一百二十八条第二款规定的“不讲真实姓名、住址、身份不明的”情况，检察机关以其自报的姓名和年龄起诉到法院的；等等。《未成年人犯罪解释》第四条专门针对被告人年龄“确实无法查明的”情形，应当如何处理作出规定，作为对《未成年人犯罪解释》第三条的补充。

《未成年人犯罪解释》第四条区分了两种情况作出规定：

第一种情况是该条第一款规定的“对于没有充分证据证明被告人实施被指控的犯罪时已经达到法定刑事责任年龄且确实无法查明的，应当推定其没有达到相应法定刑事责任年龄”。准确适用该款应注意把握以下三个方面：（1）必须是在采取了所有手段和措施的情况下，仍然无法查明被告人年龄，属于年龄“确实无法查明”的，才可以适用该规定。需要补充说明的是，目前很多司法机关采取为被告人进行骨龄鉴定的做法。对于骨龄鉴定结论能够确定被告人年龄的，骨龄鉴定结论就可以作为重要依据。但是，有时骨龄鉴定结论只能测度出一个年龄区间，不能确定被告人具体年龄，在这种情况下，骨龄鉴定结论就只能作为辅助性的参考证据材料。(2) 确实无法查明的年龄涉及是否已满14周岁、已满16周岁、已满18周岁这三个重要年龄点的。主要是考虑到，这三个年龄点关系到未成年人罪与非罪、此罪与彼罪、应否从轻或者减轻处罚，甚至涉及能否适用死刑的问题。为此，从充分保护人权的角度出发，在涉及这三个年龄界点时确实无法查清的，适用推定原则。(3) 应当从有利于被告人的原则对其年龄作出推定，一般可以按照“就低不就高”的原则推定被告人年龄，以避免对不应当追究刑事责任的未成年人追究刑事责任或者对不应当判处死刑的人判处了死刑等情况。

第二种情况是《未成年人犯罪解释》第四条第二款规定的“相关证据足以证明被告人实施被指控的犯罪时已经达到法定刑事责任年龄，但是无法准确查明被告人具体出生日期的，应当认定其达到相应法定刑事责任年龄”。适用该款应当注意：(1) 有充分证据能够证明被告人在实施被指控犯罪时已满14周岁、16周岁或者18周岁，但被告人的具体出生日期确实无法查明；(2) 这种情况下不应因被告人的准确年龄确实无法查清而过分拖延案件的审理，而应当根据该被告人所处的法定刑事责任年龄段依法对其定罪处刑。

五、关于已满14周岁不满16周岁未成年人承担刑事责任的范围问题

《未成年人犯罪解释》第五条是关于《刑法》第十七条第二款适用问题的规定。该条主要针对司法实践中已满14周岁不满16周岁未成年人实施《刑法》第十七条第二款规定以外的行为，而这些行为与《刑法》第十七条第二款所列举行为的性质和危害程度相当，甚至更为严重的情形，是否应当追究未成年人刑事责任以及定何种罪名的问题。

通过广泛征求意见和讨论，对已满14周岁不满16周岁未成年人应当对哪些犯罪承担刑事责任的范围形成以下三方面意见：

第一，已满14周岁不满16周岁的人实施了《刑法》第十七条第二款没有列举的行为时，如果同时实施了《刑法》第十七条第二款规定的故意杀人等八种犯罪行为的，比如在绑架中杀人的，在拐卖妇女、儿童中强奸的等，这种情况下应当对其追究刑事责任。主要理由是：该年龄段未成年人故意杀

人、强奸的尚且应当负刑事责任，如果他同时有杀人和绑架或者拐卖妇女、儿童和强奸两种行为，就更应当追究其刑事责任。

第二，已满14周岁不满16周岁的未成年人实施《刑法》第十七条第二款没有列举的行为，比如制造、走私毒品等行为，这种情况下，如果未成年人没有同时实施刑法第十七条第二款所规定的贩卖毒品行为的，即便制造、走私毒品等行为性质和危害程度与刑法所列举行为相当甚至更为严重，也不应追究其刑事责任，否则就违反了《刑法》第十七条第二款的规定，与罪刑法定原则的要求不符。

第三，对绑架中杀人的或者拐卖妇女、儿童中强奸的等这类情形，应当按照与《刑法》第十七条第二款规定相对应的八个罪名定罪处罚，比如绑架杀人的，应当定故意杀人罪；拐卖妇女、儿童中强奸的，定强奸罪。主要理由是：如果对该年龄段的人绑架杀人的定绑架罪，拐卖妇女、儿童中强奸的定拐卖妇女、儿童罪，则势必导致客观上对该年龄段未成年人实施的绑架、拐卖妇女、儿童行为追究刑事责任的结果，与刑法规定该年龄段的人为限制刑事责任主体的立法本意相悖。

根据上述三方面意见，《未成年人犯罪解释》第五条规定："已满十四周岁不满十六周岁的人实施刑法第十七条第二款规定以外的行为，如果同时触犯了刑法第十七条第二款规定的，应当依照刑法第十七条第二款的规定确定罪名，定罪处罚。"

六、关于未成年人对强奸、抢劫、盗窃犯罪承担刑事责任的问题

司法统计资料表明，抢劫罪、盗窃罪、寻衅滋事罪以及强奸罪是未成年人犯罪中的主要类型。未成年人犯罪案件的特点与成年人犯罪案件有较明显的区别。如何根据未成年人实施这四种犯罪的特点和复杂的案件情况，准确把握罪与非罪、此罪与彼罪的标准，是当前司法实践中的一个难点，也是关系到正确执行刑法、实现司法公正的一个重大问题。

未成年人作为限制行为能力的特殊主体，刑法对追究他们的刑事责任作出了严格的限制性规定。因未成年人容易发生各种越轨行为，人生观和世界观尚未定型，具有可塑性，多数实施危害社会行为的未成年人主观恶性较小，也更容易矫治。我国没有规定前科消灭制度。为此，刑法学界和司法部门历来主张对未成年人在追究刑事责任方面应当慎重对待，能够不定罪的尽量不定罪，以免动辄对未成年人追究刑事责任，使他们一生都背负犯罪的烙印。

"教育、感化、挽救"方针是我们党和国家对未成年人犯罪强调和坚持的一贯方针。这些年来少年法庭的实践证明，对虽然实施了一定危害社会的行为，但情节轻微的一小部分未成年人不予定罪，而是采取教育等其他手段，完全可以达到使其改过自新的目的，也有利于家庭和社会的稳定。为此，《未成年人犯罪解释》在总结审判经验的基础上，从切实贯彻"教育、感化、挽救"方针出发，从对未成年人犯罪从轻或者减轻处罚的立法精神出发，在第六条、第七条和第九条中对未成年人实施强奸、抢劫、盗窃行为何种情况下属于《刑法》第十三条规定的"情节显著轻微危害不大"的情形作出了解释，在第八条中对未成年人犯抢劫罪与寻衅滋事罪的界限作出了解释。

（一）未成年人与幼女发生性行为的处理

刑法对侵害幼女的性犯罪作出了应当以强奸罪"从重处罚"的规定。司法实践中，奸淫幼女的犯罪分子历来被列为"严打"对象，多年来，各级司法机关也一直坚持依法严厉打击奸淫幼女犯罪。但是，具体到未成年人案件，情况就比较复杂了。近年来由于影视作品的影响、未成年人性早熟等因素，未成年人早恋现象有所增多。人民法院在审理案件中发现，确有一小部分案件属于14—16周岁未成年人出于恋爱或者好奇，与幼女双方自愿发生性行为的情况，这类案件的情节和后果都比较轻微。将这一小部分可不追究刑事责任的未成年人从绝大多数依法应当定罪处罚的强奸罪犯当中剥离出来，是正确执行刑法的要求，也符合审判实际。《未成年人犯罪解释》第六条针对上述情况，从不认为是犯罪的角度作出规定。

需要说明的是，在《未成年人犯罪解释》起草制定的过程中，前八稿对第六条都具体规定了不认为是犯罪必须同时具备五个条件，即：（1）14—16周岁的未成年人系与12周岁以上的幼女发生性行为（该规定把未成年人之间可能发生早恋的年龄作为主要因素考虑在内，另外也参考了国外有关未成年人之间发生性行为不按犯罪处理的情形，一般掌握的是双方年龄差在3—4岁的立法例）；（2）系出于恋爱或者好奇等原因；（3）未使用暴力、威胁或者欺骗等手段，双方系自愿发生性行为；（4）一般是与一名幼女发生性行为；（5）未造成幼女怀孕、轻微伤或者严重精神损害后果的。在征求意见中，多数同志认为，如果作出上述过于具体的规定，不利于法官根据复杂的案件情况灵活掌握。而1995年解释中的相关条款，虽然规定得较为原则，但十多年司法实践的执行情况良好。因此，《未成年人犯罪解释》第六条最终仍采纳了

1995年解释所作的原则表述。《未成年人犯罪解释》前八稿中规定的意见对于准确理解和执行第六条仍具有重要参考作用。

司法实践中执行《未成年人犯罪解释》第六条，应当注意把握好该条规定的“偶尔”“情节轻微”以及“未造成严重后果”这三个限制条件。所谓“偶尔”，一般指与一名幼女、偶尔发生一两次性行为。“情节轻微”，要同时从主观和客观两个方面来把握。主观方面要考察14—16周岁的未成年人与幼女发生性行为的主观动机和目的，司法实践中对主观方面属于“情节轻微”的情形，一般掌握的是出于恋爱或者对性的好奇而与幼女发生性行为的情形；客观方面主要看未成年人与幼女发生性行为是否双方自愿，是否对幼女采用了暴力、麻醉或者威胁、欺骗等手段，幼女一般考虑在12周岁以上。“未造成严重后果”，要从身体伤害和心理伤害后果两个方面综合考察。总之，只有在同时符合“偶尔”“情节轻微”以及“未造成严重后果”这三方面要求的情况下，才不认为是犯罪。

（二）关于已满14周岁不满16周岁的未成年人使用轻微暴力或者威胁，强行索要其他未成年人随身携带的生活、学习用品或者少量钱财行为的处理

实践中，未成年人实施的抢劫案件中数量较多、较常见的一类，是发生在校园周边或者校内，年龄较大的未成年人欺负年龄小的未成年人、高年级学生欺负低年级学生的“强拿硬要”“强索”案件。这类案件情况较复杂。对其中构成抢劫罪的依法定罪处罚，司法实践中不存在异议。但确实有一小部分案件，未成年行为人的主观恶性较小，比如出于欺负弱小、称王称霸或者戏弄其他未成年人的意图而向低年级同学强行索要随身携带的用品或者少量钱物的；有的案件使用暴力或者威胁情节比较轻微，比如仅是推搡、打一拳、踢一脚的。这类“强索”案件的社会危害性一般小于成年人实施的抢劫犯罪。

抢劫罪是最严重的侵犯财产犯罪。根据《刑法》第二百六十三条的规定和司法实践，行为人使用暴力、威胁或者其他方法抢劫公私财物，构成抢劫罪的，就要在三年以上量刑。抢劫3次的就要在十年以上量刑。上述“强索”案件中，未成年人使用轻微暴力，强索次数在3次以上的，如果机械地对照刑法条文，对未成年人就不仅要以抢劫罪追究刑事责任，而且可能要在十年以上判处刑罚。考虑到刑法没有区分成年人与未成年人的定罪量刑标准，“强索”案件的具体情况又比较复杂，如果对成年人与未成年人不加区别，不根

据这类案件中未成年人使用暴力等情节区别对待，则势必导致打击面过宽、对未成年人犯罪处刑过重的结果。

《未成年人犯罪解释》第七条从“情节显著轻微危害不大”的角度作出规定。正确理解和执行该规定，应当注意从以下三个方面进行考察：(1) 认定“轻微暴力”应当从是否持刀或者其他凶器、砖头等对被害人进行抢劫(如果持刀或者其他凶器、砖头等实施抢劫，则一般不应认定为“轻微暴力”)，以及使用暴力的程度，同时结合是否造成被害人轻微伤以上后果等方面综合判定。(2) 索要其他未成年人随身携带的生活、学习用品或者钱财数量不大。笔者认为“数量不大”可以参考盗窃、抢夺罪的数额较大来认定，一般对未达到“数额较大”标准的，可以认定为“数量不大”。(3) 未造成被害人轻微伤以上或者不敢正常到校学习、生活等危害后果。需要特别强调的是，由于该条是针对何种情形属于“情节显著轻微危害不大”所作的解释，并且基于案件情况的复杂性，该规定仍比较原则。司法实践中具体执行该条，不应机械地对号入座，而应结合案件具体情况，对同时具备以上三个条件，确实属于“情节显著轻微危害不大”的，才不认为是犯罪。16—18 周岁的人具有前述情形的，一般也不认为是犯罪，但不完全排除根据具体案件情况定罪处罚的可能。

(三) 关于未成年人盗窃行为的处理

1. 多次盗窃问题

《未成年人犯罪解释》第九条第一款规定：“已满十六周岁不满十八周岁的人实施盗窃行为未超过三次，盗窃数额虽已达到‘数额较大’标准，但案发后能如实供述全部盗窃事实并积极退赃，且具有下列情形之一的，可以认定为‘情节显著轻微危害不大’，不认为是犯罪：(一) 系又聋又哑的人或者盲人；(二) 在共同盗窃中起次要或者辅助作用，或者被胁迫；(三) 具有其他轻微情节的。”执行时应当注意：(1) 该款规定的“盗窃行为未超过三次”“盗窃数额达到‘数额较大’标准”“案发后能如实供述全部盗窃事实”“积极退赃”“具有下列情形之一”，这几方面条件必须同时具备。还需要注意，其中规定的“未超过三次”，指三次以下，不含三次的情形，因为如果已经达到三次，就属于“多次”，此时该未成年人主观恶性就比较大，不宜不定罪。(2) 具备上述诸条件的，“可以认定为‘情节显著轻微危害不大’”，指一般不定罪，但没有完全排除根据个案情况追究被告人刑事责任的可能性。关于这一点，特别要注意的是该款第（二）项规定的“在共同盗窃中起次要或者辅助作用”的情形，审判中应注意根据被告人实施盗窃行为的具体情节慎重确定是否追究刑事责任。

2. 盗窃未遂或者中止问题

《未成年人犯罪解释》第九条第二款主要参考了《最高人民法院关于审理盗窃案件具体应用法律若干问题的解释》第一条第（二）项有关成年人盗窃未遂，只有盗窃数额达到巨大的才应当定罪的规定，从教育、挽救未成年罪犯的角度出发，规定“已满十六周岁不满十八周岁的人盗窃未遂或者中止的，可不认为是犯罪”，此处对盗窃数额未作要求。需要强调的是，该款规定指一般情况下不认为是犯罪，但没有完全排除极个别情况下，根据具体案件情况追究其刑事责任的可能性。

3. 偷拿自己家庭或者近亲属财物问题

对于已满16周岁不满18周岁的未成年人偷拿自己家庭或者亲属财物的，司法实践中常常遇到未成年人父母或者亲属强烈希望不追究未成年人刑事责任的个案。我们认为，这种情况下，即使未成年人的行为符合盗窃罪的构成要件，但考虑到我国传统的观念，并且这类发生在家庭内部的子女偷父母或者偷亲属财物的行为，社会危害性同一般盗窃犯罪相比明显较小，因此，《未成年人犯罪解释》第九条第三款规定：“已满十六周岁不满十八周岁的人盗窃自己家庭或者近亲属财物，或者盗窃其他亲属财物但其他亲属要求不予追究的，可不按犯罪处理。”

七、对未成年人是否适用《刑法》第二百六十九条的问题

鉴于14—16周岁年龄段未成年人依法对盗窃罪、诈骗罪或者抢夺罪不负刑事责任，因此，《未成年人犯罪解释》第十条第一款规定：“已满十四周岁不满十六周岁的人盗窃、诈骗、抢夺他人财物，为窝藏赃物、抗拒抓捕或者毁灭罪证，当场使用暴力，故意伤害致人重伤或者死亡，或者故意杀人的，应当分别以故意伤害罪或者故意杀人罪定罪处罚。”因此，14—16周岁的人，不管在何种情况下，均不能适用《刑法》第二百六十九条规定转化为抢劫罪。至于其后续暴力、威胁行为构成何种罪的就定何种罪，比如定故意伤害罪等。

考虑到已满16周岁不满18周岁的未成年人身心发育已经近似于成年人，结合实践中案件的情况，对该年龄段未成年人在适用《刑法》第二百六十九条时与成年人的尺度掌握方面不宜有较大差别。因此，《未成年人犯罪解释》

第十条第二款规定："已满十六周岁不满十八周岁的人犯盗窃、诈骗、抢夺罪，为窝藏赃物、抗拒抓捕或者毁灭罪证而当场使用暴力或者以暴力相威胁的，应当依照《刑法》第二百六十九条的规定定罪处罚；情节轻微的，可不以抢劫罪定罪处罚。"

八、对于未成年人犯罪适用无期徒刑问题

司法实践中，对未成年人犯罪能否判处无期徒刑存在不同意见。有一种观点认为，依据《刑法》第四十九条"对未成年人犯罪不适用死刑"的规定，以及《刑法》第十七条第三款规定的对未成年人犯罪应当从轻或者减轻处罚原则，对未成年人犯罪不能判处无期徒刑，对未成年人犯罪依法能够判处的最高法定刑是有期徒刑十五年，数罪并罚的不超过有期徒刑二十年。考虑到刑法仅仅规定了对未成年人犯罪不适用死刑，并没有规定不适用无期徒刑；司法实践中一些未成年人犯罪案件的手段极为残忍、情节特别恶劣，后果特别严重，论罪应当判处死刑的，对这些极少数未成年人如果不依法判处无期徒刑，就不能很好地贯彻执行罪刑相适应原则。我国刑法规定的无期徒刑不是所谓"没有释放可能的终身监禁"，被判处无期徒刑的未成年罪犯，依法可以获得减刑，根据其改造表现，可以减为刑期长短不等的有期徒刑。综上，对极少数罪行极其严重的未成年罪犯依法适用无期徒刑并不违背《儿童权利公约》的有关规定，它既是严格执行刑法的要求，也符合审判实践。因此，《未成年人犯罪解释》第十三条规定："未成年人犯罪只有罪行极其严重的，才可以适用无期徒刑。对已满十四周岁不满十六周岁的人犯罪一般不判处无期徒刑。"依据该条规定，对未成年人适用无期徒刑应当予以严格掌握。具体要从以下两方面严格掌握：（1）要根据具体案情，只有对极少数未成年人所犯罪行极其严重、论罪依法应当判处死刑的情况，才可以适用无期徒刑。（2）鉴于14—16周岁年龄段未成年人属于未成年人犯罪当中的低龄犯，他们对危害社会行为的认知程度和自我控制能力都较16—18周岁年龄段未成年人更低，因此，对14—16周岁未成年人犯罪原则上不判处无期徒刑，但不排除在极个别案件中，根据案件具体情况，对14—16周岁罪行极其严重的未成年人依法判处无期徒刑。

九、关于对未成年犯是否适用附加刑的问题

对未成年人犯罪能否适用罚金、没收财产、剥夺政治权利这三种附加刑，刑法学界和司法实务部门一直有不同意见。对未成年人犯罪应否适用罚金刑和没收财产这两种财产刑，多数同志主张财产刑不适用于未成年人。主要理由是：未成年人绝大多数没有个人财产，司法实践中对未成年人判处财产刑，特别是罚金刑的，实际上最终受到处罚的是未成年人的监护人，这有违罪责自负原则。另一种观点则主张，对未成年人犯罪应当依法适用财产刑。对未成年人犯罪应否适用附加剥夺政治权利刑的问题，多数同志主张对未成年人犯罪不宜适用剥夺政治权利刑。主要理由是依据宪法有关公民所享有的政治权利的规定，未成年人因不满18周岁，对其剥夺政治权利没有实际意义。

经过研究，我们认为，首先，既然现行刑法没有将未成年人犯罪排除在财产刑适用范围之外，对未成年人犯罪就没有理由不依法判处附加刑，否则就违反了罪刑法定原则的要求；其次，未成年罪犯没有个人财产并非绝对情况，随着经济的发展，越来越多的未成年人靠继承、赠与、专利等途径取得了个人财产，还有一部分未成年人则靠劳动取得了一定报酬和收入；最后，对未成年罪犯适用财产刑，特别是依法尽可能多地适用单处罚金，可以避免他们因进入监改场所执行而交叉感染。因此，对未成年人犯罪应当依法适用财产刑。在未成年人犯罪的刑种适用方面，刑法仅仅规定了未成年人犯罪不适用死刑，没有排除未成年人犯罪剥夺政治权利刑的适用。鉴于多数未成年罪犯送交执行后不久就已经成年（一部分犯罪时未成年的人在审判时就已经成年），对他们依法判处剥夺政治权利刑，特别是对那些被判处无期徒刑的未成年罪犯仍具有一定意义。因此，对未成年罪犯应当依法适用剥夺政治权利刑。

对未成年人犯罪如何适用附加刑的问题，《未成年人犯罪解释》充分考虑了三种附加刑存在的不适应未成年人犯罪特点及未成年罪犯身心特点的因素，对未成年人犯罪判处附加刑从依法限制适用的角度作出规定。《未成年人犯罪解释》具体从以下四方面体现了对附加刑依法限制适用的原则：（1）鉴于刑法总则及分则条文中附加刑适用所作的规定有两种情况：一种规定“应当”判处附加刑，另一种则规定“可以”判处附加刑。《未成年人犯罪解释》规定，对凡是刑法规定“应当”判处附加刑的，对未成年罪犯就必须依法适用相应的附加刑；凡是刑法规定“可以”判处附加刑的，一般不判处附加刑。（2）《未成年人犯罪解释》规定对主刑从轻或者减轻判处的同时，依法从轻或者减轻判处附加刑（这里主要指剥夺政治利和罚金刑）。（3）对实施被指控犯罪时尚未成年但审判时已成年的被告人判处附加刑的，应注意按照对未成年罪犯的原则判处附加刑。(4) 对未成年罪犯具体确定罚金数额，除根据犯罪情节外，还应考虑其缴纳罚金的能力，以避免造成罚金刑无法执行或者因判处罚金数额过大给未成年罪犯重返社会后的生活造成不利影响。

十、关于对未成年犯适用缓刑的问题

《刑法》第七十二条规定了“可以”宣告缓刑的法定条件。《未成年人犯罪解释》第十六条根据审判实践总结的经验，对未成年罪犯何种情属于“应当”宣告缓刑的情形作出规定。正确理解和执行该条应当注意：(1) 未成年人犯罪已经具备《刑法》第七十二条规定的可以宣告缓刑条件；(2) 未成年罪犯另外还具有《未成年人犯罪解释》第十六条所列举的三种情形之一；(3) 对其适用缓刑确实不致再危害社会。符合上述三个条件的，才“应当”对其宣告缓刑。需要特别强调的是，不能把该条列举的三种情形之一种，同时既作为“可以宣告缓刑”的条件，又作为“应当宣告缓刑”的根据。

十一、关于对未成年犯免予刑事处罚的问题

《未成年人犯罪解释》第十七条结合审判实践，对何种情形属于《刑法》第三十七条“情节轻微不需要判处刑罚”作出了规定。正确执行该条应当注意把握以下两方面条件：(1) 适用该条的未成年罪犯应当首先符合《刑法》第七十二条规定的可以宣告缓刑条件的情形，这是前提条件；(2) 未成年罪犯同时还另外具有一项该条所列举的法定从轻、减轻或者免除处罚情节的。适用《未成年人犯罪解释》第十七条需要特别强调的，一是该条是对《刑法》第三十七条规定的“情节轻微不需要判处刑罚”所作的解释，具体执行中应当防止机械地对照该条规定对号入座，特别是对该条第（四）项、第（五）项规定的“共同犯罪中从犯”“犯罪后自首或者有立功表现”两种情形，在决定是否应免予刑事处罚时，要注意结合具体个案情况综合考虑，只有符合《未成年人犯罪解释》第十七条的规定，并且确实属于“情节轻微不需要判处刑罚的”，才应当免予刑事处罚。二是各级法院少年法庭对依法适用免予刑事处罚的未成年罪犯，应当严格地依照《最高人民法院关于审理未成年人刑事案件的若干规定》① 第四十一条至第四十三条规定的要求，坚持依法做好对判后未成年罪犯的跟踪帮教、预防重新犯罪的向后延伸工作，以便巩固少年法庭审判工作的法律效果和社会效果。

---

① 该规定现已失效。

十二、关于对未成年犯的减刑、假释问题

《未成年人刑事案件解释》第十八条第一款、第二款的内容来自1997年10月最高人民法院作出的《关于办理减刑、假释案件具体应用法律若干问题的规定》① 第十三条的规定。较之1995年解释所作的修改，主要是删除了对未成年罪犯减刑、假释的间隔、幅度等方面的相关具体规定。作出上述修改，主要是考虑1995年解释中对未成年罪犯如何减刑、假释规定得过于具体，这些年在执行中发现，由于对未成年罪犯减刑间隔过短或者掌握的减刑幅度过大，个别地方出现未成年罪犯很快就无刑可减，坐等刑满的情况，不利于对其改造。因此，此次未就具体幅度、间隔等问题作出规定，只是重申了比照成年罪犯适度放宽的原则。至于具体减刑、假释的幅度和间隔，可以参考成年人标准适当放宽、灵活掌握。

考虑到未成年人犯罪时没有成年，通过教育、矫治，大多数未成年罪犯都能悔过自新，在服刑期间已经成年的，对他们减刑、假释如果仍能坚持从宽，有利于鼓励改造，减小他们的反社会心理。在征求相关部门意见的基础上，《未成年人犯罪解释》第十八条第三款规定："未成年罪犯在服刑期间已经成年的，对其减刑、假释可以适用上述规定。"

十三、关于未成年被告人的民事赔偿责任问题

《未成年人犯罪解释》第十九条第一款的内容基本维持了1995年解释中的相关内容，未作修改。第二款则是根据《最高人民法院关于刑事附带民事诉讼范围问题的规定》② 第四条关于"被告人已经赔偿被害人物质损失的，人民法院可以作为量刑情节予以考虑"的规定，将相同的内容和精神补充到《未成年人犯罪解释》中。

（撰稿：李兵）

2. **全国人大法工委关于已满十四周岁不满十六周岁的人承担刑事责任范围的答复意见**（法工委复字〔2002〕12号，自2002年7月24日起施行）

最高人民检察院：

关于你单位4月8日来函收悉，经研究，现答复如下：

刑法第十七条第二款规定的八种犯罪，是指具体犯罪行为而不是具体罪

---

① 该规定现已失效。

② 该规定现已失效。

名。对于刑法第十七条中规定的“犯故意杀人、故意伤害致人重伤或者死亡”，是指只要故意实施了杀人、伤害行为并且造成了致人重伤、死亡后果的，都应负刑事责任。而不是指只有犯故意杀人罪、故意伤害罪的，才负刑事责任，绑架撕票的，不负刑事责任。对司法实践中出现的已满十四周岁不满十六周岁的人绑架人质后杀害被绑架人、拐卖妇女、儿童而故意造成被拐卖妇女、儿童重伤或死亡的行为，依据刑法是应当追究其刑事责任的。

全国人大常委会法制工作委员会

2002年7月24日

3. **人民检察院办理未成年人刑事案件的规定**（高检发研字〔2013〕7号，自2013年12月27日起公布施行）（节录）

第十四条　审查逮捕未成年犯罪嫌疑人，应当重点审查其是否已满十四、十六、十八周岁。

对犯罪嫌疑人实际年龄难以判断，影响对该犯罪嫌疑人是否应当负刑事责任认定的，应当不批准逮捕。需要补充侦查的，同时通知公安机关。

第二十六条　对于犯罪情节轻微，具有下列情形之一，依照刑法规定不需要判处刑罚或者免除刑罚的未成年犯罪嫌疑人，一般应当依法作出不起诉决定：

（一）被胁迫参与犯罪的；

（二）犯罪预备、中止、未遂的；

（三）在共同犯罪中起次要或者辅助作用的；

（四）系又聋又哑的人或者盲人的；

（五）因防卫过当或者紧急避险过当构成犯罪的；

（六）有自首或者立功表现的；

（七）其他依照刑法规定不需要判处刑罚或者免除刑罚的情形。

第二十七条　对于未成年人实施的轻伤害案件、初次犯罪、过失犯罪、犯罪未遂的案件以及被诱骗或者被教唆实施的犯罪案件等，情节轻微，犯罪嫌疑人确有悔罪表现，当事人双方自愿就民事赔偿达成协议并切实履行或者经被害人同意并提供有效担保，符合刑法第三十七条规定的，人民检察院可以依照刑事诉讼法第一百七十三条第二款的规定作出不起诉决定，并可以根据案件的不同情况，予以训诫或者责令具结悔过、赔礼道歉、赔偿损失，或者由主管部门予以行政处罚。

第二十九条 对于犯罪时已满十四周岁不满十八周岁的未成年人，同时符合下列条件的，人民检察院可以作出附条件不起诉决定：

（一）涉嫌刑法分则第四章、第五章、第六章规定的犯罪；

（二）根据具体犯罪事实、情节，可能被判处一年有期徒刑以下刑罚；

（三）犯罪事实清楚，证据确实、充分，符合起诉条件；

（四）具有悔罪表现。

第五十九条第一款 对于具有下列情形之一，依法可能判处拘役、三年以下有期徒刑，有悔罪表现，宣告缓刑对所居住社区没有重大不良影响，具备有效监护条件或者社会帮教措施、适用缓刑确实不致再危害社会的未成年被告人，人民检察院应当建议人民法院适用缓刑：

（一）犯罪情节较轻，未造成严重后果的；

（二）主观恶性不大的初犯或者胁从犯、从犯；

（三）被害人同意和解或者被害人有明显过错的；

（四）其他可以适用缓刑的情节。

第七十九条 本规定所称未成年人刑事案件，是指犯罪嫌疑人、被告人实施涉嫌犯罪行为时已满十四周岁、未满十八周岁的刑事案件，但在有关未成年人诉讼权利和体现对未成年人程序上特殊保护的条文中所称的未成年人，是指在诉讼过程中未满十八周岁的人。犯罪嫌疑人实施涉嫌犯罪行为时未满十八周岁，在诉讼过程中已满十八周岁的，人民检察院可以根据案件的具体情况适用本规定。

第八十条 实施犯罪行为的年龄，一律按公历的年、月、日计算。从周岁生日的第二天起，为已满××周岁。

4. **最高人民法院关于贯彻宽严相济刑事政策的若干意见**（法发〔2010〕9号，自2010年2月8日起发布施行）（节录）

15. 被告人的行为已经构成犯罪，但犯罪情节轻微，或者未成年人、在校学生实施的较轻犯罪，或者被告人具有犯罪预备、犯罪中止、从犯、胁从犯、防卫过当、避险过当等情节，依法不需要判处刑罚的，可以免予刑事处罚。对免予刑事处罚的，应当根据刑法第三十七条规定，做好善后、帮教工作或者交由有关部门进行处理，争取更好的社会效果。

20. 对于未成年人犯罪，在具体考虑其实施犯罪的动机和目的、犯罪性质、情节和社会危害程度的同时，还要充分考虑其是否属于初犯，归案后是否悔罪，以及个人成长经历和一贯表现等因素，坚持“教育为主、惩罚为辅”的原则和“教育、感化、挽救”的方针进行处理。对于偶尔盗窃、抢夺、诈骗，数额刚达到较大的标准，案发后能如实交代并积极退赃的，可以认定为情节显著轻微，不作为犯罪处理。对于罪行较轻的，可以依法适当多适用缓刑或者判处管制、单处罚金等非监禁刑；依法可免予刑事处罚的，应当免予刑事处罚。对于犯罪情节严重的未成年人，也应当依照刑法第十七条第三款的规定予以从轻或者减轻处罚。对于已满十四周岁不满十六周岁的未成年犯罪人，一般不判处无期徒刑。

5. **最高人民检察院关于相对刑事责任年龄的人承担刑事责任范围有关问题的答复**（〔2003〕高检研发第13号，自2003年4月18日起施行）

四川省人民检察院研究室：

你院关于相对刑事责任年龄的人承担刑事责任范围问题的请示（川检发办〔2002〕47号）收悉。经研究，答复如下：

一、相对刑事责任年龄的人实施了刑法第十七条第二款规定的行为，应当追究刑事责任的，其罪名应当根据所触犯的刑法分则具体条文认定。对于绑架后杀害被绑架人的，其罪名应认定为绑架罪。

二、相对刑事责任年龄的人实施了刑法第二百六十九条规定的行为的，应当依照刑法第二百六十三条的规定，以抢劫罪追究刑事责任。但对情节显著轻微，危害不大的，可根据刑法第13条的规定，不予追究刑事责任。

此复。

6. **最高人民检察院关于“骨龄鉴定”能否作为确定刑事责任年龄证据使用的批复**（高检发研字〔2000〕6号，自2000年2月21日起发布施行）

宁夏回族自治区人民检察院：

你院《关于“骨龄鉴定”能否作为证据使用的请示》收悉，经研究批复如下：

犯罪嫌疑人不讲真实姓名、住址，年龄不明的，可以委托进行骨龄鉴定或其他科学鉴定，经审查，鉴定结论能够准确确定犯罪嫌疑人实施犯罪行为时的年龄的，可以作为判断犯罪嫌疑人年龄的证据使用。如果鉴定结论不能准确确定犯罪嫌疑人实施犯罪行为时的年龄，而且鉴定结论又表明犯罪嫌疑人年龄在刑法规定的应负刑事责任年龄上下的，应当依法慎重处理。

此复。

（三）典型或常见问题的审理思路

1. 未成年人与成年人共同犯罪的案件，如何体现从宽处罚？[①]

本书观点：（1）办理未成年人与成年人共同犯罪案件，一般应当将未成年人与成年人分案起诉，但对于未成年人系犯罪集团的组织或者其他共同犯罪中的主犯，或者具有其他不宜分案起诉情形的，可以不分案起诉。

（2）办理未成年人与成年人共同犯罪案件，应当根据未成年人在共同犯罪中的地位、作用，综合考量未成年人实施犯罪行为的动机和目的，犯罪时的年龄，是否属于初犯、偶犯，犯罪后的悔罪表现，个人成长经历和一贯表现等因素，依法从轻或者减轻处罚。

（3）未成年人犯罪不构成累犯。

2. 户籍证明与其他证据材料互相矛盾时，如何认定被告人的年龄？[②]

本书观点：根据刑法规定，只有当已满十六周岁或者已满十四周岁不满十六周岁实施了《刑法》第十七条第二款规定的故意杀人、故意伤害致人重伤或者死亡、强奸、抢劫、贩卖毒品、放火、爆炸、投放危险物质罪的，或者已满十二周岁犯故意杀人、故意伤害罪经最高人民检察院核准追诉的，才应当负刑事责任。同时，《刑法》第十七条第四款规定了未成年人从宽处罚原则以及第四十九条规定未成年人不适用死刑原则。由此可知，未成年人实施犯罪时的年龄关系到是否负刑事责任以及是否能够得到从宽处理等问题，因此，查清犯罪嫌疑人刑事责任年龄是办理刑事案件中要解决的首要问题。

（1）证明被告人刑事责任年龄的证据应当首先使用被告人所在地公安机关出具的证明文件。

户籍证明是由当事人原籍公安机关根据其户籍登记情况出具的证明材料，关于户籍证明的证明力问题，现行刑法和刑事诉讼法均没有单独规定，司法实践中通常是参照适用《最高人民法院关于贯彻执行〈中华人民共和国民法通则〉若干问题的意见（试行）》（现已失效）的规定，即“出生的时间以户籍为准；没有户籍证明的，以医院出具的出生证明为准，没有医院证明的，参照其他有关证明认定”。在认定出生时间问题上，户籍证明之所以具有高于

---

① 观点来源：最高人民法院指导案例第 5 批第 19 号：张某、沈某等七人抢劫案。

② 观点来源：最高人民法院刑事审判第一、二、三、四、五庭编：《刑事审判参考》（2010 年第 6 集，总第 77 集），伍某洪、黄某燕绑架案。

其他证据的证明效力，原因在于其是有权机关依据法律授权按照法定程序或方式制作出具的，具有较强的规范性。为此，在司法实践中，户籍证明是认定被告人刑事责任年龄的首要依据。户籍证明应当由犯罪嫌疑人原籍派出所出具，对于公安机关从其内网上下载的户籍信息材料，必须经犯罪嫌疑人所在地公安机关核实，并加盖公章认可。

（2）当户籍证明与被告人供述的年龄出现矛盾，且涉及被告人刑事责任年龄时，应当收集其他证据，以确定被告人的真实年龄。

一般情况下，户籍证明能够反映被告人的真实年龄，但也不是绝对的。实践中，由于种种原因，户籍证明登记的时间有时并非犯罪嫌疑人的真实出生日期。尤其是部分农村地区，户籍登记制度未能严格执行，有的往往根据家长或亲属的口述随意填报年龄，有的出生若干年后才申报户籍，有的填写的是农历的时间等。这些问题给我们认定被告人的真实年龄带来相当大的困难。为此，如果被告方对侦查机关收集的户籍证明提出异议，声称自己作案时实际年龄不满十二周岁、不满十四周岁、不满十六周岁或不满十八周岁时，或者审判机关发现犯罪嫌疑人作案时年龄可能与证明不符，可能影响对被告人定罪量刑（特别是涉及死刑）时，就要注意收集其他能够证明其年龄的有效证明材料，而不能简单地以户籍证明来认定被告人的刑事责任年龄。这些证据材料包括：

——书证。主要包括出生证明、医院分娩记录、计生办证明、学籍证明、家谱族谱等，这些材料反映出生情况的原始记录信息，往往能够有效证明被告人年龄。在使用上述书证时要注意：一方面，应坚持“原始书证规则”，调取、查阅其原始登记材料；另一方面，一般来说，这类书证形成时间越早，可信程度就越高，证明价值也就越大。

——证人证言。证人证言是指被告人的父母、亲戚、朋友、邻居、接生员等证人就其出生、年龄等情况所作的证词。在具体判断证言的证明价值时需要考虑以下两个问题：一是证人是否为关系人；二是证人本身的感知、记忆和表达能力。

——骨龄鉴定。尽管 2000 年 2 月 21 日最高人民检察院发布的《关于“骨龄鉴定”能否作为确定刑事责任年龄证据使用的批复》指出：“犯罪嫌疑人不讲真实姓名、住址，年龄不明的，可以委托进行骨龄鉴定或其他科学鉴定，经审查，鉴定结论能够准确确定犯罪嫌疑人实施犯罪行为时的年龄的，可以作为判断犯罪嫌疑人年龄的证据使用。”然而，需要注意的是，由于受个体生长等各种客观条件的影响，生物年龄与实际的生活年龄并不完全一致。为此，不能把骨龄鉴定作为认定年龄的唯一证据，尤其是对涉及刑事责任年龄十二周岁、十四周岁、十六周岁、十八周岁“临界点”的案件，如果被告人到案时间与作案时间间隔较长，根据到案后作的骨龄鉴定来推断其作案时的年龄，准确率不会很高。尤其是被告人辩解的出生日期与户籍证明载明的出生日期间隔极短，甚至只相差几天的情况下，骨龄鉴定结论就基本没有意义，难以解决被告人出生日期的认定问题。因此，在认定犯罪嫌疑人年龄时必须十分慎重，通常只将骨龄鉴定结论作为参考性证据。本案即是如此，尽管公安机关出具的户籍证明显示，黄某燕出生于1990年8月11日，但是黄某燕在供述中对此提出其出生于1990年9月23日。由于该日期涉及被告人犯罪时是否年满18周岁，司法机关一方面收集到《梧田区卫生院妇产科分娩登记表》复印件，并赶赴当地医院与原件进行了核对；另一方面还收集到《黄氏宗谱》，并对其进行了字迹鉴定，证明是否系早年形成。

（3）如果其他证据材料能够相互印证，经审查能够证明被告人真实年龄的，可以排除户籍证明等法定证据，以其他证据来认定年龄。

当户籍证明等法定证据与被告人供述的年龄出现矛盾时，应当如何采信证据呢？我们认为，考虑到我国户籍证明有可能在其原始生成阶段因为种种原因而造成错误，因此，出生证明、计生办证明、学籍证明等其他证据若能够相互印证，共同补强被告人的供述或辩解，并能达到使一般人确信的程度，那么就可以合理地排除户籍证明，采信能够相互印证、共同补强的证据。

（4）当户籍证明与其他证据材料的矛盾无法得到排除时，应正确贯彻“有利于被告人”原则，准确认定被告人的年龄。

司法实践中，一些司法人员未能正确理解“有利于被告人”原则，一旦遇到不同于户籍证明的证据，就轻易否定户籍证明，盲目作出有利于被告人的认定。我们认为，被告人提出的出生时间与户籍证明载明的时间不一致时，应当根据具体情况来分析判断：

第一，当被告人的出生时间涉及是否追究其刑事责任时，户籍证明证实被告人作案时已经达到指控罪名的刑事责任年龄，但被告人提出相反意见时，其应当承担举证责任，向法庭提交有关证据。法庭对被告人提交的上述证据的合法性、真实性、关联性进行调查、审理、质证、认证后方可使用。只有这些证据足以证明控方提交的户籍证明等确实存在疑问时，才能根据“有利于被告人”的原则，认定被告人未达到相应刑事责任年龄。而不能认为，只要被告方提出相反证据，就应当作出“有利于被告人”的年龄推定。因为户籍证明是权威机关按照法定程序制作出具的，并且系早年形成，具有较强的证明效力，在被告方没有提供足够证据推翻的情况下，应当维护其证明价值，以此来认定被告人的出生时间。

第二，当被告人的出生时间涉及是否对其适用死刑时，对被告人的举证责任要求可相对宽松一些。死刑是对生命权的剥夺，死刑案件的证明标准比其他刑事案件更加严格。对可能被判处死刑的被告人，在认定其作案年龄的问题上，也应当适用死刑案件的“排除一切合理怀疑”这一最高证明标准。如果被告人辩解其作案时不满十八周岁并提出了一定证据，即使控方已经提出了户籍证明或其他相关证据，但只要其中某项证据存在疑问，或者在被告人及其辩护人提出的相反证据不能被完全否定的情况下，法庭应当尽最大努力仔细核查（包括请专家鉴定等），经核查后仍不能达到上述的证明标准时，应当不适用死刑立即执行。

第三，被告人的出生时间不影响对被告人的定罪、量刑时，一般情况下采用控方提交的户籍证明等书面法定证据。当被告方提出的否定证据足以推翻控方提交的证据时，经法庭质证，控方对这些证据的合法性、真实性、关联性不持异议时，可以采信被告方提供的证据。

3. 公安机关的户籍材料存在重大瑕疵的，如何认定被告人犯罪时的年龄？[①]

本书观点：被告人的刑事责任年龄既是重要的定罪依据，也是关键的量刑情节，必须依法查明。司法实践中，认定被告人刑事责任年龄的证据可能会有瑕疵或者与其他在案证据存在矛盾。在具体案件审判过程中，应当尽可能穷尽一切调查手段，并结合全部在案证据综合审查判断。对于没有充分证据证明被告人实施被指控的犯罪时已经达到法定刑事责任年龄且确实无法查明的，应当根据存疑有利于被告人的原则，推定其没有达到相应法定刑事责任年龄。

---

① 观点来源：最高人民法院刑事审判第一、二、三、四、五庭编：《刑事审判参考》（2013 年第 2 集，总第 91 集），乔某诈骗案。

公安机关无正当理由变更原始户籍登记中的出生日期，且变更后的信息与在案证据存在冲突的，应从证据合法性和有利于被告人的角度，严格进行审查判断。如果有关言词证据和书面材料与公安机关的户籍登记信息不符，而被告人的户籍信息曾作变更，变更原因不明，且无变更的原始材料，依据变更后的户籍信息出具的证明材料依据不足，存在严重瑕疵时，应当按照变更前的户籍信息认定被告人的年龄。按照被告人年龄认定的基本原则，在各类证据存在矛盾的情况下，原则上应当以现在的户籍登记日期为准。但是，户籍登记存在重大瑕疵时，综合在案证据，又无法准确判断被告人的出生日期的，应当根据存疑有利于被告人的原则，依据最高人民法院相关司法解释，依法认定被告人的年龄。

4. 对未成年人与幼女正常交往过程中自愿发生性关系案件的政策把握与缓刑适用①

本书观点：《最高人民法院关于审理未成年人刑事案件具体应用法律若干问题的解释》（以下简称《未成年人犯罪解释》）第六条明确规定："已满十四周岁不满十六周岁的人偶尔与幼女发生性行为，情节轻微、未造成严重后果的，不认为是犯罪。"2013 年《最高人民法院、最高人民检察院、公安部、司法部关于依法惩治性侵害未成年人犯罪的意见》（以下简称《依法惩治性侵害未成年人犯罪意见》）也作了同样规定。

对未成年人与幼女在正常交往过程中自愿发生性关系，在确定罪与非罪的界限时，应当注意把握以下三点：

（1）行为人一般应当处于已满十四周岁不满十六周岁的年龄阶段。之所以限定行为人为已满十四周岁不满十六周岁，而不是已满十六周岁不满十八周岁，主要考虑的是，基于特别保护不满十四周岁幼女身心健康的立场，对与之自愿发生性关系不以犯罪论处的范围应当严格把握，不能放得过宽。而已满十四周岁不满十六周岁系刑法确定的相对负刑事责任年龄界限，故对不以犯罪论处的主体范围掌握在此年龄段较为妥当。当然，考虑司法实际情况的复杂性，并非已满十六周岁的未成年人与幼女发生性关系的，就一律以强奸罪论处。但对于已满十六周岁的未成年人实施类似行为的案件认定不构成

---

① 观点来源：最高人民法院刑事审判第一、二、三、四、五庭编：《刑事审判参考》（2014 年第 3 集，总第 98 集），刘某强奸案。

强奸罪，相对于不满十六周岁的人，在把握上应当更为严格。

（2）行为人应当是与年龄相当的幼女在正常交往、恋爱过程中基于幼女自愿而与之发生性关系。对于行为人使用暴力、胁迫或者诱骗等手段奸淫幼女的，即使其不满十六周岁，对其也不宜排除在刑事处罚范围之外。而对不满十二周岁的幼女实施性侵害的，应当一律认定行为人明知被害人系幼女，主要是为了解决主观明知的认定问题，并不是指所有行为人与不满十二周岁的幼女发生性关系都应当以强奸罪论处。对已满十四周岁不满十六周岁的行为人与不满十二周岁的幼女在正常交往过程中自愿发生性关系，如果双方年龄差距不大，行为情节轻微的，也可以不以强奸论处。这一认定原则体现了对未成年人实行双向保护的政策精神。

（3）综合考察，未成年人与幼女发生性关系情节轻微、未造成严重后果。情节轻微与否实践中并不能简单以次数论。发生性关系的次数是判断行为情节是否轻微的其中一项因素，但并非决定性因素，决定性因素是行为人是否是与年龄相当的幼女在正常交往、恋爱过程中基于幼女自愿而与之发生性关系，如果是，一般可以认定为情节轻微。

值得注意的是，对于不满十六周岁的行为人在与幼女正常交往恋爱过程中基于幼女自愿与其发生性关系致幼女怀孕、引产、流产，单就后果来看，不能说不严重，但是否一律认为行为人的行为不属于“情节轻微、不以犯罪论处”，不宜一概而论。类似案件，如果双方确实存在正常恋爱交往关系，年龄差距也不大，如差距小于一周岁或者二周岁，司法机关判断对行为人是否以强奸罪论处，要特别慎重。对于双方成年亲属自行协商，被害人及其法定代理人不要求追究行为人刑事责任的，司法机关没有必要主动干预，启动司法程序。

5. 已满十四周岁未满十六周岁的未成年人，能否成为转化型抢劫罪的犯罪主体？[①]

本书观点：已满十四周岁不满十六周岁的未成年人，不能构成转化型抢劫罪。

（1）已满十四周岁不满十六周岁的未成年人，依法对盗窃罪不负刑事责任，因此，不具备转化型抢劫罪的基础。被告人王某华作案时是已满十四周

① 观点来源：最高人民法院刑事审判第一、二、三、四、五庭编：《刑事审判参考》（2012 年第 3 集，总第 86 集），王某华抢劫案。

岁未满十六周岁的相对刑事责任人，只对实施《刑法》第十七条第二款所列举的故意杀人、抢劫等八种犯罪负刑事责任，对盗窃行为不负刑事责任，因而不能满足构成转化型抢劫罪的前提条件。

（2）从现有司法解释的规定也可以推导出相对刑事责任能力年龄的人不能成为转化型抢劫罪的犯罪主体。《未成年人犯罪解释》第十条第一款规定："已满十四周岁不满十六周岁的人盗窃、诈骗、抢夺他人财物，为窝藏赃物、抗拒抓捕或者毁灭罪证，当场使用暴力，故意伤害致人重伤或者死亡，或者故意杀人的，应当分别以故意伤害罪或者故意杀人罪定罪处罚。"相对刑事责任年龄的人实施了转化型抢劫的行为，形式上符合转化型抢劫罪的要件，只对暴力行为造成重伤或死亡结果的以故意伤害罪或者故意杀人罪定罪处罚。本案被告人虽然有咬伤被害人的行为，但由于被害人的伤情并不构成重伤，因此，被告人也不构成故意伤害罪。此外，《未成年人犯罪解释》第十条第二款进一步规定："已满十六周岁不满十八周岁的人犯盗窃、诈骗、抢夺罪，为窝藏赃物、抗拒抓捕或者毁灭罪证而当场使用暴力或者以暴力相威胁的，应当依照刑法第二百六十九条的规定定罪处罚；情节轻微的，可不以抢劫罪定罪处罚。"也就是说，只有已满十六周岁的完全刑事责任能力年龄的人，才有可能构成转化型的抢劫罪，以抢劫罪定罪量刑。

6. 未成年人犯罪，法定刑为三年以上有期徒刑的，能否适用免予刑事处罚?[①]

本书观点：《刑法》第三十七条规定，对犯罪情节轻微不需要判处刑罚的，可以免予刑事处罚。《未成年人犯罪解释》第十七条规定："未成年罪犯根据其所犯罪行，可能被判处拘役、三年以下有期徒刑，如果悔罪表现好，并具有下列情形之一的，应当依照刑法第三十七条的规定免予刑事处罚：（一）系又聋又哑的人或者盲人；（二）防卫过当或者避险过当；（三）犯罪预备、中止或者未遂；（四）共同犯罪中从犯、胁从犯；（五）犯罪后自首或者有立功表现；（六）其他犯罪情节轻微不需要判处刑罚的。"但该规定并未涵括所有免予刑事处罚的情形，也未禁止对犯法定刑为三年以上有期徒刑之罪的未成年被告人免予刑事处罚。

---

① 观点来源：最高人民法院刑事审判第一、二、三、四、五庭编：《刑事审判参考》（2008 年第 2 集，总第 61 集），李某伟、史某东抢劫案。

首先，《未成年人犯罪解释》第十七条是对《刑法》第三十七条规定的免予刑事处罚条件的一种具体化，但并未涵括所有可能免予刑事处罚的情形。《刑法》第三十七条并没有以法定刑作为适用免予刑事处罚的条件，因此《未成年人犯罪解释》第十七条也不可能僭越立法权来不当缩小免予刑事处罚的适用范围。可见，本案被告人所犯抢劫罪的法定刑虽为有期徒刑三年以上，也可以根据具体案情决定是否适用免予刑事处罚。

其次，“可能被判处拘役、三年以下有期徒刑”是指宣告刑而非法定刑，也就是说法定刑为三年徒刑以上时，也存在免予刑事处罚的余地。这里规定的刑罚条件是指宣告刑而不是法定刑，即审判机关根据被告人犯罪的事实、性质、情节及对社会的危害程度，依法对被告人可能判处的刑罚。

如果被告人同时具有自首和立功表现，又系未成年人，对其适用免予刑事处罚则更是正确的，准确地贯彻了对于未成年犯罪人“教育为主，惩罚为辅”的刑事政策精神。

7. 利用不满十四周岁的人投毒杀人的行为如何定性?[①]

被告人刘某因与丈夫金某不和，离家出走。一天，其女（时龄十二周岁）前来刘某住处，刘某指使其女用家中的鼠药毒杀金某。其女回家后，即将鼠药拌入金某的饭碗中，金某食用后中毒死亡。因其女没有达到刑事责任年龄，对被告人刘某的行为如何定罪处罚，有不同意见：一种意见认为，被告人刘某授意本无犯意的未成年人投毒杀人，是典型的教唆杀人行为，根据《刑法》第二十九条“教唆不满十八周岁的人犯罪的，应当从重处罚”的规定，对被告人刘某应按教唆犯的有关规定来处理；另一种意见认为，被告刘某授意未成年人以投毒的方法杀人，属于故意向他人传授犯罪方法，同时，由于被授意人未达到刑事责任年龄，不负刑事责任，因此对被告人刘某应单独以传授犯罪方法罪论处。

根据《刑法》第二十九条第一款的规定，教唆犯是故意教唆他人犯罪的人，应当按照他在共同犯罪中所起的作用处罚。构成教唆犯，必须具备主客观两方面的要件：在客观方面，必须有教唆他人犯罪的教唆行为，并且这一教唆行为同被教唆人实行的犯罪行为之间具有因果关系；在主观方面，必须

① 观点来源：最高人民法院刑事审判第一、二、三、四、五庭主办：《中国刑事审判指导案例》（01）（增订第3版），法律出版社2017年版，第825－826页。

有教唆他人实施犯罪的故意。从这两个特征可以看出，教唆犯是共同犯罪人的一种，与被教唆人是一种共同犯罪的关系。根据《刑法》第二十五条的规定，共同犯罪是指“二人以上共同故意犯罪”，即两个以上都达到刑事责任年龄，具有刑事责任能力的人共同故意犯罪。因此，构成教唆犯也必然要求教唆人和被教唆人都达到一定的刑事责任年龄，具备刑事责任能力。达到一定的刑事责任年龄，具备刑事责任能力的人，指使、利用未达到刑事责任年龄的人（如本案刘某的女儿）或精神病人实施某种犯罪行为，是不符合共同犯罪的特征的。因为在这种情况下，就指使者而言，实质上是在利用未达到刑事责任年龄的人或精神病人作为犯罪工具实施犯罪。就被指使者而言，由于其不具有独立的意志，或者缺乏辨别能力，实际上是教唆者的犯罪工具。有刑事责任能力的人指使、利用未达到刑事责任年龄的人或者精神病人实施犯罪，在刑法理论上称为“间接正犯”或“间接的实行犯”。“间接正犯”不属于共同犯罪的范畴。因被指使、利用者不负刑事责任，其实施的犯罪行为应视为指使、利用者自己实施，故指使、利用者应对被指使、利用人所实施的犯罪承担全部责任，也就是说，对指使、利用未达到刑事责任年龄的人或精神病人犯罪的人，应按照被指使、利用者实行的行为定罪处罚。本案被告人刘某唆使不满十四周岁的人投毒杀人，由于被唆使人不具有刑事责任能力，因此唆使人与被唆使人不能形成共犯关系，被告人刘某非教唆犯，而是“间接正犯”，故对刘某不能直接援引有关教唆犯的条款来处理，而应按其女实行的故意杀人行为定罪处刑。

本案被告人刘某的行为也不符合传授犯罪方法罪的特征。传授犯罪方法罪是指把实施某种犯罪的具体经验和技能故意传授给他人的行为。就传授的内容而言，即“实施某种犯罪的具体经验和技能”，一般是被传授人先前所不知悉的，需要行为人特别的传授和被传授人的学习才掌握的，如传授怎样扒窃、制造毒品等的具体技能。鼠药可以毒死人，应当是一种常识，被告人刘某指使其女用鼠药毒杀金某，只是指明可利用的犯罪手段，同指使他人用刀或用枪杀死被害人没有什么区别，并非传授具体的犯罪方法。另外，传授犯罪方法仅是将某种或某些犯罪方法传授于人，并不包括唆使他人去实施某种犯罪的行为。而教唆行为的本质特点，是将教唆者自己的犯罪意图灌输给本来没有犯意或者虽有犯意但不坚定的人，使他人决意实施教唆者所唆使的犯罪。本案被告人刘某授意其女投毒杀害自己的丈夫，并非传授具体的方法，而是要将自己杀夫的犯罪意图灌输给本来没有犯罪意图的女儿，促使其女决意实施自己所指使的犯罪行为。因此，对被告人刘某的行为不应定传授犯罪方法罪，只能定故意杀人罪。

(四) 疑难、复杂问题的参考性解答

1. 我国刑法对刑事责任年龄是如何划分的？

本书观点：我国对自然人犯罪主体的刑事责任年龄作出了规定。刑法对刑事责任年龄采取的是“四分法”，即将刑事责任年龄划分为绝对无责任、相对有责任、完全负责任、从宽责任四个时期。

(1) 绝对无责任年龄时期

这是依法完全不负刑事责任的年龄时期。实施严重危害社会行为的当时，行为人的年龄不满十二周岁的，其行为不构成犯罪，一般不追究刑事责任；但应责令其家长或者监护人加以管教，必要时也可由政府进行矫治教育。这是因为未满十二周岁的人，由于身心发育远未成熟，他们幼稚无知，还不具备必要的辨别是非善恶的能力，因而，对他们所实施的危害社会的行为不追究刑事责任。

(2) 相对有责任年龄时期

这是依法对部分严重犯罪负刑事责任的年龄时期。根据《刑法修正案(十一)》第一条的规定，相对有责任年龄时期分两个内容。

已满十四周岁不满十六周岁的人，犯故意杀人、故意伤害致人重伤或者死亡、强奸、抢劫、贩卖毒品、放火、爆炸、投放危险物质罪的，应当负刑事责任。这是因为处于这一年龄时期的人虽有一定的辨别、控制能力，但并不十分完整和成熟。所以，刑法只要求其对自己所实施的一部分性质特别严重并且又较为常见的犯罪行为负刑事责任。

已满十二周岁不满十四周岁的人，犯故意杀人、故意伤害罪，致人死亡或者以特别残忍手段致人重伤造成严重残疾，情节恶劣，经最高人民检察院核准追诉的，应当负刑事责任。

(3) 完全负责任年龄时期

这是依法全部负刑事责任的年龄时期。已满十六周岁的人犯罪，应当负刑事责任。因为已满十六周岁的人在智力及社会知识方面已有相当的发展，已经具备了承担刑事责任的辨别和控制自己行为的能力，所以，他们对自己

实施的任何一种犯罪行为都应当承担刑事责任。

（4）从宽责任年龄时期

这是依法应当予以从轻或者减轻处罚的年龄时期。

根据《刑法》第十七条第四款的规定，对于实施了犯罪并需要负刑事责任的不满十八周岁的人，应当从轻或者减轻处罚。立法上之所以作如此从宽处罚的规定，是因为处于这一年龄时期的人，虽然具有一定的辨别、控制行为的能力，应当负刑事责任，但终究还是未成年人，其生理、心理等都处于发展之中，思想、观点并不像成年人那样成熟和稳定，可塑性仍然较大。因此，从对未成年人以教育为主、惩罚为辅的刑事政策出发，刑法对此作出了从宽的明文规定。《刑法》第四十九条还规定，犯罪的时候不满十八周岁的人不适用死刑。

2. 年龄如何计算?

本书观点：法律规定的年龄，一律按公历的年、月、日计算，并且应自行为人出生年、月、日起按日计算实足年龄。例如，“不满十四周岁”，包括周岁生日在内，“已满十四周岁”则应从周岁生日之第二天起计算，其他不满十六周岁及已满十六周岁、不满十八周岁均应依此计算。刑事责任年龄指的是实施犯罪时的年龄，而不是指破案或审判时的年龄。责任年龄的确定是刑法中的重大问题，它直接涉及刑罚惩罚范围，涉及是否从轻、减轻处罚，如果某人尚未达到法定应负刑事责任的年龄，即使行为在客观上造成严重结果，也不能追究他的刑事责任。正确理解刑法关于责任年龄的规定，对于维护社会主义法治的统一和正确定罪量刑以及正确贯彻执行党和国家对青少年犯罪的刑事政策都有非常重要的意义。

3. “跨龄”犯罪问题如何处理?

本书观点：刑法对不同责任年龄犯罪，惩罚原则不一样。在相邻接的责任年龄期，“跨年龄段”的犯罪问题如何处理？未成年人在年满十四周岁以前和已满十四周岁不满十六周岁期间都实施了本条第二款规定的犯罪行为，应当对其已满十四周岁不满十六周岁期间实施的行为追究刑事责任，而不应将年满十四周岁以前实施的行为作为犯罪一并追究。未成年人在年满十六周岁前后都实施了本条第二款规定以外的其他犯罪行为，应当对其年满十六周岁以后的行为追究刑事责任，而不应把年满十六岁以前实施的行为作为犯罪一并追究。正确的做法应该是：凡属于该责任年龄时期不应负刑事责任的犯罪，一律不追究或不应当一并追究刑事责任。有些案件可以作为情节考虑。

4. 已满十四周岁不满十六周岁的人实施绑架犯罪，但杀害被绑架人的，如何处理？

本书观点：在绑架中杀人的、在拐卖妇女儿童中强奸的等，这种情况下应当对其追究刑事责任。主要理由是：该年龄段未成年人故意杀人、强奸的尚且应当负刑事责任，如果他同时有杀人和绑架或者拐卖妇女儿童和强奸两种行为，就更应当追究其刑事责任。当然，只能以故意杀人罪、强奸罪定罪处罚，而不能以绑架罪、拐卖妇女儿童罪定罪处罚。如果对该年龄段的人绑架杀人的定绑架罪、拐卖妇女儿童中强奸的定拐卖妇女儿童罪，则势必导致客观上对该年龄段未成年人实施的绑架、拐卖妇女儿童行为追究刑事责任的结果，与刑法规定该年龄段的人为限制刑事责任主体的立法本意相悖。

5. 已满十四周岁不满十六周岁的未成年人实施《刑法》第十七条第二款没有列举的行为，比如制造、走私毒品等行为，是否定罪处罚？

本书观点：已满十四周岁不满十六周岁的未成年人实施《刑法》第十七条第二款没有列举的行为，比如制造、走私毒品等行为，这种情况下，如果未成年人没有同时实施《刑法》第十七条所规定的贩卖毒品行为的，这种情形即便制造、走私毒品等行为性质和危害程度与刑法所列举行为相当甚至更为严重，也不应追究其刑事责任，否则就违反了《刑法》第十七条第二款的规定，与罪刑法定原则的要求不符。

6. 已满十四周岁不满十六周岁的人实施危害社会的行为，可以不认为是犯罪的情形有哪些？

本书观点：已满十四周岁不满十六周岁的人被胁迫参与犯罪，被教唆犯罪，或者属于犯罪预备、中止、未遂，情节一般的，可以免除处罚或者不认为是犯罪。

以下情形，可以不认为是犯罪：

（1）已满十四周岁不满十六周岁的人偶尔与幼女发生性行为，情节轻微、未造成严重后果的，不认为是犯罪。

（2）已满十四周岁不满十六周岁的人使用轻微暴力或者威胁，强行索要其他未成年人随身携带的生活、学习用品或者钱财数量不大，且未造成被害人轻微伤以上或者不敢正常到校学习、生活等危害后果的，不认为是犯罪。同时，已满十六周岁不满十八周岁的人具有前述情形的，一般也不认为是犯罪。

（3）已满十六周岁不满十八周岁的人出于以大欺小、以强凌弱或者寻求精神刺激，随意殴打其他未成年人、多次对其他未成年人强拿硬要或者任意损毁公私财物，扰乱学校及其他公共场所秩序，情节严重的，以寻衅滋事罪定罪处罚。

（4）已满十六周岁不满十八周岁的人实施盗窃行为未超过三次，盗窃数额虽已达到“数额较大”标准，但案发后能如实供述全部盗窃事实并积极退赃，且具有下列情形之一的，可以认定为“情节显著轻微危害不大”，不认为是犯罪：①系又聋又哑的人或者盲人；②在共同盗窃中起次要或者辅助作用，或者被胁迫；③具有其他轻微情节的。

已满十六周岁不满十八周岁的人盗窃未遂或者中止的，可不认为是犯罪。

已满十六周岁不满十八周岁的人盗窃自己家庭或者近亲属财物，或者盗窃其他亲属财物但其他亲属要求不予追究的，可不按犯罪处理。

（5）已满十六周岁不满十八周岁的人犯盗窃、诈骗、抢夺罪，为窝藏赃物、抗拒抓捕或者毁灭罪证而当场使用暴力或者以暴力相威胁，情节轻微的，可不以抢劫罪定罪处罚。

7. 如何正确理解和把握对未成年人犯罪的从宽处罚？

本书观点：《刑法》第十七条第四款规定：“对依照前三款规定追究刑事责任的不满十八周岁的人，应当从轻或者减轻处罚。”这反映了对未成年罪犯适用刑罚坚持“教育为主，惩罚为辅”的原则。对不满十八周岁的人从轻或者减轻处罚主要体现在：

（1）对未成年罪犯依法从轻处罚，应当在法定刑范围内判处相对较轻的刑种或者相对较短的刑期；依法减轻处罚，应当在法定最低刑以下判处刑罚。

在具体量刑时，不但要根据犯罪事实、犯罪性质和危害社会的程度，还要充分考虑未成年人犯罪的动机、犯罪时的年龄，是否初犯、偶犯或者惯犯，在共同犯罪中的地位和作用等情节，以及犯罪后有无悔罪、个人一贯表现等情况，决定对其适用从轻还是减轻处罚和从轻或者减轻处罚的幅度，使判处的刑罚有利于未成年罪犯的改过自新和健康成长。

（2）对于被判处拘役三年以下有期徒刑的未成年罪犯，犯罪后有悔罪表现，家庭有监护条件或者社会帮助措施能够落实，认为适用缓刑确实不致再危害社会的，应当适用缓刑。

实践中，需要注意，有下列情形之一的，一般不宜适用缓刑：惯犯、有前科或者被劳动教养二次以上的；共同犯罪中情节严重的主犯；犯罪后拒不认罪的。

（3）未成年罪犯根据其所犯罪行，可能被判处拘役、三年以下有期徒刑，如果悔罪表现好，并且具有下列情形之一的，应当依照《刑法》第三十七条的规定免予刑事处罚：系又聋又哑的人或者盲人；防卫过当或者避险过当；犯罪预备、中止或者未遂；共同犯罪中的从犯、胁从犯；犯罪后自首或者有立功表现的；其他犯罪情节轻微不需要判处刑罚的。

对免予刑事处罚的，可予以训诫或者责令具结悔过、赔偿道歉、赔偿损失，或者建议有关主管部门给予行政处分。

8. 如何理解和掌握已满十二周岁不满十四周岁的人应当负刑事责任的适用条件？

《刑法修正案（十一）》规定在“特定情形、特别程序”的前提下，十二至十四周岁未成年人实施严重暴力犯罪也将承担刑事责任。具体内容：已满十二周岁不满十四周岁的人，犯故意杀人、故意伤害罪，致人死亡或者以特别残忍手段致人重伤造成严重残疾，情节恶劣，经最高人民检察院核准追诉的，应当负刑事责任。

对于已满十二周岁不满十四周岁的未成年人追究刑事责任，要符合几个条件：一是犯的罪是故意杀人、故意伤害罪。二是结果是致人死亡，或者以特别残忍手段致人重伤造成严重残疾。三是主客观方面综合评价要求情节恶劣，情节是否恶劣需要结合具体案情，从主观恶性、社会影响、危害后果等方面综合审查判断。对于不属于情节恶劣的，则不能以犯罪追诉。四是程序上要求经最高人民检察院核准追诉，最后由人民法院依法追究刑事责任。法律之所以规定最高检核准程序，表明了国家对未成年人的特殊保护政策，对此类情形的追诉应当严格控制。此类案件办理中，犯罪构成和危害结果根据主客观证据较为容易判断，而犯罪情节则不然，不仅需要司法人员对犯罪事实证据的准确认定，更需要对未成年人身心特点的了解，结合未成年犯罪嫌疑人的家庭背景、成长环境，深入开展社会调查，分析犯罪的成因；不仅需要对法律规定的娴熟掌握，更需要对司法政策的准确运用，兼顾法、理、情的统一。因此，在此类案件的核准追诉中，务必注重对“情节恶劣”这一要件的审查把关。

特别需要注意的是，要正确理解和把握“犯故意杀人、故意伤害罪”。这里是指罪名还是行为？从立法本意和相关立法司法解释看，此处“犯故意杀人、故意伤害罪”应当理解为实施故意杀人、故意伤害致人死亡或者重伤这两种行为，而不能理解为只包括这两个罪名。比如，已满十二周岁不满十四周岁的未成年人在抢劫过程中残忍杀害被害人的，实施绑架“撕票”的，虽然其故意杀人、故意伤害行为被评价在抢劫罪、绑架罪中，但依据《刑法修正案（十一）》仍可能负刑事责任。如果将“犯故意杀人、故意伤害罪”狭义理解为仅指这两个罪名的话，那么对上述抢劫杀人、绑架“撕票”的低龄未成年人就难以追究刑事责任。实际上，立法机关对此已有类似解释。2002年《全国人大常委会法制工作委员会关于已满十四周岁不满十六周岁的人承担刑事责任范围问题的答复意见》中指出：“刑法第十七条第二款规定的八种犯罪，是指具体犯罪行为而不是具体罪名。对于刑法第十七条中规定的‘犯故意杀人、故意伤害致人重伤或者死亡’，是指只要故意实施了杀人、伤害行为并且造成了致人重伤、死亡后果的，都应负刑事责任……对司法实践中出现的已满十四周岁不满十六周岁的人绑架人质后杀害被绑架人，拐卖妇女、儿童而故意造成被拐卖妇女、儿童重伤或死亡的行为，依据刑法是应当追究其刑事责任的。”

立法机关作出这样的修改，坚持了对未成年人违法犯罪，教育为主、惩罚为辅的原则，结合未成年犯罪人的特点，兼顾被害人和社会的感受，明确对低龄未成年人犯罪既不能简单地“一关了之”，也不能“一放了之”。因此作了极其慎重的、非常有限制、有条件的微调。司法机关在适用本款规定时应当严格把握，慎重适用，从实体和程序上，从客观要件和主权要件上全面理解和适用。

9. 如何理解和把握《刑法》第十七条之一关于对老年人犯罪从宽处罚的规定?

本书观点：《刑法》第十七条之一规定，已满七十五周岁的人故意犯罪的，可以从轻或者减轻处罚；过失犯罪的，应当从轻或者减轻处罚。

这是根据2011年《刑法修正案（八）》新增加的规定。尊老爱幼是中华民族传统美德，对老年人犯罪适当从宽处理，不会影响到社会治安秩序，有利于体现宽严相济刑事政策。

（1）对已满七十五周岁被告人的处罚原则

一是关于故意犯罪的从宽处罚。对已满七十五周岁的故意犯罪人的刑事责任承担上是“可以从轻或者减轻处罚”，也就是说并非对每一个已满七十五周岁的故意犯罪人都一律从轻或减轻处罚。究竟是否从宽处罚，或者说是否该从轻还是减轻，应结合个案，根据犯罪行为的性质、情节和社会危害程度等因素确定。就立法倾向而言，一般先考虑从轻或减轻处罚，除非犯罪行为的性质严重、情节恶劣、社会危害程度较大等，才对此类行为人不予从轻或减轻处罚。

二是关于过失犯罪的从宽处罚。对于已满七十五周岁的过失犯罪人的刑事责任，本条规定“应当从轻或者减轻处罚”，但不能免除处罚。一方面，这是由过失犯罪主观恶性相对不深的性质所决定的；另一方面，已满七十五周岁的老年人认识和控制自己行为性质和后果的能力较青壮年有所减弱，其刑事责任亦相应较轻。在过失犯罪的情况下，与已满十四周岁不满十八周岁的人犯罪的处罚原则是相同的，都是“应当从轻或者减轻处罚”。

（2）关于已满七十五周岁的人犯罪年龄的认定

在以往的司法实践中，由于没有将“已满七十五周岁”的年龄作为量刑情节，对老年犯罪嫌疑人、被告人年龄的认定争议不大，一般采用户籍年龄。在此应当说明，公安部门出具的户籍证明要求加盖户口专用章，从人口信息网上下载的《人口信息登记表》不符合要求，因为此信息未必是最新和真实的，不能真实地反映老年犯罪嫌疑人、被告人的身份状况。《刑法修正案（八）》生效以后，由于“已满七十五周岁”成为法定的量刑身份，难免对是否已满七十五周岁的问题发生争议，应当引起我们的注意，积极寻求司法对策。

在审查老年人是否已满七十五周岁的问题上，鉴于老年人年事已高，出生证明等相关材料较难取得，如果发生争议，尽一切手段仍无法查实的情况下，完全有必要借助骨骼年龄的鉴定结论认定老年人的实际年龄。但是，人的生长发育受遗传因素影响，不同的人发育规律不尽一致，同时，营养水平、饮食习惯、气候环境、人文环境等多种因素也决定了不同的人在同一年龄阶段的骨骼发育状况可能也不完全相同，因此，骨龄与实际年龄也许会产生一定的误差。对于骨龄鉴定结论的审查判断，应当注意从以下几个方面把握：

①注意审查鉴定机构、鉴定人员的资质。骨龄鉴定结论属于一种科学证据，只有具有相应专门科学知识的人才能运用自身的知识作出判断，得出相

应的结论。因此，从事骨龄鉴定的机构和从业者必须具备相应资格。否则，鉴定结论不予认可。

②结合被告人供述等其他证据进行判断。由于骨龄鉴定不能得出确定唯一的结论，在审查判断时应参考犯罪嫌疑人、被告人的供述等，可能的情况下，还应调取学历登记，父母、亲戚、邻居等的证言，综合参考判断。

③注意鉴定时间与犯罪时间的差异。对老年犯罪嫌疑人、被告人进行骨龄鉴定的时间一般是在其被抓获后或审查起诉阶段，抑或法庭审理过程中，但无论在哪个时间进行鉴定，得出的结论都是被鉴定时的骨龄，与实施犯罪行为时的骨龄有时间上的间隔，因此，应根据鉴定结论推断犯罪时的年龄。

④要酌情考虑骨龄鉴定的误差因素。如果骨龄鉴定得出被鉴定人的年龄上限接近七十五周岁，而老年犯罪嫌疑人、被告人供述犯罪时已满七十五周岁，以及鉴定结论下限接近七十五周岁、上限超过七十五周岁的，应按照有利于被告人的原则，认定行为人犯罪时已满七十五周岁。

（3）对《刑法修正案（八）》施行时已满七十五周岁的人实施犯罪的判决尚未生效案件或者施行后受理案件的处理

“法不溯及既往”是原则，而在新法有利于行为人时溯及既往适用为例外，逐渐成为国际社会刑事立法的通例。根据《刑法》第十二条第二款的规定：“本法施行以前，依照当时的法律已经作出的生效判决，继续有效。”此处“本法”指现行刑法。《刑法修正案（八）》是对现行刑法的修正，所以“本法”自然包括《刑法修正案（八）》。在《刑法修正案（八）》施行以前，依照当时的法律对已满七十五周岁的人已经作出的生效判决，继续有效。也就是说，《刑法修正案（八）》对其生效以前的已满七十五周岁的人实施的犯罪行为不发生效力，即不溯及既往。但是，《刑法修正案（八）》对其施行时已满七十五周岁的人实施犯罪的判决尚未生效的案件，以及施行前发生而在施行后发现和处理的犯罪行为均具有溯及力，这是因为《刑法修正案（八）》第一条暨修正后《刑法》第十七条之一，对已满七十五周岁的人犯罪作出了从宽处罚的规定，而修正前刑法没有作出相关规定。

在此，应当指出的是，《刑法修正案（八）》第一条对已满七十五周岁的人故意犯罪规定的是“可以从轻或者减轻处罚”，在考量此类行为人的行为性质、情节和危害程度等以后，决定对其不从轻或减轻处罚的时候，尽管依据修正前后刑法对行为人都没有从轻或减轻处罚，仍然要适用修正后刑法即修正后《刑法》第十七条之一，理由是《刑法修正案（八）》即修正后《刑法》第十七条之一的规定轻于修正前刑法。

五、特殊人员的刑事责任能力

（一）刑法规定

第十八条 精神病人在不能辨认或者不能控制自己行为的时候造成危害结果，经法定程序鉴定确认的，不负刑事责任，但是应当责令他的家属或者监护人严加看管和医疗；在必要的时候，由政府强制医疗。

间歇性的精神病人在精神正常的时候犯罪，应当负刑事责任。

尚未完全丧失辨认或者控制自己行为能力的精神病人犯罪的，应当负刑事责任，但是可以从轻或者减轻处罚。

醉酒的人犯罪，应当负刑事责任。

第十九条 又聋又哑的人或者盲人犯罪，可以从轻、减轻或者免除处罚。

（二）立法规定、司法解释

1. **全国人民代表大会常务委员会关于司法鉴定管理问题的决定**（自2005年10月1日起施行）

为了加强对鉴定人和鉴定机构的管理，适应司法机关和公民、组织进行诉讼的需要，保障诉讼活动的顺利进行，特作如下决定：

一、司法鉴定是指在诉讼活动中鉴定人运用科学技术或者专门知识对诉讼涉及的专门性问题进行鉴别和判断并提供鉴定意见的活动。

二、国家对从事下列司法鉴定业务的鉴定人和鉴定机构实行登记管理制度：

（一）法医类鉴定；

（二）物证类鉴定；

（三）声像资料鉴定；

（四）根据诉讼需要由国务院司法行政部门商最高人民法院、最高人民检察院确定的其他应当对鉴定人和鉴定机构实行登记管理的鉴定事项。

法律对前款规定事项的鉴定人和鉴定机构的管理另有规定的，从其规定。

三、国务院司法行政部门主管全国鉴定人和鉴定机构的登记管理工作。

省级人民政府司法行政部门依照本决定的规定，负责对鉴定人和鉴定机构的登记、名册编制和公告。

四、具备下列条件之一的人员，可以申请登记从事司法鉴定业务：

（一）具有与所申请从事的司法鉴定业务相关的高级专业技术职称；

（二）具有与所申请从事的司法鉴定业务相关的专业执业资格或者高等院校相关专业本科以上学历，从事相关工作五年以上；

（三）具有与所申请从事的司法鉴定业务相关工作十年以上经历，具有较强的专业技能。

因故意犯罪或者职务过失犯罪受过刑事处罚的，受过开除公职处分的，以及被撤销鉴定人登记的人员，不得从事司法鉴定业务。

五、法人或者其他组织申请从事司法鉴定业务的，应当具备下列条件：

（一）有明确的业务范围；

（二）有在业务范围内进行司法鉴定所必需的仪器、设备；

（三）有在业务范围内进行司法鉴定所必需的依法通过计量认证或者实验室认可的检测实验室；

（四）每项司法鉴定业务有三名以上鉴定人。

六、申请从事司法鉴定业务的个人、法人或者其他组织，由省级人民政府司法行政部门审核，对符合条件的予以登记，编入鉴定人和鉴定机构名册并公告。

省级人民政府司法行政部门应当根据鉴定人或者鉴定机构的增加和撤销登记情况，定期更新所编制的鉴定人和鉴定机构名册并公告。

七、侦查机关根据侦查工作的需要设立的鉴定机构，不得面向社会接受委托从事司法鉴定业务。

人民法院和司法行政部门不得设立鉴定机构。

八、各鉴定机构之间没有隶属关系；鉴定机构接受委托从事司法鉴定业务，不受地域范围的限制。

鉴定人应当在一个鉴定机构中从事司法鉴定业务。

九、在诉讼中，对本决定第二条所规定的鉴定事项发生争议，需要鉴定的，应当委托列入鉴定人名册的鉴定人进行鉴定。鉴定人从事司法鉴定业务，由所在的鉴定机构统一接受委托。

鉴定人和鉴定机构应当在鉴定人和鉴定机构名册注明的业务范围内从事

司法鉴定业务。

鉴定人应当依照诉讼法律规定实行回避。

十、司法鉴定实行鉴定人负责制度。鉴定人应当独立进行鉴定，对鉴定意见负责并在鉴定书上签名或者盖章。多人参加的鉴定，对鉴定意见有不同意见的，应当注明。

十一、在诉讼中，当事人对鉴定意见有异议的，经人民法院依法通知，鉴定人应当出庭作证。

十二、鉴定人和鉴定机构从事司法鉴定业务，应当遵守法律、法规，遵守职业道德和职业纪律，尊重科学，遵守技术操作规范。

十三、鉴定人或者鉴定机构有违反本决定规定行为的，由省级人民政府司法行政部门予以警告，责令改正。

鉴定人或者鉴定机构有下列情形之一的，由省级人民政府司法行政部门给予停止从事司法鉴定业务三个月以上一年以下的处罚；情节严重的，撤销登记：

（一）因严重不负责任给当事人合法权益造成重大损失的；

（二）提供虚假证明文件或者采取其他欺诈手段，骗取登记的；

（三）经人民法院依法通知，拒绝出庭作证的；

（四）法律、行政法规规定的其他情形。

鉴定人故意作虚假鉴定，构成犯罪的，依法追究刑事责任；尚不构成犯罪的，依照前款规定处罚。

十四、司法行政部门在鉴定人和鉴定机构的登记管理工作中，应当严格依法办事，积极推进司法鉴定的规范化、法制化。对于滥用职权，玩忽职守，造成严重后果的直接责任人员，应当追究相应的法律责任。

十五、司法鉴定的收费标准由省、自治区、直辖市人民政府价格主管部门会同同级司法行政部门制定。

十六、对鉴定人和鉴定机构进行登记、名册编制和公告的具体办法，由国务院司法行政部门制定，报国务院批准。

十七、本决定下列用语的含义是：

（一）法医类鉴定，包括法医病理鉴定、法医临床鉴定、法医精神病鉴定、法医物证鉴定和法医毒物鉴定。

（二）物证类鉴定，包括文书鉴定、痕迹鉴定和微量鉴定。

（三）声像资料鉴定，包括对录音带、录像带、磁盘、光盘、图片等载体上记录的声音、图像信息的真实性、完整性及其所反映的情况过程进行的鉴定和对记录的声音、图像中的语言、人体、物体作出种类或者同一认定。

十八、本决定自 2005 年 10 月 1 日起施行。

2. **精神疾病司法鉴定暂行规定**（卫医字〔89〕第 17 号，自 1989 年 8 月 1 日起施行）（节录）

第七条 对可能患有精神疾病的下列人员应当进行鉴定：

（一）刑事案件的被告人、被害人；

（二）民事案件的当事人；

（三）行政案件的原告人（自然人）；

（四）违反治安管理应当受拘留处罚的人员；

（五）劳动改造的罪犯；

（六）劳动教养人员；

（七）收容审查人员；

（八）与案件有关需要鉴定的其他人员。

第八条 鉴定委员会根据情况可以接受被鉴定人补充鉴定、重新鉴定、复核鉴定的要求。

第九条 刑事案件中，精神疾病司法鉴定包括：

（一）确定被鉴定人是否患有精神疾病，患何种精神疾病，实施危害行为时的精神状态，精神疾病和所实施危害行为之间的关系，以及有无刑事责任能力。

（二）确定被鉴定人在诉讼过程中的精神状态以及有无诉讼能力。

（三）确定被鉴定人在服刑期间的精神状态以及对应当采取的法律措施的建议。

第十九条 刑事案件被鉴定人责任能力的评定：

被鉴定人实施危害行为时，经鉴定患有精神疾病，由于严重的精神活动障碍，致使不能辨认或者不能控制自己行为的，为无刑事责任能力。

被鉴定人实施危害行为时，经鉴定属于下列情况之一的，为具有责任能力：

1. 具有精神疾病的既往史，但实施危害行为时并无精神异常；
2. 精神疾病的间歇期，精神症状已经完全消失。

（三）典型或常见问题的审理思路

1. 限定责任能力的精神病人犯罪的，应当如何适用刑罚？[①]

本书观点：刑事责任能力是指行为人辨认和控制自己的行为和对自己的行为负刑事责任的能力。所谓“辨认能力”，是指行为人认识、理解自己行为的性质、意义、作用和后果的能力，在刑法上就是指认识自己行为的社会危害性、刑事违法性的能力。所谓“控制能力”，是指行为人以自己的意志决定、支配、控制自己行为的能力。刑事责任能力是人的行为构成犯罪和承担刑事责任的前提和基础，是构成犯罪主体的必要条件。行为人只有在具备辨认和控制自己行为能力的情况下，有意识地实施危害社会的行为，才能构成犯罪并对自己的行为负刑事责任。通常情况下，行为人是否具备刑事责任能力以其是否达到法定刑事责任年龄为前提，但并非达到法定刑事责任年龄的人，就一定具备了刑事责任能力。因为这种能力还会受到个体精神、智力、健康等因素的影响，先天或后天丧失或减弱。在刑法理论和实践中，对完全不具有或丧失责任能力的称为无刑事责任能力，对部分丧失或减弱责任能力的，称为限制刑事责任能力。

限制刑事责任能力的精神病人犯罪的刑事责任，既不同于有完全刑事责任能力的犯罪人，又不同于完全没有刑事责任能力的精神病人。前者由于其认识能力和控制能力正常，应对其危害社会的行为和后果承担全部刑事责任，故应根据其所犯罪行和犯罪情节、手段、后果等决定应当判处的刑罚。后者由于完全丧失辨认自己行为的性质，或者完全丧失控制自己行为的能力，其主观上没有罪过，尽管行为造成了客观的危害结果，但不是犯罪行为，依法不承担刑事责任。

确定行为人无刑事责任能力或者限制刑事责任能力的法定情形之一，是《刑法》第十八条规定的精神病人。需要指出的是，从立法原意上看，对《刑法》第十八条规定的精神病人应作广义的理解，即应理解为司法精神病学中所说的精神障碍或精神疾患。它既包括医学上通常所说的精神病，如精神分裂症、躁狂抑郁性精神病、偏执型精神病这些明确诊断的精神疾病，还应包

---

① 观点来源：最高人民法院刑事审判第一、二、三、四、五庭主办：《中国刑事审判指导案例》(01)（增订第3版），法律出版社2017年版，第16－18页及第18－21页，李某故意杀人案，阿某敦故意杀人案。

括精神发育迟滞、精神发育不全以及非精神病性精神障碍，如神经官能症（包括癔症、强迫症、焦虑症、神经衰弱等）、人格障碍（又名变态人格）、性心理障碍（又名性变态）等。司法实践中，判断行为人是否患有精神病，患有何种精神病及其轻重程度，有无刑事责任能力，要经过司法精神病学专家鉴定和司法人员审查才能确认。一般来说，司法精神病学专家的鉴定结论是在广泛收集行为人大量有关言行材料的基础上依据医学标准作出的，因此具有相当的可靠性。但也不排除有的鉴定人员由于不负责任或者专业水平欠缺以及不具有相应的法学专业知识等因素的影响而使作出的鉴定结论不准确甚至错误的情况。因此，司法人员应当依据刑事诉讼法的有关规定，对司法精神病学专家作出的鉴定结论进行认真的审查判断，以确定其真实性、正确性。只有经过司法人员审查确定的鉴定结论，才能够作为认定行为人是否应当负刑事责任，或者负何种程度的刑事责任的证据使用。

限制责任能力的精神病人，由于患有精神疾病，有精神障碍，致使辨认或者控制自己行为能力明显削弱。其所实施的危害社会行为，既有犯罪成分，也有病理性精神障碍因素。他们在实施危害社会行为时，对自己行为的辨认或者控制能力并未完全丧失，只有部分缺损；其动机的相当成分则是满足个人意愿。因此，这部分人既不是无责任能力人，也不是完全责任能力人，而是限制（部分）责任能力人。如精神分裂症，属于常见的精神错乱的一类精神病。患这类精神病的人具有严重的人格改变，整体精神状态包括感知、思维、情感、意志多方面精神功能产生紊乱，其认知能力和情感、适应社会功能都产生了明显改变。认知能力欠缺，对行为后果难以预期；欠缺行为控制能力，不能像正常人那样很好适应社会生活，经常出现各种各样精神障碍和行为混乱。这种精神分裂症在发病期间，有严重的精神异常，有整体状态的明显改变，存在人格及思维混乱、情感的冷漠、意志和行为的脱离常轨。但并不是精神生活每个方面都出现障碍，作为一个人的自我保护需要，常常是表现较好的，如对自己的饮食，对亲属和朋友的一般关系的认识等，对某些方面的利害关系也会有所顾及。行为人对自己的犯罪行为有一定的辨认能力。但是终究由于认知、情感和意志障碍，对他所选择的行凶行为缺乏适当的估计和预见行为的后果，以及缺乏适当的衡量这一行为对自己的利害关系，且不能把握到适当的程度，故其在愤怒和仇恨的情绪之下，很轻易地选择行凶这一行为。这在精神状态正常的人中，通常是难以见到和难以理解的。如果不联系这种精神分裂症本身的病理学特点，不联系案件的具体情况，就难以很好地解释。

限制责任能力的精神病人，由于其主观上有一定的罪过，因此应承担刑事责任。但由于其认识能力和控制能力因疾病而削弱，其主观恶性有所减轻，因此其承担的刑事责任也应减轻。1979 年《刑法》对限制责任能力的精神病人的刑事责任没有规定，1997 年《刑法》第十八条第三款规定“尚未完全丧失辨认或者控制自己行为能力的精神病人犯罪的，应当负刑事责任，但是可以从轻或者减轻处罚”。那么，什么样的情况下从轻处罚，什么样的情况下减轻处罚呢？这要根据案件的具体情况判断。如果被告人犯罪情节特别恶劣，后果特别严重，民愤很大，可以依法从轻处罚；如果被告人所犯罪行不是特别严重，情节不是特别恶劣，也可以依法减轻处罚。

2. 醉酒状态下实施犯罪，量刑时可否酌情考虑导致行为人醉酒的原因，予以从轻处罚？①

本书观点：行为人受被害人的邀请而大量饮酒，导致醉酒，并在醉酒状态下实施杀人犯罪，量刑时可以对此情况予以考虑，酌情从轻处罚。

（1）对于酒后犯罪，审判实践中应适当考虑醉酒犯罪的原因及状态。

对于醉酒后犯罪，我国刑法仅作了笼统的规定，即《刑法》第十八条第四款规定的“醉酒的人犯罪，应当负刑事责任”，虽然对醉酒的人犯罪可以参照该条前三款关于精神病人犯罪的规定处罚，但除此之外，并没有对醉酒人犯罪的不同情况再加以细分。从立法本意分析，如此规定，应是基于此种情况下的醉酒行为人对其醉酒状态本身应具有一定的故意或过失，且其醉酒后一般也只是控制能力下降而并非完全丧失辨认控制能力，同时在现实中又难以对行为人是否为规避刑事责任而故意借酒犯罪，以及醉酒犯罪者自我控制能力下降到何种程度等问题进行准确认定，为防范犯罪分子借酒行凶以求宽免之企图及最大限度地保护无辜受害者的合法权益。换言之，如果法律不明确规定醉酒的人犯罪应当负刑事责任，就可能会让极少数犯罪分子有机可乘，有意识地借此规避法律，在实施有预谋的犯罪之前大量饮酒，或者借醉酒实施犯罪行为。这对于预防事前有预谋的故意醉酒后犯罪，惩罚此类犯罪，维

---

① 观点来源：最高人民法院刑事审判第一、二、三、四、五庭主办：《中国刑事审判指导案例》(01)（增订第 3 版），法律出版社 2017 年版，第 23－25 页，房某忠故意杀人案。

护社会秩序是具有重要意义的。

但是，审判实践中，如果在量刑时不加区别地将所有生理性醉酒（即相对于病理性醉酒而言，尚未完全丧失辨认控制能力状态）下的犯罪行为一概而论，也必然会产生过于绝对的问题，容易产生量刑失衡。如对于因不可抗力或不能预见的原因醉酒，以及陷入所谓“共济失调期”或“昏睡期”（醉酒人的辨认或控制能力完全丧失）的醉酒状态下犯罪等情况，这些情况下行为人在犯罪的主观方面与未醉酒的正常人还是存在较大区别的，其主观可责性相对较低，在量刑时亦应予以适当考虑，这是贯彻罪责刑相适应原则的必然要求。

（2）结合行为人犯罪时的精神状态，酌情考虑导致其在醉酒原因上的过错程度，对行为人可酌情从轻处罚，依法可判处死刑的，可不判处死刑立即执行。

醉酒，有可能是行为人故意、过失所造成，也可能是某些不能预见、不可抗拒的因素所造成。而根据主客观相一致原则，在造成同样后果的醉酒犯罪行为中，为实施犯罪而故意制造醉酒假象、借酒壮胆或明知自己会“酒后乱性”而饮酒等故意醉酒行为的主观恶性最为严重，过失醉酒者次之，因不能预见或不可抗拒的原因醉酒者最轻。因此，在醉酒人犯罪的案件中，应当适当考察其醉酒的原因，对确有特殊情况的应当在量刑时予以酌情考虑，以实现罪责刑的均衡。有些国家的刑法已对此作出明确规定，如在英国刑法中有明确的“自愿醉酒”与“非自愿醉酒”的区分，其各自承担的刑事责任也有巨大不同。

3. 在严重暴力犯罪案件中，对具有轻度精神障碍，认识和控制能力所受影响不大的被告人，可否不从轻处罚？①

分歧意见：行为人患有轻度精神发育迟滞伴精神障碍，其作案时被评估为部分刑事责任能力，具有法定的可以从轻处罚的情节，但其所犯故意杀人罪行极其严重，具备刑法规定的死刑适用条件。此时，对行为人能否适用死刑并同时适用《刑法》第十八条第三款的规定予以从轻处罚，存在分歧意见。

第一种意见认为，行为人犯罪手段特别残忍，犯罪后果特别严重，社会

---

① 观点来源：最高人民法院刑事审判第一、二、三、四、五庭主办：《中国刑事审判指导案例》（01）（增订第3版），法律出版社2017年版，第28－31页，杜某军故意杀人案。

危害性极大，民愤极大。行为人仅具有轻度精神发育迟缓伴精神障碍，对其作案时的辨认和控制能力影响不大，不足以对其从轻处罚。行为人报复心极强，人身危险性极大，如果不对其判处死刑，可能继续危害被害人一家甚至延伸至其他社会人员，故应当对行为人判处死刑立即执行。

第二种意见认为，行为人罪行确实严重，人身危险性也很大，但是根据鉴定意见及相关证人证言，行为人确属部分刑事责任能力人，其辨认和控制自己行为的能力弱于常人，应当依照《刑法》第十八条第三款的规定，对行为人从轻处罚，不判处死刑立即执行。

本书观点：赞同第一种意见，对被告人判处死刑立即执行，不适用从轻处罚情节。主要理由是：

（1）从罪行严重程度分析，应当判处被告人死刑立即执行。

我国《刑法》第四十八条一款规定："死刑只适用于罪行极其严重的犯罪分子……""罪行极其严重"是适用死刑的前提，罪行未达到极其严重的程度，不能适用死刑。对于"罪行极其严重"的认定，应当从犯罪动机、犯罪手段、犯罪对象、犯罪后果、人身危险程度等多方面综合考量。行为人犯罪动机十分卑劣，杀人犯意十分坚决，杀人手段特别凶残，杀人后果特别严重，其又曾因暴力犯罪被判刑，平日横行乡里，还敲诈村民钱财，主观恶性和人身危险性极大，确属罪行极其严重的犯罪分子，论罪应当判处死刑。

（2）从审判效果分析，判处被告人死刑立即执行能够获得更好的法律效果和社会效果。

对于那些严重侵犯公民人身权利、严重影响人民群众安全感的暴力犯罪分子，依法应当判处死刑的，必须坚决判处死刑。只有这样，才能维护社会公平正义，促进社会和谐稳定。被告人平日为害乡里，该案引起了极大的民愤，造成恶劣的社会影响。被害人家属强烈要求判处死刑。当地百余名群众还向法院递交联名信，强烈要求对被告人判处死刑，以免被告人出狱后继续危害社会和乡邻。因此，法院准确把握和正确适用从严政策要求，对被告人依法判处死刑立即执行，能够取得较好的法律效果和社会效果。

（3）根据《刑法》第十八条第三款的规定，如果所实施的犯罪受到辨认和控制能力减弱的影响，可以根据所受影响程度的大小决定是否从轻或者减轻处罚。

《刑法》第十八条第三款规定："尚未完全丧失辨认或者控制自己行为能

力的精神病人犯罪的，应当负刑事责任，但是可以从轻或者减轻处罚。”我们认为，对于该条规定应当作如下理解：首先，精神病的种类很多，不可认为所有的精神病人都没有责任能力。虽然患有精神病，但如果尚未完全丧失辨认和控制能力，就表明行为人还具有一定的自由意志，在其行为成立犯罪的情况下，应当承担责任。其次，“尚未完全丧失辨认或者控制自己行为的能力”，表明行为人对自己实施的行为具有一定的辨认和控制能力，只是由于精神病而有所减弱而已。虽然患有精神病，但如果对其实施的行为具有与正常人相同的辨认和控制能力，或者完全不具有辨认控制能力，均不能适用《刑法》第十八条第三款的规定。最后，对责任能力减弱的精神病人犯罪的，只是“可以”从轻或者减轻处罚，而不是“应当”从轻或者减轻处罚。如果所实施的犯罪受到辨认和控制能力减弱的影响，可以根据受到影响程度的大小决定是否从轻或者减轻处罚。

精神障碍对行为人行为能力的影响也有大小轻重之分，对于有较大影响的，对行为人应当减轻处罚或者在法定刑幅度内从轻判处刑罚；对于影响较小的，对行为人可以不从轻判处刑罚。刑法并没有规定对限制行为能力人一律从轻处罚，对罪行极其严重且辨认和控制自己行为能力轻微减弱的犯罪人不予从轻处罚，并不违背立法本意。

4. 被告人吸食毒品后影响其控制、辨别能力而实施犯罪行为的，是否要承担刑事责任？①

本书观点：吸毒是国家法律所禁止的行为，被告人在以前已因吸毒产生过幻觉的情况下，再次吸毒而引发本案，其对自己吸毒后的杀人行为应当依法承担刑事责任。

（1）被告人的杀人行为可以归责为他吸食毒品的行为

具有辨认、控制能力的行为人，故意或者过失使自己一时陷入丧失或者尚未完全丧失辨认、控制能力的状态，并在该状态下实施了符合犯罪构成的行为，依法应当承担刑事责任，刑法理论称此为“原因自由行为”。使自己陷入丧失或者尚未完全丧失辨认、控制能力状态的行为，称为原因行为；在该状态下实施的犯罪行为，称为结果行为。由于行为人可以自由决定自己是否陷入上述状态，故称为“原因自由行为”。由上述定义，根据实施原因行为时

① 观点来源：《最高人民法院公报》2007 年第 7 期（总第 129 期），彭某故意杀人案。

的主观心态，原因自由行为可以分为故意陷入丧失或尚未完全丧失辨认、控制能力状态的情形与过失陷入丧失或尚未完全丧失辨认、控制能力状态的情形。

虽然被告人杀人时控制、辨认能力已经减弱，但这种状态的出现是由于他吸毒所致，因此，其杀人行为可以归责为其吸食毒品的行为。而且被告人在以前已因吸毒产生过幻觉的情况下，明知自己吸食后会出现幻觉仍故意吸食，进而出现精神障碍将阮某森杀死，主观上应当认定为故意使自己陷入该状态，其应承担故意杀人罪的刑事责任。

（2）吸食毒品后犯罪应负刑事责任不违反罪刑法定原则

首先，从刑法总则的规定看，被告人实施了犯罪行为，除非法律明文规定不负刑事责任的，都要承担刑事责任。《刑法》第三条规定，“法律明文规定为犯罪行为的，依照法律定罪处刑；法律没有明文规定为犯罪行为的，不得定罪处刑”。罪刑法定原则有两个方面的含义：一方面在于法无明文规定的，不定罪、不处罚；另一方面在于法有明文规定的，要定罪、要处罚。如果法律已经明确为犯罪行为的如故意杀人、故意伤害等，除法律明确规定不负刑事责任外，应当依法定罪处罚。我国刑法对不负刑事责任的情形作了明文的列举规定，并没有规定被告人吸食毒品后影响其控制、辨别能力而实施犯罪行为的，不负刑事责任。

其次，根据“举轻以明重”的解释方法，吸毒的人犯罪，应当负刑事责任。《刑法》第十八条规定，醉酒的人犯罪，应当负刑事责任。吸食毒品在我国属于违法行为，吸食毒品后犯罪，比醉酒的人犯罪，性质更严重。“举重以明轻”“举轻以明重”是司法解释的基本方法，依此原理，可以认为，法律虽然只规定醉酒的犯罪应当负刑事责任，但“举轻以明重”，吸毒的人犯罪，也应当负刑事责任。

（3）吸食毒品而致精神障碍的，不属刑法意义上的精神病人

《刑法》第十八条规定，精神病人在不能辨认或者不能控制自己行为的时候造成危害结果，经法定程序鉴定确认的，不负刑事责任。该条规定对不负刑事责任设定了三个条件：一是精神病人，即行为人在实施危害行为前就已经是精神病人；二是精神病人实施危害行为时不能辨认或者不能控制自己的行为，也就是说，如果实施危害行为时该精神病人能够辨认或者控制自己的行为，亦应当负刑事责任；三是程序条件即须经法定程序鉴定。本案情况表

明，被告人彭某是一个心智正常的人，其实施杀人行为时虽在辨认、控制能力上与其没吸食毒品时有区别，但其当时出现精神障碍，并非精神病发作的原因，而显然是受吸食毒品的影响，故被告人彭某并非刑法意义上的精神病人。

（4）吸食毒品后犯罪的，不需要作司法精神病鉴定

鉴于被告人吸食毒品后实施犯罪行为，其犯罪行为归责于吸食毒品的行为，且吸食毒品后出现的精神障碍并不属于刑法意义上的精神病人，所以，对吸毒后犯罪的被告人作司法精神病鉴定对本案的处理不产生任何影响。换言之，被告人吸食毒品后的责任能力问题，不影响其对自己吸食毒品后的危害社会行为依法承担刑事责任，故对被告人吸食毒品后的责任能力不需要作司法精神病鉴定。

5. 在故意杀人犯罪中醉酒状态能否作为酌定从轻处罚情节？①

本书观点：结合本案具体情况，对被告人侯某春可酌情予以从轻处罚，不判处死刑立即执行，具体理由如下。

（1）醉酒的人犯罪，应当承担刑事责任，但一般情况下应严格控制死刑的适用

虽然刑法明确规定醉酒的人犯罪应当负刑事责任，醉酒亦不属于法定从宽处罚情节，但醉酒犯罪与正常状态下犯罪毕竟有所区别，对于在醉酒状态下实施的故意杀人犯罪，在适用死刑时应特别慎重，除情节特别恶劣、后果特别严重、主观恶性及人身危险性极大的犯罪分子外，一般可不判处死刑立即执行。这是因为，刑法明文规定死刑只适用于罪行极其严重的犯罪分子，而犯罪分子的罪行是否极其严重，应从犯罪行为的社会危害性、犯罪分子的主观恶性和人身危险性等方面综合审查判断，不能偏重其中的一个方面，唯有如此，才能实现罪与刑的均衡，确保法律效果与社会效果的有机统一。具体到醉酒杀人犯罪：首先，社会危害性方面。社会危害性是由多种因素决定的，衡量社会危害性的大小，不能仅看客观的、物质的损害结果，还要考虑我国的国情、社情和民情，分析行为对人民群众安全感等社会心理造成的影响。我国酒文化历史悠久，酒文化已渗透到人们社会生活的各个方面，社会

---

① 观点来源：最高人民法院刑事审判第一、二、三、四、五庭编：《刑事审判参考》（2010 年第 2 集，总第 73 集），侯某春故意杀人案。

公众对醉酒人的辨控能力减弱存有共识，对酒后滋事伤人现象易于谅解，因此，醉酒杀人与正常状态下杀人所造成的社会负面影响不同，社会危害性也相应存在差别。其次，主观恶性方面。醉酒会导致人的辨认控制能力减弱，这一点已为医学和司法精神病学所认同，我国交通运输管理法律法规明确禁止酒后驾车便是一个很好的例证。在辨认控制能力减弱的情况下实施杀人犯罪，与正常状态下实施的杀人犯罪相比，行为人的主观恶性相应较小，道德非难程度也相应减小。最后，人身危险性方面。人身危险性的大小应从行为人有无前科及平时表现、犯罪后的悔罪情况等方面综合把握。人在醉酒状态下易出现情绪兴奋、行为失控等表现，醉酒杀人犯罪通常是在当事人之间事前没有任何矛盾的情况下突然发生，行为人多系初犯，酒醒之后懊悔不已，因此，行为人的人身危险性也相对较小。

需要特别说明的是，对于那些预谋犯罪而故意酒后杀人即借酒行凶的犯罪分子，由于主观恶性深，犯罪情节恶劣，不属于因醉酒而酌情考虑的范畴，仍应依法从严惩处。

（2）综合衡量各量刑情节，并考虑被告人醉酒杀人的实际情况，对其可不判处死刑立即执行

被告人在案发当天多次与他人饮酒，晚上又主动邀请被害人到其家中饮酒，最终导致行为失控，致被害人死亡。被告人系自陷于醉酒状态，在醉酒原因上存在明显过错，应当为其醉酒状态下的杀人行为承担刑事责任。但是考虑到：第一，被告人与被害人平日关系较好，素无矛盾，没有杀害被害人的动机，也就是说，其没有故意醉酒后实施杀人犯罪的预谋，这与那种为了实施犯罪而故意醉酒的情形在非难程度上具有显著不同。第二，被告人的醉酒与本案的发生之间并非一种必然联系，而只是一种偶然联系。在认识因素上，只能认定侯某春明知其酒后容易滋事，且意志因素上没有希望或者积极追求这种结果尤其是杀人结果的发生，这一点从其酒醒后积极施救并认罪悔罪的行为可以看出，同时，由于醉酒严重影响了侯某春的辨认控制能力，故不能简单地根据其使用菜刀反复砍击被害人要害部位的客观行为来评价其意志因素，进而认为其犯意坚决。就其犯罪故意的认识因素和意志因素而言，被告人的主观恶性尚不属极深。第三，虽然被告人在案发前有过多次酒后滋事伤人经历，可认为其具有一定人身危险性，但其此前酒后违法经历多系随意殴打、无故辱骂他人等没有严重后果发生的轻微违法犯罪行为，与那些多

次或连续实施严重刑事犯罪、执意报复社会、危害社会治安和群众安全感的犯罪分子相比，其人身危险性尚不属极大，不能作为适用死刑立即执行的人身危险性依据。而且，被告人的违法犯罪行为多与饮酒存在密切联系，只要剥夺其饮酒条件或使其戒除酗酒恶习，便可有效防止再犯，此亦说明其人身危险性并非极大。第四，被告人在案发次日清晨酒醒后主动将被害人送至当地诊所救治，其施救行为虽未能挽救被害人生命，但说明其有一定的悔罪表现。被告人归案后能够坦白交代，认罪态度较好，具有酌定从轻处罚情节。第五，侯某春虽有前科，但所犯前罪较轻。综合考虑侯某春的罪责严重程度，并结合其醉酒状态下辨认控制能力较弱的实际，其尚不属于必须判处死刑立即执行的对象。

综上，对醉酒状态下实施故意杀人行为的人一般情况下应严格控制死刑的适用，但单纯的醉酒状态不足以作为一个酌定从轻处罚情节，是否予以从轻处罚，应结合其他认罪、悔罪等情节予以综合认定。

6. 如何理解与认定《刑法》第十九条规定的“盲人”犯罪？①

本书观点：（1）刑法意义上的“盲人”，应参考通行医学标准。

《刑法》第十九条规定：“又聋又哑的人或者盲人犯罪，可以从轻、减轻或者免除处罚。”但对于“盲人”的界定，并无专门规定。从生活意义上看，盲人即双目失明的人，《现代汉语词典》也将盲人解释为“失去视力的人”。但视力作为人的重要生理机能，并非仅有“有视力”或者“无视力”两种情形，而是同人的身高、体重一样有着不同的评价数值，从最好的视力到完全没有视力之间存在一个序列空间。这就意味着，医学上或者刑法上对“盲人”认定都应当有一定的标准，而不会同生活意义上对“盲人”的理解完全一样。

世界卫生组织1970年颁布了《盲和视力损伤的分类标准》，以0.05为分界点，规定双眼中视力较好眼的矫正视力低于0.05的为“盲”，优于或等于0.05但低于0.3的为“低视力”。中国残疾人联合会制定的《残疾人实用评定标准》将视力残疾从差至优分为四级。一级为：无光感≤最好眼的矫正视力<0.02；二级为：0.02≤最好眼的矫正视力<0.05；三级为：0.05≤最好眼的矫正视力<0.1；四级为：0.1≤最好眼的矫正视力<0.3。在颁发残疾人

① 观点来源：最高人民法院刑事审判第一、二、三、四、五庭编：《刑事审判参考》（2007年第6集，总第59集），苏某强、王某敲诈勒索案。

证书时，一、二级视力残疾称为“盲人”，三、四级视力残疾称为“低视力”。

（2）对“盲人”犯罪是否适用《刑法》第十九条从宽处罚，须依据视力残疾与犯罪的关系而定。

刑法之所以规定对盲人犯罪与聋、哑人犯罪，可以从轻、减轻或者免除处罚，主要是考虑视觉、听觉和说话是人类个体生存、发展的极为重要的功能，丧失这些功能会导致人的认知、学习、交流等很多方面的能力下降，不能正常融入社会生活。这样，他们辨认和控制自己行为的能力或多或少就有所下降，对某一行为是否具有社会危害性和违法性的判断能力也弱于常人，故追究其刑事责任时可以从宽处罚。不过，这是从整体上而言的，具体案件中的盲人是否一定具有明显减弱的辨认和控制能力，则因人而异。例如，先天性盲人自出生开始就丧失了目睹社会生活的机会，其辨认和控制能力一般会弱化，而生活了若干年后因疾病或者事故造成失明的人，因已经对社会有所了解，其辨认和控制能力则未必弱化。并且随着社会发展，对盲人等残疾人的教育越来越发达，他们的社会生活能力会越来越强，辨认和控制能力也会逐步提高。因此，刑法规定对盲人犯罪是“可以”而不是“应当”从轻、减轻或者免除处罚。司法实践中，对盲人犯罪要根据案件的具体情况来决定是否从宽处罚。

具体而言，司法中适用《刑法》第十九条对盲人被告人从宽处罚，应当在全面分析犯罪性质、情节和危害程度的基础上，重点分析“盲人”身份对实施犯罪行为的具体影响。对于被告人实施犯罪行为与其“盲人”身份有直接联系的，应当依法从宽处罚。当被告人系过失犯罪时，如被告人因目盲而违反交通规则横穿马路，导致机动车为避让而发生交通事故，致人重伤或者死亡构成交通肇事犯罪的，就应比正常人过失犯罪加大从宽幅度。如果被告人系故意犯罪，一般也要根据具体案件情形从宽处罚。例如，被告人因目盲而丧失劳动能力，没有收入来源，生活困难，实施了盗窃、诈骗、侵占等财产性犯罪的，可以从轻或者减轻处罚，对于犯罪轻微的，可以免除处罚。又如，盲人因认知、交流能力下降，生活中可能受到冷遇或者歧视，其内心往往积蓄了较大的心理压力，甚至性格上较为偏执，比正常人的自尊心更强，一旦受到刺激，容易冲动伤害对方。对于因被害人言语不当而受到盲人被告人伤害的案件，即使不认定被害人有过错，也要考虑到盲人被告人的特别心理状况，予以从轻处罚。对于被害人明显有过错的，则从宽幅度要大于被告人为非盲人的案件，能减轻或者免除处罚的要尽量体现政策。同时，盲人被告人也可能实施与“盲人”身份无关或者无直接关系的犯罪。这主要是指被告人的视力状况对其实施犯罪没有明显、具体影响的情形。即使其视力没有残疾，他也可能甚至更有条件实施犯罪行为。在共同犯罪或者有组织犯罪中，这类被告人甚至可能成为犯罪的起意者、策划者和组织者。在此情况下．被告人虽具有“盲人”身份，但不能作为对其从宽处罚的理由。因此，对于被告人系盲人的案件，并不必然要适用《刑法》第十九条的从宽处罚规定；对于有必要适用的，也应当综合考虑全案情节，决定是从轻、减轻还是免除处罚。

7. 多份鉴定意见互相矛盾时应如何采信？[①]

本书观点：鉴定结论作为法定诉讼证据种类之一，根据我国《刑事诉讼法》第一百四十六条“为了查明案情，需要解决案件中某些专门性问题的时候，应当指派、聘请有专门知识的人进行鉴定”的规定，可见，鉴定结论是对案件中某些涉及专业的技术性问题所作出的回答。精神病鉴定就是司法实践中常见的一种专业性很强的技术活动。一般而言，鉴定结论是应该由待鉴定专业问题方面具有相当造诣的专家来进行，因此，他们的判断意见和结论通常是比较科学、可信的。但是我们也应该同时认识到：由于鉴定问题本身的高度复杂性，鉴定案例的特殊性以及囿于鉴定过程中各种因素、条件的制约、影响，专家的鉴定活动也有可能得出不尽科学、正确的结论。因此，鉴定结论要用作最后定案的证据，同其他证据种类一样，也需依法经过当庭出示、质证等法庭调查程序查证属实，且与其他在案证据能够相互印证、排除矛盾，得出合理排他性的唯一结论。

实践中，对于被告人是否患有精神病以及患病程度问题的鉴定中，往往会前后出现多份相互冲突矛盾的鉴定结论，这足以表明精神病鉴定的高度复杂性以及鉴定结论本身所具有的出错可能性。如上所述，鉴定结论只是某一方面专家就涉案的专门性问题向法庭提供的专业意见，鉴定结论的科学性、正确性与否，能否作为定案根据，还有待法官的审查采信。鉴定结论的审查

---

① 观点来源：最高人民法院刑事审判第一、二、三、四、五庭编：《刑事审判参考》（2002 年第 3 集，总第 26 集），王某故意伤害案。

一般主要包括对鉴定人资格、鉴定材料、鉴定过程、鉴定依据、鉴定结果与全案其他证据的一致性等项内容的审查。

人民法院要认真审查多份鉴定结论所依据的鉴定材料，要准确确定被鉴定人实施犯罪行为当时的实际精神状态，就需要鉴定人必须掌握真实、全面的鉴定资料，需要鉴定人去现场、走访证人、询问有关当事人、检查被害人。

人民法院应本着高度负责的态度，在认真审查、分析、比较多份相互冲突的鉴定结论的基础上，最后将相对比较合理且与案件实际情况比较吻合，能与案件的其他证据相印证，可以获得一致性解释的鉴定意见，决定予以采信。

（四）疑难、复杂问题的参考性解答

1. 认定精神病人有无刑事责任能力的标准是什么？

本书观点：《刑法》第十八条第一款规定："精神病人在不能辨认或者不能控制自己行为的时候造成危害结果，经法定程序鉴定确认的，不负刑事责任，但是应当责令他的家属或者监护人严加看管和医疗；在必要的时候，由政府强制医疗。"因此，只有不具有辨认或者控制自己行为的能力的精神病，才不负刑事责任。如果具有刑事责任能力，即使他是精神病人，也得负刑事责任。

认定精神病人有无刑事责任能力，必须同时具备两个标准：

（1）医学标准

即行为人在实施危害社会的行为时患有某种真正的精神病。所谓精神病，一般是指精神分裂症、情感性精神病、器质性或症状性精神病、妄想性精神病、反应性精神病、病理性酒精中毒、白痴与痴呆状态等。应当把精神病与非精神病性精神障碍加以区别。后者包括各类型的神经（官能）症，变态人格，性变态，轻至中度低能（或称"精神发育不全"），情绪反应，药瘾，慢性酒癖（或称慢性酒精中毒），一般性醉酒（或称一般急性酒精中毒），等等。这些非精神病性精神障碍，过去医学上曾称为"轻性或小精神病"，因此，现在许多缺乏医学知识的人，就误认为这些也是精神病。这种理解是不正确的。因为两者是有本质区别的，不能混为一谈。因此，只有精神病人，才有可能成为本条规定的无责任能力人；至于非精神病性精神障碍人，则不属于本条所称之"精神病人"，其中有些是限制（减轻、部分）责任能力人，

另一些则是完全责任能力人。在实践中，曾经发生过少数人拿医院出具的性变态、变态人格等医疗证明作为护身符，为非作歹，危害人民，而当地司法机关却错误地认为这是真正的精神病而不敢加以处理。可见，明确精神病的科学含义，是非常重要的。

（2）心理学标准

亦称法学标准，是指从心理学、法学的角度看，患有精神病的行为人的危害行为，不但是由其精神病理机制直接引起的，而且由于精神病理的作用，使其行为时丧失了辨认或者控制自己触犯刑法之行为的能力。所谓丧失辨认行为的能力，是指行为人由于精神病理的作用，在行为时不能正确地了解自己行为危害社会的性质及其危害后果。所谓丧失控制行为的能力，是指行为人由于精神病理的作用，不能根据自己的意志自由地选择实施或不实施危害行为，也往往表现为不能根据自己的意志选择和控制危害行为实施的时间、地点、方式与程度。

要从医学标准和心理学标准两个角度考察行为人有无责任能力，这是因为精神病人很少在心理—行为活动的所有方面都发生一致性的或等同的严重障碍，也就是说，病人并非在精神结构的任何方面都是错乱的，而其中还可能有某些方面是正常的。因此必须确定病人实施的危害社会行为是否属于精神病性症状而使其陷入不能辨认或自控的精神错乱状态，还是属于他的精神活动的正常部分。如果属于后者，就不能认定他完全无责任能力。其次，精神病人必须实施了特定的危害社会的行为即实施了刑法所禁止的危害行为，如果这些危害行为是精神健全者实施的，就会构成犯罪和应负刑事责任。例如，上海铁道医学院精神病学教研组曾鉴定过三个案例，都是男性，都明确诊断为精神分裂症，并在发病期间分别犯有强奸、屡次偷窃和贪污罪。在司法精神鉴定时还存在比较明显的精神病症状。然而，他们在犯罪前与一般犯罪分子一样，都有一定的犯罪动机，而且能事先计划、挑选犯罪的时间、地点与对象，犯罪前后有掩饰、诡辩，推卸客观原因和明显的自我保护能力，回忆犯罪经过无误，并且都能认识自己的行为是错误的或是违法的。因此，他们的司法鉴定结论认为：“被告人行为当时虽患精神病未愈，但其犯罪行为与精神病无关，并非由精神病所致，也未丧失辨认与自控能力。所以，认为仍具有相应的（或适当减轻的）责任能力。”司法机关同意并采纳了这个鉴定意见，依法追究他们的刑事责任，但是从轻处罚。

精神病人之所以不能辨认或控制自己的行为，是因为精神病会引起病人在意识、感知、思维、情感或智能等方面的障碍。例如，有一位颞叶癫痫病人半夜醒来突然发现丈夫变了，躯体变成一条“大黑鱼精”，头部变成一个凶恶要吞食人的“鲸鱼头”，在极端惊恐下即拿刀猛劈鱼怪的头，险些将丈夫伤害致死。这就是因精神病引起的感知综合障碍，使病人对自身或外界物体产生变形感觉。这个精神病人重伤自己丈夫的行为，完全具备上述两个基本条件，属于无责任能力的人，不应负刑事责任。

综上所述，实施刑法所禁止的危害行为的精神病人，只有同时符合上述医学标准和心理学（法学）标准的，才应确认为无责任能力人，根据《刑法》第十八条第一款的规定，对其危害行为不负刑事责任。

2. 是否存在完全负刑事责任的精神病人？实践中主要有哪些完全负刑事责任的精神病人？

本书观点：《刑法》第十八条第一款规定：“精神病人在不能辨认或者不能控制自己行为的时候造成危害结果，经法定程序鉴定确认的，不负刑事责任，但是应当责令他的家属或者监护人严加看管和医疗；在必要的时候，由政府强制医疗。”依据该规定和有关的司法精神病鉴定实践及司法实践经验，责任能力完备而应完全负刑事责任的精神病人是存在的。主要包括以下两类：

（1）精神正常时期的“间歇性精神病人”

《刑法》第十八条第二款明文规定：“间歇性的精神病人在精神正常的时候犯罪，应当负刑事责任。”我国司法精神病学一般认为，刑法中所说的“间歇性精神病”，是指具有间歇发作即阵发特点的精神病，包括精神分裂症、躁狂症、抑郁症、癫痫性精神病、周期精神病、分裂情感性精神病、癔症性精神病等。所谓“间歇性精神病人的精神正常时期”，包括上述某些精神病（如癫痫性精神病）的非发病期。“间歇性精神病人”在精神正常的时候实施刑法所禁止的危害行为的，其辨认和控制自己行为的能力即责任能力完全具备，不符合无责任能力和限制责任能力所要求的心理学（法学）标准，因而法律要求行为人对其危害行为依法负完全的刑事责任。对间歇性精神病人造成危害结果，是否处于精神正常的状态，即确认其造成危害结果时有无辨认或控制自己的能力，也适用第一款的规定，须经法定程序鉴定确认。

（2）大多数非精神病性精神障碍人

按照我国司法精神病学，非精神病性精神障碍的主要种类有：①各种类型的神经官能症，包括癔症、神经衰弱、焦虑症、疑病症、强迫症、恐惧症、神经症性抑郁、人体解体性神经症等，但癔症性精神错乱除外；②各种人格障碍式变态人格（包括器质性人格障碍）；③性变态，包括同性恋、露阴癖、窥淫癖、恋物癖、恋童癖、性虐待癖等；④情绪反应（未达到精神病程度的反应性精神障碍）；⑤未达到精神病程度的成瘾药物中毒与戒断反应；⑥轻躁狂与轻性抑郁症；⑦生理性醉酒与单纯慢性酒精中毒；⑧脑震荡后遗症、癫痫性心境恶劣以及其他未达到精神病程度的精神疾患；⑨轻微精神发育不全；等等。

非精神病性精神障碍人，大多数并不因精神障碍使其辨认或者控制自己行为的能力丧失或减弱，而是具有完备的责任能力。因而不能对其行为不负刑事责任，也不能对其行为负减轻的刑事责任，而应在原则上令行为人对其危害行为依法负完全的刑事责任。但在少数情况下，非精神病性精神障碍人也可成为限制责任能力人甚至无责任能力人，从而影响到减轻刑罚或者不负刑事责任。

（3）限制刑事责任的精神病人

限制刑事责任的精神病人，又称减轻（部分）刑事责任的精神障碍人，是介乎无刑事责任的精神病人与完全刑事责任的精神障碍人中间状态的精神障碍人。《刑法》第十八条第三款规定：“尚未完全丧失辨认或者控制自己行为能力的精神病人犯罪的，应当负刑事责任，但是可以从轻或者减轻处罚。”这里的“精神病人”，是指病情尚未达到完全不能辨认或者控制自己行为的程度，还有部分识别是非、善恶和控制自己行为的能力的精神病人，一般包括以下两类：一是处于早期（发作前趋期）或部分缓解期的精神病（如精神分裂症等）患者，这种患者精神病理机制的作用使其辨认或控制行为的能力有所减弱；二是某些非精神病性精神障碍人，包括轻至中度的精神发育迟滞（不全）者，脑部器质性病变（如脑炎、脑外伤）或精神病（如精神分裂症、癫痫性）后遗症所引起的人格变态者，神经官能症中少数严重的强迫症和癔症患者等。

《刑法》第十八条第三款规定：“尚未完全丧失辨认或者控制自己行为能力的精神病人犯罪，应当负刑事责任，但是可以从轻或者减轻处罚。”该款是对那些属于限制刑事责任能力的精神病人应当如何处罚的规定。所谓“尚未完全丧失辨认或者控制自己行为能力”，是指精神病人在实施危害社会的行为时，由于精神障碍，致使其辨认能力减弱，控制能力下降。这类精神病人在实施危害社会的行为时，一方面，具有一定的辨认或者控制自己行为的能力，因此应当承担刑事责任；另一方面，其辨认能力或者控制能力又因精神疾病而受到明显削弱，所以在追究刑事责任时可以从轻或减轻处罚。值得注意的是，虽然该款规定的是“可以”而不是“应当”从轻或者减轻，但应当理解为在一般情况下都应该予以从轻或者减轻处罚。

3. 精神病人是否具有刑事责任能力如何确定？

本书观点：首先，要进行精神病鉴定。一个人是否有精神病，有什么精神病，以及行为时精神状况到底如何，这是医学上专门学科研究的问题，非医学工作人员，并不了解它。因此，在审理案件中，凡涉及精神病问题的，必须借助于司法鉴定的科学方法，弄清楚行为人实施危害社会行为时是否无刑事责任能力。因此，对于精神病人犯罪的，首先应当经过法定程序鉴定确认属于何种类型的精神病人，然后再根据他是否能够辨认或者控制自己的行为来判断是否应当承担刑事责任。

为准确地确定被告有无责任能力，必须请精神病学专家对他进行司法精神鉴定，决不能轻信被告人或被告人家属提供的医疗证明，而且要特别警惕和防止不法之徒弄虚作假，使被告人逃避罪责。

其次，要进行司法审查。精神病鉴定意见并非科学的法官，司法工作人员在判断精神病人有无刑事责任能力时，既要以精神病鉴定意见为基础，又不能唯精神病鉴定意见为论。必须对鉴定意见依照法定程序充分地进行司法审查。具体审查中，要注意以下几点：（1）注意审查精神病的种类及程度轻重。（2）调查该精神病人平时的言行与精神状况。（3）分析该精神病人所实施的行为与其精神病之间有无直接联系。精神病人的精神结构并非一定完全错乱，他有可能在某些方面是正常的。因此要判断精神病人实施的违法行为是否起因于精神病，如果其行为与精神病并无直接关系，就不能认为他没有责任能力。（4）判断精神病对其辨认与控制能力有无影响。在司法审查的基础上，再作出该精神病人有无刑事责任能力的司法判断。

4. 醉酒的人犯罪为什么应当负刑事责任？

《刑法》第十八条第四款规定：“醉酒的人犯罪，应当负刑事责任。”因此，我国刑法原则上确认醉酒人是具备刑事责任能力的人。这主要是因为：

（1）醉酒人具备犯罪主体的条件

从医学角度看，醉酒因程度不同分为三期：第一期为兴奋期，又称轻度醉酒。这时饮酒人的高级神经大脑皮层功能受到抑制，思维能力和行动的精确度减退，说话毫无顾忌，粗鲁无理，容易感情用事，招惹是非，辨认和控制行为的能力稍有减弱。第二期为共济失调期，又称中度酒醉。此时醉酒者动作逐渐笨拙，行动蹒跚，举止不稳，语无伦次，辨认和控制自己行为的能力严重减弱。醉酒人在轻度和中度醉酒时，其辨认和控制自己行为的能力虽有不同程度的减弱，但并未完全丧失，因而仍具有刑事责任能力，符合犯罪主体的条件。此时，他完全可以积极地实施作为形式的犯罪。第三期为昏迷期，又称高度酒醉。此时醉者面色苍白，皮肤湿冷，口唇微紫，呼吸缓慢而伴有鼾声，极易引起并发症甚至危及生命。此时，虽不能实施积极的作为犯罪，但可能触犯不作为的犯罪。例如，扳道工因醉酒而没有及时扳道岔，以致发生重大交通事故等。

（2）醉酒人具备犯罪的主观要件，即主观上有罪过

因酗酒而酿成醉酒，完全是人为的，酗酒的人知道醉酒后，会减弱意志自由的能力，这是醉酒人在酗酒时可以预见的。有预见而故意酗酒，在醉酒后实施犯罪行为，行为人应负刑事责任。我国刑法主张，“行为的原因由于故意”，不能免除刑事责任。

（3）酗酒是一种恶习，违背社会公德

醉酒是人为的，完全可以控制。行为人醉酒后实施的危害行为，不但破坏社会秩序，而且往往给国家和社会造成严重危害后果，不追究其刑事责任，不足以惩罚和预防醉酒人犯罪。

醉酒，有生理醉酒与病理醉酒之分。醉酒人，即普通醉酒人，又称生理性醉酒，指因饮酒过量致使中枢神经由兴奋转入抑制的醉酒。在生理醉酒状态下，醉酒人因酗酒导致酒精中毒而引起一定程度的精神紊乱，一般未完全丧失辨认和控制自己行为的能力，因生理醉酒而犯罪的，应当负刑事责任。

病理性醉酒，国内外司法精神病学、医学界，都一致认为属于精神病的范畴，是一种精神病症。它是指少量饮酒后，因身体异常反应而急性发作的一种酒精中毒病态。患病人一般并不知自己患有此症，平时也不饮酒或者很少饮酒，一旦饮酒急性发病后，即产生短暂的严重精神障碍，伴有幻觉、错觉、妄想等症状，甚至会发生盲目的暴力侵害行为。病理性醉酒人完全失去

了辨认和控制自己行为的能力。病态结束后，病理性醉酒人对发病及其病中的作为多无记忆或很少回忆。在病理性醉酒状态下，酒精中毒已使醉酒人完全丧失责任能力，这种状态下，醉酒人实施的危害行为是否负刑事责任，应当作具体分析：

（1）醉酒人不知道自己会发生病理性醉酒，因偶尔少量饮酒后导致病理性醉酒，在这种状态下实施了危害行为，行为的原因非出于故意，不应追究刑事责任。

（2）醉酒人知道自己会有病理性醉酒，故意饮酒而导致病理性醉酒，这种状态下实施了危害行为，并且对社会造成危害结果，行为的原因出于故意，应当追究刑事责任。

对醉酒人犯罪案件处罚时，应当注意到行为人在醉酒前有无犯罪预谋，行为人对醉酒有无故意、过失的心理态度，醉酒犯罪与行为人一贯品行的关系，以及醉酒犯罪是否发生在职务或职业活动中等不同情况，予以轻重不同的处罚，以使刑罚与犯罪的醉酒人的责任能力程度及其犯罪的危害程度相适应。

5. 吸毒致幻等其他原因自由行为的刑事责任如何确定？

本书观点：原因自由行为，是指具有刑事责任能力的人，故意或过失使自己陷入丧失或者尚未完全丧失责任能力的状态，并在该状态下实施了犯罪构成要件的违法行为。由于行为人可以自由决定自己是否陷入上述状态，故称为原因自由行为。原因自由行为包括明知自己有病理性醉酒史，饮酒后就会实施暴力行为、造成危害结果，而故意饮酒并实施暴力造成危害结果，或者明知吸毒可能致幻并因此造成危害他人后果而仍然故意吸毒，最终造成严重后果等。

（1）原因自由行为的特征

原因自由行为具有两个特征：第一，行为人在实施犯罪实行行为时不具有完全刑事责任能力。造成行为人刑事责任能力障碍的行为被称为原因行为，某一犯罪的实行行为被称为结果行为。这两部分在时间顺序上是先行后续的关系，其区别在于，原因行为时行为人具有刑事责任能力，但原因行为不是具体犯罪的构成要件行为；结果行为是犯罪的构成要件行为，但结果行为时行为人没有刑事责任能力或者没有完全刑事责任能力。第二，行为人在有刑事责任能力状态下实施的原因行为和因此造成的无刑事责任能力或限制刑事责任能力状态下实施的结果行为之间具有因果关系，即原因行为与结果行为在时间上是先行后续的关系，在发生上具有引起与被引起的关系。如果行为人在实施犯罪行为后才陷入刑事责任能力障碍，当然不成立原因自由行为；如果行为人不是由于自己的故意或过失使自己陷入无刑事责任能力状态或限制刑事责任能力状态，而是由于其他的非主观原因（如误食麻醉药）使自己陷入无完全刑事责任能力状态，并在这种状态下实施了犯罪行为，不能认为其构成原因自由行为。如果要追究其刑事责任，则需要借助刑法的其他理论，并具体结合案件事实，将其判定为意外事件，抑或追究其他人的刑事责任。

（2）原因自由行为的类型

①故意陷入无责任能力状态而导致危害结果发生。其一，行为人故意陷入无责任能力状态，明知自己的行为会发生危害社会的结果，希望或放任危害结果的发生，负故意的罪责。其二，行为人故意陷入无责任能力状态，在实施原因行为前应当预见自己在陷入无责任能力状态后可能实施某种犯罪行为，但由于疏忽而没有预见或虽曾预见但轻信能够避免，以致发生犯罪。这种情况，行为人对结果行为在刑法处罚过失犯的范围内负过失犯罪责任。如果结果行为是只能由故意构成的犯罪，行为人不负刑事责任。

②过失陷入无责任能力状态而导致危害结果发生，行为人对危害结果的发生亦持过失的心理态度（此过失是刑法意义上的过失）。即行为人过失使自己丧失刑事责任能力，在实施原因行为前应当预见自己在陷入无责任能力状态后可能实施某种犯罪行为，由于疏忽大意而没有预见或虽然预见而轻信能够避免，以致发生某种犯罪。行为人对结果行为在刑法处罚过失犯的范围内负过失犯罪责任。

③故意或过失陷入限制责任能力状态而导致危害结果发生。其一，先产生犯罪意图，而后故意使自己陷入限制责任能力状态，并利用这种状态实施犯罪行为。其二，故意陷入限制责任能力状态，在意识模糊中又产生犯罪意图而犯罪。其三，过失陷入限制责任能力状态，在意识模糊中产生犯罪意图而犯罪。

（3）原因自由行为的可罚性

首先，原因自由行为中，犯罪行为是行为人自己选择的结果。在原因自由行为中，刑事责任能力的存在起于原因行为的实施阶段。“犯罪行为实际上是被提前到了使自己陷入无能力状态的行为中，而真正构成犯罪的事实只是先前自愿行为的结果。”在这一情况下，责任能力与罪过是同时存在的，通过罪过这一中介使责任能力与实行行为发生联系，使行为人应当对其实行行为（结果行为）承担刑事责任。在原因自由行为中，犯罪行为是一个行为人自由选择的过程。以醉酒杀人为例，行为人明知自己酒醉后可能有危及他人人身安全或社会公益，而故意使自己陷于这种能力受限的范围，显然是具有主观恶性的，即具有危害公共安全或他人人身安全的故意，而且，企图使自己这种状态下的行为不受刑法处罚，如果放任这种行为，不但不利于对其他守法人群的保护，也不利于社会公共安全。

其次，从刑法总则的规定看，行为人实施了犯罪行为，除非法律明文规定不负刑事责任的，都要承担刑事责任。我国刑法对不负刑事责任的情形作了明文的列举规定，即《刑法》第十五条第二款规定，法律没有规定应负刑事责任的过失犯罪；《刑法》第十七条规定，不满十六周岁的人，除已满十四周岁犯八种犯罪、已满十二周岁特殊犯罪外，免予刑事处罚；第十八条规定，精神病人在不能辨认或者不能控制自己行为的时候造成危害结果，经法定程序鉴定确认的，不负刑事责任；第二十条规定，正当防卫不负刑事责任；第二十一条规定，紧急避险不负刑事责任。可见，对于醉酒后犯罪、吸毒致幻犯罪等原因自由行为，刑法并没有规定不负刑事责任。

对因原因自由行为而实施犯罪的，应当追究刑事责任，且不能适用从轻或者减轻处罚的规定。

（4）吸毒致幻等原因自由行为的处罚

对吸毒致幻等原因自由行为，符合某一犯罪构成要件的，应当对行为人按照该罪名定罪处罚，不能从轻或者减轻处罚，更不能因此而不负刑事责任。

首先，从刑法总则的规定看，行为人实施了犯罪行为，除非法律明文规定不负刑事责任的，都要承担刑事责任，并没有规定被告人吸食毒品后影响控制、辨别能力而实施犯罪行为的，不负刑事责任。其次，根据“举轻以明重”的解释方法，吸毒的人犯罪，应当负刑事责任。吸食毒品在我国属于违法行为，吸食毒品后犯罪，比醉酒的人犯罪，性质更严重。唐律中有关“举重以明轻”“举轻以明重”的规定，这是司法解释的一个基本方法，至今，刑事司法工作中仍然沿用。依此原理，可以认为，法律虽然只规定醉酒的犯罪应当负刑事责任，但“举轻以明重”，吸毒的人犯罪，也应当负刑事责任。最后，因吸食毒品而致精神障碍的，不属刑法意义上的精神病人。《刑法》第十八条规定，精神病人在不能辨认或者不能控制自己行为的时候造成危害结果，经法定程序鉴定确认的，不负刑事责任。该条规定对不负刑事责任设定了三个条件：一是精神病人，即行为人在实施危害行为前就已经是精神病人；二是精神病人实施危害行为时不能辨认或者不能控制自己的行为，也就是说，如果实施危害行为时该精神病人能够辨认或者控制自己的行为，亦应当负刑事责任；三是程序条件即须经法定程序鉴定。因此，吸食毒品出现精神障碍的，并非刑法意义上的精神病人。

6. 又聋又哑的人或者盲人的刑事责任如何确定？

本书观点：（1）又聋又哑的人或者盲人犯罪，应当负刑事责任

《刑法》第十九条规定："又聋又哑的人或者盲人犯罪，可以从轻、减轻或者免除处罚。"又聋又哑的人，又称聋哑人，是指丧失听觉能力和语言能力的人。聋哑人有先天和后天之分。这里聋哑人必须是又聋又哑的人，即要聋哑兼备，缺一不可。只聋不哑或只哑不聋者，原则上不适用本条文规定。后天聋哑又有自幼聋哑或者少年、成年时期聋哑之分。盲人，是指双目均丧失视觉的人，有先天盲人和后天盲人之分。

聋哑人或者盲人要负刑事责任，是因为现代科学文化发达，教育事业发展，又聋又哑的人或者盲人也能够受到一定的教育，并不会因为自身残疾以致完全丧失辨认和控制自己行为的能力，而成为无责任能力的人。此外，他们的视觉或者听觉是健全的，对外界事物具有一定的判断能力。总之，他们是具有一定责任能力的，如若犯罪，应当负刑事责任。

（2）又聋又哑的人或者盲人犯罪，可以从轻、减轻或者免除处罚

由于聋哑人或者盲人有生理缺陷，在接受教育上毕竟有一定的局限性，对事物判断的准确性也较差，这在一定程度上势必会影响他们的辨认和控制自己行为的能力。从实际情况出发，根据罪刑相适应原则，结合刑罚目的要求，并考虑到刑罚的人道主义性质，刑法又规定对聋哑人或者盲人犯罪，可以从轻、减轻或者免除处罚。

（3）对聋哑人或者盲人犯罪原则上可以从宽或者免除处罚，但不是一定从宽或者免除处罚

对于个别智力发育正常，成年后聋哑或者双目失明的，犯罪时具备辨认和控制自己的行为能力的聋哑人或者盲人，且犯罪性质严重，情节恶劣的，也可以不从宽处罚。在司法实践中，是否从轻、减轻或者免除处罚，以及从轻、减轻的程度如何，不能一概而论，应当对聋哑人或者盲人接受教育的程

度、智力发展的水平、责任能力的强弱、犯罪的性质和情节等进行全面分析，综合考虑。

六、正当防卫

（一）刑法规定

第二十条　为了使国家、公共利益、本人或者他人的人身、财产和其他权利免受正在进行的不法侵害，而采取的制止不法侵害的行为，对不法侵害人造成损害的，属于正当防卫，不负刑事责任。

正当防卫明显超过必要限度造成重大损害的，应当负刑事责任，但是应当减轻或者免除处罚。

对正在进行行凶、杀人、抢劫、强奸、绑架以及其他严重危及人身安全的暴力犯罪，采取防卫行为，造成不法侵害人伤亡的，不属于防卫过当，不负刑事责任。

（二）司法解释、司法文件

1. **最高人民法院、最高人民检察院、公安部、司法部关于依法办理家庭暴力犯罪案件的意见**（法发〔2015〕4号，自2015年3月2日起施行）（节录）

19. 准确认定对家庭暴力的正当防卫。为了使本人或者他人的人身权利免受不法侵害，对正在进行的家庭暴力采取制止行为，只要符合刑法规定的条件，就应当依法认定为正当防卫，不负刑事责任。防卫行为造成施暴人重伤、死亡，且明显超过必要限度，属于防卫过当，应当负刑事责任，但是应当减轻或者免除处罚。

认定防卫行为是否“明显超过必要限度”，应当以足以制止并使防卫人免受家庭暴力不法侵害的需要为标准，根据施暴人正在实施家庭暴力的严重程度、手段的残忍程度，防卫人所处的环境、面临的危险程度、采取的制止暴力的手段、造成施暴人重大损害的程度，以及既往家庭暴力的严重程度等进行综合判断。

20. 充分考虑案件中的防卫因素和过错责任。对于长期遭受家庭暴力后，在激愤、恐惧状态下为了防止再次遭受家庭暴力，或者为了摆脱家庭暴力而故意杀害、伤害施暴人，被告人的行为具有防卫因素，施暴人在案件起因上具有明显过错或者直接责任的，可以酌情从宽处罚。对于因遭受严重家庭暴力，身体、精神受到重大损害而故意杀害施暴人；或者因不堪忍受长期家庭暴力而故意杀害施暴人，犯罪情节不是特别恶劣，手段不是特别残忍的，可以认定为刑法第二百三十二条规定的故意杀人“情节较轻”。在服刑期间确有悔改表现的，可以根据其家庭情况，依法放宽减刑的幅度，缩短减刑的起始时间与间隔时间；符合假释条件的，应当假释。被杀害施暴人的近亲属表示谅解的，在量刑、减刑、假释时应当予以充分考虑。

2. **最高人民法院指导案例93号：于欢故意伤害案**（最高人民法院审判委员会讨论通过2018年6月20日发布）

【关键词】

刑事/故意伤害罪/非法限制人身自由/正当防卫/防卫过当

【裁判要点】

1. 对正在进行的非法限制他人人身自由的行为，应当认定为刑法第二十条第一款规定的“不法侵害”，可以进行正当防卫。

2. 对非法限制他人人身自由并伴有侮辱、轻微殴打的行为，不应当认定为刑法第二十条第三款规定的“严重危及人身安全的暴力犯罪”。

3. 判断防卫是否过当，应当综合考虑不法侵害的性质、手段、强度、危害程度，以及防卫行为的性质、时机、手段、强度、所处环境和损害后果等情节。对非法限制他人人身自由并伴有侮辱、轻微殴打，且并不十分紧迫的不法侵害，进行防卫致人死亡重伤的，应当认定为刑法第二十条第二款规定的“明显超过必要限度造成重大损害”。

4. 防卫过当案件，如系因被害人实施严重贬损他人人格尊严或者亵渎人伦的不法侵害引发的，量刑时对此应予充分考虑，以确保司法裁判既经得起法律检验，也符合社会公平正义观念。

【相关法条】

《中华人民共和国刑法》第二十条

【基本案情】

被告人于欢的母亲苏某在山东省冠县工业园区经营山东源大工贸有限公司（以下简称源大公司），于欢系该公司员工。2014年7月28日，苏某及其丈夫于某1向吴某、赵某1借款100万元，双方口头约定月息10%。至2015

年10月20日，苏某共计还款154万元。其间，吴某、赵某1因苏某还款不及时，曾指使被害人郭某1等人采取在源大公司车棚内驻扎、在办公楼前支锅做饭等方式催债。2015年11月1日，苏某、于某1再向吴某、赵某1借款35万元。其中10万元，双方口头约定月息10%；另外25万元，通过签订房屋买卖合同，用于某1名下的一套住房作为抵押，双方约定如逾期还款，则将该住房过户给赵某1。2015年11月2日至2016年1月6日，苏某共计向赵某1还款29.8万元。吴某、赵某1认为该29.8万元属于偿还第一笔100万元借款的利息，而苏某夫妇认为是用于偿还第二笔借款。吴某、赵某1多次催促苏某夫妇继续还款或办理住房过户手续，但苏某夫妇未再还款，也未办理住房过户。

2016年4月1日，赵某1与被害人杜某2、郭某1等人将于某1上述住房的门锁更换并强行入住，苏某报警。赵某1出示房屋买卖合同，民警调解后离去。同月13日上午，吴某、赵某1与杜某2、郭某1、杜某7等人将上述住房内的物品搬出，苏某报警。民警处警时，吴某称系房屋买卖纠纷，民警告知双方协商或通过诉讼解决。民警离开后，吴某责骂苏某，并将苏某头部按入座便器接近水面位置。当日下午，赵某1等人将上述住房内物品搬至源大公司门口。其间，苏某、于某1多次拨打市长热线求助。当晚，于某1通过他人调解，与吴某达成口头协议，约定次日将住房过户给赵某1，此后再付30万元，借款本金及利息即全部结清。

4月14日，于某1、苏某未去办理住房过户手续。当日16时许，赵某1纠集郭某2、郭某1、苗某、张某3到源大公司讨债。为找到于某1、苏某，郭某1报警称源大公司私刻财务章。民警到达源大公司后，苏某与赵某1等人因还款纠纷发生争吵。民警告知双方协商解决或到法院起诉后离开。李某3接赵某1电话后，伙同么某、张某2和被害人严某、程某到达源大公司。赵某1等人先后在办公楼前呼喊，在财务室内、餐厅外盯守，在办公楼门厅外烧烤、饮酒，催促苏某还款。其间，赵某1、苗某离开。20时许，杜某2、杜某7赶到源大公司，与李某3等人一起饮酒。20时48分，苏某按郭某1要求到办公楼一楼接待室，于欢及公司员工张某1、马某陪同。21时53分，杜某2等人进入接待室讨债，将苏某、于欢的手机收走放在办公桌上。杜某2用污秽言语辱骂苏某、于欢及其家人，将烟头弹到苏某胸前衣服上，将裤子褪至大腿处裸露下体，朝坐在沙发上的苏某等人左右转动身体。在马某、李某3

劝阻下，杜某 2 穿好裤子，又脱下于欢的鞋让苏某闻，被苏某打掉。杜某 2 还用手拍打于欢面颊，其他讨债人员实施了揪抓于欢头发或按压于欢肩部不准其起身等行为。22 时 07 分，公司员工刘某打电话报警。22 时 17 分，民警朱某带领辅警宋某、郭某 3 到达源大公司接待室了解情况，苏某和于欢指认杜某 2 殴打于欢，杜某 2 等人否认并称系讨债。22 时 22 分，朱某警告双方不能打架，然后带领辅警到院内寻找报警人，并给值班民警徐某打电话通报警情。于欢、苏某想随民警离开接待室，杜某 2 等人阻拦，并强迫于欢坐下，于欢拒绝。杜某 2 等人卡于欢颈部，将于欢推拉至接待室东南角。于欢持刃长 15.3 厘米的单刃尖刀，警告杜某 2 等人不要靠近。杜某 2 出言挑衅并逼近于欢，于欢遂捅刺杜某 2 腹部一刀，又捅刺围逼在其身边的程某胸部、严某腹部、郭某 1 背部各一刀。22 时 26 分，辅警闻声返回接待室。经辅警连续责令，于欢交出尖刀。杜某 2 等四人受伤后，被杜某 7 等人驾车送至冠县人民医院救治。次日 2 时 18 分，杜某 2 经抢救无效，因腹部损伤造成肝固有动脉裂伤及肝右叶创伤导致失血性休克死亡。严某、郭某 1 的损伤均构成重伤二级，程某的损伤构成轻伤二级。

裁判结果

山东省聊城市中级人民法院于 2017 年 2 月 17 日作出（2016）鲁 15 刑初 33 号刑事附带民事判决，认定被告人于欢犯故意伤害罪，判处无期徒刑，剥夺政治权利终身，并赔偿附带民事原告人经济损失。

宣判后，被告人于欢及部分原审附带民事诉讼原告人不服，分别提出上诉。山东省高级人民法院经审理于 2017 年 6 月 23 日作出（2017）鲁刑终 151 号刑事附带民事判决：驳回附带民事上诉，维持原判附带民事部分；撤销原判刑事部分，以故意伤害罪改判于欢有期徒刑五年。

裁判理由

法院生效裁判认为：被告人于欢持刀捅刺杜某 2 等四人，属于制止正在进行的不法侵害，其行为具有防卫性质；其防卫行为造成一人死亡、二人重伤、一人轻伤的严重后果，明显超过必要限度造成重大损害，构成故意伤害罪，依法应负刑事责任。鉴于于欢的行为属于防卫过当，于欢归案后如实供述主要罪行，且被害方有以恶劣手段侮辱于欢之母的严重过错等情节，对于欢依法应当减轻处罚。原判认定于欢犯故意伤害罪正确，审判程序合法，但认定事实不全面，部分刑事判项适用法律错误，量刑过重，遂依法改判于欢有期徒刑五年。

本案在法律适用方面的争议焦点主要有两个方面：一是于欢的捅刺行为性质，即是否具有防卫性、是否属于特殊防卫、是否属于防卫过当；二是如何定罪处罚。

一、关于于欢的捅刺行为性质

《刑法》第二十条第一款规定："为了使国家、公共利益、本人或者他人的人身、财产和其他权利免受正在进行的不法侵害，而采取的制止不法侵害的行为，对不法侵害人造成损害的，属于正当防卫，不负刑事责任。"由此可见，成立正当防卫必须同时具备以下五项条件：一是防卫起因，不法侵害现实存在。不法侵害是指违背法律的侵袭和损害，既包括犯罪行为，又包括一般违法行为；既包括侵害人身权利的行为，又包括侵犯财产及其他权利的行为。二是防卫时间，不法侵害正在进行。正在进行是指不法侵害已经开始并且尚未结束的这段时期。对尚未开始或已经结束的不法侵害，不能进行防卫，否则即是防卫不适时。三是防卫对象，即针对不法侵害者本人。正当防卫的对象只能是不法侵害人本人，不能对不法侵害人之外的人实施防卫行为。在共同实施不法侵害的场合，共同侵害具有整体性，可对每一个共同侵害人进行正当防卫。四是防卫意图，出于制止不法侵害的目的，有防卫认识和意志。五是防卫限度，尚未明显超过必要限度造成重大损害。这就是说正当防卫的成立条件包括客观条件、主观条件和限度条件。客观条件和主观条件是定性条件，确定了正当防卫"正"的性质和前提条件，不符合这些条件的不是正当防卫；限度条件是定量条件，确定了正当防卫"当"的要求和合理限度，不符合该条件的虽然仍有防卫性质，但不是正当防卫，属于防卫过当。防卫过当行为具有防卫的前提条件和制止不法侵害的目的，只是在制止不法侵害过程中，没有合理控制防卫行为的强度，明显超过正当防卫必要限度，并造成不应有的重大损害后果，从而转化为有害于社会的违法犯罪行为。根据本案认定的事实、证据和我国刑法有关规定，于欢的捅刺行为虽然具有防卫性，但属于防卫过当。

首先，于欢的捅刺行为具有防卫性。案发当时杜某 2 等人对于欢、苏某持续实施着限制人身自由的非法拘禁行为，并伴有侮辱人格和对于欢推搡、拍打等行为；民警到达现场后，于欢和苏某想随民警走出接待室时，杜某 2 等人阻止二人离开，并对于欢实施推拉、围堵等行为，在于欢持刀警告时仍出言挑衅并逼近，实施正当防卫所要求的不法侵害客观存在并正在进行；于欢是在人身自由受到违法侵害、人身安全面临现实威胁的情况下持刀捅刺，且捅刺的对象都是在其警告后仍向其靠近围逼的人。因此，可以认定其是为了使本人和其母亲的人身权利免受正在进行的不法侵害，而采取的制止不法侵害行为，具备正当防卫的客观和主观条件，具有防卫性质。

其次，于欢的捅刺行为不属于特殊防卫。《刑法》第二十条第三款规定："对正在进行行凶、杀人、抢劫、强奸、绑架以及其他严重危及人身安全的暴力犯罪，采取防卫行为，造成不法侵害人伤亡的，不属于防卫过当，不负刑事责任。"根据这一规定，特殊防卫的适用前提条件是存在严重危及本人或他人人身安全的暴力犯罪。本案中，虽然杜某2等人对于欢母子实施了非法限制人身自由、侮辱、轻微殴打等人身侵害行为，但这些不法侵害不是严重危及人身安全的暴力犯罪。其一，杜某2等人实施的非法限制人身自由、侮辱等不法侵害行为，虽然侵犯了于欢母子的人身自由、人格尊严等合法权益，但并不具有严重危及于欢母子人身安全的性质；其二，杜某2等人按肩膀、推拉等强制或者殴打行为，虽然让于欢母子的人身安全、身体健康权遭受了侵害，但这种不法侵害只是轻微的暴力侵犯，既不是针对生命权的不法侵害，又不是发生严重侵害于欢母子身体健康权的情形，因而不属于严重危及人身安全的暴力犯罪。其三，苏某、于某1系主动通过他人协调、担保，向吴某借贷，自愿接受吴某所提10%的月息。既不存在苏某、于某1被强迫向吴某高息借贷的事实，又不存在吴某强迫苏某、于某1借贷的事实，与司法解释以借贷为名采用暴力、胁迫手段获取他人财物以抢劫罪论处的规定明显不符。可见杜某2等人实施的多种不法侵害行为，符合可以实施一般防卫行为的前提条件，但不具备实施特殊防卫的前提条件，故于欢的捅刺行为不属于特殊防卫。

最后，于欢的捅刺行为属于防卫过当。《刑法》第二十条第二款规定："正当防卫明显超过必要限度造成重大损害的，应当负刑事责任，但是应当减轻或者免除处罚。"由此可见，防卫过当是在具备正当防卫客观和主观前提条件下，防卫反击明显超过必要限度，并造成致人重伤或死亡的过当结果。认定防卫是否"明显超过必要限度"，应当从不法侵害的性质、手段、强度、危害程度，以及防卫行为的性质、时机、手段、强度、所处环境和损害后果等方面综合分析判定。本案中，杜某2一方虽然人数较多，但其实施不法侵害的意图是给苏某夫妇施加压力以催讨债务，在催债过程中未携带、使用任何器械；在民警朱某等进入接待室前，杜某2一方对于欢母子实施的是非法限制人身自由、侮辱和对于欢拍打面颊、揪抓头发等行为，其目的仍是逼迫苏某夫妇尽快还款；在民警进入接待室时，双方没有发生激烈对峙和肢体冲突，当民警警告不能打架后，杜某2一方并无打架的言行；在民警走出接待室寻找报警人期间，于欢和讨债人员均可透过接待室玻璃清晰看见停在院内的警车警灯闪烁，应当知道民警并未离开；在于欢持刀警告不要逼过来时，杜某2等人虽有出言挑衅并向于欢围逼的行为，但并未实施强烈的攻击行为。因此，于欢面临的不法侵害并不紧迫和严重，而其却持刃长15.3厘米的单刃尖刀连续捅刺四人，致一人死亡、二人重伤、一人轻伤，且其中一人系被背后捅伤，故应当认定于欢的防卫行为明显超过必要限度造成重大损害，属于防卫过当。

二、关于定罪量刑

首先，关于定罪。本案中，于欢连续捅刺四人，但捅刺对象都是当时围逼在其身边的人，未对离其较远的其他不法侵害人进行捅刺，对不法侵害人每人捅刺一刀，未对同一不法侵害人连续捅刺。可见，于欢的目的在于制止不法侵害并离开接待室，在案证据不能证实其具有追求或放任致人死亡危害结果发生的故意，故于欢的行为不构成故意杀人罪，但他为了追求防卫效果的实现，对致多人伤亡的过当结果的发生持听之任之的态度，已构成防卫过当情形下的故意伤害罪。认定于欢的行为构成故意伤害罪，既是严格司法的要求，又符合人民群众的公平正义观念。

其次，关于量刑。《刑法》第二十条第二款规定："正当防卫明显超过必要限度造成重大损害的，应当负刑事责任，但是应当减轻或者免除处罚。"综合考虑本案防卫权益的性质、防卫方法、防卫强度、防卫起因、损害后果、过当程度、所处环境等情节，对于欢应当减轻处罚。

被害方对引发本案具有严重过错。本案案发前，吴某、赵某1指使杜某2等人实施过侮辱苏某、干扰源大公司生产经营等逼债行为，苏某多次报警，吴某等人的不法逼债行为并未收敛。案发当日，杜某2等人对于欢、苏某实施非法限制人身自由、侮辱及对于欢间有推搡、拍打、卡颈部等行为，于欢及其母亲苏某连日来多次遭受催逼、骚扰、侮辱，导致于欢实施防卫行为时难免带有恐惧、愤怒等因素。尤其是杜某2裸露下体侮辱苏某对引发本案有重大过错。案发当日，杜某2当着于欢之面公然以裸露下体的方式侮辱其母亲苏某。虽然距于欢实施防卫行为已间隔约二十分钟，但于欢捅刺杜某2等人时难免带有报复杜某2辱母的情绪，故杜某2裸露下体侮辱苏某的行为是引发本案的重要因素，在刑罚裁量上应当作为对于欢有利的情节重点考虑。

杜某2的辱母行为严重违法、亵渎人伦，应当受到惩罚和谴责，但于欢在民警尚在现场调查，警车仍在现场闪烁警灯的情形下，为离开接待室摆脱围堵而持刀连续捅刺四人，致一人死亡、二人重伤、一人轻伤，且其中一重伤者系于欢从背部捅刺，损害后果严重，且除杜某2以外，其他三人并未实施侮辱于欢母亲的行为，其防卫行为造成损害远远大于其保护的合法权益，防卫明显过当。于欢及其母亲的人身自由和人格尊严应当受到法律保护，但于欢的防卫行为明显超过必要限度并造成多人伤亡严重后果，超出法律所容许的限度，依法也应当承担刑事责任。

根据我国刑法规定，故意伤害致人死亡的，处十年以上有期徒刑、无期徒刑或者死刑；防卫过当的，应当减轻或者免除处罚。如上所述，于欢的防卫行为明显超过必要限度造成重大伤亡后果，减轻处罚依法应当在三至十年有期徒刑的法定刑幅度内量刑。鉴于于欢归案后如实供述主要罪行，且被害方有以恶劣手段侮辱于欢之母的严重过错等可以从轻处罚情节，综合考虑于欢犯罪的事实、性质、情节和危害后果，遂判处于欢有期徒刑五年。

（三）典型或常见问题的审理思路

1. 互殴中的故意伤害行为是否具有防卫性质？[①]

本书观点：互殴中的故意伤害行为，互殴双方都不具有防卫性质。

在因互殴致人死亡的案件中，行为人往往以防卫过当为由进行辩解，要求减轻或者免除处罚。但根据《刑法》第二十条第二款的规定，防卫过当是指为了使国家、公共利益、本人或者他人的人身、财产和其他权利免受正在进行的不法侵害，而对不法侵害者所实施的明显超过必要限度造成重大损害的行为。也就是说，防卫过当以正当防卫为前提条件，即要求行为人的行为具有防卫性和目的的正当性。在客观上，要求有不法侵害的发生；在主观上，行为人的动机是使国家、公共利益、本人或者他人的人身、财产和其他权利

---

① 观点来源：最高人民法院刑事审判第一、二、三、四、五庭主办：《中国刑事审判指导案例》(01)（增订第3版），法律出版社2017年版，第40-41页，苏某才故意伤害案。

免受正在进行的不法侵害，即主观上不具有危害社会的意图，是无犯罪目的的。只是由于行为人在实施防卫过程中针对不法侵害所采取的防卫行为明显超过必要限度，才造成重大的损害。防卫过当的行为，虽然具有一定的社会危害性，但行为人的动机是出于正当防卫，其主观上恶性较小，社会危害性也小于其他故意犯罪行为，因此，刑法明确规定正当防卫明显超过必要限度造成重大损害的，应当负刑事责任，但是应当减轻或者免除处罚。而在打架斗殴中，一般情况下，双方都是出于主动的，双方都有侵害对方的故意，双方的行为都是不法侵害行为，因此，双方的行为都不属于正当防卫的范畴。双方无论在主观方面还是客观方面，都具有对对方进行不法侵害的故意和行为。双方并非不愿斗殴，退避不予还手，在无路可退的情况下，被迫进行自卫反击，而是为了逞能，目的在于显示自己不惧怕对方，甚至故意侵犯他人的人身权利，是一种有目的的直接故意犯罪行为，主观上具有危害社会的犯罪目的，不具有防卫过当所应具有的防卫性和目的的正当性，不符合正当防卫中防卫过当的本质特征。

2.《刑法》第二十条第三款规定的正当防卫权应如何理解与适用?①

本书观点：1979 年《刑法》第十七条对正当防卫及防卫过当规定得比较抽象、笼统，特别是将防卫过当界定为“超过必要限度造成不应有的危害”，因在实践中缺乏可操作性，致使对正当防卫的限度条件掌握过严，束缚了防卫人行使正当防卫权，不利于同犯罪行为作斗争。1997 年《刑法》完善了正当防卫的概念，进一步明确了防卫过当的范围，而且特别增加了一款，即第二十条第三款，规定“对正在进行行凶、杀人、抢劫、强奸、绑架以及其他严重危及人身安全的暴力犯罪，采取防卫行为，造成不法侵害人伤亡的，不属于防卫过当，不负刑事责任”。此款规定使守法的人在对受到严重危及人身安全的暴力侵害，采取防卫行为时，可以不必过于顾虑防卫的手段、结果。

当前，各种暴力犯罪在一些地方较为猖獗，严重危害公民人身安全，也严重破坏了社会治安秩序，《刑法》第二十条第三款这一新规定有利于鼓励人民群众同严重危及公民人身安全的暴力犯罪作斗争，弘扬正气，震慑犯罪，这是该款立法目的之所在。该款规定不同于一般的正当防卫，我们称为“特

---

① 观点来源：最高人民法院刑事审判第一、二、三、四、五庭主办：《中国刑事审判指导案例》(01)（增订第 3 版），法律出版社 2017 年版，第 35－37 页，叶某朝故意杀人案。

殊防卫”，也有人称为“无限防卫”。它具有以下特点：

首先，不法侵害行为是针对人身安全的，即危害公民的生命权、健康权、自由权和性权利，而不是人身之外的财产权利、民主权利等其他合法权益，对其他合法权益的不法侵害行为采取防卫行为的，适用一般防卫的规定。这是特殊防卫区别于一般防卫的一个重要特征。如抢夺犯罪行为，所侵犯的客体是财产权利，对抢夺行为进行的防卫则不应当适用特殊防卫。其次，针对人身安全的不法侵害行为具有暴力性，属于犯罪行为。这与一般防卫的只属“不法”性侵害有明显不同。如行凶、杀人、抢劫、强奸、绑架行为，均属严重犯罪行为。应当指出的是，对杀人、抢劫、强奸、绑架应作广义的理解，它不仅仅指这四种犯罪行为，也包括以此种暴力性行为为手段，而触犯其他罪名的犯罪行为，如以抢劫为手段的抢劫枪支、弹药、爆炸物行为，以绑架为手段的拐卖妇女、儿童行为。此外，针对人的生命、健康采取放火、爆炸、决水等其他暴力方法实施侵害，也是具有暴力性的侵害行为。最后，这种不法侵害行为应当达到一定的严重程度。必须是严重危及人身安全，即这种危害有可能造成人身严重伤害，甚至危及生命。对一些充其量只能造成轻伤害的轻微暴力侵害，则不能适用特殊防卫。因此，对“行凶”行为要注意区分危害的严重性程度。该款规定的“行凶”行为仅指严重危及人身安全的非法伤害行为，如使用凶器暴力行凶，有可能致人重伤的伤害行为。

根据该款规定，只要符合以上条件，则防卫人采取的防卫手段、造成的结果法律没有限制，即使造成不法侵害人伤亡的，依法也不属防卫过当，不负刑事责任。这是特殊防卫区别于一般防卫在防卫后果上的本质特征。这一规定，是针对这类严重危及人身安全的暴力犯罪具有侵害性质严重、手段凶残的特点作出的。对此类犯罪行为，防卫人往往处于被动、孤立、极为危险的境地，在这种情况下，如对防卫人限制过苛，则难以取得制止犯罪，保护公民人身权利不受侵害的效果，亦不利于鼓励人民群众同犯罪行为作斗争。

毫无疑问，《刑法》第二十条第三款是人民群众同严重危害人身安全的犯罪行为作斗争的有力武器。但在实际审判业务中，此类案件往往情况复杂、造成的后果严重，因此要注意案件发生的前因后果，把握住正当防卫的正义性这一基本要素，排除防卫挑拨、假想防卫等情况，既要保护人民群众依法维护公民合法权利的行为，又要防止坏人假借防卫而犯罪，以体现刑法立法原意。

3. 假想防卫致人死亡的行为应如何认定及处理?①

本书观点：夜间误认来人为非法侵入住宅者而以防卫的故意暴力致对方死亡的，构成假想防卫；假想防卫不构成故意犯罪。

（1）假想防卫对并不存在的“不法侵害”或“不法侵害人”，是基于行为人主观想象或推测，但这种主观想象或推测，需要一定的客观前提

根据《刑法》第二十条的规定，只有对正在进行的不法侵害行为才能实施正当防卫。所谓“正在进行的不法侵害”，实际上包含两层意思：一是客观实际存在真实的侵害，而不是行为人主观想象或者推测的侵害；二是已经着手实施或直接面临的侵害，而不是尚未开始或已经结束了的侵害。如果不法侵害并不真实存在，只是行为人主观上想象或推测认为发生了某种不法侵害，进而对误认的“侵害人”实行了“防卫”行为，这种情形，刑法理论上称为“假想防卫”。假想防卫不是正当防卫，且多发生在以下两种场合：一是根本不存在不法侵害的场合，如夜间误认为来访的客人为强盗而实行的“防卫”；二是在对不法侵害实行正当防卫的过程中，对在场的与不法侵害无关的人实行“防卫”，如某人正反击他人对其的不法侵害时，对突然介入的与不法侵害无关的人，疑为帮凶而实行的“防卫”。由此，假想防卫有四个基本特征：一是行为人主观上存在正当防卫意图，以为自己是对不法侵害人实施的正当防卫；二是防卫对象的“不法侵害”在实际上并不存在；三是防卫行为人的“防卫”行为在客观上侵害了未实施不法侵害人的人身或其他权利，具有社会危害性；四是行为人的防卫错误，产生了危害社会的结果。

需要指出的是，假想防卫对并不存在的“不法侵害”或“不法侵害人”，是基于行为人主观想象或推测，但这种主观想象或推测，绝不是脱离实际情形的任意想象，而是需要一定的客观前提。也就是说，假想防卫人在实行假想防卫时，主观上误认为发生了某种实际并不存在的不法侵害，是要有一定合理的根据的。

（2）被告人的假想防卫是过失犯罪，不能以故意犯罪论处

假想防卫是过失犯罪还是故意犯罪，是司法实践中必须要搞清楚的一个问题。首先，我们应该对“故意犯罪”有一个正确的理解，不能把刑法理论

① 最高人民法院刑事审判第一庭、第二庭编：《刑事审判参考》2001 年第 9 集（总第 20 集），法律出版社 2001 年版，第 9 - 13 页，王某友过失致人死亡案。

上讲的故意与心理学理论上讲的故意等同、混淆起来。根据《刑法》第十四条的规定，故意犯罪是指行为人明知自己的行为会发生危害社会的结果，并且希望或放任这种结果发生，而假想防卫则是建立在行为人对其行为性质即其行为不具有社会危害性的错误认识的基础上发生的。假想防卫虽然是故意的行为，但这种故意是建立在对客观事实错误认识基础上的，自以为是在对不法侵害实行正当防卫。行为人不仅没有认识到其行为会发生危害社会的后果，而且认为自己的行为是合法正当的，而犯罪故意则是以行为人明知自己的行为会发生危害社会的后果为前提的。因此，假想防卫的故意只有心理学上的意义，而不是刑法上的犯罪故意。也就是说，假想防卫的行为人，在主观上是为了保护自己的合法权益免遭侵害，其行为在客观上造成的危害是由于认识错误所致，其主观上没有犯罪故意，因此，假想防卫中是不可能存在故意犯罪的。

被告人正是在这种错误认识的基础上，自以为是为了保护本人人身或财产的合法权益而实施所谓的正当防卫，因此，他主观上根本不存在明知其行为会造成危害社会结果的问题，主观上既不存在直接故意，也不存在间接故意。被告人假想防卫行为造成他人无辜死亡的结果，在客观上虽有一定的社会危害性，但不成立故意杀人或伤害罪，而仅成立“应当预见自己的行为可能发生危害社会的后果，因为疏忽大意而没有预见，以致发生这种结果的”过失致人死亡罪。

4. 互殴停止后又为制止他方突然袭击而防卫的行为是否属于正当防卫？[①]

本书观点：互殴停止后又为制止他方突然袭击而防卫的行为，系被侵害人出于防卫目的制止他人不法侵害的行为，属正当防卫。

根据《刑法》第二十条的规定，正当防卫必须具备以下条件：第一，必须有不法侵害行为发生。这是正当防卫成立的前提条件。不法侵害行为，主要是指损害国家、公共利益和公民个人合法权益的行为。第二，防卫针对的应当是正在进行的不法侵害。不法侵害尚未开始或已经结束，都不能进行正当防卫，也就是说，事先防卫与事后防卫都不属于正当防卫。之所以如此，是因为只有侵害行为正在进行，对侵害行为的制止才具有防卫的目的，才是

---

① 观点来源：最高人民法院刑事审判第一庭、第二庭编：《刑事审判参考》2001 年第 11 集（总第 22 集），法律出版社 2001 年版，第 5 -9 页，张某国故意伤害案。

正当的。否则，就是加害行为而非防卫行为。当然，对于某些危险的犯罪而言，如果已经对合法权益造成了威胁，则为不法侵害行为已经开始。第三，防卫行为必须针对不法侵害者本人实施。对不法侵害人以外的人，不能进行正当防卫。第四，行为人必须具有防卫意图。防卫意图是行为人为保护国家、公共利益、本人或者他人的人身和其他权利免受侵犯而决意制止不法侵害的心理状态，即行为人意识到不法侵害正在进行，从而决定为制止不法侵害而实施防卫行为。

在司法实践中，互殴与正当防卫的界限有时难以区分。所谓互殴，是指双方均具有侵害故意时实施的相互侵害行为。在主观上，互殴双方均具有侵害他人的故意；在客观上，互殴双方均实施了加害行为。所以，互殴双方的行为均属于不法侵害，而非正当防卫。但是，互殴停止后又加害对方的，性质就可能发生变化。这可以分为两种情况：一是双方停止斗殴后，一方受他人鼓动或出于报复侵害的目的又突然袭击对方的；二是一方自动放弃斗殴或主动退出斗殴现场，另一方继续殴打对方的。上述两种情况，均是因情况发生变化，互殴转变为一方殴打另一方。殴打方已从互殴时的侵害者转变为被侵害者。根据我国《刑法》第二十条的规定，被侵害人为维护合法权益不受侵害而实施的制止不法侵害的行为属于正当防卫。据此，互殴停止后，一方突然袭击或继续实施侵害行为，另一方依法享有正当防卫的权利。被侵害人出于防卫目的而依法实施的制止不法侵害的行为，依法具有正当防卫的性质。需要指出的是，由双方互殴转变为一方自动放弃斗殴或主动退出斗殴现场，应该具有彻底性，并表现出明显的阶段性，而不包括互殴双方打斗中的此消彼长、强弱转换等情形变化。

5. 当人身安全受到威胁后便准备防卫工具并在受到侵害时使用，是否影响防卫性质的认定？[①]

本书观点：当人身安全受到威胁后可以准备防卫工具。

首先，行为人在人身安全受到威胁后但尚未受到危害前便准备工具的行为本身并不能说明是为了防卫还是为了斗殴，其目的只能根据相关事实和证据来确定，而不能恣意推测。其次，公力救济手段毕竟有限，特别是行为人

① 观点来源：最高人民法院刑事审判第一、二、三、四、五庭主办：《中国刑事审判指导案例》(01)（增订第3版），法律出版社2017年版，第44-47页。

在所受到的威胁并非确定且重大，时间、地点又不确定，此种情形公安机关通常多为事后救济，即使其事先向公司领导或公安机关报告，恐也难以得到有效保护。正因如此，为了更加有效地保护公民的生命和财产安全，我国刑法才规定了正当防卫制度。公民既然有正当防卫权，因此，当其人身安全面临威胁时，就应当允许其做必要的防卫准备。有观点认为，当一个人的人身安全面临威胁时，只能报告单位领导或公安机关，而不能做防卫准备，出门时只能赤手空拳，受到不法侵害时，只能呼救或逃跑，只有在呼救或逃跑无效时才能就地取材或夺取对方工具进行防卫。我们认为，这一观点显然不合情理，不利于公民合法权利的保护，也与正当防卫的立法精神相悖。行为人在其人身安全受到威胁后遭到危害前准备防卫工具，并无不当，也不为法律所当然禁止。最后，在价值取向上，刑法应当弘扬正义，惩恶扬善。面对人多势众、气势汹汹一方的恶意寻衅，事先准备防卫工具，以防不测，是自然的反应，对此不应有过度的苛求与限制。因此，纵使在行为人准备防卫工具是为了防卫还是为了斗殴难以界定的情况下，也应当作出有利于行为人的推定，只有这样，才能符合惩恶扬善的刑法本意。

应当指出的是，当公民受到人身威胁时，要尽可能向单位领导或公安机关报告，通过组织手段解决矛盾，防范危害。确有必要做防卫准备时，选择的防卫工具、防卫准备方式要适当，要注意防卫准备行为本身不能触犯法律的禁止性规定，如不能非法持有枪支防身，不能采用私设电网等足以危害公共安全的行为来防范盗窃、非法入侵等。但是否有报告，是否事先准备防卫工具以及准备什么样的防卫工具，均属于另一个问题，不影响防卫性质的认定。

需要说明的是，“正在进行的不法侵害”不是必须达到相当的严重性时，才能实施防卫。《刑法》第二十条第一款、第二款规定：“为了使国家、公共利益、本人或者他人的人身、财产和其他权利免受正在进行的不法侵害，而采取的制止不法侵害的行为，对不法侵害人造成的损害的，属于正当防卫，不负刑事责任”，“正当防卫明显超过必要限度造成重大损害的，应当负刑事责任，但是应当减轻或者免除处罚”。这里所谓“不法侵害”，主要就是指不合法地危害他人人身、财产以及其他合法权益的行为。根据上述规定，对为制止不法侵害的正当防卫行为而言，不必以不法侵害达到相当的严重性为前提，更无须其已经达到犯罪程度时才能实施。防卫人所遭受的正在进行的不法侵害的强度，不是能否进行正当防卫的前提条件，而仅是正当防卫的限度条件。正当防卫的前提条件是指存在“正在进行的不法侵害”，只要遭受到正在进行的不法侵害，不管程度轻重如何，都可以立即实施为制止不法侵害的相应的防卫行为。“事先防卫”中所谓的“事先”，只是指不法侵害尚未着手、开始而已。对已然开始且正在进行的不法侵害，即便其程度相当轻微，防卫人也有权采取相应的制止措施即防卫行为，此种情形不属于所谓的“事先防卫”。

正当防卫的限度条件是指基于制止不法侵害的目的，防卫不得明显超过必要限度并造成重大损害。也就是说，只有在判断正当防卫是否明显超过必要限度时，分析不法侵害的程度才有意义，不法侵害的程度只是判断防卫是否适度的一个指标，但绝非能否进行防卫的前提条件。根据刑法的规定，除非对正在进行的行凶、杀人、抢劫、强奸、绑架等严重危及人身安全的暴力犯罪，防卫人可以实施无限度防卫，对其他正在进行的不法侵害所采取的防卫措施都不得明显超过必要限度并造成重大损害。

6. 对实施非法侵入住宅的行为人是否可以实行正当防卫？对非法侵入住宅的行为人实行正当防卫，造成轻伤后果的，是否承担故意伤害的刑事责任？①

本书观点：对实施非法侵入住宅的行为人可以实行正当防卫。对非法侵入住宅的行为人实行正当防卫，造成轻伤后果的，不承担故意伤害的刑事责任。

故意伤害案件是司法实践中常见的刑事案件。故意伤害罪是指故意非法损害他人身体健康的行为。这种伤害行为必须是非法的，如果是合法的行为，即使造成了一定程度的伤害后果，行为人亦无须承担刑事责任。正当防卫即为法律规定的合法的行为。根据《刑法》第二十条第二款的规定，实施正当防卫行为，只要未明显超过必要限度造成重大损害（所谓重大损害，就单个人而言一般应指造成重伤以上），即不负刑事责任。

我国《宪法》第三十九条规定，中华人民共和国公民的住宅不受侵犯，禁止非法搜查或者非法侵入公民的住宅。我国《刑法》第二百四十五条规定

---

①　观点来源：最高人民法院刑事审判第一庭、第二庭编：《刑事审判参考》2003 年第 5 集（总第 34 集），法律出版社 2004 年版，第 13 – 19 页，赵某华被控故意伤害案。

了非法侵入住宅罪，非法侵入他人住宅的，处三年以下有期徒刑或者拘役。非法侵入他人住宅，表现为未经住宅主人同意，非法强行闯入他人住宅，或者经住宅主人要求其退出仍拒不退出，妨害他人正常生活和居住安全的行为。对非法侵入住宅的行为，住宅主人有权自行采取相应的制止措施，包括依法对非法侵入者实施必要的正当防卫。

根据我国刑法的规定，成立正当防卫必须具备五个条件：（1）必须是为了保卫国家利益、公共利益、本人或者他人的人身、财产和其他合法权利，才能实行正当防卫。此即为防卫目的的正义性，是成立正当防卫的首要条件，也是刑法规定正当防卫不负刑事责任的主要根据，防卫目的应当以制止不法侵害、维护合法权益为目标。（2）必须是对不法侵害的行为，才能实行正当防卫。不法侵害行为既包括犯罪行为也包括其他违法的侵害行为。也就是说，对不法侵害行为并非一定要达到犯罪的程度，才能实行正当防卫。（3）必须是对正在进行的不法侵害行为，才能实行正当防卫。（4）必须是对实施不法侵害行为的人，才能实行正当防卫。（5）正当防卫不能明显超过必要限度造成重大损害。

实施正当防卫就有可能或者必然对不法侵害人造成一定的伤害后果，但只要防卫行为没有明显超过必要限度造成重大损害，依法就不负刑事责任。这里关键的问题就是如何把握“正当防卫不能明显超过必要限度造成重大损害”。我们认为，这一要件实质上包含了两个并列的判断标准：一是防卫措施不能明显超过必要限度。一般而言，防卫人所采取的防卫措施应当与不法侵害行为基本相当。当然值得注意的是，刑法规定的标准是不能明显超过。“明显超过”，表明立法强调对防卫人所采取的防卫措施不必过于苛求。二是防卫结果不能造成重大损害。重大损害不等于一般损害。所谓重大损害，在有关司法解释没有明确之前，我们认为应当把握在没有造成不法侵害人人身重大损害，包括重伤以上这一限度内。以上两个标准必须同时具备，才能认定为防卫过当。具体来说，行为人的防卫措施虽然明显超过必要限度但防卫结果客观上并未造成重大损害，或者防卫结果客观上虽造成严重损害但防卫措施并不明显超过必要限度，均不能认定为防卫过当。如行为人采取防卫措施，防卫结果仅造成一人轻伤一人轻微伤，也没有造成重大损害，不属于造成重大损害。

7. 如何正确把握特殊防卫的条件以及准确理解行凶的含义?①

本书观点:对正在进行行凶、杀人、抢劫、强奸、绑架以及其他严重危及人身安全的暴力犯罪,采取防卫行为,造成不法侵害人伤亡的,不属于防卫过当,不负刑事责任。只有持那种足以严重危及他人的重大人身安全的凶器、器械伤人的行为,才可能认定为特殊防卫中的“行凶”。

特殊防卫不同于一般防卫之处就在于其防卫起因上的特殊性。一般防卫所针对的是正在进行的不法侵害行为,而特殊防卫所针对的却是正在进行的行凶、杀人、抢劫、强奸、绑架以及其他严重危及人身安全的暴力犯罪。这也正是成立特殊防卫的必要条件。正确理解特殊防卫的条件,应当着重把握以下要点:

(1)必须是正在进行的暴力犯罪行为。暴力犯罪,简言之,就是以暴力为手段实施的犯罪行为。对非以暴力为手段实施的其他严重犯罪行为,不能实施特殊防卫。对以非暴力手段实施的抢劫、绑架等条文明确列举的犯罪行为,一般也不宜实施特殊防卫。正在进行的暴力犯罪,是指暴力犯罪行为已经着手实施,尚未实行完毕。在暴力侵害行为尚未着手的情况下,显然是不能进行特殊防卫的。也就是不能以严重的暴力犯罪正在预备,马上就要付诸实施为借口,实施特殊防卫。值得注意的是,刑法规定特殊防卫的条件是暴力犯罪,是否构成犯罪,严格地说,应由司法机关依照法定程序判定。对防卫人而言,由于特殊防卫都是在现实的、紧迫的危急状态下实施的,无法要求防卫人判定正在实施的暴力侵害行为已然构成犯罪,才可以实施特殊防卫。法律之所以使用暴力犯罪这一表述,旨在强调正在进行的暴力侵害行为,其对他人的人身危险性已足以达到相当严重的程度。

(2)足以严重危及人身安全。人身安全主要包括他人的生命安全、健康安全,妇女的性的不可侵犯的权利。非针对他人人身安全的暴力犯罪行为,如对抢夺等针对物所实施的暴力犯罪行为就不能实施特殊防卫。所谓严重危及人身安全,主要是强调暴力侵害行为对他人人身安全危害的现实性、急迫性和严重性。如暴力侵害程度足以危及他人的生命安全,足以对人的健康造成严重损害后果的,无疑都是可以实施特殊防卫的。但需要说明的是,暴力侵害也有程度之分,对轻微的暴力伤害,就不能实施特殊防卫。对正在进行

① 观点来源:最高人民法院刑事审判第一庭、第二庭编:《刑事审判参考》2003 年第 5 集(总第 34 集),法律出版社 2004 年版,第 13 - 19 页,李某龙等被控故意伤害案。

的暴力侵害行为，能否实施特殊防卫，关键要看该行为是否足以严重危及他人的重大的人身安全。特殊防卫是以杀死不法侵害人为代价的，因此，特殊防卫所要保护的也必须是相等的公民的重大法益。只有他人的生命安全、重大的健康安全、妇女性的不可侵犯的权利，才可以视为相等的重大的法益。

对以暴力实施的杀人、抢劫、强奸、绑架犯罪行为可以实施特殊防卫，比较容易把握。但是何谓“行凶”呢？我们认为，对“行凶”的理解应当遵循上述关于特殊防卫条件的基本认识，即首先，“行凶”必须是一种已着手的暴力侵害行为；其次，“行凶”必须足以严重危及他人的重大人身安全。故“行凶”不应该是一般的拳脚相加之类的暴力侵害，持械殴打也不一定都是可以实施特殊防卫的“行凶”。只有持那种足以严重危及他人的重大人身安全的凶器、器械伤人的行为，才可以认定为“行凶”。

8. 正当防卫是否应当以不法侵害具有“紧迫性”为条件？①

本书观点：正当防卫是我国刑法中规定的违法性阻却事由之一，在社会生活中，正当防卫从表面上看具有加害性，但实质并不具备犯罪构成要件，也不具有社会危害性，属于一种排除社会危害性的行为，它是我国刑法的重要制度之一。根据刑法的规定，正当防卫是为了保护合法权益免受侵害，在紧急情况下制止不法侵害，赋予公民实施自力救济以便保护合法权益的一项措施。“存在不法侵害”是正当防卫成立的前提条件，但只有这种不法侵害具有紧迫性时，才允许对其实行防卫。

9. 对于无刑事责任能力的精神病人实施的侵害行为能否实行正当防卫？②

分歧意见：第一种意见认为，由于不能辨认或者不能控制自己行为的精神病人，属于无刑事责任能力的人，根据《刑法》第十八条第一款的规定，即使其造成危害结果的，也不负刑事责任。因此，精神病人实施的侵害行为不属于《刑法》第二十条第一款规定的“不法侵害”，制止精神病人实施的侵害行为不构成正当防卫。行为人的行为存在明显的伤害故意，构成故意伤害罪。

第二种意见认为，精神病人实施的侵害行为不属于不法侵害，不能成为正当防卫的抗辩事由，但被害人不法侵害行为，已对被告人即防卫人的人身

---

① 观点来源：最高人民法院刑事审判第一庭、第二庭编：《刑事审判参考》2005 年第 5 集（总第 46 集），法律出版社 2006 年版，第 30－40 页，周某友故意杀人案。

② 观点来源：最高人民法院刑事审判第一庭、第二庭编：《刑事审判参考》2003 年第 5 集（总第 34 集），法律出版社 2004 年版，第 13－19 页，范某秀故意伤害案。

权利造成了现实的紧迫危险，被告人是为了防止发生危险状况而采取的避险行为，只是超过了必要限度，属紧急避险过当行为，故被告人的行为定故意伤害罪符合实际。

第三种意见认为，精神病人的侵害行为也是不法侵害，可以对其进行防卫。被告人为使自己免受正在进行的不法人身侵害而实施自卫行为，夺下被害人凶器并朝其头部击打两下，是防卫行为，但因造成被害人死亡的后果，属防卫过当，定故意伤害罪。

第四种意见认为，被告人的行为属防卫行为，其主观上是为了防止被害人范某雨继续实施不法侵害，并无伤害的故意，对死亡后果的发生出于过失，所以应当定过失致人死亡罪。

本书观点：对于不能辨认或者不能控制自己行为的精神病人实施的不法侵害行为可以实施正当防卫。具体而言，在遇到无刑事责任能力人的侵害时，如果明知侵害者是无刑事责任能力人并有条件用逃跑等其他方法避免侵害时，则不得实施正当防卫；如果不知道侵害者是无刑事责任能力人，或者不能用逃跑等其他方法避免侵害时，才可以实施正当防卫。

（1）为了保护自己的人身权利而直接对侵害人实施的制止行为，不属于紧急避险

根据《刑法》第二十条和第二十一条的规定，正当防卫和紧急避险的目的均是保护国家、公共利益、本人或者他人的人身、财产和其他权利。二者的区别主要体现在对象和手段上。从对象上看，正当防卫的对象是正在进行的不法侵害，而紧急避险的对象是正在发生的危险；从手段上看，制止不法侵害行为的，属于正当防卫，而采用损害第三者合法权益的方法以挽救或者保护较大合法权益免受损害的，属于紧急避险。被害人正在对被告人的人身权利实施侵害，被告人也是为了保护自身人身权利免受被害人的侵害而将被害人按倒在地、夺下被害人的凶器并击打害人的头部，即被告人是对侵害行为人采取了制止行为。因此，该制止侵害行为不属于紧急避险。

（2）对不能辨认或者不能控制自己行为的精神病人实施的不法侵害行为可以实施正当防卫

首先，《刑法》第二十条第一款规定的“不法侵害”，不仅包括犯罪行为，还包括一般违法行为。虽然《刑法》第二十条第三款将特殊防卫的前提条件限定为“严重危及人身安全的暴力犯罪”，但对一般防卫而言，刑法既没

有要求是犯罪行为，也没有要求是一种严重违法行为，只要是违法行为损害了国家、公共利益以及公民的人身、财产和其他权利，均可以采取制止行为。

其次，无刑事责任能力的精神病人实施的侵害行为，也是危害社会的行为，仍属于不法侵害。虽然《刑法》第十八条第一款规定，精神病人在不能辨认或者不能控制自己行为的时候造成危害结果，经法定程序鉴定确认的，不负刑事责任。但刑法并没有免除精神病人的民事违法责任。相反，《民法典》第一千一百八十八条规定："无民事行为能力人、限制民事行为能力人造成他人损害的，由监护人承担民事责任。监护人尽到监护职责的，可以减轻其侵权责任。有财产的无民事行为能力人、限制民事行为能力人造成他人损害的，从本人财产中支付赔偿费用；不足部分，由监护人赔偿。"由于民事违法行为仍是一种不法行为，不能辨认或者不能控制自己行为的精神病人实施的侵害行为仍属于一种不法侵害，因此不能完全将其排除在正当防卫的对象之外，对这种不法侵害当然是可以进行正当防卫的。但是，无刑事责任能力人的侵害行为明显不能等同于有刑事责任能力人的故意侵害，对无刑事责任能力的精神病人的侵害行为实施正当防卫时，应当尽一切努力避免对精神病人造成不应有的身体或精神的损害。一般而言，在遇到无刑事责任能力人的侵害时，如果明知侵害者是无刑事责任能力人并有条件用逃跑等其他方法避免侵害时，则不得实施正当防卫；如果不知道侵害者是无刑事责任能力人，或者不能用逃跑等其他方法避免侵害时，才可以实行正当防卫。

（3）对于无刑事责任能力人的侵害行为实行正当防卫，不能超过必要限度造成重大损害

正当防卫的限度条件，是指正当防卫不能明显超过必要限度而对不法侵害人造成重大损害。刑法并未对正当防卫的必要限度规定具体的标准，在处理具体案件时，应当结合不法侵害的性质、危险性以及防卫的强度、后果等方面综合考虑。

10. 被告人为预防不法侵害而携带防范性工具的行为能否阻却正当防卫的成立？①

分歧意见：一种意见认为，被告人有伤害他人的意图，其行为不成立正

---

① 观点来源：最高人民法院刑事审判第一、二、三、四、五庭主办：《刑事审判参考》2007年第2集（总第65集），法律出版社2007年版，第13－20页，李某故意伤害案。

当防卫，而为互殴；另一种意见则认为，行为人预先携带刀具，是在察觉到被害人可能对其侵害的情况下所采取的防卫准备，被告人只有防卫的意图，而无伤害他人的故意，其预先携带防范性工具，在遭遇不法侵害时使用该工具展开防卫的行为，仍成立正当防卫。

本书观点：为预防不法侵害而携带防范性刀具，不能阻却其在遭遇到不法侵害时运用该刀具实施的防卫行为成立正当防卫。区分正当防卫和互殴的关键在于有无防卫意图。

（1）为预防不法侵害而携带防范性工具的定性

刑法规定正当防卫，其目的在于抵制正在发生的不法侵害，保护合法权益。

被告人在与他人发生摩擦后，为防对方报复，返回住所携带刀具防身，这是一种预防措施，是行为人为了防范自己的合法权益遭受不法侵害，在侵害发生之前作防范的准备，预先采取必要的防范措施，其目的也是防卫。但这种预防措施并不是针对“正在进行的不法侵害”，而是“可能发生的不法侵害”。与刑法所规定的正当防卫的产生条件并不完全一致。被告人只是意识到不法侵害有可能发生，为预防不法侵害的发生，携带防范性工具——管制刀具。而事态的发展则是动态的，可能发生防范效果，也可能不发生，防范效果是否发生取决于行为人是否遭受不法侵害。因此，如果没有不法侵害的发生，被告人的刀也不会派上用场，更不会杀死被害人。而在不法侵害发生时，被告人使用它反击不法侵害，其行为及结果均表明他携带刀具的目的是抵御不法侵害，而不是针对和伤害某一特定人。因此，不能因为其携带管制刀具是违法的，就否定其行为的防卫性质。所以，被告人为预防不法侵害的发生携带防范性刀具，不能阻却其在遭遇不法侵害时运用该刀具实施的防卫行为成立正当防卫。只要其行为对不法侵害者所造成的损害与其保护的合法权益的价值之间不明显失衡，且防卫的效果又是针对正在进行的不法侵害，就应当认定为正当防卫。当然，也只有在预防措施的效果是针对不法侵害的发生而进行时，方成立正当防卫。在预先采取防范措施的场合，防范的对象一般是不特定的，在有的情况下，其行为是针对不法侵害人发生作用，而在有的情况下，则会损害无辜者的合法权益。因此，如果该行为不是对不法侵害发生了效果，而是造成其他无辜人员的伤亡或者财产损失，也不能成立正当防卫，应依具体情况对该危害行为追究相应的刑事责任。

（2）互殴与正当防卫的界限

区分正当防卫和互殴的关键在于有无防卫意图。所谓防卫意图，是指防卫人在实施防卫行为时对其防卫行为以及行为的结果所应具有的心理态度。防卫意图包括防卫认识和防卫目的两方面内容，其中，防卫认识是产生防卫意图的前提，防卫目的是防卫意图的核心。

所谓防卫认识，是指行为人在面临不法侵害时，对与防卫有关的诸多事实因素的认识。一般而言，防卫认识包括以下基本内容：其一，认识侵害合法权益的不法侵害的存在。行为人只有认识到存在不法侵害，才能产生防卫意图，如果行为人认识到不存在不法侵害而实施所谓的反击行为的，不属于正当防卫，而属于加害行为。至于不法侵害的性质，不要求行为人认识，因为在紧迫的情况下，不法侵害是犯罪行为还是一般违法行为，行为人没有时间也没有义务加以判断。至于不法侵害所侵害的合法权益的性质，行为人也无须确认。因为，根据刑法的规定，无论是国家利益、集体利益，还是本人利益、他人利益，只要是合法权益，任何人都有权加以保护。其二，认识到某种合法权益受到正在进行的不法侵害的危害，并确定不法侵害人。如果行为人明知不法侵害尚未发生或者已经结束，而对侵害者实施加害行为的，表明行为的意图是不正当的，不成立正当防卫；如果行为人明知他人没有实施不法侵害，却对其实施了加害行为，也不能构成正当防卫。

所谓防卫目的，是指行为人在防卫认识的基础上，在防卫动机的促使下，实施防卫行为所希望达到的结果。正当防卫要求必须以保护合法权益、制止不法侵害为目的，这是由正当防卫的法律属性决定的。刑法设立正当防卫的宗旨在于及时有效地制止不法侵害，保护合法权益，并不是以加害不法侵害人为目的。因此，如果行为人在防卫的过程中追求危害社会的结果，便失去了防卫的目的，同时也违背了正当防卫的宗旨。防卫目的是确定防卫意图的关键，它决定着防卫意图的正当性，如果行为人以加害他人为目的，那么，其主观意图也就是非法的，当然不能成立正当防卫。

互殴行为之所以不能构成正当防卫，正是因为斗殴双方缺乏防卫意图。在互相斗殴中，斗殴双方都具有殴击、伤害对方的故意，双方都以侵害对方为目的，并在此意图支配下积极实施侵害对方的行为，根本不存在正当防卫所要求的防卫意图，因此斗殴双方的任何一方均不得主张正当防卫的权利。在互殴场合下，可能是一方先动手，另一方后动手，但是这并不能改变互殴的法律性质，只要双方都有着互相侵害对方的犯罪意图而故意互相侵害，就不能成立正当防卫。当然，如果一方本无侵害对方的故意，完全是由于对方的不法侵害而被迫还手，则不能认定为互殴。此外，如果一方已经退出互殴现场，而另一方仍穷追不舍，并加大了侵害力度，在此情况下，对于退出一方来说，对方的攻击行为就变成一种正在进行的不法侵害，退出一方则有权实行正当防卫。

由于互殴行为和正当防卫行为在其主观构成上有着显著的区别，因此，在司法实践中，判断某一行为属于互殴还是正当防卫，可以从行为人主观上的认识因素和意志因素两方面来进行。从认识因素来说，互殴行为一般多具有预谋性，行为人对互殴的时间、地点、相对人比较明确，有相对具体的计划，往往为之作出充分准备，并很可能携带互殴所需凶器等。而正当防卫行为一般多具有突发性，侵害事件突然发生，行为人对该侵害事件发生的时间、地点以及相对人事先往往并不明知，为了保护自己的合法权益，被迫采取措施进行抵御或者反击。从意志因素来说，互殴行为具有主动性和不法侵害性，互殴行为人主观上都有侵害对方的故意，在此侵害对方的故意意图支配下，其行为往往表现出明显的主动性，斗殴双方一般会主动地采取促使其侵害意图达成的多种措施以使对方遭受侵害，并积极追求或放任对方伤害结果的发生。正当防卫行为则具有被动性和防卫性。在突遭他人不法侵害的情况下，防卫人往往没有选择的余地，只能被动地采取措施，加入到事件中。其可能被动地防御，也可能主动地反击，但不管以何种方式，行为人的主观目的都在于制止不法侵害，保护合法权益，行为往往表现出防卫性和一定的节制性。

11. **为免受他人殴打，在逃离的过程中，捅刺追赶的不法侵害人，造成不法侵害人死亡的后果，是否应当认定防卫过当？**①

分歧意见：第一种意见认为，行为人并非在被害人对其实施殴打的情况下伤害被害人，其行为属于防卫不适时，不属于正当防卫。

第二种意见认为，行为人对正在进行的严重暴力犯罪采取防卫行为，没有过当，应属于正当防卫。

第三种意见认为，行为人的行为属于防卫过当，应承担相应刑事责任。

---

① 观点来源：最高人民法院刑事审判第一、二、三、四、五庭主办：《刑事审判参考》2009 年第 4 集（总第 69 集），法律出版社 2010 年版，第 40－47 页，韩某故意伤害案。

本书观点：为免受他人殴打，在逃离的过程中，捅刺追赶的不法侵害人，造成不法侵害人死亡的后果，构成防卫过当。

厘清上述争议，准确认定行为人的行为性质，需要解决两个焦点问题：一是行为人的行为是否是对不法侵害的防卫行为；二是行为人的行为是否明显超过防卫的必要限度。

通说认为，成立正当防卫应具有五个要件，即存在现实的不法侵害行为，不法侵害正在进行，具备防卫意识，针对不法侵害人本人进行防卫，防卫没有明显超过必要限度造成重大损害。上述正当防卫的五要件，可以分为三个层次理解：第一层次，是对正当防卫行为的描述，即以防卫的主观意识支配实施的防卫行为；第二层次，是实施正当防卫行为的时空条件，只有当存在现实的不法侵害且不法侵害正在进行时，针对不法侵害人本人进行防卫，方能成立正当防卫；第三层次，从结果方面对正当防卫的成立设定了限制条件，即除特殊防卫外，正当防卫不能明显超过必要限度。据此考察上述行为，我们赞同第三种观点，即认为行为人的行为属于防卫行为，但是因其明显超过必要限度造成重大损害，因此属于防卫过当。具体理由如下：

（1）行为人为使自身人身权利免受正在进行的不法侵害而采取制止不法侵害的行为，具有防卫的正当性

行为人所实施的防卫行为，满足存在不法侵害且不法侵害正在进行的正当防卫时间条件。所谓“不法侵害”，应包括犯罪行为但并不止于犯罪的一切违法、危害社会行为，这些行为给社会秩序和公民权益带来现实危害，均属于不法侵害的范围。所谓“不法侵害正在进行”，其起止时间应以不法侵害人着手实行侵害行为时始，至不法侵害停止或已不可能继续侵害或威胁合法权益时止。把握不法侵害是否正在进行，其实质是考量合法权益是否处于紧迫、现实的侵害和威胁之下，以使防卫行为成为保护法益的必要手段。被害人的先前行为已经严重威胁并已侵犯行为人的人身安全权益，应认定其不法行为已经实施；面对被害人一方明显的不法侵害意图和已经实施的殴打等不法侵害行为，行为人为免遭不法侵害的继续而逃脱，被害人等仍然群起追赶，可见被害人一方的不法侵害对行为人的人身安全所造成的威胁并没有消除或停止，并可能进一步加重，对行为人的不法侵害行为处于持续状态。因此，行为人实施反击时，正值不法侵害行为正在进行的紧迫期间，其实施防卫行为是适时的。认为只有当行为人在遭受被害人殴打的瞬间予以反击，方能满足

正当防卫成立的时间条件，否则属于事后防卫的观点是不准确的。

行为人实施反击行为，还满足遭受不法侵害的当场、针对不法侵害人实施的场合及对象条件。被害人滋事、殴打及追赶行为人的行为，是组织、指挥、实施寻衅滋事的主要不法侵害人；行为人是在被害人追上其且有其他同伙尾随被害人正在追击的时候，针对被害人本人，当场实施反击，抵制其所实行的不法侵害行为，以使其停止侵害或丧失侵害能力，符合防卫的目的。

综上所述，行为人以防卫的意识而实施防卫的行为，是在满足刑法所规定的正当防卫时空条件情形之下实施的，认定其对不法侵害人实施防卫行为是适时的、必要的意见是正确的。

（2）行为人的防卫行为明显超过必要限度，造成重大损害，属于防卫过当

根据我国《刑法》第二十条第二款的规定，正当防卫明显超过必要限度造成重大损害的，应当负刑事责任，刑法理论上将此种情况称为防卫过当。根据刑法的规定，认定防卫过当的标准在于防卫行为是否超过“必要限度”。从积极行使的方面说，防卫行为须是必要的，是制止不法侵害、保护法益的合理需要。从这方面看，是否“必需”，要分析不法侵害行为的危险程度、侵害者的主观心态以及侵害手段、强度、人员多少与强弱、现场所处客观环境与形势等。从消极限制的方面说，防卫行为必须是有限度的，因而所造成的危害是应有的、必需的，是制止不法侵害所需要的。从这方面看，表现在防卫行为所保护的合法权益与防卫行为所造成的损害后果之间不能相差过大，不能为了保护微小权利而造成不法侵害人重伤或者死亡。当然，并非凡是超过必要限度的防卫行为都是过当的，只有“明显”超过其必要性并造成重大损害的，才是防卫过当。

被害人一方所实施的不法侵害行为，从目的和意志上看，案发前并没有明确预谋，在案发过程中，意图已明朗并限于拳脚殴打的范围之内；从手段上看，被害人一方赤手空拳，没有持械，仅实施了拖拉、撕扯、脚踢、围堵、追赶等行为，采取的手段及暴力强度尚未达到对行为人人身安全造成严重危害的程度。在这种情况下，从必要性方面看，行为人所实施的行为，行为人能够认知其采取持刀捅刺不法侵害人的防卫手段、强度，已经远远超过足以制止不法侵害人所实施的侵害行为的手段和强度。从限制性方面看，行为人实施的行为所造成的致不法侵害人死亡的严重后果，实际上也已经超出不法侵害人对其殴打行为通常可能造成的人身安全损害后果，两者存在过于巨大

的差距和明显的失衡，造成了不该有的重大人身伤亡的严重后果。综上，足以认定行为人的防卫行为符合明显超过必要限度造成重大损害，属于防卫过当。

《刑法》第二十条第三款所规定的特殊正当防卫制度，是对防卫正在进行行凶、杀人、抢劫、强奸、绑架以及其他严重危及人身安全的暴力犯罪的行为规定的无过当防卫条款，刑法之所以作出这样的规定，是因为此类暴力犯罪侵害强度极大，对人身安全的危害极严重，而且具有高度紧迫性和危险性，防卫人往往必须采取可能导致不法侵害人重大伤亡后果的极端手段，才足以制止不法侵害。被害人一方实施的不法侵害行为不属于该款法条列举的侵害行为情况，行为人采取的防卫措施只能适用一般正当防卫的规定。

（3）行为人所实施防卫过当行为，应当负刑事责任，但是依法应当减轻或免除处罚

我国刑法规定，正当防卫不负刑事责任，表明了国家对于和犯罪行为作斗争，以保护公共利益、公民人身和其他权利的防卫行为所持的肯定的法律评价态度。相应地，刑法规定，对于防卫过当行为，应当减轻或者免除处罚，这是因为，此类行为，从主观上考察防卫人的心理状态，行为人具备制止不法侵害、保护合法权益的意图，其主观恶性小；从客观行为上看，其在遭受不法侵害的迫切情势下进行反击，社会危害性比传统意义上的一般犯罪形式小；从处理案件的法律效果和社会效果上看，对于防卫过当行为予以从宽处罚，有利于保护和鼓励公民同犯罪作斗争的积极性，以及保护公民进行正当防卫的合法权益。

因此，行为人在遭受不法侵害时，在具备正当防卫的法定时空条件下，以防卫的意识实施的防卫行为，具有一定正当性，但是，其防卫行为超出必要限度并造成了被害人死亡的结果。故，认定行为人的行为系防卫过当，且构成故意伤害罪是正确的。

12. **将正在实施盗窃的犯罪分子追打致死的行为如何量刑？**[①]

本书观点：《刑法》第二十条规定："为了使国家、公共利益、本人或者他人的人身、财产和其他权利免受正在进行的不法侵害，而采取的制止不法

---

① 观点来源：最高人民法院刑事审判第一、二、三、四、五庭主办：《中国刑事审判指导案例》（01）（增订第3版），法律出版社2017年版，第70－72页，闫某洲故意伤害案。

侵害的行为，对不法侵害人造成损害的，属于正当防卫，不负刑事责任。”同时规定：“正当防卫明显超过必要限度造成重大损害的，应当负刑事责任，但是应当减轻或者免除处罚。”行为人是在被害人盗窃被发现后的逃跑途中，对其进行“追撵、堵截”时，持柴麦刀夯击被害人右侧肋部，致使被害人跌入水沟内，此后，又与同村村民持砖块砸击被害人，致使被害人死于沟内。此时被害人已停止盗窃，如果因对其进行抓捕，为有效阻止其逃跑，而实施了适当、必要且有限的轻微伤害行为是法律允许的，但行为人不仅用刀将被害人打入水沟，还与他人共同用砖块将被害人砸死，其行为显然已不属于为使他人的财产权利“免受正在进行的不法侵害，而采取的制止不法侵害的行为”，故不能适用刑法关于“防卫过当”的规定对其减轻或者免除处罚。

根据《刑法》第二百三十四条第二款的规定，故意伤害他人致人重伤的，处三年以上十年以下有期徒刑；致人死亡或者以特别残忍手段致人重伤造成严重残疾的，处十年以上有期徒刑、无期徒刑或者死刑。在对行为人量刑时，除了考虑其故意伤害致一人死亡的基本事实外，还有以下情节需要考虑：被害人有严重过错、被害人死亡是村民多人致伤、多种原因造成等情节。由上可见，对被告人如何量刑直接关系到公民与违法犯罪行为作斗争的积极性，关系到法律在群众心目中的形象，也直接关系到法律效果与社会效果能在多大程度上做到有机统一。综合全案各种情节，即使在法定刑幅度内对其判处十年有期徒刑的最低刑，仍显过重。在考虑本案案发前因、被告人的伤害手段、犯罪时的主观故意、危害结果的成因及社会效果等因素的基础上，对被告人可在法定刑幅度下减轻判处，并报最高人民法院核准，这样，就能很好地实现法律效果与社会效果的有机统一。

13. **如何认定正当防卫?**[①]

本书观点：本案被害人李某辉最初与加害人孙某刚共同预谋作案，其与孙某刚、张某强于凌晨时分闯入女职工宿舍，强行拖拽其中一人离开，遭到拒绝即撕扯衣物并进行踢打，该行为已严重威胁到宿舍内女职工的安全。被告人吴某艳在最初遭到孙某刚踢打后持刀将其逼退，李某辉又持铁锁欲殴打吴某艳，李某辉的行为具有明显的加害性质，吴某艳作为一名女性，面对深夜闯入其宿舍的三名年轻男性，面对严重危及人身安全的暴力性犯罪时，持

① 观点来源：《最高人民法院公报》2004 年第 11 期，吴某艳被诉故意伤害案。

刀进行防卫符合《刑法》第二十条第三款的规定，该行为虽然造成李某辉死亡的后果，但不属于防卫过当，不应当承担刑事责任。

14. **无限防卫的认定及处理**[①]

本书观点：正当防卫与特殊的正当防卫的区别在于防卫的不法侵害的性质不同，前者包括一般的违法行为和犯罪行为，犯罪行为的严重程度尚未危及被侵害者的重大生命、身体安全；后者面对的则是正在进行的行凶、杀人、抢劫、强奸、绑架以及其他严重危及人身安全的暴力犯罪，犯罪行为随时可能导致被侵害者的生命丧失，或者造成重伤等严重结果。因此，法律赋予特殊的正当防卫以“无限防卫权”，即面对严重危及人身安全的暴力犯罪，防卫行为即使造成侵害人伤亡的，也不属于防卫过当，不负刑事责任。

行为人面对手持尖刀的被害人是否具有无限防卫权？被害人与行为人撕打过程中虽然拿出尖刀，但只是将王某压在身下用拳头殴打，并未使用凶器伤害王某，在整个搏斗过程中行为人身上并无刀伤，仅在夺刀时手掌被刀划伤。上述过程说明，被害人拿刀是为了震慑对方以在对抗中占据优势，并不具有持刀伤人的故意。当然，行为人在斗殴现场难以判断被害人的主观意图，他见被害人掏出刀，面对的就是可能危及自己的持刀行凶，其对于被害人的行为可以行使特殊防卫权。但是，行为人随后将被害人的刀夺下，被害人没有继续夺刀，仅是赤手空拳对行为人继续殴打，此时，王某面对的侵害的严重程度已经明显下降，不再是严重危及其生命安全的暴力性犯罪，其防卫权也随之发生改变，即行为人不应超过明显必要限度进行防卫，如果造成重大损害的，就属于防卫过当，依法应当承担刑事责任。行为人完全可以将刀扔掉与被害人搏斗，或者用刀伤害被害人非要害部位以制止被害人进一步的侵害，但是行为人却用刀捅刺被害人胸部二刀致其心脏破裂而亡，该行为具有明显的伤害故意，依法应当认定故意伤害罪。故，行为人的行为系防卫过当，依法应当减轻处罚。

---

① 观点来源：北京市第一中级人民法院（2011）一中刑初字第1790号刑事判决、北京市高级人民法院（2012）高刑终字第99号刑事裁定；重审：北京市第一中级人民法院（2012）一中刑初字第4866号刑事判决、北京市高级人民法院（2013）高刑终字第274号刑事裁定，王某故意伤害案。

（四）疑难、复杂问题的参考性解答

1. 能否说正当防卫既是法律赋予公民的一项合法权利，也是每个公民的一项社会义务？

本书观点：正当防卫既是法律赋予公民的一项合法权利，也是每个公民的一项社会义务。每一个公民，在国家、公共利益或者公民个人的合法权益受到不法侵害的时候，都应当挺身而出，运用正当防卫的法律武器，勇敢地同违法犯罪行为作斗争，切实保护合法权益免受侵害，而不应该采取事不关己、明哲保身的逃避态度。否则，将会受到道义上的谴责，甚至受到党纪或者政纪的处罚。特别是那些负有保护国家和人民利益使命的人，正当防卫还是他们的一项法律义务。如果在应当实行正当防卫行为的时候而不进行正当防卫，就要负法律责任。

例如，1983 年 8 月 10 日，最高人民法院、最高人民检察院、公安部、国家安全部、司法部联合下发的《关于人民警察执行职务中实行正当防卫的具体规定》中规定："遇有下列情形之一，人民警察必须采取正当防卫行为，使正在进行不法侵害行为的人丧失侵害能力或者中止侵害行为：（一）暴力劫持或控制飞机、船舰、火车、电车、汽车等交通工具，危害公共安全时；（二）驾驶交通工具蓄意危害公共安全时；（三）正在实行纵火、爆炸、凶杀、抢劫以及其他严重危害公共安全、人身安全和财产安全的行为时；（四）人民警察保卫的特定对象、目标受到暴力侵袭或者有受到暴力侵袭的紧迫危险时；（五）执行收容、拘留、逮捕、审讯、押解人犯和追捕逃犯，遇有以暴力抗拒、抢夺武器、行凶等非常情况时；（六）聚众劫狱或看守所、拘役所、监狱和劳改、劳教场所的被监管人员暴动、行凶、抢夺武器时；（七）人民警察遭到暴力侵袭，或佩带枪支、警械被抢夺时。"同时还规定："人民警察在必须实行正当防卫的时候，放弃职守，致使公共财产、国家和人民利益遭受严重损失的，依法追究刑事责任；后果轻微的，由主管部门酌情给予行政处分。"另外还规定："本规定也适用于国家审判机关、检察机关、公安机关、国家安全机关和司法行政机关其他依法执行职务的人员。"这就是说，所有的政法干警和其他依法执行职务的人员遇到上述情况时，都必须履行正当防卫的法律义务，否则就要被追究法律责任。

2. 不能实行防卫的各种合法行为有哪些？

本书观点：司法实践中认为，对以下几种合法行为不能实行正当防卫：

（1）公民依法扭送正在实施犯罪的人，被扭送者或者第三人不得实行防卫。根据《刑事诉讼法》第八十四条的规定，对于正在实行犯罪或者犯罪后即时被发觉的、通缉在案的、越狱逃跑的、正在被追捕的人，任何公民都有权立即将其扭送到公安机关、人民检察院或者人民法院处理。所以，对于这种合法行为，被扭送者或他人不能实行防卫。

（2）执法人员依法逮捕犯罪嫌疑人和搜查、扣押物品是依法执行职务的行为，犯罪嫌疑人、被搜查者、物品所有者或者第三人均不得以其人身或财产权益“受到侵害”为由实行防卫。

（3）对正当防卫行为本身不能实行防卫。他人实施的正当防卫，只要没有超过必要限度，就属于合法行为，被防卫者或其他人就不能以防卫为名再对正当防卫人进行侵害。否则，就属于报复侵害行为，就要依法论处。

（4）对紧急避险行为不能实行防卫。紧急避险行为只要没有超过必要限度，就属于合法行为，受损害的一方不能借口维护自身的合法权益而对其进行防卫。否则，构成犯罪的也要依法论处。

此外，还应注意下列问题：

（1）对来自精神病人和不满十四周岁的未成年人的侵害，是否能实行正当防卫，应区别对待。因为发病中的精神病人和不满十四周岁的未成年人是无刑事责任能力人，缺乏辨认和控制自己行为的能力。他们实施的侵害行为是无知的表现，谈不上违法与犯罪。但是，他们实施的侵害又损害了公共的或公民的合法权益。因此，如果不知道侵害人是未达到责任年龄的人或者精神病人，因而实行防卫行为的，应当认为是正当防卫；如果明知进行侵害的人是未达到责任年龄的人或者精神病人，一般不能实行正当防卫，应尽量采取其他方法躲避侵害，只有在迫不得已的情况下才允许实施正当防卫。

（2）对动物的侵害能不能进行正当防卫，要根据不同情况而定。由于不法侵害是就人的行为而言，所以，动物的自然侵袭，就谈不上违法，不发生正当防卫的问题。但是，对于利用动物伤害他人的，则可以实行正当防卫，因为这时动物已成为进行不法侵害的工具。防卫人对动物的伤害不负故意毁坏他人财物的责任。

（3）在司法实践中，应将“大义灭亲”与正当防卫区别开来。正当防卫与“大义灭亲”是两个不同的概念，不能混淆。所谓“大义灭亲”是指父母、兄弟等对自己亲属中的“不肖子孙”私自予以惩罚。对这类案件，往往习惯地称为“大义灭亲”，有的地方竟把它作为正当防卫。刑法没有“大义灭亲”的规定。我们认为，对这个问题的处理，应按法律规定办。对于亲属中作恶多端的人，如果是正在进行不法侵害，可以实行正当防卫。如果不是正在进行不法侵害，其亲属对他过去的不法行为，应当向有关机关告发，由司法机关依照国家的法律处理。但其亲属无权以所谓“家法”擅自进行惩罚。凡不具备正当防卫条件而私自惩罚的，应按杀人罪判处。如果被杀的亲属确实一贯为非作歹，屡教不改的，或者受其威胁，经告发而又没有人管的，或者确有其他情有可原情节的，处理时可作为量刑情节考虑。

（4）对防卫过当能否实行正当防卫？有的认为，可以实行正当防卫。我们认为，认定防卫行为是否过当，只能在防卫行为实行完毕以后。因为，在防卫过程中，防卫者和不法侵害者的地位是不断变化的，在损害结果未发生以前，很难认定防卫行为就超过了必要限度。因此，在防卫过程中不能允许不法侵害者借口防卫者的行为是防卫过当，而对防卫者实行所谓的“正当防卫”。在防卫行为结束以后，即使是防卫过当，也是依法处理的问题，仍不能实行正当防卫，否则就是故意犯罪。

3. **如何理解和把握正当防卫只能对正在进行的不法侵害行为实施？**

本书观点：这是实行正当防卫的时机条件。如果不法侵害尚不存在或者已经进行完毕，均不能实行正当防卫。所谓正在进行的不法侵害，包括两方面的内容：

（1）不法侵害是实际存在的，而不是主观想象或者推测的。“正在进行的不法侵害”只能是客观实际存在的行为，不可能是客观上并不存在的空想现象。如果把实际上并不存在的不法侵害，误认为是不法侵害而实行防卫，叫作“假想防卫”。因假想防卫人是在把“无”当成“有”的情况下进行防卫的，根本不具备实行正当防卫的条件，故不能认为是正当防卫，也谈不上防卫过当。

因假想防卫给社会造成危害结果的，应根据犯罪构成理论，按照案件发生的具体情况，或按过失犯罪处理，或属意外事件，但不能构成故意犯罪。具体来说，如果假想防卫人在行为时充分注意，就会认识到对方不是进行不法侵害，但由于疏忽大意或者过于自信而缺乏必要的注意，以致造成了危害社会的结果，其主观上有过失，应按过失犯罪处理；如果事实证明他在行为时没有认识，而且也不可能认识到对方不是进行不法侵害，其主观上没有罪过，属意外事件，对造成的损害不负刑事责任。在假想防卫的情况下，不能构成故意犯罪，因为假想防卫人在行为时，其主观上以为自己是对不法侵害实行正当防卫，是在保护合法权益，并没有故意危害社会的意图，只是由于他对自己行为的事实情况产生了错误的认识，才铸成危害社会的结果，所以主观上缺乏犯罪的故意，不可能构成故意犯罪。

（2）是已经着手实行的不法侵害，而不是尚未开始或者已经结束的不法侵害。也就是说，正当防卫必须适时进行，即必须在不法侵害行为已经开始实施，而又尚未结束之前进行。对不法侵害开始以前或结束以后，不能实行正当防卫。如果对尚未开始或者已经自动停止，或者已经实行终了的侵害实行防卫，刑法理论上称之为“不适时的防卫”。防卫不适时，不是正当防卫，如果造成严重后果构成犯罪的，应依法追究“防卫”人的刑事责任。

所谓不适时的防卫，包括两种情况：一是事先防卫，即对于只是流露侵害意图，或者处于犯罪预备状态，尚未构成直接面临的威胁的行为，先行进行防卫的行为。对于这种行为可以及时向有关机关报告，严密防范，不能“先下手为强”。二是事后防卫，即对确已自动停止、被迫停止或者已经实行终了的不法侵害，继续进行加害的行为。这时，由于危险状态已经消失，不允许再进行报复性的防卫，如果侵害人犯了罪，应由司法机关依法追究刑事责任，不允许任何人私自进行报复。不适时的防卫，构成犯罪的，应当承担刑事责任。

因此，是否属于适时防卫，关键是要注意不法侵害行为的开始时间和结束时间。

①不法侵害的开始时间

不法侵害行为的性质各异，表现形式多样，侵害的剧烈程度也不相同，因此确定不法侵害的开始就不可能采用一个统一的标准，要根据不法侵害行为的具体情况而具体分析认定。一般来说，不法侵害的开始，是以着手实行刑法分则条文规定的某种客观要件的行为为标志，即合法权益已面临直接侵害的危险。但对于那些侵害严重且具有积极进攻性的不法侵害行为，虽然尚未着手实行而只是临界着手，由于其已使合法权益面临着遭受不法侵害的紧迫危险性，就应视为不法侵害的开始，允许实行正当防卫。例如，杀人、抢劫、强奸、绑架、放火、爆炸等严重危及人身安全的暴力犯罪者，正在拔刀、掏枪、放置爆炸物或者引火物等行为，虽非着手实行的行为，但已给公民的人身权利和重大公私财产的安全造成迫在眉睫的威胁，就应当允许实行正当防卫。如果等到着手实行，被侵害者就无法进行防卫，保护合法权益也就成了一句空话。因此，理解不法侵害的开始，不能过于机械，过于狭隘，应根据案件的情况，特别是要根据不法侵害的轻重缓急和对合法权益威胁的程度，灵活掌握，否则就不足以使合法权益免受不法侵害。

在不法侵害尚未开始之前，不允许实行正当防卫。为了使合法权益免受不法侵害，可以向有关部门检举揭发，对其进行处理，防止不法侵害的发生。同时，还可以做好防范准备，以及时制止不法侵害行为。但是，不法侵害开始前的防范措施，必须以不危害公共安全和不违反治安管理法为限。比如为了防盗，私设电网或者给食品投毒等行为，都是法律所不允许的。因为这类行为既不能有效制止盗窃犯罪的发生，又给公共安全造成很大的威胁，会使不特定多数人的生命安全和财产遭受损害。

②不法侵害的结束时间

正当防卫的实施只能始于不法侵害的开始，而终于不法侵害的结束。所谓不法侵害的结束，就是指不法侵害行为已经停止而不再继续进行。具体包括以下三种情况：

第一，不法侵害行为已经实行完结，危害结果已经发生。即不法侵害者按照自己的意图，已经将不法侵害行为实行终了，而又没有继续再侵害的明显意图。由于侵害的危险已经过去，也就不存在制止不法侵害行为的问题。如果侵害者犯了罪，应交由司法机关依法追究刑事责任，而不容许私人实行报复。

第二，不法侵害行为确已自动中止，侵害危险归于消失。即在不法侵害的过程中，侵害者自动放弃了不法侵害的意图，中止了不法侵害行为的实行，或者不法侵害行为虽已实行完毕，而危害结果尚未发生以前，侵害者正在积极有效地防止危害结果的发生。因此时不法侵害已不复存在，也不能再进行防卫。但是若对不法侵害者是否真的中止侵害，防卫人确实一时难以判明，结果又实行了防卫。在这种情况下，即使是中止，也不宜追究防卫人的刑事责任。

第三，不法侵害者已经被制服，或者已经丧失继续侵害的能力。即在不法侵害开始以后，因受到被侵害人或者第三者的有力反抗，或者由于侵害者意志以外的其他原因，使不法侵害在事实上已不可能再继续进行。这时由于不法侵害的危险业已排除，正当防卫行为也应随之停止。

不法侵害已经结束，不能再实行正当防卫。但是，对此也不能做机械的理解。在某种情况下，不法侵害者的不法侵害虽已结束，但采取正当防卫还能够挽回合法权益所遭受的损失时，也应允许实行正当防卫。例如，当场追击盗窃犯或抢劫犯，使用暴力或者威胁的方法夺回被非法所占之财物，就应认为是正当防卫。

4. 如何理解正当防卫必须是为了保护国家、公共利益、本人或者他人的人身财产和其他权利免受不法侵害?

本书观点：实行正当防卫，就必须出于保护合法权益免受不法侵害的防卫意图。这是正当防卫成立的主观条件。所谓“防卫意图”，是指推动和支配防卫人实行正当防卫的心理态度。具体包括两个方面的内容：①防卫的认识。这是指防卫人对不法侵害的诸事实情况和对自己行为及其意义的思想反映，即防卫人认识到正在进行的不法侵害的存在，法律保护的合法权益已处于被侵害的危急状况，自己的行为是制止不法侵害的行为，所造成的损害是为制止不法侵害所必需的。在上述认识的基础上，促使防卫人产生防卫的动机，进而推动或者引起其实行正当防卫。②防卫的目的。这是防卫人基于防卫的认识，希望通过防卫行为达到保护公共、本人或者他人的合法权益免受不法侵害的心理态度。所谓公共的利益，是指国家、集体的利益，也就是社会共同的利益。所谓本人或者他人的合法权益，是指受到法律保护的本人或者他人的人身安全、财产权益，以及其他民主自由权利。其内容是通过防卫行为击败不法侵害者，使正在进行的不法侵害行为被迫停止或者归于失败，从而达到制止不法侵害和保护合法权益免受侵害的目的。这就是说，如果上述权益遭受不法侵害，任何公民都有权挺身而出，实行正当防卫，使合法权益免遭不法侵害。

防卫目的的正义性，是成立正当防卫合法性的首要条件，也是正当防卫不负刑事责任的重要根据。如果不具有防卫目的的正义性，则不能成立正当防卫。在实践中，有三种情况不属于正当防卫：

（1）防卫挑拨。以挑拨、寻衅等不正当手段，故意激怒对方，引起别人向自己袭击，而后借口“防卫”，把别人打伤或打死的行为，称为防卫挑拨。

防卫挑拨，是利用正当防卫的合法形式来实施危害他人利益的犯罪行为，其目的与正当防卫的目的相违背，因而不属于正当防卫，应以有预谋的故意犯罪论处。

（2）为了保护非法利益而实施的防卫。如走私犯为了保护走私的赃货而将小偷打伤或打死；盗窃犯为了保护所窃的财物而把抢劫其赃物的罪犯打伤或者打死；赌博犯为保护赌资而将另一行抢的赌徒打伤或者打死等，其防卫行为，都不具有防卫目的的正义性，因而也都不是正当防卫。

（3）互殴、聚众斗殴、械斗等行为。由于双方都是为了侵害对方，而不是为了保卫公共利益和公民个人的合法权益，没有防卫者与侵害者之分，都无权实行正当防卫。因此，双方的行为都是不法侵害而不是正当防卫。不管谁先动手伤害对方，都有侵害对方的故意，构成犯罪的，都应负刑事责任。但是互相殴斗的一方主动退让，不愿再殴斗，而另一方却紧追不舍，继续行凶，这时，主动退让的一方可以进行正当防卫。

5. 正当防卫行为能否针对第三人进行?

本书观点：正当防卫必须对不法侵害者本人实行。因为，正当防卫的目的是要排除和制止不法侵害，而不法侵害的行为来自侵害者，一般是指不法侵害者本人；在共同犯罪中，所有共犯都是“不法侵害者”，都可以作为反击对象。但是物不能成为防卫对象。因此，要制止不法侵害只能对不法侵害者本人造成损害，不能侵害无关的第三者，包括侵害者的家属。如果在迫不得已的情况下，损害了第三者的合法权益，则应以紧急避险来处理。假如对第三者造成损害，又不符合紧急避险条件的，则应根据其有无故意或者过失来确定是否应承担刑事责任。当然，侵害第三者，必须以明知为条件，即明知其为第三者而加以侵害，则构成故意犯罪。如果在防卫过程中，由于防卫人精神过度紧张，误将第三者当作不法侵害者，而对其实行了所谓的正当防卫，则属于假想防卫。

6. 如何理解和掌握防卫行为不能明显超过必要限度造成重大损害?

本书观点：正当防卫明显超过必要限度造成重大损害，称为防卫过当。具体来说，防卫过当是指防卫的限度明显超过了有效地制止正在进行的不法侵害所必要的程度、范围，对不法侵害人造成的损害远远超过了仅仅使其丧失侵害能力或者中止其侵害行为的程度，从而造成重大危害。防卫过当，应当负刑事责任。

确定防卫是否过当，应当以防卫行为是否明显超过必要限度而造成重大损害为标准。关于什么是“必要限度”，法律没有规定具体标准。如何理解正当防卫的必要限度，在法学界和司法实践中有不同观点。主要有四种主张：(1)“基本相适应说”。认为防卫行为的性质、手段、强度和后果，同不法侵害行为的性质、手段、强度和后果之间，要基本相适应（不是完全相适应），才能成立正当防卫。如果两者不是基本相适应，防卫行为明显超过侵害行为，造成重大危害的，是防卫过当。(2)“必要说”。主张以制止住正在进行的不法侵害所必需的行为为正当防卫的必要限度。也就是说只要防卫行为是为制止不法侵害所必要的，则无论造成的损害是轻是重，防卫都是适当的。如果不是非此不能制止不法侵害，造成不应有危害的，就应认为是防卫过当。(3)“需要说”。主张以符合保卫合法利益所需要的行为为正当防卫的必要限度。也就是说，防卫是否过当，要以是否有利于鼓励和支持公民与违法犯罪行为作斗争的需要为原则。只要防卫者认为需要，无论实行什么行为，造成什么结果都是正当的。(4)“有效制止说”。主张正当防卫的必要限度应是有效制止正在进行的不法侵害所必需的限度。也就是说，首先防卫人的防卫行为足以有效制止正在进行的不法侵害行为，而且防卫行为的强度同不法侵害行为的强度基本上相适应；其次，防卫人的防卫行为给不法侵害者所造成的损害是为有效制止不法侵害行为所必需的，而且这一损害结果同不法侵害行为可能造成或者正在造成的危害结果基本上相适应。

本书认为，在界定防卫是否过当时，应当将防卫行为是否明显超过制止不法侵害行为所必要的限度和造成不必要的重大损害结合起来考察。因为对不法侵害人造成重大损害不一定就明显超过必要限度，反之明显超过必要限度也不一定就对不法侵害人造成重大损害。法律允许防卫行为超过制止不法侵害行为的必要限度，只是不得明显超过；法律也允许对不法侵害人造成损害，但不能造成不必要的重大损害，只有防卫行为明显超过制止不法侵害行为的必要限度并给不法侵害人造成不必要的重大损害，才能认为是防卫过当。所谓“明显超过必要限度”，是指客观事实已清楚地表明防卫行为显著地超过制止不法侵害行为所需要的界限范围。例如，为保护较微小的合法权益，采取过大损害的防卫行为；制止强度较轻的不法侵害行为，采取过重强度的防卫行为；对于较缓和的不法侵害行为，采取激烈的防卫行为；等等。这里所说的“造成重大损害”，不是一个绝对的、独立的量概念，而是相对的量比较。即指防卫行为对不法侵害人造成的损害较为悬殊地大于制止不法侵害行为应造成的损害和不法侵害行为将造成或者正在造成的损害。总之，要正确地界定防卫行为是否过当，要对不同的案件作具体分析，根据不法侵害行为所侵害的权益性质、不法侵害的强度、不法侵害的缓急，以及防卫人的防卫能力和客观条件等情况，进行综合分析认定。只要防卫人的防卫行为没有明显超过制止不法侵害行为所需的界限造成过于悬殊的不必要损害，都属于正当防卫；只有防卫人的防卫行为明显超过制止不法侵害行为所需的界限，造成较为悬殊的不必要损害，才属于防卫过当。

7. **防卫过当的刑事责任如何确定？**

防卫过当行为的前提是进行正当防卫。但防卫过当又不同于正当防卫，有其自己的特点：一是防卫明显超过了必要的限度；二是造成了重大损害。这就是防卫过当应负刑事责任的根据。防卫过当的刑事责任，主要是解决防卫过当的定罪和量刑问题。能不能定罪，就要看是否具备了防卫过当犯罪构成的条件，因为它是刑事责任的唯一根据。

（1）防卫过当的定罪

根据犯罪构成一般原理，防卫过当犯罪构成的要件是：①防卫过当的主体，除具备一般主体条件外，同时又是正当防卫的主体，具有防卫人和犯罪人的双重身份。②防卫过当的犯罪客体，是不法侵害人的人身权利。在这里不法侵害人具有双重身份，既是防卫对象，又是犯罪对象。但也有人认为，防卫过当的犯罪客体是社会管理秩序。③防卫过当犯罪的客观方面，是防卫者实施了不应有的危害行为并造成重大损害结果。④防卫过当的主观方面，对此存在四种不同意见：一是故意说。认为防卫过当都是故意犯罪，因为防卫人是故意造成损害的。二是过失说。认为防卫过当都是过失犯罪，因为防卫人都是出于正当防卫的意图，并没有危害社会的故意。三是故意与过失并存说。认为防卫过当既有故意犯罪，又有过失犯罪，要根据案件的个体情况分别而定。四是间接故意与过失并存说。认为防卫过当一般是过失犯罪，但也可能有间接故意犯罪，而不可能有直接故意。我们认为，在防卫过当的场合，防卫人的行为还是属于防卫的范畴，其主观上出于正当防卫的意图，对正在进行的不法侵害实行防卫反击，只是防卫行为明显超过必要限度造成重大损害。因此，虽然防卫行为是故意实施的，但防卫人并没有危害社会的犯罪目的。防卫人对自己防卫过当所造成的重大损害结果通常并非故意，而是由于他在同不法侵害紧张搏斗时的疏忽或者判断失误才铸成的。因此一般来说，把防卫过当定为过失犯罪是适当的。不过，也不能排除在少数情况下，防卫人明知自己的防卫行为可能明显超过必要限度造成重大损害，而在防卫中却抱着放任这种结果发生的态度。如果这种损害结果真的发生了，就应当按间接故意犯罪处理。但是，由于直接故意犯罪是具有犯罪目的的，而防卫过当的防卫性决定了防卫人只能有正当防卫的目的，因而防卫过当不可能构成直接故意犯罪。

防卫过当是正当防卫行为明显超过必要限度造成重大损害的一种犯罪形态，并非独立的罪名，只是量刑时应当减轻或者免除处罚的法定情节。因此在处理防卫过当案件时，不能定“防卫过当罪”，也不宜采用防卫过当“致人伤害罪”“伤害致死罪”和“致人死亡罪”，或者在上述罪名之后附加以防卫过当。应当根据防卫过当的行为、后果和防卫人的主观心理态度，依照刑法分则的有关条款来确定罪名，符合什么罪的构成要件就定什么罪。

（2）防卫过当的量刑

防卫过当应当负刑事责任，但是“应当减轻或者免除处罚”。在具体的司法实践中，何种防卫过当情形应当减轻处罚，何种防卫过当情形应当免除处罚，需做到具体案件具体分析，综合考虑。一般来说，应考虑到以下诸多因素：①不法侵害行为发生的时间、空间，不法侵害行为的方法手段，不法侵害行为的强度和可能造成的结果；②防卫手段的使用、防卫过当的结果性质、防卫过当的程度大小，这些因素体现了防卫过当行为的社会危害性大小；③防卫目的的考察，即防卫人的防卫行为保护的社会利益的价值如何，一般来说见义勇为的过当，其正面价值要大于保护本人的防卫过当价值；④适当注意社会舆论的反映，既不能影响法律的严肃性，也不能挫伤社会成员实施正当防卫的积极性；⑤在具体量刑时，一般先考虑减轻处罚，当减轻处罚仍不足以体现情有可原应当宽恕时，才应当考虑免除处罚。

8. 对无限防卫权的理解和适用问题

本书观点：《刑法》第二十条第三款规定：“对正在进行行凶、杀人、抢劫、强奸、绑架以及其他严重危及人身安全的暴力犯罪，采取防卫行为，造成不法侵害人伤亡的，不属于防卫过当，不负刑事责任。”可见，特殊的正当防卫没有限度及损害后果的限制性规定，但防卫行为所针对的必须是正在进行的行凶、杀人、抢劫、强奸、绑架及其他严重危及人身安全的暴力犯罪，除此之外，对其他一般性的不法侵害的防卫行为，应适用本条第一款、第二款的规定，而不能适用第三款对特殊正当防卫的规定。

认定特殊的正当防卫需要注意以下问题：

（1）特殊的正当防卫必须具备一般正当防卫行为应当具备的前述五项基本条件。特殊的正当防卫首先是正当防卫，只是因防卫的对象特殊而不再讨论防卫过当的问题。

（2）特殊的正当防卫针对的严重危及人身安全的暴力性犯罪，本款将其规定为“行凶、杀人、抢劫、强奸、绑架以及其他严重危及人身安全的暴力犯罪”。如果针对的不是危及人身安全，而是危及财物安全的暴力性犯罪，不能进行特殊的正当防卫；虽然危及人身安全，但不是严重危及人身安全，仅是轻微危及人身安全的，也不能进行特殊的正当防卫；即使是本款规定的暴力性犯罪，但行为人采取的犯罪手段不是严重危及人身安全的，也不能进行特殊的正当防卫。例如，行为人以麻醉方式实施抢劫，或者以一般暴力方式如捆绑等实施绑架，并未以杀人或者重伤相威胁的，因不具有严重危及人身安全的性质，行为人不能进行特殊的正当防卫。当然，如果犯罪行为虽未被本款规定，但是具有严重危及人身安全的性质，如暴力劫持航空器、严重放火、爆炸等犯罪行为，行为人针对此类正在进行的犯罪行为，可以进行特殊的正当防卫。

（3）对于转化型杀人、抢劫犯罪，如果行为人只是以凶器相威胁，而没有严重危及人身安全的，一般情况下也不宜适用特殊的正当防卫。

七、紧急避险

（一）刑法规定

第二十一条 为了使国家、公共利益、本人或者他人的人身、财产和其他权利免受正在发生的危险，不得已采取的紧急避险行为，造成损害的，不负刑事责任。

紧急避险超过必要限度造成不应有的损害的，应当负刑事责任，但是应当减轻或者免除处罚。

第一款中关于避免本人危险的规定，不适用于职务上、业务上负有特定责任的人。

（二）典型或常见问题的审理思路

不履行紧急避险行为引起的作为义务的行为如何定性？[①]

本书观点：紧急避险是一种排除社会危害的行为。不履行因紧急避险行为引起的作为义务，可以构成不作为犯罪。

紧急避险是一种排除社会危害性的行为，其特点在于：在两个合法权益发生冲突，又只能保存其中一个的紧急情况下，法律允许为了保护较大的权益而牺牲较小的权益。因此，从整体上看，紧急避险行为是有益于社会的合法行为。根据《刑法》第二十一条的规定，紧急避险的成立，必须具备四个条件：（1）必须是为了保护合法利益免受危险。只有合法利益受到危险的威胁时，才能实行紧急避险。（2）必须是实际存在的正在发生的危险。这是实行紧急避险的事实根据。所谓“正在发生的危险”，就是现实存在的立即要造成危害后果的危险，或者已发生而尚未消除的危险。而对危险的判断，应以行为人当时的认知程度和客观实际情况为标准。（3）必须是在迫不得已的情况下，才允许紧急避险。由于紧急避险所牺牲的是合法权益，因而法律规定，只有在非常紧急的情况下，为了保护更大利益，别无他法，迫不得已，只好牺牲较小的合法权益时，才允许实行紧急避险。（4）紧急避险所造成的损害必须小于所避免的损害。由于紧急避险是通过损害一个合法权益来保护另一个合法权益，因此，法律要求避险所损害的权益（必须是现实的权益而非期待的权益）必须小于所要保护的权益，才能认为是合法的。否则，就应视为避险超过必要限度，不能得到法律的保护。

刑法上的不作为，是指行为人应当履行某种特定的法律义务且有能力履行而不去履行。构成不作为犯必须以行为人负有履行特定的法律义务为前提，即负有作为义务。实践中，行为人的作为义务主要来自三个方面：一是法律明文规定的义务；二是职务上或者业务上所要求必须承担的义务；三是行为人先行行为引起的义务。所谓先行行为引起的义务，是指由于行为人先前实施的行为，使某种合法权益处于危险状态时，该行为人负有采取有效措施积极防止危害结果发生的义务。先行行为是不是合法行为并不能免除行为人因

---

① 观点来源：最高人民法院刑事审判第一庭、第二庭编：《刑事审判参考》2004 年第 3 集（总第 38 集），法律出版社 2004 年版，第 82 – 87 页，王某兴破坏交通设施案。

其先行行为所引起的作为义务。行为人只要有能力履行而不履行该先行行为所引起的作为义务就可以构成不作为犯罪，先行行为是合法行为也不能免除行为人的作为义务。

综上，行为人因实施紧急避险行为造成交通设施被损坏，在紧急避险结束后，行为人有义务采取积极的救济措施消除危险，如果行为人有条件能够履行而不履行，应构成不作为的破坏交通设施罪。

（三）疑难、复杂问题的参考性解答

1. 如何理解和适用紧急避险的条件？

紧急避险是用损害一种较小的合法权益的方法，来保全另一种较大的合法权益。因此，必须具备一定的条件，才能做到对社会有益，才能认为是合法的行为。刑法规定，实施紧急避险必须符合一定的条件：

（1）必须有危险的发生

所谓危险的发生，是指出现了足以致使合法权益遭到严重损害的危险情况。在实践中，危险的来源有很多方面：一是可能来自自然的力量，如火灾、洪水、狂风、大浪、地震、严寒、酷暑等；二是可能来自人的危害，如抢劫犯的袭击、精神病人的侵害等；三是可能来自动物的侵袭，如猛兽追扑、恶犬咬人等；四是可能来自人的生理原因，如疾病、饥饿、口渴等。总之，凡是法律保护的利益受到上述各种危险的威胁时，都可以实行紧急避险。

但是，对人所实施的合法行为不能视作危险，从而采取紧急避险的措施。例如，公民对不法侵害行为实行正当防卫时，不法侵害者不能实行紧急避险。当公安人员依法追捕犯罪嫌疑人时，犯罪嫌疑人不能借口“紧急避险”而逃避追捕并损害第三者的合法权益。

（2）必须是正在发生的危险

所谓正在发生的危险，是指足以造成合法权益遭受严重损害的危险已经出现而又尚未结束的状态。这是实行紧急避险的时机条件。

危险已经出现，是指危险已经迫在眉睫，开始对法律所保护的权益直接发生侵害，很快就会给合法权益造成损害或者造成更大的损害。危险的结束，是指危险已经过去，给合法权益造成的损害也无法避免和挽回，或者是因避险人的努力或其他某种原因，危险已经消失而不复存在。由于紧急避险是在危险正在发生的紧急情况下，为了保护合法权益免受损害所采取的一种权宜

措施，这就决定了紧急避险只能在危险开始以后结束之前的过程中实施，而不能对尚未到来的或者已经过去的危险实行避险。否则，就是“避险不适时”，应根据案件的具体情况，由行为人承担相应的刑事责任或者民事责任。

要正确认定“正在发生的”危险的时间，就要解决危险发生的时间和结束的时间。一般讲，危险发生的时间，是指直接威胁合法权益的危险状态出现的时间；危险结束的时间，就是避险行为停止的时间。不同的危险发生和结束的情况各不相同。如果危险来自洪水等自然力，根据气象预报和水文资料，能确定洪水必将来到，就认为危险已经发生，不必等到灾害酿成，就可以实行避险。否则，一旦造成灾害，就无法避险了。自然力的终止，是指危害已经发生或者已被人力控制，或自然消失。如果危险来自动物的侵袭，危险的发生，是指从动物直接威胁到人身安全时；危险的终止是指动物被制服、打死或者逃走。如果危险是来自人的行为，其发生时间一般认为是指着手实施侵害之时。来自人的危险的终止时间，情况较为复杂：有的是在犯罪客体已遭受了损害时，即某种权益受到的威胁已变成现实；有的是在某种权益遭受危害的直接威胁已经消失时；有的是在侵袭行为自动终止时；有的是在侵袭行为终了时。但是，如果犯罪客体蒙受损失的危险还没有消失，或者造成的危害有可能当场挽回的，可以实行紧急避险。例如，盗窃犯窃取了财物，刚离开现场，被物主及时发现还有夺回财产的机会，为夺回财产或抓获罪犯而损害了第三人的合法权益，可视为紧急避险。但这种损害必须小于所要保护的利益。否则，紧急避险不能成立。另外，在犯罪未遂的情况下，如果推测侵害将重复发生，这时也可以实行紧急避险。

（3）必须是为了使合法权益免受危险损害

紧急避险必须是为了避免国家、公共利益、本人或者他人的人身和其他合法权益遭受损害，这是构成紧急避险不可缺少的主观要件。

所谓为了避免国家、公共、本人或者他人的合法权益遭受损害，其具体包括两个方面的含义：一是避险行为所保护的权益必须是合法的，如果为了保护某种非法利益，不允许实行紧急避险；二是避险人必须出于避险的意图，即在遇到危险的紧急情况下，基于对危险事实情况的认识，为了避免合法权益遭受正在发生的危险，才实行紧急避险行为。如果行为人不是出于避险的意图，而是出于侵害的意图，故意引起某种危险发生，然后以“紧急避险”为借口而侵害法律所保护的合法权益，则属于“避险挑拨”行为，应当以有关的故意犯罪论处。因此，非法利益遭到危险时不能实行紧急避险。例如，犯罪分子为了自己免受逮捕而抢夺他人的摩托车逃跑，就不能视为紧急避险。

需要强调的是，职务上、业务上负有特定责任的人，不能因为避免本人的合法权益免受危险的损失而实行紧急避险。所谓职务上、业务上负有特定义务的人，如消防队员、医生、船长、海员、防汛员、警卫员、警察、护士等。由于他们在职务、业务上负有特定责任，有同特种危险作斗争的法律义务，牺牲个人的利益，保护公共利益和他人利益是其工作职责的要求，不容推卸。如果负有这种特定责任的人，遇到危险时，不挺身而出保护国家和人民的利益，而是见死不救，临阵脱逃，或者只顾自己逃命，这本身就是一种渎职行为。

(4) 必须是在迫不得已的情况下实施

所谓迫不得已，是指在当时的情况下，除了采取紧急避险的方法之外，别无其他方法可以避免危险。即是说，紧急避险是当时的情况下唯一可以避免危险的方法。如果不是迫不得已，而还有其他方法可以避免危险，就不能实行紧急避险。例如，船舶在海上航行遇到风暴时，如果可以采用停靠附近海湾的办法来避免危险，就不能抛掉船上的货物。因为紧急避险是要损害一种较小的合法权益来保全另一种较大的合法权益，既然两种权益都是法律所保护的，所以，只有在迫不得已，舍此别无他法的情况下，才能实行紧急避险。

(5) 避险行为不能超过必要限度造成不应有的损害

根据紧急避险的性质和目的，紧急避险所损害的利益，必须小于所保护的利益，而不能等于或大于所保护的利益。这是衡量紧急避险是否超过必要限度的界限。超过必要限度造成不应有的损害的，是避险过当，这是因为损害的利益和保全的利益都是合法的利益，只有保全的利益大于损害的利益才是合法的。如果保全的利益小于或者等于被损害的利益，紧急避险就失去了意义。

在实践中，如何衡量损害与保护的权益大与小、轻与重，这是一个比较复杂的问题。刑法也没有规定具体标准。一般地说，财产权益的大小，可以用财产的价格进行比较；在人身权利中，生命是最高的权利，不允许为了保护一个人的健康而牺牲另一个人的生命，更不允许牺牲别人的生命来保全自己的生命；而人身权利与财产权利相比较，人身权利要大于财产权益。但是，实际生活错综复杂，必须根据案件的具体情况，进行全面的分析，使所作出的价值判断符合社会主义原则，从而正确解决紧急避险是否超过必要限度的问题。

此外，在判断避险是否过当时，还要注意行为人主观与客观的关系。在一般情况下，主观与客观是一致的，但在两种情况下，两者并不一致：①行为人主观上要造成较小的损害，以防止较大损害的发生，但是客观上却事与愿违，较大损害并未防止。有人主张，这种情况如果没有行为人以外的原因，则不能视为紧急避险而免除刑事责任。但我国司法实践认为，只要行为人是基于避险的目的，主观上没有罪过，就应视为紧急避险的行为，不宜追究刑事责任。至于行为人侵犯了他人的合法权益，不能认为是有利于社会的行为，可以采取赔偿损失及赔礼道歉等方法适当处理。②行为人的行为主观上并非为了防止更大损害的发生，但客观上却防止了这种更大的损害。例如，汽车司机李某，饮酒违章开车，行驶中再次违章，将车自右边向左边开行，当时却巧遇迎面来的违章沿左边走的骑车人。正因为李某违章开车，客观上才避免了一起严重交通事故。但行为人李某主观上并没有防止损害的目的，因此，不能认为是紧急避险行为。

以上是紧急避险必须具备的条件。这是任何一个紧急避险必须同时具备、缺一不可的条件。否则，紧急避险就不能成立。假想避险、避险不适时、避险过当，都不属于紧急避险。

2. 如何确定避险过当的刑事责任？

本书观点：避险过当，是指紧急避险超过必要的限度造成不应有的危害行为。避险过当犯罪的构成要件是：（1）犯罪主体是实施紧急避险的人。但是限制刑事责任年龄的人，即已满十四周岁不满十六周岁的人不能成为避险过当的犯罪主体。（2）犯罪客体，是指避险过当所危害的客体。犯罪客体可能是他人的人身权利，也可能是财产权利或其他社会关系。例如，因避险过当而严重损害他人身体健康，构成犯罪的，其客体是人的健康权利。（3）客观方面，是指避险过当行为与其所造成的不应有的危害结果，以及两者之间的因果关系。（4）犯罪主观方面，避险过当的罪过形式，一般是疏忽大意的过失。

避险过当的主要特征是：在客观上，避险行为超过了为使合法权益免遭危险损害的必要限度，给另一合法权益造成了不应有的损害，从而具有社会危害性；在主观上，避险人对避险过当的损害结果有罪过。因此，避险过当应负刑事责任，但是应当减轻或者免除处罚。

（1）避险过当的定罪

避险过当的，应当负刑事责任。刑法没有避险过当的罪名，对避险过当的行为，是什么罪，就定什么罪。由于紧急避险所损害的对象不同于正当防卫，因此，对于避险过当行为减轻处罚特别是免除处罚时，在掌握上要严于对防卫过当的要求。应当根据案件的实际情况，结合避险人不同的主观心理态度，分别确定罪名。

在避险过当的情况下，由于避险人是出于避险的目的，只是避险行为超过了必要限度造成不应有的损害。因此，避险人对避险过当的损害结果，不可能持有希望发生的直接故意态度，否则就是一般故意犯罪，而谈不上紧急避险或者避险过当。从理论和司法实践上讲，避险过当的罪过形式主要是出于过失，也有少数对避险过当结果抱着放任发生的间接故意态度。根据避险过当所造成的损害主要是人身伤亡和公私财产损失的实际，结合避险人的主观罪过形式，对避险过当可以分别确定为下列罪名：①对于避险过当造成他人死亡的案件。如果避险人是出于间接故意，应定为故意杀人罪；如果对重伤害抱着间接故意的态度，而由于伤势过重导致了死亡结果的发生，就定为故意伤害（致死）罪；如果是出于过失，则定为过失致人死亡罪。②对于避险过当造成他人重伤害的案件。如果避险人是出于间接故意，应定为故意伤害罪；如果是出于过失，则定为过失重伤害罪。③对于避险过当造成财产损害的案件。如果避险人是出于间接故意，就定为故意毁坏财物罪；如果是出于过失，则不能认为是犯罪。

（2）避险过当的量刑

避险过当与防卫过当一样，避险人的行为首先属于避险的范围。也就是说，并非避险人根本不应当造成损害，只是因为其避险行为超过了保全合法权益免受危险损害的必要限度造成不应有的损害，才让他对超过必要限度部分的损害负责任。本条规定，避险超过必要限度造成不应有的损害的，应当负刑事责任；但是应当减轻或者免除处罚。至于如何具体地掌握减轻处罚和免除处罚，应当根据危险的损害性质和强度、避险过当的损害性质和程度，以及避险人自身的排险能力和处境等具体情况，分别而定。

第二节　犯罪的预备、未遂和中止

一、刑法规定

第二十二条　为了犯罪，准备工具、制造条件的，是犯罪预备。

对于预备犯，可以比照既遂犯从轻、减轻处罚或者免除处罚。

第二十三条　已经着手实行犯罪，由于犯罪分子意志以外的原因而未得逞的，是犯罪未遂。

对于未遂犯，可以比照既遂犯从轻或者减轻处罚。

第二十四条　在犯罪过程中，自动放弃犯罪或者自动有效地防止犯罪结果发生的，是犯罪中止。

对于中止犯，没有造成损害的，应当免除处罚；造成损害的，应当减轻处罚。

二、司法解释、司法文件及其权威解读

1. **最高人民法院、最高人民检察院关于办理组织、利用邪教组织破坏法律实施等刑事案件适用法律若干问题的解释**（法释〔2017〕3号，自2017年2月1日起施行）（节录）

第五条　为了传播而持有、携带，或者传播过程中被当场查获，邪教宣传品数量达到本解释第二条至第四条规定的有关标准的，按照下列情形分别处理：

（一）邪教宣传品是行为人制作的，以犯罪既遂处理；

（二）邪教宣传品不是行为人制作，尚未传播的，以犯罪预备处理；

（三）邪教宣传品不是行为人制作，传播过程中被查获的，以犯罪未遂处理；

（四）邪教宣传品不是行为人制作，部分已经传播出去的，以犯罪既遂处理，对于没有传播的部分，可以在量刑时酌情考虑。

2. 最高人民法院关于审理抢劫刑事案件适用法律若干问题的指导意见（法发〔2016〕2号，自2016年1月6日起施行）（节录）

二、关于抢劫犯罪部分加重处罚情节的认定

3. 认定“抢劫数额巨大”，参照各地认定盗窃罪数额巨大的标准执行。抢劫数额以实际抢劫到的财物数额为依据。对以数额巨大的财物为明确目标，由于意志以外的原因，未能抢到财物或实际抢得的财物数额不大的，应同时认定“抢劫数额巨大”和犯罪未遂的情节，根据刑法有关规定，结合未遂犯的处理原则量刑。

3. 最高人民法院、最高人民检察院关于办理盗窃刑事案件适用法律若干问题的解释（法释〔2013〕8号，自2013年4月4日起施行）（节录）

第十二条 盗窃未遂，具有下列情形之一的，应当依法追究刑事责任：

（一）以数额巨大的财物为盗窃目标的；

（二）以珍贵文物为盗窃目标的；

（三）其他情节严重的情形。

盗窃既有既遂，又有未遂，分别达到不同量刑幅度的，依照处罚较重的规定处罚；达到同一量刑幅度的，以盗窃罪既遂处罚。

4. 最高人民法院、最高人民检察院关于办理妨害国（边）境管理刑事案件应用法律若干问题的解释（法释〔2012〕17号，自2012年12月20日起施行）（节录）

第一条 领导、策划、指挥他人偷越国（边）境或者在首要分子指挥下，实施拉拢、引诱、介绍他人偷越国（边）境等行为的，应当认定为刑法第三百一十八条规定的“组织他人偷越国（边）境”。

组织他人偷越国（边）境人数在十人以上的，应当认定为刑法第三百一十八条第一款第（二）项规定的“人数众多”；违法所得数额在二十万元以上的，应当认定为刑法第三百一十八条第一款第（六）项规定的“违法所得数额巨大”。

以组织他人偷越国（边）境为目的，招募、拉拢、引诱、介绍、培训偷越国（边）境人员，策划、安排偷越国（边）境行为，在他人偷越国（边）境之前或者偷越国（边）境过程中被查获的，应当以组织他人偷越国（边）境罪（未遂）论处；具有刑法第三百一十八条第一款规定的情形之一的，应当在相应的法定刑幅度基础上，结合未遂犯的处罚原则量刑。

5. 最高人民法院、最高人民检察院关于办理诈骗刑事案件具体应用法律若干问题的解释（法释〔2011〕7号，自2011年4月8日起施行）（节录）

第五条 诈骗未遂，以数额巨大的财物为诈骗目标的，或者具有其他严重情节的，应当定罪处罚。

利用发送短信、拨打电话、互联网等电信技术手段对不特定多数人实施诈骗，诈骗数额难以查证，但具有下列情形之一的，应当认定为刑法第二百六十六条规定的“其他严重情节”，以诈骗罪（未遂）定罪处罚：

（一）发送诈骗信息五千条以上的；

（二）拨打诈骗电话五百人次以上的；

（三）诈骗手段恶劣、危害严重的。

实施前款规定行为，数量达到前款第（一）、（二）项规定标准十倍以上的，或者诈骗手段特别恶劣、危害特别严重的，应当认定为刑法第二百六十六条规定的“其他特别严重情节”，以诈骗罪（未遂）定罪处罚。

第六条 诈骗既有既遂，又有未遂，分别达到不同量刑幅度的，依照处罚较重的规定处罚；达到同一量刑幅度的，以诈骗罪既遂处罚。

6. 最高人民法院、最高人民检察院、公安部关于办理侵犯知识产权刑事案件适用法律若干问题的意见（法发〔2011〕3号，自2011年1月10日起施行）（节录）

八、关于销售假冒注册商标的商品犯罪案件中尚未销售或者部分销售情形的定罪量刑问题

销售明知是假冒注册商标的商品，具有下列情形之一的，依照刑法第二百一十四条的规定，以销售假冒注册商标的商品罪（未遂）定罪处罚：

（一）假冒注册商标的商品尚未销售，货值金额在十五万元以上的；

（二）假冒注册商标的商品部分销售，已销售金额不满五万元，但与尚未销售的假冒注册商标的商品的货值金额合计在十五万元以上的。

假冒注册商标的商品尚未销售，货值金额分别达到十五万元以上不满二十五万元、二十五万元以上的，分别依照刑法第二百一十四条规定的各法定刑幅度定罪处罚。

销售金额和未销售货值金额分别达到不同的法定刑幅度或者均达到同一法定刑幅度的，在处罚较重的法定刑或者同一法定刑幅度内酌情从重处罚。

九、关于销售他人非法制造的注册商标标识犯罪案件中尚未销售或者部分销售情形的定罪问题

销售他人伪造、擅自制造的注册商标标识，具有下列情形之一的，依照刑法第二百一十五条的规定，以销售非法制造的注册商标标识罪（未遂）定罪处罚：

（一）尚未销售他人伪造、擅自制造的注册商标标识数量在六万件以上的；

（二）尚未销售他人伪造、擅自制造的两种以上注册商标标识数量在三万件以上的；

（三）部分销售他人伪造、擅自制造的注册商标标识，已销售标识数量不满二万件，但与尚未销售标识数量合计在六万件以上的；

（四）部分销售他人伪造、擅自制造的两种以上注册商标标识，已销售标识数量不满一万件，但与尚未销售标识数量合计在三万件以上的。

7. **最高人民法院、最高人民检察院关于办理非法生产、销售烟草专卖品等刑事案件具体应用法律若干问题的解释**（法释〔2010〕7号，自2010年3月26日起施行）（节录）

第二条　伪劣卷烟、雪茄烟等烟草专卖品尚未销售，货值金额达到刑法第一百四十条规定的销售金额定罪起点数额标准的三倍以上的，或者销售金额未达到五万元，但与未销售货值金额合计达到十五万元以上的，以生产、销售伪劣产品罪（未遂）定罪处罚。

销售金额和未销售货值金额分别达到不同的法定刑幅度或者均达到同一法定刑幅度的，在处罚较重的法定刑幅度内酌情从重处罚。

查获的未销售的伪劣卷烟、雪茄烟，能够查清销售价格的，按照实际销售价格计算。无法查清实际销售价格，有品牌的，按照该品牌卷烟、雪茄烟的查获地省级烟草专卖行政主管部门出具的零售价格计算；无品牌的，按照查获地省级烟草专卖行政主管部门出具的上年度卷烟平均零售价格计算。

8. **全国部分法院审理毒品犯罪案件工作座谈会纪要**（法〔2008〕324号，自2008年12月1日起施行）（节录）

四、制造毒品的认定与处罚问题

鉴于毒品犯罪分子制造毒品的手段复杂多样、不断翻新，采用物理方法加工、配制毒品的情况大量出现，有必要进一步准确界定制造毒品的行为、

方法。制造毒品不仅包括非法用毒品原植物直接提炼和用化学方法加工、配制毒品的行为，也包括以改变毒品成分和效用为目的，用混合等物理方法加工、配制毒品的行为，如将甲基苯丙胺或者其他苯丙胺类毒品与其他毒品混合成麻古或者摇头丸。为便于隐蔽运输、销售、使用、欺骗购买者，或者为了增重，对毒品掺杂使假，添加或者去除其他非毒品物质，不属于制造毒品的行为。

已经制成毒品，达到实际掌握的死刑数量标准的，可以判处死刑；数量特别巨大的，应当判处死刑。已经制造出粗制毒品或者半成品的，以制造毒品罪的既遂论处。购进制造毒品的设备和原材料，开始着手制造毒品，但尚未制造出粗制毒品或者半成品的，以制造毒品罪的未遂论处。

9. **最高人民法院、最高人民检察院关于办理盗窃油气、破坏油气设备等刑事案件具体应用法律若干问题的解释**（法释〔2007〕3号，自2007年1月19日起施行）（节录）

第三条 盗窃油气或者正在使用的油气设备，构成犯罪，但未危害公共安全的，依照刑法第二百六十四条的规定，以盗窃罪定罪处罚。

盗窃油气，数额巨大但尚未运离现场的，以盗窃未遂定罪处罚。

为他人盗窃油气而偷开油气井、油气管道等油气设备阀门排放油气或者提供其他帮助的，以盗窃罪的共犯定罪处罚。

10. **最高人民法院关于审理抢劫、抢夺刑事案件适用法律若干问题的意见**（法发〔2005〕8号，自2005年6月8日起施行）（节录）

十、抢劫罪的既遂、未遂的认定

抢劫罪侵犯的是复杂客体，既侵犯财产权利又侵犯人身权利，具备劫取财物或者造成他人轻伤以上后果两者之一的，均属抢劫既遂；既未劫取财物，又未造成他人人身伤害后果的，属抢劫未遂。据此，刑法第二百六十三条规定的八种处罚情节中除“抢劫致人重伤、死亡的”这一结果加重情节之外，其余七种处罚情节同样存在既遂、未遂问题，其中属抢劫未遂的，应当根据刑法关于加重情节的法定刑规定，结合未遂犯的处理原则量刑。

11. **最高人民法院、最高人民检察院、公安部、国家烟草专卖局关于办理假冒伪劣烟草制品等刑事案件适用法律问题座谈会纪要**（商检会〔2003〕4号，自2003年12月23日起施行）（节录）

一、关于生产、销售伪劣烟草制品行为适用法律问题

（一）关于生产伪劣烟草制品尚未销售或者尚未完全销售行为定罪量刑问题

根据刑法第一百四十条的规定，生产、销售伪劣烟草制品，销售金额在五万元以上的，构成生产、销售伪劣产品罪。

根据《最高人民法院、最高人民检察院关于办理生产、销售伪劣商品刑事案件具体应用法律若干问题的解释》的有关规定，销售金额是指生产者、销售者出售伪劣烟草制品后所得和应得的全部违法收入。伪劣烟草制品尚未销售，货值金额达到刑法第一百四十条规定的销售金额三倍（十五万元）以上的，以生产、销售伪劣产品罪（未遂）定罪处罚。货值金额以违法生产、销售的伪劣产品的标价计算；没有标价的，按照同类合格产品的市场中间价格计算。货值金额难以确定的，按照国家计划委员会、最高人民法院、最高人民检察院、公安部1997年4月22日联合发布的《扣押、追缴、没收物品估价管理办法》的规定，委托指定的估价机构确定。

伪劣烟草制品尚未销售，货值金额分别达到十五万元以上不满二十万元、二十万元以上不满五十万元、五十万元以上不满二百万元、二百万元以上的，分别依照刑法第一百四十条规定的各量刑档次定罪处罚。

伪劣烟草制品的销售金额不满五万元，但与尚未销售的伪劣烟草制品的货值金额合计达到十五万元以上的，以生产、销售伪劣产品罪（未遂）定罪处罚。

生产伪劣烟草制品尚未销售，无法计算货值金额，有下列情形之一的，以生产、销售伪劣产品罪（未遂）定罪处罚：

1. 生产伪劣烟用烟丝数量在1000公斤以上的；

2. 生产伪劣烟用烟叶数量在1500公斤以上的。

（二）关于非法生产、拼装、销售烟草专用机械行为定罪处罚问题

非法生产、拼装、销售烟草专用机械行为，依照刑法第一百四十条的规定，以生产、销售伪劣产品罪追究刑事责任。

12. 全国法院审理经济犯罪案件工作座谈会纪要（法发〔2003〕167 号，自 2003 年 11 月 13 日起施行）（节录）

二、关于贪污罪

（一）贪污罪既遂与未遂的认定

贪污罪是一种以非法占有为目的的财产性职务犯罪，与盗窃、诈骗、抢夺等侵犯财产罪一样，应当以行为人是否实际控制财物作为区分贪污罪既遂与未遂的标准。对于行为人利用职务上的便利，实施了虚假平账等贪污行为，但公共财物尚未实际转移，或者尚未被行为人控制就被查获的，应当认定为贪污未遂。行为人控制公共财物后，是否将财物据为己有，不影响贪污既遂的认定。

13. 最高人民法院、最高人民检察院关于办理生产、销售伪劣商品刑事案件具体应用法律若干问题的解释（法释〔2001〕10 号，自 2001 年 4 月 10 日起施行）（节录）

第二条 刑法第一百四十条、第一百四十九条规定的“销售金额”，是指生产者、销售者出售伪劣产品后所得和应得的全部违法收入。

伪劣产品尚未销售，货值金额达到刑法第一百四十条规定的销售金额三倍以上的，以生产、销售伪劣产品罪（未遂）定罪处罚。

货值金额以违法生产、销售的伪劣产品的标价计算；没有标价的，按照同类合格产品的市场中间价格计算。货值金额难以确定的，按照国家计划委员会、最高人民法院、最高人民检察院、公安部 1997 年 4 月 22 日联合发布的《扣押、追缴、没收物品估价管理办法》的规定，委托指定的估价机构确定。

多次实施生产、销售伪劣产品行为，未经处理的，伪劣产品的销售金额或者货值金额累计计算。

14. 最高人民检察院法律政策研究室关于保险诈骗未遂能否按犯罪处理问题的答复（〔1998〕高检研发第 20 号，自 1998 年 11 月 27 日起施行）

河南省人民检察院：

你院《关于保险诈骗未遂能否按犯罪处理的请示》（豫检捕〔1998〕11 号）收悉。经研究，并经高检院领导同意，答复如下：

行为人已经着手实施保险诈骗行为，但由于其意志以外的原因未能获得保险赔偿的，是诈骗未遂，情节严重的，应依法追究刑事责任。

15. **最高人民法院指导案例第13批第62号：王新明合同诈骗案**（2016年6月30日）

【关键词】

刑事/合同诈骗/数额犯/既遂未遂

【裁判要点】

在数额犯中，犯罪既遂部分与未遂部分分别对应不同法定刑幅度的，应当先决定对未遂部分是否减轻处罚，确定未遂部分对应的法定刑幅度，再与既遂部分对应的法定刑幅度进行比较，选择适用处罚较重的法定刑幅度，并酌情从重处罚；二者在同一量刑幅度的，以犯罪既遂酌情从重处罚。

【相关法条】

《中华人民共和国刑法》第二十三条

【基本案情】

2012年7月29日，被告人王新明使用伪造的户口本、身份证，冒充房主即王新明之父的身份，在北京市石景山区链家房地产经纪有限公司古城公园店，以出售该区古城路28号楼一处房屋为由，与被害人徐某签订房屋买卖合同，约定购房款为100万元，并当场收取徐某定金1万元。同年8月12日，王新明又收取徐某支付的购房首付款29万元，并约定余款过户后给付。后双方在办理房产过户手续时，王新明虚假身份被石景山区住建委工作人员发现，余款未取得。2013年4月23日，王新明被公安机关查获。次日，王新明的亲属将赃款退还被害人徐某，被害人徐某对王新明表示谅解。

【裁判结果】

北京市石景山区人民法院经审理于2013年8月23日作出（2013）石刑初字第239号刑事判决，认为被告人王新明的行为已构成合同诈骗罪，数额巨大，同时鉴于其如实供述犯罪事实，在亲属帮助下退赔全部赃款，取得了被害人的谅解，依法对其从轻处罚。公诉机关北京市石景山区人民检察院指控罪名成立，但认为数额特别巨大且系犯罪未遂有误，予以更正。遂认定被告人王新明犯合同诈骗罪，判处有期徒刑六年，并处罚金人民币六千元。宣判后，公诉机关提出抗诉，认为犯罪数额应为100万元，数额特别巨大，而原判未评价70万元未遂，仅依据既遂30万元认定犯罪数额巨大，系适用法律错误。北京市人民检察院第一分院的支持抗诉意见与此一致。王新明以原判量刑过重为由提出上诉，在法院审理过程中又申请撤回上诉。北京市第一中级人民法院经审理于2013年12月2日作出（2013）一中刑终字第4134号刑事裁定：准许上诉人王新明撤回上诉，维持原判。

【裁判理由】

法院生效裁判认为：王新明以非法占有为目的，冒用他人名义签订合同，其行为已构成合同诈骗罪。一审判决事实清楚，证据确实、充分，定性准确，审判程序合法，但未评价未遂70万元的犯罪事实不当，予以纠正。根据刑法及司法解释的有关规定，考虑王新明合同诈骗既遂30万元，未遂70万元但可对该部分减轻处罚，王新明如实供述犯罪事实，退赔全部赃款取得被害人的谅解等因素，原判量刑在法定刑幅度之内，且抗诉机关亦未对量刑提出异议，故应予维持。北京市石景山区人民检察院的抗诉意见及北京市人民检察院第一分院的支持抗诉意见，酌予采纳。鉴于二审期间王新明申请撤诉，撤回上诉的申请符合法律规定，故二审法院裁定依法准许撤回上诉，维持原判。

本案争议焦点是，在数额犯中犯罪既遂与未遂并存时如何量刑。《最高人民法院、最高人民检察院关于办理诈骗刑事案件具体应用法律若干问题的解释》第六条规定："诈骗既有既遂，又有未遂，分别达到不同量刑幅度的，依照处罚较重的规定处罚；达到同一量刑幅度的，以诈骗罪既遂处罚。"因此，对于数额犯中犯罪行为既遂与未遂并存且均构成犯罪的情况，在确定全案适用的法定刑幅度时，先就未遂部分进行是否减轻处罚的评价，确定未遂部分所对应的法定刑幅度，再与既遂部分对应的法定刑幅度比较，确定全案适用的法定刑幅度。如果既遂部分对应的法定刑幅较重或者二者相同的，应当以既遂部分对应的法定刑幅度确定全案适用的法定刑幅度，将包括未遂部分在内的其他情节作为确定量刑起点的调节要素进而确定基准刑。如果未遂部分对应的法定刑幅度较重的，应当以未遂部分对应的法定刑幅度确定全案适用的法定刑幅度，将包括既遂部分在内的其他情节，连同未遂部分的未遂情节一并作为量刑起点的调节要素进而确定基准刑。

本案中，王新明的合同诈骗犯罪行为既遂部分为30万元，根据司法解释及北京市的具体执行标准，对应的法定刑幅度为有期徒刑三年以上十年以下；未遂部分为70万元，结合本案的具体情况，应当对该未遂部分减一档处罚，未遂部分法定刑幅度应为有期徒刑三年以上十年以下，与既遂部分30万元对应的法定刑幅度相同。因此，以合同诈骗既遂30万元的基本犯罪事实确定对王新明适用的法定刑幅度为有期徒刑三年以上十年以下，将未遂部分70万元的犯罪事实，连同其如实供述犯罪事实、退赔全部赃款、取得被害人谅解等一并作为量刑情节，故对王新明从轻处罚，判处有期徒刑六年，并处罚金人民币六千元。

权威解读

指导案例62号（王新明合同诈骗案）的理解与参照

——数额犯中既遂与未遂并存的量刑

2016年6月30日，最高人民法院发布指导案例62号“王新明合同诈骗案”。为了正确理解和准确参照适用该指导案例，现对该指导案例的推选经过、裁判要点等有关情况予以解释、论证和说明。

一、推选过程及指导意义

王新明合同诈骗案由北京市石景山区人民法院一审，北京市第一中级人民法院于2013年12月2日二审审结生效。北京市高级人民法院研究室经专家论证研讨会论证，并经北京市高级人民法院审委会讨论决定，将本案例作为备选用指导案例向最高人民法院案例指导工作办公室推荐。最高人民法院案例指导工作办公室经研究讨论后，将该案例送最高人民法院刑二庭审查和征求意见。2015年9月10日，最高人民法院刑二庭审查认为，案例涉及数额犯中犯罪既遂与未遂并存的量刑，对审理类似案件具有指导和参考价值，同意将该案例作为指导性案例。2016年3月9日，最高人民法院研究室室务会讨论同意作为指导性案例，并参考《最高人民法院、最高人民检察院、公安部关于办理侵犯知识产权刑事案件适用法律若干问题的意见》第八部分最后一款规定，补充“酌情从重处罚”，以体现另外既遂或未遂部分对量刑的影响。同年5月31日，最高人民法院审委会经讨论认为，该案例符合《最高人民法院关于案例指导工作的规定》第二条的有关规定，同意将该案例确定为指导性案例。同年6月30日，最高人民法院以法〔2016〕214号文件将该案例作为第13批指导性案例予以发布。

该案例涉及数额犯中既遂部分与未遂部分并存且分别构成犯罪的，如何准确量刑的问题。根据最高人民法院、最高人民检察院于2011年3月联合公布的《关于办理诈骗刑事案件具体应用法律若干问题的解释》（以下简称《诈骗案件解释》）第六条的规定，“诈骗既有既遂，又有未遂，分别达到不同量刑幅度的，依照处罚较重的规定处罚；达到同一量刑幅度的，以诈骗罪既遂处罚”。但是该解释没有进一步明确如何确定未遂部分对应的法定刑幅度的问题，也没有明确在具体量刑过程中如何评价既遂部分和未遂部分对量刑结果的影响。司法实践中对作为一罪处罚的多次诈骗犯罪行为不区分既遂与未遂累计数额，以及只要存在未遂就认定全案存在未遂量刑情节的一贯做法，没有得到根本纠正，估堆量刑的问题依然存在。该指导案例进一步明确了犯罪既遂与未遂并存情况下的量刑规则，解决了仅因存在部分未遂就认定整个犯罪属于未遂的困境，又避免了因对全案运用部分行为未遂的情节减轻处罚导致量刑畸轻问题，也解决了如何确定未遂部分对应的法定刑幅度，以及如何减轻处罚等具体问题，也是最高人民法院发布的首个与量刑规范化紧密相关的指导性案例，对类似案件的处理具有较强的指导意义。

二、裁判要点的理解与说明

该指导性案例的裁判要点确认：在数额犯中，犯罪既遂部分与未遂部分分别对应不同法定刑幅度的，应当先决定对未遂部分是否减轻处罚，确定未遂部分对应的法定刑幅度，再与既遂部分对应的法定刑幅度进行比较，选择适用处罚较重的法定刑幅度，并酌情从重处罚；二者在同一量刑幅度的，以犯罪既遂酌情从重处罚。现围绕与该裁判要点相关的问题，对于数额犯既遂与未遂并存的量刑，根据刑法及其有关司法解释规定，结合案情逐一说明如下：

（一）《刑法》第二十三条第二款具有量刑情节和确定未遂部分法定刑幅度的双重功能

我国刑法分则关于法定刑幅度的设置，是以犯罪既遂形态为标本的。对于未遂犯，根据刑法总则的规定，一般应当予以处罚，只是目前有的司法解释提高了未遂犯的入罪门槛。于 2011 年 4 月 8 日起施行的《诈骗案件解释》第五条规定，“诈骗未遂，以数额巨大的财物为诈骗目标的，或者具有其他严重情节的，应当定罪处罚”。2013 年 4 月 2 日最高人民法院、最高人民检察院公布的《关于办理盗窃刑事案件适用法律若干问题的解释》第十二条作了类似的规定。刑法分则并未单独就未遂犯另行设置法定刑幅度，只是在《刑法》第二十三条第二款规定，“对于未遂犯，可以比照既遂犯从轻或者减轻处罚”。在以往司法实践中，对于数额犯，无论全案只有未遂，还是并存的既遂部分不够定罪条件，但根据有关司法解释的规定既遂和未遂总数额达到入罪标准，就以犯罪未遂处理，或者说既遂与未遂并存且均构成犯罪的情况下，一直以犯罪总数额确定法定刑幅度，然后定全案未遂，将未遂作为量刑情节，比照既遂犯从轻或者减轻处罚。在这一过程中，《刑法》第二十三条第二款的规定，一直作为量刑情节对待，是在法定刑幅度、量刑起点及基准刑确定之后对未遂情节的评价。

《诈骗案件解释》第六条规定："诈骗既有既遂，又有未遂，分别达到不同量刑幅度的，依照处罚较重的规定处罚；达到同一量刑幅度的，以诈骗罪既遂处罚。"因此，对于诈骗既遂与未遂并存且均构成犯罪的，在确定全案适用的法定刑幅度之前，应当就既遂部分与未遂部分分别对应的法定刑幅进行比较。也就是说，首先需要确定既遂部分与未遂部分分别对应的法定刑幅度。鉴于刑法分则中的法定刑幅度是针对既遂犯设置的，未遂部分并无直接对应的法定刑幅度，这就给如何确定未遂部分的法定刑幅度带来了问题。笔者认为，要准确理解和适用《诈骗案件解释》的上述规定，在既遂与未遂并存且均单独构成犯罪的情况下，确定未遂部分对应的法定刑幅度，应当根据《刑法》第二十三条第二款的规定，与未遂部分对应的既遂形态（即既遂犯）进行比较，决定是否对单独构成犯罪的未遂部分减轻处罚，即决定是否减轻处罚后选择法定刑幅度，进而确定未遂部分对应的法定刑幅度，再与既遂部分对应的法定刑幅度进行比较。在这一过程中，《刑法》第二十三条第二款并非作为量刑情节在确定法定刑幅度、量刑起点、基准刑后对全案适用，而是在量刑起点确定之前的法定刑幅度确定过程中适用，这与以往仅将《刑法》第二十三条第二款理解为量刑情节是截然不同的。也就是说，对于《刑法》第二十三条第二款，不能仅仅理解为对全案适用的未遂量刑情节，在既遂与未遂并存且均构成犯罪的情况下，还需理解为确定未遂部分对应的法定刑幅度的原则，进而作为对我国刑法分则以犯罪既遂形态设置法定刑幅度这一原则的补充。唯其如此，才能将《刑法》第二十三条第二款"对于未遂犯，可以比照既遂犯从轻或者减轻处罚"的规定，全面贯彻到具体案件中。据此，《刑法》第二十三条第二款具有双重功能，在全案未遂的情况下，该规定的适用体现为未遂情节对基准刑的调节功能；在全案认定既遂且未遂部分构成犯罪的情况下，该规定的适用体现为在确定未遂部分法定刑幅度过程中对其对应的既遂犯法定刑幅度的调节功能。

这一问题产生的根源，在于我国刑法理论中关于罪数问题，对于既遂未遂并存的，无论在认识上、评价上还是科刑上，均是作为一罪处理。如果在科刑上作为数罪处理，对于《刑法》第二十三条第二款的规定，仅仅理解为未遂量刑情节即可，无须赋予其对未遂犯对应既遂犯法定刑幅度的调节功能，与以往惯例并无二致。

（二）既遂与未遂并存的，应择一重确定法定刑幅度

在《诈骗案件解释》之前，对于数额犯，实践中一直以既遂和未遂的总数额作为犯罪数额，进而确定全案的法定刑幅度，将未遂部分作为未遂情节对全案适用。例如，在有关办理生产、销售伪劣商品刑事案件等个别司法解释中，明确规定既遂数额不够定罪条件的情况下，将未遂的入罪数额标准提高到既遂的入罪数额标准的3倍以上。但该司法解释只是提高了全案未遂的入罪数额标准，对于既遂与未遂并存且已够定罪条件的情况，实践中同样以既遂和未遂的总数额作为犯罪数额，进而确定全案的法定刑幅度，将未遂部分作为未遂情节对全案适用。2001年4月9日《最高人民法院、最高人民检察院关于办理生产、销售伪劣商品刑事案件具体应用法律若干问题的解释》第二条第二款规定，“伪劣商品尚未销售，货值金额达到刑法第一百四十条规定的销售金额三倍以上的，以生产、销售伪劣产品罪（未遂）定罪处罚”。2010年3月2日《最高人民法院、最高人民检察院关于办理非法生产、销售烟草专卖品等刑事案件具体应用法律若干问题的解释》也有类似规定，上述司法解释将未遂的入罪数额标准提高到既遂的入罪数额标准的3倍。但根据犯罪形态的一般理论，在既遂与未遂并存且既遂部分构成犯罪的情况下，由于部分行为已经既遂且构成犯罪、整个犯罪就已经既遂，就不存在未遂的问题。为了解决实践中存在的部分已经既遂且既遂部分已经达到定罪数额标准的情况下，仅因存在未遂部分又认定整个犯罪属于未遂的理论困境，同时避免因对全案运用部分行为未遂的未遂情节减轻处罚导致量刑畸轻，《诈骗案件解释》第六条确定了以既遂部分和未遂部分分别对应的法定刑幅度择一重的处理原则，而不以既遂和未遂累计的犯罪总数额确定法定刑幅度。对于《诈骗案件解释》就既遂与未遂并存且均构成犯罪情况下法定刑幅度确定思路的转变，有观点认为，是以重行为对轻行为的吸收关系为基础（不能理解为既遂行为对未遂行为的吸收）。笔者认为，姑且不论刑法理论中吸收犯的成立侵害的法益是否必须为同一法益（既遂与未遂并存的情况下，侵害数个法益的情况很常见），但是对于上述解释第六条中“达到同一量刑幅度的，以诈骗罪既遂处罚”的规定，显然不能认为达到同一量刑幅度的未遂行为一定比既遂行为轻，前述有关吸收犯的理论无法在该解释中一以贯之。该解释对既遂与

未遂并存且均构成犯罪情况下法定刑幅度确定思路的转变，出发点是为了解决实践中利用部分未遂对全案大幅度减轻的量刑畸轻问题，是对量刑过程中的自由裁量权进行规范，是在不违背《刑法》第二十三条第二款规定的情况下，对以往不当量刑方法的纠正。

此后，最高人民法院、最高人民检察院出台的有关办理知识产权刑事案件，非法生产、销售烟草专卖品刑事案件，盗窃刑事案件等司法解释重申了这一处理原则。据此，最高人民法院、最高人民检察院没有明确办理合同诈骗案件是否贯彻这一原则，但按照在没有特殊规定的情况下，对于同类问题应当同样处理的原则，对于处理其他既遂与未遂并存的案件，在既遂数额、未遂数额均达到定罪标准的情况下，也应当贯彻这一处理原则。即比较既遂数额、未遂数额所对应的法定刑幅度，在较重法定刑幅度内量刑。

在只有既遂或者未遂的情况下，确定法定刑幅度的数额与犯罪数额是一致的，但是在既遂与未遂并存的情况下，确定法定刑幅度的数额不再是既遂和未遂累计的犯罪总数额，而分别是既遂部分的犯罪数额或者未遂部分的犯罪数额。具体而言，有以下几种情形。

1. 全案只有既遂或者只有未遂的。这种情况下，确定法定刑幅度的数额与全案犯罪数额是一致的。

2. 既遂与未遂并存但只有一者符合定罪条件的。这种情况下，确定法定刑幅度的数额为构成犯罪的既遂数额或者未遂数额，不构成犯罪的既遂部分或者未遂部分并不存在确定法定刑幅度的问题。

3. 既遂与未遂并存二者均符合定罪条件的。这种情况下，既遂部分与未遂部分均对应相应的法定刑幅度。根据《诈骗案件解释》的规定，全案的法定刑幅度根据二者中对应的法定刑幅度较重的确定；在二者对应的法定刑幅度一致的情况下，以既遂处罚，即根据既遂部分对应的法定刑幅度确定全案的法定刑幅度。该种情形下，决定全案适用的法定刑幅度的数额并非全案犯罪总数额，而是既遂部分数额或者未遂部分数额。

4. 既遂与未遂并存，均未单独构成犯罪但总数额符合定罪条件的。对于这种情况能否作为犯罪处理，认识上并不统一，实践中做法也不尽一致，目前只有最高人民法院、最高人民检察院于2010年3月公布的《关于办理非法生产、销售烟草专卖品等刑事案件具体应用法律若干问题的解释》予以明确。该解释第二条第一款规定：“伪劣卷烟、雪茄烟等烟草专卖品尚未销售，货值金额达到刑法第一百四十条规定的销售金额定罪起点数额标准的三倍以上的，或者销售金额未达到五万元，但与未销售货值金额合计达到十五万元以上的，以生产、销售伪劣产品罪（未遂）定罪处罚。”对于这种情况，根据既遂与未遂累计的犯罪总数额确定全案适用的法定刑幅度，并认定全案具有未遂情节。这里需要注意的是，该种处理方式仅仅适用于解决既遂与未遂均不够定罪条件但总数额已够定罪条件的入罪问题，只涉及第一刑档。如果未遂部分已经达到第二量刑档次，则依据上文的第二种处理原则处理。

决定全案法定刑幅度的数额，也就是选择刑罚档次的数额，为了表述的方便，可以称之为刑档数额，以便与犯罪数额相区别。《诈骗案件解释》公布后，在既遂与未遂并存的情况下，刑档数额与犯罪总数额并不完全一致，也不能等同于既遂数额或者未遂数额。在具体案件中，应当根据上述不同情形分别确定刑档数额。

本案例中，被告人王新明的合同诈骗犯罪行为既遂部分为30万元，对应法定刑幅度为有期徒刑3年以上10年以下；未遂部分为70万元，在未考虑未遂情节的情况下，对应的法定刑幅度为10年以上有期徒刑、无期徒刑，比既遂部分对应的法定刑幅度重。一审法院仅以诈骗既遂的30万元作为刑档数额，将对应的法定刑幅度确定为全案适用的法定刑幅度，而未与诈骗未遂的70万元所对应的法定刑幅度相比较，确定全案应当适用的法定刑幅度，存在不当。鉴于本案既遂部分与未遂部分均构成犯罪，根据上述所列第三种处理情形，检察机关所提应当以王新明的犯罪总数额100万元确定法定刑幅度的抗诉意见也存在不当。

（三）对未遂部分，应先进行是否减轻处罚的评价，再确定其对应的法定刑幅度

在既遂与未遂并存且未遂部分对应的法定刑幅度重于既遂部分对应的法定刑幅度的情况下，比较难处理的是如何确定未遂部分对应的法定刑幅度，尽管《诈骗案件解释》规定了既遂与未遂并存以分别对应的法定刑幅度择一重的处理原则，但并没有明确如何确定未遂部分对应的法定刑幅度，以及能否对未遂部分减轻、如何减轻等具体问题。对此，实践中存在不同看法。

一种意见认为，直接根据未遂部分的犯罪数额确定对应的法定刑幅度，与既遂部分比较后，择一重确定全案适用的法定刑幅度。如果未遂部分对应的法定刑幅度重，将既遂部分与未遂部分的未遂情节在量刑过程中综合予以

评价；如果既遂部分对应的法定刑幅度重或者一样，则将未遂部分及未遂情节在量刑过程中综合评价。这种方法在实践中简单易行，便于操作。该意见仍然是将未遂部分的未遂情节作为包括既遂部分在内的整个犯罪的未遂情节对待，进而对整个犯罪从轻或者减轻处罚。

但根据该意见，至少在理论上和实务中存在以下两个方面的问题：

1. 在未遂的问题上自相矛盾。根据该意见，对于既遂部分对应的法定刑幅度重于未遂部分对应的法定刑幅度或者一致的，将既遂数额作为刑档数额确定应当适用的法定刑幅度。但是对于未遂部分犯罪数额对应的法定刑幅度重于既遂部分的，则以未遂部分犯罪数额作为刑档数额确定全案适用的法定刑幅度。在全案适用的法定刑幅度确定以后，再根据未遂部分进行减轻处罚，无论是否考虑既遂部分对量刑的影响，均是对全案进行的减轻处罚，而不是单独对未遂部分的减轻处罚，客观上同样陷入了在认定犯罪已经既遂的前提下又认定全案存在未遂情节的理论困境。

2. 如果允许减轻处罚，导致裁量幅度过大，在既遂部分与未遂部分分别对应的法定刑幅度差别较小的情况下，容易出现量刑畸轻的现象。该意见的解决思路，在未遂部分与既遂部分分别对应的法定刑幅度差别较大的情况下，出现的问题较少。以诈骗罪为例，行为人诈骗既遂部分5000元，未遂部分50万元，在没有其他法定减轻情节的情况下，无论是认定全案未遂减轻一档量刑，还是先就未遂部分减轻一档后再考虑既遂部分进行量刑，实践中差别并不大。但是在既遂部分与未遂部分分别对应的法定刑幅度差别较小的情况下，就容易出现量刑畸轻的现象。同样以诈骗为例，如行为人诈骗既遂部分49万元，未遂部分500万元，在没有其他法定减轻情节的情况下，因未遂部分对应法定刑幅度重于既遂部分，从而对全案进行减轻处罚，并不属于法律适用错误。但考虑到既遂部分非常接近第三刑档（即10年以上有期徒刑、无期徒刑）的量刑数额标准，且未遂部分数额远远超过第三刑档的量刑数额标准，上述情形与既遂部分50万元的社会危害性相比较，无疑前者的社会危害性更大，如对前者能够减轻处罚，而后者却不能减轻处罚，量刑显然不均衡。

另一种意见认为，未遂部分的未遂情节应当仅适用于未遂部分，不能适用于整个犯罪。应当根据未遂情节对未遂部分先进行是否减轻的评价后，确定未遂部分对应的法定刑幅度，再与既遂部分进行比较，确定全案适用的法定刑幅度，并将未做评价的既遂数额在量刑时予以考虑。

笔者认为，后一种意见更为妥当。主要理由是：

1. 当未遂部分对应的法定刑幅度重于既遂部分时，在二者对应的法定刑幅度差别较大的情况下，允许减轻适用，能防止量刑畸重。以诈骗罪为例，如果行为人诈骗 50.5 万元，其中 5000 元既遂，50 万元未遂，则需要在诈骗 5000 元既遂和许骗 50 万元未遂分别对应的法定刑幅度之间择一重，如果对 50 万元未遂部分，确定法定刑幅度之前不进行未遂情节的减轻与否的评价，则确定的法定刑幅度为第三量刑档次（即 10 年以上有期徒刑或者无期徒刑），与诈骗 5000 元既遂部分所对应的第一量刑档次（即 3 年有期徒刑以下刑罚）比较后，对被告人量刑的法定刑幅度则为第三量刑档次，即 10 年以上有期徒刑或者无期徒刑。由于整个犯罪已经既遂，对全案不能适用未遂情节，那么在对既遂部分及未遂部分的未遂情节综合评价后，在没有其他法定减轻情节并排除特别减轻的前提下，即使从轻幅度再大，最低也要判处 10 年有期徒刑。而如果行为人诈骗 500 万元或更多，且未遂，即使无其他法定减轻情节，也可以根据未遂情节减轻判处 10 年有期徒刑以下刑罚。然后，就二者的社会危害性比较，实践中很难作出诈骗 500 万元（或者犯罪数额更大）未遂的社会危害性比诈骗 50 万元未遂、5000 元既遂的社会危害性更大的判断，从而导致后者的量刑畸重。所以，在此情况下，在确定与既遂部分比较的未遂部分对应的法定刑幅度时，应当允许先行考虑未遂部分是否需要减轻处罚。

2. 当未遂部分对应的法定刑幅度重于既遂部分时，在二者对应的法定刑幅度差别较小的情况下，先考虑未遂部分是否减轻处罚，有利于发挥既遂部分对未遂部分从宽幅度过大的限制功能，避免量刑畸轻。同样以诈骗为例。如行为人诈骗既遂部分 49 万元，未遂部分 500 万元，且没有其他法定减轻情节。在确定未遂部分 500 万元应当对应（而非直接对应）的法定刑幅度过程中，如不予减轻选择法定刑幅度，自然避免了量刑畸轻情况的发生。这里关注的是，如果综合全案其他案件事实，予以减轻选择法定刑幅度，即《刑法》第二百六十六条的第二量刑档次（即有期徒刑 3 年以上 10 年以下），那么就与诈骗既遂部分 49 万元对应的法定刑幅度一致，根据《诈骗案件解释》第五条的规定，以诈骗罪既遂处罚，也就是以既遂部分犯罪数额作为刑档数额确定法定刑幅度，将未遂部分在量刑中予以考虑。在此过程中，既遂部分体现出了对未遂部分在量刑上从宽幅度过大的限制功能，从而有利于避免量刑畸轻。而在前一种意见中，未遂 500 万元的未遂情节对全案适用，既遂 49 万元仅作为量刑过程中的因素之一影响未遂情节的从宽幅度，而非直接以既遂部分的49万元作为刑档数额且将未遂500万元作为从重因素，既遂部分对未遂部分从宽幅度的限制功能就难以得到有效发挥。

3. 在既遂部分对应的法定刑幅度重于未遂部分或者二者一致时，这样处理能够避免在未遂问题上的自相矛盾。对未遂部分，在与既遂部分比较法定刑幅度轻重时，先进行是否减轻的评价，而不是与既遂部分对应的法定刑幅度进行比较后进行是否减轻的评价，能够将对未遂部分是否减轻的评价限定于未遂部分，而不扩展到包括既遂部分在内的全案犯罪事实，从而避免既认定全案既遂又将未遂部分的未遂情节作为全案未遂情节的情况。

4. 这样处理符合办理类似案件司法解释的要求。上述第二种意见与《诈骗案件解释》第五条规定的精神以及该解释起草者对该条文的阐释是相符的。在该解释的理解与适用文章中，起草者对《诈骗案件解释》第五条进行了阐释，在诈骗既遂与未遂并存且均构成犯罪的情形下，“对于此类案件，首先要分别根据行为人的既遂数额和未遂数额判定其各自所对应的法定刑幅度，未遂部分还需同时考虑可以从轻或者减轻处罚；之后根据比较结果，如果既遂部分所对应的量刑幅度较重，或者既遂、未遂所对应的量刑幅度相同的，以既遂部分所对应的量刑幅度为基础酌情从重处罚；反之，如未遂部分对应的量刑幅度较重的，则以该量刑幅度为基础，酌情从重处罚”①。合同诈骗是从诈骗中分离出来的，二者诸多相似，可以参照适用诈骗的有关规定。

5. 这样做也符合《最高人民法院关于常见犯罪的量刑指导意见》②（以下简称《量刑指导意见》）的规定精神。最高人民法院2013年12月23日印发的该意见指出，具有未成年人犯罪、老年人犯罪、限制行为能力的精神病人犯罪、又聋又哑的人或者盲人犯罪，防卫过当、避险过当、犯罪预备、犯罪未遂、犯罪中止，从犯、胁从犯和教唆犯等量刑情节的，先适用该量刑情节对基准刑进行调节，在此基础上，再适用其他量刑情节进行调节。

（四）未遂部分的未遂情节在量刑中的具体体现

根据《量刑指导意见》中关于量刑步骤的相关规定，量刑过程分为三个

---

① 胡云腾、周加海等：《〈关于办理诈骗刑事案件具体应用法律若干问题的解释〉的理解与适用》，载《人民司法》2011年第9期。

② 现已被2021年6月16日发布的《最高人民法院、最高人民检察院印发关于常见犯罪的量刑指导意见（试行）》（法发〔2021〕21号）废止。

不同阶段，分别为“根据基本犯罪构成事实在相应的法定刑幅度内确定量刑起点；根据其他影响犯罪构成的犯罪数额、犯罪次数、犯罪后果等犯罪事实，在量刑起点的基础上增加刑罚量确定基准刑；根据量刑情节调节基准刑，并综合考虑全案情况，依法确定宣告刑”。据此，如全案认定未遂，则将未遂情节在量刑的第三阶段即根据量刑情节调节基准刑的过程中进行评价。这里需要探讨的是，在既遂与未遂并存且均构成犯罪的情况下，如何体现未遂部分的未遂情节。根据《诈骗案件解释》第五条的规定及前述第二种意见，在既遂与未遂并存且均构成犯罪的情况下，不能将全案认定为未遂，未遂部分的未遂情节不再作为全案量刑情节在量刑的第三阶段即根据量刑情节调节基准刑的过程中进行评价，而是在前两个阶段进行评价，并且由于决定全案适用的法定刑幅度的刑档数额可能是既遂数额也可能是未遂数额，未遂部分的未遂情节的适用在不同案件中就会出现不同的适用情况，从而需要进行具体探讨。

1. 根据既遂数额确定法定刑幅度。在确定量刑起点阶段，首先要根据基本犯罪构成事实确定全案适用的法定刑幅度。对于既遂与未遂并存且均构成犯罪的，由于决定全案适用的法定刑幅度的刑档数可能是既遂数额，也可能是未遂数额，所以确定量刑起点的基本犯罪构成事实既可能是既遂部分犯罪事实，也可能是未遂部分犯罪事实。对于以既遂部分犯罪事实作为基本犯罪构成事实确定量刑起点的，未遂部分犯罪事实作为其他影响犯罪构成的犯罪数额、犯罪次数、犯罪后果等犯罪事实，在根据既遂部分犯罪事实确定的量刑起点的基础上增加刑罚量进而确定基准刑。也就是说，在此过程中，未遂部分犯罪事实连同该部分的未遂情节是作为增加刑罚量的因素即量刑中的从重因素得以体现，这与将未遂情节作为全案适用的量刑情节进行从宽处罚是截然不同的。

2. 根据未遂数额确定法定刑幅度。对于以未遂部分犯罪事实作为基本犯罪构成事实确定量刑起点的，未遂部分犯罪事实作为其他影响犯罪构成的犯罪数额、犯罪次数、犯罪后果等犯罪事实，在根据未遂部分犯罪事实确定的量刑起点的基础上增加刑罚量，进而确定基准刑。这种情况下，未遂部分的未遂情节是在量刑的第一阶段即确定量刑起点阶段进行评价，由于这里不涉及既遂部分犯罪事实，对未遂部分未遂情节的评价仅仅局限于未遂部分犯罪事实范围内，在该阶段对未遂部分未遂情节的评价类似于全案未遂中对未遂情节的评价。因此，无论是否根据未遂部分的未遂情节对确定全案适用的法定刑幅度进行减轻选择，未遂部分的未遂情节在该阶段体现的都是对未遂部分犯罪事实的从宽处罚。这与以既遂部分犯罪事实作为基本犯罪构成事实确定量刑起点后对未遂部分未遂情节的评价是不同的。

在根据未遂数额确定全案适用的法定刑幅度过程中，根据《诈骗案件解释》第五条的规定及前述第二种意见，在与既遂部分对应的法定刑幅度进行轻重比较时，需要就未遂部分的未遂情节是否对未遂数额直接对应的法定刑幅度进行减轻的评价。这里要区分两种情形：第一种情形是不予减轻选择法定刑幅度。在这种情形中，未遂部分的未遂情节并未在法定刑幅度确定过程中得到实际体现，仅仅作为基本犯罪构成事实的一部分在确定量刑起点过程中予以评价；第二种情形是予以减轻选择法定刑幅度。在这种情形中，未遂部分的未遂情节在法定刑幅度确定过程中得到了实际体现，但由于这种体现限于法定刑幅度的减轻选择，未遂情节究竟应从宽到何种程度并未完全体现。因此，要就未遂情节进行完全评价，在减轻选择法定刑幅度之外，还需在之后确定量刑起点的过程中，作为基本犯罪构成事实的一部分进行评价。在这一过程中，对未遂部分的未遂情节进行了两次评价，但并不属于重复评价，只有将两次评价结合起来，才能对未遂部分的未遂情节评价充分。

本案例中，被告人王新明合同诈骗未遂部分70万元，对应法定刑幅度为10年有期徒刑以上刑罚，结合本案的具体情况，应当对该未遂部分减轻处罚，所以确定的未遂部分法定刑幅度应当为3年以上10年以下有期徒刑，与诈骗既遂部分30万元所对应的法定刑幅度一致。参照《诈骗案件解释》第五条的规定，以合同诈骗既遂30万元的犯罪事实作为基本犯罪构成事实，确定全案适用的法定刑幅度，并确定量刑起点。将未遂部分70万元作为其他影响犯罪构成的犯罪数额、犯罪次数、犯罪后果等犯罪事实，确定适当的刑罚增加量，进而在量刑起点的基础上确定基准刑，未遂部分的未遂情节作为未遂部分犯罪事实的一部分，作为量刑过程中的从重因素得以体现。故一审判决根据诈骗既遂的30万元确定法定刑幅度后，并未将未遂部分的70万元在量刑过程中进行评价，存在不当。二审阶段在对未遂部分评价后，认为尽管一审法院未评价未遂部分存在不当，但量刑在总体上适当，故裁定准许撤回上诉，维持原判。

（撰稿：吴光侠 罗鹏飞）

三、典型或常见问题的审理思路

1. 意图实施两项犯罪，但实施一个犯罪预备行为的，是定一罪还是定两罪?[①]

本书观点：为实施特定犯罪而准备工具、制造条件的，应当认定为犯罪预备。同一个行为，不能被两个犯罪构成重复评价。

（1）为实施特定犯罪而准备工具、制造条件的，应当认定为犯罪预备

根据《刑法》第二十二条第一款的规定，犯罪预备是指为了犯罪，准备工具、制造条件的行为。据此，成立犯罪预备应当具有四个特征，即行为人主观上是为了实行犯罪，客观上实施了犯罪预备行为，事实上未能着手实行犯罪，未能着手实行犯罪是由于行为人意志以外的原因。犯罪预备作为故意犯罪的初期形态，虽然还没有着手实行犯罪，但客观上造成了对法益的现实威胁或者侵害的现实可能性，依照刑法应当追究刑事责任；由于预备犯还没有造成犯罪结果，对法益的侵害通常小于既遂犯，因此刑法规定对于预备犯，可以比照既遂犯从轻、减轻或者免除处罚。

犯意表示是指行为人通过一定的方式，将内心的犯罪意图表现于外部的行为。其特征是：①犯意表示是一种单纯将犯罪意图表现于外部的行为；②它需要借助语言、文字或者具体的行为举动等一定的方式被他人所感知；③它是一种犯罪意图的单纯流露，对以后可能实施的犯罪是否易于实行、便于完成尚不能起到制造条件的作用。

犯意表示与犯罪预备的本质区别在于，犯罪预备是对实行犯罪起促进作用的行为，即准备犯罪工具、制造条件，也就是有实现其犯罪故意的行为；而犯意表示只是单纯流露犯意，不是实现犯意的具体行为，没有对法益构成现实威胁，因此，犯意表示并不是我国刑法所规定的可以构成犯罪的“危害社会的行为”，只有建立在为了该犯意表示而“准备工具、制造条件”的基础之上的具体行为，才能评价为“危害社会的行为”从而可能成立犯罪预备。

从成立犯罪预备的核心要求看，仅有犯意表示而没有具体准备工具、制

---

① 观点来源：最高人民法院刑事审判第一、二、三、四、五庭主办：《刑事审判参考》2007 年第 6 集（总第 59 集），法律出版社 2008 年版，第 26－31 页，张某权等抢劫案。

造条件行为的，不能认定为犯罪预备。根据刑法规定，犯罪预备要求的行为包括两类：一类是准备工具，即准备实行犯罪的工具，如购买犯罪工具、制造犯罪工具、改装物品使之适应犯罪需要以及盗窃他人物品作为犯罪工具等。另一类是制造条件，即除准备工具以外的一切为实行犯罪制造条件的预备行为，可以表现为：①制造实行犯罪的客观条件，如调查犯罪场所和被害人行踪、出发前往犯罪场所或者守候被害人的到来、诱骗被害人前往犯罪场所等；②创造实行犯罪的主体条件，如勾结纠集犯罪同伙、寻找共犯等；③制造实行犯罪的现实作案条件，如商议犯罪的实行计划、进行分工等。

（2）同一个行为，不能被两个犯罪构成重复评价

刑法理论上的禁止重复评价原则，是指在定罪量刑时禁止对同一犯罪构成事实予以两次或两次以上的法律评价，据此，当然包括禁止对同一行为被两个或两个以上的犯罪构成同时评价。从功能上讲，该原则是对罪责刑相适应原则的一种贯彻，对于犯罪人的人权保障具有重要意义。

2. 误认尸块为毒品而予以运输的行为应如何定罪处刑？①

本书观点：（1）误认尸块为毒品予以运输，应以运输毒品罪（未遂）定性

行为人意图运输毒品，实际运输尸块的行为，属刑法理论上行为人对事实认识错误的一种，因此不能实现其犯罪目的，属对象不能犯。对于不能犯能否予以治罪，应当区分绝对不能犯与相对不能犯两种情形作出处理。

所谓绝对不能犯，是指行为人出于极端迷信、愚昧无知而采取没有任何客观根据，在任何情况下都不可能产生实际危害结果的手段、方法，企图实现其犯罪意图的情况，如使用“烧香念咒”“画符烧纸”“香灰投毒”等方法杀人等。

所谓相对不能犯，是指行为人在对自己行为的性质及实现行为目的的方法、手段的性质没有发生错误认识的前提下，由于疏忽大意等心理状态造成了对实施犯罪的工具或手段的误认，以致选择了实际上不可能实现其犯罪意图的工具或手段的情况，如误把白糖当砒霜用来投毒等。

绝对不能犯与相对不能犯的主要区别在于：前者意欲实施的行为与其实际实施的行为是一致的，但因使用的手段与目的之间的因果关系是建立在反

---

① 观点来源：最高人民法院刑事审判第一庭编：《刑事审判参考》1999年第5集（总第5集），法律出版社1999年版，第34－39页，胡某、张某筠等故意杀人、运输毒品案。

科学、超自然的基础上，故该种手段行为在任何情况下都不可能引起危害结果发生，不具有实质的社会危害性；后者所认识到的手段与目的之间的因果联系是真实的、有科学根据的，只是因为行为人一时疏忽致使意欲实施的行为与其实际实施的行为形似而质异，才未能造成犯罪结果。否则，其所使用的手段或工具就能合乎规律地引起危害结果发生，实现其犯罪目的。因此，刑法理论上一般认为，绝对不能犯不构成犯罪，而相对不能犯则构成犯罪未遂。

误认尸块为毒品予以运输的行为不属于手段或工具不能犯，当然不能归属绝对不能犯。因对象不能犯不影响对行为人犯罪故意的认定，只对其犯罪形态产生影响，故对两名被告人误认尸块为毒品予以运输的行为，应以运输毒品罪（未遂）定罪。

（2）因对象不能犯形成的犯罪未遂可以从轻处罚

不能犯未遂并非对社会没有危害，在决定对其是否从轻处罚时，应当区分不同情况处理：

其一，对于行为的客观危害性相对较小的，如误把头痛粉当“白粉”（即海洛因）予以出售，因头痛粉对人体健康的危害不大，一般应依法予以从轻或者减轻处罚。

其二，对于行为的客观危害性虽比欲犯之罪较小，但也具有较为严重社会危害性的，如转移、藏匿尸体的行为，客观上必然严重妨害刑事侦查活动，同样具有严重的社会危害性，可以适当予以从轻处罚。

其三，对于行为的客观危害性大于欲犯之罪的，如误把海洛因当作麝香进行走私，因走私毒品罪重于欲犯的走私珍贵动物制品罪，即欲犯较轻之罪而实犯较重之罪，虽然应依法认定犯罪未遂，但一般不能予以从轻处罚。

在司法实践中，应当根据具体案情区分不同情况，决定对不能犯之未遂具体如何处罚。

3. 犯罪预备应如何认定及处理？①

本书观点：仅仅为实施犯罪准备工具，制造条件的，构成犯罪预备。对于预备犯，应当结合社会危害程度决定从轻、减轻或者免除处罚，情节显著轻微危害不大的，可不作为犯罪处理。

---

① 观点来源：最高人民法院刑事审判第一庭、第二庭编：《刑事审判参考》2001 年第 11 集（总第 22 集），法律出版社 2001 年版，第 10－15 页，黄某抢劫案。

（1）犯罪预备的认定

《刑法》第二十二条第一款规定："为了犯罪，准备工具、制造条件的，是犯罪预备。"从上述规定可以看出，犯罪预备具有以下两个基本特征：①行为人主观上是为了犯罪，即行为人实施准备工具、制造条件的行为，是为了顺利地实行犯罪，具有犯罪的目的性。这是预备犯主观犯意的体现，也是预备犯在一定条件下要承担刑事责任的主观根据。认定犯罪预备时，不能忽视该主观特征的重要意义。司法实践中，有的预备行为本身就可以明显地反映出行为人所具有的犯罪目的，但也有的预备行为本身并不能明确或排他地反映出行为人的犯罪目的，如某人买了一把刀，究竟是为了犯罪还是用于其他正当目的，就无法定论。这时，就需要查明并运用其他证据在充分证明行为人买刀确是为了犯罪后，才能认定是犯罪预备，反之，即便有嫌疑，也不能认定。②行为人客观上实施了准备工具或制造条件的行为。准备工具、制造条件的方式是多种多样的，但必须有具体的行为，这是区别犯罪预备与犯意表示的根本所在。犯意表示仅是行为人犯罪意图的单纯言词流露，如扬言杀人，如无进一步的行为，就不可能有什么实际的危害，因而，不具有刑法意义上的社会危害性，属不可罚的行为。而犯罪预备则不然，其已超越了犯意表示，实行了预备行为，具有刑法意义上的社会危害性，因而，也就有了可罚性的客观基础。

需要指出的是，《刑法》第二十二条第一款规定，只是犯罪预备行为的概念，却非预备犯的完整内涵。完整的预备犯概念，还需揭示出犯罪预备与犯罪未遂以及犯罪预备过程中的犯罪中止的区别。结合《刑法》第二十三条第一款、第二十四条第一款有关犯罪未遂和犯罪中止的规定，除上述两个特征外，预备犯还应具有以下两个基本特征：一是尚未着手实行犯罪。是否已经着手实行犯罪，是犯罪预备和犯罪未遂的本质区别。倘若行为人已经着手实行犯罪，那就不可能再有犯罪预备的问题了。判断是否"着手"，刑法理论上向来有客观说和主观说的纷争。如有的客观说者认为，"着手"是犯罪实行行为的开始，只有当行为人已开始实行某种犯罪法定构成要件的行为才是"着手"；有的主观说者认为，凡是根据行为人的行为能够明显识别其犯罪意图时，就可以认定为犯罪着手。理论上的争论，其意无非是想为司法认定"犯罪着手"提供一个整齐划一的标准。我们认为，由于各罪的实行行为千差万别，因而，各罪的"着手"也各有不同，力图总结出一个通用标准，用意虽好，但难免会以偏概全。司法实践中，判断是否“着手”，还是应根据具体案件的具体情况，结合刑法条文的有关规定，具体分析、认定。具体到抢劫案件而言，由于抢劫罪的成立，必须以行为人已实施了暴力、威胁等法定的犯罪方法为要件，因此，只有行为人已开始了实施上述特定的方法行为，才能视为犯罪着手。二是未着手实行犯罪是由于行为人意志以外的原因。这是犯罪预备与预备阶段中的犯罪中止的根本区别。预备阶段中的犯罪中止是指在犯罪预备过程中，行为人自动放弃犯罪预备行为或是在可以着手实行犯罪的情况下，自动放弃着手犯罪。无论何种情形，行为人均必须是主观上自愿主动放弃，而不是因外部原因被迫放弃。

预备阶段中的犯罪中止是指在犯罪预备过程中，行为人自动放弃犯罪预备行为或是在可以着手实行犯罪的情况下，自动放弃着手犯罪。无论何种情形，行为人均必须是主观上自愿主动放弃，而不是因外部原因被迫放弃。

（2）预备犯的处理

我国《刑法》第二十二条第二款规定：“对于预备犯，可以比照既遂犯从轻、减轻或者免除处罚。”单从这一条文来看，似乎我国对预备犯是采均须定罪处罚的原则，至多是定罪免予处罚。其实不然，由于我国《刑法》第十三条在规定犯罪概念时，又同时规定“但是情节显著轻微危害不大的，不认为是犯罪”。因此，司法实践中，对那些情节显著轻微危害不大的预备犯，如一些轻罪的预备犯，不予追究，不仅有依据，而且也是必要的。对预备犯是否定罪，如何量刑，是否从轻，是从轻、减轻还是免除处罚，总的来说，要看其预备行为的社会危害性程度。而衡量犯罪预备行为的社会危害性程度，又无外乎要借助以下因素加以分析，这包括预备实行的犯罪的性质、所准备的工具的类型、制造条件的充分程度等。显然，行为人欲实行犯罪的性质越严重，所准备工具的凶险性、杀伤力越大，制造的条件越充分，犯罪对象面临的危险性越大，预备行为的社会危害性程度也就越大，反之亦然。

4. 教唆他人犯罪，后打消犯意，但未能采取有效手段阻止其他被告人实施犯罪，导致犯罪结果发生，如何定性和处理？[①]

分歧意见：一种意见认为，该情形符合刑法有关犯罪中止的规定，行为

---

① 观点来源：《中国刑事审判指导案例（总则）》，法律出版社2017年版，第78－82页，黄某保等故意伤害案。

人主观上已自动放弃了犯罪故意，客观上通知其他被告人取消实施犯罪计划，但未采取有效措施，阻止他人继续实施犯罪，致伤害结果发生。该行为后果不应由行为人黄某保承担。

另一种意见认为，评价行为人主观故意的变化及其通知其他被告人取消实施犯罪伤害计划的行为，构不构成犯罪中止，应从犯罪的全过程及行为人在共同犯罪中的作用来看。教唆犯的犯罪中止与单个人的犯罪中止有所不同。雇用犯罪人（教唆犯）虽然本人确已放弃犯罪意图，并已明确通知自己的“下家”停止伤害活动，但其上述行为未能有效地阻止其他被告人继续实施犯罪，以致其教唆的犯罪结果发生。因此，不能仅从其单个人的行为就认定其是犯罪中止，应考虑到其作为教唆犯的身份及其在案件发生、发展中的地位和作用。

本书观点：同意第二种意见。

所谓犯罪中止，根据《刑法》第二十四条的规定，是指“在犯罪过程中，自动放弃犯罪或者自动有效地防止犯罪结果发生”。犯罪中止发生在犯罪过程中，而犯罪过程又可包括犯罪预备与犯罪实行两个阶段。因此，犯罪中止可以包括预备阶段的中止和实行阶段的中止两种情况。预备阶段的犯罪中止，就是指条文中“自动放弃犯罪”的情形。也就是说行为人在犯罪预备阶段，只要主观上放弃了犯罪意图，客观上自动停止了犯罪的继续实施，就可以成立犯罪中止。实行阶段的中止，是指行为人已经着手实施犯罪行为以后的中止。实行阶段的中止，如不足以产生危害结果，只要自动停止实行行为即可；如足以产生危害结果的，就必须以“自动有效地防止犯罪结果发生”为必要。对行为人来说，“自动放弃犯罪”或“自动有效地防止犯罪结果发生”，只要满足其中一项即构成犯罪中止。但是我们也应意识到，上述关于犯罪中止的规定，主要是针对单独犯罪这种情形作出的。在单独犯罪中，按照上述规定认定犯罪中止是相对比较容易把握的。但是共同犯罪中也同样存在犯罪中止的情形。由于共同犯罪是由各共犯基于主观上的共同犯罪故意而实施的共同犯罪行为，并形成一个相互联系、相互作用、相互制约的整体，成为犯罪结果发生的共同原因，这就决定了共同犯罪中止有区别于单独犯罪中止的复杂性。比如，教唆犯在实施完其教唆行为后，在其他被教唆人为犯罪进行预备活动时，仅是其个人表示放弃犯罪意图，或仅仅通知其中一个或几个被教唆人，停止实施其教唆的犯罪行为，也不能认为该教唆犯是“自动放弃犯罪”，从而成立犯罪中止。又如，教唆犯在实施完其教唆行为后，在其他被教唆人已经着手实施犯罪以后，虽其个人意图中止犯罪，但未能积极有效阻止犯罪结果发生，也不能认为该教唆犯成立犯罪中止。

教唆犯一般具有本人不亲自实行犯罪，而是通过把犯罪意图灌输给他人，使他人决意为自己实行某种犯罪的特点，因此，教唆犯要成立犯罪中止，单其本人主观上消极地放弃犯罪意图，客观上消极地不参与实行犯罪或不予提供事前所承诺的帮助、佣金等还不够，其必须还要对被教唆人实施积极的补救行为，如在被教唆人尚未实行犯罪或者在犯罪结果发生之前，及时有效地通知、说服、制止被教唆人停止犯罪预备或实施犯罪行为，彻底放弃犯罪意图，使之没有发生犯罪结果，方能成立犯罪中止。但实践中，也不排除极端的例外，如被教唆人拒不放弃或阳奉阴违，仍然继续实施了该种犯罪。对此，应视为被教唆人已是单独决意犯罪，教唆人得成立犯罪中止。综上，我们认为，教唆犯要构成犯罪中止，其在教唆的预备阶段，只要放弃教唆意图即可；而在其已将犯意灌输给他人以后，则需要对被教唆人采取积极的补救措施从而有效地防止犯罪或犯罪结果的发生。具体地说，在被教唆人实施犯罪预备以前，教唆犯只有在劝说被教唆的人放弃犯罪意图的情况下，才能成立中止；在被教唆的人实施犯罪预备时，教唆犯只有在制止被教唆人的犯罪预备的情况下，才能成立中止；在被教唆的人实行犯罪后而犯罪结果尚未发生时，教唆犯只有在制止被教唆的人继续实行犯罪并有效防止犯罪结果发生时，才能成立中止。上述只是认定教唆犯犯罪中止的一个总的指导原则，由于实践中，雇佣、教唆犯罪千差万别，因此，在具体认定教唆犯的犯罪中止时，还要根据具体案情具体对待。

在单层次的雇佣、教唆关系中，如 A 雇佣、教唆了 B 实施犯罪，A 要成立犯罪中止，只需对 B 实施积极的补救措施即可，如通知 B 取消犯罪意图或计划，停止犯罪预备行为，制止 B 的犯罪实行行为等。在两个以上的多层次的雇佣、教唆关系中，如 A 雇佣、教唆了 B，B 为实施被雇佣、教唆的犯罪又雇佣、教唆了 C，这时认定第一雇佣、教唆人的 A 需要对谁采取积极的补救措施才能成立犯罪中止，就更复杂些。我们认为在这种情况下，还要考虑 A 对其“下家”B 的再雇佣、教唆情况是否明知。如果 A 对其“下家”B 的再雇佣、教唆情况明知，A 要成立犯罪中止，按照犯罪中止彻底性的要求，A 对被 B 雇佣、教唆的 C，同样必须积极采取相应补救措施，至少其要确保 B

能及时有效地通知、说服、制止 C 停止犯罪预备或制止 C 实施犯罪并产生犯罪结果。否则，因此而导致犯罪行为和结果实际发生的，A 对其应承担相应的刑事责任，不能成立犯罪中止。只有这样才能体现此类犯罪的特点，并与犯罪中止的立法意旨相吻合。

教唆他人犯罪，后打消犯意，但未能采取有效手段阻止其他被告人实施犯罪的行为虽然不认定为犯罪中止，但考虑到其在被教唆人实施犯罪预备阶段，主观上能主动放弃犯罪故意，客观上能积极实施一定的补救措施，据此，对其在量刑上予以酌情从轻处罚，也是适宜的。

5. 犯罪中止与犯罪未遂的区别①

本书观点：已经着手实施犯罪，由于犯罪分子意志以外的原因而未得逞的，是犯罪未遂。在犯罪过程中，自动放弃犯罪或者自动有效地防止犯罪结果发生的，是犯罪中止。

犯罪中止是一种比较特殊的犯罪形态，有两种类型，即自动放弃犯罪的犯罪中止和自动有效地防止犯罪结果发生的犯罪中止。犯罪未遂和犯罪中止都是没有完成犯罪的行为状态，二者在以下几个方面均有所不同：

（1）发生的时间不同。犯罪未遂发生在已经着手实施犯罪以后，犯罪预备阶段不存在犯罪未遂。犯罪中止则要求必须在犯罪过程中放弃犯罪，即在实施犯罪预备或者在着手实施犯罪以后，达到既遂以前放弃犯罪，均能构成犯罪中止。未能完成犯罪的原因不同。在犯罪未遂中，犯罪未能得逞是由于行为人意志以外的原因，犯罪的实际结果违背行为人的本意，即欲为而不能为。在犯罪中止中，行为人出于自己的意志而主动放弃当时可以继续实施和完成的犯罪，即能为而不为。这是犯罪中止与犯罪未遂的根本区别。

（2）行为结果不同。犯罪未遂的结果是犯罪未逞，是指行为人没有完成某一犯罪的全部构成要件，并不等于不发生任何损害结果。犯罪中止要求行为人必须彻底地放弃犯罪。自动有效地防止犯罪结果发生的犯罪中止还要求行为人必须有效地防止他已经实施的犯罪行为之法定犯罪结果的发生。

（3）刑事责任不同。根据我国刑法的规定，对于未遂犯，可以比照既遂犯从轻或者减轻处罚；对于中止犯，没有造成损害的，应当免除处罚，造成

---

① 观点来源：最高人民法院刑事审判第一庭、第二庭编：《刑事审判参考》2003 年第 3 集（总第 32 集），法律出版社 2001 年版，第 24 – 28 页，王某帅、邵某喜抢劫、故意杀人案。

损害的，应当减轻处罚。对中止犯的处罚轻于未遂犯，其目的是鼓励犯罪分子不要把犯罪行为进行下去，从而有效地保护国家和人民的利益免遭犯罪的侵害。

需要说明的是，构成共同犯罪，各行为人在主观方面必须具有共同的犯罪故意，在客观方面实施了共同的犯罪行为。但这并不等于说各行为人在共同犯罪中的犯罪形态，就必然是一致的。正如共同犯罪中各行为人的地位、作用会有所不同一样，共同犯罪中各行为人对犯罪后果的心态也可能有所不同。这种差异既可能发生在犯意形成的初始阶段，也可能发生在犯罪实施过程中。

法律对未遂犯和中止犯分别规定了不同的处罚原则，对前者是“得减原则”，对后者则是“必减原则”。所谓“必减原则”，就是无论何种情由，都必须依法给予从宽处罚，不允许有例外。所谓“得减原则”，不是说任意地可以从宽，也可以不从宽。根据立法精神、刑事政策和司法实践，应当是指除个别特殊情形外，原则上应予以从宽处罚。与“必减原则”相比较，审判实践中，较难把握的是“得减原则”，尤其是何为可以不予从宽处罚的个别“特殊情形”。由于犯罪情形的多样性和复杂性，要给出一个普遍适用的标准显然不大可能，只能就个罪或个犯的具体情况而论。对杀人这样的结果犯而言，判断的标准除主观恶性程度外，犯罪所造成的实际后果大小，与法定后果的程度差异以及原因等，也是必须要予以考虑的。例如，虽杀人未遂，但手段残忍致人重伤或者严重残疾的，就可以成为不予从宽处罚的理由。总之，对法律规定可以从轻或减轻处罚而决定不予从轻或减轻处罚的，一定要审慎把握，应当贯彻罪责刑相适应原则。

6. 行为人强奸妇女后，欲杀人灭口，并实施了用手掐、勒被害妇女脖子的行为，后心生恐惧，不忍心下手，遂停止杀人行为，虽未造成被害人死亡，但造成了被害人的颈部勒痕等伤，同时还给被害人的精神造成了极大恐慌。此时，能否认定中止犯罪中的“没有造成损害”？[①]

分歧观点： 1997 年修订刑法时完善了 1979 年刑法关于中止犯的处罚原则，将“损害”概念引入，明确规定“对于中止犯，没有造成损害的，应当

---

① 观点来源：最高人民法院刑事审判第一、二、三、四、五庭主办：《刑事审判参考》2010 年第 1 集（总第 72 集），法律出版社 2010 年版，第 32－37 页，朱某伟强奸、故意杀人案。

免除处罚；造成损害的，应当减轻处罚”。因此，确定损害的内涵对于正确处理中止犯具有重要意义。行为人自动中止了故意杀人行为，属于犯罪中止没有争议，但其对被害人是否造成了刑法意义上的损害，则存在两种不同意见：

一种意见认为，行为人的行为对被害人造成了损害。《刑法》第二十四条规定的损害是指任何危害后果，不仅包括物质损害，也包括精神损害。朱某伟虽然放弃了犯罪，但是其对被害人掐脖、勒颈的行为既造成了被害人的颈部勒痕等伤，同时还给被害人的精神造成了极大恐慌，属于中止犯的损害，因此依法应对其故意杀人行为减轻处罚。

另一种意见认为，行为人的行为虽然对被害人造成了一定损伤，但尚未达到刑法意义上的损害。刑法意义上的损害是指具有严重社会危害性的危害后果，必须达到刑法评价的严重程度。行为人对被害人掐脖、勒颈的行为虽然造成了被害人颈部勒痕等轻微伤，但法律规定情节显著轻微危害不大的，不作为犯罪处理。因此，该中止行为没有造成刑法意义上的损害，故应依照法律规定对其免除处罚。

本书观点：我们同意第二种意见，行为人故意杀人的中止行为没有对被害人造成刑法意义上的损害，依法应当对其故意杀人犯罪免予刑事处罚。

犯罪中止是指在犯罪过程中，自动放弃犯罪或者自动有效地防止犯罪结果发生的情形。对于中止犯，由于犯罪人在能够完成犯罪的情况下主动放弃犯罪或者积极有效地防止犯罪结果的发生，其主观恶性相对较轻，且没有造成客观危害结果，因此刑法对于中止犯采取了应当减轻处罚或者免除处罚的谦抑态度。根据刑法规定，认定犯罪中止应当满足三个条件：（1）中止的时间性。犯罪中止只能发生在犯罪过程中，既可以发生在犯罪预备阶段，也可以发生在犯罪实行阶段，但在犯罪既遂以后则不存在成立犯罪中止的可能。（2）中止的主动性。犯罪中止必须是基于行为人的主观意愿，这是刑法对于中止犯从轻处罚的重要出发点，也是区分犯罪中止与犯罪未遂的标准，即犯罪中止是能犯而未犯，犯罪未遂却是想犯而不能犯。判断犯罪中止的主动性，主要是看犯罪当时行为人的主观认识，即行为人认识到可以继续实施犯罪但自愿放弃犯罪，如果犯罪客观上已无法完成，行为人认为可以完成但还是放弃犯罪的，同样可以认定为犯罪中止。对于行为人放弃犯罪意图和停止犯罪的动机，不论是基于真诚悔罪，还是惧怕惩罚，抑或认为罪行已经暴露而“被迫放弃”，均不影响犯罪中止主动性的成立。（3）中止的有效性。成立犯罪中止必须放弃犯罪或者有效防止犯罪结果的发生，由于犯罪行为中止没有发生行为人预期追求的犯罪结果，减轻了社会危害，这是刑法对于中止犯从轻处罚的客观根据。

根据以上所论，可以确定中止犯首先要构成犯罪，必须满足《刑法》第十三条关于犯罪概念的规定，即中止犯应当具有严重社会危害性的行为，是能够为刑法所评价的行为，对于那些情节显著轻微、危害不大的行为，不能认定为犯罪，自然也就谈不上成立中止犯的可能。这是确立中止犯惩罚标准“损害”的基本点。因此，中止犯造成的“损害”是建立在犯罪成立评价前提下的，不能等同于一般意义上的损伤。作为刑法规定的中止犯中的“损害”概念：从质的方面来说，损害是指犯罪行为对犯罪对象造成的破坏，根据犯罪对象不同可以分为物质性损害和非物质性损害。物质性损害，如人体机能损伤、物体毁损等，是由以物质为对象的犯罪行为造成的；非物质性损害，如名誉的毁损、人格的损害等，是由以非物质为对象的犯罪行为造成的。从量的方面来说，损害是为刑法所评价的达到一定严重社会危害程度的后果，而不是一般意义上的损伤，否则就存在刑法对中止犯的评价比既遂犯还要严苛的可能，违背刑法设置中止犯的初衷。例如，在不考虑行为人主观方面的情况下，如果一个行为造成被害人轻微伤，如果考虑定故意伤害罪，因该损伤尚未达到刑法评价的严重程度，不能以犯罪追究；但如果认定为故意杀人罪中止犯的损害，则根据刑法规定，应当在三年至十年有期徒刑之间量刑。如此认定中止犯的“损害”，中止犯反而成为法律从严惩处的情节，有违立法初衷。

前述情形中，行为人在能够继续实施杀人行为的情况下主动放弃了犯罪，符合刑法规定的犯罪中止成立条件，应当构成故意杀人罪的中止犯。其杀人行为给被害人造成的危害，从物质性损害角度看造成了被害人颈部勒痕等轻微伤，从非物质性损害角度看对被害人的精神造成了极大恐慌，那么这些是否属于刑法意义上的故意杀人犯罪中止造成的损害呢？我们认为，首先，故意杀人罪的行为人实施故意杀人行为追求的犯罪目的是造成他人的死亡，故意杀人罪作为一种重刑处罚的犯罪，刑法评价其社会危害性主要是从给被害人造成的物质性损害而言的，即对被害人的身体造成的伤害，而并非从精神损害上进行评价，因而故意杀人罪犯罪中止所造成损害应指的是对被害人的身体伤害。因给被害人造成的精神上极大恐慌，不能成为认定故意杀人罪犯罪中止所造成损害的根据。其次，虽然该故意杀人行为客观上给被害人造成颈部勒痕等轻微伤结果，但刑法对于侵犯公民人身权利犯罪追究刑事责任的损害结果要求至少达到轻伤标准，典型的如故意伤害罪，举轻以明重，故意杀人罪作为比故意伤害罪更重的犯罪，亦应对故意杀人犯罪中止的损害进行相应的要求，否则就会出现中止犯反而成为法律从严惩处情节的结果，有违罪刑均衡，也不符合刑法设置中止犯的初衷。因此，对于本案中的轻微伤结果，不能认定为故意杀人罪犯罪中止所造成的损害。

综上，故意杀人行为仅给被害人造成轻微伤，其危害尚未达到刑法惩处的严重程度，故不能认定其犯罪中止造成了损害，依照法律规定，对于该行为应当免除处罚。

7. **对既具有自动性又具有被迫性的放弃重复侵害行为，能否认定犯罪中止？**[①]

分歧意见：第一种意见认为，是犯罪未遂。理由是：行为人在主观上并没有自动放弃杀人的故意，而是在客观上已是白天，路上行人多，被害人有反抗能力，被告人是在担心路人已报警、罪行已败露的心态下，被迫停止犯罪的。因此，被告人是因为意志以外的原因而未达到杀人灭口的目的，应认定为犯罪未遂。

第二种意见认为，是犯罪中止。理由是：被告人在实施故意杀人犯罪的过程中虽然已是白天，过往行人较多，且被告人以不能报警相威胁，但被害人仍在被告人的掌控中，被告人完全可以继续实施和完成故意杀人的犯罪，而被告人却在实施故意杀人的犯罪过程中自动放弃犯罪，应认定为犯罪中止。

本书观点：在具体案件中应当客观分析判断行为人停止犯罪究竟是自动性为主，还是被迫性为主，如果有足够依据判定行为人停止犯罪是以被迫性为主，则可以认定犯罪停止形态为未遂。

区分犯罪中止和犯罪未遂的界限关键要看阻止犯罪达成既遂状态的是“犯罪分子意志以内的原因”还是“犯罪分子意志以外的原因”，也就是犯罪分子未完成犯罪是具有“自动性”还是“被迫性”。犯罪中止体现为“自动性”，是行为人能为而不愿为，即理论界所谓的“能而不欲”；犯罪未遂体现

---

① 观点来源：最高人民法院刑事审判第一、二、三、四、五庭主办：《刑事审判参考》2010 年第 2 集（总第 73 集），法律出版社 2010 年版，第 17－24 页，李某容抢劫、故意案。

为“被迫性”，是行为人愿为而不能为，即理论界所谓的“欲而不能”。但是，在疑难案件中，究竟是“能而不欲”还是“欲而不能”，不那么容易区分。对既具有自动性又具有被迫性的放弃重复侵害行为，能否认定犯罪中止，难点主要体现在：一是侵害行为的重复性。被告人多次实施了以直接追求被害人死亡为目的的侵害行为，但被害人均幸运地存活下来。二是主观故意的反复性。被告人为了杀人灭口，先后实施了多次重复侵害行为，但最终均未导致被害人死亡，其原因除了可能有工具不当、条件所限、被害人身体强健等客观因素外，也应当还有被告人不够心狠手辣或者胆小、经验不足、有所顾虑等因素。由此不难看出，被告人内心是在作斗争的，杀人犯意并不是始终都那么坚决，而是出现过动摇和反复。三是放弃原因的复杂性。客观地说，被告人最终放弃杀人的原因，既有被迫性，也有自动性。被迫性体现在：行人、当时环境等，被告人担心若不放弃，罪行将会败露；被害人还具有一定的反抗能力，致被告人更加没有信心了。综上，被告人在一定程度上是被迫放弃犯罪的。自动性体现在：被告人知难而退，以求自保，在一定程度上也是自动放弃犯罪。至于是自动性多一点，还是被迫性多一点，可谓仁者见仁、智者见智。

我们认为，法官面对现实中千差万别的刑事案件，要解决的根本问题其实只有两个——依法和适当的定罪、量刑。但很多疑难案件往往不是对错分明，难以明辨是非，即使是基于同一事实和证据，从不同的角度和切入点进行分析，也有可能得出完全不同却又都有充分法律依据和理论依据的结论，对这些结论，往往无法直接作出非此即彼的抉择。因此，处理疑难案件不能过于拘泥于以往的经验和现有的理论，不能过于死板地“一刀切”，在面对两难选择时，在不违背法律本意的前提下，以最大限度地在各个方面均达到更好的裁判效果为目的，用更加开阔的思路，更加充分地发挥法官的自由裁量权，把原则性与灵活性、法律效果与社会效果更好地结合起来，依法作出适当的定罪、量刑。

（1）放弃重复侵害行为并不必然属于犯罪中止

“放弃重复实施的侵害行为”的特征主要有主客观两方面的条件：一是客观上，已经实施的侵害行为未能发生预期的危害结果，而且，同时存在继续实施犯罪行为的可能性；二是主观上，认识到可以重复继续实施自己的犯罪行为而放弃重复实施，并且行为人预期的法定结果始终没有发生。一般而言，自动放弃重复侵害行为可以认定为犯罪中止。因为行为人在客观上具备可以继续实施犯罪的条件，主观上对继续实施犯罪的可能性亦有清醒的认识，放弃本来可以继续实施的犯罪行为，表现出放弃犯罪的自觉性。

然而，现实情况非常复杂，必须具体情况具体分析。如果停止犯罪完全是出于被告人的本意，放弃本来可以继续实施的犯罪行为，自然应当认定为犯罪中止。但是，如果不是完全自动地放弃重复侵害行为，而是既有自动性，也有被迫性，就应当实事求是，客观分析判断究竟是自动性为主，还是被迫性为主，如果有足够依据判定行为人停止犯罪是以被迫性为主，则可以认定犯罪停止形态为未遂。

（2）被告人放弃犯罪及救治被害人的被迫性大于自动性

虽然被告人最后放弃犯罪，但认真分析原因，不难发现被告人的被迫性大于自动性。被告人在客观上无法继续实施杀人灭口行为。可见，被告人主要是基于在当时的时间、地点等客观环境下无法继续实施杀人行为的考虑才被迫无奈停止了犯罪，相比较而言，被告人主观上自动放弃的特征不明显，虽然有一定的自动性，但更多的是被迫性。

8. 指认被害人住址并多次参与蹲守，但此后未参与实施抢劫的，是否属于犯罪中止?[①]

本书观点：行为人仅是单纯放弃自己继续犯罪，而未采取措施防止共同犯罪结果的发生，其帮助行为与共同犯罪人后续的抢劫犯罪结果之间具有因果关系，故应认定构成犯罪既遂。

关于共同犯罪的中止，我国刑法没有作出明确规定，需要根据刑法有关犯罪中止和共同犯罪的规定，区分共同实行犯、教唆犯、帮助犯三种共同犯罪形态，运用刑法理论进行分析认定。对于共同实行犯，各共犯人之间按照分工，相互利用，相互配合，共同完成犯罪，其责任原理是“部分实行全部责任”，故只有当共同犯罪人均中止犯罪，没有发生犯罪结果时，才构成整个共同犯罪的中止。对于部分人主动放弃犯罪的，则要根据具体情形认定犯罪停止形态。主要有以下三种情形：第一，如果共同犯罪中的部分人主动放弃犯罪，并有效阻止其他人继续犯罪，或者阻止犯罪结果发生的，主动放弃者

---

① 观点来源：最高人民法院刑事审判第一、二、三、四、五庭主办：《中国刑事审判指导案例（总则）》，法律出版社2017年版，第94－98页，韩某维等抢劫、强奸案。

属于犯罪中止。此种情形下的其他共犯人，如果系经劝说后自动停止犯罪的，也属于犯罪中止。如果系因客观原因而未能完成犯罪的，则属于犯罪未遂。第二，如果共同犯罪中的部分人主动退出，但没有采取任何措施阻止其他共犯继续犯罪的，对主动退出者仍应当认定为犯罪既遂，如因其提前退出而导致在共同犯罪中所起的作用较小，可依法对退出者从轻处罚。第三，如果部分人在实行过程中主动停止犯罪，且积极采取措施阻止其他人继续犯罪，但最终未能有效阻止犯罪结果发生的，对主动退出者是否认定犯罪中止，存在争议。有观点认为，在此种情形下考虑主动退出者为阻止犯罪付出了积极努力，主观恶性和人身危险性明显下降，可以考虑按照犯罪中止或者未遂来处罚。这种观点在主观考虑方面具有一定合理性，但毕竟客观危害结果已经发生，因此司法实践中尚难以认同。目前实践中比较普遍的做法是对主动退出者仍认定为犯罪既遂，但量刑时应当考虑其主动退出并阻止其他共同犯罪人继续完成犯罪的情节，如主动退出者符合从犯特征的，依法认定为从犯，应当从轻处罚。

教唆犯是促使本来没有犯意的人实施犯罪。教唆者在被教唆者产生犯意之后实施犯罪之前撤回自己的教唆，并劝说被教唆者放弃犯罪，但最终未能阻止被教唆者继续实行犯罪的，教唆犯的停止形态应认定为既遂。如果教唆者撤销教唆后，被教唆者接受教唆者的劝说，最终放弃或者有效防止犯罪结果发生的，则教唆犯和实行犯均构成犯罪中止。如果教唆者撤回教唆后，原有的教唆无法对被教唆者提供心理上的支持，被教唆者的犯罪行为是在新的动机作用下实施的，此种情况下教唆犯仍构成犯罪中止。

帮助犯，是指故意帮助他人实行犯罪。这种帮助可以分为物理（有形）帮助和心理（无形）帮助。物理帮助，是指帮助者在他人实行犯罪之前或者实行犯罪过程中给予行为上的帮助，使他人易于实行犯罪或者易于完成犯罪行为。如提供资金、作案工具，传授使用作案工具的方法，提供被害人的住址、电话、作息规律等重要个人信息等。心理帮助，是指帮助者实施的使本有犯意的人强化其犯意的言语激励等行为。帮助犯在提供帮助后，如果主动停止帮助，及时阻止实行犯实施犯罪或者有效防止犯罪结果发生的，可以构成犯罪中止。如果帮助犯在实行犯着手前主动退出犯罪，且已消除其帮助行为与犯罪结果之间的因果关系的，则属于预备阶段的中止。如果帮助犯仅是自行退出，而没有消除已提供的帮助与犯罪结果之间的因果关系的，则属于犯罪既遂。如果帮助犯为消除已提供的帮助付出了诚挚的努力，但仍未能阻止实行犯实施犯罪或者有效防止犯罪结果发生的，虽构成犯罪既遂，但在量刑时对帮助犯为积极阻止犯罪付出的努力应作适当考虑，可以从轻处罚。

综上，我们认为，指认被害人住址并多次参与蹲守，但此后未参与实施抢劫的，不论出于何种原因，可以肯定，系主动放弃继续实施抢劫张某的行为。根据前述分析，行为人在抢劫的共同犯罪中既不属于实行犯，也不属于教唆犯，而属于帮助犯。其提供的帮助包括物理帮助和心理帮助。从物理帮助分析，其指认了被害人的具体住址，并多次参与蹲守。如果缺少这种帮助，共同抢劫就不可能实施成功。从心理帮助分析，行为人虽然不是起意者，但其参与了预谋。行为人多次参与蹲守后，虽然未再继续参与作案，但显然没有消除其物理帮助和心理帮助的影响。之所以抢劫成功，与行为人的帮助行为脱不开干系。行为人要构成犯罪中止，就必须消除其提供的帮助，使其帮助行为与犯罪结果之间断绝因果关系。例如，他可以劝说他人放弃抢劫，或者提前通知被害人做好防范准备，或者及时报警使他人无法继续实施抢劫的行为。但实际情况是，行为人仅是单纯放弃自己继续犯罪，而未采取措施防止共同犯罪结果的发生，其帮助行为与共同犯罪人后续的抢劫犯罪结果之间具有因果关系，故应认定构成犯罪既遂。由于其没有具体实施抢劫行为，所实施的预谋、指认被害人住址等行为在共同犯罪中具有辅助性，可将其认定为从犯。

9. 骗乘出租车欲到目的地抢劫因唯恐被发觉而在中途放弃的，如何定性?①

本书观点：骗乘出租车欲到目的地抢劫因唯恐被发觉而在中途放弃的，应当认定为抢劫预备阶段的犯罪中止。

第一，行为人乘坐出租车，并要求司机行驶至偏僻地点，确实属于确定抢劫目标并为抢劫创造条件的行为，符合刑法关于预备犯罪的规定。

第二，将“乘坐出租车”的行为认定为着手抢劫有过早之嫌。“着手实施犯罪”意味着给法益已经带来急迫的危险。就抢劫罪而言，只有当犯罪行为人使被害人的人身或财产法益面临急迫的危害之时，才宜认定为“着手实施

---

① 观点来源：最高人民法院刑事审判第一、二、三、四、五庭主办：《刑事审判参考》总第76集，法律出版社2011年版，第1-16页，夏某生抢劫、破坏电力设备案。

犯罪”。具体到抢劫出租车这一类型犯罪，“着手实施犯罪”的认定标准应当与其他类型的抢劫犯罪一致，即以出租车司机的人身和财产法益所面临的危险是否具有急迫性来判断。如果犯罪行为人以抢劫为目的乘坐出租车，但还未采取任何暴力、胁迫手段，则法益所面临的危险急迫性并不明显。

第三，一般人携带刀具乘坐出租车的行为，与抢劫行为人在客观方面完全一致。但前者显然无罪，若认定抢劫罪犯此时已经构成“着手实施犯罪”，仅依据被告人的主观故意定罪，难免有主观定罪之嫌。

综上，无论是采取犯罪中止的主观说，即被告人担心实施抢劫有可能被发觉而自动放弃犯罪，还是采取认定犯罪中止的客观说，即以一般人观点来看，在当时情况下行为人仍有实施抢劫之可能性而自动放弃犯罪，均可认为行为人的行为构成犯罪中止，即抢劫预备阶段的中止。

10. 间接故意犯罪是否存在未遂形态？①

本书观点：间接故意犯罪不存在未遂形态，行为人如果出于间接故意而实施危害行为，没有造成法定后果的，不构成相应犯罪的未遂。

犯罪未遂的成立一般应具备以下三个特征：第一，行为人已经着手实施犯罪，即行为人开始实施刑法分则规定的犯罪构成要件中具体的犯罪行为。至于是否实行完毕，不影响犯罪未遂的成立。第二，没有发生犯罪分子所追求的危害结果。这是区别犯罪未遂与既遂的主要标志。第三，没有发生危害结果是犯罪分子意志以外的原因所致。这一特征将犯罪未遂与犯罪中止区别开来。

间接故意行为人的行为，是一种不计后果的行为，即对其行为可能造成的危害后果，都是行为人放任心理所包含的内容，并非单纯地希望发生危害结果。正因为在间接故意中，行为人对危害结果的发生与否是持一种放任态度，当法律上的危害结果发生时，则已成立犯罪既遂，如果没有造成危害后果的，也是行为人这种放任心理所包含的，而不是什么意志以外的原因所致，无所谓“得逞”与否，犯罪未遂也就无从谈起了。

11. 犯罪预备与犯罪未遂的区分②

本书观点：犯罪预备与犯罪未遂都是犯罪的未完成形态，二者均因犯罪

---

① 观点来源：最高人民法院刑事审判第一庭、第二庭编：《刑事审判参考》2001 年第 10 集（总第 21 集），法律出版社 2001 年版，第 13 - 17 页，曹某金故意杀人案。

② 案例来源：广东省佛山市中级人民法院（2013）佛中法刑一初字第 102 号刑事判决、广东省高级人民法院（2014）粤高法刑一终字第 115 号刑事裁定，贾某锋等贩卖、运输毒品案。

人意志以外的原因而未能继续，如能继续则都可能既遂，故需要对其进行刑法评价。但是二者在犯罪进展的阶段不同，所具有的社会危害性不同，反映出行为人的主观恶性和人身危险性也有不同，因此准确区分二者，对于正确定罪量刑具有重要意义。根据刑法规定，犯罪预备是为实行犯罪而准备工具、制造条件；犯罪未遂是已经着手实行犯罪，因此是否着手实行犯罪是区分二者的关键特征。所谓着手实行犯罪，是指刑法分则规定的犯罪构成要件所包含的实行行为已经开始还尚未结束，已经着手的就是犯罪未遂，尚未着手的就是犯罪预备。

12. **行为人预谋盗掘古墓葬并实施了利用工具打洞探测等行为，后因劳累而休息时被抓获，属于犯罪预备还是犯罪中止？**①

本书观点：犯罪预备和犯罪中止均是犯罪的未完成形态，前者是在准备阶段因行为人意志以外的原因而没有继续，后者则是行为人主动停止犯罪或者有效防止犯罪结果发生，因此在一个犯罪行为中，行为人是不可能同时具有犯罪预备和犯罪中止两种形态的。在预备阶段主动停止的，应认定犯罪中止；在预备阶段因意志以外的原因停止的，则是犯罪预备。行为人预谋盗掘古墓葬并实施了利用工具打洞探测等行为，是为挖掘古墓葬制造条件，符合犯罪预备的法律规定，但此时行为人并没有放弃挖掘古墓葬的意图，仅因劳累而暂时中止，如果没有被警察抓获，行为人还会继续实施犯罪行为，故行为人从主观上并没有彻底放弃实施犯罪，不符合刑法对于犯罪中止的规定，应认定犯罪预备。

13. **多次抢劫犯罪的如何认定犯罪未遂？**②

本书观点：根据《最高人民法院关于审理抢劫、抢夺刑事案件适用法律若干问题的意见》中“抢劫罪的既遂、未遂的认定”，抢劫罪侵犯的是复杂客体，既侵犯财产权利又侵犯人身权利，具备劫取财物或者造成他人轻伤以上后果两者之一的，均属抢劫既遂；既未劫取财物，又未造成他人人身伤害后果的，属抢劫未遂。据此，《刑法》第二百六十三条规定的八种处罚情节中除“抢劫致人重伤、死亡的”这一结果加重情节之外，其余七种处罚情节同样存在既遂、未遂问题，其中属抢劫未遂的，应当根据刑法关于加重情节的法定

---

① 案例来源：河南省汤阴县人民法院（2013）汤刑初字第98号刑事判决，河南省安阳市中级人民法院（2013）安中刑二终字第221号刑事判决，昌某虎等盗掘古墓葬案。

② 案例来源：重庆市永川区人民法院（2012）永法刑初字第00577号刑事判决，张某峰等抢劫案。

刑规定，结合未遂犯的处理原则量刑。本案涉及的是“多次抢劫”的既遂未遂问题。“多次抢劫”是法定的加重处罚情节，其以抢劫次数作为加重处罚的考虑，故只要实施了三次以上抢劫的，就应当根据本款的法定刑规定来定罪量刑。如果行为人实施了三次抢劫，前两次既遂、最后一次未遂，能否对“多次抢劫”评价为未遂，我们认为不可以。在多次犯罪作为加重处罚情节考虑时，只有每次犯罪均是未遂的，才能认定全部未遂；只有部分未遂的，则不能全部认定未遂，否则存在放纵犯罪之嫌，只能在具体量刑时对部分未遂的事实酌情予以考量，体现个性化量刑，以实现罪责刑均衡。

四、疑难、复杂问题的参考性解答

1. 犯罪预备行为人为什么要承担刑事责任？

本书观点：（1）主观基础。行为人在犯罪预备阶段实施了犯罪预备行为，表明其主观上具有实施犯罪的直接故意，而且，犯罪预备的目的是顺利地实行犯罪。这是预备犯承担刑事责任的主观基础。虽然并非每个犯罪行为都有预备阶段，但任何犯罪在经过预备之后，就比未经预备容易完成。例如故意杀人罪，事前备好凶器、经过调查以后，就易于得手，实现犯罪意图更有可能。因此，为了犯罪而预备，已表明行为人在主观上具备了犯罪故意，这是预备犯承担刑事责任的主观基础。

（2）客观基础。行为人在客观上实施了为犯罪创造条件的预备行为。犯罪预备行为，在客观上主要表现为两方面：①准备犯罪工具。②制造犯罪条件。

（3）行为人在着手实施犯罪前停止犯罪，并非出于行为人的意志，而是基于行为人意志以外的原因而停止。例如，行为人为杀人而在制造爆炸物时，被人发现，夺下了炸药，阻止其爆炸杀人；抢劫团伙为抢劫银行，已经策划好行动方案，准备了手枪、面罩、汽车等作案工具，因有人告发而在行动之前被公安机关抓获。行为人为了犯罪，实施了预备行为，最终未能着手实行犯罪而被迫停止，是由于行为人意志以外的原因，并非出于行为人的本意。这一特征是犯罪预备与犯罪中止相区别的标志。

2. 犯罪预备与犯意表示如何区别？

本书观点：犯意表示，是指行为人在实施犯罪活动以前，通过口头或者书面方式，单纯表达自己的犯罪意图。犯意表示属于思想范畴，不能作为定罪的根据。这种单纯的犯意表示，对他未来的犯罪不起任何作用，它不是实行犯罪的必要条件。可见，犯意表示与犯罪预备，都是行为人以一定的动态方式所表达的主观犯罪意图，两者有密切的联系。犯意表示是犯罪预备的思想基础；犯罪预备则是犯意表示的客观行为。但两者又有原则的区别：犯意表示，仅仅是一种犯罪意思的流露，虽然有错误，但没有也不可能对社会造成实际危害，不具有犯罪构成的内容，不是犯罪行为；犯罪预备，则是为着手实行犯罪而准备条件，对社会存在实际的威胁，具有社会危害性，属于犯罪行为。

共同犯罪的犯意表示具有不同的特点，它往往与犯罪预备相互渗透，成为犯罪预备的一个组成部分。共同犯罪的犯意表示，是指两个以上的行为人，通过交流犯罪思想动机、目的而形成的共同犯罪意图。这种思想交流，如果经过进一步的商议，决定共同实施犯罪，商定了实施犯罪的计划和方法，那就不再是共同犯罪表示，而是为犯罪实行准备条件，即成为犯罪预备了。这时就不是单纯地暴露犯罪意图，而是为了拉拢对方一起干，并商量行动计划，就是为犯罪准备条件的行为，即由犯意表示转化为犯罪预备。

正确区分犯罪预备与犯意表示，对于划清罪与非罪的界限，具有重要的实践意义。一方面，可以避免把属于思想范畴的犯意表示，例如，只是扬言杀人，说点激愤的气话、错话，或者在日记中流露出反动思想等，错当作犯罪来处理；另一方面，又可避免把本来属于犯罪预备的行为，比如，商定实施犯罪的计划和方法等犯罪活动，错当作思想问题处理而放纵犯罪。

3. **如何确定犯罪预备的刑事责任？**

本书观点：对于预备犯，可以比照既遂犯从轻、减轻处罚或者免除处罚。

在审判实践中，确定预备犯的刑事责任时，要注意以下问题：

（1）区分实施预备犯罪的不同性质

不同的犯罪性质，社会危害大小不相同。一般说，同是预备行为，破坏军事设施的危害性要大于破坏民用设施；准备炸毁一个工厂的破坏性要大于准备毁坏一台普通机器；准备非法剥夺他人生命的行为要大于准备伤害人身健康的行为。

（2）区分实施预备犯罪的不同手段

手段不同，社会危害性的程度也不同。有的手段十分残酷、恶劣，有的手段则属于一般。

（3）区分预备犯罪的不同准备程度

准备程度的不同，反映着具有不同程度的社会危害性。预备犯准备犯罪工具越齐全，策划越周密，制造犯罪条件越充分，对社会的危害也就越大。

对于预备行为情节显著轻微危害不大的，可不认为是犯罪，不予判刑；对于危险性较大的，则可以比照既遂犯从轻、减轻处罚，或者免除处罚。但是，可以从轻、减轻或者免除处罚，不是必须这样做，应视案件具体情况而定。对于个别重罪，情节特别恶劣、主观恶性大的，也可以不从轻、减轻处罚。当然，在一般情况下，预备行为比较轻，还是要从轻、减轻或者免除处罚的。

4. 如何理解犯罪未遂构成要件中的行为人“已着手实行犯罪”？

本书观点：所谓“着手”，是指犯罪行为人已经开始实行刑法分则规定的某一具体犯罪构成客观要件的行为。从犯罪发展的过程看，着手不是犯罪预备行为的结束，而是犯罪实行行为的开始。例如，行为人已经将毒物投向公众饮水源，可视为已经着手实行投放危险物质罪的实行行为；行为人已经对被害人进行口头恐吓或显示暴力，可视为已经着手实行抢劫罪的实行行为。作为犯罪构成要件的行为，虽然因具体案件不同而不同，但仍有其自身特点：它已开始侵害犯罪客体，且明知能够造成危害结果的发生；如果没有犯罪分子意志以外的原因出现，而让它无阻碍地发展下去，该种犯罪就会完成。而犯罪预备不具有上述特点。在“着手”以前，小偷尾随事主，是盗窃罪的预备；杀人犯买刀、磨刀、携刀，或者借枪、携枪寻找被害人，是故意杀人罪的预备。由此可见，犯罪分子是否“着手”，是区别犯罪预备与犯罪未遂的根本标准。

正确理解和认识“着手”，应注意以下几个问题：

（1）着手，是犯罪实行行为的起点，它是实行行为的不可分割的有机组成部分。着手不是独立于实行行为之前的一种与实行行为紧密相接的行为，也不是犯罪预备行为的终了行为。着手标志着犯罪实行阶段和实行行为的开始，同时也宣告犯罪预备阶段和预备行为的结束。正因为着手在犯罪发展过程中具有这种属性，它才能成为划分犯罪未遂和犯罪预备的主要标志。

（2）着手，表明行为人决意实施犯罪，已从追求犯罪结果发生的预备行为转为直接追求犯罪结果发生的实行行为。着手行为是犯罪分子主观的、内在的犯罪决心在外界的客观表现，体现了具体犯罪构成主客观要件的统一。着手具备主客观两个基本特征：主观上，行为人实行犯罪的意志已经通过着手行为充分表现出来，而不同于在此之前预备实行犯罪的意志；客观上，行为人已开始直接实施具体犯罪构成客观方面的实行行为，这种行为已不再属于预备性质，而是实行犯罪的性质，已使刑法所保护的客体面临实际的侵害和威胁，如果不遇意外，有形的或无形的危害结果将合乎规律地发生。这两个主客观基本特征的结合，从犯罪构成的整体上反映了着手行为的社会危害性及其程度，也给认定着手提供了一般标准。

（3）如何确定“着手”，在实践中是个比较困难的问题。因为犯罪是个极为复杂的社会现象。各种不同的犯罪，其“着手”的表现形式和内容，也是各式各样的。例如，实行放火的，“一擦燃火柴”或者“点燃其他引火物”；撬门盗窃的，“一撬锁”；等等。这些不同的表现形式说明，犯罪中的“着手”，并没有一个固定不变的形式。因此，具体确定某一犯罪是否着手，还要根据全面案情，按照刑法分则有关条文规定的客观要件进行具体分析、判断。

在审判实践中，衡量犯罪分子是否已经“着手”实行犯罪，一般是从以下四个方面考虑：

第一，实行的行为必须实际接触或者接近犯罪对象。

例如，杀人犯已经举刀对准了受害者，这就表明杀人行为已经开始，已经指向并危及犯罪对象的安全。但如果杀人犯仍在路边等候，被害者还未出现不能认为杀人已经着手，仍应属犯罪预备的行为。

第二，着手实行的行为必须对犯罪的对象造成了直接威胁。

如果没有这种实际威胁，即使已经接触或者接近犯罪对象，也不能认为是犯罪着手。例如，犯罪分子对被害人的尾随，是一种为犯罪制造条件的行为，而不是直接实行犯罪的着手。“尾随”行为，对犯罪客体只是一种间接的潜在威胁，尚未直接危及犯罪对象的安全。其行为完全符合犯罪预备行为的本质和要求。只有再往前发展一步，直接指向犯罪对象，造成了实际的威胁，才能视为行为人实行犯罪的着手。

第三，着手实行的行为必须能够直接引起危害后果的发生。

着手实行犯罪以后的行为，只要没有受到外力的阻止或者行为人自动放弃犯罪，这种行为就能够直接对犯罪客体造成危害结果。比如爆炸犯点燃引火索或者接好引爆电源的行为，其本身就会造成不特定多数人的人身伤亡或者重大公私财物的毁损；投毒犯将毒物放入被害人食物内的行为，就会导致被害人死亡结果的发生。因此，凡是行为自身能够直接造成或者引起犯罪结果发生的，就是着手实行犯罪；如果行为本身不具有上述性能，就不能认为是着手实行。

第四，着手实行的行为必须能表现其犯罪的意图。

着手实行犯罪是行为人主观犯罪意图和客观犯罪行为的统一，即主观上的犯罪意图驱使和支配行为人去实行犯罪，客观上的犯罪行为反映出行为人的犯罪意图。因此，着手实行犯罪的行为都能够比较明显地表露出行为人主观犯罪意图，或者说使其犯罪意图客观化。比如举刀或者用枪支对准被害人，就可看出是行凶杀人；将手偷偷地伸入他人衣袋，就反映出意图窃取财物。如果一个人的行为还不能反映出其主观上有犯罪意图，比如购买火柴的行为，既可能是为了吸烟，也可能是准备放火，就不能认为是着手实行犯罪。

要正确地认定行为人是否着手实行犯罪，必须充分认识和掌握着手实行犯罪行为的上述特征，从预备行为与实行行为的区别上把握着手实行犯罪行为的性质和作用。根据刑法分则对具体犯罪行为的规定，分类把握各种具体犯罪构成实行行为的特点，按照不同犯罪实行行为的具体组成，分别分析认定，才能作出正确的结论。

5. 如何认定犯罪未遂要件中的“犯罪未得逞”?

本书观点：所谓没有得逞，是指犯罪行为人没有完成某一犯罪的全部构成要件，即没有完成犯罪。犯罪是否得逞，这是区分犯罪未遂与犯罪既遂的主要标志。认定犯罪未遂要件中的“犯罪未得逞”，需注意以下两个问题：

（1）不能把没有达到犯罪目的或者没有产生犯罪结果，一概视为犯罪没有得逞

虽然有些犯罪在很多情况下以没有达到犯罪目的为未遂，但是没有达到犯罪目的的不一定都是未遂。因为有些犯罪，法律并不要求有结果的发生。例如，行为犯、危险犯等。有些犯罪，例如过失犯、举动犯、结果加重犯以及纯粹的不作为犯等，也都不存在“没有得逞”的问题，因此也就不存在未遂。

第一，过失犯。过失犯罪是无意犯罪，行为人不可能为犯罪进行准备，犯罪结果未发生，也不能构成过失犯罪，因而过失犯罪不存在未遂。

第二，举动犯。举动犯是指行为人只要着手实施刑法分则规定的犯罪构成要件即既遂的情形，因此举动犯不存在犯罪未遂。

第三，结果加重犯，是指行为人在实施刑法分则规定的基本犯罪构成要件行为的同时，发生了这一基本构成要件以外没有预见的结果的，就应处以比前一结果重的法定刑。例如，行为人虐待家庭成员，致使被害人肉体上和精神上受到摧残、迫害，情节恶劣的，即已符合《刑法》第二百六十条第一款的规定，构成虐待罪既遂；如果引起被害人重伤、死亡的，就构成本罪的结果加重犯，则应适用该条第二款规定的法定刑。

第四，所谓纯粹的不作为犯，是指某一犯罪只能由不作为构成，不能由作为构成。比如，《刑法》第二百六十一条规定的遗弃罪，负有扶养义务的行为人，在他没有拒绝扶养时，就不能构成本罪；如果他已经拒绝扶养，情节恶劣，则构成遗弃罪既遂。

（2）犯罪没有得逞不等于不发生任何损害结果

如果实际发生的损害结果，不是行为人意图达到的法律规定的损害结果，则不能按实际损害结果确定罪责。例如，故意杀人犯在杀人时遭到被害人反抗，没有把人杀死，只把被害人砍成了重伤，就不能把伤害视为既遂，定为故意伤害罪，仍应按故意杀人未遂定罪。

6. 犯罪未遂的种类有哪些？如何确定不同种类犯罪未遂的刑事责任？

根据刑法理论和司法实践，犯罪未遂主要有以下两种分类标准：

（1）根据犯罪行为实行的程度，可分为实行终了的未遂和未实行终了的未遂

①实行终了的未遂。犯罪分子已经实行完成自己认为必要的行为，由于其意志以外的原因而使犯罪没有得逞。例如，甲想杀乙，在乙的饭里放了毒药，但是，乙发现饭有异味而没有吃，甲的意图未得逞，这就是实行终了的杀人未遂。

②未实行终了的未遂。犯罪分子由于意志以外的原因没有完成他要实行的全部犯罪行为，因而使犯罪没有得逞。例如，甲欲杀乙，刚拔出手枪就被人抓住，未能开枪，即属于未实行终了的杀人未遂。

实行终了的未遂与未实行终了的未遂，表明犯罪行为实行的程度不同，即前者较之后者发生危害结果的程度大，其社会危害性亦较大，在量刑时应予以适当考虑。

（2）以犯罪行为实际能否构成既遂为标准，可分为能犯未遂和不能犯未遂

①能犯未遂。犯罪分子有实际可能完成犯罪达到既遂，但是在着手实行犯罪后，由于犯罪分子意志以外的原因而使犯罪没有得逞。如甲欲杀乙朝乙开枪，但未打中，当场被捉住，属于杀人的能犯未遂。因为，利用有效的枪支如果击中要害是可以致人死亡的。

②不能犯未遂。犯罪分子因对事实认识错误，而不可能完成犯罪，即根本不可能达到既遂的犯罪未遂。不能犯未遂又分为工具不能犯未遂和对象不能犯未遂。不能犯未遂的行为人在主观上具有实行犯罪的故意，在客观上实行了刑法分则所规定的行为，只是由于对犯罪对象和犯罪工具产生了错误的认识，才不可能完成犯罪。因此，不能犯未遂是具有社会危害性的行为，应当负刑事责任。但是，如果由于行为人出于愚昧无知的迷信思想，采用在实际上根本不可能发生任何危害结果的方法去加害他人，即所谓的迷信犯，如采用诅咒的方法杀人、采用针扎纸人的方法杀人等，因并不会产生实际的危害性，故不能认为是犯罪。

将犯罪未遂分为能犯未遂和不能犯未遂，其意义就在于：能犯未遂有发生危害结果的实际可能性，而不能犯未遂则没有这种实际可能性。一般地说，能犯未遂要比不能犯未遂对社会的现实危害性大，在量刑时应予以区别对待。

7. 如何确定犯罪未遂的刑事责任？

《刑法》第二十三条第二款规定："对于未遂犯，可以比照既遂犯从轻或者减轻处罚。"从行为的社会危害性分析，犯罪未遂与预备、中止相比，其社会危害性的程度都要大，而与犯罪既遂相比则要小。未遂与预备、中止、既遂之间，只有危害程度的差异，而没有实质的区别。因而，刑法对未遂犯的处罚，不仅与既遂犯不同，亦与预备犯、中止犯不同。

（1）对未遂犯的处罚，是可以比照既遂犯从轻或者减轻处罚，但不是应当从轻或减轻处罚。根据案件的具体情况，有的也可以不从轻或者不减轻处罚。比如故意杀人致人重伤造成严重残疾，被害人成植物人，处于生不如死的状态，司法实践中对此类案件被告人判处死刑的并不鲜见。

第一，对于可以比照既遂犯从轻、减轻处罚的，在具体量刑时，主要考虑以下几个因素：①未遂行为距离犯罪既遂的远近程度。一般说，距离犯罪既遂远的，从轻或者减轻的幅度要大；而距离犯罪既遂近的，从轻或者减轻

的幅度要小。②未遂行为的不同类型。一般说，实行终了的未遂，其社会危害性相对要大于未实行终了的未遂；能犯未遂相对要重于不能犯未遂。如果在其他条件相同的情况下，后者从轻、减轻的幅度要大些。③实际的危害后果。没有实际损害的与有实际损害的，损害较轻的与损害较重的，其从轻、减轻的幅度也应有差别。

第二，对于具有下列情形的未遂犯，也可以不从轻或者不减轻处罚：①累犯；②惯犯；③犯罪情节特别恶劣，手段特别残酷，民愤很大的；④危害后果严重的（如造成被害人自杀或者精神受到严重摧残）；⑤特别严重地危害国家利益的（如劫机、劫船案件）。

第三，在罪责相同的前提下，必须比照既遂犯适用同一量刑幅度。例如，强奸罪，根据《刑法》第二百三十六条的规定，如果被告人犯罪情节一般，依法应按第一款的规定判处三年以上十年以下有期徒刑；那么，具有同样情节的强奸未遂犯，也应按这一量刑幅度去从轻、减轻，而不能按第三款规定的判处十年以上有期徒刑、无期徒刑或者死刑的刑罚去从轻、减轻。

（2）未遂犯的处罚应相对重于预备犯、中止犯，而轻于既遂犯。犯罪未遂虽然没有完成犯罪，但由于其客观上已着手实行犯罪，主观上又未放弃犯罪意图，因此，从法律上讲，对未遂犯不能免除处罚。但是，未遂犯如果符合《刑法》第三十七条规定，属于犯罪情节轻微，不需要判处刑罚的，或者有其他法定免除处罚的条件的，也可以免除处罚。

8. 盗窃财物后被人发现又将财物返还的行为是既遂、未遂还是中止?

本书观点：当行为人实施盗窃财物得手后又被人发现，行为人出于害怕或者其他心理原因，又将盗窃得手的物品自动返还原主的如何认定，在司法实践中经常遇见。有的人认为，应当按照犯罪未遂处理；有的人认为，应当按照犯罪中止处理；还有的人认为，应当按照犯罪既遂处理。这里涉及的主要是犯罪既遂、犯罪未遂和犯罪中止三者之间的区分问题。

盗窃财物后被人发现又将财物返还的行为，从阶段结果上看，具有犯罪既遂的形态，因为行为人确实已将阶段性盗窃行为实施完毕；从危害结果上看，又具有犯罪未遂的形式，因为行为人并没有达到自己的犯罪目的，被盗窃财物最终没有被行为人所占有；从行为人主观方面看，又具有犯罪中止的内容，因为行为人是自动将被盗物品返还原主，似乎又等同于行为人自动有效防止犯罪结果发生的因素。我们认为，实践中的许多具体案例具有不同的犯罪情节，有的犯罪情节往往会成为认定不同犯罪性质的依据，因此，必须结合案件的具体情况来认定。

首先，类似情况不构成犯罪中止，犯罪中止的主要特征是犯罪人主观上的自动性，这种自动性是发自行为人内心的情愿，不是在外来压力下的自动，虽然有时行为人也可能受一些客观因素的影响，但行为人如果不自动中止犯罪，这些客观因素也不会起决定作用。

其次，类似情况不构成犯罪未遂，因为犯罪未遂是一种未完成形态，而行为人将盗窃物盗走后才予以返还，其实施的盗窃行为本身已经完成，盗窃对象已经实际控制在行为人手中，如果又否认前面已经实施完毕的行为来认定未遂，就不符合盗窃罪的特征。

因此，类似情况只能认定为盗窃既遂，行为人在被发现后将盗窃财物返还的行为，可以视为一种退赃行为，在量刑时予以考虑。还有相似的情形，例如，盗窃人在窃走财物途中被他人追赶而将财物扔掉的行为，也应当视为盗窃既遂，而不应当认为盗窃目的没有达到将其作为盗窃未遂处理。

9. 如何正确理解犯罪中止的概念和构成？

犯罪中止是一种比较特殊的犯罪形态，是指犯罪分子在犯罪过程中，自动放弃犯罪或者自动有效地防止犯罪结果发生的行为状态。它既可以发生在犯罪的预备过程中，也可以发生在犯罪的实行过程中，还可以发生在犯罪实行终了而结果尚未发生的过程中。刑法规定犯罪中止，其主要意义就是鼓励犯罪分子不要把犯罪行为进行下去，从而有效地保护国家和人民的利益免遭犯罪侵害。

犯罪中止有两种情况：一种是自动放弃犯罪。这是指在犯罪过程中，犯罪分子自动停止其犯罪行为，因而没有发生犯罪结果。实际中多数属于这种中止。另一种是自动而有效地防止犯罪结果的发生。这是指犯罪行为实行终了以后，犯罪结果尚未发生之前，犯罪分子自动有效地防止了犯罪结果的发生。

构成犯罪中止，必须同时具备以下三个条件：

（1）必须在犯罪过程中放弃犯罪

在犯罪过程中放弃犯罪，这是犯罪中止的时间性标志。犯罪过程，一般认为包括犯罪预备阶段和犯罪实行阶段。犯罪中止的特点在于自觉放弃犯罪，不使犯罪结果发生。如果犯罪行为一旦既遂，实现了犯罪预期的结果，也就不存在中止的问题。因此，犯罪分子只有在实施犯罪预备或者在着手实施犯罪以后、达到既遂以前，自动停止犯罪，中止才能成立。在犯罪既遂以后，再自动弥补犯罪所造成的损失，或者返还原物的，如盗窃犯将盗得的财物自动退还原主；故意伤人后又主动为被害人治疗，都不能算作自动中止，而只能作为犯罪后的态度问题，在量刑时予以适当考虑。同时，也不能把犯罪分子在犯罪未遂后的悔罪表现当成犯罪中止。

（2）必须是犯罪分子自动放弃犯罪

所谓自动放弃犯罪，是指犯罪分子本来有条件把犯罪进行到底，直到发生他所希望的危害结果，但是他却按照自己的意志自动放弃了犯罪意图，停止了犯罪活动。因此，犯罪中止又叫作自动中止。中止的自动性，是犯罪中止的本质特征，是区别于犯罪预备和犯罪未遂的根本标志。犯罪未遂表现为欲为而不能为；犯罪中止则表现为能为而不为，即在当时的环境、条件下，行为人认为自己能够继续完成犯罪而自动放弃犯罪。如果当时的环境、条件，客观上并不阻碍犯罪行为继续进行，而行为人误认为条件不利而被迫放弃犯罪，则属意志以外的原因，仍构成犯罪未遂，而不能认为是犯罪中止。例如，盗窃犯入室盗窃，恰逢隔壁有人敲门，误认为事主返回，即跳窗逃离。这不具有自动性。如果当时的环境、条件，客观上不可能完成犯罪，而行为人认为能够完成而自动停止的，仍应认为具有自动性。例如，意图爆炸杀人，将早已失效的炸药包放置在被害人家门口，刚点燃导火线，又幡然悔悟而自动将火熄灭。虽然失效的炸药包不可能被引爆，但行为人误认为能引爆而自动停止，故仍应属于犯罪中止，而不能以犯罪未遂论处。只有在犯罪分子主观上认为完全有条件完成犯罪行为的情况下，自觉自愿地放弃犯罪意图，停止犯罪活动，才是自动中止。任何客观上的阻碍或者被迫放弃犯罪，都不是犯罪中止。

犯罪分子自动放弃犯罪的思想动机是多种多样的，不管出于什么样的思想动机，只要是自动放弃了犯罪行为，都不影响犯罪中止的成立。但在处理或者量刑时可分别适当考虑。

（3）必须是犯罪分子彻底地放弃犯罪或者自动而有效地防止犯罪结果的发生

此即犯罪中止的彻底性和有效性。

第一，关于彻底放弃犯罪。它是指犯罪分子自动放弃犯罪是坚决、完全的，而不是暂时停止，以后再干。放弃的彻底性表明犯罪分子中止犯罪的决心和真诚悔悟的程度。如果犯罪分子只是由于准备不充分，时机不成熟，条件不具备而暂时停止犯罪，等待条件适宜时再犯罪的，不应认为是犯罪中止。彻底放弃犯罪，仅仅是指彻底放弃了已经预备或者着手实行的某个具体的犯罪，而不能把它理解为以后任何时候都不再犯罪。中止的彻底性是相对于某一具体犯罪行为而言的。只要是犯罪人彻底放弃了他当时实施的某一具体犯罪的意图，彻底停止了这一犯罪行为，就可以构成犯罪中止，而不应该理解为犯罪人永远不再犯同类罪。犯罪人彻底放弃这次犯罪之后，将来基于其他原因重新起意再犯了同类罪的，也不影响上次犯罪中止的构成。

第二，关于自动有效地防止犯罪结果发生。它是指行为人防止犯罪结果发生的有效性，即必须没有发生犯罪人原来预期的那种犯罪结果。这包括两种情况：一是犯罪人在犯罪行为没有实施完毕以前，只要停止进一步实施犯罪行为，就可以避免犯罪结果的发生。例如，犯罪人已经准备好了犯罪工具，但不再着手实行犯罪，或者虽然已经着手实行犯罪，但中途又自动停止了犯罪行为，不将犯罪进行到底，这都是有效地防止了犯罪结果的发生。二是犯罪人已将犯罪行为全部实施终了，但预期的犯罪结果尚未发生。这种情况下要中止犯罪，行为人必须采取措施有效地防止犯罪结果的发生。如果采取的措施无效，并未阻止犯罪结果的发生，则构成犯罪既遂。如果是他人采取措施有效地防止了犯罪结果的发生，则构成犯罪未遂。

由于犯罪中止出现的情况不同，有效地防止犯罪结果发生的难易程度亦有别。在犯罪行为尚未实行终了的情况下，只要犯罪分子自动停止犯罪行为的实施，就能有效地防止危害结果的发生。当犯罪行为实行终了而犯罪结果即将发生的时候，这就需要犯罪分子不仅自动停止犯罪行为，而且还必须采取积极有效的措施去防止犯罪结果的发生，才能避免其犯罪行为给社会造成实际的危害。因此，为了使国家和人民利益免受犯罪行为的实际危害，刑法鼓励犯罪分子中止犯罪，更鼓励其在犯罪的预备阶段和实行阶段中止犯罪。

10. 如何认定放弃重复侵害行为的性质问题？

本书观点：放弃重复侵害行为符合犯罪中止的条件。

所谓放弃重复侵害行为，是指犯罪分子持用足可即时发生犯罪结果的工具着手实行犯罪，但因其意志以外的原因而没有发生犯罪结果。在他认为自己还有条件实施重复侵害并可达到预期危害结果的时候，却自动放弃了能够继续进行的重复侵害行为，从而使犯罪结果不再发生的情况。我们认为，放弃重复侵害行为符合犯罪中止的条件。

首先，放弃重复侵害行为发生在犯罪过程中。刑法意义上的侵害行为，可以是人体的单个举动或者动作，也可以是由几个连续举动或者动作组成的一个整体行为。放弃重复侵害的行为本身就说明侵害行为尚在实行过程中，还存在继续实行侵害的条件。

其次，放弃重复侵害行为是自动的。因为行为人是在认为自己还能够把犯罪进行到底的情况下，放弃犯罪意图，不再实行侵害行为，因此不具有被迫性。

再次，放弃重复侵害行为，有效地防止了犯罪结果的发生。

最后，刑法上确立犯罪中止制度的目的就在于鼓励犯罪分子在犯罪结果发生之前，自动放弃犯罪，有效地防止犯罪结果的发生。而放弃重复侵害，正是犯罪分子在实行犯罪的过程中，自动放弃犯罪意图，停止了能够再次实施的重复侵害行为，并避免了犯罪结果的发生。因此，将放弃重复侵害行为认定为犯罪中止，这是符合立法精神的。在司法实践中，把这种情况作为犯罪中止处理，对于鼓励犯罪分子在实施犯罪的关键时刻权衡利害，从而避免造成严重危害后果，是有积极意义的。

11. **如何认定共同犯罪的中止犯？**

本书观点：根据刑法规定，共同犯罪是两人以上共同故意犯罪，共同犯罪的各行为人之间不仅具有共同的犯罪行为，还要有共同的犯罪故意，即共同犯罪行为是一个有机统一的整体，每个共同犯罪行为人相互配合、相互依赖，共同促成犯罪成立，因此共同犯罪行为人都要对共同的犯罪结果承担责任。如果共同犯罪中的部分人员要中止犯罪，不仅要有效中止自己的犯罪行为，还要积极阻止共同犯罪的其他人员继续实施犯罪或者有效防止整个共同犯罪结果的发生。如果共同犯罪的部分人员仅是中止了自己的犯罪行为，没有阻碍其他人员继续实施犯罪行为，说明行为人主观上并没有彻底放弃共同犯罪的念头，共同犯罪经其他同案犯人员实施依然既遂的，则共同犯罪的人员都应当承担犯罪既遂的责任。例如，三人预谋盗窃，一人负责望风，两人进屋盗窃。负责望风的人在望风时自觉害怕，悄悄离开现场，没有继续望风也没有参与后续赃物的分割，但是盗窃行为经另外两名同伙实施依然既遂的，则望风之人也要对既遂的盗窃行为承担刑事责任。

但是，在处理此类中止行为时，也有一些特殊情况需要注意。第一种情况是行为人不仅中止了自己的行为，而且采取积极措施防止他人继续实施犯罪，但是由于其他同案犯的努力犯罪结果依然发生。对于此种情况，如果能够认定行为人确实具有中止共同犯罪的意图，客观上也采取了力所能及的行为，虽然未能阻止犯罪结果的发生，但是对于行为人可以认定犯罪中止。第二种情况是行为人是共同犯罪的实行者，其他共同犯罪人负责准备工具、制造条件或者是教唆者等，当行为人中止继续实行犯罪或者虽实行终了但有效防止犯罪结果发生的，其虽没有阻止其他共同犯罪人的犯罪预备或者教唆行为，但整个共同犯罪因其一人的中止行为即可全部中止，则对于这样的行为也可认定犯罪中止。

12. **如何区分中断犯罪与犯罪中止？**

本书观点：犯罪中止与中断犯罪都是在犯罪过程中，行为人因某种主客观因素而停止犯罪行为。但两者是有显著区别的。所谓中断犯罪，是指犯罪行为人在实施犯罪过程中，因主客观因素的制约，暂时放弃犯罪行为，待妨碍犯罪进行的因素消失后再继续进行犯罪的情形。在司法实践中，必须注意把自动中止与被迫中断区别开来。例如，强奸犯刚要强奸时，听到房门响声，以为有人来了，即起身逃跑。这属于犯罪中断，而不是犯罪中止。犯罪被迫中断，仍然属于犯罪未遂。

犯罪中止与中断犯罪的区别主要表现在：（1）犯罪中止是无条件地放弃犯罪，不存在以后再继续进行该犯罪行为的可能；而中断犯罪则是有条件的暂时的停顿，待以后阻止犯罪进行的条件消失后还要继续进行。（2）犯罪中止是犯罪行为人主观上具有放弃犯罪的真实意图，其犯罪目的已经从行为人心理上消失；而中断犯罪在犯罪行为人主观上并没有放弃犯罪的意图，其犯罪目的也没有消失，实施犯罪的犯罪意志因素仍然存在。（3）犯罪中止是刑法中的一种犯罪形态，刑法对犯罪中止也作了明文规定；而中断犯罪本身不是一种独立的犯罪形态，而是故意犯罪中的一个情节，刑法也没有对中断犯罪作任何规定。

需要说明的是，如果犯罪行为中断在着手实行犯罪之前的预备阶段，是犯罪预备；中断在着手实行犯罪之后的实行阶段，是犯罪未遂。

13. **如何判断外界因素对犯罪中止的影响？**

法学界对此存在三种观点。第一种观点认为，自动中止必须是行为人在没有任何外界因素影响的情况下主动中止犯罪，即绝对自动论。第二种观点认为，外界因素对犯罪的完成只是一种条件因素，而犯罪中止的决定因素还是犯罪者本人，即内因决定论。第三种观点认为，各种因素对犯罪意志的影响是有区别的，应当查明对犯罪中止起主要作用的因素，即作用论。

本书观点：以上观点都不能圆满地解决外界因素对犯罪中止影响的关键性问题。我们认为，外界因素中，有的确实可能成为促使犯罪人中止犯罪行为的决定力量，而有的即使看上去影响较大，但终不是促使犯罪人中止犯罪行为的决定因素。在考虑外界因素对犯罪中止的影响时，必须结合犯罪人的主观因素综合分析。

以下三种情况应当以犯罪中止论：（1）不存在影响犯罪中止的任何障碍，犯罪行为人也没有因外界因素而受到影响即停止犯罪行为的；（2）虽然存在外界因素的影响，但这些因素不能成为促使犯罪人放弃犯罪意图的决定因素，行为人在这种情况下中止了犯罪的；（3）存在外界因素的影响，并且外界因素也足以在客观上阻止犯罪的进行，但行为人当时并没有意识到外界因素的影响，即外界影响实质上没有对行为人的意志发生作用，而是因为行为人自己的悔悟、害怕或者其他原因停止犯罪的。

以下两种情况不应当视为犯罪中止：（1）外界因素虽然在客观上不足以阻止犯罪的进行，但由于行为人产生了认识上的错误或者精神上受到威胁，因而停止犯罪的，不是犯罪的中止，而是犯罪预备或者犯罪未遂。（2）外界因素从客观上完全可以阻止犯罪行为的进行，并且行为人主观上也已经认识到自己难以完成犯罪，这种因为客观力量对行为人的阻止作用致使其犯罪停止的情况，不能以犯罪中止论处。例如，行为人企图盗窃银行现金潜入库房后，银行安置的警报拉响，行为人听到警报声停止了犯罪行为，这种情况属于犯罪未遂，不是犯罪中止。

14. **中止犯的刑事责任如何确定？**

本书观点：犯罪中止具有其特殊的犯罪构成要件，是犯罪的一种未完成形态。其主观上有实施犯罪的故意，客观上已有犯罪预备行为或着手实施犯罪的行为，因而已具备追究刑事责任的主观基础和客观基础。但考虑到中止犯能自动停止犯罪，客观上已避免了犯罪结果的发生，社会危害性大大减轻，主观上已表明有较大程度的悔悟，人身危险性明显减弱，因而对中止犯应比未遂犯或预备犯作出更为宽大的处理。

《刑法》第二十四条第二款规定：“对于中止犯，没有造成损害的，应当免除处罚；造成损害的，应当减轻处罚。”因此，刑法对中止犯的处理，首先要考虑是否造成损害，依照有无损害后果，决定是免除处罚，还是减轻处罚。而且强调的是“应当”，而不是“可以”。在司法实践中，对于没有任何损害结果或者损害不大的，一般都应当免除处罚。对于已经造成一定危害后果或性质严重的中止犯，则应根据犯罪的具体情况减轻处罚。刑法对中止犯规定了比预备犯、未遂犯更轻的刑事责任，是符合罪刑相适应原则的，对于预防和减少犯罪具有积极意义。

第三节　共同犯罪

一、刑法规定

第二十五条　共同犯罪是指二人以上共同故意犯罪。

二人以上共同过失犯罪，不以共同犯罪论处；应当负刑事责任的，按照他们所犯的罪分别处罚。

第二十六条　组织、领导犯罪集团进行犯罪活动的或者在共同犯罪中起主要作用的，是主犯。

三人以上为共同实施犯罪而组成的较为固定的犯罪组织，是犯罪集团。

对组织、领导犯罪集团的首要分子，按照集团所犯的全部罪行处罚。

对于第三款规定以外的主犯，应当按照其所参与的或者组织、指挥的全部犯罪处罚。

第二十七条　在共同犯罪中起次要或者辅助作用的，是从犯。

对于从犯，应当从轻、减轻处罚或者免除处罚。

第二十八条　对于被胁迫参加犯罪的，应当按照他的犯罪情节减轻处罚或者免除处罚。

第二十九条　教唆他人犯罪的，应当按照他在共同犯罪中所起的作用处罚。教唆不满十八周岁的人犯罪的，应当从重处罚。

如果被教唆的人没有犯被教唆的罪，对于教唆犯，可以从轻或者减轻处罚。

二、司法解释、司法文件及其权威解读

1. **最高人民法院关于审理贪污、职务侵占案件如何认定共同犯罪几个问题的解释**（法释〔2000〕15号，自2000年7月8日起施行）

第一条　行为人与国家工作人员勾结，利用国家工作人员的职务便利，共同侵吞、窃取、骗取或者以其他手段非法占有公共财物的，以贪污罪共犯论处。

第二条　行为人与公司、企业或者其他单位的人员勾结，利用公司、企业或者其他单位人员的职务便利，共同将该单位财物非法占为己有，数额较大的，以职务侵占罪共犯论处。

第三条　公司、企业或者其他单位中，不具有国家工作人员身份的人与国家工作人员勾结，分别利用各自的职务便利，共同将本单位财物非法占为己有的，按照主犯的犯罪性质定罪。

权威解读

《关于审理贪污、职务侵占案件如何认定共同犯罪几个问题的解释》的理解与适用

司法实践中，贪污、职务侵占案件共同犯罪的情形比较复杂，特别是内外勾结的共同犯罪案件，在适用法律定罪处罚方面都遇到一些新情况、新问题。为准确适用法律，最高人民法院于2000年6月30日发布了《关于审理贪污、职务侵占案件如何认定共同犯罪几个问题的解释》（以下简称《贪污、职务侵占案件解释》），对实践中遇到的有关共同贪污、职务侵占犯罪的三个具体问题作出了规定。

一、关于利用国家工作人员的职务便利共同侵吞、窃取、骗取或者以其他手段非法占有公共财物以贪污罪的共犯论处问题

根据《刑法》第三百八十二条第三款与国家工作人员和受委托管理、经营国有财产的人员勾结，伙同贪污的，以共犯论处的规定，《贪污、职务侵占案件解释》第一条规定："行为人与国家工作人员勾结，利用国家工作人员的职务便利，共同侵吞、窃取、骗取或者以其他手段非法占有公共财物的，以贪污罪共犯论处。"需要注意的是，《贪污、职务侵占案件解释》中虽然只规定与国家工作人员共同贪污的情况，但不能据此得出只有与"国家工作人员"

共同贪污的，才能认定为贪污共犯。《贪污、职务侵占案件解释》这样规定只是为了表述上简明而已，实际的含义应当理解为：行为人与贪污罪的主体共同非法占有公共财物的，均以贪污罪共犯论处。也就是说，行为人与受委托管理、经营国有财产人员勾结，利用受委托管理、经营国有财产的人员的职务便利，共同侵吞、窃取、骗取或者以其他手段非法占有公共财物的，也要以贪污罪共犯论处。

二、关于利用公司、企业或者其他单位人员的职务便利共同非法占有该单位财物，数额较大的，以职务侵占罪的共犯论处问题

根据《刑法》第九十三条第二款、第三百八十二条第二款和第二百七十一条第二款的规定，刑法意义上的公司、企业或者其他单位人员，可分三类：第一类是以“国家工作人员”论的人员；第二类是受委托管理、经营国有财产的人员；第三类既不属于“国家工作人员”，也不是受委托管理、经营国有财产的人员。前两类人员是贪污罪的主体，后一类是职务侵占罪的主体。《贪污、职务侵占案件解释》第二条提到的“公司、企业或者其他单位的人员”，实际上是指《刑法》第二百七十一条第一款规定的职务侵占罪的主体，行为人与他们勾结，利用其职务便利，共同非法占有公司、企业或者其他单位财物的，以职务侵占罪共犯论处。

三、关于非国有公司、企业或者其他非国有单位中，非国家工作人员与国家工作人员勾结，分别利用各自的职务便利，共同将本单位财物非法占为己有的行为如何认定问题

对此，实践中有不同认识：

一种意见认为，应当依照《刑法》第三百八十二条和第二百七十一条第一款的规定，分别以贪污罪和职务侵占罪定罪处罚。主要理由是：刑法对贪污行为和职务侵占行为分别规定了相应的处罚，明确表明了两者的区别。因此，对于公司、企业或者其他单位中，非国家工作人员与国家工作人员分别利用了各自职务上的便利，共同将本单位财物非法占为己有，依照刑法的规定分别定罪处罚，能够体现罪、责、刑相适应的原则。

另一种意见认为，虽然可以依法对上述行为分别定罪处罚，但是由于贪污罪的法定刑较之职务侵占罪重，假设在这种共同犯罪中国家工作人员是从犯，非国家工作人员是主犯，如果分别定罪，就有可能出现对从犯量刑比主犯重的情况，将会违背刑法有关共同犯罪处罚的规定，导致主、从犯的量刑

失衡，甚至对整个案件从轻处罚，影响对此类犯罪行为的打击力度。根据《刑法》第三百八十二条第三款的规定，以贪污罪共犯定罪处罚既有充足的法律依据，又可避免出现上述问题。

笔者认为，上述两种意见都有一定道理，但也值得商榷。依法分别定罪固然可以最大限度体现“罪、责、刑相适应原则”，但在有些具体案件中确实可能会出现不符合刑法有关共同犯罪的处罚规定，导致案件处理不能收到良好的社会效果。这种共同犯罪的特点在于，行为人分别利用各自的职务便利，共同将本单位财物非法占为己有。如果不加区分，一律以贪污罪共犯论处，则缺乏对公司、企业或者其他单位中非国家工作人员职务犯罪行为的刑罚评价，与立法本意也不完全吻合。因此，《贪污、职务侵占案件解释》第三条规定，对这种共同犯罪形式，应当“按照主犯的犯罪性质定罪”。即如果国家工作人员是主犯的，对处于从犯地位的公司、企业或者其他单位中非国家工作人员，应当以贪污罪共犯定罪处罚；反之，则应当以职务侵占罪的共犯论处。

此外，对《贪污、职务侵占案件解释》第三条中出现的“国家工作人员”也不能作狭隘的理解，前文已有说明，不再赘述。

（撰稿：孙军工）

2. 最高人民法院、最高人民检察院关于办理渎职刑事案件适用法律若干问题的解释（一）（法释〔2012〕18号，自2013年1月9日起施行）（节录）

第四条　国家机关工作人员实施渎职行为，放纵他人犯罪或者帮助他人逃避刑事处罚，构成犯罪的，依照渎职罪的规定定罪处罚。

国家机关工作人员与他人共谋，利用其职务行为帮助他人实施其他犯罪行为，同时构成渎职犯罪和共谋实施的其他犯罪共犯的，依照处罚较重的规定定罪处罚。

国家机关工作人员与他人共谋，既利用其职务行为帮助他人实施其他犯罪，又以非职务行为与他人共同实施该其他犯罪行为，同时构成渎职犯罪和其他犯罪的共犯的，依照数罪并罚的规定定罪处罚。

3. 最高人民法院关于审理挪用公款案件具体应用法律若干问题的解释（法释〔1998〕9号，自1998年5月9日起施行）（节录）

第八条　挪用公款给他人使用，使用人与挪用人共谋，指使或者参与策划取得挪用款的，以挪用公款罪的共犯定罪处罚。

4. **最高人民法院、最高人民检察院关于办理利用信息网络实施诽谤等刑事案件适用法律若干问题的解释**（法释〔2013〕21号，自2013年9月10日起施行）（节录）

第八条 明知他人利用信息网络实施诽谤、寻衅滋事、敲诈勒索、非法经营等犯罪，为其提供资金、场所、技术支持等帮助的，以共同犯罪论处。

5. **最高人民法院、最高人民检察院关于办理敲诈勒索刑事案件适用法律若干问题的解释**（法释〔2013〕10号，自2013年4月27日起施行）（节录）

第七条 明知他人实施敲诈勒索犯罪，为其提供信用卡、手机卡、通讯工具、通讯传输通道、网络技术支持等帮助的，以共同犯罪论处。

6. **最高人民法院关于审理破坏公用电信设施刑事案件具体应用法律若干问题的解释**（法释〔2004〕21号，自2005年1月11日起施行）（节录）

第四条 指使、组织、教唆他人实施本解释规定的故意犯罪行为的，按照共犯定罪处罚。

7. **最高人民法院、最高人民检察院关于办理与盗窃、抢劫、诈骗、抢夺机动车相关刑事案件具体应用法律若干问题的解释**（法释〔2007〕11号，自2007年5月11日起施行）（节录）

第四条 实施本解释第一条、第二条、第三条第一款或者第三款规定的行为，事前与盗窃、抢劫、诈骗、抢夺机动车的犯罪分子通谋的，以盗窃罪、抢劫罪、诈骗罪、抢夺罪的共犯论处。

8. **最高人民法院、最高人民检察院关于办理商业贿赂刑事案件适用法律若干问题的意见**（法发〔2008〕33号，自2008年11月20日起施行）（节录）

十一、非国家工作人员与国家工作人员通谋，共同收受他人财物，构成共同犯罪的，根据双方利用职务便利的具体情形分别定罪追究刑事责任：（1）利用国家工作人员的职务便利为他人谋取利益的，以受贿罪追究刑事责任。（2）利用非国家工作人员的职务便利为他人谋取利益的，以非国家工作人员受贿罪追究刑事责任。（3）分别利用各自的职务便利为他人谋取利益的，按照主犯的犯罪性质追究刑事责任，不能分清主从犯的，可以受贿罪追究刑事责任。

9. **全国法院审理经济犯罪案件工作座谈会纪要**（法〔2003〕167号，自2003年11月13日起施行）（节录）

（五）共同受贿犯罪的认定

根据刑法关于共同犯罪的规定，非国家工作人员与国家工作人员勾结，伙同受贿的，应当以受贿罪的共犯追究刑事责任。非国家工作人员是否构成受贿罪共犯，取决于双方有无共同受贿的故意和行为，国家工作人员的近亲属向国家工作人员代为转达请托事项，收受请托人财物并告知该国家工作人员，或者国家工作人员明知其近亲属收受了他人财物，仍按照近亲属的要求利用职权为他人谋取利益的，对该国家工作人员应认定为受贿罪，其近亲属以受贿罪共犯论处。近亲属以外的其他人与国家工作人员通谋，由国家工作人员利用职务上的便利为请托人谋取利益，收受请托人财物后双方共同占有的，构成受贿罪共犯。国家工作人员利用职务上的便利为他人谋取利益，并指定他人将财物送给其他人，构成犯罪的，应以受贿罪定罪处罚。

10. **最高人民法院、最高人民检察院关于办理诈骗刑事案件具体应用法律若干问题的解释**（法释〔2011〕7号，自2011年4月8日起施行）（节录）

第七条 明知他人实施诈骗犯罪，为其提供信用卡、手机卡、通讯工具、通讯传输通道、网络技术支持、费用结算等帮助的，以共同犯罪论处。

11. **最高人民法院、最高人民检察院关于办理盗窃油气、破坏油气设备等刑事案件具体应用法律若干问题的解释**（法释〔2007〕3号，自2007年1月19日起施行）（节录）

第三条 盗窃油气或者正在使用的油气设备，构成犯罪，但未危害公共安全的，依照刑法第二百六十四条的规定，以盗窃罪定罪处罚。

盗窃油气，数额巨大但尚未运离现场的，以盗窃未遂定罪处罚。

为他人盗窃油气而偷开油气井、油气管道等油气设备阀门排放油气或者提供其他帮助的，以盗窃罪的共犯定罪处罚。

第五条 明知是盗窃犯罪所得的油气或者油气设备，而予以窝藏、转移、收购、加工、代为销售或者以其他方法掩饰、隐瞒的，依照刑法第三百一十二条的规定定罪处罚。

实施前款规定的犯罪行为，事前通谋的，以盗窃犯罪的共犯定罪处罚。

12. **最高人民法院关于审理交通肇事刑事案件具体应用法律若干问题的解释**（法释〔2000〕33号，自2000年11月21日起施行）（节录）

第五条 “因逃逸致人死亡”，是指行为人在交通肇事后为逃避法律追究而逃跑，致使被害人因得不到救助而死亡的情形。

交通肇事后，单位主管人员、机动车辆所有人、承包人或者乘车人指使肇事人逃逸，致使被害人因得不到救助而死亡的，以交通肇事罪的共犯论处。

13. 最高人民法院、最高人民检察院、公安部、司法部关于依法惩治拐卖妇女儿童犯罪的意见（法发〔2010〕7号，自2010年3月15日起施行）（节录）

22. 明知他人系拐卖儿童的“人贩子”，仍然利用从事诊疗、福利救助等工作的便利或者了解被拐卖方情况的条件，居间介绍的，以拐卖儿童罪的共犯论处。

23. 对于拐卖妇女、儿童犯罪的共犯，应当根据各被告人在共同犯罪中的分工、地位、作用，参与拐卖的人数、次数，以及分赃数额等，准确区分主从犯。

对于组织、领导、指挥拐卖妇女、儿童的某一个或者某几个犯罪环节，或者积极参与实施拐骗、绑架、收买、贩卖、接送、中转妇女、儿童等犯罪行为，起主要作用的，应当认定为主犯。

对于仅提供被拐卖妇女、儿童信息或者相关证明文件，或者进行居间介绍，起辅助或者次要作用，没有获利或者获利较少的，一般可认定为从犯。

对于各被告人在共同犯罪中的地位、作用区别不明显的，可以不区分主从犯。

14. 最高人民法院、最高人民检察院、公安部关于办理走私、非法买卖麻黄碱类复方制剂等刑事案件适用法律若干问题的意见（法发〔2012〕12号，自2012年6月18日起施行）（节录）

三、关于共同犯罪的认定

明知他人利用麻黄碱类制毒物品制造毒品，向其提供麻黄碱类复方制剂，为其利用麻黄碱类复方制剂加工、提炼制毒物品，或者为其获取、利用麻黄碱类复方制剂提供其他帮助的，以制造毒品罪的共犯论处。

明知他人走私或者非法买卖麻黄碱类制毒物品，向其提供麻黄碱类复方制剂，为其利用麻黄碱类复方制剂加工、提炼制毒物品，或者为其获取、利用麻黄碱类复方制剂提供其他帮助的，分别以走私制毒物品罪、非法买卖制毒物品罪的共犯论处。

15. 全国法院毒品犯罪审判工作座谈会纪要（法〔2015〕129号，自2015年5月18日起施行）（节录）

（二）共同犯罪认定问题

办理贩卖毒品案件，应当准确认定居间介绍买卖毒品行为，并与居中倒卖毒品行为相区别。居间介绍者在毒品交易中处于中间人地位，发挥介绍联络作用，通常与交易一方构成共同犯罪，但不以牟利为要件；居中倒卖者属于毒品交易主体，与前后环节的交易对象是上下家关系，直接参与毒品交易并从中获利。居间介绍者受贩毒者委托，为其介绍联络购毒者的，与贩毒者构成贩卖毒品罪的共同犯罪；明知购毒者以贩卖为目的购买毒品，受委托为其介绍联络贩毒者的，与购毒者构成贩卖毒品罪的共同犯罪；受以吸食为目的的购毒者委托，为其介绍联络贩毒者，毒品数量达到刑法第三百四十八条规定的最低数量标准的，一般与购毒者构成非法持有毒品罪的共同犯罪；同时与贩毒者、购毒者共谋，联络促成双方交易的，通常认定与贩毒者构成贩卖毒品罪的共同犯罪。居间介绍者实施为毒品交易主体提供交易信息、介绍交易对象等帮助行为，对促成交易起次要、辅助作用的，应当认定为从犯；对于以居间介绍者的身份介入毒品交易，但在交易中超出居间介绍者的地位，对交易的发起和达成起重要作用的被告人，可以认定为主犯。

两人以上同行运输毒品的，应当从是否明知他人带有毒品，有无共同运输毒品的意思联络，有无实施配合、掩护他人运输毒品的行为等方面综合审查认定是否构成共同犯罪。受雇于同一雇主同行运输毒品，但受雇者之间没有共同犯罪故意，或者虽然明知他人受雇运输毒品，但各自的运输行为相对独立，既没有实施配合、掩护他人运输毒品的行为，又分别按照各自运输的毒品数量领取报酬的，不应认定为共同犯罪。受雇于同一雇主分段运输同一宗毒品，但受雇者之间没有犯罪共谋的，也不应认定为共同犯罪。雇用他人运输毒品的雇主，及其他对受雇者起到一定组织、指挥作用的人员，与各受雇者分别构成运输毒品罪的共同犯罪，对运输的全部毒品数量承担刑事责任。

16. **最高人民法院、最高人民检察院、海关总署关于办理走私刑事案件适用法律若干问题的意见**（法〔2002〕139 号，自 2002 年 7 月 8 日起施行）（节录）

十五、关于刑法第一百五十六条规定的“与走私罪犯通谋”的理解问题

通谋是指犯罪行为人之间事先或者事中形成的共同的走私故意。下列情形可以认定为通谋：

（一）对明知他人从事走私活动而同意为其提供贷款、资金、账号、发票、证明、海关单证，提供运输、保管、邮寄或者其他方便的；

（二）多次为同一走私犯罪分子的走私行为提供前项帮助的。

17. 最高人民法院、最高人民检察院、公安部、司法部关于依法惩治性侵害未成年人犯罪的意见（法发〔2013〕12号，自2013年10月23日起施行）（节录）

24. 介绍、帮助他人奸淫幼女、猥亵儿童的，以强奸罪、猥亵儿童罪的共犯论处。

18. 最高人民法院、最高人民检察院关于办理危害生产安全刑事案件适用法律若干问题的解释（法释〔2015〕22号，自2015年12月16日起施行）（节录）

第九条 在安全事故发生后，与负有报告职责的人员串通，不报或者谎报事故情况，贻误事故抢救，情节严重的，依照刑法第一百三十九条之一的规定，以共犯论处。

19. 最高人民法院、最高人民检察院关于办理妨害武装部队制式服装、车辆号牌管理秩序等刑事案件具体应用法律若干问题的解释（法释〔2011〕16号，自2011年8月1日起施行）（节录）

第五条 明知他人实施刑法第三百七十五条规定的犯罪行为，而为其生产、提供专用材料或者提供资金、账号、技术、生产经营场所等帮助的，以共犯论处。

20. 最高人民法院、最高人民检察院关于办理侵犯知识产权刑事案件具体应用法律若干问题的解释（法释〔2004〕19号，自2004年12月22日起施行）（节录）

第十六条 明知他人实施侵犯知识产权犯罪，而为其提供贷款、资金、账号、发票、证明、许可证件，或者提供生产、经营场所或者运输、储存、代理进出口等便利条件、帮助的，以侵犯知识产权犯罪的共犯论处。

21. 最高人民法院、最高人民检察院关于办理非法生产、销售烟草专卖品等刑事案件具体应用法律若干问题的解释（法释〔2010〕7号，自2010年3月26日起施行）（节录）

第六条 明知他人实施本解释第一条所列犯罪，而为其提供贷款、资金、账号、发票、证明、许可证件，或者提供生产、经营场所、设备、运输、仓储、保管、邮寄、代理进出口等便利条件，或者提供生产技术、卷烟配方的，应当按照共犯追究刑事责任。

22. 全国部分法院审理毒品犯罪案件工作座谈会纪要（法〔2008〕324号，自2008年12月1日起施行）（节录）

九、毒品案件的共同犯罪问题

毒品犯罪中，部分共同犯罪人未到案，如现有证据能够认定已到案被告人为共同犯罪，或者能够认定为主犯或者从犯的，应当依法认定。没有实施毒品犯罪的共同故意，仅在客观上为相互关联的毒品犯罪上下家，不构成共同犯罪，但为了诉讼便利可并案审理。审理毒品共同犯罪案件应当注意以下几个方面的问题：

一是要正确区分主犯和从犯。区分主犯和从犯，应当以各共同犯罪人在毒品共同犯罪中的地位和作用为根据。要从犯意提起、具体行为分工、出资和实际分得毒赃多少以及共犯之间相互关系等方面，比较各个共同犯罪人在共同犯罪中的地位和作用。在毒品共同犯罪中，为主出资者、毒品所有者或者起意、策划、纠集、组织、雇佣、指使他人参与犯罪以及其他起主要作用的是主犯；起次要或者辅助作用的是从犯。受雇佣、受指使实施毒品犯罪的，应根据其在犯罪中实际发挥的作用具体认定为主犯或者从犯。对于确有证据证明在共同犯罪中起次要或者辅助作用的，不能因为其他共同犯罪人未到案而不认定为从犯，甚至将其认定为主犯或者按主犯处罚。只要认定为从犯，无论主犯是否到案，均应依照刑法关于从犯的规定从轻、减轻或者免除处罚。

二是要正确认定共同犯罪案件中主犯和从犯的毒品犯罪数量。对于毒品犯罪集团的首要分子，应按集团毒品犯罪的总数量处罚；对一般共同犯罪的主犯，应按其所参与的或者组织、指挥的毒品犯罪数量处罚；对于从犯，应当按照其所参与的毒品犯罪的数量处罚。

三是要根据行为人在共同犯罪中的作用和罪责大小确定刑罚。不同案件不能简单类比，一个案件的从犯参与犯罪的毒品数量可能比另一案件的主犯参与犯罪的毒品数量大，但对这一案件从犯的处罚不是必然重于另一案件的主犯。共同犯罪中能分清主从犯的，不能因为涉案的毒品数量特别巨大，就不分主从犯而一律将被告人认定为主犯或者实际上都按主犯处罚，一律判处重刑甚至死刑。对于共同犯罪中有多个主犯或者共同犯罪人的，处罚上也应做到区别对待。应当全面考察各主犯或者共同犯罪人在共同犯罪中实际发挥作用的差别，主观恶性和人身危险性方面的差异，对罪责或者人身危险性更大的主犯或者共同犯罪人依法判处更重的刑罚。

23. **最高人民法院关于审理非法出版物刑事案件具体应用法律若干问题的解释**（法释〔1998〕30号，自1998年12月23日起施行）（节录）

第十六条 出版单位与他人事前通谋，向其出售、出租或者以其他形式转让该出版单位的名称、书号、刊号、版号，他人实施本解释第二条、第四条、第八条、第九条、第十条、第十一条规定的行为，构成犯罪的，对该出版单位应当以共犯论处。

24. **最高人民法院、最高人民检察院关于办理赌博刑事案件具体应用法律若干问题的解释**（法释〔2005〕3号，自2005年5月13日起施行）（节录）

第四条 明知他人实施赌博犯罪活动，而为其提供资金、计算机网络、通讯、费用结算等直接帮助的，以赌博罪的共犯论处。

25. **最高人民法院、最高人民检察院关于办理生产、销售伪劣商品刑事案件具体应用法律若干问题的解释**（法释〔2001〕10号，自2001年4月10日起施行）（节录）

第九条 知道或者应当知道他人实施生产、销售伪劣商品犯罪，而为其提供贷款、资金、账号、发票、证明、许可证件，或者提供生产、经营场所或者运输、仓储、保管、邮寄等便利条件，或者提供制假生产技术的，以生产、销售伪劣商品犯罪的共犯论处。

26. **最高人民法院、最高人民检察院关于办理受贿刑事案件适用法律若干问题的意见**（法发〔2007〕22号，2007年7月8日公布施行）（节录）

七、关于由特定关系人收受贿赂问题

国家工作人员利用职务上的便利为请托人谋取利益，授意请托人以本意见所列形式，将有关财物给予特定关系人的，以受贿论处。

特定关系人与国家工作人员通谋，共同实施前款行为的，对特定关系人以受贿罪的共犯论处。特定关系人以外的其他人与国家工作人员通谋，由国家工作人员利用职务上的便利为请托人谋取利益，收受请托人财物后双方共同占有的，以受贿罪的共犯论处。

27. **最高人民法院关于审理骗购外汇、非法买卖外汇刑事案件具体应用法律若干问题的解释**（法释〔1998〕20号，自1998年9月1日起施行）（节录）

第一条 以进行走私、逃汇、洗钱、骗税等犯罪活动为目的，使用虚假、无效的凭证、商业单据或者采取其他手段向外汇指定银行骗购外汇的，应当分别按照刑法分则第三章第二节、第一百九十条、第一百九十一条和第二百零四条等规定定罪处罚。

非国有公司、企业或者其他单位，与国有公司、企业或者其他国有单位勾结逃汇的，以逃汇罪的共犯处罚。

28. **最高人民法院、最高人民检察院关于办理危害药品安全刑事案件适用法律若干问题的解释**（高检发释字〔2022〕1号，自2022年3月6日起施行）（节录）

第九条　明知他人实施危害药品安全犯罪，而有下列情形之一的，以共同犯罪论处：

（一）提供资金、贷款、账号、发票、证明、许可证件的；

（二）提供生产、经营场所、设备或者运输、储存、保管、邮寄、销售渠道等便利条件的；

（三）提供生产技术或者原料、辅料、包装材料、标签、说明书的；

（四）提供虚假药物非临床研究报告、药物临床试验报告及相关材料的；

（五）提供广告宣传的；

（六）提供其他帮助的。

29. **最高人民法院、最高人民检察院关于办理伪造、贩卖伪造的高等院校学历、学位证明刑事案件如何适用法律问题的解释**（法释〔2001〕22号，自2001年7月5日起施行）（节录）

明知是伪造高等院校印章制作的学历、学位证明而贩卖的，以伪造事业单位印章罪的共犯论处。

30. **最高人民法院、最高人民检察院、公安部关于当前办理集团犯罪案件中具体应用法律的若干问题的解答**[①]（〔1984〕法研字第9号，自1984年6月15日起施行）

一、怎样办理团伙犯罪的案件？

办理团伙犯罪的重大案件，应当在党的方针政策指导下，依照刑法和《全国人民代表大会常务委员会关于严惩严重危害社会治安的犯罪分子的决定》的有关规定执行。鉴于在刑法和全国人大常委会的有关决定中，只有共

---

① 该解答依据1979年刑法作出，但其基本精神仍然可在司法实践中参照，故本书将其列出，供司法工作人员在办案时参考。

同犯罪和犯罪集团的规定，在法律文书中，应当统一使用法律规定的提法。即：

办理团伙犯罪案件，凡其中符合刑事犯罪集团基本特征的，应按犯罪集团处理；不符合犯罪集团基本特征的，就按一般共同犯罪处理，并根据其共同犯罪的事实和情节，该重判的重判，该轻判的轻判。

对犯罪团伙既要坚决打击，又必须打准。不要把三人以上共同犯罪，但罪行较轻、危害较小的案件当作犯罪团伙，进而当作“犯罪集团”来严厉打击。

二、在办案实践中怎样认定刑事犯罪集团？

刑事犯罪集团一般应具备下列基本特征：

（1）人数较多（三人以上），重要成员固定或基本固定。

（2）经常纠集一起进行一种或数种严重的刑事犯罪活动。

（3）有明显的首要分子。有的首要分子是在纠集过程中形成的，有的首要分子在纠集开始时就是组织者和领导者。

（4）有预谋地实施犯罪活动。

（5）不论作案次数多少，对社会造成的危害或其具有的危险性都很严重。

刑事犯罪集团的首要分子，是指在该集团中起组织、策划、指挥作用的犯罪分子（见刑法第二十三条、第八十六条）。首要分子可以是一名，也可以不只一名。首要分子应对该集团经过预谋、有共同故意的全部罪行负责。集团的其他成员，应按其地位和作用，分别对其参与实施的具体罪行负责。如果某个成员实施了该集团共同故意犯罪范围以外的其他犯罪，则应由他个人负责。

对单一的犯罪集团，应按其所犯的罪定性；对一个犯罪集团犯多种罪的，应按其主罪定性；犯罪集团成员或一般共同犯罪的共犯，犯数罪的，分别按数罪并罚的原则处罚。

三、为什么对共同犯罪的案件必须坚持全案审判？

办理共同犯罪案件特别是集团犯罪案件，除对其中已逃跑的成员可以另案处理外，一定要把全案的事实查清，然后对应当追究刑事责任的同案人，全案起诉，全案判处。切不要全案事实还没有查清，就急于杀掉首要分子或主犯，或者把案件拆散，分开处理。这样做，不仅可能造成定罪不准，量刑失当，而且会造成死无对证，很容易漏掉同案成员的罪行，甚至漏掉罪犯，难以做到依法“从重从快，一网打尽”。

四、办理犯罪集团和一般共同犯罪中的重大案件，怎样执行党的政策，做到区别对待？

办理上述两类案件，应根据犯罪分子在犯罪活动中的地位、作用及危害大小，依照党的政策和刑法、全国人大常委会有关决定的规定，实行区别对待。

对犯罪集团的首要分子和其他主犯，一般共同犯罪中的重大案件的主犯，应依法从重严惩，其中罪行特别严重、不杀不足以平民愤的，应依法判处死刑。

上述两类案件的从犯，应根据其不同的犯罪情节，比照主犯依法从轻、减轻或者免除刑罚。对于胁从犯，应比照从犯依法减轻处罚或免除处罚。犯罪情节轻微，不需要追究刑事责任的，可以免予起诉或由公安部门作其他处理。

对于同犯罪集团成员有一般来往，而无犯罪行为的人，不要株连。

五、有些犯罪分子参加几起共同犯罪活动，应如何办理这些案件？

对这类案件，应分案判处，不能凑合成一案处理。某罪犯主要参加那个案件的共同犯罪活动，就列入那个案件去处理（在该犯参加的其他案件中可注明该犯已另案处理）。

三、典型或常见问题的审理思路

1. 构成共同犯罪是否要求各共同犯罪人的犯罪故意内容完全一致？[①]

本书观点：共同犯罪不要求各共同犯罪人的犯罪故意内容完全一致，犯罪故意内容不一致的，可以构成共同犯罪。

构成共同犯罪，必须具备主、客观两个方面的要件，即共同犯罪故意、共同犯罪行为。作为共同犯罪主观要件的共同犯罪故意，指的是各共同犯罪人通过犯意联络，明知自己与他人配合共同实施犯罪会造成某种危害结果，并且希望或者放任这种危害结果发生的心理态度。可见，各共同犯罪人之间

---

① 观点来源：最高人民法院刑事审判第一庭、第二庭编：《刑事审判参考》2002 年第 2 集（总第 25 集），法律出版社 2002 年版，第 25－31 页，刘某、王某军、庄某德金融凭证诈骗案。

的犯意联络对行为危害结果的预见是构成共同故意的实质性内容，而对危害结果的态度却可以有希望或者放任两种形式。也就是说，在共同犯罪故意的认定中，并不要求各共同犯罪人的犯罪故意完全一致，也并不要求各共同犯罪人分别独自具备某具体犯罪的主观要件的全部内容，如特定目的等，而只以各共同犯罪人的犯意相互连接，共同形成某一具体犯罪的主观要件整体为满足。实际上，各共同犯罪人由于其地位、角色不同，他们的犯罪故意内容往往有所不同，比如，组织犯的组织故意、实行犯的实行故意、教唆犯的教唆故意、帮助犯的帮助故意，均有其各自不同的特点。对于帮助故意的认定，只要求证明帮助犯明知他人将要实行犯罪，并积极提供帮助、创造便利条件即可，至于有无特定的犯罪目的、犯罪结果是否其所积极追求的，均不影响帮助故意的认定。如妇女帮助男子实施强奸行为，该妇女虽并不具有强奸目的，但仍能成立强奸罪共犯。这一点在我国的立法例及司法解释上也得到了充分的体现，比如《刑法》第一百五十六条关于走私罪共犯的规定，《最高人民法院、最高人民检察院关于办理生产、销售伪劣商品刑事案件具体应用法律若干问题的解释》第九条关于生产、销售伪劣商品犯罪的共犯的规定等。

2. 以欺骗手段诱使他人产生犯意，并创造犯罪条件的，是否构成共同犯罪?①

本书观点：各行为人的犯罪动机是否一致，不影响共同犯罪的成立。在发生了危害结果的情况下，各行为人的行为作为一个整体与危害结果之间具有因果关系，故可以肯定各人的行为与危害结果之间具有因果关系，各人均应对危害结果承担责任。

《刑法》第二十五条第一款规定："共同犯罪是指二人以上共同故意犯罪。"据此，认定共同犯罪须具备主客观两方面的条件，即各行为人具有共同的犯罪故意和共同的犯罪行为。"共同故意"意味着各行为人都明知共同犯罪行为的性质、危害结果，并且希望或者放任危害结果的发生，也要求各行为人主观上有意思联络，都认识到自己不是在孤立地实施犯罪，而是同他人一起共同犯罪。这种意思联络能够起到相互促进、强化犯意、激励犯罪的作用，这是共同犯罪不同于单独犯罪的一个显著特征。至于各行为人的犯罪动机是

---

① 观点来源：最高人民法院刑事审判第一、二、三、四、五庭主办：《刑事审判参考》2010 年第 4 集（总第 75 集），法律出版社 2011 年版，第 16 – 23 页，焦某根、焦某林故意杀人案。

否一致，不影响共同犯罪的成立。犯罪动机只是刺激、促使行为人实施犯罪行为的内心起因或思想活动，只反映行为人基于何种心理原因实施犯罪行为，对于认定犯罪是否成立基本没有实质意义。“共同行为”不仅指各行为人都实施了属于同一犯罪构成的行为，而且指各人的行为在共同故意支配下相互配合、相互协调、相互补充，形成一个整体。在发生了危害结果的情况下，各人的行为作为一个整体与危害结果之间具有因果关系，故也可以肯定各人的行为与危害结果之间具有因果关系，各人均应对危害结果承担责任。

3. 邀约非法持枪者携枪帮忙，是否构成非法持有枪支罪共犯？①

分歧意见：第一种意见认为，被邀约者在受邀约携枪之前已经具备非法持有枪支罪的全部构成要件，其应邀携带枪支前往帮忙只是其非法持有枪支罪的一种表现形式，行为人主观上是邀约持枪者帮忙，客观上没有实际持有枪支，只是利用了持枪人的这种原本已经存在的违法状态，并不构成非法持有枪支罪的共犯。

第二种意见认为，行为人为帮他人解决纠纷而邀约持枪者携枪帮忙，主观上有非法控制、使用枪支的意图，客观上又通过持枪人实现对枪支非法持有的状态，二人属于共同犯罪，行为人的行为构成非法持有枪支罪。

本书观点：邀约非法持枪者携枪帮忙，构成非法持有枪支罪共犯。具体理由如下：

（1）邀约非法持枪者携枪帮忙的行为具有较大的社会危害性，应认定为犯罪

行为是否应认定为犯罪进而受到刑罚处罚，需要判断该行为是否具有社会危害性，以及这种社会危害性是否已经达到应受刑罚处罚的程度。行为人因朋友与他人发生纠纷，邀约他人携枪帮忙，使得原本放在其他地方、被他人所非法持有的枪支发生了空间的转移，被非法持有的枪支因空间和环境的改变而具有了新的潜在危险性。同时，行为人的主观内容不仅限于简单的持有枪支本身，而且具有明确的使用枪支的意图。虽然行为人所欲实施的其他犯罪行为尚未具体实施，甚至其本人在未到达现场前对可能发生的行为也没

---

① 观点来源：最高人民法院刑事审判第一、二、三、四、五庭主办：《刑事审判参考》2010 年第 4 集（总第 75 集），法律出版社 2011 年版，第 16－23 页，叶某兵非法持有枪支案。

有明确的认识，使用枪支实施何种犯罪也因为证据问题尚无法证实，但这是由于公安机关发现及时，未进一步造成严重的危害后果。这些情况，改变不了行为人所实施的邀约他人携枪帮忙的行为所具有的现实危险性。邀约行为人的行为具有较大的社会危害性，应当作为犯罪处理。

（2）行为人作为邀约者与受邀持枪帮忙者具有非法持有枪支的共同犯罪故意

共同犯罪的成立要件之一是各行为人主观上具有共同故意。共同故意包括两方面的内容，一是各行为人都明知共同犯罪行为的性质、危害社会的结果，并希望或者放任危害结果的发生。二是各行为人在主观上具有意思联络，都认识到自己不是在孤立地实施犯罪，而是和他人共同犯罪。非法持有枪支罪的共同犯罪，要求各行为人在主观上明知所持有的枪支为管制物品，明知自己缺乏持有枪支的合法条件和资格而持有，同时各行为人之间对持有枪支的行为具有意思联络。实际持枪人虽然在持有枪支前与邀约行为人并无通谋，但非法持有枪支属于持续犯，只要行为人非法持有着枪支，这种不法行为就一直处于持续状态，即一直处于犯罪过程中。邀约行为人明知枪支属于管制物品，其和持枪人均不具有合法的持枪资格，但却在持枪人非法持有枪支的期间邀约其携枪帮忙。邀约行为人主观上有非法使用持枪人所持枪支的意图，持枪人对此表示同意，而使用枪支的必然前提就是对枪支的持有，因此，自持枪人同意邀约行为人携枪一道前去帮忙之时起，二人已就非法持有枪支达成合意，形成非法持有枪支的共同犯罪故意。

对于持枪携枪支、弹药者坚持自己携带枪支一同前往这一情节，有意见认为，持枪实际上是拒绝了邀约人对枪支的直接控制和持有，邀约行为人虽有非法持有枪支的意图，但被持枪人拒绝而未能直接持有枪支，二人未能达成非法持有枪支的共同故意，邀约行为人的行为可属于非法持有枪支的犯罪未遂。我们认为，如前所述，在持枪人对邀约行为人所提携枪帮忙的要求表示同意时，两人事实上就已经达成了非法持有枪支的共同故意，而后对由谁直接持有枪支的争议只是对具体行为方式的分歧，并不影响共同犯罪故意的形成和认定。且持枪人所拒绝的是邀约人对枪支的单独的、直接的持有，不论是出于邀约人不会使用枪支而担心出事，怕承担更大责任，还是为了表示更积极主动地帮忙，只要持枪人在主观上没有拒绝受邀持有枪支去帮助邀约行为人，就是没有拒绝与其共同对枪支进行控制，因而二人在非法持有枪支的行为上仍达成了共同的犯罪故意。

（3）邀约行为人通过受邀者非法持有枪支达到对枪支的间接控制，属于非法持有枪支的方式之一

邀约行为人是否构成非法持有枪支罪存在争议，涉及如何理解非法持有枪支罪等持有型犯罪中“非法持有”的含义问题。通常认为，“非法”是指行为人不符合合法持有的主体、程序及其他条件。“持有”是指一种事实上或法律上的支配，不管持有的具体形式如何，其根本特征都是行为人对物的支配，表现为行为人与物品之间存在一种支配与被支配的关系。“持有”需要具备两个要素：一是行为人在主观上对该物品具有支配意思；二是行为人在客观上对该物品具有支配力。二者紧密联系，构成了持有支配关系的完整内容。持有的具体方式，既可以是行为人本人随身携带，或放在自己的住处或工作场所加以隐藏、保管，也可以表现为将物品委托他人保管或出租、出借给他人使用、保管等；既可以是公开持有，也可以是秘密持有；既可以是一人单独持有，也可以是两人以上共同持有；既可以是行为人直接持有，也可以是行为人通过实际持有人能够控制和使用枪支的间接持有。总之，持有从本质上说表现为行为人对特定物品的一种支配力、控制力，但无须特定物品处于行为人的物理力的控制之下，即使物品与行为人的人身或住所相分离，根据事实，物品实际上归行为人所支配、控制即可构成持有。在具体案件中判断行为人对管制物品是否存在事实上的控制、支配关系，应当根据行为时的时间、地点、场合，管制物品的具体性质、特点、数量、种类等各种客观因素综合予以判断。

邀约行为人明知持枪人非法持有枪支，还让其将枪支带上自己的车辆，在客观上为持枪人非法持有枪支提供了便利条件，可视为枪支在邀约行为人的间接控制之下。邀约行为人邀约持枪人是因为其有枪支，目的是要利用其枪支，持枪人也正是为了帮助邀约行为人而携带枪支。二人相互配合、相互协助，邀约行为人通过持枪人实现了对枪支的间接控制。至于枪支究竟由谁具体持有、如何持有等只是在共同犯意支配下的不同分工，并不影响共同犯罪的构成。因此，在共同犯意支配下对枪支的间接控制也应认定为对枪支的非法持有。

4. 欠缺犯意联络和协同行为的同时犯罪，能否认定为共同犯罪？[①]

本书观点：共同犯罪行为人必须对共同犯罪具有故意，但如果各行为人之间欠缺相互协同实施特定犯罪行为的意思沟通，则不构成共同犯罪，只不过是同时犯，作为单独犯只对所实施的犯罪行为承担责任。

根据我国《刑法》第二十五条第一款的规定，共同犯罪是指二人以上共同故意犯罪。一般认为，共同犯罪必须具备主观上的共同犯罪故意和客观上的共同犯罪行为两个必要条件。共同的犯罪故意主要是指各行为人之间必须存在关于共同实施特定犯罪行为的犯意联络。共同的犯罪行为主要是指各行为人在犯意联络的基础上共同实施相应的犯罪行为。

实践中，对共同犯罪故意的认定需要关注以下两个方面的内容：一是共同犯罪故意的认识因素和意志因素；二是共同犯罪人之间的犯意联络。具体言之，共同犯罪故意的认识因素是指各行为人对本人和他人共同实施的犯罪行为所具有的社会危害性的认识。共同犯罪故意的意志因素即各行为人在认识到共同犯罪社会危害性的基础上决意共同实施犯罪行为，希望或者放任共同犯罪危害结果发生的心理态度。而共同犯罪的犯意联络则是指各行为人关于相互协同实施特定犯罪行为的意思沟通，这种意思沟通可以采用明示或者默示的方式进行，其实质上是指各行为人共同实施特定犯罪行为的“合意”。共同犯罪行为人必须对共同犯罪具有故意，但如果各行为人之间欠缺相互协同实施特定犯罪行为的意思沟通，则不构成共同犯罪，只不过是同时犯，作为单独犯只对自己所实施的犯罪行为承担责任。

根据主客观相统一的原则，共同犯罪的成立除需具备共同的犯罪故意之外，还要求各行为人在客观上具有协同行为。各行为人基于犯意联络，通过相互协作和配合实施特定的犯罪行为，共同实现预期的犯罪目的，才成立共同犯罪。各行为人的协同犯罪行为彼此联系、互相配合，作为一个有机统一的整体，与犯罪结果之间均存在刑法上的因果关系。这也是整体论哲学理念之下共犯的归责基础。

---

① 观点来源：最高人民法院刑事审判第一、二、三、四、五庭主办：《刑事审判参考》2010 年第 6 集（总第 77 集），法律出版社 2011 年版，第 42－50 页，刘某波、刘某平强奸案。

5. 事前明知，并且事后包庇的行为，是否构成共同犯罪?[①]

本书观点：事前通谋的共同犯罪，是指各共犯在着手实行犯罪以前，相互之间就准备实施的犯罪予以沟通、谋划和准备，如邀约同伙，决定犯罪的时间、地点、对象、方式，对参与犯罪的人员进行分工，谋划犯罪后逃避处罚的对策等。行为人虽然事前明知犯罪分子将实施故意杀人犯罪，但不属于“事前通谋”，不能认定为故意杀人罪的共犯。

《刑法》第三百一十条规定：“明知是犯罪的人而为其提供隐藏处所、财物，帮助其逃匿或者作假证明包庇的，处三年以下有期徒刑、拘役或管制；情节严重的，处三年以上十年以下有期徒刑。犯前款罪，事前通谋的，以共同犯罪论处。”行为人事前明知犯罪分子将报复杀人，事后又对杀人犯罪分子进行包庇，其是否构成故意杀人的共犯，关键在于如何理解《刑法》第三百一十条第二款规定的“事前通谋”。

根据我国《刑法》第二十五条的规定，共同犯罪是指二人以上共同故意犯罪。共同犯罪故意和共同犯罪行为是构成共犯的两个必要条件。所谓的共同犯罪故意，是指共同犯罪人通过意思联络，认识到他们共同的犯罪行为会发生危害社会的结果，并决意共同实施犯罪，希望或放任该结果发生的心理态度。其实质是各共同犯罪人就实施某一种或某几种犯罪所形成的“犯罪合意”。它包含两个方面的内容：一是各个共同犯罪人自己实施某一种或某几种犯罪的故意；二是共同犯罪人之间的意思联络，即各共同犯罪人以某种方式表明其愿意参加某一种或某几种犯罪。正是通过意思联络，使各共犯个人的犯罪故意结合为一个整体，从而形成共犯之间的共同犯罪故意。

在刑法理论上，根据共同犯罪故意形成的时间，将共同犯罪分为事前通谋的共同犯罪和事前无通谋的共同犯罪（事中通谋的共同犯罪）。所谓“事前”，就是在着手实行犯罪以前；所谓“通谋”，是指为犯罪而同谋共议。具体而言，是指各共犯在着手实行犯罪以前，相互之间就准备实施的犯罪予以沟通、谋划和准备，如邀约同伙，决定犯罪的时间、地点、对象、方式，对参与犯罪的人员进行分工，谋划犯罪后逃避处罚的对策等。在事前通谋的共同犯罪中，共同的犯罪故意是各共犯在着手实行犯罪之前的通谋之中形成的，

---

① 观点来源：最高人民法院刑事审判第一庭、第二庭编：《刑事审判参考》2003 年第 4 集（总第 33 集），法律出版社 2003 年版，第 26－33 页，冉某成、冉某超、冉某雁故意杀人、包庇案。

因此，各共犯之间的意思联络即表现为通谋。通谋之后，各共犯基于在通谋中所形成的共同犯罪故意而实施的一切行为都是共同的犯罪行为。故对于为他人犯罪提供帮助的行为，无论是事前提供帮助还是事后提供帮助，也无论是为实行犯罪提供帮助，还是为犯罪分子逃避处罚提供帮助，只要帮助人与犯罪实行人之间事前有通谋，那么，该帮助行为都是共同犯罪中的组成部分，是在共同犯罪故意的支配下实施的共同犯罪行为，应以共同犯罪论处。《刑法》第三百一十条第二款规定，窝藏、包庇犯罪的人，事前通谋的，以共同犯罪论处，其理由就在于此。值得注意的是，这里所说的“事前”，应当理解为被窝藏、包庇的犯罪人实行犯罪之前，而不是实施窝藏、包庇行为之前。如果将其理解为实施窝藏、包庇行为之前，不仅不符合共同犯罪的原理，而且也使该条规定没有必要。至于事中通谋的共同犯罪，一般而言，共同的犯罪故意是在着手实施犯罪之时或在实行犯罪之中，通过共同参与犯罪或为他人实施犯罪提供帮助而形成的，故共犯之间的意思联络主要表现为犯罪行为之间的相互配合。如果共同犯罪故意是在实行犯罪过程中形成的，而帮助犯的行为是在实行犯的行为完成后才实施，仍然应以共犯论处。

在共同犯罪中，无论事前有无通谋，共犯之间的意思联络是必不可少的，否则，就无法形成共同的犯罪故意。必须强调的是，这种意思联络是相互的和双向的，即在认识因素上，各行为人不仅认识到自己在犯罪，而且认识到其他共犯也在与其一起实施犯罪，同时，还都认识到他们共同的犯罪行为会引起的某种危害结果的发生，正如所谓的“知己知彼”。在意志因素上，都决意参与共同犯罪，并希望或放任共同的犯罪行为引起某种犯罪后果。如果行为人仅仅认识到自己在实施犯罪，而没有认识到其他犯罪人在配合其实施该犯罪，或者行为人虽然认识到他人在实施犯罪，但自己却未以其行为或语言向其他犯罪人表明自己决意参与该犯罪，那么，二者之间就因缺乏意思联络而未形成共同的犯罪故意，因而不构成共同犯罪。

6. 如何区分犯罪集团和普通共同犯罪？①

本书观点：犯罪集团内部都具有较强的组织性和一定的稳定性，这是犯罪集团成立的必要条件，也是区别一般共同犯罪的主要特征。

---

① 观点来源：最高人民法院刑事审判第一、二、三、四、五庭主办：《刑事审判参考》2007年第5集（总第52集），法律出版社2007年版，第29－41页，练某伟等贩卖毒品案。

司法实践中，对于那些具有明确分工、多次实施同一犯罪的共同犯罪是否能够认定成立犯罪集团往往成为案件审理的特点，体现了对刑法规定的犯罪集团成立要件的不同理解。

我国刑法对犯罪集团的内涵及其成立要件有其发展、完善的过程，了解这一过程，有助于我们对犯罪集团的正确认定。1979 年《刑法》第二十三条规定，“组织、领导犯罪集团进行犯罪活动的或者在共同犯罪中起主要作用的，是主犯”，这一条文中虽然出现了犯罪集团一词，但未对犯罪集团的概念作出界定。1983 年 9 月 2 日全国人大常委会公布施行的《关于严惩严重危害社会治安的犯罪分子的决定》规定，严惩流氓犯罪集团和拐卖人口犯罪集团首要分子。1984 年 6 月 15 日，为了更有效地同犯罪集团作斗争，澄清在犯罪集团概念上的一些混淆，最高人民法院、最高人民检察院和公安部联合制定了《关于当前办理集团犯罪案件中具体应用法律的若干问题的解答》，提出了犯罪集团的五个基本特征：（1）人数较多（三人以上），重要成员固定或基本固定；（2）经常纠集一起进行一种或数种严重刑事犯罪活动；（3）有明显的首要分子，有的首要分子是在纠集过程中形成的，有的首要分子在纠集开始时就是组织者和领导者；（4）有预谋地实施犯罪活动；（5）不论作案次数多少，对社会造成的危害或其具有的危害性都很严重。该解答还明确了对犯罪集团首要分子、其他主犯、从犯和胁从犯的处罚原则。

1997 年修订的刑法在总结以往有关规定经验基础上，对犯罪集团进行了更为科学、合理的界定，其第二十六条第二款规定：“三人以上为共同实施犯罪而组成的较为固定的犯罪组织，是犯罪集团。”根据这一规定，犯罪集团的成立必须具备以下条件：（1）参加人数必须是三人以上。（2）具有较为明确的犯罪目的性，即犯罪集团是其成员以反复多次实施一种或几种犯罪为目的而组织起来的。（3）具有相当的稳固性，即犯罪集团的成员是为了在较长时期内多次进行犯罪活动而组织起来的，而不是临时或者偶尔纠合在一起的，有明显的首要分子，主要成员固定，一般在实施一次犯罪后，犯罪人之间的相互联系和组织形式仍然存在。（4）具有较强的组织性，即犯罪集团具有较严密的组织，表现在组织制度上，往往通过一定的成文或不成文的律规维系在一起，有较严格的组织纪律，明确的组织宗旨；在组织结构上，成员较为固定，并且内部之间有较明确、固定的组织分工和等级划分，存在领导与被领导的明显层级关系，可分为首要分子、骨干分子、一般成员分子等。当然，不同的犯罪集团在组织严密程度上各有不同，有的组织性很强，甚至有成文“纪律”“帮规”来维系和约束集团成员的活动，而有的组织性则相对弱一些。但总体来说犯罪集团内部都具有较强的组织性和一定的稳定性，这是犯罪集团成立的必要条件，也是区别一般共同犯罪的主要特征。

7. 行为人实施强奸后又对被害人实施猥亵行为的，定一罪还是两罪？如何认定共同犯罪的中止？①

本书观点：行为人实施强奸后又对被害人实施猥亵行为的，应以强奸罪和强制猥亵妇女罪数罪并罚；强奸的帮助犯在实行犯实施强奸行为后，放弃对被害人实施奸淫的，不构成犯罪中止。

罪数的判断应当根据主客观相统一的犯罪构成标准说。根据这一标准，确定罪数的单复，应该以犯罪构成的个数为依据，即行为人的犯罪事实具备一个犯罪构成的为一罪，具备数个犯罪构成的则为数罪。如果行为人以强奸的故意对被害人实施奸淫行为，符合强奸罪的犯罪构成，构成强奸罪；如果在奸淫行为完成后，又以猥亵的故意对被害人实施猥亵行为，以发泄其性欲，符合强制猥亵罪的犯罪构成，成立强制猥亵罪。二行为之间并不存在相互包容等关系。虽然二行为侵害的是同一犯罪对象，但并不能影响其犯罪构成的独立性。在着手强奸前及实行强奸过程中的强制猥亵行为应当为强奸所包容、吸收，是因为这种强制猥亵可以作为强奸罪的预备行为或实行行为中自然可能具有的附随行为来理解，但在共同强奸行为完成后，另起犯意猥亵被害人，就不能被先前的强奸行为所包容吸纳，当然此猥亵行为更不是强奸行为的必然延伸，二者之间不存在吸收或者牵连关系。所以，对行为人的行为应当定两罪，而不是强奸一罪。

强奸的帮助犯在被告犯实施强奸行为后，放弃对被害人实施奸淫的，不构成犯罪中止。犯罪中止的构成要件：一是中止的及时性，即犯罪中止必须发生在犯罪过程中，如果预定的犯罪已经完成，则不存在犯罪中止的问题。如犯罪既遂后自动返还原物、赔偿损害等行为，就不是犯罪中止，而只能作为对行为人从宽的一个量刑情节考虑。二是中止的自动性，即行为人在犯罪过程中放弃犯罪或有效防止犯罪结果的发生，必须是出于本人主观上的自由、

① 观点来源：最高人民法院刑事审判第一庭、第二庭编：《刑事审判参考》2001年第9集（总第20集），法律出版社2001年版，第14－21页，张某等强奸、强制猥亵妇女案。

自愿，如果是因为行为人意志以外的原因被迫放弃犯罪或因为行为人意志以外的原因阻却犯罪结果的发生，则是犯罪未遂。三是中止的彻底性，即行为人主观上必须是彻底放弃原来的某种犯罪意图，如果行为人仅是基于某种外在的原因客观上暂时放弃实施具体的犯罪行为，而主观上仍保留该犯罪意图，只是等待时机适当时再实行犯罪，那么，其实质是行为人实行犯罪的时机选择问题，不是犯罪中止。换句话说，成立犯罪中止，不仅要求行为人客观上放弃了犯罪行为，而且还要求行为人主观上必须自动、彻底地放弃该犯罪意图。四是中止的有效性，即在犯罪行为实行终了而犯罪结果尚未发生的情况下，要成立犯罪中止，仅消极地停止犯罪行为还不够，行为人还必须采取积极措施有效地防止犯罪结果的发生，倘若未能有效地防止犯罪结果发生，则行为人仍不能成立犯罪中止。总之，犯罪中止必须是主客观的统一，主观上行为人必须自动彻底地放弃了犯罪意图，客观上行为人必须放弃了犯罪行为或有效地防止了结果的发生。司法实践中，根据上述规则认定个人单独犯罪的中止问题，一般而言是较容易的。但是共同犯罪不同于单独犯罪，共同犯罪的中止较单独犯罪的中止又复杂些。由于共同犯罪的各个行为之间相互联结，相互补充、利用，形成有机整体，与犯罪结果之间存在整体上的因果关系，因此，各犯罪人不仅要对本人行为负责，还要对其他共同犯罪人的行为负责。故一般情况下，共同犯罪的中止要求在放弃本人的犯罪行为时，还必须有效地制止其他共同犯罪人的犯罪行为，防止犯罪结果的发生。易言之，在共同犯罪的场合，犯罪一经着手，单个的共同犯罪人，仅是消极地自动放弃个人的实行行为，但没有积极阻止其他共同犯罪人的犯罪行为，并有效地防止共同犯罪结果的发生，对共同犯罪结果并不断绝因果关系，就不能构成中止犯，也不能免除其对共同犯罪结果的责任。

8. 明知他人欲实施杀人行为，与杀人实行行为人参与买安眠药（未果），又听从杀人实行行为人指使将小孩带出屋外，便利其具体实施杀人行为的完成，帮助行为人能否构成共犯？[①]

本书观点：共同的犯罪故意和共同的犯罪行为，是构成共同犯罪的两个必要条件。从犯与其他主犯的区别应综合考虑在共同犯罪中所处的地位、参

---

① 观点来源：最高人民法院刑事审判第一、二、三、四、五庭主办：《刑事审判参考》2006 年第 2 集（总第 49 集），法律出版社 2006 年版，第 17－25 页，于某银、戴某阳故意杀人案。

与程度、犯罪情节以及对造成危害结果产生作用的大小等各方面的因素来确定。

（1）明知他人欲实施杀人行为，与杀人实行行为人参与买安眠药（未果），又听从杀人实行行为人指使将小孩带到屋外，便利其具体实施杀人行为的完成，该行为构成故意杀人罪共犯。

根据我国《刑法》第二十五条第一款的规定，共同犯罪是指二人以上共同故意犯罪，共同犯罪故意和共同犯罪行为，是构成共同犯罪的两个必要条件。

所谓共同犯罪故意，是指共同犯罪人通过意思联络，认识到他们共同的犯罪行为会发生危害社会的结果，并决意共同实施犯罪，希望或者放任该结果发生的心理态度。“共同”不仅有“相同”的含义，而且有“合意”的含义。它包括两方面内容：一是各共同犯罪人都有相同的犯罪故意，要求各共犯人都明知共同犯罪行为的性质、危害社会的结果，并且希望或者放任危害结果的发生。各共犯人均对同一犯罪持有故意，而不要求故意的形式和具体内容完全相同。就故意的形式而言，双方均为直接故意、间接故意以及一方直接故意一方间接故意，只要是同一犯罪的故意，都可成立共同犯罪。就故意的具体内容而言，只要求各共犯人具有法定的认识因素（即明知自己的行为会发生危害社会结果的主观心理状态）和意志因素（即希望或者放任危害结果发生的主观心理态度），即使故意的具体内容不完全相同，如实行犯与帮助犯的故意，也可成立共同犯罪。二是各共犯人之间具有意思联络，都认识到自己不是在孤立地实施犯罪，而是在和他人一起共同犯罪。上述情形中，二人都明知其行为的性质和后果，并且知道不是自己孤立地实施犯罪，通过犯意的传递、反馈，通过言行的交流和配合，已经形成杀死被害人的共同故意。杀人实行行为人希望和追求被害人死亡的结果；帮助行为人在得知杀人实行行为人想杀死被害人后，明知其要杀死被害人，不仅没有拒绝，而且以自己的行动参与了杀人行为：先参与买安眠药（未果），又听从杀人实行行为人指使将小孩带到屋外，便利了实行行为人具体实施杀人行为的完成，二人的杀人共同故意由此形成并得到实现。帮助行为人即使不是希望、积极追求的直接故意，业已具有了放任、容忍、听之任之的间接故意的主观心态。不论实行行为人是直接故意，还是间接故意，都与帮助行为人具有杀人的同一故意，具备了成立共同犯罪的主观条件。

所谓共同犯罪行为，不仅指各共犯人都实施了同一犯罪构成的行为，而且各共犯人的行为在共同故意支配下相互配合、相互协调、相互补充，形成一个整体。“共同行为”意味着各共犯人的行为都是共同犯罪行为这一整体的组成部分；在发生危害结果的情况下，各共犯人的行为作为一个整体与危害结果之间具有因果关系。共同犯罪行为的分工情况可能表现为四种情况：实行行为、组织行为、教唆行为或者帮助行为。也就是说，共同犯罪行为可以分为实行行为和非实行行为，非实行行为包括组织行为、教唆行为或者帮助行为。共同行为有两种表现形式，一是简单共同行为，所有行为主体的行为都符合具体的作为犯罪构成要件行为的基本特征，而组合成共同行为；二是复杂共同行为，行为具有明确的分工，每一行为主体的单独行为并不完全具备完整的行为结构，甚至并不属于犯罪构成要件的行为，但经过组合后，整体的行为不仅能够全面满足具体的行为要件，并且成为危害结果的合一原因的共同行为。

上述情形中，帮助行为人在明知实行行为人要杀死被害人的情况下，不但不加阻止，反而在事前准备阶段与实行行为人一起去买安眠药；在事中实施阶段，知道行为人已经准备杀害被害人的情况下，又听从实行行为人的指使，将其十岁的儿子带离现场，以免孩子哭闹阻挠或者惊吓孩子，也消除了孩子作为实行行为人杀害被害人的目击证人的可能，便利了实行行为人顺利实施犯罪。该行为属于复杂共同行为，孤立地看不属于杀人客观要件行为，但经过组合后，与实行行为人的行为相互配合、相互协调、相互补充，形成一个整体，整体的行为能够全面满足杀人的行为要件。帮助行为人虽没有直接实施杀人行为，但为实行行为人犯罪创造了方便条件，帮助了实行行为人实施杀人犯罪，也具备了共同犯罪的客观要件。因此，戴某阳主观上有共同犯罪的故意（直接故意或者间接故意），客观上有共同犯罪的行为（帮助行为），具备了共同犯罪的主客观条件，能与实行行为人构成故意杀人共同犯罪。

（2）明知他人欲实施杀人行为，与杀人实行行为人参与买安眠药（未果），又听从杀人实行行为人指使将小孩带到屋外，便利其具体实施杀人行为的完成，该帮助行为人应被认定为从犯。

我国刑法以共同犯罪人在共同犯罪中所起的作用为主要标准，将共同犯罪人划分为主犯、从犯、胁从犯。根据我国《刑法》第二十六条第一款规定的“组织、领导犯罪集团进行犯罪活动的或者在共同犯罪中起主要作用的，是主犯”和第二十七条第一款规定的“在共同犯罪中起次要或者辅助作用的，是从犯”，在刑法理论上，可将我国刑法中的共同犯罪人分为两类：第一类，以分工为标准分为组织犯、实行犯、帮助犯、教唆犯；第二类，以作用为标准分为主犯、从犯、胁从犯。对组织犯，应按我国刑法规定的主犯处罚。对实行犯，依照其在共同犯罪中所起的作用，分别按主犯、从犯、胁从犯处罚。帮助犯，在我国刑法中属于“起次要作用的”从犯。在处理共同犯罪案件时，要注意将从犯与主犯区别开来。在共同犯罪案件中，可能共同犯罪人都是主犯，但不可能都是从犯，一般说来总是有主有从。从犯与犯罪集团的首要分子不难区别，问题在于从犯与其他主犯的区别，区别的根据是在共同犯罪中所起的作用是主要作用还是次要作用或者辅助作用。这应综合考虑其在共同犯罪中所处的地位、参与程度、犯罪情节以及对造成危害结果产生作用的大小等各方面的因素来确定。从审判实践来看，主犯一般在事前提出犯意，担当导演角色，纠集、邀约他人，出谋划策；实施犯罪时积极参加，担当主角，往往还指挥、协调他人的行动，所犯罪行较重，或者直接造成严重的危害后果；有的事后还有策划掩盖罪行、毁灭罪证、逃避处罚的行为。而从犯在客观上担当配角，不直接实施具体犯罪构成客观要件的行为，帮助准备、实施犯罪，为共同犯罪创造便利条件和环境，或者虽然直接参与实施了犯罪行为，但罪行较轻，没有直接造成危害后果或者危害后果并不严重；在主观上，犯罪时与其他共同犯罪人具有共同的犯罪故意，但听从主犯的安排、授意和指挥，主观恶性较小。

在前述情形中，实行行为人直接造成其被害人死亡的严重后果，在共同犯罪中处于主导和支配地位，起主要作用，是主犯。帮助行为人在事前准备阶段与其一起去药店买安眠药，事中实施阶段，又听从实行行为人的指使，将其十岁的儿子带离现场，便利其顺利实施犯罪等。上列行为属于辅助行为，在共同犯罪中起辅助作用，应当被认定为从犯。

9. 共同抢劫杀人致一人死亡案件，如何准确区分主犯之间的罪责？[①]

本书观点：在共同抢劫杀人案件中，如各被告人之间存在主从犯的区别，则认定罪责大小并不困难，主犯的罪责显然大于从犯。但是，如果各被告人均系主犯，且罪责相当的，如何进一步区分主犯之间的罪责，便成为棘手问

---

① 观点来源：最高人民法院刑事审判第一、二、三、四、五庭主办：《刑事审判参考》2010年第4集（总第75集），法律出版社2011年版，第24－30页，龙某成、吴某跃故意杀人、抢劫案。

题。不少案件，由于区分主犯之间罪责的困难，常有对两名被告人均判处死刑的做法。然而，这种做法是不妥当的，根据死刑政策精神应从多种角度进一步区分主犯之间的罪责大小，进而准确适用死刑。

共同抢劫杀人致一人死亡的案件，主犯之间的地位、作用看似相当，但根据各人犯罪的具体情节，实际上存在进一步区分罪责大小的必要性和余地。这既是贯彻宽严相济刑事政策的具体要求，也是罪责刑相适应原则的具体体现。不能以分不清主次为由，简单地一律判处死刑。从实践情况来看，应综合考虑各被告人在共同犯罪中的具体作用及主观恶性、人身危险性等因素，来准确确定罪责大小。

首先，可以从各被告人在犯罪中的具体行为来分析其地位、作用。在犯罪预备阶段，通常包括提起犯意、选择犯罪对象、准备犯罪工具等环节。区分各被告人在这一阶段的具体作用，原则上以确定提起犯意者为主。通常，预谋过程中提起犯意的被告人往往也会积极实施犯罪，且常常对共同犯罪行为有一定的控制力，故作用相对突出。对于起意后积极准备工具，直接参与实施抢劫和杀人行为的，即使其在实行阶段的作用与其他被告人相同甚至略小，也可以认定其整体罪责较大。但是，如果二人均有犯意，仅是其中一人先说出，与另一人一拍即合，并积极参与预谋，起意者在实行阶段作用不突出的，则不宜认定起意者罪责最大。实践中，证实有关犯罪预备事实，尤其是犯意提起这一事实的证据往往只有各被告人供述，如果被告人供述一致，自然容易认定。但常有各被告人供述不一致、相互推诿的情形，这就要结合各被告人自身情况、与被害人的关系等因素，综合分析认定。在实行阶段，关键看谁的行为对造成被害人死亡的结果所起作用相对较大。大体上，实施抢劫和伤人行为越主动的，罪责越大，而使用暴力手段有所节制者，罪责相对较小。例如，各被告人均积极动手杀人，但有的连续捅刺多刀，有的仅捅刺一两刀，则捅刺刀数多的罪责较大；再如，一人击打或者捅刺的是被害人的胸腹部等要害部位，另一人捅刺的是腿部、臀部等次要部位，则捅刺要害部位的罪责较大；又如，两被告人一先一后用同样的凶器伤及被害人的同样部位，伤害程度也基本相当的，则先实施伤害行为的罪责相对大。在犯罪后续阶段，通常有毁灭罪证、分赃等环节。分析各被告人在这一阶段的具体行为，对于区分他们在共同犯罪中的作用具有补充作用，特别是在无法准确区分各被告人在前两个阶段的作用时，区分各被告人在此阶段的作用大小，有利于准确适用死刑。在一般情况下，可通过下列环节比较所起作用的大小：抛尸、分尸或实施其他毁灭罪证行为的被告人比没有参与这些行为的被告人作用大；主持分赃的被告人比其他被告人作用大；分赃多的被告人比分赃少的被告人作用大；负责销赃的被告人比其他被告人作用大。

其次，区分各被告人在主观恶性、人身危险性等方面的差异，是确定各被告人罪责的重要依据。如果通过比较犯罪中的具体作用无法准确区分被告人罪责大小的，还应当考察各被告人自身情况、犯罪前后表现等因素，来确定各被告人的罪责。例如，一般情况下，成年人和未成年人共同犯罪的，成年人的罪责较大；父子或者兄弟共同犯罪的，父亲或者兄长的罪责较大；有累犯、再犯情节或者违法记录的被告人，比素行良好的初犯的罪责更大。从犯罪后的表现看，作案后自首、立功、认罪悔罪、积极赔偿、取得被害人谅解的比不具备这些情节的被告人的罪责要小。当然，对被告人最终罪责的认定，均是综合分析判断的结果。对于犯罪情节十分恶劣、犯罪后果极其严重的案件，如果被告人在预谋、实施、分赃方面作用明显较大，即使其犯罪后有自首或者立功表现，但该情节不足以从轻处罚的，也可以依法判处死刑。

10. 对明显超出共同犯罪故意内容的过限行为应如何确定罪责？①

根据我国刑法主客观相统一的原则和共同犯罪的有关理论，每个共同犯罪人承担刑事责任都必须以他对所实施的犯罪行为具备犯罪故意为前提，也必须以其实施的犯罪行为对危害结果具有因果联系为前提。共同犯罪人的主观故意可以是概括的故意，但这一概括的故意是有限度的。如果部分共同犯罪人这一故意内容在犯罪行为实施阶段没有明显转化，仍停留在原来的认识内容上，则由于对转化后的故意内容缺乏刑法意义上的认识，对过限行为不应承担责任。但是，如果部分共同犯罪人所实施的行为客观上与实行过限行为所导致的结果存在一定关联。在量刑时应酌情考虑这一情节。

11. 共同故意伤害犯罪案件中，个别犯罪人的行为对伤害后果起主要作用的情况下，如何判定其是否属于实行过限行为？②

本书观点：实行过限是指共同犯罪人实施了超出共同犯罪故意的行为。

---

① 观点来源：最高人民法院刑事审判第一、二、三、四、五庭主办：《刑事审判参考》2010年第4集（总第75集），法律出版社2011年版，第24－30页，陈某国、余某华故意杀人案。

② 观点来源：最高人民法院刑事审判第一、二、三、四、五庭主办：《刑事审判参考》2006年第5集（总第52集），法律出版社2007年版，第5－10页，王某但、韩某、王某央故意伤害案。

如果某一行为属于实行过限行为，实行过限犯罪人应当对其犯罪行为引起的后果承担刑事责任，而其他共同犯罪人则一般不对过限行为引起的后果承担责任。如果不属于行为过限，则各共同犯罪人须对该危害结果共同承担责任。所以，判定行为是否实行过限，直接影响共同犯罪人的定罪与量刑，属于共同犯罪案件审理中的重要审查判断内容。

共同犯罪中有共同实行犯罪、教唆犯罪、帮助犯罪等几种情形，每种情形的实行过限都有不同的判定原则。

（1）教唆犯罪中的实行过限认定

教唆犯是犯意的发起者，没有教唆犯的教唆，就不会有该犯罪行为的发生，特别是使用威胁、强迫、命令等方法的教唆犯，因此教唆犯在共同犯罪中往往起主要作用。在教唆犯罪的情形下，判定实行行为过限的基本原则是看被教唆人的行为是否超出了教唆的范围。在教唆内容较为确定的情况下，认定被教唆人的行为是否属于实行过限较为容易，但如果教唆犯的教唆内容较为概括，由于教唆内容不太明确，确定被教唆人的行为是否实行过限就较为困难。尤其是在一些教唆伤害的案件中，教唆者出于教唆伤害他人的故意往往使用诸如“收拾一顿”“整他一顿”“弄他”“摆平他”“教训”等内涵外延较为模糊的言语，在不同的语言环境中，不同阅历背景的人理解的含义往往是有分歧的。对于这种盖然性教唆，实际的危害结果取决于实行行为的具体实施状况，轻伤、重伤甚至死亡的危害结果都可能发生，但无论哪一种结果的出现都是由教唆犯的授意所引起，均可涵盖在教唆犯的犯意中。因此，在这种情况下，由于教唆犯的盖然性教唆而使被教唆人产生了犯意，实施了教唆故意涵括内的犯罪行为，只要没有明显超出教唆范围的，都不应视为实行过限。

司法实践中，对于教唆故意范围的认定，主要看教唆者的教唆内容是否明确，即教唆犯对被教唆人的实行行为有无明确要求：或正面明确要求用什么犯罪手段达到什么犯罪后果，如明确要求用棍棒打断被害人的一条腿；或从反面明确禁止实行犯采用什么手段，不得达到什么犯罪结果等，如在伤害中不得使用刀具、不得击打被害人头部，不得将被害人打死等。如果教唆内容明确，则以教唆内容为标准判断实行者行为是否过限。如果教唆内容不明确，则属于一种概然的内容，一般情况下不应认定实行行为过限，除非实行行为显而易见地超出教唆内容。

（2）实行犯罪中的实行过限认定

在共同实行犯罪的情形下，判定实行行为过限的基本原则是看其他实行犯对个别实行犯所谓的“过限行为”是否知情。如果共同实行犯罪人中有人实施了原来共同预谋以外的犯罪，其他共同实行犯根本不知情，则判定预谋外的犯罪行为系实行过限行为，由实行者本人对其过限行为和后果承担责任；如果其他实行犯知情，除非其有明确、有效的制止行为，则一般认为实行犯之间在实施犯罪当场临时达成了犯意沟通，其他人对实行者的行为予以了默认或支持，个别犯罪人的行为不属于实行过限，其行为造成的危害结果由各实行犯共同承担责任。

12. 被雇佣人实施的行为未达到犯罪的程度又超出授意的范围，对雇佣人应如何定罪处罚?①

分歧观点：对雇佣人是否追究刑事责任形成了两种意见。

第一种意见认为，被雇佣人实施的故意伤害行为，损伤程度为轻微伤甲级，尚不构成犯罪，故雇佣人亦不构成犯罪。

第二种意见则认为，被雇佣人已实施了被雇佣的故意伤害行为，无论被雇佣人是否构成犯罪，雇佣人都应负刑事责任，但被雇佣人实施的被雇佣行为产生的后果不大，可以对被雇佣人从轻或减轻处罚。

本书观点：被雇佣人实施的行为未达到犯罪的程度又超出授意的范围，对雇佣人一般也应追究刑事责任。对被雇佣人超出雇佣范围实施的他种罪行，雇佣人不承担刑事责任。

雇佣犯罪现象目前比较突出。实践中比较常见的有雇凶杀人、伤害，雇佣走私、运输、贩卖毒品等。雇佣犯罪的特点是：本人不亲自实行某种犯罪，而是以金钱收买或者以其他利益作为交换手段，让他人按自己的雇佣意图或要求实行某种犯罪行为，以达到自己的犯罪目的。也就是说，雇佣犯罪的意图、程度、对象、类型等都是由雇佣人提起和决定的，被雇佣人要去实施何种犯罪完全取决于雇佣人的雇佣要求。因此，在刑法意义上，雇佣犯罪的本质无异于教唆他人实施犯罪，可以说是教唆犯罪的一种特殊形式。从司法实践来看，雇佣犯罪的结果无外乎以下几种基本情形：一是被雇佣人按雇佣意

---

① 观点来源：最高人民法院刑事审判第一庭、第二庭编：《刑事审判参考》2002 年第 5 集（总第 28 集），法律出版社 2003 年版，第 25－30 页，吴某友故意伤害案。

图或要求完成了某种犯罪行为；二是被雇佣人未按雇佣意图或要求去实施犯罪或者实施的行为没有达到雇佣人所要求的程度，如雇佣人要求重伤他人而被雇佣人仅轻伤或轻微伤他人等；三是被雇佣人超出了雇佣意图或雇佣人所要求的范围或程度，又实施了另一种犯罪或者实施的犯罪行为超出了雇佣要求的程度，如雇佣人要求伤害而被雇佣人却实施了强奸，或雇佣人要求重伤他人而被雇佣人却杀死他人等。

我们认为，对雇佣犯罪处理，应遵循刑法有关教唆犯罪的一般规定。从刑法规定上看，教唆犯的成立只需具备两个要件：一是主观方面须具有教唆他人实行犯罪的故意；二是客观方面须具有引起他人实行犯罪意图的教唆行为。原则上讲，教唆犯的成立，不以被教唆人实际产生犯罪意图或者实行被教唆之罪为必要，而只要教唆人基于教唆的故意实施了教唆行为即可。如果被教唆者接受了教唆，实施了被教唆之罪，则教唆者与被教唆者之间，成立共同犯罪关系。反之，二者之间不存在共犯关系，对教唆犯应以单独犯罪论处。为此，《刑法》第二十九条第二款规定："如果被教唆的人没有犯被教唆的罪，对于教唆犯，可以从轻或者减轻处罚。"此即是关于教唆未遂的处罚规定。根据此项规定，对教唆未遂的教唆犯一般都需要定罪处罚（对行为人而言，更应如此，除非根据《刑法》第十三条认为系"情节显著轻微，不认为是犯罪的"或者根据《刑法》第三十七条认为系"犯罪情节轻微不需要判处刑罚的，可以免予刑事处罚"的）。实践中，所谓教唆未遂的情形，既可以表现为被教唆人没有实施被教唆之罪，也可以表现为被教唆人虽实施了被教唆的犯罪行为，但由于某种原因未能达到法定的后果而未达到犯罪程度等。此外，如教唆人教唆 A 罪，而被教唆人却实施了 B 罪，也都可以视为"没有犯被教唆之罪"。实践中，还有一种常会出现的情况是：教唆人教唆 A 罪的加重形态，而被教唆人却仅实施了 A 罪的基本形态，或者教唆人教唆 A 罪的基本形态，而被教唆人却实施了 A 罪的加重形态。前种情况，由于被教唆人的实行行为没有达到教唆、雇佣的要求，教唆、雇佣人仅对已发生的实际后果负责，不按加重形态论处。后种情况被教唆人虽然超出了教唆授意的程度，但被教唆人所犯之罪又确系按教唆人授意所为，故教唆人仍应对被教唆人实际实行的犯罪后果承担相应的刑事责任。需要指出的是，"教唆犯"不是罪名，不能定教唆罪，对于教唆犯，应当按照其所教唆的实际内容确定罪名。根据上述规定和理解，我们认为，对雇佣犯罪中的雇佣者而言，只要其具备了雇佣犯罪的意图，而且实施了雇佣犯罪的行为，不论被雇佣的人有无按其雇佣要求实行了雇佣犯罪行为，或实行到何种程度，一般都应按其所雇佣的犯罪罪名，来对其追究其雇佣犯罪未遂的刑事责任。除非其雇佣犯罪情节显著轻微，可不认为是犯罪，或者是雇佣犯罪情节轻微可以不需要判处刑罚。

对被雇佣人超出雇佣范围实施的他种罪行，雇佣人不承担刑事责任。如前所述，在雇佣犯罪关系中，如果被雇佣人没有实施被雇佣的犯罪行为，则雇佣人和被雇用人之间不存在共同犯罪关系，对雇佣人一般应按其所雇佣的犯罪罪名来单独追究其雇佣犯罪未遂的刑事责任。相反，在被雇佣者实行了所雇佣的犯罪的情况下，除要求雇佣行为与被雇佣者的实行行为之间具有因果关系外，还要求雇佣人所授意之罪与被雇佣人实行之罪具有同一性。只有在这种情况下，雇佣人和被雇佣人才能就所雇佣之罪的罪名构成共同犯罪。如果被雇佣人在实施雇佣犯罪的过程中又另行实施了雇佣之罪以外的他种犯罪，对此，雇佣人和被雇佣人之间就该“过限的行为”不存在共同犯罪关系。因为，就该“过限的行为”而言，双方没有共同故意，被雇佣人单方的“过限行为”超出了雇佣人的雇佣意图和要求之外。对此，雇佣人只按其所雇佣的犯罪负刑事责任，而“过限行为”则应由被雇佣人个人负责。

13. **在共同犯罪中，具有两种不同特定身份的人共同实施侵吞企业财产、收受他人财物的行为应如何定罪处罚？**①

分歧意见：共同犯罪中不具有特定身份的人与具有特定身份的人构成共犯的问题已经解决。但是如果有两种不同身份的人，分别利用自己的职务便利，共同实施了同一种行为，应当按照什么原则定罪，是分别定罪还是定一罪的问题，法律和司法解释均无明确规定。

对此，理论界有不同看法：一种观点认为，应当根据主犯犯罪的基本特征定罪；另一种观点认为，应当以实行犯实行行为的性质定罪。

本书观点：主张按主犯犯罪性质定罪的观点，虽然有其合理的因素，但是总的来说不够科学。刑法理论认为，区分此罪与彼罪的标准是看行为符合何种犯罪的构成要件，共同犯罪也不例外，其性质主要是以行为特征来确定的，各共犯人的共同故意与共同行为符合何种罪的构成要件，就应定何种犯

---

① 观点来源：最高人民法院刑事审判第一、二、三、四、五庭主办：《中国刑事审判指导案例》（刑法总则）（增订第3版），法律出版社2017年版，第99-102页，苟某良等贪污、受贿案。

罪。而共犯人是主犯还是从犯，不是对共犯人定罪的根据。共同犯罪只能解决在同一犯罪活动中各被告人的作用、地位问题，并不能反映全案犯罪的基本特征。一个共同犯罪中可能有几个主犯，如果主犯的身份不同，以哪个主犯身份定罪也产生问题。因此共同犯罪应以有特定身份犯的行为性质作为定案的依据，无特定身份者应当按照有特定身份者的犯罪性质来定罪。

身份犯是刑法对具有特定身份的人构成犯罪所作出的特殊规定。由于身份的不同，直接影响到犯罪行为社会危害性的大小。既然法律对不同的身份所构成的犯罪都已经明确作出规定，就应当严格依照刑法的规定来处罚。贪污罪、受贿罪和职务侵占罪、商业受贿罪是刑法规定的两种不同的身份犯，前者只能由经管公共财物的国家工作人员构成，后者只能由公司、企业或其他单位负责管理单位财物的人员构成。两罪的刑罚，前者重，后者轻。这反映了立法的基本精神，即对国家工作人员要从严惩处，对非国家工作人员的职务性犯罪，则相对从轻处罚。因此，在共同犯罪中将这两种不同身份的人分别定罪是符合立法精神的。

从司法实践来看，类似问题是较常见的。如国家工作人员和本单位其他不具有国家工作人员身份的其他职工，共同利用各自职务上的便利，挪用本单位公款归个人使用，对国家工作人员以挪用公款罪定罪，对其他职工以挪用资金罪定罪，分别处罚。对此，无论是理论界还是实际工作部门都是认同的。当然共同犯罪在一般情况下，应当定一个统一罪名，但这不是绝对的，在承认共同犯罪的故意、共同犯罪的行为的同时，根据法律规定的主体身份要求，分别确定不同的罪名，分别给予不同的处罚，既体现了共同犯罪人对自己所参与的犯罪行为负责的原则，也体现了罪刑相适应的要求。

须特别指出的是，共同犯罪中同案犯具有不同的特定身份，不是一律依其不同身份分别定罪，关键是看各被告人是否分别利用了本人的职务便利实施犯罪。利用了本人的职务便利，应当依照前述原则分别定罪处罚；没有利用各人不同的职务便利，仅仅是具有不同的特定身份，则全案应当以有特定身份的人利用职务便利实施的犯罪定性。这一点在司法实践中应当注意。

14. 在共同抢劫中，部分行为人引起的致人重伤、死亡后果，其余未在现场的行为人应否对此后果承担责任？[①]

分歧意见：第一种意见认为，其余未在现场的行为人不应承担致人死亡的责任。理由是，其余未在现场的行为人在抢劫实施前的共谋中，并没有商量如何对付被害人的反抗，更没有商量要对被害人行凶。最后出现被害人死亡的后果，是超出未在现场行为人预谋范围的。在现场的行为人对被害人行凶的行为，超出了共同故意范围，是实行过限，应由实行者自己承担相应的刑事责任。未在现场的行为人对发生被害人死亡的后果，主观上无罪过，客观上也没有实施加害行为，且人不在现场，所以不应对他人的过限行为造成的加重结果承担责任。

第二种意见认为，在现场行为人加害被害人并不超出未在现场行为人的认识范围，不构成实行过限；未在现场行为人对本案发生致人死亡的结果具有过失，故应该承担抢劫致人死亡的责任，但在量刑上应有所区别。

本书观点：未在现场行为人虽未实施持刀杀害行为，但因抢劫罪所侵犯的系双重客体，对于其他共同犯罪人所致使的被害人死亡后果并未超出其主观认识范围，故同样应承担致人死亡后果的刑事责任。

未在现场行为人是否应对由在现场行为人造成的被害人死亡后果承担刑事责任，关键在于如何理解共同犯罪中的实行过限理论。我们认为，实行过限指的是实行犯实施了超出共同犯罪故意的行为，因没有犯罪的共同故意，故未参与实行过限行为的其他共同犯罪人无须就过限行为承担刑事责任。对于实行过限的具体理解，应当把握以下几点：一是客观方面，过限行为必须是独立于共同犯罪行为之外的行为。亦即，过限行为与共同犯罪行为必须是两个分别受到刑法评价，在法律上具有独立意义的行为，内含于共同犯罪行为之中或者仅仅表现为共同犯罪行为的具体行为方式的，不得视为过限行为。二是主观方面，过限行为必须是共同犯罪故意之外的行为。即使某一实行犯临时起意实施了超出预谋范围的行为，其他共同犯罪人可以预见或者知悉、了解而未加阻止的，因其主观上系一种认可的态度，故也须承担责任。三是共同犯罪行为所造成的过失后果，不存在实行过限。因为该过失后果是从属

---

① 观点来源：最高人民法院刑事审判第一、二、三、四、五庭主办：《中国刑事审判指导案例》（刑法总则）（增订第3版），法律出版社2017年版，第115－118页，郭某林等抢劫案。

于共同犯罪行为的，在我国的刑法理论和实践中，均只具有量刑上的意义，而无定罪上的意义。具体到共同抢劫犯罪，各共同犯罪人应否对其他共同犯罪人暴力行为所造成的人身伤亡这一加重结果承担刑事责任？答案是肯定的。首先，抢劫罪以同时侵犯人身权利和财产权利为其客体要件。抢劫罪包含两个行为，一是非法占有他人财物行为；二是暴力或者暴力胁迫行为，只有同时具备这两个行为的，方可构成抢劫罪。正是基于此，行为人劫取财物时，其暴力或者暴力威胁行为对被害人造成人身伤害、死亡后果的，我国刑法不再单独予以评价，而仅仅是作为抢劫罪的一个量刑情节来处理。可见，抢劫罪中的暴力伤害行为不是一个独立行为，不具备适用实行过限的前提条件。其次，抢劫罪其本身就蕴含着暴力伤害或者暴力威胁的故意，而且这种暴力伤害或者暴力威胁正是作为非法劫取他人财物的手段要件而存在的。也就是说，暴力伤害或者暴力威胁是实施抢劫犯罪所必不可少的，在共同抢劫犯罪中，即使部分行为人不希望使用暴力或者仅仅使用暴力威胁，但对其他共同犯罪可能使用暴力应当是有预见并予以认可的，这也是抢劫罪与非暴力性财产犯罪的一个重要不同点。因此，要求抢劫犯罪的共同犯罪人共同对其他共同犯罪人使用暴力造成的伤亡后果承担责任，并不违背主客观相一致原则。

15. 事先无通谋，但在明知他人抢劫的情况下，于暴力致被害人死亡后参与共同搜取被害人财物的行为，如何定罪量刑？[①]

分歧意见：第一种意见认为，抢劫罪侵犯的是复杂客体，表现为对他人人身和财产权利的侵犯。在他人以非法占有为目的，对被害人先施以暴力，使被害人失去反抗能力后，再取得被害人财物的情况下，行为人于侵犯他人人身权利行为实施完毕后，参与他人实施侵犯被害人财产权利行为的，其对被害人的伤亡事实并无主观故意和客观行为，故对该行为人的行为性质应与参与全部抢劫犯罪行为的他人作出不同的评价。

第二种意见认为，行为人事前虽无抢劫之主观故意，事中亦未实施抢劫之暴力行为，但在被害人死亡，暴力行为结束后之抢劫犯罪的延续阶段，其明知他人的行为系抢劫犯罪，而参与后续的搜取被害人财物之行为，属于事中共犯，应以抢劫罪的共犯定性。

---

① 观点来源：最高人民法院刑事审判第一、二、三、四、五庭主办：《中国刑事审判指导案例》（刑法总则）（增订第3版），法律出版社2017年版，第139－145页，侯某辉、匡某荣、何某权抢劫案。

本书观点：我们同意第二种意见，认为在事先无通谋，但行为人明知他人抢劫的情况下，于其暴力行为致被害人死亡后参与共同搜取被害人财物的，应以抢劫罪共犯论处。

主要理由在于：

共同犯罪的主体为两人以上，决定了其在犯罪方式、行为过程等方面的情形较之个人犯罪更为复杂。在事先共谋、基于一定分工的情形下，行为人分别在共同犯罪中实施了不同的行为，只要未实行过限，一般均对各行为人以同一罪名的共犯定罪处罚；在事先无共谋的情形下，行为人在他人共同犯罪的过程中，临时起意参与他人共同犯罪行为的，应当区别两种情况分别定罪：一种是行为人在不知道他人前期犯罪行为的具体动机、目的、性质的情况下，参与他人后续犯罪行为。如果行为人在主观犯罪故意的内容上与他人并不一致，则应当根据主客观一致的原则，结合行为人主观故意的内容和实施的客观行为，确定其具体罪名。另一种是行为人虽在事先未与他人形成共同犯意，但其在明知他人犯罪性质的情况下，于事中参与了他人犯罪的后续行为。其行为一方面形成事中对他人犯罪目的的认可和主观故意内容上的沟通，另一方面其客观行为对他人实现犯罪目的起到了积极帮助作用，根据主客观相一致的定罪原则，应与他人以共同犯罪论处。

上述情形中，行为人事前虽未同意参与他人的抢劫犯罪提议，事中亦未实施对被害人的暴力行为，但基于其对他人抢劫犯意的了解，在听到他人与被害人的打斗和被害人的呼救声渐小，走到现场目睹倒在血泊中的被害人和手持剔骨刀的犯罪分子，其在明知他人的行为性质、目的及已造成的犯罪后果之情形下，在他人抢劫犯罪行为处于持续状态期间，应其他抢劫犯罪分子的要求参与了共同搜取被害人财物的行为，因此，符合上述事先无共谋的情形下事中参与他人共犯的第二种情形，应当与其他抢劫犯罪分子构成抢劫罪的共犯。

需要说明的是，在事先无通谋，行为人在他人抢劫致被害人死亡后参与共同犯罪的，应适用《刑法》第二百六十三条一般抢劫罪的规定量刑。这是因为，虽然对行为人的行为以抢劫共犯定性，但根据具体犯罪事实，其事先并无与其他抢劫犯罪分子共同抢劫的主观故意，就被害人被致死的事实及后果而言，行为人在事前既无共同犯意，在事中亦无实施共同暴力行为，在被害人已死亡之暴力行为结束后参与搜取被害人家中财物的行为，不应共同承担对被害人死亡的加重处罚刑事责任，否则有违罪责刑相一致的基本原则。与此相应，《刑法》第二百六十三条第（五）项规定的加重条款，对行为人亦不应适用。应对行为人适用《刑法》第二百六十三条关于一般抢劫罪的规定，在十年以下三年以上有期徒刑量刑幅度内处罚。同时，根据其在共同犯罪中所起的作用，可认定其为从犯。《刑法》第二十七条第二款对于从犯，应当从轻、减轻处罚或者免除处罚的规定，应当理解为在该从犯所应当适用的法定量刑幅度内从轻、减轻或者免除处罚，而非简单地比照主犯的量刑幅度从轻、减轻或者免除处罚。

16. 二人共谋轮奸，一人得逞，未得逞的人是否构成强奸既遂？如何区分该类犯罪案件中的主、从犯地位？[①]

分歧意见：第一种意见认为，二被告人的行为不构成轮奸，对二被告人应当分别认定为强奸罪既遂和强奸罪未遂。

第二种意见认为，二被告人的行为构成轮奸，应当适用具有轮奸情节的法定刑，但对得逞和未得逞应当分别认定为强奸罪既遂和强奸罪未遂。

第三种意见认为，二被告人的行为构成轮奸，均应认定为强奸罪既遂，但未得逞者，可以认定为从犯。

本书观点：我们赞同第三种意见关于轮奸情节和犯罪既遂的认定，但对认定未得逞者系从犯的观点持保留意见。

（1）共同轮奸犯罪案件中，其中某行为人的强奸行为是否得逞，不影响对各行为人具有轮奸情节的认定

轮奸是指二名以上男子基于共同的强奸故意，在同一段时间先后对同一被害人实施强奸的行为。理论界和实务界对轮奸是情节加重犯还是结果加重犯，均存在不同的认识。根据刑法的规定，情节加重犯与结果加重犯适用的法定刑均比基本犯更重；其区别在于适用更重的法定刑的理由不同，前者系具有法定的“严重情节”，后者系具有法定的“严重结果”。

我们认为，轮奸系情节加重犯，而非结果加重犯。二名以上行为人只要基于共同的强奸故意，在同一段时间先后对同一被害人实施强奸行为的，就应当依法认定为具有轮奸情节。各行为人的强奸行为是否得逞，并不影响对

---

① 观点来源：最高人民法院刑事审判第一、二、三、四、五庭主办：《中国刑事审判指导案例》（刑法总则）（增订第3版），法律出版社2017年版，第156－160页，张甲、张乙强奸案。

各行为人具有轮奸情节的认定。

（2）共同犯罪中，部分行为人强奸行为已得逞，未得逞的行为人亦应认定为强奸犯罪既遂

轮奸并非独立的罪名，而是强奸罪的情节加重犯。该情节本身只有构成与不构成的问题，而不涉及犯罪既遂与未遂的停止形态问题。根据共同犯罪“一人既遂，全体既遂”的基本原理，只要共同行为人中有一人的犯罪行为得逞，各共同行为人的犯罪行为均应认定为犯罪既遂，部分行为人的强奸行为未得逞，不影响犯罪既遂的认定。当然，如果共同行为人的强奸行为均未得逞，则应当认定所有行为人的犯罪形态为未遂。

（3）强奸行为未得逞的行为人是否认定为共同犯罪的从犯，应当根据其在犯罪中的地位、作用等多方面因素综合认定

根据《刑法》第二十七条的规定，从犯包括两种类型：一种是在共同犯罪中起次要作用的犯罪分子；另一种是在共同犯罪中起辅助作用的犯罪分子。司法实践中，对于起第二种辅助作用的犯罪分子的认定比较容易把握，但对第一种起次要作用从犯的认定，理论界没有明晰的界定，实践中也难以归纳、提炼出统一的认定标准。我们认为，对从犯的认定，应当根据犯意的形成、犯罪的共谋、是否参与了全部犯罪活动、是否实施了实行行为、实行行为在整个犯罪构成要件中的关键程度和所起的作用、危害后果的发生与其实行行为的关联程度、分赃情况等因素综合审查。

第一，区分主从犯的一般原则。

在共同犯罪中，对各行为人区分主从犯的最终目的是解决量刑问题，使各行为人受到的刑罚轻重与其所犯罪行、承担的刑事责任相适应。因此，在审查共同犯罪案件时，对主从犯的区分应当遵循“尽量分、不强分”的原则。对于各行为人特别是实行犯的情况不相上下、作用相当、难分主从的，可以不区分主犯和从犯，均以主犯论处。对能够区分主从犯的，可以根据行为人各自的犯罪事实、情况和社会危害程度以及个人情况，尽可能区分主犯与从犯。在认定顺序上，一般宜先确定主犯，再确定从犯。

第二，区分主从犯的例外原则。

实践中，对犯罪集团中的首要分子和一般共同犯罪中组织、策划、指挥他人实施犯罪的人，即使没有直接实施实行行为，一般也应认定为主犯。例如，绑架杀人案件中的组织犯，其提供资金招募实行犯，为实行犯提供车辆、

电话等作案工具，并通过电话遥控指挥他人实施绑架的，即使其未亲自实施绑架或者杀人行为，其亦应认定为主犯，对全案负刑事责任。又如，黑社会性质犯罪集团的头目，即使其从未直接参与具体的犯罪活动，也应认定为主犯，对全案负刑事责任。

第三，其他同案犯都是实行犯情形下主犯、从犯的认定。

我们认为，在同案犯都是实行犯的案件中，对主、从犯的认定应当综合考虑以下因素：

首先，应当审查行为人是不是犯意提起者，即考察行为人是不是造意犯。如果是，具体又分以下三种情况处理：①行为人提出犯意并参加了具体犯罪实行行为的，一般不认定为从犯。②行为人提出犯意，但并未参加具体犯罪的实施，具体犯罪是由其他具有完全刑事责任能力的人独立实施完成的，应当根据其提出的犯意对实施犯罪者的影响大小来处理。如果实施者之前并无犯罪意图，经行为人提出犯意后才萌生犯意的，则行为人的犯意发起在共同犯罪中起主要作用，一般不应认定为从犯。③如果实施者原本就有犯罪意图，行为人提出的犯意对实施者实施犯罪的决意影响不大，且之后行为人未参加具体犯罪的，可以认定为从犯，但集团犯罪的首要分子或者有组织犯罪中的组织犯除外。

其次，考察各实行犯在案件中的具体分工、地位、作用。对各实行犯具体分工的考察，主要是指考察具体行为与犯罪构成客观方面的关联程度。关联越紧密的，认定从犯的可能性就越小。例如，故意杀人犯罪中，杀人行为是该罪构成要件中最主要的客观要素，如果甲的分工是实施杀人行为，乙是为甲递送犯罪工具或者望风，则因甲实施的杀人行为与罪名构成的客观方面的关联十分紧密，认定甲为从犯的可能性较小；而乙的行为与罪名构成的客观方面关联程度相对疏远，则认定乙为从犯的可能性较大。

对各实行犯地位的考察，主要是指考察行为人在共同犯罪中是指挥还是听命于其他同案犯。如果其行为系受其他同案犯指挥，则认定其为从犯的概率较大；相反，如果其是指挥他人作案，原则上不应认定为从犯；如果行为人之间没有指挥与被指挥的关系，则一般按其在犯罪中的分工及其行为造成的后果认定主、从犯。

对各实行犯作用的考察，主要是指考察行为人的具体行为与犯罪后果之间的因果关系。行为人的分工一般与犯罪后果有关联。比如，行为人不直接实施犯罪构成行为的，其行为与犯罪后果的关联程度一般要小于直接实施犯罪构成行为的行为人。因此，具体行为与犯罪后果之间的因果关系往往是认定主、从犯的重要因素。如故意杀人犯罪中，甲乙二人均实施直接杀人行为，但甲刺杀数刀，且其中几刀系致命伤；乙只刺一刀，且系非致命伤。按照一般的认定原则，甲的行为与被害人死亡有直接因果关系，应当认定为主犯；乙的行为与被害人死亡因果关系程度小于甲，应当认定为从犯。

再次，考察各实行犯在案件中的活跃程度。行为人在案件中的积极活跃程度也是认定主从犯的因素之一。有的行为人虽然不是造意犯，但在犯罪过程中表现十分积极，也不宜认定为从犯。如甲乙共同持刀刺杀被害人，因被害人反抗躲闪等因素，乙反复刺杀被害人多刀（都是非致命伤），甲刺杀被害人一刀却导致被害人死亡。在此类情况下，虽然被害人死亡后果是由甲直接造成，但乙在案件中的积极活跃程度远远高于甲，因此不宜认定乙为从犯。

最后，考察各实行犯参与犯罪过程的时间长短。行为人参与案件过程的长短也可作为认定主、从犯的因素。在同一案件中，甲参与了共谋、踩点、准备作案工具、实施具体犯罪、销毁赃物等全过程，乙只参与了该案的某一阶段，在甲乙分工、地位、作用相当的情况下，如果该案确实需要区分主从犯，则参与案件过程较短的乙一般可以认定为从犯。

综上，在轮奸犯罪案件中，虽然未得逞者的强奸行为对被害妇女或者幼女的身心健康直接造成的危害程度低于已得逞者，但对未得逞者是否认定为从犯，应当结合案件实际情况，综合未得逞者在案件中的分工、地位、作用、实际参与程度等多方面因素予以全面分析，不应仅仅从其是否完成自身的强奸行为进行片面认定。

17. 在仅能由单位构成犯罪的情形下，能否依据共犯原理认定非适格主体与单位构成共犯？[①]

分歧意见：第一种意见认为，不应以犯私分国有资产罪追究非适格主体的刑事责任。理由是：刑法规定了单位犯罪等特别规定，非单位主体由于主体不适格，不可与其构成共犯。非特定的主体要素不可构成刑法所规定的必须具备特定的主体要素的犯罪。

---

① 观点来源：最高人民法院刑事审判第一、二、三、四、五庭主办：《中国刑事审判指导案例》（刑法总则）（增订第3版），法律出版社2017年版，第160－162页，徐某桢等私分国有资产案。

第二种意见认为，可以犯私分国有资产罪追究非适格主体的刑事责任。理由是：特定的主体要素作为违法要素并不是成立共犯不可欠缺的构成要件要素。非特定的主体不能单独成为特定主体的正犯，但若是和特定的主体一起，就可共同引起符合构成要件的事实。因而，非特定的主体可以成立特定主体所犯之罪的共犯。但当特定主体要素是作为责任要素时，则不可缺失。因特定的主体要素所致使的刑罚有轻重时，不具有这种要素的共犯，对其科处通常刑罚。

本书观点：同意第二种意见。具体理由如下：

首先，从定罪角度分析，非适格主体可以成为由适格主体实施犯罪的共犯。刑法所规定的特定犯罪必须具备特定的主体要素，其仅是针对单独犯而言的。对于教唆犯、帮助犯则不需要具备特定的主体要素。根据共同犯罪成立理论中的行为共同说（事实共同说），共同犯罪应当是指数人共同实施了构成要件的行为，而不是共同实施特定的犯罪。质言之，不要求行为人共同实施特定的犯罪，只要行为具有共同性就可以成立共同犯罪。至于共犯人的责任问题，则需要个别认定。因而，对于非适格主体参与实施私分国有资产行为，只要非适格主体与适格单位共同实施了私分国有资产的行为，就可以成立共同犯罪。

其次，从量刑角度分析，对于共犯中非适格主体的量刑，一般按照普通主体适用刑罚或者以从犯身份适用刑罚。具体而言，在仅由适格主体实施的犯罪案件中，如果刑法规定对适格主体适用从重的刑罚，对不适格主体的共犯人，只能适用通常之刑罚。例如，《刑法》第二百三十八条第四款规定："国家机关工作人员利用职权犯前三款罪的，依照前三款的规定从重处罚。"当非国家机关工作人员与国家机关工作人员共同非法拘禁他人的，则不可以对非国家机关工作人员适用从重处罚的规定。如果刑法未规定对适格主体适用从轻或者从重的刑罚，对不适格主体一般按照从犯地位适用刑罚。

18. **教唆未满十四周岁未成年人犯罪的如何处罚？**[①]

分歧意见：第一种观点认为，教唆不满十四周岁的人犯罪属于教唆不满十八周岁的人犯罪的范畴，且社会危害性更大，应当适用前述规定予以从重

---

① 观点来源：最高人民法院刑事审判第一、二、三、四、五庭主办：《中国刑事审判指导案例》(01)（增订第3版），法律出版社2017年版，第826－827页。

处罚。

第二种观点认为,《刑法》第二十九条第一款规定的是对共同犯罪中教唆未成年人犯罪的教唆犯的处罚原则，而在教唆不满十四周岁的人犯罪的情形中，教唆者与未成年人不是共犯关系，不应当适用该规定从重处罚。由于不满十四周岁的人是无刑事责任能力人，其实施的行为不构成犯罪，教唆者利用不满十四周岁的人实施犯罪行为，只是将不满十四周岁的人作为工具，属于间接正犯，不应适用前述规定从重处罚。

本书观点：教唆未满十四周岁的未成年人犯罪的，应当依照《刑法》第二十九条第一款的规定从重处罚，具体理由如下：上述第二种观点认为,《刑法》第二十九条第一款规定的是对共同犯罪中教唆未成年人犯罪的教唆犯的处罚原则，而在教唆不满十四周岁的人犯罪的情形中，被告人与未成年人不是共犯关系，不应当适用该规定从重处罚。这涉及对“教唆不满十八周岁的人犯罪”中的“犯罪”的理解问题。我们认为，这一观点对《刑法》第二十九条第一款的理解有误，并不符合立法原意。这是因为，刑法之所以对教唆未成年人犯罪的行为规定为法定从重处罚情节，主要是出于对未成年人的特殊保护。未成年人思想不够成熟，社会经验不足，辨别是非能力弱，容易被其他人利用。未成年人年龄越小，其辨别和控制能力越差，越容易被其他人教唆利用。因此，教唆人往往利用未成年人的辨认、控制能力较差的弱点，唆使其犯罪。教唆年龄越小的未成年人犯罪，其社会危害性就越大。所以,《刑法》第二十九条第一款规定对教唆人予以从重处罚，是有科学根据和完全必要的。同时，对这里的“犯罪”，应当主要从实施的犯罪行为角度去理解，并非指被教唆者的行为一定要符合犯罪构成要件从而构成犯罪。刑法条文中多处用到“犯罪”一词，但并非全部指的是构成犯罪的理解。这一点，相关解释也有指明。2002 年 7 月 24 日全国人大常委会法制工作委员会在《关于已满十四周岁不满十六周岁的人承担刑事责任范围问题的答复意见》中指出：《刑法》第十七条第二款规定的八种犯罪，是指具体犯罪行为而不是具体罪名。基于这种理解，虽然教唆不满十四周岁的未成年人实施犯罪的，教唆人成立间接正犯，但并不影响在教唆人与被教唆人非成立共同犯罪的间接正犯情况下，对教唆人依法进行从重处罚，因此，以教唆人是间接正犯而否定对其适用从重处罚规定的观点，既违背刑法规定原意，也没有理论依据。

综上，我们认为,《刑法》第二十九条第一款中“教唆不满十八周岁的人犯罪”应当理解为教唆不满十八周岁的人实施犯罪行为，既包括被教唆者达到刑事责任年龄的情形，也包括被教唆者未达到刑事责任年龄的情形；既包括教唆人与被教唆者构成共同犯罪的情形，也包括教唆人与被教唆者不构共同犯罪的情形。只要被教唆者不满十八周岁，不论教唆人与被教唆的未成年人是否构成共同犯罪，对于教唆人都应当适用《刑法》第二十九条第一款的规定从重处罚。

19. 犯罪分子主观上没有共同犯罪的故意，仅在同一时间、同一地点进行同一性质的犯罪不构成共同犯罪①

本书观点：同时犯是指几人同时或者先后在同一场所故意犯罪，但彼此之间的主观故意和客观行为都相互没有联系。根据我国《刑法》第二十五条第一款的规定，共同犯罪是指二人以上共同故意犯罪。一般认为，共同犯罪的成立，必须具备主观上的共同犯罪故意和客观上的共同犯罪行为两个必要条件。共同的犯罪故意主要是指各行为人之间必须存在关于共同实施特定犯罪行为的故意和犯意联络；共同的犯罪行为主要是指各行为人在犯意联络的基础上共同实施相应的犯罪行为。如果欠缺上述两个必要条件，则不成立共同犯罪。这也是实践中区分共同犯罪与同时犯罪的主要根据。同时犯与共同犯罪从表面上看有相似之处，如同一性质的犯罪，在同一地点、同一时间实施同一犯罪行为，但同时犯中的这些因素是相互不关联的：主观方面，每个犯罪人只有自己的故意，并且彼此之间没有相互沟通，虽然大部分同时犯也知道有其他人在实施同一犯罪行为，但并没有共同的故意，每个人只是单独地犯罪，而与其他人的犯罪故意没有结成一个共同的对某一犯罪抱有放任或希望的整体意志；行为上各自独立，相互之间没有配合。所以，犯罪人的行为是否构成共同犯罪的关键是看他们之间是否有共同犯罪的故意与行为。

20. 明知他人从事贩卖毒品活动而代为保管甲基苯丙胺的行为，是否构成贩卖毒品罪的共犯？②

分歧意见：第一种意见认为，该行为构成非法持有毒品罪。行为人主观上明知是毒品，客观上在一定时间内非法持续占有毒品，在案证据无法证实其具有将该部分毒品进行走私、贩卖、运输的故意和行为，因此应当构成非

---

① 案例来源：《中国审判案例要览》（2011 年刑事审判卷），邢某华等拐卖儿童案。

② 案例来源：最高人民法院刑事审判第一、二、三、四、五庭编：《刑事审判参考》2012 年第 2 集（总第 85 集），法律出版社 2012 年版，蒋某源贩卖毒品案。

法持有毒品罪。

第二种意见认为，该行为构成窝藏毒品罪。行为人明知他人放在其家中保管的是毒品甲基苯丙胺，还代为保管，其行为严重妨碍司法机关对吴某贩毒行为的缉查，应当构成窝藏毒品罪，且属情节严重。

第三种意见认为，行为人的保管行为系他人实施贩卖毒品活动的一个部分或者一个环节。行为人明知他人系贩毒分子，仍应其要求代为保管甲基苯丙胺，实际上对他人的毒品犯罪行为起到了配合、帮助作用，据此应当认定行为人与贩卖毒品犯罪分子形成毒品犯罪的共犯关系，应当以贩卖毒品罪追究其刑事责任。

本书观点：同意第三种意见。窝藏毒品罪和非法持有毒品罪的客观方面都可以表现为对毒品的非法持有，贩卖毒品罪的客观方面也往往包含非法持有毒品的行为表现。对于替他人藏匿毒品的行为，不能一概认定为窝藏毒品罪或非法持有毒品罪，而应当根据具体情况分析被告人的主观意图，准确适用法律。

（1）行为人的行为不构成非法持有毒品罪

非法持有毒品罪，是指明知是毒品而无合法根据的持有，并且没有证据证明其具有其他毒品犯罪目的的行为。对于在贩卖毒品过程中的非法持有毒品行为，不能认定为非法持有毒品罪。因为贩卖毒品行为往往包含持有毒品的行为表现，持有行为被贩卖行为吸收，应当以吸收之罪（贩卖毒品罪）论处。如果非法持有毒品的目的是帮助他人贩卖毒品，应当构成贩卖毒品罪的共犯；如果非法持有（藏匿）毒品的目的是帮助他人逃避司法机关的追查，则应构成窝藏毒品罪；依照《刑法》第三百四十九条第三款的规定，犯窝藏毒品罪，事先与贩毒分子通谋的，以贩卖毒品罪的共犯论处。行为人藏匿毒品不是为了帮助贩卖毒品犯罪分子逃避司法机关的追查，而是为其顺利实施贩卖毒品的行为提供帮助，这种对毒品的持有被贩卖毒品行为所包含吸收，依照刑法有关规定，应当以贩卖毒品罪论处。综上，行为人客观上实施了贩卖毒品的帮助行为，主观上具有帮助他人贩卖毒品的故意，不构成非法持有毒品罪，应当以贩卖毒品罪的共犯论处。

（2）蒋某源的行为不构成窝藏毒品罪

窝藏毒品罪是明知是走私、贩卖、运输、制造毒品的犯罪分子的毒品而加以窝藏的行为。窝藏毒品罪属于赃物犯罪，与掩饰、隐瞒犯罪所得、犯罪所得收益罪之间属于特殊法与一般法的关系，窝藏毒品罪的主观目的是帮助走私、贩卖、运输、制造毒品的犯罪分子逃避司法机关的查处。贩卖毒品罪的帮助犯也可能通过实施窝藏毒品的行为，帮助主犯顺利实施贩卖毒品的行为。区分窝藏毒品罪与贩卖毒品罪的关键在于行为人主观目的的认定。如果行为人是为了帮助贩毒分子顺利实施贩毒行为，则其行为构成贩卖毒品罪的共犯；如果行为人是为了帮助犯罪分子逃避司法机关的处罚，则其行为构成窝藏毒品罪。在具体案件中，对行为人主观目的的认定非常复杂，一般是通过行为人与贩毒分子有无通谋进行判断。实践中，窝藏毒品的行为人与贩毒分子有无通谋，很难从行为人与贩毒分子的口供中得到印证。鉴于通谋既可以体现为口头上的相互联络，也可以体现为彼此默契的配合行为，判断行为人与贩毒分子有无通谋，一般需要综合参考以下因素：①藏匿毒品的时间。窝藏毒品罪的藏匿行为一般发生在贩毒分子已经察觉司法机关对贩毒行为开始追查之后。如果贩毒分子未察觉司法机关已对贩毒行为开始追查，或者未将其察觉告知藏匿行为人，藏匿行为人不是为了帮助贩毒分子逃避司法机关的追查而藏匿毒品的，则应认定藏匿行为人是为了帮助贩毒分子顺利实施贩毒行为，二者构成贩卖毒品罪的共犯。如果司法机关未对贩毒行为开始追查，但贩毒分子怀疑司法机关已开始追查，且将这一怀疑告知藏匿行为人，窝藏行为人是为了帮助贩毒分子逃避追查而藏匿毒品的，则藏匿行为与贩毒行为不构成共犯，藏匿行为仅构成窝藏毒品罪。但如果藏匿行为人后来知晓贩毒分子继续实施贩毒行为，仍帮助贩毒分子藏匿毒品的，则藏匿行为与贩毒行为形成共犯关系。②窝藏毒品的主观状态。一是要求藏匿行为人的主观明知。这种明知包括明知藏匿的是毒品，明知该毒品是他人贩卖的毒品，这是构成贩卖毒品罪的共犯和窝藏毒品罪都必须具备的条件。二是要求藏匿行为人的主观目的，即必须是帮助贩毒分子逃避司法监管。藏匿行为人如果明知公安机关已经对贩毒分子进行追查，而为贩毒分子藏匿毒品的，从常识、常情判断，将藏匿行为人的主观目的认定为帮助毒贩分子逃避处罚更为符合客观实际。行为人既明知他人是贩毒分子，又明知公安机关尚未就该批毒品进行追查，而应贩卖毒品犯罪分子的请求代为藏匿毒品，主观上明显不是为了帮助贩卖毒品犯罪分子逃避司法机关的处罚，因此其行为不能认定为窝藏毒品罪。

四、疑难、复杂问题的参考性解答

1. 共同犯罪中实行过限的司法认定及处理？

本书观点： 司法实践中，共同犯罪中出现实行过限问题，是比较常见的。所谓实行过限，是指在共同犯罪中，由实行犯实施的某种超出共同犯罪人共同谋议之罪范围的犯罪行为，其具有以下特征：第一，实行过限行为首先必须是一种犯罪行为；第二，实行过限行为发生在共同谋议之罪的实施过程当中；第三，这种行为是由实行犯基于本人的故意或过失单独实施的；第四，这种行为超出了共同犯罪人共同谋议之罪的范围。由于实行过限行为，是实行犯在实施共同犯罪过程中单独实施的超出共同犯罪人共同谋议的犯罪行为，其他共犯对这种行为在主观上没有罪过，因此，过限行为的刑事责任只能由该实行犯独自承担，其他共犯对此不承担刑事责任，而仅承担共同谋议之罪的刑事责任。认定是不是实行过限，总的来说，是看实行犯的实行行为是否超出了共同犯罪人共同谋议之罪的范围。由于共同犯罪的复杂性，共同谋议之罪的范围往往存在模糊性、不确定性。司法实践中，认定是不是实行过限，常会有些难度，需要运用有关证据审慎加以判定。就教唆人和被教唆人共同犯罪而言，主要是认真研究教唆人的教唆内容。实践中，教唆人的教唆内容不外乎有两种情形：一种是教唆内容明确；另一种是教唆内容概括、不明确。具体地说，在教唆人的教唆内容明确、特定的情况下，被教唆人实施了超出教唆内容范围以外的行为，即属于实行过限，对教唆人和被教唆人就应当按照实行过限的刑事责任承担原则，分别追究不同的刑事责任；在教唆人的教唆内容不明确或不太明确的情况下，只要是由于教唆人的教唆行为使被教唆人产生了犯意并实施的，就应当视为没有超出教唆内容范围，不属于实行过限，教唆人和被教唆人应共同对其承担刑事责任。如教唆人以某种犯罪为教唆内容进行教唆，而被教唆人却实施了另一种罪行，以及教唆人以某种犯罪为教唆内容，且对犯罪目标、程度等均有明确指示时，而被教唆人却在超出目标、程度外予以实施，这都是实行过限的适例；反之，教唆人以实行此罪或彼罪为内容而教唆，或者仅以实施某种犯罪为内容予以教唆，但对犯罪的目标或程度等却没有明确的指示，则被教唆人无论是实行了此罪或彼罪，或二者都实施了，或者无论是在多大范围或程度上实施了该罪，都不属于实行过限，教唆人和被教唆人都必须对被教唆人的实行行为承担共同犯罪的刑事责任。

认定是否属于实行过限，根本上还是要把握刑法规定的共同犯罪的特征，即是否具备共同故意和共同行为，尤其是否具有共同故意。司法实践中，有两种情况值得注意：

（1）区别实行过限与临时起意的共同犯罪

所谓共同犯罪过程中临时起意的共同犯罪行为，是指共同犯罪人预谋犯甲罪，但在实行甲罪的过程中起意共犯乙罪。在这种情况下，当然应当由各实行犯共同承担刑事责任。如甲乙共同入室盗窃，见到女主人一人在家即临时起意轮奸，便成立盗窃与强奸的共犯。问题是，有些情况下，共同犯罪人中一人临时起意犯其他罪，其他人虽未参与实施但明知其中一人在实施其他犯罪活动的，是否也成立其他罪的共犯？如甲乙共谋后一起实施强奸犯罪，乙临时起意杀人灭口，在未与甲商量的情况下，当着甲的面将人杀死。对此，我们认为乙的杀人行为虽然是临时起意，但甲对此并非全然不知，而是明知乙要杀死他人，但却采取了容忍的态度，表明乙的杀人行为并不违背甲的意志。因此，尽管甲没有亲手杀人，也应对杀人承担刑事责任。总之，在认定共同实行犯的实行过限的时候，必须注意考察实行犯对某一临时起意的犯罪是否知情。除非当时根本不知情，对于临时起意的犯罪，尽管一方并未亲自实施，亦不应认定实行过限，免除其相应的刑事责任。

（2）区别概然性教唆与实行过限

在认定被教唆人的实行过限的时候，必须对教唆犯罪的教唆内容进行认真考察，确定被教唆的人是否超出了教唆的范围。在教唆内容较为确定的情况下，认定被教唆的人是否实行过限较为容易。但如果教唆的内容较为概括，则就使确定被教唆的人是否实行过限发生困难。在刑法理论上，一般把这种教唆内容较为概括的教唆称为概然性教唆。在概然性教唆的情况下，由于教唆的内容不太明确，甚至毫不明确，一般来说，只要是由于教唆犯的概然教唆而使被教唆的人产生了犯意，无论实施了何种犯罪，没有明显超出教唆范围的，都不应视为实行过限。如在买凶杀人案件中，教唆者对被教唆人称：“给我好好收拾（修理）他！”但并无明确是伤害还是杀死，那么，无论被教唆者是杀人还是伤害，均应认定未超出教唆者的教唆范围，成立共同犯罪，而不是实行过限。

2. 单位犯罪的责任人员是否区分主、从犯？

本书观点：关于这一问题，最高人民法院曾作出有关批复，2000年10月10日起施行的《最高人民法院关于审理单位犯罪案件对其直接负责的主管人员和其他直接责任人员是否区分主犯、从犯问题的批复》指出，在审理单位故意犯罪案件时，对其直接负责的主管人员和直接责任人员，可不区分主犯、从犯，按照其在单位犯罪中实际所起的作用判处刑罚。随后，2001年1月21日印发的《全国法院审理金融犯罪案件工作座谈会纪要》中又强调指出：对单位犯罪中的直接负责的主管人员和其他直接责任人员，应根据其在单位犯罪中的地位、作用和犯罪情节，分别处以相应的刑罚，主管人员与直接责任人员，在个案中，不是当然的主、从犯关系，有的案件，主管人员与直接责任人员在实施犯罪行为的主从关系不明显的，可不分主、从犯。但具体案件可以分清主、从犯，且不分清主、从犯，在同一法定刑档次、幅度内量刑无法做到罪刑相适应的，应当分清主、从犯，依法处罚。

我们认为，主、从犯是针对共同犯罪而言的，单位犯罪不同于共同犯罪，单位犯罪还包括非共同犯罪的过失犯罪。因此，对单位内部的直接负责的主管人员和其他直接责任人员，原则上一般情况下不区分主、从犯，按照责任人所起作用，在刑法规定的具体刑罚种类和幅度内判处刑罚。但是，特殊情况下，单位故意犯罪的责任人员在犯罪活动中的地位、作用不同，根据具体案情可以分清主、从犯，且不分清主、从犯，在同一法定刑档次、幅度内量刑无法做到罪刑相适应的，可将单位故意犯罪中有关责任人员的犯罪行为作为一种特殊的共同犯罪，分清主、从犯，按照刑法分则具体条文以及总则有关规定判处刑罚，对其中起次要作用的从犯，应当减轻或者免除处罚。

3. 共同犯罪与身份问题如何正确认定？

刑法规定有些犯罪是特殊主体，其犯罪主体必须具有一定的特殊身份，比如，贪污罪的主体身份必须是国家工作人员或者受委托经手、管理公共财物的人员，刑讯逼供的主体必须是司法工作人员等。一般认为，无特殊身份的人不能单独构成要求特殊主体才能构成的犯罪。在非特殊主体与特殊主体实施共同犯罪的时候，非特殊主体只能是组织犯、帮助犯或者教唆犯，而不能是实行犯。在司法实践中，面临的主要问题是，身份犯（特殊主体）与非身份犯（非特殊主体）构成共同犯罪的时候，共同犯罪的性质如何确定。对此，主要存在三种观点：

第一种观点认为，应以主犯的犯罪性质来确定。主犯是有身份者，应按有身份者所构成之罪定罪，主犯是无身份者，应按无身份者所构成之罪定罪。1985 年《最高人民法院、最高人民检察院关于当前办理经济犯罪案件中具体应用法律的若干问题的解答（试行）》[①] 第一条第（二）项规定："……内外勾结进行贪污或者盗窃活动的共同犯罪（包括一般共同犯罪和集团犯罪），应按其共同犯罪的基本特征定罪……如果共同犯罪中主犯犯罪的基本特征是贪污，同案犯中不具有贪污罪主体身份的人，应以贪污罪的共犯论处……如果共同犯罪中主犯犯罪的基本特征是盗窃，同案犯中的国家工作人员不论是否利用职务上的便利，应以盗窃罪的共犯论处……"

第二种观点认为，应分别定性。根据犯罪主体的不同区别对待，有身份者按身份犯处理，无身份者按普通犯罪论处。如有学者在区分贪污罪与盗窃罪时指出："利用职务上的便利是以行为人具备一定的身份为前提的。如果没有一定的身份，就不存在利用职务上的便利问题。因此，没有国家工作人员身份的人，不可能实施这样的实行行为。如果国家工作人员与非国家工作人员共同盗窃，虽然构成共同犯罪，但应分别定为贪污罪与盗窃罪。"也有人指出，这种情况下，身份犯构成贪污罪无疑，非身份犯属于贪污罪与盗窃罪的想象竞合犯，应遵循以重罪论处原则，对其以盗窃罪处理。

第三种观点认为，应以身份犯的性质来确定。刑法理论认为，区分此罪与彼罪的标准在于不同犯罪的构成要件，其性质主要取决于犯罪行为的特征，共同犯罪符合哪种犯罪构成要件的要求，就应当定哪种罪。对于利用特殊主体的身份实施的共同犯罪，犯罪性质是由特殊主体的实行行为来确定的，也即共同犯罪的性质由身份犯的性质决定。

《最高人民法院关于审理贪污、职务侵占案件如何认定共同犯罪几个问题的解释》第一条规定："行为人与国家工作人员勾结，利用国家工作人员的职务便利，共同侵吞、窃取、骗取或者以其他手段非法占有公共财物的，以贪污罪共犯论处。"

上述观点都有其合理的地方，权衡利弊，我们同意第三种观点。分别定性不符合共同犯罪的基本理论，以身份犯定性才能准确提示犯罪本质。因为非身份犯只有通过身份犯才能实施和完成共同犯罪，身份犯起主要和决定作

---

① 该文件现已废止。

用。所以，对于无身份者与有身份者相勾结，利用有身份者的身份因素共同实行犯罪的，应当以有身份者所触犯之罪认定共同犯罪的性质，对无身份者以该种身份犯罪的共犯论处。

对于刑法规定必须以具有特定的身份作为犯罪构成必要条件的身份犯罪，有身份者和无身份者能否构成共同犯罪，要做具体分析：（1）在无身份者教唆或帮助有身份者实施特定身份犯罪的场合，可以构成共同犯罪，但无身份者只能是教唆犯或从犯，而不可能是实行犯。例如，妇女教唆或帮助男子强奸另一个妇女，即构成强奸罪的共犯。（2）在有身份者教唆无身份者实施特定身份犯罪的场合，有的可以构成共犯，有的则不能构成共犯。前者如作为国家工作人员的丈夫教唆妻子收受贿赂，可以构成受贿罪的共犯关系。后者如对于强奸罪，男子根本不可能教唆妇女去强奸妇女，因而根本不可能成立共犯。在某些场合，有特定身份者和无特定身份者，则可能构成不同的犯罪，也不发生共犯关系。例如，邮电工作人员教唆非邮电工作人员毁弃本人经管的邮件，对邮电工作人员可以作为私自开拆、隐匿、毁弃邮件、电报罪的教唆犯，按照《刑法》第二百五十三条论处，对非邮电工作人员则按照第二百五十二条，以侵犯通信自由罪论处。

如果两种不同身份的人，分别利用各自的身份因素（尤其是职务便利），共同实施了同一种行为，应当按什么原则处理，理论界和实务部门存在相当大的争议。下面以学界对公司、企业中国家工作人员与非国家工作人员相勾结，分别利用各自职务便利，共同实施窃取、骗取单位财物行为的定性探讨为例，对该问题予以分析。据归纳，学界对此主要有以下几种观点：

（1）分别定罪说。该说认为应根据主体的不同分别定罪。即对公司、企业或者其他单位中的国家工作人员定贪污罪，对公司、企业或者其他单位中的非国家工作人员定职务侵占罪。该说的法律根据是，刑法按主体身份的不同，分别规定了贪污罪、职务侵占罪，身份的不同表明其社会危害性和人身危险性的差异，分别定罪有利于罪刑相适应。

（2）主犯决定说。该说认为应以主犯的身份来确定共同犯罪的罪名，主犯是国家工作人员的，应全案认定为贪污罪；主犯是公司、企业或者其他单位中的非国家工作人员的，应全案认定为职务侵占罪。该说的法律根据是，1985 年《最高人民法院、最高人民检察院关于当前办理经济犯罪案件中具体应用法律的若干问题的解释（试行）》第一条第（二）项规定关于“内外勾结进行贪污或者盗窃活动的共同犯罪案件如何定罪的问题”，确立了按主犯性质定罪的原则。

（3）主犯决定说与分别定罪说的折中。该说认为如果主犯的身份是公司、企业或者其他单位中的非国家工作人员，全案都定职务侵占罪；如果主犯的身份是公司、企业或者其他单位中的国家工作人员，对具有国家工作人员身份的定贪污罪，对其中的非国家工作人员定职务侵占罪。

（4）国家工作人员犯罪性质说。该说认为这种情况下，不管国家工作人员处于何种地位，也不管其起何作用，非法占有单位财物的行为均是利用了国家工作人员的职务之便实施的，非国家工作人员与国家工作人员的犯罪行为联成一个密不可分的有机整体，从而构成只有国家工作人员才能构成的贪污罪。该说的法律依据是，认为《刑法》第三百八十二条第三款明确规定，与具备贪污罪主体资格的人勾结，伙同贪污的，以共犯论处，那么，公司、企业或者其他单位中的非国家工作人员符合该款规定条件的，当然也应以贪污罪的共犯定罪处罚。

上述观点，各有其合理的地方，哪一种更为科学？我们认为，根据有关刑法理论和刑法规定，解决上述共犯问题，必须坚持以下两项原则：

（1）根据共同犯罪案件的整体性质定罪的原则。根据《刑法》第二十五条第一款的规定，共同犯罪是指二人以上共同故意犯罪。正是由于各共同犯罪人之间主观上犯罪故意的联络、沟通，客观上犯罪行为的互相配合、互相协作，使共同犯罪形成了一个主客观相统一的不可分割的整体，因此，对这种犯罪理应根据其案件的整体性质定罪。而如果根据各共同犯罪人的不同身份分别定罪，就人为地割裂了各共同犯罪人之间主客观上的内在联系，从而也就使共同犯罪理论失去了意义。

（2）贯彻罪刑相适应的原则。根据《刑法》第五条的规定，刑罚的轻重，应当与犯罪分子所犯罪行和承担的刑事责任相适应。在共同犯罪中，由于各犯罪人的地位不同、身份条件不同，其行为的社会危害性和人身危险性是不一样的。在公司、企业或者其他单位中，非国家工作人员利用各自的职务便利共同犯罪的情况下，全案按照国家工作人员的身份定罪无疑可能加重非国家工作人员的刑事责任。

据此，我们认为主犯决定说的观点是相对更为可行和科学的，正因如此，《最高人民法院关于审理贪污、职务侵占案件如何认定共同犯罪几个问题的解释》第三条，确定了不同特殊主体利用各种职务便利共同非法占有本单位的财物的，以主犯性质定罪的原则。当然，以主犯性质定罪，在遇到共同犯罪中无法区分主、从犯，或者共同犯罪中有两个以上的主犯，其身份既有国家工作人员，又有非国家工作人员的案件时，也有适用上的两难境地。对此，2003 年《全国法院审理经济犯罪案件工作座谈会纪要》明确："对于在公司、企业或者其他单位中，非国家工作人员与国家工作人员勾结，分别利用各自的职务便利，共同将本单位财物非法占有的，应尽量区分主从犯，按照主犯的犯罪性质定罪。司法实践中，如果根据案件的实际情况，各共同犯罪人在共同犯罪中的地位、作用相当，难以区分主从犯的，可以贪污罪定罪处罚。"

4. **如何理解二人以上过失犯罪，不构成共同犯罪？**

本书观点：《刑法》第二十五条第二款明文规定："二人以上共同过失犯罪，不以共同犯罪论处；应当负刑事责任的，按照他们所犯的罪分别处罚。"这表明了刑法不承认过失共犯的原则立场，从而也就严格限制了共同犯罪的范围。因此，即使二人以上的共同过失行为造成了一个危害结果，也只能以过失犯罪单独分别处罚，而不适用共同犯罪的刑事责任原则。比如，甲乙二人在一天晚上同去偷一辆汽车油箱里的汽油，因为天黑，甲划着火柴，乙打开油箱的盖子，结果引起油箱着火爆炸，烧毁了整个汽车和运载的货物，损失达 20 余万元。甲乙二人的过失行为，共同造成了严重的危害后果，但由于他们在主观上没有共同犯罪的故意，不构成共同犯罪。

这里需要指出的是，《最高人民法院关于审理交通肇事刑事案件具体应用法律若干问题的解释》第五条第二款规定："交通肇事后，单位主管人员、机动车辆所有人、承包人或者乘车人指使肇事人逃逸，致使被害人因得不到救助而死亡的，以交通肇事罪的共犯论处。"该规定是否突破了刑法条文规定，从而肯定二人以上共同过失犯罪也构成共同犯罪？"交通肇事后逃逸""因逃逸致人死亡"是交通肇事罪的加重处罚情节，车辆驾驶人交通肇事引发事故在主观上是过失，但肇事后逃逸却是故意，指使者在明知已发生交通事故的情况下，仍指使、唆使肇事人逃逸，指使者与肇事人对事后逃逸具有共同故意，但刑法对事后逃逸行为没有单独定罪，因此该解释就规定对指使者以交通肇事罪共犯论处。但这并不意味着共同过失犯罪构成刑法规定的共同犯罪。

5. **二人以上实施危害行为，但罪过形式不同的，能否构成共同犯罪？**

本书观点：二人以上实施危害行为，但罪过形式不同的，不构成共同犯罪。

其主要表现为：（1）故意教唆或帮助他人实施过失犯罪的，由于缺乏共同的故意，故不成立共同犯罪；（2）过失地“教唆”或帮助他人实施故意犯罪，虽然行为在客观上起着教唆或帮助作用，但行为人主观上并无教唆或帮助的故意，与他人的犯罪故意之间，缺乏犯意联系，因而也不成立共同犯罪；（3）利用他人的过失行为实现自己故意犯罪目的的场合，利用者构成间接正犯，与被利用者之间不构成共犯关系。例如，医生甲为杀死仇人丙，乘丙患病住院之机，利用护士乙的过失，以致乙误将毒药交给病人丙，致使丙中毒身亡。在这种情况下，对甲应当以故意杀人罪（间接正犯）论处，而不能与乙的过失行为构成共同犯罪。

6. 如何判断共同犯罪中的主犯？

本书观点：判断共同犯罪中的主犯，看他是否起了主要作用，主要应当根据他在参加实施共同犯罪活动中所处的地位、实际参加的程度、具体罪行的大小、对造成危害结果的作用等，全面地分析判断。从主犯参加犯罪活动的情况来看，他们一般在事前拉拢、勾结他人，出谋划策；实施犯罪时积极参加，担任主角，协调他人的行动，所犯具体罪行较重，或者直接造成严重的危害结果；有的事后还有策划掩盖罪行、逃避惩罚的活动。通过对共同犯罪人参加犯罪活动情况的具体分析，一般能够正确地找出主犯。在有的案件中，二三个人参加实施共同犯罪，其情况不相上下，难分主从的，不必勉强划分，可以根据他们各自所犯的具体罪行的事实、情节和社会危害程度，以及个人的具体情况，依法判处适当的刑罚。

7. 如何认定共同犯罪中的从犯？

《刑法》第二十七条对从犯进行了规定，所谓从犯，是指在共同犯罪中起次要作用或者辅助作用的犯罪分子。从犯在共同犯罪中所起的作用和行为的社会危害性比主犯小。刑法规定的从犯分为以下两种情况：

（1）在共同犯罪中起次要作用的。所谓起次要作用，是指相对于主犯而言，在整个共同犯罪活动中，地位从属于主犯，对主犯的意图表示赞成、附和、服从，听从主犯的领导、指挥，不参与有关犯罪的决策和预谋；在具体犯罪中，在主犯的组织、指挥下进行某一方面的犯罪活动，对整个犯罪结果的发生只起到次要作用。具体表现为：在犯罪集团的首要分子的领导下参与犯罪活动，但罪恶不够重大、情节不够严重；在一般共同犯罪中直接参加实行犯罪的活动，但所起的作用不大，没有直接造成严重的危害后果或者情节较轻。这就是通常所说的次要的实行犯，是共同犯罪人中罪行较小、直接造成的危害后果不严重或者情节较轻的犯罪分子。对起次要作用的从犯的认定，一是看他们在犯罪活动中的地位，即他们在共同犯罪中总是处于从属的地位；二是看他们在犯罪活动中所起作用的大小，即实施犯罪的程度和活动范围的大小；三是看他们对社会造成的危害后果的严重程度，同时看共同犯罪所产生的危害后果在多大程度上与行为人有联系。

（2）在共同犯罪中起辅助作用的。所谓辅助作用，实际上指帮助犯，其特点是不直接参加具体犯罪行为的实施，而是以种种不同的方式帮助实行犯，促成其实现犯罪结果。由于帮助犯在共同犯罪中只是居于辅助性的地位，因此不可能起主要作用，只能是从犯。其行为多为提供犯罪工具，排除犯罪障碍，指示犯罪地点和犯罪对象，打探和传递有利于实施犯罪的消息，参与事前密谋，犯罪后包庇、窝藏其他共同犯罪人或窝藏、销售赃物等。

需要注意的是，从犯是相对于主犯而言，在共同犯罪中，可以只有主犯没有从犯，但不可能只有从犯而没有主犯。刑法分则中有个别地方将从犯的行为直接规定为犯罪，如组织卖淫犯罪的帮助行为，就被定为协助组织卖淫罪，而不定为组织卖淫共同犯罪中的从犯。

8. 如何正确认定共同犯罪中的胁从犯？

所谓胁从犯，是指被胁迫参加共同犯罪的人。1979 年《刑法》和 1997 年《刑法》都对胁从犯进行规定，但二者规定的内容有所不同。1979 年《刑法》第二十五条规定的胁从犯包括“被胁迫、被诱骗”参加犯罪的两种人，1997 年《刑法》修订时删去了“被诱骗”参加犯罪的内容，被诱骗参加犯罪的人不再以犯罪论处，这主要是考虑到在处理具体案件时，有的人是出于被诱骗，对于犯罪不知情，从犯罪构成的原理上将在主观上缺乏罪过的人作为犯罪处理是不妥当的。至于那些在共同犯罪中被人利诱从事犯罪活动，在共同犯罪中起较大作用的人，则可以根据他们危害行为的大小，按照从犯予以处罚。

司法实践中，正确认定胁从犯是共同犯罪中定罪量刑的一个重要内容。在认定胁从犯时，应当首先想到胁从犯只存在于共同犯罪之中，没有共同犯罪就没有胁从犯。胁从犯的主要特征是：（1）胁从犯是被胁迫参加犯罪的。在共同犯罪人中主犯与从犯，虽然在共同犯罪中的作用有所不同，但从主观上来说，都是自觉自愿地参加犯罪的，犯意虽然是由其中的某一个人发起的，但通过互相之间的通谋，互相交流犯意，从而取得了犯罪故意的一致性。至于教唆犯，他本人虽然不参与犯罪的实行，但他是犯意的发起者。因此，这些共同犯罪人在共同犯罪中都居于主动的地位。而胁从犯则有所不同，从主观上说，胁从犯不仅本来没有犯罪意图，而且是在受到胁迫的时候他也不完全愿意犯罪，或者说，他实施犯罪在一定程度上是违反本人意愿的，仅仅为了避免对本人的不利，而迫不得已地参加了犯罪。因此，胁从犯在共同犯罪中居于被动的地位，其参加犯罪具有一定的不得已性。（2）在共同犯罪中作用比较小。胁从犯在共同犯罪的活动中，处于从属的地位，其所起的作用在一般情况下，比从犯还要小，在个别情况下，也可能等于从犯。胁从犯所起的作用比较小，这是从胁从犯行为的社会危害性程度上来说的。至于从分工上来看，胁从犯的共同犯罪行为既可能是实行行为，也可能是帮助行为。无论胁从犯在共同犯罪中是实施实行行为，还是实施帮助行为，他在共同犯罪中所起的作用必须是比较小的。

胁从犯的认定。正确认定胁从犯在司法实践中有重大的意义，如果认定不当，要么将其他共同犯罪人认定为胁从犯，从而放纵了犯罪分子；要么将无罪的人认定为胁从犯，因而导致刑及无辜。为此，认定胁从犯时应注意以下问题：（1）要把胁从犯和由于不能抗拒的原因所引起的不可抗力加以区别。《刑法》第十六条规定，行为在客观上虽然造成了损害结果，但不是出于故意或者过失，而是由于不能抗拒的原因所引起的，不认为是犯罪。如果行为人在身体上完全受强制，丧失了意志自由，那么，尽管由此而造成了客观损害，但因主观上没有罪过，行为人不应承担刑事责任。（2）要把胁从犯和紧急避险加以区别。《刑法》第二十一条规定，为了使国家、公共利益、本人或者他人的人身、财产和其他权利免受正在发生的危险，不得已采取的紧急避险行为，不负刑事责任。如果行为人受到他人的胁迫，为保护更大的利益而屈从于他人的胁迫，应视为紧急避险，不以胁从犯论处。（3）要正确处理在精神强制的情况下，行为人是否可能丧失意志自由因而阻却责任的问题。在精神强制的情况下，行为人的意志只是受到一定的抑制，但并没有完全丧失意志。被胁迫的人之所以违心地屈从胁迫者而参加了犯罪，也正是经过利弊权衡以后做出的决定，这一决定本身就表明被胁迫者还是具有一定程度的意志自由的，对其以胁从犯论处是应该的。（4）注意胁迫形式的多样性。胁迫既包括以对人身将要实施暴力相威胁，还包括以对财产造成损失相威胁以及揭发隐私等，使行为人迫于精神上的强制，不得不参加犯罪。只要行为人参加犯罪是被胁迫的，且在共同犯罪中起较小的作用，就应当认为是胁从犯。至于胁迫的形式及其程度，只是对确定对胁从犯是减轻处罚还是免除处罚以及减轻的幅度具有意义。

对胁从犯的处罚。《刑法》第二十八条规定：“对于被胁迫参加犯罪的，应当按照他的犯罪情节减轻处罚或者免除处罚。”根据本条规定，对胁从犯，应当考虑被胁迫犯罪的人参与实施犯罪行为的程度，对危害后果的发生所起到的实际作用大小等情况，决定给予减轻处罚或者免除处罚。

9. 如何正确认定共同犯罪中的教唆犯？

本书观点：教唆犯，是指故意唆使他人犯罪的人。《刑法》第二十九条对教唆犯进行了规定。构成教唆犯应具备以下要件：（1）在客观方面，必须有教唆他人犯罪的行为。所谓教唆，就是唆使具有刑事责任能力没有犯罪故意的人产生犯罪故意。教唆的对象必须是具有刑事责任能力的人，否则不是教唆犯，而是利用无刑事责任能力人进行犯罪的间接正犯。教唆的内容必须是犯罪行为，否则不构成教唆犯。教唆行为应是积极的作为，不是消极的不作为。根据刑法规定，构成教唆犯，以教唆人实施了教唆行为为构成犯罪的要件，不以被教唆人实施了所教唆的犯罪行为为必要条件。但是，被教唆人实行的犯罪与教唆行为之间应有因果联系。教唆行为的方式可能是多种多样的，例如，威逼、利诱、收买、命令、煽动、劝说、暗示等。教唆犯应有特定的教唆对象，对于特定对象，不宜作狭隘理解，教唆某一个人或者教唆某一群人，都可以视为特定的人。如果没有明确针对某一个人，但根据当时的情况，仍可以确定其对象者，仍可视为有特定对象。教唆犯应当以教唆实行特定的犯罪为条件，因为犯罪都是具体的，没有抽象的罪，既然意图促使他人犯罪，不能没所指。所谓“特定的犯罪”，也不能作过于狭隘的理解。明确指明要对方犯这种或那种犯罪，固然构成教唆犯，虽未肯定说明犯哪种罪，但根据事实情况可以确定其所指，或者是被教唆者所实施的犯罪是他所预见，或者是教唆的犯罪在几种罪中间不确定。构成教唆犯，只要求实施唆使他人产生犯罪故意的教唆行为，不要求传授犯罪的方法。（2）在主观方面，必须有教唆他人实施犯罪的故意。过失行为不构成教唆犯。这种故意包括意识因素和意志因素两个方面。意识因素包括：认识到被教唆的人达到刑事责任年龄、具有刑事责任能力；认识到他人还没有犯罪故意；预见到自己的教唆行为将引起被教唆人产生某种犯罪的故意，并实施该犯罪；教唆人预见到被教唆人实行该种犯罪，在被教唆人实行某种犯罪时，被教唆人实行的犯罪应与教唆人教唆实行的犯罪相一致。意志因素主要是希望，但也存在放任的情况。

司法实践中，认定教唆犯应当注意以下几个问题：

（1）教唆未达到刑事责任年龄、没有刑事责任能力的人实施犯罪的，由于被教唆人没有辨认或者控制自己行为的能力，实际上是作为教唆人实行某种犯罪的工具，这时，教唆行为实际上是一种间接实行行为，教唆犯属于间接正犯，应当对教唆人本人单独以犯罪论处。

（2）被教唆人实施了所教唆以外的犯罪，教唆人只按其所教唆的犯罪负刑事责任。但是，如果被教唆人所实施的犯罪性质未变，只是造成的后果大小不同，则教唆人承担教唆责任。因为被教唆人受教唆后所造成后果大小都属于教唆的故意范围，所以教唆人应当承担刑事责任。

（3）教唆他人犯某种罪，如果刑法分则已把该罪的教唆行为规定为独立的犯罪，就不再以一般教唆犯论处，而应当直接依照刑法分则的规定处罚。如，刑法规定的煽动分裂国家罪、煽动暴力抗拒法律实施罪等。

（4）对教唆犯的处罚，根据《刑法》第二十九条规定，对教唆犯的处罚分为三种不同情况：①根据《刑法》第二十九条第一款前项规定，教唆他人犯罪的，应当按照他在共同犯罪中所起的作用处罚。这里所指的是被教唆人已经犯了教唆人所教唆之罪，包括被教唆人已经进行犯罪预备，或者已经着手实行犯罪而未遂，或者已经完成犯罪而既遂等情况。刑法规定对这类情况中的教唆犯是按其“在共同犯罪中所起的作用处罚”，这说明被教唆人犯了教唆人所教唆之罪，教唆人与被教唆人之间就构成了共同犯罪关系，对教唆人应当按照共同犯罪的原则进行处罚，教唆犯与实行犯之间在罪责上相互依存，在处罚上各自独立，对教唆犯可以直接根据他在共同犯罪中所起的作用处罚，而不以实行犯的处罚轻重为转移。由于教唆犯是犯意的制造者，是犯罪行为的发起者，没有教唆者的行为，犯罪就不会发生，这些决定了教唆犯往往在共同犯罪中起主要作用。在处理时应当注意，如果行为人教唆他人犯罪，同时又积极参与实行犯罪，则应当根据他在共同犯罪中所起的实际作用，直接以主犯论处，不应再认定为教唆犯。②根据《刑法》第二十九条第一款后项的规定，教唆不满十八周岁的人犯罪的，应当从重处罚。《刑法》第十七条规定，未满十八周岁的人分为三个年龄阶段，应当分别对此作不同的处理：教唆十四周岁以上未满十六周岁的人犯故意杀人、故意伤害致人重伤或者死亡、强奸、抢劫、贩卖毒品、放火、爆炸、投毒罪的，应当按照《刑法》第二十九条第一款后项的规定处罚；教唆十六周岁以上未满十八周岁的人犯任何罪，也应当按照《刑法》第二十九条第一款后项的规定处罚；教唆十四周岁以上未满十六周岁的人犯《刑法》第十七条第二款规定的以外之罪，以及教唆未满十四周岁的人犯任何罪的，对于教唆者应当按照间接实行犯论处。因为这时的被教唆人属于未达到刑事责任年龄的人，实际上成为教唆人实施某种犯罪所利用的工具，实质上符合间接实行犯。③如果被教唆人没有犯被教唆的罪，对于教唆犯可以从轻或者减轻处罚。《刑法》第二十九条第二款规定的实际上就是教唆未遂犯。根据刑法的规定，被教唆人没有犯被教唆的罪仅指被教唆人没有按照教唆人的要求去实施犯罪行为，如果被教唆人犯了教唆以外的其他罪，应与教唆犯罪无关。被教唆人没有犯被教唆的罪包括如下几种情况：a. 被教唆人实施的犯罪行为不是按照教唆人所教唆的犯罪去完成的，而是犯了教唆以外的其他罪；b. 被教唆人在接受教唆之前就已经有了实施该种犯罪的意图，虽然教唆人进行了教唆，但被教唆人的犯罪行为不是教唆行为所引起的；c. 被教唆人在接受了教唆后没有进行犯罪，即随后又打消了犯罪意图；d. 被教唆人拒绝了教唆人的教唆。上述四种情况都与教唆人的教唆行为没有因果联系，可以认定为“被教唆人没有犯被教唆的罪”，因此根据刑法规定可以从轻或者减轻处罚。由于被教唆人没有犯被教唆的罪，教唆人与被教唆人之间也就不存在共同犯罪关系，对教唆人的处罚不以被教唆人实施的犯罪行为为基准，不以实际发生的犯罪行为为转移，只能根据教唆人犯教唆的罪来定罪量刑。

第四节　单位犯罪

一、刑法规定

第三十条　公司、企业、事业单位、机关、团体实施的危害社会的行为，法律规定为单位犯罪的，应当负刑事责任。

第三十一条　单位犯罪的，对单位判处罚金，并对其直接负责的主管人员和其他直接责任人员判处刑罚。本法分则和其他法律另有规定的，依照规定。

二、立法解释、司法解释、司法文件及其权威解读

1. **全国人民代表大会常务委员会关于《中华人民共和国刑法》第三十条的解释**（2014年4月24日第十二届全国人民代表大会常务委员会第八次会议通过）

全国人民代表大会常务委员会根据司法实践中遇到的情况，讨论了刑法第三十条的含义及公司、企业、事业单位、机关、团体等单位实施刑法规定的危害社会的行为，法律未规定追究单位的刑事责任的，如何适用刑法有关规定的问题，解释如下：

公司、企业、事业单位、机关、团体等单位实施刑法规定的危害社会的行为，刑法分则和其他法律规定未规定追究单位的刑事责任的，对组织、策划、实施该危害社会行为的人依法追究刑事责任。

2. **最高人民法院关于适用《中华人民共和国刑事诉讼法》的解释**（法释〔2021〕1号，自2021年3月1日起施行）（节录）

第三百四十五条　审判期间，被告单位合并、分立的，应当将原单位列为被告单位，并注明合并、分立情况。对被告单位所判处的罚金以其在新单位的财产及收益为限。

3. **最高人民法院关于审理单位犯罪案件具体应用法律有关问题的解释**（法释〔1999〕14号，自1999年7月3日起施行）

为依法惩治单位犯罪活动，根据刑法的有关规定，现对审理单位犯罪案件具体应用法律的有关问题解释如下：

第一条　刑法第三十条规定的公司、企业、事业单位，既包括国有、集体所有的公司、企业、事业单位，也包括依法设立的合资经营、合作经营企业和具有法人资格的独资、私营等公司、企业、事业单位。

第二条　个人为进行违法犯罪活动而设立的公司、企业、事业单位实施犯罪的，或者公司、企业、事业单位设立后，以实施犯罪为主要活动的，不以单位犯罪论处。

第三条　盗用单位名义实施犯罪，违法所得由实施犯罪的个人私分的，

依照刑法有关自然人犯罪的规定定罪处罚。

权威解读

《关于审理单位犯罪案件具体应用法律有关问题的解释》的理解与适用

《刑法》第三十条规定："公司、企业、事业单位、机关、团体实施的危害社会的行为，法律规定为单位犯罪的，应当负刑事责任。"在立法中明确规定单位犯罪，对惩治单位犯罪活动起着积极的作用，近两年的司法实践也充分说明了这一点。但是，随着实践的不断深入，关于如何正确理解刑法有关单位犯罪的规定，依法准确打击单位犯罪活动等问题反映得也比较突出。例如，对于公司、企业、事业单位、机关、团体的范围如何界定，特别是合资、独资、私营公司、企业能否作为单位犯罪的主体对待等。最高人民法院在总结审判实践经验并广泛征求意见的基础上，于1999年6月25日制发了《关于审理单位犯罪案件具体应用法律有关问题的解释》（以下简称《单位犯罪案件解释》）。现就该解释有关内容的理解与适用，谈点肤浅的认识。

一、关于《单位犯罪案件解释》第一条的规定

《单位犯罪案件解释》第一条规定：《刑法》第三十条规定的"公司、企业、事业单位"，既包括国有、集体所有的公司、企业、事业单位，也包括依法设立的合资经营、合作经营企业和具有法人资格的独资、私营等公司、企业、事业单位。这一规定的核心是依法设立的合资经营、合作经营企业和具有法人资格的独资、私营等公司、企业、事业单位可以成为单位犯罪的主体，这也是制定这部司法解释所要解决的重点问题之一。由于私营公司、企业的实际情况比较复杂，有的私营企业具有企业法人资格，有的私营企业不具有法人资格，它所实施的犯罪活动能否作为单位犯罪处理，实践中争议较大，这条规定有助于消除上述疑虑和争议。

关于私营企业的性质及其在国家经济生活中的地位、作用，参照国家统计局于1998年9月2日发布的《关于统计上划分经济成分的规定》（以下简称《统计经济成分规定》）的有关内容，私营企业是由自然人投资设立或由自然人控股，以雇佣劳动为基础的营利性经济组织。从种类上划分，包括按照公司法、合伙企业法、私营企业暂行条例规定登记注册的私营有限责任公司、私营股份有限公司、私营合伙企业和私营独资企业。

《单位犯罪案件解释》第一条将"具有法人资格的独资、私营等公司、企业、事业单位"界定为单位犯罪的主体，主要基于以下几点考虑：

1.《刑法》第三十条关于单位犯罪主体的规定，并未限定“公司、企业、事业单位、机关、团体”的性质。而且从立法本意来看，处罚单位犯罪，实质上是处罚法人犯罪。刑法之所以用单位犯罪的称谓，主要是考虑我国的实际情况，即除了法人以外，还有大量的非法人组织，对其实施的犯罪行为也要适用法人犯罪的处罚原则。因此，我国刑法中“单位”的外延比法人宽，也可以说单位包括法人。办理了企业法人营业执照，取得了法人资格的私营公司、企业，应当属于单位的范畴。

2. 私营公司、企业与个人不同，尤其在财产上，私营公司、企业的财产与私营企业主个人财产在法律地位上是不同的。一些私营公司、企业拥有成百上千名甚至上万名职工，其犯罪显然已经超出了个人犯罪的范畴，许多私营公司、企业已经按照现代企业制度的要求，发展为有限责任公司和股份有限公司，有关公司、企业的经营方针、发展方向等问题，都由领导集体和决策机构决定，体现的是公司、企业的整体利益和股东的利益。对于这些私营公司、企业实施的犯罪行为按照单位犯罪处理，才能真正做到“罚当其罪”。

3. 在社会主义市场经济条件下，我国现行法律和政策鼓励各种性质的经济实体平等竞争。在对私营公司、企业的合法经营行为予以同等的法律保护的前提下，对其犯罪行为当然也要予以同等的制裁。

4. 从公司、企业的实际管理情况来看，具有法人资格的公司、企业都是作为单位进行管理的。如何判定一个公司、企业是否具有法人资格，很关键的一点是其承担民事责任的方式。公司法规定的公司类型为有限责任公司和股份有限公司两种，这两种类型的公司对其债务承担有限责任，即以公司的全部资产为限承担责任。

根据上述法律规定，从一定意义上分析，具有法人资格的公司、企业，是对其债务承担有限责任的公司、企业，而对其债务承担无限责任的公司、企业，则不具有企业法人资格。另据《统计经济成分规定》第九条的规定，私营企业“包括……私营有限责任公司、私营股份有限公司、私营合伙企业和私营独资公司”，其中私营独资公司、私营合伙企业“对债务承担无限责任”；私营有限责任公司、私营股份有限公司是按照公司法的规定设立的公司，对其债务承担有限责任。因此，在私营企业的四种类型中，只有私营有限责任公司和私营股份有限公司具有法人资格。而且，按照目前国家工商管理部门对私营企业的实际管理情况，也可以说明划分是否具备法人资格的标准就是企业债务的责任承担形式，在实践中也是将私营有限责任公司、私营股份有限公司作为企业法人进行登记，而对私营合伙企业和私营独资公司只按自然人个体经营进行注册。

综上所述，将实践中作为单位管理的，具备法人资格的私营公司、企业、事业单位规定为单位犯罪的主体是有法律和实践依据的。司法实践中，对于不具有法人资格的私营独资企业和私营合伙企业实施的犯罪行为，应当依照刑法有关自然人犯罪的规定定罪处罚。

二、关于《单位犯罪案件解释》第二条的规定

《单位犯罪案件解释》第二条规定：个人为进行违法犯罪活动而设立的公司、企业、事业单位实施犯罪的，或者公司、企业、事业单位设立后，以实施犯罪为主要活动的，不以单位犯罪论处。上述内容是针对近期司法实践中出现的“为了实施犯罪活动而设立的公司、企业实施的犯罪行为如何处罚”问题而规定的。

《刑法》第三十一条规定：单位犯罪的，对单位判处罚金，并对其直接负责的主管人员和其他直接责任人员判处刑罚。但是，由于刑法中就少数犯罪规定的对自然人犯罪和单位犯罪判处的最高法定刑不同，比较而言，对单位犯罪中直接负责的主管人员和其他直接责任人员判处的刑罚较自然人犯罪判处的刑罚要轻。以《刑法》第一百五十三条规定的走私普通货物、物品罪为例，自然人犯此罪，情节特别严重的可以判处无期徒刑，而如果是单位犯此罪，对单位中直接负责的主管人员和其他直接责任人员最重也只能判到十五年有期徒刑。因此，有些犯罪分子为规避法律的严厉制裁，在实施犯罪行为以前，采用欺骗等手段设立公司、企业，而后以该公司、企业的名义实施犯罪活动，其犯罪心理是即使案发被追究刑事责任，所受到的刑罚处罚也不重。

然而，司法实践中并不仅仅只有上述一种情况出现，还有一种情形与上述情况类似，也是基于规避法律严厉制裁的心理而实施的以公司、企业的正当经营活动作掩护的犯罪行为。比如，有的公司、企业成立后，也按照核定的经营范围开展了一些业务活动，但也实施了违法犯罪活动，对其行为应当如何定性也是困扰司法实践的一道难题。为打击这类规避法律制裁的犯罪活动，《单位犯罪案件解释》第二条还规定：公司、企业、事业单位设立后，以实施犯罪为主要活动的，不以单位犯罪论处。这一规定试图以公司、企业成立后实施的正当经营行为与犯罪行为的比例作为单位犯罪的划分标准。在理

论上如此划分不无道理，司法实践中应当注意根据案件的具体情形进行认定涉案单位是否“以实施犯罪为主要活动”，对于“主要活动”的把握，不应仅仅局限为“数量”“次数”等简单的量化指标，还应综合考虑犯罪活动的影响、后果等因素，以作出准确认定。

三、关于《单位犯罪案件解释》第三条的规定

《单位犯罪案件解释》第三条规定：盗用单位名义实施犯罪，违法所得由实施犯罪的个人私分的，依照刑法有关自然人犯罪的规定定罪处罚。这一规定的目的是解决“虽然是以单位名义实施的犯罪，但违法所得并未归单位所有，而是由实施犯罪的人私分，对参与实施犯罪并私分违法所得的人如何定罪”问题。

从理论上分析，只有同时具备“以单位名义实施犯罪”“违法所得归单位所有、使用”这两个构成要件，才能认定为单位犯罪。因此，对于司法实践中出现的，盗用单位名义实施犯罪，违法所得由实施犯罪的个人私分的，不能认定为单位犯罪，对有关责任人的行为，应当依照刑法有关自然人犯罪的规定定罪处罚。笔者认为，实践中之所以出现犯罪分子“盗用单位名义”实施犯罪的情况，其犯罪心理大致出于两种考虑：一是以单位名义实施的犯罪行为较之自然人实施的行为更易得手；二是规避法律对自然人犯罪的严厉处罚。二者或居其一或兼而有之，但不论其如何考虑，都应依法严惩。

四、关于对单位实施的刑法中没有明文规定为单位犯罪的行为如何定罪处罚的问题

《单位犯罪案件解释》没有对此问题作出规定，但笔者认为，这也是司法实践中亟须统一认识的问题，因此一并提及。司法实践中，对一些刑法没有明文规定为单位犯罪，但却是由单位实施的危害社会的行为，反映最突出的问题是单位盗窃、单位贷款诈骗行为无法处理，而这些行为的社会危害又非常大，不处理显得有失法律的公允。在论证过程中，存在不同意见。

有一种意见认为，为严厉打击各种以单位名义实施的犯罪活动，笼统、原则地将单位实施的刑法中没有明文规定为单位犯罪的行为如何定罪处罚的问题作一规定，认定构成犯罪的条件加以严格限定，且只处罚单位的主管人员或者其他直接责任人员，不处罚单位，即对这种单位犯罪实行“单罚制”，既不违反刑法关于单位犯罪的规定，客观上也达到了打击犯罪的目的，弥补了法律规定之不足。

《单位犯罪案件解释》中没有采纳上述意见，主要是基于以下考虑：修订后刑法明确规定了“罪刑法定原则”，这一原则的主旨就在于“法无明文不为罪”“法无明文不处罚”。司法解释也必须坚持这一原则，不能对法律作扩大解释。从犯罪行为的基本特征分析，有些行为虽然具有社会危害性，但是由于缺乏明确的法律依据，不具备刑事违法性和应受刑罚处罚性的特征，也不能作为犯罪处理。对于一些单位实施的刑法中没有明文规定为单位犯罪的行为，无论它是立法者有意为之，还是立法的疏漏，在法律作出修改、调整以前，必须坚持“罪刑法定原则”的基本要求。

（撰稿：孙军工）

4. **最高人民检察院关于涉嫌犯罪单位被撤销、注销、吊销营业执照或者宣告破产的应如何进行追诉问题的批复**（高检发释字〔2002〕4号，自2002年7月15日起施行）

四川省人民检察院：

你院《关于对已注销的单位原犯罪行为是否应当追诉的请示》（川检发研〔2001〕25号）收悉。经研究，批复如下：

涉嫌犯罪的单位被撤销、注销、吊销营业执照或者宣告破产的，应当根据刑法关于单位犯罪的相关规定，对实施犯罪行为的该单位直接负责的主管人员和其他直接责任人员追究刑事责任，对该单位不再追诉。

此复

权威解读

《最高人民检察院关于涉嫌犯罪单位被撤销、注销、吊销营业执照或者宣告破产的应如何进行追诉问题的批复》的理解与适用

2002年7月4日，最高人民检察院第九届检察委员会第111次会议讨论通过了《最高人民检察院关于涉嫌犯罪单位被撤销、注销、吊销营业执照或者宣告破产的应如何进行追诉问题的批复》（以下简称《批复》），并于同月15日起施行。《批复》的发布实施，为依法办理有关单位犯罪案件提供了明确的依据，将在实践中发挥重要作用。

一、《批复》的制定背景

近年来，检察机关在办理公安机关移送审查起诉单位犯罪案件过程中，遇到一些涉嫌犯罪的单位在公安机关立案侦查之前或者在侦查、审查起诉阶段，因各种原因被注销或者宣告破产，法人的主体资格归于消灭的情况。对

这种情况检察机关是否应当继续提起公诉，追究原单位和原单位直接负责的主管人员和其他直接责任人员的刑事责任问题，一些地方人民检察院向最高人民检察院报送了请示。

对于此类情况如何处理，主要存在两种意见：

第一种意见认为，涉嫌犯罪单位已被注销或者宣告破产，法人主体资格消灭，其民事行为能力和民事权利能力均已丧失，就应当适用《刑事诉讼法》第十五条[①]第（五）项“犯罪嫌疑人、被告人死亡的”不追究刑事责任，已经追究的，应当撤销案件，或者不起诉，或者终止审理，或者宣告无罪的规定，撤销案件或作不起诉处理，同时对原单位直接负责的主管人员和其他直接责任人员也不予追究刑事责任。

第二种意见则认为，涉嫌犯罪单位虽已注销、撤销或者宣告破产，其法人主体资格消灭，按照《刑事诉讼法》第十五条第（五）项的规定，不能再追究其刑事责任，但是应当继续追究原单位直接负责的主管人员和其他直接责任人员的法律责任。理由是：（1）单位被注销、撤销、破产的原因较为复杂，不排除单位为逃避民事责任、刑事责任而故意实施注销、撤销、破产的行为。如果因为单位主体资格消灭，而放弃追究原单位的法定代表人、直接负责人、直接责任人的刑事责任，就会放纵犯罪行为，不利于保护社会主义市场经济秩序。（2）从对犯罪行为适用刑罚上看，我国刑法对单位犯罪采用“双罚”原则，对单位处罚金，同时对单位主管人员和直接责任人员处主刑和其他附加刑。在不能对单位处以刑罚时，司法机关仍然应当或可以处罚单位直接负责的主管人员和其他直接责任人员。（3）《最高人民法院关于执行〈中华人民共和国刑事诉讼法〉若干问题的解释》[②]第二百一十五条规定：“人民法院审理单位犯罪案件，被告单位被注销或者宣告破产，但单位犯罪直接负责的主管人员和其他直接责任人员应当负刑事责任的，应当继续审理。”参照这一规定精神，对单位犯罪案件，涉嫌犯罪单位被撤销、注销、宣告破产的，依法应当追究其单位直接负责的主管人员和其他直接责任人员的刑事责任的，检察机关应当对原单位负责的主管人员和其他直接责任人员提起诉讼，依法追究其刑事责任。

---

① 现为第十六条，下同。

② 现相关规定见《最高人民法院关于适用〈中华人民共和国刑事诉讼法〉的解释》第三百四十四条。

二、《批复》的主要内容及其理解

在对这一问题进行研究之后，我们认为，对单位犯罪案件，涉嫌犯罪单位被撤销、注销、吊销营业执照或者宣告破产的，不能因为无法追究原单位的刑事责任而不再追究原单位直接负责的主管人员和其他直接责任人员的刑事责任。《批复》规定，涉嫌犯罪的单位被撤销、注销、吊销营业执照或者宣告破产的，应当根据刑法关于单位犯罪的相关规定，对实施犯罪行为的该单位直接负责的主管人员和其他直接责任人员追究刑事责任，对该单位不再追诉。主要理由是：

1. 我国刑法规定对单位犯罪实行“双罚制”，即一个犯罪行为，两个责任主体。作为责任主体之一的单位消灭，不能因此就免除另一主体的罪责。《刑法》第三十条规定：“公司、企业、事业单位、机关、团体实施的危害社会的行为，法律规定为单位犯罪的，应当负刑事责任。”第三十一条规定：“单位犯罪的，对单位判处罚金，并对其直接负责的主管人员和其他直接责任人员判处刑罚。本法分则和其他法律另有规定的，依照规定。”对单位犯罪的规定是修订刑法新增加的一项重要内容。不能由于单位主体不存在，就简单推定另一个责任主体也当然不承担刑事责任。

2. 单位犯罪是修订刑法时确立的，而刑事诉讼法的修改是在刑法修订之前，不应因为刑事诉讼法没有明确规定而认为对原单位直接负责的主管人员和其他直接责任人员也不应追究刑事责任。最高人民法院的前述司法解释实际上也体现了这一原则。《刑事诉讼法》第十五条第（五）项规定的实质内容与修改前基本上是一致的。修订刑法明确增加了对单位犯罪的规定，单位已经成为刑事责任主体。《刑事诉讼法》第十五条第（六）项规定，是对追究刑事责任的例外规定，其中第（五）项“犯罪嫌疑人、被告人死亡的”是基于自然人主体的规定，单位犯罪不同于自然人犯罪。自然人犯罪在出现“犯罪嫌疑人、被告人死亡的”的情形下，就不再追究其刑事责任，案件将被撤销、不起诉、终止审理或作其他处理，而单位犯罪由于是两个责任主体，按照《刑事诉讼法》第十五条第（五）项的规定涉嫌犯罪单位被撤销、注销、吊销营业执照或者宣告破产的对单位不再追诉，而对单位有关人员则应当追诉。

3. 如果因为单位主体资格消灭，而放弃追究单位有关人员的刑事责任，可能导致出现不法分子规避法律的情况，不利于有效打击犯罪。应当注意的是，单位犯罪大多发生在经济领域，他们具有一定的经济实力，还具有一般自然人所不具有的犯罪工具、场地、资源等，其犯罪的计划性、组织性比较强，一旦其犯罪行为得逞，往往会给国家和人民造成巨额经济损失，严重破坏正常的经济秩序。

三、适用《批复》应注意的问题

实践中适用这一司法解释，要注意以下几个问题：

1.《批复》旨在解决已经消亡的单位在其原存续期间实施的单位犯罪行为如何追究刑事责任的问题。由于涉嫌犯罪主体之一的单位已经因被撤销、注销、吊销营业执照或者宣告破产而不存在，不能对其追究刑事责任。因此，《批复》中明确规定："对该单位不再追诉。"而另一主体即该单位直接负责的主管人员和其他直接责任人员并不能因此就免除刑事责任，但毕竟是单位犯罪，不应按自然人犯罪追究单位有关人员的责任，所以，《批复》中明确规定："应当根据刑法关于单位犯罪的相关规定，对实施犯罪行为的该单位直接负责的主管人员和其他直接责任人员追究刑事责任。"

2. 在具体操作中要根据《批复》的规定，以单位犯罪对该单位直接负责的主管人员和其他直接责任人员追究刑事责任。单位犯罪不同于自然人犯罪，刑罚规定也有区别。在涉嫌犯罪的单位被撤销、注销、吊销营业执照或者宣告破产的情形下，对该单位直接负责的主管人员和其他直接责任人员追究刑事责任，不是以自然人犯罪对其进行追究，而是以刑法有关单位犯罪的规定对其立案、侦查、批准逮捕和提起公诉。在办理具体案件中，要严格依照《批复》的规定对实施犯罪行为的单位直接负责的主管人员和其他直接责任人员追究刑事责任。这符合我国刑法规定的罪责自负原则，对于单位犯罪，要追究单位及其直接负责的主管人员和其他直接责任人员的刑事责任。对于涉嫌的单位被撤销、注销、吊销营业执照或者宣告破产的，要以实施犯罪时的该单位直接负责的主管人员和其他直接责任人员作为刑事责任主体。如果在该单位存续期间，管理人员、具体工作人员有变动的，要注意严格将实施犯罪时的该单位直接负责的主管人员和其他直接责任人员与其他没有参与犯罪活动的人员区分开来。

3.《批复》中关于单位消亡的不同情形，应当在办案过程中根据每个案件的具体情况而定。《批复》采取了"被撤销、注销、吊销营业执照或者宣告破产"的表述方式，这是经过征求相关部门意见并依据企业法人登记管理条例、公司登记管理条例、事业单位登记管理暂行条例、社会团体登记管理条例等相关法律法规的规定作出的。其中“撤销”是指一个单位（主要是指机关、事业单位、社会团体）的主管机关、登记管理机关作出撤销该单位的行为，也包括上一级机关撤销其下设的分支机构的行为；“注销”是指企业、事业单位、社会团体等出现了营业期限届满、解散、被依法责令关闭、终止营业以及因其他原因终止的情形时，依据国家关于企业、事业单位、社会团体登记管理方面的法规，向国家登记管理机关办理注销登记的行为；“吊销营业执照”是指国家登记管理机关依法对违反登记管理法规的企业、事业单位、社会团体作出的一种行政处罚决定。“宣告破产”实际上是需要进行“注销”登记的一种情形，《批复》将其单列，一是因为“宣告破产”是较常见的、较为典型的公司、企业消亡的情形；二是为了强调法律对“宣告破产”的单位在破产前实施的犯罪行为仍然要予以打击。

（撰稿：张玉梅）

5. 最高人民法院关于审理单位犯罪案件对其直接负责的主管人员和其他直接责任人员是否区分主犯、从犯问题的批复（法释〔2000〕31号，自2000年10月10日起施行）

湖北省高级人民法院：

你院鄂高法〔1999〕374号《关于单位犯信用证诈骗罪案件中对其“直接负责的主管人员”和“其他直接责任人员”是否划分主从犯问题的请示》收悉。经研究，答复如下：

在审理单位故意犯罪案件时，对其直接负责的主管人员和其他直接责任人员，可不区分主犯、从犯，按照其在单位犯罪中所起的作用判处刑罚。

此复

权威解读

《关于审理单位犯罪案件对其直接负责的主管人员和其他直接责任人员是否区分主犯、从犯问题的批复》的理解与适用

司法实践中，在追究犯罪单位中直接负责的主管人员和其他直接责任人员的刑事责任时，是否区分主、从犯问题，各地人民法院在理解和执行时并不一致，有的没有对犯罪单位中直接负责的主管人员和其他直接责任人员区分主、从犯，有的区分了主、从犯。为了正确、统一执行刑法，最高人民法院于2000年10月10日颁行了《关于审理单位犯罪案件对其直接负责的主管

人员和其他直接责任人员是否区分主犯、从犯问题的批复》（以下简称《区分主犯、从犯批复》）。《区分主犯、从犯批复》规定："在审理单位故意犯罪案件时，对其直接负责的主管人员和其他直接责任人员，可不区分主犯、从犯，按照其在单位犯罪中所起的作用判处刑罚"。该批复的出台，对于消除司法实践的困惑，正确认定直接负责的主管人员和其他责任人员的刑事责任问题，具有重要意义。

一、单位故意犯罪案件，对其直接负责的主管人员和其他直接责任人员，原则上不区分主、从犯

根据《刑法》第三十条和《最高人民法院关于审理单位犯罪案件具体应用法律有关问题的解释》的规定，以单位名义实施犯罪，违法所得归单位所有的，是单位犯罪。构成犯罪的单位，既可以是具备法人资格的单位，也可以是不具备法人资格的单位。由于单位犯罪一般是单位的法定决策机构，如理事会、董事会等，或者董事长、总经理等通过单位的决策程序作出决定的，交由单位内部具体部门或人员以单位名义实施的，因此，对于单位犯罪案件中的自然人，只追究直接负责的主管人员和其他直接责任人员的刑事责任。所谓"直接负责的主管人员"，是指犯罪单位中对单位犯罪起主要决策作用的主管人员。所谓"其他直接责任人员"，是指在直接负责的主管人员的授意、指挥、组织下，积极参与实施单位犯罪的单位内部人员。刑法的这种规定实际上已根据其地位不同区分了主管人员和直接责任人员的责任范围。在司法实践中，对单位犯罪中直接负责的主管人员和其他直接责任人员，按照其对单位犯罪所起的作用，根据罪、责、刑相适应的原则，能够正确地确定刑事责任，没有必要再区分主犯、从犯。而且，从刑法关于共同犯罪的规定来看，主、从犯的区分主要是针对自然人犯罪而言的，犯罪单位中主管人员和直接责任人员的共同犯罪不同于普通自然人的共同犯罪。因此，《区分主犯、从犯批复》规定，在审理单位故意犯罪案件时，对其直接负责的主管人员和其他直接责任人员，可不区分主、从犯，按照直接负责的主管人员和其他直接责任人员在单位犯罪中所起的作用，在刑法规定的具体刑罚种类和幅度之内判处刑罚即可。

此外，《刑法》第二十五条规定的共同犯罪，是指"二人以上共同故意犯罪"。因此，单位过失犯罪的案件，如重大劳动安全事故罪、工程重大安全事故罪、重大环境污染事故罪，等等，不可能存在单位与单位之间以及单位与

自然人之间的共同犯罪，也不可能存在单位内部直接责任人员之间的共同犯罪问题，故不能对单位内部直接责任人员区分主、从犯追究刑事责任。基于此，最高人民法院对《区分主犯、从犯批复》的适用范围作了限制性规定，即“在审理单位故意犯罪案件时”。

虽然单位犯罪是以单位整体名义实施的，但单位是法律拟制的组织，其犯罪行为只能由单位内部的有关人员代表单位实施。在以单位名义实施犯罪时，有关责任人员具有共同的、实施单位犯罪的故意和共同的、实施单位犯罪的行为，只有从这一意义上讲，才可以成立共同犯罪。而且有关责任人员存在直接负责的主管人员和其他直接责任人员的区分，他们对于单位犯罪所起的作用也不尽相同，有主要作用和次要作用之分，根据《刑法》第二十六条、第二十七条的规定，就可以有主、从犯之分。虽然对于单位犯罪案件中直接负责的主管人员和其他直接责任人员一般情况下不需要按照共同犯罪区分主、从犯，但根据具体案件的特殊情况，也不完全排除可以进行这种区分。所谓特殊情况，主要是指根据具体案情，如果不区分主、从犯，在对被告人决定刑罚时很难做到罪、责、刑相适应。例如，一般情况下，单位中直接负责的主管人员处于决策和指挥实施犯罪的地位，具有概括的犯罪故意，应该对单位故意范围内的整个犯罪结果负责，即应负主要责任；单位中其他直接责任人员处于具体实施犯罪的地位，具有具体的犯罪故意，应该对其在单位故意范围内具体实施的行为负责。但是，犯罪单位中直接负责的主管人员并不是对于任何单位故意犯罪都起主要作用，其他直接责任人员也并不都起次要作用。在某些情况下，直接负责的主管人员对在单位犯罪中所起的作用明显轻于其他直接责任人员，如果对于主管人员不减轻或者免除处罚，就不能做到罪、责、刑的完全适应，不能准确地对直接负责的主管人员和其他直接责任人员判处刑罚。在这种情况下，就可以而且应当区分主、从犯。

二、贯彻执行《区分主犯、从犯批复》可能遇到的问题

1. 单位与单位之间、单位与自然人之间可以构成共同犯罪。鉴于《刑法》第三十条规定了单位可以作为犯罪的主体，根据《刑法》第二十五条关于共同犯罪的规定及刑法理论，单位可以成为共同犯罪的主体，一个单位和其他单位，以及单位和自然人之间在共同故意的基础上可以实施共同的犯罪行为，从而构成共同犯罪。当然，这里的自然人只能是单位以外的自然人，即非单位内部人员。在单位之间、单位和自然人之间共同犯罪的情况下，根

据具体案情，有的就可以或者应当区分主、从犯，以追究单位和自然人不尽相同的刑事责任。

2. 适用《区分主犯、从犯批复》时如何确定犯罪单位中责任人员的罪名。在单位犯罪的情况下，尽管对单位及其内部责任人员都要判处刑罚，但认定构成的犯罪则只能有一个，只能成立单位犯罪的一个罪名。对于犯罪单位中的责任人员区分主、从犯判处刑罚时，应当以单位犯罪的罪名作为单位中有关责任人员的罪名。

（撰稿：祝二军）

6. **全国法院审理金融犯罪案件工作座谈会纪要**（法〔2001〕8号，自2001年1月21日起施行）（节录）

二

（一）关于单位犯罪问题

根据刑法和《最高人民法院关于审理单位犯罪案件具体应用法律有关问题的解释》的规定，以单位名义实施犯罪，违法所得归单位所有的，是单位犯罪。

1. 单位的分支机构或者内设机构、部门实施犯罪行为的处理。以单位的分支机构或者内设机构、部门的名义实施犯罪，违法所得亦归分支机构或者内设机构、部门所有的，应认定为单位犯罪。不能因为单位的分支机构或者内设机构、部门没有可供执行罚金的财产，就不将其认定为单位犯罪，而按照个人犯罪处理。

2. 单位犯罪直接负责的主管人员和其他直接责任人员的认定：直接负责的主管人员，是在单位实施的犯罪中起决定、批准、授意、纵容、指挥等作用的人员，一般是单位的主管负责人，包括法定代表人。其他直接责任人员，是在单位犯罪中具体实施犯罪并起较大作用的人员，既可以是单位的经营管理人员，也可以是单位的职工，包括聘任、雇佣的人员。应当注意的是，在单位犯罪中，对于受单位领导指派或奉命而参与实施了一定犯罪行为的人员，一般不宜作为直接责任人员追究刑事责任。对单位犯罪中的直接负责的主管人员和其他直接责任人员，应根据其在单位犯罪中的地位、作用和犯罪情节，分别处以相应的刑罚，主管人员与直接责任人员，在个案中，不是当然的主、从犯关系，有的案件，主管人员与直接责任人员在实施犯罪行为的主从关系不明显的，可不分主、从犯。但具体案件可以分清主、从犯，且不分清主、从犯，在同一法定刑档次、幅度内量刑无法做到罪刑相适应的，应当分清主、从犯，依法处罚。

3. 对未作为单位犯罪起诉的单位犯罪案件的处理。对于应当认定为单位犯罪的案件，检察机关只作为自然人犯罪案件起诉的，人民法院应及时与检察机关协商，建议检察机关对犯罪单位补充起诉。如检察机关不补充起诉的，人民法院仍应依法审理，对被起诉的自然人根据指控的犯罪事实、证据及庭审查明的事实，依法按单位犯罪中的直接负责的主管人员或者其他直接责任人员追究刑事责任，并应引用刑罚分则关于单位犯罪追究直接负责的主管人员和其他直接责任人员刑事责任的有关条款。

4. 单位共同犯罪的处理。两个以上单位以共同故意实施的犯罪，应根据各单位在共同犯罪中的地位、作用大小，确定犯罪单位的主、从犯。

（二）关于破坏金融管理秩序罪

1. 非金融机构非法从事金融活动案件的处理

1998 年 7 月 13 日，国务院发布了《非法金融机构和非法金融业务活动取缔办法》。1998 年 8 月 11 日，国务院办公厅转发了中国人民银行整顿乱集资、乱批设金融机构和乱办金融业务实施方案，对整顿金融“三乱”工作的政策措施等问题做出了规定。各地根据整顿金融“三乱”工作实施方案的规定，对于未经中国人民银行批准，但是根据地方政府或有关部门文件设立并从事或变相从事金融业务的各类基金会、互助会、储金会等机构和组织，由各地人民政府和各有关部门限期进行清理整顿。超过实施方案规定期限继续从事非法金融业务活动的，依法予以取缔；情节严重、构成犯罪的，依法追究刑事责任。因此，上述非法从事金融活动的机构和组织只要在实施方案规定期限之前停止非法金融业务活动的，对有关单位和责任人员，不应以擅自设立金融机构罪处理；对其以前从事的非法金融活动，一般也不作犯罪处理；这些机构和组织的人员利用职务实施的个人犯罪，如贪污罪、职务侵占罪、挪用公款罪、挪用资金罪等，应当根据具体案情分别依法定罪处罚。

权威解读

《全国法院审理金融犯罪案件工作座谈会纪要》的理解与运用（节录）

2000 年 8 月 20 日至 22 日，最高人民法院在湖南省长沙市召开了全国法院审理金融犯罪案件工作座谈会。座谈会总结交流了全国法院审理金融犯罪案件工作的情况和经验，研究讨论了刑法修订以来审理金融犯罪案件过程中遇到的有关具体适用法律的若干问题，对司法实践中急需研究、解决的相关法律理解与适用问题，提出了明确的处理意见。最近，最高人民法院下发了《全国法院审理金融犯罪案件工作座谈会纪要》（以下简称《金融案件纪要》），这是当前和今后一段时期人民法院审理金融犯罪案件的重要指导性文件。

为正确理解与运用《金融案件纪要》，结合座谈会讨论和《金融案件纪要》起草、征求意见中提出的有关问题，现对《金融案件纪要》有关适用法律问题的意见说明如下：

一、关于单位犯罪

金融犯罪大多是既可以由单位构成亦可由个人构成的犯罪，但刑法总则仅规定了单位犯罪的处罚原则，刑法分则条款只针对具体犯罪设定了刑罚。司法实践中，在具体案件的认定和处理上，往往由于对法律规定理解不同而产生意见分歧。主要集中在以下四个问题上：一是如何区分个人犯罪和单位犯罪；二是单位的分支机构或者内设机构、部门实施的犯罪能否作为单位犯罪处理；三是本属于单位犯罪，而检察机关只起诉指控个人的，人民法院在审理过程中如何处理；四是对单位犯罪直接负责的主管人员和其他直接责任人员应当如何适用刑罚。

（一）单位犯罪的认定

对于单位犯罪应具备哪些要件，理论界有不同的认识和理解，这个问题也一直困扰着司法机关对单位犯罪的认定和处理。《金融案件纪要》根据《刑法》第三十条和《最高人民法院关于审理单位犯罪案件具体应用法律有关问题的解释》的规定精神，明确："以单位名义实施犯罪，违法所得归单位所有的，是单位犯罪。"也就是说，认定单位犯罪必须同时具备两个条件：一是以单位名义实施犯罪；二是违法所得归单位所有。所谓"以单位名义实施犯罪"，一般是指犯罪行为是由单位的决策机构按照单位的决策程序决定实施的，有的是明示，如公开讲明以上情况；有的是默示，如以公函，署单位印章实施犯罪活动等。据此将盗用、冒用单位名义实施的犯罪行为，或者单位内部成员未经单位决策机构批准、同意或者认可而实施的犯罪行为，或者单位内部成员实施的与其职务活动无关的犯罪行为排除在单位犯罪之外。所谓"违法所得归单位所有"，是指因犯罪行为所产生的非法收益归单位所有。对于以单位名义实施犯罪，但犯罪所得直接由实施犯罪的行为人获得或者所有的，不能认定为单位犯罪。

（二）单位的分支机构或者内设机构、部门实施犯罪行为的处理

根据《刑法》第三十条的规定，单位犯罪的主体包括公司、企业、事业单位、机关、团体。《最高人民法院关于审理单位犯罪案件具体应用法律有关问题的解释》第一条规定："刑法第三十条规定的公司、企业、事业单位，既包括国有、集体所有的公司、企业、事业单位，也包括依法设立的合资经营、合作经营企业和具有法人资格的独资、私营等公司、企业、事业单位。"这一规定明确了只要具有法人资格，无论是国有公司、企业，还是集体所有制、私有公司、企业，都可以成为单位犯罪的主体。然而，司法实践中经常遇到既不是以法人的名义进行，也不是以个人的名义进行，而是以单位的分支机构或者内设机构、部门实施犯罪的案件，这种情况如何处理，常令司法实务部门感到困惑：如果认定为单位犯罪，一方面没有明确的法律依据，另一方面由于有些单位的分支机构或者内设机构、部门没有独立财产，对其判处罚金实际上不可能执行；如果按照自然人犯罪处理，由于这种犯罪行为毕竟不是个人行为，犯罪所得亦不归个人所有，而是归单位的分支机构或者内设机构、部门所有，完全由个人承担刑事责任不尽合理，也不能做到罪刑相当。对此，《金融案件纪要》提出了明确的处理原则："以单位的分支机构或者内设机构、部门的名义实施犯罪，违法所得亦归分支机构或者内设机构、部门所有的，应认定为单位犯罪。不能因为单位的分支机构或者内设机构、部门没有可供执行罚金的财产，就不将其认定为单位犯罪，而按照个人犯罪处理。"之所以这样处理，主要有以下两个方面的考虑：第一，我国刑法没有采用法人犯罪的概念，刑法中规定的"单位"外延大于法人，既包括企业、事业、机关和团体等法人组织，也包括一些非法人组织，如一些商业银行的营业部、营业所等。是否具有法人资格不是区分单位犯罪还是个人犯罪的标准，不能据此将单位的分支机构或者内设机构、部门实施的犯罪排除在单位犯罪之外。第二，既然不能把是否具有法人资格作为区分单位犯罪还是个人犯罪的标准，也就不能把是否具有相对独立的财产、能否独立承担民事责任这些法人成立的条件，作为认定单位犯罪的依据。

（三）对未作为单位犯罪起诉的案件的处理

对于检察机关按照自然人犯罪起诉，人民法院经审理认为属于单位犯罪的案件，应当如何处理，在司法实践中有不同的做法：一是将案件退回人民

检察院，不予受理；二是裁定中止审理，退回人民检察院补充侦查；三是直接将犯罪的单位列为被告，继续审理；四是按照自然人犯罪案件处理，继续审理。《金融案件纪要》认为，此类案件，原则上按照单位犯罪案件处理，但在处罚时，依法只处罚单位犯罪案件中的主管人员和其他直接责任人员。理由是：

第一，根据修改后的刑事诉讼法规定，无论人民检察院提取公诉的案件是否事实清楚，证据是否确实、充分，只要“起诉书中有明确的指控犯罪事实并且附有证据目录、证人名单和主要证据复印件或者照片的，应当决定开庭审判”。也就是说，人民法院对于人民检察院提取公诉的案件，不能主动将案件退回人民检察院补充侦查。同时，此类案件也不符合中止审理的条件。

第二，按照“不告不理”的原则，无论在何种情况下，人民法院都不能主动对未起诉的事实和人（含单位）径行审理和判决。既然检察院未起诉单位，法院就不能将其直接列为被告单位。

第三，单位犯罪与个人犯罪的刑事责任是不同的，对于单位犯罪案件中有关直接负责的主管人员或者其他直接责任人员，按照自然人犯罪追究刑事责任，违反了“以事实根据，以法律为准绳”的原则，也不能体现罪刑相适应的原则。

第四，《最高人民法院关于执行〈中华人民共和国刑事诉讼法〉若干问题的解释》第二百一十五条规定：“人民法院审理单位犯罪案件，被告单位被注销或者宣告破产，但单位犯罪直接负责的主管人员和其他直接责任人员应当负刑事责任的，应当继续审理。”① 参照这一规定的精神，对于本属于单位犯罪的案件，而检察机关作为自然人犯罪案件起诉的，人民法院应当继续审理。但是，在审理过程中，人民法院对案件事实的认定和处理应当实事求是，对被起诉的自然人根据具体情况按单位犯罪中的直接负责的主管人员或直接责任人员处罚。

基于以上考虑，《金融案件纪要》明确：“对于应当认定为单位犯罪的案件，检察机关只作为自然人犯罪案件起诉的，人民法院应及时与检察机关协商，建议检察机关对犯罪单位补充起诉。如检察机关不补充起诉的，人民法

① 现相关规定见《最高人民法院关于适用〈中华人民共和国刑事诉讼法〉的解释》第三百四十四条。

院仍应依法审理，对被起诉的自然人根据指控的犯罪事实、证据及庭审查明的事实，依法按单位犯罪中的直接负责的主管人员或者其他直接责任人员追究刑事责任。”应当注意的是，由于此类案件没有被告单位，人民法院在追究有关人员刑事责任，制作裁判文书时，不能将单位列为被告，但应引用刑法分则关于单位犯罪追究直接负责的主管人员和其他直接责任人员刑事责任的有关条款。

（四）单位犯罪中直接负责的主管人员和其他直接责任人员的认定和处罚

根据刑法的规定，对于单位犯罪，无论是实行双罚制还是单罚制，都应追究单位犯罪中直接负责的主管人员或者其他直接责任人员的刑事责任。但对于直接负责的主管人员和其人直接责任人员的认定和处罚问题，一直都是司法认定中的一个难题。为此，在广泛调查研究的基础上，《金融案件纪要》明确了以下原则：“直接负责的主管人员，是在单位实施的犯罪中起决定、批准、授意、纵容、指挥等作用的人员，一般是单位的主管负责人，包括法定代表人。其他直接责任人员，是在单位犯罪中具体实施犯罪并起较大作用的人员，既可以是单位的经营管理人员，也可以是单位的职工，包括聘任、雇佣的人员。”同时，强调：“对单位犯罪中的直接负责的主管人员和其他直接责任人员，应根据其在单位犯罪中的地位、作用和犯罪情节，分别处以相应的刑罚，主管人员与直接责任人员，在个案中，不是当然的主、从犯关系，有的案件，主管人员与直接责任人员在实施犯罪行为的主从关系不明显的，可不分主、从犯。但具体案件可以分清主、从犯，且不分清主、从犯，在同一法定刑档次、幅度内量刑无法做到罪刑相适应的，应当分清主、从犯，依法处罚。”

（撰稿：杨万明　郭清国）

7. 最高人民法院、最高人民检察院、公安部关于依法严肃查处拒不执行判决裁定和暴力抗拒法院执行犯罪行为有关问题的通知（法发〔2007〕29号，自2007年8月30日起施行）（节录）

一、对下列拒不执行判决、裁定的行为，依照刑法第三百一十三条的规定，以拒不执行判决、裁定罪论处。

（一）被执行人隐藏、转移、故意毁损财产或者无偿转让财产、以明显不合理的低价转让财产，致使判决、裁定无法执行的；

（二）担保人或者被执行人隐藏、转移、故意毁损或者转让已向人民法院提供担保的财产，致使判决、裁定无法执行的；

（三）协助执行义务人接到人民法院协助执行通知书后，拒不协助执行，致使判决、裁定无法执行的；

（四）被执行人、担保人、协助执行义务人与国家机关工作人员通谋，利用国家机关工作人员的职权妨害执行，致使判决、裁定无法执行的；

（五）其他有能力执行而拒不执行，情节严重的情形。

二、对下列暴力抗拒执行的行为，依照刑法第二百七十七条的规定，以妨害公务罪论处。

（一）聚众哄闹、冲击执行现场，围困、扣押、殴打执行人员，致使执行工作无法进行的；

（二）毁损、抢夺执行案件材料、执行公务车辆和其他执行器械、执行人员服装以及执行公务证件，造成严重后果的；

（三）其他以暴力、威胁方法妨害或者抗拒执行，致使执行工作无法进行的。

三、负有执行人民法院判决、裁定义务的单位直接负责的主管人员和其他直接责任人员，为了本单位的利益实施本《通知》第一条、第二条所列行为之一的，对该主管人员和其他直接责任人员，依照刑法第三百一十三条和第二百七十七条的规定，分别以拒不执行判决、裁定罪和妨害公务罪论处。

8. **最高人民法院、最高人民检察院、海关总署关于办理走私刑事案件适用法律若干问题的意见**（法〔2002〕139号，自2002年7月8日起施行）（节录）

十八、关于单位走私犯罪及其直接负责的主管人员和直接责任人员的认定问题

具备下列特征的，可以认定为单位走私犯罪：（1）以单位的名义实施走私犯罪，即由单位集体研究决定，或者由单位的负责人或者被授权的其他人员决定、同意；（2）为单位谋取不正当利益或者违法所得大部分归单位所有。

依照《最高人民法院关于审理单位犯罪案件具体应用法律有关问题的解释》第二条的规定，个人为进行违法犯罪活动而设立的公司、企业、事业单位实施犯罪的，或者个人设立公司、企业、事业单位后，以实施犯罪为主要活动的，不以单位犯罪论处。单位是否以实施犯罪为主要活动，应根据单位实施走私行为的次数、频度、持续时间、单位进行合法经营的状况等因素综

合考虑认定。

根据单位人员在单位走私犯罪活动中所发挥的不同作用，对其直接负责的主管人员和其他直接责任人员，可以确定为一人或者数人。对于受单位领导指派而积极参与实施走私犯罪行为的人员，如果其行为在走私犯罪的主要环节起重要作用的，可以认定为单位犯罪的直接责任人员。

十九、关于单位走私犯罪后发生分立、合并或者其他资产重组情形以及单位被依法注销、宣告破产等情况下，如何追究刑事责任的问题

单位走私犯罪后，单位发生分立、合并或者其他资产重组等情况的，只要承受该单位权利义务的单位存在，应当追究单位走私犯罪的刑事责任。走私单位发生分立、合并或者其他资产重组后，原单位名称发生更改的，仍以原单位（名称）作为被告单位。承受原单位权利义务的单位法定代表人或者负责人为诉讼代表人。

单位走私犯罪后，发生分立、合并或者其他资产重组情形，以及被依法注销、宣告破产等情况的，无论承受该单位权利义务的单位是否存在，均应追究原单位直接负责的主管人员和其他直接责任人员的刑事责任。

人民法院对原走私单位判处罚金的，应当将承受原单位权利义务的单位作为被执行人。罚金超出新单位所承受的财产的，可在执行中予以减除。

二十、关于单位与个人共同走私普通货物、物品案件的处理问题

单位和个人（不包括单位直接负责的主管人员和其他直接责任人员）共同走私的，单位和个人均应对共同走私所偷逃应缴税额负责。

对单位和个人共同走私偷逃应缴税额为5万元以上不满25万元的，应当根据其在案件中所起的作用，区分不同情况做出处理。单位起主要作用的，对单位和个人均不追究刑事责任，由海关予以行政处理；个人起主要作用的，对个人依照刑法有关规定追究刑事责任，对单位由海关予以行政处理。无法认定单位或个人起主要作用的，对个人和单位分别按个人犯罪和单位犯罪的标准处理。

单位和个人共同走私偷逃应缴税额超过25万元且能区分主、从犯的，应当按照刑法关于主、从犯的有关规定，对从犯从轻、减轻处罚或者免除处罚。

二十一、关于单位走私犯罪案件自首的认定问题

在办理单位走私犯罪案件中，对单位集体决定自首的，或者单位直接负责的主管人员自首的，应当认定单位自首。认定单位自首后，如实交代主要

犯罪事实的单位负责的其他主管人员和其他直接责任人员，可视为自首，但对拒不交代主要犯罪事实或逃避法律追究的人员，不以自首论。

三、典型或常见问题的审理思路

1. 如何区分单位行为与个人行为？[①]

本书观点：单位行为与个人行为的区分，应从单位是否真实、依法成立，是否属于单位整体意志支配下的行为，是否为单位谋取利益，是否以单位名义等方面来加以具体判断。

单位犯罪首先是单位整体犯罪，同时，单位犯罪又必须通过作为其组成人员的自然人来实施。作为单位组成人员的自然人，一方面具备单位人员身份，受制于单位意志；另一方面又是具有独立思想的个体，可以实施独立于单位之外的个人行为。作为单位组成人员的自然人的这种双重身份决定了他在社会生活中的行为既可能是单位行为，也可能是个人行为。因此，如何判断单位成员所实施的行为（尤其是数个单位成员共同实施的行为）是单位行为还是个人行为，就成为实践中认定犯罪行为是否属于单位犯罪的关键。

根据刑法和有关司法解释的规定，单位行为与个人行为的区分，在实践中可以结合以下几个方面来加以具体判断：（1）单位是否真实、依法成立。单位是依照有关法律设立，具备财产、名称、场所、组织机构等承担法律责任所需条件的组织。对于为了进行违法犯罪活动而设立的公司、企业、事业单位实施犯罪的，或者公司、企业、事业单位设立后，以实施犯罪为主要活动的，由于不符合单位设立的宗旨，且通常具有借此规避法律制裁的非法目的，故应按自然人犯罪处理。（2）是否属于单位整体意志支配下的行为。单位犯罪是在单位意志支配下实施的，行为人的行为是单位意志的体现；而个人犯罪则完全是在其个人意志支配下实施的，体现的是其个人意志。单位意志一般由单位决策机构或者有权决策人员通过一定的决策程序来加以体现。未经单位集体研究决定或者单位负责人决定、同意的行为，一般不能认定为单位意志行为。（3）是否为单位谋取利益。在故意犯罪尤其是牟利型犯罪中，

---

① 观点来源：最高人民法院刑事审判第一庭、第二庭编：《刑事审判参考》2004 年第 4 集（总第 39 集），法律出版社 2005 年版，第 1－10 页，马某方等贷款诈骗、违法发放贷款、挪用资金案。

只有在为本单位谋利益的情况下，才能认定为单位行为。如为单位谋取非法利益而进行走私，违法所得全部归单位所有的，即属单位行为，相反，即便以单位名义走私，但违法所得由参与人个人私分的，则一般应认为是自然人共同犯罪。(4) 是否以单位名义。一般情况下，单位犯罪要求以单位名义实施。对于这里的“以单位名义”应作实质性理解。对于打着单位旗号，利用单位名义为个人谋利益而非为单位谋利益的不法行为，不能认定为单位犯罪。根据《最高人民法院关于审理单位犯罪案件具体应用法律有关问题的解释》中的规定，盗用单位名义实施犯罪，违法所得由实施犯罪的个人取得的，不是单位犯罪，应当依照刑法有关自然人犯罪的规定定罪处罚。

2. **外国公司、企业、事业单位在我国领域内犯罪如何适用法律问题？**①

本书观点：对此问题，《最高人民法院研究室关于外国公司、企业、事业单位在我国领域内犯罪如何适用法律问题的答复》（法研〔2003〕153号）明确：(1) 符合我国法人资格条件的外国公司、企业、事业单位，在我国领域内实施危害社会的行为，依照我国刑法构成犯罪的，应当依照我国刑法关于单位犯罪的规定追究刑事责任。(2) 个人为在我国领域内进行违法犯罪活动而设立的外国公司、企业、事业单位实施犯罪的，或者外国公司、企业、事业单位设立后在我国领域内以实施违法犯罪为主要活动的，不以单位犯罪论处。

我们赞同研究室的这一答复。虽然《最高人民法院关于审理单位犯罪案件具体应用法律有关问题的解释》没有明确境外公司、企业可以成为单位犯罪的主体，但《刑法》第三十条并没有限制公司、企业的性质。同时，《刑法》第一百零七条明确规定境外的机构组织可以成为资助危害国家安全犯罪活动罪的犯罪主体。因此，对于境外公司、企业在我国境内实施的犯罪，或者针对我国国家或者公民实施的犯罪，只要符合单位犯罪的构成特征的，应当按照单位犯罪的有关规定定罪处罚。

3. **一人公司能否成为单位犯罪的主体？**②

本书观点：一人公司在依法成立的情况下，可以成为单位犯罪的主体。

---

① 观点来源：《最高人民法院研究室关于外国公司、企业、事业单位在我国领域内犯罪如何适用法律问题的答复》（法研〔2003〕153号，自2003年10月15日起施行）。

② 观点来源：最高人民法院刑事审判第一、二、三、四、五庭主办：《刑事审判参考》（总第83集），法律出版社2012年版，第1－14页，上海新某派信息技术有限公司、王某强虚开增值税专用发票案。

2005年10月修订的《公司法》明确肯定了一人公司的法人地位，其第五十八条第二款对一人有限责任公司作了如下定义：“本法所称一人有限责任公司，是指只有一个自然人股东或者一个法人股东的有限责任公司。”但在新公司法施行前，由于刑法在1997年修订时一人公司的法律地位还没有得到承认，理论与司法实践一般对一人公司的单位犯罪主体资格均持否定态度。那么，随着一人公司法人地位的确立，刑法就不得不面临对涉及一人公司单位犯罪如何处理、一人公司是否具备单位犯罪主体资格的问题。

我们认为，一人公司在依法成立的情况下，可以成为单位犯罪的主体，主要理由如下：

第一，从犯罪意志的整体性分析，股东的多少对单位犯罪的认定没有决定性作用。从公司的运作机制看，投资者与经营者相分离的运作模式，决定公司的股东身份在公司犯罪中不起决定性作用。按照公司法的规定，公司的经营管理主要由公司董事会、经理层甚至公司职工等负责，公司股东并不直接从事经营管理，公司犯罪实施的主体主要不是体现在公司的股东层面，而是在公司的管理者层面，如公司的董事、经理。不管是犯罪意志的整体性也好，还是利益归属的团体性也好，均不以公司股东的复数性为基础，公司股东的单复数对此不起决定性作用。即使公司的股东身份和管理者的身份产生竞合，如股东同时是公司的董事或者经理，作为公司犯罪行为的决策和实施的身份主体一般是公司的董事或者经理身份而不是股东身份，因为其实施犯罪的职务基础是体现其管理者身份的董事或者经理。从公司股东的人数与管理者人数的对应关系看，二者之间也并不必然成正比例对应关系，一人公司的管理人员完全有可能超过二人以上股东公司的管理人员。从公司的规模而言，一人公司的规模也完全有可能超过二人以上股东的公司。事实上，公司法为了保证一人公司的财产独立和责任独立，对一人公司的规模作了比其他有限责任公司要严格的限制。所以，以公司股东人数的单复数为标准来认定公司犯罪意志的整体性进而认定是否构成单位犯罪，并不具有科学性。此外，公司犯罪意志的整体性不一定要体现管理者和作出决策者人数的复数性，并不是只有经过管理层集体研究作出的决策才能视为单位的整体意志，一人作出的决策就不是公司的整体意志。如公司的总经理或者董事长一个人在其职权范围内为了公司的利益而作出实施犯罪的决策，犯罪的利益亦归属于公司。在这种情况下，决策者一人的意志也应当视为公司的整体意志，犯罪行为应当视为公司行为而不是自然人个人行为。所以，从本质上而言，单位犯罪意志的整体性与其说体现为决策人员的复数性，还不如说是体现为决策权限的法定性、程序性和决策者身份的独立性。如果这种决策是在法律及公司章程等文件规定的职权范围内依照一定程序作出的，且作出这种决策是为了公司的利益，则这种决策就应当视为独立于决策者自然人身份的公司管理者的决策，即应视为公司的决策而不是自然人个人的决策。

第二，从利益归属的团体性分析，团体性也并不一定体现为股东的复数性。一方面，即使是一人公司，其管理者、职工一般不止一人。事实上，随着一人公司的发展壮大，并不排除有职工几百人、上千人甚至上万人的一人公司的可能性。公司的利益与公司所有这些成员的利益息息相关。按照公司法的规定，公司的税后利润应当提取一部分作为公司法定公积金，在提取法定公积金之前还应当先弥补公司亏损，在提取法定公积金之后还可以提取任意公积金。另外，公司经营效益决定公司成员包括一般职工的工资、奖金等物质待遇，所以，公司犯罪的收益与公司所有成员的利益均密切相关。从这个意义上说，一人公司实施犯罪，也具有利益归属的团体性。另一方面，利益归属的团体性本质不在于享受利益主体的复数性，而在于利益归属主体的独立性，即利益直接而完整地归公司所有的，这种利益就是公司的而不是自然人个人的利益，也就是公司作为一个由自然人组成的团体的利益。这种利益归属的直接性和完整性主要体现在公司作为一个整体首先概括地、全部地承受犯罪带来的利益，如犯罪所得的收益直接进入公司的账号，作为公司的收入予以记载，或者直接抵偿公司债务，用于公司的开支。至于公司承受这些利益后将利益进行再分配，甚至唯一的股东分得其中的绝大多数，这是公司对自己财产的处分，不影响利益初始归属的属性。所以，一人公司实施犯罪，只要犯罪所得是由公司支配而不是其中的自然人包括股东支配的，不影响公司利益归属的团体性特征。

第三，一人公司作为单位犯罪主体具有法律依据。修订后的公司法明确赋予了一人公司法人地位。且刑法和司法解释并没有排除一人公司单位犯罪的主体资格。

综上所述，公司是否能够成为单位犯罪的主体，要从公司是否具有公司所应当具有的最本质特征——公司人格独立来判断。具有独立人格的公司，就可以成为单位犯罪的主体；不具有独立人格的公司，就不能成为单位犯罪的主体，公司相关人员实施的犯罪只能按自然人犯罪处理。依法成立并严格按照公司法的规定从事经营活动的一人公司，具有独立的财产，能够独立承担责任，具有独立的意志，因而具有独立于股东自然人人格的公司人格，能够成为单位犯罪的主体。本案法院认定新某派公司构成单位犯罪是正确的。

4. 如何理解和把握一人公司单位犯罪主体的认定？①

本书观点：一人公司实施犯罪情况下，应从是否具有独立的财产利益、是否具有独立的意志、是否具有公司法所要求的法人治理结构、是否依照章程规定的宗旨运转、是否依照法定的条件和程序成立等方面判断一人公司是否具有独立人格。

区分单位犯罪与个人犯罪在刑罚适用上具有重要意义：第一，单位犯罪以采用双罚制为原则，以单罚制为例外；而个人犯罪只处罚个人。第二，一般情况下单位犯罪对个人的处罚比自然人犯罪处罚要轻。单位犯罪定罪数额起点较高，一般为自然人犯罪数额的2－5倍。在个人和单位都可以成为犯罪主体的罪名中，单位犯罪的直接责任人员的法定刑通常也轻于自然人犯罪的法定刑。正因如此，被告人在刑事审判中也往往主张自己的行为系单位犯罪中的行为。因此，在单位经集体研究决定或者由负责人员决定为单位利益而实施犯罪的场合下，判断是否构成单位犯罪往往是司法审判中的焦点问题。

2005年修订后的公司法明确承认了一人公司的法人地位，《公司法》第五十八条第二款规定："本法所称一人有限责任公司，是指只有一个自然人股东或者一个法人股东的有限责任公司。"公司法对一人公司的承认给刑法中单位犯罪的法律适用带来如下问题：一人公司犯罪的能否构成单位犯罪？在何种情况下应当以单位犯罪论处，何种情况下应当以个人犯罪论处？单从刑法条文来看，只要公司实施了法律规定为单位犯罪的行为，即可构成单位犯罪，并未限定公司的性质、规模、权属或者股东人数。不过，1997年修订刑法之时，公司法尚未承认一人公司之存在，因此，能否将一人公司理解为单位犯罪中所说的"公司"，何种情况下一人公司的行为可以被作为单位犯罪处理，需要结合刑法规定单位犯罪的目的和一人公司的人格独立性进行法理上的判断。

---

① 观点来源：最高人民法院刑事审判第一、二、三、四、五庭主办：《刑事审判参考》（总第82集），法律出版社2012年版，第15－22页，周某合同诈骗案。

我们认为，刑法设置单位犯罪，根本上是因为单位具有独立的人格，具有独立于管理人或者所有人的意志。单位经集体决定或者负责人决定，为了单位利益而实施危害社会的行为，其本质是单位自己的行为而不仅仅是直接责任人的行为，应当由单位自己负责。单位犯罪必须是为了单位的利益而实施，因此，如果不处罚单位而只处罚直接责任人，则无异于认可单位可以从犯罪行为中获益，从而与法律的精神相违背。在现代社会，尤其在现代企业制度中，企业所有人与管理人分离是一种正常现象，企业相对于所有人具有完全独立的人格。具有独立人格的企业经过章程规定的决策程序实施单位犯罪的，就应当独立承担刑事责任，这是罪责自负原则的体现，也是法律对单位自我负责能力的认可。相反，如果公司实施了单位犯罪而无须独立承担责任，就不但意味着公司及其所有人可以从犯罪中受益，而且也意味着公司自我负责的独立人格的丧失。从这里可以清楚地看到，无论单位犯罪中的企业所有人或者股东是谁，完全是与刑事责任毫无关联的事实。

有无独立人格是单位行为能否被作为单位犯罪处理的决定因素。如果单位实质上没有独立人格，则即使具备了单位犯罪的形式特征，也不能构成单位犯罪。根据我国相关司法解释，个人为进行违法犯罪活动而设立的公司、企业、事业单位实施犯罪的，或者公司、企业、事业单位设立后，以实施犯罪为主要活动的，或者盗用单位名义实施犯罪，违法所得由实施犯罪的个人私分的，依照刑法有关自然人犯罪的规定定罪处罚。在前两种情况下，公司、企业、事业单位完全不符合单位章程的规定，实质上只是个人的犯罪工具，不具备独立人格。在后一种情况下，单位只是被他人盗用名义进行犯罪，并不是单位意志的体现，也不能构成单位犯罪。因此，以行为时有无独立人格作为判断单位犯罪成立与否的标准与司法解释的精神是完全契合的。

我们认为，与其他单位一样，一人公司的行为能否构成单位犯罪的标准同样在于其是否具有独立人格。有观点认为，一人公司实质上与股东个人在人格、意志、利益上均无法有效区分：一人公司只有一个股东，出资和经营均由该股东一人所为，利益也归属于该特定股东，没有公司独立的利益，不能区分公司财产和股东个人财产；一人公司的股东一人控制着公司的经营活动，公司的意志和股东的意志无法区分，公司没有独立的意志。这与我国刑法规定的单位犯罪主体特征不符，所以一人公司实施的犯罪只能按个人犯罪论处，而不可能构成单位犯罪。

上述观点从公司的独立人格入手来论证单位犯罪的思维是正确的，但对一人公司独立性的判断值得进一步商榷。一人公司不是只有一个人的公司，而是指股东仅为一人（自然人或法人）并由该股东持有公司全部出资的有限责任公司。一人公司完全有可能具有独立的法人人格，其与传统有限责任公司唯一的区别仅仅是股东的个数不同。正如前文所述，股东的个数及身份与单位犯罪的成立毫无关系，一人公司完全有可能构成单位犯罪。一人公司的特殊性仅仅在于其只有一名股东，该股东持有公司的全部出资。由于只有一位出资人，出资人与公司之间容易产生关联交易而导致人格混同，一人公司的人格因为其股东的单一性而具有不稳定性。因此，判断具体犯罪行为中的一人公司是否具有独立人格，应当根据以下几项标准：

第一，是否具有独立的财产利益。公司的财产和出资人的财产必须能够分离，公司的财产状况必须是独立的。一人公司虽然只有一个出资人，但是一旦出资人依照法律程序办理手续成为股东，地位就发生了变化，其个人出资的财产也不再是其个人财产而是公司财产，成为公司开展正常经营活动的重要保证，具有相对独立性。如果股东的财产和公司的财产混合，公司成为股东随意支配的对象，甚至成为股东实施违法犯罪行为的工具，那么公司就没有自己独立的人格。既然公司连独立的财产都没有，独立的意志和独立的人格就无从谈起。没有独立的意志和人格，就不能独立承担责任，也就不能成为单位犯罪的主体。独立的财产是公司具有独立人格的基本前提，因此，修订后的公司法规定："一人有限责任公司的股东不能证明公司财产独立于股东自己的财产的，应当对公司债务承担连带责任。"公司法人的本质特征在于股东的有限责任，如果法律要求一人公司的股东对外承担连带责任，就意味着否定了公司的独立人格。也就是说，如果公司财产不能持续地独立于股东财产，二者之间发生混同，公司就将丧失独立人格，公司财产即为股东的个人财产，以公司名义进行的犯罪行为也只能是股东的个人行为，而不是单位犯罪。公司的财产独立性的证明责任应当由股东自己来承担，如果其无法承担证明责任的，原则上就应当否定公司的独立人格。

第二，是否具有独立的意志。一人公司的意志是否独立是判断其是否具备单位犯罪主体适格性的实质要件。在一人公司的股东与管理人分离的情况下，公司的独立意志是比较明显的。在股东与管理者系一人的情况下，一人公司的意志虽然来源于唯一股东，却与其自然人意志不可混为一谈。公司的意志体现为决策权限的法定性和程序性，如果股东为了公司利益在法律及公司章程规定的职权范围内依照一定程序实施特定行为，则这种行为就应当视为公司的决策而不是股东的个人意志。判断一人公司是否有独立的意志，还要看公司形式是否被滥用，公司的人格只有在法律和公司章程规定的程序中才存在。如果滥用公司形式，违背公司的根本利益或者超出法定权限、程序，则股东的行为意志就与公司的意志相背离，公司就失去了独立的意志，而与股东、管理人员混同，这种情形下显然只需要处罚自然人。比如，一人公司的股东为了偿还个人赌债，以公司的名义实施合同诈骗，好处归个人所有的，则公司在行为过程中并不具备独立意志，而成为个人犯罪的工具，显然不能当作单位犯罪来处理。

第三，是否具有公司法所要求的法人治理结构。依照法律规定，具有独立人格的公司必须要有一定的场所、人员和组织机构，股东行使公司法所规定的职权时必须以书面形式作出并置于公司备案。一人公司只有一个股东，公司行为与股东个人行为容易发生竞合，故公司的经营行为应当以公司的名义进行，一人公司必须拥有独立的名义。只有行为是以公司名义实施，且其目的是追求公司利益或履行公司职责，才能视为单位行为。如果行为是以公司名义实施，甚至在形式上已经过集体决议，但实质上并非追求公司利益或履行公司职责，则不能视为单位行为，不能作为单位犯罪处理。如果行为是以股东个人名义进行的，原则上应当视为股东的个人行为，构成犯罪的，也不能作为单位犯罪处理。

第四，是否依照章程规定的宗旨运转。具有独立人格的一人公司应当有自己的章程和特定宗旨，公司的章程、宗旨等还要符合法律规定，因为这些是公司人格的具体体现之一。一人公司的设立及存在均有其特定的目的和宗旨，并在法律允许的范围内追求其利益。其收益首先应对公司所负债务负责，而不是直接转为股东的个人私利。一人公司成立的目的必须是依法从事经营活动，且客观上确实从事了一定的合法经营活动。当单一股东或其他成员实施的行为与公司目标完全相反时，就超出了公司的意志范围。因此，如果个人为进行违法犯罪活动而设立的一人公司，或者一人公司设立后以实施犯罪为主要活动的，不能构成单位犯罪，而只能视为股东的个人犯罪。

第五，是否依照法定的条件和程序成立。一人公司的设立以及存续均应当具有合法性。合法性要求实体合法与程序合法，在实体或程序方面不合法的一人公司属于应当予以取消的对象，不具备法律承认的独立人格，不能成为单位行为的主体。首先，一人公司必须依法成立，经过工商行政管理部门登记注册，依法取得法人地位。没有经过工商登记注册的一人公司不能成为单位犯罪的主体，构成犯罪的，按照个人犯罪处理。其次，一人公司要符合公司法规定的最低注册资本数，而且必须一次性缴足。在因设立瑕疵造成一人公司人格否定、公司成立自始无效的情况下，该一人公司不符合独立法人的形式标准，因此，不具备构成刑法上的单位主体的基本前提。

5. **企业犯罪后被合并应当如何追究刑事责任?**[①]

本书观点：人民检察院起诉时该犯罪企业已被合并到一个新企业的，仍应依法追究原犯罪企业及其直接负责的主管人员和其他直接人员的刑事责任。人民法院审判时，对被告单位应列原犯罪企业名称，但注明已被并入新的企业，对被告单位所判处的罚金数额以其并入新的企业的财产及收益为限。

6. **犯罪单位被撤销后刑事责任如何认定?**[②]

本书观点：单位可以成为虚开增值税专用发票犯罪的主体。单位被依法撤销的，不能再作为诉讼主体追究刑事责任，但该单位的主管人员和其他直接责任人员仍应依法追究刑事责任。

（1）根据《刑法》第二百零五条第三款的规定，单位可以成为虚开增值税专用发票犯罪的主体。司法实践中，单位虚开增值税专用发票犯罪的认定和处理是一个十分复杂的问题，要准确把握单位犯罪的法律特征和处理原则，认定是否属于单位犯罪，必须结合单位犯罪的犯罪构成具体认定。根据刑法规定和《最高人民法院关于审理单位犯罪案件具体应用法律有关问题的解释》，一般应从以下几个方面考虑：

①主体方面，要看犯罪主体是否为合法单位。有两重含义：一是看究竟是单位还是个人，是否真正的单位。只有依法设立，有必要的财产或经费，有自己的组织机构和场所，能独立承担民事责任的组织才能认定为单位。对“皮包公司”“三无公司”等公司实施的犯罪，因为此类“公司”一无经营场

---

① 观点来源：《最高人民法院研究室关于企业犯罪后被合并应当如何追究刑事责任问题的答复》（1998 年 11 月 18 日）。

② 观点来源：最高人民法院刑事审判第一、二、三、四、五庭主办：《中国刑事审判指导案例》（01）（增订第 3 版），法律出版社 2017 年版，第 188 – 199 页，普宁市某少经济发展公司等单位虚开增值税专用发票案。

地，二无资金，三无经营人员，只有招牌图章，名义上是公司，实质上是假公司、真个人，应按自然人犯罪处理。另外，个人盗用单位名义实施犯罪，违法所得由实施犯罪的个人私分的，依照刑法有关自然人犯罪的规定定罪处罚。二是看究竟是合法单位还是非法单位。单位不但必须是依法设立，而且设立的目的也必须是合法经营。单位虽依法定程序设立，也符合设立的实质要件，但为了进行违法犯罪活动而设立的公司、企业、事业单位实施犯罪的，或者公司、企业、事业单位设立后，以实施犯罪为主要活动的，不以单位犯罪论处，而应按个人犯罪论处。

②主观方面，要看犯意是否属于单位的意志。单位意志是指单位法定代表人、主要负责人、主管人员或其他直接责任人员的个人意志，由决策机关经过一定的决策程序所形成的单位实施犯罪行为时所持的主观心态。决策机关就是形成单位意志的机关。决策程序亦即形成单位意志的具体形式。不同的单位针对不同的具体事项，决策机关和决策程序各不相同。或由单位的法定代表人或者主要负责人决定，或由领导层（董事会、理事会、厂委会）讨论决定，或由单位全体成员（股东大会、职工代表大会等）讨论决定，经过这些程序后单位成员的意志转化而形成了单位意志。经过这些程序形成的单位意志已是一种整体意志，完全不同于单位成员的个人意志。单位成员根据单位决策机关的策划、授意、批准、指挥或默许实施的犯罪也绝不同于单位成员自己决定或擅自实施的犯罪。

③客观方面，要看实施者是否以单位的名义实施，是否执行单位意志而实施，是否执行单位职务而实施，非法利益是否为单位所有。单位成员以个人名义实施的犯罪不能归责于单位，只能按自然人犯罪论处。单位成员假借单位名义、非履行单位职责实施为个人谋利的犯罪行为，也不能按单位犯罪论处。单位成员实施犯罪如完全是为个人谋取非法利益，即使以单位名义实施，也应认定为个人犯罪。

（2）单位被依法撤销，不能再作为诉讼主体追究刑事责任，但对该单位的主管人员和其他直接责任人员仍应依法追究刑事责任。

单位犯罪后，由于种种原因，可能发生分立、合并或者其他资产重组等情形，以及被依法注销、宣告破产等情况。司法实践中，对于在上述情况下，应追究犯罪单位中有关责任人员单位犯罪的刑事责任没有异议，但对于是否追究犯罪单位的刑事责任，存在不同意见。一种意见认为，发生上述情况，犯罪单位如同自然人的“死亡”，即使犯罪所得由变更后的新单位承接，仍不应当将变更后的单位作为犯罪主体处罚，而原单位已不存在，其亦不能被列为被告单位，按照刑事诉讼法的规定，不应再追究单位的刑事责任；另一种意见认为，我国相关的民事法律规定，民事主体发生变更的，变更前的权利和义务应由变更后的民事主体承继。原犯罪单位发生变更后，其财产流至分立、合并或者资产重组后的新单位，说明两单位之间债权债务关系并未割断。尽管民事责任不同于刑事责任，但两者的法理是相通的。除非原犯罪单位的财产已经实际消灭，司法机关不能因为单位虚拟人格的变更而放纵对债权债务实际承接的新单位刑事责任的追究，应当在其承接的债权范围内承担相应刑事责任。

我们认为，根据立法规定和一般的刑法理论，如果实施犯罪的主体没有死亡，只要没有超过法定追诉时效，就应当依法追究刑事责任。我国 1996 年《刑事诉讼法》第十五条第（五）项规定，“犯罪嫌疑人、被告人死亡的”，“不追究刑事责任，已经追究的，应当撤销案件，或者不起诉，或者终止审理，或者宣告无罪”。《最高人民法院关于执行〈中华人民共和国刑事诉讼法〉若干问题的解释》[①] 第二百一十五条规定，“人民法院审理单位犯罪案件，被告单位被注销或宣告破产，但单位犯罪直接负责的主管人员和其他直接责任人应当负刑事责任的，应当继续审理”。根据上述规定，在犯罪单位被依法注销或宣告破产的情况下，由于其作为法人的资格已经终止，行为能力和权利能力均已丧失，犯罪单位实质上已经“死亡”，因此不能再追究单位的刑事责任。但在犯罪单位发生分立、合并或者其他资产重组等情形下，其权利义务被变更后的单位承担，从某种意义上讲，犯罪单位并不是完全地消灭或者说“死亡”。从“有罪必罚”和“罪责自负”的角度出发，只要承受犯罪单位权利义务的单位存在，应当追究单位犯罪的刑事责任。

2002 年 7 月最高人民法院、最高人民检察院、海关总署联合下发的《关于办理走私刑事案件适用法律若干问题的意见》第十九条规定：“单位走私犯罪后，单位发生分立、合并或者其他资产重组等情况的，只要承受该单位权利义务的单位存在，应当追究单位走私犯罪的刑事责任。走私单位发生分立、合并或者其他资产重组后，原单位名称发生更改的，仍以原单位（名称）作

---

① 该解释现已废止。

为被告单位。承受原单位权利义务的单位法定代表人或者负责人为诉讼代表人。单位走私犯罪后，发生分立、合并或者其他资产重组情形，以及被依法注销、宣告破产等情况的，无论承受该单位权利义务的单位是否存在，均应追究原单位直接负责的主管人员和其他直接责任人员的刑事责任。人民法院对原走私单位判处罚金的，应当将承受原单位权利义务的单位作为被执行人。罚金超出新单位所承受的财产的，可在执行中予以减除。”该规定可以作为我们办理单位犯罪包括单位税收犯罪案件中，在单位犯罪后发生分立、合并或者其他资产重组情形以及被依法注销、宣告破产等情况下，如何追究刑事责任的参照。

司法实践中，对于两个以上单位的共同犯罪，其中的主管人员和其他直接责任人员能否也认定构成共同犯罪，并合在一起区分主犯、从犯，存在不同意见：一种意见认为，我国刑法传统的共同犯罪理论是奠基于不同犯罪主体之间共同故意犯罪基础上的，单位犯罪具有整体性，犯罪单位中有关责任人员的犯罪依附于单位。在单位共同犯罪的情况下，可以说是单位之间构成共同犯罪，但不能认为是单位之间以及单位的有关责任人员之间分别构成共同犯罪。因此，对各单位的有关责任人员根据其组织、指挥或者参与的罪行，综合比较实行区别对待，能够做到罪刑相适应，不用并合在一起区分主犯、从犯。另一种意见认为，单位犯罪中直接责任人员的罪责具有相对独立性，形式上符合《刑法》第二十五条规定的“二人以上共同故意犯罪”的共同犯罪特征。理论应以服务于实践为最终目标，对于单位共同犯罪中的多个直接责任人员认定为共同犯罪，在必要时区分主从犯，更能贯彻罪刑相适应原则。因此，单位共同犯罪案件中，其中责任人员的犯罪地位应在全案中予以考察，可以认定构成共同犯罪，区分主从犯，特定情况下，其犯罪地位不必与所在单位相一致。

我们同意第二种意见。在两个以上单位的共同犯罪案件中，一般情况下，各单位直接责任人员的犯罪地位应与本单位的犯罪地位一致，但如果这样判定其应负的刑事责任不能做到罪刑相适应的，也可以对其中的直接责任人员按照共同犯罪的规定，区分主从犯。

7. 未参与策划、组织、实施单位犯罪行为的单位法定代表人，可否因单位犯罪而被追究刑事责任？[①]

本书观点：未参与策划、组织、实施单位犯罪行为的单位法定代表人，不能因单位犯罪而追究刑事责任。理由如下：

我国《刑法》总则第三十一条规定："单位犯罪的，对单位判处罚金，并对其直接负责的主管人员和其他直接责任人员判处刑罚。本法分则和其他法律另有规定的，依照规定。"这里的"本法分则和其他法律另有规定的，依照规定"，主要是指分则规定的只处罚直接负责的主管人员和其他直接责任人员，而不对单位判处罚金（如《刑法》第一百六十一条规定的违规披露、不披露重要信息罪）。据此，对于单位犯罪，通常情况下除需对单位判处罚金之外，还应对单位犯罪中"直接负责的主管人员和其他直接责任人员"判处刑罚，即所谓的双罚制，根据《刑法》第二百一十一条的规定，单位偷税犯罪即属此例。未参与策划、组织、实施单位犯罪行为的单位法定代表人，可否因单位犯罪而被追究刑事责任？关键在于能否认定单位法定代表人属于该单位犯罪行为的"直接负责的主管人员"。这就涉及"直接负责的主管人员"的理解问题。对此，我国刑法及相关司法解释未作具体规定，我们认为，应从以下两个方面来加以把握：

一是直接负责的主管人员是在单位中实际行使管理职权的负责人员；二是对单位具体犯罪行为负有主管责任。该两个条件缺一不可，如非单位的管理人员，就谈不上主管人员；如与单位犯罪无直接关系，就不能说对单位犯罪负有直接责任。司法实践中，主管人员主要包括单位法定代表人、单位的主要负责人、单位的部门负责人等。但以上单位的管理人员并非在任何情况下都要对单位犯罪承担刑事责任，只有当其在单位犯罪中起着组织、指挥、决策作用，所实施的行为与单位犯罪行为融为一体，成为单位犯罪行为组成部分之时，上述人员才能成为单位犯罪的处罚主体，对单位犯罪承担刑事责任。需强调指出的是，单位的法定代表人，也即"一把手"，作为单位的最主要的领导成员，在单位里对重要问题的决定会起着至为重要的作用，在单位实施犯罪的情况下，是否均需对单位犯罪负责？对此，同样不能一概而论，

---

① 观点来源：最高人民法院刑事审判第一庭、第二庭编：《刑事审判参考》2003 年第 4 集（总第 33 集），法律出版社 2003 年版，第 1 - 6 页，北京某达制药厂偷税案。

应否承担刑事责任，仍需视其是否具体介入了单位犯罪行为，在单位犯罪过程中是否起到了组织、指挥、决策作用而定。如主持单位领导层集体研究、决定或者依职权个人决定实施单位犯罪的情况下，当属“直接负责的主管人员”；反之，在由单位其他领导决定、指挥、组织实施单位犯罪、不在其本人职权分工范围之内、本人并不知情的情况下，则不应以单位犯罪直接负责的主管人员追究其刑事责任。当然，单位的法定代表人因失职行为，依法构成其他犯罪的，另当别论。

8. **单位责任人员在实施单位犯罪的同时，其个人又犯与单位犯罪相同之罪的，该如何处理？**①

本书观点：单位责任人员在实施单位犯罪的同时，其个人又犯与单位犯罪相同之罪的，应数罪并罚。

数罪并罚中，首先要解决的是罪数问题，即指同一行为人所犯之罪的数量问题，也就是说，同一行为人的行为是构成一个罪，还是构成数个罪。如果行为人的行为是构成一个罪，则不存在数罪并罚问题；如果是数个罪，才可能涉及数罪并罚。罪数问题，是司法实践中经常遇到的问题，也是刑法理论中的基本问题。认定行为人的行为是构成一个罪还是构成数个罪，犯罪构成标准是我国刑法学界和司法实务的通说标准。具体地说，行为人以一个或概括的犯罪故意或过失，实施一个行为或数个行为，符合一个犯罪构成的为一罪；以数个犯罪故意或过失，实施数个行为，符合数个犯罪构成的为数罪。

单位责任人员在实施单位犯罪的同时，其个人又犯与单位犯罪相同之罪的，其行为是构成一个罪还是数个罪，应根据犯罪构成标准来分析。在我国刑法中，对于单位和自然人，如果犯同种罪的，由于犯罪行为的主要特征与侵犯的直接客体相同，只是主体不同，立法并没有根据犯罪主体的不同而对此设定不同的罪名，因此，单位犯罪与其相应的自然人犯同种罪的罪名相同，但这并不等于单位实施与自然人实施罪名相同的犯罪二者就是同种犯罪，因为二者的犯罪构成显然不同：（1）主体不同。单位犯罪主体是单位这个法律“拟制人”；而自然人犯罪主体就是自然人本身。（2）主观要件不同。单位犯罪要求犯罪行为体现的是单位意志，其犯罪目的一般是为实现单位利益；而

---

① 观点来源：最高人民法院刑事审判第一、二、三、四、五庭主办：《刑事审判参考》2007 年第 5 集（总第 58 集），法律出版社 2008 年版，第 1－10 页，张某等走私普通货物案。

自然人犯罪的主观方面则是体现自然人本人的意志，追求个人利益或其他目的的实现。（3）客观要件不同。单位犯罪带来的非法利益通常归单位所得（当然，各行为人可能因其在单位犯罪得到利益，但那只是在单位获得利益后再次分配问题）；而自然人犯罪所得利益归个人所得。在一些具体罪名中，有的还因主体不同，刑法及有关司法解释对单位犯罪和个人犯罪的具体定罪标准要求以及量刑幅度都有不同要求。

由此可见，行为人作为所在单位的直接责任人员实施了（单位）走私普通货物罪，此外还以自然人身份独立实施了走私普通货物罪，虽然这两种犯罪罪名相同，但二者的犯罪构成具有本质的不同，显然属于两种犯罪，因此，这种情况应属于异种数罪，应当适用《刑法》第六十九条的规定进行数罪并罚。

附：

参考观点：

这种情况在司法实践中也经常出现，很难处理。单位犯罪中自然人兼犯其他犯罪行为，应当根据刑法对犯罪构成和法定刑的规定，区别对待，分别处理：

一是兼犯异种他罪。如违法发放贷款过程中，单位构成受贿罪，个人又犯受贿罪，属于不同的犯罪构成，法定刑也不同，应当数罪并罚。

二是兼犯同种异罚罪。如单位构成内幕交易、泄露内幕信息罪，行为人既是单位犯罪的主管人员，个人又犯此罪，虽然犯的是同种罪，但是从犯罪构成和法定刑设置来看，都有区别，个人最高可以判处十年有期徒刑并处罚金，单位犯罪中的自然人只能判处五年以下有期徒刑或者拘役。因此，这种情况实质上与异种数罪没有区别，法院判决应当数罪并罚。在判决书主文中可在作为单位犯罪责任人员的罪名前加（单位），但在个人所犯罪名前不用加（个人）。从理论上讲，同种数罪是不并罚的，但也有例外。如判决发生法律效力后又发现漏罪或者又犯新罪，尽管漏罪和新罪与原判之罪属于同种罪名，依法也应数罪并罚。

三是兼犯同种同罚罪。如单位构成伪造、变造金融票证罪，行为人既是单位犯罪的主管人员，个人又犯此罪，由于刑法规定单位犯罪中的自然人与个人犯罪采取同等处罚原则，没有设置不同的法定刑，实质上是同种数罪。一般不数罪并罚，可以一罪定罪，犯罪数额可以相加，或者把其中单位或者个人的行为情节考虑。①

9. 承包经理虚开增值税专用发票是否构成单位犯罪？②

本书观点：《刑法》第三十条规定："公司、企业、事业单位、机关、团体实施的危害社会的行为，法律规定为单位犯罪的，应当负刑事责任。"对上述规定中的"公司、企业"，能否包括非国有、集体性质的公司、企业，存在较大的意见分歧。根据刑法的立法精神以及社会主义市场经济的客观要求，"公司、企业"既指国有、集体性质的公司、企业，也包括非国有、集体性质的公司、企业。

第一，依照公司法的规定，在中国境内设立为有限责任公司、股份有限公司的非国有、集体性质的企业，如国内私营企业、外商独资企业，或者其他非国有、集体性质的有限责任公司、股份有限公司，进行走私等活动，构成犯罪的，应当按照刑法关于单位犯罪的规定追究刑事责任。但是，对于专门为进行走私等犯罪活动而成立的公司，或者没有进行过正常、合法经营活动的公司，进行走私等活动，构成犯罪的，应当按个人走私犯罪处理。此外，单位进行走私等犯罪活动，但非法所得归个人所有，或者以单位名义进行走私等犯罪活动，有关个人共同分取非法所得的，也应当按个人犯罪处理。

第二，没有设立为有限责任公司的私营独资企业、合伙企业，进行走私等活动，构成犯罪的，依法按个人犯罪追究刑事责任。因为这样的企业进行犯罪活动的违法所得，实际只能归企业主个人所有。

行为人承包公司后，公司的性质并未改变。行为人以公司的名义向他人提供增值税专用发票虚开牟利，并将非法所得大部分用于南方公司的经营，其行为属单位犯罪。行为人系公司的承包人、经理、法人代表，属单位直接负责的主管人员，应依法对其追究刑事责任，对公司应判处罚金。

关于单位虚开增值税专用发票犯罪如何追究单位直接负责的主管人员和其他直接责任人员的刑事责任，《刑法》第二百零五条规定，单位犯虚开增值税专用发票罪，除对单位判处罚金外，其直接负责的主管人员和其他直接责任人员，虚开的税款数额巨大或者有其他特别严重情节的，处十年以上有期

---

① 熊选国：《刑法刑事诉讼法实施中的疑难问题》，中国人民公安大学出版社 2005 年版，第42－43 页。

② 观点来源：最高人民法院刑事审判第一、二、三、四、五庭主办：《中国刑事审判指导案例》（刑法总则）（增订第 3 版），法律出版社 2017 年版，第 167－170 页，朱某骥投机倒把案。

徒刑或者无期徒刑。

10. 以公司名义进行走私，违法所得归个人所有的，是不是个人犯罪？①

本书观点：单位犯罪中的主体，“公司、企业”，既包括国有、集体所有的公司、企业，也包括依法设立的合资经营、合作经营企业和具有法人资格的独资、私营等公司、企业。构成单位犯罪必须符合两个条件：一是经单位全体成员或单位决策机构集体作出的决定，而不是单位中的某个人以个人名义擅自作出的决定；二是非法所得归单位所有。不具备上述两个条件的，不构成单位犯罪。

于1999年6月25日颁布的《单位犯罪案件解释》第三条规定：“盗用单位名义实施犯罪，违法所得由实施犯罪的个人私分的，依照刑法有关自然人犯罪的规定定罪处罚。”该解释第二条还规定：“……公司、企业、事业单位设立后，以实施犯罪为主要活动的，不以单位犯罪论处。”

如果某公司实际由个人出资、控制，犯罪的决定亦系其基于个人意志作出，违法所得亦归个人所有，那么，依解释规定，不符合单位犯罪的条件；此外，如果公司虽不是为走私而设，但单位设立以后，就是以进行犯罪为其主要活动的，亦不能以单位犯罪论处。

11. 犯罪后单位被注销，单位直接负责的主管人员和其他直接责任人员，在案发前辞职离开的，是否属于犯罪中止？②

本书观点：犯罪后单位被注销的，其诉讼能力已经丧失，但不能因此免除有关责任人员的刑事责任。单位直接负责的主管人员和其他直接责任人员在案发前辞职离开的，不属于犯罪中止。

根据《刑法》第二十四条第一款的规定，犯罪中止是指在犯罪过程中，行为人自动放弃犯罪或者自动有效地防止犯罪结果发生的一种犯罪停止形态。自动放弃犯罪或者自动有效地防止犯罪结果发生，是犯罪中止成立的实质要件。对于可连续多次实施的犯罪来说，如果行为人已经实施了一次以上的犯罪行为，其犯罪中止只能表现为有效防止犯罪结果的发生。单位犯罪案件中，

---

① 观点来源：最高人民法院刑事审判第一、二、三、四、五庭主办：《中国刑事审判指导案例》（刑法总则）（增订第3版），法律出版社2017年版，第170－174页，林某华等走私普通货物案。

② 观点来源：最高人民法院刑事审判第一、二、三、四、五庭主办：《中国刑事审判指导案例》（刑法总则）（增订第3版），法律出版社2017年版，第174－179页，河南省某星实业公司集资诈骗案。

单位直接负责的主管人员和其他直接责任人员共同研究、策划犯罪方案并付诸实施，从而成为一个互相联结、有机结合的整体。每一共同犯罪人均应对所参与的共同犯罪结果负刑事责任。行为人作为单位直接负责的主管人员和其他直接责任人员，如果参与了单位犯罪的研究、策划，并已经实际参与犯罪实施的，那么，其无论作为主犯还是从犯，都已不再具备犯罪中止的条件。其辞职离开单位的行为，只是在客观上停止了其继续参与单位之后的犯罪行为，而不属自动有效地防止犯罪结果发生，与刑法规定的犯罪中止有根本区别。因此，单位直接负责的主管人员和其他直接责任人员的辞职行为，不属于犯罪中止。

12. **单位犯罪与自然人犯罪的区别如何界定？**①

本书观点：《刑法》第三十条规定："公司、企业、事业单位、机关、团体实施的危害社会的行为，法律规定为单位犯罪的，应当负刑事责任。"这里的公司、企业不以所有制性质画线，而是泛指一切形式的公司、企业。但单位犯罪必须同时具备两个要件：一是犯罪是以单位名义实施的；二是违法所得归单位所有，此特征是区别单位犯罪与自然人犯罪的关键所在。

13. **检察机关以自然人犯罪起诉的单位犯罪案件应如何正确处理？**②

本书观点：对检察院以自然人犯罪起诉的单位犯罪案件，法院不能直接对检察院未指控的单位进行处罚；对被起诉的自然人，应根据庭审查明的事实，依法按单位犯罪中的直接负责的主管人员或者其他直接责任人员追究刑事责任。

涉及单位管理人员的犯罪是单位犯罪还是自然人犯罪，对某些案件而言确实很难区分。司法实践中经常出现这样的情形：人民法院经审理认为系单位犯罪，但检察机关的起诉书却未将单位作为被告人，在这种情况下，人民法院能否直接对未起诉的单位判处刑罚？答案是否定的。众所周知，"不告不理"是基本的诉讼原则。其基本含义是，没有起诉，就不能审判。"不告不理"的实质是以诉制审从而防止滥用审判权，保障公民合法权益，保障司法公正。否则，当事人依法应当享有的诉讼权利就无法得到保障。因此，当人

---

① 观点来源：最高人民法院刑事审判第一、二、三、四、五庭主办：《中国刑事审判指导案例》（刑法总则）（增订第3版），法律出版社2017年版，第179－182页，张某练虚开增值税专用发票案。

② 观点来源：最高人民法院刑事审判第一、二、三、四、五庭主办：《中国刑事审判指导案例》（刑法总则）（增订第3版），法律出版社2017年版，第182－185页，周某华虚报注册资本案。

民法院在审判中发现未被起诉的单位构成犯罪时，不能直接对未被起诉的单位判处刑罚。正是基于这一考虑，2001 年 1 月 21 日《金融案件纪要》明确规定：“对于应当认定为单位犯罪的案件，检察机关只作为自然人犯罪案件起诉的，人民法院应及时与检察机关协商，建议检察机关对犯罪单位补充起诉。如检察机关不补充起诉的，人民法院仍应依法审理，对被起诉的自然人……追究刑事责任……”也就是说，对检察机关以自然人起诉的单位犯罪案件，如处于一审阶段，人民法院应与检察机关协商，建议检察机关补充起诉。检察机关不予补充起诉的，人民法院只能依法追究被起诉的自然人的责任，而不能直接追究单位的责任。依此精神，二审法院遇到上述情况，也就只能追究被起诉的自然人的刑事责任。对犯罪的单位，可建议检察机关另行起诉。

那么，当单位未被起诉时，对起诉的自然人该如何定罪处刑？为此，《金融案件纪要》规定：“……依法按单位犯罪中的直接负责的主管人员或者其他直接责任人员追究刑事责任，并应引用刑法分则关于单位犯罪追究直接负责的主管人员和其他直接责任人员刑事责任的有关条款。”也就是说，对于被起诉的自然人，应根据庭审查明的事实，依法确定其是否属于单位犯罪中的直接负责的主管人员或其他直接责任人员。只要被起诉的自然人具备其中一种身份，就应依法按单位犯罪中的直接负责的主管人员或其他直接责任人员追究刑事责任，并应引用刑法分则关于单位犯罪追究直接负责的主管人员和其他直接责任人员刑事责任的有关条款。

14. 犯罪单位自首如何认定？[①]

本书观点：单位可以成为自首的主体，在认定犯罪单位自首以及参与单位犯罪的自然人自首时应具体案件具体分析，单位成立自首的，不存在减轻处罚问题，但可根据案件的具体情况判处较轻的罚金刑。

（1）单位可以成为自首的主体

单位犯罪中是否存在自首，犯罪单位自首的构成条件是否有别于自然人犯罪的自首以及单位犯罪自首的法律后果如何，目前，刑法和现有的司法解释尚未作出明确的规定。《刑法》第六十七条规定：“犯罪以后自动投案，如实供述自己的罪行的，是自首。对于自首的犯罪分子，可以从轻或者减轻处

---

① 观点来源：最高人民法院刑事审判第一、二、三、四、五庭主办：《中国刑事审判指导案例》（刑法总则）（增订第 3 版），法律出版社 2017 年版，第 185 – 188 页，陈某福走私普通货物案。

罚。其中，犯罪较轻的，可以免除处罚。被采取强制措施的犯罪嫌疑人、被告人和正在服刑的罪犯，如实供述司法机关还未掌握的本人其他罪行的，以自首论……”从该条所使用的“犯罪分子”“被采取强制措施的犯罪嫌疑人、被告人”“正在服刑的罪犯”等表述来看，似乎表明立法者仅将犯罪的自然人作为自首的主体，未将犯罪单位作为自首的主体。因此，有人主张犯罪单位不能成为自首的主体。我们认为，这一理解并不准确。因为，既然自首是指“犯罪以后自动投案，如实供述自己的罪行”，自首的主体当然就只能是指实施犯罪的主体。根据刑法规定，犯罪的主体既包括自然人，也包括法人等单位。犯罪单位既然可以成为犯罪主体，当然也应当能够成为自首的主体。只不过，如同单位犯罪是单位意志支配下由单位成员实施的一样，单位自首也必须体现单位的意志并由单位成员具体实施。因此，自首作为一项总则性的规定与制度，同样应当适用于犯罪单位。

（2）单位自首的认定

单位犯罪与单位内部的自然人犯罪的区别在于：前者是基于单位意志支配下的单位行为，而后者则是基于个人意志支配下的个人行为。同理，犯罪单位的自首区别于单位内部自然人的自首亦是如此。因此，认定犯罪单位的自首，关键是看该自首行为是否出于犯罪单位的意志以及投案人是否代表犯罪单位。换言之，犯罪单位自首的成立须满足以下条件：①主动投案，即犯罪单位在犯罪之后、归案之前，主动向有关机关投案。由于犯罪单位本身无法投案，因此，犯罪单位主动投案只能由代表单位的自然人进行。②主动投案的行为必须出于犯罪单位的意志。所谓单位意志，既可以是经犯罪单位集体研究作出的决定，也可以是由能够代表单位意志的负责人作出的决定。这是单位自首区别于自然人自首的一个重要特征。③如实供述罪行。代表犯罪单位主动投案的被委派人或能够代表单位意志的负责人必须将单位所实施的全部罪行如实交代，而不是仅交代部分罪行或单位犯罪中具体实施犯罪的自然人自身的罪行。此外，如果犯罪单位尚未来得及形成一致意见，能够代表单位意志的负责人在接受有关机关的调查、询问，或者因他罪被采取强制措施后，如实交代司法机关尚未掌握的单位犯罪事实的，也应认定为单位自首。

单位犯罪的情况比较复杂，有的案件是单位集体研究决定实施的；有的案件是由能够代表单位意志的直接负责的主管人员（如法定代表人、单位的主要负责人）个人决定实施的；有的案件是单位直接负责的主管人员直接参与了单位犯罪活动；而有的案件是单位直接负责的主管人员并没有直接参与单位犯罪活动，甚至毫不知情，单位犯罪活动是由其下属具体负责某方面工作的人员纠集在一起，背着单位直接负责的主管人员进行的。此外，由于单位犯罪是由自然人实施的，单位自首也是由自然人进行的，因此，在认定单位自首的同时，又必然涉及参与单位犯罪的自然人的自首认定问题。单位犯罪情况的复杂性，决定了犯罪单位自首以及参与单位犯罪的自然人自首认定的复杂性。因此，在认定犯罪单位自首以及参与单位犯罪的自然人自首时应具体案件具体分析：

①单位犯罪是经由集体研究决定实施的，犯罪单位又经由集体研究决定由能够代表单位意志的直接负责的主管人员自动投案并如实交代单位所实施的全部罪行的，或者单位经集体决定委派其他自然人去投案并如实交代单位所实施的全部罪行的，应认定为单位的自首。在犯罪单位集体研究决定自首的情况下，所有参与单位犯罪的自然人，只要能认同单位自首意志，随时接受调查并如实交代个人参与单位犯罪事实的，均可同时认定为个人自首。

②单位犯罪事先未经集体研究决定，而是由能够代表单位意志的直接负责的主管人员自行以单位名义决定实施，犯罪所得归单位的，能够代表单位意志的直接负责的主管人员自行决定自动投案，如实供述单位犯罪以及其个人全部犯罪事实的，应认定为单位自首和其个人自首。由于该直接负责的主管人员的自行自首，虽可以代表单位意志以及其个人意志，但并不能代表所有参与单位犯罪的自然人的意志，所以其他参与单位犯罪的人如没有主动投案并如实交代自己罪行的，则不能认定他们的个人自首。

③单位犯罪是由单位直接负责的主管人员和其他直接责任人员共同实施的，其他直接责任人员中有人自行主动投案并如实交代单位犯罪及其个人参与单位犯罪事实的，单位直接负责的主管人员和其他直接责任人员未自动投案的，由于投案人的投案行为不能代表单位意志，仅系个人意志，因此，只认定自动投案并如实交代自己罪行的直接责任人员的自首，不能认定单位自首和其他参与单位犯罪决策和实施人的个人自首。同样，不具有代表单位意志身份或未参与单位犯罪的单位内部人举报单位犯罪的，也不能认定单位自首。

（3）单位自首的处罚原则

《刑法》第六十七条规定：“……对于自首的犯罪分子，可以从轻或者减轻处罚。其中，犯罪较轻的，可以免除处罚。”认定单位自首成立后，如何对犯罪单位适用自首的这一规定呢？我们认为，由于刑法对单位犯罪的刑罚，只设置了单一的不确定的罚金刑作为法定刑，而非像自然人犯罪的刑罚规定有不同的法定刑，因此，对构成自首的犯罪单位，在决定其应处的罚金刑时，不存在在法定刑以下如何减轻处罚的问题，一般可根据案件的具体情节判处较轻的罚金刑。

15. 职务行为不符合单位犯罪的规定但符合特定法定犯罪构成时能否以自然人犯罪定罪处罚？①

本书观点：根据刑法理论，行为人的职务行为符合单位法定犯罪构成的，应以单位犯罪定罪处罚。如果行为人的职务行为并不符合单位犯罪法定犯罪构成，但符合特定法定犯罪构成的，则应以自然人犯罪定罪处罚。行为人的行为属于职务行为并不影响其成为自然人犯罪的犯罪主体，不影响对其以自然人犯罪追究刑事责任。《刑法》第三十条规定：“公司、企业、事业单位、机关、团体实施的危害社会的行为，法律规定为单位犯罪的，应当负刑事责任。”本条规定在字面上容易产生歧义，普遍的误解是：刑法规定单位犯罪的，单位和直接负责的主管人员、其他直接责任人员都要承担刑事责任；刑法没有规定单位可以成为某种犯罪的主体，所以既不能追究单位的刑事责任，也不能追究其中自然人的刑事责任。这种片面理解和做法带来的后果是严重的，它将促使某些不法分子成立所谓的公司、企业，然后以公司、企业的名义实施单位不能成为犯罪主体的行为，以逃避刑事责任。实际上，《刑法》第三十条仅是为追究单位的刑事责任提供依据，并未为排除自然人的刑事责任提供依据。《刑法》第三十条实际上表明：刑法没有规定单位可以成为犯罪主体时，只能由自然人作为犯罪主体。因此，对于刑法没有规定为单位犯罪的，即使事实上是由所谓单位集体实施，也不能认定为单位犯罪，只能认定为自然人（共同）犯罪。

2014 年 4 月 24 日第十二届全国人民代表大会常务委员会第八次会议通过《全国人民代表大会常务委员会关于〈中华人民共和国刑法〉第三十条的解释》规定：公司、企业、事业单位、机关、团体等单位实施刑法规定的危害

---

① 观点来源：浙江省绍兴县人民法院（2008）绍刑初字第 11 号刑事判决书、浙江省绍兴市中级人民法院（2008）绍中刑终字第 209 号刑事裁定书：庄某新等破坏生产经营案（单位犯罪）。

社会的行为，刑法分则和其他法律规定未规定追究单位的刑事责任的，对组织、策划、实施该危害社会行为的人依法追究刑事责任。这一立法解释解决了前述问题存在的争议。

四、疑难、复杂问题的参考性解答

1. 单位犯罪后，犯罪单位发生分立、合并或者其他资产重组等情况的，以及犯罪单位被依法撤销、宣告破产等情况下，如何追究刑事责任？

本书观点：关于单位犯罪后，犯罪单位发生分立、合并或者其他资产重组等情况的，以及犯罪单位被依法撤销、宣告破产等情况下，如何追究刑事责任的问题，我们认为：

（1）根据法律规定，单位实施危害社会的行为，刑法规定为单位犯罪的，应追究单位的刑事责任。单位犯罪后，犯罪单位发生被撤销、宣告破产等情况的，因该单位已经消灭，不具备刑事责任能力，无法承担刑事责任，故对其不再追究刑事责任。单位犯罪后，该单位发生分立、合并或者其他资产重组等情况的，该单位虽主体发生变更，因其实质上并未消灭，其权利义务由变更后的单位承受，故对其实施的犯罪仍具备刑事责任能力，仍应追究该单位的刑事责任。

（2）根据刑法的规定，对于单位犯罪，无论是实行双罚制还是单罚制，都应追究单位犯罪中直接负责的主管人员或者其他直接责任人员的刑事责任。单位犯罪后，单位发生被撤销、宣告破产等情况的，虽不再追究原单位的刑事责任，但原犯罪单位直接负责的主管人员和其他直接责任人员应当负刑事责任的，仍应予追究。制作裁判文书时，不再列单位为被告，对直接负责的主管人员和其他直接责任人员定罪处刑时应引用刑法分则中关于单位犯罪追究直接负责的主管人员和其他直接责任人员刑事责任的有关条款。

（3）根据我国刑法犯罪主体和刑罚主体相统一的原则，犯罪单位发生分立、合并或者其他资产重组情况的，应当追究原犯罪单位的刑事责任，而不能追究承受原犯罪单位权利义务的新单位的刑事责任。制作裁判文书时，仍应以原单位（名称）作为被告单位，原单位名称发生更改的，在原单位名称后用括号注明“何时已变更为×××单位”字样；承受原单位权利义务的新单位法定代表人或者负责人为诉讼代表人。

（4）人民法院对发生了分立、合并或者其他资产重组的原犯罪单位追究刑事责任判处罚金时，应当将承受原单位权利义务的新单位作为被执行人；罚金超出新单位所承受的财产的，可依法在执行中予以减除。在判决书主文部分，可表述为：××单位犯××罪，判处罚金××元；鉴于该单位已于××时被合并到（或分立为等）××单位，故该罚金向××单位（新）执行。

2. 如何正确理解和认定单位犯罪的“以单位名义实施犯罪，违法所得归单位所有”？

本书观点：2001年1月21日，最高人民法院下发的《金融案件纪要》首次以司法文件的形式明确了单位犯罪的两个构成要件，即“以单位名义实施犯罪，违法所得归单位所有的，是单位犯罪”。

（1）以单位名义实施犯罪

所谓“以单位名义实施犯罪”，是指由单位的决策机构按照单位的决策程序来决定实施危害社会的行为。这可从两个方面来考察：主观上，单位犯罪体现了单位的意志，是指单位法定代表人、主要负责人、主管人员、直接责任人员和单位其他成员，在单位意志的支配下，以单位名义和为了单位利益，故意实施的危害社会的行为。单位意志不是凭空产生，也不是哪个人的任意意志，而是单位成员的意志经过一定程序转化和上升为单位意志。单位作为一个社会组织，离开人并不能产生意志。单位意志是将单位法定代表人、主要负责人、主管人员、直接责任人员的个人意志，经过一定的法定程序上升为单位意志，它的形成有一定的程序。每一个单位都有决策机关，都有一定的决策程序。决策机关就是形成单位意志的具体形式。不同的单位针对不同的具体事项，决策机关和决策程序各不相同。有的由单位的法定代表人或主要负责人决定，或由领导层（董事会、理事会、厂委会）讨论决定，或由单位全体成员（股东大会、职工代表大会）讨论决定，经过这些程序后单位成员的意志转化而成了单位意志。经过这些程序形成的单位意志已是一种整体意志，完全不同于单位成员的个人意志。单位成员根据单位决策机关的策划、授意、批准、指挥或默许实施的犯罪也绝不同于单位成员自己决定或擅自实施的犯罪。客观上，要看实施者是否以单位的名义实施，是否执行单位意志而实施，是否执行单位职务而实施，是否为单位谋取非法利益。因此，这一条件将盗用、冒用单位名义实施的犯罪行为，或者单位内部成员未经单位决策机构批准、同意或者认可而实施的犯罪行为，或者单位内部成员实施的与其职务活动无关的犯罪行为排除在单位犯罪之外。单位成员以个人名义实施的犯罪不能归责于单位，只能按自然人犯罪论处。单位成员假借单位名义、非履行单位职责实施为个人谋利的犯罪也不能按单位犯罪论处。

（2）违法所得归单位所有

所谓“违法所得归单位所有”，是指因犯罪行为所产生的非法收益归单位所有。是否为单位谋取非法利益，是区分单位犯罪与个人犯罪的明显标志之一。单位犯罪的故意内容一般都体现为为单位谋取一定的非法利益，具体表现在实施犯罪时获利归单位所有。单位成员实施犯罪如完全是为个人谋取非法利益，即使以单位名义实施，也应认定为个人犯罪。因此，对于以单位名义实施犯罪，但犯罪所得归实施犯罪行为的个人使用或者占有的，不能认定为单位犯罪。

由于不具有法定资格的私营公司、企业对其债务承担无限责任，公司、企业的财产实际上是投资人个人的财产，即使犯罪是以公司、企业的名义实施，但犯罪所得归投资个人所有，因此，《单位犯罪案件解释》将不具有法人资格的私营公司、企业从单位犯罪的主体中排除。但《单位犯罪案件解释》并未限定国有、集体所有的公司、企业、事业单位和依法设立的合资经营、合作经营的性质，并未要求“国有、集体所有的公司、企业事业单位和依法设立的合资经营、合作经营企业”构成犯罪须具有法人资格。这是因为在我国的国有、集体所有的公司、企业、事业单位和合资经营、合作企业中，许多公司、企业的分支机构或者内设部门，具有相对独立的经营管理权，不是所有的经营活动都需要得到法人批准，如果对于法人的分支机构或者内设部门以自己的名义实施的犯罪，并且占有犯罪所得的，让法人承担刑事责任，不符合罪责自负的刑罚原则。同时，我国刑法没有采用法人犯罪的概念，刑法中规定的单位外延大于法人，既包括企业、事业、机关和团体等法人组织，也包括一些非法人组织，如法人的分支机构或者内设机构、部门等。

《单位犯罪案件解释》规定的“机关”，既可以是机关法人，也可以是机关的内设部门，如庭、处、室等。“团体”主要是指社会团体，即由中国公民自愿组成，为实现会员共同愿望，按照其章程开展活动的非营利性社会组织，既包括依照《社会团体登记管理条例》登记成立的社会团体法人，也包括参加中国人民政治协商会议的人民团体、由国务院机构编制管理机关核定并经国务院批准免予登记的团体和机关、团体、企业事业单位内部经本单位批准成立、在本单位内部活动的团体。在此需要特别指出的是，近年来，发生了一些村民委员会组织村民盗伐、滥伐林木的案件，盗伐、滥伐的林木也归村集体使用，对于此类案件能否追究刑事责任，即村民委员会能否为单位犯罪的主体，争论较大。但村民委员会作为村民自我管理、自我教育、自我服务的基层群众性的自治组织，属于经县级人民政府批准成立，并且不需要登记的社会团体，当然可以成为单位犯罪的主体。对于以村民委员会名义实施的犯罪，犯罪所得归村民集体所有或者使用的，应当认定为单位犯罪。

3. 村民委员会能否成为单位犯罪的主体？

村民委员会属于村民自治组织，按照《村民委员会组织法》的规定，它是村民自我管理、自我教育、自我服务的基层群众性自治组织。村民委员会能不能构成单位犯罪的主体，目前争论相当大。如有的地方盗伐、滥伐林木，是由村民委员会决定的，然后组织村民盗伐、滥伐，盗伐、滥伐的林木也归村里。这种情况下，能不能构成单位犯罪，有两种意见：一种意见认为不构成单位犯罪，理由主要有两个：一是《刑法》第三十条规定的单位犯罪主体不包括村民委员会，《刑法》第三十条规定的单位犯罪的主体有 5 种，即公司、企业、事业单位、机关、团体，村民委员会不属于其中任何一类。二是不把它作为单位犯罪处罚，同样能追究这种行为的刑事责任，可以对有关直接责任人员按个人犯罪处理。① 另一种意见则认为，村民委员会可以作为单位犯罪的主体。本书观点：同意第二种意见。理由如下：第一，刑法关于单位的规定不是非常严格，《刑法》第三十条规定了 5 种主体，但是在刑法分则里面，单位又不只这 5 种，如《刑法》第二百七十一条职务侵占罪的主体，公司、企业或者其他单位的人员，利用职务便利，侵占本单位财物的，构成职务侵占罪。这里的其他单位，应该包括村民委员会，这是没有什么异议的。《刑法》第一百零七条规定的资助危害国家安全犯罪活动罪的主体是境内外的机构、组织，也不一定完全符合《刑法》第三十条规定的主体，但肯定是单位犯罪。所以不应当仅仅按照《刑法》第三十条的规定，应当将总则和分则

---

① 如，《公安部关于村民委员会可否构成单位犯罪主体问题的批复》（公复字〔2007〕1 号）称：根据《刑法》第三十条的规定，单位犯罪主体包括公司、企业、事业单位、机关、团体。按照《村民委员会组织法》第二条的规定，村民委员会是村民自我管理、自我教育、自我服务的基层群众性自治组织，不属于《刑法》第三十条列举的范围。因此，对以村民委员会名义实施犯罪的，不应以单位犯罪论，可以依法追究直接负责的主管人员和其他直接责任人员的刑事责任。

结合起来考虑。第二，如果对这类人，这类犯罪，不按单位犯罪处理的话，可能导致罪刑不相适应。滥伐林木是村民委员会集体研究决定，然后组织村民滥伐，滥伐的林木也归村民委员会使用，对这种情况如果按个人犯罪来处理则太重，因为我们的刑法或者司法解释中对单位犯罪和个人犯罪的处理上有差别，定罪标准、量刑标准有差别。如果减轻处罚，不符合法定减轻处罚的情节。因此，这种情况下，按单位犯罪处理有利于对直接责任人员适用刑罚。第三，村民委员会不属于单位犯罪的主体，而村民委员会下设开办的公司、企业都是单位犯罪的主体，皮之不存，毛将焉附？这个道理说不过去。第四，如果不把他们作为单位犯罪主体，按照罪刑法定原则，就不能够按犯罪来处理，有可能放纵犯罪分子。所以我们倾向于村民委员会能够作为单位犯罪的主体。但是这个问题目前还存在争论，没有最后定下来，有待司法解释出台后按司法解释规定办理。

4. 私营公司、企业能否成为单位犯罪的主体？

有观点认为，私营公司、企业是个人开办的，它所谓的为本单位谋利就等于是为它的老板谋利，因此主张对私营公司、企业，按个人犯罪处理。如果按单位犯罪处理，有可能放纵犯罪。

本书观点：针对这个问题，最高人民法院发布的司法解释明确规定，单位犯罪的主体包括具有法人资格的独资、私营等公司和事业单位。《单位犯罪案件解释》规定只有具有法人资格的独资、私营等公司、企业和事业单位，才能成为单位犯罪的主体。主要基于以下理由：

第一，《刑法》第三十条规定的单位犯罪的主体是公司、企业、事业单位、机关、团体，并没有限定公司、企业、事业单位的性质，而且，从立法原意看，处罚单位犯罪的原理与处罚法人犯罪是相同的。我国之所以用单位犯罪的称谓，而不叫法人犯罪，主要是考虑到我国除了法人以外，还存在大量的非法人团体、非法人组织。像银行系统，工商银行有法人资格的就是中国工商银行总行，下面的分行、支行都没有法人资格，保险公司也是这样的情况。如果叫法人犯罪的话，不能把它们包括进去。所以刑法中的单位包括法人，而且比法人范围广。作为有法人资格的私营公司、企业和事业单位，都办理了法人的营业执照，取得法人资格，应当属于刑法中单位的范畴。

第二，私营公司、企业与个人不同，私营公司、企业的财产与私有企业主个人的财产在法律地位上也是不同的。具有法人资格的私营公司企业已经按照现代企业制度要求发展成为有限责任公司和股份有限公司。公司、企业的经营方针、运行方向都是领导和决策机构决定的，体现的是公司、企业的整体利益和股东利益。而且其中一些公司有上百上千甚至上万的职工，他们犯罪显然已经超出了个人犯罪的范畴，只有按照单位犯罪来处理，才比较客观，符合实际，也符合法律规定。

第三，在社会主义市场经济条件下，我国现行法律政策是鼓励各种性质的经济实体平等竞争的，要平等地保护各种市场主体的合法权益。私有公司、企业，包括外商企业、公司，也应当受到我国法律的平等保护，犯罪以后也应当受到与国有公司、企业同行的制裁，这样才能体现法律面前一律平等的原则。尤其是我国加入世界贸易组织后，根据世贸组织规则所要求的非歧视原则，人民法院在审判和执行过程，不管是国有的、集体的、个体的、私人的还是中方的、外方的、本地的、当地的，都应当一律严格地适用我国的法律，平等地审判和执行，保障司法公正，为改革开放和市场经济的运行创造良好的法治环境。

第四，从对公司、企业的实际管理情况来看，具有法人资格的公司、企业、事业单位，包括私营有限责任公司、私营股份有限公司，都是按照公司法的规定设立的，都对债务承担有限责任，在对外交往，包括经济往来、管理上，没有太大的差别，工商部门都把它们作为法人来看待。

第五，不会放纵犯罪分子。1997 年修订前刑法对有些犯罪单位和个人犯罪处罚差别比较大，而 1997 年刑法修订后，大多数单位犯罪，对有关责任人员的处罚和个人的处罚没有太大的区别，刑法多数条文都是讲的依照前款的规定，也就是对单位犯罪直接责任人员的处罚依照前款的规定，即个人犯罪的规定处罚，而且对单位犯罪还要判处罚金，所以对私有公司、企业，按照单位犯罪来处罚，一般来说，不仅不会轻纵犯罪分子，而且由于大多数单位犯罪属于经济犯罪，对它判处罚金，更有利于惩治预防犯罪。如果按个人犯罪处理，对单位本身就无法判处罚金。

5. 是否任何单位都可以成为单位犯罪的主体？

本书观点： 刑法对单位犯罪的主体资格没有作出明确的规定，也没有明确列举单位犯罪的主体条件，但是，并不意味着任何单位都能成为单位犯罪的主体，一个单位要具备单位犯罪的主体资格，必须具备以下特征：

（1）合法性。必须是依法成立的单位，才能成为单位犯罪的主体。所谓依法成立。通常有下述几种情况：第一种情况，根据国家法律的规定设立。主要是国家机关单位。第二种情况，批准设立。即由国家权力机关、行政机关决定设立的单位。一般来讲，社会团体单位大都通过批准设立的，事业单位和行政机关下属的机构等，一般也是通过批准设立的。第三种情况，注册设立。即通过工商登记注册的形式设立。这类单位主要是指公司企业等单位，有的注册登记为法人，有的注册登记为非法人。凡是非经合法成立的单位，或者是临时成立的单位，都不具备成为单位犯罪所要求的主体资格。

（2）独立性。必须是能够独立承担法律所规定的义务和独立享受法律所赋予的权利的单位，才能成为单位犯罪的主体。这里所谓的独立，有下述几种含义：首先，有自己独立支配的财产，这些财产既可以是单位自己所有的，如私营企业的财产等，也可以不是单位所有但是单位可以自己支配，比如，国有企业和股份公司的财产，虽然不是企业自己所有的，但是企业可以在一定的限度内独立地支配和处分，所以，也可视为单位独立的财产。又如，一个公司的子公司的财产，其所有权人是公司，不是子公司，但是，总公司投入子公司的财产，应视为该子公司独立支配的财产。其次，有独立作出决定的权利。单位犯罪的实施，需要一个由决策到实施的比较复杂的过程。同自然人实施犯罪必须具备自由意志一样，单位犯罪也要求单位有自己独立作出决定的权利。如果一个单位事事需请示上级或者总公司，一切主意都必须由上级拿，这样的单位，就不可能成为实施单位犯罪的主体。再次，有独立为一定的行为和不为一定的行为的权利。所谓独立为一定的行为，是指单位在作出具体的行为时，有自己的独立性和选择的自由，并非一切听命于他人。如果一个单位在实施具体的行为时没有任何独立性，这样的单位也不可能成为单位犯罪的主体。最后，还必须有独立承担法律义务的能力。一个单位实施一定的行为后，必然伴随一定的法律后果，这些法律后果有的表现为权利和利益，有的则表现为义务和损失，如果是后者，单位就必须有独立承担责任和履行义务的能力。

根据刑法规定，单位犯罪的主体有以下五类：（1）公司；（2）企业（公司企业、独资企业、合伙企业、股份合作制企业、国有企业、集体企业）；（3）事业单位；（4）机关，主要指国家机关；（5）团体。

6. 单位犯罪的犯罪主体，其犯罪的主观方面有何不同于自然人犯罪主体之处？司法实践中如何确认？

本书观点：单位犯罪的主观方面，是指单位实施犯罪行为时的主观心理态度，以及单位犯罪的目的和动机等。单位犯罪不同于自然人犯罪，其特殊性在主观方面得到了充分的体现。

单位犯罪的主观方面，不仅有单位犯罪意志的属性，也有自然人犯罪意志的属性。单位本身没有意识，它所有的思想和行为，都是通过自然人的思想和行为来体现和实现的。单位犯罪意志来源于自然人的犯罪意志，既有自然人犯罪主观方面的特征，又有单位犯罪主观方面的特征。所以，单位犯罪的主观方面是一种混合意志。

单位犯罪的主观方面和自然人犯罪的主观方面，在罪过形式和罪过性质的规定上，具有相同的一面。例如，当单位犯罪的罪过形式是故意犯罪时，对自然人所确定的罪过也是故意，如《刑法》第一百二十五条规定，单位实施非法制造、买卖、运输、邮寄、储存枪支、弹药、爆炸物罪，非法制造、买卖、运输、储存危险物质罪，单位犯罪的罪过形式是故意，其负刑事责任的自然人主体的罪过形式也只能是故意。但更多的是，对单位犯罪定过失犯罪时，对单位犯罪中的自然人也是定过失犯罪。例如，《刑法》第三百三十八条规定，单位造成严重环境污染的，当对单位定过失犯罪时，对自然人也是定过失犯罪。但是，单位犯罪和单位犯罪中的自然人犯罪的罪过形式也可能会出现不同的情况。如单位犯罪的罪过形式是过失，单位犯罪中的自然人的罪过形式可能是故意。又如，单位犯罪定的是一种性质的犯罪，单位犯罪中的自然人，有的可能定故意犯罪，有的则可能定过失犯罪。

（1）单位犯罪的故意

单位犯罪的故意，是指法人和非法人单位明知自己的行为会发生危害社会的结果，并希望或者放任危害结果的发生。这和自然人犯罪的故意完全相同。①单位犯罪故意的认识要素。单位犯罪主观故意的认识因素，按照认识的程度不同，可分为以下情况：第一，明确认识到自己的行为是犯罪。第二，明确认识到自己的行为是违反经济、行政、民事法规的行为，仍然坚持实施该行为，这是另一种明知。有的单位可能会认为，制造假冒伪劣产品、假冒他人商标或侵犯他人知识产权不过是违反民事法规的问题，和刑事犯罪没有关系，这种对违法的性质产生错觉的主观认识，仍然属于刑法上的认识因素。

第三，对行为的违法性没有认识，但对行为的危害后果有认识。第四，对行为的违法性和危害性都无认识，只是从本单位的利益出发，实施刑法规定的犯罪行为，有的甚至认为，在市场经济条件下，没有什么条条框框的束缚，什么事情都可以做，这种心态类似于自然人中的法盲心态，但是，这种过失心态亦属于法人犯罪的主观认识因素。第五，单位对行为的性质产生错误认识。例如，把单位犯罪行为误认为不是犯罪行为，把单位犯罪行为误认为是个人犯罪行为，把单位中的自然人盗用单位的名义实施的犯罪，误认为是单位犯罪。单位主观故意的认识因素的表现形式，一般说来，不影响单位犯罪的成立，但是影响单位犯罪主观恶性的大小。②单位犯罪故意的意志因素。单位犯罪故意的意志因素，是指法人和非法人单位对犯罪行为及其结果作出某种选择的心理态度。对单位故意犯罪来说，单位犯罪行为及其危害结果，都是单位在意志自由的情况下选择的结果。单位犯罪故意的意志因素，是单位犯罪故意的核心内容，因为意志因素是单位犯罪故意成立的标志。单位犯罪的意志因素，有以下几种表现形式：第一种表现形式为希望的意志。所谓希望的意志，即希望犯罪结果发生的心理态度。一般来讲，单位实施犯罪，希望结果的发生是必然的。第二种表现形式为放任的意志。放任的意志是指法人或者非法人单位为了追求一定的目的而不顾危害结果发生的心理态度。例如，为了追逐金钱而制造、贩卖假药，对假药是否会造成人员伤亡持放任的态度。由于犯罪分子所追求的后果，有的本来是合法的，有的可能是非法的，因此，在认定犯罪是否成立时没有什么意义，故才说间接故意没有目的，而实际上，间接故意也是有目的的，只是间接故意犯罪的目的不具有刑法上的意义。③单位犯罪故意的类型。根据认识因素和意志因素的不同，单位犯罪故意可分为直接故意和间接故意两种。区分单位犯罪的直接故意和间接故意，应当以行为人的意志因素为标准，不应当以单位犯罪的认识因素为标准。理由在于：第一，在单位犯罪的主观因素中，意志因素是起决定性的，是主观因素的核心，区分直接故意和间接故意，也应当以此为根据。第二，对一个事物进行分类，只能坚持一个标准，不能坚持数个标准，而根据认识因素和意志因素对犯罪进行分类，造成分类的标准不统一，不符合分类的逻辑。第三，按照故意犯罪的意志因素进行分类，凡是希望结果发生的，是直接故意，凡是放任危害结果发生的，为间接故意，这样区分有利于司法部门在实践中具体操作。第四，按照刑法关于故意犯罪的规定，不能推出间接故意犯罪排除对犯罪结果必然性认识并放任这种结果发生的意思。间接故意对危害后果的认识也是“会发生”，这里的“会发生”，包括可能发生和必然发生，所以，排除间接故意对危害后果必然发生的认识，是没有法律根据的。④单位犯罪的直接故意的认定。判断单位犯罪的直接故意和间接故意以及故意和过失的标准，不是单位对行为性质的认识，也不是单位犯罪所追求的目的，而是单位对危害结果所持的心理态度。刑法中规定的单位故意犯罪，绝大多数既可以由直接故意构成，也可以由间接故意构成。在直接故意犯罪中，犯罪的单位往往具有某种目的。如有的是以营利为目的，这是多数单位故意犯罪的目的，有的是出于营利以外的非法目的。还应当指出，我国刑法规定罪刑法定原则以后，法院在认定犯罪时，应当考虑的首先是犯罪行为的该当性，而不是犯罪主观方面的特殊性。只要行为符合犯罪构成要件的该当性，而该行为又是单位在应当负刑事责任的状态下实施的，就应当认定为犯罪。⑤单位犯罪的间接故意的认定。在单位故意犯罪中，多数犯罪是直接故意，只有少数犯罪是间接故意。从刑法所规定的单位犯罪看，除了以某种目的为构成要件的犯罪只能由直接故意构成外，多数故意犯罪都能由间接故意构成。此外，也有少数犯罪，既可以由间接故意构成，也可以由过失构成，如《刑法》第三百三十条妨害传染病防治罪第一款第（三）项规定，“准许或者纵容传染病病人、病原携带者和疑似传染病病人从事国务院卫生行政部门规定禁止从事的易使该传染病扩散的工作的”，这里的准许和纵容，就是对危害结果的一种放任，表现为间接故意。而该条第一款的其他项所规定的犯罪行为，有的则表现为过失。

（2）单位犯罪的过失

单位犯罪的过失，是指法人或非法人单位，应当预见到自己的行为会发生危害社会的结果，由于疏忽大意而没有预见，或者已经预见但是轻信可以避免，导致危害结果发生的心理态度。单位过失犯罪是单位犯罪的特殊形式，单位过失犯罪分为疏忽大意的过失和过于自信的过失两类。①疏忽大意的单位过失犯罪的认定问题。在认定疏忽大意的单位过失犯罪时，要注意三个方面的问题，第一，单位的预见义务。单位具有预见到危害结果发生的义务，这是单位承担刑事责任的基础。第二，单位具有预见的能力，一般认为，法律赋予单位的预见义务，与单位的预见能力是一致的，但是，在一定的情况下，可能会出现二者不一致的情况，当单位的预见能力高于法律所要求时，法律往往体现为宽松，而当法律对单位设定的预见义务高于单位的预见能力时，法律常常表现为严厉。第三，具备单位作出正确预见的具体条件。单位的预见能力离开一定的条件即大打折扣。②过于自信的单位过失犯罪的认定问题。在单位过失犯罪中，既可以由疏忽大意的过失构成，也可以由过于自信的过失构成。不过，在实践中，没有预见到行为的违法性和危害结果的可发生性的单位过失犯罪是比较少的，因为作为单位来说，一般不缺乏预见的能力和预见某种危害后果的现实条件。所以，单位过失犯罪多数表现为单位过于自信的过失犯罪。在认定单位过失犯罪中，要注意划清与单位故意犯罪的界限，因为对一个结果是轻信可以避免还是放任，只是主观意志的不同。这种不同尽管可以通过行为和一些客观的因素表现出来，但是，有时候，一个行为所体现的主观目的和动机是多种多样的。我们认为，在认定单位犯罪时，如果法律既规定有故意犯罪，又有过失犯罪，在难以分清的情况下，根据罪疑从轻的原则，应认定为过于自信的过失犯罪。

（3）单位犯罪的混合罪过

①单位犯罪罪过的形成。大体上说，单位犯罪主观罪过的形成，有以下三种情况：第一，单位领导成员集体研究决定实施单位犯罪，这是单位犯罪主观罪过形成的最常见形式。第二，单位的法定代表人自行作出决定。法定代表人个人出于为法人牟取利益的目的，在单位可以行使的权限和经营的业务范围之内，作出的实施犯罪行为的决定，在没有被法人的领导决策机构明确否定的情况下，就是单位的犯罪决定。第三，单位的成员主要是单位的管理阶层的人员，为了单位的利益，作出的实施犯罪的决定和提议，不论是否付诸实施，只要经单位的法定代表人和单位的决策机构认可，就属于单位的罪过，不再是自然人的罪过。②单位犯罪罪过的转化。一种情况是，自然人的犯罪罪过向单位犯罪罪过的转化。当单位的法定代表人为了单位的利益作出实施单位犯罪的决定，这时这种意志还是个人罪过而非单位的罪过，只有当法人的决策机构或者有监督制约法定代表人权限的机构对单位的法定代表人的决定没有表示否定的意见时，这种意志方为单位的意志，不论这种犯罪意志是否付诸实施，都是单位意志。在实践中，某种犯罪意志一开始纯粹是个人的犯罪意志，如果单位的决策机构对这种行为是默认的，甚至是公开支持实施的，此时，个人的犯罪意志即转化为单位犯罪意志。另一种情况是，单位的罪过向自然人的罪过转化。例如，单位的决策机构决定由单位实施某

种犯罪行为，但在付诸实施的过程中，由于可以获得巨额暴利，其主管人员和直接责任人员假公济私，决定仅仅以单位的名义实施犯罪，实际上是牟利归己。这种貌似是单位犯罪实际上是个人犯罪，其原来的单位犯罪罪过进入实施贯彻阶段后，由于具体实施的人犯意转移而发生了质变，使单位犯罪的罪过变成了自然人犯罪的罪过。③单位犯罪的混合罪过。根据自然人罪过和单位罪过表现形式的不同，其混合性和复杂性有以下几种表现形式：第一，在单一的单位犯罪中，单位和自然人的罪过形式有以下几种情况：一是单位和自然人的罪过都是故意；二是单位和自然人的罪过都是过失；三是单位的罪过是故意，自然人的罪过形式有的是故意，有的是过失；四是单位的罪过是过失，而自然人有的罪过是故意，有的罪过是过失。第二，在两个以上的单位参与实施的单位犯罪中，单位的罪过形式有以下几种情况：一是单位的罪过形式都是故意；二是单位的罪过形式都是过失；三是有的单位的罪过形式是故意的，有的单位的罪过形式是过失。第三，在两个以上的单位参与实施的犯罪中，这种情况下的罪过，有的是共同罪过，有的不是共同罪过。当两个以上的单位共同密谋，策划实施走私活动或者进行金融诈骗活动时，这种罪过就是共同罪过，共同犯罪的单位都必须定相同的罪行；当参与实施犯罪的单位分别实施犯罪行为，事前和事中没有通谋，这种情况下的单位犯罪不是单位共同犯罪而是单位单独犯罪。定罪可能会出现下列情况：参与犯罪的单位可能定相同之罪，也可能定不同之罪；可能都定一罪，也可能都定数罪；可能一些单位定一罪，另一些单位定数罪。第四，在单位与自然人共同实施的犯罪中，罪过形式有以下几种情况：一是单位和自然人的罪过形式都是故意；二是单位和自然人的罪过形式都是过失；三是单位的罪过是故意，而自然人的罪过是过失；四是单位的罪过是过失，自然人的罪过是故意；等等。

7. 如何理解和认定单位犯罪行为的不作为问题？

本书观点：单位犯罪的行为也表现为作为和不作为两种形式，并且主要表现为作为的形式。有的单位犯罪还只能以作为的形式实施，不能以不作为的形式实施，或者只有在共同犯罪的情况下才可能出现不作为的情况。

单位犯罪行为的不作为，是指法人或者非法人单位，依法负有实施某种法定行为的义务，在有能力履行这种义务的情况下，故意不履行或疏于履行法定义务的行为。单位犯罪行为的不作为，有以下几个特征：（1）法人或者非法人单位负有实施某种法定行为的义务，这是成立单位不作为犯罪的前提；（2）法人或者非法人单位具有履行法定义务的能力和条件；（3）单位故意不履行或者疏于履行法定的义务；（4）不履行义务的行为造成了危害社会的后果。

8. 单位犯罪承担刑事责任的是实施了犯罪行为的单位这一整体，还是单位内部的全体成员？

本书观点：单位犯罪承担刑事责任的是实施了犯罪行为的单位这一整体，而非单位内部的全体成员。理由如下：

（1）单位意志不是各个成员意志的简单相加，而是单位内部成员在相互联系、相互作用、协调一致的条件下形成的意志。从形式上说，这种整体意志是以单位名义出现的，而不是以某个成员的名义出现的。当这种整体意志反映出来的是刑法上的故意与过失时，它就成为单位刑事责任的主观基础；这种整体意志决定了单位刑事责任的整体性。

（2）单位的行为不是单位内部某个成员的行为，也不是各个成员行为的简单相加，而是单位的整体意志支配下实施的整体行为。当单位整体意志支配下实施的行为是刑法所禁止的犯罪行为时，它就成为单位刑事责任的客观基础。这种整体行为决定了单位刑事责任的整体性。

总之，单位是一个系统整体，单位的意志是整体意志，单位的行为是整体行为，因此单位的刑事责任是单位整体的刑事责任，而不是单位内部各成员的刑事责任。换言之，追究单位刑事责任，是指追究单位这一整体的刑事责任，而不是追究单位内部全体成员的刑事责任。

9. 如何认定单位犯罪主体中直接负责的主管人员和其他直接责任人员？

本书观点：单位犯罪主体中直接负责的主管人员，既包括该主管人员，也包括单位的部门负责人；其他直接责任人员，是指除直接负责的主管人员以外的积极实施单位犯罪的人员。单位犯罪的直接负责主管人员主要是组织犯、指挥犯，单位犯罪的其他直接责任人员则主要是具体执行法人的意志，将单位的犯罪意志付诸实施的实行犯。

（1）作为犯罪单位中直接负责的主管人员和其他直接责任人员，首先应当是犯罪单位中的工作人员，非犯罪单位工作人员实施的行为，即使与单位犯罪有关，也不能认定为直接负责的主管人员或者其他直接责任人，只能认定为单位犯罪的共犯。

（2）单位犯罪主体中直接负责的主管人员，是单位实施犯罪中起决定、批准、授意、纵容、指挥等作用的人员，一般是单位的主管人员，但也包括单位的部门负责人。在一定的情况下，单位的部门负责人也可以成为单位犯罪的直接负责的主管人员。特别是实行形形色色的承包制以后，一个部门往往也有独立开展工作或经营的权力，一个部门要干什么，不干什么，可能是部门的负责人说了算，而不是单位的法定代表人说了算。又由于部门也有自己独立的经济利益，在一定情况下与单位的整体利益可能还会产生冲突，所以，有的部门负责人就可能背着单位，实施违法犯罪行为。所以，部门负责人不仅可以是单位犯罪的直接责任人员，在独立决定或者与单位的负责人共谋实施单位犯罪时，也可以成为单位犯罪的直接负责的主管人员。

需要明确的是，直接负责的主管人员，应当是犯罪单位决策机构的成员，但不能将犯罪单位中决策机构的所有成员都认定为直接负责的主管人员。对于没有参加实施单位犯罪决策的成员或者虽然参加了实施单位犯罪的决策会议，但明确表示反对意见，只是因为少数意见未被采纳的决策机关成员，不应认定为直接负责的主管人员。同时，单位的法定代表人不必然是直接负责的主管人员。由单位法定代表人直接决定或者最后拍板实施的单位犯罪，法定代表人当然是直接负责的主管人员，但对于根据单位内部管理规定，对单位领导人员的职责进行了明确分工，由分管领导实施的单位犯罪，单位的法定代表人虽然负有疏于监督、管理责任，但不应认定为直接负责的主管人员。

（3）单位犯罪主体中的其他直接责任人员，是指除直接负责的主管人员以外的积极实施单位犯罪的人员。构成单位犯罪的其他直接责任人员，需要具备如下条件：

第一，单位犯罪的其他直接责任人员必须是法人或者非法人单位内部的人员，如果实施单位犯罪的自然人不是单位内部的人员，而是单位外部的人员，这种犯罪属于单位和自然人共同犯罪，对于自然人，应当按照个人犯罪处罚，不能按照其他直接责任人员处罚。单位内部的人员，既可以是单位的经营管理人员，也可以是单位的职工，包括聘任、雇佣的人员。

第二，单位犯罪的其他直接责任人员必须是亲自实施了单位犯罪行为的人员。没有亲自实施单位犯罪的人员，不可能成为单位犯罪的其他直接责任人员。

第三，单位犯罪的其他直接责任人员，必须对所实施的单位故意犯罪是明知的，即明知自己实施的是单位犯罪，如果自然人不知道自己执行的是单位的犯罪意志，对自然人来说，就不应按照直接责任人员定罪。

第四，单位犯罪的其他直接责任人员，必须是在单位犯罪的实行过程中起重要作用的人员。包括在实行单位犯罪的过程中起组织、指挥作用，而不是在决定单位犯罪的过程中起组织、指挥作用。这里的其他重要作用，主要是指单位犯罪的骨干分子和积极分子，对单位犯罪的实行和完成，起到突出的作用。对于虽然参与单位犯罪的实行，但是没起重要作用的自然人，不宜认定为单位犯罪的直接责任人员。

在司法实践中，对于直接责任人员的认定，应当持慎重态度，不能打击面过宽。从立法精神看，对单位犯罪的惩罚，主要应当落实到对单位主体的惩罚上，而不是对自然人主体的惩罚上。

10. **单位实施刑法未规定单位犯罪的行为的如何处理？**

单位实施刑法没有规定单位应当负刑事责任的犯罪行为，如何处理？例如，单位实施贷款诈骗行为的，该如何处理？是以贷款诈骗罪处理，还是以合同诈骗罪处理，抑或是以无罪处理？传统观点认为，根据《刑法》第三十条和第一百九十三条的规定，单位不能构成贷款诈骗罪的犯罪主体。因此，对于单位实施的贷款诈骗行为，不能以贷款诈骗罪定罪处罚。但是，在司法实践中，对于单位十分明显地以非法占有为目的，利用签订、履行借款合同诈骗银行或其他金融机构贷款，符合《刑法》第二百二十四条规定的合同诈骗罪构成要件的，有的却以合同诈骗罪定罪处罚。

本书观点：对单位实施刑法没有规定单位应当负刑事责任的犯罪行为，根据罪刑法定原则和有关立法解释和司法解释的规定办理。

（1）对单位而言，要坚持罪刑法定原则。法律没有规定为单位犯罪的，对单位本身，无论什么原因，都不能追究单位的刑事责任。因为，对于单位以谋取经济利益为目的组织实施的图利性危害社会行为，是否需要通过刑罚干预，立法机关已在刑法分则中予以明确，如生产、销售伪劣商品，走私，扰乱市场秩序等。刑法分则没有规定单位盗窃、诈骗等其他图利性危害社会行为构成单位犯罪，不应是立法疏漏（即使是立法疏漏，不按照犯罪处理，也是罪刑法定原则的应有代价），而是由于这种危害社会行为通过民事、行政手段解决同样能达到保护公私财物的目的，不需要刑罚的特别干预。

（2）对单位直接负责的人员和其他直接责任人员，应当依照2014年4月

24 日第十二届全国人民代表大会常务委员会第八次会议通过的《全国人民代表大会常务委员会关于〈中华人民共和国刑法〉第三十条的解释》规定处理。该解释规定：公司、企业、事业单位、机关、团体等单位实施刑法规定的危害社会的行为，刑法分则和其他法律未规定追究单位的刑事责任的，对组织、策划、实施该危害社会行为的人依法追究刑事责任。

另外，根据《单位犯罪案件解释》第二条规定，个人为进行违法犯罪活动而设立的公司、企业、事业单位实施犯罪的，或者公司、企业、事业单位设立后，以实施犯罪为主要活动的，不以单位犯罪论处。也就是说，即使法律规定单位应当负刑事责任的，但上述情况不应单位犯罪论，只处罚实施犯罪行为的自然人。

根据《单位犯罪案件解释》第三条规定，盗用单位名义实施犯罪，违法所得由实施犯罪的个人私分的，依照刑法有关自然人犯罪的规定定罪处罚。

第三章　刑　罚

第一节　刑罚的种类

一、刑法规定

第三十二条　刑罚分为主刑和附加刑。

第三十三条　主刑的种类如下：

（一）管制；

（二）拘役；

（三）有期徒刑；

（四）无期徒刑；

（五）死刑。

第三十四条　附加刑的种类如下：

（一）罚金；

（二）剥夺政治权利；

（三）没收财产。

附加刑也可以独立适用。

第三十五条　对于犯罪的外国人，可以独立适用或者附加适用驱逐出境。

第三十六条　由于犯罪行为而使被害人遭受经济损失的，对犯罪分子除依法给予刑事处罚外，并应根据情况判处赔偿经济损失。

承担民事赔偿责任的犯罪分子，同时被判处罚金，其财产不足以全部支付的，或者被判处没收财产的，应当先承担对被害人的民事赔偿责任。

第三十七条 对于犯罪情节轻微不需要判处刑罚的，可以免予刑事处罚，但是可以根据案件的不同情况，予以训诫或者责令具结悔过、赔礼道歉、赔偿损失，或者由主管部门予以行政处罚或者行政处分。

第三十七条之一[①] 因利用职业便利实施犯罪，或者实施违背职业要求的特定义务的犯罪被判处刑罚的，人民法院可以根据犯罪情况和预防再犯罪的需要，禁止其自刑罚执行完毕之日或者假释之日起从事相关职业，期限为三年至五年。

被禁止从事相关职业的人违反人民法院依照前款规定作出的决定的，由公安机关依法给予处罚；情节严重的，依照本法第三百一十三条的规定定罪处罚。

其他法律、行政法规对其从事相关职业另有禁止或者限制性规定的，从其规定。

二、司法解释、司法文件

1. **最高人民法院、最高人民检察院、公安部、外交部、司法部、财政部关于强制外国人出境的执行办法的规定**（公发〔1992〕18，自1992年7月31日起施行）（节录）

一、适用范围

有下列情形之一需要强制出境的外国人，均按本规定执行：

（一）依据我国刑法的规定，由人民法院对犯罪的外国人判处独立适用或者附加适用驱逐出境刑罚的；

二、执行机关

执行和监视强制外国人出境的工作，由公安机关依据有关法律文书或者公文进行：

（一）对判处独立适用驱逐出境刑罚的外国人，人民法院应当自该判决生效之日起十五日内，将对该犯的刑事判决书、执行通知书的副本交付所在地省级公安机关，由省级公安机关指定的公安机关执行。

（二）被判处徒刑的外国人，其主刑执行期满后应执行驱逐出境附加刑

---

① 本条系《刑法修正案（九）》新增条款。

的，应在主刑刑期届满的一个月前，由原羁押监狱的主管部门将该犯的原判决书、执行通知书副本或者复印本送交所在地省级公安机关，由省级公安机关指定的公安机关执行。

2. **公安机关办理刑事案件程序规定**（公安部令第127号公布，2020年7月20日修正）（节录）

第三百七十一条 对判处独立适用驱逐出境刑罚的外国人，省级公安机关在收到人民法院的刑事判决书、执行通知书的副本后，应当指定该外国人所在地的设区的市一级公安机关执行。

被判处徒刑的外国人，主刑执行期满后应当执行驱逐出境附加刑的，省级公安机关在收到执行监狱的上级主管部门转交的刑事判决书、执行通知书副本或者复印件后，应当通知该外国人所在地的设区的市一级公安机关或者指定有关公安机关执行。

我国政府已按照国际条约或者《中华人民共和国外交特权与豁免条例》的规定，对实施犯罪，但享有外交或者领事特权和豁免权的外国人宣布为不受欢迎的人，或者不可接受并拒绝承认其外交或者领事人员身份，责令限期出境的人，无正当理由逾期不自动出境的，由公安部凭外交部公文指定该外国人所在地的省级公安机关负责执行或者监督执行。

三、典型或常见问题的审理思路

1. 因犯罪行为给被害人造成经济损失的，犯罪行为人如何承担民事责任？[①]

本书观点： 由于犯罪行为而使被害人遭受经济损失的，对犯罪分子除依法给予刑事处罚外，并应根据情况判处赔偿经济损失。理由如下：

（1）《刑法》第三十六条第一款规定："由于犯罪行为而使被害人遭受经济损失的，对犯罪分子除依法给予刑事处罚外，并应根据情况判处赔偿经济损失。"根据此规定，人民法院判处犯罪行为人赔偿经济损失的，必须具备两个条件：一是被害人的经济损失必须是被告人的犯罪行为造成的，经济损失

---

① 观点来源：本观点综合《刑法》第三十六条、侵权责任法有关条文及《最高人民法院关于适用〈中华人民共和国刑事诉讼法〉的解释》等司法解释综合而成。

与犯罪行为之间存在因果关系。二是适用的对象必须是依法被判处刑罚的犯罪分子。如果适用对象是依法免予刑事处罚的人，则不能适用赔偿经济损失。赔偿经济损失就其性质而言是属于一种民事强制处分，但它是犯罪行为引起的，是根据刑法产生的民事赔偿，因此，在处理这类案件时，要把本条规定与刑法分则有关条文的规定结合起来适用，按照刑事附带民事诉讼进行实体处理。既判处刑罚，又判处赔偿经济损失，以补偿由于犯罪分子的行为给被害人造成的物质损失。

（2）正确理解和认定被害人的经济损失。根据《最高人民法院关于适用〈中华人民共和国刑事诉讼法〉的解释》（法释〔2021〕1 号，自 2021 年 3 月 1 日起施行）第一百九十二条规定：对附带民事诉讼作出判决，应当根据犯罪行为造成的物质损失，结合案件具体情况，确定被告人应当赔偿的数额。犯罪行为造成被害人人身损害的，应当赔偿医疗费、护理费、交通费等为治疗和康复支付的合理费用，以及因误工减少的收入。造成被害人残疾的，还应当赔偿残疾生活辅助器具费等费用；造成被害人死亡的，还应当赔偿丧葬费等费用。驾驶机动车致人伤亡或者造成公私财产重大损失，构成犯罪的，依照《道路交通安全法》第七十六条的规定确定赔偿责任。附带民事诉讼当事人就民事赔偿问题达成调解、和解协议的，赔偿范围、数额不受第二款、第三款规定的限制。

之所以对被判处刑罚的被告人不判处其赔偿被害人及其家属的精神损失，与判处刑罚的功能有关。刑罚除了限制、消灭罪犯再犯条件的功能、改造功能、感化功能以及对社会的威慑功能、教育功能、鼓励功能等外，还有一个很重要的功能，就是对被害人及其家属的功能。该功能表现在：通过对犯罪人予以刑罚处罚，在一定程度上满足被害人及其家属要求惩罚犯罪的强烈愿望，平息他们因受到犯罪侵害而产生的激愤情绪，抚慰其受到的精神创伤，从而防止他们对犯罪人实施私人报复，避免酿成新的犯罪。这样，不仅使被害人及其家属心理上感到慰藉，精神上得到补偿，并且有助于打消他们私自复仇的念头，避免发生新的犯罪。

（3）坚持赔偿优先原则。对由于犯罪行为使被害人遭受经济损失的，犯罪分子应承担民事赔偿责任，即赔偿对方经济损失。也就是说，我国实行民事赔偿责任优先，行政责任次之，刑事责任最后。在犯罪分子承担民事赔偿责任的同时，被判处罚金，而其财产不足以全部支付，或者被判处没收财产的，应当先承担民事赔偿责任。

（4）根据侵权责任法的有关规定，在两种情况下，行为人可不承担民事赔偿责任。第一，因正当防卫造成损害的，不承担责任。正当防卫超过必要的限度，造成不应有的损害的，正当防卫人应当承担适当的责任。第二，因紧急避险造成损害的，由引起险情发生的人承担责任。如果危险是由自然原因引起的，紧急避险人不承担责任或者给予适当补偿。紧急避险采取措施不当或者超过必要限度，造成不应有的损害的，紧急避险人应当承担适当的责任。

2. 如何正确理解和适用刑法关于禁止从事相关职业的预防性措施?①

本书观点：《刑法修正案（九）》增加了禁止从事相关职业的预防性措施的规定。主要考虑是：实践中，有一些犯罪分子利用职业之便实施犯罪，或者实施违背职业要求的特定义务的犯罪，在刑罚执行完毕或者假释之后，又继续从事原来的职业或者相关的职业，对公共利益或者社会秩序构成了一定的危险。如从事食品生产、加工、销售的人，实施了生产、销售有毒、有害食品犯罪被追究刑事责任的，在刑罚执行完毕或者假释后重操旧业，继续从事食品行业工作，给人民群众的生命、身体健康造成危险，影响人民群众的安全。为有效预防这些人再次犯罪，保护公共利益和社会秩序，针对一些特定职业，对这些人规定一定的“安全期”，禁止其在一定期限内从事相关职业是必要的。

（1）《刑法》第三十七条之一第一款是关于禁止从事相关职业的预防性措施的适用对象、程序和期限的规定。禁止从事相关职业的预防性措施或者称为从业禁止，是指人民法院对于实施特定犯罪被判处刑罚的人，依法禁止其在一定期限内从事相关职业以预防其再犯罪的法律措施。这种措施，是刑法从预防再犯罪的角度针对已被定罪判刑的人规定的一种预防性措施，不是新增加的刑罚各类。

第一，关于禁止相关职业的预防性措施的适用对象。禁止从事相关职业的预防性措施适用于利用职业便利实施犯罪或者实施违背职业要求的特定义务的犯罪被判处刑罚的罪犯。利用职业便利实施犯罪，是指利用自己从事该

① 观点来源：全国人大常委会法制工作委员会刑法室编著：《中华人民共和国刑法修正案（九）解读》，中国法制出版社 2015 年版，第 1－5 页。

职业形成的管理、经手、权力、地位等便利条件实施犯罪，如犯罪分子利用职业便利实施的职务侵占罪等，从事证券业、银行业、保险业等人员利用职业便利实施妨害公司、企业管理秩序，破坏金融管理秩序罪等。实施违背职业要求的特定义务的犯罪，是指违背一些特定行业、领域有关特定义务的要求，违背职业道德、职业信誉所实施的犯罪。如从事食品行业的人实施生产、销售不符合食品安全标准的食品罪，生产、销售有毒、有害食品罪；从事工程建设施工、特种安全设备生产的人违背特定的义务要求实施重大安全事故罪、责任事故罪；从事化学品生产、销售、运输或者储存的人违背有关要求实施有关环境污染事故罪、安全生产事故罪等。利用职业便利实施犯罪和实施违背职业要求的特定义务的犯罪两者之间，在范围上可能有相互覆盖、相互交叉的地方。被判处刑罚，包括被判处主刑和附加刑，单处罚金或者独立适用剥夺政治权利的，亦属于“被判处刑罚。”对于依照《刑法》第三十七条规定予以定罪，但免予刑事处罚的犯罪分子，不适用从业禁止的规定。

第二，关于禁止从事相关职业的预防性措施的适用程序。人民法院可以根据犯罪情况和预防再犯罪的需要，对犯罪分子决定适用从业禁止。这里的“可以”，是指对于因利用职业便利实施犯罪或者实施违背职业要求的特定义务的犯罪被判处刑罚的人，不是一律都要予以从业禁止，而是根据犯罪情况和预防再犯罪的需要，具体决定是否适用从业禁止。“根据犯罪情况和预防再犯罪的需要”，主要是指根据犯罪的性质、情节、社会危害程度和造成的社会影响，以及犯罪分子的主观恶性、再次犯罪的可能性确定，对于故意实施犯罪恶性较大，犯罪情节恶劣，不适用从业禁止可能严重影响人民群众安全感，难以预防其再次犯罪的，适用从业禁止的预防性措施。对于主观恶性较小、犯罪情节较轻、再犯罪可能性较小的，也可以不适用从业禁止的预防性措施。从业禁止应当在判决中同时确定，从业禁止的具体内容和时间应当体现在判决中，具有强制性的法律效力，被禁止从事相关职业的人必须遵守。

第三，关于禁止从事相关职业的期限。从业禁止的预防性措施，其起始时间是自刑罚执行完毕或者假释之日起。从业禁止的效力当然适用于刑罚执行期间。对于被判处有期徒刑、无期徒刑被假释的犯罪分子，从业禁止从假释之日起计算。从业禁止的期限是三年至五年。人民法院可以根据犯罪情况和预防再犯罪的需要，在三年和五年之间，酌情确定从业禁止的具体期限。

（2）《刑法》第三十七条之一第二款是关于禁止从事相关职业的预防性

措施的法律后果的规定。为保证禁止从事相关职业的预防性措施的规定在实际执行中能够落实到位，该款从两个方面规定了违反从业禁止决定的法律后果。一是被禁止从事相关职业的人违反人民法院依法作出的从业禁止的决定的，由公安机关依法给予处罚。这种情形，主要是针对违反人民法院作出的从业禁止决定，但情节比较轻微，尚不构成犯罪的。二是情节严重的，依照《刑法》第三百一十三条的规定，以拒不执行判决、裁定罪定罪处罚。这里的"情节严重"，主要是指违反从业禁止决定受到行政处罚又违反的，或者违反从业禁止决定且在从业过程中又有违法行为的等情形。

（3）关于其他法律、行政法规对从事相关职业另有禁止或者限制性规定时如何处理的问题。我国现行有20多部法律和有关法律问题的决定对受过刑事处罚人员有从事相关职业的禁止性或者限制性规定，包括规定禁止或者限制担任一定公职，禁止或者限制从事特定职业，以及禁止或者限制从事特定活动等。这些其他法律、行政法规规定的禁止或者限制从事相关职业、活动，都属于行政性的预防性措施，与《刑法》第三十七条之一的从业禁止在适用条件、禁止期限等方面存在一定差异。根据所禁止的内容不同，可以大致分为三类：(1）禁止担任一定公职。公务员、警察、检察官、法官、驻外外交人员等特定公职均禁止受过刑事处罚的人员担任。例如，《公务员法》第二十六条规定："下列人员不得录用为公务员：（一）因犯罪受过刑事处罚的；（二）被开除中国共产党党籍的；（三）被开除公职的；（四）被依法列为失信联合惩戒对象的；（五）有法律规定不得录用为公务员的其他情形的。"(2）禁止从事特定职业。教师、律师、拍卖师、公证员、会计执业人员、执业医师等特定职业禁止或者限制受过刑事处罚的人员从事。例如，《教师法》第十四条规定："受到剥夺政治权利或者故意犯罪受到有期徒刑以上刑事处罚的，不能取得教师资格；已经取得教师资格的，丧失教师资格。"(3）禁止从事特定活动。例如，《道路交通安全法》第一百零一条规定："违反道路交通安全法律、法规的规定，发生重大交通事故，构成犯罪的，依法追究刑事责任，并由公安机关交通管理部门吊销机动车驾驶证。造成交通事故后逃逸的，由公安机关交通管理部门吊销机动车驾驶证，且终生不得重新取得机动车驾驶证。"因此，其他法律、行政法规对从事相关职业已有禁止或者限制性规定的，不应再适用从业禁止措施，而应依照有关法律、行政法规的规定由相关部门作出处理，如开除公职，或者取消从事特定职业或者特定活动的资格。

根据《刑法》第三十七条之一的规定，其他法律、行政法规对从事相关职业另有禁止或者限制性规定的，从其规定，即依照这些法律、行政法规的规定处理。

3. **未成年人犯罪，法定刑为三年以上有期徒刑的，是否可以适用免予刑事处罚？**①

本书观点：《最高人民法院关于审理未成年人刑事案件具体应用法律若干问题的解释》（以下简称《未成年人犯罪解释》）第十七条的规定并未涵括所有免予刑事处罚的情形，也未禁止对犯法定刑为三年以上有期徒刑之罪的未成年被告人免予刑事处罚。

《未成年人犯罪解释》第十七条规定："未成年罪犯根据其所犯罪行，可能被判处拘役、三年以下有期徒刑，如果悔罪表现好，并具有下列情形之一的，应当依照刑法第三十七条的规定免予刑事处罚：（一）系又聋又哑的人或者盲人；（二）防卫过当或者避险过当；（三）犯罪预备、中止或者未遂；（四）共同犯罪中从犯、胁从犯；（五）犯罪后自首或者有立功表现；（六）其他犯罪情节轻微不需要判处刑罚的。"据此，对符合《未成年人犯罪解释》第十七条所规定条件的未成年被告人，不是"可以"而是"应当"免予刑事处罚。但是，被告人所犯罪行的法定最低刑三年有期徒刑如抢劫罪，对于此类犯法定刑三年以上有期徒刑犯罪的未成年被告人，能否适用免予刑事处罚？同时，《未成年人犯罪解释》第十七条的规定存在从宽处罚情节竞合情况，在判断是否对被告人适用免予刑事处罚时，应当如何运用、考量这些情节，才能避免重复评价？现对这些问题分析如下：

（1）《未成年人犯罪解释》第十七条的规定并未涵括所有免予刑事处罚的情形，也未禁止对犯法定刑为三年以上有期徒刑之罪的未成年被告人免予刑事处罚。

首先，《未成年人犯罪解释》第十七条是对《刑法》第三十七条规定的免予刑事处罚条件的一种具体化，但并未涵括所有可能免予刑事处罚的情形。《刑法》第三十七条规定，对犯罪情节轻微不需要判处刑罚的，可以免予刑事处罚。这是对于免予刑事处罚的原则性规定，与之对应的是刑法总则和分则

---

① 观点来源：最高人民法院刑事审判第一、二、三、四、五庭主办：《中国刑事审判指导案例》（刑法总则）（增订第3版），法律出版社2017年版，第246－250页，李某伟、史某东抢劫案。

中一些关于免予刑事处罚的具体规定，如又聋又哑的人或者盲人犯罪，防卫过当，避险过当，犯罪预备或者中止，共同犯罪中的从犯或者胁从犯，自首或者重大立功，非法种植毒品原植物但在收获前自动铲除，行贿人在被追诉前主动交代行贿行为的，均可能免予刑事处罚。但不论基于哪种理由免予刑事处罚，都应当符合《刑法》第三十七条的一般规定，即属于“犯罪情节轻微不需要判处刑罚的”。《未成年人犯罪解释》第十七条是就未成年人犯罪问题对《刑法》第三十七条免予刑事处罚条件的具体化，之所以采取列举式方法作出如此具体的规定，并要求对符合这些条件的未成年被告人“应当”免予刑事处罚，就是为了充分贯彻“教育为主，惩罚为辅”的原则，并尽可能地增强审判中的可操作性，避免因自由裁量不当而对部分应免予刑事处罚的未成年被告人判处了刑罚。正因为规定的是“应当”免予刑事处罚的条件，所以《未成年人犯罪解释》起草时结合司法经验使用了较为严密的文字表述，以确保“应当”免予刑事处罚的都是“犯罪情节轻微”的未成年被告人。这样，该条文也就不可能把所有可能免予刑事处罚的情形都涵括进来，因此《未成年人犯罪解释》第十七条第（六）项还规定了兜底条款，以涵括对于司法实践中出现的其他可免予刑事处罚的情形。

其次，“可能被判处拘役、三年以下有期徒刑”是指宣告刑而非法定刑，也就是说法定刑为三年有期徒刑以上时，也存在免予刑事处罚的余地。对《未成年人犯罪解释》第十七条规定的刑罚条件，有人认为是指法定刑而非宣告刑，故免予刑事处罚仅适用于法定刑为三年以下有期徒刑的案件。我们认为，这里规定的刑罚条件是指宣告刑而不是法定刑，即审判机关根据被告人犯罪的事实、性质、情节及对社会的危害程度，依法对被告人可能判处的刑罚。理由在于：①《未成年人犯罪解释》第十七条明确使用了“可能被判处……”的表述，按照文义解释方法，显然是指宣告刑而不是法定刑；如果是指法定刑，则应当通过文字来直接表明。例如，《刑法》第八十七条关于时效的规定，明确使用了“法定最高刑”的表述，故不可能被认为是宣告刑；《刑法》第七十二条关于缓刑的适用条件明确使用了“被判处”的表述，所指则是宣告刑而不可能是法定刑。②《未成年人犯罪解释》第十七条不可能把法定刑为三年以上有期徒刑的犯罪排除在可适用免予刑事处罚的范围之外。因为被告人的犯罪情节是否轻微，虽然主要但并不完全是由法定刑的高低来决定的，对于犯法定刑为三年以上有期徒刑的犯罪，根据具体案情也完全可能属于犯罪情节轻微。同时，刑法第三十七条并没有以法定刑作为适用免予刑事处罚的条件，因此《未成年人犯罪解释》第十七条也不可能僭越立法权来不当缩小免予刑事处罚的适用范围。可见，被告人所犯抢劫罪的法定刑虽为有期徒刑三年以上，也可以根据具体案情决定是否适用免予刑事处罚。

（2）在适用《未成年人犯罪解释》第十七条决定是否免予刑事处罚时，要全面、有序地衡量各种从宽处罚情节，避免重复评价。

根据《未成年人犯罪解释》第十七条规定，对未成年人犯罪“应当”免予刑事处罚的，要同时符合三项条件：①可能被判处三年以下有期徒刑或者拘役；②悔罪表现好；③具有六项从宽处罚情节之一。

据此，在判断对被告人能否适用免予刑事处罚时，裁量过程具有很强的顺序性和逻辑性，不能笼统地同时运用各种情节“估推”出结论，否则就会出现对某一情节重复评价的现象。我们认为，对于未成年人免予刑事处罚的适用，可以分为以下三个步骤来权衡决定。

第一，以所犯罪行本身为基础判断对被告人可能适用的刑罚，也就是按照《刑法》第六十一条规定的量刑基准（犯罪的事实、犯罪的性质、情节和对于社会的危害程度）来量定刑罚。然后依据《刑法》第十七条第三款的规定，考察可否对被告人减轻处罚，即判处三年以下有期徒刑。

第二，衡量悔罪表现的作用。一般认为，悔罪表现属于酌定从轻处罚情节，但对于适用缓刑而言，则是法定的必备条件。免予刑事处罚是比适用缓刑更宽大的处理方法，故自然要求被告人有更好的悔罪表现。对于“悔罪表现好”的具体含义，《未成年人犯罪解释》没有作出规定，通常认为是指到案后如实交代所犯罪行，向被害人真诚表达歉意，积极退赃，积极赔偿被害人的经济损失等。悔罪表现的有无与好坏直接反映被告人人身危险性的大小，对法官决定刑罚量及其执行方式具有重要影响，故应当认真审查，严格把关。对于仅在庭审时简单地口头表示悔意，但有条件退赔而不退赔的，不能认定为悔罪表现好。对具有好的悔罪表现，符合《刑法》第七十二条规定的缓刑条件的“应当”宣告缓刑。

第三，对于具有《未成年人犯罪解释》第十七条所列六项从宽处罚情节之一的被告人，应适用免予刑事处罚。对于符合适用缓刑条件的被告人是否进一步适用免予刑事处罚，关键看其是否具有《未成年人犯罪解释》第十七条所列六项从宽处罚情节之一。在这六项从宽情节中，前五项属于刑法明确规定可能免予刑事处罚的情节，而第（六）项则属于兜底规定，以涵括前五项之外的其他可能免予刑事处罚的情节。

比如，被告人具有自首情节，到案后又协助公安机关抓获了同案犯构成立功。《未成年人犯罪解释》第十七条第（五）项规定，被告人在符合其他条件的情况下，并具有自首或者立功表现之一的，均“应当”适用免予刑事处罚。举重以明轻，被告人同时具有自首和立功表现，当然比具有自首或者立功表现之一更能证明应当对其适用免予刑事处罚。

4. 对被判处无期徒刑的外国籍被告人，可否减刑时一并附加驱逐出境？①

本书观点：驱逐出境是将犯罪的外国人或无国籍人，逐出我国边境的刑罚方法。驱逐出境只对于犯罪的外国人或无国籍人适用。这里，外国人包括具有外国国籍的人和无国籍的人。具有外国国籍的人，是指具有某一国家国籍的人；无国籍的人，是指不具有任何一个国家国籍的人。驱逐出境既可以独立适用，也可附加于主刑之后适用。如果作为附加于主刑之后附加适用的，要等主刑执行完毕，才能执行驱逐出境。

驱逐出境有以下特征：

（1）驱逐出境只对犯罪的外国人适用，不具有普遍适用的性质。因此，我国的一般刑种体系未包括驱逐出境。根据刑法规定，外国人在我国境内犯罪，除享有外交特权和豁免权的通过外交途径解决外，一律适用刑法。除管制和剥夺政治权利外，其他刑罚对他们同样适用。如果人民法院认为某个犯罪的外国人，继续在我国境内居住有害于我们国家和人民的利益时，可以判处驱逐出境，以消除在我国境内再犯罪的可能性。

（2）驱逐出境可以独立适用，也可以附加适用，它实际上起着附加刑的作用。凡独立适用驱逐出境的，在判决确定后执行；附加适用的，在主刑执行期满后执行。

（3）驱逐出境的适用，是“可以”，而不是“应当”。这就是说，对犯罪的外国人不是一律要适用驱逐出境，而是根据犯罪分子的犯罪性质、情节、本人情况，考虑到我国与其所属国之间的关系和国际斗争的形势，由人民法院具体确定是否适用。

---

① 观点来源：北京市第一中级人民法院（2009）一中刑初字第2228号；北京市高级人民法院（2010）高刑终字第42号，林某卫诈骗案。

对于外国籍被告人而言，无期徒刑是剥夺其终身自由并且由我国监狱执行的刑罚，不存在将其驱逐出境的问题。对于被判处无期徒刑的外国籍被告人可在减刑时一并附加驱逐出境。

四、疑难、复杂问题的参考性解答

1. 人民法院判处被告人赔偿经济损失和责令赔偿经济损失如何区别？

本书观点：赔偿经济损失，是指人民法院依法对犯罪分子判处刑罚的同时，根据犯罪行为给被害人造成的经济损失的大小，酌情判处他向被害人赔偿一定数额的金钱的处理方法。

责令赔偿损失，是指法院对犯罪情节轻微不需要判处刑罚的犯罪分子，在免除其刑事处罚的同时，根据其犯罪行为对被害人造成的经济损失情况，责令其向被害人支付一定数额的金钱，以赔偿被害人的经济损失的处理方法。

这两种方法都是刑事附带民事的强制处分，是令犯罪人给被害人所造成的经济损失以一定赔偿的处理方法。前者适用于被判处刑罚的犯罪分子，后者适用于犯罪情节轻微，不需要判处刑罚而免予刑事处罚的犯罪分子。判处赔偿经济损失的，必须是被害人的经济损失与犯罪行为存在因果关系，并且行为人必须被判处刑罚。如果承担民事赔偿责任的犯罪分子，同时被判处罚金，其财产不足以全部支付的，或者被判处没收财产的，应当先承担对被害人的民事赔偿责任。这是《刑法》第三十六条所确立的民事赔偿优先的原则，即在刑事责任、民事责任竞合而且犯罪分子的财产不足以全部支付的情况下，民事赔偿优先。

2. 被告人被人民法院判决有罪，但免予刑事处罚的，可否判决附加罚金刑？

分歧意见：第一种意见认为，罚金刑虽属附加刑，但也是刑罚的一种，既然对被告人免予刑事处罚，就不能再适用罚金刑。

第二种意见认为，罚金刑是某些犯罪如抢劫罪必须并处的附加刑，免予刑事处罚仅指免予主刑的处罚，仍可适用罚金刑。

本书观点：对刑事案件被告人决定免予刑事处罚，其前提是该罪犯的犯罪情节轻微，不需要判处刑罚。而罚金刑是我国刑法总则规定的一种附加刑。因此，如果根据案件的具体情况决定对被告人适用免予刑事处罚的，就不应不规则对其判处罚金刑罚。

第二节　管　制

一、刑法规定

第三十八条　管制的期限，为三个月以上二年以下。[①]

判处管制，可以根据犯罪情况，同时禁止犯罪分子在执行期间从事特定活动，进入特定区域、场所，接触特定的人。

对判处管制的犯罪分子，依法实行社区矫正。

违反第二款规定的禁止令的，由公安机关依照《中华人民共和国治安管理处罚法》的规定处罚。

第三十九条　被判处管制的犯罪分子，在执行期间，应当遵守下列规定：

（一）遵守法律、行政法规，服从监督；

（二）未经执行机关批准，不得行使言论、出版、集会、结社、游行、示威自由的权利；

（三）按照执行机关规定报告自己的活动情况；

（四）遵守执行机关关于会客的规定；

（五）离开所居住的市、县或者迁居，应当报经执行机关批准。

对于被判处管制的犯罪分子，在劳动中应当同工同酬。

第四十条　被判处管制的犯罪分子，管制期满，执行机关应即向本人和其所在单位或者居住地的群众宣布解除管制。

第四十一条　管制的刑期，从判决执行之日起计算；判决执行以前先行羁押的，羁押一日折抵刑期二日。

---

① 本条第二款、第三款、第四款为《刑法修正案（八）》新增、修正条款。

二、司法解释及其权威解读

最高人民法院、最高人民检察院、公安部、司法部关于对判处管制、宣告缓刑的犯罪分子适用禁止令有关问题的规定（试行）（法发〔2011〕9号，自2011年5月1日起施行）

为正确适用《中华人民共和国刑法修正案（八）》，确保管制和缓刑的执行效果，根据刑法和刑事诉讼法的有关规定，现就判处管制、宣告缓刑的犯罪分子适用禁止令的有关问题规定如下：

第一条 对判处管制、宣告缓刑的犯罪分子，人民法院根据犯罪情况，认为从促进犯罪分子教育矫正、有效维护社会秩序的需要出发，确有必要禁止其在管制执行期间、缓刑考验期限内从事特定活动，进入特定区域、场所，接触特定人的，可以根据刑法第三十八条第二款、第七十二条第二款的规定，同时宣告禁止令。

第二条 人民法院宣告禁止令，应当根据犯罪分子的犯罪原因、犯罪性质、犯罪手段、犯罪后的悔罪表现、个人一贯表现等情况，充分考虑与犯罪分子所犯罪行的关联程度，有针对性地决定禁止其在管制执行期间、缓刑考验期限内“从事特定活动，进入特定区域、场所，接触特定的人”的一项或者几项内容。

第三条 人民法院可以根据犯罪情况，禁止判处管制、宣告缓刑的犯罪分子在管制执行期间、缓刑考验期限内从事以下一项或者几项活动：

（一）个人为进行违法犯罪活动而设立公司、企业、事业单位或者在设立公司、企业、事业单位后以实施犯罪为主要活动的，禁止设立公司、企业、事业单位；

（二）实施证券犯罪、贷款犯罪、票据犯罪、信用卡犯罪等金融犯罪的，禁止从事证券交易、申领贷款、使用票据或者申领、使用信用卡等金融活动；

（三）利用从事特定生产经营活动实施犯罪的，禁止从事相关生产经营活动；

（四）附带民事赔偿义务未履行完毕，违法所得未追缴、退赔到位，或者罚金尚未足额缴纳的，禁止从事高消费活动；

（五）其他确有必要禁止从事的活动。

第四条 人民法院可以根据犯罪情况，禁止判处管制、宣告缓刑的犯罪分子在管制执行期间、缓刑考验期限内进入以下一类或者几类区域、场所：

（一）禁止进入夜总会、酒吧、迪厅、网吧等娱乐场所；

（二）未经执行机关批准，禁止进入举办大型群众性活动的场所；

（三）禁止进入中小学校区、幼儿园园区及周边地区，确因本人就学、居住等原因，经执行机关批准的除外；

（四）其他确有必要禁止进入的区域、场所。

第五条 人民法院可以根据犯罪情况，禁止判处管制、宣告缓刑的犯罪分子在管制执行期间、缓刑考验期限内接触以下一类或者几类人员：

（一）未经对方同意，禁止接触被害人及其法定代理人、近亲属；

（二）未经对方同意，禁止接触证人及其法定代理人、近亲属；

（三）未经对方同意，禁止接触控告人、批评人、举报人及其法定代理人、近亲属；

（四）禁止接触同案犯；

（五）禁止接触其他可能遭受其侵害、滋扰的人或者可能诱发其再次危害社会的人。

第六条 禁止令的期限，既可以与管制执行、缓刑考验的期限相同，也可以短于管制执行、缓刑考验的期限，但判处管制的，禁止令的期限不得少于三个月，宣告缓刑的，禁止令的期限不得少于二个月。

判处管制的犯罪分子在判决执行以前先行羁押以致管制执行的期限少于三个月的，禁止令的期限不受前款规定的最短期限的限制。

禁止令的执行期限，从管制、缓刑执行之日起计算。

第七条 人民检察院在提起公诉时，对可能判处管制、宣告缓刑的被告人可以提出宣告禁止令的建议。当事人、辩护人、诉讼代理人可以就应否对被告人宣告禁止令提出意见，并说明理由。

公安机关在移送审查起诉时，可以根据犯罪嫌疑人涉嫌犯罪的情况，就应否宣告禁止令及宣告何种禁止令，向人民检察院提出意见。

第八条 人民法院对判处管制、宣告缓刑的被告人宣告禁止令的，应当在裁判文书主文部分单独作为一项予以宣告。

第九条 禁止令由司法行政机关指导管理的社区矫正机构负责执行。

第十条 人民检察院对社区矫正机构执行禁止令的活动实行监督。发现有违反法律规定的情况，应当通知社区矫正机构纠正。

第十一条 判处管制的犯罪分子违反禁止令，或者被宣告缓刑的犯罪分子违反禁止令尚不属情节严重的，由负责执行禁止令的社区矫正机构所在地的公安机关依照《中华人民共和国治安管理处罚法》第六十条的规定处罚。

第十二条 被宣告缓刑的犯罪分子违反禁止令，情节严重的，应当撤销缓刑，执行原判刑罚。原作出缓刑裁判的人民法院应当自收到当地社区矫正机构提出的撤销缓刑建议书之日起一个月内依法作出裁定。人民法院撤销缓刑的裁定一经作出，立即生效。

违反禁止令，具有下列情形之一的，应当认定为“情节严重”：

（一）三次以上违反禁止令的；

（二）因违反禁止令被治安管理处罚后，再次违反禁止令的；

（三）违反禁止令，发生较为严重危害后果的；

（四）其他情节严重的情形。

第十三条 被宣告禁止令的犯罪分子被依法减刑时，禁令的期限可以相应缩短，由人民法院在减刑裁定中确定新的禁止令期限。

权威解读

《关于对判处管制、宣告缓刑的犯罪分子适用禁止令有关问题的规定（试行）》的理解与适用

《刑法修正案（八）》新增了有关对判处管制、宣告缓刑的犯罪分子，人民法院可以根据犯罪情况，同时禁止其在管制执行期间、缓刑考验期限内“从事特定活动，进入特定区域、场所，接触特定的人”的规定。为确保禁止令这项新制度得到正确适用和执行，最高人民法院、最高人民检察院、公安部、司法部联合发布了《关于对判处管制、宣告缓刑的犯罪分子适用禁止令有关问题的规定（试行）》（以下简称《适用禁止令规定》），自2010年5月1日起施行。现就《适用禁止令规定》的制定背景、经过及主要内容介绍如下。

一、《适用禁止令规定》的制定背景及经过

为加强对管制犯、缓刑犯的监管，促进犯罪分子的教育矫正，同时有效保护被害人、证人等人员的安全，维护正常社会秩序，《刑法修正案（八）》新增了有关对管制犯、缓刑犯可以适用禁止令的规定。禁止令制度是我国刑罚制度的一个重要创新。依法正确适用禁止令，切实保障和强化管制、缓刑的适用效果，对于进一步切实贯彻宽严相济刑事政策，进一步充分发挥非监

禁性刑罚在避免交叉感染、节约司法资源等方面的积极、重要、独特功能，进一步推动社区矫正工作的深入开展，具有十分重要的意义。

由于立法的规定相对比较原则，为确保禁止令制度的正确适用、功能的充分发挥，早在《刑法修正案（八）》审议通过之前，最高人民法院就根据立法机关的要求，对禁止令的具体应用问题先行开展调研，并委托上海市第一中级人民法院草拟《适用禁止令规定（代拟稿）》。《刑法修正案（八）》通过后，经深入研究，在上海市第一中级人民法院代拟稿基础上起草出初稿。其后，经多次修改，并广泛征求了法学专家、中央有关部门的意见。根据反馈意见，反复研究，最终形成了送审稿，于2011年4月21日经最高人民法院审判委员会第1520次会议审议通过，并于4月下旬经最高人民检察院、公安部、司法部会签通过。

二、《适用禁止令规定》起草过程中的主要考虑

在《适用禁止令规定》起草过程中，特别考虑了如下两个问题：

《适用禁止令规定》的起草原则。考虑到禁止令系《刑法修正案（八）》增设的新制度，缺乏足够的立法背景资料和可资借鉴的司法经验，有关国外立法中的类似制度也规定得比较原则，《适用禁止令规定》的相关内容必然带有一定的探索性。因此，我们把《适用禁止令规定》定位为“试行”。在具体条款的起草中，一方面力求明确，尽可能把能够想到的、各方面认识比较一致的内容写出来，以切实发挥《适用禁止令规定》的指导作用；另一方面又力求稳妥，对一些一时把握不准、各方面认识分歧较大的问题，或者通过弹性条款予以解决，或者暂予回避。待试行一段时间后再作进一步的修改、完善。

禁止令的性质。从刑法的规定来看，禁止令不是一种新的刑罚，而是对管制犯、缓刑犯具体执行监管措施的革新。因此，《适用禁止令规定》未涉及禁止令的诉讼化条款。

三、《适用禁止令规定》的主要内容

《适用禁止令规定》共十三个条文，主要规定了如下几个方面的内容：一是关于宣告禁止令的条件和确定禁止令具体内容的原则方法，即在何种情况下可以对判处管制、宣告缓刑的犯罪分子宣告禁止令、具体宣告何种禁止令。二是禁止令的具体内容，即明确了禁止“从事特定活动”“进入特定区域、场所”“接触特定的人”的常见具体情形。三是禁止令的期限、裁量建议、裁判

文书、执行机关、执行监督、违反禁止令的法律后果、变更程序等相关问题。

（一）禁止令的宣告条件

《适用禁止令规定》第一条明确了禁止令的适用条件。根据《刑法》第三十八条第二款、第七十二条第二款的规定，对判处管制、宣告缓刑的犯罪分子，人民法院可以根据犯罪情况，同时作出禁止令，而不是一律必须宣告禁止令。为防止禁止令的不当适用，《适用禁止令规定》第一条对禁止令的适用条件作了进一步明确，规定对判处管制、宣告缓刑的犯罪分子，“人民法院根据犯罪情况，认为从促进犯罪分子教育矫正、有效维护社会秩序的需要出发，确有必要禁止其在管制执行期间、缓刑考验期限内从事特定活动，进入特定区域、场所，接触特定人的”，可以依法宣告禁止令。

适用中应注意，从立法精神来看，禁止令的主要目的在于强化对犯罪分子的有效监管，促进其教育矫正，防止其再次危害社会。因此，在斟酌是否宣告禁止令时，要根据对犯罪分子的犯罪情况和个人情况的综合分析，准确判断其有无再次危害社会的人身危险性，进而作出决定，而不能片面依据其所犯罪行客观危害的大小决定是否适用禁止令。

（二）禁止令内容的确定原则

《适用禁止令规定》第二条规定了禁止令具体内容的确定原则，规定人民法院宣告禁止令，应当根据犯罪分子的犯罪原因、犯罪性质、犯罪手段、犯罪后的悔罪表现、个人一贯表现等情况，充分考虑与犯罪分子所犯罪行的关联程度，有针对性地决定禁止其在管制执行期间、缓刑考验期限内“从事特定活动，进入特定区域、场所，接触特定的人”的一项或者几项内容。适用中应注意把握以下几点：

1. 禁止令应当具有针对性。应当根据犯罪分子的犯罪原因、犯罪性质、犯罪手段、犯罪后的悔罪表现、个人一贯表现等情况，充分考虑与犯罪分子所犯罪行的关联程度，有针对性地决定禁止令的具体内容。例如，如果犯罪分子是因长期在网吧上网，形成网瘾，进而走上犯罪道路的，可作出禁止其进入网吧的决定；如果犯罪分子是因为在夜总会、酒吧沾染恶习实施犯罪的，则可作出禁止其进入夜总会、酒吧的决定等。

2. 禁止令应当具有可行性。禁止令的内容必须具有可行性，不能根本无从执行，也不能过于妨碍犯罪分子的正常生活。例如，不能作出“禁止进入公共场所”的决定。

3. 对于有关法律、法规已经明确禁止的内容，不能再通过禁止令的形式予以禁止。例如，根据有关法律规定，任何人均不得吸食毒品，因此，不能作出“禁止吸食毒品”的禁止令；又如，相关法律已经规定，违反道路交通安全法律、法规的规定，发生重大交通事故，构成犯罪的，依法追究刑事责任，并由公安机关交通管理部门吊销机动车驾驶证。因此，对犯有相关罪行被判处管制、宣告缓刑的犯罪分子，也不能作出“禁止驾驶机动车”的禁止令。

（三）禁止“从事特定活动”“进入特定区域、场所”“接触特定的人”的具体理解

《适用禁止令规定》第三条对可禁止从事的“特定活动”作了明确规定：(1) 个人为进行违法犯罪活动而设立公司、企业、事业单位或者在设立单位后以实施犯罪为主要活动的，可禁止其设立公司、企业、事业单位。(2) 实施证券犯罪、贷款犯罪、票据犯罪、信用卡犯罪等金融犯罪的，禁止从事证券交易、申领贷款、使用票据或者申领、使用信用卡等金融活动。例如，因签发空头支票，犯票据诈骗罪被判处缓刑的，可以禁止使用票据。(3) 利用从事特定生产经营活动实施犯罪的，禁止从事相关生产经营活动。例如，因犯生产、销售不符合安全标准罪被判处缓刑的，可禁止从事食品生产经营活动。(4) 附带民事赔偿义务未履行完毕，违法所得未追缴、退赔到位，或者罚金尚未足额缴纳的犯罪分子，禁止其从事高消费活动。这有助于维护被害人的合法权益，维护裁判的权威性，同时也能敦促犯罪分子积极改造，悔过自新。(5) 其他确有必要禁止的活动。例如，犯罪分子是在酒后犯罪，且有酗酒习性的，可作出禁止其饮酒的决定等。

《适用禁止令规定》第四条对可禁止进入的“特定区域、场所”作了明确规定：(1) 考虑到组织、强迫、引诱、容留、介绍卖淫，制作、贩卖、传播淫秽物品，贩卖毒品，强奸，强制猥亵、侮辱妇女，赌博，组织、领导、参加黑社会性质组织等犯罪经常发生在娱乐场所，违法犯罪分子经常在娱乐场所从事吸食、注射毒品、卖淫、嫖娼等违法活动，一些青少年因经常出入娱乐场所沾染恶习或者形成酒瘾、毒瘾、网瘾而走上犯罪道路，将夜总会、酒吧、迪厅、网吧等娱乐场所列为可禁止进入的区域、场所。根据《娱乐场所管理条例》第二条的规定，具体而言，娱乐场所是指以营利为目的，并向公众开放、消费者自娱自乐的歌舞、游艺等场所。(2) 鉴于有的犯罪分子系

在举办大型群众性活动的场所实施寻衅滋事等犯罪，将举办大型群众性活动的场所列为可禁止进入的区域、场所之一，同时考虑到执行机关为促进犯罪分子教育矫正，亦可能组织管制犯、缓刑犯参加大型群众性活动，特别限定在“未经执行机关批准”的情形。根据《大型群众性活动安全管理条例》第二条的规定，大型群众性活动是指法人或者其他组织面向社会公众举办的每场次预计参加人数达到1000人以上的体育比赛、演唱会、音乐会等活动，但影剧院、音乐厅、公园、娱乐场所等在其日常业务范围内举办的活动除外。（3）鉴于有的犯罪分子在中小学校区、幼儿园园区及周边地区实施敲诈勒索、寻衅滋事等违法犯罪活动，将中小学校区、幼儿园园区及周边地区列为可禁止进入的区域、场所之一，但确因本人就学、居住等原因，经执行机关批准的除外。司法实践中，中小学校区、幼儿园园区的周边地区的范围应把握在中小学校区、幼儿园园区周围200米范围内。（4）其他确有必要禁止进入的区域、场所。

《适用禁止令规定》第五条对可禁止接触的“特定的人”作了明确，主要考虑了如下两类人员：（1）与原犯罪相关联，犯罪分子可能侵害、滋扰的人，包括被害人、证人、控告人、批评人、举报人以及上述人员的法定代理人、近亲属。考虑到在经被害人、证人、控告人、批评人、举报人等有关人员同意后，与其接触，一来并不违背有关人员的意愿，二来也可以给犯罪分子创造表达悔过、争取谅解的机会，有利于化解社会矛盾，修复社会关系，特别将相关禁止接触事项限定为“未经对方同意”的情形。本条规定中的“近亲属”，应根据刑事诉讼法的规定把握，即是指夫、妻、父、母、子、女、同胞兄弟姊妹。（2）可能对犯罪分子产生不良影响，诱发其再次犯罪的人员。考虑到犯罪分子接触同案犯，不利于教育矫正，实现特殊预防，将同案犯列为可禁止接触的对象。此外，还设置了兜底条款，规定可禁止接触“其他可能遭受其侵害、滋扰的人或者可能诱发其再次危害社会的人”。例如，因贩卖毒品、非法持有毒品被判处管制、缓刑的，可禁止其故意接触吸毒人群、有毒品犯罪前科的人；因盗窃被判处管制、缓刑的，可禁止其故意接触有抢劫、盗窃、诈骗、抢夺和掩饰、隐瞒犯罪所得、犯罪所得收益犯罪前科的人。

（四）禁止令的期限

《适用禁止令规定》第六条明确了禁止令的期限、例外规定、起止日期等问题。

禁止令的期限主要涉及如下两个方面的内容：（1）禁止令的期限与管制执行、缓期考验期限的关系问题。《刑法》第三十八条第二款、第七十二条第二款规定，对于管制犯、缓刑犯，可以同时禁止其在“执行期间”“缓刑考验期限内”从事特定活动，进入特定区域、场所，接触特定的人。据此，对禁止令的期限，有两种不同理解：一种意见认为，禁止令的期限应当与管制期间、缓刑考验期限相同；另一种意见则认为，禁止令的期限可以等于，也可以短于管制期间、缓刑考验期限。经研究认为，具体案件情况复杂，如有的案件中，犯罪人与被害人、证人等特定人员存在一定亲属关系，若规定禁止令的期限须一律与管制期间、缓刑考验期限相同，则意味着要在较长时间禁止犯罪人与相关人员的接触，可能并不利于双方关系的融合，不利于社会和谐。而采后一种意见，则更具灵活性，更能适应具体案件的复杂情况。故本条规定禁止令的期限既可以等于，也可以短于管制执行、缓刑考验的期限。因此，《适用禁止令规定》第六条第一款规定禁止令的期限，既可以与管制执行、缓刑考验的期限相同，也可以短于管制执行、缓刑考验的期限。（2）禁止令的最短期限问题。禁止令的期限如果过短，如仅为一天，一则会失去实际意义，二则也有损裁判的严肃性，故有必要为禁止令的期限设置底线。考虑到管制与缓刑的最短期限分别为三个月和两个月，参照该规定，《适用禁止令规定》将对管制犯、缓刑犯适用禁止令的最低期限分别限定为三个月、两个月。需要说明的是，虽然拘役的缓刑考验期最短为二个月，而有期徒刑的缓刑考验期最短为一年，但考虑到对有期徒刑缓刑犯也可能没有必要适用一年以上的禁止令，故对拘役缓刑犯和有期徒刑缓刑犯的禁止令期限不作区分，一律设置为两个月以上。

禁止令期限的例外规定。司法实践中可能存在管制犯判决执行以前先行羁押的刑期折抵引起的禁止令期限无法达到三个月的最短期限要求的现象。例如，判决执行以前先行羁押一个月，现被判处管制三个月，折抵后只需执行管制一个月，故禁止令最多只能执行一个月，这样就与第一款规定的“判处管制的，禁止令的期限不得少于三个月”形成冲突。因此，第二款专门规定，判处管制的犯罪分子在判决执行以前先行羁押以致管制执行的期限少于三个月的，适用禁止令不受前款规定的最短期限的限制。

禁止令的起止日期。考虑到禁止令属于管制、缓刑的执行监管措施，第三款明确规定适用禁止令，从管制、缓刑执行之日起计算。

（五）禁止令的宣告建议

《适用禁止令规定》第七条规定了人民检察院、公安机关、当事人、辩护人、诉讼代理人等主体对禁止令的宣告建议问题。明确了人民检察院在提起公诉时，对可能判处管制、宣告缓刑的被告人可以提出宣告禁止令的建议。当事人、辩护人、诉讼代理人可以就应否对被告人宣告禁止令提出意见，并说明理由。公安机关在移送审查起诉时，也可以根据犯罪嫌疑人涉嫌犯罪的情况，就应否宣告禁止令及宣告何种禁止令，向人民检察院提出意见。

（六）禁止令的裁判文书格式

《适用禁止令规定》第八条明确了禁止令适用的裁判文书格式问题。考虑到禁止令在性质上属于管制、缓刑的执行监管措施，《适用禁止令规定》第八条明确规定，宣告禁止令的，应当在裁判文书主文部分单独作为一项予以宣告。对此，要注意把握如下几点：

1. 宣告禁止令的，不能在裁判文书之外另行制作禁止令文书，而是应当作为裁判文书主文部分的单独一项内容，具体表述应采取以下方式：

“一、被告人×××犯××罪，判处……（写明主刑、附加刑）。（刑期从判决执行之日起计算。判决以前先行羁押的，羁押一日折抵刑期一日，即自××××年××月××日起至××××年××月××日止）。

“二、禁止被告人×××在×××（写明期限）内……（写明禁止从事的活动、进入的区域、场所、接触的人）（禁止令期限从判决生效之日起计算）。”

2. 宣告禁止令的，裁判文书应当引用相关法律和司法解释条文，并说明理由。

（七）禁止令的执行机关、执行监督机关

《适用禁止令规定》第九条、第十条分别明确了禁止令的执行机关、监督机关，规定禁止令由司法行政机关指导管理的社区矫正机构负责执行。人民检察院对社区矫正机构执行禁止令的活动实行监督。发现有违反法律规定的情况，应当通知社区矫正机构纠正。

（八）违反禁止令的法律后果

《适用禁止令规定》第十条、第十一条明确了违反禁止令的法律后果。

根据《刑法》第三十八条第四款的规定，被判处管制的犯罪分子违反禁止令的，由公安机关依照《治安管理处罚法》的规定处罚。根据《刑法》第七十七条第二款的规定，被宣告缓刑的犯罪分子，在缓刑考验期限内，违反人民法院判决中的禁止令，只有“情节严重的”，才应当撤销缓刑，执行原判刑罚。而《治安管理处罚法》第六十条规定，被依法执行管制、剥夺政治权利或者在缓刑、保外就医等监外执行中的罪犯或者被依法采取刑事强制措施的人，有违反法律、行政法规和国务院公安部门有关监督管理规定的行为，处5日以上10日以下拘留，并处200元以上500元以下罚款。故《适用禁止令规定》第十一条明确，对于判处管制的犯罪分子违反禁止令，或者被宣告缓刑的犯罪分子违反禁止令，尚未达到情节严重的，由负责执行禁止令的社区矫正机构所在地的公安机关依照《治安管理处罚法》第六十条的规定处罚。

根据《刑法》第七十七条第二款的规定，被宣告缓刑的犯罪分子，在缓刑考验期限内，违反人民法院判决中的禁止令，情节严重的，应当撤销缓刑，执行原判刑罚。因此，《适用禁止令规定》第十二条第一款规定：“被宣告缓刑的犯罪分子违反禁止令，情节严重的，应当撤销缓刑，执行原判刑罚。原作出缓刑裁判的人民法院应当自收到当地社区矫正机构提出的撤销缓刑建议书之日起一个月内依法作出裁定。人民法院撤销缓刑的裁定一经作出，立即生效。”第二款则明确了“情节严重”的认定标准：（1）三次以上违反禁止令，属于多次违反禁止令，应当认定为“情节严重”。（2）因违反禁止令被治安处罚后，犯罪分子仍不悔改，再次违反禁止令的，表明犯罪分子人身危险性较大，应当认定为“情节严重”。（3）违反禁止令，因而发生较为严重的危害后果，如致使被害人因受滋扰精神失常的，应当认定为“情节严重”。（4）考虑司法实践的情况较为复杂，规定了兜底条款。

（九）禁止令的期限缩短

《适用禁止令规定》第十三条规定了禁止令的期限缩短问题，规定被宣告禁止令的犯罪分子被依法减刑时，禁止令的期限可以相应缩短，由人民法院在减刑裁定中确定新的禁止令期限。

适用禁止令的犯罪分子被依法减刑时，对其相应缩短禁止令期限，主要考虑以下两方面：一方面，适用禁止令的犯罪分子被依法减刑，表明犯罪分子认真接受教育改造，确有悔改表现，或者有立功表现。相应地，对犯罪分子适用原定期限的禁止令不再有必要，应当相应缩短。另一方面，根据《适用禁止令规定》第七条的规定，禁止令的期限，既可以与管制执行、缓刑考验的期限相同，也可以短于管制执行、缓刑考验的期限。因此，适用禁止令的犯罪分子被依法减刑时，禁止令的期限也应相应缩短，以避免可能出现的禁止令的期限长于管制刑期、缓刑考验期的状况。

四、《适用禁止令规定》适用中应着重注意把握的问题

《刑法修正案（八）》对管制、缓刑、假释等非监禁刑制度作了重要完善，进一步明确了缓刑的适用条件，规定对不满十八周岁的人、怀孕的妇女和已满七十五周岁的人，符合条件的，应当宣告缓刑；新增了对判处管制、宣告缓刑的犯罪分子可宣告禁止令的制度；规定对管制犯、缓刑犯、假释犯依法实行社区矫正，体现了重视非监禁刑罚功能的充分发挥以及非监禁刑规范适用的立法精神。要深刻认识和把握这一精神，依法积极、稳妥地适用非监禁刑及相关的禁止令制度。一方面，随着禁止令制度的创设，社区矫正工作的进一步深入、规范开展，过去对管制犯、缓刑犯在实际执行中所存在的监管乏力乃至缺位问题必将得到有效解决。要适应法律变革和形势变化，依法加大非监禁刑的适用力度，充分发挥非监禁刑的重要功能。对符合判处管制、适用缓刑条件，但过去因监管原因“不敢”判处、适用的，要依法大胆判处、适用；根据犯罪情况，认为确有必要的；可以同时适用禁止令。另一方面，考虑到禁止令是一项新制度，尚缺乏充分的实践经验，在办理具体案件过程中，要依据修正后刑法和《适用禁止令规定》的相关规定，稳妥、审慎地决定是否宣告禁止令以及禁止令的具体内容和期限。不能因为禁止令而影响犯罪分子的正常生活以及各项法定权利的行使，影响犯罪分子的改造和转化。

（撰稿：胡云腾　周加海　喻海松）

三、疑难、复杂问题的参考性解答

1. 如何正确理解管制的适用对象？

本书观点：管制，是由人民法院判决，对犯罪分子不予关押，但限制一定自由，依法实行社区矫正的刑罚方法。

管制是最轻的主刑，是我国独创的一种刑罚。在同犯罪的长期斗争中证明，管制是一种行之有效的刑罚方法。对于犯罪较轻，应当判刑，而又不必关押的犯罪分子，适用管制，放在群众中监督改造，可以少捕人，减轻国家负担。

管制是刑法规定的5种主刑中最轻的刑罚。管制的期限，最低期限为三个月，最高期限为二年。

刑法对管制的对象没有规定限制条件。但我们认为，根据刑法有关规定，管制的适用对象仍然应当有限制：

一是管制主要适用于罪行较轻的危害国家安全分子和其他刑事犯罪分子。

二是犯罪分子所犯之罪，在刑法分则中明文规定有管制的。刑法分则中没有明文规定有管制的，一般不得适用管制。

三是人民法院根据事件的具体情况，认为犯罪分子尚不够判处有期徒刑或者以不关押为宜，但又需要给予一定的惩罚，对其自由给予一定限制的，均可判处管制。在处理具体案件时，必须根据被告人的罪行、情节、人身的不同情况，依照本条所确定的管制刑期幅度，决定适当的管制刑期。

2. 刑法分则没有规定有管制，但被告人具有减轻处罚情节的，能否因减轻处罚而适用管制?

本书观点：刑法分则没有规定有管制，但被告人具有减轻处罚情节的，可以因减轻处罚而适用管制。理由是：

从刑法规定的刑种看，管制是刑法规定的5种主刑中最轻的刑罚。管制刑轻于有期徒刑、无期徒刑和死刑，自不必说。与拘役相比，虽然其期限最低为三个月，最高为二年，而拘役的期限，为一个月以上六个月以下，但其人身自由受限制的程度是不可同日而语的。最主要体现在管制刑不对罪犯予以关押。因此，管制刑比拘役刑轻。如果刑法分则某条文对某犯罪规定的刑罚最低为拘役或者有期徒刑，而没有规定管制，但罪犯具有减轻处罚情节的，人民法院可以根据案件具体情况决定减轻处罚为判处管制刑。但应注意以下几点：

（1）如果法条中，拘役和管制同时属于一个量刑幅度的，则不具备减轻处罚情节也可适用管制刑。只有在分则法条中没有明确规定有管制刑而罪犯罪具有法定减轻处罚情节的，才可依据减轻处罚情节适用管制刑。如《刑法》第一百一十五条第二款规定，犯失火罪、过失决水罪、过失爆炸罪、过失投放危险物资罪、过失以危险方法危害公共安全罪的，情节较轻的，处三年以下有期徒刑或者拘役。对可判处拘役刑的上述犯罪分子，如果其具有法定减轻处罚情节，则可适用管制刑。

（2）应当严格遵守《刑法》第六十三条的规定予以减轻处罚。该条规定：本法规定有数个量刑幅度的，应当在法定量刑幅度的下一个量刑幅度内判处刑罚。也就是说，如果犯罪分子论罪最低判处有期徒刑三年以下，而法条并无可以判处拘役的规定，在犯罪分子具有减轻处罚情节时，只能减轻判处拘役，而不能判处管制。比如抢劫罪，如果不具有八种法定加重处罚情节之一（及以上）的，其法定刑为三年以上十年以下有期徒刑。如果抢劫犯罪分子具有法定减轻处罚情节的，只能减轻判处三年以下有期徒刑，而不能减轻为判处管制。

3. 未被羁押的被告人被判处管制的刑期如何确定起算方式?

分歧意见：第一种意见认为，管制期限应从一审宣判之日起计算，理由在于：对于判处管制的案件，一般都是在宣告判决的同时就将被告人交付执行。

第二种意见认为，一审宣判后，刑事案件的上诉期为十日，故其管制刑期应自上诉期满之日开始计算。

本书观点：根据《刑法》第四十一条规定，管制的刑期从判决执行之日起计算。因此，管制刑期不是从判决宣告之日起或者上诉期满之日起算，而是从判决执行之日起算。一审宣判后，如果没有上诉或者抗诉的，上诉期满后判决生效，从人民法院将被告人交付执行之日起算；如果被告人上诉或者检察机关抗诉，则判决不能生效，不能交付执行，更谈不上刑期起算，而应当待二审作出判决后交付执行之日起计算。

第三节　拘　役

一、刑法规定

第四十二条　拘役的期限，为一个月以上六个月以下。

第四十三条　被判处拘役的犯罪分子，由公安机关就近执行。

在执行期间，被判处拘役的犯罪分子每月可以回家一天至两天；参加劳动的，可以酌量发给报酬。

第四十四条　拘役的刑期，从判决执行之日起计算；判决执行以前先行羁押的，羁押一日折抵刑期一日。

二、司法文件

公安部关于对被判处拘役的罪犯在执行期间回家问题的批复（2001年1月31日发布）

北京市公安局：

你局《关于加拿大籍罪犯秦典华在拘役期间回家问题的请示》（京公法字〔2001〕24号）收悉。现批复如下：

《刑法》第四十三条第二款规定，“在执行期间，被判处拘役的犯罪分子每月可以回家一天至两天”。根据上述规定，是否准许被判处拘役的罪犯回家，应当根据其在服刑期间表现以及准许其回家是否会影响剩余刑期的继续执行等情况综合考虑，由负责执行的拘役所、看守所提出建议，报其所属的县级以上公安机关决定。被判处拘役的外国籍罪犯提出回家申请的，由地市级以上公安机关决定，并由决定机关将有关情况报上级公安机关备案。对于准许回家的，应当发给回家证明，告知其应当按时返回监管场所和不按时返回将要承担的法律责任，并将准许回家的决定送同级人民检察院。被判处拘役的罪犯在决定机关辖区内有固定住处的，可允许其回固定住处，没有固定住处的，可在决定机关为其指定的居所每月与其家人团聚一天至两天。拘役所、看守所根据被判处拘役的罪犯在服刑及回家期间表现，认为不宜继续准许其回家的，应当提出建议，报原决定机关决定。对于被判处拘役的罪犯在回家期间逃跑的，应当按照《刑法》第三百一十六条的规定以脱逃罪追究其刑事责任。

三、疑难、复杂问题的参考性解答

1. 当拘役与有期徒刑、管制在一个量刑幅度时，如何决定是否适用拘役刑？

本书观点：拘役主要适用于罪行较轻，但仍需短期关押改造的犯罪分子。实践证明，对于这些罪行较轻的犯罪分子，如果不剥夺其短期自由，就不足以惩戒犯罪，如果判处有期徒刑又嫌过重，适用拘役能够收到较好的效果。

对某一罪犯是否适用拘役，应当具备两个条件：一是犯罪的客观危害程度较轻，只需要处以短期剥夺人身自由的刑罚；二是犯罪人的人身危险性较小，只需要处以短期关押，就可以达到教育改造罪犯的目的。从刑法对拘役刑的规定看，拘役的适用有以下几种情况：

（1）当拘役与有期徒刑共处一个法定刑幅度，作为法定最低刑时，凡犯罪情节较轻，不足以判处有期徒刑，且无减轻情节的犯罪分子，拘役可以作为最轻刑罚直接适用。也可对该罪处以有期徒刑，但具有从宽处罚情节的罪犯，作为从轻处罚的刑种予以适用。

（2）当拘役与有期徒刑、管制同处一个法定刑幅度，管制是该种罪法定最低刑时，拘役可直接适用于犯罪情节较轻，不足以判处有期徒刑，但判处管制又嫌轻的情形。如果本应适用有期徒刑或者管制，但具有从重处罚或从轻处罚情节的犯罪分子，拘役即可作为从重或从轻量刑结果适用。

（3）当有期徒刑作为法定最低刑时，如果犯罪本应判处有期徒刑的最低限（六个月），但因具有减轻处罚情节，需要减轻处罚的，拘役可作为减轻量刑结果适用。

确定拘役刑刑期的长短，基本上应按确定有期徒刑刑期的方法进行。首先，要根据犯罪行为的客观危害大小确定参考宣告刑，作为进一步量刑的基础；其次，根据犯罪分子的主观恶性和人身危险性、可改造的难易程度，提出参考宣告刑；再次，在参考宣告刑的基础上进行修正，作为基础宣告刑；最后，综合考虑刑法规定的各种有关从轻、减轻、从重情节是否适用，对基础宣告刑作进一步的调整，再确定正式判决的宣告刑。

从司法实践中反映出，拘役作为短期自由刑存在许多弊端，如短期关押难以达到预防犯罪的效果，容易产生交叉感染等。因此，在适用拘役时，如果能用其他较轻的刑罚来取代，就不要适用拘役，以降低拘役的关押率。裁量时可以采取两种办法加以限制：一是能处管制、剥夺政治权利的，就不用判处拘役。二是必须判处拘役的，应首先考虑能否给予缓刑。只有在确定不能适用缓刑时，才能交付关押。

2. 并案处理中前案未认定为犯罪的，前案羁押日期是否应折抵刑期？

分歧意见：一种意见认为，既然前案没有被认定为犯罪，那么前案的羁押日期就不应进行折抵，其刑期的计算应从并案后关押日期起算。另一种意见认为，虽然前案没有被认定为犯罪，但因其系并案处理，故应当视为因同一个案件而被公安机关采取强制措施，故前案羁押日期应当折抵刑期。

本书观点：同意第二种意见。根据《刑法》第四十四条及第四十七条规定，判决执行以前羁押的，羁押一日折抵刑期一日。据此，《最高人民法院关于刑事裁判文书中刑期起止日期如何表述问题的批复》进一步明确刑期从羁押之日起算。行为人前案虽然没有被定罪，但被告人被采取了强制措施，剥夺了人身自由，其因系并案处理，故应当视为因同一个案件而被公安机关采取强制措施，故前案羁押日期应当折抵刑期。

3. **罪犯羁押日期的起算方式如何确定？**

《刑法》第四十四条及第四十七条规定，判决执行以前羁押的，羁押一日折抵刑期一日。那么，羁押日期从何时起算？由于现行法律和司法解释都未作明确规定，目前，在审判实践中，各地法院对罪犯羁押日期的起算都各不相同。大致有这样几种起算方式：一是从犯罪嫌疑人被抓获之日起算，即起算依据是侦查机关办案人员个人或者单位写的抓捕证明（有的是说明）。二是从犯罪嫌疑人投案自首之日起算，其起算依据是接待单位写的证明，或者是侦查机关接待人员作的接待自首的笔录。三是从对犯罪嫌疑人宣布刑事拘留之日起算，其起算依据是公安机关的刑事拘留证。四是从对犯罪嫌疑人逮捕之日起算，其起算依据是公安机关的逮捕证。

本书观点：罪犯的羁押日期只能依据上述第三种、第四种方式，即对犯罪嫌疑人实行刑事拘留的，从犯罪嫌疑人在刑事拘留证上签字之日起算；没有实行刑事拘留而直接逮捕的，从犯罪嫌疑人在逮捕证上签字之日起算。因为，关于羁押日期从何时起算的问题，通常认为，对犯罪嫌疑人采取拘留、逮捕强制措施时起属于开始羁押。根据刑事诉讼法及《公安机关办理刑事案件程序规定》等的有关规定，拘留、逮捕犯罪嫌疑人时，必须出示拘留证、逮捕证，被拘留人、逮捕人要在拘留证、逮捕证上签名、捺指印。因此，羁押日期应当从对犯罪嫌疑人采取拘留、逮捕强制措施之日起算。至于前述提到的犯罪嫌疑人被抓获之日、犯罪嫌疑人投案自首之日，这些并不是对犯罪嫌疑人采取羁押措施的规范表述，不能作为羁押日期起算。

需要说明的是，实践中，羁押日期通常以犯罪嫌疑人丧失人身自由时起算，通常也就是犯罪嫌疑人被抓获之日或者到案之日。但这种做法并不规范。

第四节　有期徒刑、无期徒刑

一、刑法规定

第四十五条　有期徒刑的期限，除本法第五十条、第六十九条规定外，为六个月以上十五年以下。

第四十六条　被判处有期徒刑、无期徒刑的犯罪分子，在监狱或者其他执行场所执行；凡有劳动能力的，都应当参加劳动，接受教育和改造。

第四十七条　有期徒刑的刑期，从判决执行之日起计算；判决执行以前先行羁押的，羁押一日折抵刑期一日。

二、相关法律

中华人民共和国行政处罚法（2021年1月22日修订）

第三十五条第一款　违法行为构成犯罪，人民法院判处拘役或者有期徒刑时，行政机关已经给予当事人行政拘留的，应当依法折抵相应刑期。

三、典型或常见问题的审理思路

对罪行极其严重的未成年被告人可否判处无期徒刑？①

本书观点：对罪行极其严重的未成年被告人可以判处无期徒刑，但除另有从重情节外，一般可不判处无期徒刑。

一般而言，对罪行极其严重的未成年被告人除另有法定或酌定从重情节外，不判处无期徒刑当然是可以的，也是较为适宜的。不过，对于罪行极其严重的未成年犯罪人也并不是一律不能判处无期徒刑。首先，从立法角度看，

---

①　观点来源：最高人民法院刑事审判第一庭、第二庭编：《刑事审判参考》2002年第3集（总第26集），法律出版社2002年版，第57－63页，扎西某娃等抢劫案。

刑法仅规定对未成年人不适用死刑，也就是说对未成年人所处的刑罚最高刑为无期徒刑。如果认为，对未成年人既不能适用死刑，也不能适用无期徒刑，则显然不合乎立法本意，否则立法可以直接规定对未成年人不适用无期徒刑[①]。其次，从司法实践来看，对于那些罪行极其严重，同时又具有一个或多个法定从重处罚情节的未成年犯罪人，法官仍可以根据案件的具体情况，酌情决定是否适用无期徒刑的刑罚。因为，在同时具有法定应当从重和法定应当从轻情节的情况下，就有从轻情节与从重情节在量刑上的平衡问题。遇有此种情形时，决定如何适用刑罚，当然也不能简单地一概而论，一方面应当从有利于未成年被告人出发，另一方面也要考虑具体犯罪事实，符合罪责刑相一致的原则。需要指出的是，“重复适用”的说法是不尽科学的。刑法在规定对未成年犯罪人不适用死刑的同时又规定对未成年犯罪人，应当从轻处罚，前者为死刑排除规则，实质上是宣布对未成年犯罪人取消死刑（包括死缓），并将其法定最高刑限制在无期徒刑以内。后者则为具体量刑时应当把握的法定情节，旨在突出对未成年犯罪人与成年犯罪人区别对待的刑事政策，体现对未成年犯罪人从宽量刑的立法精神。这是两个层次的问题，并非所谓的“重复适用”，否则刑法就完全可以规定是可以从轻而非应当从轻。总之，对未成年犯罪人适用刑罚，既要注意将未成年人犯罪与成年人犯罪区别开来，又要注意统筹考虑，避免单位化。

需要特别说明的是，《最高人民法院关于审理未成年人刑事案件具体应用法律若干问题的解释》第十三条明确规定：“未成年人犯罪只有罪行极其严重的，才可以适用无期徒刑。对已满十四岁不满十六周岁的人犯罪一般不判处无期徒刑。”

---

① 有一种观点认为，根据《刑法》第四十九条规定，对未成年罪犯不适用死刑，同时，根据《刑法》第十七条第三款（现为第四款）规定，不满十八周岁的人犯罪，应当从轻或减轻处罚。因此，如果对未成年被告人判处无期徒刑，可能违背《刑法》第十七条第三款的规定。我们认为，《刑法》第十七条第三款的规定，体现了法律对身份、智力尚未完全发育成熟的未成年人予以特殊保护的立法精神，而《刑法》第四十九条中关于“犯罪的时候不满十八周岁的人不适用死刑”的规定，正是这一立法精神的具体体现。因此，对于已满十四周岁不满十八周岁的未成年人实施的犯罪行为，如果论罪依法应当判处法定最高刑，而该罪的法定刑是死刑的，则不能判处死刑（包括死刑缓期二年执行），但是依法可以判处无期徒刑。详见：《人民司法》1999 年第 7 期“司法信箱”。

四、疑难、复杂问题的参考性解答

1. 刑法分则对某一犯罪既规定有期徒刑，又规定其他刑种时，如何选择适用有期徒刑？

本书观点：有期徒刑是剥夺犯罪分子一定期限的人身自由，并强制劳动改造的刑罚方法。有期徒刑是我国刑罚中适用最广泛的一种刑罚方法。有期徒刑作为自由刑，是刑罚体系的核心。有期徒刑几乎可以适用于犯各种罪行的犯罪分子。在刑法分则中，除第一百三十三条之一规定的危险驾驶罪仅判处拘役并处罚金刑外，其他犯罪，凡规定有法定刑条文的，都规定了有期徒刑。同时，有期徒刑也是刑期幅度最大的刑种，最低刑为六个月，最高刑为十五年，数罪并罚的可达二十五年。就其上限而言，作为长期徒刑，它可适用于犯罪危害严重，需要关押改造，但还不需永久与社会隔离的犯罪分子；就其下限而言，作为短期徒刑，它适用于犯罪轻微，但需要关押改造，而且不适宜于判处拘役的犯罪分子。由于有期徒刑的量刑幅度大，适用面宽，机动性大，既可以适用于较重的犯罪，也可以适用于较轻的犯罪，因而在审判实践中，适用这一刑罚方法的比适用其他刑种的都多。也正因如此，在实践中，必须正确适用这一刑种。

（1）当有期徒刑作为某罪的唯一法定刑种加以规定，行为已构成犯罪，但又不具备法定加重或减轻处罚情节的犯罪，就应当直接适用有期徒刑。如暴力干涉婚姻致人死亡的。

（2）当有期徒刑与死刑、无期徒刑共处于一个法定刑幅度内，死刑、无期徒刑作为法定最高刑，有期徒刑作为法定最低刑的犯罪中，可在两种情况下加以适用：一是犯罪危害性虽符合此幅度要求，但危害性相对还比较轻的犯罪；二是犯罪危害严重，本应处无期徒刑，但同时具备法定或酌定从轻处罚情节，且确实需要从轻处罚的罪犯。除了对那些罪行极其严重或者罪行十分严重的犯罪分子依法应当判处死刑或无期徒刑外，在具备法定减轻或酌定减轻情节时，有期徒刑可作为一种减轻刑罚适用于那些罪该处以无期徒刑，且需要减轻处罚的罪犯。如盗窃、抢夺枪支、弹药、爆炸物罪。

（3）当有期徒刑与拘役，或拘役、管制处于一个法定刑幅度内时，如果具体犯罪行为的危害程度符合此法定刑幅度的情节要求，一般在以下两种情况下适用有期徒刑：一是犯罪危害程度相对比较严重，论罪该判处有期徒刑；二是犯罪危害程度虽不严重，论罪本应处以拘役刑，但具有从重处罚情节，需要从重处罚的罪犯。如破坏生产经营罪。

实践中，还须明确：在刑法分则条文的法定刑中，凡是规定几年以上有期徒刑，而没有指明上限的，这个上限就是十五年，凡是规定几年以下有期徒刑，而没指出下限的，这个下限就是六个月。

2. 刑法分则对某一犯罪既规定无期徒刑，又规定其他刑种时，如何选择适用有期徒刑？

本书观点：无期徒刑是仅次于死刑的一种严厉的刑罚方法，是我国同危害国家安全和其他严重刑事犯罪作斗争的有效手段。有了无期徒刑，可以减少对死刑的适用。对于那些不必判处死刑，但判处有期徒刑又较轻的罪犯，适用判处无期徒刑。无期徒刑也是徒刑的一种。它与有期徒刑都是剥夺人身自由的刑罚方法。但两者又有重大区别：无期徒刑是对终身自由的剥夺，有期徒刑则是剥夺一定期限的人身自由；无期徒刑是重刑，适用范围比有期徒刑窄，只适用于严重的犯罪。因此，应当严格掌握对无期徒刑的适用。适用无期徒刑应当符合以下条件：

（1）犯罪行为严重，已经给国家和人民利益造成了严重危害，但还不是极其严重；犯罪分子的主观恶性较深，有很大的人身危险性，但还不是十分恶劣。全面衡量各种情节，尚未达到罪行极其严重的程度，不必判处死刑，但又不适用判处有期徒刑，此时，可以考虑适用无期徒刑。

（2）犯罪行为在客观上已经造成了十分严重的后果，应当受到刑罚的严惩，但犯罪行为中存在从轻处罚情节，这些情节能够表明犯罪分子的主观恶性不是十分大，人身危险性相对较小，尚有教育改造可能，而根据罪行又不宜处以有期徒刑，处无期徒刑便成为对被告人裁量刑罚的当然选择。

（3）根据犯罪行为的社会危害性，理应对被告人处以有期徒刑，但由于犯罪人主观恶性极深，表现出来的人身危险性极大，要将其改造为社会所能容纳的人极为困难，处以有期徒刑不足以平民愤，需要通过判处无期徒刑来使其与社会隔离。

从刑法规定以及司法实践看，无期徒刑主要适用于严重的危害国家安全的犯罪分子和故意杀人，故意伤害，放火，决水，爆炸，投放危险物质，抢劫，强奸，走私、贩卖、运输、制造毒品，走私，贪污，受贿等重大刑事犯罪分子。

当然，无期徒刑虽然是剥夺犯罪分子终身自由，关押没有期限，但在实际执行中并不一定把犯罪分子关押到死，而是给其悔过自新、重获自由的机会。依照刑法规定，被判处无期徒刑的犯罪分子，在服刑期间，如果认真遵守监规，接受教育改造，确有悔改或者立功表现，在刑罚执行一定期限后，可以减刑或假释，在国家发布特赦令的情况下，符合特赦条件的，也可以被特赦释放。

第五节　死　刑

一、刑法规定

第四十八条　死刑只适用于罪行极其严重的犯罪分子。对于应当判处死刑的犯罪分子，如果不是必须立即执行的，可以判处死刑同时宣告缓期二年执行。

死刑除依法由最高人民法院判决的以外，都应当报请最高人民法院核准。死刑缓期执行的，可以由高级人民法院判决或者核准。

第四十九条　犯罪的时候不满十八周岁的人和审判的时候怀孕的妇女，不适用死刑。

审判的时候已满七十五周岁的人，不适用死刑，但以特别残忍手段致人死亡的除外。

第五十条①　判处死刑缓期执行的，在死刑缓期执行期间，如果没有故意犯罪，二年期满以后，减为无期徒刑；如果确有重大立功表现，二年期满以

---

① 本条经2011年2月25日《刑法修正案（八）》第四条和2015年8月29日《刑法修正案（九）》第二条两次修正。

1997年《刑法》第五十条原规定："判处死刑缓期执行的，在死刑缓期执行期间，如果没有故意犯罪，二年期满以后，减为无期徒刑；如果确有重大立功表现，二年期满以后，减为十五年以上二十年以下有期徒刑；如果故意犯罪，查证属实的，由最高人民法院核准，执行死刑。"

《刑法修正案（八）》第四条将其修正为："判处死刑缓期执行的，在死刑缓期执行期间，如果没有故意犯罪，二年期满以后，减为无期徒刑；如果确有重大立功表现，二年期满以后，减为二十五年有期徒刑；如果故意犯罪，查证属实的，由最高人民法院核准，执行死刑。"

"对被判处死刑缓期执行的累犯以及因故意杀人、强奸、抢劫、绑架、放火、爆炸、投放危险物质或者有组织的暴力性犯罪被判处死刑缓期执行的犯罪分子，人民法院根据犯罪情节等情况可以同时决定对其限制减刑。"

《刑法修正案（九）》第二条对本条作了再次修正。

后，减为二十五年有期徒刑；如果故意犯罪，情节恶劣的，报请最高人民法院核准后执行死刑；对于故意犯罪未执行死刑的，死刑缓期执行的期间重新计算，并报最高人民法院备案。

对被判处死刑缓期执行的累犯以及因故意杀人、强奸、抢劫、绑架、放火、爆炸、投放危险物质或者有组织的暴力性犯罪被判处死刑缓期执行的犯罪分子，人民法院根据犯罪情节等情况可以同时决定对其限制减刑。

第五十一条 死刑缓期执行的期间，从判决确定之日起计算。死刑缓期执行减为有期徒刑的刑期，从死刑缓期执行期满之日起计算。

二、司法解释、司法文件及其权威解读

1. **全国法院毒品犯罪审判工作座谈会纪要**（法〔2015〕129号，自2015年5月18日起施行）（节录）

二、关于毒品犯罪法律适用的若干具体问题

会议认为，2008年印发的《全国部分法院审理毒品犯罪案件工作座谈会纪要》（以下简称《大连会议纪要》）较好地解决了办理毒品犯罪案件面临的一些突出法律适用问题，其中大部分规定在当前的审判实践中仍有指导意义，应当继续参照执行。同时，随着毒品犯罪形势的发展变化，近年来出现了一些新情况、新问题，需要加以研究解决。与会代表对审判实践中反映较为突出，但《大连会议纪要》没有作出规定，或者规定不尽完善的毒品犯罪法律适用问题进行了认真研究讨论，就下列问题取得了共识。

（一）罪名认定问题（略）

（二）共同犯罪认定问题（略）

（三）毒品数量认定问题（略）

（四）死刑适用问题

当前，我国毒品犯罪形势严峻，审判工作中应当继续坚持依法从严惩处毒品犯罪的指导思想，充分发挥死刑对于预防和惩治毒品犯罪的重要作用。要继续按照《大连会议纪要》的要求，突出打击重点，对罪行极其严重、依法应当判处死刑的被告人，坚决依法判处。同时，应当全面、准确贯彻宽严相济刑事政策，体现区别对待，做到罚当其罪，量刑时综合考虑毒品数量、犯罪性质、情节、危害后果、被告人的主观恶性、人身危险性及当地的禁毒

形势等因素，严格审慎地决定死刑适用，确保死刑只适用于极少数罪行极其严重的犯罪分子。

1. 运输毒品犯罪的死刑适用

对于运输毒品犯罪，应当继续按照《大连会议纪要》的有关精神，重点打击运输毒品犯罪集团首要分子，组织、指使、雇用他人运输毒品的主犯或者毒枭、职业毒犯、毒品再犯，以及具有武装掩护运输毒品、以运输毒品为业、多次运输毒品等严重情节的被告人，对其中依法应当判处死刑的，坚决依法判处。

对于受人指使、雇用参与运输毒品的被告人，应当综合考虑毒品数量、犯罪次数、犯罪的主动性和独立性、在共同犯罪中的地位作用、获利程度和方式及其主观恶性、人身危险性等因素，予以区别对待，慎重适用死刑。对于有证据证明确属受人指使、雇用运输毒品，又系初犯、偶犯的被告人，即使毒品数量超过实际掌握的死刑数量标准，也可以不判处死刑；尤其对于其中被动参与犯罪，从属性、辅助性较强，获利程度较低的被告人，一般不应当判处死刑。对于不能排除受人指使、雇用初次运输毒品的被告人，毒品数量超过实际掌握的死刑数量标准，但尚不属数量巨大的，一般也可以不判处死刑。

一案中有多人受雇运输毒品的，在决定死刑适用时，除各被告人运输毒品的数量外，还应结合其具体犯罪情节、参与犯罪程度、与雇用者关系的紧密性及其主观恶性、人身危险性等因素综合考虑，同时判处二人以上死刑要特别慎重。

2. 毒品共同犯罪、上下家犯罪的死刑适用

毒品共同犯罪案件的死刑适用应当与该案的毒品数量、社会危害及被告人的犯罪情节、主观恶性、人身危险性相适应。涉案毒品数量刚超过实际掌握的死刑数量标准，依法应当适用死刑的，要尽量区分主犯间的罪责大小，一般只对其中罪责最大的一名主犯判处死刑；各共同犯罪人地位作用相当，或者罪责大小难以区分的，可以不判处被告人死刑；二名主犯的罪责均很突出，且均具有法定从重处罚情节的，也要尽可能比较其主观恶性、人身危险性方面的差异，判处二人死刑要特别慎重。涉案毒品数量达到巨大以上，二名以上主犯的罪责均很突出，或者罪责稍次的主犯具有法定、重大酌定从重处罚情节，判处二人以上死刑符合罪刑相适应原则，并有利于全案量刑平衡

的，可以依法判处。

对于部分共同犯罪人未到案的案件，在案被告人与未到案共同犯罪人均属罪行极其严重，即使共同犯罪人到案也不影响对在案被告人适用死刑的，可以依法判处在案被告人死刑；在案被告人的罪行不足以判处死刑，或者共同犯罪人归案后全案只宜判处其一人死刑的，不能因为共同犯罪人未到案而对在案被告人适用死刑；在案被告人与未到案共同犯罪人的罪责大小难以准确认定，进而影响准确适用死刑的，不应对在案被告人判处死刑。

对于贩卖毒品案件中的上下家，要结合其贩毒数量、次数及对象范围，犯罪的主动性，对促成交易所发挥的作用，犯罪行为的危害后果等因素，综合考虑其主观恶性和人身危险性，慎重、稳妥地决定死刑适用。对于买卖同宗毒品的上下家，涉案毒品数量刚超过实际掌握的死刑数量标准的，一般不能同时判处死刑；上家主动联络销售毒品，积极促成毒品交易的，通常可以判处上家死刑；下家积极筹资，主动向上家约购毒品，对促成毒品交易起更大作用的，可以考虑判处下家死刑。涉案毒品数量达到巨大以上的，也要综合上述因素决定死刑适用，同时判处上下家死刑符合罪刑相适应原则，并有利于全案量刑平衡的，可以依法判处。

一案中有多名共同犯罪人、上下家针对同宗毒品实施犯罪的，可以综合运用上述毒品共同犯罪、上下家犯罪的死刑适用原则予以处理。

办理毒品犯罪案件，应当尽量将共同犯罪案件或者密切关联的上下游案件进行并案审理；因客观原因造成分案处理的，办案时应当及时了解关联案件的审理进展和处理结果，注重量刑平衡。

3. 新类型、混合型毒品犯罪的死刑适用

甲基苯丙胺片剂（俗称“麻古”等）是以甲基苯丙胺为主要毒品成分的混合型毒品，其甲基苯丙胺含量相对较低，危害性亦有所不同。为体现罚当其罪，甲基苯丙胺片剂的死刑数量标准一般可以按照甲基苯丙胺（冰毒）的2倍左右掌握，具体可以根据当地的毒品犯罪形势和涉案毒品含量等因素确定。

涉案毒品为氯胺酮（俗称“K粉”）的，结合毒品数量、犯罪性质、情节及危害后果等因素，对符合死刑适用条件的被告人可以依法判处死刑。综合考虑氯胺酮的致瘾癖性、滥用范围和危害性等因素，其死刑数量标准一般可以按照海洛因的10倍掌握。

涉案毒品为其他滥用范围和危害性相对较小的新类型、混合型毒品的，一般不宜判处被告人死刑。但对于司法解释、规范性文件明确规定了定罪量刑数量标准，且涉案毒品数量特别巨大，社会危害大，不判处死刑难以体现罚当其罪的，必要时可以判处被告人死刑。

（五）缓刑、财产刑适用及减刑、假释问题（略）

（六）累犯、毒品再犯问题（略）

（七）非法贩卖麻醉药品、精神药品行为的定性问题（略）

2. **全国部分法院审理毒品犯罪案件工作座谈会纪要**（即“大连会议纪要”，法〔2008〕324号，自2008年12月1日起施行）（节录）

一、毒品案件的罪名确定和数量认定问题（略）

二、毒品犯罪的死刑适用问题

审理毒品犯罪案件，应当切实贯彻宽严相济的刑事政策，突出毒品犯罪的打击重点。必须依法严惩毒枭、职业毒犯、再犯、累犯、惯犯、主犯等主观恶性深、人身危险性大、危害严重的毒品犯罪分子，以及具有将毒品走私入境，多次、大量或者向多人贩卖，诱使多人吸毒，武装掩护、暴力抗拒检查、拘留或者逮捕，或者参与有组织的国际贩毒活动等情节的毒品犯罪分子。对其中罪行极其严重依法应当判处死刑的，必须坚决依法判处死刑。

毒品数量是毒品犯罪案件量刑的重要情节，但不是唯一情节。对被告人量刑时，特别是在考虑是否适用死刑时，应当综合考虑毒品数量、犯罪情节、危害后果、被告人的主观恶性、人身危险性以及当地禁毒形势等各种因素，做到区别对待。近期，审理毒品犯罪案件掌握的死刑数量标准，应当结合本地毒品犯罪的实际情况和依法惩治、预防毒品犯罪的需要，并参照最高人民法院复核的毒品死刑案件的典型案例，恰当把握。量刑既不能只片面考虑毒品数量，不考虑犯罪的其他情节，也不能只片面考虑其他情节，而忽视毒品数量。

对虽然已达到实际掌握的判处死刑的毒品数量标准，但是具有法定、酌定从宽处罚情节的被告人，可以不判处死刑；反之，对毒品数量接近实际掌握的判处死刑的数量标准，但具有从重处罚情节的被告人，也可以判处死刑。毒品数量达到实际掌握的死刑数量标准，既有从重处罚情节，又有从宽处罚情节的，应当综合考虑各方面因素决定刑罚，判处死刑立即执行应当慎重。

具有下列情形之一的，可以判处被告人死刑：（1）具有毒品犯罪集团首要分子、武装掩护毒品犯罪、暴力抗拒检查、拘留或者逮捕、参与有组织的国际贩毒活动等严重情节的；（2）毒品数量达到实际掌握的死刑数量标准，并具有毒品再犯、累犯，利用、教唆未成年人走私、贩卖、运输、制造毒品，或者向未成年人出售毒品等法定从重处罚情节的；（3）毒品数量达到实际掌握的死刑数量标准，并具有多次走私、贩卖、运输、制造毒品，向多人贩毒，在毒品犯罪中诱使、容留多人吸毒，在戒毒监管场所贩毒，国家工作人员利用职务便利实施毒品犯罪，或者职业犯、惯犯、主犯等情节的；（4）毒品数量达到实际掌握的死刑数量标准，并具有其他从重处罚情节的；（5）毒品数量超过实际掌握的死刑数量标准，且没有法定、酌定从轻处罚情节的。

毒品数量达到实际掌握的死刑数量标准，具有下列情形之一的，可以不判处被告人死刑立即执行：（1）具有自首、立功等法定从宽处罚情节的；（2）已查获的毒品数量未达到实际掌握的死刑数量标准，到案后坦白尚未被司法机关掌握的其他毒品犯罪，累计数量超过实际掌握的死刑数量标准的；（3）经鉴定毒品含量极低，掺假之后的数量才达到实际掌握的死刑数量标准的，或者有证据表明可能大量掺假但因故不能鉴定的；（4）因特情引诱毒品数量才达到实际掌握的死刑数量标准的；（5）以贩养吸的被告人，被查获的毒品数量刚达到实际掌握的死刑数量标准的；（6）毒品数量刚达到实际掌握的死刑数量标准，确属初次犯罪即被查获，未造成严重危害后果的；（7）共同犯罪毒品数量刚达到实际掌握的死刑数量标准，但各共同犯罪人作用相当，或者责任大小难以区分的；（8）家庭成员共同实施毒品犯罪，其中起主要作用的被告人已被判处死刑立即执行，其他被告人罪行相对较轻的；（9）其他不是必须判处死刑立即执行的。

有些毒品犯罪案件，往往由于毒品、毒资等证据已不存在，导致审查证据和认定事实困难。在处理这类案件时，只有被告人的口供与同案其他被告人供述吻合，并且完全排除诱供、逼供、串供等情形，被告人的口供与同案被告人的供述才可以作为定案的证据。仅有被告人口供与同案被告人供述作为定案证据的，对被告人判处死刑立即执行要特别慎重。

三、运输毒品罪的刑罚适用问题

对于运输毒品犯罪，要注意重点打击指使、雇佣他人运输毒品的犯罪分子和接应、接货的毒品所有者、买家或者卖家。对于运输毒品犯罪集团首要分子，组织、指使、雇佣他人运输毒品的主犯或者毒枭、职业毒犯、毒品再犯，以及具有武装掩护、暴力抗拒检查、拘留或者逮捕、参与有组织的国际毒品犯罪、以运输毒品为业、多次运输毒品或者其他严重情节的，应当按照刑法、有关司法解释和司法实践实际掌握的数量标准，从严惩处，依法应判处死刑的必须坚决判处死刑。

毒品犯罪中，单纯的运输毒品行为具有从属性、辅助性特点，且情况复杂多样。部分涉案人员系受指使、雇佣的贫民、边民或者无业人员，只是为了赚取少量运费而为他人运输毒品，他们不是毒品的所有者、买家或者卖家，与幕后的组织、指使、雇佣者相比，在整个毒品犯罪环节中处于从属、辅助和被支配地位，所起作用和主观恶性相对较小，社会危害性也相对较小。因此，对于运输毒品犯罪中的这部分人员，在量刑标准的把握上，应当与走私、贩卖、制造毒品和前述具有严重情节的运输毒品犯罪分子有所区别，不应单纯以涉案毒品数量的大小决定刑罚适用的轻重。

对有证据证明被告人确属受人指使、雇佣参与运输毒品犯罪，又系初犯、偶犯的，可以从轻处罚，即使毒品数量超过实际掌握的死刑数量标准，也可以不判处死刑立即执行。

毒品数量超过实际掌握的死刑数量标准，不能证明被告人系受人指使、雇佣参与运输毒品犯罪的，可以依法判处重刑直至死刑。

涉嫌为贩卖而自行运输毒品，由于认定贩卖毒品的证据不足，因而认定为运输毒品罪的，不同于单纯的受指使为他人运输毒品行为，其量刑标准应当与单纯的运输毒品行为有所区别。

四、制造毒品的认定与处罚问题

鉴于毒品犯罪分子制造毒品的手段复杂多样、不断翻新，采用物理方法加工、配制毒品的情况大量出现，有必要进一步准确界定制造毒品的行为、方法。制造毒品不仅包括非法用毒品原植物直接提炼和用化学方法加工、配制毒品的行为，也包括以改变毒品成分和效用为目的，用混合等物理方法加工、配制毒品的行为，如将甲基苯丙胺或者其他苯丙胺类毒品与其他毒品混合成麻古或者摇头丸。为便于隐蔽运输、销售、使用、欺骗购买者，或者为了增重，对毒品掺杂使假，添加或者去除其他非毒品物质，不属于制造毒品的行为。

已经制成毒品，达到实际掌握的死刑数量标准的，可以判处死刑；数量特别巨大的，应当判处死刑。已经制造出粗制毒品或者半成品的，以制造毒品罪的既遂论处。购进制造毒品的设备和原材料，开始着手制造毒品，但尚未制造出粗制毒品或者半成品的，以制造毒品罪的未遂论处。

五、毒品含量鉴定和混合型、新类型毒品案件处理问题

鉴于大量掺假毒品和成分复杂的新类型毒品不断出现，为做到罪刑相当、罚当其罪，保证毒品案件的审判质量，并考虑目前毒品鉴定的条件和现状，对可能判处被告人死刑的毒品犯罪案件，应当根据最高人民法院、最高人民检察院、公安部2007年12月颁布的《办理毒品犯罪案件适用法律若干问题的意见》，作出毒品含量鉴定；对涉案毒品可能大量掺假或者系成分复杂的新类型毒品的，亦应当作出毒品含量鉴定。

对于含有二种以上毒品成分的毒品混合物，应进一步作成分鉴定，确定所含的不同毒品成分及比例。对于毒品中含有海洛因、甲基苯丙胺的，应以海洛因、甲基苯丙胺分别确定其毒品种类；不含海洛因、甲基苯丙胺的，应以其中毒性较大的毒品成分确定其毒品种类；如果毒性相当或者难以确定毒性大小的，以其中比例较大的毒品成分确定其毒品种类，并在量刑时综合考虑其他毒品成分、含量和全案所涉毒品数量。对于刑法、司法解释等已规定了量刑数量标准的毒品，按照刑法、司法解释等规定适用刑罚；对于刑法、司法解释等没有规定量刑数量标准的毒品，有条件折算为海洛因的，参照国家食品药品监督管理局制定的《非法药物折算表》，折算成海洛因的数量后适用刑罚。

对于国家管制的精神药品和麻醉药品，刑法、司法解释等尚未明确规定量刑数量标准，也不具备折算条件的，应由有关专业部门确定涉案毒品毒效的大小、有毒成分的多少、吸毒者对该毒品的依赖程度，综合考虑其致瘾癖性、戒断性、社会危害性等依法量刑。因条件限制不能确定的，可以参考涉案毒品非法交易的价格因素等，决定对被告人适用的刑罚，但一般不宜判处死刑立即执行。

六、特情介入案件的处理问题

运用特情侦破毒品案件，是依法打击毒品犯罪的有效手段。对特情介入侦破的毒品案件，要区别不同情形予以分别处理。

对已持有毒品待售或者有证据证明已准备实施大宗毒品犯罪者，采取特情贴靠、接洽而破获的案件，不存在犯罪引诱，应当依法处理。

行为人本没有实施毒品犯罪的主观意图，而是在特情诱惑和促成下形成

犯意，进而实施毒品犯罪的，属于“犯意引诱”。对因“犯意引诱”实施毒品犯罪的被告人，根据罪刑相适应原则，应当依法从轻处罚，无论涉案毒品数量多大，都不应判处死刑立即执行。行为人在特情既为其安排上线，又提供下线的双重引诱，即“双套引诱”下实施毒品犯罪的，处刑时可予以更大幅度的从宽处罚或者依法免予刑事处罚。

行为人本来只有实施数量较小的毒品犯罪的故意，在特情引诱下实施了数量较大甚至达到实际掌握的死刑数量标准的毒品犯罪的，属于“数量引诱”。对因“数量引诱”实施毒品犯罪的被告人，应当依法从轻处罚，即使毒品数量超过实际掌握的死刑数量标准，一般也不判处死刑立即执行。

对不能排除“犯意引诱”和“数量引诱”的案件，在考虑是否对被告人判处死刑立即执行时，要留有余地。

对被告人受特情间接引诱实施毒品犯罪的，参照上述原则依法处理。

七、毒品案件的立功问题（略）

八、毒品再犯问题（略）

九、毒品案件的共同犯罪问题

毒品犯罪中，部分共同犯罪人未到案，如现有证据能够认定已到案被告人为共同犯罪，或者能够认定为主犯或者从犯的，应当依法认定。没有实施毒品犯罪的共同故意，仅在客观上为相互关联的毒品犯罪上下家，不构成共同犯罪，但为了诉讼便利可并案审理。审理毒品共同犯罪案件应当注意以下几个方面的问题：

一是要正确区分主犯和从犯。区分主犯和从犯，应当以各共同犯罪人在毒品共同犯罪中的地位和作用为根据。要从犯意提起、具体行为分工、出资和实际分得毒赃多少以及共犯之间相互关系等方面，比较各个共同犯罪人在共同犯罪中的地位和作用。在毒品共同犯罪中，为主出资者、毒品所有者或者起意、策划、纠集、组织、雇佣、指使他人参与犯罪以及其他起主要作用的是主犯；起次要或者辅助作用的是从犯。受雇佣、受指使实施毒品犯罪的，应根据其在犯罪中实际发挥的作用具体认定为主犯或者从犯。对于确有证据证明在共同犯罪中起次要或者辅助作用的，不能因为其他共同犯罪人未到案而不认定为从犯，甚至将其认定为主犯或者按主犯处罚。只要认定为从犯，无论主犯是否到案，均应依照刑法关于从犯的规定从轻、减轻或者免除处罚。

二是要正确认定共同犯罪案件中主犯和从犯的毒品犯罪数量。对于毒品犯罪集团的首要分子，应按集团毒品犯罪的总数量处罚；对一般共同犯罪的主犯，应按其所参与的或者组织、指挥的毒品犯罪数量处罚；对于从犯，应当按照其所参与的毒品犯罪的数量处罚。

三是要根据行为人在共同犯罪中的作用和罪责大小确定刑罚。不同案件不能简单类比，一个案件的从犯参与犯罪的毒品数量可能比另一案件的主犯参与犯罪的毒品数量大，但对这一案件从犯的处罚不是必然重于另一案件的主犯。共同犯罪中能分清主从犯的，不能因为涉案的毒品数量特别巨大，就不分主从犯而一律将被告人认定为主犯或者实际上都按主犯处罚，一律判处重刑甚至死刑。对于共同犯罪中有多个主犯或者共同犯罪人的，处罚上也应做到区别对待。应当全面考察各主犯或者共同犯罪人在共同犯罪中实际发挥作用的差别，主观恶性和人身危险性方面的差异，对罪责或者人身危险性更大的主犯或者共同犯罪人依法判处更重的刑罚。

十、主观明知的认定问题（略）

十一、毒品案件的管辖问题（略）

十二、特定人员参与毒品犯罪问题

近年来，一些毒品犯罪分子为了逃避打击，雇佣孕妇、哺乳期妇女、急性传染病人、残疾人或者未成年人等特定人员进行毒品犯罪活动，成为影响我国禁毒工作成效的突出问题。对利用、教唆特定人员进行毒品犯罪活动的组织、策划、指挥和教唆者，要依法严厉打击，该判处重刑直至死刑的，坚决依法判处重刑直至死刑。对于被利用、被诱骗参与毒品犯罪的特定人员，可以从宽处理。

……

十三、毒品案件财产刑的适用和执行问题（略）

3. 最高人民法院关于审理抢劫刑事案件适用法律若干问题的指导意见（法发〔2016〕2号，自2016年1月6日起施行）（节录）

一、关于审理抢劫刑事案件的基本要求

坚持贯彻宽严相济刑事政策。对于多次结伙抢劫，针对农村留守妇女、儿童及老人等弱势群体实施抢劫，在抢劫中实施强奸等暴力犯罪的，要在法律规定的量刑幅度内从重判处。

对于罪行严重或者具有累犯情节的抢劫犯罪分子，减刑、假释时应当从严掌握，严格控制减刑的幅度和频度。对因家庭成员就医等特定原因初次实施抢劫，主观恶性和犯罪情节相对较轻的，要与多次抢劫以及为了挥霍、赌博、吸毒等实施抢劫的案件在量刑上有所区分。对于犯罪情节较轻，或者具有法定、酌定从轻、减轻处罚情节的，坚持依法从宽处理。

确保案件审判质量。审理抢劫刑事案件，要严格遵守证据裁判原则，确保事实清楚，证据确实、充分。特别是对因抢劫可能判处死刑的案件，更要切实贯彻执行刑事诉讼法及相关司法解释、司法文件，严格依法审查判断和运用证据，坚决防止冤错案件的发生。

对抢劫刑事案件适用死刑，应当坚持“保留死刑，严格控制和慎重适用死刑”的刑事政策，以最严格的标准和最审慎的态度，确保死刑只适用于极少数罪行极其严重的抢劫犯罪分子。对被判处死刑缓期二年执行的抢劫犯罪分子，根据犯罪情节等情况，可以同时决定对其限制减刑。

二、关于抢劫犯罪部分加重处罚情节的认定（略）

三、关于转化型抢劫犯罪的认定（略）

四、具有法定八种加重处罚情节的刑罚适用

1. 根据刑法第二百六十三条的规定，具有“抢劫致人重伤、死亡”等八种法定加重处罚情节的，处十年以上有期徒刑、无期徒刑或者死刑，并处罚金或者没收财产。应当根据抢劫的次数及数额、抢劫对人身的损害、对社会治安的危害等情况，结合被告人的主观恶性及人身危险程度，并根据量刑规范化的有关规定，确定具体的刑罚。判处无期徒刑以上刑罚的，一般应并处没收财产。

2. 具有下列情形之一的，可以判处无期徒刑以上刑罚：

（1）抢劫致三人以上重伤，或者致人重伤造成严重残疾的；

（2）在抢劫过程中故意杀害他人，或者故意伤害他人，致人死亡的；

（3）具有除“抢劫致人重伤、死亡”外的两种以上加重处罚情节，或者抢劫次数特别多、抢劫数额特别巨大的。

3. 为劫取财物而预谋故意杀人，或者在劫取财物过程中为制服被害人反抗、抗拒抓捕而杀害被害人，且被告人无法定从宽处罚情节的，可依法判处死刑立即执行。对具有自首、立功等法定从轻处罚情节的，判处死刑立即执行应当慎重。对于采取故意杀人以外的其他手段实施抢劫并致人死亡的案件，要从犯罪的动机、预谋、实行行为等方面分析被告人主观恶性的大小，并从有无前科及平时表现、认罪悔罪情况等方面判断被告人的人身危险程度，不能不加区别，仅以出现被害人死亡的后果，一律判处死刑立即执行。

4. 抢劫致人重伤案件适用死刑，应当更加慎重、更加严格，除非具有采取极其残忍的手段造成被害人严重残疾等特别恶劣的情节或者造成特别严重后果的，一般不判处死刑立即执行。

5. 具有刑法第二百六十三条规定的“抢劫致人重伤、死亡”以外其他七种加重处罚情节，且犯罪情节特别恶劣、危害后果特别严重的，可依法判处死刑立即执行。认定“情节特别恶劣、危害后果特别严重”，应当从严掌握，适用死刑必须非常慎重、非常严格。

五、抢劫共同犯罪的刑罚适用

1. 审理抢劫共同犯罪案件，应当充分考虑共同犯罪的情节及后果、共同犯罪人在抢劫中的作用以及被告人的主观恶性、人身危险性等情节，做到准确认定主从犯，分清罪责，以责定刑，罚当其罪。一案中有两名以上主犯的，要从犯罪提意、预谋、准备、行为实施、赃物处理等方面区分出罪责最大者和较大者；有两名以上从犯的，要在从犯中区分出罪责相对更轻者和较轻者。对从犯的处罚，要根据案件的具体事实、从犯的罪责，确定从轻还是减轻处罚。对具有自首、立功或者未成年人且初次抢劫等情节的从犯，可以依法免除处罚。

2. 对于共同抢劫致一人死亡的案件，依法应当判处死刑的，除犯罪手段特别残忍、情节及后果特别严重、社会影响特别恶劣、严重危害社会治安的外，一般只对共同抢劫犯罪中作用最突出、罪行最严重的那名主犯判处死刑立即执行。罪行最严重的主犯如因系未成年人而不适用死刑，或者因具有自首、立功等法定从宽处罚情节而不判处死刑立即执行的，不能不加区别地对其他主犯判处死刑立即执行。

3. 在抢劫共同犯罪案件中，有同案犯在逃的，应当根据现有证据尽量分清在押犯与在逃犯的罪责，对在押犯应按其罪责处刑。罪责确实难以分清，或者不排除在押犯的罪责可能轻于在逃犯的，对在押犯适用刑罚应当留有余地，判处死刑立即执行要格外慎重。

六、累犯等情节的适用

根据刑法第六十五条第一款的规定，对累犯应当从重处罚。抢劫犯罪被告人具有累犯情节的，适用刑罚时要综合考虑犯罪的情节和后果，所犯前后罪的性质、间隔时间及判刑轻重等情况，决定从重处罚的力度。

对于前罪系抢劫等严重暴力犯罪的累犯，应当依法加大从重处罚的力度。对于虽不构成累犯，但具有抢劫犯罪前科的，一般不适用减轻处罚和缓刑。对于可能判处死刑的罪犯具有累犯情节的也应慎重，不能只要是累犯就一律判处死刑立即执行；被告人同时具有累犯和法定从宽处罚情节的，判处死刑立即执行应当综合考虑，从严掌握。

七、关于抢劫案件附带民事赔偿的处理原则（略）

4. 全国法院维护农村稳定刑事审判工作座谈会纪要（法〔1999〕217号，自1999年10月27日起施行）（节录）

二

会议在认真学习《决定》和“上海会议”文件的基础上，结合执行刑法、刑事诉讼法的审判实践，对审理农村中犯罪案件、农民犯罪案件中的一些重要问题进行了研究、讨论。一致认为，对于故意杀人、故意伤害、抢劫、强奸、绑架等严重危害农村社会治安的暴力犯罪以及带有黑社会性质的团伙犯罪，一定要继续坚持从重从快严厉打击的方针。要根据当地社会治安的特点，将经常性“严打”和集中打击、专项斗争结合起来，始终保持“严打”的高压态势，有效地遏制严重刑事犯罪活动蔓延的势头，尽一切努力维护好农村社会治安的稳定。同时，对正确适用法律，处理好农村常见多发案件，全面、正确掌握党的刑事政策，取得了一致意见：

（一）关于故意杀人、故意伤害案件

要准确把握故意杀人犯罪适用死刑的标准。对故意杀人犯罪是否判处死刑，不仅要看是否造成了被害人死亡结果，还要综合考虑案件的全部情况。对于因婚姻家庭、邻里纠纷等民间矛盾激化引发的故意杀人犯罪，适用死刑一定要十分慎重，应当与发生在社会上的严重危害社会治安的其他故意杀人犯罪案件有所区别。对于被害人一方有明显过错或对矛盾激化负有直接责任，或者被告人有法定从轻处罚情节的，一般不应判处死刑立即执行。

要注意严格区分故意杀人罪与故意伤害罪的界限。在直接故意杀人与间接故意杀人案件中，犯罪人的主观恶性程度是不同的，在处刑上也应有所区别。间接故意杀人与故意伤害致人死亡，虽然都造成了死亡后果，但行为人故意的性质和内容是截然不同的。不注意区分犯罪的性质和故意的内容，只要有死亡后果就判处死刑的做法是错误的，这在今后的工作中，应当予以纠正。对于故意伤害致人死亡，手段特别残忍，情节特别恶劣的，才可以判处死刑。

要准确把握故意伤害致人重伤造成“严重残疾”的标准。参照1996年国家技术监督局颁布的《职工工伤与职业病致残程度鉴定标准》（以下简称“工伤标准”），刑法第二百三十四条第二款规定的“严重残疾”是指下列情形之一：被害人身体器官大部缺损、器官明显畸形、身体器官有中等功能障碍、造成严重并发症等。残疾程序可以分为一般残疾（十至七级）、严重残疾（六至三级）、特别严重残疾（二至一级），六级以上视为“严重残疾”。在有关司法解释出台前，可统一参照“工伤标准”确定残疾等级。实践中，并不是只要达到“严重残疾”就判处死刑，还要根据伤害致人“严重残疾”的具体情况，综合考虑犯罪情节和危害后果来决定刑罚。故意伤害致重伤造成严重残疾，只有犯罪手段特别残忍，后果特别严重的，才能考虑适用死刑（包括死刑，缓期二年执行）。

（二）关于盗窃案件（略）

（三）关于农村恶势力犯罪案件（略）

（四）关于破坏农业生产坑农害农案件（略）

（五）关于村民群体械斗案件（略）

（六）关于拐卖妇女、儿童犯罪案件（略）

三

会议在认真分析了农村中犯罪、农民犯罪的原因和特点的基础上，结合我国农村基层组织的作用和现状，对处理农村中犯罪案件和农民犯罪案件应当把握的政策界限进行了研究；对正确处理以下问题取得了一致意见：

（一）关于正确处理干群关系矛盾引发的刑事案件问题

开庭审理此类案件，一般要深入发案地，认真查清事实，了解案件发生真实原因，分清双方责任，合情、合理、合法地予以处理。

对利用手中掌握的权力欺压百姓、胡作非为，严重损害群众和集体利益，构成犯罪的，要依法严惩；对只是因工作方法简单粗暴构成犯罪的，要做好工作，取得群众谅解后，酌情予以处理。

对抗拒基层组织正常管理，纯属打击报复农村干部的犯罪分子，一定要依法严惩；对事出有因而构成犯罪的农民被告人，则要体现从宽政策。群体事件中，处罚的应只是构成犯罪的极少数为首者和组织者；对于其他一般参与的群众，要以教育为主，不作犯罪处理。

要充分依靠当地党委和政府，充分征求有关部门对此类案件判决的意见。对当地政府强烈要求判处死刑的案件，要了解有关背景。对于依法应当判处死刑的，不能因为担心被告方人多势众会闹事而不判处死刑；相反，对不应当判处死刑的，也不能因为被害方闹事就判处死刑。要依靠党政部门努力做好法制宣传教育工作，在未做好群众思想工作的情况下，不要急于下判。

（二）关于对农民被告人依法判处缓刑、管制、免予刑事处罚问题（略）

（三）关于村委会和村党支部成员利用职务便利侵吞集体财产犯罪的定性问题（略）

（四）关于财产刑问题

凡法律规定并处罚金或者没收财产的，均应当依法并处，被告人的执行能力不能作为是否判处财产刑的依据。确实无法执行或不能执行的，可以依法执行终结或者减免。对法律规定主刑有死刑、无期徒刑和有期徒刑，同时并处没收财产或罚金的，如决定判处死刑，只能并处没收财产；判处无期徒刑的，可以并处没收财产，也可以并处罚金；判处有期徒刑的，只能并处罚金。

对于法律规定有罚金刑的犯罪，罚金的具体数额应根据犯罪的情节确定。刑法和司法解释有明确规定的，按规定判处；没有规定的，各地可依照法律规定的原则和具体情况，在总结审判经验的基础上统一规定参照执行的数额标准。

对自由刑与罚金刑均可选择适用的案件，如盗窃罪，在决定刑罚时，既要避免以罚金刑代替自由刑，又要克服机械执法只判处自由刑的倾向。对于可执行财产刑且罪行又不严重的初犯、偶犯、从犯等，可单处罚金刑。对于应当并处罚金刑的犯罪，如被告人能积极缴纳罚金，认罪态度较好，且判处的罚金数量较大，自由刑可适当从轻，或考虑宣告缓刑。这符合罪刑相适应原则，因为罚金刑也是刑罚。

被告人犯数罪的，应避免判处罚金刑的同时，判处没收部分财产。对于判处没收全部财产，同时判处罚金刑的，应决定执行没收全部财产，不再执行罚金刑。

（五）关于刑事附带民事诉讼问题

人民法院审理附带民事诉讼案件的受案范围，应只限于被害人因人身权利受到犯罪行为侵犯和财物被犯罪行为损毁而遭受的物质损失，不包括因犯罪分子非法占有、处置被害人财产而使其遭受的物质损失。对因犯罪分子非法占有、处置被害人财产而使其遭受的物质损失，应当根据刑法第六十四条的规定处理，即应通过追缴赃款赃物、责令退赔的途径解决。如赃款赃物尚在的，应一律追缴；已被用掉、毁坏或挥霍的，应责令退赔。无法退赃的，在决定刑罚时，应作为酌定从重处罚的情节予以考虑。

关于附带民事诉讼的赔偿范围，在没有司法解释规定之前，应注意把握以下原则：一是要充分运用现有法律规定，在法律许可的范围内最大限度地补偿被害人因被告人的犯罪行为而遭受的物质损失。物质损失应包括已造成的损失，也包括将来必然遭受的损失。二是赔偿只限于犯罪行为直接造成的物质损失，不包括精神损失和间接造成的物质损失。三是要适当考虑被告人的赔偿能力。被告人的赔偿能力包括现在的赔偿能力和将来的赔偿能力，对未成年被告人还应考虑到其监护人的赔偿能力，以避免数额过大的空判引起的负面效应，被告人的民事赔偿情况可作为量刑的酌定情节。四是要切实维护被害人的合法权益。附带民事原告人提出起诉的，对于没有构成犯罪的共同致害人，也要追究其民事赔偿责任。未成年致害人由其法定代表人或者监护人承担赔偿责任。但是，在逃的同案犯不应列为附带民事诉讼的被告人。关于赔偿责任的分担：共同致害人应当承担连带赔偿责任；在学校等单位内部发生犯罪造成受害人损失，在管理上有过错责任的学校等单位有赔偿责任，但不承担连带赔偿责任；交通肇事犯罪的车辆所有人（单位）在犯罪分子无赔偿能力的情况下，承担代为赔偿或者垫付的责任。

（六）关于刑事自诉案件问题（略）

5. **最高人民法院关于死刑缓期执行限制减刑案件审理程序若干问题的规定**（法释〔2011〕8号，自2011年5月1日起施行）

为正确适用《中华人民共和国刑法修正案（八）》关于死刑缓期执行限制减刑的规定，根据刑事诉讼法的有关规定，结合审判实践，现就相关案件审理程序的若干问题规定如下：

第一条 根据刑法第五十条第二款的规定，对被判处死刑缓期执行的累犯以及因故意杀人、强奸、抢劫、绑架、放火、爆炸、投放危险物质或者有组织的暴力性犯罪被判处死刑缓期执行的犯罪分子，人民法院根据犯罪情节、人身危险性等情况，可以在作出裁判的同时决定对其限制减刑。

第二条 被告人对第一审人民法院作出的限制减刑判决不服的，可以提出上诉。被告人的辩护人和近亲属，经被告人同意，也可以提出上诉。

第三条 高级人民法院审理或者复核判处死刑缓期执行并限制减刑的案件，认为原判对被告人判处死刑缓期执行适当，但判决限制减刑不当的，应当改判，撤销限制减刑。

第四条 高级人民法院审理判处死刑缓期执行没有限制减刑的上诉案件，认为原判事实清楚、证据充分，但应当限制减刑的，不得直接改判，也不得发回重新审判。确有必要限制减刑的，应当在第二审判决、裁定生效后，按照审判监督程序重新审判。

高级人民法院复核判处死刑缓期执行没有限制减刑的案件，认为应当限制减刑的，不得以提高审级等方式对被告人限制减刑。

第五条 高级人民法院审理判处死刑的第二审案件，对被告人改判死刑缓期执行的，如果符合刑法第五十条第二款的规定，可以同时决定对其限制减刑。

高级人民法院复核判处死刑后没有上诉、抗诉的案件，认为应当改判死刑缓期执行并限制减刑的，可以提审或者发回重新审判。

第六条 最高人民法院复核死刑案件，认为对被告人可以判处死刑缓期执行并限制减刑的，应当裁定不予核准，并撤销原判，发回重新审判。

一案中两名以上被告人被判处死刑，最高人民法院复核后，对其中部分被告人改判死刑缓期执行的，如果符合刑法第五十条第二款的规定，可以同时决定对其限制减刑。

第七条 人民法院对被判处死刑缓期执行的被告人所作的限制减刑决定，应当在判决书主文部分单独作为一项予以宣告。

第八条 死刑缓期执行限制减刑案件审理程序的其他事项，依照刑事诉讼法和有关司法解释的规定执行。

权威解读

《关于死刑缓期执行限制减刑案件审理程序若干问题的规定》的理解与适用

2011年2月25日，第十一届全国人民代表大会常务委员会第十九次会议审议通过了《刑法修正案（八）》，修改了《刑法》第五十条，增加了一款作为第二款，即“对被判处死刑缓期执行的累犯以及因故意杀人、强奸、抢劫、绑架、放火、爆炸、投放危险物质或者有组织的暴力性犯罪被判处死刑缓期执行的犯罪分子，人民法院根据犯罪情节等情况可以同时决定对其限制减刑”。由此，在我国刑法中建立了全新的死刑缓期执行限制减刑制度。4月25日，最高人民法院公布了《关于死刑缓期执行限制减刑案件审理程序若干问题的规定》（以下简称《限制减刑规定》），对此类案件的审理程序作出了规定。为帮助理解和适用《限制减刑规定》，现就《限制减刑规定》的起草思路、适用限制减刑应遵循的原则、死缓限制减刑案件的审理程序、裁判文书表述等问题加以说明。

一、关于《限制减刑规定》的起草思路

《刑法修正案（八）》确立死刑缓期执行限制减刑制度，是我国刑罚制度的重大改革，也是一个全新的事物。对于刑法规定的人民法院可以“同时决定”限制减刑如何操作，理解上会存在一定分歧，在《限制减刑规定》起草过程中也有不同意见。例如，有意见认为，限制减刑是判决生效后的刑罚执行问题，而人民法院对被告人判处死刑缓期执行时，判决尚未生效，由未生效的判决书决定刑罚执行问题，逻辑上存在矛盾，建议规定由高级人民法院或者最高人民法院在作出终局性裁判的同时来宣告。也有意见认为，死刑缓期执行的法律后果具有不确定性，对于死刑缓期执行期间故意犯罪的，应当核准死刑，就不存在是否限制减刑的问题，建议规定由人民法院在死刑缓期执行期满作出减刑裁定的同时宣告限制减刑。

应当说，上述两种意见均有一定合理性。但是，如果按照这两种意见来理解和执行《刑法》第五十条第二款中可以“同时决定”限制减刑的规定，会产生不少问题：（1）不利于保障被告人的合法权利。限制减刑是对被告人权益的重大处置，限制减刑的死刑缓期执行的实际执行期一般至少25年，死刑缓期执行期间有重大立功表现的至少为20年；而不限制减刑的死缓期执行的实际执行期平均为17－18年，有的实际执行14年左右就可获释，二者差别很大。如不允许中级人民法院一审时对判处死刑缓期执行的被告人可以同时决定限制减刑，会剥夺被告人对限制减刑决定的上诉权。（2）会造成程序复杂化，甚至工作被动。对于一审法院认为应当判处死刑缓期执行并限制减刑的案件，如果规定不能同时决定限制减刑，就只能判处不限制减刑的死刑缓期执行，这很可能会轻纵被告人。因为如果被告人上诉，而检察机关不抗诉的，即使二审法院认为应当限制减刑，但受制于“上诉不加刑”原则，并不能直接改判增加限制减刑。如二审法院要改判增加限制减刑，就须启动审判监督程序，由此造成程序复杂化，浪费审判资源。同时，如果一审法院判处不限制减刑的死缓后，没有上诉、抗诉的，高级人民法院对案件适用复核程序，即使认为应当限制减刑的，也不能直接改判。这也会造成工作被动。（3）按照前一种意见，如果规定只能由高级人民法院或者最高人民法院作出限制减刑的决定，由于裁判文书均自宣告或者送达之日起发生法律效力，这同样存在未生效的裁判文书规定对罪犯限制减刑这一刑罚执行问题的逻辑矛盾。按照后一种意见，如果采取单独宣告限制减刑的模式，规定由高级人民法院在死刑缓期执行期满后裁定减刑的同时宣告限制减刑，由于办理减刑案件与作出原死刑缓期执行判决的常常不是同一审判组织，甚至不是同一个法院（异地服刑），不如原审判组织了解被告人的犯罪情节、主观恶性和人身危险性，故既不利于限制减刑的严格适用，也会造成重复审判，浪费审判资源。

经研究，我们认为，对《刑法》第五十条第二款规定的可以“同时决定”限制减刑，应当理解为由人民法院在判处被告人死刑缓期执行的判决书中一并宣告限制减刑，且中级人民法院、高级人民法院和最高人民法院可以分别决定限制减刑。主要理由包括如下三点：

第一，符合立法本意。延长部分死缓犯实际执行期的立法建议是最高人民法院于2007年提出的，立法建议采取的宣告模式就是由人民法院在作出死刑缓期执行的判决书中一并宣告，而不是在刑罚执行过程中另行宣告。《刑法修正案（八）》对第五十条第二款的规定，虽然在延长部分死缓犯实际执行期的途径和适用限制减刑的死缓犯类型方面与立法建议有所区别，但对限制减刑决定采取的宣告模式，仍然吸纳了最高人民法院提出的立法建议。因此，从立法本意出发，应当把《刑法》第五十条第二款规定的可以“同时决定”限制减刑理解为在判处被告人死刑缓期执行的判决书中一并宣告。

第二，有利于保障被告人的合法权益。限制减刑的死刑缓期执行比不限制减刑的情形，在实际执行期上一般相差8年左右，直接涉及被告人的重大权益，故最好以“判决”形式明确宣告。中级人民法院、高级人民法院和最高人民法院均可以分别作出限制减刑的决定。被告人对一审法院作出的限制减刑判决不服的，可以提出上诉；检察机关认为不应当限制减刑，或者认为应当限制减刑而没有限制的，可以提出抗诉；上级法院认为不应当限制减刑的，可以撤销，对判处死缓没有限制减刑的抗诉案件可以直接改判限制减刑。这样也理顺了上下级法院在决定限制减刑问题上的审级关系。

第三，能够很好解决判处死刑缓期执行与同时决定限制减刑之间的逻辑关系。限制减刑作为刑罚执行问题，在判决尚未生效时就予以宣告，二者之间看似存在矛盾，实际上也可以得到合理解释。因为在判决书中宣告限制减刑，并不等于该项判决内容已经生效，最终是否对被告人限制减刑，须在终局判决作出之后才能确定，并须在判决生效后才能执行。同时，对于死刑缓期执行的不确定问题，虽然存在因死刑缓期执行期间故意犯罪被核准死刑的情况，但这种情况毕竟很少，一旦出现这种情况，原作出的限制减刑判决自然无须再执行。

基于上述对《刑法》第五十条第二款"同时决定"限制减刑规定的理解和把握，根据《刑事诉讼法》、《最高人民法院关于执行〈中华人民共和国刑事诉讼法〉若干问题的解释》（以下简称《执行刑诉法解释》）和《最高人民法院关于复核死刑案件若干问题的规定》（以下简称《复核死刑案件规定》）①等司法解释，我们起草了《限制减刑规定》，共八条。第一条是体例性条文，主要明确起草本司法解释的刑法依据；第二条规定了被告人对限制减刑判决的上诉权；第三条规定了高级人民法院改判撤销限制减刑的情形；第四条规定了"上诉不加刑"原则；第五条规定了高级人民法院对死刑二审案件改判为死刑缓期执行并限制减刑的情形；第六条规定了最高人民法院改判死刑缓期执行并限制减刑的情形；第七条规定了限制减刑决定在裁判文书中如何宣告问题；第八条是兜底性规定。

需要说明的是，《限制减刑规定》主要解决对死刑缓期执行罪犯限制减刑的审理程序问题。对于适用限制减刑的实体条件，考虑到死刑缓期执行限制减刑制度的重大影响，还须在审判工作中总结经验，暂不在本司法解释中作出明确规定，将通过制发指导案例、组织业务培训等形式加强审判指导，待条件成熟后再制定司法解释。

二、关于决定限制减刑应遵循的原则

《限制减刑规定》虽然主要规定死刑缓期执行限制减刑案件的审理程序，没有规定适用限制减刑的实体条件，但考虑死刑缓期执行限制减刑制度的重要性，《限制减刑规定》第一条实际上已经在一定程度上体现了适用限制减刑的实体原则。这里，根据立法本意，结合《限制减刑规定》第一条，就适用

---

① 以下提及的法条均为当时有效的法条。

限制减刑应当遵循的司法原则略作阐述。

一是应当坚持罪刑法定原则。罪刑法定原则是刑事司法工作中要遵循的重要基本原则，对被判处死刑缓期执行的被告人是否限制减刑，也应当遵循这一原则。《刑法》第五十条第二款对死缓限制减刑规定了三种情形（以下简称“1+8”），只有对这三种情形的案件，判处被告人死刑缓期执行的，才可以考虑限制减刑。除此之外的情形，判处被告人死刑缓期执行的，一律不得限制减刑。审判工作中在执行这一规定时，较为突出的问题是，要正确处理因故意伤害罪被判处死刑缓期执行的案件。《刑法》第五十条第二款列举的七种具体犯罪中，没有故意伤害罪，但这是实践中判处死刑或者死刑缓期执行较多的一种犯罪。按照罪刑法定原则，今后，对于犯故意伤害罪被判处死刑缓期执行的，如果被告人系累犯或者故意伤害属于有组织的暴力性犯罪的，可以对被告人同时决定限制减刑。对于不属于这两种情形的故意伤害犯罪，对被告人判处死刑缓期执行的，不能同时决定限制减刑。

二是应当坚持罪刑相适应原则。罪刑相适应原则也是刑法的基本原则，对于司法机关依法公正判刑尤为重要。《刑法》第五条规定：“刑罚的轻重，应当与犯罪子所犯罪行和承担的刑事责任相适应。”据此，限制减刑应当仅适用于判处死刑立即执行过重，但判处死刑缓期执行不限制减刑又偏轻的案件。从法律规定看，尽管第五十条第二款已经限制了对死缓犯限制减刑的范围仅适用于“1+8”情形，但由于是否限制减刑要根据“犯罪情节等情况”作出决定，存在一定弹性或者裁量余地，故适用范围仍可能较宽。在此情况下，就十分有必要在司法适用中强调严格遵循罪刑相适应原则。具体而言，在对被告人判处死刑缓期执行时决定是否限制减刑，要综合考虑犯罪的性质，犯罪的起因、动机、目的、手段等情节，犯罪的后果，被告人的主观恶性和人身危险性等因素，全面分析量刑情节，严格依法适用，确保法律效果与社会效果的有机统一。对于判处死刑缓期执行不须限制减刑，就能做到有效制裁犯罪的案件，绝不应当对被告人限制减刑。工作中遇到是否须限制减刑把握不准的案件，宜采取保守的做法，不适用限制减刑。

三是应当坚持有利于严格执行死刑政策的原则。这是在决定是否限制减刑时要遵循的最重要的一条原则。从立法目的看，对判处死刑缓期执行的被告人限制减刑，并不是为了单纯加重死缓刑的严厉性，而是为进一步严格执行死刑政策创造条件。即通过延长部分死缓犯的实际执行期，充分发挥死缓刑的严厉性，改变以往“死刑过重、生刑过轻”的刑罚执行不平衡现象。由此，一部分以往因判处死刑缓期执行做不到罚当其罪而判处了死刑立即执行的案件，尤其是以往因被害方反映强烈等原因而“被迫”判处了死刑立即执行的案件，在《刑法修正案（八）》施行后，可以判处死刑缓期执行并限制减刑。这既有利于进一步严格执行死刑政策，也有于实现对少数罪行极其严重的死缓犯的严惩。但是，单从刑法条文难以解读出这种立法目的。实践中可能会有人以刑法关于判处死刑立即执行和死刑缓期执行的条件没有变化为由，认为刑法只是单纯加重了生刑，而不会从控制死刑的角度来理解和适用对死缓犯限制减刑的规定，这就很可能造成对限制减刑的不当适用，出现死刑未得到控制而生刑又加重了的现象。因此，在司法适用中必须强调，对死缓犯限制减刑应当以有利于严格执行死刑政策为前提。凡是判处死刑缓期执行不须限制减刑已经符合罪刑相适应原则或者能够实现裁判效果的案件，绝不应当再限制减刑。只有对于以往本可以判处死刑缓期执行，但因死刑缓期执行的实际执行期过短，惩罚力度不够，进而判处了死刑立即执行的案件，今后由于有了限制减刑制度，能够有效制裁犯罪，才可以考虑在判处死缓的同时决定限制减刑。也就是说，对判处死刑缓期执行的被告人适用限制减刑，针对的是以往应判处死刑立即执行的案件，而不是以往判处死刑缓期执行的案件。对每一起案件的被告人判处死刑缓期执行并限制减刑，均应当围绕这一立法目的展开。

三、关于死刑缓期执行限制减刑案件的审理程序

《限制减刑规定》对死刑缓期执行限制减刑案件审理程序的主要事项作了规定，包括：中级人民法院、高级人民法院和最高人民法院可以分别决定限制减刑；被告人对限制减刑的决定有上诉权；对上诉案件适用“上诉不加刑”原则等。现分别加以阐述。

（一）中级人民法院、高级人民法院和最高人民法院可以分别决定限制减刑

《限制减刑规定》没有明确规定中级人民法院一审对判处死刑缓期执行的被告人可以同时决定限制减刑，但从《限制减刑规定》第一条和第二条中可以解读出该项内容。同时，根据刑事诉讼法的规定，中级人民法院管辖可能判处无期徒刑、死刑的普通刑事案件，如果中级人民法院对被告人判处死刑缓期执行，且符合《刑法》第五十条第二款规定的条件，自然可以同时决定

限制减刑。

高级人民法院对判处死刑缓期执行的被告人决定限制减刑，包括两种情形：(1) 中级人民法院对被告人判处死刑缓期执行但没有限制减刑，检察机关以应当限制减刑为由提出抗诉，高级人民法院二审认为应当限制减刑的，可以改判对被告人限制减刑。(2)《限制减刑规定》第五条第一款规定的情形，即高级人民法院审理判处死刑的第二审案件，认为不应当判处死刑立即执行，对被告人改判死刑缓期执行的，如果符合《刑法》第五十条第二款的规定，可以同时决定限制减刑。除这两种改判的情形外，对于一审法院判处被告人死刑缓期执行并限制减刑的案件，高级人民法院二审或者复核认为原判量刑适当的，应当裁定驳回上诉或者抗诉，维持原判，或者裁定予以核准。

最高人民法院自2007年统一行使死刑案件核准权后，对死刑复核案件采取了新的裁判模式，原则上只裁定核准或者不予核准死刑。根据《复核死刑案件规定》的规定，只有当一案报请核准两名以上被告人死刑时，最高人民法院才可能对其中部分被告人进行改判。据此，《限制减刑规定》第六条第二款规定，一案中两名以上被告人被判处死刑，最高人民法院复核后，对其中部分被告人改判死刑缓期执行的，如果符合《刑法》第五十条第二款的规定，可以同时决定限制减刑。除此情形之外，最高人民法院复核死刑案件，均不能对被告人改判死刑缓期执行并限制减刑。

（二）被告人对限制减刑的判决有上诉权

对于限制减刑的判决，被告人是否享有上诉权，在《限制减刑规定》起草过程中曾有不同意见。有的同志提出，判处死刑缓期执行并限制减刑，并不是一个独立的刑种，而是死刑缓期执行的一种执行方式，在刑罚种类上仍然属于死刑，故可以规定被告人对限制减刑的判决不能提出上诉。

我们认为，对这个问题要从两个层面来分析。首先，应当肯定判处死刑缓期执行并限制减刑不是一个独立的刑种，而是一种刑罚执行方式。因为死刑缓期执行本身就是死刑的一种执行方式，而不是独立的刑种。对被告人判处死刑缓期执行并限制减刑，是立法为延长死缓犯的实际执行期而采取的方法，仍属于判处死刑缓期执行的一种情形。既然死刑缓期执行不是独立的刑种，判处死刑缓期执行并限制减刑自然也不应当是独立的刑种。其次，限制减刑作为判决书主文的一项重要内容，是对被告人重大权益的处置，应当允许提出上诉。本来，延长死刑缓期执行罪犯的实际执行期有多种途径，如可规定更加严格的减刑或者假释条件，确保罪犯服完至少25年刑期后才能获释。但是，立法机关经反复研究后，采取了由人民法院在作出死刑缓期执行判决的同时一并宣告限制减刑的模式，由此使限制减刑成为一项重要的判决内容。虽然判处死刑缓期执行并限制减刑不是一个独立的刑种，但其在司法实践中的性质就像死刑缓期执行本身一样，将会实际起到独立刑种的作用。即死刑、死刑缓期执行限制减刑和死刑缓期执行将形成梯次衔接关系，分别对应不同的案件情形。限制减刑只适用于判处死刑立即执行过重，但判处死刑缓期执行不限制减刑又偏轻案件。由于限制减刑的死刑缓期执行比不限制减刑的情形要更为严厉，且对于《刑法》第五十条第二款规定的“1＋8”情形，也并非一律决定限制减刑，如不允许提出上诉，则不利于保障被告人的权益，也不利于上级法院对一审法院作出的限制减刑判决进行审查、监督。基于上述考虑，根据《刑事诉讼法》第一百八十条的规定，《限制减刑规定》在第二条中规定了对限制减刑判决的上诉权，即“被告人对第一审人民法院作出的限制减刑判决不服的，可以提出上诉。被告人的辩护人和近亲属，经被告人同意，也可以提出上诉”。

（三）关于“上诉不加刑”原则

二审法院对判处死刑缓期执行的被告人改判限制减刑，是否应遵循“上诉不加刑”原则，在《限制减刑规定》起草过程中也曾有不同意见。持否定意见的主要理由是，限制减刑只是死刑缓期执行的一种执行方式，对于一审法院判处被告人死刑缓期执行没有限制减刑的，被告人提出上诉后，二审法院如直接决定限制减刑，并没有改变原判死刑缓期执行的性质，故不违反“上诉不加刑”原则。但是，如前文所分析的，限制减刑的死刑缓期执行与不限制减刑的情形，在实际执行期上差别很大，前者客观上处罚更为严厉，从保障被告人依法维护自身权益出发，二审法院对被告人决定限制减刑应当遵循“上诉不加刑”原则。据此，根据《刑事诉讼法》第一百九十条和《执行刑诉法解释》第二百五十七条第一款第（五）项，《限制减刑规定》第四条第一款规定：“高级人民法院审理判处死刑缓期执行没有限制减刑的上诉案件，认为原判事实清楚、证据充分，但应当限制减刑的，不得直接改判，也不得发回重新审判。确有必要限制减刑的，应当在第二审判决、裁定生效后，按照审判监督程序重新审判。”同时，考虑对于判处死刑缓期执行后不上诉、不抗诉的案件，高级人民法院适用复核程序，根据《执行刑诉法解释》第二百七十八条第三款的规定，《限制减刑规定》第四条第二款规定："高级人民法院复核判处死刑缓期执行没有限制减刑的案件，认为应当限制减刑的，不得以提高审级等方式对被告人限制减刑。"

（四）关于《限制减刑规定》第五条第二款中的"提审"

对于一审判处死刑后没有上诉、抗诉的案件，高级人民法院适用复核程序进行审理。根据《刑事诉讼法》第二百条和《执行刑诉法解释》第二百七十五条第（一）项的规定，高级人民法院不同意判处死刑的，可以（应当）提审或者发回重新审判。《复核死刑案件规定》第八条第二款也据此规定，高级人民法院依照复核程序审理后报请最高人民法院核准死刑的案件，最高人民法院裁定不予核准，发回高级人民法院重新审判的，高级人民法院可以提审或者发回第一审人民法院重新审判。据此，《限制减刑规定》第五条第二款规定："高级人民法院复核判处死刑后没有上诉、抗诉的案件，认为应当改判死刑缓期执行并限制减刑的，可以提审或者发回重新审判。"

但是，关于如何理解"提审"的含义，是一个悬而未决的老问题，实践中有较大认识分歧。有意见认为，对于高级人民法院在复核死刑案件中"提审"的案件，应当按照一审程序进行审判。主要理由是，"提审"意味着上级法院把本属于下级法院一审的案件改变级别管辖，改由上级法院审判，应当适用一审程序。如果高级人民法院"提审"适用的是二审程序，则说明高级人民法院可以直接把复核案件改为二审案件，这不符合诉讼原理。这种意见确实有一定道理。但是，《刑事诉讼法》第二百零六条和《执行刑诉法解释》第三百零九条均规定，人民法院按照审判监督程序重新审判案件，如果原来是第二审案件，或者是上级人民法院提审的案件，应当依照第二审程序进行审判，所作的判决、裁定是终审的判决、裁定。对于这里使用的"提审"一词，应当与《刑事诉讼法》第二百条和《执行刑诉法解释》第二百七十五条第（一）项中使用的"提审"一词作相同解释，即均应解释为适用二审程序。否则，就会出现同一部法律中的相同用语具有完全不同含义的情况，不利于法律的贯彻执行。同时，从实践情况看，如果把"提审"理解为按照一审程序审判，就意味着高级人民法院在复核阶段"提审"，要按照一审程序进行审判，则案件上诉后要由最高人民法院进行二审，而这种做法在近几十年的司法实践中基本未出现过。基于这种考虑，我们认为，宜把"提审"理解成按照第二审程序进行审判。

（五）关于《限制减刑规定》没有明确规定的程序事项

《限制减刑规定》的主要目的是明确判处死刑缓期执行限制减刑案件的基本审理程序，尚有一些其他程序事项没有作出规定。例如，对检察机关以应当或者不应当限制减刑为由提出抗诉的案件如何处理；对中级人民法院判处被告人死刑缓期执行并限制减刑但高级人民法院二审或者复核认为应当判处死刑立即执行的案件如何处理；最高人民法院复核后认为对被告人可以改判死刑缓期执行并限制减刑，裁定不予核准死刑，发回重审的，是由高级人民法院直接改判死刑缓期执行并限制减刑，还是由高级人民法院继续发回一审法院改判等。由于《限制减刑规定》的内容是以刑事诉讼法的相关规定为依据的，且与《执行刑诉法解释》《复核死刑案件规定》等司法解释的相关规定也是一致的，因此，对于《限制减刑规定》没有作出明确规定的审理程序事项，均可以根据刑事诉讼法、《执行刑诉法解释》《复核死刑案件规定》等进行处理。《限制减刑规定》设置第八条作为兜底条文，其目的也在于此。

四、关于决定限制减刑的判决书主文部分样式（略）

五、关于《限制减刑规定》的时间效力

《限制减刑规定》于2011年4月25日公布，自5月1日起与《刑法修正案（八）》同步施行。由于对判处死刑缓期执行的被告人限制减刑较之于未限制减刑的情形，明显加重了对被告人的处罚，根据“从旧兼从轻”的刑法适用原则，对于2011年4月30日以前判决已经发生法律效力的判处死刑缓期执行的案件，自然不适用《限制减刑规定》。

那么，对于犯罪行为发生在《限制减刑规定》施行以前，但在《限制减刑规定》施行后才审结的案件，是否可以适用《限制减刑规定》？我们认为，应当区别情形对待。对于其中本可以判处死刑立即执行，在《刑法修正案（八）》施行后，转而判处死刑缓期执行并限制减刑的案件，可以适用《限制减刑规定》。具体理由是，限制减刑的死刑缓期执行较之于以往不限制减刑的死刑缓期执行，其惩罚的严厉性明显增强，同等条件下不利于被告人。但是，根据刑法规定的适用限制减刑的具体条件和司法实践情况，《刑法修正案（八）》施行后，对被告人判处死刑缓期执行并限制减刑，针对的是以往因死缓刑的实际执行期过短，不能做到罪刑相适应，进而判处了死刑立即执行的案件。今后，对这部分案件，由于有了限制减刑制度，就可以判处死刑缓期执行并限制减刑。相对于判处死刑立即执行而言，判处死刑缓期执行并限制减刑属于较轻的刑罚。同时，2001 年《最高人民法院、最高人民检察院关于适用刑事司法解释时间效力问题的规定》第二条规定："对于司法解释实施前发生的行为，行为时没有相关司法解释，司法解释施行后尚未处理或者正在处理的案件，依照司法解释的规定办理。"据此，对于 2011 年 4 月 30 日以前犯罪，《限制减刑规定》出台后尚处于一审、二审或者死刑复核阶段的案件，依照修正前刑法可以判处死刑立即执行，但依照修正后刑法判处死刑缓期执行并限制减刑能做到罚当其罪的，可以适用《限制减刑规定》。但是，值得注意的是，对于判处死刑缓期执行不限制减刑已经符合罪刑相适应原则，原本就不应当限制减刑的案件，即使在《限制减刑规定》施行后审结的，也不能适用《限制减刑规定》，否则，就违反了"从旧兼从轻"原则。

（撰稿：高贵君　马岩　方文军）

6. 最高人民法院关于对怀孕妇女在羁押期间自然流产审判时是否可以适用死刑问题的批复（法释〔1998〕18 号，自 1998 年 8 月 13 日起施行）

河北省高级人民法院：

你院冀高法〔1998〕40 号《关于审判时对怀孕妇女在公安预审羁押期间自然流产，是否适用死刑的请示》收悉。经研究，答复如下：

怀孕妇女因涉嫌犯罪在羁押期间自然流产后，又因同一事实被起诉、交付审判的，应当视为"审判的时候怀孕的妇女"，依法不适用死刑。

此复

7. 最高人民法院指导案例第 1 批第 4 号：王志才故意杀人案（2011 年 12 月 20 日法〔2011〕354 号印发）

【关键词】

刑事故意杀人罪婚恋纠纷引发坦白悔罪死刑缓期执行限制减刑

【裁判要点】

因恋爱、婚姻矛盾激化引发的故意杀人案件，被告人犯罪手段残忍，论罪应当判处死刑，但被告人具有坦白悔罪、积极赔偿等从轻处罚情节，同时被害人亲属要求严惩的，人民法院根据案件性质、犯罪情节、危害后果和被告人的主观恶性及人身危险性，可以依法判处被告人死刑，缓期二年执行，同时决定限制减刑，以有效化解社会矛盾，促进社会和谐。

【相关法条】

《中华人民共和国刑法》第五十条第二款

【基本案情】

被告人王志才与被害人赵某某（女，殁年26岁）在山东省潍坊市科技职业学院同学期间建立恋爱关系。2005年，王志才毕业后参加工作，赵某某考入山东省曲阜师范大学继续专升本学习。2007年赵某某毕业参加工作后，王志才与赵某某商议结婚事宜，因赵某某家人不同意，赵某某多次提出分手，但在王志才的坚持下二人继续保持联系。2008年10月9日中午，王志才在赵某某的集体宿舍再次谈及婚恋问题，因赵某某明确表示二人不可能在一起，王志才感到绝望，愤而产生杀死赵某某然后自杀的念头，即持赵某某宿舍内的一把单刃尖刀，朝赵的颈部、胸腹部、背部连续捅刺，致其失血性休克死亡。次日8时30分许，王志才服农药自杀未遂，被公安机关抓获归案。王志才平时表现较好，归案后如实供述自己罪行，并与其亲属积极赔偿，但未与被害人亲属达成赔偿协议。

【裁判结果】

山东省潍坊市中级人民法院于2009年10月14日以（2009）潍刑一初字第35号刑事判决，认定被告人王志才犯故意杀人罪，判处死刑，剥夺政治权利终身。宣判后，王志才提出上诉。山东省高级人民法院于2010年6月18日以（2010）鲁刑四终字第2号刑事裁定，驳回上诉，维持原判，并依法报请最高人民法院核准。最高人民法院根据复核确认的事实，以（2010）刑三复22651920号刑事裁定，不核准被告人王志才死刑，发回山东省高级人民法院重新审判。山东省高级人民法院经依法重新审理，于2011年5月3日作出（2010）鲁刑四终字第2—1号刑事判决，以故意杀人罪改判被告人王志才死刑，缓期二年执行，剥夺政治权利终身，同时决定对其限制减刑。

【裁判理由】

山东省高级人民法院经重新审理认为：被告人王志才的行为已构成故意杀人罪，罪行极其严重，论罪应当判处死刑。鉴于本案系因婚恋纠纷引发，王志才求婚不成，恼怒并起意杀人，归案后坦白悔罪，积极赔偿被害方经济损失，且平时表现较好，故对其判处死刑，可不立即执行。同时考虑到王志才故意杀人手段特别残忍，被害人亲属不予谅解，要求依法从严惩处，为有效化解社会矛盾，依照《中华人民共和国刑法》第五十条第二款等规定，判处被告人王志才死刑，缓期二年执行，同时决定对其限制减刑。

权威解读

指导案例4号“王志才故意杀人案”的理解与参照

2011年12月20日，最高人民法院发布了指导性案例“王志才故意杀人案”（指导案例4号）。为了深入理解和准确参照适用该指导性案例，现对该指导性案例的推选经过、裁判要点等有关情况予以解释和说明。

一、推选经过及其意义

最高人民法院案例指导工作办公室发出征集指导案例通知后，最高人民法院刑三庭于2011年4月22日推荐了该案例，认为它符合《最高人民法院关于案例指导工作的规定》第二条的规定，属于较先适用经《刑法修正案（八）》修正后的《刑法》第五十条判处死缓限制减刑的案例，贯彻了宽严相济刑事政策，对类似案件具有普遍指导意义。案例指导工作办公室经研究讨论和修改完善，按照程序报院领导同意提请审委会讨论。5月3日，最高人民法院审判委员会对该案例进行了讨论，同意将其确定为指导性案例。12月20日，最高人民法院以法〔2011〕354号文件将该案例作为第一批指导性案例予以发布。

该指导性案例的发布具有重要意义，有利于正确理解和适用修正后的《刑法》第五十条的规定，贯彻落实宽严相济刑事政策和死刑政策，既依法严惩严重刑事犯罪，又进一步严格限制死刑，最大限度地增加和谐因素，最大限度地减少不和谐因素，促进和谐社会建设。一是贯彻和体现了死缓刑罚的严厉性，有利于更好发挥刑罚惩治和预防犯罪功能。《刑法修正案（八）》设立了死刑缓期执行限制减刑，延长了部分严重犯罪的死缓犯的实际服刑期，使之被长期监禁（通常长达二十五年以上），出狱后的人身危险性大大降低。通过长期监禁和教育改造，不仅可以有效预防罪犯本人重新犯罪，而且强化了人们对死缓严厉性的认识，有利于告诫潜在的犯罪分子悬崖勒马，减少严重犯罪的发生。二是有利于严格控制和慎重适用死刑，最大限度地缓和与化解社会矛盾，促进社会和谐。过去由于死缓犯平均服刑十七八年，有的服刑十四年左右便可获释，被害人亲属出于担心自身安全和“杀人偿命”传统观念等考虑，往往对本可判处死缓的罪犯也强烈要求判处死刑立即执行。有相当一部分案件的被害人亲属提出，如果对被告人进行长期监禁，则可以接受死缓判决结果。《刑法修正案（八）》施行后，人民法院判处被告人死刑缓期执行并限制减刑，较之死缓不限制减刑，有助于减缓“杀人偿命”的传统报应观念，更能让被害人亲属接受，从而缓和被害人亲属与被告人及其亲属之间的长期对立情绪，防止引发相互复仇的恶性循环，最大限度地减少不和谐因素，也有利于贯彻落实严格控制和慎重适用死刑的政策，促进刑罚观念适应时代发展和进步，从而促进社会和谐稳定。

二、裁判要点的理解与说明

该指导性案例的裁判要点确认：因恋爱、婚姻矛盾激化引发的故意杀人案件，被告人犯罪手段残忍，论罪应当判处死刑，但被告人具有坦白悔罪、积极赔偿等从轻处罚情节，同时被害人亲属要求严惩的，人民法院根据案件性质、犯罪情节、危害后果和被告人的主观恶性及人身危险性，可以依法判处被告人死刑，缓期二年执行，同时决定限制减刑，以有效化解社会矛盾，促进社会和谐。理解和参照适用该裁判要点时，应当注意把握以下几个方面：

（一）应当遵循死缓限制减刑的有关原则

2011年2月25日，第十一届全国人民代表大会常务委员会第十九次会议审议通过了《刑法修正案（八）》，在《刑法》第五十条增加了第二款，即“对被判处死刑缓期执行的累犯以及因故意杀人、强奸、抢劫、绑架、放火、爆炸、投放危险物质或者有组织的暴力性犯罪被判处死刑缓期执行的犯罪分子，人民法院根据犯罪情节等情况可以同时决定对其限制减刑”。为贯彻落实这一规定，最高人民法院于同年4月25日公布了《关于死刑缓期执行限制减刑案件审理程序若干问题的规定》，对此类案件审理程序作出规定，并在第一条指出“人民法院根据犯罪情节、人身危险性等情况”作出限制减刑决定。结合立法本意和司法实践，我们认为适用死刑缓期执行并限制减刑，应当遵循以下司法原则：

1. 要坚持罪刑法定原则。《刑法》第五十条第二款对死缓限制减刑规定了三类情形，只有对符合这三类情形的案件，判处被告人死刑缓期执行的，才可以考虑同时限制减刑。除此之外，判处被告人死刑缓期执行的，一律不得限制减刑。需要注意的是，《刑法》第五十条第二款列举的7种具体犯罪中，没有故意伤害罪。对于犯故意伤害罪被判处死刑缓期执行的，如果被告人系累犯或者故意伤害属于有组织的暴力性犯罪的，可以对被告人同时决定限制减刑。对于不属于这两种情形的故意伤害犯罪，对被告人判处死刑缓期执行的，则不能同时决定限制减刑。

2. 要坚持罪责刑相适应原则。《刑法》第五条规定：“刑罚的轻重，应当与犯罪分子所犯罪行和承担的刑事责任相适应。”据此，死缓限制减刑应当仅适用于判处死刑立即执行偏重，但判处死刑缓期执行不限制减刑又偏轻的罪犯。也就是说，死缓限制减刑的适用对象，实质是那些罪行极其严重，根据修正前的刑法判处死缓不能罚当其罪，而根据修正后的刑法判处死缓并限制减刑可以罚当其罪，能更好体现罪责刑相适应原则要求的犯罪分子。尽管刑法和前述司法解释明确规定了死刑缓期执行限制减刑的范围和适用根据，但适用限制减刑的实体条件仍存在一定裁量空间，所以在司法适用中有必要强调严格遵循罪责刑相适应原则。具体来讲，对被告人判处死刑缓期执行决定是否需要限制减刑时，要综合考虑犯罪的性质，犯罪的起因、动机、目的、手段等情节，犯罪危害后果，被告人的主观恶性和人身危险性等因素，全面分析量刑情节，严格依法适用，确保裁判取得良好法律效果和社会效果。对于判处死刑缓期执行不需要限制减刑，就能够达到罪责刑相适应、有效惩治和预防犯罪、取得良好裁判效果的，绝不能再限制减刑。对于被判处死缓的被告人，是否需要限制减刑把握不准或者两可的，也不宜适用限制减刑。

3. 要坚持限制适用的原则。从立法目的来看，对判处死刑缓期执行的被告人限制减刑，并不是为了单纯加重死缓的严厉性，而是为了严格执行死刑政策、限制死刑立即执行创造条件。即通过延长部分死缓犯的实际服刑期，充分体现死缓的严厉性，改变过去“死刑过重、生刑过轻”的刑罚执行不平衡现象。由此，一部分过去因判处死刑缓期执行仍难以罚当其罪而判处死刑立即执行的，尤其是过去因被害方反应强烈等原因而判处死刑立即执行的，今后依法可以判处死刑缓期执行并限制减刑。这样既有利于贯彻执行严格控制和慎重适用死刑的政策，也有利于实现对那些罪行特别严重的死缓犯的严惩，促进社会和谐稳定。但是，仅仅从《刑法》第五十条条文修改前后比较本身难以准确理解这一立法目的。司法实践中可能有的以刑法对判处死刑立即执行和死刑缓期执行的条件没有变化为由，片面认为刑法只是单纯加重了对死缓犯的惩罚力度，而不是从控制死刑立即执行的角度来理解和适用对死缓犯限制减刑的规定，这样就有可能造成对死缓限制减刑的不当适用，从而出现死刑立即执行未得到控制而死刑缓期执行因再限制减刑又加重了的现象。因此，在适用这一规定时必须强调，对死缓犯适用限制减刑，应当有利于严格执行死刑政策，有利于贯彻落实宽严相济刑事政策，有利于案结事了，取得人民群众的理解和支持，实现案件法律效果和社会效果的良好统一，保障和促进社会和谐。在总体上必须把握限制适用的精神，凡是判处死缓不限制减刑，就能够有效惩治和预防犯罪，达到罪责刑相适应，裁判法律效果和社会效果良好的，绝不能再限制减刑。只有对那些判处死刑缓期执行，但因其实际服刑期过短，惩罚力度不够的，才可以在判处死缓的同时再限制减刑。

4. 要坚持“上诉不加刑”原则。《最高人民法院关于死刑缓期执行限制减刑案件审理程序若干问题的规定》第四条规定：高级法院审理判处死刑缓期执行没有限制减刑的上诉案件，认为应当限制减刑的，不得直接改判，也不得发回重审。确有必要限制减刑的，应当在第二审判决、裁定生效后，按照审判监督程序重新审判。高级法院复核判处死刑缓期执行没有限制减刑的案件，认为应当限制减刑的，不得以提高审级等方式对被告人限制减刑。据此，二审法院对判处死刑缓期执行的被告人改判限制减刑，必须遵循“上诉不加刑”原则。因为限制减刑的死刑缓期执行与不限制减刑的，在实际执行期上一般相差8年左右，前者更严厉，遵循“上诉不加刑”原则，有利于保障被告人行使上诉权。

（二）应当严格把握死缓限制减刑的条件

1. 应当严格把握死缓限制减刑的适用对象。判处死缓并限制减刑，虽不是独立的刑种，但实际已成为介于死刑立即执行与单纯死刑缓期执行之间的过渡刑罚，适用对象应当是判处死刑立即执行偏重，单纯判处死缓又偏轻的犯罪分子。结合该指导性案例，对于因恋爱、婚姻等民间矛盾激化引发的故意杀人案件，论罪可以判处死刑缓期执行的，如果被害方强烈要求判处死刑，民事赔偿调解工作难以有效开展，根据被告人的犯罪情节、人身危险性等情况，限制减刑有利于惩罚和预防犯罪，有利于化解矛盾、案结事了，促进社会和谐的，应当依法适用限制减刑。

对此类案件可以依法判处死缓并限制减刑，首先，因为此类案件往往事出有因，有临时突发性，在社会危害性上不同于其他严重危害社会治安和群众安全感的故意杀人案件，在死刑适用上也应当有所区别。对此，最高人民法院1999年印发的《全国法院维护农村稳定刑事审判工作座谈会纪要》就曾指出：“对于因婚姻家庭、邻里纠纷等民间矛盾激化引发的故意杀人犯罪，适用死刑一定十分慎重，应当与发生在社会上的严重危害社会治安的其他故意杀人犯罪案件有所区别。”2010年印发的《最高人民法院关于贯彻宽严相济刑事政策的若干意见》第二十二条再次强调：“对于因恋爱、婚姻、家庭、邻里纠纷等民间矛盾激化引发的犯罪，因劳动纠纷、管理失当等原因引发、犯罪动机不属恶劣的犯罪，因被害方过错或者基于义愤引发的或者具有防卫因素的突发性犯罪，应酌情从宽处罚。”其次，这样有利于严格执行死刑政策，实现裁判法律效果和社会效果的良好统一，保障和促进社会和谐稳定。自2007年最高人民法院统一行使死刑核准权以来，特别是近年来各级法院对因民间矛盾激化引发的故意杀人案件，严把死刑适用关，积极做好民事赔偿调解工作，对相当一部分被告人没有判处或者核准死刑立即执行，更好地贯彻了严格控制和慎重适用死刑的政策。但是，由于人民群众普遍存在“杀人偿命”的传统报应观念，一部分案件的被害人亲属对此不能完全理解和接受，甚至不断上访和闹访，强烈要求判处被告人死刑立即执行。因此，《刑法修正案（八）》实施后，可以通过判处死缓并限制减刑，减少此类案件的死刑立即执行的适用，更好地执行死刑政策，同时疏解被害方的报应情绪，做到案结事了，促进社会和谐稳定。

2. 注意防止两方面的适用不当。对于此类案件适用死刑缓期执行并限制减刑时，应当防止适用不当，注意以下两个方面。一方面，对于应当判处死刑立即执行的，仍要依法判处。对于虽系民间矛盾激化引发的故意杀人案件，但如果犯罪后果特别严重的，如杀害多人或者“灭门”案等，一般应当判处死刑立即执行，而不是判处死刑缓期执行并限制减刑。另一方面，对于通过民事赔偿调解工作，能够取得被害方谅解，判处死刑缓期执行能够做到罚当其罪和案结事了的，也不能简单地适用限制减刑，以免造成限制减刑的滥用。

3. 应当根据被告人犯罪情节、人身危险性等情况，综合分析判断。由于司法实践中情况比较复杂，一些案件被告人往往同时具有法定、酌定的从严和从宽处罚的情节，形成情节冲突的局面。对此，根据宽严相济刑事政策的要求，应当在全面考察犯罪的性质、情节和对社会危害程度的基础上，结合被告人的主观恶性、人身危险性等因素，充分考虑相关因素，进行综合分析判断，决定总体从严，或者总体从宽，依法做出罚当其罪、效果良好的裁判。本案例中，需要考虑的量刑情节即存在冲突，具体情况如下：

其一，本案是恋爱矛盾激化引发的故意杀人案件，被告人因多年的恋情受阻感到绝望而杀人，主观恶性较之其他严重影响群众安全感的暴力犯罪有所不同。2002年被告人王志才与赵某某在山东省一科技职业学院同学期间建立恋爱关系，至2008年10月本案发生已保持恋爱关系数年，感情较好。后因赵某某的父母强烈反对，赵某某也逐渐动摇，提出分手，但在王志才的坚持下二人仍保持着恋爱关系。

其二，被告人王志才系临时起意，激情杀人，与其他有计划、有预谋的犯罪有所区别。2008 年 10 月 9 日中午，王志才在赵某某的集体宿舍内再次谈及婚恋问题，因赵某某明确拒绝，王志才感到绝望，从而产生杀死赵某某然后自杀的念头，即随手拿起赵某某宿舍内的一把尖刀将赵某某杀死，次日服农药自杀未遂。

其三，被告人王志才认罪态度好，坦白悔罪，其亲属有赔偿被害方经济损失的愿望和行动。王志才到案后，如实供述了全部犯罪事实，多次表达了自己的悔恨之情。根据《刑法》第六十七条第三款的规定，“坦白从宽”的刑事政策已上升为法定从轻量刑情节，根据该案具体情况，对其可以从轻处罚。王志才的父母、妹妹已筹款 12 万元，愿意通过积极赔偿经济损失取得被害方谅解。

其四，被告人王志才平时表现较好，没有前科劣迹。王志才所在单位同事普遍认为，王志才工作任劳任怨，对女朋友非常痴情，听说杀人，都倍感痛惜，请求给其一个改过自新的机会。

其五，被告人王志才犯罪手段残忍，系酌定从重处罚的情节。王志才持刀连续捅刺被害人颈部、胸腹部、背部等处多刀，致被害人失血性休克死亡，犯罪手段残忍。

其六，被害人亲属反应特别强烈，要求严惩。本案对被害人的家庭影响大，被害人的母亲事后出现精神失常症状；被害人的弟弟大学毕业后，因母亲精神状况不佳，在家务农并照顾母亲。一审、二审法院多次做赔偿的调解工作，被害人的父母和弟弟不接受赔偿的调解，要求判处被告人死刑。

综上，虽然被告人王志才的行为构成故意杀人罪，罪行极其严重，论罪应当判处死刑，但是鉴于本案系因婚恋纠纷引发，王志才系临时起意、激情杀人，归案后坦白悔罪，积极赔偿被害方经济损失，且平时表现较好，尚有可改造的余地；同时犯罪手段残忍，且被害人亲属不予谅解，坚决要求从严惩处，社会矛盾难以化解，故山东省高级人民法院综合考虑上述各类相关情节后，依照《刑法》第五十条第二款等规定，判处被告人王志才死刑，缓期二年执行，同时决定对其限制减刑。

（三）应当注意减刑和假释的有关规定

修正后的《刑法》第七十八条第二款规定："减刑以后实际执行的刑期不能少于下列期限：……（三）人民法院依照本法第五十条第二款规定限制减刑的死刑缓期执行的犯罪分子，缓期执行期满后依法减为无期徒刑的，不能少于二十五年，缓期执行期满后依法减为二十五年有期徒刑的，不能少于二十年。"第八十一条第二款规定："对累犯以及因故意杀人、强奸、抢劫、绑架、放火、爆炸、投放危险物质或者有组织的暴力性犯罪被判处十年以上有期徒刑、无期徒刑的犯罪分子，不得假释。"

据此，对于被判处死刑缓期执行的累犯以及因故意杀人、强奸、抢劫、绑架、放火、爆炸、投放危险物质或者有组织的暴力性犯罪被判处死刑缓期执行的犯罪分子，人民法院决定对其限制减刑的，如果缓期执行期满后减为无期徒刑，则减刑后的实际执行期不得少于二十五年，如果缓期执行期满后直接减为二十五年有期徒刑，则减刑后的实际执行期不得少于二十年。同时应当注意，对这部分限制减刑的罪犯不得假释。

（四）应当注意时间效力问题

《最高人民法院关于〈中华人民共和国刑法修正案（八）〉时间效力问题的解释》第二条规定："2011 年 4 月 30 日以前犯罪，判处死刑缓期执行的，适用修正前刑法第五十条的规定。被告人具有累犯情节，或者所犯之罪是故意杀人、强奸、抢劫、绑架、放火、爆炸、投放危险物质或者有组织的暴力性犯罪，罪行极其严重，根据修正前刑法判处死刑缓期执行不能体现罪刑相适应原则，而根据修正后刑法判处死刑缓期执行同时决定限制减刑可以罚当其罪的，适用修正后刑法第五十条第二款的规定。"由于对判处死刑缓期执行的被告人限制减刑与不限制减刑比较，加重了对被告人的处罚，根据《刑法》第十二条"从旧兼从轻"的适用原则，对于 2011 年 4 月 30 日以前判决已经发生法律效力的判处死刑缓期执行的案件，自然不适用修正后《刑法》第五十条第二款和第七十八条第二款的规定。对于 2011 年 4 月 30 日以前犯罪，《刑法修正案（八）》实施后尚处于一审、二审或者死刑复核阶段的案件，依照修正前刑法本应判处死刑立即执行，但依照修正后刑法判处死刑缓期执行并限制减刑能够罚当其罪的，可以适用修正后的《刑法》第五十条第二款和第七十八条第二款的规定。本案即属于此种情形。之所以可以这样做，是因为相对于判处死刑立即执行而言，判处死刑缓期执行并限制减刑属于较轻的刑罚。对此种情形的被告人适用修正后的刑法，对被告人处罚较轻、更为有利，完全符合“从旧兼从轻”原则。但是，需要强调的是，对于判处死刑缓期执行不限制减刑已经符合罪刑相适应原则，原本就不需要限制减刑的案件，即使在《刑法修正案（八）》施行后审理的，也不能限制减刑。否则，就违反了《刑法》第五十条的立法本意和刑法“从旧兼从轻”原则。

（撰稿：最高人民法院案例指导工作办公室）

8. **最高人民法院指导案例第3批第12号：李飞故意杀人案**（2012年9月18日法〔2012〕227号印发）

【关键词】

刑事故意杀人罪民间矛盾引发亲属协助抓捕累犯死刑缓期执行限制减刑

【裁判要点】

对于因民间矛盾引发的故意杀人案件，被告人犯罪手段残忍，且系累犯，论罪应当判处死刑，但被告人亲属主动协助公安机关将其抓捕归案，并积极赔偿的，人民法院根据案件具体情节，从尽量化解社会矛盾角度考虑，可以依法判处被告人死刑，缓期二年执行，同时决定限制减刑。

【相关法条】

《中华人民共和国刑法》第五十条第二款

【基本案情】

2006年4月14日，被告人李飞因犯盗窃罪被判处有期徒刑二年，2008年1月2日刑满释放。2008年4月，经他人介绍，李飞与被害人徐某某（女，殁年26岁）建立恋爱关系。同年8月，二人因经常吵架而分手。8月24日，当地公安机关到李飞的工作单位给李飞建立重点人档案时，其单位得知李飞曾因犯罪被判刑一事，并以此为由停止了李飞的工作。李飞认为其被停止工作与徐某某有关。

同年9月12日21时许，被告人李飞拨打徐某某的手机，因徐某某外出，其表妹王某某（被害人，时年16岁）接听了李飞打来的电话，并告知李飞，徐某某已外出。后李飞又多次拨打徐某某的手机，均未接通。当日23时许，李飞到哈尔滨市呼兰区徐某某开设的“小天使形象设计室”附近，再次拨打徐某某的手机，与徐某某在电话中发生吵骂。后李飞破门进入徐某某在“小天使形象设计室”内的卧室，持室内的铁锤多次击打徐某某的头部，击打徐某某表妹王某某头部、双手数下。稍后，李飞又持铁锤先后再次击打徐某某、王某某的头部，致徐某某当场死亡、王某某轻伤。为防止在场的“小天使形象设计室”学徒工佟某报警，李飞将徐某某、王某某及佟某的手机带离现场抛弃，后潜逃。同月 23 日 22 时许，李飞到其姑母李某某家中，委托其姑母转告其母亲梁某某送钱。梁某某得知此情后，及时报告公安机关，并于次日晚协助公安机关将来姑母家取钱的李飞抓获。在本案审理期间，李飞的母亲梁某某代为赔偿被害人亲属 4 万元。

【裁判结果】

黑龙江省哈尔滨市中级人民法院于 2009 年 4 月 30 日以（2009）哈刑二初字第 51 号刑事判决，认定被告人李飞犯故意杀人罪，判处死刑，剥夺政治权利终身。宣判后，李飞提出上诉。黑龙江省高级人民法院于 2009 年 10 月 29 日以（2009）黑刑三终字第 70 号刑事裁定，驳回上诉，维持原判，并依法报请最高人民法院核准。最高人民法院根据复核确认的事实和被告人母亲协助抓捕被告人的情况，以（2010）刑五复 66820039 号刑事裁定，不核准被告人李飞死刑，发回黑龙江省高级人民法院重新审判。黑龙江省高级人民法院经依法重新审理，于 2011 年 5 月 3 日作出（2011）黑刑三终字第 63 号刑事判决，以故意杀人罪改判被告人李飞死刑，缓期二年执行，剥夺政治权利终身，同时决定对其限制减刑。

【裁判理由】

黑龙江省高级人民法院经重新审理认为：被告人李飞的行为已构成故意杀人罪，罪行极其严重，论罪应当判处死刑。本案系因民间矛盾引发的犯罪；案发后李飞的母亲梁某某得知李飞杀人后的行踪时，主动、及时到公安机关反映情况，并积极配合公安机关将李飞抓获归案；李飞在公安机关对其进行抓捕时，顺从归案，没有反抗行为，并在归案后始终如实供述自己的犯罪事实，认罪态度好；在本案审理期间，李飞的母亲代为赔偿被害方经济损失；李飞虽系累犯，但此前所犯盗窃罪的情节较轻。综合考虑上述情节，可以对李飞酌情从宽处罚，对其可不判处死刑立即执行。同时，鉴于其故意杀人手段残忍，又系累犯，且被害人亲属不予谅解，故依法判处被告人李飞死刑，缓期二年执行，同时决定对其限制减刑。

权威解读

最高人民法院指导案例 12 号“李飞故意杀人案”的理解与参照

2012 年 9 月 18 日，最高人民法院发布了指导案例 12 号“李飞故意杀人案”。为了深入理解和准确参照适用该指导性案例，现对该指导性案例的推选经过、裁判要点等有关情况予以解释和说明。

一、推选经过及其意义

李飞故意杀人案判决生效后，最高人民法院刑五庭向案例指导工作办公室推荐了该案例，认为它符合《最高人民法院关于案例指导工作的规定》第二条的规定，属于较先适用经《刑法修正案（八）》修正后的《刑法》第五十条判处死缓限制减刑的案例，贯彻了宽严相济的刑事政策和“保留死刑，严格控制和慎重适用死刑”的死刑政策，对审理类似案件具有指导意义。最高人民法院案例指导工作办公室经研究讨论和修改完善，按照规定程序报院领导同意后提请审委会讨论。2011 年 5 月 3 日，最高人民法院审委会对该案例进行了讨论，同意将其确定为指导性案例。2012 年 9 月 18 日，最高人民法院以法〔2012〕227 号文件将该案例作为第三批指导性案例予以公布。

该指导性案例的发布具有重要意义，有利于正确理解和适用修正后的《刑法》第五十条的规定，贯彻落实宽严相济刑事政策和死刑政策，既依法严惩严重刑事犯罪，又进一步严格限制死刑，促进和谐社会建设。一是贯彻和体现了死缓刑罚的严厉性，有利于更好发挥刑罚惩治和预防犯罪功能。《刑法修正案（八）》设立了死刑缓期执行限制减刑制度，延长了部分严重犯罪的死缓犯的实际服刑期，使之通常被监禁 25 年以上，出狱后的人身危险性大大降低。通过依法适用死缓限制减刑，长期监禁和教育改造罪犯，不仅可以有效预防罪犯本人重新犯罪，而且强化了人们对死缓严厉性的认识，有利于告诫潜在的犯罪分子悬崖勒马，减少严重犯罪的发生。二是有利于严格控制和慎重适用死刑，最大限度地缓和与化解社会矛盾，促进社会和谐。人民法院判处被告人死刑缓期执行并限制减刑，较之死缓不限制减刑，有助于减缓“杀人偿命”的传统报应观念，更能让被害人亲属接受，从而缓和被害人亲属与被告人及其亲属之间的长期对立情绪，防止引发相互复仇的恶性循环，最大限度地减少不和谐因素，也有利于贯彻落实严格控制和慎重适用死刑的政策，促进刑罚观念适应时代发展和进步，从而促进社会和谐稳定。三是有利于统一死缓限制减刑的裁判标准，维护司法公正。为了贯彻落实死缓限制减刑这一新制度，最高人民法院制定了《关于死刑缓期执行限制减刑案件审理程序若干问题的规定》和《关于〈中华人民共和国刑法修正案（八）〉时间效力问题的解释》等配套规定，主要规定了对死刑缓期执行罪犯限制减刑案件的审理程序，未具体明确适用限制减刑的实体条件。因此，在法律规定比较原则的情况下，通过发布指导性案例，可以加强对该类案件的审判指导，统一死缓限制减刑的适用标准，提高审判质量，实现审判案件法律效果和社会效果的良好统一。

二、裁判要点的理解与说明

指导案例12号“李飞故意杀人案”的裁判要点确认：对于因民间矛盾引发的故意杀人案件，被告人犯罪手段残忍，且系累犯，论罪应当判处死刑，但被告人亲属积极协助公安机关将其抓获归案，并积极赔偿的，人民法院根据案件具体情节，从尽量化解社会矛盾角度考虑，可以依法判处被告人死刑，缓期二年执行，同时决定限制减刑。按照《刑法修正案（八）》修正后的《刑法》第五十条第二款的规定，死刑缓期执行限制减刑只适用于“对被判处死刑缓期执行的累犯以及因故意杀人、强奸、抢劫、绑架、放火、爆炸、投放危险物质或者有组织的暴力性犯罪被判处死刑缓期执行的犯罪分子”，并且应当遵循罪刑法定、罪责刑相适应、上诉不加刑等原则，贯彻落实好宽严相济的刑事政策和“保留死刑，严格控制和慎重适用死刑”的死刑政策。从罪责刑相适应原则来讲，死刑缓期执行限制减刑只适用于判处死刑立即执行过重，判处死刑缓期执行不限制减刑又偏轻的罪犯。鉴于最高人民法院指导案例4号“王志才故意杀人案”的理解与参照，已对死缓限制减刑的原则、适用对象和条件、时间效力等相关问题进行了阐述，本文不再赘述。理解和参照适用该指导案例裁判要点时，需要注意把握以下问题：

（一）关于被判处死刑缓期执行的累犯的限制减刑

根据刑法规定，累犯一般是指因故意犯罪被判处有期徒刑以上刑罚，在刑罚执行完毕或者赦免以后5年内，再次故意犯应当判处有期徒刑以上刑罚之罪的犯罪分子，也包括因“危害国家安全犯罪、恐怖活动犯罪、黑社会性质的组织犯罪的犯罪分子，在刑罚执行完毕或者赦免以后，在任何时候再犯上述任一类罪”的特殊累犯。累犯因体现了犯罪分子较高的人身危险性和较深的主观恶性，所以刑法明确规定，对于累犯应当从重处罚。但是，累犯的前罪与后罪情况有多种情形：依罪行轻重程度来分，包括轻罪+轻罪、轻罪+重罪、重罪+轻罪、重罪+重罪；依犯罪行为的暴力性来分，包括非暴力性犯罪+非暴力性犯罪、非暴力性犯罪+暴力性犯罪、暴力性犯罪+非暴力性犯罪、暴力性犯罪+暴力性犯罪：依犯罪行为次数来分，又有一起犯罪+一起犯罪、一起犯罪+多起犯罪、多起犯罪+一起犯罪和多起犯罪+多起犯罪。在上述前罪与后罪之间的关系模式中，不同的关系模式所体现的累犯的人身危险性和主观恶性有所不同。因此要进一步区分累犯的人身危险性和主观恶性程度，并在量刑时有所区别和体现。具体而言，当累犯的前罪和后罪均为严重的暴力性犯罪、同类犯罪或者数罪时，累犯情节所体现的人身危险性和主观恶性就更大，对被告人一般应当限制减刑；当累犯的前罪并非暴力性犯罪或者虽系暴力性犯罪，但情节较轻的，尤其是因民间矛盾激化引发的犯罪，则累犯情节对于是否适用限制减刑的影响相对较小，要根据案件的具体情节和被告人的人身危险性，按照罪刑相适应原则的要求，决定是否限制减刑，而不能一律对其限制减刑。本案例中，被告人李飞前罪为盗窃罪，被判处有期徒刑二年，所犯前罪系非暴力性犯罪，被判处的刑罚亦较轻。从前罪与后罪的关系模式看，系轻罪+重罪、非暴力性犯罪+暴力性犯罪、一起犯罪+一起犯罪。这说明李飞的人身危险性和主观恶性尚不是极其严重。结合本案其他情节，判处被告人死缓并限制减刑能够罚当其罪，收到较好的法律效果和社会效果。

值得注意的是，司法实践中还有一种情形，即被告人曾因犯罪被判刑，但不构成累犯的情形。对于这种情形的罪犯，如果本次犯罪被判处死刑缓期执行，也符合刑法规定限制减刑的前提条件，则应当根据其前罪与后罪的犯罪性质和具体情节，结合罪犯的人身危险性和主观恶性，决定是否对其限制减刑，而不能一律限制减刑或不限制减刑。

（二）关于因民间矛盾故意杀人被判处死缓的限制减刑

对于因民间矛盾激化引发的故意杀人案件，在死刑适用的把握上不同于其他严重危害社会治安的故意杀人、抢劫、绑架等暴力性犯罪案件。对此类案件的处理原则，最高人民法院早在1999年印发的《全国法院维护农村稳定刑事审判工作座谈会纪要》中就明确提出："对于因婚姻家庭、邻里纠纷等民间矛盾激化引发的故意杀人犯罪，适用死刑一定要十分慎重，应当与发生在社会上的严重危害社会治安的其他故意杀人犯罪案件有所区别。"2010年印发的《最高人民法院关于贯彻宽严相济刑事政策的若干意见》（以下简称《宽严相济意见》）第二十二条再次明确强调："对于因恋爱、婚姻、家庭、邻里纠纷等民间矛盾激化引发的犯罪，因劳动纠纷、管理失当等原因引发、犯罪动机不属恶劣的犯罪，因被害方过错或者基于义愤引发的具有防卫因素的突发性犯罪，应酌情从宽处罚。”

对处理这类案件的上述要求，是罪责刑相适应原则和宽严相济刑事政策的具体阐释，有利于促进社会主义和谐社会建设。首先，因民间矛盾激化引发的故意杀人，均事出有因、属于针对特定对象实施的犯罪，这与发生在社会上、针对不特定对象实施同类犯罪的被告人相比，在主观恶性、人身危险性上有明显区别。基于罪责刑相适应基本原则的要求，从预防犯罪的刑罚目的出发，为保障案件处理取得良好法律效果，对此类案件的被告人理应区别对待。其次，因民间矛盾激化引发的犯罪，被告与被害方多存在邻里、同事、亲友或者婚恋等比较密切的关系，有的还是同一家庭的成员。对此类案件，如果简单地一杀了之，往往会使当事人双方结下更深冤仇，甚至是世代冤仇；相反，如果在审判案件的同时大力促进当事人双方的矛盾化解，在尽力做好被害方思想和善后工作，敦促被告人认罪悔罪、积极赔偿的基础上，酌情对被告人从宽处罚，有益于修复遭犯罪侵害的社会关系，使邻里、家庭、社区的社会生活秩序重归融合。因此，从促进社会和谐角度考虑，为保障案件处理取得良好社会效果，对此类案件的被告人也应当与发生在社会上、针对不特定对象实施同类犯罪的被告人有所区别。

对此类判处被告人死刑缓期执行的案件，是否限制减刑，应当根据被告人犯罪情节、人身危险性等情况，综合分析各种法定和酌定量刑情节，然后依法作出罚当其罪、效果良好的裁判。本案例中，对被告人李飞判处死缓并限制减刑主要考虑了以下几个方面：

1. 关于案件起因。如前所述，引发案件发生的原因不同，反映出被告人的主观恶性和人身危险性也不同。对于因民间矛盾引发、判处死缓的故意杀人案件，一般应先做民事调解工作，如果调解不成，可以综合考虑其他情节，决定是否限制减刑。当然即使调解不成，判处死刑缓期执行能够罚当其罪的，也不能再限制减刑。本案例被告人李飞在外地犯盗窃罪刑满释放后回到原籍，在其工作期间，因当地公安机关到其工作单位建立重点人档案，其前科情况被单位知晓，停止了李飞的工作。李飞前科情况被当地知晓已给李飞造成一定精神压力。在李飞怀疑自己被停止工作与其前女友徐某某有关并给徐某某打电话质问时，徐某某出于赌气等心理，竟然承认系自己所为。徐某某的表妹王某某在接听李飞打给徐某某的电话过程中，又被李飞认为王某某接听电话是为了故意浪费其电话费。由此导致矛盾激化而引发本案。李飞的犯罪对象特定，因与其前女友的矛盾激化而案发，事出有因，这种情况与发生在社会上针对不特定对象的严重危害社会治安的犯罪有所区别。

2. 关于犯罪手段。故意杀人的犯罪手段，按照其残忍程度，可以分为犯罪手段极其残忍、犯罪手段残忍和犯罪手段一般。反复折磨被害人，致被害人面目全非，杀人后焚尸、肢解或碎尸，属于作案手段极其残忍；多次砍刺、击打被害人，在被害人逃跑或哀求的情况下仍追杀或不停止加害，杀人后又奸尸或猥亵尸体等情形，属于犯罪手段残忍；采取普通手段，致使被害人死亡的，属于犯罪手段一般。对于故意杀人手段极其残忍的，如无其他从轻情节，一般可以判处死刑立即执行。对于犯罪手段残忍，但综合考虑全案其他情节，判处死刑立即执行仍显偏重的，判处死缓偏轻的，可以判处死缓限制减刑。本案例的被告人李飞持锤子先后砸击徐某某、王某某，后又持锤子再次分别对徐某某，王某某进行砸击，在王某某哀求时，仍然对王某某进行砸击，犯罪手段应属手段残忍，结合案件其他情节，依法被判处死缓并限制减刑。

3. 关于犯罪后果。司法实践中，因民间矛盾激化引发的故意杀人案件，造成一人死亡的一般属于犯罪后果严重，造成二人以上死亡或者造成一死亡又致人重伤或轻伤的，属于后果极其严重。本案例被告人李飞造成一死一轻伤，且王某某头部和手部两处均为轻伤，属轻伤中比较重的轻伤。李飞故意杀人后果极其严重，结合其累犯情节，单纯判处死缓显然偏轻。

4. 关于被告人亲属协助抓获被告人。《宽严相济意见》第十七条第二款规定：对于亲属以不同形式协助司法机关抓获被告人，有的虽然不能认定为自首，但考虑到被告人亲属支持司法机关工作，促使被告人到案、认罪、悔罪，在决定对被告人具体处罚时，也应当予以充分考虑。《最高人民法院关于处理自首和立功若干具体问题的意见》第一条第四款规定：犯罪嫌疑人在亲友带领侦查人员前来抓捕时无拒捕行为，并如实供认犯罪事实的，虽然不能认定为自动投案，但可以参照法律对自首的有关规定酌情从轻处罚。本案例中，被告人李飞的母亲梁某某在得知李飞的行踪后，主动、及时到公安机关反映情况，并积极配合公安机关提前埋伏在李飞的姑母家中，将李飞抓获归案。李飞在公安机关对其进行抓捕时，顺从归案，并在归案后始终如实供述自己的犯罪事实，认罪态度好。

5. 关于民事赔偿。民事赔偿与量刑的关系是刑事审判中比较敏感和备受关注的问题。对此，《最高人民法院关于刑事附带民事诉讼范围问题的规定》[①] 第四条规定："被告人已经赔偿被害人物质损失的，人民法院可以作为量刑情节予以考虑。"最高人民法院在《宽严相济意见》第二十三条具体要求："被告人案发后对被害人积极进行赔偿，并认罪、悔罪的，依法可以作为酌定量刑情节予以考虑。因婚姻家庭等民间纠纷激化引发的犯罪，被害人及其家属对被告人表示谅解的，应当作为酌定量刑情节予以考虑……"这里的积极赔偿包括以下三种情形：一是被告人完全满足被害方赔偿要求；二是被告人虽未完全满足被害方赔偿要求，但已尽其所能进行赔偿，并确实可以弥补被害方一定损失；三是被告人处于有心无力的状况下，被告人亲属积极自愿代为赔偿，有利于弥补被害方损失，可以视同被告人积极赔偿。本案例中，被告人李飞的母亲在自己每月只有200元低保的情况下，仍然拿出4万元赔偿款，用于赔偿被害人亲属，虽然未与被害方达成赔偿谅解协议，但表现出赔偿的积极性，李飞也认罪悔罪，量刑时可以酌情考虑。

6. 关于被害方诉求。被害方对犯罪的危害性体会最深，感受最具体，这种感受也是犯罪社会危害性的重要体现。在审判案件时，要重视和理解被害人亲属的痛苦感受和反应，努力通过审判工作修复被害方受到的伤害。但是，由于被害方与案件有利害关系，他们表达的诉求和愿望往往带有一定的感情色彩和情绪化因素，所以对被害方的意愿，既要充分理解、尊重和考虑，又不能简单地把被害方意愿等同于民意，应当注意区分不同情况，依法慎重处理。对于被害方合法合理的诉求，要依法保护和支持；对于超出法律规定的要求，要做好说服教育和解释工作，尤其是依法不应当判处死刑的，不能因为被害方反应强烈，民事调解工作难以开展，就对被告人判处死刑。具体来讲，对于因民间矛盾激化引发的故意杀人判处死刑缓期执行的案件，如被害人亲属强烈要求判处死刑立即执行，民事调解工作难以有效开展，根据犯罪情节和人身危险性等案件具体情况，可以对被告人判处死缓并限制减刑，从而缓和被害人亲属的情绪，减少此类案件的死刑立即执行的适用，促进严格控制和慎重适用死刑政策的进一步贯彻落实。对于通过认真开展民事调解工作，判处死刑缓期执行能够案结事了的，不能怕麻烦，不经认真做调解工作，就简单地适用限制减刑，也不能因为民事调解未成，被害人亲属上访、闹访

① 该规定现已废止。

而对被告人限制减刑，以免造成限制减刑的滥用。也就是说，只有判处死缓限制减刑符合罪刑相适应原则要求，且不限制减刑难以做到案结事了、达到法律效果和社会效果良好统一的，才可以考虑限制减刑。

综上所述，考虑到本案因民间矛盾激化引发、被告人李飞的母亲协助抓获被告人并积极进行赔偿，李飞认罪态度好，此前所犯盗窃罪情节较轻，对李飞可不判处死刑立即执行。同时鉴于犯罪手段残忍，又系累犯，被害人亲属不予谅解，故对李飞判处死刑，缓期二年执行，并限制减刑。

（撰稿：吴光侠 林玉环）

三、典型或常见问题的审理思路

1. 飞车强抢致人死亡案件如何适用死刑?①

本书观点：行为人驾驶摩托车强行夺取他人财物并造成他人死亡的，构成抢劫罪。在抢夺作案中不计后果，造成被害人死亡，但与使用凶器直接作用于人身实施暴力抢劫、故意致被害人死亡等抢劫案件有所区别，根据被告人的主观恶性、作案手段等具体情节，依法可判处死刑缓期执行。

抢劫犯罪是侵犯财产罪中最严重的刑事犯罪，历来是严打的重点。除故意杀人罪外，抢劫罪成为判死刑最多的罪名。对罪行极其严重的抢劫犯罪分子适用死刑，是非常必要的。但是，死刑又是一种利弊均非常明显的刑罚方法，具有极端严厉性、错杀的不可逆转性、副作用巨大且影响深远等特点，务必慎之又慎，限制死刑适用已经成为我国在死刑政策上的基本立场和趋势。由于不同法官对该类行为的社会危害性和行为人的主观恶性等内容有着不同认知与评判，这给抢劫案件的死刑把握带来一定困难。在保留、限制和减少死刑的今天，如何准确理解和运用刑事政策，统一抢劫罪的死刑裁量标准，是迫切需要解决的重大课题。

根据被告人的主观恶性、作案手段等具体情节，在综合评判的基础上决定是否适用死刑。主要理由如下：

从犯罪行为的性质考虑，飞车强抢致人死亡案件与其他抢劫致人死亡的典型案件有所区别。驾驶机动车、非机动车抢取他人财物，是近年来新出现

---

① 观点来源：浙江省高级人民法院（2007）浙刑二终字第86号刑事判决。

的一种犯罪，实践中一般称“飞车抢物”（有的称“飞车抢夺”），主要是驾驶摩托车抢取财物。一般是两人共同作案，一人驾驶摩托车，另一人坐在后座对被害人的财物实施夺取行为。由于车速较快，行动突然，被害人一般来不及反抗，致使犯罪行为容易得逞，犯罪发生概率较高，对社会治安和被害人造成的危害比较严重。于2002年7月16日公布的《最高人民法院关于审理抢夺刑事案件具体应用法律若干问题的解释》（以下简称《抢夺案件解释》）第二条第一款第（四）项规定，利用行驶的机动车辆抢夺以抢夺罪从重处罚。第五条规定，在抢夺过程中过失造成被害人重伤、死亡，构成过失致人重伤罪、过失致人死亡罪等犯罪的，依照处罚较重的规定定罪处罚。于2005年6月8日公布的《最高人民法院关于审理抢劫、抢夺刑事案件适用法律若干问题的意见》第十一条明确规定，对于驾驶机动车、非机动车（以下简称驾驶车辆）夺取他人财物的，一般以抢夺罪从重处罚。但具有下列情形之一的，应当以抢劫罪定罪处罚：（1）驾驶车辆，逼挤、撞击或强行逼倒他人以排除反抗，乘机夺取财物的；（2）驾驶车辆强抢财物时，因被害人不放手而采取强拉硬拽方法劫取财物的；（3）行为人明知其驾驶车辆强行夺取他人财物的手段会造成他人伤亡的后果，仍然强行夺取并放任造成财物持有人轻伤以上后果的。①

从立法本意和司法解释、有关规定的出台背景看，利用行驶的机动车辆抢夺他人财物一般按抢夺罪从重处罚，对行为人在劫夺过程中出于放任的故意导致他人伤、亡等强抢犯罪以抢劫罪定罪处罚，本身已经体现了严厉打击的司法精神。此类抢劫是一种特殊的行抢方法，一般而言，其具备抢劫罪构成要件中的暴力特征，但又与典型抢劫罪中的暴力手段有一定区别。具体到本案，被告人的行抢手段及行为特征与典型的抢劫案件确有所不同。此点在量刑尤其在适用死刑时可作为一个因素酌情加以考虑。

从犯罪分子的主观恶性考虑，飞车强抢致人死亡案件被告人的主观恶性尚未达到判处死刑立即执行的程度。根据刑法规定，死刑只适用于罪行极其

---

① 《最高人民法院、最高人民检察院关于办理抢夺刑事案件适用法律若干问题的解释》（法释〔2013〕25号）对飞车抢夺问题作了更为明确的规定。该解释第六条规定：“驾驶机动车、非机动车夺取他人财物，具有下列情形之一的，应当以抢劫罪定罪处罚：（一）夺取他人财物时因被害人不放手而强行夺取的；（二）驾驶车辆逼挤、撞击或者强行逼倒他人夺取财物的；（三）明知会致人伤亡仍然强行夺取并放任造成财物持有人轻伤以上后果的。”

严重的犯罪分子，对应当判处死刑的犯罪分子，如果不是必须立即执行，可判处死缓刑。笔者认为，考量犯罪分子罪行是否已达到极其严重的程度、死刑是否必须立即执行，均须坚持主客观相统一的刑法原则。犯罪的严重程度必须是主观罪过和客观危害的统一。行为人的主观恶性主要通过犯罪人的动机、目的以及犯罪故意的形成与实现过程等因素表现出来，与犯意形成的社会生活条件、行为人的认识能力和思想水平等因素密切相关。本案被告人的主观恶性，可从以下几个角度综合考察：（1）从犯意的提起看，飞车强抢致人死亡案件多系临时起意，与事先有预谋、有准备的抢劫案件有所区别。（2）死亡结果的出现存有一定的偶然因素。虽然两车均在快速行驶状态，该劫夺行为对人身的危险性要远远大于针对地面行人进行的抢夺行为，但是电动三轮车行驶的速度与汽车等高速行驶的现代交通工具在危险程度上尚有一定区别，风险概率前者明显低于后者；被害人受到拉拽后是否从车上摔落，与当时的坐姿、着力部位等因素有一定关系；摔下来以后，是否造成轻伤、重伤直至死亡，与犯罪行为作用力的大小、摔落的动作、着地的部位、路面状况等因素亦均有一定关系。（3）被告人预见危害结果的内容不完全确定，且对危害结果的出现持放任态度，并非直接故意。我们有足够理由推定其能够预见，事先明知以这种危险方式实施强抢会造成被害人伤、亡的严重后果，造成被害人轻伤、重伤乃至死亡的任一结果均在其事先意料范围之内。但不容忽视的是，预见的内容不完全确定，被告人对危害结果的出现仅持放任态度，而非直接故意。与事先已经预见到必然会发生死亡结果仍然采取暴力手段直接追求被害人死亡的案件，在主观恶性上有所区别。

从作案的手段考虑，飞车强抢致人死亡案件与使用凶器等直接针对人身实施暴力、具有很强人身攻击性的抢劫案件有所区别。作为侵犯人身权、财产所有权双重客体的抢劫犯罪，其社会危害性比抢夺、盗窃、诈骗等单纯侵犯公私财产所有权的财产犯罪更大，因此刑法对抢劫罪规定了更重的刑罚。对被害人人身的侵害程度及暴力手段残酷性、恶劣性等事实特征应当成为死刑适用的主要考查内容。离开了暴力特征，就失去了抢劫罪与其他侵犯财产罪的本质区别，最终可能导致失去重刑应有的警戒和威慑作用，甚至产生副作用。诚然，法条规定有限，而犯罪情状无穷。一般来说，如果犯罪分子直接使用刀具等凶器对被害人进行砍刺，持钢棍、铁锤等器械殴打，泼硫酸毁容等暴力手段实施抢劫，那就足以表明其具有伤害他人、杀人抢劫的直接故意，主观恶性比其他案件更深，社会危害更大。本案被告人采取“飞车抢物”的危险方法抢劫，实施暴力主要指向财物，系由于力的传递、物体的碰撞等原因进一步造成被害人死亡，其采取的作案手段与持凶器直接作用于人身，故意致被害人死亡后劫取财物等具有很强人身攻击性的抢劫案件有一定区别。

2. 共同抢劫致人死亡，如何准确区分主犯的罪责，正确适用死刑？①

本书观点：在共同抢劫致人死亡案件中，要结合全案证据确定各被告人对造成被害人死亡的结果所起的具体作用，准确区分主从犯的罪责，正确适用死刑。

在共同抢劫案件中，若各被告人之间存在主从犯的区别，则认定罪责大小并不困难，但若各被告人均系主犯，且共同实施伤害行为致被害人死亡，如何进一步区分主犯之间的罪责并正确适用死刑，则十分复杂。关于罪责问题，应当根据各被告人在犯罪中的具体作用及主观恶性、人身危险性等因素多角度进一步区分罪责大小，既是死刑政策精神的要求，也是罪责刑相适应原则的具体体现。不能以分不清作用大小为由，简单地把两名被告人均判处死刑。（1）要注重对犯罪预备阶段，谁在提起“犯意”并积极准备、推进犯罪过程所起的作用进行分析。（2）要注重对犯罪实行阶段，从“谁的行为”对造成被害人死亡的结果所起的作用进行分析。（3）在因客观条件无法进一步区分“谁造成”被害人致命伤，且各被告人均实施捅刺要害部位行为的情况下，只能根据各被告人供述并结合其他证据予以分析。

由此，我们可以得出区分共同抢劫致人死亡中主犯之间罪责的两项标准：

第一，在能够分清各被告人对造成被害人死亡结果所起的具体作用情况下，直接实施伤害行为的比没有直接实施的罪责要大，造成致命伤的比造成非致命伤的罪责要大，捅刺要害部位的比捅刺次要部位的罪责要大，连续捅刺多刀的比仅捅刺一两刀的罪责要大。

第二，在不能分清各被告人对造成被害人死亡结果所起的具体作用情况下，则要综合考虑各被告人在整个犯罪过程所起的作用大小：

（1）是否提起“犯意”并积极准备、推进犯罪。通常预谋过程中提起犯意的被告人会积极实施犯罪，且常常对共同犯罪行为有一定的控制力，作用相对突出，因而可认定其整体罪责较大。

---

① 观点来源：最高人民法院（2012）刑五复 03389252 号刑事裁定。

（2）是否在共同犯罪中起到组织、领导作用。一般来说，在共同抢劫致人死亡的案件中，各被告人均是实行犯，但若某被告人组织、策划、指挥整个犯罪过程，则应认定其罪责较大；相反，若某被告人仅被纠集参与犯罪，并听从指挥实施伤害行为或帮助其他被告人实施伤害行为，则可认定其罪责较小。

（3）造成被害人致命伤的可能性大小。可以从各被告人的身形及案发时所处的具体位置、被害人创口部位及由此推断出的伤害方向等因素综合判断，造成致命伤可能性大的被告人罪责较大。

（4）在实施伤害行为时是否率先动手。率先动手实施伤害行为在一定程度上反映出被告人的主观恶性较大，罪责相应较大。

（5）犯罪后续阶段中，是否参与抛尸灭迹及分赃多少等。例如，主动提出或者积极指挥抛尸灭迹、分赃较多的被告人罪责相对较大。

3. **对应判处死刑的故意杀人的犯罪分子，可否基于民族习惯以及赔偿情况，不判处死刑立即执行？**①

本书观点：依据具体的案情，对行为人应判处死刑，但是基于民族习惯以及行为人家属向被害人家属的赔偿情况，可不对行为人判处死刑立即执行。因藏族地区发生杀人案件后按旧的习惯赔偿命价，行为人家属因此而倾家荡产；另外，这个地区民间复仇性特别强，若对故意杀人的犯罪分子一概判处死刑，则对该地区今后的安定团结不利。考虑上述因素，根据中央对少数民族“二少、一宽”的政策，可以根据实际情况，对故意杀人的犯罪分子以故意杀人罪判处死缓。这样判决对顾全大局，稳定少数民族地区安定团结的局面能够起到重要作用。

4. **同案犯在逃致被告人在共同犯罪中地位、作用不明的应如何适用死刑？**②

本书观点：对于同案犯在逃致被告人在共同犯罪中地位、作用不明的，应慎用死刑。

但是，在共同犯罪中，各被告人的地位、作用如何，是量刑的关键问题。由于同案犯在逃，各共同犯罪人在共同犯罪中的地位和作用，难以查清。而判断共犯所处的地位和作用，必须全面分析。因此，各被告人在共同犯罪中

---

① 观点来源：青海省高级人民法院（1997）青刑终字第17号刑事判决。

② 观点来源：最高人民法院（2006）刑复字第71号刑事判决。

的地位与作用，根据在案证据尚不足以认定的情况下，很可能出现量刑失衡问题。因此，在证据不是非常充分的情况下，对在押的被告人即使判处死刑，也可不立即执行。

5. 醉酒驾车致人死亡如何定性及适用死刑？①

本书观点：醉酒驾车，放任危害结果发生，造成重大伤亡事故，构成以危险方法危害公共安全罪的，但判处死刑要慎重。

（1）刑法规定，醉酒的人犯罪，应当负刑事责任。行为人明知酒后驾车违法、醉酒驾车会危害公共安全，却无视法律醉酒驾车，特别是在肇事后继续驾车冲撞，造成重大伤亡，说明行为人主观上对持续发生的危害结果持放任态度，具有危害公共安全的故意。对此类醉酒驾车造成重大伤亡的，应依法以以危险方法危害公共安全罪定罪。

（2）根据《刑法》第一百一十五条第一款的规定，醉酒驾车，放任危害结果发生，造成重大伤亡事故，构成以危险方法危害公共安全罪的，应处以十年以上有期徒刑、无期徒刑或者死刑。具体决定对被告人的刑罚时，要综合考虑此类犯罪的性质、被告人的犯罪情节、危害后果及其主观恶性、人身危险性。一般情况下，醉酒驾车构成本罪的，行为人在主观上并不希望，也不追求危害结果的发生，属于间接故意犯罪，行为的主观恶性与以制造事端为目的而恶意驾车撞人并造成重大伤亡后果的直接故意犯罪有所不同，因此，在决定刑罚时，也应当有所区别。此外，醉酒状态下驾车，行为人的辨认和控制能力实际有所减弱，量刑时也应酌情考虑。

（3）醉酒驾车犯罪案件，系间接故意犯罪，与直接故意犯罪相比，主观恶性不是很深，人身危险性不是很大；犯罪时驾驶车辆的控制能力有所减弱。如果被告人归案后认罪、悔罪态度较好，积极赔偿被害方的经济损失，一定程度上获得了被害方的谅解，可以不判处死刑。

6. 被告人故意杀害幼童，手段残忍；但其又有自首的法定情节，是否应当判处其死刑立即执行？②

本书观点：故意杀害幼童，手段残忍，即使有自首的法定情节，仍应对

---

① 观点来源：《最高人民法院关于醉酒驾车犯罪法律适用问题指导意见》（法发〔2009〕47 号）。

② 观点来源：广东省广州市中级人民法院（2009）穗中法刑一初字第 2 号刑事判决、广东省高级人民法院（2009）粤高法刑四终字第 172 号刑事裁定。

其判处死刑立即执行。

审理死刑案件应准确把握和正确适用依法从“严”的政策要求。被告人以残忍手段杀死幼童，后果特别严重，罪行极其严重，应依法严惩；其虽有自首的情节，但不足以对其从轻处罚；判处其死刑立即执行贯彻了“宽严相济”的基本刑事政策中“严”的一方面。

7. 户籍材料与其他证据之间存在矛盾，如何认定被告人是否达到可以依法判处死刑的年龄?①

本书观点：因被告人郭某明年龄存疑而未被核准的多名被告人共同实施绑架犯罪的案件。最高人民法院在审查被告人郭某明的年龄时，对户籍证明等书证、证人证言等证据进行了全面审查和综合判断，指出一审、二审法院认定被告人郭某明犯罪时已满 18 周岁的证据不足，不予核准死刑。

一审、二审法院强调户籍证明和常住人口登记表作为书证的至高效力，认为作为反证的相关证人证言的证据效力相对较低，尚不足以推翻公诉机关认定郭某明出生于公历 1988 年 7 月 27 日的事实，据此认定郭某明犯罪时已满 18 周岁，对其判处死刑。最高人民法院对书证这一客观性证据进行了更为严格的审查，通过对大量反证的审查和分析，认为一审、二审认定郭某明犯罪时已满 18 周岁的证据不足，不能排除合理怀疑，主要理由如下：（1）本案书证自身存在瑕疵，可能存在登记错误。（2）本案一审、二审所采信的书证所证明的内容与其他证据不能印证，无法排除合理怀疑，而相关证人证言、同案被告人和被告人供述等证据之间相互印证，证明郭某明出生于 1988 年农历 7 月 27（公历 1988 年 9 月 7 日），犯罪时未满 18 周岁。

被告人犯罪时是否年满 18 周岁的证据存疑，应当按照“存疑有利于被告人”的原则掌握。《最高人民法院关于审理未成年人刑事案件具体应用法律若干问题的解释》第四条第一款规定：“对于没有充分证据证明被告人实施被指控的犯罪时已经达到法定刑事责任年龄且确实无法查明的，应当推定其没有达到相应法定刑事责任年龄。”2010 年 7 月 1 日起施行的《最高人民法院、最高人民检察院、公安部、国家安全部、司法部关于办理死刑案件审查判断证据若干问题的规定》第四十条规定：“审查被告人实施犯罪时是否已满十八周

① 观点来源：最高人民法院刑事审判第一、二、三、四、五庭编：《刑事审判参考》2011 年第 2 集（总第 79 集），郭某明等绑架案。

岁，一般应当以户籍证明为依据；对户籍证明有异议，并有经查证属实的出生证明文件、无利害关系人的证言等证据证明被告人不满十八周岁的，应认定被告人不满十八周岁；没有户籍证明以及出生证明文件的，应当根据人口普查登记、无利害关系人的证言等证据综合进行判断，必要时，可以进行骨龄鉴定，并将结果作为判断被告人年龄的参考。未排除证据之间的矛盾，无充分证据证明被告人实施被指控的犯罪时已满十八周岁且确实无法查明的，不能认定其已满十八周岁。”上述规定对被告人年龄处于刑事责任“临界点”的案件提供了具体可行的解决方案，是刑法谦抑原则在司法实务中的运用。对于被告人因罪行极其严重而可能判处死刑的，其犯罪时实际年龄是否已满18周岁，直接关系到对其能否适用死刑。死刑案件的严格证明标准要求必须查证清楚被告人的年龄，并应精确到具体的年月日，包括是公历还是农历。经过反复调查仍无法查清的，则应推定其犯罪时未满18周岁，不能判处死刑。

8. 公安机关待犯罪嫌疑人分娩后再采取强制措施的，能否视为审判时怀孕的妇女？①

本书观点：《刑法》第四十九条规定：“……审判的时候怀孕的妇女，不适用死刑。”从文义上看，上述规定中所谓的“审判时”，似乎仅指从人民检察院提起公诉时起至人民法院作出判决生效时止。但这样的文义理解过于狭窄，并不符合立法原意。为此，最高人民法院在1983年作出的〔1983〕法研字第18号《关于人民法院审判严重刑事犯罪案件中具体应用法律的若干问题的答复》② 中，针对刑法的有关规定，作出进一步的解释：人民法院对审判时怀孕的妇女，不适用死刑；如果在审判时发现，在羁押受审时已是孕妇的仍应不适用死刑，即使是被人工流产的，亦应视为“审判时怀孕的妇女”。1997年刑法修订实施后，最高人民法院在法释〔1998〕18号《关于对怀孕妇女在羁押期间自然流产审判时是否适用死刑问题的批复》中再次指出：对怀孕妇女因涉嫌犯罪在羁押期间自然流产后，又因同一事实被起诉、交付审判的，应视为“审判的时候怀孕的妇女”。该司法解释进一步明确将怀孕妇女从因涉嫌犯罪被羁押时起至人民检察院提起公诉时止的期间亦视为“审判时”，在原

---

① 观点来源：最高人民法院刑事审判第一、二、三、四、五庭主办：《中国刑事审判指导案例》（刑法总则）（增订第3版），法律出版社2017年版，第215－218页，张某懿、杨某故意杀人案。

② 该答复现已废止。

有的司法解释基础上又迈进了一步，其精神是为了确保胎儿的生命及婴儿的正常发育。胎儿、婴儿是无辜的，不能因孕妇有罪而诛及胎儿或婴儿。同时，也体现了司法对孕妇的人道关怀。可见，司法实践中，对“审判时”应作广义理解，即应是指从犯罪嫌疑人涉嫌犯罪而被羁押时起至人民法院依法作出判决生效时止的刑事诉讼全过程。

公安机关主动发现犯罪线索或接受公民个人和法人组织报案后，均应积极作为而正确履行立案、侦查、拘捕犯罪嫌疑人、依法取证等法定职责，对犯罪嫌疑人依法先予羁押，若发现系怀孕妇女，依据1966年《刑事诉讼法》第六十条的规定，可改变羁押或者采取取保候审、监视居住等强制措施。如果公安机关在已明知涉案的嫌疑人怀孕而不对其采取有关强制措施，而是待其分娩后再予拘押，使在表面上嫌疑人不再具有依据法律规定原本应当具有的特别保护条件。在这种情况下，我们认为，这一情形并非法律所致，而是由于公安机关基于某种原因未能严格依照刑事诉讼法以及公安部的有关规定，及时对嫌疑人采取相关强制措施所致，由此产生的后果也就当然不应由嫌疑人来承担。况且，即便对嫌疑人是在其分娩后才采取强制措施，也不能改变嫌疑人在分娩前就已被公安机关列为犯罪嫌疑人的事实。从有利于被告人的原则出发，人民法院对这样的被告人应当视为“审判时怀孕的妇女”，并不适用死刑。在一定意义上可以说，法院是还犯罪分子原有的“本来面目”。

9. 被告人在羁押期间做人工流产后脱逃，多年后又被抓获交付审判的，能否适用死刑？[①]

分歧意见：第一种意见认为，被告人乘做人工流产之机逃跑，再次被抓获交付审判时已是多年之后，怀孕的事实早已不复存在，不属于“审判时怀孕的妇女”不适用死刑的情形，故判处其死刑是没有错误的。

第二种意见认为，对被告人仍应视为审判时怀孕的妇女，不能适用死刑。

本书观点：同意第二种意见。

（1）“审判时怀孕的妇女”，是指从因涉嫌犯罪被羁押，到移送起诉，直至交付审判的整个诉讼过程，以及因怀孕而自然流产、人工流产的妇女。

《刑法》第四十九条规定，审判时怀孕的妇女，不适用死刑。这里所谓的

---

① 观点来源：最高人民法院刑事审判第一、二、三、四、五庭主办：《中国刑事审判指导案例》（刑法总则）（增订第3版），法律出版社2017年版，第219－220页，韩某利贩卖毒品案。

"审判时"及"怀孕的妇女"，根据以往和现有的司法解释精神，都应该作广义的理解。1983年9月20日《最高人民法院关于人民法院审判严重刑事犯罪案件中具体应用法律的若干问题的答复》① 明确规定，无论是在关押期间，或者是在法院审判的时候，对怀孕的妇女，都不应为了要判处死刑，而进行人工流产；已经人工流产的，仍应视为怀孕的妇女，不适用死刑。最高人民法院1998年在对河北省高级人民法院所作的《关于对怀孕的妇女在羁押期间自然流产审判时是否可以适用死刑问题的批复》中答复：怀孕妇女涉嫌犯罪在羁押期间自然流产后，又因同一事实被起诉，交付审判的，应当视为"审判的时候怀孕的妇女"，依法不适用死刑。据此，我们认为，所谓"审判时怀孕的妇女"，不仅包括审判时正在怀孕的妇女，而且也应包括因犯罪被羁押时已怀孕，但在审判前因某种原因自然或人工流产的妇女，即适用于刑事诉讼的整个过程。也就是说，只要刑事诉讼程序已经启动，尚未结束，对此期间怀孕的妇女，无论基于何种原因，均不适用死刑。被告人因涉嫌犯罪被羁押期间已经怀孕这一事实，不因其随后人工流产以及脱逃多年而改变。第一种观点关于被告人再次被抓获审判时，怀孕的事实早已不复存在，不属于"审判时怀孕的妇女"，不适用死刑的条件已经灭失的理解，违背了上述司法解释的精神实质。

（2）怀孕妇女羁押期间做人工流产时脱逃，之后又交付审判的，仍应当视为审判时怀孕的妇女。

在羁押期间脱逃，反映出被告人不愿承担刑事责任，不愿接受刑罚处罚的主观心态，该行为依法构成犯罪的应当另行定罪量刑，不构成犯罪的，可作为对脱逃前犯罪量刑的情节予以考虑。脱逃行为导致的是原诉讼程序的中止，并非结束，在其被抓捕归案后，原诉讼程序继续进行，而不是开始一个新的诉讼。该行为并没有改变脱逃前已形成的事实，如果被告人在脱逃前羁押时已是怀孕妇女，那么无论自然流产、人工流产，仍都视为审判的时候怀孕的妇女，不适用死刑。需要指出的是怀孕妇女羁押期间流产后，只有因同一犯罪事实被起诉，交付审判的，才依法不适用死刑。这一点在上述最高人民法院1998年对河北省高级人民法院的答复中已然明确。该答复称"怀孕妇女涉嫌犯罪在羁押期间自然流产后，又因同一事实被起诉，交付审判的，应

① 该答复虽已废止，但其基本精神仍然符合现行刑法规定，故作此引用，供读者参考。

当视为‘审判的时候怀孕的妇女’，依法不适用死刑”。很明显，答复强调了“因同一事实被起诉”这一要件，即是指怀孕妇女在羁押期间流产前所实施的犯罪被起诉审判，对该怀孕妇女不适用死刑。言下之意，如果起诉及审判的是流产之后的犯罪，则不属于同一事实的范围，不受上述规定的限制。

综上所述，被告人人工流产后虽然脱逃多年，但审判的仍是其脱逃前所犯之罪同一犯罪事实，对其应当依法适用对怀孕妇女排除适用死刑的规定。

10. 被告人犯故意杀人罪，又系累犯，但在公安机关未掌握其任何作案线索的情况下主动供述的，对这类既具有法定从轻又具有法定从重处罚情节的，能否对被告人慎用死刑?①

分歧意见：第一种意见认为，被告人系累犯，依法应予从重处罚，其所犯故意杀人罪虽系自首，但犯罪的性质极为恶劣，手段凶残，情节、后果均特别严重，罪该处死，故应适用死刑予以严惩。

第二种意见认为，被告人虽属罪行极其严重，又系累犯，论罪可以判处死刑立即执行，但其所犯故意杀人罪，是在公安机关未掌握其任何作案线索的情况下主动供述的，确属自首，如果被告人不自首，此案将很难破获。考虑其自首的价值和国家的刑事政策，应对其实施的故意杀人罪予以适当从宽处罚。

本书观点：对既具有法定从轻又具有法定从重处罚情节的，对被告人应慎用死刑。理由如下：

（1）被告人的罪行确属极其严重

所谓罪行极其严重，是指犯罪性质极其严重，犯罪手段、后果等情节极其严重，被告人的主观恶性和人身危险性极大。“罪行极其严重”是死刑适用的实质条件，包含三个方面的内容：一是被告人的行为触犯了刑法规定的可以判处死刑的罪名，且行为性质极其恶劣；二是被告人所犯罪行的情节特别严重，且造成了特别严重的社会危害后果；三是被告人的主观恶性和人身危险性极大。判断被告人的犯罪行为是否极其严重，应当根据刑法和司法解释的有关规定，并综合考虑上述主客观因素，严格认定。

被告人系累犯。可见，被告人主观恶性深。被告人故意实施了杀人行为，

① 观点来源：最高人民法院刑事审判第一、二、三、四、五庭主办：《中国刑事审判指导案例》（刑法总则）（增订第3版），法律出版社2017年版，第220－224页，闫某华故意杀人、盗窃案。

且手段残忍，性质、后果、情节均特别严重。因此，从主客观方面考察，被告人的罪行确属极其严重。

（2）被告人归案后又如实供述司法机关尚未掌握的故意杀人的罪行，属于自首

我国《刑法》第六十七条第二款规定，被采取强制措施的犯罪嫌疑人、被告人和正在服刑的罪犯，如实供述司法机关尚未掌握的本人其他罪行的，以自首论。理论上又将这种自首称为余罪自首。余罪自首与一般自首相比，有着自身的特殊性，它不要求行为人具备自动投案要件，但对成立自首的主体则有较严格的界定，对所供述的罪行也限制在司法机关还未掌握的本人其他罪行。所谓“还未掌握”，是指司法机关尚不知道犯罪发生，或者虽然知道犯罪发生，但不知道犯罪人是谁。所谓“其他罪行”，根据《最高人民法院关于处理自首和立功具体应用法律若干问题的解释》第二条的规定，是指与司法机关已掌握的或判决确定的罪行，属于不同种的罪行。

被告人在涉嫌犯盗窃罪被羁押期间主动供述了本人实施的公安机关还未掌握的故意杀人事实，因此，被告人对其所犯故意杀人罪的主动供述，依法构成余罪自首。

（3）对于既具有法定从轻处罚情节，又具有法定从重处罚情节的罪行极其严重的被告人，应当综合衡量影响量刑的各种因素，审慎适用死刑立即执行

根据我国刑法的规定，对于自首的被告人，可以从轻或者减轻处罚；对于犯罪较轻的，可以免除处罚。我们认为，对法律规定中的“可以从轻”，应理解为从轻是原则，不从轻是例外。特别是对应判处死刑立即执行的，如果具有法定可以从轻或减轻处罚情节的，一般不应判处死刑立即执行。当然，对于具体案件最终是否从轻或减轻处罚，还是要由法官根据犯罪的客观危害和犯罪人的主观恶性及自首、立功等情节的司法价值，以及法定、酌定从轻情节与从重情节等影响量刑的因素进行综合比较、平衡，依法裁量。

强调因具有自首这一法定从轻情节而对被告人从轻处罚，或是强调因具有累犯这一法定从重情节而对被告人从重处罚都是片面的。是否应给予罪行极其严重的被告人从宽处罚，判处死刑缓期二年执行，不仅涉及自首制度的立法意图及司法价值准确把握的问题，还涉及对死缓制度中“不是必须立即执行的”规定的正确适用。

第一，被告人的自首情节对于侦破案件具有重大价值。在被告人供述前，公安机关甚至不知道犯罪发生。可见，正是被告人的主动供述，公安机关才得以及时侦破故意杀人这一重大犯罪。显然，被告人对故意杀人罪的主动供述所成立的余罪自首，对于公安机关侦查破案、节省司法资源、及时惩处犯罪具有重要意义。对于这样的自首情节，在量刑方面应予考虑。

第二，有利于贯彻国家刑事政策，实现刑罚目的。惩办与宽大相结合是我国重要的刑事政策，这一政策要求司法机关处理刑事案件应当实行宽严相济，在法律适用上，力求做到该严则严，当宽则宽。这一刑事政策在惩罚犯罪的基础上注重发挥刑罚预防犯罪的功能，力求防止和减少犯罪，以实现刑罚的目的。因自首情节对被告人从宽处罚，不适用死刑立即执行，可能鼓励和引导一些犯罪的人悔过自新，自动投案或主动供述司法机关尚未掌握的罪行，接受国家惩处，有利于发挥刑事政策威力，分化瓦解犯罪分子，使案件及时得以侦破，有效实现刑罚目的。

第三，体现了“死刑限制适用”的司法理念。“死刑限制适用”包含两层意思：其一是对特别严重的刑事犯罪要适用死刑；其二是对死刑的适用要从严把握，以减少死刑适用数量。这一理念反映了我国在死刑适用方面的审慎态度及对罪犯生命权利的重视。为了限制死刑立即执行的适用，《刑法》第四十八条规定：“……对于应当判处死刑的犯罪分子，如果不是必须立即执行的，可以判处死刑同时宣告缓期二年执行。”至于何种情况属于“不是必须立即执行的”，刑法未作具体规定，主要由法院根据具体案情和国家刑事政策，作出慎重判断。

第四，上述情形中，如果无自首情节和累犯情节，或者只有累犯情节，则以故意杀人罪判处被告人死刑立即执行是适当的。如果无累犯情节而有自首情节，则对被告人原则上不应判处死刑立即执行。而被告人既有累犯情节又有自首情节，即从重、从轻情节并存，在这种情况下，应权衡两种情节的具体情况，准确判断两种情节对量刑影响力的大小，进而决定量刑。其余罪的自首情节，使公安机关侦破了重大案件，且被告人归案后，积极配合公安机关指认犯罪现场，如实供述全部犯罪事实，认罪悔罪。综合考虑这些情节，被告人尚不属于判处死刑，应当立即执行的。

11. 对民间矛盾激化引发的故意杀人案件如何适用死缓限制减刑?[①]

本书观点：死刑缓期执行限制减刑是《刑法修正案（八）》增设的一项新的重要刑罚制度。为了规范此项制度的适用，最高人民法院制定了《关于死刑缓期执行限制减刑案件审理程序若干问题的规定》。由于该司法解释没有规定死刑缓期执行限制减刑的实体适用条件，故如何准确把握此项制度的实体适用条件，是今后刑事审判工作中必须解决的问题。根据《刑法》第五十条第二款的规定，对于因犯故意杀人罪被判处死刑缓期执行的被告人，人民法院可以根据其犯罪情节等情况，同时决定限制减刑。从实践情况看，故意杀人罪在性质上至少包括两类：一类是严重危害社会治安的犯罪；另一类是因民间矛盾激化引发的犯罪。对于前一类故意杀人案件，考虑其犯罪造成的严重后果和恶劣性质，一般对被告人判处死刑立即执行。如果被告人因具有自首、重大立功等法定从宽处罚情节或者重大酌定从宽处罚情节而具备判处死刑缓期执行条件，同时，不限制减刑不足以罚当其罪的，可以限制减刑。对于后一类故意杀人案件，如何把握死刑缓期执行限制减刑的适用条件，应更为慎重。

众所周知，在近年来的司法实践中，对于因民间矛盾激化引发的故意杀人案件，在死刑政策的把握上不同于其他严重危害社会治安的故意杀人、抢劫、绑架等暴力性犯罪案件。最高人民法院在一系列指导文件中均对此作了强调。例如，1999 年印发的《全国法院维护农村稳定刑事审判工作座谈会纪要》明确指出："对于因婚姻家庭、邻里纠纷等民间矛盾激化引发的故意杀人犯罪，适用死刑一定要十分慎重，应当与发生在社会上的严重危害社会治安的其他故意杀人犯罪案件有所区别。"2010 年印发的《宽严相济意见》第二十二条也强调，对于因恋爱、婚姻、家庭、邻里纠纷等民间矛盾激化引发的犯罪，应酌情从宽处罚。最高人民法院自 2007 年统一行使死刑案件核准权以来，严把死刑案件政策关，积极开展民事调解工作，对一部分因民间矛盾激化引发的故意杀人等案件作出了不核准死刑的裁定，使严格控制和慎重适用死刑的政策得到很好的贯彻执行。但是部分案件虽然具有判处死刑缓期执行的条件，但被告人主观恶性较深，依据判处死刑缓期执行的实际执行刑期，

---

① 观点来源：最高人民法院刑事审判第一、二、三、四、五庭主办：《中国刑事审判指导案例》（刑法总则）（增订第 3 版），法律出版社 2017 年版，第 227－230 页，李某故意杀人案。

尚不足以实现对被告人的改造需要，又由于“杀人偿命”的报应观念在我国人民群众中有长期的深刻影响，一部分案件的被害人亲属对司法机关严格执行死刑政策的做法不能完全理解和接受。一旦对被告人未判处死刑立即执行，被害人亲属则常常反应强烈。由此使司法机关对民间矛盾激化引发的故意杀人等案件在贯彻执行死刑政策过程中面临很大矛盾和压力。《刑法修正案（八）》施行后，对这类案件可以通过对被告人判处死刑缓期执行限制减刑的途径，满足对被告人惩罚和改造的需要，同时缓和被害人亲属的报应情绪，以减少此类案件的死刑适用，促进死刑政策的进一步严格执行。

值得重视的是，对于因民间矛盾激化引发的故意杀人等案件，在决定适用限制减刑时要特别注意两个问题：一是对于该判处死刑立即执行的，要依法判处。即使系民间矛盾激化引发的故意杀人案件，如果犯罪后果极为严重，虽有一定从宽处罚情节，但不足以体现从宽的，仍应当判处死刑立即执行，而不能“降格”判处死刑缓期执行限制减刑。二是论罪本不应判处死刑立即执行，判处死刑缓期执行符合法律规定精神的，则不应适用限制减刑。否则，就会造成限制减刑的滥用，违背死缓限制减刑制度的立法本意。

12. **对共同犯罪中判处死刑缓期执行的被告人如何决定限制减刑？**[①]

本书观点：对判处死刑缓期执行的被告人决定限制减刑，应当遵循罪刑法定原则、罪刑相适应原则、有利于严格执行死刑政策原则。对共同犯罪中判处死刑缓期执行的被告人，必要时可依法决定限制减刑。

（1）对判处死刑缓期执行的被告人决定限制减刑，应当遵循三项基本原则

《刑法修正案（八）》增加《刑法》第五十条第二款等规定，建立死刑缓期执行限制减刑制度。为了规范此项制度的适用，最高人民法院制定了《限制减刑规定》，与《刑法修正案（八）》同步施行。由于《限制减刑规定》仅规定了死刑缓期执行限制减刑案件的审理程序，故如何把握此项制度的实体适用条件，是今后的重要司法问题。根据立法本意和司法实践，我们认为，在适用《刑法》第五十条第二款，对判处死刑缓期执行的被告人决定是否限制减刑时，需要遵循以下三项基本原则：

---

① 观点来源：最高人民法院刑事审判第一、二、三、四、五庭主办：《中国刑事审判指导案例》（刑法总则）（增订第3版），法律出版社2017年版，第230－234页，宋某平、平某卫抢劫、盗窃案。

一是罪刑法定原则。罪刑法定原则是刑法的三大基本原则之一，也是刑事司法工作要遵循的最重要的原则。对判处死刑缓期执行的被告人决定是否限制减刑，也应当遵循这一原则。根据《刑法》第五十条第二款的规定，对被判处死刑缓期执行的被告人，仅在三种情形下可以同时决定限制减刑：①累犯；②因实施故意杀人、强奸、抢劫、绑架、放火、爆炸、投放危险物质7种具体犯罪而被判处死刑缓期执行；③因实施有组织的暴力性犯罪而被判处死刑缓期执行。对除此三种情形之外判处被告人死刑缓期执行的，一律不得限制减刑。

二是罪刑相适应原则。罪刑相适应原则也是刑法的三大基本原则之一，对司法机关依法公正量刑十分重要。据此原则，限制减刑应当仅适用于判处死刑立即执行过重，但判处死刑缓期执行不限制减刑又偏轻的案件。从《刑法》第五十条第二款的规定看，尽管刑法已将死刑缓期执行限制减刑的范围限制于前述三种情形，但因刑法规定是否限制减刑要由人民法院根据“犯罪情节等情况”作出决定，存在一定弹性或者裁量余地，故在司法适用中十分有必要强调遵循罪刑相适应原则。具体而言，对判处死刑缓期执行的被告人决定是否限制减刑，要综合考虑犯罪的性质，犯罪的起因、动机、目的、手段等情节，犯罪的后果，被告人的主观恶性和人身危险性等因素，全面分析量刑情节，严格依法适用，确保实现法律效果与社会效果的有机统一。对于判处死刑缓期执行不需限制减刑，就能做到有效制裁犯罪的案件，绝不应当对被告人限制减刑。工作中遇到是否须限制减刑把握不准的案件，则更应注重评估裁判的效果，避免简单适用限制减刑。

三是有利于严格执行死刑政策原则。这是在对判处死刑缓期执行的被告人决定是否限制减刑时要遵循的最重要的一条原则。从立法目的看，对判处死刑缓期执行的被告人限制减刑，并不是为了单纯加重死刑缓期执行的严厉性，而是为进一步严格执行死刑政策创造条件。即通过延长部分死刑缓期执行罪犯的实际执行期，改变以往“死刑过重、生刑过轻”的刑罚执行不平衡现象。由此，一部分以往因判处死刑缓期执行尚不足以罚当其罪而判处了死刑立即执行的案件，在《刑法修正案（八）》施行后，可以判处死刑缓期执行并限制减刑。也就是说，对判处死刑缓期执行的被告人适用限制减刑，针对的是以往应判处死刑立即执行的案件，而不是以往论罪应当判处死刑缓期执行的案件。这样把握，既有利于进一步严格执行死刑政策，也有利于实现对少数罪行极其严重的死刑缓期执行罪犯的严惩。如果认为刑法规定死刑缓期执行限制减刑制度只是单纯增强了死刑缓期执行的严厉性，而未从立法目的来把握限制减刑的适用条件，就会造成对限制减刑的不当适用甚至滥用，出现死刑未得到控制而生刑又加重了违背立法目的的现象。因此，在审判工作中对判处死刑缓期执行的被告人限制减刑，必须以有利于严格执行死刑政策为前提。对每一个判处死刑缓期执行的被告人决定是否限制减刑，均应当围绕这一立法目的展开。

（2）对共同犯罪中判处死刑缓期执行的被告人，必要时可依法决定限制减刑

关于死刑缓期执行限制减刑的实体适用条件，需要探讨的具体情形很多。比如，对判处死刑缓期执行的累犯如何决定限制减刑，对具有自首、立功等法定从宽处罚情节的被告人如何决定限制减刑，对因民间矛盾激化引发的故意杀人案件如何决定限制减刑等。

众所周知，近年来为严格控制和慎重适用死刑，对于二人或者多人共同犯罪致一人死亡的案件，要进一步区分主犯之间的罪责大小，仅对其中罪责最大的主犯判处死刑立即执行。这种政策把握在2010年印发的《宽严相济意见》中有明确规定，即“对于多名被告人共同致死一名被害人的案件，要进一步分清各被告人的作用，准确确定各被告人的罪责，以做到区别对待；不能以分不清主次为由，简单地一律判处重刑”。这里的“重刑”主要是指死刑立即执行。在有些案件中，数名主犯之间罪责差别不大，罪责相对略小的主犯被判处了死刑缓期执行。对这类主犯是否限制减刑，关键看其主观恶性和人身危险性的大小。如果被判处死刑缓期执行的被告人犯罪手段残忍，犯罪性质和情节恶劣，或者是累犯或者有前科，表现出较大的主观恶性和人身危险性的，在符合《刑法》第五十条第二款规定的前提下，可以决定对其限制减刑。这样把握，既体现出严格执行死刑政策，又充分体现了对此类主犯的严惩，实现与判处死刑立即执行主犯之间的量刑平衡。反之，如果判处死刑缓期执行的被告人犯罪手段和情节一般，也没有前科，不能认定其主观恶性深、人身危险性大的，则判处死刑缓期执行就已经体现严惩，并能实现与判处死刑立即执行主犯之间的量刑平衡，自然也就不应当再对其限制减刑。

值得一提的是，《刑法修正案（八）》自2011年5月1日起公布施行，对之前发生的案件能否限制减刑？如前所述，死刑缓期执行限制减刑制度是从

严格执行死刑政策的角度来适用的，限制减刑的对象是按照修正前刑法应当判处死刑立即执行，但因形势变化、宽严相济刑事政策的进一步贯彻以及死缓制度的完善，依照修正后刑法可不判处死刑立即执行者。相对于判处死刑立即执行而言，对被告人判处死刑缓期执行并限制减刑属于较轻的刑罚。在此种条件下，适用修正后的刑法对被告人有利，也完全符合“从旧兼从轻”的刑法适用原则。正是基于这些理由，《最高人民法院关于〈中华人民共和国刑法修正案（八）〉时间效力问题的解释》第二条第二款规定：“被告人具有累犯情节，或者所犯之罪是故意杀人、强奸、抢劫、绑架、放火、爆炸、投放危险物质或者有组织的暴力性犯罪，罪行极其严重，根据修正前刑法判处死刑缓期执行不能体现罪刑相适应原则，而根据修正后刑法判处死刑缓期执行同时决定限制减刑可以罚当其罪的，适用修正后刑法第五十条第二款的规定。”今后，对于此类案件适用限制减刑的时间效力问题，均应当依照司法解释的该项规定办理。

13. 故意杀人死刑案件的量刑标准如何确认，共同犯罪中各被告人地位、作用的区分？①

本书观点：故意杀人案件，共同致一人死亡的，原则上判处一人死刑，判处两人死刑应当作为例外情况。即，对于共同故意杀人致一人死亡的案件，应当仔细区分、综合判定各被告人在共同犯罪中的地位、作用，尽可能进一步区分罪责大小，只能对其中地位、作用最突出，罪责最严重者判处死刑。如果杀人手段特别残忍，情节特别恶劣，被害人、当地群众或者社会舆论反映很强烈的，也有判处两人死刑的余地。理由如下：

（1）对故意杀人案件适用死刑的基本原则

在宽严相济基本刑事政策的指引下，准确理解和严格执行好“保留死刑，严格控制和慎重适用死刑”的一贯政策，是如何把握死刑案件量刑标准的关键。具体对一起故意杀人案件是否适用死刑，要严格依照法律规定，综合考虑案件性质，犯罪的起因、动机、目的、手段等情节，犯罪的后果，被告人的主观恶性和人身危险性等因素，全面分析影响量刑的情节。就案件性质而言，故意杀人案件一般有严重危害社会治安、严重影响人民群众安全感的案

---

① 观点来源：最高人民法院刑事审判第一、二、三、四、五庭主办：《刑事审判参考》第114集，法律出版社2019年版，第38－44页，白某江故意杀人、抢劫、强奸案。

件和因婚姻家庭、邻里纠纷等民间矛盾激化引发的案件两类。对于后一类案件，在适用死刑时应特别慎重。而对于前一类案件，要依法从严惩处，该判处死刑的要坚决依法判处死刑，以维护秩序，伸张正义。

对于严重危害社会治安、严重影响人民群众安全感的故意杀人案件，共同致一人死亡的，原则上判处一人死刑，这是司法实践和刑法理论界已经普遍认同的原则。我们认为，在共同故意杀人案件中首先应当明确该原则，该原则对于共同故意杀人案中判处死刑人数能够起到有效的控制作用。共同故意杀人致一人死亡的，判处两人死刑应当作为例外情况。即，对于共同故意杀人致一人死亡的案件，如果杀人手段特别残忍，情节特别恶劣，被害人、当地群众或者社会舆论反映很强烈的，也有判处两人死刑的余地。但这种情形应当很少出现。因一人死亡而判处二人死刑的案件，作出判决时一定要慎之又慎。

（2）在共同故意杀人犯罪中，有两名以上主犯的，应进一步细分其地位作用

共同犯罪中，准确认定各被告人的地位、作用，区分主从犯，并在此基础上更进一步区分各主犯之间或各从犯之间作用大小，对最终确定各被告人的量刑至关重要。在一些故意杀人的共同犯罪案件，特别是两人共同犯罪的案件中，被告人共同预谋，分工配合，共同实施杀人行为，作用基本一致，实践中通常都认定为主犯。对这种案件，如果仅致一人死亡又依法应当判处死刑的，原则上不能同时判处两名被告人死刑，而应当仔细区分，综合判定各被告人在共同犯罪中的地位、作用，尽可能进一步区分罪责大小，只能对其中地位、作用最突出，罪责最严重者判处死刑。审判中要防止为了追求严惩，而以分不清主次为由，简单地一律判处死刑的做法。这也是深入贯彻宽严相济刑事政策，进一步实现罪刑均衡原则的要求。同时，需要注意的是，有的案件中，罪责相对较大的被告人因具有法定从宽处罚情节而不能判处死刑的，如犯罪时未成年或者系怀孕的妇女，作案后自首、立功等，此时不能为了追求适用死刑，而把共犯中罪责相对较轻又没有法定从宽处罚情节的被告人升格判处死刑。

有意见认为，既然都是主犯，地位和作用基本相同，技术上很难再进一步区分罪责大小。我们认为，尽管这种区分确实有困难，但仍有相当大的余地。一般可以从犯罪过程的各个阶段对各被告人的作用进行综合分析、认定。

就故意杀人犯罪而言，主要有提起犯意，纠集同案人，准备作案工具，选择、确定犯罪目标，策划犯罪过程，对参与人员进行分工，实施具体犯罪过程中的行为（如实施直接致人死亡的行为），资助同案人出逃等环节。具体到个案，上述情节的认定，主要依靠各被告人的供述，在各被告人利益存在冲突的情况下，很可能存在互相推诿的情况，这就需要对各被告人的供述进行认真分析，对供述真伪作出判断，进而对各被告人的地位、作用进行区分。

14. 抢劫案件，共同致一人死亡的案件中，如何认定罪责最严重的被告人?①

本书观点：共同犯罪案件中，如果各被告人之间存在主从犯的区别，认定各被告人的罪责、准确量刑是很容易的。但如两个或两个以上的被告人都是主犯，且罪责相当，则如何进一步区分主犯之间的罪责，以至如何量刑，就成为司法实践中的一个难题。

（1）共同致死一人的案件，一般不应判处两名以上被告人死刑

共同致一人死亡的案件，存在两名或两名以上的主犯的，在主犯之间进一步区分罪责大小，从而区别量刑，是刑法罪责刑相适应原则的体现，也是贯彻宽严相济刑事政策的需要。2016 年发布的《最高人民法院关于审理抢劫刑事案件适用法律若干问题的指导意见》明确指出，对于两名以上被告人共同抢劫致死一名被害人的案件，要注意分清各被告人作用，准确确定各被告人罪责。一案中有两名以上主犯的，要从犯罪提意、预谋、准备、行为实施、赃物处理等方面区分出罪责最大者和较大者。除犯罪手段特别残忍、情节及后果特别严重、社会影响特别恶劣、严重危害社会治安的外，一般不应同时判处两名以上被告人死刑，应当在认真分清罪责的基础上，详细分析各被告人的地位和作用，特别是对罪责大小要做出准确认定，一般只对作用最突出、罪责最为严重的主犯判处死刑立即执行。罪责最严重的主犯如系未成年人而不适用死刑，或者因具有自首、立功等法定从宽处罚情节而不判处死刑立即执行的，不能不加区别地对其他主犯判处死刑立即执行。

---

① 观点来源：最高人民法院刑事审判第一、二、三、四、五庭主办：《刑事审判参考》第 112 集，法律出版社 2018 年版，第 30 – 36 页，郭某伟、李某抢劫案。

（2）司法实践中如何认定罪责最为严重的共同致死被告人

第一，认定罪责最严重的共同致死被告人可考量的因素。

共同致死案件中如有多名主犯的，如何在主犯中区分出罪责最为严重者和较为严重者，是正确适用死刑的关键。如何认定地位作用最突出、罪责最严重的主犯，我们认为，应当全面考察犯意形成、犯罪实施、犯罪后各阶段的行为及案外因素等，确定各被告人在共同犯罪中的具体地位、作用及主观恶性、人身危险性。区分被告人罪责时，应结合全案的犯罪事实，综合考虑下列因素：

①从犯罪动机的角度，一般来说，动机卑劣的被告人主观恶性深，如具有奸夫淫妇谋害本夫、出于恶意竞争杀害竞争对手、预谋杀人或杀人决意明显、性情残暴动辄肆意杀人、抢劫杀害孤寡老人或少年儿童等动机、因素的被告人，罪责相对较大。

②从犯意产生的角度，一般来说，提起犯意的被告人罪责相对较大。通常，提起犯意的被告人往往会积极实施犯罪，且常对共同犯罪行为有一定的控制力，故作用相对突出，罪责相对较大。但如果二人均有犯意，仅一人首先提出，另一人一拍即合并积极参与预谋，起意者在实行阶段作用并不突出的，也可不认定起意者罪责最大。此外，实践中常有各被告人供述不一、互相推诿的情形，这就需要结合各被告人前后供述、自身情况及与被害人的关系等因素，综合认定，确实无法确定起意者的，也可认定为共同起意。

③从参与犯罪积极程度的角度，一般来说，主动参加、纠集他人参与犯罪、全程参与、积极实施、直接动手杀人的被告人罪责相对较大。如某一被告人组织、策划、指挥整个犯罪过程，则应认定其罪责较大，而听从他人指挥实施犯罪的，可认定为罪责相对较小。

④从犯罪准备的角度，一般来说，提出并积极准备犯罪工具、物色作案对象、策划犯罪路线、实施踩点等行为的被告人罪责相对较大。

⑤从实施致死行为的角度，实施最核心和最重要致死行为的被告人罪责相对较大。即在能够分清各被告人的行为对死亡结果所起的具体作用情况下，实施直接致死行为的被告人罪责较大。一人下手凶狠，连续捅刺多刀，另一人捅刺一二刀，明显有节制，则捅刺刀数多的被告人罪责较大。一人击打或者捅刺的是被害人的胸腹部等要害部位，另一人捅刺的是腿部、臀部等次要部位，则捅刺要害部位的被告人罪责较大。采取扼掐颈部方法杀人，一人动

手掐，另一人按住被害人手脚，则直接扼掐的被告人罪责较大。二人以上先后用同样凶器捅刺被害人的同样部位，伤害程度相当的，则先实施行为的被告人罪责较大。

⑥从案后抛尸、毁灭罪证等的角度，一般来说，作案后提议破坏案发现场、毁灭尸体及作案工具等罪证，并积极实施的，其罪责相对较大。

⑦从赃款赃物处理的角度，一般来说，对赃款赃物的分配具有决定权或者分得较多赃款赃物的被告人罪责相对较大。

⑧从案外因素的角度，如被告人的性别、年龄及成长经历，是否有犯罪前科，是否更熟悉作案地点及周边情况，被告人之间的相互关系等，这些因素可以从侧面说明哪个被告人的犯意更坚决，犯罪经验更丰富，犯罪过程中的主导型更强，也可用于区分各被告人的地位作用、罪责轻重。

⑨从犯罪后的表现看，作案后有自首、立功、认罪悔罪、积极赔偿、取得被害人谅解等情节的被告人，罪责要比没有这些情节的被告人相对小。

在审判实践中，判断被告人罪责的大小需要从不同角度同时展开，而不能局限于某一角度。对被告人最终罪责的认定，应是综合分析判断的结果。而对于在犯罪过程中地位、作用明显大于其他被告人，即使被告人犯罪后有自首或立功表现，但该情节依法不足以从轻处罚的，也可以对该被告人判处死刑立即执行。另外，在共同犯罪人罪责确实难以区分时，如果其中某个被告人系累犯的，也可从主观恶性和人身危险性的角度予以区分。

如果通过以上各个方面的仔细区分，仍然难以区分罪责大小的，也不宜一律判处两名以上被告人死刑。如果犯罪性质不是特别恶劣，情节、后果不是特别严重的，基于“严格控制、慎重适用”的死刑政策，也可以对各被告人均不判处死刑立即执行。

第二，在雇凶杀人、伤害案中如何认定罪责最严重的主犯。

在雇凶杀人、伤害致一人死亡的案件中，一般不宜同时判处雇凶者与受雇者死刑立即执行，应根据雇凶犯罪的不同情况，准确认定罪责最严重的主犯。

一般而言，下列情形可以认定受雇者是罪责最严重的主犯：①雇凶者只是笼统提出犯意，没有实施组织、指挥行为，而系受雇者积极主动实施杀人、伤害行为的；②受雇者明显超出雇凶者授意范围实施故意杀人、故意伤害犯罪，因行为过限造成更严重危害后果的。

15. 毒品犯罪中，共同犯罪人、上下家均到案，且存在既是共同犯罪又是上下家关系的情况下，如何适用死刑？①

本书观点：《全国法院毒品犯罪审判工作座谈会纪要》规定，毒品共同犯罪案件的死刑适用应当与该案的毒品数量、社会危害及被告人的犯罪情节、主观恶性、人身危险性相适应。涉案毒品数量达到巨大以上，二名以上主犯的罪责均很突出，或者罪责稍次的罪犯具有法定、重大酌定从重处罚情节，判处二人以上死刑符合罪刑相适应原则，并有利于全案量刑均衡的，可以依法判处。

（1）对于既是共同犯罪又是上下家的被告人，要在分清主次的基础上根据各自的地位和作用依法确定是否适用死刑。

（2）对于单纯的上下家，要综合考虑各自在促成毒品交易中的作用大小，慎重决定适用死刑。

16. 死刑缓期执行期间因有漏罪而被起诉，在漏罪审理期间又故意犯新罪故意伤害罪的，是否属于死刑缓期执行期间故意犯罪情形？②

分歧意见：第一种意见认为，罪犯在死刑缓期执行期间因漏罪被再次判处死刑缓期执行的，应当再次报高级人民法院复核，死刑缓期执行期间从新判决确定之日起计算。因此，对行为人漏罪作出的一审判决、二审裁定，是对陈某明全部犯罪行为重新评判后作出的裁判，实质上已经否定了前次高级人民法院核准死刑缓刑执行判决的效力。据此，罪犯的死刑缓期执行期间应当以后次核准判决为准。罪犯陈某明实施故意伤害犯罪行为的时间不属于死刑缓期执行期间故意犯罪的情形，不应核准执行死刑。

第二种意见认为，罪犯的故意伤害行为客观上实施于前罪判决确定之后的死刑缓期执行期间，且其主观上明知自己先前所犯罪行已经被法院判处死刑缓期执行、自己正处于死刑缓期执行期间，因此，陈某明实施故意伤害犯罪应当属于在死刑缓期执行期间故意犯罪的情形，应当依法核准执行死刑。

本书观点：赞同第二种观点，认为在死刑缓期执行期间因有漏罪而被起诉，在漏罪审理期间又故意犯新罪，认定属于在死刑缓期执行期间故意犯罪的情形，符合刑法总则关于死刑的相关规定和立法本意。具体理由如下：

---

① 观点来源：最高人民法院刑事审判第一、二、三、四、五庭主办：《刑事审判参考》第114集，法律出版社2019年版，第95－102页，张某、王某贵死刑，判处被告人周某会贩卖、运输毒品案。

② 观点来源：最高人民法院刑事审判第一、二、三、四、五庭主办：《中国刑事审判指导案例》（刑法总则）（增订第3版），法律出版社2017年版，第234－237页，陈某明故意伤害案。

首先，从刑法规定分析。《刑法》第五十条规定：“判处死刑缓期执行的，在死刑缓期执行期间，如果没有故意犯罪，二年期满以后，减为无期徒刑；如果确有重大立功表现，二年期满以后，减为二十五年有期徒刑；如果故意犯罪，情节恶劣的，报请最高人民法院核准后执行死刑……”第五十一条规定：“死刑缓期执行的期间，从判决确定之日起计算。死刑缓期执行减为有期徒刑的刑期，从死刑缓刑执行期满之日起计算。”关于死刑缓期执行判决的确定之日，《最高人民法院关于适用〈中华人民共和国刑事诉讼法〉的解释》（法释〔2021〕1号）第四百九十八条规定：“死刑缓期执行的期间，从判决或者裁定核准死刑缓期执行的法律文书宣告或者送达之日起计算。”

其次，从刑事政策分析。《刑法》第七十条、第七十一条对漏罪与犯新罪分别确立了“先并后减”及“先减后并”的并罚原则。其原理在于漏罪仅是被告人在宣告判决以前未主动交代全部犯罪事实或者司法机关未全部查清犯罪事实，刑法、刑事诉讼法并不存在强制被告人坦白、认罪的规定，因此对漏罪确立“先并后减”的并罚原则，漏罪与未漏罪情形之间不存在处罚轻重的差异；而犯新罪是被告人在判决宣告以后的羁押期间或者服刑期间，又继续犯新罪，不但从中体现出被告人的主观恶性和人身危险性没有消除，而且体现出其对劳动改造的抵制态度，因此有必要区别犯新罪和未犯新罪的处罚轻重，确立“先减后并”的并罚原则具有内在合理性。

罪犯实施故意伤害的犯罪行为发生在其因犯前罪第一次被核准判处死刑缓期执行的二年考验期限内，且其已收到高级人民法院的判决书，主观上明知自己实施故意伤害的犯罪行为尚处于死刑缓刑执行的二年考验期限内，还故意实施故意伤害犯罪行为，由此不但体现出罪犯的主观恶性和人身危险性没有消除，而且体现出其对劳动改造和监狱制度的藐视和抵制态度，与未实施故意犯罪情形相比，应当对其从重处罚。

再次，死刑缓期执行期间因有漏罪而被起诉，在漏罪审理期间又故意犯新罪，并不改变罪犯因前罪被判处死刑缓期执行期间的起算日期。虽然一审法院作出了新的判决，但就前罪判处罪犯死刑缓期执行的终审判决已经生效，并没有因为一审法院对漏罪作出新的判决而失效。前罪终审判决由高级人民法院作出，一审法院的判决在诉讼程序层面也不具备撤销上一级法院已作出的终审判决的效力。换言之，高级人民法院先前以强奸罪核准对罪犯判处死刑缓期执行的终审裁定、复核判决书依然有效。基于这一分析，罪犯所犯前罪的死刑缓期执行期间的起算日期，不应因为一审院对漏罪作出的新判决而发生改变。

最后，从刑事政策分析。刑法对在刑事诉讼过程中基于侥幸心理，有意隐瞒犯罪事实导致漏罪，再次审判漏罪因而损耗司法资源的被告人，虽然未确立从重处罚的原则，但至少应当禁止该类事由的发生成为对被告人有利的一个情节。如果前罪的死刑缓期执行期间因漏罪被起诉而不认定为死刑缓期执行期间，则意味着对犯新罪的罪犯而言，在死刑缓期执行期间发现漏罪被起诉的结果更为有利。这种结果必然会大大激发行为人犯罪后隐瞒犯罪的心理，显然与刑事政策背道而驰。

有观点认为，原《最高人民法院研究室关于罪犯在死刑缓期执行期间因有漏罪被判决后仍决定死刑缓期执行的是否需要重新核准死缓期间从何时起计算问题的电话答复》（现已失效，以下简称《答复》）规定罪犯在死刑缓期执行期间因漏罪被再次判处死刑缓期执行的，须再次报请高级人民法院复核，死刑缓期执行期间从新判决确定之日起计算，意味着《答复》明确前罪判处死刑缓期执行的判决失去效力，与之对应的死刑缓期执行期间自然无效。我们认为，该观点曲解了《答复》体现的立法、司法精神。《答复》针对罪犯在死刑缓期执行期间被发现漏罪的情形，规定其死刑缓期执行期间重新计算，其本意旨在强调死刑缓期执行期间届满之日必须依据新判决确定之日予以计算，即将罪犯的死缓考验期限延长至漏罪判决的死缓考验期限，而不是缩短或扣减前罪判决的死缓考验期限。这与2012年公布的《最高人民法院关于罪犯因漏罪、新罪数罪并罚时原减刑裁定应如何处理的意见》规定的罪犯服刑期间被发现漏罪，会导致其此前减刑裁定无效的结果（仅在此后减刑时，对决定减刑的频次、幅度酌予考虑）吻合。故依据《答复》的规定，不能推断出罪犯在原死刑缓期执行判决确定之日至新死刑缓期执行判决确定之日这段期间，不属于罪犯的死刑缓期执行期间。对《答复》行判决确定之日至新死刑缓期执行判决确定之日这段期间，不属于罪犯的死刑缓期执行期间。

17. 如何理解《刑法》第四十九条“以特别残忍手段致人死亡”?[①]

本书观点：对于故意杀人罪中的“特别残忍手段”可以参照故意伤害罪

① 观点来源：最高人民法院刑事审判第一、二、三、四、五庭主办：《中国刑事审判指导案例》（刑法总则）（增订第3版），法律出版社2017年版，第237－240页，胡某亭故意杀人案。

中的“特别残忍手段”进行认定。

（1）如何理解和认定“以特别残忍手段致人死亡”

随着生活质量、医疗水平的不断提高，我国的人均寿命正在不断延长，老年人口的绝对数量及其所占人口总数的相对比例也随之不断提高。针对老年人这一特殊群体的犯罪，世界上许多国家都规定了从宽处罚的制度。2011年颁布的《刑法修正案（八）》第一条新增一条作为《刑法》第十七条之一，规定：“已满七十五周岁的人故意犯罪的，可以从轻或者减轻处罚；过失犯罪的，应当从轻或者减轻处罚。”第三条增加一款作为《刑法》第四十九条第二款，规定：“审判的时候已满七十五周岁的人，不适用死刑，但以特别残忍手段致人死亡的除外。”

由上述规定可知，在我国，对年满七十五周岁的老年人犯罪并非一概不适用死刑，如果年满七十五周岁的老年人犯故意杀人罪且属于“以特别残忍手段致人死亡”的，可以判处死刑。从逻辑结构分析，“以特别残忍手段致人死亡”可以分解为“以特别残忍手段”与“致人死亡”两部分，且这两部分之间存在刑法上的因果关系。其中，“致人死亡”比较容易理解，实践中引发争议的往往是对“特别残忍手段”的理解和认定。

第一，如何理解和认定“特别残忍手段”。

众所周知，任何一个犯罪目的的实现都必须借助一定的犯罪手段。犯罪手段不仅可以反映犯罪行为的客观损害程度，还可以反映行为主体的主观恶性和人身危险性大小。因此，犯罪手段在我国司法实践中往往是一个重要的酌定量刑情节。司法实践中，在死刑判决、裁定书中的“裁判理由”部分，“犯罪手段残忍”“犯罪手段特别残忍”“犯罪手段极其恶劣”等表述充分表明“犯罪手段残忍”或者“犯罪手段特别残忍”已经成为适用死刑立即执行的一个重要依据，特别是在年满七十五周岁的老年人故意杀人案件中，“特别残忍手段”更是适用死刑的唯一法定依据。由此可见，对“手段特别残忍”的理解足以影响死刑在实践中的具体适用。

关于“特别残忍手段”的含义，当前立法、司法机关均未作出具体解释，司法实践中，往往只能由法官自由裁量。如此一来，在具体案件中适用不一以及量刑偏差自然是难以避免的问题。我们认为，对于故意杀人罪中的“特别残忍手段”可以参照故意伤害罪中的“特别残忍手段”进行认定。关于《刑法》第二百三十四条第二款中“致人死亡或者以特别残忍手段致人重伤造成严重残疾”中“特别残忍手段”的理解，全国人大常委会法制工作委员会刑法室编著的《中华人民共和国刑法释义》一书认为，本条中的“特别残忍手段”，是指故意造成他人严重残疾而采用毁容、挖人眼睛、砍掉人双脚等特别残忍的手段伤害他人的行为。这一解释依然是粗线条式的，同时亦存在循环定义的逻辑问题，对于具体司法适用问题的解决难以起到实质效果。

以一般手段杀人与以特别残忍手段杀人，两者的相同之处在于侵害了被害人的生命权，两者的区别在于对善良风俗、伦理底线、人类恻隐心的侵犯程度不同。因此，对故意杀人罪中“特别残忍手段”的理解和认定，应当符合社会民众一般的观念。我们认为，在具体案件中，对“特别残忍手段”可以综合从以下几个方面理解和认定：①杀人手段：使用焚烧、冷冻、油煎、毒蛇猛兽撕咬、分解肢体、剥皮等凶残狠毒方法杀死被害人的。②行为过程：犯罪行为持续时间长、次数频繁、折磨被害人的主观故意强。如用凶器数十次捅刺被害人的；长时间暴力折磨被害人，故意加重其痛苦程度的；在被害人失去反抗能力后求饶、逃跑、呼救的过程中，仍然执意追杀被害人的。③以其他让社会民众普遍难以接受的手段和方式杀害被害人的。

第二，对“特别残忍手段”与“情节特别恶劣”应当区别认定。

有观点认为，《刑法》第四十九条第二款关于“以特别残忍手段致人死亡”的除外规定范围太小，应当扩大为“情节特别恶劣”。即对老年人犯罪是否适用死刑，除了要考虑犯罪行为是否特别残忍之外，还应当综合考虑主观恶性和人身危险性等因素，而不应仅凭手段残忍致人死亡这一情节作出判决。我们认为，“以特别残忍手段致人死亡”仅仅是“情节特别恶劣”的情形之一，“情节特别恶劣”涵盖的范围更广。如果将“以特别残忍手段致人死亡”替换为“情节特别恶劣”，无疑扩大了已满七十五周岁的老年人适用死刑的限制范围，有违《刑法》第四十九条第二款的立法初衷。

例如，有预谋、事先准备凶器以及在公开场合行凶等事实情状，属于“情节特别恶劣”，但如果将其作为认定“特别残忍手段”的依据，那就混淆了“特别残忍手段”与“情节特别恶劣”的认定，不当扩大了对老年人犯罪死刑适用的范围，与“有关老年人免除死刑”的立法精神相背离。

（2）对已满七十五周岁的老年人犯罪是否适用无期徒刑

由于对《刑法》第四十九条第二款和《刑法》第十七条之一有不同的理解，对年满七十五周岁的老年人犯罪是否适用无期徒刑的问题，理论界存在

“肯定说”和“否定说”之争。

“否定说”认为，《刑法》第四十九条第二款规定“审判的时候已满七十五周岁的人，不适用死刑”，这是禁止性规范；刑法第十七条之一规定“已满七十五周岁的人故意犯罪的，可以从轻或者减轻处罚”，这是命令性规范。上述两条规定并行不悖，在具体案件中，一般都同时适用。由于《刑法》第四十九条第二款明确排除了对老年罪犯适用死刑，因而其法定最高刑只能是无期徒刑，同时根据《刑法》第十七条的规定，对老年罪犯一般应予以从轻或者减轻处罚，而该条关于“从轻处罚”的规定无法在无期徒刑的范围内得以体现，所以，对老年人在适用从轻处罚的规定时不能适用无期徒刑。“肯定说”则认为，对老年人不适用死刑而判处无期徒刑，已经体现了从宽处罚，可以不再适用《刑法》第十七条之一的规定，因此，可以对老年人罪犯适用无期徒刑。

我们认为，从法律规定分析，是否同时适用刑法第十七条之一和第四十九条第二款的规定，要视具体情形而定：如果年满七十五周岁的老年人犯罪属于可以从轻或者减轻处罚但最终未适用从轻或者减轻处罚的，无须同时适用；如果年满七十五周岁的老年人犯罪属于可以从轻或者减轻处罚且最终适用从轻或者减轻处罚的，或者属于应当从轻或者减轻处罚的，应当同时适用。在认定不属于“以特别残忍手段致人死亡”的前提下：对于年满七十五周岁的老年人故意犯罪无须同时适用《刑法》第十七条之一和第四十九条第二款规定的情形，可以对其判处无期徒刑；对于年满七十五周岁的老年人故意犯罪同时适用刑法第十七条之一和第四十九条第二款规定的情形，对其不应判处无期徒刑。基于上述分析，对年满七十五周岁的老年人罪犯，是否可以判处无期徒刑，取决于对年满七十五周岁的老年人故意犯罪是否适用从轻或者减轻处罚，而是否适用从轻或者减轻处罚，应当根据具体犯罪事实和犯罪情节予以综合认定。

18. 被告人因琐事纠纷持随身携带的刀具行凶，故意伤害致人死亡（仅刺一刀）且被告人有多次前科的，如何正确适用死刑？[①]

分歧意见：第一种意见认为，被告人故意伤害，致一人死亡，且其曾因

---

① 观点来源：最高人民法院刑事审判第一、二、三、四、五庭主办：《刑事审判参考》第115集，法律出版社2019年版，第44－48页，刘某伟故意伤害案。

多次犯罪被判刑，人身危险性极大，应当判处其死刑。

第二种意见认为，被告人因琐事纠纷持随身携带的刀具行凶，致一人死亡，其虽有多次前科，但均属非暴力且被判处轻刑的犯罪，综合考虑其系酒后行为失控下作案、作案后对被害人有救助举动等因素，对其可不判处死刑立即执行。

本书观点：我们认为第二种意见更符合当前执行的死刑政策，具体分析如下。

故意伤害犯罪侵犯公民的身体健康，且易导致被害人死亡，社会危害较大，而故意伤害致人重伤、死亡属于严重暴力犯罪，其中严重危害社会治安的故意伤害犯罪一直是人民法院依法严惩的犯罪类型。但是，在造成被害人死亡的情况下，故意伤害致人死亡与故意杀人相比，被告人的主观恶性及人身危险性都有所不同，量刑时也需要予以区别对待，特别是对故意伤害致人死亡的被告人考虑适用死刑时，应格外慎重。从立法上看，故意伤害致人死亡犯罪和故意杀人犯罪，对应的法定刑都是十年以上有期徒刑、无期徒刑和死刑；从危害后果看，均造成被害人死亡，判处死刑都符合“杀人偿命”的传统报应观念。因此，司法实践中，如何正确区分二者的犯罪性质，对故意伤害致人死亡案件准确适用死刑，有一定难度。

其一，对故意伤害致人死亡的案件，犯罪手段特别残忍，情节特别恶劣的，才可以考虑判处被告人死刑。《刑法》第二百三十四条第二款规定，故意伤害致人死亡的，处十年以上有期徒刑、无期徒刑或者死刑。该条对三种不同刑罚由轻到重进行排列，从中可以看出，对于故意伤害致人死亡的，立法上要求首先考虑适用十年以上有期徒刑、无期徒刑，死刑是排在最后的，故只有在极个别情况下才可以考虑适用死刑。这与《刑法》第二百三十二条对故意杀人罪规定的刑罚由重到轻进行排列的情况正好相反，即，故意杀人的，处死刑、无期徒刑或者十年以上有期徒刑，所反映出的立法意图也存在明显区别。1999 年印发的《全国法院维护农村稳定刑事审判工作座谈会纪要》规定，故意伤害致人死亡，手段特别残忍，情节特别恶劣的，才可以判处死刑。这说明在司法实践中对故意伤害致人死亡案件要更加严格执行死刑政策，在适用死刑的标准上也要更加严格。最高人民法院 2007 年统一行使死刑核准权后，严格控制故意伤害罪的死刑适用，一般是对犯罪性质或情节特别恶劣、手段特别残忍、造成被害人死亡等特别严重后果的情形适用死刑。如，以特别残忍的手段进行伤害并致被害人死亡或者严重残疾，为报复社会而伤害不特定人员致人死亡等情形。在个案中决定能否适用死刑，应对被告人的全部犯罪情节进行综合分析判断，以确定是否具备适用死刑的基础。

前述被告人的犯罪情节，可以从以下几个角度进行分析。首先，从案发起因看，被告人与被害人酒后因琐事发生口角，引发本案。本案属于典型的因琐事纠纷引发的案件，被告人系酒后一时冲动作案，其主观恶性与预谋犯罪相比，相对较小。虽然被告人在前往喝酒途中购买了水果刀并带至现场，但买刀时其与被害人并未发生矛盾，也没有证据证实其买刀时有犯罪的预谋。其次，从作案手段看，被告人仅捅刺被害人一刀，不属于作案手段特别残忍。被告人发现被害人受伤后，并未继续捅刺，作案手段有所节制。再次，从作案对象看，被告人与被害人系朋友关系，平时并无矛盾，被告人因酒后偶发口角而持刀作案，作案对象特定，这与故意伤害不特定人员意图报复社会的犯罪在性质上不同，主观恶性和社会危害性都相对较小。最后，从被告人作案后的表现看，其在逃离现场前让朋友打“120”救治被害人，逃离后又通过给他人打电话询问被害人伤情，这都反映出被告人并不希望发生被害人死亡的结果，主观恶性相对较小。综合考虑上述情节以及本案仅致一人死亡的犯罪后果，可以认定本案属于情节一般的故意伤害致人死亡案件，不属于必须判处死刑立即执行的特别严重犯罪类型。

其二，对于被告人具有前科的，要根据前科的具体情形客观评估其人身危险性，不能一概而论。被告人的前科反映出的人身危险性，是量刑时需要予以考虑的情节。一般来说，如果被告人构成累犯，尤其构成累犯的前罪是暴力性犯罪或者严重的非暴力性犯罪的，说明其人身危险性较大，应依法从重处罚，对死刑适用的影响更大。如果被告人的前科不构成累犯，其前科情况也反映出其既往表现不佳，再犯可能性较大，可酌情从重处罚，但在决定是否适用死刑时应对前科作客观分析，综合前罪和后罪的具体情况评估被告人的人身危险性，特别是再次实施严重暴力犯罪的可能性。也就是说，有前科不能当然成为适用死刑的理由，不能简单因被告人有前科就对原本可以不适用死刑的犯罪“升格”适用死刑。前述被告人有三次前科，但均系判处刑罚不超过三年徒刑的盗窃罪、诈骗罪等非暴力犯罪，也不属于重罪，与其本次实施的故意伤害犯罪在性质和严重程度上都有明显不同，不能据此认定被告人再次实施严重暴力犯罪的可能性明显大于没有前科的被告人。即，被告人的三次较轻前科尚不足以导致对其“从重”致判处死刑立即执行。

19. 如何在近亲属之间的杀人犯罪案件中贯彻宽严相济刑事政策和体现罪责刑相适应？①

本书观点：对于被告人是否判处死刑，应从罪行评价、预防犯罪、矛盾化解的角度进行综合考虑，遵循罪责刑相适应的原则，作出慎重裁判。

（1）罪行评价角度

对于由家庭矛盾引发，系近亲属之间犯罪，被害人存在严重过错，且系激发被告人产生犯意的重要诱因的案件，对被告人的罪行评价应当区别于一般故意杀人犯罪。从主观方面分析，在犯罪起因上属多因一果情形。从客观方面分析，被害人的过错属于刑法中的过错，由此对被告人的罪行评价相应有所调整。故意杀人犯罪案件中，被害人即便有过错，也不可像民事责任那样要求被害人分担部分刑事责任。然而，被害人是否有过错的认定直接影响到被告人主观恶性和人身危险性的评价，从而影响罪行评价，最终影响到量刑。当被害人的严重过错是诱发案件的重要诱因时，则从中体现出被告人的主观恶性和人身危险性程度较一般故意杀人犯罪要低。

（2）预防犯罪角度

客观、全面、综合把握各种从严、从宽情节，从预防犯罪目的考虑，本着贯彻宽严相济刑事政策和严格控制、慎重适用的死刑政策精神，可对被告人从轻处罚。

被告人因家庭矛盾杀害自己的亲生父母，严重违背基本人伦。然而，被告人同时也存在诸多从轻处罚情节。例如，归案后坦白罪行，有认罪、悔罪表现；案件因家庭纠纷引发，被害人存在严重过错；被害人部分家属表示谅解和所在社区群众均希望留被告人一命。根据社会防卫论的研究成果，要从根本上预防犯罪，必须准确分析犯罪的社会原因和个体原因，有针对性地进行防范和矫治。被告人决意实施犯罪，有其性格偏激的原因，而这一性格的形成又与其家庭教育密不可分。加上张某正处于未成年人向成年人过渡的阶段，对这一过渡年龄阶段的犯罪人，只要有足够的改造空间，被害人家属及广大民众无明显抵制情绪，就不应放弃以教育为主的方式改造和预防犯罪。

---

① 观点来源：最高人民法院刑事审判第一、二、三、四、五庭主办：《刑事审判参考》2012年第2集（总第85集），法律出版社2012年版，第32－37页，张某故意杀人案。

（3）矛盾化解角度

被告人是二被害人的独生子，母系被害方不再坚决要求判处被告人死刑立即执行，父系被害方坚决要求不判处死刑立即执行，社区群众也希望不判处死刑立即执行，从社会矛盾化解角度分析，判处被告人死缓更能实现法律效果和社会效果的有机统一。被告人的祖母因本案已经失去了儿子、儿媳，若对被告人再判处死刑立即执行，意味着断子绝孙。故当地社区民众均表示同情，希望法院不判处张某死刑立即执行。如果判处张某死刑立即执行，张某的祖母就无人赡养，从而必然留下一定的社会隐患。事实上，张某的祖母多次不惜以死请求法院对张某从轻处罚。从这一角度考虑，判处张某死缓，更有利于社会矛盾化解。对被告人判处死缓不仅有利于社会矛盾化解，还准确适用了罪责刑相适应，很好地实现了法律效果和社会效果的有机统一。

20. 被告人家属积极赔偿，取得被害方谅解，能否作为应当型从轻处罚情节，从而不判处被告人死刑？[①]

本书观点：如果被告人主观恶性极深，人身危险性极大，则即便被告人家属积极赔偿，取得被害方谅解，也不能作为应当型从轻处罚情节。

如何处理民事赔偿与量刑之间的关系，是刑事审判中一个重要而敏感的问题。《宽严相济意见》第二十三条规定：“被告人案发后对被害人积极进行赔偿，并认罪、悔罪的，依法可以作为酌定量刑情节予以考虑。因婚姻家庭等民间纠纷激化引发的犯罪，被害人及其家属对被告人表示谅解的，应当作为酌定量刑情节予以考虑……”这一规定是当前人民法院处理这一关系的基本政策法律依据。

被告人认罪、悔罪，并通过积极的物质赔偿，弥补犯罪对被害人家属的伤害，对被告人主观恶性的评价有一定影响。实践中，多数被告人不具备赔偿能力，加之关押在看守所，难以筹集赔偿款，由亲属代为赔偿的情况较为普遍，亲属代为赔偿，可视同于被告人赔偿。被害人的家属作为犯罪后果的直接承受者，对犯罪行为有着切肤之痛。其对被告人表示谅解，一定程度上反映了犯罪社会影响的减弱。通常情况下，这种谅解是以被告人积极赔偿，认罪、悔罪为前提的，所以，在一定程度上反映了被告人人身危险程度的

---

① 观点来源：最高人民法院刑事审判第一、二、三、四、五庭主办：《刑事审判参考》2010年第4集（总第75集），法律出版社2011年版，第37－42页，林某龙强奸案。

变化。

被告人积极赔偿，认罪、悔罪。或是被害方谅解，属于犯罪后的情节，在一定程度上影响了被告人主观恶性和人身危险性的评价，因此，在量刑时应当予以充分考虑。但是，量刑是一个综合衡量的过程，各种量刑情节，包括从重、从轻的情节，法定、酌定的情节都需要权衡。其中，犯罪性质和犯罪行为给社会造成的危害程度是决定被告人刑罚的最基本因素，片面夸大积极赔偿或谅解等罪后情节的作用，忽视犯罪性质和犯罪行为本身的社会危害都是不正确的。实践中，决定被告人最终刑罚时，除考虑犯罪的性质、情节、后果及被告人的主观恶性、人身危险性等因素外，还要结合宽严相济刑事政策的要求进行综合评判。因民间纠纷激化引发的犯罪，因为发生在特定的当事人之间，其社会危害性与严重危害社会治安的犯罪有区别，在处理时，如果被告方对被告人表示谅解，原则上应从轻处罚，而且人民法院还应当加大对此类案件的民事调解工作力度，化解当事人双方的矛盾，促成被害方的谅解。只要赔偿得好，被害方又谅解的。就可以大胆地从轻，一般都不考虑判处死刑立即执行，这是贯彻宽严相济刑事政策的要求，不属于“以钱买命”。但是，对于那些严重危害社会治安、严重影响人民群众安全感的案件、犯罪情节特别恶劣、犯罪后果特别严重的案件以及犯罪分子的主观恶性极深、人身危险性极大的案件，即使被告人积极赔偿，获得被害方谅解，但论罪应当判处死刑的，还是应依法判处死刑；也就是说，要着重考虑犯罪行为的社会危害性以及由此造成的严重社会影响，对量刑社会效果的评价不能仅局限于赔偿和被害方的谅解。

强奸致人死亡是严重危害社会治安的犯罪，与因婚恋、家庭、邻里矛盾等民间纠纷引发的故意杀人、伤害犯罪存在明显区别，这类犯罪针对的对象往往不特定，严重损害人民群众的安全感，属于宽严相济刑事政策中从严惩处的重点对象。强奸致人死亡案件，其犯罪性质特别严重，情节特别恶劣，犯罪后果特别严重，并在当地造成了恶劣的社会影响，属于罪行极其严重的犯罪分子，应当依法严惩。对于这类犯罪，不宜像对待民间纠纷引发的案件那样积极主动进行调解，对于私下达成协议的，要充分考虑被告人是否真诚认罪、悔罪，尤其要注意审查协议的过程和内容是否合法，被害方的谅解意愿是否真实，即便认定具有积极赔偿和被害方谅解的情节，考虑从轻时也应当从严把握。

如果被害人亲属出于获取巨额赔偿款目的而表示的谅解，很难说得上是真诚的谅解。对于那些情节特别恶劣，又多次犯罪，不堪改造，尤其是累犯的，说明其主观恶性极深，人身危险性极大。对如此恶劣的犯罪分子，如果仅因被告人家庭有钱赔偿就可以从轻处罚，实质上意味着有钱可以买命，如此不但会严重破坏法律的平等和公正，而且会损害人民法院的司法权威。

21. 对罪行极其严重的故意杀人未遂犯，能否适用死刑立即执行？①

本书观点：对罪行极其严重的故意杀人未遂犯，可以依法判处死刑立即执行；对强奸后为毁灭证据而故意伤害、杀害被害人致被害人重伤、死亡的，不属于《刑法》第二百三十六条规定的因强奸“致使被害人重伤、死亡或者造成其他严重后果”，而应当分别认定为强奸罪、故意杀人罪或者故意伤害罪，实行数罪并罚。

（1）对罪行极其严重的故意杀人未遂犯，可以依法判处死刑

《刑法》第六十一条规定：“对于犯罪分子决定刑罚的时候，应当根据犯罪的事实、犯罪的性质、情节和对于社会的危害程度，依照本法的有关规定判处。”这是对量刑原则的基本规定，是罪刑相适应原则的具体化。量刑情节是反映罪行轻重以及行为人的人身危险程度，从而影响刑罚轻重的各种情况。量刑情节有法定情节和酌定情节之分。法定情节是刑法明文规定在量刑时应当予以考虑的情节，以刑法是否就法定情节的功能作出绝对性规定为标准，又可将法定情节分为应当型情节和可以型情节。前者是刑法明文规定的，对量刑应当产生从宽或从严影响的情节，如中止犯与累犯；后者是刑法明文规定的，对量刑可能产生从宽影响的情节，如未遂犯。酌定情节是刑法未作明文规定，根据刑事立法精神与刑事政策，由法院从审判经验中总结出来的，在量刑时需要酌情考虑的情节。

犯罪未遂是司法实践中一种常见的法定从宽处罚情节。《刑法》第二十三条规定：“已经着手实行犯罪，由于犯罪分子意志以外的原因而未得逞的，是犯罪未遂。对于未遂犯，可以比照既遂犯从轻或者减轻处罚。”这种规定的根据在于，以犯罪未遂论处的行为完全符合犯罪构成要件，其社会危害性达到了应受刑罚处罚的程度。故应当负刑事责任。同时，以犯罪未遂论处的行为

---

① 观点来源：最高人民法院刑事审判第一、二、三、四、五庭主办：《刑事审判参考》2010 年第6集（总第77集），法律出版社 2011 年版，第 35－41 页，覃某顺强奸、故意杀人案。

的社会危害性通常小于犯罪既遂的情形，故对于未遂犯原则上可以比照既遂犯从轻或者减轻处罚。“可以”而非“应当”从宽处罚，意味着刑法对未遂犯采取的从宽原则是得减主义而非必减主义，即通常给予从宽处罚，但法官根据案件的具体情况，也可以不予从宽处罚。这一原则也适用于处理犯罪未遂与死刑适用的关系。刑法规定，死刑只适用于罪行极其严重的犯罪分子。一般认为，没有造成被害人死亡的故意杀人未遂情形，因社会危害性小于故意杀人既遂，因此一般不判处被告人死刑立即执行。但有原则就有例外，对于犯罪动机极其卑劣、情节特别恶劣、手段特别残忍，致被害人严重伤害、社会影响极坏的案件，也可考虑判处死刑立即执行。

本案就是这种情况。被告人覃某顺强奸被害人代某后欲杀人灭口，在持刀捅刺时因发现村民赶来而被迫放弃继续实施杀人行为，被害人经及时抢救亦未发生被告人所追求的死亡结果，故被告人的行为属于故意杀人未遂。但是，从覃某顺犯罪的具体情况看，存在诸多应予以从严惩处的情节。具体包括：（1）覃某顺为掩盖其强奸罪行而持刀捅刺被害人，发现被害人未死后又多次持刀捅刺并扯断被害人漏出的小肠，表明其杀人犯意十分坚决，情节十分恶劣，手段十分残忍。（2）尽管被害人幸免于死，伤势却十分严重。（3）被告人的犯罪行为在当地亦造成了恶劣的社会影响，引起一定程度的恐慌，被害人亲属、当地基层组织和干部群众均强烈要求判处被告人死刑。（4）被告人认罪、悔罪态度不好，对强奸被害人并扯断被害人小肠的情节予以否认、回避。综合这些主客观情节，被告人覃某顺故意杀人虽系未遂，但其行为已造成极其严重的后果，且主观恶性极深、人身危险性极大，其未遂情节不足以对其从轻处罚，应依法判处死刑。

（2）二审期间不能对被告人以强奸罪判处死刑

首先，被告人覃某顺的行为完全符合强奸罪和故意杀人罪的构成条件，应当认定为两个罪名。《刑法》第二百三十六条规定，强奸“致使被害人重伤、死亡或者造成其他严重后果的”，以强奸罪处十年以上有期徒刑、无期徒刑或者死刑。这里的“重伤、死亡”是指强奸行为导致被害人性器官严重损伤，或者系在强奸过程中为制服被害人反抗而施加暴力，导致被害人重伤、死亡，不包括强奸行为完成后出于报复、灭口等动机而故意伤害、杀害被害人的情形。对于后一种情形，应当分别认定为强奸罪、故意杀人罪或者故意伤害罪，实行数罪并罚。本案中，虽然被告人覃某顺先持刀捅刺被害人胸部。再强奸被害人，但此处的损伤并未构成重伤，此时对其行为可认定为强奸罪一罪。强奸完毕后，被告人为掩盖罪行而另起杀人犯意，持刀捅刺被害人，并扯断其小肠，致被害人重伤，完全符合故意杀人罪的构成条件。故对覃某顺的行为应当认定为强奸罪和故意杀人罪，数罪并罚。如单认定为强奸罪，则不能完全反映被告人试图杀害被害人的主观故意，不符合主客观相统一的定罪原则。

其次，二审期间如对被告人覃某顺以强奸罪判处死刑，则违反上诉不加刑原则。《刑事诉讼法》第一百九十条第一款规定："第二审人民法院审判被告人或者他的法定代理人、辩护人、近亲属上诉的案件，不得加重被告人的刑罚。"《最高人民法院关于执行〈中华人民共和国刑事诉讼法〉若干问题的解释》第二百五十七条第（三）项规定："对被告人实行数罪并罚的，不得加重决定执行的刑罚，也不能在维持原判决决定执行的刑罚不变的情况下，加重数罪中某罪的刑罚。"① 本案中，一审法院作出判决，对被告人覃某顺以故意杀人罪判处死刑，剥夺政治权利终身；以强奸罪判处有期徒刑十年，决定执行死刑，剥夺政治权利终身。宣判后，被告人提出上诉，但检察院未提出抗诉，故二审法院应当对被告人适用上诉不加刑原则。即便有意见认为被告人的行为属于故意杀人未遂，不宜以故意杀人罪判处死刑，但也不能转而加重强奸罪的刑罚，以强奸罪判处被告人死刑。如果这样做，则显然违反上诉不加刑原则。据此，二审法院最后维持一审判决，是正确的。

22. **在被害方有明显过错的杀人案件中，如何把握对被告人一般不应判处死刑立即执行？②**

本书观点：在被害方有明显过错的杀人案件中，对被告人一般不应判处死刑立即执行。

《刑法》第四十八条第一款规定："死刑只适用于罪行极其严重的犯罪分子。对于应当判处死刑的犯罪分子，如果不是必须立即执行的，可以判处死刑同时宣告缓期二年执行。"这是死刑和死缓适用的一个总的指导原则，体现了我国一贯遵循的"慎杀、少杀"的死刑政策。那么如何正确把握应当判处死刑，但不是必须立即执行的情形呢？我们认为这需要不断总结司法实践经验。1999 年 10 月最高人民法院下发的《全国法院维护农村稳定刑事审判工作

---

① 为案件审理时有效的规定。

② 观点来源：最高人民法院刑事审判第一、二、三、四、五庭主办：《刑事审判参考》2005 年第 5 集（总第 46 集），法律出版社 2006 年版，第 26－39 页，贾某芳故意杀人案。

座谈会纪要》中指出："要准确把握故意杀人犯罪适用死刑的标准。对故意杀人犯罪是否判处死刑，不仅要看是否造成了被害人死亡结果，还要综合考虑案件的全部情况。对于因婚姻家庭、邻里纠纷等民间矛盾激化引发的故意杀人犯罪，适用死刑一定要十分慎重，应当与发生在社会上的严重危害社会治安的其他故意杀人犯罪案件有所区别。对于被害人一方有明显过错或对矛盾激化负有直接责任，或者被告人有法定从轻处罚情节的，一般不应当判处死刑立即执行。"上述这段话就是对故意杀人案件中，如何正确把握应当判处死刑，但不是必须立即执行的情形的司法实践经验的总结，具有司法政策的性质，各中级人民法院和具有死刑复核权的高级人民法院对此应当予以切实贯彻。

四、疑难、复杂问题的参考性解答

1. 如何正确理解死刑适用的对象？

本书观点：死刑即生命刑，是剥夺犯罪人生命的刑罚方法。由于死刑属于极刑。所以我国刑法从以下三个方面对死刑的适用作了严格限制：一是对死刑适用对象范围予以严格的限制；二是设置死刑缓期二年执行制度；三是确立严格的死刑核准程序。司法实践中对于死刑的适用应当注意掌握以下几点：

（1）死刑只适用于罪行极其严重的犯罪分子

1979年《刑法》第四十三条第一款规定："死刑只适用于罪大恶极的犯罪分子……"1997年刑法将死刑的适用对象修改为："死刑只适用于罪行极其严重的犯罪分子……""罪大恶极"是指犯罪分子所犯罪行对国家和人民利益的危害特别严重，情节特别恶劣，且具有极其严重的人身危险性，既"罪大"，又"恶极"。"罪行极其严重"的含义应该是与"罪大恶极"的含义一致的，而"罪大恶极"更是俗语，"罪行极其严重"是从法律语言的角度予以表述的。当然，也有学者认为，将"罪大恶极"改为"罪行极其严重"，虽然意在强调死刑适用对象罪行的极其严重性，但这一改动并不妥当，因为"罪大恶极"一词已经深入人心，成为俗语。[①]

---

① 陈兴良主编：《刑法疏议》，中国人民公安大学出版社1997年版，第140页。

（2）死刑只适用于分则规定可以适用死刑的犯罪分子

犯罪行为人必须是触犯了我国刑法分则所规定的应当判处死刑的某一具体罪名。并且所犯罪行与刑法分则所规定的可以适用死刑的法定刑幅度相符。如果犯罪人虽然是刑法规定可以判处死刑的犯罪，但不是必须判处死刑或者没有适用死刑的实际必要的，也应当避免死刑的适用。

①适用死刑必须是罪行极其严重。刑法分则对死刑适用的条文作了严格规定，并非只要触犯上列罪名的犯罪行为都应当适用死刑，而是必须达到“罪行极其严重”的程度。综观规定有死刑的46个罪名，大部分罪名都是对罪行极其严重作了明确规定的。例如，根据《刑法》第一百一十三规定，危害国家安全罪适用死刑的条件是对国家和人民危害特别严重、情节特别恶劣。又如，根据《刑法》第一百一十五条规定，放火罪、决水罪、爆炸罪、投放危险物质罪、以危险方法危害公共安全罪适用死刑的条件是致人重伤、死亡或者使公私财产遭受重大损失，且先考虑十年以上有期徒刑、无期徒刑，在十年以上有期徒刑、无期徒刑不足以体现罪刑相适应的前提下，才不得以适用死刑。再如，根据《刑法》第一百二十一条规定，劫持航空器罪适用死刑的条件是致人重伤、死亡或者使航空器遭受严重破坏。

②即使符合适用死刑的条件，也应当尽量控制死刑的适用。保留死刑，严格控制、慎重适用死刑，是我国的基本刑事政策。因此，即使犯罪分子所犯罪行与刑法分则规定的死刑幅度相符合，但其中具有应当从宽处罚的情节，也应当尽量排除死刑的适用。当然，对于极少数罪行极其严重的犯罪分子，如采用极其凶残的手段杀害无辜的多人后又自首的情况，虽然有从宽情节，也不应当从宽，应当处以死刑。

2. 如何理解和把握刑法规定的不得适用死刑的特殊对象？

本书观点：根据刑法规定，有几种特殊对象，属于不适用死刑的特殊对象。所谓不适用死刑，是指不能判处死刑，即使罪行极其严重也不能判处死刑。同时也不能理解为可以判处死刑但暂不执行。不能判处死刑包括不能判处死刑立即执行和不能判处死刑缓期二年执行。主要有三类：

（1）犯罪时未满十八周岁的人

《刑法》第四十九条第一款规定，犯罪的时候不满十八周岁的人，不适用死刑。未成年人由于其生理和心理发育尚未成熟，社会阅历、社会经验也有限，规定对其不适用死刑（包括死刑缓期二年执行），主要是出于对未成年人保护和刑事责任能力角度的考虑，且也与我国已经批准加入的《儿童权利公约》和已经签署的《公民权利和政治权利国际公约》中的有关规定相一致。不满十八周岁，是决定是否适用死刑的年龄界限。在司法实践中要注意以下几点：一是应当一律按公历年、月、日计算实际年龄。必须是过了十八岁生日的第二天起，才认为已满十八周岁，在此之前，则为不满十八周岁。二是未满十八周岁的人不适用死刑，是指犯罪时不满十八周岁而不是指审判时不满十八周岁。对不满十八周岁的人不能判处死刑，而不是指等到犯罪分子年满十八周岁以后再予执行死刑。对于在不满十八周岁时犯有特别严重的罪行，在年满十八周岁以后又犯了法律没有规定死刑的罪的，也不能仅根据其不满十八周岁时所犯的特别严重的罪行而判处死刑。三是对凡未满十八周岁的人不仅不能适用死刑立即执行，也不能适用死缓。1979 年《刑法》第四十四条规定，犯罪的时候不满十八岁的人不适用死刑。已满十六岁不满十八岁的，如果所犯罪行特别严重，可以判处死刑缓期二年执行。1997 年刑法修订时，删除了未成年人犯罪可以适用“死缓”的规定。这一删除有利于对未成年人的保护，无疑是一大进步。当然，这一删除也是我国承担有关国际义务的必然结果，因为，作为联合国《儿童权利公约》的签署国，我国应当遵守该公约第三十七条关于“对未满十八岁的人所犯罪行不得判以死刑或者无释放可能的无期徒刑”的规定。四是实务中，对于认定被告人是否已满十八周岁，应当证据充分。如果在是否已满十八周岁的问题上存有疑点的，应当以证据不充分为由，不认定已满十八周岁。

（2）审判时怀孕的妇女

根据《刑法》第四十九条第一款的规定，审判的时候怀孕的妇女，不适用死刑。这一规定，主要是出于人道主义考虑，未出生的胎儿是无罪的，不能因其母亲犯罪而剥夺其出生的权利。所谓“审判的时候怀孕的妇女”，是指在人民法院审判的时候被告人是怀孕的妇女，也包括在审判前羁押时已经怀孕的妇女。因此，对于犯罪的怀孕妇女，在其被羁押或者受审期间，无论其怀孕是否属于违反计划生育政策，仍应视同审判时怀孕的妇女，不能适用死刑；案件起诉到法院以前，被告人在羁押期间做人工流产的，应视为审判的时候怀孕的妇女，不能判处死刑；怀孕妇女因涉嫌犯罪在羁押期间自然流产后，又因同一事实被起诉，交付审判的，应当视为审判的时候怀孕的妇女，不能判处死刑；不论其是自然流产或者人工流产以及流产后移送起诉或审判期间的长短，都不应适用死刑；更不能为了判处死刑而强制怀孕的被告人做人工流产。另外，如果在审判的时候没有怀孕而判处死刑，但执行时候怀孕的，不应当执行死刑。

（3）已满七十五周岁的人（以特别残忍手段致人死亡的除外）

根据《刑法》第四十九条第二款的规定，审判的时候已满七十五周岁的人，不适用死刑，但以特别残忍的手段致人死亡的除外。

长期以来，社会公众和专家学者多有对老年人不适用死刑之呼吁。司法体制和工作机制改革也积极探索有关老年人犯罪的司法制度，以及对老年人犯罪适当从宽处理的法律机制，明确适用的条件、范围和程序。立法机关做了大量调查研究工作：一是查阅了大量历史资料，我国自西周至唐、明、清各朝代至民国时期的法律都有老年人不负刑事责任或者不适用死刑的规定，在我国刑法史上对此已有比较完备的法律机制。二是少用、慎用死刑是我国一贯的刑事政策。尤其是近年来，对七十五周岁以上的老年人基本没有适用过死刑，所以对这部分老年人在法律上明确规定不适用死刑，其影响面极小或基本没有影响，不会对现在的社会治安秩序造成损害。三是对七十五周岁以上的老年人罪行极其严重的，不适用死刑但可以适用无期徒刑，按照刑法规定其实际执行期限最少在十五年以上，对于七十五岁的人，服刑期满最少也要达到九十岁，对于老年来说，惩罚的力度已经足够，刑罚的目的可以实现。四是对老年人不适用死刑是我国已经签署的《公民权利和政治权利国际公约》所倡导的，许多国家和地区的法律也有这样的规定。五是对于极个别以特别残忍的手段致人死亡的老年人保留适用死刑，符合罪刑相适应的原则，实现社会公正，也有利于安排被害人家属，减少社会矛盾。考虑以上因素，《刑法修正案（八）》规定，审判的时候已满七十五岁的人，不适用死刑，但以特别残忍手段致人死亡的除外。①

审判的时候已满七十五岁，包括在一审、二审的时候已满七十五周岁，也包括在最高人民法院死刑复核阶段已满七十五周岁。“以特别残忍的手段致人死亡”是指犯罪手段令人发指，如以肢解、残酷折磨、挖人双眼、毁人容貌等特别残忍的手段致使被害人死亡的。“以特别残忍的手段致人死亡”，并

---

① 参见王爱立主编：《中华人民共和国刑法解读》（第4版），中国法制出版社2015年版，第65－66页。

不限于以特别残忍的手段故意杀人，还包括以特别残忍的手段实施其他暴力犯罪致人死亡，如以特别残忍的手段故意重伤他人造成死亡的，或者以特别残忍的手段实施爆炸等行为致人死亡的。但是，如果手段特别残忍，但没有致人死亡的，仍然不得适用死刑。

3. 如何理解和把握死刑缓期执行的适用条件？

本书观点：适用死缓必须具备两个基本条件，一是罪该判处死刑，二是不需要立即执行。

《刑法》第四十八条第一款规定："死刑只适用于罪行极其严重的犯罪分子。对于应当判处死刑的犯罪分子，如果不是必须立即执行的，可以判处死刑同时宣告缓期二年执行。"从刑法的上述规定可以看出，死缓是在构成死刑的基础上适用的一种特殊的刑罚处理方法。其中，"不是必须立即执行"是死缓适用的实质性条件，是区分死缓的适用与死刑立即执行的适用的关键所在。司法实践中对于死缓的适用与死刑立即执行的适用虽然非常谨慎，但对于如何区分和界定二者之间的界限，往往不是十分清楚，缺乏对二者进行认定所应当掌握的法定标准和酌定情节标准，因此很难避免刑罚适用中的畸轻畸重现象。

由于实践中各类案件情况的千差万别，刑法以及相关司法解释也无法明确规定出一个具体的适用标准。从长期的刑事司法实践总结以及权威性的典型案例看，对于死缓的适用主要应当从以下几个方面去界定：

——罪该处死，但具有法定从轻、减轻处罚情节的可以判处死缓。主要包括以下几个方面：（1）罪行极其严重，但行为人属于限制刑事责任能力的范围，根据刑法的规定，可以从轻或者减轻处罚的；（2）罪行极其严重，但犯罪后有立功表现的；（3）罪行极其严重，但犯罪分子犯罪后自首的，根据刑法规定可以从轻或者减轻处罚的；（4）罪行极其严重，但属于犯罪未遂的，根据刑法规定可以从轻或者减轻处罚的。

——罪该处死，但具有酌定从宽处罚情节的，也可以根据具体情况适用死缓。主要包括以下几个方面：（1）罪行极其严重，但犯罪的目的和动机不是十分卑鄙；（2）罪行极其严重，但犯罪所产生的社会影响不是十分恶劣的；（3）罪行极其严重，但犯罪分子犯罪前一贯遵纪守法，表现好的；（4）罪行极其严重，但犯罪分子犯罪后能真诚坦白交代悔罪的。

——罪该处死，但社会危害性尚未达到特别极端的严重性的犯罪，也可以适用死缓。主要包括以下几个方面：（1）罪行极其严重，但犯罪手段不是极端恶劣的；（2）罪行极其严重，但犯罪事出有因的，如因为被害人的某些过错所引起的；（3）罪行极其严重，但犯罪造成的危害程度及其危害后果不是特别严重的（刑法作出明确规定的除外），即在罪该处死的相对范围内处于较轻情节的；（4）罪行极其严重，但在共同犯罪中不是该案的首犯或者最主要的骨干分子的。

——罪该处死，但鉴于国家当时的形势及其有关特殊政策和国内外政治影响等因素，可以或者需要判处死缓的。主要包括以下几个方面：（1）罪行极其严重，但属于少数民族地区与民族传统内容和民族政策有关的犯罪，为维护少数民族地区稳定可以采用死缓。（2）对某些与宗教有关的犯罪，虽然罪行极其严重，但考虑到国家的宗教政策，也可以适用死缓。（3）港、澳、台同胞犯罪以及外国人犯罪，虽然罪行极其严重，但考虑到祖国统一大业或者国际影响等诸多问题，也可以适用死缓。（4）罪行极其严重，但考虑到国内外影响以及为保存活证据、活史料等因素，也可以适用死缓。

——罪该处死，但由于证据及其犯罪事实不够充分，为贯彻“少杀、慎杀”的原则，保证不会错杀以留有充分余地的原则，也应当适用死缓。

应当指出的是，具有上述情节，是适用死缓应当考虑的前提条件，并非只要具有上述条件就可以适用死缓。对于那些罪行极其严重的少数犯罪分子，即使具有上述法定或者酌定适用死缓的情节，也必须适用死刑立即执行。

死缓即死刑缓期两年执行，虽然死缓与死刑立即执行同属于生命刑，但死缓给犯罪人在一定时间内有继续生存和改造的机会，从实践中看，大多数死缓最后都没有执行死刑，有的减为无期徒刑，有的减为十五年以上二十五年以下有期徒刑。而死刑立即执行从根本上剥夺了犯罪人的生命，排除了其继续生存和改造的可能，二者相比甚为悬殊。因此，法院在是否判处死缓或死刑立即执行时应当特别慎重。《刑法》第四十八条规定对于应当判处死刑的犯罪分子，如果不是必须立即执行的，可以判处死刑同时宣告缓期二年执行。很明显，只有“不是必须立即执行的”，才是裁量死刑缓期执行的唯一标准。也就是说，是否必须立即执行，是确定适用死刑缓期执行与死刑立即执行的唯一界限。司法实践中，如何具体分清并裁量是适用死刑立即执行还是适用死刑缓期执行，主要从以下几个方面去考察：

（1）是否属于“疑罪”。对于罪该处死，必须立即执行，且犯罪事实完全清楚、证据充分确凿的犯罪人，适用死刑立即执行；对于基本事实清楚，基本证据确凿，但仍有影响犯罪危害程度的事实未查清或不可能查清的，依照“疑罪从无”的审判经验，适用死刑缓期执行。例如，重大杀人案件的基本事实已查清，人证齐全，但杀人犯衣服上存留的血迹与死者身上提取的血迹尚未吻合，属于有疑点的案件，就不能适用死刑立即执行，而应适用死刑缓期执行，以留有余地，防止错杀。

（2）犯罪人有无自首或者立功表现。有无自首或者立功表现，是表明犯罪人人身危险性大小的重要因素。对有自首或者立功表现的犯罪人，重新犯罪的可能性减少了，有利于发挥“坦白从宽、抗拒从严”“宽严相济”的刑事政策，应当考虑对其适用死刑缓期执行。相反，对于罪行极其严重又不自首、悔过或立功，却抵赖罪行，抗拒侦查、审判的犯罪人，则应适用死刑立即执行。但是，自首或者立功表现不是适用死缓的决定条件，例如，对手段残忍、罪行极其严重、杀害多人的杀人犯，即使有自首情节，也要适用死刑立即执行。

（3）是否在共同犯罪中起最主要作用。一般来说，在罪该处死的共同犯罪案件中的主犯，对最重要的主犯应当适用死刑立即执行，其他重要的主犯可适用死刑缓期执行。例如，司法实践中，对于严重的共同犯罪案件，有的按照单个人犯罪的严重程度来看，后几名主犯也可能适用死刑立即执行，但作为在同一共同犯罪案件中定罪量刑，为了避免同一案件杀人过多，同时有利于分化瓦解犯罪分子，一般只对第一主犯或者第一、第二主犯判处死刑立即执行，而对其他几名主犯判处死刑缓期执行或者无期徒刑。

（4）犯罪人的人身危险性。对人身危险性特别大的适用死刑立即执行；对人身危险性不是特别大的适用死刑缓期执行。人身危险性特别大的，如一些性情残暴、采用凶残手段杀人的犯罪人；强奸妇女多人且情节特别恶劣的；抢劫集团的首要分子或骨干等。这些人主观恶性深，同时也起不到刑法特殊预防的作用。对那些虽然罪该处死，但人身危险性不是特别大，如犯罪前一贯表现良好，或因民事纠纷激化而杀人的犯罪人，则可以适用死缓。

（5）受害人及其他人在本案中有无过错。对受害人或其他人完全无过错的案件，适用死刑立即执行；对受害人或其他人有过错的案件适用死刑缓期执行。例如，对无故持刀杀人的，为报复受害人的见义勇为行为而杀人的，拦路强奸情节特别严重的，应当适用死刑立即执行；对受到受害人的欺压、侮辱、虐待、玩弄而杀人的，正当要求经长期反映得不到解决而犯严重罪行的，则应当适用死刑缓期执行。

（6）是否属于值得保存的“活证据”。如果对该犯罪人判处死刑立即执行，可能使在他身上存留的对破获其他重大案件有作用的线索消失，从而较长时间内严重影响到其他案件的侦查或审判的，也可以适用死刑缓期执行。例如，对一特大走私案件中的一名受贿者罪该判处死刑，但他对这一特大走私的情况很了解，如果将他立即处死，就可能影响到对该特大走私案件的侦破和审判，因此可以对其适用死刑缓期执行。

（7）是否属于土地、山林、草场、水源等边界纠纷或民族、宗教、宗派斗争导致的犯罪。对于农村或牧区因土地、山林、草场、水源等边界引起的纠纷和民族、宗教、宗派斗争，一般都具有复杂民族历史和特殊的地理因素，造成纠纷的因素是非难以判断。从化解矛盾，减少冲突，利于团结出发，对这类案件中的犯罪人一般可以不判处死刑立即执行。如果确实罪行极其严重，也只应对个别最重要的主犯判处死刑立即执行，其他主犯判处死刑缓期执行。上述情况可以作为裁量死刑立即执行和死刑缓期执行时的参考，有的对于决定两者的裁量影响较大，如“疑罪”案件，“活证据”案件，一般不判处死刑立即执行。有的情况只是提供给审判人员裁量决定时参考，不对二者如何裁量起决定作用，因为实践中的情况是复杂的。例如，引起山林、土地纠纷的历史原因，这些因素不能成为将罪该处死的案件判处为死刑缓期执行的主宰力量。如果确属罪行极其严重，也必须判处死刑立即执行。

关于死刑缓期执行的期间如何确定问题，《最高人民法院关于适用〈中华人民共和国刑事诉讼法〉的解释》（法释〔2021〕1号）第四百九十八条规定：“死刑缓期执行的期间，从判决或者裁定核准死刑缓期执行的法律文书宣告或者送达之日起计算。”

4. 如何理解和把握死缓罪犯执行死刑的必备条件？

本书观点：1979年《刑法》第四十六条规定，判处死刑缓期执行的，在死刑缓期执行期间，如果抗拒改造情节恶劣，查证属实的，由最高人民法院裁定或者核准，执行死刑。1997年修订刑法时考虑到抗拒改造情节没有具体的法律标准，实践中难以掌握，不便执行，同时考虑到严格控制死刑适用的精神，将死缓罪犯执行死刑的条件作了修改。1997年《刑法》第五十条对死缓罪犯执行死刑规定的条件是在死刑缓期执行期间，“如果故意犯罪，查证属实的，由最高人民法院核准，执行死刑”。1997年刑法实施以来，对这一规定总体执行效果是好的，被判处死刑缓期执行的都是罪行极其严重的犯罪分子，一般来说，在缓刑执行期间又故意犯罪的，经查证属实后执行死刑，符合罪刑相适应的原则。但是，由于刑法关于死刑缓期执行的罪犯执行死刑的条件规定偏于刚性，在有的案件中比较复杂，有的是受牢头狱霸欺凌、虐待而反抗，殴打他人造成对方轻伤的，也有的是故意犯罪情节轻微，或者未遂的，如果一律执行死刑，过于严厉。据此，《刑法修正案（九）》对这一死刑罪犯执行死刑的条件作了修改，提高了对死缓罪犯执行死刑的门槛，将死刑缓期执行期间“故意犯罪，查证属实的，由最高人民法院核准，执行死刑”修改为“故意犯罪，情节恶劣的，报请最高人民法院核准后执行死刑”。同时，增加规定对于故意犯罪未执行死刑的，死刑缓期执行的期间重新计算，并报最高人民法院备案。

这里所说的“故意犯罪”，依照《刑法》第十四条的规定，是指明知自己的行为会发生危害社会的结果，并且希望或者放任这种结果发生，因而构成犯罪的，不包括过失犯罪。是否构成故意犯罪，具体要看行为人的行为是否符合刑法分则关于个罪犯罪构成的要件的规定。而且，这里的故意犯罪，必须经人民法院审判确定。

这里所说的“情节恶劣”，结合犯罪的动机、手段、危害、造成的后果等犯罪情节，以及罪犯在死缓执行期间的改造、悔罪表现等综合确定。

对于故意犯罪情节恶劣的，在认定构成故意犯罪的判决、裁定发生法律效力后，应当层报最高人民法院核准执行死刑后，执行死刑。

在死缓执行期间故意犯罪但没有被认定为情节恶劣因而未被执行死刑的，死刑缓期执行的期间重新计算，自故意犯罪的判决确定之日起计算。

两年缓期执行期间又犯新罪的，当然应视为在死刑缓期执行期间犯罪。两年期满以后，尚未裁定减刑以前又犯新罪的，不能视为在死刑缓期执行期间犯罪，对这种犯罪应依《刑法》第五十条、《刑事诉讼法》第二百六十一条的规定予以减刑，然后根据《刑法》第七十一条的规定决定执行的刑罚。对新罪判处死刑的，才能执行死刑。

5. 如何把握死缓罪犯的限制减刑制度？

本书观点：死缓罪犯的限制减刑制度是为严格控制和慎重适用死刑提供更有力的法律武器，其适用对象特定，仅限于三类罪犯，从性质而言，该制度是量刑制度而不是刑罚执行制度。

《刑法》第五十条第二款规定，对被判处死刑缓期执行的累犯以及因故意杀人、强奸、抢劫、绑架、放火、爆炸、投放危险物质或者有组织的暴力性犯罪被判处死刑缓期执行的犯罪分子，人民法院根据犯罪情节等情况可以同时决定对其限制减刑。适用刑法这一规定时，应当明确以下几点：

（1）适用限制减刑的对象应当限定在以下三类：第一类，被判处死刑缓期执行的累犯；第二类，因故意杀人、强奸、抢劫、绑架、放火、爆炸、投放危险物质被判处死刑缓期执行的犯罪分子；第三类，因有组织的暴力性犯罪被判处死刑缓期执行的犯罪分子。

这三种适用限制减刑的对象中，累犯没有犯罪性质的限制。有组织的暴力性犯罪，不限于所列举的几种暴力犯罪，也包括有组织地实施故意伤害、破坏交通工具、以危险方法危害公共安全、黑社会性质的组织犯罪等。

（2）限制减刑制度是根据犯罪人的犯罪性质与再犯罪可能性作出的，而不可能是根据执行过程中的表现作出的。人民法院对于符合限制减刑，又必须限制减刑的对象，在对罪犯作出死缓判决时，就应当同时判决对罪犯限制减刑。如果在判决时未作出限制减刑的判决，则在刑罚执行过程中，不得再作出限制减刑的裁判。

（3）限制减刑制度不得滥用。一是限制减刑的对象仅限于上述三类罪犯，二是并非对上述三类罪犯都必须在判决作出时同时判决限制减刑。“限制减刑”措施要限制适用，以确保限制减刑只适用于少数死缓犯。对于被判处死缓的累犯以及因故意杀人、强奸、抢劫、绑架、放火、爆炸、投放危险物质或者有组织的涉黑涉恐暴力性犯罪的死缓犯，不是一律限制减刑，而是要根据犯罪情节等情况决定。适用限制减刑的上述死缓犯，只能是罪行极其严重且主观恶性深、人身危险性大的人。另外，死缓犯属于累犯的，还要考量其所犯前罪的性质；属于涉黑涉恐的组织性犯罪的，还要考量其在该组织中的地位和作用。这样规定，就是为了避免出现“死刑过重，生刑过轻”的现象没有改善，又形成“生刑过重”的问题。

（4）要深刻理解立法精神。限制减刑制度，最深远的意义在于为严格控制和慎重适用死刑提供更有力的法律武器，可以说，限制减刑的对象主要是以前可以判处死刑立即执行的对象。同时，限制减刑制度也为以往一些论罪可判处死缓，但因被害方反映强烈等原因而“被迫”判处死刑立即执行的案件，提供了一种相对宽缓却又有利于缓和被害人亲属报应情绪的替代性措施。

（5）凡符合《宽严相济意见》规定情形的，例如赔偿较好、被害人谅解的案件，一律不得适用“限制减刑”。

（6）限制减刑如何限制？《刑法》第七十八条第二款第（三）项规定：人民法院依照本法第五十条第二款规定限制减刑的死刑缓期执行的犯罪分子，缓期执行期满后依法减为无期徒刑的，不能不少二十五年，缓期执行期满后依法减为二十五年有期徒刑的，不能少于二十年。

需要说明的是，我国刑法还有一种特殊的限制减刑制度，即对贪污、受贿罪犯的终身监禁制度①。根据《刑法》第三百八十三条规定，犯贪污罪，具有本法第三百八十三条第一款第（三）项规定情形被判处死刑缓期执行的，人民法院根据犯罪情节等情况可以同时决定在其死刑缓期执行二年期满依法减为无期徒刑后，终身监禁，不得减刑、假释。根据《刑法》第三百八十六条的规定，对犯受贿罪的，根据受贿所得数额及情节，依照本法第三百八十三条的规定处罚。因此，终身监禁制度同样适用于受贿罪犯。《刑法》第三百八十三条第一款第（三）项规定情形是：数额特别巨大，并使国家和人民利益遭受特别重大损失的，处无期徒刑或者死刑，并处没收财产。

6. 故意杀人案件如何正确适用死刑？

本书观点：《刑法》第二百三十二条规定：“故意杀人的，处死刑、无期徒刑或者十年以上有期徒刑；情节较轻的，处三年以上十年以下有期徒刑。”可见，故意杀人案件的法定刑幅度甚大，并非造成死亡结果就得判处死刑。《刑法》第四十八条规定：“死刑只适用于罪行极其严重的犯罪分子……”也就是说，在故意杀人案件中，只有对于罪行极其严重的被告人才适用死刑。如何判断故意杀人案件的被告人罪行极其严重？我们认为，应包括四个方面：犯罪性质特别严重；犯罪情节极其严重；犯罪后果极其严重；被告人的主观恶性和人身危险性极大。在此基础上，还要综合考虑被告人是否具有其他法定从轻或酌定从轻处罚情节，以正确适用死刑。

（1）犯罪性质极其严重。故意杀人案件大致可分为两类：一是严重危害社会治安、严重影响人民群众安全感的故意杀人案件；二是因婚姻家庭、邻里纠纷等民间矛盾激化引发的故意杀人案件。这是两种不同性质的故意杀人

---

① 关于终身监禁的具体内容，见本书刑法分则“贪污受贿罪”的相关内容。

案件。前者如暴力恐怖犯罪、黑社会性质组织犯罪、恶势力犯罪以及其他严重危害社会治安的；雇凶杀人的；冒充军警、执法人员杀人的等案件。对于这类犯罪，应当体现从严惩处的原则，依法判处被告人重刑直至判处死刑立即执行。需要明确的是，即使是这类犯罪，也有一些属于从宽的对象，比如具有法定从轻、减轻处罚情节的，也要注意依法从宽处罚。而后者往往是因民间矛盾激化引发，有些纠纷从产生到激化有较长时间的积累演变过程。这类案件一般犯罪对象特定，对周围群众的安全感影响较小，又多发生在特定情境之中，具有一定的偶然性。2006 年 11 月，最高人民法院第五次刑事审判工作会议明确要求："对于因婚姻家庭、邻里纠纷等民间矛盾激化引发的案件，因被害方的过错行为引起的案件，案发后真诚悔罪并积极赔偿被害人损失的案件，应慎用死刑立即执行。"因此，对于严重危害社会治安的故意杀人案件，依法可以判处死刑立即执行的，应坚决判处，决不手软。对于因婚姻家庭、邻里纠纷以及山林、水流、田地等民间矛盾激化引发的故意杀人案件，在适用死刑时应特别慎重，如果被害人一方有明显过错或者对矛盾激化负有直接责任的；被告人有法定从轻情节的；被告人积极赔偿被害人经济损失、真诚悔罪的；被害方谅解的，除犯罪情节特别恶劣、犯罪后果特别严重、人身危险性极大的被告人外，一般可考虑不判处死刑立即执行。

（2）犯罪情节极其严重。故意杀人犯罪情节极其严重的有：杀人对象特殊，如暴力抗法而杀害执法人员的，杀害孕妇、儿童的，滥杀无辜的；杀人场所特殊，如在公共场所行凶杀人的；杀人手段特别残忍，如采用挖眼、掏心等使被害人承受极端痛苦的手段杀人的；实施其他犯罪后杀人灭口的；杀人后为掩盖罪行或者出于其他卑劣动机分尸、碎尸、焚尸灭迹的；持枪杀人的；等等。对于犯罪情节极其严重，又无其他法定或酌定从轻情节的，可以依法判处死刑立即执行。如果犯罪情节一般，被告人真诚悔罪取得被害方谅解的，或有立功、自首等法定从轻情节的，可不判处死刑立即执行。

（3）犯罪后果极其严重。故意杀人犯罪的直接后果主要是致人死亡，但也要考虑对社会治安的影响等其他后果。一般来说，造成一人死亡，如果被告人有法定、酌定从轻情节的，一般不判处死刑立即执行；造成两人以上死亡或多人伤亡的，一般可判处死刑立即执行。在故意杀人案件中，如果故意杀人未遂，未造成死亡后果的，一般应按刑法关于未遂的规定从轻处罚；对于具有防卫性质的，被害人有明显过错或对矛盾激化负有直接责任，也不适用死刑立即执行。比如被告人在正当经营中受到黑恶势力滋扰、索要“保护费”，被告人在反抗过程中即使致黑恶势力人员多名伤亡的，也应从轻处罚。

（4）主观恶性、人身危险性极大。犯罪性质、犯罪情节体现了被告人主观恶性、人身危险性的不同。除此之外，主观恶性还表现在犯罪动机、犯罪预谋、故意内容及结合被害人有无过错等方面综合判断。审判实践中，主观恶性较深的情节有：杀人动机卑劣，如奸夫、淫妇谋害本夫的；出于恶意竞争杀害竞争对手的；预谋杀人或杀人决意明显的；性情残暴动辄肆意杀人的；等等。相对而言，下列情形主观恶性较小：激情杀人的；被害人有过错的；间接故意杀人的；等等。对于主观恶性较小的，可不判处死刑立即执行。

人身危险性是指再犯可能性，一般是从被告人有无前科及平时表现、悔罪情况等方面综合判断。对于累犯中前罪系暴力犯罪，或者曾因暴力犯罪被判重刑后又犯故意杀人罪的；平时横行乡里，寻衅滋事杀人的；前科累累，不堪改造的等，人身危险性较大，可从重处罚。被告人虽有前科，或虽系累犯，但前罪系盗窃等非暴力性犯罪，且处刑较轻的，一般不宜作为死刑量刑的从重情节。被告人杀人后积极抢救被害人、减轻危害后果或者防止危害后果扩大的；被告人平时表现较好，激情犯罪的，表明人身危险较小，可以酌情从轻处罚。在综合上述四个方面判断被告人罪行是否极其严重的基础上，还要注意考虑被告人的刑事责任能力。刑事责任能力是指行为人的辨认能力和控制能力，与行为人的年龄、精神状态有关。如我国刑法虽然规定年满十八周岁，精神正常的人应负完全刑事责任，可依法适用死刑。但是刚满十八周岁的人与年长的成年人相比，毕竟社会经历有限，适用死刑立即执行要特别慎重。年满七十五周岁的人，由于生理原因，控制能力也有所减弱，也应从宽处罚。这不仅是现代文明社会对特殊犯罪人群的宽容，体现了我国的文化传统，也有利于促进社会和谐。

审判实践中，醉酒杀人案件也不少见。醉酒的人应负刑事责任，这是法律明文规定的，但负刑事责任不一定必须都负死罪的责任。醉酒（不包括病理性醉酒）状态下，行为人的辨认能力与正常状态有所不同，控制能力与正常状态相比有所减弱，容易出现过激行为，乃至发生杀人案件。鉴于醉酒状态下行为人的辨认能力、控制能力与正常状态下有所不同，其刑事责任能力有所减弱，如果没有从重情节，可予以从轻处罚。但对于那些经常酗酒、借酒闹事，行凶杀人的，则不予从轻处罚。

7. 故意伤害案件如何正确适用死刑？

本书观点：对故意伤害致人死亡的被告人决定是否适用死刑立即执行时，要将严重危害社会治安的案件与民间纠纷引发的案件区别开来；将手段特别残忍、情节特别恶劣的与手段、情节一般的区别开来；将预谋犯罪与激情犯罪区别开来；等等。

刑法规定对故意伤害案件可以适用死刑的，只有两种情形：一是故意伤害致人死亡的；二是以特别残忍手段致人重伤造成严重残疾的。

（1）故意伤害致人死亡案件适用死刑的问题。一般来说，故意伤害致人死亡案件与故意杀人案件相比，社会危害、被告人主观恶性程度均有所不同，所以适用死刑时，应当比故意杀人犯罪更加慎重，标准更加严格。一般情况下，对于暴力恐怖犯罪、黑社会性质组织犯罪、恶势力犯罪以及其他严重暴力犯罪中故意伤害他人的首要分子，起组织、策划作用或者为主实施伤害行为的罪行最严重的主犯，聚众打砸抢犯罪中发生的故意伤害致人死亡的首要分子，动机卑劣而预谋伤害致人死亡的，如果被告人没有从轻处罚情节，依法可以判处死刑立即执行。

对于下列故意伤害致人死亡的被告人，如果没有从轻情节，可以适用死刑立即执行。如暴力恐怖犯罪、黑社会性质组织犯罪、恶势力犯罪以及其他严重暴力犯罪中故意伤害他人的首要分子；起组织、策划作用或者为主实施伤害行为罪行最严重的主犯；聚众“打砸抢”伤害致人死亡的首要分子；动机卑劣而预谋伤害致人死亡的；等等。

对于故意伤害致人死亡的被告人，一般来说，具有下列情形的，可不判处死刑立即执行：因婚姻家庭、邻里纠纷以及山林、水流、田地纠纷等民间矛盾激化引发的；被害人有过错，或者对引发案件负有直接责任的；犯罪手段、情节一般的；被告人犯罪后积极救治被害人的，或者积极赔偿被害方经济损失并真诚悔罪的；被告人作案时刚满十八周岁或已年满七十五周岁以上，且不是以特别残忍手段致人死亡的；其他经综合考虑所有量刑情节可不判处死刑立即执行的；等等。

（2）以特别残忍手段致人重伤造成严重残疾案件的死刑适用问题。此类案件毕竟没有造成死亡后果，适用死刑应比造成死亡后果的故意伤害案件更加严格。一般应把握以下两个标准：一是手段特别残忍，即被告人采用使被害人承受极度肉体疼痛或精神痛苦的手段。如采用硫酸等化学物质严重毁容的，砍掉手脚的等。二是造成被害人重伤致严重残疾。严重残疾的标准，参照《劳动能力鉴定职工工伤与职业病致残等级》（GB/T16180－2014）的有关标准确定。其中，特别严重残疾，参照该标准的一级残疾、二级残疾标准确定，即一级残疾："器官缺失或功能完全丧失，其他器官不能代偿，存在特殊医疗依赖，或完全或大部分或部分生活自理障碍。"二级残疾："器官严重缺损或畸形，有严重功能障碍或并发症，存在特殊医疗依赖，或大部分或部分生活自理障碍。"

对于以特别残忍手段造成被害人重伤致特别严重残疾的被告人，可以适用死刑立即执行。但对于那些使用硫酸等化学物质严重毁容，或者采取砍掉手脚等极其残忍手段致使被害人承受极度肉体、精神痛苦的，虽未达到特别严重残疾的程度，但犯罪情节特别恶劣，造成被害人四级以上严重残疾程度的，也可以适用死刑立即执行。

以特别残忍手段致人重伤造成严重残疾的故意伤害案件，适用死刑时应当更加严格把握，并不是只要达到"严重残疾"的程度就必须判处被告人死刑，还要根据致人"严重残疾"的具体情况，综合考虑犯罪情节和危害后果来决定刑罚。故意伤害致人重伤造成严重残疾，只有犯罪手段特别残忍，后果特别严重的，才能考虑适用死刑（包括死缓）。

8. 如何理解和把握故意杀人案与故意伤害案在死刑适用上的区别？

本书观点：（1）对于故意伤害案件适用死刑与否，要在标准上严于故意杀人案件。相对于故意杀人犯罪而言，故意伤害犯罪的社会危害性和被告人的主观恶性程度不同，适用死刑应当比故意杀人犯罪更加慎重，标准更加严格。首先，故意伤害罪和故意杀人罪虽然法定最高刑都有死刑，但在犯罪性质上是不相同的：一个是损害他人身体健康的犯罪，另一个是剥夺他人生命的犯罪。其次，犯罪性质上的这种区别，反映在法定刑的排列上，故意杀人罪所处刑罚是由重到轻排列，故意伤害罪所处刑罚则是由轻到重排列。再次，在法定刑的形式上，采用的是相对确定的法定刑，即处十年以上有期徒刑、无期徒刑或者死刑，而不是绝对确定的法定刑。最后，致人死亡或者致人重伤造成严重残疾的原因和具体情节比较复杂，彼此有时差别很大。故意伤害致人死亡和间接故意杀人，虽然都造成了死亡的后果，但行为人故意的性质和内容是截然不同的。不注意区分犯罪的性质和故意的内容，只要有死亡后果就判处死刑的做法是错误的，这在今后的工作中，应当予以纠正。

（2）正确区分故意伤害致人死亡案件与故意杀人案件非常重要。一般来说，故意伤害致人死亡与直接故意杀人较为容易区分，而故意伤害致人死亡与间接故意杀人较难判断。根据审判经验，一般从案件起因中判断被告人是否具有明显的杀人动机，然后根据行为人使用的作案工具、加害的身体部位、加害行为是否有所节制、作案后的心态等方面，综合判断其主观真实内容。例如，被告人持刀捅刺被害人非要害部位，被害人在抢救中死亡。在这种情形下，被告人主观上伤害故意明显，应定故意伤害罪。审判实践中，有些将故意伤害致人死亡案件错误定性为故意杀人案件而判处被告人死刑立即执行，这是应当避免的。

9. 共同故意杀人、故意伤害犯罪案件的死刑适用，如何把握?

本书观点：正确认定各被告人的罪责并适用刑罚，一案中有多名主犯的，要在主犯中区分出罪责最为严重者和较为严重者。一般来说，雇凶者作为犯罪的造意者，其对案件的发生负有直接和更主要的责任，只有依法严惩雇凶者，才能有效地遏制此类犯罪。受雇者如果属于职业杀手的犯罪人群，应从严处罚。

（1）共同故意杀人、故意伤害犯罪适用死刑的一般原则

故意杀人、故意伤害共同犯罪案件适用死刑，应坚持罪刑相适应的原则，充分考虑各被告人在共同犯罪中的地位和作用大小、犯罪后果、被告人的主观恶性和人身危险性等情况，正确认定各被告人的罪责并适用刑罚。一案中有多名主犯的，要在主犯中区分出罪责最为严重者和较为严重者，这是正确适用死刑的关键。如何区分各被告人在共同犯罪中的地位和作用，主要看提议犯罪、合谋、分工，如何实施杀人等情节，结合作案后抛尸、毁灭罪证等方面综合判断谁是组织、策划、指挥的首要分子，或在共同犯罪中起主导作用；谁是直接致死被害人的实行犯；谁起次要作用。如果多名被告人是主犯，也要根据其实施犯罪的积极程度，区分出罪责最为严重者和较为严重者。除此以外，认为对故意杀人、故意伤害共同犯罪的被告人适用死刑立即执行时，还要注意以下几种情况：

一是对于共同致一人死亡，依法应当判处被告人死刑立即执行的，原则上只判处一名被告人死刑立即执行。罪责最大的主犯因有立功、自首等法定从轻处罚情节，依法没被判处死刑立即执行的，也不能对罪行相对较轻的主犯判处死刑立即执行。

二是对于各被告人地位、作用相当，罪责相对分散，或者罪责确实难以分清的，应坚持量刑事实存疑留有余地原则，慎重适用死刑立即执行。对后果特别严重，如杀死多人，确需判处被告人死刑立即执行的，要充分考虑各被告人在主观恶性和人身危险性等方面的不同，审慎决定。

三是对于家庭成员共同犯罪案件，适用死刑要特别慎重，应尽量避免判处同一家庭两名以上成员死刑立即执行。这是刑罚人道主义的体现，也符合我国法律文化传统。

四是对于有同案犯在逃的案件，在案的被告人在共同犯罪中的地位、作用难以确定的，应该特别慎重，一般不应判处死刑立即执行。

（2）雇凶杀人、伤害犯罪的死刑适用问题

雇凶犯罪比一般共同犯罪的社会危害性更大，应当依法从严惩处。一般来说，雇凶者作为犯罪的造意者，其对案件的发生负有直接和更主要的责任，只有依法严惩雇凶者，才能有效地遏制此类犯罪。在现实生活中，由于雇凶者授意内容不同，有的是杀人，有的是伤害，有的较为模糊，受雇者实施犯罪也并非严格依照授意进行，导致区分雇凶者与受雇者的罪责大小较为复杂、困难。根据雇凶犯罪的不同情况，结合审判经验，下列情形应当认定为罪行最严重的主犯：

一是认定雇凶者是最严重主犯的情形：①雇凶者不仅雇用他人犯罪，而且与受雇者共同直接实施的；②雇凶者虽没有直接实施犯罪，但参与了共同犯罪的策划，实施了具体组织、指挥行为的；③雇凶者雇用未成年人实施犯罪的；④多名受雇者地位、作用相当，责任相对分散，或者责任难以分清的，雇凶者应对全案负责，应认定雇凶者为罪行最严重的主犯。

二是认定受雇者是最严重主犯的情形：①雇凶者只是笼统提出犯意，没有实施组织、指挥行为，而系受雇者积极实施杀人、伤害行为的；②受雇者明显超出雇凶者授意范围，实施故意杀人、故意伤害犯罪，因行为过限，造成更严重危害后果的。

对于雇凶杀人、伤害只致一人死亡的案件，一般不宜同时判处雇凶者与受雇者死刑立即执行。受雇者如果属于职业杀手的犯罪人群，应从严处罚。对于案情特别重大，后果特别严重，确需判处两名以上被告人死刑立即执行的，应严格区分多名受雇者的地位、作用，根据其罪责和犯罪情节，一般可对雇凶者和其中罪行最严重的受雇者判处死刑立即执行。

10. 对论罪应当判处死刑立即执行，但罪犯具有自首、立功情节的，如何把握死刑适用？

本书观点：自首、立功与死刑适用的一般原则。自首和立功是刑法明确规定的、司法实践中适用较多的两种法定从轻或减轻处罚情节。自首、立功虽然是可以从轻处罚的情节，但如果没有特别从重情节，一般均应从轻处罚。如果具有自首、立功情节，同时又有累犯、前科等法定、酌定从重处罚情节的，要综合分析从重因素和从轻因素哪方面更突出一些，依法体现宽严相济的刑事政策。

自首与死刑适用。司法实践中，自首有诸多不同情形：有犯罪事实和犯罪人未被发现情况下的自首，也有犯罪人已被发现，在走投无路、被迫无奈情况下的自首；有因形迹可疑被盘问时的自首，也有到案后的准自首；有基于真诚悔罪的自首，也有惧怕受到处罚或者毫无悔意、蔑视社会的自首；有主动投案的自首，也有在亲属协助下的自首；等等。对于犯罪事实和犯罪人未被发现时的自首，量刑时应当予以充分考虑；对于其他情形的自首，应结合全案情况，综合判断不同自首对量刑的影响。对于具有犯罪后果特别严重、犯罪动机特别卑劣或者为规避法律而自首的，对被告人是否从轻处罚，要从严掌握。对于被告人虽未自首，但被告人亲属协助抓获被告人，或者提供被告人犯罪的主要证据，对定案起到重要作用的，也应作为酌定从宽情节，予以充分考虑。

立功与死刑的适用。对于罪该判处死刑的被告人具有立功表现的，是否从轻处罚，应当以该立功是否足以抵罪为标准。被告人确有重大立功表现，但综合全案情节不宜减轻处罚的，一般应当考虑从轻处罚；被告人有一般立功表现，经综合考虑足以从轻的，也可以考虑对被告人从轻处罚。被告人亲属为使被告人得到从轻处罚，检举、揭发他人犯罪或者协助司法机关抓捕其他犯罪嫌疑人的，虽不能视为被告人立功，也可以作为酌情从宽情节考虑。对于黑社会性质组织犯罪的首要分子、犯罪集团的首要分子等，犯罪主体的特殊性决定了其有可能掌握他人较多的犯罪线索，即使其检举揭发与其犯罪有关联的人或事，构成重大立功的，从轻处罚也要从严掌握。如果被告人罪行极其严重，只有一般立功表现，经综合考虑不足以从轻的，可不予从轻处罚。

11. 如何正确理解民事赔偿与死刑适用的关系？

本书观点：民事赔偿情况是量刑的重要酌定情节。将因被告人赔偿获得被害方谅解作为不判处死刑立即执行的情节，是控制死刑和贯彻宽严相济刑事政策的落实，也是对被害方诉讼地位的尊重。不能将民事赔偿演变成变相的“以钱卖命”，对于黑恶势力犯罪、严重危害社会治安的故意杀人、伤害犯罪，犯罪情节特别恶劣、后果特别严重的案件，不能仅仅因为被告方作了赔偿，或者得到被害方的谅解就不判处被告人死刑。

（1）民事赔偿情况是量刑的重要酌定情节。这是因为赔偿不仅仅是履行法律规定的义务，也是在积极弥补损失，减少社会危害性。量刑的基本原则就是要根据行为的性质、情节和对社会的危害程度来决定刑罚。社会危害程度的衡量当然应当包括损失的大小、被害方实际受到影响的大小。虽然损害赔偿范围限于物质损失，但至少在客观上缓解了犯罪造成的实际危害，被告人对被害人的积极赔偿行为，一般都反映了被告人具有真诚悔罪的态度，并因此得到被害方的宽恕和谅解，昭示了其人身危险性的减小。因为在这种被害方谅解被告人的情况下，减小了被告人犯罪行为的社会危害性。因为犯罪行为直接作用于被害人并进而作用于其亲属，被害人及其亲属对犯罪的感受最深。从某种意义上说，被害人的反应强度也是衡量犯罪社会危害性大小的晴雨表。其对被告人的谅解态度，缓和了矛盾，减小了对立，实质上反映了犯罪社会危害性的变化。这有利于被害人实际利益的实现，有利于减少死刑的适用。因此，不能将民事赔偿与单纯的所谓“以钱买命”相混淆。被害方与被告方达成谅解，并不是私了，而是在行为人罪责已经确定的前提下，在人民法院的主持下，在相关人员的参与下解决对被害人的赔偿问题。这与私了是有本质区别的。

（2）将因被告人赔偿获得被害方谅解作为不判处死刑立即执行的情节，是控制死刑和贯彻宽严相济刑事政策的落实。这类案件主要应限于因民间纠纷引发的案件，并且属于可杀可不杀的犯罪分子，一般不适用于严重危害社会治安的刑事犯罪案件。虽然被告人有赔偿被害人物质损失的法律义务，但赔与不赔毕竟对其行为造成的社会危害程度的评价有所不同。因此，被告人积极赔偿被害人的物质损失且真诚悔罪的，应慎用死刑。对被告人不判处死刑，使其充分感受到社会的宽容和温暖，有利于罪犯改过自新回归社会，有利于维持其家庭的稳定和和谐状态，避免给其家庭带来感情缺失甚至出现家庭破裂或其他负面效应，同时也有利于化解加害人和被害人的冲突，维护社会秩序的和谐稳定，符合社会和谐发展的趋势。

（3）将民事赔偿作为量刑情节，也是对被害方诉讼地位的尊重。在传统的犯罪反应模式下，国家追究犯罪的目的是维护法律秩序。因长期受国家追诉主义的深刻影响，在刑事司法及理念中，被害人的意见是不被重视的，认为其利益已经由国家公诉机关代表了，把追诉犯罪完全看成是国家的事情，被害人不具有独立的诉讼地位。在这种“国家—行为人”二元结构的体制下，容易忽略被害人在刑事诉讼中的主体地位。虽然在法律效果上实现了对犯罪的惩处，彰显了社会正义，但报应性司法可能加深矛盾。因其实现的途径是以怨报怨、以恶制恶，结果是双方当事人之间的裂痕进一步加深。反之，被害人可能出于仁慈与宽容，也可能觉得事出有因，人死不能复生，不如面对现实，尽可能地减少损害后果，愿意原谅被告人，希望从加害方得到赔偿，这是非常难得的和谐因素。司法实践中，人们常常关注被害人复仇的愿望而忽略了其希望得到赔偿的愿望。而这两个愿望都是被害人权利之所在，都应受到重视。得到被害方谅解的可以不判处被告人死刑，体现了对被害人诉讼主体地位的尊重。20 世纪 40 年代以来，国际社会对被害人的保护日益重视，对于被害方意见的重视及其在刑罚适用中的体现，是近年来国际社会被害人保护运动的重要内容，如在恢复性司法中就非常重视加害人对被害人的赔偿及道歉。当前我国一些地方也正在尝试刑事诉讼中的和解模式，这一精神在死刑裁量中也有借鉴意义——充分尊重被害方的谅解以及据此表达从宽处罚犯罪人的要求，如果赔偿较好，并真诚悔罪，就可对其不判处死刑。1997 年修订的刑事诉讼法已经将被害人作为当事人，但实践中被害人的主体地位并未得到真正的重视，实际上还处于证人的地位，其作用主要是提供证据揭露犯罪，而其物质损失却难以得到赔偿。目前我国还没有建立起对被害人的补偿制度，被害人有的生活极端困难，对被告人判处死刑的同时，被害人的生活也会受到严重影响。因婚姻、家庭等民间矛盾激化引发犯罪的被害人，经过调解，有不少希望得到赔偿，即使不判重刑、死刑也无怨言。但有的法院坚持判处重刑、死刑，将给予的赔偿款退回，结果使被害人的生活雪上加霜，甚至陷于绝境，如此怎么体现和谐？反之，如果接受赔偿，不判处重刑或死刑立即执行，既不违背法律，也有利于贯彻我国的刑事政策，被害人一方的生活也得到了安抚，岂不两全其美？既可以消除对抗情绪，又减少了涉诉上访，这正符合现代社会恢复性司法的基本精神。

（4）被告人赔偿、得到被害人谅解，作为对被告人可以从轻处罚是有司法解释依据的。《最高人民法院关于适用〈中华人民共和国刑事诉讼法〉的解释》第一百九十四条规定：“审理刑事附带民事诉讼案件，人民法院应当结合被告人赔偿被害人物质损失的情况认定其悔罪表现，并在量刑时予以考虑。”2000年《最高人民法院关于审理交通肇事刑事案件具体应用法律若干问题的解释》第二条第一款第（三）项规定，造成公共财产或者他人财产直接损失，负事故全部或者主要责任，无能力赔偿数额在三十万元以上的，以交通肇事罪论处。换句话说，虽然造成了三十万元以上的财产损失，但只要有能力赔偿，就不以交通肇事罪论处。这些规定都反映了一个基本精神：被害人及其被告人的赔偿情况对量刑是有重要影响的。

（5）处理民事赔偿与判处死刑的关系，应当注意的问题有以下几个方面：

首先，要正确界定民事赔偿适用的案件范围。民事赔偿可以作为从宽处罚情节，主要应适用于因民间纠纷引发的故意杀人、故意伤害案件。如果不分案件性质一味地强调民事赔偿，可能在社会上造成以钱买刑或以钱抵命的不良影响。对于黑恶势力犯罪、严重危害社会治安的故意杀人、伤害犯罪，犯罪情节特别恶劣、后果特别严重的案件，不能仅仅因为被告方作了赔偿，或者得到被害方的谅解就不判处被告人死刑。同时也应注意，对于被害人有明显过错等依法不应当判处被告人死刑的案件，不能因为被害方不接受赔偿或达不成调解协议而判处被告人死刑。要正确处理因民间纠纷激化引发的死刑案件。将因民间纠纷激化引发的案件与社会上严重危害治安的案件在适用死刑时加以区别，是我们一贯坚持的基本原则。早在1999年9月，最高人民法院《全国法院维护农村稳定刑事审判工作座谈会纪要》就明确规定：“对于因婚姻家庭、邻里纠纷等民间矛盾激化引发的故意杀人犯罪，适用死刑一定要十分慎重，应当与发生在社会上的严重危害社会治安的其他故意杀人犯罪案件有所区别。对于被害人一方有明显过错或对矛盾激化负有直接责任，或者被告人有法定从轻处罚情节的，一般不应判处死刑立即执行。”这个规定对后来的死刑控制发挥了重要作用，济南会议也因此而载入史册。

其次，要坚持人民法院的主导地位，有效地发挥审判机关的职能优势。定罪量刑是人民法院的法定职权，对案件的最终处理应当由人民法院依法决定，不能无原则地受制于外界的影响。双方当事人的要求与愿望只是法院在裁判时应当考虑的因素，但不能成为羁绊。因此，要牢固树立法治意识，在刑法、刑事诉讼法规定的范围内依法进行。

再次，要充分理解被害方的心情，听取他们的意见。注意听取被害方的意见并不等于受被害方态度左右，而是追求最好的办案效果，也体现了对被害方的尊重。他们作为被害方，内心的痛苦是可想而知的，情绪激动也是可以理解的，一次或者几次工作都不一定奏效。这就要求我们耐心再耐心，让他们充分地陈述意见，舒展心情，化解郁闷，使其情绪归于平静。对其合理要求要尽可能地考虑，做好被害方的安抚工作，消除双方的对立情绪。同时也要防止生硬冷的态度，这是做好工作的基础。要尊重当事人双方的真实意愿，既要防止本来罪该处死的被告人企图千方百计以钱买命，又要防止被害人漫天要价，提出不切实际的赔偿请求，甚至以上访闹事相威胁。对双方都要坚持原则，依法办事。

最后，善于与当事人进行沟通，取得他们的理解和信任。一般来说，当事人文化水平不高，法律知识欠缺，理解和处理问题的能力差别很大，要采取有针对性的方式针对其不同特点进行工作。要用通俗易懂的非专业语言做解释工作，拉近和当事人之间的距离，才能取得其信任做好工作，有利于谅解的达成。要讲清利害关系，使之权衡利弊做出正确的选择。要宣传死刑政策，结合案件以案讲法。只要双方都认识到对自己有利，就会大大地促进谅解的成功。同时，要充分发挥中间人的作用。中间人包括律师，被害人的亲属、朋友、邻居、同学等。一般来说，被害人对法院有抵触情绪，以为法官做被害方工作是在替对方说话，而被害人及其亲友则可以站在被害人的立场上做其工作。他们相互比较熟悉，法院苦口婆心做不成的工作，在他们的参与和劝解下，被害人出于对他们的信任，很容易接受他们的意见。律师可以利用熟悉法律的优势，给予当事人理性的指导，都会取得比较好的效果。

实践中，对于被告人出于真诚悔罪愿意赔偿，或者其亲属、所在单位愿意给予补偿的，应当允许。双方达成谅解协议的，在量刑时一般可酌情从轻处罚。为了鼓励被告人进行民事赔偿，应将已经赔偿的被告人和未赔偿的被告人区别对待。审判实践中，当事人形形色色，无论审判人员怎样做工作，也无法保证双方的谅解。遇到这种案件，可以暂时放一放，待被害人情绪趋于缓和，冷静下来，再继续做工作可能效果会更好。

12. 如何把握被害方的诉求与死刑适用的关系?

本书观点：对被害方的意愿既要充分理解、尊重和考虑，又不能简单地把被害方的意愿等同于民意，要注意区分情况，慎重处理。

审判实践中，有的案件，无论一审、二审法院是否判处被告人死刑，都可能会有当事人及其亲属对裁判结果不满，并通过上访、闹访等各种途径给法院施加压力，严重影响社会的和谐稳定。对此，应该本着对党和国家高度负责的精神，予以高度重视，着力化解矛盾，避免因工作上的失误造成当事人自伤、自残的后果，甚至引发群体性事件。

被害方对犯罪的社会危害性体会最深刻、感受最具体，这种感受、体会也是犯罪社会危害性的重要反映。但是，由于被害方与案件有着重大利害关系，他们表达的诉求和意愿往往带有一定的感情色彩和情绪化的因素。对被害方的意愿既要充分理解、尊重和考虑，又不能简单地把被害方的意愿等同于民意，要注意区分情况，慎重处理。对于被害方合法、合理的诉求，要依法保护；对于超出法律规定的要求，要注意做好说服解释工作，尤其是对于依法不应当判处死刑的，不能因为被害方反应激烈就判处死刑，应该注意工作方法和策略，着力化解矛盾，引导被害方采取理性合法的形式表达诉求，以维护法律权威，确保社会稳定。要充分依靠党委、政府和有关部门的支持与配合，做好当事人及其亲属的工作，妥善处理上访事件，耐心、细致地做好教育、疏导、制止工作，最大限度地实现法律效果和社会效果的有机统一。

13. 如何把握被害方过错引发案件与死刑适用的关系?

本书观点：被害人的过错在一定程度上反映了被告人的社会危害性和人身危险性的降低，因而是分析、考察被告人主观恶性和人身危险性大小的重要依据。司法实践中，应当克服唯后果论的错误做法，不能只看人身伤亡的后果，还应查清被害方是否有过错及过错的大小，正确判断对案件发生的影响力，进而把握案件刑罚量的精确度，慎重适用死刑。

加害者与被害者在刑事法律关系中是一对矛盾体，存在相互影响、彼此作用的互动关系。在其互动过程中，加害人与被害人是互为客体而存在的，加害人的犯罪过程与被害人的被害过程是一个相互作用的过程。这种理论，实际上强调了加害者、被害者和相关环境的结构性互动关系，这是研究被害人过错的理论前提。比如在因水流、田地、婚姻家庭等民事纠纷引发的案件中，并不都是被告人单方面行为所致，有的是被害人首先挑起事端，被告人在被激怒之下将其杀害或伤害，被害人因自己的过错招致被害的后果。被害人过错的存在，与加害人实施犯罪行为具有一定的关联性。加害者对被害者侵害的程度，决定其自身应受刑罚处罚的程度轻重；同时，被害人自身的过错也影响对侵害者的处罚轻重，被害人一方的过错，是量刑时应当酌情考虑的重要情节。这是由加害者与被害者之间的互动关系决定的。

故意杀人、故意伤害案件是有被害人的犯罪。在现实生活中，由于被害人的过错行为引发案件的屡见不鲜，其中有的被害人具有明显的过错或者对于矛盾激化负有直接的责任。《全国法院维护农村稳定刑事审判工作座谈会纪要》明确提出被害人的过错应当作为重要的量刑情节，不仅对于控制死刑具有重要意义，也有利于强化侦查机关重视对被害人方面的调查，全面地收集证据。近年来，在侦查、起诉、审判过程中还存在不够重视或很少考虑被害人过错的问题。学者们也有建议将其上升为法定量刑情节的呼声。这反映出此问题的重要。

在司法实践中，要正确认定被害人的过错问题。我们认为，被害人过错是指刑事案件中对犯罪的发生或恶化起负面作用的被害人应受非难的行为，其特征是：第一，被害人过错是一种对引发犯罪具有直接或者间接作用的行为，即对于被告人犯罪意图的引发或者犯罪程度的加深起到重要作用，与犯罪的发生具有关联性。被害人的过错事实一般来说不是犯罪事实，与被告人的犯罪行为的实施没有必然性，但与犯罪事实有或紧或松的关联，对量刑可能会产生一定的影响。第二，被害人的过错行为是在其主观意志支配下实施的行为。即被害人主观上具有故意或者过失，具有主观意志性。第三，被害人的过错是一种在法律或道德上应受否定评价的行为，其自身具有不良性，既可能是对法律、法规的违反，也可能是对社会公序良俗、道德规范的违反，否则不构成过错。比如被告人为还赌债向被害人借钱，被害人不肯，被告人遂将其杀死。被害人不同意借钱是一种前因行为，但其拒绝向赌徒借钱是正当的，不具有不良性，因此不构成过错。

并不是所有的被害人过错都对刑罚产生影响。如因行为不妥当而招致强奸等，广义上来看，被害人也是有过错的，它对犯罪的发生也具有一定的影响，然而其并不必然对被告人的刑罚产生影响。这种过错是犯罪学意义上的过错，也可以称之为条件性的过错。它对研究犯罪预防是有意义的，这类过错被害者具有某种事实上的可归因性，但在伦理及法律评价的意义上，这类过错一般不宜归责于被害者。因此，司法实践中，厘清两者的区别是很必要的。

被害人过错分为罪错、严重过错和一般过错；故意过错和过失过错；推动型过错和冲突性过错。罪错是指被害人的过错行为已经构成犯罪并引起了行为人的加害行为。这种情况下，被告人的行为可能是正当防卫或者防卫过当。严重过错又称明显过错。《全国法院维护农村稳定刑事审判工作座谈会纪要》使用的是明显过错的提法，是指被害人的过错比较严重，达到违法的程度，以致引起被告人实施犯罪。一般过错指被害人的过错还不严重，只是一般违反道德规范的行为。故意过错和过失过错是从被害人的主观心理态度上所作的分类，前者显然重于后者。推动型过错是指犯罪人本无犯意，但由于被害人单方面首先实施侵害行为，推动被告人产生犯罪动机诱发犯罪。冲突性过错是指被告人与被害人相互推动，有明显的互动，各自为自己的利益发生冲突，矛盾不断升级，最终发生了犯罪结果。双方都有错误，都对犯罪的发生负有责任。

被害人过错责任对被告人量刑的影响，应区分情况而定：

（1）被害人只是一般过错，过错程度轻微，尚不足以对被告人的犯罪行为的发生、行为方式和侵害强度产生较大影响的，一般不考虑过错情节而对被告人予以从轻处罚。因为在这种情况下，犯罪的发生实际上是被告人的主观恶性所致。

（2）被害人存在严重的过错，对犯罪的发生具有刺激作用，直接导致被告人故意杀人或者故意伤害的主观故意的产生，被告人在激情之下实施犯罪，对此类案件的被告人应当从轻或者减轻处罚。

（3）双方对案发都有过错的，要分清哪方是严重过错，哪方是一般过错。对于被害人存在严重过错，明显大于被告人过错的，对被告人仍应从轻处罚。对于双方的过错行为均已构成犯罪的，如聚众斗殴致人死亡、重伤的，不宜适用过错责任原则。因为在这种情况下，双方同时兼有加害者和被害者的双重身份，除各自侵犯对方的人身权利外，还共同侵犯了社会治安秩序，双方对犯罪结果都应负相应的责任。

（4）被害人的过错行为是正在进行的不法侵害，且程度激烈，被告人的反击行为构成正当防卫或者防卫过当的，应依照刑法的有关规定处理，不负刑事责任或者对其减轻、免除处罚。

14. 如何把握毒品犯罪案件的死刑适用？

本书观点：毒品犯罪与故意杀人犯罪、故意伤害犯罪、抢劫犯罪等不一样，其危害后果、犯罪情节主要体现在毒品数量上。因此，毒品数量无论是在一般案件的量刑中还是在死刑适用中都起着主要作用。但是，毒品数量又不是决定是否判处死刑的唯一情节。毒品犯罪案件适用死刑时，应当坚持“数量+情节”的死刑适用方法。

（1）毒品犯罪案件死刑适用的重点

死刑适用的对象应该限制在罪行极其严重、依法应当判处死刑的被告人。主要是：①走私、制造毒品和大宗贩卖毒品等源头性犯罪分子。②毒枭、职业毒犯、累犯、毒品再犯等主观恶性深、人身危险性大的毒品犯罪分子。③具有将毒品走私入境，多次、大量或者向多人贩卖，诱使多人吸毒，武装掩护、暴力抗拒检查、拘留或者逮捕，或者参与有组织的国际贩毒活动等情节的毒品犯罪分子。

（2）毒品犯罪适用死刑依据：“数量+情节”

第一，“数量+情节”的基本原理。毒品犯罪的死刑适用应当切实贯彻宽严相济的刑事政策和“数量+情节”的原则。毒品数量是毒品犯罪案件量刑的重要情节，但不是唯一情节。对被告人量刑时，特别是在考虑是否适用死刑时，应当综合考虑毒品数量、犯罪情节、危害后果、被告人的主观恶性、人身危险性以及当地禁毒形势等各种因素，做到区别对待。实务中，审理毒品犯罪案件掌握的死刑数量标准，应当结合本地毒品犯罪的实际情况和依法惩治、预防毒品犯罪的需要，并参照最高人民法院复核的毒品死刑案件的典型案例，恰当把握。量刑既不能只片面考虑毒品数量，不考虑犯罪的其他情节，也不能只片面考虑其他情节，而忽视毒品数量。

第二，数量优先，情节修正的死刑适用模式。在毒品犯罪案件中，对被告人是否适用死刑，首先是考虑其毒品犯罪的数量是否达到死刑适用标准，然后根据犯罪的其他情节进行修正。

一般情况下，数量达到死刑适用标准的，就要适用死刑，反之，未达到数量标准的，就不适用死刑。但是，在以下情况下，数量以外的其他情节起修正作用：一是数量够但不适用死刑。对虽然已达到实际掌握的判处死刑的毒品数量标准，但是具有法定、酌定从宽处罚情节的被告人，可以不判处死刑。二是数量未达到但可以适用死刑的情形。对毒品数量接近实际掌握的判处死刑的数量标准，但具有从重处罚情节的被告人，也可以判处死刑。三是数量达到死刑适用标准，但具有双向处罚情节的，应当综合考虑。毒品数量达到实际掌握的死刑数量标准，既有从重处罚情节，又有从宽处罚情节的，应当综合考虑各方面因素决定刑罚，判处死刑立即执行应当慎重。

第三，可以适用死刑的几种主要情形。根据司法实践，一般认为，具有下列情形之一的，可以判处被告人死刑：①具有毒品犯罪集团首要分子，武装掩护毒品犯罪，暴力抗拒检查、拘留或者逮捕，参与有组织的国际贩毒活动等严重情节的；②毒品数量达到实际掌握的死刑数量标准，并具有毒品再犯、累犯，利用、教唆未成年人走私、贩卖、运输、制造毒品，或者向未成年人出售毒品等法定从重处罚情节的；③毒品数量达到实际掌握的死刑数量标准，并具有多次走私、贩卖、运输、制造毒品，向多人贩毒，在毒品犯罪中诱使、容留多人吸毒，在戒毒监管场所贩毒，国家工作人员利用职务便利实施毒品犯罪，或者职业犯、惯犯、主犯等情节的；④毒品数量达到实际掌握的死刑数量标准，并具有其他从重处罚情节的；⑤毒品数量超过实际掌握的死刑数量标准，且没有法定、酌定从轻处罚情节的。

第四，毒品数量达到标准，但一般仍然不适用死刑的情形。毒品数量达到实际掌握的死刑数量标准，具有下列情形之一的，可以不判处被告人死刑立即执行：①具有自首、立功等法定从宽处罚情节的；②已查获的毒品数量未达到实际掌握的死刑数量标准，到案后坦白尚未被司法机关掌握的其他毒品犯罪，累计数量超过实际掌握的死刑数量标准的；③经鉴定毒品含量极低，掺假之后的数量才达到实际掌握的死刑数量标准的，或者有证据表明可能大量掺假但因故不能鉴定的；④因特情引诱毒品数量才达到实际掌握的死刑数量标准的；⑤以贩养吸的被告人，被查获的毒品数量刚达到实际掌握的死刑数量标准的；⑥毒品数量刚达到实际掌握的死刑数量标准，确属初次犯罪即被查获，未造成严重危害后果的；⑦共同犯罪毒品数量刚达到实际掌握的死刑数量标准，但各共同犯罪人作用相当，或者责任大小难以区分的；⑧家庭成员共同实施毒品犯罪，其中起主要作用的被告人已被判处死刑立即执行，其他被告人罪行相对较轻的；⑨其他不是必须判处死刑立即执行的。

另外，有些毒品犯罪案件，往往由于毒品、毒资等证据已不存在，仅有被告人口供与同案被告人供述作为定案证据的，这种情况下，即使数量达到死刑适用标准，对被告人判处死刑立即执行要特别慎重。

（3）运输毒品犯罪的死刑适用

运输毒品犯罪适用死刑的重点是：①运输毒品犯罪集团首要分子；②组织、指使、雇用他人运输毒品的主犯或者毒枭、职业毒犯、毒品再犯；③具有武装掩护运输毒品、以运输毒品为业、多次运输毒品等严重情节的被告人。

下列情形下，应当慎重适用死刑：①受人指使、雇用参与运输毒品的被告人，应当综合考虑毒品数量、犯罪次数、犯罪的主动性和独立性、在共同犯罪中的地位作用、获利程度和方式及其主观恶性、人身危险性等因素，予以区别对待，慎重适用死刑。②对于有证据证明确属受人指使、雇用运输毒品，又系初犯、偶犯的被告人，即使毒品数量超过实际掌握的死刑数量标准，也可以不判处死刑；尤其对于其中被动参与犯罪，从属性、辅助性较强，获利程度较低的被告人，一般不应当判处死刑。③对于不能排除受人指使、雇用初次运输毒品的被告人，毒品数量超过实际掌握的死刑数量标准，但尚不属数量巨大的，一般也可以不判处死刑。

一案中有多人受雇运输毒品的，在决定死刑适用时，除各被告人运输毒品的数量外，还应结合其具体犯罪情节、参与犯罪程度、与雇用者关系的紧密性及其主观恶性、人身危险性等因素综合考虑，同时判处二人以上死刑要特别慎重。

（4）毒品共同犯罪、上下家犯罪的死刑适用

①毒品共同犯罪的死刑适用

原则：毒品共同犯罪案件的死刑适用应当与该案的毒品数量、社会危害及被告人的犯罪情节、主观恶性、人身危险性相适应。

一般情形，只判一人死刑：涉案毒品数量刚超过实际掌握的死刑数量标准，依法应当适用死刑的，要尽量区分主犯间的罪责大小，一般只对其中罪责最大的一名主犯判处死刑；各共同犯罪人地位作用相当，或者罪责大小难以区分的，可以不判处被告人死刑；二名主犯的罪责均很突出，且均具有法定从重处罚情节的，也要尽可能比较其主观恶性、人身危险性方面的差异，判处二人死刑要特别慎重。

特殊情形，可以判处二人以上死刑：涉案毒品数量达到巨大以上；二名以上主犯的罪责均很突出，或者罪责稍次的主犯具有法定、重大酌定从重处罚情节，判处二人以上死刑符合罪刑相适应原则，并有利于全案量刑平衡的，可以依法判处。

部分共同犯罪人未到案案件的特殊处理：在案被告人与未到案共同犯罪人均属罪行极其严重，即使共同犯罪人到案也不影响对在案被告人适用死刑的，可以依法判处在案被告人死刑；在案被告人的罪行不足以判处死刑，或者共同犯罪人归案后全案只宜判处其一人死刑的，不能因为共同犯罪人未到案而对在案被告人适用死刑；在案被告人与未到案共同犯罪人的罪责大小难以准确认定，进而影响准确适用死刑的，不应对在案被告人判处死刑。

②贩卖毒品案件中上下家的死刑适用

原则：对于贩卖毒品案件中的上下家，要结合其贩毒数量、次数及对象范围，犯罪的主动性，对促成交易所发挥的作用，犯罪行为的危害后果等因素，综合考虑其主观恶性和人身危险性，慎重、稳妥地决定死刑适用。

一般情形，不能上下家同时判处死刑：对于买卖同宗毒品的上下家，涉案毒品数量刚超过实际掌握的死刑数量标准的，一般不能同时判处死刑；上家主动联络销售毒品，积极促成毒品交易的，通常可以判处上家死刑；下家积极筹资，主动向上家约购毒品，对促成毒品交易起更大作用的，可以考虑判处下家死刑。

特殊情形，可以上下家同时判处死刑：特殊情形必须符合以下两个条件，一是涉案毒品数量达到巨大以上；二是同时判处上下家死刑符合罪刑相适应原则，并有利于全案量刑平衡的。

③既有上下家，又有多名共同犯罪人的死刑适用

一案中有多名共同犯罪人、上下家针对同宗毒品实施犯罪的，可以综合运用上述毒品共同犯罪、上下家犯罪的死刑适用原则予以处理。

（5）新类型、混合型毒品犯罪的死刑适用

①甲基苯丙胺片剂（俗称“麻古”）是以甲基苯丙胺为主要毒品成分的混合型毒品，其甲基苯丙胺含量相对较低，危害性亦有所不同。为体现罚当其罪，甲基苯丙胺片剂的死刑数量标准一般可以按照甲基苯丙胺（冰毒）的二倍左右掌握，具体可以根据当地的毒品犯罪形势和涉案毒品含量等因素确定。

②涉案毒品为氯胺酮（俗称“K粉”）的，结合毒品数量、犯罪性质、情节及危害后果等因素，对符合死刑适用条件的被告人可以依法判处死刑。综合考虑氯胺酮的致瘾癖性、滥用范围和危害性等因素，其死刑数量标准一般可以按照海洛因的十倍掌握。

③涉案毒品为其他滥用范围和危害性相对较小的新类型、混合型毒品的，

一般不宜判处被告人死刑。但对于司法解释、规范性文件明确规定了定罪量刑数量标准，且涉案毒品数量特别巨大，社会危害大，不判处死刑难以体现罚当其罪的，必要时可以判处被告人死刑。

（6）制造毒品的死刑适用

已经制成毒品，达到实际掌握的死刑数量标准的，可以判处死刑；数量特别巨大的，应当判处死刑。

（7）特情介入案件的处理问题

行为人本没有实施毒品犯罪的主观意图，而是在特情诱惑和促成下形成犯意，进而实施毒品犯罪的，属于“犯意引诱”。对因“犯意引诱”实施毒品犯罪的被告人，根据罪刑相适应原则，应当依法从轻处罚，无论涉案毒品数量多大，都不应判处死刑立即执行。

行为人本来只有实施数量较小的毒品犯罪的故意，在特情引诱下实施了数量较大甚至达到实际掌握的死刑数量标准的毒品犯罪的，属于“数量引诱”。对因“数量引诱”实施毒品犯罪的被告人，应当依法从轻处罚，即使毒品数量超过实际掌握的死刑数量标准，一般也不判处死刑立即执行。

对不能排除“犯意引诱”和“数量引诱”的案件，在考虑是否对被告人判处死刑立即执行时，要留有余地。

对被告人受特情间接引诱实施毒品犯罪的，参照上述原则依法处理。

15. 如何正确把握强奸案件的死刑适用？

本书观点：只有强奸犯罪分子所犯罪行极其严重，判处十年以上有期徒刑、无期徒刑仍不足以达到罪责刑相适应的，才能对罪犯选择适用死刑。

（1）强奸案件适用死刑的原则

根据《刑法》第二百三十六条，只有强奸妇女、奸淫幼女并具有下列六种情形之一的，才能处以十年以上有期徒刑、无期徒刑或者死刑：①强奸妇女、奸淫幼女情节恶劣的；②强奸妇女、奸淫幼女多人的；③在公共场所当众强奸妇女、奸淫幼女的；④二人以上轮奸的；⑤奸淫不满十周岁的幼女或者造成幼女伤害的；⑥致使被害人重伤、死亡或者造成其他严重后果的。但死刑只是出现该六种情形时可以选择的刑种之一，而且应当是最后被选择的刑种，只有犯罪分子所犯罪行极其严重，判处十年以上有期徒刑、无期徒刑仍不足以达到罪责刑相适应的，才能选择适用。

司法实践中，是否适用《刑法》第二百三十六条第三款的六项规定对强奸罪判处死刑，一般首先考察是否符合该款第（六）项“致使被害人重伤、死亡或者造成其他严重后果”，具有此种情形，且综合全案考虑属于罪行极其严重、依法应当判处死刑的，坚决审慎依法判处。而对于不具有第（六）项规定情形的其他强奸案件，适用死刑应特别慎重，要以该款第（二）项“强奸妇女、奸淫幼女多人”为基准，结合该款第（一）项、第（四）项、第（五）项，进行“数量＋情节”的综合分析，全面考察被告人的犯罪次数、手段、对象、情节、后果、被告人的主观恶性、人身危险性及当地社会治安形势等因素，兼顾案件处理的法律效果和社会效果，严格审慎地决定死刑适用，确保死刑只适用于极少数罪行极其严重的犯罪分子。也就是说，一般情况下，如果既没有致使被害人重伤、死亡或者造成其他严重后果的情节，也没有强奸妇女、奸淫幼女多人的情节，那么，对强奸犯罪分子一般都不适用死刑。

（2）“致使被害人重伤、死亡或者造成其他严重后果”的死刑适用

是否致使被害人重伤、死亡或者造成其他严重后果，是当前强奸犯罪案件适用死刑时考虑的重要因素之一。但不能反过来说，只要致使被害人重伤、死亡或者造成其他严重后果的就一定适用死刑。

第一种类型：致使被害人死亡的。

因致使被害人死亡而适用死刑的强奸案件是强奸案件适用死刑的重点之重点。但不能因此认为只要出现被害人死亡后果就必然适用死刑。实务中，仍然要综合考虑被告人的主观恶性、犯罪手段、暴力程度、暴力手段与死亡后果之间的因果关系程度等主客观因素，慎重处断。

——主观方面：强奸“致被害人死亡”的主观内容。

一般而言，强奸案件被告人的犯罪目的是强行与被害人发生性关系，这种犯罪目的本身决定了被告人一般不会具有杀死被害人的直接故意，其在强奸过程中所实施的捂被害人口鼻，扼被害人颈部等暴力手段，目的不是直接杀死被害人，主要是为制止被害人反抗，实施强奸犯罪①。因此，其对被害人死亡这一加重结果的主观罪过一般是间接故意。但这并不完全排除主观方面内容为过失的可能。被告人的主观方面内容体现了其主观恶性，在量刑时应

① 有的案件中被告人在强奸后为灭口杀死被害人，主观故意已经超出强奸罪的评价范围，应以强奸罪、故意杀人罪并罚。且对该死亡后果不应再计入对强奸罪的评价，避免重复评价。

区别对待。综合全案情况，有切实证据能够证实被告人主观上并非间接故意而系过失的，判处死刑立即执行要十分慎重。

——客观方面：强奸“致被害人死亡”的方式手段。

强奸致被害人死亡，大部分是为控制被害人、制止被害人反抗而对采取扼脖子、捂口鼻等暴力手段，造成被害人因机械性窒息等死亡。此种情况既可能发生在奸淫行为过程中，也可能发生在准备奸淫的过程中①。但也有其他使用非直接暴力手段的案例，如控制被害人之后强行灌入大量白酒或注射大剂量氯胺酮麻醉剂后强奸，致被害人死亡的。还有极少数案例，由于强奸行为本身直接造成被害人性器官严重损伤导致死亡。

——主观方面与客观方面之间的因果关系。

①因果关系是否断绝。被告人的暴力行为与被害人死亡后果存在因果关系的，属于强奸致被害人死亡的情况。但是，如果被害人在被强奸后自杀的，其自杀行为与被告人的暴力手段并不具有刑法意义上的直接因果关系，不属于上述强奸致被害人死亡的情况。但属于强奸犯罪“造成其他严重后果”，是否适用死刑，应综合全案因素，在量刑时酌情考虑。

②存在介入因素的情况。有的案件中，被告人的暴力手段相对而言并不严重，一般情况下并不足以致人死亡，但因被害人自身具有疾病或年老体衰等原因，出现被害人死亡后果。如果有其他因素介入，被告人暴力行为与被害人死亡后果之间的因果关系链条就不是十分紧密，在量刑上应当予以考虑。

第二种类型：致使被害人重伤的。

对于强奸致使被害人重伤的案件适用死刑要慎重。虽致使被害人重伤，但不属于“强奸造成被害人重伤致特别严重残疾”的，判处死刑要尤其慎重。除非是虽未达到特别严重残疾程度但已达到严重残疾且同时具有其他法定从重情节，致使被害人承受极度肉体、精神痛苦的情形，比如被告人实施强奸行为过程中为发泄兽欲，使用刀具剜割被害人双乳，造成未育妇女双侧乳腺切除，丧失哺乳功能（五级伤残）的，等等。如果未达到严重残疾的程度，又没有其他特别严重后果或特别恶劣情节的，一般不应适用死刑。

第三种类型：造成其他严重后果的。

---

① 还有的案件中，被告人采用暴力手段致被害人死亡，被告人发现后未实施强奸行为即逃离，即致人死亡的结果已经出现，但强奸这一目的还未达到。刑法理论一般认为，强奸罪属于复行为犯，手段行为或目的行为之一达到加重结果的，即可适用相应的刑罚。

从立法技术角度，“其他严重后果”属于兜底规定，不可能也没有必要在法律条文中具体规定何为“其他严重后果”，但从立法原理看，作为强奸罪加重处罚甚至判处死刑的“其他严重后果”，必须要达到与“致被害人重伤、死亡”相当的程度，否则就是对“其他严重后果”不合理的扩大解释，滥用兜底条款。

如被告人周某标强奸案，周某标利用教师身份，在两年半内多次对女学生万某（幼女）实施奸淫，致使万某怀孕并染上性病，万某及其父母因此服农药自杀，万某经抢救脱险，万某的父母经抢救无效死亡。周某标虽未致万某重伤或死亡，但造成万某怀孕堕胎、感染性病、万某父母自杀身亡等严重后果，而且还具有利用教师身份实施强奸、长期多次强奸等恶劣情节，社会影响也极其恶劣。最高人民法院对其核准死刑是适当的。

（3）“强奸妇女、奸淫幼女多人”的死刑适用

①原则：“数量＋情节”。单纯以被害人的数量决定是否对被告人适用死刑，存在一定弊端。采取以被害人数量作为基础标准，辅以其他情节综合考虑，以“数量＋情节”综合分析评判的方法，是具有积极意义的方法论。

②具体运用：人数是重要情节，但仅有人数这一情节，一般不适用死刑立即执行。未造成被害人重伤、死亡后果的强奸案件，依据“强奸妇女、奸淫幼女多人”适用死刑必须十分慎重，被害人数原则上应掌握在一定人数以上，实践中通常控制在十人以上，在此基础上，再综合考虑犯罪的性质、情节、后果以及被告人的主观恶性、人身危险性等因素，决定是否适用死刑。被害人数未达到十人以上的，原则上不适用死刑。但是，如果被害人是以幼女为主，且幼女人数接近十人，又具有《刑法》第二百三十六条第三款规定的轮奸、在公共场所当众强奸、强奸情节特别恶劣等法定加重处罚情节的，则可以考虑适用死刑。而如果被害人均是成年人或主要是成年人的，即使被害人数达到十人，仍然要考察是否同时具备其他法定、酌定从重处罚情节，是否属于不判处死刑立即执行就无法体现罪责刑相适应、罚当其罪的情形，综合全案各种因素，慎重决定适用死刑。

③要综合考虑各种从重、从宽处罚情节。从重处罚、从轻处罚情节并存的，应综合考虑全案情况，适用死刑应慎重；具有自首、立功等法定从轻、减轻处罚情节的，适用死刑要特别慎重。

（4）具有“强奸妇女、奸淫幼女情节恶劣”“在公共场所当众强奸妇女、奸淫幼女”“二人以上轮奸”等情节的死刑适用

对具有“强奸妇女、奸淫幼女情节恶劣”“在公共场所当众强奸妇女、奸淫幼女”“二人以上轮奸”情节是否适用死刑，同样需要通过“数量＋情节”的综合分析判断，慎重决定。

首先，认定“情节恶劣”要十分慎重。因为这是个法定加重情节，但却又是一个模糊概念的情节。实践中，以下情形可以认定为“情节恶劣”：①对幼女负有特殊职责的教师等人员、国家工作人员或冒充国家工作人员实施强奸犯罪的。该类人员具有接触幼女的便利条件，实施强奸行为更为隐蔽，普遍存在奸淫人数众多、持续时间长、次数多等特点。而且对幼女存在“权威”的精神控制，被害幼女更难以抗拒和向有关部门揭发，社会危害性更大，应当依法严惩。②针对精神病（智障）、严重残疾的人、孕妇、农村留守儿童、高龄妇女、患有严重疾病的人等特殊对象，实施强奸犯罪的。这类被害人属于弱势群体，自我保护能力差，容易产生较恶劣后果。且这类犯罪挑战人类道德底线，造成极为恶劣的社会影响，应依法严惩。③长期或多次强奸的。《刑法》第二百三十六条没有把强奸妇女、奸淫幼女的次数或持续的时间规定为强奸罪的加重情节。但实践中时常出现被告人以暴力、胁迫等手段长时间对被害人进行控制，在数月、数年甚至十余年的时间里多次、反复对被害人进行强奸的案件。此类长期、多次、反复强奸行为，既具有更为严重的社会危害，也表明被告人主观恶性更深，可以认定为“情节恶劣”。④犯罪动机特别卑劣、手段极其残忍的。犯罪手段是集中反映被告人主观恶性和社会危害性的评价因素。⑤对多名被害人同场强奸的。⑥其他应当认定为“情节恶劣的”。

其次，对仅具有“强奸妇女、奸淫幼女情节恶劣”“在公共场所当众强奸妇女”“二人以上轮奸”中的一个法定加重处罚情节的，适用死刑应非常慎重。一般情况下，不适用死刑立即执行。

第六节　罚　金

一、刑法规定

第五十二条　判处罚金，应当根据犯罪情节决定罚金数额。

第五十三条[①]　罚金在判决指定的期限内一次或者分期缴纳。期满不缴纳的，强制缴纳。对于不能全部缴纳罚金的，人民法院在任何时候发现被执行人有可以执行的财产，应当随时追缴。

由于遭遇不能抗拒的灾祸等原因缴纳确实有困难的，经人民法院裁定，可以延期缴纳、酌情减少或者免除。

二、法律、司法解释、司法文件及其权威解读

1. **中华人民共和国行政处罚法（节录）**（2021 年 1 月 22 日修订）

第三十五条　违法行为构成犯罪，人民法院判处拘役或者有期徒刑时，行政机关已经给予当事人行政拘留的，应当依法折抵相应刑期。

违法行为构成犯罪，人民法院判处罚金时，行政机关已经给予当事人罚款的，应当折抵相应罚金；行政机关尚未给予当事人罚款的，不再给予罚款。

2. **全国人大常委会法制工作委员会关于对被告人在罚金刑执行完毕前又犯新罪的罚金应否与未执行完毕的罚金适用数罪并罚问题的答复意见**（2017 年 11 月 26 日，法工办复〔2017〕2 号）

最高人民检察院办公厅：

你厅《关于对被告人在罚金刑执行完毕前又犯新罪的罚金应否与未执行完毕的罚金适用数罪并罚问题征求意见的函》（高检办字〔2007〕281 号）收

---

① 本条经 2015 年 8 月 29 日《刑法修正案（九）》第三条修正。

1997 年《刑法》第五十三条规定：罚金在判决指定的期限内一次或者分期缴纳。期满不缴纳的，强制缴纳。对于不能全部缴纳罚金的，人民法院在任何时候发现被执行人有可以执行的财产，应当随时追缴。如果由于遭遇不能抗拒的灾祸缴纳确实有困难的，可以酌情减少或者免除。

悉。经研究，答复如下：

刑法第七十一条中的“刑罚执行完毕以前”应是指主刑执行完毕以前。如果被告人主刑已执行完毕，只是罚金尚未执行完毕的，根据刑法第五十三条的规定，人民法院在任何时候发现有可以执行的财产，应当随时追缴。因此，被告人前罪主刑已执行完毕，罚金尚未执行完毕的，应当由人民法院继续执行尚未执行完毕的罚金，不必与新罪判处的罚金数罪并罚。

特此函复。

3. **最高人民法院关于适用《中华人民共和国刑事诉讼法》的解释**（法释〔2021〕1号，自2021年3月1日起施行）（节录）

第四百零一条 审理被告人或者其法定代理人、辩护人、近亲属提出上诉的案件，不得对被告人的刑罚作出实质不利的改判，并应当执行下列规定：

（一）同案审理的案件，只有部分被告人上诉的，既不得加重上诉人的刑罚，也不得加重其他同案被告人的刑罚；

（二）原判认定的罪名不当的，可以改变罪名，但不得加重刑罚或者对刑罚执行产生不利影响；

（三）原判认定的罪数不当的，可以改变罪数，并调整刑罚，但不得加重决定执行的刑罚或者对刑罚执行产生不利影响；

（四）原判对被告人宣告缓刑的，不得撤销缓刑或者延长缓刑考验期；

（五）原判没有宣告职业禁止、禁止令的，不得增加宣告；原判宣告职业禁止、禁止令的，不得增加内容、延长期限；

（六）原判对被告人判处死刑缓期执行没有限制减刑、决定终身监禁的，不得限制减刑、决定终身监禁；

（七）原判判处的刑罚不当、应当适用附加刑而没有适用的，不得直接加重刑罚、适用附加刑。原判判处的刑罚畸轻，必须依法改判的，应当在第二审判决、裁定生效后，依照审判监督程序重新审判。

人民检察院抗诉或者自诉人上诉的案件，不受前款规定的限制。

4. **最高人民法院关于适用财产刑若干问题的规定**（法释〔2000〕45号，自2000年12月19日起施行）

为正确理解和执行刑法有关财产刑的规定，现就适用财产刑的若干问题规定如下：

第一条 刑法规定“并处”没收财产或者罚金的犯罪，人民法院在对犯罪分子判处主刑的同时，必须依法判处相应的财产刑；刑法规定“可以并处”没收财产或者罚金的犯罪，人民法院应当根据案件具体情况及犯罪分子的财产状况，决定是否适用财产刑。

第二条 人民法院应当根据犯罪情节，如违法所得数额、造成损失的大小等，并综合考虑犯罪分子缴纳罚金的能力，依法判处罚金。刑法没有明确规定罚金数额标准的，罚金的最低数额不能少于一千元。

对未成年人犯罪应当从轻或者减轻判处罚金，但罚金的最低数额不能少于五百元。

第三条 依法对犯罪分子所犯数罪分别判处罚金的，应当实行并罚，将所判处的罚金数额相加，执行总和数额。

一人犯数罪依法同时并处罚金和没收财产的，应当合并执行；但并处没收全部财产的，只执行没收财产刑。

第四条 犯罪情节较轻，适用单处罚金不致再危害社会并具有下列情形之一的，可以依法单处罚金：

（一）偶犯或者初犯；

（二）自首或者有立功表现的；

（三）犯罪时不满十八周岁的；

（四）犯罪预备、中止或者未遂的；

（五）被胁迫参加犯罪的；

（六）全部退赃并有悔罪表现的；

（七）其他可以依法单处罚金的情形。

第五条 刑法第五十三条规定的“判决指定的期限”应当在判决书中予以确定；“判决指定的期限”应为从判决发生法律效力第二日起最长不超过三个月。

第六条 刑法第五十三条规定的“由于遭遇不能抗拒的灾祸缴纳确实有困难的”，主要是指因遭受火灾、水灾、地震等灾祸而丧失财产；罪犯因重病、伤残等而丧失劳动能力，或者需要罪犯抚养的近亲属患有重病，需支付巨额医药费等，确实没有财产可供执行的情形。

具有刑法第五十三条规定“可以酌情减少或者免除”事由的，由罪犯本人、亲属或者犯罪单位向负责执行的人民法院提出书面申请，并提供相应的证明材料。人民法院审查以后，根据实际情况，裁定减少或者免除应当缴纳的罚金数额。

第七条 刑法第六十条规定的“没收财产以前犯罪分子所负的正当债务”，是指犯罪分子在判决生效前所负他人的合法债务。

第八条 罚金刑的数额应当以人民币为计算单位。

第九条 人民法院认为依法应当判处被告人财产刑的，可以在案件审理过程中，决定扣押或者冻结被告人的财产。

第十条 财产刑由第一审人民法院执行。

犯罪分子的财产在异地的，第一审人民法院可以委托财产所在地人民法院代为执行。

第十一条 自判决指定的期限届满第二日起，人民法院对于没有法定减免事由不缴纳罚金的，应当强制其缴纳。

对于隐藏、转移、变卖、损毁已被扣押、冻结财产情节严重的，依照刑法第三百一十四条的规定追究刑事责任。

权威解读

《最高人民法院关于适用财产刑若干问题的规定》的理解与适用

财产刑在各国的刑罚制度中被广泛运用。近年来，随着经济犯罪的突出与经济刑法的发展，也由于对法人犯罪适用刑罚的需要等原因，财产刑适用范围逐步扩大，在世界各国刑罚体系中的地位日趋上升。我国1997年修订的刑法也扩大了财产刑适用的范围。1979年刑法规定罚金刑的条文仅有20个，修订后刑法规定罚金刑的条文增加到140余个，涉及的罪名达160余个。正确执行刑法关于财产刑的规定，依法准确、及时地对犯罪分子适用财产刑，充分发挥财产刑的特殊功效，对打击和预防犯罪，特别是对遏制经济犯罪有着重要的意义。当前，在司法实践中，由于刑法有关财产刑的规定从总体上看仍较为原则，可操作性不强，各地在执行中遇到许多具体问题，导致对财产刑应判不判、判后执行率较低等问题的出现。为了严肃执法，充分发挥财产刑在惩罚犯罪和预防犯罪中的作用，最高人民法院于2000年2月19日公布施行了《关于适用财产刑若干问题的规定》（以下简称《财产刑规定》），为审判实践提供了法律依据。现结合起草制定《财产刑规定》的有关情况，就一些理解和适用问题作如下介绍。

一、如何依法适用财产刑

修订后刑法分则条文中对财产刑的适用主要有两种表述方式：一种是并

处，另一种是可以并处。司法实践中对此有不同的理解。《财产刑规定》第一条对并处、可以并处财产刑应当如何理解问题予以明确：对于刑法规定并处没收财产或者罚金的犯罪，必须在判处主刑的同时，依法判处相应的财产刑；对于刑法规定可以并处没收财产或者罚金的，原则上也要尽可能对犯罪分子适用财产刑，只有在犯罪分子确实没有财产可供执行，且根据具体案情，对犯罪分子也可不判处财产刑的情况下，才可以考虑不对其判处财产刑。这主要是针对当前司法实践中较为普遍存在的应当判处财产刑而不判处的现象，对依法适用财产刑作了强调。

二、具体罪名及未成年人犯罪的财产刑适用

《刑法》第五十二条规定，判处罚金，应当根据犯罪情节决定罚金数额。但从司法实践中的情况看，如果仅简单地根据犯罪情节确定罚金数额，往往难以有效地惩戒犯罪分子，充分发挥罚金刑的作用。一部分犯罪分子因能轻松缴纳罚金，而感受不到财产刑对其经济上的惩戒作用；另一部分罪犯因没有财产无力缴纳罚金，导致罚金刑的判决成为“空判”，对人民法院判决的权威性和严肃性造成不良影响。为此，《财产刑规定》第二条规定，在对犯罪分子判处罚金刑时，除了要考虑犯罪情节外，还应当综合考虑犯罪分子缴纳罚金的能力，确定判处罚金的数额，以维护人民法院判决的严肃性，使财产刑发挥其应有的刑罚效果。

修订后的刑法分则中有一部分条款对具体适用罚金刑的数额幅度、计算标准等作了明确规定，但大部分条款对此没有作出规定，司法实践中不好操作。对于刑法没有规定罚金刑的具体数额幅度或者计算标准的罪，以往的做法是通过最高人民法院就该罪作出司法解释来解决罚金数额的问题，但这仅解决了个别罪的罚金刑适用问题。考虑到对于刑法分则中大量罪的罚金刑数额问题，近期内不可能也无必要一一作出规定，另外，对各种危害性不同的犯罪，不可能也不宜规定共同的罚金数额幅度或计算标准，或者规定判处罚金刑共同的最高限额，因此，参考《最高人民法院关于审理盗窃案件具体应用法律若干问题的解释》[①] 第十三条“对于依法应当判处罚金刑，但没有盗窃数额或者无法计算盗窃数额的犯罪分子，应当在一千元以上十万元以下判处罚金”的规定，对刑法分则中没有明确规定罚金具体数额幅度或者计算标

---

① 该解释现已废止。

准的，规定了判处罚金的下限，即判处罚金最低数额为1000元。

关于未成年人犯罪是否适用罚金刑的问题，讨论中有两种意见：一种意见认为，已满十四岁不满十八岁的未成年人绝大多数没有个人财产，罚金是一种刑罚，与民法规定的监护人民事责任是不同的，对其适用罚金势必造成由监护人实际承担刑罚的情况，违背罪责自负原则，导致株连他人的后果。另一种意见认为，对未成年人犯罪应当依法适用罚金刑。主要理由是：（1）刑法未规定对未成年人可以不适用罚金，根据罪刑法定原则，就应当对其适用罚金刑，否则就是违法；（2）不是所有未成年人都没有个人财产；（3）对未成年罪犯适用财产刑，特别是依法尽可能多地单处罚金，可以避免他们因进入监改场所执行而交叉感染，有利于挽救、矫治未成年罪犯。在征求意见时，多数同志赞成后一种意见，认为对未成年人犯罪，原则上应当依法适用罚金刑。但对于未成年罪犯如何执行罚金刑、是否应当同成年人有所区别以避免造成由其监护人实际承担罚金刑等具体问题，还有待司法实践中进一步研究探讨。

《刑法》第十七条规定了对未成年罪犯应当从轻或者减轻处罚的原则，对未成年罪犯也应当从轻或者减轻判处罚金。考虑到治安行政处罚中最高罚款数额为200元，对未成年人判处罚金的下限也当与成年罪犯有所区别，因此，《财产刑规定》第二条规定对未成年罪犯依法处罚金的最低数额为500元，既与治安行政处罚相衔接，又同成年罪犯的罚金数额拉开一定差距，体现出对未成年人犯罪从轻处罚的原则。

三、数个财产刑如何并罚

《财产刑规定》第三条对司法实践中经常遇到的数个财产刑并罚的问题作出了明确规定。虽然目前刑法学界对于附加刑一般应采取并科原则进行并罚的争议不大，但具体到数个财产刑之间如何并罚，尚有不同意见。对于数个财产刑，如果简单地一味套用并科原则，则显然无法解决实践中的所有问题。司法实践中对数个财产刑如何并罚的问题反映也比较多。针对上述情况，经过充分讨论研究，《财产刑规定》第三条对数个财产刑的并罚问题分三种情况作出规定：（1）对于同时被判处了数个罚金刑的，应当依照并科原则，将所判处的罚金数额相加，决定执行总和数额；（2）对于同时判处了罚金和没收部分财产的，应当依照并科原则决定合并执行；（3）对于同时判处了罚金和没收全部财产的，考虑到被判处这种附加刑的罪犯大多被判处了较重刑罚，如死刑、无期徒刑，没收全部财产以后基本上已经没有再执行罚金刑的可能性，因此，规定应当吸收原则，只决定执行没收全部财产。

四、单处罚金的理解与适用

修订后的刑法分则中不少条文增加了“可以单处罚金”的规定，但司法实践中，对于犯罪分子单处罚金的比例较小，主要原因是刑法没有明确规定单处罚金的条件，审判人员担心会被指责为“以罚买刑”而不敢适用。为此，《财产刑规定》第四条对单处罚金的适用条件作出明确规定：必须是犯罪情节较轻；适用单处罚金不会再危害社会；犯罪分子主观恶性较小，比如是初犯、偶犯，犯罪后有悔罪表现的；等等。在司法实践中应当注意，只有在犯罪分子同时符合上述三方面条件的情况下，才可以考虑对其单处罚金。

五、财产刑的减免及适用程序

对于《刑法》第五十三条规定的“由于遭遇不能抗拒的灾祸等原因缴纳确实有困难的”，各地掌握的条件不尽一致。经讨论，归纳为三种情况：一是因遭受水灾、地震、火灾等灾祸而丧失财产的（此处规定的“灾祸”不仅指自然灾害，也包括其他原因引起的灾祸）；二是罪犯本人丧失劳动能力，确实没有财产可供执行的；三是需要罪犯抚养的近亲属患有重病，需支付巨额医药费等，以致罪犯确实没有财产可供执行的。对后两种情况在执行中应当注意，如果罪犯本人丧失了劳动能力，或者需要罪犯抚养的近亲属患有重病，需支付巨额医药费，但罪犯本人还有财产的，就不应当认定属于上述情况。

考虑到刑事诉讼法对于如何申请罚金减免的程序未作明确规定，为统一规范各地做法，该条第二款对罚金减免申请人的范围等具体事项作了规定。

六、财产刑与合法债务应如何区分

《刑法》第六十条规定：“没收财产以前犯罪分子所负的正当债务，需要以没收的财产偿还的，经债权人请求，应当偿还。”对于“没收财产以前”应如何理解，有一种意见认为，《刑法》第六十条规定从文字上并没有明确是指判决生效以前，考虑到犯罪分子在被依法采取强制措施以后，有可能以合法债务方式转移财产以规避财产刑的执行，因此，从保障人民法院财产刑判决执行的角度，将刑法的规定解释为“被依法采取强制措施前”更为有利。在讨论中，多数同志认为，上述意见固然有一定的合理成分，但从《刑法》第六十条规定的立法本意来看，“没收财产以前”应当指判决生效以前。《财产刑规定》采纳了后一种意见。

七、法院在审理过程中扣押或冻结被告人财产问题

司法实践中，犯罪分子及其亲属为了逃避财产刑的执行，往往在案件审理过程中就想方设法转移、隐匿财产，而刑事诉讼法没有对人民法院在刑事案件审理过程中可以对被告人的财产采取必要保全措施作出明确规定，以保证准确查明被告人的财产状况，防止被告人转移、隐匿财产，确保财产刑执行。这是造成人民法院作出的财产刑判决难以执行的最主要原因。考虑到《刑事诉讼法》第一百五十八条第二款规定，人民法院调查核实证据，可以进行勘验、检查、扣押、鉴定和查询、冻结；《最高人民法院关于执行〈中华人民共和国刑事诉讼法〉若干问题的解释》第二百一十四条已对单位犯罪作出“人民法院为了保证判决的执行，根据案件具体情况，可以先行扣押、冻结被告单位的财产或者由被告单位提出担保”的规定，[①] 为保证财产刑的判决和执行，在征得立法机关及相关部门同意的基础上，《财产刑规定》第九条规定，人民法院认为依法应当判处被告人财产刑的，可以在案件审理过程中，决定扣押或者冻结被告人的财产。

八、财产刑的执行机构

在制定过程中主要有三种意见：第一种意见认为，财产刑应归由执行机构统一执行。主要理由是：由刑庭负责执行财产刑的做法，不符合审执分立原则的要求。现在刑事审判任务较重，刑庭又没有专门人员、车辆和经费，审理案件尚且自顾不暇，再负责执行财产刑，牵扯了合议庭大量精力，消耗了审判力量，特别是修订后刑法规定了随时追缴罚金的制度，势必造成刑庭成为“讨债公司”。全国法院每年罚金刑的执行率较低，据统计，1998年全国法院已执行罚金数额仅为应执行数额的20%，审判实践也对财产刑执行体制的变革提出了要求。因此，为加强执行财产刑工作的力度，财产刑应当由专门的执行机构执行。第二种意见认为，财产刑应当由刑庭执行。主要理由是：依照《最高人民法院关于执行〈中华人民共和国刑事诉讼法〉若干问题的解释》第三百五十八条“发生法律效力的刑事判决、裁定和调解书中涉及财产内容需要执行的，由原审人民法院执行。附带民事判决中财产的执行，依照民事诉讼法和最高人民法院的有关规定办理”的规定，以及《最高人民法院关于人民法院执行工作若干问题的规定》（已修订）中执行机构只负责刑

① 为当时有效的规定。

事附带民事诉讼判决、裁定和调解书的有关规定，并考虑到民事审判执行任务繁重的情况，财产刑应当由刑庭执行。第三种意见认为，没收财产刑可以由第一审合议庭依法执行；罚金刑能够在判决指定期限内执行完毕的，也由第一审合议庭依法执行，以减轻执行机构的负担。但考虑到罚金刑在指定的期限内有未执行完毕的情况，有的属于没有法定减免事由需要强制缴纳的，有的属于需要随时追缴的，执行难度较大，非审判合议庭能够承担，故对于这部分执行，可以移送执行机构执行。考虑到各地法院的审判力量配备、装备等情况差异较大，目前作统一规定，在全国法院范围内进行规范的条件尚不成熟，由各地法院根据本单位的实际情况来确定财产刑执行的机构更为适宜，《规定》最终没有对有关财产刑执行机构作出规定。

（撰稿：李兵）

5. 全国法院审理金融犯罪案件工作座谈会纪要（法〔2001〕8 号，自 2001 年 1 月 21 日起施行）（节录）

二

（五）财产刑的适用

金融犯罪是图利型犯罪，惩罚和预防此类犯罪，应当注重同时从经济上制裁犯罪分子。刑法对金融犯罪都规定了财产刑，人民法院应当严格依法判处。罚金的数额，应当根据被告人的犯罪情节，在法律规定的数额幅度内确定。对于具有从轻、减轻或者免除处罚情节的被告人，对于本应并处的罚金刑原则上也应当从轻、减轻或者免除。

单位金融犯罪中直接负责的主管人员和其他直接责任人员，是否适用罚金刑，应当根据刑法的具体规定。刑法分则条文规定有罚金刑，并规定对单位犯罪中直接负责的主管人员和其他直接责任人员依照自然人犯罪条款处罚的，应当判处罚金刑，但是对直接负责的主管人员和其他直接责任人员判处罚金的数额，应当低于对单位判处罚金的数额；刑法分则条文明确规定对单位犯罪中直接负责的主管人员和其他直接责任人员只判处自由刑的，不能附加判处罚金刑。

6. 最高人民法院、最高人民检察院、公安部关于办理醉酒驾驶机动车刑事案件适用法律若干问题的意见（法发〔2013〕15 号，自 2013 年 12 月 18 日起施行）（节录）

四、对醉酒驾驶机动车的被告人判处罚金，应当根据被告人的醉酒程度、是否造成实际损害、认罪悔罪态度等情况，确定与主刑相适应的罚金数额。

7. **最高人民法院、最高人民检察院关于办理危害药品安全刑事案件适用法律若干问题的解释**（高检发释字〔2022〕1号，自2022年3月6日起施行）（节录）

第十六条 对于犯生产、销售、提供假药罪、生产、销售、提供劣药罪、妨害药品管理罪的，应当依照刑法规定的条件，严格缓刑、免予刑事处罚的适用。对于被判处刑罚的，可以根据犯罪情况和预防再犯罪的需要，依法宣告职业禁止或者禁止令。《中华人民共和国药品管理法》等法律、行政法规另有规定的，从其规定。

对于被不起诉或者免予刑事处罚的行为人，需要给予行政处罚、政务处分或者其他处分的，依法移送有关主管机关处理。

第十七条 单位犯生产、销售、提供假药罪、生产、销售、提供劣药罪、妨害药品管理罪的，对单位判处罚金，并对直接负责的主管人员和其他直接责任人员，依照本解释规定的自然人犯罪的定罪量刑标准处罚。

单位犯罪的，对被告单位及其直接负责的主管人员、其他直接责任人员合计判处的罚金一般应当在生产、销售、提供的药品金额二倍以上。

8. **最高人民检察院关于办理当事人达成和解的轻微刑事案件的若干意见**（高检发研字〔2011〕2号，自2011年1月29日起施行）（节录）

二、关于适用范围和条件

对于依法可能判处三年以下有期徒刑、拘役、管制或者单处罚金的刑事公诉案件，可以适用本意见。

上述范围内的刑事案件必须同时符合下列条件：

1. 属于侵害特定被害人的故意犯罪或者有直接被害人的过失犯罪；

2. 案件事实清楚，证据确实、充分；

3. 犯罪嫌疑人、被告人真诚认罪，并且已经切实履行和解协议。对于和解协议不能即时履行的，已经提供有效担保或者调解协议经人民法院确认；

4. 当事人双方就赔偿损失、恢复原状、赔礼道歉、精神抚慰等事项达成和解；

5. 被害人及其法定代理人或者近亲属明确表示对犯罪嫌疑人、被告人予以谅解，要求或者同意对犯罪嫌疑人、被告人依法从宽处理。

以下案件不适用本意见：

1. 严重侵害国家、社会公共利益，严重危害公共安全或者危害社会公共秩序的犯罪案件；

2. 国家工作人员职务犯罪案件；

3. 侵害不特定多数人合法权益的犯罪案件。

三、关于当事人和解的内容

当事人双方可以就赔偿损失、恢复原状、赔礼道歉、精神抚慰等民事责任事项进行和解，并且可以就被害人及其法定代理人或者近亲属是否要求或者同意公安、司法机关对犯罪嫌疑人、被告人依法从宽处理达成一致，但不得对案件的事实认定、证据和法律适用、定罪量刑等依法属于公安、司法机关职权范围的事宜进行协商。

双方当事人或者其法定代理人有权达成和解，当事人的近亲属、聘请的律师以及其他受委托的人，可以代为进行协商和解等事宜。双方达成和解的，应当签订书面协议，并且必须得到当事人或者其法定代理人的确认。犯罪嫌疑人、被告人必须当面或者书面向被害人一方赔礼道歉、真诚悔罪。

和解协议中的损害赔偿一般应当与其承担的法律责任和对被害人造成的损害相适应，并且可以酌情考虑犯罪嫌疑人、被告人及其法定代理人的赔偿、补救能力。

六、关于检察机关对当事人达成和解案件的处理

对于公安机关提请批准逮捕的案件，符合本意见规定的适用范围和条件的，应当作为无逮捕必要的重要因素予以考虑，一般可以作出不批准逮捕的决定；已经批准逮捕，公安机关变更强制措施通知人民检察院的，应当依法实行监督；审查起诉阶段，在不妨碍诉讼顺利进行的前提下，可以依法变更强制措施。

对于公安机关立案侦查并移送审查起诉的刑事诉讼法第一百七十条第二项规定的轻微刑事案件，符合本意见规定的适用范围和条件的，一般可以决定不起诉。

对于其他轻微刑事案件，符合本意见规定的适用范围和条件的，作为犯罪情节轻微，不需要判处刑罚或者免除刑罚的重要因素予以考虑，一般可以决定不起诉。对于依法必须提起公诉的，可以向人民法院提出在法定幅度范围内从宽处理的量刑建议。

对被不起诉人需要给予行政处罚、行政处分或者需要没收其违法所得的，应当提出检察意见，移送有关主管机关处理。

对于当事人双方达成和解、决定不起诉的案件，在宣布不起诉决定前应当再次听取双方当事人对和解的意见，并且查明犯罪嫌疑人是否真诚悔罪、和解协议是否履行或者为协议履行提供有效担保或者调解协议经人民法院确认。

对于依法可能判处三年以上有期徒刑刑罚的案件，当事人双方达成和解协议的，在提起公诉时，可以向人民法院提出在法定幅度范围内从宽处理的量刑建议。对于情节特别恶劣，社会危害特别严重的犯罪，除了考虑和解因素，还应注重发挥刑法的教育和预防作用。

9. **最高人民法院、最高人民检察院、海关总署关于办理走私刑事案件适用法律若干问题的意见**（法〔2002〕139号，自2002年7月8日起施行）（节录）

二十二、关于共同走私犯罪案件如何判处罚金刑问题

审理共同走私犯罪案件时，对各共同犯罪人判处罚金的总额应掌握在共同走私行为偷逃应缴税额的一倍以上五倍以下。

10. **最高人民法院、最高人民检察院关于办理侵犯知识产权刑事案件具体应用法律若干问题的解释（二）**（法释〔2007〕6号，自2007年4月5日起施行）（节录）

第四条 对于侵犯知识产权犯罪的，人民法院应当综合考虑犯罪的违法所得、非法经营数额、给权利人造成的损失、社会危害性等情节，依法判处罚金。罚金数额一般在违法所得的一倍以上五倍以下，或者按照非法经营数额的50%以上一倍以下确定。

11. **最高人民法院关于审理未成年人刑事案件具体应用法律若干问题的解释**（法释〔2006〕1号，自2006年1月23日起施行）（节录）

第十一条 对未成年罪犯适用刑罚，应当充分考虑是否有利于未成年罪犯的教育和矫正。

对未成年罪犯量刑应当依照刑法第六十一条的规定，并充分考虑未成年人实施犯罪行为的动机和目的、犯罪时的年龄、是否初次犯罪、犯罪后的悔罪表现、个人成长经历和一贯表现等因素。对符合管制、缓刑、单处罚金或者免予刑事处罚适用条件的未成年罪犯，应当依法适用管制、缓刑、单处罚金或者免予刑事处罚。

第十五条 对未成年罪犯实施刑法规定的“并处”没收财产或者罚金的

犯罪，应当依法判处相应的财产刑；对未成年罪犯实施刑法规定的“可以并处”没收财产或者罚金的犯罪，一般不判处财产刑。

对未成年罪犯判处罚金刑时，应当依法从轻或者减轻判处，并根据犯罪情节，综合考虑其缴纳罚金的能力，确定罚金数额。但罚金的最低数额不得少于五百元人民币。

对被判处罚金刑的未成年罪犯，其监护人或者其他人自愿代为垫付罚金的，人民法院应当允许。

12. **最高人民法院关于刑事裁判涉财产部分执行的若干规定**（法释〔2014〕13号，自2014年11月6日起施行）

为进一步规范刑事裁判涉财产部分的执行，维护当事人合法权益，根据《中华人民共和国刑法》《中华人民共和国刑事诉讼法》等法律规定，结合人民法院执行工作实际，制定本规定。

第一条 本规定所称刑事裁判涉财产部分的执行，是指发生法律效力的刑事裁判主文确定的下列事项的执行：

（一）罚金、没收财产；

（二）责令退赔；

（三）处置随案移送的赃款赃物；

（四）没收随案移送的供犯罪所用本人财物；

（五）其他应当由人民法院执行的相关事项。

刑事附带民事裁判的执行，适用民事执行的有关规定。

第二条 刑事裁判涉财产部分，由第一审人民法院执行。第一审人民法院可以委托财产所在地的同级人民法院执行。

第三条 人民法院办理刑事裁判涉财产部分执行案件的期限为六个月。有特殊情况需要延长的，经本院院长批准，可以延长。

第四条 人民法院刑事审判中可能判处被告人财产刑、责令退赔的，刑事审判部门应当依法对被告人的财产状况进行调查；发现可能隐匿、转移财产的，应当及时查封、扣押、冻结其相应财产。

第五条 刑事审判或者执行中，对于侦查机关已经采取的查封、扣押、冻结，人民法院应当在期限届满前及时续行查封、扣押、冻结。人民法院续行查封、扣押、冻结的顺位与侦查机关查封、扣押、冻结的顺位相同。

对侦查机关查封、扣押、冻结的财产，人民法院执行中可以直接裁定处置，无需侦查机关出具解除手续，但裁定中应当指明侦查机关查封、扣押、冻结的事实。

第六条 刑事裁判涉财产部分的裁判内容，应当明确、具体。涉案财物或者被害人人数较多，不宜在判决主文中详细列明的，可以概括叙明并另附清单。

判处没收部分财产的，应当明确没收的具体财物或者金额。

判处追缴或者责令退赔的，应当明确追缴或者退赔的金额或财物的名称、数量等相关情况。

第七条 由人民法院执行机构负责执行的刑事裁判涉财产部分，刑事审判部门应当及时移送立案部门审查立案。

移送立案应当提交生效裁判文书及其附件和其他相关材料，并填写《移送执行表》。《移送执行表》应当载明以下内容：

（一）被执行人、被害人的基本信息；

（二）已查明的财产状况或者财产线索；

（三）随案移送的财产和已经处置财产的情况；

（四）查封、扣押、冻结财产的情况；

（五）移送执行的时间；

（六）其他需要说明的情况。

人民法院立案部门经审查，认为属于移送范围且移送材料齐全的，应当在七日内立案，并移送执行机构。

第八条 人民法院可以向刑罚执行机关、社区矫正机构等有关单位调查被执行人的财产状况，并可以根据不同情形要求有关单位协助采取查封、扣押、冻结、划拨等执行措施。

第九条 判处没收财产的，应当执行刑事裁判生效时被执行人合法所有的财产。

执行没收财产或罚金刑，应当参照被扶养人住所地政府公布的上年度当地居民最低生活费标准，保留被执行人及其所扶养家属的生活必需费用。

第十条 对赃款赃物及其收益，人民法院应当一并追缴。

被执行人将赃款赃物投资或者置业，对因此形成的财产及其收益，人民法院应予追缴。

被执行人将赃款赃物与其他合法财产共同投资或者置业，对因此形成的财产中与赃款赃物对应的份额及其收益，人民法院应予追缴。

对于被害人的损失，应当按照刑事裁判认定的实际损失予以发还或者赔偿。

第十一条　被执行人将刑事裁判认定为赃款赃物的涉案财物用于清偿债务、转让或者设置其他权利负担，具有下列情形之一的，人民法院应予追缴：

（一）第三人明知是涉案财物而接受的；

（二）第三人无偿或者以明显低于市场的价格取得涉案财物的；

（三）第三人通过非法债务清偿或者违法犯罪活动取得涉案财物的；

（四）第三人通过其他恶意方式取得涉案财物的。

第三人善意取得涉案财物的，执行程序中不予追缴。作为原所有人的被害人对该涉案财物主张权利的，人民法院应当告知其通过诉讼程序处理。

第十二条　被执行财产需要变价的，人民法院执行机构应当依法采取拍卖、变卖等变价措施。

涉案财物最后一次拍卖未能成交，需要上缴国库的，人民法院应当通知有关财政机关以该次拍卖保留价予以接收；有关财政机关要求继续变价的，可以进行无保留价拍卖。需要退赔被害人的，以该次拍卖保留价以物退赔；被害人不同意以物退赔的，可以进行无保留价拍卖。

第十三条　被执行人在执行中同时承担刑事责任、民事责任，其财产不足以支付的，按照下列顺序执行：

（一）人身损害赔偿中的医疗费用；

（二）退赔被害人的损失；

（三）其他民事债务；

（四）罚金；

（五）没收财产。

债权人对执行标的依法享有优先受偿权，其主张优先受偿的，人民法院应当在前款第（一）项规定的医疗费用受偿后，予以支持。

第十四条　执行过程中，当事人、利害关系人认为执行行为违反法律规定，或者案外人对执行标的主张足以阻止执行的实体权利，向执行法院提出书面异议的，执行法院应当依照民事诉讼法第二百二十五条的规定处理。

人民法院审查案外人异议、复议，应当公开听证。

第十五条　执行过程中，案外人或被害人认为刑事裁判中对涉案财物是否属于赃款赃物认定错误或者应予认定而未认定，向执行法院提出书面异议，可以通过裁定补正的，执行机构应当将异议材料移送刑事审判部门处理；无法通过裁定补正的，应当告知异议人通过审判监督程序处理。

第十六条 人民法院办理刑事裁判涉财产部分执行案件，刑法、刑事诉讼法及有关司法解释没有相应规定的，参照适用民事执行的有关规定。

第十七条 最高人民法院此前发布的司法解释与本规定不一致的，以本规定为准。

13. **最高人民法院、最高人民检察院关于办理贪污贿赂刑事案件适用法律若干问题的解释**（法释〔2016〕9号，自2016年4月18日起施行）（节录）

第十九条 对贪污罪、受贿罪判处三年以下有期徒刑或者拘役的，应当并处十万元以上五十万元以下的罚金；判处三年以上十年以下有期徒刑的，应当并处二十万元以上犯罪数额二倍以下的罚金或者没收财产；判处十年以上有期徒刑或者无期徒刑的，应当并处五十万元以上犯罪数额二倍以下的罚金或者没收财产。

对刑法规定并处罚金的其他贪污贿赂犯罪，应当在十万元以上犯罪数额二倍以下判处罚金。

14. **最高人民法院、最高人民检察院关于办理组织、强迫、引诱、容留、介绍卖淫刑事案件适用法律若干问题的解释**（法释〔2017〕13号，自2017年7月25日起施行）（节录）

第十三条 犯组织、强迫、引诱、容留、介绍卖淫罪的，应当依法判处犯罪所得二倍以上的罚金。共同犯罪的，对各共同犯罪人合计判处的罚金应当在犯罪所得的二倍以上。

对犯组织、强迫卖淫罪被判处无期徒刑的，应当并处没收财产。

三、典型或常见问题的审理思路

1.《刑法》第五十三条规定的罚金减免程序如何操作？①

本书观点：根据我国《刑法》第五十三条的规定，被执行人如果由于遭

---

① 观点来源：最高人民法院刑事审判第一、二、三、四、五庭主办：《中国刑事审判指导案例》（刑法总则）（增订第3版），法律出版社2017年版，第244－246页，法院裁定终结执行被执行人龙某罚金案。

遇不能抗拒的灾祸等原因缴纳罚金确实有困难的，可以酌情减少或者免除。但在司法实践中，对“不能抗拒的灾祸”的具体内涵、减免程序的启动等，法律并没有细致规定，需要依据法理并结合司法实际进行解析。

（1）在地震中受灾严重可以成为减免罚金的提起事由

《最高人民法院关于适用财产刑若干问题的规定》（以下简称《财产刑规定》）第六条第一款规定，《刑法》第五十三条规定的“由于遭遇不能抗拒的灾祸等原因缴纳确实有困难的”，主要指因遭受火灾、水灾、地震等灾祸而丧失财产；罪犯因重病、伤残等而丧失劳动能力，或者需要罪犯抚养的近亲属患有重病，需支付巨额医药费等，确实没有财产可供执行的情形。《财产刑规定》对刑法所述的减免事由作了的具体解释，范围不仅包括天灾，也包括人祸、疾病等情况，符合我国司法实践情况。经查，本案中被执行人龙某的家庭在“5·12”汶川大地震中遭受巨大财产损失，确实已经失去履行罚金的经济能力和客观条件，属于法律规定的“遭遇不能抗拒的灾祸等原因缴纳确实有困难的”情形，依法符合减免罚金的提起事由。

（2）减免罚金程序的启动

减免罚金的启动程序，原则上应该由被执行人或其家属向法院提出申请，并由被执行人承担相关举证责任。对此，《财产刑规定》第六条规定，具有《刑法》第五十三条规定“可以酌情减少或者免除”事由的，由罪犯本人、亲属或者犯罪单位向负责执行的人民法院提出书面申请，并提供相应的证明材料。据此，现行司法解释明确要求被执行人或者其家属作为减免申请人并承担举证责任，这是符合“谁主张谁举证”的司法原理的。但这并不排除在特殊情况下，司法机关了解到相关情况后可以根据法律向当事人进行释明、提醒，甚至帮助申请人履行证明责任。因为在实践中，由于罪犯本人或者其家属通常在遭受不可抵抗的灾难之后会蒙受巨大经济损失和精神打击，可能会出现罪犯和家属联络沟通不畅，家属缺乏提起减免申请和证明受灾的举证意识或者举证能力，因此国家权力机关依职权主动介入，及时了解情况，一方面可以帮助被执行人实现自己申请减免的权利，另一方面也保证了审查材料的真实可靠性，提高诉讼效率。本案中，在地震灾情发生后，被执行人龙某服刑地检察院、监狱管理部门主动联系其家庭所在地政府调查情况的做法，实际上是一种司法救济，能有力地帮助申请人提出申请、完成举证责任，推动减免程序的启动和顺利进行，有利于服刑罪犯权利的保护，也是司法为民精神的体现。

2. 行为人实施敲诈勒索行为时施行的刑法对敲诈勒索罪未规定罚金，可否不对其判处罚金？[①]

本书观点：行为人实施敲诈勒索行为时施行的刑法对敲诈勒索罪未规定罚金，对敲诈勒索罪规定罚金的《刑法修正案（八）》，是在敲诈勒索行为实施之后才开始施行，根据刑法“从旧兼从轻”的原则，对行为人应当适用其行为时的刑法，不判处罚金。

这里涉及刑法溯及力原则在刑事审判领域的具体适用问题。所谓刑法溯及力，指的是刑法溯及既往的能力，是刑法时间效力的一部分，基于不同的刑事政策，各国往往奉行不尽相同的刑法溯及力原则。我国刑法基于保障和维护人权的需要，为避免被告人承受不可预测的刑罚，从最大限度地保护被告人权益的角度出发，采取的是“从旧兼从轻”的原则。

刑法相对于社会的发展而言虽然有滞后性，但刑法也不是一成不变的，社会发展日新月异，不同的矛盾冲突不断涌现，新型的犯罪形态也层出不穷，都促使刑法缓慢审慎地作出变革。我国现行刑法 1997 年颁布实施以来，短短二十几年时间里，立法机关已经十一次对刑法有关条文进行了相应的修正，再加上司法机关对刑法在适用领域的解释和补充，形成了一个很庞杂的包括刑法、刑法修正案、刑法司法解释的大刑法体系。因此，一旦一个刑法修正案或者司法解释颁布实施，就要求审判工作者在审判实践工作中审慎地考虑新旧刑法条文或者新旧司法解释之间的溯及力问题。

四、疑难、复杂问题的参考性解答

1. 罚金刑的裁判生效后，可否变更？

本书观点：可以变更。但需要符合法定条件并经法定程序。

《刑法》第五十三条第二款规定，由于遭遇不能抗拒的灾祸等原因缴纳确实有困难的，经人民法院裁定，可以延期缴纳、酌情减少或者免除。适用该款需要注意如下问题：

---

① 观点来源：北京市顺义区人民法院（2011）顺刑初字第 521 号刑事判决、北京市第二中级人民法院（2011）二中刑抗终字第 2127 号刑事判决，杨某雄敲诈勒索案。

（1）罚金刑变更的法定理由是“由于遭遇不能抗拒的灾祸等原因缴纳确实有困难的”情形。由于遭遇不能抗拒的灾祸缴纳确实有困难的，主要是因遭受火灾、水灾、地震等灾祸而丧失财产；因重病、伤残等而丧失劳动能力，或者需要其扶养的近亲属患有重病，需支付巨额医药费等，确实没有财产可供执行的情形。对于灾祸以外的其他原因确实没有财产可供执行的，也可以依据修正后刑法的规定向人民法院提出申请罚金刑变更。

（2）罚金刑的变更须经人民法院裁定。减免、延期缴纳罚金的启动程序，原则上应该由被执行人或其家属向法院提出申请，并由被执行人承担相关举证责任对此。根据《刑法》第五十三条第二款及《财产刑规定》第六条第二款规定，具有《刑法》第五十三条规定“可以延期缴纳、酌情减少或者免除”事由的，由罪犯本人、亲属或者犯罪单位向负责执行的人民法院提出书面申请，并提供相应的证明材料。据此，现行司法解释明确要求被执行人或者其家属作为减免申请人并承担举证责任，这是符合“谁主张谁举证”的司法原理的。但这并不排除在特殊情况下，司法机关了解到相关情况后可以根据法律向当事人进行释明、提醒，甚至帮助申请人履行证明责任。因为在实践中，由于罪犯本人或者其家属通常在遭受不可抵抗的灾难之后会蒙受巨大经济损失和精神打击，可能会出现罪犯和家属联络沟通不畅，家属缺乏提起减免申请和证明受灾的举证意识或者举证能力，因此国家权力机关依职权主动介入，及时了解情况，一方面可以帮助被执行人实现自己申请减免的权利，另一方面也保证了审查材料的真实可靠性，提高诉讼效率。人民法院应当在收到申请后一个月内作出裁定。审查属实后，根据实际情况，裁定减少或者免除应当缴纳的罚金数额或者裁定延期缴纳；如果经审查，认为不符合法定条件的，裁定驳回申请。

（3）罚金刑变更方式包括“酌情减少”“免除”以及“延期缴纳”。其中，“延期缴纳”属于期限的变更，是指对罚金刑的数额不作变更，但是对判决确定的罚金刑的具体缴纳日期往后推延。

我国刑法规定的罚金刑具有不可替代性，既不允许用缴纳罚金代替徒刑、拘役，同样也不允许用徒刑、拘役代替罚金。因此，对于人民法院判处的罚金，被执行人应当在指定的期限内缴纳。除了申请延期和减免缴纳罚金的，都应当及时缴纳，期满不缴纳的，人民法院强制缴纳。对于不能完全缴纳罚金的，人民法院在任何时候发现被执行人有可以执行的财产，都应当随时追缴。

2. 我国刑法对罚金刑的适用方法有哪些？如何确定罚金刑的轻重？

本书观点：我国刑法对罚金刑的适用主要有以下几种方法：

（1）选科罚金刑，是指在刑法中对某种犯罪或者某种犯罪的特定情节规定既可以适用自由刑，也可以适用罚金刑，具体适用何种刑罚由法官根据实际情况作出选择。这种规定一般是对犯罪性质较轻的罪犯适用。这些犯罪法定刑的量刑幅度大，刑种多，因此，量刑时要根据案件的具体情况，选定适当的刑种，不得跳档、并用或降格滥用罚金刑。只有在罪犯具有“单处罚金”的条件下，才能适用罚金刑。不能因罪犯有钱，为了多罚金就“以罚代刑”或“以刑诈钱”。

（2）并科罚金刑，是指在刑法中对某种犯罪或者某种犯罪的特定情节同时规定自由刑和罚金刑两种刑罚方法，其中又分为“必并科”和“得并科”两种方式。“必并科”是罚金刑与自由刑必须同时适用，我国刑法分则中规定的罚金刑大部分都属于这种类型；“得并科”是由法官根据实际情况作出是否并科适用裁决的方式，如《刑法》第三百二十五条规定对构成“非法向外国人出售、赠送珍贵文物罪”的，处五年以下有期徒刑或者拘役，可以并处罚金，该条就是规定的“得并科”罚金刑。

（3）单科罚金刑，是指在刑法中对某种犯罪或者某种犯罪的特定情节只规定罚金刑，而不规定其他刑罚方法。我国刑法中对于单位犯罪的处罚则基本上是采用的单科罚金制，而对自然人的刑罚目前尚无典型的单科罚金刑。

（4）并科或者单科罚金刑，如《刑法》第三百三十七条规定构成妨害动植物防疫、检疫罪的，处三年以下有期徒刑或者拘役，并处或者单处罚金，该条就是采用的并科或者单科罚金方法。

（5）并处罚金或者没收财产，此类规定适用于数额特别巨大、情节严重和情节特别严重的犯罪。它分为两种：一种是有罚金限额的并处，如《刑法》第一百七十一规定：“出售、购买伪造的货币或者明知是伪造的货币而运输……数额特别巨大的，处十年以上有期徒刑或者无期徒刑，并处五万元以上五十万元以下罚金或者没收财产。”

在上述罚金适用的方式中，根据犯罪情节确定罚金数额，一般而言，“并处罚金”的从重、“单处罚金”的从轻；为了经济利益犯罪的从重，非营利贪财的犯罪从轻；同种罪行中，犯罪数额大的要比相对数额小的更重，造成重大财产损失的要比损失小的更重，这样才能在适用罚金交叉刑中有所区别。

3. 判处罚金刑是否应当考虑犯罪分子的经济状况？

本书观点：在刑法规定对犯罪分子必须并处罚金的情况下，则必须依法判处罚金，但在刑法规定的幅度范围内，亦得考虑犯罪分子的经济状况。在刑法规定“可以并处”罚金（包括“可以并处”没收财产或者罚金）的情况下，人民法院应当根据案件具体情况及犯罪分子的财产状况，决定财产刑包括罚金刑的数额。

我国刑法关于并处制罚金刑的规定主要体现在两种模式，第一种是规定“并处”罚金（包括并处没收财产或者罚金）。这种情况下，人民法院在对犯罪分子判处主刑的同时，必须依法判处相应的罚金刑（如果法律规定是并处没收财产或者罚金的，则必须依法判处相应的财产刑）。第二种是刑法规定“可以并处”罚金（包括“可以并处”没收财产或者罚金）。这种情况下，人民法院应当根据案件具体情况及犯罪分子的财产状况，决定是否适用财产刑；如果是没收财产或者罚金的，则决定适用没收财产刑还是罚金刑，决定适用罚金刑（或者没收财产刑）的数额。

有两点值得特别注意：（1）对于刑法规定并处罚金的犯罪，即使被告人经济状况决定了罚金实际上无法执行的，目前仍应当判处，而不能突破法律现有规定不判处罚金。但是，此种情况下，在确定具体的罚金数额时要充分考虑被告人的经济状况，原则上按照下限确定罚金数额，以降低将来执行的难度。（2）对于刑法规定可以并处罚金的犯罪，只要被告人有财产，或者以牟利为目的的，一般也要判处罚金。但是，在确定具体罚金数额时应当要考虑到被告人的经济状况。对于确因被告人经济状况无法缴纳罚金的案件，可以考虑不判处罚金。

为此，要做好被告人经济状况的调查。刑法并未明确罚金刑判处应当考虑被告人的经济情况。但是，罚金刑与有期徒刑、无期徒刑等自由刑不同，由于罪犯的财产状况不同，刑罚所发挥的作用会有显著差异。无论罪犯的情况如何，自由刑都会剥夺其人身自由，刑罚的作用是相近的。但是，对于有数千万元财产的罪犯和数万元财产的罪犯，均判处十元的罚金，对于罪犯的影响会完全不同。不考虑经济状况裁量罚金刑，会使得罚金刑的适用陷入实质不公正。因此，基于罪责刑相适用的原则和罚金刑执行的需要，在判处刑罚前宜对被告人的经济状况进行调查。

在具体的实践操作中，在考虑犯罪情节的基础上，如何根据被告人的经济状况合理确定具体罚金数额？我们认为，应当考虑如下因素：（1）被告人当前的财产状况，即被告人全部财产的数额，这对于确定罚金数额有关键作用。（2）被告人的收入状况。对于被告人虽然财产较少，但正常收入较多的，对于罚金数额的确定也会有影响。因为，罚金一次难以缴纳的，可以分期缴纳，在确定具体数额时也可以适当考虑罪犯的预期收入。（3）其他对被告人经济状况有影响的因素。除了被告人的财产状况和收入状况外，其他的因素也可能对其经济状况有影响，应当在确定罚金数额时综合考虑。例如，被告人需要抚养年幼的孩子和赡养无经济来源的老人的，被告人身患重病的，这些因素也应当作为确定罚金刑数额的因素。

就实践操作而言，对被告人经济状况的调查可以通过以下两个途径实现：（1）由公检法机关对被告人的经济状况进行调查。实际上，对被告人经济状况的调查，最适宜在审判前，即在侦查、审查起诉阶段进行。主要考虑是：其一，在审判阶段进行调查，由于审限的限制，人民法院很难自行或者委托部门提供一份客观全面、确有价值的调查报告，容易导致调查流于形式，甚至失真失实。其二，公安机关在对犯罪嫌疑人的犯罪事实进行调查取证时，可以顺带对其经济状况进行调查。其三，检察机关对罚金刑适用提出量刑建议的，就应当同时提供调查报告，因为这是其提出量刑建议的重要参考。在实践中，法院应当加强与公安、检察机关的沟通、协调，促进他们更多承担起这方面工作，减轻审判的压力，也确保罚金刑裁判更符合被告人的经济状况和罪责刑相适应原则的要求。（2）注意听取、审查辩护方关于被告人经济状况的反映和相关材料。对于被告人及其辩护人提供的关于被告人经济状况的材料，人民法院应当接受，并进行审查。需要注意的是，基于利益考虑，此种材料反映被告人的状况有限，一定程度上真实性难以保证，实践中要慎重审查，以免采信失实的材料，从而导致罚金数额过低的情况出现。

4. 确定罚金数额的依据有哪些？

本书观点：确定罚金数额主要根据犯罪分子的犯罪情节，同时亦得考虑犯罪分子的经济状况。

（1）犯罪情节的轻重体现了犯罪分子的主观恶性程度和社会危害程度，根据犯罪情节决定罚金数额，体现了罪刑相适应的原则，也使得犯罪分子在经济上受到相应惩处。

（2）根据《财产刑规定》第二条规定，人民法院应当根据犯罪情节，如违法所得数额、造成损失的大小等，并综合考虑犯罪分子缴纳罚金的能力，依法判处罚金。

（3）所谓“犯罪情节”，主要是指犯罪后果、犯罪对象、违法所得多少、犯罪手段、犯罪动机和目的、造成损失的大小等，重点是犯罪手段、犯罪后果、犯罪对象、犯罪目的、动机。如果手段卑劣，有贪财动机又损失较大，可以认为情节严重，罚金数额应多一些，反之应少一些，以做到罪刑相适应，使犯罪分子在经济上占不到便宜。

（4）犯罪分子的经济负担能力也是一个考虑的因素。如果罚金数额过多，超过了犯罪分子的实际负担能力，犯罪分子无法缴纳，这对教育改造犯罪分子不利，同时由于罚金刑无法得到实际执行，也损害法律的严肃性；如果罚金数额过少，则会使犯罪分子感受不到经济惩罚，对犯罪分子起不到惩戒作用。

5. 无限额制罚金刑的罚金数额如何确定？

本书观点：无限额制罚金刑绝不等于是无限额，不能随意爱罚多少就判多少。无限额罚金的底限，根据《财产刑规定》规定，罚金的最低数额不能少于一千元，对未成年人犯罪的，罚金的最低数额不能少于五百元。从法定刑轻重的角度而言，无限额罚金的上限不能超过被告人个人全部财产。

从对罚金数额的判处是否有限额角度划分，我国刑法规定的罚金制可分为无限额制罚金刑和限额制罚金刑两种。限额制罚金刑是指刑法分则对某一犯罪所处的罚金刑规定有处罚幅度。此类犯罪，人民法院在判处罚金时直接按照比例、倍数、数额，综合考虑犯罪情节和被告人的经济状况，确定罚金刑数额，可操作性较强。限额制罚金刑，有以下几类：（1）上下均有限额。这种模式下罚金数额的确定，根据犯罪人犯罪数额的大小、情节的严重程度，明确规定出罚金数额的最低数额到最高数额。刑法规定不同的限额有四种：第一种：并处或者单处一万元以上五万元以下罚金（如第二百零九条）；第二种：并处或者单处一万元以上十万元以下罚金（如第一百八十一条）；第三种：并处二万元以上二十万元以下罚金（如第一百七十一条）；第四种：并处五万元以上五十万元以下罚金（如第一百七十七条）。（2）以倍比制的方法计算罚金的数额确定。即根据犯罪人或单位非法所得或犯罪数额的大小，明确规定出判处罚金的数额与犯罪数额成一定倍数或比例的计算方法，即犯罪数额和应罚倍数之乘积作为判处的罚金数额。

以无限额制的方法计算罚金的认定即不规定罚金限度，由人民法院掌握并确定罚金数额。它在刑法条文中表述为：“并处罚金”、“并处或者单处罚金”、“或者罚金”（实际也是单处）。适用方式主要有“单处罚金”和“并处罚金”两种。这种规定虽然不定罚金限额，但绝不等于是无限额，不能随意爱罚多少就判多少；再者，如果没有限额标准，一审、二审法院对同一犯罪人或单位可以各判各的数，而且两数相去甚远，影响执法的严肃性。因此应由省级人民法院根据本地区经济发展状况，分别定出“单处罚金”或“并处罚金”两种不同上下限额，供下级法院办案时参照执行。

实践中，对于未规定罚金限额的犯罪，如何确定罚金刑数额，操作难度相对较大。在此有两点应当明确：（1）无限额罚金的底限。根据规定，刑法没有明确规定罚金数额标准的，但《财产刑规定》确定罚金的最低数额不能少于一千元，对未成年人犯罪的，罚金的最低数额不能少于五百元。对此，实践中必须遵守。（2）关于无限额罚金的上限。目前，对于刑法没有明确规定罚金数额标准的犯罪，适用罚金的最高数额没有限制。本书认为，从法定刑轻重的角度而言，无限额罚金的上限不能超过被告人个人全部财产。主要考虑如下：其一，根据刑法规定和通行法理，罚金刑的严厉程度轻于没收个人全部财产。而如果对被告人判处超过其个人全部财产的罚金，则在强制缴纳其个人全部财产后还需要随时缴纳未执行完毕的罚金，这明显不合理。其二，此种不合理的数额的罚金判处，会进一步导致罚金刑的执行难和“空判”。实际上，通过追缴被告人全部财产后，再执行剩余的罚金，基本上没有可能，这样的判决陷入“空判”恐怕是必然的。法院在裁量罚金刑数额时应当尽力避免这种结局。

需要说明的是，对无限额制罚金数额的确定，由司法解释明确一定的限制，以增强人民法院判处罚金时的可操作性，已经成为一种趋势。目前，由司法解释对无限额制罚金刑进行一定限制的，主要有：

（1）《最高人民法院、最高人民检察院关于办理危害药品安全刑事案件适用法律若干问题的解释》（高检发释字〔2022〕1号）第十五条规定：对于犯生产、销售、提供假药罪、生产、销售、提供劣药罪、妨害药品管理罪的，应当结合被告人的犯罪数额、违法所得，综合考虑被告人缴纳罚金的能力，依法判处罚金。罚金一般应当在生产、销售、提供的药品金额二倍以上；共同犯罪的，对各共同犯罪人合计判处的罚金一般应当在生产、销售、提供的药品金额二倍以上。

（2）《最高人民法院、最高人民检察院、海关总署关于办理走私刑事案件适用法律若干问题的意见》（法〔2002〕139号）第二十二条规定：关于共同走私犯罪案件如何判处罚金刑问题审理共同走私犯罪案件时，对各共同犯罪人判处罚金的总额应掌握在共同走私行为偷逃应缴税额的一倍以上五倍以下。

（3）《最高人民法院、最高人民检察院关于办理侵犯知识产权刑事案件具体应用法律若干问题的解释（二）》（法释〔2007〕6号）第四条规定：对于侵犯知识产权犯罪的，人民法院应当综合考虑犯罪的违法所得、非法经营数额、给权利人造成的损失、社会危害性等情节，依法判处罚金。罚金数额一般在违法所得的一倍以上五倍以下，或者按照非法经营数额的50%以上一倍以下确定。

（4）《最高人民法院、最高人民检察院关于办理贪污贿赂刑事案件适用法律若干问题的解释》（法释〔2016〕9号）第十九条规定：对贪污罪、受贿罪判处三年以下有期徒刑或者拘役的，应当并处十万元以上五十万元以下的罚金；判处三年以上十年以下有期徒刑的，应当并处二十万元以上犯罪数额二倍以下的罚金或者没收财产；判处十年以上有期徒刑或者无期徒刑的，应当并处五十万元以上犯罪数额二倍以下的罚金或者没收财产。对刑法规定并处罚金的其他贪污贿赂犯罪，应当在十万元以上犯罪数额二倍以下判处罚金。

（5）《最高人民法院、最高人民检察院关于办理利用互联网、移动通讯终端、声讯台制作、复制、出版、贩卖、传播淫秽电子信息刑事案件具体应用法律若干问题的解释（二）》（法释〔2010〕3号）第十一条规定，对于以牟利为目的，实施制作、复制、出版、贩卖、传播淫秽电子信息犯罪的，人民法院应当综合考虑犯罪的违法所得、社会危害性等情节，依法判处罚金或者没收财产。罚金数额一般在违法所得的一倍以上五倍以下。

由于众多无限额制罚金刑如何确定罚金数额，还没有相应的司法解释，为方便人民法院举一反三，我们选择了以下几个无限额制罚金刑的犯罪，就如何确定罚金数额作出说明：

（1）赌博罪罚金数额的确定。《刑法》第三百零三条规定，以营利为目的，聚众赌博或者以赌博为业的，处三年以下有期徒刑、拘役或者管制，并处罚金。开设赌场的，处五年以下有期徒刑、拘役或者管制，并处罚金；情节严重的，处五年以上十年以下有期徒刑，并处罚金。据此，刑法对于赌博罪、开设赌场罪规定了并处罚金，但没有规定具体的限额或者比例，即采用的是无限额制罚金。该种罚金制度的优点是可以根据个案的情况灵活掌握，缺点在于不同的案件之间判处罚金情况差别很大，导致量刑不一致。实践中罚金数额往往取决于公安先期查获的情况和被告人家属主动缴纳到法院的钱款。这种做法，有利于罚金的执行，但是容易造成不同的案件之间判处罚金情况差别过大的现象。因此，建议在条件成熟时制定相关司法解释或司法文件，规定依照赌资的一定比例确定罚金的数额，如果罪犯是依照抽头渔利或违法所得的比例确定罚金，则根据犯罪人实际取得的抽头渔利或违法所得数额的一定比例确定罚金数额，如果抽头渔利或违法所得数额不清的，可以按照赌资的一定比例判处罚金。当然，在判处罚金时，同时也要考虑主刑的刑期，与刑期相适应。而刑期的确定如前文所述，主要也是根据赌资、抽头渔利、违法所得数额等情况确定。

（2）走私废物罪罚金数额的确定。《刑法》第一百五十二条第二款规定，逃避海关监管将境外固体废物、液态废物和气态废物运输进境，情节严重的，处五年以下有期徒刑，并处或者单处罚金；情节特别严重的，处五年以上有期徒刑，并处罚金。据此，刑法对于走私废物罪规定了并处罚金，但没有规定具体的限额或者比例，即采用的是无限额制罚金。在实践中，如何确定走私废物罪的罚金数额，主要考虑的因素有：①侵犯环境法益之严重程度。应当考虑到走私废物罪所侵害的法益具有双重性，其既侵犯了国家对外贸易管理制度又侵犯了环境法益。自 20 世纪 90 年代以来，大量涌入的“洋垃圾”对我国环境、公私财产以及人们的生命健康构成了巨大威胁。因此，应当充分考虑走私废物行为侵犯环境法益之严重程度。一旦废物进入我国境内，对其中有用物质进行提炼时会造成大气、土壤、水环境的严重污染，危害公众健康。②犯罪情节之严重性。依据《刑法》第五条之规定，刑罚的轻重，应当与犯罪分子所犯罪行和承担的刑事责任相适应。在对走私废物罪罚金数额进行裁量时，应当对犯罪情节的严重性进行考量。③犯罪人的主观恶性。将犯罪人的主观恶性纳入考量范畴，是刑法主客观相一致原则的体现。④罚金数额对犯罪人产生的惩戒作用。根据《财产刑规定》，应当根据犯罪情节，如违法所得数额、造成损失的大小等，并结合考虑犯罪分子缴纳罚金的能力，依法判处罚金。同时，也应当认识到，对于贫富不同的人，处于相同的罚金数额，产生的效果将是极为不同的。贫者将为罚金数额巨大所苦，难以承受，富者则认为“无关痛痒”，难以起到惩戒教育的效果。因而，在案件审理中，犯罪人自身的经济承受能力应当纳入考察范围。

（3）醉酒驾车的罚金数额确定。《刑法》第一百三十三条之一第一款规定：“在道路上驾驶机动车，有下列情形之一的，处拘役，并处罚金：（一）追逐竞驶，情节恶劣的；（二）醉酒驾驶机动车的；（三）从事校车业务或者旅客运输，严重超过额定乘员载客，或者严重超过规定时速行驶的；（四）违反危险化学品安全管理规定运输危险化学品，危及公共安全的。”据此，刑法对醉酒驾车等危险驾驶行为构成犯罪的，在对被告人判处主刑的同时，必须依法判处罚金刑。但是，刑法没有规定具体的罚金数额幅度和计算标准，在实际执行中暴露出不少问题。一是有些案件判处的罚金数额偏高，罚金刑与主刑明显不匹配，如判处拘役四个月，却并处罚金二万元；二是一些法院以被告人缴纳罚金数量的多少，作为衡量能否对其从轻适用自由刑或者宣告缓刑的条件。以上做法均与罚金刑的适用原则不符，影响了罚金刑惩戒作用的有效发挥及人民法院判决的严肃性。根据《财产刑规定》第二条第一款的规定，刑法没有明确规定罚金数额标准的，罚金的最低数额不能少于一千元。为进一步规范醉酒驾驶机动车构成危险驾驶罪案件的罚金适用，《最高人民法院、最高人民检察院、公安部关于办理醉酒驾驶机动车刑事案件适用法律若干问题的意见》（法发〔2013〕15号）第四条中规定：“对醉酒驾驶机动车的被告人判处罚金，应当根据被告人的醉酒程度、是否造成实际损害、认罪悔罪态度等情况，确定与主刑相适应的罚金数额。”根据上述规定，适用罚金刑应当把握以下几个基本原则：第一，罚金的数额确定应当以犯罪情节为基础和主要依据，并与判处的主刑相匹配。第二，刑法没有明确规定罚金数额标准的，判处罚金的最低数额为一千元。第三，被告人缴纳罚金的能力应当作为确定罚金数额的考虑因素。

醉酒驾车刑事案件的罚金刑适用，应当注意以下几个问题：第一，以犯罪情节为依据确定罚金数额。应当结合以下因素评定醉驾型危险驾驶案件的犯罪情节恶劣程度：一是驾驶行为危险性的大小，如行为人的醉酒程度、驾驶路段、驾驶距离、车辆性质、载客情况、有无严重超员、超载、超速或者无证驾驶情节等；二是有无造成实际损害及损害大小，醉酒驾车造成实际损害的，比未造成实际损害的社会危害更大，且从刑法确定罚金数额的原则看，罚金数额与被告人的违法所得或者犯罪行为造成的危害后果之间通常存在一定关系；三是被告人的主观恶性及认罪悔罪态度等，如有无酒驾、醉驾违法犯罪经历，有无逃避、阻碍公安交警调查取证的行为，是否认罪，是否积极赔偿被害人经济损失等。需要注意的是，被告人积极赔偿被害人经济损失的，反映其认罪悔罪态度较好，且减轻了其犯罪行为造成的实际危害，在确定罚金数额时应酌情予以考虑。第二，罚金数额应当与主刑相匹配。鉴于危险驾驶案件的最高刑为拘役六个月，故不宜判处过高的罚金刑，否则很可能出现主刑轻、罚金刑重的倒挂现象，违反了罚金刑适用的基本原则。此外，实践中存在的以被告人缴纳罚金的数额来决定能否对其从轻处罚或者适用缓刑的做法，陷入了“以罚代刑”的误区，影响了量刑的公正与均衡，应当予以纠正。第三，决定罚金数额时仍应适当考虑被告人的实际缴纳能力。危险驾驶案件判处的罚金数额多为数千元，且被告人通常有一定经济能力，故因为无力缴纳罚金，形成“空判”的问题并不十分突出。但对于缴纳能力较强的被告人判处与缴纳能力较弱的被告人同样的罚金，不利于有效惩戒犯罪分子，也不能充分体现刑罚个别化原则。因此，宜在总的数额幅度内，根据被告人的实际缴纳能力，适当体现区别。第四，罚金数额不宜过高。危险驾驶犯罪不属于牟利性犯罪，被告人没有违法所得和犯罪收益，利用高额罚金从经济上对其施以严厉打击，增加其犯罪的经济成本，剥夺其再犯的经济能力的作用并不十分突出。因而，各地可以结合当地经济发展水平和办案实际掌握危险驾驶案件判处罚金数额的上限。

6. 未成年人犯罪的罚金刑能否适用从轻、减轻处罚？

《刑法》第十七条第四款明确规定，不满十八周岁的人犯罪，应当从轻或者减轻处罚。实践中困惑的是，此规定一般是指主刑的适用应当从轻或者减轻处罚，但对罚金刑是否可以适用减轻处罚？

根据《刑法》第五十二条的规定，“判处罚金，应当根据犯罪情节决定罚金数额”。目前，对未成年人犯罪判处罚金的数额，是否有必要再比照成年人从轻或者减轻处罚存在一定争议。第一种观点认为，不管主刑的确定是否已经体现了对未成年人从轻或者减轻处罚的规定，对未成年人判处罚金均应予以从轻或者减轻处罚。第二种观点认为，对未成年人犯罪判处主刑时依法从轻、减轻处罚的，没有必要再对罚金刑予以减轻处罚。

本书观点：不管未成年人的主刑是否已经考虑到了犯罪时未成年的情节，

对于罚金刑均单独予以减轻或者从轻判处。主要理由：一是从理论上说，主刑的从轻、减轻代表不了罚金刑的从轻、减轻。刑法关于未成年人犯罪从轻、减轻处罚的规定，适用于所有刑事处罚，并不限于主刑。并且，如果主刑从轻、减轻了，罚金刑作为附加刑时没有从轻、减轻，容易出现罚金数额与主刑不相匹配甚至出现主刑轻、罚金刑重的倒挂现象。二是《财产刑规定》第二条第二款明确规定："对未成年人犯罪应当从轻或者减轻判处罚金，但罚金的最低数额不能少于五百元。"

那么，未成年人犯罪的罚金刑如何从轻？对此，《最高人民法院关于审理未成年人刑事案件具体应用法律若干问题的解释》（法释〔2006〕1号）第十五条明确规定：对未成年罪犯实施刑法规定的"并处"没收财产或者罚金的犯罪，应当依法判处相应的财产刑；对未成年罪犯实施刑法规定的"可以并处"没收财产或者罚金的犯罪，一般不判处财产刑。对未成年罪犯判处罚金刑时，应当依法从轻或者减轻判处，并根据犯罪情节，综合考虑其缴纳罚金的能力，确定罚金数额。但罚金的最低数额不得少于五百元人民币。对被判处罚金刑的未成年罪犯，其监护人或者其他人自愿代为垫付罚金的，人民法院应当允许。

7. 未成年人犯抢劫罪，个人没有财产的，是否可以并处罚金？如果处以罚金刑，能否命其法定代理人缴纳？

本书观点：根据《刑法》第二百六十三条的规定，对于犯抢劫罪的，应当在判处一定刑罚的同时并处罚金或者没收财产，这当然包括未成年人犯抢劫罪的情形在内。对于未成年人被判处罚金，本人又没有财产可供执行的，应当依照《刑法》第五十三条的规定处理，即人民法院在任何时候发现被执行人有可以执行的财产，应当随时追缴。对于未成年人被判处罚金，其法定代理人代为缴纳的，人民法院可以收缴，但不能强制其代为缴纳。因为罚金刑作为刑罚，只能适用于犯罪者本人，而不能及于其他任何人。应当指出的是，对于未成年人适用罚金刑，同样应当根据《刑法》第十七条第四款的规定，从轻或者减轻处罚。

8. 如何处理罚金与犯罪分子的赔偿、债务之间的关系？

本书观点：赔偿、债务优于罚金。

（1）赔偿、债务优于罚金。对于罚金刑的执行，不仅会受到罪犯自身经济能力的限制，而且会受到人民法院执行力量的限制。在罚金刑的执行方面，目前面临不少现实困难。一是我国是典型的发展中国家，人口众多，人均财富占有量不大。除经济类罪犯外，大部分罪犯身份为无业者、农民或者农民工，经济并不富裕，甚至生活无着，十分贫困，有个人财富积累的十分有限。二是依据我国法律规定，犯罪分子通过犯罪行为所获得的赃款、赃物，如果存在被害人的，应当在追回赃款、赃物之后返还被害人，被害人因此遭受经济损失而以提起附带民事诉讼等方式被人民法院判决赔偿的，被害人有优先受偿权。判处罚金刑之前被执行人所负正当债务，需要以被执行的财产偿还的，经债权人请求，应当偿还。对于被告人所判处的罚金，只能在被告人个人的剩余财产中执行。

（2）如果被执行人将刑事裁判认定为赃款赃物的涉案财物用于清偿债务、转让或者设置其他权利负担，具有下列情形之一的，人民法院应予追缴：①第三人明知是涉案财物而接受的；②第三人无偿或者以明显低于市场的价格取得涉案财物的；③第三人通过非法债务清偿或者违法犯罪活动取得涉案财物的；④第三人通过其他恶意方式取得涉案财物的。

（3）第三人善意取得涉案财物的，执行程序中不予追缴。作为原所有人的被害人对该涉案财物主张权利的，人民法院应当告知其通过诉讼程序处理。

（4）被执行人在执行中同时承担刑事责任、民事责任，其财产不足以支付的，按照下列顺序执行：①人身损害赔偿中的医疗费用；②退赔被害人的损失；③其他民事债务；④罚金；⑤没收财产。

（5）债权人对执行标的依法享有优先受偿权，其主张优先受偿的，人民法院应当在医疗费用受偿后，予以支持。

9. 涉卖淫犯罪被判处有期徒刑的，如何判处罚金？

本书观点：只能对被告人并处罚金。但是，如何判处罚金？我们认为，应当有一个明确的合理的幅度，以利于法官在审理此类案件适用刑罚时具有更强的可操作性。这个幅度的确定就是要让犯罪分子在经济上得不到任何好处。但是，对此幅度，刑法条款并没有明确规定。《最高人民法院、最高人民检察院关于办理组织、强迫、引诱、容留、介绍卖淫刑事案件适用法律若干问题的解释》（以下简称《卖淫刑事案件解释》）对此作了明确规定，确定了罚金刑的适用幅度范围，即犯罪所得二倍以上的罚金。这一幅度在司法解释上是有先例可循的。

在实践中，除了要依照《卖淫刑事案件解释》规定的罚金刑幅度确定罚金数目外，还得遵循《最高人民法院关于适用财产刑若干问题的规定》（法释〔2000〕45号，以下简称《财产刑规定》）第二条关于“刑法没有明确规定罚金数额标准的，罚金的最低数额不能少于一千元”，以及“对未成年人犯罪应当从轻或者减轻判处罚金，但罚金的最低数额不能少于五百元”的规定。目的是避免有的犯罪分子虽然罪行较重，但非法获利不多，依照前述二倍比例，所判处的罚金过低的现象。在具体适用罚金刑时，对未成年人的罚金也应体现从轻、减轻处罚的原则。

有同志提出，《卖淫刑事案件解释》对涉卖淫类刑事案件罚金刑的规定较为笼统，在实践中不易操作。主要问题是：（1）犯罪所得如何确定？与《卖淫刑事案件解释》第二条第（四）项、第五条第（四）项、第六条第二款第（三）项、第八条第一款第（五）项、第九条第（三）项规定的非法获利，如何区分？（2）有证据证明的犯罪所得与实际所得明显不相符的，如何确定罚金刑？实践中，犯罪所得往往难以查清，侦查机关也未必很重视收集犯罪所得方面的证据，导致人民法院在适用罚金刑罚时很难把握罚金的数额，特别是有的案件，有证据证明的犯罪所得才一二百元，而《财产刑规定》第二条明确规定：“刑法没有明确规定罚金数额标准的，罚金的最低数额不能少于一千元。”此时如何确定罚金刑的数额？

对此，我们认为：

（1）犯罪所得与非法获利的内涵是一样的，均指犯罪行为人犯罪收入的总和，而不能理解为“利润”。无论是卖淫嫖娼本身还是组织、强迫、引诱、容留、介绍卖淫行为，都是违法犯罪行为。法律对此类行为持否定性评价，决定此类行为人由此而获得的经济利益都是非法的。至于行为人为此而付出的成本，如付给卖淫人员的费用，卖淫场所发生的相关费用，付给协助组织卖淫人、介绍卖淫人、通风报信人等的费用，都属于犯罪成本，依法不能在犯罪所得中予以扣除。即使犯罪所得不足以支付其犯罪成本，计算犯罪所得时也应该按照犯罪分子因犯罪行为的全部收入计算，而不考虑犯罪成本。因此，所谓的犯罪所得或非法获利，一般情况下就是指收取嫖娼人员所有费用的总和。

（2）要正确理解《卖淫刑事案件解释》与《财产刑规定》的关系。《卖淫刑事案件解释》与《财产刑规定》都是有效的司法解释，人民法院在审理案件中，都应当依法适用。就效力而言，两者是等同的。就罚金刑的适用而言，两者也不存在矛盾之处。鉴于涉卖淫刑事犯罪既侵犯卖淫人员的人身自由，又有伤社会风化，还可能侵害不特定人员的人身健康，而犯罪分子的主观目的却主要是牟取利益，因此，在罚金刑上应当充分体现。为此，《卖淫刑事案件解释》规定了一个明确的合理的幅度。而根据《财产刑规定》第二条，罚金的最低数额不能少于一千元，对未成年人犯罪应当从轻或者减轻判处罚金，但罚金的最低数额不能少于五百元。因此，在犯罪分子罪行较重，但非法获利不多，依照《卖淫刑事案件解释》规定的 2 倍比例，如果罚金还不到一千元时，就应当根据《财产刑规定》处以最低一千元的罚金刑罚，对未成年人罪犯则处以最低五百元的罚金刑。

实践中，应当注意的是，判处财产刑的依据是被告人的刑期以及犯罪所得，而不是被告人的实际经济状况。凡法律规定并处罚金或者没收财产的，均应当依法并罚，被告人的执行能力不能作为是否判处财产刑的依据。确实无法执行或不能执行的，可以依法执行终结或者减免。

10. **对直接负责的主管人员和其他直接责任人员的罚金如何适用？**

本书观点：对单位直接负责的主管人员和其他直接责任人员判处的刑罚，既包括主刑，也包括附加刑。不能因为是单位犯罪，对单位判处了罚金，就不再对直接负责的主管人员和其他直接责任人员适用罚金刑。

（1）《刑法》第三十一条规定：“单位犯罪的，对单位判处罚金，并对其直接负责的主管人员和其他直接责任人员判处刑罚……”可见，刑法对单位犯罪实行的是双罚制，即当单位犯罪时，既要对单位判处罚金，又要对单位直接负责的主管人员和其他直接责任人员判处刑罚。这是我国刑法对单位犯罪处罚的一般原则。

（2）在实行双罚制的案件中，刑法规定对单位判处罚金，对直接负责的主管人员和其他直接责任人员是否还应当判处罚金，应当分别不同情况处理：一种是刑法只规定对单位判处罚金，而对直接负责的主管人员和其他直接责任人员则依照前款规定的自然人犯罪的刑罚处罚。对于这类情况，在对单位判处罚金时，同样可以对其直接负责的主管人员和其他直接责任人员依照前款规定的自然人犯罪处以罚金，如《刑法》第一百七十六条第二款“单位犯前款罪的，对单位判处罚金，并对其直接负责的主管人员和其他直接责任人员，依照前款的规定处罚”的规定就属于类似情况。另一种是刑法在规定对单位判处罚金的同时，又另设条款明确规定了对其直接负责的主管人员和其他直接责任人员的刑罚内容，如《刑法》第一百七十五条规定单位构成高利转贷罪的“对单位判处罚金，并对其直接负责的主管人员和其他直接责任人员，处三年以下有期徒刑或者拘役”。若没有规定对单位犯罪中直接负责的主管人员和其他直接责任人员科处罚金刑，就不能对单位犯罪中的直接负责的主管人员和其他直接责任人员判处罚金。

（3）司法实践中需要注意的是，对于单位犯罪中直接负责的主管人员和其他直接责任人员的罚金数额，应当低于对单位判处的罚金。究其原因，这是考虑到单位犯罪是体现了单位意志，个人只是代表单位行事，其所获取的非法利益基本由单位所有，个人所得非常有限。而从罚金刑的本质来思考，其主要是为了处罚犯罪人通过犯罪获取非法经济利益，剥夺其再犯罪的经济能力，从该角度出发，对于非法获得较少的单位犯罪直接负责的主管人员和其他直接责任人员，自然应当少于罚金。基于此，《全国法院审理金融犯罪案件工作座谈会纪要》规定：“对直接负责的主管人员和其他直接责任人员判处罚金的数额，应当低于对单位判处罚金的数额。”这一原则不仅适用于单位金融犯罪领域，在其他单位犯罪案件中对直接负责的主管人员和其他直接责任人员确定罚金数额时也应当遵循这一原则。

第七节 剥夺政治权利

一、刑法规定

第五十四条 剥夺政治权利是剥夺下列权利：

（一）选举权和被选举权；

（二）言论、出版、集会、结社、游行、示威自由的权利；

（三）担任国家机关职务的权利；

（四）担任国有公司、企业、事业单位和人民团体领导职务的权利。

第五十五条 剥夺政治权利的期限，除本法第五十七条规定外，为一年以上五年以下。

判处管制附加剥夺政治权利的，剥夺政治权利的期限与管制的期限相等，同时执行。

第五十六条 对于危害国家安全的犯罪分子应当附加剥夺政治权利；对于故意杀人、强奸、放火、爆炸、投毒、抢劫等严重破坏社会秩序的犯罪分子，可以附加剥夺政治权利。

独立适用剥夺政治权利的，依照本法分则的规定。

第五十七条 对于被判处死刑、无期徒刑的犯罪分子，应当剥夺政治权利终身。

在死刑缓期执行减为有期徒刑或者无期徒刑减为有期徒刑的时候，应当把附加剥夺政治权利的期限改为三年以上十年以下。

第五十八条 附加剥夺政治权利的刑期，从徒刑、拘役执行完毕之日或者从假释之日起计算；剥夺政治权利的效力当然施用于主刑执行期间。

被剥夺政治权利的犯罪分子，在执行期间，应当遵守法律、行政法规和国务院公安部门有关监督管理的规定，服从监督；不得行使本法第五十四条规定的各项权利。

二、立法解释、司法解释及其权威解读

1. 全国人大常委会法制工作委员会、最高人民法院、最高人民检察院、公安部、司法部、民政部关于正在服刑的罪犯和被羁押的人的选举权问题的联合通知（法工委联字〔1984〕1号，1984年3月24日）

各省、自治区、直辖市高级法院、检察院，公安、司法、民政厅（局）：

全国县、乡两级人民代表大会代表的选举工作，正在逐步展开。在当前严厉打击严重危害社会治安的刑事犯罪活动的情况下，对于过去已判刑、但没有附加剥夺政治权利的严重刑事罪犯和被羁押正在受侦查、起诉、审判的人是否准许行使选举权问题，有些地方提出一些问题和意见，经研究后，现做如下通知，望遵照执行：

一、一九八三年三月全国人大常委会通过的《关于县级以下人民代表大会代表直接选举的若干规定》，对于已被判刑的罪犯和被羁押正在受侦查、起诉、审判的人的选举权问题已经作了规定。这一规定是根据宪法关于公民的选举权、被选举权的规定的原则确定的，是适当的，在这次县、乡直接选举工作中，仍应贯彻执行。

二、对这次严厉打击严重危害社会治安的刑事犯罪活动中因反革命案或者严重破坏社会秩序案被羁押正在受侦查、起诉、审判的人，应当依照法律规定经人民检察院或者人民法院决定，在被羁押期间停止行使选举权利；其他未经人民检察院或者人民法院决定停止行使选举权利的，应准予行使选举权利。

三、对正在服刑的反革命罪犯和被判处死刑、无期徒刑的其他罪犯，凡是没有附加剥夺政治权利的，应当由人民法院依照审判监督程序，判处附加剥夺政治权利；被判处有期徒刑（包括原判死缓、无期徒刑后减为有期徒刑的）、现正在服刑的故意杀人、强奸、放火、爆炸、投毒、抢劫、流氓、盗窃（重大）等严重破坏社会秩序的罪犯，凡是需要剥夺选举权利的，也可由人民法院依照审判监督程序，判处附加剥夺政治权利。如果原来是第一审生效的案件，应当由上一级人民法院提审；如果原来是第二审生效的案件，应当由第二审人民法院再审。根据刑事诉讼法第一百五十条的规定，依照上述程序所做的判决、裁定，是终审的判决、裁定，不得上诉。

四、今后对于反革命罪犯和判处死刑、无期徒刑的其他罪犯，各级人民法院在审判时，应当依照刑法第五十二条、第五十三条的规定，一律同时判处附加剥夺政治权利；对于严重破坏社会秩序的罪犯，需要剥夺政治权利的，也应依照刑法第五十二条的规定，同时判处附加剥夺政治权利。

五、对准予行使选举权利的被羁押的人和正在服刑的罪犯，经选举委员会和执行羁押、监禁的机关共同决定，可以在原户口所在地参加选举，也可以在劳改场所参加选举；可以在流动票箱投票，也可以委托有选举权的亲属或者其他选民代为投票。

2. **最高人民法院关于对故意伤害、盗窃等严重破坏社会秩序的犯罪分子能否附加剥夺政治权利问题的批复**（法释〔1997〕11号，自1998年1月13日起施行）

福建省高级人民法院：

你院《关于对故意伤害、盗窃（重大）等犯罪分子被判处有期徒刑的，能否附加剥夺政治权利的请示》收悉。经研究，答复如下：

根据刑法第五十六条规定，对于故意杀人、强奸、放火、爆炸、投毒、抢劫等严重破坏社会秩序的犯罪分子，可以附加剥夺政治权利。对故意伤害、盗窃等其他严重破坏社会秩序的犯罪，犯罪分子主观恶性较深、犯罪情节恶劣、罪行严重的，也可以依法附加剥夺政治权利。

权威解读

《最高人民法院关于对故意伤害、盗窃等严重破坏社会秩序的犯罪分子能否附加剥夺政治权利问题的批复》的理解与适用

1997年12月23日，最高人民法院审判委员会第952次会议通过了《最高人民法院关于对故意伤害、盗窃等严重破坏社会秩序的犯罪分子能否附加剥夺政治权利问题的批复》（法释〔1997〕11号），明确指出：根据《刑法》第五十六条规定，对于故意杀人、强奸、放火、爆炸、投毒、抢劫等严重破坏社会秩序的犯罪分子，可以附加剥夺政治权利；对故意伤害、盗窃等其他严重破坏社会秩序的犯罪，犯罪分子主观恶性较深、犯罪情节恶劣、罪行严重的，也可以依法附加剥夺政治权利。

剥夺政治权利是我国刑法明确规定的一种附加刑，是剥夺犯罪人参与管理国家和政治活动权利的刑罚方法。按照《刑法》第五十四条的规定，剥夺的政治权利具体包括以下四项：(1) 选举权和被选举权；(2) 言论、出版、集会、结社、游行、示威自由的权利； (3) 担任国家机关职务的权利；(4) 担任国有公司、企业、事业单位和人民团体领导职务的权利。

我国《刑法》第五十五条、第五十六条、第五十七条规定了有关剥夺政治权利的适用。第五十五条、第五十七条从判处刑罚的角度规定了剥夺政治权利的适用，第五十六条原则规定了适用剥夺政治权利刑罚的犯罪，即“对于危害国家安全的犯罪分子应当附加剥夺政治权利；对于故意杀人、强奸、放火、爆炸、投毒、抢劫等严重破坏社会秩序的犯罪分子，可以附加剥夺政治权利”。但这里存在一个问题，即对于故意杀人、强奸、放火、爆炸、投毒、抢劫这六项犯罪以外的其他严重破坏社会秩序的犯罪分子，是否能够依照刑法第五十六条规定附加剥夺政治权利。

司法实践中对此有不同理解。一种意见认为，法条仅列举了六项犯罪，表明就是这六项犯罪可以附加剥夺政治权利，按照罪刑法定原则的要求，其他严重破坏社会秩序的犯罪不能适用。另一种意见则认为，法条中在列举六种犯罪行为后，还有一个“等”字，这里的“等”表明，除了这六项犯罪以外，其他严重破坏社会秩序的犯罪也可以适用剥夺政治权利。

经研究认为，后一种看法更符合《刑法》第五十六条的立法原意。批复采纳的是此种意见。剥夺政治权利适用的犯罪类型主要是危害国家安全的犯罪和严重破坏社会秩序的犯罪等社会危害性较大的犯罪，因为这类犯罪的犯

罪分子主观恶性较大，罪行较为严重，情节较为恶劣，因此在判处主刑的同时附加剥夺政治权利。需要指出的是，严重破坏社会秩序的犯罪在刑法上有很多，在法条上难以一一列举。立法机关在此处列举了几项犯罪后又加了个“等”字，实际上表明这几项犯罪是司法实践中比较常见的，可以附加剥夺政治权利，但是并不局限于这几项犯罪，除了这几项犯罪以外，其他严重破坏社会秩序的犯罪，如故意伤害、盗窃等严重破坏社会秩序的犯罪，只要犯罪分子主观恶性较深、犯罪情节恶劣、罪行严重的，都可以附加剥夺政治权利。

需要说明的是，对于故意杀人、强奸、放火、爆炸、投毒、抢劫等严重破坏社会秩序的犯罪分子，是“可以”附加剥夺政治权利，这就不同于危害国家安全的犯罪的“应当附加剥夺政治权利”的规定。具体案件的判决上是否附加剥夺政治权利，由法官根据案件的具体情况，综合考虑，特别是考虑犯罪分子的主观恶性、犯罪行为的社会危害性，犯罪行为情节的恶劣程度等各种因素，在综合考虑这些因素的基础上确定是否适用。

（撰稿：李洪江）

3. **最高人民法院关于在执行附加刑剥夺政治权利期间犯新罪应如何处理的批复**（法释〔2009〕10号，自2009年6月10日起施行）

上海市高级人民法院：

你院《关于被告人在执行附加刑剥夺政治权利期间重新犯罪适用法律问题的请示》（沪高法〔2008〕24号）收悉。经研究，批复如下：

一、对判处有期徒刑并处剥夺政治权利的罪犯，主刑已执行完毕，在执行附加刑剥夺政治权利期间又犯新罪，如果所犯新罪无须附加剥夺政治权利的，依照刑法第七十一条的规定数罪并罚。

二、前罪尚未执行完毕的附加刑剥夺政治权利的刑期从新罪的主刑有期徒刑执行之日起停止计算，并依照刑法第五十八条规定从新罪的主刑有期徒刑执行完毕之日或者假释之日起继续计算；附加刑剥夺政治权利的效力施用于新罪的主刑执行期间。

三、对判处有期徒刑的罪犯，主刑已执行完毕，在执行附加刑剥夺政治权利期间又犯新罪，如果所犯新罪也剥夺政治权利的，依照刑法第五十五条、第五十七条、第七十一条的规定并罚。

权威解读

《最高人民法院关于在执行附加刑剥夺政治权利期间犯新罪应如何处理的

批复》的理解与适用

《最高人民法院关于在执行附加刑剥夺政治权利期间犯新罪应如何处理的批复》（法释〔2009〕10号，以下简称《批复》），经最高人民法院审判委员会第1465次会议讨论通过，自2009年6月10日起施行。《批复》主要解决了执行附加刑剥夺政治权利期间又犯新罪的是否数罪并罚、前罪尚未执行完毕的剥夺政治权利的刑期如何计算、前罪附加刑剥夺政治权利的效力是否施用于新罪的主刑执行期间、剥夺政治权利之间如何并罚等认识分歧问题，对于正确适用法律处理这类案件具有重要意义。为了便于正确理解和适用《批复》，现对其起草情况和主要内容作简要说明。

一、《批复》的起草经过

对被判处有期徒刑的罪犯，主刑已执行完毕，在执行附加刑剥夺政治权利期间又犯新罪的是否数罪并罚问题，最高人民法院1994年5月16日曾作出《关于在附加剥夺政治权利执行期间重新犯罪的被告人是否适用数罪并罚问题的批复》（法复〔1994〕8号，以下简称《1994年批复》）。《1994年批复》规定对此应当依法按照《刑法》（指1979年刑法）第六十四条第二款、第六十六条的规定，在对被告人所犯新罪作出判决时，将新罪所判处的刑罚和前罪没有执行完毕的附加刑剥夺政治权利，按照数罪并罚原则，决定执行的刑罚，即在新罪所判处的刑罚执行完毕以后，继续执行前罪没有执行完毕的附加刑剥夺政治权利。但是，由于《1994年批复》是针对1979年刑法有关规定所作的解释，能否适用于现行刑法的有关规定，且该批复未明确如何计算前罪尚未执行完毕的附加刑剥夺政治权利刑期、剥夺政治权利是否施用于新罪的主刑执行期间以及剥夺政治权利如何并罚，以致在审判实践中产生不同认识和较大争议。

如上海市某区人民法院审理的一起案件。1993年6月4日，叶某某因抢劫罪被判处有期徒刑十三年，剥夺政治权利四年。1996年11月18日，叶某某因病被保外就医一年，期满后逾期未归。2000年1月14日，叶某某因犯妨害公务罪被判处有期徒刑二年六个月，合并犯抢劫罪未执行的有期徒刑八年零七天，剥夺政治权利四年，决定执行有期徒刑十年，剥夺政治权利四年。2006年5月24日，叶某某被裁定减去尚未执行完毕的有期徒刑刑期并释放，剥夺政治权利四年不变。2007年4月，叶某某又伙同他人冒充上海市消防武警骗取上海市多家废品收购站、饮食店共计7000余元。2007年6月22日，叶某某被刑事拘留。同年10月9日，上海市某区人民法院以冒充军人招摇撞骗罪判处叶某某有期徒刑二年（刑期从2007年6月22日起至2009年6月21日止）。鉴于存在前述争议，上海市高级人民法院以沪高法〔2008〕24号《关于被告人在执行附加刑剥夺政治权利期间重新犯罪适用法律问题的请示》向最高人民法院请示。

最高人民法院考虑到此问题具有普遍性，需要作出新的司法解释，为了规范和统一此类案件的裁判标准，于2008年6月17日立项进行司法解释。此后，在认真调查研究的基础上，根据现行刑法有关规定和以往有关答复，结合刑事审判实践经验，起草了《批复》稿，分别征求和听取了全国人大常委会法制工作委员会、最高人民检察院、公安部、司法部和最高人民法院有关庭室以及刑法学界部分专家、教授的意见。在此基础上，2009年3月30日最高人民法院审判委员会讨论通过了《批复》，自6月10日公布之日起施行。

二、关于执行剥夺政治权利期间犯新罪是否数罪并罚问题

对被判处有期徒刑并处剥夺政治权利的罪犯，主刑已执行完毕，在执行附加刑剥夺政治权利期间又犯新罪，如果所犯新罪无须判处剥夺政治权利的，是否进行数罪并罚？对此有两种截然相反的意见：一种意见认为，应依照《刑法》第七十一条的规定，予以数罪并罚；另一种意见则认为，可以不数罪并罚，应当继续执行前罪尚未执行完毕的剥夺政治权利。理由是：《1994年批复》针对的是1979年刑法有关规定所作的解释，并不当然适用于现行刑法。刑法有关数罪并罚的原则，一般是指对主刑的并罚，不应存在前罪的剥夺政治权利与后罪的有期徒刑并罚的问题。因此，如果被告人所犯新罪无须判处附加刑剥夺政治权利，完全可以径行对新罪作出判决；前罪尚未执行完毕的附加刑剥夺政治权利，既不能因犯新罪而停止执行，也不能因犯新罪而实际上延长、加重其刑期，而是以继续执行为妥。

经研究，《批复》采纳了前一种意见，即对判处有期徒刑并处剥夺政治权利的罪犯，主刑已执行完毕，在执行附加刑剥夺政治权利期间又犯新罪，如果所犯新罪无须附加剥夺政治权利的，依照《刑法》第七十一条的规定数罪并罚。也就是说，在此情形下应当对新犯的罪作出判决，将前罪没有执行完毕的附加刑剥夺政治权利和新罪所判处的刑罚，依照《刑法》第六十九条的规定，决定执行的刑罚。其主要理由是：其一，这符合《刑法》第七十一条数罪并罚和第三十二条刑罚分类的规定要求。《刑法》第七十一条规定：“判

决宣告以后，刑罚执行完毕以前，被判刑的犯罪分子又犯罪的，应当对新犯的罪作出判决，把前罪没有执行的刑罚和后罪所判处的刑罚，依照本法第六十九条的规定，决定执行的刑罚。”第三十二条规定：“刑罚分为主刑和附加刑。”由此可见，第七十一条“刑罚执行完毕以前”和“前罪没有执行的刑罚”中的“刑罚”，不仅包括主刑，也当然包括附加刑，附加刑未执行完毕的属于《刑法》第七十一条中的“刑罚执行完毕以前”。其二，《1994年批复》的规定具有参照意义。最高人民法院1997年3月25日《关于认真学习宣传贯彻修订后的〈中华人民共和国刑法〉的通知》第五条规定：“修订的刑法实施后，对已明令废止的全国人大常委会的有关决定和补充规定，最高人民法院原作出的有关司法解释不再适用。但是如果修订的刑法有关条文实质内容没有变化的，人民法院在刑事审判工作中，在没有新的司法解释前，可参照执行。其他对于与修订的刑法规定相抵触的司法解释，不再适用。”这就是说，对于修订后的刑法有关条文实质内容没有变化，与修订后的刑法规定不相抵触的原司法解释，在没有新的司法解释前，可参照执行。尽管前述《1994年批复》是依据1979年《刑法》第六十四条和第六十六条有关数罪并罚的规定作出的，但是刑法修订后这两条内容分别成为第六十九条、第七十一条规定，条文实质内容和文字表述形式都没有变化，且与修订后的刑法规定不相抵触。因此，在没有新的司法解释前，《1994年批复》仍具有参照意义。其三，符合我国刑法数罪并罚的有关规定。根据《刑法》第六十九条第三款“数罪中有判处附加刑的，附加刑仍须执行”的规定，数罪并罚不仅包括主刑之间、附加刑之间的并罚，也可以包括主刑与附加刑的并罚。其四，符合剥夺政治权利执行时间的规定。根据《刑法》第五十八条第一款“剥夺政治权利的刑期，从徒刑、拘役执行完毕之日……起计算”的规定，剥夺政治权利在徒刑执行完毕以后才能开始执行，而不能与徒刑、拘役同时执行。因此，在有期徒刑执行期间不能同时继续执行前罪尚未执行的剥夺政治权利。

三、关于如何计算前罪尚未执行完毕的剥夺政治权利的刑期问题

这一问题是在前述数罪并罚的基础上产生的，因为在数罪并罚时，必须计算前罪尚未执行完毕的附加刑剥夺政治权利的剩余刑期。对此，司法实践中主要有以下三种意见：第一种意见认为，前罪附加刑剥夺政治权利，应从新罪的主刑有期徒刑执行之日起停止计算，如判决前先行羁押的，应从涉嫌犯新罪被羁押之日起停止计算。以前述叶某某案为例，前罪已执行的剥夺政

治权利从叶某某刑满释放之日计算至犯新罪被羁押之日的前一日，自2006年5月24日至2007年6月21日，共执行了1年1个月差3天，剩余的2年11个月零3天为尚未执行完毕的附加刑剥夺政治权利时间。第二种意见认为，应从新罪一审判决之日起停止计算。即前罪已执行的剥夺政治权利从叶某某刑满释放之日计算至一审判决之日，自2006年5月24日至2007年10月9日，剩余的2年7个月零15天为尚未执行完毕的剥夺政治权利时间。理由是：前罪之正在执行的剥夺政治权利不能因为犯新罪而停止，所以必须一直延续至新罪判决之日。第三种意见认为，应从新罪判决生效之日起停止计算。理由是：罪犯在犯新罪被羁押后，其前罪正在执行的剥夺政治权利状态不应因羁押而改变。在新罪判决生效之前，其被剥夺政治权利的根据只能是前罪正在执行的附加刑。

对于这一问题，刑法和司法解释没有明确规定，《批复》综合考虑上述意见后明确规定：前罪尚未执行完毕的附加刑剥夺政治权利的刑期从新罪的主刑有期徒刑执行之日起停止计算，并依照《刑法》第五十八条规定从新罪的主刑有期徒刑执行完毕之日或者假释之日起继续计算。这样规定的主要理由是：其一，符合刑法有关规定，有利于维护剥夺政治权利的连续性。根据《刑法》第五十八条第一款规定，剥夺政治权利的效力当然施用于主刑执行期间，而《刑法》第四十七条规定有期徒刑的刑期从判决执行之日起计算。因此，前罪尚未执行完毕的剥夺政治权利从新罪的有期徒刑执行之日起停止计算，待有期徒刑执行完毕或者假释之日起连续计算，可以使罪犯在剥夺政治权利执行完毕之前始终不享有政治权利。而罪犯在新罪的有期徒刑执行之日前，剥夺政治权利的依据只能是正在执行的前罪的剥夺政治权利的生效判决，而不能以新罪尚未作出的判决为依据。其二，符合《1994年批复》规定精神。该批复规定：在新罪所判处的刑罚执行完毕以后，继续执行前罪没有执行完毕的附加刑剥夺政治权利。这无疑说明在新罪的主刑有期徒刑执行期间，前罪没有执行完毕的剥夺政治权利停止执行。其三，有利于维护尚未执行完毕的剥夺政治权利停止计算标准的统一性。如果不停止计算尚未执行完毕的剥夺政治权利，一审宣判后，到二审宣判时又经过一段时间，二审宣判时尚未执行完毕的剥夺政治权利的刑期就会少于一审宣判时的刑期，二审仅就此也必须予以改判，就造成一审、二审仅因为判决时前罪尚未执行的剥夺政治权利刑期的不同而作出不同的判决，显然不利于维护判决的稳定性和权威性。如果将判决生效时间作为停止计算时间，则一审判决时无法知道是否将经过二审程序和二审宣判时间，也就无法确定尚未执行完毕的剥夺政治权利的刑期。

需要指出的是，在具体适用“前罪尚未执行完毕的附加刑剥夺政治权利的刑期从新罪的主刑有期徒刑执行之日起停止计算”时，需要注意把握以下两个问题：一是对于判决以前先行羁押的，前罪尚未执行完毕的附加刑剥夺政治权利的刑期可从因涉嫌犯新罪被羁押之日起停止计算。这样一方面可以与主刑刑期的实际起算时间一致。《刑法》第四十七条规定有期徒刑刑期的计算从判决执行之日起计算，判决执行前先行羁押的，羁押一日折抵刑期一日。对于先行羁押的，新罪所判处有期徒刑的刑期实际上从羁押之日起算，《批复》将羁押之日作为停止计算时间，便于计算剥夺政治权利的执行期间。特别是在后罪也被判处剥夺政治权利的情形下，根据《刑法》第五十八条第一款“剥夺政治权利的效力当然施用于主刑执行期间”的规定，后罪主刑有期徒刑的执行期间被判刑人不能享有政治权利。如果不从羁押之日停止对前罪剥夺政治权利的执行，则将后罪的剥夺政治权利与前罪未执行完毕的剥夺政治权利进行并罚时，理论上就会出现剥夺政治权利的重复执行或者说剥夺政治权利期限的重合。另一方面，也符合剥夺政治权利的实际执行情况，有利于执行机关执行。剥夺政治权利的执行，由罪犯居住地县级公安机关指定派出所执行，基层组织或者罪犯的原所在单位协助进行监督。因此，罪犯在因犯新罪被羁押后，原执行机关实际上难以对其继续执行前罪附加刑剥夺政治权利。此外，对于罪犯因新罪被羁押后又变更强制措施为取保候审或监视居住的，由于取保候审、监视居住的时间不能折抵刑期，且二者和剥夺政治权利都由罪犯居住地的公安机关执行，故这段时间内应当继续执行前罪尚未执行完毕的剥夺政治权利。如果后又被羁押的，则前罪的剥夺政治权利应停止执行。二是对于判决前未予羁押的，可以将一审判决作出之日作为前罪尚未执行完毕的剥夺政治权利停止计算的时间点，从而确定出尚未执行完毕的刑期。罪犯犯新罪后，其原有的被剥夺政治权利状态不应因犯新罪而改变，犯新罪本身并不自然剥夺其政治权利。因此，在新罪判决的有期徒刑执行之日前，都是前罪剥夺政治权利的执行期间，其剥夺政治权利的依据只能是正在执行的前罪的附加剥夺政治权利的生效判决，而不能以新罪尚未作出的判决为依据。同时由于新罪的一审判决作出时，尚无法确定新罪的有期徒刑执行之日，也就无法确定一审时尚未执行完毕的剥夺政治权利的刑期。为了解决这一问题，在技术操作上，可以将一审判决作出之日作为前罪尚未执行完毕的剥夺政治权利停止计算的时间点，并将应当从尚未执行完毕的刑期中扣除的一审判决作出之日至新罪有期徒刑执行之日的期间，计算在新判决确定的剥夺政治权利的刑期以内。当然，如果在一审判决作出之后、新罪有期徒刑执行之日前，前罪的剥夺政治权利执行完毕，则不存在再执行前罪的剥夺政治权利问题。

四、关于剥夺政治权利的效力是否施用于新罪的主刑执行期间问题

这一问题与前一问题紧密相关，正是因为前罪剥夺政治权利的效力施用于新罪的主刑执行期间，才会产生前述前罪尚未执行完毕的剥夺政治权利的刑期停止计算问题。对此《1994年批复》未作明确规定，司法实践中有两种相反意见：一种意见认为，剥夺政治权利的效力应当施用于新罪的有期徒刑主刑执行期间。另一种意见认为，剥夺政治权利的效力不应施用于新罪的有期徒刑主刑执行期间。理由是：《刑法》第五十八条第一款的规定，针对的是本罪的主刑（限于徒刑和拘役）和附加刑剥夺政治权利的执行问题，并不必然包括前罪尚未执行完毕的附加刑剥夺政治权利和新罪所判处的刑罚数罪并罚问题。从前述叶某某案看，叶某某附加刑剥夺政治权利的效力已经施用于前罪的有期徒刑执行期间，在新罪的有期徒刑执行期间再剥夺其政治权利，被告人被剥夺政治权利的期间实际为六年，事实上延长和加重了对被告人剥夺政治权利的刑期。

《批复》采纳了前一种意见，其主要理由是：其一，符合刑法有关剥夺政治权利的效力规定精神。《刑法》第五十八条第一款后半段规定，剥夺政治权利的效力当然施用于主刑执行期间。被告人所犯新罪被判处的有期徒刑与前罪尚未执行完毕的剥夺政治权利数罪并罚后，仍有主刑和附加刑，这两者仍是主刑和附加刑的关系，数罪并罚条件下一罪附加剥夺政治权利效力可以及于并罚后决定的主刑执行期间，故剥夺政治权利的效力当然施用于新罪的有期徒刑执行期间。反之，如果剥夺政治权利的效力不施用于新罪的主刑执行期间，就会出现主刑执行完毕之后被剥夺政治权利，而主刑执行期间反而具有政治权利的矛盾和不合理现象。其二，符合对犯新罪的被告人从重处罚的数罪并罚精神。《刑法》第七十一条有关数罪并罚的规定，体现了对不思悔改的罪犯又犯新罪的从重处罚原则。由于罪犯在服刑期间不思悔改、再犯新罪，其主观恶性和人身危险性较大，与没有再犯新罪的相比，理应实际上延长剥

夺政治权利的时间，受到更严厉的惩罚。

五、关于剥夺政治权利的并罚问题

对判处有期徒刑的罪犯，主刑已执行完毕，在执行附加刑剥夺政治权利期间又犯新罪，如果所犯新罪也被判处剥夺政治权利的，两个以上剥夺政治权利应当如何并罚？

如果数罪中有一个被判处死刑或者无期徒刑附加剥夺政治权利终身的，因其剥夺政治权利已达到该刑种法定最高限度，应采取吸收原则，只执行剥夺政治权利终身。对此，刑法理论界和司法实践中没有争议。但是，对剥夺政治权利均为一定期限的，是采取限制加重方法，还是采取相加方法，由于刑法和司法解释没有明确规定，理论界和司法实践中主要有两种意见：一种意见认为，应当参考主刑的并罚原则，采用限制加重原则并罚，在数个剥夺政治权利的总和刑期以下，数个剥夺政治权利刑期中的最高刑期以上，酌情决定执行的刑期。另一种意见认为，由于数罪中分别适用的附加刑都必须执行，应当采用相加原则，将剥夺政治权利的每一个刑期相加，来决定应执行的刑期。其主要理由如下：一是符合《刑法》第六十九条第二款“数罪中有判处附加刑的，附加刑仍须执行”的规定精神，也与对附加刑一般采用并科方法的做法一致。二是与最高人民法院有关附加刑并罚的司法解释规定协调一致。最高人民法院2000年12月19日起施行的《关于适用财产刑若干问题的规定》第三条规定依法对犯罪分子所犯数罪分别判处罚金的，应当实行并罚，将所判处的罚金数额相加，执行总和数额。一人犯数罪依法同时并处罚金和没收财产的，应当合并执行；但并处没收全部财产的，只执行没收财产。尽管这一司法解释是针对罚金、没收财产的并罚作出的，但对同为附加刑的剥夺政治权利的并罚无疑具有参照意义。

经研究，《批复》采纳了前一种意见，即如果所犯新罪也剥夺政治权利的，依照《刑法》第五十五条、第五十七条、第七十一条的规定并罚。也就是说，对剥夺政治权利均为有期限的，采取限制加重的方法，把前罪未执行完毕的剥夺政治权利的刑期与新罪的剥夺政治权利并罚，除《刑法》第五十七条第二款规定外，依照《刑法》第五十五条规定在一年以上五年以下决定应执行的剥夺政治权利刑期；如果有一罪判处剥夺政治权利终身的，则采取吸收方法，并罚时只执行剥夺政治权利终身。其主要理由是：其一，符合刑法规定的数罪并罚的基本原则和剥夺政治权利期限的总则规定。根据《刑法》

第六十九条规定的以限制加重为主、以吸收和并科为补充的数罪并罚基本原则，数罪中有一个被判处剥夺政治权利终身的，因其已达到该刑种法定最高限度，应采取吸收方法，只执行剥夺政治权利终身；数罪中被判处的剥夺政治权利均为有期限的，可以参考《刑法》第六十九条第一款对主刑并罚的限制加重方法，来决定应执行的剥夺政治权利刑期，以避免采用吸收原则畸轻、并科原则畸重的弊端。对剥夺政治权利的最高期限应当执行《刑法》第五十五条剥夺政治权利期限的总则规定，除符合《刑法》第五十七条规定外，一般情况下不能超过五年。其二，最高人民法院有关剥夺政治权利并罚问题的答复具有参照意义。最高人民法院研究室1986年10月20日针对广西壮族自治区高级人民法院的有关请示而作出的《关于数罪中有判处两个以上剥夺政治权利附加刑的应如何并罚问题的电话答复》（现已失效）已明确指出：数罪中有判处两个以上剥夺政治权利附加刑的，应当分别不同情况，采取不同方法处理。如果数罪中有一罪被判处无期徒刑，剥夺政治权利终身的，并罚时应只执行剥夺政治权利终身；如数罪中有两罪以上都判处有期徒刑并附加剥夺政治权利的，按限制加重的方法，其剥夺政治权利的附加刑，只能在一年以上五年以下决定应执行的刑期，不能超过五年。尽管它是依据1979年刑法有关规定作出的，但是刑法修订后有关条文实质内容和文字表述没有变化，具有参照意义。此外，由于《刑法》第五十七条第二款对死刑缓期执行、无期徒刑减为有期徒刑的剥夺政治权利的期限规定为三年以上十年以下，在此情形下并罚时的剥夺政治权利期限可能超过五年，故《批复》补充了“依照刑法第五十七条规定”的相关内容。

（撰稿：高贵君 王勇 吴光侠）

三、典型或常见问题的审理思路

对外国人能否附加剥夺政治权利？[①]

本书观点：对外国人不能附加剥夺政治权利。政治权利是我国公民依法享有的参与国家管理和政治活动的权利，是宪法赋予中国公民的权利，外国籍被

① 观点来源：最高人民法院刑事审判第一庭、第二庭编：《刑事审判参考》2001年第5辑（总第16辑），法律出版社2001年版，第1－5页，方金某惠投毒案。

告人并不享有，故不存在剥夺政治权利的问题，不能对其附加剥夺政治权利。

对犯罪的外国人能否判处剥夺政治权利，以往实践中做法不一。我国《刑法》第五十四条规定，剥夺政治权利是剥夺下列权利：（1）选举权和被选举权；（2）言论、出版、集会、结社、游行、示威自由的权利；（3）担任国家机关职务的权利；（4）担任国有公司、企业、事业单位和人民团体领导职务的权利。上述权利是我国公民依法享有的参与国家管理和政治活动的权利，是宪法赋予中国公民的权利，外国籍被告人并不享有，也就不存在剥夺的问题。外国被告人即使与中国公民结婚，但如果未加入中国国籍，也不享有上述政治权利，也就不存在剥夺的问题。

四、疑难、复杂问题的参考性解答

1. 被判处剥夺政治权利的罪犯能否出版自然科学著作？

分歧意见：第一种意见认为，根据《刑法》第五十四条，判处剥夺政治权利之后，出版权也被剥夺。自然科学著作虽然不含有政治见解，但剥夺犯罪分子的出版权（包括出版自然科学著作的权利）是对其给予政治上的否定评价。剥夺政治权利针对的对象是人（犯罪分子），而不是物（著作），故被剥夺政治权利的罪犯不能出版其自然科学著作。

第二种意见认为，出版自然科学著作的权利不属于政治权利，自然科学著作不具有政治主张的内容，对《刑法》第五十四条规定应理解为剥夺的是出版具有政治见解和思想的文章或著作权利，因此，被判处剥夺政治权利的罪犯，享有出版自然科学著作的权利。

本书观点：同意第一种意见，被判处剥夺政治权利的罪犯不能出版自然科学著作。《刑法》第五十四条明确规定了剥夺政治权利的具体内容，其中第二项中的“出版权利”既包括出版社会科学著作的权利，也包括出版自然科学著作的权利，即被判处剥夺政治权利的罪犯，不得出版任何内容的著作。因为，出版自由是公民以出版物形式表达其思想和见解的自由。它是言论自由的一种表现形式，与言论自由的区别仅仅在于它是以出版物形式来表达思想和见解的。出版自由既是公民交流思想和见解的手段，也是进行思想教育和促进科学文化事业发展的一种手段。

2. 对犯生产、销售伪劣产品罪，被判处有期徒刑十五年的罪犯，能否附加剥夺政治权利？

分歧意见：第一种意见认为，《刑法》第五十六条规定列举的可以附加剥夺政治权利的犯罪分子中，并不包括生产、销售伪劣产品罪的犯罪分子，故不应对其附加剥夺政治权利。

第二种意见认为，《刑法》第五十六条规定列举的可以附加剥夺政治权利的犯罪分子中虽然没有生产、销售伪劣产品罪，但从该条文内容看，既然规定"对于故意杀人、强奸、放火、爆炸、投毒、抢劫等严重破坏社会秩序的犯罪分子，可以附加剥夺政治权利"，就说明可以附加剥夺政治权利的犯罪分子不仅指该条列举的六种，只要是达到严重破坏社会秩序的犯罪分子，都可以附加剥夺政治权利。犯生产、销售伪劣产品罪，被判处有期徒刑十五年的罪犯，应属于严重破坏社会秩序的犯罪分子，理所当然可以附加剥夺政治权利。

本书观点：同意第二种意见，对犯生产、销售伪劣产品罪，被判处有期徒刑十五年的罪犯，可以附加剥夺政治权利。

《最高人民法院关于对故意伤害、盗窃等严重破坏社会秩序的犯罪分子能否附加剥夺政治权利问题的批复》规定，根据《刑法》第五十六条规定，对于故意杀人、强奸、放火、爆炸、投毒、抢劫等严重破坏社会秩序的犯罪分子，可以附加剥夺政治权利。对故意伤害、盗窃等其他严重破坏社会秩序的犯罪，犯罪分子主观恶性较深、犯罪情节恶劣、罪行严重的，也可以依法附加剥夺政治权利。这表明两层意思。一是对于故意杀人、强奸、放火、爆炸、投毒、抢劫等严重破坏社会秩序的犯罪分子是否附加剥夺政治权利，由人民法院根据案件具体情况予以裁量。条文中的"可以"作为授权性用语，表明了立法者的倾向，即在通常情况下得附加剥夺严重破坏社会秩序的犯罪人的政治权利。二是这里的严重破坏社会秩序的犯罪分子不限于条文中所列举的六种，即对其他严重破坏社会秩序的犯罪人，也可以附加剥夺政治权利。因此，对于生产、销售伪劣产品犯罪，如果严重破坏社会秩序，犯罪分子主观恶性较深、犯罪情节恶劣、罪行严重的，也可以依法附加剥夺政治权利。

3. 对未成年人犯罪可否适用剥夺政治权利？

本书观点：《最高人民法院关于审理未成年人刑事案件具体应用法律若干问题的解释》第十四条规定：除刑法规定"应当"附加剥夺政治权利外，对未成年人罪犯一般不判处附加剥夺政治权利；如果对未成年人犯罪判处附加剥夺政治权利的，应当依法从轻判处；对实施被指挥犯罪时未成年、审判时已成年的罪犯判处附加剥夺政治权利，适用前款的规定。

该条明确地规定了对未成年人，除刑法规定“应当”附加剥夺政治权利外，一般不判处附加剥夺政治权利，这已经成为司法实践中处理未成年刑事案件如何适用剥夺政治权利的司法依据。但理论上也有相反的观点认为，剥夺未成年人的政治权利不符合我国刑罚的目的，因为剥夺政治权利是以罪犯实际上享有政治权利为前提的，而未成年罪犯实际上尚未享有宪法规定的政治权利，剥夺其本来就不享有的权利，在刑罚上没有现实意义。同时，上述解释对触犯危害国家安全罪的未成年人是否适用附加剥夺政治权利没有明确规定。那么，这是否意味着未成年人应当适用《刑法》第五十六条的规定，凡触犯危害国家安全的未成年人，都应当附加适用剥夺政治权利呢？据此，有的人也认为，未成年人由于生理、心理都尚未发育成熟，可塑性大，容易受人教唆，引诱或者受不良社会环境的影响而走上犯罪道路，同时，未成年罪犯又具有容易改造的特点。而剥夺政治权利具有严重的社会两难，不利于未成年人回归社会，对未成年罪犯适用剥夺政治权利，与未成年人保护法的立法精神相矛盾，也不符合对未成年人实行特殊保护的政策，不利于对罪犯的教育改造。因此，应当分别情况对待，即：凡触犯危害国家安全罪构成重罪，被判处无期徒刑的未成年人，应当附加剥夺政治权利；对于受到有期徒刑及以下刑罚处罚的未成年人，一般不应适用剥夺政治权利。

我们认为，刑法和司法解释都没有明确规定对未成年人不适用剥夺政治权利，那就说明刑法并没有将未成年人触犯危害国家安全罪排除于剥夺政治权利刑之外。所以，剥夺政治权利理当适用于犯有危害国家安全罪的未成年人。从实践中看，未成年罪犯虽然暂时没有选举权、被选举权、担任国家机关职务和企事业单位领导职务的权利，但宪法规定的言论、出版、集会、结社、游行、示威的自由权利，未成年人仍然享有，这些权利当然属于剥夺政治权利的内容之一。所以，未成年人触犯危害国家安全罪不仅应当附加剥夺政治权利，而且也有政治权利可以剥夺。况且，未成年人在刑满释放或假释时，一般都已成年，如果不剥夺其政治权利，刑满释放后就享有各项政治权利，这从预防犯罪和刑罚适用的角度看，都是不合适的。

4. **对被宣告缓刑的罪犯应否适用剥夺政治权利?**

本书观点: 缓刑即暂缓执行,是指对判处一定刑罚的人,暂时附条件地不予执行,当所附条件得到满足后,原判刑罚就不再执行的一种制度。在我国,缓刑只适用于被判处有期徒刑三年以下或者拘役的罪犯。刑法对缓刑适用的对象在刑罚轻重上作了大致的划分,但对于什么性质、什么类型的犯罪应当或者不应当适用缓刑,并没有作出明文规定。因此,对于被附加剥夺政治权利的人,是否可以适用缓刑,在刑法理论上就出现了争论。一种观点认为,凡是以剥夺政治权利作为附加刑的,都是严重破坏社会秩序的犯罪,对于这类犯罪不应当适用缓刑。另一种观点认为,被判处附加剥夺政治权利的犯罪分子,只要具备缓刑适用的条件,也可以适用缓刑。刑法并没有对危害国家安全犯罪规定不适用缓刑,在危害国家安全罪一章中符合缓刑适用条件的有不少。这种情况符合《刑法》第七十二条规定的缓刑适用条件。既然刑法没有将这种情况排除在缓刑适用之外,那么,我们认为,被附加剥夺政治权利的罪犯,只要具备适用缓刑的条件,同样可以适用缓刑。更何况,我国《刑法》第七十二条第三款规定,被宣告缓刑的犯罪分子,如果被判处附加刑,附加刑仍须执行。这说明,缓刑只是对主刑的附条件不执行,至于是否被判处附加刑,以及被判处何种附加刑,对缓刑的适用不会起决定性作用。

第八节 没收财产

一、刑法规定

第五十九条 没收财产是没收犯罪分子个人所有财产的一部或者全部。没收全部财产的,应当对犯罪分子个人及其扶养的家属保留必需的生活费用。

在判处没收财产的时候,不得没收属于犯罪分子家属所有或者应有的财产。

第六十条 没收财产以前犯罪分子所负的正当债务,需要以没收的财产偿还的,经债权人请求,应当偿还。

二、司法解释、司法文件

1. **最高人民法院关于适用财产刑若干问题的规定**（法释〔2000〕45号，自2000年12月19日起施行）

（具体内容见本章第六节“罚金”的“司法解释、司法文件”部分）

2. **全国法院维护农村稳定刑事审判工作座谈会纪要**（法〔1999〕217号，自1999年10月27日起施行）（节录）

（四）关于财产刑问题

凡法律规定并处罚金或者没收财产的，均应当依法并处，被告人的执行能力不能作为是否判处财产刑的依据。确实无法执行或不能执行的，可以依法执行终结或者减免。对法律规定主刑有死刑、无期徒刑和有期徒刑，同时并处没收财产或罚金的，如决定判处死刑，只能并处没收财产；判处无期徒刑的，可以并处没收财产，也可以并处罚金；判处有期徒刑的，只能并处罚金。

3. **最高人民法院关于审理未成年人刑事案件具体应用法律若干问题的解释**（法释〔2006〕1号，自2006年1月23日起施行）（节录）

第十五条　对未成年罪犯实施刑法规定的“并处”没收财产或者罚金的犯罪，应当依法判处相应的财产刑；对未成年罪犯实施刑法规定的“可以并处”没收财产或者罚金的犯罪，一般不判处财产刑。

对未成年罪犯判处罚金刑时，应当依法从轻或者减轻判处，并根据犯罪情节，综合考虑其缴纳罚金的能力，确定罚金数额。但罚金的最低数额不得少于五百元人民币。

对被判处罚金刑的未成年罪犯，其监护人或者其他人自愿代为垫付罚金的，人民法院应当允许。

4. **最高人民法院关于审理抢劫刑事案件适用法律若干问题的指导意见**（法发〔2016〕2号，自2016年1月6日起施行）（节录）

四、具有法定八种加重处罚情节的刑罚适用

1. 根据刑法第二百六十三条的规定，具有“抢劫致人重伤、死亡”等八种法定加重处罚情节的，处十年以上有期徒刑、无期徒刑或者死刑，并处罚金或者没收财产。应当根据抢劫的次数及数额、抢劫对人身的损害、对社会治安的危害等情况，结合被告人的主观恶性及人身危险程度，并根据量刑规范化的有关规定，确定具体的刑罚。判处无期徒刑以上刑罚的，一般应并处没收财产。

5. 全国法院毒品犯罪审判工作座谈会纪要（法〔2015〕129号，自2015年5月18日起施行）（节录）

二、关于毒品犯罪法律适用的若干具体问题

（五）缓刑、财产刑适用及减刑、假释问题

……

办理毒品犯罪案件，应当依法追缴犯罪分子的违法所得，充分发挥财产刑的作用，切实加大对犯罪分子的经济制裁力度。对查封、扣押、冻结的涉案财物及其孳息，经查确属违法所得或者依法应当追缴的其他涉案财物的，如购毒款、供犯罪所用的本人财物、毒品犯罪所得的财物及其收益等，应当判决没收，但法律另有规定的除外。判处罚金刑时，应当结合毒品犯罪的性质、情节、危害后果及被告人的获利情况、经济状况等因素合理确定罚金数额。对于决定并处没收财产的毒品犯罪，判处被告人有期徒刑的，应当按照上述确定罚金数额的原则确定没收个人部分财产的数额；判处无期徒刑的，可以并处没收个人全部财产；判处死缓或者死刑的，应当并处没收个人全部财产。

6. 全国部分法院审理毒品犯罪案件工作座谈会纪要（法〔2008〕324号，自2008年12月1日起施行）（节录）

十三、毒品案件财产刑的适用和执行问题

刑法对毒品犯罪规定了并处罚金或者没收财产刑，司法实践中应当依法充分适用。不仅要依法追缴被告人的违法所得及其收益，还要严格依法判处被告人罚金刑或者没收财产刑，不能因为被告人没有财产，或者其财产难以查清、难以分割或者难以执行，就不依法判处财产刑。

要采取有力措施，加大财产刑执行力度。要加强与公安机关、检察机关的协作，对毒品犯罪分子来源不明的巨额财产，依法及时采取查封、扣押、冻结等措施，防止犯罪分子及其亲属转移、隐匿、变卖或者洗钱，逃避依法追缴。要加强不同地区法院之间的相互协作配合。毒品犯罪分子的财产在异地的，第一审人民法院可以委托财产所在地人民法院代为执行。要落实和运用有关国际禁毒公约规定，充分利用国际刑警组织等渠道，最大限度地做好境外追赃工作。

7. 最高人民法院关于依法惩处生产销售伪劣食品、药品等严重破坏市场经济秩序犯罪的通知（法〔2004〕118号，自2004年6月21日起施行）（节录）

二、突出重点，依法惩处严重破坏社会主义市场经济秩序的犯罪分子

各级法院要坚定不移地贯彻依法从严惩处的方针，对严重破坏社会主义市场经济秩序的犯罪分子严格依照刑法的规定定罪判刑。当前，要重点打击生产销售有毒有害食品以及不符合卫生标准的食品的犯罪；生产销售假药、劣药以及不符合卫生标准的医用器械犯罪；生产销售伪劣农药、兽药、化肥、种子的犯罪；生产销售不符合安全标准的产品以及其他伪劣产品的犯罪；强迫卖血、非法组织卖血和非法采集、制作、供应血液及血液制品犯罪；假冒注册商标、销售侵权复制品以及伪造、擅自制造他人注册商标标识等侵犯知识产权犯罪。对起诉到法院的走私、偷税、抗税、骗税、合同诈骗、金融诈骗、非法传销和变相传销等严重破坏市场经济秩序的犯罪分子，要继续依法从严惩处。各地法院要根据实际确定打击重点，注重实效。要把犯罪数额巨大、情节恶劣、危害严重、群众反映强烈，给国家和人民利益造成重大损失的案件，特别是有国家工作人员参与或者包庇纵容的案件，作为大案要案，抓紧及时审理，依法从严判处。依法应当重判的，要坚决重判。在依法适用主刑的同时，必须充分适用财产刑。法律规定应当并处罚金或者没收财产的，要坚决判处罚金或者没收财产；法律规定可以并处罚金或者没收财产的，一般也要判处罚金或者没收财产。对犯罪分子违法所得的财物要依法追缴或者责令退赔；对其用于犯罪的本人财物要依法予以没收。

8. 最高人民法院关于进一步加强各项审判工作为整顿和规范市场经济秩序提供有力司法保障的通知（法〔2003〕57号，自2003年5月6日起施行）（节录）

三、严格依法办案，注意体现政策，确保审判的法律效果和社会效果

各级法院审判破坏市场经济秩序的犯罪案件，一要坚决，二要慎重，务必搞准。首先要严格区分罪与非罪的界限，坚决排除地方和部门保护主义的干扰，既要防止以罚代刑，放纵犯罪，又要防止把一般行政违法行为和民事侵权行为当作犯罪处罚。其次要严格依法办案，切实把好事实证据关、适用法律关和审判程序关，确保案件质量，提高审判效率。再次要严格财产刑的适用和执行，法律规定应当并处罚金或者没收财产的，要坚决判处罚金或者没收财产；法律规定可以并处罚金或者没收财产的，一般也要判处罚金或者

没收财产。当前，各级法院应当特别注意采取措施改变目前财产刑的执行不了和执行不力的问题，切实加大财产刑执行力度，最大限度发挥其在惩罚和预防犯罪中的效用。最后要严格贯彻罪刑法定、罪刑相适应的原则和惩办与宽大相结合的刑事政策。罪该从严的要坚决依法从严判处，罪该从宽的也要依法从宽。对于在整顿和规范市场经济秩序中，向司法机关投案自首或者有检举揭发等立功表现，以及具有其它法定从轻、减轻或者免除处罚情节的犯罪分子，应当依法从轻、减轻或者免除处罚，以分化和瓦解犯罪分子。

9. **最高人民法院、最高人民检察院关于办理利用互联网、移动通讯终端、声讯台制作、复制、出版、贩卖、传播淫秽电子信息刑事案件具体应用法律若干问题的解释（二）**（法释〔2010〕3号，自2010年2月4日起施行）（节录）

第十一条 对于以牟利为目的，实施制作、复制、出版、贩卖、传播淫秽电子信息犯罪的，人民法院应当综合考虑犯罪的违法所得、社会危害性等情节，依法判处罚金或者没收财产。罚金数额一般在违法所得的一倍以上五倍以下。

10. **最高人民法院 最高人民检察院关于办理组织、强迫、引诱、容留、介绍卖淫刑事案件适用法律若干问题的解释**（法释〔2017〕13号，自2017年7月25日起施行）（节录）

第十三条 犯组织、强迫、引诱、容留、介绍卖淫罪的，应当依法判处犯罪所得二倍以上的罚金。共同犯罪的，对各共同犯罪人合计判处的罚金应当在犯罪所得的二倍以上。

对犯组织、强迫卖淫罪被判处无期徒刑的，应当并处没收财产。

三、典型或常见问题的审理思路

对需要判决没收财产刑或者罚金刑的，如何确定适用没收财产还是罚金？[①]

本书观点：选择适用没收财产或者罚金，主要根据犯罪性质、犯罪情节、

① 观点来源：综合《最高人民法院关于适用财产刑若干问题的规定》《全国法院维护农村稳定刑事审判工作座谈会纪要》《最高人民法院关于审理抢劫刑事案件适用法律若干问题的指导意见》《全国法院毒品犯罪审判工作座谈会纪要》《全国部分法院审理毒品犯罪案件工作座谈会纪要》《最高人民法院、最高人民检察院关于办理组织、强迫、引诱、容留、介绍卖淫刑事案件适用法律若干问题的解释》等司法解释、司法文件而成。

犯罪后果以及判处主刑的轻重等确定。罚金一般适用于较轻的犯罪或者在严重的经济犯罪中适用并罚；而没收财产则一般主要适用于严重的犯罪，如危害国家安全的犯罪以及其他严重的贪利型犯罪。所以，没收财产刑在刑罚的严厉程度上重于罚金刑。

没收财产是指将犯罪分子个人所有财产的一部分或全部强制无偿地收归国有的刑罚。司法实践中对于罚金与没收财产如何正确适用往往含混不清，有的人认为既然二者都是以剥夺犯罪人的财产或经济利益为目的，无论对二者使用何种刑罚都可以达到从经济上打击犯罪分子的目的。其实，刑法之所以要分别设立罚金刑与没收财产刑，就在于这两种刑罚在适用中具有各自的功能和作用，不能将两者混为一谈。因此，有必要对二者进行区分，以保证在刑罚运用中的准确适用。罚金刑与没收财产刑的主要区别主要有以下几个方面：（1）物质内容不相同。罚金是以剥夺犯罪分子一定数额的金钱为内容；而没收财产是以剥夺犯罪分子个人所有的财产，包括存款以及房屋、企业等不动产。（2）适用对象不完全相同。罚金一般是适用于较轻的犯罪或者在严重的经济犯罪中适用并罚；而没收财产则一般主要适用于严重的犯罪，如危害国家安全的犯罪以及其他严重的贪利型犯罪。所以，没收财产刑在刑罚的严厉程度上重于罚金刑。（3）执行的机关不同。刑法规定罚金刑只能由人民法院执行；而没收财产刑虽然主要由法院执行，但公安机关可以参与其执行。（4）执行的方式不同。罚金可以根据实际情况限期缴纳或者分期缴纳；而没收财产则是在法院判决生效后一次性执行完毕。同时，罚金刑与没收财产刑也具有一些相似的地方，主要是：二者都属于财产刑；都属于我国刑法中规定的附加刑，既可附加适用，也可单独适用；在适用的目的上都是剥夺犯罪分子经济利益，将犯罪人的一部分或全部财产强制收归国有；在适用程序上，都是依法由人民法院作出判决生效后方可执行，其他任何机关都没有处罚权。

如果司法解释或司法文件对于如何选择适用没收财产刑或者罚金刑有明确规定的，必须遵守其规定，不得突破。目前，司法解释、司法文件就如何选择适用没收财产或者罚金刑作出明确规定的主要有：

（1）《全国法院维护农村稳定刑事审判工作座谈会纪要》规定：对法律规定主刑有死刑、无期徒刑和有期徒刑，同时并处没收财产或罚金的，如决定判处死刑，只能并处没收财产；判处无期徒刑的，可以并处没收财产，也可以并处罚金；判处有期徒刑的，只能并处罚金。

（2）《最高人民法院关于审理抢劫刑事案件适用法律若干问题的指导意见》规定：具有“抢劫致人重伤、死亡”等八种法定加重处罚情节的，处十年以上有期徒刑、无期徒刑或者死刑，并处罚金或者没收财产。应当根据抢劫的次数及数额、抢劫对人身的损害、对社会治安的危害等情况，结合被告人的主观恶性及人身危险程度，并根据量刑规范化的有关规定，确定具体的刑罚。判处无期徒刑以上刑罚的，一般应并处没收财产。

（3）《全国法院毒品犯罪审判工作座谈会纪要》规定：判处罚金刑时，应当结合毒品犯罪的性质、情节、危害后果及被告人的获利情况、经济状况等因素合理确定罚金数额。对于决定并处没收财产的毒品犯罪，判处被告人有期徒刑的，应当按照上述确定罚金数额的原则确定没收个人部分财产的数额；判处无期徒刑的，可以并处没收个人全部财产；判处死缓或者死刑的，应当并处没收个人全部财产。

（4）《最高人民法院、最高人民检察院关于办理组织、强迫、引诱、容留、介绍卖淫刑事案件适用法律若干问题的解释》第十三条规定：“犯组织、强迫、引诱、容留、介绍卖淫罪的，应当依法判处犯罪所得二倍以上的罚金。共同犯罪的，对各共同犯罪人合计判处的罚金应当在犯罪所得的二倍以上。对犯组织、强迫卖淫罪被判处无期徒刑的，应当并处没收财产。”

四、疑难、复杂问题的参考性解答

1. 在被告人犯数罪，有的罪判处没收财产，有的罪判处罚金的情况下，财产刑如何并罚？

本书观点：没收财产的并罚主要涉及的是没收财产与罚金的并罚问题。从审判实践看，对数罪中有判处罚金和没收部分财产的，可适用限制加重原则。但是，根据《最高人民法院关于适用财产刑若干问题的规定》（法释〔2000〕45号）第三条第二款的规定，对于数罪中有判处罚金，又有判处没收全部财产的，二者相互冲突，不能同时执行，可以采取吸收原则，只执行一个没收财产刑，不执行罚金刑。

2. 如何确定没收财产的范围和数量？

本书观点：没收财产是一部分还是全部，应考虑以下几个因素：犯罪分子所处主刑的轻重；其家庭的经济状况和其人身危险性大小。

根据《刑法》第五十九条的规定，没收财产是没收犯罪分子个人所有的财产，在判处没收财产的时候，不得没收属于犯罪分子家属所有或者应有的财产。

（1）没收财产是没收犯罪分子个人所有财产的一部分或者全部。犯罪分子个人所有的财产包括两部分：一部分是所有权已确定归属犯罪人的财产，如犯罪人婚前已经公证过的财产；另一部分是犯罪人家庭成员共同财产中属于犯罪人享有的财产。犯罪分子家属所有的财产，是指所有权属于犯罪家属个人所有的财产，是指犯罪分子家属本人实际上所有而不是名义上所有的财产；所谓“家属应有的财产”，包括两部分：一部分是指犯罪分子和家属共同所有、共同购置、共同使用的财产中家属应得的一份；另一部分是指没有独立生活能力或者没有其他生活来源，而原来依靠犯罪分子赡养、扶养、抚养的家属，在没收犯罪分子个人财产时，必须给这些家属留下必要的财产，以维持其生活。所谓犯罪分子个人所有财产，是指属于犯罪分子本人实际所有的财产及与他人共有财产中依法应得的份额。应当严格区分犯罪分子个人所有财产与其家属或者他人财产的界限，只有依法确定为犯罪分子个人所有的财产，才能予以没收。至于没收财产是一部分还是全部，应考虑以下几个因素：犯罪分子所处主刑的轻重；其家庭的经济状况和其人身危险性大小。

（2）没收全部财产的，应当对犯罪分子个人及其扶养的家属保留必需的生活费用，以维持犯罪分子个人和扶养的家属的生活。

（3）在判处没收财产的时候，不得没收属于犯罪分子家属所有或者应有的财产。这一规定充分体现了刑法所坚持的罪责自负、不株连无辜的基本准则。遵守这一规定，就要对应当没收的财产范围作出确认，即分清犯罪人个人所有的财产和属于犯罪人家属所有或者应有的财产。从个人财产的性质来看，无非分为生活资料和生产资料两个部分，判决和执行时应当注意的是，不要把生产资料这部分财产遗漏掉。在家庭财产共有的情况下，应当首先对共有财产进行分割，确定每个共有财产人各自应有的份额后，再将属于犯罪人所有的那部分财产予以没收。如果在犯罪前犯罪人有需要赡养、抚养或扶养而又没有其他经济来源的家属，在没收财产时应当将其家属应有的财产留出，以保证维持家属生活之用。

（4）在决定对具体犯罪人究竟适用部分没收还是适用全部没收时，通常应考虑如下因素：第一，犯罪人所判处的主刑的轻重。如果对犯罪人所判处的主刑是有期徒刑或拘役，便意味着犯罪人在刑满释放后存在一个再社会化的问题。为了避免犯罪人刑期满后因财产的完全没收而丧失谋生的经济能力，不能自食其力重新做人，因此对之通常只判处部分没收财产。如果对犯罪人所判处的主刑是死刑或无期徒刑，则不存在再社会化的问题，或者再社会化的可能性不是很大，因而可以没收其全部财产。第二，犯罪人的家庭经济情况。如果犯罪人的家庭经济状况不佳，负担较重，判处没收其全部财产，必然造成家庭成员的生活陷入更大的困境。在这种情况下，一般只宜判处部分没收。相反，如果犯罪人家庭经济状况好，负担轻，即便没收犯罪人的全部财产，也不会对其家庭成员的生活造成大的影响，则可考虑判处全部没收。第三，犯罪人的人身危险性的大小。对于人身危险性较大的贪利型的罪犯，如走私的首要分子或累犯，如果所犯罪行决定了对之不能判处死刑、无期徒刑，为了有效地剥夺其再犯罪的资本，可以考虑没收其全部财产。而对于人身危险性较小的贪利型的罪犯，由于其再犯罪的可能性不大，没有必要用全部没收其财产来剥夺其再犯罪的能力，只宜判处部分没收财产。

（5）关于没收财产的数量。没收财产的数量是指对犯罪人所有的财产是部分没收还是全部没收。我国刑法分则没有对没收财产的数量作具体规定，需要审判人员在具体适用时，根据案件的犯罪情节，结合犯罪分子的财产状况及家庭负担酌情判处。没收财产只能没收犯罪人已经具有的、现实存在的财产，而不可能没收犯罪人将来可能具有的财产。

3. 没收财产与罪犯债务的偿还之间的关系如何处理？

本书观点：根据《刑法》第六十条规定，没收财产以前犯罪分子所负的正当债务，需要以没收的财产偿还的，经债权人请求，应当偿还。

根据这一规定，只有同时具备了以下三个条件，才能以没收的财产偿还债务：（1）必须是没收财产以前犯罪分子所欠债务，包括所负国家、集体和个人的债务；没收财产以后所负的债务，则不能用没收的财产偿还。（2）必须是合法的债务。对此，《最高人民法院关于适用财产刑若干问题的规定》第七条明确规定：《刑法》第六十条规定的“没收财产以前犯罪分子所负的正当债务”，是指犯罪分子在判决生效前所欠他人的合法债务，如正当的买卖、借贷、租赁、雇佣所负的债务；非法债务，如赌债、高利贷超出合法利息部分的债务不在此列。（3）必须经债权人提出请求。（4）偿还犯罪分子所负债务，仅限于没收财产的范围内，并按我国民事诉讼法规定的清偿顺序偿还。

另外，在没收的财产中，如果发现有犯罪分子犯罪所得的赃物，经原主请求，查明属实的，应首先将原物退还原主。

对于附带民事诉讼中被害人等受到损害的赔偿部分，应当先由人民法院依照民事判决的执行程序执行。

第四章　刑罚的具体运用

第一节　量　刑

一、刑法规定

第六十一条　对于犯罪分子决定刑罚的时候，应当根据犯罪的事实、犯罪的性质、情节和对于社会的危害程度，依照本法的有关规定判处。

第六十二条　犯罪分子具有本法规定的从重处罚、从轻处罚情节的，应当在法定刑的限度以内判处刑罚。

第六十三条[①]　犯罪分子具有本法规定的减轻处罚情节的，应当在法定刑以下判处刑罚；本法规定有数个量刑幅度的，应当在法定量刑幅度的下一个量刑幅度内判处刑罚。

犯罪分子虽然不具有本法规定的减轻处罚情节，但是根据案件的特殊情况，经最高人民法院核准，也可以在法定刑以下判处刑罚。

第六十四条　犯罪分子违法所得的一切财物，应当予以追缴或者责令退赔；对被害人的合法财产，应当及时返还；违禁品和供犯罪所用的本人财物，应当予以没收。没收的财物和罚金，一律上缴国库，不得挪用和自行处理。

---

①　本条第一款经2011年2月25日《刑法修正案（八）》第五条修正。

1997年《刑法》第六十三条第一款原规定：“犯罪分子具有本法规定的减轻处罚情节的，应当在法定刑以下判处刑罚。”

二、司法解释、司法文件及其权威解读

1. **最高人民法院关于贯彻宽严相济刑事政策的若干意见**（法发〔2010〕9号，自2010年2月8日起施行）

宽严相济刑事政策是我国的基本刑事政策，贯穿于刑事立法、刑事司法和刑罚执行的全过程，是惩办与宽大相结合政策在新时期的继承、发展和完善，是司法机关惩罚犯罪，预防犯罪，保护人民，保障人权，正确实施国家法律的指南。为了在刑事审判工作中切实贯彻执行这一政策，特制定本意见。

一、贯彻宽严相济刑事政策的总体要求

1. 贯彻宽严相济刑事政策，要根据犯罪的具体情况，实行区别对待，做到该宽则宽，当严则严，宽严相济，罚当其罪，打击和孤立极少数，教育、感化和挽救大多数，最大限度地减少社会对立面，促进社会和谐稳定，维护国家长治久安。

2. 要正确把握宽与严的关系，切实做到宽严并用。既要注意克服重刑主义思想影响，防止片面从严，也要避免受轻刑化思想影响，一味从宽。

3. 贯彻宽严相济刑事政策，必须坚持严格依法办案，切实贯彻落实罪刑法定原则、罪刑相适应原则和法律面前人人平等原则，依照法律规定准确定罪量刑。从宽和从严都必须依照法律规定进行，做到宽严有据，罚当其罪。

4. 要根据经济社会的发展和治安形势的变化，尤其要根据犯罪情况的变化，在法律规定的范围内，适时调整从宽和从严的对象、范围和力度。要全面、客观把握不同时期不同地区的经济社会状况和社会治安形势，充分考虑人民群众的安全感以及惩治犯罪的实际需要，注重从严打击严重危害国家安全、社会治安和人民群众利益的犯罪。对于犯罪性质尚不严重，情节较轻和社会危害性较小的犯罪，以及被告人认罪、悔罪，从宽处罚更有利于社会和谐稳定的，依法可以从宽处理。

5. 贯彻宽严相济刑事政策，必须严格依法进行，维护法律的统一和权威，确保良好的法律效果。同时，必须充分考虑案件的处理是否有利于赢得广大人民群众的支持和社会稳定，是否有利于瓦解犯罪，化解矛盾，是否有利于罪犯的教育改造和回归社会，是否有利于减少社会对抗，促进社会和谐，争取更好的社会效果。要注意在裁判文书中充分说明裁判理由，尤其是从宽或

从严的理由，促使被告人认罪服法，注重教育群众，实现案件裁判法律效果和社会效果的有机统一。

二、准确把握和正确适用依法从“严”的政策要求

6. 宽严相济刑事政策中的从“严”，主要是指对于罪行十分严重、社会危害性极大，依法应当判处重刑或死刑的，要坚决地判处重刑或死刑；对于社会危害大或者具有法定、酌定从重处罚情节，以及主观恶性深、人身危险性大的被告人，要依法从严惩处。在审判活动中通过体现依法从“严”的政策要求，有效震慑犯罪分子和社会不稳定分子，达到有效遏制犯罪、预防犯罪的目的。

7. 贯彻宽严相济刑事政策，必须毫不动摇地坚持依法严惩严重刑事犯罪的方针。对于危害国家安全犯罪、恐怖组织犯罪、邪教组织犯罪、黑社会性质组织犯罪、恶势力犯罪、故意危害公共安全犯罪等严重危害国家政权稳固和社会治安的犯罪，故意杀人、故意伤害致人死亡、强奸、绑架、拐卖妇女儿童、抢劫、重大抢夺、重大盗窃等严重暴力犯罪和严重影响人民群众安全感的犯罪，走私、贩卖、运输、制造毒品等毒害人民健康的犯罪，要作为严惩的重点，依法从重处罚。尤其对于极端仇视国家和社会，以不特定人为侵害对象，所犯罪行特别严重的犯罪分子，该重判的要坚决依法重判，该判处死刑的要坚决依法判处死刑。

8. 对于国家工作人员贪污贿赂、滥用职权、失职渎职的严重犯罪，黑恶势力犯罪、重大安全责任事故、制售伪劣食品药品所涉及的国家工作人员职务犯罪，发生在社会保障、征地拆迁、灾后重建、企业改制、医疗、教育、就业等领域严重损害群众利益、社会影响恶劣、群众反映强烈的国家工作人员职务犯罪，发生在经济社会建设重点领域、重点行业的严重商业贿赂犯罪等，要依法从严惩处。

对于国家工作人员职务犯罪和商业贿赂犯罪中性质恶劣、情节严重、涉案范围广、影响面大的，或者案发后隐瞒犯罪事实、毁灭证据、订立攻守同盟、负案潜逃等拒不认罪悔罪的，要坚决依法从严惩处。

对于被告人犯罪所得数额不大，但对国家财产和人民群众利益造成重大损失、社会影响极其恶劣的职务犯罪和商业贿赂犯罪案件，也应依法从严惩处。

要严格掌握职务犯罪法定减轻处罚情节的认定标准与减轻处罚的幅度，

严格控制依法减轻处罚后判处三年以下有期徒刑适用缓刑的范围，切实规范职务犯罪缓刑、免予刑事处罚的适用。

9. 当前和今后一段时期，对于集资诈骗、贷款诈骗、制贩假币以及扰乱、操纵证券、期货市场等严重危害金融秩序的犯罪，生产、销售假药、劣药、有毒有害食品等严重危害食品药品安全的犯罪，走私等严重侵害国家经济利益的犯罪，造成严重后果的重大安全责任事故犯罪，重大环境污染、非法采矿、盗伐林木等各种严重破坏环境资源的犯罪等，要依法从严惩处，维护国家的经济秩序，保护广大人民群众的生命健康安全。

10. 严惩严重刑事犯罪，必须充分考虑被告人的主观恶性和人身危险性。对于事先精心预谋、策划犯罪的被告人，具有惯犯、职业犯等情节的被告人，或者因故意犯罪受过刑事处罚、在缓刑、假释考验期内又犯罪的被告人，要依法严惩，以实现刑罚特殊预防的功能。

11. 要依法从严惩处累犯和毒品再犯。凡是依法构成累犯和毒品再犯的，即使犯罪情节较轻，也要体现从严惩处的精神。尤其是对于前罪为暴力犯罪或被判处重刑的累犯，更要依法从严惩处。

12. 要注重综合运用多种刑罚手段，特别是要重视依法适用财产刑，有效惩治犯罪。对于法律规定有附加财产刑的，要依法适用。对于侵财型和贪利型犯罪，更要注重通过依法适用财产刑使犯罪分子受到经济上的惩罚，剥夺其重新犯罪的能力和条件。要切实加大财产刑的执行力度，确保刑罚的严厉性和惩罚功能得以实现。被告人非法占有、处置被害人财产不能退赃的，在决定刑罚时，应作为重要情节予以考虑，体现从严处罚的精神。

13. 对于刑事案件被告人，要严格依法追究刑事责任，切实做到不枉不纵。要在确保司法公正的前提下，努力提高司法效率。特别是对于那些严重危害社会治安，引起社会关注的刑事案件，要在确保案件质量的前提下，抓紧审理，及时宣判。

三、准确把握和正确适用依法从“宽”的政策要求

14. 宽严相济刑事政策中的从“宽”，主要是指对于情节较轻、社会危害性较小的犯罪，或者罪行虽然严重，但具有法定、酌定从宽处罚情节，以及主观恶性相对较小、人身危险性不大的被告人，可以依法从轻、减轻或者免除处罚；对于具有一定社会危害性，但情节显著轻微危害不大的行为，不作为犯罪处理；对于依法可不监禁的，尽量适用缓刑或者判处管制、单处罚金

等非监禁刑。

15. 被告人的行为已经构成犯罪，但犯罪情节轻微，或者未成年人、在校学生实施的较轻犯罪，或者被告人具有犯罪预备、犯罪中止、从犯、胁从犯、防卫过当、避险过当等情节，依法不需要判处刑罚的，可以免予刑事处罚。对免予刑事处罚的，应当根据刑法第三十七条规定，做好善后、帮教工作或者交由有关部门进行处理，争取更好的社会效果。

16. 对于所犯罪行不重、主观恶性不深、人身危险性较小、有悔改表现、不致再危害社会的犯罪分子，要依法从宽处理。对于其中具备条件的，应当依法适用缓刑或者管制、单处罚金等非监禁刑。同时配合做好社区矫正，加强教育、感化、帮教、挽救工作。

17. 对于自首的被告人，除了罪行极其严重、主观恶性极深、人身危险性极大，或者恶意地利用自首规避法律制裁者以外，一般均应当依法从宽处罚。

对于亲属以不同形式送被告人归案或协助司法机关抓获被告人而认定为自首的，原则上都应当依法从宽处罚；有的虽然不能认定为自首，但考虑到被告人亲属支持司法机关工作，促使被告人到案、认罪、悔罪，在决定对被告人具体处罚时，也应当予以充分考虑。

18. 对于被告人检举揭发他人犯罪构成立功的，一般均应当依法从宽处罚。对于犯罪情节不是十分恶劣，犯罪后果不是十分严重的被告人立功的，从宽处罚的幅度应当更大。

19. 对于较轻犯罪的初犯、偶犯，应当综合考虑其犯罪的动机、手段、情节、后果和犯罪时的主观状态，酌情予以从宽处罚。对于犯罪情节轻微的初犯、偶犯，可以免予刑事处罚；依法应当予以刑事处罚的，也应当尽量适用缓刑或者判处管制、单处罚金等非监禁刑。

20. 对于未成年人犯罪，在具体考虑其实施犯罪的动机和目的、犯罪性质、情节和社会危害程度的同时，还要充分考虑其是否属于初犯，归案后是否悔罪，以及个人成长经历和一贯表现等因素，坚持“教育为主、惩罚为辅”的原则和“教育、感化、挽救”的方针进行处理。对于偶尔盗窃、抢夺、诈骗，数额刚达到较大的标准，案发后能如实交代并积极退赃的，可以认定为情节显著轻微，不作为犯罪处理。对于罪行较轻的，可以依法适当多适用缓刑或者判处管制、单处罚金等非监禁刑；依法可免予刑事处罚的，应当免予刑事处罚。对于犯罪情节严重的未成年人，也应当依照刑法第十七条第三款的规定予以从轻或者减轻处罚。对于已满十四周岁不满十六周岁的未成年犯罪人，一般不判处无期徒刑。

21. 对于老年人犯罪，要充分考虑其犯罪的动机、目的、情节、后果以及悔罪表现等，并结合其人身危险性和再犯可能性，酌情予以从宽处罚。

22. 对于因恋爱、婚姻、家庭、邻里纠纷等民间矛盾激化引发的犯罪，因劳动纠纷、管理失当等原因引发、犯罪动机不属恶劣的犯罪，因被害方过错或者基于义愤引发的或者具有防卫因素的突发性犯罪，应酌情从宽处罚。

23. 被告人案发后对被害人积极进行赔偿，并认罪、悔罪的，依法可以作为酌定量刑情节予以考虑。因婚姻家庭等民间纠纷激化引发的犯罪，被害人及其家属对被告人表示谅解的，应当作为酌定量刑情节予以考虑。犯罪情节轻微，取得被害人谅解的，可以依法从宽处理，不需判处刑罚的，可以免予刑事处罚。

24. 对于刑事被告人，如果采取取保候审、监视居住等非羁押性强制措施足以防止发生社会危险性，且不影响刑事诉讼正常进行的，一般可不采取羁押措施。对人民检察院提起公诉而被告人未被采取逮捕措施的，除存在被告人逃跑、串供、重新犯罪等具有人身危险性或者可能影响刑事诉讼正常进行的情形外，人民法院一般可不决定逮捕被告人。

四、准确把握和正确适用宽严“相济”的政策要求

25. 宽严相济刑事政策中的“相济”，主要是指在对各类犯罪依法处罚时，要善于综合运用宽和严两种手段，对不同的犯罪和犯罪分子区别对待，做到严中有宽、宽以济严；宽中有严、严以济宽。

26. 在对严重刑事犯罪依法从严惩处的同时，对被告人具有自首、立功、从犯等法定或酌定从宽处罚情节的，还要注意宽以济严，根据犯罪的具体情况，依法应当或可以从宽的，都应当在量刑上予以充分考虑。

27. 在对较轻刑事犯罪依法从轻处罚的同时，要注意严以济宽，充分考虑被告人是否具有屡教不改、严重滋扰社会、群众反映强烈等酌定从严处罚的情况，对于不从严不足以有效惩戒者，也应当在量刑上有所体现，做到济之以严，使犯罪分子受到应有处罚，切实增强改造效果。

28. 对于被告人同时具有法定、酌定从严和法定、酌定从宽处罚情节的案件，要在全面考察犯罪的事实、性质、情节和对社会危害程度的基础上，结合被告人的主观恶性、人身危险性、社会治安状况等因素，综合作出分析判

断，总体从严，或者总体从宽。

29. 要准确理解和严格执行“保留死刑，严格控制和慎重适用死刑”的政策。对于罪行极其严重的犯罪分子，论罪应当判处死刑的，要坚决依法判处死刑。要依法严格控制死刑的适用，统一死刑案件的裁判标准，确保死刑只适用于极少数罪行极其严重的犯罪分子。拟判处死刑的具体案件定罪或者量刑的证据必须确实、充分，得出唯一结论。对于罪行极其严重，但只要是依法可不立即执行的，就不应当判处死刑立即执行。

30. 对于恐怖组织犯罪、邪教组织犯罪、黑社会性质组织犯罪和进行走私、诈骗、贩毒等犯罪活动的犯罪集团，在处理时要分别情况，区别对待：对犯罪组织或集团中的为首组织、指挥、策划者和骨干分子，要依法从严惩处，该判处重刑或死刑的要坚决判处重刑或死刑；对受欺骗、胁迫参加犯罪组织、犯罪集团或只是一般参加者，在犯罪中起次要、辅助作用的从犯，依法应当从轻或减轻处罚，符合缓刑条件的，可以适用缓刑。

对于群体性事件中发生的杀人、放火、抢劫、伤害等犯罪案件，要注意重点打击其中的组织、指挥、策划者和直接实施犯罪行为的积极参与者；对因被煽动、欺骗、裹胁而参加，情节较轻，经教育确有悔改表现的，应当依法从宽处理。

31. 对于一般共同犯罪案件，应当充分考虑各被告人在共同犯罪中的地位和作用，以及在主观恶性和人身危险性方面的不同，根据事实和证据能分清主从犯的，都应当认定主从犯。有多名主犯的，应在主犯中进一步区分出罪行最为严重者。对于多名被告人共同致死一名被害人的案件，要进一步分清各被告人的作用，准确确定各被告人的罪责，以做到区别对待；不能以分不清主次为由，简单地一律判处重刑。

32. 对于过失犯罪，如安全责任事故犯罪等，主要应当根据犯罪造成危害后果的严重程度、被告人主观罪过的大小以及被告人案发后的表现等，综合掌握处罚的宽严尺度。对于过失犯罪后积极抢救、挽回损失或者有效防止损失进一步扩大的，要依法从宽。对于造成的危害后果虽然不是特别严重，但情节特别恶劣或案发后故意隐瞒案情，甚至逃逸，给及时查明事故原因和迅速组织抢救造成贻误的，则要依法从重处罚。

33. 在共同犯罪案件中，对于主犯或首要分子检举、揭发同案地位、作用较次犯罪分子构成立功的，从轻或者减轻处罚应当从严掌握，如果从轻处罚可能导致全案量刑失衡的，一般不予从轻处罚；如果检举、揭发的是其他犯罪案件中罪行同样严重的犯罪分子，或者协助抓获的是同案中的其他主犯、首要分子的，原则上应予依法从轻或者减轻处罚。对于从犯或犯罪集团中的一般成员立功，特别是协助抓获主犯、首要分子的，应当充分体现政策，依法从轻、减轻或者免除处罚。

34. 对于危害国家安全犯罪、故意危害公共安全犯罪、严重暴力犯罪、涉众型经济犯罪等严重犯罪；恐怖组织犯罪、邪教组织犯罪、黑恶势力犯罪等有组织犯罪的领导者、组织者和骨干分子；毒品犯罪再犯的严重犯罪者；确有执行能力而拒不依法积极主动缴付财产执行财产刑或确有履行能力而不积极主动履行附带民事赔偿责任的，在依法减刑、假释时，应当从严掌握。对累犯减刑时，应当从严掌握。拒不交代真实身份或对减刑、假释材料弄虚作假，不符合减刑、假释条件的，不得减刑、假释。

对于因犯故意杀人、爆炸、抢劫、强奸、绑架等暴力犯罪，致人死亡或严重残疾而被判处死刑缓期二年执行或无期徒刑的罪犯，要严格控制减刑的频度和每次减刑的幅度，要保证其相对较长的实际服刑期限，维护公平正义，确保改造效果。

对于未成年犯、老年犯、残疾罪犯、过失犯、中止犯、胁从犯、积极主动缴付财产执行财产刑或履行民事赔偿责任的罪犯、因防卫过当或避险过当而判处徒刑的罪犯以及其他主观恶性不深、人身危险性不大的罪犯，在依法减刑、假释时，应当根据悔改表现予以从宽掌握。对认罪服法，遵守监规，积极参加学习、劳动，确有悔改表现的，依法予以减刑，减刑的幅度可以适当放宽，间隔的时间可以相应缩短。符合刑法第八十一条第一款规定的假释条件的，应当依法多适用假释。

五、完善贯彻宽严相济刑事政策的工作机制

35. 要注意总结审判经验，积极稳妥地推进量刑规范化工作。要规范法官的自由裁量权，逐步把量刑纳入法庭审理程序，增强量刑的公开性和透明度，充分实现量刑的公正和均衡，不断提高审理刑事案件的质量和效率。

36. 最高人民法院将继续通过总结审判经验，制发典型案例，加强审判指导，并制定关于案例指导制度的规范性文件，推进对贯彻宽严相济刑事政策案例指导制度的不断健全和完善。

37. 要积极探索人民法庭受理轻微刑事案件的工作机制，充分发挥人民法庭便民、利民和受案、审理快捷的优势，进一步促进轻微刑事案件及时审判，确保法律效果和社会效果的有机统一。

38. 要充分发挥刑事简易程序节约司法资源、提高审判效率、促进司法公正的功能，进一步强化简易程序的适用。对于被告人对被指控的基本犯罪事实无异议，并自愿认罪的第一审公诉案件，要依法进一步强化普通程序简化审的适用力度，以保障符合条件的案件都能得到及时高效的审理。

39. 要建立健全符合未成年人特点的刑事案件审理机制，寓教于审，惩教结合，通过科学、人性化的审理方式，更好地实现"教育、感化、挽救"的目的，促使未成年犯罪人早日回归社会。要积极推动有利于未成年犯罪人改造和管理的各项制度建设。对公安部门针对未成年人在缓刑、假释期间违法犯罪情况报送的拟撤销未成年犯罪人的缓刑或假释的报告，要及时审查，并在法定期限内及时做出决定，以真正形成合力，共同做好未成年人犯罪的惩戒和预防工作。

40. 对于刑事自诉案件，要尽可能多做化解矛盾的调解工作，促进双方自行和解。对于经过司法机关做工作，被告人认罪悔过，愿意赔偿被害人损失，取得被害人谅解，从而达成和解协议的，可以由自诉人撤回起诉，或者对被告人依法从轻或免予刑事处罚。对于可公诉、也可自诉的刑事案件，检察机关提起公诉的，人民法院应当依法进行审理，依法定罪处罚。对民间纠纷引发的轻伤害等轻微刑事案件，诉至法院后当事人自行和解的，应当予以准许并记录在案。人民法院也可以在不违反法律规定的前提下，对此类案件尝试做一些促进和解的工作。

41. 要尽可能把握一切有利于附带民事诉讼调解结案的积极因素，多做促进当事人双方和解的辨法析理工作，以更好地落实宽严相济刑事政策，努力做到案结事了。要充分发挥被告人、被害人所在单位、社区基层组织、辩护人、诉讼代理人和近亲属在附带民事诉讼调解工作中的积极作用，协调各方共同做好促进调解工作，尽可能通过调解达成民事赔偿协议并以此取得被害人及其家属对被告人的谅解，化解矛盾，促进社会和谐。

42. 对于因受到犯罪行为侵害、无法及时获得有效赔偿、存在特殊生活困难的被害人及其亲属，由有关方面给予适当的资金救助，有利于化解矛盾纠纷，促进社会和谐稳定。各地法院要结合当地实际，在党委、政府的统筹协调和具体指导下，落实好、执行好刑事被害人救助制度，确保此项工作顺利开展，取得实效。

43. 对减刑、假释案件，要采取开庭审理与书面审理相结合的方式。对于职务犯罪案件，尤其是原为县处级以上领导干部罪犯的减刑、假释案件，要一律开庭审理。对于故意杀人、抢劫、故意伤害等严重危害社会治安的暴力犯罪分子，有组织犯罪案件中的首要分子和其他主犯以及其他重大、有影响案件罪犯的减刑、假释，原则上也要开庭审理。书面审理的案件，拟裁定减刑、假释的，要在羁押场所公示拟减刑、假释人员名单，接受其他在押罪犯的广泛监督。

44. 要完善对刑事审判人员贯彻宽严相济刑事政策的监督机制，防止宽严失当、枉法裁判、以权谋私。要改进审判考核考评指标体系，完善错案认定标准和错案责任追究制度，完善法官考核机制。要切实改变单纯以改判率、发回重审率的高低来衡量刑事审判工作质量和法官业绩的做法。要探索建立既能体现审判规律、符合法官职业特点，又能准确反映法官综合素质和司法能力的考评体制，对法官审理刑事案件质量，落实宽严相济刑事政策，实现刑事审判法律效果和社会效果有机统一进行全面、科学的考核。

45. 各级人民法院要加强与公安机关、国家安全机关、人民检察院、司法行政机关等部门的联系和协调，建立经常性的工作协调机制，共同研究贯彻宽严相济刑事政策的工作措施，及时解决工作中出现的具体问题。要根据“分工负责、相互配合、相互制约”的法律原则，加强与公安机关、人民检察院的工作联系，既各司其职，又进一步形成合力，不断提高司法公信，维护司法权威。要在律师辩护代理、法律援助、监狱提请减刑假释、开展社区矫正等方面加强与司法行政机关的沟通和协调，促进宽严相济刑事政策的有效实施。

2. 最高人民检察院关于在检察工作中贯彻宽严相济刑事司法政策的若干意见（高检发研字〔2007〕2号，自2007年1月15日起施行）

为了在检察工作中全面贯彻宽严相济的刑事司法政策，更好地为构建社会主义和谐社会服务，根据刑法、刑事诉讼法及有关规定，结合检察工作实际，提出以下意见。

一、检察机关贯彻宽严相济刑事司法政策的指导思想和原则

1. 检察机关贯彻宽严相济的刑事司法政策，必须坚持以邓小平理论、“三个代表”重要思想和科学发展观为指导，牢固树立社会主义法治理念和正

确的稳定观，把促进社会和谐作为检验检察工作的重要标准，充分履行法律监督职能，有效地遏制、预防和减少犯罪，最大限度地增加和谐因素，最大限度地减少不和谐因素，为构建社会主义和谐社会提供有力的司法保障。

2. 宽严相济是我们党和国家的重要刑事司法政策，是检察机关正确执行国家法律的重要指针。检察机关贯彻宽严相济的刑事司法政策，就是要根据社会治安形势和犯罪分子的不同情况，在依法履行法律监督职能中实行区别对待，注重宽与严的有机统一，该严则严，当宽则宽，宽严互补，宽严有度，对严重犯罪依法从严打击，对轻微犯罪依法从宽处理，对严重犯罪中的从宽情节和轻微犯罪中的从严情节也要依法分别予以宽严体现，对犯罪的实体处理和适用诉讼程序都要体现宽严相济的精神。

3. 检察机关要按照构建社会主义和谐社会的要求，认识和把握宽严相济刑事司法政策在新的形势下对检察工作的重要指导意义，在对严重犯罪依法严厉打击的同时，对犯罪分子依法能争取的尽量争取，能挽救的尽量挽救，能从宽处理的尽量从宽处理，最大限度地化消极因素为积极因素，为构建社会主义和谐社会服务。

4. 检察机关贯彻宽严相济的刑事司法政策应当坚持以下原则：

——全面把握。宽严相济刑事司法政策中的宽与严是一个有机统一的整体，二者相辅相成，必须全面理解，全面把握，全面落实。既要防止只讲严而忽视宽，又要防止只讲宽而忽视严，防止一个倾向掩盖另一个倾向。

——区别对待。宽严相济刑事司法政策的核心是区别对待。应当综合考虑犯罪的社会危害性（包括犯罪侵害的客体、情节、手段、后果等）、犯罪人的主观恶性（包括犯罪时的主观方面、犯罪后的态度、平时表现等）以及案件的社会影响，根据不同时期、不同地区犯罪与社会治安的形势，具体情况具体分析，依法予以从宽或者从严处理。

——严格依法。贯彻宽严相济的刑事司法政策，必须坚持罪刑法定、罪刑相适应、法律面前人人平等原则，实现政策指导与严格执法的有机统一，宽要有节，严要有度，宽和严都必须严格依照法律，在法律范围内进行，做到宽严合法，于法有据。

——注重效果。贯彻宽严相济的刑事司法政策，应当做到惩治犯罪与保障人权的有机统一，法律效果与社会效果的有机统一，保护犯罪嫌疑人、被告人的合法权利与保护被害人的合法权益的有机统一，特殊预防与一般预防的有机统一，执法办案与化解矛盾的有机统一，以有利于维护稳定，化解矛盾，减少对抗，促进和谐。

二、在履行法律监督职能中全面贯彻宽严相济刑事司法政策

5. 依法严厉打击严重危害社会治安的犯罪和严重破坏市场经济秩序等犯罪。“严打”是宽严相济刑事司法政策的重要内容和有机组成部分，是贯彻宽严相济刑事司法政策的重要体现，必须坚定不移地坚持。必须依法从重从快打击黑社会性质组织犯罪、恐怖犯罪、毒品犯罪以及杀人、爆炸、抢劫、强奸、绑架、投放危险物质等严重危害社会治安的刑事犯罪，依法严厉惩治严重破坏金融秩序、侵犯知识产权、制售严重危害人身安全和人体健康的伪劣商品等严重破坏社会主义市场经济秩序的犯罪，依法打击重大环境污染等破坏环境资源犯罪。该批捕的要坚决批捕，该起诉的要坚决起诉，及时、准确、有力地予以打击。

6. 依法严肃查处贪污贿赂、渎职侵权等国家工作人员职务犯罪。加大对职务犯罪的查处力度，提高侦破率，降低漏网率，有效遏制、震慑职务犯罪。严肃查办党政领导干部的职务犯罪，国家工作人员利用人事权、司法权、行政审批权、行政执法权进行权钱交易的职务犯罪，充当黑恶势力“保护伞”的职务犯罪，重大安全责任事故所涉及的职务犯罪，放纵制售伪劣商品的职务犯罪，企业改制、征地拆迁、资源审批和社会保障等工作中侵害国家利益和人民群众切身利益的职务犯罪，发生在基层或者社会关注的行业以及人民群众反映强烈的职务犯罪。对罪行严重、拒不认罪、拒不退赃或者负案潜逃以及进行串供、毁证等妨害诉讼活动的，要果断采取必要的侦查、控制手段或者拘留、逮捕等措施。对于罪行较轻、真诚悔罪、证据稳定的，特别是其中的过失犯罪，可以依法不予逮捕或者及时变更强制措施。

7. 严格把握“有逮捕必要”的逮捕条件，慎重适用逮捕措施。逮捕是最严厉的刑事强制措施，能用其他强制措施的尽量使用其他强制措施。审查批捕要严格依据法律规定，在把握事实证据条件、可能判处刑罚条件的同时，注重对“有逮捕必要”条件的正确理解和把握。具体可以综合考虑以下因素：一是主体是否属于未成年人或者在校学生、老年人、严重疾病患者、盲聋哑人、初犯、从犯或者怀孕、哺乳自己婴儿的妇女等；二是法定刑是否属于较轻的刑罚；三是情节是否具有中止、未遂、自首、立功等法定从轻、减轻或者免除处罚等情形；四是主观方面是否具有过失、受骗、被胁迫等；五是犯

罪后是否具有认罪、悔罪表现，是否具有重新危害社会或者串供、毁证、妨碍作证等妨害诉讼进行的可能；六是犯罪嫌疑人是否属于流窜作案、有无固定住址及帮教、管教条件；七是案件基本证据是否已经收集固定、是否有翻供翻证的可能等。对于罪行严重、主观恶性较大、人身危险性大或者有串供、毁证、妨碍作证等妨害诉讼顺利进行可能，符合逮捕条件的，应当批准逮捕。对于不采取强制措施或者采取其他强制措施不致于妨害诉讼顺利进行的，应当不予批捕。对于可捕可不捕的坚决不捕。

8. 正确把握起诉和不起诉条件，依法适用不起诉。在审查起诉工作中，严格依法掌握起诉条件，充分考虑起诉的必要性，可诉可不诉的不诉。对于初犯、从犯、预备犯、中止犯、防卫过当、避险过当、未成年人犯罪、老年人犯罪以及亲友、邻里、同学同事等纠纷引发的案件，符合不起诉条件的，可以依法适用不起诉，并可以根据案件的不同情况，对被不起诉人予以训诫或者责令具结悔过、赔礼道歉、赔偿损失。确需提起公诉的，可以依法向人民法院提出从宽处理、适用缓刑等量刑方面的意见。

9. 突出立案监督的重点。完善立案监督机制，将监督的重点放在严重犯罪或者社会影响恶劣以及违法立案造成严重后果的案件上，加强对侦查机关落实立案监督情况的跟踪监督，确保违法立案案件及时得到纠正。

10. 在抗诉工作中正确贯彻宽严相济的刑事司法政策。既要重视对有罪判无罪、量刑畸轻的案件及时提出抗诉，又要重视对无罪判有罪、量刑畸重的案件及时提出抗诉。对于被告人认罪并积极赔偿损失、被害人谅解的案件、未成年人犯罪案件以及具有法定从轻、减轻情节的案件，人民法院处罚偏轻的，一般不提出抗诉。对于第一审宣判后人民检察院在法定期限内未提出抗诉，或者判决、裁定发生法律效力后六个月内未提出抗诉的案件，没有发现新的事实或者证据的，一般也不得为加重被告人刑罚而依照审判监督程序提出抗诉。

11. 对未成年人犯罪案件依法从宽处理。办理未成年人犯罪案件，应当坚持“教育、感化、挽救”的方针和“教育为主、惩罚为辅”的原则。要对未成年犯罪嫌疑人的情况进行调查，了解未成年人的性格特点、家庭情况、社会交往、成长经历以及有无帮教条件等情况，除主观恶性大、社会危害严重的以外，根据案件具体情况，可捕可不捕的不捕，可诉可不诉的不诉。对确需提起公诉的未成年被告人，应当根据情况依法向人民法院提出从宽处理、适用缓刑等量刑方面的意见。

12. 对因人民内部矛盾引发的轻微刑事案件依法从宽处理。对因亲友、邻里及同学同事之间纠纷引发的轻微刑事案件，要本着“冤家宜解不宜结”的精神，着重从化解矛盾、解决纠纷的角度正确处理。对于轻微刑事案件中犯罪嫌疑人认罪悔过、赔礼道歉、积极赔偿损失并得到被害人谅解或者双方达成和解并切实履行，社会危害性不大的，可以依法不予逮捕或者不起诉。确需提起公诉的，可以依法向人民法院提出从宽处理的意见。对属于被害人可以提起自诉的轻微刑事案件，由公安机关立案侦查并提请批捕、移送起诉的，人民检察院可以促使双方当事人在民事赔偿和精神抚慰方面和解，及时化解矛盾，依法从宽处理。

13. 对轻微犯罪中的初犯、偶犯依法从宽处理。对于初次实施轻微犯罪、主观恶性小的犯罪嫌疑人，特别是对因生活无着偶然发生的盗窃等轻微犯罪，犯罪嫌疑人人身危险性不大的，一般可以不予逮捕；符合法定条件的，可以依法不起诉。确需提起公诉的，可以依法向人民法院提出从宽处理的意见。

14. 正确处理群体性事件中的犯罪案件。处理群体性事件中的犯罪案件，应当坚持惩治少数，争取、团结、教育大多数的原则。对极少数插手群体性事件，策划、组织、指挥闹事的严重犯罪分子以及进行打砸抢等犯罪活动的首要分子或者骨干分子，要依法严厉打击。对一般参与者，要慎重适用强制措施和提起公诉；确需提起公诉的，可以依法向人民法院提出从宽处理的意见。

三、建立健全贯彻宽严相济刑事司法政策的检察工作机制和办案方式

15. 进一步健全检察环节贯彻“严打”方针的经常性工作机制。加强对社会治安形势的分析，因地制宜地确定打击犯罪的重点，坚持什么犯罪突出就重点打击什么犯罪，增强打击的针对性。对严重刑事犯罪坚持依法快捕、快诉，增强打击的时效性。

16. 加强侦查机制建设，提高发现和查办职务犯罪的能力。推进侦查工作一体化机制建设，突出抓好案件线索的统一管理、侦查活动的统一组织指挥、跨地域侦查的统一协调配合、侦查资源的统一配置使用等各项工作，建立健全纵向指挥有力、横向协作紧密、信息畅通灵敏、运转高效有序的职务犯罪侦查指挥协作机制。加强职务犯罪侦查队伍的专业化建设，提高侦查队伍的侦查技能与水平。加强侦查装备现代化建设，依法规范侦查技术的运用，进

一步提高运用科技手段侦查破案的能力。

17. 推进办案专业化，建立快速办理轻微刑事案件的工作机制。在审查逮捕、审查起诉中改进办案分工，对案件实行繁简分流，指定人员专门办理轻微案件，集中力量办理重大、疑难、复杂案件。建立轻微案件审查逮捕、审查起诉的快速办理机制，对案情简单、事实清楚、证据确实充分、可能判处三年有期徒刑以下刑罚、犯罪嫌疑人认罪的案件，简化审查逮捕、审查起诉的办案文书，缩短办案期限，提高诉讼效率。

18. 依法正确适用简易程序和简化审理程序。对于符合法定条件的轻微刑事案件，人民检察院应当建议适用简易程序；被告人及其辩护人提出适用简易程序，人民检察院经审查认为符合法定条件的，应当同意并向人民法院提出建议；人民法院建议适用简易程序，人民检察院经审查认为符合法定条件的，应当同意。对于被告人认罪的普通刑事案件，符合有关规定条件的，人民检察院应当建议适用简化审理程序。

19. 改革完善未成年人犯罪案件的办案方式。对未成年人犯罪案件，应当设立专门工作机构、专门工作小组或者指定专人办理。建立适合未成年人特点的审查逮捕、审查起诉工作机制。对成年人与未成年人共同犯罪案件，原则上实行分案处理。对未成年人犯罪案件适用简易程序的，公诉人一般应当出庭支持公诉并开展庭审教育活动。对于因犯罪情节轻微决定不起诉的未成年人，要落实帮教措施。

20. 在办理刑事案件中强化化解矛盾的工作。检察机关在办理刑事案件中，应当加强对与犯罪有关的社会矛盾、纠纷的化解和调处工作，将矛盾化解情况和达成协议及履行情况作为考虑从宽处理的一个重要因素。对有直接被害人的案件作从宽处理或者决定不起诉的，可以要求犯罪嫌疑人向被害人赔礼道歉、赔偿损失，取得被害人的谅解，检察机关也要做好对被害人的解释、说明工作，防止产生新的涉法上访。

21. 完善对监外执行、社区矫正的法律监督机制。适应监外执行、社区矫正人员可能增多的趋势，配合有关部门完善相关工作机制，加强对监外执行、社区矫正的法律监督，防止对被监外执行犯罪分子的脱管、漏管和违法管理。

22. 完善办案的考核评价体系。要按照司法规律和检察工作规律管理检察业务工作，从有利于贯彻宽严相济的刑事司法政策出发，科学确定考核各项检察业务工作的指标体系，改进考评办法，保证依法正确适用不批捕、不起诉，改变不适当地控制不捕率、不起诉率的做法，实现办案数量、质量和效果的有机统一。

四、转变观念，加强指导，保障正确贯彻落实宽严相济刑事司法政策

23. 各级检察机关和检察人员特别是领导干部和执法办案人员，应当自觉按照构建社会主义和谐社会的要求，全面准确地理解宽严相济的刑事司法政策，把贯彻落实宽严相济的刑事司法政策与推进司法体制机制改革、加强执法规范化建设结合起来，不断增强惩治犯罪、保护人民、化解矛盾、促进和谐的能力。

24. 最高人民检察院有关业务部门和各省级人民检察院应当结合本部门、本地区的实际情况，深入调查研究，加强对本部门、本地区贯彻宽严相济刑事司法政策的工作指导、检查和监督。上级人民检察院应当及时总结、发现实践中的经验和问题，强化日常管理和定期考核，完善监督制约机制，防止贯彻落实中出现偏差，严肃查处借贯彻宽严相济刑事司法政策名义所进行的徇私枉法、滥用职权等犯罪活动，保证宽严相济刑事司法政策的正确贯彻落实。

25. 各级检察机关应当加强与公安机关、人民法院、司法行政机关等部门的联系与协调，建立经常性的协调配合工作机制，共同研究在刑事诉讼活动中贯彻宽严相济刑事司法政策的具体工作措施，及时解决在贯彻宽严相济刑事司法政策中出现的问题。

26. 要大力加强贯彻宽严相济刑事司法政策的理论研究工作，不断提高运用宽严相济刑事司法政策指导办理刑事案件的水平。同时，要加强对刑事和解、逮捕条件、附条件不起诉、抗诉条件、简易程序以及其他有关问题的研究，积极提出完善贯彻宽严相济刑事司法政策相关法律制度的建议。

3. 最高人民法院关于审理抢劫刑事案件适用法律若干问题的指导意见

（法发〔2016〕2 号，自 2016 年 1 月 6 日起施行）（节录）

一、关于审理抢劫刑事案件的基本要求

坚持贯彻宽严相济刑事政策。对于多次结伙抢劫，针对农村留守妇女、儿童及老人等弱势群体实施抢劫，在抢劫中实施强奸等暴力犯罪的，要在法律规定的量刑幅度内从重判处。

对于罪行严重或者具有累犯情节的抢劫犯罪分子，减刑、假释时应当从严掌握，严格控制减刑的幅度和频度。对因家庭成员就医等特定原因初次实

施抢劫，主观恶性和犯罪情节相对较轻的，要与多次抢劫以及为了挥霍、赌博、吸毒等实施抢劫的案件在量刑上有所区分。对于犯罪情节较轻，或者具有法定、酌定从轻、减轻处罚情节的，坚持依法从宽处理。

确保案件审判质量。审理抢劫刑事案件，要严格遵守证据裁判原则，确保事实清楚，证据确实、充分。特别是对因抢劫可能判处死刑的案件，更要切实贯彻执行刑事诉讼法及相关司法解释、司法文件，严格依法审查判断和运用证据，坚决防止冤错案件的发生。

对抢劫刑事案件适用死刑，应当坚持“保留死刑，严格控制和慎重适用死刑”的刑事政策，以最严格的标准和最审慎的态度，确保死刑只适用于极少数罪行极其严重的犯罪分子。对被判处死刑缓期二年执行的抢劫犯罪分子，根据犯罪情节等情况，可以同时决定对其限制减刑。

七、关于抢劫案件附带民事赔偿的处理原则

要妥善处理抢劫案件附带民事赔偿工作。审理抢劫刑事案件，一般情况下人民法院不主动开展附带民事调解工作。但是，对于犯罪情节不是特别恶劣或者被害方生活、医疗陷入困境，被告人与被害方自行达成民事赔偿和解协议的，民事赔偿情况可作为评价被告人悔罪态度的依据之一，在量刑上酌情予以考虑。

4. 最高人民法院、最高人民检察院、公安部、司法部关于依法办理家庭暴力犯罪案件的意见（法发〔2015〕4 号，自 2015 年 3 月 2 日起施行）（节录）

三、定罪处罚

20. 充分考虑案件中的防卫因素和过错责任。对于长期遭受家庭暴力后，在激愤、恐惧状态下为了防止再次遭受家庭暴力，或者为了摆脱家庭暴力而故意杀害、伤害施暴人，被告人的行为具有防卫因素，施暴人在案件起因上具有明显过错或者直接责任的，可以酌情从宽处罚。对于因遭受严重家庭暴力，身体、精神受到重大损害而故意杀害施暴人；或者因不堪忍受长期家庭暴力而故意杀害施暴人，犯罪情节不是特别恶劣，手段不是特别残忍的，可以认定为刑法第二百三十二条规定的故意杀人“情节较轻”。在服刑期间确有悔改表现的，可以根据其家庭情况，依法放宽减刑的幅度，缩短减刑的起始时间与间隔时间；符合假释条件的，应当假释。被杀害施暴人的近亲属表示谅解的，在量刑、减刑、假释时应当予以充分考虑。

5. **最高人民法院关于醉酒驾车犯罪法律适用问题指导意见**（法发〔2009〕47号，自2009年9月11日起施行）

为依法严肃处理醉酒驾车犯罪案件，统一法律适用标准，充分发挥刑罚惩治和预防犯罪的功能，有效遏制酒后和醉酒驾车犯罪的多发、高发态势，切实维护广大人民群众的生命健康安全，有必要对醉酒驾车犯罪法律适用问题作出统一规范。

一、准确适用法律，依法严惩醉酒驾车犯罪

刑法规定，醉酒的人犯罪，应当负刑事责任。行为人明知酒后驾车违法、醉酒驾车会危害公共安全，却无视法律醉酒驾车，特别是在肇事后继续驾车冲撞，造成重大伤亡，说明行为人主观上对持续发生的危害结果持放任态度，具有危害公共安全的故意。对此类醉酒驾车造成重大伤亡的，应依法以以危险方法危害公共安全罪定罪。

2009年9月8日公布的两起醉酒驾车犯罪案件中，被告人黎景全和被告人孙伟铭都是在严重醉酒状态下驾车肇事，连续冲撞，造成重大伤亡。其中，黎景全驾车肇事后，不顾伤者及劝阻他的众多村民的安危，继续驾车行驶，致2人死亡，1人轻伤；孙伟铭长期无证驾驶，多次违反交通法规，在醉酒驾车与其他车辆追尾后，为逃逸继续驾车超限速行驶，先后与4辆正常行驶的轿车相撞，造成4人死亡、1人重伤。被告人黎景全和被告人孙伟铭在醉酒驾车发生交通事故后，继续驾车冲撞行驶，其主观上对他人伤亡的危害结果明显持放任态度，具有危害公共安全的故意。二被告人的行为均已构成以危险方法危害公共安全罪。

二、贯彻宽严相济刑事政策，适当裁量刑罚

根据刑法第一百一十五条第一款的规定，醉酒驾车，放任危害结果发生，造成重大伤亡事故，构成以危险方法危害公共安全罪的，应处以十年以上有期徒刑、无期徒刑或者死刑。具体决定对被告人的刑罚时，要综合考虑此类犯罪的性质、被告人的犯罪情节、危害后果及其主观恶性、人身危险性。一般情况下，醉酒驾车构成本罪的，行为人在主观上并不希望、也不追求危害结果的发生，属于间接故意犯罪，行为的主观恶性与以制造事端为目的而恶意驾车撞人并造成重大伤亡后果的直接故意犯罪有所不同，因此，在决定刑罚时，也应当有所区别。此外，醉酒状态下驾车，行为人的辨认和控制能力实际有所减弱，量刑时也应酌情考虑。

被告人黎景全和被告人孙伟铭醉酒驾车犯罪案件，依法没有适用死刑，而是分别判处无期徒刑，主要考虑到二被告人均系间接故意犯罪，与直接故意犯罪相比，主观恶性不是很深，人身危险性不是很大；犯罪时驾驶车辆的控制能力有所减弱；归案后认罪、悔罪态度较好，积极赔偿被害方的经济损失，一定程度上获得了被害方的谅解。广东省高级人民法院和四川省高级人民法院的终审裁判对二被告人的量刑是适当的。

三、统一法律适用，充分发挥司法审判职能作用

为依法严肃处理醉酒驾车犯罪案件，遏制酒后和醉酒驾车对公共安全造成的严重危害，警示、教育潜在违规驾驶人员，今后，对醉酒驾车，放任危害结果的发生，造成重大伤亡的，一律按照本意见规定，并参照附发的典型案例，依法以以危险方法危害公共安全罪定罪量刑。

为维护生效裁判的既判力，稳定社会关系，对于此前已经处理过的将特定情形的醉酒驾车认定为交通肇事罪的案件，应维持终审裁判，不再变动。

本意见执行中有何情况和问题，请及时层报最高人民法院。

附件：有关醉酒驾车犯罪案例（略）

6. 全国法院维护农村稳定刑事审判工作座谈会纪要（法〔1999〕217 号，自 1999 年 10 月 27 日起施行）（节录）

三

（五）关于刑事附带民事诉讼问题

人民法院审理附带民事诉讼案件的受案范围，应只限于被害人因人身权利受到犯罪行为侵犯和财物被犯罪行为损毁而遭受的物质损失，不包括因犯罪分子非法占有、处置被害人财产而使其遭受的物质损失。对因犯罪分子非法占有、处置被害人财产而使其遭受的物质损失，应当根据刑法第六十四条的规定处理，即应通过追缴赃款赃物、责令退赔的途径解决。如赃款赃物尚在的，应一律追缴；已被用掉、毁坏或挥霍的，应责令退赔。无法退赃的，在决定刑罚时，应作为酌定从重处罚的情节予以考虑。

关于附带民事诉讼的赔偿范围，在没有司法解释规定之前，应注意把握以下原则：一是要充分运用现有法律规定，在法律许可的范围内最大限度地补偿被害人因被告人的犯罪行为而遭受的物质损失。物质损失应包括已造成的损失，也包括将来必然遭受的损失。二是赔偿只限于犯罪行为直接造成的物质损失，不包括精神损失和间接造成的物质损失。三是要适当考虑被告人

的赔偿能力。被告人的赔偿能力包括现在的赔偿能力和将来的赔偿能力，对未成年被告人还应考虑到其监护人的赔偿能力，以避免数额过大的空判引起的负面效应，被告人的民事赔偿情况可作为量刑的酌定情节。四是要切实维护被害人的合法权益。附带民事原告人提出起诉的，对于没有构成犯罪的共同致害人，也要追究其民事赔偿责任。未成年致害人由其法定代表人或者监护人承担赔偿责任。但是，在逃的同案犯不应列为附带民事诉讼的被告人。关于赔偿责任的分担：共同致害人应当承担连带赔偿责任；在学校等单位内部发生犯罪造成受害人损失，在管理上有过错责任的学校等单位有赔偿责任，但不承担连带赔偿责任；交通肇事犯罪的车辆所有人（单位）在犯罪分子无赔偿能力的情况下，承担代为赔偿或者垫付的责任。

7. **最高人民法院、最高人民检察院、公安部、国家安全部、司法部关于适用认罪认罚从宽制度的指导意见**（高检发〔2019〕13号，2019年10月11日）

适用认罪认罚从宽制度，对准确及时惩罚犯罪、强化人权司法保障、推动刑事案件繁简分流、节约司法资源、化解社会矛盾、推动国家治理体系和治理能力现代化，具有重要意义。为贯彻落实修改后刑事诉讼法，确保认罪认罚从宽制度正确有效实施，根据法律和有关规定，结合司法工作实际，制定本意见。

一、基本原则

1. 贯彻宽严相济刑事政策。落实认罪认罚从宽制度，应当根据犯罪的具体情况，区分案件性质、情节和对社会的危害程度，实行区别对待，做到该宽则宽，当严则严，宽严相济，罚当其罪。对可能判处三年有期徒刑以下刑罚的认罪认罚案件，要尽量依法从简从快从宽办理，探索相适应的处理原则和办案方式；对因民间矛盾引发的犯罪，犯罪嫌疑人、被告人自愿认罪、真诚悔罪并取得谅解、达成和解、尚未严重影响人民群众安全感的，要积极适用认罪认罚从宽制度，特别是对其中社会危害不大的初犯、偶犯、过失犯、未成年犯，一般应当体现从宽；对严重危害国家安全、公共安全犯罪，严重暴力犯罪，以及社会普遍关注的重大敏感案件，应当慎重把握从宽，避免案件处理明显违背人民群众的公平正义观念。

2. 坚持罪责刑相适应原则。办理认罪认罚案件，既要考虑体现认罪认罚从宽，又要考虑其所犯罪行的轻重、应负刑事责任和人身危险性的大小，依照法律规定提出量刑建议，准确裁量刑罚，确保罚当其罪，避免罪刑失衡。

特别是对于共同犯罪案件，主犯认罪认罚，从犯不认罪认罚的，人民法院、人民检察院应当注意两者之间的量刑平衡，防止因量刑失当严重偏离一般的司法认知。

3. 坚持证据裁判原则。办理认罪认罚案件，应当以事实为根据，以法律为准绳，严格按照证据裁判要求，全面收集、固定、审查和认定证据。坚持法定证明标准，侦查终结、提起公诉、作出有罪裁判应当做到犯罪事实清楚，证据确实、充分，防止因犯罪嫌疑人、被告人认罪而降低证据要求和证明标准。对犯罪嫌疑人、被告人认罪认罚，但证据不足，不能认定其有罪的，依法作出撤销案件、不起诉决定或者宣告无罪。

4. 坚持公检法三机关配合制约原则。办理认罪认罚案件，公、检、法三机关应当分工负责、互相配合、互相制约，保证犯罪嫌疑人、被告人自愿认罪认罚，依法推进从宽落实。要严格执法、公正司法，强化对自身执法司法办案活动的监督，防止产生"权权交易"、"权钱交易"等司法腐败问题。

二、适用范围和适用条件

5. 适用阶段和适用案件范围。认罪认罚从宽制度贯穿刑事诉讼全过程，适用于侦查、起诉、审判各个阶段。

认罪认罚从宽制度没有适用罪名和可能判处刑罚的限定，所有刑事案件都可以适用，不能因罪轻、罪重或者罪名特殊等原因而剥夺犯罪嫌疑人、被告人自愿认罪认罚获得从宽处理的机会。但"可以"适用不是一律适用，犯罪嫌疑人、被告人认罪认罚后是否从宽，由司法机关根据案件具体情况决定。

6. "认罪"的把握。认罪认罚从宽制度中的"认罪"，是指犯罪嫌疑人、被告人自愿如实供述自己的罪行，对指控的犯罪事实没有异议。承认指控的主要犯罪事实，仅对个别事实情节提出异议，或者虽然对行为性质提出辩解但表示接受司法机关认定意见的，不影响"认罪"的认定。犯罪嫌疑人、被告人犯数罪，仅如实供述其中一罪或部分罪名事实的，全案不作"认罪"的认定，不适用认罪认罚从宽制度，但对如实供述的部分，人民检察院可以提出从宽处罚的建议，人民法院可以从宽处罚。

7. "认罚"的把握。认罪认罚从宽制度中的"认罚"，是指犯罪嫌疑人、被告人真诚悔罪，愿意接受处罚。"认罚"，在侦查阶段表现为表示愿意接受处罚；在审查起诉阶段表现为接受人民检察院拟作出的起诉或不起诉决定，认可人民检察院的量刑建议，签署认罪认罚具结书；在审判阶段表现为当庭确认自愿签署具结书，愿意接受刑罚处罚。

“认罚”考察的重点是犯罪嫌疑人、被告人的悔罪态度和悔罪表现，应当结合退赃退赔、赔偿损失、赔礼道歉等因素来考量。犯罪嫌疑人、被告人虽然表示“认罚”，却暗中串供、干扰证人作证、毁灭、伪造证据或者隐匿、转移财产，有赔偿能力而不赔偿损失，则不能适用认罪认罚从宽制度。犯罪嫌疑人、被告人享有程序选择权，不同意适用速裁程序、简易程序的，不影响“认罚”的认定。

三、认罪认罚后“从宽”的把握

8. “从宽”的理解。从宽处理既包括实体上从宽处罚，也包括程序上从简处理。“可以从宽”，是指一般应当体现法律规定和政策精神，予以从宽处理。但可以从宽不是一律从宽，对犯罪性质和危害后果特别严重、犯罪手段特别残忍、社会影响特别恶劣的犯罪嫌疑人、被告人，认罪认罚不足以从轻处罚的，依法不予从宽处罚。

办理认罪认罚案件，应当依照刑法、刑事诉讼法的基本原则，根据犯罪的事实、性质、情节和对社会的危害程度，结合法定、酌定的量刑情节，综合考虑认罪认罚的具体情况，依法决定是否从宽、如何从宽。对于减轻、免除处罚，应当于法有据；不具备减轻处罚情节的，应当在法定幅度以内提出从轻处罚的量刑建议和量刑；对其中犯罪情节轻微不需要判处刑罚的，可以依法作出不起诉决定或者判决免予刑事处罚。

9. 从宽幅度的把握。办理认罪认罚案件，应当区别认罪认罚的不同诉讼阶段、对查明案件事实的价值和意义、是否确有悔罪表现，以及罪行严重程度等，综合考量确定从宽的限度和幅度。在刑罚评价上，主动认罪优于被动认罪，早认罪优于晚认罪，彻底认罪优于不彻底认罪，稳定认罪优于不稳定认罪。

认罪认罚的从宽幅度一般应当大于仅有坦白，或者虽认罪但不认罚的从宽幅度。对犯罪嫌疑人、被告人具有自首、坦白情节，同时认罪认罚的，应当在法定刑幅度内给予相对更大的从宽幅度。认罪认罚与自首、坦白不作重复评价。

对罪行较轻、人身危险性较小的，特别是初犯、偶犯，从宽幅度可以大一些；罪行较重、人身危险性较大的，以及累犯、再犯，从宽幅度应当从严把握。

四、犯罪嫌疑人、被告人辩护权保障

10. 获得法律帮助权。人民法院、人民检察院、公安机关办理认罪认罚案件，应当保障犯罪嫌疑人、被告人获得有效法律帮助，确保其了解认罪认罚的性质和法律后果，自愿认罪认罚。

犯罪嫌疑人、被告人自愿认罪认罚，没有辩护人的，人民法院、人民检察院、公安机关（看守所）应当通知值班律师为其提供法律咨询、程序选择建议、申请变更强制措施等法律帮助。符合通知辩护条件的，应当依法通知法律援助机构指派律师为其提供辩护。

人民法院、人民检察院、公安机关（看守所）应当告知犯罪嫌疑人、被告人有权约见值班律师，获得法律帮助，并为其约见值班律师提供便利。犯罪嫌疑人、被告人及其近亲属提出法律帮助请求的，人民法院、人民检察院、公安机关（看守所）应当通知值班律师为其提供法律帮助。

11. 派驻值班律师。法律援助机构可以在人民法院、人民检察院、看守所派驻值班律师。人民法院、人民检察院、看守所应当为派驻值班律师提供必要办公场所和设施。

法律援助机构应当根据人民法院、人民检察院、看守所的法律帮助需求和当地法律服务资源，合理安排值班律师。值班律师可以定期值班或轮流值班，律师资源短缺的地区可以通过探索现场值班和电话、网络值班相结合，在人民法院、人民检察院毗邻设置联合工作站，省内和市内统筹调配律师资源，以及建立政府购买值班律师服务机制等方式，保障法律援助值班律师工作有序开展。

12. 值班律师的职责。值班律师应当维护犯罪嫌疑人、被告人的合法权益，确保犯罪嫌疑人、被告人在充分了解认罪认罚性质和法律后果的情况下，自愿认罪认罚。值班律师应当为认罪认罚的犯罪嫌疑人、被告人提供下列法律帮助：

（一）提供法律咨询，包括告知涉嫌或指控的罪名、相关法律规定，认罪认罚的性质和法律后果等；

（二）提出程序适用的建议；

（三）帮助申请变更强制措施；

（四）对人民检察院认定罪名、量刑建议提出意见；

（五）就案件处理，向人民法院、人民检察院、公安机关提出意见；

（六）引导、帮助犯罪嫌疑人、被告人及其近亲属申请法律援助；

（七）法律法规规定的其他事项。

值班律师可以会见犯罪嫌疑人、被告人，看守所应当为值班律师会见提供便利。危害国家安全犯罪、恐怖活动犯罪案件，侦查期间值班律师会见在押犯罪嫌疑人的，应当经侦查机关许可。自人民检察院对案件审查起诉之日起，值班律师可以查阅案卷材料、了解案情。人民法院、人民检察院应当为值班律师查阅案卷材料提供便利。

值班律师提供法律咨询、查阅案卷材料、会见犯罪嫌疑人或者被告人、提出书面意见等法律帮助活动的相关情况应当记录在案，并随案移送。

13. 法律帮助的衔接。对于被羁押的犯罪嫌疑人、被告人，在不同诉讼阶段，可以由派驻看守所的同一值班律师提供法律帮助。对于未被羁押的犯罪嫌疑人、被告人，前一诉讼阶段的值班律师可以在后续诉讼阶段继续为犯罪嫌疑人、被告人提供法律帮助。

14. 拒绝法律帮助的处理。犯罪嫌疑人、被告人自愿认罪认罚，没有委托辩护人，拒绝值班律师帮助的，人民法院、人民检察院、公安机关应当允许，记录在案并随案移送。但是审查起诉阶段签署认罪认罚具结书时，人民检察院应当通知值班律师到场。

15. 辩护人职责。认罪认罚案件犯罪嫌疑人、被告人委托辩护人或者法律援助机构指派律师为其辩护的，辩护律师在侦查、审查起诉和审判阶段，应当与犯罪嫌疑人、被告人就是否认罪认罚进行沟通，提供法律咨询和帮助，并就定罪量刑、诉讼程序适用等向办案机关提出意见。

五、被害方权益保障

16. 听取意见。办理认罪认罚案件，应当听取被害人及其诉讼代理人的意见，并将犯罪嫌疑人、被告人是否与被害方达成和解协议、调解协议或者赔偿被害方损失，取得被害方谅解，作为从宽处罚的重要考虑因素。人民检察院、公安机关听取意见情况应当记录在案并随案移送。

17. 促进和解谅解。对符合当事人和解程序适用条件的公诉案件，犯罪嫌疑人、被告人认罪认罚的，人民法院、人民检察院、公安机关应当积极促进当事人自愿达成和解。对其他认罪认罚案件，人民法院、人民检察院、公安机关可以促进犯罪嫌疑人、被告人通过向被害方赔偿损失、赔礼道歉等方式获得谅解，被害方出具的谅解意见应当随案移送。

人民法院、人民检察院、公安机关在促进当事人和解谅解过程中，应当向被害方释明认罪认罚从宽、公诉案件当事人和解适用程序等具体法律规定，充分听取被害方意见，符合司法救助条件的，应当积极协调办理。

18. 被害方异议的处理。被害人及其诉讼代理人不同意对认罪认罚的犯罪嫌疑人、被告人从宽处理的，不影响认罪认罚从宽制度的适用。犯罪嫌疑人、被告人认罪认罚，但没有退赃退赔、赔偿损失，未能与被害方达成调解或者和解协议的，从宽时应当予以酌减。犯罪嫌疑人、被告人自愿认罪并且愿意积极赔偿损失，但由于被害方赔偿请求明显不合理，未能达成调解或者和解协议的，一般不影响对犯罪嫌疑人、被告人从宽处理。

六、强制措施的适用

19. 社会危险性评估。人民法院、人民检察院、公安机关应当将犯罪嫌疑人、被告人认罪认罚作为其是否具有社会危险性的重要考虑因素。对于罪行较轻、采用非羁押性强制措施足以防止发生刑事诉讼法第八十一条第一款规定的社会危险性的犯罪嫌疑人、被告人，根据犯罪性质及可能判处的刑罚，依法可不适用羁押性强制措施。

20. 逮捕的适用。犯罪嫌疑人认罪认罚，公安机关认为罪行较轻、没有社会危险性的，应当不再提请人民检察院审查逮捕。对提请逮捕的，人民检察院认为没有社会危险性不需要逮捕的，应当作出不批准逮捕的决定。

21. 逮捕的变更。已经逮捕的犯罪嫌疑人、被告人认罪认罚的，人民法院、人民检察院应当及时审查羁押的必要性，经审查认为没有继续羁押必要的，应当变更为取保候审或者监视居住。

七、侦查机关的职责

22. 权利告知和听取意见。公安机关在侦查过程中，应当告知犯罪嫌疑人享有的诉讼权利、如实供述罪行可以从宽处理和认罪认罚的法律规定，听取犯罪嫌疑人及其辩护人或者值班律师的意见，记录在案并随案移送。

对在非讯问时间、办案人员不在场情况下，犯罪嫌疑人向看守所工作人员或者辩护人、值班律师表示愿意认罪认罚的，有关人员应当及时告知办案单位。

23. 认罪教育。公安机关在侦查阶段应当同步开展认罪教育工作，但不得强迫犯罪嫌疑人认罪，不得作出具体的从宽承诺。犯罪嫌疑人自愿认罪，愿意接受司法机关处罚的，应当记录在案并附卷。

24. 起诉意见。对移送审查起诉的案件，公安机关应当在起诉意见书中写明犯罪嫌疑人自愿认罪认罚情况。认为案件符合速裁程序适用条件的，可以在起诉意见书中建议人民检察院适用速裁程序办理，并简要说明理由。

对可能适用速裁程序的案件，公安机关应当快速办理，对犯罪嫌疑人未被羁押的，可以集中移送审查起诉，但不得为集中移送拖延案件办理。

对人民检察院在审查逮捕期间或者重大案件听取意见中提出的开展认罪认罚工作的意见或建议，公安机关应当认真听取，积极开展相关工作。

25. 执法办案管理中心建设。加快推进公安机关执法办案管理中心建设，探索在执法办案管理中心设置速裁法庭，对适用速裁程序的案件进行快速办理。

八、审查起诉阶段人民检察院的职责

26. 权利告知。案件移送审查起诉后，人民检察院应当告知犯罪嫌疑人享有的诉讼权利和认罪认罚的法律规定，保障犯罪嫌疑人的程序选择权。告知应当采取书面形式，必要时应当充分释明。

27. 听取意见。犯罪嫌疑人认罪认罚的，人民检察院应当就下列事项听取犯罪嫌疑人、辩护人或者值班律师的意见，记录在案并附卷：

（一）涉嫌的犯罪事实、罪名及适用的法律规定；

（二）从轻、减轻或者免除处罚等从宽处罚的建议；

（三）认罪认罚后案件审理适用的程序；

（四）其他需要听取意见的情形。

人民检察院未采纳辩护人、值班律师意见的，应当说明理由。

28. 自愿性、合法性审查。对侦查阶段认罪认罚的案件，人民检察院应当重点审查以下内容：

（一）犯罪嫌疑人是否自愿认罪认罚，有无因受到暴力、威胁、引诱而违背意愿认罪认罚；

（二）犯罪嫌疑人认罪认罚时的认知能力和精神状态是否正常；

（三）犯罪嫌疑人是否理解认罪认罚的性质和可能导致的法律后果；

（四）侦查机关是否告知犯罪嫌疑人享有的诉讼权利，如实供述自己罪行可以从宽处理和认罪认罚的法律规定，并听取意见；

（五）起诉意见书中是否写明犯罪嫌疑人认罪认罚情况；

（六）犯罪嫌疑人是否真诚悔罪，是否向被害人赔礼道歉。

经审查，犯罪嫌疑人违背意愿认罪认罚的，人民检察院可以重新开展认罪认罚工作。存在刑讯逼供等非法取证行为的，依照法律规定处理。

29. 证据开示。人民检察院可以针对案件具体情况，探索证据开示制度，保障犯罪嫌疑人的知情权和认罪认罚的真实性及自愿性。

30. 不起诉的适用。完善起诉裁量权，充分发挥不起诉的审前分流和过滤作用，逐步扩大相对不起诉在认罪认罚案件中的适用。对认罪认罚后没有争议，不需要判处刑罚的轻微刑事案件，人民检察院可以依法作出不起诉决定。人民检察院应当加强对案件量刑的预判，对其中可能判处免刑的轻微刑事案件，可以依法作出不起诉决定。

对认罪认罚后案件事实不清、证据不足的案件，应当依法作出不起诉决定。

31. 签署具结书。犯罪嫌疑人自愿认罪，同意量刑建议和程序适用的，应当在辩护人或者值班律师在场的情况下签署认罪认罚具结书。犯罪嫌疑人被羁押的，看守所应当为签署具结书提供场所。具结书应当包括犯罪嫌疑人如实供述罪行、同意量刑建议、程序适用等内容，由犯罪嫌疑人、辩护人或者值班律师签名。

犯罪嫌疑人认罪认罚，有下列情形之一的，不需要签署认罪认罚具结书：

（一）犯罪嫌疑人是盲、聋、哑人，或者是尚未完全丧失辨认或者控制自己行为能力的精神病人的；

（二）未成年犯罪嫌疑人的法定代理人、辩护人对未成年人认罪认罚有异议的；

（三）其他不需要签署认罪认罚具结书的情形。

上述情形犯罪嫌疑人未签署认罪认罚具结书的，不影响认罪认罚从宽制度的适用。

32. 提起公诉。人民检察院向人民法院提起公诉的，应当在起诉书中写明被告人认罪认罚情况，提出量刑建议，并移送认罪认罚具结书等材料。量刑建议书可以另行制作，也可以在起诉书中写明。

33. 量刑建议的提出。犯罪嫌疑人认罪认罚的，人民检察院应当就主刑、附加刑、是否适用缓刑等提出量刑建议。人民检察院提出量刑建议前，应当充分听取犯罪嫌疑人、辩护人或者值班律师的意见，尽量协商一致。

办理认罪认罚案件，人民检察院一般应当提出确定刑量刑建议。对新类型、不常见犯罪案件，量刑情节复杂的重罪案件等，也可以提出幅度刑量刑建议。提出量刑建议，应当说明理由和依据。

犯罪嫌疑人认罪认罚没有其他法定量刑情节的，人民检察院可以根据犯罪的事实、性质等，在基准刑基础上适当减让提出确定刑量刑建议。有其他法定量刑情节的，人民检察院应当综合认罪认罚和其他法定量刑情节，参照相关量刑规范提出确定刑量刑建议。

犯罪嫌疑人在侦查阶段认罪认罚的，主刑从宽的幅度可以在前款基础上适当放宽；被告人在审判阶段认罪认罚的，在前款基础上可以适当缩减。建议判处罚金刑的，参照主刑的从宽幅度提出确定的数额。

34. 速裁程序的办案期限。犯罪嫌疑人认罪认罚，人民检察院经审查，认为符合速裁程序适用条件的，应当在十日以内作出是否提起公诉的决定；对可能判处的有期徒刑超过一年的，可以在十五日以内作出是否提起公诉的决定。

九、社会调查评估

35. 侦查阶段的社会调查。犯罪嫌疑人认罪认罚，可能判处管制、宣告缓刑的，公安机关可以委托犯罪嫌疑人居住地的社区矫正机构进行调查评估。

公安机关在侦查阶段委托社区矫正机构进行调查评估，社区矫正机构在公安机关移送审查起诉后完成调查评估的，应当及时将评估意见提交受理案件的人民检察院或者人民法院，并抄送公安机关。

36. 审查起诉阶段的社会调查。犯罪嫌疑人认罪认罚，人民检察院拟提出缓刑或者管制量刑建议的，可以及时委托犯罪嫌疑人居住地的社区矫正机构进行调查评估，也可以自行调查评估。人民检察院提起公诉时，已收到调查材料的，应当将材料一并移送，未收到调查材料的，应当将委托文书随案移送；在提起公诉后收到调查材料的，应当及时移送人民法院。

37. 审判阶段的社会调查。被告人认罪认罚，人民法院拟判处管制或者宣告缓刑的，可以及时委托被告人居住地的社区矫正机构进行调查评估，也可以自行调查评估。

社区矫正机构出具的调查评估意见，是人民法院判处管制、宣告缓刑的重要参考。对没有委托社区矫正机构进行调查评估或者判决前未收到社区矫正机构调查评估报告的认罪认罚案件，人民法院经审理认为被告人符合管制、缓刑适用条件的，可以判处管制、宣告缓刑。

38. 司法行政机关的职责。受委托的社区矫正机构应当根据委托机关的要求，对犯罪嫌疑人、被告人的居所情况、家庭和社会关系、一贯表现、犯罪行为的后果和影响、居住地村（居）民委员会和被害人意见、拟禁止的事项等进行调查了解，形成评估意见，及时提交委托机关。

十、审判程序和人民法院的职责

39. 审判阶段认罪认罚自愿性、合法性审查。办理认罪认罚案件，人民法院应当告知被告人享有的诉讼权利和认罪认罚的法律规定，听取被告人及其辩护人或者值班律师的意见。庭审中应当对认罪认罚的自愿性、具结书内容的真实性和合法性进行审查核实，重点核实以下内容：

（一）被告人是否自愿认罪认罚，有无因受到暴力、威胁、引诱而违背意愿认罪认罚；

（二）被告人认罪认罚时的认知能力和精神状态是否正常；

（三）被告人是否理解认罪认罚的性质和可能导致的法律后果；

（四）人民检察院、公安机关是否履行告知义务并听取意见；

（五）值班律师或者辩护人是否与人民检察院进行沟通，提供了有效法律帮助或者辩护，并在场见证认罪认罚具结书的签署。

庭审中审判人员可以根据具体案情，围绕定罪量刑的关键事实，对被告人认罪认罚的自愿性、真实性等进行发问，确认被告人是否实施犯罪，是否真诚悔罪。

被告人违背意愿认罪认罚，或者认罪认罚后又反悔，依法需要转换程序的，应当按照普通程序对案件重新审理。发现存在刑讯逼供等非法取证行为的，依照法律规定处理。

40. 量刑建议的采纳。对于人民检察院提出的量刑建议，人民法院应当依法进行审查。对于事实清楚，证据确实、充分，指控的罪名准确，量刑建议适当的，人民法院应当采纳。具有下列情形之一的，不予采纳：

（一）被告人的行为不构成犯罪或者不应当追究刑事责任的；

（二）被告人违背意愿认罪认罚的；

（三）被告人否认指控的犯罪事实的；

（四）起诉指控的罪名与审理认定的罪名不一致的；

（五）其他可能影响公正审判的情形。

对于人民检察院起诉指控的事实清楚，量刑建议适当，但指控的罪名与审理认定的罪名不一致的，人民法院可以听取人民检察院、被告人及其辩护人对审理认定罪名的意见，依法作出裁判。

人民法院不采纳人民检察院量刑建议的，应当说明理由和依据。

41. 量刑建议的调整。人民法院经审理，认为量刑建议明显不当，或者被告人、辩护人对量刑建议有异议且有理有据的，人民法院应当告知人民检察院，人民检察院可以调整量刑建议。人民法院认为调整后的量刑建议适当的，应当予以采纳；人民检察院不调整量刑建议或者调整后仍然明显不当的，人民法院应当依法作出判决。

适用速裁程序审理的，人民检察院调整量刑建议应当在庭前或者当庭提出。调整量刑建议后，被告人同意继续适用速裁程序的，不需要转换程序处理。

42. 速裁程序的适用条件。基层人民法院管辖的可能判处三年有期徒刑以下刑罚的案件，案件事实清楚，证据确实、充分，被告人认罪认罚并同意适用速裁程序的，可以适用速裁程序，由审判员一人独任审判。人民检察院提起公诉时，可以建议人民法院适用速裁程序。

有下列情形之一的，不适用速裁程序办理：

（一）被告人是盲、聋、哑人，或者是尚未完全丧失辨认或者控制自己行为能力的精神病人的；

（二）被告人是未成年人的；

（三）案件有重大社会影响的；

（四）共同犯罪案件中部分被告人对指控的犯罪事实、罪名、量刑建议或者适用速裁程序有异议的；

（五）被告人与被害人或者其法定代理人没有就附带民事诉讼赔偿等事项达成调解或者和解协议的；

（六）其他不宜适用速裁程序办理的案件。

43. 速裁程序的审理期限。适用速裁程序审理案件，人民法院应当在受理后十日以内审结；对可能判处的有期徒刑超过一年的，应当在十五日以内审结。

44. 速裁案件的审理程序。适用速裁程序审理案件，不受刑事诉讼法规定的送达期限的限制，一般不进行法庭调查、法庭辩论，但在判决宣告前应当听取辩护人的意见和被告人的最后陈述意见。

人民法院适用速裁程序审理案件，可以在向被告人送达起诉书时一并送达权利义务告知书、开庭传票，并核实被告人自然信息等情况。根据需要，可以集中送达。

人民法院适用速裁程序审理案件，可以集中开庭，逐案审理。人民检察院可以指派公诉人集中出庭支持公诉。公诉人简要宣读起诉书后，审判人员应当当庭询问被告人对指控事实、证据、量刑建议以及适用速裁程序的意见，核实具结书签署的自愿性、真实性、合法性，并核实附带民事诉讼赔偿等情况。

适用速裁程序审理案件，应当当庭宣判。集中审理的，可以集中当庭宣判。宣判时，根据案件需要，可以由审判员进行法庭教育。裁判文书可以简化。

45. 速裁案件的二审程序。被告人不服适用速裁程序作出的第一审判决提出上诉的案件，可以不开庭审理。第二审人民法院审查后，按照下列情形分别处理：

（一）发现被告人以事实不清、证据不足为由提出上诉的，应当裁定撤销原判，发回原审人民法院适用普通程序重新审理，不再按认罪认罚案件从宽处罚；

（二）发现被告人以量刑不当为由提出上诉的，原判量刑适当的，应当裁定驳回上诉，维持原判；原判量刑不当的，经审理后依法改判。

46. 简易程序的适用。基层人民法院管辖的被告人认罪认罚案件，事实清楚、证据充分，被告人对适用简易程序没有异议的，可以适用简易程序审判。

适用简易程序审理认罪认罚案件，公诉人可以简要宣读起诉书，审判人员当庭询问被告人对指控的犯罪事实、证据、量刑建议及适用简易程序的意见，核实具结书签署的自愿性、真实性、合法性。法庭调查可以简化，但对有争议的事实和证据应当进行调查、质证，法庭辩论可以仅围绕有争议的问题进行。裁判文书可以简化。

47. 普通程序的适用。适用普通程序办理认罪认罚案件，可以适当简化法庭调查、辩论程序。公诉人宣读起诉书后，合议庭当庭询问被告人对指控的犯罪事实、证据及量刑建议的意见，核实具结书签署的自愿性、真实性、合法性。公诉人、辩护人、审判人员对被告人的讯问、发问可以简化。对控辩双方无异议的证据，可以仅就证据名称及证明内容进行说明；对控辩双方有异议，或者法庭认为有必要调查核实的证据，应当出示并进行质证。法庭辩论主要围绕有争议的问题进行，裁判文书可以适当简化。

48. 程序转换。人民法院在适用速裁程序审理过程中，发现有被告人的行为不构成犯罪或者不应当追究刑事责任、被告人违背意愿认罪认罚、被告人否认指控的犯罪事实情形的，应当转为普通程序审理。发现其他不宜适用速裁程序但符合简易程序适用条件的，应当转为简易程序重新审理。

发现有不宜适用简易程序审理情形的，应当转为普通程序审理。

人民检察院在人民法院适用速裁程序审理案件过程中，发现有不宜适用速裁程序审理情形的，应当建议人民法院转为普通程序或者简易程序重新审理；发现有不宜适用简易程序审理情形的，应当建议人民法院转为普通程序重新审理。

49. 被告人当庭认罪认罚案件的处理。被告人在侦查、审查起诉阶段没有认罪认罚，但当庭认罪，愿意接受处罚的，人民法院应当根据审理查明的事实，就定罪和量刑听取控辩双方意见，依法作出裁判。

50. 第二审程序中被告人认罪认罚案件的处理。被告人在第一审程序中未认罪认罚，在第二审程序中认罪认罚的，审理程序依照刑事诉讼法规定的第二审程序进行。第二审人民法院应当根据其认罪认罚的价值、作用决定是否从宽，并依法作出裁判。确定从宽幅度时应当与第一审程序认罪认罚有所区别。

十一、认罪认罚的反悔和撤回

51. 不起诉后反悔的处理。因犯罪嫌疑人认罪认罚，人民检察院依照刑事诉讼法第一百七十七条第二款作出不起诉决定后，犯罪嫌疑人否认指控的犯罪事实或者不积极履行赔礼道歉、退赃退赔、赔偿损失等义务的，人民检察院应当进行审查，区分下列情形依法作出处理：

（一）发现犯罪嫌疑人没有犯罪事实，或者符合刑事诉讼法第十六条规定的情形之一的，应当撤销原不起诉决定，依法重新作出不起诉决定；

（二）认为犯罪嫌疑人仍属于犯罪情节轻微，依照刑法规定不需要判处刑罚或者免除刑罚的，可以维持原不起诉决定；

（三）排除认罪认罚因素后，符合起诉条件的，应当根据案件具体情况撤销原不起诉决定，依法提起公诉。

52. 起诉前反悔的处理。犯罪嫌疑人认罪认罚，签署认罪认罚具结书，在人民检察院提起公诉前反悔的，具结书失效，人民检察院应当在全面审查事实证据的基础上，依法提起公诉。

53. 审判阶段反悔的处理。案件审理过程中，被告人反悔不再认罪认罚的，人民法院应当根据审理查明的事实，依法作出裁判。需要转换程序的，依照本意见的相关规定处理。

54. 人民检察院的法律监督。完善人民检察院对侦查活动和刑事审判活动的监督机制，加强对认罪认罚案件办理全过程的监督，规范认罪认罚案件的抗诉工作，确保无罪的人不受刑事追究、有罪的人受到公正处罚。

十二、未成年人认罪认罚案件的办理

55. 听取意见。人民法院、人民检察院办理未成年人认罪认罚案件，应当听取未成年犯罪嫌疑人、被告人的法定代理人的意见，法定代理人无法到场的，应当听取合适成年人的意见，但受案时犯罪嫌疑人已经成年的除外。

56. 具结书签署。未成年犯罪嫌疑人签署认罪认罚具结书时，其法定代理人应当到场并签字确认。法定代理人无法到场的，合适成年人应当到场签字确认。法定代理人、辩护人对未成年人认罪认罚有异议的，不需要签署认罪认罚具结书。

57. 程序适用。未成年人认罪认罚案件，不适用速裁程序，但应当贯彻教育、感化、挽救的方针，坚持从快从宽原则，确保案件及时办理，最大限度保护未成年人合法权益。

58. 法治教育。办理未成年人认罪认罚案件，应当做好未成年犯罪嫌疑人、被告人的认罪服法、悔过教育工作，实现惩教结合目的。

十三、附则

59. 国家安全机关、军队保卫部门、中国海警局、监狱办理刑事案件，适用本意见的有关规定。

60. 本指导意见由会签单位协商解释，自发布之日起施行。

8. 最高人民法院、最高人民检察院关于常见犯罪的量刑指导意见（试行）（法发〔2021〕21 号，自 2021 年 7 月 1 日起施行）

为进一步规范量刑活动，落实宽严相济刑事政策和认罪认罚从宽制度，增强量刑公开性，实现量刑公正，根据刑法、刑事诉讼法和有关司法解释等规定，结合司法实践，制定本指导意见。

一、量刑的指导原则

（一）量刑应当以事实为根据，以法律为准绳，根据犯罪的事实、性质、情节和对于社会的危害程度，决定判处的刑罚。

（二）量刑既要考虑被告人所犯罪行的轻重，又要考虑被告人应负刑事责任的大小，做到罪责刑相适应，实现惩罚和预防犯罪的目的。

（三）量刑应当贯彻宽严相济的刑事政策，做到该宽则宽，当严则严，宽严相济，罚当其罪，确保裁判政治效果、法律效果和社会效果的统一。

（四）量刑要客观、全面把握不同时期不同地区的经济社会发展和治安形势的变化，确保刑法任务的实现；对于同一地区同一时期案情相似的案件，所判处的刑罚应当基本均衡。

二、量刑的基本方法

量刑时，应当以定性分析为主，定量分析为辅，依次确定量刑起点、基准刑和宣告刑。

（一）量刑步骤

1. 根据基本犯罪构成事实在相应的法定刑幅度内确定量刑起点。

2. 根据其他影响犯罪构成的犯罪数额、犯罪次数、犯罪后果等犯罪事实，在量刑起点的基础上增加刑罚量确定基准刑。

3. 根据量刑情节调节基准刑，并综合考虑全案情况，依法确定宣告刑。

（二）调节基准刑的方法

1. 具有单个量刑情节的，根据量刑情节的调节比例直接调节基准刑。

2. 具有多个量刑情节的，一般根据各个量刑情节的调节比例，采用同向相加、逆向相减的方法调节基准刑；具有未成年人犯罪、老年人犯罪、限制行为能力的精神病人犯罪、又聋又哑的人或者盲人犯罪，防卫过当、避险过当、犯罪预备、犯罪未遂、犯罪中止，从犯、胁从犯和教唆犯等量刑情节的，先适用该量刑情节对基准刑进行调节，在此基础上，再适用其他量刑情节进行调节。

3. 被告人犯数罪，同时具有适用于个罪的立功、累犯等量刑情节的，先适用该量刑情节调节个罪的基准刑，确定个罪所应判处的刑罚，再依法实行数罪并罚，决定执行的刑罚。

（三）确定宣告刑的方法

1. 量刑情节对基准刑的调节结果在法定刑幅度内，且罪责刑相适应的，可以直接确定为宣告刑；具有应当减轻处罚情节的，应当依法在法定最低刑以下确定宣告刑。

2. 量刑情节对基准刑的调节结果在法定最低刑以下，具有法定减轻处罚情节，且罪责刑相适应的，可以直接确定为宣告刑；只有从轻处罚情节的，可以依法确定法定最低刑为宣告刑；但是根据案件的特殊情况，经最高人民法院核准，也可以在法定刑以下判处刑罚。

3. 量刑情节对基准刑的调节结果在法定最高刑以上的，可以依法确定法定最高刑为宣告刑。

4. 综合考虑全案情况，独任审判员或合议庭可以在20%的幅度内对调节结果进行调整，确定宣告刑。当调节后的结果仍不符合罪责刑相适应原则的，应当提交审判委员会讨论，依法确定宣告刑。

5. 综合全案犯罪事实和量刑情节，依法应当判处无期徒刑以上刑罚、拘役、管制或者单处附加刑、缓刑、免予刑事处罚的，应当依法适用。

（四）判处罚金刑，应当以犯罪情节为根据，并综合考虑被告人缴纳罚金的能力，依法决定罚金数额。

（五）适用缓刑，应当综合考虑被告人的犯罪情节、悔罪表现、再犯罪的危险以及宣告缓刑对所居住社区的影响，依法作出决定。

三、常见量刑情节的适用

量刑时应当充分考虑各种法定和酌定量刑情节，根据案件的全部犯罪事实以及量刑情节的不同情形，依法确定量刑情节的适用及其调节比例。对黑恶势力犯罪、严重暴力犯罪、毒品犯罪、性侵未成年人犯罪等危害严重的犯罪，在确定从宽的幅度时，应当从严掌握；对犯罪情节较轻的犯罪，应当充分体现从宽。具体确定各个量刑情节的调节比例时，应当综合平衡调节幅度与实际增减刑罚量的关系，确保罪责刑相适应。

（一）对于未成年人犯罪，综合考虑未成年人对犯罪的认知能力、实施犯罪行为的动机和目的、犯罪时的年龄、是否初犯、偶犯、悔罪表现、个人成长经历和一贯表现等情况，应当予以从宽处罚。

1. 已满十二周岁不满十六周岁的未成年人犯罪，减少基准刑的30%－60%；

2. 已满十六周岁不满十八周岁的未成年人犯罪，减少基准刑的10%－50%。

（二）对于已满七十五周岁的老年人故意犯罪，综合考虑犯罪的性质、情节、后果等情况，可以减少基准刑的40%以下；过失犯罪的，减少基准刑的

20%－50%。

（三）对于又聋又哑的人或者盲人犯罪，综合考虑犯罪性质、情节、后果以及聋哑人或者盲人犯罪时的控制能力等情况，可以减少基准刑的50%以下；犯罪较轻的，可以减少基准刑的50%以上或者依法免除处罚。

（四）对于未遂犯，综合考虑犯罪行为的实行程度、造成损害的大小、犯罪未得逞的原因等情况，可以比照既遂犯减少基准刑的50%以下。

（五）对于从犯，综合考虑其在共同犯罪中的地位、作用等情况，应当予以从宽处罚，减少基准刑的20%－50%；犯罪较轻的，减少基准刑的50%以上或者依法免除处罚。

（六）对于自首情节，综合考虑自首的动机、时间、方式、罪行轻重、如实供述罪行的程度以及悔罪表现等情况，可以减少基准刑的40%以下；犯罪较轻的，可以减少基准刑的40%以上或者依法免除处罚。恶意利用自首规避法律制裁等不足以从宽处罚的除外。

（七）对于坦白情节，综合考虑如实供述罪行的阶段、程度、罪行轻重以及悔罪表现等情况，确定从宽的幅度。

1. 如实供述自己罪行的，可以减少基准刑的20%以下；

2. 如实供述司法机关尚未掌握的同种较重罪行的，可以减少基准刑的10%－30%；

3. 因如实供述自己罪行，避免特别严重后果发生的，可以减少基准刑的30%－50%。

（八）对于当庭自愿认罪的，根据犯罪的性质、罪行的轻重、认罪程度以及悔罪表现等情况，可以减少基准刑的10%以下。依法认定自首、坦白的除外。

（九）对于立功情节，综合考虑立功的大小、次数、内容、来源、效果以及罪行轻重等情况，确定从宽的幅度。

1. 一般立功的，可以减少基准刑的20%以下；

2. 重大立功的，可以减少基准刑的20%－50%；犯罪较轻的，减少基准刑的50%以上或者依法免除处罚。

（十）对于退赃、退赔的，综合考虑犯罪性质，退赃、退赔行为对损害结果所能弥补的程度，退赃、退赔的数额及主动程度等情况，可以减少基准刑的30%以下；对抢劫等严重危害社会治安犯罪的，应当从严掌握。

（十一）对于积极赔偿被害人经济损失并取得谅解的，综合考虑犯罪性质、赔偿数额、赔偿能力以及认罪悔罪表现等情况，可以减少基准刑的 40% 以下；积极赔偿但没有取得谅解的，可以减少基准刑的 30% 以下；尽管没有赔偿，但取得谅解的，可以减少基准刑的 20% 以下。对抢劫、强奸等严重危害社会治安犯罪的，应当从严掌握。

（十二）对于当事人根据刑事诉讼法第二百八十八条达成刑事和解协议的，综合考虑犯罪性质、赔偿数额、赔礼道歉以及真诚悔罪等情况，可以减少基准刑的 50% 以下；犯罪较轻的，可以减少基准刑的 50% 以上或者依法免除处罚。

（十三）对于被告人在羁押期间表现好的，可以减少基准刑的 10% 以下。

（十四）对于被告人认罪认罚的，综合考虑犯罪的性质、罪行的轻重、认罪认罚的阶段、程度、价值、悔罪表现等情况，可以减少基准刑的 30% 以下；具有自首、重大坦白、退赃退赔、赔偿谅解、刑事和解等情节的，可以减少基准刑的 60% 以下，犯罪较轻的，可以减少基准刑的 60% 以上或者依法免除处罚。认罪认罚与自首、坦白、当庭自愿认罪、退赃退赔、赔偿谅解、刑事和解、羁押期间表现好等量刑情节不作重复评价。

（十五）对于累犯，综合考虑前后罪的性质、刑罚执行完毕或赦免以后至再犯罪时间的长短以及前后罪罪行轻重等情况，应当增加基准刑的 10%－40%，一般不少于 3 个月。

（十六）对于有前科的，综合考虑前科的性质、时间间隔长短、次数、处罚轻重等情况，可以增加基准刑的 10% 以下。前科犯罪为过失犯罪和未成年人犯罪的除外。

（十七）对于犯罪对象为未成年人、老年人、残疾人、孕妇等弱势人员的，综合考虑犯罪的性质、犯罪的严重程度等情况，可以增加基准刑的 20% 以下。

（十八）对于在重大自然灾害、预防、控制突发传染病疫情等灾害期间故意犯罪的，根据案件的具体情况，可以增加基准刑的 20% 以下。

四、常见犯罪的量刑

（一）交通肇事罪

1. 构成交通肇事罪的，根据下列情形在相应的幅度内确定量刑起点：

（1）致人重伤、死亡或者使公私财产遭受重大损失的，在二年以下有期徒刑、拘役幅度内确定量刑起点。

（2）交通运输肇事后逃逸或者有其他特别恶劣情节的，在三年至五年有期徒刑幅度内确定量刑起点。

（3）因逃逸致一人死亡的，在七年至十年有期徒刑幅度内确定量刑起点。

2. 在量刑起点的基础上，根据事故责任、致人重伤、死亡的人数或者财产损失的数额以及逃逸等其他影响犯罪构成的犯罪事实增加刑罚量，确定基准刑。

3. 构成交通肇事罪的，综合考虑事故责任、危害后果、赔偿谅解等犯罪事实、量刑情节，以及被告人的主观恶性、人身危险性、认罪悔罪表现等因素，决定缓刑的适用。

（二）危险驾驶罪

1. 构成危险驾驶罪的，依法在一个月至六个月拘役幅度内确定宣告刑。

2. 构成危险驾驶罪的，根据危险驾驶行为、实际损害后果等犯罪情节，综合考虑被告人缴纳罚金的能力，决定罚金数额。

3. 构成危险驾驶罪的，综合考虑危险驾驶行为、危害后果等犯罪事实、量刑情节，以及被告人主观恶性、人身危险性、认罪悔罪表现等因素，决定缓刑的适用。

（三）非法吸收公众存款罪

1. 构成非法吸收公众存款罪的，根据下列情形在相应的幅度内确定量刑起点：

（1）犯罪情节一般的，在一年以下有期徒刑、拘役幅度内确定量刑起点。

（2）达到数额巨大起点或者有其他严重情节的，在三年至四年有期徒刑幅度内确定量刑起点。

（3）达到数额特别巨大起点或者有其他特别严重情节的，在十年至十二年有期徒刑幅度内确定量刑起点。

2. 在量刑起点的基础上，根据非法吸收存款数额等其他影响犯罪构成的犯罪事实增加刑罚量，确定基准刑。

3. 对于在提起公诉前积极退赃退赔，减少损害结果发生的，可以减少基准刑的40%以下；犯罪较轻的，可以减少基准刑的40%以上或者依法免除处罚。

4. 构成非法吸收公众存款罪的，根据非法吸收公众存款数额、存款人人数、给存款人造成的直接经济损失数额等犯罪情节，综合考虑被告人缴纳罚金的能力，决定罚金数额。

5. 构成非法吸收公众存款罪的，综合考虑非法吸收存款数额、存款人人数、给存款人造成的直接经济损失数额、清退资金数额等犯罪事实、量刑情节，以及被告人主观恶性、人身危险性、认罪悔罪表现等因素，决定缓刑的适用。

（四）集资诈骗罪

1. 构成集资诈骗罪的，根据下列情形在相应的幅度内确定量刑起点：

（1）达到数额较大起点的，在三年至四年有期徒刑幅度内确定量刑起点。

（2）达到数额巨大起点或者有其他严重情节的，在七年至九年有期徒刑幅度内确定量刑起点。依法应当判处无期徒刑的除外。

2. 在量刑起点的基础上，根据集资诈骗数额等其他影响犯罪构成的犯罪事实增加刑罚量，确定基准刑。

3. 构成集资诈骗罪的，根据犯罪数额、危害后果等犯罪情节，综合考虑被告人缴纳罚金的能力，决定罚金数额。

4. 构成集资诈骗罪的，综合考虑犯罪数额、诈骗对象、危害后果、退赃退赔等犯罪事实、量刑情节，以及被告人主观恶性、人身危险性、认罪悔罪表现等因素，决定缓刑的适用。

（五）信用卡诈骗罪

1. 构成信用卡诈骗罪的，根据下列情形在相应的幅度内确定量刑起点：

（1）达到数额较大起点的，在二年以下有期徒刑、拘役幅度内确定量刑起点。

（2）达到数额巨大起点或者有其他严重情节的，在五年至六年有期徒刑幅度内确定量刑起点。

（3）达到数额特别巨大起点或者有其他特别严重情节的，在十年至十二年有期徒刑幅度内确定量刑起点。依法应当判处无期徒刑的除外。

2. 在量刑起点的基础上，根据信用卡诈骗数额等其他影响犯罪构成的犯罪事实增加刑罚量，确定基准刑。

3. 构成信用卡诈骗罪的，根据诈骗手段、犯罪数额、危害后果等犯罪情节，综合考虑被告人缴纳罚金的能力，决定罚金数额。

4. 构成信用卡诈骗罪的，综合考虑诈骗手段、犯罪数额、危害后果、退赃退赔等犯罪事实、量刑情节，以及被告人主观恶性、人身危险性、认罪悔罪表现等因素，决定缓刑的适用。

（六）合同诈骗罪

1. 构成合同诈骗罪的，根据下列情形在相应的幅度内确定量刑起点：

（1）达到数额较大起点的，在一年以下有期徒刑、拘役幅度内确定量刑起点。

（2）达到数额巨大起点或者有其他严重情节的，在三年至四年有期徒刑幅度内确定量刑起点。

（3）达到数额特别巨大起点或者有其他特别严重情节的，在十年至十二年有期徒刑幅度内确定量刑起点。依法应当判处无期徒刑的除外。

2. 在量刑起点的基础上，根据合同诈骗数额等其他影响犯罪构成的犯罪事实增加刑罚量，确定基准刑。

3. 构成合同诈骗罪的，根据诈骗手段、犯罪数额、损失数额、危害后果等犯罪情节，综合考虑被告人缴纳罚金的能力，决定罚金数额。

4. 构成合同诈骗罪的，综合考虑诈骗手段、犯罪数额、危害后果、退赃退赔等犯罪事实、量刑情节，以及被告人主观恶性、人身危险性、认罪悔罪表现等因素，决定缓刑的适用。

（七）故意伤害罪

1. 构成故意伤害罪的，根据下列情形在相应的幅度内确定量刑起点：

（1）故意伤害致一人轻伤的，在二年以下有期徒刑、拘役幅度内确定量刑起点。

（2）故意伤害致一人重伤的，在三年至五年有期徒刑幅度内确定量刑起点。

（3）以特别残忍手段故意伤害致一人重伤，造成六级严重残疾的，在十年至十三年有期徒刑幅度内确定量刑起点。依法应当判处无期徒刑以上刑罚的除外。

2. 在量刑起点的基础上，根据伤害后果、伤残等级、手段残忍程度等其他影响犯罪构成的犯罪事实增加刑罚量，确定基准刑。

故意伤害致人轻伤的，伤残程度可以在确定量刑起点时考虑，或者作为调节基准刑的量刑情节。

3. 构成故意伤害罪的，综合考虑故意伤害的起因、手段、危害后果、赔偿谅解等犯罪事实、量刑情节，以及被告人的主观恶性、人身危险性、认罪悔罪表现等因素，决定缓刑的适用。

（八）强奸罪

1. 构成强奸罪的，根据下列情形在相应的幅度内确定量刑起点：

（1）强奸妇女一人的，在三年至六年有期徒刑幅度内确定量刑起点。

奸淫幼女一人的，在四年至七年有期徒刑幅度内确定量刑起点。

（2）有下列情形之一的，在十年至十三年有期徒刑幅度内确定量刑起点：强奸妇女、奸淫幼女情节恶劣的；强奸妇女、奸淫幼女三人的；在公共场所当众强奸妇女、奸淫幼女的；二人以上轮奸妇女的；奸淫不满十周岁的幼女或者造成幼女伤害的；强奸致被害人重伤或者造成其他严重后果的。依法应当判处无期徒刑以上刑罚的除外。

2. 在量刑起点的基础上，根据强奸妇女、奸淫幼女情节恶劣程度、强奸人数、致人伤害后果等其他影响犯罪构成的犯罪事实增加刑罚量，确定基准刑。

强奸多人多次的，以强奸人数作为增加刑罚量的事实，强奸次数作为调节基准刑的量刑情节。

3. 构成强奸罪的，综合考虑强奸的手段、危害后果等犯罪事实、量刑情节，以及被告人的主观恶性、人身危险性、认罪悔罪表现等因素，从严把握缓刑的适用。

（九）非法拘禁罪

1. 构成非法拘禁罪的，根据下列情形在相应的幅度内确定量刑起点：

（1）犯罪情节一般的，在一年以下有期徒刑、拘役幅度内确定量刑起点。

（2）致一人重伤的，在三年至五年有期徒刑幅度内确定量刑起点。

（3）致一人死亡的，在十年至十三年有期徒刑幅度内确定量刑起点。

2. 在量刑起点的基础上，根据非法拘禁人数、拘禁时间、致人伤亡后果等其他影响犯罪构成的犯罪事实增加刑罚量，确定基准刑。

非法拘禁多人多次的，以非法拘禁人数作为增加刑罚量的事实，非法拘禁次数作为调节基准刑的量刑情节。

3. 有下列情节之一的，增加基准刑的10%－20%：

（1）具有殴打、侮辱情节的；

（2）国家机关工作人员利用职权非法扣押、拘禁他人的。

4. 构成非法拘禁罪的，综合考虑非法拘禁的起因、时间、危害后果等犯罪事实、量刑情节，以及被告人的主观恶性、人身危险性、认罪悔罪表现等因素，决定缓刑的适用。

（十）抢劫罪

1. 构成抢劫罪的，根据下列情形在相应的幅度内确定量刑起点：

（1）抢劫一次的，在三年至六年有期徒刑幅度内确定量刑起点。

（2）有下列情形之一的，在十年至十三年有期徒刑幅度内确定量刑起点：入户抢劫的；在公共交通工具上抢劫的；抢劫银行或者其他金融机构的；抢劫三次或者抢劫数额达到数额巨大起点的；抢劫致一人重伤的；冒充军警人员抢劫的；持枪抢劫的；抢劫军用物资或者抢险、救灾、救济物资的。依法应当判处无期徒刑以上刑罚的除外。

2. 在量刑起点的基础上，根据抢劫情节严重程度、抢劫数额、次数、致人伤害后果等其他影响犯罪构成的犯罪事实增加刑罚量，确定基准刑。

3. 构成抢劫罪的，根据抢劫的数额、次数、手段、危害后果等犯罪情节，综合考虑被告人缴纳罚金的能力，决定罚金数额。

4. 构成抢劫罪的，综合考虑抢劫的起因、手段、危害后果等犯罪事实、量刑情节，以及被告人的主观恶性、人身危险性、认罪悔罪表现等因素，从严把握缓刑的适用。

（十一）盗窃罪

1. 构成盗窃罪的，根据下列情形在相应的幅度内确定量刑起点：

（1）达到数额较大起点的，二年内三次盗窃的，入户盗窃的，携带凶器盗窃的，或者扒窃的，在一年以下有期徒刑、拘役幅度内确定量刑起点。

（2）达到数额巨大起点或者有其他严重情节的，在三年至四年有期徒刑幅度内确定量刑起点。

（3）达到数额特别巨大起点或者有其他特别严重情节的，在十年至十二年有期徒刑幅度内确定量刑起点。依法应当判处无期徒刑的除外。

2. 在量刑起点的基础上，根据盗窃数额、次数、手段等其他影响犯罪构成的犯罪事实增加刑罚量，确定基准刑。

多次盗窃，数额达到较大以上的，以盗窃数额确定量刑起点，盗窃次数可以作为调节基准刑的量刑情节；数额未达到较大的，以盗窃次数确定量刑起点，超过三次的次数作为增加刑罚量的事实。

3. 构成盗窃罪的，根据盗窃的数额、次数、手段、危害后果等犯罪情节，综合考虑被告人缴纳罚金的能力，在一千元以上盗窃数额二倍以下决定罚金数额；没有盗窃数额或者盗窃数额无法计算的，在一千元以上十万元以下判处罚金。

4. 构成盗窃罪的，综合考虑盗窃的起因、数额、次数、手段、退赃退赔等犯罪事实、量刑情节，以及被告人的主观恶性、人身危险性、认罪悔罪表现等因素，决定缓刑的适用。

（十二）诈骗罪

1. 构成诈骗罪的，根据下列情形在相应的幅度内确定量刑起点：

（1）达到数额较大起点的，在一年以下有期徒刑、拘役幅度内确定量刑起点。

（2）达到数额巨大起点或者有其他严重情节的，在三年至四年有期徒刑幅度内确定量刑起点。

（3）达到数额特别巨大起点或者有其他特别严重情节的，在十年至十二年有期徒刑幅度内确定量刑起点。依法应当判处无期徒刑的除外。

2. 在量刑起点的基础上，根据诈骗数额等其他影响犯罪构成的犯罪事实增加刑罚量，确定基准刑。

3. 构成诈骗罪的，根据诈骗的数额、手段、危害后果等犯罪情节，综合考虑被告人缴纳罚金的能力，决定罚金数额。

4. 构成诈骗罪的，综合考虑诈骗的起因、手段、数额、危害后果、退赃退赔等犯罪事实、量刑情节，以及被告人的主观恶性、人身危险性、认罪悔罪表现等因素，决定缓刑的适用。对实施电信网络诈骗的，从严把握缓刑的适用。

（十三）抢夺罪

1. 构成抢夺罪的，根据下列情形在相应的幅度内确定量刑起点：

（1）达到数额较大起点或者二年内三次抢夺的，在一年以下有期徒刑、拘役幅度内确定量刑起点。

（2）达到数额巨大起点或者有其他严重情节的，在三年至五年有期徒刑幅度内确定量刑起点。

（3）达到数额特别巨大起点或者有其他特别严重情节的，在十年至十二年有期徒刑幅度内确定量刑起点。依法应当判处无期徒刑的除外。

2. 在量刑起点的基础上，根据抢夺数额、次数等其他影响犯罪构成的犯罪事实增加刑罚量，确定基准刑。

多次抢夺，数额达到较大以上的，以抢夺数额确定量刑起点，抢夺次数可以作为调节基准刑的量刑情节；数额未达到较大的，以抢夺次数确定量刑起点，超过三次的次数作为增加刑罚量的事实。

3. 构成抢夺罪的，根据抢夺的数额、次数、手段、危害后果等犯罪情节，综合考虑被告人缴纳罚金的能力，决定罚金数额。

4. 构成抢夺罪的，综合考虑抢夺的起因、数额、手段、次数、危害后果、退赃退赔等犯罪事实、量刑情节，以及被告人的主观恶性、人身危险性、认罪悔罪表现等因素，决定缓刑的适用。

（十四）职务侵占罪

1. 构成职务侵占罪的，根据下列情形在相应的幅度内确定量刑起点：

（1）达到数额较大起点的，在一年以下有期徒刑、拘役幅度内确定量刑起点。

（2）达到数额巨大起点的，在三年至四年有期徒刑幅度内确定量刑起点。

（3）达到数额特别巨大起点的，在十年至十一年有期徒刑幅度内确定量刑起点。依法应当判处无期徒刑的除外。

2. 在量刑起点的基础上，根据职务侵占数额等其他影响犯罪构成的犯罪事实增加刑罚量，确定基准刑。

3. 构成职务侵占罪的，根据职务侵占的数额、危害后果等犯罪情节，综合考虑被告人缴纳罚金的能力，决定罚金数额。

4. 构成职务侵占罪的，综合考虑职务侵占的数额、手段、危害后果、退赃退赔等犯罪事实、量刑情节，以及被告人的主观恶性、人身危险性、认罪悔罪表现等因素，决定缓刑的适用。

（十五）敲诈勒索罪

1. 构成敲诈勒索罪的，根据下列情形在相应的幅度内确定量刑起点：

（1）达到数额较大起点的，或者二年内三次敲诈勒索的，在一年以下有期徒刑、拘役幅度内确定量刑起点。

（2）达到数额巨大起点或者有其他严重情节的，在三年至五年有期徒刑幅度内确定量刑起点。

（3）达到数额特别巨大起点或者有其他特别严重情节的，在十年至十二年有期徒刑幅度内确定量刑起点。

2. 在量刑起点的基础上，根据敲诈勒索数额、次数、犯罪情节严重程度等其他影响犯罪构成的犯罪事实增加刑罚量，确定基准刑。

多次敲诈勒索，数额达到较大以上的，以敲诈勒索数额确定量刑起点，敲诈勒索次数可以作为调节基准刑的量刑情节；数额未达到较大的，以敲诈勒索次数确定量刑起点，超过三次的次数作为增加刑罚量的事实。

3. 构成敲诈勒索罪的，根据敲诈勒索的数额、手段、次数、危害后果等犯罪情节，综合考虑被告人缴纳罚金的能力，在二千元以上敲诈勒索数额的二倍以下决定罚金数额；被告人没有获得财物的，在二千元以上十万元以下判处罚金。

4. 构成敲诈勒索罪的，综合考虑敲诈勒索的手段、数额、次数、危害后果、退赃退赔等犯罪事实、量刑情节，以及被告人的主观恶性、人身危险性、认罪悔罪表现等因素，决定缓刑的适用。

（十六）妨害公务罪

1. 构成妨害公务罪的，在二年以下有期徒刑、拘役幅度内确定量刑起点。

2. 在量刑起点的基础上，根据妨害公务造成的后果、犯罪情节严重程度等其他影响犯罪构成的犯罪事实增加刑罚量，确定基准刑。

3. 构成妨害公务罪，依法单处罚金的，根据妨害公务的手段、危害后果、造成的人身伤害以及财物毁损情况等犯罪情节，综合考虑被告人缴纳罚金的能力，决定罚金数额。

4. 构成妨害公务罪的，综合考虑妨害公务的手段、造成的人身伤害、财物的毁损及社会影响等犯罪事实、量刑情节，以及被告人的主观恶性、人身危险性、认罪悔罪表现等因素，决定缓刑的适用。

（十七）聚众斗殴罪

1. 构成聚众斗殴罪的，根据下列情形在相应的幅度内确定量刑起点：

（1）犯罪情节一般的，在二年以下有期徒刑、拘役幅度内确定量刑起点。

（2）有下列情形之一的，在三年至五年有期徒刑幅度内确定量刑起点：聚众斗殴三次的；聚众斗殴人数多，规模大，社会影响恶劣的；在公共场所或者交通要道聚众斗殴，造成社会秩序严重混乱的；持械聚众斗殴的。

2. 在量刑起点的基础上，根据聚众斗殴人数、次数、手段严重程度等其他影响犯罪构成的犯罪事实增加刑罚量，确定基准刑。

3. 构成聚众斗殴罪的，综合考虑聚众斗殴的手段、危害后果等犯罪事实、量刑情节，以及被告人的主观恶性、人身危险性、认罪悔罪表现等因素，决定缓刑的适用。

（十八）寻衅滋事罪

1. 构成寻衅滋事罪的，根据下列情形在相应的幅度内确定量刑起点：

（1）寻衅滋事一次的，在三年以下有期徒刑、拘役幅度内确定量刑起点。

（2）纠集他人三次寻衅滋事（每次都构成犯罪），严重破坏社会秩序的，在五年至七年有期徒刑幅度内确定量刑起点。

2. 在量刑起点的基础上，根据寻衅滋事次数、伤害后果、强拿硬要他人财物或任意损毁、占用公私财物数额等其他影响犯罪构成的犯罪事实增加刑罚量，确定基准刑。

3. 构成寻衅滋事罪，判处五年以上十年以下有期徒刑，并处罚金的，根据寻衅滋事的次数、危害后果、对社会秩序的破坏程度等犯罪情节，综合考虑被告人缴纳罚金的能力，决定罚金数额。

4. 构成寻衅滋事罪的，综合考虑寻衅滋事的具体行为、危害后果、对社会秩序的破坏程度等犯罪事实、量刑情节，以及被告人的主观恶性、人身危险性、认罪悔罪表现等因素，决定缓刑的适用。

（十九）掩饰、隐瞒犯罪所得、犯罪所得收益罪

1. 构成掩饰、隐瞒犯罪所得、犯罪所得收益罪的，根据下列情形在相应的幅度内确定量刑起点：

（1）犯罪情节一般的，在一年以下有期徒刑、拘役幅度内确定量刑起点。

（2）情节严重的，在三年至四年有期徒刑幅度内确定量刑起点。

2. 在量刑起点的基础上，根据犯罪数额等其他影响犯罪构成的犯罪事实增加刑罚量，确定基准刑。

3. 构成掩饰、隐瞒犯罪所得、犯罪所得收益罪的，根据掩饰、隐瞒犯罪所得及其收益的数额、犯罪对象、危害后果等犯罪情节，综合考虑被告人缴纳罚金的能力，决定罚金数额。

4. 构成掩饰、隐瞒犯罪所得、犯罪所得收益罪的，综合考虑掩饰、隐瞒犯罪所得及其收益的数额、危害后果、上游犯罪的危害程度等犯罪事实、量刑情节，以及被告人的主观恶性、人身危险性、认罪悔罪表现等因素，决定缓刑的适用。

（二十）走私、贩卖、运输、制造毒品罪

1. 构成走私、贩卖、运输、制造毒品罪的，根据下列情形在相应的幅度内确定量刑起点：

（1）走私、贩卖、运输、制造鸦片一千克，海洛因、甲基苯丙胺五十克或者其它毒品数量达到数量大起点的，量刑起点为十五年有期徒刑。依法应当判处无期徒刑以上刑罚的除外。

（2）走私、贩卖、运输、制造鸦片二百克，海洛因、甲基苯丙胺十克或者其它毒品数量达到数量较大起点的，在七年至八年有期徒刑幅度内确定量刑起点。

（3）走私、贩卖、运输、制造鸦片不满二百克，海洛因、甲基苯丙胺不满十克或者其他少量毒品的，可以在三年以下有期徒刑、拘役幅度内确定量刑起点；情节严重的，在三年至四年有期徒刑幅度内确定量刑起点。

2. 在量刑起点的基础上，根据毒品犯罪次数、人次、毒品数量等其他影响犯罪构成的犯罪事实增加刑罚量，确定基准刑。

3. 有下列情节之一的，增加基准刑的10%－30%：

（1）利用、教唆未成年人走私、贩卖、运输、制造毒品的；

（2）向未成年人出售毒品的；

（3）毒品再犯。

4. 有下列情节之一的，可以减少基准刑的30%以下：

（1）受雇运输毒品的；

（2）毒品含量明显偏低的；

（3）存在数量引诱情形的。

5. 构成走私、贩卖、运输、制造毒品罪的，根据走私、贩卖、运输、制造毒品的种类、数量、危害后果等犯罪情节，综合考虑被告人缴纳罚金的能力，决定罚金数额。

6. 构成走私、贩卖、运输、制造毒品罪的，综合考虑走私、贩卖、运输、制造毒品的种类、数量、危害后果等犯罪事实、量刑情节，以及被告人的主观恶性、人身危险性、认罪悔罪表现等因素，从严把握缓刑的适用。

（二十一）非法持有毒品罪

1. 构成非法持有毒品罪的，根据下列情形在相应的幅度内确定量刑起点：

（1）非法持有鸦片一千克以上、海洛因或者甲基苯丙胺五十克以上或者其他毒品数量大的，在七年至九年有期徒刑幅度内确定量刑起点。依法应当判处无期徒刑的除外。

（2）非法持有毒品情节严重的，在三年至四年有期徒刑幅度内确定量刑起点。

（3）非法持有鸦片二百克、海洛因或者甲基苯丙胺十克或者其他毒品数量较大的，在一年以下有期徒刑、拘役幅度内确定量刑起点。

2. 在量刑起点的基础上，根据毒品数量等其他影响犯罪构成的犯罪事实增加刑罚量，确定基准刑。

3. 构成非法持有毒品罪的，根据非法持有毒品的种类、数量等犯罪情节，综合考虑被告人缴纳罚金的能力，决定罚金数额。

4. 构成非法持有毒品罪的，综合考虑非法持有毒品的种类、数量等犯罪事实、量刑情节，以及被告人主观恶性、人身危险性、认罪悔罪表现等因素，从严把握缓刑的适用。

（二十二）容留他人吸毒罪

1. 构成容留他人吸毒罪的，在一年以下有期徒刑、拘役幅度内确定量刑起点。

2. 在量刑起点的基础上，根据容留他人吸毒的人数、次数等其他影响犯罪构成的犯罪事实增加刑罚量，确定基准刑。

3. 构成容留他人吸毒罪的，根据容留他人吸毒的人数、次数、违法所得数额、危害后果等犯罪情节，综合考虑被告人缴纳罚金的能力，决定罚金数额。

4. 构成容留他人吸毒罪的，综合考虑容留他人吸毒的人数、次数、危害后果等犯罪事实、量刑情节，以及被告人主观恶性、人身危险性、认罪悔罪表现等因素，决定缓刑的适用。

（二十三）引诱、容留、介绍卖淫罪

1. 构成引诱、容留、介绍卖淫罪的，根据下列情形在相应的幅度内确定量刑起点：

（1）情节一般的，在二年以下有期徒刑、拘役幅度内确定量刑起点。

（2）情节严重的，在五年至七年有期徒刑幅度内确定量刑起点。

2. 在量刑起点的基础上，根据引诱、容留、介绍卖淫的人数等其他影响犯罪构成的犯罪事实增加刑罚量，确定基准刑。

3. 旅馆业、饮食服务业、文化娱乐业、出租汽车业等单位的主要负责人，利用本单位的条件，引诱、容留、介绍他人卖淫的，增加基准刑的10%-20%。

4. 构成引诱、容留、介绍卖淫罪的，根据引诱、容留、介绍卖淫的人数、次数、违法所得数额、危害后果等犯罪情节，综合考虑被告人缴纳罚金的能力，决定罚金数额。

5. 构成引诱、容留、介绍卖淫罪的，综合考虑引诱、容留、介绍卖淫的人数、次数、危害后果等犯罪事实、量刑情节，以及被告人主观恶性、人身危险性、认罪悔罪表现等因素，决定缓刑的适用。

五、附则

（一）本指导意见规范上列二十三种犯罪判处有期徒刑的案件。其他判处有期徒刑的案件，可以参照量刑的指导原则、基本方法和常见量刑情节的适用规范量刑。

（二）各省、自治区、直辖市高级人民法院、人民检察院应当结合当地实际，共同制定实施细则。

（三）本指导意见自2021年7月1日起实施。最高人民法院2017年3月9日《关于实施修订后的〈关于常见犯罪的量刑指导意见〉的通知》（法发〔2017〕7号）同时废止。

9. 最高人民法院、最高人民检察院、公安部、国家安全部、司法部关于规范量刑程序若干问题的意见（法发〔2020〕38号，自2020年11月6日起施行）

为深入推进以审判为中心的刑事诉讼制度改革，落实认罪认罚从宽制度，进一步规范量刑程序，确保量刑公开公正，根据刑事诉讼法和有关司法解释等规定，结合工作实际，制定本意见。

第一条 人民法院审理刑事案件，在法庭审理中应当保障量刑程序的相对独立性。

人民检察院在审查起诉中应当规范量刑建议。

第二条 侦查机关、人民检察院应当依照法定程序，全面收集、审查、移送证明犯罪嫌疑人、被告人犯罪事实、量刑情节的证据。

对于法律规定并处或者单处财产刑的案件，侦查机关应当根据案件情况对被告人的财产状况进行调查，并向人民检察院移送相关证据材料。人民检察院应当审查并向人民法院移送相关证据材料。

人民检察院在审查起诉时发现侦查机关应当收集而未收集量刑证据的，可以退回侦查机关补充侦查，也可以自行侦查。人民检察院退回补充侦查的，侦查机关应当按照人民检察院退回补充侦查提纲的要求及时收集相关证据。

第三条 对于可能判处管制、缓刑的案件，侦查机关、人民检察院、人民法院可以委托社区矫正机构或者有关社会组织进行调查评估，提出意见，供判处管制、缓刑时参考。

社区矫正机构或者有关社会组织收到侦查机关、人民检察院或者人民法院调查评估的委托后，应当根据委托机关的要求依法进行调查，形成评估意见，并及时提交委托机关。

对于没有委托进行调查评估或者判决前没有收到调查评估报告的，人民法院经审理认为被告人符合管制、缓刑适用条件的，可以依法判处管制、宣告缓刑。

第四条 侦查机关在移送审查起诉时，可以根据犯罪嫌疑人涉嫌犯罪的情况，就宣告禁止令和从业禁止向人民检察院提出意见。

人民检察院在提起公诉时，可以提出宣告禁止令和从业禁止的建议。被告人及其辩护人、被害人及其诉讼代理人可以就是否对被告人宣告禁止令和从业禁止提出意见，并说明理由。

人民法院宣告禁止令和从业禁止，应当根据被告人的犯罪原因、犯罪性质、犯罪手段、悔罪表现、个人一贯表现等，充分考虑与被告人所犯罪行的关联程度，有针对性地决定禁止从事特定的职业、活动，进入特定区域、场所，接触特定的人等。

第五条 符合下列条件的案件，人民检察院提起公诉时可以提出量刑建议；被告人认罪认罚的，人民检察院应当提出量刑建议：

（一）犯罪事实清楚，证据确实、充分；

（二）提出量刑建议所依据的法定从重、从轻、减轻或者免除处罚等量刑情节已查清；

（三）提出量刑建议所依据的酌定从重、从轻处罚等量刑情节已查清。

第六条 量刑建议包括主刑、附加刑、是否适用缓刑等。主刑可以具有一定的幅度，也可以根据案件具体情况，提出确定刑期的量刑建议。建议判处财产刑的，可以提出确定的数额。

第七条 对常见犯罪案件，人民检察院应当按照量刑指导意见提出量刑建议。对新类型、不常见犯罪案件，可以参照相关量刑规范提出量刑建议。提出量刑建议，应当说明理由和依据。

第八条 人民检察院指控被告人犯有数罪的，应当对指控的个罪分别提出量刑建议，并依法提出数罪并罚后决定执行的刑罚的量刑建议。

对于共同犯罪案件，人民检察院应当根据各被告人在共同犯罪中的地位、作用以及应当承担的刑事责任分别提出量刑建议。

第九条 人民检察院提出量刑建议，可以制作量刑建议书，与起诉书一并移送人民法院；对于案情简单、量刑情节简单的适用速裁程序的案件，也可以在起诉书中写明量刑建议。

量刑建议书中应当写明人民检察院建议对被告人处以的主刑、附加刑、是否适用缓刑等及其理由和依据。

人民检察院以量刑建议书方式提出量刑建议的，人民法院在送达起诉书副本时，应当将量刑建议书一并送达被告人。

第十条 在刑事诉讼中，自诉人、被告人及其辩护人、被害人及其诉讼代理人可以提出量刑意见，并说明理由，人民检察院、人民法院应当记录在案并附卷。

第十一条 人民法院、人民检察院、侦查机关应当告知犯罪嫌疑人、被告人申请法律援助的权利，对符合法律援助条件的，依法通知法律援助机构指派律师为其提供辩护或者法律帮助。

第十二条 适用速裁程序审理的案件，在确认被告人认罪认罚的自愿性和认罪认罚具结书内容的真实性、合法性后，一般不再进行法庭调查、法庭辩论，但在判决宣告前应当听取辩护人的意见和被告人的最后陈述意见。

适用速裁程序审理的案件，应当当庭宣判。

第十三条 适用简易程序审理的案件，在确认被告人对起诉书指控的犯罪事实和罪名没有异议，自愿认罪且知悉认罪的法律后果后，法庭审理可以直接围绕量刑进行，不再区分法庭调查、法庭辩论，但在判决宣告前应当听取被告人的最后陈述意见。

适用简易程序审理的案件，一般应当当庭宣判。

第十四条 适用普通程序审理的被告人认罪案件，在确认被告人了解起诉书指控的犯罪事实和罪名，自愿认罪且知悉认罪的法律后果后，法庭审理主要围绕量刑和其他有争议的问题进行，可以适当简化法庭调查、法庭辩论程序。

第十五条 对于被告人不认罪或者辩护人做无罪辩护的案件，法庭调查和法庭辩论分别进行。

在法庭调查阶段，应当在查明定罪事实的基础上，查明有关量刑事实，被告人及其辩护人可以出示证明被告人无罪或者罪轻的证据，当庭发表质证意见。

在法庭辩论阶段，审判人员引导控辩双方先辩论定罪问题。在定罪辩论结束后，审判人员告知控辩双方可以围绕量刑问题进行辩论，发表量刑建议或者意见，并说明依据和理由。被告人及其辩护人参加量刑问题的调查的，不影响作无罪辩解或者辩护。

第十六条 在法庭调查中，公诉人可以根据案件的不同种类、特点和庭审的实际情况，合理安排和调整举证顺序。定罪证据和量刑证据分开出示的，应当先出示定罪证据，后出示量刑证据。

对于有数起犯罪事实的案件的量刑证据，可以在对每起犯罪事实举证时分别出示，也可以对同类犯罪事实一并出示；涉及全案综合量刑情节的证据，一般应当在举证阶段最后出示。

第十七条 在法庭调查中，人民法院应当查明对被告人适用具体法定刑幅度的犯罪事实以及法定或者酌定量刑情节。

第十八条 人民法院、人民检察院、侦查机关或者辩护人委托有关方面制作涉及未成年人的社会调查报告的，调查报告应当在法庭上宣读，并进行质证。

第十九条 在法庭审理中，审判人员对量刑证据有疑问的，可以宣布休庭，对证据进行调查核实，必要时也可以要求人民检察院补充调查核实。人民检察院补充调查核实有关证据，必要时可以要求侦查机关提供协助。

对于控辩双方补充的证据，应当经过庭审质证才能作为定案的根据。但是，对于有利于被告人的量刑证据，经庭外征求意见，控辩双方没有异议的除外。

第二十条 被告人及其辩护人、被害人及其诉讼代理人申请人民法院调取在侦查、审查起诉阶段收集的量刑证据材料，人民法院认为确有必要的，应当依法调取；人民法院认为不需要调取的，应当说明理由。

第二十一条 在法庭辩论中，量刑辩论按照以下顺序进行：

（一）公诉人发表量刑建议，或者自诉人及其诉讼代理人发表量刑意见；

（二）被害人及其诉讼代理人发表量刑意见；

（三）被告人及其辩护人发表量刑意见。

第二十二条　在法庭辩论中，出现新的量刑事实，需要进一步调查的，应当恢复法庭调查，待事实查清后继续法庭辩论。

第二十三条　对于人民检察院提出的量刑建议，人民法院应当依法审查。对于事实清楚，证据确实、充分，指控的罪名准确，量刑建议适当的，人民法院应当采纳。

人民法院经审理认为，人民检察院的量刑建议不当的，可以告知人民检察院。人民检察院调整量刑建议的，应当在法庭审理结束前提出。人民法院认为人民检察院调整后的量刑建议适当的，应当予以采纳；人民检察院不调整量刑建议或者调整量刑建议后仍不当的，人民法院应当依法作出判决。

第二十四条　有下列情形之一，被告人当庭认罪，愿意接受处罚的，人民法院应当根据审理查明的事实，就定罪和量刑听取控辩双方意见，依法作出裁判：

（一）被告人在侦查、审查起诉阶段认罪认罚，但人民检察院没有提出量刑建议的；

（二）被告人在侦查、审查起诉阶段没有认罪认罚的；

（三）被告人在第一审程序中没有认罪认罚，在第二审程序中认罪认罚的；

（四）被告人在庭审过程中不同意量刑建议的。

第二十五条　人民法院应当在刑事裁判文书中说明量刑理由。量刑说理主要包括：

（一）已经查明的量刑事实及其对量刑的影响；

（二）是否采纳公诉人、自诉人、被告人及其辩护人、被害人及其诉讼代理人发表的量刑建议、意见及理由；

（三）人民法院判处刑罚的理由和法律依据。

对于适用速裁程序审理的案件，可以简化量刑说理。

第二十六条　开庭审理的二审、再审案件的量刑程序，依照有关法律规定进行。法律没有规定的，参照本意见进行。

对于不开庭审理的二审、再审案件，审判人员在阅卷、讯问被告人、听取自诉人、辩护人、被害人及其诉讼代理人的意见时，应当注意审查量刑事实和证据。

第二十七条 对于认罪认罚案件量刑建议的提出、采纳与调整等，适用最高人民法院、最高人民检察院、公安部、国家安全部、司法部《关于适用认罪认罚从宽制度的指导意见》的有关规定。

第二十八条 本意见自2020年11月6日起施行。2010年9月13日最高人民法院、最高人民检察院、公安部、国家安全部、司法部《印发〈关于规范量刑程序若干问题的意见（试行）〉的通知》（法发〔2010〕35号）同时废止。

10. 人民法院量刑程序指导意见（试行）（自2010年10月1日起施行）

为进一步规范量刑活动，实现量刑公开和公正，根据刑事诉讼法和司法解释的有关规定，结合审判工作实际，制定本意见。

一、人民法院审理刑事案件，应当将量刑纳入法庭审理程序。在法庭调查、法庭辩论等阶段，应当保障量刑活动的相对独立性。

二、在刑事裁判文书中，应当说明量刑理由。

三、在法庭审理过程中，审判人员应当注意听取公诉人、当事人、辩护人和诉讼代理人提出的量刑意见。

量刑意见应当具有一定幅度，并应当有相应证据和理由。

四、适用普通程序审理的案件，在法庭调查过程中，可以根据案件具体情况先调查犯罪事实，后调查量刑事实；在法庭辩论过程中，也可以先辩论定罪问题，后辩论量刑问题。

被告人认罪或者虽然不认罪但同意参与审理量刑问题的，按照被告人认罪案件的程序审理量刑问题。

被告人不认罪且不同意参与审理量刑问题的，合议庭应当告知其有权提出从轻、减轻、免除处罚的意见和理由，记录在卷后，法庭审理继续进行。

五、适用简易程序或普通程序审理的被告人认罪案件，在核实犯罪事实后，庭审主要围绕量刑事实、情节和刑罚适用问题进行举证、质证和辩论。

六、量刑事实的确调查按照以下顺序进行：

（1）审判人员首先归纳在犯罪事实调查阶段已经查明的量刑事实，并告知公诉人、当事人和辩护人、诉讼代理人不再重复举证和质证；

（2）公诉人、自诉人及其诉讼代理人就其掌握的未经审理的量刑事实举证，并接受质证；

（3）被告人及其辩护人就其掌握的未经审理的量刑事实举证，并接受质证。

被害人及其诉讼代理人到庭参加诉讼的，可以向法庭提交量刑事实证据，并接受质证。

有关方面向法庭提交涉及未成年人量刑的社会调查报告的，调查报告应当当庭宣读，并接受质证。

七、人民法院发现影响量刑的情节有遗漏或者事实不清的，可以建议人民检察院补充侦查。

八、被告人及其辩护人确因客观原因未能收集到量刑证据，申请调取证据的，人民法院认为必要时，可以依法调取。

九、在法庭审理过程中，当事人及其辩护人、诉讼代理人申请新的证人到庭，调取新的物证、书证，申请鉴定或者重新鉴定，人民法院认为有必要的，应当同意。

十、在法庭辩论阶段，审判长应当注意引导控辩双方围绕有争议的量刑事实和刑罚适用问题进行辩论。

在法庭辩论过程中，法庭发现新的量刑事实，认为有必要进行调查的，审判长可以宣布恢复法庭调查，待事实查清后继续法庭辩论。

十一、裁判文书中的量刑说理，一般包括以下内容：

（1）已经查明的量刑事实及其对量刑的影响；

（2）是否采纳公诉人、当事人和辩护人、诉讼代理人的量刑意见及其理由；

（3）人民法院的量刑理由和法律依据。

十二、人民法院审理二审、再审刑事案件的量刑程序，除法律另有规定外，可以参照本意见进行。

十三、本意见自发布之日起试行。

11. **最高人民法院、最高人民检察院、海关总署关于办理走私刑事案件适用法律若干问题的意见**（法〔2002〕139号，自2002年7月8日起施行）（节录）

二十三、关于走私货物、物品、走私违法所得以及走私犯罪工具的处理问题

在办理走私犯罪案件过程中，对发现的走私货物、物品、走私违法所得

以及属于走私犯罪分子所有的犯罪工具，走私犯罪侦查机关应当及时追缴，依法予以查扣、冻结。在移送审查起诉时应当将扣押物品文件清单、冻结存款证明文件等材料随案移送，对于扣押的危险品或者鲜活、易腐、易失效、易贬值等不宜长期保存的货物、物品，已经依法先行变卖、拍卖的，应当随案移送变卖、拍卖物品清单以及原物的照片或者录像资料；人民检察院在提起公诉时应当将上述扣押物品文件清单、冻结存款证明和变卖、拍卖物品清单一并移送；人民法院在判决走私罪案件时，应当对随案清单、证明文件中载明的款、物审查确认并依法判决予以追缴、没收；海关根据人民法院的判决和海关法的有关规定予以处理，上缴中央国库。

二十四、关于走私货物、物品无法扣押或者不便扣押情况下走私违法所得的追缴问题

在办理走私普通货物、物品犯罪案件中，对于走私货物、物品因流入国内市场或者投入使用，致使走私货物、物品无法扣押或者不便扣押的，应当按照走私货物、物品的进出口完税价格认定违法所得予以追缴；走私货物、物品实际销售价格高于进出口完税价格的，应当按照实际销售价格认定违法所得予以追缴。

三、典型或常见问题的审理思路

1. 被告人同时具有两种量刑情节：一是在收受他人70多万元的贿赂时，具有索贿的行为，依法应当从重处罚；二是在被羁押期间，检举、揭发他人行贿、受贿近100万元的事实，经查证属实，构成一般立功，依法可以从轻或者减轻处罚。在兼有从重和从轻处罚情节时，应如何处理？[①]

分歧意见：第一种意见认为，从重情节和从轻情节虽方向相逆，但性质相同，作用相似，都是为了修正刑罚的幅度，二者一加一减，可以相互抵消。

第二种意见认为，兼有从重情节和从轻情节量刑时不能采取简单的抵消处理，而应根据不同情节的作用（包括正面和负面）大小和影响程度分别考量，然后再进行综合评价。

---

① 观点来源：最高人民法院刑事审判第一、二、三、四、五庭主办：《刑事审判参考》第106集，法律出版社2017年版，第97－98页，耿某有受贿案。

本书观点：赞同第二种意见。认为，在被告人兼有从重和从轻处罚情节时，应在分别评判的基础上综合考虑量刑幅度。

因为，量刑情节是影响量刑的各种主客观事实情况，这些情况虽被归纳为几大类别，如自首、立功、犯罪预备、中止、未遂等，但具体分析，各种情节的价值或者说影响力并不是等量齐观的，即便是同一种量刑情节，其意义也不尽相同。以自首为例，标准的自首和视为自首是不一样的，罪行还未被发现便已自首和被抓捕期间自首亦不相同。如果对各种量刑情节不加区分地相互抵消，就可能会犯以偏概全的错误。就前述情形来说，确定被告人的最终刑罚大致可分几个步骤：首先，根据受贿的数额和基本情节确定基准刑，如受贿70多万元，结合其认罪态度、悔罪表现及实际退赃等情况，可确定其基准刑为四年半至五年；其次，针对被告人所具有的索贿情节，依法应予从重处罚，从重处罚的幅度，结合索贿的数额等情况，可掌握在基准刑的20%－30%；最后，考虑被告人检举、揭发他人贿赂犯罪的立功表现，依法予以从轻处罚，从轻处罚的幅度，结合检举的罪名、行贿受贿的数额等因素，可掌握在基准刑的20%左右。综合全案的量刑情节，二审法院最终判处耿某有有期徒刑五年是适当的。

2. 逆向情节并存时如何把握量刑的一般原则以及因民间纠纷激化行凶杀人，既具有杀死纠纷一方成年人，杀死、杀伤无辜儿童等从重处罚情节，又具有自首等从轻处罚情节的，如何准确把握量刑尺度？①

本书观点：在逆向情节并存时，首先，考察案件各量刑情节对于量刑的影响程度。其次，将这些情节对量刑的影响程度大小进行分析比较，对于显著优势情节，在综合案情的前提下优先适用。最后，如果逆向情节相互间并无优势而大致相当，则先考虑从重情节估量出刑和与刑度，然后考虑从轻情节，确定最终的刑罚。

刑事审判实践中，一案具有多种量刑情节的现象并不鲜见，而且具体形态较为复杂。混合的多种量刑情节既可能是同向的，如都是从宽情节，或都是从严情节，也可能是逆向的，如从严与从宽情节并存。进一步细分，同向或逆向量刑情节又有从轻、减轻和免除处罚情节，从重和加重处罚情节，法

① 观点来源：最高人民法院刑事审判第一、二、三、四、五庭主办：《刑事审判参考》2014年第3集（总第98集），法律出版社2014年版，第101－103页，黄某坚故意杀人案。

定和酌定情节，应当情节和可以情节，罪前、罪中与罪后情节等种种区别。

（1）逆向情节并存时量刑把握的一般原则

逆向情节并存时量刑的基本步骤

《最高人民法院关于常见犯罪的量刑指导意见》（以下简称《量刑意见》，现已失效）规定："量刑时要充分考虑各种法定和酌定量刑情节，根据案件的全部犯罪事实以及量刑情节的不同情形，依法确定量刑情节的适用及其调节比例……具体确定各个量刑情节的调节比例时，应当综合平衡调节幅度与实际增减刑罚量的关系，确保罪责刑相适应。"虽然《量刑意见》主要是用于规范有期徒刑刑罚裁量时的标准，在拟适用死刑、无期徒刑刑种时无法体现各量刑情节的调节比例，但《量刑意见》所体现的罪责刑相适应等量刑基本原则和综合分析平衡的基本方法，对包括死刑案件在内的所有刑事案件，均具有参考和借鉴意义。

根据上述精神，基于量刑情节的复杂性，就前述情形所涉及的逆向情节并存的情况而言，我们认为，应当综合比较分析后予以判断。具体而言，包括三个步骤：一是考察案件各量刑情节对于量刑的影响程度。二是将这些情节对量刑的影响程度的大小进行分析比较，考察是否有一方情节占据较显著的优势。对于显著优势情节，一般应当在综合案情的前提下优先适用。三是如果逆向情节相互间并无优势而大致相当（主要是指只有从轻情节和从重情节并存的情形），则先考虑从重情节估量出刑种与刑度，然后考虑从轻情节，确定最终的刑罚。

（2）准确适用优势量刑情节应当把握的原则

第一，罪中情节一般优于罪前、罪后情节。以犯罪情节与犯罪行为在时间上的先后关系为准，可分为罪前情节、罪中情节、罪后情节。罪前情节一般是指犯罪实施前的情节，如案发起因、一贯表现等；罪中情节一般是指犯罪过程中的各种情节，如犯罪手段、犯罪后果等；罪后情节一般是指犯罪后的态度，如案发后行为、悔罪态度等。罪中情节与犯罪构成紧密相关，是影响罪行的情节，反映了犯罪行为的事实要素，直接体现了犯罪行为社会危害性的大小。罪前、罪后情节主要是反映行为人主观恶性与人身危险性的情节，体现犯罪起因、动机、悔罪态度等。一般情况下，罪中情节对量刑的影响更为关键和重要。

第二，单一的应当型情节与可以型情节相比，单一的法定情节与酌定情节相比，前者一般为优势情节。应当型情节是对法定情节必须适用的绝对性规定，可以型情节则仍然有一定选择适用的余地；法定情节是刑法明文规定需要在量刑时考虑的情节，而酌定情节则是根据刑事政策和刑法精神，在量刑时酌定考虑的情节。

第三，从重与减轻情节并存时，减轻情节一般为优势情节。因为从重只能在法定刑幅度内从重，而减轻则是在法定刑以下判处。不论犯罪的情节多么严重，在法定刑以内应当判处多重的刑罚：一旦适用减轻处罚，就应当依法在法定刑以下判处。此种情况下，即使有从重情节，也不应改变在法定刑以下判处刑罚的情况。因此，减轻情节对于从重处罚而言属于优势情节。具体操作时，应当在与罪行相应的法定刑最低刑的下一格量刑幅度内，估量出一定的刑罚，而后在该量刑幅度内，再从重处罚。

第四，从重与免刑情节并存时，免刑情节一般为优势情节。有观点认为，免刑情节是对一切可罚情节的彻底否定，是对任何法定刑罚的免除，故在从重与免刑情节并存时，应当不考虑从重处罚而直接裁量决定免除处罚。我们认为，对此应当综合分析，不宜过于绝对。我国刑法没有规定免刑的单一功能情节，免刑情节多以“从轻、减轻或者免除处罚”的多功能情节出现，可见立法者对免刑情节的规定较为慎重。在同时存在免除处罚和从重情节的情况下，一般应当慎用免刑情节。一般情况下，在多功能情节中选择是否免除处罚时，应当首先估量免刑情节对量刑结果的影响，而后再考虑从重情节，并“尽可能缩小从重处罚的分量”，以罪刑相适应原则为指引，谨慎决定是否免除处罚。另外，虽然从重情节与免刑情节并存时，是否免除刑罚应当慎重，但最终的量刑一般应当轻于从重与减轻情节并存的情形。

第五，优势情节可以由多个同向情节累积形成。如行为人实施诈骗行为刚达到当地数额巨大的标准，又系累犯，应当在三年以上有期徒刑从重处罚，但又存在自首和重大立功情节，且在共同诈骗中系从犯，则应当将以上从宽情节与从严情节各自累积后比较，相较之下从宽的情节占据优势，综合衡量后，对行为人可判处三年以下有期徒刑。

第六，应当型情节相对于可以型情节、法定情节相对于酌定情节的优势不是绝对的。我们认为，优势情节是相对而言，优势一方必须要综合全案不同情节的地位作用加以分析判断，一般不存在只要单一出现就完全排除其他任何逆向情节适用的绝对优势情节。优势情节的确立及其适用，必须牢牢把握罪责刑相适应原则，依据法律规定，通过综合分析来比较各种量刑情节对量刑结果的影响，最终决定实际的刑罚。

（3）关于从重与从轻情节并存难以确定优势情节时的量刑适用

从重情节与从轻情节并存的情况比较常见，这种逆向情节并存的情况往往难以确定优势一方。此种情况下，一般应当先考虑所有的从重处罚的情节，在此基础上先拟定一个要判处的刑罚，之后在从重处罚的基础上再考虑所有的从轻处罚情节，将拟处的刑罚幅度向下适当降低，即“先从重再从轻”。

有观点认为，先考虑从重情节，会导致在任何情况下，趋严的情节都是优先的、首要的情节，因此不利于被告人，也不利于司法机关公正合理地量刑。其实，这种观点是对本方法的误读。因为，并非先考虑哪个情节，哪个情节就更重要：先考虑从重情节，可在法定刑内确定上限，使裁判者知晓本案所能判处刑罚或者刑期的顶点；再从轻，可以使从轻情节得到充分体现。在此种方法下可以出现在法定刑下限判处的情况，有利于被告人。反之，如果采用先从轻后从重的方法，貌似优先考虑和趋向于从轻，但实际上则不利于从轻情节的体现：一是即使裁判者在先考虑从轻时已到了法定刑下限，再考虑从重则要在刑罚或者刑期上予以提升，难以出现在法定刑下限判处的情况；二是采取先轻后重往往在实际考虑从重情节时难以把握限度，有“上浮过限”的可能，导致从轻情节作用被弱化。综上，采取“先从重再从轻”，相较之下对被告人更为有利，符合刑法的谦抑性。

需要指出的是，从重、从轻的量刑适用顺序，不仅在操作上应当准确，而且在裁判文书中也应当清晰反映。否则，就可能造成量刑不当的误读。如某被告人参与抢劫，系共同犯罪中的从犯，但系累犯，一审判决表述为：被告人系从犯，应当从轻处罚，又系累犯，应当从重处罚，最终对其判处有期徒刑三年。检察机关认为，既然从犯应当从轻，从轻到了法定刑下限就是三年有期徒刑，那么之后表述的累犯这一从重情节根本没有体现，于是提起抗诉。此系文书表述中的“近因效应”，如果先表述从重再表述从轻，则从逻辑上在法定刑下限判处也就能够成立，不至于造成逻辑上的混乱和理解上的偏差。

（4）本案中逆向情节并存时如何考量

本案即是一起从宽情节与从严情节逆向并存的案件。我们认为，应当以综合比较的方法对本案并存的逆向情节加以分析，最终确定应当判处的刑罚。

本案的从严情节包括：①被告人在与邻居发生矛盾时不能以合法方式正

确对待和处理，以无辜妇孺为泄愤对象，致二死（含一幼童）、一重伤（幼童）、一轻伤（妇女、八级伤残），罪行及后果极为严重，社会危害极大。②被告人在整个作案过程中有二次加害、入户杀人、杀害无辜妇孺等情节，均体现了黄某坚极为坚决的杀人犯意，以及为泄愤而滥杀无辜的极深的主观恶性。

本案的从宽情节包括：①案发起因是由于民间矛盾、邻里纠纷激化引发，属于《最高人民法院关于贯彻宽严相济刑事政策的若干意见》中所列可以酌定从轻处罚的情节；②被告人作案后具有自首情节，系法定的从轻处罚情节。

经对本案两种逆向情节加以综合分析判断，我们认为，本案中从严情节具有比较明显的优势，理由如下：

①本案的从重情节多属于罪中情节，而从宽情节多属于罪前、罪后情节。如前所述，罪中情节更能直接体现犯罪行为本身的危害性，在犯罪构成上起决定作用，对量刑的影响至关重要。本案的从宽情节如民间矛盾引发、自首，均属于罪前或者罪后情节，而从严情节如作案手段极其残忍、持凶器入户行凶、二次加害、杀人意志极为坚决、犯罪后果极其严重等均为罪中情节。相比之下，从严情节对于量刑的影响更大。②本案的从宽情节程度及价值均有限。“因民间矛盾引发”只是酌定从轻情节，是否从轻处罚需要综合全案考量。经查，被告人不仅杀死了与其有矛盾的被害人，还迁怒于被害人亲属而滥杀无辜，年仅四岁的被害人、年仅九岁的被害人与本案没有任何牵涉，纯属因被告人泄愤而无辜遇害，其犯罪的恶劣程度已超过民间矛盾的范畴。③被告人的自首价值有限。刑法规定对于自首的犯罪分子，可以从轻、减轻或者免除处罚。自首制度一方面旨在鼓励犯罪人认罪、悔罪，实现刑罚惩罚和教育的目的，投案主动性、自动性即体现了犯罪人人身危险性的减少；另一方面自首有利于节约司法资源，提高办案效率，减少诉讼成本。本案中，现场幸存的两名被害人均认识被告人且目击了被告人作案，犯罪嫌疑人明确，即使被告人不报案公安人员亦可马上确定其嫌疑并展开抓捕。因此，被告人的投案自首，对于侦破案件的价值相对有限。另外，被告人作案过程中有若干停止继续实施犯罪的节点，亦可不予二次侵害，但被告人在各节点均未停止犯罪，反而以坚决的犯意继续行凶杀人，造成极其严重的后果，体现了极深的主观恶性和人身危险性。故被告人自首价值有限，可以不从轻处罚。④本案从严处罚符合相关法律规定及刑事政策的要求。第一，从保护未成年

人的角度，本案从重惩处符合当前刑事司法政策。2004 年立法者将“国家尊重和保障人权”写入宪法，保障人权的理念已成社会共识，而包括未成年人在内的弱势群体权益的保障，则属于人权保障中更需要关注的方面。下一代的健康成长，是国家和社会有序、正常发展的基础，未成年人体力和智力不及成人，自我保护和防范能力差，刑法对此特殊群体规定了特殊的保护制度。《最高人民法院、最高人民检察院、公安部、司法部关于依法惩治性侵害未成年人犯罪的意见》等一系列司法解释性文件的出台，亦表明我国对于未成年人的刑事司法保护力度在不断增强。第二，从打击严重暴力犯罪的角度分析，对本案被告人从重处罚与刑事政策的精神要求一致。严重暴力犯罪危害人民群众的生命健康，一直是我国司法机关打击的重点。《最高人民法院关于贯彻宽严相济刑事政策的若干意见》指出：“对于……严重暴力犯罪……该重判的要坚决依法重判，该判处死刑的要坚决依法判处死刑”“对于罪行十分严重、社会危害性极大，依法应当判处重刑或死刑的，要坚决地判处重刑或死刑”“严惩严重刑事犯罪，必须充分考虑被告人的主观恶性和人身危险性”。可见，以未成年人等弱势群体为犯罪对象的严重暴力犯罪，极大威胁了人民群众安全感，社会危害性极大，社会影响极为恶劣，必须依法严惩。而本案即是一起严重暴力侵害包括未成年人在内的公民生命权及健康权的案件，属于依法应予从严打击的范围。

通过对上述从严情节与从宽情节的综合比较，本案从宽情节在程度和对量刑的影响方面较为有限，相对而言，从严情节性质明确、程度强烈，在对量刑的影响力上占据了较为明显的优势。故对被告人应当以故意杀人罪处死刑，剥夺政治权利终身。

3. 被告人为索债，纠集、雇用他人非法限制债务人的人身自由，在索债未能如愿的情况下，纠集、雇用他人将被害人关入铁笼抛入水库致死，其行为构成非法拘禁罪、故意杀人罪，应依法并罚，又系累犯。二审期间，被告人亲属代为赔偿，取得了被害人的谅解。在此情况下，能否对罪行极其严重的被告人从宽处罚，不适用死刑立即执行？[①]

分歧意见：第一种意见持肯定立场，认为应据此改判被告人死刑缓期二

---

① 观点来源：最高人民法院刑事审判第一、二、三、四、五庭主办：《刑事审判参考》第 113 集，法律出版社 2019 年版，第 24－29 页，胡某权故意杀人、非法拘禁案。

年执行。

第二种意见持否定立场，认为此案不适宜对被告人从宽判处，应当维持、核准死刑判决。

本书观点：同意第二种意见，对严重危害社会治安和影响人民群众安全感的犯罪，应慎重把握被告人亲属代为赔偿情节对被告人量刑的影响。理由如下：

宽严相济是我国的基本刑事政策，即根据犯罪的具体情况，实行区别对待，做到该严则严，当宽则宽，宽严相济，罚当其罪。既要防止片面从严，也要避免一味从宽。《最高人民法院关于贯彻宽严相济刑事政策的若干意见》（以下简称《宽严相济意见》）指出："对于被告人同时具有法定、酌定从严和法定、酌定从宽处罚情节的案件，要在全面考察犯罪的事实、性质、情节和对社会危害程度的基础上，结合被告人的主观恶性、人身危险性、社会治安状况等因素，综合作出分析判断，总体从严，或者总体从宽"。《宽严相济意见》同时指出，"被告人案发后对被害人积极进行赔偿，并认罪、悔罪的，依法可以作为酌定量刑情节予以考虑。因婚姻家庭等民间纠纷激化引发的犯罪，被害人及其家属对被告人表示谅解的，应当作为酌定量刑情节考虑"。据此，被告人积极赔偿和被害人及其亲属谅解是重要的酌定从宽处罚情节，但要注意准确、全面把握。

第一，被告人案发后对被害人积极进行赔偿，"可以"从宽量刑，而非必须从宽处罚。并且，根据此情节对被告人从宽处罚，被告人不仅要有实际的赔偿，还应当认罪、悔罪。

第二，被害方谅解而对被告人从轻处罚的上述规定，一般适用于"因婚姻家庭等民间纠纷激化引发的犯罪"。

第三，被害人及其亲属谅解的本质是被告人与被害人及其亲属双方在自愿协商一致的基础上，通过被告人真诚悔罪，赔礼道歉并支付被害人的损失，以此来取得被害人及其亲属的谅解，从而修复被破坏的社会关系。在被害人死亡或者无法独立表达意志的情况下，对被害人亲属谅解的背景、原因，是否确系真实、自愿，更要从严审查和把握，要注意审查是否违背社会良好风尚和公众朴素的正义情感。

第四，被告人积极赔偿和被害人及其亲属谅解虽然是重要的酌定从宽处罚情节，但在严重刑事犯罪中，是否对被告人从宽及从宽的幅度，必须结合犯罪事实、性质及其他情节进行综合衡量，给予适当、准确的评价。

本案中，既有可考虑从严惩处的情节，如系有预谋的直接故意杀人，性质特别恶劣，情节、后果严重，社会危害性大，被告人系累犯，人身危险性大，主观恶性深等；又有可考虑从宽处罚的情节，如二审期间，被告人的亲属积极代为赔偿，取得被害人亲属谅解。如何评价从严与从宽情节，需要准确把握以下三个方面的因素：

首先，从案件性质来看，本案最初起因虽系民间借贷纠纷，但后期发展已明显超出简单的借贷纠纷的性质，演变成严重暴力犯罪。被告人将被害人从酒店带走后，先后花钱雇用多名社会闲散人员、有犯罪前科的人员，转换多个地点关押被害人长达两个多月，索债不能如愿后，又纠集他人故意杀害被害人，性质特别恶劣。故意杀人系极为严重的暴力犯罪，不但严重侵犯公民个体的人身权利，也严重危及正常的社会秩序，一向是我国刑法严厉打击的重点。在决定对这类案件被告人的刑罚时，一方面要考虑实现特殊预防目的，即防止被告人本人的再犯可能性，另一方面还要考虑实现一般预防，即防止潜在的犯罪发生，在发挥对被害人的安抚补偿功能的基础上，注重发挥对社会的一般威慑、强化规范意识的功能，而不应片面强调被害人一方的感受和态度。

其次，从犯罪情节、后果来看，被告人采用将被害人装入专门制作的铁笼后沉入水库的方式杀人，作案手段残忍，情节特别恶劣，严重危害当地社会治安和人民群众安全感。

最后，从被告人的主观恶性及人身危险性来看，被告人经过预谋，选好地点后纠集他人共同作案。被害人被抛入湖中的地点距水面20余米，水面距湖底80余米，打捞极为困难，公安机关曾两次打捞无果。作案后，被告人潜逃境外，被抓捕归案后，仅供认非法拘禁事实，否认故意杀人事实，且供述屡屡变化：在被害人尸体被打捞上来之前，称在浙江省温州市将被害人放走了；在同案被告人翻供后，供称在北山大桥附近将被害人释放了；在打捞到被害尸体后，又称在北山大桥上将被害人释放后同案被告人曾经返回，暗示铁笼是被同案被告人抛入水库的；在二审开庭时又称发现被害人死亡后才“抛尸”。可见，被告人口供随着司法机关掌握证据的变化而一变再变，百般抵赖，并无认罪、悔罪态度，主观恶性深。《宽严相济意见》指出，“被告人案发后对被害人积极进行赔偿，并认罪、悔罪的，依法可以作为酌定量刑情节予以考虑。因婚姻家庭等民间纠纷激化引发的犯罪，被害人及其家属对被告人表示谅解的，应当作为酌定量刑情节考虑”。被告人的亲属虽然愿意代为赔偿，但被告人并无认罪、悔罪态度；被害人亲属虽然对被告人表示谅解，但本案并不属于“因婚姻家庭等民间纠纷激化引发的犯罪”。概言之，被告人不具备对其从轻处罚的必要条件。另外，被告人还有两次犯罪前科，系累犯，人身危险性大，具有法定从重处罚情节。

综上，对于犯罪性质、情节特别恶劣，后果特别严重，严重危害社会治安和影响人民群众安全感的故意杀人案件，被告人主观恶性深、人身危险性大的，即使被告人积极赔偿，得到被害方谅解，法院也要掌握好宽严尺度，从宽判处仍应当特别慎重，做到罪责刑相适应，不能过于偏离社会公众的朴素道德情感，防止死刑政策出现偏差。尤其是对于并未认罪、悔罪的被告人，不能仅因积极赔偿、取得谅解而从轻处罚。本案中，经综合考量从严与从宽情节，最高人民法院对本案总体从严，认定被告人虽然就民事赔偿与被害人亲属达成了协议，但尚不足以对其从轻处罚，故依法核准被告人死刑。

4. 被告人原本系从事贩卖鱼类和收购、出售山麂、野兔等非珍贵、濒危野生动物的正当商贩，侦查机关并未掌握其有出售国家保护的野生动物的犯意和犯罪行为。在此情况下，侦查人员多次向被告人提出购买珍贵、濒危野生动物的要求，对被告人进行引诱。被告人犯罪系侦查人员采用“犯意诱发型”侦查手段诱使的情况下实施。在此情况下，对“犯意诱发型”案件如何处理?①

本书观点：被告人在被诱惑侦查之前并无出售国家保护动物的犯罪意图，其实施犯罪行为源于侦查人员积极主动购买行为的反复诱惑，应属于典型的“犯意诱发型”诱惑侦查。对因被诱惑侦查手段引诱而实施犯罪的被告人，人民法院应当根据现有的法律和司法解释，结合司法正义的基本精神，认真审查诱惑侦查手段的合法性，并根据案件的具体情况进行处理。

所谓诱惑侦查，国外又称警察圈套，是指由侦查人员设置圈套或者诱饵，暗示或诱使侦查对象暴露其犯罪意图并实施犯罪行为，待犯罪行为实施时或结果发生后，抓捕被诱惑者。根据被诱惑者在被诱惑之前有无犯罪倾向、犯

---

① 观点来源：最高人民法院刑事审判第一、二、三、四、五庭主办：《中国刑事审判指导案例》（刑法总则）（增订第3版），法律出版社2017年版，第262－264页，吴某兰非法出售珍贵、濒危野生动物案。

罪意图以及诱惑者在犯罪实施中所起的作用，诱惑侦查可以划分为“犯意诱发型”和“机会提供型”两种。“犯意诱发型”是指诱惑者对无犯罪意图的人实施诱惑，引诱其形成犯意，并促使其付诸实施；“机会提供型”是指被诱惑者已有犯罪倾向及意图，诱惑者只是强化其固有的犯罪意图，促使其实施具体的犯罪行为。两者的最大区别在于“机会提供型”诱惑侦查中的被诱惑人具有犯罪意图，侦查人员的诱惑行为只是强化了被诱惑者的犯罪意图，而不是诱使其产生犯罪意图，这一点与“犯意诱发型”侦查不同。如毒品犯罪案件中常见的“数量引诱”侦查（即一些贩毒人员平时交易数量较少，但在侦查人员的引诱下，贩毒人员扩大交易额度，实施了数量较大的贩毒行为），由于贩毒人员已有确定的犯罪意图，诱惑者提出的交易数量通常只能是在贩毒人员本有的犯罪行为上增加其犯罪数量，因而属于“机会提供型”诱惑侦查。

诱惑侦查带有一定程度的欺骗性，与刑事诉讼的正义价值追求相矛盾，具有无法克服的缺陷，如侵犯公民隐私权和人格自主权、可能使人们对司法公正性失去信赖、导致侦查权的滥用等，诱惑侦查的合法性和妥当性一直饱受争议。尽管诱惑侦查存在诸多弊端，但不可否认的是该方法在侦查实践中确是一种高效的秘密侦查手段，尤其是在一些所谓无被害人的严重犯罪中，如贩卖毒品、伪造货币和买卖伪币等犯罪，诱惑侦查对全面取证、及时破获案件有着不可替代的作用，在世界各国的侦查中也都有使用，只是各国对该方法的使用都有严格的法律限制。

目前，我国对于诱惑侦查的立法规制很少，只有一些零散规定，如《公安部刑事特情工作规定》规定：“严禁刑事特情诱人犯罪。”《全国部分法院审理毒品犯罪案件工作座谈会纪要》对诱惑侦查破获的毒品死刑案件如何量刑作了指导性规定：“对因‘犯意引诱’实施毒品犯罪的被告人，根据罪刑相适应原则，应当依法从轻处罚，无论涉案毒品数量多大，都不应判处死刑立即执行……对因‘数量引诱’实施毒品犯罪的被告人，应当依法从轻处罚，即使毒品数量超过实际掌握的死刑数量标准，一般也不判处死刑立即执行。”在我国，鉴于诱惑侦查对于破获一些严重犯罪所具有的不可替代的特殊作用，应当承认其在一定条件下的采用是允许的，上述有关规定也体现了这一精神，但为了减少其可能带来的负面影响，在有关立法规定尚不完备的情况下，对诱惑侦查在司法中进行严格限制就尤为重要了。

我们认为，在司法实践中，对于存在诱惑侦查的案件，人民法院应当根据现有的法律和司法解释，结合司法正义的基本精神，参照国外对诱惑侦查的相关规定，认真审查诱惑侦查手段的合法性，并根据案件的具体情况进行处理。

对于“犯意诱发型”诱惑侦查。诱惑侦查适用的目的是发现犯罪人，而绝不是“制造”犯罪人。法律的本质就是管理公民、维护社会秩序，促使公民向善守法、遵守秩序，如果国家机关利用法律手段诱使人性中的丑恶萌发，促使公民犯罪，这与法律的正义性是相悖的。因此，对于“犯意诱发型”的诱惑侦查，由于其实质上是借诱惑侦查之名行制造犯罪之实，一般情况下不应允许。法院在审理此类案件时，对被告人定罪应当慎重，一般情况下不应认定被告人有罪或者应对被告人免予刑事处罚。

对于“机会提供型”诱惑侦查，其适用对象一般是已经有证据证明正在参与、实施犯罪或者有迹象表明可能实施犯罪的人员，其实质是为了发现犯罪人，而并未诱使被诱惑者产生犯罪意图。“机会提供型”诱惑侦查中，已有证据显示被诱惑者具有重大犯罪嫌疑或犯罪意图，侦查人员的诱惑行为只是强化了被诱惑者固有的犯罪意图或者加重了其犯罪情节（如增加了犯罪次数或者犯罪数量等），只要符合法律规定的条件，可以采用。法院在审理此类案件时，应当认定被告人有罪，但在量刑时，应结合具体案情，对因诱惑因素而加重的犯罪情节部分在量刑时应予以考虑，一般不应判处最重之刑。

侦查机关使用了“犯意诱发型”诱惑侦查方式，使原本无犯罪意图的被告人产生犯意并实施了犯罪行为，属于“制造犯罪”，侦查方式不具有合法性。利用该侦查方式获取的言辞证据，由于违反了我国刑事诉讼法关于禁止以引诱、欺骗方法收集证据的规定，属于非法证据，应当予以排除。在此情况下，本案指控证据不足，依法应当宣告被告人无罪。退一步讲，即使有足够证据证明被告人实施了非法出售珍贵、濒危野生动物的行为，但因公安机关对其使用了“犯意诱发型”诱惑侦查方式，而案件中并没有证据证明被告人之前有过违法犯罪记录，其本人一直合法经营小餐馆，无社会危害性和人身危险性；加之其在本案中只是起居间介绍的作用，从中获取的介绍费极少，即使认定其参与犯罪，也是从犯，情节显著轻微，也可不以犯罪论处。

需要指出的是，因使用“犯意诱发型”诱惑侦查方式导致宣告被告人无罪，但对直接出售熊掌的同案犯来说，如果有证据证明其之前一直或曾实施非法出售珍贵、濒危野生动物的犯罪行为，侦查机关利用被告人对其使用的诱惑侦查方式则属于“机会提供型”诱惑侦查，如果证据充分，可以追究同案被告人相关犯罪行为的刑事责任，但在量刑时，应对其本次因诱惑侦查而实施的犯罪行为部分予以从轻处罚。

5.《刑法修正案（八）》实施后《刑法》第六十三条第二款的适用，是否受减轻幅度的限制？①

本书观点：《刑法修正案（八）》实施之后，适用《刑法》第六十三条第二款对被告人在法定刑以下判处刑罚的，不受《刑法》第六十三条第一款规定的减轻幅度的限制。

《刑法修正案（八）》实施之前，《刑法》第六十三条第一款并没有对减轻处罚的幅度进行限制，故对犯罪分子减轻处罚时，无论是适用法定减轻处罚情节，还是适用《刑法》第六十三条第二款报核程序的，均不受法定量刑幅度的限制。《刑法修正案（八）》对《刑法》第六十三条第一款作了修改，增加了“本法规定有数个量刑幅度的，应当在法定量刑幅度的下一个量刑幅度内判处刑罚”的规定。据此，有观点认为，此款对《刑法》第六十三条第二款规定的特殊情况下减轻处罚的适用也具有限制意义，即《刑法修正案（八）》实施之后，根据案件的特殊情况，报经最高人民法院核准在法定刑以下判处刑罚的案件，人民法院只能在法定量刑幅度的下一个量刑幅度内判处刑罚。其理由在于，《刑法》第六十三条第一款实际上也是对如何减轻处罚的规定，即犯罪分子具有法定减轻处罚情节的，只能在法定量刑幅度的下一个量刑幅度内判处刑罚。对于没有法定减轻处罚情节的犯罪分子适用《刑法》第六十三条第二款在法定刑以下判处刑罚的，也应同样适用上述规定。如果允许在法定量刑幅度的下两个量刑幅度内判处刑罚，可能会导致法官自由裁量权过大。

我们认为，《刑法修正案（八）》施行以前，最高人民法院曾核准过一些在法定量刑幅度的下两个量刑幅度内判处刑罚的案件。《刑法修正案（八）》第五条仅修改了《刑法》第六十三条第一款，对该条第二款未作修改，也并未明确第二款受第一款限制。司法实践中，出于政治、外交、国防等国家利

---

① 观点来源：最高人民法院刑事审判第一、二、三、四、五庭主办：《中国刑事审判指导案例》（刑法总则）（增订第3版），法律出版社2017年版，第267－270页，王某走私珍贵动物制品案。

益需要，以及为了实现特殊个案的罪刑均衡（例如，许某案即为典型案例，如不能下两格处罚则明显量刑过重），必要时在法定量刑幅度的下两个量刑幅度判处刑罚有其必要性和合理性，但应当严格掌握，不宜扩大适用。

6. 适用减轻处罚情节能否减至免予刑事处罚?①

本书观点：对具有法定减轻处罚情节而在法定刑以下判处刑罚的案件，应当在法定量刑幅度的下一个量刑幅度内判处刑罚，不能减至免予刑事处罚。对不具有法定减轻处罚情节的案件在减轻处罚时更应当遵循在法定量刑幅度的下一个量刑幅度内判处刑罚的原则。但是对极个别涉及政治、国防、外交等特殊情况的案件，应当根据具体情况，决定减轻刑罚的幅度，不受在法定量刑幅度的下一个量刑幅度内判处刑罚这一原则的限制。当案件没有法定免除处罚情节时，原则上不应适用减轻处罚情节对被告人减至免予刑事处罚。

《刑法修正案（八）》施行以前，全国各地法院对在法定刑以下判处刑罚的具体幅度把握的标准不一。对于同时具有几个量刑幅度的案件，有的法院严格把握在具体对应的法定量刑幅度的下一个量刑幅度判处刑罚，有的法院可能跨越一个或者几个量刑幅度判处刑罚，还有的法院甚至在适用减轻处罚情节后判处免予刑事处罚。

（1）对具有法定减轻处罚情节而在法定刑以下判处刑罚的案件是否应当在法定量刑幅度的下一个量刑幅度内判处刑罚

减轻处罚是在一定条件下对刑期予以一定幅度的缩减，最终处罚结果仍必须判处一定的刑期，与免予刑事处罚在本质上是不同的。然而，由于各地法院对减轻处罚的掌握标准不统一，导致类似的案件在量刑上存在较大差异的情况。为了统一减轻处罚的量刑标准，准确量刑，《刑法修正案（八）》第五条将《刑法》第六十三条第一款修改为："犯罪分子具有本法规定的减轻处罚情节的，应当在法定刑以下判处刑罚；本法规定有数个量刑幅度的，应当在法定量刑幅度的下一个量刑幅度内判处刑罚。"这一规定明确了刑法规定有数个量刑幅度的，应当在法定量刑幅度的下一个量刑幅度内判处刑罚，而不能跨越量刑幅度判处刑罚。因此，对具有法定减轻处罚情节而在法定刑以下判处刑罚的案件，应当在法定量刑幅度的下一个量刑幅度内判处刑罚，不能

① 观点来源：最高人民法院刑事审判第一、二、三、四、五庭主办：《中国刑事审判指导案例》（刑法总则）（增订第3版），法律出版社2017年版，第270－272页，刘某贪污案。

减至免予刑事处罚。

（2）对不具有法定减轻处罚情节而在法定刑以下判处刑罚的案件是否应当在法定量刑幅度的下一个量刑幅度内判处刑罚

抛开个案因素，就犯罪本身而言，具有法定减轻处罚情节的案件比不具有法定减轻处罚情节的案件更有理由在法定刑以下判处刑罚，正因如此，对不具有法定减轻处罚情节的案件要在法定刑以下判处刑罚必须逐级报请最高人民法院核准。既然对具有减轻处罚情节的案件在减轻处罚时不能跨越量刑幅度判处刑罚，那么对不具有法定减轻处罚情节的案件在减轻处罚时更应当遵循在法定量刑幅度的下一个量刑幅度内判处刑罚的原则。但是对极个别涉及政治、国防、外交等特殊情况的案件，应当根据具体情况，决定减轻刑罚的幅度，不受在法定量刑幅度的下一个量刑幅度内判处刑罚这一原则的限制。

虽然《刑法修正案（八）》之前的法律及相关规范性文件没有明确限制减轻处罚的幅度，但是根据有关减轻处罚等刑罚具体运用的原理，对于《刑法修正案（八）》施行前发生以及判决的案件，在适用减轻处罚情节时，原则上应当限制在法定量刑幅度的下一个量刑幅度内判处刑罚，不应跨越量刑幅度减至免予刑事处罚。

（3）对法定量刑幅度已是最低量刑幅度的案件适用减轻处罚情节是否应当判处免予刑事处罚

如果具体罪行所对应的法定量刑幅度已是最低量刑幅度，但该法定量刑幅度中最低的刑种尚不是最轻的，适用减轻处罚情节时，是否可以突破刑法的规定，以比该法定量刑幅度中最低的法定刑更轻的刑种判处刑罚？对此问题，最高人民法院研究室 1994 年 2 月 5 日下发的《关于适用刑法第五十九条第二款减轻处罚能否判处刑法分则条文没有规定的刑罚问题的答复》（以下简称《答复》）作了如下明确答复，“在法定刑以下判处刑罚，包括判处刑法分则条文没有规定的不同种的刑罚”。我们认为，《答复》中的《刑法》第五十九条第二款是指 1979 年《刑法》第五十九条第二款，虽然与 1997 年《刑法》第六十三条第二款的具体表述有所不同，但都是针对不具有法定减轻处罚情节的被告人减轻处罚作出的规定，内容一脉相传。因此，在没有规范性文件明确提出相反的意见之前，《答复》确立的原则至今依然可以适用。以单位行贿案件为例，单位行贿罪只有“五年以下有期徒刑或者拘役”一个量刑幅度，在适用减轻处罚情节时，可以对被告人判处管制；再以战时自伤案件为例，战时自伤罪有两个法定量刑幅度，如果与具体罪行对应的法定量刑幅度是“三年以下有期徒刑”，在适用减轻处罚情节时，可以对被告人判处拘役或者管制；如果与具体罪行对应的法定量刑幅度中最低的法定刑已是最低刑种，即没有再适用减轻处罚的空间的，则可以直接适用《刑法》第三十七条免予刑事处罚的规定，不必以适用减轻处罚情节的方式判处免予刑事处罚。例如，扰乱法庭秩序罪的法定刑是“三年以下有期徒刑、拘役、管制或者罚金”，对本罪已无适用减轻处罚情节的空间，如果犯罪情节轻微不需要判处刑罚的，完全可以直接通过适用《刑法》第三十七条的规定，对被告人判处免予刑事处罚。

总之，当案件没有法定免除处罚情节时，原则上不应适用减轻处罚情节对被告人减至免予刑事处罚。

7. 如何依据法定情节对罚金刑减轻适用?[①]

本书观点：对具有法定从轻或者减轻处罚情节的，不管是未成年人罪犯还是成年人罪犯，人民法院都可以根据案件的具体情况，决定对罪犯的罚金刑从轻或者减轻适用。

（1）罚金刑可以依据法定减轻情节而减轻适用

在我国，刑法分则规定的罚金数额确定方式主要有无限额罚金制、限额罚金制和倍比罚金制。2000 年出台的《最高人民法院关于适用财产刑若干问题的规定》（以下简称《财产刑规定》）第二条规定：“……刑法没有明确规定罚金数额标准的，罚金的最低数额不能少于一千元。对未成年人犯罪应当从轻或者减轻判处罚金，但罚金的最低数额不能少于五百元。”可见，除刑法已对限额罚金和倍比罚金明文规定了法定量刑幅度外，司法解释还对无限额罚金制的罚金数额规定了成年人一千元的下限，即无限额罚金亦具有法定量刑幅度。

《财产刑规定》第二条第二款明确了对未成年人犯罪的罚金刑可以从轻或者减轻处罚，是否能基于这一规定认为，对成年人犯罪的罚金刑也可以从轻或者减轻处罚？我们认为，对具有法定从轻或者减轻处罚情节的，不管是未成年人罪犯还是成年人罪犯，人民法院都可以根据案件的具体情况，决定对

---

① 观点来源：最高人民法院刑事审判第一、二、三、四、五庭主办：《中国刑事审判指导案例》（刑法总则）（增订第 3 版），法律出版社 2017 年版，第 272 – 274 页，朱某虎等非法经营案。

罪犯的罚金刑从轻或者减轻适用。具体理由如下：

第一，量刑情节对刑罚的调节同时包括对附加刑的调节，只要具有减轻处罚情节且罪责刑相适应的，就可以将调节在法定最低刑以下的罚金刑确定为宣告刑。

第二，虽然绝大多数未成年人罪犯没有个人财产，在执行财产刑的问题上相对于成年人罪犯具有特殊性，但根据罪刑法定原则、罪责刑相适应原则，对未成年人罪犯原则上应当适用罚金刑。对未成年人犯罪罚金刑从轻或者减轻处罚，其原因并不是绝大多数未成年人没有个人财产，而是因为适用《刑法》第十七条对未成年人犯罪“应当从轻或者减轻处罚”的规定，据此，性质上属于法律规定的减轻处罚量刑情节，理应可以作为罚金刑减轻处罚的适用依据。

综合上述两点，被告人具有法定从轻、减轻处罚量刑情节，人民法院可以适用该情节，对被告人的罚金刑减轻处罚。

（2）主刑从轻处罚时罚金刑可以减轻处罚

虽然基准刑必然在法定量刑幅度范围内，但通过量刑情节调节后，并不能保证宣告刑仍在法定量刑幅度以内，宣告刑是否仍在法定量刑幅度内取决于犯罪情节的调节结果。通过犯罪情节调节后，不管主刑与附加刑是否仍在法定量刑幅度内，只要与犯罪分子所犯罪行和所应承担的刑事责任相适应，即应当确定为宣告刑。根据《刑法》第六十一条的规定，被告人决定刑罚时，应当根据犯罪的事实，犯罪的性质、情节和对社会的危害程度，依照刑法的有关规定判处。《财产刑规定》第二条亦进一步明确规定，判处被告罚金刑，为避免出现空判或者使犯罪分子切身感受到财产刑的惩戒作用，不仅应当根据被告人的犯罪情节，还应当综合考虑犯罪分子缴纳罚金的能力等情况。由此可见，判处自由刑和罚金刑的依据并不完全相同，判处自由刑的依据因素不可能包括犯罪分子的经济状况，但判处罚金刑却要考虑这一因素。尽管法律并未明确规定罚金刑与自由刑必须同时从轻、减轻，但基于罚金刑与自由刑的判处依据因素不同，其各自调节的幅度也必然不同，调节的结果不能必然保证罚金刑和自由刑同时从轻或者减轻，但只要符合罪责刑相适应原则，实现预定的刑罚效果，即可确定为宣告刑。

基于上述分析，我们认为，在对主刑选择从轻的同时对罚金刑也可以适用减轻。

8. 盗窃数额是否盗窃犯罪唯一量刑依据?①

本书观点：（1）对“数额犯”的量刑不以数额为唯一依据，具有充足的刑法理论基础。

首先，这是由我国刑法的法定刑设置模式决定的。刑法中关于数额犯的规定，基本上采取了以犯罪数额为基础决定基准刑的方式。犯罪数额对于法定刑幅度的选择具有直接的决定力，并且是决定具体的宣告刑的依据。这样设置的合理性在于数额是情节的主要内容，并且是一种相对比较容易标示、易于客观区分和衡量的情节，所以刑法将其格外、明确地表现出来，判定犯罪行为危害程度。盗窃罪是典型的数额犯，盗窃数额是通常情况下定罪量刑的客观度量标准。但是案件情况是复杂多样的，刑法在具体个罪的条文中无法一一列举影响犯罪危害程度的情节，简单、僵化地以数额论处会导致具体情况下犯罪人所犯罪行和承担的刑事责任不相适应，出现量刑畸重的情况。基于此，刑法预留了司法自由裁量的空间，《刑法》第十三条规定“情节显著轻微危害不大的，不认为是犯罪”，第三十七条规定“情节轻微不需要判处刑罚的，可以免予刑事处罚”，第六十三条第二款规定了法定刑以下判刑的情况，来缓解成文法特别是在我国刑法的法定刑规定模式下僵化的问题。所以，数额的客观度量标准功能是相对的，在不具备其他法定的从宽情节的一般情况下，数额是判定犯罪行为严重程度的主要标准，在特殊情况下，法律明确规定根据具体情节可以突破数额减刑、免刑，甚至不作为犯罪处理。

其次，这也是由量刑情节的广泛性所决定的。量刑情节具有广泛性，不仅与犯罪构成事实有密切的关系，而且包括犯罪构成事实以外的与行为的社会危害性、与人身危险性有关的所有事实要素，如犯罪的具体手段、犯罪的时空及环境条件、犯罪的动机、犯罪后的态度、犯罪人的一贯表现、犯罪所引起的社会反映等。在很多情况下，犯罪数额以外的情节要素足以左右情节严重程度。如盗窃亲属财产的案件在定罪量刑时，被告人与被盗亲属关系的远近、给被盗亲属造成的损失及案发后的反应等情况，比数额具有更重要的意义。

最后，这是由宽严相济刑事政策的价值观决定的。宽严相济是我国刑事司法一以贯之的基本刑事政策，贯彻宽严相济刑事政策要求我们综合评价犯

---

① 观点来源：《最高人民法院公报》2011 年第 5 期，郝某东盗窃案。

罪行为的社会危害性及行为人的人身危险性，一方面严格执法，对那些罪行严重，人身危险性大的犯罪分子依法进行严厉打击；另一方面要和谐司法，对那些情节轻微、人身危险性不大的犯罪分子尽量从宽处理，争取挽救、教育，该减则减，该免则免，体现宽严相济的刑事政策。对情况确实特殊的案件，突破数额的限制，予以减刑、免刑甚至不作为犯罪处理，更好地实现审判法律效果和社会效果的统一。

因此，在处理盗窃等“数额犯”案件中，要注重数额，主要以数额为依据，确定案件的犯罪情节和社会危害性，但也不能让数额成为定罪量刑的桎梏，在案件具有特殊的事实、情节等情况下，要敢于突破数额，发挥法定刑以下判刑及免予刑事处罚的作用，克服片面性，真正做到宽严相济，正确裁量，罚当其罪。

（2）认定“数额犯”的情节轻微不以数额为唯一依据，也是刑法和司法解释所持的一贯立场。

判断行为人的犯罪行为是否轻微，可以参照刑法及相关司法解释关于法定从宽及酌定从宽情节的规定。刑法条文和司法解释中包含有大量的法定及酌定从轻、减轻及免除处罚的条款，在判断犯罪情节是否轻微时可以参照。司法解释也不断明确“犯罪情节轻微不需要判处刑罚”的情节，不断明确犯罪数额并不是“数额犯”案件定罪量刑的唯一依据这么一个原则，给予法官以引导。

刑法和司法解释对盗窃犯罪虽然没有关于“已达数额较大的标准但可以视为犯罪情节轻微不需要判处刑罚”的规定，但有相关联的规定。《最高人民法院关于审理盗窃案件具体适用法律若干问题的解释》[①] 第一条第（四）项规定：偷拿自己家的财物或者近亲属的财物，一般可不按犯罪处理；对确有追究刑事责任必要的，处罚时应与在社会上作案的有所区别。这一规定，从文字上理解，是对偷拿自己家的财物或者近亲属的财物的定性及量刑作了规定，但其所表明的立场却能够逻辑地推出这样一个精神：数额并不是在任何盗窃案件中都是定罪量刑的唯一标准。在特殊情况下，数额达到了犯罪标准，仍然可以“除罪化”处理，即使“确有追究刑事责任必要”（通常是指被害

---

① 该解释现已失效，被最高人民法院、最高人民检察院于2013年4月2日公布的《关于办理盗窃刑事案件适用法律若干问题的解释》（法释〔2013〕8号）替代。新的解释第八条依然规定：偷拿家庭成员或者近亲属的财物，获得谅解的，一般可不认为是犯罪；追究刑事责任的，应当酌情从宽。

人坚决要求追究被告人刑事责任的案件），对被告人的量刑也要有所区别，甚至可以认定为“情节轻微不需要判处刑罚”而判处被告人免予刑事处罚。

9. 故意伤害行为导致被害人心脏病发作猝死的如何量刑？①

本书观点：被告人的伤害行为与被害人的死亡之间具有刑法上的因果关系，被告人应当对被害人的死亡的后果承担刑事责任；同时，对被告人可经法定程序报最高人民法院核准在法定最低刑以下判处刑罚。

（1）故意伤害行为导致被害人心脏病发作猝死的，被告人是否应对被害人的死亡后果承担刑事责任？

故意伤害罪，是指故意伤害他人身体健康的行为。被告人实施故意伤害行为时，其主观上应当认识到对被害人要害部位猛击的行为，可能会造成伤害被害人身体健康的后果，却连续击打。此时，被告人的伤害故意、伤害行为均已经成立。但刑法上的故意伤害罪是以被害人的身体实际受到伤害，造成轻伤、重伤甚至死亡的后果为构罪条件的。只有伤害的故意和行为，没有伤害的结果，在一般情况下，并不必然构成故意伤害罪。情景中，出现了被害人死亡的后果，因而符合故意伤害致人死亡的构成要件。

认定被告人的行为是否构成犯罪的关键，在于能否确认其伤害行为与被害人死亡结果之间具有刑法上的因果关系。没有因果关系，行为人就没有承担刑事责任的客观根据，当然其行为就不构成犯罪。由于被告人的加害行为等原因，共同诱发被害人冠心病发作，冠状动脉痉挛致心跳骤停而猝死。因此，被告人的伤害行为与被害人的死亡有一定的因果关系。虽然，在一般情况下，被告人对被害人胸部拳击数下的行为不会产生被害人死亡的结果，被告人的拳击行为对致人死亡这一结果来说，是一个偶然现象。但被害人身患冠心病，在情绪激动、剧烈运动及饮酒等多种因素下，对其胸、头部击打就有可能致其死亡。被害人身患冠心病，被告人事先并不知情。但这仅是一种表面的、偶然的现象。表面、偶然的背后，蕴含着本质、必然。被告人的拳击行为，其本质是一种故意伤害的行为，其必然后果是对被害人造成一定的伤害，至于是死亡、重伤、轻伤乃至轻微伤，则是偶然的。总之，如果被告人不对被害人进行击打，就可能不会诱发被害人冠心病发作，猝死的结果也

---

① 观点来源：最高人民法院刑事审判第一、二、三、四、五庭编：《刑事审判参考》2006 年第 2 集（总第 49 集），法律出版社 2006 年 6 月版，第 26 – 31 页，洪某宁故意伤害案。

就可能不会发生。因此，认为被告人的行为不构成犯罪，既没有法理依据，也没有法律依据。

在司法实践中，故意伤害致人死亡与过失致人死亡往往容易混淆，也多有争议。因为他们在客观方面都造成了被害人死亡的结果，在主观方面都没有杀人的动机和目的，也不希望或者放任死亡结果的发生，在致人死亡这个后果上均属过失。但他们之间的根本区别在于，故意伤害致死虽然无杀人的故意，但有伤害的故意，而过失杀人既无杀人的故意，也无伤害的故意。从本案来看，被告人主观上具有伤害他人身体的故意，客观上实施了伤害他人的行为，虽然致人死亡的后果超出其本人主观意愿，但符合故意伤害致人死亡的构成要件。

（2）对被告人可经法定程序报最高人民法院核准在法定最低刑以下判处刑罚。

根据《刑法》第二百三十四条第二款的规定，故意伤害他人致人死亡的，应在十年以上有期徒刑、无期徒刑或者死刑的法定幅度内量刑。被害人的死亡，系一果多因。被告人的伤害行为只是导致被害人心脏病发作的诱因之一。根据刑法的一般原理，被告人只对自己的行为负责，当其行为与其他人的行为或一定自然现象竞合时，由他人或自然现象造成的结果就不能归责于被告人。如前所述，被害人心脏病发作的诱因众多。将这些诱因共同产生的被害人心脏病发作而死亡这一后果之责任，全部由被告人承担，显然与其罪责不相适应。但是，刑法对故意伤害他人致人死亡的法定刑，是以故意伤害行为系被害人死亡的直接原因甚至唯一原因作为标准配置的。因此，在法定刑以下对被告人判处刑罚，并报最高人民法院核准，这是符合罪责刑相适应原则及特别减轻处罚法定核准程序的。

10. 如何适用《刑法》第六十三条第二款关于特别减轻处罚的规定？[①]

本书观点：犯罪分子虽然不具有法定减轻处罚情节，但是根据案件的特殊情况，经最高人民法院法院核准，可以在法定刑以下判处刑罚。

（1）特别减轻处罚原则的适用范围

法定刑以下量刑是指低于法定刑幅度中的最低刑处罚。一般情况下，只

---

① 观点来源：山西省太原市中级人民法院（2006）并刑初字第115号刑事附带民事判决书，最高人民法院（2007）刑核字第30号刑事裁定书，侯某、张某平故意伤害案。

有具备《刑法》第六十三条第一款所指的法定减轻处罚情形，才可以在法定刑以下量刑。但是，该条第二款规定：“犯罪分子虽然不具有本法规定的减轻处罚情节，但是根据案件的特殊情况，经最高人民法院核准，也可以在法定刑以下判处刑罚。”这就是特殊情况法定刑以下量刑。

首先，该规定立法的初衷是为满足国家政治、外交等特殊情况的需要。这一条早在1979年的刑法中就有类似规定，1997年刑法修订后仍予保留，只是增加了“经最高人民法院核准”这一更为严格的限定条件，说明这一条还是有它不可或缺的实际作用的。刑法设立特别减轻处罚制度的目的，是解决涉及国家政治、外交等特殊情况的需要。为了更加严格地使用好特别减轻处罚制度，刑法规定，适用特别减轻处罚的，须经最高人民法院核准。在司法实践中，对出于这一需要而特殊处理的案件也一直被严格控制在极少数因国家政治、国防、外交等方面的极特殊需要的范围内，只有国家本身才有权决定是否确有这些方面的需要，也只有国家（包括国家管理机构或者代行其责的机关）才能直接向最高人民法院提出适用此程序的建议，而其他部门或地方，包括法院本身是不能直接提起的。

其次，实践中特别减轻处罚制度得到更广泛的适用。除上述出于国家政治、外交等特殊情况需要的法定刑以下量刑案件外，在司法实践中，还出现了另外一些非常特殊的案件，这些案件形式上完全具备某一罪名的犯罪构成要件，情节上又往往较为严重，起刑点较高，但的确又存在某些特殊情节，使这些案件从常理判断，即使按起刑点判仍然明显畸重，与罪刑相适应原则明显不符，使本来完全依法处理的案件出现量刑与情节的极度失衡。出现这种不平衡，并不是刑法本身的问题，只是由于刑法所追求的是整体、全面和具有普遍性的平衡，而无法兼顾到这种极其个别的特殊的不平衡。这是由刑法的普遍性和具体犯罪行为的特殊性之间的矛盾造成的，是必然的。对此，目前最佳的解决方法就是按照特殊情况法定刑以下量刑程序对其予以减轻处罚。案件的特殊情况主要是指案件中客观存在的，足以影响并可以起到减轻处罚作用的犯罪的社会危害性或犯罪人的人身危险性方面较为特殊和特别的事实情况。但是，这种特殊情况应当比酌定从轻、从重情节所具有的一般情况更要特殊、更为特别、更为重大。

实践中适用特别减轻处罚规定比较常见的案件类型有：

①民用涉枪、涉爆案件。此类案件最为多见。主要是由于现实生活中，

确因生产生活所需而非法制造、买卖、运输枪支、弹药、爆炸物的情况较为常见，尤其在采矿、采石、狩猎等行业较为集中的地区。这些地区的人往往由于种种原因在制造、买卖、运输枪支、弹药、爆炸物时操作不够规范，出现不具备相关资质或手续不完备等不符合法律规定的情况，数量上也达到了情节严重甚至特别严重的程度，但又是确因生产生活所需，且未造成实际的危害后果。对这类案件，如果完全按照刑法及司法解释的相关规定办理，恐怕很难做到罪刑相适应，社会效果也不好。

②存在介入因素的案件。这类案件相对较多，以伤害案件最为常见，如本案。此类情况在罪与非罪以及如何定罪量刑等方面理论上均存在一定争议。本案被害人的直接死因是冠心病急性发作，诱因是大量饮酒、与人争执推打、情绪激动。按照本案认定的事实，与被告人的争执推打无疑是引起他发病的重要原因。因此，从客观上讲，被告人的伤害行为与被害人的死亡结果之间是存在一定因果关系的。从表面上看，被害人的发病是一次意外。但是，这种表面上的意外并不能切断其与被告人的伤害行为之间的内在必然联系，更不能成为被告人免责的依据，其伤害行为是导致被害人死亡的一个重要诱因。

关于此类情况是否要求被告人具有致被害人轻伤以上甚至死亡的主观故意的问题，伤害致死与杀人不同，杀人是对被害人死亡结果的一种追求或放任，伤害致死则是对伤害结果的追求或放任，而对死亡结果则不能存在任何故意，至于是否要求至少存在过失，目前并无定论。从伤害罪的法条看，致人死亡只是伤害的一个加重结果，因此，即使是伤害行为间接造成了被害人死亡的结果，从法条上看，仍要按故意伤害罪承担法律责任。本案即是这种情况。虽然主观上被告人故意实施了伤害被害人的行为，但其对被害人的死亡必须是没有预见的。本案被告人与被害人并不熟悉，从被害人的外貌及年龄特征上也很难判断其患有冠心病，被害人的哥哥也称被害人身体一直很好，被害人也没有表明自己有病。因此，不能要求被告人对被害人的冠心病有预见义务，这也是该行为不构成故意杀人罪或过失致人死亡罪的原因。在实践中，由于此类行为造成了十分严重的后果，其行为又符合一般犯罪构成，不作为犯罪处理是很难被公众接受的。但是，由于被告人的主观恶性与典型犯罪有一定区别，存在较为明显的介入因素，按常规量刑无法对此充分体现，故可适用该条规定在法定刑以下量刑。

③其他特殊情节案件。除上述两类较为常见的案件外，还有个别极特殊

情形的案件，例如盗窃数额巨大，但属于盗窃家庭财产或近亲属财产，没有造成实际损失，又如个别为民除害、大义灭亲的案件，等等。

上述三类均为实践中较为常见的特别减轻处罚案件类型。司法实践中，通过特别减轻处罚制度的运用，使一些本来十分棘手的案件得到了较为妥善的处理。

（2）适用特别减轻处罚程序办理此类案件，必须严格按照《刑法》第六十三条第二款的规定逐级报请最高人民法院核准，具体程序应按照《最高人民法院关于适用〈中华人民共和国刑事诉讼法〉的解释》（法释〔2021〕1号）第十六章“在法定刑以下判处刑罚和特殊假释的核准”中第四百一十四条至第四百一十九条的规定进行。

实践中，对最高人民法院经复核后能否予以改判的问题，有不同的看法。我们认为，根据该解释第四百一十七条规定，对在法定刑以下判处刑罚的案件，最高人民法院予以核准的，应当作出核准裁定书；不予核准的，应当作出不核准裁定书，并撤销原判决、裁定，发回原审人民法院重新审判或者指定其他下级人民法院重新审判。

11. **如何根据宽严相济刑事政策确定自首从宽的合理处罚幅度?**①

本书观点：在应体现宽严相济的刑事政策，通过对犯罪行为的社会危害性及行为人的人身危险性的考察比较，在处罚上区别对待。用宽严相济的刑事政策指导量刑，在合理确定自首从宽的处罚幅度时，应从犯罪的事实和性质、犯罪情节、危害后果、社会影响、被告人投案的主动性和自愿性、投案的方式和时间、如实供述罪行的程度、悔罪表现、主观恶性和人身危险性等方面来加以考察评定。

自首是常见的一种量刑情节，在基层法院审理的案件中，自首运用的比例相对较高，具体案件中，如何结合量刑规范化的具体要求，根据宽严相济刑事政策合理确定自首从宽处罚的幅度，是一个必须正确面对的问题。量刑应当贯彻宽严相济的刑事政策，做到该宽则宽，当严则严，宽严相济，罚当其罪，确保裁判法律效果和社会效果的统一。宽严相济刑事政策的核心是区别对待。在量刑规范和量刑程序中，要注意区别不同的情形适用法律、裁量刑罚，做到宽严有度。在量刑规范化过程中，从量刑起点到基准刑的确定，

① 观点来源：江西省南昌市西湖区人民法院（2011）西刑初字第11号刑事判决，舒某保抢夺案。

从量刑情节调节基准刑比例的选择到宣告刑的确定，都应体现宽严相济的指导原则，通过对犯罪行为的社会危害性及行为人的人身危险性的考察比较，在处罚上区别对待。

（1）投案的方式。投案的主动性和自愿性是确定从宽比例的重要依据。如犯罪分子本人主动投案，与因形迹可疑被盘问时如实供述的投案，适用从宽的比例就要大。本案被告人投案的主动性就比较好，适用的从宽力度则可以相对大一些。

（2）投案的动机。犯罪分子投案时是出于自愿悔罪主动投案，还是慑于法律威严；是为了争取宽大处理，还是潜逃在外生活无着；是亲友规劝而醒悟，还是非自愿、被亲友送至公安机关，都体现了行为人对犯罪行为的主观认识，确定从宽力度应有所区别。本案被告人主动携带赃物投案，悔罪表现明显，从宽比例则较大。

（3）投案的时间。犯罪分子是在犯罪事实或犯罪人被发觉前投案还是发觉后，是作案后立即投案，还是长期潜逃后投案。不同的投案时间或时机，体现了犯罪人的人身危险性不同，以及对侦查机关侦破案件所起作用大小，减少司法资源的程度不同。本案被告人在作案后几天即携赃主动投案，减少侦查的经济成本程度大，反映其人身危险性较低。

（4）如实供述罪行的程度。有的被告人到案后始终如实供述；有的则时供时翻，一审判决前又如实供述；有的归案后供述全部犯罪事实，有的仅供述部分犯罪事实。上述在供述方面的表现体现了犯罪人对犯罪的认识和态度，在确定从宽比例时需要区别对待。

（5）悔罪表现。对于自首的犯罪分子，投案时间越早、投案方式越主动、供述罪行越彻底，体现犯罪人的悔罪态度越深刻。此外，是否积极退缴退赔赃款赃物，或积极配合追缴赃款赃物，也是衡量悔罪表现程度的一个方面。

（6）罪行的轻重。对罪行较重的行为人，选择自首从宽比例应小一些，罪行较轻的从宽比例可以大一些。

综上，基准刑确定后，需要根据量刑情节调节基准刑，并综合考虑全案情况，依法确定宣告刑。如果已经认定了被告人自首，就不能再适用当庭认罪这一从轻情节。如果被告人有投案的主动性强，作案后在较短时间内投案，能全部如实供述罪行，悔罪明显等多种因素，全部退赃，客观上未给被害人造成实际损失，自首可以作为减轻处罚情节。

12. 妇女因长期遭受虐待和家庭暴力而杀夫能否认定为“情节较轻”?①

本书观点：妇女因长期遭受虐待和家庭暴力而杀夫应认定为《刑法》第二百三十二条规定的“情节较轻”，并据此从轻、减轻处罚。

（1）被害人过错已被明确作为量刑的一个重要考虑因素，《刑法》第二百三十二条规定“故意杀人的，处死刑、无期徒刑或者十年以上有期徒刑；情节较轻的，处三年以上十年以下有期徒刑”。对该条款中的“情节较轻”如何认定，法律和司法解释尚无具体、明确的规定。法学界和司法实践中常将以下情形视为“情节较轻”：①防卫过当的故意杀人。指正当防卫超过必要限度而故意将不法侵害者杀死的情形。②义愤杀人。指行为人或者其近亲属受被害人的虐待、侮辱或迫害，因不能忍受，为摆脱所受的虐待、侮辱、迫害而实施故意杀人的行为。③激情杀人，即本无杀人故意，因被害人的严重过错，在被害人的刺激、挑逗下而失去理智，当场实施故意杀人的行为。④受嘱托帮助他人自杀，即基于被害人的请求、自愿而帮助其自杀的行为。⑤生父母溺婴，即父母出于无力抚养、怜悯等不太恶劣的主观动机而将亲生婴儿杀死的行为。上述五种情形又以前三种较为常见和值得探讨，这三类情形有一个共通点，即被害人在案发起因上有过错，具体来说，是指被害人出于主观上的故意或过失，侵犯他人合法权益，对诱发被告人的犯罪意识，激发被告人实施犯罪具有直接或间接作用的行为，且此种过错行为足以使被告人的可谴责性降低。

在相关司法解释性文件中，被害人过错已被明确作为量刑的一个重要考虑因素，特别是在故意杀人罪中，被害人过错被列为与法定从轻处罚情节同等位置的量刑情节。如1999年10月27日最高人民法院颁布的《全国法院维护农村稳定刑事审判工作座谈会纪要》规定：“对故意杀人犯罪是否判处死刑，不仅要看是否造成了被害人死亡结果，还要综合考虑案件的全部情况。对于因婚姻家庭、邻里纠纷等民间矛盾激化引发的故意杀人犯罪，适用死刑一定要十分慎重，应当与发生在社会上的严重危害社会治安的其他故意杀人犯罪案件有所区别。对于被害人一方有明显过错或对矛盾激化负有直接责任，或者被告人有法定从轻处罚情节的，一般不应判处死刑立即执行。”2007年1月15日《最高人民法院关于为构建社会主义和谐社会提供司法保障的若干意

---

① 观点来源：最高人民法院刑事审判第一、二、三、四、五庭编：《刑事审判参考》，法律出版社2011年4月版，第30-36页，姚某英故意杀人案。

见》第十八条中进一步指出“……因被害方的过错行为引发的案件……应慎用死刑立即执行”。

（2）尽管受虐妇女杀夫的手段通常比较残忍，且往往伴有死亡结果的发生，但这是由于妇女长期受丈夫或男友暴力虐待所致。有学者引入了“受虐妇女综合征”的概念来解释这种故意杀人行为，“受虐妇女综合征”是一种特殊的行为模式，该心理症状由暴力周期和后天无助感两个概念组成。暴力的周期性循环使妇女能够预见下一轮暴力事件发生时间及其严重程度，而一直处于恐慌的状态。长期遭受暴力以及处于恐慌后，妇女在心理上就会处于瘫痪状态，变得越来越被动，越来越顺从，也越来越无助。这种精神上的钳制积压到一定程度时，一旦爆发就容易走极端，丧失理智而失控。但因为受虐妇女自身反抗能力的限制和出于对施暴丈夫的恐惧，失控杀夫的时间点往往并不是不法侵害正在进行的时候，所以无法用正当防卫来获得减轻或者免予处罚。因此，考虑被害人即家庭暴力的施暴者在案发起因上的重大过错，应当将妇女因长期受虐而杀夫的行为认定为情节较轻的犯罪。

（3）从判罚的社会效果角度讲，对因长期遭受虐待和家庭暴力而杀夫的妇女进行量刑时，按照“情节较轻”处理，对于遏制家庭暴力的滋生蔓延有积极的意义，能获得较好的社会效果。将受虐妇女杀夫的行为认定为犯罪情节较轻，必然会使家庭暴力的施暴者有所收敛，更加理智地权衡自己行为后果的利弊，起到良好的社会导向作用，实现社会自我防卫、主动预防犯罪的目的。同时，受虐妇女杀夫是一种针对性很强的杀人，行为人再次犯同种罪行的可能性甚微，加之行为人主观恶性较小，在道义上得到大家的同情，严惩像她们这样几乎没有人身危险性的受虐妇女，对国家、社会及其子女都是弊大于利，还可能会带来更严重的社会家庭问题，危及社会和谐发展。将妇女因长期遭受虐待和家庭暴力而杀夫认定为故意杀人的“情节较轻”，符合宽严相济的刑事政策，顺应刑罚“轻缓化”和“人道化”的发展趋势。

13. 为盗窃犯罪而驾驶轿车到达现场，并驾驶轿车离开，该轿车能否认定为《刑法》第六十四条规定的“供犯罪所用的本人财物”？[①]

分歧意见：《刑法》第六十四条规定，违禁品和供犯罪所用的本人财物，

---

① 观点来源：最高人民法院刑事审判第一、二、三、四、五庭主办：《刑事审判参考》第120期，法律出版社2020年版，第34－39页，郗某菲、李某、蒋某超、林某盗窃案。

应当予以没收。但对于何为“供犯罪所用的本人财物”，没有明确规定，理论界和司法实践中存在认识分歧，尤其是对于非直接或非专门用于犯罪的财物、设定了他人民事权利的财物等如何认定、处理尚不统一。对于被告人在盗窃犯罪实施过程中驾驶的轿车是否应认定为《刑法》第六十四条规定的“供犯罪所用的本人财物”，继而判决予以没收，有两种不同意见：

第一种意见认为，被告人在盗窃犯罪中多次驾驶轿车实施盗窃，并在盗窃完成后将轿车作为逃离工具，应认定为“供犯罪所用的本人财物”。

第二种意见认为，被告人在盗窃犯罪中驾驶的轿车虽然起到了载人到达和逃离犯罪现场的工具作用，但该车之上设定有其他合法抵押权，且该车并非被告人为盗窃犯罪而购买，根据被告人的罪行，如果对其车辆予以没收，不符合罪责刑相一致原则。

本书观点：赞同第二种意见，理由如下：

对《刑法》第六十四条规定的应当予以没收的“供犯罪所用的本人财物”，应结合财物与犯罪的关联程度、是否损害他人合法民事权利等因素，综合衡量财物价值与犯罪情节的相当性作出认定。

（1）“供犯罪所用的本人财物”应是与犯罪有经常性或密切性联系，对犯罪实施具有重要作用的财物

对于“供犯罪所用”的理解认识，按照文义解释方法，即为为犯罪而使用的财物。从广义范围而言，所有在犯罪预备、犯罪实行过程中使用的与犯罪有联系的一切财物都包含在上述范围中。照此逻辑，犯罪中被告人实际使用的与犯罪没有必然联系的生活必需品或常用品，如穿着的衣服、鞋袜也都属于“供犯罪所用”，如果予以没收，显然有违常情常理，会引发法律评价与社会经验的冲突问题。按照法律解释方法理论，在文义解释出现问题时，就需要采用文理解释方法，从立法本意和法律精神去把握条文的内涵外延。刑法之所以规定将“供犯罪所用的财物”予以没收，主要目的为特殊预防、剥夺被告人再犯能力，当然实际上也会产生一定惩罚效果。基于对没收“供犯罪所用的本人财物”这一行为目的、性质的分析，因而在认定“供犯罪所用的本人财物”时主要应从财物与犯罪的关联性方面去把握，需要考量财物对于犯罪的作用大小、联系紧密程度等因素。对于专门用于犯罪的财物应认定为“供犯罪所用”没有争议。对于非专门用于犯罪的财物，可从以下两个方面去判断：

第一，财物与犯罪应该存在直接或者密切联系。所谓直接联系就是该财物对犯罪行为或结果的发生起到决定或者直接作用，或者说该财物是实施或者完成犯罪行为的必要条件或重要条件，比如在运输毒品犯罪中的轿车，就与犯罪有着直接联系；所谓密切联系，即财物和犯罪存在经常性的联系，财物经常用于犯罪，反复使用。

第二，被告人有将财物用于犯罪的主观认识。《刑法》第六十四条虽未限定没收“供犯罪所用的本人财物”必须发生在故意犯罪中，但从文义解释看，“供犯罪所用”是被告人在主观上对财物用于犯罪有明确的认识，继而积极主动地在犯罪中使用该财物。由于过失犯罪，被告人对犯罪实施缺乏主动性，对犯罪目的实现也没有积极追求，对于财物在犯罪中的使用缺乏主动性和明确认识，故不属于应当没收的情形。

被告人的轿车的主要用途为家庭生活和工作，没有连续性或者长期性用于实施盗窃犯罪，故不属于专门用于犯罪的财物。同时，该轿车只是交通工具，并非盗窃犯罪实施的必要条件或者重要条件，故不应认定为“供犯罪所用”。

（2）没收的财物应为本人所有且予以没收对第三人的合法权利不会构成损害

按照文义解释，“本人财物”就是指被告人进行犯罪活动所使用的属于其本人所有的财物。但随着经济社会的快速发展，财产流转日益频繁，权利主体多元化，权利内容呈现多层次性和交叉性。一个财物可能同时存在叠加的多项权利。因此，在作出没收供犯罪所用的本人财物时，仅审查本人是否对该财物具有所有权尚不全面。对“本人财物”的认定，不仅要对被告人是否具有所有权进行审查，还应注意予以没收是否会损害第三人合法权利。

被告人的轿车涉及夫妻财产共有关系和银行的抵押权，如果刑事判决不顾上述情况简单判决没收，割裂了刑民关系，必然侵害合法民事权利，有损法律的统一性和严肃性。

（3）应坚持相当性原则衡量拟没收财物的价值是否与犯罪的危害性相当

对“供犯罪所用的本人财物”予以没收，虽然其不属于我国刑法所规定的法定刑罚种类，但并不能否定其所具有的惩罚性效果。因此，在认定是否属于应当没收的“供犯罪所用的本人财物”时，应坚持相当性原则，根据罪刑相一致的基本原则进行衡量，如果拟没收的财物价值明显超过犯罪危害性质和危害程度所对应的应受惩罚程度，说明没收会与社会基本认知和普遍价值判断产生冲突，反向证明没收的不合理。

因此，综合以上三个方面的因素，可决定对被告人的轿车不予没收。

四、疑难、复杂问题的参考性解答

1. 对于受过刑事处分而又再犯罪的分子，够不上累犯的，人民法院在量刑时，应该如何处理？

本书观点：对此问题，现行法律条文和相关司法解释均无明确规定。但最高人民法院于1964年6月2日答复广东省高级人民法院的请示中有过体现。该答复的主要内容是：（1）我国现行法律对前科问题没有规定，刑法草案也无前科的条文，因此，无须考虑应受何种刑罚才确定有前科的问题。（2）人民法院对于受过刑事处分而又再犯罪的分子，构成累犯的，按累犯处理。所谓累犯，是指被判处有期徒刑以上刑罚的犯罪分子，刑罚执行完毕或者赦免以后，在五年以内再犯应当判处有期徒刑以上刑罚之罪的，是累犯，应当从重处罚；但是过失犯罪除外。（3）对于受过刑事处分而又再犯罪的分子，够不上累犯的，人民法院在量刑时，也应对其以前犯过罪和受过刑事处分这一事实加以考虑，但不一定都要因此而从重处罚。该答复虽已失效，但其部分内容的基本精神仍然符合量刑的一般原则和规律，可供参考。

需要指出的是，我们认为，前科不构成累犯时，不能作为从重处罚的依据。只能在被告人具备可以型从宽处罚情节或者酌情从轻处罚情节时，作为对被告人不从宽处罚的依据。

2. 如何全面理解和把握《刑法》第六十一条规定的量刑的依据？

本书观点：《刑法》第六十一条规定，对于犯罪分子决定刑罚的时候，应当根据犯罪的事实、犯罪的性质、情节和对于社会的危害程度，依照本法的有关规定判处。

（1）关于犯罪事实。量刑的事实依据是犯罪行为自身的社会危害性。罪行的轻重和责任的大小，都存在于犯罪事实之中。所谓犯罪事实，有狭义和广义之分，狭义上的犯罪事实，一般是指犯罪构成事实，即据以认定行为构成犯罪的事实；广义上的犯罪事实，则指案件中客观存在的能够表明犯罪成立和罪行轻重，责任大小的一切事实，也就是能够说明行为客观危害性和行为人主观恶性的一切事实。作为量刑根据的犯罪事实，当然指的是广义上的全部犯罪事实，也就是本条中所指明的“犯罪的事实、犯罪的性质、情节和对于社会的危害程度”等方面。

（2）关于犯罪性质。这里的犯罪性质，是犯罪构成表现的犯罪性质（犯罪质的规定性）。不同的罪质，标志着各该犯罪行为侵害、威胁法益的锋芒所向不同，表明各种犯罪具有不同的罪行程度，从而决定法律后果轻重的根本所在。概言之，犯罪的性质，是指什么性质的犯罪，应当确定什么样的罪名。我国刑法分则根据犯罪行为的性质和社会危害程度，划分了十大类不同性质的犯罪，并在每类犯罪中规定了各种不同的罪名，同时也相应规定了不同的刑罚。正确认定犯罪性质，是准确量刑的前提。例如，危害人身权利的犯罪重于侵犯财产权利的犯罪、故意杀人罪重于故意伤害等，就是由各自的罪质决定的。刑法着眼于罪质的不同，制定的与之相对应的法定刑也不同。法官在量刑时，也要先确定与该犯罪的罪质相对应的轻重有别的法定刑。认定了正确的罪质，就在总体上为正确量刑提供了根本保证。反之，如果罪质认定错误，据以量刑的依据就错误，由此而确定的宣告刑也就不会符合罪责刑相适应的原则了。

（3）关于情节。这里的情节，是指不具有犯罪构成事实的意义，却与违法性、有责性具有密切联系，从而影响犯罪的违法与责任程度的各种事实情况，包括犯罪过程、手段等。这也是人民法院决定刑罚轻重的重要依据，主要包括以下两种：一是法定情节。即法律规定的从重、从轻、减轻以及免除处罚的情节，如犯罪形态中的预备、既遂、未遂和中止，共同犯罪中的首犯、主犯、从犯、胁从犯和教唆犯，此外还有累犯、自首、立功等情节。对于犯罪行为具有法定情节的，必须依法确定其量刑的轻重。比如，对于具有立功情节的适用。对于具有立功情节的犯罪分子，应当根据犯罪的事实、性质、情节、危害后果、社会影响、被告人的主观恶性和人身危险性等，结合检举揭发罪行的轻重、被检举揭发的人可能或者已经被判处的刑罚、提供的线索对侦破案件或者协助抓捕其他犯罪嫌疑人所起作用的大小，以及立功的时机等具体情节，依法决定是否从轻、减轻或者免除处罚以及从轻、减轻处罚的幅度。具有立功情节的，一般应依法从轻、减轻处罚；犯罪情节较轻的，可以免除处罚。在共同犯罪案件中，对具有立功情节的被告人的处罚，应注意共同犯罪人以及首要分子、主犯、从犯之间的量刑平衡。犯罪集团的首要分子、共同犯罪的主犯检举揭发或者协助司法机关抓捕同案地位、作用较次的犯罪分子的，从宽处罚与否应当从严掌握，如果从轻处罚可能导致全案量刑失衡的，一般不从轻处罚；如果检举揭发或者协助司法机关抓捕的是其他案件中罪行同样严重的犯罪分子，一般应依法从宽处罚。对于犯罪集团的一般成员、共同犯罪的从犯立功的，特别是协助抓捕首要分子、主犯的，应当充分体现政策，依法从宽处罚。虽然具有立功情节，但犯罪情节特别恶劣、犯罪后果特别严重、被告人主观恶性深、人身危险性大，或者在犯罪前即为规避法律、逃避处罚而准备立功的，可以不从宽处罚。二是酌定情节。即不是法律中明确规定的情节，而是人民法院根据实际情况和审判实践，在量刑时予以考虑的情节。如犯罪动机、犯罪时的环境和条件、犯罪人的一贯表现、认定态度等。有的情节，在有的犯罪里被法定化为法定情节，如盗窃罪的数额。因此，同一类情节，是法定情节还是酌定情节，主要看法律是否明确规定为量刑情节。例如，被害人过错常常是故意杀人案件中的重要酌定从轻量刑情节。如果被害人存在重大过错的，则可能考虑对故意杀人罪的被告人适用较轻的法定刑幅度。对于被害人仅存在一般过错的，则仅作为酌定量刑情节，在原本要适用的法定刑幅度内从轻处罚。但有必要说明的是，被害人过错仅是作为可以从轻处罚的案件事实情节，并非应当从轻处罚。因此，如果行为人故意杀人罪情节极为恶劣，犯罪极其严重，即便被害人存在一定过错，仍然可以不从轻处罚。

（4）关于“对于社会的危害程度”。是指犯罪行为对法律保护的社会关系损害的程度。对社会的危害程度一般包括两方面的内容：一是犯罪行为直接造成的危害后果；二是犯罪行为虽未直接造成危害后果，但存在着潜在的危害。例如，刑法分则中规定的“足以造成火车倾覆”“足以危害他人身体健康”，等等。根据不同的犯罪对社会的不同危害程度，刑法规定了不同的刑罚或者划分了不同的量刑幅度。人民法院在对犯罪行为裁量刑罚时，应当根据犯罪的事实，正确认定犯罪行为危害的程度，严格依照刑法的有关规定判处。

（5）关于“本法的有关规定。”所谓“本法的有关规定”，包括定罪量刑依据的刑法分则中的有关规定，也包括刑法总则中的有关规定。根据这些规定，来确定对于被告人是否要处刑罚，处以何种刑罚以及适用刑期的长短等。在具体适用刑法分则的有关规定时，如果该规定有不同的量刑幅度，应当选择与所犯罪行相应的量刑幅度。在适用总则的有关规定量刑时，要根据犯罪的事实和情节，正确适用有关从重、从轻、减轻、免除处罚的有关规定。

3. 如何正确对待被告人积极赔偿与量刑的关系？

本书观点：司法实践中，被告人的赔偿情况是最普遍、最常见的一个酌情从宽量刑情节。对此，要从以下几个方面对待被告人的赔偿问题。

（1）正确处理好附带民事赔偿与量刑的关系。对积极赔偿的被告人酌情从宽处罚，既是罪刑相适应基本原则的要求，也是充分维护被害方合法权益的要求，有充足的法理依据，完全符合宽严相济刑事政策的要求。《最高人民法院关于贯彻宽严相济刑事政策的若干意见》（法发〔2010〕9号）第二十三条规定："被告人案发后对被害人积极进行赔偿，并认罪、悔罪的，依法可以作为酌定量刑情节予以考虑。"之所以将一个单纯附带民事赔偿情节上升为刑法意义上的量刑情节，主要是考虑了通常情况下积极赔偿从一定程度上体现了被告人的悔罪表现，而悔罪本身又是刑法上量刑应当考量的因素。

（2）要正确处理积极赔偿获得从宽处理，衡量与"以钱买刑"的区别。衡量是否为"以钱买刑"应以被告人是否认罪、真诚悔罪并取得被害方的谅解，量刑结果是否符合法定刑种及幅度的规定为尺度。如果被告人不认罪悔罪，未获得被害方谅解，量刑结果超出了法定刑种和幅度，那么其即使积极赔偿，也难免有"以钱买刑"之嫌疑。实践中，不能只注重被害人亲属接受赔偿这一因素，而忽视了被告人认罪、悔罪这一重要情节。

通常情况下，"被告人已经赔偿被害人物质损失的"包涵了被告人真诚悔罪的程度，一般也表明了被告人具有真诚悔罪的内容，但对于亲属代为赔偿，虽取得了被害方的谅解，但也有可能出现例外。司法实践中主要有三种情形：一是被告人认罪、真诚悔罪，积极要求赔偿或具有明确赔偿意愿，其亲属积极代为赔偿；二是被告人认罪、真诚悔罪，其亲属主动积极代为赔偿，被告人不具有明确的赔偿意愿，但对其亲属积极代为赔偿并未明确表示反对的，亦应视为被告人具有赔偿意愿或者并非拒绝赔偿；三是其亲属积极代为赔偿，但被告人既不认罪、真诚悔罪又不积极赔偿甚至拒绝赔偿。对于第一种情形，被告人认罪、真诚悔罪并且积极要求赔偿或具有明确赔偿意愿，其亲属积极代为赔偿的，在取得被害方谅解后依法对该被告人从轻、减轻判处，只要符合法定刑种及幅度的即不属"以钱买刑"的情形，实践中对此一般不持异议。对于第二种情形，被告人认罪、真诚悔罪，其亲属主动积极代为赔偿，被告人虽不具有明确的赔偿意愿，甚至拒绝赔偿或反对其亲属赔偿但已经实际赔偿或将赔偿款交与人民法院或有关机关暂押并取得被害方谅解，依法对该被告人酌情从轻判处，只要符合法定刑种及幅度的亦不属“以钱买刑”。对于第三种情形，虽其亲属积极代为赔偿，但被告人既不认罪、真诚悔罪又不积极赔偿甚至明确表示拒绝赔偿的，一般不应适用附带民事诉讼赔偿调解，即便其亲属已经实际赔偿或将赔偿款交与人民法院或有关机关暂押，但并未取得被害方谅解，又无其他法定、酌定从轻情节，如对该被告人从轻判处，则有“以钱买刑”之嫌。这种情况下，被告人虽不认罪、悔罪，但被害方谅解且明确请求或同意对被告人从轻判处的，亦应审慎对该被告人适用从轻量刑。对于前两种情形，因被告人认罪、悔罪，赔偿到位，被害方谅解应当或可以从轻、减轻，但明显超出法定从轻、减轻幅度量刑畸轻的，亦有“以钱买刑”之嫌。值得提出的是，对于因具有积极赔偿等情节而不判处死刑的，在裁判文书中应注意从被告人积极认罪、真诚悔罪、取得被害方谅解等角度充分阐释裁判理由，而不应直接体现赔偿结果，以取得良好的法律和社会效果。

（3）不能片面认为对赔偿情况好的被告人从宽量刑是“以钱买刑”。这种情况下，对被告人从宽处罚，是因为其所造成的损失已在一定程度上得到弥补，其犯罪行为的危害已有一定程度减轻，而这正是量刑应当考虑的因素之一。

4. 如何正确理解和把握《刑法》第六十二条规定的“犯罪分子具有本法规定的从重处罚情节的，应当在法定刑的限度以内判处刑罚”？

本书观点：从重处罚，是指在法定刑范围内，对具有从重处罚情节的犯罪人，比没有该种处罚情节的犯罪人，适用较重的刑种或较长的刑期。据此，从重处罚应具有以下四层含义。

（1）从重处罚必须是在法定刑范围内从重。即从重不能超出法定最高的范围。所谓法定刑范围，并非一律指刑法规定的某一犯罪的整个量刑幅度，要视刑法对该犯罪规定了几个罪刑单位而定。对有的犯罪，现行刑法只规定了一个罪刑单位，如《刑法》第二百九十三条规定的寻衅滋事罪，其量刑幅度只有一个，为五年以下有期徒刑、拘役或者管制。在这种情况下，所谓从重处罚，就是在五年以下有期徒刑、拘役或者管制的量刑幅度内从重处罚。而对不少犯罪，刑法规定了两个或两个以上的罪刑单位。在这种情况下，首先必须确定犯罪行为所应适用的罪刑单位，然后对必须从重处罚的犯罪行为，在这一罪刑单位的幅度之内考虑从重。例如，刑法为故意伤害罪配备了三个罪刑单位，即最高档为十年以上有期徒刑、无期徒刑或者死刑，其犯罪构成条件的核心是致人死亡或者以特别残忍手段致人重伤造成严重残疾；第二档为三年以上十年以下有期徒刑，其犯罪构成条件的核心是致人重伤；最低档为三年以下有期徒刑、拘役或者管制，其犯罪构成条件的核心是致人轻伤。例如，某甲致某乙轻伤，且某甲具有从重处罚情节，则对某甲至多只能判处三年有期徒刑，而不能突破这一界限。

（2）从重处罚必须以从重处罚情节为依据。没有从重处罚情节的，不得对犯罪分子进行从重量刑。从重处罚情节，是指犯罪构成之外的能够导致犯罪的社会危害性加重，并进而加大犯罪刑事责任的各种与犯罪事实或犯罪人相关联事实的总和。

（3）从重处罚的参照物是不从重处罚，而不是从轻处罚。从重处罚的具体操作方法是根据被告人的犯罪事实，设定在没有从重处罚情节时该确定什么样的具体刑罚基准点，在此基础上，对从重处罚情节进行考虑，然后在罪刑单位配置的量刑幅度内，选择基准点重的刑种或者较长的刑期。

（4）从重处罚的“从重”，只能是适度从重。一是从重未必就必须在罪刑单位的量刑的中间线以上处罚，如果在没有从重处罚情节时，某犯罪的量刑基准点在量刑幅度的起点或中间线以下，则从重处罚仍可能是在中间线以下；二是对从重处罚情节的社会危害性要作出正确的估计，做到“罚当其罪”。这就要求对“从重处罚情节”进行认真、细致、全面的考虑，进而分析该情节的社会危害性程度。估计不足，则会放纵犯罪，起不了刑罚的威慑作用；估计过高，不仅达不到刑罚的目的，还会造成犯罪分子在改造过程中过大的抵触情绪，不利于其改造的实效。

5. **被告人认罪态度不好的，能否作为从重处罚的依据？**

本书观点：被告人认罪态度不好的，不是法定从重处罚情节，不能据此对被告人从重处罚。最主要的原因是，法无明文规定非犯罪情节不得纳入从重处罚情节。理由如下：

（1）被告人的认罪态度属于非犯罪情节。非犯罪情节，指犯罪事实以外，与犯罪人密切相关的，表明犯罪人人身危险性的事实。根据司法实践，量刑情节可分为罪前、罪中、罪后、罪外四类。其中，罪前情节，指的是行为人在实施犯罪之前就存在的、足以表现犯罪人主观危险性的事实；罪中情节指的是犯罪情节；罪后情节指行为人实施犯罪后，对其所实施的犯罪行为所持的态度，如认罪态度，退赔表现等；罪外情节，指的是独立于犯罪过程而在罪前、罪中乃至罪后都存在的一些客观事实，这些客观事实本身与犯罪事实并无必然的联系，主要是指犯罪人的身份，如国家工作人员身份（但以特定的主体为犯罪构成要件的，主体属于罪中情节）。

（2）非犯罪情节，作为法定从重处罚，必须是法律明文规定的。例如，刑法总则部分有教唆犯（第二十九条），累犯（第六十五条），危害国家安全累犯（第六十六条）；分则部分有国家机关工作人员诬告陷害罪（第二百四十三条），缉毒人员或者其他国家机关工作人员犯包庇毒品犯罪分子罪，窝藏、转移、隐瞒毒品、毒赃罪（第三百四十九条），掌握国家秘密的国家工作人员犯叛逃罪（第一百零九条），司法工作人员犯妨害作证罪，帮助毁灭、伪造证据罪（第三百零七条），毒品再犯（第三百五十六条），海关、外汇管理部门以及金融机构、从事对外贸易经营活动的公司、企业或者单位的工作人员与骗购外汇或者逃汇的行为通谋，为其提供购买外汇的有关凭证或者其他便利的（《全国人大常委会关于惩治骗购外汇、逃汇和非法买卖外汇犯罪的决定》第五条）。非犯罪情节，如果要作为从重处罚的依据，则必须严格掌握法定条件。如累犯，必须符合三个条件，即前罪与新罪都是故意犯罪；前罪与新罪都判处或者应当判处有期徒刑以上刑罚之罪；新罪发生在前罪的刑罚执行完毕或者赦免之后的五年以内。上述三个条件，缺一即不能作为累犯处理。又如毒品再犯，也必须符合三个条件，即前罪系走私、贩卖、运输、制造、非法持有毒品罪，而非其他毒品犯罪；犯过上述罪被判过刑；后罪须系《刑法》第六章第七节所规定的犯罪。再如，特殊主体犯某些罪而必须从重处罚，则要对行为人是否符合特殊主体，依照刑法总则的有关规定严格审查。

（3）法无明文规定非犯罪情节不得纳入从重处罚情节。这主要是为了避免审判人员随意加重犯罪分子的刑事责任，并且也是罪刑法定原则的要求和内容。一是从量刑的依据上看，法律并未允许在法无明文规定的情况下，将非犯罪情节作为从重处罚的依据。二是罪刑相适应原则涵盖了禁止违法将非犯罪情节作为从重处罚依据的内容。只有犯罪行为才是犯罪行为人负刑事责任的客观事实基础。罪前、罪后表现及罪外的一些事实，均无法改变犯罪行为本身。对这些非罪中的行为和事实进行处罚，显然不符合罪刑相适应原则。如果允许两个犯罪情节完全相同的犯罪分子，由于非罪中的行为和事实不同而使其中的某些人得到比其应承担的刑事责任更大的刑事处罚，则不仅破坏了“罪刑相适应”的刑法原则，而且势必带来司法上的混乱，乃至为司法腐败提供了法律上的温床，其结果必然是某些犯罪人所受的惩罚重于其犯罪的害恶性所决定的应受的惩罚，即使得之适度，也失之等价。从本质上说，这是一种不合法从重。当然，非犯罪情节并非一律不能作为从重处罚的理由和依据，但前提是法律须有明文规定。如累犯、危害国家安全累犯、毒品再犯，虽属罪前表现，但法律规定要从重处罚，这是因为此是犯罪行为人先前的犯罪所引起的特定义务，即要求犯过罪的人在一定时间之内必须严格遵守法律，否则，法律就要对其进行更严厉的谴责。另外，当犯罪人的人身危险性与客观危害性相结合，并体现为一定的社会危害程度时，也可成为量刑的依据之一，但它有严格的适用条件。一是人身危险性已经体现为社会危害性。如掌握国家秘密的国家工作人员犯叛逃罪的。在这种情况下，掌握国家秘密的工作人员，其人身危险性是明显的，即随时可能犯《刑法》第一百一十一条规定的为境外非法提供国家秘密、情报罪和《刑法》第三百九十八条的故意泄露国家秘密罪等。同时，这一人身危险性已经表现为一种客观危害性。因为这类人员犯叛逃罪后，也就成了敌方人员，也就是说，原先是国家工作人员掌握的秘密，此时已为敌方人员掌握，这就是对国家安全和利益的一种侵犯，是一种典型的社会危害性。二是必须有法律规定，如无刑法上之明文规定，则不能成为量刑的依据。三是“适用刑法平等”原则要求不得在法无明文规定的情况下将非犯罪情节作为从重处罚的依据。四是禁止将非犯罪情节作为从重处罚的依据有助于制约法官自由裁量权的滥用。

6. 死缓和缓刑是否属于从轻处罚？

本书观点：不能简单地说对罪犯适用死缓是或不是属于从轻处罚，而缓刑肯定不属于从轻处罚的范畴。

（1）从刑罚理论上说，所谓死缓，即死刑缓期执行，不是一种独立的刑种，而是死刑的一种执行制度。但实际上，无论在理论界还是司法实践中，都有将死缓作为从轻处罚的主张和做法。例如，犯罪分子投案自首或者有立功表现的，一般可视为“不是必须立即执行”死刑的条件。而投案自首或立功均是法定从轻情节。在司法实践中，对罪该处死，但具有法定或酌定从轻情节的，一般也都采取适用死缓的做法。否则就无法实现对该类罪犯的从轻处罚。死刑立即执行内部是无法实现从轻处罚的。但在司法实践中，有的犯罪分子虽没有从轻或减轻处罚情节，却尚不属于必须立即执行死刑的，也可以对该罪犯适用死缓。可见，不能简单地说对罪犯适用死缓是或不是属于从轻处罚。

（2）根据刑法总则，缓刑是指被判处一定刑罚的犯罪分子，在其具备法定条件的情况下，在一定期限内能够遵守一定条件，原判刑就不再执行的刑罚运用制度。一般认为，我国的缓刑制度属刑罚缓期执行制度。因此，从理论上、本质上来说，缓刑并不属于从轻处罚。

7. 如何理解和掌握法定可以型从轻处罚情节？

本书观点：对法律规定中的“可以从轻”，应理解为从轻是原则，不从轻是例外。

我国刑法对从轻处罚情节的规定分为两类，一类是应当型的，一类是可以型的。应当型的是指只要具备该情节，就必须给予罪犯从轻处罚。此类情节，如未成年人犯罪的和从犯。但大多数情节属于可以型，即法律规定具有从轻处罚情节的，可以对罪犯从轻处罚，而不是必须从轻处罚。此类情节如限制行为能力人犯罪的，犯罪未遂的，教唆他人犯罪而被教唆人没有犯被教唆的罪的，犯罪后自首的，犯罪分子立功的，预备犯，又聋又哑的人或盲人犯罪的。

在司法实务中，对可以型从轻处罚情节存在认识上的误区，认为既然是“可以”，也就意味着“可以不”。我们认为，对法律规定中的“可以从轻”，应理解为从轻是原则，不从轻是例外。特别是对应判处死刑立即执行的，如果具有法定可以从轻或减轻处罚情节的，一般不应判处死刑立即执行。当然，对于具体案件最终是否从轻或减轻处罚，还是要由法官根据犯罪的客观危害和犯罪人的主观恶性以及自首、立功等情节的司法价值，以及法定、酌定从轻情节与从重情节等影响量刑的因素进行综合比较、平衡，依法裁量。一般说来，以下具有“可以”从轻处罚情节的，可以不从轻处罚：

（1）案件性质极其严重，社会危害特别巨大的。但是，对于有的从轻处罚情节，即使犯罪情节特别严重，危害特别巨大，也不能以此为由而不对其从轻处罚。如限制行为能力人犯罪的、又聋又哑的人或者盲人犯罪的。这主要是基于人道主义立场的考虑。对一个有间歇性的精神病人或者又聋又哑的人、盲人处以重刑，尤其是处以死刑，将会带来不好的社会影响。

（2）从轻处罚情节影响量刑的一般理由体现得相当不充分。如犯罪未遂，依照《刑法》第二十三条第二款规定，可以从轻处罚。其基本理由是未遂的客观危害小于既遂犯罪。但有时虽然是未遂却未必危害性比既遂小，如故意杀人未遂，但被害人成了植物人。

（3）犯罪情节严重，又有应当型从重处罚情节，从而抵消了可以型从轻处罚情节对量刑的影响。从轻处罚情节与从重处罚情节能否相互抵消的问题，在刑法理论界和司法实务界都有不同的观点和做法。从情节的本质说是不能抵消的。但是，当被告人犯罪情节特别严重，无须从重处罚情节就应对其在法定刑幅度内顶格判处刑罚，而该被告人又同时具有从重处罚情节和从轻处罚情节的，则一般不考虑对被告人从轻处罚。但如果被告人论罪不应判处顶格刑，同时具有从轻处罚情节和从重处罚情节的，则不能草率地以两种逆向型情节相抵消的方法而取消对被告人的从轻处罚。

8. 一个情节既属于从轻处罚，又属于减轻处罚时，如何选择确定是从轻处罚还是减轻处罚？

本书观点：应当遵循法律规定优先原则，并认真考察情节内容，在判明犯罪分子的罪行轻重程度及其悔罪程度之后，区别对待，根据个案的具体情况原则作出不同的处理。

综观刑法条文，一般都是将从轻处罚与减轻处罚一起规定的，也就是说，一个情节可能是从轻处罚情节，也可能是减轻处罚情节，单独规定从轻处罚的条文是没有的。那么，对于一个情节既可适用从轻处罚，又可适用减轻处罚的，该如何选择？一般应当遵循如下原则：

（1）法律规定优先原则

例如，法律规定对犯罪中止造成损害的，无论其损害有多大，只能选择减轻处罚，而不能擅自选择从轻处罚。又如，法律条文将从轻处罚列于减轻处罚之前的，一般应选择从轻处罚，而不能动辄选择减轻处罚。同样，如果法律条文将减轻处罚列于从轻处罚之前的，一般应选择减轻处罚，而不能动辄选择从轻处罚。法律之所以在不同的条文中对不同的情节就从轻还是减轻处罚的顺序作出不同的安排，主要是考虑到该情节在刑罚体系中所处的地位和分量以及该情节本身的层次和状态，考虑到该情节对减轻被告人的刑事责任有多大作用。这是立法机关对此类情节进行反复比较和分析后作出的预先选择，而不是随意的。法律规定的排列顺序，也是对法官自由裁量权的一种制约。而法官在特殊情况下，不完全按照法律预先规定的顺序却选择排列在后的处罚方法，则是司法活动的机动灵活性对立法原则的补充和落实，两者之间并无根本性的矛盾。

（2）考察情节内容原则

例如，对于自首的犯罪分子，原则上都可以从轻或者减轻处罚，但对于极少数罪行特别严重、情节特别恶劣的犯罪分子，也可以不从轻或者减轻处罚。对于可以从轻或者减轻处罚的自首的犯罪分子，究竟是从轻处罚还是减轻处罚，首先，要分清罪行的轻重；其次，要分析自首的具体情节，如投案早晚、投案动机、客观条件、交代罪行的程度等，在判明了犯罪分子的罪行轻重程度及其悔罪程度之后，区别对待，作出不同的处理。①自首的时间。犯罪人犯罪后投案自首的时间早晚，说明犯罪人对自己所犯罪行悔悟的早晚，同时也说明犯罪人的犯罪行为给社会造成危害的持续状态的长短以及由此给社会造成的危害大小。②自首的原因与动机。犯罪人犯罪之后的认罪、悔罪、悔改心理是自首动机的三个层次。悔罪程度的不同，表明了自首犯对所犯罪行悔罪程度的差异。悔罪态度好，改造起来就容易，悔罪态度差，改造起来就难，这些因素也是量刑时所要考虑的。犯罪人犯罪之后，是在走投无路的情况下投案自首，还是自动投案自首，也说明自首人对自己所犯罪行悔悟的程度，量刑时也要予以考虑。③交代罪行的情况。犯罪人投案之后，交代罪行是否彻底、主动也影响量刑，交待罪行的程度不同，说明了犯罪人是真心悔悟还是想蒙混过关，量刑时也须考虑。④犯罪人是否有立功表现。

（3）根据个案的具体情况原则

例如，同样是犯罪未遂，究竟是适用从轻处罚还是适用减轻处罚，法律不可能作出标准划一的规定。

9. 被告人具有减轻处罚情节的，对其可减轻至何种程度？

本书观点：《刑法》第六十三条规定，犯罪分子具有本法规定的减轻处罚情节的，应当在法定刑以下判处刑罚。犯罪分子虽然不具有本法规定的减轻处罚情节，但是根据案件的特殊情况，经最高人民法院核准，也可以在法定刑以下判处刑罚。据此，所谓减轻处罚是指依法在法定最低刑之下对犯罪分子判处刑罚。

我国刑法分则条文对各种具体犯罪都规定了一定的刑罚种类和刑罚幅度，有些犯罪只规定了一个量刑幅度，即单一量刑幅度，确定法定最低刑并不成问题。但比较复杂的是，大多数条文根据犯罪的实际情况，在一个条文中规定了几个量刑幅度，在这种情况下，又如何具体适用法定减轻处罚呢？

由于《刑法》第六十三条第一款原规定："犯罪分子具有本法规定的减轻处罚情节的，应当在法定刑以下判处刑罚。"对于如何认定"法定刑"，主要存在"条文说"和"构成类型说"两种学说。"条文说"将某一犯罪在同一条文规定的数个量刑幅度视为一个整体，看成一个法定刑。赞成"条文说"的学者认为，减轻处罚应该在法定最低刑，即数个量刑幅度中最低的那个量刑幅度以下判处刑罚。持"构成类型说"的学者认为此种观点存在明显错误。因为，如果对具有多个档次的量刑幅度的犯罪以罪名确定法定刑，那么，有的犯罪如走私、贩卖、运输、制造毒品罪的法定刑，由于囊括了管制、拘役、有期徒刑、无期徒刑和死刑五种刑罚，那岂不是陷入了绝对不确定的法定刑的泥坑？

为了澄清认识，《刑法修正案（八）》增加规定："本法规定有数个量刑幅度的，应当在法定量刑幅度的下一个量刑幅度内判处刑罚。"明显采纳了第二种观点。第一种观点存在不妥之处，那就是，如果将某一犯罪的数个量刑幅度视为一个整体，即对具有数个量刑幅度的犯罪以罪名确定法定刑，那么，有的犯罪如盗窃罪的法定刑，由于其包括了管制、拘役、有期徒刑、无期徒刑和死刑五种刑种，无论行为人盗窃的数额有多少，情节有多么严重，只要它具有一个法定减轻处罚情节，其法定最低刑就会变成管制或拘役，这显然违背罪责刑相适应的原则。所以，《刑法修正案（八）》赞同"构成类型说"，因为它最能真正体现罪责刑相适应原则。

"法定最低刑"并非笼统指特定犯罪的法定最低刑，而是指与行为人所实施的特定具体犯罪相适应的具体量刑幅度的最低刑。从我国刑法分则规定来看，往往将一种犯罪规定在一个条文中，并根据不同的情形，将一种犯罪分为情节较轻、情节严重、情节特别严重等类型，然后规定了与该种犯罪的每一类型相对应的法定刑幅度，此时，要确定某一具体犯罪的法定最低刑，就必须先确定对犯罪人适用哪一个量刑幅度，待该量刑幅度确定后，再确定该种犯罪在该量刑幅度内的法定最低刑，最后再在该具体量刑幅度的法定最低刑之下判处刑罚。如《刑法》第二百三十四条规定的故意伤害罪，主要依据伤害行为对被害人造成的伤害结果的不同，分为三个量刑档次，假如伤害结果为"重伤"，那么，与之相对应的量刑档次就应是"三年以上十年以下有期徒刑"，法定最低刑也应是三年有期徒刑，此时，对犯罪人判处不满三年有期徒刑的，即为减轻处罚。

当刑法对某一犯罪规定有两个以上的量刑幅度时，法定最低刑不是所规定的该种犯罪的整个条文的最低刑，而是与特定具体犯罪相适应的那一量刑幅度的最低刑；减轻处罚也不是低于所规定的该种犯罪的整个条文的最低刑，而是低于与特定具体犯罪相适应的那一量刑幅度的最低刑。

需要明确的是，减轻处罚是否适用于附加刑的裁量？对此，刑法没有规定。有少数学者认为，减轻处罚同样适用于附加刑。如果某罪的法定刑中有附加刑，犯罪分子实施该罪后具有减轻处罚情节并拟减轻处罚，在对法定刑中的主刑予以减轻的同时，也可以对应判的附加刑予以适当减轻。因为对犯罪分子所判刑罚的轻重，决定于犯罪社会危害性与犯罪分子人身危险性的大小，而减轻处罚情节的存在，说明犯罪的社会危害性和犯罪分子的人身危险性减小了。与之相适应，应判的刑罚也应减轻。在减轻的刑罚中，自然应当包括附加刑在内。这种减轻处罚可用于附加刑的观点，从逻辑上讲是有道理的，但在实践中，却难以见到实例。因为对应当减轻处罚的犯罪分子，是否还有必要判处附加刑，就值得怀疑。同时，三种附加刑中，罚金没有数额规定，没收财产有没收全部财产和没收部分财产之分，对这两种附加刑，无法适用减轻处罚。剥夺政治权利刑虽有期限问题，但它的适用有专门的规定，不能随普通的减轻情节而突破有关限制。因此，就目前刑法规定的三种附加刑而言，实际上无法适用减轻处罚。

10. 被告人具有多个减轻处罚情节并存的，如何适用？

本书观点：我国刑法对各个罪名所配置的量刑幅度是不一样的，有一个的，也有两个的，三个以上量刑幅度的也有，但大部分为一个量刑幅度或两个量刑幅度。在只有一个量刑幅度的情况下，不存在两次减轻处罚的问题。此时，只要在该量刑幅度以下的刑罚幅度内处罚，都只能说是进行了一次减轻处罚，因为在法定刑范围以下的所有刑罚都属于减轻处罚的范畴。而有两个量刑幅度的，当被告人的罪行论罪应在第一档的量刑幅度量刑时，对其减轻处罚同只有一个量刑幅度的犯罪一样，不存在两次减轻处罚的问题。但当论罪应对被告人在高一档的量刑幅度量刑时，具有两个以上减轻处罚情节的，对其中一个情节先适用减轻处罚后确定了其应适用的新的法定刑范围，则对另外的减轻处罚情节是否还再适用减轻处罚，在新的法定刑范围以下决定刑期？

《刑法》第六十三条第一款规定，“本法规定有数个量刑幅度的，应当在法定量刑幅度的下一个量刑幅度内判处刑罚”。我们认为，刑法的这一规定，适用于只有一个法定减轻处罚情节的情形，完全不会产生异议。但是，在有两个法定减轻处罚情节的情形下，则是可以选择在法定刑幅度的下两个幅度内判处刑罚的。

关于如何理解刑法规定的量刑幅度问题，有时会有争议。为此，最高人民法院研究室于2012年5月30日以法研〔2012〕67号答复广东省高级人民法院时作出的《关于如何理解“在法定刑以下判处刑罚”问题的答复》中明确:《刑法》第六十三条第一款规定的“在法定刑以下判处刑罚”，是指在法定量刑幅度的最低刑以下判处刑罚。刑法分则中规定的“处十年以上有期徒刑、无期徒刑或者死刑”，是一个量刑幅度而不是“十年以上有期徒刑”“无期徒刑”和“死刑”三个量刑幅度。

11. 特别减轻处罚制度的适用条件如何掌握?

本书观点: 特别减轻处罚制度适用的前提条件是，案件不具有法定减轻处罚情节；本质条件是案件具有特殊情况，判处法定刑的最低刑还是过重；排除条件是案件具有某些法定从重处罚、加重处罚情节的；程序条件是经最高人民法院核准。

《刑法》第六十三条第二款规定:“犯罪分子虽然不具有本法规定的减轻处罚情节，但是根据案件的特殊情况，经最高人民法院核准，也可以在法定刑以下判处刑罚。”这就是我国刑法规定的特别减轻处罚制度。特别减轻处罚制度体现了刑事立法的科学性和刑法的谦抑性精神，是罪刑相适应原则的具体贯彻落实，有利于真正做到重罪重罚、轻罪轻罚、罚当其罪。刑法施行以来，在审判实践中特别减轻处罚制度的适用范围经历了一个由窄变宽的过程，起初一般适用于统战、外交，后在爆炸物犯罪案件中适用较多，近年来故意伤害、盗窃、强奸案件适用特别减轻处罚的也逐年增多。

（1）特别减轻处罚制度适用的前提条件是案件不具有法定减轻处罚情节。《刑法》第六十三条第二款“犯罪分子虽然不具有本法规定的减轻处罚情节”的规定，是与第六十三条第一款的法定减轻处罚的规定相对应的，第二款明确将具有法定减轻处罚情节的案件排除在特别减轻处罚制度之外。

我国刑法规定的“应当减轻处罚”和“可以减轻处罚”均属于法定减轻处罚情节，案件具有上述情节的，可以直接适用法定减轻处罚，不再适用特别减轻处罚。

（2）特别减轻处罚制度适用的本质条件是案件具有特殊情况，判处法定刑的最低刑还是过重。1997 年《刑法》出台之初，对第六十三条第二款“案件特殊情况”的含义，主流观点认为，仅限于涉及国防、外交、宗教、民族、统战以及重大经济利益等国家利益的情况。但是随着经济发展和社会生活的变化，案件日益复杂多样，这种过于狭窄的理解显然已经不能适应目前司法实践的要求。“案件特殊情况”应当包括以下两种情况：

第一种情况：案件的判决关系到国家的重大利益，如国防、外交、民族、宗教、统战以及重大经济利益。对这类案件中不具有法定减轻处罚情节的被告人，给予一定的减轻处罚，有利于稳定大局、民族团结和国家的整体利益。

第二种情况：行为的社会危害性和行为人的人身危险性较小，判处法定最低刑仍然过重，足以引起人们普遍同情的特别情况。

这种特别情况由法官根据个案加以具体判断，以案件的个性特征为主，重点考察不具有犯罪构成意义，但能够体现具体犯罪的特性和犯罪人特性的以下事实：犯罪的起因、动机；犯罪的方法、手段；犯罪的时间、地点、犯罪时的环境和条件；犯罪造成的损害后果、社会影响；犯罪人的一贯表现；犯罪人的年龄、性格、品行、文化程度及生活状况；犯罪后的态度；犯罪人与被害人的关系等。

下列情况属于案件具有“特殊情况”，可以考虑适用特别减轻处罚：①犯罪情节较轻，主观恶性不大，社会影响较小，初次犯罪的；②犯罪既遂后案发前，积极采取补救措施，挽回损失、减小社会危害或为阻止危害后果的发生已经尽最大努力的；③被害人有挑拨、威胁、不当的刺激、侮辱或其他明显过错的；④出于道德或高尚的动机，而义愤杀人或故意伤害他人的；⑤真切悔罪，尽其所能赔偿损失的；⑥法定最高刑为无期徒刑、死刑，经过二十年后必须追诉，报经最高人民检察院核准的；⑦其他情况特殊的案件，如某些亲属间犯罪，没有民愤，群众一致公认合情合理的。

（3）特别减轻处罚制度适用的排除条件：案件具有某些法定从重处罚、加重处罚情节的。有的案件，虽然具有特殊情况，但罪行本身严重，被告人又具有法定从重、加重处罚情节的。主要是：被告人系累犯（包括一般累犯和特殊累犯）的；被告人具有前科，且前科与现行犯罪系同一犯罪，前科又被判处重刑的；毒品再犯；等等。

另外，对于定性存在争议或证据不充分、事实认定有难度的案件，不能为了对被告人“留有余地”地处以刑罚，而适用特别减轻处罚。

（4）特别减轻处罚制度适用的程序条件是经最高人民法院核准。需要注意的是，由于特别减轻处罚制度适用标准不明确，导致一些司法工作者不敢用甚至该用不用。一是由于特别减轻处罚制度适用对象法律没有明确规定，导致司法实践的困惑。部分法官因担心认识有偏差，特别减轻处罚案件在报请复核的过程中可能被上级法院改判或裁定发回重审从而影响审判业绩考核，对特别减轻处罚的适用采取消极的态度，只要作出的判决不违法，不会积极在个案中适用，致使一些本可以或应当适用特别减轻处罚的案件没有适用。二是由于特别减轻处罚制度严格的程序，助长了法官的“惰性”。为避免烦琐的程序，个别法官将本该适用特别减轻处罚的案件，以其他理由判处与适用特别减轻处罚相同，甚至更轻的刑罚。如直接适用免除处罚，或者对应该以故意犯罪的罪名判处的案件直接以过失犯罪的罪名进行判处，或者不适用特别减轻，仍然在法定刑以上量刑，但宣告缓刑等。因为免除处罚的适用权完全由各级法院自行掌握，无须经过上级法院核准，也不需要本级法院审判委员会核准，这就导致特别减轻处罚与免予刑事处罚之间的失调，并导致个别案件对被告人的处理过于宽大。

12. **被告人亲属主动为被告人退缴赃款应如何处理？**

本书观点：对此问题，最高人民法院曾于1987年8月26日以法（研）复〔1987〕32号给广东省高级人民法院作出《关于被告人亲属主动为被告人退缴赃款应如何处理的批复》。该批复称：“一、被告人是成年人，其违法所得都由自己挥霍，无法追缴的，应责令被告人退赔，其家属没有代为退赔的义务。被告人在家庭共同财产中有其个人应有部分的，只能在其个人应有部分的范围内，责令被告人退赔。二、如果被告人的违法所得有一部分用于家庭日常生活，对这部分违法所得，被告人和家属均有退赔的义务。三、如果被告人对责令其本人退赔的违法所得已无实际上的退赔能力，但其亲属应被告人的请求，或者主动提出并征得被告人的同意，自愿代被告人退赔部分或者全部违法所得的，法院也可考虑具体情况，收下其亲属自愿代被告人退赔的款项，并视为被告人主动退赔的款项。四、属于以上三种情况，已作了退赔的，均可视为被告人退赃较好，可以依法适用从宽处罚。五、如果被告人的罪行应当判处死刑，并必须执行，属于以上第一、二两种情况的，法院可以接收退赔的款项；属于以上第三种情况的，其亲属自愿代为退赔的款项，法院不应接收。”

该批复虽然作于1997年刑法修订前，但与现行刑法及刑事政策并无冲突、矛盾之处，在司法实践中仍然可以参照适用。

第二节　累　犯

一、刑法规定

第六十五条[①]　被判处有期徒刑以上刑罚的犯罪分子，刑罚执行完毕或者赦免以后，在五年以内再犯应当判处有期徒刑以上刑罚之罪的，是累犯，应当从重处罚，但是过失犯罪和不满十八周岁的人犯罪的除外。

前款规定的期限，对于被假释的犯罪分子，从假释期满之日起计算。

第六十六条[②]　危害国家安全犯罪、恐怖活动犯罪、黑社会性质的组织犯罪的犯罪分子，在刑罚执行完毕或者赦免以后，在任何时候再犯上述任一类罪的，都以累犯论处。

二、司法解释、司法文件

1. 最高人民法院、最高人民检察院关于常见犯罪的量刑指导意见（试行）（法发〔2021〕21号，自2021年7月1日起施行）（节录）

二、量刑的基本方法

（二）调节基准刑的方法

3. 被告人犯数罪，同时具有适用于个罪的立功、累犯等量刑情节的，先

---

① 本条经2011年2月25日《刑法修正案（八）》第六条修正。

1997年《刑法》第六十五条规定："被判处有期徒刑以上刑罚的犯罪分子，刑罚执行完毕或者赦免以后，在五年以内再犯应当判处有期徒刑以上刑罚之罪的，是累犯，应当从重处罚，但是过失犯罪除外。

"前款规定的期限，对于被假释的犯罪分子，从假释期满之日起计算。"

② 本条经2011年2月25日《刑法修正案（八）》第六条修正。

1997年《刑法》第六十六条规定："危害国家安全的犯罪分子在刑罚执行完毕或者赦免以后，在任何时候再犯危害国家安全罪的，都以累犯论处。"

适用该量刑情节调节个罪的基准刑，确定个罪所应判处的刑罚，再依法实行数罪并罚，决定执行的刑罚。

2. 最高人民法院关于《中华人民共和国刑法修正案（八）》时间效力问题的解释（法释〔2011〕9号，自2011年5月1日起施行）（节录）

第二条 2011年4月30日以前犯罪，判处死刑缓期执行的，适用修正前刑法第五十条的规定。

被告人具有累犯情节，或者所犯之罪是故意杀人、强奸、抢劫、绑架、放火、爆炸、投放危险物质或者有组织的暴力性犯罪，罪行极其严重，根据修正前刑法判处死刑缓期执行不能体现罪刑相适应原则，而根据修正后刑法判处死刑缓期执行同时决定限制减刑可以罚当其罪的，适用修正后刑法第五十条第二款的规定。

第三条 被判处有期徒刑以上刑罚，刑罚执行完毕或者赦免以后，在2011年4月30日以前再犯应当判处有期徒刑以上刑罚之罪的，是否构成累犯，适用修正前刑法第六十五条的规定；但是，前罪实施时不满十八周岁的，是否构成累犯，适用修正后刑法第六十五条的规定。

曾犯危害国家安全犯罪，刑罚执行完毕或者赦免以后，在2011年4月30日以前再犯危害国家安全犯罪的，是否构成累犯，适用修正前刑法第六十六条的规定。

曾被判处有期徒刑以上刑罚，或者曾犯危害国家安全犯罪、恐怖活动犯罪、黑社会性质的组织犯罪，在2011年5月1日以后再犯罪的，是否构成累犯，适用修正后刑法第六十五条、第六十六条的规定。

第八条 2011年4月30日以前犯罪，因具有累犯情节或者系故意杀人、强奸、抢劫、绑架、放火、爆炸、投放危险物质或者有组织的暴力性犯罪并被判处十年以上有期徒刑、无期徒刑的犯罪分子，2011年5月1日以后仍在服刑的，能否假释，适用修正前刑法第八十一条第二款的规定；2011年4月30日以前犯罪，因其他暴力性犯罪被判处十年以上有期徒刑、无期徒刑的犯罪分子，2011年5月1日以后仍在服刑的，能否假释，适用修正后刑法第八十一条第二款、第三款的规定。

3. **最高人民法院关于处理自首和立功若干具体问题的意见**（法发〔2010〕60号，2010年12月22日公布并施行）（节录）

八、关于对自首、立功的被告人的处罚

……

对于被告人具有自首、立功情节，同时又有累犯、毒品再犯等法定从重处罚情节的，既要考虑自首、立功的具体情节，又要考虑被告人的主观恶性、人身危险性等因素，综合分析判断，确定从宽或者从严处罚。累犯的前罪为非暴力犯罪的，一般可以从宽处罚，前罪为暴力犯罪或者前、后罪为同类犯罪的，可以不从宽处罚。

4. **最高人民法院关于贯彻宽严相济刑事政策的若干意见**（法发〔2010〕9号，2010年2月8日公布并施行）（节录）

11. 要依法从严惩处累犯和毒品再犯。凡是依法构成累犯和毒品再犯的，即使犯罪情节较轻，也要体现从严惩处的精神。尤其是对于前罪为暴力犯罪或被判处重刑的累犯，更要依法从严惩处。

34. 对于危害国家安全犯罪、故意危害公共安全犯罪、严重暴力犯罪、涉众型经济犯罪等严重犯罪；恐怖组织犯罪、邪教组织犯罪、黑恶势力犯罪等有组织犯罪的领导者、组织者和骨干分子；毒品犯罪再犯的严重犯罪者；确有执行能力而拒不依法积极主动缴付财产执行财产刑或确有履行能力而不积极主动履行附带民事赔偿责任的，在依法减刑、假释时，应当从严掌握。对累犯减刑时，应当从严掌握。拒不交代真实身份或对减刑、假释材料弄虚作假，不符合减刑、假释条件的，不得减刑、假释。

三、典型或常见问题的审理思路

1. 主刑执行完毕附加刑罚金未执行前又犯新罪的，是否构成累犯（如何理解累犯制度、数罪并罚制度中的“刑罚执行完毕”）?[①]

分歧意见：对于被告人因前罪在主刑执行完毕以后、附加刑未执行以前，又在五年以内犯应当判处有期徒刑以上刑罚之罪的行为，能否认定为累犯，

---

① 观点来源：最高人民法院刑事审判第一、二、三、四、五庭主办：《中国刑事审判指导案例》（刑法总则）（增订第3版），法律出版社2017年版，第275－277页，买某提盗窃案。

存在分歧：

第一种意见认为，根据《刑法》第六十五条第一款的规定，“刑罚执行完毕或者赦免以后”犯罪，是构成累犯的必要条件。《刑法》第三十二条明确规定：“刑罚分为主刑和附加刑。”被告人在附加刑未执行完毕以前犯罪，不应认定为累犯。

第二种意见认为，由于行为人主刑执行完毕后，在附加刑执行期间再故意犯罪，其主观恶性应大于在附加刑执行完毕以后再犯新罪，既然《刑法》第六十五条第一款规定：“被判处有期徒刑以上刑罚的犯罪分子，刑罚执行完毕或者赦免以后，在五年以内再犯应当判处有期徒刑以上刑罚之罪的，是累犯，应从重处罚……”如将“刑罚执行完毕”理解为包括主刑和附加刑，那么对于主刑执行完毕后，附加刑执行期间再犯新罪的，不能认定为累犯而从重处罚；同时，由于主刑已执行完毕，也不能在主刑上对行为人实行数罪并罚，这显然不符合立法本意。因此，“刑罚执行完毕”中的“刑罚”不仅指主刑。故对被告应认定为累犯。

本书观点：同意第二种意见，认为被告人在有期徒刑执行完毕以后、附加刑未执行前，在五年以内又犯应当判处有期徒刑以上刑罚之罪的，构成累犯。

累犯，是指因犯罪而受过一定的刑罚处罚，在刑罚执行完毕或者赦免以后，在法定期限内又犯一定之罪的犯罪分子。我国刑法上有一般累犯和特别累犯之分。根据《刑法》第六十五条的规定，一般累犯是指被判处有期徒刑以上刑罚并在刑罚执行完毕或者赦免以后，在五年内再犯应当判处有期徒刑以上刑罚之罪的犯罪分子。一般累犯的构成除必须具备“刑罚执行完毕或者赦免以后，在五年以内再犯”这一时间条件和前后罪都是故意犯罪这一主观条件外，还必须具备前罪被判处的刑罚与后罪应当判处的刑罚都是“有期徒刑以上刑罚”这一刑种条件。没有这一条件或者具备这一条件而该刑罚没有执行完毕的，均不能构成累犯。因此，《刑法》第六十五条中规定的“刑罚”应当理解为是指“有期徒刑以上刑罚”，不能扩大理解为包括“主刑和附加刑”。被告人因前罪被判处有期徒刑，并处罚金，在有期徒刑执行完毕以后、附加刑未执行以前，又于五年内犯应当判处有期徒刑以上刑罚的盗窃罪，符合刑法规定的累犯构成条件，应当认定为累犯。

2. 被告人因犯盗窃罪被判处有期徒刑二年六个月，1997 年 2 月 3 日刑满释放。2003 年 8 月 8 日，被告人盗窃耕牛，在销赃时被公安人员抓获。后公安机关侦查发现，被告人曾于 1998 年 3 月盗窃一头耕牛。在此情形下，被告人是否构成累犯（如何理解累犯“再犯应当判处有期徒刑以上刑罚之罪”要件）？[①]

本书观点：再犯应当判处有期徒刑以上刑罚之罪，是兼及法律评价和刑事追究的复合要件。被告人的行为不属于连续犯，被告人刑满释放后所实施的两起盗窃行为，或者因为过了追诉时效，依法不应追究刑事责任；或者因为已经届满五年，不符合累犯的法定期限要件，故不构成累犯。

（1）被告人不属于连续犯，被告人于 1998 年 3 月实施的盗窃行为已过追诉期限，依法不应追究其该起盗窃行为的刑事责任

所谓追诉时效，是指依照法律规定追究犯罪分子刑事责任的有效期限。根据《刑法》第八十七条规定，追诉期限可分为四个不同档次，即法定最高刑不满五年有期徒刑的，追诉期限为五年；法定最高刑在五年以上不满十年有期徒刑的，追诉期限为十年；法定最高刑在十年以上有期徒刑的，追诉期限为十五年；法定最高刑为无期徒刑或者死刑的，追诉期限为二十年，如果二十年以后认为必须追诉的，须报请最高人民检察院核准。超过上述追诉期限的，除法定最高刑为无期徒刑或者死刑，且经最高人民检察院特别核准追诉的之外，均不应再追究犯罪分子的刑事责任。根据《刑事诉讼法》第十六条的规定，已经追究并进入刑事诉讼程序的，应当视情况分别作撤销案件、不起诉或者终止审理等处理。

上述情形中，被告人于 1998 年 3 月盗窃他人耕牛，按照有关司法解释的规定，属盗窃公私财物数额较大，其行为已构成盗窃罪。《刑法》第二百六十四条对于盗窃数额较大规定的法定最高刑为三年有期徒刑，被告人的该起盗窃犯罪行为的追诉时效应为五年，而被告人直至 2003 年 8 月才被立案侦查，在此之前，没有发生在司法机关立案侦查以后逃避侦查以及被害人对其提出控告但司法机关不予立案等可导致追诉期限延长的法定事由，因此，就被告人该起盗窃行为而言，明显已过追诉期限。那么，能否以被告人 2003 年 8 月

① 观点来源：最高人民法院刑事审判第一、二、三、四、五庭主办：《中国刑事审判指导案例》（刑法总则）（增订第 3 版），法律出版社 2017 年版，第 280－283 页，南某洙、南某男盗窃案。

又实施盗窃行为为由，重新确定其该起盗窃行为追诉期限的起算之日呢？对此，我们的答案是否定的。首先，被告人两次盗窃行为不属追诉时效中断的情形。根据《刑法》第八十九条第二款规定，追诉时效的中断，是指在前罪的追诉期限之内又犯罪，前罪所经过的追诉时效期限依法归于无效，需重新计算追诉期限的起算时间，即从犯后罪之日起计算。被告人1998年3月所实施的盗窃犯罪，在2003年3月追诉期限即已届满，此后所犯新罪，已经不属于刑法规定的“在追诉期限以内又犯罪”的情形，不能因此再重新计算前罪的追诉期限。其次，被告人两次盗窃行为不属连续犯。连续犯是指基于同一或者概括的犯罪故意，连续实施数个独立的犯罪行为，触犯同一罪名的情形。连续犯必须具备以下四个条件：第一，数个犯罪行为必须出于同一或者概括的犯罪故意；第二，须存在数个独立的同一性质的犯罪行为；第三，数个犯罪行为之间须具有连续性；第四，数个犯罪行为所触犯的系同一罪名。数个犯罪行为之间是否存在连续性，时间先后只是一个外在的判断因素，关键的因素在于行为人所实施的数个犯罪行为是否基于同一或者某一概括的犯罪故意，也就是说，行为人所实施的数个犯罪行为之间是否具有主观故意上的连续关系。在连续犯中，行为人在开始实施第一个犯罪行为时，即有连续实施数个犯罪行为的犯罪意图，或者是为完成一个预订的犯罪计划，或者是为实现一个总的目标，或者是预见到了总的犯罪结果。这是连续犯与同种数罪的主要区别所在。被告人前后两个盗窃行为虽均独立构成盗窃罪，但该两个行为时间间隔在五年以上，很难认定其在实施前次盗窃犯罪时，对五年之后再次实施的盗窃犯罪已经具有主观上的连续故意，因此，不应将其实施的两次盗窃行为作为连续犯罪，不能以犯后罪为由重新起算其前罪的追诉期限。被告人于1998年3月实施的盗窃行为已过追诉期限，依法不应追究其该起盗窃行为的刑事责任。

（2）是否构成累犯，须结合具体的再次犯罪行为来加以具体认定

被告人刑满释放后所实施的两起盗窃行为，或者因为过了追诉时效，依法不应追究刑事责任；或者因为已经届满五年，不符合累犯的法定期限要件，故不构成累犯。

被告人所实施的两起盗窃事实中，第一起盗窃实施于1998年3月，距其刑满释放不足两年；第二起盗窃实施于2003年8月，距其刑满释放已届六年。如果第一起盗窃行为未过追诉期限，因该起盗窃行为依法应当判处有期

徒刑，被告人将毫无疑问构成累犯。问题的特殊性在于，被告人第一起盗窃行为已过追诉期限，依法不应再追究其该起盗窃行为的刑事责任，在此情形下，能否认定被告人构成累犯呢？有一种意见认为，被告人于1998年3月所实施第一起盗窃行为，是在其刑罚执行完毕以后五年以内再犯罪，依法应当判处有期徒刑，符合法律规定的累犯要件，因此应当认定为累犯。对其该起盗窃犯罪不再追究刑事责任，只是由于过了追诉期限，但对累犯的认定并不构成障碍，因为，追诉时效仅仅是相对于责任追究而言的，犯罪行为并不因为过了追诉时效而不复存在，或者不再属于犯罪。这就提出了一个问题，即对于《刑法》第六十五条关于累犯构成规定中的“再犯应当判处有期徒刑以上刑罚之罪”应作何种理解？“再犯应当判处有期徒刑以上刑罚之罪”，仅仅是一个单纯的事实要件，还是兼及法律评价和刑事追究的复合要件？如依照前者，被告人当然构成累犯；如依照后者，被告人则不构成累犯。我们同意后一种意见，此种情形不应认定被告人构成累犯。理由是，累犯是刑法基于再次犯罪行为及改造需要对犯罪人作出的更为严重的否定评价。它不同于犯罪学上的累犯，不仅仅是一个单纯的身份概念，而是犯罪人与犯罪行为的统一体，其中，犯罪行为更为刑法所关注。因为累犯作为一项量刑制度，是针对需要依法裁量决定刑罚的具体犯罪行为而言的，“再犯应当判处有期徒刑以上刑罚之罪”，既是构成累犯的基本条件，也是累犯“应当从重处罚”的法律后果必要的载体。因此，刑法规定的“应当判处有期徒刑以上刑罚之罪”必须是依法应予追究刑事责任之罪，否则，累犯法律制度将无从适用，从重处罚的规定也将无从落实。被告人刑满释放后所实施的第一起盗窃行为，由于已经过了追诉时效，依法不应再追究其刑事责任，不能认定为“再犯应当判处有期徒刑以上刑罚之罪”；第二起盗窃行为是在刑罚执行完毕五年以后所实施的，也不符合累犯的法定期限要件。因此，对被告人不应认定为累犯。

3. 对于可能判处死刑的抢劫罪犯具有累犯情节，是否只要是累犯就一律判处死刑立即执行？[①]

本书观点：累犯对死刑适用的作用有限原则。对于可能判处死刑的罪犯具有累犯情节的也应慎重，不能只要是累犯就一律判处死刑立即执行。

---

① 观点来源：参见《最高人民法院关于审理抢劫刑事案件适用法律若干问题的指导意见》（法发〔2016〕2号）第一部分“六、累犯等情节的适用”。

《最高人民法院关于审理抢劫刑事案件适用法律若干问题的指导意见》（法发〔2016〕2号）中指出："根据刑法第六十五条第一款的规定，对累犯应当从重处罚。抢劫犯罪被告人具有累犯情节的，适用刑罚时要综合考虑犯罪的情节和后果，所犯前后罪的性质、间隔时间及判刑轻重等情况，决定从重处罚的力度。对于前罪系抢劫等严重暴力犯罪的累犯，应当依法加大从重处罚的力度。对于虽不构成累犯，但具有抢劫犯罪前科的，一般不适用减轻处罚和缓刑。对于可能判处死刑的罪犯具有累犯情节的也应慎重，不能只要是累犯就一律判处死刑立即执行；被告人同时具有累犯和法定从宽处罚情节的，判处死刑立即执行应当综合考虑，从严掌握。"

上述指导意见，对累犯的从重处罚，制定了三个适用原则：（1）综合考虑原则。抢劫犯罪被告人具有累犯情节的，适用刑罚时要综合考虑犯罪的情节和后果，所犯前后罪的性质、间隔时间及判刑轻重等情况，决定从重处罚的力度。（2）考察前罪犯罪性质原则。对于前罪系抢劫等严重暴力犯罪的累犯，应当依法加大从重处罚的力度。对于虽不构成累犯，但具有抢劫犯罪前科的，一般不适用减轻处罚和缓刑。（3）累犯对死刑适用的作用有限原则。对于可能判处死刑的罪犯具有累犯情节的也应慎重，不能只要是累犯就一律判处死刑立即执行；被告人同时具有累犯和法定从宽处罚情节的，判处死刑立即执行应当综合考虑，从严掌握。

4. 犯罪人跨越十八周岁实施数起同种犯罪行为被判处有期徒刑以上刑罚，刑罚执行完毕后五年内再犯应当判处有期徒刑以上刑罚之罪是否构成累犯？①

本书观点：如果行为人在十八周岁前后实施的同种犯罪行为能够相互区分，且十八周岁之后的犯罪行为能够被单独评价为犯罪，则应认定为"犯罪时已满十八周岁"，否则应以"犯罪时不满十八周岁"对待。

根据《刑法修正案（八）》的规定，"犯罪时不满十八周岁"是指行为人在实施犯罪行为时不满十八周岁。行为人跨越十八周岁前后实施同种犯罪行为的，属于实质的数罪，处断的一罪，实践中往往将其作为一罪判处。其中，主要有以下四种情形：（1）行为人在十八周岁前和十八周岁后实施的同种犯罪行为均不能单独构成犯罪，但作为一个整体时，可以被评价为犯罪；（2）行为人在十八周岁前实施的犯罪行为可以单独构成犯罪，而在十八周岁后实施

① 观点来源：《人民法院案例选》，总第84辑（2013年第2辑），王某奇盗窃案。

的同种犯罪行为不能单独构成犯罪；（3）行为人在十八周岁前实施的犯罪行为不能单独构成犯罪，但在十八周岁后实施的同种犯罪行为可以单独构成犯罪；（4）行为人在十八周岁前和十八周岁后实施的同种犯罪行为均可以单独构成犯罪。其中，前两种情形中的行为人应当属于犯罪时不满十八周岁，因为行为人在十八周岁后实施的同种犯罪行为尚不构成犯罪；后两种情形中的行为人应当属于犯罪时已满十八周岁，这是因为，虽然对行为人在十八周岁前后实施的同种犯罪行为按照一个罪名处理，但即便不考虑十八周岁前的行为，十八周岁后实施的行为也可被评价为犯罪，故应属于已满十八周岁的人犯罪。

5. 二审裁判文书生效后，发现被告人在因一审判处的有期徒刑届满被取保候审期间又犯新罪的，在对新罪进行审判时，能否认定该被告人构成累犯？[①]

本书观点：要构成一般累犯，要求后罪必须发生在前罪判处的刑罚执行完毕或者赦免以后五年内。这里，问题的关键是如何理解和认定“刑罚执行完毕”。

《刑事诉讼法》第二百五十九条规定：“判决和裁定在发生法律效力后执行。下列判决和裁定是发生法律效力的判决和裁定：（一）已过法定期限没有上诉、抗诉的判决和裁定；（二）终审的判决和裁定；（三）最高人民法院核准的死刑的判决和高级人民法院核准的死刑缓期二年执行的判决。”由此可见，刑罚执行的前提条件是裁判文书发生法律效力，刑罚执行的起点是裁判发生法律效力之时。被告人被一审法院以贩卖毒品罪判处有期徒刑一年六个月，一审宣判后，该案因同案被告人上诉进入二审程序，故原一审判决尚未生效，不具有可执行效力；直至二审法院对该案作出驳回上诉，维持原判裁定，二审裁定作出并送达之日，一审判决生效。被告人在该案诉讼过程中，从被刑事拘留开始，一直处于被羁押状态，至羁押期限届满后，法院决定对其取保候审。虽在该时间节点之后原一审判决确定的有期徒刑一年六个月已无实际可执行内容，但不能认为是原判刑罚已执行完毕。因为，在被告人被羁押的整个过程中，该案判决未具可执行的条件，而当判决生效进入执行阶

① 案例来源：最高人民法院刑事审判第一、二、三、四、五庭编：《刑事审判参考》2015 年第 1 集（总第 102 集），周某敏贩卖毒品案。

段时，所确定的刑期基于法律规定，经先前羁押的期间折抵后已无可供执行的余刑。换言之，原判刑罚的执行，系从判决生效之日起始，亦在该日结束，此为执行过程。而被告人在取保候审期间实施新罪，系在原判决生效前所为，亦即在刑罚执行前犯新罪，故在新罪审理时不符合累犯必须是“前罪刑罚执行完毕后”的时间条件。

需要指出的是，从我国刑法对数罪并罚的制度规定来看，被告人属于在判决生效前又犯新罪，表面上看似符合《刑法》第六十九条判决宣告前犯数罪予以并罚的情形，但在前罪二审裁定书宣告前，并未发现周某敏另犯本案新罪的情况，且前罪判决生效时已无余刑可执行，故不具备实行数罪并罚的客观条件和必要性。

6. 在假释考验期间直至期满后连续实施犯罪是否应撤销假释并构成累犯？[①]

本书观点：在假释考验期间直至期满后连续实施犯罪应撤销假释，数罪并罚，不构成累犯。

根据《刑法》第六十五条规定，累犯是指“被判处有期徒刑以上刑罚的犯罪分子，刑罚执行完毕或赦免以后，在五年以内再犯应当判处有期徒刑以上刑罚之罪的”。同时，该条第二款又规定，所谓“刑罚执行完毕”，“对于被假释的犯罪分子，从假释期满之日起计算”。本案中，被告人丁某军假释考验期满前后又犯新罪，其连续犯罪中的一部分罪行是在假释考验期满后所犯，似乎可以构成累犯。但本案的特殊性在于，丁某军的连续犯罪中又有一部分罪行是在假释考验期内所犯，对此又应首先依法撤销假释。假释是附条件的提前释放，犯罪分子因犯新罪被撤销假释后，其前罪的余刑仍须执行，而不是前罪的“刑罚已经执行完毕”。因此，其整个的连续犯罪就缺乏构成累犯的前提条件。丁某军的犯罪行为一直处于连续状态，作为连续犯，对其进行处罚时，从整体上考虑其社会危害性应较为妥当，也不宜分为假释期满前后两个阶段再按两个同种罪分别定罪量刑。同时，按照《刑法》第七十一条的规定，对其前罪和新犯之罪要按“先减后并”的方式进行数罪并罚，这业已体现了从重处罚的精神，无须再按累犯对待。如果对其假释期满后的一部分罪

---

① 观点来源：最高人民法院刑事审判第一庭、第二庭编：《刑事审判参考》2002 年第 5 集（总第 28 集），丁某军强奸抢劫、盗窃案。

行再认定为累犯，则不可避免地同刑法关于假释、数罪并罚等规定发生冲突，并给法律适用造成不必要的困难。

四、疑难、复杂问题的参考性解答

1. 特殊累犯制度之特殊性体现在哪些地方？

本书观点：危害国家安全犯罪、恐怖活动犯罪、黑社会性质的组织犯罪的犯罪分子，在刑罚执行完毕或者赦免以后，在任何时候再犯上述任一类罪的，都以累犯论处。这就是我国刑法规定的特殊累犯制度。其特殊性主要体现在以下方面：

（1）罪种要件特定

犯罪分子所犯的前罪和后罪只要是危害国家安全罪、恐怖活动犯罪、黑社会性质的组织犯罪中任一类罪，就构成特殊累犯。必须说明的是，前罪和后罪都必须是危害国家安全罪、恐怖活动犯罪、黑社会性质的组织犯罪中的某种犯罪，否则，不构成特殊累犯。

第一，危害国家安全罪。指《刑法》分则第一章第一百零二条至第一百一十二条规定的三类共十二个罪名均属于危害国家安全罪，具体包括背叛国家罪，分裂国家罪，煽动分裂国家罪，武装叛乱、暴乱罪，颠覆国家政权罪，煽动颠覆国家政权罪，资助危害国家安全犯罪活动罪，投敌叛变罪，叛逃罪，间谍罪，为境外窃取、刺探、收买、非法提供国家秘密、情报罪，资敌罪。犯有以上任何一罪或者一罪以上的，均属于危害国家安全罪。

第二，恐怖活动犯罪，应是恐怖活动中构成犯罪的部分。《反恐怖主义法》第三条第二款对恐怖活动的概念进行了明确的规定："本法所称恐怖活动，是指恐怖主义性质的下列行为：（一）组织、策划、准备实施、实施造成或者意图造成人员伤亡、重大财产损失、公共设施损坏、社会秩序混乱等严重社会危害的活动的；（二）宣扬恐怖主义，煽动实施恐怖活动，或者非法持有宣扬恐怖主义的物品，强制他人在公共场所穿戴宣扬恐怖主义的服饰、标志的；（三）组织、领导、参加恐怖活动组织的；（四）为恐怖活动组织、恐怖活动人员、实施恐怖活动或者恐怖活动培训提供信息、资金、物资、劳务、技术、场所等支持、协助、便利的；（五）其他恐怖活动。"

上述恐怖活动中，构成刑事犯罪，需依法追究刑事责任的，自然就属于恐怖活动犯罪。根据《反恐怖主义法》第七十九条规定："组织、策划、准备实施、实施恐怖活动，宣扬恐怖主义，煽动实施恐怖活动，非法持有宣扬恐怖主义的物品，强制他人在公共场所穿戴宣扬恐怖主义的服饰、标志，组织、领导、参加恐怖活动组织，为恐怖活动组织、恐怖活动人员、实施恐怖活动或者恐怖活动培训提供帮助的，依法追究刑事责任。"这与《刑法修正案（九）》修改完善、增加规定了恐怖活动相关犯罪的内容是相对应的，具体到罪名，对应《刑法》中第一百二十条规定的"组织、领导、参加恐怖组织罪"、第一百二十条之一规定的"帮助恐怖活动罪"、第一百二十条之二规定的"准备实施恐怖活动罪"、第一百二十条之三规定的"宣扬恐怖主义、极端主义、煽动实施恐怖活动罪"、第一百二十条之五规定的"强制穿戴宣扬恐怖主义、极端主义服饰、标志罪"、第一百二十条之六规定的"非法持有宣扬恐怖主义、极端主义物品罪"六个罪名。

需要注意的是，上述罪名中后三个罪名是选择性罪名，包含了宣扬恐怖主义和宣扬极端主义犯罪两类犯罪，根据《反恐怖主义法》第四条"国家反对一切形式的以歪曲宗教教义或者其他方法煽动仇恨、煽动歧视、鼓吹暴力等极端主义，消除恐怖主义的思想基础"的精神，极端主义是恐怖主义的思想基础，二者有着非常密切的联系。但是，本书认为，根据罪刑法定原则，虽然二者联系密切，刑法也将宣扬恐怖主义和宣扬极端主义相关的犯罪写入同一条文，但二者仍有一定的区别，并不能等同起来，《反恐怖主义法》第二十九条、第三十条也将"恐怖活动罪犯"和"极端主义罪犯"分开表述，两者是并列关系，说明极端主义犯罪并不能被恐怖活动犯罪所涵盖，不能把极端主义犯罪纳入到恐怖活动犯罪的范畴。因而，从严格意义上讲，特殊累犯所规定的恐怖活动犯罪不应包括极端主义犯罪，换言之，只有犯罪人构成第一百二十条之三规定中的"宣扬恐怖主义罪""煽动实施恐怖活动罪"、第一百二十条之五规定的"强制穿戴宣扬恐怖主义服饰、标志罪"、第一百二十条之六规定的"非法持有宣扬恐怖主义物品罪"的具体罪名时才属于构成特殊累犯的恐怖活动犯罪所涉罪名。

第三，黑社会性质的组织犯罪。黑社会性质组织是我国特有的法律概念，实际上是黑社会组织的初级形态，指某些犯罪集团已经具有黑社会组织的性质和主要特征，但在组织规模和程度上又未完全达到黑社会组织的标准。审判实践中存在的主要问题是，哪些属于特殊累犯中的"黑社会性质的组织犯罪”，即涉黑犯罪是否都属于黑社会性质的组织犯罪？

《刑法》第二百九十四条规定了三种涉黑犯罪，即“组织、领导、参加黑社会性质组织罪”“入境发展黑社会组织罪”和“包庇、纵容黑社会性质组织罪”。其中，前两个罪名均属于黑社会组织犯罪，将其纳入特殊累犯的范围没有异议。实践中对于“包庇、纵容黑社会性质组织罪”是否属于黑社会性质的组织犯罪则有争议。本书认为，包庇、纵容黑社会性质组织罪虽然与黑社会性质组织有着密切的联系，但从其行为主体和行为性质来看，显然不属于黑社会性质的组织犯罪，只能成为涉及黑社会性质组织的犯罪。因为所谓包庇、纵容黑社会性质组织罪，是指国家机关工作人员包庇、纵容黑社会性质组织和黑社会性质组织违法犯罪活动的行为。其犯罪的主体是国家机关工作人员，而不是黑社会性质组织的成员，如果某国家机关工作人员是黑社会性质组织的成员，那么只能构成组织、领导、参加黑社会性质组织罪，根本无法构成本罪；侵犯的客体是社会管理秩序和国家机关的正常工作秩序；犯罪的主观方面是故意，即明知是黑社会性质的组织，明知其进行违法犯罪活动而予以包庇、纵容，而不要求有加入黑社会性质组织的意愿；犯罪的客观方面，表现为实施包庇黑社会性质的组织或者纵容黑社会性质的组织进行违法犯罪活动的行为。其具有的社会危害性和行为人的人身危险性都小于黑社会性质的组织犯罪本身，也和黑社会性质的组织犯罪有明显的区别，因此，不能将包庇、纵容黑社会性质组织罪纳入特殊累犯的范围。

另外，特殊累犯中的“黑社会性质的组织犯罪”，一定是以构成组织、领导、参加黑社会性质组织罪为先决条件的，如果行为人未犯组织、领导、参加黑社会性质组织罪或者入境发展黑社会组织成员罪，而是被黑社会性质组织临时招募，或者受蒙蔽参与实施了某些涉黑犯罪，也不宜纳入特殊累犯的范围。

（2）刑度要件特定

对于特殊累犯而言，我国刑法采用了和一般累犯不同的规定。对因犯危害国家安全罪、恐怖活动犯罪、黑社会性质的组织犯罪被判处刑罚的犯罪分子，刑罚执行完毕或者赦免以后再次犯该三类中任一类罪的，无论前罪和后罪被判处或者应当判处何种刑罚及其轻重，即便是仅仅被单处附加刑，均不影响特殊累犯的成立，即前后罪的刑度不受任何限制。对特殊累犯刑度不加限制，主要是区分对待了当前社会中不同社会危害性的犯罪，考虑到加强对国家安全、公众安全这种特殊法益的保护。

（3）时间要件特定

刑法对特殊累犯成立的时间条件与一般累犯一样采取的是执行完毕或赦免说，即犯罪分子所犯的后罪应当发生在前罪刑罚执行完毕或赦免后。但特殊累犯制度的前罪与后罪的时间间隔要求与一般累犯不同。一般累犯要求犯罪分子所犯的后罪发生在前罪刑罚执行完毕或赦免后五年以内，而特殊累犯的后罪发生时间，可以是前罪刑罚执行完毕或赦免之后的任何时间，不受五年内再犯期限的限制。

（4）主体要件特定

一般累犯的主体，将未成年人排除在外，即《刑法》第六十五条第一款规定的“不满十八周岁的人犯罪的除外”，但这一规定应当只适用于一般累犯，不再适用于特殊累犯。虽然立法中遵循了“恤幼”的传统，对未成年人制定了宽缓的条件，将其排除在一般累犯的主体之外，体现了对未成年人的特殊保护。但从《刑法》第十七条的规定来看，对于一些侵犯重大法益的犯罪类型，即便是对于未成年人，也是需要区分对待，处以相应的刑罚。基于特殊累犯制度的立法精神和国家安全、社会重大法益保护的需要，《刑法》第六十六条并没有沿用第六十五条的规定，如果犯罪分子在未成年时曾因犯危害国家安全犯罪、恐怖活动犯罪、黑社会性质的组织犯罪受到刑罚，在刑罚执行完毕或者赦免以后，再犯上述任一类罪，无论其成年与否，均需要承担特别累犯的后果。

2. **以制造社会恐怖为目的而实施的故意杀人、爆炸、绑架等犯罪，能否认定为特殊累犯中的“恐怖活动犯罪”？**

分歧意见：第一种意见即肯定论认为，以制造社会恐怖为目的而实施的故意杀人、爆炸、绑架等犯罪，正是恐怖活动犯罪的典型形式，理应纳入特殊累犯的范围。

第二种意见即否定论认为，以制造社会恐怖为目的而实施的故意杀人、爆炸、绑架等犯罪，在犯罪认定和罪名表述上与普通犯罪无异，比如在罪名中都不含“恐怖”两字，仅从罪名上无法辨认，在是否构成特殊累犯中的认定上存在现实困难，因此，不宜将其纳入特殊累犯的范围。

本书观点：以制造社会恐怖为目的而实施的故意杀人、爆炸、绑架等犯罪，可以认定为特殊累犯中的“恐怖活动犯罪”。

特殊累犯中使用的“恐怖活动犯罪”，而不是“恐怖活动的组织犯罪”，说明不要求必须是组织、领导、参加恐怖组织罪或者必须是恐怖组织及其成员实施的恐怖活动犯罪才构成特殊累犯，只要有确凿证据证实是以制造社会恐怖为目的而实施的故意杀人、爆炸、绑架等犯罪，不管是由恐怖组织及其成员实施，还是由其他人实施，均宜认定为特殊累犯中的“恐怖活动犯罪”。因为，恐怖活动犯罪，应是恐怖活动中构成犯罪的部分。《反恐怖主义法》第三条对恐怖活动的概念进行了明确的规定：“本法所称恐怖活动，是指恐怖主义性质的下列行为：（一）组织、策划、准备实施、实施造成或者意图造成人员伤亡、重大财产损失、公共设施损坏、社会秩序混乱等严重社会危害的活动的……”上述恐怖活动中，构成刑事犯罪，需依法追究刑事责任的，自然就属于恐怖活动犯罪。

当然，是否以制造社会恐怖为目的，必须从严掌握，特别是对于恐怖组织及其成员以外的其他人实施的犯罪，必须有确凿的证据、充分的理由和十足的把握才能认定，否则不宜认定为恐怖活动犯罪，以免不当地扩大打击面。至于否定论提出的仅从罪名无从判定是否属于恐怖活动犯罪的问题，确实存在，必须高度重视、设法解决。就目前没有相应的司法解释的情况下，可以在罪名之后用括号注明恐怖二字，如“故意杀人罪（恐怖）”“爆炸罪（恐怖）”等，以示跟普通刑事犯罪的区别。如果以后的司法解释有明确规定的，遵照其规定。另外，之所以将具有制造社会恐怖目的的故意杀人、爆炸、绑架等犯罪纳入特殊累犯中的“恐怖活动犯罪”，原因还在于恐怖活动犯罪是一种国际性犯罪，往往是国外境外的恐怖组织派遣人员到国内境内进行恐怖活动犯罪，要认定在国内境内实施具体犯罪的行为人犯有组织、领导、参加恐怖组织罪，存在一定的现实困难。如果规定只有犯组织、领导、参加恐怖组织罪才构成特殊累犯，无疑不利于打击恐怖活动，与修正特殊累犯制度的立法目的相悖。

为此，恐怖活动犯罪不仅包括组织、领导、参加恐怖组织罪，还应当包括由恐怖活动组织及其成员或者其他人实施的，以制造社会恐怖为目的的危害公共安全、危害公民人身或者财产权利、危害社会管理秩序等犯罪，如放火、决水、爆炸、投放危险物质，非法制造、买卖、运输、储存危险物质，故意杀人、故意伤害、绑架等。可见，构成特殊累犯的恐怖活动犯罪所涉罪名是比较广泛的。

3. 对累犯应该如何处罚？

本书观点：一是从重处罚；二是不得适用缓刑；三是不得假释。

（1）累犯从重处罚的适用

所谓“从重处罚”，就是在同一量刑幅度范围内选择适用较重的刑种或者较长的刑期。从重处罚以不超越同一量刑幅度为前提，如果超过了同一量刑幅度处罚，就不是从重处罚，而是加重处罚。我国现行刑法没有规定加重处罚，加重处罚是违背我国现行刑法立法规定的。所谓“应当”，是指司法机关在对累犯裁量刑罚时，只要被告人符合构成累犯的条件，都必须从重处罚，没有回旋的余地。至于从重处罚如何从重，从重的程度怎样，刑法和司法解释没有进一步明确。一般而言，前后罪行性质越近、与前罪间隔时间越短、前后罪罪行越重，就表明其人身危险性越大，越难以改造，需要从重的幅度就越大，反之就越小。

①前后罪的犯罪性质。犯罪性质虽然不影响一般累犯的认定，只是影响特殊累犯的认定，但是，犯罪性质必然影响所有累犯从重的具体幅度。第一，犯罪性质越严重，人身危险性也越大。比如，一般累犯中，前罪或者后罪之一是危害国家安全犯罪、恐怖活动犯罪或黑社会性质的组织犯罪的，这样的一般累犯相比其他普通刑事犯罪的累犯，由于其所犯的罪行性质严重，不仅其社会危害性更重，也表明其人身危险性更大，需要从重处罚的幅度越大。第二，前后罪性质相同或者相近似的，一般表明其人身危险性更大，再犯可能性更高。因为，犯罪分子已经积累了犯罪经验、掌握了犯罪技能、锻炼了犯罪胆识等，再犯同样的罪就轻车熟路，甚至熟能生巧了，显示其人身危险性更大，应当从重处罚的幅度更大。因此，相同情况下，一般应遵循下列原则：犯罪性质严重的累犯，从重幅度应当大于犯罪性质相对较轻的累犯；同种累犯的从重幅度应当大于非同种累犯；前后罪性质相近或者相类似的累犯，其从重幅度又应当大于前后罪性质不同的累犯。

需要注意的是，人身危险性不是一成不变的，在比较犯罪性质的严重性时，需要把握人身危险性的变化趋势。犯罪性质相同有两种情况：第一种是前后两罪性质都很严重。此种情况，犯罪人的人身危险性一直都较大且没有减小的趋势。第二种是两罪性质都较轻微。两次犯罪性质都较轻，人身危险性相对较小，但也没有增大或减弱。犯罪性质不同也分为两种情况：第一种是前罪性质比后罪性质严重。此时，可明显看出犯罪人的人身危险性在减小。

第二种是后罪性质比前罪性质严重。此种情况，体现出犯罪人的人身危险性有增大的趋势。因此在量刑时，还应注意对人身危险性的动态考察来确定从重的具体幅度。

②前后罪的间隔时间。前后罪的间隔时间不仅影响到一般累犯的认定，也影响到累犯从重的具体幅度。一般而言，前后罪的间隔时间越短，表明犯罪分子的人身危险性越大，从重的幅度就应当越大。

③前后罪的罪行轻重。在普通累犯成立条件中要求前后罪都需判处徒刑以上刑罚，以此凸显犯罪人的罪行相对要重。前后罪的罪行轻重是认定一般累犯成立与否的要件之一，也是考虑累犯从重幅度的重要因素。第一，前罪轻重。一般而言，前罪越重、关押的时间越长，出狱后再犯罪，表明其越不堪改造、人身危险性越大，因此需要从重的幅度越大。第二，后罪轻重。犯罪分子经过改造后，不思悔改，不仅再犯罪，而且是犯重罪，表明其人身危险性更大。因此，在相同情况下，后罪罪行越重，其人身危险性越大，需要从重处罚的幅度就越大。

（2）关于重复累犯

现实中的累犯所表现出的主观恶性和人身危险性有较大的差异，对于部分具有更深的主观恶性和更大的人身危险性的罪犯来说，比如累犯出狱后再犯罪又构成累犯的，可称之为重复累犯，应当更大幅度从重处罚。

（3）其他从重的规定

根据《刑法》第五十条第二款的规定，对于判处死刑缓期执行的累犯，人民法院根据犯罪情节等情况可以同时决定对其限制减刑。根据《刑法》第七十四条的规定，对于累犯不适用缓刑。根据《刑法》第八十一条的规定，对于累犯不得假释。

4. 假释以后再犯罪能否构成一般累犯？

本书观点：假释以后再犯罪能否构成一般累犯，主要包括两个方面的内容：一是假释期满后再犯新罪的；二是假释考验期间内再犯新罪的。

被假释的犯罪分子假释期满后再犯新罪的，则从假释考验期满之日起计算，满足一般累犯和特殊累犯所要求的各项要件的，可以构成累犯。

被假释的犯罪分子在假释考验期内又犯新罪的，则不构成累犯，应当撤销假释，适用数罪并罚。作为累犯的前提条件之一是刑罚已经执行完毕或者已被赦免，即回到社会后不再有继续执行刑罚的问题了，而被宣布假释的犯罪人在假释考验期满以前仍然存在撤销假释，收监执行剩余刑罚的可能。处于假释考验期内的犯罪人，其前罪之刑罚尚未执行完毕，执行效果的好与坏尚不能评判，此时若基于累犯制度从重处罚之规定而对其后罪判处相对较重的刑罚，缺乏科学根据。诚然，犯罪分子在假释考验期内犯新罪，也反映了他的主观恶性和人身危险性之大，甚至还要大于那些在假释考验期满以后犯新罪的犯罪分子，应当对其体现比累犯更多的处罚。刑法在制度的设计上已经考虑到这一点，对在假释考验期内犯新罪的，撤销假释，将其剩余的刑期和后罪所需判处的刑期一并考虑，从数罪并罚的角度出发，按照“先减后并”的原则，在不加重新罪刑罚的基础上，从整体上确定一个相对较重的刑罚，从而达到预防犯罪的目的。